IL PICCOLO RIZZOLI LAROUSSE

dizionario-enciclopedia

Rizzoli

LAROUSSE

Via Mecenate, 91
20138 Milano

© LAROUSSE, Paris, 2004
© RIZZOLI LAROUSSE SPA, Milano, 2004

Titolo originale dell'opera *Le Petit Larousse*

I diritti di traduzione, di memorizzazione elettronica, informatica, multimediale,
di riproduzione e di adattamento totale o parziale, con qualsiasi mezzo, compresi microfilm
e copie fotostatiche, sono riservati per tutti i Paesi.
È vietata la riproduzione, anche parziale o ad uso interno o didattico, con qualsiasi mezzo,
non preventivamente autorizzata dall'Editore.

Finito di stampare nel maggio 2004 presso La Tipografica Varese S.p.A., Varese

ISBN 88-525-00-95-2

PREFAZIONE

Ai lettori

Nel 1856 Pierre Larousse pubblicava il suo *Nuovo dizionario della lingua francese*. L'opera portava, in premessa, una citazione di Voltaire: "Un dizionario senza esempi è uno scheletro", e già allora comprendeva una parte dedicata alla lingua e una parte dedicata ai nomi propri. Le due parti erano separate dalle "pagine rosa" che ritrovate in questa edizione. Nel 1905, trent'anni dopo la scomparsa di Pierre Larousse, il *Petit Larousse illustré* fu concepito da Claude Augé sul modello del *Nuovo dizionario*, con l'intento di farne "il più completo, il più aggiornato e il più attraente dei dizionari".

Nel nostro millennio il *Petit Larousse illustré* diventa europeo, aggiungendo alle sue edizioni per i Paesi francofoni l'edizione spagnola, la greca, la polacca e, finalmente, l'edizione italiana.

Il *Piccolo Rizzoli Larousse* resta fedele al modello originario nella sua struttura, nell'organizzazione dei contenuti, nella volontà di "offrire al tempo stesso l'utilità di un dizionario e la piacevolezza di un libro di lettura", di "soddisfare quanti desiderano avere a portata di mano un dizionario pratico". Ma poiché l'Europa in cui viviamo è fatta di molte matrici comuni (dall'umanesimo all'illuminismo…) ma anche di diversità che ne compongono il mosaico, l'edizione italiana innesta nell'impianto originale le ricchezze della nostra storia, della nostra cultura e della nostra lingua. Pertanto le voci e le definizioni della lingua italiana contenute nella sezione dei nomi comuni sono estratte in compendio dall'ultima edizione del *Sabatini Coletti – Dizionario della Lingua Italiana*. E nella parte dei nomi propri circa un terzo delle voci è stata sostituita o riveduta e corretta. I lettori che volessero divertirsi nell'esercizio dei confronti troveranno notizie sul generale Laurent Gouvion-Saint-Cyr solo nell'edizione francese, mentre l'astronauta Franco Malerba compare (almeno per ora) solo nell'edizione italiana.

L'organizzazione del Piccolo Rizzoli Larousse

Il *Piccolo Rizzoli Larousse* è composto da quattro parti: all'inizio dell'opera si trovano le parole della lingua e i termini della tecnica, della scienza e dell'arte (i "nomi comuni"); nella seconda parte si trovano i "nomi propri" dei personaggi, degli eventi della storia e dei luoghi della geografia; le due parti sono separate dalle "pagine rosa", citazioni latine, greche e straniere, proverbi, massime, sentenze e detti celebri che costituiscono un florilegio della nostra memoria collettiva; infine una cronologia universale illustrata che evidenzia le relazioni nel tempo tra storia, letteratura, arti, scienze e tecnologie.

Il *Piccolo Rizzoli Larousse* è un'opera unica nel suo genere, al contempo un dizionario della lingua italiana, un dizionario enciclopedico e un dizionario visuale fatto di singole illustrazioni e di tavole tematiche. Dell'abbondanza e della ricchezza delle illustrazioni della prima edizione Claude Augé scriveva: "Dall'inizio alla fine sono una lezione sulle cose: le illustrazioni e le tavole sono delle sintesi in immagini di grande portata pedagogica e di grande fascino".

La vocazione enciclopedica del *Piccolo Rizzoli Larousse* non sta solo nella parte dei nomi propri. Nella sezione dei "nomi comuni" del dizionario la parte puramente linguistica è completata, quando la voce lo richiede, dalla descrizione delle cose, siano esse oggetti reali o rappresentazioni dello spirito. Lo sviluppo delle scienze e delle tecnologie impone inoltre che numerose voci siano prettamente terminologiche. E queste voci sono generalmente assenti nei dizionari della lingua italiana.

Alcune voci infine sono oggetto di uno specifico approfondimento enciclopedico, per consentire al lettore di trovare l'informazione più completa e nella forma più chiara possibile.

La lingua italiana

Così come nel modello d'origine anche nel *Piccolo Rizzoli Larousse* la lingua italiana è quella viva, che non ama i vocaboli desueti né i neologismi di moda effimera. Il lettore troverà tutti i neologismi dell'innovazione tecnologica e dell'informatica che non appartengono più al mondo degli specialisti e che sono entrati a far parte del nostro uso quotidiano in casa, a scuola e in ufficio. Potrà soddisfare le sue curiosità sui significati diversi della stessa parola e trovarne esempi d'uso corrente. Potrà dare una risposta ai suoi dubbi su come si scrive il plurale, qual è il verbo ausiliare corretto, come si coniuga un verbo irregolare.

Il Piccolo Rizzoli Larousse vuole essere uno strumento utile per la famiglia e per i ragazzi nel corso dei loro studi.

Le illustrazioni

Il *Piccolo Rizzoli Larousse* è anche un libro di immagini. Le fotografie e le cartografie consentono di esemplificare e contestualizzare. I disegni e gli schemi dispiegano le parole e ne prolungano visivamente le definizioni.

Le illustrazioni si trovano, in linea generale, vicino alla parola cui si riferiscono. A volte sono posizionate in tavole che raggruppano gli elementi dello stesso tema sparpagliati nell'ordine alfabetico.

Oltre a svolgere una funzione didattica le illustrazioni sono un'eccellente scorciatoia emotiva per sollecitare la curiosità e per depositare con maggior facilità nella nostra memoria oggetti e concetti.

L'Editore

HANNO COLLABORATO
A QUESTA EDIZIONE DEL *PICCOLO RIZZOLI LAROUSSE*

Direzione
Spiro Coutsoucos

Consulenza editoriale
Michel Legrain

Caporedattore
Lidia Rossi

Coordinamento redazionale
Marco Marinelli (*nomi comuni*), Lidia Rossi (*pagine rosa, nomi propri e tavole cronologiche*)

Si ringraziano per la collaborazione
Yves Garnier, Mady Vinciguerra, responsabili editoriali dell'edizione francese

Lingua Italiana
Si ringraziano Francesco Sabatini e Vittorio Coletti per i contributi sulla lingua italiana tratti dal loro *Dizionario della lingua italiana*

Traduzione, adattamento, redazione e impaginazione della sezione nomi comuni
A cura di Expert System Spa, Modena. *Coordinamento e supervisione*: Katia Centin, Francesca Spaggiari.
Tecnologie e processi: Marco Giorgini, Andrea Corradini. *Traduzione, adattameno e redazione*: Simona Bisi,
Giovanni Strammiello, Silvia Melegari, Veronica Villa, Alessandro Melotti. *Apparati illustrativi*: Veronica Villa.
Grafica: Andrea Corradini.
Hanno collaborato: Federica Gherardini, Cristina Corsini, Stefania Gentile.

Traduzione, adattamento, redazione e impaginazione della sezione nomi propri
A cura di ART Servizi Editoriali Spa, Bologna www.art.bo.it. *Coordinamento e supervisione*: Giusi Signori.
Tecnologie e processi: Simona Bortolotti, Giorgio Draghetti. *Traduzione, adattameno e redazione*: Valentina Ballardini,
Giusi Barbiani, Cinzia Bisognin, Alessandra Guccini, Stefania Lepera, Valeria Pacinotti, Laura Santi, Fabio Tasso.
Apparati illustrativi: Alessia Bassi. *Grafica*: Daniele Monari. *Hanno collaborato*: Hector Amato, Tiziana Fanelli, Pietro Genna,
Michele Goni, Giovanna Lobello, Remo Maccaferri, Marzia Piretti, Cristiana Puleo, Francesca Rimondi, Simona Sansavini,
Silvia Teodosi, Emanuela Zanotti

Lemmi enciclopedici e terminologia
Françoise Delacroix, Solange Deschenes, Jacques Florent, François Gross, Jean-Marie Klinkenberg, Philippe de La Cotardière,
Michel Margotin. Anne Charrier, Michel Giraud, Christelle Grisat, Denis Vaugeois. Per i contributi specifici: Charles Baladier,
Jacques-Marie Bardintzeff, Georges Barthélemy, Jean-Paul Brighelli, Patrick Cheruette, Jean Collet, Gilles Costaz, Marie-Thérèse
Eudes, Denis Fortier, François Géré, Michel Grenié, Frédéric Laupies, Nathalie Lecomte, Véra Lemaire, Philippe Margotin,
Eric Mathivet, Pierre Morvan, Claude Perrichet, Alain Poirier, Dominique Saffar, Jean-Pierre Sanfourche, Marc Watin-Augouard,
Sylvain Zalkind.

Revisione e correzione bozze
Cristiano Abbadessa, Marco Bastia, Anna Maria Cozzi, Graziella del Ciuco, Roldano Romanelli

Informatica editoriale
Luca De Gregorio, Roberto Piazzolla
Si ringrazia Marion Pepin per la collaborazione.

Progetto grafico
Per l'edizione italiana, Marco Marinelli. *Progetto grafico delle tavole cronologiche*: Patrice Caumon
Si ringrazia Guy Calka per la collaborazione.

Disegni
Jacqueline Pajouès, Isabelle Arslanian, Chantal Beaumont, Laurent Blondel, Noel Blotti, Paul Bontemps, Vincent Boulanger,
Franck Bouttevin, Fabrice Dadoun, Bruno David, David Ducros, Virginie Fréchuret, Christian Godard, Jean-Luc Guérin, Xavier
Hue, Catherine Huerta, Serge Langlois, Laurence Lebot, Marc Legrand, Daniel Lordey, Gilbert Macé, François Poulain, Bernard
Rocamora, Dominique Roussel, Richard Roussel, Dominique Sablons, Michel Saemann, Tom Sam You, Léonie Schlosser, Danièle
Schulthess, Jean-Claude Sénéé, Patrick Taeron, Jacques Toutain, Amélie Veaux. Archivi Larousse.

Cartografia
Carte geografiche dei paesi e continenti: Editerra, con la collaborazione di Nicolas Georget, Stephanie Rondeau, Jacques
Sablayrolles. *Carte delle ex repubbliche sovietiche*: AFDEC. *Carte geografiche delle regioni d'Italia*: Emmegi Spa, Milano.

Realizzazione del Cd Rom
Expert System Spa, Modena.

La corrispondenza dei lettori va inviata a:
Rizzoli Larousse, Via Mecenate 91, 20138 Milano
rizzolilarousse@rcs.it

GUIDA ALLA CONSULTAZIONE
DEI NOMI COMUNI

Struttura delle voci

Le voci della parte "nomi comuni" sono articolate in tre aree: l'area del lemma, l'area semantica e, per le parole con particolare interesse terminologico, l'area dell'approfondimento enciclopedico.

> **behaviorismo** s.m. (ingl. *behaviorism*) — *area del lemma*
> PSICOL. Teoria e scuola psicologica che pone come oggetto di studio della psicologia il comportamento dell'uomo e le sue reazioni al mondo che lo circonda. SIN.: **comportamentismo**. — *area semantica*
> **ENCICL.** Nato all'inizio del sec. XX negli Stati Uniti (J. B. Watson), il behaviorismo ha permesso alla psicologia, elevata al rango di scienza obiettiva, di istituzionalizzarsi come disciplina universitaria autonoma, particolarmente grazie a Clark Hull, Edward Tolman e Burrhus Skinner. — *approfondimento enciclopedico*

Area del lemma

Il lemma è sempre registrato con l'iniziale minuscola fatta eccezione per i forestierismi che richiedono una maiuscola iniziale (es.: Wehrmacht), i generi di animali (es.: Caradridi), le famiglie di piante (es.: Acantacee) e le sigle (es.: ABS) sempre seguite dalla relativa esplicitazione dell'acronimo.

Lemmi omografi

I lemmi perfettamente omografi ma con significato diverso sono preceduti da un numero.

> **1. balzèllo** s.m. Nel sign. del dim. di 1. *balzo*.
> ◇ *A balzelli*: saltellando.
> **2. balzèllo** s.m. Tassa gravosa e arbitraria.
> **1. bàlzo** s.m. **1.** Salto, scatto. ~ Passo lungo saltellante. **2.** *fig.* Salto di qualità, avanzamento. *Un balzo nella carriera*. **3.** Rimbalzo di un corpo elastico. ◇ *fig. Prendere la palla al balzo*: cogliere le occasioni favorevoli. **4.** Sussulto, trasalimento.
> **2. bàlzo** s.m. **1.** Rupe, tratto di terreno scosceso. **2.** MAR. Ponticello sospeso fuoribordo.

Rinvii

Tutti i rinvii sono indicati mediante una freccia o un asterisco anteposti al lemma a cui si rinvia.

> **clownésco** agg. → claunesco.
>
> **pàdo** s.m. *Ciliegio a grappoli.

Pronuncia

Le indicazioni di pronuncia sono date all'interno del lemma attraverso la posizione dell'accento tonico (*chiaro*) e dell'apertura o chiusura della "e" o della "o". Le parole con accento grafico presentano un segno più marcato (*neretto*).

> **né** avv. **1.** Da lì, da qui, con valore di moto da luogo. *Entrò in ufficio e ne uscì poco dopo*. **2.** Si unisce a verbi che in costruzione riflessiva esprimono particolare coinvolgimento del soggetto. *Andarsene*.
> **né** cong. **1.** Negazione che precede e coordina più termini in una frase negativa. *Non siamo*

Categoria grammaticale

Se la parola si colloca in una sola categoria grammaticale, questa viene enunciata compiutamente. Se si colloca in più categorie queste vengono indicate ad ogni cambio grammaticale con una losanga nera: "◆". Tra parentesi quadre sono indicati i femminili o i plurali maschili e femminili.

> **dadaìsta** agg. [pl.m. –*sti*] Proprio del o attinente al dadaismo. ◆ s.m. e f. Seguace del dadaismo.

I verbi sono seguiti dalla segnalazione degli usi (transitivo, intransitivo) ed eventualmente dell'ausiliare richiesto dal verbo. Il numero tra parentesi quadre posto dopo la segnalazione degli usi del verbo indica una tabella di coniugazione presente nelle pagine introduttive dell'opera.

abboccàre v.tr. [4] Congiungere due elementi, spec. cavi, facendoli combaciare. *Abboccare due tubi.* ◆ v.intr. (aus. *avere*) **1.** Di pesci, conficcarsi l'amo in bocca afferrando l'esca.

Etimologia
L'etimologia della parola si trova tra parentesi tonde.

dalài-làma s.m. inv. (comp. di mongolo *dalai* "oceano" e tibetano *lama* "maestro, capo", propr. "capo universale") Capo spirituale della

Area semantica
L'area semantica comprende la definizione, i significati e usi della voce nelle sue eventuali articolazioni e ambiti d'uso specifici (le rubriche).

Accezioni e locuzioni
Se la definizione del lemma si articola in più accezioni queste sono distinte da numeri arabi in neretto, puntati (1., 2. ecc). All'interno di una stessa accezione le scansioni interne sono indicate con il segno grafico: "~". Gli esempi contenuti nelle accezioni sono in corsivo e il lemma è dato integralmente. I sinonimi sono preceduti da "SIN.:" e sono indicati in neretto. Le accezioni con particolare significato terminologico sono precedute da una rubrica abbreviata che indica la collocazione specialistica di quel significato.

aberrazióne s.f. **1.** Deviazione da un principio costituito, da una norma. ~ Traviamento morale. **2.** MED. Allontanamento dallo stato normale. *Aberrazione mentale.* **3.** ASTR. Spostamento apparente della posizione di un astro

Il cambio di categoria grammaticale è indicato con una losanga nera "◆"

addominàle agg. Dell'addome. ◆ s.m. (spec. pl.) Muscoli dell'addome.

Le locuzioni sono introdotte da una losanga bianca "◇" e separate tra loro da un trattino.

accènto s.m. (dal lat. *accĕntum* "intonazione", calco del gr. *prosōidía* "prosodia") **1.** LING. Intensificazione o elevazione della voce nel pronunciare una vocale per darle un particolare risalto all'interno della parola. ◇ *Accento intensivo o dinamico:* quello che consiste in un aumento

La categoria grammaticale acquisita è indicata da "❏ In funzione di agg. inv."

amaranto s.m. (gr. *amárantos* "che non appassisce") **1.** Pianta erbacea con gambo grosso, foglie allungate, fiori a spiga. (Altezza fino a 1 m; famiglia delle Amarantacee.) **2.** Colore rosso porpora cupo. ❏ In funzione di agg. inv., nell'accez. 2 del s.

Approfondimenti enciclopedici
Gli approfondimenti enciclopedici chiudono la voce e sono introdotti da "ENCICL."

taoìsmo s.m. Religione popolare cinese che si ispira alle dottrine di Lao-Tse e che riconosce nel tao il principio vitale e ordinatore del cosmo.
ENCICL. Secondo Lao-Tzu (V sec. a.C.), l'adepto deve imparare a unirsi al *tao*, (in cinese, *via*) che è il principio primordiale dell'ordine cosmico e del suo divenire. Il taoismo insegna perciò

GUIDA ALLA CONSULTAZIONE
DEI NOMI PROPRI

Ordinamento delle voci

Tutte le voci della sezione recano un lemma, o titolo della voce, in neretto rispetto al corpo del testo.
I lemmi sono elencati in ordine alfabetico, nel caso siano costituiti da più vocaboli, l'ordinamento è regolato sulla parola o sulle parole in neretto.
I personaggi storici appartenenti allo stesso casato vanno cercati sotto il casato stesso, le voci sono ordinate cronologicamente; a quelli di particolare importanza è stato affiancato un rinvio ad una voce dedicata.

ÈSTE o **ESTÈNSI**, famiglia principesca, le cui origini sono ricondotte agli Obertenghi, che regnò su Ferrara, Modena e Reggio nell'Emilia. — **Alberto Azzo II d'E.**, *996 ca. - 1097*, fu il capostipite. — **Obizzo II d'E.**, *1247-1293*, divenne ufficialmente signore di Ferrara e, in seguito, di Modena e Francia. Grande mecenate, protesse L. Ariosto, P. Bembo e Tiziano. — **Ercole d'E.** →ERCOLE I D'E.   *rinvio voce dedicata*
— **Maria Beatrice d'E.** →MARIA BEATRICE D'E.
ÈSTE (Villa d'), residenza del XVI sec., a Tivoli. Commissionata dal cardinale Ippolito d'Este a P. Ligorio (dal 1550), è celebre per i suoi giardini a terrazze animati da numerose fontane (Fontana del Bicchierone attribuita a G.L. Bernini, Fontana dell'Organo di C. Venard).

I sovrani sono indicati con il nome proprio (Alfonso, Alberto, ecc) e raggruppati per regno o nazione.

ALBÈRTO, nome di più sovrani
    AUSTRIA   *nazione*
ALBÈRTO, *Vienna 1817 - Arco 1895*, arciduca e generale austriaco. Zio di Francesco Giuseppe, sconfisse gli italiani a Custoza (1866).
ALBÈRTO D'ASBÙRGO, *Wiener Neustadt 1559 - Bruxelles 1621*, arciduca d'Austria. Governatore dei Paesi Bassi (1596-1621), nel 1599 sposò una figlia di Filippo II.

I papi sono indicati tutti sotto il nome proprio e in ordine cronologico.

ALESSÀNDRO I, *? - 115 ca.*, papa dal 106 ca. al 115 ca. Confuso con un martire omonimo. Rimangono scarse notizie del suo pontificato. — **Alessandro II** (Anselmo **da Baggio**), *? - Roma 1073*, papa dal 1061 al 1073. Sostenuto da Ildebrando di Soana (il futuro Gregorio VII), cercò di realizzare la riforma della Chiesa, lottando contro la simonia e schierandosi a favore del celibato ecclesiastico. Ebbe rapporti difficili con l'impero. — **Alessandro III** (Rolando **Bandinelli**), *Siena ? - Civita Castellana 1181*, papa dal 1159 al 1181. Lottò contro Federico Barbarossa, al quale oppose i comuni della Lega lombarda. Nel 1179 indisse il terzo concilio lateranense. — **Alessandro IV** (Rai-

Gli appartenenti ad una stessa famiglia sono presentati all'interno dello stesso lemma.

AGNÈLLI, famiglia torinese. — **Giovanni A.**, *Villar Perosa 1866 - Torino 1945*. Nel 1899 fondò a Torino la FIAT, azienda automobilistica che tra le due guerre è diventata il primo gruppo industriale in Italia. Fu senatore del regno. — **Giovanni A.**, detto **Gianni**, *Torino 1921-2003*. Presidente della FIAT dal 1966 al 1996, ha avuto un ruolo di spicco nella vita economica italiana. Presidente della Confindustria dal 1974 al 1976, nel 1991 fu nominato senatore a vita. — **Susanna A.**, *Torino 1922*. Sorella di Gianni, scrittrice, è stata eletta in parla-

Struttura delle voci

La presenza di titoletti in neretto all'interno di voci di carattere storico o geografico indica la scansione in capitoli e paragrafi.

ALBANÌA, in albanese **Shqipëria**. Stato dell'Europa balcanica, sull'Adriatico; 29.000 km²; 3.145.000 ab. (*albanesi*). CAP. *Tirana*. LINGUA: *albanese*. MONETA: *lek*.

GEOGRAFIA – Il territorio è in gran parte occupato dalle Alpi Dinariche e dalle loro foreste, eccetto la fascia litoranea centrale prevalentemente pianeggiante e collinare: qui si concentra la maggior parte della popolazione, in prevalenza islamizzata e in rapido aumento demografico. Il clima è mediterraneo lungo la stretta frangia litoranea, di tipo continentale nel resto del paese. L'agricoltura (frumento, alberi da frutto, tabacco), l'allevamento e l'estrazione del cromo costituiscono le principali risorse, ma l'economia rimane quella di un paese sottosviluppato e con un elevato tasso migratorio. *(scansione in capitoli e paragrafi)*

STORIA – Prima dell'indipendenza Occupata inizialmente dagli illiri, l'A. viene poi colonizzata dai greci (VII sec. a.C.) e dai romani (II sec. a.C.). Alla fine del VI sec., gli slavi vi si stabiliscono in gran numero. XV-XIX sec.: nonostante la ribellione del patriota Skanderbeg (1443-1468), il paese cade sotto la dominazione ottomana e viene ampiamente islamizzato. Tra i numerosi tentativi di rivolta si ricorda quella capeggiata dal pascià Alì di Tebelen (1822). **L'Albania indipendente. 1912**: l'A. diventa un principato indipendente; **1920**: entra a far parte della Società delle Nazioni. **1925-1939**: Ahmed Zogu è a capo del paese, dapprima come presidente della repubblica, poi come re, col nome di Zogu I. **1939**: invasione dell'A. da parte delle

Rimandi e rinvii

I rimandi diretti sono indicati da una freccia e il lemma a cui si rimanda compare in maiuscoletto con iniziale maiuscola.

AACHEN → AQUISGRANA.

I rimandi indiretti sono indicati con asterisco e il lemma a cui si rimanda è indicato in corsivo

ÀBILA, una delle due *Colonne d'Ercole*. Ant. nome di *Ceuta*.

I "vedi" sono indicati da una freccia seguita da lemma in neretto.

ANTÀRTIDE, continente compreso quasi interamente all'interno del Circolo Polare Antartico; 13.000.000 km² ca. Ricoperta in maniera pressoché completa da un'enorme massa di ghiaccio il cui spessore è in genere maggiore di 2000 m, questa zona molto fredda (la temperatura di rado supera i -10 °C ; → **polari** [regioni]), *(i "vedi" con freccia e lemma)* povera di flora e fauna terrestri, è disabitata con l'unica eccezione delle stazioni scientifiche.

All'interno dei Nomi Propri sono indicati i rimandi alla sezione dei Nomi Comuni.

APOCALÌSSE DI GIOVÀNNI, ultimo libro del Nuovo Testamento, attribuito per tradizione all'apostolo Giovanni. [*V. parte nomi comuni* → **apocalisse**.]

TRASCRIZIONE FONETICA

VOCALI

/a/	vocale centrale di massima apertura: m*a*re /'mare/
/ə/	vocale centrale di media apertura: ingl. s*u*rf /səːf/
/ɑ/	vocale centrale velarizzata: ingl. st*a*rt /'stɑːt/
/ɣ/	vocale posteriore semiaperta: ingl. r*u*gby /'rɣgbi/
/ɔ/	vocale posteriore aperta: n*o*ve /'nɔve/
/o/	vocale posteriore chiusa: n*o*ce /'notʃe/
/ʊ/	vocale posteriore di accentuata chiusura.: ingl. b*oo*k /bʊk/
/u/	vocale posteriore di massima chiusura: t*u*bo /'tubo/
/æ/	vocale anteriore di massima apertura: j*a*zz /'dʒæz/
/ɛ/	vocale anteriore aperta: s*e*rvo /'sɛrvo/
/ʎ/	vocale anteriore semiaperta: fr. viv*eu*r /vi'vʎr/
/ɢ/	vocale anteriore tendente alla chiusura: fr. entraîn*eu*se / trɛ'nɢz/
/e/	vocale anteriore chiusa: p*e*sce /'peʃʃe/
/ɪ/	vocale anteriore di accentuata chiusura: ingl. str*i*p /strɪp/
/i/	vocale anteriore di massima chiusura: v*i*ta /'vita/
/y/	vocale anteriore chiusa con arrotondamento delle labbra: fr. nat*u*re /na'tyr/

SEMICONSONANTI

/j/	semiconsonante palatale: *i*eri /'jɛri/
/w/	semiconsonante velare: *u*omo /'wɔmo/
/ʜ/	semiconsonante labiopalatale: fr. habit*u*é /abitʜ'e/

CONSONANTI

/p/	occlusiva bilabiale sorda: *p*ino /'pino/
/b/	occlusiva bilabiale sonora orale: *b*occa /'bokka/
/m/	occlusiva bilabiale sonora nasale: *m*ano /'mano/
/t/	occlusiva dentale sorda: *t*etto /'tetto/
/d/	occlusiva dentale sonora: *d*ado /'dado/
/n/	occlusiva alveolare sonora nasale: *n*ome /'nome/
/ɴ/	occlusiva velare sonora nasale (davanti a /k/ o /g/): a*n*cora /aɴ'kora/; ingl. swi*ng* /swiɴ/
/ɰ/	occlusiva mediopalatale sonora nasale (in it. doppia): pu*gn*o /'puɰɰo/
/k/	occlusiva velare sorda: *c*asa /'kasa/

/g/	occlusiva velare sonora: *g*allo /'gallo/
/ts/	affricata dentale sorda: for*z*a /'fɔrtsa/
/dz/	affricata dentale sonora: *z*ero /'dzɛro/
/tʃ/	affricata prepalatale sorda: *c*ena /'tʃena/
/dʒ/	affricata prepalatale sonora: *g*elo /'dʒɛlo/
/f/	fricativa labiodentale sorda: *f*umo /'fumo/
/v/	fricativa labiodentale sonora: *v*ino /'vino/
/s/	fricativa alveolare sorda: *s*era /'sera/
/z/	fricativa alveolare sonora: ro*s*a /'rɔza/
/θ/	fricativa interdentale sorda: sp. la*z*o /'laθo/
/ð/	fricativa interdentale sonora: ingl. fa*th*om /'fæðəm/
/ʙ/	fricativa bilabiale sonora: sp. ji*v*aro /'xiʙaro/
/ʃ/	fricativa prepalatale sorda (in it. doppia): pe*sc*e /'peʃʃe/
/x/	fricativa velare sorda: sp. nava*j*a /na'iaxa/
/r/	fricativa alveolare vibrante: *r*aro /'raro/
/l/	fricativa alveolare laterale: *l*una /'luna/
/ʟ/	fricativa mediopalatale laterale (in it. doppia): ma*gl*ia /'maʟʟa/
/ʒ/	fricativa palatale sonora: fr. ga*r*age /ga'raːʒ/
/h/	fricativa laringale sorda: ingl. *h*ard /haːd/

SEGNI PARTICOLARI

/ /	racchiude le trascrizioni in alfabeto fonetico internazionale
/ː/	posposto a una vocale indica l'allungamento della sua pronuncia: ingl. hall /hɔːl/
/ːː/	posposto a una vocale indica un allungamento molto accentuato della sua pronuncia: aah /'aːː/
/~/	posto su un segno vocalico ne segnala la pronuncia nasale: fr. combine /k~'bin/
/'/	anteposto, al di sopra del rigo, a segni dell'alfabeto fonetico internazionale, segnala che la sillaba successiva è sede dell'accento primario della parola: ingl. hamburger /'hæmbəːgə/; pr. adatt. /am'burger/
/ˌ/	anteposto, al di sotto del rigo, a segni dell'alfabeto fonetico internazionale, segnala che la sillaba successiva è sede dell'accento secondario della parola: ingl. hardware /'hɑːdˌwɛə/

GRECO

α, ά, ὰ, ᾶ	a, á, à, â	σ, ς	s		
β	b	τ	t		
γ, γγ	g, ng	υ, ύ, ὺ, ῦ	y, ý, ỳ, ŷ		
δ	d	φ	ph		
ε, έ, ὲ	e, é, è	χ	kh		
ζ	z	ψ	ps		
η, ή, ὴ, ῆ	ē, ḗ, ḕ, ê	ω, ώ, ὼ, ῶ	ō, ṓ, ṑ, ô		
θ	th				
ι, ί, ὶ, ῖ	i, í, ì, î	**DITTONGHI**			
κ	k	αυ, αί, αῖ	ai ái, âi		
λ	l	ει, εί, εῖ	ei, éi, êi		
μ	m	οι, οί, οῖ	oi, ói, ôi		
ν	n	αυ, αύ, αῦ	au, áu, âu		
ξ	ks	ευ, εύ, εῦ	eu, éu, êu		
ο, ό, ὸ	o, ó, ò	ου, ού, οῦ	ou, oú, oû		
π	p	ᾳ, ᾀ, ᾷ	āi, ái, âi		
ρ	r	ῃ, ῄ, ῇ	ēi, éi, êi		
ρ-	rh-	ῳ, ῴ, ῷ	ōi, ói, ôi		
-ρρ-	-rrh-	ηυ, ηύ, ηῦ	ēu, ếu, êu		

LETTERE SPECIALI

lettera	lingua	pronuncia approssimativa
ä	tedesco, finlandese, svedese	e in *è*lica
å	danese, norvegese, svedese	o in s*o*lo
č	serbo-croato, ceco, russo	tch nell'inglese sco*tch*
ḍ	arabo, sanscrito	d nel siciliano be*dd*u
ḏ	arabo	th nell'inglese *th*e
ḡ	arabo	g in *g*iallo, giove*d*ì
ġ	arabo	simile al suono della r nel francese *r*onde
ḥ	arabo	h fortemente aspirata
ḫ	arabo	j nello spagnolo *j*ota
ṃ	sanscrito	simile alla *n* nel francese bo*n*
ñ	spagnolo	gn in *gn*omo
ṇ	sanscrito	simile alla *n* nel siciliano sa*ng*u
ṅ	sanscrito	simile alla *n* in u*n*ghia
ṛ	sanscrito	r nella città ceca B*r*no
ṣ	arabo	s enfatica, come la s ma con la bocca più chiusa
ş	turco	sc in *sc*ena
ś	sanscrito	tra la sc di sci*mm*ia e ch del tedesco I*ch*
ṯ	arabo	th nell'inglese ba*th*
ṭ	arabo, sanscrito	t nel siciliano *T*uriddu
ẓ	arabo	z enfatica, come la z ma con la bocca più chiusa
ʿ	arabo	suono laringale proveniente dalla parte più profonda della gola

CONIUGAZIONI

1 avere

Ind. presente	io ho	Ind. futuro anteriore	egli avrà avuto
Ind. presente	tu hai	Ind. futuro anteriore	essi avranno avuto
Ind. presente	egli ha	Cond. presente	io avrei
Ind. presente	noi abbiamo	Cond. presente	tu avresti
Ind. presente	voi avete	Cond. presente	egli avrebbe
Ind. presente	essi hanno	Cond. presente	noi avremmo
Ind. passato prossimo	io ho avuto	Cond. presente	voi avreste
Ind. passato prossimo	tu hai avuto	Cond. presente	essi avrebbero
Ind. passato prossimo	egli ha avuto	Cond. passato	io avrei avuto
Ind. passato prossimo	essi hanno avuto	Cond. passato	tu avresti avuto
Ind. imperfetto	io avevo	Cond. passato	egli avrebbe avuto
Ind. imperfetto	tu avevi	Cond. passato	essi avrebbero avuto
Ind. imperfetto	egli aveva	Cong. presente	che io abbia
Ind. imperfetto	noi avevamo	Cong. presente	che tu abbia
Ind. imperfetto	voi avevate	Cong. presente	che egli abbia
Ind. imperfetto	essi avevano	Cong. presente	che noi abbiamo
Ind. trapassato prossimo	io avevo avuto	Cong. presente	che voi abbiate
Ind. trapassato prossimo	tu avevi avuto	Cong. presente	che essi abbiano
Ind. trapassato prossimo	egli aveva avuto	Cong. passato	che io abbia avuto
Ind. trapassato prossimo	essi avevano avuto	Cong. passato	che tu abbia avuto
Ind. pass. remoto	io ebbi	Cong. passato	che egli abbia avuto
Ind. pass. remoto	tu avesti	Cong. passato	che essi abbiano avuto
Ind. pass. remoto	egli ebbe	Cong. imperfetto	che io avessi
Ind. pass. remoto	noi avemmo	Cong. imperfetto	che tu avessi
Ind. pass. remoto	voi aveste	Cong. imperfetto	che egli avesse
Ind. pass. remoto	essi ebbero	Cong. imperfetto	che noi avessimo
Ind. trapassato remoto	io ebbi avuto	Cong. imperfetto	che voi aveste
Ind. trapassato remoto	tu avesti avuto	Cong. imperfetto	che essi avessero
Ind. trapassato remoto	egli ebbe avuto	Cong. trapassato	che io avessi avuto
Ind. trapassato remoto	essi ebbero avuto	Cong. trapassato	che tu avessi avuto
Ind. futuro	io avrò	Cong. trapassato	che egli avesse avuto
Ind. futuro	tu avrai	Cong. trapassato	che essi avessero avuto
Ind. futuro	egli avrà	Imperativo	abbi
Ind. futuro	noi avremo	Imperativo	abbiate
Ind. futuro	voi avrete	Participio presente	avente
Ind. futuro	essi avranno	Participio passato	avuto
Ind. futuro anteriore	io avrò avuto	Gerundio presente	avendo
Ind. futuro anteriore	tu avrai avuto	Gerundio passato	avendo avuto

2 essere

Ind. presente	io sono	Ind. futuro anteriore	egli sarà stato
Ind. presente	tu sei	Ind. futuro anteriore	essi saranno stati
Ind. presente	egli è	Cond. presente	io sarei
Ind. presente	noi siamo	Cond. presente	tu saresti
Ind. presente	voi siete	Cond. presente	egli sarebbe
Ind. presente	essi sono	Cond. presente	noi saremmo
Ind. passato prossimo	io sono stato	Cond. presente	voi sareste
Ind. passato prossimo	tu sei stato	Cond. presente	essi sarebbero
Ind. passato prossimo	egli è stato	Cond. passato	io sarei stato
Ind. passato prossimo	essi sono stati	Cond. passato	tu saresti stato
Ind. imperfetto	io ero	Cond. passato	egli sarebbe stato
Ind. imperfetto	tu eri	Cond. passato	essi sarebbero stati
Ind. imperfetto	egli era	Cong. presente	che io sia
Ind. imperfetto	noi eravamo	Cong. presente	che tu sia
Ind. imperfetto	voi eravate	Cong. presente	che egli sia
Ind. imperfetto	essi erano	Cong. presente	che noi siamo
Ind. trapassato prossimo	io ero stato	Cong. presente	che voi siate
Ind. trapassato prossimo	tu eri stato	Cong. presente	che essi siano
Ind. trapassato prossimo	egli era stato	Cong. passato	che io sia stato
Ind. trapassato prossimo	essi erano stati	Cong. passato	che tu sia stato
Ind. pass. remoto	io fui	Cong. passato	che egli sia stato
Ind. pass. remoto	tu fosti	Cong. passato	che essi siano stati
Ind. pass. remoto	egli fu	Cong. imperfetto	che io fossi
Ind. pass. remoto	noi fummo	Cong. imperfetto	che tu fossi
Ind. pass. remoto	voi foste	Cong. imperfetto	che egli fosse
Ind. pass. remoto	essi furono	Cong. imperfetto	che noi fossimo
Ind. trapassato remoto	io fui stato	Cong. imperfetto	che voi foste
Ind. trapassato remoto	tu fosti stato	Cong. imperfetto	che essi fossero
Ind. trapassato remoto	egli fu stato	Cong. trapassato	che io fossi stato
Ind. trapassato remoto	essi furono stati	Cong. trapassato	che tu fossi stato
Ind. futuro	io sarò	Cong. trapassato	che egli fosse stato
Ind. futuro	tu sarai	Cong. trapassato	che essi fossero stati
Ind. futuro	egli sarà	Imperativo	sii
Ind. futuro	noi saremo	Imperativo	siate
Ind. futuro	voi sarete	Participio presente	essente
Ind. futuro	essi saranno	Participio passato	stato
Ind. futuro anteriore	io sarò stato	Gerundio presente	essendo
Ind. futuro anteriore	tu sarai stato	Gerundio passato	essendo stato

	3 cantare	4 pagare	5 mangiare	6 tagliare
Ind. presente	io canto	io pago	io mangio	io taglio
Ind. presente	tu canti	tu paghi	tu mangi	tu tagli
Ind. presente	egli canta	egli paga	egli mangia	egli taglia
Ind. presente	noi cantiamo	noi paghiamo	noi mangiamo	noi tagliamo
Ind. presente	voi cantate	voi pagate	voi mangiate	voi tagliate
Ind. presente	essi cantano	essi pagano	essi mangiano	essi tagliano
Ind. imperfetto	egli cantava	egli pagava	egli mangiava	egli tagliava
Ind. pass. remoto	egli cantò	egli pagò	egli mangiò	egli tagliò
Ind. pass. remoto	essi cantarono	essi pagarono	essi mangiarono	essi tagliarono
Ind. futuro	io canterò	io pagherò	io mangerò	io taglierò
Ind. futuro	egli canterà	egli pagherà	egli mangerà	egli taglierà
Cond. presente	io canterei	io pagherei	io mangerei	io taglierei
Cond. presente	egli canterebbe	egli pagherebbe	egli mangerebbe	egli taglierebbe
Cong. presente	che io canti	che io paghi	che io mangi	che io tagli
Cong. presente	che egli canti	che egli paghi	che egli mangi	che egli tagli
Cong. presente	che noi cantiamo	che noi paghiamo	che noi mangiamo	che noi tagliamo
Cong. presente	che essi cantino	che essi paghino	che essi mangino	che essi taglino
Cong. imperfetto	che egli cantasse	che egli pagasse	che egli mangiasse	che egli tagliasse
Cong. imperfetto	che essi cantassero	che essi pagassero	che essi mangiassero	che essi tagliassero
Imperativo	canta	paga	mangia	taglia
Imperativo	cantate	pagate	mangiate	tagliate
Participio presente	cantante	pagante	mangiante	tagliante
Participio passato	cantato	pagato	mangiato	tagliato
Gerundio presente	cantando	pagando	mangiando	tagliando

	7 andare	8 dare	9 fare	10 stare
Ind. presente	io vado	io do	io faccio, fò	io sto
Ind. presente	tu vai	tu dai	tu fai	tu stai
Ind. presente	egli va	egli dà	egli fa	egli sta
Ind. presente	noi andiamo	noi diamo	noi facciamo	noi stiamo
Ind. presente	voi andate	voi date	voi fate	voi state
Ind. presente	essi vanno	essi danno	essi fanno	essi stanno
Ind. imperfetto	egli andava	egli dava	egli faceva	egli stava
Ind. pass. remoto	egli andò	egli diede, dette	egli fece	egli stetti
Ind. pass. remoto	essi andarono	essi diedero, dettero	essi fecero	essi stettero
Ind. futuro	io andrò	io darò	io farò	io starò
Ind. futuro	egli andrà	egli darà	egli farà	egli starà
Cond. presente	io andrei	io darei	io farei	io starei
Cond. presente	egli andrebbe	egli darebbe	egli farebbe	egli starebbe
Cong. presente	che io vada	che io dia	che io faccia	che io stia
Cong. presente	che egli vada	che egli dia	che egli faccia	che egli stia
Cong. presente	che noi andiamo	che noi diamo	che noi facciamo	che noi stiamo
Cong. presente	che essi vadano	che essi diano	che essi facciano	che essi stiano
Cong. imperfetto	che egli andasse	che egli desse	che egli facesse	che egli stesse
Cong. imperfetto	che essi andassero	che essi dessero	che essi facessero	che essi stessero
Imperativo	vai, và	dai, dà	fai, fà	stai, stà
Imperativo	andate	date	fate	state
Participio presente	andante	dante	facente	stante
Participio passato	andato	dato	fatto	stato
Gerundio presente	andando	dando	facendo	stando

	11 trarre	12 cedere	13 ripetere	14 resistere
Ind. presente	io traggo	io cedo	io ripeto	io resisto
Ind. presente	tu trai	tu cedi	tu ripeti	tu resisti
Ind. presente	egli trae	egli cede	egli ripete	egli resiste
Ind. presente	noi traiamo	noi cediamo	noi ripetiamo	noi resistiamo
Ind. presente	voi traete	voi cedete	voi ripetete	voi resistete
Ind. presente	essi traggono	essi cedono	essi ripetono	essi resistono
Ind. imperfetto	egli traeva	egli cedeva	egli ripeteva	egli resisteva
Ind. pass. remoto	egli trasse	egli cedé, cedette	egli ripeté	egli resisté, resistette
Ind. pass. remoto	essi trassero	essi cederono, cedettero	essi ripeterono	essi resisterono, resistettero
Ind. futuro	io trarrò	io cederò	io ripeterò	io resisterò
Ind. futuro	egli trarrà	egli cederà	egli ripeterà	egli resisterà
Cond. presente	io trarrei	io cederei	io ripeterei	io resisterei
Cond. presente	egli trarrebbe	egli cederebbe	egli ripeterebbe	egli resisterebbe
Cong. presente	che io tragga	che io ceda	che io ripeta	che io resista
Cong. presente	che egli tragga	che egli ceda	che egli ripeta	che egli resista
Cong. presente	che noi traiamo	che noi cediamo	che noi ripetiamo	che noi resistiamo
Cong. presente	che essi traggano	che essi cedano	che essi ripetano	che essi resistano
Cong. imperfetto	che egli traesse	che egli cedesse	che egli ripetesse	che egli resistesse
Cong. imperfetto	che essi traessero	che essi cedessero	che essi ripetessero	che essi resistessero
Imperativo	trai	cedi	ripeti	resisti
Imperativo	traete	cedete	ripetete	resistete
Participio presente	traente	cedente	ripetente	resistente
Participio passato	tratto	ceduto	ripetuto	resistito
Gerundio presente	traendo	cedendo	ripetendo	resistendo

	15 mescere	16 annettere	17 transigere	18 piovere
Ind. presente	io mesco	io annetto	io transigo	io piovo
Ind. presente	tu mesci	tu annetti	tu transigi	tu piovi
Ind. presente	egli mesce	egli annette	egli transige	egli piove
Ind. presente	noi mesciamo	noi annettiamo	noi transingiamo	noi pioviamo
Ind. presente	voi mescete	voi annettete	voi transigete	voi piovete
Ind. presente	essi mescono	essi annettono	essi transigono	essi piovono
Ind. imperfetto	egli mesceva	egli annetteva	egli transigeva	egli pioveva
Ind. pass. remoto	egli mescé, mescette	egli annetté	egli transigé, transigette	egli piovve
Ind. pass. remoto	essi mescerono, mescettero	essi annetterono	essi transigettero, transiget-	essi piovvero
Ind. futuro	io mescerò	io annetterò	tero	io pioverò
Ind. futuro	egli mescerà	egli annetterà	io transigerò	egli pioverà
Cond. presente	io mescerei	io annetterei	egli transigerà	io pioverei
Cond. presente	egli mescerebbe	egli annetterebbe	io transigerei	egli pioverebbe
Cong. presente	che io mesca	che io annetta	egli transigerebbe	che io piova
Cong. presente	che egli mesca	che egli annetta	che io transiga	che egli piova
Cong. presente	che noi mesciamo	che noi annettiamo	che egli transiga	che noi pioviamo
Cong. presente	che essi mescano	che essi annettano	che noi transigiamo	che essi piovano
Cong. imperfetto	che egli mescesse	che egli annettesse	che essi transigano	che egli piovesse
Cong. imperfetto	che essi mescessero	che essi annettessero	che egli transigesse	che essi piovessero
Imperativo	mesci	annetti	che essi transigessero	piovi
Imperativo	mescete	annettete	transigi	piovete
Participio presente	mescente	annettente	transigete	piovente
Participio passato	mesciuto	annesso	transigente	piovuto
Gerundio presente	mescendo	annettendo	transatto	piovendo
			trangisendo	

	19 sedere	20 stringere	21 chiudere	22 avvolgere
Ind. presente	io siedo	io stringo	io chiudo	io avvolgo
Ind. presente	tu siedi	tu stringi	tu chiudi	tu avvolgi
Ind. presente	egli siede	egli stringe	egli chiude	egli avvolge
Ind. presente	noi sediamo	noi stringiamo	noi chiudiamo	noi avvolgiamo
Ind. presente	voi sedete	voi stringete	voi chiudete	voi avvolgete
Ind. presente	essi siedono	essi stringono	essi chiudono	essi avvolgono
Ind. imperfetto	egli sedeva	egli stringeva	egli chiudeva	egli avvolgeva
Ind. pass. remoto	egli sedé, sedette	egli strinse	egli chiuse	egli avvolse
Ind. pass. remoto	essi sederono, sedettero	essi strinsero	essi chiusero	essi avvolsero
Ind. futuro	io sederò, siederò	io stringerò	io chiuderò	io avvolgerò
Ind. futuro	egli sederà, siederà	egli stringerà	egli chuderà	egli avvolgerà
Cond. presente	io sederei, siederei	io stringerei	io chiuderei	io avvolgerei
Cond. presente	egli sederebbe, siederebbe	egli stringerebbe	egli chiuderebbe	egli avvolgerebbe
Cong. presente	che io sieda	che io stringa	che io chiuda	che io avvolga
Cong. presente	che egli sieda	che egli stringa	che egli chiuda	che egli avvolga
Cong. presente	che noi sediamo	che noi stringiamo	che noi chiudiamo	che noi avvolgiamo
Cong. presente	che essi siedano	che essi stringano	che essi chiudano	che essi avvolgano
Cong. imperfetto	che egli sedesse	che egli stringesse	che egli chiudesse	che egli avvolgesse
Cong. imperfetto	che essi sedessero	che essi stringessero	che essi chiudessero	che essi avvolgessero
Imperativo	siedi	stringi	chiudi	avvolgi
Imperativo	sedete	stringete	chiudete	avvolgete
Participio presente	sedente	stringente	chiudente	avvolgente
Participio passato	seduto	stretto	chiuso	avvolto
Gerundio presente	sedendo	stringendo	chiudendo	avvolgendo

	23 chiedere	24 presumere	25 porre	26 produrre
Ind. presente	io chiedo	io presumo	io pongo	io produco
Ind. presente	tu chiedi	tu presumi	tu poni	tu produci
Ind. presente	egli chiede	egli presume	egli pone	egli produce
Ind. presente	noi chiediamo	noi presumiamo	noi poniamo	noi produciamo
Ind. presente	voi chiedete	voi presumete	voi ponete	voi producete
Ind. presente	essi chiedono	essi presumono	essi pongono	essi producono
Ind. imperfetto	egli chiedeva	egli presumeva	egli poneva	egli produceva
Ind. pass. remoto	egli chiese	egli presunse	egli pose	cgli produsse
Ind. pass. remoto	essi chiesero	essi presunsero	essi posero	essi produssero
Ind. futuro	io chiederò	io presumerò	io porrò	io produrrò
Ind. futuro	egli chiederà	egli presumerà	egli porrà	egli produrrà
Cond. presente	io chiederei	io presumerei	io porrei	io produrrei
Cond. presente	egli chiederebbe	egli presumerebbe	egli porrebbe	egli produrrebbe
Cong. presente	che io chieda	che io presuma	che io ponga	che io produca
Cong. presente	che egli chieda	che egli presuma	che egli ponga	che egli produca
Cong. presente	che noi chiediamo	che noi presumiamo	che noi poniamo	che noi produciamo
Cong. presente	che essi chiedano	che essi presumano	che essi pongano	che essi producano
Cong. imperfetto	che egli chiedesse	che egli presumesse	che egli ponesse	che egli producesse
Cong. imperfetto	che essi chiedessero	che essi presumessero	che essi ponessero	che essi producessero
Imperativo	chiedi	presumi	poni	produci
Imperativo	chiedete	presumete	ponete	producete
Participio presente	chiedente	presumente	ponente	producente
Participio passato	chiesto	presunto	posto	prodotto
Gerundio presente	chiedendo	presumendo	ponendo	producendo

	27 erigere	**28 succedere**	**29 evolvere**	**30 scrivere**
Ind. presente	io erigo	io succedo	io evolvo	io scrivo
Ind. presente	tu erigi	tu succedi	tu evolvi	tu scrivi
Ind. presente	egli erige	egli succede	egli evolve	egli scrive
Ind. presente	noi erigiamo	noi succediamo	noi evolviamo	noi scriviamo
Ind. presente	voi erigete	voi succedete	voi evolvete	voi scrivete
Ind. presente	essi erigono	essi succedono	essi evolvono	essi scrivono
Ind. imperfetto	egli erigeva	egli succedeva	egli evolveva	egli scriveva
Ind. pass. remoto	egli eresse	egli successe, succedé, succedette	egli evolse, evolvé, evolvette	egli scrisse
Ind. pass. remoto	essi eressero	essi successero, succederono, succedettero	essi evolsero, evolverono, evolvettero	essi scrissero
Ind. futuro	io erigerò	io succederò	io evolverò	io scriverò
Ind. futuro	egli erigerà	egli succederà	egli evolverà	egli scriverà
Cond. presente	io erigerei	io succederei	io evolverei	io scriverei
Cond. presente	egli erigerebbe	egli succederebbe	egli evolverebbe	egli scriverebbe
Cong. presente	che io eriga	che io succeda	che io evolva	che io scriva
Cong. presente	che egli eriga	che egli succeda	che egli evolva	che egli scriva
Cong. presente	che noi erigiamo	che noi succediamo	che noi evolviamo	che noi scriviamo
Cong. presente	che essi erigano	che essi succedano	che essi evolvano	che essi scrivano
Cong. imperfetto	che egli erigesse	che egli succedesse	che egli evolvesse	che egli scrivesse
Cong. imperfetto	che essi erigessero	che essi succedessero	che essi evolvessero	che essi scrivessero
Imperativo	erigi	succedi	evolvi	scrivi
Imperativo	erigete	succedete	evolvete	scrivete
Participio presente	erigente	succedente	evolvente	scrivente
Participio passato	eretto	succeduto, successo	evoluto	scritto
Gerundio presente	erigendo	succedendo	evolvendo	scrivendo

	31 vivere	**32 affiggere**	**33 tendere**	**34 estinguere**
Ind. presente	io vivo	io affiggo	io tendo	io estinguo
Ind. presente	tu vivi	tu affiggi	tu tendi	tu estingui
Ind. presente	egli vive	egli affigge	egli tende	egli estingue
Ind. presente	noi viviamo	noi affiggiamo	noi tendiamo	noi estinguiamo
Ind. presente	voi vivete	voi affiggete	voi tendete	voi estinguete
Ind. presente	essi vivono	essi affiggono	essi tendono	essi estinguono
Ind. imperfetto	egli viveva	egli affiggeva	egli tendeva	egli estingueva
Ind. pass. remoto	egli visse	egli affisse	egli tese	egli estinse
Ind. pass. remoto	essi vissero	essi affissero	essi tesero	essi estinsero
Ind. futuro	io vivrò	io affiggerò	io tenderò	io estinguerò
Ind. futuro	egli vivrà	egli affiggerà	egli tenderà	egli estinguerà
Cond. presente	io vivrei	io affiggerei	io tenderei	io estinguerei
Cond. presente	egli vivrebbe	egli affiggerebbe	egli tenderebbe	egli estinguerebbe
Cong. presente	che io viva	che io affigga	che io tenda	che io estingua
Cong. presente	che egli viva	che egli affigga	che egli tenda	che egli estingua
Cong. presente	che noi viviamo	che noi affiggiamo	che noi tendiamo	che noi estinguiamo
Cong. presente	che essi vivano	che essi affiggano	che essi tendano	che essi estinguano
Cong. imperfetto	che egli vivesse	che egli affiggesse	che egli tendesse	che egli estinguesse
Cong. imperfetto	che essi vivessero	che essi affiggessero	che essi tendessero	che essi estinguessero
Imperativo	vivi	affiggi	tendi	estingui
Imperativo	vivete	affiggete	tendete	estinguete
Participio presente	vivente	affiggente	tendente	estinguente
Participio passato	vissuto	affisso	teso	estinto
Gerundio presente	vivendo	affiggendo	tendendo	estinguendo

	35 reggere	**36 redimere**	**37 nascondere**	**38 comprimere**
Ind. presente	io reggo	io redimo	io nascondo	io comprimo
Ind. presente	tu reggi	tu redimi	tu nascondi	tu comprimi
Ind. presente	egli regge	egli redime	egli nasconde	egli comprime
Ind. presente	noi reggiamo	noi redimiamo	noi nascondiamo	noi comprimiamo
Ind. presente	voi reggete	voi redimete	voi nascondete	voi comprimete
Ind. presente	essi reggono	essi redimono	essi nascondono	essi comprimono
Ind. imperfetto	egli reggeva	egli redimeva	egli nascondeva	egli comprimeva
Ind. pass. remoto	egli resse	egli redense	egli nascose	egli compresse
Ind. pass. remoto	essi ressero	essi redensero	essi nascosero	essi compressero
Ind. futuro	io reggerò	io redimerò	io nasconderò	io comprimerò
Ind. futuro	egli reggerà	egli redimerà	egli nasconderà	egli comprimerà
Cond. presente	io reggerei	io redimerei	io nasconderei	io comprimerei
Cond. presente	egli reggerebbe	egli redimerebbe	egli nasconderebbe	egli comprimerebbe
Cong. presente	che io regga	che io redima	che io nasconda	che io comprima
Cong. presente	che egli regga	che egli redima	che egli nasconda	che egli comprima
Cong. presente	che noi reggiamo	che noi redimiamo	che noi nascondiamo	che noi comprimiamo
Cong. presente	che essi reggano	che essi redimano	che essi nascondano	che essi comprimano
Cong. imperfetto	che egli reggesse	che egli redimesse	che egli nascondesse	che egli comprimesse
Cong. imperfetto	che essi reggessero	che essi redimessero	che essi nascondessero	che essi comprimessero
Imperativo	reggi	redimi	nascondi	comprimi
Imperativo	reggete	redimete	nascondete	comprimete
Participio presente	reggente	redimente	nascondente	comprimente
Participio passato	retto	redento	nascosto	compresso
Gerundio presente	reggendo	redimendo	nascondendo	comprimendo

	39 crescere	40 cuocere	41 nuocere	42 nascere
Ind. presente	io cresco	io cuocio	io nuoccio, noccio	io nasco
Ind. presente	tu cresci	tu cuoci	tu nuoci	tu nasci
Ind. presente	egli cresce	egli cuoce	egli nuoce	egli nasce
Ind. presente	noi cresciamo	noi cuociamo	noi nuociamo	noi nasciamo
Ind. presente	voi crescete	voi cuocete	voi nuocete	voi nascete
Ind. presente	essi crescono	essi cuociono	essi nuocciono	essi nascono
Ind. imperfetto	egli cresceva	egli cuoceva	egli nuoceva, noceva	egli nasceva
Ind. pass. remoto	egli crebbe	egli cosse	egli nocque	egli nacque
Ind. pass. remoto	essi crebbero	essi cossero	essi nocquero	essi nacquero
Ind. futuro	io crescerò	io cuocerò	io nuocerò	io nascerò
Ind. futuro	egli crescerà	egli cuocerà	egli nuocerà	egli nascerà
Cond. presente	io crescerei	io cuocerei	io nuocerei	io nascerei
Cond. presente	egli crescerebbe	egli cuocerebbe	egli nuocerebbe	egli nascerebbe
Cong. presente	che io cresca	che io cuocia	che io nuoccia, noccia	che io nasca
Cong. presente	che egli cresca	che egli cuocia	che egli nuoccia, noccia	che egli nasca
Cong. presente	che noi cresciamo	che noi cuociamo	che noi nociamo	che noi nasciamo
Cong. presente	che essi crescano	che essi cuociano	che essi nuocciano, nocciano	che essi nascano
Cong. imperfetto	che egli crescesse	che egli cuocesse	che egli nuocesse	che egli nascesse
Cong. imperfetto	che essi crescessero	che essi cuocessero	che essi nuocessero	che essi nascessero
Imperativo	cresci	cuoci	nuoci	nasci
Imperativo	crescete	cocete	nuocete	nascete
Participio presente	crescente	cuocente	nocente	nascente
Participio passato	cresciuto	cotto	nociuto	nato
Gerundio presente	crescendo	cuocendo	nocendo	nascendo

	43 scuotere	44 muovere	45 rompere	46 espellere
Ind. presente	io scuoto	io muovo	io rompo	io espello
Ind. presente	tu scuoti	tu muovi	tu rompi	tu espelli
Ind. presente	egli scuote	egli muove	egli rompe	egli espelle
Ind. presente	noi scuotiamo	noi muoviamo	noi rompiamo	noi espelliamo
Ind. presente	voi scuotete	voi muovete	voi rompete	voi espellete
Ind. presente	essi scuotono	essi muovono	essi rompono	essi espellono
Ind. imperfetto	egli scuoteva	egli muoveva	egli rompeva	egli espelleva
Ind. pass. remoto	egli scosse	egli mosse	egli ruppe	egli espulse
Ind. pass. remoto	essi scossero	essi mossero	essi ruppero	essi espulsero
Ind. futuro	io scuoterò	io muoverò	io romperò	io espellerò
Ind. futuro	egli scuoterà	egli muoverà	egli romperà	egli espellerà
Cond. presente	io scuoterei	io muoverei	io romperei	io espellerei
Cond. presente	egli scuoterebbe	egli muoverebbe	egli romperebbe	egli espellerebbe
Cong. presente	che io scuota	che io muova	che io rompa	che io espella
Cong. presente	che egli scuota	che egli muova	che egli rompa	che egli espella
Cong. presente	che noi scuotiamo	che noi muoviamo	che noi rompiamo	che noi espelliamo
Cong. presente	che essi scuotano	che essi muovano	che essi rompano	che essi espellano
Cong. imperfetto	che egli scuotesse	che egli muovesse	che egli rompesse	che egli espellesse
Cong. imperfetto	che essi scuotessero	che essi muovessero	che essi rompessero	che essi espellessero
Imperativo	scuoti	muovi	rompi	espelli
Imperativo	scuotete	muovete	rompete	espellete
Participio presente	scuotente	movente	rompente	espellente
Participio passato	scosso	mosso	rotto	espulso
Gerundio presente	scuotendo	muovendo	rompendo	espellendo

	47 fondere	48 spandere	49 concedere	50 mettere
Ind. presente	io fondo	io spando	io concedo	io metto
Ind. presente	tu fondi	tu spandi	tu concedi	tu metti
Ind. presente	egli fonde	egli spande	egli concede	egli mette
Ind. presente	noi fondiamo	noi spandiamo	noi concediamo	noi mettiamo
Ind. presente	voi fondete	voi spandete	voi concedete	voi mettete
Ind. presente	essi fondono	essi spandono	essi concedono	essi mettono
Ind. imperfetto	egli fondeva	egli spandeva	egli concedeva	egli metteva
Ind. pass. remoto	egli fuse	egli spandé	egli concesse, concedé, concedette	egli mise
Ind. pass. remoto	essi fusero	essi spanderono	essi concessero, concederono, concedettero	essi misero
Ind. futuro	io fonderò	io spanderò	io concederò	io metterò
Ind. futuro	egli fonderà	egli spanderà	egli concederà	egli metterà
Cond. presente	io fonderei	io spanderei	io concederei	io metterei
Cond. presente	egli fonderebbe	egli spanderebbe	egli concederebbe	egli metterebbe
Cong. presente	che io fonda	che io spanda	che io conceda	che io metta
Cong. presente	che egli fonda	che egli spanda	che egli conceda	che egli metta
Cong. presente	che noi fondiamo	che noi spandiamo	che noi concediamo	che noi mettiamo
Cong. presente	che essi fondano	che essi spandano	che essi concedano	che essi mettano
Cong. imperfetto	che egli fondesse	che egli spandesse	che egli concedesse	che egli mettesse
Cong. imperfetto	che essi fondessero	che essi spandessero	che essi concedessero	che essi mettessero
Imperativo	fondi	spandi	concedi	metti
Imperativo	fondete	spandete	concedete	mettete
Participio presente	fondente	spandente	concedente	mettente
Participio passato	fuso	spanto	concesso	messo
Gerundio presente	fondendo	spandendo	concedendo	mettendo

	51 perdere	52 redigere	53 flettere	54 cadere
Ind. presente	io perdo	io redigo	io fletto	io cado
Ind. presente	tu perdi	tu redigi	tu fletti	tu cadi
Ind. presente	egli perde	egli redige	egli flette	egli cade
Ind. presente	noi perdiamo	noi redigiamo	noi flettiamo	noi cadiamo
Ind. presente	voi perdete	voi redigete	voi flettete	voi cadete
Ind. presente	essi perdono	essi redigono	essi flettono	essi cadono
Ind. imperfetto	egli perdeva	egli redigeva	egli fletteva	egli cadeva
Ind. pass. remoto	egli perse, perdé, perdette	egli redasse	egli flesse, fletté	egli cadde
Ind. pass. remoto	essi persero, perderono, perdettero	essi redassero	essi flessero, fletterono	essi caddero
Ind. futuro	io perderò	io redigerò	io fletterò	io cadrò
Ind. futuro	egli perderà	egli redigerà	egli fletterà	egli cadrà
Cond. presente	io perderei	io redigerei	io fletterei	io cadrei
Cond. presente	egli perderebbe	egli redigerebbe	egli fletterebbe	egli cadrebbe
Cong. presente	che io perda	che io rediga	che io fletta	che io cada
Cong. presente	che egli perda	che egli rediga	che egli fletta	che egli cada
Cong. presente	che noi perdiamo	che noi redigiamo	che noi flettiamo	che noi cadiamo
Cong. presente	che essi perdano	che essi redigano	che essi flettano	che essi cadano
Cong. imperfetto	che egli perdesse	che egli redigesse	che egli flettesse	che egli cadesse
Cong. imperfetto	che essi perdessero	che essi redigessero	che essi flettessero	che essi cadessero
Imperativo	perdi	redigi	fletti	cadi
Imperativo	perdete	redigete	flettete	cadete
Participio presente	perdente	redigente	flettente	cadente
Participio passato	perso, perduto	redatto	flesso	caduto
Gerundio presente	perdendo	redigendo	flettendo	cadendo

	55 tacere	56 vedere	57 provvedere	58 rimanere
Ind. presente	io taccio	io vedo	io provvedo	io rimango
Ind. presente	tu taci	tu vedi	tu provvedi	tu rimani
Ind. presente	egli tace	egli vede	egli provvede	egli rimane
Ind. presente	noi taciamo	noi vediamo	noi provvediamo	noi rimaniamo
Ind. presente	voi tacete	voi vedete	voi provvedete	voi rimanete
Ind. presente	essi tacciono	essi vedono	essi provvedono	essi rimangono
Ind. imperfetto	egli taceva	egli vedeva	egli provvedeva	egli rimaneva
Ind. pass. remoto	egli tacque	egli vide	egli provvide	egli rimase
Ind. pass. remoto	essi tacquero	essi videro	essi provvidero	essi rimasero
Ind. futuro	io tacerò	io vedrò	io provvederò	io rimarrò
Ind. futuro	egli tacerà	egli vedrà	egli provvederà	egli rimarrà
Cond. presente	io tacerei	io vedrei	io provvederei	io rimarrei
Cond. presente	egli tacerebbe	egli vedrebbe	egli provvederebbe	egli rimarrebbe
Cong. presente	che io taccia	che io veda	che io provveda	che io rimanga
Cong. presente	che egli taccia	che egli veda	che egli provveda	che egli rimanga
Cong. presente	che noi tacciamo	che noi vediamo	che noi provvediamo	che noi rimaniamo
Cong. presente	che essi tacciano	che essi vedano	che essi provvedano	che essi rimangano
Cong. imperfetto	che egli tacesse	che egli vedesse	che egli provvedesse	che egli rimanesse
Cong. imperfetto	che essi tacessero	che essi vedessero	che essi provvedessero	che essi rimanessero
Imperativo	taci	vedi	provvedi	rimani
Imperativo	tacete	vedete	provvedete	rimanete
Participio presente	tacente	vedente	provvedente	rimanente
Participio passato	taciuto	visto	provvisto, provveduto	rimasto
Gerundio presente	tacendo	vedendo	provvedendo	rimanendo

	59 dolere	60 volere	61 tenere	62 togliere
Ind. presente	io dolgo	io voglio	io tengo	io tolgo
Ind. presente	tu duoli	tu vuoi	tu tieni	tu togli
Ind. presente	egli duole	egli vuole	egli tiene	egli toglie
Ind. presente	noi doliamo, dogliamo	noi vogliamo	noi teniamo	noi togliamo
Ind. presente	voi dolete	voi volete	voi tenete	voi togliete
Ind. presente	essi dolgono	essi vogliono	essi tengono	essi tolgono
Ind. imperfetto	egli doleva	egli voleva	egli teneva	egli toglieva
Ind. pass. remoto	egli dolse	egli volle	egli tenne	egli tolse
Ind. pass. remoto	essi dolsero	essi vollero	essi tennero	essi tolsero
Ind. futuro	io dorrò	io vorrò	io terrò	io toglierò
Ind. futuro	egli dorrà	egli vorrà	egli terrà	egli toglierà
Cond. presente	io dorrei	io vorrei	io terrei	io toglierei
Cond. presente	egli dorrebbe	egli vorrebbe	egli terrebbe	egli toglierebbe
Cong. presente	che io dolga, doglia	che io voglia	che io tenga	che io tolga
Cong. presente	che egli dolga	che egli voglia	che egli tenga	che egli tolga
Cong. presente	che noi doliamo, dogliamo	che noi vogliamo	che noi teniamo	che noi togliamo
Cong. presente	che essi dolgano	che essi vogliano	che essi tengano	che essi tolgano
Cong. imperfetto	che egli dolesse	che egli volesse	che egli tenesse	che egli togliesse
Cong. imperfetto	che essi dolessero	che essi volessero	che essi tenessero	che essi togliessero
Imperativo	duoli	voglia	tieni	togli
Imperativo	dolete	vogliate	tenete	togliete
Participio presente	dolente	volente	tenente	togliente
Participio passato	doluto	voluto	tenuto	tolto
Gerundio presente	dolendo	volendo	tenendo	togliendo

	63 parere	64 potere	65 sapere	66 bere
Ind. presente	io paio	io posso	io so	io bevo
Ind. presente	tu pari	tu puoi	tu sai	tu bevi
Ind. presente	egli pare	egli può	egli sa	egli beve
Ind. presente	noi paiamo	noi possiamo	noi sappiamo	noi beviamo
Ind. presente	voi parete	voi potete	voi sapete	voi bevete
Ind. presente	essi paiono	essi possono	essi sanno	essi bevono
Ind. imperfetto	egli pareva	egli poteva	egli sapeva	egli beveva
Ind. pass. remoto	egli parve	egli poté, potette	egli seppe	egli bevve, bevette
Ind. pass. remoto	essi parvero	essi poterono, potettero	essi seppero	essi bevvero, bevettero
Ind. futuro	io parrò	io potrò	io saprò	io berrò
Ind. futuro	egli parrà	egli potrà	egli saprà	egli berrà
Cond. presente	io parrei	io potrei	io saprei	io berrei
Cond. presente	egli parrebbe	egli potrebbe	egli saprebbe	egli berrebbe
Cong. presente	che io paia	che io possa	che io sappia	che io beva
Cong. presente	che egli paia	che egli possa	che egli sappia	che egli beva
Cong. presente	che noi paiamo	che noi possiamo	che noi sappiamo	che noi beviamo
Cong. presente	che essi paiano	che essi possano	che essi sappiano	che essi bevano
Cong. imperfetto	che egli paresse	che egli potesse	che egli sapesse	che egli bevesse
Cong. imperfetto	che essi paressero	che essi potessero	che essi sapessero	che essi bevessero
Imperativo			sappi	bevi
Imperativo			sappiate	bevete
Participio presente	parvente	potente	sapiente	bevente
Participio passato	parso	potuto	saputo	bevuto
Gerundio presente	parendo	potendo	sapendo	bevendo

	67 dovere	68 solere	69 valere	70 adempiere/adempire
Ind. presente	io devo, debbo	io soglio	io valgo	io adempio/adempisco
Ind. presente	tu devi	tu suoli	tu vali	tu adempi/adempisci
Ind. presente	egli deve	egli suole	egli vale	egli adempie/adempisce
Ind. presente	noi dobbiamo	noi sogliamo	noi valiamo	noi adempiamo
Ind. presente	voi dovete	voi solete	voi valete	voi adempite
Ind. presente	essi devono, debbono	essi sogliono	essi valgono	essi adempiono/adempiscono
Ind. imperfetto	egli doveva	egli soleva	egli valeva	egli adempiva
Ind. pass. remoto	egli dové, dovette	egli solé	egli valse	egli adempì/adempié
Ind. pass. remoto	essi dovettero, doverono	essi solerono	essi valsero	essi adempirono/adempierono
Ind. futuro	io dovrò	io	io varrò	io adempirò
Ind. futuro	egli dovrà	egli	egli varrà	egli adempirà
Cond. presente	io dovrei	io	io varrei	io adempirei
Cond. presente	egli dovrebbe	egli	egli varrebbe	egli adempirebbe
Cong. presente	che io deva, debba	che io soglia	che io valga	che io adempia/adempisca
Cong. presente	che egli deva, debba	che egli soglia	che egli valga	che egli adempia/adempisca
Cong. presente	che noi dobbiamo	che noi sogliamo	che noi valiamo	che noi adempiamo
Cong. presente	che essi devano, debbano	che essi sogliano	che essi valgano	che essi adempiano/adempiscano
Cong. imperfetto	che egli dovesse	che egli solesse	che egli valesse	che egli adempisse
Cong. imperfetto	che essi dovessero	che essi solessero	che essi valessero	che essi adempissero
Imperativo			vali	adempi/adempisci
Imperativo			valete	adempite
Participio presente			valente	adempiente/adempente
Participio passato	dovuto	solito	valso	adempiuto/adempito
Gerundio presente	dovendo	solendo	valendo	adempiendo/adempendo

	71 fuggire	72 consentire	73 dormire	74 morire
Ind. presente	io fuggo	io consento	io dormo	io muoio
Ind. presente	tu fuggi	tu consenti	tu dormi	tu muori
Ind. presente	egli fugge	egli consente	egli dorme	egli muore
Ind. presente	noi fuggiamo	noi consentiamo	noi dormiamo	noi moriamo
Ind. presente	voi fuggite	voi consentite	voi dormite	voi morite
Ind. presente	essi fuggono	essi consentono	essi dormono	essi muoiono
Ind. imperfetto	egli fuggiva	egli consentiva	egli dormiva	egli moriva
Ind. pass. remoto	egli fuggì	egli consentì	egli dormì	egli morì
Ind. pass. remoto	essi fuggirono	essi consentirono	essi dormirono	essi morirono
Ind. futuro	io fuggirò	io consentirò	io dormirò	io morirò, morrò
Ind. futuro	egli fuggirà	egli consentirà	egli dormirà	egli morirà, morrà
Cond. presente	io fuggirei	io consentirei	io dormirei	io morirei, morrei
Cond. presente	egli fuggirebbe	egli consentirebbe	egli dormirebbe	egli morirebbe, morrebbe
Cong. presente	che io fugga	che io consenta	che io dorma	che io muoia
Cong. presente	che egli fugga	che egli consenta	che egli dorma	che egli muoia
Cong. presente	che noi fuggiamo	che noi consentiamo	che noi dormiamo	che noi moriamo
Cong. presente	che essi fuggano	che essi consentano	che essi dormano	che essi muoiano
Cong. imperfetto	che egli fuggisse	che egli consentisse	che egli dormisse	che egli morisse
Cong. imperfetto	che essi fuggissero	che essi consentissero	che essi dormissero	che essi morissero
Imperativo	fuggi	consenti	dormi	muori
Imperativo	fuggite	consentite	dormite	morite
Participio presente	fuggente	consenziente	dormiente, dormente	morente
Participio passato	fuggito	consentito	dormito	morto
Gerundio presente	fuggendo	consentendo	dormendo	morendo

	75 gioire	**76 cucire**	**77 offrire**	**78 udire**
Ind. presente	io gioisco	io cucio	io offro	io odo
Ind. presente	tu gioisci	tu cuci	tu offri	tu odi
Ind. presente	egli gioisce	egli cuce	egli offre	egli ode
Ind. presente	noi gioiamo	noi cuciamo	noi offriamo	noi udiamo
Ind. presente	voi gioite	voi cucite	voi offrite	voi udite
Ind. presente	essi gioiscono	essi cuciono	essi offrono	essi odono
Ind. imperfetto	egli gioiva	egli cuciva	egli offriva	egli udiva
Ind. pass. remoto	egli gioì	egli cucì	egli offerse, offrì	egli udì
Ind. pass. remoto	essi gioirono	essi cucirono	essi offersero, offrirono	essi udirono
Ind. futuro	io gioirò	io cucirò	io offrirò	io udirò, udrò
Ind. futuro	egli gioirà	egli cucirà	egli offrirà	egli udirà, udrà
Cond. presente	io gioirei	io cucirei	io offrirei	io udirei, udrei
Cond. presente	egli gioirebbe	egli cucirebbe	egli offrirebbe	egli udirebbe, udrebbe
Cong. presente	che io gioisca	che io cucia	che io offra	che io oda
Cong. presente	che egli gioisca	che egli cucia	che egli offra	che egli oda
Cong. presente	che noi gioiamo	che noi cuciamo	che noi ofriamo	che noi udiamo
Cong. presente	che essi gioiscano	che essi cuciano	che essi offrano	che essi odano
Cong. imperfetto	che egli gioisse	che egli cucisse	che egli offrisse	che egli udisse
Cong. imperfetto	che essi gioissero	che essi cucissero	che essi offrissero	che essi udissero
Imperativo	gioisci	cuci	offri	odi
Imperativo	gioite	cucite	offrite	udite
Participio presente	gioente	cucente	offerente, offrente	udente
Participio passato	gioito	cucito	offerto	udito
Gerundio presente	gioendo	cucendo	offrendo	udendo

	79 salire	**80 dire**	**81 venire**	**82 uscire**
Ind. presente	io salgo	io dico	io vengo	io esco
Ind. presente	tu sali	tu dici	tu vieni	tu esci
Ind. presente	egli sale	egli dice	egli viene	egli esce
Ind. presente	noi saliamo	noi diciamo	noi veniamo	noi usciamo
Ind. presente	voi salite	voi dite	voi venite	voi uscite
Ind. presente	essi salgono	essi dicono	essi vengono	essi escono
Ind. imperfetto	egli saliva	egli diceva	egli veniva	egli usciva
Ind. pass. remoto	egli salì	egli disse	egli venne	egli uscì
Ind. pass. remoto	essi salirono	essi dissero	essi vennero	essi uscirono
Ind. futuro	io salirò	io dirò	io verrò	io uscirò
Ind. futuro	egli salirà	egli dirà	egli verrà	egli uscirà
Cond. presente	io salirei	io direi	io verrei	io uscirei
Cond. presente	egli salirebbe	egli direbbe	egli verrebbe	egli uscirebbe
Cong. presente	che io salga	che io dica	che io venga	che io esca
Cong. presente	che egli salga	che egli dica	che egli venga	che egli esca
Cong. presente	che noi saliamo	che noi diciamo	che noi veniamo	che noi usciamo
Cong. presente	che essi salgano	che essi dicano	che essi vengano	che essi escano
Cong. imperfetto	che egli salisse	che egli dicesse	che egli venisse	che egli uscisse
Cong. imperfetto	che essi salissero	che essi dicessero	che essi venissero	che essi uscissero
Imperativo	sali	dì	vieni	esci
Imperativo	salite	dite	venite	uscite
Participio presente	salente	dicente	veniente	uscente
Participio passato	salito	detto	venuto	uscito
Gerundio presente	salendo	dicendo	venendo	uscendo

	83 agire	**84 esaurire**	**85 mentire**	**86 inferire**
Ind. presente	io agisco	io esaurisco	io mento, mentisco	io inferisco
Ind. presente	tu agisci	tu esaurisci	tu menti, mentisci	tu inferisci
Ind. presente	egli agisce	egli esaurisce	egli mente, mentisce	egli inferisce
Ind. presente	noi agiamo	noi esauriamo	noi mentiamo	noi inferiamo
Ind. presente	voi agite	voi esaurite	voi mentite	voi inferite
Ind. presente	essi agiscono	essi esauriscono	essi mentono, mentiscono	essi inferiscono
Ind. imperfetto	egli agiva	egli esauriva	egli mentiva	egli inferiva
Ind. pass. remoto	egli agì	egli esaurì	egli mentì	egli inferse, inferì
Ind. pass. remoto	essi agirono	essi esaurirono	essi mentirono	essi infersero, inferirono
Ind. futuro	io agirò	io esaurirò	io mentirò	io inferirò
Ind. futuro	egli agirà	egli esaurirà	egli mentirà	egli inferirà
Cond. presente	io agirei	io esaurirei	io mentirei	io inferirei
Cond. presente	egli agirebbe	egli esaurirebbe	egli mentirebbe	egli inferirebbe
Cong. presente	che io agisca	che io esaurisca	che io menta, mentisca	che io inferisca
Cong. presente	che egli agisca	che egli esaurisca	che egli menta, mentisca	che egli inferisca
Cong. presente	che noi agiamo	che noi esauriamo	che noi mentiamo	che noi inferiamo
Cong. presente	che essi agiscano	che essi esauriscano	che essi mentano, mentiscano	che essi inferiscano
Cong. imperfetto	che egli agisse	che egli esaurisse	che egli mentisse	che egli inferisse
Cong. imperfetto	che essi agissero	che essi esaurissero	che essi mentissero	che essi inferissero
Imperativo	agisci	esaurisci	menti	inferisci
Imperativo	agite	esaurite	mentite	inferite
Participio presente	agente	esauriente	mentente	inferente
Participio passato	agito	esaurito	mentito	inferto, inferito
Gerundio presente	agendo	esaurendo	mentendo	inferendo

	87 comparire	**88 risalire**	**89 convertire**
Ind. presente	io compaio, comparisco	io risalgo	io converto
Ind. presente	tu compari, comparisci	tu risali	tu converti
Ind. presente	egli compare, comparisce	egli risale	egli converte
Ind. presente	noi compariamo	noi risaliamo	noi convertiamo
Ind. presente	voi comparite	voi risalite	voi convertite
Ind. presente	essi compaiono, compariscono	essi risalgono	essi convertono
Ind. imperfetto	egli compariva	egli risaliva	egli convertiva
Ind. pass. remoto	egli comparì, comparve	egli risalì	egli converse, convertì
Ind. pass. remoto	essi comparirono, comparvero	essi risalirono	essi conversero, convertirono
Ind. futuro	io comparirò	io risalirò	io convertirò
Ind. futuro	egli comparirà	egli risalirà	egli convertirà
Cond. presente	io comparirei	io risalirei	io convertirei
Cond. presente	egli comparirebbe	egli risalirebbe	egli convertirebbe
Cong. presente	che io compaia, comparisca	che io risalga	che io converta
Cong. presente	che egli compaia, comparisca	che egli risalga	che egli converta
Cong. presente	che noi compariamo	che noi risaliamo	che noi convertiamo
Cong. presente	che essi compaiano, compariscano	che essi risalgano	che essi convertano
Cong. imperfetto	che egli comparisse	che egli risalisse	che egli convertisse
Cong. imperfetto	che essi comparissero	che essi risalissero	che essi convertissero
Imperativo	compari, comparisci	risali	converti
Imperativo	comparite	risalite	convertite
Participio presente	comparente	risalente	convertente
Participio passato	comparso	risalito	converso, convertito
Gerundio presente	comparendo	risalendo	convertendo

ABBREVIAZIONI

a.C.	avanti Cristo	emil.	emiliano
ab.	abitanti	ENE	Est-Nord-Est
abbr.	abbreviato, abbreviazione	es.	esempio
accez.	accezione	esager.	esagerazione
accr.	accrescitivo	escl.	esclamazione
adatt.	adattamento	ESE	Est-Sud-Est
affl.	affluente	essere	essere
afrik.	afrikaans	estens.	estensivo, estensivamente
agg.	aggettivo, aggettivale	eston.	estone
alt.	altitudine	etim.	etimologia
amer.	americano	eufem.	eufemisticamente
anal.	analogia	eur.	europeo
ant.	antico, anticamente	f.	femminile, fiume
anton.	antonomasia	fam.	familiare, familiarmente
apr.	aprile	feb.	febbraio
ar.	arabo	fed.	federale
arm.	armeno	fig.	figurato
art.	articolo, artistica	finn.	finnico
assol.	assoluto	fr.	francese
att.	attualmente	friul.	friulano
attrav.	attraverso	gael.	gaelico
aus.	ausiliare	gen.	gennaio
avv.	avverbio, avverbiale	gener.	generale, generalmente
bielor.	bielorusso	genov.	genovese
birm.	birmano	georg.	georgiano
biz.	bizantino	gerg.	gergale
bulg.	bulgaro	germ.	germanico
bur.	burocratico	giapp.	giapponese
c.	città	giorn.	giornalistico
ca.	circa	giur.	giuridico
cant.	cantoni	got.	gotico
capol.	capoluogo	gr.	greco
card.	cardinale	gr. biz.	greco bizantino
catal.	catalano	gr. mod.	greco moderno
cec.	ceco	id.	idem
celt.	celtico	impers.	impersonale
cin.	cinese	ind.	indiretto
class.	classico	indef.	indefinito
com.	comune	indet.	indeterminativo
comm.	commerciale	indoeur.	indoeuropeo
comp.	composto	indon.	indonesiano
compar.	comparativo	inf.	informatico
comun.	comunemente	ingiur.	ingiurioso
cong.	congiunzione, congiuntivo	ingl.	inglese
cop.	copulativo	inter.	interiezione
crit.	critica	intr.	intransitivo
d.C.	dopo Cristo	inv.	invariabile
dan.	danese	iran.	iraniano
dem.	democratico	irl.	irlandese
deriv.	derivato	irland.	irlandese
determ.	determinativo	iron.	ironico
dial.	dialettale	island.	islandese
dic.	dicembre	it.	italiano
dim.	diminutivo	km²	chilometri quadrati
dimostr.	dimostrativo	l.	linguaggio
dip.	dipartimento	lad.	ladino
distr.	distretto	lat.	latino
E	Est	lett.	letterario, letteralmente
ebr.	ebraico, ebreo	letto.	lettone
eccl.	ecclesiastico	lig.	ligure
egiz.	egiziano	lituan.	lituano
ellit.	ellittico	loc., locc	locuzione, locuzioni

loc. cong.	locuzione congiuntiva	qlcu.	qualcuno
loc. prep.	locuzione prepositiva	reg.	regione
lomb.	lombardo	region.	regionale, regionalismo
long.	longobardo	rel.	relativamente
lug.	luglio	relat.	relativo
m.	maschile	relig.	religione
maced.	macedone	rep.	repubblica
maiusc.	maiuscola	rom.	romano
med.	medico	roman.	romanesco
mediev.	medievale	rum.	rumeno
merid.	meridionale	S	Sud
meton.	metonimia	s.	sostantivo
milan.	milanese	sansc.	sanscrito
mitol.	mitologia	sc.	scientifico
N	Nord	scherz.	scherzosamente
n.p.	nome proprio	SE	Sud-Est
napol.	napoletano	sec.	secolo
NE	Nord-Est	secc.	secoli
neolat.	neolatino	seg.	seguente
NNE	Nord-Nord-Est	semifr.	semifrancese
NNO	Nord-Nord-Ovest	semiingl.	semiinglese
NO	Nord-Ovest	sett.	settembre
nord.	nordico	settentr.	settentrionale
norv.	norvegese	sicil.	siciliano
nov.	novembre	sign.	significato, significati
num.	numerale	simb.	simbolo
O	Ovest	sind.	sindacalistico
occ.	occidentale	sing.	singolare
ol.	olandese	sl.	slavo
ONO	Ovest-Nord-Ovest	SO	Sud-Ovest
onom.	onomatopea, onomatopeico	sost.	sostantivale
oppos.	opposizione	sosten.	sostenuto
or., orient.	orientale	sp.	spagnolo
ord.	ordinale	spagn.	spagnolo
orig.	origine, originariamente	spec.	specialmente
OSO	Ovest-Sud-Ovest	special.	specialmente
ott.	ottobre	spett.	spettacolo
p.e.	per esempio	sport.	sportivo
part.	particolare, participio	spreg.	spregiativo
partic.	particolare, particolarmente	SSE	Sud-Sud-Est
pass.	passato	SSO	Sud-Sud-Ovest
pegg.	peggiorativo	sup.	superficie
pers.	personale	super.	superiore
piem.	piemontese	superl.	superlativo
pl.	plurale	sved.	svedese
poet.	poetico	tecn.	tecnico
pol.	politico, polacco	ted.	tedesco
pop.	popolare	tosc.	toscano
port.	portoghese	tr.	transitivo
poss.	possessivo	trad.	traduzione
prec.	precedente, precedentemente	ucr.	ucraino
pref.	prefettura	ungher.	ungherese
prep.	preposizione, prepositivo	uni.	universitario
princ.	principale	v.	verbo, vedi
prob.	probabile, probabilmente	var.	variante
pron.	pronome, pronominale	ven.	veneto
propr.	propriamente	venez.	veneziano
prov.	provincia	viet.	vietnamita
provenz.	provenzale	volg.	volgare
pseud.	pseudonimo		
pseudofr.	pseudofrancese		
pseudoingl.	pseudoinglese		
pseudolat.	pseudolatino		
qlco.	qualcosa		

RUBRICHE

ABBIGL.	abbigliamento	CRISTALLOGR.	cristallografia
ACUST.	acustica	CUC.	cucina
AER.	aeronautica	DEMOGR.	demografia
AEROST.	aerostazione	DIR.	diritto
AGR.	agricoltura	DIR. AMM.	diritto amministrativo
AGROAL.	agroalimentare	DIR. CAN.	diritto canonico
ALG.	algebra	DIR. CIV.	diritto civile
ALLEV.	allevamento	DIR. COMM.	diritto commerciale
ALP.	alpinismo	DIR. COST.	diritto costituzionale
AMM.	amministrazione	DIR. INTERN.	diritto internazionale
ANAT.	anatomia	DIR. MAR.	diritto marittimo
ANT.	antichità	DIR. PEN.	diritto penale
ANT. GR.	antichità greca	DIS. ART.	disegno artistico
ANT. GR. ROM.	antichità greca e romana	ECOL.	ecologia
ANT. ROM.	antichità romana	ECON.	economia
ANTROP.	antropologia sociale	EDIT.	editoria
APICULT.	apicultura	ELETTR.	elettricità
ARALD.	araldica	ELETTROAC.	elettroacustica
ARBOR.	arboricoltura	ELETTROMAGN.	elettromagnetismo
ARCH.	architettura	ELETTRON.	elettronica
ARCHEOL.	archeologia	ELETTROTEC.	elettrotecnica
ARITM.	aritmetica	EMBRIOL.	embriologia
ARM.	armamento	ENERG.	energia
ARRED.	arredamento di interni	ENOL.	enologia
ART.	belle arti	ENTOM.	entomologia
ART. DEC. APPL.	arti decorative e applicate	EQUIT.	equitazione
ART. MOD. CONT.	arte moderna e contemporanea	ETNOL.	etnologia
ASTR.	astronomia	ETOL.	etologia
ASTROFIS.	astrofisica	FALEGN.	falegnameria
ASTROL.	astrologia	FARM.	farmacologia
ASTRONAUT.	astronautica	FERR.	ferrovie
ATTREZZ.	attrezzatura	FILAT.	filatelia
AUTOM.	automobile	FILOL.	filologia
AVIAZ.	aviazione	FILOS.	filosofia
BALL.	balletto	FIN.	finanza pubblica
BANC.	banca	FIS.	fisica
BIOCHIM.	biochimica	FIS. NUCL.	fisica nucleare
BIOL.	biologia	FISIOL.	fisiologia
BIOL. CELL.	biologia cellulare	FON.	fonetica
BOT.	botanica	FORTIF.	fortificazioni
BOXE	boxe	FOTO.	fotografia
CACC.	caccia	GENET.	genetica
CALZ.	calzoleria	GEOFIS.	geofisica
CARTOGR.	cartografia	GEOGR.	geografia
CARTOL.	cartoleria	GEOL.	geologia
CATT.	cattolicesimo	GEOM.	geometria
CERAM.	ceramica	GEOMORF.	geomorfologia
CHIM.	chimica	GIOIELL.	gioielleria
CHIM. INDU.	chimica industriale	GRAMM.	grammatica
CHIM. MINER.	chimica minerale	IDROL.	idrologia
CHIM. ORG.	chimica organica	IMMUNOL.	immunologia
CHIR.	chirurgia	INCIS.	incisione
CINE.	cinema	IND. ESTR.	industrie estrattive
CIRC.	circo	IND. GRAF.	industria grafica
CLIMAT.	climatologia	IND. LEGN.	industria del legno
COMM.	commercio	INDU.	induismo
CONTAB.	contabilità	INDUS.	industria
COST.	costume	INFORM.	informatica
COSTR.	costruzione	INSEGN.	insegnamento
CRIST.	cristianesimo	IPP.	ippica
CRISTALL.	cristalleria	IPPOL.	ippologia

ISL.	islam	POLIT.	politologia
ISTOL.	istologia	PREIST.	preistoria
ITTIOL.	ittiologia	PROB.	probabilità
JAZZ	jazz	PROFUM.	profumeria
LAV. PUB.	lavori pubblici	PROTEST.	protestantesimo
LETT.	letteratura	PS. PATOL.	psicopatologia
LING.	linguistica	PSICH.	psichiatria
LOG.	logica	PSICOAN.	psicoanalisi
LUD.	giochi	PSICOL.	psicologia
MACELL.	macelleria	PUBBL.	pubblicità
MANUT.	manutenzione	RAD.DIAGN.	radiodiagnostica
MAR.	marina	RAD.DIFF.	radiodiffusione
MAT.	matematica	RELIG.	religione
MATER.	materiali	RET.	retorica
MECC.	meccanica	RIC.	ricamo
MECC. IND.	meccanica industriale	RILEG.	rilegatura
MED.	medicina	SART.	cucito
METALL.	metallurgia	SC.VIT.	scienze della vita
METEOR.	meteorologia	SCIENT.	scienze
METR.	metrica	SCULT.	scultura
METROL.	metrologia	SESS.	sessuologia
MICOL.	micologla	SILV.	silvicultura
MICROBIOL.	microbiologia	SOCIOL.	sociologia
MIL.	linguaggio militare	SPELEOL.	speleologia
MIL.	scienze militari	SPETT.	spettacolo
MIN.	mineralogia	SPORT.	sport
MIT.	mitologia	ST.	storia
MIT. GR.	mitologia greca	STAM.	stampa
MIT. GR. ROM.	mitologia greca e latina	STAT.	statistica
MIT. ROM.	mitologia romana	STR. MUS.	strumenti musicali
MUS.	musica	TEAT.	teatro
NAV.	navigazione	TECN.	tecnica
NEUROL.	neurologia	TECNOL.	tecnologia
NUMISM.	numismatica	TELECOM.	telecomunicazioni
OCCULT.	occultismo	TEOL. CATT.	teologia cattolica
OCEANOGR.	oceanografia	TEOL. CRIST.	teologia cristiana
OREFIC.	oreficeria	TERM.	termica
ORNIT.	ornitologia	TERMODIN.	termodinamica
OROL.	orologeria	TOPOGR.	topografia
OTT.	ottica	TRASP.	trasporti
PALEOG.	paleografia	TV.	televisione
PALEONT.	paleontologia	URBAN.	urbanistica
PARAPSIC.	parapsicologia	VENAT.	caccia coi cani
PEDOL.	pedologia	VERSIF.	versificazione
PESC.	pesca	VET.	veterinaria
PETR.	petrolio	VITICOLT.	viticoltura
PETROL.	petrologia	ZOOL.	zoologia
PITT.	pittura	ZOOTECN.	zootecnia

Carattere Antique

1. a s.f. o s.m. inv. **1.** Lettera dell'alfabeto latino e delle lingue che lo adottano; in italiano rappresenta la vocale di massima apertura. **2.** Semplice o puntata, maiuscola o minuscola, è usata in sigle o abbreviazioni con diversi valori. ◇ *AAA*: all'inizio di inserzioni pubblicitarie, indica precedenza nell'ordine alfabetico. **3.** Simbolo usato in settori specifici. ◇ FIS. *A*: simbolo dell'ampère e dell'atomo. – *a*: simbolo dell'accelerazione. – FIS. NUCL. *A*: simbolo del numero di massa. – MAT. *a*: simbolo del primo coefficiente nelle espressioni algebriche. – METROL. Simbolo dell'ara. – LOG. *A*: rappresenta la proposizione universale affermativa. – MUS. La nota *la* in area germanica e anglosassone. – *A4*: formato standard di un foglio di carta di dimensioni 21 × 29,7 cm. – *A3*: formato standard di un foglio di carta di dimensioni 29,7 × 42 cm. **4.** *fig.* Principio, inizio. *Essere ancora alla a.* ◇ *Dalla a alla z*: da cima a fondo. ❑ In funzione di agg., come num. ord., posposto al s. cui si riferisce, primo in una serie o in una graduatoria. *Scala, sezione A.* ◇ INSEGN. *Livello A*: il livello elementare. – BIOCHIM. *Vitamina A*: la vitamina detta anche *axeroftolo*, che regola la funzionalità e l'integrità dei tessuti epiteliali. – *Bomba A*: bomba atomica che sfrutta il processo di fusione dell'atomo. – *Gruppo A*: nella pubblica amministrazione, la categoria più alta, occupata dai laureati e dai dirigenti. – MED. Uno dei gruppi sanguigni. ◇ *Patente A*: quella necessaria per guidare motocicli. – L'asso nelle carte da gioco francesi. ◇ SPORT. *Serie A*: la categoria di squadre o di atleti che disputano il campionato principale. – *fig. Di serie A*: di qualità superiore o, anche, appartenente a una categoria privilegiata. *Film di serie A.*

2. a prep. **1.** Introduce numerosi complementi. ~ Luogo. *Andare a Roma.* ~ Tempo. *Partire alle sette.* ~ Termine. *Lo dico a te.* ~ Vantaggio e svantaggio. *Tramare ai danni di qualcuno.* ~ Scopo. *Andare a caccia.* ~ Età. *A dieci mesi già camminava.* ~ Pena. *Condannare all'ergastolo.* ~ Paragone. *Non reggere al confronto.* ~ Causa. *Alla mia domanda si insospettì.* ~ Mezzo. *Scrivere a macchina.* ~ Modo. *A bassa voce.* ~ Qualità. *Quaderno a righe.* ~ Limitazione. *A mio giudizio.* ~ Prezzo e misura. *Pagare a caro prezzo.* ~ Distribuzione. *A due a due.* **2.** Introduce frasi dipendenti implicite. ~ Finali. *Andare a vedere.* ~ Limitative. *Facile a dirsi.* ~ Causali. *Ho fatto male a rispondergli.* ~ Concessive. *Non trovo un tassi a pagarlo un milione.* ~ Consecutive. *Sono l'ultimo a dubitare di te.* ◇ *locc. prep. Accanto a, di fronte a, in mezzo a, ecc.*: per esprimere valore locativo. – *Insieme a, con*: per indicare compagnia. – *In quanto a, relativamente a*: per valore limitativo. – *locc. cong. A patto che, a condizione che*: per introdurre frasi condizionali. – *A meno che, a parte che*: per le eccettuative.

1. a- [*an-* davanti a vocale] Prefisso di origine greca (alfa privativo) col valore di negazione, privazione (*atonale, analcolico*).

2. a- (lat. *ăd-*) [*ad-* davanti a vocale; davanti a consonante determina assimilazione e quindi raddoppiamento] Prefisso di origine latina, che indica direzione (*accorrere*) o attribuzione (*apporre*), e forma parasintetici che esprimono l'idea di avvicinamento (*accostare*) o di "diventare" (*avverarsi*).

aa s.f. inv. In vulcanologia, colata lavica con superficie costituita da scorie. ◆ avv. MED. → **ana**.

abacà o **àbaca** s.f. inv. **1.** Banano delle Filippine. (Famiglia delle Musacee.) **2.** Fibra tessile ricavata dalle foglie di tale banano, detta anche *canapa di Manila*.

abacista s.m. [pl. –*sti*] Nel Medioevo, matematico che eseguiva i calcoli secondo il principio dell'abaco. ~ Seguace di una delle due scuole di aritmetica. (L'altra era quella degli algoritmisti.)

àbaco o **àbbaco** s.m. [pl. –*chi*] (gr. *ábaks* "tavoletta per fare i conti") **1.** Pallottoliere in uso nell'antichità e nel Medioevo. ~ *estens.* Ogni strumento per eseguire calcoli elementari. **2.** *estens.* Arte di fare i conti. **3.** ARCH. Coronamento del capitello. **4.** MAT. Metodo grafico per rappresentare i valori di una funzione di più variabili. SIN.: **nomogramma**.

abàrico agg. [pl.m. –*ci*, f. –*che*] ASTR. Del punto in cui la forza di gravità della Terra e quella della Luna si annullano a vicenda.

abasia s.f. MED. Incapacità parziale o totale di camminare dovuta a disturbi organici o psichici.

abàte s.m. (aramaico *āb* "padre") **1.** Superiore di un monastero, di un'abbazia o di un ordine monastico. **2.** In passato, titolo onorifico dato a chi vestiva l'abito da prete.

abat-jour [/aba'ʒur/] s.m. inv. (voce fr., propr. "smorza-luce") Paralume, lampada da tavolo con paralume.

àbaton s.m. [pl. *abata*] (gr. *ábaton*, propr. "inaccessibile") ARCHEOL. Nel tempio classico, parte riservata ai sacerdoti.

abbacchiàre v.tr. [6] Avvilire, deprimere qlcu. ◆ **abbacchiarsi** v.pron. Demoralizzarsi.

abbacchiàto agg. *fam.* Avvilito, depresso.

abbàcchio s.m. [pl. –*chi*] (prob. lat. *ăd bāculum* "presso il bastone", perché gli agnellini venivano tenuti legati a un palo) CUC. Agnellino da latte, o appena slattato, macellato. ~ Piatto tipico della cucina romana.

abbacinàre v.tr. **1.** Secondo antiche modalità di tortura, accecare qlcu. avvicinando ai suoi occhi un bacino rovente o riflettendo i raggi del sole. **2.** Abbagliare con luce molto intensa, privando momentaneamente della vista. **3.** *fig.* Illudere qlcu. con false apparenze. SIN.: **confondere**.

abbagliaménto s.m. **1.** Momentaneo offuscamento della vista causato da luce intensa. **2.** *fig.* Illusione.

abbagliànte agg. **1.** Di luminosità intensa e brillante. SIN.: **sfolgorante. 2.** *fig.* Sorprendente, eccezionale. ~ Illusorio. ◆ s.m. (spec. pl.) Negli autoveicoli, luci orizzontali di profondità.

abbagliàre v.tr. [6] **1.** Disturbare la capacità visiva di qlcu. colpendolo con una luce troppo intensa. *Il sole ci abbaglia.* **2.** *fig.* Affascinare qlcu. suscitando ammirazione. ◆ v.intr. (aus. *avere*) Emettere una luce così intensa da confondere la vista. *Il sole forte abbaglia.* ~ *estens.* Splendere. ◆ **abbagliarsi** v.pron. Perdere temporaneamente la vista per una luce troppo forte.

abbàglio s.m. [pl. –*gli*] Errore, fraintendimento. ◇ *Prendere un abbaglio*: fare uno sbaglio madornale.

abbaiàre v.intr. [6] (aus. *avere*) (voce onom.) **1.** Riferito al cane, emettere versi brevi e iterati. **2.** *fig.* Gridare con rabbia e insistenza. ◇ *Abbaiare alla luna, al vento*: gridare inutilmente. ◆ v.tr. *fig.* Esprimere qlco. a voce alta, con rabbia. *Abbaiare un ordine.*

abbaino s.m. (genov. *abbaén* "abitino", perché le lastre che coprono l'abbaino assomigliano al cappuccio dei frati) **1.** Piccolo lucernaio che serve per dare aria e luce al sottotetto. **2.** *estens.* Soffitta usata anche come abitazione. SIN.: **sottotetto**.

abbandonàre v.tr. (fr. *abandonner*, deriv. di *être à bandon* "essere in potere") **1.** Lasciare definitivamente luoghi o persone. ~ Venir meno, venire a mancare a qlcu. *Le forze lo hanno abbandonato.* **2.** Cessare di fare qlco., lasciare da parte. *Abbandonare la professione.* ~ Ritirarsi da una competizione sportiva. *Il pugile ha abbandonato l'incontro.* **3.** Lasciare senza aiuto o protezione. *Abbandonare i compagni.* ~ Lasciare qlcu. o qlco. a forze avverse. *Abbandonare la città al saccheggio.* ~ Trascurare, lasciare nell'incuria. *Abbandonare un giardino.* **4.** Smettere di tenere qlco. *Abbandonare la presa.* **5.** Lasciare andare una parte del corpo e appoggiarla a qlco. *Abbandonare le mani in grembo.* ◆ **abbandonarsi** v.pron. **1.** Lasciarsi andare verso un punto d'appoggio, rilassandosi completamente. *Abbandonarsi sulla poltrona.* ~ *fig.* Affidarsi a qlcu. con assoluta fiducia. *Abbandonarsi a Dio.* **2.** *fig.* Lasciarsi andare, affidandosi a un sentimento o a un impulso. *Abbandonarsi ai ricordi.*

abbandonàto agg. **1.** Lasciato solo, per sempre, da tutti. ◇ *Sedotta e abbandonata*: di donna indotta a unione sessuale con la promessa di matrimonio e poi lasciata. **2.** Deserto, disabitato. ◇ *fig. Abbandonato da Dio*: di luogo impervio o di ambiente squallido, povero. **3.** Disteso, adagiato. *Abbandonato sul letto.* **4.** Sfinito, languido.

abbandònico agg. [pl.m. *-ci*, f. *-che*] PSICOL. Caratterizzato, causato da abbandonismo.

abbandonismo s.m. PSICOL. Propensione all'avvilimento.

abbandóno s.m. **1.** Allontanamento da qlcu. o da qlco. SIN.: **distacco**. ◇ DIR. *Abbandono del tetto coniugale:* allontanamento dalla residenza familiare che diventa colpa in una causa di separazione. **2.** Incuria, trascuratezza. ◇ *In abbandono:* lasciato senza cura, incustodito. **3.** Distensione fisica, rilassamento. *Stare in posizione di abbandono.* **4.** DIR. Atto di rinuncia. ◇ *Abbandono liberatorio:* rinuncia a una proprietà o a un possesso. **5.** DIR. Reato di mancata assistenza o custodia di una persona o di un bene da parte di chi ne ha la cura. ◇ *Stato di abbandono:* quello in cui si trovano i bambini non riconosciuti alla nascita dai genitori e che ne consente l'adozione. **6.** SPORT. Ritiro da una gara, spec. nel pugilato.

abbarbicaménto s.m. Forte attaccamento a qlco.

abbarbicàre v.intr. [4] (aus. *avere*) BOT. Detto di piante, mettere radici o barbe. SIN.: **attecchire**. ◆ **abbarbicarsi** v.pron. **1.** Detto di piante o persone, attaccarsi saldamente a un appiglio. SIN.: **avvinghiarsi**. **2.** *fig.* Detto di sentimenti, radicarsi nell'animo, nell'intimo.

abbàside agg. Che appartiene alla dinastia degli Abbasidi. ◆ s.m. e f. Nel sign. dell'agg.

abbassalingua s.m. inv. (calco del fr. *abaisse-langue*) MED. Strumento a forma di spatola per tenere abbassata la lingua del paziente durante l'ispezione della bocca e della gola.

abbassaménto s.m. **1.** Diminuzione di altezza, di grado, di intensità. SIN.: **riduzione**. **2.** Avvallamento, infossamento. *Abbassamento della sede stradale.* **3.** *fig.* Degrado, peggioramento. *Abbassamento dei costumi.*

abbassàre v.tr. **1.** Far scendere, portare a un livello più basso. *Abbassare una leva.* ◇ MAT. *Abbassare un numero:* nella divisione, portare a destra del resto una cifra del dividendo. **2.** Dirigere qlco. verso il basso. SIN.: **chinare**. ◇ *figg. Abbassare la testa:* piegarsi alla volontà altrui. – *Abbassare le armi:* arrendersi al nemico. **3.** Rendere qlco. più basso in altezza, intensità o valore. *Abbassare i prezzi.* ◆ **abbassarsi** v.pron. **1.** Con soggetto animato, chinarsi. **2.** *fig.* Umiliarsi, perdere prestigio. *Non abbassarsi di fronte a nessuno.* **3.** Di soggetto non animato, diminuire in altezza, livello, intensità, valore. ◆ v.tr. GEOM. *Abbassare una perpendicolare:* tracciare una perpendicolare da un punto a una retta o a un piano.

abbàsso s.m. inv. Grido di ostilità, di disappunto, in oppos. a *evviva*.

abbastànza avv. **1.** In quantità sufficiente. *Ha mangiato abbastanza.* **2.** Piuttosto, alquanto. *È abbastanza buono.* ❑ In funzione di agg. inv., sufficiente. *Avere abbastanza tempo.* ◇ *Averne abbastanza di qlcu. o qlco.:* esserne stufo.

abbàttere v.tr. **1.** Far cadere pesantemente un oggetto di grandi dimensioni. *Abbattere un aereo.* ◇ BOXE *Abbattere un avversario:* mandarlo al tappeto. **2.** Distruggere una costruzione facendola cadere a terra. *Abbattere una casa.* SIN.: **demolire**. **3.** Uccidere spec. animali. **4.** *fig.* Deprimere, prostrare qlcu. fisicamente o moralmente. *La malattia lo ha abbattuto.* **5.** MAR. Far compiere una rotazione su se stessa a un'imbarcazione a vela, in modo che prenda il vento quando lascia l'ormeggio. ◆ **abbattersi** v.pron. **1.** *fig.* Scoraggiarsi, perdersi d'animo. **2.** Lasciarsi cadere, precipitare verso un luogo più basso. ~ Rovesciarsi con violenza su qlco. *Una pioggia tremenda si abbatté sulla città.* ~ *fig.* Detto di situazioni avverse, rovesciarsi addosso a qlcu. *Molte disgrazie si sono abbattute su di lui.*

abbattifièno s.m. inv. (calco del fr. *abat-foin*) AGR. Botola nel pavimento del fienile attraverso cui si fa scendere il fieno nella stalla sottostante.

abbattiménto s.m. **1.** Atterramento, taglio che provoca la caduta. *Abbattimento di un albero.* **2.** *fig.* Rovesciamento, sovvertimento. *Abbattimento del governo.* **3.** Uccisione, spec. riferito ad animale. **4.** *fig.* Indebolimento fisico o esaurimento morale. SIN.: **spossamento**. **5.** ECON. *Abbattimento alla base:* esenzione dalle imposte di un certo ammontare di reddito. **6.** CHIM. Eliminazione da un gas di particelle liquide o solide. **7.** Insieme delle operazioni con cui si staccano minerali e rocce dalla loro sede.

abbattitóre s.m. [f. *-trice*] **1.** Taglialegna specializzato nell'abbattimento di alberi. **2.** (solo m.) Macchina per abbattere gli alberi.

abbattùta s.f. **1.** Zona di bosco in cui sono stati tagliati gli alberi. **2.** Cumulo di alberi tagliati. **3.** MAR. Rotazione di un'imbarcazione per prendere il vento. **4.** AER. Nella fase di atterraggio, impatto contro il suolo del carrello anteriore successivo all'impatto del carrello posteriore.

abbattùto agg. **1.** Atterrato, buttato giù. **2.** *fig.* Afflitto, avvilito.

abbazìa o **abazìa** s.f. **1.** Comunità monastica autonoma retta da un abate o da una badessa. **2.** CRIST. *estens.* Insieme di edifici e di terreni appartenenti alla comunità.

abbecedàrio s.m. [pl. *-ri*] (formato dal nome delle prime quattro lettere dell'alfabeto) Libro di istruzione elementare per imparare a leggere e scrivere. ❑ In funzione di agg., di componimento poetico della latinità cristiana che presenta una successione alfabetica delle lettere iniziali dei singoli versi e delle strofe. *Inni abbecedari.*

abbelliménto s.m. **1.** Atto di abbellire. **2.** Elemento, artificio per rendere più bello qlco. *Abbellimento poetico.* **3.** MUS. Inserzione in un brano di elementi melodici.

abbellìre v.tr. [83] **1.** Migliorare l'aspetto di qlcu. ~ Ornare qlco. per renderlo più bello. *Abbellire la propria stanza.* **2.** *fig.* Attribuire a qlcu. più virtù o qualità di quelle che realmente possiede. *Abbellire il figlio davanti a estranei.* ◆ **abbellirsi** v.pron. **1.** Diventare più bello. **2.** Farsi bello con il trucco o l'abbigliamento.

abbeveràggio s.m. [pl. *-gi*] **1.** Operazione di abbeverare, atto di abbeverarsi. **2.** DIR. Facoltà di abbeverare. *Servitù di abbeveraggio.*

abbeveràre v.tr. **1.** Dare da bere al bestiame. **2.** *fig.* Appagare un bisogno spirituale. *Abbeverare l'animo.* **3.** MAR. Colmare d'acqua un'imbarcazione tirata in secco per far gonfiare il legname della chiglia, cosicché collimi. ◆ **abbeverarsi** v.pron. Bere per soddisfare la sete, detto spec. di animali. ~ *fig.* Attingere conoscenze a una fonte spirituale o intellettuale per appagare la propria sete di sapere. *Abbeverarsi ai testi filosofici.*

abbeveràta s.f. **1.** Abbeveraggio. **2.** *estens.* Luogo in cui gli animali vanno a dissetarsi.

abbeveratóio s.m. [pl. *-toi*] Vasca per abbeverare gli animali. ~ *estens.* Luogo a cui si conducono gli animali a dissetarsi.

abbevilliàno agg. (dal nome della città francese di *Abbeville* nei cui pressi furono ritrovati importanti reperti) Riferito alla più antica civiltà preistorica risalente al paleolitico inferiore. ◆ s.m. (solo sing.) Epoca caratterizzata da tale civiltà.

abbiccì o **abicì** o **abc** s.m. inv. (dal nome delle prime tre lettere dell'alfabeto) Insieme di nozioni elementari di una disciplina o di un mestiere. ◇ *Essere all'abc:* essere ai primi passi, all'inizio.

abbiènte agg. Che è benestante. SIN.: **agiato**. ◆ s.m. e f. Nel sign. dell'agg. *Provvedere ai non abbienti.*

abbigliaménto s.m. **1.** Insieme di indumenti con cui ci si veste e loro accessori. ◇ *Capo di abbigliamento:* singolo indumento. **2.** Modo di vestire. **3.** Settore dell'industria o dell'artigianato che produce capi di vestiario e accessori.

abbigliàre v.tr. [6] (fr. *habiller* "preparare" poi "vestire") Vestire qlcu. con cura e ricercatezza. *Abbigliare la figlia per una festa.* ◆ **abbigliarsi** v.pron. Vestire se stessi con cura.

abbinaménto s.m. **1.** Accostamento di elementi diversi. *Abbinamento di colori.* **2.** BANC. Nel commercio internazionale, operazione di baratto effettuata tramite banca.

abbinàre v.tr. **1.** Mettere insieme due cose affini. *Abbinare camicia e cravatta.* ~ Riunire a coppie più persone o cose. *Abbinare gli atleti di un torneo.* **2.** Collegare qlco. ad altro. *Abbinare il vino alla portata.* **3.** IND. TESS. Unire due fili per sottoporli a ritorcitura. **4.** DIR. Proporre o trattare congiuntamente due cause.

abbinàta s.f. → **accoppiata**.

abbinàto agg. Accoppiato, unito ad altra persona o cosa. ◆ s.m. IND. TESS. Coppia di fili della trama avvolti in modo da ottenere un filato ritorto.

abbindolàre v.tr. **1.** Avvolgere il filo attorno al bindolo per fare il gomitolo. **2.** *fig.* Ingannare, raggirare. *Quel tipo vi ha abbindolati.* ◆ **abbindolarsi** v.pron. **1.** Detto del filo, avvolgersi attorno al bindolo. **2.** *estens.* Impigliarsi, arruffarsi. *Il guinzaglio del cane si è abbindolato.*

abbiòcco s.m. [pl. *-chi*] *fam.* Cedimento alla stanchezza.

abboccaménto s.m. **1.** Colloquio riservato o informale. **2.** TECN. Giunzione di due tubazioni o di altri elementi cavi. **3.** MED. Intervento chirurgico con cui si collegano due organi cavi interni oppure un organo interno con l'esterno mediante l'apertura di un orifizio.

abboccàre v.tr. [4] Congiungere due elementi, spec. cavi, facendoli combaciare. *Abboccare due tubi.* ◆ v.intr. (aus. *avere*) **1.** Di pesci, conficcarsi l'amo in bocca afferrando l'esca. *Oggi i pesci non abboccano.* **2.** Combaciare. *I tubi abboccano.* **3.** MAR. Navigare inclinati su un fianco con il bordo della barca a pelo dell'acqua. **4.** *fig.* Lasciarsi adescare. *Abboccare alle parole di un imbroglione.* SIN.: **cascarci**. ◆ **abboccarsi** v.pron. Incontrarsi privatamente. *Gli ambasciatori si abboccano in segreto.*

abboccàto agg. **1.** Di vino che tende al dolce. SIN.: **amabile**. **2.** Di persona, che mangia volentieri qualsiasi cibo.

abbonaménto s.m. **1.** Tipo di contratto che prevede il versamento anticipato di denaro in cambio del diritto a usare un prodotto o un servizio per un periodo di tempo. *Abbonamento a un giornale.* **2.** Prezzo dell'abbonamento. **3.** Tessera che viene rilasciata al momento del versamento della somma richiesta per abbonarsi.

abbonàre v.tr. (fr. *abonner*, orig. "delimitare un feudo" quindi "assoggettare a un canone limitato") Contrarre un abbonamento a un servizio, a favore di qlcu. *Abbonare un amico a una rivista.* ◆ **abbonarsi** v.pron. Fare un abbonamento per se stessi.

abbonàto agg. [f. *-ta*] (calco del fr. *abonné*) **1.** Che è titolare di un abbonamento. **2.** *fig. scherz.* Che è solito frequentare gli stessi luoghi o ritrovarsi nelle stesse situazioni. *Abbonato alle brutte figure.* ◆ s.m. Nei sign. dell'agg.

abbondànte agg. **1.** Che è in grande quantità. SIN.: **copioso**. **2.** Che oltrepassa la misura giusta. SIN.: **largo**. **3.** Che ha gran quantità di qlco. SIN.: **ricco**.

abbondànza s.f. **1.** Grande quantità. ~ Eccedenza, esuberanza. *Abbondanza di mano d'opera.* ◇ *In abbondanza:* abbondantemente. **2.** Annona. **3.** Varietà di melo coltivata spec. nel Veneto e nell'Emilia.

abbondàre v.intr. (lat. *abundāre* "straripare") **1.** (aus. essere o avere) Essere presente in grande quantità o numero. *La selvaggina qui abbonda.* **2.** (aus. avere) Esagerare. *La mamma abbonda in raccomandazioni.* **3.** (aus. avere) Avere in sé una grande quantità di qlco. *La casa abbonda di fiori.*

abboniménto s.m. **1.** Operazione rivolta a migliorare la qualità o il rendimento di qlco. **2.** Pulitura delle superfici interne delle botti per eliminare dal legno eventuali sostanze adulteranti. ~ Depurazione dei filtri degli oleifici.

abbonìre v.tr. [83] (fr. *abonnir*) **1.** Calmare una persona adirata, ammansire un animale. **2.** Migliorare la qualità, il rendimento. *Abbonire il vino, un terreno.* ◆ v.intr. (aus. *essere*) Perdere forza o intensità, detto spec. del mare o di condizioni atmosferiche. *Il mare abbonisce.* ◆ **abbonirsi** v.pron. Diventare calmi.

abbordàbile agg. (fr. *abordable*) **1.** Che può essere abbordato. *Riva difficilmente abbordabile.* **2.** *fig.* Riferito a una persona, di facile approccio. ~ Riferito a cosa, affrontabile, facile. ~ *fig.* Riferito a prezzi, non eccessivo.

abbordàggio s.m. [pl. –gi] **1.** MAR. Manovra ostile di accostamento. SIN.: **arrembaggio**. **2.** MAR. Collisione accidentale o volontaria tra due imbarcazioni.

abbordàre v.tr. (fr. *aborder* "assalire una nave urtandola") **1.** MAR. Detto di nave, avvicinare un'altra imbarcazione accostando bordo a bordo. ~ *estens.* Venire a collisione, urtare un oggetto in mare. **2.** *estens.* Avvicinare una persona, anche sconosciuta, per parlarle. **3.** *fig.* Affrontare con decisione qlco. *Abbordare una questione.*

abborracciàre v.tr. [5] Fare qlco. in fretta, senza attenzione.

abborracciàto agg. (part. pass. di *abborracciare*) Raffazzonato, buttato giù alla meglio. *Un articolo abborracciato.*

abbottonàre v.tr. Chiudere con bottoni. *Abbottonare il cappotto al bambino.* ◆ **abbottonarsi** v.pron. **1.** Essere chiuso con bottoni, detto spec. di capi di vestiario. ~ Inserire i bottoni negli occhielli di un indumento che si indossa. *Abbottonati il vestito.* **2.** *fig. fam.* Chiudersi nel silenzio.

abbottonàto agg. **1.** Chiuso con bottoni. **2.** *fig.* Riservato nel parlare. SIN.: **cauto**.

abbottonatùra s.f. **1.** Atto di abbottonare. **2.** Insieme di bottoni e occhielli che chiudono l'apertura di un indumento.

1. abbozzàre v.tr. **1.** Dare la prima forma a un'opera. *Abbozzare un paesaggio.* SIN.: **schizzare**. **2.** Tracciare qlco. a grandi linee, senza entrare nei dettagli. *Abbozzare un discorso.* **3.** Accennare. *Abbozzare un saluto.*

2. abbozzàre v.tr. MAR. Trattenere una gomena o una catena con una bozza.

abbòzzo s.m. **1.** Stesura parziale e approssimativa di un'opera. *Abbozzo di un dipinto.* **2.** *fig.* Accenno di un gesto, di un'azione. *Un abbozzo di sorriso.* **3.** BIOL. *Abbozzo embrionale:* insieme di cellule da cui si svilupperanno i vari organi.

abbracciàre v.tr. [5] **1.** Stringere qlcu. con le braccia. *Abbracciare un amico.* **2.** *fig.* Estendersi intorno a qlco. *Le mura abbracciano la città.* **3.** *fig.* Cogliere qlco. globalmente con la mente o con lo sguardo. *Abbracciare varie discipline.* **4.** Contenere, comprendere in sé. *La regione abbraccia boschi e prati.* **5.** *fig.* Accettare e sostenere un'idea. *Abbracciare una causa.* ~ Dedicarsi a qlco. *Abbracciare una professione.* ◆ v.pron. Detto di due o più persone, cingersi con le braccia reciprocamente. ~ Stringersi, tenersi stretto a qlcu. o a qlco. *Abbracciarsi all'amico.* ~ Riferito a piante, attaccarsi a qlco. con radici o barbe.

abbràccio s.m. [pl. –ci] **1.** Dimostrazione d'affetto fatta cingendo qlcu. con le braccia. ~ Espressione figurata di saluto amichevole. *Ti mando un caro abbraccio.* SIN.: **stretta**. ◇ *Abbraccio accademico:* dato dal preside della facoltà al neolaureato con il massimo dei voti. – *fig. Abbraccio mortale:* legame distruttivo. **2.** *fig.* Il cingere, il circondare, considerato nel suo aspetto affettivo. *Abbraccio dei monti.*

abbreviàre v.tr. [6] **1.** Rendere qlco. più breve o più corto. *Abbreviare un discorso.* **2.** Scrivere o pronunciare una parola in forma più breve, anche con segni convenzionali. *Abbreviare la parola "verbo" con v.* **3.** METR., FON. Rendere brevi sillabe e foni lunghi. ◆ **abbreviarsi** v.pron. Diventare più breve, più corto.

abbreviatóre s.m. Prelato della curia pontificia che redigeva le lettere e i brevi del Papa e riassumeva le suppliche.

abbreviazióne s.f. **1.** Riduzione a dimensioni minori. **2.** Accorciamento di una parola e la parola così ridotta. **3.** LING. Riduzione della lunga a breve della quantità di una vocale. **4.** MUS. Negli spartiti, annotazione fatta con parole accorciate o segni convenzionali. **5.** DIR. *Abbreviazione dei termini:* riduzione del tempo stabilito dalla legge per giungere a un dibattimento.

abbrivàre v.tr. (provenz. *abriuar* "prendere lo slancio") MAR. Imprimere a un'imbarcazione un'accelerazione progressiva. ◆ v.intr. (aus. *avere*) Di veicoli o imbarcazioni, mettersi in moto, aumentare la velocità.

abbrìvo o **abbrìvio** s.m. [pl. –vi] **1.** MAR. Spinta iniziale impressa a un'imbarcazione dai propri mezzi di propulsione. **2.** Spinta iniziale impressa a qualsiasi veicolo. ◇ *fig. Prendere l'abbrivo:* prendere la rincorsa, lo slancio.

abbronzànte agg. Che favorisce l'abbronzatura della pelle. *Crema abbronzante.* ◆ s.m. Cosmetico che facilita la pigmentazione della pelle.

abbronzàre v.tr. (voce sett., centr. e ladina) **1.** Far diventare qlco. del colore del bronzo. *Abbronzare i metalli.* **2.** *estens.* Pigmentare la pelle mediante esposizione a radiazioni prodotte dal sole o da apparati appositi. ◆ **abbronzarsi** v.pron. Diventare color del bronzo, detto della pelle di chi si espone al sole o ad altre radiazioni.

abbronzatùra s.f. Pigmentazione scura della pelle a seguito di esposizione ai raggi solari.

abbrunìre v.tr. [83] **1.** Rendere scuro qlco. *Il sole abbrunisce la pelle.* **2.** METALL. → **brunire**.

abbrustolìre v.tr. [83] Scottare qlco. a fuoco vivo o lento. *Abbrustolire il pane.* ◆ **abbrustolirsi** v.pron. *fig.* Esporsi a lungo al sole per abbronzarsi.

abbrutiménto s.m. (calco del fr. *abrutissement*) Perdita di dignità umana, degrado morale. SIN.: **abiezione**.

abbrutìre v.tr. [83] (fr. *abrutir*) Togliere dignità o equilibrio razionale a una persona. *L'alcol abbrutisce l'uomo.* ◆ v.intr. (aus. *essere*) Ridursi un bruto, anche pron. *Dopo il carcere (si) è abbrutito.*

abbruttìre v.tr. [83] Rendere brutto. ◆ v.intr. (aus. *essere*) Diventare brutto, anche pron.

abbuffàrsi v.pron. Mangiare molto e con ingordigia. *Abbuffarsi di pasticcini.*

abbuffàta s.f. Grande mangiata.

abbuonàre v.tr. **1.** Condonare una parte di debito. ~ *fig.* Perdonare qlco. a qlcu. **2.** Dare per buona una prova sostenuta. *Abbuonare l'esame allo studente.*

abbuòno s.m. **1.** Riduzione del prezzo della merce. SIN.: **sconto**. **2.** SPORT. Il vantaggio o i punti supplementari concessi a un concorrente.

abburattaménto s.m. **1.** Setacciatura della farina per eliminarne la crusca. **2.** MED. Turba del linguaggio che impedisce la corretta pronuncia delle parole.

abburattàre v.tr. Passare la farina attraverso un setaccio per separarla dalla crusca.

abdicàre v.intr. [4] (aus. *avere*) (lat. *abdicāre* "rinnegare, rinunziare") **1.** Rinunciare all'esercizio del potere sovrano. *Abdicare al trono.* **2.** *estens.* Rinunciare a qlco. *Abdicare a un diritto.* ~ Sottrarsi a qlco. *Abdicare ai propri doveri.*

abdicatàrio agg. [pl.m. –ri] Che abdica o ha abdicato.

abdicazióne s.f. **1.** Rinuncia al trono. **2.** *estens.* Rinuncia a un diritto, a un dovere, a una prerogativa.

abducènte agg. ANAT. *Nervo abducente:* sesto paio dei nervi cranici che determina la rotazione del bulbo oculare verso l'esterno.

abdùrre v.tr. [26] (lat. *abdūcere* "allontanare") ANAT. Detto di muscolo, nervo, tendine, effettuare un movimento che porta una parte del corpo ad allontanarsi dall'asse mediano di esso.

abduttóre agg. ANAT. *Muscolo abduttore:* che opera un movimento di abduzione. ◆ s.m. Nel sign. dell'agg.

abduzióne s.f. (lat. *abductiónem*, deriv. di *abdūcere* "allontanare") **1.** ANAT. Allontanamento di un arto o di un suo segmento dall'asse mediano del corpo (in oppos. ad *adduzione*). **2.** FILOS. Nella logica aristotelica, tipo di sillogismo in cui la premessa maggiore è certa, la minore probabile, e quindi la conclusione ha un grado di certezza non superiore alla premessa minore (in oppos. a *deduzione* e *induzione*).

Abèlia s.f. BOT. Genere di piante arbustive o arboree, con fiori a pannocchia. (Famiglia delle Caprifoliacee.)

abelmòsco s.m. [pl. –schi] Pianta erbacea a fiori gialli diffusa nelle regioni tropicali, coltivata per i frutti e i semi commestibili, da cui si estrae un olio da cucina. (Genere *Abelmoschus*; famiglia della Malvacee.)

aberrànte agg. Che si allontana dalla norma, dalla media. SIN.: **anomalo**. ◇ BIOL. *Specie aberrante:* animale o vegetale che presenta caratteri anomali rispetto al gruppo cui appartiene. – DIR. *Reato aberrante:* quello commesso involontariamente mentre si dà corso ad altro e diverso reato.

aberrazióne s.f. **1.** Deviazione da un principio costituito, da una norma. ~ Traviamento morale. **2.** MED. Allontanamento dallo stato normale. *Aberrazione mentale.* **3.** ASTR. Spostamento apparente della posizione di un astro causato dal comporsi della velocità della luce da esso proveniente con la velocità della Terra. ◇ *Aberrazione diurna:* dovuta al moto di rotazione della Terra. – *Aberrazione annua:* dovuta al moto di rivoluzione della Terra intorno al Sole. **4.** OTT. In un sistema ottico, alterazione delle immagini dovuta alla struttura del sistema stesso. ◇ *Aberrazione cromatica:* fenomeno di iridescenza intorno alle immagini. – *Aberrazione sferica:* distorsione delle immagini. **5.** GENET. *Aberrazione cromosomica:* modificazione numerica o strutturale che si verifica nel corredo cromosomico in seguito a una anomalia genetica. **6.** DIR. Attuazione di un reato aberrante.

abetàia s.f. Bosco d'abeti.

abéte s.m. **1.** Albero resinoso diffuso nelle regioni temperate dell'emisfero boreale e nell'America Centrale, con foglie aghiformi sempreverdi e rami di lunghezza decrescente verso l'alto. (Generi *Abies* e *Picea*; famiglia delle Pinacee.) **2.** Legno d'abete. **3.** BOT. (iniziale maiusc.) Genere di piante a cui appartengono varie specie di abete.

ENCICL. L'abete bianco (che si distingue dall'abete rosso per la tipica disposizione delle pigne rivolte all'insù), raggiunge i 40 m di altezza; il suo legno si usa in carpenteria, in falegnameria, per il parquet e per la produzione della pasta di carta; l'abete della Norvegia (*Picea abies*) è usato per gli alberi di Natale.

ramo
e pigna

■ **abéte.** Abete del Caucaso.

abetèlla s.f. Abete sfrondato e scortecciato pronto per essere usato come legname da costruzione.

abiètto agg. (lat. *abiĕctum*, deriv. di *abicere* "gettare via") Moralmente ripugnante, spregevole. SIN.: **ignobile**.

abiezióne s.f. **1.** Degradazione morale. **2.** RELIG. Nell'ascesi cristiana, totale mortificazione delle esigenze terrene.

abigeàto s.m. DIR. Furto di bestiame.

abìgeo s.m. (lat. *abīgeum*, deriv. di *abīgere* "condurre via") DIR. Chi commette abigeato, ladro di bestiame.

àbile agg. (lat. *hăbilem*, propr. "che si tiene con facilità") Dotato dei requisiti necessari, adatto a esercitare un'attività o una professione. *Abile al lavoro.* ~ Esperto, valente. *Un artigiano abile.* ~ Che denota astuzia. *Un'abile mossa.*

abilità s.f. inv. **1.** Perizia nel fare qlco. ~ (al pl.) Insieme di requisiti professionali o attitudinali. **2.** Astuzia, ingegnosità. *Abilità nel cavarsi d'impaccio.*

abilitànte agg. Che rende idonei a fare qlco.

abilitàre v.tr. (fr. *habiliter*) **1.** Preparare qlcu. rendendolo abile a un mestiere, a una professione. *Questa scuola abilita alla professione medica.* **2.** Riconoscere qlcu. ufficialmente idoneo all'esercizio di un'attività o di una professione, dopo un esame di controllo. *Abilitare i candidati all'insegnamento.* ◆ **abilitarsi** v.pron. Conseguire un'abilitazione a qlco.

abilitàto agg. [f. *–ta*] Che ha conseguito un'abilitazione. ◆ s.m. Nel sign. dell'agg.

abilitazióne s.f. DIR. Riconoscimento, da parte dello Stato, della capacità di esercitare una determinata professione.

ab intestàto loc. agg. inv. (loc. lat., propr. "da chi non ha fatto testamento") DIR. Di eredità proveniente per via legittima da persona che non ha fatto testamento.

abiogènesi s.f. inv. BIOL. Secondo una teoria oggi non più accettata, trasformazione di sostanze inerti o in decomposizione in organismi viventi.

abiosfèra s.f. GEOGR. Insieme delle zone terrestri prive di forme di vita (in oppos. a *biosfera*).

abiòtico agg. [pl.m. *–ci*, *–che*] ECOL. Di ambiente in cui non esiste alcuna forma di vita.

abissàle agg. **1.** Relativo agli abissi. **2.** *fig. fam.* Profondo, smisurato. *Ignoranza abissale.* **3.** GEOL. A notevole profondità sotto la crosta terrestre. *Rocce abissali.*

abissino agg. [f. *–na*] Dell'Abissinia. ◆ s.m. **1.** Nativo, abitante dell'Abissinia. **2.** Razza di gatti con testa triangolare, corpo snello e pelo fulvo.

abisso s.m. (gr. *ábyssos* "senza fondo") **1.** Profondità notevole. ◇ *fig. Essere sull'orlo dell'abisso:* a un passo dalla completa rovina. **2.** *fig.* Grandezza, estensione di cui non si può percepire il limite. *Abisso di ignoranza.* ~ Grande distanza morale, di idee. **3.** GEOGR. La parte più profonda di una fossa marina.

abitàbile agg. Che si può abitare.

abitabilità s.f. inv. **1.** Caratteristica di ciò che è abitabile. **2.** Nel l. bur., complesso dei requisiti di legge che un edificio deve avere per essere abitato.

abitàcolo s.m. **1.** AUTOM. Spazio interno riservato al conducente e ai passeggeri. ~ Negli aerei, vano riservato ai piloti. **2.** MAR. Custodia della bussola.

abitànte s.m. (anche f.) Chi abita in un luogo. ~ (al pl.) Popolazione. *Gli abitanti di Roma.*

abitàre v.intr. (aus. *avere*) (lat. *habitāre* "continuare ad avere, trovarsi") **1.** Vivere in un luogo o con qlcu. **2.** *fig.* Di sentimenti, avere la propria sede in un certo posto. *L'onestà abita nell'animo.* ◆ v.tr. Avere un luogo come propria sede naturale o storica. *Questi animali abitano le zone fredde.* ~ Avere un luogo come propria dimora. *Abitare una casa lussuosa.*

abitativo agg. Che concerne l'abitazione e l'abitare.

abitàto agg. Popolato. *Centro abitato.* ◆ s.m. Agglomerato di case e di popolazione. SIN.: **borgo**.

abitazióne s.f. **1.** Atto dell'abitare. ◇ *Diritto d'abitazione:* quello che dà la facoltà di abitare in una casa di proprietà di altri. **2.** Luogo in cui l'uomo dimora.

àbito s.m. (lat. *hăbitum* "aspetto, modo di essere") **1.** Indumento che si porta sopra la biancheria. *Abito da sposa.* ◇ *Abito da sera:* vestito molto elegante. ~ Con un aggettivo, segno distintivo di una professione o di una condizione sociale. *Abito civile, religioso.* ◇ *Prendere l'abito:* farsi monaco o religioso. **2.** Abitudine, costume, disposizione. *Abito mentale.* **3.** BIOL. Insieme dei caratteri specifici di un animale o di una pianta. **4.** MED. Disposizione dell'organismo a particolari malattie. **5.** ZOOL. Pelliccia o piumaggio degli animali che cambia col mutare delle stagioni.

abituàle agg. **1.** Conforme a un'abitudine. **2.** Che è tale per abitudine. *Cliente abituale.* ~ Nel l. giur., persona che ripetutamente viola la legge. **3.** FILOS. Intrinseco, potenziale. ◇ TEOL. CRIST. *Grazia abituale:* grazia infusa permanentemente da Dio nell'uomo per renderlo partecipe della natura divina.

abitualità s.f. inv. Consuetudine, usanza.

abituàre v.tr. Far prendere un'abitudine a qlcu. *Abituare i figli allo studio.* ◆ **abituarsi** v.pron. Assuefarsi a qlco.

abituàto agg. Che ha preso l'abitudine, è avvezzo a qlco.

abitudinàrio agg. [pl.m. *–ri*] Che resta fedele alle proprie consuetudini. SIN.: **metodico**. ~ Che vive in maniera ripetitiva. SIN.: **consuetudinario**. ◆ s.m. [f. *–ria*] Nei sign. dell'agg.

abitùdine s.f. **1.** Stabile acquisizione di un particolare comportamento. ~ Costume, usanza. *Le abitudini di un popolo.* **3.** Disposizione, abito mentale. *Abitudine all'onestà.*

abiùra s.f. Ritrattazione pubblica di una fede, di un'ideologia. SIN.: **apostasia**.

abiuràre v.tr. Rinunciare solennemente alla propria fede religiosa o alle proprie idee. *Abiurare un giuramento.*

1. ablativo agg. LING. Del caso della declinazione che in alcune lingue antiche (latino) e moderne (finlandese) esprime l'allontanamento, il distacco da un luogo, e secondariamente altri valori (causa, strumento, paragone, ecc.). ◆ s.m. Il caso ablativo. ◇ *Ablativo assoluto:* costrutto in caso ablativo formato dall'unione di un nome o di un pronome con un participio presente o passato che, insieme col nome, deve costituire un'espressione sciolta da ogni legame grammaticale con la proposizione reggente.

2. ablativo agg. GEOL. Relativo all'ablazione.

ablazióne s.f. **1.** GEOL. Perdita di volume di un ghiacciaio per fusione, evaporazione o crolli. ~ Rimozione di materiali rocciosi a opera di ghiacciai o di corsi d'acqua. **2.** ASTR., ASTRONAUT. Asportazione del rivestimento esterno di un missile spaziale allo scopo di diminuire il calore prodotto dall'attrito con l'atmosfera terrestre. **3.** CHIR. Asportazione di una parte del corpo. *Ablazione della milza.* **4.** DIR. Provvedimento amministrativo consistente nella privazione di diritti o interessi del singolo.

ablepsia s.f. MED. → **cecità**.

abluzióne s.f. **1.** Lavaggio del corpo o di una sua parte. **2.** RELIG. Rito di purificazione del corpo con l'acqua.

abnegazióne s.f. Sacrificio di sé per motivi superiori di ordine morale, sociale, psicologico.

abnòrme agg. (lat. *abnŏrmem* "fuori dalla regola") Fuori dalla norma. SIN.: **anomalo**.

abolìre v.tr. [83] **1.** Annullare l'uso o la validità di qlco. *Abolire una tassa.* SIN.: **sopprimere**. ~ Abrogare qlco. **2.** Rinunciare completamente a qlco. *Abolire le sigarette.*

abolizióne s.f. Annullamento, soppressione.

abolizionismo s.m. Dottrina che chiede l'abolizione di leggi o consuetudini ritenute sorpassate. ~ In partic., negli Stati Uniti, il movimento antischiavista degli stati del Nord (metà Ottocento) e il movimento anti-proibizionista dell'uso degli alcolici (anni Venti-Trenta).

abolizionista s.m. e f. [pl.m. *–sti*] (ingl. *abolitionist*) Assertore e seguace dell'abolizionismo.

abomàso s.m. (comp. di lat. *ăb* "dopo" e *omāsum* "budello, trippa") ZOOL. L'ultima delle quattro cavità dello stomaco dei ruminanti.

abomināre o **abbomināre** v.tr. Detestare, disprezzare qlcu. o qlco. *Abominare la violenza.* SIN.: **aborrire**.

abominévole o **abbominévole** agg. **1.** Che suscita un sentimento di orrore, di riprovazione. **2.** Disgustoso. ◇ *L'abominevole uomo delle nevi:* lo yeti, leggendario essere delle vette himalayane dall'aspetto terrificante.

abomìnio s.m. [pl. *–ni*] **1.** Sentimento di disprezzo, di rifiuto. *La guerra suscita abominio.* **2.** Condizione vergognosa. **3.** Persona o cosa detestabile.

aborìgeno agg. (lat. *Aborìgines*, nome dei primi abitatori dell'Italia centrale) Che è originario del luogo in cui vive. ◆ s.m. [f. *–na*] Nei sign. dell'agg. *Gli aborigeni dell'Australia.*

aborrìre o **abborrìre** v.tr. [85] Avere in orrore. *Aborrire l'ipocrisia.*

abortìre v.intr. [83] **1.** (aus. *avere*) Non portare a termine la gravidanza per interruzione naturale o volontaria. **2.** BOT. (aus. *avere*) Non maturare. *La fioritura abortisce.* **3.** *fig.* (aus. *essere*) Non giungere a compimento. *Il progetto è abortito.* SIN.: **fallire**.

abortìsta agg. [pl.m. *–sti*] Favorevole alla legalizzazione dell'aborto. ~ Che pratica aborti. *Medico abortista.* ◆ s.m. e f. Nel sign. dell'agg.

abortìvo agg. Che provoca l'aborto. ◆ s.m. Sostanza che provoca l'aborto.

abòrto s.m. (lat. *abŏrtum*, deriv. di *aborìri* "perire" poi "nascere innanzi tempo") **1.** MED. Interruzione della gravidanza prima che il feto sia maturo. **2.** *fig. spreg.* Persona, animale, opera molto brutti tanto da essere considerati imperfezioni della natura o dell'agire umano. *Un aborto di natura.* **3.** Feto nato prematuro e morto.

ENCICL. Si distingue l'*aborto spontaneo*, dovuto a malattia o per cause sconosciute, dall'*aborto indotto*, praticato per ragioni terapeutiche (*aborto terapeutico*) ma anche per una scelta personale, in questo caso viene chiamato *interruzione volontaria di gravidanza* (*IVG*).

abracadàbra s.m. inv. **1.** OCCULT. Parola magica dal significato misterioso usata nelle pratiche di guarigione. **2.** *estens.* Gioco di parole incomprensibile. SIN.: **indovinello**.

Abràmide s.m. Pesce d'acqua dolce dal corpo piatto. (Lunghezza fino a 50 cm; genere *Abramis*, famiglia dei Ciprinidi.)

abrasióne s.f. **1.** Raschiatura, cancellazione. **2.** GEOL. Erosione delle rocce a opera delle acque. **3.** MED. Lesione superficiale di un tessuto organico per strofinamento o raschiamento. **4.** TECNOL. Levigazione di un materiale solido mediante frizione con sostanze abrasive.

abrasivo agg. Che erode. *Polvere abrasiva.* ◆ s.m. Qualsiasi sostanza che può raschiare le asperità superficiali di un materiale.

abreazióne s.f. (calco del ted. *Abreagieren*) PSICOAN. Liberazione terapeutica da un affetto inconscio legato a un'esperienza traumatica.

abrogàbile agg. DIR. Che è consentito abrogare o annullare.

abrogàre v.tr. [4] DIR. Sopprimere una legge, un decreto, secondo modalità previste dall'ordinamento legislativo. SIN.: **abolire**.

abrogativo agg. DIR. Che abroga. *Referendum abrogativo.*

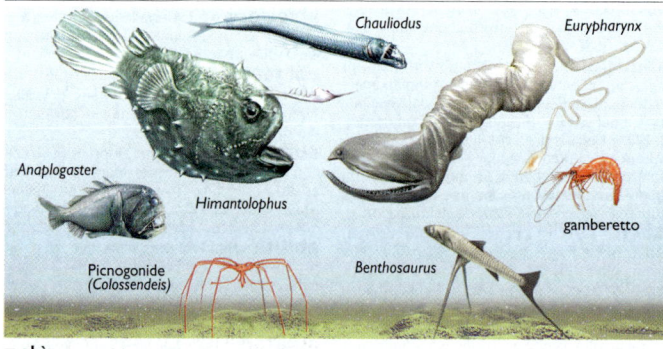

■ **abìsso.** Qualche rappresentante della fauna degli abissi.

Chauliodus
Eurypharynx
Anaplogaster
Himantolophus
gamberetto
Picnogonide (Colossendeis)
Benthosaurus

abrogazióne s.f. DIR. Annullamento dell'efficacia di un atto o di una disposizione normativa.

abròstine s.m. VITICOLT. Varietà di vite americana. ~ L'uva da essa prodotta.

abròtano s.m. Pianta erbacea aromatica, con foglie a lacinie strette, fiori bianchi in capolini, usata pop. come vermifugo. (Famiglia delle Composite.)

abruzzése agg. Dell'Abruzzo. ◆ s.m. **1.** (anche f.) Nativo, abitante dell'Abruzzo. **2.** (solo sing.) Dialetto parlato in Abruzzo.

ABS s.m. inv. (sigla del ted. *Anti-Blockier System,* "sistema antibloccaggio") AUTOM. Dispositivo che permette il controllo della frenata di un veicolo per evitare che le ruote si blocchino.

abscissióne s.f. BOT. Separazione delle foglie o di altri organi vegetali dal fusto delle piante, dovuta al deterioramento di alcune cellule alla base del picciolo.

absidàto agg. **1.** ARCH. Che ha l'abside. **2.** ARCH. Che ha forma di abside.

àbside s.f. **1.** ARCH. Struttura semicircolare o poligonale che costituisce l'estremità della navata centrale o dei due bracci del transetto nella basilica cristiana. **2.** Nella tenda da campeggio canadese, zona opposta all'ingresso destinata al ricovero dei bagagli.

absidìòla s.f. ARCH. Nel sign. del dim. di *abside*; in partic., ciascuna delle piccole cappelle che si aprono sull'abside o sul transetto

absintìna s.f. CHIM. Principio amaro dell'assenzio.

absintìsmo s.m. MED. Intossicazione cronica da assenzio.

abstract [/'æbstrækt/] s.m. inv. (voce ingl., lat. deriv. di *abstrāhere* "tirare via") Riassunto, compendio di saggio o articolo pubblicato su riviste scientifiche.

abulìa s.f. PSICOL. Insufficienza patologica di volontà.

abùlico agg. [pl.m. –*ci,* f. –*che*] **1.** PSICOL. Affetto da abulia. **2.** Che ha poca volontà. SIN.: **fiacco.** ◆ s.m. [f. –*ca*] Nei sign. dell'agg.

abùna s.m. inv. **1.** In Etiopia, titolo dato ai monaci. **2.** In passato, metropolita della Chiesa copta etiopica.

abusàre v.intr. (aus. *avere*) **1.** Fare un uso illegale, improprio o eccessivo di qlco. *Abusare del fumo.* **2.** Approfittare della disponibilità di una persona. *Abusare della bontà di un amico.* **3.** Approfittare della debolezza di qlcu. *Abusare di una donna.*

abusàto agg. Usato troppo e spesso anche male.

abusivìsmo s.m. Pratica diffusa di illegalità nell'esercizio di un'attività regolata da norme e da autorizzazioni. *Abusivismo edilizio.*

abusìvo agg. **1.** Che non ha diritto di essere. SIN.: **illecito** ~ Che costituisce un abuso. **2.** *estens.* Di chi esercita un'attività senza possedere i re-

quisiti di legge e le necessarie autorizzazioni. *Venditore abusivo.* ◆ s.m. [f. –*va*] Nell'accez. 2 dell'agg.

abùso s.m. Uso eccessivo e ingiustificato di qlco. ◇ *Abuso sessuale:* rapporto sessuale imposto con la forza. – DIR. *Abuso di potere:* uso del potere oltre i limiti di legge. – *Abuso d'ufficio:* reato commesso dal pubblico ufficiale che approfittando della propria funzione procura vantaggi a privati. – *Abuso di posizione dominante:* quello che scaturisce quando un'impresa influenza con le proprie strategie le decisioni economiche di altre imprese (per. es. la determinazione di un prezzo di mercato) e si sottrae così alla concorrenza effettiva.

a.C. Abbreviazione di *avanti Cristo,* prima della nascita di Cristo.

acàcia s.f. [pl. –*cie*] **1.** Pianta arborea o arbustiva con rami spinosi, foglie alterne bipennate, fiori gialli e bianchi profumati raccolti in capolini globosi. (Diverse varietà sono conosciute con il nome improprio di *mimosa;* famiglia delle Mimosacee.) **2.** BOT. (iniziale maiusc.) Genere di piante tropicali o subtropicali a cui appartengono varie specie di acacia.

acàico agg. [pl.m. –*ci,* f. –*che*] Dell'Acaia, regione dell'antica Grecia. SIN.: **acheo.**

acajou [/aka'ʒu/] s.m. inv. (voce fr.) **1.** Albero delle regioni tropicali, di cui esistono numerose specie appartenenti a generi diversi in Africa (*Khaya*) e in America (*Swietenia*), da cui si ricava il mogano. (Famiglia delle Meliacee.) **2.** Falso frutto dell'anacardio, prodotto dall'ingrossamento del peduncolo floreale. **3.** Colore rosso-castano simile al mogano.

acalasìa s.f. MED. Malattia caratterizzata dalla completa assenza di peristalsi esofagea e dall'incapacità di rilassamento dei muscoli sfinterici.

acalculìa s.f. MED. Malattia caratterizzata dalla difficoltà nell'effettuare operazioni numeriche.

acalèfa s.f. Grande medusa a forma d'ombrello d'aspetto gelatinoso, pop. detta *ortica di mare.*

Acantàcee s.f. pl. [iniziale minusc. sing. –*a* per l'individuo] BOT. Famiglia di piante erbacee o arbustive con foglie opposte e frutto a capsula, tipiche dei paesi tropicali e del Mediterraneo, alle quali appartiene l'acanto. (Ordine delle Tubiflore.)

acànto s.m. **1.** Pianta ornamentale diffusa nelle regioni mediterranee, con foglie larghe, lobate e pennate, dal colore verde intenso e fiori bianchi o rosei in spiga. (Famiglia delle Acantacee.) **2.** BOT. (iniziale maiusc.) Genere di piante dicotiledoni a cui appartiene l'acanto. **3.** ARCH. Elemento decorativo che imita la foglia dell'acanto, tipico del capitello di ordine corinzio.

■ **acànto** ornamentale; arte greca.

fiore   frutto

■ **acànto**

Acantocèfali s.m. pl. [iniziale minusc. sing. –*lo* per l'individuo] ZOOL. Classe di vermi parassiti, dotati di una proboscide uncinata con cui si fissano alla parete intestinale dei Vertebrati. (Lunghezza 1-10 cm.)

■ **acantocèfalo**

acantòsi s.f. inv. MED. Malattia cutanea caratterizzata da abnorme ispessimento degli strati epidermici.

1. acapnìa s.f. Polvere da sparo a base di nitroglicerina, usata spec. nella fabbricazione di cartucce da caccia.

2. acapnìa s.f. MED. Mancanza di anidride carbonica nel sangue. SIN.: **ipocapnia.**

acardìa s.f. MED. Mancato sviluppo del cuore nell'embrione.

Àcari s.m. pl. ZOOL. Ordine di animali, generali. parassiti di animali e vegetali, con corpo non suddivisibile in parti, arti molto ridotti, apparato boccale atto a pungere e suggere; vi appartengono la zecca, l'acaro della scabbia, del formaggio, ecc. (Tipo degli Artropodi.)

acaricìda agg. [pl.m. –*di*] CHIM. Di sostanza che distrugge gli acari. ◆ s.m. Nel sign. dell'agg.

acariòsi s.f. inv. BOT. Malattia della vite, spec. dovuta agli acari.

àcaro s.m. (gr. *ákari* deriv. di *akarḗs* "piccolo") Artropode di piccole dimensioni rappresentato da numerose specie di cui alcune, come l'acaro della scabbia, la zecca e il *thrombidium,* parassite. (Ordine degli Acari.)

acàrpo agg. BOT. Di vegetale che non produce frutto o corpo fruttifero.

acatalèssi s.f. inv. METR. Assenza di catalessi.

acatalessìa s.f. FILOS. Secondo gli scettici dell'antica Grecia, impossibilità di giungere alla verità, da cui consegue una sospensione del giudizio.

1. acatalèttico agg. [pl.m. –*ci,* f. –*che*] FILOS. Dell'acatalessia, che professa l'acatalessia. *Filosofo acatalettico.*

2. acatalèttico agg. [pl.m. –*ci,* f. –*che*] METR. Nella metrica latina e greca, di verso in cui

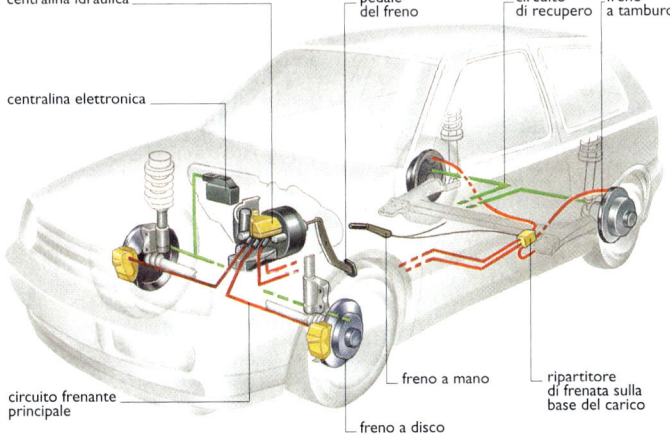

centralina idraulica

centralina elettronica

pedale del freno

circuito di recupero

freno a tamburo

circuito frenante principale

freno a mano

freno a disco

ripartitore di frenata sulla base del carico

■ **ABS**

non viene soppressa alcuna sillaba dell'ultimo piede.

acatìsto agg. *Inno acatisto:* nella liturgia bizantina, inno quaresimale dedicato alla Madonna. ◆ s.m. Nel sign. dell'agg.

acattòlico agg. [pl.m. *-ci*, f. *-che*] Di religione cristiana, ma non cattolica. ◆ s.m. [f. *-ca*] Nel sign. dell'agg.

acàule agg. BOT. Di pianta che, avendo un fusto poco sviluppato, ne sembra quasi priva.

àcca s.f. o s.m. inv. **1.** Nome della lettera *h*. **2.** *fig.* Niente, poiché in italiano la lettera *h* non rappresenta alcun suono. *Non capire un'acca.*

accadèmia s.f. (gr. *Akadēmeia*, bosco consacrato all'eroe Academo dove insegnava Platone, propr. "scuola platonica") **1.** Associazione che promuove gli studi in varie branche del sapere. *Accademia della Crusca.* **2.** Istituto superiore d'insegnamento. ◇ *Accademia militare, navale, aeronautica:* per la formazione degli ufficiali delle tre armi. ~ Università e il suo corpo docente. **3.** Spettacolo pubblico o privato, spec. musicale. *Esibirsi in un'accademia.* **4.** Scuola filosofica fondata da Platone ad Atene. **5.** ART. Rappresentazione dal vero di un nudo. **6.** *fig.* Esercitazione retorica. ~ Sfoggio di inutile abilità.

accadèmico agg. [pl.m. *-ci*, f. *-che*] **1.** Che fa riferimento alla filosofia platonica o al pensiero dei filosofi che insegnarono nell'Accademia ateniese. **2.** Relativo a un'accademia. **3.** Relativo all'università. *Titolo accademico.* ◇ *Anno accademico:* periodo di svolgimento di lezioni ed esami nell'università. **4.** *fig.* Retorico, astratto. *Una discussione puramente accademica.* **5.** ART. Dell'artista o dell'opera che non si allontana dagli stereotipi compositivi della tradizione classicista. ◆ s.m. [f. *-ca*] **1.** Discepolo di Platone o seguace del platonismo. **2.** Membro di un'accademia. **3.** Artista di gusto classicista. **4.** ALP. Titolo dato a chi ha compiuto un certo numero di scalate di notevole difficoltà.

accademismo s.m. ART. Tendenza a comporre un'opera seguendo fedelmente i canoni tradizionali. (Diffusa in tutta Europa nei secc. XVII e XVIII, fu combattuta dai romantici in nome della spontaneità dell'arte.) SIN.: **manierismo**. → **classicismo**.

accademista s.m. e f.[pl.m. *-sti*] Allievo di un'accademia, spec. militare.

accadére v.intr. [54] (aus. *essere*) Succedere casualmente. *È accaduta una cosa buffa.*

accàdico agg. [pl.m. *-ci*, f. *-che*] Relativo al popolo che abitava il territorio di Accad, nell'antica Mesopotamia. ◆ s.m. **1.** [f. *-ca*] Appartenente a tale popolo. **2.** (solo sing.) La lingua di tale popolo.

accàdo agg. Accadico. ◆ s.m. Nel sign. dell'agg.

accadùto s.m. (solo sing.) Avvenimento, fatto, evento. *Conoscere l'accaduto.*

accagliatùra s.f. Coagulamento del latte o di altre sostanze. ~ Il latte accagliato, la sostanza rappresa.

accalappiacàni s.m. inv. Addetto alla cattura dei cani randagi.

accalappiàre v.tr. [6] **1.** Prendere un animale al laccio. **2.** *fig.* Circuire qlcu. con lusinghe.

accalcàre v.tr. [4] Riunire una grande massa di persone o animali in uno spazio ristretto. *Accalcare i tifosi davanti allo stadio.* ◆ **accalcarsi** v.pron. Affollarsi, pigiarsi in un luogo. *I bimbi si accalcano davanti al gelataio.*

accaldàrsi v.pron. **1.** Prendere caldo, sudare. **2.** *fig.* Accalorarsi, infervorarsi.

accaldàto agg. Caldo, sudato.

accalmìa s.f. MAR. Periodo di calma, bonaccia.

accampaménto s.m. **1.** Sistemazione all'aperto di truppe, esploratori, escursionisti, ecc. ~ Insieme delle tende e delle attrezzature necessarie per tale sistemazione. **2.** *estens.* Sistemazione provvisoria e all'aperto di civili, spec. di fortuna o emergenza. **3.** *fig.* Luogo in cui c'è disordine, sporcizia.

accampàre v.tr. **1.** Sistemare truppe in alloggiamenti militari. *Accampare l'esercito nel deserto.* **2.** *fig.* Avanzare e sostenere argomenti, spec. per schermirsi o per pretendere qlco. *Accampare scuse.* ◆ **accamparsi** v.pron. **1.** Riferito a truppe militari, disporsi per stazionare in un luogo. **2.** *estens.* Piantare le tende. *Accamparsi in una pineta.* ~ *fig.* Sistemarsi provvisoriamente in un luogo.

accaniménto s.m. **1.** Assidua ostilità. **2.** *estens.* Perseveranza, tenacia. *Lavorare con accanimento.* ◇ *Accanimento terapeutico:* uso esasperato della terapia medica finalizzato non alla cura e al benessere del malato, ma al mantenimento delle sue funzioni vitali.

accanìrsi v.pron. [83] **1.** Infierire e inferocirsi con ostinazione contro qlcu. o qlco. *Accanirsi contro i propri figli.* **2.** *fig.* Di avversità, infierire su qlcu. **3.** Ostinarsi, persistere in qlco. di difficoltoso o faticoso. *Accanirsi nel lavoro.*

accanìto agg. **1.** Ostinato nella violenza. **2.** *fig.* Che non demorde. *Fumatore accanito.*

accànto avv. A fianco, a lato, vicino. ◇ *loc. prep. Accanto a:* nel sign. dell'avv.

accantonaménto s.m. **1.** MIL. Alloggiamento provvisorio di truppe. SIN.: **acquartieramento**. **2.** Il differire nel tempo. ~ Rinvio. *Accantonamento di un progetto.* **3.** Il mettere da parte, spec. per uno scopo. SIN.: **risparmio**. **4.** CONTAB. Operazione con cui una quota di utile viene destinata a coprire spese future.

accantonàre v.tr. **1.** MIL. Sistemare i militari in alloggiamenti. **2.** Rinviare l'attuazione di qlco. *Accantonare un'idea.* **3.** Mettere da parte qlco. *Accantonare viveri.* ◆ **accantonarsi** v.pron. MIL. Sistemarsi in alloggiamenti.

accantonàto agg. **1.** Messo da parte. **2.** Rinviato. *Impegno accantonato.* **3.** ARCH. Di fortificazione che presenta facce piane disposte ad angolo.

accaparràre v.tr. **1.** Fissare un acquisto mediante il versamento di una caparra. *Accaparrare un appartamento.* **2.** Fare incetta di beni speculando su un loro futuro rincaro. *Accaparrare generi alimentari.* ◆ **accaparrarsi** v.pron. Assicurare, procurare a se stessi qlco. *Accaparrarsi l'attenzione.*

accapigliàrsi v.pron. Litigare prendendosi per i capelli. SIN.: **azzuffarsi**. ~ *fig.* Discutere con spirito polemico. *Accapigliarsi per un niente.*

accàpo avv. All'inizio di una riga, della riga successiva. ◇ *fig. Essere punto e accapo:* ritrovarsi all'inizio, dover ricominciare. ◆ s.m. inv. Capoverso. *Inserire un accapo.*

accappatóio s.m. [pl. *-toi*] **1.** Indumento di spugna, simile a una vestaglia, che si indossa dopo il bagno per asciugarsi. **2.** Cappa leggera usata dai parrucchieri e dai barbieri per i loro clienti.

1. accapponàre v.tr. **1.** Castrare un gallo per farlo ingrassare. **2.** Far rabbrividire per il freddo o per l'emozione. *Queste cose fanno accapponare la pelle.* ◆ **accapponarsi** v.pron. Detto della pelle di una persona, contrarsi per il freddo o per un'emozione. *Mi si è accapponata la pelle.*

2. accapponàre v.tr. MAR. Recuperare l'ancora.

accarezzàre v.tr. **1.** Fare carezze, lisciare con la mano. *Accarezzare un gatto.* **2.** *estens.* Detto di acqua, aria o luce, sfiorare qlco. toccandolo appena. *Il vento accarezza i capelli.* **3.** *fig.* Trattare qlcu. con ogni riguardo. **4.** *fig.* Lusingare, assecondare. *Accarezzare la vanità di qualcuno.* **5.** Coltivare qlco. nella mente. *Accarezzare un'idea.* ◆ **accarezzarsi** v.pron. **1.** Di due o più persone, scambiarsi carezze reciprocamente. **2.** Passare la mano su una parte del proprio corpo o su qlco. che si indossa.

accartocciaménto s.m. **1.** Avvolgimento a forma di cartoccio. **2.** ARCH. Fregio ricurvo a forma di cartoccio. **3.** BOT. Ripiegamento patologico delle lamine fogliari causato da parassiti.

accartocciàre v.tr. [5] **1.** Piegare qlco. a forma di cartoccio. **2.** Schiacciare e stringere qlco. tra le mani. ◆ **accartocciarsi** v.pron. Prendere la forma di un cartoccio.

accasàre v.tr. Far sposare qlcu. ◆ **accasarsi** v.pron. Mettere su casa.

accasàto agg. **1.** Sposato. **2.** SPORT. *fig.* Di atleta professionista ingaggiato da una società sportiva.

accasciàre v.tr. [5] Indebolire fisicamente o moralmente. *Le malattie accasciano il corpo.* ◆ **accasciarsi** v.pron. Cadere a terra, crollare per mancanza di forze. *Si accasciò su una sedia.* ~ *fig.* Perdersi d'animo. *Accasciarsi per il dolore.*

accasermaménto s.m. **1.** MIL. Alloggiamento delle truppe in caserme. **2.** Complesso edilizio di caserme.

accasermàre v.tr. MIL. Alloggiare le truppe in caserma. ◆ **accasermarsi** v.pron. Acquartierarsi in caserma.

accastellàre v.tr. Disporre più oggetti uno sull'altro in modo da formare una struttura a castello.

1. accatastàre v.tr. **1.** Formare una catasta, spec. di legna. ~ *estens.* Ammucchiare oggetti disordinatamente. *Accatastare i libri.* **2.** *fig.* Accumulare idee, pensieri nella mente, spec. in modo disordinato. *Accatastare progetti.*

2. accatastàre v.tr. Iscrivere un immobile al catasto.

accattàre v.tr. **1.** Cercare di ottenere qlco. dandosi da fare con insistenza o servilismo. *Accattare favori.* ~ Racimolare qua e là, procurarsi qlco. con ogni mezzo. *Accattare guai.* **2.** Elemosinare qlco. ◆ v.intr. (aus. *avere*) Chiedere l'elemosina. *Vive accattando.*

accattivànte agg. Che vuole o sa conquistarsi simpatia, benevolenza. *Un tipo accattivante.*

accattivàre v.tr. Procurare a qlcu. stima, simpatia. *La sua onestà gli ha accattivato il favore dei colleghi.* ◆ **accattivarsi** v.pron. Attirare su di sé la simpatia, la stima, l'amicizia di qlcu.

accattonàggio s.m. [pl. *-gi*] Il chiedere l'elemosina per mestiere.

accattóne s.m. [f. *-na*] Mendicante, straccione. SIN.: **barbone**.

accavallaménto s.m. **1.** Sovrapposizione a incrocio, usato usato anche in medicina. *Accavallamento aortico.* **2.** *fig.* Intreccio confuso.

accavallàre v.tr. Porre due o più cose una sull'altra, incrociandole. *Accavallare fili.* ◇ *Accavallare le gambe:* stando seduti porre una gamba sull'altra. ◆ **accavallarsi** v.pron. **1.** Con soggetto plurale, ammassarsi in modo disordinato. *Le nubi si accavallano.* **2.** *fig.* Accumularsi disordinatamente da qualche parte. *Accavallarsi di idee.*

accecaménto s.m. **1.** Perdita della vista. ~ *fig.* Ottenebramento della mente. **2.** AGR. Eliminazione di alcune gemme (*occhi*) dai rami per favorire lo sviluppo delle restanti.

accecànte agg. Che abbaglia. *Luce accecante.*

accecàre v.tr. **1.** Privare qlcu. della vista, renderlo cieco. *Accecare un prigioniero.* **2.** Rendere qlcu. temporaneamente incapace di vedere. *I fari mi hanno accecato.* **3.** Ottenebrare la mente di qlcu., togliendogli l'uso della ragione. *L'ira lo acceca.* **4.** *estens.* Oscurare una fonte di luce, chiudere un'apertura. *Accecare un pozzo.* **5.** MAR. Chiudere una falla con stoppa o altro. **6.** AGR. Togliere dai rami un certo numero di gemme (*occhi*) per favorire la crescita delle rimanenti. ◆ **accecarsi** v.pron. **1.** Togliersi volontariamente la vista. *Edipo si accecò.* **2.** *estens.* Sforzare la vista, affaticare gli occhi. *Leggendo con scarsa luce ti accechi.*

accèdere v.intr. [12] **1.** (aus. essere) Raggiungere un luogo ed entrarvi. *Si accede al giardino dalla cucina.* **2.** *fig.* (aus. avere) Entrare a far parte di un organismo, avere accesso a un corso, a una carriera. *Accedere alla magistratura.* **3.** *fig.* (aus. avere) Venire incontro a richieste o voleri. *Accedere alla richiesta della maggioranza.* **4.** INFORM. (aus. avere) Leggere o scrivere dati su un dispositivo di memoria.

acceleràndo s.m. inv. MUS. Annotazione che indica di accelerare il tempo gradualmente e uniformemente.

accelerànte s.m. CHIM. Sostanza che aumenta la velocità di una reazione.

acceleràre v.tr. **1.** Imprimere un aumento di velocità a un movimento. *Accelerare il passo.* **2.** Aumentare la velocità nell'esecuzione di qlco. *Accelerare le pratiche.* **3.** FIS. Determinare una variazione di velocità in un corpo in movimento. *Accelerare le particelle.* ◆ v.intr. (aus. *avere*) Di persona, far aumentare la velocità di un veicolo che si sta conducendo. *L'autista accelerò di colpo.* ~ Di veicolo, aumentare la velo-

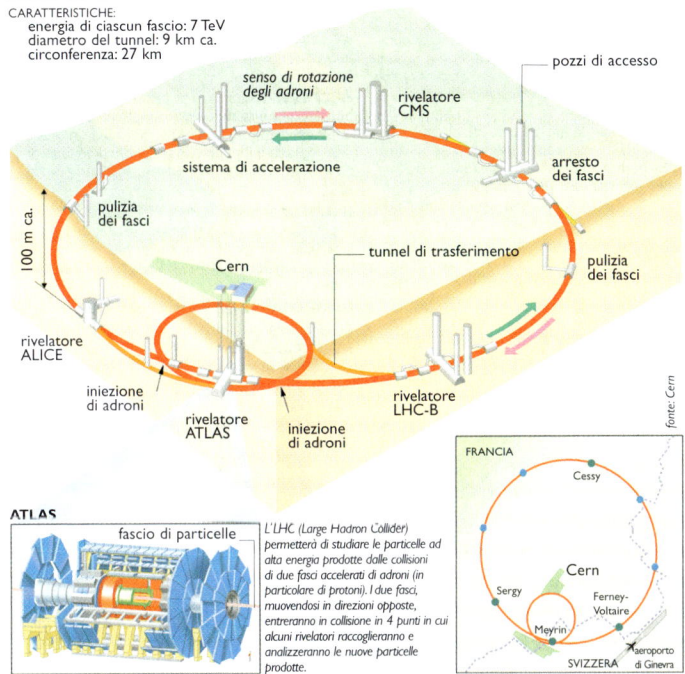

CARATTERISTICHE:
energia di ciascun fascio: 7 TeV
diametro del tunnel: 9 km ca.
circonferenza: 27 km

senso di rotazione degli adroni
pozzi di accesso
rivelatore CMS
sistema di accelerazione
arresto dei fasci
100 m ca.
pulizia dei fasci
tunnel di trasferimento
Cern
pulizia dei fasci
rivelatore ALICE
iniezione di adroni
rivelatore LHC-B
rivelatore ATLAS
iniezione di adroni
fonte: Cern

ATLAS
fascio di particelle

L'LHC (Large Hadron Collider) permetterà di studiare le particelle ad alta energia prodotte dalle collisioni di due fasci accelerati di adroni (in particolare di protoni). I due fasci, muovendosi in direzioni opposte, entreranno in collisione in 4 punti in cui alcuni rivelatori raccoglieranno e analizzeranno le nuove particelle prodotte.

FRANCIA
Cessy
Cern
Sergy
Ferney-Voltaire
Meyrin
SVIZZERA
Aeroporto di Ginevra

■ **acceleratóre** di particelle. Principio e sito del futuro acceleratore LHC del Cern.

città. *Il treno accelera.* ◆ **accelerarsi** v.pron. Aumentare in velocità o frequenza.

acceleràta s.f. Rapido aumento di giri del motore e, nel caso di veicoli, di velocità.

acceleràto agg. **1.** FIS. *Moto accelerato:* moto in cui la velocità varia in funzione del tempo. – *Moto uniformemente accelerato:* moto con accelerazione costante. **2.** Che presenta un aumento di velocità, una frequenza più alta del normale. ◆ s.m. Nome non più in uso dei treni che effettuavano tutte le fermate.

acceleratóre agg. [f. –*trice*] Che accelera. ◆ s.m. **1.** MECC. Dispositivo (general. un pedale o una manopola) per variare la velocità di un veicolo regolando l'afflusso di carburante nella camera di scoppio del motore. **2.** FIS. Macchina o dispositivo che accelera particelle per provocare reazioni nucleari. **3.** FOTO. Sostanza chimica che immessa nel bagno rende più rapido il processo di sviluppo. **4.** ECON. Coefficiente che esprime il fenomeno dell'accelerazione nel rapporto tra consumi e investimenti. **5.** INFORM. Dispositivo che potenzia le prestazioni di un sistema di elaborazione o di una sua funzione. ◆ agg. *Acceleratore grafico:* consente di velocizzare alcune operazioni, in partic. il calcolo e la visualizzazione di elementi grafici.

accelerazióne s.f. **1.** Aumento di velocità. **2.** FIS. Variazione della velocità, rapportata a un dato intervallo di tempo. **3.** ECON. *Principio di accelerazione:* principio per cui le variazioni nella domanda di beni comportano variazioni maggiori nella domanda di investimenti necessari per produrli. **4.** CINE. Particolare effetto determinato dal proiettare a velocità normale una pellicola impressionata a velocità inferiore.

acceleròmetro s.m. FIS. Strumento di misura dell'accelerazione.

accèndere v.tr. [33] **1.** Fare ardere qlco. su scitando una fiamma. *Accendere un fuoco.* **2.** Somministrare corrente elettrica a un apparecchio per farlo funzionare. *Accendere la luce.* **3.** *fig.* Suscitare passioni, eccitare i sensi. *Accendere la fantasia.* **4.** *fig.* Suscitare una discussione, un dibattito, una lite. **5.** *fig.* Di sentimenti o emozioni, illuminare, dare luce al volto e in partic. agli occhi. **6.** DIR. Iniziare un rapporto giuridico, un'operazione contabile. *Accendere un mutuo, un conto corrente.* ◆ **accendersi** v.pron. **1.** Prendere fuoco. *La legna secca si accende*

facilmente. **2.** Entrare in funzione. *Il boiler si è acceso.* **3.** *estens.* Illuminarsi, risplendere. ~ Arrossire, avvampare. *Le guance si accendono.* ~ Sembrare infuocato per la presenza di qlco. di rosso. *Il campo si accende di papaveri.* SIN.: **rosseggiare**. **4.** *fig.* Manifestarsi in modo improvviso e violento. *La lite si accese subito.* SIN.: **scatenarsi**. **5.** *fig.* Essere preso da improvvisa emozione o passione. *Accendersi d'amore.*

accendigàs s.m. inv. Strumento di uso domestico, elettrico o a pietra focaia, per accendere il fornello a gas.

accendino s.m. *fam.* Accendisigari.

accendisigari s.m. inv. Macchinetta tascabile o soprammobile per accendere sigarette e simili.

accenditóre s.m. **1.** [f. –*trice*] Chi, in passato, accendeva candele e lumi. SIN.: **lumaio**. **2.** TECN. Dispositivo che provoca l'accensione di sostanze combustibili.

accennàre v.tr. **1.** Fare dei segni per indicare qlco. o qlcu. a una persona. *Accennò la via all'amico.* ~ *estens.* Abbozzare un movimento o un'azione. *Accennare un sorriso.* **2.** Esporre qlco. in modo molto sintetico. *Accennare un argomento.* ◇ *Accennare una melodia:* eseguirne il motivo. ◆ v.intr. (aus. *avere*) **1.** Fare dei cenni per attirare l'attenzione di qlcu. **2.** Deline-

are qlco. con poche parole. *Accennare al progetto.* **3.** Dare segno di un leggero cambiamento di tendenza. *La pioggia non accenna a smettere.* **4.** Alludere a qlco. o qlcu.

accénno s.m. **1.** Riferimento rapido e generico a qlco. SIN.: **allusione**. **2.** Abbozzo di qlco. *Accenno di sorriso.*

accensióne s.f. **1.** Atto di accendere con fuoco. ~ Operazione con cui si avvia un dispositivo elettrico. *Accensione di una lampada.* **2.** TECN. Operazione che dà l'avvio alla combustione di una sostanza in presenza di un comburente nel motore a scoppio. **3.** *fig.* Intensità di luci, suoni, colori. **4.** DIR. Costituzione di un rapporto giuridico di garanzia. *Accensione di un mutuo.*

accentàre v.tr. **1.** Dare rilievo con la voce alla sillaba tonica di una parola. ~ Segnare graficamente l'accento sulla sillaba tonica di una parola. **2.** MUS. Eseguire un brano musicale intensificando dei suoni per ragioni espressive.

accentàto agg. Che ha l'accento.

accentazióne s.f. LING. Modo di segnare o di pronunciare gli accenti.

accènto s.m. (dal lat. *accèntum* "intonazione", calco del gr. *prosōidía* "prosodia") **1.** LING. Intensificazione o elevazione della voce nel pronunciare una vocale per darle un particolare risalto all'interno della parola. ◇ *Accento intensivo o dinamico:* quello che consiste in un aumento dell'intensità vocale spesso combinato con un aumento della sua durata. – *Accento musicale o cromatico:* quello che consiste in una modificazione dell'altezza del suono vocalico. – *Accento principale o tonico:* quello proprio della parola. – *Accento secondario:* subordinato all'accento principale. – *fig. Mettere l'accento su qlco.:* evidenziare, sottolineare. **2.** Segno grafico, detto anche *accento fonico*, che individua la vocale tonica e che in italiano sopra le vocali o ed *e* distingue la pronuncia aperta (*accento grave* `) o chiusa (*accento acuto* ´); l'accento grave si usa anche per i monosillabi accentati e le parole tronche che terminano in *a, i, u.* **3.** Intonazione, cadenza, pronuncia proprie della lingua parlata in una data regione. *Accento straniero.* **4.** *fig.* Intonazione di tipo affettivo. *Un accento patetico.* **5.** MUS. Rafforzamento di un suono o di un gruppo di suoni indicato con segni particolari.

accentraménto s.m. **1.** Concentramento di più persone o cose in uno stesso luogo. **2.** Tendenza alla concentrazione dei poteri e delle funzioni politiche, amministrative o legislative (in oppos. a *decentramento*). SIN.: **centralizzazione**.

accentràre v.tr. **1.** Riunire nello stesso luogo persone o servizi. **2.** Far convergere l'attenzione su qlco. o qlco. *Accentrare l'attenzione su di sé.* **3.** Concentrare poteri e funzioni in una persona o in un organismo. ◆ **accentrarsi** v.pron. **1.** Concentrarsi in un luogo. *La popolazione si accentra nelle aree urbane.* **2.** Detto di cariche o poteri, accumularsi in una persona o in un organismo.

accentratóre agg. [f. –*trice*] Che accentra nelle proprie mani funzioni, mansioni, poteri. ◆ s.m. (anche f.) Nel sign. dell'agg.

La funzione di un circuito di accensione è quello di generare una scintilla, prodotta dalle candele e destinata ad innescare la miscela aria-benzina. La bobina trasforma la corrente a bassa tensione della batteria in corrente ad alta tensione; il condensatore accumula le cariche elettriche e lo spinterogeno distribuisce la corrente ad alta tensione alle candele.

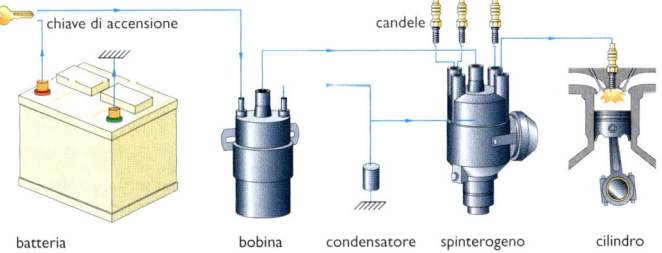

chiave di accensione
candele
batteria
bobina
condensatore
spinterogeno
cilindro

■ **accensióne.** Sistema classico di accensione di un motore a scoppio.

accentuàle agg. FON. Che concerne l'accento o il modo di segnarlo e di pronunciarlo.

accentuàre v.tr. **1.** Evidenziare una parola o una frase pronunciandola con accento marcato. **2.** *fig.* Dare particolare risalto a qlco. *Accentuare una somiglianza.* ~ Aggravare qlco. *Crisi che accentua l'inflazione.* ◆ **accentuarsi** v.pron. Assumere maggiore evidenza.

accentuàto agg. Messo in evidenza, in risalto.

accentuazióne s.f. **1.** Sottolineatura, risalto. **2.** MUS. Disposizione degli accenti in una frase musicale. ~ Il rendere sensibili gli accenti durante l'esecuzione di un brano. **3.** Aumento, incremento. *Accentuazione della criminalità.*

accerchiaménto s.m. **1.** Disposizione a cerchio attorno a qlco. **2.** MIL. Manovra con la quale si dispongono le truppe alle spalle e lungo i fianchi del nemico. **3.** *fig.* Isolamento morale, politico creato da avversari.

accerchiàre v.tr. [6] Disporsi o essere disposti a cerchio intorno a qlco. o qlcu. *L'esercito accerchiò la città.* ◆ **accerchiarsi** v.pron. Fare in modo di avere qlcu. intorno a sé. *Accerchiarsi di amici.*

accerchiatùra s.f. Sfaldamento del legno in corrispondenza degli anelli annuali. SIN.: **cipollatura**.

accertaménto s.m. **1.** Controllo della veridicità. **2.** DIR. Atto indirizzato all'eliminazione di una situazione giuridicamente incerta. ◇ *Accertamento sanitario:* condotto per assicurarsi dell'idoneità del lavoratore al lavoro o della salubrità dell'ambiente di lavoro. – *Accertamento d'imposta o tributario o fiscale:* procedimento seguito dall'autorità finanziaria per stabilire l'entità dell'imposta dovuta dal contribuente.

accertàre v.tr. **1.** Conoscere con certezza qlco., verificarne l'esattezza. *Accertare la veridicità di una notizia.* **2.** DIR. Compiere un accertamento. *Accertare un'evasione fiscale.* **3.** Garantire, attestare qlco. a qlcu. *Vi accerto la sua estraneità alla rapina.* ◆ **accertarsi** v.pron. Assicurarsi di qlco., controllarlo per essere certi della sua esattezza.

accéso agg. **1.** Che brucia, illumina e riscalda. ~ *estens.* Illuminato. *Finestre accese.* ~ *fig.* Ardente per una passione. **2.** assol. Infervorato. *Discussione accesa.* **3.** In funzione. *Motore acceso.* **4.** Di colore, vivo, forte. *Rosso acceso.* **5.** Di volto, arrossato. **6.** Di conto o debito, non ancora saldato. *Mutuo acceso.*

accessìbile agg. **1.** Di facile accesso. SIN.: **agibile**. **2.** *fig.* In senso economico, raggiungibile perché modico. SIN.: **abbordabile**. ~ In senso concettuale, raggiungibile perché di facile comprensione. *Un testo accessibile a tutti.* SIN.: **chiaro**. ~ *fig.* In senso morale e psicologico, raggiungibile perché disponibile verso gli altri. SIN.: **socievole**.

accessibilità s.f. inv. **1.** Caratteristica di ciò che è accessibile. **2.** *fig.* Chiarezza, intelligibilità.

accessióne s.f. **1.** Ingresso, adesione, in partic. di uno Stato a un trattato o altro. **2.** (spec. pl.) Ciò che viene acquisito, che va ad accrescere qlco. *Catalogo delle nuove accessioni.* **3.** DIR. CIV. Modo di acquisto della proprietà per cui il proprietario di un fondo acquisisce qualsiasi opera che vi sia naturalmente incorporata.

accèsso s.m. **1.** Possibilità di entrata in un luogo. ~ Possibilità di entrare in contatto con una persona, un ambiente sociale. ~ Ammissione a un gruppo, a un'istituzione, ecc. **2.** Luogo per cui si accede. ◇ *Accesso a un fondo:* diritto di ingresso in un terreno altrui. – *fig. Accesso ai documenti amministrativi:* diritto a visionare gli atti di una pubblica amministrazione. **3.** MED. Insorgenza improvvisa, acuta, di un fenomeno morboso. *Accesso di febbre.* **4.** *fig.* Manifestazione improvvisa e violenta di un impulso, di un sentimento. **5.** INFORM. Lettura o scrittura di dati nella memoria di un calcolatore. ◇ *Accesso remoto:* quello che consente di disporre, con collegamento a distanza, dei dati e delle risorse di un altro computer. – *Codice di accesso:* stringa di caratteri che costituisce la chiave per entrare nei programmi o negli archivi di dati ad accesso riservato.

accessoriàre v.tr. [6] Fornire di accessori.

accessoriàto agg. Fornito di accessori. *Un'automobile accessoriata.*

accessòrio agg. [pl.m. *-ri*] **1.** Che accompagna in funzione secondaria ciò che è principale. *Questioni accessorie.* **2.** DIR. Di diritto che dipende da un altro principale e che con esso si acquisisce e si trasmette. ~ Anche, di bene collegato a un altro da un vincolo di dipendenza. ◆ s.m. **1.** Elemento non strutturale che ha funzione di completamento e di miglioramento funzionale. *Accessorio per l'abbigliamento, da bagno.* **2.** ANAT. Undicesima coppia dei nervi cranici, che innerva i muscoli sternocleidomastoideo e trapezio.

accestiménto s.m. BOT. Fase di crescita durante la quale una pianta erbacea sviluppa il cespo.

accestire v.intr. [83] (aus. *avere* o *essere*) BOT. Sviluppare il cespo mettendo rami alla base dello stelo. *In primavera il grano accestisce.*

accétta s.f. (fr. *hachette*) Arnese da lavoro per il taglio della legna costituito da un ferro con sagomatura trapezoidale e bordo tagliente, inserito in un manico di legno. ◇ *Lavoro fatto con l'accetta:* grossolano.

accettàbile agg. **1.** Che può essere accettato. **2.** Sopportabile, tollerabile. *Un prezzo accettabile.*

accettabilità s.f. inv. **1.** Ammissibilità, attendibilità. **2.** Convenienza economica di un affare.

accettànte agg. **1.** Che accetta. **2.** DIR. Che compie un atto di accettazione. ◆ s.m. e f. Nei sign. dell'agg.

accettàre v.tr. **1.** Accogliere qlco. o qlcu. con pieno consenso o con gioia. *Accettare un regalo.* ◇ *Accettare qlco. per buono:* ritenerlo valido, corretto. **2.** Acconsentire a impegnarsi in qlco. o a fare qlco. *Accettare un incarico.* **3.** Accogliere come valido, approvare o ammettere qlco. *Accettare un consiglio.* **4.** Sopportare un evento negativo con serenità. *Accettare un disagio.* **5.** DIR. Acconsentire all'instaurazione o alla modifica di un rapporto giuridico. *Accettare un contratto.* ◆ **accettarsi** v.pron. Essere soddisfatti di se stessi, coscienti dei propri limiti e delle proprie potenzialità.

accettazióne s.f. **1.** Ricevimento, accoglimento, ammissione. **2.** DIR. Atto con cui si acconsente alla produzione di effetti nella propria sfera giuridica. ◇ *Accettazione di una cambiale:* sua sottoscrizione da parte del trattario. – *Accettazione bancaria:* cambiale, tratta emessa da un'impresa nei confronti di una banca che, in base a un contratto di finanziamento, appone la sua firma sul titolo garantendone il pagamento e consentendo in questo modo la facile negoziabilità del titolo stesso. **3.** Locali adibiti alla ricezione e all'espletamento di richieste e pratiche riguardanti l'erogazione di servizi. *L'accettazione dell'ospedale.*

accètto agg. Accolto, gradito. *Essere ben accetto.*

accettóre s.m. FIS. Impurità in un semiconduttore costituita da un atomo capace di assorbire elettroni dalla banda di conduzione.

accezióne s.f. (lat. *acceptiōnem*, deriv. di *accĭpere* "ricevere, prendere") LING. Ciascuno dei diversi significati che una parola può avere per effetto dell'evoluzione semantica o per l'uso che se ne fa nei diversi ambiti. SIN.: **senso**.

acchiappafarfàlle s.m. inv. Arnese per catturare farfalle formato da una reticella conica fissata a un manico.

acchiappamósche s.m. inv. **1.** Arnese per schiacciare le mosche, formato da una paletta in retino di ferro o in plastica fissata a un manico. ~ Striscia adesiva cui le mosche rimangono invischiate. **2.** BOT. Denominazione generica di piante che catturano gli insetti. **3.** ZOOL. Piccolo uccello migratore simile al passero, diffuso in Europa e in Africa, che cattura gli insetti in volo. (Genere *Muscicapa*; famiglia dei Muscicapidi.) **4.** *fig.* (anche f.) Perditempo, ciondolone.

acchiappàre v.tr. **1.** Prendere con sveltezza qlcu. o qlco. in movimento o in fuga. *Acchiappare il gatto.* **2.** *estens. fam.* Cogliere qlcu. sul fatto. *Acchiappare il ladro.* **3.** *fam.* Colpire qlcu. o qlco. con un oggetto scagliato. ◆ **acchiapparsi** v.pron. **1.** Di due o più persone, prendersi l'un l'altro mentre si corre. *Giocare ad acchiapparsi.* **2.** Tenersi con forza a qlcu. o a qlco. **3.** Buscarsi, prendersi qlco. di negativo. *Acchiapparsi un malanno.*

acchitàre v.tr. (fr. *acquitter*, deriv. di *quitte* "libero" perché la boccia è libera di andare in qualsiasi punto del biliardo) Nel biliardo, mandare la palla o il pallino in un punto del piano di gioco svantaggioso per l'avversario, dando inizio alla partita; anche pron.

acchìto s.m. (fr. *acquit*) Nel biliardo, mossa iniziale con la quale un giocatore manda la propria palla o il pallino in un punto sfavorevole per l'avversario. ◇ *D'acchito, di primo acchito:* subito.

acciaccàto agg. **1.** Ammaccato, deformato. **2.** *fig.* Pieno di acciacchi.

acciaccatùra s.f. **1.** → **ammaccatura**. **2.** MUS. Esecuzione veloce di una nota di valore minimo prendendo il tempo alla nota precedente e appoggiandosi alla nota seguente.

acciàcco s.m. [pl. *-chi*] (spagn. *achaque*, ar. *aš-šakā* "malattia") Malanno non grave. SIN.: **malessere**. ~ Disturbo per lo più cronico.

acciaiàre v.tr. [6] Ricoprire una superficie metallica con acciaio, per mezzo di un procedimento elettrolitico.

acciaierìa s.f. Stabilimento industriale per la produzione dell'acciaio.

acciàio s.m. [pl. *-ciai*] (lat. *aciārium*, deriv. di *ăcies* "punta" perché di questo metallo erano le punte delle armi) Lega di ferro e carbonio (il cui contenuto è inferiore all'1,7%) caratterizzata da resistenza meccanica, plasticità, duttilità, che può essere sottoposta a vari trattamenti termici e chimici. ◇ *Acciai speciali o legati:* quelli i cui elementi costitutivi (nichel, cromo, rame) sono presenti in proporzioni notevoli. – *Acciaio inossidabile:* acciaio speciale, a base di nichel e cromo, resistente all'ossidazione e alla corrosione a temperatura ambiente o comunque inferiore ai 200-300 °C. – *Acciaio temprato:* quello sottoposto a trattamento termico per conferirgli una particolare resistenza meccanica. – *Acciaio maraging:* lega di ferro e nichel, con debole tenore di carbonio, utilizzata soprattutto nell'industria aeronautica per le sue particolari caratteristiche meccaniche. – *fig. D'acciaio:* duro, saldo. *Muscoli d'acciaio.* – *Patto d'acciaio:* patto d'alleanza tra Italia e Germania firmato nel 1939 a Berlino da Hitler e Mussolini.

acciambellàre v.tr. Avvolgere qlco. dandogli forma di ciambella. ◆ **acciambellarsi** v.pron. Sdraiarsi incurvando il corpo a semicerchio. SIN.: **raggomitolarsi**.

acciarino s.m. **1.** Piccolo arnese in acciaio per accendere l'esca. ~ In partic. nelle antiche armi da fuoco, meccanismo a molla in acciaio che nell'urto con la pietra focaia, posta nel cane, produceva scintille che accendevano la carica di lancio. **2.** *estens.* Dispositivo, strumento per accendere il fuoco. **3.** Ciascuno dei due elementi d'acciaio che, infilati nel mozzo di una ruota, impediscono che si sfili.

accidentàle agg. **1.** Casuale, fortuito. **2.** FILOS. Non essenziale, non necessario. **3.** DIR. Di elemento eventuale del negozio giuridico la cui introduzione è rimessa alla volontà delle parti. **4.** MECC. Di carico che viene sopportato saltuariamente da una struttura.

accidentàto agg. **1.** Di terreno, diseguale, irregolare. **2.** Pieno di difficoltà impreviste. *Periodo accidentato.* SIN.: **travagliato**.

accidènte s.m. **1.** Ciò che accade. SIN.: **evento**. **2.** Disgrazia, sciagura. **3.** *fam.* In alcune locc., sviluppa valori espressivi come sostitutivo di s. più generici oppure come rafforzativo o spreg. *Un accidente di uomo. Non contare un accidente.* **4.** FILOS. Ciò che si manifesta in un essere ma che non gli è necessario e che può modificarsi senza che muti l'essenza dell'essere (in oppos. a *sostanza*). **5.** MED. Insorgenza di una complicanza improvvisa nel decorso di una malattia. **6.** MUS. Segno anteposto a una nota che indica un'alterazione di altezza. **7.** Disuguaglianza del terreno. **8.** LING. Modificazione morfologica delle parti variabili del discorso.

accidènti s.m. inv. Parola che esprime fastidio, rabbia, meraviglia. *Non mi importa un accidenti!*

accidia s.f. **1.** Indolenza dovuta a noia. SIN.: **pigrizia.** ~ PSICOL. Stato depressivo. SIN.: **abulia. 2.** RELIG. Negligenza nel fare il bene. (Nella morale cattolica, è uno dei sette peccati capitali.)

accigliàrsi v.pron. [6] Aggrottare le sopracciglia dando al volto un'espressione corrucciata. ~ Incupirsi in volto. *Accigliarsi per una discussione.*

accigliàto agg. Con le sopracciglia aggrottate. ~ Corrucciato, severo.

accìngere v.tr. [22] (lat. *accìngere* "cingere intorno" quindi "prepararsi") **1.** Cingere, circondare qlco. **2.** Assicurare un'arma alla cintura. ◆ **accingersi** v.pron. Prepararsi a qlco.

acciottolàto s.m. Selciato fatto di ciottoli.

Accipìtridi s.m. pl. [iniziale minusc. sing. –*de* per l'individuo] ZOOL. Famiglia di uccelli rapaci diurni, di notevoli dimensioni, con becco uncinato, zampe munite di artigli, vista molto acuta; ne fanno parte, p.e., l'aquila, la poiana e il nibbio. (Ordine dei Falconiformi.)

accìsa s.f. (fr. *accise*) Imposta indiretta sulla fabbricazione o sulla vendita.

acciuffàre v.tr. Prendere una persona che fugge. ~ Arrestare un malvivente. *Acciuffare i ladri.*

acciùga s.f. [pl. –*ghe*] **1.** Piccolo pesce teleosteo diffuso nel Mediterraneo, dal corpo affusolato di colore argentato con riga dorsale blu; è commestibile e di solito si conserva sottolio o in salamoia. (Lunghezza 15-20 cm; ordine dei Clupeiformi.) SIN.: **alice.** ◇ *fig. Essere pigiati come acciughe:* addossati l'uno all'altro in poco spazio come le acciughe messe sotto sale. **2.** *fig.* Persona molto magra.

acciughina s.f. Piccolo insetto che mangia la carta, detto anche *lepisma.* (Famiglia dei Tisanuri.)

acclamàre v.tr. **1.** Esprimere il proprio entusiasmo verso qlcu. ad alta voce e con applausi. **2.** Eleggere qlcu. a una carica o a un ufficio, senza votazione ma con consenso espresso a gran voce. *Venne acclamato presidente.* **3.** *estens.* Riconoscere e celebrare pubblicamente qlcu. in un determinato ruolo. *Acclamare il tennista miglior giocatore del mondo.* ◆ v.intr. (aus. *avere*) Manifestare entusiasmo e consenso per qlco., con clamori e applausi. *Acclamare a una proposta.*

acclamazióne s.f. **1.** Approvazione rumorosa, festosa. **2.** Elezione senza votazione per consenso generale espresso a gran voce, applaudendo. *Essere eletto per acclamazione.*

acclimatàre v.tr. (fr. *acclimater*) **1.** Adattare un animale, una pianta o, più raramente, una persona a una nuova condizione climatica. **2.** *estens.* Abituare qlcu. a una nuova situazione. ◆ **acclimatarsi** v.pron. **1.** Abituarsi a un nuovo clima. **2.** *estens.* Abituarsi a una nuova situazione.

acclimatazióne s.f. (fr. *acclimatation*) Processo di adattamento di esseri viventi a un nuovo clima.

acclùdere v.tr. [21] **1.** Mettere qlco. in un plico. *Accludere un biglietto a un pacco.* **2.** Allegare un documento ad altri.

acclùso agg. Unito, allegato.

accoccolàrsi v.pron. Piegarsi su se stessi sedendosi sui calcagni. SIN.: **rannicchiarsi.**

accogliènte agg. Che accoglie mettendo a proprio agio. *Una casa accogliente.*

accogliènza s.f. Atto di accogliere, modo con cui si accoglie. ◇ *Centro, campo d'accoglienza:* luogo attrezzato per accogliere e ospitare rifugiati, profughi, vittime di catastrofi.

accògliere v.tr. [62] **1.** Ricevere qlcu. *Accogliere un amico.* ~ *estens.* Ospitare. *Accogliere i profughi.* ~ *fig.* Detto di sensazioni, manifestazioni, oggetti, raggiungere o colpire qlcu. *Un sole caldo ci accolse.* **2.** Accettare qlco. *Ho accolto con gioia il tuo dono.* ~ Approvare. *Accogliere una domanda.* ~ Esaudire, soddisfare. *Accogliere una preghiera.* ~ Seguire, adottare qlco. *Accogliere un'idea.* **3.** Contenere in sé. *Centro che accoglie duecento giovani.* SIN.: **ospitare.**

accoglimènto s.m. Accettazione, approvazione.

accolitàto s.m. CATT. Il più elevato dei quattro ordini minori che prevedeva per il chierico il servizio all'altare, abolito dal Concilio Vaticano II.

accòlito s.m. (gr. *akólouthos* "compagno di via") **1.** CATT. Prima del Concilio Vaticano II, chi era insignito del quarto ordine minore e serviva il sacerdote all'altare. **2.** *estens.* Chi accompagna fedelmente e in posizione subordinata una persona importante. **3.** *spreg.* Chi è ossequioso, servile verso un potente. SIN.: **leccapiedi.**

accollànte s.m. e f. DIR. Chi si assume il debito di un'altra persona.

accollàre v.tr. **1.** Affidare a qlcu. un carico oneroso di impegni, obblighi, doveri. *Accollare il lavoro arretrato al collega.* **2.** MAR. Orientare le vele quadre in modo che il vento ne colpisca la faccia prodiera. ◆ v.intr. (aus. *avere*) Di abiti, coprire fino al collo ~ Di calzature, coprire il collo del piede. ◆ **accollarsi** v.pron. Assumere su se stessi qlco. di gravoso.

accollàta s.f. ST. Nella cerimonia d'investitura, colpo dato sul collo o sulla nuca del nuovo cavaliere con la spada tenuta di piatto.

accollàto agg. [f. –*ta*] Che copre fino al collo. *Abito accollato.* ~ Che copre il collo del piede. ◆ s.m. DIR. Debitore il cui debito è assunto da una terza persona.

accòllo s.m. **1.** DIR. Contratto attraverso cui un terzo (*accollante*) assume l'obbligo del debitore (*accollato*) nei confronti del creditore (*accollatario*). ~ *estens.* Assunzione volontaria di un impegno. **2.** Carico che grava sulla parte anteriore del carro e quindi sul collo dell'animale da tiro. **3.** ARCH. Parte sporgente di una struttura, sostenuta da mensole. SIN.: **aggetto. 4.** MAR. Lato della vela sottovento.

accoltellàre v.tr. Colpire qlcu. con il coltello, per ferirlo o ucciderlo. SIN.: **pugnalare.** ◆ **accoltellarsi** v.pron. Detto di due o più persone, colpirsi reciprocamente con il coltello.

accoltellàto agg. Colpito da una o più coltellate. SIN.: **pugnalato.** ◆ s.m. Modalità di disposizione dei mattoni che vengono messi di taglio, di costa. *Pavimento in accoltellato.*

accomandànte s.m. e f. DIR. Socio di una società in accomandita che non amministra ed è responsabile solo per la propria parte di capitale (in oppos. ad *accomandatario*). ❑ Anche in funzione di agg. *Socio accomandante.*

accomandatàrio s.m. [f. –*ria*, pl.m. –*ri*] DIR. Socio di una società in accomandita che partecipa alla gestione ed è responsabile in solido e illimitatamente delle obbligazioni sociali. ❑ Anche in funzione di agg. *Socio accomandatario.*

accomandazióne s.f. ST. Istituzione medievale con la quale i piccoli proprietari si ponevano sotto la protezione di un grande proprietario terriero giurandogli fedeltà.

accomàndita s.f. DIR. Società commerciale per azioni o non (*accomandita semplice*) i cui soci si distinguono in accomandatari, con responsabilità in solido e illimitata, e accomandanti, con responsabilità limitata e nessuna partecipazione alla gestione sociale.

accomiatàre v.tr. Dare licenza di andarsene. ◆ **accomiatarsi** v.pron. **1.** Prendere commiato da qlcu. prima di andarsene. **2.** *estens.* Separarsi da qlco.

accomodamènto s.m. **1.** Riparazione, aggiustamento. **2.** Transazione a cui giungono due parti in lite. **3.** Regolazione di uno strumento ottico. ~ FISIOL. Adattamento dell'occhio. **4.** MECC. *Accomodamento elastico:* assestamento di un materiale a seguito di una sollecitazione ciclica applicata ripetutamente. **5.** PSICOL. In Piaget, modificazione del modo d'agire e pensare.

accomodànte agg. Che è incline all'accordo, al compromesso. SIN.: **conciliante.**

accomodàre v.tr. (lat. *accomodàre* "adattare, conformare") **1.** Aggiustare, riparare un oggetto rotto o non funzionante. *Accomodare un tetto.* **2.** Dare una forma o un ordine adeguato a qlco. *Accomodare i fiori nel vaso.* **3.** *fig.* Trovare un accordo o una soluzione per qlco. *Accomodare una lite.* **4.** Regolare l'occhio o un sistema ottico per quanto riguarda distanza o luminosità. *Accomodare il cannocchiale.* ◆ v.intr. (aus. *avere*) Tornar comodo o utile, andare bene per qlcu. *Faccia come le accomoda.* ◆ **accomodarsi** v.pron. **1.** Avere un esito positivo. *La situazione si accomoderà.* **2.** Di due o più persone, giungere a un accordo. *Venditore e compratore si sono accomodati.* **3.** Sistemare qlco. che s'indossa. *Accomodarsi la gonna.* **4.** Sistemarsi in un luogo. *Accomodarsi in un piccolo alloggio.* **5.** Mettersi a proprio agio entrando in casa d'altri, anche sedendosi. *Accomodarsi in salotto.* ◇ *Far accomodare qlcu.:* mettere l'ospite a pro-

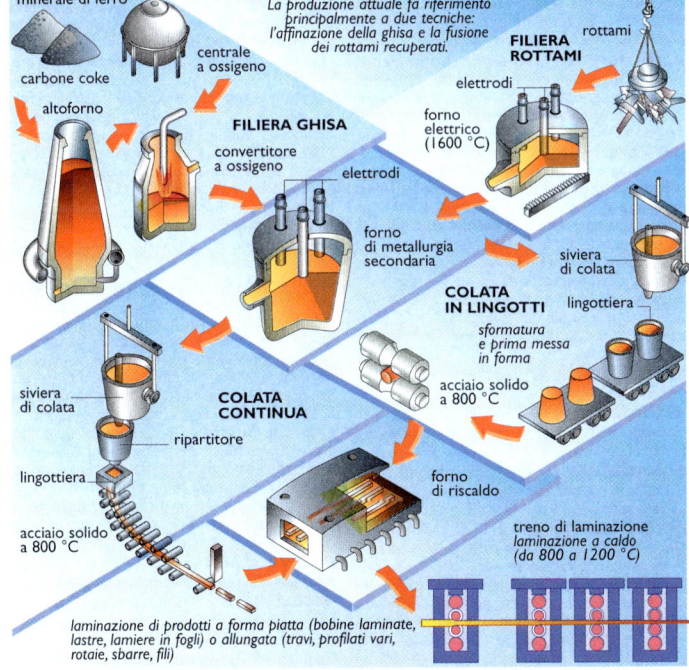

minerale di ferro
carbone coke
centrale a ossigeno
altoforno
FILIERA GHISA
convertitore a ossigeno
elettrodi

La produzione attuale fa riferimento principalmente a due tecniche: l'affinazione della ghisa e la fusione dei rottami recuperati.

FILIERA ROTTAMI
rottami
elettrodi
forno elettrico (1600 °C)

forno di metallurgia secondaria
siviera di colata

COLATA IN LINGOTTI
lingottiera
sformatura e prima messa in forma

siviera di colata
COLATA CONTINUA
ripartitore
lingottiera
acciaio solido a 800 °C

acciaio solido a 800 °C
forno di riscaldo

treno di laminazione laminazione a caldo (da 800 a 1200 °C)

laminazione di prodotti a forma piatta (bobine laminate, lastre, lamiere in fogli) o allungata (travi, profilati vari, rotaie, sbarre, fili)

■ **acciàio** (processo produttivo).

prio agio, facendolo entrare in una stanza e invitandolo a sedersi.

accomodazióne s.f. FISIOL. Capacità dell'occhio di variare la curvatura del cristallino mediante contrazione muscolare per mettere a fuoco oggetti che si trovano a distanze diverse.

accompagnaménto s.m. **1.** Azione di accompagnare. ◇ *Indennità di accompagnamento:* somma corrisposta dallo Stato a persone non autosufficienti per la retribuzione dell'operatore che le assiste. **2.** Aggiunta, completamento. **3.** MUS. Ciò che sostiene e completa la parte principale rimanendo in posizione subordinata. **4.** DIR. *Accompagnamento coattivo:* traduzione obbligata di un imputato o di un teste davanti al giudice.

accompagnàre v.tr. **1.** Seguire con la mano il movimento di un oggetto. *Accompagnare una porta.* **2.** Andare insieme a qlcu. in un luogo. *Accompagnare i bambini a scuola.* ~ Scortare. *Accompagnare fino alla frontiera.* ~ Congedare. *Accompagnare il cliente alla porta.* ◇ *Accompagnare qlcu. con lo sguardo:* guardarlo mentre si allontana. **3.** *fig.* Di emozioni o sentimenti, essere, rimanere nell'animo o nella mente di una persona. *Il suo ricordo mi accompagna.* **4.** MUS. Di strumenti musicali o voci, seguire il suono di altri strumenti o di altre voci. ~ Unire armonicamente il suono di uno strumento o di una voce al suono di altri strumenti o voci, oppure ad altre forme artistiche. *Accompagnare l'esibizione di un ballerino con l'orchestra.* **5.** Mettere assieme, unire qlco. con o ad altro. *Accompagnare un regalo con un biglietto.* SIN.: **abbinare**. ◆ **accompagnarsi** v.pron. **1.** Unirsi a qlcu. che va nella stessa direzione. *Accompagnarsi con un amico.* **2.** Essere compagno abituale di qlcu. SIN.: **frequentare**. **3.** MUS. Sostenere il proprio canto con il suono di uno strumento. *Cantare accompagnandosi con la chitarra.* **4.** Armonizzarsi con qlco. per stile, colore, tono, gusto. *Il vino bianco si accompagna al pesce.* SIN.: **abbinarsi**.

accompagnatóre s.m. [f. *-trice*] **1.** Chi accompagna. ◇ *Accompagnatore turistico:* chi fa da guida ai turisti. – *Accompagnatore sportivo:* chi segue, con incarichi specifici, una squadra durante le trasferte. **2.** MUS. Chi esegue un accompagnamento musicale.

accomunàre v.tr. **1.** Rendere due persone partecipi di una stessa condizione. *La passione per lo sport accomuna i giovani.* **2.** Mettere in comune qlco. con qlcu. **3.** Avvicinare spiritualmente qlcu. ad altra persona. *Questa esperienza accomuna il padre al figlio.*

acconciàre v.tr. [5] **1.** Riparare qlco. *Acconciare il tetto.* **2.** Preparare, predisporre. *Acconciare i ferri del mestiere.* **3.** Migliorare l'aspetto di una persona curandone l'abbigliamento e, in partic., la pettinatura. *Acconciare una sposa per la cerimonia.* ◆ **acconciarsi** v.pron. **1.** Detto di due o più persone, trovare un accordo. **2.** Sistemarsi il vestito o l'acconciatura.

acconciatùra s.f. **1.** Atto di acconciare, sistemazione. **2.** Modo di sistemare i capelli. ~ Insieme di ornamenti posti tra i capelli.

accondiscendènte agg. Condiscendente, arrendevole.

accondiscéndere v.intr. [33] (aus. *avere*) Dare il consenso a richieste o pretese di un'altra persona, spec. rinunciando alle proprie esigenze.

acconsentire v.intr. [72] (aus. *avere*) Dare il proprio consenso a qlco., dichiararsi d'accordo. *Acconsentire a una richiesta.* ◆ v.tr. MAR. Lasciare scorrere lentamente un cavo per evitarne la rottura.

accontentàre v.tr. **1.** Rendere contento qlcu. appagando le sue richieste. *Accontentare il figlio.* **2.** Esaudire una richiesta, un desiderio, di qlcu. *Accontentare i desideri dei nipotini.* ◆ **accontentarsi** v.pron. Sentirsi contento, appagato per qlco. ◇ *Accontentarsi con niente:* ritenersi soddisfatto con poco.

accónto s.m. Parte di un pagamento, che vale come anticipo o caparra, data prima della conclusione di un lavoro o di una transazione d'affari. ~ *estens.* Anticipo, parte minore di qlco.

accoppàre v.tr. Uccidere qlcu. con un colpo alla nuca. ~ *estens.* Uccidere qlcu. in modo violento. *Accoppare il nemico.* ◆ **accopparsi** v.pron. Rimanere ucciso, uccidersi.

accoppiaménto s.m. **1.** Unione, accostamento di due persone o cose omogenee. SIN.: **abbinamento**. **2.** ZOOL. Unione sessuale ai fini della riproduzione. **3.** ELETTROTEC. Azione mutua tra due circuiti elettrici che risulta in uno scambio di energia. **4.** TECN. Connessione tra due sistemi mediante parti meccaniche in contatto.

accoppiàre v.tr. [6] **1.** Unire due persone o cose formando delle coppie. *Accoppiare due classi.* ~ Mettere assieme un soggetto con un altro, una cosa con un'altra. *Accoppiare molti vizi a molte virtù.* **2.** ZOOL. Unire maschio e femmina di animali per la riproduzione. **3.** ELETTROTEC. Collegare. ◆ **accoppiarsi** v.pron. **1.** Di due soggetti, unirsi sessualmente. **2.** Formare una coppia con qlcu.

accoppiàta s.f. IPP. Tipo di scommessa con la quale si indicano il cavallo vincente e il secondo arrivato. ~ *estens.* Coppia di cose o persone il cui abbinamento produce successo.

accoppiàto agg. **1.** Che sta in coppia. ~ Che si accompagna o ha un rapporto amoroso con un'altra persona. **2.** ELETTR. *Circuiti, sistemi accoppiati:* quelli in accoppiamento.

accoppiatóre s.m. **1.** Nel Medioevo, a Firenze e Siena, magistrato straordinario che si occupava degli scrutini elettorali. **2.** TECN. Elemento usato nell'accoppiamento di due sistemi. **3.** ELETTR. Dispositivo per l'accoppiamento di due circuiti. **4.** INFORM. *Accoppiatore acustico:* apparecchiatura per la trasmissione di dati attraverso la linea telefonica, per mezzo della cornetta.

accoràto agg. Addolorato, amareggiato. ~ Che denota un animo turbato.

accorciaménto s.m. **1.** Riduzione di lunghezza. **2.** LING. Abbreviazione di una parola, contrazione di una sillaba.

accorciàre v.tr. [5] Rendere più corto, in lunghezza o durata. *Accorciare un abito.* ~ *fig.* Percorrere un cammino più breve per raggiungere un luogo. *Accorciare la strada.* ◇ *fig. Accorciare le distanze:* nel l. sport., ridurre il distacco nei confronti di un avversario che si trova più avanti in classifica o nella gara; *estens.* avvicinarsi a qlcu. – *Accorciare i tempi:* ridurre il tempo di esecuzione di qlco. ◆ **accorciarsi** v.pron. Rendere più corto qlco. di proprio o che si indossa. *Accorciarsi i capelli, le unghie.*

accorciativo agg. Che accorcia. ◆ s.m. LING. Forma abbreviata di una parola. *"Auto" è accorciativo di "automobile".*

accordàre v.tr. **1.** Mettere d'accordo cose o persone. *Accordare opposte esigenze.* **2.** *estens.* Ricercare una conformità estetica tra elementi diversi. *Accordare colori diversi.* ~ Armonizzare. *Accordare azioni e convinzioni.* **3.** MUS. Dare la giusta intonazione a uno strumento aumentando o diminuendo la tensione delle corde. ~ Rendere armonico uno strumento musicale con altri. *Accordare il violino con l'orchestra.* **4.** GRAMM. Concordare una parte variabile del discorso con un altro elemento. **5.** Concedere un favore, un beneficio, ecc. a chi ne ha fatto richiesta. *Accordare la grazia.* ◆ **accordarsi** v.pron. **1.** Trovare un accordo con qlcu. *Accordarsi con il venditore.* **2.** Essere in armonia con qlco. **3.** Essere conforme con qlco. *La decisione non si accorda alla nostra proposta.*

accordàto agg. **1.** MUS. Che ha l'intonazione giusta. **2.** GRAMM. Concordato.

accordatóre s.m. [f. *-trice*] Artigiano specializzato nell'accordare strumenti musicali, in partic. pianoforti.

accordatùra s.f. MUS. Procedimento con cui si dà la corretta intonazione a uno strumento musicale.

accòrdo s.m. [pl. *-di*] **1.** Conformità di opinioni e intenzioni. ◇ *D'accordo:* nelle risposte, sì, certamente. **2.** Convergenza di più volontà per fondare, modificare o estinguere un rapporto giuridico. ~ *estens.* Intesa, patto tra persone o enti. ◇ *Accordo di legislatura:* intesa che dovrebbe tenere uniti due o più partiti per la durata di una legislatura. – *Accordo di programma:* strumento di coordinamento tra amministrazioni che appartengono a diversi livelli di governo. – POLIT. *Accordo quadro:* che definisce tra le parti gli aspetti generali e gli obiettivi. **3.** Armonizzazione di elementi diversi. **4.** MUS. Emissione simultanea di più suoni secondo i principi dell'armonia. ◇ *Accordo perfetto:* riunione della tonica, della terza e della quinta (*dominante*), alle quali si aggiunge la tonica all'ottava superiore (*do, mi, sol, do*). – *Accordo (perfetto) maggiore:* l'accordo costituito dalla nota fondamentale, dalla terza maggiore e dalla quinta giusta. – *Accordo (perfetto) minore:* l'accordo costituito dalla nota fondamentale (*tonica*) di una scala minore, dalla terza minore e dalla quinta giusta. **5.** GRAMM. Concordanza.

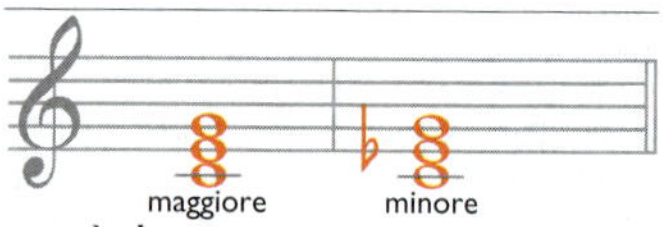

■ **accòrdo.** Accordi perfetti.

accòrgersi v.pron. [22] Acquisire consapevolezza, rendersi conto di qlco. *Accorgersi di un errore.*

accorgiménto s.m. **1.** Prontezza d'ingegno. SIN.: **accortezza**. ~ Intuito, avvedutezza. **2.** Abile espediente, stratagemma.

accorpaménto s.m. Nel l. bur., unione di funzioni, uffici, poteri diversi, in uno solo.

accorpàre v.tr. Raggruppare in un'unica struttura elementi separati. *Accorpare aziende, uffici.* SIN.: **fondere**.

accórrere v.intr. [21] (aus. *essere*) **1.** Andare da un luogo in un altro, convergere. *Accorrere al concerto.* **2.** Correre in aiuto. *I soccorritori accorsero sul luogo dell'incidente.*

accortézza s.f. Prontezza d'ingegno unita a prudenza. SIN.: **avvedutezza**.

accòrto agg. Perspicace e prudente. SIN.: **sagace**.

accostaménto s.m. **1.** Avvicinamento, contatto, unione. ~ *fig.* Paragone, confronto tra due o più cose o persone. **2.** *fig.* Approccio, presa di contatto.

accostàre v.tr. **1.** Porre due o più oggetti uno accanto all'altro. *Accostare due tavoli.* ~ MAR. Disporre un'imbarcazione in modo che la fiancata si trovi accanto a una struttura fissa o a un'altra imbarcazione. *Accostare la nave alla banchina.* **2.** *fig.* Mettere a confronto, paragonare. *Accostare due testi.* **3.** Farsi vicino a qlcu. per parlargli. *Accostare un passante.* **4.** Socchiudere porte, finestre, imposte. ◆ v.intr. (aus. *avere*) Portare un autoveicolo vicino al bordo della strada per non ostacolare la circolazione. *Il vigile fa cenno di accostare.* ~ Manovrare un'imbarcazione o un aereo in modo da cambiare rotta. *L'aereo sta accostando.* ◆ **accostarsi** v.pron. **1.** Andare verso qlcu. o qlco. e fermarsi vicino. **2.** *fig.* Avvicinarsi a un'ideologia, a una religione, ecc. ~ Intraprendere lo studio di qlco. ◇ *Accostarsi ai sacramenti:* riceverli. **3.** *fig.* Essere simile a qlco. *Il formato si accosta a quello di una rivista.*

accotonàre v.tr. IND. TESS. Arricciare il pelo alle coperte di lana.

account [/ə'kaʊnt/] s.m. inv. (voce ingl., propr. "conto") **1.** In un'agenzia di marketing, l'insieme delle varie operazioni di contabilità, acquisto e amministrazione. **2.** In un'azienda, responsabile delle vendite. *Account manager.* **3.** Cliente di un'agenzia pubblicitaria presso la quale detiene un conto. ◇ *Account executive:* dirigente pubblicitario che gestisce i fondi stanziati da un cliente per una campagna di promozione. **4.** INFORM. Controllo amministrativo e di sicurezza dell'accesso a un sistema multiutente di un utente autorizzato. ◇ *Account policy:* insieme di regole di accesso e di comportamento.

accovacciàrsi v.pron. [5] Di animali, rannicchiarsi nel covo. ~ *estens.* Accucciarsi.

accovonàre v.tr. AGR. Raccogliere in covoni i cereali tagliati.

accovonatóre s.m. **1.** [f. *-trice*] Chi accovona il grano. **2.** Attrezzo della macchina mietitrebbiatrice che riunisce gli steli dei cereali per legarli in covoni.

accozzàglia s.f. [pl. –glie] Insieme disordinato e confuso di persone o cose.

accozzàre v.tr. Mettere insieme più cose o persone disparate, raccogliere alla rinfusa. *Accozzare oggetti, parole, idee.* SIN.: **affastellare**.

accreditaménto s.m. **1.** Conferimento di credito, di fiducia. **2.** COMM., BANC. Operazione con cui un soggetto economico, general. una banca, accredita a un altro una certa somma.

accreditàre v.tr. **1.** Dare credito a una notizia, a una voce. *Accreditare la notizia dell'incidente.* **2.** Ufficializzare la posizione di un agente diplomatico presso uno stato estero, con lettere credenziali. *Accreditare un ambasciatore.* **3.** Concedere il permesso di accesso a giornalisti e fotografi. **4.** COMM. Segnare a credito di qlcu. una somma di denaro. *L'importo è stato accreditato al direttore.* ◆ **accreditarsi** v.pron. Acquistare credito, fiducia, stima. *Accreditarsi come architetto.*

accreditàto agg. **1.** Che gode di fiducia, di credito per un certo ruolo, un lavoro. *Giornalista accreditato.* **2.** Di diplomatico che ha presentato lettere credenziali ed è riconosciuto da uno Stato estero. ◆ s.m. [f. –ta] BANC. Soggetto al quale una banca concede crediti a determinate condizioni stabilite in un contratto.

accrédito s.m. **1.** BANC. Accreditamento. **2.** Nel l. gior., autorizzazione concessa a chi assiste a un evento, in partic. a uno spettacolo, per poi riferirne sulla stampa.

accrescènte agg. BOT. Di ogni parte del fiore, a eccezione dell'ovario, che continua a crescere fino alla maturazione del frutto.

accréscere v.tr. [39] **1.** Far diventare qlco. più grande. *Accrescere il patrimonio.* **2.** Far prosperare. *Accrescere uno stato.* ◆ **accrescersi** v.pron. Diventare più grande o più evidente.

accresciménto s.m. **1.** Aumento, crescita. ~ BIOL. Ingrandimento progressivo di un tessuto cellulare, di un organo, di un organismo. ~ MIN. Processo naturale di crescita su un cristallo per successivi apporti di particelle. **2.** DIR. Acquisizione da parte degli eredi della quota di eredità di un coerede che non partecipi alla divisione ereditaria.

accrescitivo agg. Che ha la capacità di accrescere. *Potere accrescitivo.* ◆ s.m. GRAMM. Sostantivo, aggettivo e più raramente avverbio alterati mediante l'aggiunta di un suffisso che indica dimensioni maggiori dell'usuale (*librone*) o accrescimento di una qualità (*grassona*), di un comportamento (*sgobbone*) o di una condizione (*benone*).

accrochage [/akro'ʃaʒ/] s.m. [pl. *accrochages*] (voce fr., deriv. di *accrocher* "agganciare") SPORT. Collisione tra imbarcazioni durante una regata.

accucciàrsi v.pron. [5] **1.** Di cani, andare nella cuccia. ~ estens. Accovacciarsi a terra. **2.** estens. Di persone, mettersi a sedere a terra.

accudire v.tr. [83] Aver cura di qlcu. *Accudire un bambino.* ◆ v.intr. (aus. *avere*) Attendere a un'attività. *Accudire alla bottega.*

acculturazióne s.f. **1.** ETNOL. Processo per cui un individuo, un gruppo sociale o un popolo entrano in contatto con una cultura diversa e in parte l'assimilano. **2.** SOCIOL. Processo di integrazione culturale tra diversi gruppi sociali.

accumulàre v.tr. **1.** Ammassare cose una sull'altra. *Accumulare carte.* **2.** fig. Mettere assieme una grande quantità di qlco. *Accumulare merci.* ~ Mettere da parte denaro, risparmiando. ◆ **accumularsi** v.pron. **1.** Aumentare in numero o quantità, facendo cumulo. **2.** fig. Crescere, aumentare di numero, detto di impegni fastidiosi, preoccupazioni.

accumulatóre s.m. **1.** FIS. Dispositivo in grado di immagazzinare energia ed erogarla all'occorrenza. ◇ *Accumulatore elettrico:* dispositivo che assorbe energia elettrica e la conserva sotto forma di energia chimica, per erogarla all'occorrenza nuovamente come energia elettrica. – *Accumulatore idraulico:* dispositivo che immagazzina energia sotto forma di liquido a pressione costante. – *Accumulatore termico o di calore:* dispositivo capace di immagazzinare e restituire calore. **2.** INFORM. In un processore, registro di

memoria impiegato nell'esecuzione di operazioni logico-matematiche.

accumulazióne s.f. **1.** Accumulo, raccolta e conservazione di oggetti. **2.** ECON. Processo mediante il quale parte del prodotto viene destinato all'accrescimento della capacità produttiva futura. **3.** RET. Figura che consiste nell'allineare, per aggiunta, una serie di elementi linguistici non ripetuti. **4.** GEOMORF. Fenomeno di deposito dei materiali erosi per azione di diversi agenti fisici. **5.** *Bacino di accumulazione:* invaso artificiale per la raccolta dell'acqua piovana.

accùmulo s.m. Ciò che viene accumulato.

accuratézza s.f. **1.** Attenzione, precisione nell'operare. ~ La buona qualità che ne risulta. **2.** TECN. Indice dello scostamento massimo tra il valore che uno strumento di misura fornisce e il valore vero.

accuràto agg. **1.** Che agisce con attenzione e diligenza. **2.** Fatto con cura, ad arte; particolareggiato.

accùsa s.f. **1.** Attribuzione di una colpa. **2.** Rimprovero, critica. **3.** DIR. Imputazione, incriminazione. ◇ *Pubblica accusa:* ufficio di accusatore ricoperto dal procuratore della Repubblica o dai suoi sostituti. **4.** RELIG. Confessione sacramentale dei peccati commessi. **5.** LUD. In alcuni giochi di carte, dichiarazione di una combinazione con i relativi punti di vantaggio.

accusàre v.tr. **1.** Muovere a qlcu. (anche a entità astratta) accusa o rimprovero di qlco. *Mi accusano di essere troppo buono.* **2.** DIR. Denunciare qlcu. all'autorità giudiziaria. *È stato accusato di rapina.* **3.** Mostrare una data condizione, essere indizio di qlco. *Il suo viso accusa la fatica.* **4.** Avvertire una sensazione, spec. di dolore. *Accusa un dolore allo stomaco.* **5.** Nel l. bur., dare atto di qlco., rendere noto qlco. *Accusare ricevuta di una lettera.* **6.** LUD. In alcuni giochi di carte, dichiarare combinazioni e punti. ◆ **accusarsi** v.pron. Dichiarare se stessi colpevoli di un reato o di un fatto.

accusativo agg. GRAMM. Del caso della declinazione che in alcune lingue esprime il complemento oggetto e gli elementi a esso riferiti. ◆ s.m. **1.** Il caso accusativo. **2.** Costruzione sintattica particolare realizzata con l'accusativo nelle lingue con flessione nominale, e riferita per analogia anche a lingue prive di flessione. ◇ *Accusativo interno o dell'oggetto interno:* costruzione nella quale un verbo intransitivo acquista come oggetto diretto un nome derivante dalla radice del verbo stesso. *Vivere la vita.* – *Accusativo di relazione o alla greca:* costruzione nella quale un complemento di limitazione connesso a un agg. o a un part. pass. viene espresso nell'accusativo senza prep. *"Sparsa le trecce morbide / sull'affannoso petto"* (Manzoni)

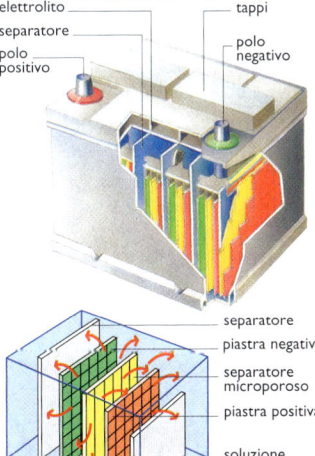

■ **accumulatóre.** Batteria ad accumulatori.

elettrolito
tappi
separatore
polo positivo
polo negativo

separatore
piastra negativa
separatore microporoso
piastra positiva
soluzione di acido solforico (elettrolito)

accusàto agg. Incolpato, sospettato di colpa. ◆ s.m. [f. –ta] Imputato, incriminato, denunciato.

accusatóre s.m. **1.** [f. –trice] Chi accusa. **2.** DIR. Magistrato che conduce l'azione penale in nome dello stato. ◇ *Pubblico accusatore:* pubblico *ministero.

accusatòrio agg. [pl.m. –ri] **1.** Che vale ad accusare. *Lettera accusatoria.* ~ Proprio di chi rivolge un'accusa. *Tono accusatorio.* **2.** DIR. *Sistema accusatorio:* sistema di procedimento penale in cui il giudice svolge un ruolo di arbitro tra accusa e difesa (in oppos. al *sistema inquisitorio* in cui il giudice ricopre un ruolo predominante nella condotta dell'istanza e nella ricerca delle prove).

ace [/ˈeɪs/] s.m. inv. (voce ingl. d'America, propr. "asso") Nel tennis e nella pallavolo, servizio vincente a cui l'avversario non riesce a rispondere.

acefalìa s.f. **1.** MED. Mancato sviluppo della testa nel feto. **2.** METR. Nella metrica latina e greca, mancanza della prima sillaba del verso rispetto allo schema.

acèfalo agg. **1.** Privo di testa. *Statua acefala.* **2.** METR. Nella metrica latina e greca, si dice di verso che manca della prima sillaba. **3.** fig. Di gruppo, ente, organizzazione, ecc. senza direzione o autorità. ◆ s.m. [pl. –la] **1.** (spec. pl.) Seguaci dell'eresia monofisita (sec. V) che non essendo uniti a nessuno dei cinque patriarcati erano considerati senza un capo spirituale, da cui il nome. **2.** Al tempo di Enrico I d'Inghilterra, cittadino del regno che non possedeva terre e libero perciò da obblighi verso le istituzioni feudali. **3.** Mollusco della classe degli Acefali.

acellulàre agg. BIOL. Privo di struttura cellulare.

Acelòmati s.m. pl. ZOOL. Animali privi di celoma. (Cnidari e Nematodi, p.e.)

Aceràcee s.f. pl. [iniziale minusc. sing. –a per l'individuo] BOT. Famiglia di piante legnose con foglie opposte semplici, fiori in grappolo e tipico frutto a samara. (Ordine delle Terebintali.)

acèrbo agg. **1.** Non ancora maturo. *Pomodori acerbi.* **2.** fig. Non completamente formato, ancora in sviluppo. ~ Nuovo. *Vino acerbo.* **3.** Di sapore aspro. **4.** fig. Pungente. *Parole acerbe.* ~ Brusco, sgarbato. *Carattere acerbo.* ~ fig. Forte, intenso.

aceréta s.f. Piantagione, bosco di aceri, detta anche *aceréto*.

Acerina s.f. ZOOL. Genere di pesci diffusi nei grandi corsi d'acqua e nei laghi dal fondo sabbioso. (Famiglia dei Percidi.)

àcero s.m. **1.** Albero diffuso nelle regioni temperate settentrionali, con foglie semplici lobate, fiori verdognoli a grappolo e frutti alati (*samare*); numerose le specie esistenti, come l'acero di monte (detto pop. *loppone*) e l'acero campestre (detto anche *loppio*). (Famiglia delle Aceracee.) **2.** Legno di tale albero, usato in falegnameria. **3.** BOT. (iniziale maiusc.) Genere di piante comprendente più di cento specie diffuse nell'emisfero boreale, cui fa capo l'acero.

acèrrimo agg. **1.** Nel sign. del superl. di *acre.* **2.** Che non demorde. *Odio acerrimo.*

acescènza s.f. Fenomeno di inacidimento dei liquidi fermentati.

acetàbolo o **acetàbulo** s.m. **1.** ANT. ROM. Ampolla per l'aceto. **2.** ANAT. Cavità articolare dell'osso iliaco, in cui si colloca la testa del femore. SIN.: **cotile.** **3.** BOT. Calice del fiore. ~ Parte dei licheni nella quale si trovano gli organi riproduttori. **4.** ZOOL. Cavità respiratoria nei polipi e nautili.

acetabulària s.f. Piccola alga verde unicellulare, a forma di fungo, che vive fissata alle rocce attraverso un lungo pedicello. (Lunghezza 5-8 cm; classe delle Cloroficee.)

acetaldèide s.f. CHIM. ORG. Liquido incolore, volatile, dall'odore pungente, prodotto per ossidazione dell'alcol etilico e usato come intermedio nell'industria chimica.

acetaldòlo s.m. CHIM. → **aldolo**.

acetàle s.m. CHIM. ORG. Nome generico per indicare i composti ottenuti aggiungendo alcoli agli aldeidi.

fiori

foglie
e frutti

acero campestre
(in autunno)

■ àcero

acetammìde s.f. CHIM. Ammide dell'acido acetico (CH_3CONH_2).

acetàto s.m. **1.** CHIM. ORG. Sale o estere dell'acido acetico. ◇ *Acetato di cellulosa* → **acetilcellulosa**. **2.** Fibra tessile artificiale detta anche *seta all'acetato*. **3.** Disco di materia plastica a base di acetati su cui vengono riversate le incisioni musicali di prova.

acètico agg. [pl.m. –*ci*, f. –*che*] *Acido acetico:* acido (CH_3CO_2H) che si forma durante l'ossidazione dell'etanolo, a cui l'aceto deve le sue proprietà acide. – *Fermentazione acetica:* ossidazione biologica che dà luogo all'aceto e all'acido acetico.

acetificànte agg. CHIM. Che induce il processo di acetificazione nei liquidi idroalcolici.

acetificàre v.tr. [4] CHIM. Trasformare l'alcol di una sostanza in acido acetico.

acetificazióne s.f. CHIM. Processo di trasformazione dei liquidi idroalcolici in aceto a opera di microrganismi.

acetifìcio s.m. [pl. –*ci*] Stabilimento per la produzione dell'aceto.

acetilàto agg. CHIM. Di composto in cui è stato introdotto un radicale acetile. ◆ s.m. Nel sign. dell'agg.

acetilazióne s.f. CHIM. Introduzione di uno o più radicali acetile in un composto organico.

acetilcellulósa s.f. CHIM. Estere acetico della cellulosa usato nella produzione di pellicole, fibre artificiali, vernici, ecc.

acetilcoenzìma s.m. BIOCHIM. Sostanza originata dall'acido acetico associato a un coenzima, che riveste un ruolo fondamentale nel metabolismo delle cellule.

acetilcolina s.f. CHIM. Sostanza che si forma a partire dall'*acido acetico* e dalla *colina*, fa parte dei neurotrasmettitori. (L'acetilcolina è presente nelle terminazioni nervose motorie e del simpatico.)

acetile s.m. CHIM. Radicale monovalente ($CH_3CO–$) dell'acido acetico.

acetilène s.m. CHIM. Idrocarburo non saturo, gassoso ($HC\equiv CH$), prodotto dalla reazione dell'acqua e del carburo di calcio.

acetilsalicìlico agg. [pl.m. –*ci*] CHIM. *Acido acetilsalicilico:* quello derivato dalla reazione dell'anidride acetica con l'acido salicilico, usato in farmacia come analgesico, antinfiammatorio, antipiretico. (Il preparato più noto è l'aspirina.)

acetilùro s.m. CHIM. Sale metallico derivato dall'acetilene.

acetìmetro s.m. Strumento che serve per misurare il tenore di acido acetico contenuto in un liquido.

acéto s.m. **1.** Soluzione acquosa ricca di acido acetico, prodotta dalla fermentazione del vino o di altre bevande alcoliche, utilizzato come condimento e come conservante di cibi. ◇ *Aceto balsamico:* ricavato dal mosto di uve bianche, aromatizzato e invecchiato. – *Aceto aromatico:* contenente principi medicamentosi. **2.** *fig.* Mordacità, causticità. *L'aceto della satira.*

Acetobattèrio s.m. BIOL. Batterio responsabile dell'ossidazione dell'alcol in acido acetico.

acetóne s.m. **1.** Liquido incolore (CH_3COCH_3), etereo e infiammabile, usato come solvente. **2.** MED. Sostanza che si produce nell'organismo durante il metabolismo dei grassi ed è eliminata con le urine o con l'aria espirata. – *Eccesso patologico frequente nella prima infanzia per carenza di zuccheri.*

acetonemìa s.f. MED. Presenza nel sangue di acetone e, estens., di altri corpi chetonici.

acetonùria s.f. MED. Eliminazione patologica di acetone attraverso le urine.

acetósa s.f. Pianta erbacea perenne con foglie lanceolate commestibili dal sapore acidulo. (Famiglia delle Poligonacee.)

acetosèlla s.f. Pianta erbacea, rizomatosa, trifogliata, con fiori bianchi o rosati. (Famiglia delle Ossalidacee.) ◇ *Sale d'acetosella:* acido ossalico ricavato dal succo concentrato della pianta, usato come mordente o solvente.

achènio s.m. [pl. –*ni*] BOT. Frutto secco indeiscente con seme unico non aderente al pericarpo (p.e. ghianda, nocciola).

achèo agg. Dell'Acaia. ◆ s.m. [f. –*a*] **1.** Nativo, abitante dell'Acaia antica e moderna. **2.** (al pl. anche con iniziale maiusc.) Chi apparteneva alla popolazione achea. ~ *estens.* Greco.

acherònzia s.f. (lat. *Acherontia*, deriv. di *Acheròntius* "dell'Acheronte") Farfalla notturna con macchia dorsale a forma di teschio, detta anche *atropo* o *testa di morto*. (Famiglia degli Sfingidi.)

acheuleàno s.m. (solo sing.) (dal nome di *Saint-Acheul*, località francese sito di importanti ritrovamenti archeologici) GEOL. Periodo preistorico del paleolitico inferiore. (La cultura di questo periodo apparve in Africa un milione di anni fa e si diffuse in Europa verso il 500.000 a.C.) ◆ agg. Relativo a tale periodo.

achilìa s.f. MED. Carenza di acido cloridrico e pepsina nei succhi gastrici.

achillèa s.f. (dal nome di *Achille*, perché secondo il mito aveva imparato a curare con essa le ferite) **1.** BOT. Pianta a foglie pennate e fiori gialli o bianchi, detta anche *millefoglio*. (Famiglia delle Composite.) **2.** (iniziale maiusc.) Genere di Dicotiledoni a cui appartengono varie specie di achillea diffuse nella regione mediterranea.

achirìa s.f. MED. Mancanza congenita di una o di entrambe le mani.

Achoura s.f. inv. Festa religiosa musulmana che ha luogo nel decimo giorno del mese di *muharram* (primo mese dell'anno lunare); è l'inizio dell'anno musulmano. (I musulmani sciiti commemorano in questo giorno l'assassinio del nipote del profeta Maometto.)

aciclico agg. [pl.m. –*ci*, f. –*che*] **1.** Di fenomeno che non presenta caratteri di periodicità. **2.** CHIM. ORG. *Composto aciclico:* con atomi di carbonio a catena aperta. **3.** BOT. Di fiore che ha i petali o gli stami disposti a spirale.

acicolàre o **aciculàre** agg. BOT., MIN. → aghiforme.

acidemìa s.f. MED. Acidosi nel sangue.

acidificànte agg. Additivo chimico che acidifica i prodotti alimentari. ◆ s.m. Nel sign. dell'agg.

acidificàre v.tr. [4] Rendere acida una sostanza. ◆ v.intr. (aus. *essere*) Diventare acido. *Il vino acidifica.*

acidimetrìa s.f. CHIM. Metodologia usata per determinare il grado di acidità di una soluzione.

acidìmetro s.m. CHIM. Apparecchio per misurare il grado di acidità di una soluzione.

acidità s.f. inv. **1.** Proprietà di ciò che è acido. ◇ *Acidità di stomaco:* aumento del grado di acidità dei succhi gastrici. **2.** *fig.* Asprezza, durezza. ~ Malignità. *Una critica piena di acidità.* **3.** CHIM. Proprietà degli acidi.

acid jazz [/'æsɪd 'dʒz/] loc. sost. m. inv. (loc. ingl.) Tipo di musica nata in Gran Bretagna sul finire degli anni Ottanta che si presenta come una contaminazione del rap con il jazz, il soul e il funk.

acid music [/'æsɪd 'mjuːzɪk/] loc. sost. f. inv. (loc. ingl., propr. "musica acida") MUS. Musica da discoteca caratterizzata da particolari effetti elettronici che tendono a ricreare le sensazioni provocate dalle sostanze allucinogene.

àcido agg. **1.** Di sapore o odore agro. **2.** *fig.* Scortese, offensivo. ~ Astioso, villano. **3.** CHIM. Che ha le proprietà di un acido. ◇ *Terreno acido:* che presenta un pH compreso fra 6,5 e 3,8. – PETROL. *Rocce acide:* quelle che contengono più del 65% di silicio. (La riolite, p.e.) – ECOL. *Piogge acide:* acqua piovana con alta concentrazione di acidità dovuta ai gas di scarico. ◆ s.m. **1.** CHIM. Sostanza capace di cedere un protone e che in soluzione acquosa libera ioni idrogeno o ioni idronio H_3O^+; in unione con sostanze basiche e metalli, forma i sali. ◇ *Acidi*

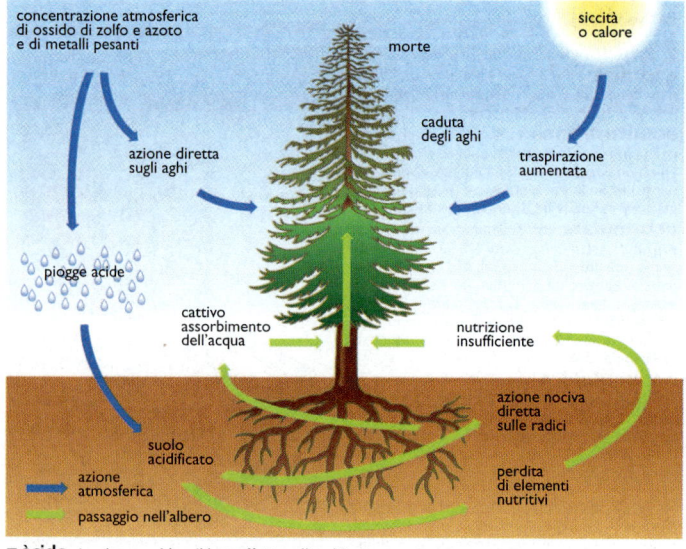

concentrazione atmosferica
di ossido di zolfo e azoto
e di metalli pesanti

siccità
o calore

morte

caduta
degli aghi

azione diretta
sugli aghi

traspirazione
aumentata

piogge acide

cattivo
assorbimento
dell'acqua

nutrizione
insufficiente

suolo
acidificato

azione nociva
diretta
sulle radici

perdita
di elementi
nutritivi

■ azione
atmosferica

■ passaggio nell'albero

■ **àcido.** Le piogge acide e il loro effetto sull'ambiente.

forti o deboli: caratterizzati da un numero maggiore o minore di ioni idrogeno a parità di concentrazione e temperatura della soluzione. **2.** (solo sing.) Odore, sapore di agro. **3.** *gerg.* LSD.

acidòfilo agg. **1.** CHIM. Di sostanza che altera il proprio colore a contatto con acidi. **2.** BOT. Di pianta che predilige i terreni acidi. (Erica, ginestrone, mirtillo, ecc.) **3.** BIOL. → **eosinofilo**.

acidòsi s.f. inv. MED. Eccessiva concentrazione di acidi nel plasma e nei liquidi interstiziali.

acidulàre v.tr. Rendere una sostanza leggermente acida aggiungendo aceto o limone.

àcidulo agg. **1.** Dal sapore leggermente acido. **2.** *fig.* Leggermente astioso, scostante. *Tono acidulo.*

acilazióne s.f. CHIM. Sostituzione di un atomo di idrogeno di un composto organico con un gruppo acile.

acile s.m. CHIM. Radicale organico monovalente (RCO–).

acinellatùra s.f. AGR. Compresenza di acini normali e altri poco sviluppati in un grappolo d'uva.

acinesìa s.f. MED. Sintomo di natura neurologica, tipico del morbo di Parkinson, che comporta la difficoltà di compiere movimenti volontari.

acinifórme agg. Di forma tondeggiante, tipica dell'acino d'uva.

àcino s.m. **1.** Nome comune con il quale si indica ogni singolo frutto dell'uva, del ribes, ecc. **2.** *estens.* Perla, grano di una collana. **3.** ANAT. Cavità arrotondata. ~ Elemento di una struttura a grappolo (ghiandola, polmoni).

acinóso agg. **1.** Che ha molti acini. **2.** ANAT. Che ha una struttura ad acini.

Acipenserifórmi s.m. pl. [iniziale minusc. sing. *–me* per l'individuo] ZOOL. Ordine di pesci ossei marini o di acqua dolce, con corpo ricoperto da piastre cutanee, di cui fa parte lo storione.

acirologìa s.f. RET. Uso improprio o traslato di un vocabolo o di una locuzione.

aclassismo s.m. Teoria politica che non ammette l'esistenza di classi sociali diverse né la loro contrapposizione.

acloridrìa s.f. MED. Assenza di acido cloridrico libero nella secrezione gastrica.

àcme s.f. **1.** Punto culminante, apogeo. *L'acme del successo.* **2.** MED. Fase di una malattia in cui i sintomi raggiungono la massima intensità. SIN.: **parossismo**.

acmeìsmo s.m. Movimento poetico russo affermatosi negli anni che precedettero la prima guerra mondiale, che in reazione con il simbolismo propugnava la celebrazione della vita e il ritorno alla semplicità dello stile. (I principali rappresentanti furono N. Goumilev, A. Akhmatova, O. Mandelstam.)

acmònital s.m. inv. Lega di acciaio, cromo, nichel e piccole percentuali di vanadio, usata in Italia per la coniatura delle monete tra il 1938 e il 1942.

àcne s.f. (gr. *akmḗ* "punta, apice") MED. Patologia della pelle dovuta a un'infiammazione dei bulbi piliferi e delle ghiandole sebacee, che si manifesta con pustole (comedoni, papule, noduli).

acolìa s.f. MED. Cessazione della secrezione della bile o del deflusso di essa nell'intestino che provoca lo scoloramento delle feci e itterizia.

acòmio s.m. ZOOL. Piccolo roditore detto anche *topo spinoso.* (Famiglia dei Muridi.)

acòndrite s.m. o s.f. GEOFIS. Meteorite litoide.

acondroplasìa s.f. MED. Malattia ereditaria caratterizzata da un precoce arresto della crescita delle cartilagini con conseguente nanismo.

aconfessionàle agg. Che non fa riferimento ad alcuna confessione religiosa.

aconitina s.f. CHIM. Alcaloide tossico che si estrae dalle radici dell'aconito.

acònito s.m. **1.** Pianta velenosa ornamentale tipica delle regioni montuose dell'Europa e dell'Asia centrale, con foglie verdi scure e fiori

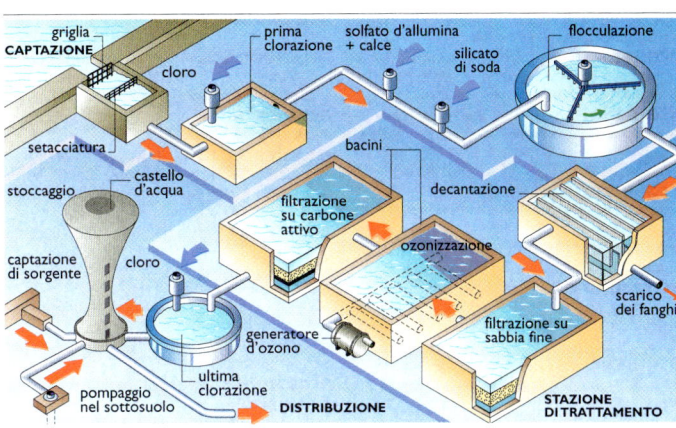

■ **àcqua.** Trattamento dell'acqua destinata alla distribuzione pubblica.

raccolti in pannocchie. (Altezza 1 m ca.; famiglia delle Ranuncolacee.) **2.** BOT. (iniziale maiusc.) Genere di dicotiledoni a cui appartengono varie specie di aconito.

àcoro s.m. **1.** Pianta erbacea che cresce nelle zone paludose dell'Asia sud-orientale e dell'India, detta anche *calamo aromatico.* (Famiglia delle Aracee.) **2.** Pianta erbacea che cresce nelle paludi delle regioni tropicali ed è simile, per il colore dei fiori, all'acoro delle Aracee, detta anche *coltellaccio* o *giglio giallo palustre.* (Famiglia delle Iridacee.)

acotilèdone agg. BOT. Di pianta con semi privi di cotiledone. ◆ s.f. Tale pianta.

àcqua s.f. **1.** Liquido incolore, trasparente, inodore e insapore, costituente fondamentale degli organismi viventi, presente in natura allo stato liquido (fiumi, laghi, mari), solido (neve, ghiaccio), aeriforme (vapor acqueo). ◇ *Acqua corrente:* disponibile continuamente grazie a un sistema di condutture. – *Acqua minerale:* quella che contiene sali minerali. – *Acqua demineralizzata:* in cui sono state eliminate le sostanze minerali disciolte. – *Acqua gassata:* contenente gas disciolti; può essere naturale, senza addizione di gas, o artificiale, con aggiunta di anidride carbonica. – *Acqua distillata:* da cui sono state eliminate le impurità minerali e organiche e i gas disciolti con un processo di ebollizione e successiva condensazione. – *Acqua viva:* acqua sorgiva. – *Acque bianche:* di origine piovana o provenienti da scarichi non fognari. – *Acque nere o di scarico:* di fogna. – *Acqua benedetta o santa:* consacrata dal sacerdote, usata nelle benedizioni e dai fedeli per il segno della croce. – *Fare acqua:* riferito a un natante, imbarcare acqua; *fig.* essere in cattive condizioni, spec. finanziarie; con riferimento a ragionamenti, teorie, ecc., essere facilmente contestabili. **2.** Massa d'acqua, corso d'acqua. ◇ DIR. INTERN., MAR. *Acque territoriali:* la fascia di mare sulla quale uno Stato esercita la propria sovranità. – *Acque interne:* le acque comprese tra la costa e la linea che demarca le acque territoriali. – *figg. Essere, sentirsi un pesce fuor d'acqua:* trovarsi a disagio perché fuori dal proprio ambiente. – *Avere l'acqua alla gola:* trovarsi in difficoltà. – *Navigare in cattive acque:* attraversare un periodo difficile. **3.** *fam.* Pioggia. *Acqua a catinelle.* **4.** (al pl.) Acque termali. **5.** *pop.* Umore. *Acqua delle melanzane.* ~ (al pl.) Liquido organico, in partic. liquido amniotico. ◇ *Rottura delle acque:* rottura del complesso degli involucri embrionali con perdita del liquido amniotico. **6.** Prodotto liquido di preparazione alimentare, farmaceutica, chimica, ecc. ◇ *Acqua tonica:* bibita analcolica, frizzante, dal gusto amaro. – *Acqua di colonia:* profumo leggero. – *Acqua ossigenata:* perossido di idrogeno, usato in soluzione come disinfettante e decolorante. **7.** Limpidezza, luminosità di una pietra preziosa. *Un diamante dall'acqua purissima.*

ENCICL. L'acqua è il costituente principale degli esseri viventi (oltre il 65% nel corpo umano) e per essere potabile deve contenere sali minerali. È costituita da molecole formate da due atomi di idrogeno e uno di ossigeno (H_2O). Bolle a 100 °C alla pressione di un'atmosfera, solidifica a 0 °C ed è presente nell'atmosfera sotto forma di vapore. Un cm^3 di acqua alla temperatura di 4 °C ha una massa di circa 1 g, ma la sua densità diminuisce per raffreddamento allo stato solido: da ciò deriva la proprietà del ghiaccio di galleggiare sull'acqua. Il calore specifico dell'acqua (ovvero il calore necessario per aumentare di un grado la temperatura dell'acqua), particolarmente elevato, non solo la rende un liquido refrigerante molto utilizzato, ma le consente di giocare un ruolo determinante nella regolazione dell'equilibrio dei climi terrestri.

àcqua-ària agg. inv. Di missile lanciato da un sommergibile contro un bersaglio aereo.

acquacedràta s.f. [pl. *acquecedrate*] Bevanda acquosa a base di sciroppo di cedro e zucchero.

acquacoltùra o **acquicoltùra** s.f. **1.** Allevamento industriale in acqua dolce o salata di pesci, molluschi, crostacei. **2.** Tipo di coltivazione, detta anche *idrocoltura* o *enidrocoltura*, consistente nel tenere le radici delle piante immerse in acqua.

acquafòrte s.f. [pl. *acqueforti*] (calco del fr. *eau-forte,* così detta per il potere corrosivo) **1.** Nome disusato dell'acido nitrico. SIN.: **mordente. 2.** Processo di incisione a stampa che consiste nel corrodere con l'acido nitrico le parti incise di una lastra di zinco coperta nel rimanente da una vernice antiacido, nel versare inchiostro lungo gli incavi ottenuti e nel premere con un torchio la lastra su un foglio di carta. ~ La stampa così ottenuta.

acquafortista s.m. e f. Incisore di acqueforti.

acquagym s.f. inv. → **aquagym**.

acquamanìle s.m. Brocca per l'abluzione delle mani, spesso a forma di animale, usata nel

■ **acquamanìle** in peltro; sec. XVI-XVII.
(Louvre, Parigi.)

Medioevo. ~ Recipiente di materiale e forma varia destinato a contenere acqua.

acquamarìna s.f. [pl. *acquemarine*] **1.** Varietà preziosa di berillo di colore verde-azzurro. **2.** Colore tra l'azzurro e il verde chiaro.

acquametrìa s.f. CHIM. Determinazione della quantità d'acqua contenuta in una sostanza o in un materiale, attuata con diversi metodi d'analisi.

acquanàuta s.m. e f.[pl.m. –*ti*] OCEANOGR. Chi pratica esplorazioni sottomarine a scopo di ricerca.

acquapark [/'akkwa,park/] s.m. inv. Parco dotato di attrazioni e giochi d'acqua.

acquaplàno s.m. (calco dell'ingl. *waterplane*) Tavola sulla quale ci si regge in piedi, mentre viene trainata da un motoscafo.~ Varietà di sci nautico.

acquaràgia s.f. [pl. –*gie*, –*ge*] Essenza di trementina, liquido incolore di odore penetrante, usato come solvente.

1. acquàrio s.m. [pl. –*ri*] Vasca trasparente in cui si allevano animali acquatici o piante. ~ *estens.* L'edificio in cui tali vasche si trovano.

2. acquàrio s.m. [pl. –*ri*] **1.** ASTR. (iniziale maiusc., solo sing.) Costellazione zodiacale dell'emisfero australe nella quale il sole transita tra il 21 gennaio e il 18 febbraio (v. fam. n.pr.). **2.** ASTROL. Undicesimo segno dello zodiaco dominante tale periodo. ~ ASTR. *estens.* Persona nata sotto tale segno.

acquariofilìa s.f. Allevamento in acquario di pesci ornamentali.

acquartieràre v.tr. MIL. Alloggiare le truppe in caserme. ◆ **acquartierarsi** v.pron. Prendere alloggio in caserme.

acquasànta s.f. [non com. pl. *acquesante*] Acqua benedetta che il sacerdote usa per fini liturgici. ◇ *fig. Essere come il diavolo e l'acquasanta:* essere incompatibili.

acquasantièra s.f. Recipiente che contiene l'acqua benedetta.

acquascìvolo s.m. Lungo e alto scivolo avvolto a spirale che si getta in piscina. ~ Attrezzatura dell'acquapark.

acquascooter[/'kwa,sku:tə/] s.m. inv. ◆ **aqua**-**scooter.**

àcqua-tèrra agg. inv. Di missile lanciato da un sommergibile su un bersaglio che si trovi sulla superficie terrestre.

acquàtico agg. [pl.m. –*ci*, f. –*che*] Che vive nell'acqua o in prossimità di essa. *Flora acquatica.* ~ Caratterizzato dalla presenza di acqua. *Ambiente acquatico.*

acquatìnta s.f. [pl. *acquetinte*] Modalità di stampa usata per i disegni che prevede l'uso di lastre metalliche che sono trattate in modo da ottenere una resa simile all'acquerello.

acquattàrsi v.pron. **1.** Nascondersi alla vista di altri. *La preda si è acquattata.* **2.** Accovacciarsi. *Il cane si acquatta ai piedi del padrone.*

acquavìte s.f. [pl. *acquaviti, acqueviti*] (lat. *aqua vitae* "acqua di vita") Ognuna delle varie bevande a forte gradazione alcolica (40-70 gradi) ottenute dalla distillazione di mosto, cereali fermentati, frutta.

acquazzóne s.m. Pioggia improvvisa e abbondante, di breve durata. SIN.: **scroscio.**

acquedótto s.m. **1.** Complesso di opere e di condutture per la raccolta, la potabilizzazione e la distribuzione dell'acqua. **2.** DIR. *Servitù d'acquedotto:* servitù per la quale il proprietario di un fondo agricolo deve consentire il passaggio d'acqua che serva a un fondo vicino.

àcqueo agg. Di acqua. ◇ *Umore acqueo:* liquido contenuto nella parte anteriore dell'occhio, tra cristallino e cornea.

acquerellìsta o **acquarellìsta** s.m. e f.[pl.m. –*ti*] Chi dipinge ad acquerello.

1. acquerèllo o **acquarèllo** s.m. Tecnica pittorica nella quale si fa uso di colori preparati con la gomma arabica e diluiti con acqua. ~ Il dipinto eseguito con tale tecnica. ~ Il colore che si usa.

2. acquerèllo s.m. Vino frizzante ottenuto passando l'acqua sulle vinacce.

acquerùgiola s.f. Pioggia molto fine.

acquìcolo agg. Che vive nell'acqua, acquatico.

acquidóccio s.m. [pl. –*ci*] Canale, per lo più in muratura, che raccoglie le acque scaricate dai fossi dei campi.

acquiescènte agg. Che si adegua, si arrende alla volontà altrui.

acquiescènza s.f. **1.** Natura di chi è acquiescente. SIN.: **arrendevolezza. 2.** DIR. Accettazione espressa o tacita di un provvedimento amministrativo o di una sentenza sfavorevole.

acquietàre v.tr. **1.** Riportare alla calma, alla serenità. **2.** Placare un istinto, un sentimento di rabbia, ecc. ~ Placare un desiderio o un bisogno, appagandolo. ◆ **acquietarsi** v.pron. Diventare calmi, sereni. *Il bambino si acquieta.* ~ Riferito a fenomeni atmosferici, placarsi.

acquìfero agg. Che porta acqua o ne permette il passaggio.

acquirènte s.m. e f. Chi acquista. SIN.: **cliente.**

acquisìre v.tr. [83] **1.** Ottenere qlco., farlo proprio. *Acquisire la proprietà di un terreno.* **2.** *fig.* Far proprio qlco. sul piano psicologico o intellettuale. *Acquisire esperienza.* **3.** Assumere una determinata proprietà. *Il problema ha acquisito importanza.* **4.** DIR. Annettere qlco. ad altro.

acquisitìvo agg. DIR. Che mette nella condizione di far acquisire qlco.

acquisìto agg. **1.** Fatto proprio, assimilato e non innato o naturale. ◇ *Parente acquisito:* non consanguineo. **2.** Annesso al novero delle cose certe o normalmente accettate. *Fatto acquisito.* **3.** DIR. *Diritto acquisito:* quando, per effetto di una norma vigente, un determinato diritto o status sia venuto a coincidere legittimamente nella persona di un soggetto, il quale, anche se non lo ha mai esercitato, ne è egualmente titolare. **4.** MED. Non ereditario né congenito. *Malattia acquisita.*

acquisizióne s.f. Atto di acquisire qlco. di concreto o astratto. *Acquisizione di nuove conoscenze.* ◇ INFORM. *Acquisizione di dati:* processo con cui si ottengono dati dall'esterno del sistema.

acquistàre v.tr. **1.** Ottenere, procurarsi qlco. mediante pagamento. *Acquistare il pane.* **2.** Raggiungere determinati obbiettivi. *Acquistare fama.* ◇ *Acquistare forza:* rafforzarsi. ~ *fig. Acquistare terreno:* imporsi. *Questa convinzione acquista terreno;* nel l. sport., prendere vantaggio in una competizione. ~ Detto spec. di una caratteristica morale, procurare qlco. a qlcu. *La sua cortesia gli ha acquistato simpatie.* **3.** Assumere un particolare aspetto o proprietà. *In autunno il bosco acquista sfumature di colori.* ◆ v.intr. (aus. *avere*) Migliorare relativamente a una qualità fisica o morale. *Acquistare in simpatia.* ◆ **acquistarsi** v.pron. Ottenere, procurare qlco. per se stessi. *Acquistarsi la stima di tutti.*

acquìsto s.m. **1.** Atto di acquistare. ◇ SPORT. *Campagna acquisti:* ingaggio di nuovi atleti. **2.** Ciò che viene acquistato. ~ *fig.* Persona appena associata a un organismo collettivo o che ha appena iniziato l'attività in un settore professionale. *I nuovi acquisti del partito.*

acquitrìno s.m. Tratto di acqua stagnante spesso con vegetazione palustre. SIN.: **stagno.**

acquolìna s.f. Aumento della salivazione provocato dall'odore, dalla vista o dal desiderio di cosa appetitosa.

acquóso agg. **1.** Che contiene acqua. *Frutto acquoso.* ~ Simile all'acqua. ◇ CHIM. *Soluzione acquosa:* soluzione in cui l'acqua è il solvente. **2.** *estens.* Che minaccia pioggia. *Tempo acquoso.*

acrània s.f. MED. Mancata formazione del cranio.

àcre agg. **1.** Di odore o sapore aspro, pungente, penetrante. **2.** *estens.* Che irrita, infastidisce l'orecchio. SIN.: **stridulo. 3.** *fig.* Che punge l'animo, malevolo, mordace; severo nei confronti degli altri. SIN.: **pungente, caustico.**

acrèdine s.f. **1.** Asprezza, acidità. **2.** *fig.* Astio, livore.

acrìbia s.f. Massima precisione nell'applicare un metodo di studio o di ricerca. ~ Accuratezza, scrupolosità nel lavoro critico. *Acribia filologica.*

Acrìdidi s.m. pl. ZOOL. Famiglia di insetti.

acridìna s.f. CHIM. ORG. Composto ricavato dal catrame di carbon fossile, la cui molecola è formata da due anelli benzenici e da uno di piridina, largamente usato nell'industria dei coloranti e in medicina come antisettico.

acrìdio s.m. [pl. –*di*] Locusta, cavalletta, grillo.

acrìle s.m. CHIM. Radicale dell'acido acrilico.

acrìlico agg. [pl.m. –*ci*, f. –*che*] CHIM. ORG. *Acido acrilico:* acido ($H_2C=CH-CO_2H$) non saturo, liquido, ottenuto per ossidazione dell'acroleina. – *Colori acrilici:* ottenuti da resine acriliche, di veloce essiccazione e brillanti. ◆ s.m. **1.** Filato acrilico. **2.** Colore acrilico.

acrilonitrìle s.m. CHIM. ORG. Composto ($H_2C=CH-C\equiv N$) ottenuto a partire dal propilene, uno dei principali monomeri industriali.

acrimònia s.f. Asprezza d'animo, astio.

acrìtico agg. [pl.m. –*ci*, f. –*che*] **1.** Che manca di senso critico. *Giudizio acritico.* **2.** *estens.* Dogmatico.

àcro s.m. Misura agraria di superficie, non usata in Italia. (Oggi in Inghilterra, l'acro equivale a 40,467 are.)

acroamàtico agg. [pl.m. –*ci*, f. –*che*] **1.** Relativo a scritto aristotelico, nato come lezione a viva voce tenuta ai discepoli del Liceo. **2.** *estens.* Relativo a insegnamento, dottrina per pochi eletti. SIN.: **esoterico.**

acròbata s.m. e f. [pl.m. –*ti*] (fr. *acrobate*, gr. *akrobátēs* "che cammina in punta di piedi") **1.** Chi esegue esercizi di agilità ed equilibrio in un circo, in uno spettacolo, ecc. **2.** *fig.* Chi sa destreggiarsi con abilità in situazioni complicate o pericolose. *Un acrobata della politica.*

acrobàtico agg. [pl.m. –*ci*, f. –*che*] (fr. *acrobatique*) Di, da acrobata.

acrobazìa s.f. (fr. *acrobatie*) **1.** Esercizio compiuto dall'acrobata. **2.** *estens.* Movimento, manovra inusuali e difficili con cui si salva da una caduta o da un altro pericolo del genere. **3.** AER. Evoluzione compiuta da un aereo per necessità di combattimento o per esibizione. **4.** *fig.* (spec. pl.) Comportamento abile e ingegnoso al limite dell'impossibile o anche del moralmente ambiguo. *Fare delle acrobazie per vivere.*

acrocefalìa s.f. MED. Malformazione del cranio caratterizzata da notevole sviluppo della regione occipitale e appiattimento laterale.

acrocianòsi s.f. inv. MED. Alterazione della vascolarizzazione di mani e piedi, che si manifesta con una cianosi permanente.

acrocòro s.m. Vasto altopiano circondato da catene montuose.

acrodinìa s.f. MED. Malattia infantile caratterizzata da dolori e alterazioni vasomotorie di mani, piedi e naso, da disturbi circolatori e talvolta anche da turbe psichiche.

acrofobìa s.f. MED. Paura morbosa di cadere nel vuoto affacciandosi da un luogo elevato.

acroleìna s.f. CHIM. ORG. Aldeide etilenica ($CH_2=CH-CH=O$), composto insaturo derivato dalla glicerina per disidratazione, in forma di liquido incolore, pungente e irritante.

acromasìa s.f. **1.** OTT. Assenza di aberrazione. **2.** MED. Incapacità di tessuti o cellule ad assumere i coloranti istologici.

acromàtico agg. [pl.m. –*ci*, f. –*che*] OTT. Di sistema ottico privo di aberrazioni cromatiche.

acromatismo s.m. **1.** FIS. Proprietà di un sistema ottico di deviare un fascio di luce senza che si produca aberrazione cromatica. **2.** MED. Acromatopsia.

acromatizzàre v.tr. OTT. Correggere l'aberrazione cromatica di un sistema ottico associando lenti dal diverso potere dispersivo.

acromatopsìa s.f. MED. Riduzione o perdita della capacità di percepire alcuni colori (rosso, verde, blu). SIN.: **acromatismo.**

acromegalìa s.f. MED. Ipertrofia delle ossa del viso e delle estremità degli arti dovuta a un'eccessiva secrezione dell'ormone somatotropo.

acromìa s.f. MED. → leucodermia.

acròmio s.m. [pl. –*mi*] (gr. *akrṓmion*, comp. di *ákros* "alto" e *ômos* "spalla") ANAT. Apofisi situata all'estremità laterale della spina della scapola, nel punto di articolazione con la clavicola.

acrònimo s.m. Parola formata con una o più iniziali di altre parole.

acroparestesia s.f. MED. Sindrome caratterizzata da indolenzimento e formicolio di mani e piedi che si verifica general. nelle donne dopo la menopausa.

acròpoli s.f. inv. (gr. *akrópolis*, propr. "città alta") Zona elevata e fortificata delle antiche città greche (v. parte n.pr.).

acròstico s.m. [pl. –ci] **1.** Componimento poetico nel quale le lettere iniziali dei versi lette dall'alto in basso formano una parola o una frase di senso compiuto. **2.** estens. Sigla costituita da una parola di senso compiuto formata con le lettere iniziali di altre parole. **3.** Gioco enigmistico che consiste nel trovare, sulla base di definizioni date, un certo numero di parole le cui lettere iniziali formino una parola o una frase di senso compiuto.

acrotèrio s.m. [pl. –ri] ARCH. Elemento ornamentale posto alla sommità o alle estremità del frontone dei templi greci e romani.

actèa s.f. Pianta maleodorante diffusa nelle zone montane delle regioni boreali. (Famiglia delle Ranuncolacee.)

actìna s.f. BIOCHIM. Proteina contenuta nelle fibre muscolari, cui, unita alla miosina, conferisce la contrattilità.

Actinidia s.f. (lat. *Actinidia*, deriv. di gr. *aktís* "raggio" per la disposizione degli stili nel fiore) BOT. Genere di arbusti rampicanti e sarmentosi, coltivati per uso ornamentale o per i frutti carnosi commestibili, come p.e. quelli del kiwi. (Famiglia delle Dilleniacee.)

■ **Actinìdia.** Kiwi.

foglia, ramo, pianta, frutti, taglio longitudinale, fiore

actinolite s.f. MIN. Minerale del gruppo degli anfiboli monoclini, di colore variabile dal grigioverde al verde scuro. SIN.: **attinoto**.

Actinomicèti o **Attinomicèti** s.m. pl. [iniziale minusc. sing. –*te* per l'individuo] BOT. Ordine di batteri a cellule filamentose, spesso ramificate. (Svolgono un ruolo fondamentale nella formazione dell'humus e alcuni sono in grado di fornire importanti antibiotici.)

actinomòrfo o **attinomòrfo** agg. BIOL. Di animale o pianta a simmetria raggiata.

actinòto o **attinòto** s.m. Anfibolo calcico, magnesiaco e ferrifero, di colore verde. (La varietà fibrosa è detta *amianto d'anfibolo*.)

acufène s.m. (comp. di gr. *akoúein* "ascoltare" e *pháinesthai* "manifestarsi") MED. Ogni sensazione uditiva di derivazione patologica non strettamente legata a uno stimolo esterno all'organismo.

acuire v.tr. [83] (lat. *acúere* "aguzzare") Rendere acuto, forte, profondo qlco. ◆ **acuirsi** v.pron. Detto di sensazioni, diventare più acute, intense.

acuità s.f. inv. **1.** Acutezza, forza di penetrazione. ◇ *Acuità visiva:* angolo visuale minimo sotto cui due particolari di un oggetto appaiono ancora distinti. **2.** fig. Intensità, acume.

Aculeàti s.m. pl. ZOOL. Sottordine di insetti caratterizzati dalla presenza nella femmina di un aculeo velenoso all'altezza dell'addome. (Ordine degli Imenotteri.)

aculeàto agg. Dotato di aculeo. ◆ s.m. Insetto dotato di un aculeo all'estremità dell'addome, come p.e. api e vespe. (Sottordine degli Aculeati.)

aculèo s.m. **1.** ZOOL. Organo appuntito e velenoso proprio di numerosi animali. **2.** BOT. Emergenza propria del fusto di alcune piante, di formazione diversa dalla spina. **3.** fig. Pensiero, sentimento che trafigge l'animo. SIN.: **assillo**.

acùme s.m. **1.** Capacità di penetrare con l'intelletto oltre la superficie delle cose. *L'acume dell'ingegno.* SIN.: **perspicacia**. **2.** fig. Capacità di esprimere, di comunicare una forte sensazione. *Acume dello sguardo.*

acuminàre v.tr. Rendere un oggetto appuntito.

acuminàto agg. **1.** Appuntito, aguzzo. ◇ BOT. *Foglia acuminata:* quella che termina con una punta. **2.** fig. Moralmente, intellettualmente pungente.

acùstica s.f. [non com. pl. –*che*] **1.** FIS. Studio del suono. **2.** Proprietà di un ambiente di consentire la propagazione dei suoni.

acùstico agg. [pl.m. –*ci*, f. –*che*] **1.** Relativo al suono o all'udito. ◇ ANAT. *Nervo acustico:* ottavo paio dei nervi cranici che trasmettono al cervello le sensazioni sonore. – *Apparecchio acustico:* piccolo dispositivo, indossato dietro l'orecchio, per l'amplificazione dei suoni di chi ha problemi di udito. **2.** MUS. Riferito a strumento non elettrico o elettronico. *Chitarra acustica.*

acutàngolo agg. GEOM. *Triangolo acutangolo:* triangolo che ha tre angoli acuti.

acutézza s.f. **1.** Proprietà di ciò che è acuto. *Acutezza di un suono.* **2.** Capacità di penetrazione intellettuale. SIN.: **sagacia**. **3.** Ragionamento breve, ellittico, ma pregnante.

acutizzàre v.tr. **1.** Rendere un sentimento o una sensazione più acuti, penetranti. **2.** Rendere qlco. più grave o più pericoloso. ◆ **acutizzarsi** v.pron. **1.** Detto di patologia, diventare acuta. **2.** estens. Diventare più grave, preoccupante.

acùto agg. (lat. *acútum*, deriv. di *ácus* "ago") **1.** A punta. **2.** fig. Perspicace, sagace. *Mente acuta.* **3.** fig. In ambito sensoriale, pungente, penetrante. **4.** GEOM. *Angolo acuto:* minore di un angolo retto. **5.** ARCH. *Arco a sesto acuto:* con doppio centro. **6.** GRAMM. *Accento acuto (´):* quello che indica il timbro chiuso della vocale su cui è posto (in oppos. a *grave*). **7.** FIS. Di suono che ha un'alta frequenza. **8.** MUS. Di nota alta. **9.** MED. Di malattia con evoluzione breve e virulenta. ◇ *Fase acuta:* momento di maggiore virulenza di una patologia; estens. di fenomeno o processo sociale, economico, politico, che raggiunge il momento culminante. ◆ s.m. **1.** MUS. Nota alta. ~ Suono al limite superiore del registro vocale di un cantante. *Gli acuti di un tenore.* **2.** fig. Prestazione più difficile e migliore, spec. di un atleta. *La vittoria nel giro di Francia è stata il suo acuto.*

A.D. Abbreviazione di *Anno Domini*, nell'anno del Signore.

ad- → a-.

àda s.m. inv. INFORM. Linguaggio di programmazione strutturato, adatto in partic. per applicazioni in tempo reale su sistemi di elaborazione di grandi dimensioni.

adacquaménto s.m. AGR. Irrigazione dei campi mediante rete di distribuzione artificiale.

adagétto s.m. MUS. Movimento più veloce dell'adagio. ~ Il pezzo composto in tale movimento.

adagiàre v.tr. [5] Appoggiare con delicatezza qlco. o qlcu. su un piano. *Adagiare un bambino nella culla.* ◆ **adagiarsi** v.pron. **1.** Sistemarsi comodamente stendendosi su qlco. **2.** fig. Lasciarsi andare completamente a un sentimento o a un'abitudine che risulta comoda, senza alcuna voglia di agire o reagire. *Adagiarsi nell'ozio.*

1. adàgio avv. **1.** Lentamente. *Avanzare adagio.* **2.** Con cura, delicatezza. *Fai adagio con quel vaso.* ◇ fig. *Andare adagio:* usare prudenza, circospezione. ◆ s.m. inv. MUS. Movimento o brano piuttosto lento.

2. adàgio s.m. [pl. –*gi*] Massima antica e popolare che contiene una sentenza o un precetto di utilità pratica.

adàle agg. Relativo alle zone più profonde degli abissi oceanici (6500-7000 m di profondità).

adamantàno s.m. CHIM. Idrocarburo aromatico policiclico.

adamantino agg. (gr. *adamántinos*, propr. "che non si può domare") **1.** Proprio del diamante o a esso simile. **2.** fig. Duro, tenace, che non ha cedimenti morali. *Carattere adamantino.*

adamantinòma s.m. MED. Tumore delle cellule che producono lo smalto dentario.

adamantoblàsto s.m. ISTOL. Cellula epiteliale cilindrica dello strato interno del follicolo dentario che secerne lo smalto.

adamina s.f. MIN. Adamite.

adamite s.f. MIN. Arseniato basico di zinco.

adamìtico agg. [pl.m. –*ci*, f. –*che*] **1.** Relativo ad Adamo. ~ estens. Primitivo. **2.** Relativo alla setta eretica degli adamiti, che predicavano il ritorno alla primitiva condizione umana.

adamsite s.f. CHIM. Aggressivo a base di arsenico.

adattabilità s.f. inv. Capacità di adattamento.

adattaménto s.m. **1.** Capacità di adeguarsi a qlco. ◇ MED. *Adattamento retinico:* facoltà della retina di adattarsi a differenti stimoli luminosi. **2.** BIOL. Nella biologia dell'evoluzione, una particolare struttura, un processo fisiologico o un comportamento che rende un organismo più adatto a sopravvivere e a riprodursi. ~ PSICOL. Accordo tra le esigenze interiori dell'individuo e l'ambiente. **3.** Versione modificata di un'opera letteraria per renderla compatibile con un diverso strumento espressivo. **4.** LING. Modificazione subita da una parola quando passa come prestito da una lingua a un'altra. **5.** FISIOL. Processo attraverso il quale l'organismo diventa insensibile all'azione di un farmaco o di un veleno, somministrati inizialmente in quantità deboli e successivamente crescenti. SIN.: **assuefazione**.

adattàre v.tr. **1.** Rendere qlco. adatto a uno scopo. ~ Rendere qlco. congruo, conforme a un uso o a una situazione. *Adattare il discorso al pubblico presente.* ~ Arrangiare un'opera letteraria per renderla compatibile con un diverso strumento espressivo (teatro, cinema, ecc.). **2.** Disporre qlco. in modo opportuno e in modo che corrisponda ad altro. *Adattare i vetri ai telai delle finestre.* ◆ **adattarsi** v.pron. **1.** Con soggetto animato, conformarsi a qlco. di nuovo. *Adattarsi a nuovi mezzi di comunicazione.* ~ Accettare qlco. con rassegnazione. *Adattarsi a vivere con poco.* **2.** Con soggetto non animato, essere adatto, confacente a qlco. o qlcu. *Il vestito le si adatta perfettamente.*

adattativo agg. BIOL. Adattivo.

adattatóre s.m. (calco dell'ingl. *adapter*) **1.** TECN. Dispositivo che permette l'utilizzazione di un apparecchio in condizioni diverse da quelle originariamente previste. **2.** INFORM. Dispositivo o scheda di interfaccia per collegare un computer o periferiche non standard.

adattilia s.f. MED. Mancanza delle dita.

adattivo agg. **1.** BIOL. Che favorisce l'adattamento all'ambiente. **2.** In grado di modificarsi. *Sistema adattivo.* SIN.: **flessibile**.

adàtto agg. Corrispondente allo scopo o all'uso. SIN.: **idoneo**.

Àddax s.m. inv. ZOOL. Genere di antilopi africane dal pelame grigio chiaro e corna divergenti.

addebitàre v.tr. **1.** Segnare una somma di denaro a debito di qlco. *Addebitare le spese.* **2.** fig. Attribuire la responsabilità di errori o eventi negativi a qlcu. *Addebitare un errore al collega.*

addèbito s.m. **1.** Attribuzione a debito. **2.** fig. Attribuzione di una colpa.

addènda s.m. pl. (voce lat., propr. "cose da aggiungere") Aggiunte a un testo, perlopiù stampate in appendice. ◇ *Addenda et corrigenda:* aggiunte e correzioni.

addèndo s.m. MAT. Ciascuno dei termini dell'addizione.

addensaménto s.m. **1.** Ispessimento, condensazione. **2.** Accumulo, affollamento.

■ **Addax** o antilope Addax.

addensànte agg. CHIM. Di sostanza che rende densi i liquidi o i materiali poco coerenti. ◆ s.m. Nel sign. dell'agg.

addensàre v.tr. **1.** Aumentare la densità di qlco. *Addensare la salsa.* **2.** Mettere insieme più cose in gran quantità. *Addensare idee.* ◆ **addensarsi** v.pron. **1.** Divenire più denso, consistente. **2.** Con soggetto animato, crescere in quantità o numero. *Una gran folla si sta addensando.*

addensatóre s.m. TECN. Apparecchio usato nelle miniere per recuperare le parti solide sospese in una torbida, eliminando l'acqua per deposito o centrifugazione. ~ Nell'industria cartaria, tamburo rotante che rende più densa la pasta di cellulosa.

addentàre v.tr. **1.** Afferrare qlco. con i denti. **2.** *estens.* Detto di ingranaggi o strumenti di lavoro, afferrare e stringere qlco. ◆ **addentarsi** v.pron. Detto di due o più ruote dentate che fanno presa tra loro, ingranare.

addentellàto agg. Munito di dentelli. ◆ s.m. **1.** COSTR. Sporgenza lasciata sul lato di un muro per consentire il collegamento con un altro muro. **2.** *fig.* Connessione logica, legame. **3.** *fig.* Argomento usato per sostenere un'opinione, una richiesta. SIN.: **cavillo**.

addentràrsi v.pron. **1.** Procedere verso l'interno di un luogo. *Addentrarsi nel bosco.* **2.** *fig.* Penetrare, andare in profondità nell'analisi o nello studio di un argomento.

addestraménto s.m. **1.** Insegnamento, formazione di tipo pratico. ◇ *Addestramento militare:* preparazione delle forze armate ad assolvere i compiti loro assegnati. **2.** Ammaestramento dei cani.

addestràre v.tr. Rendere una persona o un animale abile a qlco. attraverso esercitazioni. *Addestrare le reclute a combattere.* ◆ **addestrarsi** v.pron. Allenarsi, esercitarsi per acquisire un'abilità.

addestratóre agg. [f. *–trice*] Che addestra. ◆ s.m. (anche f.) Nel sign. dell'agg. SIN.: **allenatore**.

addétto agg. **1.** Incaricato di una mansione, assegnato a un ufficio. **2.** Riferito a cose, adibito. ◆ s.m. [f. *–ta*] Chi viene assegnato per competenza a un particolare lavoro o ufficio. ◇ *Addetto stampa:* funzionario d'ambasciata o del gabinetto di un ministro incaricato del servizio informazioni e dei rapporti con la stampa. – *Per addetti ai lavori:* solo per chi ha una specifica competenza o uno specifico titolo per partecipare, con valore talora iron.

addiàccio s.m. [pl. *–ci*] (deriv. di lat. *adiacēre*, comp. di *ăd* "presso" e *iacēre* "giacere") Spazio all'aperto recintato in cui i pastori radunano il gregge per la notte. ◇ *All'addiaccio:* fuori, all'aperto.

addìo s.m. [pl. *addii*] (dalle loc. *vi raccomando, affido a Dio*) Il saluto che consiste in una forma di commiato da chi non si vedrà per lungo tempo o non tornerà mai più. ◇ *L'ultimo addio:* il saluto estremo prima della sepoltura. – *Serata d'addio:* ultima recita di un artista prima del ritiro dalle scene. – *fig. Dire addio a qlco.:* vederlo sfumare, perderlo.

addirittùra avv. Perfino, proprio. *Abbiamo patito addirittura il freddo.* ~ Nientedimeno. *"Verrò apposta da Londra per parlarti." "Addirittura!"* ❑ In funzione di cong., direttamente. *Vediamoci addirittura alla stazione.*

addìrsi v.pron. [80] Essere opportuno, conveniente, consono.

addisonismo s.m. MED. Disfunzione endocrina simile al morbo di Addison.

additàre v.tr. **1.** Indicare qlcu. o qlco. con il dito. **2.** *fig.* Mettere in evidenza, segnalare, esporre qlco.

additìvo agg. MAT. Relativo all'addizione. ◆ s.m. Sostanza naturale o chimica che viene aggiunta a un prodotto per renderlo migliore o più commerciabile.

addizionàle agg. Aggiunto, integrativo. *Imposta addizionale.* ◆ s.f. **1.** FOTO. Lente che si colloca davanti all'obiettivo per modificare la distanza focale. **2.** FIN. Aumento straordinario della somma dovuta a titolo d'imposta. ◆ s.m. Apparecchio telefonico supplementare inseribile per impianti a spina.

addizionàre v.tr. **1.** MAT. Eseguire un'addizione sommando due o più numeri. **2.** CHIM. Unire due o più molecole mediante reazione, effettuando un'addizione. **3.** *estens.* Aggiungere una cosa a un'altra. *Addizionare olio alla benzina.*

addizionatrice s.f. Calcolatrice per eseguire addizioni e sottrazioni.

addizióne s.f. **1.** ARITM. Operazione, rappresentata dal segno +, con la quale si calcola la somma di due o più numeri. **2.** CHIM. Reazione nella quale alcune molecole si combinano per dare luogo a un'unica molecola. **3.** DIR. Aggiunta migliorativa introdotta in una proprietà da un usufruttuario, affittuario, conduttore. **4.** FISIOL. → **sommazione**.

addobbàre v.tr. (fr. *adouber* "proclamare cavaliere", francone *dubban* "colpire" perché al momento dell'investitura il nuovo cavaliere veniva battuto sulla spalla con la spada) **1.** Parare a festa. *Addobbare l'albero di Natale.* **2.** *estens.* Vestire qlcu. a festa, con fronzoli. ◆ **addobbarsi** v.pron. Vestire se stessi pomposamente.

addòbbo s.m. Ornamento, decorazione. ~ Insieme di festoni ornamentali. *Addobbo natalizio.*

addolciménto s.m. **1.** Conferimento di un sapore dolce. **2.** *fig.* Mitigazione, attenuazione. *Addolcimento delle parole.* **3.** ARCH. Accordo di due o più elementi.

addolcìre v.tr. [83] **1.** Rendere dolce una vivanda aggiungendo apposite sostanze. *Addolcire il latte.* **2.** *fig.* Rendere qlcu. o qlco. più mite, più benevolo. *Addolcire l'animo dei presenti.* **3.** *fig.* Rendere meno penoso, attenuare. *Addolcire una pena.* **4.** *fig.* Rendere temperata o più mite una condizione atmosferica. **5.** METALL. Rendere un metallo più malleabile. ◇ *Addolcire l'acciaio:* ridurne, per ossidazione, la quantità di carbonio o di piombo. **6.** CHIM. *Addolcire l'acqua:* eliminare i sali che la rendono dura (calcio e magnesio). ◆ **addolcirsi** v.pron. Diventare più dolce, più mite. ◇ *Addolcirsi la bocca:* mangiare qlco. di dolce per togliere un sapore amaro, sgradevole; *fig.* cercare un'esperienza piacevole per rifarsi di una spiacevole.

addoloràre v.tr. Rendere qlcu. triste. *La cattiva notizia ci addolora.* ◆ **addolorarsi** v.pron. Diventare triste, provare dolore per qlco.

addòme s.m. Nell'uomo e nei mammiferi, parte inferiore del tronco sita tra il torace e il bacino, che contiene la maggior parte degli organi dell'apparato digestivo e urinario. ~ Negli artropodi, regione posteriore del corpo che segue quella toracica, in cui avviene la maggior parte delle funzioni fisiologiche.

addomesticàre v.tr. [4] **1.** Rendere domestico un animale. **2.** *fig.* Modificare qlco. con l'inganno, secondo il proprio interesse. *Addomesticare un bilancio.*

addomesticàto agg. **1.** Riferito ad animale, ammaestrato. **2.** *fig.* Manipolato per ottenere un dato effetto o risultato.

addominàle agg. Dell'addome. ◆ s.m. (spec. pl.) Muscoli dell'addome.

addormentàre v.tr. **1.** Far prendere sonno a qlcu. *Addormentare un bambino.* ~ Anestetizzare qlcu. o una parte del corpo. *Addormentare il paziente.* **2.** *fig.* Annoiare. **3.** *fig.* Togliere forza, vigore, calmare. *L'alcol addormenta la volontà.* ◆ **addormentarsi** v.pron. **1.** Prendere sonno. **2.** *estens.* Morire. **3.** *fam.* Riferito a parti del corpo e con specificazione della persona, intorpidirsi. *Mi si è addormentata la mano.*

addormentàto agg. **1.** Che dorme, assopito. **2.** Intorpidito. **3.** *fig.* Indolente, fiacco.

addossàre v.tr. **1.** Porre due o più oggetti l'uno addosso all'altro, muovendone uno o tutti. *Addossare due divani.* **2.** Porre un oggetto sul dorso di un animale. *Addossare un peso all'asino.* **3.** *fig.* Accollare un onere, una materiale, a qlcu. *Addossare agli altri la responsabilità.* ◆ **addossarsi** v.pron. **1.** Con soggetto animato plurale, accalcarsi, stando l'uno a contatto dell'altro. *Gli spettatori si addossano l'uno all'altro.* **2.** Porsi con tutto il corpo a contatto di qlco. o qlcu. *Addossarsi a una parete.* SIN.: **appoggiarsi**. **3.** *fig.* Accollarsi un onere.

addòsso avv. **1.** Sul dorso, sulle spalle, sulla persona. *Avere qualcosa addosso.* ◇ *Farsela addosso:* fare nei vestiti i propri bisogni fisiologici; *fig.* provare una gran paura. **2.** Dentro, nel corpo o nell'animo. *Avere addosso la febbre.* ◇ *loc. prep. Addosso a:* sopra, su persona. *Sono caduto addosso a tuo fratello.* contro; molto accosto, a contatto o quasi. *Mi stai troppo addosso.* – *figg. Dare addosso a qlcu.:* perseguitarlo con accuse e critiche. – *Togliersi qlcu. d'addosso:* allontanare una persona assillante.

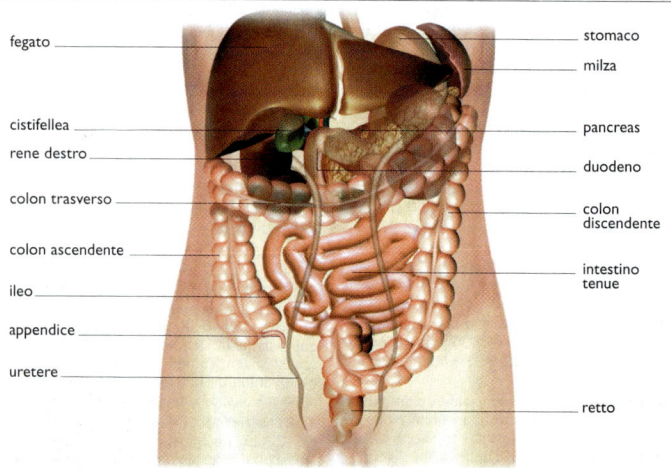

fegato	stomaco
	milza
cistifellea	pancreas
rene destro	duodeno
colon trasverso	colon discendente
colon ascendente	intestino tenue
ileo	
appendice	retto
uretere	

■ **addòme.** I principali organi dell'addome.

addótto agg. **1.** Prodotto a sostegno. *Le prove addotte.* **2.** MED. Di arto che viene avvicinato con un movimento alla linea mediana del corpo. ◆ s.m. CHIM. Composto che si ricava da una reazione di addizione.

address [/ə'drεs/] s.m. inv. (voce ingl., "indirizzo") INFORM. Insieme di caratteri che in Internet identificano la locazione unica di un computer, detto anche *host.* (Si tratta general. di una stringa di numeri o di un nome di dominio.) ~ Insieme di caratteri che identificano un file. (È il percorso completo alla cartella che contiene il file; in Internet, l'indirizzo di una pagina web è chiamato anche *URL.*) ~ Insieme di caratteri che identificano un indirizzo e-mail. (Di solito si esprime con un nome unito al simb. @ seguito dal nome del dominio dove l'utente ha la casella di posta.)

addùrre v.tr. [26] **1.** Presentare argomenti a sostegno o a giustificazione di qlco. *Addurre scuse.* **2.** DIR. Presentare all'autorità giudiziaria argomenti a riprova o a sostegno. **3.** MED. Di muscolo, nervo o tendine, effettuare un movimento che porta una parte del corpo vicino all'asse mediano di esso.

adduttóre agg. [f. *−trice*] **1.** TECN. Di elemento o sistema atto a convogliare un materiale. *Canale adduttore.* **2.** ANAT. *Muscolo adduttore:* che fa compiere un movimento di adduzione. ◆ s.m. Nci sign. dell'agg.

adduzióne s.f. **1.** FISIOL. Movimento di avvicinamento di un arto o di un suo segmento all'asse mediano del corpo (in oppos. ad *abduzione*). **2.** FIS. Passaggio di calore da un fluido a un solido o viceversa.

Adèfagi s.m. pl. (comp. di gr. *háden* "a sazietà" e *phageīn* "mangiare") ZOOL. Sottordine di insetti. (Famiglia dei Coleotteri.)

adeguaménto s.m. Adattamento, aggiornamento. ~ Equiparazione.

adeguàre v.tr. Rendere qlco. adeguato a qlco. d'altro o a qlcu. *Adeguare gli stipendi al costo della vita.* ◆ adeguarsi v.pron. Cambiare il proprio comportamento in relazione a qlco. di nuovo. *Adeguarsi al nuovo lavoro.*

adeguatézza s.f. Caratteristica di ciò che è adeguato a qlco.

adeguàto agg. **1.** Corrispondente, appropriato. **2.** Conforme, consono. *Esprimersi in maniera adeguata all'interlocutore.*

adelfìa s.f. (gr. *adelphía* "fratellanza") BOT. Congiunzione dei filamenti degli stami.

adelfofagìa s.f. BIOL. Azione degli embrioni schiusi che divorano le uova che sono ancora nel guscio protettore.

adelìte s.f. MIN. Arseniato basico di calcio e magnesio.

adelomòrfo agg. Di forma non ben definita. *Cellula adelomorfa.*

adémpiere v.tr. [70] Portare a termine qlco. per un obbligo morale o una norma. ~ Soddisfare una richiesta. *Adempiere un desiderio.* ◆ v.intr. (aus. *avere*) Tener fede a qlco. attuandolo. *Adempiere a un voto.* ~ Assolvere ciò che compete a un ruolo, a una funzione, ecc. *Adempiere a un incarico.* ◆ adempiersi v.pron. Compiersi, avverarsi.

adempiménto s.m. **1.** Compimento, effettuazione. ~ Osservanza. *Adempimento dei precetti religiosi.* **2.** DIR. Assolvimento di una prestazione cui si è obbligati.

adempire v.tr. [70] Adempiere qlco. ◆ v.intr. (aus. *avere*) Adempiere a qlco. ◆ adempirsi v.pron. Verificarsi, adempiersi.

adempriviu s.m. (solo sing.) (sardo *adempriviu*, lat. *ademprivium*, deriv. di *adimparàre* "prendere possesso") In Sardegna, diritto della collettività di godere, per la legna, ecc. sui terreni privati, spec. dopo il raccolto.

adenalgìa s.f. MED. Dolore a una ghiandola linfatica.

adenàsi s.f. inv. BIOCHIM. Enzima elaborato dal pancreas.

adenina s.f. CHIM. Base purinica che entra nella formazione di importanti composti (p.e. DNA, RNA).

adenìte s.f. **1.** MED. Infiammazione delle ghiandole linfatiche. **2.** VET. Malattia infettiva e contagiosa degli equini, dovuta a uno streptococco.

adenocarcinòma s.m. [pl. *−mi*] MED. Tumore epiteliale maligno con struttura ghiandolare.

adenogràmma s.m. MED. Esame citologico di cellule prelevate dal tessuto linfoghiandolare mediante puntura.

adenòide agg. (gr. *adēnoeidḗs* "ghiandolare") MED. Che ha l'aspetto di una ghiandola linfatica. ◇ *Vegetazioni adenoidi:* rigonfiamenti nasali e faringei del tessuto linfatico che rendono difficoltosa la respirazione. ◆ s.f. MED. (spec. pl.) Denominazione comune delle vegetazioni adenoidi.

adenoidectomìa s.f. MED. Asportazione chirurgica delle adenoidi.

adenoidismo s.m. MED. Quadro patologico provocato dalle adenoidi.

adenòma s.m. [pl. *−mi*] MED. Tumore benigno che si sviluppa dal tessuto ghiandolare.

adenopatìa s.f. MED. Affezione delle ghiandole linfatiche.

adenosina s.f. GENET. Nucleoside costituito da adenina e ribosio i cui derivati fosforati (*nucleotidi*) rivestono un ruolo fondamentale negli scambi energetici delle cellule (*adenosina trifosfato* o *ATP*), nella trasmissione dei messaggi ormonali (*adenosina monofosfato ciclico* o *AMP ciclico*) e nella sintesi dell'RNA.

adenovirus s.m. inv. MED. Virus con patrimonio genetico costituito da una molecola di DNA (~ *retrovirus*).

adèpto s.m. Iniziato di una setta. ~ Aderente a una fede, a un partito. SIN.: **seguace.**

aderènte agg. **1.** Che è a contatto, detto spec. di indumento avvolgente. *Gonna aderente.* **2.** fig. Che non si discosta concettualmente dal suo argomento. SIN.: **pertinente.** ◆ s.m. e f. Chi dà la propria adesione a qlco.

aderènza s.f. **1.** Qualità di ciò che aderisce. ~ Coesione perfetta tra due superfici. **2.** fig. Corrispondenza, consonanza. **3.** fig. Interpretazione fedele. **4.** fig. (al pl.) Persone che per la loro posizione sociale possono costituire un appoggio. **5.** MAT. *Aderenza di un insieme:* insieme dei punti aderenti. SIN.: **chiusura. 6.** FIS. Attrito procurato dalle forze intermolecolari di due corpi a contatto. *La buona aderenza di un pneumatico.* **7.** COSTR. Nel cemento armato, resistenza che impedisce il distacco del ferro dal calcestruzzo. ◇ *Costruzione in aderenza:* quella che non presenta soluzione di continuità rispetto all'edificio vicino. **8.** MED. Unione cicatriziale o congenita di due tessuti cellulari distinti, normalmente separati.

aderire v.intr. [83] (aus. *avere*) **1.** Essere perfettamente unito, attaccato a qlco. *La carta aderisce al muro.* ~ Con soggetto plurale, essere attaccati. *I bordi della busta aderiscono.* **2.** fig. Sostenere un'idea, un'opinione. *Aderire a un partito.* **3.** fig. Approvare qlco. o parteciparvi. *Aderire a una proposta.* ~ Dare il proprio consenso a qlco. *Aderire a una richiesta.*

adescaménto s.m. **1.** Allettamento, lusinga. **2.** DIR. Invito a un rapporto sessuale rivolto in luogo pubblico, punibile come reato. **3.** TECN. Riempimento preliminare di un impianto idraulico per metterlo in funzione. *Adescamento di una pompa.*

adescàre v.tr. [4] **1.** Attirare animali con un'esca. *Adescare pesci.* **2.** fig. Attrarre qlcu. con lusinghe e promesse ingannevoli. ~ Attrarre qlcu. con inviti erotici. **3.** TECN. Riempire un impianto idraulico prima di metterlo in funzione.

adescatóre agg. [f. *−trice*] Che adesca. ◆ s.m. (anche f.) Nel sign. dell'agg.

adesióne s.f. **1.** FIS. Forza di aderenza. ◇ *Energia di adesione:* lavoro necessario per separare l'unità di superficie di due corpi a contatto. **2.** Contatto, aderenza. **3.** fig. Sostegno a un'idea, a una dottrina. ~ Affiliazione. **4.** DIR. *Contratto per adesione:* tipo di contratto in cui le clausole sono fissate unilateralmente e possono solo essere accettate o respinte globalmente dall'altra parte (p.e. le polizze assicurative).

adesività s.f. inv. Proprietà di una sostanza di attaccarsi, aderire ad altro. ~ AGR. Predisposizione del terreno ad aderire agli attrezzi con cui è lavorato.

adesivo agg. **1.** Che aderisce, che si attacca. SIN.: **aderente. 2.** Che serve a tenere unito, ad attaccare. *Nastro adesivo.* ◆ s.m. **1.** Sostanza che attacca due superfici poste a contatto. SIN.: **collante. 2.** Etichetta, per lo più pubblicitaria, in carta o plastica, trattata in modo da attaccarsi alle superfici a cui viene applicata.

adèspoto agg. FILOL. Di manoscritto o libro a stampa di cui non si conosce l'autore. SIN.: **anonimo.**

adèsso avv. (loc. lat. *ad ipsum* "al momento stesso") **1.** Ora, nell'istante presente. ◇ *Da adesso in poi:* in futuro. − *Per adesso:* per ora. **2.** Poco fa. **3.** Fra poco. *Adesso vengo!* ◇ loc. cong. *Adesso che:* visto che ora. *Adesso che lo so, starò più attento.* ❑ In funzione di cong., dunque, ebbene. *Adesso, spiegami come stanno le cose.*

ad hòc loc. agg. inv. (loc. lat., propr. "per ciò") Studiato, previsto, pensato per un dato scopo. *Un decreto ad hoc.* ◆ loc. avv. Proprio per un dato scopo. SIN.: **apposta.**

ad hòminem loc. agg. inv. (loc. lat., propr. "per l'uomo") FILOS. Riferito a confutazione della tesi di un avversario sulla base dei suoi stessi argomenti. ◆ loc. avv. Apposta per una data persona. *Parlare ad hominem.*

adiabàtico agg. [pl.m. *−ci*, f. *−che*] TERMODIN. Di processo o sistema fisico in cui non avviene scambio di calore con l'ambiente. *Motore adiabatico.*

adiacènte agg. **1.** Che è vicino. **2.** GEOM. Di elementi posti in una relazione di contiguità. ◇ *Segmenti adiacenti:* che sono consecutivi e giacciono sulla stessa retta. − *Angoli adiacenti:* che sono consecutivi e i cui lati non comuni giacciono sulla stessa retta.

Adiànto s.m. (gr. *adíanton* "non bagnato", per la qualità idrorepellente delle sue foglie) Genere di felci di origine tropicale, di cui in Europa è presente solo il *capelvenere.* (Altezza 30 cm ca.; famiglia delle Polipodiacee.)

adiatermàno agg. TERMODIN. Che non lascia passare il calore. SIN.: **adiabatico.**

adibire v.tr. [83] (lat. *adhibēre* "adoperare") Destinare qlco. a un determinato uso.

adimensionàle agg. FIS. Di grandezza priva di dimensioni fisiche, detta anche *numero puro.*

adinamìa s.f. MED. Debolezza muscolare.

àdipe s.m. Strato di grasso sottocutaneo che si accumula nel corpo degli uomini e degli animali.

adipico agg. [pl.m. *−ci*, f. *−che*] CHIM. Di composto ottenuto da certe sostanze grasse. ◇ *Acido adipico:* acido bicarbossilico utilizzato nella fabbricazione del nylon.

adipòsi s.f. inv. MED. Deposito di grasso che si concentra in limitati punti sotto la cute.

adiposità s.f. inv. MED. Eccessiva presenza di adipe.

adipóso agg. Grasso, pingue. ◇ *Tessuto adiposo:* tessuto connettivo formato da numerose cellule ricche di lipidi.

adiràrsi v.pron. Arrabbiarsi, andare in collera.

adiràto agg. In collera.

adire v.tr. [83] DIR. Contattare un'autorità giudiziaria per affrontare una controversia. ◇ *Adire le vie legali:* iniziare un procedimento giuridico. − *Adire un'eredità:* entrarne legalmente in possesso.

1. àdito s.m. Ingresso, entrata, passaggio. ~ fig. Possibilità, spazio. *Dare adito alle critiche.*

2. àdito s.m. ARCHEOL. → **abaton.**

adiuvànte agg. **1.** Che collabora, che dà aiuto. **2.** TEOL. CATT. Riferito alla grazia che Dio concede all'uomo per aiutarlo nel suo operato. **3.** MED. *Terapia adiuvante:* terapia secondaria che sostiene l'azione della terapia principale o ne limita gli effetti indesiderati.

ad libitum loc. avv. (loc. lat.) A volontà, a piacere; usato anche nella forma abbr. *ad lib.* ~ MUS. Annotazione che consente la libera interpretazione di un brano o la sua soppressione.

ad lìtem loc. agg. inv. (loc. lat., "per un processo") DIR. Si dice di una procura, di un mandato relativi a un processo.

ad nùtum loc. avv. (loc. lat., "ad un cenno") DIR. Formula usata nel l. giur. per indicare destituzioni di cariche, licenziamenti o altre rotture di rapporti che non prevedono possibilità di opposizione da parte del soggetto interessato.

adocchiàre v.tr. [6] **1.** Guardare qlco. o qlcu. con interesse, con desiderio. *Adocchiare un'ereditiera*. **2.** Scorgere qlcu. o qlco. con un'occhiata. *Adocchiare un posto libero*.

adolescènte agg. (lat. *adolescëntem*, deriv. di *adolëscere* "crescere") Proprio dell'adolescenza, immaturo. ◆ s.m. e f. Chi è nell'età dell'adolescenza.

adolescènza s.f. **1.** Periodo della vita, compreso tra l'infanzia e l'età adulta, in cui si manifesta la pubertà. **2.** Complesso dei giovani che si trovano in tale età.

adombràre v.tr. **1.** Rendere ombroso un luogo o qlco. *Gli alberi adombrano il prato*. **2.** *fig.* Delineare, lasciare intravedere qlco. non chiaramente. *Le sue parole adombrano pensieri tristi*. **3.** PITT. Ombreggiare una figura. ◆ **adombrarsi** v.pron. **1.** Detto di animali, spec. cavalli, spaventarsi. **2.** *fig.* Indispettirsi, arrabbiarsi.

adóne s.m. (dal nome del bellissimo giovane amato dalla dea Venere) Uomo, ragazzo di notevole bellezza.

adònide s.f. (dal nome di *Adone*, che secondo un mito venne tramutato da Venere in tale fiore) Pianta erbacea diffusa in Europa e in Asia, con foglie sfrangiate e larghi fiori rossi o gialli. (Famiglia delle Ranuncolacee.)

adònio s.m. [pl. *–ni*] METR. Nella metrica greca e latina, verso conclusivo formato da un dattilo e da uno spondeo o un trocheo, usato prevalentemente nella strofa saffica. ~ Nella metrica italiana, un quinario con accenti di prima e di quarta.

adoperàre v.tr. Usare, servirsi di qlco. ◆ **adoperarsi** v.pron. Offrire assiduamente la propria opera in favore di qlcu. o per uno scopo. *Adoperarsi per una causa*.

adoràbile agg. Che merita di essere adorato. ~ *estens.* Affascinante, incantevole.

adoràre v.tr. (lat. *adorāre* "rivolgere una preghiera, un discorso") **1.** Rivolgere atti di culto a una divinità. ~ *estens.* Amare in modo appassionato. *Adora suo marito*. ~ Prediligere qlco. con passione. *Adoro la cioccolata*.

adorazióne s.f. **1.** Insieme di atti di culto, particolari in ogni religione, con i quali si manifesta venerazione verso la divinità. **2.** *estens.* Amore devoto. ~ Grande ammirazione, passione.

adornàre v.tr. Ornare, abbellire qlco. ◆ **adornarsi** v.pron. Migliorare il proprio aspetto, farsi bello con qlco.

adórno agg. **1.** Ornato, abbellito. ~ Aggraziato ed elegante. **2.** *fig.* Abbellito moralmente. *Adorno di virtù*.

adottàbile s.f. inv. DIR. Condizione di chi viene dichiarato disponibile per l'adozione dalla magistratura competente in base a elementi fissati dalla legge.

adottàndo agg. Che deve essere adottato, che è pronto per l'adozione. ◆ s.m. [f. *–da*] DIR. Nel sign. dell'agg.

adottànte agg. Che adotta qlcu. o qlco. DIR. Nel sign. dell'agg.

adottàre v.tr. **1.** DIR. Accettare come figlio legittimo un minore nato da altri genitori attraverso l'istituto giuridico dell'adozione. **2.** *fig.* Far proprio qlco. *Adottare un modo di vita spregiudicato*. **3.** *fig.* Far propri e rendere operativi provvedimenti, regole, linee direttive.

adottìvo agg. **1.** Che è stato adottato. *Figlio adottivo*. **2.** Che è stato scelto liberamente come proprio. SIN.: **elettivo**.

adozióne s.f. **1.** DIR. Istituto giuridico grazie al quale i soggetti possono diventare figli legittimi di altri genitori. ◇ *Adozione a distanza*: sostegno economico a un bambino privo di mezzi che vive in un altro paese. **2.** Atto con cui si sceglie qlco. come proprio. **3.** Attuazione, assunzione.

adozionismo o **adozianismo** s.m. TEOL. CRIST. Dottrina eretica diffusasi nei secc. II e III che professava la natura umana di Cristo, non

figlio di Dio ma adottato e divinizzato per i propri meriti.

ad persònam loc. avv. (loc. lat., "alla persona") Che riguarda, concerne esclusivamente una singola persona e non è estendibile ad altri. *Conferire un titolo ad personam*. ~ Che è concepito, predisposto apposta per una persona. *Un arredamento ad personam*.

adragànte o **dragànte** agg. *Gomma adragante:* sostanza che si estrae sotto forma di lattice dalla corteccia di alcune piante, usata come colla. (È anche impiegata in farmacia e in pasticceria.) ◆ s.f. Nel sign. dell'agg.

adrenalina s.f. (lat. deriv. di *adrenalis* "che sta presso il rene", ingl. *adrenaline*) BIOL. Sostanza secreta dalla parte midollare del surrene, che agisce come ormone e neurotrasmettitore. (L'adrenalina accelera il ritmo cardiaco, aumenta la pressione arteriosa, dilata i bronchi e le pupille, innalza i valori della glicemia.)

adrenalóne s.m. CHIM. Derivato chetonico dell'adrenalina.

adrenèrgico agg. [pl.m. *–ci*, f. *–che*] MED. Riferito a sostanza (neurone, recettore di un neurone) che agisce grazie all'adrenalina o alla noradrenalina.

adrenolìtico agg. MED. Di sostanza o farmaco che attenua o inibisce completamente gli effetti degli stimolanti del sistema nervoso simpatico. SIN.: **simpaticolitico** ◆ s.m. Nel sign. dell'agg.

adrenosteróne s.m. FISIOL. Ormone androgeno.

adriamicina s.f. FARM. Antibiotico usato per curare malattie tumorali.

adriàtico agg. [pl.m. *–ci*, f. *–che*] Del mare Adriatico. ◆ (iniziale maiusc.) Denominazione della zona del mare Mediterraneo compresa tra le coste italiane e quelle balcaniche.

adróne o **hadróne** s.m. FIS. Qualsiasi particella elementare della famiglia propria delle interazioni forti (nucleone, mesone, ecc.).

ADSL s.f. inv. (sigla dell'ingl. *Asymetric Digital Subscriber Line*, "linea digitale asimmetrica di un utente") Tecnologia per l'accesso a Internet ad alta velocità di trasmissione su linee telefoniche tradizionali, con velocità diverse nei due sensi.

adsorbènte agg. CHIM., FIS. Di sostanza che adsorbisce. ◆ s.m. Sostanza non digeribile usata in patologie gastrointestinali.

adsorbiménto s.m. CHIM., FIS. Fenomeno per il quale dei solidi o delle soluzioni attirano sulla loro superficie delle molecole, degli ioni allo stato gassoso o liquido.

adsorbìre v.tr. [83] CHIM., FIS. Detto di sostanze solide o liquide, fissare sulla propria superficie molecole di liquidi o di gas con cui sono a contatto.

adstràto s.m. LING. Fenomeno di contatto e di interferenza tra due lingue parlate in zone contigue senza prevalenza dell'una sull'altra.

adulàre v.tr. Elogiare qlcu. in modo eccessivo. SIN.: **blandire**.

adulària s.f. (deriv. da *Adula*, gruppo montuoso delle alpi Lepontine dove si trova tale minerale) MIN. Varietà di ortoclasio, detta anche *pietra di luna*, in cristalli trasparenti incolori o verdognoli.

adulatóre agg. [f. *–trice*] Che adula, lusinga. ◆ s.m. (anche f.) Nel sign. dell'agg.

adulazióne s.f. Lode eccessiva e falsa rivolta per interesse.

adulteràate agg. Di sostanza che modifica la qualità di un prodotto senza pregiudicarne l'aspetto. ◆ s.m. Nel sign. dell'agg.

adulteràre v.tr. (lat. *adulterāre* "falsificare" poi "commettere adulterio") **1.** Aggiungere sostanze di bassa qualità o nocive a un prodotto alimentare, a scopo di lucro. SIN.: **sofisticare**. **2.** *fig.* Corrompere, snaturare qlco.

adulteràto agg. Sofisticato, contraffatto, alterato.

adulterazióne s.f. Snaturamento, sofisticazione.

adulterìno agg. Relativo, conseguente ad adulterio. *Figlio adulterino*. SIN.: **illegittimo**.

adultèrio s.m. [pl. *–ri*] Relazione amorosa con persona diversa dal coniuge. SIN.: **infedeltà**.

adùltero agg. [f. *–ra*] Che commette adulterio. ◆ s.m. Nel sign. dell'agg.

adùlto agg. Di essere umano che ha concluso la crescita. ~ *estens.* Riferito ad animale o pianta, che ha raggiunto la maturità sessuale e il pieno sviluppo. **2.** *fig.* Che esprime compiutamente le potenzialità della persona. SIN.: **maturo**. ◆ s.m. [f. *–ta*] Persona di età adulta, maggiorenne.

adunànza s.f. Riunione organizzata di persone. ~ L'insieme delle persone convenute.

adunàre v.tr. **1.** Riunire insieme più cose o persone. **2.** *fig.* Assommare, comprendere in sé più cose.

adunàta s.f. MIL. Riunione di reparti militari in un luogo stabilito e a comando. ~ Comando e segnale usati. **2.** *estens.* Raduno di molte persone, spec. su ordine di un'autorità. ◇ *Adunata oceanica*: espressione della propaganda fascista per amplificare le manifestazioni di consenso al regime.

adùnco agg. [pl.m. *–chi*, f. *–che*] Ricurvo come un uncino. *Naso adunco*.

ad valòrem loc. agg. inv. (loc. lat., propr. "secondo il valore") Di un onere tributario calcolato sul valore monetario di un bene piuttosto che sulla quantità.

advertising [/ˈædvəˈtaɪzɪŋ/] s.m. inv. (voce ingl., deriv. di *to advertise* "fare pubblicità") Propaganda commerciale. SIN.: **pubblicità**.

advisor [/əˈdvaɪzər/] s.m. inv. (voce ingl., propr. "consigliere") ECON. Consigliere, consulente.

adýnaton s.m. [pl.m. *adynata*] (voce gr., "cosa impossibile") RET. Figura che consiste nella descrizione di un evento impossibile da realizzarsi in natura. ("Dovrà prosciugarsi il mare prima che ti dia ragione" è un esempio di adynaton.)

aèdo s.m. (gr. *aoidós*, deriv. di *aéidein* "cantare") ANT. GR. Poeta epico che cantava e recitava accompagnandosi con la lira. ~ *estens.* Poeta, vate.

aeràre v.tr. **1.** Cambiare aria a una sostanza. **2.** Immettere aria in una sostanza. *Aerare il cemento*.

aeratóre s.m. Apparecchio per ventilare ambienti chiusi.

aerazióne s.f. (fr. *aération*) **1.** Immissione di aria in un ambiente. **2.** Immissione di aria o di gas in una sostanza.

aèreo agg. **1.** Fatto d'aria. *Spazi aerei*. **2.** *fig.* Leggero come l'aria. SIN.: **impalpabile**. ~ Che sembra disegnarsi, librarsi nell'aria. ~ Che sembra non essere gravato dal peso della materia. SIN.: **etereo**. ~ Inconsistente, illusorio. *Parole che si fanno sempre più aeree*. **3.** Che si colloca nell'aria. ◇ BOT. *Radici aeree*: che stanno fuori dal terreno. **4.** Relativo agli aeromobili. *Linee aeree*. ◇ *Posta aerea*: quella che viaggia su aeromobili. – *Trasporto aereo*: settore dell'aviazione civile. – *Ponte aereo*: di collegamento mediante aeromobili tra due o più località, tra le quali sia frapposto un territorio nemico o comunque impraticabile per via di terra. **5.** ANAT. Relativo al primo tratto dell'apparato respiratorio. ◇ *Vie aeree superiori*: laringe, faringe, cavità nasale. **6.** PITT. Di un tipo di prospettiva ottenuta con gradazioni luminose diverse, a seconda della distanza degli oggetti. ◆ s.m. **1.** *comun.* Aeroplano, aeromobile. *Aereo passeggeri, merci*. **2.** TELECOM. Antenna ricevente.

aerifórme agg. FIS. Che ha le caratteristiche dell'aria. ◆ s.m. FIS. Sostanza allo stato aeriforme.

aeròbica s.f. [non com. pl. *–che*] (ingl. *aerobic*) Ginnastica basata sul coordinamento tra i movimenti, eseguiti a tempo di musica, e il ritmo respiratorio.

aeròbico agg. [pl.m. *–ci*, f. *–che*] **1.** BIOL. Relativo all'aerobiosi. ~ Di organismo incapace di vivere senz'aria. **2.** Relativo all'aerobica. *Esercizi aerobici*.

aeròbio s.m. [pl. *–bi*] BIOL. Organismo che per la respirazione ha bisogno di ossigeno libero (in oppos. ad *anaerobio*).

aerobiòsi s.f. inv. BIOL. Forma di vita, propria degli aerobi, che necessita di ossigeno libero.

aerobrigàta s.f. MIL. Unità operativa dell'aeronautica militare italiana comprendente più reparti.

àerobus o **aerobùs** s.m. inv. (fr. *aérobus*) Aeroplano per il trasporto di passeggeri impiegato su distanze limitate. SIN.: **airbus**.

aerocartografia s.f. Composizione di carte topografiche mediante fotografie aeree.

aerocèntro s.m. Luogo in cui vengono raggruppati gli aeromobili e tutte le strutture necessarie alla loro manutenzione e al volo.

aerocistèrna s.f. Aeroplano da carico impiegato per il trasporto di carburante e per il rifornimento in volo di altri aerei.

aeroclùb s.m. inv. Associazione privata di dilettanti del volo che promuove la pratica aeronautica, anche a fini sportivi.

aerodina o **aerodine** s.f. (ingl. *aerodyne*) Qualsiasi aeromobile più pesante dell'aria a sostentamento dinamico perlopiù tramite motore.

aerodinàmica s.f. [non com. pl. *–che*] **1.** FIS. Settore della meccanica dei fluidi che studia i fenomeni legati al movimento dell'aria e di altri gas, anche in relazione alla presenza di corpi in moto relativo. **2.** Aerodinamicità.

aerodinamicità s.f. inv. Proprietà aerodinamica di un corpo.

aerodinàmico agg. [pl.m *–ci*, f. *–che*] **1.** Relativo all'aerodinamica. **2.** estens. Che offre la minore resistenza all'aria. SIN.: **affusolato**. **3.** Che sfrutta la forza del vento.

aeròdromo s.m. Campo d'aviazione. SIN.: **aeroscalo**.

aerofagia s.f. MED. Ingestione involontaria di aria durante la deglutizione.

aerofàro s.m. Luce intermittente e rotante di superficie, che segnala i punti di riferimento per il mantenimento della rotta aerea o per l'atterraggio.

aeròfilo agg. BOT. Di organismo che vive a contatto dell'aria.

aerofobia s.f. MED. Paura morbosa dell'aria e del vento.

aeròfono s.m. **1.** FIS. Strumento per determinare la direzione e la distanza di una sorgente sonora. **2.** MUS. Qualsiasi strumento il cui suono sia prodotto dalla vibrazione di una colonna d'aria.

aeròforo s.m. Apparecchio che fornisce aria respirabile a un ambiente che ne sia privo.

aerofotografia s.f. Tecnica per eseguire fotografie della superficie terrestre da aerei in volo. ~ La fotografia così ottenuta.

aerofotogràmma s.m. [pl. *–mi*] **1.** Fotografia della superficie terrestre eseguita dall'aereo per rilievi topografici. **2.** estens. Aerofotografia.

aerofotogrammetria s.f. Rilievo topografico della superficie terrestre eseguito mediante aerofotogrammi.

aerogeneratóre s.m. ENERG. Generatore di corrente elettrica che sfrutta l'energia del vento.

aerogètto s.m. AVIAZ. Aeromobile a reazione che sfrutta l'aria dell'atmosfera per alimentare la combustione. SIN.: **aviogetto**.

aerogiro s.m. Qualsiasi aeromobile la cui sostentazione sia dovuta a rotori.

aerografia s.f. Studio dell'aria.

aerografista s.m. e f.[pl.m *–sti*] Chi vernicia con l'aerografo.

aerògrafo s.m. **1.** Apparecchio ad aria compressa per la verniciatura a spruzzo. **2.** Strumento di precisione ad aria compressa di forma simile a una penna, per il ritocco fotografico e altre tecniche grafiche.

aerogràmma s.m. [pl. *–mi*] Lettera o cartolina per la spedizione per via aerea.

aerolinea s.f. **1.** Servizio di trasporto aereo eseguito regolarmente lungo una determinata rotta. SIN.: **aviolinea. 2.** Linea di navigazione aerea.

aeròlite o **aerolito** s.m. Meteorite a composizione prevalentemente silicea. SIN.: **bolide**.

aerologia s.f. Branca della meteorologia che studia le condizioni dell'atmosfera nei suoi strati alti.

aeromarittimo agg. Di attività svolta nello spazio aereo sovrastante i mari.

aeromeccànica s.f. [non com. pl. *–che*] Settore della fisica che studia la meccanica dei gas.

aerometria s.f. Misurazione della densità di un gas.

aeròmetro s.m. Strumento per misurare la densità dei gas.

aeromòbile s.m. Qualsiasi veicolo capace di sostenersi e di muoversi nell'atmosfera.

aeromodellismo s.m. Attività ricreativa consistente nella costruzione di aeromodelli.

aeromodèllo s.m. Aereo in scala ridotta costruito per diletto o per studio.

aeromotóre s.m. Macchina, detta anche *motore a vento*, che trasforma l'energia cinetica del vento in energia meccanica.

aeronàuta s.m. e f.[pl.m *–ti*] Chi vola a bordo di un aerostato. ~ estens. Pilota di aeromobile o addetto ai servizi di bordo. SIN.: **aviatore**.

aeronàutica s.f. [pl. *–che*] (fr. *aéronautique*) **1.** Scienza della navigazione aerea. **2.** Scienza e tecnica di costruzione e impiego degli aeromobili. SIN.: **aviazione. 3.** (anche con iniziale maiusc.) Aviazione militare.◇ *Aeronautica civile:* complesso di persone, strutture e funzioni preposte alla navigazione aerea civile.

aeronàutico agg. [pl.m *–ci*, f. *–che*] Relativo all'aeronautica e agli aerei.

aeronavàle o **aereonavàle** agg. Condotto unitariamente da mezzi navali e aerei. *Battaglia aeronavale.*

aeronàve s.f. **1.** AER. Dirigibile. **2.** ASTRONAUT. Astronave.

aeronavigazióne s.f. Navigazione aerea.

aeronomìa s.f. Scienza che studia le caratteristiche fisiche e chimiche degli strati superiori dell'atmosfera.

aeropittùra s.f. PITT. Tendenza artistica, nata all'interno del secondo futurismo, che esalta l'estetica del volo e dell'aeroplano.

aeroplàno s.m. (fr. *aéroplane*) Aeromobile più pesante dell'aria, dotato di ali e di motore, in grado di decollare, atterrare e sostenersi nell'atmosfera.

aeropòrto s.m. Spazio attrezzato per il decollo, l'atterraggio, la manutenzione degli aerei e per il movimento dei passeggeri e delle merci.

aeroportuàle agg. Relativo a un aeroporto. *Scalo aeroportuale.*

aeropostàle agg. Relativo alla posta trasportata per via aerea.◆ s.m. Aeroplano adibito al servizio postale.

aeroràzzo s.m. Aereo i cui mezzi di propulsione sono costituiti da razzi.

aeroreattóre s.m. Reattore che utilizza l'aria dell'atmosfera per alimentare la combustione. SIN.: **aerogetto**.

aerorimèssa s.f. Locale per il ricovero degli aeromobili. SIN.: **hangar**.

aerosbàrco s.m. [pl. *–chi*] Sbarco di truppe e mezzi militari trasportati da aerei.

aeroscàlo s.m. **1.** Luogo di sosta per aerei, attrezzato per il rifornimento, la manutenzione, l'imbarco-sbarco di merci. SIN.: **aeroporto. 2.** Aeroporto per dirigibili.

aeroscivolànte s.m. Veicolo a cuscino d'aria. SIN.: **hovercraft**.

aeroscòpio s.m. [pl. *–pi*] Apparecchio per l'osservazione e la misurazione del pulviscolo atmosferico.

aerosfèra s.f. GEOFIS. Atmosfera terrestre.

aerosilurànte s.m. Aereo armato con siluri.

aerosòl s.m. inv. **1.** Dispersione colloidale di minutissime particelle solide o liquide in un gas. **2.** estens. Contenitore di un prodotto sotto pressione munito di erogatore spray. *Insetticida in aerosol.* **3.** MED. Sospensione nell'aria di particelle solide e liquide di sostanze medicamentose. ~ Aerosolterapia.

aerosolterapia s.f. MED. Cura effettuata con medicinali allo stato di aerosol.

aerosostentazióne s.f. AER. Sostentazione dovuta a forze aerostatiche o aerodinamiche.

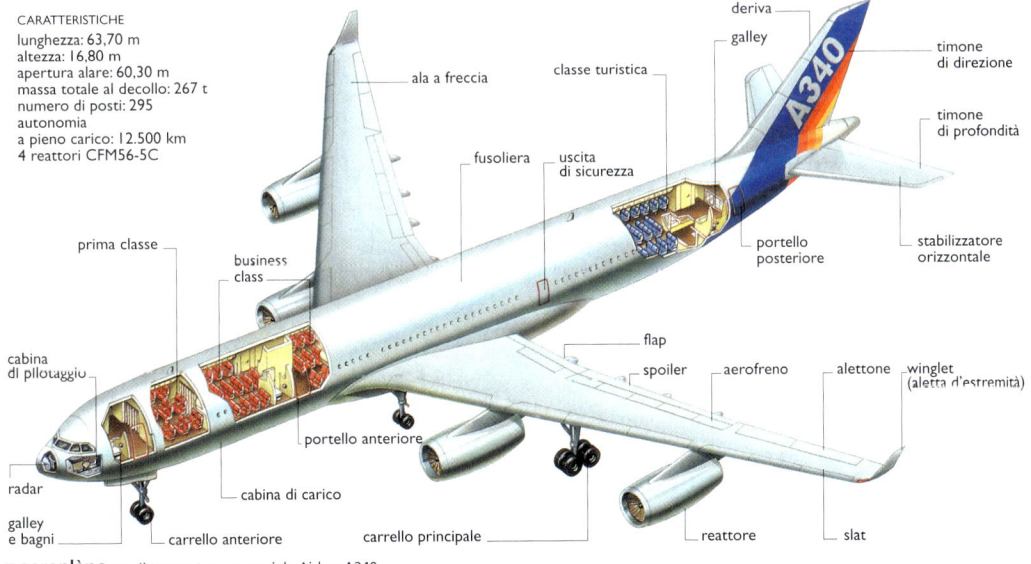

CARATTERISTICHE
lunghezza: 63,70 m
altezza: 16,80 m
apertura alare: 60,30 m
massa totale al decollo: 267 t
numero di posti: 295
autonomia
a pieno carico: 12.500 km
4 reattori CFM56-5C

deriva · galley · timone di direzione · timone di profondità · ala a freccia · classe turistica · fusoliera · uscita di sicurezza · portello posteriore · stabilizzatore orizzontale · prima classe · business class · flap · spoiler · aerofreno · alettone · winglet (aletta d'estremità) · cabina di pilotaggio · portello anteriore · radar · cabina di carico · reattore · slat · galley e bagni · carrello anteriore · carrello principale

■ **aeroplàno** per il trasporto commerciale Airbus A340.

■ **aeropòrto.** L'aeroporto internazionale di Kansai, costruito su un polder nella baia di Osaka (Giappone), e inaugurato nel 1994. (Agenzia Renzo Piano, Parigi.)

aerospaziàle agg. **1.** Relativo alla navigazione spaziale. *Industria aerospaziale.* **2.** Relativo allo spazio atmosferico ed extraatmosferico.

aerostàtica s.f. [non com. pl. *–che*] FIS. Branca della meccanica che studia l'equilibrio dei corpi immersi nell'aria.

aerostàtico agg. [pl.m. *–ci*, f. *–che*] **1.** Relativo all'aerostatica e agli aerostati. **2.** Che sale e si mantiene in aria per spinta aerostatica. *Pallone aerostatico.*

aeròstato s.m. Aeromobile più leggero dell'aria con motore (dirigibile) o senza (mongolfiera, pallone, ecc.).

aerostazióne s.f. Insieme di fabbricati che negli aeroporti civili sono adibiti al servizio passeggeri e merci.

aerostière s.m. Addetto alla conduzione e al servizio degli aerostati.

aerotàssi s.f. inv. BIOL. Movimento di traslazione di batteri acquatici che cercano la concentrazione di ossigeno più favorevole.

aerotàxi o **aerotàssi** s.m. inv. Aeroplano che effettua a pagamento il trasporto di passeggeri su brevi distanze.

aerotècnica s.f. [non com. pl. *–che*] Branca dell'ingegneria aeronautica che cura le applicazioni pratiche (progettazione, costruzione di aeromobili) degli studi di aerodinamica.

aeroterapia s.f. MED. Cura delle vie respiratorie con apparecchi ad aria compressa o rarefatta.

aerotèrmico agg. [pl.m. *–ci*, f. *–che*] Che si serve di aria calda per il riscaldamento.

aerotèrmo s.m. Apparecchio di riscaldamento ad aria calda.

aeroterrèstre agg. MIL. Detto di uno schieramento d'aria e di terra o di operazioni che coinvolgono tale schieramento.

aerotrainàre v.tr. AER. Trainare in quota un aliante con un aeroplano, o un aeromobile con un altro aeromobile.

aerotràino s.m. **1.** Traino di un aliante o altro aeromobile con un aeroplano. **2.** Il complesso di aereo trainante e aeromobile trainato. SIN.: aerotreno.

aerotrasportàto agg. Trasportato per via aerea.

aerotrèno s.m. **1.** Treno a cuscino d'aria. **2.** Insieme di un aeromobile e del suo rimorchio, costituito da altro aeromobile o da striscioni, bersagli, ecc.

aerotropismo s.m. BOT. Fenomeno per cui un organo vegetale si volge verso il punto da cui proviene una maggiore quantità d'ossigeno.

aeroturbina s.f. Impianto, dispositivo in grado di trasformare l'energia cinetica del vento in energia elettrica.

aerovia s.f. AER. Corridoio aereo lungo il quale è assicurata l'assistenza radio da terra.

àfa s.f. (etim. discussa, forse lat. *hapha* "polvere di cui si cospargevano i lottatori dopo essersi unti" oppure gr. *haphḗ* "l'azione di accendere") Calura soffocante.

afagia s.f. MED. Incapacità di deglutire.

Afanìtteri s.m. pl. [iniziale minusc. sing. *–ro* per l'individuo] ZOOL. Ordine di insetti minuscoli, senza ali e parassiti. SIN.: **Sifonatteri.**

afasia s.f. **1.** MED. Difficoltà, incapacità di parlare o di capire il significato delle parole, causata da lesione cerebrale. **2.** FILOS. Nella filosofia scettica, silenzio che il saggio deve mantenere davanti alla realtà, di cui può conoscere solo l'apparenza che non offre garanzie di verità.

afàsico s.m. [pl.m. *–ci*, f. *–che*] Chi è affetto da afasia.

afelàndra s.f. Pianta ornamentale dell'America tropicale, coltivata in serra e in appartamento. (Famiglia delle Acantacee.)

afèlio s.m. [pl. *–li*] ASTR. Punto in cui un pianeta, nel suo moto di rivoluzione lungo un'orbita ellittica, viene a trovarsi alla massima distanza dal Sole (in oppos. a *perielio*).

afèresi s.f. inv. **1.** LING. Caduta di un suono o di un gruppo di suoni all'inizio di una parola. **2.** In enigmistica, gioco consistente nel trovare, partendo da definizioni date, due parole di cui una sia ricavata dall'altra mediante scarto. **3.** MED. Tecnica che consiste nel prelevare del sangue da un donatore e trasfonderglielo nuovamente dopo avergli sottratto uno o più elementi (p.e. piastrine, plasma, globuli rossi, ecc.).

affàbile agg. (lat. *adfābilem*, deriv. di *adfāri* "parlare con qlcu.") Disponibile alla conversazione, al colloquio. *~ estens.* Che dimostra simpatia verso il prossimo.

affabilità s.f. inv. Bonarietà e piacevolezza di modi.

affabulàre v.tr. Narrare in forma di favola o rappresentazione.

affabulazióne s.f. Narrazione fantasiosa. *~* Intreccio di un'opera di immaginazione.

affaccendàre v.tr. Impegnare intensamente qlcu. *Il lavoro lo affaccenda.* ◆ **affaccendarsi** v.pron. Essere impegnati, darsi molto da fare.

affaccendàto agg. Indaffarato, impegnato.

affacciàre v.tr. [5] **1.** Esporre qlcu. o qlco. alla vista. **2.** *fig.* Far presente qlco. *Affacciare un dubbio.* ◆ **affacciarsi** v.pron. **1.** Sporgersi da una finestra, una porta, ecc., comparendo alla vista altrui e guardando a propria volta. **2.** *fig.* Partecipare per la prima volta a qlco. e prenderne lentamente coscienza. **3.** *fig.* Detto di idee o pensieri, affiorare alla mente.

affacciàto agg. Posto di fronte, dirimpetto.

affaire [/a'fɛr/] s.m. inv. (voce fr. "affare", diffusasi alla fine del sec. XIX con il famoso processo a Dreyfus) Avvenimento politico o giudiziario clamoroso e intricato.

affamàre v.tr. Ridurre qlcu. alla fame. *~* Far patire la fame a qlcu. *Affamare una città. ~ estens.* Portare qlcu. alla miseria. *La crisi del Ventinove affamò gli Stati Uniti.*

affamàto agg. **1.** Che ha fame, che patisce la fame. **2.** *fig.* Che ha fame di cose spirituali. *~* Avido, bramoso. *Affamato di ricchezze.* ◆ s.m. [f. *–ta*] Chi ha fame, chi soffre la fame.

affannàre v.tr. **1.** Causare affanno a qlcu. *La salita mi affanna.* **2.** *fig.* Causare una sensazione di oppressione, di ansia. *Le preoccupazioni ci*

affannano. ◆ **affannarsi** v.pron. **1.** *fig.* Essere molto impegnati in qlco. *Affannarsi nel lavoro.* **2.** Darsi pena per qlcu. *Mio fratello si affanna per me.*

affannàto agg. **1.** Ansimante, ansante. **2.** *fig.* Indaffarato, agitato. **3.** *fig.* Angosciato, afflitto.

affànno s.m. **1.** Respirazione ansimante, accelerata, difficoltosa. **2.** *fig.* Condizione interiore di inquietudine, di turbamento.

affannóso agg. **1.** Che denota affanno. *Respiro affannoso. ~* Che procura affanno. *Corsa affannosa.* **2.** *fig.* Dettato dalla preoccupazione di fare presto. SIN.: **concitato.**

affàre s.m. (calco del fr. *affaire*) **1.** Cosa da eseguire. ◇ *Affari ecclesiastici:* rapporti tra lo Stato e la Chiesa. – *Affari interni:* le questioni di ordine pubblico. – DIR. *Affari contenziosi:* questioni oggetto di giudizio. – *Affare di Stato:* questione di rilevanza politica che interessa lo Stato; *iron.* cosa che si fa più difficile, più importante di quanto non sia. **2.** Operazione economica indirizzata al ricavo di un profitto. ◇ *per anton. È un affare:* un buon affare. – *Affari d'oro:* grandi guadagni. **3.** Caso di rilievo pubblico. **4.** *fam.* Faccenda, questione che non si specifica. ◇ *Brutto affare:* cosa importuna, molesta. – *È (non è) affar mio, tuo, ecc.:* cosa che riguardi da vicino e di cui ci si debba occupare. – *Farsi gli affari propri:* occuparsi solo delle questioni personali senza intromettersi in quelle altrui. **5.** *fam.* Cosa che non si nomina con precisione perlopiù per fretta, per approssimazione. **6.** Condizione sociale. *Persona di alto affare.*

affarismo s.m. Tendenza a perseguire gli affari economici indipendentemente o a scapito dei valori morali.

affarista s.m. e f.[pl.m. *–sti*] Chi sa fare bene gli affari anche a dispacito della morale.

affascinànte agg. Che affascina, seduce. *Un luogo affascinante.*

affascinàre v.tr. **1.** Esercitare un influsso malefico su qlcu. SIN.: **ammaliare. 2.** Attrarre qlcu. per bellezza, qualità, virtù, ecc. *Il paesaggio lo affascinò. ~* Sedurre. *Quella ragazza mi affascina.*

affastellàre v.tr. **1.** Riunire insieme legna, sterpi o paglia, formando fastelli, fascine. **2.** Ammucchiare oggetti senza ordine. *Affastellò i libri sul tavolo. ~ fig.* Ammassare in modo confuso concetti, idee, parole. *Affastellare pensieri.* ◆ v.intr. (aus. *avere*) *fig.* Precipitare le battute nella recitazione.

affaticaménto s.m. **1.** Stanchezza conseguente a una fatica. **2.** MECC. Diminuzione della resistenza di un materiale a causa delle sollecitazioni subite.

affaticàre v.tr. [4] **1.** Sottoporre qlcu. a una fatica muscolare o mentale. *Questo lavoro mi ha affaticato.* SIN.: **stancare. ~** Sottoporre a fatica eccessiva una parte del corpo. *Affaticare gli occhi.* **2.** *fig.* Sottoporre qlco. a uno sforzo o a un lavoro intenso e assiduo. *Affaticare una macchina.* ◆ **affaticarsi** v.pron. *fig.* Applicarsi intensamente in qlco. che stanca, darsi da fare. *~* Fare tutto il possibile per raggiungere uno scopo. *Affaticarsi per convincere gli amici.*

affàtto avv. **1.** Del tutto, assolutamente. *Abbiamo idee affatto diverse.* **2.** In frasi negative, assume il significato di "per nulla". *Non piove affatto.* **3.** Usato come risposta, ha il valore di "no". *"Sei stanco?" "Affatto!".*

afferènte agg. **1.** MED. Che apporta, che conduce. ◇ *Fibre afferenti:* fibre nervose che portano gli impulsi dalla periferia al sistema nervoso centrale. – *Vasi afferenti:* che portano sangue o linfa ai vari organi. **2.** Nel l. bur., attinente, concernente. **3.** DIR. Che spetta a ciascuno. *Parte afferente.*

afferire v.intr. [83] (aus. *avere*) (lat. *adfěrre* "apportare") **1.** Essere attinente a qlco. **2.** Fare parte di un ente, un'istituzione. *I ricercatori afferiscono al dipartimento.*

affermàre v.tr. (lat. *adfirmāre* "rafforzare, dar per vero") **1.** Dire qlco. con sicurezza. *Affermare la propria innocenza.* **2.** *estens.* Sostenere apertamente. *Affermare le proprie idee.* ◆ v.intr. (aus. *avere*) Rispondere in modo affermativo. *Affermare con un cenno.* ◆ **affermarsi** v.pron.

Avere successo, acquistare credito e notorietà. *Affermarsi come scrittore.*
affermativo agg. Che ha valore di affermazione, di approvazione. ~ Positivo, favorevole. *Esito affermativo.* ❑ In funzione di avv., nel l. della comunicazione via radio, sì, va bene, positivo.
affermàto agg. Che ha una posizione sociale solida. ~ Che ha successo.
affermazióne s.f. **1.** Espressione con cui si manifesta e sostiene un'opinione. **2.** Successo, vittoria.
afferràre v.tr. (deriv. di *ferro* "spada") **1.** Prendere qlco. o qlcu. con decisione stringendolo con forza tra le mani. **2.** Capire a pieno il senso di qlco. *Afferrare il senso della frase.* SIN.: **comprendere**. ◆ **afferrarsi** v.pron. Attaccarsi con forza a qlco. *Afferrarsi alla speranza.*
1. affettàre v.tr. (lat. *adfectāre* "desiderare ansiosamente, aspirare") Ostentare qualità che non si hanno. *Affettare modi signorili.* ~ Esibire sentimenti che non si provano.
2. affettàre v.tr. **1.** CUC. Tagliare a fette sottili. **2.** *iron.* Fare a pezzi.
1. affettàto agg. Che manca di naturalezza. *Linguaggio affettato.*
2. affettàto agg. Tagliato a fette. ◆ s.m. Salume che si vende tagliato a fette.
affettatrice s.f. Macchina manuale o elettrica per affettare salumi. ❑ Anche in funzione di agg. *Macchina affettatrice.*
affettazióne s.f. Modo di comportarsi o di esprimersi artefatto, ostentato. SIN.: **artificiosità**.
affettività s.f. inv. **1.** Inclinazione, attitudine sentimentale. **2.** PSICOL. Insieme dei sentimenti che l'individuo prova (emozioni, sentimenti, passioni).
affettivo agg. **1.** Proprio dell'affetto, della sensibilità, dei sentimenti. ◇ *Valore affettivo:* che va oltre il valore oggettivo di una cosa perché legato ai sentimenti dell'individuo. **2.** PSICOL. Relativo alla sfera dei sentimenti. *Problemi affettivi.* **3.** LING. Che esprime un'emozione soggettiva, che intende suscitare un'emozione.
1. affètto s.m. **1.** Stato interiore di tipo emozionale, moto dell'animo. ◇ *Mozione di affetti:* richiamo ai valori affettivi, sentimentali. **2.** Sentimento d'amore privo di pulsioni sessuali. **3.** *estens.* L'oggetto di tale sentimento. *Il figlio è il suo unico affetto.* **4.** PSICOL. Reazione elementare d'attrazione o repulsione che è alla base dell'affettività.
2. affètto agg. **1.** Colpito da una malattia. **2.** In preda a un sentimento, a uno stato d'animo. *Affetto da stupore.* **3.** DIR. Gravato. ◆ s.m. [f. *–ta*] Nell'accez. 1 dell'agg.
affettuóso agg. Che prova, dimostra affetto. SIN.: **tenero**. ◇ *eufem. Affettuosa amicizia:* relazione amorosa.
affezionàre v.tr. Suscitare, far nascere in una persona affetto per qlcu. o per qlco. *Affezionare i bimbi alla lettura.* ◆ **affezionarsi** v.pron. Provare affetto. *Affezionarsi a una città.*
affezionàto agg. **1.** Che è legato da affetto, devoto. **2.** Legato da consuetudine a un luogo, un gruppo. *Cliente affezionato.* **3.** Dedito, ligio. *Affezionato al lavoro.*
affezióne s.f. **1.** Affetto non particolarmente intenso. ◇ *Prezzo d'affezione:* prezzo non corrispondente al valore reale di un oggetto perché modificato dal rapporto col compratore. **2.** MED. Stato morboso, malattia. **3.** FILOS. Alterazione, cambiamento di un modo di essere prodotto da una causa oggettiva o soggettiva.
affiancàre v.tr. [4] **1.** Porre qlco. vicino ad altro. *Affiancare il divano alla poltrona.* **2.** *fig.* Sostenere qlcu. moralmente standogli vicino. *Affiancare un amico in difficoltà.* ~ Porre una persona accanto ad altri, per dare sostegno morale o trasmettere conoscenze. *Affiancare la stagista all'impiegata.* **3.** *fig.* Sostenere un'iniziativa o un'organizzazione. *Affiancare un partito.* ◆ **affiancarsi** v.pron. Andare vicino a qlcu. o a qlco. e porsi al suo fianco. *Affiancarsi a un'auto.*
affiataménto s.m. Intesa, accordo tra più persone che svolgono un'attività in comune.
affiatàto agg. Che ha affiatamento, che va d'accordo. *Squadra affiatata.*
affibbiàre v.tr. [6] **1.** Allacciare con una fibbia o un fermaglio. **2.** Dare con forza un pugno o uno schiaffo. SIN.: **assestare**. **3.** *fam.* Dare qlco. di non gradito e general. oneroso a qlcu. **4.** *estens.* Assegnare un nomignolo a qlcu. *Affibbiare un soprannome.* ◆ **affibbiarsi** v.pron. Allacciare con una fibbia qlco. che si indossa.
affiche [/a'fiʃ/] s.f. inv. (voce fr., deriv. di *afficher* "affiggere") Manifesto pubblicitario. SIN.: **locandina**.
affidàbile agg. (calco dell'ingl. *reliable*) **1.** Di cui ci si può fidare. *Persona affidabile.* **2.** Che offre garanzie di buon funzionamento. *Macchina affidabile.*
affidabilità s.f. inv. (calco dell'ingl. *reliability*) **1.** Qualità di chi o di ciò che è affidabile. **2.** TECNOL. L'attitudine di un dispositivo ad adempiere alla funzione assegnatagli in condizioni prestabilite durante un periodo definito di tempo. **3.** DIR. Condizione in cui è possibile l'affidamento di un bambino a una famiglia.
affidaménto s.m. **1.** Atto di affidare, consegna in custodia. **2.** Fiducia, sicurezza nelle possibilità di riuscita. **3.** BANC. Concessione di un fido. **4.** DIR. *Affidamento dei minori:* istituto per la consegna temporanea di un minore a una famiglia, a un ente, qualora la famiglia d'origine non sia in grado di occuparsene. – *Affidamento preadottivo:* inserimento temporaneo di un minore adottabile in una famiglia per verificare la reciproca adattabilità.
affidàre v.tr. Consegnare con fiducia alla cura, alla custodia di altri. *Affidare i bimbi alla nonna.* ◆ **affidarsi** v.pron. Mettere se stessi sotto la cura o la protezione di qlcu.
affidatàrio s.m. [pl.m. *–ri*] Chi ha in affidamento qlcu. o qlco. ◆ agg. Nel sign. del s.
affidàvit s.m. inv. (voce lat., propr. "affidò") **1.** Nel diritto anglosassone, dichiarazione scritta e giurata davanti a un magistrato. ~ Documento rilasciato insieme con i titoli di Stato a certi portatori, specie stranieri, per consentir loro l'esonero totale o parziale dalle imposte previste per quei titoli o per le loro cedole. **2.** BANC. Dichiarazione scritta, giurata, che attesta la verità di fatti relativi a una transazione finanziaria.
affido s.m. DIR. Affidamento di un minore.
affievoliménto s.m. **1.** Diminuzione, attenuazione, indebolimento. ◇ DIR. *Affievolimento del diritto:* perdita di un diritto soggettivo per ragioni di pubblico interesse. (P.e. il diritto di proprietà in seguito a un esproprio) **2.** RAD.DIFF. Diminuzione temporanea dell'intensità di un segnale radioelettrico, dovuta a delle variazioni nelle condizioni di propagazione. SIN.: **evanescenza**.
affievolire v.tr. [83] Rendere qlco. debole. ◆ v.intr. (aus. *essere*) Detto di voci o di suoni, diventare fioco, debole; anche pron. *Le forze (si) affievoliscono.*
affiggere v.tr. [32] **1.** Attaccare in un luogo pubblico, appendere. *Affiggere un bando.* **2.** Fissare. *Affiggere la mente sull'amata.*
affilacoltèlli s.m. inv. Strumento in acciaio per affilare i coltelli.
affilàre v.tr. **1.** Dare il filo alla lama di un oggetto, rendendola tagliente. SIN.: **molare**. ◇ *Affilare le armi:* prepararle per un combattimento; *fig.* preparare argomenti da usare contro qlcu. **2.** *fig.* Rendere sottile, assottigliare. *La dieta le ha affilato il viso.* ◇ *Affilare lo sguardo:* aguzzare la vista. ◆ **affilarsi** v.pron. Diventare più magro. *Crescendo si è affilato.*
affilatóio s.m. [pl. *–toi*] Strumento per affilare.
affilatóre agg. [f. *–trice*] Che affila. ◆ s.m. Nel sign. dell'agg.
affilatrice s.f. Macchina per affilare costituita da una o più mole rotanti.
affilatùra s.f. Operazione di affilare e suo risultato.
affiliàre o **affigliàre** v.tr. [6] DIR. Stabilire un rapporto di affiliazione con qlcu. ~ Fare entrare in un gruppo organizzato, spec. segreto. *Affiliare a una loggia.* ◆ **affiliarsi** v.pron. Iscriversi a un gruppo, un'associazione. *Affiliarsi alla massoneria.*
affiliàto agg. Appartenente a un gruppo organizzato. ◆ s.m. [f. *–ta*] **1.** Chi fa parte di un'associazione, setta, ecc. **2.** DIR. Chi è assunto in affiliazione. SIN.: **associato**.
affiliazióne o **affigliazióne** s.f. **1.** Atto con cui si entra in un gruppo organizzato, in una setta, ecc. ~ Iscrizione a una società, una federazione. **2.** DIR. Assunzione di un minore entro un nucleo familiare in posizione affine a quella di figlio. (Dal 1983 sostituita dai due istituti dell'affidamento e dell'adozione.)
affinaménto s.m. **1.** Operazione di affinare. **2.** *fig.* Perfezionamento, raffinamento. *Affinamento dello stile.* **3.** ENOL. Insieme dei fenomeni chimici e fisici che migliorano le qualità di un vino.
affinàre v.tr. **1.** Rendere qlco. più fine, aguzzo. *Affinare una lama.* **2.** Liberare una sostanza dalle impurità. *Affinare un metallo.* **3.** *fig.* Liberare da imperfezioni, rozzezza. *Affinare lo stile.* ◆ **affinarsi** v.pron. *fig.* Perfezionarsi, dirozzarsi. *I suoi modi si sono affinati.*
affinatóre s.m. [f. *–trice*] Addetto alla raffinazione dei metalli, del vetro o di altri materiali.
affinazióne s.f. **1.** Procedimento di eliminazione delle impurità da una sostanza. **2.** METALL. Operazione di eliminazione delle impurità da un metallo o una lega. ~ Trasformazione della ghisa in acciaio.
affinché cong. Al fine di, allo scopo di. *Affinché voi sappiate.*
affine agg. (lat. *adfinem* "confinante") **1.** Simile, analogo. **2.** *Geometria affine:* ramo della geometria che studia le proprietà delle trasformazioni affini. ◆ s.m. e f. (spec. pl.) Ogni parente di un coniuge rispetto all'altro coniuge. *Parenti e affini.* ◆ s.m. pl. Prodotti, articoli simili. *Negozio di stoffe e affini.*
affinità s.f. inv. **1.** Somiglianza spirituale tra persone. SIN.: **consonanza**. ~ Somiglianza tra due cose. SIN.: **analogia**. ◇ *Affinità elettiva:* inevitabile, istintiva attrazione tra due persone. **2.** Parentela tra un coniuge e i parenti dell'altro coniuge. **3.** CHIM. Tendenza di una sostanza a combinarsi con altre. **4.** BIOL. Somiglianza tra organismi animali o vegetali che ne permette la classificazione. **5.** GEOM. In un piano, trasformazione puntuale che conserva l'ascissa e moltiplica l'ordinata per una costante reale. (L'asse è l'*asse delle ascisse* e la direzione è l'*asse delle ordinate*.) **6.** LING. Somiglianza tra due o più lingue.
affioraménto s.m. **1.** Apparizione in superficie di un corpo immerso. **2.** *fig.* Il fatto che qlco. venga alla luce. *Affioramento della verità.* **3.** GEOL. Zona in cui una roccia del sottosuolo appare in superficie.
affioránte agg. Che affiora.
affioràre v.intr. (aus. *essere*) **1.** Apparire alla superficie di ciò in cui si è immersi. *Affiorare dall'acqua.* **2.** *fig.* Divenire visibile in un punto, venire alla luce. ◇ *Affiorare alla mente:* detto di idee e pensieri, venire in mente.
affissazióne s.f. LING. Aggiunta di un affisso a una parola.
affissióne s.f. Collocazione di manifesti, avvisi, ecc. in luogo pubblico. ◇ *Affissione all'albo:* pubblicazione. – *Affissione in borsa:* pubblicazione di atti nei locali della borsa, in partic. quelli riguardanti l'esclusione dalla stessa borsa di operatori insolventi. – *Diritto di affissione:* la tassa dovuta per affiggere manifesti.
affissivo agg. LING. → **agglutinante**.
affisso agg. Appeso, attaccato. ◆ s.m. LING. Elemento morfologico che si colloca all'inizio (*prefisso*), nel mezzo (*interfisso*) o alla fine (*suffisso*) di una parola per formarne una nuova o modificarne il valore grammaticale.
affittacàmere s.m. e f.inv. Persona che dà in affitto camere ammobiliate.
affittàre v.tr. **1.** Concedere qlco. in uso a qlcu. dietro pagamento di un canone. **2.** Prendere qlco. in locazione, a nolo.
affitto s.m. **1.** Cessione a tempo determinato dell'uso di un bene immobile dietro pagamento. **2.** Ciò che si dà al proprietario in pagamento del bene mobile o immobile di cui si usufruisce. *Pagare l'affitto.*
affittuàrio s.m. [f. *–ria*] Chi prende in affitto qlco.

afflàto s.m. *fig.* *Afflato divino.* → **ispirazione**.

affliggere v.tr. [35] (lat. *adfligere* "sbattere contro, abbattere") **1.** Causare un profondo dolore fisico o morale. *La sua morte mi affligge.* **2.** Creare gravi problemi a qlcu. ◆ **affliggersi** v.pron. Provare una sofferenza fisica o morale. SIN.: **soffrire**.

afflizióne s.f. **1.** Sofferenza, dolore. **2.** Sventura, supplizio.

afflosciàre v.tr. [5] **1.** Rendere qlco. floscio, molle. **2.** *fig.* Togliere forza interiore a qlco. ◆ **afflosciarsi** v.pron. **1.** Diventare floscio, molle. **2.** *fig.* Venir meno, svenire.

affluènte s.m. Corso d'acqua che confluisce in un fiume maggiore.

affluènza s.f. Concorso di persone. *Affluenza record allo stadio.*

affluire v.intr. [83] (aus. *essere*) **1.** Di liquidi, scorrere verso un unico luogo. *Il sangue affluisce al cervello.* **2.** *estens.* Essere convogliato, riversarsi in grande quantità in un luogo. **3.** Di persone, radunarsi in gran numero nello stesso luogo.

afflùsso s.m. **1.** Scorrimento di un liquido verso un unico luogo. **2.** *fig.* Arrivo di un grande numero di persone in un unico luogo. *Afflusso di turisti.*

affogàre v.tr. [4] (lat. *offocāre* "soffocare, strozzare") **1.** Uccidere qlcu. tenendogli il capo immerso in un liquido, per togliergli il respiro. **2.** *fig.* Coprire d'acqua, spec. il fuoco, per spegnerlo. **3.** CUC. Far cuocere qlco. nella propria acqua o in acqua bollente. **4.** *fig.* Rendere meno vivi per la coscienza sentimenti dolorosi. ◇ *Affogare i dispiaceri nell'alcol:* ubriacarsi per dimenticare. ◆ v.intr. (aus. *essere*) Morire per annegamento. ◆ **affogarsi** v.pron. **1.** Uccidersi volontariamente per annegamento. **2.** Morire per annegamento. *Cadde in acqua e si affogò.*

affollaménto s.m. Concorso di numerose persone.

affollàre v.tr. Detto di più persone, riempire un luogo. ◆ **affollarsi** v.pron. **1.** Con soggetto animato, radunarsi in gran numero in un luogo. **2.** *fig.* Detto di idee o pensieri, presentarsi alla mente in modo disordinato. *I dubbi mi si affollano nella mente.*

affondaménto s.m. Inabissamento, sprofondamento.

affondamine s.m. inv. Nave o sommergibile militare attrezzato per posare le mine subacquee. SIN.: **posamine**.

affondàre v.tr. **1.** Mandare qlco. a fondo nell'acqua. *Affondare una barca.* Far penetrare a fondo, immergere qlco. dentro qualcos'altro. *Gli alberi affondano le radici nel terreno.* ◆ v.intr. (aus. *essere*) **1.** Di imbarcazioni, andare a fondo nell'acqua; anche pron. *La nave (si) affonda.* **2.** Della superficie del terreno, abbassarsi, sprofondare; anche pron. **3.** Sprofondare in qlco. di liquido o cedevole; anche pron.

affondatóio s.m. [pl. *-toi*] MAR. Congegno di leve che si usa per liberare rapidamente le ancore da calare in mare.

affóndo s.m. **1.** SPORT. Nella scherma, azione di attacco. **2.** SPORT. Nella ginnastica, piegamento in avanti di una gamba sulla quale viene spostato il peso del corpo. **3.** SPORT. Nei giochi di squadra, rapida azione d'attacco nella zona di campo degli avversari. **4.** SPORT. Nella corsa, allungo. **5.** *fig.* Rapido e improvviso aumento dell'impegno nello svolgimento di un compito.

afforcàre v.tr. [4] MAR. Ormeggiare una nave affondando le due ancore di prora.

affossaménto s.m. **1.** Avvallamento, fosso. **2.** *fig.* Accantonamento definitivo di un progetto.

affossàre v.tr. **1.** Scavare fossi attorno ai campi per favorire il drenaggio delle acque. **2.** *fig.* Far sì che qlco. rimanga nascosto, ignorato. ◆ **affossarsi** v.pron. Incavarsi, infossarsi.

affossatóre s.m. **1.** Chi prepara le fosse nei cimiteri. **2.** Attrezzo per scavare fosse. **3.** *fig.* [f. *-trice*] Chi provoca la rovina, il fallimento di qualche cosa.

affrancaménto s.m. **1.** Emancipazione, liberazione. **2.** BOT. Emissione di radici da parte di un innesto, se la pianta innestata viene interrata troppo in profondità.

affrancàre v.tr. [4] (lat. *affrancàre*, propr. "liberare dalla tassa di spedizione") **1.** Rendere libero, emancipare. *Affrancare un popolo.* ~ *fig.* Liberare qlcu. o il suo animo da qlco. che lo opprime. **2.** Mettere il francobollo sulla corrispondenza per la spedizione. **3.** DIR. Liberare un bene dagli oneri che lo gravano. ◆ **affrancarsi** v.pron. Liberare se stessi da un'oppressione, un tormento.

affrancàto agg. **1.** Liberato dalla schiavitù. **2.** Di corrispondenza, munito di francobollo per la spedizione. ◆ s.m. [f. *-ta*] Schiavo liberato, servo emancipato.

affrancatùra s.f. Applicazione di un francobollo su corrispondenza o pacchi in segno dell'avvenuto pagamento della tassa postale. ~ *estens.* I francobolli applicati.

affrànto agg. Sfinito, abbattuto, demoralizzato.

affratellaménto s.m. **1.** Unione fraterna di sentimenti e intenti. **2.** DIR. Istituto medievale per la costituzione di società commerciali.

affrescàre v.tr. Dipingere una parete con la tecnica dell'affresco.

affrésco s.m. [pl. *-schi*] (deriv. dalla loc. *a fresco* con riferimento all'intonaco non ancora asciutto) **1.** Tecnica di pittura che prevede l'impiego di colori diluiti in acqua su una superficie muraria coperta con tre strati di intonaco e mantenuta umida. ~ Il dipinto così eseguito. **2.** *fig.* Rappresentazione letteraria ampia e profonda di un'epoca, di un ambiente.

affrettàre v.tr. **1.** Rendere un movimento più veloce. ◇ *Affrettare il passo:* camminare più rapidamente. **2.** Anticipare la fine, abbreviare il tempo previsto per il compimento di qlco. ~ Anticipare l'attuazione di qlco. *Affrettare la partenza.* ◆ **affrettarsi** v.pron. Muoversi, camminare rapidamente. ~ Agire velocemente.

affricàto agg. LING. Di suono prodotto formando, in uno stesso punto di articolazione, prima un'occlusione completa e poi una semiocclusione che dà luogo a un suono fricativo. ◇ *Consonanti affricate:* c e g prepalatali (*cena* e *gelo*) e z. ◆ s.f. LING. Consonante affricata.

affrontàre v.tr. **1.** Fronteggiare qlcu. con decisione. **2.** Misurarsi volontariamente con qlco. di rischioso, impegnativo. **3.** *fig.* Fronteggiare qlcu. che suscita timore. *Affrontare il nemico.* **4.** *fig.* Iniziare a esaminare una questione. **5.** TECN. Far combaciare due pezzi meccanici. ◆ **affrontarsi** v.pron. Di più persone o gruppi, confrontarsi reciprocamente in uno scontro.

affrónto s.m. Offesa, provocazione.

affumicàre v.tr. [4] **1.** Riempire un ambiente di fumo, per conservarlo. *Affumicare il pesce.* ◆ **affumicarsi** v.pron. Diventare scuro a causa del fumo. SIN.: **annerirsi**.

affumicàto agg. **1.** Inscurito dal fumo. ~ *estens.* Di colore scuro. **2.** Riferito ad alimento, esposto all'azione del fumo, trattato col fumo. *Salmone affumicato.*

affumicatóio s.m. [pl. *-toi*] Luogo in cui si effettua l'affumicatura di alimenti.

affumicatóre s.m. **1.** [f. *-trice*] Addetto all'affumicatura degli alimenti. **2.** Apparecchio per gettare fumo negli alveari cacciandone le api.

affumicatùra s.f. Azione ed effetto dell'affumicare. ~ Processo di trattamento col fumo di alimenti (carne, pesce) per assicurarne una lunga conservazione.

affusolàre v.tr. Assottigliare qlco. dandogli una forma a fuso. *Affusolare una colonna.* ◆ **affusolarsi** v.pron. Diventare più sottile.

affusolàto agg. **1.** Assottigliato, fusiforme. **2.** SART. Attillato.

affùsto s.m. Supporto per bocche da fuoco, che serve il puntamento o per lo spostamento. *Affusto di cannone.*

afgàni s.m. inv. Unità monetaria dell'Afghanistan.

afgàno agg. [f. *-na*] Dell'Afghanistan. ◆ s.m. Nativo, abitante dell'Afghanistan.

afibrinogenemia s.f. MED. Assenza di fibrinogeno nel sangue.

aficionado [/afiθjo'nado/] s.m. [pl. *aficionados*] (voce spagn., propr. "affezionato") Ammiratore, fan. ~ *estens.* Cliente abituale.

àfide s.m. Insetto di piccole dimensioni, dotato di pungiglione, parassita delle piante. (Famiglia degli Afididi, superordine degli Emitteri.)

Afididi s.m. pl. [iniziale minusc. sing. *-de* per l'individuo] ZOOL. Famiglia di insetti che vivono in colonie e in simbiosi mutualistica con le formiche e si nutrono di vegetali.

afillo agg. BOT. Privo di foglie.

aflatossina s.f. MED. Veleno contenuto in molti generi di funghi.

àfnio o **hàfnio** s.m. (solo sing.) (lat. *Hafnium*, deriv. di *Hafnia* nome latinizzato di Copenaghen in ricordo del fisico danese Bohr che fan. ricordo dell'elemento) **1.** Metallo raro, analogo allo zirconio, utilizzato per i filamenti delle lampadine e nei sistemi di controllo dei reattori. **2.** Elemento chimico (*Hf*) di numero atomico 72 e peso atomico 178,49.

afocàle agg. Di sistema ottico centrato i cui fuochi sono all'infinito.

afonia s.f. MED. Perdita o calo di voce.

àfono agg. [f. *-na*] Che è senza voce. ~ *estens.* Che ha la voce bassa.

aforisma s.m. [pl. *-smi*] (gr. *aphorismós* "definizione") Massima che esprime in forma sintetica un pensiero morale o un sapere pratico. SIN.: **motto**.

a fortiòri loc. agg. inv. (loc. lat., propr. "a più forte") FILOS. Riferito a un ragionamento o a una tesi sorretta da argomentazioni più numerose e più valide di un'altra tesi precedentemente accettata. ◆ loc. avv. A maggior* ragione.

afóso agg. Soffocante, spec. per il caldo.

africanismo s.m. **1.** Politica colonialista verso l'Africa. **2.** Politica e prassi centrate sulla rivendicazione di indipendenza e autonomia culturale da parte dei popoli africani. **3.** LING. Voce o locuzione propria del latino degli scrittori africani della tarda latinità.

africàno agg. Dell'Africa. ◆ s.m. [f. *-na*] **1.** Nativo, abitante dell'Africa. **2.** Pasticcino ricoperto di cioccolato.

africàntropo s.m. PALEONT. Ominide fossile che fu scoperto in Africa nel 1935.

afrikaans [/afri'ka:ns/] s.m. (solo sing.) Lingua degli afrikaner.

afrikaner [/ˌæfri'ka:nə/] s.m. e f. inv. (voce ingl.) Chi è nato in Sudafrica, da famiglia bianca, spesso olandese, e parla l'afrikaans. SIN.: **boero**.

àfro agg. inv. → **africano**.

afroamericàno agg. Che appartiene alla popolazione americana di origine africana. ◆ s.m. [f. *-na*] Nel sign. dell'agg.

afroasiàtico agg. [pl.m. *-ci*, f. *-che*] (calco dell'ingl. *Afro-Asian*) Dell'Africa e dell'Asia. ◆ s.m. (al pl.) Gli abitanti dell'Africa e dell'Asia nel loro insieme.

afrocubàno agg. Che appartiene o è proprio della popolazione cubana di origine africana. ◆ s.m. [f. *-na*] Nel sign. dell'agg.

afrodisiaco agg. [pl.m. *-ci*, f. *-che*] (gr. *aphrodisiakós* "di Afrodite", dea dell'amore) Che induce o stimola il desiderio sessuale. ◆ s.m. Nel sign. dell'agg.

Afrodite s.f. ZOOL. Genere di vermi marini, diffusi nei fondali sabbiosi o fangosi, con il corpo ovale e ricurvo ricoperto da setole. (Lunghezza 15 cm; classe dei Policheti.)

afròmetro s.m. ENOL. Apparecchio munito di ago sottile che, infilato nel tappo delle bottiglie di vino spumante, ne misura la pressione.

afróre s.m. Odore acre, sgradevole, caratteristico della fermentazione dell'uva e del sudore umano.

àfta s.f. **1.** MED. Ulcerazione superficiale ma dolorosa della mucosa orale o genitale. **2.** VET. Ulcerazione necrotica presente spec. sulla mucosa del cavo orale. ◇ *Afta epizootica:* malattia virale epidemica di bovini, suini, ovini, che si manifesta con ulcerazioni e febbre.

after eight [/'ɑ:ftə 'eit/] loc. sost. m. inv. (loc. ingl.) Denominazione commerciale, che costituisce marchio registrato, di un cioccolatino ripieno di crema alla menta.

after-hours [ˈɑːftə ˌauəz/] agg. inv. (voce ingl., propr. "dopo l'orario") Fuori orario, spec. in riferimento a concerti di musica o riunioni che si tengono dopo la normale chiusura dei locali. ◆ s.m. e f. inv. Festa che si protrae fino alle prime ore del mattino. ◆ s.m. inv. Locale che apre all'alba.

after-shave [ˈɑːftəˌʃeiv/] s.m. inv. (voce ingl., propr. "dopo la rasatura") Lozione dopobarba.

aftóso agg. MED., VET. Relativo all'afta. ~ Affetto da afta.

agalassia o **agalattia** s.f. MED. Mancanza di latte nelle puerpere.

àgama s.m. Lucertola terrestre o arboricola, diffusa in Africa e nell'Asia orientale. (Famiglia degli Agamidi.)

àgami s.m. inv. (spagn. *agamí* di orig. caraibica) Uccello diffuso nell'America Centrale e Meridionale, simile a un grosso fagiano, con colori scuri sul dorso e sulla coda, rossicci sul ventre e chiari sulla gola; detto anche *trombettiere* per il verso simile a uno squillo di tromba. (Genere *Psophia*; ordine dei Gruiformi.)

■ **àgami**

agamia s.f. BIOL. Riproduzione asessuata, che avviene senza intervento dei gameti, nei vegetali e negli animali.

agàmico agg. [pl.m. –ci, f. –che] BIOL. Caratterizzato da riproduzione per agamia.

Agàmidi s.m. pl. [iniziale minusc. sing. –de per l'individuo] ZOOL. Famiglia di rettili diffusi in Africa e Asia (agama, stellione) o in Australia (moloc), con zampe sviluppate e coda lunga. (Ordine degli Squamati.)

agammaglobulinemia s.f. IMMUNOL. Forte diminuzione o assenza delle gammaglobuline nel sangue.

agapànto s.m. (lat. *Agapanthus*, comp. di gr. *agápē* "amore" e *ánthos* "fiore") BOT. Pianta erbacea ornamentale perenne, con grosso rizoma, foglie allungate e fiori azzurri o bianchi, diffusa nelle regioni australi. (Famiglia delle Liliacee.)

àgape s.f. (gr. *agápē* "amore") **1.** Banchetto che si teneva nelle prime comunità cristiane in ricordo dell'ultima cena. **2.** *estens.* Convito tra amici.

àgar-àgar s.m. inv. (voce malese) Mucillagine ottenuta da un'alga dei mari dell'Estremo Oriente, utilizzata in batteriologia come mezzo di coltura solido, nell'industria come collante e in cucina nella preparazione delle gelatine. SIN.: **gelosio.**

Agaricàcee s.f. pl. [iniziale minusc. sing. –a per l'individuo] BOT. Famiglia di funghi con cappella a lamelle rivestite dall'imenio, che comprende specie parassite degli alberi, specie velenose e altre commestibili. (Sottordine dei Basidiomiceti.)

Agaricàli s.m. pl. [iniziale minusc. sing. –le per l'individuo] BOT. Ordine di funghi caratterizzati dalla produzione di corpi fruttiferi.

agàrico s.m. [pl. –ci] Denominazione comune di funghi appartenenti a diversi generi.

àgata s.f. MIN. Silice, varietà di calcedonio, con zonature concentriche di vari colori.

àgave s.f. (gr. *agaué* "mirabile" per la forma inconsueta e la bellezza dei fiori) Pianta ornamentale originaria del Messico, le cui foglie forniscono una fibra tessile (*sisal*) e una linfa usata nella produzione della tequila. (L'agave fiorisce una sola volta producendo un'infiorescenza alta 10 m; famiglia delle Amarillidacee.) ~ BOT. (iniziale maiusc.) Genere di monocotiledoni a cui appartengono varie specie di agave, p.e. yucca e dracena.

fiore   infiorescenza

■ **àgave**

agazzino s.m. Arbusto ornamentale sempreverde, spinoso, con fiorellini bianchi e frutti a bacca. (Famiglia delle Rosacee.)

Agelènidi s.m. pl. [iniziale minusc. sing. –de per l'individuo] ZOOL. Famiglia di ragni assai comuni, con corpo ovale e zampe lunghe e sottili.

agèmina s.f. Tecnica di intarsio con la quale si inseriscono foglie d'oro o d'argento in un altro metallo con effetti di policromia. SIN.: **damaschinatura.**

agènda s.f. (lat. *agènda* "cose da fare") **1.** Libriccino le cui pagine sono abbinate al calendario e su cui si segnano giorno per giorno appuntamenti, impegni. ◇ *Agenda elettronica:* programma informatico per la gestione di indirizzi, appuntamenti, ecc.; piccolo computer tascabile che svolge tali funzioni. **2.** *fig.* Insieme degli impegni di una persona in un dato periodo. *Avere un'agenda carica di impegni.*

agenesia s.f. MED. Arresto nello sviluppo di un organo, di un tessuto.

agènte s.m. e f. **1.** (anche f.) Chi agisce, opera, fa. **2.** GRAMM. Ruolo semantico espresso dall'elemento nominale che in una frase indica il promotore dell'azione. SIN.: **attante.** ◇ *Complemento d'agente:* quello che indica chi compie l'azione espressa dal verbo al passivo. **3.** (anche f.) Chi svolge un'attività per conto d'altri. ◇ *Agente investigativo:* chi conduce un'inchiesta per conto del tribunale o come investigatore privato. – *Agente diplomatico:* chi cura le relazioni diplomatiche tra lo stato di appartenenza e quello di residenza. – *Agente immobiliare:* mediatore nella compravendita di immobili. – *Agente di commercio:* chi, per un'azienda, cerca, promuove o conclude affari. – *Agente di borsa:* mediatore nelle operazioni di borsa. – *Agente di cambio:* chi è autorizzato a negoziare valori mobiliari in borsa esclusivamente in qualità di mediatore. – *Agente teatrale:* chi procura scritture ad attori negli interessi di compagnie. – *Agente di pubblica sicurezza:* poliziotto. – *Agente di custodia:* guardia carceraria, secondino. – *Agente segreto:* chi è inquadrato nei servizi segreti di uno stato; anche informatore, spia. – *Agente assicurativo:* chi rappresenta una compagnia d'assicurazione. **4.** Nel

l. sc., corpo o sostanza che esplica una qualche azione. ~ CHIM. Sostanza che provoca o modifica una reazione. ◇ MED. *Agente patogeno:* microbo, batterio, parassita, virus che provoca una malattia. – *Agenti esogeni o atmosferici:* i fenomeni atmosferici (vento, pioggia, ecc.) che modificano la struttura o la morfologia della crosta terrestre. – *Agenti endogeni:* i fenomeni sismici. ☐ In funzione di agg., nel l. filosofico, che è causa di qlco.

agenzia s.f. **1.** Impresa commerciale che offre servizi di intermediazione nell'ambito di una specifica attività. ◇ *Agenzia giornalistica:* agenzia di stampa che fornisce notizie. – *Contratto d'agenzia:* quello per cui una parte (*agente*) si impegna per conto dell'altra (*preponente*) a promuovere la conclusione di contratti in una zona determinata. **2.** Succursale, filiale di una società. **3.** Organismo o ente amministrativo che svolge funzioni di informazione e coordinamento in un ambito specifico. *Agenzia regionale per l'impiego.* ◇ *Agenzia governativa:* ufficio del governo. **4.** Notizia di agenzia giornalistica.

Agèrato s.m. BOT. Genere di piante ornamentali da giardino, con fiori azzurri. (Famiglia delle Composite.)

ageusia s.f. MED. Diminuzione o perdita totale del gusto.

agevolàre v.tr. **1.** Rendere qlco. più facile. **2.** Favorire, aiutare qlcu.

agevolàto agg. Che offre agevolazioni, condizioni di favore.

agevolazióne s.f. Condizione di favore. *Agevolazione di pagamento.* ◇ *Agevolazione tributaria:* trattamento preferenziale accordato a taluni soggetti d'imposta dalla normativa fiscale.

agévole agg. Facile a farsi, comodo. *Compito agevole.*

agganciaménto s.m. **1.** Azione di agganciare. **2.** Dispositivo per collegare due parti meccaniche. *Agganciamento di due vagoni.* **3.** *fig.* Collegamento, relazione reciproca. ◇ *Manovra di agganciamento:* quella con cui si entra in contatto con il nemico che viene costretto ad accettare il combattimento.

agganciàre v.tr. [5] **1.** Unire qlco. ad altro per mezzo di un gancio. *Agganciare il rimorchio alla motrice.* ~ Unire, collegare con ganci due cose o due estremità di uno stesso oggetto. *Agganciare due vagoni.* ◇ SPORT. *fig. Agganciare la palla al volo:* nel calcio, intercettare la palla col piede a mezz'aria. – *Agganciare un calciatore:* fare lo sgambetto a un avversario. – MIL. *Agganciare il nemico:* compiere una manovra di agganciamento. **2.** *fig.* Collegare il valore di qlco., spec. denaro, ad altro. *Agganciare gli stipendi al costo della vita.* **3.** *fig. fam.* Avvicinare qlcu. per parlargli, stabilire un contatto, proporre qlco. *Agganciare una ragazza.*

aggàncio s.m. [pl. –ci] **1.** Azione di agganciare. ~ *fig.* Collegamento, legame di una cosa con un'altra. **2.** Dispositivo di collegamento di due veicoli o di loro parti. **3.** *fig.* Relazione, rapporto con persone che possono concedere favori.

aggéggio s.m. [pl. –gi] **1.** Oggetto che non si vuole, non sa o sa definire. **2.** Oggetto ritenuto inutile, poco funzionale. **3.** *fig.* Imbroglio, pasticcio.

aggettànte agg. ARCH. Sporgente in fuori.

aggettàre v.intr. (aus. *essere*) ARCH. Di elementi architettonici, sporgere, fare aggetto.

aggettivàle agg. Di aggettivo, costituito da un aggettivo.

aggettivàre v.tr. GRAMM. Usare un elemento della frase in funzione di aggettivo.

aggettivo s.m. (lat. *adiectivum*, deriv. di *adícere* "aggiungere") **1.** GRAMM. Elemento lessicale, dotato di una parte variabile del discorso, che ha la funzione di specificare le caratteristiche o le proprietà del sostantivo cui è riferito. **2.** → epiteto.

aggètto s.m. **1.** ARCH. Prominenza di un elemento architettonico sulla superficie di fondo. ~ *estens.* L'elemento stesso. **2.** ALP. Sporgenza rocciosa.

agghiacciànte agg. **1.** *fig.* Che produce una sensazione di orrore. SIN.: **spaventoso. 2.** Che fa raggelare.

agghiacciàre v.tr. [5] **1.** Far diventare ghiaccio una sostanza. **2.** fig. Far rabbrividire qlcu., detto di ciò che sconvolge, inorridisce. ◆ v.intr. (aus. essere) **1.** Con soggetto animato, sentire molto freddo. **2.** fig. Spaventarsi, inorridire; anche pron.

agghiàccio s.m. [pl. –ci] MAR. Congegno che si applica al timone per facilitarne la manovra.

agghindàre v.tr. Vestire qlcu. con cura e ricercatezza. ◆ **agghindarsi** v.pron. Vestire se stessi con eleganza ricercata.

àggio s.m. [pl. –gi] Maggior valore reale di una moneta rispetto alla parità ufficiale con un'altra. ~ Maggior valore reale di un titolo rispetto a quello nominale.

aggiogàre v.tr. [4] Porre sotto il giogo. Aggiogare i buoi.

aggiornaménto s.m. **1.** Revisione e incremento del sapere, di tecniche professionali in rapporto a nuove esperienze, scoperte, ecc. ~ Formazione di lavoratori e professionisti per introdurli alle novità e ai progressi del sapere tecnico e scientifico. **2.** Complesso di modifiche e correzioni apportate a un'opera. ◇ INFORM. Aggiornamento di un programma: nuova versione di un software. **3.** Rinvio, differimento.

aggiornàre v.tr. **1.** Rinnovare qlco., tenerlo sempre al passo coi tempi. Aggiornare il guardaroba. **2.** Rivedere le notizie di un testo sulla base di nuove conoscenze, esigenze o di una nuova situazione. Aggiornare i dati di un manuale. ~ Annotare su diari, taccuini, ecc. gli avvenimenti che interessano. **3.** DIR. Rinviare la prosecuzione di una riunione, un'udienza, un'assemblea. ◆ **aggiornarsi** v.pron. **1.** Saper cambiare in relazione ai tempi, tenersi al corrente con riguardo alla propria preparazione culturale e professionale. **2.** Detto di un organo collettivo, sospendere una riunione e rinviarne la prosecuzione a una data successiva.

aggiornàto agg. **1.** Che segue, conosce le novità. Uno studioso aggiornato. ~ Al passo coi tempi, che si tiene informato. **2.** Modificato in base a nuove conoscenze. Bibliografia aggiornata.

aggiotàggio s.m. [pl. –gi] BORS. Azione speculativa illecita sui fondi pubblici o sui prezzi dei valori mobiliari o delle merci.

aggiraménto s.m. **1.** Disposizione a cerchio attorno a qlco. o qlco. **2.** fig. Elusione di ostacoli, problemi. **3.** MIL. Manovra per sorprendere il nemico sul fianco o alle spalle.

aggiràre v.tr. **1.** Superare qlco. muovendosi intorno a esso. ~ fig. Tentare di superare una difficoltà senza affrontarla direttamente. Aggirare un problema. **2.** fig. Raggirare, ingannare qlcu. Aggirare uno sprovveduto. ◆ **aggirarsi** v.pron. **1.** Muoversi, girare in un luogo circoscritto. Aggirarsi per la casa. ~ fig. Di idee o pensieri, girare insistentemente intorno a un argomento. **2.** Di cosa quantificabile, approssimarsi a una data entità numerica. Il peso si aggira sui due chili.

aggiudicàre v.tr. [4] (lat. adiudicāre "assegnare in qualità di giudice") Assegnare qlco. in seguito a concorso, asta, appalto. ◆ **aggiudicarsi** v.pron. Ottenere per sé un premio, un appalto, ecc. Aggiudicarsi il primo premio in una gara.

aggiudicatàrio s.m. [f. –ria, pl.m. –ri] Persona o impresa a cui viene aggiudicato qlco.

aggiudicazióne s.f. Assegnazione, attribuzione.

aggiùngere v.tr. [22] **1.** Unire qlco. ad altro, mettendo qlco. in più rispetto a ciò che è già presente. Aggiungere un posto a tavola. ~ Sommare un numero a un altro. SIN.: **addizionare**. **2.** Aggregare qlco. a una sostanza. Aggiungere zucchero all'impasto. **3.** Accrescere una qualità. Aggiungere pregio all'autore. **4.** Dire qlco. in più rispetto ad altro già detto. Aggiungere una nota al discorso. **5.** Tenere conto di qlco. in più rispetto a quanto già detto. ◆ **aggiungersi** v.pron. Unirsi, aggregarsi a qlcu. o qlco.

aggiùnta s.f. **1.** Appendice, postilla. ◇ loc. prep. In aggiunta: oltre a, facendo seguito a. **2.** Aumento, accrescimento.

aggiuntivo agg. **1.** Che viene aggiunto. Assegno aggiuntivo. **2.** GRAMM. Che collega e somma, positivamente anche, ele-

menti nuovi ad altri preesistenti. ◇ Congiunzione aggiuntiva o copulativa: quella che unisce una parola o una frase alle precedenti ed esprime aggiunta (anche, pure, inoltre) o esclusione (neanche, neppure, nemmeno).

aggiùnto agg. **1.** Che si aggiunge, che è in più. **2.** Che ha il compito di aiutare o sostituire il titolare di un ufficio. **3.** MAT. Di oggetto matematico in relazione di dualità con un altro. Matrice aggiunta. ◆ s.m. Delegato, sostituto, aiutante.

aggiustaménto s.m. **1.** Riparazione di qlco. di rotto. **2.** fig. Compromesso, riconciliazione tra persone in disaccordo. **3.** MIL. Tiri d'aggiustamento: tiri di prova che consentano poi di colpire l'obiettivo con maggiore precisione. – fig. Aggiustamento del tiro: rettifica di un progetto, di un'iniziativa in seguito alle esperienze fatte.

aggiustàre v.tr. **1.** Riparare, rimettere in funzione qlco. ~ Rendere preciso. **2.** Dare forma e ordine appropriati a qlco. Aggiustare la cravatta. ◆ **aggiustarsi** v.pron. **1.** Detto di due o più persone in rapporto reciproco, mettersi d'accordo. **2.** Accomodarsi i capelli, che si indossa. **3.** Adattarsi alla meglio in un luogo o in una situazione. Aggiustarsi in un locale.

agglomerànte s.m. Sostanza fluida usata per aggregare tra loro vari materiali.

agglomeràre v.tr. **1.** Formare un grumo, un mucchio di più oggetti o persone. **2.** TECN. Riunire in una sola massa elementi in precedenza separati. Agglomerare sabbia e cemento. ◆ **agglomerarsi** v.pron. Ammassarsi in un luogo. ~ Con soggetto non animato, formare una massa.

agglomeràto agg. Riunito, ammassato. ◆ s.m. **1.** Complesso di edifici e strutture. Agglomerato urbano. **2.** GEOL. → **conglomerato**. **3.** TECN. Materiale da costruzione costituito da un impasto di agglomerante e materiali incoerenti.

agglomerazióne s.f. TECN. Formazione di grumi, di ammassi.

agglutinànte agg. **1.** LING. Di lingua in cui prevale il meccanismo morfologico dell'agglutinazione. **2.** BIOL. Che provoca agglutinazione o che è agglutinato.

agglutinàre v.tr. **1.** Saldare due o più elementi tra loro. **2.** BIOL. Produrre un processo di agglutinazione in cellule isolate. ◆ **agglutinarsi** v.pron. BIOL. Saldarsi, unirsi insieme.

agglutinazióne s.f. **1.** LING. Procedimento di affissazione morfologica per cui ogni informazione grammaticale è espressa da un singolo affisso chiaramente segmentabile. **2.** BIOL. Fenomeno per cui cellule isolate come batteri, globuli rossi, ecc., si agglomerano e precipitano per azione di anticorpi specifici presenti nel sangue (agglutinine).

agglutinina s.f. IMMUNOL. Anticorpo che, a contatto con lo specifico antigene, provoca l'agglutinazione.

agglutinògeno s.m. IMMUNOL. Antigene che in reazione con l'agglutinina provoca l'agglutinazione.

aggomitolàre v.tr. Avvolgere qlco. in gomitolo. ◆ **aggomitolarsi** v.pron. fig. Sdraiarsi rannicchiando il corpo.

aggottàre v.tr. **1.** MAR. Svuotare dall'acqua il fondo di un'imbarcazione. **2.** COSTR. Togliere l'acqua dallo scavo nel quale si pongono le fondamenta di un edificio.

aggradàre v.intr. [solo alla terza sing.] (provenz. agradar, lat. deriv. di grātus "gradito") Piacere, riuscire gradito a qlcu. Il programma mi aggrada.

aggraffàre v.tr. **1.** Unire due o più oggetti con graffe. **2.** TECN. Unire due lamiere sovrapponendo e ripiegando i lembi. **3.** Nell'industria del tabacco, preparare i sigari per la spedizione con sigarette.

aggrappàre v.tr. Detto dell'ancora, far presa sul fondo. ◆ **aggrapparsi** v.pron. **1.** Tenersi con decisione a qlco. Aggrapparsi a un ramo. **2.** fig. Cercare disperatamente in qlco. aiuto, conforto. Aggrapparsi alla vita.

aggravaménto s.m. Peggioramento delle condizioni. L'aggravamento di una malattia.

aggravànte agg. Che rende più grave. ◇ DIR. Circostanza aggravante: quella che rende più grave il reato, comportando quindi un au-

mento di pena. ◆ s.f. **1.** DIR. Circostanza aggravante. **2.** estens. Ciò che turba, infastidisce ulteriormente.

aggravàre v.tr. Rendere qlco. più grave, più difficile da sopportare. Aggravare una pena. ◆ **aggravarsi** v.pron. Diventare più grave.

aggravàto agg. **1.** Peggiorato, inasprito. Situazione economica aggravata. ~ DIR. Di reato commesso con modalità o in circostanze che lo rendono più grave. **2.** MUS. A tempo aggravato: rallentato.

aggràvio s.m. [pl. –vi] **1.** DIR. Maggior onere. Aggravio fiscale. **2.** fig. Peso morale.

aggraziàre v.tr. [6] Rendere qlco. elegante, gradevole.

aggraziàto agg. **1.** Pieno di grazia. Movimenti aggraziati. **2.** Pieno di garbo.

aggredire v.tr. [83] (lat. ădgredi, comp. di ăd "verso" e grădi "avanzare") **1.** Andare contro qlcu. con atteggiamento violento. ~ estens. Investire qlcu. verbalmente o con il proprio comportamento. **2.** Affrontare con decisione un problema, una questione. **3.** Intaccare qlco. Le piogge acide aggrediscono le foreste.

aggregàre v.tr. [4] (lat. adgregāre "unire al gregge") Riunire due o più persone in un gruppo. ◆ **aggregarsi** v.pron. Unirsi a qlcu. nel fare le stesse cose. Aggregarsi a una comitiva. ~ Essere oggetto di un fenomeno di aggregazione. Gli atomi si aggregano.

aggregàto s.m. **1.** Entità composta di più elementi. Aggregato di cellule. **2.** MAT. Insieme, classe. **3.** ECON. Grandezza risultante dalla somma di fenomeni individuali, p.e. il prodotto nazionale.

aggregazióne s.f. **1.** Raggruppamento di elementi distinti. **2.** FIS. Stato di aggregazione: il livello del legame tra le molecole di una sostanza indicato quantitativamente.

aggressióne s.f. **1.** Violenza improvvisa contro qlcu. ◇ fig. Aggressione verbale: ingiuria. **2.** fig. Attacco di una malattia. ~ Accanimento di una sventura.

aggressività s.f. inv. **1.** Impulso alla violenza. **2.** estens. Virulenza di una malattia. **3.** PSICOL. Ostilità concepita ed espressa da chi vuole difendere una posizione di predominio.

aggressivo agg. Che ha la tendenza ad aggredire o che la denota. SIN.: **combattivo**. ~ fig. Che colpisce l'occhio, l'immaginazione. Colore aggressivo. ◆ s.m. **1.** [f. –va] Chi ha un carattere impetuoso, violento. **2.** CHIM. Aggressivo chimico: liquido o gas tossico di impiego bellico.

aggressóre agg. [non com. f. aggreditrice] Che aggredisce, assale. ◆ s.m. (anche f.) Nel sign. dell'agg.

aggrinzire v.tr. [83] Rendere grinzoso qlco. ◆ **aggrinzirsi** v.pron. Diventare grinzoso.

aggrottàre v.tr. Contrarre, corrugare le sopracciglia e la fronte.

aggrovigliàre v.tr. [6] **1.** Ingarbugliare in modo indistinto e inestricabile. Aggrovigliare il filo. **2.** fig. Complicare qlco. facendo confusione. ◆ **aggrovigliarsi** v.pron. **1.** Diventare un groviglio. **2.** fig. Complicarsi diventando confuso. ~ Con soggetto animato, perdere la lucidità, fare confusione.

1. aggrumàre v.tr. Ridurre una sostanza in grumi, farla coagulare. Aggrumare il latte. ◆ **aggrumarsi** v.pron. Diventare a grumi.

2. aggrumàre v.intr. (aus. essere) Formare gromma, anche pron.

agguantàre v.tr. **1.** Prendere qlco. con rapidità e forza. ~ estens. Colpire qlco. con un colpo. Agguantare con una sassata. **2.** Prendere una persona che fugge. **3.** MAR. Tenere con forza una corda che scorre.

agguàto s.m. **1.** Aggressione inaspettata, insidiosa. **2.** Posizione, nascondiglio da cui si tende l'agguato. ◇ fig. Stare in agguato: essere in una posizione da cui si spia, appostarsi.

agguerrire v.tr. [83] **1.** Preparare qlcu. alla guerra. **2.** fig. Rendere moralmente forte, saldo. ◆ **agguerrirsi** v.pron. **1.** Prepararsi alla guerra. **2.** fig. Fortificarsi moralmente.

aghifòglia s.f. [spec. pl. –glie] BOT. Pianta arborea con foglie aghiformi (pino, abete).

aghifórme agg. A forma di ago. *Pianta aghiforme.*

agiatézza s.f. **1.** Stato di prosperità, condizione di benessere economico. **2.** Comodità, agio.

agiàto agg. Che possiede una certa ricchezza. SIN.: **abbiente**.

agibile agg. Riferito a edifici, strade, ecc., abitabile, praticabile. *Il palazzo è agibile.*

agibilità s.f. inv. **1.** Insieme dei requisiti che rendono agibile un edificio, un impianto. ~ Autorizzazione all'uso data dall'autorità competente. **2.** DIR. *Agibilità di un diritto:* possibilità di farlo valere in giudizio.

agile agg. **1.** Che si muove o dà l'impressione di muoversi con elasticità e sveltezza. **2.** *fig.* Che denota prontezza di mente. ~ Sciolto, scorrevole. *Una prosa agile.*

agilità s.f. inv. **1.** Qualità di chi è agile. **2.** *fig.* Prontezza intellettiva.

àgio s.m. [pl. *–gi*] **1.** Benessere che si prova in situazioni di comodità, di piacevolezza, di tranquillità. ◇ *A proprio agio:* bene. **2.** (al pl.) Beni materiali, ricchezze. **3.** MECC. Piccolo spazio lasciato tra due pezzi metallici.

agiografia s.f. **1.** Narrazione della vita dei santi. **2.** *estens.* Biografia arricchita di elementi favolosi o leggendari a scopo celebrativo.

agiogràfico agg. [pl.m. *–ci*, f. *–che*] **1.** Relativo all'agiografia. **2.** *estens.* Celebrativo, elogiativo.

agiògrafo s.m. [f. *–fa*] Chi studia e scrive le vite dei santi. ~ *spreg.* Biografo che elogia troppo la persona di cui narra la vita.

agiologia s.f. Studio critico della vita dei santi e della letteratura agiografica.

agiòlogo s.m. [f. *–ga*, pl.m. *–gi*, f. *–ghe*] Studioso della vita dei santi.

agire v.intr. [83] (aus. *avere*) **1.** Detto di persona, tradurre i pensieri in fatti. SIN.: **fare**. **2.** Di soggetto inanimato, produrre il proprio effetto. *La medicina non ha agito.* **3.** DIR. Compiere un'attività giuridica. ~ Muovere un'azione legale contro qlcu.

agitàre v.tr. (lat. *agitāre* "spingere") **1.** Scuotere, muovere qlco. in qua e in là. *Agitare un liquido.* **2.** *fig.* Produrre un turbamento. *La notizia lo ha agitato.* **3.** *fig.* Incitare qlcu. spingendolo alla lotta. *Agitare le masse.* **4.** *fig.* Creare movimenti d'opinione, dare avvio a nuovi ideali. **5.** *fig.* Discutere di un problema ed esaminarlo attentamente. ◆ **agitarsi** v.pron. **1.** Muoversi con irrequietezza, con forza. ~ *fig.* Detto di pensieri, presentarsi in forma tumultuosa. **2.** *fig.* Essere in uno stato di agitazione. *Agitarsi con facilità.* **3.** *fig.* Di più persone, lottare in comune per rivendicazioni politiche o sociali, con scioperi, manifestazioni, ecc. **4.** *fig.* Essere in grande attività, provare entusiasmo per qlco.

agitàto agg. **1.** Fortemente mosso. *Mare agitato.* **2.** *fig.* Che è in preda all'agitazione, pieno di inquietudine. **3.** MUS. Nelle didascalie, detto di prescrizione che richiede di dare concitazione a un tempo mosso. ◆ s.m. [f. *–ta*] PSICH. Malato di mente in stato di agitazione.

agitatóre s.m. **1.** [f. *–trice*] Chi diffonde nuove dottrine o ideologie incitando alla lotta. **2.** CHIM. Denominazione generica di strumenti usati in laboratorio e nell'industria per agitare e mescolare. (L'agitatore magnetico consente una miscelazione continuata.) ❑ In funzione di agg., sovversivo.

agitazióne s.f. **1.** Movimento disordinato e continuo. *Agitazione motoria.* **2.** *fig.* Irrequietezza, inquietudine interiore. **3.** *fig.* Mobilitazione politica o sindacale.

agit-prop [/a'git 'prop/] s.m. e f.inv. (voce russa, deriv. di *agitacija* "agitazione" e *propaganda* "propaganda") Agitatore politico, attivista.

agliànico s.m. inv. (napol. *agliàneca*, lat. deriv. di *iūlius* "luglio") Vitigno tipico della Campania e della Basilicata, che produce uva dagli acini tondi, di colore viola intenso, con polpa dal sapore dolciastro. ~ Il vino che se ricava.

agliària s.f. Pianta con fiori bianchi caratterizzata da un forte odore di aglio e sapore piccante. (Altezza fino a 1 m; Famiglia delle Crocifere.)

agliàta s.f. CUC. Salsa a base di aglio e aceto.

àglio s.m. [pl. *–gli*] Pianta erbacea il cui bulbo, diviso in spicchi, si usa in cucina per il suo aroma intenso e il suo gusto piccante. (Famiglia delle Liliacee.)

aglipórro s.m. Pianta diffusa nei luoghi erbosi e umidi, coltivata per le foglie sottili usate come condimento. (Genere *Allium*; famiglia delle Liliacee.)

Aglòssa s.f. ZOOL. Genere di lepidotteri le cui larve si nutrono di resti vegetali. (Famiglia dei Piralidi.)

Agnàti s.m. pl. [iniziale minusc. sing. *–to* per l'individuo] ZOOL. Gruppo di vertebrati primitivi privi di mascelle. [Gli Agnati costituiscono un sottotipo che comprende numerose specie estinte, ben rappresentate allo stato fossile; le specie viventi (lamprede, p.e.) appartengono alla classe dei Ciclostomi.]

agnatizio agg. [pl.m. *–zi*] DIR. Relativo all'agnazione o all'agnato.

agnàto s.m. (lat. *agnātum*, deriv. di *agnāsci* "nascere vicino") DIR. Parente, discendente in linea maschile.

agnazióne s.f. DIR. Parentela, discendenza in linea maschile.

agnellatùra s.f. Procreazione delle pecore.

1. agnellino s.m. **1.** Nel sign. del dim. di *agnello*. **2.** *fig.* Persona remissiva, mite.

2. agnellino agg. *Lana agnellina:* quella che si ottiene dalla prima tosatura della pecora, molto corta e liscia, utilizzata per tessuti poco resistenti.

agnèllo s.m. **1.** Nato dalla pecora che non abbia superato un anno di età. ~ *estens.* Carne di agnello. ~ Pelliccia, pelle di agnello. ◇ *Agnello di Dio:* Gesù Cristo. **2.** *fig.* Persona buona, mite, remissiva.

■ **agnèllo**

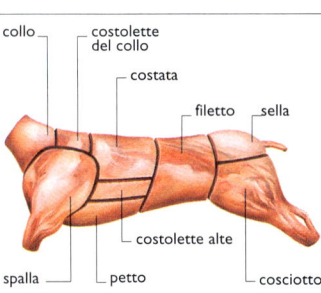

■ **agnèllo.** Tagli principali.

collo — costolette del collo — costata — filetto — sella — costolette alte — spalla — petto — cosciotto

agnizióne s.f. (lat. *agnitiōnem*, deriv. di *agnòscere* "riconoscere") Nelle opere teatrali e romanzesche classiche, rivelazione della vera identità di uno o più personaggi.

agnocàsto s.m. Pianta arbustiva della regione mediterranea con fiori a spiga bianchi, azzurri o violetti. (Genere *Vitex*; famiglia delle Verbenacee.)

agnolòtto s.m. CUC. (spec. pl.) Tipo di pasta fresca, di forma rotonda o rettangolare, con ripieno a base di carne, verdure, formaggio.

agnosia s.f. **1.** FILOS. Consapevolezza dell'impossibilità o dell'incapacità di conoscere. **2.** MED. Affezione neurologica dovuta a una lesione della corteccia cerebrale, caratterizzata da un'attività sensoriale inefficiente nel processo di riconoscimento.

agnosticismo s.m. **1.** FILOS. Dottrina filosofica che sostiene che l'assoluto è inaccessibile alla mente umana e professa la completa ignoranza dell'uomo relativamente all'ambito fenomenico. **2.** *estens.* Sospensione del giudizio, astensione da esso di fronte a problemi religiosi, politici, ecc.

agnòstico agg. [pl.m. *–ci*, f. *–che*] (ingl. *agnostic*, gr. *ágnōstos theós* "dio sconosciuto") **1.** Relativo all'agnosticismo. **2.** *estens.* Indifferente di fronte ai problemi religiosi, politici, ecc. ◆ s.m. [f. *–ca*] Chi dichiara inconoscibile tutto ciò che non può essere sottoposto a una verifica razionale e si astiene da un giudizio in proposito.

Agnus Dèi loc. sost. m. inv. (loc. lat., propr. "agnello di Dio") **1.** CATT. Appellativo dato da San Giovanni Battista a Gesù. ~ Formula iniziale di un'invocazione ripetuta tre volte durante la messa. ~ La parte della messa in cui si pronuncia tale invocazione. **2.** Moneta o medaglia consacrata con impressa l'immagine dell'agnello simbolo di Cristo.

àgo s.m. [pl. *aghi*] **1.** Piccolo arnese in acciaio temprato appuntito a un'estremità e munito nell'altra di un foro (*cruna*) in cui passare il filo. **2.** *estens.* Qualunque arnese metallico sottile, allungato, terminante in punta utilizzato per diversi impieghi. ◇ FERR. *Ago dello scambio:* parte assottigliata della rotaia posta nei punti di scambio che, muovendosi, dirige la ruota su l'uno o l'altro binario. **3.** BOT. Foglia rigida e sottile tipica delle conifere. *Aghi di pino.* **4.** Pungiglione di api e vespe. ❑ In funzione di agg. inv., nella loc. *pesce ago*, piccolo pesce marino dal corpo sottile e allungato. (Famiglia dei Singnatidi.)

■ **pesce àgo.**

agoaspiràto s.m. MED. Prelievo di materiale biologico da sottoporre a esami citologici o chimici, effettuato mediante particolari aghi diretti sulla zona interessata.

agògica s.f. [pl. *–che*] (gr. *agōgikós*, deriv. di *agōgé* "movimento") MUS. Nell'esecuzione di un brano, insieme di piccole variazioni di tempo introdotte per ragioni interpretative.

agognàre v.tr. Desiderare qlco. con passione. *Agognare il riposo.* ◆ v.intr. (aus. *avere*) Provare un forte desiderio verso qlco. SIN.: **ambire**.

agognàto agg. Ansiosamente desiderato.

1. agóne s.m. (gr. *agón*, propr. "luogo dove si radunano le persone per celebrare con giochi le feste") ANT. GR. Luogo di adunanza. ~ *estens.* Gara atletica o poetica, complesso di giochi che si tenevano in particolari festività.

2. agóne s.m. Pesce di lago che ha corpo allungato, macchie scure sul dorso e spine sul ventre. (Ordine dei Clupeiformi.)

agonia s.f. **1.** Stadio terminale della vita. **2.** *fig.* Angoscia, tormento prolungato.

agonismo s.m. Strenuo impegno, volontà di vincere una competizione.

agonista s.m. e f. [pl.m. *–sti*] Chi partecipa a un agone. ❑ In funzione di agg., *muscolo agonista*, che produce movimento.

agonistico agg. [pl.m. *–ci*, f. *–che*] **1.** Relativo alle competizioni sportive. **2.** Relativo agli antichi agoni. **3.** *fig.* Competitivo. *Spirito agonistico.*

agonizzànte agg. **1.** Che è entrato in agonia. SIN.: **moribondo**. **2.** *fig.* Prossimo a estinguersi. ◆ s.m. e f. Chi è in agonia.

agonizzàre v.intr. (aus. *avere*) **1.** Essere in agonia. **2.** *fig.* Essere in grave crisi.

agopuntóre s.m. [f. *–trice*] Medico che esercita l'agopuntura.

agopuntùra s.f. Pratica terapeutica cinese che consiste nell'infilare aghi sottili in determinati punti del corpo, situati lungo particolari linee dette *meridiani*.

agorà o **àgora** s.f. inv. (gr. *agorá*, deriv. di *ageírein* "radunare") ANT. GR. Piazza delle città greche in cui si teneva l'assemblea dei cittadini o il mercato. ~ *estens.* L'assemblea stessa.

agorafobia s.f. PSICOL. Fobia per gli spazi aperti.

agoràfobo agg. PSICOL. Che soffre di agorafobia. ◆ s.m. [f. –*ba*] Nel sign. dell'agg.

agoràio s.m. [pl. –*rai*] Astuccio porta aghi.

agostaménto s.m. (calco del fr. *aoûtement*) BOT. Lignificazione delle parti più giovani degli alberi, così detta perché avviene in agosto.

agostàno agg. D'agosto, proprio di tale mese. ~ Riferito a frutta o verdura, che matura e si raccoglie in agosto. *Uva agostana*.

agostiniàno agg. **1.** Che concerne sant'Agostino. **2.** Che segue il pensiero di sant'Agostino. ~ Che fa parte dell'ordine monastico fondato sui precetti di Sant'Agostino. ◆ s.m. [f. –*na*] Monaco agostiniano.

agostinismo s.m. **1.** Corrente filosofica e teologica medievale che si ispirava al pensiero e alla dottrina di sant'Agostino e che si interessava prevalentemente ai problemi della grazia. **2.** Denominazione con cui spesso si designa la dottrina dei giansenisti.

agósto s.m. (lat. *Agùstum*, deriv. di *Augùstum mènsem* "mese di Augusto") Ottavo mese dell'anno secondo il calendario giuliano e gregoriano.

àgra s.f. Siero inacidito del latte con il quale si prepara la ricotta.

agrafia s.f. MED. Disturbo neurologico, che si manifesta nelle afasie e aprassie, caratterizzato dall'incapacità di esprimere idee e sentimenti per mezzo della parola scritta.

agrammaticàle agg. LING. Che non rispetta le regole della grammatica.

agrammatismo s.m. MED. Disturbo neurologico che si osserva nelle afasie e che si manifesta con l'incapacità di applicare i normali nessi tra le parole.

agranulocitòsi s.f. inv. MED. Forte diminuzione (*neutropenia*) o scomparsa dei granulociti del sangue.

agràrio s.f. Scienza e tecnica dell'agricoltura. ~ (anche con iniziale maiusc.) La disciplina universitaria a essa collegata.

agràrio agg. [pl.m. –*ri*] Relativo all'agricoltura. ◇ *Credito agrario*: credito agevolato concesso ai conduttori di fondi agricoli per introdurre migliorie. – *Riforma agraria*: quella attuata in Italia nel secondo dopoguerra per dividere e bonificare i latifondi a favore di un'equa distribuzione dei terreni tra i piccoli contadini. – ANT. ROM. *Leggi agrarie*: quelle che regolavano l'assegnazione ai privati dell'agro pubblico. ◆ s.m. [f. –*ria*] **1.** Grande proprietario terriero. **2.** Tecnico specializzato in agraria.

agreement [/ə'gri:mənt/] s.m. inv. (voce ingl., fr. *agreement* deriv. di *agréer* "gradire") **1.** Consenso, accordo. **2.** DIR. Negli ordinamenti anglosassoni, accordo di limitato valore legale. ◇ *Gentlemen's agreement*: accordo internazionale sprovvisto di effetti giuridici immediati, ma che esprime le intenzioni degli stati firmatari.

agrèste agg. Della campagna.

agrèsto agg. Di sapore aspro, proprio della frutta acerba.

agricolo agg. Relativo all'agricoltura. ~ Dedito, adatto al lavoro dei campi.

agricoltóre s.m. [f. –*trice*] Chi coltiva la terra o conduce un'azienda agricola. SIN.: **contadino**.

agricoltùra o **agricultùra** s.f. Attività economica che ha come oggetto la lavorazione e lo sfruttamento della terra soprattutto per la produzione di beni alimentari.

agrifòglio s.m. [pl. –*gli*] Arbusto sempreverde del sottobosco con foglie lucide, spinose, coriacee e drupe rosse. (Altezza 10 m; genere *Ilex*, famiglia delle Aquifoliacee.)

agrigentino agg. Di Agrigento. ◆ s.m. **1.** [f. –*na*] Nativo, abitante di Agrigento. **2.** (iniziale maiusc., solo sing.) Territorio intorno ad Agrigento.

agrimensóre s.m. Chi esercita l'agrimensura.

agrimensùra s.f. Branca della topografia che si occupa della misurazione e della rappresentazione cartografica delle superfici agrarie.

agrimònia s.f. Pianta erbacea diffusa nei campi e nei boschi, dai fiori gialli e frutti muniti di setole uncinate. (Famiglia delle Rosacee.)

Àgrion s.f. inv. (gr. *ágrios* "selvatico") ZOOL. Genere di piccole libellule dai colori vivaci e con corpo sottile e cilindrico. (Ordine degli Odonati.)

Agriótes s.m. pl. ZOOL. Genere di piccoli insetti le cui larve attaccano le radici delle colture di cereali e barbabietole. (Famiglia degli Elateridi.)

agrippina s.f. (da una statua di Agrippina, moglie di Germanico, adagiata su un divano) Divano da riposo munito di una sola spalliera poggiatesta, in uso nel sec. XIX.

agriturismo s.m. Particolare forma di vacanza che consiste nel soggiornare in un'azienda agricola, anche lavorando in cambio di vitto e alloggio.

1. àgro agg. **1.** Di sapore acido e piccante. **2.** *fig.* Che penetra nell'animo con un effetto di fastidio. SIN.: **pungente**. ◆ s.m. (solo sing.) **1.** Sapore acido, aspro. **2.** *fig.* Rancore, astio.

2. àgro s.m. (solo sing.) (lat. *ăgrum* "campo") Campagna, spec. nei dintorni di una città. ◇ ANT. ROM. *Agro pubblico*: il complesso dei terreni conquistati in guerra e dati in uso a proprietari o a coloni.

agroalimentàre agg. Relativo alla trasformazione e alla conservazione dei prodotti agricoli destinati all'alimentazione umana e animale.

agrobiologia s.f. Scienza che studia il rapporto tra gli organismi vegetali e animali e il terreno sfruttato per colture agricole in cui essi vivono.

agrochimica s.f. [non com. pl. –*che*] Branca della chimica che partendo dall'analisi della composizione e della natura dei terreni, fornisce all'agricoltura numerosi prodotti, soprattutto concimi e pesticidi.

agrodólce agg. [pl.m. –*ci*] (calco del fr. *aigre-doux*) **1.** Di sapore tra l'agro e il dolce. **2.** *fig.* Che è misto di dolcezza e d'ironia o di gentilezza e di severità. ◆ s.m. CUC. (solo sing.) Tipo di condimento in cui si uniscono i sapori acidulo piccante e dolce, ottenuto usando insieme aceto e zucchero. *Cipolline in agrodolce*.

agroindùstria s.f. Settore industriale che si occupa della raccolta e trasformazione dei prodotti agricoli.

agrologia s.f. Studio scientifico dei terreni agricoli.

agrònica s.f. [non com. pl. –*che*] Studio dell'applicabilità di tecnologie elettroniche all'agricoltura e all'allevamento per migliorarne la produttività.

agronomia s.f. Scienza che studia i metodi più razionali di coltivazione del terreno.

agrònomo s.m. [f. –*ma*] Studioso di agronomia. ~ Tecnico specializzato nell'applicazione delle conoscenze agronomiche.

agropastoràle agg. Relativo all'agricoltura e alla pastorizia.

foglie e frutti

fiore maschile

fiore femminile

■ agrifòglio

agròstide s.f. Pianta erbacea diffusa nei campi, nei boschi e nei pascoli. (Famiglia delle Graminacee.)

agrùme s.m. (spec. pl.) Nome con cui vengono indicate numerose specie arboree o arbustive diffuse nelle regioni tropicali e mediterranee. (Genere *Citrus*.) ~ Il frutto di tali piante (limone, arancia, mandarino, cedro, pompelmo, bergamotto, ecc.) e anche di quelle appartenenti al genere *Fortunella* (mandarino cinese).

agruméto s.m. AGR. Piantagione di agrumi.

agrumicoltóre o **agrumicultóre** s.m. [f. –*trice*] AGR. Coltivatore di agrumi.

agrumicoltùra o **agrumicultùra** s.f. Coltivazione degli agrumi.

aguardiente [/agwar'djente/] s.f. inv. (voce spagn., comp. di *agua* "acqua" e *ardiente* "ardente") Acquavite ricavata dal succo di agave, tipica del Messico.

aglùglia s.f. [pl. –*glie*] Pesce teleosteo commestibile diffuso nel Mediterraneo, dal capo aguzzo e corpo lungo e sottile. (Lunghezza 60 cm; genere *Belonis*, famiglia dei Beloniformi.)

agugliòtto s.m. MAR. Elemento maschio dei cardini del timone che entra nelle femminelle e serve a collegarlo con la poppa; è detto anche *perno*.

agùti s.m. inv. (spagn. *aguti* da una voce tupi) Grosso roditore, simile per aspetto e dimensioni al coniglio selvatico, diffuso nell'America Centrale e Meridionale. (Lunghezza 50 cm ca.; famiglia dei Dasiprottidi.)

■ agùti

aguzzàre v.tr. **1.** Rendere qlco. più aguzzo, appuntito. **2.** *fig.* Rendere acuta, penetrante una funzione sensoriale. *Aguzzare lo sguardo, l'ingegno.* **3.** Rendere più forte o pronta una sensazione. SIN.: **stimolare**. ◆ **aguzzarsi** v.pron. Detto di sensazione o di organo sensoriale, diventare più acuto, penetrante.

aguzzino s.m. [f. –*na*] **1.** Ant., sorvegliante dei galeotti. ~ *estens.* Carceriere, sbirro. **2.** *fig.* Persecutore, vessatore.

agùzzo agg. **1.** Assottigliato a un'estremità. **2.** *fig.* Penetrante, acuto. *Sguardo aguzzo.*

-àia Suffisso di sostantivi che indicano contenitori o luoghi di raccolta (*grondaia*, *piccionaia*) o terreni per particolari colture (*risaia*).

àia s.f. Terreno, battuto o lastricato, davanti e intorno alla casa colonica. ◇ *fig. Menare il can per l'aia*: fare cose inconcludenti, che fanno perdere tempo.

AIDS [/'eids/] s.m. (solo sing.) (sigla dell'ingl. *Acquired Immuno-Deficiency Syndrome*, "sindrome da immunodeficienza acquisita") Affezione contagiosa di origine virale che si trasmette per via sessuale o attraverso il sangue e che rappresenta la fase terminale dell'infezione da HIV.
ENCICL. L'AIDS è caratterizzato da una progressiva distruzione di un certo tipo di globuli bianchi, i linfociti TCD_4, da cui deriva un deficit del sistema immunitario che favorisce lo sviluppo di diverse malattie. Si manifesta sia con infezioni dovute ad agenti diversi (batteri, virus, protozoi, funghi) che si sviluppano in un organismo incapace di reagire, sia con l'insorgenza di neoplasie, come il sarcoma di Kaposi, e di linfomi. Dal 1985 è stato reso obbligatorio in Italia il test HIV per tutti i donatori di sangue o dei suoi derivati.

aidùcco o **aidùco** s.m. [pl. –*chi*] Nel sec. XVI, nome dato in area balcanica a chi insorgeva contro i turchi. ~ Nel sec. XVIII, fante di un corpo dell'esercito boemo e ungherese.

aigrette [/ε'grεt/] s.f. inv. **1.** Ciuffo di piume, di penne che alcuni uccelli (p.e. airone e pavone) hanno sul capo. **2.** In modisteria, ciuffo di penne d'airone con cui si ornavano copricapi militari e cappelli femminili tra Otto e Novecento. SIN.: **aspri**.

aiguille [/e'gɥij/] s.f. inv. Nelle Alpi occidentali, vetta montuosa aguzza.

aikido [/ai'kido/] s.m. inv. (giapp. *aikidō*, propr. "via dell'unione dello spirito") Forma di difesa personale, basata sulla tecnica del jujitsu, che insegna a svincolarsi dalla presa dell'avversario con particolari torsioni del corpo.

ailànto s.m. (da una voce malese che significa "albero del cielo") **1.** Albero d'alto fusto importato dalla Cina, con foglie pennate e fiori piccoli a pannocchia, adatto per fermare terreni franosi; è detto anche *albero del paradiso*. (Altezza 20-30 m; famiglia delle Simarubacee.) **2.** BOT. (iniziale maiusc.) Genere di piante a cui appartengono le varie specie di ailanto.

airbag [/'ɛɚ 'bæg/] s.m. inv. (voce ingl., comp. di *air* "aria" e *bag* "sacchetto") AUTOM. Dispositivo di sicurezza che in caso di urto si gonfia immediatamente con un gas inerte proteggendo gli occupanti di un autoveicolo.

airbus [/'ɛɚbʌs/] s.m. inv. (voce ingl., propr. "autobus aereo") Denominazione commerciale di un tipo di aereo passeggeri, utilizzato spec. su percorsi di media lunghezza.

airedale [/'ɛɚdeil/] s.m. [pl. *airedales*] (voce ingl., dal nome della valle dell'Aire nell'Inghilterra sett. dove la razza fu creata) Cane terrier, da caccia e da guardia, robusto, con muso dal profilo rettangolare e pelame ispido, grigio e rossastro.

airglow [/'ɛɚ'glou/] s.m. [pl. *airglows*] (voce ingl., comp. di *air* "aria" e *glow* "splendore") GEOFIS. Luminescenza visibile nel cielo notturno dovuta a gas atmosferici.

airóne s.m. Nome comune di uccelli con zampe lunghe e sottili, collo flessuoso, becco allungato e diritto, piumaggio di colore variante a seconda delle specie. (Genere *Ardea*; ordine dei Ciconiformi, famiglia degli Ardeidi.)

air terminal [/'ɛɚ 'tɚminəl/] loc. sost. m. inv. (loc. ingl., comp. di *air* "aria" e *terminal* "capolinea") Stazione urbana dei mezzi che collegano la città con l'aeroporto.

aitànte agg. Alto, robusto, ben fatto.

aiuòla o **aiòla** s.f. (lat. *areòla*, deriv. di *ārea* "spiazzo, area") Superficie delimitata, esclusa dal passeggio, destinata a verde pubblico. ◇ *Aiuola spartitraffico*: che separa o convoglia le correnti del traffico. ~ In un giardino, spazio coltivato con piante ornamentali, con fiori.

aiutànte s.m. e f. **1.** Chi si presta o è incaricato di assistere qlcu. in un'attività. SIN.: **collaboratore**. **2.** MIL. Grado di ufficiale o sottufficiale che aiuta un superiore nell'esercitare determinate funzioni. ◇ *Aiutante di campo*: ufficiale addetto alla persona del sovrano o del generale.

aiutàre v.tr. **1.** Soccorrere qlcu. che si trova in difficoltà. **2.** *estens.* Rendere più facile, più

■ **airóne** cinerino con piccoli.

agevole qlco. *Un medicinale che aiuta la digestione*. SIN.: **favorire**. ◆ **aiutarsi** v.pron. **1.** Darsi da fare, trovandosi in una situazione di necessità. **2.** Detto di due o più persone, prestarsi aiuto a vicenda. SIN.: **soccorrersi**.

aiùto s.m. **1.** Opera che si presta o si chiede a qlcu. SIN.: **soccorso** ◇ *Aiuto di stato*: sostegno economico a un'impresa da parte dello stato. **2.** *estens.* Beneficenza, carità. **3.** Chi esercita la funzione di aiutante. SIN.: **assistente**. ~ Medico che ha la qualifica immediatamente inferiore a quella di primario.

Aizoàcee s.f. pl. [iniziale minusc. sing. *-a* per l'individuo] BOT. Famiglia di piante dicotiledoni con foglie carnose, fiori con molti petali e frutti a capsula.

aizzàre v.tr. **1.** Incitare un animale a reagire violentemente. ~ *estens.* Istigare qlcu. alla reazione violenta. *Aizzare il popolo alla rivolta*. **2.** Provocare due o più animali o persone in modo che si volgano con violenza l'uno contro l'altro. *Aizzare i contendenti*.

àla s.f. [pl. *ali*] **1.** Organo che consente il volo; negli uccelli costituisce ciascuno degli arti anteriori ed è ricoperto da piume e penne; nei pipistrelli è formato da una membrana che unisce gli arti anteriori al dorso; negli insetti è un'espansione del tegumento toracico. ◇ *figg. Avere le ali ai piedi*: correre molto velocemente. – *Accogliere sotto le proprie ali*: dare protezione. (Si tratta di una metafora originata dall'abitudine degli uccelli di coprire col proprio corpo e con le ali leggermente allargate i piccoli nel nido.) – *Volare sulle ali della fantasia, del pensiero*: sollevarsi da ciò che è concreto, prosaico. – *In un batter d'ali*: in un attimo. **2.** *fig.* In ambiti letterari o astratti, si riferisce alla caratteristica propria dell'ala di aprirsi, spiegarsi, toccando, coprendo, avvolgendo. *L'ala della notte*. **3.** *estens.* Qualsiasi organo meccanico con forma o funzione simile all'ala. *L'ala dell'elica*. SIN.: **pala**. **4.** AER. Superficie profilata di sostentamento degli aerei, disposta in coppie simmetriche ai lati della fusoliera. **5.** *estens.* Prolungamento laterale di una

struttura edilizia o muraria. ~ Parte sporgente, a forma d'ala, di un oggetto. *L'ala del cappello*. **6.** Schieramento laterale. SIN.: **fila**. ◇ *Fare ala al passaggio di qlcu.*: lasciare libero un varco centrale spostandosi lateralmente. – *fig. Ala destra, sinistra di un partito*: raggruppamento interno a un partito che sviluppa e accentua alcune premesse ideologiche a scapito di altre. **7.** SPORT. In giochi di squadra come il calcio, la pallanuoto, l'hockey, attaccante che agisce sulla fascia destra o sinistra del campo.

alabàrda s.f. Antica arma costituita da due armi abbinate, una lama appuntita e una scure, innestate su un'unica asta di legno, la prima verticalmente, la seconda orizzontalmente.

alabastrino agg. **1.** Di alabastro. **2.** *fig.* Che ricorda l'alabastro per il colore o la trasparenza.

alabàstro s.m. **1.** MIN. Roccia sedimentaria, bianca, giallo-bruno o grigia, compatta e traslucida. **2.** *estens.* Oggetto ricavato da tale minerale.

alàccia o **làccia** s.f. [pl. *-ce*] → alosa.

àlacre agg. **1.** Che agisce con zelo e sveltezza. ~ Rapido, sostenuto. *Passo alacre*. **2.** *fig.* Pronto nel ragionamento.

alacrità s.f. inv. **1.** Operosità, solerzia. **2.** *fig.* Prontezza mentale, vivacità interiore.

alàggio s.m. [pl. *-gi*] **1.** MAR. Traino di un'imbarcazione contro corrente lungo fiumi, canali, ecc. grazie a un cavo tirato da riva. **2.** MAR. Il tirare in secco un'imbarcazione (in oppos. a *varo*).

alalònga o **alalùnga** s.f. [pl. *-ghe*] Pesce teleosteo simile al tonno ma con pinne pettorali molto lunghe, commestibile, diffuso nel Mediterraneo, detto anche *albacora*. (Lunghezza 60-100 cm; nome sc. *Thynnus alalunga*, famiglia dei Tunnidi.)

pollice — avambraccio
2° dito
3° dito
4° dito
5° dito — patagio
pipistrello

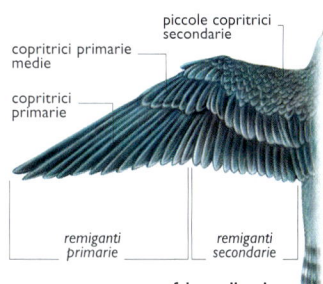

piccole copritrici secondarie
copritrici primarie medie
copritrici primarie
remiganti primarie
remiganti secondarie
falco pellegrino

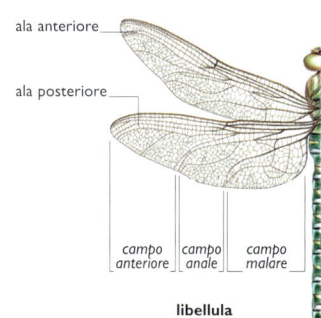

ala anteriore
ala posteriore
campo anteriore | campo anale | campo malare
libellula

■ **àla.** Morfologia comparata dell'ala di tre animali.

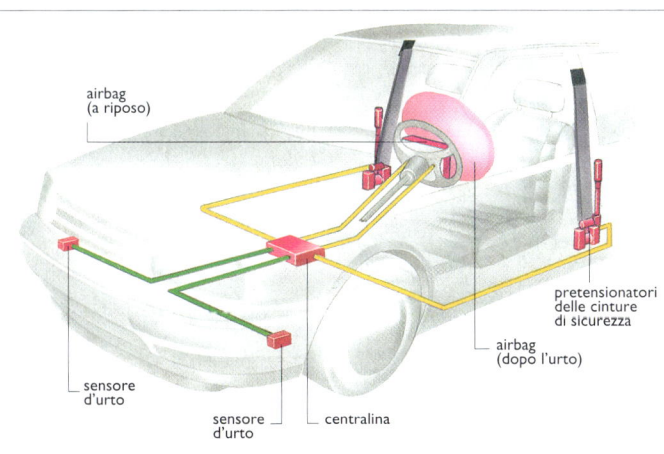

airbag (a riposo)
airbag (dopo l'urto)
pretensionatori delle cinture di sicurezza
sensore d'urto
sensore d'urto
centralina

■ **airbag**

alamàro s.m. (spec. pl.) **1.** Insieme di un cordoncino a cappio e di un bottone a ghianda sostenuto da un altro cordoncino che, in serie con altri, forma l'allacciatura di cappotti e giacconi. **2.** Mostrina della divisa dei carabinieri, dei granatieri e degli ufficiali superiori.

alambìcco s.m. [pl. –chi] (ar. al-anbīq, gr. ámbiks "la coppa") Apparecchio per la distillazione dei liquidi costituito da una parte (caldaia), posta a contatto con una sorgente di calore, e da un tubo a serpentina lungo il quale il vapore si raffredda condensandosi e dando luogo al distillato.

■ alambìcco

alàno s.m. Cane da caccia e da guardia, di razza tedesca, di alta statura e corporatura possente, con muso tozzo e pelo raso.

à la page [/a la ˈpaʒ/] loc. agg. inv. (loc. fr., propr. "alla pagina") All'ultima moda.

1. alàre agg. Dell'ala, delle ali degli uccelli e degli aerei.

2. alàre s.m. (lat. Lārem, nome della divinità del focolare degli antichi Romani) Ciascuno dei due sostegni in ferro battuto o pietra che stanno nel focolare e sui quali si poggia la legna.

3. alàre v.tr. (fr. haler, ol. halen "tirare") **1.** MAR. Compiere un'operazione di alaggio su un'imbarcazione. **2.** estens. Tirare con forza un cavo.

a làtere loc. agg. inv. (loc. lat., propr. "a lato") **1.** DIR. Giudice a latere: giudice che fa parte di un collegio giudicante ma non lo presiede. **2.** estens. Riferito a chiunque sia al seguito o faccia le veci di una persona in occasioni di grande importanza.

alàto agg. **1.** Che ha le ali. ◇ Dio alato: Mercurio che era rappresentato con le ali ai piedi. – Cavallo alato: ippogrifo. **2.** fig. Spiritualmente elevato, sublime. **3.** BOT. Di organo vegetale che ha parti espanse a forma di ala.

Alàudidi s.m. pl. [iniziale minusc. sing. –de per l'individuo] ZOOL. Famiglia di uccelli migratori dalle ali allungate. (Ordine dei Passeriformi.)

àlba s.f. (lat. ălbam "bianca") **1.** Luminosità mattutina che rischiara il cielo notturno e precede l'aurora. ~ estens. Ora mattutina. **2.** fig. Inizio, principio. SIN.: albori.

albacòra s.f. (spagn. albacora, ar. al-bakūra "l'alalonga") → alalonga.

albàna s.f. Varietà d'uva bianca coltivata spec. in Emilia-Romagna. ~ Il vino che se ne ricava.

■ albanèlla

albanèlla s.f. (provenz. albanel, lat. deriv. di ălbus "bianco" per il colore del suo piumaggio) Uccello rapace diurno diffuso nelle zone paludose. (Lunghezza 50 cm; genere Circus, famiglia degli Accipitridi.)

albanése agg. Dell'Albania. ◆ s.m. **1.** (anche f.) Nativo, abitante dell'Albania. **2.** (solo sing.) Lingua parlata dagli albanesi.

albastrèllo s.m. Uccello di palude, di passo, con piumaggio bruno sul dorso e chiaro sulle ali e zampe lunghe, sottili e verdastre. (Ordine dei Caradriformi.)

àlbatro s.m. (fr. albatros, port. deriv. di alcatraz "pellicano") Grande uccello oceanico, detto anche albatros, con ali lunghe, zampe corte palmate, becco grosso e uncinato, buon nuotatore, elegante nel volo, goffo a terra. (Apertura alare 3 m ca.; genere Diomedea, ordine dei Procellariformi, famiglia dei Diomedeidi.)

■ àlbatro urlatore.

albèdo s.f. inv. (ingl. albedo) **1.** BOT. Pellicola interna spugnosa della buccia degli agrumi, di colore bianco-giallognolo. **2.** ASTR. Rapporto tra la quantità di luce riflessa da un corpo pressappoco sferico e la quantità di luce incidente. Albedo di un pianeta. **3.** FIS. Frazione della luce incidente su una superficie, che viene riflessa in tutte le direzioni. ~ Coefficiente di riflessione diffusa.

albeggiàre v.impers. [5] (aus. essere o avere) Spuntare dell'alba, farsi giorno. Albeggia tardi d'inverno.

alberàre v.tr. **1.** Piantare un terreno ad alberi. **2.** MAR. Attrezzare una nave con alberi.

alberàta s.f. **1.** Fila di alberi lungo una strada o un corso d'acqua. **2.** VITICOLT. Metodo di coltivazione della vite consistente nel far appoggiare i tralci ad alberi (olmi, pioppi, aceri) disposti a filare. **3.** MAR. Alberatura della nave.

alberàto agg. **1.** Bordato, limitato da alberi. Viale alberato. **2.** MAR. Munito di alberatura. Nave alberata.

alberatùra s.f. MAR. Complesso degli alberi di un'imbarcazione.

1. alberèllo s.m. Fungo porcinello detto anche albatrello.

2. alberèllo s.m. Vaso da farmacia in ceramica, cilindrico, con leggera strozzatura al centro.

alberése s.m. Calcare argilloso, compatto a grana fine, di colore bianco-grigio o giallastro, usato nella preparazione della calce e dei cementi idraulici.

alberétto s.m. MAR. Estremità superiore degli alberi a vele quadre.

albergàre v.tr. [4] **1.** Dare alloggio, ricovero a qlcu. Albergare i profughi in strutture d'emergenza. SIN.: ospitare. **2.** fig. Dare albergo nell'intimo a sentimenti o pensieri. SIN.: covare. ◆ v.intr. (aus. avere) **1.** Avere alloggio in un luogo. Albergare in una pensione. **2.** fig. Detto di sentimenti o pensieri, essere presenti nell'animo o nella mente. Cattivi pensieri albergano nella sua mente.

albergatóre s.m. [f. –trice] Chi possiede o gestisce un albergo.

alberghièro agg. Relativo agli alberghi. ◇ Istituto alberghiero o scuola alberghiera: ordine di istruzione professionale rivolta alla forma-zione degli addetti ai vari settori dell'attività alberghiera.

albèrgo s.m. [pl. –ghi] (got. haribergo "alloggiamento militare") Edificio predisposto per alloggiare persone a pagamento. Albergo a tre stelle. SIN.: hotel.

1. àlbero s.m. **1.** Pianta perenne con fusto legnoso ramificato a partire da una certa altezza. **2.** Denominazione di molte varietà di piante. ◇ Albero di Giuda: siliquastro. SIN.: siliquastro. – Albero del latte: albero presente nella fascia tropicale americana dalla cui corteccia incisa fuoriesce un lattice commestibile. (Famiglia delle Moracee.) – Albero del burro: albero tropicale dai cui semi si estrae una sostanza grassa. (Famiglia delle Moracee.) – Albero del pane: albero tropicale con infruttescenze ricche di amido. (Famiglia delle Moracee.) – Albero del pepe: albero ornamentale di origine americana, detto anche schino, dalla cui corteccia si ricava una resina gommosa. (Famiglia delle Anacardiacee.) – Albero della vita: tuia. **3.** fig. Denominazione di ciò che riconduce all'immagine dell'albero come nutritore o principio vitale. ◇ Albero della libertà: quello che dopo il 1790 si piantava nella piazza principale a testimonianza della conquistata libertà dalla monarchia. – Albero di Natale: abete che viene addobbato nel periodo natalizio e ai cui piedi si dispongono i regali. – Albero genealogico: rappresentazione grafica dei rapporti di discendenza a forma di albero stilizzato. – LING. Albero sintattico: rappresentazione grafica dei rapporti tra i costituenti di una frase. **4.** ANAT. Struttura caratterizzata da un asse principale sul quale si innestano alcune diramazioni. Albero venoso. **5.** MAR. Antenna, palo verticale in legno, metallo o fibra sintetica fissata allo scafo, che sorregge pennoni, vele. ◇ Albero maestro: albero principale di un veliero. **6.** MECC. Organo di varie macchine motrici atto a trasmettere il moto e la potenza, costituito da un asse rotante a sezione circolare. SIN.: asse. ◇ Albero motore: quello di una macchina motrice. – Albero a camme: nei motori a scoppio, diesel, ecc., con camme d'azionamento delle valvole. – Albero di trasmissione: nelle auto, quello che trasmette il moto dal cambio al differenziale. – MECC. IND. Albero a gomiti: nei motori a scoppio, diesel, ecc., quello che trasforma il moto rettilineo alternato degli stantuffi in moto rotatorio continuo. SIN.: collo d'oca. **7.** INFORM. Particolare struttura di dati, rappresentabile graficamente come un albero, organizzata in modo da permettere una rapida ricerca degli elementi.

2. àlbero s.m. Pioppo bianco. SIN.: gattice.

albicatùra s.f. BOT. Insieme di macchie bianche sulle foglie, dovute a mancanza di clorofilla.

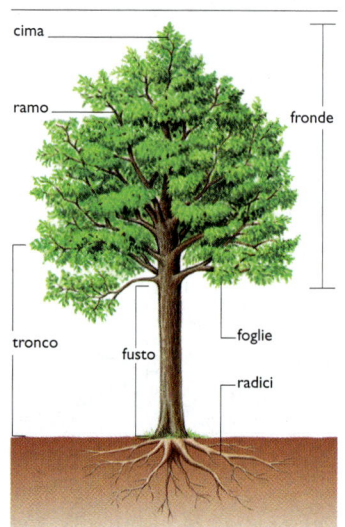

cima

ramo

fronde

tronco

fusto

foglie

radici

■ àlbero

albicòcca s.f. [pl. –che] Frutto dell'albicocco, con nocciolo liscio e buccia vellutata tra il giallo dorato e l'arancione. □ In funzione di agg. inv., di color giallo-arancione.

albicocchéto s.m. Piantagione di albicocchi.

albicòcco s.m. [pl. –chi] (ar. al-barqūq "la susina", lat. praecŏquum "frutto precoce") Albero con foglie a cuore, fiori precoci bianchi o rosati, coltivato per i suoi frutti. (Famiglia delle Rosacee.)

fiori   foglie   frutto
         e frutti   e nocciolo

■ **albicòcco**

albigése agg. Di Albi. ◆ s.m. e f.**1.** Nativo, abitante di Albi. **2.** Seguace dell'eresia catara diffusa nella regione francese della Linguadoca (v. parte n.pr.).

albinàggio s.m. [pl. –gi] (lat. albinàgium, deriv. di albānus "straniero") ST. Norma del diritto che rendeva il signore o il re padrone dei beni degli stranieri morti senza eredi legittimi.

albinismo s.m. **1.** BIOL. Anomalia congenita ed ereditaria dell'uomo e di certi animali, dovuta alla mancanza totale o parziale di pigmentazione, con conseguente colore bianco o chiarissimo di pelle, capelli, pelo, piume, squame, iridi. **2.** BOT. Decolorazione totale o parziale di organi vegetali per mancanza di clorofilla.

albino agg. Che presenta un fenomeno di albinismo. ◆ s.m. [f. –na] Nel sign. dell'agg.

albite s.f. MIN. Silicato di alluminio e sodio in cristalli bianchi o grigi presente nelle rocce eruttive e metamorfiche.

albizzia s.f. (dal nome di Filippo degli Albizzi che introdusse la pianta in Toscana nel 1749) BOT. Albero tropicale con foglie paripennate e fiori a ciuffo piumoso di colore giallo o rosa. (Famiglia delle Mimosacee.)

1. àlbo s.m. **1.** Tavola su cui si affiggono avvisi di interesse pubblico. SIN.: **bacheca.** ◇ Albo pretorio: quello in cui sono affissi gli atti ufficiali del Comune che vanno portati a conoscenza di tutti i cittadini. **2.** Pubblico registro dei membri di un ordine professionale. Albo degli avvocati. ◇ Albo d'onore, d'oro: elenco con i nominativi di personaggi famosi, di benefattori, di vincitori di competizioni, ecc. **3.** Libro illustrato o di fumetti. SIN.: **album.**

2. àlbo agg. (lat. ălbum "bianco") BOT. Di fiore, foglia, frutto tendente al bianco.

albóre s.m. **1.** Luce debole e diffusa, chiarore. ~ estens. Luminosità tenue dell'alba. **2.** fig. (al pl.) Periodo iniziale. Gli albori della civiltà. SIN.: **primordi.**

alborèlla s.f. Pesce d'acqua dolce, con corpo sottile di colore argenteo, diffuso nei laghi dell'Italia settentrionale. (Lunghezza 15 cm; genere Alburnus, famiglia dei Ciprinidi.)

albùgine s.f. **1.** MED. Cicatrice biancastra della cornea, che si forma in seguito a un'ulcera. SIN.: **leucoma. 2.** BOT. Muffa bianca che si forma sui vegetali. SIN.: **malbianco.**

àlbum s.m. inv. (voce lat., deriv. di album amicorum "albo degli amici" usata nel sec. XVIII in Germania per indicare una raccolta di autografi di amici) **1.** Volume rilegato composto con fogli di formato e consistenza particolare a seconda dell'uso. SIN.: **raccoglitore.** ◇ Album (o albo) da disegno: fascicolo contenente fogli da disegno. **2.** Libro illustrato con disegni, fumetti. **3.** Disco, general. a 33 giri, compact disk col repertorio di un cantante o di un complesso. SIN.: **long-playing.**

albùme s.m. **1.** BIOL. Sostanza fluida, gelatinosa, che riveste, protegge e nutre le cellule uova di uccelli e rettili. ~ comun. Chiara dell'uovo. **2.** BOT. Tessuto ricco di nutrimenti, che avvolge i semi di alcune piante.

albumina s.f. BIOL. Proteina semplice, che in acqua dà soluzioni colloidali, coagulabile dal calore, presente nell'albume, nel plasma, nel sangue e nel latte.

albuminòide agg. BIOL. Di sostanza con aspetto o proprietà simili all'albumina. ◆ s.m. BIOL. Nel sign. dell'agg. SIN.: **scleroproteina.**

albuminóso agg. Contenente albumina. ~ Simile all'albumina.

albuminùria s.f. MED. Presenza di albumina nelle urine.

1. albùrno s.m. BOT. Strato del fusto degli alberi, posto sotto la corteccia, nella quale passano i vasi conduttori.

2. albùrno s.m. → alborella.

àlca s.f. [pl. –che] (sved. alka) **1.** Uccello ormai estinto, incapace di volare, che viveva sulle coste dell'Atlantico settentrionale. (Famiglia degli Alcidi.) **2.** Nome comune di vari uccelli marini con piedi palmati delle acque costiere del Pacifico meridionale e dell'Atlantico settentrionale che si nutrono di pesci e crostacei. (Lunghezza 40 cm ca.; genere Alca, famiglia degli Alcidi.)

■ **àlca** (Alca torda).

alcalde [/al'kalde/] s.m. [pl. alcaldes o alcades] (voce spagn., ar. al-qāḍī "il giudice") Ant., in Spagna e nell'America latina, funzionario di giustizia. ~ Oggi, sindaco.

alcalescènte agg. CHIM. Leggermente alcalino.

àlcali s.m. inv. CHIM. Idrossido di un metallo alcalino o alcalino-terroso che si comporta come base forte.

alcalimetria s.f. CHIM. Analisi che determina la quantità di alcali presente in una soluzione.

alcalimetro s.m. CHIM. Apparecchio per determinare l'alcalinità.

alcalinità s.f. inv. CHIM. Caratteristica di una soluzione acquosa che presenti un eccesso di ioni ossidrili.

alcalinizzàre v.tr. CHIM. Rendere una sostanza alcalina.

alcalino agg. **1.** CHIM. Relativo agli alcali. ~ Di metallo che combinandosi con l'ossigeno produce alcali. ◇ Metalli alcalini: litio, sodio, potassio, rubidio, cesio. ~ Metalli alcalino-terrosi: berillio, magnesio, calcio, stronzio, bario, radio. **2.** GEOL. Di roccia eruttiva in cui prevalgono i metalli alcalini.

alcalòide s.m. CHIM. ORG., FARM. Sostanza azotata di origine perlopiù vegetale. (Morfina, chinino, stricnina, p.e.)

alcalòsi s.f. inv. MED. Aumento delle sostanze alcaline nel sangue.

alcànna s.f. Pianta originaria dell'India e dell'Arabia, oggi coltivata spec. in oriente, da cui si estrae una sostanza colorante rossa. (Genere Lawsonia; Famiglia delle Litracee.) SIN.: **henna.**

alcàno s.m. CHIM. Idrocarburo caratterizzato da legami semplici.

alcantàra s.f. inv. (dal nome di Alcantara, città spagnola) Denominazione di un tessuto simile al camoscio per leggerezza e consistenza.

alcázar [/al'kaθar/] s.m. inv. In Spagna, fortezza di origine araba.

àlce s.m. Mammifero ruminante che vive in branchi nelle regioni nordiche, di notevoli dimensioni, con testa grossa, corna ossee palmate, pelame bruno. (Lunghezza fino a 2,8 m, peso fino a 1000 kg; genere Alces, famiglia dei Cervidi.)

■ **àlce**

Alcedìnidi s.m. pl. [iniziale minusc. sing. –de per l'individuo] ZOOL. Famiglia di uccelli di piccole dimensioni, con testa grossa, becco lungo e appuntito, piumaggio fitto e colorato. (Ordine dei Coraciformi.)

alchechèngi s.m. inv. Pianta erbacea con foglie ovali, fiori piccoli, frutti commestibili a bacca. (Famiglia delle Solanacee.)

alchèmico o **alchìmico** agg. [pl.m. –ci, f. –che] **1.** Relativo all'alchimia. **2.** fig. Misterioso, complicato.

Alchemilla s.f. (deriv. di alchimia perché si credeva che con la rugiada delle sue foglie si potesse trasformare in oro i metalli vili) BOT. Genere di piante erbacee con foglie seghettate e piccoli fiori riuniti in corimbi. (Famiglia delle Rosacee.)

alchène s.m. CHIM. Ogni idrocarburo non saturo la cui molecola presenti un doppio legame.

alchèrmes s.m. inv. (spagn. alquermes, ar. al-qirmiz "la coccinella") **1.** Liquore dolce ottenuto dalla distillazione di un infuso aromatico di spezie, colorato di rosso. **2.** → chermes.

alchilazióne s.f. CHIM. Reazione con cui si introduce un alchile nella molecola di un composto organico.

alchile s.m. CHIM. Radicale monovalente derivante da un idrocarburo paraffinico per sottrazione di un atomo di idrogeno.

alchilico agg. [pl.m. –ci, f. –che] CHIM. Di composto organico che contiene un radicale alchile.

alchimìa s.f. (ar. al-kīmiyāʾ "la pietra filosofale", forsegr. khymëia "miscela di liquidi") **1.** Dottrina magico-religiosa fondata sulla ricerca, d'ispirazione spirituale ed esoterica, di un principio universale (elisir, panacea) capace di rivelare i segreti della vita e di trasmutare in oro i metalli (pietra filosofale). **2.** fig. Azione condotta nascostamente che raggiunge l'obiettivo a prezzo di ambiguità o compromessi.
ENCICL. L'alchimia, nata ad Alessandria e arrivata in Europa grazie agli arabi, prosperò in occidente tra il XII e il XVII sec. (Alberto Magno, Ruggero Bacone, Nicolas Flamel, ecc.). Nonostante lo sviluppo della scienza moderna sono rimaste tracce della tradizione alchemica nelle

opere di F. Jollivet-Castelot (sec. XIX), di Fulcanelli e A. Barbault (sec. XX).

alchìmico agg. Relativo all'alchimia.

alchimilla s.f. Pianta erbacea che cresce a ciuffi nei terreni incolti. (Famiglia delle Rosacee.)

alchimista s.m. e f.[pl.m. –sti] Chi esercita-va l'alchimia.

alchimistico agg. [pl.m. –ci, f. –che] Relativo all'alchimia e agli alchimisti.

Àlcidi s.m. pl. [iniziale minusc. sing. –de per l'individuo] ZOOL. Famiglia di uccelli marini con corpo tozzo, ali piccole, piedi palmati e becco compresso ai lati. (Ordine dei Caradriformi.)

Alcionàri s.m. pl. [iniziale minusc. sing. –rio per l'individuo] ZOOL. Ordine di celenterati marini, dotati di otto tentacoli intorno alla bocca, che vivono in colonie a impalcatura arborescente come i coralli. (Sottoclasse degli Antozoi.)

alcióne s.m. MIT. GR. Favoloso uccello marino che secondo la leggenda nidifica sul mare ed è di felice auspicio per chi lo incontra.

àlcol o **àlcool** s.m. inv. (ar. di Spagna *al-kuḥul* "la polvere fine per colorare le sopracciglia") **1.** CHIM. ORG. Composto originato da un gruppo ossidrilico legato a un radicale alchilico. ◊ *Alcool etilico:* liquido incolore C_2H_5OH, che bolle a 78 °C e solidifica a -112 °C. (Si ottiene dalla distillazione di zuccheri fermentati o di sostanze amilacee trasformate in glucosio.) **2.** *estens.* Bevanda alcolica.

alcolàto s.m. **1.** CHIM. Composto ottenuto sostituendo l'idrogeno dell'ossidrile alcolico con un metallo. **2.** FARM. Essenza ottenuta dalla distillazione di alcol con sostanze aromatiche.

alcolemìa s.f. MED. Presenza temporanea di alcol nel sangue. (In Italia, il tasso di alcolemia di chi guida non deve superare 0,5 g/l.)

alcolicità s.f. inv. CHIM. Percentuale di alcol etilico presente in un liquido.

alcòlico agg. [pl.m. –ci, f. –che] **1.** Di alcol. ◊ *Gradazione alcolica:* percentuale di alcol etilico per volume di liquido. **2.** Che contiene alcol. **3.** Che produce alcol. *Fermentazione alcolica.* ◆ s.m. (spec. pl.) Bevanda contenente alcol.

alcolimetrìa s.f. Misurazione dell'alcolicità.

alcolìmetro s.m. Strumento per misurare l'alcolicità.

alcolismo s.m. Abuso di bevande alcoliche con conseguente dipendenza. SIN.: **etilismo.** ~ Patologia che ne deriva.
ENCICL. L'alcolismo cronico inizia da un prolungato periodo di abuso alcolico senza che nel malato si crei dipendenza o frequente stato di ubriachezza. In caso di astinenza improvvisa, però, iniziano a manifestarsi crisi, a volte accompagnate da *delirium tremens.* Cirrosi, ulcera e turbe psichiche sono alcune delle complicazioni della malattia, il cui trattamento prevede, oltre all'abolizione dell'alcol, la disintossicazione farmacologica e la psicoterapia.

alcolista s.m. e f.[pl.m. –sti] Chi è affetto da alcolismo. SIN.: **alcolizzato.**

alcolizzàre v.tr. **1.** Rendere alcolico un liquido. **2.** Intossicare qlcu. con un uso eccessivo di alcolici. ◆ **alcolizzarsi** v.pron. Intossicarsi abusando di bevande alcoliche.

alcolizzàto agg. Affetto da alcolismo. ◆ s.m. [f. –ta] Nel sign. dell'agg.

alcolizzazióne s.f. **1.** MED. Immissione di alcol in organi nervosi periferici, attuata come metodo terapeutico. **2.** Aggiunta di alcol puro in vini deboli per alzarne la gradazione.

alcologìa s.f. Studio della produzione di alcol etilico, del suo consumo e degli effetti sull'uomo.

alcoltèst o **alcooltèst** s.m. inv. Apparecchio portatile che consente di determinare il tasso alcolemico. SIN.: **etilometro.** ~ Esame effettuato mediante tale apparecchio, spec. sui guidatori, per rilevare la quantità di alcol ingerita attraverso l'analisi dell'aria espirata.

alcòva s.f. (spagn. *alcoba,* ar. *al-qubba* "la cupola, stanza contigua") **1.** Spazio della camera in cui si colloca il letto. **2.** *fig.* Camera da letto in quanto luogo di incontri amorosi.

alcùno agg. indef. **1.** (al pl.) Più di uno, certi. *Ho invitato alcuni amici.* **2.** (solo sing.) In frasi negative, nemmeno uno, nessuno. *Senza alcun dubbio.*

aldèide s.f. CHIM. ORG. Composto in cui un gruppo carbonilico è legato a un alchile o a un arile e a un atomo di idrogeno, ottenuto per ossidazione di alcoli primari.

aldèidico agg. [pl.m. –ci, f. –che] CHIM. ORG. Relativo alle aldeidi.

aldilà s.m. inv. (forse calco del fr. *au delà*) La vita ultraterrena. SIN.: **oltretomba.**

aldino agg. *Edizione aldina:* libro uscito dalla tipografia di Aldo Manuzio e dei suoi successori. – *Carattere aldino:* ideato da Manuzio per le edizioni dei classici; detto anche *corsivo* o *italico.*

àldio o **aldióne** s.m. [pl. –di, –dioni] ST. Nel Medioevo, presso i popoli germanici, servo semilibero legato al lavoro dei campi che non partecipava all'assemblea popolare.

aldòlo s.m. CHIM. Composto derivante dalla condensazione di due molecole di aldeide con perdita di una molecola d'acqua. SIN.: **acetaldolo.**

aldòso o **aldòsio** s.m. CHIM. Monosaccaride contenente una funzione aldeidica.

aldosteróne s.m. BIOL. Ormone che agisce a livello del rene, inducendo la ritenzione dell'acqua e del sodio e favorendo l'eliminazione del potassio.

aldrey s.m. inv. (voce ingl., nome depositato) Lega di alluminio, contenente 0,6% di silicio, 0,4% di magnesio, 0,3% di ferro, impiegata per la fabbricazione di conduttori elettrici aerei.

aldrovànda s.f. **1.** Pianta carnivora e acquatica. (Famiglia delle Droseracee.) **2.** BOT. (iniziale maiusc.) Genere di piante a cui appartiene l'aldrovanda.

ale [/'eɪl/] s.f. inv. (voce ingl.) Bevanda alcolica fermentata ricavata dal malto, molto simile alla birra ma a maggiore gradazione. ◊ *Ginger ale:* ale cui è stato aggiunto lo zenzero.

àlea s.f. (lat. *āleam* "gioco di dadi, rischio") **1.** Imprevedibilità della sorte. SIN.: **azzardo. 2.** DIR. Margine di rischio che caratterizza ogni contratto. **3.** MUS. Nella musica d'avanguardia, abolizione del criterio di necessità logica nel discorso musicale, a favore dell'accettazione della casualità e dell'indeterminazione.

aleàtico s.m. inv. (emil. *aliàdga,* lat. deriv. di *iūlius* "luglio") **1.** Vino liquoroso di colore rosso rubino, dal sapore dolce e profumato. **2.** Vitigno caratteristico di varie regioni italiane che produce uva nera dai grossi acini rotondi.

aleatòrio agg. [pl.m. –ri] **1.** Che è in balia della sorte, del caso. SIN.: **incerto. 2.** DIR. Caratterizzato da alea. ◊ *Contratto aleatorio:* quello in cui le parti, al momento della stipula, sono consapevoli di esporsi reciprocamente a un rischio che potrebbe annullarne i vantaggi, perché una e entrambe le prestazioni sono d'incerto adempimento, come p.e. il gioco e la scommessa. **3.** MAT. *Variabile aleatoria:* nel calcolo delle probabilità, quantità che può assumere un certo insieme di valori a ciascuno dei quali è attribuita una probabilità. **4.** MUS. Di composizione o esecuzione che si basa sull'alea, il caso.
ENCICL. L'espressione *musica aleatoria* (dal latino *alea*) nacque negli anni Cinquanta con le esperienze anti-seriali di John Cage (scelta fortuita o casuale delle note) e in seguito di Karlheinz Stockhausen e Pierre Boulez.

àlef s.m. inv. **1.** Prima lettera dell'alfabeto ebraico. **2.** ALG. Simbolo utilizzato da George Cantor per designare la cardinalità degli insiemi infiniti ben ordinati.

aleggiàre v.intr. [5] (aus. *avere*) **1.** Muovere leggermente le ali. **2.** *fig.* Detto di venti leggeri, spirare con un soffio. *La brezza aleggia.* ~ Detto di odori, essere sospeso, diffuso nell'aria. – *fig.* Detto di sentimenti, immagini, atmosfere, vagare idealmente in un luogo. *Un'atmosfera di mistero aleggia sulla casa.*

alemànno agg. Che appartiene alla popolazione germanica che nel sec. V si stanziò nel Palatinato, nell'Alsazia e lungo la Mosella. ◆ s.m. [f. –na] Nei sign. dell'agg.

aleppina s.f. Tessuto con la catena di seta e la trama di lana.

alerióne s.m. ARALD. Piccola aquila priva di becco e artigli rappresentata con le ali basse e leggermente aperte.

alesàggio s.m. [pl. –gi] **1.** MECC. IND. Diametro interno di un tubo, in partic. del cilindro di un motore. **2.** → alesatura.

alesàmetro s.m. Strumento per misurare il diametro dei fori.

alesàre v.tr. MECC. Lavorare con l'alesatore la superficie di un foro cilindrico fino a ottenere il diametro voluto.

alesatóio s.m. [pl. –toi] TECN. Alesatore.

alesatóre s.m. **1.** TECN. Strumento cilindrico con punta a taglienti usato per l'alesatura. **2.** [f. –trice] Addetto all'alesatura.

alesatrìce s.f. MECC. Macchina utensile usata per l'alesatura.

alesatùra s.f. MECC. Lavorazione di un foro o di un cilindro per dotarlo del diametro dovuto.

alessandrinismo s.m. **1.** Carattere della cultura e dell'arte ellenistica tra IV e I sec. a.C. **2.** LETT. *estens.* Raffinatezza nella composizione letteraria e artistica. SIN.: **preziosismo.**

1. alessandrino agg. Di Alessandria d'Egitto, in riferimento spec. all'arte ellenistica che ebbe lì il suo centro maggiore (IV-I sec. a.C.). ~ *estens.* Raffinato, prezioso, difficile. ◆ s.m. [f. –na] **1.** Scrittore, artista di età alessandrina. **2.** *estens.* Scrittore, artista che usa uno stile ricercato.

2. alessandrino s.m. [f. –na] (fr. *alexandrin*) METR. Verso della poesia francese e provenzale costituito da due senari.

3. alessandrino agg. Di Alessandria. ◆ s.m. **1.** [f. –na] Nativo, abitante di Alessandria. **2.** (iniziale maiusc., solo sing.) Territorio intorno ad Alessandria.

alessandrite s.f. MIN. Varietà di crisoberillo di colore verde alla luce naturale e rosso alla luce artificiale.

alessìa s.f. MED. Impossibilità di comprendere le parole scritte.

alétta s.f. **1.** (spec. pl.) Serie di penne disposte sotto l'ala degli uccelli all'altezza dell'articolazione. **2.** AVIAZ. Superficie mobile che ha funzione di ipersostentatore, freno, deflettore. **3.** MECC. Nome generico di elementi a forma approssimativa di ala che, con funzioni diverse, sporgono da macchine, strumenti, ecc. ~ MIL. Elemento posto su alcuni tipi di proiettili per mantenerne stabile la traiettoria. ~ TECN. Sporgenza che aumenta la superficie di trasmissione del calore tra una parete, p.e. quella di un tubo che serve al riscaldamento o al raffreddamento, e il fluido in cui è immersa. ~ MAR. *Aletta di rollio:* lamiera fissata di taglio lungo le fiancate della carena per contrastare il movimento di rollio. **4.** Ciascuno dei risvolti della sopraccoperta di un libro. **5.** RILEG. Striscia di tela, carta o pergamena applicata sul dorso di un volume per accrescerne la resistenza alla legatura. **6.** ANAT. Ciascuna delle due parti molli e cartilaginose del naso ai lati delle narici. **7.** ARCH. Piedritto addossato alle colonne o ai pilastri dell'intercolunnio arcato. ~ Piccolo montante posto a lato di una porta o di una balaustra.

alettàre v.tr. Fornire di alette, lavorare un pezzo meccanico ad aletta.

alettatùra s.f. MECC. Insieme di alette di cui è fornito un pezzo meccanico.

alettóne s.m. **1.** AVIAZ. Parte mobile posta all'estremità dell'ala di un aereo con la funzione di regolare l'assetto trasversale di un velivolo. **2.** AUTOM. Sovrastruttura trasversale posta sulla parte posteriore o su quella anteriore delle auto-

■ alétte

mobili per aumentarne l'aderenza. **3.** MAR. Piano orizzontale posto a poppa delle imbarcazioni veloci per aumentarne la stabilità.

Aleurites s.f. inv. BOT. Genere di piante originarie dell'Estremo Oriente che comprende numerose specie. (L'*Aleurites moluccana*, p.e., che produce noci dal guscio friabile da cui si ricava un olio con proprietà siccative; famiglia delle Euforbiacee.)

Aleuròdidi s.m. pl. [iniziale minusc. sing. *–de* per l'individuo] ZOOL. Famiglia di insetti con il corpo e le ali rivestite da una secrezione cerosa bianca, le cui larve attaccano le foglie di molte piante coltivate. (Ordine degli Omotteri.)

aleuróne s.m. (gr. *áleuron* "farina") CHIM. Sostanza proteica che si trova in molti semi come materiale di riserva.

alexànder s.m. inv. (voce ingl.) Cocktail a base di cognac, panna e crema di cacao.

1. àlfa s.m. o s.f. inv. Prima lettera dell'alfabeto greco (*A*, *α*) corrispondente alla *a* dell'alfabeto latino. ◇ *Alfa privativo:* la vocale alfa con funzione di prefisso che dà senso privativo alla parola. (Per analogia, ha lo stesso nome la vocale *a* nelle lingue moderne mantiene questa funzione.) – *fig. L'alfa e l'omega*: il principio e la fine, anche come simbolo di Dio, in quanto principio e fine di tutte le cose. □ In funzione di agg. inv., nel 1. sc., primo di una serie. ◇ BIOL. *Cellule alfa:* particolari cellule del pancreas. – FIS. *Particelle alfa:* quelle emesse dai nuclei degli atomi di sostanze radioattive. – *Raggi alfa:* radiazioni delle particelle alfa ad alta velocità.

2. àlfa s.f. **1.** Pianta erbacea diffusa nell'Africa Settentrionale e in Spagna, detta anche *stipa*, usata nella fabbricazione di cordami e nella produzione della cellulosa da carta. (Famiglia delle Graminacee.) **2.** La fibra tessile stessa.

alfabèta agg. [pl.m. *–ti*] Che sa leggere e scrivere. ◆ s.m. e f. Nel sign. dell'agg.

alfabetàrio s.m. [pl. *–ri*] Sussidio didattico utilizzato un tempo per imparare l'alfabeto, costituito da una serie di tavolette o da un cartellone con le lettere dell'alfabeto.

alfabètico agg. [pl.m. *–ci*, f. *–che*] Dell'alfabeto. ◇ *Ordine alfabetico*: ◇ *Scrittura alfabetica:* quella in cui i segni grafici rappresentano singoli fonemi e non gruppi di suoni, concetti, ecc.

alfabetizzàre v.tr. Insegnare a qlcu. a leggere e a scrivere.

alfabetizzazióne s.f. **1.** Apprendimento, insegnamento delle tecniche di lettura e di scrittura. **2.** *estens.* Acquisizione dei rudimenti di un mestiere, di una tecnica.

alfabèto s.m. (gr., comp. dei nomi delle prime due lettere dell'alfabeto *álpha* e *bêta*) **1.** Insieme ordinato di segni grafici che rappresentano i suoni articolati di una lingua. ◇ *Alfabeto fonetico internazionale:* sistema di trascrizione fonetica, riconosciuto a livello internazionale, che consente di indicare graficamente una grande varietà di suoni linguistici (di più lingue) con resa più precisa e univoca rispetto ai sistemi storici. – *Alfabeto Morse:* quello costituito da punti e linee, inventato da S. Morse e usato nelle comunicazioni radiotelegrafiche. **2.** *fig.* Complesso di nozioni elementari.

alfàna s.f. Cavallo arabo dalla robusta corporatura.

alfanumèrico agg. [pl.m. *–ci*, f. *–che*] INFORM. Detto di codice o insieme di caratteri composto da lettere dell'alfabeto, cifre numeriche e altri segni grafici.

1. alfière s.m. **1.** Chi porta un'insegna militare. SIN.: **vessillifero. 2.** *fig.* Chi per primo e più di altri propone idee, dottrine nuove, ecc. **3.** SPORT. Il giocatore più rappresentativo di una squadra.

2. alfière s.m. Pezzo degli scacchi.

àlga s.f. [pl. *–ghe*] Vegetale, general. acquatico, provvisto di tallo e fornito di clorofilla. ◇ *Alghe brune:* Feoficee. – *Alghe rosse:* Rodoficee. – *Alghe verdi:* Cloroficee.

àlgebra s.f. (ar. *al-ǧabr* "la riduzione, reintegrazione") **1.** Settore della matematica che ha per oggetto lo studio delle strutture definite su un insieme, attraverso una o più leggi di composizione interna. ◇ *Algebra booleana:* applicazio-

ne di metodi e simboli algebrici (operatori logici o booleani) ai rapporti logici. **2.** *fig. fam.* Cosa complicata, difficile da comprendere. *Questa per me è algebra.*

algebricità s.f. inv. MAT. Proprietà di essere algebrico, di non trascendenza.

algèbrico agg. [pl.m. *–ci*, f. *–che*] Dell'algebra. ◇ *Equazione algebrica:* riducibile a un polinomio eguagliato a zero. – *Numeri algebrici:* numeri che sono soluzione di un'equazione algebrica a coefficienti razionali espressa in numeri reali o complessi.

algebrista s.m. e f. Studioso di algebra.

algerino agg. [f. *–na*] Dell'Algeria o di Algeri. ◆ s.m. Nativo, abitante dell'Algeria o di Algeri.

algesia s.f. MED. Sensibilità al dolore.

-algia Secondo elemento di composti del l. medico, col valore di "dolore" (*nevralgia*).

algia s.f. (gr., deriv. di *álgos* "dolore") MED. Dolore fisico in assenza di una lesione anatomica evidente.

àlgico agg. MED. Relativo al dolore.

algidità s.f. inv. MED. Stato patologico caratterizzato da raffreddamento del corpo e collasso circolatorio.

àlgido agg. (lat. *álgidum*, deriv. di *algère* "avere freddo") MED. Di stato patologico caratterizzato da forte abbassamento della temperatura corporea e collasso.

algina s.f. CHIM. Sostanza colloidale derivata da alcuni tipi di alghe brune.

alginàto agg. Di fibra artificiale trattata con sali dell'acido alginico. ◆ s.m. **1.** CHIM. Sale dell'acido alginico utilizzato nell'industria alimentare. **2.** Fibra tessile artificiale a base di alginato di calcio.

alginico agg. [pl.m. *–ci*] CHIM. *Acido alginico:* acido presente in alcune alghe marine.

algocoltùra o **algocultùra** s.f. Coltivazione di alghe marine per l'industria alimentare.

algofilia s.f. PSICOL. Patologia di chi cerca piacere in sensazioni di dolore.

àlgol s.m. (sigla dell'ingl. ALGORithmic Language "linguaggio algoritmico") INFORM. Linguaggio di programmazione impiegato per applicazioni scientifiche.

algonchiàno s.m. (solo sing.) (dal nome della tribù indiana degli *Algonchini*) GEOL. Il più recente dei due periodi in cui si suddivide l'era archeozoica. ◆ agg. Relativo a tale periodo.

algònchico s.m. (solo sing.) GEOL. Algonchiano.

algònchino agg. Che appartiene a una tribù degli Algonchini, una delle più estese famiglie linguistiche indigene del Nordamerica. ◆ s.m. [f. *–na*; al pl. anche con iniziale maiusc.] Nel sign. dell'agg.

algoritmico agg. [pl.m. *–ci*, f. *–che*] MAT. Relativo ad algoritmo.

algoritmo s.m. (lat. *algorithmum*, adatt. di *al-Khuwārizmī*, soprannome del famoso matematico arabo del sec. IX, *Muḥammad ibn Mūsā*) MAT. Insieme di regole la cui applicazione consente di risolvere un dato problema con un numero finito di operazioni.

algoterapia s.f. MED. Branca della fitoterapia che utilizza le alghe.

aliànte s.m. Velivolo senza motore che prende quota sfruttando le correnti atmosferiche.

àlias avv. (voce lat., "altrimenti") Altrimenti detto, ovvero. *Francesco Mazzola alias il Parmigianino.* ◆ s.m. inv. INFORM. Applicazione o file che ne rappresenta un altro.

àlibi s.m. inv. **1.** DIR. Prova della propria estraneità a un reato, consistente nel dimostrare che al momento in cui veniva commesso ci si trovava in un luogo diverso. **2.** *fig.* Scusa, pretesto.

alicànte s.m. Varietà di uva nera originaria della Spagna. ~ Il vino che se ne ricava.

alice s.f. → acciuga.

aliciclico agg. [pl.m. *–ci*, f. *–che*] CHIM. ORG. Di composto che si comporta come un composto alifatico pur avendo nella molecola strutture ad anello.

alidàda s.f. Regolo proprio del goniometro e di altri strumenti di misurazione che serve per calcolare le misure angolari.

alienàbile agg. DIR. Che può essere alienato.

alienànte agg. Che aliena, estrania dalla vita, mortifica, umilia. ◆ s.m. e f.DIR. Chi aliena, vende.

alienàre v.tr. **1.** DIR. Trasferire ad altri la titolarità di un bene, di un diritto. *Alienare un terreno.* SIN.: **cedere. 2.** *fig.* Rendere qlcu. ostile ad altri. *Il tuo orgoglio ti aliena le amicizie.* SIN.: **allontanare. 3.** FILOS. Secondo il pensiero marxista, produrre in qlcu. un fenomeno di alienazione. ◆ **alienarsi** v.pron. **1.** Allontanarsi, estraniarsi, distogliersi da qlco. **2.** *fig.* Allontanare da se stessi qlcu. o perderne la benevolenza. **3.** FILOS. Secondo il pensiero di Marx e di Hegel, estraniarsi, detto della coscienza.

alienàto agg. [f. *–ta*] Ridotto in stato di alienazione. ◆ s.m. PSICH. Malato di mente. ◆ s.m. e f. SOCIOL. Chi subisce un processo di alienazione.

alienazióne s.f. **1.** DIR. Trasferimento oneroso ad altri della titolarità di un bene, di un diritto. *Alienazione di una proprietà.* SIN.: **cessione. 2.** PSICH. *Alienazione (mentale):* *infermità mentale. SIN.: **pazzia. 3.** FILOS. Condizione dell'individuo dissociato da se stesso come conseguenza del suo asservimento a un ordine di cose al quale egli partecipa ma che lo domina. (Questo concetto fu sviluppato prima da Hegel nell'ambito della sua filosofia dello spirito, poi da Marx nella sua analisi della società capitalista.) **4.** Asservimento dell'uomo a bisogni indotti dalla società dei consumi e non spontanei.

Cladophora laetevirens
(alga verde)

Chondrus crispus
(alga rossa)

Ulva lactuca
(alga verde)

Chorda filum
(alga bruna)

Laminaria saccharina
(alga bruna)

■ àlga

alienìsta s.m. e f.inv.[pl.m. –*sti*] → **psichiatra.**

alièno agg. Che si tiene lontano da qlco. SIN.: **estraneo.** ◆ s.m. [f. –*na*; spec. pl.] Abitante di altri pianeti o galassie.

alièutica s.f. [non com. pl. –*che*] Arte della pesca.

alifàtico agg. [pl.m. –*ci*, f. –*che*] CHIM. ORG. *Composto alifatico:* composto *aciclico.

alighièro s.m. **1.** MAR. Asta di legno provvista di ganci o uncini usata per trattenere le imbarcazioni al molo o attraccarle alla riva. SIN.: **mezzomarinaio. 2.** Marinaio che manovra tale asta.

1. alimentàre v.tr. **1.** Fornire alimenti a un organismo. *Alimentare un malato.* **2.** *fig.* Mantenere vivo un sentimento, un'emozione. SIN.: **eccitare. 3.** DIR. Fornire la sostanza o l'energia necessaria a mantenere qlco. in attività, in funzione. *Alimentare un fuoco.* ◇ *fig. Alimentare la conversazione:* intrattenere, mantenere la conversazione. ◆ **alimentarsi** v.pron. Nutrire, cibare se stessi. ~ *fig.* Nutrire il proprio spirito. *Alimentarsi di letture filosofiche.*

2. alimentàre agg. **1.** Che serve a nutrire. **2.** Che riguarda gli alimenti. *Industria alimentare.* **3.** DIR. Relativo agli alimenti. *Obbligazione alimentare.* ◆ s.m. pl. Prodotti commestibili messi in vendita.

alimentatóre agg. [f. –*trice*] **1.** Che alimenta. **2.** *fig.* Che alimenta in senso morale, ideale. *Propaganda alimentatrice di sommosse.* ◆ s.m. **1.** (anche f.) Chi alimenta. **2.** *fig.* (anche f.) Fomentatore, istigatore. **3.** MECC. (solo m.) Dispositivo che rifornisce una macchina.

alimentazióne s.f. **1.** Ingestione o somministrazione di alimenti. ◇ MED. *Alimentazione artificiale:* quella che esclude l'apparato digerente in quanto viene praticata attraverso fleboclisi. **2.** Somministrazione di materiale, di combustibile, di energia a una macchina per farla funzionare. **3.** MIL. Disposizione della cartuccia nel modo consono al caricamento dell'arma.

aliménto s.m. (lat. *alimĕntum*, deriv. di *ǎlere* "nutrire"). **1.** Sostanza che serve per nutrire gli esseri viventi. **2.** *fig.* Ciò che dà forza interiore. *Alimento dello spirito.* **3.** *estens.* Materiale, sostanza che consente a un processo di durare, di continuare. **4.** DIR. (al pl.) Mezzi di sussistenza che per legge devono essere dati, in caso di separazione, al parente o al coniuge che ne sia sprovvisto.

alìnea s.m. inv. DIR. Suddivisione interna a un comma.

aliòsso s.m. → **astragalo.**

Aliòtidi s.f. pl. [iniziale minusc. sing. –*de* per l'individuo] (lat. *Haliotis*; comp. di gr. *háls* "mare" e *oûs* "orecchio") ZOOL. Famiglia di molluschi marini con conchiglia a forma di orecchio, detti anche *orecchie marine.* (Lunghezza 10 cm; genere *Haliotis*, sottoclasse dei Prosobranchi.)

alìquota s.f. **1.** Ciascuna delle parti uguali in cui viene suddivisa una quantità. **2.** Percentuale sull'imponibile che costituisce l'imposta dovuta. ◇ *Aliquota marginale:* quella applicata sull'ultima fascia di reddito tassabile. – *Aliquota progressiva:* quella che aumenta proporzionalmente all'imponibile.

aliscàfo s.m. Natante a motore dotato di due ali innestate sulla carena che, superata una data velocità, consentono allo scafo di sollevarsi sul pelo dell'acqua. SIN.: **idroplano.**

alisèo s.m. (spec. pl.) Vento costante che soffia dalle alte pressioni subtropicali verso le basse pressioni equatoriali. (L'aliseo dell'emisfero boreale soffia da nord-est verso sud-ovest; quello dell'emisfero australe da sud-est verso nord-ovest.)

alisma s.f. Pianta erbacea acquatica detta anche *mestolaccia.*

Alismatàcee s.f. pl. [iniziale minusc. sing. –*a* per l'individuo] BOT. Famiglia di piante erbacee acquatiche con fiori general. bianchi. (Classe delle Monocotiledoni.)

Alìsso s.m. (gr. *álysson*, propr. "pianta che preserva dalla rabbia") BOT. Genere di piante ornamentali a fiori gialli o bianchi. (Altezza 30 cm; famiglia delle Crocifere.)

alitàre v.intr. (aus. *avere*) **1.** Mandar fuori aria con la bocca aperta. **2.** *fig.* Parlare, fiatare. **3.** *estens.* Detto di venti, soffiare lievemente. ~ *fig.* Spargersi idealmente in un luogo. *Idee nuove alitano nell'aria.*

àlite s.m. Anfibio anuro detto anche *rospo ostetrico.* (Il maschio aiuta la femmina a espellere le uova, che poi trattiene fra le zampe posteriori in lunghi cordoni umettandoli fino alla schiusa; lunghezza 5 cm, famiglia dei Discoglossidi.)

àlito s.m. **1.** Respiro, fiato. **2.** *estens.* Soffio leggero.

alitòsi s.f. inv. MED. Alito cattivo.

alitto s.m. Insetto europeo simile all'ape che vive in società in nidi sotterranei. (Famiglia degli Apidi.)

alizarìna s.f. CHIM. Colorante rosso estratto un tempo dalle radici della robbia e oggi prodotto per sintesi dall'antracene.

allacciaménto s.m. TECN. Canalizzazione o circuito che garantisce l'alimentazione di un elemento collegato a una rete.

allacciàre v.tr. [5] **1.** Legare, chiudere con lacci. *Allacciare le scarpe.* ◇ MED. *Allacciare una vena, un'arteria:* stringerla per impedire un'emorragia. **2.** TECN. Unire due o più elementi mediante un raccordo. *Allacciare due strade.* ~ Unire un elemento a una canalizzazione, un circuito elettrico, un condotto. **3.** *fig.* Stringere una relazione. *Allacciare un'amicizia.* ◆ **allacciarsi** v.pron. Abbottonarsi qlco. che si indossa.

allacciatùra s.f. **1.** Atto di allacciare. **2.** Chiusura di un abito con lacci, bottoni, fibbie. **3.** VITICOLT. Legatura della vite ai sostegni.

allàccio s.m. [pl. –*ci*] TECN. Collegamento, spec. di linee telefoniche.

allagaménto s.m. Inondazione, alluvione dovuta a calamità naturale. ~ *estens.* Spargimento accidentale di una grande quantità di acqua.

allagàre v.tr. [4] Coprire un luogo d'acqua o di altro liquido. *Allagare i campi.* SIN.: **inondare.** ◆ **allagarsi** v.pron. Coprirsi d'acqua. *La cucina si è allagata di nuovo.*

allampanàto agg. Alto e molto magro.

allantòide s.m. (gr. *allantoeidḗs* "a forma di salsiccia") EMBRIOL. Annesso embrionale con funzione respiratoria ed escretoria presente nei rettili, negli uccelli e nei mammiferi.

allantoidèo agg. BIOL. Relativo all'allantoide. ◆ s.m. ZOOL. Vertebrato superiore il cui embrione è provvisto di allantoide.

allantoìna s.f. BIOCHIM. Derivato dell'urea, prodotto dall'ossidazione dell'acido urico che si trova nell'urina degli animali e in alcuni vegetali, usato in cosmetica.

allappàre v.tr. Detto di cibi, produrre in bocca la sgradevole sensazione di avere i denti legati tra loro.

allargaménto s.m. Ampliamento in larghezza.

allargàndo s.m. inv. MUS. Indicazione di rallentare il movimento dell'esecuzione.

allargàre v.tr. [4] **1.** Rendere più largo, accrescere in larghezza. *Allargare un'apertura.* **2.** Estendere qlco. a un determinato campo. *Allargare le ricerche.* **3.** *estens.* Disporre più oggetti in modo che aumenti lo spazio tra uno e l'altro. SIN.: **distanziare. 4.** *estens.* Distendere orizzontalmente braccia o gambe o aprire le mani, in segno di accoglienza o rassegnazione. ◇ *fig. Allargare il cuore:* rasserenare, riempire di gioia, di entusiasmo. **5.** MUS. Rallentare il tempo nell'esecuzione di un pezzo. ◆ v.intr. (aus. *avere*) Allontanarsi da qlco. in modo che risulti uno spazio libero più ampio. ◇ MAR. Condurre un'imbarcazione al largo. ◇ *Allargare in curva:* condurre un mezzo lontano dalla normale traiettoria, percorrendo una più ampia. ◆ **allargarsi** v.pron. **1.** Diventare più ampio. *La macchia si allarga.* SIN.: **estendersi.** ~ Ampliare la propria sfera d'azione. **2.** *fig.* Spingersi oltre le proprie possibilità, andare oltre le proprie competenze. SIN.: **esagerare. 3.** *fam.* Usufruire di maggiore spazio in casa o al lavoro. *Nell'ufficio nuovo ci siamo un po' allargati.* **4.** Scostarsi da qlco. ~ MAR. Dirigersi in alto mare.

allargatùbi s.m. inv. MECC. Macchina o strumento per allargare le estremità dei tubi. SIN.: **mandrino.**

allarmànte agg. Che desta timore, apprensione. SIN.: **inquietante.**

allarmàre v.tr. **1.** Spaventare, preoccupare. *Allarmare l'opinione pubblica.* **2.** Mettere qlcu. in stato di allarme. *Allarmare la protezione civile.* ~ TECN. Collegare ambienti e varchi a un impianto di allarme. ◆ **allarmarsi** v.pron. Preoccuparsi, spaventarsi per qlco.

allàrme s.m. (dal grido guerresco *all'arme!* "alle armi") **1.** MIL. Chiamata dei soldati alle armi. ~ *estens.* Segnalazione di pericolo o emergenza. ◇ *Stato di allarme:* quello di chi è pronto a intervenire. – *Cessato allarme:* fine dello stato di pericolo. – *Falso allarme:* errata segnalazione di pericolo; fig. notizia, timore che si rivelano infondati. **2.** Dispositivo che segnala tentativi di effrazione. SIN.: **antifurto. 3.** Stato di tensione emotiva dovuto alla paura di un pericolo. ◇ *Reazione di allarme:* prima fase della sindrome di adattamento in cui l'organismo, sorpreso da dura aggressione, manifesta uno stato di shock e poi le prime reazioni di difesa. – *Mettere in allarme:* avvisare qlcu., suscitare preoccupazione.

allarmìsmo s.m. Tendenza a preoccuparsi o a ingenerare timore anche in assenza di reali motivi. ~ Condizione di paura collettiva data dall'annuncio di imminenti pericoli.

allarmìsta s.m. e f.[pl.m. –*sti*] Chi tende a preoccuparsi facilmente o senza motivi. ~ Chi fa dell'allarmismo.

allascàre v.tr. [4] MAR. Allentare un cavo, una corda.

allattaménto s.m. **1.** Atto di allattare. **2.** *estens.* Periodo durante il quale si protrae l'allattamento e la lavoratrice ha diritto ad assentarsi dal lavoro per alcune ore.

allattàre v.tr. Nutrire un neonato con latte materno o artificiale.

alleànza s.f. (fr. *alliance*) **1.** Intesa politico-militare tra due o più stati. ◇ *Alleanza difensiva:* quella che prevede un intervento militare dei paesi alleati solo in risposta a un attacco. – *Alleanza offensiva:* quella che permette un intervento militare di aggressione. ~ RELIG. *Antica alleanza:* patto biblico tra Dio e il popolo d'Israele. (Il Vecchio Testamento.) – *Nuova alleanza:* quella tra Dio e tutti gli uomini fondata sul sacrificio di Cristo. (Il Nuovo Testamento.) – *Alleanza del trono e dell'altare:* tra monarchia e chiesa. **2.** *estens.* Accordo basato su interessi comuni. SIN.: **intesa.**

alleàre v.tr. Unire due o più parti con un accordo. ◆ v.pron. Unirsi per conseguire scopi comuni. ~ Detto di due o più elementi, stringere una reciproca alleanza. *Gli stati più deboli si allearono.*

alleàto agg. Unito da un patto di alleanza. ◇ *per anton. Forze alleate:* l'insieme dei paesi che combatterono contro Germania, Italia e Giappone durante la seconda guerra mondiale. ◆ s.m. [f. –*ta*] Membro di un'alleanza. ◇ *Gli alleati:* le forze alleate della seconda guerra mondiale.

allegaménto s.m. BOT. Trasformazione dell'ovario in frutto, negli alberi da frutta e nella vite. SIN.: **allegagione.**

1. allegàre v.tr. [4] **1.** Unire qlco., spec. documenti, ad altro. *Allegare una foto.* SIN.: **accludere. 2.** Detto di cibi, produrre in bocca la sgradevole sensazione di avere i denti legati tra loro. SIN.: **allappare.** ◆ v.intr. (aus. *avere*) BOT. Detto di fiore, diventare frutto.

2. allegàre v.tr. Presentare argomenti o scuse, a sostegno o a giustificazione di qlco.

allegàto agg. **1.** Accluso, unito, annesso. **2.** BOT. Passato dallo stato di fiore a frutto. ◆ s.m. Documento accluso a un altro, di cui completa le informazioni.

alleggeriménto s.m. **1.** Diminuzione di peso, di carico. **2.** *fig.* Riduzione del peso morale.

alleggerìre v.tr. [83] **1.** Togliere peso a qlco. o qlcu. *Alleggerire un rimorchio.* ~ Togliere a qlcu. un onere che lo affatica. *Alleggerire i dipendenti del lavoro in eccesso.* ◇ *fig. Alleggerire qlcu. del portafoglio:* derubarlo. **2.** *fig.* Rendere meno grave un peso morale. SIN.: **alleviare**. ◆ **alleggerirsi** v.pron. **1.** Svestirsi degli abiti pesanti. ~ Sgravarsi di un peso morale. **2.** Diventare meno oneroso. *Le tasse si sono alleggerite.*

allèggio s.m. [pl. *-gi*] **1.** MAR. Sbarco totale o parziale del carico di una nave per alleggerirla. ~ Barca utilizzata per tale operazione. **2.** MAR. Foro di scarico praticato nel fondo delle imbarcazioni per far defluire l'acqua imbarcata.

allegorìa s.f. (lat. *allegŏriam*, gr. *allēgoría* comp. di *állos* "diverso, altro" e *agorêin* "parlare") **1.** RELIG. Interpretazione dell'Antico Testamento come prefigurazione di momenti della vita di Cristo e della storia della salvezza. **2.** Rappresentazione, espressione di un'idea mediante una figura concreta dotata di attributi simbolici (nell'arte), o attraverso lo sviluppo continuo e rigoroso di una metafora (in letteratura). ~ *estens.* Personificazione. ~ Opera che fa uso dell'allegoria.

allegòrico agg. [pl.m. *-ci*, f. *-che*] Dell'allegoria. ~ Caratterizzato da allegorie. *Pittura allegorica.*

allegorismo s.m. Presenza di allegorie in un'opera. ~ Tendenza a interpretare allegoricamente la realtà o le opere del pensiero.

allegorizzàre v.tr. Rappresentare qlco. mediante allegorie. *Allegorizzare la realtà.* ~ Interpretare un'idea mediante allegorie. ◆ v.intr. (aus. *avere*) Fare uso di allegorie.

allegrétto s.m. MUS. Movimento intermedio tra andante e allegro.

allegrìa s.f. **1.** Stato d'animo gioioso e spensierato che si manifesta con vivacità e ilarità. SIN.: **gioia**. **2.** *estens.* Vivacità di suoni, di colori, di luci.

allégro agg. (fr. *allègre*, lat. *ălacrem* "alacre") **1.** Gioioso, ilare, gaio. **2.** Che suscita e infonde gioia, letizia. **3.** Che denota superficialità, irresponsabilità. *Vivere allegro.* **4.** *scherz.* Alticcio, brillo. ◆ s.m. MUS. Movimento vivace, intermedio tra il presto e l'andante.

allèle o **allèlo** s.m. GENET. Variante ereditaria di un gene, risultato di una mutazione, che assicura la stessa funzione del gene iniziale, ma con modalità proprie. (Tutti i geni hanno più alleli, che determinano la comparsa di caratteri ereditari diversi.)

allelomòrfo agg. GENET. Diverso, antagonista. ◇ *Geni allelomorfi:* omologhi ma con diversa struttura molecolare, sono portatori di forme alternative di uno stesso carattere e occupano la stessa posizione su cromosomi omologhi.

allelùia s.m. inv. (ebr. *halolū yāh* "lodate Dio") **1.** Formula liturgica, detta o cantata, con cui si esprime gioia ed esultanza spirituale. **2.** MUS. Nel canto gregoriano, forma ricca di vocalizzi.

allemànda o **alemànna** s.f. **1.** MUS. Componimento musicale per ballo in tempo pari, di andamento allegro moderato. **2.** MUS. Danza tedesca in tempo ternario e movimento allegro, diffusasi tra i secc. XVI e XIX.

allenaménto s.m. Esercizio di preparazione finalizzato all'acquisizione di capacità fisiche o intellettuali più sviluppate o al mantenimento di una perfetta condizione fisica. ◇ *Tenersi in allenamento:* svolgere un'attività fisica o mentale con continuità; *fig. iron.* perpetuare una cattiva abitudine, un vizio. – *Essere fuori allenamento:* non essere in perfetta forma atletica. – *Gara, partita d'allenamento:* non agonistica.

allenàre v.tr. Tenere esercitati la mente, il corpo o una sua parte. ~ Preparare qlcu. a fare qlco., mediante l'esercizio metodico. ~ SPORT. Fare acquisire progressivamente tenuta atletica e competenza tecnica a un atleta. ◆ **allenarsi** v.pron. **1.** Esercitarsi in qlco., addestrarsi a qlco. ~ Seguire una preparazione atletica. *I giocatori si allenano.* **2.** *fig.* Prepararsi moralmente ad affrontare qlco. *Allenarsi alle difficoltà.*

allenatóre s.m. [f. *-trice*] **1.** Chi per professione allena singoli atleti o squadre o animali da competizione. **2.** Nelle gare ciclistiche di mezzofondo su pista, pilota del motociclo che precede il ciclista. **3.** Chi svolge il ruolo di antagonista, spec. nel pugilato e nel tennis, in incontri con atleti in allenamento. **4.** (solo m.) Nome di vari attrezzi usati in allenamento o per praticare la ginnastica da camera. **5.** (solo m.) Strumentazione atta a riprodurre ambienti di vario genere a scopo di addestramento. ❑ In funzione di agg., che allena, che fa la parte dell'antagonista in un allenamento.

allène s.m. CHIM. Idrocarburo ($H_2C=C=CH_2$) che possiede due collegamenti etilenici. SIN.: **propadiene**.

allentaménto s.m. **1.** Riduzione di tensione. ~ *fig.* Affievolimento. **2.** MECC. Diminuzione, dovuta a vibrazioni o usura, della tenuta di un collegamento.

allentàre v.tr. **1.** Rendere qlco. più lento, meno stretto, meno teso. *Allentare un arco, una molla.* ◇ *fig. Allentare i cordoni della borsa:* spendere senza parsimonia, dare denaro in abbondanza. **2.** *fig.* Rendere qlco. meno pressante, vincolante. ~ Calmare un sentimento. *Allentare l'ira.* **3.** Rendere più lento un movimento. ◆ **allentarsi** v.pron. **1.** Perdere in tenuta, diventare meno stretto o meno teso. *La vite si è allentata.* **2.** *fig.* Perdere di vigore e intensità. *I nostri rapporti si sono allentati.*

allergène s.m. BIOL. Sostanza che causa allergia.

allergìa s.f. (ted. *Allergie*, comp. di gr. *állos* "altro" ed *érgon* "azione") **1.** MED. Condizione di un organismo vivente il cui sistema immunitario reagisce con intolleranza nei confronti di una sostanza chimica estranea (*allergene*) con la quale è entrato in contatto per la prima volta (*sensibilizzazione*). SIN.: **idiosincrasia**. **2.** *fig.* Avversione, incompatibilità, insofferenza.

allèrgico agg. [pl.m. *-ci*, f. *-che*] **1.** Dell'allergia. **2.** Che soffre di allergia. **3.** *fig. scherz.* Che è refrattario a qlco. o a qlcu. ◆ s.m. [f. *-ca*] Nelle accez. 2 e 3 dell'agg.

allergizzànte agg. MED. Che causa allergia.

allergologìa s.f. MED. Studio dei meccanismi delle allergie, la condizione dei malati e le eventuali terapie da applicare.

allergòlogo s.m. [f. *-ga*, pl.m. *-gi*, f. *-ghe*] MED. Specialista in allergologia.

allergopatìa s.f. MED. Malattia di origine allergica.

allérta avv. (dalla loc. del l. militare *all'erta*, propr. "in un luogo elevato") In modo vigile, attento. *Stai allerta.* ◆ s.f. inv. Condizione di particolare vigilanza dovuta a una segnalazione di pericolo. *Stato d'allerta.*

allertàre v.tr. Mettere in stato di allerta, spec. corpi militari o di protezione civile.

allestiménto s.m. **1.** Preparazione, organizzazione, messa a punto di qlco. ◇ *Allestimento scenico:* l'insieme delle scene teatrali. SIN.: **messinscena**. **2.** Insieme di dotazioni, attrezzature, optional di un autoveicolo, di un aereo, di una nave.

allestìre v.tr. [83] Preparare qlco., spec. manifestazioni, cerimonie o pasti. *Allestire una mostra.* ◇ *Allestire un aereo o una nave:* dotarli delle attrezzature di bordo.

1. allettaménto s.m. Seduzione, lusinga.

2. allettaménto s.m. **1.** AGR. Abbattimento al suolo dei cereali per azione della pioggia, del vento o di malattie crittogamiche. **2.** Disposizione a strati. *Allettamento della malta.*

allettànte agg. Che alletta, invoglia, interessa.

1. allettàre v.tr. **1.** Attrarre qlcu. *Allettare i clienti.* **2.** Invogliare qlcu. a qlco. *Allettare l'amico al viaggio.* SIN.: **incitare**. ◆ v.intr. (aus. *avere*) Avere la proprietà di sedurre, affascinare.

2. allettàre v.tr. **1.** Detto del vento, piegare, stendere al suolo le piante. **2.** COSTR. Stendere uno strato di malta su una superficie per applicarvi piastrelle o mattonelle. ◆ **allettarsi** v.pron. Detto di piante erbacee, abbattersi al suolo.

allevaménto s.m. **1.** Complesso di atti, precauzioni, attenzioni con cui si favorisce la crescita dei bambini. **2.** Lavoro indirizzato al mantenimento e alla riproduzione di animali, in partic. di quelli che hanno un valore economico. *L'allevamento del bestiame.* ◇ *Allevamento all'aperto:* quello in cui gli animali per una parte della giornata vengono tenuti in spazi aperti. – *Allevamento in batteria:* quello in cui ciascun animale è chiuso in uno spazio ristretto. – *Polli d'allevamento:* quelli cresciuti intensivamente con speciali mangimi; *fig.* giovani addestrati a una attività, spec. sportiva, a fini speculativi. **3.** Coltivazione di piante volta alla selezione di specie più largamente commerciabili. **4.** *estens.* Insieme degli animali o delle piante allevate, dei terreni o degli impianti che li accolgono. **5.** IPP. L'insieme degli equini di uno stesso paese. *L'allevamento inglese.*

allevàre v.tr. (lat. *adlevāre* "sostenere") **1.** Curare la crescita e l'educazione di bambini. ~ Formare allievi. *Allevare giovani ricercatori.* **2.** Curare la riproduzione e la crescita di animali o piante. *Allevare cani.*

allevatóre s.m. [f. *-trice*] Chi alleva bestiame. ~ Proprietario di allevamenti industriali.

alleviàre v.tr. [6] Rendere più leggera, meno dura una fatica o una sofferenza. *Alleviare il dolore.*

allibìre v.intr. [83] (aus. *essere*) **1.** Diventare pallido per sorpresa, timore, ecc. **2.** *estens.* Rimanere esterrefatto, sbigottito.

allibìto agg. Esterrefatto, sbalordito.

allibraménto s.m. CONTAB. Registrazione di un'operazione finanziaria su un libro contabile.

allibràre v.tr. CONTAB. Registrare qlco. su un libro contabile. SIN.: **annotare**.

allibratóre s.m. [f. *-trice*] (calco dell'ingl. *bookmaker*) Chi accetta scommesse trascrivendole su un registro ufficiale. SIN.: **bookmaker**.

allicciàre v.tr. [83] **1.** IND. TESS. Fare passare i fili dell'ordito nei licci. **2.** Piegare leggermente verso l'esterno i denti della sega per migliorarne il taglio.

allietàre v.tr. **1.** Rendere lieto qlcu. *Allietare i presenti.* **2.** Rendere lieta una situazione. *Allietare la giornata.* ~ Dare un aspetto festoso a qlco.

1. allièvo s.m. [f. *-va*] **1.** Chi impara da un maestro nozioni teoriche o pratiche. ~ Apprendista, praticante. **2.** MIL. Militare che si sta specializzando in particolari settori d'impiego o che si prepara a intraprendere la carriera. **3.** SPORT. Giovane atleta, general. non ancora diciottenne. **4.** BOT. (solo m.) Virgulto, pollone.

2. allièvo s.m. MAR. Foro o valvola sul fondo delle imbarcazioni da cui defluisce l'acqua. SIN.: **alleggio**.

alligatóre s.m. Rettile originario dell'America e della Cina, simile al coccodrillo. (Lunghezza fino a 5 m; famiglia degli Alligatoridi.)

Alligatòridi s.m. pl. [iniziale minusc. sing. *-de* per l'individuo] ZOOL. Famiglia di rettili che vivono nei fiumi delle zone tropicali in Asia e in America.

alligazióne s.f. **1.** Miscuglio di sostanze di qualità diversa. **2.** METALL. Preparazione del miscuglio di una lega.

allignàre v.intr. (aus. *avere*) BOT. Detto di piante, mettere radici. ~ *fig.* Di sentimenti, prendere piede in qlcu., nell'animo di qlcu. *L'amore alligna nel suo cuore.*

allìle s.m. CHIM. Radicale ($-CH_2-CH=CH_2$) dell'alcool allilico, di cui alcuni composti esistono nell'essenza d'aglio.

allìlico agg. CHIM. *Alcol allilico:* alcol etilenico ($HO-CH_2-CH=CH_2$) preparato a partire dai petroli e che serve per la sintesi della glicerina.

allineaménto s.m. (calco del fr. *alignement*) **1.** Disposizione in linea, schieramento. **2.** *fig.* Consenso, uniformazione a qlco. **3.** ECON. Adeguamento, ricomposizione di un rapporto tra valori monetari di stati diversi. ~ Riequilibrio tra variabili economiche diverse. **4.** MAR. Visuale che passa per due punti fissi in mare o lungo la costa. **5.** STAM. Disposizione sulla stessa riga del piede di caratteri tipografici di corpo diverso. ~ Identica disposizione di un elemento ricorrente in pagine diverse. **6.** TECN. Il processo di sistemazione di più componenti di un sistema secondo un'opportuna relazione.

allineàre v.tr. **1.** Disporre più cose o persone sulla stessa linea. *Allineare i soldati.* **2.** STAM. Procedere all'allineamento dei caratteri di una pagina o sistemare sempre nella stessa posizione un elemento ricorrente in pagine diverse. *Allineare i caratteri a destra.* **3.** ECON. Adeguare salari o stipendi al costo della vita. ~ In un sistema di cambi fissi, mutare il valore della moneta di uno stato rispetto al valore della moneta base del sistema. ◆ **allinearsi** v.pron. **1.** Detto di più persone, disporsi su una linea. *I corridori si allineano.* **2.** Con soggetto non animato, risultare disposti in linea. *I solchi si allineano.* **3.** *fig.* Adeguare il proprio pensiero a idee, opinioni di altri. *Allinearsi alle direttive.*

allineàto agg. (calco del fr. *aligné*) **1.** Che è in linea, in fila. **2.** *fig.* Che è dalla stessa parte politica, ideologica, ecc.

allitterazióne s.f. RET. Ripetizione di una consonante o di una sillaba in parole vicine.

allòbrogo agg. [pl.m. *–gi, –ghi,* f. *–ghe*] ST. Dì un antico popolo celtico stanziato nella Gallia Narbonense. ◆ s.m. [f. *–ga*; al pl. anche con iniziale maiusc.] Chi apparteneva a tale popolazione.

allocàre v.tr. [4] **1.** ECON. Ripartire le risorse produttive tra le diverse produzioni dei beni. **2.** ECON. Assegnare risorse, stanziare fondi.

allocazióne s.f. **1.** ECON. Processo con cui si distribuiscono le risorse tra usi alternativi. **2.** INFORM. Assegnazione a un programma di una determinata area di memoria o a un file di un certo spazio su disco. ◇ *Allocazione dinamica:* effettuata durante l'esecuzione del programma secondo le necessità che questo presenta via via. – *Allocazione statica:* effettuata una volta sola, all'avvio del programma. **3.** IPP. Premio per i vincitori di una gara.

allòcco s.m. [pl. *–chi*] **1.** Uccello rapace notturno con piumaggio tra il grigio e il bruno e grandi occhi scuri. (Lunghezza 70 cm; genere *Strix,* famiglia degli Strigidi.) **2.** *fig.* [f. *–ca,* pl. *che*] Persona stupida, goffa.

allocentrismo s.m. PSICOL. Tendenza a concentrare la propria attenzione sugli altri, anziché su se stessi (in oppos. a *egocentrismo*).

allocromàtico agg. [pl.m. *–ci,* f. *–che*] MIN. Di minerale che, a causa di sostanze estranee al reticolo cristallino, presenta un colore diverso da quello che avrebbe allo stato puro.

allòctono agg. GEOL. Di rocce e depositi trasportati da agenti esterni in luoghi diversi da quello in cui si trovano.

allocutivo agg. LING. Relativo all'allocuzione. ◇ *Pronome allocutivo:* quello con cui ci si rivolge direttamente al destinatario del messaggio.

allocutóre s.m. LING. Nello schema della comunicazione, l'emittente del messaggio.

allocuzióne s.f. **1.** Discorso breve di carattere ufficiale. **2.** LING. Parte della comunicazione riguardante l'espressione dei rapporti sociali.

allòdio s.m. [pl. *–di*] ST. Nel Medioevo e nella società dell'antico regime, possedimento fondiario libero da obblighi e oneri feudali.

allòdola s.f. Uccello migratore e stanziale, di piccole dimensioni, capace di un canto complesso e melodioso. (Il verso dell'allodola è il trillo; lunghezza 18 cm, famiglia degli Alaudidi.)

◼ **allòdola**

allòfono s.m. LING. Variante di un fonema.

allogamia s.f. BOT. Fecondazione di un fiore attraverso il polline di un altro.

allògeno agg. Che appartiene a un'etnia diversa. ◆ s.m. [f. *–na*] Nel sign. dell'agg.

alloggiaménto s.m. **1.** MIL. Luogo coperto in cui acquartierare i soldati. **2.** MECC. Sede di un pezzo meccanico.

alloggiàre v.intr. [5] (aus. *avere*) Avere alloggio in un luogo. SIN.: **risiedere.** ◆ v.tr. **1.** Fornire qlcu. di alloggio, ospitandolo in un luogo. **2.** MIL. Sistemare soldati in un luogo abitabile. **3.** MECC. Sistemare un pezzo meccanico nell'ap-

posita sede. ◆ **alloggiarsi** v.pron. MIL. Prendere alloggio in caserme.

allòggio s.m. [pl. *–gi*] **1.** Luogo abitabile, casa. ◇ *Vitto e alloggio:* offerta di cibo e dimora. **2.** MIL. Luogo in cui trovano sistemazione i soldati. **3.** MAR. Cabina.

alloglòtto agg. [f. *–ta*] Che ha lingua diversa da quella prevalente o ufficiale. ◆ s.m. Nel sign. dell'agg.

allònimo agg. EDIT. Di opera pubblicata e firmata con il nome di un'altra persona. ◆ s.m. [f. *–ma*] EDIT. Chi firma una pubblicazione, pur non essendone l'autore.

allontanaménto s.m. **1.** Separazione, distacco. **2.** Espulsione, destituzione.

allontanàre v.tr. **1.** Muovere qlco. e disporlo lontano. SIN.: **scostare.** ~ Muovere due o più oggetti e disporli distanti tra loro. *Allontanare le poltrone.* **2.** Tenere qlcu. a distanza, respingere. *Allontanare la folla.* ~ Separare due o più persone per evitare conflitti. **3.** Detto di caratteristiche di una persona, ispirare avversione. SIN.: **indisporre. 4.** *fig.* Rimuovere un pensiero, un'idea, un ricordo dalla propria mente. **5.** Esonerare qlcu. da un incarico, sospendendo da un lavoro. ◆ **allontanarsi** v.pron. **1.** Detto di ipotesi e obiettivi, diventare difficilmente raggiungibili. **2.** Andare lontano da un luogo. **3.** Assentarsi dal luogo in cui si è o si è tenuti a essere. **4.** Cessare di frequentare qlcu. o di essergli legato affettivamente.

allopatia s.f. MED. Nome con cui i medici omeopati designano la medicina ufficiale moderna (in oppos. a *omeopatia*).

allòra avv. (lat. *ăd īllam hōram* "a quell'ora") In quel momento preciso, in quel tempo determinato. *Partirò solo allora.* ◇ *D'allora in poi, fin dall'ora:* da quel momento. □ In funzione di s.m. inv., quel tempo, una volta. *La gente di allora.* □ In funzione di cong., dunque, perciò. *Esitava, allora io insistetti.* ~ Anche in frasi esortative, imperative o interrogative, che rinviano ad argomenti noti. *E allora? sei pronto?* □ In funzione di agg., di quel tempo, dell'epoca. *L'allora direttore.*

allòro s.m. **1.** Arbusto diffuso nel bacino del Mediterraneo, con fiori giallini, foglie coriacee e bacche nere. (Nell'antichità l'alloro era l'emblema della vittoria. Nome sc. *Laurus nobilis*; famiglia delle Lauracee.) **2.** *fig.* Onore, gloria. ◇ *Alloro poetico:* corona d'alloro come emblema del primato nella poesia. – *Alloro olimpico:* vittoria nelle Olimpiadi. – *Dormire sugli allori:* adagiarsi a un successo, senza proseguire negli sforzi. **3.** Foglia, ramoscello della pianta usato in cucina.

infiorescenza

frutto

fiore

◼ **allòro**

allosàuro s.m. Gigantesco dinosauro del giurassico superiore. (Lunghezza fino a 10 m; ordine Saurischi.)

allotrapiànto s.m. CHIR. Trapianto di organo da un individuo a un altro.

allotropia s.f. **1.** CHIM. Proprietà di certe sostanze (carbone, fosforo, zolfo) di presentarsi in differenti forme. (I fullereni sono varietà allotropiche del carbone.) **2.** LING. Compresenza di due diversi esiti dello stesso etimo.

allotròpico agg. [pl.m. *–ci,* f. *–che*] Relativo all'allotropia.

allòtropo s.m. **1.** CHIM. Elemento o composto che si presenta con proprietà chimiche o fisiche diverse per la diversa disposizione degli

atomi. **2.** LING. Parola che ha l'etimo in comune con un'altra dalla quale tuttavia si distingue per forma o anche per significato.

àlluce s.m. Il dito più grosso del piede.

allucinànte agg. **1.** Che abbaglia. **2.** *fig.* Che colpisce spaventando. *Immagini allucinanti della guerra.* ~ *fam.* Incredibile, straordinario in senso positivo.

allucinàre v.tr. (lat. *alucināri* "vaneggiare") Abbagliare qlcu. con una luce intensa. ~ *fig.* Confondere qlcu., provocargli uno stato di smarrimento, di confusione.

allucinàto agg. **1.** Che è vittima di allucinazioni. **2.** *fig.* Esaltato, confuso. ◆ s.m. [f. *–ta*] Nell'accez. 1 dell'agg.

allucinatòrio agg. [pl.m. *–ri*] Relativo all'allucinazione. ~ Che produce allucinazioni.

allucinazióne s.f. **1.** PSICH. Turba psichica per cui si ritengono di natura oggettiva immagini e percezioni prodotte dalla mente. *Allucinazione olfattiva, uditiva.* **2.** *estens.* Abbaglio, travisamento, illusione.

allucinògeno s.m. Sostanza naturale o di sintesi che provoca allucinazioni.

allucinòsi s.f. inv. PSICH. Stato di allucinazione in cui il paziente riconosce l'irrealtà delle sue percezioni.

allùdere v.intr. [21] (aus. *avere*) **1.** Accennare in modo non esplicito a qlco. *Alludere a un avvenimento.* SIN.: **riferirsi. 2.** Rimandare per via simbolica a un'altra immagine o concetto. *La favola allude a situazioni umane.*

allumatùra s.f. **1.** Concia delle pelli con allume di rocca. SIN.: **alluda. 2.** Trattamento in acqua bollente a cui vengono sottoposti i tessuti prima di essere tinti.

allùme s.m. CHIM. Solfato doppio di un metallo alcalino e di uno trivalente, general. alluminio, ferro, cromo. (Si usa in conceria per tingere le pelli.)

allumina s.f. MIN. Ossido d'alluminio (Al_2O_3) usato come catalizzatore, disidratante e nella preparazione di refrattari. (In chimica, l'allumina funge da sostanza assorbente per la cromatografia e da supporto catalitico.)

1. alluminàre v.tr. Trattare tessuti con l'allume per fissare i colori. ~ Conciare pelli con l'allume.

2. alluminàre o **alluminiàre** v.tr. Ricoprire qlco. di alluminio.

alluminàto s.m. CHIM. Sale nel quale l'alluminio si comporta da non metallo.

alluminieria s.f. Stabilimento di produzione o lavorazione dell'alluminio.

alluminifero agg. MIN. Che contiene alluminio.

alluminio s.m. (solo sing.) (lat. *Aluminium,* deriv. di *alumina* "allumina", termine coniato dal chimico inglese H. Davy nel 1812) **1.** Metallo di colore argenteo, leggero, di densità 2,7 e che fonde a 660 °C. **2.** Elemento chimico (*Al*) di numero atomico 13 e peso atomico 26,9815.
ENCICL. L'alluminio è un metallo duttile e malleabile poco alterabile se esposto all'aria. Il suo composto più importante è l'allumina, un ossido ottenuto a partire dalla bauxite, la cui riduzione elettrolitica è alla base della metallurgia dell'alluminio. Per la sua leggerezza, è usato puro o in lega nell'industria edile, automobilistica, aeronautica, elettrica, ecc.

alluminosilicàto s.m. MIN. Silicato nel quale alcuni atomi di silicio sono sostituiti da atomi di alluminio.

alluminotermia s.f. Procedimento per ottenere elevate temperature, basato sulla riduzione degli ossidi metallici con polvere di alluminio.

allunàggio s.m. [pl. *–gi*] Discesa sulla Luna.

allungaménto s.m. **1.** Aumento della lunghezza. SIN.: **estensione. 2.** LING. Aumento della durata di un suono. **3.** FIS. Accrescimento in lunghezza di un materiale solido lineare sottoposto a una sollecitazione fisica. *Allungamento termico.*

allungàre v.tr. [4] **1.** Rendere qlco. più lungo in dimensioni o durata. *Allungare un vestito.* ◇ *Allungare il passo:* camminare più velocemente. **2.** Stendere, protendere le membra del corpo. *Allungare le gambe.* **3.** *fam.* Dare a qlcu. qlco. che si tiene in mano. *Allungare il pane.*

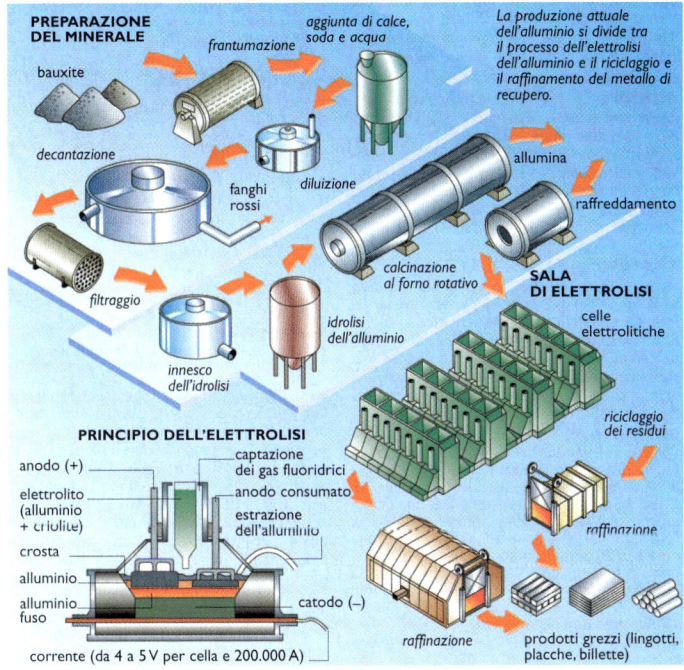

PREPARAZIONE DEL MINERALE

bauxite

frantumazione

aggiunta di calce, soda e acqua

La produzione attuale dell'alluminio si divide tra il processo dell'elettrolisi dell'alluminio e il raffinamento del metallo di recupero.

decantazione

fanghi rossi

diluizione

allumina

filtraggio

innesco dell'idrolisi

idrolisi dell'alluminio

calcinazione al forno rotativo

raffreddamento

SALA DI ELETTROLISI

celle elettrolitiche

riciclaggio dei residui

PRINCIPIO DELL'ELETTROLISI

anodo (+)

captazione del gas fluoridrici

elettrolito (alluminio + criolite)

anodo consumato

estrazione dell'alluminio

crosta

alluminio

alluminio fuso

catodo (–)

raffinazione

corrente (da 4 a 5 V per cella e 200.000 A)

raffinazione

prodotti grezzi (lingotti, placche, billette)

■ **alluminio** (processo produttivo).

SIN.: **porgere**. **4.** Diluire con acqua una sostanza liquida. *Allungare il vino*. SIN.: **annacquare**. **5.** LING. Aumentare la durata di un suono. **6.** *fam.* Assestare un colpo a qlcu. *Gli allungò un pugno*. SIN.: **dare**. ◆ v.intr. (aus. *avere*) SPORT. Effettuare un allungo. ◆ **allungarsi** v.pron. **1.** Aumentare in dimensioni o durata. *Le giornate si allungano*. **2.** LING. Detto di un suono, aumentare in durata. **3.** Con soggetto animato, stendere le membra da qualche parte. *Allungarsi al sole*. SIN.: **distendersi**. **4.** *fig.* Dilungarsi su un argomento. *Allungarsi troppo su una questione*.

allùngo s.m. [pl. *–ghi*] SPORT. Nel calcio, corto e rapido lancio della palla in avanti a un compagno. ~ Nel podismo e nel ciclismo, l'incremento di velocità con cui l'atleta distacca gli avversari.

allusióne s.f. (lat. *adlusiónem* "accarezzamento") Accenno, riferimento non esplicito, velato.

allusivo agg. **1.** Che allude. **2.** Evocativo, simbolico. *Linguaggio allusivo*.

alluvionàle agg. GEOL. Di terreno che si è formato con i detriti depositati dai corsi d'acqua.

alluvionaménto s.m. GEOL. Fenomeno di formazione delle alluvioni, dovuto al deposito dei detriti trascinati dal corso di un fiume.

alluvionàto agg. Che ha subìto un'alluvione. ◆ s.m. [f. *–ta*] Vittima di un'alluvione.

alluvióne s.f. (lat. *adluviónem*, deriv. di *adlùere* "bagnare") **1.** Eccesso di acqua dovuto a piogge copiose, a straripamento di corsi d'acqua, di bacini. SIN.: **inondazione**. **2.** *fig. spreg.* Quantità eccessiva, farraginosa. SIN.: **profluvio**. **3.** GEOL. Deposito di detriti trasportati da un corso d'acqua. **4.** DIR. Porzione di terreno che, a causa dei depositi fluviali, si aggiunge a un fondo agricolo rivierasco e che per legge appartiene al proprietario del fondo stesso.

almagèsto s.m. (ar. *al-Magìsti*, deriv. dall'opera greca di Claudio Tolomeo *Megìstè* "Grandissima") Trattato di astronomia.

almanaccàre v.tr. [4] Fantasticare su qlco. ◆ v.intr. (aus. *avere*) Lambiccarsi il cervello su qlco. che preoccupa. *Almanaccare su un problema irrisolto*. SIN.: **rimuginare**.

almanàcco s.m. [pl. *–chi*] (ar. *al-manāḫ* "il calendario") **1.** Calendario, spesso illustrato, con dati astrologici, informazioni commerciali, agricole, culturali, meteorologiche, curiosità. **2.** *estens.*

Pubblicazione con le notizie dell'anno relative a un dato settore. *Almanacco letterario*. SIN.: **annuario**. ◇ *Almanacco di Gotha:* annuario dell'alta nobiltà europea.

almandino s.m. (lat., deriv. di *Alabandīnum* "di Alabanda" città nell'odierna Turchia) MIN. Varietà di granato color vinaccia usato come gemma.

almèno avv. A dir poco, come minimo. *Sono almeno tre mesi che non lo vedo*. ◇ In funzione di cong., se non altro, comunque. *I posti in aereo sono esauriti; almeno, così mi è stato detto*.

almogàvero s.m. Nei secc. XIII e XIV, soldato di fanteria leggera.

alòbio agg. [pl.m. *–bi*] BIOL. Di organismo che vive in mare. ◆ s.m. BIOL. Insieme degli organismi che vivono in una data zona marina.

alocàsia s.f. Pianta erbacea, con grandi foglie colorate ricche infiorescenze, diffusa nelle regioni tropicali del continente asiatico. (Famiglia delle Aracee.)

àloe o **aloè** s.m. e f. inv. **1.** Pianta perenne, esotica, con foglie carnose e fiori gialli, rossi o bianchi a pannocchia. (Famiglia delle Liliacee.)

fiore

particolare della infiorescenza

■ **àloe**

2. Succo amaro ricavato dalle foglie dell'aloe, usato come medicinale. **3.** BOT. (iniziale maiusc.) Genere a cui appartengono le varie specie di aloe. **4.** *fig.* Amarezza, rozzezza. **5.** Albero originario dell'India, il cui legno, bruciando, emana un aroma delicato. (Famiglia delle Timeleacee.)

alofàuna s.f. BIOL. Insieme degli animali marini.

alòfita s.f. BOT. Pianta che vive in ambienti salini o salmastri.

aloflòra s.f. BIOL. Insieme dei vegetali marini.

alogenàto agg. CHIM. Composto contenente alogeni.

alogenazióne s.f. CHIM. Reazione che si ottiene introducendo alogeni in una molecola organica.

alògeno s.m. CHIM. Ciascuno dei cinque metalloidi (fluoro, cloro, bromo, iodio, astato) che, combinandosi con un metallo, dà origine a un sale. ◇ In funzione di agg., di lampada, faro a vapori di iodio.

alogenùro s.m. CHIM. Composto formato da un alogeno associato a un altro elemento.

alògico agg. [pl.m. *–ci*, f. *–che*] Di natura non logica.

alóne s.m. **1.** Cerchio luminoso che sembra circondare stelle e pianeti, dovuto alla rifrazione della luce nell'atmosfera. *Alone lunare*. ~ *estens.* Chiarore diffuso che appare intorno a una sorgente luminosa. SIN.: **aureola**. **2.** *fig.* Sensazione indistinta che sembra nascere da una determinata situazione o da certe persone o luoghi suggestivi. *Un alone di mistero*. **3.** Eccesso di luminosità lungo i contorni di un'immagine fotografica, televisiva, cinematografica. **4.** In un tessuto, il segno, perlopiù circolare, che rimane dopo averlo smacchiato.

alopècia s.f. [pl. *–cie*] MED. Caduta totale o parziale di capelli o peli. ◇ *Alopecia areata:* patologia che provoca la caduta dei capelli a chiazze.

Alorragidàcee s.f. pl. [iniziale minusc. sing. *–a* per l'individuo] BOT. Famiglia dell'ordine delle Mirtali.

alòsa s.f. Grosso pesce osseo marino, simile alla sardina, dal ventre argenteo e dal dorso azzurro-verde, commestibile, presente nel Mediterraneo; è detto anche *alaccia* o *cheppia*. (Lunghezza 80 cm; famiglia dei Clupeidi.)

alotàno s.m. BIOCHIM. Liquido volatile, utilizzato come anestetico per via respiratoria.

aloxite s.f. INDUS. Abrasivo a base di sesquiossido di alluminio.

àlpaca o **alpàca** s.m. inv. **1.** Mammifero ruminante, simile al lama e grande come una pecora, che vive sulle Ande. (Ordine degli Artiodattili.) **2.** Tessuto pregiato, morbido e lucido, ottenuto tessendo la lana di tale animale.

alpàcca s.f. [pl. *–che*] Lega di rame, zinco e nichel usata al posto dell'argento per posaterie e oggetti ornamentali di poco pregio.

àlpe s.f. **1.** Montagna, catena montuosa. **2.** (al pl., iniziale maiusc.) La catena montuosa che segna i confini settentrionali dell'Italia. **3.** Pascolo d'alta montagna.

alpéggio s.m. [pl. *–gi*] Pascolo estivo d'alta montagna.

alpenstock [/'alpənʃtɔk/] s.m. inv. (voce ted., propr. "bastone delle Alpi") Bastone con punta di ferro, usato nelle escursioni in montagna.

alpèstre agg. D'alta montagna, delle Alpi. ◆ s.m. Liquore a base di erbe aromatiche.

alpicoltùra o **alpicultùra** s.f. Studio agronomico delle zone di alta montagna.

alpinismo s.m. Attività sportiva di chi scala le montagne. ◇ *Alpinismo estremo:* che presenta eccezionali difficoltà tecniche. – *Sci alpinismo:* escursionismo sportivo praticato con appositi sci per compiere ascensioni e discese non tracciate, spesso in alta montagna.

alpinista s.m. e f. [pl.m. *–sti*] Chi pratica l'alpinismo.

alpino agg. **1.** Delle Alpi. **2.** Di alta montagna. *Flora alpina*. ◇ *Sci alpino:* comprendente le quattro specialità olimpiche di discesa libera, supergigante, slalom gigante e slalom speciale. **3.** Relativo al corpo militare degli alpini. ◆ s.m.

Le grandi date dell'alpinismo

cima	luogo	prima ascensione
Monte Bianco	Alpi	1786
Monte Rosa (punta Dufour)	Alpi	1855
Eiger	Alpi	1858
Cervino	Alpi	1865
Kilimangiaro	Africa	1889
Aconcagua	Ande	1897
Monte McKinley	Alaska	1913
Monte Logan	Canada	1925
Annapurna	Himalaya	1950
Fitz Roy	Ande	1952
Everest	Himalaya	1953
K2	Himalaya	1954
Kangchenjunga	Himalaya	1955

MIL. [al pl. anche iniziale maiusc.] Militare appartenente a uno speciale corpo dell'esercito italiano addestrato per agire in montagna.

alsaziàno agg. Dell'Alsazia. ◆ s.m. **1.** [f. *–na*] Nativo, abitante dell'Alsazia. **2.** (solo sing.) Dialetto alsaziano. **3.** Cane pastore tedesco.

alt s.m. inv. (ted. *halt* "fermata") Ordine di fermarsi, di cessare un'azione.

altàico agg. [pl.m. *–ci*, f. *–che*] Dei monti Altai. ◇ *Lingue altaiche:* il turco, il mongolo, il manciù. ◆ s.m. [f. *–ca*] Nativo, abitante della regione dei monti Altai.

altaléna s.f. **1.** Divertimento, gioco individuale, consistente nell'oscillare avanti e indietro su un seggiolino appeso a due funi fissate in alto. ~ Gioco tra due persone che, stando sedute agli estremi di un asse in bilico su un fulcro, lo fanno oscillare in su e in giù. ~ L'attrezzo necessario per tali giochi. **2.** *fig.* L'alternarsi di situazioni, di stati d'animo contrastanti.

altalenàre v.intr. (aus. *avere*) Essere indecisi, esitare. *Altalenare tra il sì e il no.* SIN.: **barcamenarsi**.

altaménte avv. **1.** Molto, notevolmente. *Operaio altamente qualificato.* **2.** Intensamente, profondamente.

altàna s.f. Loggia, terrazzo coperto sul tetto di un edificio.

altàre s.m. **1.** Nell'antichità, edicola per il culto degli dei. **2.** Nelle chiese, tavola sulla quale il sacerdote celebra la messa. ◇ *Altare maggiore:* posto nell'abside o al centro del transetto. – *fig. Andare, condurre all'altare:* sposarsi. – *Sacrificare qualcosa sull'altare:* rinunciarvi in nome di qualcos'altro. – *Mettere sugli altari:* stimare molto, esaltare.

altarino s.m. **1.** Nel sign. del dim. di *altare*; in partic., tabernacolo. **2.** *fig. scherz. Scoprire gli altarini:* rivelare piccoli segreti, complicità.

altèa s.f. (lat. *Althaea*, gr. forse deriv. di *álthesthai* "guarire" per le virtù terapeutiche della pianta) **1.** Pianta erbacea perenne, dalle proprietà medicinali, con rizoma, foglie verde-gri-

fiore

radice

■ **altèa**

gio coperte di peluria, fiori rosa. (Famiglia delle Malvacee.) SIN.: **bismalva**. **2.** BOT. (iniziale maiusc.) Genere di piante a cui appartiene l'altea.

alteràbile agg. **1.** Che si può alterare, guastare. **2.** *fig.* Irritabile, eccitabile.

alteràre v.tr. **1.** Modificare l'aspetto o la consistenza di qlco., spec. peggiorandolo o danneggiandolo. SIN.: **deteriorare**. ~ Manipolare un prodotto, spec. un cibo. SIN.: **sofisticare**. **2.** Falsificare, contraffare qlco. **3.** *fig.* Irritare, innervosire qlcu. ~ Turbare, sconvolgere. ◆ **alterarsi** v.pron. **1.** Cambiare nell'aspetto o nell'essenza. ~ Guastarsi, rovinarsi, detto spec. di cibi. **2.** *fig.* Arrabbiarsi. SIN.: **innervosirsi**.

alteràto agg. **1.** Modificato rispetto a uno stato considerato normale. ~ Guastato, sofisticato. **2.** *fig.* Di ciò o di chi risulta essere diverso dal solito a seguito di una particolare situazione. **3.** LING. Di parola che, con l'aggiunta di determinati suffissi, conserva il significato di base e la stessa categoria grammaticale, ma acquista una connotazione particolare. (Diminutiva, accrescitiva, vezzeggiativa, peggiorativa, attenuativa.)

alterazióne s.f. **1.** Modificazione di uno stato, di una condizione, di una posizione, di un punto di vista. **2.** Falsificazione, mistificazione. **3.** MED. Stato fisico o psichico anormale. **4.** CHIM. Modificazione delle caratteristiche di una roccia a causa di agenti esterni o endogeni. **5.** MUS. Innalzamento o abbassamento di una nota di uno o due semitoni. [Il bemolle (♭) abbassa la note di un semitono; il diesis (♯) alza la nota di un semitono; il bequadro (♮) annulla tutti i diesis o i bemolle precedenti.] **6.** LING. Processo di formazione degli alterati.

altèrco s.m. [pl. *–chi*] Violento scontro verbale.

àlter égo loc. sost. m. e f. inv. (loc. lat., propr. "un altro io") **1.** Persona che sostituisce e rappresenta a pieno titolo un'altra. SIN.: **sostituto**. **2.** Titolo del vicario regio nel Regno delle Due Sicilie.

alterìgia s.f. [non com. pl. *–gie, –ge*] Eccessiva e superba considerazione di sé.

alterità s.f. inv. (calco del gr. *heterótēs* "differenza") FILOS. Nel l. della scolastica, condizione opposta a quella dell'identità.

alternànza s.f. **1.** Successione alterna di due o più elementi secondo un ciclo che si ripete più o meno regolarmente. SIN.: **avvicendamento**. ◇ *Alternanza di governo:* principio secondo il quale la guida del governo non deve essere prerogativa di un'unica maggioranza. **2.** AGR. Rotazione delle colture su un terreno. **3.** LING. Modificazione fonetica nelle diverse forme di una stessa parola. **4.** BIOL. Successione di fasi aploidi e diploidi in un organismo che si riproduce sessualmente.

alternàre v.tr. Disporre o eseguire qlco. secondo un ordine alterno. *Alternare gli esercizi.* SIN.: **avvicendare**. ~ Far seguire in modo alterno una cosa a un'altra. *Alternare lo studio allo svago.* ◆ **alternarsi** v.pron. Venire di seguito a qlco. con ordine alterno, venire uno dopo l'altro. *Si alternano momenti di gioia e di dolore.*

alternativa s.f. **1.** Possibilità di scelta tra due o più soluzioni. ~ *estens.* Ognuna delle soluzioni adottabili. SIN.: **opzione**. ~ Nel l. pol., programma diverso od opposto a quello governativo. **2.** FILOS. Sistema di due proposizioni in cui la veridicità dell'una è conseguenza necessaria della falsità dell'altra.

alternativo agg. **1.** Che procede in maniera alterna, alternante. ◇ *Moto alternativo:* che va in un senso e poi nell'altro, p.e. quello dello stantuffo. **2.** Che si presenta alla scelta, alla decisione, come opposto, diverso da qlco. di dato. **3.** Di chi o di ciò che non appartiene alla cultura predominante o non è integrato in un'istituzione. *Medicina alternativa.*

alternàto agg. Che si alterna. ◇ ELETTR. *Corrente alternata:* corrente elettrica il cui flusso inverte periodicamente la direzione e la cui intensità è funzione periodica del tempo.

alternatóre s.m. ELETTR. Generatore di corrente alternata.

alternazióne s.f. Avvicendamento, spec. inteso come rotazione delle colture.

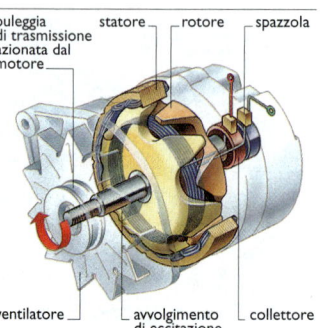

puleggia di trasmissione azionata dal motore — statore — rotore — spazzola

ventilatore — avvolgimento di eccitazione — collettore

■ **alternatóre.**
Struttura dell'alternatore di un'automobile.

altèrno agg. **1.** Che si ripete a intervalli regolari, che si avvicenda. ◇ *A giorni alterni:* uno sì e uno no. – *A targhe alterne:* riferito alla circolazione automobilistica, consentita a seconda del numero, pari o dispari, della targa. **2.** *estens.* Mutevole, incostante. *Le alterne vicende della vita.* **3.** BOT. Di foglie disposte sul fusto per nodo, non sovrapposte. **4.** GEOM. *Angoli alterni:* quelli che si formano tagliando due rette di uno stesso piano con una trasversale in due punti distinti, e che sono situati da parti opposte rispetto alla trasversale. – *Angoli alterni interni:* quelli che hanno in comune il segmento della trasversale che viene delimitato dalle intersezioni con entrambe le rette. – *Angoli alterni esterni:* quelli che non hanno nessun punto in comune.

altèro agg. Fiero e sdegnoso. ~ Orgoglioso, superbo.

altézza s.f. **1.** Dimensione di un corpo pari alla distanza in verticale tra la sua sommità e la sua base. ~ In riferimento ad acqua, profondità. *L'altezza del mare qui è di 50 metri.* ◇ *loc. prep. All'altezza di:* in prossimità, nelle vicinanze. **2.** Luogo elevato, quota alta rispetto al terreno circostante. ~ Distanza dalla superficie terrestre. *L'aereo vola a 10.000 metri d'altezza.* **3.** *fig.* Grandezza, eccellenza. *Altezza d'ingegno.* ◇ *fam. Essere all'altezza di qlcu.:* essere al pari di lui. – *Essere all'altezza di qlco.:* essere in grado di affrontarlo e superarne le difficoltà. **4.** *fig.* Parità di livello, vicinanza. *I rami erano all'altezza delle finestre.* **5.** GEOGR. Latitudine. **6.** GEOM. In alcune figure, segmento di perpendicolare condotta da un vertice sulla base opposta o sulla sua estensione. **7.** ACUST., MUS. Frequenza di un suono che ne determina la maggiore o minore acutezza. **8.** ASTR. Distanza angolare tra la direzione di un astro e il piano dell'orizzonte. **9.** MUS. Acutezza di un suono. **10.** LING. Fattore che, con l'intensità e la durata, costituisce l'accento, il tono e l'intonazione. **11.** Titolo dei membri di famiglia reale. *Sua Altezza Reale.*

altezzóso agg. Che ha un comportamento superbo e sprezzante. SIN.: **arrogante**.

àltica s.f. [pl. *–che*] Denominazione comune di varie specie di insetti dannosi alle coltivazioni perché parassiti della vite, dei cereali e di molti

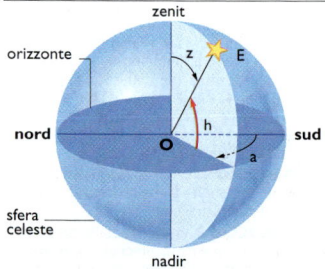

zenit

orizzonte — z ★ E

nord — h — sud

O — a

sfera celeste

nadir

z = distanza zenitale della stella E
h = altezza, a = azimut della stella E
O = osservatore

■ **altézza** in astronomia.

■ **altocùmulo**

ortaggi. (Lunghezza 5 mm ca.; famiglia dei Cri-somelidi.)

altìccio agg. [pl.m. *–ci*, f. *–ce*] Persona che ha bevuto molto, ma non è ancora ubriaca.

altimetrìa s.f. **1.** TOPOGR. Studio dei metodi per misurare l'altezza di un punto della superficie terrestre rispetto a un livello stabilito. **2.** Rappresentazione grafica delle quote di livello di una regione. ~ *estens.* Altitudine media di una regione.

altimètrico agg. [pl.m. *–ci*, f. *–che*] Relativo all'altimetria o all'altimetro. ◇ CARTOGR. *Curva altimetrica:* isoipsa.

altìmetro s.m. Strumento che serve per determinare l'altezza di un punto rispetto al livello del mare o a un terreno sottostante. ◇ *Altimetro barometrico:* basato sul principio della diminuzione della pressione in rapporto all'altezza.

altipòrto s.m. Aeroporto di montagna con piste in pendenza, dove gli aerei decollano in discesa e atterrano in salita.

altisonànte agg. **1.** Dal suono alto e potente. *Voce altisonante.* **2.** *fig.* Retorico, vuoto.

altitùdine s.f. Altezza di un luogo rispetto al livello del mare. SIN.: **quota.** ◇ MED. *Male dell'altitudine o mal di montagna:* l'insieme dei disturbi provocati dall'altitudine in montagna, o a bordo di un aeromobile.

àlto agg. **1.** Che si eleva verticalmente di una certa misura rispetto al suolo o a un altro piano di riferimento. ~ Che ha un'altezza notevole o una statura superiore alla media. *Ragazzo alto per la sua età.* **2.** Profondo, riferito spec. a masse d'acqua. ◇ *Alto mare:* il mare lontano dalla costa. – *fig. Essere in alto mare:* in difficoltà, lontano dalla conclusione di qlco. **3.** Largo, spesso. **4.** Di livello sonoro elevato, acuto. **5.** Superiore alla norma o alla media. *Prezzi molto alti.* ◇ *Alta tensione:* superiore a 500 volt. **6.** GEOGR. Settentrionale. ~ Riferito a corsi d'acqua, vicino alla sorgente. *Alto Po.* **7.** In riferimento al tempo, inoltrato. *Notte alta.* ◇ *Alta stagione:* periodi di grande afflusso turistico. – *Alto medioevo:* i primi secoli del Medioevo. **8.** *fig.* Di grado elevato, spec. in senso gerarchico e sociale. *Alto comando.* ◇ *fig. Alta borghesia:* la borghesia ricca, delle professioni, della dirigenza. – *Alto commissario:* quello che dipende direttamente dal consiglio dei ministri ed è dotato di funzioni straordinarie. – *Alto tradimento:* azione delittuosa commessa da militari contro la personalità e la sicurezza dello Stato. **9.** *fig.* Nobile, sublime, fiero. ◇ *fig. Avere un'alta opinione di sé:* essere orgoglioso, presuntuoso. ◆ avv. **1.** In su, in un luogo elevato, anche in senso fig. *Hai mirato troppo alto.* **2.** Profondamente, nobilmente. ◆ s.m. Ciò che sta in posizione elevata. ~ assol. Il cielo. *Dio ci guarda dall'alto.* ◇ *figg. Guardare dall'alto in basso:* in modo altezzoso. – *Far cadere qlco. dall'alto:* concederla come se si trattasse di un enorme favore. – *Un ordine dall'alto:* che viene da chi è gerarchicamente superiore, da un potente non altrimenti

identificato. – *In alto:* verso un punto superiore, un luogo più elevato. – *Alti e bassi:* vicende alterne, momenti di espansione e regresso. – *In alto i cuori!:* formula liturgica con cui si invitano i fedeli a rivolgersi fiduciosi a Dio; anche, incitamento a riprendere coraggio.

altoatesìno agg. [pl.m. *altoatesini*, f. *altoatesine*] Dell'Alto Adige, del Sudtirolo. ◆ s.m. [f. *altoatesina*] Nativo, abitante dell'Alto Adige, del Sudtirolo.

altocùmulo s.m. [pl. *altocumuli*] METEOR. Nube stratificata chiara a forma di bioccolo che si forma tra i 3500 e i 6500 m d'altezza. (Dà luogo al cosiddetto *cielo a pecorelle.*)

altofórno s.m. [pl. *altiforni*] (prob. calco del fr. *haut fourneau*) METALL. Forno a struttura verticale in cui vengono immessi, a strati, carbone coke e minerali di ferro per la produzione di ghisa.

altolocàto agg. [pl.m. *altolocati*, f. *altolocate*] (forse calco del ted. *hochgestellt*) Di rango sociale elevato.

altomedievàle agg. Relativo all'alto Medioevo.

altoparlànte s.m. [pl. *altoparlanti*] (calco dell'ingl. *loud-speaker*) Apparecchio, general. conico, che trasforma i segnali elettrici in segnali acustici. ~ *comun.* Apparecchio che amplifica i suoni.

altopiàno o **altipiano** s.m. [pl. *altopiani, altipiani*] GEOGR. Regione che si estende in piano a una quota superiore ai 300 m sul livello del mare.

altorilièvo s.m. [pl. *altorilievi*] SCULT. Scultura in cui le figure sporgono notevolmente dal piano di fondo.

altostràto s.m. [pl. *altostrati*] METEOR. Nube di altitudine media (compresa tra i 2000 e i 6000 m), di estensione variabile, a forma di velo fibroso e striato che copre uniformemente il cielo.

altrettànto agg. indef. Di pari numero, misura o quantità. *Non ho altrettanta possibilità di te.* ◆ avv. Nella stessa misura. *Lo conosco altrettanto bene.*

altriménti avv. In modo diverso, in altro modo. *Non potevo comportarmi altrimenti.* ◇ *locc. cong. Altrimenti da, non altrimenti da:* diversamente da, non diversamente da. *Ha agito non altrimenti da ciò che si pensava.* – *Altrimenti che, non altrimenti che:* diversamente che, non diversamente che. ◆ cong. **1.** In caso contrario, diversamente. **2.** Oppure, in alternativa. *Vieni domani mattina o altrimenti nel pomeriggio.*

àltro agg. indef. **1.** Distinto, separato. *Ci vedremo un altro giorno.* ◇ *loc. cong. Se non altro:* almeno, perlomeno. **2.** Ulteriore. *Vuoi un'altra mela?* **3.** (spec. pl.) Rimanente, restante. **4.** Riferito al tempo, anteriore. SIN.: **scorso.** ◇ *L'altro giorno:* qualche giorno fa. **5.** Sempre riferito al tempo (preceduto dall'art. determ. o da *questo*), successivo. *Quest'altra settimana.* **6.** Il secondo tra due cose o persone (in correlazione con *uno, questo, quello*). *Ho presentato l'una e l'altra proposta.* ◇ *L'altro mondo:* l'oltretomba. – *fig. Cose dell'altro mondo:* incredibili. **7.** Diverso per caratteristiche. *Oggi hai un altro aspetto.*

altróve avv. In un altro luogo. *Andiamo altrove.* ◇ *fig. Essere altrove o avere la testa altrove:* essere distratto.

altrùi agg.poss. inv. Di un altro, di un'altra, di altri, di altre. *Le idee altrui.*

altruìsmo s.m. Amore verso il prossimo, disponibilità a interessarsi agli altri.

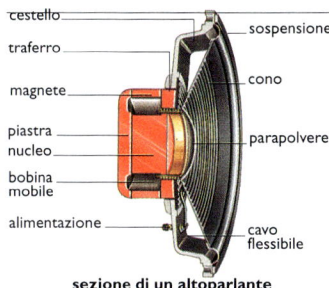

sezione di un altoparlante

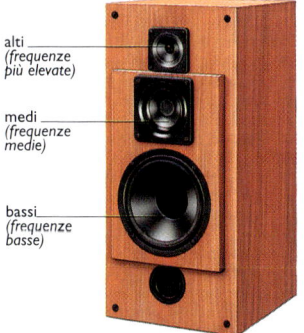

disposizione degli altoparlanti in un diffusore acustico

■ **altoparlànte**

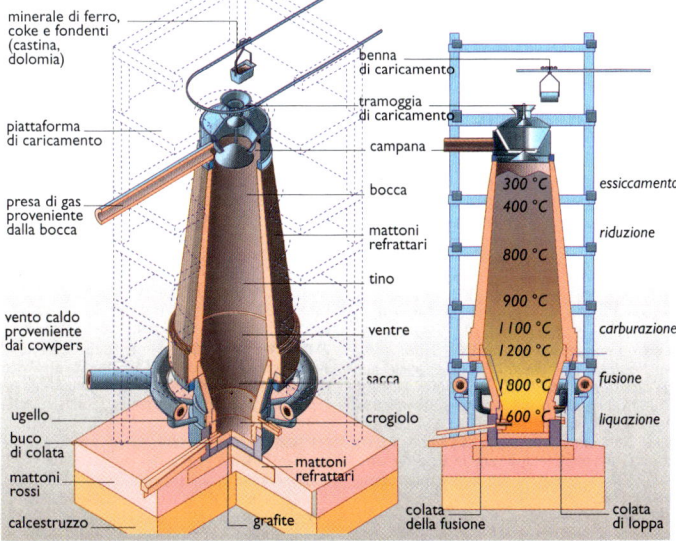

■ **altofórno.** Sezione e funzionamento di un altoforno siderurgico.

altruìsta s.m. e f.[pl.m. –*sti*] Chi si comporta con altruismo.

altùra s.f. **1.** Rilievo di modesta entità. **2.** MAR. Alto mare. ◇ *Pesca d'altura:* pesca sportiva di pesci di grosse dimensioni, praticata con la lenza in alto mare.

alturière s.m. [f. –*ra*] MAR. Pilota d'altura.

alturièro agg. MAR. Di navigazione di alto mare, di pesca d'altura. ~ *estens.* Di navigazione aerea d'alta quota.

Aluàtta s.f. ZOOL. Genere di scimmie di medie dimensioni, con muso schiacciato e coda sviluppata e prensile, con la quale si appendono ai rami degli alberi; per la loro caratteristica di emettere forti grida sono dette anche *scimmie urlatrici.* (Famiglia dei Cebidi.)

alùcita s.f. Farfalla con ali grigio-gialle, le cui larve causano gravi danni alle colture di cereali. (Apertura alare 1 cm ca.)

àlula s.f. **1.** ZOOL. Parte superiore dell'ala degli uccelli, formata dal gruppo di penne del primo dito, detto anche *ala spuria.* ~ Lobo situato al margine posteriore dell'ala di alcuni insetti. **2.** AER. Aletta del bordo di attacco dell'ala, fissa o spostabile.

alunìte s.f. MIN. Minerale incolore di lucentezza vitrea, composto di solfato basico di alluminio, sodio e potassio, dal quale si ricava l'allume di rocca.

alùnno s.m. [f. –*na*] Scolaro, spec. della scuola elementare e media. SIN.: **allievo**.

alveàre s.m. (lat. *alveāre,* deriv. di *álveus* "vaso di legno") Nido delle api. SIN.: **arnia**. ❑ In funzione di agg. inv., nella loc. *quartiere alveare,* agglomerato di grandi condomini sovrappopolati.

àlveo s.m. Incavo del terreno nel quale scorre un corso d'acqua. SIN.: **letto**.

alveolàre agg. **1.** BIOL. Relativo agli alveoli. ◇ *Tessuto alveolare:* relativo agli alveoli polmonari o dentali. **2.** LING. Di suono che si produce appoggiando o avvicinando la lingua agli alveoli dei denti incisivi superiori, in modo da creare localmente occlusione totale o intermittente, o un restringimento del canale. ◇ *Consonanti alveolari: l, n, r, s, z.* ◆ s.f. LING. Consonante alveolare.

alveolìte s.f. MED. Infiammazione che colpisce gli alveoli polmonari o dentali.

alvèolo s.m. **1.** Piccola cavità. ◇ *Alveolo polmonare:* struttura microscopica del tessuto polmonare situata all'estremità di un bronchiolo, in cui avvengono gli scambi respiratori. – *Alveolo dentale:* cavità dell'osso mascellare in cui sono impiantati i denti. **2.** BOT. Piccolo incavo sulla superficie di organi vegetali. **3.** Cavità di sezione esagonale che cesella alcune rocce.

alzabandièra s.m. inv. MIL. Cerimonia e consuetudine militare di alzare la bandiera.

alzacristàllo s.m. [pl. –*li*] Dispositivo per alzare o abbassare i finestrini degli autoveicoli.

alzàia s.f. **1.** MAR. Grossa fune utilizzata per l'ormeggio o per trainare contro corrente le imbarcazioni. **2.** Strada di servizio lungo la riva di fiumi o canali.

alzàre v.tr. **1.** Muovere qlco. dal basso verso l'alto. *Alzare un libro.* ◇ *fig. Alzare il tiro:* attaccare qlcu. con violenza. **2.** Portare una parte del corpo verso l'alto. *Alzare gli occhi.* ◇ *fig. Alzare le mani verso qlcu.:* picchiarlo. **3.** Costruire, edificare qlco. *Alzare un muro.* **4.** *estens.* Aumentare qlco. in intensità, valore o dimensioni. ◇ *Alzare la voce:* parlare a voce molto alta, urlare. **5.** CACC. Far sì che gli uccelli si alzino in volo. ◆ **alzarsi** v.pron. **1.** Muoversi da seduti, chinati o sdraiati e mettersi in piedi. *Alzarsi dalla poltrona.* ~ Svegliarsi e levarsi dal letto. *A che ora vi alzate la mattina?* **2.** Con soggetto non animato, aumentare in altezza, livello, intensità o valore. *Il mare si alza.* ~ Con soggetto animato, aumentare in statura. *Tuo figlio si è alzato molto.* **3.** Detto di pianeti, sorgere. *La luna si alza.* **4.** Detto di uccelli, levarsi in volo da terra. **5.** *fig.* Detto di suoni, espandersi improvvisamente. *Si alzò un grido.*

alzàta s.f. **1.** Sollevamento di qlco., eseguito con moto rapido e breve. ◇ *Votazione per alzata di mano:* quella in cui si approva qlco. alzando un braccio. – *Alzata di spalle:* gesto di noncuranza.

– *fig. Alzata di testa:* capriccio, atto di ribellione. **2.** La parte verticale di uno scalino. **3.** ARCH. Alzato, prospetto. **4.** Vassoio a più piatti sovrapposti per frutta o dolci. **5.** Parte alta di un mobile, spec. della credenza. **6.** MAR. Parte verticale dello scalmo. **7.** MIL. Opera difensiva costituita da un terrapieno. **8.** MECC. *Alzata di una valvola:* massimo scostamento di una valvola dalla sua sede. **9.** SPORT. Nella pallavolo, passaggio che facilita la schiacciata; nella pallacanestro, lancio al centro campo della palla da parte dell'arbitro; nel sollevamento pesi, il portare il bilanciere in alto con completa distensione delle braccia.

alzàto agg. Che sta ritto in piedi. ◇ *Stare alzato:* non andare a dormire. ◆ s.m. ARCH. Proiezione verticale della facciata di un edificio.

alzatòre s.m. SPORT. Nella pallavolo, il giocatore che si incarica di alzare il pallone per rendere possibile a un compagno di squadra la schiacciata.

alzavàlvola s.m. inv. MECC. Dispositivo che, nei motori a scoppio a due tempi, permette di alzare la valvola di scarico del cilindro.

alzàvola o **alzàgola** s.f. ZOOL. Uccello di palude, stanziale in Italia, simile all'anatra selvatica. (Ordine degli Anseriformi.)

Alzheimer (morbo di) [/'alts,haɪmə/] s.m. (solo sing.) (dal nome dello psichiatra A. Alzheimer che lo descrisse) MED. Malattia le cui cause sono ignote, caratterizzata dalla progressiva degenerazione delle cellule nervose cerebrali. ENCICL. Il morbo di Alzheimer è la principale causa di demenza senile. Nella maggior parte dei casi, i primi sintomi compaiono in modo discreto, general. solo con lievi disordini della memoria. Dopo alcuni anni, invece, iniziano a manifestarsi gravi disordini del linguaggio (afasia), della motricità (aprassia) e della percezione (agnosia). Oggi sono in via di sperimentazione molti trattamenti, alcuni dei quali risultano talvolta efficaci.

àlzo s.m. ARM. Dispositivo posto sulla canna di un'arma da fuoco, che regola l'inclinazione dell'arma in rapporto alla distanza del bersaglio. ◇ *Alzo zero:* tiro diretto. – *Mirare, colpire ad alzo zero:* al corpo, per uccidere; *fig.* colpire duramente, senza remore.

a.m. Abbreviazione di *ante meridiem,* antimeridiano, prima del mezzogiorno.

amàbile agg. **1.** Che sa farsi amare. ~ *estens.* Che ispira simpatia, di animo gentile. **2.** Di vino, che tende al dolce. SIN.: **abboccato**.

amàca s.f. [pl. –*che*] Rettangolo di tela o di rete che può essere appeso per le estremità, utilizzato per riposare o dormire.

amadriade s.f. **1.** MIT. GR. Ninfa dei boschi che nasceva e moriva con l'albero che le era sacro. **2.** Scimmia etiope con folta criniera, muso canino, coda a ciuffo. (Lunghezza 70 cm senza la coda; genere *Papio,* famiglia dei Cercopitecidi.)

amàlgama s.m. [pl. –*mi*] **1.** METALL. Lega a freddo di uno o più elementi con il mercurio. **2.** *estens.* Impasto di elementi eterogenei. **3.** *fig.* Accordo, intesa. **4.** LING. Coesistenza, in un unico significante, di due significati distinti.

amalgamàre v.tr. **1.** Unire un elemento a un altro, mescolando e formando un unico impasto. ~ CHIM. Unire un metallo con il mercurio, formando un amalgama. **2.** *fig.* Far sì che qlcu. o qlco. si unisca ad altro. ~ Unire più cose o persone facendo in modo che trovino accordo e coordinazione. **3.** *estens.* Mescolare insieme elementi diversi. ◆ **amalgamarsi** v.pron. **1.** Detto di più elementi, fondersi insieme. **2.** *fig.* Trovare accordo e coordinazione. *La classe si è amalgamata.* **3.** Unirsi e confondersi con qlco.

Amamelidàcee s.f. pl. [iniziale minusc. sing. –*a* per l'individuo] BOT. Famiglia di piante dicotiledoni legnose, con foglie palmate, infiorescenze a spiga, frutti a capsula. (Famiglia delle Rosacee.)

amamèlide s.f. BIOL. Arbusto ornamentale originario dell'America settentrionale, dalle cui foglie si ricavano sostanze usate come astringenti ed emostatici. (Famiglia delle Amamelidacee.)

Amanìta s.f. (gr. *amanĩtai* "funghi eduli" del monte *Amanos* in Cappadocia) BOT. Genere di funghi con lamelle bianche disposte a raggiera sotto il cappello, anello situato nella porzione su-

periore dello stipite e volva alla base del gambo; ne fanno parte specie velenose (*Amanita muscaria* o ovolo malefico; *Amanita pantherina* o tignosa bruna) o mortali (*Amanita phalloides* o tignosa verdognola; *Amanita verna* o tignosa primaverile), altre commestibili (*Amanita caesarea* o ovolo buono). (Famiglia delle Agaricacee.)

1. amànte agg. Che ama, predilige qlcu. o qlco. ◆ s.m. e f.**1.** Chi dimostra passione per qlcu. o qlco. **2.** Chi ha una relazione amorosa non ufficiale, spec. extraconiugale.

2. amànte o **mànte** s.m. MAR. Sistema per sollevare e spostare pennoni e vele.

amantìglio o **mantìglio** s.m. [pl. –*gli*] MAR. Cavo fisso o scorrevole che sostiene l'estremità dei pennoni e delle altre aste.

amanuènse s.m. **1.** Chi, prima dell'invenzione della stampa, trascriveva manoscritti. **2.** (anche f.) Scrivano, copista.

Amarantàcee s.f. pl. [iniziale minusc. sing. –*a* per l'individuo] BOT. Famiglia di piante erbacee con foglie alterne e opposte e minuscoli fiori verdastri.

amarànto s.m. (gr. *amárantos* "che non appassisce") **1.** Pianta erbacea con gambo grosso, foglie allungate, fiori a spiga. (Altezza fino a 1 m; famiglia delle Amarantacee.) **2.** Colore rosso porpora cupo. ❑ In funzione di agg. inv., nell'accez. 2 di s.

amàre v.tr. **1.** Provare amore e affetto verso qlcu. *Amare i propri figli.* ~ Essere innamorato di qlcu. ~ Nutrire un sentimento di devozione verso la divinità e di carità verso gli altri. **2.** Sentire affetto, attaccamento per qlco. ~ Sentire inclinazione, interesse, attrazione per qlco. *Amare la danza.* **3.** Detto di animali, prediligere qlco. *I gatti amano la solitudine.* ~ Riferito alle piante, abbisognare di qlco. per prosperare. *Gli agrumi amano il clima mediterraneo.* ◆ **amarsi** v.pron. **1.** Tenere a se stessi, essere soddisfatti di sé. **2.** Detto di due o più persone, provare affetto o amore reciproci.

amareggiàre v.tr. [5] Riempire qlcu. di amarezza e sconforto. ◆ **amareggiarsi** v.pron. *fig.* Diventare triste, amareggiato.

amarèna s.f. **1.** Frutto simile alla ciliegia. SIN.: **visciola**. **2.** Sciroppo ricavato da tali frutti.

amaréno s.m. Albero che produce amarene.

amarétto s.m. **1.** Pasticcino di pasta di mandorle di forma tonda. **2.** Liquore dal sapore di mandorla.

amarézza s.f. Delusione, rammarico.

amàrico agg. [pl.m. –*ci,* f. –*che*] Dell'Amhara. ◆ s.m. [pl. –*ca*] Nativo, abitante dell'Amhara. **2.** (solo sing.) Lingua semitica parlata in Etiopia.

amarìlli o **amarìllide** s.f. [inv. o pl. –*di*] BOT. Pianta erbacea bulbosa originaria dell'Afri-

Amanita muscaria
velenoso

Amanita pantherina
velenoso

Amanita phalloides
mortale

Amanita verna
mortale

■ **Amanìta**

ca Meridionale, con grandi fiori rossi dal profumo delicato. (Sottoclasse delle Monocotiledoni; famiglia delle Amarillidacee.)

amarillico agg. MED. Relativo alla febbre gialla.

Amarillidàcee s.f. pl. [iniziale minusc. sing. –*a* per l'individuo] BOT. Famiglia di piante monocotiledoni perenni, bulbose, come p.e. l'amarilli, il bucaneve, il narciso.

amàro agg. **1.** Di sapore contrario al dolce. **2.** Triste, doloroso, spiacevole. ◆ s.m. **1.** Sapore amaro. **2.** (solo sing.) Amarezza, accoramento. **3.** Nell'industria vinaria e casearia, alterazione del prodotto che ne corrompe il sapore. **4.** Liquore a base di erbe aromatiche.

amarógnolo agg. **1.** Di sapore leggermente amaro. **2.** fig. Sgradevole. ~ Afflitto. *Una faccetta amarognola.* ◆ s.m. Sapore amarognolo.

amàrra s.f. MAR. Fune da ormeggio.

amastìa s.f. MED. Mancanza della mammella a causa di una malformazione congenita.

amateur [/ama'tœr/] s.m. [pl. *amateurs*] (voce fr., propr. "amatore") Appassionato, cultore.

amatóre s.m. [f. –*trice*] SPORT. Atleta non professionista, dilettante. **2.** Appassionato, intenditore. ~ estens. Collezionista.

amatoriàle agg. Da appassionato. ~ A livello dilettantistico, riservato a dilettanti. *Sport amatoriale.*

amauròsi s.f. inv. MED. Condizione di cecità transitoria o definitiva.

amàzzone s.f. (lat. *Amāzonem*, gr. *Amazṓn* deriv. di *mazós* "mammella" perché secondo la tradiz. tali guerriere si amputavano la mammella destra per tirare meglio con l'arco) **1.** Ognuna delle leggendarie donne guerriere della tribù delle Amazzoni, in Cappadocia, che rifiutavano gli uomini nella loro comunità. **2.** estens. Cavallerizza. ◇ *Cavalcare all'amazzone:* con entrambe le gambe da un lato della sella. **3.** Tenuta da cavallerizza, un tempo formata da un abito con gonna lunga e giacca nera, cilindro o bombetta. **4.** fig. Donna virile per atteggiamenti e comportamento. ❑ In funzione di agg., nella loc. *formica amazzone*, in zoologia, formica che cattura le operaie di altra specie e vive del loro lavoro.

amazzònico agg. [pl.m. –*ci*, f. –*che*] Del Rio delle Amazzoni.

amazzonìte s.f. MIN. Varietà di feldspato potassico di colore verde chiaro o azzurrato.

àmba s.f. GEOGR. Montagna di forma troncoconica tipica dell'altopiano etiopico.

ambascerìa s.f. Gruppo di agenti diplomatici incaricati di una missione in uno stato straniero.

ambàscia s.f. [pl. –*sce*] **1.** *non com.* Difficoltà di respiro, oppressione. **2.** fig. (spec. pl.) Angoscia, ansia.

ambasciàta s.f. (provenz. *ambaissada*, lat. deriv. di *ambāctus* propr. "colui che è mandato intorno") **1.** Corpo diplomatico di rappresentanza di uno stato nella capitale di un altro stato. **2.** Messaggio inviato per mezzo di agenti diplomatici.

ambasciatóre s.m. [f. –*trice*] **1.** Persona che rappresenta il proprio stato presso uno stato straniero che ne accetta le credenziali. **2.** estens. Latore di un messaggio, di un'ambasciata.

ambedùe agg. num. inv. Entrambi.

ambiàre v.intr. [6] (aus. *avere*) Detto di quadrupedi, muoversi con l'andatura detta *ambio*, cioè portando avanti gli arti dello stesso lato.

ambidestrismo s.m. Capacità di usare, con la stessa abilità, entrambe le mani o i piedi.

ambidèstro agg. Che utilizza, con la medesima abilità, entrambe le mani. ◆ s.m. [f. –*tra*] Nel sign. dell'agg.

ambientàle agg. Relativo all'ambiente.

ambientalismo s.m. **1.** PSICOL. Teoria che assegna all'ambiente un'importanza primaria nella determinazione dei comportamenti umani e animali. **2.** Movimento politico che si batte sulla difesa dell'ambiente naturale. SIN.: **ecologismo**.

ambientalista s.m. e f.[pl.m –*sti*] (calco dell'ingl. *environmentalist*) **1.** PSICOL Seguace dell'ambientalismo. **2.** Ecologista. ❑ In funzione di agg.,

che riguarda l'ambiente naturale e la sua salvaguardia.

ambientaménto s.m. **1.** Adattamento all'ambiente. **2.** ARCH. Armonizzazione di nuove strutture edilizie con l'ambiente circostante.

ambientàre v.tr. **1.** Adattare a un nuovo ambiente o clima. **2.** estens. Inquadrare un personaggio o una vicenda in una determinata dimensione spazio-temporale. *Ambientare un romanzo nel Settecento.* ◆ **ambientarsi** v.pron. Adattarsi a un nuovo ambiente o clima.

ambientazióne s.f. **1.** Ambientamento. **2.** Ricostruzione di un determinato ambiente. ~ CINE., TEAT. La scenografia costruita a questo scopo. ~ estens. Collocazione in determinati tempi e luoghi di una narrazione. **3.** ARRED. Il complesso degli oggetti usati per arredare una casa.

ambiènte s.m. (lat. *ambiĕntem*, deriv. di *ambīre* "andare intorno") **1.** Spazio e complesso delle condizioni fisico-biologiche che consentono la vita. SIN.: **ecosistema**. **2.** estens. Spazio nel quale l'individuo vive. ~ estens. Complesso di condizioni sociali e morali. **3.** fig. Insieme di persone accomunate da interessi o ideali. *Ambiente studentesco.* ~ Insieme di circostanze nel quale matura qlco. *Ambiente adatto alla diffusione del malcontento.* **4.** Stanza, vano, locale. **5.** CHIM., FIS. La condizione fisico-chimica necessaria alla realizzazione di un processo. **6.** INFORM. *Ambiente operativo:* insieme di risorse disponibili dall'utente di un dato sistema operativo. ~ *Ambiente di programmazione:* insieme di programmi di elaborazione, compilatori e altri strumenti utili allo sviluppo di programmi. ❑ In funzione di agg. inv., *temperatura ambiente*, quella normale in un determinato luogo.

ambigènere agg. GRAMM. Di sostantivo che si usa sia al m. sia al f. senza mutamento di forma (il pediatra/la pediatra), oppure che cambia genere nel passare da sing. a pl. (l'uovo/le uova).

ambiguità s.f. inv. Caratteristica di ciò che si presta a una o più interpretazioni.

ambiguo agg. (lat. *ambīguum*, deriv. di *ambīgere* "spingere da una parte e dall'altra") **1.** Di significato equivoco, variamente interpretabile. **2.** Subdolo, che agisce con doppiezza.

àmbio s.m. [non com. pl. –*bi*] Andatura di alcuni quadrupedi, p.e. giraffa e cammello, che spostano contemporaneamente la zampa anteriore e quella posteriore dello stesso lato. ~ estens. Andatura a cui il cavallo viene addestrato.

ambire v.intr. [83] (aus. *avere*) (lat. *ambīre* "andare intorno, sollecitare") Aspirare, anelare a qlco. *Ambire al potere.* ◆ v.tr. (aus.) Desiderare e ricercare intensamente qlco. *Ambire una carica.* SIN.: **bramare**.

ambistoma s.m. Anfibio simile alla salamandra diffuso nell'America settentrionale e in Messico. [È in grado di riprodursi anche allo stato larvale (*neotenia*).]

1. **àmbito** s.m. **1.** Spazio circostante e circoscritto entro cui ci si muove e si agisce. ~ Margine concesso all'azione di qlcu., qlco. **2.** Spazio che intercorre tra il suono più grave e quello più acuto di una melodia. ~ Estensione vocale o sonora.

2. **ambito** agg. Desiderato, agognato.

ambivalènte agg. **1.** Che presenta ambivalenza. **2.** fig. Che ha uguale validità rispetto a due cose diverse.

ambivalènza s.f. **1.** Presenza di due aspetti diversi non necessariamente contraddittori. **2.** PSICOAN. Il provare e il concepire impulsi o sentimenti opposti per lo stesso oggetto.

ambizióne s.f. Caparbio desiderio di raggiungere un obiettivo. ~ Volontà di eccellere. ~ Brama di potere, di successo. ~ Aspirazione a un notevole miglioramento. ~ estens. Cosa a cui si aspira. *La laurea era la sua ambizione.*

ambizióso agg. **1.** Che è dominato dall'ambizione. **2.** Che denota ambizione, intraprendenza. ◆ s.m. [f. –*sa*] Nell'accez. 1 dell'agg.

ambliopìa s.f. MED. Menomazione visiva non riconducibile a lesioni organiche.

amblioscòpio s.m. [pl. –*pi*] MED. Apparecchio utilizzato per curare lo strabismo concomitante.

àmbo s.m. Nel lotto, estrazione sulla stessa ruota di due dei numeri giocati. ~ Nella tombola, estrazione di due numeri posti sulla stessa fila.

ambóne s.m. ARCH. Nelle chiese paleocristiane, palco con balaustra poi sostituito dal pulpito. ~ La mensa da cui il sacerdote officia la messa rivolto verso i fedeli.

ambra s.f. **1.** Resina fossile, di colore giallo bruno o rossiccio, usata per oggetti ornamentali. (Detta anche *succino*, si presenta sotto forma di frammenti duri ma fragili, trasparenti.) **2.** Colore dorato-bruno luminoso tipico dell'ambra. **3.** *Ambra grigia:* sostanza presente nell'intestino del capodoglio usata in profumeria. ❑ In funzione di agg. inv., nell'accez. 2 del s.

ambràto agg. Di colore o del profumo dell'ambra.

ambrétta s.f. Nome comune di alcune piante erbacee diffuse nelle regioni tropicali e coltivate per ornare giardini. (Famiglia delle Composite.)

ambròsia s.f. (lat. *ambrōsiam*, gr. *ambrosía* deriv. di *ámbrotos* "immortale") **1.** MIT. GR. Cibo a base di miele che rendeva immortale chiunque lo assaggiasse. ~ estens. Cibo, bevanda dal gusto prelibato. **2.** Pianta erbacea diffusa nell'area mediterranea e dotata di proprietà medicinali. (Famiglia delle Composite.)

ambrosiàno agg. **1.** Di sant'Ambrogio. **2.** estens. Di Milano. ◇ *Carnevale ambrosiano:* che dura fino al sabato successivo al mercoledì delle ceneri. ◆ s.m. [f. –*na*] Milanese.

ambulàcro s.m. **1.** ARCH. Portico per il passeggio. **2.** ZOOL. Organo di locomozione e tatto degli Echinodermi, costituito da una piccola appendice retrattile.

ambulànte agg. Che si sposta. ◆ s.m. e f. Venditore ambulante.

ambulànza s.f. **1.** Veicolo per il trasporto di malati o feriti. SIN.: **autoambulanza**. **2.** MIL. Ospedale da campo.

ambulatoriàle agg. Fatto in un ambulatorio medico. ◆ s.m. e f. Medico che presta servizio in ambulatorio.

ambulatòrio s.m. [pl.m. –*ri*] Locale attrezzato per visite mediche e cure specialistiche che non richiedono una degenza ospedaliera. ◆ agg. **1.** Relativo al camminare. *Muscoli ambulatori*. **2.** Ambulatoriale.

amburghése agg. **1.** Di Amburgo. **2.** *Galletto amburghese:* gallo di taglia piccola dalla carne pregiata. ◆ s.m. e f. Nativo, abitante di Amburgo e della sua regione.

amèba s.f. (gr. *amoibḗ* "trasformazione") Protozoo diffuso in acque dolci o salate e nei terreni umidi, che cambia facilmente forma grazie all'emissione di pseudopodi per mezzo dei quali si muove. (Dimensioni dai 30 ai 500 micron; classe dei Rizopodi.) ~ Parassita intestinale dell'uomo e degli animali che provoca l'amebiasi.

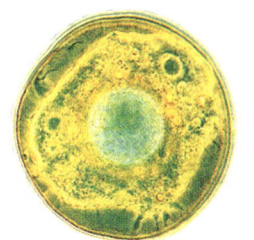

■ amèba

amebèo agg. METR. Di componimento poetico, che presenta versi alterni in forma di dialogo, tipico della poesia pastorale classica. ◆ s.m. METR. Piede metrico della poesia greca e latina costituito da due sillabe lunghe, due brevi e un'altra lunga.

amebìasi s.f. inv. MED. Malattia infettiva provocata dalla presenza dell'ameba nell'intestino.

amebòide agg. Simile all'ameba per aspetto o movimento.

amèllo s.m. Pianta erbacea, perenne, con capolini gialli e brattee a linguetta azzurra o violetta, che cresce spontanea in molte regioni europee e asiatiche. (Famiglia delle Composite.)

àmen s.m. inv. (ebr. *'amēn* "è vero") Usato in alcune locc. ◇ *In un amen:* in un attimo. – *Essere all'amen:* alla fine.

amenità s.f. inv. **1.** Piacevolezza, serenità. **2.** (al pl.) Facezia, arguzia. *Un libro pieno di amenità.*

amèno agg. **1.** Piacevole, ridente. **2.** Spassoso.

amenorrèa s.f. MED. Assenza del ciclo mestruale in età feconda al di fuori dello stato di gravidanza.

amènto s.m. **1.** Striscia di cuoio che gli antichi Romani applicavano all'impugnatura dei giavellotti per facilitarne la presa e il lancio. **2.** BOT. Infiorescenza allungata con fiori unisessuati a spiga con asse flessibile. (I fiori maschi del castagno e del nocciolo producono amenti.)

amènza s.f. (lat. *amēntiam*, deriv. di *āmens* "pazzo") PSICH. Grave forma di confusione mentale caratterizzata da comportamenti incoerenti.

americàna s.f. SPORT. Gara ciclistica su pista a coppie, con alternanza dei corridori nella prova.

americanàta s.f. *scherz. o spreg.* Cosa grandiosa e pacchiana che denota mancanza di senso della misura e insieme ingenuo entusiasmo.

american dream [/ə'merikən 'dri:m/] loc. sost. m. (solo sing.) (loc. ingl., "sogno americano") Il sogno americano di ricchezza, l'ideale di egualitarismo sociale e soprattutto di benessere economico.

americanismo s.m. **1.** LING. Parola o locuzione propria delle lingue indigene dell'America settentrionale ed entrata a far parte di un'altra lingua, spec. europea. ~ Parola o espressione propria dell'inglese parlato negli Stati Uniti. **2.** Tradizionalismo e patriottismo tipici di una parte della società americana. **3.** Simpatia e imitazione di usanze americane.

americanistica s.f. [non com. pl. *–che*] Studio storico ed etnologico del continente americano. ~ Studio della lingua e letteratura degli Stati Uniti.

americanizzàre v.tr. Rendere qlcu. o qlco. simile al costume, alla cultura, alle idee proprie degli Stati Uniti. ◆ v.intr. (aus. *essere*) Assumere caratteri simili a quelli presenti negli Stati Uniti.

americàno agg. **1.** Dell'America. *Continente americano.* **2.** Degli Stati Uniti d'America. ◇ *Servizio all'americana:* tovagliette individuali con cui si apparecchia la tavola. – *Uva americana:* *uva fragola. – CINE. *Notte americana:* *effetto notte. ◆ s.m. [f. *–na*] **1.** Nativo, abitante del continente americano, spec. degli Stati Uniti. **2.** (solo sing.) Lingua inglese parlata negli Stati Uniti. **3.** Aperitivo composto da vermut, amaro, seltz, scorza di limone.

americio s.m. (solo sing.) (dal nome di America perché scoperto nel 1945 a Berkeley) Elemento chimico (*Am*), artificiale e radioattivo, di numero atomico 95 e peso atomico 243.

amerindiàno agg. Degli indiani d'America. SIN.: **amerindio.** ◆ s.m. [f. *–na*] Nel sign. dell'agg.

amerindio agg. [pl.m. *–di*] (ingl. *Amerind*) Degli indiani d'America. ◆ s.m. [f. *–dia*] Nel sign. dell'agg.

ametàbolo agg. (gr. *ametábolos* "che non cambia") ZOOL. Di insetto che diventa adulto senza subire metamorfosi. (I Collemboli, p.e.) ◆ s.m. ZOOL. Nel sign. dell'agg.

ametista s.f. (gr. *améthystos* "non ubriaco" perché la si riteneva rimedio contro l'ubriachezza) MIN. Varietà preziosa di quarzo di colore violetto. ~ s.m. Colore violetto tipico della pietra. □ In funzione di agg. inv., nel sign. del s.m. *Seta ametista.*

amètrope agg. MED. Affetto da ametropia. ◆ s.m. e f.MED. Nel sign. dell'agg.

ametropia s.f. MED. Ogni difetto della vista che comporta una cattiva messa a fuoco degli oggetti (in oppos. a *emmetropia*). (Miopia, ipermetropia, astigmatismo.)

amfetamina o **anfetamina** s.f. (ingl. *amphetamine*) FARM. Farmaco stimolante del sistema nervoso centrale, che diminuisce il sonno e la fame. (È classificata tra gli stupefacenti.)

Amia s.f. ZOOL. Genere di pesci con scheletro ossificato, diffusi nelle acque dolci del Nord America. (Ordine degli Olostei.)

amiànto s.m. (gr. *amíantos* "incorruttibile") MIN. Varietà di silicato in fibre, resistente all'azione del fuoco. (Il suo uso in Italia è vietato dal 1992 dopo la scoperta delle sue proprietà cancerogene.)

amichévole agg. Da amico. ◇ *In via amichevole:* alla buona, in partic. senza aprire un contenzioso. – SPORT. *Incontro, partita amichevole:* che non rientra in una competizione ufficiale. ◆ s.f. SPORT. Partita amichevole.

amicizia s.f. **1.** Sentimento di affetto, di simpatia, di solidarietà, di stima tra due o più persone, che si traduce in rapporti di dimestichezza e familiarità. ◇ *Amicizia interessata:* non sincera, stabilita per tornaconto. **2.** *estens.* Alleanza, buone relazioni. **3.** *eufem.* Relazione amorosa. ◇ *Amicizie particolari:* relazioni omosessuali. **4.** (spec. pl.) Persone amiche.

amico agg. [pl.m. *–ci*, f. *–che*] **1.** Che dimostra solidarietà, disponibilità. ~ Favorevole, propizio. *Sorte amica.* **2.** *estens.* Militarmente, politicamente, culturalmente affine. SIN.: **alleato.** ◆ s.m. [f. *–ca*] **1.** Chi ha un rapporto di affetto e stima con qlcu. ◇ *Amico d'infanzia:* con cui si è in rapporto sin da bambini. – *Amico del cuore:* l'amico prediletto. – *Amici per la pelle:* molto uniti. **2.** *iron. o scherz.* Persona conosciuta che non si vuole nominare. *Guardalo, l'amico!* **3.** Chi ha un'inclinazione, chi prova interesse per qlcu. o qlco. *Un amico della natura.* **4.** *eufem.* Amante, innamorato

amidàceo o **amilàceo** agg. Che contiene amido.

amidatùra s.f. IND. TESS. Appretatura dei tessuti di cotone ottenuta usando una pasta amidacea.

amide s.f. CHIM. → **ammide.**

amidificio s.m. Fabbrica in cui si produce l'amido.

àmido s.m. Polimero del glucosio che forma la sostanza di riserva di molti vegetali e che si accumula nelle radici, nei tuberi, nei frutti e nei semi. – Soluzione colloidale di amido e acqua usata per inamidare la biancheria.

amìgdala s.f. (gr. *amygdálē* "mandorla") **1.** ANAT. Organo ghiandola a forma di mandorla, general. linfoide. ◇ *Amigdala palatina:* tonsilla. **2.** PREIST. Pietra a forma di mandorla usata come arma o arnese di lavoro. **3.** MIN. Concrezione minerale a forma di mandorla situata nelle cavità bollose di rocce di origine vulcanica.

amigdalina s.f. CHIM. Glucoside contenuto nelle mandorle amare.

amigdalite s.f. MED. Infiammazione che colpisce le tonsille. SIN.: **tonsillite.**

amilàceo agg. Relativo all'amido. ~ Che contiene amido.

amilàsi s.f. inv. BIOL. Enzima presente in organismi vegetali e animali che scinde l'amido in maltosio e destrine.

amile s.m. CHIM. ORG. Radicale (–C_5H_{11}) che entra nella costituzione dei composti amilici.

amilène s.m. CHIM. Idrocarburo generato dalla disidratazione dell'alcol amilico.

amilico agg. Che contiene il radicale amile. ◇ *Alcol amilico:* alcol $C_5 H_{11}$ OH, prodotto in partic. durante la fermentazione della fecola di patate.

amiloidòsi s.f. inv. Malattia dovuta all'infiltrazione nei tessuti (reni, fegato, ecc.) di una sostanza anomala.

amimìa s.f. MED. Perdita parziale o totale della capacità di gesticolare, tipica del morbo di Parkinson.

amìmico agg. Affetto da amimia.

amioplasia s.f. MED. Malformazione consistente nella mancanza di tessuto muscolare.

amiotrofia s.f. MED. Atrofia muscolare progressiva.

amish [/'ɑ:mɪʃ/] s.m. inv. Appartenente a un gruppo religioso protestante americano, caratterizzato da profonda austerità e opposizione nei confronti della civiltà moderna.

amitòsi s.f. inv. BIOL. Sdoppiamento di una cellula senza modificazioni nel numero dei cromosomi del nucleo.

amitto s.m. Rettangolo di tela di lino con cui il sacerdote si copre le spalle prima di indossare la cotta.

amlètico agg. [pl.m. *–ci*, f. *–che*] **1.** Di Amleto. **2.** *estens.* Incerto, irrisoluto.

amlira s.f. (ingl., abbr. di *allied military lira* "lira militare alleata") Cartamoneta emessa nel 1943 dal governo militare alleato in Italia, che ebbe corso legale fino al 1950.

ammaccàre v.tr. [4] **1.** Produrre una deformazione sulla superficie di un oggetto, percuotendolo o urtandolo. **2.** *estens.* Rompere, schiacciare una parte del corpo di qlcu. *Ammaccare un braccio all'avversario.* ◆ **ammaccarsi** v.pron. **1.** Detto di un oggetto, subire una deformazione sulla superficie a causa di un urto. *L'orologio si è ammaccato.* **2.** *estens.* Riportare una contusione. *Ammaccarsi le ossa.*

ammaccatùra s.f. Effetto, segno di un urto, di una contusione.

ammaestràre v.tr. **1.** Istruire, educare qlcu. *Ammaestrare i bambini.* **2.** Rendere persone o animali abili in qlco. *Ammaestrare un cane.*

ammaestràto agg. Addestrato, spec. riferito ad animali. ~ Riferito a persona, scaltro.

ammaestratóre s.m. [f. *–trice*] Addestratore di animali.

1. ammagliàre v.tr. [6] **1.** Legare casse o balle incrociando le funi in modo da formare una rete. **2.** Fare il bordo ai materassi.

2. ammagliàre v.tr. Battere, colpire qlco. con il maglio. *Ammagliare l'acciaio.*

ammainabandièra s.m. inv. Cerimonia militare per ammainare la bandiera.

ammainàre v.tr. MAR. Abbassare vele, bandiere o carichi. SIN.: **calare.** ◇ *Ammainare la bandiera:* in una nave, segnale che rappresenta il segno di resa. – *fig. Ammainare le vele:* rinunciare a un'iniziativa o a un'impresa.

ammalàrsi v.pron. Contrarre una malattia.

ammalàto agg. Affetto da una malattia. ◆ s.m. [f. *–ta*] Malato. ~ *estens.* Ricoverato in ospedale.

ammaliànte agg. Che incanta, seduce.

ammaliàre v.tr. [6] **1.** Fare incantesimi o fatture per controllare la volontà di qlcu. **2.** *fig.* Affascinare qlc. riducendone la libertà di pensiero e di comportamento.

ammaliatóre agg. [f. *–trice*] **1.** Che opera fatture. **2.** *fig.* Che affascina, seduce. *Uno sguardo ammaliatore.* ◆ s.m. (anche f.) Nei sign. dell'agg.

ammànco s.m. [pl. *–chi*] Somma di denaro che risulta mancante per errore contabile o dolo. *Ammanco di cassa.* SIN.: **disavanzo.**

ammanettàre v.tr. **1.** Mettere le manette ai polsi di qlcu. **2.** *estens.* Arrestare qlco.

ammanigliàre v.tr. [6] MAR. Congiungere due catene o cavi mediante un ferro ad ansa, detto *maniglia.*

ammannàre v.tr. AGR. Raccogliere in covoni o manne.

ammansire v.tr. [83] **1.** Rendere mansueto un animale feroce. **2.** *estens.* Rendere più calmo qlcu. ◆ **ammansirsi** v.pron. **1.** Detto di animali, divenire mansueto. **2.** *estens.* Detto di persona, calmarsi.

ammantàre v.tr. **1.** Detto di indumenti, avvolgere come un manto. ~ *fig.* Coprire, rivestire una superficie. **2.** *fig.* Coprire con un manto o con qlco. che lo avvolga. SIN.: **ricoprire.** ◆ **ammantarsi** v.pron. **1.** Coprire se stessi con una veste. ~ *fig.* Con soggetto non animato, apparire coperto di qlco. **2.** *fig.* Attribuire a se stessi meriti eccessivi. *Ammantarsi di virtù.*

ammaràggio s.m. [pl. *–gi*] AER. Manovra di discesa sul mare di velivoli e navicelle spaziali.

ammaràre v.intr. (aus. *avere* o *essere*) AER. Riferito ad aeromobili, scendere e posarsi sull'acqua.

ammarràggio s.m. [pl. –gi] MAR. Ormeggio, attracco.

ammarràre v.tr. MAR. Assicurare un'imbarcazione al molo, a una banchina o a riva. ~ estens. Agganciare cavi o funi a una struttura solida.

ammassàre v.tr. **1.** Raccogliere oggetti in grande quantità. Ammassare fieno. **2.** Portare generi alimentari all'ammasso. ◆ **ammassarsi** v.pron. Con soggetto non animato, unirsi formando una massa. ~ Detto di più soggetti animati, riunirsi in grande numero in un luogo. SIN.: **adunarsi.**

ammàsso s.m. **1.** Accumulo di cose accatastate in modo casuale. SIN.: **mucchio, cumulo. 2.** Nel l. sc., insieme di elementi simili. ◇ ASTR. Ammasso stellare: aggregazione di stelle accomunate dallo stesso moto e da identiche caratteristiche spettrali. – Ammasso di galassie: raggruppamento nello spazio di nebulose extragalattiche. **3.** Raccolta di derrate alimentari gestita dallo Stato. **4.** estens. Magazzino di raccolta delle derrate alimentari gestite dallo Stato.

ammattire v.intr. [83] (aus. essere) **1.** Impazzire. **2.** Perdere la calma. **3.** Lambiccarsi il cervello su qlco. che impegna. Ammattire su un libro. ◆ **ammattirsi** v.pron. Diventare matto.

ammattonàre v.tr. COSTR. Pavimentare una superficie con mattoni.

ammazzacaffè s.m. inv. fam. Digestivo che si beve a fine pasto.

ammazzàre v.tr. (propr. "colpire con la mazza") **1.** Uccidere un essere vivente in maniera cruenta. ◇ fig. Ammazzare il tempo: farlo passare in fretta tenendosi occupati. **2.** fig. Portare qlcu. allo stremo delle forze. **3.** In alcuni giochi con le carte, superare in valore la carta dell'avversario con la propria. ◆ **ammazzarsi** v.pron. **1.** Uccidersi se stessi volontariamente. **2.** Morire accidentalmente in modo violento. Ammazzarsi in un incidente. ◇ fig. Ammazzarsi di fatica, di lavoro: lavorare molto. **3.** Detto di più persone, causare reciprocamente la morte l'una dell'altra.

ammazzasètte s.m. e f.inv. → **spaccone.**

ammazzatóio s.m. [pl. –toi] Macello, mattatoio.

ammènda s.f. **1.** DIR. Sanzione o pena pecuniaria. SIN.: **multa. 2.** fig. Riparazione, risarcimento di un danno. ◇ Fare pubblica ammenda: riconoscere i propri torti.

ammendaménto s.m. AGR. Intervento migliorativo della costituzione chimico-fisica di un terreno. ~ Sostanza usata allo scopo.

ammendàre v.tr. (lat. emendāre "correggere") AGR. Bonificare, migliorare un terreno.

ammennìcolo s.m. Accessorio di scarsa importanza. SIN.: **cianfrusaglia.**

ammésso agg. Accettato, accolto. ~ loc. cong. Anche se, quand'anche. Lo aspetteremo, ammesso che venga. ◆ s.m. [f. –sa] Chi può accedere a qlco.

ammettènza s.f. FIS. Grandezza propria di un circuito elettrico, che misura la facilità con cui una corrente alternata percorre il circuito.

amméttere v.tr. [50] **1.** Accettare, approvare, permettere qlco. Non ammettere ritardi. **2.** Riconoscere apertamente qlco. Ammettere la propria distrazione. **3.** Lasciar entrare in un luogo. Ammettere i cani in un albergo. **4.** Permettere che qlcu. faccia parte di un'associazione, partecipi a un'assemblea. **5.** Riconoscere qlcu. idoneo. Ammettere un candidato a un concorso.

ammezzàto s.m. Piano di un fabbricato intermedio tra il piano terra e il primo piano.

ammiccaménto s.m. **1.** Cenno d'intesa. **2.** FISIOL. Ritmica chiusura delle palpebre. SIN.: **nittitazione.**

ammiccàre v.intr. [4] (aus. avere) Fare cenni d'intesa a qlcu., spec. con gli occhi. Ammiccare ai passanti. ~ fig. Con soggetto non animato, avere un aspetto tale da sembrare in atto di fare cenni.

ammicco s.m. [pl. –chi] **1.** Ammiccamento, cenno. **2.** fig. Scintillio.

ammide o **amide** s.f. CHIM. Composto derivato dall'ammoniaca per sostituzione di uno o più atomi di idrogeno con radicali di acidi o con metalli.

ammìdico o **amìdico** agg. [pl.m. –ci, f. –che] CHIM. Relativo all'ammide.

ammìna o **amìna** s.f. CHIM. ORG. Composto derivato dall'ammoniaca per sostituzione di uno o più atomi di idrogeno con radicali alchilici. (Le ammine si distinguono in tre classi: ammine primarie RNH₂, secondarieRR'NH e terziarie RR'Rsecolo N.)

ammìnico o **amìnico** agg. [pl.m. –ci, f. –che] CHIM. ORG. Relativo all'ammina.

amministràre v.tr. (lat. administrāre, deriv. di minīster "servo, funzionario") **1.** Prendersi cura della gestione, dell'organizzazione e dello sviluppo di un bene pubblico o privato. **2.** estens. Trascorrere un periodo di tempo imponendosi regole e scadenze. **3.** CRIST. Somministrare i sacramenti. ◆ **amministrarsi** v.pron. Darsi e seguire regole di vita.

amministrativo agg. Relativo all'amministrazione. ◇ Diritto amministrativo: branca del diritto pubblico che concerne l'organizzazione e il funzionamento dell'amministrazione pubblica. ◆ s.m. [f. –va] Funzionario, impiegato del settore amministrativo.

amministràto agg. Regolato, governato, diretto. ◆ s.m. [f. –ta] Cittadino, in quanto oggetto di pubblica amministrazione.

amministratóre s.m. [f. –trice] Chi amministra, gestisce, dirige qlco. ◇ Amministratore giudiziario: incaricato dall'autorità giudiziaria di gestire temporaneamente beni privi di titolare. – Amministratore delegato: in una società per azioni, chi agisce su delega del consiglio d'amministrazione. – Amministratore unico: chi ha il potere gestionale normalmente spettante al consiglio di amministrazione. – Amministratore apostolico: reggente temporaneo di una diocesi su incarico della Santa Sede.

amministrazióne s.f. **1.** Attività diretta ad amministrare beni privati o pubblici. ◇ Amministrazione ordinaria: gestione normale di beni, aziende, ecc. – DIR. Amministrazione straordinaria: quella che tende al risanamento di grandi aziende in situazione fallimentare ed è affidata a un commissario straordinario. **2.** fig. Regolazione, dosaggio. **3.** Ente, azienda pubblica, ufficio che gestisce una determinata attività. ◇ Amministrazione indipendente: autorità amministrativa sottratta al controllo del governo, cui sono affidate funzioni arbitrali e di garanzia in particolari settori d'interesse pubblico. **4.** Complesso di uffici in cui si svolge l'attività amministrativa.

amminoàcido o **aminoàcido** s.m CHIM. Sostanza costituente delle proteine, che contiene uno o più radicali carbossilici acidi e uno o più radicali amminici basici.

amminoglicòside o **aminoglicòside** s.m. FARM. Tipo di antibiotico ad azione battericida, contenente ammino-zuccheri nella molecola.

amminoplàsto s.m. CHIM. Resina sintetica che si ricava dalla condensazione di formaldeide con ammine o ammidi e ha largo impiego industriale nella fabbricazione di vernici e collanti.

ammiràglia s.f. [pl. –glie] **1.** In una flotta militare, nave sulla quale è imbarcato l'ammiraglio. **2.** SPORT. In una gara ciclistica, automobile al seguito della corsa su cui si trova il direttore sportivo di una squadra.

ammiragliàto s.m. **1.** Grado e ufficio di ammiraglio. **2.** Sede degli uffici in cui esplica la sua attività un ammiraglio. **3.** Ministero della Marina.

ammiràglio s.m. [pl. –gli] (ar. amīr "comandante") **1.** MIL. Ufficiale della Marina militare di grado elevato. (Corrisponde a generale.) **2.** Carica civile e militare con giurisdizione sulla terra e sul mare.

ammiràre v.tr. **1.** Guardare qlco. con entusiasmo, meraviglia. Ammirare un tramonto. **2.** estens. Provare stima e rispetto per qlcu. o qlco. SIN.: **stimare.**

ammiràto agg. Meravigliato, affascinato.

ammiratóre s.m. [f. –trice] **1.** Chi prova un sentimento di ammirazione, di stima. **2.** estens. Corteggiatore.

ammirazióne s.f. **1.** Contemplazione estatica, venerazione. **2.** Sentimento di profonda stima. ~ estens. La persona o la cosa che lo suscita.

ammirévole agg. Degno di ammirazione. SIN.: **ammirabile.**

ammissibile agg. **1.** Che può essere preso in considerazione. SIN.: **accettabile. 2.** DIR. Di atto processuale rispondente alle leggi che il giudice deve prendere in considerazione.

ammissióne s.f. **1.** Accettazione, accoglimento. L'ammissione a un concorso. ◇ DIR. Ammissione di colpa: conferma della propria colpevolezza da parte di un indiziato; genericamente, riconoscimento di una propria mancanza. – BORS. Ammissione a quotazione: procedura con la quale un titolo è ammesso alle contrattazioni. **2.** Approvazione, riconoscimento. Ammissione di un'ipotesi. **3.** MECC. Immissione del fluido motore nei cilindri o nella camera di combustione di un motore.

ammobiliàre v.tr. [6] (calco del fr. ameubler) Arredare uno spazio con mobili.

ammobiliàto agg. Arredato.

ammocète s.f. ZOOL. Larva delle lamprede.

ammodernaménto s.m. Rifacimento di qlco.

ammòdite s.m. (gr. ammodýtēs, propr. "che si nasconde nella sabbia") Vipera a testa triangolare, diffusa nei Balcani e nel Vicino Oriente, considerata la più velenosa delle vipere europee; detta anche vipera del corno. (Lunghezza 90 cm; famiglia dei Viperidi.) ◆ s.f. Piccolo pesce teleosteo dal corpo allungato, che usa sprofondarsi nella sabbia.

Ammòfila s.f. **1.** ZOOL. Genere di insetti simili alla vespa, che immobilizzano le prede (ragni, bruchi) con un colpo di pungiglione e le trascinano nella sabbia per nutrire le proprie larve. (Lunghezza 20 mm; famiglia degli Sfecidi.) **2.** BOT. Genere di di piante erbacee, diffuse lungo i litorali sabbiosi, usate anche per fermare le dune. (Famiglia delle Graminacee.)

■ **Ammòfila**

ammolliménto s.m. Ammorbidimento. ~ GEOL. Cedimento del terreno molle.

ammollìre v.tr. [83] **1.** Rendere molle, spec. col calore o con aggiunta di liquido. Ammollire un impasto. **2.** fig. Togliere vigore. SIN.: **infiacchire.** ◆ **ammollirsi** v.pron. Diventare molle, morbido.

ammòllo s.m. Prolungata immersione in un liquido. ~ special. Prelavaggio, immersione del bucato in acqua e detersivo per facilitare il conseguente lavaggio.

ammoniaca s.f. [pl. –che] (fr. ammoniaque, gr. deriv. di Ammōniakós "di Ammone", sale che veniva raccolto presso il tempio di Giove Ammone in Libia) **1.** CHIM. Composto gassoso d'azoto e idrogeno (NH_3), di odore acre. (È una delle molecole primordiali dell'universo.) **2.** Soluzione acquosa dell'ammoniaca per uso domestico.

ammoniacàle agg. CHIM. Che contiene ammoniaca, che ha le proprietà dell'ammoniaco.

ammoniaco agg. [pl.m. –ci, f. –che] CHIM. Dell'ammoniaca o dell'ammonio. ◇ Sale ammoniaco: cloruro d'ammonio.

ammònico agg. [pl.m. –ci, f. –che] CHIM. Di ammonio, che contiene ammonio.

ammoniménto s.m. **1.** Consiglio di tipo morale impartito con autorevolezza. SIN.: **monito. 2.** Pungolo morale che induce a riflettere sulle azioni compiute. SIN.: **rimprovero.**

ammònio s.m. [pl. –nii, –ni] CHIM. Catione NH_4^+, che per le sue proprietà chimiche si collega a un catione alcalino, come il potassio K^+. ◇ Sali di ammonio: formati dall'ammoniaca in combinazione con acidi.

ammonìre v.tr. [83] **1.** Rimproverare, riprendere. ~ Consigliare con autorevolezza esortando al rispetto di regole morali. *Ammonire un figlio al rispetto per l'ambiente.* **2.** AMM., SPORT. Infliggere una sanzione disciplinare a qlco. per un'infrazione commessa. *Ammonire un giocatore.* **3.** DIR. Applicare il provvedimento di ammonizione nei confronti di qlco.

ammonìte s.f. **1.** Mollusco fossile dalla conchiglia calcarea a forma di spirale, diffuso nell'era mesozoica. (Classe dei Cefalopodi.) **2.** CHIM. INDU. Polvere propulsiva costituita da una miscela di nitrato d'ammonio e carbone trattato.

■ **ammonìte**

ammonìto agg. [f.–*ta*] Che è stato rimproverato. ◆ s.m. SPORT. Chi ha ricevuto un'ammonizione.

ammonizióne s.f. **1.** Avvertimento, ammonimento. ~ Rimprovero, richiamo. **2.** AMM. Richiamo disciplinare per iscritto di un dipendente. ~ Nei tribunali, monito. ~ SPORT. Richiamo ufficiale dell'arbitro nei confronti di un atleta che infrange il regolamento. **3.** DIR. Provvedimento di limitazione della libertà imposto in passato dalla polizia a persone ritenute socialmente pericolose. ~ DIR. CAN. Comunicazione dell'inoltro della scomunica, che segue a tre successivi inviti a sottomettersi all'autorità della Chiesa.

ammonizzazióne s.f. BIOL. Processo con cui microrganismi del terreno trasformano l'azoto contenuto nelle sostanze organiche in azoto ammoniacale utilizzabile dalle piante.

1. ammontàre v.intr. (aus. *essere*) Raggiungere una certa cifra. *Il debito ammonta a cento euro.* SIN.: **assommare.**

2. ammontàre s.m. Importo, somma.

ammorbaménto s.m. **1.** Infezione, inquinamento. **2.** *fig.* Corruzione, degenerazione.

ammorbàre v.tr. **1.** Infettare con un odore forte o con sostanze inquinanti. SIN.: **appestare.** **2.** *fig.* Corrompere, guastare. *La violenza ammorba la società.*

ammorbidènte agg. Che rende morbido. ◆ s.m. Additivo per bucato che contrasta l'azione indurente del calcare sulla biancheria.

ammorbidìre v.tr. [83] **1.** Rendere morbido. *Ammorbidire un tessuto.* **2.** *fig.* Smussare le asperità dell'animo, renderlo mite. ◇ *fig. Ammorbidire una persona:* indurla alla comprensione, all'indulgenza. **3.** *fig.* Sfumare i contorni di un tratto o i colori, eliminando i contrasti. ◆ **ammorbidìrsi** v.pron. Diventare più morbido, anche in senso fig. *Il carattere si ammorbidisce con l'età.*

ammorsàre v.tr. **1.** TECN. Chiudere qlco. in una morsa. **2.** COSTR., ARCH. Porre delle morse in un muro per collegarvene un altro. SIN.: **addentellare.**

ammortaménto s.m. **1.** FIN. Ripartizione nel tempo di un onere. ~ CONTAB. Constatazione del deprezzamento subito da un bene in seguito all'usura, all'invecchiamento o all'obsolescenza. ~ Graduale rientro della parte di capitale immobilizzata in impianti mediante accantonamento di quote ripartite in diversi esercizi di gestione. **2.** DIR. *Ammortamento di un titolo di credito:* blocco di un titolo di credito al portatore o nominativo in caso di furto o smarrimento.

ammortàre v.tr. Ammortizzare un debito o il capitale investito in immobili.

ammortizzaménto s.m. (prob. calco del fr. *amortissement*) Ammortamento, estinzione.

ammortizzàre v.tr. **1.** CONTAB. Estinguere gradualmente un debito o reintegrare la parte di capitale immobilizzata in impianti. SIN.: **ammortare.** ~ *estens.* Mettere a frutto un bene utilizzandolo.

2. MECC. Attutire urti, vibrazioni, colpi, mediante ammortizzatori. **3.** *fig.* Diminuire gli effetti, la forza di qlco. *Ammortizzare il colpo.*

ammortizzatóre s.m. **1.** MECC. Dispositivo per attutire urti, vibrazioni. **2.** *fig.* Provvedimento mirante a ridurre contrasti, tensioni. ◇ *Ammortizzatore sociale:* istituto preposto a ridurre gli effetti negativi di alcuni fenomeni sociali, in partic. nel mondo del lavoro.

ammortizzazióne s.f. FIN. Ammortamento, estinzione. ~ *fig.* Riduzione, lenimento.

ammosciàre v.tr. [5] **1.** Rendere moscio togliendo nerbo, consistenza. SIN.: **afflosciare. 2.** Rendere qlco. fiacco, senza voglia di fare. *La pioggia mi ammoscia.* ◆ **ammosciarsi** v.pron. *fam.* Perdere consistenza, diventare floscio. *La torta si ammoscia.* ~ *fig.* Perdere mordente, grinta. SIN.: **deprimersi.**

ammostàre v.tr. Pigiare l'uva per ricavarne il mosto. ◆ v.intr. (aus. *avere*) Produrre mosto. *L'uva ammosta.*

ammostatóio s.m. [pl. –*toi*] Strumento per ammostare e girare le vinacce.

ammostatùra s.f. Separazione del mosto dalla vinaccia.

ammòtrago s.m. [pl. –*ghi*] ZOOL. Pecora selvatica con corna lunghe e arcuate e fluente frangia pendente dal collo. (Famiglia dei Bovidi.)

ammucchiàre v.tr. [6] Raccogliere in mucchi o cumuli. ~ *estens.* Mettere insieme una gran quantità di qlco. *Ammucchiare denaro.* ◆ **ammucchiarsi** v.pron. Riunirsi in gran quantità in un luogo. *Ammucchiarsi all'entrata.* SIN.: **ammassarsi.** ~ Essere stipati in un luogo. *Le carte si ammucchiano nel cassetto.*

ammucchiàta s.f. **1.** *spreg.* Insieme raccogliticcio di persone, gruppi o partiti. **2.** *pop.* Orgia.

ammuffìre v.intr. [83] (aus. *essere*) **1.** Fare la muffa, guastarsi per la muffa, anche pron. *Il pane (si) è ammuffito.* **2.** *fig.* Vivere isolato, ritirato in un luogo o immerso nelle proprie attività. *Ammuffire in casa.*

ammuffìto agg. **1.** Che ha la muffa. **2.** *fig.* Vecchio, sorpassato.

ammutinaménto s.m. **1.** DIR. Reato che consiste in una ribellione collettiva. **2.** *estens.* Rifiuto di obbedire agli ordini di un'autorità.

ammutinàrsi v.pron. (spagn. *amotinarse*, fr. *se mutiner* "ribellarsi") MIL. Ribellarsi all'autorità degli ufficiali superiori.

ammutolìre v.tr. [83] Rendere qlco. silenzioso, lasciarlo senza parole. *La paura lo ammutolì.* ◆ v.intr. (aus. *essere*) Non pronunciare più parola, fare silenzio. *Ammutolire all'improvviso.*

amnesìa s.f. (fr. *amnésie*) **1.** MED. Patologia neurologica che comporta la perdita parziale o totale della memoria. **2.** *estens.* Deficienza momentanea della memoria. SIN.: **vuoto di memoria.**

àmnio s.m. [pl. –*ni*] (gr. *amníon* "vaso di raccolta del sangue degli animali sacrificati") ANAT. Nei vertebrati superiori, involucro a forma di sacco contenente il liquido nel quale è immerso l'embrione.

amniocèntesi s.f. inv. MED. Prelievo di liquido amniotico mediante un ago, allo scopo di

effettuare una diagnosi precoce sullo stato del feto.

amnioscopìa s.f. MED. Indagine sulle caratteristiche del liquido amniotico per diagnosticare eventuali sofferenze del feto.

Amniòti s.m. pl. [iniziale minusc. sing. –*to* per l'individuo] ZOOL. Vertebrati superiori che durante lo sviluppo embrionale presentano l'amnio. (I rettili, gli uccelli e i mammiferi.)

amniòtico agg. [pl.m. –*ci*, f. –*che*] BIOL. Dell'amnio. ◇ EMBRIOL. *Liquido amniotico:* quello contenuto nell'amnio.

amnistìa s.f. (gr. *amnēstía* "oblio") DIR. Atto legislativo che estingue un reato, con conseguente annullamento della pena o della condanna. ~ *estens.* Condono, grazia.

àmo s.m. (lat. *hāmum* "uncino") **1.** Piccolo uncino metallico con due punte divergenti, sul quale si infila l'esca per far abboccare il pesce alla lenza. **2.** *fig.* Insidia, trappola. ◇ *Abboccare all'amo:* cadere in un inganno.

amòmo s.m. Pianta erbacea simile allo zenzero, con grossi rizomi, foglie lineari e fiori raccolti in spighe, diffusa nelle regioni tropicali del continente asiatico. (Famiglia delle Zingiberacee.) SIN.: **cardamomo.**

amoràle agg. **1.** Non suscettibile di giudizio morale. **2.** Che non fa dipendere il proprio comportamento da valutazioni di ordine morale. ◆ s.m. e f. Persona spregiudicata, priva di senso morale.

amóre s.m. **1.** Affetto intenso, assiduo, fortemente radicato per qlco. ◇ *Amor proprio:* orgoglio. – *Per amore di:* accondiscendo alla richiesta di una persona cara. **2.** Sentimento, affetto che comporta anche attrazione sessuale. *Amore coniugale.* ◇ *Fare l'amore:* avere un rapporto sessuale. ◇ *Amore contro natura:* per la Chiesa, l'omosessualità. – *Amore platonico:* casto. **3.** *estens.* Chi è oggetto di amore, di desiderio. ~ Persona amabile, cara. *Un amore di bambina.* **4.** (al pl.) Vicende, relazioni amorose. **5.** Negli animali, istinto sessuale finalizzato alla riproduzione. SIN.: **calore. 6.** Sentimento rivolto a qlco. a cui ci si sente legati da ragioni affettive, morali o verso cui si ha un'inclinazione intellettuale. *Amore per l'arte.* SIN.: **interesse. 7.** TEOL. CRIST. Dio, in quanto la creazione e la redenzione denotano una predilezione affettiva per l'uomo. ~ Devozione verso Dio che si manifesta come ricerca del bene e come carità e solidarietà verso il prossimo. **8.** MIT. (iniziale maiusc.) Dio fanciullo raffigurato nudo, alato e munito di arco e frecce con le quali feriva gli uomini suscitando amore.

amoreggiàre v.intr. [5] (aus. *avere*) Avere una relazione amorosa. ~ Intrattenere una relazione amorosa non impegnativa con qlco.

amorévole agg. Che esprime o denota amore.

amòrfo agg. (gr. *ámorphos* "informe") **1.** Che non ha forma definita. SIN.: **informe. 2.** *fig.* Privo di personalità, di carattere. SIN.: **insulso. 3.** FIS., CHIM. Di corpo solido che non ha struttura cristallina.

amorìno s.m. **1.** Rappresentazione allegorica dell'amore, spesso sotto le sembianze di un putto armato di arco. **2.** *fig.* Bambino piccolo e

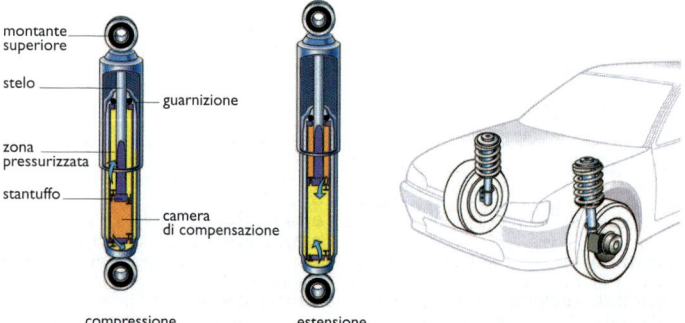

compressione   **estensione**

montante superiore
stelo
guarnizione
zona pressurizzata
stantuffo
camera di compensazione

■ **ammortizzatóre.** Struttura e funzionamento dell'ammortizzatore di un'automobile.

paffuto. **3.** Sofà a forma di S, per due persone, di moda nel Settecento.

amovìbile agg. Che può essere rimosso, spostato. SIN.: **rimovibile**.

Ampelidàcee s.f. pl. [iniziale minusc. sing. –a per l'individuo] BOT. Famiglia di piante dicotiledoni arbustive e sarmentose, provviste di viticci, grosse foglie e frutti a bacca. SIN.: **Vitacee**.

ampelografìa s.f. Classificazione sistematica delle varie qualità di viti e vitigni.

Ampelopsis s.f. inv. BOT. Genere di piccole piante rampicanti, simili alla vite, con foglie decidue che in autunno diventano rosse. (Famiglia delle Ampelidacee.)

amperàggio s.m. [pl. –gi] (fr. *ampérage*) FIS. Intensità di una corrente elettrica espressa in ampère.

ampère [/ã'pɛr/] s.m. inv. (voce fr., dal nome del fisico A.M. Ampère) FIS. Unità di misura dell'intensità di una corrente elettrica (simb. A).

amperòmetro s.m. FIS. Strumento di misura dell'amperaggio.

amperóra s.m. inv. FIS. Unità di misura della quantità di elettricità, corrispondente alla carica trasportata in 1 ora da una corrente di intensità costante di 1 ampère.

amperoràmetro s.m. ELETTROTEC. Strumento per misurare l'elettricità che passa in un circuito.

amperspira s.f. FIS. Unità di misura della forza magnetomotrice, corrispondente a quella di una spira singola attraversata dalla corrente di 1 ampère.

àmpex s.m. inv. TELECOM. Denominazione commerciale, che costituisce marchio registrato, della macchina che registra le immagini su un nastro magnetico. ~ *per anton.* Registrazione videomagnetica.

ampièzza s.f. **1.** Estensione, anche in senso fig. *Ampiezza di un fenomeno.* **2.** Grande quantità. *Ampiezza di mezzi.* SIN.: **abbondanza**. **3.** MAT. Indica, in vari casi, la misura di una grandezza. *L'ampiezza di un angolo.* **4.** FIS. Indica, general. per una grandezza oscillante, lo scarto massimo dal valore medio. *Ampiezza d'onda.*

àmpio agg. [pl.m. –pi] **1.** Che si estende in lunghezza e larghezza. *Ampio scialle.* **2.** fig. Senza limite. ~ Ricco di implicazioni. *Significato più ampio della parola.*

amplèsso s.m. (lat. *amplēxum*, deriv. di *amplēcti* "abbracciare") ◆ **coito**.

ampliaménto s.m. DIR. Allargamento, aumento.

ampliàre v.tr. [6] Rendere qlco. più largo, più ampio. ◆ **ampliarsi** v.pron. Diventare più ampio, aumentare le proprie dimensioni.

amplidìna s.f. ELETTROTEC. Dispositivo magnetico rotante usato come amplificatore di potenza. SIN.: **amplidinamo**.

amplificàre v.tr. [4] **1.** Aumentare il valore di una grandezza fisica. *Amplificare un suono.* **2.** Esagerare l'importanza di qlco. *Amplificare il problema.*

amplificatóre s.m. **1.** ELETTR. Dispositivo che moltiplica l'ampiezza di una grandezza fisica oscillante senza modificare la forma dell'onda. *Amplificatore meccanico.* ~ *per anton.* Dispositivo che aumenta l'intensità di un segnale acustico. **2.** [f. –trice] Chi amplia retoricamente una narrazione, un discorso.

amplificazióne s.f. **1.** Azione, funzione dell' amplificare. **2.** RET. Ripetizione enfatica di un concetto per rafforzarlo o per ottenere un particolare effetto espressivo.

amplitùdine s.f. **1.** ASTR. Arco di orizzonte compreso tra il punto in cui un astro sorge e i punti cardinali est o ovest. **2.** GEOGR. Differenza tra un valore massimo e uno minimo. SIN.: **escursione**.

ampólla s.f. **1.** Piccola anfora in vetro o ceramica con una sola ansa e collo sottile terminante in un beccuccio. **2.** TECNOL. Recipiente di vetro in cui è praticato il vuoto e in cui si immettono gas inerti per effettuare esperimenti in assenza di aria. **3.** CATT. Boccetta metallica in cui viene custodito l'olio santo. **4.** ANAT. Dilatazione di condotti in cui si raccolgono i prodotti della secrezione o dell'escrezione. *Ampolla rettale.*

ampollìna s.f. **1.** Nel sign. del dim. di *ampolla.* **2.** CATT. Ciascuna delle due ampolle per l'acqua e il vino usate durante la messa.

ampollosità s.f. inv. Caratteristica dell'espressione verbale ricercata e ricca di figure retoriche. SIN.: **enfasi**.

ampollóso agg. Caratterizzato dal gusto per un'espressione verbale solenne, retoricamente ornata. SIN.: **tronfio**.

amputàre v.tr. (lat. *amputāre* "tagliare intorno") **1.** MED. Asportare un arto, un organo o una sua parte. **2.** fig. Eliminare una parte di un discorso, di uno scritto.

amputazióne s.f. **1.** MED. Operazione chirurgica che consiste nell'asportazione di un arto o di un segmento di esso. **2.** fig. Cancellazione di una parte di un discorso, di uno scritto.

amuléto s.m. Oggetto al quale si attribuisce il potere di scongiurare disgrazie, malanni, ecc. SIN.: **talismano, portafortuna**.

an- → 2. a-

àna avv. MED. Nella compilazione delle ricette mediche, indicazione scritta di seguito all'elenco di due o più farmaci, per avvertire che questi devono essere assunti in dosi uguali.

1. àna- Primo elemento di composti dotti e del l. scientifico col valore di "sopra" (*anafilassi*), "indietro" (*anacronismo*), "inversione" (*anagramma*).

2. àna- Primo elemento di composti del l. scientifico con valore privativo (*anatossina*).

Anabàntidi s.m. pl. [iniziale minusc. sing. –de per l'individuo] ZOOL. Famiglia di pesci tropicali. (Ordine dei Perciformi.)

anabattismo s.m. Dottrina e movimento religioso sviluppatosi all'inizio della riforma luterana, che dà particolare rilievo al tema della salvezza e che rifiuta il battesimo dei neonati, riservandolo a chi è nell'età della ragione. (Si sviluppò spec. nel sec. XVI per opera di T. Müntzer.)

anabbagliànte agg. Che impedisce o che è fatto in modo da evitare l'abbagliamento dovuto all'intensità della luce. ◆ s.m. AUTOM. Ciascuno dei due fari dotati di dispositivo che scherma e devia la luce verso il basso, in modo da illuminare la strada senza abbagliare i conducenti dei veicoli che procedono in senso contrario.

anabiòsi s.f. inv. (gr. *anabíōsis* "rinascita") BIOL. Ripresa delle funzioni vitali da parte di un organismo (invertebrati, protozoi) dopo un periodo di latenza indotto da fattori ambientali.

anabolismo s.m. BIOL. Prima fase del metabolismo, caratterizzata dalla trasformazione e assimilazione delle sostanze nutritive assunte dall'esterno.

anabolizzànte agg. Di sostanza che, favorendo la biosintesi delle proteine, induce un aumento delle masse muscolari. ◆ s.m. Nel sign. dell'agg.

Anacardiàcee s.f. pl. [iniziale minusc. sing. –a per l'individuo] BOT. Famiglia di piante arboree o arbustive dicotiledoni con foglie alterne, fiori spesso unisessuali, frutti perlopiù a drupa. (Ordine delle Terebintali.)

anacàrdio o **anacàrdo** s.m. [pl. –di] Albero con foglie persistenti e frutto a pericarpo duro, munito di peduncolo che forma un falso frutto a forma di pera, commestibile come il seme; è originario delle zone tropicali americane; impropriamente detto *acajou*. (Famiglia delle Anacardiacee.)

anacìclico agg. [pl.m. –ci, f. –che] Di verso che, letto al contrario, non cambia significato. SIN.: **palindromo**.

anacolùto s.m. (gr. *anakólouthos* "non conseguente") GRAMM. Armonizzazione di due espressioni linguistiche per il senso reso dall'insieme e non dalla sintassi.

anaconda s.m. inv. (ingl. *anaconda*, voce indigena della Guyana *anai-konda* "uccisore di un elefante") Serpente originario dell'America meridionale, simile al boa, che si nutre di uccelli e mammiferi. (Lunghezza 8 m; famiglia dei Boidi.)

anacorèta s.m. [pl. –ti] (lat. *anachorētam*, gr. *anakhōrētḗs*, deriv. di *anakhōrēin* "ritirarsi in disparte") CRIST. Chi si ritirava in luoghi deserti per dedicarsi alla preghiera e all'ascesi mistica.

anacreontèo s.m. (dal nome del poeta greco *Anakréōn* "Anacreonte") METR. Verso costituito da un dimetro.

anacreòntica s.f. [pl. –che] **1.** Nella lirica greca e latina, componimento in versi anacreontei. **2.** Nella poesia italiana e francese dei secc. XVI-XVIII, piccola ode o canzonetta galante o conviviale, con strofe di versi brevi.

anacreòntico agg. [pl.m. –ci, f. –che] Di Anacreonte, del suo stile. ◆ s.m. METR. Anacreonteo.

anacromàtico agg. [pl.m. –ci, f. –che] OTT. Di sistema che non è corretto dall'aberrazione cromatica.

anacronismo s.m. **1.** Errore cronologico per cui si collocano in un periodo storico avvenimenti o fenomeni accaduti in un'altra epoca. **2.** fig. Estraneità, diversità rispetto alla propria epoca.

anacronistico agg. [pl.m. –ci, f. –che] **1.** Che presenta anacronismo. **2.** fig. Antiquato, superato. *Idee anacronistiche.*

anacrùsi s.f. inv. (gr. *anákrousis*, deriv. di *anakroúein* "ricondurre indietro") **1.** METR. Nella metrica classica, la parte di verso che precede la prima arsi. ~ Nella poesia moderna, aggiunta di una o due sillabe prima del primo accento del verso. **2.** MUS. Nota o insieme di note in levare, anteposte al primo tempo forte.

anadiplòsi s.f. inv. (gr. *anadíplōsis* "raddoppiamento") RET. Figura consistente nella ripetizione, all'inizio di una frase o di un verso, di una o più parole della fine della frase o del verso precedente. «*Già era l'angel disceso a noi rimaso / l'angel che n'avea volti al sesto giro*» (Dante).

anaelèttrico agg. [pl.m. –ci, f. –che] FIS. Detto di un corpo che non può essere caricato elettricamente per strofinamento.

anaeròbico agg. [pl.m. –ci, f. –che] BIOL. Relativo ad anaerobiosi.

anaeròbio s.m. [pl. –bi] BIOL. Organismo o tessuto che può vivere in assenza di ossigeno libero (in oppos. ad *aerobio*).

anaerobiòsi s.f. inv. BIOL. Vita in assenza di ossigeno (in oppos. ad *aerobiosi*).

anafàse s.f. BIOL. Nel processo della riproduzione cellulare per mitosi, la fase in cui i cromatidi si distinguono in due gruppi, dirigendosi dal centro verso i poli opposti del fuso mitotico.

anafilàssi s.f. inv. MED. Aumentata reattività immunitaria nei confronti di una sostanza alla quale l'organismo sia già sensibilizzato.

anafilàttico agg. [pl.m. –ci, f. –che] MED. Di, da anafilassi.

anàfora s.f. **1.** Figura che consiste nella ripetizione di una o più parole all'inizio di frasi o versi consecutivi (in oppos. alla *catafora*). **2.** LING. Procedimento per cui, all'interno di uno stesso testo, si rimanda a un elemento già menzionato, p.e. in *Paola, la vedo ogni giorno,* il pronome *la* è anaforico rispetto al sostantivo *Paola* (in oppos. a *catafora*). **3.** Nella liturgia delle chiese cristiane d'oriente, la parte della messa corrispondente al canone della liturgia latina.

anaforèsi s.f. inv. FIS. Movimento verso l'anodo di particelle colloidali, con carica positiva, sotto l'azione di un campo elettrico.

anafòrico agg. [pl.m. –ci, f. –che] LING. Che presenta anafora, che è proprio dell'anafora.

anafrodisìa s.f. MED. Diminuzione o assenza di desiderio sessuale.

anagàllide s.f. Pianta erbacea tipica delle zone temperate, con fiori rossi o blu. (Genere *Anagallis*; famiglia delle Primulacee.)

anàglifo s.m. **1.** ARCHEOL. Oggetto scavato in rilievo o cesellato. **2.** FOTO. Riproduzione a stampa di due immagini dello stesso soggetto con colori complementari che, guardate contemporaneamente con speciali occhiali, danno l'impressione del rilievo.

anaglìttica s.f. [non com. pl. –che] Arte dell'intaglio e della lavorazione a rilievo su pietre dure o preziose. SIN.: **glittica**.

anagogìa s.f. (lat. *anagogiam*, deriv. di gr. *anagōgḗ* "innalzamento") **1.** Elevazione dell'anima nella contemplazione mistica di Dio. **2.** CRIST. Interpretazione delle Sacre Scritture tipica della cultura medievale, secondo la quale i dati del racconto vengono interpretati alla luce delle verità ultime.

anàgrafe s.f. (gr. *anagraphḗ* "iscrizione, registro") **1.** Registro in cui sono iscritti i residenti di un comune, con l'indicazione del loro stato civile. **2.** Ufficio comunale in cui si conserva tale registro e in cui si effettua la registrazione. **3.** DIR. *Anagrafe tributaria:* schedario elettronico dei contribuenti tenuto dall'amministrazione finanziaria.

anagràfico agg. [pl.m. –*ci*, f. –*che*] Dell'anagrafe.

anagràmma s.m. [pl. –*mi*] Formazione di una parola con le lettere di un'altra, disposte secondo un ordine diverso.

anagrammàre v.tr. Fare l'anagramma di una parola o di una frase.

analcòlico o **analcòolico** agg. [pl.m. –*ci*, f. –*che*] Che non ha alcol. ◆ s.m. Bevanda senza alcol.

anàle agg. ANAT. Relativo all'ano. ◇ PSICOAN. *Fase anale:* seconda fase dello sviluppo della libido in cui il bambino, tra i 2-4 anni, è attratto dalla zona anale del proprio corpo.

analèssi s.f. inv. **1.** RET. Ripresa insistita di una stessa parola. **2.** LETT. Riferimento ad avvenimenti accaduti prima del tempo della narrazione.

analèttico agg. [pl.m. –*ci*, f. –*che*] Riferito a sostanza che stimola l'attività di vari organi. ◆ s.m. Nel sign. dell'agg.

analfabèta agg. [pl.m. –*ti*] Che non sa leggere e scrivere. ~ *estens.* Ignorante, incolto. ◆ s.m. e f. Nei sign. dell'agg.

analfabetismo s.m. **1.** Ignoranza del sistema di lettura e scrittura, dovuta a mancata istruzione elementare. **2.** *estens.* Ignoranza dei principi basilari di una disciplina, di una tecnica.

analgesia s.f. MED. Riduzione o annullamento della sensibilità al dolore.

analgèsico agg. [pl.m. –*ci*, f. –*che*] Di sostanza o farmaco che determina analgesia. ◆ s.m. Nel sign. dell'agg. SIN.: **antidolorifico.**

anàlisi s.f. inv. (gr. *análysis*, deriv. di *analýein* "scomporre, esaminare") **1.** Metodo di indagine applicabile a oggetti concreti o astratti, basato sulla scomposizione di ciò che si presenta unitario nei suoi elementi costitutivi, e sull'esame di questi ultimi isolatamente e nelle loro reciproche relazioni. ◇ CHIM. *Analisi qualitativa, quantitativa:* determinazione della natura e della percentuale dei componenti di una sostanza o di una miscela di sostanze. – LING. *Analisi grammaticale:* studio della morfologia delle parole di una frase. – *Analisi logica:* studio della funzione sintattica degli elementi di una frase. – *Analisi del periodo:* scomposizione di un periodo nelle frasi costitutive di cui viene individuata la funzione sintattica. – *Analisi di bilancio:* esame delle voci di un bilancio per valutare l'andamento aziendale. – *Analisi di mercato:* indagine su un prodotto per definirne le strategie commerciali. **2.** *estens.* Esame accurato, indagine. ◇ *loc. cong. In ultima analisi:* in conclusione, in definitiva. **3.** PSICOAN. Terapia psicanalitica. **4.** MAT. Studio delle teorie fondate sul concetto di limite e del calcolo differenziale e integrale. **5.** INFORM. *Analisi del sistema:* fase dello sviluppo di un sistema software in cui si studia nel dettaglio il problema da risolvere o gli elementi del processo da automatizzare, per ricavare indicazioni utili alla successiva progettazione.

analista s.m. e f.[pl.m. –*sti*] **1.** Chi esegue analisi in campo scientifico, economico, informatico. ◇ *Analista finanziario:* esperto nello studio della situazione finanziaria di società e nella valutazione dei titoli. **2.** Docente e ricercatore di analisi matematica. **3.** Scrittore che rappresenta caratteri, sentimenti, situazioni con sottigliezza e finezza introspettiva. **4.** Psicanalista. **5.** ECON. *Analista di mercato:* esperto nelle previsioni e nelle ricerche di mercato. **6.** INFORM. *Analista di sistemi:* chi si occupa di analizzare una procedura di lavoro al fine di informatizzarla.

analitico agg. [pl.m. –*ci*, f. –*che*] **1.** Dell'analisi. ~ Eseguito con il procedimento dell'analisi. *Studio analitico.* ◇ *Indice analitico:* indice particolareggiato degli argomenti trattati in un libro.

– FILOS. *Giudizio analitico a priori:* in Kant, quello in cui il predicato è contenuto nel soggetto ed è da esso ricavabile attraverso l'analisi. **2.** MAT. Riferito ai settori della matematica che si fondano sull'analisi o ai concetti le cui proprietà riguardano l'analisi. *Geometria analitica.* **3.** LING. Di lingua in cui ogni parola è costituita da un solo morfema.

analizzàre v.tr. (aus. *avere*) **1.** Sottoporre qlco. a un'analisi scientifica. *Analizzare un minerale.* **2.** *estens.* Osservare ed esaminare accuratamente qlco. **3.** Sottoporre qlcu. a un trattamento psicanalitico.

analizzatóre s.m. **1.** [f. –*trice*] Chi esegue analisi chimiche, fisiche, ecc. **2.** *fig.* Strumento per determinare lo stato di polarizzazione di una luce monocromatica.

anallèrgico agg. [pl.m. –*ci*, f. –*che*] Che non provoca allergia.

analogaménte avv. In modo analogo.

analogìa s.f. **1.** Rapporto di somiglianza tra due cose. **2.** FILOS. Procedimento logico secondo il quale, data la somiglianza di due cose per uno o più aspetti, si può supporre che esse si assomiglino anche per quelli rimanenti. ◇ *Per analogia:* applicando il principio dell'analogia. **3.** FIS. Corrispondenza tra due fenomeni che, pur di natura diversa, possono essere descritti dalle stesse equazioni. **4.** LING. Influenza esercitata da una forma linguistica su un'altra, con la sua conseguente assimilazione alla prima. **5.** Nella poesia moderna, rapporto tra immagini o parole basato su libere associazioni di pensiero o di sensazioni, anziché su nessi logico-sintattici codificati. **6.** DIR. Procedimento per risolvere le lacune del diritto, applicando la regola prevista per il caso simile.

analògico agg. [pl.m. –*ci*, f. –*che*] **1.** Che usa il procedimento dell'analogia. **2.** TECN. Di dispositivo che tratta grandezze continue che rappresentano per analogia le variabili del sistema da studiare (in oppos. a *digitale*). ◇ *Orologio analogico:* quello che rappresenta le ore attraverso la posizione delle lancette su un quadrante.

anàlogo agg. [pl.m. –*ghi*, f. –*ghe*] Che presenta analogia con qlco.

anamnèsi o **anàmnesi** s.f. inv. **1.** FILOS. In Platone, ricordo delle idee archetipe, che si risveglia nell'anima a contatto con le cose sensibili e che costituisce la conoscenza. **2.** MED. Indagine conoscitiva sui precedenti fisiologici e patologici, individuali e familiari, di un paziente. **3.** CRIST. Parte della messa in cui viene offerto a Dio il sacrificio eucaristico.

Anàmni s.m. pl. [iniziale minusc. sing. –*nio* per l'individuo] ZOOL. Vertebrati che, durante la fase embrionale, non presentano l'amnio.

anamorfòsi s.f. inv. **1.** ART. Raffigurazione di un oggetto secondo una prospettiva diversa da quella centrale, in modo che, rispetto a quest'ultima, esso risulti pressoché invisibile. **2.** CINE. Deformazione di un'immagine per ottenere un effetto speciale. **3.** ZOOL. Sviluppo senza metamorfosi, proprio di alcuni Artropodi.

ànanas s.m. inv. (guaranì *naná*, port. *ananaz*) **1.** Pianta arbustiva tropicale con foglie rigide, lunghe e aculeate e grossi frutti commestibili a forma di pigna. (Famiglia delle Bromeliacee.) **2.** Frutto di tale pianta. **3.** Bomba a mano a frattura prestabilita, di forma simile al frutto dell'ananas.

anapèsto s.m. METR. Nella metrica greca e latina, piede formato da due sillabe brevi e una lunga.

anaplasìa s.f. MED. Perdita della differenziazione dei caratteri morfologici e funzionali specifici in gruppi di cellule, che si osserva nelle forme più gravi di cancro.

anarchìa s.f. **1.** Mancanza di governo, assenza di leggi. **2.** *estens.* Stato di disordine. **3.** Dottrina e movimento politico che negano la legittimità di ogni istituzione in quanto esse espropriano l'individuo della libertà personale e impediscono l'uguaglianza economica e la giustizia sociale.

anàrchico agg. [pl.m. –*ci*, f. –*che*] **1.** Dell'anarchia. ~ Che si ispira all'anarchia. ~ Che propugna l'anarchia. **2.** *estens.* Ribelle, indisciplinato. ◆ s.m. [–*ca*] Seguace della dottrina anarchica.

■ **anamorfòsi** a specchio cilindrico. Figura di indiano, di E. Baeck, 1740. (Museo delle Arti Decorative, Parigi.)

anarchìsmo s.m. **1.** Ordinamento della società ipotizzato dal pensiero anarchico. **2.** Comportamento ribelle, indisciplinato.

ENCICL. Si possono individuare tracce del pensiero anarchico sin dalle teorie dei sofisti e dei cinici greci, ma con anarchismo si definisce generalmente il movimento politico e intellettuale sviluppatosi in Europa nella seconda metà del sec. XIX. L'obiettivo era quello di creare anarchia ovvero di sostenere l'idea dell'*assenza di un padrone, di un sovrano* secondo le parole di Proudhon (*Che cos'è la proprietà*, 1840) con il quale l'anarchismo assunse una precisa e sistematica fisionomia politico-sociale. Con Bakunin (dopo il 1864) prende piede una visione insurrezionalista fondata sull'*azione diretta* degli strati sociali più deboli. Dopo gli ulteriori tentativi di agganciare il movimento operaio a quello anarchico (con i francesi Reclus, l'italiano E. Malatesta e il russo P. Kropotkin) l'anarchismo riuscì finalmente a fondere agli inizi del Novecento le istanze dell'azione politica con quelle del sindacalismo operaio (nascita dell'anarcosindacalismo e più tardi presenza anarchica nella guerra civile spagnola, 1936-1939). In crisi dopo la seconda guerra mondiale, le concezioni anarchiche sono rimaste in vita attraverso teorici come l'americano P. Goldman (1911-1972) e l'inglese C. Ward (1924).

anarcòide agg. Incline all'anarchia. ~ *estens. spreg.* Che ha confusi atteggiamenti ribellistici. ◆ s.m. e f. Nei sign. dell'agg.

anartrìa s.f. PSICOL. Incapacità di articolare le parole in seguito a una lesione cerebrale.

foglie (corona)

drupe

sezione del frutto

■ **ànanas**

anasàrca s.m. [pl. –*chi*] MED. Edema sotto-cutaneo generalizzato.

anastàtico agg. [pl.m. –*ci*, f. –*che*] STAM. Di procedimento di riproduzione litografica con cui si trasporta uno stampato direttamente su pietra ottenendo una nuova matrice. ~ Della ristampa così ottenuta. *Edizione anastatica.*

anastigmàtico agg. [pl.m. –*ci*, f. –*che*] FIS. Di un sistema ottico corretto rispetto alle aberrazioni astigmatiche.

anastilòsi s.f. inv. ARCHEOL. Ricostruzione di un edificio ottenuta con i pezzi originali ritrovati sul posto.

anastomizzàre v.tr. MED. Praticare un'anastomosi.

anastomòsi s.f. inv. **1.** ANAT. Collegamento tra vasi o tronchi nervosi o canali della stessa natura. **2.** MED. Intervento chirurgico con il quale si abboccano due vasi o due organi cavi.

anàstrofe s.f. RET. Inversione dell'ordine normale in cui si presentano due parole (p.e. *di me più degno* invece di *più degno di me*).

anatèma s.m. [pl. –*mi*] (calco dell'ebr. *ḥērem*, "sacro a Dio per la rovina, oggetto di maledizione") **1.** CATT. Scomunica solenne pronunciata contro un eretico. **2.** Esecrazione, maledizione. *Scagliare anatemi contro qualcuno.*

anatematizzàre o **anatemizzàre** v.tr. CATT. Colpire qlcu. con un anatema. ~ *estens.* Maledire.

anatèssi s.f. inv. GEOL. Processo di metamorfismo intenso che comporta la fusione parziale o totale delle rocce della crosta continentale e che produce magma.

Anàtidi s.m. pl. [iniziale minusc. sing. –*de* per l'individuo] ZOOL. Famiglia di uccelli acquatici con corpo pesante e becco largo e appiattito, bordato di lamelle cornee per filtrare il fango; vi appartengono anatra, cigno, oca, edredone. (Ordine degli Anseriformi.)

anatocìsmo s.m. BANC. Pagamento di interessi composti, cioè produzione di interessi da altri che siano già scaduti e non siano stati pagati.

anatòlico agg. [pl.m. –*ci*, f. –*che*] Dell'Anatolia. ◆ s.m. [f. –*ca*] Nativo, abitante dell'Anatolia.

anatomìa s.f. (lat. *anatòmiam*, deriv. di gr. *anatomḗ* "dissezione") **1.** Studio della forma, della disposizione, della struttura degli organi dell'uomo, degli animali e dei vegetali. ◇ *Anatomia comparata:* quella che mette a confronto l'organismo umano e animale. – *Anatomia patologica:* quella che studia le alterazioni prodotte dalle malattie in organi e tessuti; detta anche *anatomopatologia.* **2.** *estens.* Struttura di un organismo o di una sua parte. **3.** → *dissezione.* **4.** *fig.* Esame minuzioso, osservazione analitica.

anatòmico agg. [pl.m. –*ci*, f. –*che*] **1.** Relativo all'anatomia. **2.** Modellato secondo la forma del corpo umano. *Plantare anatomico.* **3.** *fig.* Analitico, minuzioso. ◆ s.m. [f. –*ca*] Anatomista.

anatomìsta s.m. e f. [pl.m. –*sti*] Specialista in anatomia.

anatomizzàre v.tr. **1.** Studiare l'anatomia di un corpo mediante dissezione. **2.** *fig.* Analizzare minuziosamente qlco.

anatossìna s.f. MED. Sostanza prodotta a partire dalla tossina di un microrganismo, che perde il suo potere tossico ma conserva la capacità immunizzante e viene quindi utilizzata come vaccino.

ànatra o **ànitra** s.f. Uccello palmipede allo stato selvatico, buon volatore e migratore, che si nutre di particelle vegetali o piccole prede che cattura nell'acqua con il becco largo e piatto. (Numerose le specie esistenti: *germano reale, codone, mestolone*; famiglia degli Anatidi.) ◇ *Anatra sposa:* originaria dell'America settentrionale, dal piumaggio colorato e elegante. – *fig. Camminare come un'anatra:* con i piedi in fuori, dimenando i fianchi.

anatròccolo s.m. Pulcino dell'anatra. ◇ *fig. Brutto anatroccolo:* persona poco intraprendente che in seguito rivela le proprie qualità (come il cigno dell'omonima favola di Andersen).

ànca s.f. [pl. –*che*] **1.** ANAT. Segmento dell'arto inferiore, comprendente l'articolazione del femore. **2.** Nei quadrupedi, zona in cui l'arto inferiore si articola col corpo. ~ Parte posteriore della groppa. **3.** MAR. Parte del fianco della nave che si arrotonda formando la poppa.

ancàta s.f. **1.** Movimento compiuto con l'anca. **2.** SPORT. Nella lotta, il far leva con le anche contro l'addome dell'avversario costringendolo a cadere.

ancestràle agg. (ingl. *ancestral*, fr. *ancestrel*, lat. *antecessorem* "predecessore") **1.** Relativo agli antenati. **2.** BIOL. Di organo presente in animali fossili che nelle specie viventi risulta diversamente sviluppato o atrofizzato.

ànche avv. **1.** Pure, ugualmente, altresì. **2.** Perfino, addirittura. *Darebbe anche la vita per lui.* **3.** Rinforza la protasi della frase concessiva-ipotetica. *Accetterei la sua offerta, fosse anche l'ultima possibilità che mi si presenta.* ◇ *loc. cong. Anche se:* benché, sebbene; ma; ammesso pure che. *Anche se glielo dicessi io, non mi ascolterebbe.* ❑ In funzione di cong. **1.** Inoltre, per di più. *Anche, evita la compagnia del perdigiorno.* **2.** Tuttavia, però. *Potrebbe anche succedere.* ◇ cong. **1.** Pur. *Anche volendo, non potrei.* **2.** Anche se.

ancheggiàre v.intr. [5] (aus. *avere*) Camminare muovendo le anche in modo vistoso.

anchilosàre v.tr. Paralizzare, irrigidire per anchilosi un arto. ◆ **anchilosarsi** v.pron. **1.** Irrigidirsi per anchilosi. ~ *estens.* Irrigidirsi, aggranchirsi. *Col passare degli anni si è anchilosato.* **2.** *fig.* Detto di funzioni intellettive, perdere vivacità. *Senza esercizio si è anchilosa il cervello.*

anchilosàto agg. **1.** MED. Soggetto a un processo di anchilosi. **2.** *fig.* Che manca di prontezza.

anchilosàuro s.m. Dinosauro erbivoro del Cretaceo diffuso nell'emisfero boreale, il cui corpo era totalmente ricoperto di placche ossee e la coda terminava a forma di clava. (Lunghezza 5-10 m; ordine degli Ornitischi.)

anchilòsi s.f. inv. (gr. *ankýlōsis*, deriv. di *ankýlos* "curvo") MED. Irrigidimento di un'articolazione.

anchilòstoma s.m. [pl. –*mi*] Verme tipico dei paesi caldi, parassita dell'intestino tenue. (Lunghezza 1 cm ca.; classe dei Nematodi.)

anchilostomìasi s.f. inv. MED. Malattia provocata dall'anchilostoma e caratterizzata da una grave forma di anemia, detta anche *anemia dei minatori.*

anchorman [/'ŋkə,mn/] s.m. inv. (voce ingl. d'America, propr. "uomo àncora") TV. Conduttore di programmi giornalistici radiofonici o televisivi.

ància s.f. [pl. –*ce*] (fr. *anche*, francone *ankya* "tubo") Lamina o lingua flessibile in legno o metallo le cui vibrazioni producono il suono in alcuni strumenti a fiato e nelle canne degli organi.

ancien régime [/ã'sjɛ̃ re'ʒim/] loc. sost. m. (loc. fr., "antico regime") Con valore polemico, il vecchio regime conservatore. ~ Il passato, spesso con connotazioni nostalgiche.

ancìle s.m. MIT. Scudo ovale che, secondo la leggenda, sarebbe piovuto dal cielo a Roma, mandato da Marte. ~ *estens.* Ogni piccolo scudo di forma ovale.

ancillàre agg. **1.** Di ancella. **2.** *fig.* Subordinato, di servizio.

ancìpite agg. (lat. *ancìpitem* "a due capi, duplice") **1.** Duplice, ambiguo. **2.** METR. Nella metrica greca e latina, di sillaba o vocale che può avere valore di lunga o di breve.

anciràno agg. Di Ankara. ◆ s.m. [f. –*na*] Abitante, nativo di Ankara.

ancòna s.f. Tavola dipinta o scolpita a rilievo, a più scomparti e di soggetto sacro, posta sopra a un altare. SIN.: **pala d'altare.** ~ *estens.* Cornice che costituisce general. motivo di decorazione architettonica.

anconetàno o **anconitàno** agg. Di Ancona. ◆ s.m. **1.** [f. –*na*] Nativo, abitante di Ancona. **2.** (iniziale maiusc., solo sing.) Territorio intorno ad Ancona.

1. àncora s.f. (gr., deriv. di *ánkos* "curvatura") **1.** MAR. Elemento in ferro o acciaio legato a una catena e costituito da un'asta (*fuso*) unita a due o più bracci ricurvi (*marre*) che, lasciato cadere in mare, fa presa sul fondale e trattiene l'imbarcazione. ◇ *fig. Ancora di salvezza:* di persona o di cosa a cui si fa ricorso in caso di necessità. **2.** ELETTR. Elemento di ferro dolce che, comandato da un elettromagnete, determina l'apertura o la chiusura di un circuito elettrico. **3.** OROL. Nei moderni orologi, parte dello scappamento che, per forma, ricorda un'ancora.

2. ancóra avv. (lat. *hănc hōram* "a quest'ora") **1.** Tuttora, fino a ora, fino ad allora. ◇ *È ancora in ufficio.* **2.** Per altro tempo dopo di ora, per altro tempo dopo di allora. *Dovette camminare ancora un po', prima di arrivare al rifugio.* **3.** Di nuovo, altre volte. *Verrò ancora a trovarti.* **4.** Anche, perfino. **5.** Di più, in aggiunta. *Ancora tre giorni e avrò finito.* In funzione di cong., inoltre. *Comportati con prudenza; ancora, scegli con attenzione i tuoi collaboratori.*

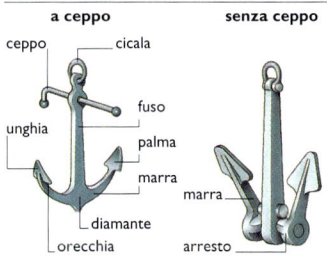

a ceppo		senza ceppo
ceppo	cicala	
unghia	fuso	
	palma	
	marra	marra
	diamante	arresto
	orecchia	

■ **àncora** marina.

ancoràggio s.m. [pl. –*gi*] **1.** MAR. Operazione di calare l'ancora. SIN.: **ormeggio.** ~ *estens.* Specchio d'acqua in cui le imbarcazioni possono ormeggiare. **2.** *estens.* Fissaggio di una struttura mobile a un punto stabile, anche in senso fig.

ancoràre v.tr. **1.** MAR. Trattenere un'imbarcazione gettando l'ancora. **2.** Fissare un elemento o una struttura mobile a un punto stabile. SIN.: **agganciare. 3.** *fig.* Fissare idee o pensieri a qlco. considerato sicuro. **4.** ECON. Mantenere costante il valore di una moneta rispetto all'oro o alla moneta di un altro Stato. ◆ **ancorarsi** v.pron. **1.** MAR. Gettare in un punto l'ancora dell'imbarcazione che si sta guidando. SIN.: **ormeggiarsi. 2.** *fig.* Attaccarsi a un determinato punto di vista e farne la base delle proprie idee. *Ancorarsi alle proprie certezze.*

ancoràto agg. Fissato, fondato.

ancoròtto s.m. Nel sign. del dim. di 1. *ancora.*

andalusìte s.f. (deriv. di *Andalusia*, regione spagnola in cui il minerale fu scoperto) MIN. Silicato di alluminio, in cristalli di colore vario più o meno trasparenti.

andalùso agg. Dell'Andalusia. ◆ s.m. [f. –*sa*] Nativo, abitante dell'Andalusia.

andaménto s.m. *fig.* Modo di andare, di procedere. ~ Svolgimento, evolversi dei fatti. *L'andamento del clima.* ◇ *Andamento di un brano musicale:* il suo carattere espressivo o dinamico.

andàna s.f. **1.** Corridoio tra due filari d'alberi. **2.** MAR. Ormeggio dello scafo perpendicolare alla banchina. **3.** Ogni passaggio delimitato da due file di botti o di pacchi accatastati.

andànte agg. **1.** Corrente, in corso. *Mese andante.* **2.** Che non si interrompe. *Muro andante.* **3.** Di largo smercio. ~ *estens.* Di qualità scadente. **4.** Che si sviluppa in modo piano, scorrevole. ◆ s.m. MUS. Movimento musicale di velocità intermedia tra l'allegretto e l'adagio.

andantìno s.m. MUS. Movimento moderato, general. un poco più lento dell'andante.

1. andàre v.intr. [7] (aus. *essere*) **1.** Muoversi verso un luogo o una persona. *Andar a Roma.* **2.** Muoversi verso un luogo per svolgere un'attività. *Andare al lavoro.* ◇ *fig. Andare fino in fondo:* approfondire qlco., scoprire la verità. ~ Coprire un tragitto da un luogo a un altro. *Questo treno va da Milano a Roma.* **3.** Avanzare in un determinato modo. *Andare a quattro zampe.* ◇ *Andare alla cieca:* non avere le idee chiare. **4.** Muoversi all'interno di un luogo. *Andare per la Toscana.* **5.** *Andare di corpo:* defecare. **6.** Detto di strada, fiume, ecc., finire in un luogo.

Questa strada va al paese. **7.** Detto di un meccanismo, funzionare. *Il vecchio orologio va ancora.* **8.** Detto di un articolo in commercio, essere venduto bene, avere successo. *Un giornale che va.* **9.** Detto di espressioni temporali, trascorrere, passare. *Il tempo va.* ◇ *Andare per le lunghe:* protrarsi, dilungarsi. **10.** Detto di una situazione o di un'attività, avere un esito, positivo o negativo. *Il viaggio è andato bene.* ◇ *Andare a vuoto:* fallire, non avere successo. **11.** *fig.* Detto di monete, avere corso legale in uno Stato. *La lira non va più.* ◇ *Andare oltre:* muoversi al di là di qlco; *fig.* esagerare. **12.** Essere destinato a qlcu. o a qlco. *Questa lettera va al direttore.* **13.** Essere necessario o comportarsi. *Nella torta ci vanno due uova.* **14.** Raggiungere un certo livello, una determinata cifra. *Questa auto va a 180 km/h.* **15.** Detto di un indumento, stare addosso in una certa maniera. *Questo abito ti va bene.* **16.** *fig.* Essere gradito a qlcu. *Ti va un aperitivo?* SIN.: **garbare.** ◆ v.cop. Dimostrarsi in un determinato modo. *Andare fiero dei figli.* ~ Diventare. *Andare soldato.* ◆ **andàrsene** v.pron. **1.** Allontanarsi, partire. ~ *fig.* Morire. *Se ne è andato in età avanzata.* **2.** Dileguarsi, consumarsi. *La mia memoria se ne sta andando.*

2. andàre s.m. (solo sing.) **1.** Spostamento da un luogo all'altro. ◇ *A lungo andare:* continuando per lungo tempo. – *Con l'andare del tempo:* via via che il tempo trascorre. **2.** Modo di camminare. SIN.: **andatura.**

andàta s.f. **1.** Tragitto da un luogo a un altro. ◇ *Biglietto di sola andata:* documento di viaggio per servirsi di un mezzo di trasporto pubblico nel solo percorso necessario a raggiungere la meta. – *Biglietto di andata e ritorno:* valido anche per il ritorno al luogo da cui si è partiti. **2.** SPORT. *Girone d'andata:* primo turno d'incontro tra squadre che si confrontano due volte nella stessa stagione.

andàto agg. **1.** Che è trascorso. **2.** *fam.* Che ha fatto il suo tempo. SIN.: **superato.** ~ Rovinato, guasto.

andatùra s.f. **1.** Modo di camminare, di muoversi. ~ Portamento. *Andatura eretta.* **2.** SPORT. Ritmo di marcia o di corsa. ◇ *Fare l'andatura:* essere in testa ad altri corridori e regolare la velocità. – EQUIT. *Rompere l'andatura:* spezzare il ritmo del trotto. **3.** MAR. Nella vela, modalità di procedere che risulta dallo sfruttamento del vento secondo l'angolo formato dalla sua direzione e da quella dell'imbarcazione. ~ Nella navigazione a motore, la velocità conseguente alla potenza impegnata.

andàzzo s.m. Modo non corretto e criticabile di procedere, di comportarsi.

andesite s.f. (dal nome della catena delle *Ande*) MIN. Roccia vulcanica a struttura porfirica, composta principalmente da fenocristalli zonati di plagioclasio (*andesine*), associati a pirosseni e anfiboli.

andino agg. Delle Ande.

andirivièni s.m. inv. **1.** Movimento continuo in direzioni diverse. **2.** *fig.* Giro di parole contorto.

àndito s.m. Ambiente di disimpegno o di passaggio.

andorràno agg. Di Andorra. ◆ s.m. [f. *–na*] Nativo, abitante di Andorra.

androcèfalo agg. ARCHEOL., MIT. Che ha testa d'uomo. *Toro androcefalo.*

androcèo s.m. **1.** ANT. GR. Complesso di stanze riservate agli uomini. **2.** BOT. Insieme degli stami di un fiore.

androgènesi s.f. inv. BIOL. Processo di sviluppo embrionale che ha luogo nell'uovo fecondato senza la partecipazione del nucleo femminile.

andrògeno agg. Relativo all'ormone che regola lo sviluppo e la funzione dei caratteri sessuali maschili e determina i caratteri sessuali secondari. ◆ s.m. Nel sign. dell'agg.

androginia s.f. Presenza, in un animale o in una pianta, degli organi riproduttori sia maschili sia femminili.

andrògino agg. (lat. *andrógynum*, gr. *andrógynos* comp. di *anér* "uomo" e *gynè* "donna") **1.** Che presenta contemporaneamente caratteri maschili e femminili. **2.** *fig.* Che ha un aspetto incerto tra maschile e femminile. ◆ s.m. Nei sign. dell'agg.

andròide agg. MED. Che presenta caratteri maschili. SIN.: **viriloide.** ◆ s.m. Nella fantascienza, essere artificiale simile all'uomo.

andrologia s.f. MED. Studio della fisiologia e della patologia dell'apparato sessuale maschile.

andròlogo s.m. [f. *–ga*, pl.m. *–gi*, f. *–ghe*] MED. Specialista in andrologia.

andróne s.m. **1.** Vano d'ingresso tra il portone e il cortile interno o le scale. **2.** *estens.* Sala, più lunga che larga, adibita a vari usi (p.e. a stanza d'attesa).

andropàusa s.f. Insieme di manifestazioni fisiologiche, organiche e psichiche, equivalenti alla menopausa femminile, che si verificano nell'uomo dopo i 50 anni.

androsteróne s.m. BIOL. Ormone maschile prodotto dalla corteccia surrenale, dai testicoli e dalle ovaie, che agisce sui caratteri sessuali secondari.

anecòico agg. [pl.m. *–ci*, f. *–che*] (ingl. *anechoic* "privo di eco") FIS. Che assorbe le onde sonore senza rifletterle.

anecumène s.f. GEOGR. Parte delle terre emerse non abitabile dall'uomo a causa delle condizioni fisiche o climatiche.

aneddòtica s.f. [pl. *–che*] **1.** Arte di scrivere aneddoti. **2.** Complesso degli aneddoti riguardanti la vita di un personaggio o un periodo storico.

aneddòtico agg. [pl.m. *–ci*, f. *–che*] **1.** Che contiene aneddoti. **2.** Che ha il carattere e i limiti dell'aneddoto.

aneddotista s.m. e f. [pl.m. *–sti*] Scrittore, narratore di aneddoti.

anèddoto s.m. (fr. *anecdote*, gr. *Anékdota* propr. "storie inedite") Episodio poco noto, curioso e significativo della storia di un personaggio. ~ *estens.* Racconto che coglie qualche aspetto tipico e istruttivo di un ambiente o di una persona.

anelàre v.intr. (aus. *avere*) Aspirare a qlco. *Anelare alla promozione.* SIN.: **ambire.** ◆ v.tr. Desiderare qlco. con passione. *Anelare la libertà.*

anelasticità s.f. inv. FIS. Mancanza di elasticità.

anelàstico agg. [pl.m. *–ci*, f. *–che*] FIS. Caratterizzato da anelasticità.

anèlito s.m. **1.** Respiro affannoso. **2.** Soffio vitale. **3.** *fig.* Aspirazione, brama.

anellàto agg. ZOOL. Che presenta fasce, righe di colore diverso, simili ad anelli.

Anèllidi s.m. pl. [iniziale minusc. sing. *-de* per l'individuo] ZOOL. Tipo di invertebrati vermiformi, acquatici o terrestri, con il corpo diviso in segmenti (lombrico, sanguisuga, Nereidi, ecc.).

afrodite   spirografo

■ **Anèllidi.** Policheti.

anèllo s.m. [pl. *–li*] (lat. *anéllum*, deriv. di *ānus* "cerchio") **1.** Cerchietto di metallo, generalmente pregiato, da portare al dito, detto anche *fede* o *vera* se è quello nuziale. ◇ *Anello episcopale o pastorale o vescovile:* d'oro con ametista. – *Anello cardinalizio:* d'oro con zaffiro. – *Prendere l'anello:* sposarsi. **2.** *estens.* Elemento, oggetto, costruzione di forma circolare. ◇ *Anello stradale:* raccordo tra due o più strade. **3.** (al pl.) Attrezzo per la ginnastica formato da due anelli di legno appesi a due funi. **4.** Ciascuno degli elementi circolari che collegano due strutture, due oggetti. ◇ *Essere un anello della catena:* essere un elemento di un sistema organizzato, di una gerarchia; *fig.* elemento di una serie. ~ Elemento di un insieme indispensabile per stabilire una continuità, un seguito logico. ~ BIOL. *Anello di congiunzione:* organismo intermedio tra due gerarchie sistematiche. – *figg. Anello mancante:* frattura logica, il collegamento che non si trova. – *Anello debole:* persona, organismo che, in un sistema, è in posizione di svantaggio. **5.** ANAT. Apertura naturale circolare o ellittica. *Anello ombelicale.* **6.** ZOOL. Segmento del corpo degli Anellidi e degli Artropodi. (Ogni anello può avere un paio di appendici.) SIN.: **metamero. 7.** BOT. Strato di legno che si aggiunge ogni anno nel fusto degli alberi, visibile nella sezione orizzontale del tronco. (Il numero degli anelli corrisponde all'età dell'albero.) ~ MICOL. Membrana che circonda la parte superiore del gambo di certi funghi. **8.** CHIM. Catena chiusa di atomi. ◇ *Anello benzenico:* struttura a esagono regolare tipica della serie aromatica. **9.** ALG. Insieme E con due leggi di composizione interna, denotate graficamente con + (legge additiva) e x (legge moltiplicativa), tale che l'insieme $(E, +)$ abbia struttura di gruppo commutativo, e la legge x goda delle proprietà associativa e distributiva rispetto alla legge + . (L'insieme $ensz$ degli interi relativi assieme all'addizione e alla moltiplicazione ha una struttura ad anello.) **10.** FIS. *Anello di accumulazione:* acceleratore nel quale due fasci di particelle di elevata energia vengono fatti collidere. **11.** ASTR. *Anello di Saturno:* zona circolare costituita da corpi solidi di piccole dimensioni, ciascuno dei quali si muove con una propria velocità, disposta intorno ad alcuni pianeti (Giove, Saturno, Urano, Nettuno). **12.** CINE. Spezzone di pellicola sviluppata e stampata le cui estremità vengono congiunte per rendere possibile il passaggio continuo nel proiettore della sala di doppiaggio.

anemìa s.f. (fr. *anémie*, gr. *anaimía* "mancanza di sangue") **1.** MED. Diminuzione della concentrazione di emoglobina o del numero dei globuli rossi nel sangue, dovuta a diversi motivi (p.e. carenza di ferro). ◇ *Anemia falciforme:* malattia ereditaria del sangue caratterizzata da anemia e da presenza di globuli rossi a forma di falce. – *Anemia mediterranea:* talassemia. – *Anemia dei minatori:* anchilostomiasi. – *Anemia di Biermer:* malattia dovuta a una carenza di vitamina B12, che si manifesta in un'anemia e in disordini digestivi e neurologici. **2.** *fig.* Scarsa vitalità, infiacchimento. *L'anemia della politica.*

anèmico agg. [pl.m. *–ci*, f. *–che*] **1.** MED. Affetto da anemia. **2.** *estens.* Pallido. *Viso anemico.* **3.** *fig.* Privo di forza espressiva. ◆ s.m. [f. *–ca*] Nell'accez. 1 dell'agg.

anemizzàre v.tr. MED. Rendere anemico.

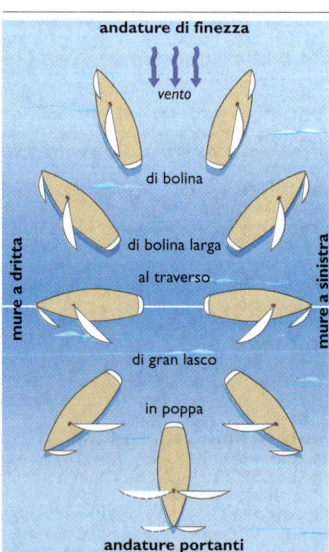

andature di finezza

↓↓↓ vento

di bolina

di bolina larga

al traverso

mura a dritta

mura a sinistra

di gran lasco

in poppa

andature portanti

■ **andatùra** di una barca a vela.

anemocòro agg. BOT. Di pianta i cui semi o i cui frutti vengono diffusi dal vento. ~ Del fenomeno relativo.

anemofilìa s.f. BOT. Impollinazione dovuta al vento.

anemòfilo agg. BOT. Di pianta che viene impollinata dal vento.

anemògrafo s.m. METEOR. Anemometro dotato di un meccanismo di registrazione grafica della direzione e velocità del vento.

anemometrìa s.f. METEOR. Studio dei venti.

anemòmetro s.m. METEOR. Strumento per misurare la velocità del vento composto da un mulinello a semisfere o a palette.

anèmone s.m. o s.f. **1.** Pianta erbacea perenne con foglie frastagliate e fiori rossi, bluastri e bianchi, le cui specie sono coltivate per scopi ornamentali. (Famiglia delle Ranuncolacee.) ◊ *Anemone dei boschi:* anemone i cui fiori bianchi o rosa sbocciano in primavera. **2.** BOT. (iniziale maiusc.) Genere di piante a cui appartengono le varie specie di anemone. **3.** *Anemone di mare:* attinia.

coltivato
dei boschi
■ anèmone

anemoscòpio s.m. [pl. –pi] Strumento che indica la direzione del vento.

anencefalìa s.f. MED. Mancato sviluppo dell'encefalo nel feto.

anencèfalo agg. MED. Affetto da anencefalia. ◆ s.m. [f. –la] Nel sign. dell'agg.

anepìgrafo agg. Di manoscritto o opera giunta senza titolo. ~ Di monumento privo di iscrizioni.

anerezióne s.f. MED. Impotenza caratterizzata dalla mancanza o insufficienza dell'erezione.

anergìa s.f. (gr. *anergía* "inoperosità") IMMUNOL. Incapacità di un organismo a reagire a un'infezione.

aneròide agg. Di strumento che non contiene o non usa liquidi.

anestesìa s.f. (gr. *anaisthēsía* "insensibilità") Perdita locale o generale della sensibilità, in partic. al dolore (*analgesia*), provocata da una malattia del sistema nervoso o dall'impiego di un anestetico. ◊ *Anestesia chirurgica:* quella indotta per consentire un intervento operatorio. – *Anestesia totale, generale:* quella caratterizzata da perdita della coscienza. SIN.: **narcosi.** – *Anestesia locale:* quella che interessa solo una parte del corpo.
ENCICL. Nella pratica chirurgica si ricorre all'anestesia generale che agisce sul sistema nervoso provocando un sonno artificiale o narcosi. È ottenuta attraverso inalazione di gas (protossido d'azoto, alotano) o per iniezione endovenosa di barbiturici, associati a sostanze ansiolitiche, neurolettiche e a piccole quantità di composti derivati dal curaro e dalla morfina. Per un certo tipo di interventi o per alcune manifestazioni dolorose, l'anestesia locale, ottenuta tramite applicazione o infiltrazione con anestetici locali (procaina), può essere sufficiente.

anestesiologìa s.f. MED. Studia dell'anestesia e delle sue applicazioni medico-chirurgiche.

anestesìsta s.m. e f. [pl.m. –sti] Medico specializzato nell'anestesia chirurgica.

anestètico agg. [pl.m. –ci, f. –che] Relativo all'anestesia. SIN.: narcotico. ◆ s.m. **1.** Sostanza, farmaco che provoca anestesia. SIN.: **sedativo. 2.** *fig.* Ciò che riesce a tranquillizzare, a rasserenare. SIN.: **sollievo.**

anestetizzàre v.tr. Sottoporre qlcu. o una parte del corpo ad anestesia. SIN.: **narcotizzare.**

anéto s.m. Pianta erbacea con fiori gialli e semi lenticolari usati come aroma in cucina e per la preparazione di liquori. (Altezza fino a 1 m; famiglia delle Ombrellifere.)

aneurìna s.f. BIOCHIM. → tiamina.

aneurìsma s.m. [pl. –smi] MED. Dilatazione eccessiva della parete di un'arteria.

anfetamìna s.f. → amfetamina.

anfiartròsi s.f. inv. ANAT. → sinfisi.

Anfìbi s.m. pl. ZOOL. Classe di vertebrati anamni, eterotermi, dalla pelle nuda ricca di ghiandole; allo stadio larvale vivono esclusivamente in acqua e hanno respirazione branchiale; allo stadio adulto sono terrestri e hanno respirazione polmonare.

anfìbio agg. (gr. *amphíbios* "dalla doppia vita") **1.** Di organismo che può vivere sia in acqua sia fuori. **2.** *estens.* Che funziona, opera sia in acqua sia sulla terra. *Mezzi militari anfibi.* ◆ s.m. **1.** ZOOL. Denominazione generica di animale che appartiene alla classe degli Anfibi. **2.** Ogni veicolo in grado di muoversi in due ambienti diversi (terra-acqua, rotaia-asfalto). ~ Aereo fornito di ruote e di galleggianti che può decollare o atterrare sia sul terreno sia in acqua. **3.** (al pl.) Scarponi impermeabili.

anfibolìa s.f. FILOS. → anfibologia.

anfibolìte s.f. MIN. Roccia metamorfica costituita prevalentemente di anfiboli e plagioclasi.

anfìbolo s.m. MIN. Minerale formato da silicati di ferro, magnesio e calcio, componente essenziale delle rocce eruttive.

anfibologìa s.f. **1.** Natura equivoca di un discorso. **2.** FILOS. Secondo Aristotele, dimostrazione errata dovuta all'ambiguità sintattico-grammaticale delle premesse; secondo Kant, ambiguità concettuale.

anfifìlico agg. CHIM. Detto di molecola che contiene un gruppo idrofilo e uno lipofilo.

anfigonìa s.f. BIOL. Riproduzione sessuale per unione del gamete femminile con quello maschile.

anfimìssi s.f. inv. Riproduzione sessuata nella quale il prodotto del concepimento ha come punto di partenza una cellula (uovo o zigote) formata dalla fusione di due gameti, il maschile e il femminile.

Anfinèuri s.m. pl. [iniziale minusc. sing. –ro per l'individuo] ZOOL. Classe di molluschi marini a simmetria bilaterale completa, con capo rudimentale privo di occhi, tentacoli e piede strisciante, provvisti di radula e di un guscio composto di otto piastre calcaree.

anfiòsso s.m. Piccolo animale privo di vera testa, con corpo pisciforme appuntito alle due estremità, provvisto di corda dorsale, trasparente e molle; vive nel fango marino. (Genere *Branchiostoma*; sottotipo dei Cefalocordati.)

Anfìpodi s.m. pl. [iniziale minusc. sing. –de per l'individuo] ZOOL. Ordine di piccoli crostacei prevalentemente marini, con corpo compresso ai lati e arti rivolti parte in avanti, parte indietro.

■ anfiòsso

anfisbèna s.f. (lat. *amphisbaēnam*, gr. *amphísbaina* comp. di *amphí* "da entrambe le parti" e *báinein* "andare") **1.** Rettile sudamericano privo di arti, con corpo cilindrico dalla pelle grinzosa e senza scaglie, che vive sotto terra e si muove con uguale rapidità in avanti e all'indietro. (Ordine degli Squamati.) **2.** ZOOL. (iniziale maiusc.) Genere di animali a cui appartiene l'anfisbena.

anfiteàtro s.m. **1.** ARCH., ANT. ROM. Costruzione ellittica, raramente circolare, a cielo aperto, per spettacoli gladiatori, formata da gradinate concentriche supportate da serie di arcate sovrapposte e digradanti verso un'arena centrale. **2.** *estens.* Qualunque edificio con gradinate digradanti. **3.** GEOGR. *Anfiteatro morenico:* insieme di rilievi concentrici costituiti dai detriti lasciati da un antico ghiacciaio lungo la propria fronte.

anfitrióne s.m. (fr. *amphitryon*, dal nome del mitico re di Tirinto al quale Molière nella commedia omonima attribuisce doti di liberalità) Padrone di casa ospitale.

anfizionìa s.f. ANT. GR. Lega di città vicine, a carattere religioso e politico.

anfòlito s.m. CHIM. Elettrolita anfotero, capace di comportarsi sia come acido sia come base.

ànfora s.f. ANT. Vaso a due anse simmetriche, con collo stretto, con o senza piede, utilizzato per conservare o trasportare gli alimenti.

anfòtero agg. CHIM. Di composto che può agire sia come acido sia come base secondo la sostanza con cui reagisce. ◆ s.m. Nel sign. dell'agg.

anfràtto s.m. Avvallamento, recesso stretto e tortuoso.

angarìa s.f. (lat. *angarìam*, gr. *angaréia* deriv. di *ángaros* "messo del re di Persia con autorità di requisire beni o imporre tasse") DIR. Facoltà internazionalmente riconosciuta a uno Stato belligerante di requisire le navi mercantili neutrali che si trovino in zona soggetta alla propria sovranità.

angariàre v.tr. [6] Opprimere, affliggere qlcu. SIN.: **vessare.**

angectasìa o **angioectasìa** s.f. MED. Dilatazione di un vaso.

angèlica s.f. [pl. –che] **1.** Pianta officinale con foglie pennatosette e fiori verdastri a ombrella; la radice è usata in medicina e i per liquori. (Famiglia delle Ombrellifere.) **2.** MUS. Strumento musicale simile al liuto.

angèlico agg. [pl.m. –ci, f. –che] **1.** Di angelo. ~ Degno degli angeli. *Voce angelica.* **2.** *fig.* Di aspetto simile a quello che iconograficamente si

■ **anfiteàtro** romano di el-Djem (anticamente Thysdrus), in Tunisia; III sec. d.C.

■ **ànfora** greca decorata; VI sec. a.C.
(Louvre, Parigi.)

è soliti attribuire agli angeli. SIN.: **serafico**. ~ Simile ad angelo per bontà, dolcezza, purezza. *Animo angelico*. SIN.: **mite**.

àngelo s.m. (gr. *ángelos* "messaggero" di orig. orientale) **1.** Ciascuno degli esseri puramente spirituali creati da Dio, messaggeri della sua volontà presso gli uomini. ◇ *Angelo custode*: secondo la dottrina cristiana, angelo che segue ogni persona durante la vita, proteggendola. – *figg. Capelli d'angelo*: tipo di pasta dalla forma di spaghetti sottilissimi. – *Angelo del focolare*: padrona di casa. **2.** *estens.* Persona che possiede o a cui si attribuisce in massimo grado una virtù, una qualità. *Un angelo di bontà*. ~ Persona che accompagna con assiduità qlcu. **3.** SPORT. Figura del pattinaggio, in equilibrio su un piede solo con le braccia aperte ad ali. **4.** ZOOL. *Angelo di mare*: pesce cartilagineo con corpo piatto di forma rombica. (Genere *Squatina*; ordine degli Squaliformi.)

Ángelus s.m. inv. (voce lat., dalla prima parola della preghiera *Angelus Domini nuntiavit Mariae*...) CRIST. Preghiera rituale alla Madonna che viene recitata al mattino, a mezzogiorno e alla sera ed è annunciata da rintocchi di campana.

angheria s.f. Vessazione, sopruso.

angina s.f. MED. Infiammazione acuta delle tonsille e della faringe. *Angina tonsillare*. ◇ *Angina pectoris*: sindrome, caratterizzata da un'insufficiente ossigenazione delle pareti cardiache, che provoca un dolore diffuso al petto e al braccio sinistro.

angiocolite s.f. MED. Infiammazione delle vie biliari. SIN.: **colangite**.

angiografia s.f. MED. Radiografia dei vasi sanguigni effettuata mediante l'introduzione in essi di sostanze radiopache.

angioino agg. Degli Angiò. ◆ s.m. [f. *–na*] Appartenente alla dinastia degli Angiò.

angioite s.f. MED. Malattia vascolare infiammatoria.

angiologia s.f. MED. Studio del sistema circolatorio e linfatico.

angiòlogo s.m. [f. *–ga*, pl.m. *–gi*, f. *–ghe*] MED. Specialista in angiologia.

angiòma s.m. [pl. *–mi*] MED. Neoformazione benigna dei vasi sanguigni o linfatici.

angiomatòsi s.f. inv. MED. Malattia caratterizzata dalla comparsa di angiomi multipli.

angiopatia s.f. MED. Qualunque malattia dei vasi sanguigni o linfatici.

angioplàstica s.f. [non com. pl. *–che*] MED. Tecnica chirurgica con cui vengono ricostruite arterie e vene.

Angiospèrme s.f. pl. [iniziale minusc. sing. *–ma* per l'individuo] BOT. Divisione di piante fanerogame dagli ovuli chiusi in un ovario e semi raccolti in un frutto. (Distinta in Monocotiledoni e Dicotiledoni, conta più di 230.000 specie diverse.)

angiospèrmo agg. BOT. Di piante i cui ovuli sono contenuti nell'ovario, destinato a svilupparsi nel frutto.

anglesite s.f. (deriv. di *Anglesey*, isola britannica in cui abbonda tale minerale) MIN. Solfato di piombo in cristalli incolori.

anglicanésimo o **anglicanismo** s.m. Dottrina e istituzioni della Chiesa anglicana formatasi dopo la separazione dalla Chiesa romana nel corso del sec. XVI.

anglicàno agg. (ingl. *anglican*, lat. deriv. di *Ánglicus* "inglese") Della Chiesa d'Inghilterra. ◆ s.m. [f. *–na*] Membro della Chiesa d'Inghilterra.

anglicismo s.m. Parola, locuzione o costrutto, proprio della lingua inglese, entrato in un'altra lingua.

anglicizzàre v.tr. Assimilare qlcu. o qlco. alla cultura o ai costumi inglesi. ◆ **anglicizzarsi** v.pron. Adeguarsi alla cultura, ai costumi inglesi. ~ Assorbire parole o costrutti dell'inglese.

ànglico agg. [pl.m. *–ci*, f. *–che*] ST. Degli Angli, antica popolazione germanica stanziatasi nella Britannia romana nel sec. V.

anglista s.m. e f.[pl.m. *–sti*] Studioso della lingua, della letteratura e della cultura inglese.

ànglo agg. Appartenente agli Angli, abitanti della Britannia romana (V sec. d.C.). ◆ s.m. [f. *–gla*] Nel sign. dell'agg.

angloamericàno agg. **1.** Relativo all'Inghilterra e agli Stati Uniti. **2.** Proprio della lingua, della letteratura e della cultura inglesi, così come si sono sviluppate nell'America settentrionale.

anglo-àrabo agg. Di un cavallo derivante dall'incrocio di un puro sangue inglese con un cavallo arabo.

anglofilia s.f. Particolare attrazione e interesse per l'Inghilterra e per la cultura e i costumi inglesi.

anglòfilo agg. (fr. *anglophile*) Che apprezza l'Inghilterra e gli inglesi. ◆ s.m. [f. *–la*] Nel sign. dell'agg.

anglofobia s.f. Antipatia verso l'Inghilterra e gli inglesi.

anglòfono agg. Di persona o territorio di lingua inglese. ◆ s.m. [f. *–na*] Chi parla l'inglese.

anglomanìa s.f. Esagerata ammirazione o imitazione acritica di usi e costumi inglesi.

anglosàssone agg. **1.** Che riguarda gli Angli e i Sassoni. **2.** Relativo a paesi e popoli di lingua inglese. ◆ s.m. e f. Nel sign. dell'agg.

angolàno agg. Dell'Angola. ◆ s.m. [f. *–na*] Nativo, abitante dell'Angola.

1. angolàre agg. **1.** Che presenta angoli. **2.** Attinente a un angolo. **3.** Collocato in un angolo. ◇ *Pietra angolare*: pietra collocata in un angolo e che assicura la solidità di un edificio; *fig.* cosa di valore fondamentale. ◆ s.m. Profilato metallico ripiegato ad angolo retto.

2. angolàre v.tr. **1.** CINE., FOTO. Riprendere una scena secondo una determinata angolazione. **2.** SPORT. Nel calcio, tirare la palla verso l'angolo della porta.

angolàto agg. **1.** Fatto ad angoli. **2.** SPORT. Nel calcio, di tiro indirizzato verso un angolo della porta o proveniente da un punto laterale rispetto alla porta. **3.** *fig.* Di intervento, discorso, ecc., che rispecchia un approccio molto personale.

angolazióne s.f. **1.** CINE., FOTO. Angolo visuale da cui si riprende una scena. **2.** *fig.* Punto di vista. **3.** SPORT. Nel calcio, traiettoria del pallone verso un angolo della porta.

angolièra s.f. Piccolo mobile di forma triangolare che si colloca in un angolo di una stanza.

àngolo s.m. (lat. *ángulum*, gr. *ankýlos* "curvo") **1.** GEOM. Ciascuna delle due parti in cui un piano è diviso da due semirette uscenti dallo stesso punto o di altro tipo. SIN.: **spigolo**. ◇ *Angolo cottura*: cucinino aperto ricavato all'interno di un ambiente. **3.** *fig.* Luogo tranquillo, isolato. ~ *In ogni angolo*: ovunque. **4.** Estremità laterali. *Angoli della bocca*. **5.** SPORT. Ciascuno dei quattro vertici del campo di calcio.

angolòide s.m. GEOM. Figura solida convessa, costituita dai punti comuni ai diedri individuati da tre o più semirette uscenti da uno stesso punto (vertice).

angolóso agg. **1.** Che presenta angoli, spigoli. **2.** PSICOL. *fig.* Che presenta durezze, asperità.

àngora s.f. (dal nome della città di *Angora*, attuale Ankara, in Turchia) Usato nella loc. *d'angora*, di varietà pregiata di capra, di coniglio o di gatto a pelo lungo. ~ Della fibra tessile ricavata dal pelo di tale capra o coniglio.

angòscia s.f. [pl. *–sce*] (lat. *angústiam*, deriv. di *ángere* "stringere") **1.** Stato di ansia e di intensa preoccupazione. **2.** Senso di soffocamento. **3.** FILOS. In Kierkegaard, conseguenza della contraddizione tra il dovere di conformarsi alla legge morale universale e la perdita della propria autonomia. ~ Nell'esistenzialismo, esperienza fondamentale attraverso cui l'uomo può apprendere il senso della propria esistenza e del nulla in cui si colloca. **4.** PSICOAN. Profondo stato di malessere psicofisico determinato dalla percezione non razionalizzata di un pericolo.

angosciàre v.tr. [5] Rendere qlcu. angosciato. ◆ angosciarsi v.pron. Essere in ansia, in agitazione. *Angosciarsi per un niente*.

angosciàto agg. Che prova e mostra angoscia.

angoscióso agg. Che denota, esprime angoscia. *Urlo angoscioso*. ~ Che provoca angoscia.

angostùra s.f. (dal nome della città di *Angostura*, attuale Ciudad Bolivar, in Venezuela da cui proviene la pianta) **1.** Piccolo albero con foglie palmate, coriacee, e fiori a spiga bianchi e rosa. (Famiglia delle Rutacee.) **2.** Essenza amara e aromatica per liquori, estratta dalla corteccia di tale albero.

ångström [ˈɔŋstrøm/] s.m. inv. (dal nome del fisico svedese A.J. Ångström) FIS. Unità di lunghezza (simb. $Å$) che vale 10^{-10} m.

Ànguidi s.m. pl. [iniziale minusc. sing. *–de* per l'individuo] ZOOL. Famiglia di rettili con arti molto ridotti o mancanti. (Ordine degli Squamati.)

anguifórme agg. Che ha la forma di un serpente.

anguilla s.f. (lat. *anguíllam*, deriv. di *ánguis* "serpente") **1.** Pesce osseo commestibile con corpo cilindroide, squame e pinne rudimentali non appariscenti, che vive nei fiumi, ma deposita le uova in mare. (Le larve, o *leptocefali*, che attraversano l'Atlantico per risalire i fiumi d'Europa, sono dette *cieche*; lunghezza 1 m; famiglia

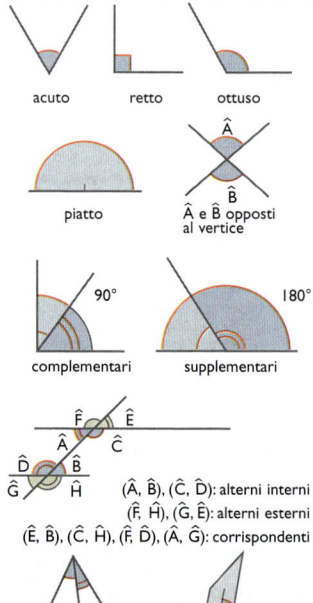

■ **àngolo.** Alcuni tipi di angolo.

■ anguìlla

degli Anguillidi.) **2.** *fig.* Persona moralmente sfuggente.

anguillàia s.f. Vivaio di anguille.

Anguillìdi s.m. pl. [iniziale minusc. sing. *–de* per l'individuo] ZOOL. Famiglia di pesci teleostei apodi, a cui appartengono numerose specie marine. (Ordine degli Anguilliformi.)

Anguillifórmi s.m. pl. [iniziale minusc. sing. *–me* per l'individuo] ZOOL. Ordine di pesci ossei a corpo allungato, flessibile, privi di pinne ventrali, con le pinne, dorsale, anale e caudale, allineate lungo un unico asse; ne fanno parte l'anguilla e la murena.

anguìllula s.f. Denominazione comune di alcuni piccoli vermi parassiti di vegetali, di animali e dell'uomo. (Classe dei Nematodi.)

angùria s.f. → **cocomero.**

angùstia s.f. (lat. *angŭstiam*, deriv. di *ăngere* "stringere") **1.** Scarsità di spazio. **2.** *fig.* Stretta di cuore. SIN.: **angoscia.**

angustiàre v.tr. [6] Portare qlcu. in uno stato di pena. ◆ **angustiarsi** v.pron. Tormentarsi, provare angoscia.

angusticlàvio s.m. [pl. *–vi*] ANT. ROM. Striscia color porpora disposta verticalmente lungo la toga dei cittadini dell'ordine equestre (in oppos. al *laticlavio*, portato dai senatori). ~ *estens.* La toga stessa così ornata.

angùsto agg. **1.** Stretto, scomodo. **2.** *fig.* Intellettivamente, sentimentalmente limitato.

ànice s.m. **1.** Pianta erbacea annuale di origine orientale, con foglie in parte arrotondate e in parte pennate, fiori bianchi a ombrella, frutti aromatici. (Famiglia delle Ombrellifere.) ◇ *Anice stellato:* badiana. **2.** *estens.* Il frutto di tale pianta usato nella preparazione di pietanze, dolci, liquori. **3.** Liquore distillato dai frutti di tale pianta.

anicino s.m. Biscotto aromatizzato con frutti di anice.

anidride s.f. CHIM. Composto formato da un non metallo e da ossigeno o per sottrazione di una molecola d'acqua a un acido carbossilico. (Per idratazione dà luogo a un acido.)

anidrite s.f. MIN. Solfato anidro di calcio in cristalli bianco-grigiastri di lucentezza vitrea. (Per idratazione dà luogo al gesso.)

ànidro agg. CHIM. Di minerale o composto chimico privo d'acqua di cristallizzazione o di liquido che non contiene acqua. *Sale anidro.*

anidrobiòsi s.f. inv. SC. VIT. Sospensione temporanea delle funzioni vitali da parte di un organismo animale o vegetale durante un periodo di latenza.

anidròsi s.f. inv. MED. Diminuzione o mancanza di sudorazione.

anilina s.f. CHIM. Ammina aromatica (C_6H_5–NH_2) liquida, oleosa, incolore, ottenuta per riduzione del nitrobenzene. SIN.: **amminobenzene.**

ànima s.f. (gr. *ánemos* "vento, soffio") **1.** FILOS. Principio vitale comune a ogni essere vivente. ~ Sede delle facoltà spirituali dell'uomo, in oppos. al *corpo*, sede della materialità. **2.** CRIST. Entità immortale creata direttamente da Dio, che dà vita all'essere umano e presiede alla sua attività spirituale. ◇ *Raccomandare l'anima a Dio:* prepararsi a morire. – *Buon'anima:* espressione di affetto e rispetto per un defunto. – *Anima in pena:* che non trova pace. **3.** Usato in molte locc. *fig.* con riferimento sia al principio vitale di cui l'anima è immagine sia al suo valore morale e teologico. ◇ *Leggere in fondo all'anima:* capire perfettamente qlcu. – *Dare l'anima:* fare ogni possibile sacrificio per qlcu. o qlco.

– *Buttarsi anima e corpo in qlco.:* dedicarsi in maniera esclusiva a qlco. – *Un bene dell'anima:* grandissimo, senza pari. – *Con tutta l'anima:* con totale dedizione. **4.** Persona intesa sia come vivente sia come sede di qualità morali e spirituali. *Un paese di mille anime.* ◇ *Anima gemella:* persona dell'altro sesso molto affine per sensibilità. – *Anima viva:* nessuno, spec. in frasi negative. *Al bar non c'era anima viva.* ~ Animatore, promotore. *Sei l'anima del partito.* **5.** *estens.* Parte più interna di qlco. *L'anima del legno.* **6.** MUS. Piccolo cilindro di legno che negli strumenti ad arco viene posto tra il coperchio e il fondo. *Anima del violino.* **7.** SCULT. Armatura in legno di figure o rilievi rivestiti di metallo. **8.** ARM. La cavità interna di una bocca da fuoco o di una canna nel tratto percorso dal proietto. **9.** ELETTROTEC. Parte centrale metallica di un conduttore che conduce la corrente. **10.** METALL. In fonderia, la parte del modello che produce una cavità nel getto.

1. animàle s.m. **1.** Ogni organismo sensibile in grado di muoversi spontaneamente, compreso l'uomo. **2.** Essere vivente privo della capacità di parlare. *Animale domestico.* **3.** *fig.* Persona rozza, incivile. **4.** *fig.* L'uomo considerato nella sua istintività e innata attitudine a fare qlco. ◇ *fig. Animale da palcoscenico:* artista che manifesta un'innata attitudine per la scena, lo spettacolo in generale.

2. animàle agg. **1.** Degli animali, che proviene da essi. *Olio animale.* ◇ *Regno animale:* l'insieme degli animali classificati dalla zoologia. **2.** Relativo alla corporeità, alla bestialità (in oppos. a *spirituale*).

animalésco agg. [pl.m. *–schi*, f. *–sche*] Da animale. ~ *spreg.* Indegno dell'uomo.

animalismo s.m. Movimento per la difesa degli animali dalle violenze e dalle torture.

animalista s.m. e f.[pl.m. *–sti*] **1.** Artista che raffigura animali. **2.** Chi difende gli animali dallo sfruttamento dell'uomo.

animalìstico agg. [pl.m. *–ci*, f. *–che*] Detto di raffigurazione artistica di animali.

animalità s.f. inv. **1.** Insieme dei caratteri peculiari degli animali. **2.** Nell'uomo, ciò che si contrappone alla spiritualità.

animàre v.tr. **1.** Infondere l'anima e dare la vita a qlco. *Animare un corpo.* **2.** fig. Infondere vitalità in qlco. SIN.: **vivificare.** ~ *estens.* Vivacizzare. *Animare un dibattito.* **3.** Rendere qlcu. vitale dandogli forza interiore. *Animare un amico.* ~ Spingere qlcu. a qlco. SIN.: **spronare.** ◆ **animarsi** v.pron. **1.** Prendere forza e coraggio. **2.** Acquistare vivacità, movimento. *La piazza si anima.* **3.** Eccitarsi, accalorarsi. *Animarsi durante una discussione.*

animàto agg. **1.** Dotato di funzioni vitali e di movimento. ◇ *Esseri animati:* gli animali, l'uomo. **2.** LING. Di tratto semantico che caratterizza i termini utilizzati per gli esseri viventi (p.e. *anziano* si riferisce solo a *esseri animati*, mentre *antico* viene usato per le *cose inanimate*).

animatóre s.m. [f. *–trice*] Chi vivacizza una situazione, intrattiene un gruppo di persone. ◇ *Animatore culturale:* promotore di iniziative culturali. – *Animatore di villaggio turistico:* chi per lavoro intrattiene gli ospiti coinvolgendoli in attività. **2.** Disegnatore di cartoni animati. ◆ agg. Che anima. *Spirito animatore dell'universo.*

animazióne s.f. **1.** Conferimento di vita, di movimento. **2.** Movimento, affollamento. **3.** Vivacità, ardore. *Discutere con animazione.* **4.** CINE. Riproduzione del movimento di una figura, ottenuta con la ripresa di disegni che descrivono in successione le fasi del movimento stesso. **5.** Promozione di un'attività, di un'innovazione. *Animazione culturale.*

animèlla s.f. **1.** (spec. pl.) Parte bianca e spugnosa delle interiora del vitello e dell'agnello, corrispondenti al timo e al pancreas. **2.** MECC. Nelle valvole a cerniera, l'elemento mobile.

animismo s.m. ANTROP. Concezione della natura tipica delle religioni primitive, secondo la quale tutte le cose sono animate da spiriti benefici o malefici.

animista s.m. e f.[pl.m. *–sti*] (ingl. *animist*) Seguace dell'animismo.

ànimo s.m. **1.** L'anima umana in quanto sede e centro delle diverse facoltà e attività spirituali. ~ *special.* Sede e centro dei sentimenti. *Persona di animo buono.* ~ Fondamento della facoltà volitiva e della personalità. *Avere un animo debole.* **2.** Particolare disposizione di spirito nei riguardi di qlcu. o qlco. ~ Condizione di spirito perlopiù temporanea. ◇ *Stato d'animo:* condizione psicologica. **3.** Pensiero, mente. *Avere un dubbio nell'animo.* **4.** Coraggio. *Farsi animo.* **5.** Intenzione, proposito. *Celare il proprio animo.*

animosità s.f. inv. Ostilità, faziosità.

anióne s.m. (gr. *aniốn* "che sale") FIS. Ione di carica elettrica negativa (in oppos. a *catione*).

anisétta s.f. Liquore dolce dal sapore di anice.

anisocorìa s.f. MED. Diversità del diametro della pupilla nei due occhi.

anisofillìa s.f. BOT. Compresenza su una pianta di foglie diseguali allo stesso livello.

anisogàmete s.m. BIOL. Gamete che presenta una differenza morfologica a seconda dei sessi.

anisogamia s.f. **1.** BIOL. Differenza morfologica tra gameti maschili e femminili. **2.** BIOL. Fecondazione per mezzo di anisogameti.

anisòlo s.m. CHIM. Etere metilico del fenolo (CH_3O–C_6H_5), utilizzato come solvente dei composti organici e in profumeria.

anisomorfismo s.m. **1.** LING. Mancanza di parallelismo tra elementi linguistici messi a confronto. **2.** CHIM. Fenomeno per cui sostanze simili cristallizzano in forme diverse.

anisotropìa s.f. MIN. Diversità delle proprietà fisiche di un cristallo nelle varie direzioni.

annacquaménto s.m. **1.** Diluizione con acqua. **2.** *fig.* Attenuazione, mitigamento. **3.** ECON. Sopravvalutazione del capitale netto di una società per azioni rispetto al suo valore reale.

annacquàre v.tr. **1.** Allungare un liquido aggiungendovi acqua. *Annacquare il vino.* **2.** *fig.* Attenuare, svigorire qlco. *Annacquare la verità.*

annaffiàre o **innaffiàre** v.tr. [6] (lat. *inaffiàre* "soffiare dentro") Bagnare qlco. facendo in modo che l'acqua cada come pioggia. *Annaffiare le piante.* ◇ *fig. Annaffiare i cibi con il vino:* accompagnare il pasto con il vino.

annaffiatóio o **innaffiatóio** s.m. [pl. *–toi*] Recipiente con manico che serve per annaffiare le piante.

annaffiatùra o **innaffiatùra** s.f. Irrigazione a pioggia di un campo.

annàli s.m. pl. **1.** Narrazione storica ordinata per anni. ~ Raccolta di documenti storici. ◇ *fig. Restare negli annali:* nella memoria. **2.** Titolo di pubblicazioni accademiche a carattere periodico.

annalìstica s.f. [non com. pl. *–che*] Genere storiografico degli annali. ~ Il complesso delle opere di tale genere scritte in una data epoca.

annamita agg. Dell'Annam. ◆ s.m. e f.[pl.m. *–ti*] Nativo, abitante dell'Annam.

annaspàre v.intr. (aus. *avere*) **1.** Muovere affannosamente le mani o i piedi come cercando un appiglio. *Annaspare nell'acqua.* **2.** Darsi da fare senza ottenere risultati. *Annaspare intorno a un problema.* **3.** *fig.* Esprimersi malamente, cercando le parole giuste. SIN.: **confondersi.** ◆ v.tr. Avvolgere il filo sull'aspo per formare una matassa.

annàta s.f. **1.** Anno inteso nella sua durata, spec. come ciclo stagionale e produttivo. ◇ *D'annata:* invecchiato, spec. di vino prodotto da una vendemmia buona e lasciato invecchiare per esaltarne la qualità; *estens.* di eccellente qualità che si apprezza a distanza di tempo. *Un film d'annata.* **2.** Attività svolta nel corso di un anno. *Annata cinematografica.* **3.** Ammontare annuale di uno stipendio, affitto, ecc. **4.** Insieme dei numeri di un periodico pubblicati durante un anno.

annebbiaménto s.m. **1.** Diffusione della nebbia. **2.** *fig.* Offuscamento di vista. ~ Stato di confusione mentale, mancanza di chiarezza.

annebbiàre v.tr. [6] **1.** Velare qlco. di nebbia. ~ *estens.* Offuscare. **2.** *fig.* Confondere le idee.

annegaménto s.m. **1.** Asfissia provocata dalla presenza d'acqua nelle vie respiratorie, in

■ Il cinema d'animazione

L'era del cinema d'animazione si apre con gli esperimenti del francese Émile Reynaud (inventore del "prassinoscopio", e successivamente del "teatro ottico"). Ma è l'americano J. Stuart Blackton a inventare la ripresa cinematografica immagine per immagine (The Haunted Hotel, 1907). Negli Stati Uniti le tecniche si perfezionano ulteriormente con Pat Sullivan (creatore di Felix il Gatto). Walt Disney inaugura i lungometraggi d'animazione, mentre Tex Avery porta il disegno animato al limite del nonsense e del surrealismo. Dopo la Seconda Guerra Mondiale si impongono altri autori: il canadese Norman McLaren, i marionettisti cechi Karel Zeman e Jiri Trnka e i cineasti della scuola di Zagabria in Jugoslavia, espressione di un mondo caustico e allegorico. Oggi lo sviluppo dei metodi informatici di trattamento e sintesi dell'immagine apre nuove prospettive.

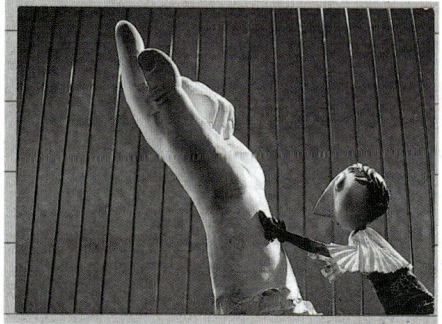

La mano. Il ceco J. Trnka adatta al cinema la tradizione teatrale delle marionette di legno. In *La mano* (1965), affronta il tema delle relazioni fra l'artista e il potere.

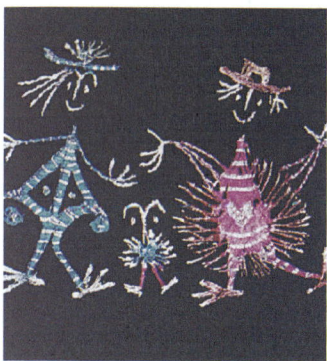

Short and Suite. In questo film del 1959, il canadese Norman McLaren, pioniere del cinema d'animazione moderno, ha esplorato le tecniche più disparate con uguale successo.

  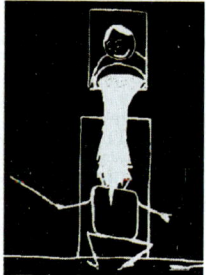

Le Cauchemar du fantoche. Dapprima caricaturista per giornali satirici, il francese Émile Cohl adotta il procedimento della ripresa cinematografica immagine per immagine. Affida al disegno animato i suoi primi capolavori, fra i quali Fantasmagorie, primo disegno animato francese, e Le Cauchemar du fantoche, entrambi del 1908.

Tales of Tales. Questo capolavoro di animazione è stato realizzato dal russo Yuri Norstein nel 1979. Ispirato a una ninnananna russa, l'autore mescola nostalgia dell'infanzia e ricordi di guerra, immagini tratte da Puskin e fantasie visionarie su musiche di Bach e Mozart.

Pinocchio. Dopo aver inventato Topolino (1928), l'americano Walt Disney ha fatto sognare un vasto pubblico con creature antropomorfe che imposero il suo stile "arrotondato". Perfezionista, fece ridisegnare Pinocchio (1940) decine di volte. La continuità del suo successo è rivelatrice dell'immaginario del secolo.

Nightmare before Christmas. Gli americani Tim Burton e Henry Selick sono gli autori di questa commedia musicale fantastica a pupazzi animati, presentata nel 1993. Basandosi su un soggetto e su personaggi di Burton, produttore del film, Selick ha realizzato un racconto macabro che mischia le tradizioni del Natale con quelle di Halloween.

seguito a una prolungata immersione. **2.** *fig.* Dissoluzione, annullamento.

annegàre v.tr. [4] **1.** Far morire qlcu. tenendogli il capo immerso in acqua per impedirgli di respirare. **2.** *fig.* Tacitare sentimenti dolorosi immergendosi totalmente in altre attività. ◇ *Annegare i dispiaceri nel vino, nell'alcol:* ubriacarsi per dimenticarli. ◆ v.intr. (aus. *essere*) Morire per impossibilità di respirazione sprofondando in acqua o in altro liquido. *Sono annegate tre persone.* ~ *fig.* Essere immersi qlco. *Annegare nell'oro.* ◆ **annegarsi** v.pron. **1.** Togliersi la vita per annegamento. **2.** Morire accidentalmente per annegamento.

annerire v.tr. [83] Rendere nero qlco. *Il fumo annerisce il muro.* ◆ v.intr. (aus. *essere*) Diventare nero, anche pron. *Il muro (si) è annerito.*

annessióne s.f. Appropriazione politica e istituzionale di un territorio da parte di uno stato.

annessionìsmo s.m. Politica di ampliamento territoriale di uno stato mediante annessioni.

annessionìsta s.m. e f. [pl.m. *-sti*] Chi persegue la politica delle annessioni.

annessìte s.f. MED. Infiammazione degli annessi uterini.

annèsso agg. Adiacente, contiguo. ~ POLIT. *estens.* Assimilato a un altro dominio. *Regioni annesse.* ◆ s.m. (al pl.) **1.** Cose che hanno natura accessoria ma legami funzionali con altre. ◇ *Annessi e connessi:* tutte le cose che necessariamente si uniscono a qlco. **2.** ANAT. Formazioni collegate con un organo principale. ◇ *Annessi embrionali o fetali:* organi esterni all'embrione che lo nutrono e lo proteggono durante lo sviluppo (amnio, placenta, ecc.).

annèttere v.tr. [16] (lat. *adnĕctere* "collegare") **1.** Detto di uno Stato, estendere la propria sovranità su un altro territorio. ~ Aggiungere un territorio alla sovranità di uno stato. **2.** Aggiungere una cosa a un'altra, collegandola. **3.** Allegare un documento ad altro.

annichilazióne s.f. **1.** Annullamento, distruzione. **2.** *fig.* Umiliazione. **3.** FIS. Processo secondo cui una particella e la corrispondente antiparticella si combinano per trasformarsi in radiazione elettromagnetica.

annichilire v.tr. [83] **1.** Ridurre qlco. in nulla. ~ *estens.* Vanificare. **2.** *fig.* Togliere a qlcu. ogni capacità di reazione. ◆ **annichilirsi** v.pron. **1.** Ridursi in nulla. **2.** *fig.* Abbassarsi, umiliarsi. ~ Perdere la propria personalità. *Annichilirsi vivendo all'ombra di qlcu.*

annidaménto s.m. **1.** L'annidarsi e la condizione che ne consegue. **2.** BIOL., MED. Fissazione dell'uovo fecondato nella mucosa uterina. **3.** INFORM. Inclusione di una procedura all'interno di un'altra, che la richiama durante la propria esecuzione.

annidàre v.tr. Nascondere un sentimento nell'animo, nel cuore. ◆ **annidarsi** v.pron. **1.** Detto di animali, fare il nido, avere rifugio in un luogo. **2.** *estens.* Nascondersi in un luogo riparato per non essere visti. **3.** *fig.* Detto di sentimenti, celarsi nell'intimo.

annientaménto s.m. (calco del fr. *anéantissement*) **1.** Distruzione, abbattimento. **2.** *fig.* Dissoluzione, perdita totale.

annientàre v.tr. **1.** Ridurre qlco. in niente. *Annientare ogni resistenza.* ~ Sterminare, uccidere. *Annientare il nemico.* ~ SPORT. *fig.* Sconfiggere qlcu. in maniera clamorosa. **2.** *fig.* Rendere qlcu. incapace di reagire. *Il dolore lo annienta.* SIN.: **prostrare**. ~ *estens.* Dimostrare l'infondatezza di qlco. *Annientò tutte le prove.* ◆ **annientarsi** v.pron. **1.** Ridursi in niente. *Il missile si è annientato nello spazio.* **2.** *fig.* Perdere la propria dignità. **3.** Di due o più soggetti, distruggersi l'un l'altro.

anniversàrio s.m. [pl. *-ri*] Ricorrenza annuale di un avvenimento degno di memoria. *Anniversario di nozze.*

ànno s.m. **1.** Misura del tempo data dal moto di rivoluzione della Terra intorno al Sole. ◇ *Anno solare o tropico:* tempo che intercorre tra due passaggi successivi del Sole allo zenit dello stesso tropico, pari a 365 giorni 5 ore 48 minuti 46 secondi. – *Anno sidereo o siderale:* tempo che la Terra impiega a compiere un'orbita completa nel suo moto di rivoluzione intorno al Sole, pari a 365 giorni 6 ore 9 minuti 10 secondi. – ASTR. *Anno luce:* unità di lunghezza (simb. *a.l.*) che equivale alla distanza percorsa in un anno dalla luce nel vuoto (9,461 x 10^{12} km); *fig.* distanza enorme. – *Anno civile:* di 365 giorni. **2.** Intervallo di tempo compreso tra il 1° gennaio e il 31 dicembre. ◇ CATT. *Anno santo:* anno che si celebra ogni 25 anni durante il quale i fedeli possono ottenere l'indulgenza plenaria dei peccati. **3.** Spazio temporale basato sull'espletamento di una particolare attività. *Anno scolastico.* ◇ *Perdere un anno:* essere bocciato e dover ripetere lo stesso anno di corso. **4.** (al pl.) Periodo storico, epoca. **5.** (al pl.) Vita. ~ Misura e periodo dell'età umana. *Avere molti anni.* **6.** Tempo indeterminato, general. lungo.
ENCICL. La data d'inizio dell'anno ha subito numerose variazioni nel corso dei secoli. Romolo la fissò al 1° marzo (cosa che spiega l'etimologia dei mesi di *settembre*, *ottobre* e *novembre*), Numa Pompilio e Cesare al 1° gennaio; ai tempi di Carlo Magno venne nuovamente stabilita al 1° marzo, mentre la Chiesa, nel sec. XII, la fece coincidere con il Sabato santo; finalmente Carlo IX la riportò al 1° gennaio. In Francia, durante la Rivoluzione, il governo repubblicano (con il calendario repubblicano) decretò che l'inizio dell'anno coincidesse con l'equinozio d'autunno. In Italia, durante il periodo fascista, si usò aggiungere all'indicazione delle date, secondo la cronologia gregoriana, l'anno dell'era fascista, il cui computo iniziava il 28 ottobre 1922. Gli ebrei considerano primo mese dell'anno il *nisan* per quanto, dal sec. X, gli anni si contino dal mese di *tishri* (in autunno).

annodàre v.tr. **1.** Tenere insieme due o più cose unendole con nodi. *Annodare delle funi.* ~ Unire con nodi due capi di un oggetto. **2.** *fig.* Stringere rapporti umani. *Annodare una buona amicizia.* ◆ **annodarsi** v.pron. **1.** Avvilupparsi formando nodi. *I capelli si sono annodati.* **2.** Unire due capi di un oggetto che si indossa. *Annodarsi la cravatta.*

annoiàre v.tr. [6] (provenz. *enojar*, lat. *inodiāre* deriv. di *in odio habere* "avere in odio") Indurre fastidio, tediare, stancare. *I tuoi discorsi mi annoiano.* ~ Essere noioso. ◆ **annoiarsi** v.pron. Provare noia.

annòna s.f. (lat. *annōnam* "produzione annuale di cereali") **1.** Sezione della pubblica amministrazione che si occupa del rifornimento di generi alimentari e di prima necessità, controllandone qualità e prezzi. **2.** ANT. ROM. Rendite annuali dello Stato, spec. in cereali che, in caso di necessità, venivano distribuite al popolo. ~ Nel Medioevo e oltre, provvista comune di viveri di una città.

annonàrio agg. [pl.m. *-ri*] Relativo all'annona. ◇ *Tessera annonaria:* con cui si acquistano viveri razionati in situazioni di guerre o di emergenze.

annóso agg. **1.** Che ha molti anni. SIN.: **antico**. **2.** Che dura da anni. *Questione annosa.*

annotàre v.tr. **1.** Scrivere qlco. per promemoria. SIN.: **appuntare**. **2.** Corredare un testo di postille o note esplicative.

annotazióne s.f. **1.** Appunto, promemoria. **2.** Commento a un testo, glossa.

annottàre v.impers. Farsi notte, imbrunire. *Sta annottando.*

annoveràre v.tr. **1.** Includere qlcu. o qlco. in una categoria, in un gruppo. *Annoverare uno scrittore fra i classici.* SIN.: **comprendere**. **2.** Elencare una serie di cose. *Annoverare i crimini dell'imputato.*

annuàle agg. **1.** Che si ripete ogni anno. **2.** Che dura un anno.

annualità s.f. inv. **1.** Periodicità di un anno. **2.** Quota di una rendita o di un debito corrisposta anno per anno.

annualizzàre v.tr. Attribuire una periodicità annuale a qlco.

annuàrio s.m. [pl. *-ri*] Compilazione annuale di dati, fatti di un determinato settore di attività. *Annuario di statistica.*

annuire v.intr. [83] (aus. *avere*) (lat. *adnŭere*, deriv. di *nūtus* "cenno del capo") Dimostrarsi d'accordo facendo un cenno affermativo, spec. piegando il capo in avanti.

annullàbile agg. Che si può annullare.

annullaménto s.m. **1.** Negazione della validità. **2.** *fig.* Annientamento, distruzione. **3.** DIR. Provvedimento con cui l'autorità competente dichiara non valido un atto giuridico viziato. **4.** MAT. Riduzione a zero di un polinomio.

annullàre v.tr. **1.** Rendere qlco. inefficace, privo di validità. *Annullare la prenotazione.* **2.** Con riferimento a francobolli, biglietti, ecc., apporvi un timbro per evitare un loro ulteriore utilizzo. **3.** DIR. Dichiarare che un atto non è valido in quanto affetto da vizi formali o procedurali. *Annullare il concorso.* **4.** *estens.* Eliminare, distruggere qlco. **5.** MAT., FIS. Ridurre a zero un'espressione. ◆ **annullarsi** v.pron. **1.** Svanire, dissolversi. **2.** Rinunciare alla propria individualità. **3.** Detto di due o più elementi in rapporto reciproco, rendersi vicendevolmente inefficaci. *I due provvedimenti si annullano.* **4.** FIS., MAT. Detto di due valori, diventare uguali a zero, eliminandosi a vicenda.

annullativo agg. DIR. Che può annullare.

annùllo s.m. Timbro posto sul francobollo per evitarne un ulteriore uso.

annunciàre v.tr. [5] (lat. *adnuntiāre*, deriv. di *nūntius* "messaggero") **1.** Far sapere qlco. pubblicamente e in modo ufficiale. *Annunciare una vittoria.* ~ Rendere noto qlco. a qlcu. *Annunciare il proprio matrimonio.* **2.** Far sapere a qlcu. che una persona chiede di essere ricevuta. *Annunciare un visitatore al direttore.* **3.** Predire qlco. *I profeti annunciarono la venuta di Cristo.* **4.** *fig.* Di soggetto inanimato, far presagire qlco., essere segnale di un cambiamento. *Il vento annuncia l'inverno.*

annunciàto agg. Previsto, facilmente prevedibile. *Catastrofe annunciata.*

annunciatóre agg. [f. *-trice*] Che preannuncia, predice. *Un sogno annunciatore.* ◆ s.m. **1.** (anche f.) Chi annuncia. **2.** (anche f.) Chi legge annunci alla radio o alla televisione.

annunciazióne s.f. CRIST. Annuncio dell'incarnazione del Figlio di Dio portato dall'arcangelo Gabriele a Maria. ~ *estens.* Rappresentazione iconografica di tale evento. ~ Festa liturgica che lo ricorda e che cade il 25 marzo.

annùncio s.m. [pl. *-ci*] **1.** Comunicazione di una notizia. ~ La notizia comunicata. **2.** Breve scritto con cui si comunica qlco. ~ Inserzione su organi di informazione. ◇ *Annuncio pubblicitario:* messaggio diffuso sui mezzi di comunicazione per reclamizzare un prodotto. **3.** *fig.* Indizio, presagio, messaggio. *Annuncio di pioggia.*

ànnuo agg. Che dura un anno. ~ Che ricorre una volta all'anno.

annusàre v.tr. **1.** Aspirare aria dal naso per sentire l'odore di qlco. *Annusare il cibo.* ~ *estens.* Aspirare una sostanza con le narici. *Annusare tabacco.* **2.** *fig.* Intuire, presagire, avvertire qlco. ◇ *Annusare aria di tempesta:* avvertire la possibilità di un litigio.

annuvolaménto s.m. **1.** Addensamento di nuvole. **2.** *fig.* Segno di un turbamento.

annuvolàre v.tr. **1.** Coprire di nuvole. **2.** *fig.* Turbare, confondere la mente, le idee. ◆ **annuvolarsi** v.pron. **1.** Coprirsi di nuvole. *Il cielo si annuvola.* **2.** *fig.* Diventare pensieroso, oscurarsi in viso. *Annuvolarsi a una notizia.*

àno s.m. (lat. *ānum* "anello") ANAT. Orifizio terminale dell'intestino retto.

Anòbidi s.m. pl. [iniziale minusc. sing. *-de* per l'individuo] ZOOL. Famiglia di insetti le cui larve scavano il legno. (Ordine dei Coleotteri.)

anòbio s.m. [pl. *-bi*] → **tarlo**.

anòdico agg. [pl.m. *-ci*, f. *-che*] FIS. Relativo all'anodo.

anòdino agg. **1.** MED. Di farmaco analgesico. **2.** *fig.* Privo di carattere, di energia, di efficacia. *Riforma anodina.*

anodizzàre v.tr. CHIM., FIS. Sottoporre un metallo a un processo che forma sulla sua superficie un sottile strato protettivo di ossido mediante collegamento all'anodo di un bagno elettrolitico.

anodizzazióne s.f. CHIM., FIS. Ossidazione superficiale di un pezzo metallico utilizzato come anodo in un'elettrolisi, per migliorare la resistenza alla corrosione e la durezza.

ànodo s.m. (gr. *ánodos* "salita") FIS. Elettrodo di una cella (pila, accumulatore, valvola elettronica) attraverso il quale la corrente di un circuito entra nella cella.

anodònta s.f. (gr. *anódon* "senza denti", perché la cerniera della conchiglia è priva di denti) Grande mollusco diffuso nelle acque dolci, la cui conchiglia presenta la cerniera priva di denti. (Lunghezza fino a 20 cm; classe dei Bivalvi.)

anodontìa s.f. MED. Assenza totale o parziale dei denti.

anòfele s.m. (gr. *anóphelés* "inutile") Zanzara che trasmette il plasmodio della malaria. (Famiglia dei Culicidi.)

anomalìa s.f. **1.** Deviazione dalla norma. **2.** BIOL. Struttura o funzione congenitamente differente dalla norma. **3.** LING. Scarto rispetto a quella che dovrebbe essere la regola.

anòmalo agg. **1.** Che fa eccezione alla norma. **2.** GRAMM. Di verbo che presenta forme derivate da temi diversi.

Anomalùridi s.m. pl. [iniziale minusc. sing. *-de* per l'individuo] ZOOL. Famiglia di roditori.

Anomalùro s.m. ZOOL. Genere di roditori arboricoli diffusi in Africa, in grado di compiere brevi voli planati. (Famiglia degli Anomaluridi.)

anomìa s.f. (gr. *anomía*, "violazione della legge") Condizione caratterizzata dalla mancanza di precise norme sociali.

Anomùri s.m. pl. [iniziale minusc. sing. *-ro* per l'individuo] ZOOL. Sottordine di crostacei caratterizzati da addome nascosto dentro al carapace, come, p.e., i *paguri*. (Ordine dei Decapodi.)

anòna s.f. (spagn. *anona* da una voce caraibica) **1.** Pianta arborea delle regioni tropicali, con foglie aromatiche e frutti carnosi commestibili. (Famiglia delle Anonacee.) **2.** Il frutto di tale pianta. **3.** BOT. (iniziale maiusc.) Genere di piante a cui appartengono le varie specie di anona.

Anonàcee s.f. pl. [iniziale minusc. sing. *-a* per l'individuo] BOT. Famiglia di piante arboree o arbustive, tropicali, con foglie aromatiche e frutti commestibili.

anònima s.f. Associazione criminale. *Anonima sequestri.*

anonimàto s.m. L'essere anonimo.

anònimo agg. **1.** Privo del nome dell'autore, non firmato. **2.** *fig.* Privo di tratti distintivi. ~ Privo di personalità e originalità. *Uno stile anonimo.* ◆ s.m. **1.** [f. *-ma*] Autore di cui non si conosce il nome. **2.** Scritto di autore sconosciuto. **3.** Persona anonima.

Anoplùri s.m. pl. [iniziale minusc. sing. *-ro* per l'individuo] ZOOL. Sottordine di insetti parassiti, privi di ali, con apparato boccale pungitore e succhiatore.

anoressànte agg. MED. Di sostanza che riduce lo stimolo dell'appetito. ◆ s.m. Nel sign. dell'agg.

anoressìa s.f. MED. Mancanza patologica di appetito. ◇ *Anoressia mentale:* rifiuto del cibo per cause psichiche.

anorèssico agg. [pl.m. *-ci*, f. *-che*] MED. Relativo all'anoressia. ~ Che soffre di anoressia. ◆ s.m. [f. *-ca*] Chi soffre di anoressia.

anoressizzànte agg. MED. Detto di una sostanza che causa una diminuzione dell'appetito.

anorgànico agg. [pl.m. *-ci*, f. *-che*] **1.** LING. Di fonema non etimologicamente originario, che si inserisce nel corpo già formato della parola. **2.** MED. Di fenomeno che non ha origine organica.

anorgasmìa s.f. Assenza dell'orgasmo nel rapporto sessuale.

anormàle agg. **1.** Fuori dalla norma. **2.** PSICH. Che presenta turbe, deficienze psichiche. ◆ s.m. e f. PSICH. Chi soffre di un deficiente sviluppo mentale o di alterazioni psichiche.

anormalità s.f. inv. (fr. *anormalité*) Deviazione dalla norma.

anortìte s.f. MIN. Silicato di alluminio e calcio, in cristalli bianchi o rosati di lucentezza vitrea, presente nelle rocce vulcaniche.

anosmìa s.f. MED. Diminuzione o perdita completa dell'olfatto.

anossìa s.f. MED. Diminuzione o mancanza di ossigeno a livello delle cellule o dei tessuti.

anossiemìa o **anossemìa** s.f. MED. Diminuzione della quantità di ossigeno nel sangue.

anovulazióne s.f. MED. Assenza, normale o patologica, di ovulazione.

ànsa s.f. **1.** Manico di anfore, vasi, bicchieri con curvatura ellittica. **2.** *fig.* Adito, pretesto. **3.** Sinuosità di un corso d'acqua. *Le anse del fiume.* **4.** ANAT. Tessuto organico che si ripiega su se stesso.

ansàre v.intr. (aus. *avere*) Respirare con difficoltà.

anseàtico agg. [pl.m. *-ci*, f. *-che*] Dell'Hansa, lega tra le città marinare del Mare del Nord e del Baltico, a tutela del commercio e dell'indipendenza politica (secc. XIII-XIV).

Anserifórmi s.m. pl. [iniziale minusc. sing. *-me* per l'individuo] ZOOL. Ordine di uccelli migratori capaci di nuotare, con becco piatto e zampe palmate.

anserìna s.f. CHIM. Dipeptide contenuto nei muscoli di pesci e uccelli.

anserìno agg. D'oca.

ànsia s.f. (lat. *ànxiam*, deriv. di *àngere* "stringere") **1.** Agitazione interiore, stato tormentoso di apprensione. **2.** PSICOL. Condizione nevrotica simile all'angoscia.

ansietà s.f. inv. Condizione di incertezza e trepidazione.

ansimàre v.intr. (aus. *avere*) Respirare con affanno.

ansiògeno agg. PSICOL. Che provoca, induce ansia.

ansiolìtico agg. [pl.m. *-ci*, f. *-che*] MED. Di farmaco che attenua l'ansia o l'angoscia. ◆ s.m. Nel sign. dell'agg.

ansióso agg. **1.** Caratterizzato dall'ansia. *Attesa ansiosa.* **2.** *estens.* Desideroso, impaziente di appagare un desiderio. ◆ s.m. [f. *-sa*] Chi è abitualmente in preda all'ansia.

ànta s.f. **1.** Tavola di un dittico. ~ Laterale di un politico. **2.** Imposta della finestra o battente della porta. ~ Sportello dell'armadio. **3.** ARCH. Pilastro quadrangolare posto all'estremità di un muro.

antagonìsmo s.m. (fr. *antagonisme*) Opposizione persistente tra persone o forze in competizione.

antagonìsta agg. [pl.m. *-sti*] **1.** Che è in competizione con altri. **2.** Nel teatro e in qualsiasi altra forma di narrazione, di personaggio in conflitto con quello principale. **3.** ANAT. Corrispondente in senso contrario. **4.** Di parte che, in un congegno, in una struttura, ne contrasta, trattiene un'altra. ◆ s.m. e f. Nei sign. dell'agg.

antàlgico agg. [pl.m. *-ci*, f. *-che*] MED. Di farmaco che attenua il dolore. SIN.: **analgesico**. ◆ s.m. Nel sign. dell'agg.

antàrtico agg. [pl.m. *-ci*, f. *-che*] (gr. *antarktikós* "opposto all'Orsa") Del Polo Sud e dell'Antartide.

ànte- Prefisso che in parole composte indica precedenza nel tempo, anteriorità (*anteguerra*).

antebèllico agg. [pl.m. *-ci*, f. *-che*] Precedente la guerra. SIN.: **anteguerra**.

antecedènte agg. Precedente nel tempo o nello spazio. ◆ s.m. **1.** Evento che precede un altro. **2.** LOG. La condizione in un giudizio ipotetico, le premesse in un sillogismo. **3.** MAT. In una proporzione, ciascuno dei due dividendi. **4.** GRAMM. L'elemento nominale che precede una frase relativa e a cui si ricollega il pronome relativo.

antefàtto s.m. **1.** Evento verificatosi prima di un altro e che ne costituisce il presupposto. **2.** In un'opera narrativa o teatrale, quanto è accaduto prima della scena iniziale.

antefìssa s.f. ARCHEOL. Elemento decorativo posto agli angoli dei tetti o lungo la linea di gronda negli edifici greci, etruschi e romani.

anteguèrra s.m. inv. (calco del fr. *avant-guerre*) Periodo precedente una guerra.

antèlio s.m. [pl. *-lî*] ASTR. Macchia luminosa bianca dai margini sfumati, che si forma in cielo in direzione opposta al Sole e alla sua stessa altezza, dovuta alla diffrazione dei raggi solari nell'atmosfera.

Antèmide s.f. (gr., deriv. di *ánthos* "fiore") BOT. Genere di piante erbacee, perenni o annue, tra cui molto diffusa in Italia è la camomilla. (Famiglia delle Composite.)

antemuràle s.m. (calco del gr. *protéikhisma* "fortificazione che sta davanti") **1.** Mura più basse costruite ant. davanti a quelle della città per proteggere dall'assalto diretto delle macchine belliche. **2.** MAR. Nei porti, diga foranea.

antenàto s.m. [f. *-ta*] (lat. *antenàtum*, propr. "nato prima") Progenitore, avo.

antènna s.f. **1.** TELECOM. Dispositivo per ricevere o trasmettere onde elettromagnetiche. ◇ *Antenna parassita:* quella che riceve alimentazione indirettamente. **2.** ZOOL. Ciascuna delle appendici mobili, funzionanti come organi tattili e olfattivi, poste sul capo di molti artropodi. **3.** *fig.* (al pl.) Capacità, l'attitudine e la volontà di ascoltare, di captare notizie e sensazioni. *Drizzare le antenne.* ◇ *fig. Avere le antenne sensibili:* essere pronto ad afferrare notizie. **4.** MAR. Asta di legno obliqua che sostiene le vele quadre e latine. **5.** Palo di sostegno.

antennària s.f. (lat. *Antennaria*, deriv. di *antènna* "antenna" perché il pappo ricorda le antenne degli insetti) Pianta erbacea con foglie biancastre e pelose nella parte inferiore e infiorescenze a capolino bianche o rosa, diffusa nelle regioni temperate e fredde; in Italia, è diffusa nella fascia alpina. (Famiglia delle Composite.)

antennìsta s.m. e f.[pl.m. *-sti*] Chi installa e ripara antenne televisive.

antènnula s.f. ZOOL. Nei crostacei, ciascuna delle antenne del primo paio.

antepórre v.tr. [25] **1.** Mettere qlco. davanti ad altro. *Anteporre l'aggettivo al verbo.* **2.** *fig.* Considerare qlco. prioritario rispetto ad altro. *Anteporre il dovere al divertimento.*

antepríma s.f. (calco del fr. *avant-première*) Rappresentazione teatrale, proiezione cinematografica effettuata davanti a degli invitati prima del debutto pubblico. ◇ INFORM. *Anteprima di stampa:* nella videoscrittura, comando per verificare l'aspetto finale delle pagine prima di inviarle alla stampa.

antèra s.f. (gr. *anthērós* "fiorito") BOT. Nelle piante fanerogame, parte terminale dello stame contenente il polline.

anterìdio s.m. [pl. *-di*] BOT. Organo riproduttore maschile delle crittogame, da cui hanno origine gli anterozoi.

anterióre agg. **1.** Collocato, posto, situato davanti. *Lato anteriore.* **2.** Che precede nel tempo. **3.** FON. Di suono il cui punto di articolazione si colloca nella parte avanzata della cavità orale.

anteriorménte avv. **1.** Davanti. **2.** Precedentemente, prima.

anterògrado agg. **1.** BIOL. Caratterizzato dal movimento in avanti. **2.** PSICOL. Posteriore ri-

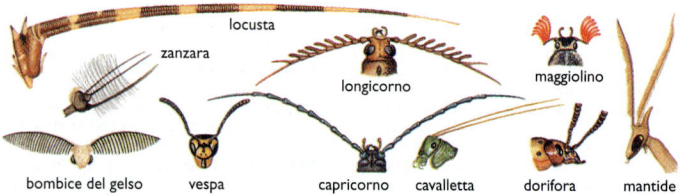

■ **antènna.** Morfologia comparata delle antenne di alcuni insetti.

locusta — zanzara — longicorno — maggiolino — bombice del gelso — vespa — capricorno — cavalletta — dorifora — mantide

spetto a un punto di riferimento. ◇ *Amnesia anterograda:* perdita della memoria dei fatti successivi a un evento traumatico.

anterozòo o **anterozòide** s.m. BOT. Gamete maschile delle crittogame.

antèsi s.f. inv. BOT. → **fioritura**.

antesignàno s.m. (lat. *antesignānum* "soldato dell'avanguardia") **1.** [f. *–na*] Chi prima di altri sostiene idee, teorie, tecniche, ecc. SIN.: **precursore. 2.** ANT. ROM. Nell'esercito romano, soldato di prima linea che difendeva le insegne.

antiabbagliànte agg. Che impedisce l'abbagliamento. ◆ s.m. AUTOM. Anabbagliante.

antiabortista agg. [pl.m. *–sti*] Che è contrario alla legalizzazione dell'aborto. ◆ s.m. e f. Nel sign. dell'agg.

antiàcido agg. CHIM. Di sostanza che attenua l'iperacidità gastrica. ◆ s.m. Nel sign. dell'agg.

antiaderènte agg. Di pentola dotata di un rivestimento che impedisce al cibo di attaccarsi durante la cottura.

antiaèreo agg. (calco dell'ingl. *anti-aircraft*) MIL. Che difende, protegge dalle incursioni aeree. *Rifugio antiaereo.*

antiaggregànte agg. MED. Di sostanza endogena o farmaco che previene o combatte l'aggregazione delle cellule ematiche. ◆ s.m. Nel sign. dell'agg. *Antiaggregante piastrinico.*

antialcòlico o **antialcoòlico** agg. [pl.m. *–ci*, f. *–che*] Contrario all'alcolismo.

antialiseo s.m. METEOR. → **controaliseo**.

antiallèrgico agg. [pl.m. *–ci*, f. *–che*] MED. Che inibisce l'insorgenza di allergie o le cura. ◆ s.m. Nel sign. dell'agg.

antiamericanismo s.m. Ostilità nei confronti degli Stati Uniti, della loro politica e civiltà.

antianèmico agg. [pl.m. *–ci*, f. *–che*] MED. Di farmaco o terapia efficace contro lo stato anemico del sangue. SIN.: **emopoietico.** ◆ s.m. Nel sign. dell'agg.

antiasmàtico agg. MED. Di farmaco che previene e cura le manifestazioni asmatiche. ◆ s.m. Nel sign. dell'agg.

antiatòmico agg. [pl.m. *–ci*, f. *–che*] **1.** Che protegge dagli effetti di un'esplosione nucleare. **2.** Che è contrario all'uso delle armi atomiche.

antibagno s.m. Vano di disimpegno che precede il bagno.

antibattèrico agg. [pl.m. *–ci*, f. *–che*] MED. Detto di sostanza che uccide i batteri o impedisce il loro sviluppo. SIN.: **battericida.** ◆ s.m. Nel sign. dell'agg., spec. se riferito a farmaco.

antibécco s.m. [pl. *–chi*] (calco del fr. *avant-bec*) COSTR. Sperone murario collocato sulle pile di un ponte per regolare il flusso delle acque e allontanare gli oggetti galleggianti dalle arcate.

antibiogràmma s.m. [pl. *–mi*] MED. Esame effettuato sui batteri presenti in un individuo per osservare la reazione ai diversi antibiotici e stabilire il più efficace alla cura.

antibiòsi s.f. inv. (fr. *antibiose*) BIOL. In partic. riferito a microrganismi, inibizione dello sviluppo di un altro organismo.

antibiòtico agg. [pl.m. *–ci*, f. *–che*] (ingl. *antibiotic*) **1.** BIOL. Relativo ad antibiosi. **2.** Di farmaco che uccide i germi patogeni o ne evita la moltiplicazione. ◆ s.m. Nell'accez. 2 dell'agg.

antiblàstico agg. [pl.m. *–ci*, f. *–che*] MED. Che arresta la proliferazione cellulare. ◆ s.m. MED. Farmaco impiegato nella cura dei tumori.

antibloccàggio agg. inv. AUTOM. *Sistema antibloccaggio dei freni* → **ABS**.

anticàglia s.f. [pl. *–glie*] spreg. Oggetto vecchio di dubbio pregio. ~ Cosa antiquata, fuori moda.

anticalcàre agg. inv. Di prodotto capace di impedire o rallentare la formazione di calcare negli impianti che usano acqua. ◆ s.m. inv. Nel sign. dell'agg.

anticàmera s.f. **1.** Vano d'ingresso di un appartamento. ~ Sala d'attesa in uffici, studi professionali, ecc. ◇ fig. fam. *Qlco. che non passa nemmeno per l'anticamera del cervello:* a cui non si pensa affatto. **2.** fig. Preludio, preannuncio inevitabile. *Una sconfitta è l'anticamera della retrocessione.*

anticàncro agg. inv. MED. Di diagnosi effettuata allo scopo di prevenire l'insorgenza del cancro o di cura o farmaco che lo combatte.

anticapitalismo s.m. Atteggiamento, idea polemica o avversa al sistema del capitalismo.

anticàrie agg. inv. MED. Che previene la carie dentaria. ◆ s.m. inv. Farmaco con tale funzione.

anticàrro agg. inv. (calco dell'ingl. *anti-tank*) MIL. Che contrasta l'avanzata dei carri armati.

anticatarràle agg. MED. Di prodotto farmaceutico efficace nella prevenzione e nella cura delle formazioni catarrali a carico dei bronchi. ◆ s.m. Nel sign. dell'agg.

anticàto agg. Di oggetto trattato in modo da sembrare un pezzo originario antico.

anticàtodo s.m. FIS. Elemento metallico dei tubi a raggi X posto davanti al catodo e che, colpito dai raggi catodici, emette le radiazioni.

antichità s.f. inv. **1.** Qualità che denota l'appartenenza di un oggetto a un'età molto remota. **2.** I secoli precedenti il Medioevo (v. parte n.pr.). **3.** (spec. pl.) Pezzo antico, reperto archeologico. *Museo di antichità.* ~ La civiltà dei popoli antichi e il suo studio.

anticiclóne s.m. METEOR. Area di alta pressione.

anticipàre v.tr. **1.** Fare qlco. prima del previsto. ~ Spostare l'attuazione di qlco. a un momento precedente. *Anticipare la partenza.* **2.** Precorrere qlco. ◇ *Anticipare i tempi:* avvenire prima del previsto. *Questa moda anticipa i tempi.* – SPORT. *Anticipare un avversario:* precederlo nell'azione. **3.** Prevedere qlco. prima che si realizzi effettivamente. *Anticipare le mosse del nemico.* ~ Divulgare informazioni su fatti non ancora ufficialmente noti. *Anticipare i programmi del nuovo governo.* **4.** Versare a qlcu. una somma di denaro prima della data stabilita o prima che ne sia determinato l'esatto ammontare. *Anticipare l'affitto.* ◆ v.intr. (aus. *avere*) Verificarsi, aver luogo prima del previsto. *Il treno ha anticipato di qualche minuto.*

anticipàto agg. Fatto in anticipo, prima del previsto. ❑ In funzione di avv., prima del tempo. *Pagare anticipato.*

anticipazióne s.f. **1.** Il far qlco. prima del tempo stabilito. **2.** Informazione non ufficiale prima di un evento. **3.** Avvisaglia, preannuncio, premessa. **4.** RET. → **prolessi. 5.** BANC. Contratto con cui la banca concede a un cliente una somma di danaro garantita da titoli o altri beni. **6.** MUS. Esecuzione di una o più note in anticipo rispetto all'accordo di cui fanno parte, con effetto di dissonanza.

antìcipo s.m. **1.** Lo scarto cronologico che precede il tempo previsto o fissato. ~ Il tempo guadagnato sul previsto. ◇ *In anticipo:* prima del previsto. **2.** SPORT. Azione compiuta prima degli avversari. ◇ *Giocare sull'anticipo* o *d'anticipo:* precedere nel gioco gli avversari. ~ fig. Prevenire l'azione di altri. **3.** COMM. Somma di danaro data o ricevuta in acconto. **4.** MECC. Nei motori a scoppio, intervallo di tempo tra la scintilla e la compressione massima.

anticlericàle agg. Contrario all'ingerenza del clero nella sfera politica. ◆ s.m. e f. Nel sign. dell'agg.

anticlericalismo s.m. Prassi politica, atteggiamento individuale, volti a respingere l'ingerenza del clero nella vita sociale, politica, culturale.

anticlimax s.m. o s.f. inv. RET. Disposizione di concetti o vocaboli in ordine decrescente d'intensità; detto *climax discendente.*

anticlinàle s.f. GEOL. Piega degli strati della crosta terrestre con convessità rivolta verso l'alto.

antìco agg. [pl.m. *–chi*, f. *–che*] (lat. *antīquum*, deriv. di *ănte* "prima") **1.** Di epoca remota (per l'Occidente, convenzionalmente, dalle origini della civiltà ellenica alla caduta dell'Impero Romano d'Occidente nel 476 d.C.). **2.** Di un passato lontano inteso genericamente. ~ Originario. *Restituire la chiesa all'antico splendore.* ~ Riferito a un'età passata di cui si mette in risalto la differenza dalla presente con scopo elogiativo. ◇ *All'antica:* secondo le vecchie tradizioni, nel senso negativo di *superato* sia in quello positivo di *ben fatto.* **3.** Riferito ad architettura minore, a oggetti d'arredamento di età superiore al secolo. **4.** Di vecchia data, consueto. *Un'antica passione.* ◆ s.m. **1.** (spec. pl.) Uomo di epoca remota, avi, antenati. ~ Autore classico. **2.** Tempo remoto. *Il gusto dell'antico.* ~ Stile di civiltà trascorse.

anticoagulànte agg. MED. Che rallenta o impedisce la coagulazione del sangue. ◆ s.m. Nel sign. dell'agg.

anticolinèrgico agg. [pl.m. *–ci*, f. *–che*] MED. → **parasimpaticolitico**.

anticomunismo s.m. Avversione ideologica al comunismo.

anticoncezionàle agg. MED. Che impedisce la fecondazione dell'ovulo. SIN.: **contraccettivo.** ◆ s.m. Nel sign. dell'agg.

anticonformismo s.m. Rifiuto di uniformarsi alle opinioni e ai comportamenti predominanti.

anticonformista agg. [pl.m. *–sti*] Che non uniforma il proprio comportamento a quello maggioritario. SIN.: **originale.** ◆ s.m. e f. Nel sign. dell'agg.

anticongelànte agg. CHIM. Che abbassa il punto di congelamento. ◆ s.m. Tale sostanza da aggiungere all'acqua nel circuito di raffreddamento del motore.

anticongiunturàle agg. ECON. Che corregge gli effetti di una congiuntura economica negativa.

anticòrpo s.m. BIOL. Sostanza proteica prodotta dall'organismo per contrastare e neutralizzare gli antigeni.

anticostituzionàle agg. Non conforme alle disposizioni costituzionali.

anticrèsi s.f. inv. (fr. *antichrèse*, gr. *antíkhrēsis* "uso di una cosa per un'altra") DIR. Contratto con cui il debitore consegna un immobile al creditore che può utilizzarne la rendita, come pagamento degli interessi sul prestito, se dovuti, e come sconto del prestito stesso.

anticrìmine agg. inv. Indirizzato a contrastare l'azione della malavita organizzata.

anticristiàno agg. **1.** Contrario al cristianesimo e ai cristiani. **2.** Privo dello spirito cristiano di carità e fratellanza.

anticristo s.m. inv. **1.** (solo sing., anche con iniziale maiusc.) Essere diabolico che, secondo l'*Apocalisse* di Giovanni, alla fine dei tempi tenterà di sottrarre il genere umano alla vera fede, ma verrà sconfitto da Cristo. **2.** *estens.* Ogni persecutore della Chiesa. **3.** fig. Persona diabolica e malvagia, sterminatore di popoli, nemico dell'umanità.

anticrittogàmico agg. [pl.m. *–ci*, f. *–che*] Che libera le piante dalla flora crittogamica. ◆ s.m. Composto chimico anticrittogamico.

antidatàre v.tr. Datare una scrittura con una data precedente a quella reale.

antideflagrànte agg. Di congegno o impianto installato in particolari sedi per evitare esplosioni o ridurne gli effetti distruttivi. ◆ s.m. Nel sign. dell'agg.

antidemocràtico agg. [pl.m. *–ci*, f. *–che*] Contrario alla democrazia. ◆ s.m. Nel sign. dell'agg.

antidepressivo agg. MED. Di farmaco che agisce contro la depressione. ◆ s.m. Nel sign. dell'agg.

antiderapànte agg. AUTOM. Di pneumatico che ha un elevato grado di aderenza al terreno.

antidetonànte agg. Che evita la detonazione spontanea di una miscela carburata. ◆ s.m. Composto chimico che viene aggiunto alla benzina usata nei motori a scoppio e che consente rapporti di compressione più elevati.

antidiftèrico agg. [pl.m. *–ci*, f. *–che*] MED. Che previene e cura la difterite.

antidiluviàno agg. (ingl. *antediluvian*) **1.** Anteriore al diluvio universale. ~ *estens.* Preistorico, remotissimo. **2.** fig. scherz. Antiquato, vecchissimo.

antidiurètico agg. [pl.m. –ci, f. –che] MED. Di farmaco che riduce la secrezione dell'urina. ◆ s.m. Nel sign. dell'agg.

antidolorifico agg. [pl.m. –ci, f. –che] MED. Di farmaco che riduce o elimina il dolore. ◆ s.m. Nel sign. dell'agg. SIN.: **analgesico**.

antidoping [anti'doping] agg. inv. SPORT. Che combatte l'uso di stimolanti o altre sostanze proibite nella pratica sportiva. ◆ s.m. inv. Controllo medico, complesso di analisi fatte a tale scopo.

antidoto s.m. (lat. *antídotum*, gr. *antídoton phármakon* "rimedio dato contro") **1.** Sostanza che annulla gli effetti di un veleno. **2.** *fig.* Rimedio, sollievo.

antidròga agg. inv. Che è contro la diffusione della droga. *Campagna antidroga.* ~ Di reparti delle forze dell'ordine specializzati nella lotta contro la droga. *Sezione antidroga.*

antieconòmico agg. [pl.m. –ci, f. –che] Che non obbedisce alle leggi economiche di un dato sistema sociale. ~ *estens.* Non redditizio, svantaggioso.

antielettróne s.m. FIS. Antiparticella dell'elettrone. SIN.: **positrone**.

antielmintico o **antelmintico** agg. [pl.m. –ci, f. –che] MED. Di farmaco che elimina i parassiti intestinali. SIN.: **vermifugo**. ◆ s.m. Nel sign. dell'agg.

antiemètico o **antemètico** agg. [pl.m. –ci, f. –che] MED. Di farmaco che previene o calma il vomito. ◆ s.m. Nel sign. dell'agg.

antiemorràgico agg. [pl.m. –ci, f. –che] MED. Di farmaco che previene o arresta le perdite di sangue. SIN.: **emostatico**. ◆ s.m. Nel sign. dell'agg.

antiepilèttico agg. [pl.m. –ci, f. –che] MED. Di farmaco che previene gli accessi di epilessia o ne riduce la violenza. ◆ s.m. Nel sign. dell'agg.

antieròe s.m. **1.** In opere letterarie o cinematografiche, personaggio di spicco che si contrappone all'eroe. **2.** *estens.* Chi è dotato di caratteri opposti a quelli dell'eroe tradizionale.

antiestètico agg. [pl.m. –ci, f. –che] Che urta i criteri di una determinata sensibilità estetica.

antievanescènza s.f. RAD.DIFF. Anti-fading.

anti-fading [/anti'feidiŋ/] s.m. inv. (voce semiingl.) RAD.DIFF. Circuito o dispositivo degli apparecchi radioriceventi che elimina l'effetto fading.

antifascismo s.m. Opposizione politica, culturale e militante al fascismo. ~ L'insieme degli oppositori politici al fascismo.

antifebbrile agg. MED. Di farmaco che abbassa o elimina la febbre. SIN.: **antipiretico**. ◆ s.m. Nel sign. dell'agg.

antifecondativo agg. MED. Di farmaco o dispositivo che inibisce la fecondazione. SIN.: **anticoncezionale**. ◆ s.m. Nel sign. dell'agg. SIN.: **contraccettivo**.

antiferromagnetismo s.m. FIS. Proprietà di alcune sostanze in cui gli atomi presentano momenti magnetici che tendono a disporsi in modo antiparallelo.

antiflogìstico agg. [pl.m. –ci, f. –che] MED. Di farmaco che blocca i processi infiammatori. ◆ s.m. Nel sign. dell'agg. SIN.: **antinfiammatorio**.

antifona s.f. (gr. *antíphonos*, propr. "che suona in risposta") **1.** Nella musica greco-romana, canto a due voci. **2.** RELIG. Versetto cantato o recitato all'inizio o alla fine di un salmo. **3.** *fig.* Discorso ripetitivo e fastidioso. ◇ *Capire l'antifona:* comprendere un'allusione.

antifonàrio s.m. [pl. –ri] RELIG. Libro che raccoglie le antifone o, general., le parti cantate della messa.

antifórfora agg. inv. Che elimina o riduce la forfora. ◆ s.m. inv. Nel sign. dell'agg.

antifrasi s.f. inv. RET. Enunciato usato ironicamente con un significato contrario a quello suo proprio.

antifràstico agg. [pl.m. –ci, f. –che] RET. Di antifrasi.

antifrizióne agg. inv. Di lega metallica dotata di elevata resistenza all'usura per sfrega-

mento e, perciò, utilizzata per coprire superfici di parti mobili in attrito tra loro.

antifùmo agg. inv. Che è contro il fumo ed è favorevole a un'estensione del divieto di fumare in ambienti pubblici. ~ Che aiuta a combattere il vizio di fumare. *Metodo antifumo.*

antifùrto agg. inv. Che impedisce o rende più difficoltoso il furto. ◆ s.m. inv. Dispositivo di blocco di veicoli o di segnalazione acustica di effrazioni.

ànti-g agg. inv. Che si oppone agli effetti dell'accelerazione di gravità, la cui intensità si rappresenta con il simb. *g. Tuta anti-g.*

antigàs agg. inv. Che protegge dagli effetti tossici di un gas. *Maschera antigas.*

antigèlo agg. → anticongelante.

antigene s.m. IMMUNOL. Sostanza proteica che, introdotta nell'organismo e a esso estranea, stimola per reazione la produzione di anticorpi.

antigènico agg. [pl.m. –ci, f. –che] BIOL. Relativo agli antigeni.

antighiàccio agg. inv. Di dispositivo che impedisce la formazione del ghiaccio sugli aeromobili durante il volo. ◆ s.m. inv. Nel sign. dell'agg.

antigiènico o **antiigiènico** agg. [pl.m. –ci, f. –che] Che non rispetta le norme dell'igiene. ~ *estens.* Che danneggia la salute.

antiglobalizzazióne agg. inv. → no global.

antigovernativo agg. Che avversa il governo ufficiale.

antigràndine agg. inv. Che cerca di impedire la formazione della grandine o di limitarne gli effetti dannosi.

antillide s.f. (lat. *Anthyllis*, gr. *anthyllís* deriv. di *anthýllion* "fiorellino") Pianta erbacea leguminosa. (Famiglia delle Papilionacee.)

antilocàpra s.f. Mammifero ruminante simile a un'antilope. (Ordine degli Artiodattili.)

antilogaritmo s.m. MAT. Numero il cui logaritmo è il numero dato.

antilope s.f. (fr. *antilope*, biz. *anthólops*, nome di un animale favoloso) **1.** Denominazione di diversi mammiferi ruminanti con corna cave, pelo raso, occhi grandi, velocissimi nella corsa. (Famiglia dei Bovidi.) ◇ *Antilope indiana:* nilgau. **2.** Pelle di tali animali usata per accessori d'abbigliamento.

antimàcchia agg. inv. Di trattamento a cui vengono sottoposti i tessuti per proteggerli da eventuali macchie. ◆ s.m. inv. Nel sign. dell'agg.

antimàfia agg. inv. Indirizzato a indagare sulla mafia e a combatterla. ◆ s.f. inv. Commissione parlamentare antimafia.

antimagnètico agg. [pl.m. –ci, f. –che] Che non risente dell'influsso di un campo magnetico. *Orologio antimagnetico.*

antimalàrico agg. [pl.m. –ci, f. –che] MED. Di farmaco che previene e cura l'infezione malarica. ◆ s.m. Nel sign. dell'agg.

antimatèria s.f. FIS. Materia composta da antiparticelle.

1. antimeridiàno agg. Che precede il mezzogiorno.

2. antimeridiàno s.m. GEOGR. Meridiano terrestre opposto di 180 gradi a quello preso in considerazione.

antimicòtico agg. [pl.m. –ci, f. –che] MED. Che distrugge i funghi parassiti della pelle. ◆ s.m. Nel sign. dell'agg.

antimilitarismo s.m. Atteggiamento di opposizione alla politica degli armamenti.

antimilitarista s.m. e f.[pl.m. –sti] Chi è contrario al militarismo.

antimissile agg. inv. Che intercetta e distrugge i missili. *Sistema antimissile.*

antimitòtico agg. [pl.m. –ci, f. –che] CHIM. Di sostanza che inibisce la divisione delle cellule (mitosi). ◆ s.m. MED. Farmaco utilizzato nella terapia dei tumori. SIN.: **antiblastico**.

antimonàrchico agg. [pl.m. –ci, f. –che] Avverso all'istituzione monarchica. ◆ s.m. Nel sign. dell'agg.

antimònio s.m. (solo sing.) **1.** Semimetallo di colore argenteo, fragile, di densità 6,6 e che

fonde a 630 °C. **2.** Elemento chimico (*Sb*) di numero atomico 51 e peso atomico 121,757.

antimonite s.f. MIN. Solfuro di antimonio in cristalli aghiformi di colore grigio-piombo e lucentezza metallica. SIN.: **stibina**.

antimperialista o **antiimperialista** agg. [pl.m. –sti] Che avversa la politica imperialista. ◆ s.m. e f. Nel sign. dell'agg.

antinazionàle agg. **1.** Che non condivide il concetto di nazione. **2.** Contrario all'affermarsi degli interessi materiali della nazione.

antinazista agg. [pl.m. –sti] Che si oppone all'ideologia del nazismo. ◆ s.m. e f. Nel sign. dell'agg.

antincèndio o **antiincèndio** agg. inv. Destinato alla prevenzione e allo spegnimento degli incendi. *Segnalatori antincendio.* ◇ *Bocca antincendio:* predisposta per agganciarci una pompa antincendio. ◆ s.m. inv. Prodotto chimico contenuto negli estintori.

antinèbbia agg. inv. Che consente una migliore visibilità in caso di nebbia. *Fari antinebbia.* ◆ s.m. inv. Faro, proiettore utile a tale scopo.

antineuritico agg. [pl.m. –ci, f. –che] MED. Di farmaco o trattamento terapeutico efficace nella cura delle nevriti. ◆ s.m. Nel sign. dell'agg.

antineuròtico o **antinevròtico** agg. [pl.m. –ci, f. –che] MED. Di farmaco o terapia efficace contro le nevrosi. ◆ s.m. Nel sign. dell'agg.

antineutrino s.m. FIS. Antiparticella del neutrino.

antineutróne s.m. FIS. Antiparticella del neutrone.

antinéve agg. inv. Che previene o riduce alcuni effetti o pericoli della neve. *Pneumatici antineve.*

antinevràlgico agg. [pl.m. –ci, f. –che] MED. Antalgico. ◆ s.m. Nel sign. dell'agg.

antinfettivo o **antiinfettivo** agg. MED. Che previene o cura i processi infettivi.

antinfiammatòrio o **antiinfiammatòrio** agg. [pl.m. –ri] MED. Che previene o cura i processi infiammatori. ◆ s.m. Nel sign. dell'agg. SIN.: **antiflogistico**.

antinflativo agg. ECON. Che contrasta o elimina gli effetti negativi dell'inflazione.

antinfluenzàle agg. MED. Che previene o cura l'influenza. *Vaccino antinfluenzale.* ◆ s.m. Nel sign. dell'agg.

antinomìa s.f. (lat. *antinōmiam*, gr. *antinomía* comp. di *antí* "contro" e *-nómos* "legge") **1.** FILOS. Per Euclide e i Megarici, proposizione di cui non è possibile stabilire la verità o la falsità. ~ Secondo Kant, contraddizione insolubile che si crea quando due affermazioni contrapposte possono essere egualmente dimostrate. **2.** *estens.* Incompatibilità, contraddizione, discordanza. **3.** DIR. Contrasto fra due norme giuridiche.

antinquinaménto agg. inv. Che previene o diminuisce gli effetti dell'inquinamento.

■ **antìlope.** Damalisco.

antintrusióne agg. inv. **1.** Di sistema che impedisce, scoraggia l'ingresso, l'intrusione di estranei, di ladri. **2.** AUTOM. Che protegge da colpi di sfondamento, da urti.

antinucleàre agg. Che contrasta la costruzione e l'impiego delle armi nucleari. ◆ s.m. e f. Nel sign. dell'agg.

antinùcleo s.m. FIS. Nucleo atomico composto da antineutroni e antiprotoni.

antinucleóne s.m. FIS. Antiparticella del nucleone, ossia un antiprotone o un antineutrone.

antiofìdico agg. [pl.m. –ci, f. –che] MED. Che ha funzione di antidoto contro il veleno dei serpenti.

antioncogène s.m. MED. Gene che svolge un'azione di controllo sulla crescita delle cellule, spec. tumorali.

antìopa s.f. (lat. Antīopam, nome proprio della mitologia greca) ENTOM. Farfalla diurna di colore bruno e giallo comune in Italia.

antioràrio agg. [pl.m. –ri] Che si muove in senso opposto a quello delle lancette dell'orologio.

antiormóne agg. FARM. Di farmaco antiormonale utilizzato nella terapia endocrinologica dei tumori ormono-dipendenti. ◆ s.m. Nel sign. dell'agg.

antiossidànte agg. CHIM. Di sostanza che rallenta l'ossidazione di alimenti, materiali o composti organici. ◆ s.m. Nel sign. dell'agg.

antipànico agg. inv. Di dispositivo che limita il panico in situazioni di pericolo.

antipàpa s.m. [pl. –pi] ST. Papa eletto irregolarmente e non riconosciuto dalla Chiesa romana.

antiparassitàrio agg. [pl.m. –ri] CHIM. Di preparato che distrugge i parassiti animali e vegetali. ◆ s.m. Nel sign. dell'agg. SIN.: **anticrittogamico.**

antiparlamentàre agg. Che è contro il regime politico parlamentare. ◆ s.m. e f. Nel sign. dell'agg.

antipàrte s.f. DIR. Privilegio concesso a un coniuge di prelevare una parte degli utili sul patrimonio comune prima della divisione.

antiparticèlla s.f. FIS. Particella (positrone, antiprotone, antineutrone) avente massa, spin, vita media identici a quella della particella normale corrispondente ma di carica elettrica e momento magnetico opposti.

antipastièra s.f. Vassoio a scomparti per servire l'antipasto.

antipàsto s.m. **1.** Insieme di alimenti servito prima o a inizio di un pasto. **2.** fig. Anticipazione, preambolo di un accadimento.

antipatìa s.f. (gr. antipátheia "avversione") Ostilità istintiva nei confronti di qlcu. o di qlco. SIN.: **avversione.**

antipàtico agg. [pl.m. –ci, f. –che] **1.** Che ispira antipatia. SIN.: **sgradevole. 2.** Detto di situazione complessa, difficile da risolvere. Un problema antipatico. ◆ s.m. [f. –ca] Chi è antipatico.

antipatriottìsmo s.m. Rifiuto di considerare la patria un valore morale.

antipattinaménto agg. inv. Di materiale o prodotto che riduce lo slittamento delle ruote. ◆ s.m. Sistema antipattinamento.

antipièga agg. inv. Di tessuto che ha la proprietà di non spiegazzarsi.

antipirètico agg. [pl.m. –ci, f. –che] Di farmaco che abbassa la febbre. SIN.: **antifebbrile.** ◆ s.m. Nel sign. dell'agg. SIN.: **febbrifugo.**

antiplàcca agg. inv. MED. Che previene e combatte la formazione della placca batterica sui denti.

antipode o **antipodo** s.m. GEOGR. (spec. pl.) Luogo della terra diametralmente opposto a un altro luogo. ~ Luogo molto distante, decentrato. Abitare agli antipodi. ◇ fig. Essere agli antipodi: su posizioni diametralmente opposte. ◆ agg. BOT. Di cellula del sacco embrionale delle angiosperme situata in posizione opposta all'oosfera.

antipodista s.m. e f. [pl.m. –sti] (propr. "con i piedi al contrario") Atleta che, da posizione supina, con il dorso rivolto a terra, esegue esercizi e acrobazie con le gambe.

antìpodo s.m. Nell'enigmistica, gioco in cui si cerca una parola che rimanga uguale se letta a rovescio, spostando solo la prima lettera alla fine (p.e. sotto).

antipòlio agg. inv. MED. Che immunizza dalla poliomielite. ◆ s.f. inv. Vaccinazione che ha tale scopo.

antipopolàre agg. Che colpisce il popolo. Legge antipopolare.

antipòrta s.f. **1.** Tra due porte successive, quella che si apre sull'esterno. ~ Spazio tra le due. **2.** ARCH. Fortificazione per la difesa delle porte di una città, una fortezza. **3.** STAM. Pagina che precede il frontespizio di un libro, general. bianca.

antiproibizionìsmo s.m. Movimento di opinione contrario a penalizzare o proibire la vendita e il consumo di alcune sostanze, spec. stupefacenti.

antiproibizionìsta s.m. e f. [pl.m. –sti] Chi è favorevole alla legalizzazione delle sostanze stupefacenti.

antiproièttile agg. inv. Resistente ai proiettili. Giubbotto antiproiettile.

antiprotóne s.m. FIS. Antiparticella del protone, di carica negativa.

antipsichiatrìa s.f. Movimento di critica alla psichiatria tradizionale secondo cui la società provoca le malattie psichiatriche che poi controlla tramite gli psichiatri.

antipsicòtico agg. MED. Di farmaco utilizzato nella terapia delle psicosi. ◆ s.m. Nel sign. dell'agg.

antipùlci agg. inv. Che tiene lontane le pulci. ◆ s.m. inv. Nel sign. dell'agg.

antiputrefattìvo agg. Che impedisce la putrefazione.

antiquària s.f. **1.** Studio dell'antichità, spec. greco-romana. **2.** estens. Antiquariato.

antiquariàto s.m. Commercio di libri, mobili, oggetti antichi. ◇ fig. iron. Pezzo d'antiquariato: cosa molto vecchia, fuori moda.

antiquàrio agg. [pl.m. –ri] Relativo all'antichità. ◆ s.m. Commerciante specializzato nella compravendita di oggetti antichi.

antiquàrk s.m. inv. FIS. Antiparticella del quark.

antiquàto agg. (lat. antiquātum, deriv. di antiquāre "mettere fuori uso, sopprimere") Sorpassato, passato di moda. ~ LING. Di termine che tende a scomparire da una lingua attiva ma è ancora compreso dalla maggior parte dei suoi parlanti. Parole antiquate.

antiràbbico o **antiràbico** agg. [pl.m. –ci, f. –che] (fr. antirabique) MED. Che previene o cura la rabbia.

antiràdar agg. inv. MIL. Destinato a neutralizzare i radar nemici. ◆ s.m. inv. Nel sign. dell'agg.

antiradiazióni agg. inv. Che protegge dalle radiazioni.

antirazzìsta s.m. e f. [pl.m. –sti] Chi è ideologicamente contrario alla discriminazione delle razze.

antireligióso agg. Contrario alla religione. SIN.: **irreligioso.**

antirepubblicàno agg. Contrario al regime repubblicano. ◆ s.m. Oppositore della repubblica.

antireumàtico agg. [pl.m. –ci, f. –che] MED. Di farmaco o trattamento terapeutico contro i dolori reumatici. ◆ s.m. Nel sign. dell'agg.

antiriciclàggio agg. inv. Diretto a impedire il riciclaggio del denaro proveniente da attività illecite. Norme antiriciclaggio.

antiriflèsso agg. inv. Che diminuisce l'intensità della luce riflessa sulla superficie dei vetri d'ottica.

antirigètto agg. inv. MED. Di sostanza o terapia che impedisce il fenomeno del rigetto nel caso dei trapianti di organo.

antirollìo agg. inv. Di dispositivo che riduce al minimo il rollio sulle navi e sugli autoveicoli. SIN.: **antirollante.**

Antirrìno s.m. (lat. Antirrhinum, deriv. di gr. antírrhinon comp. di antí "contro" e rhís "naso", così detto per la disposizione dei suoi fiori) BOT. Genere di piante erbacee di origine mediterranea, spesso coltivate per i fiori decorativi, che richiamano un muso di animale; ne fa parte la bocca di leone. (Famiglia delle Scrofulariacee.)

fiore
foglie
seme

■ **Antirrìno.** Bocca di leone.

antirùggine s.m. inv. Sostanza che impedisce o rallenta la formazione di ruggine su superfici ferrose. Dare l'antiruggine.

antirùghe agg. inv. Che previene la formazione delle rughe. Crema antirughe. ◆ s.m. inv. Prodotto cosmetico di tal genere.

antirumóre agg. inv. Che elimina o riduce il rumore. Cuffia antirumore. ◆ s.m. inv. Nel sign. dell'agg.

antisatèllite agg. inv. MIL. Di arma che intercetta e distrugge un satellite nemico.

antiscàlo s.m. MAR. Parte immersa dello scalo, su cui si varano le navi provenienti dal cantiere.

antischiavìsta s.m. e f. [pl.m. –sti] Chi è favorevole all'abolizione della schiavitù.

antiscientìfico agg. [pl.m. –ci, f. –che] Che si oppone, che è in contrasto col rigore della scienza e dei metodi da essa adottati.

antiscìppo agg. inv. Fatto in modo da non poter essere scippato. Borsa antiscippo. ~ Preposto alla prevenzione e repressione del reato di scippo. Squadra antiscippo.

antiscìvolo agg. inv. Che impedisce di scivolare. Gomma antiscivolo.

antiseborròico agg. [pl.m. –ci, f. –che] MED. Di farmaco, vitamina o trattamento per regolarizzare la secrezione del sebo. ◆ s.m. Nel sign. dell'agg.

antisemita agg. [pl.m. –ti] (ted. Antisemit) Ostile agli ebrei. ◆ s.m. e f. Nel sign. dell'agg.

antisemitìsmo s.m. (ted. Antisemitismus) Ostilità, avversione preconcetta contro gli ebrei. ~ Politica persecutoria nei loro confronti. **ENCICL.** Apparso nell'Impero romano l'antisemitismo si sviluppa nell'Europa cristiana in seguito alla proliferazione di ghetti ebraici e all'introduzione di misure restrittive, basate su false credenze di natura religiosa ed economica (gli ebrei popolo deicida). In Italia, nonostante alcuni provvedimenti antiebraici di papi controriformisti (come p.e. Paolo IV), gli ebrei godettero di una relativa tranquillità, e in seguito alla Rivoluzione Francese e allo sviluppo dell'Illuminismo, ebbero riconosciuti tutti i diritti civili. È nel sec. XIX che una nuova ondata di antisemitismo pervade tutta l'Europa in base a giustificazioni pseudoscientifiche e ideologiche, sostenute da miti nazionalistici, imperialistici e razzisti. Ma gli episodi di intolleranza antisemita, pur gravi, rimasero circoscritti in tutte le nazioni democratiche e liberali, mentre ebbero un grande sviluppo con l'ideologia razzista, teorizzata soprattutto da A. Hitler e A. Rosenberg e sfociarono poi (editto di Norimberga del 1935) nello sterminio di circa 6 milioni di ebrei a opera dei nazisti tedeschi fra il 1940 e il 1945. Nuovi e spinosi problemi si apriron nel 1948 con la costituzione dello Stato di Israele. Le tensioni, createsi fin dall'inizio, fra Israele e gli Stati arabi, sfociarono in quattro conflitti (1948, 1956, 1967, 1973) e in una continua guerriglia, ferocemente condotta da entrambe le parti. Una nuova ondata di antisemitismo si è manifestata in tutta Europa negli anni Novanta, provocando una catena di episodi, fra cui molteplici profanazioni di cimiteri ebraici. L'ostilità verso gli ebrei si è rappresentata connessa al più generale fenomeno del razzismo che ha accompagnato l'immigrazione dal Terzo Mondo e dall'Est europeo e ha portato alla nascita di numerose fazioni naziste, spec. in Germania e in alcuni paesi dell'Europa orientale.

antisèpsi s.f. inv. MED. Distruzione di germi patogeni attuata mediante disinfezione o disinfestazione.

antisèttico agg. [pl.m. –ci, f. –che] MED. Che distrugge i germi patogeni prevenendo il loro sviluppo. ◆ s.m. Prodotto sterilizzante.

antisfondaménto agg. inv. Di speciale vetrata che resiste a qualsiasi urto.

antishock [/'anti,ʃɔk/] agg. inv. Che protegge da distorsioni, traumi.

antisifilìtico agg. MED. Di sostanza che previene o cura la sifilide.

antisilurànte agg. MAR. Di dispositivo installato a bordo delle navi e impiegato per difendersi dagli attacchi dei siluranti. ◆ s.m. Antica unità militare che contrastava l'azione dei siluranti.

antisimmètrico agg. [pl.m. –ci, f. –che] ALG. *Funzione antisimmetrica:* relazione binaria tra elementi di un insieme tale per cui, se è verificata per la coppia (*a,b*) e per la coppia (*b,a*), gli elementi *a* e *b* sono identici.

antisindacàle agg. Che ostacola, penalizza l'organizzazione sindacale dei lavoratori. *Azione antisindacale.*

antisìsmico agg. [pl.m. –ci, f. –che] Costruito in modo da resistere ai terremoti. *Edificio antisismico.*

antiskating [/anti'skeitin(g)/] agg. inv. Nei giradischi, riferito al dispositivo di compensazione della forza centripeta impressa al braccio dalla rotazione del disco. ◆ s.m. inv. Nel sign. dell'agg.

antismòg agg. inv. Che diminuisce o annulla gli effetti dello smog.

antisociàle agg. Incompatibile con i principi costitutivi della vita sociale. *Comportamento antisociale.* ◆ s.m. e f. Persona non integrata nella società, a essa ostile.

antisolàre agg. Di prodotto farmaceutico o cosmetico che si applica sulla pelle in vista di o dopo una prolungata esposizione al sole per impedirne la disidratazione e prevenire la desquamazione. *Crema antisolare.* ◆ s.m. Prodotto di tal genere.

antisommergìbile agg. Atto a individuare e neutralizzare i sommergibili. *Lotta antisommergibile.* ◆ s.m. Mezzo, arma di tal genere.

antisommòssa agg. inv. Atto a prevenire o a bloccare una sommossa.

antisoviètico agg. ST. Ostile all'Unione Sovietica. ◆ s.m. Nel sign. dell'agg.

antispasmòdico agg. [pl.m. –ci, f. –che] MED. *non com.* Antispastico. ◆ s.m. Nel sign. dell'agg.

antispàstico agg. [pl.m. –ci, f. –che] MED. Che rilassa la muscolatura eliminando spasmi, contratture, crampi e convulsioni. SIN.: **spasmolitico**. ◆ s.m. Farmaco che ha questa azione.

antisportivo agg. Contrario ai principi di correttezza dello sport.

antispostaménto s.m. GEOM. Trasformazione tale per cui nel passaggio da una figura a quella trasformata si conservano tutte le lunghezze e tutti gli angoli, ma le due figure non sono sovrapponibili.

antistamìnico agg. [pl.m. –ci, f. –che] MED. Che riduce i livelli di istamina presente nel sangue. (Gli antistaminici sono utilizzati nella cura dell'orticaria e delle allergie.) ◆ s.m. Farmaco che ha tale proprietà.

antistànte agg. Che sta davanti. *La piazza antistante alla chiesa.*

antistatalìsta agg. Che si oppone allo statalismo.

antistàtico agg. [pl.m. –ci, f. –che] Che evita i fenomeni elettrostatici.

antistòrico agg. [pl.m. –ci, f. –che] **1.** Che non tiene conto delle specifiche determinazioni storiche di un evento. **2.** Che non ammette la possibilità di cambiamenti nel tempo.

antistràppo agg. inv. Che resiste alla trazione senza strapparsi. *Tessuto antistrappo.*

antistrèss agg. inv. Che calma, rilassa, libera da una condizione fisica e psichica di stress. ◆ s.m. inv. Qualsiasi rimedio contro lo stress.

antìstrofe o **antìstrofa** s.f. **1.** Nella lirica corale greca, seconda parte della struttura metrica che comprendeva per prima la strofe e per terzo l'epodo. **2.** RET. Figura che consiste nella ripetizione di una o più parole alla fine di enunciati o versi successivi. SIN.: **epìstrofe**.

antitabàcco agg. inv. Che mira a combattere il vizio del fumo. *Campagna antitabacco.*

antitàrmico agg. [pl.m. –ci, f. –che] Che protegge i tessuti dalle larve di tarma. *Trattamento antitarmico.* ◆ s.m. Prodotto con tale caratteristica.

antitàrtaro agg. inv. MED. Di prodotto farmaceutico che previene e combatte la formazione del tartaro sui denti.

antiterrorismo s.m. inv. Sezione della polizia specializzata nella lotta al terrorismo. ◻ In funzione di agg., rivolto alla prevenzione o alla repressione del terrorismo. *Legge antiterrorismo.*

antìtesi s.f. inv. (gr. *antìthesis* "contrapposizione") **1.** RET. Accostamento di concetti o parole di significato opposto. **2.** *estens.* Il contrario, l'opposto, la negazione. *Essere in antitesi con qualcuno o qualcosa.* **3.** FILOS. Nel pensiero di Kant, secondo termine di un'antinomia.

antitetànica s.f. MED. Vaccinazione che immunizza dal tetano.

antitètico agg. [pl.m. –ci, f. –che] Che è in antitesi. *Idea antitetica.* SIN.: **opposto**.

antitiroidèo agg. MED. Di sostanza, sintetica o naturale, capace di ostacolare la funzione della tiroide. ◆ s.m. Nel sign. dell'agg.

antitossìna s.f. MED. Anticorpo che combatte una tossina.

antitrinitàrio agg. [pl.m. –ri] RELIG. Che segue l'antitrinitarismo. ◆ s.m. RELIG. Seguace dell'antitrinitarismo.

antitrinitarismo s.m. RELIG. Eresia che non riconosce il dogma della Trinità.

antitrust [/anti'trʌst/] agg. inv. ECON. Di istituzione o provvedimento volto a impedire concentrazioni monopolistiche. *Autorità antitrust.* ◆ s.m. inv. ECON. Nel sign. dell'agg.

antitubercolàre agg. MED. Indirizzato alla prevenzione o cura della tubercolosi. *Vaccinazione antitubercolare.*

antitumoràle agg. MED. Di farmaco o trattamento terapeutico atto a limitare la formazione e la diffusione dei tumori. SIN.: **anticancro**. ◆ s.m. Nel sign. dell'agg.

antitumóre agg. inv. MED. Antitumorale.

antiuòmo agg. inv. MIL. *Mina antiuomo:* che esplode se calpestata.

antiùrico agg. [pl.m. –ci, f. –che] MED. Di farmaco che agisce da catalizzatore nel processo di eliminazione dell'acido urico nelle urine.

antiùrto agg. inv. Che ha un'elevata resistenza agli urti o che riduce al minimo i danni provocati da eventuali urti. *Materiale antiurto.*

antivaiolóso agg. MED. Che previene il vaiolo.

antiveléno agg. inv. Che inibisce l'azione del veleno. ◆ s.m. inv. [o pl. *antiveleni*] Antidoto contro il veleno. ◇ *Centro antiveleni:* istituto specializzato nella prevenzione e nel trattamento degli avvelenamenti.

antivenèreo agg. MED. Che combatte le malattie veneree.

antivigìlia s.f. Il giorno che precede la vigilia.

antivìpera agg. inv. MED. Di siero che neutralizza gli effetti del veleno della vipera. ◆ s.m. inv. Nel sign. dell'agg.

antiviràle agg. MED. Di una sostanza attiva contro i virus. ◆ s.m. Nel sign. dell'agg.

antivirus agg. inv. INFORM. Di programma che cerca e annulla i disturbi introdotti in un computer da un virus. ◆ s.m. inv. INFORM. Nel sign. dell'agg.

antociàno s.m. BOT. Pigmento presente nel succo cellulare di fiori, frutti e foglie, che dà la colorazione rosa, rossa, azzurra, violetta.

antofìllo s.m. BOT. Nelle fanerogame, foglia modificata che dà luogo al fiore.

Antòfite s.f. pl. [iniziale minusc. sing. –ta per l'individuo] BOT. → **Fanerogame**.

antologìa s.f. (gr. *anthología*, comp. di *ánthos* "fiore" e *légein* "scegliere") **1.** Raccolta di poesie e di brani in prosa tratti dalle opere di diversi autori. SIN.: **florilegio**. **2.** *estens.* Selezione, in partic. di opere musicali o figurative.

antologizzàre v.tr. Scegliere alcune parti delle opere di uno o più autori e raccoglierle in un'antologia.

antonimia s.f. LING. Relazione tra due parole di significato contrario.

antonomàsia s.f. RET. Figura consistente nel designare una persona o una cosa con un nome comune che ne riassume le caratteristiche essenziali (p.e. *il troiano* per indicare *Enea*) oppure estendendo il nome proprio di un personaggio celebre a individui che abbiano caratteristiche simili (un *arpagone* per indicare un *avaro*).

antònomo s.m. Insetto dannoso per le coltivazioni. (Lunghezza 4 mm; ordine dei Coleotteri.)

Antozòi s.m. pl. [iniziale minusc. sing. –zoo per l'individuo] ZOOL. Classe di invertebrati marini, dall'apparato digerente diviso in mesenteri; vivono isolati (attinie) o in colonie (madrepore, coralli).

antràce s.m. (gr. *ánthraks* "carbone" per il suo colore scuro) MED. Infezione da stafilococco del bulbo pilifero.

antracène s.m. CHIM. Idrocarburo aromatico presente nel catrame di carbon fossile.

antrachinóne s.m. CHIM. Composto derivato dall'antracene, usato per la preparazione di sostanze coloranti.

antracite s.f. CHIM. Carbone fossile ricchissimo di carbonio libero ad alto potere calorifico. ◆ s.m. inv. Colore grigio scuro.

antracòsi s.f. inv. MED. Affezione polmonare che colpisce chi lavora a contatto con il carbone.

àntro s.m. **1.** Caverna, grotta. **2.** *fig.* Casa miserrima, buia. **3.** ANAT. Cavità.

antròpico agg. [pl.m. –ci, f. –che] Che concerne l'uomo.

antropizzazióne s.f. Opera di modificazione e trasformazione dell'ambiente naturale attuata dall'uomo per migliorare la qualità della vita, spesso a scapito dell'equilibrio ecologico.

antropocèntrico agg. [pl.m. –ci, f. –che] Che pone l'uomo al centro dell'universo.

antropofagìa s.f. → **cannibalismo**.

antropòfago agg. [pl.m. –gi, –ghi, f. –ghe] (lat. *anthropóphagum*, gr. *anthropóphágos* comp. di *ánthropos* "uomo" e *phageîn* "mangiare") Che si ciba di carne umana. ◆ s.m. [f. –ca] Cannibale.

antropogènesi s.f. inv. ANTROP. Origine e evoluzione dell'umanità sulla Terra.

antropogeografia s.f. GEOGR. Studio della distribuzione e dello sviluppo socio-economico delle razze umane in rapporto all'ambiente.

antropòide agg. (gr. *anthropoeidés* "di forma umana") Di scimmia antropomorfa. ◆ s.m. e f. Nei sign. dell'agg.

antropologìa s.f. Studio dell'uomo, delle sue caratteristiche e del suo comportamento. (Gli studi antropologici si sono sviluppati in modo sistematico a partire dal sec. XIX in Europa e negli Stati Uniti, e nel corso del sec. XX la disciplina si è aggiunta al novero delle scienze umane e sociali.)

ENCICL. L'antropologia in senso stretto, essendo una delle scienze naturali, si occupa di studiare l'uomo considerato nella serie animale. Comunemente, però, con il termine *antropologia* ci si riferisce all'*antropologia culturale*. Essendo una scienza comparativa, ha come scopo la comprensione delle diverse società e culture, e se ne distinguono diverse sottodiscipline. L'*antropologia sociale e culturale*, legata a nomi di studiosi come Malinowski, Lévi-Strauss e in Italia De Martino, studia tutte le manifestazioni della vita in società (legami di parentela, matrimoni, nascite, funerali e più in generale tutti i modi di vita, i costumi e i riti); questa disciplina sottolinea le differenze fra le diverse società. Negli Stati Uniti l'*antropologia culturale* si distingue dalla precedente per un interesse maggiore dato ai modi di vita, alle lingue, ai miti dei diversi popoli. L'*antropologia economica* studia le forme di produzione e distribuzione dei beni economici; l'*antropologia storica* studia le forme sociali nella prospettiva storica di ciascun popolo. L'*antropologia politica* si interessa alle forme dell'autorità e del potere e spec. alla formazione delle unità politiche come lo Stato. L'*antropologia religiosa* si interessa all'insieme dei riti, dei miti e alle espressioni sociali delle religioni universali. L'*antropologia fisica* o *antropobiologia* studia le caratteristiche morfobiologiche dei popoli umani e ha contribuito a eliminare tutti i fondamenti scientifici dal concetto di razza. L'*antropologia molecolare* studia la parentela genetica fra popolazioni o etnie sulla base di comparazioni del DNA; la *paleoantropologia* o *paleontologia umana* ha lo scopo di tracciare la storia dell'origine e dell'evoluzione dell'uomo a partire da un ceppo di primati non umani. L'*antropologia criminale*, infine, si occupa della conformazione cerebrale e delle caratteristiche psicologiche tipiche della delinquenza.

antropològico agg. [pl.m. *–ci*, f. *–che*] Dell'antropologia.

antropòlogo s.m. [f. *–ga*, pl.m. *–gi*, *–ghi*, f. *–ghe*] **1.** Studioso di antropologia. **2.** *Antropologo sociale*: etnologo.

antropometria s.f. Misurazione del corpo umano e delle sue parti effettuata per ricerche antropologiche.

antropòmetro s.m. Strumento per misurazioni antropometriche.

antropomorfismo s.m. Tendenza ad attribuire caratteristiche fisiche o psicologiche umane a esseri diversi dall'uomo.

antropomòrfo agg. Che ha aspetto umano. ◇ *Scimmie antropomorfe*: quelle più evolute, p.e. gorilla, scimpanzé, orango. ◆ s.m. Secondo alcune teorie antropologiche, forma di passaggio tra la scimmia e l'uomo.

antroponimia s.f. LING. Parte dell'onomastica che studia i nomi di persona.

antropònimo s.m. LING. Nome di persona.

antroposofia s.f. Dottrina teosofica fondata da R. Steiner, che crede nella possibilità per l'uomo di evolversi spiritualmente fino ad attingere a Dio e propone un sistema educativo ancora molto diffuso nei paesi di lingua tedesca.

antropozòico s.m. (solo sing.) GEOL. L'era geologica quaternaria in cui comparve l'uomo. SIN.: **neozoico**. ◆ agg. [pl.m. *–ci*, f. *–che*] Di tale era.

antrustióne s.m. ST. Membro della corte dei re merovingi.

antùrio s.m. [pl. *–ri*] **1.** Pianta ornamentale con foglie rigide e appariscenti, infiorescenze molto colorate, originaria dall'America tropicale. (Famiglia delle Aracee). **2.** BOT. (iniziale maiusc.) Genere di piante ornamentali a cui appartiene l'anturio.

anulàre agg. Che ha la forma di un anello. ◇ *Eclissi anulare*: quando il Sole viene completamente coperto dalla Luna e ne risulta visibile solo l'anello più esterno. ◆ s.m. Il quarto dito della mano.

anurèsi s.f. inv. MED. Anuria.

Anùri s.m. pl. ZOOL. Ordine di anfibi terrestri o arboricoli dal corpo tozzo, sprovvisti di coda, con arti posteriori maggiormente sviluppati, come p.e. la rana, il rospo, la raganella.

1. anùria s.f. MED. Assenza della secrezione urinaria.

2. anuria s.f. ZOOL. Mancanza di coda.

anùro agg. ZOOL. Privo di coda. ◆ s.m. Denominazione generica di individui dell'ordine degli Anuri.

ànzi avv. (lat. *ántea* "davanti, prima") Prima, solo nella loc. *poc'anzi*, poco fa. ◆ cong. **1.** Invece, al contrario. *Non è violento, anzi, è timido.* **2.** Piuttosto, meglio, addirittura. *Fate presto, anzi prestissimo.*

anzianità s.f. inv. **1.** L'essere anziano. **2.** Durata di un servizio, di una carriera. *Anzianità di servizio.*

anziàno agg. **1.** Di età avanzata. SIN.: **vecchio**. **2.** Che ha molti anni di servizio, di carriera. ◆ s.m. [f. *–na*] **1.** Chi ha un'età intermedia tra la maturità e la vecchiaia. **2.** Chi ha

molti anni di servizio nel suo luogo di lavoro. ~ *estens.* Pensionato. **3.** Nel gergo universitario, studente dal terzo anno in su. **4.** Nei comuni medievali, componente di magistrature formate da cittadini di una certa età.

anzitùtto avv. **1.** Prima di ogni altra cosa. **2.** Come prima cosa. *Fa il tuo dovere, anzitutto.*

aoristo s.m. (gr. *aóristos* "indeterminato") LING. Tempo della coniugazione proprio di varie lingue indoeuropee, tra cui il greco, che all'indicativo denota un'azione perfettiva nel passato.

aòrta s.f. (gr. *aortḗ*, deriv. di *aéirein* "sollevare") ANAT. Arteria primaria del corpo umano che si origina dal ventricolo sinistro del cuore, curva in direzione dorsale diramando le coronarie e discende fino alla quarta vertebra lombare dove si ramifica; irrora tutto il corpo, tranne i polmoni.

aòrtico agg. [pl.m. *–ci*, f. *–che*] ANAT. Relativo all'aorta.

aortite s.f. MED. Infiammazione dell'aorta.

aostàno agg. (dal nome della città *Augusta Pretoria* fondata nel 25 a.C.) Di Aosta. ◆ s.m. **1.** [f. *–na*] Nativo, abitante di Aosta. **2.** (iniziale maiusc., solo sing.) Territorio intorno ad Aosta.

apache [/a'paʃ/] agg. inv. (spagn. d'America *ápachu* "nemico" da una voce indigena) Relativo agli Apache, tribù pellerossa, un tempo stanziata in Arizona, Nuovo Messico e Texas. ◆ s.m. e f.inv. Nel sign. dell'agg.

apagóge o **apagogia** s.f. (gr. *apagōgḗ* "deduzione") FILOS. Dimostrazione della falsità di una proposizione condotta provando la falsità delle sue conseguenze. ~ Ragionamento con il quale si dimostra la veridicità di una tesi mostrando l'assurdità della tesi contraria.

apartheid [/a'partheit/] s.f. o s.m. inv. (voce afrikaans, propr. "separazione") ST. Segregazione istituzionalizzata della gente di colore, applicata in Sudafrica e formalmente abolita nel 1991.

apartìtico agg. [pl.m. *–ci*, f. *–che*] Estraneo ai partiti politici.

apatia s.f. **1.** Indifferenza, inerzia nei confronti dell'agire pratico e della realtà. **2.** FILOS. Nel pensiero dei cinici, indifferenza nei confronti delle cose del mondo a favore del conseguimento della virtù; nello stoicismo, ideale etico consistente nel seguire i dettami della ragione liberando l'animo dalle passioni.

apàtico agg. [pl.m. *–ci*, f. *–che*] Che soffre di apatia.

apatite s.f. (gr., deriv. di *apátē* "inganno" perché può essere confusa facilmente con altri) MIN. Fosfato di calcio presente in molte rocce magmatiche e metamorfiche.

Apatùra s.f. (lat. *Apatura*, deriv. di gr. *apatān* "ingannare" per il riflesso cangiante delle sue ali) ZOOL. Genere di farfalle diurne delle regioni boscose dell'Eurasia temperata, dalle ali brune chiazzate di bianco, ricche di riflessi blu e viola cangianti. (Famiglia dei Ninfalidi.)

àpe s.f. Insetto che vive in società polimorfe e produce il miele e la cera. (L'ape è, con il baco da seta, il solo insetto domestico per l'uomo. Genere *Apis*; ordine degli Imenotteri.)

ENCICL. Un alveare è in genere caratterizzato da tre tipi di individui. La *regina*, unica femmina fertile, ha grandi dimensioni e vive fino a cinque anni deponendo 2500 uova al giorno; alcune centinaia di maschi, i *fuchi*, vivono pochi giorni e svolgono soltanto un ruolo riproduttore; molte decine di migliaia di femmine sterili, le *api operaie*, vivono non più di cinque settimane e hanno diverse funzioni: raccolgono il polline e il nettare dei fiori, producono il miele destinato a nutrire la colonia e le larve, costruiscono i favi di cera che sono formati da celle nelle quali vengono allevata le larve, difendono la colonia grazie al pungiglione tossico presente nella parte terminale del loro addome. L'ape domestica fornisce il miele, la cera, il polline e la pappa reale.

apepsia s.f. MED. Cattiva digestione, per insufficiente funzione digestiva.

aperiòdico agg. [pl.m. *–ci*, f. *–che*] **1.** FIS. Non periodico. **2.** MAT. *Numero aperiodico*: numero decimale non periodico con infinite cifre dopo la virgola.

aperitivo s.m. (fr. *apéritif*, lat. *aperitīvum* deriv. di *aperīre* "aprire") Bevanda alcolica o analcolica che si beve prima dei pasti.

apèrto agg. **1.** Che non interrompe e anzi favorisce un contatto, una comunicazione tra due parti diverse. ~ Che è spalancato. **2.** Che è in funzione, in servizio. ◇ *Conto aperto*: con disponibilità finanziarie, non estinto. **3.** Spazioso, ampio, esteso, libero da ostacoli. ◇ *Stare all'aria aperta*: fuori casa. **4.** *fig.* Esplicito, palese, chiaro. *Discorso aperto.* ~ Franco, leale, schietto. *Carattere aperto.* **5.** FON. *Vocale aperta*: articolata con un grado di apertura maggiore rispetto all'analoga vocale chiusa. **6.** FIS. *Circuito aperto*: in cui non passa corrente. – *Ciclo aperto*: ciclo termodinamico in cui nuova massa entra nel sistema e ne esce dopo aver rilasciato energia. **7.** MAT. *Insieme aperto*: insieme costituito da soli punti interni. **8.** INFORM. *Sistema aperto*: sistema hardware o software progettato per accettare estensioni che ne accrescono le prestazioni, realizzato sulla base di documentazione messa liberamente a disposizione degli utenti. ◻ In funzione di avv., in modo chiaro, schietto. *Parlare aperto.* ◆ s.m. Usato nella loc. *all'aperto*, per indicare un luogo non chiuso.

apertùra s.f. **1.** Atto con cui si apre un oggetto, un luogo chiuso. ◇ *fig. Apertura mentale*: condizione di chi è ricettivo, libero da pregiudizi. **2.** Fessura, spiraglio in una struttura. *Un'apertura in una parete.* **3.** Distanza fra i due punti estremi di un corpo. *Apertura del compasso.* ◇ *Apertura d'ali, alare*: distanza intercorrente tra le estremità delle ali di un aeroplano; *Apertura alare*: misura lineare delle ali di uccelli. **4.** *fig.* Inizio, avviamento di un'attività, di una manifestazione. **5.** POLIT. Disponibilità a trattare, collaborare con forze politiche di diver-

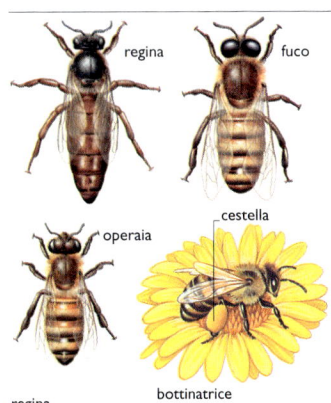
regina — fuco — operaia — cestella — bottinatrice

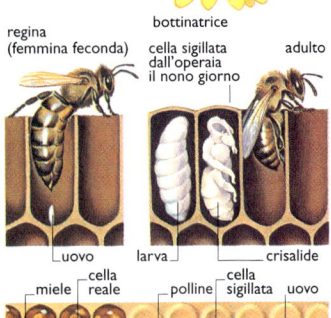
regina (femmina feconda) — cella sigillata dall'operaia il nono giorno — adulto — uovo — larva — crisalide

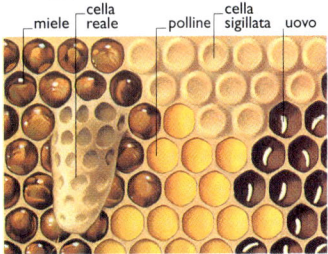
miele — cella reale — polline — cella sigillata — uovo

sezione di un favo

■ **àpe**

sa tendenza. **6.** OTT. Rapporto fra il diametro e la distanza focale di una lente. **7.** BANC. *Apertura di credito:* contratto con cui la banca si impegna a tenere a disposizione del cliente una somma pattuita per un periodo determinato o indeterminato. **8.** In alcuni giochi di carte, combinazione che consente al giocatore di iniziare a giocare. **9.** SPORT. Nel calcio, passaggio smarcante. ~ Nel rugby, l'azione con la quale il pallone viene passato a un compagno di squadra in grado di iniziare una manovra di attacco. **10.** INFORM. *Apertura di un file:* operazione con cui un programma predispone un file per leggerne i dati, modificarli o aggiungerne altri.

apètalo agg. BOT. Che non ha petali.

apiàrio s.m. [pl. *–rì*] Luogo in cui sono collocati gli alveari. ~ Insieme di alveari.

apicàle agg. **1.** ISTOL. Dell'apice, che si sviluppa all'apice di un organo. **2.** FON. Di suono articolato per mezzo della punta (o *apice*) della lingua.

àpice s.m. **1.** Il punto più alto. SIN.: **sommità**. **2.** *fig.* Il grado più alto di una gerarchia, il punto culminante di un'attività, di una carriera. **3.** Piccolo segno simile a un apostrofo che si pone in alto a destra di lettere o numeri con varie funzioni. ~ INFORM. Cifra o lettera posta in alto rispetto a un'altra cifra o lettera, e perlopiù scritta in corpo minore. **4.** ANAT. Punta, vertice di un organo. ~ Porzione di organo che va restringendosi. **5.** BOT. *Apice vegetativo:* estremità del fusto o della radice passibile di crescita. **6.** ASTR. Punto della sfera celeste situato nella costellazione di Ercole e verso il quale sembrano dirigersi il sole e il sistema solare.

apicoltóre o **apicultóre** s.m. [f. *–trice*] Chi alleva le api.

apicoltùra o **apicultùra** s.f. Allevamento delle api.

Àpidi s.m. pl. [iniziale minusc. sing. *–de* per l'individuo] ZOOL. Famiglia di insetti dotati di aculeo, come ape e bombo. (Ordine degli Imenotteri.)

apifugo agg. Che allontana le api.

apina s.f. Veleno delle api.

Apióne s.m. (lat. *Apion*, deriv. di gr. *ápion* "pera") ZOOL. Genere di insetti con corpo a forma di pera, che infestano molte piante da frutto e ortaggi. (Lunghezza 4 mm ca.; ordine dei Coleotteri.)

apirenìa s.f. BOT. Mancata formazione di semi in un frutto altrimenti sviluppato normalmente.

apirèno agg. BOT. Di frutto che non produce semi. ◆ s.m. Nel sign. dell'agg.

apiressìa s.f. MED. Assenza di febbre.

apirètico agg. [pl.m. *–ci*, f. *–che*] MED. Caratterizzato dall'assenza di febbre.

apirògeno agg. MED. Che non dà febbre.

apìstico agg. [pl.m. *–ci*, f. *–che*] Concernente le api e il loro allevamento.

apiterapìa o **apinterapìa** s.f. MED. Cura di alcune malattie attraverso inoculazione di apina.

apivoro agg. Che si nutre di api.

aplacentàto agg. ZOOL. Di mammifero che non ha placenta (*Monotremi* e *Marsupiali*). ◆ s.m. Nel sign. dell'agg.

aplanàtico o **aplanètico** agg. [pl.m. *–ci*, f. *–che*] (fr. *aplanétique*, gr. *aplánētos* "che non può sbagliare") OTT. Che possiede la proprietà dell'aplanetismo.

aplanetismo s.m. Qualità di un sistema ottico che produce un'immagine corretta (senza aberrazione sferica) di un oggetto.

aplasìa s.f. **1.** MED. Insufficienza congenita dello sviluppo di un tessuto, di un organo che si sviluppa a livello embrionale. SIN.: **agenesia**. **2.** MED. Insufficienza reversibile dello sviluppo di cellule, di un tessuto, che si verifica dopo la nascita. *Aplasia midollare.*

Aplìsidi s.m. pl. [iniziale minusc. sing. *–de* per l'individuo] (lat. *Aplysiidae*, gr. *aplysía* "tipo di spugna") ZOOL. Famiglia di molluschi dei mari caldi, che, se infastiditi, emettono una sostanza maleodorante. (Classe dei Gasteropodi.)

aplite s.f. PETROL. Roccia magmatica filoniana a grana finissima.

aplòide agg. BIOL. CELL. Di cellula il cui nucleo contiene una sola serie di cromosomi (p.e. i gameti).

aplologìa s.f. (ingl. *haplology*) FON. Caduta di una sillaba all'interno di una parola per influsso di una analoga sillaba vicina (p.e. *tragicomico* deriva da *tragico+comico*).

aplomb [/a'plɔ̃/] s.m. inv. (voce fr., propr. "a piombo") **1.** Perfetta linearità verticale di una giacca o di un abito. **2.** *fig.* Compostezza, autocontrollo.

apnèa s.f. (gr. *ápnoia* "mancanza di respiro") Sospensione, più o meno volontaria, della respirazione. ◇ *Sindrome dell'apnea del sonno:* insieme di disturbi (stanchezza, mal di testa) legati a frequenti apnee durante il sonno, complicati sul lungo termine da affezioni cardiovascolari. ◇ *Immergersi in apnea:* solo trattenendo il respiro, senza l'ausilio di apparecchi respiratori.

àpo- (gr. *apó* "lontano da") Prefisso di composti del l. scientifico indicante "caduta", "perdita", "allontanamento" (*apocrino*).

apoàstro s.m. ASTR. Punto dell'orbita ellittica di un corpo celeste avente la massima distanza dall'astro compagno.

apocalisse s.f. (gr. *Apokálypsis* "rivelazione", nome dell'ultimo libro del Nuovo Testamento) **1.** Evento conclusivo della storia del mondo segnato dal ritorno di Cristo come giudice. **2.** (iniziale maiusc.) Libro biblico di San Giovanni. [Il libro di Daniele e l'*Apocalisse di Giovanni fanno parte della Bibbia cattolica e protestante; gli altri scritti apocalittici sono considerati apocrifi (v. parte n.pr.).] **3.** *fig.* Catastrofe spaventosa. ~ Fine del mondo.

apocalìttico agg. [pl.m. *–ci*, f. *–che*] **1.** Relativo ai libri sull'apocalisse, in partic. a quello di San Giovanni. **2.** Proprio dell'apocalisse come fine del mondo. **3.** *fig.* Catastrofico, sconvolgente, spaventoso. ◆ s.m. [f. *–ca*] Fautore di posizioni di rinnovamento radicale che muove da un'analisi negativa del presente. ~ *estens.* Chi è profondamente pessimista.

Apocinàcee s.f. pl. [iniziale minusc. sing. *–a* per l'individuo] BOT. Famiglia di piante erbacea rampicanti, a fiori blu, bianchi o porpora, come pervinca, oleandro e frangipani. (Ordine delle Contorte.)

apocizio s.m. [pl. *–zi*] BOT. Cellula che presenta più nuclei, derivati dalla scissione di un nucleo primitivo.

apòcope s.f. (gr. *apokopé* "taglio") FON. Caduta di uno o di più suoni, o fonemi, alla fine di una parola. SIN.: **troncamento**.

apòcrifo agg. (gr. *apókryphos* "nascosto, segreto") **1.** Di scritto, non autentico, incerto. *Documento apocrifo.* SIN.: **falso**. **2.** Di libro che si dice di ispirazione divina ma che la Chiesa non include nel canone biblico. ◆ s.m. Nel sign. dell'agg.

apòcrino agg. BIOL. Di ghiandola le cui cellule epiteliali perdono, durante la secrezione, parte del protoplasma, p.e. la ghiandola mammaria.

apocromàtico agg. [pl.m. *–ci*, f. *–che*] FIS. Di sistema ottico che non presenta aberrazione sferica né cromatica per due o più colori.

Àpodi s.m. pl. [iniziale minusc. sing. *–do*, *–de* per l'individuo] **1.** ZOOL. Ordine di anfibi privi di arti con corpo vermiforme e coda rudimentale, come p.e. la cecilia. **2.** ZOOL. Ordine di pesci teleostei col corpo serpentiforme, pelle viscida, privi di pinne ventrali, come anguille e murene. **3.** ZOOL. Ordine di echinodermi privi di tentacoli ambulacrali, come le oloturie.

Apòdidi s.m. pl. [iniziale minusc. sing. *–de* per l'individuo] (lat. *Apodidae*, deriv. di gr. *ápous* "senza piedi") ZOOL. Famiglia di grandi volatori detti *rondoni*. (Ordine degli Apodiformi.)

Apodifórmi s.m. pl. [iniziale minusc. sing. *–me* per l'individuo] ZOOL. Ordine di uccelli di taglia medio-piccola con zampe molto corte.

apodissi s.f. inv. (gr. *apódeiksis* "dimostrazione") FILOS. Per Aristotele, sillogismo per cui da due premesse certamente vere si ottiene una conclusione vera.

apodìttico agg. [pl.m. *–ci*, f. *–che*] **1.** Relativo ad apodissi. ◇ FILOS. *Giudizio apodittico:* per

Kant, in cui l'affermazione o la negazione è considerata come necessaria (in oppos. ad *assertorio*). **2.** *estens.* Evidente, irrefutabile, inoppugnabile.

àpodo o **àpode** agg. Privo di zampe, di piedi.

apòdosi s.f. inv. (gr. *apódosis* "restituzione, spiegazione") LING. Nel periodo ipotetico, proposizione principale che esprime la conseguenza dell'ipotesi esposta nella protasi.

apoenzima s.m. BIOCHIM. Parte proteica dell'enzima che costituisce in associazione con una parte non proteica, il coenzima.

apofàntico agg. [pl.m. *–ci*, f. *–che*] (gr. *apophantikós*, deriv. di *apopháinein* "rendere chiaro") FILOS. Di enunciato che può essere definito vero o falso.

apòfige s.f. ARCH. Arco di cerchio che raccorda il fusto alla base o al capitello di una colonna.

apofisàrio agg. Relativo all'apofisi.

apòfisi s.f. inv. (gr. *apóphysis*, deriv. di *apophýein* "produrre") ANAT. Parte sporgente di un osso, protuberanza.

apofonìa s.f. LING. Alternanza di vocali, diverse per quantità o qualità, in parole derivate dalla stessa radice, che determinano così forme grammaticali e lessicali diverse.

apoftègma s.m. [pl. *–mi*] (gr. *apóphthegma*, deriv. di *apophthéngesthai* "parlare concisamente") Sentenza proverbiale.

apogamia s.f. BOT. Sviluppo di un embrione vegetale a partire da una cellula vegetativa, general. diploide, senza ricorso alla fecondazione.

apogèo s.m. (lat. *apogēum*, gr. *apógeion* comp. di *apó* "lontano da" e *gē* "terra") **1.** ASTR. Punto dell'orbita di un corpo che gira attorno alla Terra quando si trova alla maggiore distanza da essa (in oppos. a *perigeo*). *Apogeo lunare.* **2.** *fig.* Punto più alto, culmine. *Essere all'apogeo della fama.* ❑ In funzione di agg., che si trova all'apogeo.

apògrafo s.m. (gr. *apógraphos* "copiato") **1.** Di manoscritto copiato direttamente dall'originale. ~ *estens.* Di ogni manoscritto copiato. **2.** Nel sign. dell'agg.

apòlide agg. (gr. *ápolis* "privo di cittadinanza") Che non ha alcuna nazionalità. ◆ s.m. e f. Persona senza nazionalità legale.

apolipoproteina s.f. BIOCHIM. Parte proteica di una lipoproteina.

apolitico agg. [pl.m. *–ci*, f. *–che*] Estraneo alla politica. ◆ s.m. Nel sign. dell'agg.

apollineo agg. **1.** MIT. GR. Del dio Apollo. **2.** FILOS. In Nietzsche, equilibrato, misurato, sereno (in oppos. a *dionisiaco*). **3.** *estens.* Del sole.

1. apòllo s.m. (lat. *Apóllo*, gr. *Apóllōn* nome del dio solare della bellezza e della poesia) Uomo molto bello.

2. apòllo s.m. (lat. *Apollo*, secondo l'uso di ispirarsi a personaggi mitici dell'antichità per denominare le farfalle) Farfalla con ali biancastre striate di nero e rosso, comune nelle regioni montagnose dell'Europa e dell'Asia centrale. (Genere *Parnassius*; famiglia dei Papilionidi.)

apologèta s.m. e f.[pl.m. *–ti*] **1.** CRIST. Ciascuno dei Padri della Chiesa che interpretarono il contenuto religioso del cristianesimo con concetti mutuati dalla filosofia greca. SIN.: **apologista**. **2.** *estens.* Chi esalta, sostiene, difende qlcu. o qlco. *Un apologeta del progresso.*

apologètica s.f. [pl.m. *–che*] **1.** Parte della teologia che si propone di mostrare la pertinenza delle credenze e dei riti della dottrina cristiana. **2.** Insieme delle opere degli apologisti cristiani dei primi secoli. **3.** *estens.* Letteratura di difesa o di celebrazione.

apologètico agg. [pl.m. *–ci*, f. *–che*] **1.** Relativo all'apologetica. **2.** *estens.* Che fa l'apologia. SIN.: **celebrativo**.

apologìa s.f. (gr. *apología* "discorso di difesa") Discorso o scritto in difesa di qlcu. o qlco., anche in autodifesa. *Apologia del cristianesimo.* ◇ *Apologia di reato:* reato che consiste nell'esaltare manifestamente pubblico ciò che la legge considera delitto.

apologista s.m. e f.[pl.m. *–sti*] **1.** Ciascuno dei Padri della Chiesa che, spec. nel sec. II, difese il cristianesimo dalle accuse dei pagani. **2.** *estens.* Difensore, elogiatore.

apòlogo s.m. [pl. *–ghi*] Breve narrazione in prosa o in versi, general. in forma allegorica, di intento morale.

apomissi s.f. inv. BIOL., SC. VIT. Riproduzione sessuata senza fecondazione, osservabile in alcune piante superiori.

aponeuròsi s.f. inv. ANAT. Membrana fibrosa che avvolge i muscoli e li fissa all'osso.

apoplessìa s.f. (lat. *apopléxiam*, gr. *apoplēksía* deriv. di *apopléssein* "colpire") Perdita brusca dei sensi dovuta general. a un'emorragia cerebrale.

apoplèttico agg. [pl.m. *–ci*, f. *–che*] MED. Dovuto a, colpito da apoplessia. ◆ s.m. [f. *–ca*] Chi è colpito da apoplessia.

apoptòsi s.f. inv. EMBRIOL. Morte cellulare programmata o naturale.

aporètico agg. [pl.m. *–ci*, f. *–che*] Caratterizzato da aporia.

aporìa s.f. (gr. *aporía* "dubbio") FILOS. Contraddizione insolubile di un ragionamento.

aposiopèsi s.f. inv. (lat. *aposiopēsim*, gr. *aposiōpēsis* deriv. di *aposiōpân* "smettere di parlare") RET. Brusca interruzione di una frase, tale da lasciar capire ciò che non si dice. SIN.: **reticenza**.

apostasìa s.f. (gr. *apostasía*, deriv. di *apóstasis* "allontanamento") **1.** Abiura della propria religione, in partic. della fede cristiana, SIN.: **rinnegamento**. **2.** estens. Abbandono di un partito politico o di una dottrina.

apòstata s.m. e f.[pl.m. *–ti*] Chi fa, ha fatto apostasia. SIN.: **transfuga**.

apostatàre v.intr. (aus. *avere*) Rinnegare una fede o un'ideologia. SIN.: **abiurare**.

a posteriòri loc. agg. inv. (loc. lat., propr. "da ciò che viene dopo") FILOS. Il ragionamento o giudizio che si basa sui dati dell'esperienza (in oppos. ad *a priori*). ◆ loc. avv. Nella sign. della loc. agg.

apostolàto s.m. **1.** Attività di predicazione degli apostoli nelle prime comunità cristiane. ~ Opera di predicazione e testimonianza della fede cristiana. **2.** Opera di diffusione di un'idea, un progetto politico, ideologico, umanitario. SIN.: **propaganda**. **3.** estens. Attività svolta con impegno e dedizione al servizio di una causa.

apostolicità s.f. inv. **1.** CATT. Carattere fondamentale della Chiesa cattolica di fedeltà alla Chiesa degli apostoli tramite una serie continua di pastori legittimi. **2.** estens. Vocazione apostolica di istituzioni o movimenti religiosi.

apostòlico agg. [pl.m. *–ci*, f. *–che*] **1.** CATT. Derivante, conforme alla missione degli apostoli. ◇ *Chiesa apostolica:* la Chiesa cattolica in quanto fondata dall'apostolo Pietro. **2.** CATT. Derivante dal rappresentante del Pontefice. *Nunzio apostolico.* ◇ *Lettere apostoliche:* le encicliche. **3.** estens. Proprio di chi svolge attività di apostolato.

apòstolo s.m. (gr. *apóstolos* "inviato") **1.** Ciascuno dei dodici discepoli scelti da Gesù come suoi seguaci [Pietro, Andrea, Giacomo il Maggiore, Giovanni, Filippo, Bartolomeo, Matteo, Tommaso, Giacomo di Alfeo, Simone, Giuda e Giuda Iscariota (sostituito dopo la morte da Mattia)]. **2.** Uno dei primi messaggeri del Vangelo, come Paolo e Barnaba. ~ estens. Evangelizzatore, missionario in terre non cristiane. **3.** Chi diffonde un'idea, una dottrina, un'opinione, ecc. *Apostolo della non violenza.*

apostrofàre v.tr. Rivolgersi bruscamente, con tono deciso a qlcu. ◆ v.intr. (aus. *avere*) Rivolgere un'apostrofe.

apòstrofe s.f. (gr. *apostrophé* "deviazione") **1.** RET. Figura retorica con la quale, interrompendo un discorso, ci si rivolge direttamente a una persona, a un animale o a una cosa personificata. **2.** Frase brusca e poco cortese rivolta a qlcu. SIN.: **invettiva**.

apòstrofo s.f. (gr. *apóstrophos* "volto all'indietro") Segno (') che indica l'elisione di una vocale o il troncamento di una sillaba.

apotècio s.m. [pl. *–ci*] (gr. *apothḗkion*, deriv. di *apothḗkē* "ripostiglio") BOT. Organo riproduttore a forma di coppa, in cui si formano gli aschi di alcuni funghi ascomiceti (i discomiceti) e della maggior parte dei licheni.

apotèma s.m. [pl. *–mi*] (gr. *apóthema*, deriv. di *apotithénai* "abbassare") GEOM. In un poligono regolare, il raggio del cerchio inscritto. ◇ *Apotema di una piramide:* l'altezza delle facce laterali. – *Apotema di un cono:* il segmento che unisce il vertice con un punto qualsiasi della circonferenza di base.

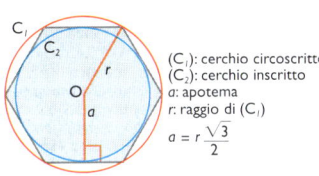

(C_1): cerchio circoscritto
(C_2): cerchio inscritto
a: apotema
r: raggio di (C_1)

$$a = r\frac{\sqrt{3}}{2}$$

■ **apotèma** di un poligono regolare.

apoteòsi s.f. inv. (gr. *apothéōsis* "divinizzazione") **1.** ANT. GR. ROM. Deificazione di un eroe, di un sovrano dopo la sua morte. **2.** Nel teatro classico, trasformazione finale dell'eroe in divinità; nel teatro rinascimentale e moderno, scena finale caratterizzata da un tripudio di suoni e luci. **3.** fig. Esaltazione di una persona. ~ Trionfo, consacrazione. ~ Parte culminante, brillante e fastosa, di una manifestazione.

apotropàico agg. [pl.m. *–ci*, f. *–che*] (gr. *apotrópaios*, deriv. di *apotrépein* "volgere via da") Dotato della facoltà magica di tenere lontano l'influsso degli spiriti maligni.

appagàre v.tr. [4] **1.** Rendere qlcu. pago, soddisfatto. *Appagare la moglie.* **2.** Soddisfare, alleviare una necessità, un desiderio. *Appagare un desiderio.* ◆ **appagarsi** v.pron. Essere soddisfatti di qlco. *Appagarsi di poco.*

appaiàre v.tr. [6] **1.** Mettere insieme in paio o coppia. *Appaiare i calzini.* SIN.: **abbinare**. **2.** Mettere insieme due esemplari di animali, per il lavoro o per la riproduzione.

appalachiàno agg. Dei monti Appalachi. ~ Di rilievo che sorge su montagne precedentemente spianate.

appallottolàre v.tr. Ridurre qlco. in forma di piccola palla. ◆ **appallottolarsi** v.pron. **1.** Con soggetto animato, avvolgersi su se stesso. **2.** Formare grumi.

appaltànte agg. Che dà in appalto. ◆ s.m. e f. Nel sign. dell'agg.

appaltàre v.tr. DIR. Concludere un contratto di appalto, dare o prendere in appalto. *Appaltare i lavori di pulizia.*

appaltatóre agg. [f. *–trice*] DIR. Che prende in appalto. *Ditta appaltatrice.* ◆ s.m. (anche f.) Nel sign. dell'agg.

appàlto s.m. DIR. Contratto con cui una persona o un'impresa (*appaltatore*) si impegna verso un'altra (*appaltante*), dietro pagamento, a gestire un servizio o a compiere un'opera assumendosene i rischi. ◇ *Appalto pubblico:* stipulato con un appaltante pubblico. (Normalmente l'aggiudicazione degli appalti pubblici ha luogo per gara d'appalto.) – *Gara d'appalto:* bando con cui la pubblica amministrazione appaltatrice invita a presentare progetti per scegliere un appaltatore.

appannàggio s.m. [pl. *–gi*] (fr. *apanage*, deriv. di *apaner* "dare del pane") **1.** Assegno annuo a carico dello Stato corrisposto a re, principi, capi di stato, personalità per permettere loro di mantenere un tenore di vita consono. ~ ST. Porzione di domìni regi devoluti a fratelli o figli cadetti del re fino all'estinzione della linea maschile. **2.** Rendita, dote. **3.** fig. Prerogativa, proprietà.

appannaménto s.m. **1.** Offuscamento di una superficie trasparente. **2.** fig. Riduzione dell'efficienza psicofisica, della lucidità.

appannàre v.tr. (propr. "velare con un panno") **1.** Rendere qlco. opaco, offuscato. *Appannare lo specchio.* SIN.: **annebbiare**. **2.** fig. Offuscare, togliere prontezza. *Il vino appanna la mente.* ◆ **appannarsi** v.pron. **1.** Diventare opaco. *I vetri di casa si appannano per l'umidità.* **2.** fig. Detto dei sensi, della mente, della ragione, perdere lucidità, indebolirsi, usato con specificazione della persona. *La vista mi si appanna.*

apparàto s.m. (lat. *apparātum*, deriv. di *apparāre* "preparare") **1.** Complesso di impianti, apparecchiature, strumenti coordinati per espletare una funzione. ◇ *Apparato di forze:* spiegamento di forze militari o di polizia. **2.** Insieme delle cose usate per una festa, una cerimonia. *Un sontuoso apparato per le nozze.* **3.** Insieme dei dirigenti, dei funzionari dell'amministrazione statale o di un partito. **4.** ANAT. Insieme integrato di organi che svolgono una funzione. *Apparato digerente.* **5.** FILOL. *Apparato critico:* nell'edizione critica di un testo, l'insieme delle note sulle varianti e le congetture filologiche dell'editore.

apparecchiàre v.tr. [6] **1.** Preparare ordinatamente qlco., spec. la tavola per mangiare. SIN.: **allestire**. **2.** INDUS. Sottoporre tessuti o carta a un processo di apparecchiatura.

apparecchiatùra s.f. **1.** Insieme di attrezzi e di accessori. *Apparecchiatura elettrica.* SIN.: **attrezzatura**. **2.** Preparazione preliminare a un determinato lavoro. ~ Preparazione di un muro o di una tela per la pittura. **3.** Trattamento migliorativo a cui vengono sottoposti i tessuti grezzi e la carta. **4.** ARCH. Taglio e disposizione delle pietre nella costruzione di muri e altro. SIN.: **opus**.

apparécchio s.m. [pl. *–chi*] **1.** Oggetto, macchinario, dispositivo formato per assemblaggio e destinato a un dato scopo. *Apparecchio fotografico.* ◇ MED. *Apparecchio ortodontico:* apparecchio con cui si correggono le disposizioni anomale dei denti. **2.** per anton. Aeroplano. **3.** *Apparecchio telefonico:* telefono.

apparentàrsi v.pron. **1.** Diventare parenti. *Apparentarsi col sindaco.* SIN.: **imparentarsi**. **2.** fig. Detto di un partito politico, unirsi per scopi elettorali con un altro partito.

ciclopica (blocchi di grandi dimensioni)

poligonale (blocchi di grandi dimensioni)

blocco

reticolata

basi alternate di pietre di punta e di mattoni di taglio

isodoma

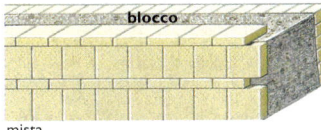

blocco

mista

■ **apparecchiatùra** muraria in architettura.

apparènte agg. **1.** Chiaro, evidente agli occhi o allo spirito. **2.** Che non corrisponde totalmente alla realtà. *Pericolo apparente.* SIN.: **fittizio**.

apparentemènte avv. In apparenza, esteriormente.

apparènza s.f. **1.** Ciò che si presenta immediatamente alla vista o al pensiero. SIN.: **esteriorità**. ◇ *In apparenza:* da quel che si vede. – *Salvare le apparenze:* rispettare la forma, senza nuocere alla reputazione. **2.** FILOS. Aspetto sensibile percepito dal reale, in oppos. alla realtà in sé. ~ Fenomeno.

apparire v.intr. [87] (aus. *essere*) (lat. *apparēre* "farsi visibile") **1.** Mostrarsi, rendersi visibile. *Apparire da dietro un angolo.* ~ Fare la propria comparsa. *Apparire in pubblico.* ~ *fig.* Diventare manifesto, venire a galla. *Le difficoltà cominciano ad apparire.* **2.** Presentarsi in sogno o in visione. *La Madonna appare a Lourdes.* **3.** Sorgere, spuntare. *Stasera la luna non apparirà.* **4.** (usato all'infinito) Mettersi in vista, mostrando i propri pregi. *Cercare di apparire.* ◆ v.cop. **1.** Sembrare, parere a qlcu. in un determinato modo o dotato di certe caratteristiche. *Il progetto gli appariva impossibile.* **2.** Essere, risultare evidente in un determinato modo a qlcu. *L'esito dell'incontro mi appare scontato.*

appariscènte agg. Che si fa notare. *Ragazza appariscente.* ~ *spreg.* Pacchiano, pretenzioso.

apparizióne s.f. **1.** Visione di un essere soprannaturale o fantastico. **2.** Comparsa, comparizione.

appartaménto s.m. (spagn. *apartamiento* "luogo appartato") Complesso di stanze e servizi adibito ad abitazione.

appartàrsi v.pron. **1.** Mettersi in disparte rispetto a qlcu. o qlco. che prima si frequentava. **2.** *fig.* Tenersi lontani da qlco.

appartàto agg. **1.** Isolato, solitario. *Luogo appartato.* **2.** Che rifugge la compagnia di altri.

appartenènza s.f. **1.** Iscrizione, adesione. *L'appartenenza a un partito politico.* **2.** *estens.* Pertinenza, spettanza. **3.** (spec. pl.) Proprietà, pertinenze.

appartenére v.intr. [61] (aus. *avere* o *essere*) **1.** Essere legittima proprietà di qlcu. *Questo libro non gli appartiene.* **2.** Far parte di un insieme, di un gruppo. *Appartenere al corpo dei Bersaglieri.* **3.** Essere dovuto a qlcu. *Avrai ciò che ti appartiene.*

appassionànte agg. Che avvince, coinvolge emotivamente.

appassionàre v.tr. **1.** Interessare vivamente. *Questo romanzo mi ha appassionato.* **2.** Rendere qlcu. interessato a qlco., provocando un'intensa emozione. *Appassionare gli studenti alla materia.* ◆ **appassionarsi** v.pron. Avere un profondo interesse per qlco. e dedicarvisi con impegno.

appassionàto agg. **1.** Che prova passione, che si abbandona facilmente alle passioni. ~ Che ha la passione per qlco. *Appassionato della natura.* **2.** Pieno di passione. ◆ s.m. [f. *-ta*] Persona che svolge una certa attività con grande interesse. *Un appassionato dello sci.*

appassire v.intr. [83] (aus. *essere*) **1.** Detto di piante o fiori, diventare secco. *I fiori recisi appassiscono presto.* **2.** *fig.* Perdere vitalità o vigore. ◆ **appassirsi** v.pron. **1.** Riferito a piante o fiori, perdere la freschezza. **2.** Inaridirsi, sciuparsi.

appassito agg. **1.** Avvizzito, inaridito. **2.** *fig.* Sciupato, grinzoso.

appeal [/ə'pi:l/] s.m. inv. (voce ingl., deriv. di *to appeal* "interessare") Attrazione, richiamo, spec. nel l. della pubblicità, in riferimento all'interesse che particolari prodotti suscitano nel pubblico dei compratori. ◇ *Sex appeal:* fascino sensuale.

appellàre v.tr. (lat. *appellāre* "chiamare, indirizzarsi a") DIR. Ricorrere in appello per una sentenza. ◆ **appellarsi** v.pron. **1.** Fare affidamento su qlcu., per risolvere un problema. **2.** DIR. Ricorrere a un'autorità superiore.

appellativo agg. DIR. Relativo al ricorso in appello. ◆ s.m. **1.** Denominazione, epiteto. **2.** GRAMM. Nome comune.

appèllo s.m. **1.** Chiamata per nome di più persone inserite in un elenco per verificarne la presenza. *Mancare all'appello.* **2.** Nell'Università, tornata di esami. **3.** Richiamo, sollecitazione. *Appello all'insurrezione.* ◇ *fig. Fare appello a tutte le proprie forze:* alle proprie risorse morali. **4.** DIR. Ricorso a un giudice superiore contro una sentenza emessa in un giudizio di primo grado. ◇ *fig. Senza appello:* irrevocabile, senza possibilità di contestazione.

appéna avv. **1.** A stento, scarsamente. *Ci conosciamo appena.* **2.** Soltanto. *C'erano appena venti persone.* **3.** Subito. *Appena dietro l'angolo.* **4.** Da pochissimo. *Sono appena arrivato.* ◆ cong. **1.** Subito dopo che, quasi nello stesso momento in cui. *Appena ricevetti la lettera, capii.* **2.** Quando, qualora, tutte le volte che. *Appena poteva, veniva a trovarmi.*

appèndere v.tr. [33] Agganciare qlco. a un sostegno. ◇ *fig. Appendere le scarpe, i guantoni, la bicletta, gli sci al chiodo:* smettere di praticare una certa attività sportiva. ◆ **appendersi** v.pron. Afferrarsi con le mani a un sostegno, tenendosi sospesi da terra. *Appendersi alla sbarra.*

appendiàbiti s.m. inv. → **attaccapanni**.

appendice s.f. (lat. *appendīcem*, deriv. di *appĕndere* "sospendere") **1.** Parte aggiunta, complementare. ~ In partic., documentazione stampata in coda a un'opera. **2.** Nei quotidiani di un tempo, spazio a piè di pagina, dedicato a rassegne, articoli letterari o prose d'intrattenimento. **3.** ANAT. Parte connessa a un organo. ◇ *Appendice ileocecale:* porzione terminale, vermiforme, dell'intestino cieco. **4.** BIOL. In animali e piante, prolungamento di un organo.

appendicectomia s.f. MED. Resezione dell'appendice ileocecale.

appendicite s.f. MED. Infiammazione dell'appendice ileocecale.

appendicolàre agg. **1.** MED. Dell'appendice. **2.** A forma di appendice, che si presenta come appendice.

Appendicolàrie s.f. pl. [iniziale minusc. sing. *-ria* per l'individuo] ZOOL. Classe di animali marini di dimensioni piccolissime, con corpo ovoidale trasparente e lunga coda. (Sottotipo dei Tunicati.)

appenninico agg. [pl.m. *-ci*, f. *-che*] Relativo all'Appennino.

appercezióne s.f. **1.** FILOS. Consapevolezza delle proprie percezioni. **2.** PSICOL. Processo conoscitivo per cui le cose nuove vengono apprese mettendole in relazione con quelle già apprese.

appertizzazióne s.f. Trattamento di sterilizzazione a caldo di prodotti alimentari, chiusi in recipienti a tenuta ermetica.

appesantire v.tr. [83] **1.** Rendere qlco. più pesante. **2.** *fig.* Intorpidire una parte del corpo. **3.** *fig.* Rendere qlco. faticoso, più opprimente. ◆ **appesantirsi** v.pron. **1.** Diventare più pesante. ~ Riferito a persona, ingrassare. **2.** *fig.* Aggravarsi. *La situazione si appesantisce.*

appestàre v.tr. **1.** MED. Trasmettere a qlcu. la peste o altre malattie. *Appestare la città.* SIN.: **contagiare**. **2.** Diffondere cattivi odori nell'aria. **3.** *fig.* Corrompere moralmente.

appetibile agg. Desiderabile. ◆ s.m. FILOS. Nella Scolastica, ciò che ispira, che è all'origine del desiderio.

appetito s.m. **1.** Sensazione che accompagna il bisogno di alimentarsi. *Mostrare appetito.* ◇ *Buono appetito!:* augurio indirizzato a qlcu. prima del pasto. **2.** Tendenza naturale ad appagare desideri, istinti, bisogni. ◇ *Appetito sessuale:* manifestazione del desiderio sessuale. **3.** FILOS. Nel pensiero di Aristotele e nella Scolastica, inclinazione a un bene sensibile o tensione verso il bene morale.

appetitóso agg. **1.** Che stuzzica l'appetito. **2.** *fig.* Attraente, piacevole, allettante.

appezzaménto s.m. Ciascuna delle suddivisioni di un terreno.

appianaménto s.m. **1.** Spianamento. **2.** *fig.* Sistemazione, accomodamento. *Appianamento delle difficoltà.*

appianàre v.tr. **1.** Rendere una superficie liscia, regolare, togliendo le asperità. **2.** *fig.* Rimuovere difficoltà, ostacoli. ◆ **appianarsi** v.pron. *fig.* Avere un esito positivo. *Le divergenze si sono appianate.*

appiattiménto s.m. **1.** Abbassamento alla linea piana. **2.** *fig.* Livellamento in basso delle differenze tra persone, valori, funzioni. **3.** ASTR. Schiacciamento ai poli di un corpo celeste.

appiattire v.tr. [83] **1.** Rendere piatto, schiacciare. **2.** *fig.* Eliminare le differenze tra due o più elementi. ~ Rendere omogeneo, togliendo espressività e vivacità. ◆ **appiattirsi** v.pron. **1.** Diventare piatto per compressione. *Il materasso si è appiattito.* **2.** *fig.* Diventare piatto, noioso. *La mia vita si è appiattita.* ~ Perdere vivacità e interesse. **3.** Con soggetto animato, schiacciarsi contro una superficie piatta per nascondersi. *Appiattirsi contro il muro.*

appiccàre v.tr. [4] **1.** Affiggere un manifesto. ~ Appendere qlco. a un sostegno. *Appiccare un cartello.* SIN.: **attaccare**. **2.** Avvicinare qlco. ad altro. ◇ *Appiccare il fuoco:* incendiare qlco.

appiccicàre v.tr. [4] **1.** Unire qlco. ad altro con sostanze adesive o collose. SIN.: **incollare**. **2.** *fig.* Assegnare a qlcu. qlco. di non gradito, in partic. un soprannome o un nomignolo. **3.** Assestare, rifilare un colpo a qlcu. ◆ v.intr. (aus. *avere*) Avere la proprietà di aderire, incollare. *La marmellata appiccica le dita.* ~ *estens.* Essere appiccicoso. *Il miele appiccica.* ◆ **appiccicarsi** v.pron. **1.** Detto di due o più elementi, aderire, attaccarsi l'uno all'altro spec. per la presenza di colla o altra sostanza appiccicosa. SIN.: **incollarsi**. **2.** *fig.* Con soggetto animato, avvicinarsi a qlcu. e parlargli insistentemente, senza lasciarlo in pace.

appiccicóso agg. **1.** Attaccaticcio. **2.** *fig.* Di persona, impertinente, importuno, insistente.

appiedàre v.tr. **1.** MIL. Far scendere i soldati da cavallo o da altri mezzi di trasporto e impiegarli come reparti di fanteria. **2.** *estens.* Obbligare qlcu. a scendere da un veicolo e ad andare a piedi.

appigliàrsi v.pron. [6] **1.** Tenersi con forza a un appiglio. *Appigliarsi a un gancio.* SIN.: **aggrapparsi**. **2.** *fig.* Ricorrere a un pretesto e fare affidamento su di esso. SIN.: **appellarsi**.

appìglio s.m. [pl. *-gli*] **1.** Ciò che serve da sostegno, da appoggio. *Cercare un appiglio.* **2.** *fig.* Pretesto, occasione.

àppio s.m. [pl. *-pi*] Pianta da orto, con foglie pennate e piccoli fiori bianchi, come il sedano e il prezzemolo. (Famiglia delle Ombrellifere.)

appiòla s.f. Varietà di mela dalla buccia di un colore rosso intenso.

appiómbo s.m. inv. **1.** Direzione verticale come quella del filo munito di piombino. ~ In partic., aplomb di un abito. **2.** VET. Direzione perpendicolare al piano d'appoggio degli arti di un animale quadrupede. ◆ avv. Perpendicolarmente.

appioppàre v.tr. **1.** AGR. Legare le viti al tronco dei pioppi per sostenerle. **2.** AGR. Piantare un terreno a pioppi. **3.** *fig. fam.* Dare qlco. di non gradito a qlcu. *Appioppare una multa.* **4.** Assestare un colpo a qlcu.

appisolàrsi v.pron. *fam.* Assopirsi, addormentarsi con un sonno leggero.

applaudire v.tr. [85] **1.** Battere le mani in segno di consenso o ammirazione. *Applaudire il cantante.* SIN.: **acclamare**. **2.** *estens.* Condividere pienamente qlco. SIN.: **approvare**. ◆ v.intr. (aus. *avere*) Mostrarsi favorevole a qlco. *Applaudire all'iniziativa.* SIN.: **lodare**.

applàuso s.m. **1.** Battimano che esprime consenso, ammirazione. **2.** *estens.* Plauso, lode.

applausòmetro s.m. Apparecchio che misura l'intensità e la durata degli applausi.

applet [/p'lɪt/] s.m. inv. (voce ingl., deriv. di *application* "programma applicativo") INFORM. Piccolo programma incluso in una pagina web o richiamato dal suo interno.

applicàbile agg. Che si può applicare.

applicàre v.tr. [4] **1.** Mettere qlco. a contatto di altro. ~ Far aderire. *Applicare un'etichetta alla bottiglia.* SIN.: **attaccare**. ~ Cucire qlco. su altro. *Applicare una decorazione.* ~ Spalmare una sostanza su una superficie. *Applicare una pomata.* **2.** *estens.* Accostare una parte del corpo a qlco.

Applicare l'orecchio alla porta. **3.** Impiegare, utilizzare qlco. in una certa situazione. ~ Mettere in atto. *Applicare un divieto.* ~ Far valere leggi, regolamenti, ecc. ~ Rendere esecutiva una disposizione. SIN.: **attuare**. **4.** Dare, attribuire un nome, un nomignolo o un titolo a qlcu. **5.** Imporre una pena o un onere a qlcu. *Applicare l'ergastolo.* SIN.: **infliggere, impartire**. ◆ **applicarsi** v.pron. Dedicarsi a qlco. con passione e diligenza. *Applicarsi allo studio.* SIN.: **impegnarsi**.

applicativo agg. Che riguarda l'applicazione, relativo alle modalità di attuazione. *Disposizioni applicative.* ◆ s.m. INFORM. Applicazione.

applicàto agg. [f. *-ta*] Riferito a una scienza, che utilizza i principi teorici per impieghi tecnologici, pratici. *Fisica applicata.* ◇ *Linguistica applicata:* insieme delle ricerche che utilizzano i procedimenti e i risultati della linguistica propriamente detta per risolvere problemi della vita corrente e professionale, in partic. pedagogici. ◆ s.m. Impiegato di livello inferiore con mansioni esecutive.

applicazióne s.f. **1.** Disposizione di un oggetto a contatto con un altro. *Applicazione di un francobollo.* ~ Decorazione, ornamento disposti su mobili, oggetti, abiti. **2.** Attuazione, messa in pratica. *Applicazione di una teoria.* ◇ MIL. *Scuola d'applicazione:* corso di perfezionamento per ufficiali, successivo all'accademia. **3.** Impegno, diligenza in una data attività. *Studiare con applicazione.* SIN.: **concentrazione**. **4.** ALG. Corrispondenza univoca, funzione. **5.** BORS. Proposta di compravendita recante contemporaneamente l'indicazione di un prezzo di acquisto e uno di vendita, sui quali il proponente è disposto a negoziare. **6.** INFORM. Programma che specializza il funzionamento di un computer in una determinata attività. *Installare un'applicazione.* **7.** MED. (spec. pl.) Irradiazioni con speciali apparecchiature.

applique [/a'plik/] s.f. inv. (voce fr., deriv. di *appliquer* "applicare") Portalampada inserito in una struttura decorativa attaccata al muro.

appoggiàre v.tr. [5] (lat. *appodiàre*, deriv. di *pŏdium* "piedistallo") **1.** Muovere qlco. e disporlo a ridosso di altro, che rimane fermo. *Appoggiare il badile al muro.* **2.** Muovere qlco. e disporlo sopra ad altro. *Appoggiare i gomiti sul tavolo.* SIN.: **posare**. **3.** Fondare, basare una propria idea su qlco. *Appoggiare un'affermazione su vaghe ipotesi.* **4.** *fig.* Approvare e sostenere un'idea, una proposta o altro. SIN.: **spalleggiare**. ~ *estens.* Sostenere e favorire qlcu. *Appoggiare un candidato.* ◆ v.intr. (aus. *essere*) **1.** Avere qlco. come sostegno. SIN.: **reggersi**. **2.** *fig.* Detto di idee, basarsi su qlco. SIN.: **poggiare**. ◆ **appoggiarsi** v.pron. **1.** Porsi con il corpo o con una sua parte addosso a qlco. per sorreggersi. *Appoggiarsi al muro.* SIN.: **reggersi**. **2.** *fig.* Avere il proprio fondamento su qlco. SIN.: **basarsi**. **3.** *fig.* Fare affidamento sull'aiuto o sul favore di qlcu. *Appoggiarsi alla famiglia.* **4.** *fig.* Fare di una sede o di un'istituzione un proprio punto di riferimento per affari o altro. *Appoggiarsi a un albergo.*

appoggiatèsta s.m. inv. Rivestimento in stoffa della parte superiore delle poltrone dove si appoggia la testa.

appoggiatùra s.f. **1.** MUS. Ornamento consistente in una nota che precede alla seconda superiore o inferiore la nota che si intende evidenziare. **2.** TEAT. Intonazione che evidenzia una parola, una battuta.

appòggio s.m. [pl. *-gi*] **1.** Sostegno materiale o morale. *Conto sul vostro appoggio.* ◇ *Avere l'appoggio di qlcu.:* riceverne l'aiuto. **2.** ARCH. Elemento di collegamento tra la trave e il piedritto. **3.** MIL. Azione di fuoco dell'artiglieria per coprire e agevolare l'attacco della fanteria. ❑ In funzione di agg. inv., nella loc. *nave appoggio*, quella che rifornisce e assiste sommergibili o altre unità combattenti.

appollaiàrsi v.pron. [6] (forse deriv. dalla loc. tosc. *stare a pollaio* per la posizione delle galline che dormono accovacciate sui pioli) **1.** Detto di volatili, posarsi su rami o altri sostegni in posizione di riposo. *Le galline si sono appollaiate.* **2.** *fig.* Detto di persone, sedersi rannicchiandosi. *Appollaiarsi sulla poltrona.* SIN.: **accovacciarsi**.

appollaiàto agg. **1.** Accovacciato. **2.** *fig.* Situato in alto, in posizione raccolta. *Un paesino appollaiato sulla collina.*

appontàggio s.m. [pl. *-gi*] (fr. *appontage*) AER. Discesa di un aereo sul ponte di una portaerei.

appontàre v.intr. (aus. *essere*) AER. Detto di aeroplano o elicottero, atterrare sul ponte di una portaerei.

appórre v.tr. [25] Mettere qlco. su altro, aggiungere. *Apporre una firma.* ◇ DIR. *Apporre i sigilli:* applicare i sigilli sulla porta di un immobile che debba rimanere a disposizione della giustizia a causa di sequestri, di eredità, ecc.

apportàre v.tr. **1.** Causare, arrecare. *Apportare danni alla produzione.* **2.** Aggiungere qlco. ad altro, producendo un cambiamento. *Apportare modifiche.* SIN.: **procurare**.

appòrto s.m. **1.** Contributo, aiuto, sostegno. *Servirsi dell'apporto di validi collaboratori.* **2.** DIR. Parte di capitale con cui un socio concorre a un'impresa. **3.** TECN. *Metallo d'apporto:* quello che viene colato tra due pezzi metallici per saldarli.

appositivo agg. **1.** Che aggiunge qlco., che completa. **2.** GRAMM. Che ha funzione, valore di apposizione.

appòsito agg. Predisposto per un preciso scopo. *Compilare l'apposito modulo.*

apposizióne s.f. **1.** Disposizione di una cosa su un'altra. **2.** GRAMM. Unità, costituita da una o da più parole, che aggiunge informazioni sussidiarie a un nome o gruppo nominale e che assume il suo stesso ruolo sintattico.

appòsta avv. **1.** Deliberatamente, di proposito. **2.** Con uno scopo preciso.

appostaménto s.m. **1.** Attesa per sorprendere, per catturare. SIN.: **agguato**. ~ *estens.* Imboscata. *Appostamento notturno.* **2.** Luogo in cui avviene l'agguato. ~ CACC. Posto in cui si cela il cacciatore. **3.** MIL. Riparo da cui sparano soldati isolati.

appostàre v.tr. **1.** Osservare qlcu. stando nascosti, cercando il momento propizio a un agguato. *Appostare le guardie.* SIN.: **spiare**. **2.** Mettere qlcu. di guardia, in appostamento. *Appostare i soldati nel bosco.* ◆ **appostarsi** v.pron. Sistemarsi in un luogo in modo da essere nascosti e poter spiare o tendere un agguato.

apprèndere v.tr. [33] **1.** Acquisire, imparare qlco. *Apprendere un mestiere.* **2.** Venire a conoscenza di qlco. *Apprendere una notizia importante.*

apprendiménto s.m. **1.** Acquisizione di conoscenze. *Capacità d'apprendimento.* **2.** PSICOL. Modificazione del comportamento determinata dall'esperienza.

apprendista s.m. e f. [pl.m. *-sti*] Chi inizia l'apprendimento di un'arte o di un mestiere. ~ *estens. comun.* Chi inizia a lavorare in un dato settore. ◇ *fig.* *Apprendista stregone:* chi dà avvio a qlco. che poi non può controllare.

apprendistàto s.m. **1.** Rapporto di lavoro che prevede l'istruzione e la qualificazione del prestatore d'opera. SIN.: **tirocinio**. ~ La durata di tale rapporto. **2.** *fig.* Formazione, iniziazione, noviziato.

apprensióne s.f. Ansietà, inquietudine causata dalla percezione di un pericolo. *Stare in apprensione.*

apprensivo agg. Che si preoccupa eccessivamente. SIN.: **ansioso**.

apprestaménto s.m. **1.** Preparazione, allestimento. **2.** MIL. (spec. pl.) L'insieme delle opere di fortificazione.

apprestàre v.tr. **1.** Mettere a punto, preparare per l'uso. *Apprestare la stanza.* SIN.: **approntare**. **2.** Fornire qlco. spec. aiuti. *Apprestare i soccorsi.* ◆ **apprestarsi** v.pron. Prepararsi, accingersi, disporsi. *Apprestarsi alla guerra.*

apprettàre v.tr. (fr. *apprêter* "preparare") TECN. Trattare con appretto.

apprettatùra s.f. Trattamento con appretto di tessuti e pelli.

apprètto s.m. **1.** IND. TESS. Sorta di pasta formata da diverse sostanze chimiche, con cui vengono trattati i tessuti per dare loro particolari caratteristiche. ~ Miscela di sostanze chimiche con cui vengono trattate le pelli per renderne migliore e vario l'aspetto. **2.** Trattamento con tale pasta cui si sottopongono delle materie prime (pellami, tessuti, filati) prima della lavorazione o della messa in commercio. SIN.: **apprettatura**.

apprezzaménto s.m. **1.** Giudizio, gener. favorevole, su qlco. o qlcu. **2.** Aumento del valore di un bene mobile o immobile rispetto agli altri, in partic. riferito a monete. SIN.: **rivalutazione**.

apprezzàre v.tr. **1.** Valutare il valore di qlco. e fissarne il prezzo. SIN.: **stimare**. **2.** *fig.* Riconoscere le qualità di qlcu. o qlco. *Apprezzare l'aiuto.* **3.** MED. Rilevare. *L'esame radiologico non apprezza lesioni.* ◆ **apprezarsi** v.pron. Detto di beni, aumentare di valore o di prezzo.

appròccio s.m. [pl. *-ci*] **1.** Preliminare di conoscenza con una persona. ◇ *Tentare un approccio:* cercare di stabilire un contatto. **2.** Modo in cui ci si accosta a un argomento, un evento. *Un approccio diretto al problema.* ~ *estens.* Criterio, metodo seguito in una ricerca, in uno studio. **3.** ALP. Modo di attaccare una parete.

approdàre v.intr. (aus. *essere* o *avere*) **1.** MAR. Arrivare alla riva, raggiungere la terraferma. *Approdare al porto.* **2.** *fig.* Giungere a un risultato, riuscire. *Approdare alle finali.*

appròdo s.m. **1.** Ormeggio a riva di un'imbarcazione. SIN.: **sbarco**. **2.** Zona di una costa in cui un'imbarcazione può prendere terra. SIN.: **scalo**. **3.** *fig.* Punto d'arrivo, conclusione di un'attività.

approfittàre v.intr. (aus. avere) Trarre vantaggio da qlcu. o qlco. per ottenere un proprio scopo. *Approfittare del buio per fuggire.* ◆ **approfittarsi** v.pron. Trarre vantaggio dalla debolezza di qlcu., spec. prevaricando. *Approfittarsi degli amici.*

approfondiménto s.m. **1.** Scavo in profondità. **2.** *fig.* Valutazione in profondità.

approfondire v.tr. [83] **1.** Rendere più profondo, anche in senso fig. *Approfondire un'amicizia.* **2.** *fig.* Analizzare a fondo. *Approfondire una questione.* ◆ **approfondirsi** v.pron. Diventare più profondo. ~ *fig.* Diventare più intenso, forte. *Il dolore si approfondisce.*

approntàre v.tr. **1.** Disporre per l'uso, allestire. *Approntare il pranzo.* SIN.: **preparare**. **2.** MIL. Organizzare unità militari per il combattimento.

appropriàrsi v.pron. [6] Impadronirsi di qlco. in modo fraudolento. *Appropriarsi di fondi.*

appropriàto agg. Adatto, pertinente. *Parole appropriate.*

appropriazióne s.f. L'impadronirsi di qlco. ~ Presa di possesso. ◇ DIR. *Appropriazione indebita:* reato consistente nel trarre un profitto personale da un bene altrui di cui si sia, a qualsiasi titolo, in possesso.

approssimàrsi v.pron. **1.** Muoversi e andare vicino a qlcu. o qlco. *Approssimarsi al luogo del delitto.* **2.** Riferito a espressioni temporali, farsi vicino, manifestarsi. *Si approssima l'estate.* **3.** Essere vicino a raggiungere un momento, un luogo, uno scopo, un'idea. *Approssimarsi alla quarantina.*

approssimativo agg. **1.** Non esatto, con un margine di errore. **2.** *estens.* Impreciso, vago.

approssimàto agg. MAT., FIS. Che risulta da un'approssimazione. *Approssimato per difetto, per eccesso.* ◇ *Misura approssimata di un valore X:* numero reale per il quale è vero che $a<x<b$, dove a è un valore approssimato per difetto e b è un valore approssimato per eccesso.

approssimazióne s.f. **1.** Avvicinamento, accostamento. **2.** MAT. Valutazione approssimata di una grandezza. ~ *estens.* Imprecisione, inesattezza. *Sono soltanto approssimazioni.* ◇ *Approssimazione per difetto, per eccesso:* sostituzione di un numero, o un dato, con un altro minore o maggiore; *fig.* definizione imprecisa.

approvàre v.tr. **1.** Considerare qlco. come giusto, adatto. *Approvo le tue scelte.* **2.** Convalidare una decisione con una votazione. *Approvare a maggioranza.* **3.** Dichiarare idoneo dopo un esame. *Approvare il candidato.* ◆ v.intr. (aus. *avere*) Dimostrarsi d'accordo.

approvazióne s.f. **1.** Accettazione, riconoscimento da parte di un'autorità. **2.** Consenso, apprezzamento. *Cenno d'approvazione.*

approvvigionaménto s.m. (fr. *approvisionnement*, deriv. di *provision* "provvista") Rifornimento di viveri e generi di prima necessità. SIN.: **vettovagliamento.**

approvvigionàre v.tr. **1.** Rifornire di generi di prima necessità. *Approvvigionare il paese.* **2.** MIL. Rifornire un esercito di vettovaglie. ◆ **approvvigionarsi** v.pron. Rifornirsi di viveri e generi di prima necessità.

approvvigionatóre s.m. [f. –*trice*] Funzionario addetto a rifornire una ditta dei materiali e degli strumenti necessari.

appuntaménto s.m. (calco del fr. *appointement*, propr. "sentenza interlocutoria con cui il giudice ordina alle parti di produrre nuovi testimoni o prove scritte sui punti del fatto o della questione che non sono stati sufficientemente chiariti nell'udienza") Incontro previsto tra due o più persone a una stessa ora in uno stesso luogo. – Il luogo in cui ci si incontra. *Arrivare per primo all'appuntamento.* ◊ *eufem. Casa d'appuntamenti:* bordello, casa di *tolleranza.

1. appuntàre v.tr. **1.** Rendere aguzzo. *Appuntare la matita.* **2.** Attaccare, fissare con spilli o oggetti a punta. *Appuntare un orlo.* **3.** Rivolgere qlco. verso qlcu. o qlco., anche fig. *Appuntare lo sguardo, il pensiero al cielo.* ◆ **appuntarsi** v.pron. Fissare qlco. su di sé o su un proprio indumento. *Appuntarsi una spilla.*

2. appuntàre v.tr. Prendere un appunto per ricordare qlco. *Appuntare un nome.*

appuntàto s.m. (calco del fr. *appointé*) **1.** Grado di carabinieri, guardia di finanza e agenti di custodia, equivalente a quello di caporal maggiore dell'esercito. **2.** Nel vecchio ordinamento della polizia di stato, grado superiore a quello di guardia, oggi detto *assistente.*

appuntìre v.tr. [83] Rendere aguzzo, assottigliando in punta. *Appuntire un bastone.*

1. appùnto s.m. **1.** Annotazione riassuntiva, concisa. **2.** fig. Rimprovero, rimostranza. **3.** INFORM. (al pl.) Area di memoria di transito che permette di copiare o trasferire dati tra programmi o documenti diversi.

2. appùnto avv. Proprio, precisamente. *Appunto ciò che volevo dimostrare.* ❑ In funzione di cong., esprime conferma di un presupposto noto all'interlocutore. *Appunto, era bene che ci fossi anche tu.*

appuràre v.tr. (spagn. *apurar* "verificare") Chiarire qlco., controllarne la veridicità. *Appurare la verità.* SIN.: **accertare.**

apragmatìsmo s.m. PS. PATOL. Disturbo di natura psichica che si traduce con l'incapacità di realizzare un'azione.

aprassìa s.f. (gr. *apraksía* "inerzia") MED., PSICOL. Incapacità di effettuare movimenti coordinati (scrittura, deambulazione), anche se le funzioni motorie e mentali appaiono integre.

apribócca s.m. inv. MED. Strumento chirurgico per tenere divaricate le mascelle del paziente.

apribottìglie s.m. inv. Strumento per togliere i tappi a corona dalle bottiglie.

aprìle s.m. Quarto mese dell'anno. ◊ *Pesce d'aprile:* scherzo consueto il primo di aprile.

a priòri loc. agg. inv. (loc. lat., propr. "da ciò che è prima") **1.** FILOS. Di procedimento che non risale dagli effetti alla causa ma che parte dal concetto stesso della causa (in oppos. ad *a posteriori*). **2.** *estens.* Di qualunque giudizio, opinione non dedotto dall'esperienza ma da principi considerati veri e indiscutibili. ◆ loc. sost. m. inv. Punto di partenza indiscusso di un ragionamento. ◆ loc. avv. Precedentemente.

apriorìsmo s.m. **1.** FILOS. Metodo secondo cui si procede dalla causa agli effetti. **2.** *estens.* Abitudine a giudicare secondo schemi precostituiti.

apriorìstico agg. [pl.m. –*ci*, f. –*che*] FILOS. Basato su un procedimento a priori.

apripìsta s.m. e f. inv. **1.** SPORT. Sciatore che batte una pista con gli sci per renderla scorrevole. **2.** fig. Chi per primo propugna un'idea, si batte per

una causa. **3.** (solo m.) Macchina cingolata, munita di una lama di scavo, che asporta ogni tipo di materiale spianando il terreno.

aprìre v.tr. [77] **1.** Creare un varco, un'apertura, un taglio in qlco. *Aprire un varco nel muro.* ◊ figg. *Aprire il cammino, la via a qlcu.:* aiutarlo, facilitarne il compito. – *Aprire la via a qlco.:* creare la strada per nuove conoscenze. – *Aprire il cuore, l'animo a qlcu.:* confidarsi con qlcu., rivelando i propri pensieri più segreti. **2.** Schiudere qlco. rimuovendo ogni impedimento al passaggio. *Aprire una porta.* ~ Sbottonare, slacciare un vestito. ◊ *Aprire una bottiglia:* stapparla. – figg. *Non aprire bocca:* non parlare. – *Aprire le orecchie:* fare molta attenzione. – *Aprire la mente:* arricchirla di idee, interessi. – *Queste lezioni aprono la mente. Aprire gli occhi:* svegliarsi; fig. venire a conoscenza della verità. **3.** Allargare, distendere, dispiegare qlco. *Aprire l'ombrellone.* ~ Divaricare, distendere una parte del corpo. *Aprire le braccia, le ali.* ◊ SPORT. *Aprire il gioco:* nel calcio, spostare la manovra sulle ali; *estens.* in alcuni giochi di carte, iniziare la partita. – BOXE *Aprire la guardia:* lasciare spazio ai colpi dell'avversario. **4.** Dare inizio a qlco., inaugurare. ~ Avviare un'attività. *Aprire un negozio.* ~ Fondare, istituire un collegio. ◊ *Aprire un conto:* avviarlo. – ALP. *Aprire una via:* tracciare un nuovo percorso di scalata. – *Aprire il fuoco:* iniziare a sparare. **5.** Manovrare un dispositivo. ~ *estens. fam.* Far funzionare qlco., manovrando dispositivi. *Aprire il gas.* **6.** INFORM. Rendere disponibile un insieme di dati a operazioni di lettura o di scrittura. *Aprire un file.* ◆ v.intr. (aus. *avere*) **1.** Iniziare un lavoro, un'attività. *I negozi oggi non aprono.* **2.** Nel l. pol., collaborare con un partito o una forza sociale. *Aprire alla classe operaia.* ◆ v.pron. **1.** Crearsi uno spazio, un'apertura, un varco in qlco. *Aprirsi un pozzo in cortile.* ◊ fig. *Aprirsi una strada nella vita:* conquistarsi un posto, avere successo. **2.** Detto di porte, finestre, ecc., schiudersi, spalancarsi. **3.** fig. Diradarsi. *Le nuvole si aprono.* **4.** Detto di fiori, sbocciare. **5.** Essere, trovarsi in un certo luogo. *Una grotta si apre nella roccia.* **6.** fig. Confidarsi con qlcu., rendere palese il proprio pensiero. **7.** Detto di fessure, buchi, aperture in genere, formarsi, spaccarsi in un certo luogo. *Sul muro si aprì una crepa.*

apriscàtole s.m. inv. Arnese capace di tagliare il fondo di una scatola metallica.

apritóio s.m. [pl. –*toi*] IND. TESS. Macchina che allarga le fibre del cotone, liberandole dalle impurità.

apritùra s.f. IND. TESS. Pulitura dei fiocchi di cotone dopo la mischia.

àpside s.m. (gr. *hapsís* "circonferenza") ASTR. Apoastro o periastro di un'orbita. ◊ *Linea degli apsidi:* linea che unisce apoastro e periastro di un'orbita.

aptène s.m. BIOCHIM. Sostanza incapace di provocare da sola una sintesi di anticorpi, ma capace di reagire con anticorpi già esistenti.

Apterigòti o **Atterigòti** s.m. pl. [iniziale minusc. sing. –*to* per l'individuo] ZOOL. Sottoclasse di insetti sprovvisti di ali (p.e. lepisma e collemboli), che si sviluppano senza metamorfosi.

aquagym [/ˈækwəˌdʒɪm/] s.f. inv. Ginnastica acquatica fatta nell'acqua.

aquaplaning [/ˈækwəˌpleɪnɪŋ/] s.m. inv. (voce ingl., deriv. di *to aquaplane* "scivolare con l'acquaplano") Perdita d'aderenza di un autoveicolo, dovuta alla strada bagnata.

aquascooter [/ˈkwəˌskuːtə/] s.m. inv. (voce ingl.) Moto carenata dotata di sci per muoversi sull'acqua.

Aquifogliàcee s.f. pl. [iniziale minusc. sing. –*a* per l'individuo] BOT. Famiglia di piante dicotiledoni sempreverdi.

àquila s.f. **1.** Grande uccello rapace diurno dell'emisfero boreale, che nidifica in alta montagna (*aquila reale*) nelle pianure boscose (*aquila imperiale*). (Apertura alare ca. 2,50 m; verso: l'aquila stride. Il piccolo è l'aquilotto; ordine dei Falconiformi.) ◊ figg. *Un nido d'aquila:* un luogo, un posto impervio. – *Non essere un'aquila:* non essere perspicace. **2.** ZOOL. (iniziale maiusc.) Genere di animali a cui appartengono varie specie di aquila. **3.** MIL. Insegna delle legioni romane.

Le aquile romane. **4.** ASTROL. (iniziale maiusc.) Grande costellazione dell'emisfero boreale, visibile in estate e in autunno. **5.** *Aquila di mare:* razza di grandi dimensioni, con coda aculeata. (Larghezza 1,50-2,60 m; famiglia dei Miliobatidi.)

■ **àquila** reale.

aquilàno agg. Dell'Aquila. ◆ s.m. **1.** [f. –*na*] Nativo, abitante di L'Aquila. **2.** (iniziale maiusc., solo sing.) Territorio intorno a L'Aquila.

aquilègia s.f. [pl. –*gie*] (lat. *Aquilegia*, comp. di *àqua* "acqua" e *lègere* "raccogliere") Pianta erbacea perenne con foglie frastagliate e fiori penduli di vari colori, provvisti di nettario a forma di sperone. (Famiglia delle Ranuncolacee.)

aquilìno agg.m. Dell'aquila, da aquila. ◊ *Naso aquilino:* naso adunco.

1. aquilóne s.m. **1.** Giocattolo formato da una leggera intelaiatura romboidale ricoperta di carta che si alza in aria trainato controvento con un filo. **2.** Deltaplano.

2. aquilóne s.m. **1.** Vento del nord, tramontana. **2.** *estens.* (solo sing.) Settentrione.

aquilonìsta s.m. e f. Persona che pratica il gioco dell'aquilone.

aquilòtto s.m. **1.** Piccolo dell'aquila. **2.** fig. Nel gergo aeronautico, aviatore alle prime armi.

aquitàno agg. Dell'Aquitania.

1. àra s.f. ARCHEOL. Altare su cui gli antichi facevano sacrifici agli dei.

2. àra s.f. (fr. *are*, lat. *āream* "superficie") Unità di misura di superficie equivalente a 100 metri quadrati.

3. àra s.f. (fr. *arat*, guaranì *arara*) Grande pappagallo dell'America latina, con lunga coda e piumaggio dai colori accesi. (Famiglia degli Psittacidi.)

arabésco s.m. [pl.m. –*schi*, f. –*sche*] **1.** Ornato tipico dell'arte araba, in cui forme vegetali stilizzate si intrecciano secondo motivi geometrici. **2.** *estens.* Viluppo di linee, arzigogolo. **3.** MUS. Arabesca.

arabesque [/arabˈsk/] s.f. inv. (voce fr.) Posa della danza accademica nella quale una gamba è sollevata e tesa all'indietro e un braccio o entrambi sono tesi in avanti.

aràbica s.f. Qualità di caffè originaria dell'Arabia. (È la più coltivata.)

aràbico agg. [pl.m. –*ci*, f. –*che*] Dell'Arabia.

aràbide s.f. Pianta ornamentale con foglie argentate e fiori bianchi, gialli o blu, a seconda della specie. (Genere *Alyssum* e *Iberis*; famiglia delle Crocifere.)

arabìsmo s.m. Parola o locuzione araba introdotta in altra lingua.

arabìsta s.m. e f. [pl.m. –*sti*] Studioso di lingua e cultura araba.

arabizzàre v.tr. Assimilare qlcu. alla cultura araba. *Arabizzare la popolazione.* ◆ **arabizzarsi** v.pron. Assimilarsi alla cultura araba.

àrabo agg. (ar. *'arab*, propr. "nomade") Del popolo semita originario della penisola arabica. ~ Di ciascuno dei paesi, dei popoli che hanno assimilato la cultura e fatto propria la lingua araba. ◊ *Numeri arabi:* le cifre (0, 1, 2, 3, 4, 5, 6, 7, 8, 9) così come si scrivono oggi, secondo la grafia diffusa dagli Arabi nel Medioevo. ◆ s.m. **1.** [f. –*ba*; al pl. anche iniziale maiusc.] Nativo, abitan-

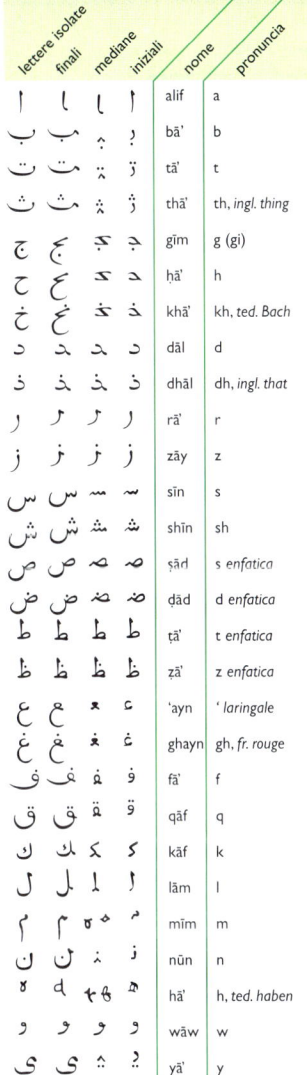

lettere isolate	finali	mediane	iniziali	nome	pronuncia
ا	ا	ا	ا	alif	a
ب	ب	ب	ب	bā'	b
ت	ت	ت	ت	tā'	t
ث	ث	ث	ث	thā'	th, ingl. thing
ج	ج	ج	ج	gīm	g (gi)
ح	ح	ح	ح	ḥā'	h
خ	خ	خ	خ	khā'	kh, ted. Bach
د	د	د	د	dāl	d
ذ	ذ	ذ	ذ	dhāl	dh, ingl. that
ر	ر	ر	ر	rā'	r
ز	ز	ز	ز	zāy	z
س	س	س	س	sīn	s
ش	ش	ش	ش	shīn	sh
ص	ص	ص	ص	ṣād	s enfatica
ض	ض	ض	ض	ḍād	d enfatica
ط	ط	ط	ط	ṭā'	t enfatica
ظ	ظ	ظ	ظ	ẓā'	z enfatica
ع	ع	ع	ع	'ayn	' laringale
غ	غ	غ	غ	ghayn	gh, fr. rouge
ف	ف	ف	ف	fā'	f
ق	ق	ق	ق	qāf	q
ك	ك	ك	ك	kāf	k
ل	ل	ل	ل	lām	l
م	م	م	م	mīm	m
ن	ن	ن	ن	nūn	n
ه	ه	ه	ه	hā'	h, ted. haben
و	و	و	و	wāw	w
ي	ي	ي	ي	yā'	y

particolarità del persiano

پ	پ	پ	پ	pey	p, it. pane
چ	چ	چ	چ	čey	č, it. cena
ژ	ژ	ژ	ژ	žey	ž, fr. jour
گ	گ	گ	گ	gāf	g, it. gatto

particolarità dell'urdu

ٹ	ٹ	ٹ	ٹ	ṭe	t
ڈ	ڈ	ڈ	ڈ	ḍal	d
ڑ	ڑ	ڑ	ڑ	ṛe	r

■ **àrabo.** Alfabeto arabo.

te dell'Arabia o di uno dei paesi di lingua araba. **2.** (solo sing.) La lingua araba.
ENCICL. La lingua araba, che si differenzia in numerose varietà dialettali prevalentemente di tipo orale, è usata da circa 230 milioni di persone; l'*arabo letterario* rappresenta la lingua della religione, della scienza, della cultura.

Aràcee s.f. pl. [iniziale minusc. sing. –a per l'individuo] BOT. Famiglia di piante monocotile-

doni con fiori a spiga avvolti in una grande brattea (*spata*), come aro, filodendro, acoro e taro.

aràchide s.f. **1.** Leguminosa annuale coltivata nei paesi caldi, i cui frutti maturano nel terreno dopo la fecondazione; il seme, detto anche *nocciolina americana*, è utilizzato per l'estrazione di un olio o è consumato tostato. (Famiglia delle Papilionacee.) **2.** Seme dell'arachide che si consuma tostato e che fornisce un olio alimentare.

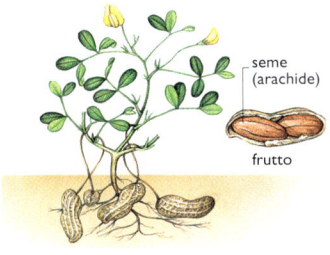

seme (arachide)

frutto

■ aràchide

aracnèo agg. Di, da ragno.

Aràcnidi s.m. pl. [iniziale minusc. sing. –de per l'individuo] (lat. *Arachnida*, deriv. di gr. *arákhnē* "ragno") ZOOL. Classe di invertebrati artropodi a quattro paia di zampe, sprovvisti di antenne e di mandibole, con due appendici boccali.

aracnòide s.f. ANAT. Una delle tre meningi, intermedia tra la dura madre e la pia madre.

aragonése agg. Dell'Aragona, regione della Spagna settentrionale. ~ Del regno d'Aragona, della dinastia d'Aragona. ◆ s.m. **1.** (anche f.) Nativo, abitante dell'Aragona. ~ Membro della dinastia d'Aragona. **2.** (solo sing.) Dialetto iberico romanico parlato nel territorio degli antichi regni di Aragona e Navarra.

aragonite s.f. (dal nome della regione spagnola dell'*Aragona* dove si trovano ricchi giacimenti) MIN. Carbonato di calcio in cristalli incolori di lucentezza vitrea.

aragósta s.f. Crostaceo marino commestibile di notevoli dimensioni, dotato di corazza di colore rosso-arancio con cinque paia di zampe, occhi peduncolati, lunghe antenne e privo di chele, particolarmente apprezzato per le sue carni. (Genere *Palinurus*; ordine dei Decapodi.) □ In funzione di agg. inv., del colore rosso-arancio dell'aragosta.

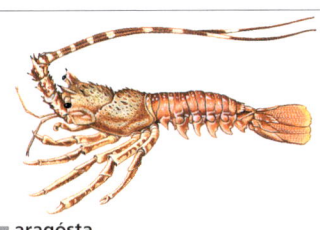

■ aragósta

àrak o **àrrak** s.m. inv. (ar. '*araq*) Specie di acquavite derivata dalla distillazione di diversi prodotti fermentati (riso, canna da zucchero, linfa di palma, orzo, uva, datteri).

aràldica s.f. [non com. pl. –che] (fr. *héraldique*) Studio degli stemmi e dei titoli nobiliari.
ENCICL. L'araldica studia stemmi, cioè emblemi a colori, ereditari o costanti, distintivi di famiglie, comunità ed eccezionalmente di singoli individui. Gli stemmi fecero la loro comparsa nel sec. XII e servirono a distinguere i combattenti in guerra e nei tornei. Dal sec. XIII furono adottati dalle donne, dagli ecclesiastici, dai borghesi, dagli artigiani e, infine, dalle abbazie e dai contadini. Utile allo storico e all'archeologo, in quanto consente di datare qualsiasi oggetto o monumento o di conoscerne l'origine, l'araldica costituisce un'arte per l'estrema ricchezza dei suoi stili e dei suoi contenuti simbolici.

aràldico agg. [pl.m. –ci, f. –che] Relativo ai titoli e ai blasoni gentilizi. *Figura araldica*.

araldista s.m. e f. Studioso di araldica.

aràldo s.m. (fr. *hiralt*, francone *heriwald* "capo dell'esercito") **1.** Nelle corti feudali e nei comuni medievali, chi aveva l'incarico di presiedere i tornei, di dichiarare guerra, di proporre trattative di pace, di compiere missioni diplomatiche. **2.** *estens.* Messaggero, ambasciatore, banditore. **3.** *fig.* Promotore, sostenitore.

Aràlia s.f. BOT. Genere di piante arbustive e arboree, con varie specie rampicanti coltivate per ornare giardini e muri. (Famiglia delle Araliacee.)

Araliàcee s.f. pl. [iniziale minusc. sing. –a per l'individuo] BOT. Famiglia di piante generali, tropicali, legnose, rampicanti, con frutti a drupa o a bacca; ne fa parte l'edera. (Ordine delle Ombrellifere.)

aramàico agg. [pl.m. –ci, f. –che] (ebr. deriv. di '*Ārām*, nome del quinto figlio del biblico Sem e antico nome della Siria) Degli Aramei, popolazione semita anticamente stanziata tra la Siria e la Mesopotamia. ◆ s.m. (solo sing.) Lingua del ramo occidentale delle lingue semitiche.

arancéto s.m. Terreno piantato ad aranci.

arància s.f. [pl. –ce] Frutto commestibile dell'arancio, di forma sferica o ovale, di colore dal giallo al rosso, dalla polpa succosa e dolce

aranciàta s.f. Bevanda a base di succo d'arancia zuccherato.

aranciàto agg. Arancione.

arancièra o **arancèra** s.f. Serra in cui si riparano le piante di agrumi in vaso nei mesi freddi.

arancino agg. **1.** Di arancia. *Sapore arancino*. **2.** Simile all'arancia. *Melone arancino*. ◆ s.m. **1.** Frutto dell'arancio caduto prima della maturazione. **2.** CUC. Crocchetta di riso misto a frattaglie e piselli.

arància s.m. [pl. –ci] (ar. *nāranğ*, persiano *nārang*, sanscr. *nāraṅga–*) **1.** Pianta arborea sempreverde, con rami spinati, fiori bianchi odorosi, frutti commestibili. (Genere *Citrus*; famiglia delle Rutacee.) **2.** Il frutto di tale albero. □ In funzione di agg. inv., del colore dell'arancia.

sezione del frutto

frutto

fiori e foglie

■ arància

arancióne agg. Di colore tra il giallo cromo e il rosso vivo, tipico della buccia dell'arancia. ◆ s.m. **1.** Il colore dell'arancia. (Si tratta di uno dei sette colori convenzionali in cui Newton suddivideva lo spettro solare.) **2.** (anche f.) Chi si riconosce nello spiritualismo dell'indiano Bhagwan Shree Rajneesh.

Aranèidi s.m. pl. [iniziale minusc. sing. –de per l'individuo] ZOOL. Ordine di artropodi a cui appartiene il ragno. (Classe degli Aracnidi.)

aràre v.tr. Fendere il terreno in solchi con l'aratro, rivoltando le zolle. ◆ v.intr. (aus. *avere*) **1.** AGR. Lavorare il terreno con l'aratro. **2.** MAR. Detto dell'ancora, strisciare sul fondo senza appigliarsi.

aratìvo agg. Di terreno coltivabile.

PRINCIPALI PARTIZIONI DELLO SCUDO

	CAPO	
cantone destro del capo	capo centrale	cantone sinistro del capo
fianco destro	punto del cuore	fianco sinistro
cantone destro della punta	punta centrale PUNTA	cantone sinistro della punta

DESTRA ... *SINISTRA*

DIVISIONI DELLO SCUDO

 partito
 troncato
trinciato
tagliato
 inquartato

 inquartato in decusse
 grembiato
interzato in fascia
equipollente
 8 quarti
 16 quarti

SMALTI

COLORI

 rosso
 porpora
 azzurro
 verde
 nero
 arancione

METALLI

 oro
 argento

PELLICCE

 armellino
contrarmellino
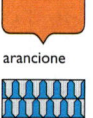 vaio
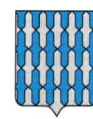 controvaio

EMBLEMI

 capo
 campagna
 palo
 fascia
 banda
 sbarra
 scudo in cuore
bordura

 croce
decusse
scaglione
pergola
gherone
filiera
quarto franco
squadra

 cantone
 vestito
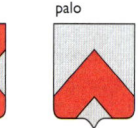 cappato (cappato d'argento)
 calzato (calzato d'argento)
 abbracciato sinistro (abbracciato d'argento)
mantellato (mantellato d'argento)
gherone
manicato (manicato d'argento)

MOLTIPLICAZIONI

 verghette
 burelle
 cotisse in sbarra
 scaglionato
 banda spinata
 fascia doppio merlato
 bordura pezza composta
 cinta fiorata

PEZZE

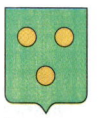 bisanti
 torte
 plinti
 giglio
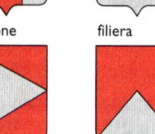 biscione
 sinistrocherio
 leone
leopardo

 rincontro
aquila
alerioni
 raggio di carbunculo
armi dimandanti (Gerusalemme)
 brisura (stemma di Dunoise)
 losangati
torre

aràtro s.m. Attrezzo agricolo per arare, che taglia il terreno in modo orizzontale, verticale e rovescia le zolle. *Aratro a sei vomeri.*

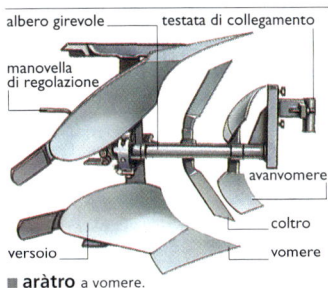

albero girevole   testata di collegamento
manovella di regolazione
avanvomere
coltro
versoio   vomere

■ **aràtro** a vomere.

aratùra s.f. **1.** Lavorazione del terreno con l'aratro. **2.** Periodo dell'anno in cui si effettua tale lavoro.

araucària s.f. (lat. *Araucaria*, deriv. di *Arauco*, nome di una provincia del Cile) Pianta arborea con foglie aghiformi a ciuffi, spontanea nell'emisfero australe. (Altezza massima 5 m; famiglia delle Araucariacee.)

cono   ramo

■ **araucària**

Araucariàcee s.f. pl. [iniziale minusc. sing. –a per l'individuo] BOT. Famiglia di piante gimnosperme, sempreverdi, con foglie aghiformi. (Ordine delle Conifere.)

arazzeria s.f. **1.** Arte di lavorare gli arazzi. **2.** Luogo in cui essi venivano preparati. **3.** Insieme degli arazzi di un'abitazione.

arazzière s.m. [f. –ra] Artigiano che fa gli arazzi.

aràzzo s.m. (da *Arras*, nome di una città francese famosa per i tessuti) Tessuto con figure e scene d'insieme, lavorato a mano con una tecnica che rende invisibili i fili dell'ordito, che viene appeso alle pareti come ornamento.

arbitràggio s.m. [pl. –gi] (fr. *arbitrage*) **1.** SPORT. Direzione di una competizione sportiva. *L'arbitraggio di un incontro.* **2.** FIN. Operazione speculativa che consiste nel trarre profitto dalle differenze di prezzo di titoli o merci su due o più mercati. **3.** DIR. Atto col quale un terzo determina, su incarico delle parti, uno o più elementi di un negozio giuridico.

arbitraggista s.m. e f. [pl.m. –sti] ECON. Operatore di borsa specializzato nell'eseguire arbitraggi.

arbitràle agg. SPORT. Dell'arbitro. ~ Relativo all'arbitraggio. ~ *Clausola arbitrale:* che affida a un arbitro eventuali controversie fra le parti coinvolte in un negozio giuridico.

arbitràre v.tr. **1.** Dirimere una controversia. **2.** SPORT. Dirigere una competizione.

arbitrariaménte avv. Di propria iniziativa.

arbitrarietà s.f. inv. **1.** Illegittimità, abuso. **2.** LING. Convenzionalità del nesso tra significante e significato di un segno linguistico.

arbitràrio agg. [pl.m. –ri] Che dipende dalla sola volontà, dalla libera scelta. *Scelta arbitraria.*

arbitràto s.m. DIR. Decisione assunta da un soggetto privato (*arbitro*), cui le parti si rivolgono per risolvere una controversia in materia civile.

arbitrio s.m. [pl. –tri] **1.** Facoltà di giudicare; in partic., libertà di scelta da cui dipende la responsabilità morale. ◊ *Libero arbitrio:* il potere umano di autodeterminazione, di scelta. **2.** Autorità assoluta, potere. **3.** Sopruso, illegittimità di una decisione, abuso.

àrbitro s.m. **1.** [f. –tra] Chi può agire senza condizionamenti, pienamente padrone di sé. *Essere arbitro della propria sorte.* **2.** DIR. Persona diversa dal giudice che viene chiamata concordemente dalle parti per risolvere il contenzioso. **3.** SPORT. Direttore di gara che sorveglia sul rispetto delle norme che regolano una competizione. **4.** *fig.* Chi, ciò che regola, condiziona abitudini, usi.

arbòreo agg. Di albero.

arborescènte agg. **1.** Che ha la forma di un albero. **2.** Che ha la forma di rami d'albero.

arborescènza s.f. **1.** Sviluppo di un albero. **2.** Somiglianza di qlco. a rami d'albero. **3.** Struttura ramificata.

arboréto s.m. **1.** Terreno piantato ad alberi da frutto. **2.** Raccolta di alberi e arbusti a scopo di studio.

arboricolo agg. Di animale o di vegetale che vive sugli alberi.

arboricoltóre s.m. [f. –trice] Specialista nella coltivazione degli alberi.

arboricoltùra s.f. Scienza della coltivazione degli alberi e in partic., degli alberi da frutto.

arborizzàto agg. MIN. Di minerale che presenta concrezioni o inclusioni dendritiche.

arborizzazióne s.f. **1.** Conformazione di certe strutture naturali che ricorda le ramificazioni di un albero. *Le arborizzazioni dell'agata.* **2.** ANAT. Disposizione ramificata, tipica dei bronchi, dei vasi sanguigni, dei nervi, ecc. **3.** MIN. → **1.** dendrite. **4.** ZOOL. Macchia ramificata di peli bianchi del mantello dei cavalli.

arboscèllo s.m. BOT. Albero giovane, piccolo, di modesta altezza (1-4 m). SIN.: **virgulto.**

arbustàceo agg. Arbustivo.

arbustìvo agg. Di arbusti. ~ Che ha le caratteristiche di un arbusto.

arbùsto s.m. BOT. Pianta legnosa, perenne, ramificata fin dalla base. SIN.: **frutice.**

-àrca Secondo elemento di composti dotti col valore di "capo", "comandante" (*monarca*); nel l. med. vale "inizio" (*menarca*).

àrca s.f. [pl. –che] **1.** Mobile in legno a forma di cassa per riporre, custodire varie cose. ◊ *Arca dell'alleanza:* cassa di legno in cui il popolo ebraico custodiva le tavole della Legge. **2.** Sarcofago perlopiù decorato, tomba. **3.** *Arca di Noè:* secondo la Bibbia, imbarcazione che Noè costruì per ordine di Dio per salvare dal diluvio universale la sua famiglia e una coppia di ciascun animale. **4.** Parte del pozzo in cui vi è il deposito dell'acqua.

àrcade agg. Dell'antica Arcadia, regione della Grecia. ◆ s.m. e f. **1.** Chi viveva nell'antica Arcadia. **2.** Membro dell'Accademia dell'Arcadia. **3.** *estens.* Scrittore d'evasione, idillico.

arcàdia s.f. (gr. *Arkadía*, nome di una regione greca del Peloponneso) **1.** LETT. (iniziale maiusc.) Nome di un'accademia fondata a Roma nel 1690 che, in oppos. al gusto *barocco*, intendeva privilegiare lo stile semplice e la naturalezza della poesia bucolica classica. ~ *estens.* Corrente letteraria a essa ispirata. **2.** Luogo convenzionale della poesia bucolica, in cui si svolge una vita semplice, naturale, libera dalle ambizioni del potere.

arcàdico agg. [pl.m. –ci, f. –che] **1.** Della regione dell'Arcadia. ~ *fig.* Idilliaco, bucolico. **2.** Dell'accademia dell'Arcadia.

■ **L'arte degli arazzi**

Arte di decorazione murale che ha le sue origini a Babilonia, in Egitto, in Grecia, l'arazzeria si afferma in Occidente dal Medioevo (*Apocalisse d'Angers*) fino al sec. XX (in particolare con J. Lurçat). A partire dal Rinascimento classico fino al sec. XIX, l'arte degli arazzi si modifica e tende, come la pittura, a penetrare in profondità la parete attraverso l'uso della prospettiva.

Arras. *L'offerta del cuore*, Fiandre, ateliers di Arras (1400-1410 circa). Personaggi della vita signorile "cortese", dall'atteggiamento espressivo sullo sfondo di un paesaggio completamente stilizzato. (Louvre, Parigi.)

Bruxelles. *Il giudizio universale*, parte centrale, ateliers di Bruxelles (1500 circa). Estetica ancora gotica, di un manierismo elegante, in cui si avverte l'influenza del polittico di Beaune di R. Van der Weyden. (Louvre, Parigi.)

Parigi. *Il Colosso di Rodi*, una delle parti della *Storia di Artemide*, secondo A. Caron, arazzo tessuto più volte da un atelier parigino nel sec. XVII. (Mobilier national, Parigi.)

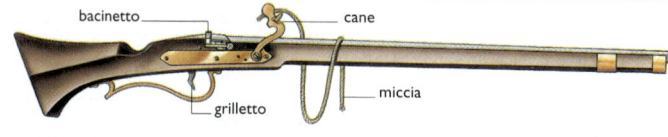

archibùgio a miccia (sec. XVI).

arcàico agg. [pl.m. *–ci*, f. *–che*] **1.** Che risale al periodo iniziale, più antico di un processo evolutivo, di un'era storica. ~ Che non è più vivo nella lingua d'uso. *Forma arcaica.* ~ ART. Anteriore alle epoche classiche. *Un vaso greco arcaico.* **2.** *estens.* Che imita uno stile primitivo, antico. **3.** GEOL. *Era arcaica:* archeozoico.

arcaìsmo s.m. **1.** Recupero letterario o artistico di forme stilistiche proprie di periodi antichi. **2.** Forma linguistica caduta dall'uso.

arcaizzànte o **arcaicizzànte** agg. Che imita lo stile proprio di epoche molto antiche.

arcàngelo s.m. (lat. *archàngelum*, gr. *arkhàngelos* comp. di *árkhein* "essere a capo" e *ángelos* "messaggero") Spirito celeste gerarchicamente superiore all'angelo. *L'arcangelo Gabriele.*

arcàno agg. (lat. *arcànum* "riposto") Celato, nascosto. ~ Occulto perché misterioso e sacrale. ◆ s.m. Mistero, enigma.

arcaréccio s.m. [pl. *–ci*] COSTR. Ciascuna delle travi orizzontali dei tetti.

arcàta s.f. **1.** Ampia apertura ad arco, a volta. **2.** ANAT. Parte del corpo umano a forma di semicerchio. ◇ *Arcata sopracciliare:* sporgenza ossea sulla quale sono collocate le sopracciglia. **3.** MUS. Ogni passaggio completo dell'arco sulle corde di uno strumento.

arcatèlla s.f. ARCH. Ciascuno dei piccoli archi pensili posti in serie che costituiscono un motivo decorativo.

arcerìa s.f. Disciplina del tiro con l'arco.

archaeopteryx [/arke'ɔpteriks/] s.m. inv. (voce lat., comp. di gr. *arkhâios* "antico" e *ptéryks* "ala") Uccello preistorico del giurassico con becco dentato, coda molto lunga e ali uncinate.

archaeopteryx. Ricostruzione.

archeàno s.m. (solo sing.) GEOL. Il più remoto dei due periodi in cui si suddivide l'era archeozoica. ◆ agg. Relativo a tale periodo.

archeggiatùra s.f. ARCH. Serie di arcate o di arcatelle.

archèggio s.m. [pl. *–gi*] MUS. Tecnica con cui si muove l'arco sulle corde di uno strumento.

archegònio s.m. [pl. *–ni*] BOT. Organo sessuale femminile a forma di fiasco, contenente l'oosfera, proprio di Briofite e Pteridofite.

archèo- Primo elemento di composti dotti e del l. scientifico col valore di "antico", "primitivo" (*archeozoico*).

archeobattèrio s.m. BIOL. Batterio che vive in condizioni spesso ostili (acque con alte concentrazioni di sodio e potassio, sorgenti solforose molto calde, ecc.), con caratteristiche molecolari diverse dagli altri batteri.

archeolìtico s.m. (solo sing.) GEOL. → **paleolitico.**

archeologìa s.f. Scienza che studia le civiltà antiche attraverso l'analisi dei monumenti e dei reperti.

archeològico agg. [pl.m. *–ci*, f. *–che*] Relativo all'archeologia.

archeòlogo s.m. [f. *–ga*, pl.m. *–gi*, f. *–ghe*] Studioso di archeologia.

archeomagnetìsmo s.m. Determinazione del magnetismo terrestre delle epoche storiche studiate dall'archeologia.

archeometrìa s.f. Tecnica di ricerca e di analisi archeologica che si avvale degli strumenti di altre scienze, p.e. la chimica.

archeozòico s.m. (solo sing.) GEOL. L'era più antica, alla fine della quale risalgono i resti fossili di forme di vita elementari. SIN. **precambriano.**
◆ agg. [pl.m. *–ci*, f. *–che*] Relativo a tale era.

archetìpico agg. [pl.m. *–ci*, f. *–che*] Che costituisce un modello.

archètipo s.m. **1.** Prima forma di qlco. **2.** FILOL. Manoscritto non conservato ma ricostruibile attraverso la collazione di quelli che da esso discendono. **3.** FILOS. Nel pensiero di Platone e nel neoplatonismo, idea intesa come modello trascendente delle cose sensibili. **4.** PSICOAN. Nel pensiero di Jung e dei suoi discepoli, insieme di immagini presenti nell'inconscio collettivo che rimandano a esperienze ancestrali.

archétto s.m. **1.** ARCH. Piccolo arco decorativo. **2.** MUS. Arco per suonare strumenti a corda. **3.** ELETTR. Elemento che garantisce il contatto tra il locomotore e la rete elettrica di distribuzione. **4.** Sostegno ad arco del seghetto da traforo. **5.** Arnese a scatto usato dai cacciatori per intrappolare gli uccelli.

àrchi- Primo elemento di composti dotti col significato di "comando", "precedenza" (*archiatra*); ha lo stesso valore di *arci-*, che si trova in composti di tradizione non dotta.

-archìa (gr. *-arkhìa*, deriv. di *árkhein* "essere a capo") Secondo elemento di composti del l. politico col valore di "governo", "comando" (*monarchia*).

archiacùto agg. ARCH. Ad arco acuto o formato da archi acuti. *Loggione archiacuto.*

archiàtra s.m. [pl. *–tri*] Primo medico di una corte.

archibugiàta s.f. Colpo d'archibugio.

archibugière s.m. Soldato armato di archibugio.

archibùgio s.m. [pl. *–gi*] (fr. *harquebusse*, ol. *hakebusse* "canna a uncino") Arma da fuoco portatile, in uso dalla seconda metà del sec. XV fino alla fine del XVIII, la cui accensione era realizzata tramite pietra focaia.

archidiòcesi o **arcidiòcesi** s.f. inv. Diocesi retta da un arcivescovo.

archiginnàsio s.m. [pl. *–si*] Titolo dato un tempo alle università di Bologna e di Roma; in partic., nome del palazzo di Bologna ove tra i secc. XVI e XIX ebbe sede l'università.

archimandrìta s.m. [pl. *–ti*] **1.** Nella Chiesa cristiana orientale, superiore di un monastero. **2.** *estens.* Fondatore di un ordine religioso.

archimedèo agg. ARITM. Che soddisfa l'assioma di Archimede, secondo il quale se $a > 0$ e $b \neq 0$, elementi di un gruppo ordinato, esiste un intero naturale k tale che $k a + b$.

archipèndolo s.m. Strumento, formato da due aste di legno e da un filo a piombo, che serve per verificare l'orizzontalità di una retta o di un piano.

architettàre v.tr. Elaborare nei minimi dettagli. *Architettare una nuova trovata.*

architètto s.m. **1.** Professionista che progetta la costruzione, la realizzazione ed eventualmente la decorazione di un edificio e che ne controlla l'esecuzione. (In Italia l'architetto, dopo la laurea, deve superare il prescritto esame di abilitazione all'esercizio della professione che

gli consente di iscriversi all'albo.) **2.** *estens.* Ideatore di qlco., artefice.

architettònica s.f. **1.** Organizzazione, struttura. **2.** FILOS. In Kant, arte del sistema, cioè teoria unitaria del complesso delle conoscenze scientifiche.

architettònico agg. [pl.m. *–ci*, f. *–che*] Relativo alla progettazione e costruzione di un edificio.

architettùra s.f. **1.** Scienza e arte del progettare e del costruire. **2.** Insieme degli elementi che costituiscono una costruzione. *L'architettura di un ponte.* SIN. **struttura.** ~ *estens.* Schema, piano, disegno. **3.** Opera architettonica o gruppo di opere che presentano analoghe caratteristiche di stile. **4.** INFORM. Struttura e organizzazione logica e funzionale di un sistema informatico.

architràve s.m. ARCH. Trave orizzontale sostenuta da due elementi verticali. SIN. **epistilio.**

archiviàre v.tr. [6] **1.** Registrare un documento e inserirlo in archivio. ◇ DIR. *Archiviare un procedimento giudiziario:* trasmetterne gli atti per l'archiviazione. **2.** *fig.* Lasciare perdere qlco. *Archiviare un problema.*

archiviazióne s.f. **1.** Collocazione, sistemazione in archivio. **2.** *fig.* Messa da parte, dimenticanza. **3.** DIR. Accertamento dell'inesistenza di ragioni sufficienti a proseguire in un'azione giudiziaria.

archìvio s.m. [pl. *–vi*] (lat. *archìvum*, gr. *arkhêion* "sede della magistratura") **1.** Insieme di documenti, privati o pubblici, considerati degni di conservazione. ~ Luogo dove sono conservati tali documenti. ◇ *Archivio elettronico:* che contiene dati memorizzati su supporto informatico. **2.** INFORM. Insieme di informazioni registrate in modo permanente.

archivìsta s.m. e f. [pl.m. *–sti*] Chi dirige un archivio. ~ Chi compie il lavoro d'archivio.

archivìstica s.f. [non com. pl. *–che*] Disciplina che si occupa dei criteri di ordinamento di un archivio.

archivòlto s.m. ARCH. Rivestimento murario a fascia, decorato, che accompagna superiormente il prospetto di un arco.

àrci- Primo elemento di composti di tradizione popolare con lo stesso valore di *archi-* (*arcivescovo*); è usato anche come prefisso ad aggettivi cui conferisce valore superlativo (*arcicontento*).

arciconfratèrnita s.f. Confraternita principale che, per concessione pontificia, può aggregarne altre, alle quali estende i propri privilegi spirituali.

Àrcidi s.m. pl. [iniziale minusc. sing. *–de* per l'individuo] ZOOL. Famiglia di molluschi bivalvi diffusi in tutti i mari.

arcidiàcono s.m. **1.** Primo diacono nel capitolo dei canonici. **2.** Nel collegio dei cardinali, colui che ha il compito di annunciare pubblicamente il nome del Papa subito dopo l'elezione. **3.** Nella Chiesa dei primi secoli, capo dei diaconi, con funzioni amministrative e giudiziarie.

arcidùca s.m. [pl. *–chi*] Duca la cui giurisdizione si estende su territori molto ampi. ~ Titolo dei principi Asburgo.

arciduchéssa s.f. Moglie o figlia di un arciduca. ~ Titolo delle principesse Asburgo.

arcièra s.f. Feritoia nei muri delle fortezze da cui gli arcieri scagliavano le frecce.

arcière s.m. [f. *–ra*] (fr. *archier*) Chi tira con l'arco.

arcìgno agg. (etim. discussa, forse fr. *recignier* "mostrare i denti" di orig. francone) Severo, immusonito, scostante. *Aspetto arcigno.*

arcióne s.m. **1.** Parte arcuata della sella. **2.** *estens.* Sella.

arcipèlago s.m. [pl. *–ghi*] (gr. *Aigâion pélagos* "mare Egeo") **1.** Gruppo di isole vicine. **2.** *fig.* Complesso, raggruppamento ampio e irregolare di cose, persone, organizzazioni affini.

arciprète s.m. (calco del lat. *archipresbýter*) Sacerdote preposto a uno dei distretti in cui si suddivide una diocesi. ~ Titolo del parroco di una chiesa di particolare importanza; primo prete nel capitolo di una chiesa cattedrale.

arcivescovàdo o **arcivescovàto** s.m. 1. Titolo e ufficio di arcivescovo. 2. Curia arcivescovile.

arcivéscovo s.m. (calco del lat. *archiepìscopus*) Vescovo titolare di una diocesi metropolitana con giurisdizione sulle diocesi minori. ~ Titolo attribuibile ai nunzi apostolici e ai religiosi preminenti di congregazioni.

àrco s.m. [pl. *–chi*] 1. Arma con cui si lanciano frecce, costituita da un semicerchio di materiale resistente ed elastico, alle cui estremità è fissata una corda che, tendendosi e ritornando nella posizione primitiva, fa partire la freccia. 2. MUS. Asticella di legno flessibile, tra le cui estremità è teso un fascio di crini di cavallo che fa vibrare le corde degli strumenti. *Arco di un violino.* ◊ *Strumenti ad arco:* viola, violino, violoncello, contrabbasso. 3. ARCH. Elemento curvilineo che collega due piedritti e che consente di scaricare su di essi il peso della struttura sovrastante un vuoto. *Arco a tutto sesto.* 4. GEOM. Porzione di curva compresa tra due punti. *Arco di circonferenza.* 5. estens. Qualsiasi cosa o organo a forma di semicerchio. SIN.: **curvatura**. 6. fig. Decorso, durata, periodo di tempo che si immagina in forma di parabola, con un tratto iniziale ascendente e uno finale discendente. ◊ *locc. prep. Nell'arco di:* durante, nel corso di, nel termine di. *Nell'arco di una giornata.* 7. Schieramento, raggruppamento. *Arco di forze democratiche.* 8. FIS. *Arco elettrico:* tipo di scarica elettrica che si genera tra due elettrodi immersi in un gas e mantenuti a potenziale diverso; detto anche *arco voltaico*.

arcobaléno s.m. Arco formato da sette fasce concentriche con i colori dello spettro solare. SIN.: **iride**.

ENCICL. L'arcobaleno, che rispetto a un osservatore si trova nella parte di cielo opposta al sole, presenta tutti i colori dello spettro solare e si forma quando la luce del sole viene scomposta dalle gocce di pioggia sospese nell'atmosfera. Una tradizione antica, fondata sul simbolismo dei numeri, distingueva sette colori: rosso, arancione, giallo, verde, blu, indaco, viola. Oggi, in ottica, non si tiene conto più dell'indaco; restano dunque sei colori convenzionali.

arcocosecànte s.f. o s.m. MAT. Funzione inversa della cosecante.

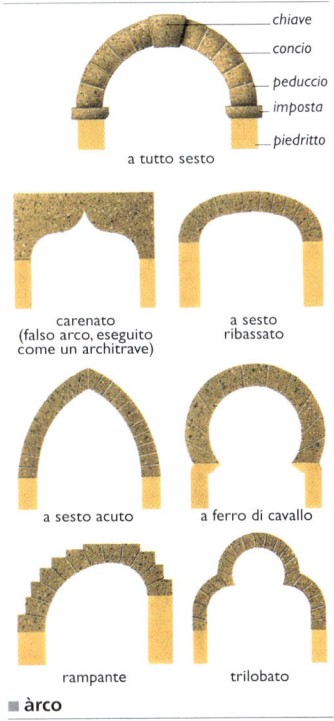

- chiave
- concio
- peduccio
- imposta
- piedritto

a tutto sesto

carenato (falso arco, eseguito come un architrave)

a sesto ribassato

a sesto acuto

a ferro di cavallo

rampante

trilobato

■ **àrco**

braccio superiore

vite di fissaggio
mirino
punto di incocco
poggiafreccia
impugnatura
corda

braccio inferiore

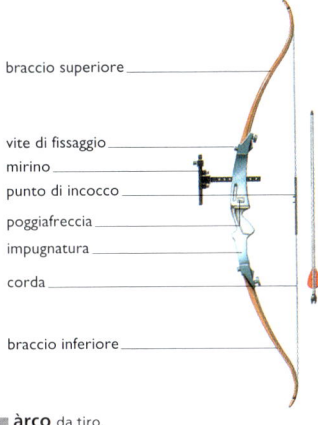

■ **àrco** da tiro.

arcocoséno s.m. MAT. Funzione inversa del coseno.

arcocotangènte s.f. o s.m. MAT. Funzione inversa della cotangente.

arcolàio s.m. [pl. *–lai*] Arnese per dipanare matasse, costituito da stecche di legno inscritto su un girello. SIN.: **bindolo**.

arcontàto s.m. Carica di arconte.

arcónte s.m. (gr. *árkhōn* "magistrato, comandante") Massimo magistrato nell'antica Atene.

Arcosàuri s.m. pl. [iniziale minusc. sing. *–ro* per l'individuo] ZOOL. Gruppo di rettili con costole a testa doppia; tutte le forme sono ormai estinte (dinosauri, pterosauri, tecodonti) eccetto quelle appartenenti all'ordine dei Loricati, cioè i coccodrilli. (Sottoclasse dei Diapsidi.)

arcosecànte s.f. o s.m. MAT. Funzione inversa della secante.

arcoséno s.m. MAT. Funzione inversa del seno.

arcosòlio s.m. [pl. *–li*] ARCHEOL. Nicchia a volta scavata nel tufo delle catacombe, nella quale veniva posto il sarcofago.

arcotangènte s.f. o s.m. MAT. Funzione inversa della tangente.

arcuàre v.tr. Curvare qlco. ad arco. *Arcuare un bastone, la schiena.* ◆ **arcuarsi** v.pron. Piegarsi ad arco.

arcuàto agg. Incurvato ad arco. SIN.: **ricurvo**.

Ardèidi s.m. pl. [iniziale minusc. sing. *–de* per l'individuo] ZOOL. Famiglia di uccelli di palude dalle lunghe zampe. (Ordine dei Ciconiformi.)

ardènte agg. 1. Che brucia, infuocato. ◊ *Camera ardente* (→camera *mortuaria*) 2. estens. Che emana un forte calore. 3. fig. Lucente, febbrile. *Sguardo ardente.* ~ Fervido, appassionato. *Un ardente desiderio di conoscenza.*

àrdere v.intr. [21] (aus. *essere*) (lat. *àrdere*, deriv. di *arēre* "essere arido") 1. Essere infuocato, in fiamme. *Il fuoco arde.* SIN.: **bruciare**. ~ fig. Detto di forti sentimenti o passioni, essere molto intenso e svilupparsi nell'animo o nel cuore. *La rabbia gli arde nell'animo.* SIN.: **divampare**. 2. estens. Produrre luce o calore intenso. *Il sole arde.* ~ Provare arsura. *L'ammalato arde per la febbre.* ~ Detto di una parte del corpo, scottare. *Gli arde la fronte.* ~ Detto di terreni, seccarsi, inaridirsi. 3. fig. Abbandonarsi a una passione ed esserne eccitati. *Ardere d'amore.* ◆ v.tr. Dare fuoco a qlco.~ estens. Rendere qlco. secco, arso. SIN.: **seccare**.

ardèsia s.f. (fr. *ardeise*) MIN. Roccia metamorfica argillosa grigio-nera che si sfalda in lastre sottili, usata per coperture di tetti, lavagne, pavimenti, ecc. SIN.: **lavagna**. ❑ In funzione di agg. inv., di colore grigio scuro.

àrdica s.f. [pl. *–che*] ARCH. Nelle basiliche bizantine, il portico antistante la facciata. SIN.: **nartece**.

ardiglióne s.m. (fr. *hardillon*, germ. deriv. di *hard* "filo ritorto") 1. Stanghetta acuminata delle fibbie. 2. Punta aguzza e ricurva dell'amo che impedisce al pesce che ha abboccato di liberarsi.

ardiménto s.m. 1. Coraggio, audacia, baldanza. 2. estens. Atto, comportamento eroico, audace.

1. ardire v.tr. [83] Avere coraggio e osare qlco. *Ardire tutto.*

2. ardire s.m. Coraggio e baldanza nell'affrontare una situazione pericolosa. ~ Impudenza, sfacciataggine.

arditismo s.m. Movimento politico successivo alla Prima guerra mondiale, voluto dai reduci che avevano militato nei reparti degli Arditi e da quanti condividevano la loro mentalità avventurista e bellicista.

ardito agg. 1. Coraggioso, intrepido, baldanzoso. *Un gesto ardito.* 2. fig. Innovatore, originale. *Immaginazione ardita.* 3. Con valore negativo, insolente, sfacciato, spinto. ◆ s.m. [al pl. anche iniziale maiusc.] Ciascuno dei soldati scelti dei reparti d'assalto durante la guerra 1915-1918.

ardóre s.m. 1. Gran calore prodotto dal sole. SIN.: **arsura**. 2. estens. Intensità di affetti. SIN.: **passione**. 3. fig. Impegno totale. *Intraprendere qualcosa con ardore.*

àrduo agg. Difficile da comprendere, risolvere.

àrea s.f. 1. Superficie limitata di terreno. ◊ *Area fabbricabile:* in cui si possono costruire edifici. *– Aree protette:* i parchi e le riserve naturali. 2. GEOM. Misura dell'estensione di una superficie piana. *Area del cerchio.* 3. Zona caratterizzata da particolari fenomeni, distinta da tratti omogenei. ◊ *Area linguistica:* estensione geografica in cui si riscontra un dato fenomeno linguistico. *– Area depressa:* in cui il reddito pro capite è più basso che altrove. *– Area metropolitana:* il territorio dei comuni maggiori, caratterizzato da un particolare ordinamento amministrativo. – ECON. *Area monetaria:* insieme di paesi le cui valute sono rapportate a quella di un paese che esercita un ruolo dominante nell'insieme stesso (area dollaro p.e.). 4. fig. Raggruppamento, schieramento. *Area di sinistra, di destra.*

areàle agg. Relativo a un'area. ◊ FIS. *Velocità areale:* area descritta nell'unità di tempo dal raggio vettore di un mobile che descrive una curva piana. ◆ s.m. BIOL. Zona in cui è insediata una specie.

Arèca s.f. (port. *areca* da una voce malese) BOT. Genere di palme delle regioni caldi del Sud-Est asiatico, i cui frutti contengono un seme (*noce di areca*) che, triturato insieme ad altri ingredienti, costituisce il *betel*.

areflessia s.f. MED. Assenza di riflessi.

arèico agg. [pl.m. *–ci*, f. *–che*] GEOGR. Privo di corsi d'acqua. (Il 17% delle superfici emerse della Terra è costituito da zone areiche.)

areligióso agg. Indifferente alla religione.

1. arèna s.f. (lat. *arēnam* "sabbia" quindi "anfiteatro") 1. ANT. Terreno libero lasciato al centro degli antichi anfiteatri e stadi per consentire giochi, gare, combattimenti gladiatori. ◊ fig. *Arena della politica, del sapere:* luogo in cui c'è competizione, ricerca di qlco. 2. Spazio coperto o a cielo aperto, opportunamente circoscritto, destinato a spettacoli vari. *L'arena per la corrida.*

2. arèna s.f. Sabbia di struttura grezza che si forma dalla disgregazione di rocce cristalline.

arenàceo agg. Formato di sabbia.

arenaménto s.m. 1. MAR. Arresto di una nave, di un'imbarcazione contro il fondale. 2. Cumulo di sabbia sul fondo di un fiume. 3. fig. Insabbiamento, affossamento. *L'arenamento di un progetto.*

arenàre v.intr. (aus. *essere*) MAR. Detto di un'imbarcazione, incagliarsi su un banco di sabbia. ◆ **arenarsi** v.pron. 1. Detto di un'imbarcazione, incagliarsi nella sabbia. 2. fig. Rimanere bloccato. SIN.: **arrestarsi**.

arenària s.f. 1. MIN. Roccia elastica formata da sabbia quarzifera cementata con argilla, marna, calcare, ecc. 2. BOT. Pianta erbacea comune nei pascoli alpini. (Famiglia delle Cariofillacee.)

arenàrio agg. [pl.m. *–ri*] Sabbioso, formato di sabbia.

arengàrio s.m. [pl. *–ri*] 1. ST. Nei comuni medievali dell'Italia settentrionale, palazzo municipale che aveva un balcone da cui si arringava il popolo. 2. ST. estens. Denominazione data ad analoghi palazzi costruiti in epoca fascista.

aréngo s.m. [pl. –*ghi*] (got. *hrings* "adunata, circolo") ST. Nei comuni medievali, assemblea del popolo. ~ Il luogo in cui si teneva.

arenìcola s.f. Verme sedentario marino che vive in tubi a U scavati nella sabbia. (Lunghezza 20 cm ca.; sottotipo degli Anellidi, classe dei Policheti.)

arenìcolo agg. Che vive nella sabbia.

arenìle s.m. Spiaggia sabbiosa marina, fluviale o lacustre.

arenizzazióne s.f. PETROL. Disgregazione delle rocce cristalline che porta alla formazione di sabbie contenenti quarzo, miche e feldspati.

arenóso agg. **1.** Simile a sabbia. **2.** *fig.* Debole, inconsistente.

areografìa s.f. ASTR. Descrizione della superficie del pianeta Marte.

areogràmma s.m. [pl. –*mi*] Diagramma statistico, costituito da un cerchio suddiviso in spicchi.

arèola s.f. Piccola superficie circoscritta. ◇ *Areola mammaria:* cerchio pigmentato intorno al capezzolo.

areolàre agg. ANAT. Relativo a un'area o a un'areola.

areòmetro s.m. (fr. *aréomètre*) FIS. Strumento per determinare la densità dei liquidi (*areometria*).

areopagìta s.m. [pl. –*ti*] ST. Ogni giudice dell'Areopago. ~ *per anton.* Dionigi l'Areopagita, ateniese del sec. I, cui il Medioevo attribuì molte opere di mistica e teologia.

areòpago s.m. [pl. –*ghi*] **1.** ANT. GR. (iniziale maiusc.) Tribunale dell'antica Atene (v. parte n.pr.). **2.** *estens.* Assemblea di persone scelte, autorevoli.

areòstilo s.m. ARCH. Tempio greco e romano con intercolunnio largo.

aretìno agg. Di Arezzo. ◆ s.m. **1.** [f. –*na*] Nativo, abitante di Arezzo. **2.** (iniziale maiusc., solo sing.) Territorio intorno ad Arezzo.

Argània s.f. BOT. Genere di piante spinose tipiche dell'Africa settentrionale, le cui foglie e frutti vengono utilizzati per l'alimentazione del bestiame, mentre dal seme si ricava olio per l'alimentazione o per l'industria dei saponi. (Altezza 10 m; famiglia delle Sapotacee.)

foglie e frutto

■ **Argània** (Argania sideroxylon).

àrgano s.m. Macchina per sollevare o spostare pesi formata da un tamburo in metallo o legno, sul quale si avvolge la fune a cui è legato il carico. SIN.: **verricello**.

argentàna s.f. (spagn. *argentán*) Lega di rame, nichel, zinco, usata per oggetti ornamentali perché simile all'argento.

argentàre v.tr. Ricoprire qlco. con un sottile strato d'argento.

argentàto agg. **1.** Che ha un rivestimento in argento. **2.** Che ha il colore, la lucentezza dell'argento. SIN.: **argenteo**.

argentatùra s.f. Copertura di una superficie con uno strato d'argento. ~ *estens.* Il rivestimento così ottenuto.

argènteo agg. **1.** D'argento. **2.** Chiaro e lucente come l'argento. *Il mare brilla argenteo.* **3.** *fig.* Che non è più all'acme, con riferimento alla minore nobiltà dell'argento rispetto all'oro.

◇ *Periodo argenteo:* periodo della letteratura latina compreso tra la morte di Augusto e quella di Traiano. ◆ s.m. Moneta d'argento coniata dagli imperatori romani successivi ad Augusto.

argenterìa s.f. Insieme di oggetti d'argento.

argentière s.m. [f. –*ra*] Artigiano che lavora l'argento. ~ Chi vende argenteria.

argentìfero agg. Che contiene argento.

1. argentìno agg. [f. –*na*] Dell'Argentina. ◆ s.m. Nativo, abitante dell'Argentina.

2. argentìno agg. [f. –*na*] Riferito a suono, squillante, limpido come quello dell'argento percosso.

argentìte s.f. MIN. Solfuro di argento.

argènto s.m. **1.** (solo sing.) Metallo nobile di colore grigio chiaro lucente, molto duttile, di densità 10,5 e che fonde a 960 °C. ◇ *Argento vivo:* così era detto, un tempo, il mercurio per la sua mobilità; *fig.* vivacità, irrequietezza, spec. con riferimento ai bambini. *Tuo figlio ha l'argento vivo addosso.* – *eufem.* Anni d'argento: la vecchiaia. – *Carta d'argento:* tessera ferroviaria per gli anziani che garantisce uno sconto sulle tariffe ordinarie. **2.** (solo sing.) Elemento chimico (*Ag*) di numero atomico 47 e peso atomico 107,8682. **3.** *estens.* Colore bianco lucente, simile a quello dell'argento. ◇ *Capelli d'argento:* capelli grigi. **4.** (al pl.) Oggetti in argento. ❑ In funzione di agg. inv., di colore bianco lucente, come quello dell'argento.

ENCICL. L'argento si trova di rado allo stato puro perché di solito è combinato allo zolfo o all'antimonio. Inossidabile, annerisce se esposto all'ozono e all'idrogeno solforato e si scioglie in acido nitrico. Dopo l'oro, è il più duttile e malleabile fra i metalli ed è il miglior conduttore di calore e di elettricità. In lega con il rame, acquista maggiore durezza.

argentóne s.m. Lega di nichel, rame e zinco il cui colore ricorda quello dell'argento. SIN.: **alpacca**.

argìlla s.f. MIN. Roccia di sedimentazione marina o lacustre poco coerente che, assorbendo acqua, diventa plastica. (Caolinite, montmorillonite e clorite sono argille.) ◇ *Argilla espansa:* quella impiegata nei materiali isolanti. ~ *fig.* Essere un colosso coi piedi d'argilla: essere fragile.

argillóso agg. Che contiene argilla.

arginaménto s.m. Contenimento di un corso d'acqua. ~ *fig.* Procedimento per circoscrivere un fenomeno negativo.

arginàre v.tr. **1.** Contenere un corso d'acqua con argini. **2.** *fig.* Porre freno a qlco. di pericoloso o di eccessivo. *Arginare le spese.*

arginatùra s.f. **1.** Edificazione di argini. **2.** Complesso di un'opera di arginamento.

àrgine s.m. (lat. *ăggerem* "terrapieno") **1.** La sponda considerata nella sua maggiore altezza rispetto all'alveo di un corso d'acqua. SIN.: **rialzo**. ~ Terrapieno artificiale di contenimento di un corso d'acqua, costruito lungo le rive. SIN.: **ciglione**. **2.** *fig.* Tutto ciò che impedisce l'accadere di un evento dannoso. SIN.: **riparo**.

arginìna s.f. BIOCHIM. Amminoacido presente nelle proteine derivato dalla guanidina; intermedio della biosintesi dell'urea.

argìope s.m. Tipo di ragno di notevoli dimensioni, in parte. diffuso nelle regioni temperate. (Lunghezza 15 mm.)

argirìsmo s.m. (fr. *argyrisme*) MED. Intossicazione cronica da sali d'argento.

argironèta s.f. (lat. *Argyroneta*, comp. di gr. *árgyros* "argento" e *nēin* "filare") Ragno acquatico che tesse sott'acqua una tela a campana nella quale viene trattenuta aria. (Lunghezza 1 cm ca.; Ordine degli Araneidi.)

1. àrgo s.m. (solo sing.) (gr. *argós* "inerte") **1.** Gas nobile, incolore, inodore, presente in bassa percentuale nell'atmosfera. **2.** Elemento chimico (*Ar*) di numero atomico 18 e peso atomico 39,948.

2. àrgo s.m. **1.** Nome di un mostro mitologico dai molti occhi. **2.** Grande uccello simile al fagiano, originario delle foreste dell'India e della Malesia. (Famiglia dei Fasianidi.)

argomentàre v.intr. (aus. *avere*) Discutere portando argomenti a sostegno. *Argomentare con abilità.* SIN.: **ragionare**. ◆ Esporre qlco. con

logica. ◆ v.tr. Dimostrare qlco. con argomenti logici. *Argomentare una tesi.*

argomentazióne s.f. Modo di condurre un ragionamento. ~ Insieme di passaggi logici che costituiscono una dimostrazione.

argoménto s.m. (lat. *argumēntum*, deriv. di *argŭere* "asserire, dimostrare") **1.** Ciò che si adduce a sostegno di un principio, di un'opinione. SIN.: **ragionamento**. **2.** Causa, anche pretestuosa. **3.** Tema, materia di un discorso. ~ *estens.* Breve riassunto di un'opera. ◇ *Entrare in argomento:* affrontare un tema. – *Complemento di argomento:* quello che indica il tema, il soggetto, la materia di cui si tratta in un discorso, in un'opera. **4.** MAT. La variabile da cui dipende il valore di una funzione. ◇ *Argomento di un numero complesso:* l'angolo formato dal raggio vettore che rappresenta un numero con l'asse delle ascisse. **5.** LOG. Ciò a cui si applica una funzione. ~ GRAMM. Elemento nominale o equivalente che si collega con il verbo per costituire con esso il nucleo autosufficiente di una frase.

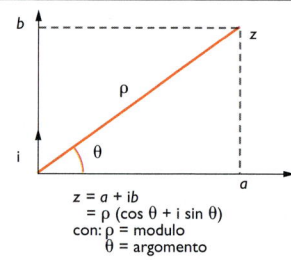

$$z = a + ib$$
$$= \rho (\cos \theta + i \sin \theta)$$
con: ρ = modulo
θ = argomento

■ **argoménto** di un numero complesso.

1. argonàuta s.m. [pl. –*ti*] Mollusco marino la cui femmina secerne una sostanza calcarea con la quale forma una conchiglia trasparente in cui depone le uova. (Lunghezza 20 cm per la femmina, 1 cm per il maschio; classe dei Cefalopodi.)

2. argonàuta s.m. [pl. –*ti*] MIT. GR. Ciascuno dei compagni di Giasone che, sulla nave Argo, partirono per la Colchide alla conquista del vello d'oro.

arguìre v.tr. [83] (lat. *argŭere* "asserire, dimostrare", orig. "rendere brillante") Dedurre qlco. da altro. SIN.: **congetturare, supporre**.

argùto agg. **1.** Di intelligenza pronta, sottile, ironica. *Persona arguta.* **2.** Spiritoso, brillante. *Un proverbio arguto.*

argùzia s.f. Perspicacia accompagnata da ironia e vivacità di spirito. ◆ s.m. Espressione spiritosa, mordace.

ària s.f. **1.** Atmosfera che avvolge la Terra, costituita da una miscela gassosa in cui prevalgono azoto e ossigeno. ◇ *Aria compressa:* sottoposta a pressione superiore a quella atmosferica. – *Aria liquida:* miscela di ossigeno e azoto liquidi a temperatura ambiente nella proporzione in cui si trovano nell'aria. ~ *estens.* Lo spazio che si leva sulla Terra nel cielo. ◇ *Dare aria:* aerare. – *figg. Aria fritta:* ragionamento ovvio, inutile. – *Per aria:* in *disordine. – Prendere una boccata d'aria:* uscire all'aperto. – *Mandare all'aria qlco.:* non realizzare qlco. – *Essere nell'aria:* sul punto di accadere. **2.** Aria mossa, vento. *Un filo d'aria.* **3.** *estens.* Clima. *Aria buona.* **4.** *fig.* Clima psicologico, atmosfera morale. *Aria tesa.* **5.** Aspetto, sembianza, atteggiamento, apparenza. *Avere un'aria triste.* ◇ *Avere l'aria di:* sembrare, parere. – *fig. Darsi delle arie:* vantarsi. **6.** MUS. Motivo melodico, cantabile. **7.** Dispositivo per la regolazione della miscela di aria e benzina nei motori a scoppio. SIN.: **starter**. **8.** EQUIT. (al pl.) Esercizi di alta scuola. *Arie di maneggio.*

ENCICL. L'aria è un miscuglio di vari gas. Allo stato puro, è costituita in media dal 21% di ossigeno, dal 78% di azoto e dall'1% di argo e gas nobili (neon, cripto, xeno, elio). L'ossigeno ha una temperatura di ebollizione di -182 °C mentre per l'argo è di -185 °C, questo permette di separare per distillazione l'azoto la cui temperatura di ebollizione è di -196 °C. La densità dell'aria a 0 °C e alla pressione di un'atmosfera è di 1,293 kg/m³.

La pressione esercitata dall'aria è detta *pressione atmosferica*. Nell'aria sono inoltre presenti, in misura variabile, vapore acqueo, tracce di idrogeno, ozono, anidride solforosa, ammoniaca, ecc. e polveri sospese di origine naturale (pollini, sabbie) oppure di origine antropica ovvero rilasciate direttamente da cicli produttivi.

ària-àcqua agg. inv. MIL. Di missile che può essere lanciato da un aereo in volo contro obiettivi mobili in mare.

ària-ària agg. inv. MIL. Di missile che può essere lanciato da un aereo contro un obiettivo aereo.

arianésimo s.m. Eresia sostenuta da Ario secondo la quale Cristo era stato creato da Dio e non era a lui consustanziale. [Condannato dal concilio di Nicea (325), l'arianesimo sopravvisse fra i popoli barbari e andò scomparendo tra i secc. VI e VII.] SIN.: **antitrinitarismo**.

1. ariàno agg. (gr. *Áreios*, nome dell'eretico che sostenne l'antitrinitarismo) Relativo all'eresia ariana. ◆ s.m. [f. –*na*] Adepto dell'arianesimo.

2. ariàno agg. Del popolo degli Arii, che tende a comprendere l'insieme dei popoli indoeuropei. ◇ *Razza ariana*: presunta razza che le ideologie antisemite e nazifasciste proclamavano superiore alle altre. ◆ s.m. [f. –*na*] Nel sign. del'agg.

ària-superfìcie agg. inv. Aria-terra.

ària-tèrra agg. inv. MIL. Di missile che può essere lanciato da un aereo contro obiettivi terrestri.

aridità s.f. **1.** Mancanza di umidità. ~ Sterilità del suolo. *Aridità del deserto*. **2.** *fig.* Insensibilità, grettezza. *Aridità creativa*.

àrido agg. (lat. *āridum*, deriv. di *arēre* "essere asciutto") **1.** Privo d'umidità. ~ *estens.* Riferito a terreni, sterile. ◇ *Clima arido*: con precipitazioni inferiori a 250 mm l'anno. (Esistono due tipi di clima arido: il *clima arido caldo*, alle latitudini tropicali, con giorni molto caldi e notti fresche; il *clima arido freddo*, alle latitudini temperate, con inverni freddi ed estati calde.) **2.** *fig.* Privo di emozioni, di sentimenti. *Cuore arido*. ◆ s.m. (al pl.) Sostanze solide incoerenti misurabili con misure di capacità.

aridocoltùra o **aridocultùra** s.f. (calco dell'ingl. *dry farming*) Sistema di coltivazione per climi semiaridi, in cui l'irrigazione superficiale è sostituita con l'accumulo di acqua entro il suolo.

arieggiàre v.tr. [5] **1.** Far circolare aria in un luogo chiuso. *Arieggiare le stanze*. ~ *estens.* Esporre qlco. all'aria. *Arieggiare gli abiti*. **2.** Imitare qlcu. o qlco., averne l'aria. *Arieggiare allo stile barocco*. SIN.: **ricalcare**.

ariète s.m. **1.** Maschio della pecora. SIN.: **montone**. **2.** Antica macchina da guerra costituita da una grossa trave munita all'estremità di una testa in bronzo a forma di ariete per sfondare le porte o mura di un luogo assediato. **3.** ASTR. (iniziale maiusc., solo sing.) Costellazione zodiacale dell'emisfero boreale nella quale il Sole transita nel periodo che va dal 21 marzo al 20 aprile (v. parte n.pr.). **4.** ASTROL. Primo segno dello zodiaco dominante tale periodo. ~ *estens.* Persona nata sotto questo segno. **5.** MECC. *Colpo d'ariete*: colpo dovuto alla variazione di pressione in una condutura forzata conseguente alla variazione di velocità del liquido.

ariètta s.f. **1.** Nel sign. del dim. di *aria*. ~ Brezza, venticello. **2.** MUS. Brano melodico spec. vocale, più breve dell'aria. **3.** Il testo poetico che viene musicato.

■ **ariète**

arilammìna s.f. CHIM. ORG. Ammina aromatica.

arile s.m. CHIM. ORG. Radicale monovalente che si ricava dagli idrocarburi aromatici per sottrazione di un atomo di idrogeno.

arìlico agg. [pl.m. –*ci*, f. –*che*] CHIM. ORG. Di composto che contiene uno o più arili.

arìllo s.m. BOT. Involucro seminale carnoso o a sacco aerifero, presente in alcune piante, per facilitare la disseminazione.

arimànno s.m. (long. *harimann* "uomo libero, guerriero") ST. Presso i Longobardi, uomo libero che combatteva in guerra e al quale il sovrano assegnava le terre a titolo ereditario ma inalienabili, ottenendone in cambio il servizio nella cavalleria e il pagamento di un censo.

arìnga s.f. [pl. –*ghe*] (germ. *haring*) Pesce marino teleosteo dal dorso scuro e ventre argenteo, che vive nei mari freddi in grandi branchi. (Lunghezza 20-30 cm ca.; genere *Clupea*, famiglia dei Clupeidi.)

arinia s.f. MED. Mancanza congenita del naso.

arióso agg. **1.** Pieno d'aria, spazioso, luminoso. ~ Aperto, arieggiato. ~ *fig.* Armonioso. **2.** Soffice, spec. riferito a capelli. ◆ s.m. MUS. Brano tra il recitativo e l'aria.

1. arista s.f. Schiena e lombo del maiale macellato.

2. arista s.f. BOT. Filamento rigido che si diparte dall'apice delle glume e glumette di alcune Graminacee.

aristocràtico agg. [pl.m. –*ci*, f. –*che*] **1.** Che fa parte dell'aristocrazia. **2.** *estens.* Signorile, raffinato, delicato. **3.** Governato, dominato dall'aristocrazia. *Governo aristocratico.* ~ Favorevole all'aristocrazia. ◆ s.m. [f. –*ca*] Membro dell'aristocrazia. SIN.: **nobile**.

aristocrazìa s.f. (gr. *aristokratía*, comp. di *áristos* "ottimo" e *kratēin* "dominare") **1.** Forma di governo in cui la nobiltà detiene il potere. **2.** Classe un tempo socialmente superiore in base a criteri di ordine dinastico, economico e culturale. SIN.: **nobiltà**. ~ *estens.* L'insieme delle famiglie nobili di uno stato, di una città. **3.** *fig.* I migliori di un gruppo, di una categoria. *L'aristocrazia del calcio.* **4.** *fig.* Raffinatezza, signorilità.

aristofàneo o **aristofanèo** s.m. [pl. –*ni*, –*nii*, –*nei*] METR. Nella metrica greca, verso composto da un dattilo e due trochei.

Aristolòchia s.f. (lat. *Aristolochia*, gr. *aristolokhía* comp. di *áristos* "ottimo" e *lókhos* "parto" perché considerata utile contro le infezioni da parto) BOT. Genere di piante erbacee, con fiore simile a quello delle orchidee e frutto a capsula. (Classe delle Dicotiledoni; famiglia delle Aristolochiacee.)

aristolochiàcee s.f. pl. [iniziale minusc. sing. –*a* per l'individuo] BOT. Famiglia di piante dicotiledoni, soprattutto ornamentali, diffuse nei paesi caldi. (Ordine delle Policarpiche.)

aristotelismo s.m. La dottrina di Aristotele. ~ Indirizzo filosofico che trae ispirazione dalla dottrina di Aristotele. SIN.: **peripatetismo**.

aritenòide s.f. (gr. *arytainoidḗs*, propr. "a forma di brocca") ANAT. Ognuna delle due cartilagini piramidali site nella regione posteriore della laringe.

aritmètica s.f. [non com. pl. –*che*] (lat. *arithmēticam*, gr. *arithmētikḗ tékhnē* "arte dei numeri") Settore della matematica che studia le proprietà dei numeri e le operazioni su di essi.

aritmìa s.f. **1.** Assenza di ritmo. **2.** MED. Anomalia del ritmo cardiaco.

arlecchinàta s.f. Buffonata, carnevalata.

arlecchìno s.m. (fr. *Hellequin*, nome dello spirito diabolico che guidava la processione dei dannati assunto in senso buffonesco da una compagnia comica bergamasca) Maschera della commedia dell'arte, rappresentante un servo ignorante ma arguto. ~ *estens.* Persona così mascherata. ◇ *fig. Essere un arlecchino*: un buffone. □ In funzione di agg. inv., a chiazze irregolari, di vari colori. *Tessuto arlecchino*.

àrma s.f. [pl. *armi*] **1.** Qualsiasi strumento predisposto per ferire o uccidere. ◇ *Arma bianca*: che ferisce di punta o di taglio. – *Arma da fuoco*: quella che utilizza la polvere da sparo. – *Armi non convenzionali*: armi nucleari, biologiche o chimiche. – *fig.* Ciò che può offendere o servire alla difesa. *Avere per sola arma l'eloquenza*. ◇ *figg. Arma a doppio taglio*: elemento, fattore controproducente. – *Essere alle prime armi*: iniziare un'attività, essere inesperto. – *Arma segreta*: di cui solo a conoscenza solo alti gradi dell'esercito, *fig.* stratagemma, risorsa nascosta per ottenere qlco. **2.** Corpo dell'esercito. ◇ *L'arma azzurra*: l'aeronautica militare.

armadillo s.m. (spagn. *armadillo*, deriv. di *armado* "armato" per la robusta corazza di protezione) Mammifero americano con la parte superiore del corpo ricoperta da una corazza formata da piastre ossee articolate ricoperte da squame cornee. (Ordine degli Sdentati.) ◇ *Armadillo gigante*: tatù.

armàdio s.m. [pl. –*di*] (lat. *armārium* "mobile in cui mettere le armi") **1.** Grande mobile ad ante, con eventuali ripiani, in cui si ripongono indumenti e altri oggetti. ◇ *Armadio a muro*: che sfrutta una rientranza della parete. – *Armadio quattro stagioni*: formato da due corpi sovrapposti per alternare il guardaroba nell'arco dell'anno. **2.** *fig. fam.* Persona dalla corporatura imponente.

armagnac [/arma'ɲak/] s.m. inv. (voce fr., dal nome della regione in cui viene prodotto) Acquavite distillata dalle uve dell'omonima regione francese.

armaiòlo s.m. **1.** [f. –*la*] Chi vende o aggiusta armi. **2.** MIL. Sottufficiale addetto alla manutenzione delle armi portatili.

armamentàrio s.m. [pl. –*ri*] **1.** Strumentazione necessaria a un determinato lavoro. *L'armamentario del fotografo.* **2.** *fig.*, *spreg.* o *iron.* Insieme di idee, conoscenze.

armaménto s.m. **1.** Rifornimento, dotazione di armi. ~ (al pl.) Produzione, disponibilità di armi. *Corsa agli armamenti.* **2.** Ciò che è necessario al funzionamento di una macchina, di un impianto, di una nave. **3.** Insieme dei vogatori di un'imbarcazione. SIN.: **ciurma**.

armàre v.tr. **1.** Fornire qlcu., qlco. di armi. *Armare i volontari.* ~ *estens.* Fortificare un luogo dotandolo di armi adatte alla difesa. ~ Mettere un'arma in condizione di funzionare, dotandola di proiettile. **2.** Dotare qlco., spec. imbarcazione o velivoli, dell'equipaggiamento necessario all'uso. **3.** COSTR. Sostenere opere murarie con puntelli, centine. **4.** TEAT. Fornire di un telaio di sostegno la carta o la tela su cui è dipinta la scena. **5.** Nominare cavaliere qlcu. mediante investitura ufficiale. ◆ **armarsi** v.pron. Prendere le armi per prepararsi a combattere. ~ *scherz.* Munirsi di qlco. *Armarsi dei libri e andare in biblioteca.* ~ *fig.* Munirsi di qualità nascoste. *Armarsi di coraggio.*

armàta s.f. **1.** MIL. Insieme unitario di più corpi, comprendente ciascuno varie divisioni, dipendente da un unico comandante. **2.** MAR. Flotta militare di una nazione. **3.** Flotta aerea di una nazione; massima unità operativa costituita da più divisioni.

ENCICL. Un'armata è costituita da un numero variabile di divisioni, che possono anche essere inquadrate in corpi d'armata, e da diverse unità di supporto. Dispone di un'intendenza che si occupa delle esigenze logistiche e di alcune unità dipendenti. Può operare isolata oppure essere inquadrata in un gruppo di armate cui spetta il compito di condurre le manovre strategiche con forze terrestri e aeree per conseguire, in offensiva, la conquista di un obiettivo strategico e, in difensiva, il mantenimento di un'area d'interesse determinante. L'area in cui opera un'armata si divide in *zona delle operazioni*, in cui le grandi unità di prima schiera di riserva si dislocano e combattono, e in *zona delle retrovie*, ove sono ubicati gli organi dei servizi, i magazzini e le officine.

armàto agg. **1.** Provvisto di armi. **2.** *fig.* Provveduto, munito. *Armato di buone intenzioni.* **3.** TECN. Munito di elementi di sostegno. *Cemento armato.* ◆ s.m. (spec. pl.) Soldato.

armatóre s.m. (lat. *armatórem*, deriv. di *armāre* "equipaggiare") **1.** [f. –*trice*] Chi fa navigare una nave mercantile. **2.** Carpentiere che arma le gallerie sotterranee. **3.** Addetto alla manutenzione dell'armamento ferroviario.

armatùra s.f. **1.** Antico rivestimento difensivo della persona, con elementi metallici. ~ *estens.* Ogni protezione dell'integrità di un oggetto. **2.** Co-

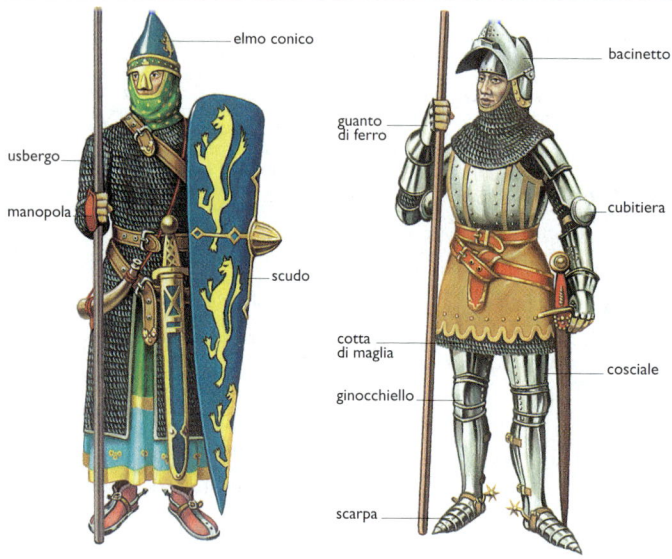

elmo conico

bacinetto

usbergo

guanto
di ferro

manopola

cubitiera

scudo

cotta
di maglia

cosciale

ginocchiello

scarpa

■ **armatùra** dei secc. XII e XIV.

razza protettiva di vari animali. **3.** COSTR. Struttura provvisoria, metallica o in legno, di sostegno a muri, volte, gallerie. ~ Scheletro, sostegno con tondini di acciaio o ferri del cemento armato. **4.** IND. TESS. Intreccio dei fili di ordito e di trama. **5.** ELETTRON. Elemento conduttore di un condensatore.

àrme s.f. ARALD. Insieme dello scudo, delle pezze araldiche e degli smalti. SIN.: **blasone**.

armeggiàre v.intr. [5] (aus. *avere*) **1.** Darsi da fare, impegnarsi in qlco. *Armeggiare tra i libri.*

2. *fig.* Fare intrallazzi per ottenere qlco. SIN.: **macchinare**.

arméno agg. Dell'Armenia. ◆ s.m. **1.** [f. *–na*; al pl. iniziale maiusc.] Nativo, abitante dell'Armenia. **2.** (solo sing.) Lingua della famiglia indoeuropea parlata dagli armeni.

arménto s.m. Mandria, branco.

armerìa s.f. **1.** Luogo in cui si tengono le armi. **2.** Collezione di armi. **3.** Negozio di armi.

armière s.m. **1.** MIL. Sottufficiale, soldato addetto alla manutenzione delle armi portatili. ~ AER. Soldato addetto alle armi di bordo. **2.** [t. *–ra*] Proprietario, gestore di un negozio d'armi.

armìgero s.m. **1.** Guerriero. **2.** *estens.* Guardia, poliziotto. ◆ agg. Bellicoso.

armìlla s.f. **1.** Cerchio di bronzo, argento e oro a forma di serpente che gli antichi Romani portavano al braccio come ornamento o come segno di ricompensa militare. **2.** ASTR. Gli anelli che compongono la sfera armillare.

armillàre agg. ASTR. *Sfera armillare*: antico strumento astronomico composto di anelli graduati che rappresentano i cerchi massimi della sfera celeste.

armillària s.f. (lat. *Armillaria*, deriv. di *armïlla* "bracciale") Fungo con spore bianche e gambo sottile circondato da un anello. (Sottordine dei Basidiomiceti.)

armistìzio s.m. [pl. *–zi*] (fr. *armistice*, comp. di lat. *ărma* "armi" e *stāre* "fermarsi") Decisione concordata tra due parti belligeranti di sospendere le ostilità e di avviare contemporaneamente trattative di pace.

àrmo s.m. SPORT. Nel canottaggio, imbarcazione con il suo equipaggio.

armonìa s.f. (lat. *harmŏniam*, gr. *harmonía* deriv. di *harmózein* "congiungere, accordare") **1.** Insieme gradevole di suoni e voci. **2.** MUS. Teoria e applicazione delle associazioni di suoni simultanei. **3.** *estens.* Effetto di musicalità di un componimento letterario ottenuto prestando particolare attenzione alla qualità sonora delle parole e alla qualità ritmica della loro disposizione. **4.** *fig.* Equilibrio fra vari elementi. *Armonia di colori e forme.*

armònica s.f. [pl. *–che*] **1.** Strumento musicale di moda nel sec. XVIII, composto da lamelle o globi di vetro di diversa grandezza che venivano fatti vibrare scorrendovi sopra con le dita umide. ◇ *Armonica a bocca*: scatoletta rettangolare munita di ance libere che vibrano al

satellite
di ricognizione

aviocisterna

aereo di sorveglianza

portaerei

fregata
antisottomarino

nave
appoggio

aereo intercettore

fregata
antimissili

bomba
a guida laser

antimissile acqua-aria

missile

sottomarino
nucleare
d'attacco

fregata
antiaerea

batteria mobile
di missili

guida
laser

■ **armaménto**

passaggio del fiato. **2.** MAT., FIS. Ciascuna delle componenti sinusoidali in cui può essere scomposta un'oscillazione periodica.

armonicista s.m. e f.[pl.m. *–sti*] **1.** Suonatore di armonica. **2.** Artigiano che costruisce strumenti musicali.

armònico agg. [pl.m. *–ci*, f. *–che*] **1.** Che origina un'armonia. **2.** Che ubbidisce alle leggi dell'armonia. **3.** TECN. *Acciaio armonico*: speciale lega metallica di grande elasticità, usata spec. nella fabbricazione di corde per strumenti musicali.

armonióso agg. **1.** Dotato di armonia musicale. *Una voce armoniosa.* **2.** *fig.* Di struttura proporzionata, elegante. *Architettura armoniosa.*

armonista s.m. e f.[pl.m. *–sti*] **1.** Chi studia, insegna armonia. **2.** MUS. Compositore che predilige uno stile in cui l'armonia ha una parte eminente.

armònium s.m. inv. (fr. *harmonium*, nome che l'inventore Debain diede nel 1840 al suo strumento) MUS. Strumento musicale a tastiera, ad ance libere messe in vibrazione dall'aria emessa da mantici azionati da pedali.

armonizzàre v.tr. **1.** MUS. Disporre una melodia in un contesto armonico. **2.** *fig.* Trovare un'armonia tra due o più cose. *Armonizzare colori.* **3.** Modificare un elemento in modo che si accordi con altri. *Armonizzare interessi opposti* ◆ v.intr. **1.** (aus. avere) Detto di due o più elementi, stare bene insieme. *Tinte che si armonizzano.* **2.** Essere in armonia, in accordo con qlcu.

armoricàno agg. (fr. *armoricain*) Dell'antica popolazione degli Armorici, stanziata lungo la costa atlantica della Francia, tra la foce della Loira e quella della Senna.

arnése s.m. (fr. *herneis* "armatura del cavaliere e del cavallo", scandinavo *hernest* "provvigione per l'esercito") **1.** Attrezzo, strumento da lavoro. *Arnese da falegname.* SIN.: **utensile. 2.** *fam.* Oggetto di cui si ignora la funzione e il funzionamento. **3.** Abbigliamento. ~ *estens.* Condizioni economiche.

àrnia s.f. Rifugio delle api, naturale o predisposto dall'uomo.

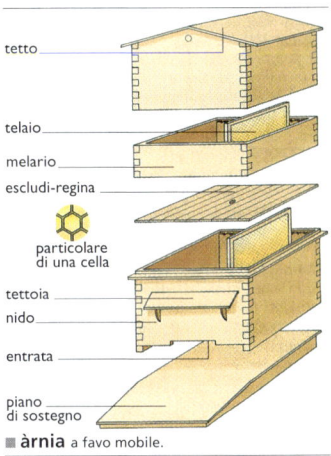
■ **àrnia** a favo mobile.

àrnica s.f. [non com. pl. *–che*] (prob. deriv. di gr. *ptarmikḗ* "pianta che fa sternutire") Pianta perenne diffusa nei pascoli alpini, molto tossica, con fiori gialli simili a margherite. (Altezza 50 cm; famiglia delle Composite.)

arnoglòssa s.f. (gr. *arnóglōsson*, propr. "lingua d'agnello") Pianta erbacea, con foglie strette disposte a rosetta e fiori verdi raccolti in spighe, spontanea nei luoghi incolti. (Famiglia delle Plantaginacee.)

Àro s.m. BOT. Genere di piante erbacee velenose a foglie sagittate e infiorescenze avvolte alla base da una spata, di cui fanno parte il *gigaro* e il *pan di serpe*. (Famiglia delle Aracee.)

aròma s.m. [pl. *–mi*] **1.** (spec. pl.) Sostanza vegetale dall'odore penetrante e gradevole uti-

lizzata in medicina, in profumeria o in culinaria. ◇ *Aromi naturali*: sostanze aromatiche non prodotte chimicamente. **2.** Profumo emanato da alcune sostanze vegetali o animali. *L'aroma del rosmarino.*

aromaterapìa s.f. Uso terapeutico di oli essenziali e essenze aromatiche.

aromàtico agg. [pl.m. *–ci*, f. *–che*] **1.** Che emana aroma. **2.** Insaporito, profumato con aromi. **3.** CHIM. ORG. Di composto in cui gli atomi di carbonio sono disposti secondo un particolare tipo di anello. (Benzene, idrocarburi del benzene e azulene, p.e.)

aromatizzànte agg. Che dà aroma. ◆ s.m. Sostanza profumata che viene aggiunta ai prodotti alimentari per insaporirli.

aromatizzàre v.tr. Profumare o insaporire con una sostanza aromatica.

àrpa s.f. MUS. Grande strumento musicale formato da un telaio triangolare sul quale sono tese verticalmente le corde.

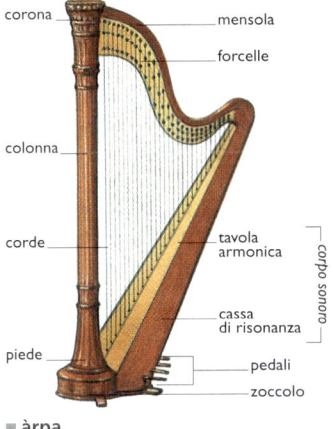

corona — — mensola
— forcelle
colonna
corde — — tavola armonica
corpo sonoro
— cassa di risonanza
piede — — pedali
— zoccolo

■ **àrpa**

1. arpagóne s.m. (gr. *harpágē* "uncino") Rostro uncinato, ant. usato per bloccare la nave nemica e abbordarla.

2. arpagóne s.m. (lat. *Harpagōnem*, propr. "Arraffatore", nome di un personaggio della commedia plautina ripreso da Molière ne "L'Avaro") Persona molto avara.

arpeggiaménto s.m. **1.** MUS. Suono d'arpa. ~ Esecuzione ad arpeggio. **2.** VET. Anomala deambulazione di un quadrupede, dovuta a flessione brusca e convulsiva di un arto.

arpeggiàre v.intr. [5] (aus. *avere*) **1.** MUS. Suonare l'arpa o altri strumenti a corda. ~ Eseguire arpeggi. **2.** VET. Detto di un quadrupede, camminare in maniera irregolare a causa di un'anomalia funzionale.

arpeggiàto agg. Eseguito ad arpeggio. ◆ s.m. MUS. Indicazione che prescrive di eseguire un arpeggio.

1. arpéggio s.m. [pl. *–gi*] **1.** MUS. Esecuzione successiva delle note di un accordo. **2.** VET. Arpeggiamento.

2. arpéggio s.m. [pl. *–gi*] MUS. Seguito di arpeggi.

■ **Àro.** Gigaro.

arpènto s.m. Misura di superficie agraria, usata un tempo in alcune regioni della Francia e della Germania.

arpése s.m. (venez. *àrpes*) COSTR. Grappa per tenere insieme le pietre nelle costruzioni.

arpìa s.f. (gr. *Hárpyia* "la rapace") **1.** MIT. GR. Ciascuna delle creature mostruose che avevano volto di donna e corpo d'uccello e personificavano la morte violenta. ~ *fig.* Donna gretta, aspra, malevola. **2.** Rapace diurno con un caratteristico ciuffo di piume sul capo, che vive nell'America centromeridionale. (Lunghezza 1 m; genere *Harpia*, famiglia degli Accipitridi.) **3.** Farfalla notturna dotata di due lunghe appendici addominali. (Ordine dei Lepidotteri.)

arpicòrdo s.m. MUS. Strumento a tasti simile a un clavicembalo.

arpionàre v.tr. Colpire un pesce con l'arpione.

arpióne s.m. (gr. *hárpaks* "uncino") **1.** Ferro incastrato nel muro, sul quale si infilano gli anelli delle bandelle di porte e finestre. SIN.: **cardine. 2.** Uncino attaccato al muro per appendervi qlco. **3.** TECN. Organo di fissaggio della rotaia alla traversina. **4.** Nell'alpinismo su ghiaccio, particolare chiodo ad anello, molto affilato in punta.

arpionismo s.m. MECC. Meccanismo usato per impedire il moto retrogrado di un albero meccanico.

arpista s.m. e f.[pl.m. *–sti*] Suonatore d'arpa.

arpóne s.m. (fr. *harpon*, deriv. di *harper* "afferrare") Arma da pesca subacquea per la cattura di grossi pesci e cetacei, costituita da un'asta rigida munita di robusti uncini mobili.

arrabattàrsi v.pron. (spagn. *arrebatarse* "lavorare con furia, aggredire", ar. *ar-ribāṭ* "attacco contro gli infedeli") Darsi da fare in ogni modo, ma con mezzi modesti, per ottenere qlco., general. senza grandi risultati.

arrabbiàre v.intr. [6] (aus. *essere*) **1.** Usato spec. in costruzione causativa. *Fare arrabbiare l'amico.* **2.** Detto di animali, ammalarsi di rabbia. ◆ **arrabbiarsi** v.pron. Andare in collera, irritarsi. *Arrabbiarsi per uno sgarbo.*

arrabbiàto agg. **1.** Riferito a cani, malato di rabbia. SIN.: **idrofobo. 2.** *fig.* Infuriato, irato, stizzoso. **3.** *fig. fam. Salato arrabbiato*: troppo salato. **4.** AGR. Di terreno in cui il grano cresce male.

arraffàre v.tr. (long., deriv. di *hraffōn* "prendere qlco. con violenza") **1.** Prendere qlco. e portarlo via con furia o avidità. *Arraffare un panino.* **2.** *estens.* Rubare, fare man bassa di qlco. *Arraffare tutti i soldi.*

arrampicàre v.intr. [4] (aus. *essere*) SPORT. Nell'alpinismo, compiere ascensioni; nel ciclismo, andare in salita. ◆ **arrampicarsi** v.pron. **1.** Con soggetto animato, salire su qlco. aggrappandosi con le mani e i piedi o con le zampe. *Arrampicarsi sugli alberi.* ~ *estens.* Percorrere una strada in salita, difficoltosa, a piedi o con un mezzo. ◇ *fig. Arrampicarsi sugli specchi*: tentare di trovare argomenti dove non ce ne sono o di fare qlco. di impossibile. **2.** *estens.* Detto di piante, crescere appoggiandosi a un sostegno. *La vite si arrampica sul muro.* ~ Detto di strade, salire con forte pendenza.

arrampicàta s.f. **1.** L'arrampicarsi, il salire per una via erta. **2.** SPORT. In alpinismo, ascensione. ~ In ciclismo, superamento di una forte salita. ~ In ginnastica, esercizio che consiste nel salire sulla fune o sulla pertica. ◇ *Arrampicata libera*: ascensione alpinistica effettuata sfruttando solo le sporgenze della roccia.

arrampicatóre s.m. [f. *–trice*] SPORT. Alpinista; nel ciclismo, scalatore. ~ *fig. Arrampicatore sociale*: chi vuole emergere, far carriera a ogni costo e sfrutta ogni occasione per elevarsi socialmente. SIN.: **arrivista**.

arrancàre v.intr. [4] (aus. *avere*) **1.** Camminare male, a fatica, come succede a chi è zoppo. *Arrancare appoggiandosi a un bastone.* ~ *fig.* Affannarsi, angustiarsi. **2.** *estens.* Avanzare muovendosi con sforzo, spec. nel tentativo di andare veloci. *I corridori stanchi arrancano.* **3.** MAR. Vogare a tutta forza.

arrangiaménto s.m. (fr. *arrangement*) **1.** Accomodamento, accordo, aggiustamento. **2.** MUS. Adattamento di un brano musicale a

95

strumenti o contesti stilistici diversi da quelli previsti dal compositore.

arrangiàre v.tr. [5] (fr. *arranger*) **1.** Sistemare qlco. alla meglio, con mezzi di fortuna. *Arrangiare un abito.* ~ Allestire in fretta un pasto. **2.** MUS. Adattare un brano musicale per un'esecuzione con strumenti o complessi strumentali diversi da quelli per cui era stato composto. ◆ **arrangiarsi** v.pron. **1.** Detto di più persone, giungere a un accordo riguardo a una questione. *Gli eredi si sono arrangiati riguardo all'eredità.* **2.** Darsi da fare con mezzi di fortuna per ottenere qlco. *Arrangiarsi per la cena.* ~ *estens.* Darsi da fare in ogni modo, con ogni mezzo. *Si sono arrangiati come hanno potuto.* SIN.: **arrabattarsi**. ◇ *Arrangiati!:* brusco invito a cavarsela da soli. **3.** Sistemarsi alla meglio in un luogo, spec. per dormire. *Arrangiarsi in una stanza, sul divano.*

arrangiatóre s.m. [f. *-trice*] Chi adatta, rielabora brani musicali.

array [/əˈreɪ/] s.m. inv. (voce ingl., propr. "ordine, schiera") INFORM. In programmazione, struttura di dati in forma di matrice.

arrecàre v.tr. [4] Provocare, causare qlco. (spec. di negativo) a qlcu. *Arrecare disturbo.*

arredaménto s.m. **1.** Disposizione, ordinata e secondo un dato gusto o stile, di mobili, suppellettili, ecc. **2.** L'insieme dei mobili, degli oggetti di cui è fornito un appartamento, un ufficio, ecc.

arredàre v.tr. (got. *garēdan* "aver cura") Provvedere un locale di mobili, decorazioni e di quanto sia necessario per renderlo funzionale a un dato uso. SIN.: **ammobiliare**.

arredatóre s.m. [f. *-trice*] **1.** Chi si occupa di arredamento a livello professionale. *Arredatore di interni.* **2.** Tappezziere, spec. in stoffa. **3.** TEAT., CINE. Collaboratore dello scenografo che si occupa della scelta e sistemazione dell'arredamento di scena.

arrèdo s.m. Oggetto o insieme di oggetti che completano, abbelliscono un appartamento, un locale, ecc. ◇ *Arredo urbano:* complesso delle attrezzature che svolgono funzioni di servizio nella città (p.e. cabine telefoniche, pensiline).

arrembàggio s.m. [pl. *-gi*] Assalto a una nave nemica abbordata. ◇ *fig. Andare all'arrembaggio:* gettarsi alla conquista di qlco. con ogni mezzo.

1. arrembàre v.tr. (genov. *arrembâ* "appoggiare") Abbordare e assaltare una nave.

2. arrembàre v.intr. (aus. *essere*) Detto del cavallo, camminare malamente a causa di arrembatura. ~ *estens.* Detto di persona, camminare con fatica.

arrembatùra s.f. Difetto di deambulazione del cavallo, dovuto alla deviazione in avanti del nodello.

arrèndersi v.pron. [33] **1.** Dichiararsi vinto e consegnarsi al nemico. *Arrendersi dopo una lunga resistenza.* **2.** *fig.* Darsi per vinto e lasciar perdere. *Si arrese dopo vari tentativi.* SIN.: **desistere**. ◇ *Arrendersi all'evidenza, alla ragione:* cedere di fronte ai fatti, a un'argomentazione.

arrendévole agg. **1.** Pieghevole, flessibile. **2.** *fam.* Acquiescente, conciliante. *Carattere arrendevole.*

arrestàre v.tr. **1.** Fermare qlco. interrompendone il movimento. *Arrestare l'emorragia.* SIN.: **bloccare**. ~ *fig.* Interrompere uno svolgimento. *Arrestare uno sviluppo.* **2.** Assicurare qlcu. alla giustizia su mandato dell'autorità giudiziaria. *Arrestare un malfattore.* ◆ **arrestarsi** v.pron. Cessare di muoversi o di funzionare, spec. all'improvviso.

arrestàto agg. Che è in stato d'arresto. ◆ s.m. [f. *-ta*] Nell'accez. dell'agg.

arrèsto s.m. **1.** Fermata, interruzione, blocco. *L'arresto del treno.* ◇ MED. *Arresto cardiaco:* cessazione momentanea della funzione del cuore. **2.** TECN. Dispositivo meccanico per fermare in una posizione predeterminata un organo in movimento. SIN.: **fermo, blocco**. **3.** DIR. Cattura di qlcu. ~ Privazione della libertà personale. ◇ *Arresti domiciliari:* detenzione presso il proprio domicilio.

arretraménto s.m. Spostamento all'indietro.

arretràre v.intr. (aus. *essere*) Muoversi e spostarsi indietro. ~ *fig.* Venir meno, ritirarsi da qlco. *Arretrare dalle proprie posizioni.* ◆ v.tr. Muovere qlco. spostandolo indietro o più in basso. *Arretrare la difesa.*

arretratézza s.f. Condizione di minore sviluppo socio-economico, culturale, ecc. rispetto a un'entità presa come punto di riferimento. SIN.: **sottosviluppo**.

arretràto agg. **1.** Che sta indietro. ~ Rimasto indietro, in ritardo. *Lavoro arretrato.* **2.** Meno sviluppato di qlcu. o qlco. *Paese arretrato.* ~ Superato, antiquato, retrivo. ◆ s.m. **1.** (spec. pl.) Pagamento non effettuato alla data di scadenza. **2.** (spec. pl.) Numeri, edizioni precedenti di una pubblicazione periodica, di un giornale, ecc. **3.** Solo nella loc. *in arretrato*, indietro. *Essere in arretrato coi pagamenti.*

arricchiménto s.m. **1.** Accumulazione di denaro, di beni. ◇ *figg. Arricchimento culturale:* acquisizione di sapere. – *Arricchimento del terreno:* aumento della sua fertilità. **2.** MIN. Procedimento con il quale si separa un minerale utile dalla ganga.

arricchire v.tr. [83] **1.** Rendere ricco qlcu. ~ *fig.* Rendere qlcu. più ricco spiritualmente. ~ *estens.* Rendere qlco. più ricco per l'aggiunta di altro. *Arricchire un testo di illustrazioni.* **2.** *fig.* Incrementare, aumentare qlco. *Arricchire la produzione.* **3.** *estens.* Impreziosire, guarnire. ◆ v.intr. (aus. *essere*) Diventare ricco. *Arricchire giocando in Borsa.* ◆ **arricchirsi** v.pron. Diventare ricco. *Si è arricchito rapidamente.* ~ *fig.* Assumere valori spirituali. *Dopo questa esperienza ognuno si è arricchito.* ~ *estens.* Diventare più ricco, più fornito di qlco. *La città si arricchisce di spazi verdi.*

arricchito agg. **1.** Che è diventato ricco, che ha accresciuto i propri averi. ~ Di cosa, incrementato, aumentato, accresciuto. *Dieta arricchita di vitamine.* **2.** MIN. Sottoposto a un processo di arricchimento. *Uranio arricchito.* ◆ s.m. [f. *-ta*] *spreg.* Chi ha fatto i soldi partendo da una posizione sociale modesta. SIN.: **parvenu**.

arricciacapélli s.m. inv. Un tempo, ferro che veniva riscaldato e sul quale si arrotolavano le ciocche di capelli per arricciarle.

arricciaménto s.m. Arricciatura, increspatura.

arricciàre v.tr. [5] **1.** Piegare qlco., spec. capelli o baffi, rendendolo riccio. *Arricciare i capelli.* **2.** *estens.* Corrugare, raggrinzire qlco. ◇ *figg. Arricciare il naso:* provare, mostrare disprezzo o ribrezzo. – *Far arricciare i peli, i capelli a qlcu.:* provocare in lui paura o ribrezzo. **3.** COSTR. Coprire un muro con intonaco grezzo. ◆ **arricciarsi** v.pron. **1.** Diventare riccio, detto spec. dei capelli. **2.** Rendere ricci i propri capelli o baffi.

arricciàto agg. **1.** Arrotolato a riccio. SIN.: **riccioluto**. **2.** *estens.* Corrugato, stropicciato. *Vestito arricciato.* ◆ s.m. COSTR. Strato di intonaco grezzo con cui viene coperto un muro prima della stesura dell'intonaco definitivo.

arricciatùra s.f. **1.** Formazione di ricci, avvolgimento in ricci. **2.** Ondulazione della lana. ~ SART. Increspatura di un tessuto ottenuta con varie tecniche di cucito. **3.** COSTR. Arricciato, rinzaffo.

arrìccio s.m. [pl. *-ci*] COSTR. Arricciato.

arridàre v.tr. (fr. *rider*, ol. *riden*) MAR. Tendere i cavi che trattengono l'albero di un'imbarcazione.

arridatóio s.m. [pl. *-toi*] MAR. Dispositivo, general. a vite, che permette di tendere una fune, un tirante.

arrìnga s.f. [pl. *-ghe*] (got. *hrings* "cerchio" per la disposizione dell'uditorio attorno all'oratore) Discorso solenne pronunciato in pubblico. ~ In partic. nel processo, discorso pronunciato a conclusione della fase dibattimentale dai rappresentanti delle varie parti.

arringàre v.tr. [4] Esortare con un'arringa. *Arringare la folla.*

arrischiàre v.tr. [6] **1.** Mettere in pericolo qlco. di prezioso. *Arrischiare la vita.* **2.** Osare, esprimere o fare qlco. vincendo le proprie esitazioni. *Arrischiare un'ipotesi.* ◆ v.intr. (aus. *avere*) Correre un rischio. SIN.: **azzardare**. ◆ **arrischiarsi** v.pron. Esporsi a un rischio facendo qlco. *Arrischiarsi a cambiare.*

arrivàre v.intr. (aus. *essere*) (lat. *arripàre* "giungere a riva") **1.** Giungere in un luogo. *Arrivare a casa.* ~ Raggiungere il successo, affermarsi socialmente. **2.** Di espressioni temporali, manifestarsi, presentarsi. *Arriva l'inverno.* **3.** Allungarsi verso qlco. per toccarlo o afferrarlo. *Non arrivo al soffitto.* ~ *fig.* Riuscire a capire. *Studia ma non ci arriva.* **4.** *estens.* Detto di un oggetto, giungere per posta. *Sono arrivate le bollette.* **5.** *fig.* Giungere a qlco. dopo un certo sviluppo. *Arrivare a una scelta.* ~ Riuscire a fare qlco. *Arrivare a parlare bene inglese.* **6.** Raggiungere un determinato valore in lunghezza o estensione. *La tenda arriva fino a terra.* ~ Di capi di vestiario, essere larghi a sufficienza per chi li indossa. *La cintura ti arriva?* **7.** *fig.* Continuare a vivere fino a un certo limite di tempo. *Mio nonno è arrivato a novant'anni.* ~ *estens.* Conservarsi in buone condizioni. *La torta non arriva alla prossima settimana.* **8.** *fig.* Raggiungere un dato livello. *Non puoi arrivare a tanto!* ~ Avere l'arditezza di fare qlco. *Arrivare a dire di non sapere nulla.*

arrivàto agg. **1.** Che è giunto a destinazione. *I primi arrivati sono stati premiati.* **2.** Che ha raggiunto una posizione sociale di riguardo. ◆ s.m. [f. *-ta*] **1.** Chi è giunto da qualche parte. *Accogliere i nuovi arrivati.* **2.** Chi ha fatto carriera, è diventato ricco.

arrivedérci s.m. inv. Saluto di commiato non definitivo.

arrivismo s.m. (fr. *arrivisme*) Volontà di raggiungere il potere, la ricchezza.

arrivista s.m. e f. [pl.m. *-sti*] (fr. *arriviste*) Chi è deciso ad avere successo a tutti i costi, senza scrupoli.

arrivo s.m. **1.** L'arrivare. *Al mio arrivo.* ~ Il tempo, il luogo in cui si giunge. ◇ *fig. Punto d'arrivo:* fine, meta, obiettivo. **2.** (al pl.) Merci giunte per la vendita. **3.** SPORT. Traguardo. ◇ *Arrivo in gruppo:* nel ciclismo, quando molti corridori si disputano la vittoria finale. – *Arrivo in volata:* quando i corridori si disputano la vittoria con una volata.

arroccaménto s.m. **1.** Chiusura difensiva. **2.** *fig.* Il rinchiudersi in sé. **3.** Nel gioco degli scacchi, arrocco.

arroccàre v.tr. [4] MIL. Spostare le truppe lungo linee interne e parallele al fronte. ~ *fig. estens.* Mettere al riparo. ◆ v.intr. (aus. *avere*) Negli scacchi, spostare contemporaneamente il re e la torre lungo la prima o l'ottava linea. ◆ **arroccarsi** v.pron. **1.** Mettersi in un luogo al riparo. *Arroccarsi nella torre.* **2.** *fig.* Chiudersi in un atteggiamento di difesa.

arròcco s.m. [pl. *-chi*] Negli scacchi, spostamento contemporaneo del re e della torre lungo la prima o l'ottava linea.

arrochire v.tr. [83] Rendere la voce roca. ◆ v.intr. (aus. *essere*) Diventare rauco, perdere la voce; anche pron. *Arrochirsi per il freddo.*

arrogànte agg. Che si comporta con insolenza, che ha un atteggiamento di superiorità scostante. ◆ s.m. e f. Nel sign. dell'agg.

arrogànza s.f. Atteggiamento insolente di superiorità, presunzione.

arrogàrsi v.pron. [4] Attribuirsi indebitamente. *Arrogarsi un privilegio.*

arrossaménto s.m. Acquisizione di un colore rosso.

arrossàre v.tr. Far diventare rosso. *La luce arrossa gli occhi.* ◆ **arrossarsi** v.pron. Diventare rosso. *Le foglie si arrossano.*

arrossire v.intr. [83] (aus. *essere*) **1.** Farsi rosso in viso per un'emozione. *Arrossire facilmente.* **2.** fig. Vergognarsi. *Arrossisco per ciò che ho detto!*

arrostiménto s.m. **1.** Cottura a fuoco vivo. **2.** METALL. Riscaldamento preliminare di un minerale per produrre reazioni chimiche che facilitano la fusione.

arrostire v.tr. [83] (germ. *raustjan*) **1.** Cuocere a fuoco vivo. *Arrostire le castagne.* **2.** METALL. Sottoporre un metallo ad arrostimento. ◆ v.intr. (aus. *essere*) Detto di una pietanza, cuocere a fuoco vivo. *La carne deve arrostire bene.* ◆ **arrostirsi** v.pron. Rosolarsi, cuocersi. ~ *fig.* Esporsi a lungo ai raggi solari per abbronzarsi.

arròsto agg. inv. Arrostito. ◆ s.m. Carne cotta a fuoco vivo o rosolata in casseruola.

arrotàre v.tr. **1.** Affilare la lama di un utensile per renderla tagliente. **2.** Levigare una superficie. *Arrotare il pavimento.* **3.** fam. Investire qlcu. con un mezzo. *Arrotare un gatto.* **4.** ST. Sottoporre qlcu. al supplizio della ruota. ◆ **arrotarsi** v.pron. Detto di veicoli, urtarsi a vicenda con le ruote.

arrotatrice s.f. Macchina per levigare i pavimenti mediante piastre abrasive.

arrotino s.m. Artigiano che affila lame.

arrotolàre v.tr. Avvolgere qlco. dandogli forma cilindrica. *Arrotolare un foglio.* ◆ *Arrotolare una sigaretta:* farla manualmente, con cartina e tabacco.

arrotolàto agg. Ridotto a rotolo. *Foglio arrotolato.* ◆ s.m. **1.** Carne ripiena a forma di rotolo. **2.** Dolce a rotolo, ripieno di marmellata.

arrotondaménto s.m. **1.** L'operazione con cui si dà forma tondeggiante a qlco. **2.** MAT. Sostituzione di un numero con un altro approssimato, allo scopo di semplificare i conteggi. *Arrotondamento di un totale.*

arrotondàre v.tr. **1.** Dare una forma tondeggiante o circolare a qlco. *Arrotondare uno spigolo.* **2.** Applicare un arrotondamento a una cifra, far cifra tonda. *Arrotondare il conto.* ◇ *Arrotondare lo stipendio, le entrate:* integrarli con altre entrate. ◆ **arrotondarsi** v.pron. Diventare tondo, assumere forma tondeggiante. ~ *estens.* Di persona, diventare più grasso.

arrotondàto agg. **1.** Di forma tondeggiante, circolare. ◇ *Cifra arrotondata, numero arrotondato:* sostituiti per approssimazione con altri interi. **2.** LING. Di suono articolato arrotondando le labbra.

arrovellàrsi v.pron. **1.** Arrabbiarsi, angustiarsi, tormentarsi. **2.** Accanirsi su un problema per trovare la soluzione.

arroventàre v.tr. Rendere rovente, riscaldare molto. *Arroventare il ferro.* ~ fig. Eccitare l'animo, renderlo violento. ◆ **arroventarsi** v.pron. Diventare rovente, bruciante, anche fig. *Gli animi si arroventano.*

arrow-root /['ærəʊˌruːt/] s.m. inv. (voce ingl., comp. di *arrow* "freccia" e *root* "radice", perché gli Indiani di America lo usavano per medicare le ferite causate da frecce) Fecola commestibile estratta dai rizomi o dai bulbi di diverse piante tropicali.

arroyo s.m. inv. (voce spagn.) GEOMORF Corso d'acqua temporaneo, tipico di alcuni paesi tropicali, che si riempie solo dopo le piogge.

arruffaménto s.m. Scompiglio, disordine.

arruffàre v.tr. **1.** Scompigliare, disordinare. *Arruffare i fili.* ~ Scompigliare i capelli a qlcu. **2.** fig. Rendere più difficile. *Arruffare una situazione.* ◆ **arruffarsi** v.pron. **1.** Scompigliarsi. **2.** fig. Irritarsi, adombrarsi.

arruffóne s.m. [f. –na] Chi esegue un lavoro disordinatamente, senza metodo. SIN.: pasticcione.

arrugginire v.intr. [83] (aus. *essere*) Subire un processo di ossidazione con la formazione di ruggine. ◆ v.tr. **1.** Rendere qlco. rugginoso. **2.** fig. Far perdere elasticità fisica o intellettuale. *L'ozio arrugginisce la memoria.* ◆ **arrugginirsi** v.pron. **1.** Coprirsi di ruggine. *Il ferro si arrugginisce.* **2.** fig. Diventare debole, lento fisicamente o intellettualmente. *Il mio francese si è arrugginito negli anni.*

arruolaménto s.m. (calco del fr. *enrôlement*) **1.** MIL. Iscrizione nei ruoli militari. **2.** MAR. Assunzione di personale su navi mercantili.

arruolàre v.tr. (calco del fr. *enrôler*) **1.** Iscrivere nei ruoli delle forze armate. SIN.: reclutare. ~ estens. Assumere forze lavorative. **2.** Assumere su navi mercantili. ◆ **arruolarsi** v.pron. **1.** Entrare di propria volontà nelle forze armate. **2.** Farsi ingaggiare a bordo di navi mercantili.

àrs dictàndi loc. sost. f. inv. (solo sing.) (loc. lat., propr. "arte di comporre") Insieme di norme retoriche che nel Medioevo regolavano lo stile epistolare in lingua latina.

arsenàle s.m. (venez. *arzanà*, ar. *dār aṣ-ṣinā'/a* "casa del lavoro, officina") **1.** Cantiere navale per la costruzione e la manutenzione delle navi militari. ~ estens. Stabilimento per costruzioni militari. **2.** Deposito di armi ed esplosivi. *Un arsenale della mafia.* **3.** fig. Quantità di roba di ogni genere.

arseniàto s.m. CHIM. Sale dell'acido arsenico.

arsenicàle agg. CHIM. Contenente arsenico.

arsènico s.m. (solo sing.) **1.** Semimetallo grigio di densità 5,7 e che sublima senza fondere a 450 °C ca. diffondendo un caratteristico odore di aglio. **2.** Elemento chimico (*As*) di numero atomico 33 e peso atomico 74,9216. ◇ *Arsenico bianco:* anidride arseniosa. ◆ agg. [pl.m. –ci, f. –che] CHIM. Contenente arsenico pentavalente. ◇ *Anidride arsenica:* pentossido di diarsenico (As_2O_5). – *Acido arsenico:* acido ortoarsenico (H_3AsO_4).

arsenióso agg. CHIM. Che contiene arsenico trivalente. ◇ *Anidride arseniosa:* ossido d'arsenico (As_2O_3), molto tossico, detto anche *arsenico bianco.*

arseniùro s.m. CHIM. Composto binario dell'arsenico con un metallo.

àrsi s.f. inv. (gr. *ársis* "elevazione") **1.** METR. Nella metrica greca, tempo debole del piede. ~ Nella metrica latina tarda, tempo forte. ~ Nella metrica moderna, tempo forte su cui si trova l'accento ritmico, in oppos. a *tesi.* **2.** MUS. Tempo senza accento, detto anche *in levare.*

arsina s.f. (fr. *arsine*) CHIM. Idruro d'arsenico (AsH_3), gas velenoso dall'odore sgradevole. ~ Ogni derivato di tale composto, ottenuto per sostituzione degli atomi d'idrogeno con radicali alchilici.

àrso agg. Bruciato, inaridito, secco.

arsùra s.f. **1.** Calore insopportabile dell'aria. ~ estens. Aridità, siccità. **2.** estens. Sensazione di aridità che si prova in gola, per sete o febbre.

Art déco loc. sost. f. inv. (loc. fr., abbr. di *Art décoratif*) Stile proprio degli anni Venti, valorizzato dall'*Esposizione* delle arti decorative e industriali moderne tenutasi a Parigi nel 1925.
ENCICL. Lo stile dell'Art déco è influenzato soprattutto dal gusto per le linee rette (sotto l'influenza del cubismo), dai colori armonizzati, dall'interpretazione geometrica delle forme della natura, ma anche dalla fedeltà a una tradizione di raffinata eleganza. In Francia, i principali protagonisti sono decoratori come É. Ruhlmann, Louis Süe e André Mare (questi ultimi due sono i fondatori degli arts français" del 1919), Maurice Dufrêne e Paul Follot, famosi per la creazione di mobili preziosi. Molte forme d'arte sono in qualche modo suggestionate dal lusso dell'Art déco: la vetreria e la cristalleria di Baccarat, Lalique, Daum, l'oreficeria di Christofle e Puiforcat, le porcellane di Haviland e Sévres. Quanto all'architettura, la preferenza per gli angoli smussati e per la stilizzazione del decoro si accompagnano, spec. nel periodo 1920-1930, alla creazione di mobili con elementi in metallo.

art director /['ɑːt dai'rektə/] loc. sost. m. e f. inv. (loc. ingl., "direttore artistico") Responsabile dell'orientamento artistico di un'agenzia pubblicitaria o della grafica di un giornale, di una rivista, ecc.

àrte s.f. **1.** Attività dell'uomo basata sul possesso di una tecnica, su un sapere acquisito sia teoricamente sia con l'esperienza. ~ Mestiere o professione che richiede un'abilità specifica. *Arte del fabbro, del pittore.* ◇ *Arti liberali:* quelle che richiedono abilità intellettuali. – *Arti del trivio e del quadrivio:* nell'organizzazione medievale del sapere, rispettivamente grammatica, dialettica, retorica e aritmetica, geometria, astronomia, musica. – *A regola d'arte,* alla perfezione. **2.** Produzione di opere adeguate ai canoni estetici del bello, prevalenti nei diversi periodi storici. ~ L'insieme delle opere artistiche di un paese, di un'epoca, di un autore. *L'arte del Rinascimento.* ◇ *Arti minori:* miniatura, ceramica, oreficeria, falegnameria, ecc. – *Belle arti:* quelle figurative (scultura, pittura, incisione, ecc.). **3.** Attitudine mimica e interpretativa. *Arte drammatica.* **4.** estens. Abilità nel compiere una data azione. *Un tiro perpetrato ad arte.*

5. ST. Dal Medioevo fino alla Rivoluzione francese, corporazione di artigiani, mercanti, professionisti.

artefàtto agg. (lat. *arte fáctum*, propr. "fatto con arte") **1.** Modificato con opportuni interventi. ~ Sofisticato **2.** estens. Artificioso, affettato. ◆ s.m. BIOL. Fenomeno d'origine artificiale o accidentale, incontrato nel corso di un'osservazione o di un'esperienza eseguita su un fenomeno naturale.

artéfice s.m. e f.**1.** Chi compie un lavoro che richiede creatività, sapere e specifica abilità manuale. **2.** Autore, orditore, responsabile.

artemisia s.f. (gr. *artemisía* "sacra ad Artemide") Pianta aromatica delle regioni temperate, di cui molte specie sono coltivate (genepì, assenzio, dragoncello). (Famiglia delle Composite.)

artèria s.f. (lat. *artēriam*, gr. *artēría* deriv. di *artān* "essere connesso, sospendere") **1.** ANAT. Vaso sanguigno che porta il sangue dal cuore alla periferia. *Arteria aortica.* **2.** fig. Importante via di comunicazione e di traffico.

arteriectomia s.f. MED. Resezione di un segmento di un'arteria.

arteriografia s.f. MED. Radiografia delle arterie ottenuta con l'introduzione in esse di sostanze radiopache.

arteriola s.f. ANAT. Diramazione di un'arteria che termina nei capillari.

arteriopatia s.f. MED. Qualsiasi affezione delle arterie.

arteriosclèrosi s.f. inv. MED. Perdita di elasticità, indurimento delle arterie tipico della vecchiaia.

arteriosclèròtico agg. [pl.m. –ci, f. –che] Caratterizzato, affetto da arteriosclerosi. ◆ s.m. **1.** Persona affetta da arteriosclerosi. **2.** fam. estens. Rimbambito.

arterióso agg. Delle arterie. ◇ *Pressione arteriosa:* quella del sangue che scorre nelle arterie.

arteriotomia s.f. MED. Incisione chirurgica di un'arteria.

arterite s.f. MED. Infiammazione della parete di un'arteria.

artesiàno agg. (fr. *artésien* "dell'Artois", regione francese in cui venne sperimentato tale tipo di pozzo) **1.** Di pozzo che tocca una falda acquifera dotata di pressione tale da far salire l'acqua spontaneamente alla superficie. **2.** Dell'Artois.

àrtico agg. [pl.m. –ci, f. –che] (gr. *arktikós* "appartenente all'emisfero della costellazione dell'Orsa") **1.** Situato nelle regioni del nord. **2.** Attinente al Polo Nord. ◆ s.m. Il Polo Nord e la zona posta oltre i 66 gradi e 33 primi di latitudine nord.

1. articolàre v.tr. **1.** Muovere un arto. **2.** FON. Disporre gli organi dell'apparato fonatorio in modo da produrre suoni, spec. suoni distintivi di un sistema linguistico. **3.** fig. Pronunciare parole distintamente, quasi sillabando. *Non riesco ad articolare una parola.* **4.** fig. Suddividere un argomento ordinandolo in una serie di elementi logicamente rapportati tra loro. *Articolare un discorso.* ◆ **articolarsi** v.pron. **1.** Detto di un arto, connettersi con altra parte anatomica per formare un'articolazione. **2.** fig. Organizzarsi, suddividersi in un certo modo.

2. articolàre agg. ANAT. Relativo alle articolazioni.

1. articolàto agg. **1.** Che si muove grazie a un'articolazione. **2.** fig. Organizzato in un dato ordine. **3.** Pronunciato, espresso con chiarezza. *Parola articolata bene, male.* **4.** Frastagliato. **5.** GRAMM. Di preposizione unita a un articolo. ◆ s.m. → autoarticolato.

2. articolàto s.m. DIR. Insieme degli articoli di cui è costituita una legge o un disegno di legge.

articolatóre s.m. FON. Ogni organo dell'apparato fonatorio in grado di produrre suoni.

articolatòrio agg. [pl.m. –ri] FON. Relativo l'articolazione dei suoni della lingua.

articolazióne s.f. **1.** Punto di unione tra due o più ossa. ◇ fig. *Articolazione di un discorso:* svolgimento, trattazione. **2.** ANAT. Il muoversi delle membra nel punto in cui sono articolate.

■ Lo stile art déco

Come "les Années folles" succedono alla "Belle Epoque", allo stesso modo l'"art déco" succede al "modern style" (art nouveau). La corrente si afferma nel primo dopoguerra soprattutto in Francia. Gli artisti iniziano in quel periodo ad aderire a uno stile geometrico espresso in una produzione elegante e preziosa. A differenza dei tedeschi, creatori del design moderno (in particolare con il Bauhaus), i decoratori francesi, a partire dagli ebanisti, sono caratterizzati da un ritorno alla tradizione: amabile e spensierata, la loro produzione ripropone l'eleganza dello stile Luigi XVI e il comfort del Luigi Filippo.

Jacques Émile Ruhlmann. Piccolo armadio (1922) in amaranto, con decoro floreale in mosaico d'ebano e avorio. (Museo delle Arti Decorative, Parigi.)

André Marty. Paravento "Plein Air" in stoffa (1925). Disegnatore di moda e illustratore, l'artista si ispira alla tradizione pittorica per esprimere in maniera stilizzata la libertà e la serenità rivendicate dalla sua epoca. (Museo delle Arti Decorative, Parigi.)

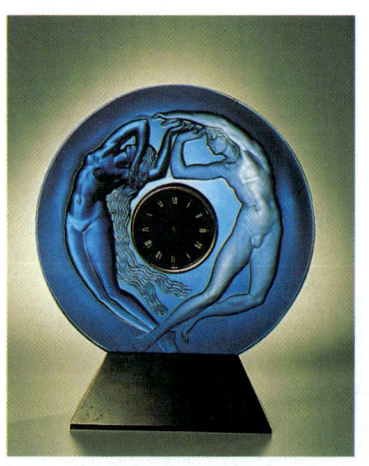

Raymond Templier. Portasigarette in argento laccato (1930), di spirito modernista, realizzato dal gioielliere R. Templier. (Museo delle Arti Decorative, Parigi.)

René Lalique. Orologio "Il giorno e la notte" (1926), in pasta di vetro modellata, dal caratteristico decoro di spirito classico. (Coll. Lalique, Parigi.)

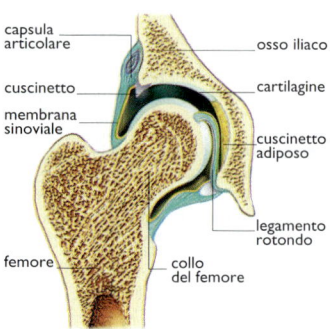

capsula articolare — osso iliaco
cuscinetto — cartilagine
membrana sinoviale — cuscinetto adiposo
legamento rotondo
femore — collo del femore

■ **articolazióne** dell'anca (sezione).

3. FON. Disposizione degli organi che permettono, col passaggio dell'aria, la produzione di suoni diversamente caratterizzati. ~ La produzione stessa dei suoni linguistici. **4.** FON. *Doppia articolazione:* la suddivisione della catena fonica di un enunciato in segmenti che si dispongono su due livelli, quello delle singole parole ed eventualmente parti di parole (*monemi* e *morfemi*) e quello delle unità foniche distintive (*fonemi*). **5.** MECC. IND. Punto di giuntura di due pezzi, che ne consente il movimento relativo. **6.** BOT. Punto di unione tra due parti vegetali.

articolìsta s.m. e f.[pl.m. *–sti*] Autore di articoli di giornale.

artìcolo s.m. **1.** GRAMM. Elemento del sistema linguistico che si associa a un sostantivo o ad altra parola sostantivata per indicare la determinatezza o l'indeterminatezza della cosa designata. **2.** Ciascuna delle parti, corrispondente alla trattazione di un argomento, in cui sono suddivisi decreti, leggi, regolamenti, ecc. ◇ *Articolo di fede:* ciò che la Chiesa definisce come verità rivelata non suscettibile di dubbio da parte dei fedeli; *fig.* ciò che è ritenuto certo, vero, al di là di ogni dubbio. **3.** Scritto destinato a un giornale o a una rivista. ◇ *Articolo di fondo:* articolo che rispecchia la linea del giornale a firma del direttore o a lui attribuibile, pubblicato in alto a sinistra nella prima pagina. – *Articolo di terza pagina:* dedicato ad argomenti culturali. **4.** Voce, lemma di un'opera enciclopedica. **5.** Oggetto in vendita. *Articolo di lusso.* ◇ *Articoli da regalo:* oggetti graziosi adatti a un dono.

artière s.m. MIL. Soldato del genio.

artificiàle agg. **1.** Ottenuto con procedimenti tecnici, non naturale. *Fecondazione artificiale.* ~ Fatto a somiglianza della natura. *Neve artificiale.* **2.** *fig.* Non spontaneo, non sincero. SIN.: *artificioso.*

artificière s.m. (fr. *artificier*) **1.** Militare o civile specializzato nel maneggio e nel brillamento di esplosivi. **2.** Preparatore di fuochi d'artificio.

artifìcio s.m. [pl. *–ci*] **1.** Abilità notevole nell'eseguire un'opera. ~ *estens.* Mezzo di cui ci si serve per conseguire qlco. **2.** Abuso di espedienti leziosi. *Parlare senza artifici.* **3.** Congegno per ottenere brillamenti ed esplosioni.

artificiosità s.f. inv. Affettazione, formalismo eccessivo.

artificióso agg. Non spontaneo, affettato, innaturale.

artigianàle agg. **1.** Di artigiano, non industriale. **2.** *estens.* Fatto con mezzi rudimentali, alla buona.

artigianàto s.m. **1.** Categoria, condizione degli artigiani. **2.** *estens.* Insieme dei prodotti fatti dagli artigiani. *Artigianato sardo.*

artigiàno s.m. [f. *–na*] Professionista che esercita un'attività lavorativa a livello familiare o con un numero limitato di operai. ◆ agg. Artigianale.

artigliàto agg. **1.** Ricurvo come un artiglio. **2.** Fornito di artigli.

artiglière s.m. (fr. *artilleur*) Soldato d'artiglieria.

artiglieria s.f. (fr. *artillerie*) **1.** Insieme delle armi da fuoco non portatili. ◇ *Artiglieria pesante:* di grosso calibro, capace di tiri a lunga distanza. **2.** Settore dell'esercito specializzato nell'impiego di tali armi.

artiglio s.m. [pl. *–gli*] (provenz. *artelh* "dito del piede") Unghia robusta e adunca, atta alla presa, propria dei felini e degli uccelli predatori. ◇ *fig. Tirare fuori gli artigli:* diventare aggressivo.

Artiodàttili s.m. pl. [iniziale minusc. sing. *–lo* per l'individuo] ZOOL. Ordine di mammiferi nei quali il peso del corpo grava sul terzo e quarto dito (p.e. ippopotamo, cinghiale); detti anche *Paridigitati.* (Quest'ordine comprende i Suini, i Ruminanti e i Camelidi.)

artista s.m. e f.[pl.m. *–sti*] **1.** Chi opera nel campo dell'arte come creatore o come interprete. *Essere un grande artista.* **2.** Professionista dello spettacolo. *Artista di teatro.* **3.** *estens.* Chi esegue il proprio lavoro con una perizia tale da raggiungere risultati unici. ~ Chi ha doti di gusto e sensibilità estetica. *Animo da artista.* ~ Chi è bizzarro e stravagante. *Vestire da artista.*

artistico agg. [pl.m. *–ci*, f. *–che*] Relativo all'arte e agli artisti. *Liceo artistico.* ~ Fatto con arte. *Prodotto artistico.* ~ Che ha un gusto fine e una sensibilità estetica spiccata.

Art nouveau [/'ar nu'vo/] loc. sost. f. (solo sing.) (loc. fr. propr. "arte nuova") Movimento artistico definito più spesso *liberty.*
ENCICL. In rottura con l'eclettismo e l'accademismo del sec. XIX, l'Art nouveau comporta allo stesso tempo un'ispirazione poetica volta all'imitazione delle forme naturali e un rigore razionalista che si manifesta in partic. nel settore dell'architettura: Horta in Belgio e Guimard in Francia, p.e., sono tecnici innovatori nell'uso del ferro, del vetro, della ceramica e nella libertà funzionale dei loro progetti. Preparata da W. Morris in Inghilterra, legata al movimento simbolista, l'Art nouveau emerge a Bruxelles, a Nancy (Gallé, V. Prouvé, Majorelle, Daum con l'arte vetraria, ecc.), a Parigi (Lalique, il disegnatore di mobili Eugène Gaillard), a Monaco (Jugendstil), a Barcellona (con l'opera molto particolare di Gaudí), ecc. Si esprime in modo più contenuto a Glasgow (Mackintosh) e a Vienna (*Secession-Stil:* Klimt, J. Hoffmann, ecc.). In seguito, il cubismo, l'architettura senza ornamenti e l'Art déco finiscono per soppiantare gli incanti immaginativi dell'Art nouveau.

àrto s.m. ANAT. Ciascuna delle parti articolate del corpo umano e animale che si inseriscono sul tronco.

Artocàrpo s.m. BOT. Genere di piante tropicali asiatiche, comprendente diverse specie, tra cui l'albero del pane. (Famiglia delle Moracee.)

artralgia s.f. MED. Dolore localizzato nelle articolazioni, senza lesioni apparenti.

artrite s.f. MED. Infiammazione delle articolazioni.

artritico agg. [pl.m. *–ci*, f. *–che*] MED. Relativo, dovuto all'artrite. ◆ s.m. [f. *–ca*] Chi è affetto da artrite.

artritismo s.m. MED. Ogni forma di malattia reumatica che causa lesioni articolari.

artròdesi s.f. inv. MED. Immobilizzazione dei capi articolari.

artrografia s.f. MED. Radiografia di un'articolazione eseguita mediante l'iniezione di un mezzo di contrasto nella cavità articolare.

artrologia s.f. MED. Branca dell'anatomia che studia le articolazioni.

artropatia s.f. MED. Patologia articolare.

artroplàstica s.f. [pl. *–che*] MED. Ricostruzione chirurgica di un'articolazione anchilosata.

Artròpodi s.m. pl. [iniziale minusc. sing. *–de* per l'individuo] ZOOL. Tipo di invertebrati caratterizzati da simmetria bilaterale, organizzazione metamerica, appendici articolate ed esoscheletro chitinoso. (Gli Artropodi, di cui fanno parte Crostacei, Insetti, Miriapodi e Aracnidi, costituiscono l'80% di tutte le specie animali.)

artroscopia s.f. MED. Esame endoscopico di una cavità articolare.

artròsi s.f. inv. MED. Affezione cronica degenerativa non infiammatoria delle articolazioni. ◇ *Artrosi cervicale:* quella a carico delle verte-

■ L'art nouveau

Il "modern style" è caratterizzato, in numerosi Paesi alla fine del sec. XIX, da un rifiuto, da parte degli artisti, degli stili antichi nell'arte contemporanea. Pertanto ai colonnati di stile classico gli architetti sostituiscono curve ispirate alle forme della natura; in seguito, si adotterà l'angolo retto, soprattutto nel movimento secessionista viennese.

Louis Comfort Tiffany. Vaso in vetro "favrile" (1896 circa), ispirato alle piume del pavone, realizzato dall'artista del vetro americano L. C. Tiffany. (Metropolitan Museum, New York.)

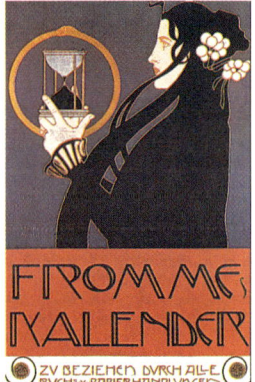

Koloman Moser. Copertina di un calendario (1912) realizzata dal grafico austriaco, esponente della Secessione viennese.

René Lalique. Spilla in oro e smalto con perla scaramazza (1900 circa). (Museo delle Arti Decorative, Parigi.)

Hector Guimard. Casa Coilliot, a Lille (1898). La stretta facciata è vivacizzata grazie all'asimmetria, al rientro centrale, alla diversificazione dei materiali.

Victor Horta. Vista di un salone e della scala di Casa Horta a Bruxelles (1898). La linea sinuosa trionfa nel ferro battuto e nei mobili, disegnati dall'architetto per suo uso personale.

bre situate nella parte posteriore del collo. (I disturbi più frequenti sono le nevralgie e le vertigini.)

artrotomìa s.f. MED. Intervento chirurgico consistente nell'apertura di un'articolazione.

arùspice s.m. In epoca etrusca e romana, sacerdote che traeva presagi dall'osservazione delle viscere degli animali sacrificati.

arvàle s.m. (lat. *arvàlem*, deriv. di *àrvum* "campo") ANT. ROM. Ciascuno dei sacerdoti della dea Dia (Cerere), che officiavano i riti agresti della fertilità.

arvènse agg. BOT. Di pianta che alligna nei campi coltivati.

arvicola s.f. Piccolo roditore con coda corta e pelosa, molto nocivo all'agricoltura. (Lunghezza 10 cm ca., famiglia dei Muridi.)

■ **arvìcola** o topo campagnolo.

arzigogolàre v.intr. (aus. *avere*) Perdersi in supposizioni, fantasticherie, discorsi inutili. SIN.: **fantasticare**.

arzigògolo s.m. **1.** Ragionamento, discorso tortuoso e astruso. SIN.: **sofisma**. ~ *estens.* Fantasticheria. **2.** Espediente ingegnoso.

arzillo agg. Pieno di vivacità e buon umore.

asàna s.m. inv. Posizione dello yoga.

asbestòsi s.f. inv. MED. Affezione polmonare dovuta all'inalazione prolungata di polveri di amianto.

ascàride s.m. Verme parassita dell'intestino tenue dei vertebrati. (Lunghezza 15-25 cm; classe dei Nematodi.)

ascaridiòsi s.f. inv. MED. Malattia parassitaria causata dagli ascaridi.

àscaro s.m. ST. Soldato di reparti indigeni nelle ex colonie italiane in Africa.

ascèlla s.f. (lat. *axìllam*, deriv. di *àla* "ala") **1.** ANAT. Incavo che sottostà all'articolazione del braccio con la spalla. **2.** BOT. Angolo che il picciolo della foglia forma col ramo a cui è unito.

ascendènte agg. Che sale, che tende verso l'alto. SIN.: **ascensionale**. ◆ s.m. **1.** (anche f.) Antenato, avo, progenitore. **2.** ASTROL. Segno zodiacale che, al momento della nascita di qlcu. si trova in ascesa all'orizzonte e che influisce sulla sua personalità. ◇ *fig. Avere un grande ascendente:* avere autorità, influenza morale e intellettuale.

ascendènza s.f. **1.** Direzione o tendenza verso l'alto. *L'ascendenza di un movimento.* **2.** Seguito di antenati. *L'ascendenza di una famiglia.*

ascéndere v.intr. [33] (aus. *essere*) **1.** Muoversi verso un luogo più alto. **2.** *fig.* Giungere a una posizione importante. *Ascendere al trono.* **3.** *fig.* Detto di una somma di denaro, ammontare a una certa cifra. *I debiti ascendono a decine di milioni.*

ascensionàle agg. (fr. *ascensionnel*) Che sale. *Velocità ascensionale.* ◇ METEOR. *Corrente ascensionale:* colonna d'aria più leggera, che presenta un moto verso l'alto.

ascensióne s.f. **1.** Azione del salire, scalata. *Ascensione sulle Alpi.* ◇ ASTR. *Ascensione retta:* arco di equatore celeste compreso tra l'equinozio di primavera e l'intersezione del cerchio orario di una stella con l'equatore stesso. **2.** CRIST. (iniziale maiusc.) Festa liturgica con cui la Chiesa commemora la salita di Cristo in cielo, quaranta giorni dopo la sua resurrezione.

ascensóre s.m. Impianto per il trasporto di persone in senso verticale per raggiungere piani in altezza o in profondità, costituito da una cabina che si muove grazie a un argano azionato da un motore elettrico.

ascésa s.f. **1.** Salita, ascensione, assunzione. **2.** *fig.* Raggiungimento di un obiettivo, successo. *Ascesa professionale.*

ascèsi s.f. inv. (gr. *áskēsis* "esercizio") Addestramento del corpo e dello spirito alla rinuncia dei beni e dei piaceri mondani, in vista del raggiungimento della purezza dello spirito e della contemplazione di Dio.

ascèsso s.m. (lat. *abscèssum*, deriv. di *abscèdere* "staccarsi") MED. Raccolta di pus localizzata in una cavità formatasi a seguito di un processo infettivo. *Ascesso dentale.*

ascèta s.m. e f. [pl.m. *-ti*] (lat. *ascètam*, gr. *askētḗs* deriv. di *askèin* "esercitarsi") Chi ricerca la perfezione spirituale attraverso la rinuncia agli aspetti mondani della vita. ~ *estens.* Chi sacrifica piaceri e interessi materiali per un fine etico o intellettuale.

ascètica s.f. [non com. pl. *-che*] TEOL. CATT. Branca della teologia che si occupa dell'ascesi nella visione cristiana.

ascètico agg. [pl.m. *-ci*, f. *-che*] Di asceta. *Spirito ascetico.* ~ Relativo all'ascetismo. *Letteratura ascetica.*

ascetismo s.m. **1.** Modo di vivere solitario, privo di piaceri mondani. SIN.: **misticismo**. ~ Dedizione alla meditazione religiosa. **2.** *estens.* Austerità.

àscia s.f. [pl. *asce*] **1.** Utensile da taglio per il legname. ◇ *Maestro d'ascia:* carpentiere specializzato nella costruzione e nella manutenzione di scafi di legno. **2.** Arma piuttosto primitiva a forma di accetta. ◇ *Ascia di guerra:* nel Medioevo, scure da combattimento; per i pellirosse, tomahawk. ~ *fig. Dissotterrare l'ascia di guerra:* riprendere le ostilità contro qlcu.

ascidia s.f. (lat. *Ascidia*, dal gr. *askídion* deriv. di *askós* "otre") Animale marino dalla forma a sacco. (Classe degli Ascidiacei, sottotipo dei Tunicati.)

Ascidiàcei s.m. pl. [iniziale minusc. sing. *-ceo* per l'individuo] ZOOL. Classe di cordati a forma di sacco, che vivono solitari o in colonie.

ascidio s.m. [pl. *-di*] BOT. Organo di alcune piante carnivore originato dalla metamorfosi di una foglia e destinato a catturare e a digerire gli insetti.

ASCII o **A.S.C.I.I.** s.m. (solo sing.) (acronimo dell'ingl. *American Standard Code for Information Interchange*, "codice standard americano per l'interscambio di informazioni") INFORM. Il più diffuso fra i codici internazionali che definisce una corrispondenza tra numeri, lettere e simboli con valori binari univoci, comprensibili ed elaborabili dal computer. (È anche il principale codice di trasmissione dati fra sistemi di elaborazione. I personal computer utilizzano normalmente il codice ASCII o un suo sottoinsieme.)

ascissa s.f. (lat., deriv. di *abscìssam lineam* "linea tagliata") MAT. La prima delle due coordinate cartesiane atte a individuare un punto del piano. ◇ *Asse delle ascisse:* l'asse orizzontale del piano cartesiano.

ascite s.f. MED. Versamento di liquido sieroso nella cavità peritoneale.

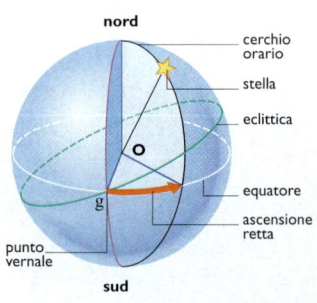

■ **ascensióne** retta.

asciugabiancherìa s.m. inv. Elettrodomestico che permette di essiccare la biancheria mediante immissione di aria calda.

asciugacapélli s.m. inv. Apparecchio elettrico che asciuga i capelli con l'emissione di aria calda. SIN.: **fon**.

asciugamàno s.m. Panno in cotone o in lino, che serve per asciugare la pelle.

asciugàre v.tr. [4] (lat. *exsucàre* "trarre il succo da") Eliminare il liquido o l'umidità che bagna qlco. *Asciugare i piatti.* ◆ v.intr. (aus. *essere*) Diventare asciutto. *I panni asciugano al sole.* ◆ **asciugarsi** v.pron. **1.** Rendere asciutto il proprio corpo, o una parte di esso, togliendo il bagnato. *Asciugarsi al sole.* **2.** Diventare asciutto. *La strada si asciuga dopo il temporale.* **3.** *fig.* Detto di persone, diventare magro.

asciugatóre s.m. Apparecchio elettrico che emette aria calda per asciugare le mani.

asciugatrice s.f. Macchina per asciugare tessuti, biancheria, ecc.

asciùtto agg. (lat. *exsùctum*, deriv. di *exsùgere* "succhiare") **1.** Privo d'umidità, d'acqua o d'altro liquido. *Torrente asciutto.* ◇ *fig. Avere il fisico asciutto:* muscoloso e non grasso. **2.** *fig.* Brusco, rude. ◇ *Stile asciutto:* molto laconico, conciso. ◆ s.m. (solo sing.) Superficie non bagnata. *I pneumatici aderiscono meglio sull'asciutto.*

Asclepiadàcee s.f. pl. [iniziale minusc. sing. *-a* per l'individuo] BOT. Famiglia di piante dicotiledoni erbacee o arbustive, con fusto carnoso o legnoso. (Ordine delle Contorte.)

asclepiade s.f. (dal nome gr. del dio della medicina Asclepio) **1.** Arbusto perenne con foglie opposte e fiori azzurri, le cui radici vengono usate nella produzione di liquori. (Famiglia delle Genzianacee.) **2.** BOT. (iniziale maiusc.) Genere di piante delle Asclepiadacee.

asclepiadèo s.m. (dal nome del poeta Asclepiade che ne fu ritenuto l'inventore) METR. Metro della lirica classica, formato da uno spondeo, due coriambi e un giambo (minore) o da uno spondeo, tre coriambi e un giambo (maggiore). In funzione di agg., di strofa formata da asclepiadei, gliconei, ferecratei.

àsco s.m. [pl. *aschi*] (gr. *askós* "otre") BOT. Organo microscopico a forma di clava all'interno del quale si formano le spore dei funghi ascomiceti.

ascocàrpo s.m. BOT. Ricettacolo fruttifero dei funghi ascomiceti.

ascogònio s.m. [pl. *-ni*] BOT. Nei funghi ascomiceti, l'organo femminile che viene fecondato.

ascoltàre v.tr. (lat. *ascultàre*, deriv. di *aùris* "orecchio") **1.** Porgere l'orecchio a udire qlco. *Ascoltare della musica.* ~ Stare a sentire con attenzione qlcu. che parla. *Ascoltare l'oratore.* **2.** *estens.* Seguire consigli o ammonimenti, darvi retta. **3.** *estens.* Esaudire richieste e preghiere. *Ascoltare le richieste del popolo.* **4.** MED. Auscultare la cavità toracica.

ascoltatóre s.m. [f. *-trice*] Chi ascolta una trasmissione radiofonica o un discorso pronunciato in pubblico.

ascólto s.m. Atto di ascoltare. ◇ *Prestare ascolto a qlcu.:* dare retta.

Ascomicèti s.m. pl. [iniziale minusc. sing. *-te* per l'individuo] BOT. Sottodivisione di funghi, perlopiù parassiti e saprofiti, che si riproducono attraverso spore contenute in aschi.

ascòrbico agg. [pl.m. *-ci*] CHIM. *Acido ascorbico:* vitamina C, contenuta negli agrumi, nella verdura, ecc., la cui carenza causa lo scorbuto.

ascospòra s.f. BOT. Spora che si sviluppa negli aschi dei funghi ascomiceti.

ascot /ˈæskət/ s.m. inv. (voce ingl.) ABBIGL. → cache-col.

ascritto agg. **1.** Attribuito. **2.** FON. Relativo ad alcuni segni che vengono scritti accanto ad altri, in opps. a quelli *sottoscritti*.

ascrìvere v.tr. [30] (lat. *adscrìbere* "aggiungere scrivendo") **1.** Accogliere, iscrivere, includere qlcu. in una organizzazione, in un elenco, in una serie. **2.** Attribuire qlco. a lode o a biasimo. *Ascrivere il risultato a merito dei ricercatori.* SIN.: **imputare**.

asdic [/'æzdik/] s.m. inv. (voce ingl., sigla di *Allied Submarine Devices Investigation Committee*) Apparecchio che consente a una nave di superficie, emettendo ultrasuoni, la rilevazione e la localizzazione di un sottomarino. (Messo a punto in Gran Bretagna negli anni 1920, è all'origine del sonar.)

asèllo s.m. (lat. *asĕllum*, deriv. di *ăsinus* "asino") Piccolo crostaceo d'acqua dolce, simile all'onisco. (Ordine degli Isopodi.)

asemàntico agg. [pl.m. –*ci*, f. –*che*] Che non può essere interpretato semanticamente.

asèpsi s.f. inv. MED. Assenza di microrganismi nelle ferite e negli strumenti chirurgici. ~ *estens.* Insieme dei metodi che permettono di mantenere questo stato.

asessuàle agg. BIOL. Di riproduzione che avviene senza fusione del materiale genetico di due organismi.

asessuàto agg. **1.** BIOL. Che non presenta organi sessuali differenziati. **2.** *fig.* Di persona, che appare privo di interessi e stimoli sessuali.

asèttico agg. [pl.m. –*ci*, f. –*che*] **1.** MED. Privo di germi, sterile. **2.** *fig.* Privo di originalità, impersonale, freddo. *Un discorso asettico.*

asfaltàre v.tr. Coprire d'asfalto.

asfaltatùra s.f. Stesura dell'asfalto; in partic. pavimentazione stradale ottenuta colando l'asfalto liquido su un letto di pietrisco compresso.

asfàlto s.m. (gr. *ásphaltos* "bitume di Giudea" di orig. semitica) **1.** MIN. Miscuglio naturale o artificiale di materiale inerte e bitume usato per impermeabilizzazioni, pavimentazioni stradali; detto anche *catrame.* **2.** *estens.* Strada pavimentata con asfalto.

asfissìa s.f. (gr. *asphyksía* "arresto del polso", fr. *asphyxie*) MED. Impossibilità di effettuare la normale attività respiratoria, con conseguente mancata ossigenazione del sangue. ~ *fig.* Noia, monotonia, oppressione.

asfissiànte agg. Che determina asfissia. ~ *fig.* Noioso, opprimente.

asfissiàre v.tr. [6] **1.** Uccidere qlcu. per asfissia. ~ *estens.* Togliere il respiro, provocare asfissia, dando a qlcu. un senso di soffocamento. **2.** *fig.* Infastidire, opprimere, annoiare. ◆ v.intr. (aus. *essere*) Morire per asfissia. ~ *estens.* Sentirsi soffocare. ◆ **asfissiarsi** v.pron. Uccidersi provocando uno stato di asfissia.

asfìttico agg. [pl.m. –*ci*, f. –*che*] **1.** MED. Che è in stato di asfissia. *Il neonato era asfittico.* **2.** *fig.* Poco rigoglioso, poco vitale.

asfodèlo s.m. **1.** Pianta erbacea con foglie lineari allungate e fiori bianchi a grappolo, considerata dagli antichi greci sacra ai morti. (Famiglia delle Liliacee.) **2.** BOT. (iniziale maiusc.) Genere di monocotiledoni a cui appartengono gli asfodeli.

fiore

■ asfodèlo

ashkenazita o **askenazita** agg. [pl.m. –*ti*] (ebr. deriv. di *yᵉAškenaz*, nome di un popolo discendente da Iafet ma che nel giudaismo mediev. venne a indicare la Germania) Di ebreo originario della Germania o di altri stati dell'Europa centrale e orientale. ◆ s.m. e f. Nel sign. dell'agg.

ashram [/'aʃram/] s.m. inv. (voce sanscr. "rifugio, eremitaggio") In India, comunità spirituale raccolta attorno a un maestro.

asiàgo s.m. inv. (dal nome dell'omonima città in provincia di Vicenza) Formaggio di latte vaccino, semicotto.

asialia s.f. MED. Assenza di saliva.

asianésimo o **asianismo** s.m. Stile, gusto relativo allo stile oratorio e all'indirizzo letterario classico caratterizzato da abbondanza di figure retoriche e ampollosità. ~ *estens.* Ampollosità espressiva.

asiàtica s.f. [pl. –*che*] MED. Influenza epidemica di origine virale, manifestatasi nel 1957 in Cina e diffusasi successivamente nel resto del mondo.

asiàtico agg. [pl.m. –*ci*, f. –*che*] Dell'Asia. ◆ s.m. [f. –*ca*] Nativo, abitante dell'Asia.

asiento [/asi'ento/] s.m. (voce sp.) ST. Contratto con il quale la corona di Spagna concedeva un monopolio commerciale, in partic. per la tratta degli schiavi.

asilo s.m. (gr. *ásylon* "inviolabile") **1.** Luogo dove ci si può rifugiare. *Dare asilo ai poveri.* ◇ *Chiedere asilo:* chiedere riparo e protezione. – *Asilo politico:* concessione di dimorare in uno Stato estero per incompatibilità politica con quello di appartenenza. – *Diritto d'asilo:* in tempo di guerra e in caso di avaria o di difficoltà dovute a maltempo, facoltà riconosciuta alle navi e agli aerei di rifugiarsi in porti neutrali, nonostante il divieto dello Stato ospitante. **2.** Edificio per il ricovero di persone bisognose. *Asilo di mendicità.* SIN.: **ricovero**. **3.** Istituto pedagogico prescolastico. SIN.: **scuola materna**. ◇ *Asilo nido:* *nido d'infanzia.

asimmetrìa s.f. Mancanza di corrispondenza o di proporzione tra le parti costituenti un tutto.

asimmètrico agg. [pl.m. –*ci*, f. –*che*] **1.** Che non presenta simmetria. **2.** CHIM. Di composto derivato o di atomo in cui i legami o le valenze non sono disposti simmetricamente.

asincronismo s.m. **1.** Mancanza di sincronismo. **2.** CINE. Registrazione della colonna sonora in non perfetta simultaneità con le immagini, per creare particolari effetti espressivi.

asincrono agg. **1.** Che non avviene contemporaneamente. **2.** TECN. Di dispositivo che opera senza un riferimento temporale di sincronizzazione oppure in modo non coordinato rispetto a un altro dispositivo. ◇ *Motore asincrono:* motore a corrente alternata la cui velocità di rotazione non dipende dalla frequenza della corrente.

asindeto s.m. (gr. *asýndeton* "disgiunzione") LING. Rapporto di coordinazione tra due o più elementi frasali che si succedono senza l'uso di congiunzioni.

asinergìa s.f. MED. Perturbazione della facoltà di coordinazione dei movimenti elementari in atti complessi.

asinerìa s.f. Ignoranza, grossolanità, stupidità.

àsino s.m. [f. –*na*] **1.** Quadrupede dell'ordine dei Perissodattili più piccolo del cavallo, da soma o da basto, dal pelame grigio, con orecchie lunghe e dritte e coda terminante a ciuffo. (Il verso dell'asino è il raglio; famiglia degli Equidi.) **2.** *fig.* Persona ignorante, sciocca o rozza. *Cocciuto come un asino.*

asintàttico agg. [pl.m. –*ci*, f. –*che*] LING. Che si discosta dalle norme della sintassi.

■ àsino

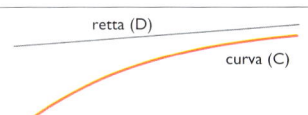

retta (D)

curva (C)

■ **asìntoto.** Retta (D), asintoto della curva (C).

asintomàtico agg. [pl.m. –*ci*, f. –*che*] MED. Che non dà luogo a sintomi. *Malattia asintomatica.*

asintoto s.m. (gr. *asýmptōtos* "che non s'incontra") MAT. Retta, relativa a una curva, la cui distanza da un punto della curva tende a zero quando il punto tende all'infinito.

asismico agg. [pl.m. –*ci*, f. –*che*] **1.** Non soggetto a terremoti. *Zona asismica.* **2.** Antisismico.

asistolìa s.f. MED. Difetto, insufficienza della contrazione cardiaca.

àsma s.f. (solo sing.) Malattia o sindrome che causa difficoltà respiratorie e accessi di tosse. ◇ *Asma bronchiale:* dovuta a spasmi, congestione e ipersecrezione dei bronchi. – *Asma cardiaca:* dovuta a ristagno del sangue nei vasi polmonari.

asmàtico agg. [pl.m. –*ci*, f. –*che*] Relativo all'asma. ~ *fig.* Che procede a fatica. ◆ s m [f –*ca*] Chi soffre di attacchi d'asma.

asociàle agg. **1.** Che si estrania dalla collettività. ~ Che non condivide il tipo di organizzazione sociale esistente. **2.** *estens.* Introverso, solitario. ~ Selvatico, misantropo. ◆ s.m. e f. Nel sign. dell'agg.

àsola s.f. (lat. *ānsulam*, deriv. di *ānsa* "impugnatura") **1.** Occhiello orlato a punto smerlo nel quale si infila il bottone. ~ Occhiello metallico per bottoni a perno. **2.** Anello metallico in cui si infila un gancio, una corda.

Asparagàcee s.f. pl. (iniziale minusc. sing. –*a* per l'individuo) BOT. Sottofamiglia di piante monocotiledoni cui appartiene l'asparago. (Famiglia delle Liliacee.)

asparagina (specie ornamentale)

asparago (specie commestibile)

punta d'asparago (turione)

■ Asparagàcee

asparagina s.f. **1.** CHIM. Amminoacido ad azione diuretica, presente nei turioni d'asparago e in altre piante. **2.** Pianta con foglie minute, usata per comporre mazzi di fiori. (Sottofamiglia delle Asparagacee.)

aspàrago s.m. [pl. –*gi*] Pianta erbacea perenne, rizomatosa, i cui germogli (*turioni*) sono commestibili. (Famiglia delle Liliacee.)

aspartàme s.m. Dolcificante ipocalorico in polvere prodotto artificialmente.

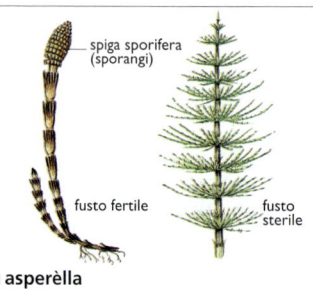

spiga sporifera
(sporangi)

fusto fertile   fusto
sterile

■ **asperèlla**

aspàrtico agg. *Acido aspartico:* amminoacido presente nelle proteine e che interviene nella formazione dell'urea e nella sintesi degli acidi nucleici (DNA, RNA).

aspatóio s.m. [pl. *–toi*] Aspo industriale.

aspecífico agg. [pl.m. *–ci*, f. *–che*] Nel l. sc., che ha la forma di qlco. a cui tuttavia non appartiene intrinsecamente.

asperèlla o **asprèlla** s.f. (lat. *asperèlla,* deriv. di *ásper* "aspro") Nome di diverse piante erbacee con foglie e rami ruvidi, tra cui la *coda cavallina.* (Altezza fino a 1,5 m; genere *Equisetum,* ordine degli Equisetali.)

aspèrgere v.tr. [21] Bagnare leggermente. SIN.: **spruzzare.** ~ Nei riti liturgici, spargere acqua benedetta sui fedeli.

aspèrges s.m. inv. (voce lat., dal versetto *asperges me, Domine, hyssopo et mundabor* "Signore, mi aspergerai di issopo e sarò purificato") RELIG. Aspersorio. ~ *estens.* Aspersione.

Aspergillo s.m. BOT. Genere di funghi dall'aspetto di muffe verdi, che intervengono nei processi di decomposizione delle sostanze organiche. (Classe degli Ascomiceti.)

aspergillòsi s.f. inv. MED. Malattia provocata da un fungo del genere Aspergillo, che colpisce l'uomo e gli animali, localizzandosi soprattutto nei polmoni e nei reni.

asperità s.f. inv. (spec. pl.) **1.** Ruvidezza, asprezza, irregolarità. *Le asperità del terreno.* **2.** *fig.* Difficoltà, ostacoli.

aspermia s.f. **1.** BOT. Mancanza di semi in un frutto. SIN.: **apirenia. 2.** MED. Mancanza o ridotta quantità di sperma.

aspersióne s.f. **1.** Lieve spruzzata. **2.** CATT. Rito di purificazione, consistente nel bagnare leggermente con acqua benedetta persone o cose.

aspersòrio s.m. [pl. *–ri*] CATT. Strumento rituale per benedire con acqua santa, formato da una bacchetta terminante in una piccola sfera bucherellata.

aspettàre v.tr. **1.** Essere o restare in attesa dell'arrivo di qlcu. o qlco. o che si verificasi di qlco. *Aspettare una telefonata.* ◇ *Farsi aspettare:* essere in ritardo. – *Aspettare un figlio, un bambino:* essere incinta. ◇ Con soggetto non animato, essere pronto o preparato per qlcu. *Ti aspetta una buona cena.* ◆ v.intr. (aus. *avere*) Prendere tempo, indugiare prima di fare qlco. *Aspetta!* ◆ **aspettarsi** v.pron. **1.** Prevedere, immaginare qlco. *Questo non me lo aspettavo.* **2.** Sperare qlco. spec. in espressioni negative. *Non mi aspetto nessun ringraziamento.*

aspettativa s.f. **1.** Attesa. ~ (spec. pl.) Speranze, previsioni. **2.** DIR. Situazione che ci si trovi nell'attesa di godere di un diritto soggettivo. **3.** DIR. Nei rapporti di lavoro dipendente, sospensione temporanea dal servizio attivo con conservazione del posto.

1. aspètto s.m. (lat. *aspèctum* "vista") **1.** Modo di presentarsi di persona o cosa. *Non hai un bell'aspetto stamattina.* SIN.: **apparenza. 2.** Punto di vista, prospettiva. *Considerare un problema sotto diversi aspetti.* **3.** LING. Valore espresso dalla forma verbale che descrive lo svolgimento dell'evento sotto determinati profili o lo colloca in una determinata prospettiva di interesse per il parlante. **4.** ASTR. Posizione reciproca di due astri osservati dalla Terra. **5.** ASTROL. Posizione delle coppie di pianeti di cui si tiene conto nell'oroscopo.

2. aspètto s.m. Comune solo nella loc. *sala d'aspetto,* sala d'*attesa.

aspic [/as'pik/] s.m. inv. (voce fr., propr. "serpente" per l'aspetto variegato e gelatinoso della pelle dei rettili) CUC. Piatto di carne, pesce, verdure in gelatina preparato in stampi.

àspide s.m. **1.** Cobra egiziano maculato di scuro, in grado di sputare il suo veleno mortale a una certa distanza; detto anche *aspide di Cleopatra.* (Lunghezza fino a 1,5 m.) **2.** *estens.* Serpente velenoso.

Aspidistra s.f. BOT. Genere di piante erbacee sempreverdi, con grandi foglie ovali erette, di colore verde scuro, coltivate perlopiù come piante ornamentali. (Famiglia delle Liliacee.)

aspirànte agg. **1.** Che risucchia. *Pompa aspirante.* **2.** *fig.* Che ambisce a qlco. *Squadra aspirante al titolo.* ◆ s.m. **1.** (anche f.) Chi mira a conseguire qlco. *Gli aspiranti a quel posto sono molti.* **2.** MIL. Aspirante ufficiale: grado degli allievi dell'ultimo anno delle accademie militari.

aspirapólvere s.m. inv. Elettrodomestico che risucchia polvere, sporcizia.

aspiràre v.tr. **1.** Inspirare aria. ~ *estens.* Inspirare con voluttà per sentire un profumo, un odore. *Aspirare un aroma.* **2.** TECN. Detto di pompe o apparecchi simili, risucchiare liquidi o gas. *L'idrovore aspirano l'acqua.* **3.** FON. Pronunciare un suono con aspirazione. *I toscani aspirano la c.* ◆ v.intr. (aus. *essere*) Ambire, anelare, tendere a qlco. *Aspirare alla fama.*

aspiràto agg. **1.** FON. Di suono pronunciato con aspirazione. **2.** TECN. Detto di motore a scoppio con carburatore dal quale la miscela viene aspirata nel cilindro. ◆ s.f. FON. Consonante aspirata.

aspiratóre s.m. (fr. *aspirateur*) **1.** Apparecchio formato da un ventilatore e da un motore elettrico che risucchia da un ambiente l'aria viziata, i gas, ecc. ◇ *Aspiratore di Bunsen:* bruciatore da laboratorio, funzionante a gas. (A causa della fiamma nuda, oggi non si usa più per ragioni di sicurezza.) **2.** MED. Strumento chirurgico per risucchiare liquidi organici.

aspirazióne s.f. **1.** Immissione nelle vie respiratorie. **2.** Inalazione, risucchio di fluidi. ~ *fig.* Desiderio di raggiungere una meta. SIN.: **ambizione. 3.** FON. Tipo di articolazione caratterizzato dal passaggio del flusso d'aria attraverso le corde vocali non in vibrazione. **4.** MECC. Nel motore quattempi, fase nella quale la miscela viene aspirata nei cilindri.

aspirina s.f. (ted. *Aspirin,* nome coniato nel 1899 da H. Dreser e brevettato dall'industria Bayer) Denominazione commerciale, che costituisce marchio registrato, di medicinale antinfiammatorio, analgesico, antiaggregante piastrinico a base di acido acetilsalicilico.

Asplènio s.m. [pl. *–ni*] (gr. *ásplēnos,* propr. "contro il mal di milza") BOT. Genere di felci con foglie intere o frastagliate e indusio univalve, usate come piante ornamentali. (Famiglia delle Polipodiacee.)

àspo s.m. (got. *haspa*) **1.** Strumento usato per avvolgere un filo in matassa. **2.** Organo della mietitrebbiatrice che pone gli steli sul trasportatore. **3.** IND. TESS. Attrezzo per avvolgere il filato sugli alberi.

asportàre v.tr. **1.** Portare via qlco. da un luogo. **2.** MED. Togliere con intervento chirurgico una parte malata dal corpo.

asportazióne s.f. Il portar via qlco. da un luogo, spec. come atto chirurgico.

aspòrto s.m. Usato spec. nella loc. *da asporto,* da portare via, a casa. *Pizza da asporto.*

asprézza s.f. **1.** Qualità di ciò che è aspro. **2.** Ruvidezza, scabrosità, asperità. **3.** *fig.* Durezza, rigidezza, severità. **4.** Riferito al clima, rigidità, inclemenza. **5.** LING. Incontro dissonante di suoni.

asprigno agg. **1.** Leggermente aspro. *Vino asprigno.* **2.** *fig.* Stridente, stridulo. *Voce asprigna.*

àspro agg. [superl. *asperrimo* o *asprissimo*] **1.** Di sapore agro; di odore acre, pungente. **2.** Riferito a suono, stridente, sgradevole. *Voce aspra.* **3.** Ruvido, scabroso. *Le arance hanno la buccia aspra.* **4.** *estens.* Brullo, impervio, accidentato. *Un'aspra salita.* **5.** *fig.* Brusco, scostan-

te, acido. *Una rimprovero aspro.* **6.** Riferito a clima, inclemente, duro a sopportarsi. **7.** LING. Di suono consonantico accompagnato da aspirazione.

assafètida s.f. Gomma resinosa che si estrae dalla corteccia e dalle radici di alcune piante delle Ombrellifere diffuse in Asia.

assaggiàre v.tr. [5] **1.** Ingerire una piccola quantità di una sostanza, per valutarne il sapore. *Assaggiare la minestra.* **2.** *estens.* Mangiare o bere in piccole quantità. *Non ho fame, assaggerò solo il pesce.*

assaggiatóre s.m. [f. *–trice*] Persona incaricata di assaggiare prodotti alimentari.

assàggio s.m. [pl. *–gi*] **1.** Introduzione nella bocca di una piccola quantità di cibo o di bevanda, per valutarne il sapore e il gusto. SIN.: **degustazione. 2.** *estens.* Piccola quantità di cibo o di bevanda che si prende per assaggiare. **3.** *fig.* Prova, saggio. *Dare un assaggio della propria abilità.*

assài avv. **1.** Molto. **2.** Abbastanza. *Ho visto assai.* ◆ agg. inv. Molto. *Ho già avuto assai grane con te.*

assàle s.m. Organo non rotante degli autoveicoli, che trasmette il carico del telaio alle ruote.

assalire v.tr. [88] **1.** Gettarsi su qlcu. *Assalire le truppe in marcia.* ~ *fig.* Apostrofare, investire qlcu. con parole ostili. **2.** *fig.* Investire qlcu. mettendolo alle strette, incalzare. *Essere assaliti dalle richieste.* **3.** *fig.* Detto di idee, sentimenti o mali fisici, cogliere qlcu. con improvvisa violenza. *Il dubbio mi assale.*

assaltàre v.tr. **1.** Prendere d'assalto qlco. con le armi. *Assaltare la banca.* **2.** *fig.* Circondare qlco., fare ressa attorno a esso. *Assaltare un negozio.*

assaltatóre s.m. [f. *–trice*] Chi prende parte a un attacco militare o ad altro assalto.

assàlto s.m. **1.** MIL. Azione decisa di un esercito che si muove contro il nemico. *Dare l'assalto.* ◇ *Truppe d'assalto:* destinate al combattimento in prima linea. ~ *fig. Prendere d'assalto:* affollare. **2.** SPORT. Nella scherma, fase del combattimento; nel pugilato e nella lotta, ripresa.

assaporàre v.tr. **1.** Gustare lentamente. *Assaporare il vino.* SIN.: **assaggiare. 2.** *fig.* Sperimentare intensamente qlco. *Assaporare un periodo di vacanza.*

assassinàre v.tr. **1.** Commettere un assassinio, uccidere con premeditazione e crudeltà. **2.** *fig.* Danneggiare, rovinare; in partic. interpretare o eseguire male un'opera d'arte. *Assassinare una poesia.*

assassinio s.m. [pl. *–ni*] **1.** Omicidio, delitto, uccisione. **2.** *fig.* Esecuzione maldestra di musiche, canti, parti drammatiche.

assassino agg. (ar. *ḥaššāšīn* "fumatori di hashish", nome dei seguaci del Veglio della Montagna noti per la crudeltà delle loro azioni compiute sotto l'effetto della droga) **1.** Che uccide, che serve per uccidere. *Mano assassina.* **2.** *fig.* Provocante, ammaliante. *Sguardo assassino.* **3.** *fig.* Spossante, opprimente micidiale. *Un lavoro assassino.* ◆ s.m. [f. *–na*] **1.** Chi commette un assassinio. **2.** *fig.* Chi per incompetenza o inettitudine procura gravi danni a qlco. o qlcu. *Quel dentista è un assassino.*

assatanàto agg. (deriv. di *Satana*) **1.** Posseduto dal diavolo. **2.** *fig.* Eccitato, soprattutto sessualmente.

1. àsse s.f. Tavola di legno lunga, piuttosto stretta e di scarso spessore. ◇ *Asse da stiro:* piano rivestito in panno, su cui si stira. – *Asse di equilibrio:* attrezzo ginnico.

2. àsse s.m. (lat. *áxem* "perno") **1.** Retta immaginaria o segmento di retta con proprietà specifiche nei diversi contesti. ◇ GEOM. *Asse cartesiano:* ciascuna degli assi di un riferimento cartesiano. – *Asse di simmetria:* retta rispetto alla quale una figura geometrica è simmetrica. – *Asse di rotazione:* quello immaginario intorno al quale si fa ruotare una retta o una figura per formare una superficie o un solido rotondo. – FIS. *Asse ottico:* retta immaginaria passante per i centri delle lenti o degli specchi curvi in un sistema ottico. – ASTR. *Asse celeste o del mondo:* asse di rotazione della sfera celeste. – *Asse terrestre:* linea immaginaria intorno a cui la Terra ruota che ne unisce i due poli passando per il centro. **2.** estens. Linea, luogo di raccordo, di collegamento. *L'asse Milano-Roma.* ◇ *Asse stradale:* linea che divide in due la carreggiata. SIN.: **mezzeria. 3.** Alleanza politica, economica o finanziaria che lega fra loro nazioni, gruppi, organizzazioni. **4.** MECC. Organo di macchina, a forma di cilindro allungato, che collega elementi rotanti con funzione di sostegno. **5.** ANAT. Seconda vertebra cervicale.

3. àsse s.m. **1.** NUMISM. Unità monetaria e di peso degli antichi romani. **2.** DIR. Insieme dei beni di una persona o di un ente. *Asse patrimoniale, demaniale.*

assecondàre v.tr. **1.** Essere favorevole, d'aiuto. *Assecondare le richieste dei dipendenti.* **2.** Accontentare qlcu. nelle sue richieste. *Assecondare i figli.* **3.** Seguire con il corpo un movimento o un ritmo. *Assecondare la musica.*

assediànte agg. **1.** Che assedia. **2.** estens. Fastidioso e sfrontato. ◆ s.m. e f. Nei sign. dell'agg.

assediàre v.tr. [6] **1.** Stringere d'assedio, accerchiare. **2.** estens. Circondare, attorniare. *Assediare una stella del cinema.*

assèdio s.m. [pl. *–di*] **1.** Blocco militare organizzato intorno a un luogo fortificato per costringere gli occupanti alla resa. *Togliere l'assedio.* ◇ fig. *Mettere in stato d'assedio:* operare una stretta sorveglianza. **2.** estens. Persecuzione, caccia.

assegnaménto s.m. **1.** Attribuzione, assegnazione. **2.** Affidamento, fiducia. *Fare assegnamento su qualcuno.*

assegnàre v.tr. **1.** Accordare, attribuire qlco. a qlcu. *Assegnare un premio all'opera più votata.* **2.** Affidare qlco. a qlcu. *Assegnare un lavoro ai dipendenti.* **3.** Destinare qlco. per un determinato scopo. *Assegnare due ore per il tema.*

assegnatàrio s.m. [f. *–ria*, pl.m. *–ri*] Persona a cui viene attribuito qlco. *Essere assegnatario di un alloggio popolare.*

assegnàto agg. **1.** Attribuito, affidato. *Ha portato a termine la missione assegnata.* **2.** Prescritto, stabilito. *Il tempo assegnato è scaduto.*

assegnazióne s.f. **1.** Attribuzione, aggiudicazione, conferimento. *Assegnazione dei diplomi.* **2.** Destinazione a un impiego determinato, nomina. *Ufficio di prima assegnazione.*

asségno s.m. **1.** Somma attribuita a qlcu. per ragioni particolari. ~ estens. Rendita. ◇ *Assegni familiari:* somma aggiunta sulla retribuzione di un dipendente, secondo il numero dei familiari a carico. **2.** BANC. Ordine di pagamento rivolto da una ad altra persona in favore di un terzo o di se medesima. *Assegno bancario.* ◇ *Assegno al portatore:* che non ha il nome del beneficiario ed è dunque pagabile al portatore; si dice anche *non intestato.* – *Assegno all'ordine:* che è trasferibile mediante girata. – *Assegno in bianco:* firmato senza l'indicazione dell'importo. – *Assegno postdatato:* rilasciato prima del giorno indicato sul titolo. – *Assegno scoperto, a vuoto:* quello emesso senza che vi sia una corrispettiva disponibilità di denaro sul conto corrente presso la banca.

assemblage [/asãblaʒ/] s.m. [pl. *assemblages*] (voce fr.) Nelle arti figurative, accorpamento di materiali eterogenei, adottato come tecnica soprattutto dai pittori cubisti, dadaisti e surrealisti.

assemblàggio s.m. [pl. *–gi*] (fr. *assemblage*) **1.** Montaggio di parti meccaniche in un insieme integrato. *Reparto di assemblaggio.* **2.** Opera d'arte che risulta dall'accorpamento di materiali e oggetti diversi. **3.** INFORM. Operazione di traduzione di un programma dal linguaggio simbolico al linguaggio macchina.

assemblàre v.tr. (fr. *assembler*) **1.** Mettere insieme, riunire, in partic. per formare un insieme coerente. **2.** INFORM. Tradurre un linguaggio simbolico in linguaggio macchina.

assemblatóre s.m. **1.** [f. *–trice*] Addetto alla fase di assemblaggio. ~ Imprenditore nella cui azienda si assemblano parti meccaniche prodotte da altri, immettendo sul mercato il prodotto finito con proprio marchio. **2.** INFORM.

Programma che esegue l'assemblaggio. ❏ In funzione di agg., nell'accez. 2 del s.

assemblé s.m. inv. (voce fr.) BALL. Passo fondamentale della danza accademica, che consiste in un salto con tutt'e due le gambe, che devono toccare terra in posizione chiusa.

assemblèa s.f. (fr. *assemblée*, deriv. di *assembler* "mettere insieme") **1.** Riunione di più persone in uno stesso luogo. **2.** DIR. Organo deliberativo. *Assemblea degli azionisti.* **3.** MAR. Sulle navi militari e nelle caserme di marina, adunata.

assembler [/es mblaː/] s.m. inv. (voce ingl. "montatore") INFORM. Linguaggio di programmazione.

assembraménto s.m. (fr. *assemblement*) Riunione di persone all'aperto, affollamento.

assembràre v.tr. (fr. *assembler*) Raccogliere, raggruppare più persone. ◆ **assembrarsi** v.pron. Accalcarsi, affollarsi in un luogo.

assennatézza s.f. Avvedutezza, prudenza, senno.

assennàto agg. → **giudizioso.**

assènso s.m. Approvazione, consenso. *Fare cenni d'assenso.*

assentàrsi v.pron. Lasciare momentaneamente un luogo. *Assentarsi da scuola.* ~ Andarsene.

assènte agg. Che non è presente. ~ fig. Assorto, distratto. *Avere l'aria assente.* ◆ s.m. e f. **1.** Chi non c'è. **2.** eufem. Defunto. **3.** DIR. Persona a carico della quale è stata fatta una dichiarazione giuridica di scomparsa.

assenteismo s.m. (ingl. *absenteeism*, orig. a indicare i proprietari terrieri inglesi che trascuravano le proprie terre) **1.** Assenza frequente dal luogo di lavoro, perlopiù senza motivi leciti. **2.** fig. Disinteresse per i problemi politici e sociali.

assenteista s.m. e f.[pl.m. *–sti*] **1.** Chi si assenta spesso dal posto di lavoro. **2.** Chi si disinteressa della realtà politica e sociale.

assentire v.intr. [72] (aus. *avere*) **1.** Muovere il capo facendo segno di sì. SIN.: **annuire. 2.** Dire di sì, acconsentire. *Assentire a una richiesta.*

assènza s.f. **1.** Il non essere presente, mancare. *Segnalare l'assenza di un allievo.* ~ Periodo in cui non si è presenti. ◇ *loc. prep. In assenza di:* senza. **2.** estens. Mancanza, insufficienza, privazione. **3.** DIR. Scomparsa di una persona per un tempo prolungato, con conseguente dubbio sulla sua esistenza in vita. ◇ *Dichiarazione d'assenza:* stilata dal giudice dopo due anni dalla scomparsa di qlcu. **4.** MED. Perdita temporanea della memoria e della conoscenza.

assènzio s.m. [non com. pl. *–zi*] **1.** Pianta erbacea perenne, con foglie pelose e fiori gialli in capolini, contenente l'absintina, un principio amaro dalle proprietà stimolanti, e l'absintolo,

un olio essenziale molto velenoso. (Altezza 50 cm ca.; famiglia delle Composite.) **2.** Liquore ad alta gradazione, ottenuto per macerazione delle foglie e dei fiori di tale pianta in acquavite.

asserire v.tr. [83] Dichiarare qlco. con certezza. SIN.: **sostenere.** ◇ DIR. *Asserire qlco. in giudizio:* vantare una pretesa in un processo.

asserragliàre v.tr. [6] Chiudere, sbarrare, barricare qlco. ◆ **asserragliarsi** v.pron. Rinchiudersi in un luogo per difesa.

assertóre s.m. [f. *–trice*] Chi afferma, sostiene, propugna un'idea. *Essere assertore della parità tra uomo e donna.*

assertòrio agg. [pl.m. *–ri*] Che convalida un'affermazione, un fatto. ◇ FILOS. *Giudizio assertorio:* che enuncia una verità di fatto, senza porla come necessaria (in oppos. ad *apodittico*).

asserviménto s.m. **1.** Perdita della libertà. **2.** TECN. Collegamento tra due elementi di un sistema fisico o di una macchina, tale che l'azione di uno segua obbligatoriamente l'azione dell'altro.

asservire v.tr. [83] **1.** Ridurre qlcu. a uno stato di dipendenza assoluta. *Asservire un popolo.* **2.** fig. Reprimere qlco., assoggettandolo ad altro. *Asservire gli istinti alla ragione.* **3.** TECN. Collegare un elemento a un altro mediante asservimento. ◆ **asservirsi** v.pron. Ridurre se stesso a servo, sottomettendosi a qlcu. *Asservirsi alla polizia.*

asserzióne s.f. **1.** Affermazione risoluta di una tesi. **2.** La cosa affermata, specie se per iscritto.

assessoràto s.m. **1.** Carica di assessore. ~ Durata della carica. **2.** Insieme di uffici, di personale che fa capo a un assessore.

assessóre s.m. (lat. *adsessōrem*, deriv. di *adsidère* "sedere accanto, assistere") Membro di una giunta comunale, provinciale, regionale con responsabilità di un settore dell'amministrazione.

assestaménto s.m. **1.** Sistemazione, regolazione, riordinamento. *Assestamento del bilancio.* **2.** GEOL. *Scosse di assestamento:* piccoli movimenti tellurici successivi a un terremoto, dovuti allo spostamento di strati rocciosi profondi che tendono a rimettersi in equilibrio. **3.** COSTR. Lieve cedimento di un edificio, dovuto al riequilibrarsi del terreno o a caratteristiche dei materiali.

assestàre v.tr. **1.** Rimettere in ordine qlco. *Assestare una situazione.* **2.** estens. Regolare esattamente qlco. *Assestare la mira.* **3.** Dare un colpo con precisione a qlcu. ◆ **assestarsi** v.pron. **1.** Trovare un proprio ordine. ~ Sistemarsi, adattarsi, aggiustarsi. **2.** Riferito a terreni o a edifici, trovare un equilibrio stabile a seguito di assestamento.

assetàre v.tr. **1.** Ridurre qlcu. alla sete. **2.** fig. Rendere qlco. desideroso di qlco.

assetàto agg. **1.** Che ha sete. **2.** estens. Inaridito, riarso. **3.** fig. Che prova un incontenibile desiderio di qlco. ◆ s.m. [f. *–ta*] Chi ha sete. *Dar da bere agli assetati.*

assètto s.m. **1.** Sistemazione. ~ Ordinamento politico, finanziario, amministrativo. **2.** MIL. Equipaggiamento, tenuta. **3.** Posizione di un natante, di un velivolo, o di un'automobile in rap-

■ assemblàggio. Mandolino e clarinetto, di Picasso, 1913. Abete, matita, vernice. (Museo Picasso, Parigi.)

ramo fiorito

fiore

infiorescenza

foglie

■ assènzio

porto alla distribuzione dei pesi interni e alle forze che agiscono sulla struttura. *Variazioni di assetto.* ◇ *Assetto di guida:* posizione che il guidatore di un veicolo a motore deve assumere in rapporto ai comandi di bordo.

assiàle agg. **1.** Relativo all'asse, per quanto riguarda la direzione, la disposizione. ◇ MECC. *Piano assiale:* quello che interseca l'asse. **2.** GEOM. *Simmetria assiale:* trasformazione rispetto a una retta *r* che associa a ogni punto *P* un punto *P'* tale che il segmento *PP'* sia perpendicolare a *r* e il suo punto medio appartenga a *r*; è detta anche *simmetria ortogonale.*

assibilazióne s.f. FON. Trasformazione di una consonante occlusiva in sibilante.

assicèlla s.f. COSTR. Ciascuna delle tavole di legno di poco spessore che coprono la travatura del tetto e su cui vengono posate le tegole.

assicurànte s.m. e f. DIR. Chi stipula un contratto di assicurazione. ~ *estens.* Datore di lavoro che versa i contributi sociali.

assicuràre v.tr. **1.** Rendere sicuro, certo qlco. a qlcu. *Assicurare un buon avvenire ai figli.* **2.** Rendere certo qlcu. riguardo a qlco. *Assicurò il fratello di aver detto la verità.* ~ Affermare come certo qlco. *Ti assicuro che andrà tutto bene.* **3.** Rendere sicuro qlco., rafforzandone la tenuta. *Assicurare porte e finestre.* **4.** DIR. Tutelare qlco. stipulando un contratto di assicurazione. *Assicurare la casa contro l'incendio.* ◇ *Assicurare una lettera, un plico:* spedirli con la garanzia contro eventuali smarrimenti, pagando una sovrattassa. **5.** Legare saldamente qlco. a un elemento fisso. ◇ *fig. Assicurare qlcu. alla giustizia:* acciuffarlo e arrestarlo. ◆ **assicurarsi** v.pron. **1.** Garantire qlco. per se stessi. *Assicurarsi una vecchiaia tranquilla.* **2.** Acquistare certezza di qlco. *Assicurarsi della verità delle affermazioni.* **3.** Stipulare un contratto di assicurazione, per garantire se stessi contro eventuali danni. *Per questo lavoro mi sono assicurato.* **4.** ALP. Assicurarsi a qlco. di stabile per evitare di cadere.

assicuràta s.f. Lettera o pacco, di cui si dichiara il valore e per cui si stipula con le Poste un contratto di assicurazione che garantisce il rimborso in caso di smarrimento.

assicurativo agg. Di assicurazione. ~ Relativo alle assicurazioni private o sociali. *Polizza assicurativa.*

assicuràto agg. **1.** Sicuro, garantito. *Successo assicurato.* **2.** Che è oggetto di un contratto di assicurazione. *Automobile assicurata.* ◆ s.m. [f. *-ta*] Chi ha stipulato un contratto assicurativo.

assicuratóre agg. [f. *-trice*] Che assicura. *Compagnia assicuratrice.* ◆ s.m. Ente, compagnia che risarcisce i danni previsti nel contratto di assicurazione. ~ *estens.* (anche f.) Rappresentante di una compagnia che stipula contratti assicurativi.

assicurazióne s.f. **1.** Il rendere sicuro qlcu. o qlco. *Dare un'assicurazione.* **2.** DIR. Contratto tra due parti, di cui una si impegna ad anticipare una data somma (*premio*) e l'altra a risarcire l'eventuale danno indicato nel contratto stesso. *Assicurazione contro il furto.* ◇ *Assicurazione sociale:* forma obbligatoria di previdenza che garantisce un lavoratore da infortuni, perdita di lavoro. – *Assicurazione sulla vita:* contratto d'assicurazione che garantisce il pagamento di un capitale o di una rendita a favore del coniuge o di qualsiasi altro avente diritto designato dall'assicurato, al decesso di quest'ultimo. **3.** ALP., SPELEOL. Complesso di operazioni compiute dall'alpinista in un punto di sosta per evitare cadute e per dare aiuto a un compagno di cordata.

assideraménto s.m. MED. Situazione patologica dell'organismo, provocata da eccessiva esposizione al freddo e caratterizzata da disturbi cardiaci e circolatori. SIN.: **congelamento**.

assideràre v.intr. (aus. *avere*) (voce di orig. sett. e tosc., lat. *assideràre*, deriv. di *sīdus* "stella, costellazione" quindi "notte" e "stagione invernale") **1.** Essere colpito da assideramento. **2.** *estens.* Sentire molto freddo. ◆ **assiderarsi** v.pron. **1.** Congelarsi, detto spec. di una parte del corpo. *Gli si sono assiderati i piedi.* **2.** *estens.* Sentire molto freddo, essere intirizziti.

assiduità s.f. inv. **1.** Applicazione costante, zelo. *Studiare con assiduità.* **2.** Frequentazione abituale di un luogo.

assìduo agg. (lat. *adsīduum*, deriv. di *adsidēre* "sedere accanto") **1.** Che si dedica alla propria attività con zelo e costanza. *Studio assiduo.* **2.** Che frequenta abitualmente uno stesso luogo. **3.** Riferito a cosa, che si verifica o è condotto con persistenza o continuità. SIN.: **incessante**.

assième avv. → **insieme**.

assiepaménto s.m. Assembramento in un luogo di un insieme di persone.

àssile agg. BIOL. Negli animali e nei vegetali, di organo posto lungo l'asse longitudinale di un altro organo.

assillànte agg. Che non dà tregua.

assillàre v.tr. Molestare qlcu. con insistenza. *Il pensiero del futuro mi assilla.*

assillo s.m. (lat. *asīlum* "tafano") **1.** Denominazione comune di vari insetti, come p.e. il tafano, che pungono gli animali domestici. (Ordine dei Ditteri.) **2.** *fig.* Preoccupazione continua. *Essere tormentato da un assillo.*

assimilàbile agg. Che può essere assimilato.

assimilàre v.tr. **1.** BIOL. Detto di un organismo, assorbire materiale nutritivo dall'apparato digerente. *Assimilare gli zuccheri.* **2.** *fig.* Far proprio qlco., apprendendolo. *Assimilare un concetto.* **3.** Rendere o considerare qlco. simile ad altro. *Assimilare una merce a un'altra.* ◆ **assimilarsi** v.pron. **1.** Divenire simile a qlco. e amalgamarsi a esso. *Assimilarsi al nuovo ambiente.* **2.** FON. Detto di un suono, modificarsi per somiglianza con quello precedente o seguente.

assimilatóre agg. [f. *-trice*] Che assimila. *Organo assimilatore.* ◆ s.m. (anche f.) Nel sign. dell'agg.

assimilazióne s.f. **1.** BIOL. Negli animali, processo di trasformazione degli alimenti in sostanze simili al protoplasma vivente. **2.** *fig.* Apprendimento e valorizzazione di quanto appreso. **3.** FON. Fenomeno per cui, dati due suoni in sequenza, l'uno assume del tutto o in parte i tratti fonetici dell'altro.

assiòlo s.m. Piccolo rapace notturno con due ciuffetti di piume sul capo, detto anche *chiù.* (Ordine degli Strigiformi.)

assiologìa s.f. (fr. *axiologie*) FILOS. Teoria dei valori morali.

assiològico agg. [pl.m. *-ci*, f. *-che*] FILOS. Di valore. *Criterio assiologico.*

assiòma s.m. [pl. *-mi*] (gr. *aksíōma* "principio primo") **1.** FILOS. Proposizione che non ha bisogno di dimostrazione perché evidente di per sé. **2.** MAT., LOG. Una delle assunzioni che sono alla base di una teoria e dalle quali si deduce ogni altra affermazione.

assiomàtica s.f. [pl. *-che*] FILOS. Sistema di assiomi da cui prende l'avvio ogni ragionamento, pensiero, filosofia di tipo deduttivo.

assiomàtico agg. [pl.m. *-ci*, f. *-che*] **1.** Relativo agli assiomi. ~ MAT. Di teorie e metodi che si basano sulla deduzione a partire da assiomi. **2.** Assolutamente vero, indiscutibile.

assiriologìa s.f. Studio della lingua e della cultura degli antichi Assiri.

assiriòlogo s.m. [f. *-ga*, pl.m. *-gi*, f. *-ghe*] Studioso di cultura assira.

assiro agg. Dell'Assiria, in Mesopotamia. ◆ s.m. **1.** [f. *-ra*; al pl. anche iniziale maiusc.] Appartenente all'antico popolo assiro. **2.** (solo sing.) Lingua semitica parlata nell'Assiria e scritta con caratteri cuneiformi.

assìsa s.f. (fr. *assise* "uniforme") **1.** GEOL. *Assisa geologica:* insieme dei terreni stratificatisi in una determinata età. **2.** BOT. Strato cellulare.

assìse s.f. pl. (fr. *assise* "giudizio definitivo") **1.** Nel Medioevo, assemblee giudiziali e gli atti da esse emanati. ~ *estens.* Grande assemblea. **2.** DIR. *Corte d'assise:* tribunale penale composto da giudici popolari e togati che giudica i reati più gravi in primo grado e in appello.

assist [/ə'sɪst/] s.m. inv. (voce ingl., deriv. di *to assist* "assistere") SPORT. Nella pallacanestro e nel calcio, passaggio finale di un'azione che dà al giocatore che lo riceve la possibilità di segnare.

assistentàto s.m. Ruolo di assistente universitario od ospedaliero. ~ Durata di tale lavoro.

assistènte s.m. e f. Collaboratore in posizione subordinata, con o senza riconoscimento giuridico. ◇ *Assistente sociale:* diplomato in psicologia e legislazione sociale che lavora presso tribunali, enti assistenziali, scuole, ecc. – *Assistente universitario:* laureato che coadiuva un professore universitario nella ricerca scientifica e nell'attività didattica. (Nel nuovo ordinamento universitario, tale ruolo è scomparso.) – *Assistente di volo:* steward, hostess.

assistènza s.f. **1.** Contributo dato con la presenza. *Fare assistenza durante una prova d'esame.* **2.** Attività di sostegno, di aiuto offerto o ricevuto da privati o da enti. *Prestare assistenza a qualcuno.* ◇ *Assistenza giudiziaria, legale:* patrocinio gratuito per i non abbienti. – *Assistenza sociale:* ordinamento predisposto dallo Stato allo scopo di provvedere ai bisogni di cittadini in difficoltà. – *Assistenza tecnica:* servizio di riparazione dei guasti prestato al cliente da una ditta o da un negozio.

assistenziàle agg. Che dà assistenza, che soccorre i poveri. *Ente assistenziale.*

assistenzialismo s.m. Politica di assistenza agli strati più deboli della popolazione, che finisce con l'ostacolare il loro inserimento in un contesto produttivo.

assìstere v.tr. Stare presso qlcu. per aiutarlo. ~ Coadiuvare qlcu. *Assistere il chirurgo.* ~ Proteggere, difendere qlcu. *Essere assistiti da un ottimo avvocato.* ◆ v.intr. (aus. *avere*) Essere presente a qlco. *Assistere a uno spettacolo.*

assistito agg. Che beneficia di assistenza. ◆ s.m. [f. *-ta*] Chi usufruisce dell'assistenza di enti pubblici, di un avvocato.

assìto s.m. Pavimento, copertura, tramezzo fatti di tavole di legno affiancate.

àsso s.m. **1.** Faccia del dado o carta che porta un solo punto. *Asso di cuori.* ◇ *fig. Avere un asso nella manica:* l'argomento, la mossa vincente. – *fam. Piantare in asso:* abbandonare qlcu. senza preavviso. **2.** *fig.* Persona che eccelle in un'attività. ~ Fuoriclasse. *Asso del volante.*

associabilità s.f. inv. Possibilità di associazione, di uso, di assunzione contemporanea. *Associabilità dei farmaci.*

associàre v.tr. [6] **1.** Unire, collegare più cose o persone. **2.** Ammettere qlcu. a partecipare a qlco. *Associare a una compagnia.* ◇ *Associare qlcu. a un carcere:* assegnarlo a quel carcere. **3.** *fig.* Unire, mettere assieme qlco. ad altro. *L'eleganza si associa alla bellezza.* ◆ **associarsi** v.pron. **1.** Detto di più persone, aziende, ecc., unirsi in una società con scopi comuni. *Tutte le aziende del gruppo si sono associate.* **2.** Unirsi come socio a una società d'affari o altro. *Associarsi a un'impresa di costruzioni.* **3.** Assumere qlcu. come socio in una propria attività. *Associarsi i figli nell'impresa.* **4.** Essere d'accordo e prendere parte a qlco. *Associarsi a una decisione.* **5.** Combinarsi, unirsi con qlco. *Non sempre l'interesse si associa all'onestà.*

associatività s.f. inv. ALG. Proprietà di un'operazione secondo cui il risultato rimane invariato se a un gruppo di termini si sostituisce la loro composizione.

associativo agg. **1.** Che unisce. ~ Relativo a un'associazione. **2.** ALG. Riferito a operazione dotata di associatività.

associàto agg. Che partecipa a qlco., unito. ◇ *Studio associato:* associazione privata di liberi professionisti che collaborano oppure che esercitano ciascuno la propria attività dividendo gli stessi locali. ◆ s.m. [f. *-ta*] **1.** Membro di un'associazione. **2.** Professore universitario associato.

associazióne s.f. **1.** Atto dell'associare e il relativo risultato. ◇ *Associazione di idee:* processo psicologico nel quale un'idea o un'immagine ne evoca un'altra. – PSICOAN. *Libera associazione:* sequenza di immagini, pensieri, ecc. lasciati affiorare fuori da ogni controllo e censura del soggetto. – BIOL. *Associazione vegetale:* fitocenosi. **2.** L'associarsi o l'essere associato a una impresa, a un circolo, ecc. ~ Abbonamento a una pubblicazione. **3.** Aggregazione di più persone per uno scopo comune. ◇ *Associazione di categoria:* unione degli operatori di uno stesso settore economico. – *Associazione senza fini di lucro:* associazione non profit. – DIR. *Associazione per delinquere:* unione di tre o più persone, allo scopo di commettere un'azione illegale. **4.** Ruolo del docente universitario di seconda fascia. ~ Il concorso per accedervi. **5.** GENET. → **linkage**.

associazionismo s.m. **1.** Tendenza sociale a radunarsi in movimenti. **2.** Insieme delle associazioni nate su un programma, un'ideologia comune. *Associazionismo cattolico.* **3.** FILOS. Teoria diffusa spec. nella cultura positivista, secondo la quale la conoscenza si costruisce per meccanica unione, combinazione, di dati sensoriali. (È stata in partic. sostenuta da David Hume e J. Stuart Mill.) **4.** DIR. Teoria socioeconomica fondata sulla sostituzione del principio della libera associazione a quello di concorrenza.

assodàre v.tr. **1.** Rendere qlco. sodo, duro. **2.** *fig.* Accertare, verificare qlco. ◆ **assodarsi** v.pron. Diventare duro, solido, compatto.

assoggettaménto s.m. Asservimento, sottomissione.

assoggettàre v.tr. **1.** Sottoporre qlcu. ai propri voleri. *Assoggettare un popolo.* **2.** Sottomettere qlcu. a imposizioni. **3.** DIR. Gravare qlcu. con oneri, obblighi. *Assoggettare un prodotto a una nuova imposta.* ◆ **assoggettarsi** v.pron. Sottomettersi volontariamente o per costrizione a qlco. *Assoggettarsi alla volontà del padrone.*

assolàto agg. Esposto al sole. *Campo molto assolato.*

assoldàre v.tr. Assumere soldati mercenari. ~ *estens.* Pagare qlcu. perché compia un'azione illecita. ~ *estens.* Prendere al proprio servizio.

assólo s.m. inv. **1.** MUS. Brano eseguito da un solo strumento o voce, con o senza accompagnamento. **2.** *estens.* Impresa solitaria di valore, spec. sportiva. *Il corridore si è prodotto in un irresistibile assolo.*

assolutismo s.m. (ingl. *absolutism*) **1.** Regime politico nel quale tutti i poteri sono concentrati nella persona del sovrano, che agisce senza alcun organo di controllo. **2.** *fig.* Tendenza a imporre la propria volontà, ad accentrare ogni decisione.

assolutista s.m. e f. [pl.m. *-sti*] (ingl. *absolutist*) **1.** Fautore dell'assolutismo. **2.** *fig.* Chi pretende di dettare legge.

assolutizzàre v.tr. Prendere in considerazione un solo elemento tra molti e considerarlo assoluto, definitivo.

assolùto agg. **1.** Che non è soggetto a limitazioni. *Fiducia assoluta.* **2.** Che ha valore universale. *Principio assoluto.* **3.** Perentorio, irremovibile. *Divieto assoluto.* **4.** FIS. *Tempo assoluto:* concetto di tempo proprio della meccanica newtoniana. – *Temperatura assoluta:* temperatura misurata a partire dallo zero assoluto. **5.** GRAMM. Di costrutto, di espressione che non ha legami sintattici con il resto del periodo. *Ablativo assoluto.* **6.** MAT. *Valore assoluto:* di un numero reale, è il numero stesso senza il segno. (Dato |*a*| si identifica con *a* se questo numero è positivo, il suo opposto se è negativo.) **7.** Senza pari o senza precedenti. *Prima assoluta di un film.* **8.** GEOL. *Età assoluta:* datazione di una roccia o di un fossile ottenuta direttamente con metodi radiometrici (isotopi radioattivi). ◆ s.m. FILOS. (solo sing.) Ente incondizionato, che esclude da sé ogni limitazione e imperfezione e che ha in sé la propria ragione d'essere.

assolutòrio agg. [pl.m. *-ri*] Che assolve. *Sentenza assolutoria.*

assoluzióne s.f. **1.** DIR. Proscioglimento di un imputato. ◇ *Assoluzione con formula piena:* concessa per non aver commesso il fatto o perché il fatto non costituisce reato. **2.** CRIST. Perdono, remissione dei peccati, concessa da un sacerdote.

assòlvere v.tr. [22] **1.** Condurre a termine qlco. *Assolvere il proprio compito.* **2.** Liberare qlcu. da un obbligo, da un vincolo o da un impegno morale. *Assolvere i sudditi dal pagamento di un tributo.* ~ CRIST. Liberare qlcu. dai peccati con il sacramento della confessione. *La confessione assolve il fedele dalle colpe.* **3.** DIR. Prosciogliere qlcu. da un'imputazione, dichiarandolo innocente. *Assolvere l'imputato.* ◇ *Assolvere con formula dubitativa:* scagionare un imputato al termine dell'istruttoria.

assomigliàre v.intr. [6] (aus. *avere*) Essere simile a qlcu. o qlco. ◆ v.tr. Rendere simile qlco. ad altro. ◆ **assomigliarsi** v.pron. Detto di due o più elementi, presentare una somiglianza reciproca, essere simili. *Fratello e sorella si assomigliano.*

assonànza s.f. **1.** Ripetizione di suoni vocalici nelle sillabe finali di più parole della stessa frase. **2.** METR. Rima imperfetta con rispondenza delle sole vocali a partire da quella accentata. **3.** Perfetta corrispondenza. *Essere in totale assonanza.*

assóne o **axóne** s.m. (ingl. *axon*, gr. *áksōn* "asse della ruota") BIOL. CELL. → **2. neurite**.

assonnàto agg. **1.** Che ha sonno, preso da sonnolenza. **2.** *fig.* Che mostra poca voglia di lavorare.

assonometria s.f. Rappresentazione grafica di oggetti tridimensionali su piano, in modo che in una sola figura siano riunite le tre proiezioni ortogonali.

assopìre v.tr. [83] **1.** Indurre qlcu. a un sonno leggero. *Assopire il malato.* **2.** *fig.* Rendere una capacità meno pronta, una sensazione o un sentimento più tenui. *Assopire il dolore.* ◆ **assopirsi** v.pron. **1.** Addormentarsi di un sonno leggero. *Assopirsi sul treno.* **2.** *fig.* Detto di una capacità, di un sentimento o di una sensazione, diventare più debole. *Le discordie si assopiscono.*

assorbènte agg. Che assorbe i liquidi. *Tessuto assorbente.* ◆ s.m. **1.** Sostanza che assorbe. **2.** Tampone di ovatta con funzione assorbente per l'igiene intima femminile durante il ciclo mestruale. *Assorbente igienico.* ◇ *Assorbente interno:* piccolo cilindro di ovatta con funzione assorbente durante il ciclo femminile.

assorbiménto s.m. **1.** Attrazione e incorporazione mediante contatto prolungato. *Assorbimento di acqua.* ~ *fig.* Inglobamento. *Assorbimento di un'azienda in un'altra.* **2.** CHIM. Interazione di solidi con liquidi o gas e di liquidi con gas che porta a una dissoluzione del fluido nel solido o liquido. **3.** FIS. Fenomeno per cui un corpo trattiene in tutto o in parte le radiazioni da cui è colpito trasformandole in altra forma di energia. **4.** BIOL. Passaggio di alimenti digeriti nel circolo sanguigno o linfatico. ~ Anche assimilazione di sostanze all'interno di una cellula attraverso la sua membrana. **5.** ECON. Quota della produzione nazionale che viene acquistata, consumata all'interno. **6.** SPORT. Nello sci e in altre discipline, piegamento sulle ginocchia per ammortizzare l'impatto traumatico con le asperità del terreno.

assorbìmetro s.m. FIS. Strumento per la misurazione del coefficiente di assorbimento di un corpo.

assorbìre v.tr. [85] **1.** Incorporare un fluido imbevendosene. *La spugna assorbe i liquidi.* **2.** *estens.* Far proprio qlco. *Assorbire una popolazione, le abitudini dei vicini.* **3.** *fig.* Consumare, esaurire qlco. *La costruzione della casa assorbe tutti i miei risparmi.* ~ Tenere occupato il tempo o l'attenzione di qlcu. *Il lavoro assorbe tutto il mio tempo.* **4.** FIS. Riferito a un corpo, trasformare le radiazioni non riflesse né trasmesse in altra forma di energia.

assordaménto s.m. **1.** Il diventare o il rendere sordo. ~ *estens.* Stordimento, intronamento. **2.** FIS. Copertura di un suono da parte di uno di intensità superiore.

assordànte agg. Che assorda, introna. SIN.: **rumoroso**.

assordàre v.tr. **1.** Rendere qlcu. sordo. **2.** *fig.* Infastidire, annoiare qlcu. **3.** Rendere un suono meno intenso. SIN.: **attutire**. ◆ v.intr. (aus. *essere*) Diventare sordo. ◆ **assordarsi** v.pron. **1.** Detto di un suono, attutirsi. **2.** LING. Detto di una consonante, passare da sonora a sorda.

assortiménto s.m. **1.** Quantità di oggetti dello stesso genere ma di forma, colore, qualità differenti. **2.** IND. TESS. Distinzione e classificazione delle fibre naturali secondo particolari caratteristiche.

assortire v.tr. [83] **1.** Combinare più cose o persone diverse, accostandole secondo un criterio estetico o funzionale. *Assortire i componenti di un gruppo.* **2.** Rifornire un negozio di merce.

assortito agg. **1.** Scelto bene, composto con armonia. *Coppia ben assortita.* **2.** Di vario genere e tipo.

assòrto agg. Intento a qlco. e quindi assente dal resto. *Assorto nei propri pensieri.*

assottigliàre v.tr. [6] **1.** Rendere qlco. più sottile. **2.** Rendere qlco. più esiguo, minore in quantità. *Assottigliare le spese.* **3.** *fig.* Detto di un abito, snellire la persona che lo indossa, farla apparire più magra. *Il vestito nero ti assottiglia.* **4.** *fig.* Rendere più acuta, penetrante una facoltà. ◆ **assottigliarsi** v.pron. **1.** Diventare più sottile. ~ Diminuire in grossezza o spessore. ~ Detto di persona, diventare più magro. SIN.: **snellirsi**. **2.** Diventare più esiguo, diminuire di quantità o numero. *Le scorte di viveri si assottigliano.*

assuefàre v.tr. [9] Abituare, avvezzare qlcu. o qlco. ad altro. ◆ **assuefarsi** v.pron. **1.** Abituare se stessi a qlco. *Assuefarsi al clima.* **2.** MED. Detto di organismo, assumere una sostanza in quantità, tanto da adattarsi a essa e annullarne l'efficacia.

assuefazióne s.f. **1.** Il prendere un'abitudine. **2.** MED. Processo di adattamento dell'organismo a determinate sostanze che vanno, quindi, assunte in dosi sempre maggiori per ottenere lo stesso effetto. *L'eroina dà assuefazione.*

assùmere v.tr. [24] **1.** Prendere su di sé un impegno, una responsabilità. *Assumere l'impegno di terminare un lavoro.* ~ Ottenere, prendere un titolo, una carica. **2.** Con soggetto animato, fare proprio un atteggiamento, darsi un certo comportamento. *Assumere un contegno adatto.* ~ Con soggetto non animato, prendere, acquistare, presentare un certo aspetto o modo di essere. *Assumere un colore più chiaro.* **3.** Ricercare, procurarsi qlco. *Assumere prove.* ~ Prendere, ingerire qlco. *Assumere medicinali.* **4.** Prendere qlcu. alle proprie dipendenze. **5.** Scegliere qlco. per un determinato scopo. *Assumere un elemento come unità di misura.* ~ Ammettere una proposizione come ipotesi per verificarne la veridicità. *Assumiamo come vera la sua testimonianza.* **6.** Far salire qlcu. o qlco. verso un luogo più alto. *La Madonna fu assunta in cielo.* ~ Far giungere qlcu. a un onore, a una carica. *Assumere una persona alle massime cariche.* ◆ **assumersi** v.pron. Addossarsi una mansione, un impegno. *Assumersi un incarico.*

1. assùnto agg. Preso su di sé, riferito a responsabilità o compito. ◆ s.m. [f. *-ta*] Chi ha ottenuto un posto di lavoro.

2. assùnto s.m. Ciò che si deve dimostrare. SIN.: **tesi**.

assunzióne s.f. **1.** Atto con cui ci si accolla qlco. **2.** Ingestione, consumo. **3.** L'atto con cui ci si procura qlco. o qlcu. ~ L'assumere alle proprie dipendenze. *Assunzione di personale.* **4.** Elevazione a una carica. *Assunzione al pontificato.* **5.** CATT. Traslazione miracolosa del corpo e dell'anima di Maria Vergine in cielo (dogma definito da Pio XII nel 1950). ~ Giorno in cui la Chiesa celebra questa festa (15 agosto). **6.** FILOS. Ammissione in via ipotetica di una proposizione.

assunzionista s.m. e f. [pl.m. *-sti*] Religioso della congregazione cattolica dell'Assunzione fondata a Nîmes nel 1845 da Emmanuel d'Alzon e dedita all'attività missionaria, all'insegnamento e alla propaganda per mezzo della stampa (fondazione del giornale *La Croix*).

assurdità s.f. inv. **1.** Assoluta discordanza con le esigenze della ragione. *L'assurdità di un'affermazione.* **2.** *estens.* Ogni cosa che sia priva di fondamento logico.

assùrdo agg. (lat. *absŭrdum* "dissonante") Contrario alla logica, alla ragione. *estens.* Fuori dell'ordinario. ~ Bizzarro, strano. ◆ s.m. (solo sing.) **1.** Ciò che contraddice alla logica. ~ *estens.* Ciò che è paradossale. *Stai sostenendo un assurdo.* ◇ *Dimostrazione o ragionamento per assurdo:* che prova una tesi accettando provvisoriamente la tesi opposta, della quale vengono dimostrate le conseguenze contraddittorie e illogiche.

ENCICL. La *coscienza dell'assurdo*, già presente nel pensiero pessimista di Schopenhauer, trova terreno fertile nell'esistenzialismo francese (Camus, Sartre), che ne esplora le dimensioni etiche ed estetiche. Sotto il nome di *teatro dell'assurdo*, si raccolgono le opere di alcuni autori drammatici (Beckett, Ionesco, Adamov) che, negli anni Cinquanta, hanno portato sulla scena questa visione del mondo.

assùrgere v.intr. [22] (aus. *essere*) ant. Alzarsi in piedi. ~ *fig.* Arrivare a posizioni importanti. *Assurgere alle più alte cariche.* SIN.: **elevarsi**. ◇ *Assurgere a simbolo*: diventare rappresentativo di qlco.

àsta s.f. **1.** Bastone lungo, dritto, liscio. *Asta della bandiera.* **2.** Tratto grafico verticale. **3.** SPORT. Attrezzo tubolare di materiale elastico, sul quale il saltatore fa leva per eseguire un tipo di salto in alto detto *salto con l'asta.* **4.** MAR. Nei velieri, pertica, verga, bompresso. **5.** ARM. Ogni tipo di arma costituita da una lunga impugnatura a bastone, su cui si innesta una punta metallica. **6.** DIR. Vendita pubblica al miglior offerente. *Vendere, mettere qlco. all'asta.* SIN.: **incanto**. ◇ *Asta pubblica*: procedura con la quale viene data in appalto la realizzazione di beni o servizi pubblici.

astacicoltùra s.f. Allevamento del gambero di acqua dolce e altri crostacei, tra cui l'aragosta.

àstaco s.m. [pl. –*ci*] (lat. *ăstacum*, gr. *astakós* deriv. di *ostéon* "osso") Nome usato per indicare diversi crostacei, tra cui l'aragosta. ◇ *Astaco di fiume*: gambero d'acqua dolce.

astànte s.m. e f. (lat. *adstántem*, deriv. di *adstāre* "star vicino") (spec. pl.) I presenti, i circostanti.

astanterìa s.f. Negli ospedali, reparto di pronto soccorso.

astàtico agg. [pl.m. –*ci*, f. –*che*] FIS. Riferito a un corpo o a un sistema rigido, che si trova in equilibrio indifferente rispetto a un dato campo di forze.

1. àstato s.m. (solo sing.) (gr. *ástatos* "instabile") Elemento chimico (*At*) del gruppo degli alogeni, instabile e radioattivo, di numero atomico 85 e peso atomico 210.

2. astato agg. (lat., deriv. di *hăsta* "lancia") **1.** BOT. Di foglia che ha forma simile a una punta di lancia. **2.** *fig.* Ritto, eretto. ◆ s.m. Soldato armato di asta che nell'esercito romano si collocava nella seconda linea.

astèmio agg. [pl.m. –*mi*] (lat. *abstēmium*, comp. di *ăbs* "via da" e *temētum* "vino") Che non beve alcolici. ~ *estens.* Sobrio, parco nel bere. ◆ s.m. Nel sign. dell'agg.

astenérsi v.pron. [61] Tenersi lontano da qlco., farne a meno. *Astenersi dal fumo.* ◇ *Astenersi dal voto*: non votare.

astenìa s.f. MED. Indebolimento generale dell'organismo. ~ **debolezza**.

astènico agg. [pl.m. –*ci*, f. –*che*] **1.** Relativo all'astenia. **2.** Che soffre di astenia. ◆ s.m. [f. –*ca*] Nell'accez. 2 dell'agg.

astenosfèra s.f. GEOL. (solo sing.) Strato sottostante la crosta terrestre, su cui si muovono orizzontalmente le porzioni della litosfera.

astensióne s.f. (fr. *abstention*) **1.** L'astenersi dal fare qlco. ◇ *Astensione dal lavoro*: sciopero. **2.** Rinuncia a votare.

astensionìsmo s.m. Fenomeno di non partecipazione alla vita politica che si manifesta in partic. nel rifiuto di votare.

astensionìsta s.m. e f. [pl.m. –*sti*] Chi pratica e propaganda l'astensionismo.

astenùto agg. [f. –*ta*] Che non ha votato o non intende votare. ◆ s.m. Nel sign. dell'agg.

àster s.m. inv. (gr. *astér* "stella" per la disposizione a raggiera delle sue brattee) **1.** BOT. Pianta erbacea ornamentale spesso coltivata per i fiori colorati. (Famiglia delle Composite.) SIN.: **astro**. **2.** BIOL. CELL. Insieme di microtubuli disposti attorno ai centrioli durante la divisione cellulare.

astereognosìa s.f. MED. Perdita della facoltà di riconoscere la forma e il volume degli oggetti mediante palpazione, dovuta a una lesione della corteccia cerebrale.

astèria s.f. (gr. *astérios* "stellato") **1.** *Stella marina. **2.** MIN. Varietà di corindone che presenta riflessi luminosi a forma di stella.

asterìsco s.m. [pl. –*schi*] (lat. *asterīscum*, gr. *asterískos* deriv. di *astér* "stella") **1.** Segno tipografico a forma di stella (*) di vario uso; in partic. nelle etimologie, usato per indicare forme ricostruite o ipotizzate ma non documentate. **2.** INFORM. Segno di moltiplicazione. ~ In alcuni sistemi operativi, carattere jolly per indicare una qualunque serie di caratteri. **3.** Nel l. gior., breve articolo, trafiletto, inserito in una serie e separato dagli altri con un asterisco. SIN.: **stelloncino**.

asteròide s.m. (ingl. *asteroid*, gr. *asteroeidés* "simile a una stella") ASTR. Ciascuno dei pianetini del sistema solare, spec. orbitanti tra Marte e Giove.

Asteroidèi s.m. pl. [iniziale minusc. sing. –*deo* per l'individuo] ZOOL. Classe di animali con corpo piatto pentagonale o stellato coperto di piastrine calcaree e numero vario di braccia. (Tipo degli Echinodermi.)

àstice s.m. (venez. *astese*, gr. *astakós* "astaco") Crostaceo marino commestibile, con grosse chele turchine chiazzate di giallo. (Molto ricercato per le sue carni prelibate, si pesca sui fondali rocciosi a una profondità compresa tra 15 e 50 m; lunghezza fino a 50 cm; genere *Homarus*, sottordine dei Reptanti.)

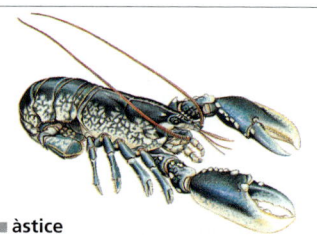

■ **àstice**

asticèlla s.f. **1.** Nel sign. del dim. di *asta.* **2.** SPORT. Sbarra orizzontale che costituisce l'ostacolo nei salti in alto.

astigiàno agg. Di Asti. ◆ s.m. **1.** [f. –*na*] Nativo, abitante di Asti. **2.** (iniziale maiusc., solo sing.) Territorio intorno ad Asti.

astigmàtico agg. [pl.m. –*ci*, f. –*che*] Che presenta astigmatismo. *Lenti astigmatiche.* ◆ s.m. [f. –*ca*] Chi è affetto da astigmatismo.

astigmatìsmo s.m. FIS. Aberrazione di un sistema ottico, per cui l'immagine di un punto luminoso risulta una macchia approssimativamente circolare. ~ In partic., nell'occhio è dovuto a irregolare curvatura della cornea o del cristallino.

astinènza s.f. (lat. *abstinĕntiam*, deriv. di *abstinēre* "trattenere") Rinuncia all'attività sessuale o ai piaceri del mangiare e del bere per motivi di salute o in ossequio a una prescrizione religiosa. ◇ MED. *Crisi da astinenza*: complesso di disturbi che insorgono quando si priva l'organismo di una sostanza, spec. droga o farmaco, a cui si è assuefatti.

astìo s.m. [pl. *asti*] (got. *haifsts* "lotta") Odio inveterato e represso. SIN.: **rancore**.

astióso agg. Che prova o rivela odio, rancore.

astóre s.m. (provenz. *astor*) Grande rapace diurno, con lunga coda, piumaggio grigio sul dorso e bianco striato di bruno sul ventre, diffuso nelle regioni temperate dell'emisfero settentrionale. (Apertura alare 1,10 m ca.; famiglia degli Accipitridi.)

astràgalo s.m. **1.** ANAT. Osso del piede che si trova nella zona del tarso e si articola con la tibia e il calcagno. **2.** Dado da gioco a quattro facce, usato dagli antichi e ricavato dall'omonimo osso di pecore, montoni, ecc. o in pietra, avorio. **3.** ARCH. Modanatura a forma di anello situata tra il fusto della colonna e la base o il capitello. **4.** BOT. (iniziale maiusc.) Genere di piante con foglie imparipennate e fiori in grappolo; una specie, spontanea in Italia, viene utilizzata come foraggio o coltivata come surrogato del caffè. (Famiglia delle Leguminose.)

àstrakan o **àstracan** s.m. inv. (dal nome della città russa di *Astrachan*, mercato di tali pelli) Pelliccia a pelo corto, nero e riccio, fornita da

una varietà di agnellini uccisi poco dopo la nascita.

astràle agg. **1.** Degli astri. *Influsso astrale.* **2.** *fig.* Eccezionale, grandioso. *Una difficoltà astrale.*

astràrre v.tr. [11] FILOS. Adottare un procedimento ragionativo che consiste nel passaggio dalla conoscenza di un ente singolo all'universale. ~ Separare un aspetto conoscitivo da un altro. ◆ v.intr. (aus. *avere*) Compiere astrazione. ~ Prescindere da qlco., non tenerne conto. *Astrarre da elementi marginali.* ◆ **astrarsi** v.pron. Distrarre la mente dalla realtà circostante. *Astrarsi dalla situazione.* SIN.: **estraniarsi**.

astrattézza s.f. **1.** Pensiero, nozione astratta. **2.** Con valore negativo, caratteristica di ciò che non è ben definito. *Astrattezza ideologica.*

astrattìsmo s.m. Movimento artistico del sec. XX che rifiuta il realismo in favore della creazione di forme puramente volumetriche e cromatiche.

ENCICL. Da sempre pittori e scultori hanno riconosciuto e sfruttato il potenziale espressivo di linee, volumi e colori per costituire insiemi ordinati, capaci di agire sulla sensibilità e sul pensiero. Tuttavia, nessuno ha mai ritenuto possibile separare tale potenziale dall'evocazione, più o meno fedele, del mondo sensibile (fatta eccezione per la componente *aniconica*, o priva di immagini, dell'arte islamica). Solo a partire dal 1910 alcuni pittori rinunciano alla rappresentazione della realtà concreta. Kandinsky, per primo, definisce la corrente lirica e romantica dell'astrattismo come proiezione dell'interiorità e dell'immaginazione dell'artista. Al contrario, artisti come Mondrian e l'atline, iniziatore del costruttivismo, trovano nella costruzione geometrica più pura la modalità di espressione del loro senso cosmico e solo razionalità. Lo sviluppo di queste due tendenze darà luogo, negli anni successivi, alla diffusione di numerose correnti: l'arte concreta, l'espressionismo astratto, l'arte informale, il *tachisme*, il materismo, l'arte cinetica, la *minimal art.*

astràtto s.m. ASTR. Concetto universale totalmente avulso dalla realtà. ◇ *In astratto*: prescindendo dalla situazione reale, concreta. ◆ agg. **1.** Che non deriva dall'esperienza sensibile ma dal puro ragionamento (in oppos. a *concreto*). *Idea astratta.* ◇ *Arte astratta*: astrattismo; – GRAMM. *Nomi astratti*: quelli che indicano concetti o non oggetti di natura fisicamente percettibile. **2.** Di cosa, privo di legami o riscontri con la realtà.

astrazióne s.f. **1.** FILOS. Procedimento intellettivo che parte dalla conoscenza di enti singoli ed escludendone gli aspetti particolari e accidentali giunge a formulare un concetto universale. **2.** Unilateralità concettuale. ~ In senso negativo, idea irreale, fantasticheria.

astringènte agg. MED. Di sostanza o farmaco che diminuisce la secrezione, in partic., che induce stitichezza. ◆ s.m. Nel sign. dell'agg.

àstro s.m. **1.** Corpo celeste. **2.** *fig.* Chi eccelle in un determinato settore, in partic. nel mondo dello sport o dello spettacolo. *Un astro della musica leggera.* ◇ *Astro nascente*: persona che, appena alle fasi iniziali di una carriera, già spicca per particolari doti di bravura. **3.** BOT. → **aster**.

astrochìmica s.f. [non com. pl. –*che*] Studio della composizione chimica dei corpi celesti e della materia interstellare.

astrodinàmica s.f. [non com. pl. –*che*] Insieme dei principi che regolano il moto dei satelliti artificiali e dei veicoli spaziali.

astrofìsica s.f. [non com. pl. –*che*] ASTR. Studio dei corpi celesti dal punto di vista della fisica.

astrofìsico agg. [pl.m. –*ci*, f. –*che*] Dell'astrofisica. ◆ s.m. [f. –*ca*] Studioso di astrofisica.

astrofotografìa s.f. Fotografia dei corpi celesti.

astrolàbio s.m. [pl. –*bi*] (lat. *astrolàbium*, gr. *astrolábos* comp. di *ástron* "stella" e *lambánein* "prendere") Antico strumento che misura l'altezza apparente degli astri sull'orizzonte.

astrologìa s.f. Arte divinatoria basata sull'osservazione delle stelle e sulla credenza che gli astri influiscano sul carattere degli uomini e sugli eventi storici.

ENCICL. Nata come arte divinatoria a Babilonia, l'astrologia ebbe larga diffusione in Grecia dove fu introdotta dal caldeo Beroso ed ebbe un esponente in Ipparco. Nella Roma antica, dove fu introdotta dai "maghi caldei" nel sec. II, ebbe invece alterna fortuna. Quando poi il cristianesimo si diffuse, il sapere astrologico venne relegato al mondo arabo, per tornare, dopo la conquista islamica, attraverso la Spagna al resto dell'Europa. A partire dal sec. XVI, contribuirono al suo sviluppo, tra gli altri, Cardano, Campanella e Keplero, sebbene col passare del tempo le ricerche astronomiche si differenziarono sempre più nettamente da quelle astrologiche. Solo in tempi recenti l'astrologia ha conosciuto una nuova fortuna e rappresenta attualmente un vero e proprio fenomeno di cultura e, soprattutto, di costume.

astrològico agg. [pl.m. –ci, f. –che] Dell'astrologia.

astròlogo s.m. [f. –ga, pl.m. –gi, –ghi, pl.f. –ghe] Chi pratica l'astrologia.

astrometria s.f. ASTR. Studio della posizione e del movimento dei corpi celesti.

astronàuta s.m. e f. [pl.m. –ti] Membro dell'equipaggio di una navicella spaziale. SIN.: **cosmonauta**.

astronàutica s.f. [non pl. –che] Insieme di studi e di applicazioni tecnologiche volte a rendere possibile la navigazione spaziale.

astronàve s.f. Veicolo spaziale.

astronomia s.f. (lat. astronŏmiam, gr. astronomía comp. di ástron "stella" e némein "ordinare, regolare") Scienza che studia i corpi celesti e il loro moto.

astronòmico agg. [pl.m. –ci, f. –che] **1.** Relativo all'astronomia. Osservatorio astronomico. **2.** fig. Molto elevato, eccessivo. Prezzi astronomici. SIN.: **esorbitante**.

astrònomo s.m. [f. –ma] Studioso di astronomia.

astrùso agg. (lat. abstrūsum, deriv. di abstrūdere "nascondere") Poco comprensibile perché complicato. Concetto astruso.

astùccio s.m. [pl. –ci] (provenz. estug di orig. incerta) Custodia provvista di fodera, adattata all'oggetto da contenere.

astùto agg. Che dà prova di astuzia, furbo. Bambino astuto.

astùzia s.f. **1.** Ingegnosità nell'arrivare a un fine. **2.** Idea, azione astuta. Ricorrere a ogni astuzia.

atalànta s.f. (dal nome di una celebre cacciatrice della mitologia greca secondo l'uso frequente di ispirarsi a personaggi mitici e storici dell'antichità classica per denominare le farfalle) Farfalla dalle ali brune con striature rosse e macchie bianche, diffusa in tutto l'emisfero settentrionale temperato. (Famiglia dei Ninfalidi.)

atamàno s.m. ST. Nei secc. XV-XVIII, comandante dell'esercito o di armate presso i Polacchi,

■ **astrolàbio** (XVI sec.).

i Lituani e i Cosacchi (presso questi ultimi anche carica civile elettiva).

atarassia s.f. FILOS. Per gli Stoici e gli Epicurei, liberazione dai turbamenti indotti dall'eccesso di desideri. ~ Imperturbabilità dell'animo ottenuta seguendo la ragione anziché le passioni.

atassia s.f. MED. Assenza o difficoltà di coordinazione dei movimenti volontari, dovuta a una lesione del midollo spinale o del cervelletto.

atàvico agg. [pl.m. –ci, f. –che] (fr. atavique) **1.** Proprio degli antenati. ~ Che deriva dagli antenati. SIN.: **ereditario 2.** BIOL. Relativo all'atavismo.

atavismo s.m. (fr. atavisme) BIOL. Ritorno in un individuo di caratteri somatici e psichici degli antenati, dopo un periodo di latenza. ~ MED. Ereditarietà.

ateismo s.m. Atteggiamento, dottrina di chi nega l'esistenza di Dio. ~ Miscredenza.

Àtele s.m. (gr., deriv. di atelḗs "senza compimento" per il rudimentale sviluppo del pollice negli arti anteriori) ZOOL. Genere di scimmie diffuse nell'America meridionale, dette anche scimmie-ragno perché hanno corpo snello, arti sottili, lunga coda prensile. (Famiglia dei Cebidi.)

■ **Àtele.** Scimmia ragno.

atelettasia o **atelectasia** s.f. MED. Assenza o difetto di estensione, di dilatazione. Atelettasia polmonare.

atelier [/atə'lje/] s.m. inv. (voce fr., propr. "cantiere") Studio di pittore o scultore. ~ Sartoria d'alta moda.

atellàna s.f. (lat., deriv. di Atellānam fabulam "rappresentazione teatrale propria di Atella", città osca) Antica farsa popolare di origine osca, caratterizzata da maschere fisse, introdotta nella letteratura latina nel I sec. a.C.

atemàtico agg. [pl.m. –ci, f. –che] LING. Di forma che non prevede l'inserimento di vocale tematica tra radice e desinenza o suffisso.

atemporàle agg. FILOS. Indipendente da connotazioni cronologiche. ~ Fuori dalla dimensione temporale.

atenèo s.m. (gr. Athḗnaion "tempio d'Atena", dea della sapienza, poi scuola fondata a Roma dall'imperatore Adriano) → **università**.

ateniése agg. Di Atene. ◆ s.m. e f. Nativo, abitante di Atene.

atèo agg. Che nega l'esistenza di Dio. ◆ s.m. [f. –a] Nel sign. dell'agg.

ateriàno s.m. (iniziale maiusc.) Cultura diffusa nel Magreb tra la fine del paleolitico medio e l'inizio del superiore (tra il 40.000 e il 30.000 a.C.), caratterizzata dalla produzione di punte e raschiatoi peduncolati. ◆ agg. Dell'Ateriano.

Aterinifórmi s.m. pl. [iniziale minusc. sing. –me per l'individuo] ZOOL. Ordine di pesci teleostei, vivipari, comprendente specie marine e d'acqua dolce.

atermàno agg. FIS. → **adiatermano**.

atèrmico agg. [pl.m. –ci, f. –che] TERMODIN. Che si oppone al passaggio del calore. Vetro atermico.

ateròma s.m. [pl. –mi] (lat. atherŏma, gr. athḗroma deriv. di athḗra "poltiglia") **1.** MED. Formazione di placche lipidiche sulla parete interna delle arterie. **2.** MED. Cisti sebacea del cuoio capelluto.

ateromasia s.f. MED. Aterosclerosi.

ateroscleròsi o **aterosclèrosi** s.f. inv. MED. Malattia degenerativa tipica della vecchiaia, molto diffusa, caratterizzata dal deposito di lipidi nella tunica interna delle arterie con conseguente perdita di elasticità e indurimento.

atesino agg. Della Val d'Adige. ◆ s.m. [f. –na] Nativo, abitante della Val d'Adige.

atetèsi s.f. inv. (gr. athétēsis "abolizione") FILOL. Nell'edizione critica di un testo, eliminazione di una lezione falsa o di un passo apocrifo.

atetòsi s.f. inv. MED. Affezione neurologica che comporta movimenti involontari lenti e irregolari, perlopiù limitati a mani e testa.

1. atimia s.f. (gr. athymía "scoraggiamento") PSICH. Attenuazione degli stimoli affettivi tipica della schizofrenia.

2. atimia s.f. ANT. GR. Perdita o privazione dei diritti civili del cittadino per reati a danno dello stato.

atipicità s.f. inv. Assenza di conformità rispetto a una norma di riferimento.

atipico agg. [pl.m. –ci, f. –che] Anomalo, originale.

atlànte s.m. (gr. Átlas propr. "infaticabile", nome del Titano che Zeus condannò a reggere sulle spalle il cielo, ma che fu poi raffigurato con in spalla la Terra) **1.** Volume di carte geografiche. ~ estens. Raccolta di tavole illustrate inerenti a varie discipline scientifiche. ◇ Atlante linguistico: con carte relative alla diffusione delle lingue o di peculiari fenomeni linguistici. – Atlante storico: con carte che mostrano le variazioni geopolitiche. **2.** ANAT. Prima vertebra cervicale. **3.** ARCH. Statua di figura maschile destinata a sostenere mensole o cornicioni.

1. atlàntico agg. [pl.m. –ci, f. –che] (lat. Atlānticum, gr. Atlantikós deriv. di Átlas, nome di un antico re di Mauritania, secondo non distinto dall'omonimo Titano) Dell'Oceano Atlantico o delle sue coste. ◇ Patto atlantico: trattato di assistenza politica, economica, militare, firmato da Stati Uniti e Europa occidentale nel 1949.

2. atlàntico agg. [pl.m. –ci, f. –che] Di volume dal formato del foglio di atlante disteso. ◇ Codice atlantico: raccolta autografa di Leonardo da Vinci.

atlantismo s.m. Politica estera filoamericana. ~ estens. Ideologia anticomunista, sottesa al patto atlantico.

atlèta s.m. e f. [pl.m. –ti] (lat. athlḗtam, gr. athlētḗs deriv. di âthlon "lotta") **1.** Chi pratica uno sport. **2.** Chi ha un fisico muscoloso.

atlètica s.f. [non com. pl. –che] Insieme delle specialità sportive previste dal moderno programma olimpico. ◇ Atletica leggera: marcia, lancio, salto, corsa, pentathlon, eptathlon, decathlon. – Atletica pesante: lotta, sollevamento pesi.

atlètico agg. [pl.m. –ci, f. –che] **1.** Da atleta. Fisico atletico. **2.** Relativo all'atletica. Gara atletica.

atman [/'atmən/] s.m. inv. (voce sanscr.) RELIG. Nel brahmanesimo, soffio vitale, anima individuale.

atmolisi s.f. inv. FIS. Separazione dei componenti di un miscuglio gassoso per diffusione attraverso una parete porosa.

atmosfèra s.f. (fr. atmosphère) **1.** Strato gassoso che costituisce il rivestimento esterno della Terra e di altri corpi celesti. **2.** estens. Aria. **3.** fig. Condizione psicologica che si crea in un determinato ambiente. Un'atmosfera di rabbia. SIN.: **clima 4.** FIS. Unità di misura della pressione dei gas, equivalente a $1,01 \times 10^5$ pascal.

atmosfèrico agg. [pl.m. –ci, f. –che] Dell'atmosfera.

atòllo s.m. (ingl. atoll, maldivo atolu "laguna interna all'atollo") **1.** GEOGR. Isola dei mari tropicali, formata da scogliere coralline che circondano uno specchio d'acqua poco profonda, detto laguna. **2.** Galleggiante in grado di contenere più persone.

atòmica s.f. [pl. –che] *Bomba nucleare.

■ **atòllo.** L'isola di Bora Bora
(Polinesia francese), circondata dal suo atollo.

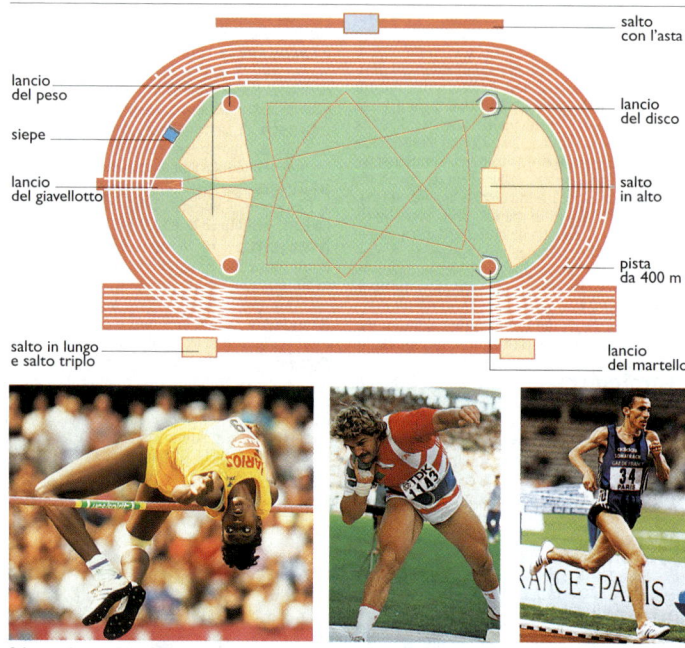

Salto in alto:
la cubana Iaomnet Quintero.

Lancio del peso:
lo svizzero Werner
Gunthœr.

Corsa di mezzofondo:
l'algerino Noureddine
Morceli.

■ **atlètica**

atòmico agg. [pl.m. –*ci*, f. –*che*] **1.** FIS., CHIM. Relativo all'atomo. ◇ *Numero atomico:* numero d'ordine di un elemento nella classificazione periodica, uguale al numero dei suoi protoni e dei suoi elettroni. – *Peso atomico:* numero che corrisponde al peso di un atomo di un elemento rapportato a 1/12 del peso dell'atomo del carbonio 12. **2.** Relativo all'energia liberata dai nuclei degli atomi, in partic. da quelli dell'uranio. SIN.: **nucleare**. ◇ *Armi atomiche* (→ armi *nucleari) **3.** *fig. scherz.* Straordinario, stupefacente, esplosivo. *Bellezza atomica.*

atomismo s.m. **1.** FILOS. Antica dottrina secondo cui l'universo è formato di atomi in perenne movimento che si aggregano tra loro in maniera fortuita. (Fautori principali ne furono Democrito e Lucrezio.) **2.** *fig.* Frammentazione, parcellizzazione. *Atomismo etico.* **3.** ECON. Situazione di mercato in cui gli elementi che rappresentano l'offerta e la domanda sono presenti in quantità rilevante e sono sufficientemente piccoli perché una modificazione individuale dell'offerta o della domanda non possa determinare una variazione dell'offerta o della domanda globale.

atomistica s.f. [non com. pl. –*che*] Studio della struttura dell'atomo. ~ *Fisica atomica.

atomizzàre v.tr. **1.** Nebulizzare un liquido. **2.** Annientare, distruggere qlco. con ordigni atomici.

atomizzatóre s.m. → nebulizzatore.

atomizzazióne s.f. → nebulizzazione.

àtomo s.m. (gr. *átomos* "indivisibile") **1.** FIS., CHIM. La particella più piccola di ogni elemento, che ne caratterizza le proprietà chimiche mentre è suscettibile di trasformazioni fisiche. [È costituita da un nucleo di carica elettrica positiva (neutroni e protoni) intorno a cui ruotano cariche negative (elettroni).] **2.** FILOS. Per l'atomismo greco, ciascuno degli infiniti elementi indivisibili che, muovendosi nel vuoto e aggregandosi, danno origine a tutto ciò che è. **3.** *estens.* Quantità minima di qlco. SIN.: **briciolo**.

atonàle agg. MUS. Che non applica i principi della tonalità.

atonalità s.f. inv. MUS. Sistema caratterizzato dall'abbandono delle norme dell'armonia e delle tonalità classiche e dall'utilizzo dei dodici gradi della scala cromatica. (I grandi rappresentanti dell'atonalità sono Schönberg, Berg, Webern, Boulez, Stockhausen, Xenakis.)

atonia s.f. **1.** LING. Mancanza di accento. **2.** MED. Perdita del tono muscolare di un organo contrattile. *Atonia muscolare.*

atònico agg. [pl.m. –*ci*, f. –*che*] MED. Che presenta atonia muscolare.

àtono agg. **1.** LING. Detto di una vocale o di una sillaba che non ha accento tonico. **2.** Inerte, inespressivo.

atòssico agg. [pl.m. –*ci*, f. –*che*] Che non è velenoso, nocivo.

atout [/a'tu/] s.m. inv. (voce fr., deriv. di *à tout* "per tutto") **1.** Nel gioco delle carte, la briscola, cioè la carta del seme che predomina e che dà quindi vantaggi sulla presa. **2.** *fig.* Opportunità favorevole, possibilità di esito positivo. *Avere buoni atout.*

ATP s.f. inv. (Sigla di *Adenosine TriPhosphate*, adenosin-trifosfato) BIOCHIM. Composto chimico formato dall'unione fra adenosina e tre gruppi fosforici, che si trova nelle cellule degli organismi viventi, costituendone la riserva energetica fondamentale.

atrabile s.f. (lat. *ātram bīlem* "bile nera", calco del gr. *melankholía*) Nell'antica medicina di

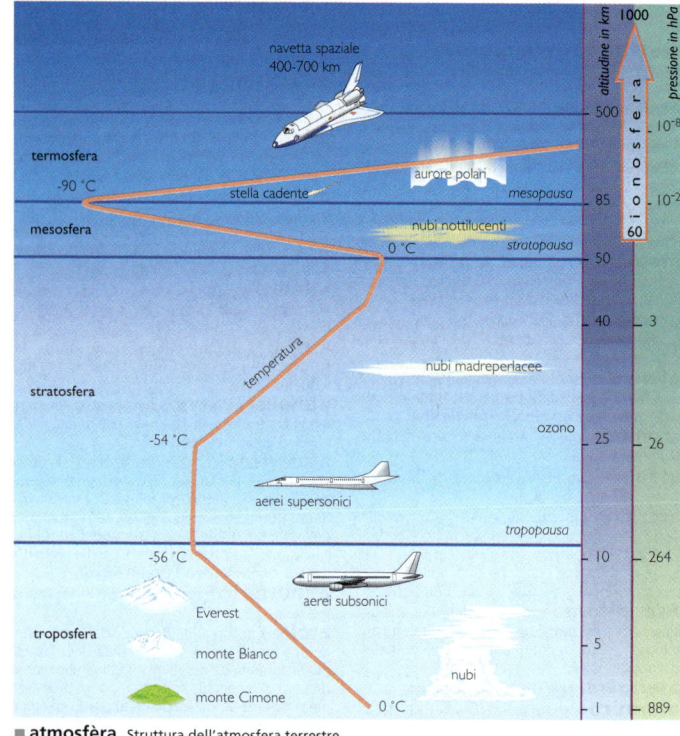

navetta spaziale
400-700 km

termosfera
-90 °C

stella cadente

aurore polari

mesopausa

nubi nottilucenti

mesosfera

0 °C

stratopausa

temperatura

nubi madreperlacee

stratosfera

ozono

-54 °C

aerei supersonici

tropopausa

-56 °C

aerei subsonici

Everest

troposfera

monte Bianco

monte Cimone

nubi

0 °C

altitudine in km

pressione in hPa

i o n o s f e r a

1000

500

10^{-8}

85

10^{-2}

60

50

40

3

25

26

10

264

5

1

889

■ **atmosfèra.** Struttura dell'atmosfera terrestre.

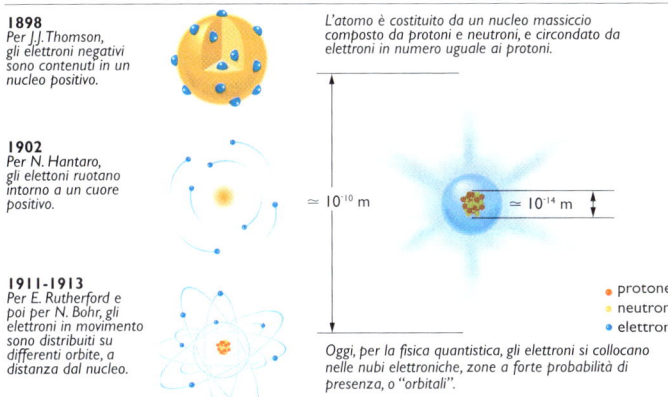

1898
Per J.J.Thomson, gli elettroni negativi sono contenuti in un nucleo positivo.

1902
Per N. Hantaro, gli elettoni ruotano intorno a un cuore positivo.

1911-1913
Per E. Rutherford e poi per N. Bohr, gli elettroni in movimento sono distribuiti su differenti orbite, a distanza dal nucleo.

L'atomo è costituito da un nucleo massiccio composto da protoni e neutroni, e circondato da elettroni in numero uguale ai protoni.

$\simeq 10^{-10}$ m $\simeq 10^{-14}$ m

● protone
● neutrone
● elettrone

Oggi, per la fisica quantistica, gli elettroni si collocano nelle nubi elettroniche, zone a forte probabilità di presenza, o "orbitali".

■ **àtomo.** Cronistoria della rappresentazione dell'atomo.

Ippocrate, uno dei quattro umori del corpo umano considerato causa determinante della malinconia e del malumore. ~ MED. Bile nera, che proviene dalla putrefazione della sostanza midollare del surrene.

atrazina s.f. CHIM. Composto tossico derivato dalla triazina e usato come erbicida selettivo.

atréplice o **atriplice** s.m. o s.f. Pianta erbacea a foglie triangolari verdi o rosse coltivata come ortaggio; detta anche bietolone. (Genere Atriplex; famiglia delle Chenopodiacee.)

atrepsia s.f. MED. Deperimento organico dei lattanti dovuto a denutrizione.

atresia s.f. MED. Malformazione congenita caratterizzata dalla totale o parziale occlusione di un canale o di un orifizio.

atriàle agg. MED. Dell'atrio cardiaco.

àtrio s.m. [pl. atri] **1.** Vasto spazio d'ingresso di palazzi o edifici pubblici, aperto o chiuso. SIN.: **ingresso. 2.** ANT. ROM. Nella casa romana, vestibolo con al centro l'impluvio nel quale si raccoglieva l'acqua piovana proveniente dal tetto attraverso il compluvio. **3.** ANAT. Ciascuna delle due cavità superiori del cuore, in cui perviene il sangue venoso. **4.** GEOL. Nei vulcani, parte compresa tra il bordo di un vecchio cratere e un nuovo cono prodottosi all'interno.

■ **àtrio.** In una casa di Ercolano, atrio con impluvio e compluvio; fine del sec. II a.C.

atróce agg. (lat. atrōcem, deriv. di āter "nero") **1.** Che apporta lutti e rovine. Morte atroce. ~ Terribile, feroce. **2.** estens. Che produce una forte impressione, sensazione. Sospetto atroce.

atrocità s.f. inv. **1.** Violenza che suscita orrore. ~ estens. Azione efferata. **2.** per esager. Bruttezza.

atrofia s.f. MED. Difetto di nutrizione che provoca riduzione del peso e del volume e della funzionalità di un organo o di un tessuto.

atròfico agg. [pl.m. –ci, f –che] MED. Che presenta atrofia.

atrofizzàre v.tr. **1.** MED. Paralizzare. Atrofizzare un organo. **2.** fig. Indebolire qlco. L'inerzia atrofizza la volontà. ◆ **atrofizzarsi** v.pron. **1.** MED. Essere colpiti da atrofia. **2.** Perdere capacità, vigore, energia.

àtropa s.f. (prob. gr. Átropos, nome della Parca che tagliava il filo della vita, perché tale pianta contiene veleno) → **belladonna.**

atropina s.f. MED. Alcaloide velenoso estratto dalla belladonna, usato per dilatare le pupille.

àtropo s.m. (gr. Átropos, nome della Parca che tagliava il filo della vita, per il disegno a forma di teschio sul dorso) → **acheronzia.**

attaccabrighe s.m. e f.inv.fam. Persona litigiosa.

attaccaménto s.m. (calco del fr. attachement) Profondo vincolo affettivo.

attaccànte s.m. e f. **1.** Chi muove all'attacco. **2.** SPORT. Nei giochi di squadra, chi gioca in posizione avanzata.

attaccapànni s.m. inv. Spalliera con pioli, pensile, bastone a bracci per appendere indumenti.

attaccàre v.tr. [4] (etim. discussa, prob. deriv. di taccare "apporre la marca sui panni") **1.** Unire qlco. ad altro o tra loro due o più cose, mediante colla, ganci o altro. Attaccare i pezzi del vaso rotto. ~ fam. Cucire qlco. su altro. Attaccare un bottone alla camicia. ◇ fig. Attaccare bottone: trattenere qlcu. a lungo con chiacchiere noiose. **2.** Affiggere qlco. a un elemento fisso. Attaccare manifesti. ~ Appendere qlco. a un sostegno. **3.** Trasmettere a qlcu. una malattia per contagio. Mi attacchi il raffreddore. ~ estens. Trasmettere un vizio o un'abitudine. **4.** Muovere all'attacco, assalire. Attaccare la città. **5.** SPORT. Nel calcio, condurre un'azione offensiva contro la squadra avversaria. **6.** fig. Contestare polemicamente qlcu. o il suo operato. Attaccare le istituzioni. SIN.: **criticare. 7.** Iniziare, cominciare qlco. Attaccare un pezzo musicale. ◇ Attaccare discorso: iniziare a parlare. **8.** fam. Collegare un apparecchio elettrico alla presa della corrente. ◆ v.intr. (aus. avere) **1.** Avere azione adesiva. Questa colla non attacca. **2.** Detto di piante, mettere radici, attecchire, crescere bene. Le piantine non attaccano. ~ fam. Prendere piede, avere successo. Questa moda attaccherà subito. ◇ fam. Non attacca!: non c'è niente da fare. **3.** fam. Aver inizio. Lo spettacolo attacca con un balletto. SIN.: **cominciare. ◆ attaccarsi** v.pron. **1.** Rimanere unito a qlco. per la presenza di colla, ganci o altro. Il cartoncino si è attaccato al tavolo. ~ Aderire. Le pagine del libro si attaccano. **2.** Con soggetto animato, tenersi a qlco. Attaccarsi a un ramo. SIN.: **aggrapparsi.** ◇ fam. Attaccarsi al telefono, al campanello: parlare al telefono o suonare il campanello per lungo tempo. **3.** fig. Fare riferimento a pretesti, illusioni,

piccolezze per sostenere le proprie idee. Attaccarsi a ogni cavillo. **4.** Combattersi, assalirsi l'un l'altro. I due pugili si attaccano duramente. **5.** Detto di malattia, trasmettersi, propagarsi. L'influenza si attacca facilmente. **6.** fam. Provare affetto verso qlcu., affezionarsi.

attaccatùra s.f. Giuntura, attacco. Attaccatura della manica.

attacchino s.m. [f. –na] Chi attacca manifesti per mestiere o in veste di militante di un movimento politico.

attàcco s.m. [pl. –chi] **1.** Punto o elemento di collegamento organico tra due elementi. Gli attacchi degli sci. ~ ELETTR. Innesto. Attacco della luce. **2.** Assalto, aggressione. ~ fig. Aggressione verbale, polemica. Reagire agli attacchi della stampa. ~ SPORT. Azione offensiva. Squadra d'attacco. **3.** MED. Comparsa improvvisa di uno stato morboso. ~ Attacco di apoplessia. **4.** Inizio, avvio. L'attacco della canzone. **5.** CHIM. Disgregazione, corrosione di un metallo, di un minerale, a opera di agenti chimici. **6.** Numero di animali necessari a trainare un veicolo. SIN.: **tiro.**

attaché [/ataˈʃe/] s.m. inv. (voce fr., propr. "appartenente alla legazione") Addetto diplomatico.

attachment [/əˈttʃmənt/] s.m. inv. (voce ingl., propr. "aggiunta, allegato") INFORM. File allegato a un messaggio di posta elettronica.

attanagliàre v.tr. [6] **1.** Stringere, afferrare qlco. con le tenaglie. ~ estens. Stringere forte qlco. come in una morsa. **2.** fig. Detto di intenso dolore fisico, assillare, tormentare. Il dolore mi attanaglia. ~ Detto di preoccupazione o altro, angosciare, angustiare. Essere attanagliato dal rimorso.

attànte s.m. e f. (fr. actant) LING. Elemento nominale o equivalente che si collega con il verbo per costituire con esso il nucleo concettualmente e strutturalmente autosufficiente di una frase. SIN.: **argomento.**

attardàrsi v.pron. Trattenersi a lungo, indugiare. Attardarsi a chiacchierare con gli amici.

attardàto agg. **1.** Che è in ritardo. **2.** fig. Arretrato, superato.

attecchiménto s.m. Radicamento, presa. ~ estens. Sviluppo.

attecchire v.intr. [83] (aus. avere) (got. thikjan "prosperare") **1.** Detto di piante, mettere radici e svilupparsi. **2.** fig. Detto di idea, moda, ecc., avere successo, affermarsi e diffondersi.

atteggiaménto s.m. **1.** Modo di atteggiare la persona o una sua parte. Atteggiamento composto. ~ Posizione del corpo, espressione del volto che esprime un modo di essere o una disposizione d'animo. **2.** estens. Comportamento, condotta. Atteggiamento ostile.

atteggiàre v.tr. [5] Muovere o disporre una parte del corpo in modo da esprimere con evidenza uno stato d'animo. Atteggiare le labbra a un sorriso. ◆ **atteggiarsi** v.pron. **1.** Fare mostra di una certa condizione o qualità in maniera ostentata. Atteggiarsi a vittima. **2.** Darsi un tono, delle arie. Non sopporto chi si atteggia.

attempàto agg. Avanzato negli anni ma non ancora vecchio.

attendaménto s.m. Accampamento di tende.

attendènte s.m. **1.** MIL. Soldato addetto alla persona di un ufficiale. **2.** spreg. (anche f.) Segretario, factotum.

attèndere v.tr. [33] (lat. attēndere "stare attento, badare a") **1.** Aspettare l'arrivo di qlcu. o qlco., oppure il verificarsi di un fatto. Attendere il tram. ◇ Farsi attendere: essere in ritardo. **2.** Essere destinato, previsto per qlcu. Mi attende molto lavoro. ◆ v.intr. (aus. avere) Dedicarsi con impegno a qlco. Attendere agli studi. ◆ **attendersi** v.pron. Prevedere qlco. per sé. Attendersi un aumento di stipendio. SIN.: **aspettarsi.**

attendibile agg. Credibile, verosimile. Notizia attendibile.

attendibilità s.f. inv. Credibilità, verosimiglianza.

attendìsmo s.m. Politica di temporeggiamento in attesa del verificarsi di un evento risolutore.

attendìsta s.m. e f.[pl.m. *–sti*] → **tempo-reggiatore**.

attenére v.intr. [61] (aus. *essere*) Essere pertinente a qlco. *Ciò non attiene alla questione.* ◆ **attenersi** v.pron. Conformarsi, adeguarsi a regole, ordini o altro. *Attenersi alle istruzioni.*

attentàre v.intr. (aus. *avere*) Cercare di danneggiare qlco. SIN.: **minacciare**. ~ Cercare di uccidere qlcu. *Attentare al direttore.*

attentàto s.m. Atto violento contro persone o cose.

attentatóre s.m. [f. *–trice*] Chi compie o ha compiuto un attentato.

attènti s.m. inv. **1.** L'ordine dato a militari, alunni, ginnasti, di assumere una posizione rigidamente eretta, con braccia tese lungo i fianchi, talloni uniti e punte dei piedi leggermente divaricate, prevista come saluto, e di restare immobili in silenzio in attesa di ulteriori ordini. **2.** La posizione stessa. *Stare sull'attenti.*

attènto agg. **1.** Che presta attenzione. *Un pubblico attento.* ~ Che pone molta cura nel fare qlco. *Attento ai propri doveri.* **2.** Eseguito con accuratezza. **3.** Che sta in guardia, usato anche con valore esclamativo. *Attento al treno!*

attenuànte agg. Che smorza, attutisce. ◇ DIR. *Circostanza attenuante:* che comporta una diminuzione della pena. ◆ s.f. DIR. Circostanza attenuante.

attenuàre v.tr. Diminuire la forza, l'intensità di qlco. *Attenuare un suono, un dolore.* ~ Rendere meno duro o pressante qlco. *Attenuare una pena.* ◆ **attenuarsi** v.pron. Diventare più tenue, perdere intensità. *Il suono si attenua.*

attenuatóre s.m. FIS., TECN. Dispositivo che permette di attenuare l'intensità di una corrente.

attenuazióne s.f. **1.** Diminuzione, affievolimento. **2.** FIS. Riduzione di intensità che si verifica nei fenomeni di propagazione. *Coefficiente di attenuazione.*

attenzióne s.f. **1.** Concentrazione dei sensi e della mente su un oggetto, un'attività o uno scopo. *Osservare qualcosa con attenzione.* ~ *estens.* Cura, diligenza. **2.** (al pl.) Atti gentili, premure. *Essere pieno di attenzioni.*

atterìa s.f. → **sfenodonte**.

attèrige s.m. (gr. *aptérygos* "senza ali") ZOOL. → **kiwi**.

àttero o **àptero** agg. (gr. *ápteros* "senza ali") **1.** ZOOL. Sprovvisto di ali o dotato di ali molto ridotte e inadatte al volo. **2.** ARCHEOL. Di tempio privo di porticati e colonne sui fianchi.

atterràggio s.m. [pl. *–gi*] (fr. *atterrage* "avvicinamento a terra") **1.** AER. Manovra di discesa a terra. ◇ *Atterraggio di fortuna:* di emergenza, compiuto in una posizione adatta all'atterraggio non previsto. ~ FOTO. Ritorno al suolo dopo un salto, un volo. *L'atterraggio dei paracadutisti.* **3.** MAR. Punto della costa preso per determinare la posizione di una nave che si dirige a terra.

atterraménto s.m. SPORT. Caduta causata da un avversario, prevista dal gioco o fallosa. *Atterramento in area di rigore.*

atterràre v.tr. **1.** Gettare a terra qlco., distruggendolo. *Atterrare un albero.* ~ Gettare a terra qlcu. *Atterrare un avversario.* **2.** *fig.* Demoralizzare, avvilire. ◆ v.intr. (aus. *avere*) **1.** AER. Detto di un aeromobile, posarsi al suolo. **2.** MAR. Detto di un'imbarcazione, determinare la rotta per raggiungere la costa e ancorarsi. **3.** SPORT. Toccare terra dopo un salto.

atterrìre v.tr. [83] Spaventare grandemente qlcu. SIN.: **terrorizzare**. ◆ **atterrirsi** v.pron. Essere presi di terrore.

attésa s.f. **1.** Lasso di tempo che intercorre tra il preannuncio di un evento e il suo verificarsi. *Attesa di una notizia.* ◇ *Sala d'attesa:* in luoghi pubblici, stanza, salone attrezzato perché le persone attendano comodamente. **2.** Stato d'animo di chi aspetta. *Essere in paziente attesa.* **3.** (spec. pl.) Ciò che ci si attende. *Le vostre attese sono andate deluse.*

1. attestàre v.tr. **1.** Affermare qlco. con certezza, come testimone o conoscitore diretto. *Attestare la verità di un fatto.* **2.** Con soggetto non animato, dimostrare qlco. *Questa lettera attesta la sua buona fede.*

2. attestàre v.tr. **1.** Porre due cose testa a testa. *Attestare i mattoni.* **2.** MIL. Schierare le truppe in una posizione adatta all'attacco e alla difesa. ◆ **attestarsi** v.pron. **1.** MIL. Disporsi in un luogo adatto per il combattimento. ~ Consolidare l'occupazione di un territorio sottratto al nemico. **2.** *fig.* Restare fissi su un'idea o su una posizione.

attestàto agg. **1.** Dichiarato per certo, per vero. **2.** Documentato, dimostrato, provato. *Forma non attestata.* ◆ s.m. Dichiarazione scritta con valore documentale. ◇ *Attestato di frequenza:* prova dell'aver partecipato a un'attività, general. un corso.

attestatùra s.f. Legatura orizzontale dei tralci di vite contigui.

attestazióne s.f. **1.** Azione dell'attestare. **2.** Attestato. **3.** *fig.* Dimostrazione, manifestazione. *Attestazione di simpatia.*

atticìsmo s.m. **1.** LING. Vocabolo, costrutto proprio del dialetto attico. **2.** Corrente retorica greca e latina che si rifaceva all'eloquenza efficace, elegante e poco ornata degli oratori attici, in partic. di Lisia. ~ *estens.* Stile semplice, chiaro, efficace.

1. àttico agg. [pl.m. *–ci*, f. *–che*] **1.** Dell'Attica. **2.** Relativo alla corrente retorica dell'atticismo. ◆ s.m. **1.** [f. *–ca*] Nativo, abitante dell'Attica. **2.** (solo sing.) Dialetto greco parlato nell'Attica.

2. àttico s.m. [pl. *–ci*] (fr. *attique*) **1.** ARCH. Coronamento decorativo di un edificio, sovrapposto al cornicione e formato da un muretto, da una balaustra. **2.** COSTR. Ultimo piano abitabile di un edificio, rientrato rispetto alla facciata. **3.** ANAT. Parte superiore della cassa timpanica posta nell'orecchio medio.

attìguo agg. (lat. *adtĭguum*, deriv. di *adtĭngere* "toccare") Posto a fianco, adiacente.

attillàto agg. Modellato sulle forme del corpo. *Giacca attillata.*

àttimo s.m. (gr. *átomos* "indivisibile") Minima quantità di tempo.

attinènte agg. Concernente, relativo a.

attinènza s.f. **1.** Rapporto logico fra due o più cose. **2.** (al pl.) Annessi, accessori. *Una villa con le sue attinenze.*

attìngere v.tr. [22] (lat. *adtĭngere* "toccare un luogo") **1.** Raccogliere acqua con un recipiente da un luogo in cui è raccolta. *Attingere l'acqua al pozzo.* **2.** *fig.* Ricavare, trarre qlco. da altro. *Lo stato attinge risorse dal credito pubblico.* ~ Ottenere, avere informazioni, notizie o altro da qlcu. o mediante qlcu. *Attingere informazioni da una fonte certa.*

attingiménto s.m. **1.** Atto del raccogliere un liquido con un recipiente. **2.** *fig.* Reperimento di risorse, dati, ecc.

attìnia s.f. (gr. *aktís* "raggio" per i suoi tentacoli) Animale marino, privo di formazioni scheletriche, dotato di numerosi tentacoli, che vive fissato alle rocce, detto anche *anemone di mare.* (Tipo dei Celenterati; classe degli Antozoi.)

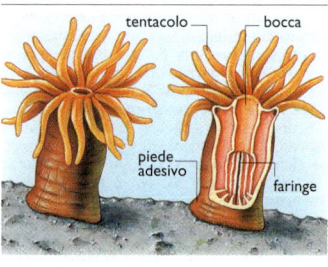

tentacolo — bocca

piede adesivo — faringe

■ **attìnia**

attinicità s.f. inv. FIS. Proprietà di alcune radiazioni elettromagnetiche di svolgere un'azione fotochimica. ~ FOTO. Proprietà della luce di impressionare una pellicola.

attìnico agg. [pl.m. *–ci*, f. *–che*] FIS. Relativo a radiazioni che esercitano un'azione fotochimica. (I raggi ultravioletti sono attinici.)

attìnide s.m. CHIM. Ciascuno dei quattordici elementi radioattivi di comportamento analogo, compresi tra i numeri atomici 89 e 103.

attìnio s.m. (solo sing.) (lat. *Actinium*, deriv. di gr. *aktís* "raggio" per le sue proprietà radioattive) **1.** Metallo radioattivo che, disintegrandosi, emette raggi beta. **2.** Elemento chimico (*Ac*) di numero atomico 89 e peso atomico 227,0278.

attinografìa s.f. FOTO. Tipo di fotografia basato sulla proprietà attinica dei raggi X.

attinometrìa s.f. CHIM. Misura dell'intensità delle radiazioni, in partic. di quelle solari.

attìnon s.m. (solo sing.) (gr. *aktís* "raggio") Gas inerte (*An*), isotopo radioattivo del radon, che si genera per disintegrazione dell'attinio.

Attinopterìgi o **Actinopterìgi** s.m. pl. [iniziale minusc. sing. *–gio* per l'individuo] ZOOL. Sottoclasse di pesci a scheletro interno osseo con pinne pari e cartilagini rudimentali e raggi dermici prominenti.

attinoterapìa s.f. MED. Cura con raggi attinici, in partic. ultravioletti, usata nei casi di rachitismo, reumatismi, ecc.

attiràre v.tr. **1.** Muovere qlco. verso di sé. *La calamita attira il ferro.* **2.** Procurare qlco. a qlcu. *L'iniziativa gli attirò molte simpatie.* **3.** Attrarre qlcu. in un luogo, spec. con intenzioni cattive. *Attirare una persona in un tranello.* ◆ **attirarsi** v.pron. **1.** Detto di due corpi, esercitare un'attrazione reciproca. *Due corpi si attirano secondo regole fisse.* ~ *fig.* Piacersi a vicenda. **2.** Richiamare su di sé i sentimenti di altri. *Attirarsi la simpatia di tutti.*

attitude [/atityd/] s.f. inv. (voce fr.) BALL. Figura della danza accademica nella quale il corpo è in equilibrio su una gamba tesa e appoggiata a terra mentre l'altra è sollevata e piegata all'indietro.

attitudinàle agg. Relativo all'attitudine. ~ Che valuta l'attitudine di qlcu. a qlco.

1. attitùdine s.f. **1.** Predisposizione naturale o acquisita per una particolare attività mentale o fisica.

2. attitùdine s.f. Posizione del corpo, atteggiamento, posa.

attivànte agg. **1.** Che rende attivo, che dà impulso a qlco. **2.** CHIM. Di sostanza che aumenta la capacità di reagire dei componenti di una reazione. ◆ s.m. Nei sign. dell'agg.

attivàre v.tr. **1.** Mettere in funzione un meccanismo. *Attivare l'impianto di allarme.* ~ Rendere attivo un processo. **2.** CHIM. Aumentare la reattività di un sistema chimico. **3.** FIS. Rendere radioattivo un elemento. **4.** Nel l'uso, sollecitare una pratica. ◆ **attivarsi** v.pron. *fig.* Mettersi in moto, darsi da fare. SIN.: **muoversi**.

attivatóre agg. [f. *–trice*] **1.** Che attiva, mette in funzione. **2.** CHIM. Attivante. ◆ s.m. **1.** (anche f.) Nell'accez. 1 dell'agg. **2.** CHIM. Sostanza in grado di aumentare la reattività dei componenti di una reazione.

attivazióne s.f. **1.** Il rendere attivo, operante. **2.** CHIM. Processo con cui si aumentano le capacità di reazione delle molecole di un sistema chimico. **3.** FIS. Processo che induce una radioattività artificiale mediante bombardamento con radiazioni.

attivìsmo s.m. **1.** Modo di vivere dinamico, operoso. **2.** Impegno propagandistico degli aderenti a un partito, a un sindacato. **3.** FILOS. Dottrina morale che insiste sulle necessità dell'agire umano, più che sui principi. **4.** Tendenza, propria della cultura pedagogica degli anni Sessanta, a valorizzare l'attività spontanea del bambino.

attivìsta s.m. e f.[pl.m. *–sti*] **1.** Militante politico o sindacale impegnato in compiti di propaganda. **2.** Seguace dell'attivismo in filosofia o in pedagogia.

attività s.f. inv. **1.** Condizione di ciò che è attivo. ~ Attitudine ad agire. ◇ *Essere in attività:* lavorare (in oppos. a *essere a riposo, in pensione*). **2.** Complesso, seguito di azioni volte a uno scopo. *Attività professionale.* ◇ *Attività terziaria:* servizi, commercio, libere professioni. **3.** Nel l. sc., insieme di fenomeni prodotti da una causa naturale. ◇ *Attività solare:* insieme di fenomeni (macchie, brillamenti, ecc.) che si verificano sulla superficie del sole, secondo cicli di undici anni ca. – *Attività vulcanica:* fase eruttiva. **4.** FIS. Radioattività. **5.** FIN. In un bilancio, insieme dei beni, dei crediti e delle disponibilità in cui sono investite le risorse finanziarie di un'impresa.

attivo agg. **1.** Dedito, improntato all'azione. ◇ *Avere parte attiva in qlco.:* svolgervi un ruolo rilevante. **2.** Riferito a persona, che per inclinazione o per volontà si dimostra operoso. *Restare attivo nonostante l'età.* **3.** In attività, in funzione. *Vulcano attivo.* **4.** GRAMM. Di forma del verbo usata quando il soggetto della frase coincide con l'agente dell'azione indicata dal verbo (in oppos. al *passivo*). **5.** CHIM. Di elemento o composto con capacità di reazione superiori alla norma. *Rimedio attivo.* **6.** ECON. Che presenta un utile. *Bilancio attivo.* ◆ s.m. **1.** GRAMM. Forma attiva del verbo transitivo. **2.** FIN. Il complesso dei beni di un'azienda. ~ *fig.* Ciò che di positivo può essere ascritto a merito o a vantaggio di qlcu. *Avere molti premi al proprio attivo.* **3.** POLIT. Insieme dei dirigenti e degli attivisti di un partito o di un sindacato.

attizzàre v.tr. **1.** Ravvivare il fuoco. **2.** *fig.* Rendere una passione intensa, ardente. *Attizzare l'odio.*

attizzatóio s.m. [pl. *-toi*] Attrezzo costituito da molle allungate per smuovere la brace.

1. àtto s.m. (lat. *ăctum*, deriv. di *ăgere* "fare") **1.** Azione, comportamento, spec. in quanto soggetti a un giudizio. *Atto di bontà, di bravura.* ◇ PSICOAN. *Atto mancato:* azione, frase, comportamento, ecc. che, dietro la sua involontarietà o automaticità, rivela un movente inconscio. **2.** Movimento, gesto, cenno. ◇ *Fare l'atto di:* accennare a compiere un gesto o un'azione. **3.** Manifestazione esterna, concreta di un sentimento. *Atto d'amicizia.* **4.** FILOS. Nel pensiero di Aristotele, realizzazione di ciò che ogni essere è virtualmente o in potenza; in San Tommaso, principio di perfezione in quanto stato di esistenza di un'essenza. **5.** *estens.* Realizzazione di qlco. *Mettere in atto.* **6.** DIR. Azione che produce effetti giuridici. *Atto legislativo.* ◇ *Atto notorio:* atto ufficiale di giuramento con cui, alla presenza di testimoni, si dichiara di essere a conoscenza di un fatto. – *Atto dovuto:* azione giudiziaria obbligata, non discrezionale. **7.** Documento con o senza valore legale. *Atto di vendita.* ◇ *Atto pubblico:* documento redatto da un pubblico ufficiale. – *figg. Prendere atto di qlco.:* prenderne nota, tenerne conto. – *Dare atto:* riconoscere apertamente. *Ti do atto della tua buona fede.* – *Atto d'accusa:* quello con cui si contestano i capi d'accusa all'imputato. **8.** (al pl.) Relazione scritta, resoconto, verbale. *Gli atti del convegno.* **9.** TEAT. Ciascuna delle partizioni di un'opera teatrale. *Commedia in tre atti.* ◇ *Atto unico:* opera in un solo atto. **10.** LING. *Atto linguistico:* funzione pragmatica connessa a un enunciato linguistico, che può esprimere un comando, una promessa, un ringraziamento.

ENCICL. Gli atti possono essere *autentici* (istituiti da un ufficiale pubblico - notaio, ufficiale di stato civile, ecc. - ed obbligatori in alcuni casi, come per un contratto di matrimonio, una vendita immobiliare, ecc.) oppure *scritture private* (in quest'ultimo caso, gli atti sono istituiti e sottoscritti dalle parti stesse e normalmente non sono sottoposti a condizioni di forma particolari).

2. àtto agg. **1.** Che si presta a un determinato uso o scopo. *Scarpe atte alla corsa.* **2.** Che ha tutti i requisiti per fare qlco. *Atto allo studio.*

attònito agg. (lat. *adtŏnitum* "rintronato") Preso da sbalordimento di fronte a qlco. che impressiona fortemente.

attorcigliaménto s.m. Stretto avvolgimento, intrico.

attorcigliàre v.tr. [6] Avvolgere qlco. attorno ad altro. *Attorcigliare uno spago attorno al palo.* ~ Avvolgere strettamente qlco. su se stesso o più cose tra loro. *Attorcigliare un nastro.* ◆ **attorcigliarsi** v.pron. Avvolgersi attorno a qlco. o su se stesso. *Il filo si è attorcigliato.*

attóre s.m. [f. *-trice*] **1.** Chi recita in un'opera teatrale, cinematografica o televisiva. ~ *estens.* Chi, nella vita reale, finge, simula per averne un vantaggio. **2.** *fig.* Chi riveste un ruolo determinante nello svolgimento di qlco. *Essere attore di un grande evento storico.* **3.** DIR. Nel processo civile, chi promuove l'azione legale. **4.** LING. Negli studi di narratologia, personaggio di un testo narrativo. ❑ In funzione di agg., nell'accez. 3 del s. *Parte attore.*

attòrio o **attòreo** agg. [pl.m. *-rii, -rei*] DIR. Relativo a chi promuove l'azione legale nel processo civile. *Pretesa attoria.*

attorniàre v.tr. [6] Disporsi in gruppo attorno a qlcu. o qlco. *Attorniare il vincitore.* ~ *fig.* Stare vicino a qlcu., vivergli accanto. *Essere attorniato da amici.* ◆ **attorniarsi** v.pron. Riunire, raggruppare attorno a sé. *Attorniarsi di collaboratori competenti.*

attórno avv. Con disposizione o andamento circolare rispetto a un centro. ~ *estens.* Vicino. ◇ *figg. Levarsi qlcu. d'attorno:* liberarsene. – *Stare attorno a qlcu.:* frequentarlo assiduamente e interessatamente. – *Darsi d'attorno:* darsi da fare, ingegnarsi. – *loc. prep. Attorno a:* indica disposizione o movimento pressappoco circolare intorno a un centro. *Eravamo attorno al tavolo;* indica approssimazione. *Attorno al Cinquecento.*

attraccàre v.intr. [4] (aus. *essere* o *avere*) (spagn. *atracar* di orig. oscura) Approdare. *Attraccare al molo del porto.* ◆ v.tr. MAR. Affiancare un'imbarcazione alla banchina o a un altro natante. *Attraccare la barca al molo.*

attràcco s.m. [pl. *-chi*] **1.** Manovra dell'attraccare. **2.** Luogo in cui la nave attracca.

attraènte agg. Che attira l'attenzione. *Ragazza attraente.* ~ Che presenta vantaggi. *Prezzi particolarmente attraenti.* ~ *estens.* Bello, seducente.

attràrre v.tr. [11] **1.** Attirare qlco. verso di sé. **2.** *fig.* Richiamare, allettare qlcu. ◆ **attrarsi** v.pron. Detto di due o più elementi, esercitare un'azione di reciproca attrazione.

attrattiva s.f. **1.** Capacità di avvincere l'attenzione, i sentimenti altrui. ~ Attrazione per qlcu., verso qlco. *Una forte attrattiva per la musica.* **2.** (al pl.) Caratteristiche che rendono accettabile, gradevole qlco. *Offrire buone attrattive economiche.*

attrattivo agg. Che ha la proprietà di attirare. *La forza attrattiva di un magnete.*

attraversaménto s.m. **1.** Passaggio, traversata. *Attraversamento di un fiume.* **2.** Luogo in cui avviene il passaggio da un punto a un altro. *Attraversamento pedonale.* **3.** Incrocio allo stesso livello di due vie di comunicazione.

attraversàre v.tr. **1.** Percorrere un luogo da una parte all'altra, passandovi attraverso. *Attraversare la strada.* **2.** *fig.* Detto di pensieri, venire alla mente. *Il dubbio mi attraversa la mente.* **3.** *fig.* Vivere una determinata situazione, trascorrere un periodo di tempo. *Attraversare un periodo di depressione.* **4.** MAR. Detto di un'imbarcazione, incrociare la rotta di un'altra nave a poca distanza.

attravèrso avv. Trasversalmente, obliquamente. ◆ prep. **1.** Da una parte all'altra. *Guardare attraverso un buco.* **2.** Per mezzo di. *Attraverso lunghe indagini.* **3.** Trasversalmente. *Attraverso la strada.* **4.** Percorrendo un certo spazio o territorio. *Passare attraverso i campi.*

attrazióne s.f. **1.** Movimento di qlcu. o di qlco. verso il soggetto. **2.** *fig.* Attrattiva, fascino. *Esercitare una grande attrazione su qualcuno.* **3.** FIS. Forza reciproca con cui due corpi si attirano. *Attrazione gravitazionale.* **4.** LING. Assimilazione, in deroga alle norme grammaticali, di un elemento sintattico a un altro per contiguità. **5.** Personaggio famoso o numero sensazionale che esercita un particolare richiamo.

attrezzàre v.tr. Fornire qlco. degli attrezzi, degli strumenti necessari all'uso. ~ *estens.* Equipaggiare, dotare. *Attrezzare una nave.* ◆ **attrezzarsi** v.pron. Rifornirsi di quanto necessita per qlco.

attrezzàto agg. Che ha gli attrezzi necessari per un'attività.

attrezzatùra s.f. **1.** L'azione dell'attrezzare. **2.** Dotazione di strumenti idonei a uno scopo. *Attrezzature turistiche.* **3.** Insieme di attrezzi necessari per l'esercizio di un'attività. *Attrezzatura sportiva.*

attrezzerìa s.f. **1.** TEAT. Insieme degli oggetti di scena. **2.** INDUS. Reparto dove si costruiscono o si sottopongono a manutenzione le attrezzature necessarie alla produzione.

attrezzìsta s.m. e f.[pl.m. *-sti*] **1.** Chi si occupa degli oggetti di scena in un teatro, uno studio cinematografico o televisivo. **2.** Operaio del reparto attrezzeria. **3.** SPORT. In ginnastica, atleta specializzato in esercizi agli attrezzi.

attrezzìstica s.f. [non com. pl. *-che*] SPORT. Ginnastica con gli attrezzi.

attrézzo s.m. (fr. *atraits*, deriv. di *atrait* propr. "attratto") **1.** Qualsiasi cosa preparata ad arte che serve per compiere convenientemente un'attività. *Attrezzi da muratore.* ◇ *Attrezzi del mestiere:* quelli propri di una determinata professione. **2.** SPORT. Ogni strumento utilizzato per lo svolgimento di esercizi atletici e ginnici (anelli, cavallo, parallele, ecc.).

attribuìre v.tr. [83] **1.** Assegnare qlco. a qlcu. *Attribuire il premio a uno scrittore.* **2.** Ascrivere, imputare qlco. a qlcu. *Gli attribuiscono tutto il successo di questi negoziati.* ~ Considerare qlco. come opera di qlcu. *Mi attribuiscono intenzioni che non ho.* ◇ *Attribuire importanza a qlco.:* darvi importanza. ◆ **attribuirsi** v.pron. Conferire a sé stessi qlco. che non spetta.

attributivo agg. GRAMM. Che ha funzione di attributo rispetto a un nome. *Aggettivo attributivo.*

attribùto s.m. **1.** FILOS. Qualità essenziale di un ente. **2.** *estens.* Connotazione specifica di qlcu. o qlco. *L'agilità è un attributo della gioventù.* **3.** Simbolo, emblema di una funzione. *La bilancia è l'attributo della Giustizia.* **4.** GRAMM. Aggettivo, o altro costituente frasale, che qualifica un sostantivo. **5.** (al pl.) Funzioni, doveri, prerogative di una carica. *Gli attributi della sovranità.*

attribuzióne s.f. **1.** Assegnazione, conferimento. *Attribuzione di un premio.* ◇ *Opera di incerta attribuzione:* di cui è incerto l'autore. **2.** (al pl.) Competenze di un'autorità, di un ufficio.

attrito s.m. (lat. *adtrītum* "sfregamento") **1.** FIS. Forza che contrasta il moto relativo di un corpo rispetto a un altro. ◇ *Coefficiente d'attrito:* rapporto tra lo sforzo tangenziale e lo sforzo normale che si deve applicare per vincere l'attrito. – *Attrito volvente:* resistenza che un corpo solido incontra rotolando su un altro. – *Attrito radente:* resistenza reciproca fra due corpi che strisciano uno sull'altro. **2.** *fig.* Mancanza di accordo fra persone.

attrizióne s.f. TEOL. CRIST. Pentimento imperfetto dei peccati in quanto suggerito da ragioni di opportunità.

attuàle agg. (lat. *actuălem* "che è in atto") **1.** Che esiste nel presente. *Il regime attuale.* ~ Che resta valido nel presente. *Un argomento molto attuale.* **2.** FILOS. Che è in atto.

attualismo s.m. **1.** FILOS. Dottrina di G. Gentile secondo la quale tutta la realtà viene ridotta all'atto puro del pensiero. **2.** GEOL. Teoria secondo la quale i fenomeni del passato e quelli odierni sono determinati dalle stesse cause.

attualità s.f. inv. **1.** Qualità di ciò che è conforme ai tempi che si stanno vivendo. *L'attualità di un romanzo.* ~ *estens.* Capacità di suscitare un interesse attuale. **2.** Insieme degli eventi recenti. *Rubrica di attualità.* **3.** FILOS. Realizzazione di una potenzialità.

attualizzàre v.tr. **1.** Modificare qlco. per avvicinarlo alla sensibilità contemporanea. **2.** ECON. Convertire una somma disponibile in futuro in una somma disponibile a vista. ◆ **attualizzarsi** v.pron. Tradursi in atto, acquisire attualità.

attualizzazióne s.f. **1.** Il rendere attuale qlco. **2.** FIN. Procedimento per convertire una somma disponibile in futuro in una somma disponibile a vista.

attuàre v.tr. Rendere qlco. operativo, reale. ◆ **attuarsi** v.pron. Assumere concretezza, diventare reale.

attuariàle agg. (ingl. *actuarial*) Relativo allo studio statistico-matematico della materia assicurativa.

attuàrio s.m. [pl. *-ri*] (lat. *actuārium* "scrivano") **1.** Nell'esercito romano, chi si occupava degli approvvigionamenti. ~ Anche, scrivano che teneva gli atti del Senato e delle assemblee. **2.** Nel Medioevo, cancelliere nelle corti di giustizia. **3.** FIN. [f. *–ria*] Nelle compagnie di assicurazione o in enti di previdenza, chi studia la materia sotto l'aspetto statistico-matematico.

attuazióne s.f. L'azione con cui si attua ql-co. SIN.: **realizzazione**.

attutire v.tr. [83] Togliere forza, intensità. *Attutire un suono, un colpo.* ◆ **attutirsi** v.pron. Diventare più debole, diminuire di intensità. *I rumori si attutiscono.* ~ Diventare meno vivo. *Col tempo il dolore si attutisce.*

Aucùba s.f. BOT. Genere di piante arbustive ornamentali originarie del Giappone, con foglie strette e lunghe, verdi e gialle e frutti rossi. (Altezza 2 m; famiglia delle Cornacee.)

audàce agg. (lat. *audācem*, deriv. di *audēre* "osare") **1.** Che affronta impavido il pericolo. SIN.: **coraggioso. 2.** Rischioso. *Una scommessa audace.* **3.** *estens.* Eccessivo, provocante, sfacciato. *Proposta audace.* **4.** Originale, innovatore. *Idea audace.* ◆ s.m. e f. Nell'accez. 1 dell'agg.

audàcia s.f. [pl. *–cie*] **1.** Grande coraggio, ardimento. **2.** Temerarietà di un'azione. *Avere l'audacia di fare ciò.* ~ Sfrontatezza, insolenza. **3.** Carattere provocante, scabroso di qlco. *L'audacia di una scollatura.* **4.** Originalità nella concezione e nell'esecuzione di un'opera letteraria o artistica.

audience [/'ɔ:dɪəns/] s.f. inv. (voce ingl., propr. "ascolto") Pubblico raggiunto in un dato momento da un programma radiotelevisivo.

audimetro s.m. Strumento per registrare automaticamente su nastro magnetico programmi televisivi o radiofonici.

àudio agg. inv. (voce lat., propr. "io odo") Relativo alla registrazione o alla trasmissione del suono. ◆ s.m. inv. Apparato di un televisore o di altro apparecchio predisposto per la riproduzione dei suoni. ~ Il suono riprodotto.

àudio- Primo elemento di composti del l. sc. e tecn. con il significato di "udito", "suono" (*audiologia*).

audiocassétta s.f. Nastro magnetico per la registrazione o l'ascolto di suoni preregistrati installato su supporto inseribile direttamente nel registratore.

audiofrequènza s.f. (ingl. *audio-frequency*) Frequenza di vibrazioni nella gamma dei suoni udibili, usata per la trasmissione e la riproduzione dei suoni.

audiogràmma s.m. [pl. *–mi*] FIS. Curva che rappresenta i valori dell'intensità di un'onda sonora in funzione della frequenza.

audioléso s.m. [f. *–sa*] Chi ha difficoltà a percepire i suoni. SIN.: **sordo**.

audiolibro s.m. Audiocassetta contenente la registrazione di un libro.

audiologìa s.f. (ingl. *audiology*) MED. Studio della funzione auditiva.

audiometrìa s.f. MED. Misurazione della soglia di udibilità di suoni di altezze e intensità diverse.

audiòmetro s.m. (ingl. *audiometer*) MED. Apparecchio per misurazioni audiometriche.

audiopròtesi s.f. inv. MED. Protesi acustica.

audiovisivo agg. (calco dell'ingl. *audiovisual*) Che permette di vedere e sentire allo stesso tempo. *Mezzi audiovisivi.* ◆ s.m. (spec. pl.) Insieme dei mezzi, degli strumenti che utilizzano l'immagine e il suono.

audit [/'ɔ:dɪt/] s.m. inv. (voce ingl., deriv. di *to audit* "rivedere i conti") FIN. Ogni studio sistematico delle procedure e della contabilità di un'azienda.

auditing [/'ɔ:dɪtɪŋ/] s.m. inv. (voce ingl., deriv. di *to audit* "rivedere i conti", lat. *audĭtus* da *audīre* "sentire" perché orig. la revisione dei conti era fatta oralmente) FIN. Procedura di controllo della contabilità di un'impresa. ~ Revisione contabile.

auditor [/'ɔ:dɪtə/] s.m. e f.inv. (voce ingl.) FIN. Revisore dei conti.

auditòrio s.m. [pl. *–ri*] Auditorium.

auditòrium s.m. inv. (lat. *auditōrium*, deriv. di *audīre* "ascoltare") Sala progettata per l'ascolto o per la registrazione di musica.

audizióne s.f. (lat. *auditiōnem*, deriv. di *audīre* "ascoltare") **1.** Prova per vagliare le capacità di attori, cantanti, musicisti ecc. o per verificare la qualità di un'incisione. *Fare un'audizione.* **2.** DIR. *Audizione di testimoni:* ascolto della loro deposizione.

àuge s.f. (ar. *awğ* "culmine") Grado massimo, culmine, in partic. riferito alla fama, al consenso del pubblico. *Tornare in auge.*

augìte s.f. (gr., deriv. di *augḗ* "luce") MIN. Minerale dei pirosseni, formato da silicati di calcio, magnesio, ferro, alluminio.

augnatùra s.f. **1.** TECN. Taglio in obliquo delle estremità di due pezzi per giuntarli ad angolo. ~ La linea di giuntura. **2.** Taglio a mezzaluna sul dorso della lama dei coltelli a serramanico per consentirne l'apertura con l'unghia.

auguràle agg. **1.** Che esprime un augurio. **2.** Relativo all'augure.

auguràre v.tr. (aus.) (lat. *augurāre* "trarre gli auspici, predire") Esprimere il desiderio che accada qlco. di favorevole a qlcu. ◆ v.intr. (aus. *avere*) Esercitare l'ufficio di augure. ◆ **augurarsi** v.pron. Sperare qlco. *Augurarsi il meglio.*

àugure s.m. (lat. *augurem*, prob. deriv. di *augēre* "aumentare" forse perché con le sue predizioni favoriva un positivo sviluppo) ANT. ROM. Presso i popoli italici e i Romani, sacerdote incaricato di interpretare il volere degli dei e il futuro tramite il volo degli uccelli o altri segni.

augùrio s.m. [pl. *–ri*] **1.** Speranza in qlco. di favorevole. ~ (spec. pl.) Formula augurale, usata in varie ricorrenze. *Fare gli auguri.* **2.** Presagio. **3.** ANT. ROM. Divinazione dell'augure.

1. augùsto agg. (lat. *augūstum*, propr. "consacrato dagli auguri") **1.** Imperiale. **2.** Maestoso, nobile, insigne. ◆ s.m. ST. Titolo conferito a Ottaviano e agli imperatori romani a lui successivi.

2. augùsto s.m. (fr. *Auguste*, forse dal nome di un inserviente del circo tedesco Renz così impacciato da divenire un tipo comico) Nei ruoli circensi, pagliaccio goffo e maldestro che veste una lunga marsina.

àula s.f. **1.** Locale per lezioni scolastiche e universitarie. ◇ *Aula magna:* l'aula scolastica e universitaria più ampia, destinata ad assemblee e riunioni. **2.** Sala per riunioni ufficiali e solenni, spec. nei tribunali e parlamenti. ◇ *Aula bunker:* aula di tribunale difesa con eccezionali misure di sicurezza.

àulico agg. [pl.m. *–ci*, f. *–che*] **1.** ST. Di corte. **2.** *fig.* Solenne, illustre. ~ Elevato, ricercato. *Stile aulico.*

aulòs s.m. inv. MUS. Strumento a fiato degli antichi Greci.

aumentàre v.tr. **1.** Rendere più grande in dimensione, in quantità. *Aumentare le spese.* **2.** *fam.* Rendere più caro il prezzo di un prodotto. *Aumentare la benzina.* **3.** Nel lavoro a maglia, aggiungere punti al lavoro. *Aumentare tre punti ogni giro.* ◆ v.intr. (aus. *essere*) Diventare più grande, accrescere. *Le spese sono aumentate.* ~ Diventare maggiore in intensità. *La febbre aumenta.* ~ Crescere in peso. *Sono aumentato di tre chili.* ◆ **aumentarsi** v.pron. Accrescere, incrementare qlco. per sé.

aumentazióne s.f. MUS. Nella tecnica del contrappunto, ritorno di un tema con la durata delle note proporzionalmente aumentata.

auménto s.m. **1.** Incremento, accrescimento in numero, quantità, valore. ~ In partic. rincaro, rialzo del prezzo, maggiorazione. *Aumento della benzina.* ◇ ECON. *Aumento di capitale:* incremento del capitale sociale di una società attraverso l'emissione di nuove azioni, o un aumento del valore nominale delle azioni esistenti. **2.** LING. Prefisso del tema semplice nella coniugazione di alcune forme del passato (p.e. in greco). **3.** Aggiunta di uno o più punti nel lavoro a maglia.

àuna s.f. (fr. *aune*, germ. *alina* "avambraccio") Antica misura di lunghezza usata in Francia e in Belgio soprattutto per i tessuti e corrispondente a 1,20 m ca.

àura s.f. (gr. *áura* "soffio") **1.** Atmosfera, alone sacrale che avvolge un essere o una cosa. *Aura di mistero.* **2.** MED. Sintomo che precede crisi parossistiche, soprattutto epilettiche.

aurèlia s.f. Medusa trasparente, comune nei mari temperati, provvista di un'ombrella piatta ornata di una frangia di sottili e corti tentacoli. (Classe degli Scifozoi.)

àureo agg. **1.** D'oro. *Riserva aurea.* ◇ ECON. *Sistema aureo:* sistema monetario basato sulla convertibilità della moneta in oro. **2.** Del colore dell'oro. ~ *estens.* Splendente. **3.** *fig.* Eccellente, ottimo. ◇ *Aurea mediocritas:* aurea **mediocrità. **4.** GEOM. *Sezione aurea:* divisione di un segmento in due parti di cui una è media proporzionale tra l'intero segmento e la parte restante. ◆ s.m. ANT. ROM. Moneta d'oro coniata dal 49 a.C.

aurèola s.f. **1.** Cerchio luminoso che circonda il capo degli angeli e dei santi nell'iconografia cristiana. *L'aureola del martire.* **2.** *estens.* Luminosità attorno a un corpo, anche celeste. SIN.: **alone**.

aureomicìna s.f. (lat., deriv. di *Streptomyces aureofaciens*, nome del fungo di colore d'oro da cui fu isolata) FARM. Denominazione commerciale, che costituisce marchio registrato, di un antibiotico usato nella cura di varie malattie.

àurica s.f. [pl. *–che*] MAR. Vela trapezoidale fissata all'albero, al picco e al boma.

àurico agg. [pl.m. *–ci*, f. *–che*] CHIM. Di composto contenente oro trivalente. *Sale aurico.*

auricola s.f. **1.** ANAT. Piccola cavità dell'atrio del cuore. **2.** Pianta con grosso rizoma, foglie carnose raggruppate a rosetta e fiori gialli a ombrella, che cresce spontanea nelle zone montane, ma è anche coltivata come pianta ornamentale. (Famiglia delle Primulacee.)

1. auricolàre agg. Relativo all'orecchio. *Padiglione auricolare.* ◇ DIR. *Testimone auricolare:* chi riferisce ciò che ha sentito. ◆ s.m. TV. Piccolo apparecchio che si appoggia all'orecchio per ascoltare suoni senza diffusione nell'ambiente.

2. auricolàre agg. ANAT. Che concerne l'auricola del cuore.

aurìfero agg. Che contiene oro. *Sabbia aurifera.*

aurìga s.m. [pl. *–ghi*] (lat. *aurīgam*, forse comp. di *aūreae* "briglie" e *ăgere* "condurre") Ant., guidatore di carri da guerra o cocchi. SIN.: **cocchiere**. ◆ sing. ASTR. (iniziale maiusc., solo sing.) Costellazione del cielo boreale.

aurignaziàno o **aurignaciàno** s.m. (solo sing.) (dal nome della località francese di *Aurignac* dove furono rinvenuti i primi reperti) GEOL. Periodo del paleolitico superiore in cui compaiono le prime manifestazioni religiose, artistiche e vita organizzata. (Collocabile fra 30.000 e 25.000 anni fa.) ◆ agg. Relativo a tale periodo.

auròra s.f. **1.** Luminosità che precede il sorgere del sole. ◇ *Aurora polare:* fenomeno luminoso che si verifica nell'atmosfera polare. **2.** *fig.* Inizio, albori. *L'aurora della civiltà.*

auscultàre v.tr. MED. Ascoltare i rumori prodotti dagli organi interni per individuare quelli anormali.

auscultazióne s.f. MED. Indagine clinica che consiste nell'ascoltare i rumori provenienti dagli organi (cuore, polmoni) per mezzo dello stetoscopio.

ausiliàre agg. Che aiuta. *Milizia ausiliare.* ◇ GRAMM. *Verbo ausiliare:* verbo utilizzato per costruire le forme composte o analitiche del paradigma verbale, così da perdere il suo significato lessicale proprio per assumere una pura funzione grammaticale. (*Essere* e *avere* sono verbi ausiliari.) ◆ s.m. **1.** (anche f.) Chi aiuta. SIN.: **assistente. 2.** GRAMM. Verbo ausiliare. ◆

ausiliàrio agg. [pl.m. *–ri*] Che aiuta. ◇ *Truppe ausiliarie:* quelle impiegate in servizi amministrativi e assistenziali. – *Motore ausiliario:* da usarsi in caso di avaria del primo. ◆ s.m. **1.** ST. Nell'antico esercito romano soldato delle milizie ausiliarie, formate non da cittadini, ma da alleati, tributari o mercenari. **2.** Ufficiale non più in servizio attivo ma ancora richiamabile.

ausilio s.m. [pl. *–li*] Aiuto, soccorso. ◇ *loc. prep. Con l'ausilio di:* con il sussidio, l'aiuto, l'apporto di qlcu. o qlco.

auspicàbile agg. Desiderabile, augurabile.

auspicàre v.tr. [4] Augurarsi il verificarsi di eventi favorevoli. ◆ v.intr. (aus. *avere*) Fare una divinazione.

àuspice s.m. **1.** Augure. **2.** (anche f.) Promotore, patrocinatore, fautore. *Auspice il parlamento, si sono avviati contatti con il nuovo governo.*

auspicio s.m. [pl. *–ci*] **1.** ANT. ROM. Nell'antica Roma, presagio tratto dall'osservazione degli uccelli. **2.** *estens.* Segno premonitore. SIN.: **presagio**. **3.** Augurio. *Essere di buono, cattivo auspicio.* **4.** *fig.* Protezione, patrocinio. *La manifestazione avviene sotto gli auspici del governo.*

austenite s.f. METALL. Costituente micrografico degli acciai.

austerità s.f. inv. **1.** Qualità di chi, di ciò che è austero. ~ *estens.* Frugalità. **2.** ECON. Austerity.

austerity [/ɔːˈsterɪtɪ/] s.f. inv. (voce ingl., fr. *austérité*) ECON. Politica di limitazione dei consumi privati e delle spese pubbliche.

austèro agg. **1.** Severo, moralmente rigoroso. SIN.: **inflessibile**. ~ Frugale, molto sobrio. **2.** Di aspetto severo, grave, solenne. *Palazzo austero.*

austràle agg. Dell'emisfero meridionale e del suo cielo.

australiàno agg. [f. *–na*] Dell'Australia. ◆ s.m. Nativo, abitante dell'Australia.

australòide agg. Di tipo umano con pelle scura, naso largo, capelli crespi, originario dell'Australia. ◆ s.m. e f. Nel sign. dell'agg.

Australopitèco s.m. Genere di Ominidi fossili dell'Africa meridionale. (Gli Australopitechi, apparsi sulla Terra 5 milioni di anni fa, non avevano una perfetta andatura bipede, si arrampicavano sugli alberi ed erano alti 1,10-1,50 m.)

austriaco agg. [pl.m. *–ci*, f. *–che*] Dell'Austria. ◆ s.m. [f. *–ca*] Nativo, abitante dell'Austria.

austronesiàno agg. **1.** Detto della famiglia di lingue della Malesia, Micronesia e Polinesia. **2.** Delle popolazioni di tale zona.

austroungàrico agg. [pl.m. *–ci*, f. *–che*] Dello Stato formato dall'unione dell'impero d'Austria con il regno d'Ungheria.

1. autarchia s.f. (gr. *autárkeia*, comp. di *autós* "se stesso" e *arkêin* "bastare") **1.** FILOS. Nel pensiero degli stoici e dei cinici greci, appagamento etico del saggio che basta a se stesso. **2.** ECON. Indipendenza di un sistema economico dall'esterno, ottenuta cercando di produrre all'interno tutti i beni e servizi.

2. autarchia s.f. (gr. *autarkhía*, comp. di *autós* "se stesso" e *árkhein* "comandare") **1.** Dominio di sé, autocontrollo. **2.** Potere assoluto, tirannia. **3.** DIR. Capacità riconosciuta a taluni enti pubblici di emanare provvedimenti concreti dotati della stessa efficacia degli atti amministrativi dello Stato.

1. autàrchico agg. [pl.m. *–ci*, f. *–che*] Fondato sull'autarchia.

2. autàrchico agg. [pl.m. *–ci*, f. *–che*] DIR. Che usufruisce di autonomia amministrativa.

àut àut loc. sost. m. inv. (loc. lat., "o… o") Alternativa a cui non ci si può sottrarre. *Porre l'aut aut.*

autèntica s.f. [pl. *–che*] Autenticazione.

autenticàre v.tr. [4] **1.** DIR. Attestare come autentico un documento, una firma, una foto, da parte di pubblico ufficiale. SIN.: **vidimare**. **2.** *estens.* Certificare, confermare la veridicità e l'autenticità di qlco. ~ Dichiarare che un'opera appartiene all'artista cui è attribuita. *Autenticare un quadro.*

autenticazióne s.f. Nel l. bur., attestazione che un atto non è falso.

autenticità s.f. inv. Validità di un documento.

autèntico agg. [pl.m. *–ci*, f. *–che*] (lat. *authènticum*, gr. *authentikós* deriv. di *authéntes* "fatto da sé") **1.** Legalmente riconosciuto come vero, non falsificato. *Firma autentica.* ◇ *Interpretazione autentica:* fornita dalla stessa autorità che ha emanato l'atto. **2.** *estens.* Originale, non contraffatto. *Esemplare autentico.* ~ Genuino, vero. *Notizia autentica.* **3.** Sincero, schietto.

authority [/ɔːˈθɒrɪtɪ/] s.f. inv. (voce ingl., propr. "autorità") Istituzione ufficiale con poteri di controllo, sorveglianza e decisione in determinati campi.

autière s.m. (creato orig. per sostituire il fr. *chauffeur* "autista" e poi specializzatosi nell'ambito militare) MIL. Nell'esercito, soldato che guida un automezzo.

autismo s.m. (ted. *Autismus*, dal gr. *autós* "se stesso", voce coniata dallo psichiatra svizzero Bleuler) PSICH. Disturbo caratterizzato da chiusura patologica in se stessi e conseguente mancanza totale o parziale di rapporti con gli altri, tipico della schizofrenia nell'adulto, osservabile anche nel bambino.

ENCICL. La sindrome dell'autismo infantile compare entro il secondo anno di vita del bambino, talvolta addirittura nei primi mesi dopo la nascita, e si manifesta come totale rifiuto verso le consuete manifestazioni d'affetto, gestuali e verbali, che si rivolgono ai bambini in questa fase dell'infanzia. Il bambino autistico ha un comportamento motorio monotono e ripetitivo, presenta un totale distacco dalla realtà che lo circonda, ma ha violente reazioni emotive ogni qualvolta vi siano cambiamenti nell'ambiente. Non parla oppure usa un linguaggio che non ha significato comunicativo.

autista s.m. e f. [pl.m. *–sti*] (neologismo fascista per sostituire il fr. *chauffeur*) Guidatore professionale di autoveicoli. *Autista di taxi.* ~ *estens.* Chi guida un'automobile.

autìstico agg. [pl.m. *–ci*, f. *–che*] PSICH. Che denota autismo.

1. àuto s.f. inv. *comun.* Automobile. ◇ *Auto civetta:* automobile civile usata da polizia o carabinieri per non farsi notare durante appostamenti, pedinamenti, ecc. ~ *Auto pirata:* guidata da un automobilista che, dopo aver investito qlcu., non lo soccorre, o che, comunque, commette gravi infrazioni.

2. àuto [/ˈauto/] s.m. [pl. *autos*] (voce spagn. e port., lat. *àctum* "atto drammatico") Dramma sacro in un atto derivato dalle sacre rappresentazioni medievali e diffuso in Spagna e Portogallo nei secc. XVI-XVII.

1. àuto- (gr. *auto-*, ricavato da *autós* "se stesso") Primo elemento di numerosi composti della terminologia scientifica e tecnica, in cui esprime il significato di "di se stesso" (*autodifesa*, *autocoscienza*) o "da sé" (*autoadesivo*, *autocertificazione*).

2. àuto- Primo elemento di composti molto diffusi, nei quali significa "automobile" o indica qualcosa a essa connesso (*autodromo*, *autostrada*).

autoabbronzànte agg. Di prodotto cosmetico che abbronza senza esposizione al sole. ◆ s.m. Nel sign. dell'agg.

autoaccensióne s.f. Fenomeno di accensione spontanea della miscela nei cilindri di motori a scoppio surriscaldati. SIN.: **autocombustione**.

autoaccùsa s.f. Atto con cui una persona si incolpa di un'azione inesistente o in realtà commessa da altri.

autoadesivo agg. Di oggetto fornito di speciali sostanze che consentono un'incollatura per contatto. ◆ s.m. Nel sign. dell'agg.

autoaffermazióne s.f. Atteggiamento teso ad affermare la propria personalità, il proprio ruolo.

autoaffondaménto s.m. Affondamento provocato dall'equipaggio stesso per evitare la cattura della nave da parte del nemico o per incassare illecitamente un'assicurazione.

autoambulànza s.f. → ambulanza.

autoanàlisi s.f. inv. Introspezione. ~ Analisi psicanalitica condotta dal soggetto stesso tramite la libera associazione e l'interpretazione dei sogni.

autoanticòrpo s.m. MED. Anticorpo che l'organismo elabora contro proprie sostanze cellulari.

autoapprendiménto s.m. INFORM. Capacità fornita a un programma di migliorare le proprie prestazioni correggendosi in base a segnali provenienti dall'operatore o dagli stessi dati trattati.

autoarticolàto s.m. Autoveicolo che ha una motrice con sola cabina di guida e un semirimorchio snodato. SIN.: **autotreno**.

autobiografia s.f. Narrazione della propria vita. ~ L'opera che ne risulta.

autobiogràfico agg. [pl.m. *–ci*, f. *–che*] Che concerne la propria vita.

autobiografismo s.m. LETT. Tendenza a trarre dalla propria vita argomenti per composizioni letterarie e per film.

autobiògrafo s.m. [f. *–fa*] Autore di un'autobiografia.

autoblindo s.m. o s.f. inv. Autoveicolo gommato dotato di corazzatura e di mitragliatrici o piccoli cannoni, usato per servizi di ordine pubblico; detto anche *autoblinda*.

autobómba s.f. inv. Autoveicolo carico di materiale esplosivo, che viene fatto esplodere a comando, usato per attentati terroristici o mafiosi.

autobótte s.f. Autocarro con cisterna.

autobrùco s.m. [pl. *–chi*] (calco del fr. *autochenille*) Veicolo cingolato e articolato, in grado di procedere su terreni accidentati.

àutobus s.m. inv. (fr. *autobus*) Autoveicolo per il trasporto pubblico di più persone. ◇ *fig. Perdere l'autobus:* perdere un'occasione.

autocalùnnia s.f. DIR. PEN. Reato consistente in una falsa autodenuncia.

autocamionàle s.f. Autostrada per il transito di pesanti camion.

autocàravan s.m. inv. Furgone dotato di una cabina di guida e di un vano abitabile.

autocàrro s.m. Autoveicolo per il trasporto di merci, con cabina di guida e cassone coperto o scoperto o ribaltabile.

autocèfalo agg. (gr. *autoképhalos* "indipendente") Di Chiesa ortodossa che si autogoverna. ◆ s.m. Vescovo di una Chiesa ortodossa non dipendente da un patriarca.

autocelebrazióne s.f. Riconoscimento solenne e pubblico dei propri meriti.

autocensùra s.f. Censura preventiva esercitata da un autore sulla propria opera per renderla compatibile con le direttive dell'autorità.

autocertificazióne s.f. Dichiarazione con la quale un soggetto certifica, sotto la propria responsabilità, la propria identità o attesta il possesso di determinati requisiti.

autocingolàto s.m. Autoveicolo con cingoli.

autocistèrna s.f. Autoveicolo dotato di cisterna per il trasporto di liquidi. SIN.: **autobotte**.

autoclàve s.f. (fr. *autoclave*) **1.** Chiusura ermetica per recipienti la cui pressione interna sia superiore a quella esterna. **2.** *estens.* Recipiente

■ **auròra.** Aurora polare vicino a Fairbanks, in Alaska.

a chiusura ermetica in cui si raggiungono temperature superiori a 100 °C, utilizzato per usi vari, e spec. per sterilizzare. **3.** Sistema automatico per elevare e regolare la pressione in un impianto idraulico.

autocombustióne s.f. Fenomeno per cui materiali combustibili, a causa dell'alta temperatura, bruciano spontaneamente. *L'incendio è dovuto ad autocombustione.*

autocommiserazióne s.f. Il compiangere se stessi. SIN.: **vittimismo**.

autocompiaciménto s.m. (calco dell'ingl. *self-complacency*) L'essere contenti di se stessi e del proprio operato in maniera acritica. ◆ s.m. e del proprio operato in maniera acritica.

autoconcessionàrio s.m. [f. *–ria*, pl.m. *–ri*] Concessionario che espone e vende al pubblico le automobili di una o più case produttrici.

autoconservazióne s.f. Impulso basilare, primigenio, alla sopravvivenza. *Istinto di autoconservazione.*

autoconsùmo s.m. ECON. Copertura del fabbisogno del produttore con la totalità o con un'aliquota di quanto egli stesso ha prodotto.

autocontròllo s.m. (calco dell'ingl. *self-control*) Dominio di sé, controllo esercitato sulle proprie pulsioni. *Perdere l'autocontrollo.*

autocopiànte agg. Di uno speciale tipo di carta che consente di ottenere una o più copie di ciò che vi si scrive, senza utilizzare la cartacarbone.

autocoria s.f. BOT. Disseminazione operata dalla pianta stessa senza l'ausilio di agenti esterni.

autocorrezióne s.f. **1.** Metodo didattico che fornisce all'alunno la possibilità di verificare direttamente e autonomamente la correttezza delle proprie risposte. **2.** GEOGR. Depurazione naturale delle acque dei fiumi e dei laghi.

autocorrièra s.f. TRASP. Corriera che svolge servizio pubblico di trasporto interurbano.

autocosciènza s.f. (calco del ted. *Selbstbewusstsein*) **1.** FILOS. In Kant, consapevolezza che l'io ha di sé come soggetto di pensiero; in Hegel, principio metafisico costitutivo della realtà oggettiva e soggettiva. **2.** PSICOL. Analisi psicanalitica o indagine psicologica del proprio io.

autòcrate s.m. e f. (fr. *autocrate*) **1.** Chi detiene il potere da solo. ~ Sovrano assoluto. **2.** *estens.* Persona autoritaria, prepotente.

autocràtico agg. [pl.m. *–ci*, f. *–che*] (fr. *autocratique*) Di, da autocrate.

autocrazia s.f. (fr. *autocratie*) Forma di governo in cui il potere è detenuto da una sola persona.

autocritica s.f. [pl. *–che*] (calco del russo *samokritika*) Esame di se stessi e del proprio operato che metta in luce anche i lati negativi.

autocròss s.m. inv. Gara automobilistica campestre.

autòctono agg. [f. *–na*] (lat. *autòchtonem*, gr. *autókhthōn* comp. di *autós* "stesso" e *khthōn* "terra") **1.** Riferito a un popolo e alla sua cultura, originario del luogo stesso in cui vive, in cui si sviluppa. SIN.: **aborigeno**. **2.** GEOL. Di roccia formatasi nel luogo stesso dell'affioramento. ◆ s.m. Indigeno, aborigeno.

autodafé [/'autoda'fe/] s.m. inv. (voce port., propr. "atto di fede") **1.** ST. Durante il periodo dell'Inquisizione, solenne atto d'abiura pronunciato da un eretico processato e pentito. **2.** Esecuzione al rogo di un eretico che non aveva pronunciato l'abiura. **3.** *estens.* Rogo con cui polemicamente si distrugge qlco.

autodemolitóre s.m. → **sfasciacarrozze**.

autodemolizióne s.f. Demolizione di vecchi autoveicoli.

autodenùncia s.f. [pl. *–ce, –cie*] **1.** Dichiarazione spontanea di una propria colpa. **2.** DIR. Denuncia spontanea all'autorità di un'infrazione commessa.

autodeterminazióne s.f. **1.** Facoltà di individui e di popoli di operare scelte autonomamente. **2.** FILOS. Indipendenza dell'individuo da cause esterne nel determinare se stesso. **3.** TOPOGR. Individuazione sulla carta del punto in cui ci si trova.

autodidàtta s.m. e f. [pl.m. *–ti*] (fr. *autodidacte*) Chi si è istruito o ha acquistato determi-

nate competenze da solo, senza frequentare la scuola, senza la guida di maestri.

autodifésa s.f. **1.** Difesa personale da atti di aggressione. **2.** DIR. Il sostenere la difesa legale di se stesso da parte dell'imputato.

autodirezionàle agg. AER. Di dispositivo automatico che controlla la direzione di volo. *Missile autodirezionale.* ◆ s.m. Nel sign. dell'agg.

autodisciplina s.f. **1.** Imposizione a se stessi di norme di comportamento. **2.** Autoregolamentazione.

autodisseminazióne s.f. BOT. → **autocoria**.

autodistrùggersi v.pron. **1.** Detto di meccanismi, distruggersi automaticamente. *Il razzo si autodistrugge.* **2.** *fig.* Detto di persone, agire in modo da danneggiare se stessi, più o meno consapevolmente. *Fuma e beve come per autodistruggersi.*

autodistruzióne s.f. **1.** Disintegrazione automatica in un proietto, in un missile, ecc. **2.** *fig.* Tendenza, più o meno consapevole, a danneggiare se stessi.

autòdromo s.m. Complesso attrezzato per gare automobilistiche su pista. SIN.: **circuito**.

autoerotismo s.m. Ricerca di sensazioni e pratica di atti sessuali sulla propria persona.

autofecondazióne s.f. BIOL. Fecondazione tra organi maschili e femminili dello stesso individuo, che avviene spec. nei vegetali. SIN.: **autogamia**.

autoferrotranvière s.m. [f. *–ra*] Lavoratore nel settore dei trasporti pubblici.

autofficina s.f. **1.** Officina per la riparazione di autoveicoli. SIN.: **autoriparazione**. **2.** Officina mobile approntata su autocarri.

autofilettànte agg. *Vite autofilettante:* vite d'acciaio che filetta il foro di una lamiera senza avvitatura.

autofinanziaménto s.m. ECON. Investimento degli utili nella stessa azienda che li ha prodotti. ~ *estens.* Finanziamento di ente, associazione, partito, ecc. attraverso sottoscrizioni dei propri soci o sostenitori.

autofócus s.m. inv. **1.** Obiettivo fotografico che opera la messa a fuoco automaticamente in una macchina fotografica, un proiettore, una cinepresa. **2.** *estens.* (anche f.) Macchina fotografica dotata di tale obiettivo.

autofurgóne s.m. Autoveicolo chiuso per il trasporto merci.

autogamia s.f. **1.** BOT. Impollinazione per trasporto del polline dalle antere ai pistilli di uno stesso fiore. **2.** BIOL. Autofecondazione.

autogènesi s.f. inv. BIOL. Generazione spontanea di organismi viventi.

autògeno agg. (gr. *autogenḗs* "che si genera da sé") **1.** Che si genera per propria capacità, volontà. **2.** *Saldatura autogena:* saldatura per fusione di due parti senza l'utilizzo di altro metallo o lega.

autogestióne s.f. Gestione di un'azienda da parte di chi vi lavora, tipica, anni fa, dell'economia di alcuni paesi socialisti. ~ *estens.* Gestione in proprio di un'attività, di una struttura.

autogestito agg. Gestito autonomamente da chi vi partecipa.

autogiro s.m. Aeromobile fornito di un rotore il cui movimento garantisce soltanto il sollevamento dell'apparecchio e non la sua propulsione (a differenza dell'elicottero).

autogól s.m. inv. **1.** SPORT. Nel calcio, involontario invio della palla dentro la propria porta. **2.** *fig.* Iniziativa che si ritorce contro chi l'ha presa.

autogovèrno s.m. (calco dell'ingl. *self-government*) **1.** Autonomia amministrativa concessa a enti locali o gruppi sociali. **2.** DIR. Indipendenza amministrativa concessa a paesi coloniali come avvio all'indipendenza politica. **3.** DIR. Modo di distribuzione della funzione amministrativa e di quella normativa fra organi centrali e organi periferici rappresentativi delle comunità locali.

autografàre v.tr. **1.** Riprodurre disegni o manoscritti attraverso la tecnica dell'autografia. **2.** Firmare con un autografo. *Autografare una fotografia.*

autografia s.f. **1.** Condizione, carattere autografo di un documento. **2.** Tipo di litografia consistente nel trasferire su pietra o zinco segni tracciati con inchiostro grasso su carta speciale.

autògrafo agg. (fr. *autographe*, lat. *autògraphum*, gr. *autógraphos* comp. di *autós* "se stesso" e *gráphein* "scrivere") Scritto di propria mano dall'autore. *Lettera autografa.* ◆ s.m. **1.** Manoscritto originale di un'opera. **2.** *estens.* Firma originale, spec. di un personaggio famoso. *Cacciatore di autografi.*

autogrill s.m. inv. Posto di ristoro lungo le autostrade.

autogrù s.f. inv. Autocarro attrezzato con gru, usato spec. per la rimozione di veicoli.

autoguida s.f. Nei missili e nei siluri, sistema di guida automatica.

autoimmùne agg. BIOL., MED. Autoimmunitario.

autoimmunitàrio agg. [pl.m. *–ri*] BIOL., MED. Del processo per cui l'organismo produce anticorpi contro le sostanze cellulari dalle quali è esso stesso costituito.

autoimpollinazióne s.f. BOT. Impollinazione del pistillo di un fiore mediante il polline dello stesso o di un fiore della stessa pianta.

autoindótto agg. FIS. Che concerne il fenomeno dell'autoinduzione o ne è causato.

autoinduttànza s.f. FIS. Rapporto tra il flusso di induzione magnetica in un circuito e la corrente che lo ha prodotto. SIN.: **induttanza**.

autoinduzióne s.f. (calco dell'ingl. *self-induction*) FIS. In un circuito elettrico, generazione di una forza elettromotrice a opera delle variazioni di corrente.

autoinnaffiatrice s.f. Autobotte con spruzzatori per lavare le strade.

autoinnèsto s.m. MED. Impianto di tessuti prelevati dal paziente stesso.

autoipnòsi s.f. inv. Ipnosi che una persona pratica su di sé, perlopiù come esercizio di rilassamento mentale.

autoironia s.f. Capacità di ridere della propria persona e del proprio comportamento.

autolavàggio s.m. [pl. *–gi*] Stazione per il lavaggio degli autoveicoli.

autolesionismo s.m. **1.** Il produrre deliberatamente ferite o mutilazioni sul proprio corpo. **2.** *estens.* Comportamento di chi consapevolmente danneggia se stesso, materialmente o moralmente.

autolesionista s.m. e f. [pl.m. *–sti*] Chi compie atti di autolesionismo, fisico o morale.

autolettiga s.f. [pl. *–ghe*] → **ambulanza**.

autolinea s.f. Direttrice interurbana percorsa da autobus pubblici. SIN.: **autoservizio**.

autòlisi s.f. inv. BIOL. CELL. Disfacimento delle cellule a opera dei loro stessi enzimi.

autolubrificànte agg. Che si lubrifica senza apporto esterno di lubrificante.

autòma s.m. [pl. *–mi*] (gr. *autómaton* "che pensa da sé") **1.** Macchina che imita l'aspetto e i movimenti dell'uomo o degli animali. **2.** *fig.* Persona priva di volontà che compie gesti e azioni meccanicamente. **3.** INFORM. Sistema in grado di compiere alcune operazioni proprie dell'uomo.

automàtica s.f. [non com. pl. *–che*] Teoria e tecnologia del controllo automatico.

automaticaménte avv. **1.** In modo meccanico. **2.** Inevitabilmente.

automaticità s.f. inv. **1.** Capacità di una macchina di compiere da sola alcune operazioni. **2.** *estens.* Proprietà o caratteristica di ciò che opera o avviene senza intervento diretto della volontà o di una azione esterna.

automàtico agg. [pl.m. *–ci*, f. *–che*] **1.** Che funziona senza l'intervento dell'uomo. *Chiusura automatica.* ◇ *Bottone automatico:* formato di due parti metalliche che si incastrano a pressione. – *Armi automatiche:* in cui l'espulsione del bossolo e il ricaricamento sono opera di congegni mossi dai gas di scarico. **2.** *fig.* Che si compie indipendentemente dalla volontà dell'individuo. *Gesto automatico.* SIN.: **istintivo**. **3.** *fig.* Diretto, inevitabile. *Consequenza automatica.* ◆ s.m. **1.** Bottone automatico. **2.** Fucile automatico, mitragliatore.

automatismo s.m. **1.** Dispositivo che rende possibile il funzionamento automatico di macchine o di parti di esse. *Automatismo di controllo*. **2.** *fig.* Norma intrinseca e spontanea nell'andamento di un fenomeno o di un'azione. ~ Sviluppo autonomo, indipendente dall'intervento dell'uomo. **3.** PSICOL. Il compiere atti, gesti, fuori dal controllo della volontà. ~ Comportamento irriflesso.

automatizzàre v.tr. Rendere qlco. automatico; usato spec. con riferimento a impianti industriali, con il significato di introdurre tecniche di automazione e diminuire la manodopera.

automazióne s.f. (ingl. *automation*, voce coniata nel 1947 dal vicepresidente della casa automobilistica Ford) In un processo di produzione, introduzione di macchine governate da elaboratori elettronici. SIN.: **robotizzazione**.

automedicazióne s.f. Cura rapida e di primo intervento che si può eseguire da soli, senza bisogno di personale specializzato.

automèzzo s.m. Autoveicolo, più frequentemente nel senso di autocarro, corriera, mezzo pesante.

automòbile s.f. (fr. *automobile*) Veicolo a motore a quattro ruote che si muove su strada e trasporta cose e un piccolo numero di persone. SIN.: **macchina**.

automobilismo s.m. (fr. *automobilisme*) **1.** Ciò che concerne l'automobile e il suo uso. **2.** Sport consistente in gare di automobili su pista o su strada.

automobilista s.m. e f.[pl.m. *–sti*] (fr. *automobiliste*) Guidatore di un'automobile. SIN.: **autista**.

automobilistico agg. [pl.m. *–ci*, f. *–che*] Che concerne l'automobile o l'automobilismo.

automodellismo s.m. Collezionismo e costruzione di modellini di automobili.

automotóre agg. [f. *–trice*] Che ha un motore interno e l'energia per farlo funzionare. *Treno automotore*.

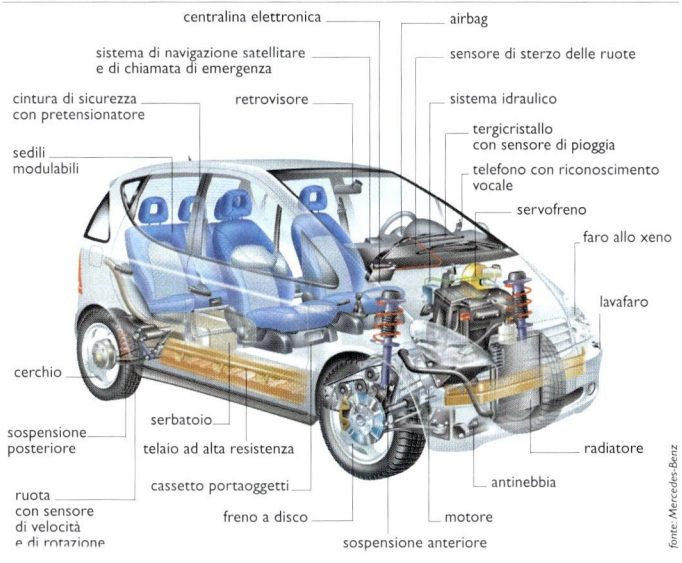

■ **automòbile.** Spaccato di un'automobile.

centralina elettronica — airbag
sistema di navigazione satellitare e di chiamata di emergenza — sensore di sterzo delle ruote
cintura di sicurezza con pretensionatore — retrovisore — sistema idraulico
sedili modulabili — tergicristallo con sensore di pioggia
telefono con riconoscimento vocale
servofreno
faro allo xeno
lavafaro
cerchio
serbatoio
sospensione posteriore — telaio ad alta resistenza — radiatore
ruota con sensore di velocità e di rotazione
cassetto portaoggetti — freno a disco — motore — antinebbia
sospensione anteriore

fonte: Mercedes-Benz

automotrice s.f. Carrozza ferroviaria dotata di motore autonomo e adibita al trasporto di persone o al traino di rimorchi.

automutilazióne s.f. Amputazione, ferita fatta a se stessi.

autonolèggio s.m. [pl. *–gi*] Noleggio di automobili.

autonomìa s.f. **1.** Facoltà di governarsi da sé. ◇ *Autonomia locale:* potere riconosciuto agli enti territoriali di delibera e intervento. **2.** Indipendenza di giudizio, libertà d'azione. *Autonomia della magistratura*. **3.** (iniziale maiusc.) Denominazione di un movimento della sinistra rivoluzionaria, nato negli anni Settanta. *Un corteo di Autonomia operaia*. **4.** MECC. Periodo di tempo per il quale una macchina o un meccanismo possono funzionare senza rifornirsi di energia. SIN.: **autosufficienza**. ◇ *Autonomia di volo:*

■ **L'automobile**

In un secolo, l'automobile si è largamente diffusa nella popolazione. Oggi l'evoluzione dei modelli è caratterizzata in particolare da un aumento della potenza, una diminuzione del consumo di carburante, una riduzione dell'inquinamento, un incremento del ruolo dell'elettronica; dai progressi nel comfort, nella sicurezza, nelle rifiniture e negli accessori. Inoltre, le carrozzerie sono sagomate in modo da garantire la minima resistenza all'aria.

Coupé Hispano-Suiza J12 (1933). Di origine ispano-svizzera, la società Hispano-Suiza deve la sua fama alla produzione di vetture di lusso di grande potenza.

Berlina Bugatti T40 (1928). Il nome di Ettore Bugatti resta associato alla costruzione di automobili sportive, da corsa o di lusso.

Limousine De Dion-Bouton (1912). Albert de Dion e Georges Bouton sono fra i pionieri della costruzione automobilistica. All'inizio del secolo, non ci si preoccupava ancora dell'aerodinamicità delle carrozzerie.

Cabriolet Maggiolone Volkswagen (1979). Creato da Ferdinand Porsche e messo in commercio a partire dal 1938, il Maggiolone ha conosciuto uno straordinario successo: ne sono stati venduti più di 21 milioni di esemplari.

periodo per il quale un velivolo può rimanere in aria senza rifornirsi di carburante.

autonomìsmo s.m. Movimento di rivendicazione dell'autonomia politica e amministrativa.

autonomista s.m. e f.[pl.m. –sti] Chi propugna l'autonomia politica o amministrativa.

autònomo agg. Che si dà da sé norme di comportamento, modalità operative. ~ Che funziona senza supporti esterni, contando solo sulle proprie risorse. ◇ *Ente autonomo:* autosufficiente. – *Lavoratore, lavoro autonomo:* non dipendente. – *Azienda autonoma:* che gestisce servizi pubblici. – *Azienda autonoma di soggiorno (e turismo):* ente che, in una località turistica o di cura, organizza le attività di accoglienza e di intrattenimento degli ospiti. – *Provincia autonoma:* dotata di statuto speciale che le riconosce poteri particolari, superiori a quelli delle regioni a statuto ordinario. ◆ s.m. [f. –ma] **1.** (spec. pl.) Chi faceva parte del movimento politico dell'Autonomia. **2.** (spec. pl.) Lavoratore iscritto a un sindacato non confederale.

autoorganizzazióne s.f. FIS. Nei sistemi complessi, formazione di una struttura organizzata grazie a effetti di cooperazione tra gli elementi.

autopalpazióne s.f. Metodo diagnostico che consiste nel controllo manuale di parti del corpo.

autopàrco s.m. [pl. –chi] **1.** Insieme di autoveicoli in dotazione a enti, aziende, ecc. SIN.: **parco macchine**. **2.** Parcheggio per auto.

autopattùglia s.f. [pl. –glie] Squadra di polizia che svolge servizio su un'automobile.

autopiàno s.m. MUS. → **pianola**.

autopilòta s.m. [pl. –ti] Sistema automatico di guida di un aereo o di una nave.

autopista s.f. **1.** Nei deserti, tracciato formato dal passaggio di autoveicoli. **2.** Nei luna-park, pista per automobiline elettriche.

autoplastìa s.f. (fr. *autoplastie*) MED. → **autoinnesto**.

autopómpa s.f. Autocarro usato per spegnere incendi, dotato di pompa azionata dal motore stesso.

autoportànte agg. COSTR., MECC. Di struttura capace di reggersi senza bisogno di ulteriore sostegno e anche, eventualmente, di reggere altri carichi.

autopropulsióne s.f. FIS. Spinta impressa a un corpo a opera di processi che si svolgono all'interno del corpo stesso.

autopropùlso agg. Di mezzo o arma munita di un sistema autonomo di propulsione. *Bombe autopropulse*.

autopsìa s.f. (gr. *autopsía* "osservazione coi propri occhi") Dissezione e analisi di un cadavere. SIN.: **necroscopia**.

autòptico agg. [pl.m. –ci, f. –che] **1.** Effettuato tramite autopsia. *Esame autoptico.* ~ Prelevato durante l'autopsia. *Reperto autoptico.* **2.** estens. Visionato, controllato personalmente. *Un riscontro autoptico sul manoscritto.*

autopulènte agg. TECN. Di impianto o apparecchiatura che elimina da sé i residui delle proprie lavorazioni.

autopùllman s.m. inv. TRASP. Autobus di linea o turistico, anche abbr. *pullman*. SIN.: **corriera**.

autopunizióne s.f. PSICOL. Sofferenza che un soggetto si procura più o meno consapevolmente per tacitare i propri sensi di colpa.

autoràdio s.f. inv. **1.** Radio che si installa sugli autoveicoli. **2.** Automobile con apparecchiatura ricetrasmittente.

autoradùno s.m. Manifestazione consistente in un raduno di automobili.

autóre s.m. [f. –trice] (lat. *auctōrem*, propr. "colui che fa crescere") **1.** Chi crea, causa, determina qlco. SIN.: **responsabile**. ~ Promotore, ideatore. *L'autore dell'iniziativa.* **2.** Chi crea col proprio ingegno un'opera d'arte, letteraria, scientifica. ◇ *Diritto d'autore:* diritto di proprietà sul contenuto creativo di un'opera che si traduce in una percentuale di guadagno sulle vendite. – *Film d'autore:* che ha soprattutto intenti artistici. – *Quadro d'autore:* di artista famoso. **3.** DIR. Il soggetto da cui deriva un diritto. ◇ *Autore mediato:* secondo l'antica dottrina penalistica, chi

strumentalizza un soggetto non punibile per commettere un reato.

autoreattóre s.m. Tipo di motore a reazione in cui la compressione dell'aria comburente viene effettuata dalla forza di velocità dell'aereo. SIN.: **statoreattore**.

autoreferènza s.f. (calco dell'ingl. *self-reference*) FILOS. In logica matematica, carattere riflessivo degli enunciati che affermano qlco. su se stessi.

autoreferenziàle agg. Che possiede il carattere dell'autoreferenza. *Enunciato autoreferenziale.*

autoreggènte agg. Che si regge da solo. ◇ *Calze autoreggenti:* calze da donna sostenute all'altezza della coscia da un elastico incorporato.

autoregolamentazióne s.f. Codice di comportamento che una categoria lavorativa si dà per conciliare il diritto di sciopero con le esigenze dei cittadini.

autoregolazióne s.f. Regolazione automatica di impianti, dispositivi, ecc.

autorespiratóre s.m. Apparecchio comprendente le bombole usate dal subacqueo per respirare in immersione.

■ **autorespiratóre**

autoréte s.f. (calco dell'ingl. *autogoal*) SPORT. → **autogol**.

autoreverse [/autore'vers/] s.m. inv. (voce semiingl.) In un registratore, dispositivo per cambiare automaticamente il lato di ascolto di una cassetta.

autorévole agg. **1.** Che esercita un'autorità morale dovuta ai propri meriti. *Persona autorevole.* **2.** estens. Degno di stima, di considerazione. *Parere autorevole.*

autorevolézza s.f. Autorità morale, prestigio, influenza. *Riconoscere l'autorevolezza di qualcuno.*

autoribaltàbile s.m. Autocarro con cassone ribaltabile.

autoriduzióne s.f. Riduzione di una tariffa, di un canone, di un'imposta operata illegalmente dai cittadini come forma di protesta. *Autoriduzione delle tasse.*

autoriméssa s.f. Spazio chiuso, con annessi servizi, in cui vengono custodite le auto in sosta.

autoriparàbile agg. Che si può riparare automaticamente, in caso di guasto.

autorità s.f. inv. **1.** Potere legale di governare i comportamenti sociali. ~ estens. Complesso di organi e persone dotate di tale potere. *Autorità giudiziaria.* ◇ *Autorità costituita:* riconosciuta pubblicamente. – *Autorità competente:* l'ente a cui spetta un determinato compito. – *Agire d'autorità:* imponendo il proprio potere. **2.** (spec. pl.) Personalità influenti che ricoprono cariche importanti. *Posti riservati alle autorità.* **3.** Autorevolezza derivante da superiorità morale, intellettuale, da competenza, dalla tradizione. **4.** Chi gode di stima e credito in un settore determinato.

autoritàrio agg. [pl.m. –ri] (fr. *autoritaire*) **1.** Che impone in forza la propria autorità. *Regime autoritario.* ◇ *Stato, governo autoritario:* che assegna un ruolo primario al potere esecutivo riducendo o annullando lo spazio delle opposizioni. **2.** estens. Dispotico, oppressivo, dittatoriale.

autoritarismo s.m. (fr. *autoritarisme*) Degenerazione in senso dispotico, antidemocratico, del principio di autorità.

autoritràtto s.m. PITT. Ritratto di se stesso eseguito dal soggetto. ~ LETT. estens. Descrizione che un autore fa di se stesso.

autorizzàre v.tr. (fr. *autoriser*, lat. mediev. *auctorizàre*, deriv. di class. *auctor* "autore". Cfr. *ottriare*) **1.** Dare il proprio consenso perché qlcu. compia una determinata azione. *Lo ha autorizzato ad assentarsi.* **2.** Rendere qlco. legittimo. *La situazione autorizza un aumento dei prezzi.* **3.** Dare adito, giustificare qlco. *Il suo comportamento autorizza il sospetto.*

autorizzàto agg. Permesso, concesso. ~ Che ha ricevuto una legalizzazione. *Traduzione autorizzata dall'autore.* ~ Appositamente disposto. *Rivolgersi al personale autorizzato.*

autorizzazióne s.f. (fr. *autorisation*) **1.** L'autorizzare. ~ Il relativo risultato. **2.** Atto di natura amministrativa che rimuove un limite all'esercizio di un diritto soggettivo o di una funzione pubblica. ◇ DIR. *Autorizzazione a procedere:* atto che consente di iniziare o proseguire un'azione penale. – *Autorizzazione edilizia:* provvedimento amministrativo necessario per eseguire particolari interventi urbanistici.

autosalóne s.m. Locale in cui si espongono e si vendono autoveicoli.

autoscàla s.f. **1.** Scala idraulica estensibile montata sull'autocarro dei vigili del fuoco. ~ L'autocarro munito di tale scala. **2.** Autocarro munito di scala estensibile che termina con una piattaforma girevole sulla quale lavorano gli operai.

autoscàtto s.m. FOTO. Dispositivo che consente, nelle macchine fotografiche, la chiusura automatica e a tempo dell'otturatore.

autoscóntro s.m. Nei luna-park, gioco di scontri, su apposita pista, tra automobili elettriche a due posti munite di respingenti elastici.

autoscopìa s.f. PARAPSIC. Facoltà di vedere i propri organi interni.

autoscuòla s.f. Scuola che prepara alla guida di autoveicoli.

autosilo s.m. [pl. *autosili, autosilos*] Edificio di più piani, anche sotterraneo, per il parcheggio di autoveicoli.

autosita s.m. [pl. –ti] (gr. *autósitos* "che si procura da sé il cibo") MED. Anomalia che consiste nell'impianto di un abbozzo fetale parassita su un feto completo e autosufficiente.

autosnodàto s.m. TRASP. Automezzo a più elementi collegati tra loro con snodi elastici, per il trasporto di persone o merci.

autosoccórso s.m. **1.** Soccorso stradale. **2.** Autogrù attrezzata per la rimozione e il trasporto di autoveicoli in avaria o coinvolti in incidenti stradali.

autosóle s.f. (solo sing.) Autostrada del sole, che collega Milano con Napoli.

autosòma s.m. BIOL. CELL. Qualunque cromosoma, tranne quello sessuale.

autosòmico agg. Relativo ad autosoma.

autostàrter s.m. IPP. Automobile che porta posteriormente una barriera per costringere i cavalli a schierarsi sulla stessa linea, per effettuare la partenza.

autostazióne o **stazióne** s.f. **1.** Stazione per autobus di linea. SIN.: **terminal**. **2.** Stazione di rifornimento per autoveicoli.

autostima s.f. Valutazione positiva delle proprie possibilità, delle proprie caratteristiche.

autostòp s.m. inv. Richiesta di fermata fatta da un pedone a un automobilista per ottenere un passaggio.

autostoppista s.m. e f.[pl.m. –sti] Persona che pratica l'autostop.

autostràda s.f. **1.** Strada ad ampia carreggiata, esterna ai centri abitati, per lo scorrimento veloce di autoveicoli e motocicli superiori a una data cilindrata. **2.** *Autostrada elettronica o informatica:* sistema per la trasmissione bidirezionale di grandi quantità di dati tra più utenti; si basa sull'impiego di fibre ottiche e di elaboratori che gestiscono il traffico delle telecomunicazioni.

autostradàle agg. Dell'autostrada.

autosufficiènte agg. (calco dell'ingl. *self-sufficient*) Che non ha bisogno dell'aiuto di altri e dispone di energie e mezzi per soddisfare le proprie necessità.

autosufficiènza s.f. Capacità di provvedere a se stessi. SIN.: **autonomia**. ~ Riferito a mezzo meccanico, autonomia operativa.

autosuggestióne s.f. Suggestione che proviene dalla coscienza stessa del soggetto e che produce impressioni che la confermano.

autosussistènza s.f. Capacità di una comunità, un paese, di provvedere alle proprie necessità.

autotassazióne s.f. Calcolo d'imposta effettuato dal contribuente stesso quando il reddito non sia tassato all'origine.

autotelàio s.m. [pl. –lai] Telaio di un autoveicolo fornito di tutti gli organi meccanici, privo di carrozzeria. SIN.: **châssis**.

autotemprànte agg. METALL. Si dice di una lega per la quale il raffreddamento al tempra si produce semplicemente mediante getti d'aria.

autotomìa s.f. ZOOL. In alcuni animali, amputazione spontanea a scopo difensivo di parti del corpo che si riformano.

autotrapiànto s.m. MED. Intervento chirurgico consistente nell'innesto dei tessuti di una persona in altra sede nel suo stesso corpo. SIN.: **autoplastia**.

autotrasfusióne s.f. MED. Terapia consistente nell'irrorazione di alcune zone e organi del corpo con il sangue proveniente da altri distretti periferici.

autotrasportàre v.tr. Trasportare persone o merci su autoveicoli.

autotraspòrto s.m. Trasporto di persone o merci su automezzi.

autotrèno s.m. **1.** Automezzo pesante formato da un autocarro e da un rimorchio. **2.** Automotrice ferroviaria.

autotrofìa s.f. BIOL. Trasformazione di sostanze inorganiche in sostanze organiche a opera di alcuni batteri e di vegetali con clorofilla.

autòtrofo agg. BIOL. Di batterio o vegetale capace di vivere utilizzando per la sua nutrizione solo acqua ed elementi inorganici (in oppos. a eterotrofo).

autotutèla s.f. DIR. Difesa dei propri diritti che, agli enti pubblici e ad alcuni privati indicati dalla legge, è consentito perseguire direttamente senza rivolgersi all'autorità giudiziaria.

autovèicolo s.m. Veicolo dotato di quattro o più ruote e di motore. SIN.: **macchina**.

autovèlox s.m. o s.f. inv. Congegno dotato di una macchina fotografica ad alta sensibilità, installato dalla polizia ai bordi delle strade per rilevare infrazioni di velocità e documentarle.

autovettùra o **vettùra** s.f. AUTOM. Automobile, macchina.

autovibrazióne s.f. → flutter.

autunite s.f. (dal nome della città francese di Autun nella cui regione si trovano ricchi giacimenti) MIN. Fosfato idrato di calcio e uranio in cristalli madreperlacei, di colore giallo-verdognolo.

autunnàle agg. Dell'autunno, che avviene in autunno.

autùnno s.m. **1.** Stagione che succede all'estate e precede l'inverno, compresa, nell'emisfero boreale, tra il 23 settembre e il 21 dicembre e nell'emisfero australe tra il 23 marzo e il 21 giugno. ◇ Autunno caldo: l'autunno del 1969, in cui vi furono lotte dure dei lavoratori in occasione del rinnovo dei contratti di lavoro. **2.** fig. Fase matura della vita, che precede l'età anziana. Autunno della vita. ~ Età di decadenza, fine di un periodo storico o artistico. Autunno del Rinascimento.

auxina s.f. BOT. Ormone che determina la crescita delle piante.

auxologìa s.f. BIOL. Studio dell'accrescimento degli organismi, in partic. di quello umano, e delle anomalie e patologie connesse.

avallàre v.tr. **1.** Garantire un titolo cambiario o un assegno bancario con dichiarazione firmata. Avallare una cambiale. **2.** fig. Confermare, accreditare. Avallare un'ipotesi.

avàllo s.m. (fr. aval) **1.** Garanzia prestata da una terza persona per il pagamento, totale o par-

ziale, di una cambiale o di un assegno. **2.** fig. Sostegno, approvazione.

avambràccio s.m. [pl. –ci] (fr. avant-bras, propr. "prima del braccio") ANAT. Parte del braccio compresa tra la mano e il gomito.

avampòrto s.m. (fr. avant-port, propr. "prima del porto") Parte delle acque portuali compresa tra la diga foranea e il porto vero e proprio.

avampósto s.m. (fr. avant-poste, propr. "prima della postazione") MIL. Piccolo distaccamento avanzato di soldati, con funzioni di vedetta.

avàna s.m. inv. (deriv. di La Habana, capitale di Cuba) Tabacco pregiato di Cuba. ~ Il sigaro fatto con tale tabacco. □ In funzione di agg. inv., di colore marrone chiaro. Giacca color avana.

avancàrica s.f. inv. Solo nella loc. ad avancarica, riferita ad arma che si carica dalla bocca. Mortaio ad avancarica.

avances [a/vãs/] s.f. pl. [anche sing. avance] (voce fr.) Approccio galante. Fare delle avances.

avancòrpo s.m. (fr. avant-corps, propr. "prima del corpo") ARCH. Parte di edificio che aggetta notevolmente rispetto al piano della facciata.

avanése agg. Dell'Avana. ◆ s.m. e f. Nativo, abitante dell'Avana.

avanguàrdia s.f. (fr. avant-garde, propr. "prima della guardia") **1.** MIL. Reparto avanzato con compiti esplorativi e di difesa preventiva. ◇ fig. Essere all'avanguardia: avere una posizione preminente, innovativa. **2.** estens. Nel l. pol., ruolo di guida assolto dal partito operaio nei confronti delle masse. **3.** Movimento artistico o letterario che sperimenta nuove forme, nuovi stili, perlopiù in polemica con la tradizione. Le avanguardie letterarie.

avanguardìsmo s.m. **1.** Tendenza a rompere polemicamente con le forme artistiche tradizionali. **2.** Durante il regime fascista, organizzazione paramilitare dei ragazzi tra i 14 e i 17 anni. ~ Lo spirito, l'ideologia che vi venivano propagandati.

avanguardìsta s.m. e f.[pl.m. –sti] **1.** Chi partecipa a un'avanguardia artistica. **2.** Giovane inquadrato nell'avanguardismo fascista.

avannòtto s.m. (deriv. di forma dial. avanno "quest'anno") Giovanissimo pesce ottenuto per allevamento artificiale e destinato al ripopolamento delle acque spec. dolci.

avanscopèrta s.f. MIL. Ricognizione condotta da truppe avanzate per scoprire e segnalare le posizioni nemiche. ◇ fig. Andare, mandare qlcu. in avanscoperta: a saggiare le intenzioni di qlcu.

avanspettàcolo s.m. Spettacolo di varietà che un tempo precedeva una proiezione cinematografica.

avantèsto s.m. Insieme degli scritti che precedono la stesura definitiva di un'opera, documentandone le fasi di elaborazione.

avànti avv. **1.** In posizione o in direzione frontale. Andare avanti. ~ innanzi. **2.** In posizione avanzata rispetto ad altro. ◇ Farsi avanti: avanzare; fig. farsi valere, affermarsi. – Essere avanti negli anni: essere in età avanzata. – Mettere le mani avanti: cercare scuse prima del necessario. – Tirare avanti: vivere alla meglio, fare la solita vita. – MAR. Avanti tutta: ordine di avanzare a tutta forza. □ In funzione di agg. inv., che precede nel tempo o nello spazio. Il giorno avanti. ~ prep. Prima. Avanti Cristo. ◆ s.m. inv. **1.** MIL. (solo sing.) Ordine di avanzata. Suonare l'avanti. **2.** SPORT. Nei giochi di squadra, attaccante.

avantrèno s.m. (fr. avant-train, propr. "prima del traino") **1.** AUTOM. Parte anteriore di un autoveicolo (assale, ruote, sospensioni, sterzo, ecc.). **2.** MIL. Veicolo a trazione animale, a due ruote, a cui si agganciavano i pezzi d'artiglieria.

avanvòmere s.m. Nell'aratro, elemento posto sulla bure davanti al vomere, che taglia e rivolta il terreno in superficie.

avanzaménto s.m. **1.** Il procedere innanzi da parte di qlco. ◇ Stato di avanzamento dei lavori: in un lavoro in via di esecuzione, l'entità dei lavori compiuti. **2.** fig. Progresso. **3.** Nell'ambito di una carriera organizzata gerarchicamen-

te, accesso al grado superiore. SIN.: **promozione**. **4.** MECC. IND. Nelle macchine utensili, spostamento in avanti dell'utensile rispetto al pezzo in lavorazione, o viceversa.

1. avanzàre v.intr. (aus. essere) **1.** Muoversi e andare innanzi. Avanzare alla cieca, nella nebbia. ~ fig. Progredire, espandersi. ~ Progredire in un campo o in una attività. Avanzare negli studi. ~ Aumentare, crescere d'importanza. La disoccupazione avanza. **2.** MIL. Farsi avanti verso il nemico o nel suo territorio, guadagnare terreno. **3.** Sporgere in fuori, spuntare da qlco. Il lenzuolo avanza dal letto. ◆ v.tr. **1.** Muovere qlco. e metterlo più avanti. **2.** fig. Presentare, proporre domande, suggerire proposte e idee. Avanzare un'idea, un'ipotesi. **3.** estens. Promuovere qlcu. nel lavoro. **4.** fig. Superare qlcu. in qlco. Avanzare tutti in cultura. ◆ avanzarsi v.pron. **1.** Muoversi in avanti, farsi avanti. Avanzarsi con passo cauto. **2.** Approssimarsi. Si avanza la buona stagione.

2. avanzàre v.intr. (aus. essere) Essere in più, in sovrabbondanza. ◆ v.tr. **1.** Avere qlco. in più. SIN.: **risparmiare**. **2.** Essere in credito di qlco., dover avere del denaro da qlcu.

avanzàta s.f. **1.** MIL. Cammino, marcia in avanti. **2.** Progresso. L'avanzata dei partiti della sinistra.

1. avanzàto agg. **1.** Che è in avanti o più in avanti. **2.** fig. Innovatore, all'avanguardia. Idee avanzate. **3.** Che è già in buona parte trascorso.

2. avanzàto agg. Inutilizzato perché in eccesso. Cibo avanzato.

avànzo s.m. **1.** Ciò che non è stato utilizzato. ~ (al pl.) Ciò che è avanzato da un pranzo. **2.** (spec. pl.) Ciò che resta di antichi monumenti. SIN.: **vestigia**. **3.** COMM. In contabilità, differenza positiva dal confronto di ricavi e costi di un'attività economica. ~ FIN. Nelle amministrazioni pubbliche e negli enti morali, eccedenza delle entrate sulle uscite (in oppos. a disavanzo). SIN.: **utile**. **4.** MAT. Nelle operazioni aritmetiche, resto.

avarìa s.f. (etim. discussa, forse gr. abaría "eliminazione dei pesi per alleggerire la nave in pericolo" oppure ar. 'awār "difetto") **1.** MAR. Danno subito da una nave. ~ Deterioramento della merce trasportata. **2.** estens. Guasto meccanico di qualsiasi tipo. **3.** estens. Deterioramento di una merce durante il trasporto o la giacenza in magazzino.

avariàre v.tr. [6] Rendere qlco. guasto. Il caldo ha avariato la carne. ◆ avariarsi v.pron. Diventare guasto, detto specialmente di alimenti. La merce si è avariata durante il viaggio.

avariàto agg. Deteriorato, guasto.

avarìzia s.f. Attaccamento eccessivo al denaro e atteggiamento di esagerata parsimonia.

1. avàro agg. **1.** Che ha il difetto dell'avarizia. **2.** fig. Restio a esprimere, a concedere qlco. Avaro di lodi. ◆ s.m. [f. –ra] Persona avara.

2. àvaro s.m. [f. –ra; al pl. anche iniziale maiusc.] Chi apparteneva agli Avari, il popolo unno-tartaro che, spinto dai Turchi, valicò gli Urali nel 558 giungendo al Danubio.

avatàra s.m. inv. **1.** Nel brahmanesimo, discesa sulla Terra di un essere divino. **2.** Nome generico per designare le incarnazioni divine applicato, soprattutto nelle dottrine induistiche, alle incarnazioni di Visnu.

avellàna s.f. (dal nome di Abella "Avella", città campana famosa per la produzione di nocciole) → **nocciola**.

avellàno s.m. Pianta del nocciolo.

avemarìa s.f. [pl. avemarie] (loc. lat., "salve, o Maria") **1.** Preghiera cristiana rivolta alla Madonna. **2.** Suono delle campane che all'alba, a mezzogiorno e al tramonto, o in particolari circostanze, invita a recitare la preghiera della Madonna. ~ estens. L'alba o il tramonto.

avéna s.f. Pianta erbacea con fusto cavo, foglie lineari, fiori a pannocchia, chicchi rivestiti di glume e glumelle, usata come biada per animali e nell'alimentazione umana in forma di farina e fiocchi. (Famiglia delle Graminacee.)

avènte càusa loc. sost. m. e f. [pl. aventi causa] DIR. Chi riceve un diritto da altra persona.

■ L'aviazione civile

In meno di un secolo, l'aviazione è passata dal primo volo effettuato dai fratelli Wright ai voli regolari a lunga percorrenza. Fra le conquiste fondamentali dell'aviazione civile figurano il turboreattore (De Havilland DH 106 Comet, 1949), la lunga percorrenza a grande portata (Boeing 747, 1969), i comandi di volo interamente automatici (Airbus A320, 1988).

Latécoère 28-1 (1928). Monoplano dalle linee raffinate per la sua epoca, il Latécoère 28-1 fu utilizzato sia per la spedizione della posta sia per il trasporto di passeggeri.

Lockheed Constellation (1946). Simbolo della rinascita del trasporto aereo dopo la Seconda Guerra Mondiale, il quadrimotore Lockheed Constellation fu uno dei più importanti aerei di linea a eliche.

ATR 72 (1988). Frutto di una cooperazione italo-francese, l'aereo da trasporto regionale ATR 72 è un bipropulsore con capacità di 70 passeggeri.

BOEING 777 (1995). Il più grande bireattore del mondo, il Boeing 777 può trasportare da 305 a 440 passeggeri su distanze che vanno da 7340 a 13.670 km a seconda delle versioni.

avènte diritto loc. sost. m. e f. [pl. *aventi diritto*] DIR. Chi ha per legge un particolare diritto.

1. avére v.tr. [2] **1.** Essere in possesso di beni materiali, possedere qlco. *Avere una casa.* ~ Tenere qlco. con una parte del corpo o in un certo luogo. *Avere una penna in mano.* ~ Possedere entità astratte. *Avere molte amicizie.* ~ Seguito da avverbio, indica un rapporto spaziale con qlcu. o qlco. *Avere davanti uno sconosciuto.* **2.** Disporre di un certo tempo per qlco. *Ho solo tre giorni per finire il lavoro.* **3.** Portare qlco. addosso. *Maria oggi ha i pantaloni.* **4.** Ricevere, ottenere, riscuotere qlco. *Avere successo.* ~ Subire qlco. *Avere un incidente.* **5.** Essere in un certo rapporto con qlcu. *Avere un dottore per marito.* **6.** In unione con un sostantivo, forma espressioni che indicano caratteristiche o sensazioni, psicologiche o fisiche. *Avere i capelli marroni, memoria, fame.* ◆ v.aus. È usato per i tempi composti di tutti i verbi transitivi, di alcuni verbi intransitivi e dei verbi servili seguiti dall'infinito di un verbo che richiede l'ausiliare avere.

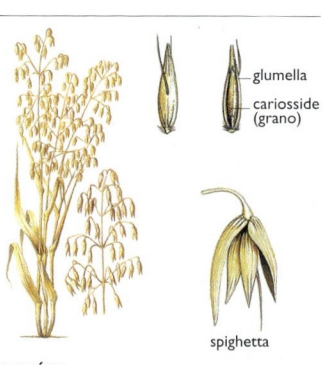

- glumella
- cariosside (grano)
- spighetta

■ **avéna**

2. avére s.m. **1.** (spec. pl.) Insieme dei beni di cui si dispone. *Perdere tutti i propri averi.* **2.** CONTAB. Parte, colonna di un foglio di contabilità in cui sono segnati i crediti.

avèrla s.f. (etim. incerta, forse lat. *ăvis quĕrula* "uccello aggressivo, litigioso") Uccello insettivoro e predatore, di medie dimensioni, con becco uncinato, coda a ventaglio e piumaggio bruno o cinerino. (Genere *Lanius*; ordine di Passeriformi,.)

averroismo s.m. Filosofia dell'arabo Averroè e dei suoi seguaci. ~ Pensiero della scolastica che si rifà all'interpretazione di Aristotele data da Averroè.

averroista s.m. e f.[pl.m. *–sti*] Seguace di Averroè o dell'averroismo.

avèstico agg. [pl.m. *–ci*, f. *–che*] (persiano *apastāk*, prob. "testo fondamentale") Che concerne l'Avesta, il complesso dei libri sacri della religione di Zoroastro, o la lingua in cui sono redatti. ◆ s.m. (solo sing.) Lingua indoeuropea del ceppo iranico, in cui sono scritti i testi dell'Avesta.

aviàrio agg. [pl.m. *–ri*] (dal lat. *aviārium*, deriv. di *ăvis* "uccello") Che riguarda gli uccelli. *Ripopolamento aviario.* ◇ *Influenza aviara:* malattia virale che colpisce volatili selvatici e domestici, la cui trasmissione è stata dimostrata solamente da animali vivi infetti (o loro deiezioni) all'uomo tramite contatto stretto, mentre non c'è alcuna evidenza di trasmissione da uomo a uomo. (Il virus può sopravvivere nei tessuti e nelle feci di animali infetti per lunghi periodi, spec. a basse temperature, ma è sensibile al calore ed è distrutto durante le procedure di cottura degli alimenti.) ❑ In funzione di s.f., influenza aviaria. ◆ s.m. Ampia uccelliera degli zoo.

aviatóre s.m. [f. *–trice*] (fr. *aviateur*, lat. deriv. di *ăvis* "uccello") Pilota di un aereo.

aviazióne s.f. (fr. *aviation*) **1.** Il complesso delle attività e degli studi riguardanti la costruzione e l'impiego degli aeromobili più pesanti dell'aria. **2.** Insieme degli aviatori e degli aerei civili o militari. ◇ *Aviazione commerciale o civile:* insieme delle società, degli aerei, delle installazioni e del personale necessario per il trasporto dei passeggeri e delle merci. – *Aviazione militare:* concepita e utilizzata a scopi militari.

avicolo agg. Relativo all'avicoltura.

avicoltóre o **avicultóre** s.m. [f. *–trice*] Allevatore di pollame.

avicoltùra o **avicultùra** s.f. Allevamento di pollame.

avicunicoltóre o **avicuniccultóre** s.m. [f. *–trice*] Allevatore di polli e conigli.

avicunicoltùra o **avicuniccultùra** s.f. Allevamento di polli e conigli.

avidità s.f. inv. Desiderio smodato e incontrollabile.

àvido agg. [f. *–da*] (lat. *ăvidum*, deriv. di *avēre* "bramare") Che desidera ardentemente qlco. ◆ s.m. Nel sign. dell'agg.

avière s.m. Militare dell'arma aeronautica.

avifàuna s.f. Insieme degli uccelli di una zona.

aviocistèrna s.f. → aerocisterna.

aviogètto s.m. Aereo con motore a getto. SIN: **jet**.

aviolinea s.f. TRASP. → aerolinea.

aviònica s.f. [non com. pl. *–che*] Elettronica applicata alle apparecchiature aeronautiche.

avioradùno s.m. Raduno sportivo di aeroplani.

avioràzzo s.m. AER. Aeroplano che raggiunge elevatissime velocità grazie a un sistema propulsivo a razzo.

aviorimèssa s.f. → hangar.

aviosbàrco s.m. [pl. *–chi*] MIL. Discesa di truppe scelte, paracadutate in territorio nemico per preparare uno sbarco aereo.

aviotraspòrto s.m. Trasporto con aerei.

avitaminòsi s.f. inv. MED. Carenza di vitamine nell'organismo e patologia conseguente.

■ L'aviazione militare

Dapprima limitata a missioni di perlustrazione, l'aviazione militare conosce durante la Prima Guerra Mondiale uno sviluppo eccezionale, sia in campo tecnologico sia in quello delle modalità d'impiego (creazione dei caccia e dell'aviazione da bombardamento). La Seconda Guerra Mondiale porta ulteriori progressi (radar, propulsione a reazione). Nel corso degli anni 1970-1980, le missioni dell'aviazione militare si organizzano attorno a tre assi: il combattimento, il trasporto e l'appoggio alle forze di terra.

Nieuport Ni 17C (1916). Caccia francese della Prima Guerra Mondiale, il Ni 17C è qui raffigurato con i colori dell'aviazione italiana nel 1917.

Messerschmitt BF 109-F3 (1941). Uno dei più celebri caccia tedeschi della Seconda Guerra Mondiale, il Messerschmitt combatté su tutti i fronti.

Rafale B01. Versione biposto dell'aereo da combattimento con le più elevate prestazioni dell'aviazione francese. L'alta tecnologia e la versatilità lo rendono adatto a tutte le missioni di combattimento (attacco a terra, attacco nucleare, fuoco d'appoggio).

Mig 29 Fulcrum (1983). Apparecchio da combattimento monoposto, il Mig 29 Fulcrum ha equipaggiato le truppe aeree sovietiche a partire dal 1983.

---

avito agg. Degli avi, ereditato da loro. *Castello avito.*

àvo s.m. [f. *ava*] **1.** Nonno. **2.** (spec. pl.) Antenati.

avocàdo s.m. inv. (da una voce messicana) Albero tropicale con frutto commestibile a forma di pera. (Altezza 5-15 m; genere *Persea*, famiglia delle Lauracee) ~ Il frutto stesso.

avocàre v.tr. [4] **1.** Richiamare qlco. a sé. ~ DIR. Prendere su di sé un incarico, un'inchiesta. **2.** Trasferire a sé un bene, detto spec. dello Stato. *Lo Stato ha avocato a sé l'eredità.*

avocazióne s.f. **1.** L'assumere su di sé. **2.** DIR. Intervento di un organo gerarchicamente superiore nelle funzioni di quello inferiore.

avocétta s.f. (etim. discussa, prob. lat. *acúcula* "spillo" per il becco a forma di lesina) Uccello di medie dimensioni, diffuso nelle zone paludose, caratterizzato da piumaggio bianco e nero, lunghe zampe sottili munite di dita palmate e lungo becco con la punta ricurva in alto.

fiore

sezione del frutto

■ avocàdo

(Altezza 45 cm ca.; genere *Recurvirostra*, ordine dei Caradriformi.)

avoirdupois [/avwaʀdypwa/] s.m. inv. Sistema di misura della massa in uso in Inghilterra e negli Stati Uniti, avente come unità fondamentale la libbra.

avòrio s.m. [pl. *–ri*] **1.** Tessuto organico duro, di colore tra il bianco e il giallo, costituente le zanne di elefanti, trichechi, ippopotami. **2.** (spec. pl.) Oggetti fabbricati, scolpiti in avorio. **3.** Colore bianco tendente al giallognolo. ▫ In funzione di agg. inv., nell'accez. 3 del s. *Color avorio.*

avulsióne s.f. (lat. *avulsiōnem*, deriv. di *avēllere* "strappare") **1.** CHIR. Estirpazione, estrazione. **2.** DIR. Distacco di una notevole porzione di terreno da un fondo a opera delle acque, e suo trasporto verso un altro fondo al quale si unisce in proprietà.

avulsivo agg. (fr. *avulsif*) LING. Di suono occlusivo in cui lo stacco dell'occlusione è preceduto da un movimento della lingua tale da provocare una rarefazione dell'aria interna al cavo orale e una conseguente immissione di aria esterna.

avùlso agg. **1.** Distaccato, isolato. **2.** *fig.* Disattento, lontano con il pensiero.

avuncolàto s.m. (lat., deriv. di *avūnculus* "zio materno") ANTROP. Istituto della patria potestà che, in alcune società, perlopiù a struttura matrilineare, è esercitato dallo zio materno sui nipoti e non dal padre.

avvalérsi v.pron. [69] Fare uso di qlco. *Avvalersi dell'aiuto del computer.* ~ Usufruire di qlco. *Avvalersi di un servizio.*

avvallaménto s.m. Parte concava di un terreno. ~ Cedimento, abbassamento del terreno.

avvallàrsi v.pron. Formare una conca. SIN.: infossarsi.

avvaloraménto s.m. **1.** Atto del confermare con prove. *Avvaloramento di un'ipotesi.* **2.** BANC. Riempimento di un assegno o di un ti-

tolo di credito e convalida di questo mediante l'apposizione della firma o del visto.

avvaloràre v.tr. Contribuire a far ritenere vero qlco. ◆ **avvalorarsi** v.pron. Acquisire maggior valore, importanza, validità.

avvampàre v.intr. (aus. *essere*) **1.** Prendere fuoco all'improvviso. *Il serbatoio avvampò dopo lo scoppio.* **2.** *estens.* Avere una luminosità o un colore rosso intenso, come una fiamma. *Al tramonto le nuvole basse avvampano.* SIN.: **risplendere.** ~ *fig.* Diventare rosso in viso. SIN.: **arrossire. 3.** *fig.* Essere in preda a forti sentimenti. *Avvampare di rabbia.*

avvantaggiàre v.tr. [5] (fr. *avantager*) Mettere qlco. o qlco. in condizione di vantaggio. SIN.: **favorire.** ◆ **avvantaggiarsi** v.pron. **1.** Risultare in vantaggio, guadagnando tempo o spazio. *Il corridore si è avvantaggiato sul gruppo.* **2.** Trarre un utile, un vantaggio da qlco.

avvantaggiàto agg. Che si trova in condizioni di vantaggio rispetto ad altri.

avvedùto agg. Perspicace e assennato, accorto. ~ Scaltro.

avvelenaménto s.m. **1.** Intossicazione grave, anche mortale. *Avvelenamento da funghi.* **2.** Il dare la morte con un veleno.

avvelenàre v.tr. **1.** Immettere veleno in una sostanza. *Avvelenare il cibo.* **2.** *fig.* Amareggiare, turbare. *I continui litigi avvelenano la vita familiare.* **3.** *estens.* Inquinare qlco. diffondendo sostanze tossiche. *I gas di scarico avvelenano l'ambiente.* **4.** *fig.* Corrompere qlcu. o qlco. *La violenza avvelena l'umanità.* ◆ **avvelenarsi** v.pron. Suicidarsi con il veleno.

avvelenàto agg. **1.** Intossicato, ucciso dal veleno. **2.** Velenoso. ⬦ *fig.* Avere il dente avvelenato: provare astio nei confronti di qlcu.

avvelenatóre agg. [f. *–trice*] Che avvelena. ◆ s.m. (anche f.) Nel sign. dell'agg.

avvenènte agg. (provenz. *avinen*, lat. *adveniēntem* deriv. di *advenire* "arrivare, venire bene") Attraente, seducente. *Una donna avvenente.*

avvenènza s.f. Bellezza, grazia, fascino.
avveniménto s.m. Fatto, evento, specie se importante.
1. avvenire v.intr. [81] (aus. *essere*) Detto di un evento, avere luogo, verificarsi, accadere.
2. avvenire s.m. Futuro, domani. *Un giovane con un sicuro avvenire.* ◆ agg. Che verrà, futuro. SIN.: **venturo**.
avvenirismo s.m. **1.** Compiacimento di ogni novità, dovuto alla convinzione che essa preluda al futuro e ne interpreti le esigenze. **2.** Audacia, carattere d'avanguardia di una concezione, di un'opera.
avvenirista s.m. [pl.m. *-sti*] Chi elabora idee, progetti, forme espressive con l'intento di interpretare la cultura e le esigenze del futuro. ❑ In funzione di agg., avveniristico.
avveniristico agg. [pl.m. *-ci*, f. *-che*] Ispirato, incline all'avvenirismo. *Atteggiamento avveniristico.* ~ Che anticipa il futuro. *Progetto avveniristico.*
avventàre v.tr. (aus.) *fig.* Esprimere parole, giudizi o altro con precipitazione. *Avventare un parere.* ◆ **avventarsi** v.pron. (aus.) Lanciarsi con violenza contro qlcu. o qlco. *Il cane si avventò sulla sconosciuta.*
avventàto agg. **1.** Che agisce impulsivamente, senza riflettere. **2.** *estens.* Fatto, detto senza ponderazione. *Giudizio avventato.*
avventista s.m. e f.[pl.m. *-sti*] (ingl. *adventist*) RELIG. Membro di un movimento religioso protestante, sorto negli Stati Uniti nel sec. XIX che attende un secondo arrivo del Messia.
avventizio agg. [pl.m. *-zi*] **1.** Che viene da altri luoghi. SIN.: **straniero**. **2.** Precario, non inserito organicamente. SIN.: **temporaneo**. **3.** BOT. Di organo che si forma da parti adulte. ◆ s.m. [f. *-zia*] Impiegato assunto a titolo precario.
avvènto s.m. RELIG. Periodo di quattro settimane dell'anno liturgico, che precede e prepara il Natale.
avventóre s.m. [f. *-trice*] Cliente di un negozio. SIN.: **frequentatore**.
avventùra s.f. (fr. *aventure* orig. "sorte", lat. *adventūra* propr. "cose che arriveranno") **1.** Avvenimento inaspettato, curioso. **2.** Impresa che presenta imprevisti, rischi. *Trascinare qualcuno in un'avventura.* **3.** Relazione sentimentale non impegnativa. SIN.: **flirt**.
avventuràrsi v.pron. Mettersi a repentaglio, spec. andando in luoghi pericolosi. *Avventurarsi nel deserto.*
avventurièro s.m. [f. *-ra*] (fr. *aventurier*) **1.** Chi va in cerca di fortuna accettando rischi e facendosi pochi scrupoli. **2.** Soldato mercenario. ❑ In funzione di agg., nell'accez. 1 del s.
avventurina s.f. (fr. *aventurine*) MIN. Varietà di quarzo lucente dai riflessi di vario colore, a seconda della prevalenza di ematite, mica o ossidi di ferro che la costituiscono, usata in oreficeria come gemma.
avventurismo s.m. (calco del russo *avantjurism*) Tendenza, spec. in politica, a compiere azioni di forza, spregiudicate, senza tener conto dei rischi connessi.
avventurista s.m. e f.[pl.m. *-sti*] (calco del russo *avantjurist*) Chi agisce con avventurismo. ❑ In funzione di agg., avventuristico.
avventuróso agg. **1.** Movimentato, pieno di imprevisti. *Vita avventurosa.* **2.** Che ama, ricerca l'avventura. SIN.: **temerario**.
avveràre v.tr. Rendere concreto qlco. ◆ **avverarsi** v.pron. Diventare concreto, vero.
avverbiàle agg. Dell'avverbio, con funzione d'avverbio. *Locuzione avverbiale.*
avvèrbio s.m. [pl. *-bi*] GRAMM. Parte invariabile del discorso la cui funzione è modificare il senso di un verbo, di un aggettivo o di un altro avverbio.
avversàre v.tr. (lat. *adversāri* "esser contrario, contrastare") Osteggiare, ostacolare qlcu. o qlco. ◆ **avversarsi** v.pron. Detto di due o più persone, combattersi reciprocamente.
avversàrio agg. [pl.m. *-ri*] Animato da disposizione avversa. SIN.: **rivale**. ◆ s.m. [f. *-ria*] Chi combatte, gareggia contro in un conflitto, un combattimento, un gioco.
avversativo agg. **1.** Che è in un rapporto di opposizione. **2.** GRAMM. *Congiunzione avversativa:* che istituisce un rapporto di contrasto di tipo limitativo o oppositivo, con un elemento o una frase che seguono (ma, però, tuttavia, p.e.).
avversióne s.f. (lat. *avĕrsio* "lo stornare") Ripugnanza, estrema antipatia. SIN.: **odio**.
avversità s.f. inv. **1.** Sfavore, contrarietà. **2.** *estens.* (spec. pl.) Calamità, disgrazia, sciagura.
avvèrso agg. Contrario, che si oppone.
avvertènza s.f. **1.** Il volgere la mente a ciò che si fa o si dice in modo da non fare o dire cose avventate. SIN.: **cautela**. **2.** Ciò che viene detto ad altri per esortare a stare attenti. *Avvertenze d'uso.*
avvertiménto s.m. **1.** Consiglio preventivo, ammonimento. **2.** Intimidazione, minaccia. *L'attentato al giudice è un avvertimento.*
avvertire v.tr. (dal lat. *advĕrtere* (*ănimum*) "volgere (la mente) a", comp. di *ăd* "verso" e *vĕrtere* "volgere") **1.** Percepire, sentire un dolore, un suono, un odore. **2.** Rendere cosciente qlcu. di qlco. SIN.: **avvisare**. **3.** *estens.* Consigliare, ammonire qlcu. di qlco. *Ti avverto che non ti sopporto più.*
avvezióne s.f. METEOR. Spostamento di una massa d'aria in senso orizzontale.
avvézzo agg. Che ha preso un'abitudine. *Avvezzo alla stanchezza.*
avviaménto s.m. **1.** Inizio di un'attività. **2.** Indirizzo educativo. SIN.: **preparazione**. **3.** ECON. Il maggior valore attribuibile al patrimonio di un'azienda funzionante rispetto ai valori contabili. **4.** MECC. Fase di messa in moto di una macchina. *Avviamento manuale.* SIN.: **accensione**. ~ Il dispositivo necessario. **5.** STAM. Insieme di operazioni preliminari alla stampa.
avviàre v.tr. [6] **1.** Mettere qlcu. in cammino verso un luogo. *Avviare i bambini verso casa.* **2.** *fig.* Indirizzare qlcu. a un'attività, professione, consuetudine. *Avviare il figlio alla carriera forense.* **3.** Dare inizio a qlco. *L'affare è già ben avviato.* ◆ **avviarsi** v.pron. **1.** Muoversi verso un luogo, incamminarsi. **2.** *fig.* Essere diretto verso una certa meta. *Avviarsi a una brillante carriera.*
avviatóre s.m. Dispositivo che mette in moto motori, macchine, ecc.
avvicendaménto s.m. **1.** Alternanza, successione cadenzata nel tempo e nello spazio. *Avvicendamento delle stagioni.* **2.** AGR. Rotazione delle colture.
avvicendàre v.tr. Disporre più cose secondo un ordine alterno, facendo seguire una cosa a un'altra con regolarità. SIN.: **alternare**. ~ Far seguire una cosa a un'altra, secondo un ordine regolare. SIN.: **intervallare**. ◆ **avvicendarsi** v.pron. Venire di seguito a qlco. ~ Detto di due o più cose o persone, venire l'uno di seguito all'altro con regolarità. ❑ In funzione di s.m., successione, alternanza, avvicendamento.
avvicinàbile agg. Che si può avvicinare.
avvicinaménto s.m. **1.** Accostamento, appressamento. ◇ MIL. *Marcia d'avvicinamento:* movimento di truppe già schierate per arrivare a contatto con il nemico, prima dell'attacco. **2.** *fig.* Conciliazione, pacificazione, riconciliazione. **3.** STAM. Distanza tra due caratteri contigui.
avvicinàre v.tr. **1.** Porre due o più oggetti uno accanto all'altro. *Avvicinare due tavoli.* ~ Muovere qlco. e disporlo vicino a un altro oggetto, che rimane fermo. *Avvicinare due sedie al tavolo.* **2.** Muovere qlco. e disporlo più vicino a sé. **3.** Farsi vicino a qlcu. spec. per parlargli; anche, entrare in rapporto con qlcu. *Avvicinare una persona importante.* ◆ **avvicinarsi** v.pron. **1.** Riferito a espressioni temporali, farsi presente, approssimarsi, arrivare, manifestarsi. **2.** Muoversi verso qlcu. o qlco. **3.** *fig.* Essere simile a qlco.
avvilènte agg. Che umilia, che deprime.
avviliménto s.m. Umiliazione, scoraggiamento, sconforto.
avvilire v.tr. [83] **1.** Rendere qlcu. o qlco. disprezzabile, vile. ~ Togliere dignità. **2.** Mortificare, deprimere, scoraggiare qlcu. ◆ **avvilirsi** v.pron. **1.** Perdere dignità, autorità o valore. **2.** Perdersi d'animo, spesso con specificazione della causa o della situazione.
avvilito agg. Sconfortato, scoraggiato.
avviluppàre v.tr. **1.** Ridurre qlco. in un viluppo. **2.** Avvolgere, avvoltolare qlco. *I rovi avviluppano gli arbusti.* ~ Coprire qlco. avvolgendolo in altro. ◆ **avvilupparsi** v.pron. **1.** Formare un groviglio. *I fili si sono avviluppati.* **2.** Coprire se stessi e avvolgersi in qlco. *Avvilupparsi nella coperta.*
avvinàre v.tr. ENOL. Sciacquare botti o damigiane con il vino, per eliminare l'odore del legno o i residui d'acqua.
avvinazzàto agg. Ebbro, sbronzo. ◆ s.m. [f. *-ta*] Nel sign. dell'agg.
avvincènte agg. Che avvince, affascina.
avvincere v.tr. [22] Affascinare, appassionare qlcu. *Riesce sempre ad avvincere gli ascoltatori.*
avvinghiàre v.tr. [6] Prendere qlco. e stringerlo. SIN.: **afferrare**. ◆ **avvinghiarsi** v.pron. **1.** Detto di due o più soggetti, afferrarsi l'un l'altro, stringendosi. **2.** Tenersi saldamente a qlco. *Avvinghiarsi al collo della madre.*
avvio s.m. [pl. *-vii*] Avviamento, inizio, attacco. ◇ *Dare l'avvio:* mettere in movimento; dare inizio. – *Prendere l'avvio:* mettersi in movimento.
avvisàglia s.f. [pl. *-glie*] **1.** MIL. Breve combattimento. **2.** (spec. pl.) Indizio, sintomo.
avvisàre v.tr. **1.** Informare, mettere al corrente qlcu. di qlco. *Avvisare qlcu. della sua partenza.* **2.** Mettere qlcu. in guardia di fronte a qlco. *Ti avevo avvisato di non uscire di casa.*
avvisatóre s.m. Dispositivo che emette segnali d'allarme, di chiamata, ecc. *Avvisatore elettrico, acustico.*
avviso s.m. (fr. *avis* dalla loc. *ce m'est à vis* "è mio parere") **1.** Informazione orale o scritta. *Avviso al pubblico.* ◇ *Avviso di garanzia:* atto che il pubblico ministero invia all'indagato indicando i fatti per i quali si procede e invitandolo a nominare un difensore di fiducia. – *Avviso di procedimento:* *comunicazione giudiziaria. – *Avviso di chiamata:* in telefonia, avviso che è in arrivo una chiamata. **2.** Manifesto, foglio che riporta ordini, notizie perlopiù ufficiali. *Avviso di pagamento.* **3.** Parere, opinione, convinzione. *Essere dello stesso avviso.* **4.** Ammonimento, avvertenza, consiglio. **5.** MAR. Nave da guerra piccola e veloce per esplorazione, comunicazione e scorta.
avvistaménto s.m. **1.** Il vedere da lontano qlco. **2.** MIL. Intercettazione visiva o con strumento ottico di un oggetto, di un nemico.
avvistàre v.tr. Vedere, scorgere, riconoscere qlcu. o qlco. da lontano.
avvitaménto s.m. **1.** L'avvitare, l'avvitarsi. **2.** AER. Spirale compiuta da un aereo scendendo in picchiata. **3.** SPORT. Nella ginnastica e nei tuffi, rotazione del corpo lungo l'asse longitudinale.
1. avvitàre v.tr. **1.** Girare in senso orario una vite o un altro elemento simile, per serrarlo e unirlo a una struttura filettata. **2.** *estens.* Fissare qlco. per mezzo di viti. ◆ **avvitarsi** v.pron. Muoversi avvolgendosi a spirale su se stesso. ~ Detto di aereo, compiere una manovra di avvitamento.
2. avvitàre v.tr. Piantare un terreno a viti.
avvitàto agg. ABBIGL. Aderente nel punto vita. *Giacca avvitata.*
avvitatrice s.f. Macchina utensile portatile per avvitare e svitare.
avvivàggio s.m. IND. TESS. Operazione che consiste nell'immergere il tessuto tinto in una vasca contenente un bagno di sapone, addizionato di diversi agenti chimici, con lo scopo di dare un tono più vivo alla sfumatura di colore.
avvizziménto s.m. → **appassimento**.
avvizzire v.tr. [83] **1.** Rendere vizzo, rugoso qlco. **2.** *fig.* Rendere qlco. meno vitale. ◆ v.intr. (aus. *essere*) **1.** Detto di fiori o piante, diventare vizzo. **2.** *fig.* Consumarsi, intristire, decadere.
avvocaterìa s.f. **1.** Intrico, garbuglio da avvocato. **2.** *spreg.* Gruppo di avvocati.
avvocatésco agg. [pl.m. *-schi*, f. *-sche*] *spreg.* Di, da avvocato.
avvocaticchio s.m. *spreg.* Avvocato mediocre, senza notorietà.
avvocàto s.m. (lat. *advocātum*, deriv. di *advocāre* "chiamare vicino") **1.** Laureato in leg-

ge abilitato ad assistere una parte in processi penali o civili. ◇ *Avvocato d'ufficio:* difensore designato dal giudice all'imputato che ne sia sprovvisto. – *fam. Avvocato delle cause perse:* chi difende situazioni o persone indifendibili. – CATT. *Avvocato del diavolo:* ecclesiastico che nei processi di beatificazione analizza gli elementi in contrario; *fig.* chi contraddice le opinioni correnti, chi trova il punto debole in un ragionamento. **2.** *estens.* Difensore, protettore, sostenitore.

avvocatura s.f. **1.** Professione dell'avvocato. **2.** Insieme degli avvocati che esercitano in un circondario o che hanno la stessa funzione. *Avvocatura di Milano.* ◇ *Avvocatura dello Stato:* organo statale formato dagli avvocati che difendono lo Stato in giudizio.

avvolgènte agg. **1.** Che circonda. *Manovra avvolgente.* **2.** *fig.* Che inganna. *Bellezza avvolgente.* ~ Che affascina.

avvòlgere v.tr. [22] **1.** Arrotolare qlco. su se stesso o attorno ad altro. *Avvolgere un filo sul rocchetto.* **2.** *estens.* Fasciare qlco. con altro. *Avvolgere il panino in un tovagliolo.* **3.** Coprire qlco. arrotolandovisi attorno. *L'edera avvolge la colonna.* ◆ **avvolgersi** v.pron. **1.** Coprirsi con qlco. e stringerlo attorno a sé. *Avvolgersi in un lenzuolo.* **2.** Disporsi in modo da arrotolarsi, attorcigliarsi attorno a qlco. *La pianta si avvolge al bastone.*

avvolgìbile agg. Che si può avvolgere. ◆ s.m. Tipo di serranda a stecche articolate di legno o di metallo, che può essere alzata avvolgendola su un rullo. SIN.: **tapparella**.

avvolgiménto s.m. **1.** Arrotolamento. **2.** ELETTR. Filo conduttore isolato avvolto in più spire affiancate su un nucleo magnetico o su semplice supporto. **3.** MIL. Manovra di superamento di un'ala del fronte nemico per attaccare alle spalle.

avvolgitóre agg. [f. *–trice*] Che avvolge. ◆ s.m. **1.** (anche f.) Operaio addetto all'avvolgimento del filo in bobine. **2.** Dispositivo per avvolgere la pellicola sulla bobina.

avvoltóio s.m. [pl. *–toi*] **1.** Grande uccello rapace diurno, con collo implume e becco rostrato, che si nutre principalmente di carogne. (Gli avvoltoi americani, come il *condor* e l'*urubù*, appartengono alla famiglia dei Catartidi; quelli del vecchio mondo appartengono alla famiglia dei Accipitridi, di cui alcune specie sono diffuse nelle regioni montagnose dell'Europa, come il *grifone* e il *gipeto*). **2.** *fig.* Persona che specula sulle disgrazie altrui. SIN.: **sciacallo**.

■ **avvoltóio.** Avvoltoio fulvo (grifone).

àxel s.m. inv. (dal nome del pattinatore *Axel Polsen*) Nel pattinaggio artistico, salto nel quale il pattinatore effettua una rotazione di un giro e mezzo nell'aria.

axolòtl s.m. inv. (voce azteca, propr. "servo dell'acqua") Grossa salamandra nera, originaria del Messico, allevata nei laboratori di biologia di tutto il mondo. (Per il fenomeno della neotenia, è capace di riprodursi senza avere raggiunto l'età adulta.)

axolòtl

ayatollah [/ajatol'la/] s.m. inv. (voce persiana, ar. *āyatu-'llāh* propr. "segno di Dio") Titolo dato ai principali capi religiosi dell'Islam sciita.

aye-aye [/'aje 'aje/] s.m. inv. (voce malgascia) Proscimmia diffusa nel Madagascar, con piccolo muso, occhi e orecchie grandi, coda lunga a pennacchio, pelame di colore grigio-rossiccio; ha abitudini arboricole prevalentemente notturne. (Lunghezza, senza la coda, 40 cm ca.; sottordine dei Lemuridi.)

ayuntamiento [/ajuntamjento/] s.m. (voce spagn. "riunione") Denominazione delle municipalità cittadine in Spagna e nell'America spagnola.

ayurvèda s.f. inv. (voce sanscr.) MED. Medicina alternativa che risale alla tradizione vedica indiana.

ayurvèdico agg. MED. Relativo alla medicina tradizionale indù.

azalèa s.f. (lat. *Azalea*, dal gr. *azaléa* deriv. di *azaléos* "arido" data la predilezione per i terreni secchi) Arbusto sempreverde originario delle montagne dell'Asia, di cui si coltivano diverse varietà per la bellezza dei fiori. (Genere Rhododendron; famiglia delle Ericacee.)

particolare del fiore

■ **azalèa**

azeòtropo s.m. CHIM., FIS. Miscuglio di due liquidi che bolle a temperatura fissa conservando una composizione costante.

azidotimidina s.f. FARM. Medicina antivirale impiegata nella cura dell'Aids.

aziènda s.f. (spagn. *hacienda*, lat. *faciènda* propr. "cose da farsi") **1.** Insieme di capitale e forza lavoro, finalizzato alla produzione di beni o servizi e alla realizzazione di un profitto. *Azienda agricola.* **2.** Organismo pubblico, amministrativamente autonomo di cui lo Stato o il comune si serve per la gestione di servizi. *Azienda autonoma comunale.* SIN.: **ente**.

aziendàle agg. Relativo all'azienda. *Contratto aziendale.*

aziendalismo s.m. Assegnazione agli interessi delle aziende di una posizione politicamente centrale. ~ Applicazione della logica economica di conduzione aziendale ad altri e diversi contesti.

aziendalista s.m. e f. [pl.m. *–sti*] **1.** Esperto di economia aziendale. **2.** Chi si comporta secondo principi di aziendalismo. ❑ Anche in funzione di agg., aziendalistico. *Mentalità aziendalista.*

àzigos agg. inv. ANAT. Di organo presente in una sola metà laterale del corpo (fegato o milza, p.e.) o in posizione centrale (il naso).

aziliàno agg. (dal nome della località di Mas d'*Azil* sui Pirenei dove furono rinvenuti i reperti) Di una cultura dell'età della pietra seguente alla magdaleniana, con manifestazioni artistiche rappresentate da ciottoli incisi a disegni in modo rudimentale. ◆ s.m. (solo sing.) Nel sign. dell'agg.

àzimut s.m. inv. (spagn. *acimut*, ar. deriv. di *as-samt* "la direzione") ASTR. Angolo formato dal piano verticale passante per un astro con il piano meridiano del luogo d'osservazione. ◇ FIS. *Azimut magnetico:* angolo compreso fra i piani meridiani geografico e magnetico passanti per un dato luogo e che misura la declinazione magnetica.

azimutàle agg. Relativo alla definizione o alla misura degli azimut.

azionaménto s.m. Messa in moto, in funzione.

azionàre v.tr. (fr. *actionner*) Mettere qlco. in azione, determinarne il funzionamento. *Azionare il freno d'emergenza.*

azionariàto s.m. (fr. *actionnariat*) FIN. In una società per azioni, insieme degli azionisti. ◇ *Azionariato diffuso:* diffusione del possesso azionario tra larghi strati della popolazione (*azionariato popolare*), senza che ci sia un azionista di maggioranza.

azionàrio agg. [pl.m. *–ri*] (fr. *actionnaire*) FIN. Relativo alle azioni. *Mercato azionario.*

azionatóre agg. [f. *–trice*] Che aziona, che mette in movimento. ◆ s.m. **1.** (anche f.) Nel sign. dell'agg. **2.** TECN. Dispositivo meccanico, elettrico, pneumatico o idraulico che permette di agire su una macchina, un sistema, per modificarne il funzionamento o lo stato.

1. azióne s.f. (lat. *actiōnem*, deriv. di *ăgere* "fare") **1.** Fatto, facoltà di agire, manifestare la propria volontà compiendo qlco. **2.** Ogni singolo atto dell'uomo, in partic. in quanto valutato moralmente. *Compiere una buona azione.* **3.** Manifestazione di un'energia. ~ Capacità di produrre determinati effetti. SIN.: **influsso. 4.** Moto, movimento, funzionamento. *Mettere in azione una macchina.* **5.** In un'opera letteraria, in una rappresentazione scenica o cinematografica, svolgimento delle vicende. **6.** MIL. Combattimento, manovra, operazione. **7.** DIR. Procedimento giudiziale a cui si dà corso per ottenere il riconoscimento di un diritto o la tutela di un interesse. *Azione legale.* **8.** SPORT. Movimento, iniziativa di un atleta, manovra o serie di manovre di una squadra.

2. azióne s.f. (fr. *action*) ECON. Quota minima del capitale sociale di una società per azioni o di una società in accomandita per azioni; la sua sottoscrizione fa assumere la qualità di socio.

1. azionista s.m. e f. [pl.m. *–sti*] Militante del Partito d'azione.

2. azionista s.m. e f. [pl.m. *–sti*] Persona che possiede azioni di una società.

azocompósto s.m. CHIM. ORG. Nome generico di composti contenenti il gruppo azoico, usati nella produzione di coloranti.

1. azòico s.m. (solo sing.) GEOL. L'era che precede la comparsa della vita. SIN.: **precambriano**. ◆ agg. [pl.m. *–ci*, f. *–che*] Relativo a tale era.

2. azòico agg. [pl.m. *–ci*, f. *–che*] Di composto organico che contiene il radicale –N=N–, utilizzato in alcuni coloranti.

Azòlla s.f. BOT. Genere di piante acquatiche la cui decomposizione fornisce un concime naturale per la coltura del riso. (Sottoclasse delle Idropteridali.)

azònio s.m. [pl. *–ni*] CHIM. Composto con il radicale azoico unito a un atomo di alogeno e a un radicale idrocarburico.

azoospermia s.f. BIOL. Scarsità, assenza di spermatozoi nel liquido seminale.

azotàre v.tr. **1.** AGR. Concimare un terreno con fertilizzanti azotati. **2.** CHIM. Combinare una sostanza con l'azoto.

azotàto agg. CHIM. Che contiene azoto. ◇ *Base azotata:* ciascuna delle cinque specie di molecole organiche fondamento degli acidi nucleici, la cui sequenza determina l'informazione

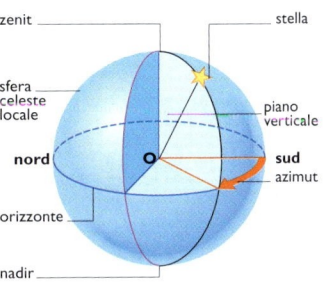

■ **àzimut**

genetica. [Le altre sono adenina e guanina (purinici), citosina, timina, uracile (pirimidinici).]

azotemìa s.f. MED. Tasso di azoto non proteico (*urea*) presente nel sangue.

azotìdrico agg. *Acido azotidrico:* acido HN_3. (È instabile e può esplodere con violenza.)

azòto s.m. (solo sing.) (fr. *azote*, voce coniata dal chimico francese A.L. Lavoisier) **1.** Gas (N_2), incolore e inodore. **2.** Elemento chimico (N) di numero atomico 7 e peso atomico 14,0067.
ENCICL. L'azoto gassoso (N_2), che costituisce il 78% del peso dell'atmosfera terrestre, è ottenuto industrialmente per distillazione dell'aria liquida. Poco reattivo a temperatura ambiente, è usato per la realizzazione di atmosfere neutre o per la produzione di schiume anti-incendio. Allo stato liquido (-196 °C), viene impiegato per il congelamento rapido dei prodotti alimentari, per la conservazione dello sperma, la realizzazione di sistemi di raffreddamento e nella crioterapia. L'atomo d'azoto fa parte della composizione dell'ammoniaca, delle molecole biologiche (acidi amminici, proteine, acidi nucleici) e di numerosi concimi (nitrati). L'azoto atmosferico è assimilato direttamente soltanto da alcuni organismi (batteri, Cianoficee o funghi inferiori), che vivono a volte in simbiosi con alcune piante (p.e. con le leguminose). I vegetali perlopiù attingono l'azoto dal suolo, in cui esiste sotto forma di nitrati che derivano da trasformazioni batteriche di composti azotati.

azotobattèrio s.m. BIOL. Batterio con forma a bastoncino o a cocco che vive nel suolo e che può fissare l'azoto dell'atmosfera.

azotoiprite o **azotiprite** s.f. CHIM. ORG. Composto in forma di liquido oleoso profumato, incolore, ad azione vescicante, usato in biologia e medicina.

azotùro s.m. CHIM. Sale costituito dalla combinazione di azoto con un metallo.

aztèco agg. [pl.m. *–chi*, f. *–che*] (azteco *Astekatl* "abitante di Aztlan" mitico paese d'origine) Dell'antica popolazione amerindia degli Aztechi, stanziata nell'attuale Messico. ◆ **azteco** s.m. **1.** [f. *–ca*] che parla iniziale maiusc.] Antico abitante indigeno dell'attuale Messico. **2.** (solo sing.) Lingua azteca.

azulejo [/aθu'lexo/] s.m. [pl. *azulejos*] (voce spagn., ar. *az-zulayǧ*) Piastrella di terracotta smaltata, di ceramica o di maiolica, finemente verniciata, usata per rivestire pavimenti e pareti interne. (È un prodotto tipico dell'artigianato e dell'industria di Siviglia e di Toledo.)

azulène s.m. (spagn., deriv. di *azul* "azzurro") CHIM. Idrocarburo liquido, di colore azzurro, isomero della naftalina, usato per cosmetici.

àzza s.f. (fr. *hache* di orig. germ.) Antica arma bianca, costituita da un lungo manico di legno alla cui estremità era fissata un'accetta con testa a forma di martello.

azzannàre v.tr. Detto di animali, colpire qlcu. o qlco. con le zanne e tenerlo stretto. SIN.: **addentare.** ~ *estens.* Detto di persone, mordere qlco. con avidità. *Azzannare un boccone di carne.* ◆ **azzannarsi** v.pron. Detto di due o più animali, mordersi reciprocamente.

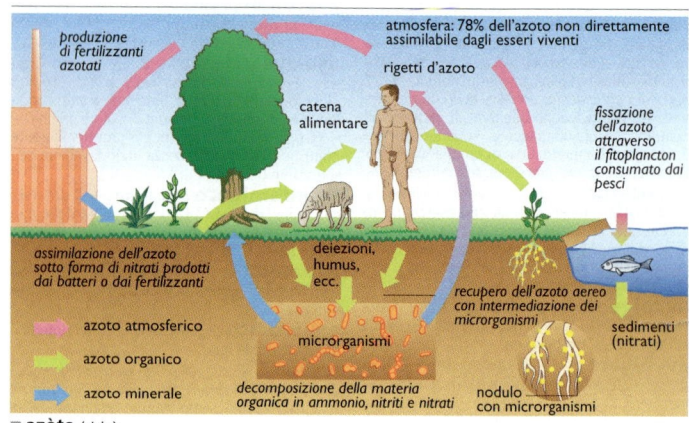

■ **azòto** (ciclo).

azzardàre v.tr. (fr. *hasarder*) **1.** Rischiare, mettere qlco. in pericolo. *Azzardare un affare.* **2.** *estens.* Fare qlco. affidandosi al caso o con timore. SIN.: **osare.** ~ Tirare a indovinare. ◆ v.intr. (aus. *avere*) Esporsi al rischio, giocare il tutto per tutto. ◆ **azzardarsi** v.pron. Avere il coraggio di fare qlco. *Non azzardarti a uscire senza chiederlo.*

azzardàto agg. Arrischiato, imprudente, temerario.

azzàrdo s.m. (fr. *hasard*, ar. *az-zahr* "il dado") **1.** L'affidarsi alla sorte. SIN.: **rischio.** **2.** Azione rischiosa.

azzardóso agg. (fr. *hasardeux*) Rischioso, pericoloso.

azzeccàre v.tr. [4] **1.** Colpire qlco. nel segno, nel punto giusto. ~ Fare centro. **2.** *fig.* Indovinare qlco. per caso. *Azzeccare la risposta esatta.* ◇ *fam. Non azzeccarne mai una:* non fare mai la cosa opportuna.

azzeraménto s.m. **1.** Il riportare a zero uno strumento di misurazione. ~ Riduzione a zero di una grandezza variabile. **2.** Annullamento di qlco. già avviato. ~ Ritorno al punto di partenza. ~ *estens.* Cancellazione. *Azzeramento di un debito.*

azzeràre v.tr. **1.** Ridurre a zero una grandezza variabile. ~ Riportare a zero uno strumento di

■ **azulejo** (Portogallo, XVIII sec.).

misurazione. *Azzerare il cronometro.* **2.** *estens.* Rendere nullo qlco. *Annullare il debito dei paesi poveri,.*

àzzima o **àzima** s.f. Pane azzimo.

azzimàrsi v.pron. Vestirsi con cura anche eccessiva.

azzimàto agg. Eccessivamente curato nella persona.

àzzimo o **àzimo** agg. (gr. *ázymos* "senza lievito") Di pane non lievitato. *Pane azzimo.* ◆ s.m. Nel sign. dell'agg.

azzittire v.tr. Far tacere qlcu. ◆ v.intr. (aus. *essere*) Restare zitti o fare silenzio, anche pron. *Il piccolo (si) azzittisce solo con la mamma.*

azzoppàre v.tr. Far diventare zoppo qlcu. ~ Nel l. gior., colpire qlcu. alle gambe. ◆ v.intr. (aus. *essere*) Diventare zoppo, anche pron. *Il cavallo (si) è azzoppato.*

azzuffàrsi v.pron. Litigare venendo alle mani. ~ *fig.* Polemizzare, contrastarsi verbalmente.

azzurràggio s.m. [pl. *–gi*] CHIM. Imbianchimento di sostanze giallastre, ottenuto trattandole con sostanze di colore azzurro.

azzurràre v.tr. Colorare qlco. d'azzurro. *Azzurrare lo schermo del computer.* ◆ **azzurrarsi** v.pron. Colorarsi d'azzurro.

azzurrino agg. Di colore tendente all'azzurro. ◆ s.m. [f. *–na*] (spec. pl.) Atleta che fa parte di una squadra nazionale italiana giovanile.

azzurrite s.f. MIN. Carbonato basico di rame in cristalli azzurri.

azzùrro agg. (ar. *lāzūad*, persiano *lāzéürd*) **1.** Di colore celeste intenso e brillante, proprio del cielo sereno. **2.** SPORT. Di atleta che fa parte di una formazione nazionale italiana (dal colore della maglia). *La squadra azzurra di basket.* ◆ s.m. **1.** Colore azzurro. ~ Il cielo stesso quando è sereno. *Volare per l'azzurro.* **2.** SPORT. [f. *–ra*; spec. pl.] Atleta di una squadra nazionale italiana. **3.** CHIM. Composto di colore azzurro. ~ Sostanza che colora d'azzurro.

Carattere Bodoni

b s.f. o s.m. inv. **1.** Lettera dell'alfabeto latino e delle lingue che lo adottano; in italiano rappresenta la consonante occlusiva bilabiale sonora. **2.** Semplice o puntata, maiuscola o minuscola, è usata in sigle o abbreviazioni con diversi valori. **3.** Simbolo usato in settori specifici. ◇ MUS. *B:* la nota *si* nei paesi anglosassoni, *si bemolle* nei paesi germanici. – CHIM. Simbolo del boro. – METEOR. *b:* simbolo del bar. – FIS. *B:* simbolo dell'induzione magnetica. – METROL. Simbolo del bel. – MAT. *B:* simbolo del secondo coefficiente nelle espressioni algebriche. ❑ In funzione di agg., come numerale ord., secondo elemento di una serie o di una graduatoria. *Scala B.* ◇ INSEGN. *Livello B:* il livello intermedio. – BIOCHIM. *Vitamine (del gruppo B):* particolari sostanze vitaminiche. – *Gruppo B:* nella pubblica amministrazione, la categoria intermedia occupata dai diplomati e dagli impiegati di concetto; in ematologia, uno dei gruppi sanguigni. – *Patente B:* quella necessaria per guidare automobili. – SPORT. *Serie B:* categoria di atleti o di squadre che disputano il campionato cadetto. – *fig. Di serie B:* di livello inferiore, di qualità scadente o, anche, che non gode di privilegi. *Pellicola di serie B.*

babà s.m. inv. (fr. *baba*, polacco *baba* propr. "vecchia") **1.** Dolce napoletano di pasta soffice, imbevuto di rum o kirsch. **2.** *fig. region.* Persona, cosa deliziosa.

babbèo agg. (voce onom. che richiama il balbettio infantile) Sciocco, stupido, credulone. ◆ s.m. [f. *–a*] Nel sign. dell'agg.

bàbbo s.m. Padre, papà. ◇ *Babbo Natale:* personaggio fantastico dalla lunga barba bianca che porta i regali ai bambini la notte di Natale.

babbùccia s.f. [pl. *–ce*] (fr. *babouche*, persiano *pāpūš* "copertura per il piede") **1.** Calzatura con la punta ricurva, di origine orientale, fatta di pelle morbida o stoffa. **2.** *estens.* Pantofola con suola in pelle o in panno. SIN.: **ciabatta. 3.** Scarpina di lana per neonati.

babbuino o **babuino** s.m. (fr. *babouin*, deriv. di *babine* "labbro" per le sue labbra prominenti) **1.** Scimmia africana dal muso allungato come quello di un cane (da cui il nome di *cinocefalo*), che vive in società organizzate. (Genere

■ **babbuìno**

Papio; sottordine dei Catarrini.) **2.** *fig.* Persona goffa, sciocca.

babèle s.f. (solo sing.) (ebr. *Bābēl,* babilonese *Bāb-ilu* "porta di Dio" città nella quale, secondo la Bibbia, avvenne la separazione e la confusione delle lingue) Luogo di confusione, di frastuono. ~ *estens.* Disordine, baraonda. *Che babele in questa stanza!*

babèlico agg. [pl.m. *–ci,* f. *–che*] **1.** Di Babele. **2.** *fig.* Caotico, confuso.

babilonése agg. Dell'antica Babilonia. ◆ s.m. **1.** (anche f.) Abitante di Babilonia. **2.** (solo sing.) Lingua del popolo babilonese.

babilònia s.f. Disordine, confusione. ~ Luogo di disordine, di scarsa moralità.

babirùssa s.m. inv. (voce malese, comp. di *bābī* "porco" e *rūsa* "cervo") Maiale selvatico diffuso nelle isole Molucche, dai canini superiori lunghi e ricurvi. (Altezza al garrese 50 cm ca.; famiglia dei Suidi.)

■ **babirùssa**

babismo o **babaismo** s.m. (ar. *bāb* "porta", nome assunto da *Ali Muhammad di Shīrāz* che si considerava tramite tra gli uomini e l'imano) Dottrina di una setta religiosa sviluppatasi in Persia nel sec. XIX dall'islamismo sciita.

babòrdo s.m. (fr. *bâbord,* ol. *bakboord* comp. di *bak* "schiena" e *boord* "bordo" perché orig. il pilota volgeva la schiena a tale lato) Lato sinistro di un'imbarcazione guardando verso prua (in oppos. a *dritta*).

babuvismo s.m. (fr. *babouvisme,* dal nome di F.-N. Babeuf) Teoria sociale egualitaria di tipo comunistico sostenuta dal rivoluzionario francese Babeuf.

baby [/'beɪbi/] s.m. e f.inv. (voce ingl.) **1.** Bambino, bambina, neonato. ~ *estens.* Con valore scherz., ragazza. ◇ *Baby boom:* forte e improvviso incremento delle nascite. **2.** *fig.* (solo m.) Whisky in dose ridotta. ❑ In funzione di agg. inv. *Baby pensione:* nel l. gior., tipo di pensione ottenuta in anticipo rispetto all'anzianità normalmente prevista. – *Baby pensionato:* chi gode di una baby pensione. – *Baby killer:* assassino minorenne.

baby doll [/'beɪbi 'dɔl/] loc. sost. m. inv. (loc. ingl., comp. di *baby* "piccolo" e *doll* "bambola", vezzeggiativo di *Dorothy,* protagonista dell'omonimo film che indossava tale capo di biancheria) Capo di biancheria femminile da notte, composto da mutandine e camiciola corta.

baby-sitter [/'beɪbi'sɪtə/] s.m. e f. (voce ingl., propr. "che siede accanto al bambino") Chi accudisce i bambini per periodi di tempo limitati e dietro compenso.

babysitting [/'beɪbi'sɪtɪŋ/] s.m. [pl. *–gi*] Attività e servizio di baby-sitter. SIN.: **babysitteraggio.**

bacàto agg. **1.** Che ha i bachi, rovinato dai bachi. **2.** *fig.* Corrotto moralmente. SIN.: **traviato.**

bàcca s.f. [pl. *–che*] **1.** BOT. Frutto polposo tondeggiante, come p.e. uva e pomodori. **2.** Qualunque frutto piccolo e rotondo di alberi o arbusti. *Bacca di ginepro.*

baccalà s.m. inv. (spagn. *bacalao,* fiammingo *bakeljauw*) **1.** Merluzzo conservato sotto sale, pietanza tipica di varie cucine regionali. **2.** *fig.* Incapace di pronta reazione, inebetito.

baccalaureàto s.m. (lat. *baccalaureātum,* deriv. di *baccalàris* "baccelliere" e di *laureātus* "coronato di alloro") **1.** In Francia, titolo d'licenza media superiore. ~ Negli USA, in Gran Bretagna e in Germania, titolo accademico inferiore alla laurea. **2.** [f. *–ta*] Chi ha ottenuto tale titolo.

baccanàle s.m. **1.** Antica festa in onore del dio Bacco. **2.** *fig.* Baldoria, gozzoviglia, orgia. **3.** MUS. Nel Rinascimento e in età barocca, componimento ispirato ai canti carnascialeschi.

baccàno s.m. Rumore assordante e confuso causato spec. da voci umane. ◇ *Fare baccano intorno a qlco.:* discutere animatamente.

baccànte s.f. **1.** Antica sacerdotessa del culto del dio greco Dioniso o del romano Bacco. **2.** *fig.* Donna in preda a furiosa passione, invasata.

baccarà s.m. inv. (fr. *baccara*) Gioco d'azzardo con le carte.

baccarat [/baka'ra/] s.m. inv. Cristalleria pregiata prodotta a Baccarat, detta anche *baccarà.*

baccellétto s.m. ARCH. Elemento ornamentale in rilievo a forma di baccello stilizzato, solitamente disposto a raggiera.

baccellieràto s.m. Grado di baccelliere.

baccellière s.m. (fr. *bachelier*) **1.** Nel Medioevo, giovane nobile in procinto di diventare cavaliere. **2.** [f. *–ra*] Nel Medioevo e oggi in alcuni ordinamenti universitari stranieri, studente che consegue il titolo accademico precedente a quello di dottore.

baccèllo s.m. BOT. Frutto delle leguminose formato da due valve allungate che contengono i semi.

bacchèo o **bacchio** s.m. [pl. *–chei, –chii*] (gr. *bakkhêios* "di Bacco") METR. Nella metrica classica, unità ritmica formata da una breve e due lunghe. ~ Il verso formato da tali unità veniva usato nei canti bacchici.

bacchétta s.f. **1.** Bastoncino sottile e dritto, non molto lungo, in legno o altro materiale; è un antico segno di autorità e in passato era usato per infliggere pene corporali, spec. agli scolari indisciplinati. ◇ *Bacchetta magica*: bacchetta dotata di potere magico di fate e maghi. – *Bacchetta divinatoria*: bastone biforcuto con cui i rabdomanti pretendono di scoprire falde acquifere. – *Bacchette del tamburo*: coppia di bastoni corti con un'estremità sferica per suonare il tamburo. – *fig. Comandare a bacchetta*: con severità, secondo una rigorosa disciplina. **2.** PITT. Bastoncino che serve per appoggiare la mano mentre si sta dipingendo.

bacchettàre v.tr. **1.** Battere qlco. con una bacchetta. **2.** Punire a colpi di bacchetta. ~ *fig.* Rimproverare.

bacchettóne s.m. [f. *–na*] (prob. deriv. di *bacchetta* per la pratica mediev. dell'autoflagellazione o per le percosse che i penitenti ricevevano dal confessore) *spreg.* Chi pratica il culto religioso con pignoleria e zelo eccessivi. SIN.: **bigotto**.

bacchiàre v.tr. [6] Battere i rami di un albero con il bacchio per farne cadere i frutti.

bacchiatùra s.f. L'operazione del bacchiare. *Bacchiatura delle nocciole*.

1. bàcchio s.m. [pl. *–chi*] (lat. *băculum* "bastone") Pertica usata per bacchiare.

2. bacchio s.m. Baccheo.

bachèca s.f. [pl. *–che*] **1.** Mobile usato nei musei e nelle sale d'esposizione, avente uno o più lati trasparenti per consentire la visione degli oggetti contenuti. **2.** Riquadro usato per esporre informazioni, avvisi. *Bacheca universitaria*.

bachelite s.f. (dal nome dell'inventore L.H. *Baekeland*) Comune denominazione di resine sintetiche con proprietà di isolamento termico usate nella costruzione di spine, interruttori, manici di pentole.

bachicoltùra o **bachicultùra** s.f. Allevamento del baco da seta.

baciamàno s.m. Bacio del dorso della mano in segno di devozione, rispetto, galanteria.

baciapile s.m. e f. inv. (così chiamato per l'usanza di baciare l'acquasantiera) Chi ostenta esagerata e spesso ipocrita devozione. SIN.: **bigotto**.

baciàre v.tr. [5] **1.** Accostare le labbra a qlcu. o qlco. per dare un bacio, in segno di affetto o di omaggio. **2.** *fig.* Detto spec. di luce, aria o acqua, lambire, sfiorare qlco. *La luce del sole bacia il monte*. ◆ **baciarsi** v.pron. **1.** Di due persone, scambiarsi reciprocamente baci. **2.** *Baciare le mani*: formula di saluto semifeudale ancora in uso nell'Italia meridionale.

baciàto agg. METR. *Rima baciata*: quella tra due versi consecutivi.

bacile s.m. **1.** Recipiente per liquidi, largo, poco profondo, d'uso domestico o liturgico. SIN.: **catino**. **2.** ARCH. Elemento del capitello di ordine dorico convesso e svasato verso l'alto. SIN.: **echino**.

bacillàre agg. BIOL., MED. Relativo ai bacilli.

Bacillarioficèe s.f. pl. BOT. → Diatomee.

bacillifórme agg. BIOL. A forma di bacillo.

bacillo s.m. **1.** BIOL. Batterio a forma di bastoncino diritto o curvo. ◇ *Bacillo di Nicolaier*: quello responsabile del tetano. – *Bacillo di Hansen*: quello responsabile della lebbra. – *Bacillo di Loefler*: agente patogeno della difterite. – *Bacillo di Yersin*: quello della peste. – *Bacillo di Koch*: batterio responsabile della tubercolosi. **2.** *Bacillo del Rossi*: insetto erbivoro che ricorda un ramoscello. (Lunghezza 10 cm ca.; ordine dei Fasmidi.)

bacillòsi s.f. inv. MED. Qualunque affezione di origine bacillare.

bacinèlla s.f. Piccolo recipiente tondo per liquidi, d'uso prevalentemente domestico. SIN.: **catino**.

bacinétto o **bacinèllo** s.m. (fr. *bacinet*) ANAT. Parte del condotto escretore del rene a forma d'imbuto.

bacino s.m. (lat. *baccìnu* "vaso di legno") **1.** Recipiente per liquidi tondo, basso, con bordo ribattuto. **2.** *estens.* Specchio d'acqua naturalmente protetto o grande vasca artificiale. ◇ *Bacino idroelettrico*: lago sorto da una diga per produrre energia elettrica. – *Bacino di carenaggio o di raddobbo*: grande vasca in muratura in cui si mettono a secco le navi per effettuare riparazioni al di sotto della linea di galleggiamento. – *Bacino galleggiante*: bacino di carenaggio mobile. **3.** GEOGR. Conca naturale. ~ Area contraddistinta da elementi omogenei e funzioni precise. – *Bacino aurifero, carbonifero*: zona nel cui sottosuolo è presente oro, carbone. – *Bacino idrografico o imbrifero o di raccolta*: territorio delimitato da linee di spartiacque che raccoglie le acque di precipitazione facendole confluire in uno stesso corso d'acqua. – *Autorità di bacino*: ente che gestisce e tutela le risorse di un bacino idrografico. *Autorità di bacino del Po*. – *Bacino orografico*: porzione di superficie terrestre, per lo più alluvionale, compresa tra rilievi. – *Bacino ablatore*: in un ghiacciaio, la parte inferiore in cui prevale la fusione del ghiaccio. – *Bacino montano*: tratto superiore del corso di fiumi e torrenti e dei loro affluenti. – *fig. Bacino d'utenza*: nel l. burocratico, settore di popolazione da cui provengono gli utenti di un dato servizio. **4.** ANAT. *Bacino osseo*: parte ossea del corpo umano in corrispondenza dell'addome. SIN.: **pelvi**. **5.** FIS. *Bacino di attrazione*: la regione dello spazio delle fasi costituita da tutti i punti a partire dai quali il sistema stesso evolve verso un determinato attrattore.

■ **bacino.** Bacino di raddobbo nella baia di Margueira a Lisbona.

bàcio s.m. [pl. *–ci*] Atto con cui si esterna amore, affetto o devozione e che consiste nel toccare con le labbra qlcu. o qlco. ◇ *figg. Bacio di Giuda*: atto di apparente affetto che nasconde un tradimento. – *Al bacio*: nel l. familiare, alla perfezione.

backgammon [/'bæk'gæmən/] s.m. inv. (voce ingl.) Gioco di società noto in Italia come *trictrac* o *tavola reale*.

background [/'bækgraund/] s.m. inv. (voce ingl.) **1.** L'insieme dei precedenti da cui si sviluppa un fenomeno e che condizionano la personalità culturale di un individuo. **2.** INFORM. Sfondo dello schermo di un computer.

back-office [/'bæk 'ɔfis/] s.m. inv. (voce ingl.) BORS. Negli uffici aperti al pubblico, il personale amministrativo che non ha rapporti con la clientela.

backstage [/ˌbæk'steidʒ/] s.m. inv. (voce ingl., propr. "retroscena") L'insieme di eventi che caratterizzano dietro le quinte l'allestimento di uno spettacolo, di una ripresa cinematografica o televisiva.

backup [/'bʌkʌp/] s.m. inv. (voce ingl., propr. "supporto") INFORM. Sistema di sicurezza che si basa sull'uso di due computer gemelli, l'uno dei quali sostituisce l'altro in caso di disfunzione. ~ Procedimento di registrazione di una copia di programmi o dati, da conservare nel caso l'originale subisca danni o risulti inutilizzabile.

bàco s.m. [pl. *–chi*] **1.** ZOOL. Prima forma degli insetti lepidotteri soggetti a metamorfosi. ◇ *Baco da seta*: bombice del gelso allo stadio larvale. **2.** Nome generico di qualsiasi verme

che si trovi nella frutta o in altri alimenti o anche nella flora intestinale. **3.** *fig.* Rodimento interiore a causa di un sentimento ossessivo. SIN.: **tarlo**. **4.** INFORM. Bug.

bacologìa s.f. Disciplina che studia l'allevamento dei bachi da seta.

bacon [/'beikən/] s.m. inv. (voce ingl., fr. *bacon*, francone *bakko* "parte posteriore del corpo") Pancetta di maiale affumicata.

bacùcco s.m. [f. *–ca*, pl.m. *–chi*, f. *–che*] (dal nome del profeta ebreo Habacuc) Persona decrepita o balorda. □ In funzione di agg., nella loc. *vecchio bacucco*, persona vecchia e poco lucida.

badalóne s.m. Nelle chiese, leggìo grande posto al centro del coro.

badànte agg. Che bada, sta attento. ◆ s.m. e f. Nel sign. dell'agg.

badàre v.intr. (aus. *avere*) (lat. *batàre* "stare a bocca aperta" poi "guardare ammirati" e "far attenzione") **1.** Accudire, sorvegliare qlcu. o qlco. *Badare ai figli*. **2.** Dedicare attenzione a qlcu. o qlco. *Badare ai propri affari*. ◇ *Non badare a spese*: spendere molto senza preoccupazione.

badéssa s.f. **1.** Monaca posta a capo di un monastero. **2.** *fig.* Donna grassa, prosperosa o, anche, presuntuosa.

badge [/bædʒ/] s.m. inv. (voce ingl., propr. "emblema") **1.** Cartellino di riconoscimento da agganciare sull'abito. ~ Distintivo o spilla con una scritta, un disegno, un simbolo, ecc. ◇ INFORM. *Badge magnetico*: tesserino magnetizzato che, inserito nell'apposito lettore, permette di effettuare le operazioni previste dal sistema.

badìa s.f. **1.** La chiesa, la comunità o gli edifici di un convento. SIN.: **abbazia**. **2.** *estens.* Luogo confortevole. ~ Abbondanza.

badiàna s.f. (fr. *badiane*, persiano *bādjān* "anice") Arbusto originario del Vietnam, il cui frutto, detto *anice stellato*, contiene essenze usate in liquori e farmaci. (Famiglia delle Magnoliacee.)

badìle s.m. Pala con lama a punta e manico di legno, usata nei lavori di sterro.

bad-lands [/'bæd,lændz/] s.m. pl. (voce ingl., comp. di *bad* "cattivo" e *land* "terra") GEOMORF. Terreni erosi caratterizzati da solchi e separati da creste.

badminton [/'bædmintən/] s.m. inv. (voce ingl., località nel Gloucestershire in cui risiedeva il duca di Beaufort che nel 1873 fissò le regole del gioco) Gioco di rimando in cui i giocatori si lanciano un volano che non deve mai toccare terra.

baedeker [/'beːdekə/] s.m. inv. (dal nome dell'editore tedesco *K. Baedeker*) Guida turistica tascabile.

bàffo s.m. (etim. incerta, forse gr. *baphé* "tintura" per indicare una zona più scura sopra il labbro) **1.** (spec. pl.) L'insieme dei peli che crescono lungo il labbro superiore. ◇ *Coi baffi*: nel l. familiare, di cosa importante, di valore, fatta in modo ottimale. – *Farsene un baffo*: nel l. familiare, rimanere indifferente, infischiarsene. **2.** Alette anteriori delle automobili da corsa. **3.** (al pl.) Onde sollevate dalla prua di un'imbarcazione.

bagagliàio s.m. [pl. *–gliai*] **1.** Nei treni, vagone adibito al trasporto delle merci. ~ Negli aerei, vano per bagagli, merci, posta. ~ Nell'automobile, vano posteriore o anteriore predisposto per i bagagli. **2.** Nelle stazioni ferroviarie, locale predisposto per il deposito e la custodia dei bagagli.

bagàglio s.m. [pl. *–gli*] (fr. *bagage*, provenz. *baga* "borsa, fagotto") **1.** Ciò che si porta in viaggio. ◇ *Bagaglio a mano*: ciò che per le dimensioni ridotte il viaggiatore può tenere con sé in pullman o in aereo. **2.** *fig.* L'insieme di informazioni, conoscenze, esperienze posseduto da una persona. *Bagaglio culturale*. SIN.: **patrimonio**. **3.** MIL. Salmerie dell'esercito. ◇ *fig. Prendere armi e bagagli*: raccogliere tutte le proprie cose.

bagarinàggio s.m. [pl. *–gi*] Incetta di biglietti d'ingresso a spettacoli, competizioni sportive, ecc., per poi venderli a prezzo maggiorato.

bagarino s.m. (voce roman. di orig. incerta, forse ar. deriv. di *baqqāl* "rigattiere") Chi incetta e rivende a prezzo maggiorato biglietti per eventi.

bagarre [/ba'gar/] s.f. inv. (voce fr., basco *batzare* "riunione") **1.** Diverbio collettivo che sfocia in rissa. SIN.: **tafferuglio**. **2.** SPORT. Nel ciclismo, momento di concitazione agonistica.

bagàscia s.f. [pl. *–sce*] (fr. *baiasse* "serva") *volg.* Donna di malaffare, prostituta. SIN.: **puttana**.

bagàssa s.f. (fr. *bagasse*, spagn. *bagazo*, lat. deriv. di *bāca* "bacca") Residuo solido della lavorazione della canna da zucchero.

bagattèlla o **bagatèlla** s.f. **1.** Cosa di poco conto, inezia. SIN.: **nonnulla**. **2.** MUS. Breve e semplice composizione musicale da camera.

baghétta s.f. (fr. *baguette*) Motivo tessuto o ricamato sulle calze femminili sulla parte esterna della gamba. ~ Applicazione tessuta o ricamata sui guanti da donna.

bàglio s.m. [pl. *–gli*] (fr. *bail*, lat. *bāiulum* "portatore") MAR. Grossa trave in legno o ferro, perpendicolare all'asse maggiore della barca o della nave, che lega le murate e sostiene il ponte.

bagliòre s.m. **1.** Luce repentina intensa e abbagliante. SIN.: **fulgore**. ~ Luce diffusa, chiarore. **2.** *fig.* (spec. pl.) Barlumi, albori. *I primi bagliori di una società.*

bagnabilità s.f. inv. FIS. Proprietà di un solido di assorbire acqua.

bagnacàuda s.f. inv. CUC. Salsa piemontese a base di acciughe sotto sale, aglio, olio cotti a fuoco basso e costante, nella quale si intingono varie verdure crude.

bagnànte s.m. e f. **1.** Chi fa il bagno in mare, fiume, lago. ~ *estens.* Chi sta sulla spiaggia. **2.** AGR. (solo m.) Sostanza chimica che favorisce l'adesione degli antiparassitari sulle superfici da trattare.

bagnàre v.tr. **1.** Rendere bagnato o umido con acqua o altro liquido. ◇ *fig. Bagnare la bocca:* bere. – *Bagnare una vittoria, una promozione:* brindare per festeggiare. **2.** Immergere in un liquido. *Bagnare la biancheria.* SIN.: **inzuppare**. **3.** Attraversare un luogo, lambire, specie di corsi o distese d'acqua. *Il Po bagna Torino.* ◆ v.intr. (aus. *avere*) Non controllare l'impulso di orinare. ◆ **bagnarsi** v.pron. **1.** Orinarsi addosso. **2.** Infradiciarsi. *Bagnarsi come pulcini.* **3.** Fare il bagno a scopo di cura o divertimento. *Bagnarsi in piscina.*

bagnaròla s.f. **1.** *region.* Tinozza. **2.** *fig.* In senso scherz., automobile o natante in pessimo stato.

bagnasciùga s.m. inv. **1.** MAR. Parte dello scafo di un natante compresa tra la linea minima e massima di galleggiamento. **2.** Porzione di spiaggia su cui si frangono le onde. SIN.: **riva**.

bagnàto agg. Intriso, cosparso d'acqua o d'altro liquido. SIN.: **fradicio**. ◇ *fig. Pulcino bagnato:* chi ha un aspetto avvilito o un atteggiamento impacciato. ◆ s.m. Cosa bagnata, spec. riferito al terreno. *Scivolare sul bagnato.*

bagnino s.m. [f. *–na*] Chi assiste e sorveglia i bagnanti.

bàgno s.m. **1.** Immersione in acqua o altra sostanza. ◇ *Bagno di sabbia:* sabbiatura. – *Bagno termale:* che si effettua nelle acque termali. **2.** (spec. pl.) Bagni di mare. **3.** *fig.* grande quantità. *Bagno di sudore.* ◇ *fig. Bagno di sangue:* massacro, carneficina. **4.** *estens.* Esposizione ad agenti fisici. *Bagno di sole.* ◇ *Bagno turco:* terapia consistente in abbondante sudorazione provocata dalla permanenza in ambienti resi riscaldati da aria caldissima; *fig.* grande sudata. **5.** Il liquido o la soluzione chimica in cui avviene l'immersione di un corpo o di una sostanza. ◇ *Bagno galvanico:* soluzione elettrolitica usata per galvanizzare i metalli. **6.** Vasca da bagno. ~ *estens.* Locale in cui sono installati i servizi igienici. **7.** (spec. pl.) Denominazione di località, di stabilimento balneare. *Bagni di Lucca.*

bagnomaria Solo nella loc. *a bagnomaria*, per indicare il metodo di cottura o riscaldamento dei cibi consistente nell'immergere il recipiente con le vivande in un altro in cui bolle l'acqua.

bagnoschiùma s.m. inv. Detergente profumato per il corpo da sciogliere in acqua.

bagolàro s.m. Albero a fusto eretto, foglie ovato-lanceolate, fiori piccoli e giallini, di legno duro usato per utensili agricoli. (Altezza fino a 25 m; genere *Celtis*, famiglia delle Olmacee.)

bagórdo s.m. (provenz. *beort* "giostra") (spec. pl.) Festa grande. ~ Bisboccia. ~ Stravizio.

baguette [/ba'gɛt/] s.f. inv. (voce fr., it. *bacchetta*) **1.** Pane a forma di bastone. **2.** Taglio a rettangolo allungato di pietre preziose. ~ La pietra preziosa di tale forma.

bagùio s.m. CLIMAT. Tifone delle Filippine.

bahaìsmo s.m. (ar., deriv. di *Bahā' Allāh* "Splendore di Dio", nome che si diede al persiano fondatore del movimento) Dottrina e movimento religioso islamico di origine persiana.

baht [/'bat/] s.m. inv. Unità monetaria della Tailandia.

bàia s.f. (etim. discussa, prob. lat. deriv. di *abbatiam*, insenatura nei pressi della foce della Loira dove sorgeva un'abbazia) **1.** Insenatura marina o lacustre. *Baia di Hudson.* SIN.: **seno**. ~ Anche, porzione estesa di mare. **2.** AER. Zona dell'hangar in cui gli aeromobili vengono sottoposti a lavori di manutenzione.

baiadèra o **bajadèra** s.f. (fr. *bayadère*) **1.** Danzatrice indiana. ~ *estens.* Ballerina. **2.** Tessuto a strisce colorate del tipo usato dalle baiadere.

bailàmme s.m. inv. (turco *bayrām*, nome di due feste musulmane) Baraonda, rumorosa confusione. È un vero bailamme.

bailey [/'beili/] agg. inv. (voce ingl., dal nome del suo inventore D.C. *Bailey*) *Ponte bailey:* ponte di metallo, prefabbricato, usato per attraversare fiumi o riaprire vie di comunicazione interrotte. ◆ s.m. inv. Nel sign. dell'agg.

bàio agg. [pl.m. *–bai*] (fr. o provenz. *bai*) Di cavallo dal mantello rossastro e con caviglie, criniera e coda nere. ◆ s.m. Nel sign. dell'agg.

baionétta s.f. (fr. *baïonnette* deriv. di *Bayonne*, città in cui tali armi si fabbricavano) **1.** Lama appuntita innestata sul fucile negli scontri ravvicinati. **2.** *fig.* Soldato armato di tale fucile. **3.** TECN. Tipo di collegamento tra due pezzi in cui uno viene infilato nell'altro e fatto ruotare per bloccarlo. *Innesto a baionetta.*

bairàm s.m. inv. (turco *bayrām*) Nome di ciascuna delle due feste musulmane successive al Ramadan.

bàita s.f. (voce alpina di etim. discussa, forse ted. *Wahta* "guardia") Rifugio, casetta di montagna costruita in pietra o in legno. SIN.: **chalet**.

baklava [/'ba:kləva/] s.f. inv. (voce turca) Dolce orientale di pasta sfoglia con miele e mandorle.

bakufu s.m. inv. (voce giapp.) Il governo degli Shoguns instaurato in Giappone nel sec. XII.

balafòn o **balafòng** s.m. inv. (voce fr., mandingo *balafo*) MUS. Strumento a percussione originario dell'Africa centro-occidentale, simile allo xilofono.

balalàica o **balalàika** s.f. [pl. *–che, –ke*] (russo *balalajka*) MUS. Strumento a cassa triangolare con tre corde, originario della Russia.

balance [/'bæləns/] s.m. inv. (voce ingl., propr. "equilibrio") Negli impianti stereo, dispositivo che regola i vari canali di uscita, mettendoli in equilibrio tra loro.

1. balanite s.f. MED. Infiammazione del glande.

2. Balanite s.f. BOT. Genere di piante arbustacee e arboree, con diverse specie diffuse nelle regioni tropicali, con rametti spinosi, infiorescenze gialle, frutti commestibili contenenti semi oleosi. (Ordine delle Geraniali.)

bàlano s.m. (gr. *bálanos* "ghianda", così chiamato per la forma) Piccolo crostaceo marino che vive attaccato a scogli o conchiglie. (Lunghezza 1 cm ca.; sottoclasse dei Cirripedi.)

Balanoglòsso s.m. ZOOL. Genere di animali marini vermiformi che vivono nella sabbia. (Classe degli Enteropneusti.)

balàscio s.m. [pl. *–sci*] (ar. *balāḫš*, dal nome della regione dell'Afghanistan da cui tali pietre provengono) MIN. Varietà di rubino dal colore rosso scuro.

balaùsta s.f. (fr. *balauste*) BOT. Fiore e frutto del melograno.

balaùstra s.f. ARCH. Parapetto per terrazze, scalinate, ecc., costituito da una sequenza di pilastrini poggianti su uno zoccolo e uniti da una cornice. SIN.: **parapetto**.

balaustrino s.m. Compasso di precisione per tracciare circonferenze di raggio molto piccolo.

balaùstro s.m. (gr. *baláustion* "fiore del melograno", alla cui forma si richiamavano gli elementi architettonici) **1.** Colonnina sagomata che viene usata nei parapetti. **2.** ARCH. Elemento ornamentale del capitello di ordine ionico.

balbettàre v.intr. (aus. *avere*) **1.** Parlare inceppandosi per difficoltà di articolazione dovute a cause fisiche o psicologiche. SIN.: **tartagliare**. **2.** Di bambini molto piccoli, emettere suoni già riconoscibili come elementi della lingua. ◆ v.tr. **1.** Dire, esprimere qlco. con difficoltà o imbarazzo. *Balbettare delle scuse.* **2.** Parlare a stento una lingua che si conosce poco. *Balbettare l'inglese.*

balbettìo s.m. [pl. *–tii*] Un balbettare protratto. ~ Serie di parole incerte, confuse, proprie di chi è in imbarazzo o è timoroso.

balboa [/bal'boa/] s.m. inv. (dal nome dell'esploratore Vasco Núñez de *Balboa*) Unità monetaria di Panama.

balbùzie s.f. inv. Articolazione stentata delle parole dovuta a contrazioni intermittenti dell'apparato fonatorio.

balbuziènte agg. Affetto da balbuzie. ◆ s.m. e f. Nel sign. dell'agg.

balcànico agg. [pl.m. *–ci*, f. *–che*] (fr. *balkanique*, turco deriv. di *balkan* "monte") **1.** Relativo ai Balcani e alla regione circostante. **2.** *fig.* Confuso, ingovernabile, spec. con riferimento a situazione politica.

balcanizzàre v.tr. Ridurre un paese in condizioni di instabilità politica e di ingovernabilità, come è spesso avvenuto nella regione balcanica. ~ Dividere uno stato in una molteplicità di piccole nazioni. ◆ **balcanizzarsi** v.pron. Detto di uno stato o regione geografica, cadere in preda al disordine politico. *Questo paese finirà col balcanizzarsi.*

balcanizzazióne s.f. Processo storico-politico che porta una regione a una condizione di grave, quasi irreversibile, instabilità.

balconàta s.f. **1.** Lungo balcone sul quale si affacciano più portefinestre. **2.** Nei teatri, gradinata sovrastante la platea. **3.** Negli antichi vascelli, la zona di poppa con gli alloggi degli ufficiali. **4.** GEOGR. *Balconata glaciale:* terrazzo che delimita un circo glaciale o è posto in testa a una valle glaciale.

balconcino s.m. **1.** Nel sign. del dim. di *balcone*. **2.** Busto, reggiseno *a balconcino:* tipo di reggiseno a struttura rigida o semirigida, con spalline rimovibili.

balcóne s.m. **1.** Terrazzino sporgente delimitato da un parapetto o ringhiera, costruito in corrispondenza delle portefinestre di un edificio. SIN.: **terrazzo**. **2.** Finestra aperta fino al pavimento e protetta da una ringhiera.

baldacchino s.m. (ar. *bagdādī* "di Bagdad", città da cui proveniva la stoffa) **1.** Tettuccio ornamentale sostenuto da aste fisse o mobili. *Letto a baldacchino*. **2.** ARCH. Coronamento in vario materiale di nicchie, tombe, ecc.

baldànza s.f. Grande sicurezza in se stessi. ~ Ostentata spavalderia.

baldanzóso agg. Che si comporta con baldanza.

bàldo agg. (fr. *bald*, francone *bald* "audace") Molto sicuro di sé.

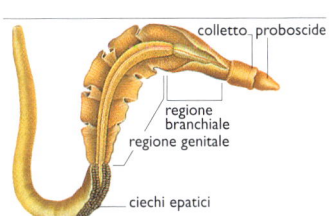

colletto   proboscide

regione
branchiale
regione genitale

ciechi epatici

■ **Balanoglòsso** (anatomia).

balena franca

megattera

■ **baléna**

baldòria s.f. (fr. *baudoire*) Riunione festosa e rumorosa. SIN.: **bisboccia**. ~ *pegg*. Gozzoviglia.

baldràcca s.f. [pl. *–che*] Donna di cattivi costumi. SIN.: **prostituta**.

baléna s.f. **1.** Grande mammifero marino privo di denti, sostituiti dai fanoni. (Ordine dei Cetacei, sottordine dei Misticeti.) **2.** *estens*. Qualsiasi cetaceo di grandi dimensioni. ◇ *Stecche di balena*: ricavate dai fanoni, si usavano per irrigidire i busti femminili o per fabbricare l'intelaiatura degli ombrelli. **3.** *fig*. Persona, spec. donna, eccessivamente grassa. **4.** (iniziale maiusc., solo sing.) Costellazione dell'emisfero australe.
ENCICL. La balena si nutre del plancton (in particolare di piccoli crostacei che costituiscono il krill) trattenuto nei fanoni presenti nella mandibola superiore. Può rimanere sott'acqua mezz'ora e quando risale in superficie espira dalle narici aria satura di vapore acqueo. Molte specie di balene, cacciate eccessivamente per la carne e il grasso (fino a 30 tonnellate d'olio per animale), oggi sono diventate molto rare. La caccia è stata dapprima regolamentata e poi vietata dal 1986.

balenàre v.impers. (aus. *essere*) Lampeggiare in lontananza. ◆ v.intr. (aus. *essere*) **1.** Illuminarsi di lampi. ~ Mandare riflessi improvvisi. ~ *fig*. Apparire improvvisamente. **2.** *fig*. Passare per la mente. SIN.: **affiorare**.

balenièra s.f. **1.** Nave per la caccia alle balene. **2.** MAR. Piccola imbarcazione a remi adibita al servizio personale dei comandanti delle navi al tempo della navigazione a vela.

balenière s.m. Marinaio di una baleniera. ~ Cacciatore di balene.

baléno s.m. **1.** Luminosità intensa e di breve durata. ~ *estens*. Luce improvvisa. **2.** *fig*. Attimo, minuto.

balenòttera s.f. Mammifero marino simile alla balena, con pinna dorsale e gola segnata da pieghe longitudinali. (Ordine dei Cetacei; una specie, la *balenottera azzurra*, è in assoluto il più grande tra gli animali; lunghezza massima 33 m; peso 130 t.)

Balenottèridi s.m. pl. [iniziale minusc. sing. *–de* per l'individuo] ZOOL. Famiglia di mammiferi marini con grossa pinna dorsale e una serie di solchi e pieghe longitudinali sul petto. (Ordine dei Cetacei.)

balenòttero s.m. ZOOL. Balena giovane, piccolo di balena.

balenòtto s.m. Piccolo della balena.

balèra s.f. (lomb. *balèr* "ballare") *region*. Locale popolare in cui si balla. ~ Spazio adibito al ballo.

balèstra s.f. **1.** Arma usata per lanciare frecce, costituita da un arco montato su un fusto di legno e di un dispositivo capace di tendere, bloccare e far scattare la corda. **2.** Speciale tipo di molla a foglie d'acciaio sovrapposte usato come sospensione negli automezzi e nei veicoli ferroviari. **3.** *Pesce balestra*: pesce dai colori vivaci, tipico delle barriere coralline, in grado di

frantumare con i denti coralli e crostacei. (Ordine dei Tetraodontiformi.)

balestràta s.f. Colpo, tiro di balestra. ~ Distanza corrispondente a un colpo di balestra.

balestrière s.m. Soldato armato di balestra. ~ Chi tira con la balestra.

balestróne s.m. **1.** Balestra di enormi proporzioni posta sulle mura di difesa. **2.** MAR. Asta che, messa in diagonale, tiene dritte alcune vele. SIN.: **strozza**.

balestrùccio s.m. [pl. *–ci*] Uccello simile alla rondine ma più piccolo, con petto e fondo schiena bianchi e coda leggermente biforcuta. (Ordine dei Passeriformi.)

balì s.m. inv. (fr. *bailli*) **1.** Balivo. **2.** Il grado più alto negli antichi ordini cavallereschi.

1. bàlia s.f. **1.** Donna che dietro compenso allatta neonati non suoi. ◇ *Balia asciutta*: bambinaia, baby-sitter. **2.** Nome comune di alcuni uccelli passeriformi insettivori, che usano introdursi a caccia di insetti nei nidi altrui, dando l'impressione di accudire i piccoli. (Genere Muscicapa; famiglia dei Muscicapidi.)

2. balìa s.f. Potere, autorità di governo. ~ Signoria. ◇ *Essere in balìa di qlcu., di qlco.*: in suo potere.

baliàggio s.m. [non com. pl. *–gi*] (fr. *bailliage*) Grado, ufficio, durata della carica di un balì. ~ Tribunale presieduto o territorio governato da un balì. SIN.: **baliato**.

balilla s.m. inv. (soprannome di un ragazzo genovese che nel 1746 diede inizio a una rivolta antiaustriaca lanciando un sasso contro alcuni soldati) Durante il ventennio fascista, ragazzino tra gli otto e i quattordici anni iscritto alle formazioni paramilitari. ◆ s.f. inv. Nome di una popolare autovettura prodotta dalla FIAT negli anni Trenta.

balinése agg. Relativo a Bali. ◆ s.m. e f. Nativo, abitante di Bali.

balipèdio s.m. [pl. *–di*] MIL. Poligono di tiro in cui si provano le armi.

balista s.f. Macchina bellica usata nell'antichità e nel Medioevo per scagliare sassi contro le mura delle città assediate.

balistica s.f. [pl. *–che*] Studio scientifico del moto dei proiettili.

balistico agg. [pl.m. *–ci*, f. *–che*] Relativo alla balistica. ◇ *Perizia balistica*: esame del calibro e della traiettoria di un proiettile.

balistite s.f. Esplosivo da lancio a base di nitroglicerina e nitrocellulosa.

balivo s.m. (fr. *baillif*, lat. *bāiulum* "incaricato") Nel Medioevo, pubblico ufficiale presente in vari paesi europei, con poteri amministrativi e giudiziari diversi a seconda dei luoghi.

1. bàlla s.f. Grande pacco di merci.

2. bàlla s.f. **1.** *pop*. Vistosa bugia, fanfaronata. **2.** *volg*. (spec. pl.) Testicoli. **3.** *region*. Sbronza.

ballàre v.intr. (aus. *avere*) **1.** Muovere il corpo in maniera ritmata al suono di una musica. **2.** *estens*. Agitarsi, muoversi con tutto il corpo nervosamente. ~ Di cose, veicoli o passeggeri, oscillare, traballare. *L'aereo ballava per il maltempo.* ◆ v.tr. Eseguire un certo tipo di danza. *Ballare il tango.*

ballast [/'bælɔst/] s.m. inv. (voce ingl., propr. "zavorra") **1.** TECN. Il pietrisco che ricopre la sede del binario ferroviario. **2.** Zavorra.

ballàta s.f. **1.** Nella poesia italiana antica, componimento popolare formato da strofe o stanze cantate da un solista, intervallate con un ritornello (o *ripresa*) cantato dal coro. ~ Poema narrativo in uso in Inghilterra e Germania sul finire del sec. XVII, che riporta una tradizione storica o leggendaria con molti eventi drammatici. **2.** MUS. Composizione libera per pianoforte o per pianoforte e voce, ispirata a poemi narrativi o di atmosfera simile. ~ Canzone per ballare, di ritmo lento.

1. ballatóio s.m. [pl. *–toi*] Bacchettina, nella gabbie per uccelli, che serve da sostegno.

2. ballatóio s.m. (etim. discussa, forse lat. *bellatóriu* "galleria di combattimento") **1.** Balcone piuttosto stretto che segue il perimetro interno o esterno di un edificio. **2.** ALP. Piano roccioso sporgente sulla parete. **3.** MAR. Nelle antiche navi da guerra, corridoio scoperto intorno al cassero e ai castelli. **4.** TEAT. Camminamento che sporge dai muri perimetrali del vano scenico.

ballerina s.f. **1.** Donna che balla, soprattutto per professione. ~ *estens*. Donna che balla bene. ◇ *Prima ballerina*: la solista. – *Ballerina di fila*: danzatrice che si esibisce nel gruppo. **2.** *estens*. Scarpetta da ballo a pianta flessibile e punta rigida. ~ Qualunque scarpa da donna scollata, senza tacco e morbida. **3.** ZOOL. Cutrettola.

ballerino agg. **1.** Che balla, che si muove. **2.** *estens*. Instabile, mutevole. ◆ s.m. [f. *ballerina*] Uomo che balla, soprattutto per professione. ~ *estens*. Chi balla bene. ◇ *Primo ballerino*: l'interprete principale di una composizione coreografica. **2.** BOT. Varietà di orchidea che nel labello ricorda una figura umana.

ballétto s.m. **1.** Danza individuale o collettiva eseguita secondo passi e figure armonizzati con la musica. **2.** Corpo di ballo. **3.** *fig*. Rituale inutile. ~ Serie di formalità prive di senso.
ENCICL. Le origini del balletto classico occidentale risalgono alle feste delle corti rinascimentali italiane e ai divertimenti delle corti reali francesi del XVI sec. I primi trattatisti della danza furono i teorici e i maestri di ballo italiani, che stabilirono i principi elementari della composizione coreografica e la descrizione dei passi e delle regole per accordarli alla musica. Lo sviluppo avvenne contemporaneamente in Italia, Francia e Inghilterra e presentò una forma di balletto pantomima, cioè una rappresentazione comprendente parti liriche e declamate che venivano danzate dai cortigiani, presto sostituiti da ballerini professionisti. All'inizio del XVII secolo la diffusione e lo sviluppo del balletto vennero incrementati dalla nascita dell'opera. Caccini e Rinuccini applicarono in Italia le innovazioni apprese in Francia, dove il balletto conobbe un periodo di fulgore sotto Luigi XIV. Lulli, compositore favorito del re, collaborando con Molière, contribuì alla creazione di nuove forme di balletto (*comédie-ballet*). Furono stabilite tecniche e regole e, più in

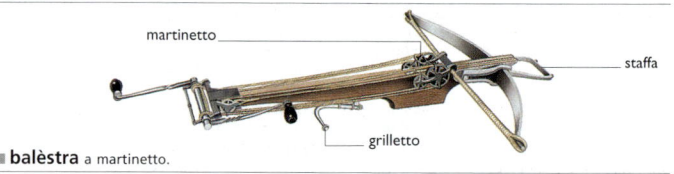

martinetto

staffa

grilletto

■ **balèstra** a martinetto.

generale, si ebbe una radicale trasformazione verso una danza di carattere accademico (in Italia ebbe origine il balletto romantico). Tuttavia esso parve perdere ogni contenuto e valore artistico in tutta Europa tranne che in Russia, dove invece si verificarono fusioni di diversi stili, preparando il terreno per l'opera di Diaghilev (scomparso nel 1929), che rivoluzionò l'estetica coreografica avvalendosi di interpreti di primo livello. Per vent'anni le sue tournée aprirono nuovi orizzonti per quest'arte: egli cercò di conciliare la danza accademica con la pantomima, ponendo l'accento sul rapporto danza-musica. Nei decenni successivi alla fine della seconda guerra mondiale, una rapida e feconda evoluzione ha reso evanescenti i confini fra danza accademica e moderna, e quindi il termine *balletto* è passato a indicare quasi tutte le opere di danza teatrale che utilizzano tecniche classiche e moderne. In tale dimensione si colloca l'opera di coreografi come Maurice Béjart. Grande dignità teatrale hanno inoltre assunto alcune forme di spettacolo coreografico che impiegano, adattandoli, stili di danza tradizionale popolare (Ruiz, Lusillo, Gades). Fra le figure più importanti del mondo della danza ricordiamo Rudolf Nureyev, Margot Fontayn, Michail Barišnikov e, in Italia, Elisabetta Terabust, Alessandra Ferri, Carla Fracci.

bàllo s.m. **1.** Attività che consiste nel muovere il corpo a tempo di musica. ◇ *Corpo di ballo:* gruppo stabile di ballerini di una compagnia o di un teatro lirico. – *fig. Essere, entrare in ballo:* di persona, rimanere coinvolto in una situazione intricata; di cosa, essere in questione. **2.** Tipo di musica ballabile. ~ Anche, giro di danza. **3.** Festa danzante. ◇ *Ballo in maschera:* a carnevale, quello a cui si partecipa in costume. **4.** Balletto. **5.** MED. pop. *Ballo di san Vito:* *corea di Sydenham. – *fig. Avere il ballo di San Vito:* essere irrequieti.

ballon d'essai [/ba'lɔ̃ de'sɛ/] loc. sost. m. inv. (loc. fr.) **1.** Palloncino che, lanciato in aria prima dell'ascensione di una mongolfiera, segnalava la direzione del vento. **2.** Nel l. gior., notizia data per certa e diffusa per sondare l'opinione pubblica e studiarne le reazioni.

ballonzolàre v.intr. (aus. *avere*) **1.** Ballare in modo goffo e impacciato. ~ Saltellare. **2.** Di cose, sussultare, ondeggiare.

balloon [/bə'luːn/] s.m. inv. (voce ingl., propr. "pallone") **1.** Mongolfiera. **2.** Nei fumetti, la nuvoletta che contiene le parole pronunciate o pensate dai personaggi. **3.** Calice per vini rossi invecchiati.

1. ballòtta s.f. Castagna bollita con la buccia.

2. ballòtta s.f. Piccola palla o altro oggetto che, con il diverso colore, serviva per le votazioni nelle assemblee medievali.

ballottàggio s.m. [pl. *-gi*] (fr. *ballottage*) **1.** Votazione supplementare limitata ai due candidati più votati nel primo scrutinio elettorale. **2.** SPORT. Gara a oltranza.

balneàbile agg. Di specchio d'acqua, in cui è consentito fare il bagno. ~ Anche, di spiaggia adatta alla balneazione.

balneàre agg. Relativo ai bagni di mare. ◇ *fig. Governo balneare:* nel l. gior., governo destinato a rimanere in carica solo per un'estate.

balneazióne s.f. **1.** Il bagnarsi nel mare, nei fiumi, nei laghi. **2.** MED. Pratica balneoterapica.

balneoterapìa s.f. MED. Cura che consiste in bagni opportunamente regolati. SIN.: **talassoterapia**.

baloccàre v.tr. [4] Intrattenere, divertire qlcu. con giochi e balocchi. ◆ **baloccarsi** v.pron. **1.** Trastullarsi. **2.** *estens.* Passare il tempo in cose futili, perdere tempo.

balòcco s.m. [pl. *-chi*] **1.** Giocattolo, gingillo. ~ *estens.* Passatempo. **2.** *fig.* Cosa poco seria, trastullo. ◇ *Paese dei balocchi:* luogo immaginario dove i bambini non fanno altro che divertirsi.

balordàggine s.f. Atto, parola da balordo. SIN.: **idiozia**. ~ Comportamento insensato, stolto.

balórdo agg. (etim. discussa, forse fr. *beslourd* "sbalordito") **1.** Tardo di mente. SIN.: **tonto**. **2.** Che agisce in modo sciocco, maldestro. **3.** Strampalato,

senza capo né coda. ~ Senza fondamento, spec. morale. SIN.: **assurdo**. **4.** Di fattori climatici, inclemente, anomalo, incerto. *Stagione balorda*. ◆ s.m. [f. *-da*] **1.** Malvivente, sbandato, emarginato. **2.** *scherz.* Persona sciocca e ingenua.

bàlsa s.f. (spagn. *balsa* da una voce indigena dell'America merid.) Albero dell'America centrale e meridionale, dal legno molto leggero impiegato in aeromodellismo, negli imballaggi, nell'isolamento fonico e nella costruzione di galleggianti. (Famiglia delle Bombacacee.)

balsàmico agg. [pl.m. *-ci*, f. *-che*] Che ha la qualità di un balsamo. ~ *estens.* Aromatico, profumato. *Aceto balsamico*. ◆ s.m. MED. Medicamento antisettico per le vie respiratorie.

balsamina s.f. Pianta erbacea originaria dell'Asia coltivata per i fiori dai colori vividi; il frutto, giunto a maturità, scoppia scagliando lontano i semi; detta anche *begliuomini*. (Famiglia delle Balsaminacee.)

Balsaminàcee s.f. pl. [iniziale minusc. sing. *-a* per l'individuo] BOT. Famiglia di piante dicotiledoni con frutti a capsula deiscente.

balsamino s.m. **1.** Pianta dal cui frutto si estrae un balsamo. **2.** Vitigno diffuso nella zona marchigiano-romagnola che produce uva nera e dolce.

bàlsamo s.m. **1.** Liquido resinoso e aromatico secreto da varie piante che, all'aria, diventa vischioso o solido, è usato in medicina. **2.** *estens.* Unguento medicamentoso, rimedio per il dolore. **3.** Prodotto che si applica sui capelli dopo lo shampoo per ammorbidirli. **4.** *fig.* Conforto, lenimento.

bàltico agg. [pl.m. *-ci*, f. *-che*] Del mar Baltico. ◇ *Lingue baltiche:* gruppo di lingue indoeuropee che comprende il lituano e il lettone.

baluàrdo s.m. (fr. *boloart*) **1.** Nelle antiche fortificazioni, terrapieno con incamiciatura muraria. SIN.: **bastione**. **2.** *fig.* Mezzo di sicura difesa. *Questa città è un baluardo del protestantesimo.*

baluginàre v.intr. (aus. *essere*) (etim. discussa, forse lat. *balūcem* "sabbia aurifera") **1.** Apparire

---

▦ Il balletto

La vitalità del balletto si esprime in un repertorio coreografico che si perpetua, evolve con nuove versioni o si rinnova nelle creazioni eseguite da compagnie di danza istituzionali (Bolscioi di Mosca, Royal Ballet di Londra, Opéra di Parigi) o private (Balletti russi, American Ballet Theater) o da compagnie dirette da un coreografo (Béjart Ballet Losanna).

La terza versione del Bolero di Maurice Béjart. Creata nel 1979 a Parigi sulla musica di Ravel, questa versione è danzata solo da uomini. L'interprete che si esibisce sulla tavola (qui Eric Vu An nel 1986) rappresenta la melodia, minacciata e accerchiata dal gruppo, che incarna il ritmo.

Decodex. Quest'opera (1995) di Philippe Decouflé si inscrive nella vena ludica, acrobatica e fiabesca che ha decretato il successo del coreografo ai giochi Olimpici invernali di Albertville nel 1992.

In the Middle, Somewhat Elevated. Questo balletto del coreografo americano William Forsythe fu creato nel 1987 per alcuni solisti della compagnia dell'Opéra di Parigi.

La scena delle ombre della Baiadera. Il balletto di Marius Petipa, rappresentato per la prima volta a San Pietroburgo nel 1877, ha ispirato numerosi coreografi, fra cui Rudolf Nureyev.

rapidamente e scomparire, spec. in riferimento alla luce. **2.** *fig.* Con riferimento a pensieri, idee, ecc., apparire improvvisamente e in maniera quasi indistinta.

bàlza s.f. (lat. *bàltea*, deriv. di *bàlteum* "cintura", che negli anfiteatri indicava il ripido tratto di muro che divideva i posti) **1.** Parete montana ripida. **2.** Breve pianoro in un ambiente scosceso. **3.** Fascia inferiore delle pareti di un locale, dipinta o rivestita in modo diverso dalla restante parete. **4.** Fascia di stoffa, anche arricciata o pieghettata, che orna vesti femminili, biancheria, tende. **5.** Fregio che contorna l'arazzo. **6.** Zona bianca sopra lo zoccolo di alcuni cavalli.

balzàno agg. **1.** Di cavallo che ha una zona bianca sopra lo zoccolo (*balzana*). **2.** *fig.* Stravagante, bizzarro, eccentrico.

balzàre v.intr. (aus. *essere*) Saltare di colpo da un luogo a un altro. *Balzare dal letto alla porta.* ◇ *fig. Balzare agli occhi, in primo piano:* apparire con evidenza, risaltare.

1. balzèllo s.m. Nel sign. del dim. di 1. *balzo.* ◇ *A balzelli:* saltellando.

2. balzèllo s.m. Tassa gravosa e arbitraria.

1. bàlzo s.m. **1.** Salto, scatto. ~ Passo lungo saltellante. **2.** *fig.* Salto di qualità, avanzamento. *Un balzo nella carriera.* **3.** Rimbalzo di un corpo elastico. ◇ *fig. Prendere la palla al balzo:* cogliere le occasioni favorevoli. **4.** Sussulto, trasalimento.

2. bàlzo s.m. **1.** Rupe, tratto di terreno scosceso. **2.** MAR. Ponticello sospeso fuoribordo.

bambàgia s.f. [pl. *–gie*] (gr. *bámbaks* "cotone") **1.** Cotone scartato nel processo di filatura. ◇ *fig. Nella bambagia:* nell'agio. **2.** Pianta delle Composite con foglie dal rovescio cotonoso e fiori grigio-bianchi.

bambinàia s.f. Donna stipendiata che accudisce uno o più bambini. SIN.: **tata.**

bambinàta s.f. **1.** Discorso, azione futile. *Arrabbiarsi per delle bambinate.* **2.** *estens.* Comportamento immaturo.

bambino s.m. [f. *–na*] **1.** L'individuo umano dalla nascita alla fanciullezza. ◇ *Bambino prodigio:* dotato di particolare talento. – *fig. Gioco da bambino:* operazione semplice. **2.** *estens.* Figlio. ◇ *fig. Non fare il bambino:* nel l. fam., invito a non tenere un atteggiamento infantile. ❑ In funzione di agg. **1.** Infantile, giovanissimo. **2.** *fig.* Ingenuo, immaturo. *Paure bambine.*

bambocciàta s.f. **1.** Atto o discorso sciocco, infantile. **2.** Composizione pittorica di soggetto popolare, general. di piccolo formato, messa in voga nel Seicento dal pittore P. Van Laer detto il Bamboccio.

bambòccio s.m. [f. *–cia,* pl.m. *–ci,* f. *–ce*] **1.** Bambino paffuto. **2.** *fig.* Uomo tra goffo e ingenuo, immaturo. **3.** Pupazzo, fantoccio fatto di cenci. **4.** *fig.* Chi si presta a essere manovrato.

bàmbola s.f. **1.** Fantoccio dalle forme femminili, di materiale vario, usato come giocattolo. ~ Manichino di cartone o di legno usato dai sarti. **2.** *fig.* Donna dal viso bellissimo, ma inespressivo, insignificante. ~ Ragazza bella, formosa, appariscente. **3.** Nel l. sport., perdita di lucidità, dovuta a stanchezza derivante da uno sforzo eccessivo. *Andare in bambola.*

bambolòtto s.m. **1.** Fantoccio in vesti maschili, giocattolo per bambini. **2.** *fig.* Bambino piuttosto rotondetto e sodo.

bambù s.m. inv. (port. *bambù,* indiano *bambu*) **1.** Pianta delle regioni tropicali o subtropi-

radice e germoglio

■ **bambù**

cali sempreverde di rapida crescita, con fusto cilindrico, cavo e ligneo e germogli commestibili. (Il bambù è coltivato come pianta ornamentale ed è usato per costruzioni leggere e per mobili di arredamento; altezza fino a 40 m; famiglia delle Graminacee.) **2.** Il fusto di tale pianta.

banàle agg. (fr. *banal* "che appartiene a una circoscrizione feudale, d'uso comune") **1.** Molto diffuso. ~ Privo di originalità, comune, ordinario. ~ Di poco conto, senza interesse. *Una bellezza banale.* ~ Imprevidenza dovuta a disattenzione. *Un incidente banale.* **2.** MAT. *Soluzione banale:* in un'equazione, soluzione evidente e priva di interesse. – *Sistema, teoria banale:* per cui ogni proposizione formulabile è vera.

banalità s.f. inv. (fr. *banalité*) Mancanza totale di originalità. ~ Comportamento e discorso scontati, ovvi.

banalizzàre v.tr. (fr. *banaliser*) Rendere qlco. banale, ordinario, comune. ◆ **banalizzarsi** v.pron. Diventare banale, comune.

banàna s.f. (port. *banana* di orig. guineana) **1.** Frutto del banano, oblungo e a buccia gialla quando maturo, dalla polpa ricca di amido. ◇ *Banana split:* dolce composto di banane tagliate per il lungo, coperte di gelato alla vaniglia, panna montata e nocciole tritate. – *fig. Scivolare su una buccia di banana:* incorrere in un errore. **2.** *estens.* Acconciatura, spec. di donne e bambini, costituita da una ciocca di capelli arrotolata sul capo. **3.** ELETTR. Spina unipolare, usata per collegamenti provvisori, la cui punta è costituita da lamine sottili ed elastiche. **4.** *fig. Repubblica delle banane:* paese tropicale sottosviluppato economicamente dipendente da una potenza straniera; detto anche *banana republic.*

bananéto s.m. Piantagione di banani.

bananicoltùra o **bananicultùra** s.f. AGR. Coltivazione delle banane.

bananièra s.f. Nave da carico per il trasporto di banane.

bananièro agg. [f. *–ra*] Che riguarda la coltivazione delle banane.

banàno s.m. Pianta tropicale con foglie molto larghe e lunghe (fino a 2 m), le cui costole formano un falso tronco al cui centro si sviluppano i frutti (*banane*) e i fiori. (Famiglia delle Musacee.)

fiore

banana plantano
tigrata

■ **banàno**

banàto s.III. **1.** Dignità e carica di un bano. **2.** Territorio governato da un bano.

1. bànca s.f. [pl. *–che*] **1.** Istituto finanziario pubblico o privato, che permette i pagamenti dei privati e delle imprese, anticipa e riceve fondi, gestisce i mezzi di pagamento. ◇ *Banca di emissione:* che può emettere carta moneta. – *Banca popolare:* istituto di interesse locale che finanzia le attività di piccole imprese. – *Banca d'affari:* che principalmente investe in imprese. – *Banca centrale:* responsabile della politica monetaria del paese; gestisce le relazioni tra banche e suo principale cliente è lo Stato. **2.** La sede di una banca o di una sua filiale. **3.** *estens.* Qualsiasi istituto che curi la raccolta e la conservazione di qlco. *Banca del sangue.* ◇ *Banca del seme:* centro specializzato nella raccolta e conservazione dello sperma.

ENCICL. Ogni paese possiede il proprio sistema

bancario e la denominazione degli istituti cambia in base alla natura delle operazioni effettuate. Si parla così di *banche universali* in riferimento agli istituti bancari che propongono tutta la gamma delle operazioni bancarie, di *banche commerciali,* per le banche di deposito e di affari, di *banche non commerciali,* per gli istituti d'emissione o per le banche non iscritte in un elenco ufficiale, e di *banche appartenenti a un gruppo* per indicare le banche che appartengono o che sono controllate da un istituto industriale o commerciale, ma non finanziario.

2. bànca s.f. [pl. *–che*] (germ. *banka* "insieme di panche") **1.** Nel Medioevo, in molte città italiane, la suprema magistratura, anche il tribunale. **2.** Banco, tavolo e, in partic., luogo dove si arruolavano i militari. ~ Anche, il registro in cui si segnavano i nomi degli arruolati. **3.** Terrapieno terrazzato a rinforzo degli argini dei fiumi.

bancàbile agg. BANC. Di titolo di credito che può essere scontato da una banca centrale. SIN.: **esigibile.**

bànca-dàti s.f. inv. (calco dell'ingl. *data bank*) INFORM. → **database.**

bancarèlla s.f. Banco su cui sono esposte le merci in vendita in un mercato.

bancarellista o **bancherellista** s.m. e f. [pl. *–sti*] Venditore ambulante.

bancàrio agg. Di banca. ◆ s.m. [f. *–ria*] Impiegato di banca.

bancaròtta s.f. [non com. pl. *bancarotte* o *bancherotte*] (così chiamata perché nel Medioevo al mercante insolvente veniva rotto il banco) **1.** Insolvenza colposa che determina il fallimento di un'impresa. ◇ *Bancarotta semplice:* senza dolo dell'imprenditore. – *Bancarotta fraudolenta:* con dolo. **2.** *fig.* Cattiva riuscita, mancato successo.

bancarottière s.m. [f. *–ra*] Chi commette reato di bancarotta fraudolenta.

banchettàre v.intr. (aus. *avere*) Partecipare a un banchetto. ~ *estens.* Pranzare bene e abbondantemente in compagnia.

1. banchétto s.m. Nel sign. del dim. di *banco;* in partic., bancarella, piccolo banco di ambulante o del mercato.

2. banchétto s.m. Festa o grande pranzo organizzato per un avvenimento importante.

banchière s.m. [f. *–ra*] Proprietario o alto funzionario di banca.

banchina s.f. **1.** Opera portuale, marina o fluviale, attrezzata per l'ormeggio di imbarcazioni. **2.** Marciapiede rialzato delle stazioni ferroviarie. **3.** Margine stradale non asfaltato. ~ *estens.* Costruzione muraria sopra il livello stradale posta a divisione d'una carreggiata. **4.** COSTR. Trave orizzontale che serve per ripartire i carichi sulle murature. **5.** FORTIF. Nelle antiche fortezze, rialzo in terra battuta su cui montavano i soldati per giungere al parapetto e tenere sotto tiro i nemici.

banchisa s.f. Strato di ghiaccio formato dal congelamento dell'acqua di mare nelle zone polari. SIN.: **pack.**

bànco s.m. [pl. *–chi*] (germ. *bank* "sedile di legno") **1.** Mobile con o senza schienale e con eventuale appoggio anteriore per le mani, che serve da sedile per più persone. *Banco degli imputati.* **2.** Tavolo rialzato e stretto su cui si servono i clienti nei negozi o nei locali pubblici. ◇ FARM. *Prodotto da banco:* che può essere venduto senza ricetta medica. **3.** *estens.* Tavolo, ripiano da lavoro. ◇ *Banco di manovra:* struttura attrezzata per il controllo e il comando di una macchina, di un impianto. *Banco di prova:* apparecchiatura che permette di determinare le caratteristiche di un motore, di una macchina; *fig.* verifica, confronto, esame della qualità, del valore di qlco. **4.** *estens.* Piano su cui i venditori espongono la merce. **5.** Il grande tavolo dei magistrati o dei giudici. **6.** Istituto bancario o parabancario. *Banco dei pegni. Banco del lotto:* ricevitoria, botteghino. **8.** Nei giochi d'azzardo, giocatore che tiene il gioco raccogliendo le puntate e distribuendo le vincite. ◇ *Far saltare il banco:* vincere tutto il denaro che il banco ha messo in gioco. **9.** Aggregato di elementi omogenei che occupano un'ampia superficie. *Banco di pesci.* ~ GEOL. Strato roccioso. *Banco di calcare.* ~ Aggregato di sostanze con disposizione stratificata. *Banco di nubi.*

bancogìro s.m. BANC. Trasferimento, nell'ambito di una stessa banca, di denaro da un conto corrente a un altro. SIN.: **giroconto**.

bàncomat s.m. inv. BANC. Denominazione commerciale, che costituisce marchio registrato, del servizio automatizzato che consente di effettuare operazioni bancarie mediante tessera magnetica. ~ La tessera stessa.

bancóne s.m. **1.** Nel sign. dell'accr. di *banco*. ~ In partic., mobile a forma di tavolo per pubblici locali. **2.** STAM. Mobile in cui si tengono i caratteri di piombo e su cui lavora il tipografo. ~ Banco tipografico.

banconòta s.f. (calco dell'ingl. *banknote*) Biglietto di banca emesso dall'istituto di credito centrale di uno stato.

bancopòsta s.m. inv. Servizio di tipo bancario svolto dalle poste italiane.

band [/'bænd/] s.f. inv. (voce ingl., propr. "banda") Gruppo orchestrale composto da un numero limitato di elementi che esegue spec. musica moderna.

1. bànda s.f. (provenz. *banda* "lato") **1.** Parte, lato. **2.** MAR. Fianco, lato di un'imbarcazione. **3.** Bordo di una rete da pesca. **4.** Battente.

2. bànda s.f. (fr. *bande*, germ. *binda* "benda") **1.** Striscia di stoffa, o di altro materiale, diversa per colore dall'insieme nel quale è inserita. **2.** Striscia di tessuto lavorato con simboli religiosi portata in processione appesa a un'asta. **3.** FIS. Intervallo entro cui varia una grandezza fisica. ◇ TELECOM. *Banda larga*: tecnica di trasmissione che consente la presenza di più canali ad alta velocità sullo stesso cavo poiché ciascun canale usa una frequenza diversa. – *Banda passante*: intervallo di frequenze nel quale un sistema meccanico o elettronico lascia passare un segnale senza distorsione rilevante. (Nel caso di una trasmissione, più la banda passante è ampia, più la quantità di informazioni che può essere trasportata è considerevole.) – *Banda di conduzione*: quella di energia entro cui gli elettroni di un solido possono muoversi producendo una corrente elettrica. – *Banda cittadina*: quella delle radiofrequenze dedicate ai radioamatori. – *Larghezza o ampiezza di banda*: misura della capacità di trasmissione che un canale mette a disposizione di un utilizzatore. **4.** CINE. *Banda sonora*: colonna sonora nelle pellicole cinematografiche. **5.** TECN. *Banda magnetica*: ciascuno dei due lati di un nastro magnetico usato come supporto di registrazione di suoni, immagini, dati informatici, ecc. **6.** BIOL. Ognuna delle strisce diversamente colorate che compaiono sul cromosoma mediante la tecnica del bandeggio.

3. bànda s.f. (fr. *bande*) **1.** Stendardo delle truppe. **2.** Formazione militare irregolare formata da volontari. ◇ *Banda armata*: associazione di persone armate contro i pubblici poteri. **3.** Gruppo organizzato di malviventi. ~ *estens. scherz.* Qualsiasi gruppo turbolento di persone. **4.** Orchestra, fanfara.

4. bànda s.f. (ted. *band* "grappa") **1.** Nastro metallico di lamiera sottile. **2.** *Banda stagnata*: latta.

bandàna s.m. e f. Foulard di tessuto leggero da portare legato intorno alla testa, alla fronte, al collo o ai polsi.

bandeau [/bā'do/] s.m. inv. (voce fr., propr. "striscia") Ognuna delle due bande di capelli lisci, ricadenti sulla fronte nelle pettinature femminili dell'Ottocento.

bandéggio s.m. [pl. *–gi*] BIOL. Tecnica di colorazione dei cromosomi con sostanze fluorescenti grazie alla quale è possibile evidenziare la loro struttura a bande.

bandèlla s.f. **1.** Nel sign. del dim. di **4.** *banda*. **2.** Pezzo metallico munito di anello che, fissato alle imposte, consente di impiantarle sui cardini. **3.** Porzione di un tavolo che si può ribaltare. ~ Elemento metallico fissato su un mobile come ornamento o rinforzo. **4.** Risvolto, aletta del libro, in cui sono general. riportate notizie sull'autore e l'opera.

bandéra s.f. Compagnia di fanteria nell'esercito spagnolo.

banderàle o **bandieràle** s.m. Scudo rettangolare usato nel Medioevo da re e feudatari, spec. in Francia.

banderése s.m. **1.** ST. Signore di un feudo che guidava in guerra i propri vassalli sotto la sua bandiera. **2.** In alcuni comuni medievali, in partic. a Roma, il capo di un rione, distinto da una bandiera.

banderilla [/bande'riʎa/] s.f. [pl. *banderillas*] (voce spagn.) Dardo ornato di nastri che il torero conficca sul collo dei tori durante la corrida.

banderillero [/banderi'ʎero/] s.m. [pl. *banderilleros*] (voce spagn.) Torero incaricato di conficcare le banderillas.

banderuòla s.f. **1.** Drappo o fiamma che orna la sommità della lancia dei lancieri. **2.** Bandiera metallica che indicare la direzione del vento. **3.** *fig.* Chi cambia facilmente opinione dando poco affidamento.

bandièra s.f. (provenz. *bandiera* "insegna") **1.** Drappo di stoffa che porta l'emblema e i colori di una nazione, istituzione, associazione, ecc. ◇ *Bandiera bianca*: quella usata per indicare la volontà di tregua o di resa; *fig.* rinuncia. – *Bandiera gialla*: segnale internazionale per indicare la presenza di malati contagiosi a bordo di una nave. – *Bandiera rossa*: simbolo della rivoluzione socialista, fatto proprio dai partiti politici di sinistra; anche, segnale di pericolo. *Esporre la bandiera rossa*. – *Bandiera a mezz'asta*: in segno di lutto. – *Bandiera ombra o bandiera di comodo*: usata dalle navi mercantili o dagli yacht per nascondere la propria nazionalità e sfuggire a imposizioni fiscali. – *Bandiera tricolore*: per anton., quella italiana. – *Compagnia di bandiera*: compagnia aerea o marittima che rappresenta lo stato di appartenenza. – *Battere bandiera*: navigare esponendo la bandiera dello stato di appartenenza.

2. *fig.* Simbolo, guida spirituale. ◇ *Cambiare bandiera*: mutare opinione. – *Servire la bandiera*: prestare servizio militare. – *A bandiere spiegate*: con successo. – *Candidato di bandiera*: il candidato che, in una competizione elettorale, viene proposto per prestigio politico e morale. – *Punto della bandiera*: nel l. sport., l'unico conseguito da chi viene sconfitto. **3.** TECN. Nell'uso teatrale e cinematografico, schermo di metallo o di altro materiale impiegato per offuscare o interrompere un fascio di luce. **4.** *A bandiera o in bandiera*: in aeronautica, di corpo che rispetto al vento assume la posizione di una bandiera, offrendo minore resistenza aerodinamica; in editoria, di testo non giustificato a un margine. – *A bandiera destra*. **5.** Gioco in cui due gruppi avversari si contendono una bandiera. ❏ In funzione di agg. inv., nelle locc. *rosso, verde bandiera*, della tonalità che tali colori hanno nella bandiera italiana.

bandierina s.f. **1.** Nel sign. del dim. di *bandiera*. **2.** Ciascuna delle piccole bandiere che indicano i quattro angoli in un campo di calcio. ◇ *Tiro dalla bandierina*: *calcio d'angolo.

bandire v.tr. [83] (got. *bandwjan* "fare un segnale") **1.** Rendere nota un'iniziativa mediante pubblico bando o avviso. *Bandire un concorso*. **2.** Annunciare qlco. al pubblico. ◇ *Bandire ai quattro venti*: far sapere qlco. a tutti. **3.** *fig.* Escludere, allontanare definitivamente. *Bandire la noia*. ~ Mettere qlco. al bando, allontanarla da qualche luogo o istituzione. *Bandire il colpevole dalla società*.

bandistico agg. [pl.m. *–ci*, f. *–che*] Relativo a una banda musicale. ~ Eseguito o scritto per banda.

bandita s.f. Territorio in cui sono interdette caccia, pesca, raccolta, ecc. SIN.: **riserva**.

banditismo s.m. **1.** Attività criminale. **2.** *fig.* Condotta eccessivamente spregiudicata, grande disonestà.

bandito agg. Messo al bando. ◆ s.m. **1.** Chi commette gravi crimini, spec. a mano armata. **2.** *fig.* Chi persegue il proprio scopo a qualsiasi costo, senza scrupoli.

banditóre s.m. [f. *–trice*] **1.** Un tempo, annunciatore che leggeva ad alta voce per le vie le disposizioni impartite dalle autorità di governo. **2.** *fig.* Apostolo, annunciatore. **3.** Ufficiale ministeriale che dirige un'asta pubblica.

bàndo s.m. (got. *bandwō* "segno") **1.** Avviso di interesse pubblico pubblicato sulla Gazzetta ufficiale dello Stato e divulgato a mezzo stampa, radio, televisione, manifesti. *Bando di concorso*. **2.** Intimazione di una condanna all'esilio. ◇ *fig. Mettere al bando*: proibire, eliminare, escludere. **3.** DIR. *Bando militare*: ordine emanato dalle autorità militari in zona di guerra e avente valore di legge.

bandòla s.f. STR. MUS. Strumento musicale a corde di forma ovale e dal manico corto.

bandolièra s.f. (spagn. *bandolera*, perché usata dai *bandoleros* delle montagne basche) Striscia di cuoio o tessuto portata a tracolla con contenitore per le pallottole. SIN.: **balteo**.

bàndolo s.m. **1.** Capo della matassa, del gomitolo. **2.** *fig.* Soluzione, filo.

bandóne s.m. **1.** Foglio di lamiera con superficie superiore al metro quadro. **2.** Saracinesca.

bandoneon [/bandone'on/] s.m. inv. (dal nome del suo inventore H. *Band*) Piccola fisarmonica di forma esagonale, utilizzata in partic. nelle orchestre di tango.

bang [/'bæŋ/] s.m. inv. (voce ingl. di orig. onom.) Rumore di uno scoppio. ◇ AER. *Bang sonico*: rumore simile a un'esplosione causato da un aereo che supera la velocità del suono, detto anche *boato sonico*.

Bangia s.f. BOT. Genere di alghe rosse di acqua dolce e di mare. (Ordine delle Bangiali.)

Bangiàli s.f. pl. BOT. Ordine di alghe rosse che presentano caratteri di primitività nell'organizzazione del tallo e nella riproduzione. (Vi appartengono vari generi, tra cui quello della *Bangia*.)

baniàno s.m. Albero sempreverde dell'India, dalle radici avventizie aeree. (Nome sc. *Ficus bengalensis*.)

■ **banchìsa.** Dislocazione della banchisa nel periodo estivo.

■ **baniàno**

banjo [/ˈbændʒɔʊ/] s.m. inv. (voce ingl. di etim. discussa, prob. dalla pronuncia degli schiavi negri dell'ingl. *bandore*) Strumento musicale a corde dalla cassa armonica circolare con piano di percussione; è detto anche *bangio*.

bannalità s.f. inv. Nel Medioevo, complesso di balzelli economici fatti gravare dal feudatario sui suoi sottoposti obbligati a servirsi di un suo bene alle condizioni da lui imposte. *Bannalità dei mulini.*

banner [/ˈbænə/] s.m. inv. (voce ingl., propr. "bandiera, striscione") INFORM. Piccola immagine o animazione inserita in una pagina web a scopo pubblicitario.

bàno s.m. (serbo-croato *ban* "governatore") ST. Governatore di provincia in Ungheria e in alcuni paesi slavi.

banqueting [/ˈbæŋkwɪtɪŋ/] s.m. inv. (voce ingl.) Organizzazione di ricevimenti, buffet, ecc.

bànsigo s.m. [pl. *–ghi*] (voce genov., propr. "sedile dell'altalena") MAR. Sedile o tavoletta pensile sostenuta da cime, per eseguire lavori di riparazione o verniciatura della murata o dell'alberatura.

bànteng s.m. inv. (voce di orig. malese) ZOOL. Bue selvatico delle foreste indonesiane dal pelame nero e dalle zampe bianche.

bàntu o **bantù** agg. inv. (voce indigena africana, propr. "uomini") Relativo alla famiglia linguistica bantu. ◆ s.m. inv. 1. (anche f.) Chi appartiene a un popolo di lingua bantu. 2. (solo sing.) Lingua bantu.

bantustàn s.m. inv. In Sudafrica, al tempo dell'apartheid, territorio attribuito alle diverse etnie nere tribali. [Costituite da antiche riserve tribali, queste dieci aree territoriali, di cui quattro indipendenti (Transkei, Bophuthatswana, Venda, e Ciskei), furono incorporate nuovamente nel 1994 nella Repubblica Sudafricana.]

baobàb s.m. inv. (fr. *baobab* da una voce indigena del Senegal) Albero delle regioni tropicali, con tronco che può raggiungere 25 m di circonferenza e frutti commestibili. (Genere *Adansonia*; famiglia delle Bombacacee.)

1. bar s.m. inv. (voce ingl., propr. *bar* "sbarra" di separazione tra clienti e venditori) Locale pubblico in cui si possono consumare seduti o in piedi, bevande e cibi leggeri. ◻ In funzione di agg. inv., che ha funzione di bar *Mobile bar.*

2. bar s.m. inv. (abbr. di gr. *barýs* "pesante") FIS. Unità di misura della pressione (simb. *bar*) pari a 10 pascal, utilizzata per misurare la pressione. (È pari a 0,9868 atmosfere.)

bàra s.f. (longob. *bāra* "lettiga") 1. Cassa mortuaria. ~ Lettiga su cui si trasportava un tempo la cassa da morto. ◇ *fig. Bara fiscale*: società con bilancio in perdita che, una volta acquisita da altra società con bilancio in attivo, consente a quest'ultima di attuare un'elusione fiscale. 2. Carro su cui vengono condotte in processione le reliquie di un santo.

baràcca s.f. [pl. *–che*] (spagn. *barraca*) 1. Costruzione provvisoria perlopiù di legno per ricovero di persone o cose. 2. *fig.* Qualsiasi cosa che funzioni male o a cui siano connessi problemi, difficoltà. 3. Impalcatura in legno, ornata di drappi, destinata agli spettacoli dei burattini. ◇ *figg. Piantare baracca e burattini*: abbandona-

re senza preavviso luoghi e persone. – *Far baracca*: fare baldoria, chiasso. 4. IND. TESS. Macchinario usato per misurare e controllare le pezze di stoffa.

baraccóne s.m. 1. Nel sign. dell'accr. di *baracca*. 2. Grossa costruzione smontabile che ospita giochi tipici del luna-park. 3. *fig.* Ambiente dove regna il disordine. ~ estens. Grande azienda dall'amministrazione disordinata.

baracconismo s.m. Pesante esibizionismo volto ad attirare l'interesse della gente, soddisfacendone le esigenze e i bisogni più banali.

baraccòpoli s.f. inv. Agglomerato di baracche, general. alla periferia delle grandi città, sorto spesso in seguito a eventi calamitosi o per povertà. SIN.: **bidonville.**

baràggia o **barràggia** s.f. [pl. *–ge*] Terreno arido e argilloso di origine alluvionale, tipico di alcune zone dell'alta pianura padana (p.e. Biella). SIN.: **brughiera.**

baraónda s.f. (spagn. *barahunda* "confusione") Andirivieni disordinato e rumoroso di persone o veicoli. ~ estens. Confusione disorientante di cose e forme.

baràre v.intr. (aus. *avere*) 1. Infrangere le regole di un gioco, di uno sport, per vincere. *Barare giocando a carte*. 2. estens. Comportarsi in modo disonesto, avere un comportamento ingannevole.

bàratro s.m. 1. Cavità vasta e profonda. SIN.: **abisso.** 2. *fig.* Irreparabile rovina. *Cadere nel baratro della miseria*.

barattàre v.tr. Scambiare un bene o un oggetto con un altro, senza fare uso di denaro. *Barattare olio con vino*.

baratteria s.f. 1. In passato, reato consistente nel ricavare un profitto personale da una carica pubblica. ~ estens. Frode, truffa. 2. Il tenere un banco da gioco. 3. Luogo dove si giocava pubblicamente.

barattière s.m. (provenz. *baratier*, deriv. di *barata* "contesa, inganno") 1. Chi opera un baratto. 2. Chi faceva baratteria. 3. Chi teneva un banco da gioco.

baràtto s.m. 1. Scambio di oggetti senza impegno di denaro. 2. *fig.* Compromesso morale. 3. DIR. → **permuta.**

baràttolo s.m. (etim. discussa, forse deriv. di *baratro* "cavità nella quale si getta qlco.") Piccolo contenitore di vario materiale, con chiusura stagna o a tappo, per prodotti di varia natura.

bàrba s.f. 1. Insieme di peli che crescono sulle guance e sul mento dell'uomo. ~ *fig.* Noia. *Che barba questo lavoro!* ◇ *fig. Farla in barba*: ingannare abilmente. 2. L'insieme di peli del muso di animali. 3. *fam.* Uomo che porta la barba. ~ estens. Persona saggia, che la sa lunga. 4. Parte filamentosa dei vegetali. 5. Nelle penne degli uccelli e nelle spine dei pesci, ciascuno dei filamenti cornei che si dipartono dal rachide. 6. Irregolarità della carta sull'orlo non rifilato delle pagine dei libri. 7. BOT. *Barba di becco*: pianta erbacea delle Composite con radici commestibili. – *Barba di bosco*: lichene filamentoso di colore grigio-azzurro che alligna sul tronco del larice.

fiori e foglie   radice

■ **bàrba** di becco.

– *Barba di capra*: fungo basidiomicete che nasce sui tronchi degli alberi. – *Barba di cappuccino*: cicoria selvatica amara, comune sulle spiagge, da mangiare in insalata. 8. (al pl.) Filamenti metallici residui della lavorazione a bulino.

barbabiètola s.f. Pianta erbacea biennale coltivata per la radice carnosa. (Genere *Beta*; famiglia delle Chenopodiacee.) ◇ *Barbabietola da zucchero*: varietà industriale la cui radice bianca, molto ricca di saccarosio, serve per produrre lo zucchero. – *Barbabietola da foraggio*: coltivata per l'alimentazione degli animali. – *Barbabietola da orto*: coltivata per l'alimentazione umana e come colorante biologico (*barbabietola rossa*).

rossa   da zucchero   da foraggio

■ **barbabiètola**

barbacàne s.m. [pl. *–ni*] 1. Nelle opere di fortificazione, rinforzo a scarpa dei bastioni. SIN.: **fortilizio.** 2. Feritoia per lo scolo delle acque nei muraglioni di sostegno.

barbagiànni s.m. inv. 1. Rapace notturno con disco facciale cuoriforme, piumaggio giallo-rossastro, talora biancastro sul ventre, che nidifica nei fori di alberi o su vecchi muri. (Lunghezza 35 cm; genere *Tyto*, ordine degli Strigiformi, famiglia dei Titonidi.) 2. *fig.* Persona inetta, imbronciata, brontolona e vagamente di malaugurio, spec. se anziana.

1. barbarésco agg. [pl.m. *–schi*, f. *–sche*] Appartenente ai barbari.

2. barbarésco o **barberésco** agg. [pl.m. *–schi*, f. *–sche*] Della Barberia. ◆ s.m. 1. [f. *–sca*] Abitante della Barberia. ~ estens. Saraceno. 2. Cavallo berbero. 3. Custode di cavalli berberi.

3. barbarésco s.m. inv. (dal nome del paese che lo produce) Vino rosso piemontese corposo e asciutto.

barbàrico agg. [pl.m. *–ci*, f. *–che*] 1. Dei barbari. 2. Primitivo, selvaggio. ~ Incivile, rozzo.

barbàrie s.f. inv. 1. Arretratezza culturale, inciviltà. 2. Atteggiamento crudele, ferocia.

barbarismo s.m. LING. Elemento mutuato da una lingua straniera, considerato dai puristi inutile ed erroneo rispetto alla norma linguistica nazionale. SIN.: **forestierismo.**

bàrbaro agg. (gr. *bárbaros* "balbuziente, che parla in modo incomprensibile" quindi "straniero") 1. Straniero, per i Greci antichi e i Latini (v. parte n.pr.). 2. Di ognuno dei popoli che, a partire dal sec. V, oltrepassarono i confini dell'impero romano. 3. estens. Primitivo, selvaggio. *Le popolazioni barbare dell'Africa*. ~ Privo di buon gusto, grossolano. *Musica barbara*. 4. estens. Di grande

fiore   foglia   frutto

■ **baobàb**

crudeltà, inumano, violento. **5.** Fuori misura. *Barbaro appetito.* ◆ s.m. [f. *–ra*] Nei sign. dell'agg.

barbàsso o **barabàsso** s.m. BOT. Pianta delle Scrofulariacee detta anche *tasso barbasso* o *verbasco.*

barbazzàle s.m. **1.** Catenella fissata a ciascun lato del morso del cavallo e passante sotto la mandibola inferiore. **2.** *fig.* Freno, pastoia. **3.** ZOOL. Ciascuna delle due appendici cutanee pendenti dai lati del collo in alcune razze di capre.

barbecue [/'ba:bikju:/] s.m. inv. (voce ingl., spagn. *barbacoa*) **1.** Cottura di cibi all'aperto su brace ardente. **2.** Fornello con griglia per arrostire carne o pesce. ~ *estens.* Cibi così cotti.

barbèra s.m. e f.inv. **1.** Vitigno di un'uva del Piemonte. **2.** Il vino rosso da esso prodotto.

barbet [/'barbɛ/] s.m. inv. Cane da caccia dal pelo lungo e riccio.

barbétta s.f. **1.** Nel sign. del dim. di *barba*; in partic., barba tenuta corta. **2.** Ciuffo di peli sotto la mandibola di alcuni animali. ~ Ciuffo di peli dietro il nodello del cavallo. **3.** Estremità del ferro di cavallo ribattuta sullo zoccolo. **4.** FORTIF. Piattaforma per pezzi di artiglieria posta sulla parte più elevata del terrapieno e protetta da una spalletta di cemento o acciaio. **5.** MAR. Cavo leggero per ormeggio e traino. **6.** Appendice acuminata dell'amo. ◆ s.m. inv. *fig.* Uomo che ha una piccola barba.

barbière s.m. [f. *–ra*] (fr. *barbier*) Chi di mestiere rade la barba e taglia i capelli, spec. maschili.

barbificàre v.intr. [4] (aus. *avere*) BOT. Mettere radici nel terreno. SIN.: **abbarbicare**.

barbiglio s.m. [pl. *–gli*] **1.** ZOOL. Appendice sensoriale che alcuni pesci hanno agli angoli della bocca o sotto il mascellare inferiore o superiore. ~ Nei gallinacei, bargiglio. **2.** Ciascuna delle alette laterali della punta delle frecce e degli ami che ne impediscono la fuoriuscita dal corpo in cui si è conficcata.

barbitùrico agg. [pl.m.*–ci*] CHIM., FARM. *Acido barbiturico*: composto organico azotato ottenuto per reazione dell'acido malonico e dell'urea, i cui derivati sono usati come ipnotici e sedativi. ◆ s.m. Medicina derivata dall'acido barbiturico, utilizzata contro l'epilessia e come ipnotico o sedativo. SIN.: **sonnifero**.

barbiturismo s.m. MED. Intossicazione da barbiturici.

bàrbo o **bàrbio** s.m. Pesce d'acqua dolce dalla carne pregiata, ma dalle uova velenose, dotato di due paia di barbigli per la ricerca del cibo. (Lunghezza 1 m; genere *Barbus*, famiglia dei Cipriniformi.)

■ **bàrbo**

barbògio s.m. [f. *–gia*, pl.m. *–gi*, f. *–gie* o *–ge*] Uomo vecchio e rimbambito, brontolone.

barboncino s.m. Cane barbone di piccola taglia.

barbóne s.m. **1.** Nel sign. dell'accr. di 1. *barba*. **2.** *estens.* Chi porta una lunga barba. **3.** [f. *–na*] Vagabondo, mendico. ~ Persona sporca. **4.** Particolare razza di cane dal manto a pelo riccio bianco, nero, grigio o marrone. **5.** Denominazione di alcune piante erbacee tra cui la *brionia*. **6.** Malattia epizootica dei bufali che produce una tumefazione mascellare. **7.** Moneta argentea lucchese coniata nei secc. XVI-XIX.

barbóso agg. → **noioso**.

barbotin s.m. inv. MAR. Corona in acciaio sulla quale si infilano le maglie della catena di un'ancora.

barbòzza s.f. **1.** Parte della testa del cavallo compresa tra la mandibola e il mento. **2.** ARM. Accessorio della celata a protezione della parte inferiore del viso, detto anche *barbotto* o *barbozzo.*

bàrbula o **bàrbola** s.f. **1.** Ciascuna delle parti microscopiche a forma di uncino che agganciano l'una all'altra le barbe delle penne degli uccelli. **2.** Piega della pelle che si trova sotto la lingua del bue o del cavallo.

barbùta s.f. **1.** Elmo liscio privo di cimiero. **2.** *estens.* Soldato che indossava tale elmo.

1. bàrca s.f. [pl. *–che*] **1.** Natante di piccole dimensioni mosso da vela, motore o remi. **2.** Carico di una barca. ◇ figg. *Essere tutti sulla (nella) stessa barca:* trovarsi in una condizione comune, per lo più difficile, che richiede solidarietà. – *Tirare i remi in barca:* indietreggiare, ritirarsi da un'azione, un'impresa. **2.** Imbarcazione da diporto anche di grandi dimensioni. **3.** *fam.* Scarpa larga. **4.** Vasca in cui s'immergono le stoffe per tingerle.

2. bàrca s.f. [pl. *–che*] **1.** Cumulo di cereali o foraggi. SIN.: **bica**. **2.** *fig.* Grande quantità, mucchio.

barcàccia s.f. [pl. *–ce*] **1.** Barca di servizio sulle navi mercantili. **2.** Palco di proscenio più grande degli altri.

barcaiòlo s.m. [f. *–la*] **1.** Chi di mestiere conduce o noleggia una barca. **2.** Tipo di nodo detto anche *inglese* o *del pescatore.*

barcamenàrsi v.pron. Comportarsi in modo da non prendere posizioni precise. *Si barcamena tra la moglie e l'amante.*

barcàna s.f. (da una voce indigena turco-orientale) GEOGR. Duna a ferro di cavallo con la concavità rivolta dalla parte verso cui soffia il vento.

barcarizzo s.m. (venez. *barcarezo*) Apertura nel parapetto delle navi per consentire l'entrata e l'uscita delle persone tramite una scaletta.

barcaròla s.f. **1.** Canto dei gondolieri veneziani. **2.** Composizione vocale o strumentale dall'andamento calmo e cullante ispirata alle canzoni dei gondolieri.

barcellonése agg. Di Barcellona. ◆ s.m. e f. Abitante di Barcellona.

barchéssa s.f. Tettoia annessa alla casa colonica sotto la quale vengono ammucchiati fieno, paglia, strame, ecc.

barchétta s.f. **1.** Nel sign. del dim. di 1. *barca.* ◇ *Scollatura a barchetta:* negli abiti femminili, scollo arrotondato, poco profondo e allungato sulle spalle. **2.** MAR. Contenitore per la zavorra posto sotto la chiglia dei sottomarini. ~ Anche, galleggiante di un tipo di solcometro.

1. bàrco s.m. [pl. *–chi*] Veliero mercantile con due o più alberi.

2. bàrco s.m. [pl. *–chi*] → **bica**.

barcollàre v.intr. (aus. *avere*) **1.** Perdere l'equilibrio, rischiare di cadere, vacillare. *Barcollare come un ubriaco.* **2.** *fig.* Non avere stabilità. ~ Essere sul punto di perdere potere e autorità. *La giunta barcolla per lo scandalo.*

1. barcóne s.m. **1.** Nel sign. dell'accr. di 1. *barca.* ~ In partic. grande barca portuale o fluviale per il trasporto di merci. **2.** MIL. Barca piatta usata nella costruzione di ponti di barche.

2. barcóne s.m. **1.** Nel sign. dell'accr. di 2. *barca.* ~ In partic. cumulo di covoni e luogo dove si accatastano.

bàrda s.f. **1.** (al pl.) Armatura in cuoio o in ferro dei cavalli d'arme che ne riparava testa, collo, petto e groppa. **2.** Sella senza arcioni.

bardàna s.f. Pianta erbacea, tipica dei luoghi incolti, con fiori color porpora, brattee uncinate e radici con proprietà medicinali, detta anche *lappa.* (Genere *Arctium*, famiglia delle Composite.)

bardàre v.tr. **1.** Munire un cavallo di barda o bardatura. ~ *estens.* Mettere i finimenti ad animale da sella. **2.** *fig. scherz.* Vestire qlcu. con particolare cura, con accessori leziosi e inutili. *Bardare con innumerevoli orpelli.* ◆ **bardarsi** v.pron. *scherz.* Vestirsi con cura, con molti ornamenti. SIN.: **agghindarsi**.

bardatùra s.f. **1.** L'operazione di chi barda o di chi si barda. **2.** L'armatura del cavallo. **3.** *fig. scherz.* Abbigliamento eccentrico e ricco di accessori.

bàrdo s.m. **1.** Presso gli antichi popoli celti, cantore e poeta epico. **2.** *estens.* Vate, cantore. *Il bardo della rivoluzione.*

bardolino s.m. inv. (dal nome della località in cui si produce) Vino rosso chiaro e secco del Veronese.

bardòtto s.m. (fr. *bardot*) **1.** Animale da soma e da basto, non fecondo, nato dall'incrocio di un cavallo con un'asina. **2.** Bestia montata dal mulattiere per seguire il branco. **3.** *estens.* Chi trascina le barche lungo i fiumi. **4.** *fig.* [f. *–ta*] Apprendista, garzone di bottega.

barèlla s.f. **1.** Lettuccio portatile per il trasporto di malati, feriti o salme. **2.** Larga tavola munita di stanghe per il trasporto a mano di materiali. **3.** Sostegno munito di stanghe per appoggiare e trasportare le statue della Madonna e dei santi per le processioni.

barellière s.m. [f. *–ra*] **1.** Volontario o ausiliario medico incaricato di trasportare i malati sulle autoambulanze. ~ Persona che assiste come volontario gli ammalati sui treni-ospedale. **2.** Manovale addetto al trasporto di materiali per mezzo di barelle.

1. barèna s.f. (venez. *baro* "terreno incolto", gallico *barros* "cespo d'erba") Terreno che emerge dalla laguna durante le basse maree.

2. barèna s.f. MECC. Macchina utensile, munita di bareno, che si impiega nelle alesature, detta anche *barenatrice.*

barenatùra s.f. MECC. Alesatura eseguita con il bareno.

barèno s.m. (spagn. *barreno*, ar. di Spagna *barrīna* "trivella") MECC. Utensile per l'alesatura di fori di notevole lunghezza.

barése agg. Di Bari. ◆ s.m. **1.** (anche f.) Nativo, abitante di Bari. **2.** (iniziale maiusc., solo sing.) Territorio intorno a Bari. **3.** (solo sing.) Dialetto di Bari.

barestesia s.f. FISIOL. Proprietà sensoriale consistente nel percepire e valutare la pressione esercitata sul corpo o su una sua parte.

bargiglio s.m. [pl. *–gli*] Escrescenza carnosa, rossa e grinzosa che pende sotto il becco di vari uccelli, spec. gallinacei.

bargiglióne s.m. ZOOL. Escrescenza che alcune razze suine presentano sul collo.

bàri- Primo elemento di composti del l. scientifico, nei quali significa "grave", "pesante" (*baricentro*).

baria s.f. FIS. Unità di misura della pressione equivalente a un millesimo di bar. SIN.: **microbar**.

bàribal s.m. inv. (voce indigena messicana) Orso bruno dell'America del Nord, eccellente arrampicatore, che si nutre di frutta e insetti. (Famiglia degli Ursidi.)

baricèntro s.m. **1.** FIS. In un sistema meccanico, punto ideale considerato di massa uguale al totale del sistema, detto anche *centro di *gravità.* **2.** MAT. *Baricentro di un triangolo:* punto di intersezione delle mediane. **3.** *fig.* Il punto centrale, più importante. *Il baricentro della questione.*

bàrico agg. [pl.m. *–ci*, f. *–che*] **1.** FIS. Relativo alla pressione atmosferica. **2.** FIS. Relativo al peso come grandezza fisica. *Indice barico.*

barile s.m. **1.** Recipiente cilindrico espanso al centro, in doghe di legno unite con cerchi di ferro, per conservare liquidi o polveri, spec. di ti-

fiore

■ **bardàna**

po alimentare. ~ Qualsiasi recipiente con questa forma. ◇ *fig. Fare il pesce in barile:* fare finta di nulla. ◇ **2.** Il contenuto di un barile. **3.** Vecchia unità di misura del volume di liquidi variabile da 30 a 70 litri secondo le regioni; per il petrolio greggio è pari a 159 litri ca. (Dall'inglese *barrel*, simb. *bbl.*) **4.** MAR. Gabbia bassa dei velieri mercantili. **5.** Moneta argentea fiorentina della prima metà del sec. XVI. **6.** *Distorsione a barile:* effetto ottico per cui un oggetto cilindrico appare come una figura dai lati convessi.

barilétto s.m. **1.** Contenitore della molla motrice dell'orologio. **2.** Negli apparecchi ottici, parte su cui sono fissate le lenti dell'obiettivo.

barilòtto o **barilòzzo** s.m. **1.** Nel sign. del dim. di *barile.* **2.** *fig.* [f. *–ta*] Persona di bassa statura e piuttosto tozza. **3.** Nel tiro a segno, il cerchietto posto al centro del bersaglio. **4.** MUS. Pezzo del clarinetto.

barimetria s.f. **1.** Sistema di determinazione indiretta del peso degli animali in base alle dimensioni del corpo. **2.** Misurazione della pressione atmosferica.

bàrio s.m. (solo sing.) (ingl. *barium,* gr. deriv. di *barýs* "pesante") **1.** Metallo alcalino-terroso di colore bianco argenteo che fonde a 850 °C, ha densità 3,6 e decompone l'acqua a freddo. **2.** Elemento chimico (*Ba*) di numero atomico 56 e peso atomico 137,327.

barióne s.m. FIS. Ogni particella elementare di una particolare sottofamiglia degli adroni, caratterizzata dall'avere massa elevata rispetto alle altre particelle (in oppos. a *mesone*).

barisfèra s.f. GEOL. Nucleo centrale della Terra formato da materiali allo stato liquido ad altissima densità e temperatura.

barista s.m. e f. [pl.m. *–sti*] Chi serve i clienti al banco di un bar. ~ Proprietario, gestore di un bar.

barite s.f. CHIM. MINER. Idrato di bario, simb. Ba(OH)₂.

baritina s.f. MIN. Solfato di bario, usato in radiologia perché opaco ai raggi.

baritono agg. (gr. *barýtonos* "dalla voce profonda") **1.** LING. Nella lingua greca antica, privo di accento tonico (acuto) sull'ultima sillaba. SIN.: *atono.* **2.** Di strumento musicale, che ha un'estensione di suoni simile a quella della voce del baritono. *Sassofono baritono.* ◆ s.m. **1.** Voce maschile intermedia tra quelle del tenore e del basso. ~ Il cantante che possiede tale voce. **2.** *Chiave di baritono:* nel l. della musica, chiave di *fa.*

barlùme s.m. **1.** Debole luminosità. **2.** *fig.* Debole segno, indizio. *Un barlume di speranza.*

barman [/ˈbaːmən/] s.m. inv. (voce ingl.) Chi prepara i cocktail in un bar. ~ Chi serve al banco in un bar.

bar mitsvah [/bar ˈmɪtsva/] loc. sost. m. inv. (loc. ebr.) Nella religione ebraica, cerimonia che celebra la raggiunta maggiore età religiosa di un ragazzo.

barn s.m. inv. (ingl. *barn* "stalla, granaio", con riferimento fig. al luogo dove si introducono le particelle che colpiscono il nucleo) FIS. NUCL. Nei processi nucleari, l'unità di misura della sezione d'urto, pari a 10⁻²⁴ cm². ◇

barnabita s.m. [pl.m. *–ti*] (deriv. di *San Barnaba*, nome del chiostro milanese che fu la prima sede della congregazione religiosa) Religioso regolare della congregazione di San Paolo fondata a Milano nel 1530 da Antonio Maria Zaccaria.

bàrnum s.m. inv. (dal nome dell'impresario statunitense *Barnum* che formò un celebre circo equestre) Spettacolo affascinante, formato da una successione di avvenimenti incredibili, come in un circo.

bàro s.m. [f. *–ra*] Chi imbroglia al gioco. ~ *estens.* Truffatore.

barocchétto s.m. Stile del tardo barocco caratterizzato dal prevalere del gusto per la decorazione, arricchita anche di motivi esotici. ~ Mobile in tale stile.

barocchismo s.m. *spreg.* Eccesso di formalismo e decorativismo.

baròcco s.m. (solo sing.) [pl. *–chi*] Stile artistico e letterario nato in Italia con i favori della Riforma cattolica e diffusosi in gran parte dell'Europa e dell'America latina nei secc. XVII e XVIII. ◻ In funzione di agg. **1.** Proprio del barocco, della cultu-

ra e del gusto tipici del Seicento. **2.** *fig.* Fastoso, ampolloso. *Un ragionamento barocco.* ~ Che manifesta originalità, bizzarria o eccentricità.

ENCICL. In campo artistico, il barocco si affermò a Roma nei primi decenni del Seicento e si sviluppò nel corso del secolo nelle maggiori città d'Europa. L'origine della parola non è stata chiarita; il termine, nato per indicare in generale le arti figurative del Seicento, si diffuse tra gli storici di fine Settecento. I caratteri essenziali di quest'arte sono evidenti soprattutto nell'architettura, che si oppone all'ideale di sereno equilibrio del Rinascimento. Con la linea curva, col gioco delle sporgenze e delle rientranze, si ottengono effetti chiaroscurali, illusionistici, che suggeriscono un concetto indefinito dello spazio (Bernini, colonnato di San Pietro e altare di Santa Teresa; Borromini, San Carlino alle Quattro Fontane e Sant'Agnese; Longhena, chiesa della Salute a Venezia). I decoratori, sulla scia di Annibale Carracci e di Rubens, moltiplicano nei soffitti la resa spaziale della luce. Anche le architetture dei palazzi si articolano in corpi ricchi di movimento: nascono con il barocco le più alte concezioni scenografiche di piazze e giardini, nei quali lo schema architettonico si allarga a creare effetti pittoreschi. Essenzialmente decorativa, la scultura barocca accentua i ritmi mossi delle architetture (Cattedra di San Pietro; Residenza di Würzburg). In altre parti d'Europa il barocco si sviluppò solo nel Settecento con la **rocaille.* In letteratura, il termine fu ed è usato largamente dai critici letterari per indicare uno stile dominante in Europa dagli ultimi decenni del sec. XVI alla fine del sec. XVII, e si identifica con quello di *seicentismo.* La ricerca del nuovo costituisce l'aspetto fondamentale sia nella forma (impiego costante delle figure retoriche, soprattutto della metafora) sia nei contenuti. In Italia, il più caratteristico documento testimone del gusto barocco è costituito dall'opera di Gian Battista Marino. Il teatro barocco raggruppa un insieme di forme drammaturgiche proprie di diverse nazioni (Italia, Spagna, Gran Bretagna, Francia) che hanno in comune l'affrancamento dalle regole spazio-temporali e il gusto per la spettacolarizzazione. Esso viene comunemente visto come antitesi del *teatro *classico.* In musica, il termine fu introdotto come partizione stilistica per la musica composta fra il 1500 e il 1750; il panorama della musica barocca è estremamente vario. Da un lato si assiste a un processo di semplificazione delle forme polifoniche auliche rinascimentali sotto l'influsso di quelle popolareggianti, dall'altro all'espansione dello sforzo coloristico e fonico della scuola veneziana. Fra gli esponenti si possono citare Monteverdi, H. Purcell, Vivaldi, J. S. Bach.

barocettóre s.m. FISIOL. Recettore che percepisce le variazioni della pressione arteriosa e meccanica.

barògrafo s.m. FIS. Barometro che registra le variazioni di pressione atmosferica nel tempo.

barolo s.m. inv. (dal nome della località di produzione) Vino rosso del Piemonte, asciutto e vellutato, molto pregiato.

barometria s.f. FIS. Settore della fisica che si occupa della misurazione della pressione atmosferica.

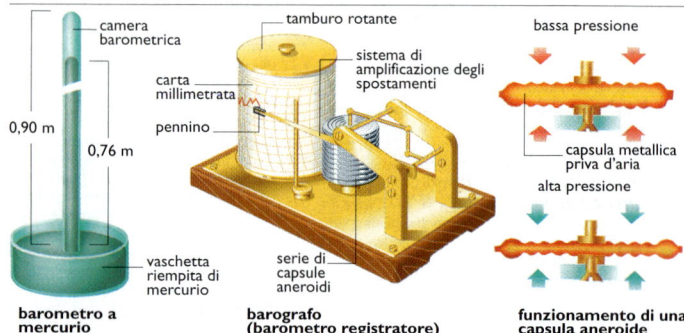

■ **baròmetro**

(labels in figure:) camera barometrica; tamburo rotante; bassa pressione; carta millimetrata; sistema di amplificazione degli spostamenti; 0,90 m; 0,76 m; pennino; capsula metallica priva d'aria; alta pressione; vaschetta riempita di mercurio; serie di capsule aneroidi; **barometro a mercurio**; **barografo (barometro registratore)**; **funzionamento di una capsula aneroide**

baròmetro s.m. (ingl. *barometer*) **1.** Strumento che misura la pressione atmosferica. **2.** *fig.* Persona sensibile ai mutamenti climatici o fenomeno, evento che rispecchia una situazione più ampia, una condizione generale. *La Borsa è un barometro della situazione politica.*

ENCICL. Il *barometro a mercurio* è costituito da un lungo tubo aperto a un'estremità e immerso, con l'altra estremità, in una vaschetta piena di mercurio. Il mercurio scende nel tubo e si stabilizza a un'altezza uguale alla pressione atmosferica che si esercita sulla superficie della vaschetta. Il *barometro aneroide* si compone di una scatola metallica sottovuoto equilibrata da una molla che si comprime più o meno a seconda delle variazioni della pressione atmosferica. Il *barometro registratore* è un barometro aneroide il cui ago, fornito di un pennino, traccia una curva sulla carta di un cilindro girevole.

baronàggio s.m. [pl. *–gi*] **1.** Titolo e grado di barone. ~ Dignità baronale. **2.** Giurisdizione baronale.

baronàle agg. Di barone. ~ *spreg.* Da barone. *Atteggiamento baronale.*

baronàto s.m. Baronia.

baróne s.m. [f. *baronessa*] (fr. *baron*, francone *baro* "uomo libero, guerriero") **1.** Massimo titolo nobiliare dell'ordinamento feudale. **2.** Titolo nobiliare che, nella gerarchia araldica, segue quello del visconte. **3.** *spreg.* Chi si distingue per ricchezza e potere. *I baroni della finanza.* ~ *estens.* Chi sfrutta l'autorità di cui gode in ambito professionale per esercitare un potere più vasto. *I baroni dell'università.*

baronétto s.m. (ingl. *baronet*) Titolo nobiliare istituito nel 1611 da re Giacomo I.

baronìa s.f. **1.** Titolo e dignità baronali. **2.** Territorio su cui ha giurisdizione il barone. **3.** *estens.* Autorità, potere che una persona acquisisce in campo economico, politico, istituzionale e sfrutta anche a fini personali. *Baronie finanziarie.*

baropatìa s.f. MED. Complesso di disturbi legati alle variazioni della pressione atmosferica.

baròstato s.m. FIS. Strumento per mantenere costante la pressione in un determinato ambiente.

barotràuma s.m. MED. Disturbo causato da un'improvvisa variazione della pressione atmosferica, p. durante un'immersione subacquea. *Barotrauma del timpano.*

bàrra s.f. **1.** Asta di metallo o di legno usata come leva per il comando di meccanismi. ◇ *Barra di manovra:* cloche che governa il timone di quota e gli alettoni negli aeroplani. – *Barra di traino:* per l'attacco del rimorchio alla motrice. – *Barra di controllo:* in materiale capace di assorbire i neutroni, usata nei reattori nucleari per regolarne la reazione. – AUTOM. *Barra di torsione:* usata nelle sospensioni di un'auto, assorbe le scosse dovute all'irregolarità del piano stradale. – *Barra antintrusione:* rinforzo laterale nella carrozzeria delle automobili per proteggerle dagli urti. **2.** METALL. Pezzo a forma di tubo pieno con sezione cilindrica o poligonale, usato per ridotto un metallo. **3.** Verghetta del morso del cavallo. **4.** Carattere grafico costituito da un trattino obliquo o verticale, usato in vari contesti (segno di separazione, di frazione, ecc.). **5.** Rin-

■ Il barocco

Il termine "barocco" deriva probabilmente dalla parola portoghese "barrôco", che designa un tipo di perla non perfettamente regolare. Nato per indicare le arti figurative del Seicento, fu adottato dagli storici della fine del Settecento e dai critici del primo Ottocento, assumendo il significato spregiativo di confuso, eccessivo. Solo all'inizio del sec. XX gli storici dell'arte ne fecero un concetto di estetica generale, per contrassegnare lo stile brillante del periodo che si era sviluppato, in primo luogo in Italia, fra il Rinascimento e il Neoclassicismo.

Guarino Guarini. Palazzo Carignano a Torino, costruito verso il 1680. L'architetto ha evitato la monotonia della facciata senza ricorrere a una vera e propria frammentazione dei singoli edifici, ma attraverso il semplice gioco di curve e controcurve, al quale si aggiunge la fantasia dei vani delle finestre.

Pieter Paul Rubens. *Il ratto delle figlie di Leucippo* (1618 circa), uno dei capolavori del pittore. Castore e Polluce, figli di Zeus e di Leda, rapiscono le due figlie del re di Messenia: impetuosità scaturita dall'incrocio delle diagonali che reggono la composizione, sensualità eclatante dei corpi femminili. (Antica Pinacoteca, Monaco.)

La Cattedrale di Murcia. Facciata disegnata nel 1737 da Jaime Bort (sec. XVI circa). Il barocco spagnolo (come quello del Messico, della Colombia, del Perú, ecc.) ama queste composizioni movimentate, simili a grandi retablos.

Giambattista Tiepolo. Affresco (1750 circa), nella *Kaisersaal* della Residenza di Würzburg, fastoso palazzo dovuto principalmente all'architetto J.B. Neumann. Sotto i suoi abiti veneziani, l'opera rappresenta il matrimonio di Federico Barbarossa, celebrato nel sec. XII dal principe-vescovo di Würzburg.

Andrea Pozzo. *Il trionfo di Sant'Ignazio* (1690 circa), affresco eseguito sulla volta della chiesa di Sant'Ignazio a Roma. Lo spazio reale della navata risulta dilatato da un trompe-l'œil popolato di figure fluttuanti nell'aria. L'illusione ottica creata dall'artista elude con grande virtuosità la consistenza fisica della volta.

La biblioteca di Wiblingen. Statua in legno dipinto, elemento di decoro dell'abbazia di Wiblingen, vicino a Ulma (1760 circa). Molte abbazie della Baviera vengono dotate nel sec. XVIII di nuovi edifici, fra i quali una chiesa abbaziale e, spesso, una biblioteca impreziosita di una ricca decorazione rococò.

L'Aleijadinho. La chiesa San Francesco d'Assisi a Ouro Preto, costruita e decorata a partire dal 1767. Traspare il fascino, trasportato nel Nuovo Mondo, dell'architettura portoghese, con le sue strutture principali in pietra che si staccano sullo sfondo intonacato di bianco, come al tempo del gotico manuelino.

ghiera che nelle aule giudiziarie delimita lo spazio riservato agli avvocati da quello per il pubblico. ◇ *Chiamare, andare alla barra:* invitare, presentarsi a deporre durante un processo. **6.** Formazione sabbiosa dovuta al trasporto di materiale d'erosione marina da parte delle correnti di deriva. ◇ *Barra di foce:* cumulo di sabbia depositato alla foce da un fiume. **7.** MAR. Ciascuna delle travi che intersecano gli alberi dei velieri nella parte alta. **8.** SPORT. Ostacolo nei percorsi equestri. **9.** INFORM. Nell'interfaccia grafica di un programma, striscia che raggruppa comandi e funzionalità o permette rapidi movimenti all'interno di un documento. ◇ *Barra degli strumenti:* contenente bottoni o icone per l'esecuzione rapida delle operazioni più frequenti. – *Barra spaziatrice:* nelle tastiere per la scrittura, tasto di forma allungata che introduce uno spazio tra i caratteri.

barracàno o **baracàno** s.m. (ar. *barrakān* "panno di lana") **1.** Tessuto di pelo di capra o di cammello. **2.** Ampia veste di tale tessuto, usata in Nord Africa.

barracùda s.m. inv. (prob. voce indigena dell'America latina) Grande pesce marino carnivoro molto aggressivo. (Lunghezza massima 2 m; famiglia degli Sfirenidi.)

barrage [/ba'raʒ/] s.m. [pl. *barrages*] (voce fr., propr. "sbarramento, ostacolo") SPORT. Spareggio, spec. nelle gare ippiche.

barramìna s.f. Sbarra d'acciaio lunga qualche metro munita di una punta tagliente usata per praticare nella roccia i fori per le mine.

barrànco s.m. [pl. *–chi*] (spagn. *barranco*) Profondo solco che si forma lungo le pendici di un cono vulcanico.

barràre v.tr. Contrassegnare con una o più barre. SIN.: **sbarrare**.

barràto agg. Attraversato da una o più barre.

barré [/bare/] s.m. inv. Appoggio simultaneo di un dito, talvolta due, su più corde di uno strumento musicale.

barrétta s.f. Qualsiasi prodotto che abbia forma di piccola barra.

barricàre v.tr. [4] (fr. *barriquer*, propr. "creare un ostacolo con delle botti") Ostruire un luogo di passaggio con una barricata, a scopo difensivo o offensivo. ~ estens. ostruire un passaggio. *Barricare una via.* ◆ **barricarsi** v.pron. **1.** Chiudersi in un luogo per difesa, rafforzando con sostegni le entrate. *Barricarsi in casa.* **2.** *fig.* Chiudersi in un atteggiamento diffidente verso gli altri. *Barricarsi in un assoluto silenzio.*

barricàta s.f. (fr. *barricade*) **1.** Ostacolo fatto di materiali diversi ammucchiati in una via o in un passaggio per ripararsi durante gli scontri. ◇ *fig. Essere dall'altra parte della barricata:* di schieramento avverso, di idee opposte. **2.** *Barricata di appontaggio:* sulle portaerei, rete che blocca all'estremità del ponte di volo un aereo non fermato dalla *barriera di appontaggio. **3.** GEOGR. Stretta naturale d'una valle montana percorsa da un corso d'acqua.

barrièra s.f. (fr. *barrière*) **1.** Recinto, sbarramento creato tramite assemblaggio di materiali di vario tipo per indicare un confine e bloccare il passaggio. *Abbattere una barriera.* ◇ *Barriera doganale:* segna il confine tra due stati e obbliga al controllo delle persone e delle merci in transito; *fig.* provvedimento fiscale atto a limitare le importazioni. – *Barriera di appontaggio:* sistema di cavi elastici per frenare gli aerei che atterrano su una portaerei. – *Barriera architettonica:* qualunque elemento architettonico di ostacolo al passaggio, spec. per i portatori di handicap. – *Barriera stradale:* guardrail. – *Barriera autostradale:* casello. – *Barriera ferroviaria:* *passaggio a livello. – *Barriera corallina:* tipo di scogliera dei mari tropicali formata da colonie di coralli e madrepore. (Si distinguono la *barriera frangente*, attaccata direttamente alla costa senza lasciare uno spazio lagunare interposto, e l'*atollo.*) **2.** *fig.* Qualsiasi divisione culturale, ideologica, sociale. ~ Difesa psicologica. ~ Pregiudizio. *La barriera razziale.* **3.** Ostacolo naturale, anche figurato. *Barriera del suono.* **4.** EQUIT. Ostacolo formato da due sbarre orizzontali sovrapposte. ~ SPORT. Nel calcio, schieramento difensivo dei giocatori davanti all'avversario che batte un calcio di punizione.

barrìre v.intr. [83] (aus. *avere*) Di elefante, emettere barriti.

barrìto s.m. Il verso dell'elefante caratterizzato da un suono alto, vibrato e prolungato; estens. urlo potente, anche d'uomo.

bartolinìte s.f. MED. Infiammazione delle ghiandole situate nel tratto terminale posteriore della vulva, nel perineo anteriore.

barùffa s.f. Zuffa con grida.

barzellétta s.f. **1.** Storiella comica. ~ Aneddoto divertente. **2.** *fig.* Inezia, cosa di poco conto. **3.** Composizione in versi, detta anche *frottola*, diffusa nella musica popolare dei secc. XV e XVI.

barzòi o **barsòi** s.m. inv. Razza di levrieri a pelo lungo originari della Russia.

basàle agg. **1.** Relativo alla base. ~ Detto anche di fase iniziale di un'attività fisiologica o di un'indagine clinica. **2.** MED. Indispensabile per mantenere le attività fondamentali dell'organismo.

basàltico agg. [pl.m. *–ci*, f. *–che*] Di roccia che ha la struttura e la composizione del basalto.

basàlto s.m. Roccia vulcanica basica di colore scuro, povera in silice, costituita principalmente da plagioclasi, pirosseno e olivina. (Il basalto si presenta in colate regolari e di grande spessore, caratterizzate da una struttura prismatica; proviene dalla fusione parziale del mantello terrestre superiore.)

basaménto s.m. **1.** La parte di un edificio o monumento a contatto con il suolo. **2.** Fascia inferiore delle pareti delle stanze di differente materiale o colore. **3.** MECC. Nei motori o nelle macchine utensili, la base nella quale alloggiano o sono innestate le varie parti meccaniche. **4.** GEOL. *Basamento continentale:* strato rigido di rocce cristalline sottostante gli strati metamorfici e sedimentari della crosta terrestre. – *Basamento metamorfico:* strato di rocce metamorfiche sottostante lo strato sedimentario. – *Basamento basaltico:* fondo basaltico degli oceani sottostante lo strato sedimentario.

basàre v.tr. **1.** Porre qlco. su una base. *Basare un edificio su un terreno piano.* **2.** *fig.* Impostare, imperniare, fondare. *Basare un ragionamento su un'ipotesi.* ◆ **basarsi** v.pron. *fig.* Costruire un ragionamento, emettere un giudizio, tenendo conto di fatti e prove.

bas-bleu [/ba'bl/] s.f. inv. [pl. *bas-bleus*] (voce fr. propr. "calza blu", calco dell'ingl. *bluestocking*, nome di un gruppo di dame che frequentava i salotti letterari nella Londra del Settecento) *spreg.* Donna che si dà arie di letterata.

baschìna s.f. (spagn. *basquina* "giacchettina propria delle donne basche") ABBIGL. Falda di giacca da donna drappeggiata o arricchita di guarnizioni.

bàsco agg. [pl.m. *–schi*, f. *–sche*] (spagn. *vasco*) Della popolazione stanziata lungo il golfo di Biscaglia, in territorio spagnolo e francese. ◆ s.m. **1.** [f. *–sca*] Nativo, abitante della regione basca. **2.** (solo sing.) Lingua parlata dai Baschi denominata *euscaro.* **3.** Berretto di panno, rotondo, piatto, leggermente arricciato lungo il bordo, usato in partic. nelle divise militari. ◇ *Basco blu:* soldato dell'ONU. – *Basco rosso:* paracadutista.

bàscula o **bascùlla** s.f. (fr. *bascule* "bilancia a bilico", deriv. di *baculer* propr. "battere il sedere" per l'abbassarsi della bilancia) **1.** Bilancia a leve in grado di equilibrare grandi carichi con piccoli pesi. **2.** Nei fucili da caccia, blocco d'acciaio al quale si agganciano le canne.

basculànte o **bascullànte** agg. **1.** Che si muove, oscilla intorno a un asse. *Porta basculante.* **2.** Nei fucili da caccia, di canna che si aggancia alla bascula.

bàse s.f. (gr. *básis* "andatura, passo") **1.** Parte inferiore con funzione di appoggio di una struttura architettonica o di un oggetto. ◇ *Base della colonna, del pilastro:* parte, general. sagomata, tra il piano d'appoggio e il fusto. **2.** *fig.* Principio fondamentale di un ragionamento, di un calcolo, di un sistema. ~ Presupposto. *Le basi della società.* ~ L'insieme delle nozioni fondamentali di una preparazione culturale. ◇ *Base d'intesa:* presupposto per un accordo. – *locc. prep. In base a, sulla base di:* tenendo conto, sulla scorta di. **3.** *fig.* Elemento primario, fondamentale. **4.** *estens.* Luogo attrezzato per insediamenti militari. ◇ *Non fare ritorno alla base:* di navi o aerei persi in combattimento; *fig.* di persone o cose, non ritornare al luogo di partenza o in possesso del legittimo proprietario. – *Base di lancio:* luogo dove sono riunite le strutture per la preparazione, il lancio e il controllo in volo di veicoli spaziali. **5.** *fig.* Il complesso degli iscritti e dei simpatizzanti di un'organizzazione politica o sindacale. *Consultare la base.* ◇ *Comunità di base:* gruppo di fedeli che vivono comunitariamente l'esperienza religiosa. **6.** Crema fluida che si applica sul viso prima del trucco. **7.** SPORT. Nel baseball, ciascuno dei vertici del quadrato tracciato sul campo di gioco. **8.** ELETTR. Uno dei tre elettrodi del transistor, tra l'emettitore e il collettore. **9.** CHIM. Composto che in soluzione possiede reazione alcalina e in reazione con un acido forma un sale. **10.** MAT. *Base di una potenza:* il numero da elevare a potenza secondo quanto indica l'esponente. – *Base di uno spazio vettoriale:* insieme di vettori lineari indipendenti tale che ogni vettore dello spazio possa essere espresso unicamente per mezzo di una loro combinazione lineare. ~ GEOM. Il lato su cui poggia una figura piana. *La base di un triangolo.* ~ Poligono su cui poggia un solido. *La base di un cono.* **11.** INFORM. *Base di dati:* database. **12.** GEOGR. *Base geodetica, topografica:* distanza tra due punti trigonometrici misurata sul terreno e riportata in scala sulla carta a partire dalla quale si costruisce la rete di triangolazione. **13.** ECON. *Base imponibile:* l'importo cui si applica l'aliquota per il calcolo dell'imposta. **14.** LING. Forma linguistica fondamentale (*radice*) da cui derivano altre forme. **15.** MUS. *Base musicale:* nella tecnica d'incisione musicale, pista pre-registrata che viene utilizzata per ulteriori registrazioni o come accompagnamento in esibizioni canore. ❑ In funzione di agg. inv., che costituisce la parte prima ed essenziale. *Criterio base.*

baseball [/'beɪsbɔːl/] s.m. (solo sing.) (voce ingl.) SPORT. Gioco di squadra derivato dal cricket, praticato spec. negli Stati Uniti, consistente nel lancio con una mazza di una palla su un campo romboidale, detto *diamante*, i cui vertici si chiamano basi.

Basèlla s.f. BOT. Genere di piante erbacee commestibili originario dell'Africa e coltivato in tutte le regioni tropicali e in Cina. (Famiglia delle Basellacee.)

Basellacee s.f. pl. BOT. Famiglia di piante dicotiledoni. (Ordine delle Centrosperme.)

1. **basétta** s.f. ELETTRON. Supporto isolante per valvole elettroniche o circuiti elettronici stampati.

2. **basétta** s.f. Nell'uomo, parte dei capelli tra tempia e orecchio che può giungere sino alla guancia. SIN.: **fedina**.

basic [/'beɪsɪk/] s.m. inv. (voce ingl., sigla di *Beginner's All-purpose Symbolic Instruction Code* "Codice simbolico di istruzione polivalente per principianti") INFORM. Linguaggio di programmazione, facile da apprendere, molto usato sui piccoli calcolatori.

basicità s.f. inv. CHIM. → **alcalinità**.

bàsico agg. [pl.m. *–ci*, f. *–che*] **1.** CHIM. Relativo a una base (in oppos. ad *acido*). **2.** MIN. *Roccia basica:* roccia magmatica, p.e. basalto o gabbro, contenente silicio in misura variabile tra il 45% e il 52%

basìdio s.m. [pl. *–di*] BOT. Organo dei funghi basidiomiceti, che produce general. due o quattro spore.

Basidiomicèti s.m. pl. [iniziale minusc. sing. *–te* per l'individuo] BOT. Classe di funghi le cui spore si formano su basidi. [Comprende sia funghi a cappello con lamelle (amanite, agarici, ecc.) o con la parte spugnosa tubulare (boleti) sia le forme lignee dei tronchi d'albero (polipori) sia certe forme microscopiche parassite dei vegetali (ruggini, carboni).]

basidiospòra s.f. BOT. Cellula dei funghi basidiomiceti produttrice di un nuovo individuo.

basilàre agg. **1.** Che ha funzione di base, di fondamento. **2.** *fig.* Essenziale, fondamentale.

basilèus s.m. inv. (gr. *basiléus* "re") ST. Titolo ufficiale dell'imperatore bizantino dopo il 630 d.C.

basilica s.f. [pl. –*che*] **1.** ANT. ROM. Edificio pubblico a pianta rettangolare a navate, talvolta con absidi lungo i lati minori, luogo degli affari e dell'amministrazione della giustizia. **2.** Nell'architettura paleocristiana, chiesa derivata dalla basilica romana. **3.** Titolo connesso ad alcuni privilegi attribuito dalla Santa Sede a chiese di importanza storica e religiosa. **4.** estens. Chiesa principale di una città.

1. basilico agg. [pl.m. –*ci*, f. –*che*] Regio.

2. basilico s.m. [pl.m. –*ci*] Pianta erbacea, originaria dell'India, dalle foglie, aromatiche e commestibili, usate come condimento. (Genere *Ocymum*, famiglia delle Labiate.)

fiori

■ **basìlico**

1. basilisco agg. [pl.m. –*schi*, f. –*sche*] Che abita, è originario della Basilicata. ◆ s.m. [f. –*sca*] Nel sign. dell'agg.

2. basilisco s.m. [pl.m. –*schi*] (gr. *basilískos* "piccolo re") **1.** Rettile leggendario che si credeva incenerisse con lo sguardo. **2.** Grosso rettile inoffensivo dell'America centrale e meridionale, simile all'iguana; dotato di cresta sul capo e lungo il dorso, coda molto lunga, capace di correre eretto sulle zampe posteriori. **3.** Grossa bocca da fuoco sulla prua delle galee nel sec. XV.

basiòn s.m. inv. ANTROP. Punto craniometrico del margine anteriore del foro occipitale.

basista s.m. e f. [pl.m. –*sti*] gerg. Criminale che si occupa dell'organizzazione di un reato senza materialmente prendervi parte.

basito agg. Impietrito, attonito, privo di forza di reazione.

basket [ˈbɑːskɪt/] s.m. (solo sing.) SPORT. → pallacanestro.

basmàti s.m. inv. Riso indiano a chicco lungo.

basòfilo agg. **1.** BIOL. Di composto del protoplasma che si colora a contatto con un colorante basico. **2.** BOT. Di piante che preferiscono terreni neutri o leggermente alcalini.

basofobia s.f. (comp. di gr. *básis* "andatura" e *phóbos* "paura") PSICH. Paura di stare in posizione eretta o di cadere iniziando a camminare.

bàsolo s.m. Blocchetto di pietra basaltica usata per pavimentazioni stradali, detto anche *basola*.

1. bàssa s.f. **1.** La parte depressa della pianura padana. **2.** METEOR. Area ciclonica caratterizzata da un abbassamento della pressione atmosferica.

2. bàssa s.f. (forse spagn. *baja* "riduzione, abbassamento" e quindi "documento che attesta la diminuzione degli effettivi di un reparto") MIL. Documento rilasciato dal comando competente che giustifica l'allontanamento di un militare dal reparto. *Bassa di entrata.*

bassétto agg. iron. Nel sign. del dim. di *basso*. ◆ s.m. **1.** MUS. Antico strumento ad arco, intermedio tra il violoncello e il contrabbasso. **2.** MUS. *Corno di bassetto:* clarinetto contralto.

bassézza s.f. **1.** Caratteristica di ciò che è basso. **2.** fig. Atto di viltà, di servilismo. ~ Azione moralmente indegna.

bassista s.m. e f. Suonatore di basso.

bàsso agg. **1.** Che ha un'altezza non elevata o inferiore alla media. *Sedia bassa.* ~ estens. Di scarso spessore o larghezza. **2.** Non elevato per altitudine o profondità. ◇ eufem. *Le parti basse:*

i genitali. **3.** Rivolto verso terra. *Camminare a testa bassa.* **4.** Meridionale. *Basso Piemonte.* ~ Di fiumi, vicino alla foce. *Basso Po.* **5.** LING. Riferito ai dialetti parlati nella parte meno montuosa del territorio. **6.** Di periodo più vicino a noi. *Il basso Medioevo.* ◇ *Bassa stagione:* periodo meno frequentato della stagione turistica. **7.** Sommesso, rauco. ~ Di tono grave. *Nota bassa.* ~ MUS. Dello strumento di timbro più grave. *Tromba bassa.* **8.** Numericamente piccolo, non elevato, come valore assoluto o rispetto alla norma. ~ Dal valore modesto, economicamente esiguo. *Prezzo basso.* **9.** In una gerarchia, di rango inferiore, umile, modesto. ~ Di qualità scadente. **10.** Privo di morale. SIN.: **miserabile.** ~ Egoistico, utilitaristico. ◆ avv. Nella parte inferiore, vicino al suolo. *Volare basso.* ◆ s.m. **1.** Parte bassa. ◇ fig. *Cadere in basso:* in una condizione di miseria materiale o morale. **2.** MUS. Cantante dotato di voce di tono grave. ◇ *Basso profondo:* variante della voce di basso, ancora più grave di quella del basso cantante, ma con qualche nota in meno nell'acuto. ~ In una composizione strumentale o vocale, la parte più grave dell'armonia. ~ Strumento che esegue tale parte. ◇ *Basso continuo:* parte grave di una composizione strumentale, su cui sono eseguiti accordi estemporanei di accompagnamento, in voga nei secc. XVI e XVII. – *Basso ostinato:* disegno melodico ripetuto nella parte grave di una composizione. – *Chiave di basso:* chiave di fa. **3.** Abitazione poverissima di una sola stanza a livello della sede stradale, nei quartieri storici di Napoli.

bassofóndo s.m. [pl. *bassifondi* o *bassofondi*] (fr. *basfond*) **1.** MAR. Fondale marino poco profondo. **2.** fig. (spec. pl.) Ambienti sociali in cui domina la miseria e prospera la malavita.

bassopiàno s.m. [pl. *bassopiano* o *bassipiani*] Pianura situata poco al di sopra del livello del mare.

bassorilièvo s.m. [pl. *bassorilievi* o *bassirilievi*] **1.** Rilievo scultoreo che sporge poco dal piano di fondo. **2.** Tecnica con cui lo si realizza.

bassòtto agg. Piuttosto basso di statura e massiccio. ◆ s.m. [f. –*ta*] Cane da tana, di bassissima statura, con corpo e muso allungati.

bassotùba s.f. inv. STR. MUS. Strumento a fiato di notevole mole, dal suono grave.

bassovèntre s.m. [non com. pl. *bassoventri*] La parte inferiore dell'addome. ~ eufem. Gli organi genitali.

1. bàsta o **bàstia** s.f. **1.** Cucitura provvisoria a punti lunghi usata nelle prove degli abiti. SIN.: **imbastitura. 2.** Orlo alto di abiti.

bastàrda s.f. Scrittura inclinata, con aste piuttosto grosse, assottigliate a un'estremità, derivata dalla gotica corsiva e dalla cancelleresca italiana, in uso in Francia nei secc; XV-XVI.

bastàrdo agg. (fr. *bastard*) **1.** *volg.* Nato al di fuori del matrimonio. SIN.: **illegittimo. 2.** Brutto, cattivo. **3.** Di animali o piante, eterogeneo, ibrido. **4.** Diverso dall'ordinario, per lo più per grandezza. **5.** Di salsa a base di burro, acqua calda e uova, con succo di limone, usata per condire gli asparagi. ◆ s.m. [f. –*da*] volg. Nel sign. 1 dell'agg., come insulto.

bastàre v.intr. (aus. *essere*) **1.** Essere sufficiente. *Ti basta un foglio?* **2.** Durare a lungo, per un certo periodo. *Questa somma mi basterà.* ◆ v.impers. (aus. *essere*) Esser sufficiente. *Mi basta così.* ◇ *Basta o basti dire:* per introdurre un elemento di prova che si ritiene già sufficiente. *Basta dire che è partito senza pagare.* – *Quanto basta* (anche abbreviato *q.b.*): nelle ricette, la misura sufficiente di una sostanza per formare, con altri ingredienti, un risultato o un totale stabilito. – *loc. cong. Basta che:* purché, a condizione che. *Puoi invitarlo basta che si comporti bene.*

1. bàstia s.f. Basta.

2. bastìa o **bastìda** s.f. Fortificazione a pianta quadrata circondata da fossato e terrapieno.

bastiménto s.m. (fr. *bâtiment*, orig. "costruzione" poi "naviglio") **1.** Nave mercantile di notevoli dimensioni. **2.** Il carico che trasporta.

bastióne s.m. (fr. *bastillon*) **1.** Nel Rinascimento, perimetro di mura rinforzate contro l'azione dell'artiglieria. **2.** fig. Valido riparo contro le difficoltà.

bàsto s.m. **1.** Sella rustica in legno posta sul dorso delle bestie da soma per il trasporto di carichi o per cavalcare. **2.** fig. Peso, responsabilità. **3.** *Basto rovescio:* nel lastricato stradale, sezione concava per lo scolo delle acque.

bastonàre v.tr. **1.** Percuotere con un bastone. **2.** fig. Attaccare a parole. ◆ **bastonarsi** v.pron. Di due o più persone, percuotersi reciprocamente con bastoni.

bastonatùra s.f. **1.** Serie di percosse inflitte con il bastone. **2.** Lite in cui si ricorre al bastone.

bastoncèllo s.m. **1.** Bastone piccolo e sottile. **2.** Pane o biscotto a forma di bastone. **3.** STAM. Carattere tipografico formalmente simile al carattere bastone ma più piccolo. **4.** BIOL. Cellula nervosa della retina dell'occhio.

bastoncino s.m. **1.** Nel sign. del dim. di *bastone*. **2.** Qualsiasi piccolo oggetto a forma bastone. *Bastoncino di gesso.* **3.** Modanatura tra il fusto della colonna e il capitello, detta anche *astragalo.* **4.** COSTR. Tondino usato per le armature del cemento. **5.** ANAT. Ciascuna delle terminazioni del nervo ottico. **6.** STAM. Bastoncello. **7.** SPORT. Testimone nelle corse a staffetta. ~ Ognuna delle bacchette che si impugnano per sciare, dette anche *racchette.*

bastóne s.m. **1.** Ramo, legno lavorato e usato come appoggio, arnese o arma. ◇ *Bastone animato:* contenente una lama. ◆ *Usare il bastone e la carota:* alternare modi duri e maniere dolci. – *Bastone della vecchiaia:* persona che si o divverà il sostegno di un vecchio. **2.** Attrezzo sportivo di materiale vario simile a un bastone. **3.** fig. Insegna di comando e di autorità, scettro. *Bastone da maresciallo.* **4.** (al pl.) Uno dei quattro semi delle carte da gioco napoletane. **5.** Pane di forma allungata. **6.** Strumento musicale. *Bastone a sonaglio.*

batàcchio s.m. [pl. –*chi*] **1.** Bacchio. **2.** Battaglio delle campane. SIN.: **batocchio. 3.** Elemento metallico, di foggia varia, per bussare alla porta. SIN.: **battiporta.**

batàta s.f. (da una voce indigena di Haiti) Pianta erbacea rampicante dell'America centrale, dal tubero commestibile dal sapore dolce; detta anche *patata americana* o *patata dolce.* (Famiglia delle Convolvulacee.) ~ Il tubero stesso.

bàtavo agg. Di un'antica popolazione germanica stanziata tra la foce del Reno e quella della Mosa. ◆ s.m. [f. –*va*; al pl. anche iniziale maiusc.] Chi apparteneva al popolo batavo.

batch [ˈbætʃ] agg. inv. (voce ingl., propr. "blocco, lotto") **1.** SCIENT. Di operazione compiuta in maniera intermittente, discontinua. *Distillazione batch.* **2.** INFORM. Di modalità di elaborazione di dati non interattiva, in cui i programmi sono ordinati e rinviati all'utente con i risultati ottenuti.

batèa s.f. Recipiente poco profondo nel quale si lava la sabbia aurifera o diamantifera.

batiàle agg. Relativo alla zona oceanica situata approssimativamente fra i 300 e 3000 m di profondità.

batigrafia s.f. OCEANOGR. Studio e misurazione delle profondità marine e lacustri.

batik o **batic** s.m. inv. (voce malese, propr. "disegno") Tecnica malese di tintura consistente nel coprire con cera le parti che non si vogliono colorare. ~ Stoffa colorata con questa tecnica.

batimetria o **batometria** s.f. Batigrafia.

batiscàfo s.m. Piccolo sommergibile per l'esplorazione subacquea.

batisfèra o **batosfèra** s.f. Sfera d'acciaio per l'esplorazione sottomarina, la cui immersione è regolata mediante un cavo da un'imbarcazione di appoggio.

batista s.f. (fr. *batiste*, prob. deriv. di *battre* "battere" nell'impiego dei tessitori) Tela di lino molto fine usata per biancheria elegante o guarnizioni di abiti.

batofobia s.f. PSICH. Paura eccessiva della profondità.

batolite s.m. GEOL. Ammasso roccioso magmatico di grosse dimensioni (variabile tra i 10 e i 100 Km²), a forma di cupola o massa emisferica, che costituisce il nucleo di catene montuose.

batoscòpico agg. [pl.m. –ci, f. –che] Relativo all'osservazione delle profondità marine e lacustri.

batòsta s.f. Sconfitta umiliante. SIN.: **stangata**. ~ Grande dolore. ~ Danno morale e materiale. *Che batosta ha preso!*

battage [/ba'taʒ/] s.m. inv. (voce fr., propr. "battitura") Intensa e martellante campagna pubblicitaria. ~ Propaganda insistente.

battàglia s.f. **1.** Scontro armato tra due o più formazioni militari o paramilitari. ◊ *Battaglia campale:* quella che avviene in campo aperto; *fig.* scontro duro, deciso. – *Campo di battaglia:* luogo in cui si combatte; *fig.* luogo in cui regna il disordine. – *Ordine di battaglia:* schieramento delle truppe secondo direttive tattiche. – *Nome di battaglia:* soprannome adottato dai membri di formazioni clandestine; *estens.* pseudonimo. – *Battaglia navale:* gioco di società in cui due giocatori disegnano un certo numero di navi su un foglio a quadretti di cui l'avversario dovrà indovinare la posizione per affondarle. – *fig. Battaglia di retroguardia:* polemica conservatrice, sterile. **2.** *fig.* Acceso contrasto ideologico. **3.** *fig. estens.* Attività di tipo politico-sociale indirizzate a un unico fine e condotte con tenacia, combattività. **4.** Nome di vari giochi in cui si finge uno scontro tra gruppi di persone contrapposte. **5.** MUS. Componimento musicale vocale o strumentale che evoca i suoni della battaglia.

battaglièro agg. Combattivo, aggressivo. ~ Impavido. ~ Polemico, aspro, deciso. *Intervento battagliero.*

battaglióne s.m. Nell'esercito italiano, unità tattica formata da più compagnie di una sola specialità e comandata da un tenente-colonnello o da un maggiore.

battàna s.f. MAR. Piccola imbarcazione tipica del delta del Po, a sponde basse e fondo piatto, mossa con un remo a due pale.

battèllo s.m. (fr. *batel*) **1.** Piccola imbarcazione a remi o a motore. **2.** Imbarcazione per la navigazione fluviale o lacustre. **3.** Letto stile impero.

battement [/batmã/] s.m. inv. (voce fr.) BALL. Slancio di una gamba, con ritorno alla posizione di partenza.

battènte agg. Che batte. ◊ *Pioggia battente:* che cade con violenza, insistentemente. ◆ s.m. **1.** Imposta di finestra o porta. – Parte dello stipite su cui si appoggia l'imposta chiudendosi. ◊ *fig. Aprire, chiudere i battenti:* rispettivamente, iniziare o sospendere un'attività. **2.** Parte della cornice in cui s'incastra il quadro o lo specchio. **3.** Martelletto o anello metallico applicato alla porta che serve per bussare. **4.** Martelletto della suoneria degli orologi. **5.** Parte interna della campana toccata dal battaglio. **6.** IND. TESS. Parte che sostiene la navetta nei telai e serra i fili della trama. **7.** Sportello, lato mobile, di casse e bauli. **8.** Risvolto della tasca. **9.** In una nave, riparo di legno o metallo fissato intorno all'apertura di un ponte per impedire l'accesso dell'acqua.

bàttere v.tr. **1.** Percuotere, colpire qlcu. o qlco. **2.** *fig.* Vincere qlcu. ◊ *fig. Battere un primato:* superare un record. **3.** Urtare una parte del corpo contro un ostacolo. ◊ *figg. Battere i denti:* tremare per il freddo. – *Battere i piedi:* impuntarsi per un capriccio. **4.** Percorrere frequentemente un luogo, spec. per cercarvi qlcu. o qlco. *Battere il bosco.* SIN.: **perlustrare**. ◆ v.intr. (aus. avere) **1.** Del sole, colpire la terra con raggi caldi. SIN.: **picchiare**. **2.** Nella pallavolo e nel tennis, eseguire una battuta con la palla. **3.** Pulsare. **4.** Vibrare su un oggetto colpi ripetuti. ◊ *Battere a macchina:* dattilografare. – *Battere in ritirata o battersela:* suonare il tamburo per segnalare la ritirata di un esercito; *fig.* fuggire velocemente, svignarsela. – *figg. Battere su un argomento:* insistervi. – *Battere il ferro finché è caldo:* approfittare di un'occasione favorevole con tempestività. ◆ **battersi** v.pron. **1.** Lottare, combattere. *Si sono battuti come leoni.* ◊ *fig. Battersi il petto:* pentirsi. **2.** Di due o più persone o animali, combattere l'uno contro l'altro. *I due si batterono per l'amore.*

battería s.f. **1.** Insieme di pezzi di artiglieria e del materiale necessario al loro funzionamento. **2.** Insieme di elementi affini destinati a funzionare insieme o che si completano. ◊ *Batteria* *da cucina:* attrezzatura completa di pentole. **3.** ELETTR. Insieme di dispositivi dello stesso tipo che hanno funzione di accumulare e trasferire energia elettrica. ◊ *Batteria anodica:* insieme di pile a secco o di accumulatori per l'alimentazione dei circuiti anodici di tubi elettronici. – *Batteria nucleare:* apparecchiatura che trasforma l'energia termica prodotta da un isotopo radioattivo in energia elettrica. – *Batteria solare:* apparecchiatura che trasforma la luce in energia elettrica. **4.** MUS. Insieme degli strumenti a percussione in un'orchestra o in un complesso musicale. **5.** Meccanismo dell'orologio che fa battere le ore. **6.** Meccanismo di sparo nel fucile, in partic. in quello da caccia. **7.** SPORT. Insieme delle prove eliminatorie. ~ Nel baseball, la coppia di una squadra formata dal lanciatore e dal ricevitore.

■ **batterìa.** Piatto charleston, piatti sospesi, cassa rullante e grancassa compongono la batteria jazz.

battericida agg. [pl.m. –di] Che uccide i batteri. ◆ s.m. Sostanza battericida.

battèrico agg. [pl.m. –ci, f. –che] Relativo ai batteri.

batteriemia s.f. MED. Presenza, transitoria e benigna, di germi patogeni nel sangue (in oppos. a *setticemia*).

battèrio s.m. [pl. –ri] BIOL. Microrganismo unicellulare, caratterizzato dalla mancanza di un nucleo delimitato e la cui riproduzione (asessuata) avviene per scissione. SIN.: **germe**. ◊ *Batterio patogeno:* quello che causa malattie.

ENCICL. I batteri sono i più piccoli organismi unicellulari esistenti (da 1 a 5 micrometri). L'assenza di un nucleo e di una corrispondente membrana nucleare distingue la cellula batterica o *procariote* dalle cellule *eucariote* degli altri esseri viventi. I batteri sono classificati in base alle modalità di nutrimento, all'aspetto morfologico e alle caratteristiche biochimiche. I batteri hanno importanza fondamentale in natura: sono gli agenti delle fermentazioni e delle putrefazioni che scindono le sostanze organiche in composti inorganici atti a rientrare nel ciclo vitale; fissano i gas atmosferici, arricchiscono il suolo in azoto e forniscono ai vegetali una parte dei composti inorganici di cui hanno bisogno per il loro sviluppo. Alcune specie di batteri possono vivere solo in presenza dell'ossigeno atmosferico mentre altre lo sopportano solo in minime quantità o non lo sopportano affatto. I batteri sono in genere eterotrofi, ossia possono metabolizzare sostanze organiche già sintetizzate, ma comprendono anche un certo numero di specie autotrofe. I batteri patogeni, portatori di malattie nell'uomo (tifo, peste, colera e difterite) e negli animali, rappresentano solo una piccola frazione dell'universo batterico. Tuttavia molti batteri vivono in simbiosi con gli organismi che li ospitano; alcuni sono necessari nel processo produttivo del formaggio, del vino o degli antibiotici; altri sono utilizzati nelle biotecnologie.

batteriòfago s.m. [pl. –gi] BIOL. Virus parassita dei batteri.

batteriologìa s.f. Parte della microbiologia che studia i batteri.

batteriològico agg. [pl.m. –ci, f. –che] Relativo alla batteriologia. ~ Che impiega le scoperte della batteriologia. *Attacco batteriologico.* ◊ *Armi batteriologiche:* costituite da microrganismi patogeni per l'uomo, gli animali, le piante.

batteriòsi s.f. inv. BOT. Qualsiasi malattia delle piante causata da batteri.

batteriostàtico agg. [pl.m. –ci, f. –che] FARM. Che impedisce la moltiplicazione dei batteri.

batteriotossìna s.f. MICROBIOL. Tossina elaborata da batteri.

batterìsta s.m. e f. [pl.m. –sti] **1.** MUS. Suonatore di batteria. **2.** Operaio elettrotecnico addetto alla produzione di batterie elettriche.

battesimàle agg. Relativo al battesimo.

battésimo s.m. (gr. *baptismós* "immersione") **1.** Rito di iniziazione consistente in un'immersione in acqua, in uso presso varie confessioni religiose. **2.** Il primo sacramento cristiano con cui viene purificata l'anima dal peccato originale. ◊ CRIST. *Nome di battesimo:* nome che si riceve il giorno del battesimo. – *Tenere a battesimo:* fare da padrino o madrina a chi si battezza; *fig.* inaugurare, patrocinare. **3.** *fig.* Cerimonia inaugurale. ◊ *Battesimo dell'aria:* il primo volo. – *Battesimo del fuoco:* primo combattimento o scontro a fuoco.

battezzàndo agg. Che deve ricevere il battesimo. ◆ s.m. [f. –da] Nel sign. dell'agg.

battezzàre v.tr. (gr. *baptízein* "immergere") **1.** Somministrare a qlcu. il sacramento del battesimo. **2.** Tenere a battesimo, fare da padrino o da madrina. **3.** Portare qlcu. a ricevere il battesimo. *Domani battezziamo mio figlio.* **4.** Dare a qlcu. un nome di battesimo. **5.** *fig.* Con valore scherz., bagnare qlcu. o qlco. con un liquido. *Battezzare la tovaglia (rovesciandoti il vino)* o *Battezzare il vino:* allungarlo con acqua. ◆ **battezzarsi** v.pron. **1.** Ricevere il battesimo. **2.** Assumere un nome o un titolo. *Battezzarsi direttore del giornale.*

battezzàto agg. Che ha ricevuto il battesimo. ~ *estens.* Chiamato, denominato. ◆ s.m. [f. –ta] Nel sign. dell'agg.

battibaléno Usato solo nella loc. *in un battibaleno,* immediatamente, in un attimo.

battibécco s.m. [pl. –chi] Alterco, litigio, di solito breve. ~ Scambio di battute vivaci.

batticàrne s.m. inv. Arnese da macelleria e da cucina, di legno o metallo, per assottigliare la carne poltigliosa.

batticóda s.f. inv. ◆ **cutrettola**.

batticuòre s.m. [non com. pl. –ri] Battito accelerato del cuore. SIN.: **palpitazione**. ~ *fig.* Ansia, trepidazione, grande emozione. *Aspettare col batticuore.*

battifàlce s.m. inv. AGR. Piccola incudine su cui si batte a freddo la falce per rettificarne il filo.

battifiànco s.m. [pl. –chi] (calco del fr. *bat-flanc*) Nelle scuderie, steccato orizzontale, tramezzo di separazione tra un cavallo e l'altro.

battifóndo s.m. (solo sing.) **1.** Gioco d'azzardo al biliardo. **2.** Gioco di carte in cui un solo giocatore sfida tutti gli altri.

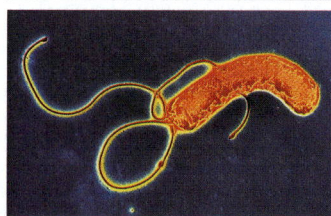

■ **battèrio** (Helicobacter pylori).

battigia s.f. [pl. *-gie* o *-ge*] Striscia di spiaggia su cui si frangono le onde. SIN.: **bagnasciuga**.
battilàrdo s.m. inv. Tagliere in legno.
battilòro s.m. inv. Artigiano, operaio specializzato nella lavorazione di metalli preziosi per ridurli in lamine o foglie sottilissime.
battimàno s.m. Applauso, manifestazione di consenso.
battiménto s.m. **1.** FIS. Particolare oscillazione che si produce in un mezzo quando si sovrappongono due onde di frequenze vicine. **2.** MECC. Particolare vibrazione e rumore che si producono nei motori a scoppio a causa di accensione difettosa della miscela. **3.** Nella danza accademica, ogni movimento che determina mutamento di posizione d'una gamba.
battipàlo s.m. **1.** Macchina che conficca pali nel terreno. SIN.: **maglio**. **2.** (anche f.) Operaio addetto a tale macchina.
battipànni s.m. inv. Arnese domestico in vimini o in plastica, con manico piuttosto lungo, per battere tappeti o coperte, eliminandone la polvere.
battipista s.m. inv. **1.** Sciatore che apre una pista battendo la neve fresca. **2.** *estens.* Mezzo meccanico che compie la stessa operazione.
battipòrta s.m. inv. **1.** Seconda porta di rinforzo alla prima. **2.** Batacchio.
battiscópa s.m. inv. Zoccolo in pietra, marmo o legno alla base delle pareti interne di un appartamento con funzione protettiva e ornamentale.
battista s.m. e f. [pl.m. *-sti*] **1.** Chi battezza. ◇ *per anton. Il Battista:* san Giovanni che battezzò Gesù Cristo. **2.** Chi appartiene a una delle confessioni cristiane riformate che praticano il battesimo in età adulta ritenendolo un atto libero e consapevole. ❑ In funzione di agg., nell'accez. 2 del s. *Chiesa battista.*
battistèro s.m. (gr. *baptistérion* "bagno") **1.** Edificio attiguo o cappella di una chiesa destinati al rito del battesimo. **2.** Fonte battesimale. ~ Zona della chiesa in cui esso è collocato.
battistràda s.m. e f.inv.**1.** Chi apre la via a cortei, processioni, sfilate. **2.** SPORT. Nelle gare di corsa, chi, essendo in testa, fa l'andatura. **3.** *fig.* Chi precede, prepara l'arrivo di qlcu. *Fare da battistrada ai propri figli.* **4.** AUTOM. (solo m.) Superficie esterna sagomata dello pneumatico.
battitàcco s.m. [pl. *-chi*] Fettuccia che orla internamente il fondo dei pantaloni per evitarne il logoramento.
battitappéto s.m. [pl. *-ti*] Elettrodomestico che batte i tappeti aspirandone contemporaneamente la polvere.
bàttito s.m. **1.** L'atto di battere. *Un battito di ciglia.* **2.** *estens.* Rumore prodotto da qlco. che batte, che pulsa. **3.** Pulsazione ritmica di certi organi. *Il battito del cuore.* **4.** MUS. La bacchetta del direttore d'orchestra.
battitóia s.f. STAM. Pezzo di legno squadrato che serve per pareggiare i caratteri di stampa.
battitóre s.m. [f. *-trice*] **1.** Chi batte. **2.** Banditore nelle vendite all'incanto. **3.** AGR. Chi in un lavoro agricolo ha il compito di battere, di bacchiare. *Battitore del grano.* **4.** MECC. (solo m.) Organo a tamburo rotante della macchina trebbiatrice e sgranatrice. **5.** CACC. Chi durante la caccia stana la selvaggina impaurendola con rumori. SIN.: **scaccia**. **6.** SPORT. Nel tennis, il giocatore che batte la palla per primo. ~ Nel baseball, il giocatore che deve colpire la palla con la mazza. ◇ *Battitore libero:* nel calcio, difensore senza compiti fissi di marcatura; *fig.* nel l. pol., personalità pubblica non legata a gruppi o partiti.
battitùra s.f. **1.** L'atto e l'effetto del battere. ◇ *Battitura a macchina:* scrittura eseguita con la macchina per scrivere. **2.** Percossa, botta. **3.** *fig.* Evento che colpisce negativamente. **4.** AGR. Trebbiatura. ~ Periodo in cui si compie. **5.** Nella lavorazione del metallo, le scaglie che si producono nel batterlo a caldo. ~ Segno lasciato da ciascun colpo.
bàttola s.f. (deriv. di *battere*, perché *battola* indicava il legno del mulino che si alza e si abbassa con gran rumore) **1.** Tavoletta di legno con maniglie mobili in ferro che produce un rumore particolare, usata in passato durante la Settimana Santa, quando tacevano le campane. SIN.: **crepitacolo**. **2.** Strumento sonoro usato dai battitori durante la caccia per stanare gli animali. **3.** COSTR. Arnese che serve per stendere e spianare le gettate di cemento. ~ In fonderia, arnese per comprimere e livellare la sabbia nelle forme. **4.** (al pl.) Pettorine bianche inamidate per le toghe di giudici, avvocati o per abiti di religiosi.
battùta s.f. **1.** Percossa, botta. ~ Contusione da essa prodotta. **2.** L'urto della corrente contro le rive di un fiume. ~ Punto in cui qlco. batte. **3.** Colpo dato da un organo meccanico o da una sua parte durante il funzionamento. ~ In partic. nella macchina per scrivere, colpo dato sul foglio dal martelletto col carattere. ~ *estens.* Spazio occupato da un carattere o spazio bianco. **4.** Partita di caccia. ~ Operazione di polizia con dispiegamento di forze e rastrellamento. **5.** MUS. Misura di tempo raffigurata sul pentagramma da una porzione di rigo compresa tra due barrette. ◇ *Battuta d'arresto:* pausa in cui lo strumento o la voce tacciono; *fig.* sospensione momentanea di un'attività. **6.** Intervento di un attore nel dialogo teatrale. ~ Intervento di un interlocutore in qualsiasi dialogo. *Le prime battute di una conversazione.* **7.** Motto di spirito. SIN.: **arguzia**. **8.** SPORT. Nel tennis, colpo che rimette in gioco la palla. ~ Nel baseball, rilancio della palla. ~ Nel salto, colpo che il saltatore dà sulla pedana allo stacco.
battùto agg. **1.** Schiacciato, picchiato. *Ferro battuto.* ◇ *Terra battuta:* schiacciata e spianata con un rullo compressore o con un ceppo di legno. **2.** Frequentato. **3.** *fig.* Sconfitto in una battaglia, in una competizione. ◆ s.m. **1.** Preparazione di base in molte pietanze, costituita da un trito di ingredienti aromatici. ~ Condimento ottenuto spappolando vari ingredienti nel mortaio. **2.** Pavimentazione in cemento lisciato e bocciardato.
batùffolo s.m. **1.** Insieme soffice di fibre vegetali o di piume o di pelo animale. SIN.: **fiocco**. **2.** *fig.* Bambino o piccolo animale di aspetto tenero, morbido.
baud [/ˈbo(d)/] s.m. inv. (voce fr., dal nome dell'inventore J.-M.-E. *Baudot*) **1.** TELECOM. Unità di misura della velocità di trasmissione dei dati, corrispondente all'invio di 1 simbolo al secondo, tra quelli che costituiscono l'insieme dei simboli di trasmissione. **2.** *comun.* Riferito a trasmissioni con codice binario, equivale a 1 bit per secondo.
baùle s.m. (spagn. *baúl*, fr. *bahur*) **1.** Cassa con coperchio piano o curvo e maniglie ai lati usata per trasportare abiti, biancheria, ecc. **2.** Nelle automobili, vano posteriore adibito a bagagliaio.
baulétto s.m. **1.** Nel sign. del dim. di *baule*. **2.** Borsa da donna a forma di piccolo baule. **3.** Nei ciclomotori, piccolo contenitore per documenti, attrezzi, ecc.
baùtta s.f. **1.** Tipo di maschera usata a Venezia nel sec. XVIII, composta da una mantelletta nera con copricapo sul quale si poneva il tricorno e da una mascherina nera che copriva solo la parte superiore del viso. ~ La persona che la indossa. **2.** Piccola maschera che copre solo la metà superiore del viso.
bauxite s.f. (dal nome della località provenzale di Les Baux in cui fu rinvenuto per la prima volta un giacimento) Miscuglio di vari minerali da cui si ricava l'alluminio.
bàva s.f. **1.** Saliva che esce dalla bocca di animali o di persone in condizioni psico-fisiche particolari. ◇ *fig. Avere la bava alla bocca:* essere fuori di sé per la rabbia. **2.** Sostanza viscosa secreta da alcuni molluschi come le lumache. **3.** Sostanza serica secreta dal baco da seta per formare il bozzolo. ~ Fibra tessile in filo continuo. **4.** *fig.* Leggero alito di vento. SIN.: **soffio**. **5.** METALL. (al pl.) Insieme di irregolarità sulla superficie di metalli lavorati. ~ In partic. nella fusione, eccesso di metallo che fuoriesce dalla giunzione dello stampo. **6.** Sbavatura di colore.
bavaglino s.m. Pettorina messa al collo dei bambini piccoli perché non si sporchino.
bavàglio s.m. [pl. *-gli*] Striscia di stoffa o fazzoletto che viene legato strettamente sulla bocca per impedire di gridare. ◇ *fig. Mettere il bavaglio a qlcu.:* impedirgli di esprimersi liberamente.
bavarése agg. (fr. *bavaroise*) Della Baviera. ◆ s.m. e f. Nativo, abitante della Baviera. ◆ s.f. **1.** Dolce a base di uova, zucchero e panna amalgamati a freddo. **2.** Bevanda calda composta di latte e cioccolato, o tè, tuorlo d'uovo, liquore. **3.** Salsa calda per pesce a base di tuorli d'uova, burro, aceto, pepe.
bavèlla s.f. Filamento ricavato dallo strato esterno del bozzolo del baco da seta. ~ Stoffa tessuta con tale filo.
bàvero s.m. Risvolto del mantello di cappotti, giacche, ecc. che circonda il collo. SIN.: **colletto**. ◇ *Prendere qlcu. per il bavero:* aggredirlo, mettergli le mani addosso.
bavétta s.f. **1.** METALL. Bava. **2.** AUTOM. Pezzo rettangolare di gomma sospeso dietro le ruote posteriori dei veicoli con funzione di parafango. **3.** (al pl.) Tipo di pasta alimentare a forma di spaghetto appiattito.
bavièra s.f. (fr. *bavière*) Nelle armature, parte mobile dell'elmo che proteggeva viso e gola.
bavósa s.f. Denominazione popolare di pesci marini caratterizzati da testa molto grossa e rotonda e alta pinna dorsale. (Genere *Blennio*; ordine dei Perciformi.)
bavóso agg. **1.** Che perde la bava. **2.** Bagnato, sporco di bava, anche in senso spreg.
bazàr s.m. inv. (ar. *bāzār*, pers. *bāzār* "mercato") **1.** Mercato tipico dell'Oriente e dell'Africa settentrionale. **2.** *estens.* Negozio di merci varie. SIN.: **emporio**. ~ Negozio a entrata libera con merce a buon mercato. ~ *fig.* Luogo pieno dei più vari oggetti e in disordine.
bazooka [/bæˈzuːkə/] s.m. inv. (voce ingl. d'America, deriv. di *bazoo* "trombetta") **1.** MIL. Arma portatile che lancia proiettili anticarro. **2.** CINE. Cavalletto a un piede adoperato come sostegno della cinepresa durante le riprese in spazi angusti.
1. bàzza s.f. Mento molto prominente. ~ *estens. scherz.* Mento.
2. bàzza s.f. **1.** In antichi giochi di carte, la carta presa all'avversario. **2.** *estens.* Situazione di benessere, di facilità, di abbondanza. SIN.: **cuccagna**.
bazzàna o **basàna** s.f. Pelle di pecora molto fine usata per rilegature di libri o per fodere di borse, calzature, ecc.
bazzècola s.f. Cosa da poco, inezia.
bàzzica s.f. **1.** Gioco di carte sul tipo della briscola. ~ Insieme di tre o quattro carte uguali nel gioco stesso. **2.** Gioco di biliardo.
bazzicàre v.tr. [4] *fam.* Frequentare qlcu. o qualche luogo assiduamente. ◆ v.intr. (aus. *avere*) Essere assiduo frequentatore di un luogo o di qlcu.
bazzòtto o **barzòtto** agg. Dell'uovo cotto in acqua bollente evitando che il tuorlo si rapprenda del tutto.
beach volley [/ˈbiːtʃ ˈvɔli/] loc. sost. m. inv. (loc. ingl., "pallavolo da spiaggia") Pallavolo da spiaggia che vede contrapposte due squadre formate da due (se maschi) o tre (se femmine) giocatori ciascuna.
beagle [/ˈbiːgəl/] s.m. inv. (voce ingl.) → **bracchetto**.
bear [/ˈbɛə/] s.m. inv. (voce ingl., propr. "orso") BORS. → **orso**.
bearnése agg. (fr. *béarnais*) Del Béarn, regione storica della Francia meridionale. ◇ CUC. *Salsa bearnese:* a base di cipolla, burro, tuorli d'uova, vino bianco, pepe. ◆ s.m. e f. Nativo, abitante del Béarn. ◆ s.f. Salsa bearnese.
beàrsi v.pron. Deliziarsi, provare grande piacere.
1. beat [/ˈbiːt/] s.m. inv. (voce ingl. "battuta") MUS. Nel jazz, scansione ritmica di un complesso o di un solo esecutore.
2. beat [/ˈbiːt/] agg. inv. (voce ingl., deriv. di *beat generation*) **1.** Riferito a un fenomeno di costume e letterario, proprio degli USA negli anni Cinquanta, caratterizzato da ribellismo individualista e da comportamenti anticonformisti. **2.** MUS. Di un tipo di musica, creata in Inghilterra negli anni Sessanta, nella quale confluiscono il blues e il primo rock americano. ◆ s.m. inv. **1.** (anche f.) Chi si riconosce nella cultura beat. ~ *estens.* Contestatore. **2.** Musica beat.

beatificàre v.tr. [4] Ascrivere tra i beati, con il processo di beatificazione.

beatificazióne s.f. Assunzione di un defunto alla condizione di beato. ~ Cerimonia durante la quale il pontefice proclama beato un fedele defunto.

beatitùdine s.f. **1.** Perfetta felicità derivante dalla contemplazione di Dio concessa alle anime del Paradiso. ~ *estens.* Felicità assoluta, pieno appagamento. ◇ *Le beatitudini:* condizioni che portano alla salvezza annunciate da Gesù Cristo nel Discorso della montagna; anche, le proposizioni che enunciano tali condizioni. **2.** Titolo conferito al sommo pontefice e ai patriarchi orientali.

beatnik [/'bi:tnɪk/] s.m. e f. inv. (voce ingl.) Beat. ~ *estens.* Contestatore.

beàto agg. **1.** Felice, pienamente appagato e soddisfatto. ~ Per indicare la buona sorte, anche iron. *Beato te!* ◇ *scherz. Beato tra le donne:* di uomo che si trova in compagnia di sole donne. **2.** Che gode della visione di Dio, che è stato beatificato dalla Chiesa. ◆ s.m. [f. *–ta*] **1.** Il cristiano defunto che per le sue virtù si suppone fruisca nell'aldilà della visione beatifica di Dio. **2.** Chi è elevato dalla Chiesa agli onori degli altari in seguito a un procedimento di beatificazione.

beauty [/'bju:ti/] s.m. inv. (voce ingl., propr. "bellezza") FIS. Numero caratteristico del quark bottom.

beauty case [/'bju:ti 'keis/] loc. sost. m. inv. (loc. pseudoingl., propr. "bauletto per la bellezza") Piccola borsa da viaggio per donna a forma di bauletto. SIN.: **nécessaire**.

beauty center [/'bju:ti 'sɛntə/] loc. sost. m. inv. (loc. ingl., "centro di bellezza") Istituto, salone di bellezza.

beauty farm [/'bju:ti 'fɑ:m/] loc. sost. f. inv. (loc. ingl., propr. "fattoria della bellezza") Istituto di bellezza privato di lusso, dotato di strutture alberghiere e cliniche, situato in luoghi particolarmente salubri.

bebè s.m. inv. (fr. *bébé*, ingl. *baby*) Bambino molto piccolo, neonato.

bebop [/'bibɔp/] s.m. inv. (voce ingl. d'America di orig. onom.) **1.** MUS. Forma di jazz elaborata negli USA negli anni Quaranta, caratterizzata da dissonanze ritmiche e maggiore libertà degli strumenti. **2.** Ballo dal ritmo veloce derivato da tale stile jazzistico.

beccàccia s.f. [pl. *–ce*] Uccello ricercato per la qualità delle carne con zampe corte, becco lungo e sottile, piumaggio castano a striature orizzontali giallognole. (Genere *Scolopax*; famiglia degli Scolopacidi.) ◇ *Beccaccia di mare:* con piumaggio bianco e nero e becco rosso.

■ **beccàccia**

beccaccíno s.m. **1.** Uccello di palude con piumaggio rossiccio e biancastro, più piccolo della beccaccia, di carne altrettanto pregiata; è detto *pizzaccherino*. (Genere *Gallinago*, famiglia degli Scolopacidi.) **2.** Piccola barca a vela da regata o da diporto con un solo albero, randa e fiocco.

beccafíco s.m. [pl. *–chi*] Piccolo uccello canoro dal piumaggio grigio; ha becco sottile e si ciba di frutta. (Ordine dei Passeriformi.)

beccamòrto s.m. [pl. *–ti*] **1.** *spreg.* Becchino, necroforo. **2.** *fig.* Cascamorto, spasimante. *Fare il beccamorto.*

beccàre v.tr. [4] **1.** Assumere il cibo con il becco. *Beccare il mangime.* ~ *estens.* Colpire qlc., ferire qlc. con il becco. ~ Pungere, pizzicare. *Sono stato beccato da una zanzara.* **2.** *fig.*

---

fam. Ricevere qlco. di molto sgradito, anche pron. *Beccare (beccarsi) uno schiaffo.* **3.** Ottenere qlco. di favorevole, grazie alla fortuna; anche pron. **4.** *fig.* Sorprendere qlcu., acciuffarlo. *Lo hanno beccato con le mani nel sacco.* **5.** *fig.* In riferimento al pubblico del teatro, punzecchiare qlcu. *Dal loggione beccavano in continuazione l'interprete.* SIN.: **disapprovare**. ◆ v.intr. (aus. *avere*) **1.** *scherz.* Subire una sconfitta. *Nell'ultimo incontro la squadra ha beccato.* **2.** Di fucili da caccia, mancare di equilibrio. ◆ **beccarsi** v.pron. **1.** Di due o più uccelli, colpirsi reciprocamente col becco. *Due galli in un pollaio si beccano sempre.* **2.** *fig.* Di due o più persone, bisticciare. *I due si beccavano di continuo.*

beccatèllo s.m. ARCH. Mensola di sostegno di terrazzini, cornicioni, ecc.

beccheggiàre v.intr. [5] (aus. *avere*) Di un'imbarcazione o un aereo, avere un movimento di beccheggio.

becchéggio s.m. [pl. *–gi*] Movimento oscillatorio longitudinale di natanti o aerei (in opp. al *rollio*).

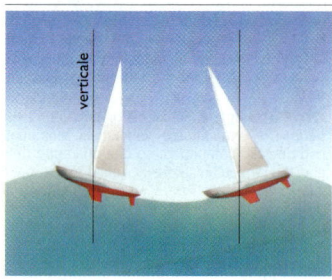

verticale

■ **becchéggio**

becchettàre v.tr. Beccare il cibo con movimenti rapidi. *L'uccello becchetta i frutti.* ◆ **becchettarsi** v.pron. **1.** Di uccello, darsi piccole, rapide beccate per pulire le penne. **2.** Di due o più uccelli, darsi l'un l'altro piccoli colpi di becco. **3.** *fig.* Di due o più persone, bisticciarsi.

becchíme s.m. Mangime per volatili da cortile e uccelli.

becchíno s.m. **1.** Chi di mestiere seppellisce i morti. **2.** Denominazione comune di vari insetti dei Coleotteri.

1. bécco s.m. [pl. *–chi*] **1.** Prominenza cornea della bocca degli uccelli, di alcuni rettili e dei mammiferi monotremi. **2.** *estens.* Bocca. ◇ *figg. Aprire, chiudere il becco:* parlare, tacere. – *Mettere il becco in qlco.:* intromettersi. – *Tenere il becco chiuso:* tacere. – *Bagnarsi il becco:* bere. – *Restare a becco asciutto:* non poter avere ciò che si desidera. **3.** Terminazione affilata o a punta di molti oggetti. *Il becco della caffettiera.* ◇ *Becco d'oca:* pinzetta fermacapelli. – *Rimanere senza il becco di un quattrino:* senza neppure un soldo. **4.** TECNOL. Bruciatore per gas o vapori terminante in un cannello. ◇ *Becco di Bunsen:* quello nel quale l'afflusso di aria per controllare l'intensità della fiamma è regolato dall'apertura dei fori del cannello. **5.** COSTR. Piastrella arrotondata usata per concludere una fascia di rivestimento. ◇ *Becco di civetta:* tipo di modanatura curva. **6.** Picco di una montagna scoscesa.

2. bécco s.m. [pl. *–chi*] **1.** Caprone, montone. **2.** *fig.* Marito tradito dalla moglie.

beccofrusóne s.m. Uccello insettivoro e frugivoro che vive nelle foreste boreali. (Genere *Bombycilla*; ordine dei Passeriformi.)

beccùccio s.m. [pl. *–ci*] **1.** Nel sign. del dim. di 1. *becco.* **2.** Sporgenza angolata di vari tipi di recipienti per versare i liquidi. **3.** Pinzetta fermacapelli. SIN.: **becco d'oca**.

bécero agg. Volgare, sguaiato. ◆ s.m. [f. *–ra*] Persona volgare, senza educazione.

becquerel [/'bɛ'k(ə)rɛl/] s.m. inv. (voce fr., dal nome del fisico H. *Becquerel*) FIS. Unità di misura dell'attività delle sostanze radioattive (simb. *Bq*).

bedanatrice s.f. Macchina per forare tavole di legno.

---

bed and breakfast [/'bɛd ænd 'brɛkfəst/] loc. sost. m. inv. (loc. ingl., propr. "letto e prima colazione") Formula di alloggio in albergo o in case private comprendente il pernottamento e la prima colazione.

bedàno s.m. (fr. *bédane*, comp. di *bec* "becco" e *ane* "anitra") Scalpello in acciaio temprato, a lama stretta e spessa.

bedeguàr s.m. inv. (di orig. persiana) Galla midollare che si forma sulle piante di rosa in seguito alla puntura di un insetto imenottero dei Cinipidi.

beduíno s.m. [f. *–na*] (ar. *bedawī* "abitante del deserto") **1.** Nomade arabo del deserto o della steppa. **2.** *fig. spreg.* Persona dall'aspetto incolto, rozzo o dal modo di vestire inconsueto. ◻ In funzione di agg., dei beduini, attinente ai beduini.

beeper [/'bi:pə/] s.m. inv. (voce ingl., deriv. di *beep* "trillo") Strumento di segnalazione acustica che emette un suono breve e acutissimo, per consentire la reperibilità di qlcu. SIN.: **cicalino**.

befàna s.f. (gr. *epipháneia* "manifestazioni della divinità") **1.** Figura immaginaria di vecchia brutta ma benefica, che nella notte dell'Epifania porta doni ai bambini scendendo dal camino. **2.** *estens.* Donna molto brutta, sgraziata. **3.** *pop.* Festa dell'Epifania. **4.** Doni che si fanno e ricevono all'Epifania.

bèffa s.f. **1.** Scherzo sprezzante. **2.** Gesto o parola di derisione. ◇ *Farsi beffe di qlcu., di qlco.:* deriderlo. **3.** *estens.* Atto o fatto deludente rispetto alle attese o che si risolve in un danno o perdita. *La beffa dei ridicoli aumenti di pensione.*

beffàrdo agg. **1.** Che schernisce, che si fa beffe di qlcu. **2.** Che denota sarcasmo, ironia. *Sorriso beffardo.*

beffàre v.tr. Combinare una beffa ai danni di qlcu., mettendolo in ridicolo. *Ha beffato il suo nemico.* ◆ **beffarsi** v.pron. Farsi beffe di qlcu., ostentare superiorità nei suoi confronti. *Beffarsi del direttore.*

beffeggiàre v.tr. [5] Beffare qlcu. in continuazione, con accanimento. *È continuamente beffeggiato dai colleghi.*

bèga s.f. [pl. *–ghe*] (got. *bēga* "litigio") **1.** Disaccordo prolungato nel tempo. **2.** Faccenda spiacevole. SIN.: **briga**.

spatola
fenicottero
aquila
avocetta
pellicano
chiurlo
crociere
picchio verde
colibrì
pulcinella di mare
ornitorinco

■ **bécco.** Differenti forme di becco.

begàrdo s.m. [f. –*da*] (fr. *bégard*, medio neerlandese *begaert* "membro di una comunità religiosa") Chi apparteneva a una delle comunità laiche animate da spirito religioso riformatore, diffuse nel sec. XIII.

beggiare v.intr. [5] (aus. *avere*) INFORM. Sul luogo di lavoro, segnalare la propria presenza inserendo una tessera di riconoscimento in un apposito terminale elettronico.

beghina s.f. (fr. *béguine*, forse deriv. di ingl. *beggen* "pregare") **1.** Donna appartenente a comunità cristiane laiche che si rifacevano alla religiosità evangelica, diffuse a partire dal sec. XIII. **2.** *estens.* Donna che ostenta troppo zelo nelle pratiche religiose.

beghinàggio s.m. [pl. –*gi*] **1.** Comunità di beghine. ~ Insieme di edifici da loro abitati. **2.** *estens.* Osservanza stretta, pignolesca del culto religioso.

begliuòmini s.m. pl. → **balsamina**.

begònia s.f. (fr. *bégonia*, nome dato dal botanico Ch. Plumier per onorare il governatore francese delle Antille M. *Bégon*) **1.** Pianta originaria dell'America e dell'Asia meridionale, coltivata per le foglie decorative e i fiori particolarmente vivaci. (Famiglia delle Begoniacee.) **2.** BOT. (iniziale maiusc.) Genere di piante a cui appartengono le begonie.

bulbo
begonia a fiori singoli
begonia a fiori doppi

■ **begònia**

Begoniàcee s.f. pl. [iniziale minusc. sing. –*a* per l'individuo] BOT. Famiglia di piante dicotiledoni con foglie succose, frutto a capsula, fiori unisessuali. (Ordine delle Parietali.)

béguine [/be'gi:n/] s.f. inv. (voce fr.) Danza popolare delle Antille eseguita in coppia, che oppone l'ondeggiamento delle anche all'immobilità delle spalle.

begum [/'begum/] s.f. [pl. *begums*] (voce ingl., persiano *begam* "principessa") Titolo delle principesse musulmane. ~ Titolo della moglie dell'Agha Khan.

behaviorismo s.m. (ingl. *behaviorism*) PSICOL. Teoria e scuola psicologica che pone come oggetto di studio della psicologia il comportamento dell'uomo e le sue reazioni al mondo che lo circonda. SIN.: **comportamentismo**.
ENCICL. Nato all'inizio del sec. XX negli Stati Uniti (J. B. Watson), il behaviorismo ha permesso alla psicologia, elevata al rango di scienza obiettiva, di istituzionalizzarsi come disciplina universitaria autonoma, particolarmente grazie a Clark Hull, Edward Tolman e Burrhus Skinner.

behaviorista s.m. e f. [pl.m. –*sti*] (ingl. *behaviorist*) Seguace della teoria psicologica del behaviorismo. ~ Comportamentista.

behavioristico agg. [pl.m. –*ci*, f. –*che*] (ingl. *behavioristic*) Che concerne il behaviorismo, i behavioristi.

beige [/'bɛʒ/] agg. inv. (voce fr.) Di colore intermedio tra il giallo chiarissimo e il grigio chiarissimo e il nocciola. ◆ s.m. inv. Nel sign. dell'agg.

beilicàle agg. Relativo al bey.

beilicàto s.m. Titolo di un bey. ~ Giurisdizione di un bey.

bèl s.m. inv. (dal nome del fisico inglese A. Graham *Bell*) Unità di misura adimensionale (simb. *B*) usata essenzialmente per esprimere il rapporto fra i valori di due potenze, in partic. sonore. (Il logaritmo decimale di questo rapporto è, per definizione, la differenza in bel tra le due potenze. Esprime un livello di intensità del suono, nel caso di due potenze sonore di cui una, presa come riferimento, è pari a $10^{12}W$.) ~ Unità di misura dell'udito, per il quale si usa general. il sottomultiplo *decibel*.

belàre v.intr. (aus. *avere*) **1.** Emettere belati. **2.** *fig.* Esprimersi con voce lamentosa. ~ Frignare. ~ Cantare in maniera sdolcinata e stonata. *Il coro belava pietosamente.* ◆ v.tr. *fig.* Raccontare qlco. in modo sdolcinato e lacrimevole. *Belare noiose poesie.*

belàto s.m. **1.** Verso delle pecore e delle capre. **2.** *fig.* Lamento, piagnisteo.

belemnita o **belemnite** s.m. [pl. –*ti*] (gr. *bélemnítēs*, deriv. di *bélemnon* "freccia", per la forma allungata) Mollusco fossile, caratteristico dell'era mesozoica, simile ai calamari attuali. (Classe dei Cefalopodi.)

bèlga agg. [pl.m. –*gi*, f. –*ghe*] Del Belgio. ◇ *Insalata belga:* tipo di insalata a piccolo cespo, con foglie di forma ovale dalla costa bianca e dal lembo giallo-verdino. – *Razza belga:* razza pregiata di cavalli da tiro. ◆ s.m. **1.** (anche f.) Nativo, abitante del Belgio. **2.** (solo sing.) Unità monetaria del Belgio nelle operazioni di cambio.

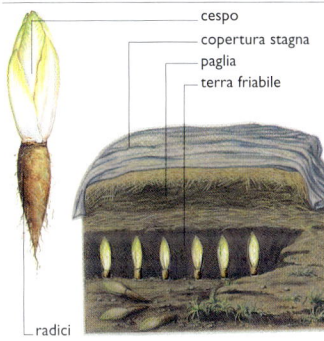

cespo
copertura stagna
paglia
terra friabile
radici

■ insalata **bèlga**.

belgradése agg. Di Belgrado. ◆ s.m. e f. Nativo, abitante di Belgrado.

belinògrafo s.m. Apparecchio telefax, che utilizza, alla ricezione, un processo fotografico.

belinogràmma s.m. Documento trasmesso con il belinografo.

bèlla s.f. **1.** Donna, ragazza attraente. ◇ *Bella di notte:* prostituta. – *Bella di notte:* donna dalla doppia vita che si dedica alla prostituzione nelle ore libere da impegni familiari. **2.** *per anton.* L'innamorata, la fidanzata. *Ha un incontro con la sua bella.* **3.** Partita di spareggio tra giocatori o squadre alla pari. **4.** Bella copia. **5.** BOT. Entra nella composizione del nome di varie piante. ◇ *Bella di giorno:* pianta erbacea, i cui fiori a campanula sbocciano al mattino e si richiudono alla sera. (Famiglia delle Convolvulacee.) – *Bella di notte:* pianta erbacea con fiori dai colori vivaci che si aprono alla sera e si chiudono al mattino. (Famiglia delle Nictaginacee.)

belladònna s.f. [pl. *belledonne*] **1.** Pianta erbacea a bacche nere delle dimensioni di una ciliegia, molto velenose, dalle quali si estraggono alcaloidi, spec. l'*atropina*, utilizzati per scopi medici. (Famiglia delle Solanacee.) **2.** La sostanza estratta dalla pianta.

belle époque [/'bɛl e'pɔk/] loc. sost. f. sing. (loc. fr., propr. "bella epoca") Periodo compreso tra la fine dell'Ottocento e la prima guerra mondiale, caratterizzato da un'espansione industriale che apportò alla grande borghesia europea un notevole benessere economico.

bellétto s.m. **1.** Ogni cosmetico femminile. SIN.: **trucco**. **2.** *fig.* Artificio retorico.

bellézza s.f. **1.** Qualità di ciò che è bello, conforme a un ideale estetico. *La bellezza di un* *paesaggio.* ~ Caratteristica di ciò che è intellettualmente o moralmente degno di ammirazione. *La bellezza di un gesto disinteressato.* ◇ *Trattamento di bellezza:* intervento di tipo cosmetico sul viso o sul corpo. – *fig. Finire in bellezza:* in modo brillante, dando il meglio di sé. **2.** Persona bella. ~ Cosa bella, meraviglia. **3.** Usata in alcune locc. ◇ *Che è una bellezza:* molto bene, ottimamente. – *Che bellezza!:* esprime entusiasmo, usata anche antifrasticamente per esprimere fastidio, disprezzo. **4.** *fam.* È usato come rafforzativo d'un'indicazione di quantità. *Ho raccolto la bellezza di un milione.* ~ Con valore antifrastico, sottolinea il fastidio per qlco. ritenuto eccessivo. *Ho aspettato la bellezza di due ore.*

bellicismo s.m. (fr. *bellicisme*) Posizione politica di chi sostiene il ricorso alla guerra come mezzo di risoluzione delle controversie internazionali.

bellicista s.m. e f. [pl.m. –*sti*] (fr. *belliciste*) Chi è favorevole alla guerra. ❑ In funzione di agg., improntato al bellicismo.

1. bèllico agg. [pl.m. –*ci*, f. –*che*] Relativo alla guerra.

2. bellico s.m. [pl. –*chi*] (lat. *umbilicum* "ombelico") **1.** BOT. Piccola incavatura del frutto nel punto in cui è attaccato al picciolo. **2.** Ombelico.

bellicóso agg. **1.** Che propende verso la guerra. **2.** *estens.* Combattivo, battagliero.

belligerànte agg. Che si trova in stato di guerra. ◆ s.m. e f. Nel sign. dell'agg.

belligerànza s.f. (fr. *belligérance*) Condizione di un paese, di un popolo, ecc., in stato di guerra.

bellimbùsto s.m. (dalla loc. *bello in busto*, propr. "impettito") Uomo che cura eccessivamente la propria eleganza.

bèllo agg. **1.** Che attrae, che riesce gradevole per armonia, perfezione formale, ecc. ~ Che suscita piacere. ◇ *Bella copia:* stesura definitiva di uno scritto. – *Bella figura:* impressione favorevole suscitata negli altri; *iron.* comportamento maldestro, riprovevole, brutta figura. – *Belle lettere:* la letteratura. – *Bel mondo:* ceto sociale elevato. – *Bella vita:* esistenza agiata, spensierata. – *Belle maniere:* comportamento educato, rispettoso del galateo. – *Fare bella mostra:* apparire nel modo migliore. **2.** Riferito a doti morali, buono, virtuoso. *Un bel gesto.* ~ Anche, ricordato con piacere e nostalgia. *Bei tempi.* **3.** Riferito al clima e ai fatti meteorologici, favorevole, mite, sereno. **4.** Quantitativamente notevole, considerevole. *Un bel caldo.* **5.** Ha funzione di intensificatore del sign. di altri elementi. ◇ *Bello e buono:* autentico, vero e proprio. **6.** *fam.* Con valore pleonastico in alcune locc. ◇ *Un bel giorno, una bella mattina:* improvvisamente. – *Avere un bel dire, un bel fare:* compiere un atto ormai inutile, che non vale a modificare una situazione. **7.** Con valore iron. o antifrastico, spec. in esclamazioni. *Bell'aiuto che mi dai!* ~ Per indicare una cosa bella o fuori dall'ordinario. *Questa sì che è bella!* ◇ *Contarne delle belle:* raccontare bugie. – *Farla bella:* combinare un guaio. – *Vederne delle belle:* vedere cose strane o, antifrasticamente, brutte. ◆ s.m. **1.** (solo sing.) La qualità che connota positivamente in senso estetico persone o cose. *Il gusto del bello.* **2.** (solo sing.) Tempo buono, sereno. *Domani tornerà il bello?* **3.** [f. *bella*] Persona di particolare avvenenza. ~ *estens.* Anche con valore iron. *Bello mio.* **4.** (solo sing., con valore neutro) Ciò che può piacere, allietare. *Che c'è di*

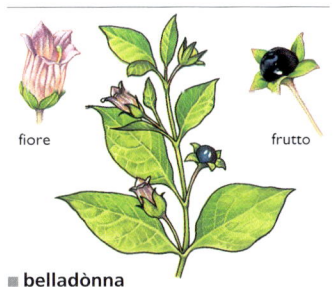

fiore
frutto

■ **belladònna**

bello? ~ Con valore antifrastico, brutto, difficile. *Adesso viene il bello.*

bellòccio agg. [pl.m. *-ci*, f. *-ce*] Abbastanza bello ma grossolano.

bellóna s.f. Nel sign. dell'accr. di *bella;* in partic., con valore antifrastico, donna vistosa e piuttosto volgare.

belluìno agg. Da belva. ~ Bestiale, disumano. *Furia belluina.*

bellunése agg. Di Belluno. ◆ s.m. **1.** (anche f.) Nativo, abitante di Belluno. **2.** (iniziale maiusc., solo sing.) Territorio intorno a Belluno.

Belonifórmi s.m. pl. [iniziale minusc. sing. *-me* per l'individuo] ZOOL. Ordine di pesci teleostei dal corpo allungato e dalle pinne a raggi molli.

belote [/bəlɔt/] s.f. inv. Gioco di carte di origine olandese, con 32 carte e simile al bridge.

bèl paése o **Bèl paése** loc. sost. m. inv. (loc. ripresa da noti versi di Dante e Petrarca) *iron.* L'Italia.

belpaése s.m. inv. (dall'opera *"Il bel Paese"* di Antonio Stoppani, il cui ritratto compare sulla confezione del formaggio) Denominazione commerciale di un formaggio lombardo a pasta morbida.

belùga s.m. inv. (russo *belucha*) **1.** Grande cetaceo bianco simile al narvalo, privo di pinna dorsale, che vive nei mari artici e viene cacciato per le carni e il grasso. (Lunghezza 3-4 m, genere *Delphinapterus*, famiglia dei Delfinidi.) **2.** Specie di storione del mar Caspio, rinomato per il suo caviale.

bélva s.f. Animale feroce, sanguinario. ~ *fig.* Persona molto aggressiva, violenta.

belvedére s.m. **1.** Luogo elevato da cui si può godere la vista di un ampio panorama. **2.** MAR. Nelle navi a vela, secondo pennone dall'alto con relativa vela dell'albero di mezzana. **3.** Pianta erbacea e cespugliosa con foglie che in autunno diventano rosse. (Famiglia delle Chenopodiacee.) ❑ In funzione di agg. inv., che permette una buona visuale.

bèma s.m. inv. (gr. *bêma* "passo") **1.** ANT. GR. Unità di misura di lunghezza pari a 0,74 metri. **2.** Podio per gli oratori. **3.** ARCH. Nella basilica cristiana, panca posta lungo la curva dell'abside. **4.** Abside nella chiesa bizantina.

bemòlle s.m. inv. (comp. di *be*, nome con cui nel Medioevo si indicava la nota mus. *si*, e *molle* "indebolito" perché abbassato di un semitono) MUS. Segno che indica l'abbassamento di un semitono della nota alla quale è anteposto (o, se posto in chiave, di tutte le note uguali).

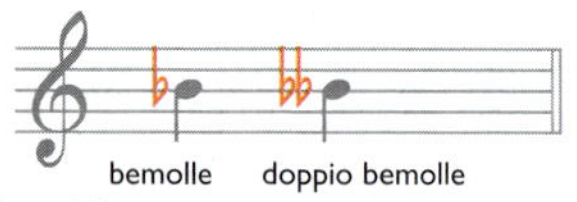

■ **bemòlle**

benamàto o **beneamàto** agg. [f. *-ta*] (calco del fr. *bien-aimé*) Prediletto, anche con valore iron. ◆ s.m. *scherz.* Consorte.

benché cong. Sebbene, quantunque. *Benché fosse molto tardi, volle accompagnarmi fino a casa.*

benchmark [/'bɛntʃmaːk/] s.m. inv. (voce ingl.) Serie di dati che vengono presi come parametro di confronto per valutare le prestazioni di apparecchi, processi o strumenti finanziari.

bènda s.f. **1.** Striscia di tela o garza per fare una medicazione, un bendaggio. **2.** Striscia di stoffa da avvolgere intorno al capo, spec. come segno di dignità sacerdotale o regale. ~ Fazzoletto con cui, un tempo, si coprivano gli occhi ai condannati a morte. **3.** Velo usato, spec. nel Medioevo, dalle donne per coprire il capo. **4.** MAR. Striscia di stoffa che rinforza la vela dove sono cucite le legature.

bendàggio s.m. [pl. *-gi*] (fr. *bandage*) **1.** L'atto di bendare. **2.** Insieme di bende. ~ Fasciatura di tipo sanitario. **3.** SPORT. Fasciatura che viene fatta alle mani dei pugili prima di infilare i guantoni.

bendàre v.tr. **1.** Coprire con una benda. SIN.: **fasciare**. **2.** Impedire la vista a qlcu. coprendogli gli occhi. ◆ **bendarsi** v.pron. Avvolgersi con una benda una parte del corpo.

bendir s.m. inv. Tamburo a cornice dell'Africa del Nord che contiene da tre a sette corde di budello che si colpiscono con le mani. Serve per accompagnare danze, canti e melodie emesse da un primitivo flauto di canna.

bendispósto agg. Favorevole a qlcu. o qlco.

1. bène avv. **1.** In maniera buona, giusta, appropriata. ◇ *Ben venga:* indica qlco. o qlcu. di cui si gradisce l'arrivo. ~ Come si deve. *Comportarsi bene.* ◇ *Per bene:* in modo scrupoloso e corretto. **2.** In maniera o in misura conveniente, soddisfacente. *Hai sentito bene quello che ho detto?* ◇ *Stare bene:* godere di buona salute; di capo di abbigliamento, essere appropriato a chi lo indossa. – *Non mi sta bene:* non sono d'accordo. – *Gli sta bene:* se lo merita. – *Essere messo bene:* essere in condizioni favorevoli, ma in genere con valore antifrastico, essere in difficoltà. – *Prenderla bene:* accettare di buon grado una situazione sfavorevole. – *Promette bene:* lascia sperare. – *Bene o male:* in un modo o nell'altro, alla meno peggio. – *Di bene in meglio:* in progressione positiva o, con valore antifrastico, sempre peggio. – *Ben fatto:* per esprimere ammirazione. **3.** Molto, assai. *La cosa è ben diversa da come credi.* ~ Davvero, proprio. *Hai ben ragione.* ~ Addirittura. *Ti ho aspettato per ben mezz'ora.* ~ Per certo, fermamente. *Lo credo bene.* **4.** Segnale discorsivo per cominciare, riprendere, concludere un discorso. *Bene, possiamo iniziare.* ❑ In funzione di agg. inv., distinto, chic. *La gente bene. Quartieri bene.*

2. bène s.m. **1.** Concetto di perfezione morale o spirituale. **2.** Ciò che è utile, vantaggioso, conveniente. *Pensare al bene dei figli.* ◇ *Agire a fin di bene:* con l'intenzione di giovare a qlcu. **3.** Affetto, amore. *Voler bene a qualcuno.* ~ *estens.* La persona amata. **4.** Serenità, pace. *Trascorrere un'ora di bene.* **5.** (spec. pl.) Sostanze, ricchezze, averi, anche in senso spirituale. *Ereditare i beni di qualcuno.* ◇ *fig. Ben di Dio:* con valore iperbolico, ricchezza infinita. **6.** ECON. Ciò che soddisfa un bisogno. *Beni di prima necessità.* ◇ *Bene di consumo:* non durevole, che viene consumato o che si svaluta col trascorrere del tempo. – *Bene di rifugio:* in cui si investe in momenti difficili perché non soggetto a svalutazione. **7.** DIR. Ciò che è oggetto di diritto. ◇ *Bene immobile:* proprietà non trasportabile, p.e. la casa. – *Bene mobile:* proprietà trasportabile, p.e. il danaro. – *Beni culturali:* opere di interesse artistico, storico, scientifico, considerate patrimonio collettivo e protette con apposite leggi. – ECON. *Bene comune:* bene che si trova nello stato giuridico di comunione.

benedettìno agg. Di San Benedetto da Norcia. ◆ s.m. **1.** [f. *-na*] Monaco dell'ordine benedettino. **2.** Liquore di erbe aromatiche prodotto artigianalmente nei conventi benedettini.
ENCICL. L'ordine monastico benedettino, che si ispira alla regola di San Benedetto e dà molta importanza alla liturgia, al lavoro manuale, agli esercizi spirituali e alla vita comunitaria, nel tempo si è diversificato in numerosi altri ordini: *cluniacensi*, *cistercensi* (da cui hanno avuto origine i *trappisti*), *camaldolesi*, *celestini*, ecc. Riformato a più riprese, l'ordine benedettino propriamente detto ha conosciuto una grande espansione quando venne fondata, nel 910, l'abbazia di Cluny. Nel sec. XVI il Concilio di Trento, rispondendo all'esigenza di riforma degli ordini monastici, rese obbligatoria la federazione delle abbazie benedettine in congregazioni, alcune delle quali, come quella di San Mauro, divennero famose per le loro ammirevoli opere di erudizione patristica, storica e filologica. L'ordine fu poi completamente riorganizzato da Leone XIII nel 1893; oggi esso è composto da un'unione di 15 congregazioni aventi a capo un abate primate che risiede a Roma.

benedétto agg. **1.** Che ha avuto la benedizione secondo il rito della Chiesa. *Acqua benedetta.* **2.** Prediletto da Dio, spec. in formule del rito cristiano. **3.** *fig.* Propizio, fausto. *Terra benedetta.* **4.** Onorato, venerato, sacro. **5.** *fam.* In esclamazioni di compiacimento. *Benedetto quel giorno!* ~ Lievemente antifrastiche. *Fate stare zitti questi benedetti ragazzi!* ~ Maledetto, dannato. *Sono impazzito dietro a questo benedetto problema.*

benedicite s.m. inv. (voce lat., propr. "benedite", parola con cui inizia una preghiera) **1.** CATT. Preghiera che i religiosi recitano prima di iniziare il pasto. **2.** In Sicilia, saluto di origine monastica riservato alle persone autorevoli.

benedire v.tr. [83] (lat. *benedīcere* "lodare, parlare bene di") **1.** Del sacerdote, impartire la benedizione a persone o cose. ~ Consacrare qlco. a Dio con cerimonia religiosa. *Benedire le case.* ◇ *figg. Mandare qlcu. a farsi benedire:* non dargli retta, fargli capire di voler stare in pace. – *Andare a farsi benedire:* andare in malora. **2.** Detto di Dio, proteggere qlcu. e concedergli grazie. *Dio ci ha benedetti.* **3.** Essere riconoscenti verso qlcu. o qlco. *Benedire il Signore.*

benedizióne s.f. **1.** Atto liturgico, cerimonia, con cui si benedice qlcu. o qlco. ~ Atto in virtù del quale la grazia divina scende sui fedeli. *Benedizione con l'acqua santa.* **2.** Atto che in forma autorevole e sacrale simboleggia una disposizione d'animo benevola e protettiva. **3.** Augurio, invocazione di bene. **4.** *fig.* Persona o cosa che è origine di bene. *Quella ragazza è la benedizione dei suoi genitori.*

beneducàto agg. Educato, gentile, cortese.

benefattóre s.m. [f. *-trice*] Chi giova al prossimo. SIN.: **filantropo**. ~ Chi sostiene con elemosine, aiuti, elargizioni persone o istituzioni.

beneficàre v.tr. [4] Fare del bene a qlcu., aiutarlo.

beneficènza s.f. Aiuto economico elargito a persone o comunità bisognose. ◇ *fig. Non fare della beneficenza:* non regalare niente.

beneficiàre v.intr. [5] (aus. *avere*) Trarre un profitto, un vantaggio. *Beneficiare di un'amnistia.*

beneficiàrio agg. [pl. *-ri*] **1.** Che gode di un beneficio. **2.** Relativo a un beneficio ecclesiastico. ◆ s.m. [f. *-ria*] **1.** DIR. Destinatario di beni o proventi vari assegnati con atto giuridico. *Beneficiario di un testamento.* **2.** Titolare di un beneficio.

beneficiàto agg. Che ha ottenuto un beneficio. ◆ s.m. **1.** Titolare di un beneficio ecclesiastico. **2.** [f. *-ta*] Persona a favore della quale viene compiuto un atto o rilasciato un titolo.

benefìcio s.m. [pl. *-ci*] **1.** Azione con la quale si fa del bene a qlcu. **2.** *estens.* Giovamento, vantaggio. *I benefici del sonno.* ◇ DIR. *Benefici di legge:* sconto di pena o altro vantaggio che la legge concede a determinate condizioni. – *Beneficio d'inventario:* possibilità per un erede di accettare di pagare i debiti che gravano sull'eredità soltanto entro il limite di valore dell'eredità stessa. – *fig. Con il beneficio del dubbio:* con riserva, con cautela. **3.** ST. *Beneficio feudale:* terra concessa dal signore a un vassallo in cambio di certi doveri. – *Beneficio ecclesiastico:* diritto di riscossione dei redditi dei beni ecclesiastici connesso a una carica ecclesiastica.

benèfico agg. [pl.m. *-ci*, f. *-che*] **1.** Che giova, è utile. **2.** Caritativo. *Spettacolo benefico.*

benefit [/'bɛnɪfɪt/] s.m. inv. (voce ingl., propr. "beneficio") Indennità concessa a un lavoratore come premio aggiuntivo allo stipendio ed erogata non in denaro ma in servizi, sussidi, facilitazioni.

benemerènza s.f. Comportamento che fa guadagnare stima. ~ Stima tributata al merito. ~ Merito acquisito.

benemèrito agg. Che compie azioni buone o socialmente utili che gli fanno acquisire meriti. ◆ s.m. [f. *-ta*] Nel sign. dell'agg.

beneplàcito s.m. **1.** Consenso, approvazione. **2.** Giudizio insindacabile.

benèssere s.m. **1.** Stato di buona salute fisica e psichica, felicità. ~ Condizione psicologica di appagamento, di serenità. **2.** Agiatezza economica. ◇ *Società del benessere:* quella occidentale, caratterizzata da agiatezza collettiva e un elevato reddito pro capite.

benestànte agg. Che gode di benessere economico. ◆ s.m. e f. Nel sign. dell'agg.

benestàre s.m. inv. Assenso, approvazione.

benevolènza s.f. Disposizione favorevole verso qlcu., indulgenza.

benèvolo agg. **1.** Ben disposto verso qlcu. **2.** Accomodante, indulgente.

benfàtto agg. **1.** Fatto, costruito, fabbricato bene. **2.** Formato bene, di costituzione fisica proporzionata.

bengàla s.m. inv. (dal nome della regione indiana del Bengala dove si usavano fuochi colorati come segnali nella caccia alla tigre) **1.** Fuoco d'artificio. **2.** Razzo luminoso di segnalazione. ~ MIL. Dispositivo lanciato con il paracadute per illuminare gli obiettivi da bombardare.

bengalése agg. Del Bengala. ◆ s.m. **1.** (anche f.) Nativo, abitante del Bengala. **2.** (solo sing.) Lingua bengali.

bengàli s.m. inv. Lingua indiana moderna parlata nel Bengala e nel bacino del Gange.

bengalina s.f. Stoffa di lana o seta originaria del Bengala.

1. bengalino agg. Bengalese. ◆ s.m. [f. *–na*] Nel sign. dell'agg.

2. bengalino s.m. (del *Bengala*, perché si pensava provenisse da tale regione) Piccolo uccello dal piumaggio vivacemente colorato, originario dell'Africa tropicale, spesso allevato in voliere. (Ordine dei Passeriformi, famiglia dei Ploceidi.)

■ **bengalino** comune.

bengòdi s.m. inv. Paese immaginario in cui si può vivere nell'abbondanza senza lavorare. ~ *estens.* Luogo, periodo senza preoccupazioni. SIN.: **cuccagna**.

beniamino s.m. [f. *–na*] (ebr. *Binyāmīn*, propr. "figlio della mano destra", nome benaugurante di un ultimo figlio del biblico Giacobbe) **1.** Figlio prediletto. **2.** Chi gode della predilezione di qlcu., favorito.

benignità s.f. inv. **1.** Inclinazione alla bontà. ~ Clemenza, indulgenza. ~ Mitezza, fertilità. *Benignità del clima.* **2.** MED. Carattere di una malattia a evoluzione semplice e senza complicazioni.

benigno agg. **1.** Incline a fare del bene, indulgente. ~ Favorevole, mite, clemente. *Sorte benigna.* **2.** MED. Senza gravi conseguenze, non mortale. ◇ *Tumore benigno:* che dopo l'asportazione non si riproduce e non produce metastasi.

benintéso avv. (calco del fr. *bien entendu*) Ovviamente, naturalmente.

bènna s.f. (lat. *bènnam* "carretta a quattro ruote" di orig. celtica) **1.** Organo simile connesso al braccio della gru o di una ruspa, per la raccolta e lo spostamento dei materiali. **2.** Slitta in legno trainata da buoi usata in montagna per il trasporto del fieno. SIN.: **treggia**.

benpensànte s.m. e f. (calco del fr. *bien pensant*) Persona dalle convinzioni tradizionali e conservatrici, conformista.

benservito s.m. Documento comprovante le capacità di un dipendente rilasciato dal datore di lavoro alla cessazione del servizio. ◇ *fig. Dare il benservito a qlcu.:* licenziarlo o lasciarlo; talvolta, trattarlo come si merita.

bensì cong. Al contrario.

bénthos o **bèntos** s.m. inv. (gr. *bénthos* "profondità") ECOL. Insieme degli organismi animali e vegetali che vivono sul fondo del mare o delle acque dolci.

bentònico agg. [pl.m. *–ci*, f. *–che*] Relativo al benthos.

bentonite s.f. (ingl. *bentonite*, dal nome di Fort Benton, località del Montana negli USA, ricca di giacimenti di tale minerale) MIN. Argilla con forte potere assorbente e decolorante.

benvenùto agg. Che giunge al momento giusto, a proposito. ◆ s.m. **1.** [f. *–ta*] Persona che

si accoglie con piacere. **2.** Formula di cortesia per salutare chi arriva. *Sei il benvenuto!*

benvolére v.tr. [60] Avere e dimostrare affetto e stima per qlcu.

benzaldèide s.f. CHIM. Sostanza aromatica presente nell'essenza di mandorle amare, è usata in profumeria, nell'industria farmaceutica e delle materie coloranti (formula C_6H_5CHO); è detta anche *aldeide benzoica.*

benzène s.m. CHIM. Idrocarburo aromatico liquido, incolore, volatile, infiammabile, tossico di formula C_6H_6. SIN.: **benzolo**.

benzènico agg. [pl.m. *–ci*, f. *–che*] CHIM. Relativo al benzene, derivato del benzene.

benzidina s.f. CHIM. Composto organico derivato dal difenile, utilizzato nella preparazione di coloranti azoici.

benzile s.m. Radicale aromatico monovalente derivato dal toluene (formula $C_6H_5CH_2–$).

benzina s.f. (ted. *Benzin*) Liquido ottenuto dalla raffinazione del petrolio greggio, formato da una miscela di idrocarburi, dal caratteristico odore, raffinato tra 40-220 °C ca., usato come carburante e solvente. ◇ *Benzina leggera:* quella con punto finale di ebollizione entro 100 °C. – *Benzina pesante:* quella con punto iniziale di ebollizione non inferiore a 60 °C. – *Benzina normale:* con numero di ottani tra 83 e 92. – *Benzina super:* con numero di ottani superiore a 92. – *fig. Rimanere senza benzina:* senza risorse, senza energia. – *Benzina verde:* benzina che, pur conservando un elevato numero di ottani, non contiene il piombo tetraetile (composto organometallico del piombo), ma altri additivi.

benzinàio s.m. [f. *–naia*, pl.m. *–nai*, f. *–naie*] Gestore o addetto a un distributore di benzina.

benzoàto s.m. CHIM. Sale o estere dell'acido benzoico, dalle proprietà antisettiche e diuretiche.

benzodiazepìna s.f. CHIM. Composto organico che presenta un anello benzenico unito a un anello ettagonale con due atomi di azoto. ~ *estens.* Farmaco usato come ansiolitico o contro insonnia, epilessia e convulsioni.

benzòe s.m. Benzoino.

benzòico agg. [pl.m. *–ci*] *Acido benzoico:* acido aromatico derivato industrialmente dal toluene (formula $C_6H_5CO_2H$). – *Aldeide benzoica:* benzaldeide.

benzoile s.m. CHIM. Radicale aromatico monovalente derivato dall'acido benzoico (formula $C_6H_5CO–$).

benzoino s.m. (ar. *lubān Giāwī* "incenso di Giava") **1.** BOT. Albero indonesiano con foglie alterne e fiori bianchi a grappolo. (Famiglia delle Stiracacee.) **2.** Resina aromatica estratta da tale albero, ricca di acido benzoico, impiegata in medicina e profumeria. **3.** CHIM. Alcol chetonico ottenuto per condensazione della benzaldeide.

benzòlo s.m. CHIM. Termine tecnico per *benzene.*

benzopirène s.m. CHIM. Idrocarburo aromatico a venti atomi di carbonio, estratto dal catrame di carbon fossile e utilizzato in laboratorio, per le sue proprietà cancerogene, nello studio dei tumori.

bèola o **bèvola** s.f. (dal nome della località di Beola in Val d'Ossola) MIN. Roccia metamorfica della Val d'Ossola, facilmente riducibile in sottili lastre e usata per la pavimentazione.

beóne s.m. [f. *–na*] Chi beve abitualmente alcol in eccesso. SIN.: **ubriacone**.

beòta agg. [pl.m. *–ti*] **1.** Della Beozia. **2.** Di persona tarda d'ingegno, rozza e incolta. ◆ s.m. e f. **1.** Nativo, abitante della Beozia. **2.** *fig.* Persona tarda d'ingegno, stupida.

bequàdro s.m. (comp. di *be*, nome con cui nel Medioevo si indicava la nota mus. *si*, e *quadro* "duro" per la sua forma quadrata) MUS. Se-

gno di alterazione che riporta alla sua altezza naturale una nota già modificata da un diesis o un bemolle.

Berberidàcee s.f. pl. [iniziale minusc. sing. *–a* per l'individuo] BOT. Famiglia di piante arbustive o erbacee dicotiledoni dell'emisfero Nord, a foglie spinose, come la berberide e la maonia. (Ordine delle Policarpiche.)

berbèride s.f. Arbusto con foglie pennate, fiori a grappolo e frutti a bacca. (Famiglia delle Berberidacee.)

bèrbero agg. (ar. *Barbar*, prob. gr. *bárbaros* "straniero") Della Barberia, dei Berberi, popolazione camitica stanziata nell'Africa settentrionale. ◆ s.m. [f. *–ra*] **1.** Appartenente alla popolazione berbera. **2.** Nativo, abitante della Barberia. **3.** ZOOL. Cavallo da sella e da tiro originario dell'Africa del Nord. **4.** (solo sing.) Lingua camito-semitica parlata dai Berberi

berceau [/bɛr'so/] s.m. inv. (voce fr., propr. "culla" per somiglianza di forma) Pergolato, chiosco da giardino.

berceuse [/bɛr'søz/] s.f. [pl. *berceuses*] (voce fr., deriv. di *bercer* "cullare") **1.** Ninna nanna. **2.** MUS. Composizione musicale dal ritmo cullante che a volte rielabora ninne nanne popolari.

berchèlio s.m. (solo sing.) → **berkelio.**

berciàre v.intr. [5] (aus. *avere*) (etim. incerta, forse lat. deriv. di *berbix* "pecora") Parlare a voce troppo alta, in modo volgare.

bére v.tr. [66] **1.** Ingerire un liquido. *Bere del tè.* **2.** Assorbire un liquido, impregnarsi. *Questa pianta beve molta acqua.* **3.** *fig.* Credere ingenuamente. *Beve tutto!* ◆ v.intr. (aus. *avere*) Bere alcolici smodatamente. ◇ *Bere come una spugna:* abbondantemente. ◆ **bersi** v.pron. Nelle acc. 1 e 3 del v. tr. *Bersi un goccio alla salute. Bersi le storie più inverosimili.* ◇ *figg. Bersi il sol, il patrimonio:* spendere tutto in alcolici. – *Bersi il cervello:* diventare sciocchi.

berétta s.f. inv. (dal nome di P. Beretta che fondò la fabbrica nel 1680) Denominazione commerciale, che costituisce marchio registrato, di una pistola automatica italiana.

bergamàsca s.f. [pl. *–sche*] MUS. Danza folcloristica di Bergamo in voga nei secc. XV-XVIII.

bergamàsco agg. [pl.m. *–schi*, f. *–sche*] Di Bergamo. ◆ s.m. **1.** [f. *–sca*] Nativo, abitante di Bergamo. **2.** (solo sing.) Dialetto parlato nella zona di Bergamo. **3.** (iniziale maiusc., solo sing.) Territorio intorno a Bergamo.

bergamòtto s.m. (etim. incerta, forse turco *beğ armudi* "pera del principe" perché di qualità eccellente, oppure ar.-turco *Bergamà* "Pergamo", città da cui proveniva la pianta) **1.** Agrume mediterraneo simile all'arancio, coltivato per i suoi frutti. **2.** Frutto della pianta del bergamotto, dalla cui buccia si estrae un'essenza usata in profumeria e nella preparazione di liquori. **3.** Varietà di pero che produce le pere bergamotte.

bergère [/bɛr'ʒɛr/] s.f. [pl. *bergères*] (voce fr., propr. "pastora" forse per la frequenza di scene pastorali sulla tappezzeria) Poltrona imbottita ampia e profonda dotata di schienale piuttosto alto e poggiatesta laterali.

bèriberi s.m. inv. (etim. incerta, forse malese *biri-biri* "pecora" per l'aspetto assunto dai malati) Malattia dovuta a carenza di vitamina B1, caratterizzata da un'insufficienza cardiaca complicata da edemi o da problemi neurologici.

berillio s.m. (solo sing.) **1.** Metallo alcalinoterroso che fonde a 1280 °C, di densità 1,85. **2.** Elemento chimico (*Be*) di numero atomico 4 e peso atomico 9,0122. (Il berillio è utilizzato come rallentatore di neutroni nei reattori nucleari; i suoi composti sono altamente tossici.)

berillo s.m. MIN. Minerale cristallino formato da silicato di alluminio e berillio, presenta due varietà preziose, lo smeraldo e l'acquamarina.

beriòlo s.m. Abbeveratoio delle gabbie per uccelli.

berkèlio o **berchèlio** s.m. (solo sing.) (dal nome della città californiana di *Berkeley* dove nel 1949 fu isolato per la prima volta) Elemento chimico artificiale (*Bk*) di numero atomico 79 e peso atomico 247.

1. berlìna s.f. (etim. incerta, forseted. *bretling* "tavoletta") **1.** Pena infamante che consisteva

■ **bequàdro**

nell'esporre il colpevole al pubblico. **2.** *estens.* Pubblico ludibrio, derisione. ◇ *fig. Mettere qlcu. alla berlina:* esporre qlcu. allo scherno della gente.

2. berlìna s.f. (fr. *berline,* perché fu costruita per la prima volta a Berlino) **1.** Carrozza di gala a quattro ruote e a più posti. **2.** AUTOM. Automobile chiusa, a due o a quattro porte. ❑ Anche in funzione di agg. inv., nell'accez. 2 del s. *Una Lancia berlina.*

berlinése agg. Di Berlino. ◆ s.m. e f. Nativo, abitante di Berlino.

bèrma s.f. (fr. *berme,* neerlandese *berm* "argine") COSTR. Piattaforma edificata alla base di terrapieni e argini per preservarli da erosioni.

bermùda s.m. pl. (ingl., deriv. di *Bermuda shorts* "calzoni delle Bermude") Calzoni che scendono fino al ginocchio.

bermudiàna s.f. **1.** BOT. Albero dal legno bianco e dai fiori lilla. (Famiglia delle Cupressacee.) **2.** MAR. Tipo di vela triangolare.

bermudiàno agg. Delle isole Bermude. ◆ s.m. **1.** [f. *–na*] Nativo, abitante delle isole Bermude. **2.** Tipo di goletta con due alberi usata come peschereccio nelle isole Bermude.

bernardìno agg. Di san Bernardo di Chiaravalle o di san Bernardino da Siena. ~ Che appartiene alle congregazioni religiose da essi fondate. ◆ s.m. (spec. pl.) Monaco bernardino.

bernése agg. Della città svizzera di Berna o dell'omonimo cantone. ◇ *Salsa bernese:* salsa *bearnese. ◆ s.m. e f. Nativo, abitante di Berna o del suo cantone.

bernòccolo s.m. **1.** Piccolo rigonfiamento cranico naturale o provocato da una contusione. ~ *estens.* Protuberanza su una superficie. **2.** *fig.* Accentuata predisposizione naturale verso un'arte, una scienza. *Avere il bernoccolo della musica.*

berrétta s.f. **1.** Copricapo di varie fogge senza tese. ~ Copricapo portato dagli ecclesiastici, rigido, a tre o quattro spicchi. **2.** BOT. *Berretta da prete:* pianta arbustiva con frutti rossi a capsula quadrangolare che ricordano la forma della berretta dei preti. (Famiglia delle Celastracee.)

berrettìno agg. (etim. discussa, forse ar. *bārūtī* "grigio scuro") **1.** Di uno smalto di colore azzurro-cenere, tipico di alcune maioliche di Faenza. **2.** *fig.* Perfido, cattivo, maligno.

berrétto s.m. (provenz. *berret,* lat. *bìrrus* "mantello con cappuccio") Copricapo di varie fogge, general. con visiera. ◇ *Berretto da fantino:* a spicchi colorati.

bersagliàre v.tr. [6] **1.** Colpire un obiettivo di interesse militare con colpi di cannone o bombe. *Bersagliare le posizioni nemiche.* **2.** *estens.* Prendere qlco. o qlcu. a bersaglio, lanciandogli contro oggetti vari. **3.** *fig.* Avere qlcu. come bersaglio, perseguitarlo. *Bersagliare di domande.*

bersaglière s.m. (deriv. di *bersaglio* perché i bersaglieri erano tiratori scelti) **1.** Soldato appartenente a uno speciale corpo di fanteria leggera. **2.** *fig.* Persona energica e decisa.

bersàglio s.m. [pl. *–gli*] (fr. *bersail*) Luogo, persona o cosa cui si mira e che si intende colpire. ◇ *figg. Centrare, colpire il bersaglio, l'obiettivo:* conseguire ciò che ci si è proposti. – *Essere il bersaglio di qlcu., della sorte:* essere oggetto di ripetute critiche, di scherzi, essere perseguitato dal destino.

bersò s.m. inv. → **berceau.**

1. bèrta s.f. (etim. incerta, forse dal n.p. Berta, per antonomasia "chiacchierona") Uccello marino dal dorso cinereo e dal ventre bianco, con ali lunghe e zampe palmate. (Ordine dei Procellariformi.)

2. bèrta s.f. Denominazione generica di diversi tipi di maglio.

3. bèrta s.f. (dal nome della madre di Carlo Magno che, secondo la tradizione, copriva per pudore la scollatura degli abiti) Bordura di uno scollo o pettorina di pizzo, tipici della moda femminile dell'Ottocento.

4. bèrta s.f. (dal nome di Bertha Krupp che nel 1902 restò unica erede dell'industria paterna) MIL. Cannone di eccezionale potenza costruito nelle acciaierie Krupp e usato dall'esercito tedesco nella prima guerra mondiale.

bertésca s.f. [pl. *–sche*] (lat. *brittìscam* "torre di tipo bretone") **1.** Opera difensiva del Medioevo costruita in legname o muratura fra i merli della fortezza oppure posta in aggetto alle mura. ~ Loggetta rettangolare o poligonale posta a sbalzo nel mezzo di una facciata, spec. nei palazzi quattrocenteschi. **2.** Nei capanni di caccia, osservatorio con feritoia. **3.** Impalcatura per muratori, decoratori, ecc.

bertùccia s.f. [pl. *–ce*] (dal n.p. *Berta* col sign. di "donna chiacchierona") **1.** Piccola scimmia senza coda, dal pelame grigiastro. (Lunghezza 65 cm; ordine dei Primati.) **2.** *fig.* Persona brutta, o anche dispettosa e petulante. **3.** MIL. Antico tipo di cannone.

bertuèllo o **bertovèllo** s.m. **1.** Strumento per la pesca formato da reti a cono di diametro via via minore inserite l'una nell'altra. **2.** Rete a imbuto per la cattura di uccelli.

bès s.m. inv. (etim. incerta, forse lat. *bēs* "due terzi" di una misura, o forse dal nome dello scienziato tedesco F.W. *Bessel*) FIS. Unità di misura del chilogrammo-massa.

besciamèlla s.f. (dal nome di L. de *Béchamel,* maggiordomo e gastronomo del re di Francia Luigi XIV) Salsa di farina cotta con latte e burro.

bestémmia s.f. (gr. *blasphēmía* "parola irriverente") **1.** Espressione offensiva e volgare rivolta alla divinità o a persone e cose sacre o comunque universalmente rispettate. **2.** *estens.* Giudizio, affermazione fortemente erronei.

bestemmiàre v.tr. [6] (gr. *blasphēmèin* "diffamare") **1.** Pronunciare bestemmie contro Dio o persone o cose sacre. **2.** Maledire qlco. *Bestemmiare la propria sorte.* **3.** *scherz.* Parlare male una lingua, storpiarla. *Bestemmiare l'inglese.*

béstia s.f. **1.** Animale in genere. *Bestia domestica.* ~ *fam.* Insetto. *Avere paura delle bestie.* ◇ *Bestia rara:* persona fuori dal comune. **2.** Animale, in quanto contrapposto all'uomo. ◇ *Essere trattati come le bestie:* in modo disumano. – *Vita di bestia:* senza piaceri, solo di fatica e lavoro. **3.** *fig.* Gli istinti animaleschi dell'uomo, la forza bruta. *La bestia si risvegliò in lui.* ◇ *Montare in bestia:* diventare violento come un animale feroce. – *Bestia nera:* cosa che spaventa, incubo, ossessione. **4.** Persona collerica, brutale. ~ Persona ignorante, inetta. ~ Spesso come ingiuria. *Taci, bestia!* **5.** *per anton.* Animale domestico da stalla. **6.** Gioco di carte.

bestiàle agg. **1.** Di bestia. **2.** *fig.* Da bestia. ~ Di una violenza ottusa. *Crudeltà bestiale.* **3.** *fig. fam.* Insopportabile, enorme. *Fatica bestiale.* ~ Nel gergo giovanile, eccezionale, straordinario in senso positivo.

bestialità s.f. inv. **1.** Violenza, brutalità. **2.** *fig.* Errore madornale. ~ Cretinata.

bestiàme s.m. Il complesso degli animali domestici. ◇ *Bestiame grosso:* buoi, mucche. – *Bestiame minuto:* pecore, maiali, conigli.

1. bestiàrio s.m. [pl. *–ri*] **1.** ANT. ROM. Gladiatore che lottava contro bestie feroci. **2.** Negli zoo, addetto agli animali feroci.

2. bestiàrio s.m. [pl. *–ri*] **1.** Opera didascalica medievale in cui gli animali, in base alle loro caratteristiche, venivano interpretati in modo simbolico o allegorico. *Un bestiario illustrato.* **2.** Decorazione scultorea con animali reali o fantastici, tipica dell'arte medievale.

bestiòla s.f. **1.** Nel sign. del dim. di *bestia.* **2.** *fig. fam.* Persona di poco giudizio.

best seller [/'bɛst 'sɛlǝ/] loc. sost. m. inv. (loc. ingl., propr. "ciò che si vende meglio") Libro, disco, film, spettacolo di cui si registra un altissimo numero di vendite o di spettatori.

bèta s.m. o s.f. inv. Seconda lettera dell'alfabeto greco (*B, β*) corrispondente alla *b* dell'alfabeto latino. ◇ FIS. *Raggi beta:* flusso di elettroni e positroni emessi dai nuclei di certe sostanze radioattive. – INFORM. *Versione beta:* versione funzionalmente completa ma preliminare di un programma.

betabloccànte agg. Di farmaco, usato in malattie cardio-vascolari, che limita la stimolazione dei recettori adrenergici beta. ◆ s.m. Nel sign. dell'agg.

betacarotène s.m. BIOCHIM. Sostanza organica utilizzata come schermante dei raggi ultravioletti.

betaterapìa s.f. Impiego terapeutico dei raggi beta.

betatróne s.m. FIS. Acceleratore circolare di elettroni basato sull'uso di un campo magnetico periodico.

bètel s.m. inv. (port. *bétele* di orig. malese) **1.** Pianta arbustiva rampicante dalle foglie contenenti sostanze eccitanti. (Famiglia delle Piperacee.) **2.** Bolo da masticare composto di noce di areca, calce, aromi, avvolto in una foglia di betel, usato dalle popolazioni indo-malesi.

bètilo s.m. (gr. *báitylos* "pietra caduta dal cielo") ARCHEOL. In alcune civiltà antiche, grande pietra sacra che segnava il luogo considerato dimora della divinità.

betòn s.m. inv. (fr. *béton*) COSTR. Impasto di ghiaia, sabbia, cemento, acqua. SIN.: **calcestruzzo.**

betonàggio s.m. [pl. *–gi*] (fr. *bétonnage*) COSTR. Complesso delle operazioni necessarie alla preparazione e alla colata dei vari tipi di calcestruzzo.

betònica o **bettònica** s.f. [pl. *–che*] Pianta dalle proprietà medicinali comune nei prati e nei boschi, con fiori a spiga di color rosso porpora. (Famiglia delle Labiate.)

betonièra s.f. (fr. *bétonnière*) COSTR. Macchina utilizzata per mescolare il calcestruzzo dotata di un grosso contenitore rotante. ~ *estens.* L'autocarro su cui è montata.

1. béttola s.f. (genov. *béttoa*) MAR. Chiatta da rimorchio con tramogge per trasporto di terra, sabbia, ecc.

2. béttola s.f. Osteria di infimo ordine.

Betulàcee s.f. pl. [iniziale minusc. sing. *–a* per l'individuo] BOT. Famiglia di piante arboree o arbustive a foglie semplici, fiori in amenti o capolini e frutti tipo noce, come p.e. la betulla, l'ontano, il carpine e il nocciolo.

betùlla s.f. Pianta arborea delle zone temperate e fredde, con corteccia biancastra e rami penduli; il legno, bianco e leggero, è usato nell'industria dei compensati e della carta. (Altezza 30 m ca.; famiglia delle Betulacee.)

amento femminile

frutto

amento maschile

■ **betùlla**

bèuta o **bèvuta** s.f. CHIM. Recipiente conico di vetro, a collo stretto, resistente al calore, usato nei laboratori chimici per trattare i liquidi.

bevànda s.f. Qualsiasi liquido che si può bere.

beveràggio s.m. [pl. *–gi*] (fr. *bevrage*) **1.** Pozione medicinale. SIN.: **intruglio. 2.** *fam.* In senso scherz., bevanda cattiva. ~ Bevanda in genere.

beverìno s.m. → **beriolo.**

beveróne s.m. **1.** Impasto a base di acqua, farina o crusca che si dà ai bovini. **2.** *spreg.* Bevanda abbondante ma di nessun gusto o di gusto cattivo. ~ Bevanda medicinale.

bevìbile agg. **1.** Che si può bere, potabile. ~ Di sapore discreto, accettabile. **2.** *fig. scherz.* Credibile. *Discorso bevibile.*

bevitóre s.m. [f. –trice] Chi beve abitualmente alcolici in notevole quantità. ~ In partic., chi beve molto ma resiste agli effetti dell'alcol.

bevùta s.f. **1.** Ingestione abbondante di una bevanda. ~ Quantità di liquido ingurgitata. **2.** Riunione di amici in cui si bevono alcolici, bibite. **3.** fig. Nel gioco del biliardo, i punti involontariamente concessi all'avversario durante una giocata.

bèy o **bèi** s.m. inv. (voce turca, "signore") Titolo dei sovrani di stati vassalli dell'Impero turco.

bezoàr s.m. inv. (ar. bāzahr, persiano pādzahr "pietra contro il veleno") **1.** Nella medicina medievale e in quella orientale, concrezione si forma nell'apparato digerente dei ruminanti. **2.** BOT. Pianta tipica dell'America centrale, utilizzata nella medicina popolare come antidoto contro il veleno dei serpenti. (Famiglia delle Moracee.) **3.** ZOOL. Capra selvatica diffusa in varie zone del vicino Oriente.

bi- Primo elemento di composti in cui significa "due", "composto di due" (bidimensionale), o anche "due volte" (bisettimanale).

biàcca s.f. [pl. –che] (longob. blaich "pallido") **1.** Carbonato basico di piombo, tossico, usato nella fabbricazione di vernici. ◇ Biacca di zinco: ossido di zinco. **2.** estens. Ogni sostanza bianca e pastosa.

biàcco s.m. [pl. –chi] (prob. longob. blaich "pallido" per il colore chiaro) Serpente non velenoso, lungo 1 m ca., diffuso in Italia. (Sottordine degli Ofidi.)

biàda s.f. Qualunque tipo di cereale usato per l'alimentazione degli animali.

biàlbero agg. inv. Di motore a scoppio dotato di due alberi a camme.

biànca s.f. [pl. –che] **1.** Primo sonno dei bachi da seta. **2.** STAM. Facciata di un foglio che viene stampata per prima o che costituisce la prima pagina nella segnatura. **3.** Nel gergo della droga, la cocaina.

biancheria s.f. L'insieme dei panni di uso domestico. ◇ Biancheria intima o personale: insieme dei capi di abbigliamento intimo. – Biancheria da casa: quella che serve ai vari usi domestici.

bianchétto s.m. **1.** Denominazione di varie sostanze imbiancanti o sbiancanti. **2.** (al pl.) Avannotti di aspetto gelatinoso di acciughe e di sardine che, lessati, diventano bianchi.

biànco agg. [pl.m. –chi, f. –che] (germ. blank "lucente") **1.** Del colore che risulta dalla riflessione dei raggi solari su una superficie che non li assorbe. **2.** Di colore chiaro, in contrapposizione alla stessa cosa di colore più scuro. Vino, pane bianco. **3.** Pulito, candido, immacolato. ~ Senza traccia di scrittura. ◇ Scheda bianca: nelle votazioni a scrutinio segreto, quella su cui non è scritto o segnato nulla. **4.** fig. In varie nelle. indica il vuoto, l'assenza di qlco. ◇ fig. Omicidi bianchi: le morti per incidente sul lavoro. **5.** Con riferimento al corpo umano, pallido. Faccia bianca. ~ Canuto. ◇ fig. Far venire i capelli bianchi: procurare uno stato di ansia, dare molte preoccupazioni oppure spaventare. **6.** Che ha attinenza con la neve. Le Olimpiadi bianche. **7.** Di forze politiche e sociali conservatrici o moderate. Le armate bianche al tempo della rivoluzione russa. **8.** Nel Medioevo, della fazione filoimperiale della parte guelfa. **9.** AGR. Mal bianco: malbianco. ◆ s.m. **1.** Il colore bianco. Di fogli non scritto. ◇ Mettere nero su bianco: stilare un contratto; estens. impegnarsi per iscritto. – Di punto in bianco: improvvisamente, inaspettatamente. – Matrimonio in bianco: non consumato. – Notte in bianco: insonne. – Mangiare in bianco: senza sughi, senza condimenti troppo pesanti, grassi. **3.** Parte bianca di qlco. ◇ pop. Bianco dell'occhio: la sclerotica. **4.** Sostanza bianca o sbiancante. ◇ Dare il bianco, una mano di bianco: imbiancare una parete, una stanza. **5.** Biancheria. **6.** [f. –ca] Persona di pelle bianca. **7.** Nel Medioevo, chi apparteneva alla fazione dei guelfi bianchi. ~ General., chi appartiene a una parte politica legittimista, controrivoluzionaria o moderata. **8.** Chi appartiene a una squadra che ha la maglia bianca. **9.** Pezzo di colore bianco nel gioco degli scacchi o della dama. ~ Chi gioca con tali pezzi. **10.** Vino bianco. **11.** STAM. Elemento della composizione che non risulta nella stampa dando luogo a uno spazio bianco.

biancomangiàre s.m. inv. Dolce freddo a base di latte di mandorle, tipico della cucina francese.

bianconatùra s.f. AGR. Malattia del grano che produce sui chicchi chiazze bianche e fa diminuire il contenuto di glutine.

biancóne s.m. Uccello rapace diurno di grossa taglia, diffuso nelle regioni boscose, che si nutre principalmente di rettili e topi. (Apertura alare 160-180 cm; famiglia degli Accipitridi.)

bianconéro agg. Di associazione sportiva dalla maglia bianconera o tifoso appartenente o tifoso. ◆ s.m. [f. –ra; spec. pl.] Giocatori e tifosi di una squadra dalla maglia bianconera.

biancóre s.m. Luce diffusa di tonalità bianca. ~ Candore, purezza.

biancoségno s.m. (calco del fr. blanc-seign) DIR. Scrittura privata che reca solo la firma in bianco dei contraenti e che viene successivamente completata da terzi a ciò autorizzati.

biancospino s.m. Arbusto spinoso con fiori bianchi o rosa odorosi e frutti rossi. (Genere Crataegus; famiglia delle Rosacee.)

biancostàto s.m. Spuntatura di maiale o manzo utilizzata spec. per il bollito.

biascicaménto s.m. Lunga o faticosa masticazione. ~ fig. Pronuncia stentata.

biascicàre v.tr. [4] **1.** Cercare di rendere tenero il cibo, muovendo lentamente e rumorosamente le mascelle. **2.** fig. Dire qlco. sottovoce, pronunciando male le parole.

biasimàre v.tr. (fr. blasmer, lat. blastemàre propr. "bestemmiare".) Giudicare qlcu. o qlco. con biasimo, disapprovare una persona o un comportamento. SIN. **deplorare**.

biasimévole agg. Da biasimare, riprovevole.

biàsimo s.m. Giudizio morale negativo, aspra critica. SIN. **disapprovazione**. ◇ Nota di biasimo: valutazione negativa messa per iscritto come procedimento disciplinare.

biàssico agg. [pl.m. –ci, f. –che] Che ha due assi ottici.

biathlèta o **biatlèta** s.m. e f. [pl.m. –ti] Atleta che partecipa, in occasione delle Olimpiadi invernali, a una gara di biathlon.

biathlon o **biatlon** s.m. inv. SPORT. Gara combinata di sci di fondo e di tiro con la carabina inserita nelle Olimpiadi invernali.

bibàsico agg. [pl.m. –ci, f. –che] CHIM. Di acido che ha due atomi di idrogeno sostituibili con atomi di metalli.

Bibbia s.f. **1.** Testo sacro della religione ebraico-cristiana, comprendente l'Antico Testamento, comune al cristianesimo e all'ebraismo, e il Nuovo Testamento, proprio del cristianesimo (v. parte n.pr.). ~ estens. Libro contenente il testo della Bibbia. **2.** fig. (anche maiusc.) Testo base. ~ Autore o scritto di importanza fondamentale.

biberòn s.m. inv. (voce fr., lat. deriv. di bìbere "bere") Bottiglietta chiusa da un succhiotto per l'alimentazione dei bambini nei primi mesi di vita.

bibita s.f. Bevanda dissetante perlopiù zuccherata e priva di alcol.

biblico agg. [pl.m. –ci, f. –che] **1.** Della Bibbia. **2.** fig. Austero, solenne. Una figura biblica. ~ Immenso, grandioso. Una catastrofe biblica.

bibliobus s.m. inv. (fr. bibliobus) Piccolo autobus attrezzato a biblioteca.

bibliofilìa s.f. Amore per i libri. ~ Gusto per la ricerca di esemplari antichi o rari.

bibliòfilo s.m. [f. –la] Amatore, collezionista di libri, spec. rari o antichi.

bibliografìa s.f. **1.** Elenco di opere di un autore o concernenti un determinato argomento. ~ Elenco di libri consultati durante la preparazione di un saggio. ~ Volume specificamente destinato a contenere tale elenco. ◇ Bibliografia ragionata: accompagnata in modo sistematico da informazioni critiche. **2.** Tecnica della descrizione e catalogazione dei libri.

bibliogràfico agg. [pl.m. –ci, f. –che] Relativo alla bibliografia.

bibliògrafo s.m. [f. –fa] Specialista di bibliografia. ~ Autore di opere bibliografiche.

bibliologìa s.f. (fr. bibliologie) Disciplina che ha come oggetto di studio i libri, la loro storia, la loro conservazione e diffusione.

bibliòmane s.m. e f. (fr. bibliomane) Accanito collezionista di libri rari.

bibliomanìa s.f. Passione maniacale per il collezionismo librario.

bibliotèca s.f. [pl. –che] **1.** Raccolta ordinata di libri di vario genere e destinazione. ~ Il luogo adibito alla loro custodia e consultazione. ◇ Biblioteca civica: che dipende da un Comune. – Biblioteca nazionale: che dipende dallo Stato. ◇ Essere una biblioteca ambulante: in senso scherz., sapere molte cose. **2.** Scaffale per libri, propriamente libreria. **3.** Collana di libri. La biblioteca dei classici italiani.

bibliotecàrio s.m. [f. –ria, pl.m. –ri] Chi è addetto a una biblioteca.

biblioteconomìa s.f. Disciplina che studia i criteri di ordinamento e funzionamento delle biblioteche.

biblista s.m. e f. [pl.m. –sti] Studioso, specialista di testi biblici.

bic s.m. inv. (marchio depositato, dal nome di Marcello Bich) Tipo di penna a sfera.

bica s.f. [pl. –che] **1.** Mucchio di covoni di grano. **2.** estens. Cumulo di cose.

bicameràle agg. **1.** Di sistema politico in cui il potere legislativo è esercitato, con pari e concomitante autorità, da due camere di rappresentanti, come p.e. il parlamento italiano che comprende la Camera dei deputati e il Senato. **2.** Commissione bicamerale: composta da membri di entrambe le camere. ◆ s.f. Commissione bicamerale.

bicameralìsmo s.m. Sistema parlamentare in cui organo del potere legislativo sono due camere di rappresentanti. ◇ Bicameralismo imperfetto: in cui le due camere hanno funzioni differenziate. – Bicameralismo perfetto: caratterizzato da identiche funzioni delle due camere.

bicàmere o **bicàmera** agg. inv. Di appartamento formato da due camere. ◆ s.m. inv. Nel sign. dell'agg.

bicarbonàto s.m. CHIM. Sale dell'acido carbonico. ◇ Bicarbonato di sodio: usato per rendere l'acqua effervescente o come medicinale.

bicchieràta s.f. **1.** Quantità di liquido corrispondente a un bicchiere. **2.** Bevuta tra amici per festeggiare.

bicchière s.m. **1.** Piccolo recipiente usato per bere. ◇ Levare il bicchiere: brindare. – Facile come bere un bicchiere d'acqua: di cosa facilissima a farsi. – fig. Affogare in un bicchiere d'acqua: smarrirsi per ogni piccola difficoltà. **2.** estens. Quantità di liquido contenuta in un bicchiere. **3.** Involucro esterno di una granata esplosiva.

bicchierino s.m. **1.** Nel sign. del dim. di bicchiere; in partic., bicchiere piccolo per liquori o vini ad alta gradazione. ~ Il suo contenuto. Un bicchierino di grappa. **2.** Piccolo vaso di vetro per lumini da luminarie o tombe.

bicèfalo agg. lett. Che ha due teste.

bicentenàrio s.m. [pl. –ri] Secondo centenario.

bichini s.m. inv. → **bikini**.

bici s.f. inv. fam. Bicicletta.

biciclétta s.f. Veicolo con due ruote allineate, di cui la posteriore, di trazione, è azionata, attraverso i pedali, dalle gambe del guidatore. ◇ Bicicletta da camera: cyclette.

biciclo s.m. Veicolo a pedali con due ruote, di cui l'anteriore è di diametro maggiore rispetto alla posteriore.

bicilindrico agg. [pl.m. –ci, f. –che] MECC. Che ha due cilindri.

bicipite agg. **1.** Con due teste. **2.** ANAT. Di muscolo costituito da due capi riuniti in una massa comune. ◆ s.m. ANAT. Nell'accez. 2 dell'agg. Bicipite femorale.

biclorùro s.m. CHIM. Ogni sale che contenga due atomi di cloro.

bicòcca s.f. [pl. –che] spreg. Casa fatiscente, catapecchia.

bicolóre agg. **1.** Di due colori. **2.** fig. Nel l. pol., formato da due diversi partiti politici. ◆ s.m.

143

Governo, giunta di due partiti. ◆ s.f. Rotativa tipografica che stampa a due colori.

bicòncavo agg. Che ha due superfici concave. ◇ *Lente biconcava:* divergente, per la correzione della miopia.

bicontìnuo agg. MAT. *Funzione bicontinua:* funzione continua la cui funzione inversa è anch'essa continua.

biconvèsso agg. Che ha due superfici convesse. ◇ *Lente biconvessa:* convergente, per la correzione della presbiopia.

bicoriàle agg. BIOL. Che risulta dallo sviluppo separato di due ovuli fecondati contemporaneamente.

bicòrne agg. A due corna, a due punte. ◇ MED. *Utero bicorne:* malformazione congenita per cui la porzione superiore dell'utero risulta duplice.

bicòrnia s.f. Incudine a due punte, una piramidale e una conica.

bicromàto agg. CHIM. Di ogni sale il cui anione è formato da due atomi di cromo e sette di ossigeno. SIN.: **dicromato**.

bicromìa s.f. Tecnica di stampa che utilizza i due colori fondamentali arancio e blu-verde. ~ Il risultato di tale tecnica.

bicùspide agg. 1. A due cuspidi, a due punte. SIN.: **bicuspidale**. 2. ANAT. Di organo o parte di esso che presenta due lembi. ◇ *Valvola bicuspide:* valvola cardiaca, detta anche *mitrale*, che mette in comunicazione l'atrio e il ventricolo sinistro.

bidè s.m. inv. (fr. *bidet* "cavalluccio") Apparecchio igienico per il lavaggio delle parti intime del corpo, formato da una vaschetta dotata di acqua corrente calda e fredda.

bidèllo s.m. [f. –la] (fr. *bedel* "guardia") Negli istituti scolastici, persona addetta alla sorveglianza degli studenti e alla pulizia dei locali. ~ Negli uffici pubblici, inserviente, fattorino.

bidènte s.m. 1. Attrezzo agricolo, costituito da due punte metalliche arcuate e da un manico di legno, usato per rompere terreni aridi. 2. Forcone a due punte. 3. Presso gli antichi romani, animale, in partic. pecora, giunta alla seconda dentizione, da sacrificare agli dei.

bidimensionàle agg. A due dimensioni.

bidirezionàle agg. A due direzioni.

bidonàre v.tr. *pop.* Truffare qlcu., prometterergli qlco. senza intenzione di mantenere la promessa. SIN.: **imbrogliare**. ~ Mancare all'appuntamento con qlcu.

bidóne s.m. 1. Contenitore di cose o liquidi, in metallo o plastica, per lo più di forma cilindrica. 2. *fig. pop.* Macchina o altro meccanismo che funziona male per usura o per qualità scadente. ~ Cosa che non corrisponde per qualità o quantità a quanto pattuito e che perciò è materia di truffa. *Prendere un bidone.* 3. SPORT. Atleta che si rivela di doti molto inferiori all'aspettativa.

bidonvìa s.f. → **cabinovia**.

bidonville [/bidɔ̃'vil/] s.f. inv. (voce fr., comp. di *bidons* "bidoni" e *ville* "città") Agglomerato di baracche poste alla periferia delle grandi città, utilizzate come abitazione da persone povere ed emarginate.

bièco agg. [pl.m. –chi, f. –che] (lat. *oblīquum* "che va di traverso") Torvo, che denota malanimo. ~ Scostante, minaccioso.

bièlica agg. inv. Dotato di due eliche.

bièlla s.f. MECC. Barra rettilinea atta a trasmettere un movimento tra due pezzi articolati posti alle sue estremità.

biellése agg. Di Biella. ◆ s.m. 1. (anche f.) Nativo, abitante di Biella. 2. (iniziale maiusc., solo sing.) Territorio intorno a Biella.

bielorùsso agg. Della Bielorussia o Russia Bianca. ◆ s.m. 1. [f. - sa] Nativo, abitante della Bielorussia. 2. (solo sing.) Lingua slava orientale parlata in Bielorussia.

biennàle agg. 1. Che dura due anni. 2. Che ricorre ogni due anni. ◆ s.f. Manifestazione che si tiene ogni due anni.

bièrne agg. BOT. Di pianta il cui ciclo vitale si compie in due anni. SIN.: **biennale**.

biènnio s.m. [pl. –ni] Periodo di due anni. ~ Corso di studi che dura due anni.

bieticoltóre o **bieticultóre** s.m. [f. –trice] Chi coltiva barbabietole da zucchero.

biètola s.f. Varietà orticola della barbabietola con foglie commestibili a costa larga; detta anche *bietola da coste* o *bietola bianca*. (Famiglia delle Chenopodiacee.)

bietolóne s.m. 1. Pianta con foglie commestibili di forma triangolare e infiorescenze a grappolo. (Famiglia delle Chenopodiacee.) 2. *fig.* [f. –na] Sempliciotto, credulone.

biètta s.f. 1. MECC. Barretta metallica che, in vari meccanismi, serve per impedire la rotazione o lo scorrimento di pezzi a contatto. SIN.: **chiavetta**. 2. Cuneo per spaccare il legno. 3. Spessore di legno che si pone sotto i piedi dei mobili per impedire che traballino. SIN.: **zeppa**. 4. MUS. Negli strumenti a corda, pezzo ligneo, posto nell'impugnatura dell'arco, a cui sono fissati i crini. SIN.: **nasello**. 5. COSTR. Parallelepipedo di legno posto di traverso tra due travi per trasmettere sforzi di taglio.

bifacciàle agg. 1. Che presenta due facce. 2. BOT. → **dorsoventrale**.

bifamiliàre agg. Che si riferisce a due famiglie.

bifàse agg. inv. FIS. A due fasi. ◇ *Sistema bifase:* sistema elettrico di due correnti alternate sfasate di un quarto di periodo.

biffa s.f. (long. *wiffa* "fastello di paglia" usato come segnale di confine) 1. Strumento ad asta usato nei rilevamenti topografici. SIN.: **palina**. 2. COSTR. Indicatore a forma di X, di materiale rigido e fragile, che si colloca nelle fenditure dei muri per controllarne l'eventuale allargamento.

biffàre v.tr. 1. Segnare un terreno con biffe. 2. COSTR. Inserire biffe in un muro lesionato.

bìfido agg. Diviso in due. ◇ *Lingua bifida* (→ lingua *biforcuta*).

bifocàle agg. OTT. Di sistema ottico a due fuochi. ◇ *Lente bifocale:* lente divisa in due sezioni a raggio di curvatura diverso, che usata negli occhiali permette di mettere a fuoco sia gli oggetti vicini sia quelli lontani.

bifólco s.m. [f. –ca, pl.m. –chi, f. –che] 1. Chi accudisce i bovini. 2. *fig.* Persona villana e rozza. SIN.: **screanzato**.

bìfora s.f. ARCH. Finestra ad arco divisa in due parti da una colonnina o da un pilastrino, tipica degli stili romanico e gotico. ◆ agg. Nel sign. del s.

biforcàre v.tr. [4] Dividere qlco. in due parti, quasi a forma di forca. ◆ **biforcarsi** v.pron. Mostrare una biforcazione, dividersi in due. SIN.: **bipartirsi**.

biforcazióne s.f. 1. Divisione in due parti di qlco. SIN.: **biforcatura**. 2. Punto in cui qlco. si biforca. SIN.: **bivio**. 3. FIS. Nella rappresentazione grafica del comportamento di sistemi complessi, situazione che si presenta al passaggio del sistema da un solo stato di equilibrio stabile a una pluralità di possibili stati di equilibrio.

biforcùto agg. Diviso in due, bifido. ◇ *Lingua biforcuta:* quella dei serpenti; *fig.* mentitore o traditore.

big [/'bɪg/] s.m. e f.inv. (voce ingl., "grande") Persona che eccelle in un dato campo.

biga s.f. [pl. –ghe] (lat. *bigam*, deriv. di *biiugae equae* "cavalle a doppio giogo") 1. ANT. GR. ROM. Carro da corsa o da guerra, tirato da due cavalli. 2. Calesse a due posti. 3. MAR. Gru che alza dal molo grossi carichi e li deposita sulla nave.

bigamìa s.f. Stato di una persona che contragga matrimonio essendo già legata da valido matrimonio. ~ In una società monogamica, il reato che si commette avendo contemporaneamente due coniugi.

bìgamo agg. (parziale calco di gr. *dígamos*, comp. di *dís* "due volte" e *gámos* "nozze") Che contrae un secondo matrimonio essendo ancora valido a tutti gli effetti il primo. ~ Che sposa una persona che si trova in tale condizione. ◆ s.m. [f. –ma] Nel sign. dell'agg.

bigattièra s.f. Locale in cui si allevano i bachi da seta. ~ Tavola su cui stanno i bachi.

big band [/'bɪg bænd/] loc. sost. f. inv. (loc ingl.) MUS. Grande orchestra jazz (in oppos. a *combo*).

big bang [/'bɪg 'bæŋ/] loc. sost. m. (solo sing.) (loc. ingl. "grande esplosione") Nome che la fisica moderna dà all'esplosione originaria da cui si sarebbe sviluppato l'universo.

ENCICL. La teoria del big bang è attualmente quella più accreditata fra i cosmologi per dare una spiegazione all'origine dell'universo. Secondo questa teoria, l'universo presentava inizialmente un'enorme densità e una temperatura elevatissima. Circa 15 miliardi di anni fa, il nucleo originario dell'universo avrebbe iniziato la propria espansione con un "grande scoppio" (*big bang*) durante il quale la temperatura si sarebbe abbassata bruscamente. Con la prima espansione, quando la temperatura scese a livelli dell'ordine di 100 milioni di volte quella del nucleo attuale del Sole, i quark vagavano liberi in un mare di energia. Nel momento in cui le dimensioni dell'universo aumentarono di 1000 volte, la materia riempiva ormai una regione grande quanto il sistema solare. Allora i quark cominciarono a essere confinati all'interno di protoni e neutroni; quando le dimensioni erano aumentate di altre 1000 volte, neutroni e protoni cominciarono a formare i nuclei atomici, in particolare la maggior parte dell'elio e del deuterio esistenti. Tutti questi eventi ebbero luogo in un tempo brevissimo: circa un minuto dal big bang. Solo dopo 300.000 anni, tuttavia, sarebbe iniziata la cattura degli elettroni da parte dei nuclei atomici e la conseguente formazione di atomi neutri. Tali atomi avrebbero poi cominciato ad addensarsi in nubi di gas, dalla cui evoluzione sarebbero nate le stelle. Le prime galassie si sarebbero formate circa un miliardo di anni dopo il big bang.

bigèllo s.m. Stoffa ordinaria di lana scura a pelo lungo.

bigèmino agg. MED. → **1. gemellare**.

bighellonàre v.intr. (aus. *avere*) Camminare senza meta. SIN.: **girovagare**.

bigio agg. [pl.m. –gi, f. –gie o –ge] 1. Di colore grigio opaco. SIN.: **cinerino**. 2. *fig.* Incerto, indeciso. ◆ s.m. Il colore grigio opaco.

bigiotteria s.f. (fr. *bijouterie* "gioielleria") 1. Oggetti ornamentali da portare indosso lavorati con materiali non preziosi. 2. Il negozio che vende tali oggetti.

bigliettàio s.m. [f. –taia, pl.m. –tai] Addetto alla vendita dei biglietti per i mezzi pubblici o per l'ingresso a spettacoli.

bigliettazióne s.f. Distribuzione, vendita di biglietti di viaggio.

biglietteria s.f. Posto dove si vendono i biglietti di viaggio o d'ingresso a spettacoli.

bigliétto s.m. (fr. *billet*, lat. *būlla* "borchia" col sign. di "sigillo") 1. Foglietto per brevi comunicazioni. ~ Il testo scritto su di esso. ~ Cartoncino scritto usato per convenevoli sociali come saluti, atti di presenza, di partecipazione. *Biglietto di invito.* ◇ *Biglietto da visita:* cartoncino con impresso il nome di qlcu., la ragione sociale di un'azienda, l'indirizzo, ecc. – *Biglietto postale:* foglio di carta da lettere preparato dalle Poste italiane e messo in vendita affrancato, gommato, e ripiegato. 2. Documento che attesta un diritto a un determinato servizio. *Biglietto ferroviario.* ◇ *Biglietto della lotteria:* tagliando con cui si partecipa all'estrazione del premio. – *Biglietto numerato:* che attesta il diritto a occupare il posto avente lo stesso numero. – *Fare il biglietto:* acquistare il titolo di viaggio per un certo percorso. 3. *Biglietto di banca:* banconota. 4. *Biglietto aperto:* biglietto aereo in cui il volo di ritorno non è prestabilito.

biglióne s.m. (fr. *billon* "lingotto") Lega povera di argento utilizzata ant. per la coniatura delle monete.

bignè s.m. inv. (fr. *buigne* "bernoccolo" per somiglianza di forma) Pasticcino tondo riempito con crema, cioccolato, ecc., e ricoperto di glassa.

bignònia s.f. (dal nome dell'abate fr. J. Bignon vissuto nel sec. XVIII al quale fu dedicata) Arbusto rampicante, originario dell'America o dell'Asia, coltivato per i suoi lunghi fiori a campanula di colore arancione. (Famiglia delle Bignoniacee.)

Bignoniàcee s.f. pl. [iniziale minusc. sing. –a per l'individuo] BOT. Famiglia di piante tropicali rampicanti e lianose, con foglie composte e fiori irregolari. (Classe delle Dicotiledoni.)

bigodino s.m. Piccolo cilindro in plastica su cui si avvolgono le ciocche di capelli per arricciarli.

bigóncia s.f. [pl. –*ce*] Recipiente a forma di tronco di cono con la base minore in basso, fatto di doghe di legno, nel quale si trasporta e si pigia l'uva.

bigóncio s.m. [pl. –*ci*] **1.** Recipiente a tronco di cono rovesciato, fatto di doghe di legno, due delle quali sono più alte e forate per farvi passare una pertica per il trasporto. **2.** Cassetta posta nell'atrio di teatri, cinema, ecc., per raccogliere i tagliandi dei biglietti presentati dagli spettatori.

bigotteria s.f. (fr. *bigoterie*) Comportamento da bigotto.

bigottismo s.m. (fr. *bigotisme*) Bigotteria sistematica ed eccessiva.

bigòtto agg. (fr. *bigot*, forse epiteto spreg. dato ai Normanni che usavano come intercalare l'espressione *bî God* "per Dio") Che cura scrupolosamente la lettera della religione, eseguendo con pignoleria spesso ostentata tutte le pratiche del culto. ~ *estens.* Ipocrita. ◆ s.m. [f. –*ta*] Nel sign. dell'agg.

biiettivo agg. MAT. *Funzione biiettiva:* quella tra due insiemi A e B in cui gli elementi di A e B sono in corrispondenza biunivoca.

biiezióne s.f. MAT. Corrispondenza biunivoca o permutazione.

bijou [/bi'ʒu/] s.m. inv. (voce fr. "gioiello", bret. *bizou* "anello") **1.** Gioiello. **2.** *estens.* Persona o cosa apprezzata per l'eleganza, la raffinatezza.

bikini s.m. inv. (nome di un atollo dell'oceano Pacifico in cui furono eseguiti esperimenti nucleari, quindi "costume esplosivo") Costume da bagno formato da uno slip e da un reggiseno.

bilabiàle agg. LING. Di suono prodotto formando un'occlusione tra due lettere (in italiano, le consonanti bilabiali sono *b, m, p*). ◆ s.f. LING. Consonante bilabiale.

bilàma agg. inv. Di rasoio di sicurezza con due lame sovrapposte.

bilancèlla s.f. **1.** Piccola barca da pesca dotata di una grande vela latina. **2.** Tipo di rete da pesca.

bilància s.f. [pl. –*ce*] (lat. *bilancem* "a due piatti") **1.** Strumento che serve per comparare delle masse. ◇ *Bilancia automatica:* quella in cui è una lancetta a indicare il peso corporeo direttamente su una scala graduata. – *Bilancia elettrica:* quella in cui il peso è indicato mediante un circuito elettromagnetico in collegamento diretto con il piatto. – *Bilancia elettronica:* quella dotata di un quadrante a diodi luminosi in cui, con la merce sul piatto, possono venire indicati contemporaneamente il peso, il costo unitario e l'importo totale. – *Bilancia a due piatti:* in cui i piatti sono appesi alle due estremità di un giogo che oscilla su un fulcro centrale; è il simbolo della Giustizia. – *Bilancia a molla:* dinamometro. – *Bilancia romana:* basata sul principio della leva, con una lunga asta graduata su cui scorre un peso misuratore (*romano*), detta anche *stadera*. – *Bilancia a bilico:* bascula. – *Bilancia di precisione:* con approssimazione di 0,2-0,1 milligrammi. – *A, in bilancia:* in equilibrio. **2.** In alcune loc. fig., esprime cautela, attenzione, incertezza. ◇ *Mettere qlco. sulla* (o *sul piatto della*) *bilancia:* prenderlo in attenta considerazione. – *Pesare qlco. con la bilancia del farmacista:* valutarlo con estrema attenzione. – *Fare pendere la bilancia da*

una parte: fare prevalere un giudizio di parte. – *Dare il tratto, il tracollo alla bilancia:* contribuire decisamente a risolvere una situazione in uno dei sensi possibili, e di solito nel senso peggiore, più dannoso. – *Tenere qlcu. sulla bilancia:* in sospeso. – *Ago della bilancia:* lancetta mobile che indica il peso; *fig.* riferito a chi, con la sua decisione, può determinare la vittoria di una parte o dell'altra. **3.** Denominazione di vari strumenti scientifici usati per misurare grandezze fisiche. ◇ *Bilancia idrostatica o di Archimede:* quella con cui si determina il peso specifico di un solido rispetto all'acqua o la densità di un liquido. **4.** ECON. *Bilancia commerciale:* documento contabile che misura il flusso delle merci importate ed esportate rilevando il loro rapporto. – *Bilancia dei pagamenti:* documento contabile che misura e confronta le entrate e le uscite valutarie globali di un paese in un dato periodo. **5.** ASTR. (iniziale maiusc., solo sing.) Costellazione zodiacale dell'emisfero australe nella quale il sole transita nel periodo che va dal 24 settembre al 23 ottobre. v. parte n. pr. **6.** ASTROL. Settimo segno dello zodiaco dominante tale periodo. ~ *estens.* Persona nata sotto tale segno della Bilancia. **7.** Rete da pesca quadra appesa per i vertici a due bracci arcuati e incrociati. **8.** TEAT. Sistema d'illuminazione del palcoscenico posto in alto, nascosto dalla vista degli spettatori. **9.** COSTR. Ponteggio mobile. **10.** MIN. Elevatore a discesa. **11.** Valvola di sicurezza delle caldaie a vapore delle vecchie locomotive ferroviarie. **12.** Bilanciere dell'orologio a pendolo.

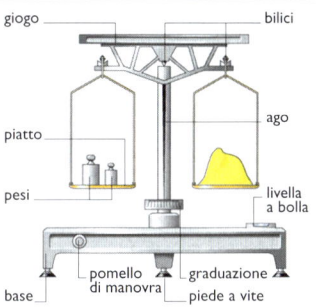

giogo — bilici — piatto — ago — pesi — livella a bolla — pomello di manovra — graduazione — base — piede a vite

■ **bilància.** Elementi della bilancia di precisione.

bilanciaménto s.m. **1.** Atto del bilanciare o del bilanciarsi, del mettere o del mettersi in equilibrio, anche in senso fig. **2.** MAR. Spostamento di pesi a bordo di una nave inclinata per una falla, allo scopo di raddrizzarla. **3.** ELETTR. Operazione che si effettua per rendere bilanciato un sistema.

bilanciàre v.tr. [5] **1.** Pesare qlco. con la bilancia. ~ *fig.* Soppesare situazioni, opinioni, frasi. **2.** Mettere in posizione di equilibrio, pareggiando il peso come su una bilancia. ~ Pareggiare qlco. **3.** *fig.* Di cosa, avere lo stesso valore, lo stesso peso di altra cosa di segno opposto. ◆ **bilanciarsi** v.pron. **1.** Porsi in posizione di equilibrio, spostando il peso del corpo come meglio conviene. **2.** Di due o più elementi in relazione reciproca, pareggiarsi a vicenda.

bilanciàto agg. **1.** Che sta in equilibrio. ◇ *fig. Dieta bilanciata:* che contiene tutti i principi nutritivi. **2.** Messo in bilancio.

bilancière s.m. **1.** MECC. Braccio meccanico oscillante intorno a un perno centrale, che ripartisce equamente lo sforzo alle due estremità. ~ Braccio meccanico che trasforma un moto oscillante in moti alternativi di corto periodo. ~ Nell'orologio, organo che regola il moto delle lancette. **2.** TECN. Tipo di pressa manuale azionata mediante una vite collegata a contrappesi. ~ Macchina per coniare monete e medaglie. **3.** Bastone di legno per portare sulle spalle due carichi agganciati a ciascuna delle estremità. ~ Asta d'equilibrio per funamboli. ~ Nel sollevamento pesi, sbarra alle cui estremità si fissano dischi di ferro di vario peso. **4.** Galleggiante esterno allo scafo e collegato a esso con perti che poste trasversalmente per aumentarne la

stabilità. **5.** ZOOL. (spec. pl.) Nome dato alle ali del secondo paio degli insetti ditteri.

bilancino s.m. **1.** Nel sign. del dim. di *bilancia*; in partic., bilancia di precisione. ◇ *fig. Pesare le parole col bilancino:* soppesare, valutare con estrema attenzione. **2.** Nel calesse, nelle diligenze, ecc., traversa di legno alla quale si attaccano le tirelle dell'animale che sta fuori dalle stanghe. ~ *estens.* L'animale stesso che ha funzione di rinforzo rispetto a quelli attaccati dentro le stanghe. **3.** *fig.* Chi aiuta qlcu. a portare a termine un lavoro che da solo non riuscirebbe a finire. **4.** Impugnatura nella quale confluiscono i fili che muovono le marionette. **5.** Nello sci nautico, impugnatura alla quale lo sciatore si tiene durante la corsa.

bilàncio s.m. [pl. –*ci*] **1.** ECOL. Elenco, descrizione e calcolo delle entrate e delle uscite di un'azienda o di una famiglia in un determinato periodo. ◇ *Bilancio preventivo, di previsione:* in cui si prospettano le entrate e le uscite per un periodo a venire. – *Bilancio consuntivo:* rendiconto delle entrate e delle uscite già avvenute. – *Bilancio consolidato:* bilancio unificato di tutte le società di uno stesso gruppo. – *Bilancio in attivo:* in cui le entrate superano le uscite. – *Bilancio in passivo:* in cui le uscite superano le entrate. – *Bilancio in pareggio:* in cui entrate e uscite si equivalgono. – *Bilancio di chiusura:* in cui si elencano le voci che compongono il capitale di fine esercizio. **2.** La situazione finanziaria come risulta dal rapporto tra entrate e uscite. **3.** *fig.* Valutazione critica di qlco. che tiene conto degli aspetti positivi e negativi. **4.** Equilibrio, pareggiamento.

bilateràle agg. **1.** Relativo a due lati. ◇ BIOL. *Simmetria bilaterale:* caratteristica di organi o organismi che presentano due parti simmetriche rispetto a un ideale piano mediano di divisione. **2.** DIR. Che riguarda due parti giuridiche. ◇ *Accordo, commercio, trattato bilaterale:* quello che interviene tra due parti politiche o tra due Stati. – *Contratto bilaterale:* quello in cui le obbligazioni che sorgono sono a carico di entrambi i contraenti.

bilateralismo s.m. Indirizzo di politica commerciale che promuove la ricerca di accordi bilaterali.

bilateralità s.f. inv. Caratteristica di ciò che è bilaterale.

bilàtero agg. **1.** GEOM. Che presenta due lati o due facce. **2.** BIOL. Di animale che presenta simmetria bilaterale.

bilboquet [/bilbɔke/] s.m. inv. (voce fr.) Gioco composto da un bastoncino appuntito legato con una cordicella a una palla forata. (Il gioco consiste nell'infilare la palla sull'estremità appuntita del bastoncino.)

-bile Suffisso di aggettivi derivati da verbi - a seconda delle loro coniugazioni si compongono con *a* (-*abile*) nei verbi della 1ª, con *i* (-*ibile*) nelle altre - che esprime possibilità tanto attiva (*deperibile*) quanto passiva (*punibile*); si applica anche a sostantivi (*tascabile*); è fortemente produttivo, con formazioni anche estemporanee, dal significato, però, sempre chiaramente deducibile da quello della base (*constatabile, gonfiabile, sfruttabile, formulabile, incrementabile, ricostruibile, rimorchiabile, sgretolabile, spedibile, sradicabile, stimolabile, uguagliabile*).

bile s.f. **1.** MED. Liquido giallo verdastro secreto dal fegato, accumulato nella vescica biliare e riversato nel duodeno per permettere la digestione dei lipidi. **2.** *fig.* Collera, ira, sdegno. ◇ *figg. Sputare bile:* andare in collera. – *Essere verde dalla bile:* essere furiosi senza manifestazioni esterne di violenza.

bilhàrzia o **bilàrzia** s.f. (dal nome del medico tedesco T. Bilharz) Verme parassita del sistema circolatorio dell'uomo, responsabile della schistosomiasi. (Lunghezza 2 cm; classe dei Trematodi.)

bilia o **biglia** s.f. [pl. –*glie*] (fr. *bille* "palla") **1.** Pallina in vetro o altro materiale per i giochi infantili. **2.** Pallina d'avorio del gioco del biliardo. ~ *estens.* Ognuna delle buche del tavolo da biliardo.

biliàrdo o **bigliàrdo** s.m. (fr. *billard*, propr. "bastone per giocare a bilie") **1.** Gioco in cui

■ **bignònia**

bilie d'avorio vengono colpite con stecche o spinte con le mani su un apposito tavolo e secondo particolari regole. ◇ *scherz. Essere calvo come una palla da biliardo:* essere completamente privo di capelli. **2.** Tavolo rettangolare ricoperto da un tappeto verde, con sponde, sul quale si svolge tale gioco. ◇ *fig. Liscio come un biliardo:* di superficie o piano assolutamente privo di sporgenze, rugosità, con riferimento alla levigatezza di tale tavolo. **3.** Locale in cui si gioca a biliardo.

biliàre agg. MED. Relativo alla bile.

bìlico s.m. [pl. *–chi* o *–ci*] **1.** Punto d'appoggio di un corpo in equilibrio instabile. ~ Sistema di appoggio di un peso mobile. ◇ *In bilico:* in equilibrio instabile; *fig.* nell'incertezza. – *fig. Essere in bilico tra la vita e la morte:* essere gravissimo, in pericolo di vita. **2.** Il punto della bilancia in cui è fissata l'asta da cui pendono i piatti. **3.** Ciascuno dei due perni di ferro che sostengono la campana. **4.** Tipo di cerniera per finestre, porte, portiere, ecc. costituita da due pezzi metallici, uno a perno fissato su un'anta, l'altro, fissato sull'altra anta, con il siero in cui va a incastrarsi il perno. **5.** Autotreno formato dalla motrice col solo telaio e il motore e un rimorchio inserito in essa tramite un perno.

bilineàre agg. **1.** Formato da due linee. **2.** ALG. *Funzione bilineare:* a due variabili, lineare rispetto a ciascuno degli argomenti. – *Forma bilineare:* operatore che ha come dominio uno spazio vettoriale e come immagine il campo reale o complesso.

bilìngue agg. [pl. *–gui*] **1.** Che parla o scrive correttamente due lingue. ~ Dove si parlano due lingue. *Paese bilingue.* **2.** Che è scritto in due lingue. *Iscrizione bilingue.* ◆ s.m. e f. Chi padroneggia due lingue.

bilinguìsmo s.m. **1.** Facoltà di un individuo o una collettività di parlare più di una lingua. **2.** Situazione di coesistenza in una stessa regione di più lingue. ~ Presenza in uno Stato di due gruppi linguistici.

biliòso agg. Facile alla collera.

bilirubìna s.f. BIOL. Pigmento di colore giallorosso presente nella bile e nel siero del sangue, che se accumulato nell'organismo produce l'itterizia.

bilirubinemìa s.f. MED. Presenza di un'alta quantità di bilirubina nel sangue.

bill [/bɪl/] s.m. inv. (voce ingl.) **1.** Nei paesi anglosassoni, disegno di legge presentato alla camera legislativa. ~ *estens.* La legge votata. **2.** COMM. Cambiale, in partic. quella bancaria. ~ Anche, fattura, conto.

Billbèrgia s.f. BOT. Genere di piante erbacee sempreverdi, originarie dell'America del Sud, a lunghe foglie lineari e con fiori dai colori vivaci. (Famiglia delle Bromeliacee.)

billétta s.f. (fr. *billette*) METALL. Piccolo lingotto di metallo semilavorato.

bilobàto agg. **1.** BOT. Di organo vegetale che presenta due lobi. *Foglie bilobate.* **2.** ARCH. Di elemento architettonico formato da due archi di cerchio che si intersecano costituendo nel punto d'incontro un risalto (*naso*). *Finestre bilobate.*

bilocàle s.m. Appartamento che si compone di due vani e dei servizi.

bilocazióne s.f. Nell'agiografia mistica e in parapsicologia e metapsichica, presenza contemporanea di un corpo in due luoghi diversi.

bìmano agg. Dotato di due mani.

bìmbo s.m. [f. *–ba*] Bambino.

bimensìle agg. Che ricorre due volte al mese.

bimestràle agg. **1.** Che ha la durata di due mesi. **2.** Che ricorre ogni due mesi.

bimèstre s.m. Periodo di due mesi. ~ *estens.* Somma che si paga o riceve ogni due mesi.

bimetallìsmo s.m. ECON. Sistema economico basato sulla doppia monetazione, aurea e argentea (in oppos. a *monometallismo*).

bimetàllo s.m. Lamina metallica formata dall'unione di due strisce di metalli diversi.

bimillenàrio agg. [pl.m. *–ri*] Che ha duemila anni. ~ Che si ripete dopo duemila anni. ◆ s.m. Ricorrenza di un avvenimento avvenuto duemila anni prima.

bimotóre agg. Che ha due motori. ◆ s.m. Aereo dotato di due motori.

---

1. binàrio agg. [pl.m. *–ri*] Formato da due elementi. ◇ MUS. *Ritmo, tempo binario:* a due misure. – MAT. *Numerazione binaria:* sistema di numerazione posizionale in cui si impiegano le cifre 0 e 1; detto anche in *base due* o *sistema to da due elementi.* – CHIM. *Composto binario:* quello formato da due elementi. – LING. *Opposizione binaria:* che si basa sulla presenza o l'assenza distintiva di un tratto.

2. binàrio s.m. [pl.m. *–ri*] **1.** Rotaie parallele per lo scorrimento di treni, tram, funicolari, ecc. *Binario unico, doppio.* ~ estens. La sede ferroviaria stessa. ◇ *Binario banalizzato:* linea ferroviaria a più binari o percorribile nei due sensi. – *Binario morto, tronco:* quello collegato a una linea ferroviaria solo a un'estremità e che all'altro capo non ha proseguimento. **2.** *fig.* Linea usuale di condotta, modo consuetudinario di vita. ◇ *fig. Doppio binario:* duplicità di scopi e di metodi.

1. binàto agg. Di due elementi. *Colonnine binate.*

2. binàto agg. Che ha duplice natura. SIN.: biforme.

binatùra o **abbinatùra** s.f. IND. TESS. L'accoppiamento di due o più fili come preparazione alla torcitura.

bìnda s.f. (ted. *winde* "argano") Attrezzo per il sollevamento di carichi a piccole altezze. SIN.: cricco.

bindèlla s.f. **1.** Piccola striscia di stoffa, nastro, fettuccia. **2.** Nei fucili da caccia, lista metallica che stringe assieme le due canne.

bindèllo s.m. Sottile nastro di latta terminante ad anello che chiude ermeticamente scatole metalliche e lattine.

bìndolo s.m. **1.** Macchina a forza animale che serviva per attingere acqua dai pozzi. **2.** Aspo, arcolaio. **3.** *fig.* Truffa, raggiro.

bingo s.m. inv. (voce ingl. di etim. incerta) Gioco d'azzardo, d'origine americana, simile alla tombola. ~ Anche gioco analogo organizzato perlopiù da quotidiani o emittenti televisive, a cui partecipano lettori o spettatori.

binòcolo s.m. Strumento ottico costituito da due cannocchiali accoppiati per l'ingrandimento di oggetti lontani con visione binoculare. SIN.: cannocchiale. ◇ *fig. fam. Vedere qlco. col binocolo:* avere un desiderio, un obiettivo così lontano e difficile da ottenere o realizzare che può considerarsi utopico.

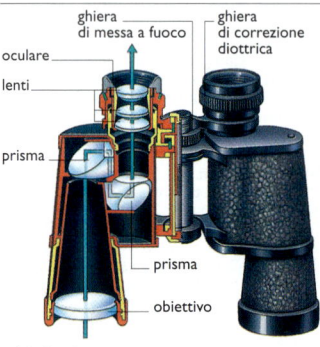

ghiera di messa a fuoco — ghiera di correzione diottrica — oculare — lenti — prisma — prisma — obiettivo

■ **binòcolo** prismatico

binoculàre agg. Della visione che avviene con tutti e due gli occhi.

binomiàle agg. ALG. Che concerne il binomio. ◇ *Legge binomiale:* legge di probabilità che una variabile aleatoria discreta X, che possa assumere tutti i valori interi da 0 a n, è la probabilità che X sia uguale a k posto $C_{n,k}\ p^k q^{n-k}$, con $0 < p < 1$, $q = 1 - p$, $C_{n,k} = \dfrac{n!}{k!(n-k)}$ (con n e p parametri della legge). – *Coefficiente binomiale:* ciascuno degli interi naturali $C_{n,k}$ ($0 \le k \le n$) coefficienti dei binomi $x^k y^{n-k}$ che compaiono nello sviluppo di $(x+y)^n$.

binòmio s.m. [pl.m. *–mi*] (calco del gr. *ek dýo onomáton*) **1.** ALG. Somma di due monomi

---

detti *termini del binomio.* **2.** *estens.* Insieme di due persone o di due cose astratte che abbiano una forte connessione. ~ agg. Che è formato da due termini, da due nomi. ◇ ZOOL., BOT. Identificazione di ogni individuo con il nome del genere e della specie a cui appartiene.

bioagricoltùra s.f. Agricoltura biologica.

bioaliménto s.m. Alimento che non contiene additivi chimici.

bioarchitettùra s.f. ARCH. Tecnica e pratica architettonica che tiene conto dei problemi ecologici nella progettazione degli edifici, cercando di rispettare l'ambiente naturale.

biobibliografìa s.f. Insieme dei dati biografici e bibliografici di un autore.

biocarburànte s.m. Carburante ottenuto sfruttando fonti di energia rinnovabili (*biomasse*).

biòccolo s.m. **1.** Fiocco di lana o di cotone non filato. ~ *estens.* Batuffolo di cotone o di altro materiale soffice. **2.** Cera sciolta e colata dalla candela che ha l'aspetto di filamenti con grumi.

biocenòsi s.f. inv. BIOL. Compresenza di diverse specie animali e vegetali in un determinato ambiente naturale nel quale vivono in relazione reciproca.

biochìmica s.f. [non com. pl. *–che*] Scienza che studia i processi chimici che avvengono negli organismi viventi.

biochìmico agg. [pl.m. *–ci*, f. *–che*] **1.** Relativo alla biochimica. **2.** Di scadimento minerale dovuto all'azione di organismi viventi o delle condizioni ambientali da essi determinate. ◆ s.m. [f. *–ca*] Chi è specializzato in biochimica.

biochip [/,baio'tʃɪp/] s.m. inv. (voce ingl.) INFORM. Circuito base per computer che presenta anche elementi organici, spec. molecole proteiche.

biocìda agg. [pl.m. *–di*] Che uccide la vita delle piante. ◆ s.m. Nel sign. dell'agg.

bioclimatologìa s.f. Scienza che studia l'influenza del clima sugli esseri viventi.

biocombustibile s.m. Combustibile di origine vegetale.

biocompatibile agg. BIOL. Di sostanza, materia tollerata dall'organismo e quindi innestabile.

bioculàre agg. → binoculare.

biodànza s.f. Tecnica praticata spec. in gruppo che, combinando movimento, musica e canto, mira a ottenere l'equilibrio psicofisico dell'individuo.

biodegradàbile agg. BIOL. Di prodotto decomponibile a opera dei microrganismi naturali. ~ In partic., di sostanza inquinante, che può essere trasformata in composti chimici meno o per nulla inquinanti da agenti biofisici naturali.

biodegradàre v.tr. Dissolvere un prodotto senza lasciare elementi chimici inquinanti.

biodegradazióne s.f. Processo di scomposizione di una sostanza in composti chimici semplici a opera di agenti biofisici naturali.

biodiesel [/'biodizel/] agg. inv. Di combustibile ricavato da oli vegetali e quindi a basso potere inquinante. ◆ s.m. inv. Nel sign. dell'agg.

biodinàmica s.f. [non com. pl. *–che*] **1.** FISIOL. Bioenergetica. **2.** GEOL. Studio dei fenomeni geomorfologici dovuti all'azione degli organismi viventi.

biodinàmico agg. [pl.m. *–ci*, f. *–che*] **1.** BIOL. Che concerne il rapporto dinamico esistente tra l'ambiente naturale e gli organismi che vi vivono. **2.** AGR. Di metodo di coltivazione che si basa sull'impiego di fertilizzanti e concimi biologici.

biodiversità s.f. inv. BIOL. Equilibrio dinamico che permette la coesistenza di diverse specie biologiche in un ecosistema determinato. **ENCICL.** La biodiversità specifica (diversità tra le specie) si riscontra al massimo grado nelle foreste tropicali (terraferma) e sulle barriere coralline (mare). Sono state classificate solo 1,4 milioni di specie animali e vegetali, mentre è molto difficile calcolare il numero reale di specie esistenti, che secondo alcune valutazioni, varierebbe da 5,5 ai 20 milioni. La biodiversità genetica (diversità all'interno di una specie) riguarda le varietà di piante e di animali (selvagge o domestiche). Nel mondo esistono p.e. molte centinaia di varietà di mais, diverse migliaia di varietà di caffè e 115 razze bovine nella sola Europa. La biodiversità specifica e genetica sono oggi in pericolo. Sono attualmente in corso tentativi di classificazione delle specie selvagge e di conservazione del patrimonio genetico delle specie domestiche o coltivate.

biòdo s.m. Pianta erbacea palustre le cui foglie lunghe e strette vengono usate per impagliare fiaschi e sedie. (Famiglia delle Sparganiacee.)

bioelemènto s.m. BIOL. Elemento costitutivo della materia vivente.

bioelettricità s.f. inv. FIS. Fenomeni elettrici propri dei tessuti organici.

bioelèttrico agg. [pl.m. –ci, f. –che] PSICOL. Si dice del carico di elettricità che attraversa il corpo umano in un determinato tempo.

bioenergètica s.f. [non com. pl. –che] 1. Branca degli studi biologici che prende in esame le trasformazioni di energia negli organismi viventi. 2. FISIOL. Disciplina che studia la dinamica dei processi vitali secondo le leggi della meccanica.

bioenergìa s.f. Energia ricavata per via biologica, presente come biogas o etanolo.

bioètica s.f. [non com. pl. –che] Disciplina che si occupa dei problemi morali, individuali e collettivi, connessi con l'avanzamento degli studi nel campo della genetica e con il costituirsi di un'avanzata tecnologia di intervento nella formazione dei processi vitali (fecondazione artificiale, eutanasia, ecc.).

biofìsica s.f. [non com. pl. –che] Settore della fisica che studia gli aspetti fisici dei processi biologici.

biofìsico agg. [pl.m. –ci, f. –che] Relativo alla biofisica. ◆ s.m. [f. –ca] Chi è specializzato in biofisica.

biogàs s.m. inv. Gas combustibile che si produce durante la fermentazione di materiale organico in assenza di ossigeno.

biogènesi s.f. inv. Teoria sull'origine della vita secondo la quale le attuali forme viventi discendono da forme precedenti.

biogenètica s.f. [non com. pl. –che] Teoria sull'origine della vita secondo la quale lo sviluppo dell'individuo (*ontogenesi*) rappresenta un processo riassuntivo dell'evoluzione della specie (*filogenesi*).

biògeno agg. BIOL. Costituito da organismi viventi. ~ Produttore di organismi viventi. ◆ s.m. CHIM. Elemento chimico costitutivo della materia vivente.

biogeografìa s.f. GEOGR. Studio delle relazioni tra condizioni ambientali e distribuzione degli esseri viventi sulla Terra.

biografìa s.f. Racconto della vita di una persona. ~ L'opera che contiene tale racconto. ~ Il genere letterario costituito dalle biografie.

biogràfico agg. [pl.m. –ci, f. –che] Relativo alla biografia.

biografìsmo s.m. Nella critica letteraria preponderanza dei dati biografici su quelli critici.

biògrafo s.m. [f. –fa] Autore di biografie.

biohèrma o **bioèrma** s.m. [pl. –mi] GEOL. Formazione rocciosa a scogliera tipica dei fondali marini poco profondi dovuta alla stratificazione di alghe, coralli e altri organismi.

bioingegnerìa s.f. Branca dell'ingegneria che studia l'applicabilità di nozioni di ingegneria alla strumentazione biologica e medica.

biólca s.f. [pl. –che] Antica misura agraria di superficie, corrispondente a un terzo di ettaro ca., ancora in uso nel Veneto e nell'Emilia-Romagna.

biologìa s.f. (ted. *Biologie*) Scienza che studia le forme e i modi in cui la vita si manifesta. ◊ *Biologia generale*: studio a livello generale dei fenomeni biologici comuni a tutti gli esseri viventi, animali e vegetali. – *Biologia molecolare*: quella che studia le macromolecole biologiche e interpreta in termini di struttura e di interazioni molecolari i fenomeni vitali. – *Biologia cellulare*: citologia. ENCICL. Nella sua accezione più comune, la biologia si confonde con le "scienze naturali". *Zoologia* e *botanica* formano le due branche principali, divise a loro volta in numerose discipline che studiano gli esseri viventi secondo la forma (*morfologia*), l'organizzazione (*anatomia*), i tessuti (*istologia*), le cellule (*citologia*), il funzionamento (*fisiologia*), le malattie (*patologia*), i comportamenti (*etologia*), i rapporti con l'ambiente (*ecologia*), ecc. Altre discipline afferenti alla biologia studiano lo sviluppo degli esseri viventi (*embriologia*), le forme fossili (*paleontologia*), le caratteristiche del loro patrimonio ereditario (*genetica*) o si interessano a problemi generali come la comparsa della vita, l'evoluzione delle specie, la classificazione degli esseri viventi (*sistematica, tassonomia*). Alcuni esseri viventi sono oggetto di studi particolari, come i microrganismi (*microbiologia*). L'incontro tra biologia e biochimica ha dato origine alla *biologia molecolare*.

biològico agg. [pl.m. –ci, f. –che] Relativo alla biologia. ◊ *Agricoltura, coltivazione biologica*: metodo di coltivazione che utilizza solo fertilizzanti e pesticidi naturali. – *Armi biologiche*: che diffondono microbi, provocando malattie ed epidemie.

biòlogo s.m. [f. –ga, pl.m. –gi, f. –ghe] Specializzato, laureato in biologia.

bioluminescènza s.f. Produzione di energia luminosa da parte di alcune specie animali (come p.e. la lucciola, la noctiluca, la seppia e i pesci abissali) o di microrganismi, legata a fenomeni organici; serve come mezzo di difesa, come attrattiva sessuale o per attirare le prede.

biòma s.m. [pl. –mi] ECOL. Insieme di comunità animali e vegetali che, nel territorio in cui si sono stanziate, mantengono una relativa stabilità grazie alle condizioni ambientali.

biomagnetìsmo s.m. Sensibilità e reattività degli esseri viventi ai campi magnetici.

biomàssa s.f. 1. La massa totale di tutti gli organismi presenti in un dato tempo in un volume d'acqua o di terra. (La biomassa viene calcolata dividendo il peso degli organismi per l'area da cui sono stati prelevati.) 2. Materiale organico derivante dalla fotosintesi e usato per generare energia.

biomateriàle s.m. MED. Materiale utilizzato per sostituire tessuti organici vitali senza provocare rigetti.

biomeccànica s.f. [non com. pl. –che] Disciplina che prende in esame le leggi meccani-

Biodiversità: i grandi gruppi di esseri viventi in cifre

gruppi	numero di specie descritte	numero di specie probabili
virus	2.000	300.000 ?
procarioti		
batteri e cianobatteri	4.000	da 500.000 fino a 5 milioni
eucarioti		
piante		
funghi e licheni	69.000	più di 100.000
alghe	27.000	30.000
piante superiori	280.000	più di 350.000
di cui briofite	24.000	
(muschi)		
pteridofite	11.000	
(felci, equiseti, ecc.)		
gimnosperme	700	
(conifere, ecc.)		
angiosperme	245.000	
(piante con fiori)		
Totale regno vegetale	**376.000 specie**	
animali		
protozoi	31.000	100.000 ?
spugne	5.000	più di 5.000
cnidari e ctenofori	9.000	più di 10.000
(meduse, coralli, ecc.)		
platelminti	12.000	20.000
(vermi piatti)		
nematelminti	12.000	1 milione ?
(vermi tondi)		
anellidi	12.000	15.000
(lombrichi, sanguisughe, ecc.)		
molluschi	55.000	120.000
artropodi	875.000	
di cui insetti	750.000	da 3 a 15 milioni
crostacei	40.000	50.000
aracnidi (ragni,	75.000	più di 100.000
scorpioni, ecc.)		
altri	10.000	
echinodermi	6.000	più di 6.000
gruppi minori (brachiopodi,	9.000	50.000 ?
rotiferi, onicofori,		
emicordati, ecc.)		
cordati	44.000	50.000
di cui vertebrati	42.500	
di cui agnati	63	
pesci	19.000	25.000
anfibi	4.200	4.500
rettili	6.300	6.500
uccelli	9.000	9.500
mammiferi	4.000	4.500
Totale regno animale	**1.070.000 specie**	
Totale generale circa	**1.450.000 specie**	**tra 5,5 e 20 milioni**

che che regolano la vita degli esseri viventi e studia l'applicazione della meccanica alla biologia e alla medicina.

biomedicìna s.f. BIOL. Studio dell'uomo come organismo vivente, come insieme di processi metabolici e biochimici.

biometrìa s.f. Settore della biologia che usa i metodi della statistica per trattare i dati rilevati nello studio dei sistemi biologici.

biomòrfico agg. Di un'opera d'arte moderna che evoca forme organiche.

biomorfìsmo s.m. Dottrina che tende a interpretare in termini biologici, per analogia con i fenomeni organici, fatti psichici, sociali o storici. SIN.: **biologismo**.

biónda s.f. **1.** Donna con i capelli biondi. **2.** gerg. Sigaretta. **3.** MAR. scherz. Scopa. **4.** Merletto finissimo di seta, lavorato a fuselli, che nella Francia del Settecento ornava le vesti delle donne, detto anche *blonda*.

biondèlla s.f. *Centaurea minore.

biondézza s.f. Caratteristica di chi o di ciò che è biondo.

biondìccio agg. [pl.m. –ci, f. –ce] Biondo slavato.

biόndo agg. (etim. incerta, forse germ. *blund*) **1.** Del colore intermedio tra il giallo chiaro e il castano chiaro. **2.** Di persona dai capelli biondi. ◆ s.m. **1.** Il colore biondo. ◇ *Biondo cenere:* biondo chiaro dai riflessi argentei. **2.** [f. –da] Persona con i capelli biondi.

biόnica s.f. [non com. pl. –che] Disciplina che studia i sistemi elettronici in relazione alla possibilità di simulare il comportamento di esseri viventi.

biopàrco s.m. Zoo di moderna concezione il cui obiettivo è il rispetto dei rapporti fra animale e ambiente.

biopsìa s.f. (fr. *biopsie*) MED. Prelievo di una minuscola parte di tessuto vivente a scopo diagnostico.

biόptico agg. [pl.m. –ci, f. –che] MED. Relativo alla biopsia.

bioritmo s.m. **1.** BIOL. L'andamento ciclico dei fenomeni vitali. **2.** MED. Grafico dei ritmi inerenti alla condizione psicofisica di una persona calcolati su un periodo di tempo stabilito e secondo tabelle predisposte.

bioscopìa s.f. Esame di medicina legale per controllare il persistere o la cessazione dei fenomeni vitali.

biosfèra s.f. (ted. *Biosphäre*) Insieme degli ecosistemi della Terra in cui è possibile lo sviluppo della vita. [La biosfera corrisponde al sottile strato (20 Km al massimo) che comprende porzioni dell'atmosfera, dell'idrosfera e della litosfera.] ~ estens. L'insieme degli organismi viventi.

biosìntesi s.f. inv. Processo di sintesi di sostanze chimiche messo in opera da organismi viventi.

biosistèma s.m. [pl. –mi] BIOL. → **ecosistema**.

biόssido s.m. CHIM. Composto formato da un atomo di un metallo o di un metalloide e da due atomi di ossigeno.

biotecnologìa s.f. Applicazione di tecnologie avanzate ai processi biologici.

bioterapìa s.f. MED. Metodo curativo che impiega sieri di colture viventi e prodotti organici.

bioterrorìsmo s.m. Nel l. gior., forma di terrorismo che si serve di armi chimiche e batteriologiche.

biόtico agg. [pl.m. –ci, f. –che] (gr. *biotikós* "vitale") BIOL. Relativo alla vita.

biotìna s.f. (ted. *Biotin*) BIOCHIM. Vitamina B8, detta anche *vitamina H*.

biόtipo s.m. **1.** BIOL. Sottoinsieme di individui di una stessa specie aventi il medesimo genotipo. **2.** MED. Complesso dei caratteri che costituiscono l'individualità della persona.

biotipologìa s.f. Disciplina che classifica i tipi umani in base alle loro caratteristiche psicofisiche.

biotìte s.f. (dal nome del fisico francese J.-B. Biot) MIN. Minerale del gruppo delle miche presente nelle rocce eruttive.

biòtopo s.m. ECOL. Unità di ambiente fisico in cui vive una singola popolazione di organismi animali o vegetali o una biocenosi.

biotropìsmo s.m. BOT. Movimento degli organi di una pianta parassita, in seguito all'influenza esercitata dalla pianta ospite.

biòttico agg. [pl.m. –ci, f. –che] Di strumento ottico formato da due gruppi di lenti ad assi paralleli.

biovulàre agg. BIOL. Che si è sviluppato dalla fecondazione di due distinti ovuli a opera di due diversi spermatozoi. SIN.: **dizigòtico**.

bip s.m. inv. (voce onom.) **1.** Suono emesso da apparecchi elettronici. **2.** Apparecchio che emette un bip come segnale.

bipàla agg. inv. AER. Provvisto di due pale.

bipariètale agg. ANAT. *Sutura biparietale:* che unisce le due ossa parietali del cranio.

bipartisan [/ˌbaɪpaːtɪˈzæn/] agg. inv. (voce ingl., propr. "di due partiti") POLIT. Di questione che richiede l'accordo tra maggioranza e opposizione.

bipartitìsmo s.m. Caratteristica del sistema politico in cui due soli partiti si alternano al governo.

1. bipartìto agg. BOT. Di organo vegetale diviso in due parti.

2. bipartìto agg. Formato da due partiti politici. *Governo bipartito.* ◆ s.m. Governo in cui sono presenti due soli partiti.

bipartizióne s.f. Divisione in due parti.

bìpede agg. Che ha due piedi. ◆ s.m. **1.** Animale che cammina su due zampe. ~ per anton. In senso scherz., l'uomo. **2.** Coppia di zampe di un quadrupede.

bipennàto agg. BOT. Di foglia che presenta rachidi secondarie munite di foglioline, innestate su una rachide principale.

bipènne s.f. Scure a doppio taglio. ~ estens. Scure in generale.

bipiède s.m. Supporto applicato a un'arma da fuoco automatica per facilitare il puntamento e il tiro.

biplàno agg. AER. Che ha due piani alari sovrapposti. ◆ s.m. Velivolo di tale tipo.

bipolàre agg. **1.** ELETTRON. Che ha due poli. **2.** estens. Caratterizzato da due elementi.

bipolarìsmo s.m. POLIT. Politica interna o internazionale che tiene conto soprattutto di due grandi partiti o di due Stati. *Il bipolarismo russo-americano.*

bipolarizzazióne s.f. Situazione nella quale la vita politica tende ad articolarsi in funzione di due partiti o di due coalizioni di partiti.

bipòlo s.m. ELETTR. In un circuito elettrico, elemento collegato agli altri mediante due poli.

bipόsto agg. inv. Che ha due posti. ◆ s.m. inv. Aeroplano a due posti. ◆ s.f. inv. Automobile a due posti.

biquadràtico agg. [pl.m. –ci, f. –che] MAT. Riferito all'equazione di quarto grado in cui l'incognita compare solo alla seconda e alla quarta potenza; la sua forma generale è $ax^4 + bx^2 + c = 0$.

biquotidiàno agg. Che avviene due volte al giorno.

birbànte s.m. **1.** Persona scaltra e disonesta. **2.** scherz. Ragazzo furbo, malizioso, impertinente.

birbόne s.m. **1.** Malizioso, fatto con furbizia e malignità. **2.** Che porta danno, fastidio. *Fa un freddo birbone.* ◆ s.m. [f. –na] scherz. Briccone, furfante.

bird watching [/ˈbɜːd ˈwɒtʃɪŋ/] loc. sost. m. inv. (loc. ingl., comp. di *bird* "uccello" e *watching* "osservazione") L'osservazione del comportamento degli uccelli e, estens., di altri animali, nel loro habitat naturale.

bireattóre s.m. Di aereo dotato di due reattori. ◆ s.m. Nel sign. dell'agg.

birème s.f. Antica nave mossa dalla forza dei rematori che sedevano in due ordini di banchi.

birichinàta s.f. Azione di birichino. ~ Malefatta, monelleria, scappatella.

birichìno o **biricchìno** agg. **1.** Che fa dispetti per troppa vivacità. **2.** Ammiccante, malizioso. *Uno sguardo birichino.* ◆ s.m. [f. –na] Bambino, ragazzo molto vivace, che combina dispetti, guai.

birifrangènza s.f. (fr. *biréfringence*) FIS. Fenomeno per il quale un materiale produce per rifrazione lo sdoppiamento di un raggio di luce.

birignào s.m. inv. (voce onom.) Intonazione o pronuncia artificiosa. ~ Eccesso di enfasi tipico della dizione di certi attori.

birìllo s.m. **1.** Elemento verticale in legno o altro materiale che in vari giochi si cerca di abbattere lanciando delle palle. *Giocare a bowling con i birilli.* **2.** Cono in materiale elastico usato per segnalazioni stradali. **3.** Gamba di mobile che somiglia a un birillo capovolto.

birmàno agg. Della Birmania. ◆ s.m. **1.** [f. –na] Nativo, abitante della Birmania. **2.** (solo sing.) Lingua della famiglia sinotibetana parlata in Birmania.

biro s.f. inv. (dal nome dell'inventore ungherese L. *Bíró*) Penna a sfera.

birotóre agg. Di elicottero dotato di due rotori.

birr s.m. inv. Unità monetaria dell'Etiopia.

birra s.f. (ted. *Bier*) **1.** Bevanda alcolica ottenuta dalla fermentazione del malto, dell'orzo o di altri cereali, con aggiunta aromatizzante di luppolo, e addizionata con anidride carbonica. **2.** fig. Indica energia, tenuta, velocità, capacità. ◇ *A tutta birra:* a tutta velocità.

birràio s.m. [f. –raia, pl.m. –rai] **1.** Venditore di birra. **2.** Operaio addetto alla produzione di birra.

birrerìa s.f. Luogo di mescita, di vendita della birra.

birrifìcio s.m. [pl. –ci] Fabbrica di birra.

bis agg. inv. (lat. *bis* "due volte") Aggiunto, supplementare. *Numero 20 bis.* ~ Ripetuto, secondo. *Manovra bis.* ◆ s.m. inv. Replica, ripetizione. *Fare il bis.*

bis- Primo elemento di composti col significato di "due volte", "doppio" (*biscotto*); nei nomi di parentela indica il grado più lontano (*bisnonno*); in altri casi ha valore genericamente negativo (*bistrattare*).

bisàccia s.f. [pl. –ce] **1.** Coppia di sacche in stoffa pesante o cuoio che i viaggiatori si mettevano sulla groppa della cavalcatura. **2.** estens. Ampia borsa da portare sulla spalla o a tracolla.

bisànte s.m. **1.** Moneta aurea dell'impero bizantino. **2.** Ornamento che un tempo si applicava agli abiti ed era costituito da un dischetto d'oro o d'argento.

bisàrca s.f. [pl. –che] TRASP. Autotreno a due piani attrezzato per il trasporto di automezzi.

bisbètico agg. [pl.m. –ci, f. –che] Litigioso, scostante, scontroso. ~ Lunatico. ~ estens. Strano, bizzarro, incomprensibile. ◆ s.m. [f. –ca] Persona bisbetica.

bisbigliàre v.intr. [6] (aus. *avere*) **1.** Parlare a voce bassa. **2.** estens. Fare pettegolezzi. ◆ v.tr. **1.** Pronunciare qlco. a voce bassa. SIN.: **sussurrare**. **2.** Insinuare qualche malignità.

1. bisbìglio s.m. [pl. –gli] **1.** Suono sottile e indistinto prodotto parlando sottovoce. SIN.: **sussurro**. **2.** estens. Cosa che viene detta segretamente.

2. bisbìglio s.m. [pl. –glii] Mormorio continuato, costante, fastidioso.

bisbòccia s.f. [pl. –ce] (fr. *débauche* "baldoria") Abbondante mangiata e bevuta collettiva. SIN.: **baldoria**.

bisbocciàre v.intr. [5] (aus. *avere*) Fare bisboccia, baldoria.

bisca s.f. [pl. –sche] Locale in cui si gioca d'azzardo.

biscaglìna s.f. MAR. Scaletta a pioli in corda.

biscaglìno agg. Della Biscaglia, in Spagna. ◆ s.m. [f. –na] Nativo, abitante della Biscaglia. **2.** Moschetto di grosso calibro, di lunga gittata usato fino al sec. XVIII.

bischero s.m. **1.** Asticella di legno o metallo munita di chiave, collocata nel manico degli strumenti musicali a corda di cui regola la tensione. SIN.: **cavicchio**. **2.** fig. pop. [f. –na] Stupido.

biscia s.f. [pl. –sce] (lat. *bēstiam* "bestia") **1.** Serpe non velenosa. ◇ *Biscia viperina:* quella comune nei pressi dei corsi d'acqua dell'Europa occidentale, di colore bruno-rossastra e ornata

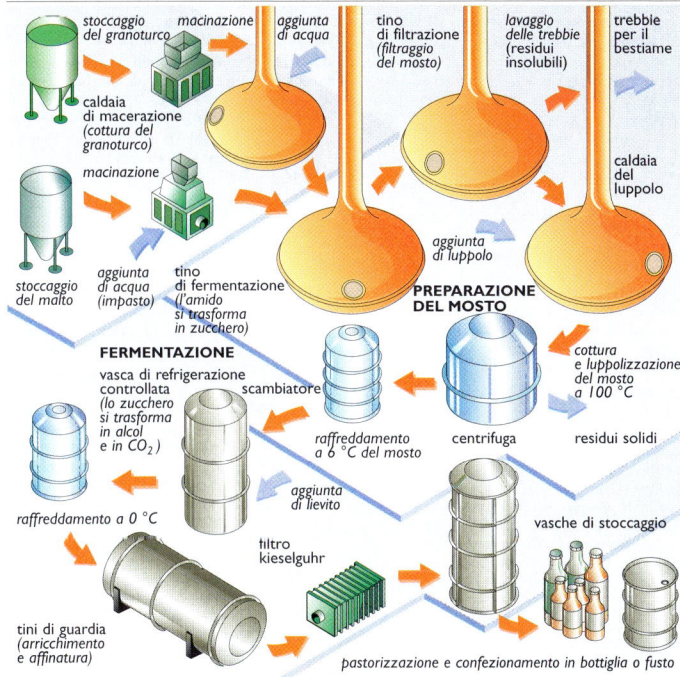

birra (processo produttivo).

Labels in diagram:
stoccaggio del granoturco — macinazione — aggiunta di acqua — tino di filtrazione (filtraggio del mosto) — lavaggio delle trebbie (residui insolubili) — trebbie per il bestiame

caldaia di macerazione (cottura del granoturco)

macinazione

stoccaggio del malto — aggiunta di acqua (impasto) — tino di fermentazione (l'amido si trasforma in zucchero) — aggiunta di luppolo — caldaia del luppolo

PREPARAZIONE DEL MOSTO — cottura e luppolizzazione del mosto a 100 °C

FERMENTAZIONE
vasca di refrigerazione controllata (lo zucchero si trasforma in alcol e in CO₂) — scambiatore — raffreddamento a 6 °C del mosto — centrifuga — residui solidi

raffreddamento a 0 °C — aggiunta di lievito — vasche di stoccaggio

tini di guardia (arricchimento e affinatura) — filtro kieselguhr — pastorizzazione e confezionamento in bottiglia o fusto

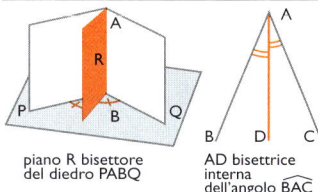

piano R bisettore del diedro PABQ — AD bisettrice interna dell'angolo BÂC

bisettóre. Piano bisettore e bisettrice.

bìscia

di strie disposte a zigzag, facilmente confusa con la vipera, donde la qualifica di viperina. (Nome sc. *Natrix viperinus*; lunghezza 70 cm ca.; famiglia dei Colubridi.) **2.** *fig.* Persona sfuggente, ambigua.

biscióne s.m. **1.** Nel sign. dell'accr. di *biscia*. **2.** Dolce di mandorle emiliano a forma di biscia.

biscottàre v.tr. Rimettere in forno un alimento per renderlo croccante come un biscotto.

biscottàto agg. Reso croccante come un biscotto.

biscotteria s.f. **1.** Fabbrica di biscotti. **2.** Assortimento di biscotti.

biscottifìcio s.m. [pl. –*ci*] Fabbrica di biscotti.

biscottìno s.m. **1.** Nel sign. del dim. di *biscotto*. **2.** MECC. Piccola biella all'estremità di una molla per permetterne l'allungamento anche sotto deviazione.

biscòtto agg. Cotto due volte, biscottato. *Pane biscotto.* ◆ s.m. **1.** Piccolo dolce secco e croccante di varie forme che ha come ingredienti farina, zucchero, burro, uova con aggiunta di vari aromi. **2.** Pane cotto due volte per renderlo meno deteriorabile. **3.** Porcellana o terracotta sottoposta a cottura ma non invetriata.

biscròma s.f. MUS. Valore di una nota o di una pausa corrispondente a 1/32 dell'intero.

biscuit [/bis'kųi/] s.m. inv. (voce fr., propr. "biscotto") **1.** Porcellana sottoposta a duplice cottura e non smaltata, di colore bianco-gesso,

in uso nei secc. XVIII e XIX. ~ L'oggetto ornamentale così fatto. **2.** Porcellana o terracotta non invetriata. SIN.: *biscotto.* **3.** Gelato semifreddo.

bisdrùcciolo agg. Di parola che ha l'accento sulla quart'ultima sillaba.

bisecànte agg. GEOM. Della retta che interseca una curva sghemba in due punti qualsiasi. ◆ s.f. Retta, semiretta bisecante.

bisellàre v.tr. TECN. Lavorare un bordo eseguendovi un bisello. ~ Smussare gli angoli nella lavorazione di ferri, lamiere, plastiche, legni.

bisellatùra s.f. TECN. Lo smussamento di un bordo a bisello.

bisèllo s.m. **1.** TECN. Taglio obliquo degli spigoli. ~ Lavorazione a piano inclinato dei bordi di lastre di vetro, pannelli lignei, lenti, ecc. per farli entrare in scanalature o montature. **2.** ARCH. Modanatura a piano inclinato usata per il raccordo di superfici parallele. **3.** Nelle lenti per occhiali, il profilo acuminato del bordo.

bisènso s.m. **1.** Parola dal duplice significato. **2.** Gioco enigmistico che consiste nel trovare una parola dal doppio significato in base a una definizione data.

bisessuàle agg. Che presenta contemporaneamente caratteri sessuali maschili e femminili. SIN.: **ermafrodito.** ◇ BOT. *Fiore bisessuale:* quello che ha sia gli stami sia i pistilli. ◆ s.m. e f. Chi è contemporaneamente omo ed eterosessuale.

bisessualità s.f. inv. **1.** Caratteristica di chi, di ciò che è bisessuale. **2.** PSICOAN. Ipotesi psicoanalitica secondo cui nella psiche di ogni essere umano coesistono disposizioni sessuali maschili e femminili.

bisessuàto agg. Bisessuale.

bisestìle agg. Dell'anno, ricorrente ogni quattro, che ha 366 giorni, con il giorno aggiunto nel *mese di febbraio*.

ENCICL. Per essere bisestile, un anno deve avere le ultime due cifre divisibili per 4 (1964, 1968, ecc.). Restano di 365 giorni tutti gli anni secolari (1800, 1900) ad eccezione di quelli divisibili per 400 (1600, 2000).

bisettimanàle agg. Che si ripete due volte per settimana.

bisettóre agg. [f. –*trice*] GEOM. Riferito a un elemento che divide una figura geometrica in due parti eguali.

bisettrice s.f. GEOM. Semiretta che uscendo dal vertice di un angolo lo divide in due parti uguali.

bisèx agg. inv. Bisessuale, riferito a persona. ◆ s.m. e f.inv. Nel sign. dell'agg.

bisezióne s.f. GEOM. Divisione in due parti uguali di una figura geometrica come, p.e., un angolo piano o un diedro.

bisillàbico agg. [pl.m. –*ci*, f. –*che*] Bisillabo.

bisìllabo agg. Di due sillabe. ◆ s.m. LING. Parola di due sillabe. ~ Verso formato da due sillabe.

bislàcco agg. [pl.m. –*chi*, f. –*che*] (etim. incerta, forse sloveno *bezjak* "pazzo") Di chi si comporta in modo strambo. ~ *estens.* Che è privo di logica, di razionalità.

bislùngo agg. [pl.m. –*ghi*, f. –*ghe*] Allungato, spec. in modo irregolare.

bismàlva s.f. BOT. Pianta erbacea con fiori rosa raccolti in grappoli. (Famiglia delle Malvacee.) SIN.: **altea.**

bismùto s.m. (solo sing.) **1.** Metallo lucente, fragile e facilmente polverizzabile, allo stato nativo di colore bianco-rosa, che fonde a 271,3 °C e di densità 9,8 ed è utilizzato per leghe a basso punto di fusione. **2.** Elemento chimico (*Bi*) di numero atomico 83 e peso atomico 208,9804.

bisnipóte s.m. e f. → pronipote.

bisnònno s.m. [f. –*na*] Genitore del nonno o della nonna.

bisógno s.m. (francone *bisunnia* "cura") **1.** Mancanza di cosa necessaria o considerata tale. *Bisogno di cibo.* ~ Necessità, esigenza materiale. ◇ *Bisogni primari:* necessità fondamentali indispensabili alla sopravvivenza. – *Avere bisogno:* in formule di cortesia, desiderare. **2.** *estens.* Povertà, indigenza, ristrettezze. **3.** Impulso, fisico o psicologico, a fare qlco. *Ho bisogno di vederlo.* ~ *eufem.* Stimolo fisiologico.

bisognóso agg. **1.** Che ha necessità di qlco. *Bisognoso di affetto.* **2.** assol. Che manca del necessario, indigente. ◆ s.m. [f. –*sa*] Nei sign. dell'agg.

bisolfàto s.m. CHIM. Solfato acido MHSO₄, dove *M* è un metallo alcalino.

bisolfito s.m. CHIM. Solfito acido MHSO₃, dove *M* è un metallo alcalino.

bisolfùro s.m. CHIM. Sale dell'acido solfidrico con due atomi di zolfo nella molecola. SIN.: **disolfuro.**

bisónte s.m. (gr. *bísōn* "bue selvatico" della Tracia) **1.** Grande mammifero ruminante con corna corte e arcuate, collo massiccio, gibbosità dorsale e folto pelame bruno. [Il *bisonte americano* (altezza al garrese 1,80 m, peso 900 kg) e il *bisonte europeo*, più piccolo, sono presenti solo nelle riserve e in cattività.] **2.** *fig.* Autotreno, autoarticolato di grandi dimensioni.

bisque [/bisk/] s.f. inv. (voce fr.) Zuppa di crostacei.

bissàre v.tr. **1.** Ripetere una parte dello spettacolo a grande richiesta del pubblico. **2.** *estens.* Ripetere qlco. due volte. *Bissare una vittoria.*

bisso s.m. **1.** Tela di lino molto fine tipica dell'India e dell'Egitto, usata per abiti sacerdotali, fasciature delle mummie e vesti di pregio. ~ *estens.* Tessuto di lino utilizzato per la biancheria ricamata. **2.** Sostanza cornea secreta da alcuni molluschi lamellibranchi per fissarsi ad appigli sommersi. ~ Fibra tessile ricavata da tale secreto e tessuto fatto di tale fibra.

bistécca s.f. [pl. –*che*] (ingl. *beefsteak*, comp. di *beef* "bue" e *steak* "costola") Fetta di carne cucinata in padella o alla griglia. ◇ *Bistecca alla fioren-*

bisonte americano

bisonte europeo

■ **bisónte**

tina: particolarmente grossa e spessa. – *Bistecca al sangue:* appena scottata in superficie. – *Bistecca alla Bismarck:* disossata e cotta con sopra un uovo.

bistecchièra s.f. Piastra o graticola su cui si cuociono le bistecche.

bisticciàre v.intr. [5] (aus. *avere*) Di due o più persone, litigare con un vivace scambio di parole. ◆ **bisticciarsi** v.pron. **1.** Di due o più persone, litigare l'una con l'altra. **2.** Venire a parole, litigare con qlcu.

bisticcio s.m. [pl. –*ci*] **1.** Litigio non grave e passeggero. **2.** Gioco di parole basato sull'accostamento di due o più parole simili per suono ma diverse per significato.

bistòrta s.f. Pianta erbacea perenne con fiori carnosi rosa raccolti in spighe. (Famiglia delle Poligonacee.)

bistràto agg. Colorato o truccato con il bistro.

bistrattàre v.tr. **1.** Trattare male qlco. **2.** *fig.* Strapazzare, maltrattare qlcu. ~ *estens.* Criticare con durezza. *Bistrattare un libro.*

1. bistro s.m. (fr. *bistre*) **1.** Polvere nera ricavata dalla fuliggine del legno di faggio che, mista a gomma, è usata come cosmetico per gli occhi. **2.** Sostanza nero-blu a base di idrossido di manganese usata nei colori a olio.

2. bistrò s.m. inv. (voce fr.) Caffè in cui si possono consumare piccoli spuntini.

bisturi s.m. (fr. *bistouri* "pugnale" utilizzato con scopi chirurgici) MED. Strumento chirurgico a forma di piccolo coltello usato per praticare incisioni nei tessuti. ◊ *Bisturi elettrico:* strumento ad arco elettrico che taglia e cauterizza i tessuti. – *Bisturi laser:* che impiega il laser e consente incisioni più sottili e cicatrizzazione immediata della ferita.

bisùnto agg. Molto unto, sporco.

bit s.m. inv. (voce ingl., abbr. di *binary digit* "cifra binaria") INFORM. Unità elementare d'informazione utilizzata dagli elaboratori digitali; può assumere due valori indicati convenzionalmente con le cifre 0 e 1.

bitartràto s.m. CHIM. Tartrato acido derivato dell'acido tartarico.

bitonàle agg. **1.** MUS. Che ha due toni. **2.** MUS. Di qualsiasi segnale acustico a due note.

bitonalità s.f. inv. MUS. Compresenza di due scale tonali in una composizione.

bitòrzolo s.m. Piccolo rigonfiamento della pelle. ~ Escrescenza tondeggiante della corteccia degli alberi.

bitta s.f. (fr. *bitte*, scandinavo *biti*, finlandese *piitta* "trave") **1.** MAR. Colonnetta a fungo, in acciaio o ghisa, collocata lungo le banchine del porto e a prua delle navi per avvolgere i cavi d'ormeggio. **2.** Gallone ad anello che indica i gradi degli ufficiali di marina.

bitter s.m. inv. (voce ol., propr. "amaro") Aperitivo amaro, alcolico o analcolico.

bittóne s.m. MAR. Bitta in legno con puleggia per avvolgervi le cime.

bitumàre v.tr. Rivestire una superficie di bitume.

bitumatrice s.f. Macchina che bituma le strade.

bitùme s.m. **1.** Miscela di idrocarburi di origine naturale o derivata dalla lavorazione del petrolio greggio e usata per pavimentazioni stradali, impermeabilizzazioni, vernici. **2.** Miscela di zolfo, sego e olio di pesce, usata per calafatare barche e isolare condutture.

bitùrbo agg. inv. Di motore dotato di due compressori. ◆ s.f. inv. Automobile fornita di motore biturbo.

biunivocità s.f. inv. MAT. Proprietà per cui un elemento di un insieme corrisponde a uno e uno solo di un altro insieme e viceversa.

biunivoco agg. [pl.m. –*ci*, f. –*che*] MAT. Che presenta biunivocità.

bivaccàre v.intr. [4] (aus. *avere*) (fr. *bivouaquer*) **1.** Passare la notte al bivacco, all'aperto e con mezzi di fortuna. **2.** *estens.* Trovare una sistemazione provvisoria e non confortevole.

bivàcco s.m. [pl. –*chi*] (fr. *bivac*, neerlandese *bijwacht* "guardia secondaria") **1.** Accampamento notturno, sistemazione provvisoria all'aperto. **2.** Luogo in cui si effettua l'accampamento. **3.** *fig.* Luogo mal ridotto per sporcizia, ecc.

bivalènte agg. **1.** CHIM. Di atomo o radicale di valenza 2. **2.** *fig.* Che ha due valenze, due possibilità diverse di sviluppo o di interpretazione. ~ Che ha due ruoli, due funzioni.

bivalènza s.f. **1.** CHIM. Proprietà di ciò che è bivalente. **2.** *fig.* Duplicità, ambiguità.

bivàlve agg. inv. **1.** ZOOL., BOT. Che ha due valve. **2.** ZOOL. Che appartiene alla classe dei Bivalvi. ◆ s.m. inv. Nell'accez. 2 dell'agg.

Bivàlvi s.m. pl. ZOOL. Classe di molluschi acquatici che presentano una conchiglia formata da due valve, detti anche *Lamellibranchi.*

bivio s.m. [pl. –*vi*] **1.** Biforcazione di una strada. SIN.: **crocevia. 2.** *fig.* Momento cruciale nel quale occorre decidere tra due soluzioni. **3.** Dispositivo che consente a un treno di passare da una linea ferroviaria a un'altra.

biwa s.f. inv. Liuto giapponese con cassa di risonanza ovoidale; ha quattro o cinque corde che si suonano pizzicate o con un plettro d'osso o legno.

Bixàcee s.f. pl. [iniziale minusc. sing. –*a* per l'individuo] BOT. Famiglia di piante cui appartiene l'oriana. (Ordine delle Parietali.)

bizantinismo s.m. **1.** Imitazione dello stile bizantino. **2.** *estens.* Ricerca di preziosità e raffinatezza formali. **3.** *fig.* Complicazione del ragionamento e dell'argomentazione. SIN.: **capziosità.**

bizantino agg. **1.** Di Bisanzio. ~ Dell'Impero Romano d'Oriente. **2.** *estens.* Molto raffinato, prezioso. **3.** *gerg.* Capzioso, cavilloso. ◆ s.m. [f. –*na*] Nei sign. dell'agg.

bizza s.f. **1.** Accesso di collera con grida e pianto. SIN.: **capriccio. 2.** *fig.* Funzionamento intermittente e imprevedibile. *Il motore fa le bizze.*

bizzarria s.f. Cosa o azione bizzarra, sorprendente.

bizzàrro agg. **1.** Che esce dall'ordinario, strano. ~ Che denota originalità. *Abbigliamento bizzarro.* **2.** Di cavallo che si imbizzarrisce facilmente. SIN.: **ombroso.**

bizzèffe (ar. *biz-zēf* "in abbondanza") Solo nella loc. *a bizzeffe,* in grande quantità, in abbondanza.

bizzóso agg. **1.** Di carattere irritabile. SIN.: **collerico. 2.** Di cavallo, focoso, ombroso.

blackjack [/'blk‚dʒk/] s.m. inv. (voce ingl. d'America, propr. "fante nero") Gioco d'azzardo di origine americana, simile gioco del sette e mezzo, giocato con due mazzi di carte.

blackout [/'blkaʊt/] s.m. inv. (voce ingl. propr. "oscuramento") Interruzione dell'erogazione di energia elettrica. ◊ *fig. Blackout dell'informazione:* sospensione dei servizi giornalistici.

blandìre v.tr. [83] (lat. *blandīri* "accarezzare") **1.** Lusingare, adulare qlcu. o qlco. *Blandire*

i potenti. **2.** *fig.* Rendere meno acuta una sensazione dolorosa. SIN.: **lenire.**

blandizia s.f. (spec. pl.) Lusinga, adulazione.

blàndo agg. **1.** Che agisce moderatamente o ha effetti moderati. ~ Tenue. **2.** *estens.* Carezzevole, affabile. *Voce blanda.*

blanquette [blɑ'kɛt/] s.f. [pl. *blanquettes*] (voce fr.) Piatto di carne bollita (vitello, agnello, pollo) servito in salsa bianca.

blasé [/bla'ze/] agg. inv. (voce fr., deriv. di *blaser* "rendere insensibile") Non interessato a niente, indifferente. SIN.: **distaccato.** ◆ s.m. e f. inv. Nel sign. dell'agg.

blasfèmia s.f. Dissacrazione di opere morali o religiose.

blasfèmo agg. (gr. *blásphēmos* "che dice parole di maledizione, calunniatore") Che offende la divinità. ◆ s.m. [f. –*ma*] Bestemmiatore.

blasonàre v.tr. (fr. *blasonner* "dipingere gli stemmi") ARALD. Descrivere un blasone secondo le regole araldiche.

blasonàto agg. **1.** Che ha un blasone. ~ Di sangue nobile. **2.** *fig.* Che ha accumulato molte vittorie. ◆ s.m. [f. –*ta*] Persona di nascita nobile.

blasóne s.m. (fr. *blason* orig. "scudo" poi "insegne raffigurate sullo scudo") **1.** Stemma gentilizio. ~ *estens.* Nobiltà familiare. **2.** Insegna, motto di cui si fregiano istituzioni, associazioni. **3.** *fig.* Ciò che una persona ritiene nobilitante in senso morale.

blastèma s.m. [pl. –*mi*] (fr. *blastème*) EMBRIOL. Tessuto embrionale immaturo, animale o vegetale, che origina da cellule indifferenziate.

blastèsi s.f. inv. (gr. *blástēsis*, propr. "germinazione") GEOL. Formazione di cristalli all'interno di rocce metamorfiche.

blàstico agg. [pl.m. –*ci*, f. –*che*] **1.** BIOL. Relativo a cellule o a tessuti embrionali immaturi. **2.** MED. Tumorale.

blastocito s.m. EMBRIOL. Cellula embrionale non ancora differenziata.

blastodèrma s.m. [pl. –*mi*] BIOL. Nell'uovo fecondato, strato di cellule dal quale si svilupperà l'embrione.

blastogènesi s.f. inv. BIOL. Formazione del blastoderma. ~ Riproduzione per gemmazione.

blastòma s.m. [pl. –*mi*] MED. → **cancro.**

blastòmero s.m. BIOL. Cellula che proviene da una delle prime segmentazioni dell'uovo fecondato.

blastomicète s.m. Fungo unicellulare che produce la scissione dei liquidi zuccherini. SIN.: **saccaromicete.**

blastomicòsi s.f. inv. MED. Malattia provocata dallo sviluppo di blastomiceti in un organismo.

blastòporo s.m. BIOL. Nella gastrula, orifizio unico dell'embrione. (Diventerà la bocca negli invertebrati, l'ano nei vertebrati.)

blàstula s.f. BIOL. Stadio di sviluppo dell'embrione che si presenta sotto forma di una sfera cava a parete epiteliale. (La blastula succede alla morula e precede la gastrula.)

blateràre v.intr. (aus. *avere*) Parlare tanto e a vanvera. ◆ v.tr. Esprimere qlco. parlando a vanvera.

blàtta s.f. Nome generico di numerosi insetti notturni, con corpo piatto e zampe lunghe, di cui molte specie tropicali si nutrono di rifiuti alimentari. (Sottoclasse degli Pterigoti.) SIN.: **scarafaggio.**

blazer [/'bleizə/] s.m. inv. (voce ingl., deriv. di *to blaze* "brillare" per i suoi colori) Giacca sportiva di taglio dritto. ~ Giacca di maglia con bottoni.

blefarite s.f. MED. Infiammazione delle palpebre.

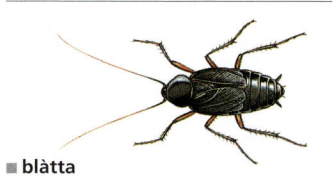

■ **blàtta**

blefaroplàstica s.f. CHIR. Intervento chirurgico di plastica, medica o estetica, alla palpebra.

blefaroptòsi s.f. inv. MED. Caduta della palpebra superiore.

bleffàre v.intr. (aus. *avere*) → bluffare.

blènda s.f. (ted. *Blende*, abbr. di *blendendes Erz* "minerale ingannevole" perché somigliante alla galena) Minerale costituito dal solfuro di zinco in cristalli di colore bruno o giallo (ZnS). SIN.: **sfalerite**.

Blènnio s.m. (lat. *Blennius*, deriv. di gr. *blénna* "muco" per la bava vischiosa che ricopre il corpo) ZOOL. Genere di pesci marini e lacustri, dalla grossa testa e dal corpo allungato, che vivono presso gli scogli; ne fa parte la bavosa. (Lunghezza 20 cm ca., ordine dei Perciformi.)

blenorragìa s.f. MED. Malattia sessualmente trasmissibile dovuta al gonococco, che si manifesta con infiammazioni dell'apparato urogenitale. SIN.: **gonorrea**.

blenorrèa s.f. MED. Blenorragia.

blesità s.f. inv. MED. Disturbo della fonazione che impedisce la pronuncia di alcune consonanti (in partic. *l, r, s*), deformate, soppresse o sostituite con altre.

blinda s.f. (fr. *blinde*, ted. *Blende* deriv. di *blenden* "accecare" quindi "nascondere") **1.** Rinforzo protettivo in materiale edile di una fortificazione. **2.** Pannello metallico che si applica su superfici di vario materiale come protezione contro proiettili ed esplosivi.

blindàggio s.m. [pl. *–gi*] Applicazione di una blinda.

blindàre v.tr. **1.** Rivestire qlco. di materiale protettivo, contro scassi ed esplosioni. **2.** *fig.* Nel l. pol., proteggere, garantire in ogni modo qlco. da manovre, colpi di mano o altri rischi. *Blindare una candidatura.*

blindàto agg. Fornito di blinda. *Auto blindata.* ◇ *Vetro blindato:* vetro speciale nel quale sono inseriti fogli di plastica. ◆ s.m. Furgone blindato.

blinker [/'blɪŋkə/] s.m. inv. (voce ingl., deriv. di *to blink* "lampeggiare") Negli autoveicoli, dispositivo che fa lampeggiare contemporaneamente tutte e quattro le frecce di direzione.

blister [/'blɪstə/] s.m. inv. (voce ingl., propr. "vescica") FARM. Confezione per medicine (compresse, pillole, ecc.), formata da due fogli, uno di plastica munito di alveoli, destinati ad accogliere un'unità del prodotto, e un altro, general. di alluminio, facilmente perforabile.

blitz [/'blɪts/] s.m. inv. (voce ingl., abbr. di ted. *Blitzkrieg* propr. "guerra lampo") Rapida e inaspettata operazione militare o di polizia. ~ *estens.* Qualsiasi operazione rapida e di forza.

blizzard [/'blɪzəd/] s.m. inv. (voce ingl. d'America) Vento polare misto a neve che soffia nelle regioni settentrionali dell'America. ~ *estens.* Tempesta di neve.

blob [/'blɔb/] s.m. inv. (voce ingl., propr. "bolla, grumo vischioso") **1.** Dall'omonima trasmissione televisiva, pasticcio, cosa strana o persona goffa e ridicola. **2.** CINE. Dall'omonimo film horror americano, genere di film fantascientifici che narrano le vicende di mostri viscidi e gelatinosi.

bloccàggio s.m. [pl. *–gi*] (fr. *blocage*) Atto del bloccare.

bloccàre v.tr. [4] (fr. *bloquer*) **1.** Interrompere un movimento. ~ Fermare qlco. o qlcu. *Bloccare il traffico.* ~ *fig.* Interrompere l'attività di una persona per cause psicologiche. *La paura lo ha bloccato.* SIN.: **inibire**. ◇ *Bloccare il pallone:* nel calcio, tenere saldamente la palla con le mani da parte del portiere di una squadra. – *Bloccare le assunzioni:* interrompere il reclutamento di personale. – *Bloccare la carta di credito:* impedire l'utilizzo della propria carta di credito in seguito a furto o smarrimento. **2.** Interrompere una via d'accesso. **3.** Fermare con provvedimenti legislativi scelte economiche soggette a variazioni. *Bloccare i prezzi.* ~ Interrompere movimenti finanziari in banca. **4.** Rendere stabile e fisso un elemento meccanico. *Bloccare lo sterzo.* **5.** Far convergere voti su un unico obiettivo. ◆ **bloccarsi** v.pron. **1.** Smettere di funzionare. *Il motore si è bloccato.* **2.** *fig.* Avere un blocco, per cause psicologiche, nell'attività in corso.

bloccaruòta s.m. inv. Strumento applicato alle ruote delle automobili in sosta vietata e che ne impedisce la partenza.

bloccastèrzo s.m. inv. Dispositivo antifurto che blocca lo sterzo degli autoveicoli.

bloccàta s.f. SPORT. Nel calcio, parata del portiere che arresta la palla con una sola presa riuscendo a trattenerla. ~ BOXE La parata di un colpo dell'avversario.

bloccàto agg. Di qualunque tipo di movimento sospeso o arrestato. ◇ *figg. Beni bloccati:* che non possono essere venduti o esportati all'estero. – *Essere, sentirsi bloccato:* inibito.

blocchétto s.m. **1.** Taccuino per appunti con fogli staccabili. ~ Insieme di biglietti o tagliandi ancora uniti alla matrice. **2.** ALP. Arnese metallico che si incastra nella roccia in funzione di sostegno. SIN.: **dado**.

1. blòcco s.m. [pl. *–chi*] (fr. *blocus*, ol. *blochuus* "casa di tronchi" poi "posto di sorveglianza") **1.** Arresto improvviso di un congegno. *Blocco di un meccanismo.* ~ Interruzione, sospensione. *Blocco degli scrutini.* ~ *estens.* Impedimento, interruzione nell'accesso a vie di comunicazione, ferrovie, aeroporti, operato da forze militari o da dimostranti. ~ La sospensione del lavoro durante uno sciopero. *Il blocco dei trasporti.* **2.** Dispositivo che serve per bloccare, per arrestare un movimento o per impedire che qualcosa si muova. **3.** Vincolo di legge che impone una regolamentazione in un settore socio-economico o addirittura l'immodificabilità di una situazione di fatto, la sospensione di un provvedimento. *Blocco delle assunzioni.* ◇ *Blocco dei beni:* provvedimento adottato dalle istituzioni per impedire l'impiego dei beni da parte di enti, privati, associazioni criminali, ecc. **4.** MED. Arresto di una funzione organica. *Blocco intestinale.* ◇ *Blocco cardiaco:* *arresto cardiaco. – PSICOL. Blocco emotivo:* arresto delle normali funzioni intellettive dovuto spec. ad ansia. **5.** FERR. Funzionamento del traffico ferroviario basato sul distanziamento dei treni su una linea a opera di dispositivi telefonici o elettrici. ◇ *Sistema di blocco:* l'insieme di apparecchi che permettono di regolamentare il traffico ferroviario.

2. blòcco s.m. [pl. *–chi*] (fr. *bloc*, ol. *blok* "tronco squadrato") **1.** Corpo solido di grandi dimensioni. *Un blocco di granito.* ◇ *In blocco:* tutt'insieme, nell'insieme; *fig.* senza un esame dei particolari. **2.** Insieme di fogli staccabili. **3.** *fig.* Alleanza politica, coalizione. ◇ *Blocco sociale:* insieme dei partiti al governo e dei gruppi economici ad essi collegati. – *Politica dei blocchi:* quella basata sugli opposti schieramenti. **4.** SPORT. *Blocchi di partenza:* strutture fisse o attrezzi usati nel nuoto e in atletica leggera per consentire all'atleta una partenza con slancio. **5.** MECC. *Blocco motore:* struttura centrale a cilindri dei motori a combustione interna. **6.** INFORM. Insieme omogeneo di informazioni che nelle operazioni di trasferimento o nella collocazione in memoria sono trattate come una singola unità. **7.** FILAT. Insieme di quattro o più francobolli uniti fra loro.

blockbuster [/'blɔkbˌʌstə/] s.m. inv. (voce ingl.) Film che ha avuto notevole successo commerciale.

bloc-notes o **block-notes** [/blɔk'nɔtes/] s.m. inv. Taccuino per appunti con fogli staccabili. SIN.: **blocchetto**.

■ **blòcchi** di partenza. Posizione di partenza di un atleta sui blocchi.

blog s.m. inv. (voce ingl., deriv. di *web log*) INFORM. Diario personale pubblicato su Internet, frequentemente aggiornato e indirizzato a tutti, contenente commenti e immagini sulla vita quotidiana dell'autore (chiamato *blogger*).

blondin [/blõ'dɛ̃/] s.m. [pl. *blondins*] (voce fr., dal nome dell'acrobata Ch. *Blondin* che si servì per primo di tale sistema) Sistema di trasporto verticale di un peso su una fune fissata a due piloni, usato nella costruzione di ponti, dighe, ecc.

bloody mary [/'blʌdɪ 'meəri/] loc. sost. m. inv. (loc. ingl., propr. "Maria la sanguinaria" appellativo della regina Maria I Tudor, così detto per il suo colore rosso) Bevanda alcolica che si prepara con vodka, succo di pomodoro e limone o altri aromi.

bloom [/'blu:m/] s.m. inv. (voce ingl.) Lingotto di metallo.

blu agg. inv. (fr. *bleu*, francone *blāo* "biondo") Di colore turchino cupo. ◇ MED. *Morbo blu:* malattia cardiaca che provoca cianosi. – *Auto blu:* nel l. gior., auto di servizio di colore blu scuro usate da personaggi importanti della politica o della finanza. ◆ s.m. inv. Il colore blu. ~ *estens.* Ogni sostanza blu o che colora di blu. ◇ *Blu di Prussia:* minerale a base di cianuro ferrico.

blucerchiàto agg. SPORT. Della squadra di calcio della Sampdoria. ~ In partic. di giocatore o tifoso di tale squadra. ◆ s.m. [f. *–ta*] Giocatore o tifoso della Sampdoria.

blue chip [/'blu: 'tʃɪp/] loc. sost. m. [pl. *blue chips*] (loc. ingl., propr. "fiches blu" che nel poker hanno valore più elevato) BORS. (spec. pl.) Investimento azionario che offre la massima garanzia di successo.

blue-jeans [/'blu:'dʒi:nz/] s.m. pl. (voce ingl., propr. "tela azzurra", comp. di *blue* "azzurro" e *Jean* dal fr. *Gênes* "Genova" con riferimento ai traffici mercantili) Pantaloni di cotone grossolano, originariamente di colore azzurro o blu, oggi anche diversamente colorati, con cuci-

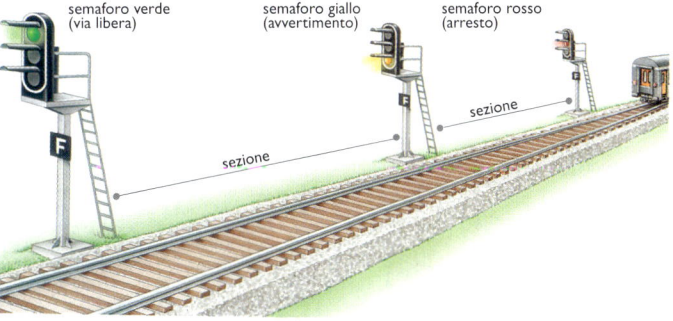

■ sistema di **blòcco** automatico.

ture impunturate e tasche posteriori a toppa; anche nella forma abbreviata *jeans*.

blues [/'bluːz/] s.m. inv. (voce ingl. d'America, deriv. di *to feel blue, to have the blues* "essere triste") Canto popolare dal ritmo lento, proprio della cultura nera d'America, che accompagna testi spec. malinconici.

bluette [/bly'ɛt/] agg. inv. (fr. *bleuet* "fiordaliso") Di colore azzurro fiordaliso. ◆ s.m. inv. Nel sign. dell'agg.

bluff [/'blʌf/] s.m. inv. (voce ingl. d'America) **1.** In giochi di carte, in partic. nel poker, modo di procedere tale da far credere agli avversari di avere carte migliori di quelle effettive. **2.** *fig.* Montatura, finzione organizzata per nascondere la realtà. ~ Anche, vanteria.

bluffàre v.intr. (aus. *avere*) **1.** Nel poker e in altri giochi di carte, tentare un bluff. **2.** *estens.* Fingere.

bluffatore [/bluffa'tore/] s.m. [f. *–trice*] Chi fa un bluff.

blùsa s.f. **1.** Camiciotto di lavoro usato da operai e artigiani. **2.** Camicia non modellata da portare sopra alla gonna o ai pantaloni.

blusànte agg. Di camicia o di abito non modellati che, stretti in vita con una cintura, formano degli sbuffi.

BMP s.m. inv. (Sigla di *BitMap* "mappatura di bit") Tipo di file grafico.

1. bòa s.m. inv. **1.** Serpente diffuso nelle regioni tropicali, non velenoso, che uccide le grosse prede mediante costrizione. (Lunghezza fino a 4 m ca.; famiglia dei Boidi.) **2.** *fig.* Sciarpa femminile di piume di struzzo o di pelo.

2. bòa s.f. (genov. *boa* "segnale galleggiante") Galleggiante ancorato al fondo usato come ormeggio o per segnalazioni.

board [/bɔːd/] s.m. inv. (voce ingl., propr. "tavolo del consiglio") Comitato, consiglio.

boàrio agg. [pl. *–ri*] Relativo ai bovini. ◇ *Foro boario:* luogo in cui si teneva il mercato dei bovini.

boàto s.m. Rumore forte, rimbombante.

boat people [/bəʊt 'piːpəl/] loc. sost. m. (loc. ingl., "gente delle barche") (spec. pl.) Indica i profughi che si spostano clandestinamente

■ **bòa**

salvagente (ciambella)

salvagente («a ferro di cavallo» con luce automatica)

gavitello

di delimitazione

meteorologica

■ **bòa** costrittore.

su mezzi di fortuna fuggendo dai paesi d'origine in guerra.

bòb s.m. inv. (abbr. di ingl. *bobsleigh*, comp. di *to bob* "dondolare" e *sleigh* "slitta") **1.** Slitta carenata da competizione con due treni di pattini di cui quelli anteriori mobili. ~ Lo sport praticato con tale slitta. ◇ *Bob a due, a quattro:* a seconda del numero dei membri dell'equipaggio. **2.** Piccola slitta carenata, con fondo piatto, per bambini.

■ **bòb.** Gara di bob a due.

bobìna s.f. **1.** Rocchetto sul quale si avvolgono vari tipi di materiale flessibile, come filo, fibre, pellicole, ecc. ~ *estens.* L'avvolgimento stesso. **2.** ELETTR. Avvolgimento di filo conduttore che nei circuiti elettrici è usato per creare un'induttanza. ◇ *Bobina d'accensione:* negli autoveicoli, quella che trasforma la bassa tensione della batteria in alta tensione per le candele. – *Bobina di arresto:* bobina che nei circuiti percorsi da correnti variabili fa passare solo le componenti continue o lentamente variabili. – *Bobina toroidale:* avvolgimento eseguito su un nucleo magnetico toroidale privo di traferri. **3.** STAM. Rotolo di carta da stampa per macchine rotative. **4.** *Bobina d'induzione:* che induce energia elettrica.

bobinatóre s.m. [f. *–trice*] Addetto alla bobinatura.

bobinatrice s.f. ELETTROTEC. Macchina per avvolgere su bobine fili conduttori, filati, pellicole, nastri, ecc.

bobinatùra s.f. Operazione manuale o meccanizzata di avvolgimento di un materiale su bobina.

bobtail [/'bɒbˌteɪl/] s.m. inv. (voce ingl.) Cane di utilità, da gregge, di origine inglese, a pelo abbondante e ondulato.

bócca s.f. [pl. *–che*] (lat. *buccam* "guancia" poi "bocca") **1.** Cavità nella parte inferiore del cranio comune agli uomini e agli animali, funzionale alla nutrizione, alla respirazione e alla fonazione. ◇ *Respirazione bocca a bocca:* tecnica di ventilazione artificiale, nella quale il soccorritore soffia nella bocca del ferito. – *figg. Avere il cuore in bocca:* ansimare per la fatica, per lo spavento. – *A bocca aperta:* essere colto da stupore. – *In bocca al lupo!:* formula d'augurio scaramantica rivolta a chi deve affrontare un esame o una competizione. **2.** Con riferimento

alla funzione nutrizionale, dà luogo a una serie di locc. proprie e fig. ◇ *A bocca asciutta:* senza aver mangiato; *fig.* senza alcun risultato, a mani vuote. – *Essere di bocca buona:* che mangia di tutto, senza pretese; *fig.* accontentarsi facilmente. – *Rifarsi la bocca:* mangiare qlco. di gustoso per togliere un sapore cattivo; *fig.* cercare una compensazione. **3.** Individuo, persona, in quanto essere che mangia. *Ho quattro bocche da sfamare.* **4.** Con riferimento alla funzione della fonazione, dà luogo a una serie di locc., spec. fig. ◇ *Avere la bocca cucita:* non voler parlare. – *Di bocca in bocca:* di notizia trasmessa sollecitamente da una persona all'altra. – *Chiudere la bocca:* far tacere, zittire. – *Mettere le parole in bocca a qlcu.:* suggerire ciò che qlcu. deve dire o attribuire a qlcu. parole non sue. – *Lasciarsi scappare qlco. di bocca:* dire ciò che non si dovrebbe. – *Cavare, strappare le parole di bocca:* ottenere una risposta con fatica. – *Essere la bocca della verità:* dire sempre cose vere. – *Riempirsi la bocca:* parlare in modo solenne, sfiorando il ridicolo. – *Riempirsi la bocca di belle parole:* parlare in modo pomposo, affettato. **5.** Labbra. ◇ *fig. Storcere la bocca:* mostrare disgusto o, anche, disapprovazione. **6.** Apertura di recipienti, di congegni, organi, per l'impressione che dà di inghiottire ciò che viene introdotto o di riversare quanto contiene. *Bocca del vaso, della bottiglia.* ◇ *Bocca del fucile, del cannone:* parte anteriore dell'anima. – *Bocca da fuoco:* parte del pezzo d'artiglieria che è funzionale al lancio del proiettile e, estens., il pezzo d'artiglieria stesso. – *Bocca di lupo:* nelle fortificazioni, cavità che ripara chi combatte; nelle carceri, finestra che impedisce una visuale orizzontale; in marina, nodo scorsoio. **7.** GEOGR. Foce. ~ (spec. pl.) Stretto. ~ Stretto passo montano. – *Bocche del vulcano:* aperture dalle quali fuoriesce la lava. **8.** BOT. Entra nelle denominazioni popolari di varie piante che hanno fiori a forma approssimativa di bocca. ◇ *Bocca di leone:* pianta erbacea perenne delle Scrofulariacee originaria del Mediterraneo e coltivata spesso a scopo ornamentale. – *Bocca di lupo:* pianta della famiglia delle Labiate con fiori grandi bianchi e rosati. **9.** ZOOL. *Bocca d'oro:* pesce marino dalla carne pregiata. **10.** *Bocca del martello:* faccia leggermente convessa del martello, con cui si batte. **11.** Trappola usata un tempo per la cattura degli animali feroci, costituita da una buca tronco-conica sul cui fondo erano piantati pali aguzzi.

boccàglio s.m. [pl. *–gli*] **1.** In vari apparecchi e strumenti, la parte a contatto con la bocca. *Boccaglio del respiratore.* **2.** Parte terminale di un tubo di scarico. **3.** Apparecchio per misurare la portata di un fluido in pressione.

1. boccàle o **buccàle** agg. ANAT., ZOOL. Relativo alla bocca. *Apparato boccale.*

2. boccàle s.m. Bicchiere alto e largo con manico. ~ *estens.* Quantità di liquido contenuta in un boccale.

boccapòrto s.m. [pl. *–ti*] **1.** MAR. Apertura sul ponte delle navi che mette in comunicazione i locali interni e le stive con la coperta. **2.** Nelle caldaie a vapore, apertura nella parte anteriore del focolare per l'introduzione del combustibile.

boccascèna s.m. Lo spazio del palcoscenico nel quale si svolge la rappresentazione, delimitato dalle quinte laterali e dallo sfondo. ~ Le strutture scenografiche che incorniciano tale spazio. SIN.: **boccadopera**.

boccàta s.f. Quantità che può essere contenuta nella bocca. ◇ *Prendere una boccata d'aria:* uscire per una breve passeggiata.

boccétta s.f. **1.** Nel sign. del dim. di *boccia*. **2.** Piccolo recipiente in vetro o altro materiale. **3.** Palla d'avorio per il biliardo. ~ (spec. pl.) Gioco simile alle bocce che si pratica sul tavolo da biliardo.

boccheggiàre v.intr. [5] (aus. *avere*) **1.** Respirare con affanno. **2.** *fig.* Trovarsi in situazioni di estrema difficoltà.

bocchétta s.f. **1.** Imboccatura di recipienti, condotte, strumenti a fiato. **2.** Apertura per il deflusso di acqua o aria. **3.** Punto in cui una catena montana degrada. SIN.: **sella**. **4.** Cornicetta metallica che rifinisce la toppa della serratura.

5. Parte della scarpa che va dalla tomaia al collo del piede.

bocchettóne s.m. **1.** MECC. Imboccatura, fornita di chiusura ermetica, di tubi o serbatoi. **2.** MECC. Elemento metallico filettato di raccordo tra due tubi.

bocchino s.m. **1.** Smorfia che si fa stringendo le labbra. **2.** Piccolo cannello nel quale si infilano la sigaretta o il sigaro. **3.** Parte della pipa che si tiene in bocca. **4.** Imboccatura degli strumenti a fiato. **5.** Nelle armi da fuoco antiche, parte metallica di guarnizione. **6.** *region.* Fellatio.

bòccia s.f. [pl. *–ce*] **1.** Recipiente tondo e panciuto. **2.** Palla che si usa in vari giochi. *Boccia da biliardo.* **3.** *fig.* In senso scherz., testa, spec. di forma rotonda.

bocciàrda s.f. (fr. *boucharde*, forse deriv. di *bouche* "bocca" e *bocard* "frantumatrice") **1.** Attrezzo per la lavorazione manuale dei pavimenti in battuto di cemento. **2.** Grosso martello usato nella lavorazione della pietra.

bocciàre v.tr. [5] **1.** Nel gioco delle bocce, urtare con la propria un'altra boccia per allontanarla dal boccino. **2.** Respingere idee, progetti, richieste. *Bocciare un progetto.* **3.** Negare a uno studente l'ammissione alla classe successiva, o a un candidato il superamento di un esame o di un concorso. ◆ v.intr. (aus. *avere*) **1.** *fam.* Urtare con la propria un'altra automobile. **2.** Effettuare una bocciata.

bocciatóre s.m. [f. *–trice*] SPORT. Nel gioco delle bocce e delle boccette, il giocatore che esegue la bocciata.

boccino s.m. **1.** Nel sign. del dim. di *boccia*. **2.** Nel gioco delle bocce, pallino che si lancia all'inizio della partita e al quale i giocatori devono accostarsi il più possibile. **3.** *scherz.* Testa.

bòccio s.m. [pl. *–ci*] Bocciolo.

bocciòdromo s.m. Impianto sportivo con più campi per il gioco delle bocce.

bocciòfila s.f. Società di giocatori e appassionati di bocce.

bocciòfilo agg. Relativo al gioco delle bocce. ◆ s.m. [f. *–la*] Appassionato del gioco delle bocce.

bocciòlo s.m. **1.** Fiore che non ha ancora aperto il calice. **2.** Il tratto di una canna tra due nodi. **3.** Nei candelabri, punto di inserimento della candela. **4.** MECC. Eccentrico per la trasformazione del moto rotatorio in moto rettilineo.

bóccola s.f. (lat. *bŭcculam*, propr. "piccola guancia" poi "pomo dello scudo" infinc "fibbia") **1.** Borchia a fibbia. **2.** MECC. Elemento cilindrico cavo che riduce un foro e in cui gira un perno. **3.** TECN. Anello di ferro messo a rinforzo sulla testata di un legno soggetto a forti pressioni. **4.** ELETTR. Presa a un solo polo usata per collegamenti provvisori. **5.** SPORT. Nel pattinaggio artistico, figura obbligatoria costituita da due cerchi e due occhielli.

bóccolo s.m. Ricciolo di capelli a forma di spirale.

bocconcino s.m. **1.** Nel sign. del dim. di *boccone*; in partic., quantità di cibo ridotta ma prelibata. ~ *estens.* Pietanza gustosa. **2.** CUC. (al pl.) Spezzatino o polpettine. **3.** *fig.* Persona molto attraente.

boccóne s.m. **1.** Quantità di cibo portata alla bocca in una volta. ◊ *Mangiare tutto in un boccone:* mangiare in fretta. – *figg. Mangiarsi qlcu. in un boccone:* stravincerlo, surclassarlo. – *Boccone amaro:* umiliazione. **2.** Parte scelta del cibo. ~ *estens.* Cibo squisito. ◊ *Boccone del prete:* parte terminale della colonna vertebrale del pollo. **3.** *estens.* Pasto, general. veloce e frugale. **4.** Esca, cibo avvelenato per animali. **5.** Piccola quantità di qlco. *A pezzi e a bocconi.*

boccóni avv. A faccia in giù. *Cadere bocconi.*

bodhi [/'bɔdi/] s.f. inv. La saggezza buddhista, l'Illuminazione.

bodhisattva [/ˌbɔdɪ'satva/] s.m. e f.inv. Saggio destinato a diventare buddha.

body [/'bɔdi/] s.m. inv. (voce ingl., propr. "corpo") Indumento intimo femminile che unisce in un unico pezzo maglietta e mutandine. ~ Costumino aderente per la ginnastica e la danza.

body art [/'bɔdi 'aːt/] loc. sost. f. inv. (loc. ingl., propr. "arte del corpo") Movimento artistico degli anni Sessanta-Settanta che considera il corpo dell'artista strumento di comunicazione estetica.

body building [/'bɔdi'bɪldɪŋ/] loc. sost. m. inv. (loc. ingl., propr."costruzione del corpo") Ginnastica che ha come obiettivo l'accrescimento muscolare.

bodyguard [/'bɔdɪˌgaːd/] s.m. inv. (voce ingl.) Guardia del corpo.

body painting [/'bɔdi 'peɪntɪŋ/] loc. sost. f. inv. (loc. ingl., "pittura del corpo") Tecnica pittorica adottata dagli artisti della body art che consiste nel dipingere il corpo dei modelli o nell'usare parti del corpo imbevute di colore per dipingere su tela o altre superfici.

boeing [/'bɔeɪŋ/] s.m. inv. (voce ingl., dal nome del fondatore dell'azienda costruttrice) Denominazione commerciale, che costituisce marchio registrato, di una fabbrica di aeroplani di grandi dimensioni per trasporto di passeggeri o merci. ~ Gli aerei prodotti da questa fabbrica.

boèmo agg. Della Boemia. ◆ s.m. [f. *–ma*] Nativo, abitante della Boemia.

bofonchiàre v.intr. [6] (aus. *avere*) Brontolare a bassa voce.

bòga s.f. [pl. *–ghe*] Pesce teleosteo marino che vive lungo le coste, di piccole dimensioni, di colore argenteo con strisce longitudinali dorate. (Ordine dei Perciformi.)

bogàra s.f. MAR. Rete molto lunga per la pesca delle boghe.

bogomilo s.m. e f. Membro di una setta cristiana dualista bulgara del sec. X, la cui dottrina ispirò in partic. i catari.

bohème [/bo'ɛm/] s.f. inv. (voce fr., propr. "boemo" poi "zingaro" perché la Boemia era regione di provenienza degli zingari) Vita disagiata ma libera e anticonformista, propria di artisti e scrittori della seconda metà dell'Ottocento. ~ *estens.* Gruppo di persone che conducono una tale vita.

bohémien [/boe'mjɛ̃/] s.m. inv. (voce fr.) Chi storicamente apparteneva alla bohème. ~ *estens.* Chi vive in maniera irregolare, anticonformista. ~ In partic. artista povero.

bohémienne [/boe'mjɛn/] s.f. inv. (voce fr.) Ballo simile alla mazurca.

bòia s.m. inv. (lat. *bŏiam* "laccio" quindi "gogna" poi "boia") **1.** Esecutore di condanne a morte. **2.** *estens.* Persona spregevole, aguzzino, delinquente. ❑ In funzione di agg., nel l. popolare, che tormenta, intastidisce per quanto è forte, intenso. *Freddo boia.*

boiàcca s.f. [pl. *–che*] COSTR. Malta di cemento usata per far aderire al muro piastrelle o mattoni di rivestimento.

boiàro s.m. Nome degli antichi nobili nei paesi slavi, in partic. in Russia.

boicottàggio s.m. [pl. *–gi*] (fr. *boycottage*) L'atto di frapporre un ostacolo alla riuscita di qlco.

boicottàre v.tr. (fr. *boycotter*, ingl. *to boycott*, dal nome dell'amministratore irlandese J. Boycott che indusse i coloni al rifiuto di ogni collaborazione per il suo spietato comportamento) Ostacolare, rendere difficoltosa l'attività di un'azienda o di una persona. ~ Vanificare un'iniziativa. *Boicottare un'assemblea.*

boicottatóre agg. [f. *–trice*] Che boicotta. ◆ s.m. (anche f.) Nel sign. dell'agg.

Bòidi s.m. pl. [iniziale minusc. sing. *–de* per l'individuo] ZOOL. Famiglia di serpenti di grandi dimensioni, non velenosi, che uccidono le prede stringendole nelle proprie spire.

boiler [/'bɔɪlə/] s.m. inv. (voce ingl.) → scaldabagno.

boiserie [/bwaz'ri/] s.f. inv. (voce fr., deriv. di *bois* "legno") Rivestimento in legno lavorato delle pareti di un ambiente.

bòldo s.m. (spagn. *boldo* di orig. andina) Albero originario del Cile le cui foglie hanno proprietà medicinali. (Famiglia delle Monimiacee.)

bolentino s.m. (ligure *bolentin*) Lenza a più ami munita di un piombo che si cala a mano dall'imbarcazione, usata per la pesca sul fondo.

bolèro s.m. (spagn. *bolero* "ballerino") **1.** Danza andalusa, eseguita in coppia su aria cantata. (Nata nel sec. XVIII, toccò l'apice come danza professionale teatrale nel sec. XIX.) **2.** Giacca di taglio dritto, non abbottonata, che arriva alla vita. **3.** Cappello tipico dei toreri, piccolo, in feltro, con nappe.

Bolèto s.m. BOT. Genere di funghi dal cappello bruno-rossiccio; varie delle sue numerose specie, tra cui il *porcino*, sono commestibili. (Classe dei Basidiomiceti.)

commestibili
porcino   porcino nero

non commestibili
porcino del fiele   porcino malefico

■ **Bolèto**

bòlgia s.f. [pl. *–ge*] (fr. *bolge*, lat. *bùlgam* "borsa di pelle" per il danaro) **1.** Ciascuna delle dieci fosse in cui è suddiviso l'ottavo cerchio dell'*Inferno* dantesco. **2.** *fig.* Luogo chiassoso.

bòlide s.m. (gr. *bolís* "proiettile") **1.** ASTR. Piccolo corpo celeste proveniente dallo spazio interplanetario che a contatto con l'atmosfera terrestre diventa incandescente per attrito. **2.** Oggetto dotato di grande velocità. ~ Veicolo molto rapido. ~ Nel calcio e in altri sport con la palla, tiro effettuato con molta forza.

bolina s.f. (fr. *bouline*, ingl. *bowline* "cavo di prua") MAR. Fune posta sull'orlo delle vele quadre per manovrarle. ◊ *Andare di bolina:* navigare in modo da ridurre al minimo la resistenza del vento. – *Nodo di bolina:* quello usato da marinai e alpinisti per assicurare i cavi in tensione.

bolívar [/bo'linar/] s.m. inv. (dal nome dell'eroe sudamericano S. Bolívar) Unità monetaria del Venezuela.

boliviàno agg. Della Bolivia. ◆ s.m. **1.** [f. *–na*] Nativo, abitante della Bolivia. **2.** Unità monetaria della Bolivia.

1. bólla s.f. **1.** Piccola formazione gassosa di forma pressappoco sferica che si forma all'interno di un liquido per ebollizione o altre cause fisiche. ◊ *Bolla di sapone:* quella che i bambini creano per gioco soffiando attraverso una cannuccia intinta in acqua saponata; *fig.* cosa che, nonostante le apparenze, è priva di consistenza e destinata a non durare. **2.** Cavità sferica che resta nel vetro o nel metallo per difetti di fusione o durante la solidificazione. **3.** Rigonfiamento sulla superficie di un oggetto qualunque. ◊ INFORM. *Bolla magnetica:* piccola zona magnetizzata la cui creazione e scorrimento su un supporto permette la realizzazione di memoria di grandi capacità (*memorie a bolle*). **4.** MED. Lesione cutanea, vescicola sierosa. **5.** BOT. Malattia criptogamica degli alberi, come il pesco, che si manifesta con rigonfiamenti sui tessuti. **6.** CHIM. Boccia di vetro sottile accorpata a svariati apparecchi chimici. ◊ *Bolla di raffreddamento:* negli zuccherifici, attrezzo per concentrare nel vuoto sciroppi e conserve.

2. bólla s.f. (lat. *bŭllam* nel sign. di "borchia, globetto d'oro" che i ragazzi portavano al collo) **1.** Sigillo pendente in metallo. ~ ST. Impronta di tale sigillo utilizzato per autenticare un atto. **2.** CATT. Lettera apostolica di interesse generale che porta il sigillo del Papa. **3.** Ricevuta per consegna o pagamento di merci. ◊ *Bolla di spedizio-*

ne: lista riepilogativa dei pezzi di una consegna, utile per verifica e ricevuta. – *Bolla di accompagnamento*: documento fiscale allegato a una merce in corso di spedizione o consegna. **4.** ANT. ROM. Ciondolo a forma di piccola sfera che i maschi nati liberi portavano al collo.

bollandìsta s.m. [pl. *–sti*] (dal nome del gesuita belga J. Bolland) Membro della Compagnia dei gesuiti belgi, creata nel sec. XVII da Jean Bolland, che cura la pubblicazione critica degli *Acta Sanctorum* (Vite dei santi).

bollàre v.tr. **1.** Mettere un bollo. ~ Autenticare scritti e pacchi con un contrassegno convenzionale (francobollo o timbro). **2.** Segnare con marchio d'infamia, additare al pubblico disprezzo. **3.** *fig.* Colpire qlcu. lasciando un segno.

bollàrio s.m. [pl. *–ri*] Raccolta delle bolle pontificie.

bollàto agg. **1.** Che ha ricevuto l'impressione del bollo. ◇ *Carta bollata*: carta provvista di un bollo, pagato allo Stato, usata per redigere particolari atti. **2.** *fig.* Di persona, additato al pubblico disprezzo. SIN.: **disonorato**.

bollatùra s.f. Operazione dell'applicare i bolli fatta manualmente o con la bollatrice. SIN.: **timbratura**.

bollènte agg. **1.** Che bolle, scottante. *Olio bollente*. **2.** *fig.* Eccitabile, irruente. *Avere il sangue bollente*. ◇ *Bollenti spiriti*: l'esuberanza giovanile.

bollétta s.f. Ricevuta che attesta un'operazione commerciale. ~ Fattura che reca l'indicazione dell'importo da pagare per un consumo effettuato. *Bolletta del gas*. ◇ *fig. Essere in bolletta*: senza soldi.

bollettàrio s.m. [pl. *–ri*] Registro con fogli a madre e figlia da cui si staccano le ricevute.

bollettìno s.m. **1.** ECON. Ricevuta rilasciata a un utente. ~ Modulo per effettuare operazioni su conti correnti. *Bollettino di versamento*. **2.** Pubblicazione specializzata, commento a carattere ufficiale di informazioni, dati. *Il bollettino dei prezzi*. ◇ *Bollettino ufficiale*: raccolta dei provvedimenti emanati in corso a enti pubblici. – *Bollettino meteorologico*: fornisce informazioni e previsioni sul tempo. – *Bollettino di guerra*: comunicato del comando supremo delle forze armate sull'andamento delle operazioni belliche. – *Bollettino radio*: notiziario informativo della radio. – *Bollettino sanitario, medico*: rapporto periodico sullo stato di salute di un paziente. **3.** Titolo generico di varie pubblicazioni. ◇ *SPORT.* Referto per segnare punti e tempi ottenuti dagli atleti in gare a punteggio o a cronometro.

bollilàtte s.m. inv. Pentola a forma di bottiglie con beccuccio e coperchio forato per impedire la fuoriuscita del latte durante l'ebollizione.

bollìno s.m. **1.** Nel sign. del dim. di 1. *bollo*; in partic., piccolo tagliando di carta che attesta un avvenuto pagamento o l'esecuzione di un adempimento giuridico. ◇ *Bollino verde*: contrassegno che attesta la conformità di un'autovettura alle norme antinquinamento. **2.** Tacchetto delle scarpe dei calciatori. **3.** Adesivo che si incolla sulle cartelle dei concorsi a premi.

bollìre v.intr. (aus. *avere*) **1.** Di un liquido, passare allo stato gassoso grazie all'effetto del calore. (L'acqua pura bolle a 100 °C a normale pressione atmosferica.) **2.** *estens.* Produrre il rumore tipico di un liquido in ebollizione. *La pentola bolle*. **3.** Cuocere in un liquido che bolle. **4.** *fig.* Avere un caldo eccessivo. ~ Agitarsi, ribollire, fremere. ~ *Essere bollente*. *La sabbia bolle*. ◇ *Avere il sangue che bolle nelle vene*: essere pieno di energia. **5.** Fermentare. *Il mosto sta bollendo nei tini*. ◆ v.tr. Fare cuocere in liquido che bolle.

bollìto agg. Che ha subito il processo di bollitura. ◆ s.m. Pezzo di carne messo a bollire in acqua con l'aggiunta di sapori e verdure.

bollitóre s.m. **1.** Recipiente, dotato di becco, manico e coperchio, per far bollire l'acqua. *Bollitore elettrico*. **2.** Vasca industriale per bollitura. **3.** [f. *–trice*] Operaio addetto a operazioni di bollitura.

bollitùra s.f. **1.** Atto e processo di ebollizione. ~ Liquido in cui si è bollito qlco. *Acqua di bollitura*. **2.** METALL. Saldatura di due pezzi metallici resi molli alla fiamma.

bóllo s.m. **1.** Segno di vario tipo impresso per convalidare, certificare, autenticare. ~ Talloncino che attesta l'avvenuto pagamento di tasse statali, come p.e. il bollo di circolazione di un autoveicolo, la cui esposizione non è più obbligatoria in Italia dal 1998. ◇ *Bollo a secco*: impronta in rilievo. – *Bollo a umido*: impronta impressa per mezzo di un cuscinetto inchiostrato. – *Imposta di bollo*: tassa relativa ad alcune scritture legali. **2.** *estens.* Strumento che serve ad apporre bolli. **3.** Marchio d'infamia apposto sui condannati. **4.** *fam.* Francobollo. **5.** *fam.* Segno lasciato sulla pelle da un piccolo trauma.

bollóre s.m. **1.** Stato di ebollizione, effervescenza. **2.** *estens.* Calura. *I bollori estivi*. **3.** *fig.* Fervore. ~ Esuberanza, impulsività.

bollóso agg. Che presenta bolle.

bòlo s.m. (gr. *bôlos* "zolla" quindi "massa sferica") **1.** Boccone di cibo masticato. ◇ *Bolo alimentare*: piccola quantità di cibo pronta per la deglutizione. – *Bolo isterico*: sensazione di un groppo alla gola che precede un attacco isterico. – *Bolo masticatorio*: da tenere in bocca per assorbirne i principi solubili. **2.** ZOOL. Ammasso di avanzi alimentari non digeriti che i rapaci rigurgitano. **3.** Grossa pillola medicinale per cavalli e bovini. **4.** PETROL. *Bolo armeno*: varietà di miscela argillosa usate in Oriente come medicamenti per le loro proprietà astringenti.

bolognése agg. Di Bologna. ◇ CUC. *Alla bolognese*: a base di pomodori e carne tritata. ◆ s.m. **1.** (anche f.) Nativo, abitante di Bologna. **2.** (solo sing.) Dialetto parlato a Bologna. **3.** (iniziale maiusc., solo sing.) Territorio intorno a Bologna.

bolòmetro s.m. Strumento dotato di resistenza elettrica per misurare l'energia di una radiazione (infrarossa, visibile e ultravioletta).

bolsàggine s.f. **1.** VET. Malattia del cavallo che è causa di insufficienza respiratoria. **2.** Debolezza, spossatezza. **3.** *fig.* Goffa ostentazione, spec. nello stile.

bolscevico agg. [pl.m. *–chi*, f. *–che*] (russo *bol'ševìk* "maggioritario") **1.** ST. Del bolscevismo, parte del partito operaio socialdemocratico russo che seguì Lenin dopo la scissione del 1903 dai menscevichi. **2.** ST. Del partito comunista russo, poi dell'URSS. ◆ s.m. [f. *–ca*] **1.** Seguace del bolscevismo. **2.** *estens.* Comunista intransigente.

bolscevìsmo s.m. (russo *bol'ševìzm*) Tendenza politica che si affermò come ideologia intransigente e dominante all'interno del partito socialdemocratico russo. ~ *estens.* Comunismo rivoluzionario.

bólso agg. **1.** Di cavallo, affetto da bolsaggine. **2.** Di persona, asmatico e quindi debole, fiacco. ~ *Fuori forma*. **3.** *fig.* Che manca di slancio e ispirazione. *Uno stile bolso*.

bolzanìno agg. Di Bolzano. ◆ s.m. **1.** [f. *–na*] Nativo, abitante di Bolzano. **2.** (iniziale maiusc., solo sing.) Territorio intorno a Bolzano.

bolzóne s.m. **1.** Testa dell'ariete, macchina bellica usata per sfondare le mura. **2.** Punzone per stampare marchi su monete, medaglie e altro. **3.** MACELL. Punta metallica azionata da una molla che penetra nella testa del maiale uccidendolo. **4.** Lega di argento e metallo vile per monete. **5.** ARCH. Paletto di ferro che assicura una catena al muro. ~ Sbarra di ferro che passa nella testa delle chiavi da muro e da volta. ~ Trave a bilanciere usata per manovrare i ponti levatoi. **6.** MAR. Convessità trasversale dei ponti di una nave che permette il deflusso delle acque.

bòma s.m. inv. (fr. *bôme*, neerlandese *boom*) MAR. Asta orizzontale su cui è fissata la parte bassa di una vela aurica o triangolare.

bómba s.f. (voce di orig. onom.) **1.** Proiettile cavo carico di esplosivo e munito di congegno per l'accensione. ◇ *Bomba nucleare*: la cui capacità esplosiva è dovuta a energia nucleare. (Si distinguono le *bombe a fissione*, dette *atomiche* o *A*, e le *bombe a fusione*, dette *termonucleari* o *H*.) – *Bomba al neutrone*: bomba termonucleare letale per l'uomo ma che lascia intatti edifici e materiali. – *Bomba carta*: con involucro leggero (cartone o alluminio) ed esplosivo poco potente, usata a scopo dimostrativo. – GEOL. *Bomba vulcanica*: lacerto di lava, lanciato da un'esplosione vulcanica, che si solidifica in aria. – CHIM.

Bomba calorimetrica: strumento che determina il potere calorifico di una sostanza o con cui si effettuano analisi. ~ *fig.* Avvenimento, notizia sensazionale, esplosiva. *Lanciare una bomba*. ◇ *fig. A prova di bomba*: solidissimo, inattaccabile. **2.** MED. Involucro isolante contenente materiale radioattivo da usare a scopo terapeutico. *Bomba al cobalto*. **3.** CUC. Dolce di pasta lievitata ripieno. SIN.: **bombolone**. **4.** SPORT. Eccitante per migliorare la resa atletica. ~ *estens.* Bevanda molto alcolica. **5.** AER. Figura acrobatica in cui quattro aerei partono raccolti e si allargano puntando in alto in direzioni diverse. **6.** LUD. Base da cui il gioco prende il via e a cui i giocatori devono tornare. SIN.: **tana**. ◇ *Tornare a bomba*: rientrare in argomento. ❑ In funzione di agg. inv. **1.** Che ha vasta risonanza. SIN.: **esplosivo**. **2.** Che può esplodere. *Auto bomba*.

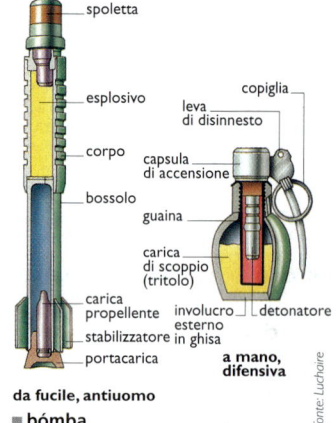

spoletta

copiglia

esplosivo — leva di disinnesto

corpo — capsula di accensione

bossolo — guaina

carica di scoppio (tritolo)

carica propellente — involucro esterno / detonatore

stabilizzatore in ghisa

portacarica — a mano, difensiva

da fucile, antiuomo

fonte: Luchaire

■ **bómba**

Bombacàcee s.f. pl. [iniziale minusc. sing. *–a* per l'individuo] BOT. Famiglia di alberi tropicali cui appartiene il baobab.

bombàrda s.f. (fr. *bombarde*, lat. deriv. di *bŏmbus* "ronzio delle api" e "rimbombo") **1.** Bocca da fuoco primitiva che lanciava palle di pietra (secc. XIV-XVI). ~ Piccolo mortaio da trincea (I Guerra Mondiale). **2.** MAR. Veliero a due alberi armato di mortaio. **3.** MUS. Strumento a fiato in legno a doppia ancia di tonalità grave; uno dei registri dell'organo.

■ **bombàrda**

bombardaménto s.m. **1.** Lancio di bombe contro bersagli. **2.** *fig.* Rapida serie, seguito incalzante. *Bombardamento di accuse*. **3.** FIS. NUCL. Proiezione su un bersaglio di particelle emesse da una sostanza radioattiva o accelerate da apparecchi speciali (in partic. ciclotroni).

bombardàre v.tr. **1.** Attaccare un obiettivo con bombe o proiettili esplosivi. *Bombardare la città*. ~ Lanciare oggetti in gran numero. *Bombardare con del coriandoli*. **2.** *fig.* Opprimere, assillare con un'azione insistente. *Bombardare di domande*. **3.** FIS. NUCL. Effettuare un bombardamento.

bombardière s.m. **1.** Aereo carico di bombe, destinato a una missione di bombardamento. ~ Membro dell'equipaggio di un bombardiere incaricato dello sganciamento delle bombe. **2.** Chi impiega le bombe per attentati. **3.** Insetto dei coleotteri che per difesa emette liquido acido dall'ano. (Famiglia dei Carabidi.)

■ **bombardière** strategico americano Northrop Grumman B-2.

bombardino s.m. STR. MUS. Strumento a fiato da banda. SIN.: **flicorno baritono**.

bombardóne s.m. Strumento musicale a fiato con bocchino di rame, munito di pistoni. ~ Strumento a fiato della famiglia delle bombarde dal tono più grave, suonato nelle bande. SIN.: **flicorno basso**.

bombàre v.tr. Dare una forma convessa; incurvare. *Bombare il legno*.

bombatùra s.f. Rigonfiamento, arrotondamento, convessità.

bomber [ˈbɔmə] s.m. inv. (voce ingl., propr. "bombardiere") **1.** SPORT. Nel calcio, cannoniere. **2.** ABBIGL. Giubbotto imbottito.

1. bombétta s.f. Cappello maschile di feltro rigido a cupola con tese corte leggermente rialzate ai lati.

2. bombétta s.f. **1.** Nel sign. del dim. di *bomba*. **2.** Fialetta puzzolente.

bómbice s.m. ZOOL. Nome generico di farfalle che allo stato di larve sono avvolte in un bozzolo serico. (Famiglia dei Bombicidi.)

Bombicidi s.m. pl. [iniziale minusc. sing. *-de* per l'individuo] ZOOL. Famiglia di insetti caratterizzati da corpo grosso e ricoperto da fitta peluria, antenne lunghe e sottili, apparato boccale e ali poco sviluppati. (Ordine dei Lepidotteri.)

bombicino agg. Solo nella loc. *carta bombicina*, carta proveniente dalla città araba di el-Mambig, ant. detta *Bambice*.

1. bómbo s.m. **1.** Rumore cupo, rimbombo. **2.** Ronzio.

2. bómbo s.m. Insetto dal corpo peloso e dall'addome segnato da tre larghe bande nere, gialle e rosse, simile all'ape, che vive in gruppi poco numerosi e succhia il nettare dei fiori. (Ordine degli Imenotteri, famiglia degli Apidi.)

■ **bómbo**

bómbola s.f. (gr. *bombýlē* "recipiente") Contenitore metallico di forma cilindrica per gas compressi. *Bombola d'ossigeno*. ~ Senza specificazione, il contenitore del gas per uso domestico. ◊ *Bombola spray*: che nebulizza il contenuto sotto pressione (più frequente in forma diminutiva).

bombolétta s.f. Piccola bombola; in partic. recipiente con dispositivo che nebulizza i liquidi contenuti.

bombolóne s.m. **1.** CUC. Dolce di pasta morbida, fritto, ripieno di crema o marmellata. SIN.: *krapfen*. **2.** Nel sign. dell'accr. di *bombola*.

bombonièra s.f. (fr. *bonbonnière*, deriv. di *bonbon* "bonbon") Scatoletta che contiene gener. dei confetti che si offre in omaggio in particolari occasioni (nozze, prima comunione, ecc.).

bomprèsso s.m. (spagn. *bauprés*, fr. *beaupré*, ingl. *bousprit* "stanga di prua") MAR. Albero che sporge in orizzontale dalla prua delle navi a vela.

bonàccia s.f. [pl. *-ce*] **1.** Calma di vento e di mare. **2.** *fig.* Distensione, tranquillità.

bonaccióne agg. Di buon carattere, privo di malizia, mite, semplice. ◆ s.m. [f. *-na*] Nel sign. dell'agg.

bonaccioneria s.f. Carattere bonaccione.

bonaerènse agg. Della città argentina di Buenos Aires e della sua provincia. ◆ s.m. e f. Nativo, abitante della città o della provincia di Buenos Aires.

bonapartismo s.m. (dal nome di Napoleone *Bonaparte*) **1.** Movimento politico diffusosi in Francia al tempo della Restaurazione che nel ricordo di Napoleone auspicava l'avvento di un suo discendente sul trono. **2.** *estens.* Regime personalistico caratterizzato da tendenze demagogiche e plebiscitarie.

bonapartista agg. [pl.m. *-sti*] (dal nome di Napoleone *Bonaparte*) Di seguace del bonapartismo; dispotico e plebiscitario. ◆ s.m. e f. Nel sign. dell'agg.

bonàrda s.f. inv. Vino e vitigno dell'Astigiano.

bonàrio agg. [pl.m. *-ri*] (fr. *de bon uire* "di buona indole") Che guarda agli altri con simpatia e comprensione. ~ Che rivela tali qualità. SIN.: **affabile**.

bonbon [bɔ̃ˈbɔ̃] s.m. inv. (voce fr. del l. infantile, duplicazione di *bon* "buono") Dolcetto, confetto.

boncinèllo s.m. TECN. Ferro a staffa che agganciandosi alla stanghetta di un chiavistello lo blocca.

bond [ˈbɔnd] s.m. inv. (voce ingl., propr. "vincolo") ECON. Titolo a reddito fisso.

bonderizzazióne s.f. (fr. *bondérisation*, ingl. *bonderizing* deriv. di *to bond* "proteggere") METALL. Procedimento al quale vengono sottoposti i metalli ferrosi per prevenire la ruggine.

bonding [ˈbɔndɪŋ] s.m. inv. ELETTROTEC. Collegamento elettrico di un circuito.

bòngo s.m. [pl. *-ghi*] (voce africana) Mammifero africano ruminante dal pelame rossiccio a strisce bianche e lunghe corna a spirale.

bòngos [ˈbɔŋɡɔs] s.m. pl. (africano *bongó*) MUS. Strumento a percussione di origine africana costituito da due tamburi che si battono con le dita.

bonifica s.f. [pl. *-che*] **1.** GEOGR. Risanamento, prosciugamento di un terreno paludoso per renderlo idoneo agli insediamenti umani e all'agricoltura. *Il terreno risanato*. ◊ *Consorzio di bonifica*: associazione, ente preposto alla bonifica di una zona. **2.** *estens.* Qualsiasi operazione di risanamento. ◊ *Bonifica di guerra*: neutralizzazione dell'effetto di mine, bombe, armi chimiche, nucleari o batteriologiche su un territorio. **3.** METALL. Procedimento a cui vengono sottoposti gli acciai e le leghe leggere per migliorarne la resa.

bonificàre v.tr. [4] (lat. *bonificāre* "rendere buono") **1.** Prosciugare e mettere a coltura terreni malsani. *Bonificare le paludi*. **2.** Risanare l'edilizia di un'area. **3.** Liberare un'area da presenze che la rendono pericolosa. ~ Liberare un terreno da mine o proiettili. **4.** METALL. Sottoporre un metallo a procedimento termico di bonifica. **5.** ECON. Eseguire o far eseguire un bonifico bancario. **6.** Abbonare a qlcu. una somma di denaro. SIN.: **condonare**.

bonìfico s.m. [pl. *-ci*] **1.** COMM. Riduzione di prezzo, abbuono, provvigione, ecc. **2.** BANC. Versamento tramite banca a favore di terzi.

bonomìa s.f. (fr. *bonhomie*, deriv. di *bonhomme* "buonuomo") Affabilità di modi.

bonsài s.m. inv. (voce giapp., propr. "albero in un vaso piatto") Tecnica di coltivazione giapponese grazie alla quale le piante diventano adulte ma restano di dimensioni ridotte. ~ La pianta così coltivata.

bontà s.f. inv. **1.** Qualità morale di chi è buono e agisce per il bene altrui. ~ *estens.* Correttezza di comportamento nei confronti degli altri,

gesto di compiacenza o di benevolenza. **2.** Buona qualità di una cosa, di una merce. ~ Riferito a un provvedimento, a un metodo, a una cura, efficacia, validità. **3.** NUMISM. Quantità di oro o argento puro presente nella lega con cui si coniano le monete.

bon ton [bɔ̃ tɔ̃] loc. sost. m. inv. (loc. fr., propr. "buona maniera") Educazione, insieme di atteggiamenti propri delle persone di rango. ❑ In funzione di agg., di squisita e raffinata educazione e cortesia.

bonus [ˈbɔnus] s.m. inv. (voce lat., "buono") **1.** Incentivo economico che premia la qualità del lavoro svolto, elargito da un'azienda ai dirigenti in aggiunta allo stipendio-base. **2.** Tagliando rilasciato per determinati acquisti. **3.** In alcuni giochi, premio elargito a un concorrente che ha raggiunto determinati risultati. **4.** SPORT. Nel basket, numero complessivo di falli consentiti a una squadra oltre il quale ogni infrazione commessa viene punita con un tiro libero per gli avversari.

bònus-màlus s.m. inv. (voce lat., propr. "buono-cattivo") Polizza assicurativa per autoveicoli che collega la diminuzione o l'aumento del premio annuale al fatto che l'assicurato abbia o no causato incidenti.

bónzo s.m. (port. *bonzo*, giapp. *bōzu* "chi dirige un monastero buddista") **1.** Monaco buddista. **2.** *fig.* Persona che si atteggia a personaggio importante. *Bonzo della letteratura*.

boogie-woogie [ˈbuːɡi ˈwuːɡi] s.m. inv. (loc. ingl. d'America di orig. onom., forse deriv. di *boogie*, soprannome dei neri d'America) **1.** Stile di jazz per pianoforte, nato verso il 1930 negli Stati Uniti, caratterizzato da ritmi veloci e iterativi. **2.** Ballo su questi ritmi in voga nel secondo dopoguerra.

book [ˈbuk] s.m. inv. (voce ingl., "libro") **1.** Cartella in cui sono raccolte e descritte le opere di un autore da mostrare a committenti, ecc. **2.** *estens.* Raccolta di fotografie usata da modelli, attori, ecc. come presentazione professionale.

bookmaker [ˈbukmeɪkə] s.m. inv. (voce ingl., propr. "colui che compila il libro") → **allibratore**.

booleano [buleˈano] agg. Del matematico inglese George Boole o della sua teoria algebrica. ◊ *Operatore booleano*: strumento matematico simbolico che permette di rappresentare una combinazione complessa di condizioni logiche (vero/falso), usato nella programmazione e per indicare i criteri di ricerca in una base di dati. (I principali operatori sono la congiunzione *AND*, l'inclusione *OR*, la negazione *NOT*.)

boom [ˈbuːm] s.m. inv. (voce ingl. di orig. onom.) **1.** Boato, esplosione. ◊ *Boom sonico*: *bang sonico*. **2.** Forte crescita economica di un'industria, di un settore commerciale, di un paese, in partic. relativo ai valori della borsa. ◊ *Boom demografico*: crescita rapida della popolazione. **3.** Sviluppo improvviso e rapido di un fenomeno, di una moda. *Boom dell'agriturismo*.

boomerang o **bumerang** [ˈbuːməræŋ] s.m. inv. (voce ingl., da una voce indigena australiana) **1.** Arma da getto degli indigeni d'Australia, costituita da una striscia di legno stretta e piegata a gomito, capace di roteare su se stessa e di tornare al punto di partenza, se il bersaglio è stato mancato. **2.** *fig.* Azione che si ritorce contro chi la compie o che danneggia chi voleva favorire. ◊ PUBBL. *Effetto boomerang*: effetto che una campagna pubblicitaria può provocare sull'azienda committente.

Juniperus chinensis

■ **bonsài**

booster [/'bu:stə/] s.m. pl. (voce ingl., deriv. di *to boost* "spingere") Dispositivo ausiliario di motori, impianti elettrici. ◆ s.m. **1.** ASTRONAUT. Propulsore ausiliario usato durante il lancio delle astronavi per aumentare la spinta di un razzo. **2.** MUS. Negli impianti stereo montati su autoveicoli, amplificatore.

bòra s.f. (voce ven.) Vento di nord-est che durante l'inverno batte con grande violenza l'Adriatico settentrionale; è detto anche *Greco-Levante*.

boràce s.m. CHIM. Borato di sodio idrato ($Na_2B_4O_7$, $10H_2O$) che si trova in natura o viene prodotto industrialmente dall'acido borico ed è usato in farmacia, metallurgia, lavorazione di smalti, ecc.

boracìfero agg. Che contiene, che produce borace. ◇ *Soffione boracifero:* violento getto di vapore acqueo ricco di acido borico che fuoriesce da terreni vulcanici.

boràno s.m. Composto del boro e dell'idrogeno BH_3 che esiste sotto forma di dimero B_2H_6.

boràsso s.m. Palma tropicale, presente in India e in Africa, caratterizzata da un lungo tronco e larghe foglie a ventaglio e che fornisce una fecola alimentare (*sagù*), un vino (ricavato dalla linfa), e legno, duro e resistente, per la fabbricazione di alcuni strumenti.

boràto s.m. CHIM. Sale o estere dell'acido borico.

borbònico agg. [pl.m. *-ci*, f. *-che*] **1.** Relativo ai Borboni, così chiamati dal castello di Bourbon in Francia. ~ In partic., relativo al ramo della famiglia che regnò sull'Italia meridionale dal 1735 al 1860. **2.** *fig.* Reazionario, conservatore, retrivo, con riferimento all'intransigenza dei Borboni verso le istanze liberali e costituzionaliste dei patrioti risorgimentali. ~ Inefficiente, lento, con riferimento all'amministrazione del Regno di Napoli sotto i Borboni. *Burocrazia borbonica.* ◆ s.m. [f. *-ca*] Seguace dei Borboni.

borborìgmo o **borborìsmo** s.m. Gorgoglio spontaneo dell'intestino.

borbottàre v.intr. (aus. *avere*) (voce onom.) **1.** Parlare sottovoce in modo poco chiaro. ~ *estens.* Lamentarsi sottovoce. *Smettila di borbottare tra te e te.* SIN.: **brontolare**. **2.** Produrre suoni bassi e ripetuti. *Il tuono borbottava in lontananza.* ◆ v.tr. Dire qlco. sottovoce e confusamente, senza far sentire chiare le parole. *Borbottare il rosario.*

borbottìo s.m. [pl. *-tii*] **1.** Il borbottare prolungato, l'insistito ripetersi di suoni indistinti. SIN.: **brontolio**. **2.** Riferito a liquidi, gorgoglio.

bòrchia s.f. **1.** Chiodo da tappezzeria a testa larga. **2.** Dischetto metallico o di altro materiale anche prezioso, usato per ornare vestiti, cinture, mobili, libri, ecc. **3.** Bocchetta della serratura. **4.** TECN. Guarnizione circolare convessa usata come rifinitura nelle allacciature.

bordàme s.m. MAR. Bordo inferiore di una vela. SIN.: **cazzame**.

bordàre v.tr. **1.** Rifinire qlco. con un bordo, un orlo. *Bordare una tenda.* SIN.: **orlare**. **2.** Contrassegnare il margine di qlco. *Bordare un foglio.* **3.** MAR. Spiegare una vela. *Bordare la randa.*

bordàta s.f. **1.** MAR. Tratto percorso obliquamente da un'imbarcazione a vela che procede di bolina per evitare di trovarsi controvento. **2.** MIL. Fuoco contemporaneo dei cannoni posti sullo stesso fianco della nave. **3.** *fig.* Serie continua di espressioni di dissenso o di approvazione manifestate perlopiù da un pubblico all'indirizzo di qlcu. o qlco. *Una bordata di fischi.* **4.** SPORT. Tiro violento, spec. nel calcio.

bordatìno s.m. Stoffa di cotone resistente a piccole righe usata spec. per grembiuli.

bordàto agg. Rifinito con un orlo. *Vestaglia bordata.* ◆ s.m. Bordatino.

bordatùra s.f. **1.** Orlatura dei manufatti tessili. **2.** Sagomatura dei bordi delle lamiere. **3.** MAR. Fasciame della nave.

bordeaux [/bɔr'do/] s.m. inv. (voce fr.) **1.** Vino rosso o bianco francese prodotto nella regione di Bordeaux. **2.** Colore rosso scuro. ❑ In funzione di agg. inv., nell'accez. 2 del s. *Giacca bordeaux.*

bordeggiàre v.intr. [5] (aus. *avere*) (calco del fr. *bordoyer*) **1.** Navigare di bolina, con il vento di traverso, cambiando ripetutamente di bordo. **2.** *estens.* Camminare di traverso, come un ubriaco. **3.** Spostarsi fiancheggiando qlco. SIN.: **costeggiare**. **4.** *fig.* Destreggiarsi in mezzo alle difficoltà.

bordéggio s.m. [pl. *-gi*] Navigazione di bolina.

bordèllo s.m. (fr. *bordel* "piccola casa") **1.** Casa di tolleranza, postribolo. ~ *pop.* Casino. **2.** *fig.* Ambiente in cui regna una gran confusione. **3.** *fig.* Nel l. com., chiasso, disordine. *La smetti con questo bordello?*

borderline [/'bɔ:dəlaɪn/] s.m. e f.inv. (voce ingl., propr. "linea di confine") Chi sta in una posizione di mezzo e quindi non ben definita, tra due condizioni differenti, usato spec. nel l. med. e psich.

borderò s.m. inv. (fr. *bordereau*, deriv. di *bord* "bordo" dall'uso di scrivere annotazioni sul margine dei fogli) **1.** Distinta, elenco, spec. di conti, pagamenti, incassi. **2.** *estens.* Bilancio quotidiano fatto dall'amministratore di una compagnia teatrale o di un cinema. **3.** Registro in cui le amministrazioni dei giornali segnano i compensi dati ai collaboratori.

bordìno s.m. **1.** Nel sign. del dim. di *bordo.* **2.** Rifinitura a orlo, a impuntura, a cordoncino di manufatti tessili. **3.** Nei veicoli ferroviari e tranviari, sagomatura del cerchione della ruota che fa presa sul binario.

bórdo s.m. (fr. *bort*, francone *bord* "bordo della nave") **1.** Ciascuna delle fiancate di un'imbarcazione. ~ Porzione di fiancata che emerge dall'acqua. ◇ MAR. *Virare di bordo:* cambiare rotta; *fig.* cambiare argomento, posizione politica. – *Di alto bordo:* con la fiancata alta; *fig.* di elevata condizione sociale, altolocato. – *Bordo libero:* grandezza lineare di una nave, calcolata tra il piano di galleggiamento e la coperta. **2.** *estens.* La nave, l'imbarcazione stessa e il suo ambiente interno (e anche quello di qualsiasi altro mezzo di trasporto, spesso specificato). *A bordo dell'auto.* ◇ *Fuori bordo:* che sta fuori dallo spazio galleggiante dell'imbarcazione. *Sporgersi fuori bordo.* **3.** MAR. Lo spazio percorso da una nave bordeggiando, tra una virata e l'altra. ~ *estens.* La virata stessa. **4.** Orlo, margine. *Bordo di un fazzoletto.* **5.** Striscia, guarnizione con cui si orlano tessuti. ~ Striscia dipinta su una parete.

bordò agg. Di colore rosso scuro.

bordolése agg. (fr. *bordelais*) Di Bordeaux. ◇ *Bottiglia bordolese:* cilindrica, di colore scuro, per vini rossi. – *Fusto bordolese:* fusto di legno per la conservazione o il trasporto del vino. ◆ s.m. **1.** (anche f.) Nativo, abitante di Bordeaux e del suo territorio. **2.** Fusto bordolese. ◆ s.f. **1.** Bottiglia bordolese. **2.** Poltiglia bordolese.

1. bordóne s.m. (fr. *bourdon*) Robusto e lungo bastone con manico curvo usato un tempo dai pellegrini.

2. bordóne s.m. (fr. *bourdon*) **1.** MUS. Nota bassa e tenuta come accompagnamento. ~ La corda, la canna che la produce. **2.** Registro d'organo dal suono cupo e grave. ◇ *fig Tenere bordone a qlcu.:* esserne complice, assecondarlo.

3. bordóne s.m. Penna d'uccello da poco spuntata.

bordùra s.f. (fr. *bordure*) **1.** Bordatura, orlo, margine. ~ Negli arazzi, decorazione che ne incornicia la parte centrale. **2.** Contorno di un'aiuola che si distingue dal centro per la qualità delle piante o dei fiori. **3.** CUC. Guarnizione di una pietanza.

bòrea s.m. Vento freddo di tramontana.

boreàle agg. Relativo all'emisfero settentrionale. ◇ *Aurora boreale:* fenomeno luminoso caratteristico delle regioni del polo Nord, prodotto dall'interazione delle particelle del vento solare con il campo magnetico terrestre.

borgàta s.f. **1.** Piccolo agglomerato di case in campagna. **2.** Rione popolare di città, soprattutto a Roma. *Ragazzi di borgata.*

borghése agg. (calco del fr. *bourgeois*) **1.** Della borghesia, del borghese. **2.** *estens.* Dei costumi, delle abitudini e della mentalità della borghesia, spregiativamente interpretate come reazionarie, conservatrici. *Moralismo borghese.* SIN.: **benpensante, conformista**. **3.** Civile, non militare, non ecclesiastico. ◇ *ellit. In borghese:* in abito borghese. *Carabiniere in borghese.* ◆ s.m. e f. **1.** *ant.* Chi abitava in un borgo. SIN.: **cittadino**. **2.** Chi appartiene alla borghesia. ◇ *Piccolo, medio, alto borghese:* chi appartiene alla piccola, media, alta borghesia. – *fig. Essere un piccolo borghese:* essere un conformista, essere di mentalità ristretta e gretta. **3.** (solo m.) Chi non veste una divisa, un'uniforme, una veste ecclesiastica.

borghesìa s.f. (calco del fr. *bourgesie*) Fino alla Rivoluzione francese, classe sociale formata dai detentori di ricchezza mobile (mercanti, banchieri) e dai professionisti (medici, avvocati, ecc.). ~ Nell'età contemporanea, classe sociale media (industriali, professionisti, funzionari, impiegati). SIN.: **ceto medio**.

bórgo s.m. [pl. *-ghi*] (lat. *bŭrgum* "piazzaforte, castello", germ. *burg* "luogo fortificato, città") **1.** Paese, villaggio. **2.** Nelle città, sobborgo fuori dell'antica cerchia muraria. SIN.: **frazione**.

borgógna s.m. inv. Nome generico di vini bianchi e rossi prodotti nella regione francese della Borgogna.

borgognóne agg. **1.** Della Borgogna. ◇ *Bottiglia borgognona:* panciuta con collo piuttosto corto. – *Fusto borgognone:* fusto da vino in legno. **2.** Della popolazione burgunda. ◆ s.m. **1.** [f. *-na*] Nativo, abitante della Borgogna. **2.** [f. *-na*] Burgundo. **3.** → **ciuffolotto**. **4.** Fusto borgognone. ◆ s.f. **1.** Bottiglia borgognona. **2.** Poltiglia borgognona.

borgomàstro s.m. (ted. *burgmeister* "capo del borgo") Nei paesi tedeschi, sindaco.

bòria s.f. (prob. lat. *bŏream* "vento di tramontana" quindi "aria d'importanza") Ostentato atteggiamento di superiorità, di arroganza derivante da sopravvalutazione del proprio ruolo o dei propri meriti. SIN.: **superbia**.

bòrico agg. [pl.m. *-ci*, f. *-che*] CHIM. Di ogni composto del boro. ◇ *Acido borico:* emesso dai soffioni boraciferi (H_3BO_3). – *Acqua borica:* per la disinfezione degli occhi.

borióso agg. Pieno di boria. ◆ s.m. [f. *-sa*] Nel sign. dell'agg.

borìta o **borrìta** s.f. Alzata in volo di uccelli che vengono spaventati.

borlànda o **burlànda** s.f. **1.** Residuo della distillazione dei mosti alcolici fermentati (vino, melassa, ecc.) utilizzato come concime o come cibo per il bestiame; è detta anche *broscia.* **2.** *pop.* Minestra acquosa e insipida. SIN.: **brodaglia**.

borlòtto s.m. *region.* Varietà di fagiolo di media grandezza dalla buccia striata di rosso.

bòro s.m. (solo sing.) (fr. *bore*) **1.** Non metallo presente in natura allo stato solido, di colore giallo-bruno, utilizzato in metallurgia e nell'industria farmaceutica. **2.** Elemento chimico (*B*) di numero atomico 5 e peso atomico 10,811.

borotàlco s.m. inv. Denominazione commerciale, che costituisce marchio registrato, della polvere di talco e acido borico, usata per l'igiene della pelle.

bórra s.f. (lat. *bŭrram* "stoffa grossolana pelosa") **1.** Insieme di fili che tengono appeso alla frasca il bozzolo del baco da seta e che vengono poi scartati. **2.** Residuo della lavorazione della lana unito a pelo animale e crini usato per imbottiture o feltri scadenti. ~ *estens.* Materiale di scarto. **3.** *fig.* Parole, argomenti che si possono considerare di scarto perché vuoti, retorici. **4.** Nelle cartucce, cilindretto di stoppaccio che separa la polvere dal piombo. **5.** Piumino che infoltisce il pelame di animali da lana o da pelliccia, detto anche *pelo lanoso.*

borràccia s.f. [pl. *-ce*] (spagn. *borracha*) Recipiente portatile in alluminio foderato di feltro o in altro materiale, usato per conservare acqua o altre bevande durante marce, escursioni.

borraccìna o **borracìna** s.f. Insieme di piante, per lo più muschi, che crescono nei luoghi umidi su tronchi e rocce o sul terreno formando tappeti erbosi.

Borraginàcee s.f. pl. [iniziale minusc. sing. *-a* per l'individuo] BOT. Famiglia di piante dicotiledoni dalle foglie pelose.

borràgine o **borràggine** s.f. Pianta erbacea annuale con foglie ovali pelose, fiori azzurri, usata nella preparazione di ripieni per pietanze e *in farmacia* come emolliente e diuretico, detta anche *borrana.* (Famiglia delle Borraginacee.)

■ borràgine

borràre v.tr. Nel l. minerario, mettere una borra nelle mine per aumentarne l'effetto esplosivo.

1. bórsa s.f. (gr. *býrsa* "pelle") **1.** Custodia, a forma di sacchetto di varie fogge, in pelle o in stoffa, in cui si trasporta danaro, cose personali, oggetti vari. *Borsa della spesa.* ◇ *Borsa dell'acqua calda:* quella in gomma con tappo a vite. – *Borsa del ghiaccio:* quella in tessuto impermeabilizzato in modo da adattarsi alla parte del corpo che deve essere raffreddata. **2.** *fig.* Con riferimento al denaro contenuto nella borsa, dà luogo a varie locuzioni. ◇ *fig. Mettere mano alla borsa:* pagare. – *Aprire, sciogliere, allargare la borsa:* spendere molto. – *fig. Chiudere, stringere i cordoni della borsa:* non spendere, spec. per gli altri. – *Borsa di studio:* somma assegnata a studenti o laureati meritevoli per aiutarli negli studi o nell'attività di ricerca. – *fig. O la borsa o la vita!:* frase intimidatoria che pronunciavano i briganti di strada. **3.** *estens.* Parte o aspetto del corpo o di qlco. che per forma, gonfiezza o flaccidità ricorda una borsa o un sacchetto. *Borsa scrotale.* ◇ *Borsa del canguro:* il marsupio. – ANAT. *Borsa sierosa:* sacca in cui si è formato il siero. – *Le borse sotto gli occhi:* le occhiaie gonfie. – *fig. Che borsa!:* che noia. **4.** BOT. Nelle Pomacee, parte del ramo più gonfia che porta il frutto. ~ In alcune piante, guscio racchiudente i semi. ◇ *Borsa di pastore:* pianta erbacea con foglie allungate, fiori bianchi in racemi, frutti a siliqua che ricordano la borsa del sale dei pastori. (Famiglia delle Crocifere.)

2. bórsa s.f. (dal nome della famiglia Van der Beursen da cui aveva preso il nome il palazzo di Bruges e la piazza antistante dove si riunivano i mercanti) **1.** Compravendita pubblica, soggetta a norme legislative, di valori mobiliari (azioni, obbligazioni, titoli di Stato, valuta) o di merci. *Borsa merci.* ~ Anche, l'edificio in cui la compravendita avviene. ~ Le transazioni di titoli che si effettuano in un dato luogo in una unità di tempo data. *La borsa di Milano.* ◇ *Apertura in borsa:* avvio delle contrattazioni. – *Listino di borsa:* elenco dei prezzi dei vari titoli. – *Borsa telematica:* che si avvale di strumenti telematici. – *Borsa merci:* mercato in cui avviene la compravendita delle merci. – *Borsa valori:* borsa in cui si contrattano valori mobiliari. **2.** *estens.* Qualsiasi tipo di compravendita. ◇ *Borsa nera:* borsanera.

borsaiòlo s.m. [f. –*la*] Chi ruba con destrezza da borse e tasche.

borsanéra s.f. [pl. *borsenere*] Compravendita clandestina a prezzi maggiorati di merci razionate. ~ Contrattazione non autorizzata di valute pregiate.

borseggiàre v.tr. [5] Derubare qlcu., prelevandogli soldi o altro dalla borsa o dalle tasche.

■ bórsa di pastore

borseggiatóre s.m. [f. –*trice*] Borsaiolo.

borséggio s.m. [pl. –*gi*] Furto di danaro o altri oggetti di valore che si portano indosso.

borsellino s.m. **1.** Portamonete. **2.** Sacchetto appeso a un'asta con cui si raccolgono le elemosine durante la messa. **3.** Piccola tasca interna della giacca maschile in cui si tiene l'orologio con catena.

borsèllo s.m. Borsa da uomo per denaro, documenti ed effetti personali.

borsétta s.f. Piccola borsa da donna.

borsino s.m. Negoziazione di titoli non ammessi alla quotazione ufficiale; è detto anche *mercato ristretto*.

1. borsista s.m. e f. [pl.m. –*sti*] Chi usufruisce di una borsa di studio.

2. borsista s.m. e f. [pl.m. –*sti*] ECON. Chi gioca in borsa.

borsistico agg. [pl.m. –*ci*, f. –*che*] Relativo alla borsa valori e alle operazioni che in essa si effettuano.

borsite o **bursite** s.f. MED. Infiammazione di una borsa mucosa o sierosa.

borsóne s.m. **1.** Nel sign. dell'accr. di 1. *borsa.* **2.** Grossa vincita al gioco.

bortsch [/borʃ/] s.m. inv. (voce russa) Tipica minestra a base di carne di bue e di maiale lessati con abbondanti barbabietole e cavoli, ai quali si uniscono altre verdure oltre a panna acida o yogurt. (Cucina russa.)

borùro s.m. Combinazione del boro con un elemento.

boscàglia s.f. [pl. –*glie*] Vegetazione, bosco molto fitto e selvatico.

boscaiòlo s.m. [f. –*la*] Chi lavora nel bosco tagliandone o sorvegliante. □ In funzione di agg., nella loc. *alla boscaiola*, detto di una pietanza condita col sugo di funghi.

boschétto s.m. **1.** Piccolo bosco. **2.** Gruppo di piante che vengono coltivate per attirare gli uccelli in un sistema di trappole.

boschivo agg. **1.** Coperto da boschi. **2.** Proprio del bosco.

boscimano agg. (ol. *boschjesman* "uomo della boscaglia") Che appartiene a una popolazione dell'Africa caratterizzata da piccola statura e pelle giallastra. ◆ s.m. **1.** [f. –*na*] Chi appartiene alla popolazione boscimana. **2.** (solo sing.) Lingua dei Boscimani.

bòsco s.m. [pl. –*schi*] (germ. *bosk*) **1.** Terreno coperto di alberi d'alto fusto sotto i quali si sviluppano arbusti e piante erbacee. ~ L'insieme di tale vegetazione. ◇ *Bosco ceduo:* che viene tagliato periodicamente. – *Frutti di bosco:* frutti selvatici come ribes, more, lamponi, mirtilli, fragoline. **2.** *fig.* Complesso di cose disordinato o fitto e intricato. **3.** Mucchio di frasche sulle quali i bachi da seta fanno il bozzolo.

boscóso agg. Coperto, riempito di alberi.

bosniaco agg. [pl.m. –*ci*, f. –*che*] Della regione balcanica della Bosnia. ◆ s.m. Nativo, abitante della Bosnia.

bosóne s.m. (dal nome del fisico indiano S. *Bose*) FIS. Ogni particella elementare che segue le regole della statistica di Bose-Einstein (i *mesoni*, i *fotoni*, ecc.). ◇ *Bosone vettore:* bosone che trasporta sia l'interazione elettromagnetica (*fotone*), sia l'interazione forte (*gluone*), sia l'interazione debole (i bosoni *W* e *Z*). – *Bosone di Higgs:* particella scalare non ancora osservata ma la cui esistenza è da ritenersi essenziale per la coerenza del modello standard delle interazioni elettrodeboli.

boss [/bɔs/] s.m. inv. (voce ingl. d'America, ol. *baas* "padrone") **1.** Capo spesso tirannico e capriccioso, di un'organizzazione, perlopiù malavitosa, criminale. **2.** *estens.* Dirigente, spec. arrogante e spocchioso.

bossa nova [/'bɔsa 'nɔva/] loc. sost. f. inv. (loc. brasiliana, propr. "nuova tendenza") Ballo derivato dal samba con introduzione di elementi jazz.

bòsso s.m. **1.** Arbusto sempreverde con foglie piccole, ovali, di colore verde scuro, il cui legno, molto duro, è utilizzato nei lavori al tornio e nella fabbricazione di strumenti musicali. (Famiglia delle Buxacee.) **2.** Legno di tale arbusto.

bòssola s.f. **1.** Spazzola per strigliare i cavalli. **2.** Antica misura veneta di capacità per liquidi equivalente a ca. 3 l.

bòssolo o **bùssolo** s.m. **1.** Urna per estrazioni a sorte. ~ Bussolotto dei dadi. **2.** ARM. Parte del proiettile contenente la polvere da sparo.

bòstik s.m. inv. Denominazione commerciale, che costituisce marchio registrato, di una colla usata per riparare ogni tipo di oggetti. ~ *estens.* Colla.

boston [/'bɔstən/] s.m. inv. (voce ingl. d'America, dal nome della città di *Boston*) **1.** Ballo originario del Nord America simile a un valzer lento. ~ Nella musica jazz, tipo di accompagnamento pianistico. **2.** Gioco di carte nordamericano.

bostoniàno agg. [f. –*na*] Di Boston, città sulla costa orientale degli USA. ◆ s.m. **1.** Nativo, abitante di Boston. **2.** *fig.* Persona signorile, intellettuale come viene considerata negli Stati Uniti la borghesia di Boston.

bòstrico s.m. [pl. –*chi*] (gr. *bóstrykhos*, propr. "ricciolo") Insetto coleottero di colore nero, dall'apparato boccale molto robusto con il quale scava nel tronco delle conifere di cui è parassita.

■ bòstrico

bot o **BOT** [/'bɔt/] s.m. inv. (sigla di *Buono Ordinario del Tesoro*) FIN. Titolo di credito emesso dallo Stato italiano di durata variabile da tre mesi a un anno.

botànica s.f. [non com. pl. –*che*] Scienza che studia e classifica il regno vegetale.

botànico agg. [pl.m. –*ci*, f. –*che*] Relativo allo studio dei vegetali. ◆ s.m. [f. –*ca*] Esperto di botanica.

bòtola s.f. Apertura di modeste dimensioni che mette in comunicazione un vano sottostante e uno soprastante, chiusa con un'imposta ribaltabile.

bòtolo s.m. Cane corto, tozzo, ringhioso. ~ *fig.* Persona attaccabrighe, litigiosa ma anche inetta e paurosa.

Botriocèfalo s.m. ZOOL. Genere di vermi nastriformi con due fossette adesive sullo scolice e larghe proglottidi. (Parassiti dell'intestino di molti animali e anche dell'uomo, provocano dolori addominali, nausea e stati più o meno gravi di anemia; classe dei Cestodi.)

Botrite s.f. BOT. Genere di funghi, saprofiti o parassiti di piante, la cui varietà più nota è detta *muffa grigia*. (Classe degli Ascomiceti.)

bòtta s.f. **1.** Percossa, battuta. ◇ *Botte da orbi:* date alla cieca e in gran quantità. **2.** Colpo conseguente a una caduta, a un urto. ~ *estens.* Il segno che resta. **3.** *fig.* Danno, guaio, specie se inaspettato. ◇ *A botta calda:* immediatamente dopo un fatto appena accaduto. – *Tenere botta:* re-

foglie e frutto

ramo   albero non sfrondato

■ bòsso

sistere a un confronto, tener testa. **4.** Rumore improvviso, forte e secco. ~ *estens.* Sparo. **5.** SPORT. Nella scherma, colpo. **6.** *fig. fam.* Motto pungente. ◇ *Botta e risposta:* battuta polemica, provocatoria a cui segue una risposta pronta e arguta.

bottàio s.m. [f. *–taia*, pl.m. *–tai*] Chi costruisce, aggiusta, vende botti.

bottàrga s.f. [non com. pl. *–ghe*] (ar. *buṭārih«,* copto *pitárikhon* "pesce salato") Uova di muggine o di tonno compresse, salate e seccate, servite soprattutto a fettine sottili come antipasto o grattugiate come condimento. (La bottarga è prodotta in Sardegna e in Grecia.)

bottatrice s.f. Pesce teleosteo d'acqua dolce diffuso nell'emisfero boreale, dalle carni pregiate, fornito di due pinne dorsali, di cui la seconda è lunghissima. (Lunghezza 50 cm; genere *Lota,* famiglia dei Gadidi.)

bótte s.f. (lat. *bùttem* "vasetto") **1.** Barile general. di grosse dimensioni usato per conservare e trasportare liquidi o cibi. ◇ *figg. Essere in una botte di ferro:* in una situazione di tranquillità. – *Dare un colpo al cerchio e uno alla botte:* barcamenarsi tra situazioni opposte. **2.** Quantità di liquido o di altra sostanza contenuta in una botte. ~ MAR. Unità di misura di stazza che equivale a 1 t ca. **3.** Botte mimetizzata e aperta a un'estremità, usata come nascondiglio dai cacciatori in appostamento per la caccia in palude. **4.** ARCH. *Volta a botte:* volta a sezione semicircolare. **5.** A Roma, carrozza pubblica a cavalli.

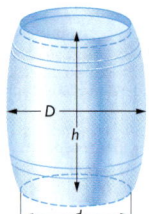

d: diametro del fondo
D: diametro massimo
h: distanza tra i due fondi
V: volume

$$V \approx \pi \, h \Big[\frac{d}{2} + \frac{2}{3} \Big(\frac{D}{2} - \frac{d}{2} \Big) \Big]^2$$

■ **bótte**

bottéga s.f. [pl. *–ghe*] (gr. *apothḗkē* "magazzino") **1.** Locale, general. affacciato sulla strada, in cui si vendono merci. ~ *estens.* Attività commerciale. ◇ *Fondi, scarti di bottega:* merce residua; *fig.* cosa di poco valore. – *Chiudere bottega:* interrompere un'attività commerciale; *fig.* abbandonare ciò che si era intrapreso, desistere da un'impresa, un'iniziativa. **2.** Laboratorio e attività artigianale. **3.** Fino all'età rinascimentale, laboratorio in cui lavorava un artista con i suoi allievi. *Le botteghe fiorentine.* ◇ *Opera di bottega:* opera che si suppone eseguita, in tutto o in gran parte, dagli allievi di un artista della cui mano rivela tracce generiche.

bottegàio s.m. [f. *–gaia*, pl.m. *–gai*] **1.** Chi possiede o gestisce una bottega, spec. di generi alimentari. **2.** *fig. spreg.* Persona che ragiona solo in termini di piccolo profitto. ❑ In funzione di agg., in senso spreg., gretto, meschino, venale.

botteghino s.m. **1.** Biglietteria dei locali di spettacolo e degli stadi. **2.** Ricevitoria del lotto.

bottiglia s.f. (fr. *bouteille*) **1.** Recipiente per liquidi in vetro, cristallo, plastica, con corpo general. cilindrico e collo di diametro notevolmente più piccolo che può essere chiuso da un tappo. ◇ ELETTR. *Bottiglia di Leyda:* primo tipo di condensatore elettrico costruito da Van Musschenbroek. – *Fondi di bottiglia:* imitazioni di pietre preziose. **2.** *estens.* Quantità di liquido contenuto in una bottiglia. ❑ In funzione di agg. inv., nella loc. *verde bottiglia,* del colore verde scuro proprio delle bottiglie.

bottiglière s.m. (fr. *boteillier*) Scaffaletto portabottiglie a ripiani sovrapposti.

bottiglióne s.m. **1.** Grossa bottiglia. **2.** IND. TESS. Bobina di filato.

bottinàio s.m. [pl. *–nai*] Operaio che compie la pulizia dei pozzi neri.

1. bottinàre v.intr. (aus. *avere*) ENTOM. Riferito alle api operaie e alle formiche, fare bottino di polline e altro cibo da immagazzinare.

2. bottinàre v.tr. Concimare un terreno con rifiuti organici.

bottinatrìce s.f. Ape operaia addetta alla raccolta di nettare e polline.

1. bottìno s.m. (fr. *butin,* ted. *būte* "divisione in parti") **1.** Preda di guerra. **2.** *estens.* Proventi di un furto, di una rapina. **3.** *fig.* Guadagno, risultato. **4.** MIL. Sacca portabagagli in dotazione ai soldati.

2. bottìno s.m. (deriv. di *botte* nel sign. di "canale sotterraneo dalla volta a botte") **1.** Pozzo nero. ~ Il suo contenuto usato come concime. **2.** Imboccatura, cunicolo di una fogna. **3.** In un acquedotto, depuratore delle acque.

bòtto s.m. Rumore forte e secco tipico di esplosioni. ◇ *Di botto:* all'improvviso, inaspettatamente.

bottom [/'bɔtəm/] s.m. [pl. *bottoms*] (voce ingl., propr. "fondo") FIS. Uno dei sei quark conosciuti.

bottonàio s.m. e f. [f. *–naia*, pl.m. *–nai*] Persona che fabbrica o vende bottoni.

bottóne s.m. (fr. *bouton,* deriv. di *bouter* "spingere fuori" orig. nel sign. di "germogliare") **1.** Dischetto di vario materiale che, inserito nell'asola, tiene unite due parti di un indumento. **2.** *estens.* Elemento a forma di bottone. **3.** Pulsante, organo che aziona e comanda un congegno. *Bottone del campanello.* ◇ *fig. La stanza dei bottoni:* luogo dove si esercita il potere, posto di comando. **4.** BOT. Bocciolo, gemma. ◇ *Botton d'oro:* ranuncolo. – *Bottone d'argento:* pianta erbacea delle Composite. **5.** MED. → **nodulo.**

bottonièra s.f. (fr. *boutonnière*) **1.** Fila di bottoni. **2.** → **occhiello. 3.** Pulsantiera.

bottonifìcio s.m. [pl.m. *–ci*] Fabbrica di bottoni.

botulìno agg. BIOL., MED. Del bacillo che si sviluppa in carni insaccate e in cibi in scatola avariati producendo una tossina causa di botulismo. ◆ s.m. Nel sign. dell'agg.

botulìsmo s.m. MED. Grave intossicazione causata dall'ingestione di cibi avariati nei quali si trova la tossina prodotta dal bacillo botulino.

bouclé [/bu'kle/] agg. inv. (voce fr.) Di filato di lana o di tessuto che presenta pelo piuttosto lungo e arricciato. ◆ s.m. Nel sign. dell'agg.

boudoir [/bu'dwar/] s.m. inv. (voce fr., propr. "stanza dove ci si ritira con il broncio") Piccolo salotto annesso alle camere delle signore.

bouillabaisse [/buja'bɛs/] s.f. [pl. *bouillabaisses*] (voce fr., propr. "bolli e abbassa " per la particolare tecnica di cottura) Zuppa di pesce alla marsigliese.

boule [/'bul/] s.f. [pl. *boules*] (voce fr., deriv. di *boule d'eau chaude* "bolla d'acqua calda") **1.** Borsa di gomma con tappo stagno che si riempie di acqua calda o di ghiaccio per riscaldare o raffreddare una parte del corpo. **2.** CHIM. Bolla.

bouledogue [/buldɔg/] s.m. inv. (ingl. *bulldog*) Cane da compagnia di piccola taglia, detto più propriamente *bulldog francese.*

boulevard [/bul'var/] s.m. inv. (voce fr., neerlandese *bolwerc* "bastione") In Francia, strada larga e alberata.

bouquet [/bu'kɛ/] s.m. inv. (voce fr.) **1.** Mazzolino di fiori, spec. quello delle spose. **2.** Aroma di vino invecchiato. **3.** In profumeria, miscela di essenze che produce l'aroma caratteristico di un profumo.

bouquiniste [/buki'nist/] s.m. e f. [pl. *bouquinistes*] (voce fr.) Venditore di libri usati, spec. su bancarelle.

bourbon [/'bəːbən/] s.m. inv. (voce ingl. d'America, dal nome della contea di Bourbon nel Kentucky, luogo di produzione) Tipo di whisky prodotto negli Stati Uniti, ottenuto dalla fermentazione del mais con l'aggiunta di segale o malto.

bourrée [/bu're/] s.f. inv. (voce fr.) MUS. Antico ballo popolare della regione francese dell'Alvernia.

boutade [/bu'tad/] s.f. inv. (voce fr.) Uscita spiritosa, battuta pungente.

boutique [/bu'tik/] s.f. inv. (voce fr.) Negozio piuttosto piccolo e raffinato di abbigliamento e accessori.

bovarìsmo o **bovarysmo** s.m. (fr. *bovarysme,* dal nome di Madame Bovary, protagonista dell'omonimo romanzo di G. Flaubert) Inquietudine esistenziale provocata dal divario tra le condizioni di vita reali e le proprie aspirazioni.

bovàro o **boàro** s.m. **1.** Guardiano di buoi. **2.** *fig.* Persona rozza, incivile.

Bòvidi s.m. pl. [iniziale minusc. sing. *–de* per l'individuo] ZOOL. Famiglia di mammiferi ruminanti con corna cave a struttura incompleta; ne fanno parte i bovini, gli ovini, i caprini e le antilopi.

bovìndo s.m. inv. Balcone chiuso a forma di edicola, aggettante all'esterno di un edificio.

bovìno agg. **1.** Di bue e di bovini. **2.** *fig.* Di scarsa intelligenza, ottuso, tardo. ~ Sottomesso, supino. ◆ s.m. Animale della sottofamiglia dei Bovini.

bowling [/'bəʊliŋ/] s.m. inv. (voce ingl., deriv. di *to bowl* "giocare a bocce") **1.** Gioco di birilli praticato su piste coperte di legno e con grosse bocce. **2.** *estens.* Il luogo in cui tale gioco si pratica.

bowstring [/'bəʊ,striŋ/] s.m. inv. (voce ingl., "corda d'arco") Costruzione metallica costituita da due strutture indipendenti riunite fra loro da montanti.

bòx s.m. inv. (voce ingl., propr. "scatola") **1.** Piccolo garage o posto macchina in un garage. **2.** Posto di rifornimento e di assistenza meccanica negli autodromi. **3.** Spazio recintato dentro a scuderie e stalle per tenere gli animali separati tra loro. **4.** Settore tramezzato di un ampio locale a uso di esposizioni o altro. **5.** Recinto per bambini che non camminano ancora. **6.** *Box doccia:* spazio attrezzato per la doccia chiuso da vetri. **7.** TEAT. Spazio delimitato da tramezze.

boxàre v.intr. (aus. *avere*) Praticare il pugilato.

boxe [/'bɔks/] s.f. inv. (voce fr., ingl. *box* "colpo") Pugilato. ◆ s.f. *Boxe tailandese:* sport di combattimento, in cui sono ammessi i colpi di gomito e ginocchio, che si pratica a piedi nudi e con dei guanti (si chiama anche *Muay Thai* o *Thai Boxe*).

boxer [/'bɔksə/] s.m. inv. (voce ingl., propr. "pugile") **1.** Cane da guardia e di difesa di taglia media, a pelo raso color fulvo o tigrato, testa corta, muso schiacciato, labbra pendule, coda a mozzicone. **2.** Calzoncini che ricordano i pantaloncini dei pugili. ❑ In funzione di agg. inv., nella loc. *motore boxer,* motore a cilindri contrapposti.

boxeur [/bɔk'sœr/] s.m. inv. (voce fr.) SPORT. → **pugile.**

boxìstico agg. [pl.m. *–ci*, f. *–che*] Che concerne l'attività sportiva della boxe.

box office [/,bɔks 'ɔfɪs/] loc. sost. m. inv. (loc. ingl., propr. "ufficio cassa") Il botteghino, la cassa dei teatri e dei cinema. ~ *estens.* L'incasso di una stagione teatrale o di un film.

boy [/'bɔɪ/] s.m. inv. (voce ingl., propr. "ragazzo") **1.** Ballerino di fila. **2.** Nei paesi coloniali, giovane domestico indigeno. ~ Garzone d'albergo, di scuderia. **3.** Nel tennis, raccattapalle. ~ Nel calcio, allievo. ~ Nell'ambiente ippico, mozzo di stalla.

boyfriend [/'bɔɪfrɛnd/] s.m. inv. (voce ingl., comp. di *boy* "ragazzo" e *friend* "amico") Amico del cuore. ~ L'innamorato.

boy scout [/'bɔɪ 'skaut/] loc. sost. m. inv. (loc. ingl., comp. di *boy* "ragazzo" e *scout* "che esplora") Bambino, ragazzo, che appartiene al movimento dello scoutismo. ~ Giovane esploratore.

1. bòzza s.f. (lat. *bòttia* "gonfiore") Pietra che aggetta da un muro. ~ *estens.* Rigonfiamento, bernoccolo. ◇ *Bozze frontali, orbitarie:* le due parti più bombate dell'osso frontale.

2. bòzza s.f. (lat. *bòttia* "gonfiore") **1.** Primo stadio di esecuzione di un oggetto, di un lavoro, di un'opera d'arte. **2.** (spec. pl.) Prova di stampa su cui fare correzioni.

3. bòzza s.f. (spagn. *boza* "cima che termina con un grosso nodo") MAR. Cima, canapo corto, la cui estremità è legata a un punto fisso di una

■ **boxe** (diretto sinistro).

■ **boxe.** Incontro di boxe francese.

■ **boxe.** Incontro di boxe thailandese.

barca utilizzata per scopi diversi. *Bozza di rimorchio.*

bozzàto s.m. ARCH. → bugnato.

bozzèllo s.m. MAR. Sorta di carrucola lunga e piatta, dotata di una o più pulegge fissate a un gancio all'interno di una cassa.

bozzettista s.m. e f. [pl.m. –*sti*] **1.** Autore di bozzetti. **2.** Disegnatore di cartelloni pubblicitari.

bozzétto s.m. **1.** Modello in scala ridotta di un'opera. – Disegno preparatorio di una composizione figurativa o di una scenografia. **2.** Composizione figurativa o racconto che rappresenta amabili aspetti della realtà.

bòzzima s.f. (lat. *apòzemam* "decotto") **1.** IND. TESS. Liquido colloso nel quale vengono immersi i filati prima della tessitura. **2.** Pastone di acqua e crusca per i polli. **3.** AGR. Miscuglio di terra e letame nel quale si tengono le piante arboree prima della messa a dimora. **4.** *estens.* Qualunque impasto sudicio, ripugnante.

bozzolina s.f. **1.** Pianta erbacea spontanea dei prati e dei boschi umidi, con bei fiori in grappoli allungati. (Famiglia delle Poligalacee.) **2.** Pianta erbacea con fiori raccolti in pannoc-

chie, detta anche *bambagiona.* (Famiglia delle Graminacee.)

1. bòzzolo s.m. **1.** Involucro di sostanza setosa secreta dalle larve di alcuni insetti dei Lepidotteri, in partic. il baco da seta, per proteggersi durante la metamorfosi. ◇ *Bozzolo fresco:* quello in cui la crisalide è viva. – *Bozzolo secco:* in cui la crisalide è morta. – *Bozzolo sfarfallato:* da cui la crisalide è uscita. – *Bozzolo doppione:* con due crisalidi. – *Bozzolo aperto:* quello che il baco non è stato in grado di chiudere. – *Uscire dal bozzolo:* per il baco, tramutarsi in farfalla; *fig.* emanciparsi, rendersi autonomo dalla famiglia. – *Chiudersi nel proprio bozzolo:* condurre una vita ritirata; *fig.* chiudersi in sé, non comunicare con gli altri. **2.** Ispessimento di un filo. **3.** Grumo che si forma versando la farina o la polenta in un liquido.

2. bòzzolo s.m. Ramaiolo che si usa nell'industria dei colori per prelevare i coloranti dalle caldaie.

bozzóne s.m. STAM. Ultima prova di una pagina di giornale, stampata prima della stereotipia delle forme, per una revisione generale.

bps s.m. inv. (sigla dell'ingl. *bit per second*, "bit al secondo") Unità di misura usata nella trasmissione di dati.

brabantino agg. Del Brabante, regione del Belgio e dell'Olanda. ◆ s.m. [f. –*na*] Nativo, abitante del Brabante.

bràca s.f. [pl. –*che*] (lat. *brācam* "calzoni larghi" di orig. gallica) **1.** Ciascuna delle gambe di pantaloni o mutande da uomo. ~ (al pl.) Tipo di calzoni larghi e piuttosto corti usato dagli antichi Galli. ~ *fam.* Pantaloni, spec. se vecchi, sdruciti. ◇ *Restare in brache di tela:* sentirsi disarmato, imbarazzato. ~ Essere privo di risorse materiali. ◇ *Portare le brache:* riferito a donna, avere un ruolo maschile, comandare. – *Calare le brache:* acconsentire a qlco., cedere per paura. – *Far cascare le brache:* deprimere, scoraggiare. **2.** Allacciatura che imbriglia operai che lavorano sospesi nel vuoto. **3.** Ciascuno dei finimenti del cavallo o degli animali da soma. **4.** Laccio per tenere semiliberi gli uccelli. **5.** Striscia di carta trasparente usata in legatoria per ricomporre una pagina strappata. ~ Striscia di carta o tela per tenere unito alle pagine del libro un inserto. **6.** MAR. Cavo che ha i punti di forza alle estremità e stringe nel mezzo. **7.** Pezza di tela usata un tempo al posto dei pannolini per mantenere asciutti i bimbi.

braccàre v.tr. [4] **1.** Spingere, far ripiegare la selvaggina verso la o le linee di tiro. **2.** *fig.* Dare la caccia a qlcu. senza tregua. *Braccare dei ladri.*

braccàta s.f. Battuta di caccia alla grossa selvaggina. ~ Il luogo in cui la battuta si effettua.

braccétto s.m. **1.** Nel sign. del dim. di *braccio.* ◇ *A braccetto:* con il braccio stretto a quello di un'altra persona. – *fig. Andare a braccetto:* andare molto d'accordo. **2.** SPORT. Tipo di nuoto in cui le braccia vengono sollevate alternativamente, la testa rimane eretta, e a ogni bracciata si effettua una battuta di gambe. **3.** MAR. Braccio dei velacci e controvelacci. **4.** Piccolo elemento a forma di braccio che si diparte dal corpo di una struttura, di un meccanismo.

bracchétto s.m. Cane da caccia di origine inglese, piccolo, robusto e dalle zampe dritte.

bracchière s.m. **1.** VENAT. Persona che si occupa della muta al canile e durante la caccia. **2.** Chi nelle battute di caccia ha il compito di far rumore per stanare la selvaggina.

bracciàle s.m. **1.** Braccialetto. **2.** Fascia in stoffa che si porta al braccio come distintivo o segnale. **3.** Attrezzo dentato in legno duro portato al polso dai giocatori di un antico gioco detto *pallone a bracciale.* **4.** Nelle armature, parte che ricopre il braccio. **5.** Manicotto salvagente gonfiabile per principianti del nuoto. **6.** Bracciolo di sedie o poltrone. **7.** ARCH. Anello decorativo in ferro o bronzo lavorato infisso nelle facciate dei palazzi, in uso spec. nel Rinascimento. **8.** *Bracciale elettronico* o *anti fuga, anti evasione:* congegno applicato al braccio di persone sottoposte a sorveglianza, per controllarne gli spostamenti.

braccialétto s.m. **1.** Monile di metallo pregiato, pietre preziose o altro tipo di materiale, rigido o meno, che si porta attorno al polso, al

braccio o addirittura alla caviglia. **2.** Negli orologi da polso, cinturino.

bracciantàto s.m. Condizione, categoria dei braccianti.

bracciànte s.m. Operaio agricolo pagato per lo più a giornata.

bracciàre v.tr. [5] MAR. Ruotare il pennone in modo che la vela prenda il vento.

bracciàta s.f. **1.** Quantità di materiale che può essere contenuta tra le braccia. *Una bracciata di fiori.* ~ *fig. A bracciate:* in grande quantità. **2.** Movimento che il nuotatore compie con ciascun braccio per avanzare. ~ Lo spazio percorso con ognuno di tali movimenti.

bràccio s.m. [pl.m. *bracci* nei sign. 3, 5, 6, 8, e 9, pl.f. *braccia* negli altri sign.] **1.** ANAT. Parte dell'arto superiore dell'uomo compresa tra la spalla e il gomito. ~ *estens.* L'arto superiore nella sua interezza. ◇ *Braccia conserte:* incrociate sul petto. – *Prendere, tenere in braccio:* sollevare e appoggiare qlco. o qlcu. sul braccio piegato. – *Dare, porgere il braccio a qlcu.:* tenere il braccio leggermente piegato in modo che una persona camminando possa appoggiarvisi. – *Tenere qlcu. sotto braccio:* a braccetto. – *Trasportare a (forza di) braccia:* senza l'ausilio di alcuna macchina. – *Tenere qlco. sotto il braccio:* stretto tra il braccio e il fianco o il braccio e il torace. – *Alzare le braccia:* gesto che indica resa, impotenza di fronte a una difficoltà, a un'intimazione. – *Avere le braccia rotte dalla fatica:* per esager., doloranti per il troppo lavoro. – *Braccio di ferro:* confronto di forza tra due avversari che appoggiano il gomito su un piano tenendosi le mani strette, in cui vince chi riesce a stendere sul piano il braccio dell'altro; *fig.* prova di forza in senso morale, politico, tra due parti contrapposte o due avversari. – *figg. A braccio:* improvvisare, senza precedente preparazione. – *Allargare le braccia:* accettare qlco. come inevitabile e rassegnarvisi. – *Accogliere, ricevere a braccia aperte:* con affetto e disponibilità. – *Darsi in braccio a qlcu., mettersi nelle braccia di qlcu.:* affidarsi a lui, mettersi nelle sue mani. – *Cadere in braccio a, tra le braccia di Morfeo:* addormentarsi, in quanto Morfeo, nella mitologia pagana, era il dio del sonno. **2.** *fig.* (al pl.) Sviluppa significati figurati collegati alle braccia come segno di capacità lavorativa, di operosità, forza-lavoro. ◇ *figg. Vivere delle proprie braccia:* del proprio lavoro. – *Avere buone braccia:* essere un bravo lavoratore. – *Avere cento braccia, cento mani:* fare tante cose. – *Incrociare le braccia:* smettere di lavorare; *estens.* scioperare. **3.** *fig.* (spec. sing.) Sviluppa il valore di forza, di violenza connesso alle braccia. ~ Potere, autorità, spec. di punire. *Il braccio della legge.* ◇ *Essere il braccio e la mente:* l'esecutore e l'ideatore. – *Braccio politico:* organo politico di un'istituzione, un'organizzazione, ecc. – *figg. Braccio armato:* parte di un'organizzazione incaricata dell'esecuzione di compiti spesso brutali o illegali. *Il braccio armato degli indipendentisti.* – *Braccio destro di qlcu.:* stretto collaboratore, uomo di fiducia. **4.** *estens.* Struttura anatomica di forma allungata e sottile di alcuni animali. *Braccio dei cefalopodi.* **5.** *estens.* Prolungamento mobile o fisso di meccanismi, oggetti, costruzioni. *Braccio della gru.* ◇ *Braccio della morte:* reparto penitenziario proprio delle carceri degli Stati Uniti riservato ai condannati a morte in attesa di esecuzione. – *Braccio a pinza:* meccanismo che permette di manipolare sostanze pericolose rimanendo a distanza di sicurezza. **6.** GEOGR. Ramo laterale di un fiume. ~ Istmo, stretto. **7.** Unità di misura di lunghezza variabile tra i 58 e i 68 cm, un tempo in uso nell'Italia centro-settentrionale. ~ MAR. Unità di misura della profondità marina equivalente che valeva 1,66 m. (I marinai britannici usano ancora il braccio di sei piedi, che misura 1,83 m ca.) **8.** FIS. *Braccio di una forza:* distanza della retta di applicazione della forza da un punto o da una retta. – *Braccio di una coppia di forze:* distanza tra i vettori delle forze che costituiscono la coppia. **9.** MAR. Ciascuno dei cavi fissati alle estremità del pennone che servono per ruotarlo in senso orizzontale.

bracciòlo s.m. **1.** Appoggio per le braccia in divani, poltrone, seggiolini. **2.** Corrimano delle scale. **3.** MAR. Nelle costruzioni navali, qualsiasi struttura con funzione di mensola d'appoggio.

4. PESC. Spezzone di lenza che si stacca dalla lenza madre e termina con un amo.

bràcco s.m. [pl. –*chi*] (germ. *brakko* "cane da caccia") **1.** Cane da caccia e da tartufi, dal pelo raso, con orecchie pendenti e odorato finissimo. **2.** *fig.* Poliziotto, investigatore.

bracconàggio s.m. [pl. –*gi*] (fr. *braconnage*) Caccia di frodo. ~ Reato costituito da quest'azione.

bracconière s.m. (fr. *braconnier*) Cacciatore di frodo.

bràce s.f. Fuoco senza fiamma prodotto dalla lenta combustione di legna grossa o carbone. ◇ *figg. Cadere dalla padella nella brace:* passare da una situazione difficile a una peggiore. – *Sentirsi sulle brace:* essere a disagio. – *Soffiare sulla brace:* rinfocolare, ridestare sentimenti sopiti.

brachétta s.f. **1.** Nelle antiche armature, parte che protegge il basso ventre. **2.** (al pl.) Mutandine corte, aderenti, con elastico in vita. **3.** In legatoria, striscia di tela o di carta su cui si montano le tavole fuori testo.

brachétto s.m. inv. ENOL. Vino rosso piemontese amabile.

brachiàle agg. ANAT. Relativo al braccio.

brachialgìa s.f. MED. Nevralgia del braccio.

brachiazióne s.f. Modo di spostamento di certe scimmie, che si dondolano di ramo in ramo con l'aiuto delle sole braccia.

brachicardìa s.f. MED. → **bradicardia**.

brachicefalìa s.f. MED. Conformazione del cranio caratterizzata dalla brevità del diametro longitudinale rispetto a quello trasversale.

brachicèfalo agg. Che presenta brachicefalia. ◆ s.m. [f. –*la*] Nel sign. dell'agg.

Brachiceri s.m. pl. [iniziale minusc. sing. –*ro* per l'individuo] ZOOL. Sottordine di insetti ditteri, con corpo tarchiato e antenne corte, come i tafani e le mosche.

brachidattilìa s.f. MED. Malformazione delle dita che sono più corte del normale.

brachigrafìa s.f. Scrittura abbreviata.

brachilogìa s.f. [pl. –*gie*] Concisione nel parlare o nello scrivere ottenuta spec. con l'uso di ellissi.

brachiocefàlico agg. Relativo al braccio e alla testa.

Brachiòpodi s.m. pl. [iniziale minusc. sing. –*de* per l'individuo] ZOOL. Gruppo di invertebrati marini dalla conchiglia bivalve e peduncolo per fissarsi alle rocce o al fondo. (Attualmente, i Brachiopodi formano un sottotipo di 250 specie ca. e di più di 7000 specie fossili dell'era primaria e secondaria.)

brachioradiàle s.m. ANAT. Muscolo esterno del braccio.

brachipnèa s.f. MED. Respirazione affrettata e affannosa.

brachitipo s.m. ANTROP. Tipo umano caratterizzato da bassa statura e prevalenza dei diametri orizzontali su quelli verticali.

Brachiùri s.m. pl. [iniziale minusc. sing. –*ro* per l'individuo] ZOOL. Sottordine di crostacei decapodi con cinque paia di piedi e chele ai quali appartengono il granchio e la granceola.

bracière s.m. Vaso di terracotta, rame o altro metallo che un tempo si riempiva di brace accesa per riscaldare un ambiente. – Nell'antichità classica, vaso artisticamente decorato in cui si versavano le libagioni alle divinità.

bracino s.m. [f. –*na*] **1.** Nella carbonizzazione, chi accudiva la carbonaia. **2.** Venditore di carbone, di legna e di brace. **3.** *estens.* Persona sporca, imbrattata.

braciòla s.f. **1.** Bistecca di manzo o di maiale cotta alla brace. **2.** *fam.* Taglio sul viso, spec. fatto rasandosi.

bradicardìa s.f. MED. Rallentamento delle pulsazioni cardiache al di sotto di sessanta al minuto. SIN.: **brachicardia**.

bradifasìa s.f. MED. Lentezza nel parlare.

bradilalìa s.f. MED. Lentezza nell'articolare le singole parole.

bradipnèa s.f. MED. Bassa frequenza respiratoria.

bràdipo s.m. ZOOL. Mammifero di modeste dimensioni che vive in Brasile, caratterizzato da pelo folto, corpo tozzo e lunghi arti dotati di grosse unghie ricurve con le quali si appende ai rami degli alberi sui quali dimora. (Sottordine degli Xenartri.)

bradipsichìsmo s.m. PSICOL. Rallentamento delle funzioni psichiche. SIN.: **bradifrenia**.

bradisìsmo s.m. GEOL. Innalzamento o abbassamento regolare e lento della crosta terrestre con conseguente modificazione della linea di costa. (È detto *positivo* quando il suolo si abbassa determinando l'avanzamento dell'acqua marina; è detto *negativo* quando il suolo si innalza e il mare retrocede.)

bràdo agg. **1.** Di animale che vive libero nel suo ambiente naturale. **2.** *fig.* Di chi vive lontano dalla città e dalle convenzioni sociali.

bràgo s.m. [f. –*ghe*, –*che*] **1.** Fango, melma. **2.** *fig.* Stato di abiezione. *Vivere nel brago.*

brahmanésimo s.m. Fase religiosa e sociale dell'India, apparsa al seguito del vedismo e prima dell'induismo, caratterizzata dalla divisione della società in quattro caste ereditarie, durante la quale si ebbe una piena integrazione tra vita civile e pensiero religioso ed ebbe la supremazia la casta dei brahmani (sec. VI).

brahmànico o **bramànico** agg. [pl.m. –*ci*, f. –*che*] Relativo al brahmanesimo e ai brahmani.

brahmàno s.m. (sanscr. *brāhmana-*) Membro della casta sacerdotale, la prima delle caste indù.

braille [ˈbraj] agg. inv. (voce fr., dal nome dell'inventore L. Braille) Di scrittura per non vedenti costituita da punti in rilievo variamente raggruppati a seconda delle diverse lettere dell'alfabeto e interpretati al tatto. ◆ s.m. inv. Nel sign. dell'agg.

brainstorming [ˈbreɪnˌstɔːmɪŋ/] s.m. inv. (voce ingl. d'America, propr. "tempesta nel cervello") Tecnica di progettazione e soluzione di problemi, utilizzata spec. in pubblicità, che si basa sull'apporto libero e creativo di tutti i membri di un gruppo le cui idee vengono poi analizzate e criticate.

brain trust [ˈbreɪn ˈtrʌst/] loc. sost. m. inv. (loc. angloamer., propr. "gruppo di cervelli") Gruppo di scienziati e tecnici qualificati chiamati a risolvere un problema particolarmente impegnativo.

bràma s.f. Desiderio smodato, incontenibile, spec. nel linguaggio letterario. *Brama di apprendere.* ~ Passione, avidità.

bramàre v.tr. (provenz. *bramar* "gridare" detto di animali in amore) Desiderare ardentemente qlcu. o qlco., spec. nel l. lett. *Bramare una donna.*

bramire v.intr. [83] (aus. *avere*) Emettere bramiti, riferito ad animali selvatici, specialmente ai cervi. ~ *estens.* Detto di persone, emettere suoni selvaggi.

bramito s.m. Verso lamentoso del cervo o del daino.

bràmma s.m. e f. [pl. –*mi*] (ted. *Bramme*) METALL. Semilavorato di acciaio che serve per la fabbricazione della lamiera.

a	b	c	d	e	,	;	:	.	?
f	g	h	i	j	!	« »	(	)	*
k	l	m	n	o	numerico	trattino	apostrofo		indice
p	q	r	s	t	numerico	l	2	3	4
u	v	w	x	y	5	6	7	8	9
z	œ	æ	ç	é	0	esponente	√	+	–
à	è	ù	â	ê	x	l	=	>	<
î	ô	û	ë	ï					
ü	ì	ò o §	maiuscola						

I punti grandi, in rilievo, rappresentano i caratteri; i punti piccoli indicano la posizione relativa di quelli grandi in ogni gruppo di sei.

■ **braille**

bramosìa s.f. Desiderio ardente di qlco. SIN.: **brama**.

bramóso agg. Straordinariamente, eccessivamente desideroso.

brànca s.f. [pl. –che] **1.** lett. Artiglio, zampa con artigli. **2.** estens. (spec. pl.) Mano rapace, grinfia. **3.** fig. (al pl.) Capacità, potere di qlcu. o di qlco. di afferrare, di legare a sé in senso morale. Cadere nelle branche di un usuraio. **4.** estens. Ciascuna delle due parti di arnesi, strumenti, fatta in modo da afferrare, stringere. **5.** BOT. Ramo principale di un albero, di un arbusto. ◇ Branca orsina: acanto. **6.** fig. Suddivisione di una scienza, di una disciplina, ecc. **7.** ANAT. Ciascuno dei rami di un organo a struttura fascicolare. Branca del nervo trigemino. **8.** MAR. Segmento di cavo con due anelli alle estremità per fissare le vele.

brànchia s.f. ZOOL. Organo respiratorio di numerosi animali acquatici (pesci, girini, molluschi, crostacei), che assorbe l'ossigeno sciolto nell'acqua e ne rigetta l'anidride carbonica.

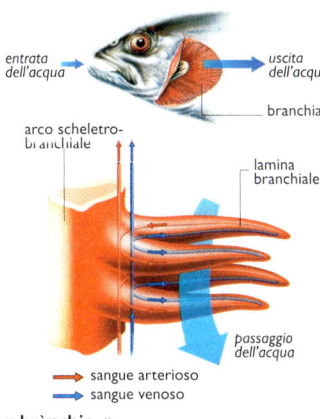

entrata dell'acqua

uscita dell'acqua

branchia

arco scheletro-branchiale

lamina branchiale

passaggio dell'acqua

— sangue arterioso
— sangue venoso

■ **brànchia** di pesce.

branchiàle agg. Relativo alle branchie.

branchiàto agg. Di vertebrato che respira attraverso le branchie. ◆ s.m. ZOOL. (spec. pl.) Denominazione, ora in disuso, di tutti i vertebrati e gli artropodi acquatici che respirano attraverso le branchie.

Branchiòpodi s.m. pl. [iniziale minusc. sing. –de per l'individuo] ZOOL. Sottoclasse di crostacei bivalvi molto primitivi d'acqua dolce, con arti atti al nuoto e alla respirazione, come la dafnia o la pulce d'acqua.

branchiosàuro s.m. PALEONT. Anfibio fossile dell'era paleozoica.

brancicàre v.intr. [4] (aus. avere) Muoversi a tentoni, senza vederci. Brancicare nel buio. SIN.: **brancolare**. ◆ v.tr. Tastare qlco. con le mani. Brancicare la frutta. SIN.: **palpeggiare**.

brànco s.m. [pl. –chi] **1.** Moltitudine di animali della medesima specie. Branco di lupi. **2.** estens. In senso spregiativo, gruppo di persone. SIN.: **masnada**. ◇ Fare branco, entrare nel branco: aggregarsi a un gruppo, a un'associazione, uniformandosi passivamente ai comportamenti dominanti.

brancolaménto s.m. L'andare a tentoni.

brancolàre v.intr. (aus. avere) **1.** Avanzare lentamente tastando con le mani per trovare la direzione, senza vederci. **2.** fig. Andare per tentativi, cercare con difficoltà l'orientamento corretto. ◇ Brancolare nel buio: di chi svolge un'indagine o una ricerca, senza avere ancora una pista attendibile.

brancorsìna s.f. Pianta comune dei luoghi umidi, dai fiori bianchi, chiamata anche branca orsina e detta volgarmente acanto. (Altezza fino a due metri; famiglia delle Ombrellifere.)

brànda s.f. **1.** Letto pieghevole in rete metallica o robusta tela. Branda militare. **2.** MAR. Amaca di tela usata a bordo dai marinai.

brandeburghése agg. Del Brandeburgo, regione storica della Germania o dell'omonima città. ◆ s.m. e f. Nativo, abitante del Brandeburgo o dell'omonima città.

brandéggio s.m. [pl. –gi] **1.** TECN. Rotazione orizzontale della parte superiore di una struttura su un supporto verticale. Brandeggio di un cannone. **2.** TV. Supporto per telecamera che può ruotare contemporaneamente in senso orizzontale e verticale.

brandèllo s.m. **1.** Piccola parte strappata da qlco. SIN.: **frammento**. ◇ A brandelli: tutto strappato; fig. a pezzi, stanco o depresso. **2.** fig. Minima parte. SIN.: **briciolo**.

brandìna s.f. Nel sign. del dim. di branda; in partic., branda da campeggio o da spiaggia.

brandìre v.tr. [83] (fr. brandir) Impugnare e agitare nell'aria un'arma da taglio o altro oggetto di offesa. Brandire la spada.

brandy ['brɛ ndi] s.m. inv. (voce ingl., ol. brandewijn "vino bruciato") Acquavite ottenuta dalla distillazione del vino e invecchiata in botti di rovere.

bràno s.m. **1.** Pezzo strappato, tolto da qlco. SIN.: **brandello**. ◇ Fare a brani: strappare, lacerare in più pezzi, sbranare. **2.** Frammento di un'opera letteraria o musicale.

branzìno s.m. (voce ven., deriv. di branzo "chela" forse per le spine pungenti) ITTIOL. region. → **spigola**.

brasàre v.tr. Cuocere la carne o la verdura in sugo ristretto, dentro una pentola coperta e a fuoco basso. Brasare l'arrosto.

brasàto s.m. Carne fatta brasare. Brasato al barolo. ◆ agg. **1.** Cotto a fuoco lento. **2.** Saldato.

brasatùra s.f. TECN. Saldatura di due o più componenti metalliche mediante un metallo che fonde prima di esse, detta anche saldatura eterogenea. ◇ Brasatura forte: a ottone, con una lega che fonde a più di 400 °C. – Brasatura dolce: a stagno, con una lega che fonde a meno di 400 °C.

bràsca s.f. [pl. –sche] **1.** Scorie della fusione del ferro. **2.** METALL. Miscela refrattaria di argilla e polvere di carbone, usata per il rivestimento interno dei crogioli.

1. brasile s.m. Tabacco di origine brasiliana.

2. brasile s.m. Legno rosso del Centro e Sud America da cui si ricavano sostanze coloranti.

brasiliàno agg. Del Brasile. ◆ s.m. **1.** [f. –na] Nativo, abitante del Brasile. **2.** (solo sing.) Lingua portoghese parlata in Brasile.

bràssica s.f. [pl. –che] BOT. Genere di piante erbacee delle Crocifere a cui appartengono il cavolo e la rapa.

brattàre v.intr. (aus. avere) MAR. Navigare con un solo remo usato alternativamente a destra e a sinistra.

bràttea s.f. **1.** BOT. Piccola foglia che copre il bocciolo prima della fioritura, proteggendolo. **2.** Foglia sottile di metallo prezioso lavorata a mano e usata come ornamento.

bràtto s.m. (voce napol.) MAR. Modo di vogare con un remo solo posto a poppa e manovrato alternativamente a destra e a sinistra.

braunìte s.f. (solo sing.) (dal nome del tedesco K. Braun) CHIM. Ossido di manganese, da cui si estrae tale metallo.

bravàccio o **bravàzzo** s.m. [pl. –ci, –zi] **1.** Mercenario, sgherro. **2.** Uomo spavaldo, prepotente e millantatore.

bravaménte avv. Con coraggio.

bravàta s.f. **1.** Atto, discorso o comportamento spavaldo e arrogante. **2.** Azione rischiosa e inutile compiuta solo per spavalderia e ostentazione. **3.** Acceso rimprovero, sgridata.

bràvo agg. (etim. discussa, forse lat. bàrbarum "crudele") **1.** Capace di eseguire abilmente i propri compiti. Un bravo medico. **2.** Onesto, buono. Brava gente. **3.** Esclamazione che esprime consenso, entusiasmo. **4.** Che si atteggia a persona forte, dura, coraggiosa. ◆ s.m. Uomo d'arme mercenario.

bravùra s.f. Capacità, abilità. ◇ Pezzo di bravura: compito che richiede particolare abilità e destrezza.

1. break ['breɪk] s.m. inv. (voce ingl.) **1.** Pausa, intervallo, interruzione. **2.** SPORT. Nel tennis, game vinto strappando il servizio all'avversario. **3.** JAZZ

Breve figura melodica improvvisata. **4.** SPORT. Nel pugilato, ordine dell'arbitro ai pugili di distaccarsi.

2. break ['breɪk] s.m. inv. (voce ingl. di etim. incerta) **1.** Vettura a cavalli, a quattro ruote, aperta, con alta cassetta per il cocchiere e due banchi laterali. **2.** Autovettura con portellone posteriore dal quale si accede a un ampio vano di carico.

break-dance ['breɪk 'daɪns] s.f. inv. (voce ingl. d'America, propr. "ballo spezzato") Ballo nato nei quartieri neri di New York intorno alla metà degli anni Ottanta, caratterizzato da movimenti snodati del corpo e che richiede qualità atletiche e acrobatiche.

break even ['breɪk 'iːvən] loc. sost. m. inv. (loc. ingl., deriv. di to break even "pareggiare i conti") Rottura dell'equilibrio. ◇ ECON. Break even point: fatturato minimo che consente l'equilibrio fra costi e ricavi.

breakfast ['brɛkfəst] s.m. inv. (voce ingl., comp. di to break "interrompere" e fast "digiuno") Prima colazione sostanziosa e variata in uso nel mondo anglosassone.

break point ['breɪk 'pɔɪnt] loc. sost. m. inv. (loc. ingl., comp. di break "interruzione" e point "punto") **1.** INFORM. Punto di un programma in cui l'esecuzione viene temporaneamente sospesa per permettere al programmatore di verificarne la correttezza. **2.** SPORT. Nel tennis, punto con cui il giocatore può vincere un game nel quale l'avversario ha il servizio.

1. bréccia s.f. [pl. –ce] (fr. brèche) Parziale demolizione di opere di difesa attuata da mezzi offensivi per consentire il passaggio di uomini. ◇ fig. Rimanere sempre sulla breccia: essere attivo, combattivo.

2. bréccia s.f. [pl. –ce] (etim. discussa, forse lat. deriv. di brikka- indicante formazione rocciosa, o fr. brèche nel senso di "materiale proveniente da macerie") **1.** Materiale detritico trasportato dai fiumi. ~ Pietrisco usato in edilizia e per pavimentazioni stradali. **2.** MIN. Roccia sedimentaria formata da pietrisco agglomerato con argilla, calcare o silice.

brecciàme s.m. Insieme di pietrisco, di ghiaia.

brecciàto agg. **1.** Riferito a pietra o a roccia scheggiata, spezzata e saldata di nuovo. **2.** COSTR. Di roccia o marmo frantumati e lavorati a scopo ornamentale. ◆ s.m. Nel sign. dell'agg.

breeding ['briːdɪŋ] s.m. inv. (voce ingl., deriv. di to breed "generare") **1.** Allevamento di animali o piante condotto secondo metodi selettivi. **2.** Produzione di reattori autofertilizzanti.

brefotròfio s.m. [pl. –fi] Istituto per l'assistenza all'infanzia abbandonata.

brègma s.m. [pl. –mi] ANAT. Nel cranio, il punto in cui la sutura coronale e la sutura sagittale si incontrano e che ossifica dopo un anno e mezzo dalla nascita.

breitschwanz ['braɪtʃvants] s.m. inv. (voce ted., propr. "coda larga") Pelliccia pregiata a pelo corto fatta con le pelli di agnellini persiani prelevati prima della nascita dal grembo della madre.

brèntolo s.m. BOT. Pianta erbacea, con fiori rosa raccolti in grappoli, foglie squamiformi, è utilizzata per fare scope e detta anche brugo o crecchia. (Famiglia delle Ericacee.)

bresàola s.f. CUC. Carne di manzo salata ed essiccata tipica della Valtellina.

bressanèlla s.f. (lomb. bresanella "di Brescia" perché molto diffusa nelle valli del bresciano) Struttura fissa di reti verticali per la cattura degli uccelli.

bretèlla s.f. (fr. bretelle, ted. brittil "briglia") **1.** (spec. pl.) Ciascuna delle strisce elastiche che sorreggono pantaloni o altri indumenti passando sopra le spalle. **2.** Striscetta, cordoncino di indumenti intimi femminili che passa sopra la spalla. **3.** Cinghia del fucile. **4.** Raccordo stradale, ferroviario. **5.** Traversina dei binari.

brètone agg. Della Bretagna. ◇ Ciclo bretone: serie di poemi e romanzi cavallereschi medioevali che hanno per protagonisti re Artù e i cavalieri della Tavola rotonda. ◆ s.m. **1.** (anche f.) Nativo, abitante della Bretagna. **2.** (solo sing.) Lingua celtica parlata in Bretagna.

bretzel [/br'eːtsəl/] s.m. inv. Biscotto tedesco di pane, attorcigliato a forma di otto, cosparso di sale e cumino.

1. brève agg. **1.** Che dura poco nel tempo. ◇ *In breve:* in modo conciso, rapidamente. – *loc. cong. Per farla breve:* insomma, in sintesi. *Loro, in breve, non verranno.* **2.** Di scarsa estensione nello spazio. **3.** LING. Della vocale o della consonante che ha una durata o quantità minore rispetto ad altre dette lunghe. **4.** MUS. Della nota che ha una durata pari a quella di due semibrevi. ◆ s.f. **1.** METR. Vocale breve. **2.** MUS. Nota breve. **3.** Notizia giornalistica data con poche parole.

2. brève s.m. **1.** CATT. Documento pontificio contenente istruzioni, per lo più di ordine temporale, meno solenne della bolla. **2.** Nell'impero romano, lettera imperiale meno solenne del decreto. ~ Nel Medioevo, documento notarile riguardante privati o comunità. **3.** Involtino di stoffa con reliquie da portare al collo. ~ *estens.* Talismano, amuleto.

brevettàre v.tr. **1.** Far riconoscere e proteggere con brevetto una propria invenzione. *Brevettare un macchinario.* **2.** Assegnare un brevetto a qlcu. *L'hanno brevettato pilota.*

brevettàto agg. **1.** Che ha il brevetto. *Invenzione brevettata.* **2.** *scherz.* Sperimentato, sicuro, infallibile.

brevétto s.m. (fr. *brevet*) **1.** Dichiarazione ufficiale che attesta la paternità di un'invenzione con conseguente esclusività del suo sfruttamento economico. **2.** Documento che abilita all'esercizio di una professione o di particolari funzioni. *Brevetto di pilota.*

breviàrio s.m. [pl. *-ri*] **1.** Libro dell'ufficio divino che i sacerdoti devono recitare quotidianamente. **2.** *fig.* Opera che si legge di frequente, che costituisce motivo di continua riflessione. **3.** Sintesi, sommario. **4.** Raccolta di brevi statutari.

brevilìneo agg. MED. Di sviluppo scheletrico, di tipo umano, in cui la dimensione orizzontale prevale su quella verticale. ◆ s.m. [f. *-a*] Persona che presenta tale caratteristica. SIN.: **brachitipo**.

brèvi mànu loc. avv. (loc. lat., propr. "con mano corta") Direttamente in mano a chi di dovere, di persona. *Consegnare una lettera brevi manu.*

brevità s.f. inv. **1.** Caratteristica di ciò che dura poco. *Brevità di una visita.* **2.** BANC. Intervallo inferiore al normale tra la presentazione di cambiali all'incasso e la data di scadenza, con conseguente diritto della banca a una provvigione supplementare.

brézza s.f. **1.** Vento periodico giornaliero di debole intensità prodotto dalla differenza di pressione che si instaura in aree contigue diversamente riscaldate. ◇ *Brezza di mare:* che spira durante il giorno dal mare verso la terra. – *Brezza di terra:* che spira di notte dalla terra verso il mare. – *Brezza di monte:* che spira di notte dai monti verso la valle. – *Brezza di valle:* che spira di giorno, dalla valle verso i monti. **2.** *estens.* Ogni vento moderato e rinfrescante.

Briàcee s.f. pl. [iniziale minusc. sing. *-a* per l'individuo] BOT. Famiglia di muschi comprendente il brio.

brianzòlo agg. Della Brianza, zona della Lombardia tra il Seveso e l'Adda. ◆ s.m. **1.** [f. *-la*] Nativo, abitante della Brianza. **2.** (solo sing.) Dialetto lombardo parlato in Brianza.

bric-à-brac [/'brika'brak/] s.m. inv. (voce fr. di orig. onom.) **1.** Insieme di oggetti vecchi di scarso valore, cianfrusaglie. **2.** *estens.* Negozio di rigattiere.

brìcco s.m. [pl. *-chi*] (turco *ibrik* "brocca") Recipiente di modeste dimensioni per liquidi, con imboccatura larga munita di coperchietto, beccuccio e manico.

briccóne s.m. [f. *-na*] **1.** Persona disonesta, senza scrupoli. **2.** *fam.* In senso scherzoso, persona, ragazzo furbo e malizioso.

brìciola s.f. **1.** Piccolo frammento di pane. **2.** *estens.* Minuto frammento di qlco. SIN.: **pezzettino**. ◇ *fig. Andare in briciole:* in pezzi. ~ Quantità molto piccola di una cosa astratta. *Non avere una briciola di buon senso.*

brìciolo s.m. **1.** Minutissima parte di qlco. **2.** *fig.* Minimo, quantità minima di qlco.

bricolage [/briko'laʒ/] s.m. inv. (voce fr., deriv. di *bricoler* "fare diversi lavori") Lavoro dilettantesco di tipo artigianale eseguito per hobby, per lo più relativo alla manutenzione della casa.

brìda s.f. (fr. *bride* di provenienza germ.) **1.** Macchina bellica che serviva agli assediati per agganciare e rendere inservibili le macchine offensive dei nemici. **2.** TECN. Dispositivo di serraggio a staffa. **3.** MECC. IND. Morsetto che serve per tenere fermo un pezzo sul tornio durante la lavorazione.

bridge [/brɪdʒ/] s.m. inv. (voce ingl.) **1.** Gioco di carte a coppie in cui vince chi effettua tante prese quante ne ha dichiarate inizialmente. **2.** MUS. Nel jazz, l'inciso centrale del ritornello di un tema.

brie [/'bri/] s.m. inv. (voce fr., dal nome della località di produzione) Formaggio francese di latte vaccino, di pasta molle, giallognola e crosta tenera e bianca, confezionato in forme rotonde e schiacciate, prodotto nell'omonima regione della Champagne.

briefing [/'briːfɪŋ/] s.m. inv. (voce ingl. d'America, deriv. di *to brief* "riassumere") **1.** Riunione informativa prima di una missione aerea per dare all'equipaggio le ultime istruzioni. **2.** Riunione di un gruppo di lavoro per definire gli obiettivi, i metodi, ecc.

brìga s.f. [pl. *-ghe*] (etim. discussa, forse celt. *brīga* "forza" poi "prepotenza") **1.** Affare molesto e noioso. SIN.: **seccatura**. ◇ *Prendersi, darsi la briga di:* impegnarsi a. **2.** *Attaccare briga:* lite, controversia, questione.

brigadière s.m. (fr. *brigadier*) **1.** Sottufficiale dell'arma dei Carabinieri e della Guardia di Finanza di grado corrispondente a quello di sergente maggiore. **2.** Nel vecchio ordinamento della Pubblica Sicurezza, grado superiore a quello di appuntato (nell'odierna Polizia di Stato, sovrintendente).

brigantàggio s.m. [pl. *-gi*] **1.** Vita alla macchia caratterizzata da azioni violente contro persone e cose. **2.** Fenomeno sociale e politico di resistenza contro lo Stato che prese la forma di un'organizzazione in bande di briganti, tipico del Meridione d'Italia a partire dalla fine del sec. XVIII, con particolare intensità negli anni successivi all'unificazione nazionale.

brigànte s.m. [f. *-tessa*] **1.** Un tempo, chi assaltava e rapinava i viaggiatori che transitavano in zone impervie, solitarie. SIN.: **malfattore**. **2.** *fam. scherz.* Briccone, birbone. *Brigante, me l'hai fatta!* ~ Avventuriero privo di scrupoli. *Non è un uomo d'affari ma un brigante.*

brigantìno s.m. MAR. Veliero di modeste dimensioni a due alberi con vele quadre e bompresso.

brigàta s.f. **1.** Riunione, compagnia di amici. SIN.: **combriccola**. **2.** MIL. Unità dell'esercito composta da due o tre reggimenti, anche di armi diverse. *Brigata aerea.* **3.** Compagnia di combattenti irregolari. *Brigate partigiane.* ◇ *Brigate internazionali:* formazioni di volontari di vari paesi per la difesa della Repubblica spagnola durante la guerra civile del 1936-1939. – *Brigate nere:* formazioni militari fasciste al tempo della Repubblica sociale di Salò nel 1943-1945. – *Brigate rosse:* formazione politico-militare clandestina della sinistra rivoluzionaria negli anni Settanta-Ottanta in Italia.

brigatìsmo s.m. Fenomeno di organizzazione della sinistra rivoluzionaria in gruppi armati clandestini tipico degli anni Settanta-Ottanta in Italia.

brigatìsta s.m. e f. [pl.m. *-sti*] **1.** Chi fa parte di una brigata. **2.** Militante di un gruppo armato clandestino. ~ *per anton.* Militante delle Brigate rosse.

brigidìno s.m. (dal nome del convento di Santa *Brigida* a Pistoia dove un tempo venivano cucinati tali dolci) **1.** Piccola cialda di pasta cosparsa di anicini e cotta tra due piastre metalliche. **2.** *fig.* Coccarda di nastro pieghettato che per la forma rotonda ricorda il dolce. ~ *estens.* Distintivo.

brìglia s.f. [pl. *-glie*] (etim. incerta, forse got. *bridgil* o fr. *bride* di orig. germ.) **1.** Ciascuna delle due redini attaccate al morso che servono a guidare il cavallo. ~ *estens.* (spec. pl.) I finimenti del cavallo. ◇ *Tirare, allentare le briglie:* condurre il cavallo frenandolo o lasciandogli libertà di correre; *fig.* rispettivamente, tenere a freno qlcu. con severità, o concedergli maggiore libertà. – *A briglia sciolta:* senza impacci, remore, inibizioni. – *Lasciare le briglie sul collo:* libertà di azione. **2.** (spec. pl.) Bretelle, incrociate sul busto, che si usano per sorreggere i bambini nei primi passi. **3.** Opera muraria edificata trasversalmente rispetto alla corrente di un corso d'acqua ripido che serve per frenare l'erosione del fondo. SIN.: **serra**. **4.** MAR. Cavo che tiene ferma un'asta in posizione orizzontale o inclinata. *Briglia di bompresso.* **5.** MED. Formazione a piega di un tessuto, fisiologica o patologica, che provoca un'aderenza. *Briglia peritoneale.* **6.** ZOOL. Negli uccelli, porzione laterale del capo, tra il becco e l'occhio.

brillaménto s.m. **1.** Accensione ed esplosione di mine. **2.** Il risplendere di viva luce. ◇ ASTR. *Brillamento solare:* aumento improvviso di luminosità in una sola zona della superficie solare.

brillantànte s.m. Additivo per lavastoviglie che rende lucenti piatti e bicchieri.

brillantàre v.tr. **1.** Sfaccettare una pietra dura, come il cristallo o il diamante. **2.** Guarnire qlco. con lustrini e pietre luccicanti. **3.** Rendere lucenti materiali, spec. metallici, attraverso particolari procedimenti. **4.** Rendere brillanti bicchieri e piatti aggiungendo un liquido apposito nell'ultima fase di lavaggio della lavastoviglie. **5.** Ricoprire i dolci con una glassa lucida.

brillantatùra s.f. L'operazione di brillantare. ~ Il suo risultato.

brillànte agg. **1.** Risplendente, lucente. ~ Riferito a colore, smagliante. *Verde brillante.* **2.** *fig.* Di successo, prospero, fortunato. *Carriera brillante.* ~ Caratterizzato da splendore mondano, da eleganza, raffinatezza. *Vita brillante.* **3.** *fig.* Che risalta rispetto ad altri o ad altre cose per genialità, per bravura, per vivacità. *Studente brillante.* ◇ *Commedia brillante:* genere teatrale caratterizzato da umorismo, leggerezza d'intreccio, vivacità nei dialoghi. ◆ s.m. **1.** Tipo di taglio del diamante in piani o facce, disposti in modo da formare due piramidi, di cui la superiore tronca, unite per la base. ~ *estens.* Anello con brillante. **2.** Nel teatro del sec. XIX, ruolo dell'attore che recitava parti allegre e vivaci.

brillantézza s.f. Qualità di chi, di ciò che brilla, in senso proprio o fig.

1. brillantìna s.f. (fr. *brillantine*) **1.** Preparato a base di oli, alcol e aromi che rende i capelli lucidi. **2.** Minuscoli frammenti argentei usati per decorazione e cosmesi.

2. brillantìna s.f. Pianta erbacea da foraggio che cresce spontanea nei terreni incolti, con infiorescenze dotate di piccole glume lucide dalla caratteristica forma a cuore. (Famiglia delle Graminacee.)

1. brillantìno s.m. Stoffa di cotone, seta o fibra artificiale resa lucida con un particolare trattamento.

2. brillantìno s.m. GIOIELL. Brillante di piccole dimensioni e di bassa caratura.

brillànza s.f. FIS. Grandezza fotometrica che misura il flusso luminoso di una sorgente, in una data direzione.

1. brillàre v.intr. (aus. *avere*) **1.** Risplendere di luce intensa e scintillante. SIN.: **splendere**. **2.** Riferito a mine, esplodere, scoppiare. **3.** *fig.* Spiccare per una qualità particolare. *Brilla per la sua intelligenza.* SIN.: **distinguersi**. ◆ v.tr. Far esplodere mine o altri ordigni esplosivi.

2. brillàre v.tr. Sottoporre a brillatura riso, semi e cereali, togliendo loro la buccia e rendendoli quasi lucenti.

3. brillàre v.intr. (aus. *avere*) Frullare, girare molto rapidamente.

brillatóio s.m. [pl. *-toi*] **1.** Apparecchiatura per brillare il riso. SIN.: **pileria**. **2.** Lo stabilimento in cui l'operazione avviene.

brillatùra s.f. L'operazione di brillare i cereali.

brillìo s.m. [pl. *-lii*] Luminosità intensa e pulsante. SIN.: **luccichio**.

brillo agg. (etim. discussa, forse deriv. di *brillare* perché chi è ubriaco ha gli occhi lucidi) Leggermente ubriaco, alticcio.

brina s.f. Fenomeno atmosferico di trasformazione della rugiada e del vapor acqueo in cristalli di ghiaccio per effetto di un forte raffreddamento notturno. (A differenza della galaverna che ha origine dalla nebbia ghiacciata, la brina è caratteristica del tempo limpido.)

brinàre v.impers. (aus. *essere* o *avere*) Fare una brinata. ◆ v.tr. **1.** Ricoprire una superficie di brina. ~ Fare in modo che si formi artificialmente brina su un oggetto, raffreddandolo a temperatura inferiore a 0 °C. **2.** Ricoprire con zucchero una superficie, in modo da simulare l'effetto della brina.

brinàta s.f. **1.** Formazione di brina. **2.** *fig.* Canizie.

brinàto agg. Striato di bianco. *Cavallo brinato.*

brindàre v.intr. (aus. *avere*) (spagn. *brindar*) Fare un brindisi in segno di augurio e di festa.

brindisi s.m. inv. (ted. *bringe dir's* "lo offro a te", formula d'uso nei brindisi tedeschi) **1.** Rituale forma di augurio tra familiari, amici, conoscenti che consiste nell'alzare e toccare reciprocamente i bicchieri. **2.** Piccolo componimento in versi o in prosa che si pronuncia in tale occasione.

brindisino agg. Di Brindisi. ◆ s.m. **1.** [f. *–na*] Nativo, abitante della città di Brindisi e dintorni. **2.** (iniziale maiusc., solo sing.) Territorio intorno a Brindisi.

brinèll s.m. inv. (dal nome dell'ingegnere svedese J.A. *Brinell*) **1.** Macchinario che serve per provare la durezza dei metalli. **2.** Unità di misura della durezza dei metalli (espressa in Kgmm²).

1. brio s.m. [pl. non com. *brii*] (spagn. *brío*, celt. *brigos* "vigore, vivacità") **1.** Vivacità, spigliatezza, gaiezza. *Persona piena di brio.* **2.** Detto di animali, bizzarria. *Prendere il brio.* **3.** *estens.* Riferito allo stile, animazione, vivacità. *Prosa piena di brio.* ◇ *Con brio:* didascalia musicale con cui si indica che l'esecuzione deve essere vivace e allegra.

2. brio s.m. [pl. *brii*] (gr. *brýon* "muschio") Muschio di colore verde-argento che si trova spesso lungo i muri. (Famiglia delle Briacee.)

brioche [/bri'ɔʃ/] s.f. inv. (voce fr., normanno *brier* "impastare") CUC. Piccolo dolce lievitato di pasta morbida cotto al forno, eventualmente farcito di crema, marmellata o cioccolato. SIN.: **cornetto.**

Briòfite s.f. pl. [iniziale minusc. sing. *–ta* per l'individuo] BOT. Divisione di piante con struttura a tallo, riproduzione alternante, sessuata e asessuata, ambiente di sviluppo umido e fresco, comprendente i muschi e le epatiche.

briologìa s.f. BOT. Branca della botanica che studia le Briofite.

brióne s.m. **1.** Taglio di carne bovina del quarto anteriore adatto alle cotture lente, come brasati, intingoli, spezzatini. **2.** MAR. Parte arrotondata anteriore dello scafo di una nave che collega la ruota di prua e la chiglia.

briònia s.f. Pianta erbacea rampicante con foglie palmato-lobate, bacche rosse e fiori bianco-verdastri, comune nelle siepi, le cui radici e bacche sono tossiche; è nota anche come *vite bianca, zucca marina* o *zucca selvatica.* (Famiglia delle Cucurbitacee.)

brióso agg. (spagn. *brioso*) **1.** *lett.* Che ha brio. **2.** *fig.* Riferito a un cavallo, bizzarro.

Briozòi s.m. pl. [iniziale minusc. sing. *–zoo* per l'individuo] ZOOL. Classe di piccoli animali marini che si sviluppano su formazioni calcaree o su oggetti assumendo un aspetto arborescente.

briscola s.f. **1.** LUD. Gioco con carte italiane tra due o quattro giocatori in cui il seme della carta scoperta all'inizio di ogni giro prende su tutti gli altri. ~ La carta scoperta e ogni altra dello stesso seme. ◇ *fig. Contare, valere quanto il due di briscola:* quasi niente, perché ciò che vale meno di tutte le altre briscole. **2.** *fam.* (spec. pl.) Botta, percossa.

brisée [/bri'ze/] agg. inv. (voce fr., deriv. di *briser* "sbriciolare") CUC. Di pasta a base di burro, farina e sale, molto friabile, utilizzata in partic. per torte e crostate.

bristol [/'bristəl/] s.m. inv. (voce ingl., abbr. di *Bristol-board* propr. "cartone prodotto nella città di Bristol") Cartoncino semilucido e levigato per biglietti da visita o da corrispondenza, rilegature, ecc.

brisùra s.f. (fr. *brisure*) ARALD. Modifica apportata all'arme di una famiglia per distinguere un ramo cadetto o illegittimo dal ramo principale (limbello, bordura, ecc.).

britànnico agg. [pl.m. *–ci*, f. *–che*] **1.** Dell'antica Britannia. **2.** Della Gran Bretagna, con riferimento non alla sola Inghilterra, ma anche alla Scozia, al Galles e talvolta all'Irlanda. ◇ *Lingue britanniche:* gruppo di lingue celtiche comprendenti il bretone, il gallese e il cornico (ora non più parlato). ◆ s.m. [f. *–ca*] Nativo, abitante della Gran Bretagna.

britànno agg. Relativo, appartenente all'antica popolazione celtica stanziata in Britannia prima dell'invasione degli Angli e dei Sassoni. ◆ s.m. [f. *–na*; al pl. anche con iniziale maiusc.] Nel sign. dell'agg.

brivido s.m. **1.** Improvvisa e rapida contrazione involontaria dei muscoli causata da freddo, febbre, emozione. SIN.: **fremito. 2.** *fig.* Forte emozione, eccitazione. *Brivido della velocità.* ~ Sensazione di paura, d'angoscia. ◇ *Racconto del brivido:* tipo di racconto caratterizzato da vicende paurose e misteriose.

Briza s.f. BOT. Genere di piante erbacee delle regioni temperate a fusto esile e fiori in pannocchie composte. (La *Briza media* è detta anche *tentennino;* famiglia delle Graminacee.)

spighetta

■ **Brìza.** Erba tremolina.

brizzolàto agg. **1.** Screziato di un colore diverso da quello di fondo. *Cavallo brizzolato.* **2.** Della barba o dei capelli che cominciano a diventare bianchi. *Capigliatura brizzolata.* ~ *estens.* Della persona che ha barba o capelli di tale tipo.

brizzolatùra s.f. **1.** Aspetto brizzolato. **2.** L'atto di dipingere su una superficie macchie di colore diverso dallo sfondo. ~ Il risultato di tale operazione.

broadcast [/'brɔːd͵kʌst/] s.m. inv. (voce ingl.) Sistema di diffusione delle informazioni in cui queste vengono rivolte indistintamente a tutti.

1. bròcca s.f. [pl. *–che*] Recipiente di terracotta o altro materiale con base e collo più stretti della pancia, uno o due manici e beccuccio, usato per l'acqua e altri liquidi potabili. ~ *estens.* Quantità di liquido contenuta in una brocca.

2. bròcca s.f. [pl. *–che*] (lat. *brŏccum* "dai denti sporgenti" quindi "aguzzo") Chiodino da calzolaio.

broccànte agg. ARALD. Si dice di una pezza o di una figura rappresentata su un'altra in modo da nasconderla parzialmente.

broccatèllo s.m. **1.** Stoffa lavorata in rilievo ma più leggera del broccato. **2.** Punto da ricamo usato per tessuti da tappezzeria. **3.** Marmo giallo o rosso screziato di nero, composto quasi interamente da conchiglie frantumate.

broccàto s.m. **1.** Stoffa preziosa di seta pesante tessuta anche con fili d'oro e d'argento e lavorata in rilievo secondo disegni figurativi o puramente ornamentali, un tempo ampiamente usata per abiti o per arredi nelle case nobiliari. **2.** *estens.* Veste di broccato. **3.** Marmo calcareo.

brocchière o **brocchièro** s.m. Scudo rotondo piuttosto piccolo con umbone o brocco, in uso agli inizi del sec. XVI.

bròccia s.f. [pl. *–ce*] (fr. *broche* "arnese puntuto") MECC. Utensile metallico con lamelle taglienti di diversa sporgenza che serve a finire un foro cilindrico o a eseguire scanalature.

brocciàre v.tr. [5] TECN. Effettuare l'operazione di brocciatura.

brocciatùra s.f. L'operazione dell'intagliare il legno e del praticarvi scanalature.

bròcco s.m. [pl. *–chi*] (lat. *brŏccum* "dai denti sporgenti" quindi "aguzzo") **1.** Ramo irto di spine. ~ *estens.* Troncone di ramo dopo la potatura. **2.** Punta metallica, in partic. al centro di uno scudo o di un bersaglio. **3.** *fig.* Cavallo macilento, malridotto. ~ Cavallo poco veloce. **4.** *estens.* Persona di scarso talento e poca capacità.

bròccolo s.m. **1.** Varietà di cavolo con infiorescenza verde meno compatta di quella del cavolfiore. (Famiglia delle Crocifere.) **2.** *fig.* Persona impacciata, sciocca.

broche [/'brɔʃ/] s.f. inv. (voce fr., lat. *brŏccum* "dai denti sporgenti" quindi "aguzzo") Spilla, fermaglio.

brochure [/brɔ'ʃyr/] s.f. inv. (voce fr.) → brossura.

brodàglia s.f. [pl. *–glie*] **1.** *lett.* Brodo troppo acquoso, insipido. ~ *estens.* Cibo disgustoso. **2.** *fig.* Discorso o scritto lungo e di nessun interesse.

brodetto s.m. **1.** CUC. Zuppa di pesce del litorale adriatico. **2.** CUC. Salsa tipica della cucina romana a base di brodo, uova sbattute, limone.

bròdo s.m. (germ. *brod-,* indicante un tipo di minestra sconosciuto alla cucina latina) **1.** Liquido di cottura di carni o vegetali che si può usare come minestra o come base per pietanze e gelatina. ◇ *Brodo di dado:* quello ottenuto facendo sciogliere in acqua bollente dadi di estratti di carne o verdure. – *fig. Lasciare cuocere qlcu. o qlco. nel suo brodo:* lasciarlo fare come meglio crede. **2.** BIOL. *Brodo di coltura:* liquido per colture in vitro. – *Brodo primordiale:* secondo una teoria biologica, oceano primitivo in cui erano presenti molecole organiche che avrebbero originato la vita. **3.** Nell'industria dei collanti, soluzione derivante dalla bollitura di ossa sgrassate di animali. **4.** *fig.* Discorso prolisso, noioso.

brogliàccio s.m. [pl. *–ci*] (fr. *brouillard* "prima nota") **1.** Quaderno di appunti. ~ *estens.* Prima copia di uno scritto. **2.** Brutta copia di registro contabile.

bròglio s.m. [pl. *–gli*] Falso perpetrato per ottenere cariche, uffici, ecc. ~ Manomissione di risultati elettorali.

broker [/'brəʊkə/] s.m. inv. (voce ingl., propr. "mediatore") Chi si occupa di intermediazioni in vari ambiti.

brokeràggio s.m. [pl. *–gi*] (ingl. *brokerage*) Lavoro d'intermediazione compiuto da un broker.

brolétto s.m. **1.** Nel Medioevo, campo cintato. ~ *estens.* Piazza in cui si radunava il popolo in assemblea. SIN.: **arengo. 2.** Palazzo municipale (soprattutto in Lombardia).

bromàto agg. CHIM. Che contiene bromo. ◆ s.m. CHIM. Sale dell'acido bromico.

bromatologìa s.f. CHIM. Studio delle sostanze alimentari.

Bromeliàcee s.f. pl. [iniziale minusc. sing. *–a* per l'individuo] BOT. Famiglia di piante erbacee tropicali monocotiledoni, presentano foglie coriacee o spinose e infiorescenze a spiga o a racemi. (Ordine delle Liliflore.)

bròmico agg. [pl.m. *–ci*, f. *–che*] *Acido bromico:* acido ossigenato del bromo ($HBrO_3$).

bromidrico agg. [pl.m. *–ci*] *Acido bromidrico:* idracido derivato da una combinazione di bromo e di idrogeno (HBr).

bromidròsi s.f. inv. MED. Sudorazione maleodorante.

bromismo s.m. MED. Intossicazione da bromo.

bròmo s.m. (solo sing.) (fr. *brome,* gr. deriv. di *brõmos* "fetore") **1.** Non metallo liquido rosso-bruno, analogo al cloro, che bolle a 58,78 °C ed emana vapori assai irritanti. **2.** Elemento chimico (*Br*) del gruppo degli alogeni di numero atomico 35 e peso atomico 79,904.

bromofòrmio s.m. [pl. –*mi*] CHIM. Composto organico bromurato impiegato in medicina contro la tosse.

bromògrafo s.m. FOTO. Apparecchio per la stampa a contatto di negativi.

bromuràre v.tr. Introdurre uno o più atomi di bromo in una molecola.

bromuràto agg. CHIM. Detto di composto contenente bromo o bromuro.

bromùro s.m. Sale dell'acido bromidrico. (I bromuri di potassio e di sodio vengono impiegati come sedativi.) ◇ *Bromuro d'argento*: annerisce alla luce, è usato in fotografia per lastre, pellicole, carte ricoperte con una emulsione di bromuro in gelatina.

bronchiàle agg. Dei bronchi.

bronchiectasia s.f. Dilatazione patologica dei bronchi.

bronchiolite s.f. Infiammazione dei bronchioli.

bronchiolo s.m. ANAT. Ciascuna delle ramificazioni dell'albero bronchiale nei polmoni.

bronchite s.f. MED. Infiammazione della mucosa bronchiale.

bronchitico agg. [pl.m. –*ci*, f. –*che*] **1.** Relativo alla bronchite. **2.** Affetto da bronchite. ◆ s.m. [f. –*ca*] Nell'accez. 2 dell'agg.

bróncio s.m. [pl. –*ci*, f. –*ce*] Atteggiamento del viso, espressione che denota dispetto, fastidio.

brónco s.m. [pl. –*chi*] (gr. *brónkhos* "gola") Denominazione dei due tronchi che, biforcandosi dalla trachea e ramificandosi, portano l'aria inspirata ai polmoni.

broncografia s.f. MED. Radiografia dei bronchi.

broncopleurite s.f. MED. Infiammazione dei bronchi e di uno o di entrambe le pleure.

broncopolmonàre agg. MED. Relativo ai bronchi e ai polmoni.

broncopolmonite s.f. MED. Infiammazione dei bronchi e dei polmoni.

broncorrèa s.f. MED. Espettorato abbondante di catarro osservabile nella bronchite cronica.

broncoscopia s.f. MED. Esame ottico dei bronchi mediante broncoscopio.

broncoscòpio s.m. [pl. –*pi*] MED. Strumento ottico per osservare la superficie interna dei bronchi.

broncotomia s.f. CHIR. Incisione chirurgica in un bronco effettuata per la rimozione di corpi estranei.

brontolàre v.intr. (aus. *avere*) **1.** Parlare con tono risentito a voce bassa e sorda, esprimendo ripetutamente il proprio malcontento. *Non fa che brontolare.* **2.** Produrre un rumore sordo e prolungato. *Mi brontola lo stomaco.* ◆ v.tr. Pronunciare parole a mezza voce, con tono stizzoso. *Brontolare insulti.*

brontolio s.m. [pl. –*lii*] **1.** Borbottio insistente. **2.** *estens.* Rumore basso, cupo e prolungato.

brontolóne agg. Che ha l'abitudine di lagnarsi, di rimproverare. ◆ s.m. [f. –*na*] Chi brontola spesso. ~ Chi è sempre infastidito, indispettito.

brontosàuro s.m. Rettile dinosauro erbivoro del Giurassico presente nell'America del Nord. (Superava i 20 m di lunghezza; gruppo dei Saurischi.)

bronx [/'brɔŋks/] s.m. sing. (dal nome del quartiere di New York abitato perlopiù da neri) Quartiere povero e malfamato.

bronzàto agg. **1.** Ricoperto di bronzo. **2.** Di razza di tacchini dal piumaggio color bronzo. **3.** Del mantello di cavalli sauri o bai che presenta riflessi color bronzo.

bronzatùra s.f. **1.** Copertura di un oggetto con uno strato di bronzo. **2.** Brunitura dei metalli. **3.** Patologia delle foglie del pomodoro o della patata, che ha per sintomo la comparsa di macchie bronzee. **4.** STAM. Effetto che crea l'illusione di una superficie metallica su una pagina stampata.

brónzeo agg. **1.** Di bronzo. **2.** *fig.* Moralmente, psicologicamente forte. *Carattere bronzeo.*

bronzétto s.m. Piccola scultura o oggetto in bronzo.

bronzina s.f. **1.** MECC. Cuscinetto in bronzo o altra lega metallica speciale che riveste i supporti di perni e alberi rotanti per garantirli dall'attrito. **2.** Campanella di bronzo che gli animali da pascolo hanno al collo. **3.** Vernice dorata che simula l'oro zecchino.

bronzista s.m. e f. [pl.m. –*sti*] **1.** Artigiano del bronzo. **2.** Chi vende oggetti in bronzo.

brónzo s.m. **1.** Lega metallica di rame e stagno. ◇ *Età del bronzo*: periodo della preistoria in cui fu inventato e usato il bronzo. – *Avere la faccia di bronzo*: esser sfrontato, non vergognarsi di nulla. **2.** Manufatto in bronzo.

■ **brónzo.** Pugnali. Età del bronzo nordica, 1300 a.C. circa (Museo di Moesgård, Danimarca.)

brook [/brʊk/] s.m. inv. (voce ingl.) IPP Negli *steeplechase*, ostacolo seguito da un fossato pieno d'acqua.

brossùra s.f. **1.** Legatura di un libro con semplice cucitura delle segnature e rivestimento in cartoncino. **2.** Opuscoletto.

browniano [/brau'njano/] agg. (dal nome dello scienziato ingl. R. Brown) FIS. Riferito al moto disordinato e casuale delle particelle solide sospese in un fluido. *Moto browniano.*

browning [/'braunɪŋ/] s.f. inv. (voce ingl., dal nome dell'inventore americano J.M. *Browning*) Denominazione commerciale di alcuni modelli di pistole automatiche.

browser [/'brauzə/] s.m. inv. (voce ingl., deriv. di *to browse* "sfogliare") INFORM. Programma per la navigazione nelle pagine web di Internet.

brucare v.tr. [4] **1.** Rosicchiare le foglie. ~ Strappare l'erba a piccoli morsi, come fanno bruchi e animali erbivori. **2.** Mondare i rami dalle foglie, passandovi la mano in forma di pugno.

brucèlla s.f. BIOL. Genere di batteri parassiti degli animali domestici.

brucellòsi s.f. inv. MED., VET. Infezione provocata dalla brucelle.

Brùchidi s.m. pl. [iniziale minusc. sing. –*de* per l'individuo] ZOOL. Famiglia di piccoli insetti con corpo tozzo e peloso, le cui larve si nutrono dei semi di molte piante leguminose. (Ordine dei Coleotteri.)

bruciacchiàre v.tr. [6] Bruciare qlco. in modo non omogeneo e superficiale. ◆ **bruciacchiarsi** v.pron. Riportare delle scottature, bruciarsi superficialmente.

bruciànte agg. **1.** Che brucia. *Minestra bruciante.* **2.** *fig.* Lancinante. *Offesa bruciante.* **3.** SPORT. *fig.* Che brucia gli avversari, rapidissimo, fulmineo. *Partenza bruciante.*

bruciapélo s.m. Macchina che serve a bruciare la peluria dei tessuti. ◇ *A bruciapelo*: riferito a colpo di arma da fuoco, molto da vicino; *fig.* all'improvviso, senza preparazione.

bruciaprofùmi s.m. inv. Recipiente di varie forme, con coperchio forato, per bruciare sostanze odorose.

bruciàre v.tr. [5] **1.** Distruggere o danneggiare qlco. con il fuoco. *Bruciare la legna.* **2.** Causare bruciore. *Il fumo brucia gli occhi.* **3.** *estens.* Distruggere qlco. corrodendolo o inaridendolo. *Il vetriolo brucia la pelle.* **4.** *fig.* Ridurre qlco. in niente, consumarlo inutilmente. ◇ SPORT. *Bruciare un avversario*: superarlo clamorosamente. **5.** *fig.* Detto di passioni, struggere qlcu., roderlo. *Il desiderio di potere lo brucia.* ◆ v.intr. (aus. *essere*) **1.** Ardere, consumarsi al fuoco, essere in fiamme. *Questi ramoscelli bruciano bene.* **2.** *estens.* Essere molto caldo, bollente. *Oggi il sole brucia.* **3.** *fig.* Produrre una sensazione moralmente dolorosa. *Le offese bruciano.* **4.** *fig.* Essere in preda a un forte sentimento. *Bruciare di vergogna.* ◆ **bruciarsi** v.pron. **1.** Andare distrutto a opera del fuoco o di altra fonte di calore. *L'arrosto si è bruciato.* **2.** Scottarsi, ustionarsi. *Si è bruciato stirando.* **3.** *fig.* Esaurire rapidamente, prematuramente, il proprio talento, la propria credibilità. *L'attore si è bruciato in fretta.*

bruciaticcio agg. [pl.m. –*ci*, f. –*ce*] Bruciacchiato, strinato. ◆ s.m. **1.** Resto di ciò che è bruciato. **2.** Odore, sapore di cosa bruciata.

bruciàto agg. **1.** Arso dal fuoco o da altra fonte di calore. **2.** Di tonalità cromatica tendente al rosso-bruno. *Marrone bruciato.* **3.** *fig.* Colpito dagli effetti di una fonte di calore, arido. *Una campagna bruciata.* ~ *estens.* Riarso dal vento oppure dal gelo. *Gemme bruciate.* **4.** *fig.* Consumato, sprecato. *Giorni bruciati.* ~ Moralmente, psicologicamente distrutto, finito. *Un atleta bruciato.* ◆ s.m. Odore o sapore di cosa bruciata. ◇ *fig. Sentire puzza di bruciato*: avere indizio che una situazione è pericolosa o sospetta.

bruciatóre s.m. **1.** Impianto, apparecchiatura a comando elettrico che, miscelando con aria un combustibile polverizzato o gassoso, ne provoca la combustione. **2.** AER. Dispositivo che inietta il combustibile in quantità determinate nei combustori del turbomotori. **3.** Apparecchio per l'incenerimento di qlco. **4.** CHIM. Apparecchio in cui avviene la combustione dei composti chimici durante le reazioni.

bruciatùra s.f. **1.** L'azione di bruciare, di dare fuoco. ~ L'effetto prodotto o il segno lasciato da una fiamma intensa, da un oggetto rovente. **2.** Nel l. gior., mancata pubblicazione di una notizia importante presente sui giornali concorrenti. **3.** BOT. Repentino dissecamento di una pianta. **4.** *fig.* Dispiacere, scorno.

brucina s.f. CHIM. Alcaloide organico tossico contenuto nel seme di alcune piante tropicali.

bruciòre s.m. **1.** Sensazione dolorosa provocata da ustioni, calore eccessivo o infiammazioni. *Bruciore di stomaco.* **2.** *fig.* Sensazione interiore molto intensa, che ha i connotati del dolore o della vergogna.

brùco s.m. [pl. –*chi*] Larva di farfalla con corpo cilindrico, simile a quello del verme, diviso in segmenti e zampe in numero variabile. (Una sola specie è domestica: il *baco da seta*.)

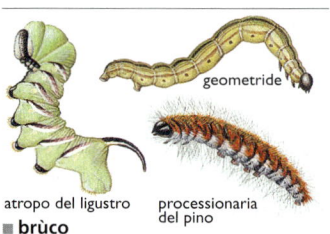

geometride

atropo del ligustro   processionaria del pino

■ **brùco**

brùfolo s.m. Piccolo foruncolo.

brughièra s.f. Vegetazione rada, spontanea, erbacea e arbustiva, tipica dei terreni sabbiosi o argillosi. ~ La distesa di terreno coperta da tale vegetazione. *Paesaggio di brughiera.*

brùgo s.m. [pl. –*ghi*] BOT. Piccolo frutice a cespuglio con fiorellini in racemi rosa-violetti o bianchi, tipico delle brughiere. (Famiglia delle Ericacee.) SIN.: **brentolo.**

brùgola s.f. (dal nome del suo primo produttore E. Brugola) Chiave sagomata a esagono.

brûlé [/bry'le/] agg. inv. (voce fr., deriv. di *brûler* "bruciare") Del vino rosso bollito con zucchero e spezie.

brulicànte agg. Che brulica.

brulicàre v.intr. [4] (aus. *avere*) **1.** Detto di una moltitudine di piccoli animali o anche persone, muoversi confusamente in varie direzioni. *Le mosche brulicano nell'aria.* **2.** Riferito a un luogo o a una cosa, essere pieno di una moltitudine di piccoli animali o persone che si muovono confusamente in varie direzioni. *La strada brulica di passanti.* **3.** *fig.* Detto di idee, affollarsi in modo confuso nella mente. *Mille preoccupazioni mi brulicano nella mente.*

brulichìo s.m. [pl. *–chìi*] **1.** Movimento, spostamento continuo e disordinato di animali o persone. **2.** *fig.* L'affollarsi di pensieri nella mente.

brùllo agg. Privo di vegetazione, spoglio, arido. *Colline brulle.*

brulòtto s.m. MAR. Antica macchina militare che serviva per il lancio di dardi infiammati.

1. brùma s.f. Nebbia, foschia spessa.

2. brùma s.f. (genov. *brüma*, forse gr. *brôma* "tarlo") Mollusco marino bivalve che intacca i legnami sommersi. (Lunghezza massima 20 cm; genere *Teredo*, ordine dei Lamellibranchi.) SIN.: **teredine**

brumàio s.m. (solo sing.) Secondo mese dell'anno nel calendario rivoluzionario francese.

brunch [/'brʌnʃ/] s.m. inv. (voce ingl., deriv. di *breakfast* "prima colazione" e *lunch* "pranzo") Colazione abbondante che si consuma nella tarda mattinata e che, spec. nei giorni festivi, incorpora prima e seconda colazione.

brunèllo s.m. inv. ENOL. Vino rosso molto pregiato della zona di Montalcino presso Siena.

brunire v.tr. [83] (fr. *brunir*) Trattare i metalli con procedimento di brunitura per renderli più scuri. ~ *estens.* Lucidari, levigarli.

brunitóio s.m. [pl. *–toi*] **1.** Strumento per levigare i metalli. **2.** Ruota di legno usata dagli arrotini per lucidare le lame dopo averle affilate.

brunitùra s.f. **1.** Trattamento dei metalli con sostanze chimiche antiossidanti che li scurisce no. **2.** Levigazione dei metalli con il brunitoio.

brùno agg. Di un colore scuro, quasi nero. ~ Detto di persona, che ha la carnagione o i capelli scuri. ◇ *Razza bruno-alpina:* razza di bovini da latte dal mantello scuro. ◆ s.m. **1.** Il colore bruno. **2.** [f. *–na*] Persona di carnagione o capelli scuri. **3.** Abito scuro o altro segno di lutto.

1. bruschétta s.f. *region.* Fetta di pane abbrustolito condita con olio, sale, aglio.

2. bruschétta s.f. (spec. pl.) Gioco infantile consistente nello scegliere a turno una pagliuzza di un fascio: la più lunga o la più corta vince.

bruschino s.m. Spazzola per cavalli.

brùsco agg. [pl.m. *–schi*, f. *–sche*] **1.** Di sapore aspro, ma non sgradevole. SIN.: **acido. 2.** *fig.* Burbero, sgarbato, rude. **3.** Inatteso per la violenza. ~ Improvviso e spiacevole. ◆ s.m. (solo sing.) Sapore brusco.

brùscolo s.m. **1.** Pagliuzza. **2.** Granello di polvere, minuzzolo di materiale. *Avere un bruscolo in un occhio.* **3.** Piccino. ~ Persona magra.

brusio s.m. [pl. *–sii*] (voce onom.) Rumore sommesso e confuso prodotto da persone che parlano sottovoce o da cose o animali che si muovono. SIN.: **mormorio.**

brusóne s.m. BOT. Nome dato a varie malattie delle piante che producono macchie rossobrune sulle foglie e le fanno seccare.

brussellése o **bruxellése** agg. Di Bruxelles. ◆ s.m. e f. Nativo, abitante di Bruxelles.

brut [/'bryt/] agg. inv. (voce fr., propr. "bruto, naturale" perché frutto di una sola fermentazione) Dello champagne o dello spumante molto secco.

brutàle agg. Animalesco. ~ Disumano, rozzo e violento, spietato. *Violenza brutale.* ~ Sgarbato, rude. *Modi brutali.*

brutalismo s.m. Movimento architettonico sorto negli anni Cinquanta in Gran Bretagna che privilegia gli aspetti tecnico-funzionali e l'utilizzo di materiali rustici.

brutalità s.f. inv. (fr. *brutalité*) **1.** Rozzezza. ~ Violenza spietata, ferocia. **2.** Aggressione, sopraffazione. *Subire una brutalità.*

brutalizzàre v.tr. (fr. *brutaliser*) **1.** Trattare in maniera brutale. SIN.: **seviziare. 2.** *estens.* Violentare qlcu.

brùto agg. (lat. *brūtum* "pesante" quindi "tardo di mente") **1.** Che non ha la ragione. *Forza bruta.* SIN.: **animalesco. 2.** Inanimato, inerte. *Materia bruta.* **3.** Che non ha subito un'elaborazione razionale. SIN.: **grezzo.** ◇ *Arte bruta:* forma d'arte praticata da coloro che rifiutano ogni tipo di condizionamento culturale e concentrano i propri interessi verso i linguaggi della creatività spontanea, quale quella di bambini o alienati mentali. (A Jean Dubuffet, fondatore di tale movimento, è stato dedicato un museo a Losanna.) ◆ s.m. **1.** Essere vivente che è guidato dall'istinto, non dalla ragione. SIN.: **animale. 2.** *estens.* Persona che non sa dominare i propri istinti, feroce e rozza. ~ Persona violenta e perversa. ~ Con particolare riferimento alla sfera sessuale, maniaco.

brùtta s.f. Prima stesura di uno scritto, prima della messa in bella. SIN.: **minuta.**

bruttézza s.f. **1.** Caratteristica di ciò che è sgradevole sotto il profilo estetico o morale. **2.** (spec. pl.) Cose o parti di cose ripugnanti.

brùtto agg. **1.** Di aspetto o qualità sgradevoli. SIN.: **malfatto.** ◇ *Brutta copia:* brutta. **2.** *fig.* Con ellissi del s. appare in locc. fig. in cui significa negatività, sfavore. ◇ *Vedersela brutta:* trovarsi in pericolo. **3.** *fam.* Cattivo, moralmente riprovevole, sconcio. *Un brutto vizio.* **4.** Negativo, sfavorevole. ◇ *Brutto tempo:* clima inclemente. ◆ s.m. **1.** [f. *–ta*] Persona brutta. **2.** (solo sing.) Ciò che provoca un'impressione sgradevole. *Distinguere il bello dal brutto.* ~ Ciò che procura dispiacere, difficoltà. ~ Anche, difetto. ◇ *Di brutto:* con ostilità; *estens.* senza mezzi termini, senza la minima precauzione o avvertenza; anche, violentemente. **3.** (solo sing.) Tempo cattivo.

bruttùra s.f. **1.** Cosa brutta. **2.** *fig.* Abiezione. **3.** Sporcizia, lerciume.

bruxismo s.m. MED. Tendenza a digrignare i denti durante il sonno.

BTU s.m. inv. (sigla dell'ingl. *British Thermal Unit*) Unità anglosassone termica equivalente a 1 055,06 joule.

bùbalo s.m. Antilope africana con corna anellate piegate all'indietro; detta anche *acefalo.* (Altezza al garrese 1,30 m; ordine degli Artiodattili.)

1. bùbbola s.f. **1.** Bugia, fandonia. **2.** Stupidaggine, inezia.

2. bùbbola s.f. Fungo commestibile con gambo lungo bianco e cappella larga con squame grigiastre; detto anche *lepiota.* (Famiglia delle Agaricacee.)

3. bùbbola s.f. → upupa.

bubbóne s.m. Rigonfiamento patologico delle ghiandole linfatiche. **2.** *fig.* Fenomeno sociale moralmente degenerato, che corrompe e inquina in profondità.

bùca s.f. [pl. *–che*] **1.** Cavità nel terreno. SIN.: **fossa.** ~ *estens.* Avvallamento, depressione del suolo. **2.** Vano con apertura d'accesso. *Buca delle lettere:* cassetta postale. *Buca del suggeritore:* apertura situata nella ribalta, al centro del palcoscenico, postazione del suggeritore. **3.** Nel golf, buco circolare di 10,8 cm di diametro e di 10 cm di profondità, nel quale viene mandata la palla. ~ Nel gioco del biliardo, ciascuna delle sei tasche, dette anche *bilie,* in cui possono cadere le palle. **4.** Denominazione di trattorie, bar, ecc. posti sotto il livello stradale. **5.** Affossamento che resta nel letto o in un sedile imbottito dopo che ci si è alzati.

bucanéve s.m. inv. Pianta erbacea con fiori bianchi penduli che sbocciano alla fine dell'inverno, quando il suolo è ancora ricoperto di neve; detta anche *foraneve.* (Genere *Galanthus,* famiglia delle Amarillidacee.)

■ **bucanéve**

bucanière s.m. (fr. *boucanier,* propr. "cacciatore di buoi selvatici") Corsaro che esercitava la pirateria nel mar dei Caraibi nel sec. XVII. SIN.: **filibustiere.** ~ *estens.* Avventuriero, pirata.

bucàre v.tr. [4] Fare un foro a qlco. SIN.: **forare.** ◇ *fig. Bucare lo schermo:* per un attore del cinema, avere una forte presa sul pubblico. ◆ v.intr. (aus. *avere*) Aprirsi un varco in un certo ambiente. SIN.: **sfondare.** ◆ **bucarsi** v.pron. **1.** Pungersi. ~ Ferirsi una parte del corpo. **2.** Subire una foratura. **3.** *fam.* Nel gergo della droga, iniettarsi eroina o morfina.

bucatino s.m. CUC. (spec. pl.) Pasta di semola a forma di grosso spaghetto cavo.

1. bucàto agg. Forato. ◇ *fig. Avere le mani bucate:* scialacquare. ◆ s.m. [f. *–ta*] Nel gergo della droga, chi si inietta eroina o morfina.

2. bucàto s.m. (francone *būkōn* "immergere, fare il bucato") **1.** Lavaggio di biancheria e indumenti vari con acqua e sostanze o detergente. **2.** La biancheria, gli indumenti da lavare o lavati.

bùcchero s.m. (spagn. *búcaro,* lat. *pōculum* "tazza") **1.** Argilla nera con cui sono fatti i vasi etruschi. ~ Argilla rosa e odorosa con cui nel sec. XVII si facevano vasi per conservare l'acqua aromatizzandola. **2.** Manufatto di tali argille.

bùccia s.f. [pl. *–ce*] **1.** Scorza di frutta, tuberi, semi commestibili. *Buccia della mela, della patata.* SIN.: **esocarpo.** ◇ *A buccia d'arancia:* dalla superficie scabra. **2.** Corteccia ancora fresca di piante giovani o rami nuovi. **3.** Rivestimento di insaccati e formaggi. **4.** *estens.* Superficie di qualsiasi tipo. **5.** Pelle abbandonata dagli animali da muta. ~ Pelle umana. ~ *fig.* La vita. *Salvare la buccia.*

bùccina s.f. (lat. *būcina* "corno per suonare") **1.** Conchiglia marina conica, usata nell'antichità come tromba. **2.** Nell'antica Roma, tromba di bronzo simile al corno da caccia.

buccinatóre s.m. ANAT. Piccolo muscolo della guancia che opera nel movimento delle labbra. In funzione di agg., nel sign. del s. *Muscolo buccinatore.*

bùccino s.m. Mollusco marino saprofago, munito di conchiglia la cui forma a spirale richiama lo strumento musicale del corno e un tempo veniva usato nelle battute di caccia come richiamo. (Classe dei Gasteropodi.)

bucherellàre v.tr. Praticare tanti piccoli fori su una superficie. SIN.: **foracchiare.**

bucherellàto agg. Pieno di piccoli buchi.

bucintòro s.m. Galea cerimoniale ornata che il doge di Venezia usava nelle solennità, p.e. per lo sposalizio tra Venezia e il mare.

1. bùco s.m. [pl.m. *–chi*, f. *–che*] Pieno di fori. SIN.: **bucato.** ◇ *Andare buco o buca:* andare a vuoto, fallire miseramente, non avere esito positivo.

2. bùco s.m. [pl. *–chi*] **1.** Cavità o apertura naturale o artificiale pressappoco rotonda, più o meno profonda, general. di diametro piuttosto piccolo. ~ Orifizio corporeo. *Buchi del naso.* ◇ *Banda del buco:* banda di ladri che penetra in appartamenti, uffici, ecc. attraverso aperture praticate in soffitti, pareti, pavimenti. ◇ *figg. Fare un buco nell'acqua:* fare qlco. che non dà alcun risultato. ~ *Fare buchi nella sabbia:* fare qlco. di inutile. **2.** *fig.* Luogo angusto o nascosto. *Usciamo da questo buco.* ~ Tana. *Il buco del topo.* ~ *fig.* Piccola abitazione o stanza. ~ **topaia.** ~ Località sperduta, sperduta. **3.** *fig.* Intervallo di tempo libero nell'orario di lavoro. **4.** *fig.* Ammanco, debito. ~ Lacuna, mancanza. *Buco di memoria.* ~ Nel l. giorn., mancata pubblicazione di una notizia riportata dai giornali concorrenti. **5.** ASTR. *Buco nero:* spazio dal quale la luce non può sfuggire a causa dell'intensa forza gravitazionale generata da una stella collassata. (Alcuni buchi neri rappresenterebbero la fase ultima dell'evoluzione di stelle, dopo la loro esplosione in supernove. I buchi neri al centro delle galassie attive e delle quasar possono essere più di 100 milioni di volte più massivi del sole.) **6.** SPORT. Nel calcio, mancato aggancio del pallone. **7.** Nel gergo della droga, iniezione di eroina o morfina. *Farsi un buco.* **8.** INFORM. → bug. **9.** MAR. *Buco del gatto:* apertura nella piattaforma della coffa dei velieri. ❑ Anche in funzione di agg., nella loc. *ora buca,* ora libera dalle lezioni, dal lavoro.

bucòlica s.f. [pl. *–che*] Componimento poetico di genere pastorale.

bucòlico agg. [pl.m. –ci, f. –che] **1.** Relativo alla poesia pastorale. **2.** fig. Che ricorda l'ambiente pastorale, campestre proprio della poesia bucolica e suscita sentimenti di serenità, di pace, di dolce malinconia. ◆ s.m. Poeta che scrive opere di genere bucolico.

bucrànio s.m. [pl. –ni] ARCH. Rilievo raffigurante una testa di bue, proprio della decorazione architettonica classica e neoclassica.

■ **bucrànio**

Bùdda o **Bùddha** s.m. (sanscr. Buddha-, propr. "l'Illuminato, lo Svegliato") **1.** (solo sing.) Appellativo dell'indiano Siddhartha Gautama (VI-V secc. a.C.) che insegnò i principi religiosi dai quali ebbe origine il buddismo. **2.** In varie locc. e similitudini, indica grassezza e immobilità o meditazione spirituale, estatica enigmaticità. Fermo come un Budda. ◇ Stare seduto come un Budda: seduto con le gambe incrociate e il busto dritto. **3.** Statua, dipinto raffigurante Budda.

buddismo o **buddhismo** s.m. Dottrina e religione ispirate agli insegnamenti di Budda, diffuse in tutta l'Asia centro-orientale.

ENCICL. La dottrina buddista vuole dare una risposta al dolore, identificato con l'esistenza stessa. Per uscire dal ciclo delle nascite e delle morti, cioè raggiungere il nirvana, occorre cominciare con il liberarsi dalla causa della sofferenza, cioè il desiderio, legato strettamente alla vita. Esistono due grandi correnti buddiste: quella del "piccolo veicolo" (hinayana) e quella del "grande veicolo" (mahayana).

buddista o **buddhista** s.m. e f. [pl.m. –sti] Seguace del buddismo. ❑ In funzione di agg. (Famiglia delle Buddleiacee.) buddistico.

Buddlèia s.f. BOT. Genere di arbusti o alberi delle regioni tropicali e temperate, spesso coltivati per la bellezza dei piccoli fiori, uniti in dense infiorescenze. (Famiglia delle Buddleiacee.)

Buddlèiacee s.f. pl. [iniziale minusc. sing. –a per l'individuo] BOT. Famiglia di piante dicotiledoni. (Ordine delle Contorte.)

budèllo s.m. [pl.f. budella nell'accez. 1, m. budelli nell'accez. 2] (lat. botĕllum "salsiccia") **1.** pop. Intestino degli animali o dell'uomo. ~ Corda fatta con gli strati intermedi dell'intestino tenue degli ovini, usata per diversi strumenti musicali, racchette, archi, ecc. **2.** fig. Tubo sottile o più general. cosa lunga e stretta che ricorda un budello. Un budello di stoffa. ~ Vicolo, corridoio stretto, cunicolo. La strada diventa un budello.

budget [ˈbʌdʒit] s.m. inv. (voce ingl., fr. bougette "piccola borsa") **1.** Bilancio di previsione di un'azienda; programma di gestione. **2.** estens. Totale delle somme stanziate per un determinato investimento.

budgettàrio o **buggettàrio** agg. [pl.m. –ri] (fr. budgé-taire, deriv. di budget "budget") ECON. Relativo al budget. ◇ Controllo budgetario: continuo raffronto tra i programmi fatti e i risultati ottenuti.

budino s.m. (ingl. pudding incrociato con fr. boudin "sanguinaccio") **1.** Dolce semisolido cotto senza bollire o a bagnomaria, fatto di farina o semolino sciolti nel latte con uova, zucchero, cioccolato o vaniglia. **2.** Pietanza cotta al forno, formata da un impasto di carne e verdure o legumi.

bùe s.m. [pl. buoi] **1.** Mammifero ruminante di grosse dimensioni con corna e pelame di vari colori. (Famiglia dei Bovidi.) ~ In partic. il maschio adulto dei bovini domestici, castrato. ◇ Bue muschiato: mammifero ruminante delle regioni artiche con corna larghe e pelo lungo. – Bue marino: dugongo. – Lingua di bue: altro nome della buglossa; anche fungo che cresce nelle cavità di querce e di castagni. (Genere Fistulina.) **2.** fig.

Uomo ottuso, stupido, ignorante. ~ Idiota, tonto. **3.** Carne di bue. **4.** CUC. All'occhio di bue: modo di cucinare le uova al tegamino lasciando i tuorli interi.

Bùfaga s.f. Uccello passeriforme diffuso nelle savane africane, che vive tra le mandrie dei grandi mammiferi erbivori e si nutre dei loro parassiti. (Genere Buphagus; famiglia degli Sturnidi.)

bùfala s.f. **1.** Femmina del bufalo. ◇ Mozzarella di bufala: fatta con latte di bufala. **2.** scherz. Notizia clamorosamente infondata, panzana. ~ Errore madornale. **3.** Produzione artistica noiosa e scadente. Questo film è una vera bufala.

bufalino agg. Di bufalo.

bùfalo s.m. [f. –la] **1.** Mammifero ruminante che vive allo stato brado, di grosse dimensioni, con testa corta, fronte convessa, corna volte all'indietro. (Famiglia dei Bovidi.) ◇ Bufalo americano: bisonte. – Mangiare come un bufalo: tanto, smodatamente. **2.** estens. Uomo grande, grosso e rozzo.

■ **bùfalo.** Bufalo cafro.

bufèra s.f. (etim. incerta, forse tosc. bufare "nevicare con vento") **1.** Vento molto forte, accompagnato perlopiù da neve, pioggia, grandine. ◇ Bufera di neve: tormenta. **2.** fig. Accadimento storicamente, socialmente devastante, che sconquassa. Bufera rivoluzionaria.

bùffa s.f. **1.** Parte anteriore, mobile, della celata che proteggeva il viso nelle armature. **2.** Cappuccio forato all'altezza degli occhi, usato dai membri di varie confraternite. **3.** Berretto con visiera e copriorecchie.

buffàta s.f. Ventata. ~ Sbuffo di fumo.

buffer [ˈbʌfə] s.m. inv. (voce ingl., propr. "tampone") INFORM. Nei calcolatori elettronici, memoria transitoria che immagazzina dati da trasferire da un dispositivo a un altro. SIN.: memoria tampone.

bufferizzàre v.tr. INFORM. Dotare di buffer un dispositivo.

buffet [byˈfɛ] s.m. inv. (voce fr.) **1.** Credenza in uso nelle sale da pranzo, in cui si tengono tutti gli arredi per la tavola, general. accoppiata al controbuffet. **2.** Tavola addobbata e imbandita per un rinfresco. ~ Il rinfresco stesso. **3.** Bar con tavola fredda o calda.

buffétto s.m. Colpettino scherzoso dato sulla guancia.

1. bùffo s.m. Folata, soffio di vento.

2. bùffo agg. **1.** Che provoca riso. Una storia buffa. **2.** TEAT. Comico, brillante. Attore buffo. ◇ Opera buffa: melodramma comico. ◆ s.m. **1.** (solo sing.) Il grottesco e il comico soprattutto nelle situazioni e nei gesti. ~ Aspetto comico, ridicolo di qlco. **2.** Nel Settecento e nel primo Ottocento, cantante di opera buffa. – per anton. Il basso e il baritono. ~ In genere, attore che recita parti comiche, grottesche anche in opere teatrali di genere non comico. **3.** [f. –fa] Persona buffa.

buffonàta s.f. **1.** Invenzione comica del buffone. **2.** estens. Azione, comportamento poco serio. ~ Modo di agire moralmente, legalmente scorretto.

buffóne s.m. [f. –na] **1.** Nel Medioevo e nel Rinascimento, persona, perlopiù deforme o nana, che per mestiere intratteneva e rallegrava il signore e la sua corte. **2.** estens. Chi cerca di far ridere, di far divertire gli altri. ◇ fam. Fare il buffone: divertire gli altri. **3.** fig. Persona poco seria, non affidabile.

buffoneggiàre v.intr. [5] (aus. avere) Fare o dire delle buffonerie.

buffoneria s.f. Spirito comico proprio del buffone. ~ Azione comica.

buftalmìa s.f. MED. Ingrossamento patologico del globo oculare.

1. buftàlmo s.m. (gr. boúphthalmos, propr. "occhio di bue") BOT. Pianta erbacea con stelo gracile, foglie alterne e fiori gialli in capolini. (Famiglia delle Composite.)

2. buftàlmo s.m. (gr. boúphthalmos, propr. "occhio di bue") MED. Dilatazione del globo oculare. SIN.: idroftalmo.

bug [ˈbʌg] s.m. inv. (voce ingl. d'America, propr. "piccolo insetto", usata per la prima volta nel sign. di "difetto di programma" negli anni 50, quando l'ingresso di un insetto nei calcolatori poteva provocare disfunzioni) INFORM. Errore nella progettazione o nella realizzazione di un programma. ◇ Millenium bug: il difetto di data dei vecchi computer in coincidenza con l'anno 2000.

buganvillea o **bougainvillea** s.f. (dal nome del navigatore francese L. A. de Bougainville) **1.** BOT. Denominazione comune di alcune piante arbustive e in partic. di un rampicante ornamentale. (Famiglia delle Nictaginacee.) **2.** BOT. (iniziale maiusc.) Genere di piante tipico dell'America meridionale. (Famiglia delle Nictaginacee.)

sezione del fiore

fiore e foglie

■ **buganvìllea**

buggy [ˈbʌgi] s.m. inv. (voce ingl.) Vettura trainata da un cavallo, a due ruote (buggy inglese) o a quattro ruote tutte uguali (buggy americano), per uno o due passeggeri.

1. bugìa s.f. (fr. bougie, dal nome della città algerina di Bougie produttrice di cera per candele) Piccolo candeliere formato da un piattino con manico e da un bocciolo entro il quale si infila la candela.

2. bugìa s.f. (provenz. bauzia "inganno", germ. bausī "cattiveria, frode") **1.** Affermazione volontariamente falsa. ◇ Bugia pietosa: quella che viene detta per evitare a qlcu. qlco. di doloroso. **2.** fam. Macchiolina bianca delle unghie.

bugiardìno s.m. Foglietto che accompagna i farmaci su cui vengono indicate le caratteristiche, le modalità di assunzione, le controindicazioni, ecc.

bugiàrdo agg. **1.** Che dice abitualmente bugie. ◇ Pera bugiarda: qualità di pera che sembra acerba anche quando è giunta a maturazione. **2.** Falso. ◆ s.m. [f. –da] Chi mente.

bugigàttolo s.m. Piccolo spazio, perlopiù senza finestra. SIN.: ripostiglio, stanzino. ~ estens. Stanza, locale molto piccolo.

buglòssa s.f. Pianta erbacea pelosa, a fiori violacei, comune sui bordi dei campi e nei terreni incolti. (Famiglia delle Borraginacee.)

bùgna s.f. **1.** ARCH. Ciascuna delle pietre sfaccettate che rivestono e ornano basamenti e facciate di palazzi. (Numerosi i tipi: liscia, a diamante, rustica, ecc.) **2.** MAR. Angolo inferiore di una vela. ~ estens. Angolo inferiore di una tenda. ~ Anche, ammaccatura nel fasciame. **3.** COSTR. Sporgenza di una pietra rispetto alla linea di

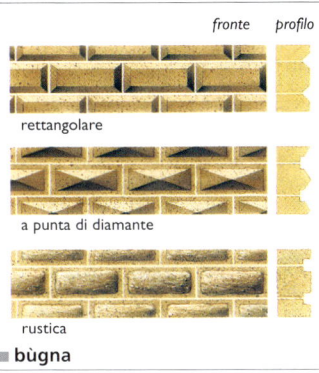

fronte   profilo

rettangolare

a punta di diamante

rustica

■ **bùgna**

tersezione con le adiacenti, nel rivestimento di un muro.

bugnàre v.tr. Lavorare a bugne una parete.

bugnàto s.m. COSTR. Rivestimento esterno di palazzi, costituito da bugne.

bùgno s.m. (celt. *bùnia* "ceppo d'albero" su cui veniva costruito l'alveare) → **alveare**.

buina o **bovina** s.f. Sterco bovino.

bùio agg. [pl.m. *–bui*, t. *–buie*] **1.** Privo di luce, scuro. *Notte buia.* **2.** *fig.* Scuro in volto, corrucciato. **3.** *fig.* Incerto, preoccupante, difficile. *Tempi bui.* ◆ s.m. (solo sing.) **1.** Oscurità. ~ *estens.* Notte. ◇ *fig. Mettere qlcu. al buio:* metterlo in prigione. **2.** *fig.* Condizione di ignoranza in cui si trova qlcu., mistero che avvolge qlco.

bulbàre agg. ANAT. Relativo a un bulbo anatomico, specialmente al bulbo cefalorachidiano.

bulbicoltùra o **bulbicultùra** s.f. Coltivazione dei bulbi da fiore.

bulbìllo s.m. **1.** BOT. Germoglio a forma di bulbo che si stacca dalla pianta madre e mette radici nel terreno, dando origine a una nuova pianta. **2.** BOT. Ciascuno degli spicchi da cui è formato il bulbo dell'aglio.

bùlbo s.m. **1.** BOT. Germoglio sotterraneo del fusto di alcune piante, di forma ovale o tondeggiante. **2.** ANAT. Formazione di tessuto simile a un bulbo. *Bulbo oculare.* ◇ *Bulbo capillifero, pilifero:* radice del capello, del pelo. **3.** Globo di vetro o altro materiale, presente in oggetti e strumenti vari. *Bulbo del termometro.* **4.** MAR. *Prora a bulbo:* rigonfiamento della parte subacquea della prora. **5.** METALL. *Ferro a bulbo:* laminato la cui sezione è simile a quella di una rotaia.

sezione   vista esterna

■ **bùlbo** di giacinto.

bulè s.f. inv. ANT. GR. Nell'antica Grecia, consiglio degli anziani che affiancava il re; poi, consiglio dei rappresentanti della città-stato. (La bulè studiava i progetti di legge che proponeva al voto dell'*ecclesia* e controllava l'amministrazione e politica esterna.)

bùlgaro agg. **1.** Della Bulgaria. **2.** *fig. spreg.* Dispotico, antidemocratico come nella Bulgaria comunista. ◆ s.m. **1.** [f. *–ra*] Nativo, abitante della Bulgaria. **2.** (solo sing.) Lingua del gruppo slavo meridionale parlata in Bulgaria. **3.** Cuoio conciato con scorza di betulla e di salice di colore rosso scuro e odoroso usato per lavorazioni fini in pelletteria e legatoria.

bulicàme s.m. **1.** GEOL. Piccolo vulcano di fango. **2.** *fig.* Brulichio.

bulimìa s.f. (gr., comp. d *boûs* "bue" e *limós* "fame") MED. Eccessivo desiderio di cibo, generale. dovuto a disturbi psichici. SIN.: **licoressia**.

bulimico agg. MED. Relativo alla bulimia. ◆ s.m. [f. *–ca*] Affetto di bulimia.

bulinàre v.tr. Incidere metalli o pellami con il bulino.

bulinatùra s.f. Lavorazione a bulino.

bulino s.m. Strumento per incidere metalli, cuoio, pelli, formato da una barretta d'acciaio con punta a taglio obliquo e manico a fungo. ~ L'artigiano che lo usa.

bull [/ˈbʊl/] s.m. inv. (voce ingl., propr. "toro") → **toro**.

bulldog [/ˈbʊldɔg/] s.m. inv. (voce ingl., comp. di *bull* "toro" e *dog* "cane") Cane da guardia e da difesa con corpo tozzo, muso schiacciato, denti scoperti, selezionato per lottare contro i tori, detto più propriamente bulldog inglese.

bulldozer [/ˈbʊldəuzə/] s.m. inv. (voce ingl. d'America, deriv. di *to bulldoze* "costringere con la forza") Grossa macchina semovente a cingoli munita di un escavatore anteriore a lama, usata per sbancare terreni e rimuovere macerie. SIN.: **ruspa**.

■ **bulldozer**

bullétta s.f. Chiodino a cappella, usato per inchiodature a vista che formino una guarnizione.

bullettonàto o **bollettonàto** agg. Di pavimentazione per interni formata da pezzi irregolari di marmo in un impasto di cemento che riprende il colore del marmo. *Pavimento bullettonato.*

bullionismo s.m. Teoria e pratica finanziaria che prevede la totale copertura in oro della moneta emessa da un istituto di credito.

bùllo agg. (etim. incerta, forse ted. *būle* "amico intimo") Arrogante, sfrontato, spavaldo, spaccone. *Atteggiamento bullo.* ◆ s.m. **1.** Giovane arrogante, spavaldo. *Fare il bullo.* SIN.: **teppista**. **2.** *estens.* Chi veste in maniera appariscente e volgare. ~ Chi si atteggia a uomo che sa il fatto suo.

bullonàre v.tr. (fr. *boulonner*) TECN. Fissare con bulloni due parti metalliche.

bullonatùra s.f. Operazione di bullonare. ~ Il risultato ottenuto.

bullóne s.m. (fr. *boulon*) Elemento di collegamento tra parti metalliche, costituito da una grossa vite a testa quadrata o esagonale, alla cui estremità filettata si avvita un dado. ◇ *Bullone prigioniero:* che ha entrambe le estremità filettate.

bulleria s.f. (fr. *boulonnerie*) **1.** Fabbrica di bulloni. **2.** Assortimento di bulloni.

bùna s.f. (comp. delle sillabe iniziali di *butadiene* e *natrium* "sodio") Tipo di gomma sintetica.

bungalow [/ˈbʌŋgələu/] s.m. inv. (voce ingl., indostano *banglā* "bengalese") **1.** Piccolo alloggio indipendente all'interno di villaggi turistici, comprendente camera, servizi e angolo cottura. **2.** Casa a un solo piano con grandi verande propria dell'edilizia residenziale coloniale in India.

1. bunker [/ˈbʌŋkə/] s.m. inv. (voce ingl.) **1.** Deposito di combustibile su navi, locomotive, ecc. **2.** SPORT. Nel golf, ostacolo artificiale costituito da una buca piena di sabbia con riparo opposto alla direzione della pallina.

2. bunker [/ˈbʊŋkə/] s.m. inv. (voce ted.) **1.** Costruzione difensiva perlopiù parzialmente interrato in cemento armato con feritoie per sparare. SIN.: **casamatta**. **2.** *estens.* Luogo difeso con eccezionali misure di sicurezza. **3.** *fig.* Atteggiamento di difesa passiva. ❑ In funzione di agg., nell'accez. 2 del s. *Aula bunker del processo*.

bunkeràggio o **bunkheràggio** s.m. [pl. *–gi*] MAR. Rifornimento di carburante a bordo delle navi.

buonaféde s.f. (solo sing.) **1.** Convinzione di agire per il meglio, correttezza d'intenti, anche nella forma *buona fede*. SIN.: **lealtà**. **2.** Fiducia nel prossimo, ingenuità, credulità. *Approfittare della buonafede di qualcuno.*

buonaséra s.f. inv. Saluto e augurio che si usa al pomeriggio e alla sera.

buoncostùme s.m. sing. Adeguamento alla morale corrente. *Infrazione al buoncostume.*

buongiórno s.m. inv. Saluto e augurio che si usa al mattino e nel primo pomeriggio. ◇ *Scambiarsi buongiorno e buonasera:* si dice per significare che con qlcu. intercorrono solo rapporti formali di buona educazione e niente di più.

buongràdo loc. avv. (calco del fr. *bon-gré*) Solo nella loc. *di buongrado*, volentieri. *Accettare di buongrado.*

buongustàio o **bongustàio** s.m. [f. *–staia*, pl.m. *–stai*] Amante della buona tavola. ~ *estens.* Chi apprezza le cose belle, intenditore. *Fotografie per buongustai.*

buongùsto s.m. inv. Capacità di discernere e apprezzare ciò che è bello.

buonismo s.m. Nel l. pol. e nel l. gior., spesso iron., atteggiamento di programmatica conciliazione, di ampia disponibilità nei confronti dell'avversario.

buonista s.m. e f. [pl.m. *–sti*] Chi sostiene o pratica il buonismo, spec. iron.

1. buòno agg. **1.** Conforme a ciò che è ritenuto il bene morale. *Essere un uomo buono.* SIN.: **retto**. ◇ *Buona donna:* con valore antifrastico, prostituta. – *figg. Buona strada:* nella metafora dell'esistenza come cammino, indirizzo di vita caratterizzato da onestà, da laboriosità. *Essere, incamminarsi sulla buona strada:* credere vero, prestare fiducia. **2.** Benevolo, ben disposto nei confronti degli altri. SIN.: **caritatevole**. ~ Affabile, cortese. – *Essere in buoni rapporti:* avere rapporti amichevoli. – *Buone maniere:* modo di fare educato, cortese e gentile. – *Opera buona:* quella fatta per carità. – *Tenersi buono qlcu.:* propiziarsene i favori. – *Troppo buono!:* si dice in risposta a chi ha usato una gentilezza. – *Di buona voglia, di buon grado:* volentieri. – *Metterci una buona parola:* raccomandare. – *Con le buone o con le cattive (maniere):* che piaccia o no. – *figg. Guardare, vedere di buon occhio:* favorevolmente. – *Far buon viso a cattiva sorte:* comportarsi con equilibrio e serenità anche di fronte a qlco. di negativo, di spiacevole. **3.** (sempre anteposto al s.) Bonario, mite, pacifico, di animo semplice, talvolta con valore iron. *Buon diavolo.* ~ **Buonuomo**. ◇ *Essere buono come il pane:* mitissimo. – *Essere di bocca buona:* accontentarsi di cibi semplici da poco; *fig.* avere poche esigenze, poche pretese. – *Alla buona:* semplice, spontaneo, di tipo familiare; in modo frugale, senza pretese. *Mangiare alla buona.* **4.** Calmo, posato, tranquillo, silenzioso. *I bambini stanno buoni.* ◇ *Stare buono:* apparire un po' depresso, mogio. **5.** (anteposto al s.) Riferito a persona, esperto, valente, bravo. ~ Riferito a cosa, idoneo, efficace, adatto a uno scopo specifico. *Buona tecnica.* ~ Riferito a parti del corpo, efficiente, valido. *Buon orecchio.* ◇ *figg. Buon bevitore:* che regge bene l'alcol. – *Essere in buone mani:* affidarsi a persone competenti. – *Avere buon fiuto, naso:* avere capacità di intuizione, essere perspicace. **6.** (posposto al s.) In vigore, non scaduto, valido. *Il biglietto è ancora buono.* ~ Adatto a uno scopo specifico, a una funzione (introdotto da *per*). *Vino buono per antipasto.* ~ Riferito a persona, in frasi perlopiù negative, capace di fare qlco. (introdotto da *a*). *Sei un buono a niente.* **7.** Pregevole per valore estetico, perizia tecnica, qualità produttiva. *Un buon film.* SIN.: **ragguardévole**. ◇ *Vestito buono:* quello della festa. **8.** Apprezzabile per dignità, correttezza, anche per ricchezza. *Buon nome.* SIN.: **rispettabile**. ◇ *Buona società:* ceti abbienti. **9.** Utile, conveniente, vantaggioso. *Buona occasione.* ~ Favorevole, propizio. *Buon anno.* ◇ *Che ce la mandi buona!:* si dice trovandosi in una situazione difficile, pericolosa. – *Buon pro ti (gli, vi) faccia!:* torni a favore, anche con valore antifrastico. – *Buon partito:* uomo celibe o donna nubile di condizione facoltosa e che per questo costituiscono un'occasione molto appetibile di matrimonio. – *fig. Nascere sotto una buona stella:* essere fortunati nella vita. – *Prendere una buona piega:* volgersi al meglio. **10.** Gradevole, piacevole. *Buon romanzo.* ~ Sereno, allegro. *Essere di buon umore.* ~ Ameno, salubre. *Aria buona.* ◇ *figg. Non tirare aria buona:* una situazione negativa. – *Qual buon vento ti (vi) porta?:* formula, di tono lievemente iron., con cui si accoglie qlcu. che non si vede da tempo. **11.** Soddisfacente, che esprime soddisfazione o giudizio positivo. *Prendere un buon voto.* **12.** Valido, fondato, giusto. *Un buon argomento.* ◇ *A ogni buon conto:* in ogni caso, a ogni modo. **13.** Abbondante, avanzato. *Ci impiegherò mezz'ora buona.* ◇ *Essere a buon punto:* già avanti in un lavoro, in un'impresa. **14.** Indica misura vantaggiosa in varie locc. ◇ *Di buon passo:* con passo spedito, rapido. **15.** Con valore enfatico e rafforzativo. *È una bugia bella e buona.* **16.** *pop.* Procace (detto spec. di donna, si presenta nella forma *bona*). ◆ s.m. **1.** [f. *-na*] Chi è buono. *I buoni e i cattivi.* ◇ *Fare il buono:* spec. riferito a bambini, essere ubbidiente, stare tranquillo. – *Buono a nulla:* persona inetta, fannullone. **2.** (solo sing.) Ciò che è buono. *Fare qualcosa di buono.* ~ Ciò che è utile. *Buon per te.* ~ Ciò che è gradevole. *Profumare di buono.* ◇ *Volerci del bello e del buono:* molti sforzi per giungere a un risultato. **3.** FILOS. (solo sing.) Il bene.

2. buòno s.m. Attestato dell'acquisizione di un diritto o di un credito esigibile. *Buono benzina.* ◇ *Buono di cassa:* ricevuta rilasciata dal cassiere di una banca e da presentare a un altro sportello. – *Buono del tesoro:* titolo emesso dallo Stato a garanzia di un proprio debito. – *Buono d'ordine:* nelle vendite per corrispondenza la cartolina che si invia alla ditta per ricevere la merce. – *Buono pasto:* documento che dà diritto a un pasto. – *Buono omaggio:* documento che permette di ritirare un prodotto gratuitamente. – *Buono sconto:* documento che dà diritto ad acquistare un prodotto a un prezzo inferiore a quello stabilito.

buonsènso s.m. (solo sing.) (calco del fr. *bon sens*) Valutazione equilibrata di persone e fatti. ~ Saggezza applicata alla vita quotidiana. *Persona di buonsenso.* SIN.: **assennatezza**.

buontempóne o **bontempóne** agg. Allegro, gioviale. ◆ s.m. [f. *-na*] Persona di carattere allegro che ama scherzare. SIN.: **burlone**.

buonumóre s.m. (solo sing.) Stato d'animo lieto, sereno, ottimista, anche nella forma *buon umore*. SIN.: **allegria**.

buonuòmo s.m. [pl. *buonuomini*] **1.** Uomo d'animo buono, onesto, conciliante. ~ *estens.* Sempliciotto, credulone. **2.** Appellativo con cui un tempo le persone di ceto superiore si rivolgevano ai popolani.

buonuscita s.f. [pl. *buonuscite*] **1.** Compenso che viene corrisposto a chi lascia libera la controparte prima della scadenza legale di un contratto, in partic. d'affitto relativo a un immobile. **2.** Indennità di anzianità corrisposta a un dipendente.

buprèste s.m. (lat. *bupréstem*, gr. *boúprēstis* comp. di *boûs* "bue" e *prḗthein* "bruciare" perché ritenuto letale per i bovini) Insetto che infesta il legno di molti alberi da frutto. (Famiglia dei Buprestidi.)

Buprèstidi s.m. pl. [iniziale minusc. sing. *-de* per l'individuo] ZOOL. Famiglia di insetti con corpo tozzo rivestito di un duro tegumento e livrea lucida dai riflessi metallici, allo stato larvale infestano il legno di molti alberi da frutto.

burattinàio s.m. [f. *-naia*, pl.m. *-nai*] **1.** Chi muove i burattini. ~ Chi costruisce o vende burattini. **2.** *fig.* Persona di potere che manovra occultamente.

burattinàta s.f. **1.** Azione teatrale condotta con i burattini. **2.** Rappresentazione teatrale scadente. **3.** *fig.* Comportamento poco serio. ~ Azione che denota leggerezza. SIN.: **pagliacciata**.

burattino s.m. (etim. discussa, forse da *Burattino* nome del secondo Zanni nella commedia dell'arte) **1.** Fantoccio di legno, cartapesta, stoffa, manovrato dal basso dalla mano dell'uomo che viene infilata sotto la veste. SIN.: **pupazzo**. ◇ *Trattare qlcu. come un burattino:* trascurarne le esigenze e le opinioni, come se non fosse una persona. **2.** *fig.* Persona di carattere debole, che si lascia facilmente influenzare e manovrare. SIN.: **fantoccio**. ~ Persona poco seria e incoerente, che cambia facilmente opinione. SIN.: **buffone**.

buràtto s.m. **1.** Tessuto a trama rada che nel Cinque-Seicento serviva come base per il ricamo. ~ General., tessuto usato nei setacci domestici per separare la farina dalla crusca. **2.** *estens.* Macchina munita di setacci usata in varie lavorazioni per separare un materiale da impurità. ~ Setaccio. **3.** Simbolo dell'Accademia della Crusca. ~ L'Accademia stessa. ~ La sua operazione di vaglio linguistico. **4.** Fantoccio mobile in legno, usato come bersaglio negli antichi tornei cavallereschi.

bùrbero agg. Che non dà confidenza, privo di cordialità, ma che spesso nasconde un animo buono. SIN.: **scontroso**. ◆ s.m. [f. *-ra*] Nel sign. dell'agg. *Fare il burbero.* ~ *estens.* Uomo dai modi aspri che nasconde un animo gentile.

burberry [/'bə:bəri/] s.m. inv. (voce ingl., dal nome di una ditta londinese) Denominazione commerciale, che costituisce marchio registrato, di un capo d'abbigliamento, in partic. impermeabile, caratterizzato da un taglio classico-sportivo.

bùre s.f. Stanga dell'aratro a cui è attaccato il giogo. ~ Timone dell'aratro.

bureau [/by'ro/] s.m. inv. (voce fr., deriv. di *bure* "copertura di stoffa della scrivania") **1.** ARRED. Scrittoio francese del sec. XVIII. **2.** Ufficio, in partic. reception, amministrazione di un albergo.

burèlla s.f. ARALD. Fascia diminuita in larghezza, posta sempre nello scudo in numero pari (se è posta in numero dispari dicesi *trangla*).

burellàto agg. ARALD. Si dice del fasciato, quando il numero delle divisioni è almeno uguale a dieci.

burétta s.f. (fr. *burette* "piccola ampolla") CHIM. Recipiente graduato in vetro terminante in un rubinetto usato per la misurazione e il dosaggio di liquidi.

burgràvio s.m. [pl. *-vi*] (ted. *burcgrâve* "conte del villaggio") Nel Medioevo, titolo feudale ereditario, conferito in Germania al comandante di una cittadella fortificata.

burgùndo agg. Che apparteneva a un'antica popolazione del gruppo germanico-orientale. ◆ s.m. [f. *-da*; al pl anche iniziale maiusc.] Nel sign. dell'agg.

burka [/'burka/] s.m. inv. (ar. *burqá*) Nella tradizione islamica, indumento femminile che copre tutto il corpo, lasciando solo uno spazio di tessuto più rado all'altezza degli occhi.

bùrla s.f. **1.** Presa in giro priva di malignità, scherzo. SIN.: **canzonatura**. ◇ *Fuor di burla:* seriamente. – *Dire, fare qlco. per burla:* per scherzare, da non prendere sul serio. **2.** Nel sec. XVIII, opera comica italiana. **3.** Inezia, bazzecola. ❑ In funzione di agg. inv., fatto per scherzo, scherzoso. *Manifestazione burla.*

burlàre v.tr. **1.** Prendere in giro qlcu., farlo oggetto di burla. SIN.: **beffare**. **2.** Ingannare qlcu. SIN.: **raggirare**. ◆ v.intr. (aus. *avere*) Fare burle, spec. in frasi negative. *Non burlare ora!* SIN.: **scherzare**. ◆ **burlarsi** v.pron. Prendersi gioco di qlco. o qlcu., farsene beffe, infischiarsene. *Si burlarono degli ingenui ascoltatori.*

burlóne agg. Di persona dal carattere allegro, scherzoso, che ama fare burle. SIN.: **mattacchione**. ◆ s.m. [f. *-na*] Nel sign. dell'agg.

burnùs s.m. inv. (ar. *burnūs*, gr. *bírros* "cappotto") **1.** Grande mantello di lana senza cuciture con cappuccio, portato dalle popolazioni dell'Africa settentrionale. **2.** *estens.* Mantello femminile con cappuccio.

buròcrate s.m. (fr. *bureaucrate*) **1.** Funzionario della pubblica amministrazione. **2.** *fig.* Ligio esecutore di direttive altrui. ~ Metodico conservatore di forme stereotipate.

burocratése s.m. *spreg.* Il linguaggio complesso e oscuro usato da chi opera nel settore della burocrazia.

burocràtico agg. [pl.m. *-ci*, f. *-che*] (fr. *bureaucratique*) **1.** Della burocrazia. **2.** *fig.* Pedissequo, formalista.

burocratìsmo s.m. (fr. *bureaucratisme*) **1.** Eccessivo allargamento della pubblica amministrazione, con conseguente perdita di efficienza. **2.** Mentalità burocratica, rigidamente formalista.

burocratizzàre v.tr. (fr. *bureaucratiser*) Rendere burocratica un'amministrazione. ◆ **burocratizzarsi** v.pron. Organizzarsi secondo sistemi burocratici. ~ Acquistare mentalità burocratica.

burocrazìa s.f. (fr. *bureaucratie*) **1.** L'insieme degli uffici nei quali si articola la pubblica amministrazione, degli impiegati che vi lavorano e delle funzioni da essi assolte. ~ Il potere acquisito dai funzionari della pubblica amministrazione. **2.** *fig.* Tipo di organizzazione inutilmente complicata, ottusamente ligia alla lettera dei regolamenti, inefficiente.

buròtica s.f. [pl. *-che*] Organizzazione del lavoro d'ufficio secondo sistemi informatizzati.

burqa [/'burka/] s.m. inv. → **burka**.

burràsca s.f. [pl. *-sche*] **1.** Tempesta marina. SIN.: **fortunale**. ~ Violento temporale di terra, accompagnato da vento a raffiche e grandine. SIN.: **bufera**. ◇ *Burrasca magnetica:* alterazione del campo magnetico terrestre. **2.** *fig.* Marasma, sconvolgimento. *Burrasca finanziaria.*

burrascóso agg. **1.** In burrasca, tempestoso. ~ Che annuncia burrasca. **2.** *fig.* Turbolento, agitato. *Riunione burrascosa.*

burrièra s.f. Recipiente un tempo usato per tenere il burro in fresco nell'acqua. ~ Vaschetta con cui si serve il burro in tavola.

burrificàre v.tr. [4] Trasformare la panna del latte in burro. ~ Rendere qualche prodotto simile al burro.

burrificio s.m. [pl. *-ci*] Fabbrica di burro.

bùrro s.m. (fr. *burre*) **1.** Sostanza grassa alimentare di colore bianco avorio, morbida, ottenuta dalla crema di latte vaccino. ◇ *Burro da tavola:* quello di prima scelta, adatto a essere consumato crudo. – *Al burro:* si dice di primo piatto o di pietanza conditi con burro. *Maccheroni al burro.* – *Essere un burro, sembrare di burro:* si dice per sottolineare l'eccezionale morbidezza di un cibo solitamente piuttosto consistente. – *Avere le mani di burro:* lasciare cadere tutto come se le mani non facessero presa. **2.** *estens.* Qualsiasi sostanza che abbia l'aspetto o la consistenza del burro. ◇ *Burro nero:* letame. – *Burro vegetale:* grasso commestibile ricavato da oli vegetali. – *Burro di cacao:* grasso ricavato dai semi di cacao. – *Burro di arachidi:* tipo di burro ottenuto dalle arachidi.

burrocacào s.m. inv. **1.** Sostanza che si estrae dai semi della pianta del cacao da cui si estrae utilizzata in farmacia, in cosmetica e nell'industria alimentare. **2.** Cosmetico per la protezione delle labbra.

burróna agg. (solo f.) Di pesca o di pera molto morbida e sugosa.

burróne s.m. Dirupo ripido e profondo. SIN.: **precipizio**.

burróso agg. **1.** Ricco di burro, molto grasso. **2.** *fig.* Del colore, della morbidezza del burro.

bursàle s.m. ANAT. Muscolo del femore.

Burseràcee s.f. pl. [iniziale minusc. sing. *-a* per l'individuo] BOT. Famiglia di piante arbustive e arboree dell'America tropicale e dell'Africa orientale, con foglie composte, infiorescenze a pannocchia, fiori piccoli e frutto a drupa o a capsula, da cui si estraggono resine aromatiche o balsami come l'incenso e la mirra e il cui legname è spesso di buon pregio. (Classe delle Dicotiledoni.)

1. bus s.m. inv. Autobus.

2. bus [/'bʌs/] s.m. inv. (voce ingl.) INFORM. Linee di collegamento tra diverse unità di un sistema di elaborazione elettronica. *Bus seriale.*

buscàre v.tr. [4] (spagn. *buscar* "cercare") Trovare, prendere, ottenere qlco.; anche pron. *Buscare (buscarsi) una malattia.* ◇ *fam. Buscarle, buscarne:* prendere botte. ◆ v.intr. (aus. *avere*) SPORT. Perdere.

bushido [/'bu:ʃ,ɪdɔ/] s.m. inv. (voce giapp.) Codice d'onore dei samurai, cioè i membri della casta militare (*buke*) dell'antico Giappone.

business [/'bɪznɪs/] s.m. inv. (voce ingl., deriv. di *busy* "impegnato") Affare, impresa, commercio. ◇ *Business plan*: strumento che gli imprenditori utilizzano per sintetizzare razionalmente un'idea e la sua realizzazione.

businessman [/'bɪznɪsmən/] s.m. inv. (voce ingl.) Uomo d'affari.

bussàre v.intr. (aus. *avere*) **1.** Picchiare su una porta, una finestra, per farsi aprire o per annunciarsi prima di entrare. ◇ *fig. Bussare alla porta di qlcu.*: andare a chiedere aiuto. **2.** Con l'argomento sottinteso, in alcuni giochi di carte, come il tressette, battere il tavolo con le nocche delle dita, calando una carta. ◆ **bussarsi** v.pron. Detto di due o più persone, picchiarsi reciprocamente.

1. bùssola s.f. (così chiamata per la scatola in cui era contenuta) **1.** Strumento che indica sempre il nord e serve per orientarsi rispetto ai punti cardinali. ◇ *Bussola magnetica*: quella costituita da un ago magnetizzato che, per effetto del campo magnetico terrestre, si posiziona sul nord magnetico. – *Bussola giroscopica*: strumento per determinare una direzione di riferimento sfruttando la proprietà dell'asse di un giroscopio di orientarsi in una direzione nota per effetto della rotazione. SIN.: **girobussola** – *Bussola solare*: quella che si usa ai poli dove non funziona la bussola magnetica. – *fig. Perdere la bussola*: perdere ogni punto di riferimento intellettuale, morale, rimanere confusi. **2.** *estens.* Denominazione di alcuni tipi di galvanometro ad ago mobile. *Bussola telegrafica.* **3.** ASTR. (iniziale maiusc.) Costellazione del cielo australe.

2. bùssola s.f. (gr. *pyksís* "scatola di bosso") **1.** Vano tra la porta che dà sulla strada e una seconda porta che dà sull'interno. ~ *estens.* Porta girevole, spec. nei locali pubblici. **2.** Carrozzino a due ruote tirato a mano. ~ Portantina chiusa. **3.** Stanzino dal quale il Papa ascoltava le prediche senza essere visto. **4.** Cassetta per le elemosine. ~ Cassetta in cui si infilano le schede elettorali dopo la votazione. ~ *estens.* Solido rotante da cui si estraggono i numeri delle lotterie. **5.** MECC. Boccola.

3. bùssola s.f. Spazzola per capelli. ~ Anche, spazzola per abiti o scarpe.

bussolòtto s.m. **1.** Barattolo di latta o altro recipiente cilindrico di vario materiale usato per gettare i dadi o, nei giochi di prestigio, per nascondervi gli oggetti. ~ *fig.* Trucco con cui si fa apparire la realtà diversa da come effettivamente è. **2.** *estens.* Barattolo.

bùsta s.f. (fr. *boiste*, lat. *bûxidam* "scatola di bosso") **1.** Involucro di carta di forma rettangolare. ◇ *Busta paga*: retribuzione di un lavoratore dipendente unita alla distinta delle voci che la compongono. **2.** Custodia o astuccio di materiale vario per oggetti particolari, in partic. borsa di plastica usata come contenitore della spesa. **3.** Borsetta di forma piatta e rettangolare, priva di manici. SIN.: **pochette**.

bustàio s.m. [f. *–staia*, pl. *–stai*] Operaio addetto alla fabbricazione di buste.

bustarèlla s.f. **1.** Nel sign. del dim. di *busta*. **2.** *fig.* Danaro dato sottobanco a politici, pubblici funzionari. SIN.: **tangente**.

bustina s.f. **1.** Nel sign. del dim. di *busta*; in partic., piccola busta contenente sostanze in polvere o di piccolissima pezzatura per uso alimentare o medicinale. *Bustina di tè.* **2.** Berretto militare a due punte, senza bordi e senza visiera che ha forma simile a quella di una busta.

bustino s.m. **1.** Nel sign. del dim. di *busto*; in partic., corpetto con stecche incorporate usato, spec. un tempo, dalle donne per stringere la vita. **2.** Corpino degli abiti femminili.

bùsto s.m. (lat. *bûstum* "crematoio" passato poi a significare "sepolcro" e quindi "statua posta sul sepolcro") **1.** Parte superiore del corpo umano tra il collo e i fianchi. SIN.: **torace**. **2.** Scultura a tuttotondo che raffigura la parte superiore del corpo umano (la testa e una parte variabile del petto, senza le braccia). **3.** Parte del vestito che va dal collo alla vita. ~ In partic., indumento intimo femminile di stoffa elasticizzata rinforzata o meno da stecche, che snellisce e modella la persona. SIN.: **corsetto** ~ Fascia da portare sopra il corpetto, chiusa sul davanti da stringhe, tipica di vari costumi regionali. **4.** MED. Struttura ortopedica usata per curare traumi o patologie della colonna vertebrale.

bustrofèdico agg. [pl.m. *–ci*, f. *–che*] (deriv. di gr. *boustrophēdón* "voltando come i buoi quando arano") Detto di scrittura che si dispone alternativamente da sinistra a destra e da destra a sinistra. *Iscrizione bustrofedica.*

butadiène s.m. CHIM. Idrocarburo insaturo prodotto dal butano, dall'alcol etilico o dall'acetilene, con formula $H_2C=CH–CH=CH_2$, utilizzato nella fabbricazione della gomma sintetica.

butàno s.m. (spec. sing.) CHIM. Alcano gassoso con formula C_4H_{10}, impiegato, liquefatto sotto debole pressione, come combustibile.

butanòlo s.m. CHIM. Uno degli alcoli butilici.

butène s.m. CHIM. Alcano con formula C_4H_8.

butile s.m. CHIM. Radicale derivato dal butano con formula $–C_4H_9$.

butilène s.m. → **butene**.

butilico agg. CHIM. Si dice di un composto (alcol, aldeide, estere, ecc.) contenente il radicale butile.

butirràto s.m. CHIM. Sale dell'acido butirrico.

butìrrico agg. [pl.m. *–ci*, f. *–che*] **1.** CHIM. ORG. *Acido butirrico*: acido con formula $H_3C–CH_2–CH_2–COOH$, che entra nella composizione del burro e di altri lipidi. **2.** CHIM. ORG. *Fermentazione butirrica*: trasformazione di certi corpi (zucchero, amido, acido lattico) in acido butirrico e in altre sostanze sotto l'azione di diversi organismi. **3.** Di composti derivanti dal latte.

butirrina s.f. CHIM. Triestere butirrico della glicerina che si trova nel burro, detto anche *tributirrina*.

butirròmetro s.m. Strumento per la misurazione della quantità di grasso presente nel latte e nella panna.

buttafuòco s.m. [pl. *–chi*] Asta con una miccia all'estremità, che serviva un tempo per accendere la carica dei cannoni.

buttafuòri s.m. inv. (calco del fr. *boutedehors*) **1.** TEAT. Chi, un tempo, era incaricato di sgombrare il palcoscenico, segnalare agli attori il momento di entrare in scena, consegnare loro eventuali oggetti e si occupava dei rumori che accompagnavano la rappresentazione, oggi sostituito dal *direttore di scena*. **2.** Nei locali notturni, chi allontana i clienti molesti. **3.** Asta che regge e mantiene fuori bordo un elemento dell'attrezzatura. ~ *estens.* Nelle costruzioni, asta che ancora al muro un tubo, un cavo, ecc., mantenendolo però distaccato da esso.

buttàre v.tr. (fr. *bouter* di orig. germ.) **1.** Lanciare, far cadere qlco. in un luogo o da un luogo a un altro. *Buttare un sasso dalla finestra sul prato.* ◇ *Da buttare (via)*: da gettare nell'immondizia. – *Buttare giù qlco.*: far cadere in basso. – *Buttare giù un boccone*: mangiare frettolosamente. – *Buttare giù una carta*: giocarla. – *figg. Buttare giù un articolo, una relazione*: scriverli affrettatamente. – *Buttare giù qlcu.*: demoralizzarlo. – *Buttare là una parola, una frase, un'opinione*: dire qlco. con noncuranza solo apparente. – *Buttare via qlco.*: metterlo, gettarlo nell'immondizia; *fig.* sprecarlo. – *fig. Essere da buttare (via)*: riferito a persona, non avere più capacità fisiche né psicologiche; general., indica mancanza di valore. **2.** Con sottinteso *fuori*, lasciare uscire qlco. *Una ferita che butta sangue.* ~ Riferito a piante, mettere le gemme, attecchire. *Le pianticelle hanno buttato.* ◆ v.intr. (aus. *avere*) Tendere, volgere verso una direzione. ◇ *fam. Buttare male*: andare male. ◆ **buttarsi** v.pron. **1.** Lanciarsi, gettarsi, scagliarsi a un luogo verso qualche altro luogo, oggetto o persona. *Buttarsi dal trampolino in acqua.* ◇ *Buttarsi nel fuoco per qlcu.*: essere disposto a qualsiasi sacrificio per amor suo. **2.** *fig.* Inserirsi in qlco., dedicarvisi. *Buttarsi nella mischia.* ◇ *Buttarsi (allo sbaraglio)*: rischiare, osare.

buttàta s.f. **1.** La gemma, il germoglio delle piante. **2.** Nel gioco delle carte, il calare una carta sul tavolo. ~ La carta giocata. **3.** Discesa degli uccelli in un determinato luogo. ~ Il luogo stesso.

butteràto agg. Coperto di butteri. *Viso butterato.*

1. bùttero s.m. (ar. *butūr*, deriv. di *batra* "pustola") Cicatrice permanente lasciata sulla pelle dalle pustole del vaiolo.

2. bùttero s.m. Nella Maremma e nella campagna laziale, mandriano a cavallo.

butteruòla s.f. TECNOL. Utensile che serve per arrotondare la testa di un chiodo.

buvette [/by'vɛt/] s.f. inv. (voce fr.) Bar interno a ritrovi o uffici pubblici.

Buxàcee s.f. pl. [iniziale minusc. sing. *–a* per l'individuo] BOT. Famiglia di piante dicotiledoni cui appartiene il bosso.

buy back [/'baɪ 'bæk/] loc. sost. m. inv. (loc. ingl., propr. "comprare di nuovo") ECON. Riacquisto, da parte di una società, delle proprie azioni, finalizzato al sostegno delle loro quotazioni sul mercato.

buyer [/'baɪə/] s.m. inv. (voce ingl., propr. "compratore") In un'azienda, dirigente addetto alle trattative con i fornitori e al rifornimento delle merci.

buzuki s.m. inv. (voce gr.) Strumento della famiglia del liuto, dal lungo manico e con cassa bombata, utilizzato nella musica greca moderna.

buzzer [/'bʌzə/] s.m. inv. (voce ingl., deriv. di *to buzz* "ronzare") Segnalatore acustico, allarme di orologi e sveglie.

bwana o **buana** [/'bwana/] s.m. inv. (voce swahili, "padrone, signore") Appellativo con cui la popolazione nera dell'Africa si rivolgeva ai bianchi che vivevano nelle colonie.

bye-bye [/'baɪ'baɪ/] s.m. inv. (voce ingl.) Arrivederci, addio.

bylina [/bɪ'lina/] s.f. [pl. *byliny*] (voce russa, propr. "canto delle cose passate") LETT. Canto popolare epico, diffuso nell'area slava nei secc. XI-XVI.

by night [/baɪ'naɪt/] loc. avv. (loc. ingl., propr. "durante la notte") Di notte. ◆ loc. agg. inv. Notturno. *Parigi by night.*

bypass [/'baɪpɑːs/] s.m. inv. (voce ingl., propr. "passaggio presso") **1.** TECN. Qualunque deviazione di un condotto o circuito principale che ne escluda un tratto. ~ Conduttura secondaria. **2.** CHIR. Operazione che consiste nel riunire due canali, in partic. due segmenti arteriosi, tramite un innesto o un tubo prostetico messo parallelamente a una zona occlusa o ristretta. **3.** Deviazione stradale temporanea che permette di superare un tratto ostruito. **4.** INFORM. Esclusione di alcune istruzioni di un programma.

bypassare [/baɪpas'sare/] v.tr. **1.** Aggirare qlco. effettuando un bypass. SIN.: **eludere**, *fig.* Eludere qlco. *Bypassare abilmente una domanda.*

byte [/'baɪt/] s.m. inv. (voce ingl.) INFORM. Unità d'informazione costituita da 8 bit.

Carattere Caslon

C s.f. o s.m. inv. **1.** Lettera dell'alfabeto latino e delle lingue che lo adottano; in italiano rappresenta sia la consonante occlusiva velare sorda, comunemente detta *c dura* (davanti alle vocali *a, o, u: casa, come, cura;* davanti a *e* e *i* con il suono reso con il digramma *ch: chela, chitarra;* davanti a consonante: *cresta;* in finale di parola: *tic*) sia la consonante semiocclusiva prepalatale sorda, comunemente detta *c dolce* (davanti alle vocali *e, i: cena, cima;* davanti ad *a, o, u* il suono è reso con *ci: ciarla, ciondolo, ciuffo*); entrambi i suoni possono essere di grado tenue o medio e, nella grafia doppia, di grado forte. La *c* entra inoltre nel digramma *sc* (davanti a *i* ed *e*) e nel trigramma *sci* (davanti ad *a, o, u*), che indicano la consonante fricativa palatale sorda (*scena, sciame*). **2.** Semplice o puntata, maiuscola o minuscola, è usata in sigle o abbreviazioni con diversi valori. **3.** Simbolo usato in settori specifici. ◇ CHIM. *C:* simbolo del carbonio. – FIS. Simbolo della capacità elettrica e termica. – °C: simbolo del grado centigrado. – MAT. *c:* simbolo del terzo coefficiente nelle espressioni algebriche. – *C:* nella numerazione romana equivale a 100. – MUS. Indica la nota *do* nell'area germanica e anglosassone. ❑ In funzione di agg., come numerale ord., terzo elemento di una serie o di una graduatoria. *Scala C.* ◇ BIOCHIM. *Vitamina C:* acido *ascorbico. – SPORT. Serie C:* categoria di atleti o di squadre che disputano il campionato semiprofessionistico. – *fig. Di serie C:* di livello infimo, di qualità scadente. – INFORM. *Linguaggio C:* linguaggio di programmazione.

caatinga o **catinga** s.f. (voce port. di orig. tupì) Ambiente vegetale xerofilo formato da arbusti spinosi e cactacee, presente nella parte interna del Nord-est del Brasile (*sertão*).

cab [/ˈkæb/] s.m. [pl. *cabs*] (voce ingl., fr. abbr. di *cabriolet*) Carrozza a due ruote la cui parte posteriore, destinata al cocchiere, si presentava rialzata. (In uso nell'Inghilterra dell'Ottocento.)

càbala o **càbbala** s.f. (ebr. *qabbālāh* "dottrina tradizionale") **1.** Dottrina ebraica medievale basata sull'interpretazione esoterica e simbolica della Bibbia, il cui libro di riferimento è *Zohar* o *Libro dello splendore.* **2.** Interpretazione misterica dei numeri e delle lettere usata per profetizzare o spiegare sogni e accadimenti. ~ *estens.* Magia, mistero.

cabalétta s.f. (etim. discussa, forse deriv. di *cobbola* "stanza di canzone" o spagn. *copla de caballo,* un tipo di "canzone" del sec. XVIII) MUS. Nel melodramma italiano dell'Ottocento, brano semplice e orecchiabile posto alla fine di un'aria o di un duetto.

caban [/ka'b/] s.m. inv. (voce fr., propr. "gabbano") Giaccone sportivo dalla linea diritta.

cabarè s.m. inv. **1.** Cabaret. **2.** Vassoio.

cabaret [/kaba'rε/] s.m. inv. (voce fr. orig. "osteria", ol. *cabret,* piccardo *cambrette* "piccola

camera") Locale per spettacoli dove si può bere, cenare e ballare. ~ Lo spettacolo stesso. SIN.: **varietà.**

cabarettista s.m. e f. [pl.m. *–sti*] Artista che si esibisce nei cabaret.

cabernet [/kabɛr'nɛ/] s.m. inv. (voce fr.) **1.** Vitigno originario del Bordolese, diffuso nell'Italia nord-orientale. **2.** Vino del vitigno omonimo, rosso, asciutto e dal sapore erbaceo.

cabestàno s.m. Argano ad asse verticale impiegato negli scali ferroviari e nei porti per spostare oggetti molto pesanti.

cabina s.f. (fr. *cabine* "capanna") **1.** Cameretta a bordo di una nave o di un treno. **2.** Vano passeggeri negli aerei, nelle funivie, negli ascensori, ecc. **3.** Spazio riservato al conducente su autocarri, motrici ferroviarie, aerei, ecc. **4.** Piccolo vano attrezzato per diverse funzioni. ◇ *Cabina telefonica:* quella in cui è installato un telefono pubblico. – *Cabina di regia:* dove si trovano le apparecchiature per dirigere tecnicamente una trasmissione televisiva o radiofonica. – *Cabina di proiezione:* quella da cui viene proiettato un film. – *Cabina elettorale:* quella in cui l'elettore esprime il voto. – *Cabina elettrica:* locale in cui sono installate le apparecchiature per trasformare, accumulare o distribuire l'energia elettrica. **5.** Spogliatoio sulle spiagge o nelle piscine.

cabinàto agg. Di natante o motocarro dotato di cabina. ◆ s.m. Nel sign. dell'agg.

cabinovia s.f. Funivia con cabine da due a quattro posti.

cablàggio s.m. [pl. *–gi*] (fr. *câblage,* lat. *càpulum* "cappio") Complesso dei cavi che collegano le varie parti di impianti o apparecchiature elettriche ed elettroniche. ~ La loro messa in opera.

cablàre v.tr. (fr. *câbler*) **1.** Collegare per mezzo di cavi una zona o un edificio a una rete di telecomunicazioni audiovisive. **2.** Trasmettere una notizia per cablogramma.

cablàto agg. TELECOM. Che dispone di collegamento via cavo.

cablatùra s.f. Messa in opera di collegamenti via cavo, spec. per una rete telematica.

càble s.m. inv. (fr. *câble*) **1.** Cavo, general. sottomarino, per il telegrafo. **2.** FIN. Quotazione a pronti di una valuta per gli accrediti e gli addebiti contabili.

cablografia s.f. TELECOM. Trasmissione di telegrammi per cavo sottomarino.

cablogràmma s.m. [pl. *–mi*] Telegramma trasmesso per cavo sottomarino.

cabochon [/kabɔ'ʃɔ̃/] s.m. inv. (voce fr., propr. "borchia") Taglio delle pietre preziose a emisfero non sfaccettato.

cabotàggio s.m. [pl. *–gi*] (fr. *cabotage*) Navigazione mercantile vicino alle coste, spec. tra i porti di uno stesso paese. ◇ *Grande, piccolo cabotaggio:* navigazione a grande, breve distanza dalla costa. – *fig. Di piccolo cabotaggio:* di poco conto, di modesta entità.

cabotàre v.intr. (aus. *avere*) (fr. *caboter,* forse spagn. deriv. di *cabo* "promontorio") Condurre una navigazione di cabotaggio.

cabràre v.intr. (aus. *avere*) (fr. *cabrer* "alzarsi a mo' di capra") AER. Impennarsi, con un movimento opposto a quello di picchiata. ◆ v.tr. **1.** AER. Alzare la prora, cambiando l'assetto o la traiettoria. *Il pilota cabra l'aereo.* **2.** CINE. Fare una panoramica dal basso all'alto con la macchina da presa.

cabràta s.f. **1.** Acrobazia aerea consistente nell'ergersi in verticale di un velivolo. **2.** CINE. Ripresa cinematografica dal basso.

càbrio s.m. o s.f. inv. Cabriolet.

cabriolet o **cabriolé** [/kabriɔ'le/] s.m. inv. (voce fr., deriv. di *cabrioler* "fare capriole") **1.** Carrozzeria per automobili con capote ribaltabile; automobile decappottabile. **2.** Carrozza a due ruote e a un solo cavallo.

cacào s.m. inv. (spagn. *cacao,* azteco *cacahuatl*) **1.** Albero tropicale con grandi foglie e frutti dai semi simili a mandorle. (Famiglia delle Sterculiacee.) **2.** Polvere commestibile, scura, amara, ottenuta dai semi di cacao tostati e macinati, ingrediente base del cioccolato.

cacàre o **cagàre** v.intr. [4] (aus. *avere*) Defecare, andare di corpo. ◆ v.tr. *volg.* Solo in usi fig. ◇ *Non cagare qlcu.:* non interessarsene, non tenerlo in alcuna considerazione; anche pron.

cacarèlla o **cacherèlla** s.f. **1.** *pop.* Diarrea. **2.** *pop. fig.* Paura, fifa.

cacàta o **cagàta** s.f. **1.** *volg.* Defecazione. **2.** *volg.* Escrementi, feci. ~ *fig.* Cosa senza valore o malfatta.

cacatùa o **cacatòa** s.m. inv. (malese *kakatûna*) Pappagallo dell'Oceania e del sud-est asiatico con piumaggio uniforme e ciuffo di piume erettili molto colorate sul capo. (Famiglia degli Psittacidi.)

càcca s.f. [pl. *–che*] **1.** Escremento. **2.** *estens.* Cosa sporca. SIN.: **sudiciume. 3.** *fig.* Scemenza, insulsaggine.

1. càccia s.f. [pl. *–ce*] **1.** Ricerca o uccisione di animali selvatici. ~ *estens.* Il bottino della caccia stessa. ◇ *Caccia grossa:* caccia ad animali feroci o di grandi dimensioni. – *Caccia fotografica:* avvicinamento agli animali nel loro ambiente naturale per fotografarli. **2.** *estens.* Ricerca incessante, inseguimento. ~ *fig.* Desiderio smodato, avidità. *Caccia al successo.* **3.** Tipo di gioco caratterizzato dalla ricerca di qlco. *Caccia al tesoro.* **4.** Azione di guerra. *Caccia aerea.* **5.** ME-

■ **cacatùa.** Cacatua dalla cresta gialla.

TR. Componimento tardo medievale in versi di vario metro e accompagnato da musica che descriveva scene di caccia.
2. càccia s.m. inv. **1.** Aereo militare. **2.** Cacciatorpediniere.

cacciabombardière s.m. Aereo da caccia specializzato in bombardamenti leggeri.

cacciachiòdo s.m. [pl. –di] TECN. Arnese da falegname che serve per estrarre i chiodi; detto anche *cacciachiodi*.

cacciagióne s.f. Insieme degli animali da cacciare o uccisi in caccia. SIN.: **selvaggina**.

cacciamine s.m. inv. MAR. → **dragamine**.

cacciapiètre s.m. inv. Sporgenza metallica posta davanti a una locomotiva per spazzare via dai binari eventuali ostacoli.

cacciàre v.intr. [5] (aus. *avere*) Andare a caccia. *Abbiamo cacciato tutto il giorno.* ◆ v.tr. [5] **1.** Stare in agguato, inseguire, intrappolare un animale per catturarlo o ucciderlo. *Cacciare la lepre.* **2.** Espellere, cacciare da un luogo o da un gruppo. *Si è fatto cacciare dall'università.* ~ *fig.* Allontanare, eliminare. *Un bicchiere di vino caccia la malinconia.* **3.** *fig.* Emettere. *Cacciò un urlo.* **4.** *fam.* Cavare fuori, estrarre qlco. da qualche parte. *Cacciare i soldi dalla tasca.* **5.** *fam.* Mettere qlcu. o qlco. in un posto, anche pron. *Cacciare (cacciarsi) le mani in tasca.* ◆ **cacciarsi** v.pron. **1.** Infilarsi in qualche luogo a forza, con difficoltà (anche in senso fig.). *Cacciarsi nei pasticci.* **2.** Nascondersi. *Dove ti sei cacciato?*

cacciasommergibili s.m. inv. Nave leggera e veloce attrezzata per l'individuazione e l'attacco dei sommergibili.

cacciàta s.f. Espulsione, messa in fuga. SIN.: **esilio**.

cacciatóra agg. Solo nella loc. *alla cacciatora*, al modo dei cacciatori. *Pollo alla cacciatora.* ◆ s.f. Giaccone per cacciatori di colore mimetico.

cacciatóre s.m. [f. –*trice*] **1.** Chi va a caccia. ◇ ANTROP. *Cacciatore di teste*: appartenente a popolazioni primitive che tagliavano la testa ai nemici; *fig.* nel l. aziendale, professionista specializzato nella ricerca di personale qualificato. **2.** *fig.* Chi è avidamente e costantemente alla ricerca, all'inseguimento di qlco. **3.** MIL. (solo m.) Ciascuno degli appartenenti a un corpo militare sette-ottocentesco a piedi o a cavallo dotato di armi leggere. *Cacciatori delle Alpi.* ❏ In funzione di agg., nell'accez. 1 del s.m. *Animale cacciatore.*

cacciatorpinière s.m. inv. MAR. Nave da guerra leggera e veloce impiegata in azioni antisiluranti, antiaeree e antisommergibili.

cacciavite s.m. inv. [non com. pl. –*ti*] Arnese per avvitare e svitare le viti, formato da un asse metallico inserito in un manico e terminante a taglio dritto. ◇ *Cacciavite a stella*: cacciavite con una punta a croce.

cacciùcco o **caciùcco** s.m. [pl. –*chi*] (turco *küçüklü* "qualcosa mescolato con oggetti piccoli") CUC. Zuppa di pesce, tipica di Livorno e della Versilia, con pomodoro, cipolla, aglio, vino bianco, pepe.

cache [/'kæʃ/] s.f. inv. (voce ingl., deriv. di *cache memory* "memoria nascondiglio") INFORM. Memoria veloce in cui vengono conservati i dati letti o scritti recentemente su una memoria centrale più ampia ma più lenta, allo scopo di consentirne un accesso più rapido qualora siano nuovamente richiesti.

cache-col [/kaʃ'kɔl/] s.m. inv. (voce fr., pro-pr. "nascondi-collo") ABBIGL. Fazzoletto da collo da portarsi con la camicia aperta.

cachemire [/kaʃ'mir/] s.m. inv. (voce fr.) **1.** Lana a pelo lungo ricavata dal vello di una razza di capre della regione indiana del Kashmir. **2.** Filato e tessuto morbidi e pregiati che se ne ottengono.

cache-nez [/kaʃ'ne/] s.m. inv. (voce fr., pro-pr. "nascondi-naso") Lunga sciarpa di lana che protegge il collo e la parte inferiore del viso.

cachessia s.f. (gr. *kakhexía*, comp. di *kakós* "cattivo" e *héksis* "disposizione fisica") MED. Stato di debolezza e dimagrimento estremi, conseguente a denutrizione o a gravi malattie croniche.

cachet [/ka'ʃɛ/] s.m. inv. (voce fr., deriv. di *cacher* "nascondere") **1.** Preparazione farmaceutica costituita da un involucro di ostia contenente medicinale in polvere, da deglutire senza masticare. ~ Compressa analgesica. **2.** Compenso percepito per una prestazione. ~ Indennità di presenza, gettone.

1. càchi s.m. inv. (voce giapp.) **1.** Albero originario della Cina settentrionale e del Giappone con foglie coriacee lanceolate e frutto polposo a bacca. (Genere *Diospyros*; famiglia delle Ebenacee.) **2.** Frutto dell'omonimo albero, di colore arancione, dolce e polposo.

2. càchi o **kàki** agg. inv. (ingl. *khaki*, persiano *khak* "polvere") Di colore beige sabbia. ◆ s.m. inv. Tale colore.

cacicco o **cacico** s.m. [pl. –*chi*] (caraibico *kacik*) Appellativo dei capi indigeni dell'America centromeridionale al tempo dell'occupazione spagnola.

càcio s.m. *region.* Formaggio. ◇ *fig. Essere alto come un soldo di cacio*: essere piccolo di statura o età.

caciocavàllo s.m. [pl. *caciocavalli* o *caci-cavalli*] (voce merid., comp. di *cacio* e *cavallo* per l'uso di far stagionare questo formaggio appeso a cavallo di una pertica) CUC. Formaggio dell'Italia meridionale ottenuto con latte vaccino o di bufala, a pasta dura e di forma ovale, che si conserva appeso a coppie a cavallo di un bastone.

caciòtta s.f. CUC. Formaggio fresco, spec. di latte pecorino, prodotto in forme tondeggianti.

cacofagia s.f. PSICH. Alterazione patologica del gusto che porta ad apprezzare i cibi normalmente più sgradevoli o non commestibili.

cacofonìa s.f. Accostamento di suoni o rumori dissonanti oppure di parole o sillabe disarmoniche.

cacografìa s.f. Scrittura scorretta o grafia brutta.

cacologìa s.f. RET. Espressione priva di logica o di coerenza formale.

cacosmia s.f. (gr. *kakosmía* "fetore") MED., PSICH. Alterazione patologica del senso dell'olfatto che porta a percepire odori sgradevoli; può essere d'origine neurologica o allucinatoria.

Cactàcee s.f. pl. [iniziale minusc. sing. –*cea* per l'individuo] BOT. Famiglia di piante tropicali dicotiledoni, originarie delle zone aride dell'America, che possono resistere a lungo alla siccità grazie alle foglie ridotte a spine e al fusto carnoso ricco di acqua che svolge la funzione fotosintetica attraverso la parte superficiale verde. (I generi principali sono l'Opunzia, la Mamillaria, il Cereo e l'Echinocactus.)

càctus s.m. inv. (gr. *káktos* "pianta spinosa") **1.** Pianta tropicale dal fusto corto, carnoso, rotondo, foglie mutate in spine, fiori di vario colore. (Famiglia delle Cactacee.) **2.** BOT. (iniziale maiusc.) Genere di piante a cui appartengono alcune specie di cactus.

Cereus nobilis

Echinocactus

■ **càctus**

cad o **CAD** s.m. inv. (sigla dell'ingl. *computer aided design* "disegno con l'aiuto dell'elaboratore") INFORM. Progettazione eseguita con l'ausilio del calcolatore.

cadàvere s.m. Corpo umano privo di vita. ◇ *fig. Cadavere ambulante:* persona molto magra.

cadavèrico agg. [pl.m. –*ci*, f. –*che*] Proprio del cadavere. ~ Pallido, sbattuto. *Colorito cadaverico.*

cadaverina s.f. CHIM. Sostanza tossica prodotta nella putrefazione degli organismi animali.

caddie o **caddy** [/'kædi/] s.m. inv. (voce ingl., fr. *cadet* "cadetto") SPORT. Persona che porta le mazze dei giocatori di golf.

cadeau [/ka'do/] s.m. inv. (voce fr., provenz. *capdel* "lettera capitale", lat. *căput* "capo") Regalo, dono.

cadènza s.f. (fr. *cadence*, lat. *cadèntia* "le cose che cadono" con riferimento ai tempi forti della scansione ritmica) **1.** Modulazione vocale o sonora prima di una pausa. ~ Clausola ritmica con cui si chiude un periodo, una strofe o un verso. **2.** *estens.* Particolare andamento delle intonazioni tipica di una lingua o un dialetto. *Cadenza genovese.* SIN.: **accento**. **3.** Ritmo regolare e misurato di una successione di suoni, di movimenti, di azioni. **4.** MUS. Gruppo di accordi che conclude una frase o un brano musicale.

cadenzàre v.tr. (fr. *cadencer*) Imprimere un ritmo regolare. ◆ v.intr. (aus. *avere*) MUS. Di una melodia, avere una certa cadenza, una particolare tonalità.

cadenzàto agg. Che segue la cadenza.

cadére v.intr. [54] (aus. *essere*) **1.** Muoversi non intenzionalmente verso il basso, spesso in modo rapido. ~ Precipitare, crollare. *La vecchia casa è caduta.* ◇ *fig. Cadere in piedi:* cavarsela, ritrovarsi in buone condizioni dopo una situazione grave o difficile. **2.** Disporsi in verticale. ~ Pendere, venire giù più o meno in verticale. *I capelli le cadono sulle spalle.* ◇ *fig. Cadere bene:* detto di abiti, stare molto bene addosso. *La giacca cade bene.* **3.** *fig.* Di una carica, una funzione, finire, essere rovesciato. *Il Governo è caduto.* **4.** *fig.* Venir meno, cessare del tutto. *La linea telefonica è caduta.* **5.** *fig.* Diminuire bruscamente. *Il valore delle azioni è caduto.* **6.** *fig.* Andare a finire in un certo luogo, posarsi. *L'accento cade sulla penultima sillaba.* **7.** *fig.* Capitare, verificarsi. *Quest'anno Pasqua cade molto presto.* **8.** *fig.* Calare, scendere, detto dell'ombra e del buio. *Cade la notte.* **9.** *fig.* Rimanere ucciso in guerra o nel compimento del proprio dovere. *In Russia sono caduti migliaia di italiani.* **10.** *fig.* Introdotto dal verbo *lasciare* e riferito a parola o frase, dire, pronunciare con finta noncuranza. *Lasciar cadere una parola.* ◇ *Lasciar cadere il discorso:* in una conversazione, non fare più riferimenti a un certo argomento. ❏ In funzione di s.m., nel sign. di fine, termine. *Al cader del giorno.*

cadétto agg. [fr. *cadet*, guascone *capdet* "capo militare"] **1.** Di ogni figlio maschio non primogenito di famiglia aristocratica. **2.** SPORT. Di divisione inferiore, serie B. *Campionato cadetto.* ◆ s.m. **1.** Nell'accez. 1 dell'agg. **2.** Allievo di un'accademia militare. **3.** SPORT. [f. –*ta*] Atleta di formazioni minori.

cadì s.m. inv. (ar. *qāḍī* "giudice") Giudice musulmano con competenza anche sulle questioni legate alla religione.

caditóia s.f. **1.** FORTIF. Apertura nei ballatoi e negli sporti dei castelli medievali da cui si gettavano sui nemici liquidi bollenti, sassi, ecc. **2.** Nelle cunette stradali, griglia per lo scolo delle acque nella fognatura. ~ Scarico delle grondaie.

càdmio s.m. (solo sing.) **1.** Metallo duttile e malleabile, bianco e lucente, di densità 8,6 e che fonde a 320,9 °C. **2.** Elemento chimico (*Cd*) di numero atomico 48 e peso atomico 112,411.

cadùca s.f. [pl. –*che*] ANAT. Membrana della mucosa uterina. SIN.: **decidua**.

caducèo s.m. (lat. *cadūceum*, gr. *kārykēion* deriv. di *kēryks* "araldo") MIT. GR. Piccola verga di alloro o d'olivo con due ali sulla sommità e due serpenti intrecciati, insegna di pace propria del dio Mercurio.

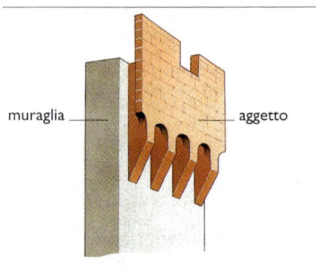

■ caditóia

caducifòglio agg. [pl.m. –*gli*, f. –*glie*] BOT. Che perde o rinnova le foglie in inverno o, nelle regioni tropicali, nella stagione secca (in oppos. a *sempreverde*).

caducità s.f. inv. **1.** Labilità, transitorietà, fugacità. *La caducità dei beni terreni.* **2.** DIR. Potenziale perdita di efficacia di un negozio giuridico in seguito al verificarsi di fatti previsti dalla legge o dalle parti contraenti.

cadùco agg. [pl.m. –*chi*, f. –*che*] **1.** Che cade presto, instabile. **2.** *fig.* Effimero, non durevole. *Speranza caduca.* **3.** BOT., ZOOL. Di organo che cade e ricresce. SIN.: **deciduo**.

cadùta s.f. **1.** Il cadere come fatto repentino, accidentale. ~ Discesa dall'alto, distacco, perdita. ◇ *Caduta libera:* nel paracadutismo, tratto della discesa prima dell'apertura del paracadute; *fig.* crollo improvviso. *Dollaro in caduta libera sui mercati internazionali.* **2.** *fig.* Fine o perdita di un potere. ~ Distruzione, scomparsa. ~ Insuccesso, fallimento. *La caduta di un'opera teatrale.* **3.** In alcune locc. del l. tecn. e sc. ◇ FIS. *Caduta dei gravi:* moto dei corpi verso il centro della Terra per effetto della forza di gravità. – ELETTR. *Caduta di tensione:* differenza di potenziale tra due punti di un circuito. – *Caduta d'acqua:* dislivello di una conduttura. **4.** MAR. Lato verticale della vela.

cadùto s.m. [f. –*ta*] Morto nell'adempimento del proprio dovere, spec. in guerra.

caffè s.m. inv. (turco *kahve*, ar. *qahwa* "bevanda eccitante") **1.** Arbusto tropicale con foglie persistenti, coriacee, ovali, fiori ascellari bianchi, drupa rossa contenente due semi. (Genere *Coffea*; famiglia delle Rubiacee.) **2.** *estens.* Seme della pianta del caffè contenente un alcaloide (*caffeina*) che, sottoposto a torrefazione, sviluppa aroma e sapore. ~ La polvere ricavata dalla macinazione dei semi. ~ La bevanda che con essa si prepara. ◇ *Caffè corretto:* con aggiunta di liquore. – *Caffè d'orzo:* fatto con radici di cicoria o semi d'orzo. **3.** Locale pubblico in cui si possono consumare bevande e cibi dolci o salati. SIN.: **bar**. ◇ *Caffè concerto:* locale pubblico (bar, ristorante, teatro) in cui si assiste a spettacoli vari. ❑ In funzione di agg. inv., di colore marrone scuro.

caffeina s.f. CHIM. Alcaloide del caffè, presente anche nel tè, nel cacao e nei frutti della

■ caffè

pianta della cola, con effetto stimolante sul sistema nervoso.

caffeismo s.m. MED. Intossicazione da caffeina.

caffellàtte o **caffelàtte** s.m. inv. Bevanda mista di caffè e latte. ❑ In funzione di agg. inv., di colore nocciola chiaro.

caffettàno o **caftàno** s.m. **1.** Lunga veste con apertura anteriore e larghe maniche che costituisce l'abito tradizionale maschile dei musulmani. **2.** *estens.* Abito lungo, vestaglia.

caffetteria s.f. **1.** Insieme di bevande, dolci, salatini che vengono serviti in un caffè. **2.** Negli alberghi, sala in cui si serve la prima colazione. ~ Buffet, bar.

caffettièra s.f. **1.** Recipiente o apparecchio domestico per preparare il caffè. ~ Bricco in cui si serve. **2.** *fig. scherz.* Locomotiva. ~ Anche, automobile molto sgangherata.

cafóne agg. Maleducato, volgare. ◆ s.m. [f. –*na*] Persona villana, maleducata.

càfro agg. (ar. *kāfir* "infedele") Appartenente al gruppo etnico bantu stanziato nell'Africa sudorientale. ◆ s.m. [f. –*fra*] Nel sign. dell'agg.

cagionévole agg. Di costituzione debole.

cagliàre v.intr. [6] (lat. *coagulare*) Del latte, rapprendersi, coagularsi. ◆ v.tr. Far coagulare il latte.

cagliaritàno agg. Di Cagliari. ◆ s.m. [f. –*na*] Nativo, abitante di Cagliari. **2.** (iniziale maiusc., solo sing.) Territorio intorno a Cagliari.

cagliàto agg. Del latte rappreso per effetto del caglio.

cagliatùra s.f. Procedimento di coagulazione del latte.

càglio s.m. [pl. –*gli*] **1.** Sostanza acida ricavata dall'abomaso essiccato dei vitelli da latte e contenente un enzima (*chimosina*) che fa coagulare il latte. **2.** Pianta erbacea con fiori piccoli, gialli o bianchi. (Genere *Galium*; famiglia delle Rubiacee.)

càgna s.f. **1.** Femmina del *cane*. **2.** *fig.* Donna facile. **3.** *pegg.* Attrice o cantante poco dotata.

cagnàra s.f. (voce di orig. ven.) **1.** Rumore fastidioso di cani che abbaiano tutti insieme. **2.** *fig.* Chiasso, frastuono.

cagnésco agg. [pl.m. –*schi*, f. –*sche*] Di cane, da cane. ◇ *fig. Guardare in cagnesco:* con ostilità.

cagnòlo agg. VET. Di animale, in partic. del cavallo, i cui zoccoli sono girati verso l'interno.

cagnotte [/ka'ɲɔt/] s.f. [pl. *cagnottes*] (voce fr.) In alcuni giochi d'azzardo, somma di denaro che si raccoglie in un piattino per il croupier. ~ *estens.* La somma stessa raccolta in tale modo.

caìcco o **caìcchio** s.m. [pl. –*chi*] (turco *kayik* "piccola scialuppa") **1.** Antica galea o veliero dotati di lancia per il trasporto o il salvataggio di persone. ~ La lancia stessa. **2.** *estens.* Leggero battello a remi.

caid [/'kaid/] s.m. inv. (ar. *qā'id* "conduttore, guida") Nei paesi musulmani, funzionario.

caimàno s.m. (spagn. *caimán* di orig. caraibica) Rettile dell'America centrale e meridionale simile al coccodrillo, con muso corto e ampio. (Lunghezza della specie più grande fino a 5 m; famiglia degli Alligatoridi.)

cairn [/'kɛən/] s.m. inv. [pl. *cairns*] (voce ingl. di orig. gaelica, propr. "mucchio") **1.** Copertura di pietre in alcune sepolture neolitiche ed eneolitiche. **2.** Mucchio di pietre eretto da alpinisti o esploratori come riferimento o per indicare un passaggio. SIN.: **cippo**.

cairòta agg. [pl.m. –*ti*] Del Cairo, relativo al Cairo. ◆ s.m. e f. Nativo, abitante del Cairo.

cake [/'keɪk/] s.m. inv. (voce ingl.) Dolce, torta.

cake-walk o **cakewalk** [/keikuōk/] s.m. inv. (voce ingl.) Danza di coppia di origine afroamericana, in voga in Europa e negli Stati Uniti intorno al 1900.

1. càla s.f. (spagn. *cala*) Piccola insenatura marina, propria delle coste rocciose.

2. càla s.f. (fr. *cale*, provenz. deriv. di *calar* "calare" perché vi viene calata la merce) MAR. Stiva della nave.

calabrése agg. Della Calabria. ◆ s.m. **1.** (anche f.) Nativo, abitante della Calabria. **2.** (solo sing.) Dialetto della Calabria.

calabróne s.m. Insetto con corpo tozzo bruno e addome variegato di giallo; la femmina è munita di un pungiglione la cui puntura è molto dolorosa. (Lunghezza fino a 35 mm; famiglia dei Vespidi, ordine degli Imenotteri.)

■ calabróne

Calàdio s.m. BOT. Genere di piante monocotiledoni ornamentali da interni, originarie del Sudamerica, dalle foglie colorate e dal grosso rizoma. (Famiglia delle Aracee.)

calafatàre v.tr. MAR. Rendere impermeabile la carena o il ponte di una nave inserendo stoppa fra i giunti delle tavole e ricoprendoli di pece o di mastice.

calafàto s.m. (forse lat. deriv. di *calefăcere* "riscaldare") MAR. Operaio che esegue l'impermeabilizzazione delle navi.

calamàio s.m. [pl. –*mai*] **1.** Piccolo contenitore per l'inchiostro in cui intingere la penna. **2.** STAM. Serbatoio che alimenta i rulli inchiostratori di una macchina da stampa.

calamarétto s.m. Piccolo calamaro, adatto per frittura.

calamarièra s.f. MAR. Arnese usato nella pesca del totano.

calamàro s.m. (dial. *calamaro* "calamaio" per l'inchiostro che contiene) **1.** Mollusco marino, simile alla seppia, a dieci tentacoli e con guscio interno a forma di lancia; alcune specie sono molto apprezzate in cucina. (Alcune varietà di calamari degli abissi possono superare i 17 m di lunghezza; classe dei Cefalopodi.) **2.** *fig. fam.* (al pl.) Traccia bluastra che compare sotto gli occhi e che è causata da stanchezza o malattia.

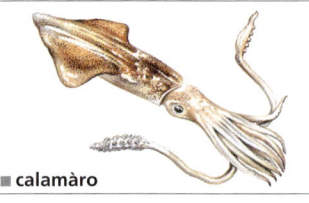

■ calamàro

calamina s.f. **1.** MIN. Minerale costituito da silicato idrato di zinco, con cristalli di lucentezza vitrea e varie colorazioni, utilizzato per l'estrazione dello zinco. **2.** Residuo carbonioso della combustione del carburante nella camera di scoppio di un motore.

calaminta s.f. Pianta erbacea perenne con foglie pelose e fiorellini rosa o viola, detta anche *nepetella*. (Famiglia delle Labiate.)

calamita s.f. **1.** Corpo che attrae il ferro in quanto magnete naturale o magnetizzato artificialmente. **2.** *fig.* Persona o cosa dotata di grande attrattiva.

calamità s.f. inv. **1.** Sciagura, spec. collettiva. ◇ *Calamità naturale:* avvenimento disastroso non provocato dall'uomo (terremoto, inondazione, ecc.). **2.** *fig.* Persona o cosa insopportabile, dannosa, che perseguita. ~ *scherz.* Persona maldestra o troppo attiva, che combina guai.

calamitàre v.tr. **1.** Trasmettere al ferro o all'acciaio le proprietà di una calamita. SIN.: **magnetizzare**. **2.** *fig.* Attrarre qlco. su di sé. *Calamitare l'interesse.*

calamitóso agg. Che porta sventure, lutti.

càlamo s.m. **1.** BOT. Fusto sottile, liscio, internamente cavo di alcune piante. **2.** Sottile canna o penna di uccello un tempo tagliata obliquamente, usata un tempo per scrivere. ~ *estens.* Penna. **3.** ZOOL. Nelle penne degli uccelli, parte del rachide priva di barbe connessa alla cute.

calànca s.f. [pl. *–che*] (fr. *calanque*) Insenatura stretta e ripida con pareti rocciose.

calànco s.m. [pl. *–chi*] (emil. *calanch*) Incavo lungo, stretto e profondo, prodotto su terreni argillosi dall'erosione delle acque di superficie e meteoriche.

calàndo s.m. inv. MUS. Didascalia musicale che prescrive una diminuzione di intensità sonora.

1. calàndra s.f. Uccello simile all'allodola, presente nelle regioni meridionali dell'Europa. (Lunghezza 20 cm; ordine dei Passeriformi.)

2. calàndra s.f. Coleottero le cui larve si nutrono di cereali; detto anche *punteruolo del riso* e *punteruolo del grano*. (Famiglia dei Curculionidi.)

3. calàndra s.f. (fr. *calandre*) **1.** TECN. Macchina a cilindri per lisciare, lucidare o inamidare i tessuti, la carta, ecc. **2.** AUTOM. Prospetto del cofano. ~ Nei fuoribordo, carenatura che copre il motore.

calandràre v.tr. (fr. *calandrer*) TECN. Sottoporre a calandratura.

calandratùra s.f. TECN. Lavorazione con la calandra di tessuti o carta.

1. calandrino s.m. Tipo di squadra per falegnami.

2. calandrino s.m. ZOOL. Piccolo passeraceo con piumaggio giallo o grigio chiaro e con una macchia scura ai lati degli occhi, diffuso anche in Italia; detto anche *calandrella*. (Famiglia degli Alaudidi.)

calànte agg. **1.** Che diminuisce, scema. ◇ *Luna calante*: che si trova nel periodo tra il plenilunio e il novilunio (in oppos. a *luna crescente*). **2.** Che discende, si abbassa. ◇ MUS. *Nota calante*: cantata o suonata più bassa del dovuto.

calào s.m. (voce di orig. asiatica) Uccello tropicale dell'Asia meridionale e dell'Africa, con grosso becco dotato di una protuberanza. (Lunghezza 40-130 cm; ordine dei Coraciiformi.)

■ **calào**

calàre v.intr. (aus. *essere*) **1.** Diminuire. *I prezzi sono calati.* **2.** *fig.* Scadere. *Il film cala nel finale.* **3.** Dimagrire. **4.** Muoversi dall'alto al basso, da nord a sud. ~ Detto di corpi celesti, tramontare, declinare. *Il sole sta calando.* **5.** MUS. Eseguire una nota con intonazione più bassa del dovuto. ◆ v.tr. **1.** Far scendere, abbassare. *Calare un uomo in mare.* **2.** Diminuire il numero delle maglie nei lavori ai ferri o all'uncinetto. **3.** Nei giochi di carte, mettere una carta in tavola. **5.** In funzione di s.m., tramonto. *Al calar del sole.* ◆ **calarsi** v.pron. Scendere lentamente tenendosi a un appiglio. *Calarsi nel crepaccio.*

calàta s.f. **1.** Discesa, abbassamento. ~ Invasione, anche con valore fig. *La calata dei turisti.* **2.** Luogo per il quale si discende. SIN.: **pendio**. **3.** Banchina portuale. **4.** Cadenza dialettale, inflessione.

calàza s.f. BIOL. Ciascuno dei due filamenti dell'albume dell'uovo, consistenti e opachi, che tengono in posizione il tuorlo.

calàzio s.m. [pl. *–zi*] MED. Piccola cisti infiammatoria che compare sul bordo della palpebra.

càlca s.f. [pl. *–che*] Grande affollamento di persone ammassate o serrate l'una addosso all'altra.

calcàgno s.m. [pl.m. *calcagni* nei sign. propri, f. *calcagna* nei sign. fig.] **1.** ANAT. Osso del tarso che costituisce la sporgenza del tallone. ~ *estens.* (al pl.) Parte posteriore del piede. SIN.: *talloni*. ◇ *fig. Stare alle calcagna di qlcu.*: seguirlo da presso, assillarlo. **2.** Parte della calza o della scarpa che copre il calcagno.

calcàra s.f. Fornace in cui dal calcare si ottiene la calce. ~ Forno in cui si produce il vetro fondendo sabbia e soda.

1. calcàre v.tr. [4] **1.** Calpestare, premere coi piedi qlco. *Calcare la terra.* ◇ *figg. Calcare le scene*: recitare. – *Calcare la mano*: esagerare. **2.** Comprimere, premere qlco. su altro. ~ Scrivere o disegnare premendo la penna sul foglio. **3.** *fig.* Accentuare, sottolineare qlco.

2. calcàre s.m. GEOL. Roccia sedimentaria ricca di carbonato di calcio, di origine chimica o formatasi per accumulo di organismi animali o vegetali.

calcàreo agg. Di calcare.

1. càlce s.f. (gr. *kháliks* "sasso") CHIM. Ossido di calcio (*CaO*), ricavato dal calcare per decomposizione termica, con notevole capacità di assorbire acqua o di combinarsi con essa. ◇ *Calce viva*: priva di acqua. – *Calce spenta*: *idrossido di calcio.* ❏ In funzione di agg. inv., nella loc. *bianco calce*, bianco vivo.

2. càlce s.m. (solo sing.) (lat. *cálcem* "calcagno") Nel l. bur., nella loc. *in calce*, in fondo alla pagina.

calcedònio s.m. [pl. *–ni*] (lat. *Chalcedōnium* "di Calcedonia", località della Bitinia da cui anticamente proveniva) **1.** MIN. Silice traslucida cristallizzata, molto usata ant. per la creazione di monili. (Il calcedonio rosso-arancio prende il nome di *cornalina*; lo scuro, *sardonica*; il verde, *crisopraso*; il verde a chiazze rosse, *eliotropio*; l'*agata* e l'*onice* hanno molte sfumature.) **2.** Vetro traslucido che simula la pietra dura.

calcemìa s.f. MED. Concentrazione di calcio nel sangue.

calceolària s.f. **1.** Pianta ornamentale originaria del Sudamerica i cui fiori ricordano una scarpetta. (Famiglia delle Scrofulariacee.) **2.** BOT. (iniziale maiusc.) Genere di Angiosperme a cui appartiene la calceolaria.

calcescisto s.m. Roccia calcarea a struttura scistosa.

1. calcése s.m. (lat. *carchēsium*, gr. *karkhḗsion* propr. "vaso alto e sottile") MAR. Negli alberi a un solo pezzo, l'estremità superiore dotata di un bozzello per passarvi la drizza della vela latina.

2. calcése s.m. Nel giornalismo sportivo, gergo usato dagli addetti alle cronache e ai commenti calcistici.

calcestrùzzo s.m. Miscuglio a forte presa, formato da sabbia, pietrisco, cemento o calce idraulica, usato nelle costruzioni edili in cemento armato.

1. calcétto s.m. Scarpa di tessuto leggero indossata da schermitori, ginnasti o ballerini.

2. calcétto s.m. **1.** Nel sign. del dim. di 1. *calcio*. **2.** Calcio-balilla. **3.** SPORT. (solo sing.) *Calcio a cinque.*

calciàre v.intr. [5] (aus. *avere*) Tirare calci, scalciare. ◆ v.tr. Far rotolare qlco. colpendolo con il piede. *Calciare il pallone.*

calciatóre s.m. **1.** [f. *–trice*] Chi gioca a calcio. **2.** Nel rugby, chi esegue un calcio piazzato.

calciferòlo s.m. CHIM. Sostanza liposolubile che si forma per irradiazione dell'ergosterolo, adoperata in medicina. ~ Vitamina D2.

calcificàre v.tr. [4] Ricoprire qlco. con sali di calcio. ◆ **calcificarsi** v.pron. Di tessuti organici, indurirsi per deposito di sali di calcio.

calcificazióne s.f. MED. Deposito di sali di calcio nei tessuti.

calcimetrìa s.f. Misurazione della quantità di calcio presente nei terreni, nelle rocce.

calcina s.f. *Calce spenta.*

calcinàccio s.m. [pl. *–ci*] **1.** Frammento di calcina secca staccatasi da una parete intonacata. ~ (spec. al pl.) Resto di muro abbattuto. **2.** VET. Malattia degli uccelli, spec. gallinacei, che causa un indurimento dello sterco nell'intestino.

calcinàre v.tr. **1.** CHIM. Portare una sostanza solida ad alta temperatura per eliminare l'acqua e le parti volatili. ~ In partic., riscaldare il calcare per ottenere la calce. **2.** AGR. Cospargere i campi con calce per renderli più permeabili o meno acidi. ~ Passare le sementi, spec. di cereali, in calcina diluita con acqua per prevenire l'attacco delle crittogame. **3.** Nell'industria conciaria, immergere le pelli in latte di calce.

calcino s.m. Malattia epidemica del baco da seta causata da un parassita che uccide l'insetto e lascia le larve bianche e friabili come calcina.

calcinòsi s.f. inv. MED. Aumento patologico di sali di calcio nei tessuti.

1. càlcio s.m. [pl. *–ci*] (lat., deriv. di *cálx* "calcagno") **1.** Colpo dato con il piede o con la zampa. SIN.: **pedata**. ◇ *figg. Mandare via qlcu. a calci*: in malo modo. – *Dare un calcio alla fortuna*: lasciare perdere una buona occasione. – *Dare un calcio al passato*: dimenticarlo. **2.** SPORT. (solo sing.) Gioco tra due squadre di undici giocatori ciascuna consistente nel fare entrare il pallone nella porta avversaria, colpendolo solo con i piedi o con la testa. ◇ *Calcio fiorentino o storico*: antico gioco del pallone. – *Calcio a cinque*: gioco simile al calcio giocato su un campo più piccolo con soli cinque giocatori per squadra. **3.** SPORT. Tiro del pallone con il piede. ◇ *Calcio di punizione*: battuto dalla squadra che ha subito un fallo nel punto in cui il fallo è stato commesso. – *Calcio di rigore*: concesso alla squadra che ha subito un fallo nell'area di rigore avversaria. – *Calcio d'angolo*: battuto dall'angolo del campo più vicino al punto in cui è stata mandata fuori la palla dalla linea di fondo. – *Calcio piazzato*: nel rugby, tiro di punizione calciato da fermo; nel calcio, calcio di punizione.

2. càlcio s.m. [pl. *–ci*] (lat., deriv. di *cálx* "calcagno") Parte inferiore della cassa del fucile, impugnatura della pistola.

3. càlcio s.m. (solo sing.) (lat. *cálx* "calce") **1.** Metallo alcalino terroso di colore bianco argenteo, tenero, di densità 1,55, che fonde a 840 °C, rinvenibile in natura come sale e costituente essenziale dello scheletro umano. **2.** Elemento chimico (*Ca*) di numero atomico 20 e peso atomico 40,078.

ENCICL. Alcuni composti del calcio, ossidi e idrossidi (calce), carbonato (calcite, presente nei calcari), solfato (gesso, o pietra da gesso), ecc., sono i costituenti principali di materiali di largo utilizzo.

càlcio-balilla s.m. inv. Tavolo che simula il gioco del calcio in un campo di calcio, con sponde alte nelle quali sono infilate aste metalliche manovrabili e provviste di sagome che raffigurano giocatori.

càlcio-mercàto s.m. (solo sing.) Compravendita di calciatori a cui partecipano i presidenti e i delegati delle squadre di calcio.

calcioscommésse s.m. inv. Sistema di scommesse clandestine sui risultati delle partite.

calcioterapìa s.f. MED. Cura con sali di calcio.

calcite s.f. MIN. Carbonato di calcio (*CaCO_3*), minerale principale delle rocce calcaree. (Stalattiti e stalagmiti sono formate da calcite.)

càlco s.m. [pl. *–chi*] **1.** Impronta in negativo di un oggetto ottenuta con materiale duttile e solidificabile. *Calco in gesso di statue antiche.* ~ Copia dell'oggetto che se ne ricava. **2.** Copia di un disegno ottenuta per ricalco. **3.** LING. Trasposizione di elementi lessicali, sintattici o semantici da una lingua all'altra. ~ *estens.* Elemento così ottenuto. **4.** STAM. Impronta di una matrice per ottenere altre copie.

calcocìte s.f. (fr. *chalcocite*) MIN. Solfuro di rame.

calcografìa s.f. **1.** Tecnica di stampa con matrice di rame incisa in incavo manualmente, chimicamente o con processo fotomeccanico. ~ Lastra di rame così incisa. **2.** Stabilimento di incisione e stampa. ~ Museo di incisioni su rame di interesse artistico.

calcolàbile agg. Che può essere calcolato.

calcolàre v.tr. (lat., deriv. di *cálculus* "sassolino per fare i conti") **1.** Determinare misure, quantità, rapporti mediante calcoli matematici. *Calcolare una distanza.* **2.** Misurare, ponderare. *Calcolare i gesti.* **3.** *fig.* Valutare, mettere in conto, giudicare. *Calcolare i pro e i contro.* **4.** Considerare, tenere in conto qlcu. *Non ti calcola per niente.* **5.** Avere intenzione, proporsi di fare qlco. *Calcolo di partire domani.*

calcolatóre agg. [f. *–trice*] **1.** Che esegue operazioni matematiche. **2.** *fig.* Che riflette mol-

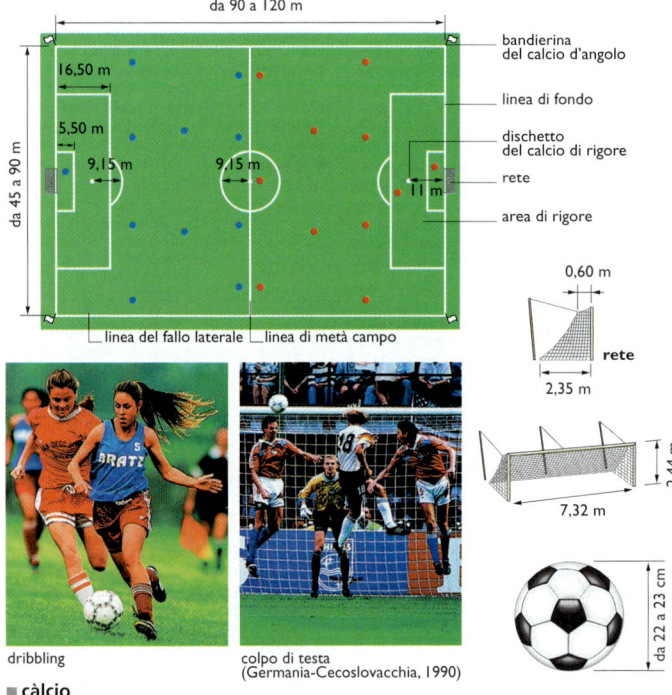

da 90 a 120 m

bandierina del calcio d'angolo
16,50 m
5,50 m
9,15 m   9,15 m
linea di fondo
dischetto del calcio di rigore
rete
11 m
area di rigore

da 45 a 90 m

linea del fallo laterale   linea di metà campo

0,60 m
rete
2,35 m

2,44 m
7,32 m

da 22 a 23 cm

dribbling

colpo di testa
(Germania-Cecoslovacchia, 1990)

■ càlcio

to prima di agire. ~ *estens*. Che agisce per interesse. *Una persona calcolatrice.* ◆ s.m. **1.** (anche f.) Chi esegue calcoli. ~ *fig*. Chi valuta attentamente le circostanze. **2.** Macchina che esegue operazioni matematiche ed elabora dati. ◇ *Calcolatore elettronico:* computer.

calcolatrìce s.f. Macchina da tavolo o tascabile che esegue operazioni matematiche.

calcolìtico s.m. (solo sing.) GEOL. → eneolitico. ◆ agg. [pl.m. –*ci*, f. –*che*] Relativo al periodo eneolitico.

calcolitografìa s.f. Stampa litografica di un'immagine ottenuta con la calcografia.

1. càlcolo s.m. (lat. *cálculum* "sassolino per fare i conti") **1.** MAT. Sequenza di operazioni matematiche nell'ambito di un ben definito sistema di regole. **2.** *estens*. Aritmetica, matematica. **3.** Conto, valutazione, stima. *Il calcolo dei danni.* ◇ *Calcolo preventivo:* indicazione del probabile costo di un'opera. – *figg*. *Fare bene, male i calcoli:* azzeccare, sbagliare le previsioni. – *Fare i propri calcoli:* considerare attentamente una situazione, valutandone i danni o i vantaggi che ne possono derivare. – *Far calcoli su qlcu., su qlco.:* farvi affidamento. – *Fare qlco. per calcolo:* per interesse, tornaconto.

2. càlcolo s.m. (lat. *cálculum* "sassolino") MED. Concrezione di sali minerali e acidi organici che si forma in vari organi e dotti escretori.

calcolòsi s.f. inv. MED. Stato patologico dovuto alla presenza di calcoli.

calcopirìte s.f. MIN. Solfuro di rame e ferro utilizzato per l'estrazione dell'acido solforico e del rame.

1. calcotèca s.f. [pl. –*che*] ANT. GR. Armadio in cui si tenevano vasi e altri oggetti di bronzo.

2. calcotèca s.f. [pl. –*che*] Raccolta di calchi di sculture.

calcotipìa s.f. Tecnica di stampa con matrici di rame lavorate in rilievo.

càlda s.f. TECNOL. Riscaldamento di un pezzo metallico fino a renderlo malleabile.

caldàia s.f. **1.** Apparecchio che riscaldando l'acqua produce vapore sotto pressione da utilizzare come energia meccanica o termica. **2.** Pentolone metallico per bollire o cuocere in notevole quantità. SIN.: **caldaio**.

caldàna s.f. **1.** Sensazione improvvisa di calore al capo con arrossamento del viso. **2.** Spa-

zio soprastante il forno, in cui si teneva il pane a lievitare. **3.** Strato isolante di malta sottostante il pavimento. **4.** Parte della risaia in cui l'acqua si scalda prima di essere usata per l'irrigazione.

caldarròsta s.f. [pl. *caldarroste*] Castagna con la buccia, arrostita in una padella bucherellata.

caldeggiàre v.tr. [5] Sostenere con convinzione qlco. *Caldeggiare una nomina.* SIN.: **favorire**.

caldèo agg. (gr. *Khaldâios* "della Caldea") **1.** Appartenente a un'antica popolazione semitica stanziatasi nella Mesopotamia meridionale nel XI sec. a.C. **2.** RELIG. Che crede nel nestorianesimo. ◆ s.m. [f. –*a*] Nei sign. dell'agg.

caldèra s.f. GEOL. Depressione circolare prodotta dallo sprofondamento della cima di un cono vulcanico.

calderàio s.m. [pl. –*rai*, f. –*raie*] Artigiano che fabbricava caldaie, pentole. ~ Artigiano che lavora il rame e altri metalli.

calderóne o **caldaróne** s.m. **1.** Grande caldaia. **2.** *fig*. Miscuglio di cose disparate. **3.** GEOL. Vasta conca prodotta dall'erosione dell'acqua.

càldo agg. **1.** Di temperatura superiore alla norma o a quella dell'ambiente. ~ Del clima, afoso, torrido. *Stagione calda.* ~ Che ha la capacità di proteggere dal freddo. *Tessuto caldo.* **2.** Che conserva ancora il calore di cottura. *Minestra calda.* **3.** *fig*. Che è passionale, facilmente alterabile, eccitabile. SIN.: **focoso**. **4.** *fig*. Conflittuale, acceso da lotte e proteste. *Autunno caldo.* ◇ *Telefono caldo:* sovraccarico di chiamate, oppure usato per comunicazioni importanti tra capi di Stato, spec. in momenti di crisi. **5.** *fig*. Di colore vivace, intenso, luminoso. **6.** *fig*. Di suono profondo, armonico. *Una voce calda.* ◆ s.m. (spec. sing.) **1.** Sensazione prodotta da un'alta temperatura, calore. **2.** Piatto, pietanza calda, pronta per essere consumata. ◇ *Tenere qlco. in caldo:* sul fuoco o nel forno; *fig*. tenerlo pronto in attesa di un'occasione favorevole. **3.** *fig*. Punto culminante, interessante. *Una discussione che entra nel caldo.* ◇ *A caldo:* ad alta temperatura; *fig*. sul momento.

caledoniàno s.m. (solo sing.) GEOL. Secondo periodo dell'era paleozoica. ◆ agg. Relativo a tale periodo.

calefazióne s.f. (lat. *calefactiónem*, deriv. di *calefácere* "rendere caldo") FIS. Fenomeno per

cui un liquido versato su una superficie metallica rovente non entra in ebollizione ma, a causa di un sottile strato di vapore che si produce tra il liquido e la superficie, dà luogo a gocce che scorrono e saltellano.

caleidoscòpio s.m. [pl. –*pi*] (ingl. *kaleidoscope*, comp. di gr. *kalós* "bello", *êidos* "forma" e *skopêin* "guardare") **1.** Tubo corto e chiuso, con un foro per la visione da una parte e con due dischi trasparenti tra i quali sono posti pezzetti di vetro colorato dall'altra; questi ultimi sono riflessi da specchietti angolati sistemati lungo l'asse longitudinale in modo che, al ruotare del tubo, si formano diverse composizioni spesso simmetriche. **2.** *estens*. Susseguirsi di immagini.

calembour [/kalã'bur/] s.m. inv. (voce fr. di etim. incerta) Gioco di parole di suono simile e di significato diverso. SIN.: **bisticcio**.

calendàrio s.m. [pl. –*rì*] (lat. *calendàrium*, deriv. di *calêndae* "primo giorno del mese") **1.** Sistema di divisione del tempo basato su fenomeni astronomici periodici. **2.** Elenco, tabella dei giorni dell'anno con l'indicazione delle festività. **3.** *estens*. Programma di attività organizzato in un arco di tempo. *Calendario scolastico.*

ENCICL. Il calendario internazionale odierno deriva dal calendario romano riformato da Giulio Cesare nel 46 a.C. (*calendario giuliano*). Questi, introducendo un anno bisestile ogni quattro, portò la durata dell'anno civile a 365,25 giorni. L'anno astronomico basato sulle stagioni (anno solare), però, era sensibilmente più corto (365,24 giorni). Nel corso dei secoli lo scarto di giorni fra l'anno civile e quello solare aumentò: nel sec. XVI era di 10 giorni, con conseguente spostamento dell'inizio delle stagioni. La riforma attuata da papa Gregorio XIII (*calendario gregoriano*) ristabilì la corrispondenza (al giovedì 4 ottobre 1582 fu fatto seguire il venerdì 15 ottobre) e, sopprimendo alcuni anni bisestili, permise di evitare nuove discordanze. Oggi il margine d'errore è di un giorno ogni 3000 anni.

calènde s.f. pl. Nell'antico calendario romano, il primo giorno del mese. ◇ *fig*. *Andare alle calende greche:* rimandare indefinitamente (nei calendari greci non vi erano le calende).

calendimàggio s.m. inv. Festa della primavera che si celebrava a Firenze il primo di maggio.

calèndola o **calèndula** s.f. Pianta erbacea perenne, ornamentale, a foglie alterne dentellate e fiori giallo-arancio. (Genere *Calendula*; famiglia delle Composite.)

calepino s.m. (dal nome dell'umanista bergamasco Ambrosius *Calepinus*, autore di un celebre dizionario latino) **1.** Vocabolario, in partic. di latino. ~ *scherz*. Gran volume, vecchio e di faticosa lettura. **2.** Brogliaccio.

calèsse s.m. (fr. *calèche*, ted. *Kalesche*, ceco *kolesa*) Carrozzella a due ruote trainata da un solo cavallo, eventualmente coperta da un mantice.

calètta s.f. TECN. Incavatura di un pezzo rigido in legno o metallo nella quale si incastra la corrispondente sporgenza di un secondo pezzo.

calettaménto s.m. **1.** TECN. Montaggio di due organi meccanici concentrici con collegamento fisso. **2.** AUTOM. Inserimento del pneumatico sul disco della ruota.

calettàre v.tr. TECN. Collegare due parti a incastro. ◆ v.intr. (aus. *avere*) Combaciare perfettamente.

calibràre v.tr. (fr. *calibrer*) **1.** Dare il diametro voluto a un pezzo cilindrico. ~ Correggere la deformazione di bossoli, canne di armi, ecc. **2.** Misurare col calibro pezzi meccanici, regolarli. ~ *estens*. Tarare. *Calibrare uno strumento.* **3.** *fig*. Dosare qlco. con attenzione e prudenza, adattandolo alla situazione. SIN.: **ponderare**. **4.** Scegliere e dividere frutta e verdura a seconda della dimensione.

calibràto agg. **1.** Che ha il calibro voluto. **2.** Misurato col calibro. **3.** *fig*. Calcolato esattamente.

calibro s.m. (fr. *calibre*, ar. *qâlib* "forma da scarpe") **1.** Diametro di una cavità cilindrica, in partic. quello interno di una bocca da fuoco. **2.** *estens*. (anche f., solo sing.) Arma di un dato calibro. *Una calibro 7,65.* **3.** *fig*. Valore, livello.

Un personaggio di grosso calibro. **4.** TECN. Strumento per misurare pezzi meccanici piccoli.

1. càlice s.m. **1.** Bicchiere a bocca ampia e stelo sottile poggiato su un piede circolare. **2.** RELIG. Coppa in cui il sacerdote versa il vino al momento della consacrazione eucaristica. **3.** ANAT. *Calice renale:* ciascuno dei tre condotti che portano l'urina al bacinetto.

2. càlice s.m. BOT. Insieme dei sepali del fiore.

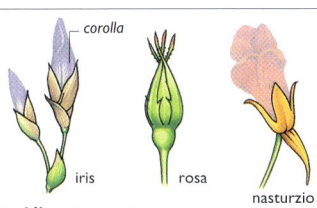

corolla

iris · rosa
nasturzio

■ **càlice** di alcuni fiori.

calicètto s.m. BOT. Rivestimento del calice del fiore, composto di una o più brattee.

calicò s.m. inv. (fr. *calicot*, dal nome della città indiana di *Calicut* nota per i tessuti) Tessuto in cotone stampato.

calidàrio s.m. [pl. *–ri*] (lat. *calidārium*, deriv. di *călidus* "caldo") ARCHEOL. Nelle antiche terme romane, locale per bagni dotato di acqua calda o di vapore.

califfàto s.m. **1.** Nel Medioevo, l'istituzione islamica del califfo. ~ estens. Periodo storico in cui fu in vigore. **2.** Territorio soggetto al potere di un califfo.

califfo s.m. (ar. *h'alīfa* "successore di Maometto") **1.** Nel Medioevo islamico, supremo capo spirituale e politico. **2.** estens. [f. *–fa*] Persona autoritaria, despota. **3.** scherz. Chi ha diverse donne con le quali vive familiarmente.

californiàno agg. **1.** Della California e dei suoi abitanti. **2.** ALP. Di scalata condotta sugli appigli naturali della roccia. ◆ s.m. [f. *–na*] Nativo, abitante della California.

califòrnio s.m. (solo sing.) (ingl. *californium*, dal nome della *California*, dove fu prodotto nel 1950) Elemento chimico (*Cf*), radioattivo e artificiale, di numero atomico 98 e peso atomico 251.

càliga s.f. [pl. *–ghe*] Calzare degli antichi soldati romani formato da una suola ferrata su cui erano cucite strisce di cuoio che coprivano il piede.

caligine s.f. **1.** Foschia dovuta a pulviscolo o fumi. ~ Offuscamento dell'aria. **2.** fig. Perdita di lucidità intellettiva.

caliórna o **calórna** s.f. (fr. *caliorne*) MAR. Grande paranco munito di un bozzello doppio o triplo.

calipso o **calypso** s.m. inv. Ballo originario delle Antille simile alla rumba, in voga tra gli anni Cinquanta e Sessanta.

caliptra o **calìttra** s.f. (gr. *kalýptra*, deriv. di *kalýptein* "nascondere") **1.** Velo con cui le antiche donne greche coprivano capo e viso durante le cerimonie. **2.** BOT. Rivestimento protettivo dell'apice delle radici funzionale alla loro penetrazione nel terreno, detto anche *cuffia radicale.*

call [ˈkɔːl] s.m. inv. (voce ingl., propr. "richiesta") BORS. Tipo di contratto che prevede l'acquisto di azioni mediante il pagamento di un determinato premio.

càlla s.f. Pianta erbacea con grandi foglie astate e infiorescenza a spiga racchiusa in una brattea bianca a calice. (Famiglia delle Aracee.)

callaiòla s.f. Rete per catturare la selvaggina di piccolo taglio.

call center [ˈkɔːl ˈsɛntə] loc. sost. m. inv. (loc. ingl., propr. "centro di chiamata") Azienda che offre servizi via telefono o Internet. ~ *special.* Sistema di rapporti fra azienda e cliente basato sui numeri verdi o su Internet.

càlle s.f. Nella toponomastica di Venezia, via, strada.

callgirl [ˈkɔːlˌɡəːl] s.f. inv. (loc. ingl., propr. "ragazza che si chiama") Prostituta, ragazza squillo.

Callifòridi s.m. pl. [iniziale minusc. sing. *–de* per l'individuo] ZOOL. Famiglia di insetti ditteri che depongono le uova su materiale organico.

callifugo s.m. [pl.m. *–ghi*] Prodotto per curare i calli dei piedi.

calligrafìa s.f. **1.** Tecnica di scrittura a mano secondo canoni di nitidezza ed eleganza. **2.** estens. Modo personale di scrivere, grafia.

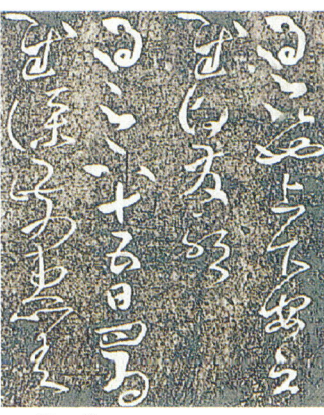

■ **calligrafìa** cinese; sec. VIII.

calligràfico agg. [pl.m. *–ci*, f. *–che*] **1.** Relativo alla calligrafia. **2.** Relativo alla grafia personale. ◇ *Perizia calligrafica:* analisi dei caratteri di uno scritto effettuata per stabilirne l'autenticità o la datazione. **3.** fig. Che persegue una perfezione esclusivamente formale.

calligrafìsmo s.m. Attenzione minuziosa alla perfezione estetica. ~ Compiacimento per la bellezza formale. SIN.: **preziosismo**.

calligrafo s.m. [f. *–fa*] **1.** Esperto nell'arte della calligrafia. **2.** Artista che privilegia la perfezione formale.

calligràmma s.m. [pl. *–mi*] (fr. *Calligrammes*, titolo di una raccolta di poesie del francese G. Apollinaire) Poesia stampata in modo da formare un disegno esteticamente significativo.

callista s.m. e f. [pl.m. *–sti*] Chi cura o estirpa i calli.

Callitrìcidi s.m. pl. [iniziale minusc. sing. *–de* per l'individuo] (lat. *Callithricidae*, gr. *kallíthriks* "dalla bella chioma") ZOOL. Famiglia di piccole scimmie arboricole con coda lunga, arti posteriori più lunghi degli anteriori, pollice non opponibile; si nutrono di frutta, fiori, insetti.

càllo s.m. **1.** Zona di ispessimento della cute, frequente nelle mani e nei piedi. **2.** MED. *Callo osseo:* formazione di nuovo tessuto che permette la saldatura di un osso fratturato. **3.** Escrescenza nella parte interna del ginocchio dei cavalli. **4.** BOT. Tessuto che cicatrizza una spaccatura subita dalla pianta.

callóso agg. **1.** Che ha i calli. ~ estens. Dalla pelle indurita, ruvida, coriacea. **2.** ANAT. *Corpo calloso:* tessuto che unisce i due emisferi cerebrali.

càlma s.f. **1.** Bonaccia, assenza di vento. ◇ METEOR. *Calma equatoriale:* zona di bassa pressione in prossimità dell'equatore. **2.** estens. Quiete, tranquillità riposante. *La calma delle vacanze.* **3.** fig. Equilibrio interiore, serenità, controllo.

calmàndo s.m. inv. MUS. Didascalia che indica, nell'esecuzione di un brano musicale, il passaggio a un ritmo meno vivace.

calmànte agg. Che placa, tranquillizza. ~ Che mitiga uno stato ansioso o un dolore. ◆ s.m. Sedativo, tranquillante.

calmàre v.tr. **1.** Rendere più calmo. ~ Indurre, provocare uno stato di calma. ◇ *Calmare le acque:* ridurre la tensione. **2.** Mitigare, lenire qlco. di doloroso, di sgradevole. *Calmare un dolore.* ◆ **calmarsi** v.pron. **1.** Tornare calmo, tranquillo, detto di qlcu. o qlco. in stato di agitazione. *Il mare si è calmato.* SIN.: **quietarsi. 2.** Diminuire d'intensità, attenuarsi. *Il mal di testa si è calmato.*

calmàta s.f. **1.** Temporaneo periodo di calma che si presenta a intervalli nel corso di una tempesta di mare. **2.** fam. Momento di tranquillità, periodo di calma. *Darsi una calmata.*

calmière s.m. Prezzo massimo fissato dall'autorità per la vendita al minuto di generi di prima necessità.

càlmo agg. **1.** Quieto, in bonaccia. *Il mare oggi è calmo.* **2.** fig. Pacato, sereno, controllato.

càlo s.m. **1.** Diminuzione, abbassamento di qlco. ~ Riduzione, perdita di qlco. *Calo della vista.* **2.** fig. Decadimento dell'attività mentale. *Calo intellettivo.* ~ Perdita di attenzione. *Una calo nell'interesse per il calcio.*

calóre s.m. **1.** FIS. Forma di energia, legata all'agitazione disordinata delle particelle formanti la materia, che fluisce tra due corpi a temperatura diversa. ◇ *Calore specifico:* quantità di calore necessaria ad aumentare di un grado la temperatura dell'unità di massa di un corpo. – *Calor rosso, bianco:* temperatura alla quale un corpo riscaldato appare di colore rosso o bianco. – fig. *Al calor bianco:* stato, momento di estrema tensione. *Un dibattito al calor bianco.* **2.** estens. comun. La sensazione prodotta da un corpo o da un ambiente a temperatura più elevata di quella corporea. *Calore del sole.* ◇ estens. *Colpo di calore:* complesso di sintomi prodotti dall'esposizione prolungata a temperature elevate. **3.** fig. Sentimento di affettuosa disponibilità verso il prossimo, comprensione, generosità d'animo. **4.** Nelle femmine degli animali, periodo di fertilità. *Essere in calore.* **5.** BIOL. *Calore organico:* quello prodotto nell'organismo dai processi metabolici. **6.** pop. Infiammazione di una parte del corpo con manifestazioni spesso di tipo cutaneo.

caloria s.f. **1.** Unità di misura della quantità di calore necessaria a portare da 14,5 °C a 15,5 °C la temperatura di un grammo di acqua distillata alla pressione di un'atmosfera (simb. *cal*, valore 4,186 joule); detta anche *piccola caloria.* **2.** *Grande caloria:* unità di misura del potere calorico degli alimenti pari a 1000 calorie; detta anche *chilocaloria.*

calòrico agg. [pl.m. *–ci*, f. *–che*] (fr. *calorique*) Relativo alle calorie. ◇ *Fabbisogno calorico:* calorie necessarie al consumo quotidiano del corpo. – *Potere calorico:* quantità di calorie che un alimento è in grado di fornire all'organismo. ◆ s.m. FIS. Ipotetico fluido con cui, in passato, si spiegava il passaggio di calore da un corpo all'altro.

calorìfero s.m. Impianto che sfrutta varie fonti di energia per produrre calore in un ambiente. ~ Ogni suo terminale radiante.

calorìfico agg. [pl.m. *–ci*, f. *–che*] Che produce, che dà calore.

calorimetria s.f. Studio delle metodiche di misurazione della quantità di calore.

calorìmetro s.m. FIS. Strumento per misurare la quantità di calore prodotta o acquisita da un corpo.

calorizzazióne s.f. TECN. Tecnica di rivestimento di un metallo, mediante riscaldamento, con uno strato sottile di alluminio.

caloróso agg. **1.** Che non soffre il freddo. **2.** Di cibi, che produce calore o che irrita. **3.** fig. Molto cordiale, entusiastico.

calòscia s.f. [pl. *–sce*] → **galoche**.

calòtta s.f. (fr. *calotte*, ar. *kalawta* nome del cappello dell'aristocrazia militare dei Mamelucchi) **1.** GEOM. Ciascuna delle due parti in cui un piano seca una superficie sferica. **2.** estens. Ogni oggetto o struttura di forma convessa. *La calotta dello spinterogeno.* ◇ ARCH. *Calotta di una cupola:* parte emisferica sovrastante il tamburo o i pennacchi. – GEOGR. *Calotta polare:* ciascuna delle due zone terrestri compresa tra il polo e il circolo polare. – *Calotta glaciale:* zona artica o antartica perennemente coperta dai ghiacci. – ANAT. *Calotta cranica:* volta del cranio. **3.** La parte convessa del cappello.

calpestàre v.tr. **1.** Posare pesantemente i piedi, camminare su qlco. *Calpestare l'erba.* SIN.: **schiacciare. 2.** Disprezzare, oltraggiare, offendere. *Calpestare i diritti dei popoli.*

calpestìo s.m. [pl.m. *–stii*] Passaggio continuato di uomini o animali. ~ Il rumore prodotto dai loro passi.

càlta s.f. → calendola.

calumet [/kaly'mε/] s.m. inv. (voce norman-no-piccarda, fr. *chalumeau* "cannello da pipa") Lunga pipa cerimoniale fumata dai capi delle tribù indiane dell'America del nord nelle riunioni o nei consigli, spesso come simbolo di pace o di fratellanza.

calùnnia s.f. (lat. *calùmniam*, deriv. di *càlvi* "ingannare") **1.** Menzogna denigratoria, falsa accusa. SIN.: **maldicenza**. **2.** DIR. Reato consistente nel denunciare all'autorità giudiziaria come colpevole una persona che si sa innocente o nell'inventare indizi a suo carico.

calunniàre v.tr. [6] Accusare con false affermazioni o con prove fittizie. SIN.: **denigrare**.

calunnióso agg. Che costituisce o contiene una calunnia.

calùra s.f. Caldo soffocante.

calvados [/kalva'dos/] s.m. inv. (voce fr., dal nome del dipartimento normanno in cui si produce) Acquavite di sidro.

calvàrio s.m. [pl. –*ri*] (calco dell'aramaico *Gylgalthā* "luogo del teschio") **1.** (solo sing.) Collina a ridosso di Gerusalemme dove Cristo fu crocifisso. **2.** Raffigurazione pittorica o scultorea della crocifissione di Gesù. **3.** *fig.* Patimento, sofferenza. *La vita è un calvario.*

calvilla o **calvèlla** s.f. (fr. *calville*, deriv. di *Calleville* nome della città in Normandia dove vengono prodotte tali mele) Qualità pregiata di mele con polpa molle dal caratteristico sapore di fragola.

calvinismo s.m. **1.** Dottrina religiosa elaborata da Giovanni Calvino nell'ambito della Riforma protestante. (Radicatosi tradizionalmente in Francia, Paesi Bassi, Scozia e Svizzera, il calvinismo si è poi diffuso in America del Nord e in altri continenti.) **2.** *estens.* Rigorismo morale, serietà di vita.

calvinista s.m. e f. [pl.m. –*sti*] **1.** Chi professa il calvinismo. **2.** *fig.* Chi è moralmente intransigente, serio e rigoroso.

calvizie s.f. inv. Caduta progressiva dei capelli. SIN.: **alopecia**.

càlvo agg. Senza capelli, pelato. ◆ s.m. [f. –*va*] Chi è privo di capelli.

càlza s.f. (lat. *càlceum* "scarpa") **1.** Indumento che copre il piede e la gamba. ◇ *Calze elastiche:* di maglia sostenuta ma elastica, usate a scopo protettivo o terapeutico. – *Fare la calza:* lavorare a maglia; *fig.* fare la casalinga. **2.** Ciuffo di piume sulle zampe di alcuni tipi di uccelli. **3.** Lucignolo dei lumi a petrolio. **4.** Puntale di ferro dei bastoni. **5.** Rivestimento in tessuto di tubi.

calzamàglia s.f. [pl. *calzemaglie, calzamaglie*] Guaina di vario tessuto che copre il corpo dalla vita ai piedi.

calzànte agg. **1.** Che calza bene il piede. **2.** *estens.* Combaciante, aderente. **3.** *fig.* Appropriato, che si addice in modo perfetto. *Un esempio calzante.* ◆ s.m. Arnese leggermente convesso per accompagnare il piede mentre lo si infila nella scarpa. SIN.: **calzascarpe**.

calzàre v.tr. **1.** Mettere scarpe o guanti. SIN.: **infilare**. **2.** Puntellare, fermare qlco. servendosi di zeppe. ◆ v.intr. (aus. *avere*) Adattarsi e aderire al corpo secondo una certa modalità, di calzature e indumenti. *Le scarpe calzano bene.*

calzascàrpe s.m. inv. Piccolo strumento arcuato nella parte bassa che serve ad aiutare il piede a entrare nella calzatura. SIN.: **calzante**.

calzatùra s.f. (spec. pl.) Scarpa di ogni tipo.

calzaturière s.m. [f. –*ra*] Fabbricante di calzature.

calzaturifìcio s.m. [pl. –*ci*] Fabbrica di scarpe.

calzettóne s.m. **1.** Nel sign. dell'accr. di *calza*. **2.** Calza di lana o di cotone, lunga fino al ginocchio.

calzifìcio s.m. [pl. –*ci*] Fabbrica di calze.

calzìno s.m. **1.** Nel sign. del dim. di *calza*. **2.** Calza di filato sottile, che arriva al polpaccio.

calzolàio s.m. [f. –*laia*, pl. –*lai*] Chi fabbrica scarpe artigianalmente. ~ Chi le aggiusta.

calzoleria s.f. **1.** Bottega di riparazione delle scarpe. **2.** Negozio di scarpe.

calzóne s.m. **1.** (spec. pl.) Indumento che copre il bacino e ciascuna gamba. SIN.: **pantalone**. ◇ *fig. fam. Portare i calzoni:* comandare, dirigere. **2.** Ciascuna gamba del calzone. **3.** CUC. Involucro di pasta salata variamente ripieno.

camàglio s.m. [pl. –*gli*] (fr. *camail*, provenz. *capmalh* propr. "testa di maglia") **1.** Nelle antiche armature, fitta maglia di ferro che dall'elmo scendeva a proteggere il collo. **2.** *estens.* Passamontagna.

camaldolése s.m. (dal nome di *Camaldoli*, località dell'Appennino Casentinese in provincia di Arezzo) Monaco eremita o di clausura dell'ordine fondato da San Romualdo a Camaldoli nel 1012. ◆ agg. Di Camaldoli, dei monaci camaldolesi.

camaleónte s.m. (gr. *khamailéōn*, propr. "leone che striscia per terra") **1.** Rettile arboricolo e insettivoro che vive in Africa e in Medio Oriente, mimetico rispetto ai colori dell'ambiente, con coda prensile, occhi dal movimento indipendente e lingua viscosa e protrattile. (Lunghezza fino a 60 cm; ordine dei Lacertili). **2.** ZOOL. (iniziale maiusc.) Genere di animali a cui appartengono i camaleonti. **3.** *fig.* Chi muta facilmente opinione. *I camaleonti della politica.* SIN.: **opportunista**. **4.** CHIM. *Camaleonte minerale o violetto:* *permanganato di potassio. – *Camaleonte verde:* manganato di potassio che cambia colore a contatto con aria o acqua.

lingua protrattile

■ **camaleónte**

camaleòntico agg. [pl.m. –*ci*, f. –*che*] Del camaleonte. ~ *fig.* Da trasformista.

camaleontismo s.m. Mutevolezza di opinioni e di atteggiamenti per opportunismo. SIN.: **trasformismo**.

camarilla o **camerilla** s.f. (spagn. *camarilla* "studiolo del re") **1.** In Spagna, consiglio privato del re. **2.** *estens.* Cerchia di persone che esercita un'influenza, spesso occulta e a proprio vantaggio, sui potenti.

cambiadischi s.m. inv. Dispositivo che cambia automaticamente i dischi in un lettore.

cambiàle s.f. Titolo di credito all'ordine che contiene l'ordine (*tratta*) o la promessa (*vaglia cambiario*) di pagare una data somma a una scadenza stabilita. ◇ *Cambiale ipotecaria:* garantita da un'ipoteca. – *Protestare una cambiale:* notificare il mancato pagamento.

cambiaménto s.m. Trasformazione, modificazione. ◇ FIS. *Cambiamento di stato:* passaggio di una sostanza da uno stato di aggregazione a un altro. – *Cambiamento di scena:* a teatro, mutamento degli scenari; *fig.* improvviso e radicale mutamento di situazione, di atteggiamento.

cambiàre v.tr. [6] **1.** Sostituire una cosa o una persona con un'altra dello stesso genere. *Cambiare auto.* ◇ *fig. Cambiare aria:* trasferirsi in altro luogo. ~ Permutare, barattare. *Cambiare euro in dollari.* SIN.: **convertire**. **2.** Rendere diverso qlcu. o qlco. *Quell'incontro l'ha profondamente cambiato.* SIN.: **trasformare**. ~ Diventare diverso, modificarsi sotto qualche riguardo. *La città ha cambiato aspetto.* **3.** Sostituire qlco. di sporco con altro pulito. *Cambiare la maglietta.* ◆ v.intr. (aus. *essere*) Diventare diverso, modificarsi. *Il tempo è cambiato.* ◆ **cambiarsi** v.pron. **1.** Trasformarsi in qualcos'altro. *La pioggia si cambiò in grandine.* ~ Alterarsi, mutare nel carattere. **2.** Togliersi un indumento per indossarne un altro. *Cambiarsi l'abito.*

cambiàrio agg. [pl.m. –*ri*] Relativo alla cambiale.

cambiavalùte s.m. e f. inv. Impiegato di banca che effettua operazioni di cambio.

càmbio s.m. [pl. –*bi*] **1.** Avvicendamento, permuta. ~ Sostituzione. ~ estens. Cosa o persona che rimpiazza un'altra. ◇ *Cambio della guardia:* sostituzione delle sentinelle al termine del turno di guardia; *fig.* sostituzione di chi ha un carico di responsabilità. **2.** FIN. Prezzo di acquisto di una valuta in un'altra valuta. ◇ *Cambio a pronti:* cambio per consegna immediata della valuta. – *Cambio a termine:* cambio per consegna della valuta a scadenza. – *Cambio ufficiale:* quotazione stabilita da organismi finanziari autorizzati. – *Tasso di cambio:* numero di unità monetarie di uno Stato da corrispondere per un'unità monetaria di un altro Stato. – *Lettera di cambio:* cambiale. **3.** MECC. Dispositivo che muta il rapporto di trasmissione tra due organi rotanti. ~ Comando di tale dispositivo. ◇ *Cambio automatico:* quello azionato direttamente dal pedale dell'acceleratore, per ridurre al minimo l'intervento del conducente. **4.** BOT. Tessuto vegetale nuovo che si forma annualmente tra il legno e il libro delle radici e del fusto delle gimnosperme e dicotiledoni. **5.** ANAT. Strato del periostio le cui cellule sono in grado di formare nuovo tessuto osseo.

cambista s.m. e f. [pl.m. –*sti*] FIN. Chi è autorizzato a cambiare valuta estera.

cambogiàno agg. Della Cambogia. ◆ s.m. **1.** [f. –*na*] Nativo, abitante della Cambogia. **2.** (solo sing.) Lingua austro-asiatica parlata in Cambogia.

cambrétta s.f. Chiodo a due punte per fissare fili.

cambrì s.m. inv. (ingl. *Cambric*, fr. *Cambray*, nome della città in cui si produceva il tessuto) Tela di cotone molto fine per biancheria.

cambriàno s.m. (solo sing.) (ingl. *cambrian*) GEOL. Primo periodo dell'era paleozoica. (Compreso tra 540 e 500 milioni di anni fa, caratterizzato dalla comparsa dei Trilobiti.) ◆ agg. Relativo a tale periodo.

cambùsa s.f. (genov. *cambusa*, fr. *cambuse*, ol. *kabuis* "cucina di nave") MAR. Dispensa delle navi.

camcorder [/'kæm,kɔːdə/] s.m. inv. (voce ingl., comp. di *cam-era* "telecamera" e *re-corder* "registratore") Apparecchiatura composta da telecamera e registratore. ~ Videoregistratore portatile.

camecèraso s.m. *Ciliegio di montagna.

camèdrio s.m. [pl. –*dri*] (gr. *khamáidrys* "quercia nana") **1.** Pianta erbacea aromatica di cui una specie, che presenta infiorescenze verdastre, è nota come *salvia di bosco*. SIN.: *Teucrium*; (famiglia delle Labiate). **2.** *Camedrio alpino:* pianta comune nelle regioni montane dell'Italia settentrionale. (Famiglia delle Rosacee).

camèlia s.f. (lat. *Camellia*, dal nome del gesuita moravo G.J. *Kamel* che introdusse l'arbusto in Europa dal Giappone) Arbusto sempreverde di origine asiatica del quale esistono numerose specie ornamentali con fiori bianchi, rosa o rossi. (Famiglia delle Teacee).

Camèlidi s.m. pl. [iniziale minusc. sing. –*de* per l'individuo] ZOOL. Famiglia di mammiferi con dentatura completa, piede a due dita; ne fanno parte cammello, dromedario, lama, vigogna. (Ordine degli Artiodattili).

camelina o **camellina** s.f. (lat. *Chamaelina*, comp. di gr. *khamái* "a terra" e *línon* "lino") Pianta con piccoli fiori gialli e semi da cui si estrae un liquido odoroso usato nell'industria dei saponi e delle vernici. (Famiglia delle Crocifere.)

camembert [/kamɑ̃'bεr/] s.m. inv. (voce fr., dal nome del luogo di produzione) Formaggio stagionato della Normandia, prodotto con latte vaccino.

1. càmera s.f. (gr. *kamára* "ambiente a volta") **1.** Ambiente abitativo in una casa, in un appartamento. ~ *per anton.* Stanza da letto. ◇ *Musica da camera:* composizione musicale per un ridotto numero di esecutori, senza organo e non sacra. **2.** *estens.* Insieme dei mobili che arredano una stanza, spec. quella da letto. SIN.: **mobilia**. **3.** Locale chiuso, accessibile solo a certe condizioni e destinato a usi particolari. ◇ *Came-*

ra operatoria: *sala operatoria. – Camera iperbarica: ambiente chiuso ermeticamente e a pressione variabile, in cui sono introdotte persone, spec. subacquei, che abbiano subito una brusca diminuzione di pressione per riportarle gradualmente alla normalità. – Camera blindata: caveau delle banche. – Camera a gas: locale ermeticamente chiuso in cui venivano insufflati gas venefici, ancora in uso in qualche Stato degli USA per l'esecuzione di condanne a morte. – Camera di sicurezza: cella di caserme dei carabinieri, questure, posti di polizia, dove vengono rinchiuse le persone in stato di arresto o di fermo. – Camera oscura: in un laboratorio fotografico, stanza in cui si effettuano lo sviluppo e la stampa delle fotografie. 4. estens. Spazio chiuso in cui avviene un processo fisico o chimico. ◊ Camera di carburazione: parte del carburatore dove la benzina si mescola all'aria sotto forma di minutissime gocce. – Camera di combustione: nei motori a scoppio, dove avviene la compressione e la combustione del carburante, detta anche camera di scoppio. – Camera oscura: nelle macchine fotografiche, parte interna annerita posta tra l'obiettivo e la pellicola su cui si forma l'immagine. – Camera d'aria: tubo di gomma interno al pneumatico che viene riempito di aria compressa; in edilizia, intercapedine nello spessore di un muro per garantire un maggior isolamento termico e acustico. 5. Luogo in cui si riuniscono vari organi istituzionali a base rappresentativa. ◊ per anton. Le camere: la Camera dei deputati e il Senato. – Camera bassa, alta: in Inghilterra, organi legislativi, detti anche, rispettivamente, camera dei Comuni e camera dei Lord. – Camera di consiglio: luogo e momento decisionale della magistratura giudicante. 6. Ente per la tutela di attività economiche, lavorative. ◊ Camera di commercio, industria, artigianato e agricoltura: ente di diritto pubblico che coordina e sostiene le attività di questi settori. – Camera del lavoro: organizzazione sindacale territoriale. – Camera penale: associazione degli avvocati che operano in un distretto di corte d'appello. 7. Erario di uno Stato e magistratura che lo amministra. ENCICL. Il Parlamento italiano è un parlamento bicamerale, cioè esercita le proprie funzioni legislative per mezzo di due camere: la Camera dei Deputati, formata da 630 deputati elettivi, e il Senato della Repubblica, formato da 315 senatori elettivi e da un piccolo numero di senatori a vita. Le due camere hanno esattamente gli stessi poteri e le stesse funzioni, perciò si parla di bicameralismo perfetto. Ogni decisione del Parlamento deve ottenere, separatamente, l'approvazione di ciascuna Camera. Entrambe le Camere durano 5 anni e sono formate da membri eletti con suffragio universale diretto, esclusi i senatori a vita che vengono nominati dal Presidente della Repubblica.
2. **càmera** s.f. (ingl. camera) Macchina per riprese fotografiche, cinematografiche, televisive.

cameralismo s.m. Dottrina amministrativa e finanziaria propria degli Stati tedeschi e dell'Austria nei secc. XVII e XVIII.

cameraman [/ˈkæmərəmən/] s.m. inv. (voce ingl., comp. di camera "camera" e man "uomo") Operatore televisivo che usa la telecamera.

cameràrio s.m. [pl. –ri] 1. Titolo di un ufficiale della corte imperiale e papale. 2. Nello Stato vaticano, camerlengo.

1. **cameràta** s.f. 1. Grande ambiente adibito a dormitorio, spec. in caserme e collegi. 2. Insieme delle persone che dormono in una camerata.

2. **cameràta** s.m. e f. [pl.m. –ti] (spagn. camarada) 1. Compagno d'armi o di collegio. 2. Appellativo in uso tra i militanti del partito nazionale fascista italiano e successivamente tra gli appartenenti a gruppi di estrema destra.

cameratismo s.m. Complicità, solidarietà tipica di commilitoni o collegiali.

camerétta s.f. 1. Piccola camera; in partic., la stanza da letto dei bambini. 2. Piccolo vano sotto il piano stradale per il quale si accede alle tubazioni.

camerière s.m. [f. –ra] 1. Persona addetta al servizio di tavola o a lavori domestici in case private, alberghi, locali pubblici. ◊ Cameriera ai piani: negli alberghi, addetta alla pulizia delle stanze di un piano. 2. Un tempo, titolo di gentiluomini del re e dame di corte della regina, ancora in uso presso la corte pontificia.

camerino s.m. 1. Nei teatri, negli studi televisivi e cinematografici, stanzetta riservata agli attori. 2. Cabina per ufficiali e sottufficiali sulle navi da guerra.

camerista s.f. ST. Cameriera addetta al servizio di una nobildonna o di una regina.

cameristico agg. [pl.m. –ci, f. –che] MUS. Relativo alla musica da camera.

camerléngo s.m. [pl. –ghi] (germ. kamarling "addetto alla camera del re") 1. Tesoriere degli antichi comuni. ~ Amministratore di confraternite. 2. Titolo del cardinale che amministra le finanze vaticane e governa la S. Sede nel periodo di interregno tra la morte di un papa e l'elezione del successore.

camerunènse agg. Del Camerun. ◆ s.m. e f. Nativo, abitante del Camerun.

càmice s.m. (gr. kámasos "tunica") Grembiule indossato da medici, infermieri, tecnici, pittori, ecc., spec. per motivi igienici. ◊ Camici bianchi: medici o ricercatori.

camiceria s.f. (calco del fr. chemiserie) Fabbrica, negozio di camicie.

camicétta s.f. (calco del fr. chemisette) Indumento femminile che copre il busto, di tessuto leggero, con o senza maniche, con colletto di vario taglio.

camicia s.f. [pl. –cie] 1. Indumento leggero, con maniche e apertura sul davanti, che copre il tronco di una persona. ◊ Camicia di forza: corpetto di tela grossa munito di legacci per impedire i movimenti, usato per gli alienati in stato di grande agitazione; fig. coercizione, costrizione. – figg. Nascere con la camicia: essere molto fortunato. – Sudare sette camicie: faticare molto. – Essere culo e camicia: di più persone, essere sempre insieme. – Uova in camicia: buttate senza guscio in acqua bollente con aceto. – Camicia da notte: indumento femminile generale. lungo, usato per andare a letto. 2. Divisa, emblema di un'organizzazione. ◊ Camicie rosse: dei garibaldini. – Camicia bruna: tipica dei nazisti; per anton. nazista. – Camicia nera: dei fascisti; fascista. 3. TECN. Involucro di recipienti e strumenti. Camicia dei cilindri. ~ COSTR. Rivestimento in muratura.

camiciàio s.m. [f. –ciaia, pl.m. –ciai] Sarto specializzato in camicie. ~ Chi vende camicie.

caminétto s.m. 1. Camino costruito in un ambiente per riscaldarlo o decorarlo. 2. ALP. Piccola frattura verticale della roccia.

camino s.m. (lat. camīnum "focolare", gr. káminos "forno, fucina") 1. Opera general. in muratura in cui si accende il fuoco, composta da un focolare e da un condotto per la fuoriuscita dei fumi. 2. Condotto per lo scarico dei fumi. SIN.: **canna fumaria**. ~ Parte terminale di tale condotto. SIN.: **comignolo**. 3. GEOL. Condotto naturale del vulcano da cui salgono e fuoriescono i materiali. 4. ALP. Frattura verticale della roccia sufficientemente larga per permettere al rocciatore di entrarvi.

càmion s.m. inv. (fr. camion) Autoveicolo per il trasporto di carichi pesanti.

camionàbile agg. Di strada che consente un notevole volume di traffico pesante. SIN.: **camionale**. ◆ s.f. Nel sign. dell'agg.

camioncino s.m. Nel sign. del dim. di camion; in partic., autocarro con portata limitata.

camionétta s.f. Piccolo autocarro militare per il trasporto di persone o cose, con cassone coperto da un telo amovibile. SIN.: **jeep**.

camionista s.m. e f. [pl.m. –sti] Autista di camion.

camita s.m. e f. [pl.m. –ti; anche con iniziale maiusc.] (deriv. di Cam, nome di uno dei figli di Noè) Appartenente a uno dei gruppi etnici non negridi dell'Africa nordorientale.

camitico agg. [pl.m. –ci, f. –che] Dei Camiti. ◆ s.m. (solo sing.) Lingua camitica.

camito-semitico agg. Relativo a una famiglia di lingue comprendente il semitico, il berbero, il cuscitico e le lingue del Ciad.

càmma s.f. (fr. came, ol. kamm "pettine") MECC. Organo atto a trasformare il moto rotatorio uniforme in rettilineo vario.

cammellière s.m. Chi conduce cammelli o dromedari.

cammèllo s.m. 1. [f. –la] Mammifero ruminante delle zone aride dell'Asia centrale e dell'Africa settentrionale, con zampe lunghe, capo piuttosto piccolo e due gobbe adipose sul dorso; addomesticato, si impiega come animale da trasporto. (Famiglia dei Camelidi.) 2. ZOOL. (iniziale maiusc.) Genere di Ruminanti a cui appartengono varie specie di cammello. 3. Tessuto pregiato, un tempo di pelo di cammello, oggi di lana di capra di buona qualità. □ In funzione di agg. inv., di colore nocciola chiaro.

■ **cammèllo**

cammèo s.m. 1. Ornamento che sfrutta la diversa colorazione degli strati di una pietra dura e che si presenta come un bassorilievo chiaro su sfondo scuro o rossiccio. 2. CINE. Partecipazione straordinaria in un film.

camminaménto s.m. (calco del fr. cheminement) FORTIF. Via di comunicazione scavata nel terreno tra trincee e postazioni.

camminàre v.intr. (aus. avere) 1. Muoversi spostando alternativamente in avanti i piedi e le gambe. ~ Andare a piedi. – fam. Affrettarsi, sbrigarsi. Cammina su! siamo in ritardo. ◊ figg. Camminare dritto: comportarsi bene, correttamente. – Camminare sulle uova: procedere con molta cautela e prudenza. 2. fig. Progredire, procedere. La scienza cammina velocemente. 3. estens. Di macchine e autoveicoli, muoversi, andare veloce. È una macchina che cammina bene. 4. estens. Riferito a meccanismi, funzionare. L'orologio non cammina più.

camminàta s.f. 1. Escursione, lunga passeggiata. 2. Modo di camminare. Camminata rapida.

camminatóre s.m. [f. –trice] Chi ama fare lunghe passeggiate.

cammino s.m. 1. Spostamento a piedi da un luogo all'altro. SIN.: **viaggio**. 2. Spazio che si percorre camminando. 3. estens. Percorso di qualsiasi cosa che si muove. 4. fig. Progresso, sviluppo, avanzamento. Il cammino della scienza. 5. fig. Il corso della vita umana che avanza nel tempo. 6. fig. Comportamento, condotta morale. Il cammino della virtù.

camomilla s.f. (gr. khamáimēlon "melo nano") 1. Pianta erbacea con fiori a capolino dai petali bianchi e disco giallo e dalle blande proprietà antispastiche e sedative. (Famiglia delle Composite.) 2. Infuso preparato coi fiori di tale pianta.

camòrra s.f. (voce napol. di orig. incerta) 1. Organizzazione criminale radicata in Campania, derivata storicamente da un'associazione segreta operante a Napoli nei secc. XVI-XVII, re-

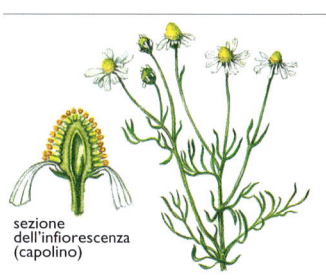

sezione
dell'infiorescenza
(capolino)

■ **camomìlla**

sponsabile di estorsioni, contrabbando, traffico di droga. **2.** *estens.* Accordo tra più persone che cercano di raggiungere vantaggi personali violando i diritti altrui e aggirando le leggi.

camorrista s.m. e f. [pl.m. *–sti*] **1.** Chi fa parte della camorra. **2.** *estens.* Chi ricorre alla corruzione e ai favoritismi per ottenere vantaggi illeciti.

camòscio s.m. [f. *camozza*, pl.m. *–sci*] (voce di area alpina) **1.** Mammifero ruminante di alta montagna, con corna corte volte all'indietro, fitto pelame bruno o grigio; è un eccellente saltatore. (Altezza al garrese 65 cm; genere *Rubicapra*, famiglia dei Bovidi.) **2.** Pelle di tale animale che, conciata, si usa per realizzare guanti, scarpe, giacche.

■ **camòscio**

campàgna s.f. **1.** Terreno aperto, coltivato o coperto di vegetazione spontanea. ~ Zona rurale lontana dalle città. **2.** Stagione propria di una certa attività agricola. ~ Periodo della raccolta di un prodotto e la raccolta stessa. *Campagna dell'uva.* **3.** *fig.* Operazioni militari tatticamente coordinate, volte al raggiungimento dell'obiettivo strategico. *La campagna di Russia.* ~ *estens.* Insieme di iniziative concentrate in un dato periodo, dirette e organizzate per conseguire un certo scopo. *Campagna stampa.* ◊ *Campagna elettorale:* periodo di propaganda che precede una tornata elettorale.

campàle agg. Che si svolge in campo, perlopiù di battaglia. ◊ *Giornata campale:* in cui avviene lo scontro decisivo tra due eserciti; *fig.* giorno denso di impegni e di lavoro.

campàna s.f. (lat. *campānam*, deriv. di *vasa Campāna* "vasi bronzei della Campania") **1.** Strumento general. di bronzo a forma di calice rovesciato che, percosso, risuona; si usa per annunciare funzioni religiose o per scandire le ore. ◊ *Campane a martello:* che annunciano un pericolo. – *Suonare le campane a morto:* per annunciare la morte di qlcu.; *fig.* preannunciare l'inesorabile fine di qlco. – *figg. Stare in campana:* nel l. fam., stare attento, essere guardingo. – *Far la testa come una campana:* riempire qlcu. di chiacchiere. **2.** Calotta di vetro o altro materiale per proteggere cose deperibili, delicate, fragili. *Orologio protetto da una campana di vetro.* ◊ *fig. Sotto una campana di vetro:* al riparo dai pericoli, troppo protetto. **3.** Paralume a forma emisferica per lampade da tavolo. **4.** MUS. Negli strumenti a fiato, parte terminale allargata, detta anche *padiglione.* **5.** ARCH. Centro del capitello corinzio, intorno a cui sono disposte le foglie. **6.** TECN., TECNOL. *Campana pneumatica:* cassone ad aria compressa calato sott'acqua per lavori subacquei. **7.** Gioco infantile che consiste nel lanciare un sassolino in un riquadro di una figura disegnata per terra e nel recuperarlo saltellando su un piede solo, senza calpestare le linee del disegno. **8.** AER. Acrobazia consistente in un'impennata seguita da una rotazione del velivolo.

campanàccio s.m. [pl. *–ci*] **1.** Campana di ferro appesa al collo degli animali da pascolo. **2.** Campana di terracotta per richiamare le api all'alveare.

campanàro s.m. [f. *–ra*] Chi suona le campane.

campanatùra s.f. **1.** TECN. Inclinazione rispetto all'asse verticale data alle ruote dei veicoli per migliorarne la tenuta di strada. **2.** Forma a campana.

campanèlla s.f. **1.** Piccola campana con batacchio interno, suonata tirando una fune o scuotendo con la mano. **2.** Campanello. *La cam-*

panella dell'intervallo. **3.** Anello metallico nelle sue varie forme e usi (p.e. battente di portoni, anello che si passa nelle narici dei bovini, anello da tende). **4.** BOT. (spec. pl.) Denominazione di diverse piante di fiori a forma di campana.

1. campanèllo s.m. **1.** Campanello. **2.** Dispositivo sonoro azionato da un congegno meccanico o elettrico. ◊ *Campanello d'allarme:* suoneria collegata a impianti di sicurezza; *fig.* segnale, indizio negativo. **3.** MUS. (al pl.) Strumento a tastiera costituito da semisfere variamente intonate.

2. campanèllo s.m. Taglio di carne bovina corrispondente al quarto posteriore, detto anche *muscolo.*

campanile s.m. **1.** Corpo architettonico attiguo alla chiesa o in essa compreso, a pianta poligonale o circolare, sviluppato in altezza e concluso da arcate nelle quali oscillano le campane. ◊ *fig. Tiro a campanile:* nel calcio e in altri giochi con la palla, tiro che ha una traiettoria verticale. **2.** *fig.* Paese nativo. ◊ *fig. Rivalità di campanile:* campanilismo. **3.** Cima, in partic. dolomitica, isolata e aguzza.

campanilismo s.m. Esasperato attaccamento al proprio paese. ~ Sentimento di superiorità degli abitanti di un paese rispetto a quelli dei paesi vicini.

campàno agg. Della Campania. ◆ s.m. [f. *–na*] Nativo, abitante della Campania.

campànula s.f. **1.** Pianta erbacea annua o perenne con fiori di vario colore a forma di campana. (Famiglia delle Campanulacee.) **2.** BOT. (iniziale maiusc.) Genere di piante a cui appartengono varie specie di campanule.

Campanulàcee s.f. pl. [iniziale minusc. sing. *–a* per l'individuo] BOT. Famiglia di piante erbacee dicotiledoni con foglie alterne, fiori a campana, frutti a capsula.

1. campàre v.intr. (aus. *essere*) (propr. "trovare un luogo in cui rifugiarsi") Vivere o sopravvivere alla meno peggio. *Campare di elemosine.* ◊ *Tirare a campare:* badare a sopravvivere e basta. ◆ v.tr. **1.** Liberare, salvare qlcu. **2.** *pop.* Provvedere al mantenimento di qlcu. *Campare dieci figli.*

2. campàre v.tr. Far risaltare qlco. su uno sfondo.

campàta s.f. ARCH. Parte di una struttura compresa tra due appoggi.

campàto agg. Messo in rilievo. ◊ *fig. Campato in aria:* privo di significato, di fondamento.

campeggiàre v.intr. [5] (aus. *avere*) **1.** Fare campeggio, accamparsi. **2.** Risaltare, spiccare su uno sfondo. ~ *fig.* Avere un gran risalto, distinguersi. *Tra i miei ricordi campeggia la figura di mio padre.*

1. campéggio s.m. [pl. *–gi*] (da *Campeche*, nome di uno stato del Messico) Albero tropicale dal legno duro rosso-bruno da cui si ricava una sostanza colorante. (Famiglia delle Cesalpiniacee.)

2. campéggio s.m. [pl. *–gi*] (calco dell'ingl. *camping*) **1.** Sistemazione in tenda, camper o roulotte, general. per vacanza. **2.** Luogo attrezzato per ricevere i campeggiatori.

camper [/'kæmpər/] s.m. inv. (voce ingl.) Autofurgone attrezzato ad abitazione.

campèstre agg. Dei campi, della campagna. ◊ *Corsa campestre:* che si svolge attraverso campi, su terreno accidentato.

camping [/'kæmpiŋ/] s.m. inv. (voce ingl., deriv. di *to camp* "campeggiare") Campeggio attrezzato.

campionaménto s.m. Selezione da una totalità di una porzione rappresentativa dell'insieme.

■ **camper**

campionàre v.tr. **1.** Scegliere, selezionare campioni da un insieme. **2.** TECNOL. Definire la variazione di una grandezza o di un segnale nel tempo secondo la successione dei suoi valori.

campionàrio agg. [pl.m. *–ri*] Costituito da campioni di merce. *Fiera campionaria.* ◆ s.m. Insieme di campioni di merce da mostrare agli acquirenti.

1. campionàto s.m. (fr. *championnat*) Gara o insieme di gare al cui termine si assegna il titolo di campione in una data specialità sportiva.

2. campionàto agg. Analizzato e classificato mediante campionatura. *Roccia campionata.*

campionatóre s.m. [f. *–trice*] **1.** Chi esegue la campionatura. **2.** TECN. Dispositivo di prelievo di campioni da una massa solida o liquida. **3.** MUS. Dispositivo elettronico in grado di registrare brevi suoni in forma digitale e usarli come timbro nella generazione di note musicali, per simulare strumenti reali o costruire effetti particolari.

campionatùra s.f. Campionamento.

campióne s.m. [f. *–essa*] (francone *kampio*, lat. deriv. di *câmpus* "campo di battaglia") **1.** Atleta, squadra che vince gare o campionati. ~ Atleta di grande classe. ~ *fig.* Persona che supera tutti gli altri in qlco. *Essere un campione di pigrizia.* ~ Persona molto brava, che eccelle in qlco. **2.** Nel Medioevo, chi difendeva qlcu. in un giudizio di Dio. ~ *estens.* Eroe, guerriero. ~ Difensore di un ideale, di una causa. *Un campione della fede.* **3.** Piccola quantità di un prodotto prelevata per saggiarne la qualità. SIN.: **saggio.** ~ *estens.* Esempio, esemplare. ◊ *Campione senza valore:* formula usata nelle spedizioni di merce di poco valore, grazie alla quale si paga una tariffa postale ridotta. **4.** STAT. Gruppo selezionato dalla cui analisi si traggono informazioni sull'insieme totale. *Analisi a campione.* **5.** FIS. Modello di riferimento delle unità di misura. ❏ In funzione di agg. inv. **1.** Che ha vinto una competizione. **2.** Relativo al campione selezionato. *Un'indagine campione.* **3.** Che fa da unità di riferimento, da modello. *Metro campione.*

campire v.tr. [83] PITT. Preparare lo sfondo del dipinto stendendo una mano uniforme di colore.

càmpo s.m. **1.** Porzione di terreno coltivato o adibito a pascolo. *Campo di grano.* ~ *estens.* (al pl.) Campagna. ~ Area estesa e spaziosa. ~ Area delimitata e attrezzata per attività diverse. ◊ *Campo sportivo:* attrezzato per svolgervi gare e incontri. – SPORT. *Campo neutro:* terreno di gioco non appartenente a nessuna delle due squadre in competizione. **3.** *fig.* Settore di ricerca, ricerca. **4.** Luogo di manovre militari o di combattimenti. ◊ *figg. Scendere in campo:* esporsi in prima persona, aprire una discussione. – *Cedere il campo:* ritirarsi. **5.** Luogo circoscritto e recintato dove stazionano militari, prigionieri, profughi. SIN.: **accampamento.** ◊ *Campo di concentramento:* luogo di internamento dei prigionieri di guerra; in partic., campo di sterminio degli ebrei allestito dai nazisti nel corso della seconda guerra mondiale, detto anche *lager.* – *Campo base:* utilizzato come base logistica per le spedizioni, in partic. alpinistiche. **6.** Giacimento minerario. *Campo aurifero.* **7.** A Venezia e in altre città, piazza. **8.** Sfondo di un dipinto, di un rilievo. **9.** OTT., CINE. Spazio che si abbraccia con l'occhio o con un apparecchio. *Campo d'immagine.* **10.** FIS. Insieme dei valori di una grandezza definita a ogni punto di una zona dello spazio. *Campo elettromagnetico.* ◊ *Campo di forza:* ogni regione dello spazio in cui si esercita una forza di qualsiasi natura. **11.** MAT. Corpo nel quale la moltiplicazione è commutativa. *Il campo dei numeri reali.* **12.** INFORM. In un archivio di dati, ciascuna delle informazioni di cui ogni record si compone. *I campi nome e indirizzo di tutti i record dell'archivio clienti.*

campobassàno agg. Di Campobasso. ◆ s.m. **1.** [f. *–na*] Nativo, abitante di Campobasso. **2.** (iniziale maiusc., solo sing.) Territorio intorno a Campobasso.

camposànto s.m. [pl. *campisanti* o *camposanti*] Cimitero cristiano.

campus [/'kæmpəs/] s.m. inv. (voce ingl., propr. "campo") Insieme degli edifici, degli impianti sportivi e delle aree di un'università. ~ L'università stessa.

camuffaménto s.m. L'indossare abiti diversi dai soliti per rendersi irriconoscibile.

camuffàre v.tr. (deriv. di *camuffo* "cappuccio che copre la faccia" quindi "ladro") **1.** Nascondere il vero aspetto di qlcu. con un travestimento. *Camuffare qualcuno da clown.* **2.** *fig.* Fare apparire qlco. diverso da ciò che è realmente. *Camuffare le proprie intenzioni.* ◆ **camuffarsi** v.pron. Mascherarsi, travestirsi. *Camuffarsi da clown.*

camùno agg. (lat. *Camūni*, nome dell'antica popolazione retica) Della Val Camonica. ◆ s.m. [f. *–na*] Nativo, abitante della Val Camonica.

camùso agg. Di naso, corto e schiacciato. *Una statua camusa.* ~ Di volto o persona, che ha tale tipo di naso.

canadair [/ˈkanaˈdɛə/] s.m. inv. (dal nome della ditta canadese che lo produce) Aereo capace di planare sull'acqua per farne direttamente rifornimento e riversarla su incendi di grandi dimensioni.

canadése agg. Del Canada. ◇ *Tenda canadese:* piccola tenda da campeggio. ◆ s.m. e f. Nativo, abitante del Canada. ◆ s.m. Bastone metallico con appoggio a semicerchio per il braccio, usato in ortopedia. ◆ s.f. Tenda canadese.

canàglia s.f. [pl. *–glie*] **1.** Mascalzone, cattivo soggetto. **2.** (solo sing.) Gente disonesta, spregevole. SIN. **gentaglia**. ~ *spreg.* Plebe, basso popolo.

canàle s.m. **1.** Corso d'acqua creato dall'uomo. ~ A Venezia, tratto di laguna tra le case. *Canal grande.* **2.** Conduttura di varia dimensione per il convogliamento e l'utilizzazione delle acque. **3.** Braccio di mare tra due terre, di ampiezza superiore allo stretto. *Canale di Sicilia.* **4.** Ampia fenditura sui fianchi dei monti formatasi per erosione. **5.** ANAT. Condotto o vaso di rivestimento o di scorrimento. *Canale uretrale.* ◇ *Canali di Havers:* piccoli canali cilindrici, presenti nel tessuto osseo compatto. **6.** BOT. Vaso vegetale in cui scorrono sostanze prodotte dalle cellule. *Canali resiniferi.* **7.** TELECOM. Gamma di frequenze impiegata per una comunicazione telefonica, telegrafica, radio-televisiva. ~ *comun.* Emittente televisiva. **8.** Nella teoria della comunicazione, ogni mezzo che trasporta un'informazione. *Canale scritto, orale, visivo.* **9.** *fig.* Mezzo, via attraverso cui si ottiene o si diffonde qlco. *I canali diplomatici.* ◇ COMM. *Canali di distribuzione:* modalità di distribuzione commerciale di un prodotto o di una serie di prodotti. **10.** INFORM. Collegamento elettronico tra elaboratori o tra due o più parti di un sistema. *Canale di input, di output.*

canalìcolo s.m. Piccolo canale di comunicazione tra cellule animali o vegetali.

canalizzàre v.tr. (fr. *canaliser*) **1.** Scavare una rete di canali per bonifica o irrigazione. ◇ *fig. Canalizzare il traffico:* convogliarlo in corsie prestabilite di scorrimento. **2.** *fig.* Indirizzare, controllare sentimenti, passioni, istinti. *Canalizzare le pulsioni.*

canalizzazióne s.f. (fr. *canalisation*) **1.** Escavazione, sistemazione di una rete di canali. **2.** Rete di distribuzione di acqua, gas, elettricità. **3.** BIOL. Proprietà per cui l'organismo risulta dall'espressione controllata dei geni.

canalóne s.m. **1.** Nel sign. dell'accr. di *canale*. **2.** Solco profondo scavato dalle acque sui fianchi di un monte.

cananèo agg. Dell'antica terra di Canaan, corrispondente alla costa siro-palestinese. ◆ s.m. [f. *–a*] Nel sign. dell'agg.

cànapa s.f. **1.** Pianta erbacea annuale, con foglie palmate, fusto diritto e peloso da cui si ricava una fibra tessile. (Famiglia delle Cannabacee.) ◇ *Canapa indiana:* varietà da cui si ricavano hashish e marijuana. **2.** Fibra ricavata dalla pianta; tessuto piuttosto grosso e ruvido che se ne ottiene. **3.** BOT. (iniziale maiusc.) Genere di Angiosperme a cui appartiene la canapa.

canapàia s.f. Coltivazione di canapa.

canapè [/kanaˈpɛ/] s.m. inv. (fr. *canapé*, lat. *conopēum* "zanzariera") **1.** Divano con schienale e braccioli. (Ottomana e sofà sono esempi di questo tipo di divano, apparso per la prima volta nel sec. XVII.) **2.** Crostino di pane, freddo o caldo, arricchito con diversi ingredienti.

canapifìcio s.m. [pl. *–ci*] Stabilimento per la lavorazione della canapa.

cànapo s.m. Fune di canapa formata da cordicelle attorcigliate insieme.

canapùccia s.f. [pl. *–ce*] Seme di canapa.

canard [/kaˈnar/] s.m. [pl. *canards*] (voce fr., propr. "anitra") **1.** Notizia giornalistica falsa o gonfiata ad arte. **2.** AER. Velivolo con lo stabilizzatore o gli impennaggi nella parte anteriore della fusoliera.

canarino s.m. (dal nome delle isole *Canarie* di cui è originario) **1.** Piccolo uccello canoro, di colore giallo-verde o interamente giallo nella varietà allevata in gabbia. (Famiglia dei Fringillidi.) ◇ *fig. Mangiare come un canarino:* pochissimo. **2.** Nel gergo della malavita, chi confessa, chi collabora con la polizia. ❏ In funzione di agg. inv., di colore giallo tendente leggermente al verde. *Una maglietta canarino.*

■ **canarino**

canàrio agg. [pl.m. *–ri*] Delle isole Canarie. ◆ s.m. **1.** [f. *–ria*] Nativo, abitante delle Canarie. **2.** Danza spagnola del Seicento.

canàsta s.f. (spagn. *canasta* "canestro") Gioco di carte general. per quattro giocatori, che si svolge con due o più mazzi di 52 carte più quattro jolly e consistente nel realizzare gruppi di sette carte dello stesso valore (le *canaste*).

cancan [/kãˈkã/] s.m. inv. (voce fr., forse deriv. di *canard* "anitra" per affinità con l'andatura di tali animali) **1.** Musica di un ballo tipico dei varietà francesi dell'Ottocento, caratterizzato dallo sforbiciare delle gambe delle ballerine. ~ *estens.* Lo spettacolo stesso. **2.** *fig.* Baraonda, chiasso.

cancellàre v.tr. (lat. *cancellāre* "mettere una grata") **1.** Togliere o rendere illeggibile un segno grafico barrandolo con un tratto di penna o servendosi di apposite sostanze. *Cancellare un paragrafo.* **2.** *fig.* Disdire, annullare, estinguere. *Cancellare un volo.* **3.** *fig.* Dimenticare o far dimenticare. *Cancellare i brutti ricordi.*

cancellàta s.f. Recinzione in ferro o legno posta a delimitare giardini o altre aree.

cancellatùra s.f. Insieme di tratti con cui si copre qlco. di scritto.

cancellazióne s.f. Depennamento, abolizione. ~ DIR. Annullamento, revoca. *Cancellazione di una sentenza.*

cancelleria s.f. (fr. *chancellerie*) **1.** Ufficio che dipende da un cancelliere. *La cancelleria del Tribunale.* ~ La sua sede. **2.** Nel Medioevo e nel Rinascimento, ufficio in cui si redigevano e rilasciavano documenti di stato. **3.** In Germania e in Austria, ufficio di primo ministro. **4.** Tutto ciò che serve per scrivere.

cancellieràto s.m. Ufficio e dignità di cancelliere. ~ La durata di tale carica.

cancellière s.m. (fr. *chancelier*, lat. *cancellàrium* "chi nei tribunali stava a guardia dei cancelli di separazione tra pubblico e giudici") **1.** Funzionario che registra gli atti emessi dal giudice e lo assiste. **2.** Chi redigeva lettere diplomatiche o disposizioni di legge in nome di re o di comuni e dirigeva la cancelleria. **3.** Un tempo, massimo responsabile dell'amministrazione dello Stato; oggi in alcuni paesi, responsabile di un dicastero o primo ministro. ◇ *Cancelliere dello scacchiere:* nel Regno Unito, ministro delle finanze.

cancellino s.m. Rotolino di stoffa usato per ripulire la lavagna dallo scritto.

cancèllo s.m. **1.** Struttura a sbarre di ferro o legno, con funzioni simili a quelle di una porta. *Cancello automatico.* **2.** Barriera d'accesso o uscita dalle autostrade. **3.** EQUIT. Ostacolo a barre.

cancerizzàrsi v.pron. MED. Di un tessuto o una parte del corpo, subire una degenerazione e trasformarsi in cancro.

cancerizzazióne s.f. MED. Degenerazione tumorale.

cancerògeno agg. MED. Che può provocare o favorire l'insorgere di un tumore maligno. ◆ s.m. Nel sign. dell'agg. *Un cancerogeno molto diffuso.*

cancerologia s.f. MED. → oncologia.

canceròlogo s.m. [f. *–ga*, pl.m. *–gi*, f. *–ghe*] → oncologo.

canceróso agg. **1.** Relativo al cancro. **2.** Affetto da tumore. ◆ s.m. [f. *–sa*] Chi è affetto da cancro.

cancrèna s.f. **1.** MED. Patologia dei tessuti molli le cui cellule muoiono per mancata irrorazione sanguigna o per agenti microbici. **2.** *fig.* Vizio, male insanabile. *La cancrena della corruzione.* **3.** BOT. Malattia delle piante dovuta a funghi o batteri.

cancrenóso agg. **1.** Che denota cancrena. **2.** Affetto da cancrena. ◆ s.m. [f. *–sa*] Nell'accez. 2 dell'agg.

1. càncro s.m. (lat. *căncrum* "granchio") **1.** ASTR. (iniziale maiusc., solo sing.) Costellazione zodiacale dell'emisfero boreale nella quale il Sole transita tra il 22 giugno e il 22 luglio (v. parte n.pr.). **2.** ASTROL. Quarto segno dello zodiaco dominante tale periodo. ~ *estens.* Persona nata sotto il segno del Cancro. **3.** GEOGR. Tropico del Cancro, il parallelo boreale di 23 gradi e 27 primi su cui il Sole è allo zenit nel solstizio d'estate.

2. càncro s.m. (lat. *căncrum* "granchio" perché le sue ramificazioni ne ricordano le zampe) **1.** MED. Carcinoma; in partic. qualsiasi tumore maligno. SIN. **neoplasia**. **2.** *fig.* Male, vizio insanabile. **3.** BOT. Malattia delle piante dovuta a batteri, funghi o altri fattori esterni che si manifesta in neoformazioni irregolari.

ENCICL. Il cancro può diffondersi in tutti gli organi e in tutti i tessuti del corpo. Ovunque si trovino, le cellule cancerose presentano anomalie caratteristiche, riconoscibili al microscopio. Quando restano morfologicamente analoghe alle altre cellule sane del tessuto in cui sono localizzate, si parla di *tumore benigno*; se invece mostrano alterazioni morfologiche, sono invasive e non più localizzate, allora si tratta di *tumore maligno*, più pericoloso per la sua capacità di diffondersi in altri tessuti, anche non confinanti, attraverso *metastasi* (le cellule neoplastiche vengono trasportate dal sangue o dalla linfa e si fermano in tessuti filtro, come quelli dei polmoni, del fegato e dei linfonodi). In generale, i cancri si possono distinguere in *carcinomi* (epiteliali), *sarcomi* (connettivi) e *leucemie* (del sangue). Sono stati individuati molti fattori cancerogeni: sostanze chimiche come il benzopirene contenuto nel tabacco, l'amianto, solventi aromatici e alifatici alogenati (benzene, tetracloruro di carbonio, ecc.); virus che modificano il genoma di cellule ospiti (retrovirus); radiazioni ionizzanti (per azione diretta o indiretta sul DNA delle cellule); raggi ultravioletti, molto energetici ma poco penetranti (provocano carcinomi); ormoni; traumi cronici e processi irritativi; trasformazioni accidentali del genoma (errori di duplicazione del DNA). In certi casi anche il fattore ereditario sembra avere un ruolo nell'insorgere della patologia, ad esempio per i tumori al seno. Sembra ormai accertato che alla base dell'improvvisa mutazione delle cellule neoplastiche vi sia l'attivazione di oncogeni, causa della modificazione del DNA. Il cancro può manifestarsi con una grande varietà di sintomi clinici, ma una diagnosi precoce, basata principalmente sulla biopsia, permette di determinare il trattamento più efficace (chirurgia, radioterapia, chemioterapia, immunoterapia).

candeggiàre v.tr. [5] Sbiancare, rendere bianco il bucato grazie ad apposite sostanze.

candeggina s.f. Soluzione di ipoclorito di sodio di uso domestico adoperata per candeggiare il bucato. SIN. **varechina**.

candéggio s.m. [pl. *–gi*] Operazione che consiste nel rendere candide le fibre tessili o il bucato domestico.

candéla s.f. (lat. *candēlam*, deriv. di *candēre* "essere bianco, risplendere") **1.** Cilindretto di cera, stearina, paraffina o sego con all'interno uno stoppino che, acceso, illumina l'ambiente circostante. ◇ *A lume di candela*: con illuminazione soffusa. – *fig. Reggere la candela a qlcu.*: fornire una copertura agli innamorati dovendo poi fare da terzo incomodo. – *Non valere la candela*: non valere la pena. **2.** FIS. Unità di misura (simb. *cd*) dell'intensità luminosa in una determinata direzione, di una sorgente che emette una radiazione monocromatica di frequenza 540 × 10² hertz e la cui intensità energetica in tale direzione è 1/683 watt allo steradiante. **3.** MECC. Dispositivo di accensione elettrica in un motore a scoppio. **4.** SPORT. Nella ginnastica, posizione verticale a testa in giù. ◇ *Tiro a candela*: nel calcio, tiro in verticale. **5.** AER. Posizione verticale di un aereo durante una picchiata o un'impennata.

candelàbro s.m. Candeliere a più bracci per un numero variabile di candele, spec. di pregevole fattura; oggi adattato anche a fare da sostegno a lampadine.

candelièra s.f. ART. DEC. APPL. Motivo ornamentale classico o classicheggiante a forma di candelabro stilizzato.

candelière s.m. **1.** Sostegno per una sola candela, formato da un asse verticale di materiale vario poggiante su una base e culminante in una coppetta in cui si inserisce la candela. **2.** MAR. Asta metallica di sostegno per ringhiere sul ponte delle navi.

candelìna s.f. Nel sign. del dim. di *candela*; in partic. piccola candela colorata per torte di compleanno.

candelòra s.f. (lat., deriv. di *festum candelàrum* "festa delle candele" e di *festum cereòrum* "festa dei ceri") CATT. Festa della presentazione di Gesù al tempio e della purificazione della Madonna; cade il 2 febbraio e vi si benedicono i ceri rituali.

candelòtto s.m. Cilindro contenente sostanze esplosive, fumogene o lacrimogene. *Candelotto di dinamite*.

candidàre v.tr. Proporre, presentare qlcu. per la nomina a un ufficio, per l'elezione a una carica. ◆ **candidarsi** v.pron. **1.** Dichiararsi disponibile per una carica, un ufficio. **2.** *fig.* Aspirare concretamente a qlco.

candidàto s.m. [f. *-ta*] (lat. *candidātum*, deriv. di *cândidus* "candido" perché nell'antica Roma gli aspiranti a una magistratura vacante portavano la toga bianca) Chi aspira o è proposto per una carica. SIN.: **concorrente**. ~ Chi partecipa a una competizione elettorale, a un concorso, a un esame. ◇ *fig. Essere candidato al successo*: predisposto ad avere successo.

candidatùra s.f. Proposta di una persona perché sia scelta a ricoprire una carica, un ufficio. ~ Dichiarazione di disponibilità a candidarsi.

candid camera [/'kændid 'kæmərə/] loc. sost. f. inv. (loc. ingl., propr. "telecamera spontanea") **1.** Macchina fotografica, cinematografica o televisiva, dotata di obiettivo particolare, usata per riprendere di nascosto. **2.** *estens.* Ripresa televisiva o cinematografica realizzata con macchina nascosta e all'insaputa delle persone filmate.

càndido agg. **1.** Bianco smagliante. **2.** *fig.* Puro, innocente. *Sguardo candido.* ~ Sincero, schietto. ~ Ingenuo.

candidòsi s.f. inv. MED. Infezione micotica provocata da un fungo del genere *Candida* che attecchisce soprattutto sulla pelle o sulle mucose orali (*mughetto*) o vaginali (*vaginite*).

candìre v.tr. [83] (ar., deriv. di *qand* "succo condensato di canna da zucchero") Far bollire frutta o buccia di frutta in acqua e zucchero fino a che l'acqua non sia del tutto evaporata. *Candire il cedro*.

candìto agg. Bollito in acqua e zucchero. ◆ s.m. Pezzo di frutta candita.

candóre s.m. **1.** Colore bianco smagliante e immacolato. **2.** *fig.* Innocenza, purezza. ~ Ingenuità.

càne s.m. **1.** [f. *cagna*] Mammifero domestico, dall'olfatto finissimo, con taglia, pelame, attitudini varie. Ne esistono oltre 340 razze più o

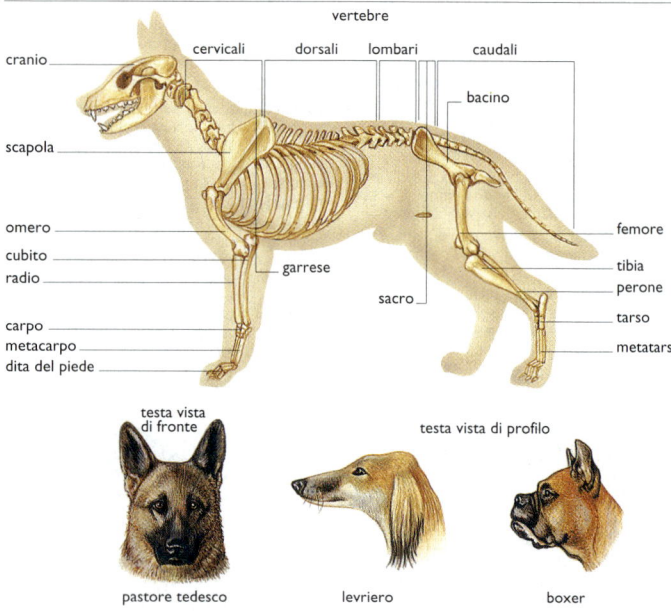

■ **càne.** Anatomia dello scheletro e morfologia della testa.

meno legate a una funzione specifica: da caccia, da guardia, da slitta, ecc. (Famiglia dei Canidi.) ◇ *Cane della prateria*: roditore dell'America settentrionale affine alle marmotte, il cui verso ricorda il latrato del cane; costruisce sistemi di tane riunite in villaggi. **2.** *fig.* Da atteggiamenti e condizioni di vita dei cani. ◇ *figg. Vita di cani*: dura, disagiata. – *Solo come un cane*: privo di affetti. – *Cane sciolto*: nel l. pol., chi non fa parte di gruppi organizzati. **3.** *fig.* Persona cattiva, crudele, spietata. *Figlio di un cane!* **4.** Chi è incapace nel proprio lavoro, spec. in un'attività professionale o artistica. *Quel cantante è un vero cane.* **5.** Nelle armi da fuoco, martelletto che, al premere del grilletto, percuote il detonatore della capsula innescando la carica di lancio. **6.** ASTR. (iniziale maiusc., solo sing.) Nome di alcune costellazioni. ◇ *Cane maggiore*: costellazione australe in cui si trova la stella Sirio. – *Cane minore*: costellazione equatoriale situata a sud dei Gemelli. ❏ In funzione di agg. inv., l. fam., malvagio, infame. *C'è un freddo cane!* ~ Forte, insopportabile.

canèderlo s.m. (ted. *Knödel* "gnocco") CUC. (spec. pl.) Nella cucina trentina e altoatesina, grosso gnocco preparato con pane imbevuto nel latte, uova, speck, fegato e cotto nel brodo.

canèfora s.f. (lat. *canēphoram*, gr. *kanēphóros* comp. di *káneon* "canestro" e *phérein* "portare") **1.** ANT. GR. Fanciulla che durante le feste di Pallade portava in un canestro offerte votive. **2.** ARCH. Statua femminile in funzione di sostegno a elementi decorativi. SIN.: **cariatide**.

canésca s.f. [pl. *-sche*] Squalo che vive nelle acque dell'Atlantico orientale e del Mediterraneo, dove viene pescato per le carni commestibili; è detto anche *verdesca* o *cagnesca*. (Famiglia dei Carcarinidi.)

canestrèllo s.m. **1.** Nel sign. del dim. di *canestro*. **2.** MAR. Anello di metallo, legno o corda per agganciarvi i cavi dell'imbarcazione. **3.** CUC. Dolce a forma di ruota con un foro centrale.

canèstro s.m. **1.** Cesta di vimini con maniglie, usata per trasportare oggetti general. leggeri. ~ Il contenuto relativo. *Un canestro di fiori*. **2.** Nel basket, la rete senza fondo agganciata a un anello di ferro in cui si deve infilare la palla per segnare punti. ~ Punto segnato in tal modo. *Fare un canestro*.

cànfora s.f. (ar. *kāfūr*) **1.** CHIM. Sostanza aromatica cristallizzata estratta dal canforo. **2.** Sostanza sintetica tossica leggermente antalgica, impiegata per pomate. ◇ *Canfora di timo*: timolo.

cànforo s.m. Lauro dell'Asia orientale e dell'Oceania da cui si estrae la canfora.

1. cànga o **càngia** s.f. [pl. *-ghe, -ge*] (ar. *qangia*) Leggera imbarcazione a remi o a vela usata per navigare sul fiume Nilo.

2. cànga s.f. [pl. *-ghe*] (port. *canga* di orig. orient.) Antico strumento di tortura cinese costituito da una tavola di legno forata in cui venivano racchiusi il collo e i polsi dei prigionieri.

cangiànte agg. Che cambia colore secondo la luce. *Tessuto cangiante.* ~ Di un colore dai riflessi cangianti.

cangùro s.m. (australiano *kânguru*) **1.** Mammifero marsupiale vegetariano di Australia e Nuova Guinea che si sposta a balzi grazie ad arti posteriori molto lunghi e a una coda utile a bilanciare il peso; la femmina porta il piccolo in una tasca dotata di capezzoli (*marsupio*) posta sul ventre. [A seconda delle dimensioni e delle abitudini terrestri o arboricole, si distinguono i ratti canguri, i wallabies e i canguri propriamente detti (famiglia dei Macropodidi).] **2.** *estens.* Nel l. sport., appartenente a una squadra australiana.

■ **cangùro** femmina e piccolo.

canìcola s.f. (spec. sing.) (lat., deriv. di *Cănis* "Sirio", stella della costellazione del Cane che nei mesi estivi sorge insieme al sole) Periodo di massimo calore in estate. SIN.: **solleone**. ~ Il caldo intenso stesso. ~ ASTR. Periodo in cui la stella Sirio sorge e tramonta col Sole; in passato indicava l'inizio dell'estate (alle latitudini del Cairo).

Cànidi s.m. pl. (iniziale minusc. sing. *-de* per l'individuo) ZOOL. Famiglia di mammiferi carnivori digitigradi con muso allungato, corpo slanciato, alte zampe e unghie non retrattili; ne fanno parte il lupo, il cane, lo sciacallo, ecc. (Ordine dei Carnivori.)

canile s.m. **1.** Luogo per l'allevamento e la custodia dei cani. ~ Luogo di ricovero per cani randagi, pericolosi o abbandonati. *Canile municipale.* **2.** Casotto destinato ad alloggiare un cane. **3.** *fig.* Ambiente sudicio e in disordine.

canino agg. Di, da cane. ◊ *Mosca canina:* molto piccola e fastidiosissima. ◆ s.m. Dente spesso aguzzo, situato tra gli incisivi e i premolari; detto anche *dente canino.* (I canini sono molto sviluppati nei carnivori e nei suini, ridotti o assenti nei mammiferi vegetariani.)

canizie s.f. inv. (lat. *canĭtiem*, deriv. di *cānus* "bianco") **1.** Decolorazione naturale o patologica del sistema pilifero. **2.** Chioma bianca.

cànna s.f. **1.** Graminacea rizomatosa tipica dei luoghi palustri, a fusto diritto, liscio, a nodi intervallati, terminante con una pannocchia. (Sottoclasse delle Monocotiledoni.) ◊ *Canna di bambù:* fusto di palme usato per lavori di intreccio. – *Canna da zucchero:* pianta tropicale coltivata per lo zucchero che si estrae dal fusto. (Altezza 2-4 m; famiglia delle Graminacee.) – *Canna indica:* pianta monocotiledone originaria dell'India e coltivata nelle regioni calde per il suo rizoma, da cui si estrae la fecola; alcune specie hanno fiori decorativi. (Famiglia delle Cannacee.) *fig. Essere povero in canna:* molto povero. – *gerg. Farsi una canna:* fumare hashish o marijuana. **2.** *estens.* Pertica, bastone di canna. **3.** Qualsiasi oggetto a forma di canna. ◊ *Canna da soffio:* lungo tubo per soffiare il vetro. – *Canna da pesca:* pertica flessibile alla cui estremità si fissa la lenza. – *Canna di caduta:* conduttura verticale con bocchette in corrispondenza dei vari piani di un palazzo per scaricare le immondizie nel sotterraneo. – *Canna fumaria:* condotto che convoglia il fumo verso i comignoli. **4.** In un'arma da fuoco, tubo tramite cui si lancia il proiettile. *Canna di fucile.* ◊ *Avere il colpo in canna:* essere pronti a sparare. **5.** Antica unità di lunghezza, variabile a seconda delle regioni.

Cannabàcee o **Cannabinàcee** s.f. pl. [iniziale minusc. sing. *–a* per l'individuo] BOT. Famiglia di piante dicotiledoni dell'emisfero nord temperato, come luppolo e canapa.

cànnabis s.f. inv. **1.** Nome sc. della *canapa.* **2.** Droga derivata dalla canapa indiana, come hashish o marijuana, assunta per le sue proprietà psicotrope, il cui uso prolungato può dare dipendenza e turbe psichiche.

cannabismo s.m. MED. Stato tossico dovuto alla cannabis.

Cannàcee s.f. pl. [iniziale minusc. sing. *–a* per l'individuo] BOT. Famiglia di piante monocotiledoni rizomatose. (Ordine delle Scitaminee.)

cannàre v.tr. **1.** *gerg.* Sbagliare, fallire. *Cannare il compito.* **2.** Cogliere in difetto, in errore. ◆ v.intr. (aus. *avere*) Compiere errori.

1. cannèlla s.f. Parte terminale di una conduttura da cui sgorga l'acqua.

2. cannèlla s.f. Corteccia interna di una varietà asiatica e tropicale di cinnamomo usata in cucina per il sapore aromatico. ◻ In funzione di agg. inv., di colore giallo-brunastro tendente al rossiccio.

cannellàto agg. Relativo a tessuto, lavorato a coste larghe e rilevate.

fiori

rizoma

■ **cànna**

fiore

■ **cànna** indica

fusto

sezione
del fusto

■ **cànna** da zucchero.

cannèllo s.m. **1.** Porzione di canna tagliata tra un nodo e l'altro. SIN.: **cannuccia. 2.** *estens.* Qualsiasi oggetto tubolare e forato, tubetto. *Cannello della pipa.* **3.** TECN. Apparecchio per saldare e tagliare i metalli tramite una fiamma ad alta temperatura ottenuta per combustione gassosa.

cannellóne s.m. CUC. (spec. pl.) Cilindro di pasta arrotolata, farcito e cosparso di sugo.

cannéto s.m. Luogo pieno di canne. (Oltre a ospitare numerosi uccelli, i canneti contribuiscono alla depurazione delle acque circostanti.)

cannibale s.m. e f. (spagn. *canibal*, da una voce caraibica che indica un popolo delle Piccole Antille ritenuto antropofago) **1.** Chi mangia carne umana. SIN.: **antropofago.** ~ Animale che divora gli individui della propria specie. **2.** *fig.* Persona impietosa, disposta a distruggere il prossimo per convenienza. (spec. pl.) Gruppo di giovani scrittori italiani dallo stile provocatorio, crudo, informale.

cannibalismo s.m. (fr. *cannibalisme*) **1.** L'azione di mangiare gli individui della propria specie. (L'ingestione di carne umana, in certi popoli, obbedisce a forme rituali.) **2.** *fig.* Mancanza di pietà, rispetto, discrezione nei confronti del prossimo. **3.** BIOL. Inglobamento e distruzione di una cellula da parte di un'altra.

cannibalizzàre v.tr. (ingl. *to cannibalize*) **1.** Recuperare pezzi di un oggetto o di un apparecchio ancora in buono stato per riutilizzarli. *Cannibalizzare un'auto.* **2.** COMM. Detto di un prodotto, fare concorrenza interna a un altro prodotto della stessa casa erodendone quote di mercato.

cannicciàta s.f. Parapetto o recinzione traforata di canniccio.

canniccio s.m. [pl. *–ci*] Manufatto di canne disposte parallelamente e tenute unite da legature trasversali, di vario uso.

cannocchiàle s.m. Strumento ottico per l'osservazione di oggetti lontani (in partic. corpi celesti), il cui obiettivo è costituito da una lente convergente o da un sistema acromatico equivalente.

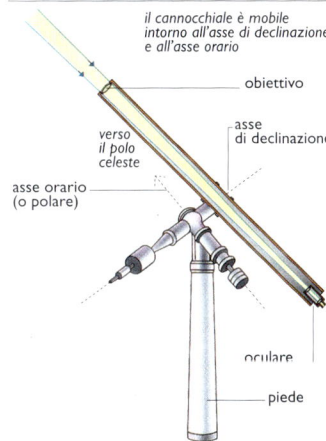

il cannocchiale è mobile
intorno all'asse di declinazione
e all'asse orario

obiettivo

asse
di declinazione

verso
il polo
celeste

asse orario
(o polare)

oculare

piede

■ **cannocchiàle** astronomico a montatura equatoriale.

cannolicchio s.m. [pl. *–chi*] **1.** ZOOL. Mollusco marino di forma cilindrica, a due valve, dalle carni molto pregiate. (Genere *Solen;* famiglia dei Solenidi.) **2.** (spec. pl.) Pasta alimentare a forma di cilindretto forato, per minestroni.

cannòlo s.m. (sicil. *cannolu*) **1.** CUC. Dolce siciliano formato da un rotolo di pasta dolce, fritto o cotto al forno, ripieno di ricotta, canditi, pistacchi, cioccolato. **2.** CUC. Rotolo di pasta sfoglia cotto al forno e farcito. SIN.: **cannoncino.**

cannonàta s.f. **1.** Colpo di cannone. **2.** *estens.* Boato, rumore assordante. **3.** SPORT. Nel calcio, forte tiro in porta. **4.** *fig.* Persona o cosa fenomenale, eccezionale.

cannoncino s.m. **1.** Nel sign. del dim. di *cannone;* in partic., cannone di piccolo calibro. **2.** CUC. Cannolo. **3.** ABBIGL. Doppia piega poco larga.

cannóne s.m. **1.** Pezzo d'artiglieria pesante per sparare proiettili di grosso calibro. *Cannone anticarro.* ◊ *Cannone sparaneve:* apparecchio per produrre neve artificiale sulle piste da sci. – *Carne da cannone:* soldati impiegati in azioni che offrono scarse possibilità di sopravvivenza. **2.** *fig.* Chi è molto bravo in un campo. SIN.: **fenomeno. 3.** Tubo di grosso diametro. **4.** Rocchetto su cui avvolgere il filo da tessere. **5.** ABBIGL. Grande piega doppia di abiti femminili. ◻ In funzione di agg. inv., enormemente grasso. *Donna cannone.*

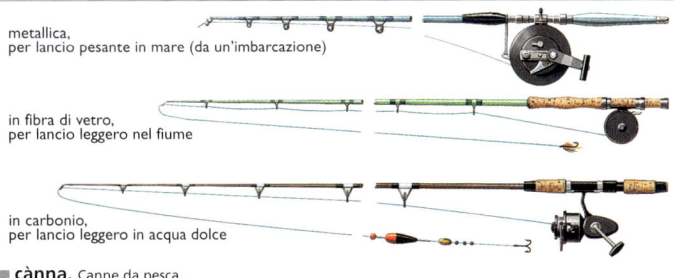

metallica,
per lancio pesante in mare (da un'imbarcazione)

in fibra di vetro,
per lancio leggero nel fiume

in carbonio,
per lancio leggero in acqua dolce

■ **cànna.** Canne da pesca.

cannone dei fratelli Bureau (sec. XV)

cannone del Rinascimento (sec. XVI)

cannone di Gribeauval (sec. XVIII)

cannone da 75 mm (1914)

■ **cannóne**

cannoneggiàre v.tr. [5] Colpire insistentemente con tiri di cannone. *Cannoneggiare la città.* ◆ v.intr. (aus. *avere*) Sparare con il cannone.

cannonièra s.f. **1.** MAR. Nave leggera armata di cannoni e utilizzata su fiumi e vicino alle coste. **2.** Apertura nelle fortificazioni o nelle murate delle antiche navi da guerra per far sporgere i pezzi d'artiglieria.

cannonière s.m. **1.** Militare specializzato nell'utilizzo dei cannoni. SIN.: **artigliere. 2.** SPORT. Calciatore che segna molti goal.

cannùccia s.f. [pl. –*ce*] **1.** Tubicino in vetro, plastica o paglia utilizzato per bere un liquido aspirandolo. **2.** Piccolo cannello di materiale vario. *Cannuccia della penna.*

cànnula s.f. MED. Tubicino da introdurre nell'organismo per il passaggio di aria o liquidi.

canòa s.f. (spagn. *canoa*, caraibico *canaua*) Imbarcazione leggera, stretta e allungata, a fondo piatto, manovrata a pagaia. SIN.: **piroga.** ~ *estens.* Sport che con questa si pratica.

■ **canòa** biposto.

canoista s.m. e f. [pl.m. –*sti*] Chi pratica lo sport della canoa.

cànone s.m. (gr. *kanõn* "bastone dritto" e fig. "regola") **1.** Regola fondamentale. ~ Archetipo ideale. ◇ *Canone antropologico:* insieme di caratteristiche somatiche tipiche di un'etnia. ~ SCULT. Insieme di regole che determinano le proporzioni del corpo umano secondo un ideale estetico. (È all'origine della statuaria greca.) ~ DIR. CAN. Decreto, regola che concerne la fede o la disciplina ecclesiastica. *I canoni della Chiesa.* **2.** *estens.* Insieme di autori o di opere presi come modelli. ~ Per la Chiesa, catalogo dei santi ed elenco dei libri biblici considerati ispirati da Dio. **3.** DIR. Somma da corrispondersi periodicamente per l'utilizzo di un bene o di un servizio. *Il canone d'affitto.* ◇ *Canone d'abbonamento:* somma dovuta dagli abbonati a una pubblicazione periodica o a un servizio. **4.** CATT. Parte della Messa compresa tra il Prefazio e la Comunione. **5.** MUS. Composizione a due o più voci che ripetono, a intervalli temporali e sonori fissi, lo stesso disegno melodico.

cañón [/ka'ɲon/] s.m. inv. (voce spagn., propr. "canale") → **canyon.**

canònica s.f. [pl. –*che*] Casa del parroco o dei canonici.

canonicàto s.m. Dignità, carica di canonico. ~ *fig.* Impiego remunerativo e poco impegnativo. SIN.: **sinecura.**

1. canònico agg. [pl.m. –*ci*, f. –*che*] **1.** Conforme alla regola, tradizionalmente invalso. **2.** Conforme ai canoni della chiesa cattolica. ◇ *Diritto canonico:* il complesso delle norme che regolano l'ordinamento della Chiesa. – *Ora canonica:* quella stabilita dalla Chiesa antica per la recitazione da parte del clero di una certa parte dell'ufficio quotidiano; *fig.* ora, momento adatto a qlco. di particolare. *L'ora canonica di andare a dormire.* **3.** Riferito a testo sacro, incluso nel canone delle Scritture.

2. canònico s.m. [pl.m. –*ci*] CATT. Religioso del capitolo di una chiesa cattedrale o collegiata.

canonista s.m. e f. [pl.m. –*sti*] Specialista in diritto canonico.

canonizzàre v.tr. (gr. *kanonízein* "stabilire come regola" e "mettere nel canone delle Scritture" quindi "rendere sacro") **1.** CATT. Inserire nel catalogo dei santi per mezzo di un processo di canonizzazione. **2.** Approvare qlco. riconoscendogli valore di norma. *Canonizzare un uso.* **3.** DIR. Includere nel diritto canonico una norma presente in un altro ordinamento giuridico.

canonizzazióne s.f. **1.** CATT. Proclamazione solenne da parte del pontefice e cerimonia con la quale, al termine di una lunga inchiesta, una persona è ufficialmente annoverata fra i santi. SIN.: **santificazione. 2.** *estens.* Ufficializzazione, riconoscimento ufficiale.

canòpo s.m. (dal nome dell'antica città egizia di *Canopo* dove fu rinvenuto un gran numero di tali urne) ARCHEOL. Urna funeraria dell'Egitto faraonico e della civiltà etrusca, dal coperchio a foggia di testa umana o animale, destinata in Egitto a contenere i visceri del defunto, in Etruria le sue ceneri.

■ **canòpo.** Vasi canopi Bassa Epoca; legno stuccato e dipinto. (Louvre, Parigi.)

canòro agg. Che canta melodiosamente e di frequente. *Uccello canoro.*

canòtta s.f. Maglietta scollata e senza maniche.

canottàggio s.m. (solo sing.) (fr. *canotage*) Sport nautico praticato su imbarcazioni a remi.

canottièra s.f. (fr. *canotière*, deriv. di *canot* "canotto" perché indossata dai vogatori) Maglietta da indossare sulla pelle con ampia scollatura anteriore e posteriore e spalline.

canottière s.m. [f. –*ra*] (fr. *canotier*) SPORT. Chi pratica il canottaggio.

canòtto s.m. (fr. *canot*, spagn. *canoa* "canoa") Imbarcazione scoperta a remi o a motore. ◇ *Canotto pneumatico:* gommone.

canovàccio s.m. [pl. –*ci*] **1.** Taglio di tela grossolana usato come asciugamano o strofinaccio di cucina. **2.** Taglio di tela a trama rada usato per particolari ricami. **3.** Trama, schema di un'opera letteraria o di un'azione teatrale.

cantàbile agg. **1.** Che si può facilmente cantare. **2.** MUS. Relativo a composizione in cui la melodia prevale sull'armonia. ◆ s.m. Nell'accez. 2 dell'agg.

cantafàvola s.f. (calco del fr. *cantefable*) **1.** Narrazione inverosimile e tirata in lungo. **2.** Narrazione medievale che alterna prosa recitata e versi cantati.

cantal [/kãt'al/] s.m. inv. (voce fr.) Formaggio francese dell'Alvernia, a pasta dura non cotta, ottenuto da latte di vacca.

cantalùpo s.m. (dal nome della località di *Cantalupo*, vicino a Roma) Tipo di melone diviso a spicchi.

cantànte s.m. e f. Chi pratica l'arte del canto. *Cantante lirico.*

1. cantàre v.intr. (aus. *avere*) **1.** Di persona, modulare la voce secondo uno schema musicale. *Imparare a cantare.* ~ Di animali, fare un verso modulato. ~ Di oggetto inanimato, produrre un suono o un rumore che segnalano buon funzionamento. *Come canta questo motore!* **2.** Fare la professione del cantante. *Mio fratello canta alla Scala.* **3.** *fig.* Confessare, ammettere una colpa. *L'imputato ha cantato.* ◆ v.tr. Interpretare, eseguire qlco. col canto. ◇ *fig. Cantar vittoria:* rallegrarsi per un successo.

2. cantàre s.m. Poemetto popolare in ottave che veniva recitato dai canterini sulle piazze.

Cantarèllo s.m. BOT. Genere di funghi commestibili con cappello a imbuto, le cui lamelle si allungano sul gambo. (Classe dei Basidiomiceti.)

cantàride s.f. (gr., deriv. di *kántharos* "scarabeo") Insetto coleottero verde dorato, lungo due centimetri, frequente sui frassini. (I preparati a base di cantaride erano considerati afrodisiaci.)

cantaridina s.f. Principio attivo vescicante estratto dalle cantaridi.

1. càntaro s.m. (gr. *kántharos* "tazza") **1.** ARCHEOL. Vaso greco e romano con due anse che superano il bordo. **2.** ARCHEOL. Nelle basiliche paleocristiane, vasca per abluzioni posta nell'atrio.

2. càntaro s.m. (gr. *kántharos* "tazza", forse per la sua forma) Pesce teleosteo dal corpo ovale, commestibile. (Ordine dei Perciformi.)

cantastòrie s.m. e f. inv. Chi recita storie in versi di argomento drammatico o passionale sulle piazze.

cantàta s.f. **1.** Esecuzione di un brano cantato per divertimento, senza arte. **2.** MUS. Composizione musicale a una o più voci con accompagnamento strumentale.

cantàto agg. Che prevede un'esecuzione musicale e vocale. ◆ s.m. Parte vocale di una composizione musicale.

cantautóre s.m. [f. –*trice*] MUS. Chi canta canzoni da lui stesso composte.

canter [/'kæntə/] s.m. inv. [pl. *canters*] (voce ingl., abbr. di *Canterbury gallop* "galoppo di Canterbury", passo piuttosto lento a cui precedevano le cavalcature dei pellegrini che si recavano all'abbazia di Canterbury) IPP. Moderato galoppo di riscaldamento prima di una gara.

canteràno o **canteràle** s.m. → **cassettone.**

canterino agg. **1.** Che canta di frequente con verso trillante e gioioso. **2.** Relativo agli antichi cantari. ◆ s.m. [f. –*na*] **1.** Cantante, spec. in

■ **canottàggio.** Gara del singolo.

senso iron. o spreg. **2.** Autore di cantari. **3.** (spec. pl.) Compagnia di cantanti popolari, dialettali.

càntica s.f. [pl. *–che*] **1.** Componimento poetico in uno o più canti di contenuto narrativo o religioso e di stile elevato. **2.** Ciascuna delle tre parti in cui è suddivisa la "Divina Commedia" di Dante Alighieri.

canticchiàre v.intr. [6] (aus. *avere*) Cantare a mezza voce, a bocca chiusa. SIN.: **canterellare**. ◆ v.tr. Abbozzare un motivo musicale. *Canticchiare una canzone.*

càntico s.m. [pl. *–ci*] Componimento poetico di carattere religioso, in lode e ringraziamento a Dio.

cantière s.m. (lat. *canthērium* "cavallo da fatica" poi "ponteggio" usato nelle riparazioni navali) Complesso di attrezzature all'aperto per costruzioni di vario genere. *Cantiere edile.* ◇ *fig. Avere in cantiere:* in lavorazione. – *Mettere in cantiere:* iniziare la realizzazione di qlco.

cantierìstica s.f. [non com. pl. *–che*] MAR. Attività di costruzione, riparazione, allestimento navale.

cantiga [/kan'tiga/] s.f. [pl. *cantigas*] (voce port., propr. "cantica") METR. Composizione lirica medievale in lingua gallego-portoghese.

cantilèna s.f. **1.** Composizione a moduli ripetuti di ritmo monotono. (L'esempio più antico è la *Cantilena di S. Eulalia*, 880 ca.) – *fig. Discorso noioso.* **2.** Intonazione monotona della voce.

cantilenàre v.intr. (aus. *avere*) Parlare, cantare con voce lenta e noiosa. ◆ v.tr. Canticchiare con voce monotona.

cantìna s.f. **1.** Locale interrato o seminterrato, usato spec. per conservare vini e alimenti. ~ *estens.* Luogo umido, buio. **2.** Stabilimento vinicolo. ◇ *Cantina sociale:* cooperativa di vinificazione delle uve di vari soci produttori. **3.** Locale dove si servono vino, altre bevande e pasti a buon prezzo. SIN.: **osteria**.

cantinière s.m. [f. *–ra*] **1.** Addetto alla scelta dei vini presso case signorili o grandi alberghi. **2.** Addetto alla vinificazione presso aziende vinicole. **3.** Proprietario, gestore, commesso di un negozio di vini.

cantìno s.m. MUS. La corda più sottile e acuta degli strumenti a corda.

1. cànto s.m. **1.** Insieme ordinato di suoni modulati dalla voce umana. ~ *Il canto dell'usignolo.* **2.** Suono di uno strumento musicale. **3.** Canzone. **4.** Componimento poetico destinato a essere cantato. ~ *Poesia lirica.* ~ Ciascuna delle parti in cui è suddiviso un poema. *Il quinto canto dell'Inferno dantesco.* **5.** MUS. Parte vocale di una composizione anche strumentale.

2. cànto s.m. (gr. *kanthós* "angolo dell'occhio") **1.** Angolo interno o esterno formato dall'incontro di due muri. **2.** Lato, parte. *Dal canto mio.* ◇ *loc. cong. D'altro canto:* conferisce al discorso valore avversativo-limitativo. *Ormai intendo andarcene; d'altro canto abbiamo aspettato abbastanza.*

1. cantonàle s.m. **1.** Credenza con alzata di forma triangolare da sistemare negli angoli. **2.** TECN. Ferro a forma di angolo retto. **3.** Ferro che rinforzava e ornava gli angoli delle coperture lignee o di cuoio dei codici e dei libri antichi.

2. cantonàle agg. Di un cantone della Svizzera.

cantonàta s.f. Angolo esterno di un edificio che corrisponde al punto di incrocio tra due strade. ◇ *fig. Prendere una cantonata:* sbagliare di grosso.

1. cantóne s.m. **1.** Angolo di strada o di stanza. **2.** Ciascuna delle bande colorate di una bandiera. **3.** Ognuna delle case d'angolo della scacchiera. **4.** Ognuno dei denti incisivi estremi di equini, bovini, ecc.

2. cantóne s.m. Ente amministrativo-territoriale di alcuni stati o regioni. ~ Le singole unità politico-amministrative in cui è suddivisa la Confederazione Elvetica.

3. cantóne s.m. Pietra da costruzione adatta per spigoli di muri.

cantonése agg. Di Canton, città della Cina. *Risotto alla cantonese.* ◆ s.m. **1.** (anche f.) Nati-

vo, abitante di Canton. **2.** (solo sing.) Dialetto cinese parlato nella regione di Canton.

cantonièra s.f. **1.** Casa posta lungo la ferrovia o le strade extra-urbane adibita a magazzino o ad abitazione dei cantonieri. **2.** ARRED. Cantonale, angoliera. ❏ In funzione di agg., nell'accez. 1 del s. *Casa cantoniera.*

cantonière s.m. [f. *–ra*] (fr. *cantonnier*) Addetto alla manutenzione e sorveglianza di tratti di ferrovia o di strade extra-urbane.

cantóre s.m. [f. *–ra*] **1.** Persona incaricata di cantare durante le funzioni religiose. **2.** Poeta, vate.

cantoria s.f. **1.** Soppalco delle chiese in cui si trova l'organo e in cui si dispone il coro. **2.** Il gruppo dei cantori in un coro di chiesa.

càntra s.f. IND. TESS. Struttura di sostegno dei rocchetti utilizzati nell'orditoio.

cantùccio s.m. [pl. *–ci*] **1.** Nel sign. del dim. di 2. *canto*; in partic., posticino nascosto. *Nascondersi in un cantuccio.* **2.** Pezzetto di pane, di formaggio, ecc. **3.** CUC. Biscotto toscano croccante con anici e mandorle.

canutiglia o **cannotiglia** s.f. [pl. *–glie*] (spagn. *canutillo*) **1.** Ricamo con filo d'oro o d'argento. **2.** Pendaglio in vetro un tempo usato come ornamento di vesti e capelli femminili o per formare le frange che orlavano i paralumi. **3.** Trafilato di piombo usato per connettere le lastre delle vetrate.

canùto agg. **1.** Di colore bianco. **2.** Di persona, che ha capelli, barba bianchi. *Vecchio canuto.* ~ *estens.* Anziano.

canvassing [/'kænvəsɪŋ/] s.m. inv. (voce ingl., deriv. di *to canvass* "far propaganda") Propaganda porta a porta.

canyon [/'kænjən/] s.m. inv. (voce ingl. d'America, spagn. *cañón*) Gola prodotta per erosione da un corso d'acqua che scorre tra rocce prive di vegetazione. ◇ *Canyon sottomarino:* depressione dei fondali oceanici, lunga, stretta e con versanti ripidi.

■ **canyon.** Il canyon di Chelly, in Arizona.

canzonàre v.tr. Prendere in giro, deridere, mettere in ridicolo. *Canzonare un amico.*

canzonatòrio agg. [pl.m. *–ri*] Che prende in giro. SIN.: **beffardo**.

canzóne s.f. **1.** METR. Componimento lirico originariamente accompagnato da musica, composto da un numero variabile di strofe (o stanze) con versi e rime opportunamente regolati, e da un congedo (o commiato) più breve. **2.** Composizione per canto e strumenti. ◇ *fig. La solita canzone:* lo stesso discorso, la stessa situazione che si ripete.

canzonétta s.f. **1.** Composizione di musica leggera semplice e orecchiabile. **2.** METR. Com-

ponimento poetico di tono semplice e popolare, a volte musicato, con un numero di stanze minore e con versi più brevi rispetto alla canzone.

canzonière s.m. **1.** Raccolta organica di poesie liriche. **2.** Raccolta di testi di canzonette. **3.** Autore dei testi di musica leggera.

caolinite s.f. MIN. Silicato idrato di alluminio appartenente al gruppo delle argille, principale componente del caolino.

caolino s.m. (fr. *kaolin*, cinese *Kao-ling* nome della località in cui fu trovato per la prima volta) Roccia argillosa bianca e friabile, composta essenzialmente di caolinite, utilizzata nell'industria dei refrattari, delle porcellane, della carta.

càos s.m. inv. (gr. *kháos* "abisso") **1.** Disordine, confusione, trambusto. **2.** FILOS. Nelle antiche cosmologie greche, lo stato di completo disordine degli elementi materiali preesistenti alla formazione dell'universo ordinato. **3.** MAT., FIS. Nella teoria dei sistemi complessi, condizione a cui tende un sistema allorché le sue leggi comportano, dopo un certo intervallo di tempo, evoluzioni imprevedibili e irregolari. ◇ *Caos deterministico:* quello che si sviluppa in sistemi retti da leggi di evoluzione perfettamente deterministiche e deriva quindi dalla dinamica intrinseca al sistema stesso.

caòtico agg. [pl.m. *–ci*, f. *–che*] **1.** Disordinato, confuso. **2.** Informe, indistinto.

1. cap [/'kap/] s.m. inv. (voce ingl., propr. "berretto") EQUIT. Berretto di velluto o di panno, con visiera e interno rivestito di metallo a protezione della testa.

2. cap o **CAP** s.m. inv. Sigla di *Codice di avviamento postale.*

capàce agg. **1.** Che può contenere una certa quantità di persone o di cose. ~ *estens.* Spazioso, ampio. **2.** In grado di fare una data cosa. SIN.: **idoneo**. ~ assol. Che sa fare bene quello che fa. SIN.: **abile**. **3.** *fam.* Disposto a qualsiasi cosa, pronto ai gesti più arditi o irriverenti. *Un tipo capace di tutto.* **4.** DIR. Titolare di diritti e doveri. ◇ *Capace di intendere e di volere:* nel pieno possesso delle proprie facoltà mentali.

capacimetro s.m. ELETTR. Strumento che misura la capacità di un condensatore.

capacità s.f. inv. **1.** Possibilità di contenere qlco. SIN.: **capienza**. ~ Volume interno di un recipiente. ◇ FISIOL. *Capacità respiratoria, vitale:* massima quantità di aria che si può emettere attraverso un'espirazione forzata dopo una forzata inspirazione. (In un adulto, la quantità d'aria può raggiungere in media 3,5 l.) **2.** Attitudine a fare qlco. ◇ *Capacità produttiva:* insieme delle risorse produttive di un'azienda. **3.** (al pl.) Risorse economiche. **4.** DIR. L'essere soggetto di diritti e doveri. ◇ *Capacità giuridica:* idoneità a essere titolare di diritti e doveri e a esercitarli. – *Capacità d'agire:* idoneità a compiere personalmente atti giuridici, che si acquisisce con la maggiore età. – *Capacità d'intendere e di volere:* piena padronanza e consapevolezza dei propri atti. – *Capacità contributiva:* reddito o patrimonio in base al quale si stabiliscono le imposte. **5.** FIS. *Capacità di un accumulatore:* quantità di elettricità che è in grado di erogare prima che la tensione scenda sotto un minimo stabilito. – *Capacità di un condensatore:* rapporto fra la carica e la differenza di potenziale tra le due armature. – TERMODIN. *Capacità termica:* quantità di calore necessaria a un corpo per aumentare la propria temperatura di un grado centigrado. – INFORM. *Capacità di memoria:* spazio disponibile in un determinato dispositivo per la memorizzazione di informazioni in formato digitale.

capacitànza s.f. ELETTR. Reattanza capacitiva che caratterizza la reazione di un condensatore attraversato da una corrente alternata.

capacitàrsi v.pron. Farsi una ragione, rendersi conto di qlco. *Non mi capacito ancora di quello che hai detto.* SIN.: **convincersi**.

capacitivo agg. ELETTR. Dotato di una capacità elettrica.

capànna s.f. **1.** Ricovero, piccola costruzione rudimentale in legno, frasche e paglia. ~ *estens.* Abitazione povera, baracca. ◇ ARCH. *A capanna:* di tetto a due spioventi. **2.** Rifugio alpino.

capannèllo s.m. Piccolo assembramento di persone. *Un capannello di gente.*

capànno s.m. **1.** Piccola capanna di uso agricolo. ~ Nascondiglio per l'appostamento di cacciatori. **2.** Pergolato a cupola di giardini e terrazze. **3.** Cabina degli stabilimenti balneari.

capannóne s.m. Costruzione fissa o precaria a un piano, usata come deposito, per lavorazioni industriali o per il commercio all'ingrosso.

caparbietà s.f. inv. Ostinazione, testardaggine. SIN.: **tenacia**.

capàrbio agg. [pl.m. –bi] Difficile da persuadere.

capàrra s.f. (propr. "inizio di garanzia") Somma di denaro che una delle parti versa all'atto della sottoscrizione di un contratto per assicurarne l'adempimento. *Caparra confirmatoria.* SIN.: **cauzione**.

capasànta s.f. [pl. *capesante*] Mollusco bivalve dell'Atlantico apprezzato per la delicatezza delle sue carni. (Lunghezza 10 cm; famiglia dei Pettinidi.)

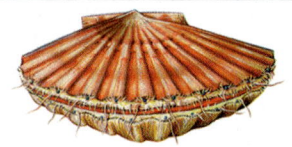

■ **capasànta**

capatina s.f. Breve visita, spec. nelle locc. *dare, fare una capatina.*

capeggiàre v.tr. [5] Essere a capo di un movimento o di un gruppo.

capellino s.m. CUC. (spec. pl.) Pasta lunga e sottilissima, di rapida cottura.

capéllo s.m. [pl. –li] **1.** Ciascuno dei peli che crescono sul capo dell'uomo. *Tagliarsi i capelli.* ◇ figg. *Spaccare il capello in quattro:* dare troppo peso alle sottigliezze. – *Da far rizzare i capelli:* da far paura. – *Afferrare per i capelli:* al volo, per un pelo. – *Prenderci per i capelli:* litigare aspramente. – *Non torcere un capello a nessuno:* non fare del male a nessuno. – *Avere un diavolo per capello:* essere molto irritato, infuriato. – *Averne fin sopra i capelli:* essere annoiato, stufo di qlcu. che perseguita da tempo. **2.** estens. (al pl.) Oggetti filiformi, lunghi e sottili come capelli. *I capelli delle pannocchie di granturco.*

capellóne agg. Che ha capelli lunghi e folti. ◆ s.m. [f. –na] Negli anni Sessanta e Settanta, denominazione spregiativa di chi faceva parte del movimento hippy e, in generale, di ogni giovane che portava i capelli lunghi in segno di anticonformismo. ~ fam. Chi porta i capelli molto lunghi.

capellùto agg. Che ha molti capelli o capelli molto lunghi. ◇ *Cuoio capelluto:* insieme dei tessuti cutanei e sottocutanei che ricoprono il cranio, nei quali sono impiantati i capelli.

capelvènere s.m. (lat., deriv. di *capillum Vèneris* "capello di Venere" per il suo aspetto delicato ed elegante) Felce con foglioline triangolari dentate dai piccioli scuri, lunghi e sottili, che cresce nei luoghi umidi. (Altezza 10-20 cm; famiglia delle Polipodiacee.)

capèstro s.m. **1.** Cavezza per legare animali. **2.** Corda per impiccare. **3.** Cordiglio del saio dei frati francescani.

capetingio agg. [pl.m. –gi] (fr. *capétien*) Relativo alla dinastia dei Capetingi, che regnò in Francia dal 987 al 1338.

capezzàgna s.f. AGR. Striscia di terra incolta alle estremità di un lotto agricolo usata per le manovre dell'aratro.

capezzàle s.m. (lat. *capitiàle*, deriv. di *capìtium* "estremità") **1.** Cuscino che un tempo si poneva tra il materasso e il lenzuolo per tenere alta la testa del letto. ~ Parte del letto dove sono i guanciali. **2.** estens. Letto di un malato.

capézzolo s.m. ANAT. Prominenza carnosa dell'areola mammaria in cui convergono i dotti galattofori.

capibàra o **capivàra** s.m. inv. (port. *capibara* di orig. tupi) Roditore dell'America del Sud che vive nei pressi dei corsi d'acqua; ha cor-

po tozzo, coda molto corta ed è il più grosso fra i roditori. (Lunghezza fino a 1,20 m; famiglia degli Idrocheridi.)

capiènte agg. **1.** Capace, ampio. **2.** BANC. Relativo a un bene il cui valore è sufficiente a fare da garanzia per un credito.

capiènza s.f. **1.** Possibilità di contenere. SIN.: **capacità**. **2.** BANC. Capacità di un immobile di essere gravato da ipoteca ai fini di un prestito.

capigliatùra s.f. L'insieme dei capelli. SIN.: **chioma**.

capillàre agg. **1.** Sottile come un capello. ◇ ANAT. *Vaso capillare:* vaso sanguigno dalle pareti sottili attraverso le quali, per osmosi, avviene il ricambio tra l'ossigeno e le sostanze tossiche da eliminare. ~ BOT. Ogni canaletto della foglia. **2.** fig. Minuzioso, dettagliato, analitico. *Ricerca capillare.* ◆ s.m. ANAT. Vaso capillare.

capillarità s.f. inv. **1.** Qualità di ciò che è capillare, anche in senso fig. **2.** FIS. Insieme dei fenomeni relativi alla superficie libera o di contatto dei fluidi, in partic. quelli relativi ai liquidi nei tubi capillari.

capillarite s.f. MED. Infiammazione dei vasi capillari cutanei.

capinéra s.f. Piccolo uccello canoro dalla livrea grigia sul corpo e nera (nel maschio) o marrone (nella femmina) sul capo; si nutre di insetti e frutta; è detto anche *terraiolo.* (Lunghezza 15 cm; genere *Sylvia*, famiglia dei Silvidi.)

■ **capinéra** grigia.

capire v.tr. [83] **1.** Comprendere con la mente qlco., penetrarla intellettualmente, intendere. *Capire un problema.* ◇ fig. *Capire fischi per fiaschi:* equivocare, fraintendere in modo grossolano. **2.** Giustificare, scusare o considerare con simpatia qlcu. *Capire i giovani.* ◆ v.intr. (aus. *avere*) Avere facilità a comprendere, essere intelligente. ◇ *Capire al volo:* afferrare immediatamente. ◆ **capirsi** v.pron. Detto di due o più persone, andare d'accordo, intendersi l'una con l'altra, essere in sintonia.

capitàgna s.f. AGR. → **capezzagna**.

1. capitàle agg. (lat., deriv. di *c`put* "testa") **1.** Che comporta la perdita del capo o della vita. ~ estens. Mortale. *Condannare alla pena capitale.* ◇ TEOL. CRIST. *Peccati capitali:* i sette peccati che conducono alla morte spirituale. (Superbia, avarizia, lussuria, invidia, gola, ira, pigrizia.) – *Vizi capitali:* i peccati capitali considerati come abitudini. **2.** fig. Primario, fondamentale, essenziale. **3.** PALEOG. *Scrittura capitale:* antica scrittura romana a lettere maiuscole usata nelle epigrafi, poi rimasta in uso per le sole iniziali (da cui il nome).

2. capitàle s.m. (lat., deriv. di *c`put* "testa", perché insieme dei beni che una persona, una "testa", possiede) **1.** ECON. Somma di danaro fruttifera o convertita in mezzi di produzione. *Mettere a rischio il proprio capitale.* ◇ *Capitale fisso:* complesso dei beni durevoli destinati alla produzione. – *Capitale sociale:* insieme delle somme conferite

■ **capibàra**

dai soci all'atto di costituzione di una società. **2.** FIN. Elemento principale di un debito, contrapposto agli interessi. **3.** estens. Il valore in denaro dei beni che qlcu. possiede, ricchezza, patrimonio. ◇ *Spendere un capitale:* una somma notevole. **4.** Classe sociale formata dai detentori dei mezzi di produzione.

3. capitàle s.f. **1.** Città sede degli organismi legislativi e amministrativi centrali di uno Stato. **2.** estens. Città importante. *Milano è la capitale economica d'Italia.*

capital gain [ˈkæpitəl ˈgeɪn] loc. sost. m. inv. (loc. ingl., propr. "profitto da capitale") FIN. Reddito da capitale. ~ In partic., guadagno derivante dall'aumento delle quotazioni azionarie, plusvalenza.

capitalismo s.m. (fr. *capitalisme*) Sistema economico e sociale fondato sulla proprietà privata dei mezzi di produzione e di scambio, con conseguente separazione tra capitale e lavoro, e caratterizzato dalla ricerca del profitto, dall'iniziativa individuale e dalla concorrenza fra le imprese. ~ special. Ordinamento economico, politico e sociale che, secondo la teoria marxista, si regge sulla ricerca del valore aggiunto allo sfruttamento dei lavoratori da parte di chi possiede i mezzi di produzione e di scambio.

capitalista s.m. e f. [pl.m. –sti] (fr. *capitaliste*) **1.** Chi detiene e investe grandi capitali privati in attività economiche produttive. **2.** estens. Persona molto ricca. ❑ In funzione di agg., capitalistico. *Economia capitalista.*

capitalistico agg. [pl.m. –ci, f. –che] Che è relativo al capitalismo. *Regime capitalistico.*

capitalizzàre v.tr. **1.** ECON. Aggiungere al capitale gli interessi non consumati. ~ Diminuire i consumi per accrescere gli investimenti produttivi. ~ fig. Mettere a frutto le esperienze fatte. **2.** Calcolare la quota di capitale spettante a qlcu. sulla base della rendita da esso percepita.

capitalizzazióne s.f. **1.** ECON. Trasformazione di beni in capitale. ~ fig. Buona utilizzazione. ◇ *Capitalizzazione di borsa:* valore globale teorico del capitale azionario di una società quotata in Borsa. (Detto valore si ottiene moltiplicando il numero delle azioni esistenti per il prezzo della quotazione dell'azione presa in esame.). **2.** FIN. In ambito assicurativo, tecnica secondo la quale il capitale garantito alla scadenza del contratto è funzione dei versamenti fatti dall'assicurato.

capitanàre v.tr. Comandare o dirigere qlco. o qlcu. *Capitanare la squadra di calcio.* SIN.: **capeggiare**.

capitanàto s.m. Nell'antico l. amm. e mil., ufficio e titolo di capitano civile o militare. ~ Durata dell'incarico. ~ Territorio soggetto alla sua giurisdizione.

capitanería s.f. **1.** Capitanato. **2.** *Capitaneria di porto:* organo statale con funzioni tecniche e amministrative su porti e litorali. ~ L'edificio in cui ha sede.

capitàno s.m. [f. *capitana, capitanessa*] **1.** MIL. Nell'esercito, ufficiale comandante una compagnia o una batteria. ~ AER. Comandante di squadriglia. ◇ *Capitano di corvetta, di fregata, di vascello:* grado di ufficiale corrispondente a maggiore, tenente colonnello, colonnello. – *Capitano di porto:* ufficiale che comanda una capitaneria portuale. **2.** MAR. Comandante di nave mercantile o di linea. ◇ *Capitano di lungo corso:* capitano riconosciuto idoneo al comando di navi mercantili naviganti in qualsiasi mare. **3.** Titolo dato nel Medioevo e nel Rinascimento a vari magistrati o ai condottieri. ◇ *Capitano di ventura:* comandante di milizie mercenarie. – *Capitano reggente:* titolo tuttora conservato da ognuno dei due magistrati posti a capo della repubblica di San Marino. **4.** Massimo dirigente. *Capitano d'industria.* **5.** SPORT. Il giocatore, general. il più anziano ed esperto, responsabile sul campo del comportamento della squadra. **6.** TEAT. (solo m.) Maschera della commedia dell'arte, di derivazione classica, che rappresenta il soldato fanfarone. *Capitan Fracassa.*

capitàre v.intr. (aus. *essere*) (lat. *capitàre* "far capo") **1.** Detto per lo più di soggetti umani, giungere casualmente in un dato posto. *Capitare in un albergo di campagna.* SIN.: **arrivare**. ◇ *Capitare bene, male:* avere fortuna o sfortuna in una determinata occasione. **2.** Presentarsi, offrirsi a qlcu., più spesso con soggetto posposto. *Mi è capitato di aver letto questo libro.* ◇ *Capitare tra le mani a qlcu.:* detto di cosa, sbucare, venir fuori per caso. **3.** Accadere, succedere a qlcu. *Mi è capitata una brutta disgrazia.* **4.** Detto di anniversari, ricorrenze, ecc., cadere, ricorrere in una certa data. *Il tuo compleanno capita di domenica.*

capitazióne s.f. ST. Nella Roma imperiale, imposta sui cittadini lavoratori. ~ In epoca medievale e moderna, tributo fiscale che esigeva dai contribuenti il versamento di una somma uguale per tutti.

capitèllo s.m. **1.** ARCH. Elemento conclusivo, variamente lavorato, della colonna o del pilastro su cui insiste l'architrave o l'arco e che è general. costituito da un echino o sormontato da un abaco. *Capitello dorico, ionico, corinzio.* **2.** RILEG. Striscia di tessuto o di pelle incollata alle due estremità del corpo di un libro rilegato, per tenere meglio i quinterni. **3.** Cimasa di una ciminiera che favorisce la fuoriuscita del fumo. **4.** CHIM. Parte superiore dell'alambicco.

1. capitolàre v.intr. (aus. *avere*) (lat. *capitulàre* "stabilire i capitoli di una convenzione") Trattare la resa con il nemico, arrendersi. *Il nemico ha capitolato.* ~ fig. Cedere alle insistenze, piegarsi. *Ha insistito così tanto che alla fine ho capitolato.*

2. capitolàre agg. **1.** Di un capitolo di religiosi. *Sala capitolare.* **2.** Attinente alle capitolazioni.

3. capitolàre s.m. (lat., deriv. di *capìtulum* "capitolo" perché suddiviso in capitoli) **1.** Atto legislativo promulgato dai sovrani carolingi. **2.** estens. Raccolta delle deliberazioni di un'assemblea ecclesiastica o civile. **3.** Nel Medioevo, denominazione dei libri liturgici.

capitolàto s.m. Elenco e descrizione in capitoli delle condizioni e degli obblighi di un contratto. *Capitolato d'appalto.*

capitolazióne s.f. **1.** Resa del nemico. *Trattare la capitolazione.* ~ Anche, insieme dei patti che l'accompagnano. ~ fig. Cedimento. **2.** (al pl.) Un tempo, privilegi concessi ai cittadini europei in alcuni Stati asiatici, in partic. quello di essere posti sotto la giurisdizione del console del proprio paese d'origine.

capitolino agg. **1.** ANT. ROM. Del Campidoglio. **2.** estens. Romano.

capitolo s.m. **1.** Suddivisione di un libro, di un trattato, di un codice, ecc. *Un capitolo del manuale di geografia.* **2.** Suddivisione di un contratto, di un appalto, di un regolamento. **3.** fig. Periodo di tempo. *Si chiude un capitolo della mia vita.* **4.** Componimento in terzine di argomento morale, politico, amoroso o burlesco, tipico del Medioevo e del Rinascimento; in epoca contemporanea, breve prosa d'arte. **5.** Assemblea di religiosi o di membri di ordini cavallereschi. *Il capitolo dei gesuiti.* ◇ *Capitolo generale:* riunione plenaria di tutti i membri di uno stesso ordine religioso.

capitombolàre v.intr. (aus. *essere*) Fare un capitombolo. ~ Cadere rotolando. SIN.: **ruzzolare.**

capitómbolo s.m. **1.** Caduta con il capo all'ingiù. **2.** fig. Crollo, rovina. *Capitombolo finanziario.*

capitóne s.m. (voce merid., lat. *capitōnem* "dalla testa grossa") Grossa anguilla femmina dalle carni molto pregiate.

capitonnage [/kapitɔnaʒ/] s.m. inv. (voce fr.) MED. Tecnica chirurgica che consiste nel chiudere una cavità accostandone le pareti mediante punti a tutto spessore.

capitonné [/kapitɔne/] s.m. inv. (voce fr., deriv. di *capitonner* "imbottire") Imbottitura di una sedia o poltrona, usata nel sec. XVIII, che forma un disegno geometrico. (La parte imbottita era fissata all'esterno con piccoli batuffoli di seta o bottoncini.)

capitòzza s.f. SILV. Potatura effettuata sul tronco perché l'albero getti nuovi rami.

càpo s.m. **1.** Parte superiore del corpo umano. SIN.: **testa.** ~ La parte rivestita dai capelli. *Capo biondo.* ◇ *Da capo a piedi:* in tutto il corpo. **2.** Come sede del cervello e quindi della ragio-

ne, della mente, si usa in alcune locc. fig. ◇ *Frullare per il capo:* venire in mente all'improvviso. – *Mettersi, ficcarsi qlco. in capo:* convincersene. **3.** (anche con riferimento a donna; scherz. *capa*) Chi detiene una carica importante, chi comanda, chi è riconosciuto autorevole. *Capo dello Stato.* ~ pop. per esager. Appellativo con cui ci si rivolge a un estraneo, in partic. a un agente di polizia. ◇ *Capo storico:* iniziatore di un movimento. – *Grande capo:* uomo di grossa levatura, condottiero, statista; anche in senso iron., per antifrasi. *Non fare il grande capo!* **4.** Estremità, estremo. – Principio o fine spaziale o temporale. ◇ *Da capo:* daccapo. – *In capo al mondo:* molto lontano. – figg. *Far capo a qlcu.:* farvi riferimento. – *Venire a capo di qlco.:* risolverlo. – loc. prep. *In capo a:* entro un dato periodo di tempo. *In capo a una settimana.* **5.** Capocchia, testa di un oggetto. *Capo del chiodo.* ~ Nei vegetali, bulbo oppure bocciolo, fiore. *Il capo delle rose.* **6.** Unità in un insieme di animali o cose. *Un gregge di duecento capi.* **7.** In uno scritto, parte che tratta un singolo argomento. *Il capo primo della Costituzione.* SIN.: **capitolo.** ◇ *Punto e a capo:* espressione usata per indicare interruzione e nuovo svolgimento del discorso. – *Essere punto e a capo:* come prima. – DIR. *Capo d'accusa:* ogni imputazione contestata. – fig. *Per sommi capi:* sinteticamente. **8.** GEOGR. Promontorio, sporgenza di una costa. *Capo di Buona Speranza.* ◇ In funzione di agg. inv., nell'accez. 3 del s. *Redattore capo.*

capoàrea s.m. e f. [pl.m *capiarea,* f. *capoarea*] Nelle maggiori organizzazioni commerciali, dirigente delle vendite in una data zona.

capobànda s.m. e f. [pl.m. *capibanda,* f. *capobanda*] **1.** Boss della malavita. **2.** fig. Elemento trainante di una compagnia. **3.** Direttore di una banda musicale.

capobrànco s.m. e f. [pl.m. *capibranco,* f. *capobranco*] ZOOL. Animale che guida e protegge il branco.

capòc s.m. inv. → **kapok.**

capocàccia s.m. e f. [pl.m. *capicaccia,* f. *capocaccia*] Chi dirige una battuta di caccia. ~ Nelle dimore signorili, chi sovrintende all'allevamento dei cani e a tutto ciò che concerne la caccia.

capocamerière s.m. [f. *capocameriera,* pl.m. *capocamerieri,* f. *capocameriere*] Primo cameriere che sovrintende agli altri.

capocannonière s.m. [pl.m. *capicannonieri*] **1.** MIL. In marina, grado di sottufficiale. **2.** SPORT. [f. *capocannoniera*] Calciatore che ha fatto più gol durante un campionato.

capocantière s.m. e f. [pl.m. *capicantiere,* f. *capocantiere*] Chi dirige il lavoro degli operai di un cantiere.

capòcchia s.f. Estremità dilatata e convessa di una struttura lineare.

1. capòccia o **capòccio** s.m. [pl. *capoccia* o *capocci*] **1.** Capofamiglia contadino. **2.** Sorvegliante di manovali, di lavoratori agricoli. **3.** spreg. Persona che conta, che si arroga diritti e poteri.

2. capòccia s.f. [pl. *–ce*] → **testa.**

capoclàn s.m. [pl. *capiclan*] Boss che comanda un'organizzazione malavitosa.

capoclaque [/kapoˈklak/] s.m. inv. (voce semifr.) Chi orchestra gli applausi della claque.

capoclàsse s.m. e f. [pl.m. *capiclasse,* f. *capoclasse*] Alunno incaricato della sorveglianza in assenza dell'insegnante.

capoclassifica s.m. e f. [pl.m. *capiclassifica,* f. *capoclassifica*] SPORT. Squadra o atleta in testa alla classifica.

■ **capodòglio**

capocòmico s.m. [pl. *capocomici*] Direttore di una compagnia teatrale, general. anche attore.

capocòrda s.m. [pl. *capicorda*] **1.** Anello di metallo attraverso il quale si lega una corda per formare un cappio. **2.** ELETTR. Elemento di metallo al quale si fissa l'estremità di un conduttore per realizzare il collegamento con un altro conduttore o morsetto.

capocordàta s.m. e f. [pl.m. *capicordata,* f. *capocordata*] **1.** ALP. Scalatore che guida la cordata. **2.** ECON. Chi si pone a capo di una cordata finanziaria.

capocuòco s.m. [f. *capocuoca,* pl.m. *capocuochi* o *capicuochi,* f. *capocuoche*] Primo cuoco che dirige la cucina.

capodànno s.m. [pl. *capodanni*] Il primo giorno dell'anno.

capodibànda s.m. MAR. Pezzo di costruzione che forma l'orlo superiore della parte emersa degli scafi in legno ed è applicato sull'estremità delle coste, per collegarle e coprirle. SIN.: **frisata.**

capodimónte agg. inv. Prodotto dalla fabbrica di porcellane di Capodimonte, presso Napoli.

capodipartiménto s.m. e f. [pl.m. *capidipartimento,* f. *capodipartimento*] Chi dirige un dipartimento, spec. ferroviario.

capodivisióne s.m. e f. [pl.m. *capidivisione,* f. *capodivisione*] Funzionario dirigente una divisione amministrativa.

capodòglio o **capidòglio** s.m. [pl. *–gli*] (da *capo d'olio* perché dalla testa si ricava una sostanza oleosa) Grande mammifero cetaceo che ha denti fissati alla mandibola inferiore, si nutre di grandi calamari ed è capace di immergersi ad oltre 1000 m di profondità. (Dalla testa si ricava lo spermaceti e dallo stomaco l'ambra grigia. Lunghezza 18 m; sottordine degli Odontoceti.)

capofamìglia s.m. e f. [pl.m. *capifamiglia,* f. *capofamiglia*] Chi ha la responsabilità giuridica della famiglia.

capofficina s.m. e f. [pl.m. *capifficina,* f. *capofficina*] Chi sovrintende al lavoro e agli operai di un'officina.

capofila s.m. e f. [pl.m. *capifila,* f. *capofila*] **1.** Chi, o ciò che è primo in un allineamento. **2.** fig. Esponente principale di un movimento politico o letterario.

capofitto s.m. Solo nella loc. *a capofitto,* con la testa all'ingiù. ◇ fig. *Buttarsi, gettarsi a capofitto in qlco.:* dedicarvisi totalmente.

capogabinétto s.m. e f. [pl.m. *capigabinetto,* f. *capogabinetto*] Funzionario che dirige il gabinetto di un ministro.

capogiro s.m. [pl. *–ri*] Giramento di testa. SIN.: **vertigine.** ◇ figg. *Da capogiro:* da stordire per lo stupore, sbalorditivo. – *Dare, far venire il capogiro:* stupire, sbalordire.

capogrùppo s.m. e f. [pl.m. *capigruppo,* f. *capogruppo*] **1.** Coordinatore di un lavoro collettivo. **2.** Società che detiene la maggioranza del pacchetto azionario di altre società.

capolavóro s.m. [pl. *–ri*] **1.** Massima espressione artistica di un autore, di una corrente, di un periodo della cultura. *Il "Canzoniere" è considerato il capolavoro di Petrarca.* **2.** estens. Opera, condizione che presenta al più alto grado una caratteristica positiva o negativa. **3.** Manufatto eseguito da un allievo artigiano o da un operaio apprendista come prova d'esame.

capolèttera s.m. [pl. *capilettera*] **1.** STAM. Lettera di corpo maggiore delle altre, usata all'inizio di un testo. **2.** Dopo la rivoluzione francese, emblema usato come intestazione dei documenti di Stato, poi emblema per carta da lettere.

capolìnea s.m. inv. Ultima fermata di una linea di trasporto pubblico. ~ fig. Conclusione. *La sua vita è arrivata al capolinea.*

capolino s.m. **1.** Nel sign. del dim. di *capo*, solo nella loc. fig. *far capolino,* affacciare appena la testa, apparire per poco. **2.** BOT. Infiorescenza caratteristica della famiglia delle Composite formata da piccoli fiori sessili, stretti gli uni contro gli altri e inseriti sul ricettacolo allargato. *Il capolino della margherita.*

capolista s.m. e f. [pl.m. *capilista,* f. *capolista*] **1.** Primo posto in una lista, spec. elettorale. **2.** SPORT. Chi guida una classifica.

capoluògo s.m. [pl. *capoluoghi*] (calco del fr. *chef-lieu*) Città sede di organi amministrativi.

capomàfia s.m. [pl. *capimafia*] Chi occupa un grado elevato nella gerarchia mafiosa.

capomàstro s.m. [pl. *capomastri* o *capimastri*] **1.** Nei cantieri edili, chi guida gli altri subordinati nell'esecuzione dei lavori, secondo le direttive dei dirigenti tecnici. **2.** Muratore che ha una propria piccola impresa.

capopiàtto s.m. Squalo grigio del Mediterraneo e dell'Atlantico con i fianchi di colore bianco, dotato di 6 fessure branchiali. (Lunghezza 2-4 m; genere *Hexanchus,* ordine degli Esanchiformi.)

capopòpolo s.m. e f. [pl.m. *capipopolo,* f. *capopopolo*] Chi è riconosciuto dal popolo come proprio rappresentante e capo, spec. durante rivolte.

caporalàto s.m. Sistema di reclutamento per lavori agricoli stagionali che, sottraendosi alle norme di legge, consente ai datori di lavoro di sottopagare la manodopera. *La piaga del caporalato nel Sud.*

caporàle s.m. **1.** Primo grado militare della categoria dei graduati di truppa comportante il comando di una squadra. **2.** Persona autoritaria e rude. **3.** Capo di una squadra di operai. ~ Nel Mezzogiorno, reclutatore abusivo di manodopera.

caporalésco agg. [pl.m. *–schi,* f. *–sche*] Rozzo, rude. ~ Anche autoritario. *Modi caporaleschi.*

caporalismo s.m. spreg. Comportamento autoritario, da caporale militare.

caporalmaggióre s.m. e f. [pl. *caporali maggiori*] Graduato di truppa, intermedio tra il caporale e il sergente.

caporedattóre s.m. e f. [caporedattrice, pl.m. *capiredattori,* f. *caporedattrici*] Chi dirige la redazione di un giornale, di una rivista. ~ Chi coordina le attività editoriali di una redazione.

caporepàrto s.m. e f. [pl.m. *capireparto,* f. *caporeparto*] Responsabile della lavorazione in un reparto aziendale.

caposàla s.m. e f. [pl.m. *capisala,* f. *caposala*] Chi dirige il personale di sala in biblioteche, uffici, stazioni ferroviarie, alberghi. ~ In partic., responsabile del lavoro infermieristico in un reparto ospedaliero.

caposàldo s.m. [pl. *capisaldi, caposaldi*] **1.** TOPOGR. Punto del terreno dalla posizione altimetrica e planimetrica esattamente stabilita, che viene preso come vertice di triangolazioni. **2.** MIL. Punto fortificato di uno schieramento. **3.** fig. Principio primo, fondamentale.

caposcàla s.m. [pl. *capiscala*] → **pianerottolo.**

caposcuòla s.m. e f. [pl.m. *capiscuola,* f. *caposcuola*] Iniziatore di un movimento culturale, di una scuola letteraria o artistica. *Marinetti è il caposcuola del futurismo.*

caposervizio s.m. e f. [pl.m. *capiservizio,* f. *caposervizio*] **1.** Dirigente di un settore organizzativo in aziende o nella pubblica amministrazione. **2.** Redattore che sovraintende a una sezione di un giornale o di un'agenzia d'informazioni.

caposezióne s.m. e f. [pl.m. *capisezione,* f. *caposezione*] Funzionario che dirige una sezione in ministeri o uffici pubblici.

caposquàdra s.m. e f. [pl.m. *capisquadra,* f. *caposquadra*] **1.** Persona qualificata che sorveglia e dirige una squadra di operai. **2.** MIL. (solo m.) Graduato o sottufficiale che comanda una squadra di fanteria.

capostazióne s.m. e f. [pl.m. *capistazione,* f. *capostazione*] Dirigente responsabile di una stazione ferroviaria.

capostipite s.m. [pl. *capostipiti*] **1.** (anche f.) Progenitore di una stirpe. **2.** BOT. In arboricoltura, primo esemplare che ha dato origine a una nuova varietà. **3.** FILOL. Archetipo, codice perduto a cui risale un gruppo di manoscritti.

capostòrno s.m. VET. Malattia degli equini, dei bovini e dei cani, causata dalla presenza nell'encefalo di larve di cenuro, che si manifesta con diversi sintomi, fra cui uno stato di stordimento.

capostruttùra s.m. e f. [pl.m. *capistruttura,* f. *capostruttura*] Dirigente di un settore aziendale.

capotàsto s.m. [pl. *–sti*] Negli strumenti a corda, barretta sottile che tiene sollevate le corde di uno strumento, posta tra il cavigliere e l'impugnatura o sul telaio degli strumenti a tastiera.

capotàvola s.m. (solo sing.) Il posto sul lato corto di una tavola rettangolare, considerato d'onore. ◆ s.m. e f. [pl.m. *capitavola,* f. *capotavola*] Persona che siede a tale posto.

capote [/ka'pɔt/] s.f. inv. (voce fr., deriv. di *cape*) Tetto mobile in materiale morbido di carrozze o automobili.

capotoràce s.m. → **cefalotorace.**

capotrèno s.m. e f. [pl.m. *capitreno, capotreni* f. *capotreno*] Membro del personale viaggiante su un treno, responsabile del convoglio.

capotribù s.m. e f. [pl.m. *capitribù,* f. *capotribù*] Membro autorevole della tribù.

capotùrno s.m. e f. [pl.m. *capiturno,* f. *capoturno*] Responsabile dell'andamento del lavoro durante un turno.

capoufficio o **capufficio** s.m. e f. [pl.m. *capiufficio,* f. *capoufficio, capufficio*] Responsabile della gestione di un ufficio.

capoverdiàno agg. Di Capo Verde. ◆ s.m. [f. *–na*] Nativo, abitante di Capo Verde.

capovèrso s.m. [pl. *–si*] **1.** Inizio di un periodo posto a capo di un nuovo rigo, nei testi a stampa generalm. rientrato. **2.** Prima lettera di un capitolo, un tempo ornata. **3.** Parte di uno scritto compresa tra due capoversi successivi. *Leggere l'ultimo capoverso della pagina.* ~ Partizione di un articolo di legge successiva alla prima. *Il primo capoverso corrisponde al secondo comma.* SIN.: **paragrafo.**

capovòlgere v.tr. [22] **1.** Girare qlco. dall'alto verso il basso, portando sopra ciò che era sotto. *Capovolgere il materasso.* **2.** fig. Cambiare radicalmente qlco. *Capovolgere la classifica.* ◆ **capovolgersi** v.pron. **1.** Rivoltarsi, ribaltarsi. *L'auto si è capovolta.* **2.** fig. Diventare radicalmente diverso, modificarsi profondamente. *La situazione si è capovolta.*

capovolgiménto s.m. Rovesciamento, passaggio da una situazione a un'altra opposta. ~ fig. Cambiamento radicale.

capovòlto agg. **1.** Rovesciato, ribaltato. **2.** fig. Sovvertito, stravolto.

1. càppa s.f. (lat. *càppam* "cappuccio" poi "mantello") **1.** Manto ampio, senza maniche, più o meno lungo, portato sulle spalle e dotato o meno di aperture per le braccia. (Oggi usato come veste da cerimonia o come abito di appartenenti ad alcune confraternite religiose.) ◇ *Film, romanzi di cappa e spada:* di avventure e duelli tra cavalieri e spadaccini. – fig. *Cappa di piombo:* peso insostenibile, oppressione; estens. afa, calura soffocante. **2.** Copertura su camini e fornelli per raccogliere fumo, vapori. **3.** MAR. Telone impermeabile che protegge dalla pioggia o dagli spruzzi delle onde boccaporti, armi, strumenti posti in coperta. ◇ *Navigare alla cappa:* navigare alla minima velocità, andando quasi più è possibile in senso contrario alle onde e al vento, quando il mare è molto grosso. **4.** fig. MAR. Parte particolare che spetta ai capitani di navi mercantili. **5.** COSTR. Rivestimento dell'estradosso con materiale che impedisca le infiltrazioni.

2. càppa s.f. Mollusco marino commestibile che vive nell'Atlantico e nel Mediterraneo, con il guscio è abbellito da costole parallele. (Genere *Cardio;* classe dei Bivalvi.) SIN.: **cannolicchio.**

3. càppa o **kàppa** s.m. o s.f. inv. Dodicesima lettera dell'alfabeto greco (K, κ), che corri-

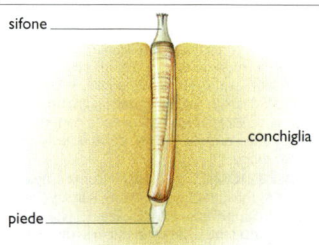

■ **cappalùnga** (mollusco).

sponde alla *c* (di suono velare) dell'alfabeto latino.

cappadòce agg. Della Cappadocia. ◆ s.m. e f. Nativo, abitante della Cappadocia.

cappalùnga s.f. [pl. *cappelunghe*] ZOOL. → **cannolicchio.**

cappamàgna s.f. [pl. *cappemagne*] Mantello con cappuccio e strascico usato da vescovi e cardinali nelle cerimonie solenni.

Capparidàcee s.f. pl. [iniziale minusc. sing. *–a* per l'individuo] BOT. Famiglia di piante dicotiledoni cui appartiene il cappero.

cappàto agg. (deriv. di *cappa* perché il disegno descritto dalle linee ricorda la forma di una *k*) ARALD. *Scudo cappato:* scudo con due linee curve che vanno dalla metà del bordo superiore alla metà dei bordi laterali.

cappeggiàre v.intr. [5] (aus. *avere*) MAR. Navigare alla *cappa.

1. cappèlla s.f. (sembra che orig. designasse l'oratorio annesso al palazzo dei re Franchi in cui era custodita una reliquia della cappa di S. Martino di Tours) **1.** Piccola chiesa a una navata. ~ Edicola con altare lungo le navate delle chiese. ◇ *Cappella mortuaria:* nei cimiteri, vano in cui vengono tenuti i morti prima che siano sepolti. – *Cappella papale:* quella dove il papa celebra funzioni solenni o vi assiste; estens. la funzione stessa; anche complesso degli ecclesiastici della corte pontificia ammessi a partecipare a tale cerimonia. **2.** Tabernacolo con immagini sacre posto lungo le strade. **3.** Complesso di cantori e musici di una chiesa, diretto dal maestro di cappella. ◇ MUS. *A cappella:* di composizione polifonica senza accompagnamento musicale.

2. cappèlla s.f. **1.** Parte larga e convessa del fungo. **2.** MIL. gerg. Recluta. **3.** volg. Glande. **4.** fig. Sproposito, cavolata.

cappellàccia s.f. [pl. *–ce*] Uccello passeriforme col capo ornato di un ciuffo di piume erettili che vive in Europa e in Asia Minore. (Lunghezza 17 cm; famiglia degli Alaudidi.)

cappellàio s.m. [f. *–laia,* pl.m. *–lai*] Fabbricante, venditore di cappelli da uomo.

cappellanàto s.m. CATT. Ufficio di cappellano.

cappellania s.f. CATT. Ente ecclesiastico costituito in seguito a donazione o lascito da parte di un fedele, le cui rendite sono destinate al culto.

cappellàno s.m. **1.** Sacerdote che regge una cappellania. **2.** Sacerdote che officia in una cappella o in un oratorio senza cura d'anime. **3.** Sacerdote che officia con cura d'anime in situazioni o luoghi particolari.

cappelleria s.f. Negozio di cappelli.

cappellétto s.m. **1.** Cappuccio che copre la valvola di un pneumatico. **2.** Cappuccio di

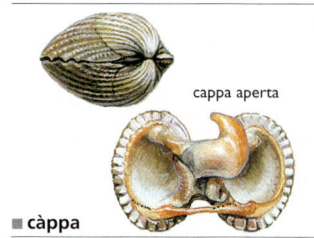

cappa aperta

■ **càppa**

stoffa impermeabilizzata che copre il punto di riunione delle stecche dell'ombrello. **3.** Parte a punta della calza, general. rinforzata. **4.** Antico copricapo militare, senza visiera, in cuoio, o metallo. ~ *estens.* Nome di vari corpi di milizie mercenarie che portavano particolari elmi o copricapi. **5.** CUC. (spec. pl.) Specie di piccolo raviolo con una punta ripiegata, preparato con pasta fresca e ripieno di carne, uova, parmigiano, spezie. **6.** VET. Tumefazione molle che si forma nel calcagno o nel garretto degli equini.

cappellièra s.f. Custodia di forma cilindrica per trasportare i cappelli, spec. da donna.

cappellifìcio s.m. [pl. –*ci*] Fabbrica di cappelli.

cappellìna s.f. **1.** Cappello di paglia a tesa larga, un tempo portato spec. dalle donne nei lavori agricoli. **2.** Elmo con cupola rilevata e piccola tesa circolare.

cappellìno s.m. Nel sign. del dim. di *cappello*; in partic., cappello femminile o da bambino.

cappèllo s.m. **1.** Copricapo, in partic. a cupola con falda. ◇ *Cappello cardinalizio:* quello rosso dei cardinali, simbolo della dignità cardinalizia. – *Portare il cappello sulle ventitré:* un po' spiovente sull'angolo della fronte. – *fig. Levarsi il cappello:* fare atto di stima, di ammirazione. **2.** *estens.* Qualsiasi cosa che per la forma o la funzione ricordi il cappello. ~ BOT. La parte carnosa superiore sostenuta dal gambo nei funghi Basidiomiceti. **3.** *fig.* Parte introduttiva. ~ Nel l. gior., breve nota, in genere in corpo minore e caratteri corsivi, preposta talora a un articolo, con cui si presenta l'autore o si danno spiegazioni sul pezzo pubblicato.

càppero s.m. Pianta arbustiva diffusa nelle regioni mediterranee, dai boccioli floreale aromatico, commestibile, che viene conservato in salamoia o sotto sale. (Famiglia delle Capparidacee.)

càppio s.m. [pl. –*pi*] (lat. *càpulum*, deriv. di *càpere* "prendere") **1.** Nodo che si scioglie tirandone un capo. **2.** Nodo scorsoio. ~ Capestro. ◇ *fig. Avere il cappio al collo:* non essere libero.

capponàggio s.m. ZOOTECN. Castrazione dei galletti.

cappóne s.m. **1.** Gallo castrato che ingrassa e ha la carne tenera. ~ *estens., scherz. o spreg.* Omosessuale maschile. **2.** Nome comune di vari pesci dei Triglidi.

capponièra o **caponièra** s.f. MIL. Opera di fortificazione di forma varia, costruita lungo i bordi dei fossi.

cappòtta s.f. (fr. *capote*) **1.** Mantello femminile allacciato sotto il bavero. **2.** Cappellino a cuffia privo della falda posteriore, con tesa rigida e sporgente, allacciato sotto la gola con nastri. **3.** Giaccone invernale in dotazione ai marinai della Marina militare.

cappottàre o **capotàre** v.intr. (aus. *avere*) (fr. *capoter* "rovesciarsi") Detto di aereo o di automobile, ribaltarsi.

cappottatùra s.f. Negli aeromobili, carenatura esterna del motore o di altre parti scoperte.

1. cappòtto s.m. Indumento pesante a maniche lunghe allacciato nella parte anteriore che si indossa sopra altri vestiti per proteggersi dal freddo.

2. cappòtto s.m. (dalla loc. fr. *faire capot*) Nella loc. *far cappotto,* nello sport e nel gioco, battere l'avversario senza lasciargli segnare neppure un punto; nel l. mar., detto di imbarcazione che si capovolge; nella caccia, di battuta in cui non si cattura niente.

cappuccìna s.f. **1.** *pop.* Pianta ornamentale originaria delle montagne dell'America del Sud, con foglie rotonde e fiori arancione. (Famiglia delle Tropeolacee.) **2.** Varietà di lattuga a foglie larghe.

1. cappuccìno s.m. (deriv. di *cappuccio* per il copricapo caratteristico dell'ordine) Religioso o religiosa dell'ordine francescano riformato nel sec. XVI.

2. cappuccìno s.m. (per il colore simile a quello del saio dei religiosi) Bevanda a base di caffè espresso e latte.

3. cappuccìno s.m. **1.** Colombo che ha un ciuffo sulla testa somigliante a un cappuccio; in alcune regioni, viene così chiamato anche il *falco di palude.* **2.** Piccola scimmia dell'America

centrale e della Colombia, chiamata anche *cebo cappuccino.* (genere *Cebus*; famiglia dei Cebidi.)

1. cappùccio s.m. [pl. –*ci*] **1.** Copricapo di forma conica attaccato a mantelli, cappotti o giacconi sportivi. **2.** *estens.* Elemento di forma pressappoco conica, piramidale o cilindrica che protegge o riveste un oggetto o parte di esso. *Cappuccio della biro.* **3.** Rivestimento metallico della punta dei proiettili. **4.** COSTR. Coronamento in pietra dello sprone del pilone di un ponte.

2. cappùccio s.m. [pl. –*ci*] *fam.* Abbr. di 2. *cappuccino.*

3. cappùccio s.m. [pl. –*ci*] Grosso cavolo con foglie lisce.

1. càpra s.f. **1.** Piccolo ruminante con le corna volte all'indietro di cui esistono diverse specie selvatiche e domestiche; si alleva principalmente per la produzione di latte. Il maschio è anche detto *capro* o *caprone.* (Ordine degli Ungulati, sottordine degli Artiodattili.) ◇ *fig. Salvare capra e cavoli:* riuscire a soddisfare due esigenze opposte. **2.** (iniziale maiusc.) Genere di erbivori a cui appartengono le varie specie di capra.

2. càpra s.f. **1.** Struttura piramidale di tre pali con carrucola nel punto di convergenza, per sollevare grossi pesi. **2.** AER. Struttura di collegamento tra ali e fusoliera.

■ càpra

capràio s.m. [f. –*praia,* pl.m. –*prai*] Pastore di capre.

caprèolo s.m. ARCH. Motivo ornamentale a forma di viticcio.

caprese agg. Dell'isola di Capri. ● s.m. e f. **1.** Nativo, abitante di Capri. **2.** (solo f.) Insalata a base di pomodoro, mozzarella e basilico.

caprétta s.f. **1.** Nel sign. del dim. di 1. *capra;* in partic., piccolo di capra. **2.** Strumento per incidere il legno.

caprétto s.m. Nel sign. del dim. di 1. *capra;* in partic., piccolo della capra. ~ Pelle conciata del capretto. ~ La sua carne.

capriàta s.f. COSTR., ARCH. Struttura reticolare verticale (di legno, di profilato di ferro, di ghisa, d'acciaio), disposta a sostegno, con altre strutture identiche, di una copertura.

capriccio s.m. [pl. –*ci*] **1.** Desiderio, voglia improvvisa e ostinata. ◇ *Fare i capricci:* esprimere con insistenza desideri bizzarri; riferito a cose, non funzionare bene. *L'automobile fa i capricci.* **2.** Infatuazione amorosa. **3.** Caso strano, inusuale, bizzarria della natura. *I capricci della sorte.* **4.** LETT., ART. Espressione fantasiosa, che non osserva regole, canoni. *I capricci dello stile barocco.*

frutto

■ cappuccìna

~ MUS. Pezzo strumentale o vocale in forma libera. **5.** Mantovana drappeggiata delle tende.

capricciòso agg. **1.** Incostante, volubile. **2.** Soggetto a bruschi e imprevisti cambiamenti. *Un tempo capriccioso.* **3.** Fantasioso, stravagante. **4.** CUC. *Insalata capricciosa:* verdure finemente tagliate con maionese, prosciutto e altri ingredienti. – *Pizza capricciosa:* tipo di pizza condita con verdure varie, prosciutto e altro.

càprico agg. [pl. –*ci*] CHIM. Di acido grasso a dieci atomi di carbonio, presente nel burro caprino come gliceride.

capricòrno s.m. **1.** ZOOL. Mammifero ruminante con le corna attorcigliate, stanziato nelle zone montuose dell'Asia centro-orientale. (Ordine degli Artiodattili.) ◇ *Gran capricorno:* insetto coleottero con il corpo stretto e lunghe antenne. (Famiglia dei Cerambicidi.) **2.** ASTR. (iniziale maiusc., solo sing.) Costellazione zodiacale dell'emisfero australe nella quale il sole transita tra il 22 dicembre e il 20 gennaio (v. parte n.pr.). **3.** ASTROL. Decimo segno dello zodiaco dominante tale periodo. ~ *estens.* Persona nata sotto questo segno. **4.** GEOGR. *Tropico del Capricorno:* il parallelo australe di 23 gradi e 27 primi su cui il Sole è allo zenit nel solstizio d'inverno.

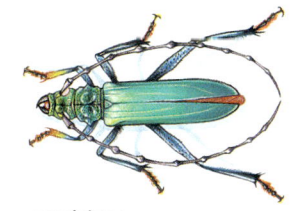

■ gran **capricòrno**

caprificazióne s.f. AGR. Operazione consistente nel sistemare alcuni frutti di fico selvatico su alberi di fico domestico per favorirne l'impollinazione e ottenere frutti più grandi e saporiti.

caprifìco s.m. [pl. –*chi*] Fico selvatico con frutti non commestibili, usato per l'impollinazione delle piante di fico (*caprificazione*).

Caprifogliàcee s.f. pl. [iniziale minusc. sing. –*a* per l'individuo] BOT. Famiglia di piante rampicanti con fiori a drupa o a bacca nera o rossa, a cui appartengono il sambuco e il caprifoglio. (Ordine delle Rubiali.)

caprifòglio s.m. [pl. –*gli*] Pianta rampicante dai fiori bianchi odorosi; numerose specie di caprifoglio sono ornamentali. (Famiglia delle Caprifogliacee.)

frutti

■ caprifòglio

caprilico agg. CHIM. *Acido caprilico:* acido grasso presente nel burro di capra e in numerose altre materie grasse.

Caprimulgifórmi s.m. pl. [iniziale minusc. sing. –*me* per l'individuo] ZOOL. Ordine di uccelli insettivori dal becco breve e piatto, zampe corte, piumaggio molto morbido, crepuscolari o notturni.

caprimùlgo s.m. [pl. –*gi*] Uccello che al tramonto vola sui greggi di capre per catturare gli insetti parassiti. (Ordine dei Caprimulgiformi.) SIN.: **succiacapre.**

Caprìni s.m. pl. [iniziale minusc. sing. –*no* per l'individuo] ZOOL. Sottofamiglia di mammiferi ruminanti dotati di corna volte indietro; tra questi le capre, il camoscio e lo stambecco. (Famiglia dei Bovidi.)

caprìno agg. Relativo alla capra. *Formaggio caprino.* ◆ s.m. **1.** Denominazione generica di animale che appartiene alla sottofamiglia dei Caprini. **2.** Afrore di capra. **3.** Sterco di capra usato come concime. **4.** Formaggio di latte di capra.

capriòla s.f. **1.** Giro su se stessi che si fa raggomitolandosi in avanti, con capo e mani appoggiati a terra, e ritornando in posizione eretta. ~ *estens.* Ruzzolone, capitombolo. ◇ *fig. Fare le capriole:* cercare di fare tutto il possibile e anche l'impossibile per ottenere qlco. **2.** BALL. Salto con cambio della posizione dei piedi. **3.** EQUIT. Figura di alta scuola eseguita da un cavallo che si impenna e poi scalcia prima che gli arti anteriori tocchino il suolo.

capriòlo s.m. Mammifero ruminante selvatico delle foreste dell'Europa e dell'Asia il cui palco è costituito da due sole corna. (La femmina è detta *capriola;* i piccoli, maschi o femmine, vengono denominati *cerbiatti* fino all'età di sei mesi. Altezza al garrese 70 cm, longevità 15 anni; famiglia dei Cervidi.)

■ capriòlo

caprìpede agg. MIT. *lett.* Dai piedi di capra, attributo di fauni e satiri mitologici.

càpro s.m. Maschio della capra. ◇ *Capro espiatorio:* nella religione ebraica, l'animale a cui venivano simbolicamente addossate le colpe degli uomini e che veniva abbandonato nel deserto; *fig.* persona che paga per colpe che sono di altri.

caprolattàme s.m. CHIM. Composto organico ciclico usato nella fabbricazione di fibre poliammidiche.

Capròmidi s.m. pl. [iniziale minusc. sing. –*de* per l'individuo] ZOOL. Famiglia di mammiferi roditori con corpo tozzo e testa grossa, tipici del continente americano.

capróne s.m. **1.** Capro. **2.** *fig.* Uomo rozzo.

caprugginatóio s.m. [pl. –*toi*] Strumento di legno munito di lama tagliente d'acciaio con cui si scavano le capruggini nelle doghe interne delle botti.

caprùggine s.f. (etim. incerta) Intaccatura delle doghe nella quale si incastra il fondo di botti, barili, ecc.

càpside s.m. (deriv. di lat. *căpsa* "cassa") MICROBIOL. Rivestimento proteico della particella virale.

càpsula s.f. (lat. *căpsulam,* deriv. di *căpsa* "cassetta") **1.** Involucro per proteggere e contenere elementi vari, di forma perlopiù cilindrica. ~ FARM. Rivestimento di alcuni farmaci che, dissolvendosi, libera il principio attivo. ~ MED. Rivestimento di un dente. **2.** *Capsula fulminante:* cilindretto metallico riempito di esplosivo, usato come detonatore di cartucce o mine. **3.** BOT. Frutto secco deiscente che contiene più semi. **4.** ANAT. Membrana fibrosa che circonda un organo o un'articolazione. *Capsula surrenale.* ◇ *Capsula di Bowman:* membrana sottile in cui sono avvolti i glomeruli renali. **5.** ASTRONAUT. *Capsula spaziale:* veicolo spaziale o parte di veicolo attrezzata ad abitacolo per l'equipaggio e sede della strumentazione. **6.** *Cap-*

sula microfonica: parte dell'apparecchio telefonico che trasforma le vibrazioni acustiche in oscillazioni elettriche e viceversa. **7.** In biblioteconomia, raccoglitore per fascicoli. **8.** Piccolo coperchio di metallo o plastica per chiudere una bottiglia.

captàre v.tr. **1.** Ottenere qlco., riuscire ad attirarlo. **2.** *fig.* Cogliere, intuire qlco. **3.** ELETTRON. Ricevere, intercettare onde elettromagnetiche per mezzo di apposite apparecchiature. *Captare una trasmissione.*

captatìvo agg. (fr. *captatif,* deriv. di *capter* "cercare di prendere") PSICOL. Di comportamento possessivo verso cose o persone.

captatóre agg. [f. –*trice*] Che serve a captare, a derivare. *◆ s.m.* (anche f.) Nei sign. dell'agg.

captazióne s.f. **1.** DIR. Comportamento fraudolento consistente nel guadagnarsi la benevolenza altrui a scopo di profitto. **2.** PSICOL. Comportamento possessivo e accentuatore degli affetti. **3.** Presa d'acqua attraverso una derivazione.

capziosità s.f. inv. Sottigliezza che raggira. SIN.: cavillosità.

capzióso agg. Insidioso, che raggira, inganna. *Parole capziose.*

carabàttola s.f. (lat. *grabātum* "lettuccio", gr. *krábatos* dalle parole che Cristo rivolge al paralitico *Tolle grabatum tuum et ambula* "Prendi il tuo lettuccio e cammina") *fam.* Oggetto inutile o senza valore.

Caràbidi s.m. pl. [iniziale minusc. sing. –*de* per l'individuo] ZOOL. Famiglia di insetti dai colori metallici, predatori, utili all'agricoltura, che emettono per difesa un liquido puzzolente. (La famiglia dei Carabidi è composta da 15.000 specie. Ordine dei Coleotteri.)

carabìna s.f. (fr. *carabine,* deriv. di *carabin* "soldato di fanteria leggera") **1.** Fucile di precisione con una sola canna rigata. ~ Fucile automatico leggero in dotazione a vari eserciti.

carabinière s.m. (fr. *carabinier,* propr. "soldato armato di carabina") **1.** Militare di un corpo dell'esercito italiano con compiti di polizia. **2.** Nell'esercito sabaudo, soldato di fanteria o di cavalleria armato di carabina. ◇ *fig.* Persona autoritaria.

caràcal s.m. inv. (spagn. e port. *caracal,* turco *karakulak* "orecchio nero") Lince dell'Africa e dell'Asia sud-occidentale con manto fulvo striato di nero sul muso.

caràcca s.f. [pl. –*che*] (ar. *ḥarrāqa* "battello carico di sostanze incendiarie da lanciare contro le navi nemiche") Grande nave a vela con due o tre alberi, dal castelli, armata di cannoni, usata da genovesi e portoghesi nei secc. XIII-XVI.

Caràcidi s.m. pl. [iniziale minusc. sing. –*de* per l'individuo] ZOOL. Famiglia di pesci teleostei d'acqua dolce dell'Africa e dell'America meridionale.

caracollàre v.intr. (aus. *avere*) (spagn. *caracolear*) **1.** Volteggiare con piccoli salti a destra e a sinistra, detto del cavallo o del cavaliere. **2.** *fam.* Trotterellare. **3.** MIL. Durante un combattimento, attaccare con la tecnica del caracollo.

caracòllo s.m. (spagn. *caracol* "chiocciola") **1.** Volteggio a piccoli salti del cavallo. **2.** MIL. Nel passato, manovra d'attacco della cavalleria con i cavalieri che facevano fuoco sul nemico e passavano in coda al reparto per ricaricare l'arma.

caracùl s.m. inv. Pecora dell'Asia centrale con vello lungo, ondulato e lucente. ~ Il vello di

questa specie di pecora, che costituisce una pelliccia pregiata.

Caràdridi s.m. pl. [iniziale minusc. sing. –*de* per l'individuo] ZOOL. Famiglia di uccelli trampolieri e migratori di taglia media; tra questi il piviere e la pavoncella. (Ordine dei Caradriformi.)

Caradrifórmi s.m. pl. [iniziale minusc. sing. –*me* per l'individuo] ZOOL. Ordine di uccelli trampolieri o palmipedi come il gabbiano, l'avocetta, il pinguino e la beccaccia.

caràffa s.f. (ar. *ġarrāfa*) Bottiglia con corpo largo, collo stretto e un solo manico. *Una caraffa di cristallo.*

caraìbico o **caraìbico** agg. Dei Caraibi.

1. caràmbola s.f. (fr. *carambole,* spagn. *carambola* "biglia", malese *karambil* "noce di cocco") **1.** Nel gioco del biliardo, colpo con cui una palla ne tocca un'altra che a sua volta ne colpisce una terza. ~ Gioco di biliardo con stecche e con tre palle, due bianche e una rossa. **2.** *estens.* Serie di collisioni, in partic. tra veicoli.

2. caràmbola s.f. (spagn. *carambola,* malese *karambil* "noce di cocco") Pianta arborea coltivata nelle regioni tropicali, con bei fiori bianchi, rosa o rossi. (Famiglia delle Ossalidacee.) ~ Il frutto di tale pianta, ovale, dalla polpa succosa e acidula.

carambolàre v.intr. (aus. *avere*) (fr. *caramboler*) **1.** Nel biliardo, colpire di rimbalzo. **2.** *estens.* Urtare, scontrarsi rimbalzando più volte.

caramèlla s.f. (spagn. *caramelo,* lat. *cànna mèllis* "canna del miele") Confetto ottenuto con zucchero, aromi e altri ingredienti.

caramellàre v.tr. **1.** Trasformare lo zucchero in caramello. **2.** Ricoprire di caramello. *Caramellare un dolce.* **3.** Unire il caramello alle bevande per colorarle e dare gusto.

caramellàto agg. Di zucchero, portato allo stato di caramello. ~ Coperto o con aggiunta di caramello.

caramèllo s.m. **1.** Prodotto risultante dall'azione del calore sullo zucchero leggermente addizionato ad acqua. **2.** Il colore o l'aspetto del caramello. ❑ In funzione di agg. inv., nell'accez. 2 del s.

Caràngidi s.m. pl. [iniziale minusc. sing. –*de* per l'individuo] ZOOL. Famiglia di pesci teleostei con corpo schiacciato ai lati e due pinne dorsali. (Ordine dei Perciformi.)

carapàce s.m. (fr. *carapace,* spagn. *carapacho*) ZOOL. Rivestimento scheletrico, duro e solido, che protegge il corpo di alcuni animali (tartarughe, crostacei).

Caràssio s.m. ZOOL. Genere di pesci d'acqua dolce simili alle carpe. (Il carassio dorato è detto anche *ciprino dorato* o *pesce rosso.*)

caratèllo s.m. Botticella per vini e liquori pregiati. *Un caratello di vinsanto.*

caratìsta s.m. e f. [pl.m. –*sti*] Persona che possiede uno o più carati di una nave o di un capitale societario.

caràto s.m. (ar. *qīrāṭ* "peso per oro e diamanti", gr. *kerátion* "carrubo" con i cui semi si pesavano le quantità minime) **1.** Unità di misura del titolo dell'oro, pari a un ventiquattresimo dell'oncia. ~ Proporzione di oro fino contenuta in una lega, espressa in ventiquattresimi della massa totale. **2.** Riferito a pietre preziose e a perle, unità di misura di massa. **3.** Quota di un ventiquattresimo nella proprietà di una nave o nel capitale di una società.

caràttere s.m. (lat. *charactĕrem,* gr. *kharaktḗr* "impronta") **1.** Segno grafico. *Caratteri cinesi.* ~ In partic., singola lettera dell'alfabeto. **2.** STAM.

cane — culatta — alzo — canna — mirino
calcio
fusto — collo del fusto — serbatoio (6 cartucce)
leva — grilletto

CARATTERISTICHE
Winchester modello 94
calibro: 30-30 (7,62)
lunghezza: 0,96 m
peso: 3,00 kg

■ carabìna

Unità compositiva recante in rilievo la lettera o il segno da stampare. **3.** Insieme dei tratti psicologici specifici di ogni persona. *Carattere flemmatico.* ◇ *Senza carattere:* privo di una personalità spiccata. **4.** Tratto distintivo. ~ BIOL. Ciascuna delle particolarità fisiche o biologiche dell'organismo dominate da uno o più geni. ◇ *Caratteri ereditari, acquisiti:* rispettivamente quelli che si trasmettono da una generazione all'altra e quelli determinati dall'ambiente, non trasmissibili. – *Carattere dominante:* carattere ereditario che si manifesta anche se è presente in un solo allele. **5.** *Carattere sacramentale:* in teologia, segno spirituale indelebile lasciato dai sacramenti del battesimo, della cresima e dell'ordine. **6.** TEAT. Ruolo di un personaggio drammatico. **7.** INFORM. Lettera, cifra, segno di interpunzione o simbolo particolare trattato dal computer. *Carattere alfanumerico.*

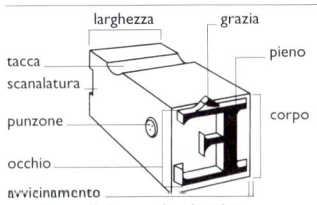

carattere di stampa in piombo

carattere digitalizzato di fotocomposizione

DV: distanza verticale   a: spalla
H: altezza delle maiuscole   kp: altezza «kp»
x: altezza delle minuscole

elementi descrittivi di un carattere

■ **caràttere** di stampa.

caratteriàle agg. **1.** Attinente al carattere di una persona. *Turbe caratteriali.* **2.** Relativo a una persona, in partic. a un bambino, che presenta disturbi di comportamento ma sviluppo intellettivo normale. ◆ s.m. e f. Nell'accez. 2 dell'agg.

caratterista s.m. e f. [pl.m. –*sti*] Attore non protagonista che rappresenta personaggi tipici, spesso dalle caratteristiche marcatamente singolari o caricaturali.

caratteristica s.f. [pl. –*che*] **1.** Tutto ciò che costituisce la particolarità, il carattere distintivo di qlcu. o di qlco. *Le caratteristiche di una nuova moto.* **2.** ELETTR. Rappresentazione grafica delle proprietà di un circuito. **3.** MAT. Nella rappresentazione di un numero in virgola mobile, parte che specifica l'esponente cui è elevata la base. ~ Parte intera di un logaritmo decimale.

caratteristico agg. [pl.m. –*ci*, f. –*che*] (fr. *caractéristique*) Proprio e distintivo di qlcu. o qlco. *Un segno caratteristico.*

caratterizzànte agg. Che definisce, individua qlcu. o qlco.

caratterizzàre v.tr. (fr. *caractériser*) **1.** Costituire il carattere essenziale, essere il tratto dominante di qlcu. o qlco. SIN.: **contraddistinguere**. **2.** Evidenziare, rappresentare le peculiarità. *Lo scrittore ha saputo caratterizzare l'ambiente.* ◆ **caratterizzarsi** v.pron. Distinguersi, contraddistinguersi per una qualità.

caratterizzazióne s.f. (fr. *caractérisation*) **1.** Determinazione, evidenziazione delle caratteristiche di qlcu. o qlco. **2.** TEAT. Interpretazione da caratterista.

caratterologia s.f. **1.** PSICOL. Studio e classificazione dei caratteri psichici. **2.** estens. Rassegna di tipi umani.

caratùra s.f. **1.** Misurazione in carati. **2.** *fig.* Valore, livello. **3.** Quota di comproprietà in navi o società.

caravaggismo s.m. Corrente artistica del sec. XVII, derivata dall'esempio di Caravaggio, caratterizzata dal realismo delle rappresentazioni e dal marcato contrasto fra ombre e luci.

caravan [/ˈkærəvæn/] s.m. inv. (voce ingl., propr. "carovana") Rimorchio trainato da un'auto, attrezzato ad abitazione e utilizzato nei campeggi. SIN.: **roulotte**.

caravanista s.m. e f. [pl.m. –*sti*] Chi viaggia col caravan.

caravanning [/ˈkærəvænɪŋ/] s.m. inv. (voce ingl.) Viaggiare in caravan.

caravanserràglio s.m. [pl. –*gli*] (persiano *Kārvān-sarāy* "casa delle carovane") **1.** Nei paesi del Medio Oriente, ricovero per carovane. **2.** *fig.* Luogo movimentato e rumoroso.

1. caravèlla s.f. (port. *caravela*, deriv. di lat. *càrabus* "scafo di vimini") Nave veloce e di piccolo tonnellaggio con vele latine (secc. XV e XVI).

2. caravèlla s.f. (deriv. di *caravella* perché usata per gli assiti delle navi) Resistente colla da falegname.

3. caravèlla s.f. (fr. *calville*, dal nome della città di *Calleville* nel Calvados) Varietà di mela o di pera.

■ **caravèlla** (sec. XV).

carbamàto o **carbammàto** s.m. CHIM. Sale o estere dell'acido carbammico.

carbàmmico o **carbàmico** agg. CHIM. *Acido carbammico:* acido non conosciuto allo stato libero, ma isolabile tramite i suoi sali e suoi esteri, di formula NH_2CO_2H.

carbocatióne s.m. CHIM. ORG. Ione monovalente positivo la cui carica è formalmente su un atomo di carbonio.

carbochìmica s.f. [non com. pl. –*che*] Branca dell'industria chimica che si occupa dei prodotti derivati dalla cokefazione del carbon fossile ad alta temperatura.

carboidràto s.m. CHIM. Idrato di carbonio, sostanza importantissima per il metabolismo energetico.

carbonàdo s.m. (voce port., propr. "che contiene carbonio") Diamante nero molto duro usato per le punte degli attrezzi di trivellazione delle rocce.

carbonàia s.f. **1.** Allestimento per ottenere il carbone di legna, consistente in una catasta, coperta con terra e lentamente bruciata. **2.** Ripostiglio per il carbone. **3.** Sulle navi, deposito del carbone necessario alla caldaia. ❑ In funzione di agg., nella loc. *nave carbonaia*, nave che trasporta carbone.

carbonàio s.m. [f. –*naia*, pl.m. –*nai*] **1.** Addetto alla preparazione e alla sorveglianza delle carbonaie. **2.** Venditore di carbone.

carbonarismo s.m. Movimento politico in cui i membri formavano una società segreta nata per contrastare il dominio napoleonico nel Regno di Napoli (1806-1815) e successivamente i sovrani italiani.

carbonàro agg. **1.** Attinente alla carboneria. **2.** CUC. *Alla carbonara:* detto di pasta condita con guanciale soffritto, uova, formaggio pecorino. ◆ s.m. Affiliato alla carboneria.

carbonàta s.f. **1.** Mucchio di carbone. **2.** Carne di maiale salata arrostita sulla brace.

carbonatazióne s.f. CHIM. Formazione di carbonati per azione dell'anidride carbonica su ossidi o idrossidi.

carbonàtico agg. GEOL. Si dice di una roccia formata essenzialmente di carbonati.

carbonàto s.m. **1.** CHIM. Sale o estere dell'acido carbonico. **2.** CHIM. Minerale caratterizzato da ione $(CO_3)^{2-}$, le cui principali varietà sono l'aragonite, la calcite e la dolomite.

carbonatùra s.f. **1.** Chiazzatura nera del mantello dei cavalli. **2.** Procedimento per rendere copiative le pagine di un modulo.

carbónchio s.m. [pl. –*chi*] (lat. *càrbo* "carbone") **1.** VET. Malattia infettiva setticemica, dovuta a un bacillo (*Bacillus anthracis*), presente in alcuni animali domestici (ruminanti, cavalli, suini) e trasmissibile all'uomo. **2.** AGR. Malattia del grano dovuta a un fungo parassita che si presenta come polvere. **3.** Nome che, ant., indicava i rubini e i granati rossi e successivamente solo questi ultimi.

carbonchióso agg. VET. Malato di carbonchio.

carboncino s.m. **1.** DIS. ART. Bastoncino di carbone dolce per disegnare. **2.** Disegno con esso eseguito. ◇ *A carboncino:* con la tecnica che usa il carboncino.

carbóne s.m. **1.** Materiale combustibile solido, di colore nero e di origine vegetale, che contiene grandi quantità di carbonio, formatosi naturalmente attraverso un lungo processo di fossilizzazione. ◇ *Carbone fossile:* denominazione comune ad antracite e litantrace. – *Carbone coke:* residuo della distillazione secca del carbone fossile. – *Carbone di legna:* ottenuto sottoponendo la legna a distillazione fino a totale disidratazione e perdita di ossigeno. – *Carbone forte:* di legno compatto. – *Carbone dolce:* di legno leggero. – *Nero come il carbone:* nerissimo e lucido. – *Carbone bianco:* energia idraulica, general. ottenuta a partire dalle cascate, trasformabile in elettrica. **2.** Brace. ◇ *fig. Essere, stare sui carboni ardenti:* essere irrequieto, agitato. **3.** Carboncino. **4.** Ognuno dei due elettrodi delle lampade ad arco. **5.** Malattia crittogamica dei cereali causata da un fungo microscopico (genere *Ustilago*) che aggredisce gli organi riproduttivi trasformandoli in una polvere nera (le spore del fungo). ❑ In funzione di agg. inv., di colore nero come il carbone.

ENCICL. Il carbone, originatosi soprattutto alla fine del paleozoico (periodo carbonifero), contiene antracite, carbon fossile e lignite, differenziati secondo il loro tenore di carbonio e di materie volatili. Fu alla base della rivoluzione industriale ma venne soppiantato (dopo il 1950) dal petrolio; esso, tuttavia, rimane la seconda risorsa naturale che copre il 30% ca. del fabbisogno energetico mondiale.

carbonèlla s.f. MIN. Sminuzzatura di carbone di legna, usata spec. per ottenere rapidamente l'accensione e la produzione di brace.

carbonerìa s.f. (deriv. di *carbone*, perché le riunioni si tenevano nelle capanne dei carbonai e veniva usata la terminologia del loro mestiere) Società segreta di ideologia liberale, sorta nel Regno di Napoli durante la Restaurazione e diffusasi nel resto d'Italia, in Francia, in Spagna con un programma indipendentista e costituzionalista da attuarsi attraverso moti insurrezionali.

1. carbònico agg. [pl.m. –*ci*, f. –*che*] GEOL. Carbonifero.

2. carbònico agg. [pl.m. –*ci*, f. –*che*] CHIM. Di composto contenente carbonio tetravalente. ◇ *Anidride carbonica:* gas, di formula CO_2, che risulta dalla combinazione del carbonio con ossigeno, detto anche *biossido di carbonio.* – *Neve carbonica:* *ghiaccio secco.

ENCICL. L'anidride carbonica è prodotta dalla combustione di fonti di energia, dalla fermenta-

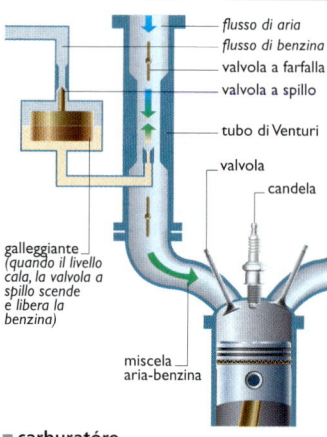

■ **carburatóre**

■ **carbóne.** Miniera di carbone a cielo aperto in Sudafrica.

zione di liquidi, dalla respirazione degli esseri viventi, ecc. È incolore, inodore e più pesante dell'aria (densità = 1,977 g/dm³). Allo stato solido (- 78,5 °C) si trasforma in neve carbonica anche detta *ghiaccio secco*. È uno dei principali gas che provocano l'effetto serra: la sua concentrazione sempre maggiore nell'atmosfera fa temere un eccessivo riscaldamento della Terra.

carbonièro agg. Del carbone, relativo al carbone. *L'industria carboniera.*

carbonìfero s.m. (solo sing.) GEOL. Quinto periodo dell'era paleozoica. (Compreso tra 360 e 295 milioni di anni fa, fu caratterizzato dalla formazione di grandi depositi di carbone fossile.) ◆ agg. **1.** Ricco di carbone. **2.** Relativo al periodo carbonifero.

1. carbonìle s.m. Sulle navi o nelle fabbriche, deposito di carbone.

2. carbonìle s.m. CHIM. Radicale bivalente di formula –CO– ◇ *Gruppo carbonile:* gruppo C=O caratteristico dei chetoni e delle aldeidi.

carbonìlico agg. [pl.m. –*ci*, f. –*che*] CHIM. Relativo a carbonile.

carbònio s.m. (solo sing.) **1.** Non metallo diffuso in natura allo stato cristallino (diamante, grafite), allo stato amorfo (carbone) e come costituente di composti organici e inorganici. **2.** Elemento chimico (*C*) di numero atomico 6 e peso atomico 12,011. ◇ *Carbonio 14 (C14):* isotopo radioattivo del carbonio con numero di massa 14 che si forma nell'atmosfera e che permette la datazione di reperti geologici e archeologici. **3.** *Ciclo del carbonio:* in biologia, insieme dei processi di fotosintesi delle piante e di respirazione degli animali; in fisica, catena di reazioni

termonucleari che originerebbero la produzione e l'emissione di energia stellare.

ENCICL. Il carbonio è infusibile, buon conduttore di calore ed elettricità, combustibile e riducente. Fa parte della composizione di tutti i tessuti animali e vegetali (il corpo umano ne contiene il 18% ca.) e forma numerosi composti, detti *organici*, il cui studio spetta alla *chimica organica*.

carbonióso o **carbonóso** agg. CHIM. Che contiene carbonio.

carbonitruraziòne s.f. Processo termochimico di cementazione dell'acciaio mediante carbonio e azoto.

carbonizzàre v.tr. **1.** Bruciare qlco. fino a renderlo di aspetto simile al carbone. *Carbonizzare un arrosto.* **2.** ENERG. Trasformare qlco. in carbone mediante carbonizzazione. *Carbonizzare il legno.* ◆ **carbonizzàrsi** v.pron. Ridursi in carbone. *Nell'incendio la casa si è carbonizzata.*

carbonizzaziòne s.f. **1.** ENERG. Trasformazione di un elemento in carbone, di solito mediante combustione. **2.** GEOL. Processo naturale di graduale arricchimento di carbonio, che avviene in assenza di aria in vegetali morti e compressi da strati successivi di sedimenti.

carborundum [/ˌkarboˈrʌndəm/] s.m. inv. (ingl. *carborundum*, comp. di *carbon* "carbone" e *corundum* "corindone") Denominazione commerciale, che costituisce marchio registrato, di un abrasivo a base di carburo di silicio (*SiC*).

carbossiemoglobina s.f. BIOCHIM. Combinazione di monossido di carbonio con emoglobina. (Si forma nel corso dell'intossicazione da monossido di carbonio.)

carbossilàsi s.f. inv. BIOCHIM. Enzima che catalizza la fissazione delle molecole di anidride carbonica su diversi composti organici partecipando al metabolismo dei glucidi e dei lipidi.

carbossile s.m. CHIM. Radicale monovalente –COOH degli acidi carbossilici.

carbossìlico agg. [pl.m. –*ci*, f. –*che*] CHIM. *Acido carbossilico:* acido RCOOH che contiene carbossile.

carbùncolo o **carbòncolo** s.m. (lat. *carbŭnculum*, deriv. di *cărbo* "carbone" perché risplende come carbone acceso) Rubino o altra pietra preziosa di colore rosso.

carburànte s.m. (fr. *carburant*) **1.** Combustibile liquido che alimenta un motore a combustione interna. **2.** METALL. Sostanza utilizzata per arricchire di carbonio un metallo o una lega. ◆ agg. Che contiene un idrocarburo.

carburàre v.intr. (aus. *avere*) (fr. *carburer*) Detto del motore, effettuare la miscelazione di carburante e aria. *La mia automobile ha il motore che carbura male.* ~ fig. Detto di persona, essere in forma, dare il meglio di sé. *Oggi non carburo.* ◆ v.tr. **1.** Sottoporre qlco. a carburazione, per ottenere nel carburatore la miscela di vapori, di carburante e di aria necessari alla combustione. **2.** METALL. Trattare una lega metallica, introducendovi con trattamento termico il carbonio, per ottenere la formazione superficiale di carburo di calcio e il conseguente indurimento della lega.

carburàto agg. Detto di motore, messo a punto, ben funzionante.

carburatóre s.m. (fr. *carburateur*) Apparecchio di un motore a scoppio in cui si forma la miscela gassosa di aria e carburante.

carburaziòne s.f. (fr. *carburation*) **1.** TECN. Formazione, nel carburatore, di una miscela gas-

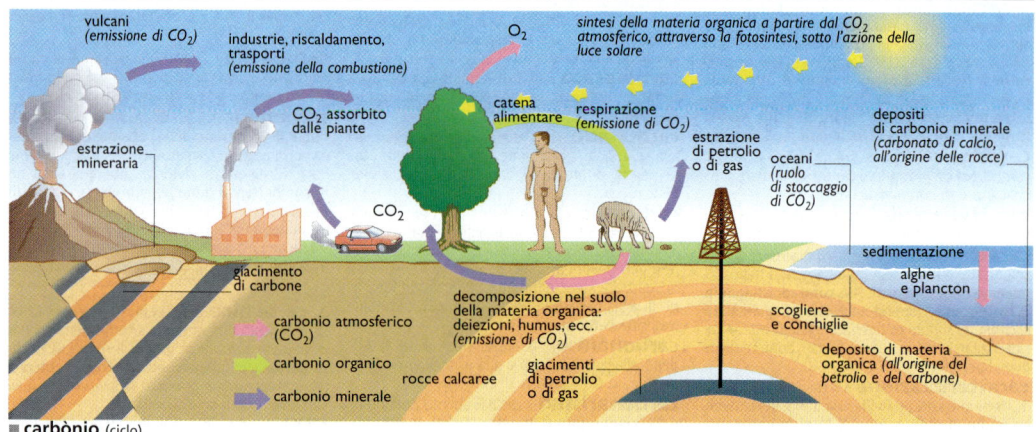

■ **carbònio** (ciclo).

sosa combustibile. ◇ *Doppia carburazione:* sistema che permette l'impiego alternato di due combustibili (GPL e benzina), in un veicolo. **2.** METALL. Aggiunta di carbonio in un prodotto metallico.

carbureattóre s.m. AVIAZ. Carburante per motori a reazione o per turbine a gas.

carbùro s.m. (fr. *carbure*) CHIM. Combinazione di carbonio con un altro elemento puro. ◇ *Carburo di calcio:* composto (CaC₂) da cui si forma l'acetilene.

carcadè s.m. inv. (voce di orig. eritrea; la bevanda si è diffusa in Italia come succedaneo del tè nel periodo fascista) **1.** Pianta erbacea tropicale, annua, con fiori gialli e frutti a capsula. (Famiglia delle Malvacee.) **2.** Infuso acidulo fatto coi sepali secchi di colore rosso del fiore.

Carcarinidi s.m. pl. [iniziale minusc. sing. *–de* per l'individuo] ZOOL. Famiglia di pesci cartilaginei che comprende il palombo e la verdesca.

carcàssa s.f. **1.** Corpo di un animale dopo l'abbattimento, privo di interiora e frattaglie, destinato al consumo. ~ Scheletro di animale. **2.** *scherz.* Persona o cosa malridotta. **3.** Armatura, telaio di un oggetto. *Pneumatici a carcassa radiale.*

carceràre v.tr. Rinchiudere in carcere. SIN.: **imprigionare**.

carceràrio agg. [pl.m. *–ri*] Della prigione. ~ Del sistema penitenziario. *Regime carcerario.* ◆ s.m. (solo sing.) Complesso di problemi funzionali e organizzativi riguardanti il sistema carcerario. *Il funzionamento del carcerario in Italia.*

carceràto agg. [f. *–ta*] Tenuto in carcere. ◆ s.m. Chi è in carcere. SIN.: **detenuto**.

carcerazióne s.f. Reclusione in un carcere. ~ La sua durata. ◇ *Carcerazione preventiva:* *custodia cautelare.

càrcere s.m. [pl. *carceri* f.] (lat. *cărcerem* "recinto" quindi "prigione") **1.** Luogo sorvegliato e chiuso in cui sono rinchiuse le persone condannate alla detenzione. ~ (spec. pl.) Edificio che ospita un istituto di detenzione. ◇ *Carcere di massima sicurezza:* dal regime più restrittivo e con maggiori controlli anti-evasione. – *Carcere giudiziario:* luogo in cui gli imputati restano reclusi fino alla sentenza. – *Carcere mandamentale:* in città sede di pretura. **2.** Pena della detenzione. *Meritare il carcere.* **3.** *fig.* Luogo opprimente, soffocante; limite, impedimento.

carcerière s.m. [f. *–ra*] **1.** Chi sorveglia i detenuti in una prigione. **2.** *estens.* Chi sorveglia con severità esagerata.

carcinòide s.m. MED. Tumore a basso grado di malignità tipico dell'apparato digerente.

carcinòma s.m. [pl. *–mi*] (fr. *carcinome*, gr. *karkínōma* deriv. di *karkínos* "cancro") MED. Tumore maligno che origina da un tessuto epiteliale. ◇ *Carcinoma ghiandolare:* adenocarcinoma.

carcinomatóso agg. (fr. *carcinomateux*) **1.** Che ha la natura di carcinoma. **2.** Malato di carcinoma.

carcinòsi s.f. inv. MED. Proliferazione di un carcinoma. ~ Stato morboso da esso provocato.

carciofàia s.f. Coltivazione di carciofi.

carciòfo s.m. (ar. *hᵘᵃršūf*) **1.** Pianta da orto rizomatosa, perenne, i cui capolini fiorali con le brattee sono commestibili. (Genere *Cynara*, famiglia delle Composite.) **2.** *fig.* Persona tonta, insulsa.

card [/'kɑːd/] s.f. inv. (voce ingl., propr. "carta") **1.** *Carta di credito. **2.** Tessera, perlopiù magnetica, per operazioni automatizzate. ◇ *Smart card:* la card specifica di telefoni cellulari; nella pay per view, quella che attiva il ricevitore per la visione dei programmi se i pagamenti sono in regola. **3.** SPORT. *Wild card:* invito che l'organizzazione di un torneo di tennis offre a un atleta, indipendentemente da classifica e qualificazioni.

càrda s.f. IND. TESS. Macchina munita di punte metalliche per pettinare le fibre tessili.

cardamòmo s.m. **1.** Pianta dell'Asia i cui semi odorosi, di sapore speziato, si usano per aromatizzare il caffè. (Famiglia delle Zingiberacee.) **2.** Il frutto di tale pianta, usato nell'industria dei colori, dei liquori e in medicina; dai suoi semi grigi oleosi si estrae l'olio di cardamomo.

cardànico agg. [pl.m. *–ci*] (dal nome dell'inventore, il matematico G. *Cardano*) Di trasmissio-

ne del moto tra due alberi non coassiali. ◇ MECC. IND., AUTOM. *Giunto cardanico:* giunto che consente tale trasmissione; anche, di sospensione che consente a un oggetto di mantenere la posizione orizzontale pur potendo ruotare rispetto a due assi perpendicolari, usata per bussole e altri strumenti su navi e aerei.

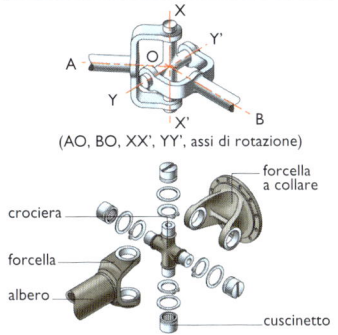

(AO, BO, XX', YY', assi di rotazione)

■ **cardànico.** Trasmissione cardanica.

cardàno s.m. MECC. IND., AUTOM. Giunto *cardanico.

cardàre v.tr. (lat. *cardàre*, deriv. di *cărduus* "cardo" perché con i suoi capolini seccati si cardava la lana) Pettinare, sbrogliare le fibre tessili con la carda.

cardàto agg. Sottoposto a cardatura. ◆ s.m. Tessuto di lana cardata.

cardatóre s.m. [f. *–trice*] IND. TESS. Addetto alla cardatura.

cardatrìce s.f. IND. TESS. Macchina per cardare.

cardatùra s.f. Pulitura e pettinatura delle fibre tessili.

cardellìno s.m. Uccello europeo e asiatico, canoro, dal piumaggio rosa, nero, giallo e bianco che si nutre soprattutto di semi di cardo. (Lunghezza 12 cm; genere *Carduelis*, famiglia dei Fringillidi.)

cardiaca s.f. Pianta perenne con fiori rosa coltivata per le sue presunte virtù antirabbiche e lenitive. (Altezza 1 m ca.; famiglia delle Labiate.)

cardiaco agg. [pl.m. *–ci*, f. *–che*] MED. Del cuore. *Battito cardiaco.*

cardiàle agg. ANAT. Del cardias.

cardialgìa s.f. MED. Dolore avvertito nella zona del cuore o del cardias.

càrdias o **càrdia** s.m. inv. ANAT. Orifizio superiore dello stomaco nel punto di contatto con l'esofago.

cardigan [/'kɑːdɪgən/] s.m. inv. (voce ingl., dal nome del generale J.Th. Brudenell conte di *Cardigan*) Giacca di maglia senza collo, con maniche lunghe, abbottonata davanti. SIN.: **golf**.

brattee
barba
ricettacolo
sezione
infiorescenza verde
infiorescenza   fiore

■ **carciòfo**

cardinalàto s.m. CATT. Titolo e ufficio del cardinale.

1. cardinàle s.m. CATT. Membro del Sacro Collegio, elettore e consigliere del Papa. (I cardinali partecipano all'elezione del Papa fino all'età di 80 anni.) □ In funzione di agg. inv., purpureo. *Rosso cardinale.*

2. cardinàle s.m. (così chiamato per il colore simile a quello dell'abito cardinalizio) Uccello dalla livrea rossa con un ciuffo di penne irte sul capo. (Famiglia dei Fringillidi.)

3. cardinàle agg. (lat. *cardinālem*, deriv. di *cărdo* "cardine") Che sostiene, che regge. SIN.: **basilare**. ◇ MAT. *Numero cardinale:* che indica la quantità di elementi (1, 2, 3, ecc.) di un insieme finito. – TEOL. CRIST. *Virtù cardinali:* le quattro virtù fondamentali della dottrina cattolica (giustizia, prudenza, temperanza, forza).

cardinalità s.f. inv. MAT. Secondo la definizione di G.B. Cantor, proprietà di un insieme che si presenta dopo aver astratto la natura degli elementi e il loro ordinamento. Nel caso di un insieme finito corrisponde al numero di elementi dell'insieme.

càrdine s.m. **1.** Elemento metallico sul quale ruota un battente di porta o di finestra. **2.** *fig.* Valore fondamentale, principio, spec. di un sistema o una teoria. □ In funzione di agg. inv., centrale, primario. *Tema cardine del dibattito.*

cardiochirurgìa s.f. MED. Branca della chirurgica che interviene sul cuore e sui grossi vasi.

cardiochirùrgo s.m. [f. *–ga*, pl.m. *–ghi*, *–gi*, f. *–ghe*] Chirurgo specializzato in interventi sul cuore.

cardiocircolatòrio agg. [pl.m. *–ri*] MED. Relativo al cuore e al circolo sanguigno.

cardiodilatazióne s.f. MED. Aumento patologico del volume delle cavità cardiache dovuto a rilassamento delle pareti. SIN.: **cardioectasia**.

cardiografìa s.f. MED. Registrazione grafica dell'attività meccanica del cuore e del suo battito.

cardiògrafo s.m. MED. Apparecchio per la cardiografia.

cardiogràmma s.m. [pl. *–mi*] MED. Tracciato ottenuto col cardiografo.

cardiòide s.f. GEOM. Curva matematica piana a forma di cuore.

cardiologìa s.f. MED. Studio del cuore e delle sue patologie.

cardiòlogo s.m. [f. *–ga*, pl.m. *–gi*, f. *–ghe*] Medico specialista in cardiologia.

cardiomegalìa s.f. MED. Aumento di volume del cuore.

cardiopàlmo s.m. [pl. *–mi*] **1.** MED. Percezione del battito cardiaco in seguito a un aumento della frequenza. **2.** *estens.* Emozione intensa.

cardiopatìa s.f. MED. Denominazione generica delle patologie cardiache.

cardiopàtico agg. [pl.m. *–ci*, f. *–che*] MED. Che è malato di cuore. ◆ s.m. Nel sign. dell'agg.

cardiopolmonàre agg. MED. Relativo al cuore e ai polmoni.

cardiospàsmo s.m. MED. Contrazione del cardias che rende difficoltoso il passaggio del cibo dall'esofago allo stomaco.

cardiostenòsi s.f. inv. MED. Stenosi cardiaca.

cardiotomìa s.f. CHIR. Apertura del cuore tramite incisione.

cardiotònico agg. [pl.m. *–ci*, f. *–che*] Di sostanza che stimola l'attività cardiaca. ◆ s.m. Farmaco con tale proprietà.

cardiovascolàre agg. MED. Relativo al cuore e ai vasi sanguigni. *Apparato cardiovascolare.*

cardite s.f. MED. Processo infiammatorio del cuore che si manifesta a volte nelle fasi acute di un reumatismo articolare.

1. càrdo s.m. **1.** Pianta erbacea perenne con foglie chiare, strette, lunghe e polpose, commestibili. (Genere *Cynara*, famiglia delle Composite.) ◇ *Cardo dei lanaioli:* pianta erbacea con fiori a capolino dalle glume spinose usati per cardare la lana. (Famiglia delle Dipsacacee.) – *Cardo mariano:* pianta annuale con foglie spinose, chiazzate di bianco, e dai fiori purpurei, coltivata come pianta ornamentale. (Famiglia delle Composite.) **2.** Riccio della castagna. **3.** IND. TESS. → **scardasso**.

dettaglio
del fiore

cardo benedetto

cardo
dei campi

■ **càrdo**

■ **carétta** (Eretmochelys embricata).

2. càrdo s.m. Strada che attraversava da nord a sud la città o l'accampamento romani.

carèna s.f. **1.** MAR. Parte sommersa dello scafo di una nave. SIN.: **opera viva**. **2.** AER. Superficie esterna del dirigibile. **3.** ANAT. Prominenza ossea. **4.** BOT. Nel fiore delle Papilionacee, insieme dei due petali inferiori della corolla. **5.** ZOOL. Rilievo osseo sullo sterno degli uccelli sul quale si innestano i muscoli delle ali. **6.** ARCH. A carena: di soffitto ligneo che assomiglia alla parte interna del fondo del veliero.

carenàggio s.m. [pl. –gi] (fr. carénage) MAR. Manutenzione della carena della nave.

carenàre v.tr. (fr. caréner) **1.** MAR. Pulire o riparare la carena di una nave. **2.** TECN. Dotare un veicolo di carenatura.

Carenàti s.m. pl. ZOOL. Gruppo di uccelli dotati di carena.

carenàto agg. **1.** A forma di carena. **2.** BOT. Riferito a organo vegetale che ha una linea a carena. **3.** TECN. Dotato di carenatura. ◆ s.m. Denominazione comune di uccelli del gruppo dei Carenati.

carenatùra s.f. TECN. Struttura rigida aerodinamica che riveste velivoli e veicoli e ha la funzione di ridurne al massimo le resistenze di forma e di attrito.

carènte agg. Privo, mancante, sprovvisto di qlco.

carènza s.f. **1.** Mancanza, assenza di qlco. Carenza affettiva. **2.** MED. Assenza o presenza in quantità insufficienti di una o più sostanze indispensabili all'organismo (vitamine, oligoelementi, ecc.). Malattie da carenza.

carestìa s.f. **1.** Penuria di generi alimentari. **2.** estens. Scarsità di qlco.

carétta s.f. (fr. caret, malese kārēt "guscio di tartaruga") Grande tartaruga diffusa nei mari caldi e temperati. (Lunghezza fino a 1,30 m; famiglia dei Chelonidi.)

carézza s.f. **1.** Gesto tenero, affettuoso o sensuale, compiuto sfiorando con la mano. **2.** estens. Contatto dolce e gradevole. La carezza del vento.

cargo [/ˈkɑːɡəʊ/] s.m. inv. (voce ingl., abbr. di cargo-boat comp. di spagn. cargo "carico" e ingl. boat "nave") Nave da carico. ~ estens. Aereo di grosso carico utilizzato esclusivamente per il trasporto delle merci.

cariàre v.tr. [6] (fr. carier) **1.** Rendere qlco. cariato, in partic. un dente. Gli zuccheri cariano i

denti. **2.** estens. Intaccare, corrodere qlco. ◆ **cariarsi** v.pron. **1.** Degenerare a causa della carie. I denti si cariano facilmente. **2.** Intaccarsi, corrodersi.

cariàtide s.f. (lat. caryātidem, gr. karyãtis "donna di Carie" perché si dice che gli scultori ateniesi nell'Eretteo avessero raffigurato delle prigioniere di Carie come elementi di sostegno ad architravi) **1.** ARCH. Statua con fattezze femminili impiegata come supporto di elementi architettonici. **2.** fig. Persona che sta in silenzio, muta, indifferente. ~ estens. Retrogrado.

■ **cariàtidi** dell'Eretteo, sull'Acropoli di Atene; fine V sec. a.C.

cariàto agg. Affetto da carie.

caribico o **caraibico** agg. [pl.m. –ci, f. –che] Relativo ai Caraibi o al Mar dei Caraibi.

caribo o **caraibo** agg. (spagn. caribe, caraibico Karaiba "coraggioso") Che appartiene all'antica popolazione amerindia stanziata tra le Antille e il Rio delle Amazzoni. ◆ s.m. [f. –ba] Nel sign. dell'agg.

caribù s.m. inv. (fr. caribou, algonchino kalibù) Mammifero ruminante simile alla renna diffuso nell'America Settentrionale.

càrica s.f. [pl. –che] **1.** Ruolo di responsabilità esercitato in un ufficio o in un ente pubblico. Carica di ministro. SIN.: **incarico**. ◇ In carica: nell'esercizio delle proprie funzioni. – SPORT. Campione in carica: che detiene il titolo. – Indennità di carica: compenso straordinario corrisposto in

relazione a particolari funzioni. **2** Energia, materia le fornito a un apparecchio per farlo funzionare. ◇ ELETTR. Carica spaziale: quantità di elettricità presente in un volume, dovuta all'accumulazione di elettroni o di ioni. – fig. Dare la carica: far emergere l'energia fisica, attivare le risorse psicologiche. **3.** Quantità di esplosivo contenuta in un proiettile o in ordigni a scoppio. Carica di lancio. ◇ Carica cava: carico esplosivo capace di demolire strutture in cemento armato. **4.** fig. Tensione, significato implicito. La carica erotica di un film. ~ Energia psichica o fisica di cui è dotata una persona. Carica di simpatia. **5.** FIS. Carica elettrica: quantità di elettricità posseduta da un corpo. **6.** Carica positiva, negativa: le due correnti elettriche opposte. **7.** MIL. Assalto di truppe a piedi o a cavallo. ~ Squillo di tromba che lo ordina. Suonare la carica. ◇ figg. Passo di carica: sostenuto, spedito. – Tornare alla carica: insistere nel richiedere qlco. che è già stato negato. **8.** TECN. Sostanza inerte con cui si tratta un materiale per migliorarlo. **9.** SPORT. In giochi di squadra con la palla, contrasto regolare o irregolare con l'avversario.

caricabatteria s.m. inv. ELETTR. Alimentatore elettrico per caricare gli accumulatori.

Caricàcee s.f. pl. [iniziale minusc. sing. –a per l'individuo] BOT. Famiglia di piante tropicali arboree o arbustive, tropicali, ricche di lattice, con frutti a bacca; vi appartiene la papaia.

caricaménto s.m. **1.** L'azione del caricare oggetti sul mezzo che li deve trasportare. **2.** Appuntamento di un'arma da fuoco o di un ordigno esplosivo. **3.** INFORM. Trasferimento di dati o programmi da nastro o da disco nella memoria dell'elaboratore. **4.** SPORT. Fase di contrazione dei muscoli precedente la spinta o lo stacco.

caricàre v.tr. [4] (lat. caricāre propr. "porre sul carro") **1.** Mettere qlco. su altro, spec. su un mezzo di trasporto. Caricare le valigie in macchina. ◇ INFORM. Caricare qlco. sul computer: copiare dati o programmi nella memoria centrale. **2.** Riempire qlco. con un carico. Caricare la nave di carbone. ~ Sovraccaricare. Caricare gli scaffali di libri. **3.** Detto di un mezzo di trasporto, accogliere un carico. La nave ha caricato le merci. **4.** Rifornire uno strumento dell'energia necessaria per il funzionamento. Caricare un accumulatore. ~ Predisporre un meccanismo per il funzionamento. Caricare la macchina fotografica. **5.** fig. Trasmettere a qlcu. entusiasmo e determinazione. ~ Colmare qlcu. di cose piacevoli o spiacevoli. Caricare gli studenti di compiti. SIN.: **oberare**. **6.** COMM. Addebitare un costo a qlcu. Caricare i cittadini di tasse. **7.** Rendere qlco. più intenso, più forte. ◇ fig. Caricare la dose: aggiungere altre cose negative, spiacevoli a quelle già esistenti o già dette. **8.** Attaccare, aggredire qlcu. Caricare la folla. ~ SPORT. Ostacolare l'avversario in modi perlopiù irregolari. **9.** Trattare un materiale, un prodotto, con sostanze inerti per migliorarne le caratteristiche. **10.** MAR. Tendere una vela il più possibile. ◆ **caricarsi** v.pron. **1.** Concentrarsi al massimo in vista di un impegno importante. Caricarsi per la gara. **2.** Riempirsi di qlco. ◇ fig. Caricarsi di debiti: accollarsi troppi debiti. **3.** Sottoporsi a un peso eccessivo. ◇ fig. Caricarsi di lavoro, di responsabilità: assumerne in quantità eccessiva.

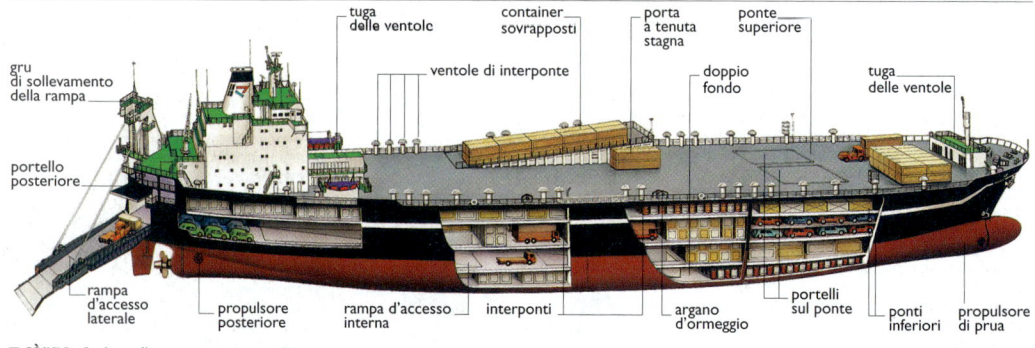

gru
di sollevamento
della rampa

tuga
delle ventole

container
sovrapposti

porta
a tenuta
stagna

ponte
superiore

ventole di interponte

doppio
fondo

tuga
delle ventole

portello
posteriore

rampa
d'accesso
laterale

propulsore
posteriore

rampa d'accesso
interna

interponti

argano
d'ormeggio

portelli
sul ponte

ponti
inferiori

propulsore
di prua

■ **càrgo.** Sezione di un cargo portacontainer.

caricatóre s.m. **1.** Operaio che carica o scarica merci. ~ Operaio addetto al caricamento dei forni. **2.** MIL. Soldato addetto al caricamento di un pezzo d'artiglieria. **3.** MAR. [f. *-trice*] Noleggiatore. **4.** Dispositivo per il caricamento delle cartucce nelle armi a ripetizione. **5.** Contenitore opaco per pellicole fotografiche o cinematografiche. **6.** Attrezzatura per il carico e lo scarico. **7.** INFORM. Programma che trasferisce dati da una memoria a un'altra. ❏ In funzione di agg. inv., che carica, che serve a caricare. *Ponte caricatore.*

caricatùra s.f. **1.** Raffigurazione, disegno che accentua e deforma alcune caratteristiche del soggetto. ~ Genere costituito da tali espressioni figurative. **2.** *fig.* Parodia della realtà.

caricaturàle agg. Che vuol essere una caricatura.

caricazióne s.f. MAR. Imbarco di merci con le operazioni amministrative e burocratiche necessarie.

Càrice s.f. BOT. Genere di piante rizomatose, caratterizzate da fiori raccolti in spighe o pannocchie e foglie allungate e taglienti, usate per le impagliature. (Famiglia delle Ciperacee.)

1. càrico s.m. [pl.m. *-chi*] **1.** Caricamento di oggetti. **2.** Insieme di cose, spec. merci, trasportate su un mezzo oppure da un uomo o da un animale, ◊ *A pieno carico:* al massimo carico. **3.** *fig.* Responsabilità, onere. ◊ *Avere qlc. a carico:* mantenerlo. – *Farsi carico di qlcu. o di qlco.:* occuparsene. – *Carico pendente:* procedimento penale in corso a carico di un soggetto. – *Carico fiscale:* insieme delle imposte da pagare. – *loc. prep. A carico di:* da addebitare a qlcu., a spese di... – *Essere a carico di qlcu.:* farsi mantenere da lui non avendo reddito proprio; *fig.* dipendere da qlcu. **4.** MECC. Forza che agisce su una struttura. ◊ *Carico di rottura:* quello che provoca la rottura del materiale che regge un peso. **5.** ELETTR. Potenza erogata o assorbita da una macchina elettrica. **6.** AER. *Carico totale:* somma dei carichi complessivi di un aereo al decollo. – *Carico alare:* rapporto tra il carico totale e la superficie portante dell'ala. **7.** Nel gioco della briscola, l'asso e il tre.

2. càrico agg. [pl.m. *-chi*, f. *-che*] **1.** Che porta un peso, che è pieno di qlco. *Un camion carico di cemento.* **2.** *fig.* Oberato. *Essere carico di lavoro.* **3.** assol. Di colore, intenso, forte. *Rosso carico.* ~ Di bevanda o di profumo, concentrato. **4.** Predisposto al funzionamento. *Fucile carico.*

càrie s.f. inv. (lat. *cáriem* "corrosione") MED. Malattia che porta a una lenta e progressiva degenerazione dell'osso con formazione di cavità; in partic., erosione dello smalto e dell'avorio dei denti. *Carie dentaria.* ◆ s.f. AGR. Malattia crittogamica delle piante causata da funghi parassiti.

carillon [/kari'jõ/] s.m. inv. (voce fr., lat. *quaterniōnem* "complesso di quattro") **1.** Serie di campane accordate collocate di solito in un campanile e fatte risuonare per mezzo di un dispositivo meccanico collegato con una tastiera. **2.** Meccanismo che produce facili melodie, grazie a un cilindro puntuto che ruotando fa vibrare delle lamelle metalliche opportunamente intonate. *Carillon elettrico.* ~ Scatola contenente tale meccanismo.

carino agg. **1.** Gradevole, attraente, grazioso. **2.** Amabile, gentile. *Essere carino con qualcuno.*

cariòca s.m. e f. (voce brasiliana, nome di un corso d'acqua vicino a Rio de Janeiro) **1.** Abitante di Rio de Janeiro. **2.** estens. Brasiliano. **3.** (solo f.) Danza popolare sudamericana, più veloce della rumba. ❏ In funzione di agg. inv., nell'accez. 2 e 3 s. *Squadra carioca.*

cariocinèsi s.f. inv. BIOL. CELL. Processo di duplicazione del cariotipo di una cellula in divisione.

Cariofillàcee s.f. pl. [iniziale minusc. sing. *-a* per l'individuo] BOT. Famiglia di piante erbacee dicotiledoni a foglie opposte, fiori a petali sfrangiati, frutti a bacca o capsula, di cui fa parte il garofano.

cariofillàta s.f. Pianta erbacea con fiori gialli, tipica dei luoghi ombrosi montani, le cui radici odorano di garofano; è detta anche *garofanaia* o *erba benedetta* (Famiglia delle Rosacee.)

cariogamia s.f. BIOL. Fusione dei nuclei del gamete maschile con quello femminile.

cariogènesi s.f. inv. BIOL. CELL. Processo di formazione di un nucleo cellulare.

cariògeno agg. MED. Che può causare la carie.

cariòlisi s.f. inv. BIOL. CELL. Dissoluzione del nucleo cellulare.

cariolitico agg. Relativo alla cariolisi.

carioplàsma s.m. [pl. *-smi*] BIOL. → nucleoplasma.

cariòsside s.f. BOT. Frutto secco delle Graminacee indeiscente con seme unico avvolto in un pericarpo sottile e arido.

cariotipo o **cariòtipo** s.m. GENET. Patrimonio cromosomico di un organismo considerato dal punto di vista morfologico, cioè per quanto riguarda la forma e le dimensioni dei cromosomi.

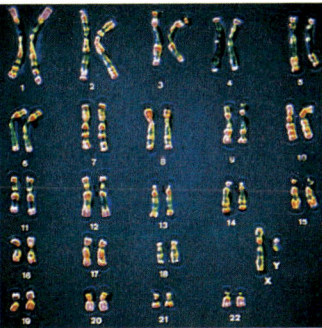

■ **cariotipo** maschile normale (46, XY).

carisma s.m. [*-smi*] (lat. *chárisma*, gr. *khárisma* deriv. di *kháris* "grazia") **1.** CRIST. Dono dello Spirito Santo consistente in una capacità particolare data a un fedele per il bene della comunità. *Possedere il carisma della predicazione.* **2.** *fig.* Ascendente su altre persone dovuto a doti intellettuali, fascino o altro.

carismàtico agg. [pl.m. *-ci*, f. *-che*] **1.** CRIST. Che ha natura di carisma. **2.** Di persona, dotato di grande ascendente. *Capo carismatico.* ~ Di potere fondato sul fascino della persona che lo esercita.

carità s.f. inv. **1.** TEOL. CRIST. Amore verso Dio e verso il prossimo. (La carità è una virtù teologale.) **2.** Sollecitudine verso gli altri, disponibilità ad aiutare i bisognosi. **3.** Elemosina, beneficenza. *Chiedere la carità.* **4.** Favore, cortesia. *Fatemi la carità di tacere.*

caritatévole agg. Animato da spirito di soccorso, di pietà. SIN.: **misericordioso**.

caritativo agg. Volto ad aiutare il prossimo.

Carlina s.f. (lat. *Carlina*, prob. deriv. di *cardo*, simile al nome *Carlo*; una leggenda infatti racconta che un angelo avrebbe mostrato a Carlo Magno la pianta come rimedio contro la peste) BOT. Genere di piante erbacee delle Composite Tubiflore, spinose, diffuse sui terreni aridi, caratterizzate da fiori ligulati argentei sensibili alle radiazioni infrarosse.

carlinga s.f. [pl. *-ghe*] (orig. voce mar., spagn. *carlinga*, fr. *carlingue*, scandinavo *kerling* "armatura che vale la nave fissa al maschio del piede dell'albero") AER. Parte dell'aereo in cui si trovano il motore e i posti degli aviatori.

1. carlino s.m. (dal nome di *Carlo* I d'Angiò che fece coniare tale moneta nel 1278) Moneta aurea o argentea del Regno di Napoli; moneta coniata in altri luoghi d'Italia con valori differenti, in uso fino all'inizio dell'Ottocento. (Da qui la denominazione "Resto del Carlino" di un quotidiano bolognese, che veniva dato come resto di due centesimi a chi comprava un sigaro toscano del prezzo di un carlino.)

2. carlino s.m. (fr. *carlin*, prob. dal nome dell'attore italiano Carlo Bertinazzi, detto *Carlino*, che fu celebre a Parigi nella parte di Arlecchino) Cane di piccola taglia ma dalla corporatura robusta, con muso grinzoso provvisto di una maschera nera e pelo corto, lucido, di colore fulvo o bruno scuro.

carlismo s.m. Dottrina e movimento politico dei seguaci di don Carlos (Carlo di Borbone) e dei suoi discendenti, che tentarono di impadronirsi del trono di Spagna all'epoca delle tre guerre: 1833-1839, 1846-1849, 1872-1876. (Essenzialmente tradizionalista, il carlismo rappresenta ancora una corrente politica in Spagna.)

carlista s.m. e f. [pl.m. *-sti*] (dal nome di don *Carlos* di Borbone) Chi militava con don Carlos di Borbone, pretendente al trono di Spagna alla morte di Ferdinando VII e capo delle forze reazionarie nella guerra civile del 1833-1839. ❏ In funzione di agg., che parteggiava per don Carlos di Spagna. *Truppe carliste.*

carlóna (deriv. di *Carlone*, fr. *Charlon*, nome pop. di Carlo Magno presentato nei tardi poemi cavallereschi come uomo alla buona) Solo nella loc. *alla carlona*, in maniera poco curata, frettolosa.

carmagnòla s.f. (dal nome di una cittadina in provincia di Torino da cui provennero gli emigranti che diffusero a Parigi sia la giubba sia il ballo) **1.** Giubba a falde corte portata dai popolani al tempo della rivoluzione francese. **2.** Ballo contadino del Settecento, probabilmente di origine piemontese, sulla cui musica, negli anni della rivoluzione francese, si cantava l'omonima canzone.

carmelitàno s.m. [f. *-na*] (dal nome del monte *Carmelo*) Religioso del Carmelo, ordine eremitico votato al culto della Madonna, istituito in Siria nel sec. XII e riorganizzato nel sec. XIII fra gli ordini mendicanti. [Si distinguono i carmelitani propriamente detti, fedeli alle regole di origine, dai *carmelitani scalzi* (che calzano sandali senza calze), che seguono la riforma avviata da San Giovanni della Croce nel 1564.] ◆ agg. Di tale ordine.

carminio s.m. [pl. *-ni*] **1.** Sostanza di colore rosso vivo estratta dalla coccinigia, usata in pittura e nell'industria tessile, cosmetica, alimentare. **2.** Colore rosso vivo. ❏ In funzione di agg. inv., nell'accez. 2 del s.

carnagióne s.f. Colorito, incarnato della pelle.

carnàio s.m. [pl. *-nai*] **1.** Cumulo di cadaveri. **2.** *spreg.* Affollamento, ressa, in partic. di persone nude o seminude.

carnàle agg. **1.** Relativo al desiderio e all'unione sessuale. *Desiderio carnale.* **2.** Che ha un rapporto di consanguineità. *Fratelli carnali.*

carnalità s.f. inv. Parte dell'essere umano costituita dai sensi e dal loro appagamento.

carnascialésco agg. [pl.m. *-schi*, f. *-sche*] Carnevalesco. ◊ *Canto carnascialesco:* di struttura metrica simile alla ballata, cantato un tempo a Firenze in occasione delle mascherate di carnevale.

càrne s.f. **1.** Parte non ossea del corpo umano e animale, costituita da tessuto muscolare, adiposo, cutaneo. ◊ *Carne viva:* florido, ben nutrito. – *Carne viva:* priva di pelle, quindi priva di ogni protezione. – *In carne e ossa:* in persona. **2.** estens. Essere umano, in partic. nella sua consistenza corporea soprattutto sessuale, contrapposto ad anima o spirito. ◊ CRIST. *Resurrezione della carne:* uno dei dogmi della fede cristiana, cioè la ricostituzione dei corpi dopo il giudizio universale. – *Farsi carne:* incarnarsi, detto spec. di Cristo; *fig.* concretizzarsi, essere realizzato. **3.** Alimento costituito dalla parte commestibile degli animali macellati. *Carne bovina.* ◊ *Carni bianche:* quelle di coniglio, di pollo, di vitello che, cotte, diventano molto chiare. – *Carni rosse:* carne di manzo, di pecora, di cavallo, di maiale. – *fig. Avere, mettere troppa carne al fuoco:* avere, procurarsi troppe attività, affari, faccende da seguire. – *Non essere né carne né pesce:* non avere identità, personalità, connotazioni precise. **4.** estens. Polpa dei frutti. **5.** *lett.* (al pl.) Membra, spec. con riguardo all'aspetto epidermico, estetico. *Carni sode, flaccide.* ❏ In funzione di agg. inv., di colore simile a quello della carne, roseo.

carnéfice s.m. **1.** Chi esegue condanne a morte. SIN.: **boia**. **2.** *fig.* (anche f.) Persecutore, aguzzino.

carneficìna s.f. Massacro, strage. ~ *fig., per esager. o scherz.* Disastro, strazio. *Il compito di matematica è stato una vera carneficina.*

càrneo agg. A base di carne animale. *Dieta carnea.*

carnet o **carnè** [/kar'nɛ/] s.m. inv. (voce fr., lat. *quatèrni* "foglio piegato in quattro") **1.** Taccuino d'appunti. ◇ *Carnet di ballo:* un tempo quadernino che le dame portavano appeso al polso e sul quale segnavano i nomi dei cavalieri che si prenotavano per i vari balli. – *Carnet di assegni:* *libretto degli assegni.* **2.** COMM. Blocco di ordinazioni ricevute dalla clientela e da eseguire.

carnevalàta s.f. **1.** Festa, baldoria di carnevale. **2.** *fig.* Cosa poco seria, pagliacciata, buffonata.

carnevàle s.m. (lat. *càrnem levàre* "togliere la carne", in riferimento alle privazioni dell'imminente Quaresima) **1.** Periodo che precede la Quaresima, in partic. la settimana precedente, con il giovedì e il martedì grassi. **2.** *estens.* Insieme delle feste, delle rappresentazioni, dei divertimenti e delle manifestazioni organizzate e tenute durante il carnevale. **3.** *fig.* Divertimento, passatempo. ~ Irresponsabilità, faciloneria. **4.** Pagliacciata, carnevalata.

carnevalésco agg. [pl.m. –*schi*, f. –*sche*] Del carnevale. ~ *estens.* Grottesco, stravagante.

carnicìno agg. Del colore della carnagione. *Rosa carnicino.*

carnière s.m. (provenz. *carnier*, lat. *canàrium* "dispensa per la carne") **1.** Borsa a tracolla in cui il cacciatore mette la selvaggina uccisa. **2.** Selvaggina abbattuta in una giornata di caccia. *Riportare un bel carniere.*

carnificazióne s.f. MED. Indurimento del tessuto molle di un organo, p.e. del polmone, che assume l'aspetto di un tessuto muscolare.

Carnivori s.m. pl. ZOOL. Ordine di mammiferi terrestri, placentati, general. predatori, muniti di artigli, di forti canini e di molari taglienti adatti a un regime alimentare costituito soprattutto da carne; ne fanno parte il lupo, l'orso, la iena, il tasso, il leone, ecc.

carnivoro agg. **1.** Che si ciba esclusivamente o prevalentemente di carne (in oppos. a *erbivoro*). **2.** *scherz.* Di persona che mangia molta carne. ◆ s.m. Denominazione generica di animali che appartengono all'ordine dei Carnivori.

carnóso agg. **1.** Che ha i muscoli, il grasso evidenti. *Arti carnosi.* ~ Pieno, sodo, turgido. *Labbra carnose.* **2.** *estens.* Riferito a frutto, dalla polpa abbondante e succosa. ~ Riferito a foglia, spessa, morbida. *L'agave ha lunghe foglie carnose.*

carnotìte s.f. (dal nome del chimico francese M.A. *Carnot*) MIN. Minerale composto di potassio, vanadio e uranio, che si presenta in masse concrezionate di colore giallognolo.

1. càro agg. **1.** Che è parte degli affetti personali, amato. *Persona cara.* ◇ *eufem. Caro estinto:* il defunto; in senso antifrastico, il defunto come oggetto di lucro, di speculazione. **2.** Si usa nell'intestazione della corrispondenza familiare e amichevole. ~ Nelle formule di commiato. *Cari saluti.* ~ Come vocativo enfatico. *Cara Francesca, che piacere rivederti!* ~ Anche in senso iron. o per esprimere fastidio, insofferenza. *Cara lei!* **3.** Che preme, che sta a cuore perché importante. *Niente è più caro della vita.* ◇ *Tenere, tenersi caro:* tenere vicino, aver cura, conservare. – *Avere caro qlcu. o qlco.:* amarlo, tenerlo in grande considerazione. **4.** Affettuoso, disponibile, cortese. **5.** Costoso. ◇ *fig. Vendere cara la vita, la pelle:* difendersi con ogni mezzo. ~ *Pagarla cara:* scontare pesanti conseguenze. ◆ avv. Ad alto prezzo (coi verbi pagare, comprare, costare, vendere); anche in senso fig. ◆ s.m. **1.** [f. –*ra*] Persona a cui si vuol bene. ~ Innamorato. **2.** (al pl.) Genitori, parenti stretti. *I propri cari.*

2. càro s.m. inv. Rincaro, rialzo; spec. come primo elemento di composti (*carovita*).

carógna s.f. **1.** Corpo di animale morto in decomposizione. ~ *spreg.* Cadavere. **2.** *fig. spreg.* Animale vecchio, mal ridotto. **3.** *fig.* Persona abietta, malvagia.

carognàta s.f. *fam.* Azione cattiva, maligna, perfida.

caròla s.f. (fr. *carole*, lat. *choràulem* "flautista del coro", gr. *khoráulēs* comp. di *khorós* "coro" e

aulèin "suonare il flauto") Antica danza circolare, accompagnata dal canto, di più persone che si tengono per mano. ~ *estens.* Danza. *Fare una carola.*

carolingio agg. [pl.m. –*gi*, f. –*ge*] (fr. *carolingien*) Relativo a Carlo Magno e alla sua dinastia. ◇ *Ciclo carolingio:* ciclo di poemi epico-cavallereschi in lingua d'oïl (secc. XIII-XIV), che narrano le imprese di Carlo Magno e dei suoi paladini.

caropàne s.m. (solo sing.) **1.** Rialzo del prezzo del pane. **2.** Indennità corrisposta ai lavoratori durante la seconda guerra mondiale.

carosèllo s.m. (napol. *carusiello* "palla di creta, di terra" che nel gioco omonimo i cavalieri si lanciavano) **1.** Antico gioco di origine araba, portato dagli spagnoli a Napoli alla fine del Quattrocento, in cui due squadre di cavalieri contendevano a colpi di palle di terra. **2.** *estens.* Insieme di evoluzioni di cavalieri. ~ Percorso circolare di mezzi motorizzati o altro a scopo spettacolare o per ragioni di ordine pubblico. **3.** *fig.* Rapida successione. **4.** Giostra in cui alcuni veicoli in miniatura o figure di animali (in origine erano dei cavalli di legno) sono fissati su un pavimento circolare che ruota. **5.** Breve programma pubblicitario trasmesso un tempo dalla televisione italiana.

caròta s.f. **1.** Pianta erbacea annua o bienne, con foglie frastagliate e fiori composti, coltivata per il fittone radicale di colore arancione, carnoso e commestibile. (genere *Daucus*, famiglia delle Ombrellifere.) ~ Il fittone, la radice stessa. ◇ *Pel di carota:* detto di persona con i capelli rosso chiaro. **2.** MIN. Campione cilindrico di roccia o di ghiaccio prelevato con apposita sonda. □ In funzione di agg. inv., di colore rosso tendente al giallo.

fiore centrale nero

coltivata

■ caròta

fogliame

infiorescenza (ombrella)

carotàggio s.m. [pl. –*gi*] MIN. Prelievo di campioni di roccia o di ghiaccio.

carotàre v.tr. Effettuare un carotaggio, prelevare un campione di qlco. mediante carotaggio.

carotène s.m. CHIM. Pigmento color arancio, abbondante nei vegetali (carota) e in alcuni animali (carapace dei crostacei). (Ha proprietà antiossidanti e immunostimolanti ed è trasformato in vitamina A dall'organismo.)

carotenòide s.m. CHIM. Sostanza colorata (dal giallo al rosso) che abbonda in natura. (I carotenoidi sono usati come coloranti alimentari e possono essere trasformati in vitamina A dall'organismo.)

caròtide s.f. (fr. *carotide*, gr. *karōtídes* deriv. di *káros* "sonno" perché si credeva che il sonno dipendesse da tali arterie) ANAT. Ciascuna delle

arterie laterali del collo che apporta sangue dal cuore alla testa.

carotière s.m. MIN. Attrezzo posto all'estremità di una trivella e destinato a prelevare campioni di terreno chiamati *carote*.

carovàna s.f. (persiano *kārawān* "compagnia di viaggiatori") **1.** Insieme di persone e di mezzi di trasporto che viaggiano uniti per motivi di sicurezza. **2.** *estens.* Gruppo numeroso di persone, di veicoli che viaggiano incolonnati. *Carovana di zingari.*

carovanièra s.f. Pista, tracciato seguito dalle carovane.

carovanière s.m. Persona che conduce gli animali da soma di una carovana o che fa parte delle carovane.

carovita s.m. (solo sing.) **1.** Rincaro dei generi di maggior consumo. SIN.: **carovìveri**. **2.** Indennità compensativa dell'aumento dei prezzi concessa in alcuni periodi ai lavoratori dipendenti.

càrpa s.f. Pesce d'acqua dolce di colore verdastro, commestibile. (*La carpa cuoio* e la *carpa a specchio* sono allevate; lunghezza fino a 80 cm; famiglia dei Ciprinidi.)

■ càrpa

carpàccio s.m. [pl. –*ci*] (piatto inventato a Venezia da G. Cipriani dell'Harry's Bar in occasione di una mostra dedicata al pittore rinascimentale V. *Carpaccio*) CUC. Carne cruda tagliata a fette sottili e condita con olio d'oliva e limone.

carpàle agg. ANAT. Del carpo. ◇ *Tunnel carpale:* specie di anello situato davanti al carpo, chiuso nella parte anteriore da un legamento, che contiene i tendini e il nervo mediano.

carpèllo s.m. (fr. *carpelle*, deriv. di gr. *karpós* "frutto") BOT. Foglia del fiore che porta gli ovuli e che forma, da sola o unita ad altre foglie, il pistillo dei fiori.

carpenterìa s.f. **1.** Lavorazione e montaggio di elementi in legno o metallo per strutture portanti stabili o provvisorie. ◇ *Carpenteria metallica:* fabbricazione e posa di opere in metallo da costruzione. **2.** Struttura ottenuta con tale lavorazione. **3.** Reparto di fabbrica o cantieri in cui si effettua tale lavoro.

carpentière s.m. **1.** Artigiano, operaio che lavora e monta elementi in legno o in metallo per strutture temporanee o stabili. **2.** Sulle navi, marinaio specializzato in lavori di falegnameria.

carpétta s.f. (voce di orig. merid., spagn. *carpeta*) Nel l. bur., cartella in cui si conserva una documentazione.

carpiàto agg. SPORT. Relativo a un tipo di tuffo che si esegue con una flessione ad angolo retto del corpo rispetto alle gambe.

carpicoltùra s.f. Allevamento di carpe.

càrpine o **càrpino** s.m. Albero d'alto fusto dal legno chiaro e duro, con corteccia liscia, grigia, foglie ovali seghettate, frutto a noce con ampia brattea. (Altezza fino a 25 m; famiglia delle Betulacee.)

carpionàre v.tr. Cucinare pesci in carpione.

carpióne s.m. Pesce teleosteo d'acqua dolce, commestibile. (Ordine dei Clupeiformi.) ◇ *In carpione:* preparazione culinaria che prevede che, dopo la frittura, venga coperto di aromi e lasciato riposare in un bagno d'aceto. *Sardine in carpione.*

carpire v.tr. [83] Prendere, sottrarre qlco. a qlcu. con l'inganno.

càrpo s.m. (lat. *càrpum*, gr. *karpós* "giuntura") ANAT. Complesso di otto piccole ossa del polso poste tra l'avambraccio e il metacarpo.

carpocàpsa s.f. Insetto il cui bruco cresce nelle mele e nelle pere. (Ordine dei Lepidotteri.)

carpologia s.f. BOT. Studio dei frutti.

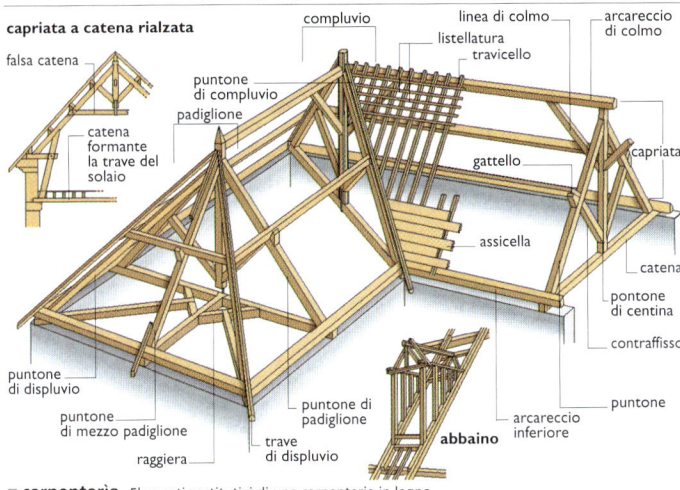

capriata a catena rialzata

falsa catena · compluvio · linea di colmo · arcareccio di colmo · listellatura · travicello · puntone di compluvio · padiglione · catena formante la trave del solaio · gattello · capriata · assicella · catena · pontone di centina · contraffisso · puntone di displuvio · puntone di mezzo padiglione · raggiera · trave di displuvio · puntone di padiglione · abbaino · arcareccio inferiore · puntone

■ **carpenterìa.** Elementi costitutivi di una carpenterìa in legno.

carpóni avv. Appoggiando mani e ginocchia a terra.

car pooling [/kɑ: puːliŋ/] loc. sost. m. inv. (loc. ingl.) L'utilizzo di una stessa vettura da parte di più persone che percorrono lo stesso tragitto, con lo scopo di alleggerire il traffico stradale o dividere le spese di trasporto.

carràbile agg. Percorribile da carri o da autoveicoli.

carradóre s.m. **1.** Persona che fabbrica e ripara carri. **2.** Carrettiere.

carrageen [/kærəˈgiːn/] s.m. inv. (voce ingl., da *Carragheen* nome di una località dell'Irlanda) Alga diffusa lungo le coste settentrionali dell'Atlantico, di colore rosso, con tallo carnoso da cui si ricava la carragenina; è detta anche *musco d'Irlanda*. (Famiglia delle Rodoficee.)

carràio agg. [pl.m. –rai] Che consente il transito di autoveicoli. ◆ s.m. Carradore.

carraréccia s.f. [pl. –ce] **1.** Strada campestre non asfaltata, percorribile da carri. **2.** Solco più o meno profondo creato sul suolo dalle ruote dei veicoli.

carré [/kaˈre/] s.m. inv. (voce fr., lat. *quadrātum* "quadrato") **1.** Tipo di taglio di capelli molto squadrato. **2.** ABBIGL. Parte superiore di alcuni abiti. **3.** Nei tagli di macelleria, lombata. **4.** Nel gioco della roulette, combinazione di quattro numeri su cui puntare.

carreggiaménto s.m. GEOL. Notevole slittamento di zone rocciose sullo strato sottostante.

carreggiàta s.f. **1.** Sede stradale sistemata per il traffico veicolare, in uno o nei due sensi di marcia. **2.** Solco inciso nel terreno dalle ruote dei carri. ◇ *fig. Uscire di carreggiata:* deviare dal comportamento considerato normale. **3.** Distanza trasversale tra le ruote di uno stesso asse di un veicolo.

carréggio s.m. [pl. –gi] **1.** Trasporto di materiali su un carro. **2.** Seguito, convoglio di carri. **3.** MIL. Insieme di carri e di veicoli da trasporto al seguito di un esercito. **4.** Nel Medioevo, obbligo di adempiere con i propri carri servizi per la collettività, in pace o in guerra. ~ Nei regimi colonici, obbligo per i contadini di trasportare gratuitamente alla casa padronale la parte del prodotto spettante al padrone.

carrellàre v.intr. (aus. *avere*) CINE., TV. Effettuare una carrellata, riprendere una scena spostando la macchina da presa in senso orizzontale.

carrellàta s.f. **1.** CINE. Ripresa di una scena con una macchina da presa montata su un carrello che si sposta in orizzontale. **2.** *fig.* Rapida rassegna, panoramica di eventi.

carrèllo s.m. **1.** Mezzo di sostegno o di trasporto, formato da un telaio o da un contenitore montati su ruote. *Carrello del supermercato.* **2.** Parte scorrevole di macchine o impianti. ~ Parte della macchina da scrivere, composta dal rullo per la carta, che si sposta a ogni battuta. **3.** AER. Parte retrattile, munita di ruote, su cui poggia un aereo quando è a terra. **4.** CINE. Piattaforma scorrevole su cui si monta la macchina da presa. **5.** Sedile scorrevole delle imbarcazioni da canottaggio.

carrétta s.f. **1.** Cassone a sponde alte montato su due ruote per il trasporto di cose. ◇ *fig. Tirare la carretta:* lavorare duramente. **2.** *fam.* Vecchio veicolo con difetti di funzionamento. ◇ *Carretta del mare:* nave vecchia, non revisionata, che viene fatta navigare per speculazione.

carrettàta s.f. Carico di una carretta o di un carretto.

carrettière s.m. [f. –ra] Persona che conduce un carro. ◇ *fig. Modi da carrettiere:* rozzi, volgari.

carrétto s.m. **1.** Nel sign. del dim. di *carro.* ◇ *Carretto siciliano:* a due ruote, con le sponde del cassone dipinte ad arabeschi o a figure. **2.** TEAT. Armatura per cambiare le quinte.

carrièra s.f. (provenz. *carreira*, lat. *carràriam viam* "strada per i carri") **1.** Specialità scelta per il proprio corso di studi e quindi per il lavoro. *Carriera accademica.* ◇ *Fare carriera:* percorrere i gradini di una gerarchia. – *Ufficiale di carriera:* in servizio permanente effettivo. **2.** L'andatura più veloce del cavallo. ◇ *Di gran carriera:* a grande velocità.

carrierismo s.m. Ambizione di raggiungere a ogni costo posizioni di successo.

carrierista s.m. e f. [pl.m. –sti] Persona il cui unico fine è il proprio successo professionale, spesso raggiunto senza scrupoli.

carriòla s.f. **1.** Piccolo carretto a mano con una ruota e due stanghe. **2.** Il contenuto di una carriola.

carrista s.m. [pl. –sti] MIL. Soldato di reparti di carri armati. □ In funzione di agg., di una specialità corazzata della fanteria.

càrro s.m. **1.** Veicolo a due o quattro ruote a trazione animale, costituito da un piano con o senza sponde. ◇ *Carro allegorico:* grande automezzo decorato dove salgono i personaggi mascherati o altre figure simboliche durante alcune feste pubbliche. – *fig. Mettere il carro davanti ai buoi:* immaginare le conseguenze di un fatto prima che si verifichi. **2.** Quantità di materiale caricata su un carro. *Un carro di fieno.* **3.** Veicolo a trazione meccanica trainato o semovente, su strada o su rotaia. ◇ *Carro armato:* veicolo cingolato e corazzato, armato di cannone e mitragliatrici; *fig.* suola per scarpe, in gomma e con rilievi pronunciati. – *Carro funebre:* veicolo che trasporta il feretro. – *Carro attrezzi:* automezzo che rimorchia veicoli danneggiati o con guasti. **4.** ASTR. (iniziale maiusc., solo sing.) Altro nome delle costellazioni boreali dell'Orsa maggiore e minore.

carròccio s.m. [pl. –ci] **1.** Nel Medioevo, grande carro trainato da buoi e pavesato coi simboli del comune di appartenenza. **2.** *per anton.* (iniziale maiusc., solo sing.) Il partito della Lega Nord.

carronàta o **caronàta** s.f. (fr. *caronade*, ingl. *carronade* dal nome della località scozzese di *Carron* dove fu dapprima costruito) Cannone corto che armava i velieri da guerra.

carropónte s.m. [pl. *carriponte*] Gru semovente per il sollevamento e il trasporto di grossi carichi.

carròzza s.f. **1.** Vettura a quattro ruote, trainata da cavalli, per il trasporto di persone. **2.** Vagone ferroviario per il trasporto dei viaggiatori. ◇ *Carrozza ristorante:* vagone attrezzato per i servizi di ristoro. – *Carrozza letto:* vagone dotato di posti letto.

carrozzàbile agg. Predisposto per il passaggio di carrozze e, estens., di autoveicoli. *Strada carrozzabile.* ◆ s.f. Strada per il passaggio di veicoli.

carrozzàre v.tr. Dotare di carrozzeria un veicolo.

carrozzèlla s.f. **1.** Carrozzina. **2.** Veicolo per invalidi, mossa manualmente o a motore.

carrozzeria s.f. **1.** Rivestimento esterno di un autoveicolo. **2.** *fig. pop.* Attributi femminili. **3.** Azienda che fabbrica carrozzerie. ~ Officina specializzata nella riparazione di carrozzerie.

carrozzière s.m. Artigiano, operaio che aggiusta le carrozzerie degli autoveicoli. ~ La sua officina.

carrozzina s.f. Veicolo per trasportare i bambini composto di una culla rigida con copertura sostenuta da una struttura di metallo con ruote e manubrio.

carrùba s.f. Frutto del carrubo.

carrùbo s.m. (ar. *kharruba*) Albero sempreverde con tronco corto e largo, foglie pennate, fiori rossi a grappolo, frutto commestibile. (Altezza fino a 12 m; genere *Ceratonia*, famiglia delle Cesalpiniacee.)

carrùcola s.f. Dispositivo per il sollevamento manuale di pesi, formato da una staffa che sorregge una ruota scanalata in cui scorre una fune.

càrsico agg. [pl.m. –ci, f. –che] Relativo al Carso. ◇ *Rilievo carsico:* rilievo specifico delle regioni carsiche che risulta dall'azione, in gran parte sotterranea, delle acque che dissolvono il carbonato di calcio e che ha come risultato la formazione di grotte e doline.

carsismo s.m. GEOL. Insieme di fenomeni chimici dovuti all'azione geodinamica delle acque meteoriche su rocce perlopiù calcaree, sulle quali determinano caratteristiche forme di erosione superficiale (campi carreggiati, doline, ecc.) o sotterranea (grotte con stalattiti e stalagmiti, spesso percorse da torrenti).

càrta s.f. (lat. *chărtam* "foglio di papiro") **1.** Foglio sottile di vario uso ottenuto dalla lavorazione della cellulosa. *Carta da disegno.* ◇ *Carta da pacchi:* carta resistente, destinata ad avvolgere oggetti voluminosi o pesanti. – *Carta da parati:*

amento femminile · amento maschile · frutto

■ **càrpine**

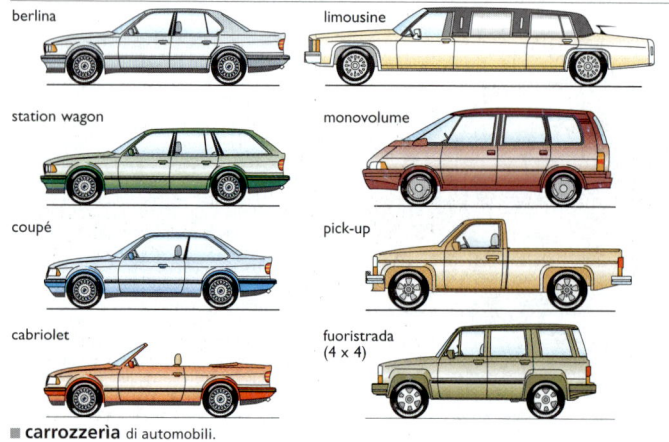

■ **carrozzerìa** di automobili.

quella da incollare come rivestimento e decorazione dei muri interni. – *Carta da forno:* antiaderente, per la cottura di cibi in forno. – *Carta assorbente:* porosa, senza colla, usata per asciugare. – *Carta igienica:* confezionata in piccoli rotoli, usata per l'igiene intima. – *Carta patinata:* liscia e lucida, usata spec. per la stampa di libri pregiati. – *Carta vetrata:* rivestita di materiale abrasivo (polvere di vetro), usata per levigare. – *Color carta da zucchero:* azzurro intenso ma non brillante, in riferimento alla carta che in passato si usava per incartare lo zucchero. – *Carta paglia:* a base di paglia mischiata a carta riciclata. – *Carta da macero:* quella usata destinata al riciclaggio. – *fig. Di carta:* fragile, inconsistente. **2.** Foglio di carta per scrivere. ◇ *Carta libera:* qualsiasi foglio bianco. – *Carta di lettera:* foglio sottile utilizzato per la corrispondenza. – *Carta intestata:* che porta stampate le generalità del possessore e, trattandosi di impresa, anche i dati fiscali. – *Carta da bollo o legale:* recante un emblema dello Stato. – *Carta da musica:* con stampato il pentagramma. **3.** Documento, attestazione scritta. ◇ *Carta d'identità:* documento di riconoscimento personale. – *Carta di credito:* documento per l'acquisto a credito di beni e servizi. – *Carta verde:* attestato di assicurazione di un veicolo circolante in un paese straniero. – *figg. Avere le carte in regola:* possedere le qualità necessarie per svolgere una mansione. – *Fare carte false:* usare qualsiasi mezzo per raggiungere lo scopo. – *Avere, dare carta bianca:* essere liberi di agire a proprio insindacabile giudizio, avere fiducia in qlcu. – *Carta canta:* i documenti scritti non sono contestabili. – *Sulla carta:* in teoria, in linea di principio. **4.** Dichiarazione programmatica di principi.

La carta dei diritti del bambino. **5.** Lista delle pietanze in un ristorante. **6.** GEOGR. Rappresentazione grafica approssimata, simbolica e in scala, della superficie terrestre, di sue parti, o di fenomeni particolari. *Carta geografica.* **7.** Cartoncino rettangolare con segni o figure convenzionali per giochi da tavolo. ◇ *Carte italiane, napoletane:* aventi come semi bastoni, spade, danari e coppe. – *Carte piacentine:* varietà di carte italiane. – *Fare le carte:* mescolarle e distribuirle ai giocatori; predire il futuro interpretando le carte da gioco. – *figg. Mettere le carte in tavola:* agire allo scoperto, esporre sinceramente il proprio pensiero. – *Cambiare le carte in tavola:* alterare, travisare qlco. a bella posta. – *Imbrogliare le carte:* creare confusione. – *Giocare a carte scoperte:* non nascondere nulla. – *Giocare una carta:* fare l'ultimo tentativo. – *Giocare l'ultima carta:* fare l'ultimo tentativo. – *Mandare a carte quarantotto:* scombussolare, mandare a monte, rovinare qlco. – *Carta vincente:* elemento risolutivo, che garantisce una buona probabilità di successo.

cartacarbóne s.f. [pl. *cartecarbone*] (calco dell'ingl. *carbon paper*) Carta leggera con una faccia copiativa, usata per ottenere una o più copie di un originale.

cartàccia s.f. [pl. *–ce*] **1.** Carta usata, che si butta. SIN.: **cartastraccia**. **2.** *fig.* Scritto di nessuna importanza contenutistica o stilistica. **3.** Carta da gioco di poco valore.

cartàceo agg. Di carta. ◇ *Codice cartaceo:* manoscritto composto di fogli di carta bombicina anziché di pergamena (pergamenaceo o membranaceo).

cartaginése agg. Relativo a Cartagine. ◆ s.m. e f. Nativo, abitante di Cartagine.

cartàio s.m. [f. *–taia*, pl.m. *–tai*] **1.** Fabbricante, commerciante di carta. **2.** Operaio dell'industria cartaria. **3.** Artigiano che mette la carta da parati.

càrtamo s.m. Pianta erbacea con fusto alto fino a un metro, foglie munite di brattee spinose, fiori gialli, coltivata per estrarne l'aroma dello zafferano o per ricavare dai semi un olio. (Famiglia delle Composite Tubiflore.)

cartamodèllo s.m. [pl. *cartamodelli*] Modello in carta, di dimensione reale, di un capo d'abbigliamento.

cartamonéta s.f. [pl. *cartemonete*] (calco del fr. *papier-monnaie*) Banconota con valore di moneta.

cartapècora s.f. [pl. *cartapecore*] **1.** Pelle di pecora macerata in un bagno di calce, raschiata e levigata, usata per rilegature o ant. per scrivere. **2.** *estens.* Scritto vergato su cartapecora.

cartapésta s.f. [non com. pl. *cartapeste, cartepeste*] Miscuglio di carta macerata e di materiale plastico, adatta per essere modellata. ◇ *fig. Di cartapesta:* fittizio, inconsistente.

cartàrio agg. [pl. *–ri*] Relativo alla carta. *Industria cartaria.*

cartastràccia s.f. [pl. *cartestracce*] **1.** Carta grossolana per pacchi. **2.** Cartaccia. ~ *fig.* Cosa di poco o nessun valore.

cartavetràre v.tr. Raschiare, levigare una superficie con la carta vetrata. *Cartavetrare le pareti della stanza.*

carteggiàre v.intr. [5] (aus. *avere*) Riscontrare sulle carte nautiche una rotta marittima o aerea. ◆ v.tr. Cartavetrare. *Carteggiare le pareti.*

cartéggio s.m. [pl. *–gi*] **1.** Corrispondenza epistolare. *Un fitto carteggio.* **2.** MAR., AER. Insieme di riscontri, di calcoli effettuati sulle carte nautiche.

cartèlla s.f. **1.** Foglio, scheda, in parte o totalmente prestampati. ◇ *Cartella clinica:* quella conservata da un medico, o in un ospedale o casa di cura, in cui sono contenuti i dati relativi a un paziente. – *Cartella esattoriale:* avviso inviato ai contribuenti per notificare loro i tributi e i relativi importi dovuti. **2.** Foglio dattiloscritto su una sola facciata da mandare in stampa. ~ Anche, bozza di stampa. **3.** ECON. Titolo obbligazionario. *Cartella fondiaria.* **4.** Custodia di cartoncino piegato in due parti che serve per archiviare documenti. **5.** INFORM. Nei sistemi operativi dotati di interfaccia grafica, ogni contenitore di programmi o di dati. SIN.: **directory**. ◇ *Cartella condivisa:* in un computer collegato a una rete locale, quella resa disponibile all'accesso di più utenti della stessa rete. **6.** Borsa per carte, libri, documenti, general. rettangolare, rigida, con breve manico. **7.** STAM. Insieme dei due piatti e del dorso che vengono applicati al libro cucito e indossato. **8.** ARCH. Raffigurazione scultorea o pittorica di un foglio con i bordi arrotolati destinata a iscrizioni, stemmi o a fini ornamentali. **9.** Traversa superiore, variamente modellata, della spalliera delle seggiole. **10.** Nelle antiche armi da fuoco, piastra di sostegno ai vari pezzi dell'acciarino. ~ Nelle armi moderne, piastra che copre lateralmente il meccanismo di scatto. **11.** Negli orologi, ciascuna delle piastre parallele in cui si incastrano il castello e gli assi delle ruote dell'orologio.

cartellino s.m. **1.** Foglietto, cartoncino da applicare o da accostare a oggetti. *Il cartellino del prezzo.* **2.** Scheda, modulo predisposto per ricevere dati personali. **3.** SPORT. Documento che, firmato, lega un atleta a una società per un dato periodo. **4.** SPORT. Nel calcio, cartoncino con cui l'arbitro notifica a un giocatore l'ammonizione (*cartellino giallo*) o l'espulsione (*cartellino rosso*).

1. cartèllo s.m. **1.** Pannello in metallo, legno, cartone o altro materiale contenente segnalazioni, indicazioni, avvisi, proclami. *Cartello stradale.* ◇ *Attore di cartello:* di successo, che richiama molto pubblico. **2.** Insegna di negozi.

2. cartèllo s.m. **1.** ECON. Accordo limitativo della concorrenza tra società operanti nello stesso settore, che si impegnano a osservare norme comuni. **2.** *estens.* Alleanza tra forze politiche ideologicamente vicine.

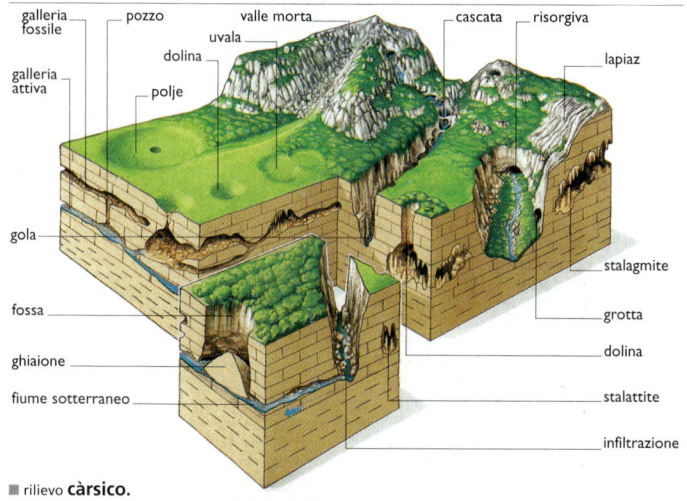

■ rilievo **càrsico.**

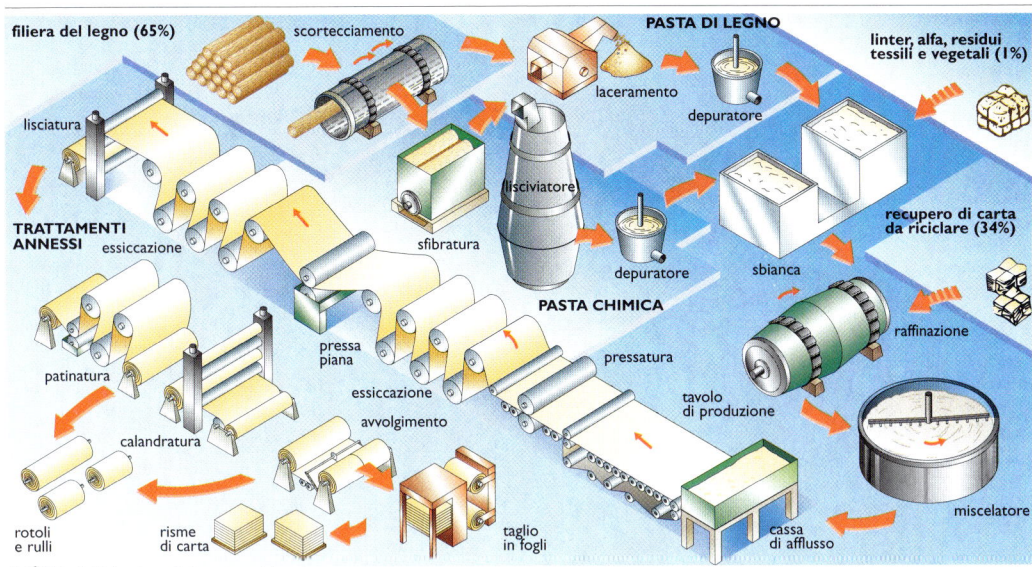

■ **càrta.** Fabbricazione della carta e del cartone.

cartellóne s.m. **1.** Manifesto che annuncia spettacoli, avvenimenti sportivi o culturali. ◇ *Essere in cartellone:* in programma. **2.** Manifesto pubblicitario, réclame. **3.** Tabellone della tombola con i novanta numeri.

cartellonista s.m. e f. [pl.m. –*sti*] Artista specializzato nella creazione di manifesti pubblicitari.

cartellonistica s.f. [pl. –*che*] Attività volta a ideare, disegnare bozzetti per cartelloni pubblicitari.

càrter s.m. inv. (dal nome dell'inglese J.H. Carter che ne fu l'inventore) MECC. Contenitore che protegge gli organi di un meccanismo e che può contenere dei lubrificanti per i meccanismi stessi. *Carter motore.*

cartesianismo s.m. **1.** Pensiero filosofico di Cartesio. **2.** *estens.* Razionalismo.
ENCICL. Il cartesianismo non ha avuto le caratteristiche di una scuola di pensiero. Ad eccezione dei suoi continuatori immediati e più o meno fedeli (Cordemoy, La Forge, Regius, Geulincx, ecc.), Cartesio ha influenzato soprattutto pensatori profondamente originali come Malebranche, Leibniz e Spinoza.

cartesiàno agg. **1.** Di Cartesio, relativo al suo pensiero. **2.** *estens.* Razionale, rigoroso sul piano logico. *Spirito cartesiano.* **3.** *Coordinate cartesiane:* l'ascissa e l'ordinata, relative alla loro intersezione in un punto. – ALG. *Prodotto cartesiano di due insiemi A e B:* insieme A × B di coppie (*x*, *y*) dove *x*⌊A e *y*⌊B. – *Riferimento cartesiano:* tripletta (O,*ì*, *j̄*) o quadrupletta (O, *ì*, *j̄*, *k̄*) formata da un punto O e una base (*ì*, *j̄*) o (*ì*, *j̄*, *k̄*) di vettori rispettivamente del piano o dello spazio. (Il punto O è l'origine del sistema di riferimento.) ◆ s.m. [f. –*na*] Seguace di Cartesio.

cartevalóri s.f. pl. Denominazione generica di carte bollate, titoli di banche, cambiali, marche, francobolli e ogni altro documento che rappresenti un valore monetario.

carticino s.m. STAM. Blocco di quattro facciate risultante da un foglio piegato in due, usato per completare un volume o per l'errata corrige.

cartièra s.f. Fabbrica della carta.

cartiglio s.m. [pl. –*gli*] **1.** ARCH., PITT. Raffigurazione di un rotolo di carta in parte svolto, con iscrizioni o libero, in funzione ornamentale. **2.** ARCHEOL. Cerchio allungato che conteneva i due nomi principali di un faraone in un'iscrizione geroglifica.

cartilàgine s.f. ANAT. Varietà del tessuto connettivo che ricopre la superficie ossea delle articolazioni e che costituisce la struttura di alcuni organi (naso, orecchie, trachea, laringe).

cartilagineo agg. ANAT. Di cartilagine.

cartina s.f. **1.** Nel sign. del dim. *di carta*; in partic., foglietto per arrotolare le sigarette. **2.** Bustina per piccoli oggetti o dosi di medicinale. **3.** Carta geografica, di formato ridotto. **4.** Carta da gioco di scarso valore.

cartismo s.m. (ingl. *chartism*, deriv. di *People's charter* "carta del popolo") Movimento riformista di emancipazione operaia che animò la vita politica britannica fra il 1837 e il 1848.

cartòccio s.m. [pl. –*ci*] **1.** Foglio di carta piegato a imbuto per contenere alimenti. *Un cartoccio di caldarroste.* ~ CUC. Carta oleata o foglio di alluminio per avvolgere gli alimenti e cuocerli al forno o al vapore. **2.** Involucro conico contenente la carica di lancio di un pezzo d'artiglieria. ~ Tubo di cartone contenente la polvere pirica per i fuochi d'artificio. **3.** BOT. Insieme delle brattee che avvolgono la pannocchia del granoturco. **4.** ARCH., PITT. Cartiglio. ~ Voluta del capitello corinzio. **5.** Tubo di vetro dei lumi e petrolio.

cartòfilo agg. Che ama giocare a carte. ◆ s.m. [f. –*la*] Nel sign. dell'agg.

cartografia s.f. Branca della geografia che si occupa della rappresentazione planimetrica della superficie terrestre o dei suoi singoli aspetti.

cartogràfico agg. [pl.m. –*ci*, f. –*che*] Relativo alla cartografia.

cartògrafo s.m. [f. –*fa*] Specialista in cartografia.

cartogràmma s.m. [pl. –*mi*] Rappresentazione grafica di una statistica condotta su aree geografiche.

cartolàio s.m. [f. –*laia*, pl.m. –*lai*] (lat. *char-tulārium* "archivista") Chi gestisce una cartoleria.

cartolàre agg. DIR. Relativo a un diritto intrinsecamente legato a un documento e che

può essere fatto valere solo presentando il documento stesso.

cartolarizzazióne s.f. ECON. Documentazione cartacea di crediti a scopo di emissione e commercializzazione dei titoli relativi.

cartolería s.f. Negozio che vende articoli di cancelleria.

cartolibrería s.f. Cartoleria in cui si vendono libri.

cartolina s.f. Cartoncino rettangolare usato come mezzo di corrispondenza. ◇ *Cartolina illustrata:* che riporta una fotografia o un disegno. – *Cartolina postale:* con francobollo prestampato dall'amministrazione delle poste. – *Cartolina precetto, rosa:* comunicazione di chiamata alle armi per i giovani di leva.

cartomànte s.m. e f. Chi esercita la cartomanzia.

cartomanzìa s.f. Predizione del futuro mediante la lettura delle carte da gioco, in partic. dei tarocchi.

cartonàggio s.m. [pl. –*gi*] **1.** Fabbricazione di oggetti in cartone. **2.** Scatola, imballaggio di cartone.

cartonàre v.tr. (fr. *cartonner*) **1.** Incollare su cartone. **2.** Rilegare con una copertina di cartone.

cartonàto agg. Di cartone. ~ Rivestito, rilegato in cartone.

cartoncino s.m. **1.** Tipo di carta di maggiore spessore, peso, e di buona qualità. **2.** Biglietto in cartoncino, usato per auguri, corrispondenza, ecc.

cartóne s.m. **1.** Carta composta da diversi strati di materiale fibroso, più rigida della carta e il cui peso per mq è superiore a 224 g. ◇ *Cartone ondulato:* costituito da carta scanalata incollata tra due facce di carta piana. **2.** *estens.* Imballaggio fabbricato con questo materiale. *Un cartone di vino.* **3.** Disegno preparatorio in dimensioni reali di un affresco, un arazzo, una vetrata, effettuato su carta o cartone. ◇ *Cartone animato:* film i cui fotogrammi riproducono disegni in sequenza, in modo che proiettati velocemente compongono un movimento, detto anche disegno animato. (Calco dell'ingl. *animated cartoon.*)

cartongèsso s.m. [pl. *cartongessi*] Materiale da costruzione composto da pannelli di gesso chiusi tra due strati di cartone.

cartonista s.m. e f. [pl.m. –*sti*] (ingl. *cartoonist*) Disegnatore di cartoni animati, fumetti, vignette.

cartoon [/kɑːˈtuːn/] s.m. inv. (voce ingl., "disegno, vignetta") Ciascuno dei disegni che compongono un cartone animato. ~ *estens.* Il cartone animato stesso.

■ **cartìglio.** A sinistra, il cartiglio di Ramses II. (Luxor.)

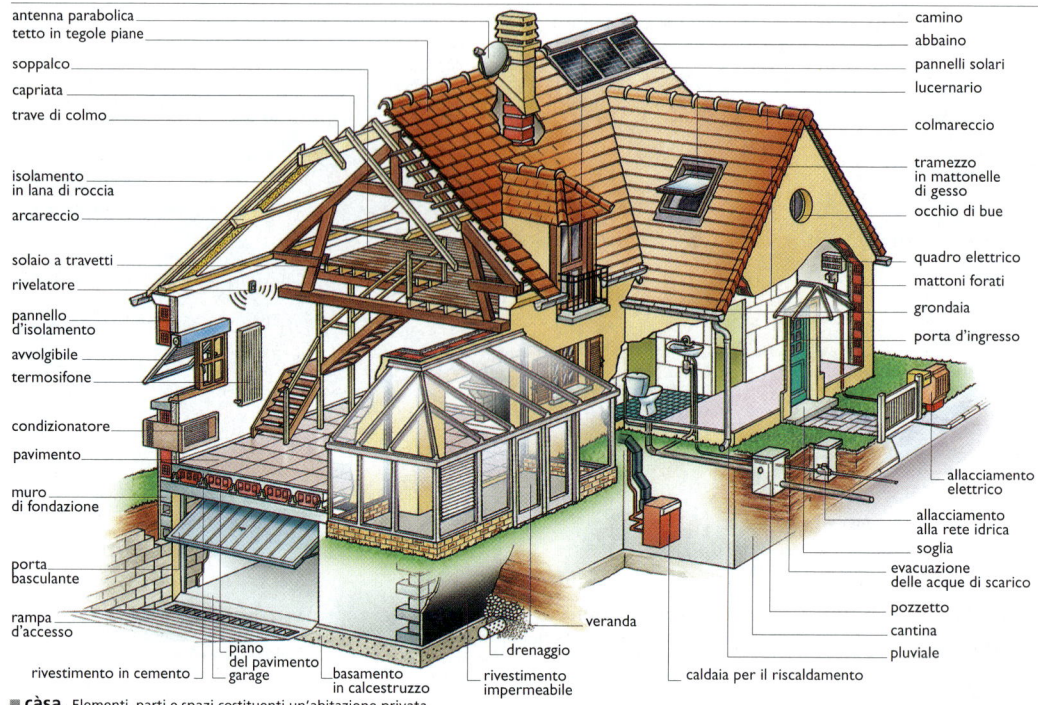

antenna parabolica
tetto in tegole piane
soppalco
capriata
trave di colmo
isolamento in lana di roccia
arcareccio
solaio a travetti
rivelatore
pannello d'isolamento
avvolgibile
termosifone
condizionatore
pavimento
muro di fondazione
porta basculante
rampa d'accesso
rivestimento in cemento
piano del pavimento garage
basamento in calcestruzzo
rivestimento impermeabile
drenaggio
veranda
camino
abbaino
pannelli solari
lucernario
colmareccio
tramezzo in mattonelle di gesso
occhio di bue
quadro elettrico
mattoni forati
grondaia
porta d'ingresso
allacciamento elettrico
allacciamento alla rete idrica
soglia
evacuazione delle acque di scarico
pozzetto
cantina
pluviale
caldaia per il riscaldamento

■ **càsa.** Elementi, parti e spazi costituenti un'abitazione privata.

cartoonist [/kɑːˈtuːnɪst/] s.m. e f. inv. (voce ingl.) **1.** CINE., TV. Regista di cartoni animati. **2.** Cartonista.

cartotèca s.f. [pl. –*che*] Luogo per la raccolta e conservazione di carte geografiche.

cartotècnica s.f. [non com. pl. –*che*] Settore industriale di trasformazione di carta o cartone in manufatti.

cartùccia s.f. [pl. –*ce*] **1.** Munizione per armi da guerra o da caccia, che riunisce insieme un proiettile (pallottola, granata, pallino) e una carica propulsiva contenuta in un cilindro o in un bossolo. ◇ *Mezza cartuccia:* uomo di piccola statura; *spreg.* persona di poco valore. **2.** Filtro per l'olio o per l'aria dei motori a scoppio. **3.** Ricarica di inchiostro per una penna stilografica. **4.** Involucro di una pellicola cinematografica. SIN.:

nocciolo in piombo
camicia in ottone
bossolo
aggraffatura a stella
piombo indurito
bossolo
borra
polvere da sparo
fondello
innesco

di fucile da guerra (5.56 mm)
di fucile da caccia (calibro 12)

di pistola automatica (9 mm)
di carabina (22 lungo, 5,5 mm)
di carabina (22 corto, 5,5 mm)

■ **cartùccia**

caricatore. **5.** INFORM. In dispositivi di stampa o di memoria, contenitore rimovibile o sostituibile.

cartuccièra o **cartuccèra** s.f. Cintura a scomparti per portare le cartucce.

1. cartulàrio s.m. [pl. –*rî*] **1.** In epoca imperiale romana e medievale, amministratore dell'erario. **2.** In epoca basso medievale e umanistica, libraio che riforniva le università.

2. cartulàrio o **cartolàrio** s.m. [pl. –*rî*] ST. Raccolta di atti che attestano la serie degli atti di maggiore interesse di un ente pubblico religioso o laico. ~ *estens.* Libro su cui tali atti erano registrati.

carùncola o **caròncola** s.f. **1.** ANAT. Escrescenza carnosa. ◇ *Caruncola lacrimale:* quella situata nell'angolo interno dell'occhio, da cui escono le lacrime. **2.** BOT. Rilievo della superficie dei semi, contenente sostanze nutritive.

carver [/ˈkɑːvə/] s.m. e f. inv. (voce ingl., *to carve* propr. "intagliare", "incidere") SPORT. Chi scia con i carving.

càrvi s.m. inv. Pianta erbacea i cui frutti aromatici sono utilizzati come condimento, in farmacia e profumeria; detta anche *cumino dei prati*. (Genere *Carum*; famiglia delle Ombrellifere.) ~ Anche, il frutto della pianta.

carving [/ˈkɑːvɪŋ/] s.m. inv. (voce ingl., *to carve* propr. "intagliare", "incidere") SPORT. (spec. pl.) Sci sagomati, più stretti al centro e più larghi agli estremi. ~ Sport alpino praticato coi carving.

càsa s.f. **1.** Edificio adibito ad abitazione dell'uomo. ◇ *Padrone di casa:* il proprietario rispetto all'inquilino. – *Seconda casa:* abitazione non destinata a residenza principale; *estens.* quella in cui si trascorrono le vacanze. **2.** Abitazione, residenza di un nucleo familiare. ◇ *Mettere su casa:* andare ad abitare per proprio conto. – *Donna di casa:* casalinga. – *Fatto in casa:* di lavorazione domestica. – *Vestito da casa:* comodo, un po' trasandato. – *Essere di casa:* frequentare abitualmente un luogo. **3.** La propria famiglia. ◇ *Padrone di casa:* capofamiglia. **4.** *estens.* Casato, dinastia. **5.** Struttura abitativa destinata a un uso particolare per un determinato periodo. ◇ *Casa circondariale o di pena:* carcere. – *Casa di correzione o di rieducazione:* riformatorio. – *Casa di riposo:* per persone anziane. SIN.: **ricovero**. – *Casa di cura o di salute:* clinica, ospedale, spec. privato. – *Casa dello studente:* che ospita studenti.

6. Impresa commerciale o industriale. ◇ *Casa editrice:* società che pubblica libri, giornali, ecc., apponendovi il proprio marchio. **7.** SPORT. *Casa base:* nel baseball e nel softball, angolo in cui inizia il gioco, dove stanno battitore, ricevitore e arbitro e da cui vengono effettuate le battute. **8.** LUD. Ciascuna delle sessantaquattro caselle della scacchiera. **9.** ASTROL. Ciascuna delle dodici suddivisioni del cielo, collegate a un segno dello zodiaco, che permettono di individuare la posizione dei pianeti al momento della nascita di qlcu. e farne l'oroscopo.

casàcca s.f. [pl. –*che*] **1.** Blusa piuttosto larga e lunga, con o senza abbottonatura. ~ Lunga giacca portata dagli uomini nei secc. XVI e XVII. **2.** SPORT. Giubba dei fantini. ~ *estens.* Maglia degli atleti con i colori della squadra. ◇ *Cambiare casacca:* spec. nel calcio, cambiare squadra.

casàccio Solo nella loc. *a casaccio*, senza metodo né ordine.

casàle s.m. **1.** Piccolo gruppo di case rurali. **2.** Edificio rustico isolato.

casalinga s.f. [pl. –*ghe*] Donna che lavora esclusivamente in casa, curando la propria famiglia e occupandosi dei lavori domestici. SIN.: **massaia**.

casalingo agg. [pl.m. –*ghi*, f. –*ghe*] **1.** Di, da casa. ~ Fatto in casa. ◇ *Cucina casalinga:* pietanze semplici e gustose. **2.** Di persona, che gradisce restare in casa. **3.** SPORT. Di incontro che si disputa nella città sede di una squadra. *Partita casalinga.* ◆ s.m. (solo pl.) Oggetti per la casa, in partic. per cucina o bagno.

casamàtta s.f. [pl. *casematte*] **1.** Costruzione militare fortificata con aperture per l'osservazione e per le bocche da fuoco. **2.** MAR. Sulle navi, struttura di protezione per l'artiglieria installata sui ponti sottostanti la coperta.

casaménto s.m. Grande edificio abitativo con numerosi appartamenti. ~ Insieme delle persone che vivono nella stessa casa.

casanòva s.m. inv. (dal nome di G. *Casanova*, avventuriero e libertino veneziani) Chi cerca e miete successi galanti.

casàta s.f. Insieme delle famiglie, general. nobili, discendenti da un ceppo comune.

casàto s.m. **1.** Nome di famiglia, spec. aristocratica. **2.** *estens.* Stirpe, lignaggio.

càsba o **càsbah** s.f. inv. (ar. *qaṣaba* "cittadella") **1.** Zona storica delle città arabe dell'Africa settentrionale, abitata dalla popolazione più povera. **2.** Quartiere malfamato, perlopiù nel centro storico di una città.

cascàme s.m. (spec. pl.) **1.** Insieme degli scarti di una lavorazione industriale. **2.** *fig.* Aspetto deteriore di un movimento culturale, di un'ideologia. *I cascami della letteratura romantica.*

cascamòrto s.m. [pl. *–ti*] *scherz.* Corteggiatore ridicolo. ◇ *Fare il cascamorto:* corteggiare, adulare in modo ostentato.

cascàre v.intr. [4] (aus. *essere*) Cadere per terra.

cascàta s.f. **1.** GEOGR. Salto di un corso d'acqua dovuto a un forte dislivello. **2.** *fam.* Caduta, capitombolo, ruzzolone. **3.** Negli abiti femminili, drappeggio che ricade. ~ Nelle acconciature, insieme di riccioli a truciolo.

cascatóre s.m. [f. *–trice*] CINE. Professionista del cinema che, specialista in cadute acrobatiche, sostituisce l'attore in scene pericolose.

caschétto s.m. **1.** Nel sign. del dim. di *casco*. **2.** Calotta di ferro liscio che si poneva sotto l'elmo per riparare il capo; detto anche *cervelliera*. **3.** Acconciatura che incornicia il viso, con capelli corti, pareggiati e fitta frangia.

cascìna s.f. Costruzione agricola, un tempo in pietra o in legno, con stalla, fienile e altri locali affacciati su un cortile. ~ Nella Pianura Padana, casa colonica. ~ Fattoria, spec. orientata alla produzione lattiero-casearia.

cascinàle s.m. **1.** Cascina con sovrastante piano abitativo. ~ Casa colonica. **2.** Casolare.

càsco s.m. [pl. *–schi*] (spagn. *casco* "coccio") **1.** Calotta in metallo o in cuoio indossata per proteggere la testa. *Casco da motociclista.* ◇ *Casco integrale:* che protegge anche il viso. – *fig. Casco blu:* membro della forza militare internazionale dell'ONU, il cui elmetto è blu. **2.** Apparecchio elettrico con ventilazione d'aria calda sotto il quale ci si siede per asciugarsi i capelli. **3.** Capigliatura folta che scende sulla fronte. **4.** BOT. Infruttescenza del banano. **5.** Assicurazione automobilistica che copre anche i danni alle cose dell'assicurato.

càscola s.f. ARBOR. Caduta prematura di fiori o frutti da una pianta.

caseàrio agg. [pl.m. *–ri*] Inerente alla lavorazione del latte e alla produzione di burro e formaggio. *Industria casearia.*

caseggiàto s.m. **1.** Seguito di case poco distanziate. **2.** Grande edificio abitativo con più appartamenti.

caseificazióne s.f. Trasformazione del latte in formaggio.

caseifìcio s.m. [pl. *–ci*] Stabilimento in cui si producono burro e formaggio.

caseìna s.f. CHIM. Sostanza proteica del latte usata nell'industria casearia e nella produzione di resine sintetiche.

casèlla s.f. **1.** In scaffali e mobili, spazio formato dall'incrocio di ripiani orizzontali con divisori verticali. ◇ *Casella postale:* cassetta che gli uffici centrali postali affittano a privati per ricevere direttamente la corrispondenza; INFORM. nella posta elettronica, la cassetta virtuale che raccoglie i messaggi in arrivo, anche quando l'utente ha il computer spento. **2.** Piccolo riquadro. *Le caselle di un cruciverba.* **3.** Contenitore di materiale refrattario per cotture di materiali che non devono andare a contatto della fiamma.

casellànte s.m. e f. **1.** Sorvegliante di un tratto di ferrovia. **2.** Esattore del pedaggio ai caselli autostradali.

casellàrio s.m. [pl. *–ri*] Scaffale, mobile suddiviso in caselle. ◇ *Casellario postale:* in un ufficio postale, mobile, perlopiù metallico, in cui sono raggruppate le caselle postali. DIR. *Casellario giudiziario (o giudiziale):* schedario presso la Procura della Repubblica in cui sono registrate le condanne penali e civili di persone nate nel circondario; ufficio che aggiorna tale schedario.

casèllo s.m. **1.** Casa cantoniera situata lungo la ferrovia dove alloggia il casellante con la famiglia. **2.** Sportello in cui stanno gli esattori del pedaggio autostradale. ~ Barriera con vari sportelli per il pagamento del pedaggio.

caseóso agg. **1.** Simile al cacio per aspetto e consistenza. **2.** Relativo alla caseificazione.

caseréccio o **casaréccio** agg. [pl.m. *–ci*, f. *–ce*] **1.** Fatto in casa. *Pane casereccio.* ~ Genuino. **2.** Nostrano, tipico di un luogo. *Abitudini caserecce.* ~ *spreg.* Non raffinato, dilettantesco.

casèrma s.f. (fr. *caserne*, provenz. *cazerna* "locale per quattro soldati") **1.** Complesso di edifici e spazi destinati alle truppe militari. ◇ *fig. Linguaggio da caserma:* volgare, sboccato. **2.** *fig.* Edificio spoglio, deprimente, triste. ~ Luogo in cui agli abitanti viene imposta una rigida disciplina. *Questa scuola è una caserma.*

casermóne s.m. Caseggiato popolare, grande e squallido.

casertàno agg. Di Caserta. ◆ s.m. **1.** [f. *–na*] Nativo, abitante di Caserta. **2.** (iniziale maiusc., solo sing.) Territorio intorno a Caserta.

casétta s.f. **1.** Qualsiasi piccola casa. **2.** Tipo di tenda da campeggio ad altezza d'uomo, suddivisa in ambienti.

cash [/ˈkæʃ/] s.m. inv. (voce ingl., propr. "cassa") Denaro in contanti, liquido. ◇ *Cash dispenser o cash point:* sportello automatico per il prelievo di denaro per mezzo di un tesserino magnetico. SIN.: **bancomat**. – *Cash manager:* in un'azienda, responsabile della gestione del denaro liquido. – ECON. *Cash flow:* flusso di pagamenti che un'impresa effettua o riceve in un periodo di tempo; in italiano, *flusso di cassa* o di *tesoreria*.

cash-and-carry [/ˈkæʃæn(d)ˈkæri/] s.m. inv. (voce ingl., propr. "paga e porta via") Sistema di vendita all'ingrosso di articoli di qualsiasi genere effettuato in magazzini di grandissime dimensioni nei quali il dettagliante paga in contanti e porta via la merce a proprie spese. ~ Magazzino in cui si vende con tale modalità.

casing [/ˈkeɪsɪŋ/] s.m. inv. (voce ingl.) PETR. Tubo che riveste i pozzi petroliferi e li protegge da eventuali infiltrazioni.

casinista s.m. e f. [pl.m. *–sti*] *pop.* Persona disordinata e confusionaria. ~ Chi fa chiasso, schiamazza.

casìno s.m. **1.** Casa signorile di campagna. **2.** Edificio o ambienti dove un tempo aveva sede un circolo o un'associazione di carattere privato frequentati perlopiù dall'alta borghesia e dagli aristocratici. *Casino dei nobili.* **3.** *pop.* Postribolo. ~ *fig.* Chiasso, confusione. *Fare casino.* ~ Sfuriata, scenata, finimondo. *Piantare un casino.*

casinò s.m. inv. Casa da gioco.

casìsta s.m. [pl. *–sti*] Teologo che si occupa di casistica. SIN.: **casuista**.

casìstica s.f. [pl. *–che*] **1.** Raccolta e analisi di una serie di fatti o fenomeni specifici riconducibili a un settore d'indagine o a una teoria. **2.** TEOL. CATT. Studio dei comportamenti relativi a circostanze specifiche che possono modificare la norma morale. SIN.: **casuistica**.

1. càso s.m. (lat. *căsum* "caduta") **1.** Evento accidentale, imprevisto, circostanza fortuita. ◇ *I casi della vita:* le varie e imprevedibili vicende della vita. – *Per caso:* fortuitamente; anche come formula che accompagna e attenua la richiesta di un favore. *Per caso, avresti una matita da prestarmi?* – *A caso:* senza un'idea precisa. – *Fare caso a:* badarvi. – *iron. Guarda caso!:* che combinazione fortuita! – DIR. *Caso fortuito:* evento imprevedibile che agisce come causa di esclusione della colpevolezza. – *Caso per caso:* singolarmente, uno a uno. **2.** Circostanza particolare, situazione spesso ipotizzata. *In caso di bisogno.* ◇ *Mettere il caso:* ipotizzare. – *Nel peggiore dei casi:* nella peggiore delle ipotesi, al massimo, tuttalpiù. – *locc. cong. Nel caso che:* se, qualora. *Nel caso (che) tu non possa venire, avvertimi.* – *Caso mai:* nell'eventualità che, nel caso che, se per caso. *Caso mai arrivasse un pacco per me, trattienilo.* **3.** Causa indecifrabile degli avvenimenti. *Affidarsi al caso.* SIN.: **destino**. **4.** Vicenda, accadimento, spec. di rilievo. *Caso giudiziario.* ~ In partic., traversia. *Il caso Moro.* ◇ *Caso limite:* avvenimento che mostra qlco. in maniera esasperata. – *Fare di qualcosa un caso di stato:* ingigantirne l'importanza, drammatizzare. **5.** Specificazione di qlco. di generale. ~ Specificità dell'individuo dentro un insieme omogeneo. *Un caso urgente.* ◇ *Fare al caso mio, tuo, suo:* essere adatto. – *È, non è il caso:* è opportuno o meno in una data circostanza. – *Caso clinico:* chi è soggetto a particolari indagini cliniche per l'accertamento di una malattia difficile da diagnosticare; *fig.* persona dal comportamento anormale, esasperato. – *Caso patologico:* chi ha un'affezione morbosa; *fig. iron.* chi presenta comportamenti strani.

2. càso s.m. (calco del gr. *ptôsis*, propr. "caduta") LING. Forma flessa assunta da sostantivi, aggettivi o pronomi. *I casi della declinazione latina.*

casolàre s.m. Casa contadina isolata.

casòtto s.m. **1.** Riparo variamente usato a forma di piccola casa, in legno o altro materiale amovibile. SIN.: **capanno**. **2.** MAR. Piccola cabina sul ponte della nave. **3.** *region.* Casino, bordello. **4.** *fig. pop.* Confusione, chiasso.

casqué [/kasˈke/] s.m. inv. (voce pseudofr., deriv. di *casquer* "cascare") Figura del tango in cui il cavaliere sostiene alla vita la dama che si lascia cadere all'indietro.

casquette [/kasˈkɛt/] s.f. [pl. *casquettes*] (voce fr., deriv. di *casque* "casco") ABBIGL. Berretto con visiera.

càssa s.f. **1.** Contenitore in legno o metallo a forma di parallelepipedo, usato per imballaggio e trasporto. *Riempire una cassa.* estens. Ciò che può esservi contenuto. *Una cassa di giocattoli.* ◇ *Cassa da morto:* feretro. **2.** *estens.* Struttura cava atta a contenere qlco. ◇ *Cassa dell'orologio:* parte che ne contiene il meccanismo . – *Cassa di risonanza (o armonica):* cavità di uno strumento musicale a percussione o a corda che aumenta l'intensità del suono grazie alla vibrazione dell'aria in essa contenuta; cavità che amplifica i suoni; *fig.* tutto ciò che tende ad amplificare, propagandare qlco. *La presenza del presidente ha fatto da cassa di risonanza per il convegno.* – MAR. *Cassa d'aria:* compartimento stagno contenente aria, che rende inaffondabili le lance di salvataggio. – ELETTROAC. *Cassa acustica:* elemento dell'impianto stereofonico che contiene uno o più altoparlanti. **3.** Mobile molto in uso un tempo, basso, a forma di parallelepipedo, con il piano superiore apribile, spesso scolpito. *Cassa del corredo.* ~ Lo stesso, più piccolo e a scomparti, per conservare danaro e preziosi. SIN.: **forziere**. **4.** *estens.* Macchina che visualizza e registra gli importi di compravendite e di operazioni contabili, munita di cassetto a scomparti per contenere il danaro. *Aprire la cassa.* ~ Sportello in cui è installata e al quale si trova l'operatore che vi è addetto. *Lavorare alla cassa.* ◇ *Cassa continua:* impianto collocato all'esterno dell'edificio della banca che consente ai clienti di effettuare versamenti anche fuori dall'orario d'ufficio. **5.** *estens.* Denaro e valori contenuti nella cassa. *Scappare con la cassa.* ◇ *Libro di cassa:* dei pagamenti e delle riscossioni. – *fig. Battere cassa:* chiedere denaro. – *Pagamento a pronta cassa:* nel l. finanziario, pagamento effettuato alla consegna della merce; *fig. estens.* in contanti, immediato. **6.** DIR. Istituto che amministra ed eroga contributi per scopi previdenziali e assistenziali. ~ Istituto di credito che si propone una particolare finalità. ◇ *Cassa integrazione:* quella che assicura un reddito ai lavoratori dipendenti temporaneamente sospesi dal lavoro per necessità aziendali. – *Cassa depositi e prestiti:* società per azioni d'intermediazione finanziaria, appartenente al settore delle Amministrazioni Pubbliche, che in partic. si occupa di finanziare e sostenere gli investimenti degli enti pubblici e gestire risorse per conto dello Stato. – *Cassa mutua o malattia:* denominazione dei vecchi enti mutualistici. **7.** ANAT. Struttura ossea o osteo-muscolare che circoscrive una cavità proteggendo gli organi in essa contenuti. *Cassa toracica.*

cassafórma s.f. [pl. *casseforme*] Struttura di contenimento in tavolame e in pannelli metallici, nella quale viene colato il calcestruzzo e che viene successivamente rimossa.

cassafòrte s.f. [pl. *casseforti*] (calco del fr. *coffre-fort*) Armadio blindato o cassetta a muro con serratura di sicurezza, in cui si custodiscono valori.

cassaintegràto s.m. [f. –ta] (comp. di cassa e integrato, deriv. di integrare, perché le perdite di salario di lavoratori di aziende in difficoltà sono integrate con i contributi della cassa facente capo all'INPS) Lavoratore dipendente collocato in cassa integrazione.

cassàndra s.f. (dal nome della profetessa troiana, figlia di Priamo, che aveva predetto la caduta di Troia senza essere creduta) Persona che predice eventi catastrofici e a cui non si presta fede.

cassapànca s.f. [pl. cassapanche, cassepanche] Cassa con schienale e braccioli, usata come sedile.

cassàre v.tr. (lat. cassàre "annullare") **1.** Togliere, raschiare segni scritti. Cassare una parola. SIN.: **cancellare**. ◇ fig. Cassare un debito: estinguerlo. **2.** Cancellare qlcu. da un elenco, radiarlo da un'organizzazione. **3.** DIR. estens. Annullare, abrogare. Cassare una sentenza.

cassàta s.f. **1.** CUC. Torta siciliana di ricotta con canditi e cioccolato a pezzetti. **2.** CUC. Gelato a base di crema e panna con canditi.

cassazióne s.f. **1.** DIR. Annullamento, abolizione. **2.** MUS. Composizione strumentale della seconda metà del sec. XVIII, formata da pezzi brevi, leggeri, di carattere spesso popolare.

casse [/'kas/] s.f. [pl. casses] (voce fr., propr. "rottura") Alterazione d'origine enzimatica o fisico-chimica che subiscono alcuni vini.

casserétto s.m. MAR. Sovrastruttura chiusa costruita sul ponte di poppa e che si estende in larghezza da un bordo all'altro.

càssero s.m. (ar. qaṣr "castello", gr. kástron, lat. càstrum "accampamento fortificato") **1.** MAR. Ponte di poppa, più alto di quello di coperta. **2.** COSTR. Struttura in ferro o cemento armato usata per fondazioni dove vi sia dell'acqua.

casseruòla s.f. (fr. casserole, provenz. cassa, lat. càttiam "tazza") Recipiente per cuocere di altezza intermedia tra la pentola e il tegame, con uno o due manici.

cassétta s.f. **1.** Nel sign. del dim. di cassa; in partic., contenitore di legno leggero o plastica, general. senza piano di chiusura. ~ Scatola più o meno capace, in materiale duro. Cassetta per gli attrezzi. ◇ Cassetta magnetica: contenitore di forma rettangolare con, all'interno, un nastro magnetico destinato alla registrazione e alla riproduzione di suoni, immagini, dati. – Cassetta di sicurezza: contenitore per valori, metallico, con chiusura di sicurezza, depositato nei caveau blindati delle banche. – Pane a cassetta: pane a forma di parallelepipedo, adatto a essere tagliato a fette. **2.** Impianto a cassa, congegno inserito in una cassetta. ◇ Cassetta dell'acqua: sciacquone. – Cassetta di distribuzione: in cui il cavo telefonico si dirama nelle linee degli abbonati. – Cassetta di derivazione: in cui l'energia elettrica si distribuisce su reti secondarie. **3.** Cassetto, scomparto del banco di negozi, botteghini, ecc. in cui si tiene il danaro incassato. ◇ Di cassetta: che ha registrato forti incassi. – Film di cassetta: prodotto con finalità commerciali, senza ambizioni culturali. – Fare cassetta: avere successo. **4.** Sedile del cocchiere, sopraelevato rispetto alla carrozza. **5.** BANC. Titolo di cassetta: titolo adatto a investimenti di medio, lungo periodo perché caratterizzato da un rendimento e una quotazione relativamente stabili. **6.** SPORT. Nel salto con l'asta, fossa in cui l'atleta punta l'asta per eseguire il salto.

cassettièra s.f. Mobile costituito da una serie di cassetti. ~ Anche, parte di un mobile in cui stanno i cassetti.

cassétto s.m. **1.** Elemento senza coperchio inserito orizzontalmente in un mobile e che scorre verso l'esterno. ◇ figg. Nel cassetto: segreto, da parte, nascosto. – Sogno nel cassetto: fantasie, desideri non realizzati o irrealizzabili. – Idea nel cassetto: progetto per il quale si attende il momento più propizio per proporlo. **2.** MECC. IND. Cassetto di distribuzione: organo che distribuisce il vapore nel cilindro delle motrici a vapore.

cassettóne s.m. **1.** Mobile con capaci cassetti, creato nel sec. XVII. **2.** ARCH. Riquadro a incavo del soffitto, per lo più con rosone centrale e motivi in rilievo.

Càssia s.f. BOT. Genere di piante leguminose comprendente molte specie, erbacee e arbustive. (Famiglia delle Papilionacee.)

cassière s.m. [f. –ra] Impiegato responsabile delle operazioni effettuate alla cassa. ~ Nei negozi, operatore alla cassa.

cassiterite s.f. MIN. Ossido di stagno (SnO₂).

cassonàta s.f. Zucchero grezzo che è stato raffinato una volta sola.

cassóne s.m. **1.** Nel sign. dell'accr. di cassa; in partic., antico mobile a cassa, spesso dipinto o scolpito, che serviva per riporre oggetti o come sedile e letto. **2.** Qualsiasi contenitore o recipiente di notevole capacità. **3.** Piano di carico di un autocarro, di un carrello per il trasporto. Autocarro a cassone ribaltabile. **4.** Nelle colture orticole e floricole, riquadro di terreno con sponde in muratura o legno e copertura in vetro o altro materiale trasparente. **5.** MIL. Carro che, ant., serviva al trasporto delle munizioni. **6.** MED. Malattia dei cassoni: malattia da *decompressione.

cassonétto s.m. **1.** Nel sign. del dim. di cassone. **2.** COSTR. Vano ricavato nel muro sovrastante le finestre, in cui gira l'avvolgibile. **3.** Contenitore di rifiuti che si trova ai lati delle strade.

cast [/'kaːst/] s.m. inv. (voce ingl., deriv. di to cast "scegliere gli attori") CINE., TEAT. Gruppo degli attori prescelti per un film o uno spettacolo teatrale.

càsta s.f. (port. casta "razza pura") **1.** Gruppo sociale chiuso caratterizzato da specifiche norme di comportamento e dal ruolo predeterminato, tipico di civiltà rigidamente strutturate in gerarchie. **2.** estens. Gruppo arroccato nella difesa di interessi particolaristici, che si attribuisce in esclusiva diritti e poteri. **3.** ZOOL. Negli insetti sociali, insieme degli individui adulti che svolgono le stesse funzioni, come i soldati nelle termiti, le operaie nelle api, ecc.
ENCICL. In India, il sistema delle caste è organizzato gerarchicamente in un gran numero di caste e sottocaste che si possono classificare, secondo il loro grado di "purezza", in cinque grandi categorie: i quattro "ordini" (varna) costituiti da brahmani (sacerdoti e insegnanti), kshatriya (nobili e guerrieri), vaishya (commercianti e agricoltori) e shudra (artigiani e servi), a cui si aggiungono gli intoccabili (o paria, cioè i fuori casta).

castàgna s.f. **1.** Frutto del castagno, con polpa dura ricca di amido, contenuto in un involucro spinoso (riccio); è detto anche marrone. ◇ Farina di castagne: ottenuta dalla macinazione delle castagne secche e usata per il castagnaccio. – fig. Prendere qlcu. in castagna: coglierlo in errore. **2.** BOT. Denominazione di varie piante e frutti. ◇ Castagna d'acqua: pianta acquatica degli stagni, con foglie fluttuanti o immerse e fiori bianchi, il cui frutto è commestibile. (Genere Trapa; famiglia delle Enoteracee.) – Castagna di terra: pianta erbacea che cresce sui prati di montagna, con fiori bianchi e piccoli tuberi commestibili dal sapore di castagna. (Famiglia delle Ombrellifere.) – Castagna d'India: grossa castagna non commestibile, frutto dell'ippocastano, utilizzato in alcuni preparati contro i problemi circolatori (varici, emorroidi). **3.** ZOOL. Formazione cornea priva di peli nella faccia interna della zampa anteriore e del garretto degli equini. **4.** SPORT. Nel pugilato, colpo molto potente; nel calcio, tiro fortissimo.

castagnàccio s.m. [pl. –ci] CUC. Dolce rustico a base di farina di castagne con aggiunta di pinoli, uva passa o aromi.

castagnéto s.m. Bosco di castagni.

1. castagnétta s.f. (spec. pl.) (spagn. castañeta, deriv. di castaña "castagna" per somiglianza di forma) **1.** Nacchere. **2.** estens. Schiocco secco prodotto con dito medio contro l'indice.

2. castagnétta s.f. **1.** Nel sign. del dim. di castagna. **2.** ZOOL. Escrescenza carnea sul garretto del cavallo. **3.** Petardo.

castàgno s.m. **1.** Albero delle regioni temperate dell'emisfero nord, con foglie lunghe e dentellate, fiori riuniti in amenti e frutti commestibili (castagne) chiusi in un involucro spinoso (riccio). (Altezza fino a 35 m; genere Castanea, famiglia delle Cupulifere. Alcune varietà di castagno sono coltivate per i loro frutti.) **2.** Legno, di largo impiego, ricavato dall'albero.

castagnòla s.f. **1.** Petardo a forma di cartoccio chiuso. **2.** CUC. Dolcetto a forma di castagna, di pasta dolce fritta e zuccherata, specialità romagnola. **3.** Pesce osseo di scogliera, dal corpo ovale di colore bruno, con pinna dorsale spinosa. (Ordine dei Perciformi.) **4.** (spec. pl.) Nacchera.

castàldo o **gastàldo** s.m. (long. gastald "amministratore di beni regi") **1.** Durante il regno longobardo, amministratore di un territorio per conto del re. **2.** Nel Medioevo, in alcune città, capo di un'arte. **3.** Amministratore dei beni di una famiglia aristocratica o di un monastero. ~ Fattore.

castanicoltùra s.f. Coltivazione del castagno.

castàno agg. Di colore marrone, nelle tonalità tra l'oro scuro e il bruno. Capelli castani.

castellanìa s.f. **1.** ST. Governo di una fortezza. **2.** ST. Signoria e giurisdizione di un castellano.

castellàno s.m. [f. castellana] **1.** ST. Signore che possedeva un castello e le terre che ne dipendevano. **2.** ST. Proprietario o abitante di un castello.

castellétto s.m. **1.** Nel sign. del dim. di castello. **2.** Impalcatura. **3.** STAM. Blocchetto che scorre lungo il compositoio e determina la giusta riga. **4.** BANC. Massimo scoperto che la banca concede a un cliente. **5.** Registro delle giocate al lotto.

castellière s.m. ARCHEOL. Insediamento preistorico in luogo elevato, in cui la difesa naturale era accentuata da opere attuate dall'uomo.

castèllo s.m. [pl. castelli] (lat. castèllum, deriv. di càstrum "luogo cinto, fortificato") **1.** Struttura architettonica fortificata, tipica dell'età medioevale, chiamata anche roccaforte. ~ estens. Fortezza edificata in posizione elevata. ~ Abitazione signorile o reale, composta da dipendenze, giardini, parco, ecc. Il castello di Versailles. ◇ fig. Fare castelli in aria: sognare, fare progetti fantasiosi. **2.** Villaggio posto in posizione dominante e difeso da mura, di cui resta memoria nei toponimi (p.e. Castelvecchio). **3.** TECN. Impalcatura, struttura, che si eleva per una certa altezza o che riunisce, raccorda, parti di meccanismi. ◇ Letto a castello: formato da due brande sovrapposte. – Castello dell'orologio: struttura che racchiude il meccanismo. – Castello di carte: costruzione fatta sovrapponendo carte da gioco; fig. costruzione fragile, che cade alle prime avversità. **4.** STAM. Cavalletto di legno, di metallo, o anche piano inclinato su cui viene appoggiata la cassa dei caratteri. **5.** MAR. Ponte di prua e di poppa che si estende su tutta la larghezza della nave, che copre gli alloggiamenti sottostanti, più alto del ponte di coperta. **6.** Nel biliardo, l'insie-

fiori maschili

fiori femminili

riccio

foglie e fiori ad amento

castagna

■ **castàgno**

me dei birilli che vengono disposti a croce al centro del tavolo in alcuni giochi.

castelperroniàno s.m. (solo sing.) GEOL. Prima facies culturale del paleolitico superiore in Francia, che corrisponde al perigordiano inferiore ed è contemporaneo degli ultimi neandertaliani. (Collocabile fra 35.000 e 30.000 anni fa.) ◆ agg. Relativo a tale facies.

castigamàtti s.m. inv. **1.** Un tempo, bastone usato nei manicomi contro i pazzi. **2.** *fig.* (anche f.) Persona severa.

castigàre v.tr. [4] (lat. *castigàre*, propr. "rendere puro") **1.** Punire qlcu. rigorosamente per educarlo e correggerlo. *Castigare un bambino.* **2.** *fig.* Correggere, censurare, emendare qlco. di scorretto, eccessivo, sconveniente. *Castigare i costumi.*

castigliàno agg. Della Castiglia. ◆ s.m. **1.** [f. *–na*] Abitante, nativo della Castiglia. **2.** LING. (solo sing.) La lingua spagnola. **3.** Moneta aurea dell'antico regno di Castiglia.

castìgo s.m. [pl. *–ghi*] **1.** Punizione che ha lo scopo di liberare da un vizio, di correggere un errore, di ristabilire un ordine. ◊ *Essere, stare, mettere in castigo*: scontare, infliggere una punizione. – *Castigo di Dio*: disgrazia interpretata come segno divino. **2.** *fig. fam.* Persona o cosa inopportuna, noiosa, fastidiosa. SIN.: **impiastro**.

castìna s.f. METALL. Calcare che, aggiunto alla ganga del minerale di ferro negli altiforni, serve a formare la scoria.

casting [/'kaːstɪŋ/] s.m. inv. (voce ingl., deriv. di *to cast* "attribuire le parti agli attori") Selezione degli attori e delle comparse per uno spettacolo. ~ Distribuzione delle parti agli attori.

castità s.f. inv. **1.** Astensione dai piaceri carnali, in partic. per conformarsi a una regola morale. *Vivere in castità.* SIN.: **purezza** ◊ *Voto di castità*: uno dei tre voti pronunciati da religiosi secolari e regolari. **2.** *fig.* Essenzialità, semplicità.

càsto agg. **1.** Che si mantiene puro nel corpo, astenendosi da ogni rapporto sessuale. ~ Che non ha altri rapporti sessuali al di fuori di quelli moralmente leciti. **2.** *estens.* Puro, innocente. ~ Morigerato, virtuoso.

castóne s.m. Parte cava di un anello dove si incassa una pietra o una perla.

castòreo o **castòrio** s.m. [pl. *–rei*, *–rì*] Secrezione odorante ottenuta da alcune ghiandole del castoro, un tempo usata in medicina e in profumeria.

Castòridi s.m. pl. [Iniziale minusc. sing. *–de* per l'individuo] ZOOL. Famiglia di roditori cui appartiene il castoro.

castorino s.m. **1.** Pelliccia di nutria, simile a quella del castoro ma meno folta e alta. **2.** *estens.* Tessuto peloso di lana.

1. castòro s.m. **1.** Mammifero roditore dell'America settentrionale e dell'Europa, con coda appiattita, zampe anteriori prensili e posteriori palmate; costruisce dighe di rami nei corsi d'acqua. (Famiglia dei Castoridi.) **2.** Pelliccia ricavata da questo roditore. **3.** Tessuto morbido, vellutato, di lana cardata, usato per abiti da uomo. ❑ In funzione di agg. inv., del colore marrone scuro lucente, proprio della pelliccia del castoro.

2. castòro s.m. Castoreo.

castrametazióne s.f. MIL. Ant., attività di disposizione e fondazione di un accampamento militare.

castrànte agg. Che reprime, che impedisce il libero manifestarsi della personalità.

castràre v.tr. **1.** Privare un animale o una persona delle ghiandole che consentono il rapporto sessuale e la riproduzione o atrofizzarle nel caso dell'animale, allo scopo di renderlo più docile o per ottenere una carne più morbida. *Castrare un galletto.* ◊ *fig. Castrare le castagne*: inciderne la buccia prima di farle arrostire perché non scoppino. **2.** *fig.* Privare qlcu. di vitalità e di entusiasmo, soffocarne potenzialità e aspirazioni. **3.** *fig.* Censurare uno scritto.

castràto agg. **1.** Che non può accoppiarsi sessualmente né generare. **2.** *fig.* Bloccato, impedito. ◆ s.m. **1.** Agnello castrato. *Carne di castrato.* **2.** Fino all'Ottocento, cantante di sesso maschile la cui voce di falsetto era conseguente alla castrazione subita nell'infanzia.

castratóre s.m. [f. *–trice*] **1.** Chi castra. **2.** *fig.* Chi o ciò che reprime potenzialità, aspirazioni, vitalità.

castrazióne s.f. **1.** Asportazione degli organi genitali. SIN.: **evirazione**. **2.** PSICOL. Inibizione, mutilazione psicologica. ◊ PSICOAN. *Complesso di castrazione*: paura del bambino di essere evirato come punizione paterna per l'amore verso la madre; senso di menomazione provato dalla bambina per la mancanza del pene. **3.** BOT. Distacco degli stami di un fiore o delle gemme di una pianta.

castrènse agg. Relativo a un antico accampamento militare. ~ *estens.* Relativo a militari.

castrismo s.m. Dottrina o pratica politica che si ispira alle idee di Fidel Castro.

castrista agg. [pl.m. *–sti*] Relativo a Fidel Castro, al castrismo. ◆ s.m. e f. Appartenente al movimento rivoluzionario cubano. ~ Sostenitore di F. Castro.

càstro s.m. URBAN. Configurazione urbanistica quadrangolare, derivata da insediamenti militari romani, di varie città storiche italiane.

casual [/'kæʒuəl/] agg. inv. (voce ingl., propr. "casuale") Di abbigliamento sportivo, non formale. ~ agg. inv. Nel sign. dell'agg. *Il casual è sempre di moda.* ❑ In funzione di avv., in modo libero, disinvolto. *Vestire casual.*

1. casuàle agg. Che accade per caso. SIN.: **fortuito**. ~ STAT. Non determinabile precisamente, probabilistico. *Variabili casuali.* ◊ DIR. *Condizione casuale*: quella che si determina indipendentemente dall'azione del soggetto.

2. casuàle agg. Che si riferisce ai casi della declinazione nominale, aggettivale, pronominale.

casualismo s.m. FILOS. Concezione secondo cui l'universo fisico dovrebbe la sua origine al caso.

casualità s.f. inv. Caratteristica di ciò che non è voluto o programmato.

casualménte avv. Per caso, per combinazione, accidentalmente.

Casuariformi s.m. pl. [iniziale minusc. sing. *–me* per l'individuo] ZOOL. Ordine di grandi uccelli non volatori dell'Australia e della Nuova Guinea, con zampe robuste a tre dita e ali poco sviluppate.

Casuarina s.f. BOT. Genere di piante arboree o arbustive, diffuse principalmente nel continente australiano. (Famiglia delle Casuarinacee.)

Casuarinàcee s.f. pl. [iniziale minusc. sing. *–a* per l'individuo] BOT. Famiglia di piante dai caratteri molto primitivi.

casuàrio s.m. [pl. *–rì*] Grande uccello corridore d'Australia e Nuova Guinea, caratterizzato da una protuberanza ossea colorata sulla testa e da zampe a tre dita; è incapace di volare a causa dell'assenza di carena. (Altezza 1,50 m ca.; sottoclasse dei Ratiti; ordine dei Casuariformi.)

càsula s.f. (lat. *càsulam* "mantello") Ampio paramento sacerdotale simile alla pianeta, senza maniche, con la sola apertura necessaria a infilare il capo.

càsus bèlli loc. sost. m. inv. (loc. lat., propr. "occasione di guerra") Atto che determina l'inizio di un conflitto o di un litigio.

catàbasi s.f. inv. (gr. *katábasis*, deriv. di *katabáinein* "andare giù") ANT. GR. Il passaggio dell'anima del defunto al regno sotterraneo del dio Ade.

catabàtico agg. [pl.m. *–ci*, f. *–che*] METEOR. Detto di vento che ha origine da masse d'aria fredda discendenti.

catabolismo s.m. BIOL. Fase del metabolismo in cui si verificano processi di degradazione delle sostanze organiche. (Attraverso il catabolismo, che comprende i processi ossidativi e la liberazione di energia, i composti complessi sono trasformati in rifiuti detti *cataboliti*.)

catabòlito o **catabòlita** s.m. [pl. *–ti*] BIOL. Sostanza di rifiuto prodotta durante il catabolismo.

catàclasi s.f. inv. (gr. *katáklasis* "rottura") GEOL. Processo metamorfico di frantumazione delle rocce.

cataclisma s.m. [pl. *–smi*] (lat. *cataclysmum*, gr. *kataklysmós* deriv. di *kataklýzein* "inondare") **1.** Grande sconvolgimento causato da un fenomeno naturale. SIN.: **disastro**. **2.** *fig.* Cambiamento radicale. SIN.: **sconquasso**.

catacómba s.f. **1.** ARCHEOL. Vasto ambiente sotterraneo che servì ai primi cristiani per sepoltura o per riunirsi segretamente. **2.** *fig.* Locale col soffitto basso e con scarsa aerazione.

catacrèsi s.f. inv. (lat. *catachrèsis*, gr. *katáchrēsis* "abuso") **1.** RET. Metafora necessaria per nominare qlco. che non ha un nome specifico (p.e. la gamba del tavolo). **2.** RET. Uso di una parola in contesti in cui si crea un contrasto con il suo senso normale (p.e. brutta calligrafia).

catadiòttro s.m. FIS. Strumento che, attraverso riflessione e rifrazione, restituisce un fascio di raggi luminosi paralleli a quelli incidenti.

catafàlco s.m. [pl. *–chi*] **1.** Sostegno decorato costituito da un doppio cavalletto su cui si appoggia il feretro in occasione di una cerimonia funebre. **2.** *fig. scherz.* Oggetto ingombrante.

catafàscio Solo nella loc. *a catafascio*, sottosopra.

catafillo s.m. BOT. Squama priva di clorofilla che in una gemma protegge le foglie embrionali.

catàfora s.f. **1.** MED. Stato di letargia che si verifica a intervalli irregolari. **2.** Figura retorica che consiste nel ripetere la parola o le parole finali del verso precedente nei versi successivi (in oppos. all'*anafora*). **3.** LING. Procedimento mediante il quale un'espressione pronominale si riferisce a qlco. che segue.

cataforèsi s.f. inv. **1.** FIS. Separazione di particelle colloidali per azione di un campo elettrico. **2.** MED. → **ionoforesi**.

catafràtta s.f. Armatura completa, per il cavaliere e per il cavallo, costruita con piastre flessibili in metallo, osso, cuoio.

catalàno agg. Della Catalogna. ◆ s.m. **1.** [f. *–na*] Nativo, abitante della Catalogna. **2.** (solo sing.) Lingua parlata in Catalogna.

1. catalèssi s.f. inv. (lat. *katalépsim*, gr. *katálepsis* "attacco") MED. Stato di rallentamento dell'attività organica e di rigidità muscolare osservato nella schizofrenia e nella psicosi. ◊ *fig. Cadere in catalessi*: restare inebetito, incapace di reazioni.

2. catalèssi s.f. inv. (lat. *catalêxim*, gr. *katáleksis* deriv. di *katalégein* "finire") Nella metrica classica, soppressione di una o più sillabe nell'ultimo piede di un verso.

catalessia s.f. MED. Catalessi.

1. catalèttico agg. [pl.m. *–ci*, f. *–che*] MED. Caratteristico della catalessi.

2. catalèttico agg. [pl.m. *–ci*, f. *–che*] Nella metrica classica, riferito a verso mancante di una o più sillabe dell'ultimo piede.

catàlisi s.f. inv. (gr. *katálysis* "scioglimento") CHIM. Variazione della velocità di una reazione chimica in rapporto alla presenza di una sostanza (*catalizzatore*) che rimane inalterata alla fine

■ **castòro** americano.

■ **casuàrio**

della reazione. (La catalisi abbassa il livello di energia che i reagenti devono superare.)

catalìtico agg. [pl.m. –ci, f. –che] Dotato di catalizzazione.

catalizzàre v.tr. **1.** CHIM. Dotare qlco., specie un autoveicolo, del dispositivo di catalizzazione. **2.** fig. Promuovere, accelerare un processo, uno sviluppo. ~ Concentrare sulla propria persona. *Catalizzare l'attenzione di tutti.*

catalizzàto agg. Di autoveicolo provvisto di marmitta catalitica.

catalizzatóre s.m. **1.** CHIM. Sostanza che provoca un fenomeno di catalisi. **2.** fig. Elemento che, con la sua presenza o il suo intervento, favorisce lo sviluppo di un processo o la sua manifestazione. *Catalizzatore dell'opinione pubblica.* **3.** AUTOM. Dispositivo per il disinquinamento dei gas di scarico degli autoveicoli. □ Anche in funzione di agg., nei sign. del s. *Elementi catalizzatori.*

catalogàre v.tr. [4] **1.** Registrare, ordinare qlco. secondo un certo ordine. **2.** estens. Enumerare, elencare qlco. in modo ordinato. *Catalogare i pregi di un'opera.*

catalogazióne s.f. Elencazione ordinata di qlco. ~ Immissione in un catalogo.

catalógna s.f. (da *Catalogna*, nome della regione spagn. da cui proviene) **1.** region. Varietà di cicoria con foglie lunghe, frastagliate, di sapore amarognolo. **2.** Coperta di lana pesante.

catàlogo s.m. [pl. –ghi] (lat. *catàlogum*, gr. *katálogos* deriv. di *katalégein* "passare in rassegna") **1.** Elenco sistematico di oggetti omogenei, spesso con indicazioni relative a essi. ~ estens. Volume, opuscolo contenente tale elenco. *Consultare il catalogo della biblioteca.* ◇ *Catalogo per autori, per soggetti:* rispettivamente, con schede ordinate secondo il nome degli autori o secondo l'argomento trattato. – ASTR. *Catalogo stellare:* elenco di stelle e costellazioni con i dati caratteristici e le coordinate. **2.** fig. Enumerazione, rassegna di qlco. *Il catalogo dei miei difetti.*

Catàlpa s.f. (spagn. *catalpa* da una voce sioux) BOT. Genere di piante arboree con foglie molto larghe, fiori bianchi in grosse pannocchie, frutti a capsula cilindrica e pendente, diffuse nel continente asiatico e americano, dove vengono coltivate come alberi da ombra o per le proprietà medicinali delle radici. (Altezza 15 m; famiglia delle Bignoniacee.)

catamaràno s.m. Imbarcazione a vela, a motore o a propulsione mista, che presenta due scafi collegati con un ponte nel quale si trovano alloggiamenti e organi di guida.

catanése agg. Di Catania. ◆ s.m. **1.** (anche f.) Nativo, abitante di Catania. **2.** (iniziale maiusc., solo sing.) Territorio intorno a Catania.

■ **catamaràno.** Lo Charente-Maritime I (lunghezza: 25,90 m; larghezza: 13,20 m; dislocamento: 9,9 t).

catanzarése agg. Di Catanzaro. ◆ s.m. **1.** (anche f.) Nativo, abitante di Catanzaro. **2.** (iniziale maiusc., solo sing.) Territorio intorno a Catanzaro.

catapàno s.m. (lat. *catapànum*, gr. *katapános* "chi sta più in alto") ST. Nell'impero bizantino, governatore di provincia; nell'Italia meridionale normanna, funzionario con poteri amministrativi e giudiziari.

catapécchia s.f. Casa misera, fatiscente. SIN.: baracca.

cataplàsma s.m. [pl. –mi] **1.** MED. Preparato dalla consistenza di una poltiglia ottenuta con sostanze vegetali cotte, che un tempo veniva avvolta in garze e posata su una parte del corpo a scopo curativo. **2.** fig. scherz. Persona pesante, noiosa, spec. perché enumera sempre i propri malanni, veri o presunti.

cataplessìa s.f. MED. Momentanea incapacità di compiere movimenti pur rimanendo coscienti.

catapùlta s.f. **1.** Antica macchina da guerra montata su un carrello mobile, utilizzata per lanciare pietre attraverso un organo di lancio simile a un cucchiaio. **2.** AER. Sistema di propulsione installato sulle portaerei, che imprime a un aereo la velocità necessaria al decollo ovviando alla brevità della pista.

catapultàre v.tr. **1.** Lanciare qlco. con una catapulta. **2.** estens. Spostare con violenza qlcu. o qlco. da qualche parte. SIN.: scaraventare. **3.** fam. Far entrare improvvisamente qlcu. in un posto o in una situazione. ◆ **catapultarsi** v.pron. Spingersi con forza, lanciarsi velocemente fuori da un luogo o verso un luogo. *Si catapultò in strada.*

catarìa s.f. *Erba gatta.

catarifrangènte s.m. Dispositivo ottico a catadiottri che permette di riflettere i raggi luminosi verso la loro fonte d'emissione, utilizzato nella segnaletica stradale e nei veicoli per evidenziare la presenza di ostacoli. ◆ agg. Che rinvia nella stessa direzione il fascio di raggi luminosi da cui è colpito. *Segnale catarifrangente.*

catarifrangènza s.f. FIS. Fenomeno per cui un fascio di raggi luminosi che colpisce una superficie speculare passando attraverso una lente prismatica subisce un fenomeno di riflessione a opera della superficie stessa e di rifrazione a opera della lente. ~ Proprietà del catadiottro.

catarìsmo s.m. Eresia che si diffuse in Europa nei secc. XI-XIII e che affermava la coesistenza dei principi metafisici del bene e del male e la necessità dell'ascetismo per vincere quest'ultimo.
ENCICL. Il catarismo o *eresia catara* si sviluppa in Occidente nel sec. XII, diffondendosi negli anni successivi soprattutto in Francia sotto varie denominazioni. Rifacendosi al dualismo manicheo, i catari concepivano la realtà come eterna opposizione fra il bene e il male, quest'ultimo identificato con l'essenza del mondo, da cui l'uomo deve allontanarsi per ricongiungersi a Dio. Essi condannavano radicalmente tutto ciò che è carnale e terreno e conducevano una vita austera e casta, propugnando un ritorno alla purezza originaria del Cristianesimo. Avversata dalla Chiesa, la setta dei catari fu vittima della crociata contro gli albigesi che portò, fra il 1209 e il 1244, al suo dissolvimento.

càtaro s.m. [f. –ra] Nel Medioevo, seguace del catarismo. ◆ agg. Inerente al catarismo, proprio dei catari. *Eresia catara.*

Catarrìne s.f. pl. [iniziale minusc. sing. –na per l'individuo] ZOOL. Gruppo di scimmie asiatiche e africane con setto nasale stretto e coda stretta, di cui fanno parte il babbuino e l'orango. (Sottordine dei Primati.)

catàrro s.m. (lat. *catàrrhum*, gr. *katárrhous* deriv. di *katarrhêin* "scorrere in giù") MED. Secrezione vischiosa trasparente, biancastra o giallastra, delle mucose infiammate.

catàrsi s.f. inv. **1.** ANT. GR. Purificazione dell'animo o del corpo per mezzo di pratiche religiose o terapeutiche. ~ Secondo Aristotele, purificazione che avviene negli spettatori per mezzo di una rappresentazione tragica. **2.** estens. Liberazione dagli aspetti negativi della realtà grazie all'opera d'arte. ~ Radicale rinnovamento di qlcu. o qlco. *Catarsi politica.* **3.** PSICOAN. Liberazione da conflitti interiori, ottenuta rievocando i traumi che li hanno prodotti.

Catàrtidi s.m. pl. [iniziale minusc. sing. –de per l'individuo] ZOOL. Famiglia di avvoltoi, rapaci, diurni, che si cibano di carogne, che vivono nell'America Meridionale; vi appartiene il condor.

catàsta s.f. (lat. *catàstam* "palco degli schiavi", gr. *katástasis* "collocazione") **1.** Cumulo di legna ammucchiata con ordine. **2.** estens. Grande quantità di oggetti ammucchiati. SIN.: mucchio.

catastàle agg. Del catasto.

catàsto s.m. (gr. *katástikhon* "registro") Archivio dei documenti relativi alle proprietà immobiliari di un comune o di una provincia, con l'indicazione dei proprietari. ~ Ufficio preposto alla catalogazione e conservazione di tali documenti. *Catasto dei terreni.*

catàstrofe s.f. (lat. *catàstrophem*, gr. *katastrophḗ* "rivolgimento") **1.** Evento improvviso, disastroso e sconvolgente. *Catastrofe naturale.* SIN.: sciagura. ◇ MAT. *Teoria delle catastrofi:* descrizione matematica di fenomeni naturali, che tiene conto di particolari discontinuità che si presentano nell'evoluzione di un sistema. **2.** TEAT. Nel teatro greco classico, momento decisivo dell'azione drammatica che conduce alla fine della vicenda. ~ estens. Parte conclusiva della rappresentazione.

foglie e fiori raggruppati in pannocchie

frutti

■ **Catàlpa**

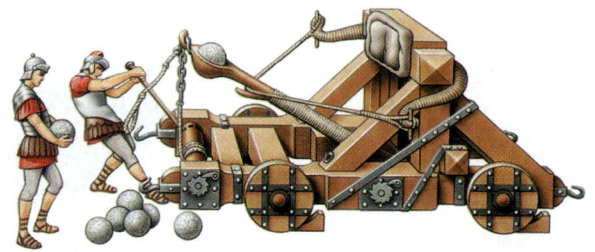

■ **catapùlta** romana.

catastròfico agg. [pl.m. –ci, f. –che] **1.** Che ha il carattere di una catastrofe. SIN.: **rovinoso. 2.** estens. Che ipotizza il peggio. ~ Anche, pessimo, disastroso. L'esito dell'affare è stato catastrofico. **3.** CINE. Cinema catastrofico: sottogenere del cinema fantastico basato sulla messa in scena di disastri o calamità naturali.

catastrofismo s.m. **1.** Teoria che attribuisce alle catastrofi naturali la causa delle modificazioni geologiche e biologiche della Terra. **2.** estens. Esagerato pessimismo.

catatonìa s.f. (ted. Katatonie, voce coniata nel 1874 sul modello del gr. katátonos "che tende in giù") PSICH. Stato patologico caratterizzato o da totale mancanza di attività motoria o, al contrario, da iperattività incontrollata.

cat-boat [/'kæt,bəʊt/] s.m. inv. (voce ingl.) Veliero dotato di un solo albero e di un'unica vela.

catch [/'kætʃ/] s.m. inv. (voce ingl., deriv. di catch as catch you can "prendi come puoi") Lotta libera, molto spettacolare, che ammette quasi tutte le prese e può svolgersi anche su terreni fangosi o in acqua.

catcher [/'kætʃə/] s.m. inv. (voce ingl., propr. "chi prende") SPORT. Nel baseball, ricevitore.

catechèsi s.f. inv. (lat. catechèsin, gr. katèkhēsis deriv. di katékhein "istruire oralmente") CRIST. Istruzione religiosa.

catechismo s.m. **1.** Insegnamento della fede e della morale cristiana in forma riassunta e semplificata, spec. a uso dei bambini. ~ Libro che contiene tale insegnamento. ~ estens. Lezione di catechismo. **2.** estens. Compendio dei principi fondamentali di una dottrina, di una religione, ecc.
ENCICL. In seguito al successo dei catechismi protestanti, nel 1566 la Chiesa cattolica decise di pubblicare il Catechismus ad parochos, un libretto riservato al clero e approvato da Pio V, stilato secondo le direttive emanate durante il Concilio di Trento. Questo catechismo fu subito tradotto nelle varie lingue e se ne fecero compendi a uso dei ragazzi. Molti altri catechismi (diocesani, regionali o nazionali) sono stati diffusi successivamente, ma soltanto nel 1998 è apparsa la versione ufficiale del nuovo catechismo destinato a tutta la Chiesa.

catechista s.m. e f. [pl.m. –sti] Insegnante di catechismo.

catecolammina s.f. BIOCHIM. Denominazione di alcune ammine (p.e. adrenalina, noradrenalina, dopamina).

catecù s.m. inv. Albero dal cui legno si ricava un'omonima sostanza scura e amara usata in tintoria, nell'industria conciaria, in farmacologia. (Famiglia delle Leguminose.) SIN.: **cacciù**.

catecùmeno s.m. [f. –na] CRIST. Persona che viene preparata a ricevere il battesimo.

categorìa s.f. (gr. katēgoría "predicato") **1.** Insieme di persone o cose raggruppate in base a caratteristiche comuni. ~ Insieme di lavoratori che svolgono la stessa professione. La categoria dei medici. ◇ Categorie grammaticali: classi in cui si ripartiscono le parti del discorso, secondo le loro proprietà costitutive. **2.** FILOS. Secondo Aristotele, ciascuno dei modi, cioè dei concetti più generali sotto i quali può essere compresa la realtà, e dei tipi di predicato con cui si esprime ciò che si è colto dell'essere. ~ Nel pensiero di Kant, concetto puro a priori, modo in cui l'intelletto unifica le intuizioni empiriche formando giudizi universali e necessari. **3.** SPORT. Classe di atleti o di mezzi meccanici definita sulla base di caratteristiche oggettive (età, peso, potenza, ecc.). **4.** MAT. Struttura algebrica riguardante le proprietà generali delle famiglie di morfismi tra coppie di spazi dello stesso tipo.

categòrico agg. [pl.m. –ci, f. –che] **1.** Che afferma, sostiene qlco. e non ammette repliche o dubbi. Ordine categorico. SIN.: **perentorio. 2.** FILOS. Che non comporta né condizioni né alternative. **3.** Relativo a una particolare categoria di persone o di cose.

caténa s.f. **1.** Serie di anelli metallici, di misura variabile, agganciati l'uno all'altro. Catena dell'ancora. ◇ Catena della bicicletta: catena chiusa ad anello, che trasmette il movimento dei pedali alla ruota posteriore. – Catene da neve: catene con le quali si circondano le ruote degli autoveicoli perché facciano presa sulla neve.

2. fig. Vincolo, legame. ~ Oppressione, schiavitù. Un popolo in catene. **3.** Seguito continuo, serie, successione di oggetti, persone, eventi. ◇ Fare la catena: si dice di persone in fila che si passano qlco. di mano in mano. – Catena montuosa: montagne collegate tra loro, con caratteri comuni e disposte lungo una direzione principale. – ECOL. Catena alimentare: relazione nutrizionale tra gli esseri viventi di uno stesso ecosistema, dove ogni specie si nutre di un'altra (vegetale, erbivora o carnivora). – Reazione a catena: reazione chimica o nucleare che, inizialmente, produce gli elementi o l'energia necessari alla sua continuazione; fig. seguito di fenomeni che hanno inizio da reazioni reciproche. – Catena di montaggio: nelle produzioni in serie, montaggio eseguito da vari operai disposti lungo una linea lungo la quale trasporta l'oggetto da montare; estens. ripetitività di gesti e situazioni. – LING. Catena parlata: sequenza di unità linguistiche che tale da formare un enunciato. – Catena del freddo (o frigorifera): disposizione di impianti refrigeranti fissi o su autoveicoli tale da consentire a un prodotto di rimanere alla stessa bassa temperatura dal momento della surgelazione o congelamento a quello del consumo. – Catena di sant'Antonio: serie di lettere anonime, a carattere superstizioso, in cui si invitano i destinatari a continuare l'invio per non incorrere in eventi spiacevoli o sfavorevoli e per propiziarsi fortuna e ricchezza. **4.** Serie di aziende, esercizi e sim. che fanno parte di una stessa proprietà. Una catena di negozi. **5.** CHIM. ORG. Successione di atomi o di gruppi di atomi in una molecola legati tra loro da valenze; in partic., quella degli atomi di carbonio nei composti organici. **6.** COSTR. Trave orizzontale sulla quale si scaricano le spinte laterali esercitate da strutture di copertura quali capriate, volte, archi. **7.** INFORM. Catena di programmazione: complesso degli strumenti di software che assistono il programmatore nelle fasi di produzione di un programma. **8.** MUS. Rinforzo di legno duro applicato alla cassa armonica negli strumenti ad arco e in altri strumenti musicali.

catenàccio s.m. [pl. –ci] **1.** Sbarra metallica che scorrendo tra due guide fissate ai battenti della porta ne rinforza la chiusura. Mettere il catenaccio. SIN.: **chiavistello**. ~ estens. Parte mobile della serratura. **2.** fig. Veicolo vecchio, in pessimo stato. **3.** SPORT. Nel calcio, schema difensivo attuato dai giocatori della squadra. **4.** Nel l. gior., parte di presentazione di un articolo successivo all'occhiello, al titolo e al sommario. ❏ In funzione di agg. inv., che impedisce qlco. ◇ Decreto catenaccio: decreto fiscale emanato in modo da evitare eventuali evasioni dovute a una sua diffusione anticipata.

catenària s.f. **1.** GEOM. Curva risultante dall'azione della forza di gravità su un filo omogeneo sospeso ai due estremi. ~ Grafico del coseno iperbolico. **2.** FERR. Sistema di sospensione del filo d'alimentazione di energia elettrica delle locomotive o dei tram; è detta anche sospensione a catenaria.

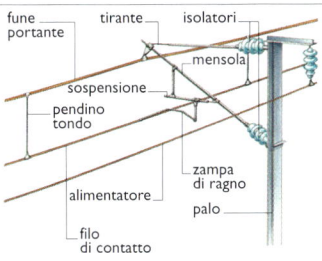

■ sospensione a **catenària**.

catenèlla s.f. **1.** Sottile catena di metallo prezioso usata come monile o per l'orologio da tasca. SIN.: **catenina. 2.** Cucitura della scarpa vicino al tacco. ❏ In funzione di agg. inv., nella loc. punto catenella, nel ricamo, punto che forma una serie di anellini.

catenina s.f. Nel sign. del dim. di catena; in partic., sottile collana d'oro da portare al collo.

cateràtta o **cataràtta** s.f. **1.** Saracinesca per regolare la portata d'acqua in un canale. SIN.: **chiusa. 2.** (spec. pl.) Serie di salti d'acqua lungo il corso di un fiume dovute alle variazioni di pendenza del letto. **3.** MED. Opacità del cristallino che causa una riduzione della vista. **4.** Inferriata abbassabile e alzabile che chiudeva gli ingressi di castelli, fortezze, città.

caterinétta s.f. (fr. chaterinette, dal nome di santa Caterina d'Alessandria patrona delle nubili) Ragazza apprendista di sartoria, giovane modista.

catering [/'keitəriŋ/] s.m. inv. (voce ingl., deriv. di to cater "approvvigionare") Rifornimento di prodotti alimentari a comunità, compagnie aeree, ecc. ~ Organizzazione del servizio di ristorazione in case private.

caterpillar [/'kɔtə,pilə/] s.m. inv. (voce ingl., propr. "bruco") Nome commerciale di un tipo di veicolo cingolato usato in lavori stradali ed edili.

catèrva s.f. **1.** Grande quantità di cose o di persone. **2.** In epoca romana, unità militare formata da barbari.

catetère s.m. (fr. cathetér, gr. kathetér deriv. di kathiénai "mandare giù") MED. Sonda cava che, per via naturale o artificiale, viene introdotta in una cavità, per drenare o immettere liquidi oppure per effettuare diagnosi. ~ In partic., sonda che si introduce nell'uretra per favorire l'emissione dell'urina.

cateterismo s.m. (fr. cathétérisme) MED. Introduzione di un catetere in un condotto naturale.

catèto s.m. (fr. cathète) GEOM. In un triangolo rettangolo, ciascuno dei due lati adiacenti all'angolo retto.

catetòmetro s.m. TOPOGR. Strumento che serve a misurare la distanza in verticale tra due punti.

catgut [/'kætgʌt/] s.m. inv. (voce ingl., comp. di cat "gatto" e gut "budello") CHIR. Filo chirurgico utilizzato per le suture interne, riassorbibile perché di natura organica.

catinèlla s.f. **1.** Nel sign. del dim. di catino. **2.** Quantità di liquido contenuta in una catinella.

catino s.m. **1.** Recipiente largo e poco profondo, general. trasportabile, destinato a diversi impieghi domestici o industriali. **2.** Quantità di liquido in esso contenuta. SIN.: **conca. 3.** GEOGR. Pianura circondata da monti. **4.** ARCH. Mezza calotta che copre absidi e nicchie semicircolari. Catino absidale. ~ Ogni struttura architettonica che per la forma ricorda una conca. Catino del velodromo.

catióne s.m. (gr. katión "che scende", voce introdotta da M. Faraday nel 1834) FIS. Ione con carica elettrica positiva.

catoblèpa s.m. [pl. –pi] Secondo la mitologia classica, rettile di vario aspetto con la testa sempre pendente verso terra.

catòdico agg. [pl.m. –ci, f. –che] FIS. Relativo a un catodo. ◇ Raggi catodici: radiazioni costituite da un fascio di cariche elettroniche che vanno dal catodo all'anodo in un tubo a gas rarefatto, detto tubo catodico. – Tubo catodico: tubo a gas rarefatto, usato spec. nei televisori, nel quale i raggi catodici sono diretti contro una superficie al fosforo (schermo catodico), di cui eccitano la fluorescenza producendo un'immagine visibile.

càtodo s.m. (gr. káthodos "discesa"; voce introdotta da M. Faraday nel 1834) FIS. Elettrodo negativo di pile, accumulatori, valvole elettroniche, ecc. (in oppos. all'anodo).

catodoluminescènza s.f. FIS. Fenomeno particolare di elettroluminescenza che si manifesta in alcune sostanze solide investite da raggi catodici.

catòrcio s.m. [pl. –ci] fam. Veicolo o strumento in cattivo stato.

catòttrica o **catòptrica** s.f. [pl. –che] Parte dell'ottica che si occupa della riflessione della luce.

catòttrico o **catòptrico** agg. [pl.m. –ci, f. –che] Che è basato sulla riflessione della luce. ~ Che sfrutta solamente tale fenomeno.

catramàre v.tr. Coprire, rivestire, impregnare qlco. di catrame.

catramatrìce s.f. Macchina che stende il catrame durante le asfaltature stradali.

catramatùra s.f. Stesura del catrame. ~ Lo strato stesso.
catràme s.m. (ar. *qaṭrān*) Sostanza scura e viscosa ottenuta dalla distillazione a secco di materiale organico. (Numerosi sono i derivati del *catrame di carbon fossile*: il benzene, il toluene, lo xilene, il fenolo, il naftalene, il cresolo, l'antracene, la pece; il *catrame vegetale*, ottenuto dal legno, contiene del naftalene e della paraffina.)
catramóso agg. Contenente catrame. ~ Di aspetto, densità simile al catrame.
càttedra s.f. **1.** Scrivania dell'insegnante. ◇ *fig. Parlare dalla cattedra:* parlare autorevolmente. **2.** *estens.* Carica di insegnante di ruolo in scuole secondarie o all'università. ~ Materia insegnata di cui è titolare un docente. *Ha ottenuto una cattedra di poesia americana.* **3.** Sedile di legno con alta spalliera e braccioli massicci, utilizzata nel Medioevo e nel Rinascimento. ~ CRIST. Sedia dei vescovi o del Papa durante le funzioni religiose.
cattedràle agg. (lat. *ecclésiam cathedràlem* "chiesa dove è la cattedra") Che è sede di cattedra vescovile. ~ Di, relativo a sede vescovile. ◆ s.f. Chiesa di una diocesi che è sede di cattedra vescovile e in cui il vescovo celebra le funzioni liturgiche. ~ *estens.* Duomo. ◇ *fig. Cattedrale nel deserto:* edificio, opera pubblica, impianto industriale di grande impegno finanziario inutile o rimasto inutilizzato per motivi diversi.
cattedràtico agg. [pl.m. *-ci*, f. *-che*] **1.** Di chi occupa una cattedra all'università. **2.** *pegg.* Saccente, pedante. ◆ s.m. [f. *-ca*] Titolare di una cattedra universitaria.
cattivèria s.f. **1.** Inclinazione, attitudine a offendere, a compiere del male. *Agire con cattiveria.* ~ Prepotenza. **2.** Comportamento riprovevole, doloroso o dannoso per gli altri. *È stata una vera cattiveria.*
cattività s.f. inv. **1.** Stato dell'animale catturato dall'uomo e obbligato a vivere fuori dal proprio habitat, in gabbie o recinti. **2.** LETT. Condizione di una persona detenuta in prigione, campi, ecc. *La lunga cattività lo ha esaurito.*
cattìvo agg. (lat. *captìvum* "prigioniero", deriv. di *captìvus diàboli* "prigioniero del diavolo" perciò "malvagio") **1.** Che si discosta dalla norma morale e sociale, che la disattende (in oppos. a *buono*). *Commettere una cattiva azione.* ◇ *Mettersi sulla cattiva strada:* avviarsi al male. – *Cattivo carattere:* scontroso, irascibile. – *Cattivo umore:* malumore. **2.** Che manca di talento, incapace. *Cattivo attore.* ~ Inidoneo a uno scopo. ◇ *Cattivo gusto:* mancanza di sensibilità estetica. **3.** Che non è di buona qualità, che presenta difetti. *Cattiva stoffa.* ~ Scorretto. *Parlare un cattivo inglese.* **4.** Sgradevole, sfavorevole, avverso. *Cattiva annata.* ◇ *Un male cattivo:* incurabile; *per anton. eufem.* tumore *maligno. – *Essere in cattivo stato:* detto di cosa, essere malridotto; detto di persona, non stare bene. ◆ s.m. [f. *-va* nelle accez. 1, 2; solo sing. nelle accez. 3 e 4] **1.** Persona che gode nel fare del male. ◇ *Far la parte del cattivo:* impersonare tale ruolo scenico; *fig.* sembrare tale agli occhi degli altri. **2.** Persona ribelle e disubbidiente. **3.** Negatività, aspetto deteriore di qlcu. o di qlco. **4.** Sapore disgustoso.
Cattlèya s.f. BOT. Genere di piante tipiche delle zone tropicali americane, molto ricercate per la bellezza dei fiori. (Famiglia delle Orchidacee.)
cattolicésimo s.m. **1.** Cristianesimo, nell'interpretazione e nella pratica liturgica della Chiesa di Roma. ~ L'insieme dei credenti. ◇ *Cattolicesimo liberale:* corrente culturale e politica che, dopo il 1830, ha cercato di conciliare la religione cattolica con il liberalismo. **2.** Adesione individuale alla dottrina cattolica.
ENCICL. Il cattolicesimo si basa sulle Scritture, sulla tradizione e sulla Chiesa; quest'ultima è considerata come depositaria e sola interprete delle verità della fede e delle norme morali. Questa unità dottrinale è parallela all'unità ecclesiale al centro della quale vi è il Papa, vescovo di Roma e successore dell'apostolo Pietro. La fede è sostenuta dai sette *sacramenti riconosciuti dalla Chiesa cattolica*.
cattolicità s.f. inv. **1.** Carattere spiritualmente universale del cristianesimo e della Chiesa. **2.** L'insieme dei cattolici. **3.** Conformità alla dottrina della Chiesa cattolica. ~ Sentimento religioso del cattolico.
cattòlico agg. [pl.m. *-ci*, f. *-che*] (lat. *catholicum*, gr. *katholikós* "universale") **1.** Universale, attributo della Chiesa cristiana di Roma il cui magistero ha come scopo la riunificazione in Cristo di tutto il genere umano. **2.** Relativo al cattolicesimo. ◆ s.m. [f. *-ca*] Chi professa la religione cattolica.
cattùra s.f. **1.** Imprigionamento di una persona o di un animale. ◇ DIR. *Mandato di cattura:* provvedimento di carcerazione emesso dal giudice istruttore o dal pretore. – *Ordine di cattura:* identico provvedimento emesso dal pubblico ministero. **2.** IDROL. Deviazione del letto di un corso d'acqua da parte di un fiume che vi scorre nelle vicinanze. **3.** ASTR. Attrazione gravitazionale esercitata da un astro nei confronti di uno di massa minore che diviene suo satellite.
catturàre v.tr. **1.** Prendere una persona o un animale contro la sua volontà, privandolo della libertà. *Catturare i nemici.* **2.** GEOGR. Riferito a un corso d'acqua, ampliare il proprio bacino convogliando le acque di un bacino contiguo.
caucàsico agg. [pl.m. *-ci*, f. *-che*] Del Caucaso, catena montuosa della Caucasia, regione dell'Asia occidentale. ◆ s.m. [f. *-ca*] Appartenente a una popolazione autoctona del Caucaso.
caucciù s.m. inv. (fr. *caoutchouc*, caraibico *cahuchu*) CHIM. Sostanza elastica e resistente che si ottiene dalla coagulazione del lattice di piante tropicali, in partic. dalle diverse specie di *Hevea*, lavorata industrialmente con processi di vulcanizzazione. [L'industria dei pneumatici è oggi la principale utilizzatrice di caucciù naturale insieme alle industrie di colle, materiale elettrico (isolanti), calzature, costruzioni (smorzatori di vibrazioni e rumori) e all'industria farmaceutica (preservativi), tessile e dei giocattoli.]
caucus [/'kɔːkəs/] s.m. [pl. *caucuses*] (voce ingl. d'America, forse di orig. algonchina) In Canada e negli Stati Uniti, riunione a porte chiuse dei dirigenti di un partito politico.
caudàle agg. Della coda, relativo a essa. ◇ *Pinna caudale:* pinna posta all'estremità della coda dei cetacei, dei pesci e dei crostacei nuotatori, come i gamberetti.
caudatàrio s.m. [pl. *-ri*] Colui che, durante le cerimonie, sorreggeva lo strascico del papa, di un prelato o di un re.
Caudàti s.m. pl. [iniziale minusc. sing. *-to* per l'individuo] ZOOL. → **Urodeli**.
caudàto agg. **1.** Dotato di coda. ◇ *Stella caudata:* cometa. **2.** Che appartiene all'ordine dei Caudati. ◆ s.m. Anfibio dell'ordine dei Caudati.
caudillo [/kau'diʎo/] s.m. [pl. *caudillos*] (voce spagn. propr. "piccolo capo") **1.** In Spagna e America Latina, titolo di generali divenuti dittatori (sec. XIX). **2.** Titolo attribuito al generale Franco a partire dal 1936.
càule s.m. BOT. Parte della pianta che collega le radici alle foglie.
Caulèrpa s.f. BOT. Genere di alghe verdi originarie dei mari tropicali, che abbondano anche in alcune zone del Mediterraneo. (Nome sc. *Caulerpa taxifolia*; classe delle Cloroficee.)
càuri s.m. inv. (hindi *kaurī*) Conchiglia delle Cipreidi che era usata come moneta di scambio in India e nell'Africa nera.
càusa s.f. **1.** Ciò che produce un effetto, che determina un fenomeno, che origina qlco. ◇ *Giusta causa:* fondata su ragioni moralmente valide o su ciò che è bene. – GRAMM. *Complemento di causa:* quello che indica la causa per cui avviene, si fa o si dice qlco. – *Complemento di causa efficiente:* quello che in frasi passive indica da che cosa è stato determinato un evento. **2.** FILOS. Ciò che determina l'esistenza di qlco., che è a fondamento dell'essere e lo rende conoscibile. ◇ *Causa materiale, formale, efficiente, finale:* nel pensiero di Aristotele, rispettivamente, materia di cui una cosa è fatta, forma o struttura che possiede, sua origine, scopo per cui è stata fatta. – *Causa prima:* nel pensiero cristiano, Dio in quanto non creato. – *locc. prep. A causa di:* in conseguenza, a motivo di. – *Per causa di:* per colpa di qlcu. **3.** Azione giuridica, procedimento, processo. *Intentare una causa.* ◇ *Essere in causa con qlcu.:* avere un contenzioso con qlcu. davanti al giudice. – DIR. *Avente, dante causa:* chi acquista o trasferisce un diritto. – *figg. Essere fuori causa:* estraneo, non coinvolto. – *Dare causa vinta a qlcu.:* riconoscersi sconfitto. **4.** Ideale, scopo per cui si vive, per cui si fa qlco. *La causa della libertà, dell'uguaglianza.* ❑ In funzione di prep., spec. nel l. bur., a motivo di. *Causa malattia.*
causàle agg. Riguardante una causa. ◇ GRAMM. *Proposizione o frase causale:* subordinata che indica la causa per cui accade oppure si fa o si dice ciò che è descritto nella reggente. – *Congiunzione causale:* quella che introduce una frase causale (poiché, perché, siccome, ecc.). ◆ s.f. **1.** Nel l. bur., motivo per cui si effettua un versamento di danaro. ◇ *Spazio per la causale:* parte che sul retro dei bollettini di conto corrente postale è riservata all'indicazione del motivo del versamento. **2.** GRAMM. Proposizione causale.
causalgìa s.f. MED. Dolore bruciante, potenziato da influenze atmosferiche o psichiche e accompagnato talvolta da rossore lucente e da sudorazione localizzata, general. osservabile in concomitanza di una lesione a carico dei nervi.
causalità s.f. inv. Relazione di causa ed effetto. ◇ FILOS. *Principio di causalità:* postulato secondo cui vi è un rapporto necessario tra l'effetto e la causa.
causàre v.tr. Essere la causa di qlco., originare, produrre. *Causare dispiacere.*
causatìvo agg. LING. *Verbo causativo:* verbo che esprime l'idea di far compiere un'azione o di causare un processo in persona o cosa diversa dal soggetto della frase.
causeuse [/ko'zøz/] s.f. [pl. *causeuses*] (voce fr., deriv. di *causer* "conversare") Piccolo divano a due posti. SIN.: **amorino**.
causse [/kɔs/] s.m. inv. (voce fr.) Altopiano calcareo intagliato da valli profonde e con forme di rilievo carsico, presente nelle regioni temperate.
càustica s.f. [pl. *-che*] OTT. Superficie tangente ai raggi luminosi provenienti da uno stesso punto dopo aver attraversato uno strumento ottico non stigmatico.
causticità s.f. inv. **1.** Potere corrosivo di varie sostanze. **2.** *fig.* Tono graffiante, sarcastico. *La causticità di una satira.*
càustico agg. [pl.m. *-ci*, f. *-che*] (lat. *cāusticum*, gr. *kaustikós* deriv. di *káiein* "bruciare") **1.** Detto di sostanza che altera fortemente i tessuti dell'organismo. (p.e. la soda e la potassa.) **2.** Mordace, graffiante, salace, detto di persona, tono o atteggiamento. *Una prosa caustica.*
cautèla s.f. **1.** Prudenza, circospezione. ~ Precauzione, riguardo. **2.** DIR. Clausola apposta a un atto giuridico allo scopo di prevenirne l'impugnazione o l'inadempimento.
1. cautelàre agg. **1.** Che protegge da un eventuale danno. *Decreto cautelare.* **2.** DIR. Di ciò che conserva uno stato di fatto o un diritto in attesa di una decisione del tribunale. *Misura cautelare.*
2. cautelàre v.tr. Proteggere qlcu. o qlco. prevenendo possibili danni. ◆ **cautelarsi** v.pron. Difendersi, premunirsi da qlco.
cautelatìvo agg. Volto a garantire o a prevenire qlco.
cautèrio s.m. [pl. *-ri*] MED. Strumento con cui si brucia un tessuto organico a scopo terapeutico.
cauterizzàre v.tr. MED. Bruciare con un cauterio.
cauterizzazióne s.f. MED. Distruzione terapeutica di un tessuto organico con il calore o con sostanze caustiche.
càuto agg. **1.** Che agisce, si muove con cautela. SIN.: **prudente**. **2.** Che denota cautela, prudenza, diffidenza. *Un cauto riserbo.* SIN.: **accorto**.
cauzióne s.f. DIR. Somma di denaro versata da un soggetto a garanzia del compimento di un obbligo.
càva s.f. **1.** Luogo di scavo di materiali per l'edilizia. *Cava di marmo.* **2.** *fig.* Grande quantità, abbondanza. *Possiede una cava di denari.*
cavachiòdi s.m. inv. Attrezzo metallico piatto e dentato che serve per estrarre chiodi.

cavalcàre v.intr. [4] (aus. *avere*) Andare a cavallo. ◆ v.tr. **1.** Montare un cavallo o un altro animale. ~ *estens.* Stare a cavalcioni su qlco. **2.** Detto di ponti, viadotti, ecc., passare al di sopra di qlco. **3.** *fig.* Seguire o sostenere determinate tendenze, azioni, idee, ecc., perlopiù allo scopo di trarne qualche vantaggio. *Cavalcare le mode.*

cavalcàta s.f. **1.** Giro a cavallo. **2.** *fig.* Excursus. *Una cavalcata attraverso i secoli.* **3.** Corteo storico.

cavalcatùra s.f. Animale che si cavalca.

cavalcavia s.m. inv. Ponte sopra una strada.

cavalcióni avv. (fr. *chevaucions*) **1.** Spec. nella loc. *a cavalcioni*, a gambe divaricate, come seduti a cavallo. **2.** Nella ginnastica, modalità di appoggio a gambe divaricate.

cavalière s.m. **1.** Persona a cavallo. **2.** Nel Medioevo, chi apparteneva all'istituzione della cavalleria. ◇ *Cavaliere errante:* cavaliere che la tradizione eroica medioevale rappresenta come chi andava vagando e difendeva i deboli e gli oppressi. **3.** *estens.* Uomo dai modi gentili, premuroso e rispettoso verso le donne. SIN.: **gentiluomo**. ~ Uomo che accompagna una donna in occasione di un ricevimento o di un ballo. ◇ *Cavalier servente:* nel Settecento, accompagnatore, corteggiatore di una dama sposata. **4.** Membro di ordini cavallereschi, un tempo istituiti a fini pratici, oggi a carattere onorifico. ~ Nobile che ha il titolo ereditario di cavaliere. ~ Chi è stato insignito dallo Stato di un'onorificenza non ereditaria. *Cavaliere del lavoro.* **5.** ANT. ROM. Cittadino romano appartenente all'ordine equestre. **6.** *Cavaliere d'Italia:* uccello trampoliere dalle piume nere e bianche, con gambe lunghissime e becco sottile, che vive vicino ai laghi e alle paludi. (Genere *Himantopus*; ordine dei Caradriformi, famiglia dei Recurvirostridi.) **7.** Cavalierino delle bilance.

cavalierino s.m. **1.** Nelle bilance di precisione, piccolo peso a forcella. **2.** Targhetta mobile che serve per individuare o classificare schede o cartelle.

cavàlla s.f. **1.** Giumenta. **2.** Divisorio verticale di scaffalature. **3.** MAR. Vela di strallo tra gli alberi di maestra e di trinchetto.

cavalleggèro o **cavalleggièro** s.m. (calco del fr. *cheveau-léger*) Soldato della cavalleria leggera.

cavallerésco agg. [pl.m. –schi, f. –sche] **1.** Della cavalleria e dei cavalieri. ◇ LETT. *Poema cavalleresco:* genere epico della letteratura romanza che narra le imprese dei cavalieri. – *Ordine cavalleresco:* istituzione medievale di tipo militare e religioso, oggi associazione di persone insignite di onorificenze. **2.** *estens.* Rispettoso dell'avversario, generoso, coraggioso. ~ Che dà prova di cavalleria, signorile, leale. **3.** Cortese e galante con le donne.

cavalleria s.f. **1.** Insieme dei combattenti a cavallo. *Cavalleria leggera.* ~ Arma dell'esercito, oggi motorizzata. ◇ *fig. Passare in cavalleria:* venir dimenticato, oppure non venir restituito. **2.** Istituzione feudale, che, nel Medioevo, raccoglieva i cadetti delle famiglie aristocratiche disciplinandoli nella difesa armata della cristianità e dei deboli. **3.** *estens.* Comportamento ispirato ai valori propri dei cavalieri feudali. ◇ *Cavalleria rusticana:* antico codice d'onore delle popolazioni contadine dell'Italia meridionale. ~ Cortesia dell'uomo verso la donna. *Dare prova di cavalleria.*

ENCICL. La cavalleria, quale casta privilegiata di combattenti a cavallo, è un'istituzione assai antica e assunse nel Medioevo un'importanza considerevole. Vi si accedeva con la cerimonia della vestizione. I cavalieri entravano al servizio di un signore, che concedeva loro un feudo in cambio dell'aiuto militare. Confusa dapprima con la nobiltà, la cavalleria se ne separò definitivamente nella seconda metà del sec. XI, quando la Chiesa stabilì le norme religiose e morali del codice cavalleresco: protezione dei poveri, degli orfani e delle vedove, onestà, fedeltà e coraggio.

cavallerizzo s.m. [f. –za] (spagn. *caballerizo*) **1.** Persona che sa cavalcare con destrezza e abilità. ~ CIRC. Persona che si esibisce in acrobazie con i cavalli. **2.** Istruttore di equitazione.

1. cavallétta s.f. Insetto saltatore giallo o verde con lunghe gambe posteriori, dannoso

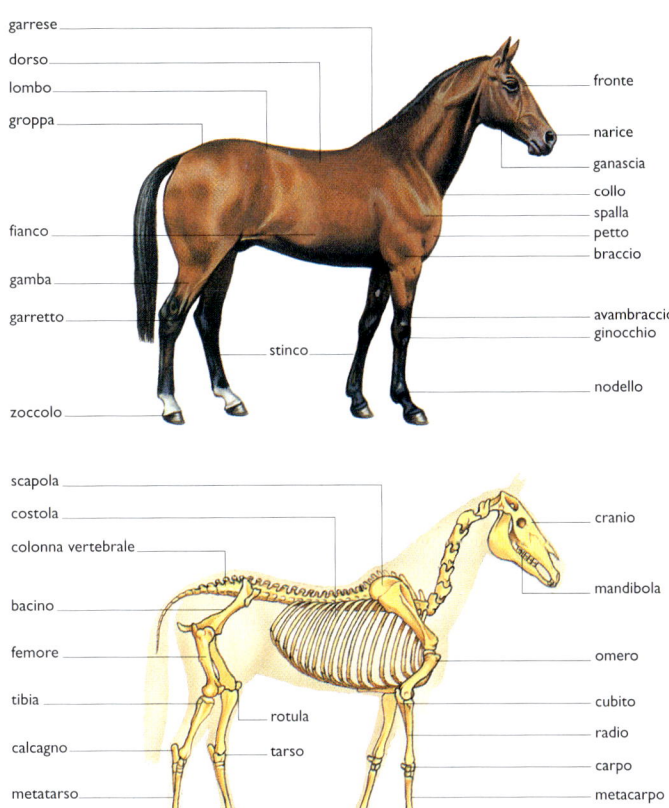

■ **cavàllo.** Morfologia e scheletro.

per le colture. (Ordine degli Ortotteri.) SIN.: **locusta**.

2. cavallétta s.f. MAR. Vela di strallo tra gli alberi di maestra e di mezzana.

cavallétto s.m. **1.** Struttura di appoggio, di sostegno, a tre o quattro piedi. ~ In partic., arnese a tre gambe, general. di legno, usato dai pittori per sostenere un quadro durante la lavorazione. ~ Sostegno a tre piedi per reggere una macchina fotografica, un cannocchiale, ecc. ◇ *Cavalletto da muratore, da imbianchino:* coppia di appoggi su cui è posato un asse orizzontale. **2.** COSTR. Pilone di sostegno in funivie, sciovie, teleferiche. **3.** Antico strumento di tortura.

cavallina s.f. **1.** Nel sign. del dim. di *cavalla;* in partic., giumenta giovane. ◇ *fig. Correre la cavallina:* avere molte avventure galanti. **2.** Gioco infantile consistente nel saltare a gambe divaricate un compagno che sta piegato. **3.** In ginnastica, attrezzo per il salto e il volteggio.

1. cavallino agg. **1.** Da cavallo. **2.** *Mosca cavallina:* tipo di insetto che si nutre del sangue di cavalli e altri animali.

2. cavallino s.m. **1.** Nel sign. del dim. di *cavallo.* **2.** Pelle di puledro, lucente e morbida,

■ **cavallétta** verde.

usata in pellicceria. **3.** MAR. Incurvatura longitudinale dei ponti delle navi. **4.** MECC. Pompa a vapore per il rifornimento di acqua alle caldaie.

cavàllo s.m. **1.** Grande mammifero erbivoro, domestico, con testa allungata, orecchie dritte e corte, collo slanciato ornato di criniera, pelame variamente colorato, coda ricoperta da lunghi crini, arti snelli che ne fanno un corridore notevole, zampe con un solo dito ricoperto dallo zoccolo; è usato dall'uomo come mezzo di trasporto e di traino. (Longevità: fino a 30 anni. Il piccolo si chiama *puledro;* la femmina si chiama *cavalla* o, se da sella, *giumenta.* Ordine dei Perissodattili; famiglia degli Equidi.) ◇ *Cavallo da monta:* stallone. – *Cavallo a dondolo:* giocattolo che riproduce un cavallo, montato in modo da poter dondolare. – *Cavallo di Troia:* cavallo di legno con cui i Greci penetrarono nascostamente in Troia; *fig.* ciò che permette di penetrare insidiosamente in un ambiente e successivamente dominare la situazione (v. parte n.pr.). – *A cavallo di un asino, un muro, una sedia...:* a cavalcioni. – *figg. A cavallo due epoche, di due secoli:* tra gli anni finali dell'uno e quelli iniziali dell'altro. – *Essere a cavallo:* a buon punto. – *Cavallo di battaglia:* ciò in cui si è più preparati, pezzo forte. – *Cavallo di razza:* persona dotata di notevoli qualità spec. in campo professionale, artistico o politico. – *Cavallo di ritorno:* notizia che ricompare sui giornali dopo essere stata smentita. **2.** FIS., MECC. Cavallo *vapore.* ◇ *Cavallo fiscale:* unità di misura relativa alla cilindrata dei motori a scoppio, utilizzata per determinare in particolare l'importo del bollo di circolazione e dei premi d'assicurazione per auto e motoveicoli. **3.** MIL. *Cavallo di Frisia:* cavalletto a doppia x avvolto di filo spinato. **4.** SPORT. In ginnastica, attrezzo formato da un corpo orizzontale imbottito, munito o meno di maniglie, montato su quattro appoggi divaricati, usato per il salto e il volteggio. (È messo nel senso della lunghezza per gli uomini e trasversalmente per le donne.) **5.** Nel gioco degli scacchi, pezzo a forma di testa di cavallo. ~ Figura delle carte napoletane. **6.** Giunzione tra il tronco e gli arti inferiori. SIN.: **inforcatura**. ~ *estens.* Parte dei calzoni o delle mutande corrispondente all'inforcatura delle gambe.

cavallóne s.m. **1.** Onda alta, tipica del mare agitato. **2.** *fig.* Persona poco coordinata nei movimenti.

cavallòtto s.m. **1.** TECN. Pezzo metallico a ponte recante alle estremità fori per i dadi di bloccaggio. ~ *estens.* Ogni altro elemento di forma analoga. **2.** Moneta argentea dell'Italia settentrionale nei secc. XV-XVI raffigurante un personaggio a cavallo.

cavallùccio s.m. [pl. *-ci*] **1.** Nel sign. del dim. di *cavallo*; in partic., cavallo a dondolo per bambini. ◇ *fig. Portare qlcu. a cavalluccio:* sulle spalle. **2.** *Cavalluccio marino:* ippocampo. **3.** CUC. Dolcetto duro con miele e noci, specialità di Siena. **4.** Nel l. bur., foglio ripiegato sul dorso di un fascicolo, recante il sommario del contenuto.

cavapiètre s.m. inv. Persona che lavora nelle cave di pietra.

cavàre v.tr. **1.** Estrarre, tirar fuori qlco. da qualche parte. SIN.: **togliere**. **2.** *fig.* Ottenere, ricavare un qualche effetto da qlcu. o da qlco. ~ Dedurre. ◇ *figg. Non cavare un ragno dal buco:* non riuscire a ottenere assolutamente niente. – *Non poter cavare sangue dalle rape:* non poter pretendere da qlcu. risultati superiori alle sue possibilità. ◆ **cavarsi** v.pron. **1.** Estrarre qlco. da tasche, borse o altro contenitore che si ha addosso. *Cavarsi i soldi di tasca.* **2.** Togliersi da qlco. *Cavarsi dal partito.* ◇ *Cavarsi d'impaccio:* liberarsi da una situazione imbarazzante o difficile. **3.** Togliersi di dosso un indumento. *Cavarsi i guanti.* **4.** *fig.* Soddisfare un'esigenza molto sentita. *Cavarsi una voglia.*

cavastivàli s.m. inv. Attrezzo a forma di U che trattiene per il tacco lo stivale mentre lo si sfila.

cavatàppi s.m. inv. Strumento formato general. da una vite a spirale in metallo con impugnatura per estrarre il tappo di una bottiglia.

cavatìna s.f. MUS. Brano vocale senza ripresa, proprio del melodramma italiano. ~ Anche, aria di entrata di un personaggio.

cavaturàccioli s.m. inv. Cavatappi.

cavazióne s.f. SPORT. Nella scherma, movimento con il quale si libera la propria arma da quella dell'avversario.

cave [/'kav/] s.f. inv. (voce fr., lat. *càvam* "buca") A Parigi, nel secondo dopoguerra, locale con numeri musicali e di varietà a volte di tono intellettuale, sito in uno scantinato.

càvea s.f. ARCH. Nei teatri antichi, spazio per il pubblico strutturato in gradinate.

caveau [/ka'vo/] s.m. inv. (voce fr., deriv. di *cave* "cantina") BANC. Nelle banche, locale sotterraneo blindato in cui sono tenuti i valori.

cavédano s.m. Pesce commestibile d'acqua dolce con il ventre verde argentato, detto anche *cavezzale.* (Lunghezza 30-50 cm; genere *Leuciscus*, famiglia dei Ciprinidi.)

cavèdio s.m. [pl. *-di*] **1.** ARCHEOL. Cortile interno a logge dell'antica casa romana, scoperto o coperto. **2.** Piccolo cortile che dà aria a vani di servizio o a locali igienici.

cavèrna s.f. **1.** Ampia cavità naturale prodotta da agenti esogeni in una roccia, all'interno di una montagna o sottoterra. SIN.: **grotta**. ◇ *Uomo delle caverne:* uomo primitivo; *fig.* persona poco socievole, di modi rozzi. **2.** *estens.* Qualsiasi scavo sotterraneo. **3.** MED. Escavazione causata in un organo da un processo morboso. *Caverna polmonare.*

cavernìcolo s.m. [f. *-la*] Uomo primitivo, in quanto abitatore delle caverne. ◇ *fig. scherz. Essere un cavernicolo:* essere poco socievole, ignorante o incurante del galateo.

cavernóso agg. **1.** Con caverne. *Zone cavernose.* **2.** Che assomiglia a una caverna. ◇ *fig. Voce cavernosa:* bassa, roca, come se provenisse dal sottosuolo. **3.** ANAT. Di tessuto, di organo con struttura a spugna. ◇ *Corpi cavernosi:* tessuti erettili del clitoride o del pene.

1. cavétto s.m. ARCH. Modanatura concava il cui profilo è all'incirca uguale a un quarto di cerchio. SIN.: **guscio**.

2. cavétto s.m. Nel sign. del dim. di 2. *cavo*; in partic., piccolo cavo elettrico.

cavézza s.f. Parte della bardatura che passa intorno al muso o tra le corna di un animale consente di condurlo a mano o di legarlo a qlco. ◇ *fig. Mettere la cavezza al collo di qlcu.:* togliergli la libertà.

càvia s.f. (port. *cavia* "topo" da una voce tupi) **1.** Mammifero roditore originario dell'America, allevato soprattutto come animale da laboratorio e detto anche *porcellino d'India.* (Genere *Cavia*; famiglia dei Caviidi.) **2.** *estens.* Animale o persona sottoposta a esperimenti, prove. ◇ *Fare da cavia:* sperimentare qlco. per primi. ❑ In funzione di agg. inv., di, da prova, esperimento. *Aereo cavia.*

■ **càvia.** Cavia domestica o porcellino d'India.

cavìale s.m. (turco *havyar*, propr. "portatore di uova") Uova di storione o di altri pesci (carpa, salmone), salate o marinate, alimento pregiato.

cavìcchio s.m. [pl. *-chi*] **1.** Elemento in legno assottigliato a un'estremità, di misura variabile, usato come chiodo in manufatti di legno, come piolo di attaccapanni, come piolo di scale, come arnese agricolo per bucare il terreno e mettere in sede piccole piante. **2.** ZOOL. *Cavicchio osseo:* escrescenza dell'osso frontale dei mammiferi cavicorni, sulla quale cresce la sostanza cornea.

cavìglia s.f. [pl. *-glie*] **1.** Parte degli arti inferiori che collega la gamba al piede ed è formata dall'articolazione tibio-tarsica e dai tessuti che la circondano. **2.** MAR. Cavicchio usato nella costruzione di scafi. ~ Nella ruota del timone, parte sporgente dei raggi che serve da impugnatura. **3.** TECN. Robusta vite con cui si fissano i binari sulle traversine di legno. **4.** MUS. Cavicchio degli strumenti a corda. **5.** Arnese per torcere la seta.

cavigliièra s.f. **1.** Fascia elastica per le caviglie. **2.** MAR. Struttura di legno per le caviglie posta alla base degli alberi delle navi.

cavigliière s.m. MUS. Estremità dell'impugnatura degli strumenti musicali a corda dove sono inseriti i bischeri.

Cavìidi s.m. pl. [iniziale minusc. sing. *-de* per l'individuo] ZOOL. Famiglia di roditori cui appartiene la cavia. (Sottordine degli Istricomorfi.)

cavillàre v.intr. (aus. *avere*) **1.** Cercare cavilli. ~ Analizzare con eccessiva pignoleria le parole altrui alla ricerca di appigli per criticare. **2.** Detto di ceramiche, screpolarsi.

cavillatùra s.f. Incrinatura della superficie di ceramiche, maioliche, ecc.

cavìllo s.m. **1.** Argomentazione sottile, tesa a cogliere contraddizioni formali. ~ Ragionamento capzioso. **2.** Cavillatura.

cavillóso agg. **1.** Che ricorre a cavilli. ~ Che ama i sofismi. **2.** Basato su ragionamenti capziosi.

cavità s.f. inv. **1.** Parte cava, vuota. *Cavità di un tronco.* ~ *estens.* Grotta, caverna. **2.** ANAT., ISTOL. Concavità di una parte del corpo, di un organo. *Cavità uterina.* ◇ *Cavità articolare:* spazio all'interno di un'articolazione sinoviale (diartrosi).

cavitàrio agg. [pl.m. *-ri*] MED., BIOL. Provvisto di una o più cavità. ~ Che forma cavità.

cavitazióne s.f. FIS. Formazione di cavità in un fluido a opera di forze meccaniche, spec. quelle causate da un corpo che si muove ad alta velocità. *Cavitazione dell'elica.*

1. càvo agg. Che all'interno è parzialmente o interamente vuoto. ~ Che presenta una parte concava o una depressione. ◆ s.m. **1.** Incavo, concavità. **2.** Cavità anatomica. ◇ *Cavo orale:* bocca.

2. càvo s.m. **1.** Grossa fune formata da fibre tessili, sintetiche o da fili metallici. **2.** ELETTR. Fascio di fili conduttori protetti da guaine isolanti, utilizzato per l'alimentazione elettrica o per le reti delle telecomunicazioni. ◇ *Televisione via cavo:* tipo di trasmissione tv il cui segnale è inviato attraverso cavo coassiale anziché via etere.

cavolàta s.f. **1.** Minestra di cavolo. **2.** *fig. pop.* Stupidaggine, sciocchezza, errore.

cavolétto s.m. (spec. pl.) Nel sign. del dim. di *cavolo*; spec. usato nella loc. *cavoletti di Bruxelles*, piccoli germogli commestibili del cavolo di Bruxelles.

cavolfióre s.m. Varietà di cavolo di cui si mangia la parte interna che deriva dall'accrescimento dell'infiorescenza.

1. càvolo s.m. **1.** Pianta perenne di cui esiste un grande numero di varietà destinate all'alimentazione umana (cavolo cappuccio, cavolo rosso, cavolo di Bruxelles, broccolo, cavolfiore, ecc.) e degli animali (cavoli da foraggio). (Nome sc. *Brassica oleracea*; famiglia delle Crocifere.) ◇ *figg. Salvare capra e cavoli:* cercare di soddisfare opposte esigenze. – *Entrarci come i cavoli a merenda:* essere fuori luogo, senza relazione rispetto al contesto. **2.** Denominazione di altre piante. ◇ *Cavolo di lupo:* pianta da giardino che forma cespugli sempreverdi. – *Cavolo marittimo:* pianta con rizoma carnoso e fiori bianchi a pannocchia, diffusa lungo i litorali italiani. (Genere *Crambe*; famiglia delle Crocifere.) – *Cavolo palmizio:* ortaggio che nasce come gemma dall'apice del fusto di varie specie di palma. – *Cavolo rapa:* cavolo di cui si mangia il gambo rigonfio e carnoso.

2. càvolo s.m. *pop. eufem.* Cazzo. ~ Niente, nulla (in frasi negative). *Non capisci un cavolo!*

càzzo s.m. (etim. incerta, forse da *ocazzo* deriv. di *oco* "maschio dell'oca") **1.** *volg.* Pene. **2.** *fig.* È usato in molte locc. (col valore di cosa di nessuna importanza o di niente) o come negazione in espressioni anche ironicamente affermative. **3.** (al pl.) Affari privati, di esclusiva pertinenza dell'individuo. *Cazzi miei.* **4.** (al pl.) Guai.

cazzòtto s.m. **1.** *pop.* Colpo assestato con il pugno. **2.** Tipo di tabacco da masticare.

cazzuòla s.f. Attrezzo da muratore per stendere la malta o intonacare, costituito general. da una lamina di acciaio con impugnatura.

CB s.m. inv. (sigla dell'ingl. *Citizen Band*) *Banda cittadina. ~ Apparecchio ricetrasmettitore adatto alla ricezione di una banda cittadina.

CCT s.m. inv. BANC. Sigla di *Certificato di Credito del Tesoro.*

CD s.m. inv. Sigla di *compact disc.*

CD-ROM o **CdRom** s.m. inv. (sigla dell'ingl. *Compact Disc Read Only Memory,* "memoria a sola lettura su compact disc") INFORM. Compact disc per applicazioni informatiche in grado di contenere grandi quantità di dati e programmi, leggibili ma non modificabili dall'utente.

Cèbidi s.m. pl. [iniziale minusc. sing. *-de* per l'individuo] ZOOL. Famiglia di mammiferi dei Primati arboricoli, gregari, con coda lunga, perlopiù prensile, pollice non opponibile o assente, arti posteriori più lunghi di quelli anteriori, pelame abbondante; sono diffusi nell'America tropicale e subtropicale. (Sottordine delle Platirrine.)

Cèbo s.m. ZOOL. Genere di scimmie che vivono nelle foreste dell'America centrale e meridionale, con lunga coda prensile, dette anche *scimmie cappuccine.* (Sottordine delle Platirrine.)

cèca o **cièca** s.f. [pl. *-che*] (lat. *cāecam*, deriv. di *cāecus* "cieco" perché ha occhi piccolissimi) **1.** Anguilla nella fase giovanile, molto sottile e d'aspetto gelatinoso, dotata di occhi piccolissimi. **2.** TECN. Rifinitura del bordo di un foro in modo che il chiodo o la vite non sporgano.

cecchìno s.m. (voce nata durante la prima guerra mondiale, propr. "soldato austriaco" di orig. onom., ma deriv. da *Cecco*, nomignolo di Francesco Giuseppe imperatore d'Austria) **1.** MIL. Tiratore scelto. **2.** POLIT. *fig.* Chi, in uno scrutinio segreto, non vota secondo le indicazioni del proprio partito.

cèce s.m. [pl. *-ci*] Pianta erbacea annuale dotata di fusto peloso ramificato, foglie composte, fiori ascellari, seme a legume, tondo, giallastro, commestibile. (Famiglia delle Papilionacee.) ~ Seme di tale pianta, commestibile.

cecèno agg. Della Cecenia. ◆ s.m. [f. –*na*] **1.** Nativo, abitante della Cecenia. **2.** (solo sing.) Lingua caucasica parlata spec. in Cecenia.

cecìdio s.m. [pl. –*di*] BOT. Nome generico dato alle galle prodotte sugli organi vegetali da parassiti animali o vegetali.

cecìlia s.f. **1.** Anfibio scavatore diffuso nei luoghi umidi a clima tropicale, dotato di corpo vermiforme molto sottile, ricoperto da un tegumento con piccole scaglie. (Ordine degli Apodi.) **2.** ZOOL. (iniziale maiusc.) Genere di animali a cui appartiene la cecilia. **3.** → **luscengola**.

cecità s.f. inv. **1.** Mancanza totale o parziale della vista. ◇ MED. *Cecità psichica:* incapacità di riconoscere gli oggetti pur mantenendo la capacità visiva. (È causata da un disturbo funzionale dei centri cerebrali.) – *Cecità verbale:* alessia. **2.** fig. Insensibilità, stoltezza.

cèco agg. [pl.m. –*chi*, f. –*che*] **1.** Boemo. **2.** Della Repubblica Ceca, costituita dalla Boemia e dalla Moravia. ◆ s.m. **1.** [f. –*ca*] Nativo, abitante della Boemia. **2.** [f. –*ca*] Nativo, abitante della Repubblica Ceca. **3.** (solo sing.) Lingua slava parlata in Boemia e in Moravia.

cecoslovàcco agg. [pl.m. –*chi*, f. –*che*] Relativo alla Cecoslovacchia, repubblica oggi smembrata nei due stati autonomi della repubblica Ceca e della Slovacchia. ◆ s.m. **1.** [f. –*ca*] Nativo, abitante della Cecoslovacchia. **2.** (solo sing.) Gruppo di lingue slave parlate in Cecoslovacchia.

cedènte s.m. e f.**1.** DIR. Chi trasferisce un diritto ad altri. **2.** FIN. Chi presenta titoli di credito all'incasso.

cèdere v.intr. [12] (aus. *avere*) **1.** Lasciare, dare campo libero ad altri, cessare di resistere a qlcu. o a qlco., riconoscersi vinto. *Cedere al nemico.* **2.** estens. Lasciarsi andare, soccombere, abbandonarsi a qlco. *Cedere alla tentazione.* **3.** Detto di cose, non sopportare una sollecitazione eccessiva. *Il cavo ha ceduto sotto il peso del carico.* **4.** Detto di capi di abbigliamento (scarpe, abiti) o di tessuti, allargarsi o deformarsi adattandosi al corpo. *Una maglia che cede.* ◆ v.tr. **1.** Lasciare qlco. di proprio ad altri, definitivamente o, più spesso, temporaneamente. *Cedere il posto.* ◇ *Cedere il passo a qlcu.:* lasciare qlcu. passi prima di noi. – *Cedere le armi:* consegnarle al nemico; fig. darsi per vinto. **2.** Vendere qlco. *Cedere un negozio.*

cedévole agg. **1.** Poco resistente. ~ Che si deforma, si piega facilmente. **2.** fig. Remissivo, arrendevole.

cèdi s.m. inv. (voce africana) Unità monetaria del Ghana.

cediglia s.f. [pl. –*glie*] (fr. *cédille*, spagn. *cedilla* o *zedilla* deriv. di *zeda* "zeta") Segno grafico della lingua francese che si mette sotto la lettera *c* (seguita da *a, o, u*) quando deve essere pronunciata come *s* sorda (p.e. *façade, leçon, reçu*); è usato anche in altre lingue con funzioni diverse.

cediménto s.m. **1.** Frana, sprofondamento di un terreno. ~ Deformazione, crollo di una struttura. **2.** MIL. Arretramento, ripiegamento. **3.** fig. Arrendevolezza, debolezza. *Non avere nessun cedimento di fronte alle minacce.* ~ Indebolimento. *Cedimento nervoso.*

■ **Cèbo.** Cappuccino.

cèdola s.f. Tagliando numerato unito a un valore mobiliare, da staccare e consegnare per riscuotere l'interesse o il dividendo.

cedolàre agg. Relativo alle cedole. ◆ s.f. *Cedolare secca:* ritenuta sui dividendi a titolo definitivo, cioè non suscettibile di conguaglio in sede di dichiarazione fiscale.

cedràta s.f. **1.** Bibita a base di sciroppo di cedro. **2.** CUC. Dolce siciliano con buccia di cedro.

1. cedréto s.m. Piantagione di cedri. SIN.: cedriera.

2. cedréto s.m. Bosco di cedri.

cedrìna s.f. Arbusto dotato di foglie lanceolate ricche, nella pagina inferiore, di piccole prominenze da cui promana aroma di cedro. (Famiglia delle Verbenacee.)

1. cèdro s.m. Albero sempreverde con rami dotati di spine, foglie allungate, fiori bianchi, profumati, frutti a esperidio. (Genere *Citrus*; famiglia delle Rutacee.) ~ Frutto del cedro, che rispetto al limone ha dimensioni maggiori e scorza più spessa, usata soprattutto in pasticceria, in liquoreria e in profumeria.

2. cèdro s.m. **1.** Conifera d'alto fusto originaria dell'Asia e dell'Africa ma diffusa anche in Europa, con foglie aghiformi e chioma ben sviluppata. (Altezza 40 m ca.; ordine delle Conifere.) **2.** BOT. (iniziale maiusc.) Genere di piante a cui appartengono varie specie di cedro. ◇ *Cedro del Libano:* albero secolare, di grandi dimensioni, dalla chioma molto ampia e di un caratteristico colore verde-azzurro, il cui legno è assai pregiato. – *Cedro dell'Atlante:* con chioma piramidale. **3.** Legno di cedro.

pigna e foglie

■ **cédro.** Cedro dell'Atlante (Africa).

cèduo agg. Riferito a bosco o albero, che viene tagliato periodicamente. ◆ s.m. Bosco di alberi d'alto fusto destinato a essere tagliato periodicamente.

cefalèa s.f. MED. Mal di testa. SIN.: **emicrania**.

cefàlico agg. [pl.m. –*ci*, f. –*che*] ANAT. Della testa.

cèfalo s.m. Pesce marino teleosteo, costiero, con testa grande, commestibile; è detto anche **muggine**. (Famiglia dei Mugilidi.)

Cefalocordàti s.m. pl. [iniziale minusc. sing. –*to* per l'individuo] ZOOL. Sottotipo di Cordati, trasparenti e sottili, con corda dorsale lunga quanto l'intero corpo.

cefaloplegìa s.f. MED. Paralisi dei muscoli della zona cervicale.

Cefalòpodi s.m. pl. [iniziale minusc. sing. –*de* per l'individuo] ZOOL. Classe di molluschi marini a simmetria bilaterale, con o senza conchiglia interna o esterna, dotati di capo munito di tentacoli a ventosa, apparato boccale con

dente corneo, occhi grandi; ne fanno parte il polpo, la seppia, il calamaro.

cefalorachidèo agg. ANAT. Di liquido presente nei ventricoli cerebrali e nel midollo spinale.

cefalorachidiàno agg. ANAT. Cefalorachideo.

cefalosporina s.f. MED. Antibiotico ad ampio spettro, in partic. attivo contro i batteri resistenti alle penicilline.

cefalotoràce s.m. ZOOL. Nei Crostacei e negli Aracnidi, parte del corpo costituita dal capo e dal torace, a volte non nettamente differenziati.

cefèide s.f. (deriv. di *Cefeo*, personaggio mitologico marito di Cassiopea e padre di Andromeda, al quale è dedicata una costellazione la cui stella delta è stata presa a prototipo della classe) ASTR. Classe di stelle variabili giganti o supergiganti, in cui varia la luminosità e la dimensione del raggio.

ceffóne s.m. Violento schiaffo. SIN.: **sberla**.

cèiba s.f. (spagn. *ceiba*) Albero con foglie palmate e frutti a capsula, presente in Africa e in America; da una sua varietà si produce il *kapok*. (Altezza fino a 70 m; famiglia delle Bombacacee.)

celacànto s.m. Pesce marino con pinne carnose e corpo massiccio. (L'unica specie vivente appartiene al genere *Latimeria*, lunghezza 1,50 m, ordine dei Crossopterigi.)

celàre v.tr. **1.** Nascondere qlco. *Una finta parete celava un nascondiglio.* **2.** fig. Occultare qlco. alla conoscenza altrui, tenerlo segreto. *Celare i propri sentimenti.* ◆ **celarsi** v.pron. Nascondersi alla vista o sotto false apparenze.

Celastràcee s.f. pl. [iniziale minusc. sing. –*a* per l'individuo] BOT. Famiglia di piante legnose, dotate di foglie semplici e frutti a capsula o a bacca, in partic. sviluppate in climi temperati o tropicali. (Classe delle Dicotiledoni.)

celàta s.f. Elmo leggero, privo di cimiero e con visiera abbassabile sul viso.

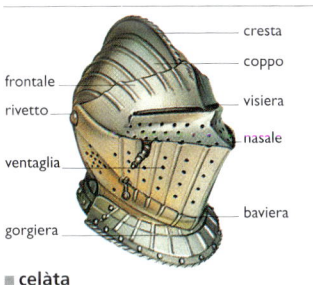

cresta
coppo
frontale
visiera
rivetto
nasale
ventaglia
baviera
gorgiera

■ **celàta**

celebèrrimo agg. Superlativo di *celebre*.

celebrànte s.m. Ministro del culto che officia una cerimonia. SIN.: **officiante**.

celebràre v.tr. **1.** Festeggiare con solennità una ricorrenza. *Celebrare un anniversario.* SIN.: **commemorare**. **2.** Officiare una cerimonia religiosa secondo il rito. *Celebrare un matrimonio.* ~ estens. Eseguire, svolgere qlco. con una certa solennità e conformemente alla procedura. *Celebrare un processo.* **3.** estens. Esaltare e lodare qlco. o qlco. pubblicamente, con parole o scritti. *Il giornalista ha celebrato l'anziano poeta.* ~ Anche, immortalare qlco. o qlco. con la poesia o altra opera d'arte. *Molti poeti celebrarono le sue imprese.* SIN.: **glorificare**.

celebrativo agg. Che ha lo scopo di illustrare, ricordare qlcu. o qlco. SIN.: **commemorativo**.

celebrazióne s.f. **1.** Commemorazione pubblica, festeggiamento. **2.** Svolgimento di una cerimonia religiosa, di un atto solenne. **3.** estens. Lode, glorificazione.

cèlebre agg. Famoso, prestigioso.

cèlebret s.m. inv. (voce lat., propr. "celebri pure") Autorizzazione vescovile grazie alla quale un sacerdote può dire messa fuori dalla propria diocesi.

celebrità s.f. inv. **1.** Fama, notorietà. **2.** Persona famosa in un determinato settore professionale o artistico.

Celenteràti s.m. pl. [iniziale minusc. sing. *–to* per l'individuo] ZOOL. Tipo di invertebrati acquatici, a simmetria raggiata, dotati di corpo molle provvisto di una cavità gastrovascolare, comunicante con l'esterno mediante un'apertura, e di tentacoli urticanti (p.e. medusa, attinia, corallo, ecc.).

cèlere agg. **1.** Veloce, rapido, pronto. ◇ *Posta celere:* servizio postale veloce. **2.** Che dura poco tempo. ◆ s.f. (anche iniziale maiusc.) Nome, oggi disusato, di un reparto della polizia impiegato in interventi urgenti di ordine pubblico.

celerimensùra s.f. TOPOGR. Metodo rapido per effettuare rilievi topografici. SIN.: **tacheometria**.

celerimetro s.m. TOPOGR. Strumento per effettuare la celerimensura. SIN.: **tacheometro**.

celerità s.f. inv. **1.** Velocità, rapidità, prontezza. **2.** MED. Ritmo con cui un'arteria si dilata e si restringe.

celèsta o **celèste** s.f. MUS. Strumento musicale a tastiera, simile al clavicembalo, dal suono molto armonioso, usato di norma nelle orchestre.

celèste agg. **1.** Del cielo. *Corpi celesti.* **2.** fig. Divino, che proviene dal cielo in quanto sede di Dio. ~ Soprannaturale, ineffabile. *Celeste armonia.* ◇ *Padre celeste:* Dio. – *Celeste Impero:* nome dato ant. alla Cina (il cui imperatore era chiamato Figlio del cielo). ~ Di color azzurro chiaro. ◆ s.m. Colore azzurro chiaro.

celestiàle agg. **1.** Che viene dal paradiso, che ne è degno. **2.** fig. Ineffabile, soprannaturale. *Gioia celestiale.*

celestina s.f. MIN. Solfato di stronzio, di color celeste o bianco, abbondante in Italia.

1. celestino s.m. Monaco benedettino della congregazione fondata nel 1264 da Pietro di Morrone, papa Celestino V, e soppressa nel 1810 da Pio VII.

2. celestino agg. Di color celeste chiaro, tendente al celeste. ◆ s.m. **1.** Nel sign. dell'agg. **2.** BOT. Specie appartenente all'Ageratо.

celiachia s.f. (ted. *Zöliakie*) MED. Affezione dovuta a intolleranza del glutine. (Si manifesta con diarrea, meteorismo, cattivo stato generale.)

celiaco agg. [pl.m. *–ci*, *–che*] ANAT. Addominale. ◇ *Arteria celiaca:* quella che si diparte dall'aorta addominale. – *Morbo celiaco:* celiachia.

celibàto s.m. Stato di celibe. ◇ *Addio al celibato:* festa organizzata per un futuro sposo. – *Celibato ecclesiastico:* condizione di vita del sacerdote cattolico tenuto a mantenere il voto di castità.

cèlibe agg. Di uomo non sposato. SIN.: scapolo. ◆ s.m. Nel sign. dell'agg.

celidònia o **chelidònia** s.f. (lat. *chelidŏniam*, gr. *khelidónion* deriv. di *khelidōn* "rondine" perché si credeva che con tale erba le rondini curassero gli occhi dei rondinini) Pianta erbacea biennale o perenne contenente un alcaloide con proprietà analgesiche. (Famiglia delle Papaveracee.)

celioscopia s.f. MED. Indagine con strumento ottico della cavità peritoneale. [Alcuni interventi chirurgici (*colecistectomia, appendicectomia*) possono essere realizzati in celioscopia.] SIN.: laparoscopia.

cèlla s.f. **1.** Nei conventi o nelle carceri, stanza piccola e nuda. ◇ *Cella d'isolamento:* quella separata dalle altre e priva di televisore e specchio, in cui vengono tenuti gli imputati in attesa di interrogatorio o i detenuti in punizione. – *Cella di rigore:* nelle caserme, quella di punizione. **2.** APICULT. Piccolo vano esagonale costruito dalle api nell'alveare. **3.** ARCHEOL. Spazio più interno del tempio pagano in cui era posta l'immagine della divinità. **4.** MED. Piccolo bacile a forma di fagiolo in cui si depongono materiali di medicazione, ferri chirurgici, ecc. **5.** TECN. È usato in varie locc. per indicare un vano, un recipiente, un congegno di varia funzione. ◇ CHIM. *Cella elettrolitica:* contenitore con l'elettrolito e gli elettrodi per effettuare l'elettrolisi. – FIS. *Cella fotovoltaica:* fotocellula. – INFORM. *Cella di memoria:* la più piccola unità di memoria, anche come componente fisico. – *Cella frigorifera:* locale a temperatura molto bassa in cui si conservano generi alimentari.

celleràrio agg. [pl.m. *–ri*] Riferito a chi, in una comunità religiosa, provvede alle esigenze materiali, amministra i beni. ◆ s.m. Nel sign. dell'agg.

cèllofan s.m. inv. Nome commerciale, che costituisce marchio registrato, di foglio trasparente, impermeabile al vapore e con la viscosa e usato per incartare fiori, oggetti, generi alimentari, ecc.

cellophane [/sɛlɔˈfan/] s.m. inv. → **cellofan**.

cèllula s.f. **1.** BIOL. Unità minima funzionale caratteristica della maggior parte degli organismi viventi, che possono essere formati da una sola (*unicellulari*) o da molte cellule (*pluricellulari*). **2.** estens. L'elemento più piccolo, l'ente più semplice costitutivo di una struttura complessa. *Cellula familiare.* **3.** FIS. *Cellula fotoelettrica:* fotocellula. **4.** POLIT. Organizzazione di base dell'ex partito comunista, costituita da un raggruppamento di militanti operante nelle fabbriche o nei quartieri. **5.** TECNOL. Insieme minimo di servizi autonomi. **6.** METEOR. Spazio che presenta caratteristiche atmosferiche costanti. *Cellula ciclonica.*
ENCICL. Tutte le cellule sono delimitate da una membrana detta *plasmatica* che racchiude il *citoplasma*, costituito da una componente semifluida in cui sono immersi vari organuli specializzati nelle diverse funzioni vitali. Le cellule si distinguono in *eucarioti* e *procarioti* a seconda che il DNA sia o no contenuto in un involucro separato dal resto della cellula. I procarioti, tipici di batteri e alghe azzurre, sono piccoli e privi di organuli, ad eccezione dei *ribosomi*, preposti alla sintesi delle proteine. Tutti gli altri organismi viventi sono costituiti da eucarioti, che possiedono un nucleo, delimitato da una membrana e contenente il DNA, e numerosi organuli. Ogni cellula è in grado di riprodursi dividendosi in due cellule figlie, attraverso il processo della *mitosi*.

cellulàre agg. **1.** BIOL. Della cellula, formato da cellule. ◇ *Membrana cellulare o plasmatica:* quella che contiene il protoplasma. **2.** Relativo alla cellula nei dispositivi tecnici. ◇ TELECOM. *Rete cellulare:* in telefonia, suddivisione del territorio in celle contraddistinte da una frequenza propria. – *Telefono cellulare:* telefono portatile, infiammabile, che funziona grazie a una rete cellulare. **3.** Diviso in celle. ◇ *Furgone cellulare:* quello con cui si trasferiscono i detenuti. ◆ s.m. **1.** Telefono cellulare. SIN.: **telefonino**. **2.** Furgone cellulare.

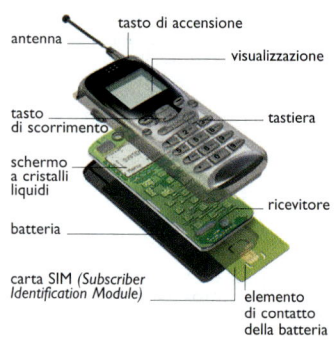

labels: tasto di accensione — antenna — visualizzazione — tasto di scorrimento — tastiera — schermo a cristalli liquidi — ricevitore — batteria — carta SIM (*Subscriber Identification Module*) — elemento di contatto della batteria

■ **cellulàre.** Struttura di un telefono cellulare.

1. cellulite s.f. **1.** MED. Deposito eccessivo di adipe nel tessuto sottocutaneo. **2.** MED. Infiammazione del tessuto connettivo sottocutaneo.

2. cellulite s.f. COSTR. Tipo di calcestruzzo leggero, poroso, isolante.

cellulòide s.f. (ingl. *celluloid*) Sostanza plastica ottenuta da nitrocellulosa, canfora e alcol etilico, resistente, pieghevole, trasparente, infiammabile, usata per vari oggetti e in partic. per pellicole foto-cinematografiche. ◇ fig. per anton. *Mondo della celluloide:* il cinema.

cellulòsa s.f. Sostanza organica fibrosa, polimero del glucosio, ottenuta industrialmente da varie materie prime vegetali e usata nell'industria cartaria, tessile, ecc.

cellulòsico agg. [pl.m. *–ci*, f. *–che*] Di cellulosa, contenente cellulosa.

cellulóso agg. Formato da cellule. ~ Che presenta delle piccole cavità.

celòma s.m. [pl. *–mi*] ANAT., ZOOL. Cavità del corpo umano e degli animali più evoluti in cui si trovano i visceri e gli altri organi interni. (Il celoma si forma nel corso della vita embrionale.)

celomàto s.m. ZOOL. Ogni animale provvisto di celoma.

Celòsia s.f. BOT. Genere di piante annue delle regioni calde, con infiorescenze dai colori vivaci. (Famiglia delle Amarantacee.)

celòstato o **celòstata** s.m. [pl. *–ti*] ASTR. Specchio piano montato in modo che rifletta i raggi di un corpo celeste in direzione costante, usato di solito per i telescopi. SIN.: **siderostato**.

Cèlsius agg. inv. (dal nome dell'astronomo svedese A. *Celsius*) FIS. Riferito al sistema di misurazione della temperatura basato sulla suddivisione in centesimi dell'intervallo tra la temperatura di fusione del ghiaccio e la temperatura di ebollizione dell'acqua. *Scala Celsius.*

cèlta s.m. e f. [pl.m. *–ti*] Individuo appartenente alle popolazioni indoeuropee ant. stanziate nell'Europa centroccidentale. ~ In partic., antico abitante della Gallia.

cèltico agg. [pl.m. *–ci*, f. *–che*] Dei Celti, popolo indoeuropeo ant. stanziato nell'Europa occidentale. *Lingue celtiche.* ◇ *Morbo celtico:* sifilide. ◆ s.m. (solo sing.) Gruppo di lingue indoeuropee a cui appartengono quelle tuttora parlate in alcune zone dell'Irlanda, della Gran Bretagna e della Francia (come il gallese, l'irlandese, lo scozzese, il bretone).

■ **celidònia**
frutto (siliqua)

lisosoma — ialoplasma
centrosoma — complesso di Golgi
mitocondrio — nucleo
— nucleolo
reticolo endoplasmatico — membrana plasmatica
animale

cloroplasto — ialoplasma
— vacuolo
reticolo endoplasmatico — complesso di Golgi
— mitocondrio
lisosoma — nucleo
membrana plasmatica — parete cellulare
vegetale

■ **cèllula**

celtismo s.m. LING. Elemento linguistico celtico nelle lingue circonvicine o sopraggiunte. *I celtismi del latino, del francese, dell'inglese.*

celtista s.m. e f. [pl.m. –sti] Studioso della civiltà e/o della lingua dei Celti.

cembalista s.m. e f. [pl.m. *–sti*] MUS. → **clavicembalista**.

cémbalo o **cìmbalo** s.m. (lat. *cymbalum*, gr. *kýmbalon* deriv. di *kýmbē* "ciotola, bacino") **1.** MUS. Clavicembalo. **2.** MUS. (spec. pl.) Antico strumento costituito da due piatti concavi che venivano percossi l'uno contro l'altro dai sacerdoti durante i baccanali.

cémbra o **cémbia** s.f. ARCH. Modanatura concava alla base e alla cima di una colonna. SIN.: **cinta**.

cémbro s.m. Albero delle Pinacee dai rami grossi e fitti, dotato di foglie aghiformi raggruppate in fascetti; il suo legno è usato per molti manufatti contadini.

cementàre v.tr. **1.** Unire, fissare, attaccare insieme più elementi con il cemento. **2.** Consolidare, rafforzare terreni, scavi, pareti rocciose per mezzo di iniezioni di malta di cemento. **3.** *fig.* Rinsaldare, rendere più forti e sicuri i rapporti affettivi. ~ Anche, rendere più unite due o più persone. **4.** METALL. Sottoporre un metallo al procedimento della cementazione. ◆ **cementarsi** v.pron. **1.** Detto di più elementi, aderire strettamente grazie al cemento. **2.** *fig.* Rafforzarsi, rinsaldarsi.

cementazióne s.f. **1.** Fissaggio, consolidamento con cemento. **2.** *fig.* Rafforzamento di un vincolo. *La cementazione della nostra amicizia.* **3.** METALL. Trattamento termico con cui si ottiene la diffusione di un metallo o di un metalloide in una superficie metallica (in partic. nell'acciaio) per aumentarne la durezza.

cementière s.m. [f. *–ra*] **1.** Industriale del cemento. **2.** Operaio di un cementificio.

cementificàre v.tr. [4] Ricoprire di nuove costruzioni un territorio senza alcun rispetto per l'ambiente.

cementificazióne s.f. Edificazione indiscriminata di case, per lo più come effetto di speculazione illecita.

cementifìcio s.m. [pl. *–ci*] Fabbrica di cemento.

cementite s.f. **1.** METALL. Carburo di ferro (Fe_3C), molto duro e fragile, principale costituente degli acciai e delle ghise bianche. **2.** Vernice opaca usata come prima mano su cui stendere la vernice di finitura.

cementìzio agg. [pl.m. *–zi*] Del cemento, a base di cemento. *Materiale cementizio.*

ceménto s.m. (lat. *caemĕntum* "pietra da tagliare") **1.** COSTR. Miscela polverulenta di calcari e argille che, mischiata ad acqua, forma un impasto adesivo molto duro dalle proprietà leganti. (Il cemento è uno dei costituenti di base dei calcestruzzi; indurendo, tiene uniti mattoni, pietre, ecc. Quello più comune è il *cemento Portland*, il primo cemento artificiale realizzato in Gran Bretagna, che aveva il colore della pietra di Portland, da cui il nome, ormai adoperato in tutto il mondo.) ◇ *Cemento naturale:* costituito da marne composte di calcare e argilla. – *Cemento artificiale:* in cui i calcari e l'argilla vengono dosati e mescolati industrialmente. – *Cemento a presa rapida:* a rapida azione. – *Cemento armato:* che al proprio interno ha dei tondini d'acciaio, per aumentarne la resistenza agli sforzi di trazione. **2.** *fig.* Elemento che unisce, rafforza, consolida un vincolo, un ideale. **3.** ANAT. Tessuto duro che copre la radice e il colletto del dente. **4.** MED. Materiale di uso odontoiatrico.

ENCICL. Per opere architettoniche e di ingegneria civile in genere, si usano principalmente due tipi di cemento: il *cemento armato*, gettato su una armatura metallica, e il *cemento armato precompresso*, in cui l'acciaio è sottoposto a sollecitazioni interne permanenti, per compensare le sollecitazioni esterne alle quali la struttura è sottoposta durante l'impiego. Oltre al cemento comune, che contiene lo 0,65% ca. di malta ed è usato anche in campo artistico, si usano molti cementi particolari: p.e. il *cemento aerato* (nel quale sono presenti bolle d'aria che rendono il composto meno denso, più adatto a essere lavorato e più resistente al gelo), il *cemento leggero* (nel quale sono incorporati materiali leggeri come pozzolana, pomice o fibre di legno), il *cemento pesante* (a base di piombo), ecc. Negli anni Ottanta sono stati inoltre sviluppati cementi ad alto rendimento per le costruzioni di altezze notevoli e per lavori di alta ingegneria civile.

céna s.f. **1.** Pasto serale. ~ *estens.* Insieme dei cibi che lo costituiscono. *Una cena abbondante.* **2.** CRIST. *L'Ultima Cena:* quella che consumarono Gesù e gli Apostoli prima della Passione e durante la quale Cristo istituì l'Eucarestia; anche, la sua raffigurazione plastica o pittorica.

cenàcolo s.m. **1.** Ant., stanza in cui si consumavano i pasti. ~ CRIST. Luogo in cui Gesù consumò l'ultima cena. ~ *estens.* Raffigurazione pittorica dell'ultima cena. *Il Cenacolo di Leonardo da Vinci.* **2.** *fig.* Luogo in cui si incontrano letterati, artisti, intellettuali. ~ Gruppo da essi formato.

cenàre v.intr. (aus. *avere*) Consumare la cena.

céncio s.m. [pl. *–ci*] **1.** Brandello di stoffa vecchia, straccio. ~ Strofinaccio che se ne ricava. ◇ *Bianco come un cencio:* pallidissimo. **2.** (al pl.) Avanzi di stoffa di sartorie e manifatture, che vengono riciclati. **3.** *estens.* Abito logoro, malridotto, strappato. **4.** CUC. Dolce di pasta fritta di forme diverse cosparso di zucchero, tipico del carnevale. **5.** MED. *Cencio necrotico:* tessuto necrotizzato a causa di un processo suppurativo.

cencióso agg. **1.** Riferito ad abito, logoro, rattoppato. **2.** Riferito a persona, vestito di abiti vecchi, logori, strappati. ◆ s.m. [f. *–sa*] Persona coperta di cenci. SIN.: **straccione**.

cenèma s.f. [pl. –mi] LING. Nella teoria glossematica, unità minima della forma dell'espressione, simile al concetto di fonema.

ceneràio o **ceneràrio** s.m. [pl. *–rai*, *–ri*] **1.** Parte di un forno o di una stufa dove cade la cenere. **2.** MAR. Sulle navi, tubo di scarico delle ceneri dei forni e dell'immondizia.

cénere s.f. **1.** Polvere grigia o biancastra, prodotta dalla combustione di una sostanza, general. legna o carbone. ◇ *Cenere vulcanica:* particelle solide di varia natura, general. di piccole dimensioni, emesse da un vulcano durante un'eruzione. – *Cenere radioattiva:* scorie prodotte dalla fissione nucleare. – *fig.* *Covare sotto la cenere:* rimanere vitale, vivace, sotto un'apparente calma e imperturbabilità. *Ridurre qlco. in cenere:* bruciarlo; *fig.* consumarlo. **2.** CRIST. Resti del corpo dopo la morte. ~ Nella simbologia, segno di penitenza e di vanità dei beni terreni. ◇ *Le Ceneri:* mercoledì precedente la prima domenica di quaresima, in cui viene imposta sulla fronte del fedele della cenere di olivo benedetto. **3.** (al pl.) Ciò che resta del corpo dopo la cremazione. ◆ s.m. (solo sing.) Colore grigio piuttosto chiaro. ❑ In funzione di agg. inv., di colore che tende leggermente al grigio. *Capelli biondo cenere.*

cenerèntola s.f. (calco del fr. *Cendrillon* deriv. di *cendre* "cenere", nome della protagonista, costretta a lavori umili in cucina, della nota favola di C. Perrault) **1.** Donna sfruttata dai familiari per i lavori domestici e poco stimata e ascoltata. ~ *estens.* Chi o ciò che non ha autorevolezza, che viene ingiustamente trascurato dagli altri. **2.** *estens.* Chi o ciò che sta all'ultimo posto. *La nostra squadra è la cenerentola del campionato.*

cenestèsi s.f. inv. MED. Condizione psico-fisica individuale di cui si ha consapevolezza solo quando interviene un mutamento, positivo o negativo; detta anche *cenestesia*.

cenestopatìa s.f. PSICH. Dolore o disturbo che un individuo accusa e riferisce erroneamente a una parte del corpo o a una certa funzione organica, perlopiù in relazione a malattie psichiche.

céngia s.f. [pl.f. *–ge*, m. *–gi*] ALP. Breve piano orizzontale che sporge in una parete rocciosa, detto anche *cengio*.

cennamèlla s.f. **1.** MUS. Strumento musicale a fiato composto da un otre e da due canne, di uso antico e popolare. **2.** Strumento a fiato popolare simile all'oboe.

cénno s.m. **1.** Piccolo movimento di una parte del corpo, spec. con le mani, il capo, gli occhi, con cui si comunica qlco. a qlcu. **2.** Indicazione molto sintetica. **3.** *fig.* Segno, indizio. *Cenni di stanchezza.*

cenòbio s.m. [pl. –bi] **1.** Monastero di cenobiti. **2.** BIOL. Colonia di organismi unicellulari animali o vegetali.

cenobìta s.m. [pl. *–ti*] **1.** CRIST. Monaco che, nel cristianesimo antico, si ritirava a far vita di preghiera con altri religiosi. **2.** *fig.* Chi sceglie di vivere in solitudine, spec. per dedicarsi allo studio, alla meditazione.

cenóne s.m. **1.** Nel sign. dell'accr. di *cena.* **2.** Pasto serale della vigilia di Natale o dell'ultimo dell'anno.

cenòsi s.f. inv. (gr. *koínōsis* "unione") BIOL. → **biocenosi**.

cenotàfio s.m. [pl. *–fi*] (lat. *cenotàphium*, gr. *kenotáphion* comp. di *kenós* "vuoto" e *táphos* "tomba") Monumento funebre per persona sepolta altrove o le cui spoglie non sono state ritrovate.

cenozòico s.m. (solo sing.) GEOL. Quarta era geologica divisa in tre periodi (Risale a 65 milioni di anni fa e fu caratterizzata dallo sviluppo dei mammiferi, delle angiosperme e da una conformazione fisica della Terra simile a quella attuale). ◆ agg. [pl.m. *–ci*, f. *–che*] Relativo a tale era.

censiménto s.m. Rilevazione simultanea di dati, che vengono elaborati statisticamente, sugli elementi di un'entità collettiva in un dato momento. *Censimento della popolazione.*

censire v.tr. [83] (lat. *censire*, poi *censēre* "dichiarare, accertare il patrimonio dei cittadini") **1.** Sottoporre a censimento una popolazione o dei beni. **2.** Iscrivere le proprietà immobiliari nel registro del catasto. SIN.: **accatastare**.

censìto agg. Iscritto al censo o nei registri del censimento, quindi soggetto al pagamento di tasse e tributi.

cènso s.m. **1.** Patrimonio, ricchezza sottoposti a tributo. **2.** ANT. ROM. Lista a uso fiscale dei cittadini e dei loro beni. **3.** ST. Nel Medioevo, tributo; nell'Ottocento, aliquota tributaria o patrimonio necessario per eleggere ed essere eletti.

censoràto s.m. Ufficio di censore o di revisore. ~ Durata di tale carica.

censóre s.m. **1.** ANT. ROM. Ciascuno dei due magistrati incaricati di compiere il censimento patrimoniale, di sovrintendere alle finanze dello Stato e di controllare i comportamenti pubblici e i costumi dei cittadini. **2.** (anche con riferimento a donna) Chi ha incarichi di controllo, di sorveglianza in vari settori. ~ In partic., addetto all'ufficio di censura. ~ Nelle accademie, revisore delle opere da pubblicare. ~ Nei collegi, chi controlla disciplinarmente i convittori. **3.** *fig.* [*scherz.* f. *censora*] Giudice severo, ipercritico, per lo più indisponente e superbo.

censòrio agg. [pl.m. *–ri*] Di, da censore. *Diritto censorio.*

censuàrio agg. [pl.m. *–ri*] Del censo, considerato ai fini fiscali. ◆ s.m. Chi deve pagare un tributo.

censùra s.f. **1.** ANT. ROM. Magistratura ricoperta dai censori. ~ La sua durata. ~ Pena inflitta dai censori. **2.** Controllo ideologico e morale dello Stato o della Chiesa sulle opere del pensiero. ~ Ufficio che la esercita. **3.** *fig.* Disapprovazione, critica, biasimo dell'operato altrui. **4.** DIR. Provvedimento disciplinare nei confronti di un dipendente pubblico. ~ DIR. CAN. Punizione inflitta a un religioso o a un fedele consistente nella privazione di beni spirituali (scomunica, interdetto, ecc.). ◇ *Censura parlamentare:* sanzione inflitta dal presidente d'assemblea al parlamentare indisciplinato, consistente nell'interdizione a partecipare ai lavori del collegio per un certo numero di sedute. **5.** PSICOAN. Repressione dei desideri inconsci esercitata dal Super-io.

censuràbile agg. Meritevole di critica, di censura.

censuràre v.tr. **1.** Sottoporre un'opera a censura o esercitare su di essa un controllo ideologico o morale. **2.** *fig.* Biasimare, criticare qlco. o qlcu. con severità. ◆ **censurarsi** v.pron. Sottoporsi ad autocensura.

Centaurèa o **Centàurea** s.f. (lat. *Centaurea*, gr. *kentáureion* deriv. di *kéntauros* "centauro" perché, secondo il mito, il centauro Chirone la usò per curarsi una ferita) **1.** BOT. Genere di piante erbacee con fiori rossi, gialli, blu o bianchi disposti in capolini o corimbi, diffuse nelle zone mediterranee e nell'Asia temperata; ne fa parte il fiordaliso. (Famiglia delle Composite.) ◇ *Centaurea maggiore:* pianta erbacea perenne con fiori celesti o gialli e foglie lanceolate, usata nella preparazione di liquori digestivi. **2.** *Centaurea minore:* pianta erbacea aromatica e medicinale. (Famiglia delle Genzianacee.)

centàuro s.m. **1.** MIT. GR. Mostro mitologico con testa e torace umani ma con groppa e zampe di cavallo. **2.** *fig.* Motociclista. **3.** ASTR. (iniziale maiusc., solo sing.) Costellazione dell'emisfero australe.

centavo [/θen'taβo/] s.m. [pl. *centavos*] (voce spagn. e port.) Valuta divisionale che vale 1/100 dell'unità monetaria principale (peso, escudo, ecc.) in numerosi paesi di lingua spagnola o portoghese.

centellinàre v.tr. **1.** Bere a piccoli sorsi per gustare meglio il sapore di una bevanda. *Centellinare un vino.* **2.** *fig.* Gustare qlco. a poco a poco, con compiacimento. SIN.: **assaporare**. **3.** *fig.* Usare qlco. con parsimonia e oculatezza. *Centellinare le energie.*

centenàrio agg. [pl.m. *-ri*] **1.** Che ha cento o più anni. **2.** Che ricorre ogni cento anni. ◆ s.m. **1.** [f. *-ria*] Chi ha compiuto cento anni. **2.** Centesimo anniversario di un avvenimento. ~ La sua celebrazione.

centennàle agg. **1.** Che ha durata di cento anni. *Contratto centennale.* **2.** Che ricorre ogni cento anni. ◆ s.m. Il centesimo anniversario di un avvenimento. *Il centennale della morte di Verdi.*

centèrbe s.m. inv. Liquore a base di erbe aromatiche.

centesimàle agg. Che rappresenta un centesimo di una grandezza. ◇ *Grado centesimale:* unità di misura degli angoli, che corrisponde alla centesima parte dell'angolo retto. – *Sistema centesimale:* in base 100.

centèsimo agg. num. ord. **1.** Che, in una successione ordinata, occupa il posto corrispondente al numero cento. **2.** Con valore frazionario, relativo a ciascuna delle parti di un intero diviso per cento. **3.** *estens. per esager.* Innumerevole. *È la centesima volta che te lo ripeto!* ~ Anche, minima parte, briciolo. *Vorrei la centesima parte delle sue ricchezze.* ◆ s.m. **1.** [f. *-ma*] Nelle accez 1 e 2 dell'agg. *Un centesimo di secondo.* **2.** Moneta divisionaria equivalente alla centesima parte dell'unità monetaria principale di molti paesi (p.e. dollaro, euro). ◇ *figg. Essere, rimanere senza un centesimo:* senza denaro. – *Non valere un centesimo:* poco o niente. – *Contare il centesimo:* risparmiare il più possibile.

centiàra s.f. Centesima parte dell'ara, equivalente a 1 m² (simb. *ca*).

centigrado agg. Di indice graduato suddiviso in cento parti uguali. ◇ *Grado centigrado:* unità di misura della temperatura costituita dalla centesima parte della scala *Celsius.

centigràmmo o **centigràmma** s.m. [pl. *-mi*] Centesima parte del grammo (simb. *cg*).

centile s.m. STAT. → **percentile**.

centilitro s.m. Centesimo di litro (simb. *cl*).

centimetro s.m. **1.** Centesimo di metro (simb. *cm*). ◇ *fig. Misurare al centimetro:* con precisione, pignoleria. **2.** *estens.* Nastro diviso in centimetri utilizzato in sartoria. *Il centimetro del sarto.*

cèntina s.f. **1.** COSTR. Struttura di sostegno utilizzata per la costruzione di archi e volte. ~ *estens.* Struttura arcuata, in metallo, usata per pensiline, camion, ecc. **2.** AER. Elemento strutturale dell'ala o della fusoliera dell'aereo che ne determina la forma. **3.** Curvatura data a un qualsiasi elemento. *Profilo a centina.*

centinàio s.m. [pl. *centinaia*] **1.** Insieme di cento unità ca. **2.** *per esager.* (al pl.) In grande quantità. *Centinaia e centinaia di persone.*

centinòdia s.f. Pianta erbacea, annua o perenne, con foglie lanceolate e piccoli fiori bianchi o verdi, coltivata per usi alimentari; detta anche *correggiola*. (Genere *Polygonum*; famiglia delle Poligonacee.)

centista s.m. e f. [pl.m. *-sti*] SPORT. Centometrista.

cènto agg. num. card. **1.** Numero naturale equivalente a dieci decine. *Cento anni.* ◇ SPORT. *Cento metri:* specialità di corsa veloce dell'atletica leggera. – *Novantanove volte su cento (volte):* molto spesso. – *Una volta su cento (volte):* quasi mai. **2.** *per esager.* Un'entità molto grande. *Ripetere qualcosa cento volte.* ◆ s.m. inv. **1.** Il numero cento. **2.** La forma grafica del numero cento. **3.** Base di riferimento per calcolare frequenza o proporzione. *Dodici per cento.* ◇ *Cento per cento:* la quantità equivalente a cento unità ogni cento, e quindi la quantità totale considerata; anche per indicare il raddoppio. *Il prezzo è aumentato del 100%.* – *fig. Al cento per cento:* in tutto e per tutto, con assoluta certezza. *Sicuro al cento per cento.* **4.** (iniziale maiusc.) Il secolo undicesimo. **5.** Voto conseguito in prove ed esami.

centodiciòtto agg. num. card. Numero naturale equivalente a dieci decine e diciotto unità. ◆ s.m. inv. **1.** Il numero centodiciotto. **2.** La forma grafica del numero centodiciotto. **3.** Numero telefonico per le emergenze sanitarie. ~ *estens.* La struttura che si occupa delle emergenze sanitarie. *Chiamare il 118.*

centodódici agg. num. card. Numero naturale equivalente a dieci decine e dodici unità. ◆ s.m. inv. **1.** Il numero centododici. **2.** La forma grafica del numero centododici. **3.** Numero telefonico per richiedere il pronto intervento dei carabinieri. ~ *estens.* Il gruppo di pronto intervento dei carabinieri.

centometrista s.m. e f. [pl.m. *-sti*] SPORT. Atleta che corre sulla distanza dei cento metri piani.

centopèlle o **centopèlli** s.m. inv. ZOOL. Omaso dei Ruminanti.

centopièdi s.m. inv. Denominazione comune di varie specie di insetti dei Chilopodi. SIN.: **millepiedi**.

centoquìndici agg. num. card. Numero naturale equivalente a dieci decine e quindici unità. ◆ s.m. inv. **1.** Il numero centoquindici. **2.** La forma grafica del numero centoquindici. **3.** Numero telefonico per richiedere il pronto intervento dei Vigili del Fuoco.

centotrédici agg. num. card. Numero naturale equivalente a dieci decine e tredici unità. ◆ s.m. inv. **1.** Il numero centotredici. **2.** La forma grafica del numero centotredici. **3.** Numero telefonico per richiedere il pronto intervento della polizia. ~ *estens.* Il gruppo di pronto intervento della polizia. *Chiamare il 113.*

centrafricàno agg. Dell'Africa centrale.

centràggio s.m. [pl. *-gi*] (fr. *centrage*) MECC. IND. Sistemazione di un pezzo nella posizione giusta rispetto all'asse di rotazione.

centràle agg. **1.** Del centro, posto al centro. **2.** GEOGR. Situato in una zona pressappoco equidistante tra nord e sud o tra est e ovest. *Europa centrale.* **3.** *fig.* Principale, essenziale, fondamentale per funzione o importanza. *Sede centrale.* **4.** FON. Relativo a vocale che viene articolata nella parte mediana del cavo orale; in italiano è la a. **5.** MUS. Di nota che si colloca tra le acute e le basse. ◆ s.f. **1.** Struttura dirigenziale di un dato settore. *Centrale di polizia.* **2.** Impianto di produzione o di distribuzione. *Centrale elettrica, nucleare.* ◇ *Centrale telefonica:* luogo dove convergono le linee della rete pubblica e dove sono collocati gli impianti di commutazione che permettono il collegamento fra gli utenti. – *Centrale idroelettrica:* impianto che sfrutta l'energia cinetica di una massa d'acqua per produrre energia elettrica. ◆ s.m. e f. SPORT. In alcuni giochi di squadra, ruolo del giocatore che sul campo occupa una posizione mediana. ~ Il giocatore che ricopre tale ruolo.

centralina s.f. **1.** Centrale periferica di una rete elettrica o telefonica. **2.** Apparecchiatura in cui sono riuniti i comandi di particolari impianti o macchine.

centralinista s.m. e f. [pl.m. *-sti*] Operatore di un centralino telefonico.

centralino s.m. Impianto telefonico in grado di smistare le chiamate su una pluralità di linee interne o esterne.

centralismo s.m. Sistema di governo che accentra le funzioni politiche e amministrative nelle istituzioni nazionali piuttosto che negli enti locali. ◇ *Centralismo democratico:* principio organizzativo tipico dei partiti comunisti, secondo il quale è compito degli organi dirigenti stabilire la linea politica elaborando le discussioni e le proposte dei militanti.

centralista s.m. e f. [pl.m. *-sti*] (fr. *centraliste*) **1.** POLIT. Sostenitore del centralismo. **2.** Operatore, lavoratore di una centrale di produzione o di servizio.

centralità s.f. inv. **1.** Posizione centrale. **2.** *fig.* Importanza fondamentale, priorità. **3.** Caratteristica della politica moderata che intende mediare tra forze conservatrici e progressiste.

centralizzàre v.tr. **1.** Porre sotto la direzione o il controllo di un'unica autorità o organo centrale determinati organismi, poteri, funzioni, ecc. SIN.: **accentrare**. **2.** Unificare in un unico apparato vari comandi e funzioni. *Centralizzare l'impianto di riscaldamento.*

centralizzàto agg. Accentrato, unificato in un unico apparato o sistema. ◇ *Chiusura centralizzata:* chiusura automatica di tutti gli sportelli di un veicolo attivata da un solo comando. (Si attiva chiudendo uno sportello oppure con il radiocomando dell'antifurto.)

centramericàno o **centroamericàno** agg. Dell'America centrale.

Centràrchidi s.m. pl. [iniziale minusc. sing. *-de* per l'individuo] ZOOL. Famiglia di pesci con pinna anale a tre spine, diffusi nell'America del Nord. (Sottordine degli Attinopterigi.)

centràre v.tr. (fr. *centrer*) **1.** Colpire con precisione qlco. o qlcu. con un oggetto lanciato o con un proiettile. *Centrare un obiettivo.* **2.** *fig.* Cogliere, individuare con precisione gli elementi fondamentali di un argomento. *Centrare il problema.* **3.** TECN. Fissare qlco. esattamente nel centro. **4.** SPORT. Nel calcio, inviare il pallone dalle ali verso il centro. SIN.: **crossare**.

centràto agg. **1.** Colpito nel centro. **2.** Posto esattamente al centro. *Disegno centrato.* **3.** *fig.* Ben assestato. *Un pugno centrato.* ~ Giusto, competente. *Un'osservazione centrata.* **4.** FIS. Di sistema ottico a lenti sferiche i cui centri di curvatura sono allineati su una stessa retta, detta *asse principale del sistema.*

centrattàcco s.m. e f. [pl.m. *-chi*, f.inv.] SPORT. Centravanti.

centratùra s.f. **1.** MECC. Coincidenza tra l'asse di un pezzo cilindrico e l'asse della macchina utensile su cui viene lavorato. **2.** FIS. Operazione di allineamento dei centri di curvatura delle superfici delle lenti rispetto a un asse. *Centratura ottica.*

centravànti s.m. e f. inv. (calco dell'ingl. *centre-forward*) SPORT. Nel calcio, attaccante che gioca in posizione centrale.

centrifuga s.f. [pl. *-ghe*] Dispositivo che, grazie a un organo rotante, crea una forza centrifuga tale da separare sostanze di densità diversa. ~ In partic., cestello forato inserito all'interno di una lavatrice, ruotante a velocità tale da espellere l'acqua dai tessuti bagnati.

centrifugàre v.tr. [4] Sottoporre all'azione di una forza centrifuga.

centrifugo agg. [pl.m. *-ghi*, f. *-ghe*] **1.** Che tende ad allontanarsi dal centro (in oppos. a *centripeto*). ◇ FIS. *Forza centrifuga:* forza di tipo inerziale a cui è soggetto un corpo in moto curvilineo. – *fig. Tendenza centrifuga:* che tende a sfuggire a un'autorità centrale, autonomista. **2.** Di dispositivo che funziona mediante la forza centrifuga. *Pompa centrifuga.*

centrina s.f. (gr. *kentrínēs*, da *kéntron* "pungiglione") Squalo dal corpo tozzo, diffuso nel Mediterraneo e nell'Atlantico orientale. (Lunghezza fino a 2 m; famiglia degli Squalidi.)

centrino s.m. Piccolo manufatto in pizzo o tela fine ricamata, usato come ornamento su mobili.

centriolo s.m. BIOL. CELL. Struttura del centrosoma della cellula animale.

centripeto agg. Che tende a convergere verso il centro (in oppos. a *centrifugo*). ◇ FIS. *Forza centripeta:* quella che agisce su un corpo in moto curvilineo opponendosi alla forza centrifuga. – *fig. Tendenza centripeta:* volta a riaffermare o ricostituire l'unità.

centrismo s.m. POLIT. Atteggiamento, ideologia tipica dei partiti di centro. ~ Indirizzo programmatico espresso da una coalizione governativa di partiti di centro.

centrista agg. [pl.m. –sti] Che è proprio di un partito di centro. ◆ s.m. e f. Nel sign. dell'agg.

cèntro s.m. (lat. cĕntrum, gr. kéntron "pungiglione", quindi "perno" e "centro") **1.** GEOM. Punto interno equidistante da tutti i punti della circonferenza di un cerchio o di una superficie sferica. ~ In un poligono o in un poliedro regolare, il punto di intersezione degli assi. ◇ Centro di simmetria: il punto di una figura piana o di un volume che divide a metà tutti i segmenti tracciati tra due punti del perimetro o della superficie e passanti per esso. – Centro ottico: punto posto sull'asse di una lente per il quale i raggi luminosi passano senza che il loro percorso venga deviato. **2.** estens. Luogo più interno o pressappoco mediano di qlco., settore intermedio. Il centro della stanza. ◇ Centro area: centrocampo. **3.** Parte della città dove si concentrano uffici, attività commerciali e culturali. Il centro di Roma. ◇ Centro storico: quanto resta della città antica. **4.** fig. Punto principale, essenziale di un dato insieme omogeneo. Il centro del discorso. **5.** Luogo in cui si accentra la popolazione. Centro abitato. **6.** Luogo dotato di specifiche attrezzature per lo svolgimento di una data attività. Centro ospedaliero ◇ Centro commerciale: luogo in cui sono concentrati esercizi di vendita al dettaglio di beni di consumo e servizi. – Centro sociale: luogo di ritrovo gratuito spec. per giovani, gestito da un ente pubblico a scopo ricreativo e formativo, con sala di lettura e per incontri, teatro, campo giochi, ecc. – Centro congressi: edificio con varie sale per ospitare congressi. – Centro servizi: edificio nel quale sono dislocati uffici di ditte che forniscono servizi. **7.** POLIT. Insieme dei partiti che siedono nella parte di mezzo dell'emiciclo, alla quale corrisponde ideologicamente una posizione moderata. ~ estens. Ideologia moderata. ◇ Grande centro: coalizione idealistica che riunisce tutti i partiti democratici di centro della politica italiana. **8.** ANAT. Complesso di strutture cellulari preposto a particolari funzioni. I centri nervosi. **9.** SPORT. Punto di mezzo di un campo da gioco. Palla al centro. ~ Linea mediana longitudinale dello schieramento dei giocatori.

centrocampista s.m. e f. [pl.m. –sti] (calco dell'ingl. centre-fielder) SPORT. Nel calcio, giocatore che agisce soprattutto nella zona centrale del campo.

centrocàmpo s.m. inv. (calco dell'ingl. centre-field) **1.** SPORT. Zona trasversale a metà di un campo di calcio. **2.** estens. Insieme dei centrocampisti.

centrodèstra s.m. inv. Convergenza politica tra partiti di centro e di destra.

centròmero s.m. BIOL. CELL. Punto del cromosoma a cui si attaccano le fibre del fuso nella divisione cellulare.

centropàgina s.m. inv. In un quotidiano, pezzo stampato al centro della pagina.

centrosinistra s.m. inv. Convergenza politica tra partiti di centro e di sinistra.

centrosòma s.m. [pl. –mi] BIOL. CELL. Parte del citoplasma costituita da due centrioli perpendicolari tra loro.

Centrospèrme s.f. pl. [iniziale minusc. sing. –ma per l'individuo] (lat. Centrospermae, comp. di centro e gr. spérma "seme" per la disposizione degli ovuli nel fiore) BOT. Ordine di piante dicotiledoni prevalentemente erbacee, dotate di foglie senza stipole e fiori con perianzio semplice o doppio.

centrotàvola s.m. [pl. centritavola] Oggetto ornamentale che si pone al centro della tavola. ~ In partic., vaschetta portafiori in cristallo, argento, porcellana o alzata di frutta.

centuplicàre v.tr. [4] **1.** Moltiplicare per cento qlcu. o qlco. Centuplicare gli addetti. **2.** estens. Aumentare, accrescere di molto qlco. SIN.: **moltiplicare**.

cèntuplo agg. Maggiore di cento volte. ◆ s.m. ~ estens. Grande maggiorazione.

centùria s.f. **1.** ANT. ROM. Unità politica, amministrativa e militare formata da cento cittadini. ~ Ciascuno degli appezzamenti di terreno da cento iugeri in cui veniva suddiviso l'agro pubblico. **2.** Durante il fascismo, reparto della milizia volontaria. **3.** Raggruppamento di cento componimenti in versi o in prosa.

centuriàto agg. Suddiviso in centurie.

centurióne s.m. **1.** ANT. ROM. Ufficiale che comandava una centuria. **2.** Comandante di una compagnia di cento soldati, capo di un raggruppamento di cento cittadini. **3.** Durante il fascismo, comandante di una centuria della milizia volontaria.

cenùro s.m. Verme parassita dell'intestino tenue del cane, la cui larva è a sua volta parassita dell'encefalo e del midollo spinale della pecora.

cenuròsi s.f. inv. VET., MED. → **capostorno**.

CEO s.m. inv. (sigla dell'ingl. Chief Executive Officer) Direttore generale, amministratore delegato.

ceppàia s.f. **1.** Parte del fusto che fuoriesce dal terreno dopo il taglio dell'albero. **2.** Terreno disseminato di ceppaie.

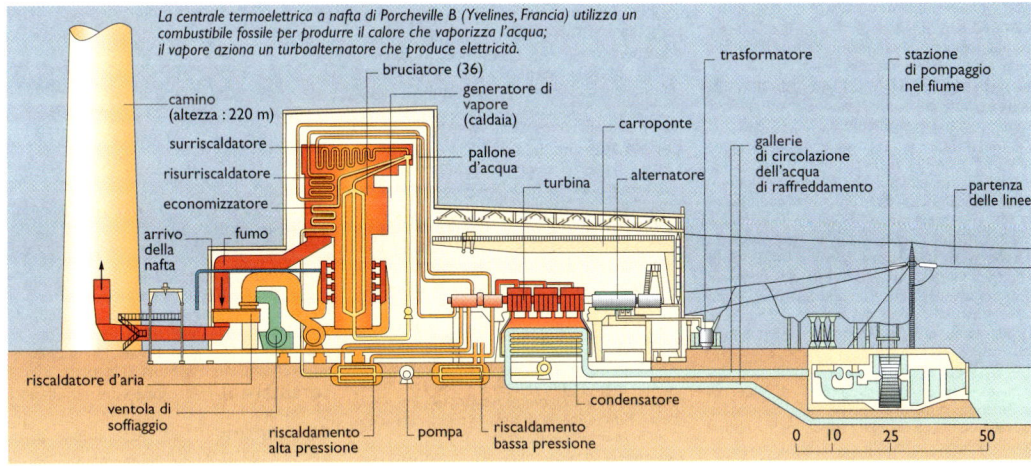

La centrale termoelettrica a nafta di Porcheville B (Yvelines, Francia) utilizza un combustibile fossile per produrre il calore che vaporizza l'acqua; il vapore aziona un turboalternatore che produce elettricità.

camino (altezza : 220 m) — surriscaldatore — risurriscaldatore — economizzatore — arrivo della nafta — fumo — riscaldatore d'aria — ventola di soffiaggio — riscaldamento alta pressione — pompa — riscaldamento bassa pressione — bruciatore (36) — generatore di vapore (caldaia) — pallone d'acqua — turbina — carroponte — alternatore — condensatore — trasformatore — gallerie di circolazione dell'acqua di raffreddamento — stazione di pompaggio nel fiume — partenza delle linee

0 10   25   50

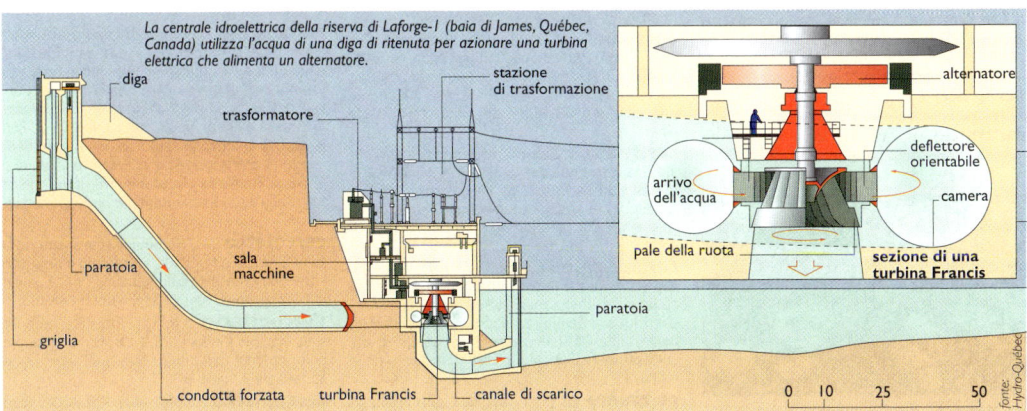

La centrale idroelettrica della riserva di Laforge-1 (baia di James, Québec, Canada) utilizza l'acqua di una diga di ritenuta per azionare una turbina elettrica che alimenta un alternatore.

diga — trasformatore — stazione di trasformazione — alternatore — arrivo dell'acqua — deflettore orientabile — camera — pale della ruota — sezione di una turbina Francis — paratoia — sala macchine — griglia — condotta forzata — turbina Francis — canale di scarico — paratoia

0 10   25   50

fonte: Hydro-Québec

■ **centràli.** Funzionamento della centrale termoelettrica e idroelettrica.

céppo s.m. **1.** Parte di un albero che resta nel suolo dopo che l'albero è stato tagliato. ~ Tronco di legno sul quale lavorano alcuni artigiani. ~ *estens.* Grosso pezzo di legno da ardere. **2.** *fig.* Origine, principio, stirpe. *Parola di ceppo indoeuropeo.* ◇ *Ceppo batterico:* gruppo di batteri dalle caratteristiche comuni. **3.** Pezzo di legno sul quale si decapitavano i condannati. **4.** (al pl.) Ganasce di legno con cui si bloccavano i piedi dei prigionieri. **5.** TECN. Parte di legno o di metallo di vari oggetti o strumenti. ◇ MAR. *Ceppo dell'ancora:* trave perpendicolare al fuso e sottostante la cicala che serve a garantire la presa verticale delle patte dell'ancora sul fondo. – *Ceppo del freno:* nei veicoli, la parte che, mediante un sistema di leve, fa attrito contro l'organo rotante. **6.** Cassetta delle elemosine.

1. céra s.f. **1.** Sostanza costituita da esteri di acidi grassi e alcoli, fusibile a bassa temperatura, di origine animale o vegetale. ◇ *Cera d'api:* sostanza traslucida secreta dalle ghiandole addominali delle api operaie, di consistenza dura a temperatura ordinaria e modellabile a caldo. – *figg. Viso di cera:* diafano, pallido. – *Parere, sembrare di cera:* essere pallidi, smorti. **2.** Sostanza minerale o sintetica che ha sostituito le cere naturali in molti usi. ◇ *Cera di Spagna:* ceralacca. – *Cera fossile:* sostanza biancastra formata da una mescolanza di idrocarburi. – *Cera per pavimenti:* prodotto per lucidare i pavimenti. – *Cera da scarpe:* prodotto per lucidare calzature. **3.** *estens.* Manufatto di cera, in partic. candela. ◇ *Museo delle cere:* dove sono esposte riproduzioni in cera di personaggi famosi. **4.** *Cera persa:* metodo di fusione in cui il metallo è colato su un modello di cera ricoperto di refrattario. **5.** Tavoletta di cera usata dagli antichi per scrivere.

2. céra s.f. Aspetto della fisionomia che indica sensazioni o condizioni di salute. SIN. colorito. ◇ *Fare buona, cattiva cera a qlcu. o a qlco.:* accoglierlo bene o male.

ceràio s.m. [f. –*raia*, pl.m. –*rai*] Produttore o commerciante di manufatti in cera. ❏ In funzione di agg., che secerne cera.

ceralàcca s.f. [pl. –*che*] Miscuglio di resine naturali, minerali e coloranti che si scioglie col calore, adatto per sigillature.

ceràmbice s.m. **1.** Denominazione comune di insetti dotati di lunghe antenne ad arco, parassiti di diverse piante. (Ordine dei Coleotteri.) ◇ *Cerambice delle querce:* gran *capricorno. **2.** ZOOL. (iniziale maiusc.) Genere di animali a cui appartengono le varie specie di cerambice.

Cerambìcidi s.m. pl. [iniziale minusc. sing. –*de* per l'individuo] ZOOL. Famiglia di insetti con corpo allungato e lunghe antenne, le cui larve scavano gallerie nei tronchi degli alberi. (Comprende più di 13.000 specie general. tropicali; ordine dei Coleotteri.)

ceràmica s.f. [pl.m. –*che*] (fr. *céramique*, gr. *keramikós* deriv. di *kéramos* "argilla") **1.** Materiale plasmabile costituito da argilla, creta, caolino impastati con acqua, al quale la cottura in appositi forni conferisce compattezza e rigidità. ~ *estens.* Oggetto fabbricato con tale materiale. **2.** Arte e tecnica con cui si producono manufatti a base di tale materiale (porcellane, maioliche, terrecotte). **3.** Materiale ottenuto per sintesi da varie polveri minerali, molto duro e resistente al calore, impiegato in varie tecnologie.

ceràmico agg. [pl.m. –*ci*, f. –*che*] Relativo all'arte della ceramica. ◇ Di ceramica.

ceramide s.m. BIOCHIM. Molecola organica formata dalla combinazione di acido grasso a

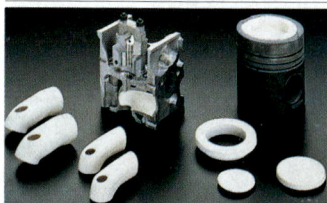

■ **ceràmica.** Parti di automobile in materiale ceramico (in bianco).

catena lunga e di alcool amminico, costituente principale di alcuni lipidi complessi delle membrane cellulari e della mielina del sistema nervoso. (Alcuni ceramidi di origine vegetale sono utilizzati nelle formule dei prodotti cosmetici.)

ceramista s.m. e f. [pl.m. –*sti*] Persona che lavora la ceramica.

ceramògrafo s.m. [f. –*fa*] Artista, artigiano specializzato nella decorazione della ceramica.

ceramologìa s.f. Studio degli oggetti in ceramica e della loro tecnica di produzione.

ceramòlogo s.m. [f. –*ga*, pl.m. –*gi*, f. –*ghe*] Studioso di ceramologia.

cerargirite s.f. MIN. Cloruro d'argento di colore grigio o giallognolo, molto plastico.

ceràste s.m. (lat. *cerásten*, gr. *kerástēs* "con corna") Serpente velenoso dell'Africa e dell'Asia detto anche *vipera cornuta* a causa delle due protuberanze scagliose situate sopra gli occhi. (Lunghezza 75 cm; famiglia dei Viperidi.)

ceràta s.f. Giacca piuttosto lunga o completo di pantaloni e giaccone in tessuto impermeabile, usato spec. da chi va per mare.

ceràto agg. **1.** Ricoperto, spalmato di cera. **2.** Reso impermeabile. ◇ *Tela cerata:* resa impermeabile da uno strato di vernice o gomma.

cèrbero s.m. (gr. *Kérberos* nome del mitologico cane a tre teste, custode dell'ingresso dell'Ade) **1.** Portinaio, custode rigoroso, inflessibile. **2.** *estens.* Persona intransigente, dura, irosa, sgarbata.

cerbiàtto s.m. Piccolo di cervo o capriolo.

cerbottàna s.f. (spagn. *cerbatana*, ar. *zarbatāna*) **1.** Antica arma costituita da una lunga canna di bambù, legno o metallo attraverso la quale si soffiavano sottili frecce o pallottole d'argilla. **2.** Cannuccia attraverso la quale si soffiano freccette di carta. **3.** Antica arma da fuoco con lungo tubo che si montava su cavalletto, di uso analogo alla spingarda. **4.** Tubo usato un tempo per soffiare e ravvivare il fuoco.

cérca s.f. [pl. –*che*] **1.** *lett.* Ricerca. ◇ *Andare, essere in cerca:* alla ricerca di qlco. o qlcu. **2.** CATT. Questua dei frati di ordini mendicanti. **3.** Modalità di comportamento del cane da caccia quando si mette sulle orme della selvaggina.

cercafàse s.m. inv. ELETTROTEC. Strumento a forma di cacciavite, con un indicatore luminoso, usato per rilevare le fasi e le eventuali interruzioni di un circuito elettrico.

cercamine s.m. inv. Apparecchio a microonde o elettromagnetico che individua le mine nascoste.

cercapersóne s.m. inv. Dispositivo radiotelefonico portatile che con un segnale acustico avverte il ricevente che qlcu. desidera contattarlo.

cercàre v.tr. [4] (lat. *circāre* "girare intorno") **1.** Operare in modo da trovare qlco. o qlcu. *Cercare un oggetto smarrito.* **2.** Darsi da fare, tentare di fare qlco. *Cercare di parlare.* ◆ v.intr. (aus. *avere*) Fare in modo da trovare qlcu. ~ Chiedere di qlcu. *Hanno cercato di te.*

cercària s.f. ZOOL. Larva dei vermi della classe dei Trematodi, munita all'estremità posteriore di un'appendice caudale mobile.

cercatóre s.m. **1.** [f. –*trice*] Chi cerca. *Cercatore d'oro.* **2.** Frate che fa la questua. **3.** ASTR. Piccolo cannocchiale a campo largo montato su un telescopio per individuare più facilmente una stella o una regione del cielo che si vuole osservare.

cérchia s.f. **1.** Seguito di elementi naturali o artificiali che contornano qlco. *Cerchia di mura, di monti, di colline.* **2.** *fig.* Piccolo gruppo chiuso, circolo di artisti, di intellettuali, ecc. *La cerchia degli amici.* ~ Ambito, campo. *Cerchia di affari.*

cerchiàggio s.m. [pl.m. –*gi*] **1.** Cerchiatura. **2.** MED. Applicazione di un anello di sostegno all'utero, effettuata spec. in casi di prolasso. ~ Applicazione di un filo metallico nei casi di frattura della rotula. ~ Sistemazione di un anello di silicone attorno all'occhio in caso di distacco della retina.

cerchiàre v.tr. [6] **1.** Cingere qlco. con uno o più cerchi per rinforzarlo. *Cerchiare una botte.* **2.** Circondare qlco. *I monti cerchiano l'orizzonte.*

cerchiàto agg. Cinto, circondato, contornato da un cerchio o da qlco. di circolare. ◇ *fig. Occhi cerchiati:* infossati, con le occhiaie.

cerchiatùra s.f. **1.** Sistemazione di una fascia circolare intorno a qlco. **2.** Insieme dei cerchi di una botte.

cerchiétto s.m. **1.** Nel sign. del dim. di *cerchio.* **2.** Orecchino o braccialetto a forma di cerchio. **3.** Semicerchio di vario materiale per trattenere i capelli. **4.** Filo metallico che rinforza il bordo del pneumatico a contatto col cerchione. **5.** (al pl.) Gioco infantile tra due giocatori, un tempo molto comune, consistente nel lanciare e nel riprendere con due bacchette un circoletto di legno.

cérchio s.m. [pl. –*chi*] **1.** GEOM. Figura piana in cui tutti i punti sono situati a uguale distanza da un punto fisso, il centro. ◇ *Cerchio massimo:* circonferenza ottenuta secando una sfera con un piano passante per il suo centro. **2.** *estens.* Ciò che è costituito da una circonferenza o ha forma circolare. ◇ *Cerchi infernali:* zone circolari degradanti che costituiscono la struttura dell'inferno dantesco. – *Cerchio di fuoco:* ampio anello metallico cosparso di sostanze infiammabili attraverso cui vengono fatti saltare alcuni animali del circo. – *Cerchio della morte:* acrobazia motociclistica consistente nel percorrere una pista circolare costruita su un piano verticale; acrobazia aerea consistente nel disegnare un circolo su un piano verticale, detta anche *gran volta* o *looping*. – *Cerchio azimutale, mediano, verticale:* strumenti ottici per la misurazione degli angoli. – *figg. Avere un cerchio alla testa:* l'emicrania. – *Avere i cerchi sotto gli occhi:* le occhiaie. **3.** Striscia di legno curvata a cerchio, usata un tempo dai bambini come gioco. ~ Cerchio leggero utilizzato in alcuni giochi o sport, p.e. nella ginnastica ritmica. **4.** *fig.* Disposizione circolare di cose o persone. ◇ *A cerchio:* con forma circolare. – *In cerchio:* in circolo.

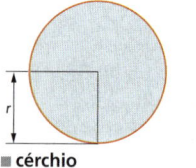

r: raggio
A: area
P: perimetro
$A = \pi \; r^2$
$P = 2 \pi \; r$

■ **cérchio**

cerchióne s.m. **1.** Nel sign. dell'accr. di *cerchio.* **2.** Fascia di metallo che ricopre la ruota di legno. ~ Cerchio metallico scanalato su cui viene montato il pneumatico. ~ Nelle ruote dei veicoli ferroviari, cerchio di acciaio munito di guida che mantiene la ruota sulla rotaia.

cercinàre v.tr. AGR. Sottoporre un albero a cercinatura.

cercinatùra s.f. AGR. Asportazione di un anello di corteccia dal fusto di un albero per indurire l'alburno e provocare l'aumento della quantità di legno.

cércine s.m. **1.** Corona di tessuto arrotolato che si pone sulla testa per agevolare il trasporto di un carico. ~ Copricapo femminile in tessuto, a forma di anello. ~ Pettinatura fatta di trecce avvolte intorno al capo. **2.** Parte circolare più larga in cima al collo di damigiane e bottiglie. **3.** BOT. Tumefazione circolare sul fusto e sui rami delle piante in corrispondenza di legature, tagli, ecc. **4.** Fascia imbottita che si metteva un tempo intorno alla testa dei bambini per proteggerli dagli urti.

cercolètto s.m. Mammifero carnivoro diffuso nell'America tropicale, arboricolo e notturno, con coda prensile. (Lunghezza 35 cm ca. senza la coda; genere *Potos*; famiglia dei Procionidi.)

Cercopitècidi s.m. pl. [iniziale minusc. sing. –*de* per l'individuo] ZOOL. Famiglia di piccole scimmie con lunga coda non prensile cui appartiene il macaco.

cercopitèco s.m. [pl.m. –*chi*, –*ci*] ZOOL. Scimmia con lunga coda di cui esistono molte specie in Africa. (Sotto ordine dei Catarrini.)

■ cercopitèco

cereàle s.m. (spec. pl.) (dal nome di *Cĕres* "Cerere" dea delle messi e dell'agricoltura) **1.** Pianta erbacea dai frutti ricchi di amido e proteine. (Famiglia delle Graminacee.) **2.** Seme, frutto di tali piante.
ENCICL. I cereali (grano, segale, avena, orzo, riso, granturco, ecc.) sono coltivati fin dagli albori dell'agricoltura. I loro frutti interi (riso) o dopo la molitura (grano, granoturco, miglio), costituiscono uno degli alimenti base dell'umanità e rappresentano l'ingrediente fondamentale di numerosi prodotti d'uso comune: pane, pasta, biscotti, ecc. Alcuni cereali (grano, avena, orzo, granturco, sorgo) svolgono inoltre un ruolo molto importante anche nell'alimentazione animale (spec. pollame e suini); altri, infine, sono impiegati a livello industriale per la produzione di birra, alcol e amido.

cerealicolo agg. Relativo ai cereali.

cerealicoltóre o **cerealicultóre** s.m. [f. *–trice*] Agricoltore che coltiva i cereali.

cerealicoltùra o **cerealicultùra** s.f. Coltivazione di cereali.

cerebellàre agg. ANAT. Relativo al cervelletto.

cerebràle agg. **1.** Relativo al cervello, all'encefalo. *Commozione cerebrale.* **2.** *fig.* Incline al ragionamento, all'attività intellettuale più che al sentimento o all'emozione. *Autore cerebrale.* **3.** LING. In fonetica, relativo a un suono retroflesso.

cerebralismo s.m. Preponderanza degli elementi ragionativi e intellettuali su quelli sentimentali ed emozionali. SIN.: **intellettualismo**.

cerebroléso agg. MED. Che ha subito una lesione cerebrale. ◆ s.m. [f. *–sa*] Nel sign. dell'agg.

cerebropatìa s.f. MED. Qualsiasi malattia cerebrale.

cerebrospinàle agg. MED. Che riguarda il cervello e il midollo spinale.

cerebrovascolàre agg. Dei vasi sanguigni del cervello.

1. cèreo agg. **1.** Di cera. **2.** Che ha il colore giallastro della cera. **3.** *fig.* Plasmabile come la cera.

2. Cèreo s.m. BOT. Genere di piante arboree dotate di fusto colonnare costolato, spine fogliari e fiori notturni; il legno che se ne ricava è usato per la fabbricazione dei remi. (Famiglia delle Cactacee.)

cerétta s.f. **1.** Miscela a base di cera che, spalmata e poi strappata, serve per la depilazione di parti del corpo. **2.** Lucido da scarpe.

cerfòglio o **cerfùglio** s.m. [pl. *–gli*] **1.** Pianta aromatica originaria della Russia meridionale

fiore

■ Cèreo

con foglie di colore verde vivo molto frastagliate, utilizzata in cucina e in erboristeria. (Genere *Anthriscus*; famiglia delle Ombrellifere.) **2.** Pianta perenne, tipica delle zone temperate dell'Europa, general. tossica, come p.e. la *cicutaria* e il *cerfoglio selvatico.* (Genere *Chaerophyllum.*)

cerìfero agg. Che produce cera.

cerimònia s.f. **1.** Celebrazione esteriore, solenne e spesso a cadenza regolare, di un culto o di un momento della vita sociale. *Cerimonia nuziale.* ◇ *Abito da cerimonia:* per particolari occasioni. **2.** (spec. pl.) Esibizione di buone maniere. ~ Osservanza eccessiva delle formalità nei rapporti con le persone. ◇ *Senza tante cerimonie:* in modo sbrigativo.

cerimoniàle s.m. **1.** Insieme delle norme che regolano le cerimonie civili, militari o religiose. **2.** CRIST. Libro che contiene le norme liturgiche delle cerimonie religiose. **3.** Presso istituzioni o enti, ufficio che organizza le cerimonie. ❑ In funzione di agg., relativo a una cerimonia.

cerimonière s.m. Chi si occupa del cerimoniale presso corti, capi di Stato, enti pubblici o religiosi.

cerimonióso agg. Troppo compìto, complimentoso.

cerino s.m. Fiammifero corto con il gambo di cotone o di carta, spalmato di cera.

cèrio s.m. (solo sing.) (lat. *Cerium*, deriv. di *Cĕres* "Cerere" nome di un asteroide da poco scoperto quando la voce fu coniata) **1.** Metallo appartenente al gruppo delle terre rare, duttile, malleabile, usato nelle leghe di ferro. **2.** Elemento chimico (Ce) di numero atomico 58 e peso atomico 140,115.

Ceritidi s.m. pl. [iniziale minusc. sing. *–de* per l'individuo] ZOOL. Famiglia di molluschi gasteropodi marini con guscio prolungato, molto comune allo stato fossile nelle rocce risalenti all'eocene. (Sottoclasse dei Prosobranchi.)

cermet [/'sɜːmɪt/] s.m. inv. Materiale composito formato da composti ceramici rivestiti da un legante metallico.

cèrnia o **cèrna** s.f. Pesce marino teleosteo piuttosto grande, dotato di lunga pinna dorsale aculeata, molto pregiato per le carni. (Famiglia dei Serranidi.)

■ cèrnia

cernièra s.f. (fr. *charnière*) **1.** Sistema di giunzione tra due elementi che rende possibile la loro rotazione intorno a un asse verticale o a un punto. ◇ *fig. Fare da cerniera:* fungere da raccordo, collegamento. **2.** Chiusura a incastro. ◇ *Cerniera lampo:* chiusura per abiti, borse, ecc., costituita da due nastri di stoffa muniti di piccoli segmenti trasversali che si incastrano sotto l'azione di un cursore. **3.** Striscia di tela che tiene unite le facce di una cartella di cartone o la rilegatura interna di un libro alla copertina. **4.** ZOOL. Congiunzione tra le due valve dei molluschi bivalve. **5.** GEOL. Asse di una piega lungo cui la curvatura è massima.

cèrnita s.f. Selezione secondo criteri prefissati.

cernitóre s.m. [f. *–trice*] Addetto alla selezione di qlco.

céro s.m. Grossa candela di uso liturgico e votivo. ◇ *Cero pasquale:* grande cero che viene benedetto nella notte del Sabato Santo e che rimane acceso per tutto il tempo pasquale. – *fig. fam. Accendere un cero:* riconoscere di avere scampato un pericolo per pura fortuna.

ceróne s.m. Crema colorata per il trucco degli attori.

ceroplàstica s.f. [non com. pl. *–che*] Arte del plasmare la cera.

1. ceróso agg. **1.** Che contiene cera. **2.** Simile alla cera.

2. ceróso agg. (fr. *céreux*) CHIM. Relativo a sale di cerio trivalente.

ceròtto s.m. (lat. *cerōtum*, gr. *kērōtón* "unguento di cera") **1.** Nastro di tela con una superficie adesiva, usato per fermare garze, bende, ecc. ~ Striscietta adesiva con al centro una piccola garza sterile o disinfettante, usata per medicare e proteggere abrasioni e ferite superficiali. ◇ *Cerotto di nicotina:* quello che rilascia della nicotina in un periodo di tempo variabile, utilizzato per placare il bisogno di fumare. **2.** *fig.* Persona appiccicosa, noiosa, che si lamenta sempre per qualche male.

cerréto s.m. Bosco di cerri. SIN.: **cerreta**.

cèrro s.m. **1.** Albero d'alto fusto simile alla quercia. (Famiglia delle Fagacee.) **2.** Legno che si ricava da tale pianta.

certàme s.m. *lett.* Combattimento collettivo o tra due contendenti. ~ Competizione, gara letteraria.

certaménte avv. **1.** In modo certo. **2.** Di sicuro, senza alcun dubbio. *Certamente, io non ci andrei.* ~ *assol.* Sì. *"Puoi aprire la porta" "Certamente!".*

certézza s.f. **1.** Assenza di dubbio. ~ Convincimento soggettivo. **2.** Sicurezza, attendibilità. ◇ *Certezza matematica:* basata su riscontri matematici. **3.** *estens.* Verità assoluta.

certificàre v.tr. [4] Dimostrare, attestare qlco. per mezzo di un documento avente valore legale. *Certificare l'identità di qualcuno.*

certificàto s.m. **1.** Documento con cui l'autorità competente afferma l'esistenza di un fatto o di un diritto. *Certificato di nascita.* **2.** *Certificato di credito, di deposito:* titolo che attesta l'esistenza di un deposito bancario a scadenza. ~ BANC. *Certificato di credito del tesoro (CCT):* titolo di credito emesso dallo Stato italiano in genere di durata pluriennale. ◆ agg. Dimostrato, attestato. *Identità certificata.*

certificazióne s.f. **1.** Insieme dei documenti occorrenti per una data pratica burocratica. ◇ *Certificazione di qualità:* attestazione che un ente competente rilascia ad aziende od organizzazioni che soddisfano determinati standard stabiliti a livello internazionale. **2.** Attestazione di veridicità. **3.** DIR. *Certificazione di bilancio:* controllo e attestazione di attendibilità del bilancio di una società azionaria, effettuati da una società di revisione.

cèrto agg. **1.** Sicuro, indubitabile. *Notizia certa.* **2.** Che si prevede su base razionale che sia accaduto o accadrà. *Evento certo.* **3.** Soggettivamente convinto, persuaso. *Sono certo di ciò che dico.* ❑ In funzione di agg. indef. **1.** Qualche, per esprimere una quantità o un numero indeterminati. *Per un certo tempo non li ho visti.* **2.** Tale, per alludere a qualità o identità non definite. *Ho un certo dolore alla schiena.* ~ Anche in frasi esclamative o per introdurre una frase consecutiva. *Ho certi nervi!* ~ Per indicare una persona di cui si fa il nome per la prima volta. *Ha telefonato un certo signor Rossi.* **3.** Dato, determinato, ma non specificato. *Il medico riceve solo in certi giorni della settimana.* ◆ avv. Sicuramente. *È una vicenda certo spiacevole.* ◆ s.m. (solo sing.) Ciò che è assodato, indiscutibile, sicuro. *Lasciare il certo per l'incerto.*

certósa s.f. (deriv. di *Chartreuse*, nome di un gruppo montuoso alpino del Delfinato, nei cui pressi san Brunone fondò nel 1084 il suo primo monastero) Abbazia di certosini.

certosìna s.f. ARRED. Tavolino intarsiato con avorio, oro, e legni di vario colore, in uso nel tardo Rinascimento e oltre.

certosino s.m. **1.** Monaco dell'ordine eremitico fondato da san Brunone di Colonia nel 1084 nei pressi di Grenoble. ◇ *fig. Lavoro da certosino:* minuzioso, che richiede grande precisione e pazienza. **2.** Gatto dal pelo di colore grigio-azzurro. **3.** Tipo di liquore. **4.** Nome commerciale di un formaggio lombardo, molle e dolce. **5.** CUC. Pandolce bolognese preparato con miele, frutta candita, spezie. ❑ In funzione di agg. **1.** Dell'ordine dei certosini. ◇ *fig. Pazienza certosina:* quella necessaria a compiere lavori lunghi, precisi, minuziosi. **2.** Di gatto dal pelo grigio-azzurro.

cerùleo agg. *lett.* Celeste, azzurro come il cielo.

cerùme s.m. **1.** Secreto delle ghiandole sebacee del condotto uditivo. **2.** Sgocciolatura delle candele, dei ceri.

cerùssa s.f. Colorante bianco, tossico, detto anche *biacca*.

cerussite s.f. MIN. Carbonato di piombo in cristalli bianco-grigi lucenti o in masse granulari.

cervellàta s.f. CUC. Salsiccia a base di carne e cervello di maiale con aggiunta di aromi, tipica della Lombardia. SIN.: **cervellato**.

cervellétto s.m. ANAT. Parte dell'encefalo posta nella zona posteriore del cranio, sotto il cervello, che regola l'equilibrio, il tono muscolare e la coordinazione dei movimenti.

cervèllo s.m. [pl.m. –*li*, anche pl.f. *cervella* nell'accez. 1] **1.** ANAT. Parte dell'encefalo suddivisa in due emisferi e contenuta nella cavità cranica. ~ *estens.* L'encefalo, ovvero la totalità della massa di tessuto nervoso contenuta nel cranio. **2.** *fig.* Sede delle facoltà mentali. ◇ *Pensare col proprio cervello*: con la propria testa, indipendentemente dal giudizio altrui. – *Dare fuori di cervello*: impazzire. – *Dar di volta il cervello*: non ragionare. **3.** *fig.* Essere umano, in quanto dotato di facoltà intellettive, di capacità non comuni. *Cervello fino.* **4.** *fig.* Persona che ha funzioni dirigenti. *Il cervello di un'impresa.* **5.** *Cervello elettronico*: computer.

cervellóne s.m. **1.** Nel sign. dell'accr. di *cervello*. **2.** *fam.* [f. –*na*] Persona di rilevanti doti intellettuali. **3.** *scherz.* Elaboratore elettronico.

cervellòtico agg. [pl.m. –*ci*, f. –*che*] Astruso, strampalato.

cervicàle agg. **1.** ANAT. Localizzato nella parte posteriore del collo. *Vertebra cervicale.* **2.** ANAT. Del collo dell'utero. ◆ s.f. *fam.* Artrosi cervicale.

cervice s.f. ANAT. Nella loc. *cervice uterina*, *°collo dell'utero.*

cervicite s.f. MED. Infiammazione del collo dell'utero.

Cèrvidi s.m. pl. [iniziale minusc. sing. –*de* per l'individuo] ZOOL. Famiglia di mammiferi ruminanti in cui i maschi hanno corna ossee caduche. (Ordine degli Artiodattili.)

cèrvo s.m. [f. –*va*] Mammifero ruminante dotato di zampe sottili e agili, pelame rossiccio, palchi di corna caduche nel maschio. (La specie europea pesa in media 150 kg. Il piccolo è il *cerbiatto*. Famiglia dei Cervidi.) ◇ *Cervo volante*: grosso coleottero dotato di due lunghe corna sulla testa e di ali sviluppate e atte al volo; *fig.* aquilone.

■ **cèrvo** europeo.

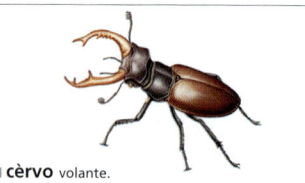
■ **cèrvo** volante.

cervògia s.f. [pl. –*ge*, –*gie*] Tipo di birra ottenuta un tempo dalla fermentazione di orzo e avena.

Cesalpiniàcee s.f. pl. [iniziale minusc. sing. –*a* per l'individuo] (dal nome del botanico A. *Cesalpino*) BOT. Famiglia di piante dicotiledoni legnose delle regioni tropicali e subtropicali, con fiori zigomorfi e legume deiscente o indeiscente. (Famiglia delle Leguminose.)

césare s.m. (lat. *Caēsarem*, cognome di cui si fregiarono come titolo gli imperatori romani in ricordo di Caio Giulio Cesare) Titolo assunto dagli imperatori romani. ~ *estens. lett.* Imperatore, sovrano.

cesàreo agg. (lat. *sēctio caesārea* "taglio cesareo" dal nome *Caēsar* che Plinio il Vecchio, riteneva significasse *caeso matris utero* "dall'utero tagliato della madre") MED. *Taglio cesareo*: operazione chirurgica, a cui si ricorre nei casi di parto naturale difficile, consistente nell'incisione della parete addominale e dell'utero.

cesarismo s.m. Governo di tipo dittatoriale fondato su un reale o fittizio consenso popolare.

cesaropapismo s.m. ST. Fenomeno storico-politico di concentrazione del potere civile e di quello religioso nella persona del sovrano, con sostanziale subordinazione della religione alla politica.

cesellàre v.tr. **1.** Lavorare finemente un prodotto di metallo, di pietra o materiale duro per mezzo di scalpello o cesello. *Cesellare l'oro.* **2.** *fig.* Comporre un'opera letteraria o eseguire una qualche attività di tipo artistico, curando al massimo lo stile e perseguendo obiettivi di estrema raffinatezza formale.

cesellatóre s.m. [f. –*trice*] **1.** Artista, artigiano che esegue lavori al cesello. **2.** Decoratore di rilegature di libri, di ceramiche. **3.** *fig.* Artista attento all'aspetto formale dell'opera.

cesèllo s.m. **1.** Piccolo scalpello a punta in uso tra artigiani e artisti come scultori, orafi. ◇ *fig. Lavorare di cesello*: finemente, con cura minuziosa. **2.** *estens.* Arte di lavorare artisticamente i metalli.

cesèna s.f. Tordo con piumaggio grigio-cenere sul dorso, bruno sul ventre e giallo fulvo sulla gola. (Lunghezza 25 cm ca.; genere *Turdus*, famiglia dei Turdidi.)

cèsio s.m. (solo sing.) **1.** Metallo alcalino, giallo pallido, tenero e duttile, utilizzato in elettronica e radiotecnica. **2.** Elemento chimico (*Cs*) di numero atomico 55 e peso atomico 132,9054.

cesóia s.f. **1.** (spec. pl.) Attrezzo a forma di grandi forbici, per tagliare metalli o alberi. **2.** Macchina utensile con una lama fissa e una che si muove, secondo un moto alternativo o con lama rotante. SIN.: **cesoiatrice**.

cèspite s.m. (lat. *caēspitem* "zolla, cespuglio") Bene o insieme di beni da cui proviene un reddito. ~ *estens.* Il reddito stesso.

cèspo s.m. Complesso di steli, rami, foglie spuntati dalla stessa radice in una pianta priva di fusto. *Cespo di lattuga.*

cespùglio s.m. [pl. –*gli*] **1.** Pianta priva di fusto i cui rami o steli e le nuove piante spuntano dalla stessa radice. ~ Ciuffo, groviglio di arbusti selvaggi e ramosi. **2.** *fig.* (spec. pl.) Nel l. gior., partito minore in una coalizione politica.

cessàre v.tr. Porre fine, interrompere. *Cessare il lavoro.* ◆ v.intr. (aus. *essere*) Avere termine, finire. *È cessata la pioggia.*

cessàte il fuòco loc. sost. m. inv. Interruzione dei combattimenti, tregua concordata.

cessazióne s.f. Interruzione, sospensione.

cessinàre v.tr. AGR. Concimare la terra con il cessino. *Cessinare il campo.*

cessino s.m. AGR. Materiale organico scaricato nel pozzo nero e usato come concime.

cessionàrio s.m. [f. –*ria*, pl.m. –*ri*] DIR. Beneficiario di una cessione. *Il cessionario di un effetto bancario.*

cessióne s.f. DIR. Trasferimento a terzi di un diritto, di un bene. SIN.: **alienazione**. ◇ *Cessione dei beni ai creditori*: contratto con cui il debitore concede ai creditori di liquidare i propri beni e dividersene il ricavato. – *Cessione del credito*: trasferimento di un credito ad altro creditore. – *Cessione pro soluto*: trasferimento di un credito a titolo oneroso, con garanzie della sua esistenza fornite dal cedente al cessionario. – *Cessione pro solvendo*: trasferimento di un credito a titolo oneroso, senza che il cedente garantisca il pagamento nel caso in cui il debitore resti insolvente. – *Cessione del quinto*: mutuo per i lavoratori dipendenti, estinto con il versamento di un quinto della retribuzione mensile.

cèsso s.m. **1.** *pop.* Latrina, gabinetto. **2.** *pop. fig.* Persona, cosa, luogo brutti, sporchi, squallidi.

césta s.f. **1.** Grande canestro in paglia o vimini intrecciati. ~ *estens.* Quantità contenuta in

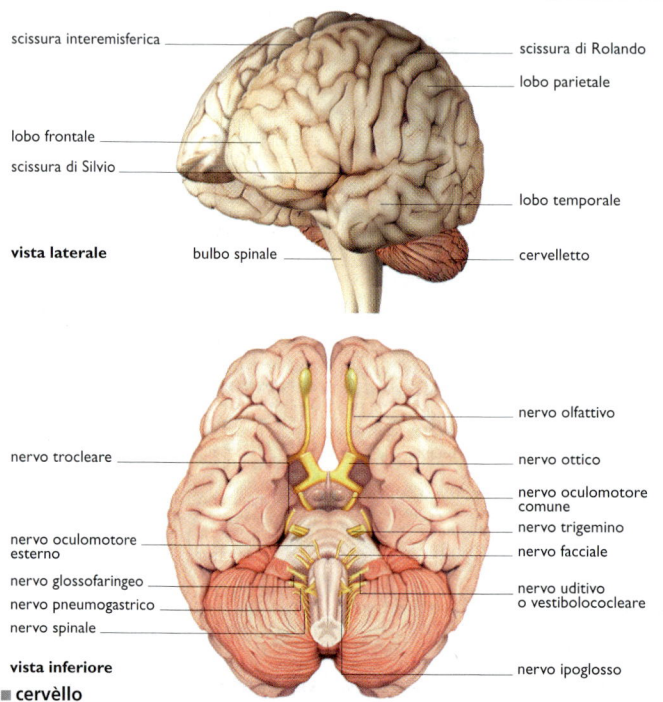

scissura interemisferica

scissura di Rolando

lobo parietale

lobo frontale

scissura di Silvio

lobo temporale

vista laterale

bulbo spinale

cervelletto

nervo olfattivo

nervo trocleare

nervo ottico

nervo oculomotore comune

nervo trigemino

nervo oculomotore esterno

nervo facciale

nervo glossofaringeo

nervo uditivo o vestibolococleare

nervo pneumogastrico

nervo spinale

vista inferiore

nervo ipoglosso

■ **cervèllo**

una cesta. *Una cesta di frutta.* **2.** TEAT. Baule contenente il corredo di scena dell'attore. **3.** Navicella dell'aerostato.

cestàio s.m. [f. *–staia*, pl.m. *–stai*] Chi fa o vende ceste e altri manufatti di vimini o paglia.

cestèllo s.m. **1.** Nel sign. del dim. di 1. *cesto*; in partic., piccola cesta fatta di barrette di metallo o di plastica. ~ Contenitore, diviso in scomparti, per il trasporto di bottiglie o altro. **2.** Parte interna utilizzabile di un apparecchio elettrodomestico (p.e. lavapiatti, lavastoviglie). **3.** Ripiano circondato da una ringhiera, montato sul braccio mobile di appositi veicoli, per contenere e innalzare chi deve lavorare in alto. **4.** Dispositivo di forma variabile (tubo svasato, tronco di cono) utile a concentrare e dirigere onde acustiche.

cesteria s.f. Fabbrica, negozio di ceste e di altri manufatti in vimini o paglia.

cestinàre v.tr. **1.** Buttare carta inutile nel cestino. *Cestinare le lettere.* SIN.: **gettare. 2.** *fig.* Rifiutare qlco. *Cestinare la domanda di assunzione.*

cestino s.m. **1.** Nel sign. del dim. di 1. *cesto*; in partic., canestro in vimini, metallo, plastica, ecc. con o senza maniglie, la cui forma è determinata dalla funzione. *Un cestino di fragole.* ◇ *Cestino da lavoro:* scatola con l'occorrente per cucire. – *Cestino da viaggio:* sacchetto col pasto da consumare in viaggio. **2.** INFORM. Nei sistemi operativi dotati di interfaccia grafica, contenitore, rappresentato da un'icona a forma di cestino, dentro cui spostare programmi o documenti da eliminare.

cestista s.m. e f. [pl.m. *–sti*] Giocatore di pallacanestro.

1. césto s.m. **1.** Cesta, paniere. **2.** SPORT. Nella pallacanestro, canestro.

2. césto s.m. Disposizione dei gambi e delle foglie di una pianta. SIN.: **cespo.** ◇ *Far cesto:* moltiplicare i rami alla base del fusto. SIN.: **accestire.**

3. cèsto s.m. Manopola, talora rinforzata con piombo, usata a protezione di mano e avambraccio dagli antichi pugilatori greci e romani.

Cestòdi s.m. [iniziale minusc. sing. *–de* per l'individuo] ZOOL. Classe di vermi piatti, endoparassiti dei mammiferi, privi di apparato digerente, dotati di corpo a nastro suddiviso in segmenti (*proglottidi*) autonomi in quanto provvisti di centri nervosi, organi sessuali e apparato escretore; ne fanno parte tenia e echinococco. (Sottotipo dei Platelminti.)

cesùra s.f. **1.** Nella metrica quantitativa, pausa interna a un piede ma che non spezza la parola. ~ Nella metrica accentuativa, pausa ritmica interna al verso che cade sempre in fine di parola. **2.** *fig.* Spezzatura, interruzione. **3.** MUS. Pausa successiva a un inciso o a una frase musicale.

Cetàcei s.m. pl. [iniziale minusc. sing. *–ceo* per l'individuo] (lat. *Cetacea*, deriv. di gr. *kētos* "mostro marino") ZOOL. Ordine di mammiferi acquatici di grandi dimensioni, dotati di arti anteriori trasformati in pinne e arti posteriori rudimentali, pinna caudale orizzontale, cavità nasali con funzione di sfiatatoi, bocca con denti o fanoni, pelle nuda; ne fanno parte balene, capodogli, delfini.

cetàno s.m. CHIM. ORG. Idrocarburo saturo, di formula $H_3C–(CH_2)_{14}–CH_3$. ◇ *Numero di cetano:* grandezza dell'attitudine all'accensione di un combustibile per motore diesel.

cetène s.m. CHIM. ORG. Molecola $H_2C=C=O$ che presenta due legami doppi adiacenti, prototipo di una famiglia di intermediari reattivi (i ceteni).

cetilico agg. [pl.m. *–ci*, f. *–che*] CHIM. Di composto organico in cui sia presente il radicale cetile.

cetina s.f. CHIM. Estere dell'acido palmitico con alcol cetilico, che appare come una sostanza cristallina, untuosa, bianca, insolubile in acqua; è ricavata dall'olio di spermaceti.

cèto s.m. (lat. *coētum* "riunione di persone") Categoria di cittadini con analoghe condizioni economiche, attività, caratteristiche culturali.

cetònia s.f. **1.** Insetto coleottero dal corpo tozzo, di colore verde metallico, che vive di fiori, in partic. di rose. (Lunghezza 2 cm; famiglia degli Scarabeidi). **2.** (iniziale maiusc.) Ge-

■ **cetònia** dorata.

nere di animali a cui appartengono alcune specie di cetonie. **Cetorìnidi** s.m. pl. [iniziale minusc. sing. *–de* per l'individuo] ZOOL. Famiglia di squali molto grandi, provvisti di cinque paia di fessure branchiali, di due pinne natatorie dorsali e denti piccolissimi.

cetorino s.m. Grande squalo inoffensivo presente nel Mediterraneo. (Ordine dei Selaci.)

1. cétra o **cètra** s.f. Antico strumento costituito da una cassa armonica a due bracci dalla quale partono le corde che si fissano in una traversa tesa tra i bracci stessi. ~ Strumento senza manico e traversa in cui le corde sono tese sopra la cassa (secc. XVI-XVII). ~ Qualsiasi strumento o funi tese su una cassa di risonanza sprovvista d'impugnatura.

2. cètra s.f. Piccolo scudo rotondo di vimini intrecciati, coperto di cuoio, in uso spec. tra le popolazioni iberiche.

cetràngolo o **cedràngolo** s.m. Arancio amaro.

cetriolino s.m. (spec. pl.) Piccolo cetriolo conservato sottaceto o in salamoia.

cetriòlo s.m. **1.** Pianta erbacea coltivata per il suo frutto allungato e cilindrico da consumare in insalata. (Genere *Cucumis*; famiglia delle Cucurbitacee). **2.** Tale frutto. **3.** *fig.* Persona sciocca, insulsa. **4.** *Cetriolo di mare:* oloturia.

■ **cetriòlo**.

CFC s.m. inv. Abbreviazione di *clorofluorocarburo*.

CGS o **C.G.S.** s.m. inv. (sigla di *Centimetro, Grammo, Secondo*) METROL. Sistema basato su tre unità fondamentali, il centimetro, il grammo e il secondo.

chablis [/ʃa'bli/] s.m. inv. (voce fr., dal nome del luogo di produzione) Vino bianco secco prodotto a Chablis, in Borgogna.

cha cha cha [/'t ʃa 't ʃa 't ʃa/] loc. sost. m. inv. (loc. spagn. di orig. onom.) Danza di coppia d'origine cubana, derivata dal mambo, in voga negli anni Cinquanta in Europa e Stati Uniti. ~ Musica di ritmo 4/4 che accompagna la danza omonima.

chador [/t ʃa'dɔr/] s.m. inv. (voce persiana, "velo") Velo portato dalle donne islamiche, che copre le spalle, il capo e il volto lasciando scoperti solo gli occhi.

chairman [/'t ʃɛəmən/] s.m. inv. (voce ingl., comp. di *chair* "seggio" e *man* "uomo") Chi svolge la funzione di presidente in riunioni, assemblee, dibattiti.

chaise longue [/'ʃɛz lɔ̃g/] loc. sost. f. inv. (loc. fr., propr. "sedia lunga") Poltrona imbottita con spalliera reclinata e poggiapiedi incorporato.

chalet [/ʃa'lɛ/] s.m. inv. (voce fr. della Svizzera romanda) Villetta in legno con basamento di pietra e tetto molto spiovente, secondo il tradizionale stile abitativo delle montagne svizzere.

challenge [/'t ʃælindʒ/] s.m. o s.f. inv. (voce ingl., "sfida") Gara sportiva in cui si assegna un titolo o un trofeo. ~ Il titolo, il trofeo stesso.

challenger [/'t ʃælindʒə/] s.m. e f. inv. (voce ingl., deriv. di *to challenge* "sfidare") Atleta che gareggia in un challenge. ~ Chi sfida ufficialmente il detentore di un titolo.

chambertin [/ʃɑ̃bɛrtɛ̃/] s.m. inv. Vino rosso pregiato prodotto in Borgogna, a Gevrey-Chambertin.

champagne [/ʃɑ̃'paɲ/] s.m. inv. (voce fr., dal nome della regione della Francia nord-orientale in cui si produce il vino) Vino pregiato francese, bianco o rosé, secco, spumante. ❏ In funzione di agg. inv., di colore biondo chiaro tendente al rosa. *Vestito champagne.*

champenois [/ʃɑ̃pən'wa/] agg. inv. (voce fr., propr. "della Champagne" regione della Francia settentrionale) Relativo al metodo di vinificazione con cui si ottengono lo champagne e alcuni spumanti. ◆ s.m. inv. Vino spumante ottenuto col metodo champenois.

champignon [/ʃãpi'ɲɔ̃/] s.m. inv. (voce fr., propr. "fungo", deriv. di *champegneul* "campagnolo") Piccolo fungo coltivato, con cappello e gambo bianchi. SIN.: **prataiolo.**

chance [/'ʃãs/] s.f. inv. (voce fr., lat. *cadēntia* "caduta" quindi "sorte") Possibilità di successo. ~ Occasione propizia. *Avere una chance.*

chanson de geste [/ʃã'sɔ̃ d(ə) 'ʒɛst(ə)/] loc. sost. f. inv. (loc. fr., propr. "canzone di gesta") Componimento poetico di argomento cavalleresco, proprio dei secc. XI-XIII. ~ Le chanson de geste o *canzoni di gesta* sono state raccolte in cicli: le *Gesta del Re*, con Carlo Magno come figura centrale, le *Gesta di Doon de Mayence* e le *Gesta di Garin de Monglane*.)

chansonnier [/ʃãso'nje/] s.m. inv. (voce fr., deriv. di *chanson* "canzone") Cantante che si esibiva un tempo nei caffè e nei cabaret. *I grandi chansonnier parigini.* ~ *estens.* Cantautore, spec. francese.

chantilly [/ʃãti'ji/] s.m. inv. (voce fr., dal nome di una cittadina nella Francia settentrionale) **1.** Pizzo a tombolo molto fine. **2.** Tipo di stivali da cavallerizzo alti al ginocchio e di pelle lucida. ◆ s.f. inv. CUC. Tipo di crema contenente panna montata e aromatizzata con liquore, usata per farcire dolci.

chaperon [/ʃa'prɔ̃/] s.m. [pl. *chaperons*] (voce fr., propr. "cappuccio" in riferimento alla funzione protettiva) **1.** Nelle famiglie aristocratiche o alto-borghesi di un tempo, signora di mezza età che accompagnava le giovani nei viaggi, ai ricevimenti, ecc. **2.** *scherz.* Persona che introduce in un ambiente nuovo.

charango [/t ʃa'rango/] s.m. [pl. *charangos*] (voce spagn. di etim. incerta) MUS. Piccolo liuto d'origine andina, con cinque corde e cassa in legno o in guscio d'armadillo.

chardonnay [/ʃardɔ'nɛ/] s.m. inv. (voce fr., dal nome del villaggio da cui proviene il vitigno) Vitigno coltivato in Francia, comune anche in Italia, che produce uva bianca pregiata da cui si ricava il vino pinot chardonnay.

charleston [/'t ʃaːlstən/] s.m. inv. (voce ingl., dal nome della città nella Carolina del Sud donde si diffuse tale ballo) **1.** Ballo d'origine afro-americana, reso popolare da uno spettacolo di Broadway (1923), poi ballo in voga negli anni Venti. **2.** Strumento a percussione che fa parte della batteria, costituito da due piatti sistemati lungo un asse verticale e mossi da un pedale.

charlotte [/ʃar'lɔt/] s.f. inv. (voce fr., propr. "Carlotta") **1.** CUC. Dolce semifreddo fatto di savoiardi o pan di Spagna imbevuti di liquore e disposti a strati, inframmezzati con crema e panna montata. **2.** Cappello femminile a cuffia, legato con nastri, a tesa ovale piuttosto ampia, in uso un tempo.

charm [/'t ʃaːm/] s.m. (solo sing.) (voce ingl., propr. "fascino") FIS. Uno dei quark conosciuti. ~ Il numero quantico caratteristico.

charme [/'ʃarm/] s.m. inv. (voce fr., lat. *cārmen* "formula magica" quindi "incantesimo") Fascino, spec. femminile. ~ *Di bella, ma di non.*

charter [/'t ʃaːtə/] s.m. inv. (voce ingl., propr. "contratto di noleggio", fr. *chartre*) **1.** MAR. Noleggio di una nave mercantile equipaggiata. ~ La nave stessa. **2.** AER. Noleggio, da parte di una compagnia di viaggi, di un aereo non di linea.

~ L'aereo stesso. *Volare su un charter*. ☐ In funzione di agg. inv., nell'accez. 2 del s. *Volo charter*.

chase [/'tʃeis/] s.m. inv. [pl. *chases*] (voce ingl., propr. "caccia, inseguimento") MUS. Nel jazz, serie di improvvisazioni da parte di due o più solisti.

chassé [/ʃase/] s.m. inv. (voce fr.) BALL. Passo di danza.

chasselas [/ʃasla/] s.m. inv. (da *Chasselas*, villaggio del dipart. fr. della Saona e Loira) Vitigno francese da cui si ottiene uva da tavola.

chassepot [/ʃaspo/] s.m. inv. (dal nome dell'inventore, l'armaiolo francese A. A. *Chassepot*) Fucile da guerra, in dotazione all'esercito francese dal 1866 al 1874, usato dalle truppe che combatterono per lo Stato Pontificio contro i garibaldini nella battaglia di Mentana (1867).

chassidismo o **cassidismo** s.m. (deriv. di ebr. *ḥāsīd_* "pio") Movimento religioso ebraico di rinnovamento, fondato in Ucraina da Israel Ben Eliezer detto Ba'al Shem Tov (1700-1760). ENCICL. Il chassidismo, che tra gli ebrei dell'Europa orientale si diffuse rapidamente nel corso del sec. XIX, trascura la tradizione intellettuale legata al Talmud per ricollegarsi all'aspetto mistico di una fede semplice e gioiosa. Oggi, alcuni gruppi nati da questo movimento sono molto attivi in diverse comunità ebraiche, a volte raccomandando un fervore intransigente, come nel caso degli *hassidim di Lubavitch*.

châssis s.m. inv. (voce fr., deriv. di *châsse* "cassa") **1.** Telaio di un autoveicolo. **2.** FOTO. Telaio per lastre fotografiche. ~ Contenitore di pellicole cinematografiche. **3.** Struttura portante di un'apparecchiatura.

chat [/,tʃæt/] s.f. inv. (voce ingl., "chiacchierata") Servizio internet di intrattenimento che mette in contatto utenti diversi.

chat-line [/,tʃæt'lain/] s.f. inv. (voce ingl., comp. di *chat* "chiacchierata" e *line* "linea") Linea telefonica di intrattenimento che mette in contatto utenti diversi e per i più disparati motivi.

chattàre v.intr. (aus. *avere*) (deriv. di ingl. *to chat* "chiacchierare") INFORM. Nel gergo di Internet, chiacchierare, dialogare attraverso la rete.

chaud-froid [/ʃofʀw'a/] s.m. inv. (voce fr. "caldo-freddo") CUC. Delicata salsa a base di burro, farina e brodo, con aggiunta di uova e panna, che s'impiega per pollame e cacciagione, presentati freddi, spesso in gelatina.

chauffeur [/ʃo'fœr/] s.m. inv. (voce fr., propr. "fuochista") → autista.

chayote [/tʃaː'jɔte/] s.m. inv. (voce sp., dall'azteco *chayotl*) Pianta rampicante originaria del Messico, coltivata in Europa per il suo frutto polposo piriforme. (Genere *Sechium*; famiglia delle Cucurbitacee.)

1. ché agg. Quale, quali. ◆ s.m. (solo sing.) Qualcosa, preceduto dall'art. indet. *Noto un non so che di strano in lui*.

2. ché cong. **1.** Introduce frasi dipendenti esplicite. *Dico che hai ragione*. **2.** Nelle comparazioni, introduce il secondo termine di paragone. *Mi sembri più preoccupato che dispiaciuto*. **3.** Si usa per formare alcune locc. cong. ◇ *A meno che*: tranne che, eccetto che. – *In quanto che*: poiché.

chécca s.f. [pl. –*che*] (voce d'ambito gerg.) spreg. Omosessuale maschile.

check-in [/'tʃɛk,in/] s.m. inv. (voce ingl., propr. "registrazione") Negli aeroporti, ritiro dei bagagli dei viaggiatori e controllo dei biglietti.

check-list [/'tʃɛk,list/] s.f. inv. (voce ingl., propr. "lista di controllo") Serie di voci di controllo per la verifica delle varie fasi di un processo operativo, usata in informatica e nell'organizzazione aziendale.

checkpoint [/'tʃɛk,pɔint/] s.m. inv. (voce ingl., propr. "posto di controllo") Posto di blocco delle forze dell'ordine civili o militari dove si controllano i documenti.

check-up [/'tʃɛk ,ʌp/] s.m. inv. (voce ingl., propr. "controllo") **1.** MED. Controllo generale dello stato di salute, effettuato spec. attraverso una serie di esami di laboratorio e di indagini radiografiche, ecografiche, ecc. **2.** Revisione generale periodica di impianti, macchinari, ecc.

cheddar [/'tʃɛdə/] s.m. inv. (voce ingl.) Formaggio inglese o americano a pasta semidura e colorata.

cheddite s.f. (fr. *cheddite*, deriv. dal nome di *Cheddes* in Savoia, luogo di fabbricazione) Esplosivo a base di clorato di potassio, composti organici nitrati, paraffina.

cheeseburger [/'tʃiːz,bə:gə/] s.m. inv. (voce ingl.) CUC. Hamburger al formaggio.

chef [/'ʃɛf/] s.m. inv. (voce fr., deriv. di *chef de cuisine* "capo della cucina") Capo, in partic. capocuoco, direttore di cucina.

chefir o **kefir** [/'kɛfir/ o kɛ'fir/] s.m. inv. (turco *kefir*, deriv. di *kef*, ar. *kēf* deriv. di *kayf* "benessere") Bevanda acidula a base di latte fermentato tipica del Caucaso e dell'Asia centrale.

cheilite s.f. MED. Infiammazione delle labbra.

cheilodièresi s.f. inv. MED. *Labbro leporino.

cheilofagia s.f. MED. Movimento nevrotico consistente nel mordersi ripetutamente le labbra.

cheiloschisi s.f. inv. MED. *Labbro leporino.

chèla s.f. ZOOL. Pinza di alcuni crostacei.

chelàto agg. **1.** ZOOL. Dotato di chele. **2.** CHIM. Di composto contenente uno ione metallico centrale legato a più punti di una stessa molecola coordinata. ◆ s.m. Nell'accez. 2 dell'agg.

Cheliceràti s.m. pl. [iniziale minusc. sing. –*to* per l'individuo] ZOOL. Sottotipo di artropodi privi di antenne, muniti di cheliceri e di appendici per la deambulazione, come p.e. gli Aracnidi, i Merostomi (limulo) e i Picnogonidi.

chelicero s.m. (spec. pl.) ZOOL. Appendice articolata a forma di pinza posta vicino alla bocca dei Chelicerati.

chelòide s.m. MED. Tessuto cicatriziale ispessito, da alcuni considerato un tumore cutaneo; dopo l'ablazione tende a ripresentarsi.

Chelòni s.m. pl. [iniziale minusc. sing. –*ne* o –*nio* per l'individuo] ZOOL. Ordine di rettili terrestri e acquatici, dotati di corpo depresso, coperto da un'armatura scheletro-cutanea, nella quale possono ritrarre il capo, la coda e gli arti; comun. sono conosciuti come tartarughe.

Chelònidi s.m. pl. [iniziale minusc. sing. –*de* per l'individuo] ZOOL. Famiglia di testuggini marine con scudo depresso coperto da placche cornee ed arti trasformati in pinne natatorie, diffuse nei mari caldi e temperati.

chemin de fer [/ʃə'mɛ̃ d(ə) 'fɛr/] loc. sost. m. inv. (loc. fr., "strada ferrata" prob. perché la rotazione del banco ricorda il circolo su cui corrono i trenini elettrici) Gioco d'azzardo simile al baccarà, in cui a turno ogni giocatore tiene il banco.

chèmio s.f. inv. Abbreviazione di chemioterapia.

chemioluminescènza s.f. CHIM. Fenomeno di luminescenza legata ad alcune reazioni chimiche, general. di ossidoriduzione.

chemiorecettóre o **chemocettóre** s.m. BIOL. Recettore che risponde agli stimoli chimici.

chemioresistènza s.f. Resistenza di un microrganismo o di un tumore alla chemioterapia.

chemiosintesi s.f. inv. BIOL. Sintesi diretta di sostanze organiche effettuata da certi batteri (in oppos. alla *fotosintesi*).

chemiotattismo s.m. BIOL. Movimento degli organismi unicellulari guidato dall'odore o dal gusto di qualche sostanza chimica.

chemioterapia s.f. MED. Cura delle malattie con farmaci di sintesi. ◇ *Chemioterapia antiblastica*: cura dei tumori con particolari farmaci di sintesi che intervengono sulla moltiplicazione cellulare.

chemioteràpico agg. [pl.m. –*ci*, f. –*che*] MED. Relativo alla chemioterapia. ◆ s.m. Farmaco ad azione antibatterica o antiparassitaria ottenuto per sintesi chimica.

chemiotropismo s.m. BIOL. Movimento di organismi animali e vegetali dovuto a stimoli chimici.

chemisier [/ʃəmi'zje/] s.m. inv. (voce fr., deriv. di *chemise* "camicia") Vestito femminile in un unico pezzo, di linea diritta, con abbottonatura sul davanti, maniche e colletto tagliati come quelli delle camicie da uomo.

chenèlla s.f. CUC. Polpettina di pesce o di carne, con uova e mollica di pane, che general. si fa cuocere in acqua.

Chenopodiàcee s.f. pl. [iniziale minusc. sing. –*a* per l'individuo] BOT. Famiglia di piante dicotiledoni dotate di foglie semplici, fiori piccoli in infiorescenze a pannocchia o spiga e frutti ad achenio; ne fanno parte la barbabietola e lo spinacio. (Ordine delle Centrosperme.)

Chenopòdio s.m. BOT. Genere di piante erbacee provviste di foglie alterne, frutti a noce o bacca, piccoli fiori sessili; alcune specie sono commestibili, altre hanno proprietà vermifughe e sedative. (Famiglia delle Chenopodiacee.)

chepì s.m. inv. (fr. *képi*, svizzero -ted. *Käppi* deriv. di *Kappe* "berretto") Cappello militare rigido, di forma cilindrica, con visiera corta di cuoio.

chéppia s.f. → alosa.

chèque [/'ʃɛk/] s.m. inv. (fr. *chèque*, ingl. *check* propr. "controllo, tagliando di controllo") Assegno bancario.

cheratina s.f. BIOL. Sostanza proteica contenente zolfo, prodotta dalle cellule dell'epidermide, costituente le formazioni cornee (corna, unghie, peli, penne); è molto resistente agli agenti chimici.

cheratinizzazióne s.f. **1.** Trasformazione in cheratina delle sostanze costituenti le cellule dello strato corneo dell'epidermide. **2.** FARM. Processo di rivestimento di pillole con un composto a base di cheratina, per renderle resistenti ai succhi gastrici.

cheratite s.f. MED. Infiammazione della cornea.

cheratocòno s.m. MED. Modificazione della curvatura corneale che, pur restando trasparente, assume l'aspetto di un cono.

cheratodermia s.f. MED. Ispessimento dello strato corneo e infiammazione della pelle.

cheratoplàstica s.f. [pl. –*che*] MED. Trapianto di cornea.

cheratòsi s.f. inv. MED. Ispessimento dello strato corneo dell'epidermide.

cheratotomia s.f. MED. Incisione della cornea praticata in interventi di chirurgia oculistica.

cherigma o **kèrygma** s.m. [non com. pl. –*mi*] Nel cristianesimo primitivo, predicazione del messaggio cristiano ai pagani.

chèrmes o **kèrmes** s.m. inv. (spagn. *quermes*, ar. *qirmiz* "scarlatto") Sostanza colorante rosso vivo ricavata dal corpo essiccato delle cocciniglie, un tempo usata per tingere tessuti, oggi solo come colorante in liquori come l'alchermes.

cherosène o **kerosène** s.m. inv. (deriv. di gr. *kērós* "cera") CHIM. Miscela di idrocarburi ottenuta dalla distillazione frazionata del petrolio greggio (175-250 °C), usata come combustibile da riscaldamento o propellente per motori a reazione.

cherry-brandy [/'tʃɛri 'brændi/] s.m. inv. (voce ingl.) Liquore di ciliegia.

cherubino s.m. (lat. *Chérubin*, ebr. *kerūḇ* "colui che prega") **1.** RELIG. Ciascuno degli spiriti del secondo coro della prima gerarchia angelica, identificati con la pienezza di sapienza. **2.** in similitudine, bambino o giovanetto di una bellezza fine e delicata. ~ Anche, simile alla raffigurazione artistica di un cherubino.

chester [/'tʃɛsta/] s.m. inv. Formaggio inglese a base di latte vaccino parzialmente scremato che si presenta con pasta compatta, quasi priva di occhi, di colore aranciato chiaro.

chetichèlla s.f. Solo nella loc. *alla chetichella*, di nascosto.

chéto agg. Tranquillo, silenzioso. ~ Che si muove poco (spesso ripetuto). *È un giovane cheto cheto*.

Chetognàti s.m. pl. [iniziale minusc. sing. –*to* per l'individuo] ZOOL. Sottotipo di invertebrati marini ermafroditi, costituenti il plancton, con corpo fusiforme trasparente e con orifizio boccale circondato da una specie di setole.

chetóne s.m. (ingl. *ketone*, ted. *Keton*) CHIM. Molecola RR'C=O costituita da un gruppo carbo-

■ **chetognàto**

nilico C=O tra R eR'. (Il termine più semplice della serie è l'acetone, con formula R e R' = –CH₃.)

chetònico agg. [pl.m. –ci, f. –che] CHIM. Di chetone. ◇ *Corpi chetonici*: sostanze prodotte nel metabolismo dei grassi, presenti nel sangue e nelle urine in caso di patologia diabetica.

chetòsi s.f. inv. MED. Alterazione complessa del metabolismo che si osserva nel diabete mellito, in grado minore nelle febbri elevate ed in alcuni disturbi dell'infanzia; è caratterizzata da un'elevata concentrazione di corpi chetonici nel sangue e nei tessuti.

cheviot [/'tʃevjət/] s.m. inv. (voce ingl., dal nome della catena collinare scozzese ricca di pascoli) **1.** Razza ovina inglese a lana lunga, con vello pregiato che non ricopre gli arti. **2.** Stoffa leggera, soffice e morbida al tatto, fabbricata con la lana suddetta.

chewing-gum [/'tʃuːɪŋɡʌm/] s.m. inv. (voce ingl. d'America, deriv. di *to chew* "masticare" e *gum* "gomma") Gomma da masticare ricavata dal lattice di una pianta dell'America centrale (*Acras sapota*).

chi s.f. o s.m. inv. Ventiduesima lettera dell'alfabeto greco (X, χ), traslitterata nell'alfabeto latino con *ch* per renderne il suono aspirato.

chiàcchiera s.f. (spec. pl.) (voce di orig. onom.) **1.** Conversazione a scopo di passatempo. ◇ *fam. Fare due, quattro chiacchiere*: conversare amichevolmente, familiarmente. – *Perdersi in chiacchiere*: in cose, discorsi inconcludenti. **2.** Pettegolezzo, diceria, notizia infondata. **3.** Parlantina, loquacità. **4.** CUC. *region.* Dolce tipico del carnevale, fatto con strisce irregolari di pasta fritta, poi spolverata di zucchero vanigliato.

chiacchieràre v.intr. (aus. *avere*) **1.** Parlare in modo frivolo o a lungo. ~ Intrattenersi in una conversazione rilassata e amichevole. SIN.: **conversare**. **2.** Divulgare notizie, confidenze; sparlare, fare pettegolezzi. *La tua amica chiacchiera troppo*.

chiacchieràta s.f. **1.** Conversazione amichevole, familiare. **2.** Discorso inconcludente.

chiacchiericcio s.m. [pl. –ci] **1.** Parlottio. ~ Insieme di voci che giungono sommesse e fitte. **2.** Pettegolezzo.

chiacchieróne s.m. [f. –na] **1.** *scherz.* Gran parlatore. **2.** Chi diffonde confidenze. ◆ agg. Nei sign. del s.

chiamàre v.tr. **1.** Interpellare qlcu. con la voce, spesso accompagnata da gesti o segnali, con l'intenzione di ottenere risposta. ~ *fam.* Svegliare qlcu. *Chiamami alle otto!* ~ Telefonare a qlcu. *Chiamare la polizia.* ◇ *figg. Chiamare la palla*: in giochi di squadra, sollecitare un passaggio da parte di un compagno. – *Chiamare una carta*: nei giochi con le carte, chiedere, attraverso un segnale convenzionale, a un compagno di giocare una data carta. **2.** Invitare qlcu. a venire o ad andare in un certo posto. *Il dovere mi chiama.* ◇ *Chiamare alle armi*: convocare e arruolare qlcu. nelle forze armate. – DIR. *Chiamare in causa qlcu.*: citare qlcu. davanti a un organo giudiziario, allo scopo di sostenerne la responsabilità penale; *estens.* coinvolgerlo in situazioni spiacevoli. **3.** *fig.* Attrarre, attirare qlcu. *Chiamare le disgrazie.* **4.** Attribuire un nome a qlcu. ~ Soprannominare in un certo modo. ◇ *fig. Chiamare le cose con il loro nome*: parlare di fatti o persone senza falsi pudori e senza nascondere nulla. **5.** Definire qlco. con un certo nome. *Chiamiamo topos un concetto che è divenuto luogo comune.* **6.** Destinare qlcu. a un incarico, a una funzione. SIN.: **designare** ◆ **chiamarsi** v.pron. **1.** Avere nome. *Mia madre si chiama Tania.* ~ Darsi un nome, un soprannome. **2.** Dichiararsi, riconoscersi dotato di una certa qualità o condizione. ◇ *fig. Chiamarsi fuori*: non voler avere niente a che fare con qlco. **3.** Essere, risultare. *A casa mia questa si chiama stupidità.*

chiamàta s.f. **1.** Richiamo, invito. ◇ *Chiamata alle armi*: convocazione per il servizio di leva o in caso di guerra. – DIR. *Chiamata in giudizio, in causa*: citazione presso un organo giudiziario. **2.** *per anton.* Telefonata. **3.** In un manoscritto o nelle bozze di stampa, segno che rimanda a una correzione o a un'aggiunta scritta in margine. **4.** Movimento con le briglie, diverso a seconda dell'azione da far compiere al cavallo; anche, ciascuno degli anelli che collegano il morso del cavallo alle briglie.

chiamatóre s.m. [f. –trice] Chi, nello sport, è incaricato di chiamare i punti durante un incontro o, nelle aste pubbliche, a chi rende note le offerte.

chiànti s.m. inv. (dal nome della zona di produzione nella Toscana centrale) Vino rosso, asciutto, di buona gradazione, prodotto in Toscana.

chiàra s.f. *fam.* Albume dell'uovo crudo.

chiarèlla s.f. IND. TESS. Difetto di un tessuto dovuto alla mancanza di trama.

chiarétto s.m. inv. Vino lombardo rosé, asciutto, frizzante.

chiarézza s.f. **1.** Trasparenza, limpidezza. *Chiarezza dell'acqua.* **2.** *fig.* Comprensibilità, perspicuità. *Chiarezza di un pensiero.* ◇ *Far chiarezza*: eliminare gli equivoci. **3.** *fig.* Franchezza, sincerità. **4.** In uno strumento ottico, rapporto fra i flussi luminosi che giungono alla retina con o senza lo strumento.

chiarificàre v.tr. [4] **1.** Rendere chiari una sostanza o un liquido, eliminando le impurità. **2.** Chiarire un'idea, un concetto con opportune spiegazioni. SIN.: **delucidare**.

chiarificatóre agg. [f. –trice] Che spiega, che elimina ambiguità, incomprensioni. ◆ s.m. Centrifuga per chiarificare liquidi.

chiarificazióne s.f. **1.** Procedimento per rendere più limpidi i liquidi. **2.** *fig.* Spiegazione che elimina malintesi, equivoci.

chiariménto s.f. Spiegazione, delucidazione che serve a rendere qlco. più comprensibile.

chiarìre v.tr. Spiegare, rendere comprensibile qlco. con esempi, prove, argomenti. *Chiarire un concetto.* SIN.: **delucidare** ◆ **chiarirsi** v.pron. **1.** Diventare più comprensibile. *La situazione si è chiarita.* **2.** Informarsi, accertarsi di qlco. *Chiarirsi un dubbio.* ◇ *Chiarirsi le idee*: avere più chiarezza, diventare più lucido.

chiàro agg. **1.** Luminoso, illuminato. *Una giornata chiara.* **2.** Di colore tendente al bianco, che vira a toni scuri. *Carnagione chiara.* **3.** Di un suono limpido. *Voce chiara.* **4.** Facilmente comprensibile. *Una frase chiara.* **5.** (solo sing.) Si usa per esprimere un giudizio del parlante. *È chiaro che queste condizioni per lui sono inaccettabili.* ~ Anche come segnale discorsivo di contatto, di accertamento della comprensione, di ribadimento di quanto detto. *Le cose stanno così, è chiaro?* **6.** Illustre, insigne. **7.** LING. Detto di vocale articolata nella parte anteriore della cavità orale. ◆ avv. **1.** In modo comprensibile. *Devi scrivere più chiaro.* **2.** In maniera sincera, franca. ◇ *Chiaro e tondo*: apertamente, senza mezzi termini. **3.** Nettamente, nitidamente. ◇ *fig. Non vederci chiaro*: avere dei dubbi sull'onestà, sulla correttezza di qlco. o qlcu. ◆ s.m. **1.** Luce, luminosità. ◇ *figg. Mettere in chiaro qlco.*: spiegare. – *Venire in chiaro*: appurare. – *Chiari di luna*: periodo difficile, spec. sul piano economico. **2.** (solo sing.) Colore chiaro. *Vestire di chiaro.* **3.** In una pittura, scultura, in un'opera architettonica, la parte colpita dalla luce.

chiaróre s.m. Luce poco intensa diffusa da qlco. di luminoso. *Il chiarore dell'alba.*

chiaroscùro s.m. [pl. *chiaroscuri*] **1.** DIS. ART. Tecnica con la quale si rendono le sfumature di luce in un corpo tridimensionale in modo da suggerire il rilievo e la profondità. ~ *estens.* Pittura, disegno eseguiti con tale tecnica. ~ In scultura e in architettura, passaggio graduale tra i vari piani. **2.** *estens.* Contrasto di luce e ombra. **3.** *fig.* (al pl.) Alternanza di eventi. *I chiaroscuri della vita.*

chiaroveggènte agg. (calco del fr. *clairvoyant*) Che ha il potere di prevedere in modo razionale il futuro. SIN.: **lungimirante**. ◆ s.m. e f. Chi predice il futuro. SIN.: **indovino**.

chiaroveggènza s.f. (calco del fr. *clairvoyance*) **1.** Visione razionalmente esatta, lucida del futuro. **2.** Supposta percezione extrasensoriale.

chiàsmo o **chiàsma** s.m. [pl. –smi] (lat. *chiàsmum*, gr. *khiasmós* deriv. di *khī*, nome della lettera costituita da due segni incrociati) **1.** RET. Figura retorica basata sulla contrapposizione di due elementi linguistici che condividono la stessa funzione grammaticale o hanno un rapporto di correlazione semantica, invertendo la collocazione delle parole. **2.** ANAT. Disposizione a incrocio di formazioni anatomiche. ◇ MED. *Chiasmo ottico*: incrocio a X delle vie ottiche in corrispondenza del diaframma della sella turcica. **3.** SCULT. Disposizione delle membra nelle statue policletee, caratterizzata da un rapporto incrociato tra arti superiori e inferiori.

chiassaiòla s.f. COSTR. Canale di scolo per lo smaltimento dell'acqua piovana.

chiassile s.m. Telaio alloggiato nel vano della finestra e che sostiene i serramenti.

1. chiàsso s.m. Rumore forte e confuso. SIN.: **baccano**.

2. chiàsso s.m. *region.* Stradina stretta. SIN.: **vicolo**.

chiassóso agg. **1.** Che fa chiasso spec. parlando ad alta voce, ridendo. **2.** Rumoroso per i suoni che vi si producono. *Strada chiassosa.* **3.** *fig.* Eccessivamente vivace. *Colori chiassosi.* SIN.: **sgargiante**.

chiàtta s.f. **1.** Natante a fondo piatto, privo di mezzi di propulsione, usato per il trasporto di materiali. **2.** Barca, barcone a fondo piatto, spec. fluviale.

chiàve s.f. **1.** Strumento metallico per azionare serrature o dispositivi di bloccaggio. *Chiudere a chiave la porta.* ◇ *figg. Chiavi in mano*: riferito a un bene strumentale che, appena consegnato, può essere usato. – *Tenere sotto chiave*: custodire gelosamente. **2.** *fig.* Mezzo necessario per risolvere un problema, giungere a uno scopo. *La chiave del successo.* ◇ *Chiave di lettura*: modello interpretativo di un testo, di un fenomeno, ecc. – *Chiave di un codice o d'accesso*: parola, numero, combinazione che consente una decifrazione o, negli elaboratori, l'ingresso a informazioni protette. – *Chiave pubblica*: in una coppia di chiavi di un sistema di cifratura, quella messa a disposizione di chi partecipa allo scambio di messaggi, in oppos. alla *chiave privata*, a disposizione solo del possessore. **3.** Strumento a forma di chiave femmina per caricare meccanismi a molla. *La chiave di carica dell'oro-*

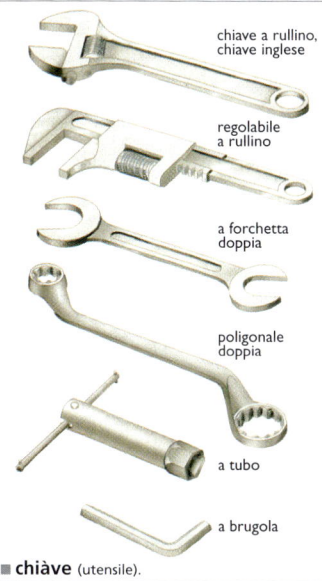

chiave a rullino, chiave inglese

regolabile a rullino

a forchetta doppia

poligonale doppia

a tubo

a brugola

■ **chiàve** (utensile).

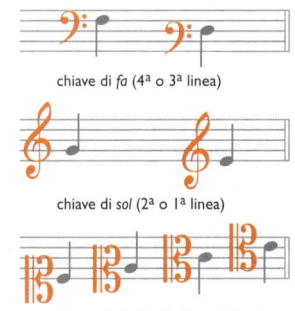

chiave di *fa* (4ª o 3ª linea)

chiave di *sol* (2ª o 1ª linea)

chiave di *do* (1ª, 2ª, 3ª o 4ª linea)

■ **chiàve** musicale.

logio. **4.** Strumento a forma di chiave che comanda l'accensione o lo spegnimento di impianti elettrici. *Chiave d'accensione*. **5.** Utensile per stringere o allentare dadi e viti. *Chiave fissa.* ◇ *Chiave inglese*: ad apertura regolabile. **6.** MUS. Bietta per tendere o allentare le corde di strumenti musicali. **7.** Ciascuna delle zeppe di legno che si inseriscono negli angoli di un quadro per tenere ferma la tela. **8.** ARCH. *Chiave di volta*: pietra a cuneo, posta alla sommità di un arco per dargli stabilità; nelle volte, serie di pietre a cuneo; *fig.* ciò da cui dipende un sistema, un ragionamento. **9.** MUS. Segno sul pentagramma che indica l'altezza delle note. *Chiave di violino. ~ estens.* Negli strumenti a fiato, valvola che apre o chiude i fori determinando l'altezza dei suoni. **10.** SPORT. Nella lotta, rotazione di un'articolazione in senso contrario a quello usuale. ❑ In funzione di agg. inv., che svolge un ruolo essenziale per capire o far funzionare qlco. *Elemento chiave.* ◇ *Posizione chiave*: strategica, di grande importanza.

chiavétta s.f. **1.** Nel sign. del dim. di *chiave*; in partic., piccola chiave femmina per caricare meccanismi a molla. **2.** Dispositivo girevole applicato a tubature che, determinando l'apertura o la chiusura di un diaframma, consente o meno il passaggio di un fluido. **3.** MECC. Elemento rigido che assicura il collegamento e l'adesione di due pezzi. SIN.: **bietta**.

chiàvica s.f. [pl. *–che*] (voce merid., lat. *clovācam* "cloaca") **1.** Fogna. **2.** *fig.* Ricettacolo di brutture fisiche o morali. **3.** *fig.* Persona ingorda. **4.** Paratia che regola il deflusso delle acque.

chiavistèllo s.m. Sistema di chiusura per porte o finestre, costituito da due placche metalliche fissate ciascuna a un battente e munite di anelli nei quali scorre una barra.

chiàzza s.f. (forse lat. *plăteam* "piazza" per la forma distesa della macchia) Macchia larga e irregolare su una superficie. *Una chiazza di petrolio.*

chiazzàre v.tr. Macchiare qlco. in più punti.

chic [/'ʃik/] agg. inv. (voce fr. di orig. germ.) Elegante, raffinato. *Un locale chic.* ◆ s.m. inv. Eleganza, raffinatezza, buon gusto. *Vestire con chic.*

chicane [/ʃi'kan/] s.f. inv. (voce fr., propr. "cavillo") **1.** SPORT. Nell'automobilismo e nel motociclismo, modificazione di un percorso rettilineo tale da obbligare a un rallentamento. ~ Doppia curva di un circuito. **2.** Nel gioco del bridge, assenza di un dato seme tra le carte ricevute.

chicano [/tʃi'kano/] s.m. [pl. *chicanos*] (voce spagn. del Messico) Messicano emigrato negli Stati Uniti.

chicca s.f. [pl. *–che*] *fam.* Oggetto piccolo e grazioso.

chicchirichì s.m. inv. (voce onom.) **1.** Verso del gallo. **2.** Crestina della divisa da cameriera.

chicco s.m. [pl. *–chi*] **1.** Seme duro e consistente. *Chicco di pepe.* SIN.: **grano**. **2.** *estens.* Qualsiasi piccola cosa di forma rotonda. *Chicco di grandine.*

chicle [/'tʃiːkle/] s.m. (voce spagn., dall'azteco *chictli*) Lattice della sapota usato come base del chewing-gum.

chièdere v.tr. [23] **1.** Domandare qlco. a qlcu. per ottenerlo. *Chiedere un favore.* ◇ *Chiedere la mano*: proporre il matrimonio. **2.** Domandare a qlcu. un'informazione. *Chiedere l'ora.* **3.** Richiedere, esigere qlco. *Questo lavoro chiede grande attenzione.* SIN.: **necessitare. 4.** Domandare, volere un certo prezzo per un qualche bene. ◆ v.intr. (aus. *avere*) **1.** Manifestare l'intenzione di incontrarsi o di parlare con qlcu. *Al telefono chiedono di te.* **2.** Informarsi presso altra persona su qlcu. o qlco. *Tutti mi chiedono della tua salute.* **3.** Domandare soldi, elemosinare. SIN.: **mendicare**.

chiérica s.f. [pl. *–che*] **1.** Circoletto rasato sul sommo del capo degli ecclesiastici e dei religiosi degli ordini monastici (uso abolito nel 1972). SIN.: **tonsura. 2.** *estens. scherz.* Incipiente calvizie sulla sommità del capo. **3.** *estens.* Condizione sacerdotale. *~ Membro del clero.*

chierichétto s.m. **1.** Nel sign. del dim. di *chierico*. **2.** [f. *–ta*] Ragazzino che serve messa.

chiérico s.m. [pl. *–ci*] (lat. *cléricum*, gr. *klērikós* deriv. di *klēros* "parte di eredità", "parte prescelta dei fedeli") **1.** Persona consacrata al servizio di Dio. *~ comun.* Chi serve la messa. **2.** Seminarista. **3.** Nel Medioevo, chi si dedicava agli studi.

chièsa s.f. (lat. *ecclēsiam*, gr. *ekklēsía* "assemblea") **1.** Comunità cristiana di varia confessione. *Chiesa ortodossa, cattolica. ~ per anton.* (iniziale maiusc.) Chiesa cattolica. ◇ TEOL. CATT. *Chiesa militante, purgante, trionfante*: rispettivamente le comunità dei cristiani viventi, delle anime del Purgatorio e di quelle beate del Paradiso. **2.** *estens.* Edificio consacrato in cui si riuniscono i cristiani per celebrare la liturgia. ◇ *Essere di Chiesa*: essere credente e praticante, molto devoto. *– fig. Essere tutto casa e chiesa*: detto di persona morigerata. **3.** *fig.* Associazione, organizzazione, scuola politica o scientifica molto chiusa, convinta di essere depositaria della verità.

chiesuòla s.f. **1.** Nel sign. del dim. di *chiesa*. **2.** *fig. spreg.* Gruppo chiuso di persone unite da una comune ideologia o prassi di vita. **3.** MAR. Custodia della bussola.

chifel s.m. inv. (ted. *Kipfel* "cornetto" per la forma a mezzaluna in ricordo dell'assedio di Vienna da parte dei Turchi nel 1683) CUC. Panino a forma di mezzaluna. *~ Dolce della stessa forma.*

chiffon [/ʃi'fõ/] s.m. inv. (voce fr., propr. "straccio") Stoffa morbida e velata di seta o di fibre sintetiche.

chìglia s.f. [pl. *–glie*] MAR. Elemento a sviluppo longitudinale che, correndo da poppa a prua, costituisce il membro centrale del fondo della carena, e su cui si incastrano le costole, cioè i pezzi che formano le ossature dei fianchi.

chignon [/ʃi'ɲõ/] s.m. inv. (voce fr., orig. "nuca") Acconciatura di capelli raccolti o annodati sulla nuca. SIN.: **crocchia**.

chihuahua [/tʃi'wawa/] s.m. inv. (dal nome dello stato messicano di cui è originario) Piccolissimo cane da compagnia a pelo raso.

chili [/'tʃili/] s.m. inv. (voce spagn.) Peperoncino rosso di origine messicana.

chiliàsmo s.m. RELIG. → **millenarismo**.

chilìfero agg. **1.** Relativo ai vasi linfatici dell'intestino tenue per cui passa il chilo. **2.** *estens.* Propizio a una tranquilla digestione.

chilificazióne s.f. FISIOL. Trasformazione del chimo in chilo.

1. chilo s.m. Abbreviazione di chilogrammo.

2. chilo s.m. BIOL., MED. Sostanza fluida e lattiginosa in cui si trasforma il chimo, presente nell'intestino tenue come risultato del processo digestivo del cibo.

chilo- o **kilo-** Primo elemento di composti indicanti unità di misura; in partic. rappresenta la moltiplicazione per mille (10^3) del valore espresso dal secondo elemento del composto (chilometro, chilowatt); in informatica moltiplica il valore per 2 alla 10 (1024).

chilocaloría o **kilocaloría** s.f. Unità di misura del calore, pari a 1000 calorie; è detta anche *grande caloria* e si usa spec. per valutare il potere calorico degli alimenti.

chilocìclo s.m. FIS. Unità di misura della frequenza, pari a 1000 cicli.

chilogràmmetro s.m. Unità pratica di lavoro corrispondente al lavoro necessario ad alzare 1 chilogrammo all'altezza di 1 metro.

chilogràmmo o **kilogràmmo** s.m. Unità di misura della massa (simb. *kg*) pari alla massa del campione internazionale in platino-iridiato, stabilito come misura campione dalla conferenza internazionale dei pesi e misure tenuta a Parigi nel 1889 e conservato presso il *Bureau international des poids et mesures* di Parigi. (Unità di base del Sistema Internazionale.) *~* È detto anche *chilogrammo-massa.* ◇ *Chilogrammo forza*: unità di misura pratica della forza, pari alla forza esercitata dalla terra sulla massa di un chilo. *– Chilogrammo peso*: unità di misura pratica del peso, pari al peso posseduto da una massa di un chilo.

chilohèrtz s.m. inv. FIS. Unità di misura della frequenza corrispondente a 1000 hertz (simb. *kHz*).

chilòlitro s.m. Unità di misura di capacità corrispondente a 1000 litri (simb. *kl*).

chilometràggio s.m. [pl. *–gi*] Distanza misurata in chilometri. ◇ *Chilometraggio illimitato*: senza limite chilometrico, detto spec. di veicolo a noleggio.

chilometràre v.tr. Misurare un percorso in chilometri.

chilomètrico agg. [pl.m. *–ci*, f. *–che*] **1.** Misurato in chilometri. **2.** *fig.* Lungo, prolisso.

chilòmetro s.m. Unità di misura di lunghezza (simb. *km*) corrispondente a 1000 metri. ◇ *Chilometro all'ora*: unità di misura della velocità espressa in numero di chilometri per ora (simb. *km/h*). *–* SPORT. *Chilometro da fermo, lanciato*: prova di velocità in cui si stabilisce il tempo impiegato da un veicolo o da un atleta per percorrere un chilometro rispettivamente senza o con velocità iniziale.

Chilòpodi s.m. pl. [iniziale minusc. sing. *–de* per l'individuo] ZOOL. Sottoclasse di artropodi di terra, alcuni dei quali velenosi, con corpo piatto, lunghe antenne, tre appendici boccali e un paio di arti per ogni segmento in cui è diviso il tronco.

chilovòlt s.m. inv. FIS. Unità di potenziale corrispondente a 1000 volt (simb. *kV*).

chilowatt o **kilowatt** s.m. inv. (fr. *kilowatt*) ELETTR. Unità di misura di potenza elettrica pari a 1000 watt (simb. *kW*).

chilowattóra o **kilowattóra** s.m. inv. ELETTR. Unità di misura dell'energia corrispondente a quella sviluppata in un'ora da una potenza di 1000 watt (simb. *kW/h*); è utilizzata per la misura del consumo di energia elettrica.

chimàsi s.f. inv. BIOCHIM. Enzima prodotto dalla mucosa gastrica, che provoca la coagulazione del latte.

chimèra s.f. (lat. *Chimaēram*, gr. *Khímaira* "capra") **1.** MIT. GR. Mostro favoloso con una testa di leone e una di capra, corpo di leone, coda di serpente. **2.** *fig.* Desiderio irrealizzabile, illusione. *~* Assurdità, fantasticheria. **3.** ZOOL. Pesce cartilagineo abissale. (Lunghezza 1 m; sottoclasse degli Olocefali.) **4.** BIOL. Organismo formato da più parti geneticamente diverse.

■ **Chimèra** d'Arezzo; bronzo etrusco, IV sec. a.C. (Museo Archeologico, Firenze.)

chimèrico agg. [pl.m. *–ci*, f. *–che*] **1.** Attinente alla mitologica chimera. **2.** *fig.* Illusorio, utopico. *~* Fantastico, assurdo.

chimica s.f. [non com. pl. *–che*] Scienza che studia la struttura, la composizione, le proprietà, la trasformabilità delle sostanze organiche e inorganiche, naturali e artificiali. ◇ *Chimica anali-*

tica: che studia la composizione qualitativa e quantitativa delle sostanze. *Chimica del carbonio, del bromo.* – *Chimica biologica:* biochimica.
ENCICL. La chimica è alla base di un importante settore industriale che oggigiorno commercializza un gran numero di prodotti diversi, di trasformazione o di sintesi. Nel sec. XX si è assistito alla sua diversificazione in numerose specializzazioni. La *chimica fisica* studia le relazioni fra chimica e fisica e comprende, fra le altre, la *termodinamica chimica* (studio degli equilibri fra gli elementi), la *cinetica chimica* (studio della velocità delle reazioni), la *termochimica* (studio della quantità di calore che si sviluppa nel corso delle reazioni), la *chimica teorica* (applicazione della meccanica quantistica), la *fotochimica* (studio dell'interazione fra irraggiamento e materia), *l'elettrochimica* (studio dell'interazione fra materia e l'elettricità). La *chimica nucleare* o *radiochimica* ha per oggetto i composti degli elementi radioattivi. La *chimica analitica* perfeziona i metodi dell'analisi immediata ed elementare. La *chimica organica* analizza il carbonio e i suoi composti. La *biochimica*, in stretta connessione con la chimica organica, studia le reazioni chimiche nelle cellule e nei tessuti degli esseri viventi. La *chimica macromolecolare* si occupa della sintesi e delle proprietà delle macromolecole (o polimeri), nella maggior parte dei casi di origine organica. La *chimica dei minerali*, che si occupa degli elementi di origine minerale (al contrario della chimica organica), studia la natura, la preparazione, le proprietà e le reazioni dei corpi puri e dei loro composti oltre che la razionalizzazione e l'interpretazione dei fenomeni. La *chimica applicata* comprende la *chimica industriale* (da cui la *petrolchimica* e la *carbochimica*), l'*ingegneria chimica*, che applica i processi all'industria chimica, la *chimica agricola*, che studia i suoli, i fertilizzanti e i metodi di protezione dei raccolti e la *chimica farmaceutica* che progetta e produce i farmaci. Infine, esistono tutte le altre branche specializzate nell'elaborazione e nella produzione di diversi prodotti (profumi, cosmetici, coloranti, ecc.). L'attività del chimico procede per analisi e sintesi. Isolata una sostanza, purificata mediante cromatografia, ne stabilisce la struttura (cioè la disposizione degli atomi in rapporto gli uni agli altri) per mezzo di tecniche della spettroscopia, principalmente la *spettrometria di massa* (mediante la quale la molecola viene spezzata, determinando la massa dei frammenti molecolari ionizzati) e la *risonanza magnetica nucleare* (con cui i nuclei d'atomo assorbono un irraggiamento di microonde). Questa determinazione della struttura è preliminare alla sintesi, a partire dalle più semplici materie prime, di queste molecole e/o di molecole analoghe, differenti dalle altre per qualche minimo dettaglio, che possono essere testate, p.e., per la loro attività fisiologica.

chìmico agg. [pl.m. *–ci*, f. *–che*] (fr. *chimique*) **1.** Relativo alla chimica. **2.** Che risulta da un procedimento di laboratorio. *Prodotto, concime chimico.* ◆ s.m. **1.** [f. *–ca*] Chi studia o lavora nel settore della chimica. **2.** (al pl.) Lavoratori dell'industria chimica.

chimificazióne s.f. BIOL. Trasformazione delle sostanze alimentari in chimo.

chimìsmo s.m. (fr. *chimisme*) **1.** BIOCHIM. Attività chimica, spec. quella che si verifica nella materia organica. **2.** GEOL. Complesso delle caratteristiche chimiche di una roccia eruttiva.

chìmo s.m. (lat. *chymum*, gr. *khymós* "succo") BIOL., MED. Risultato della trasformazione delle sostanze alimentari per mezzo del succo gastrico.

chimòno o **kimòno** s.m. inv. (giapp. *kimono*, propr. "cosa da indossare") Tunica giapponese molto ampia, incrociata davanti, con maniche molto larghe, stretta in vita da una fascia alta, avvolta più volte e allacciata dietro. ~ Completo di ampi pantaloni e giacca con cintura alla vita, d'obbligo per chi pratica le arti marziali.

chimosìna s.f. (deriv. di gr. *khýmōsis* "trasformazione in succo") BIOCHIM. Enzima presente nel succo gastrico e pancreatico che provoca la coagulazione del latte. SIN.: **rennina**.

1. chìna s.f. (fr. *quina*, spagn. *quina*) **1.** Albero originario della zona andina settentrionale, dotato di foglie persistenti opposte, fiori in pannocchia, frutti a capsula. (Famiglia delle Rubiacee.) **2.** Corteccia della pianta da cui si ricavano la chinina e altri alcaloidi. **3.** Droga ricavata dalla corteccia di tale pianta. **4.** Liquore distillato dalla corteccia della china.

2. chìna s.f. (solo sing.) (dal nome di *China*, secondo la grafia port. di *Cina* donde proveniva tale inchiostro) Inchiostro di china, speciale inchiostro da disegno.

3. chìna s.f. Terreno in discesa. ◇ *figg. Risalire la china:* recuperare una condizione favorevole dopo un periodo di difficoltà. – *Mettersi su, prendere una brutta china:* comportarsi in maniera disonesta, immorale, con ricadute pericolose sulla propria esistenza.

chinàre v.tr. Volgere verso il basso una parte del corpo. *Chinare la fronte.* ◇ *figg. Chinare la testa:* sottomettersi. – *Chinare gli occhi:* manifestare vergogna, timidezza. ◆ **chinarsi** v.pron. Curvarsi con tutta la persona verso terra.

chinàsi s.f. inv. BIOL. Enzima, come p.e. l'enterochinasi, avente la proprietà di attivare un altro enzima. ~ Enzima che usa ATP per fosforilare altre proteine.

chincaglierìa s.f. (fr. *quincaillerie*) **1.** (spec. pl.) Soprammobile, oggetto di bigiotteria di cattivo gusto e di nessun valore. **2.** Negozio o reparto di grande magazzino che vende tali oggetti.

chinèa s.f. (fr. *haquenée* dal nome della località ingl. di *Hackney*, rinomata per i suoi cavalli) ST. Cavallo bianco che i sovrani del Regno di Napoli, da Carlo d'Angiò in poi, inviavano al papa come simbolo di vassallaggio.

chinesiterapìa s.f. MED. → **cinesiterapia**.

chinetòsi o **cinetòsi** s.f. inv. MED. Insieme di disturbi neurovegetativi causati dalla variazione del movimento di veicoli, aerei, imbarcazioni.

chinìna s.f. CHIM. Alcaloide estratto dalla corteccia di china, i cui sali sono impiegati nella cura della malaria.

chinìno s.m. FARM. Sale di chinina con proprietà antipiretiche e analgesiche, impiegato nella profilassi e nella terapia della malaria.

chìno agg. Piegato, rivolto verso il basso.

chinolìna s.f. CHIM. ORG. Composto eterociclico, azotato, ($C_{10}H_7N$), utilizzato nell'industria farmaceutica e dei coloranti.

chinóne s.m. CHIM. ORG. Composto aromatico contenente due gruppi carbonilici, di grande importanza nell'industria dei coloranti.

chinook [/tʃɪ'nu:k/] s.m. inv. **1.** Vento caldo e secco che scende dalle Montagne Rocciose. **2.** Antico gruppo di indigeni dell'America del Nord, stanziato lungo il corso del fiume Columbia.

chinòtto s.m. (dal nome di *China*, grafia port. di *Cina* donde si riteneva provenisse la pianta) **1.** Pianta arborea non molto alta, dotata di foglie coriacee e frutti simili a mandarini di gusto amarognolo, usati nella preparazione di bibite. (Famiglia delle Rutacee.) ~ Frutto di tale pianta, simile al mandarino. **2.** Bibita amarognola a base di estratto di chinotto.

chiòccia s.f. [pl. *–ce*] **1.** Gallina quando cova o ha i pulcini. **2.** *fig.* Madre esageratamente protettiva verso i figli. **3.** (iniziale maiusc., solo sing.) Costellazione delle Pleiadi.

chiocciàre v.intr. [5] (aus. *avere*) **1.** Emettere un suono ora roco ora acuto, detto della gallina quando cova o richiama i pulcini. **2.** Covare. **3.** *fig.* Stare accucciato, rannicchiato.

chiòccio agg. [pl.m. *–ci*, f. *–ce*] Di suono roco e stridente.

chiòcciola s.f. **1.** Mollusco dotato di una grossa conchiglia a spirale. (Classe dei Gasteropodi.) ◇ *Scala a chiocciola:* scala su pianta circolare, che sale a spirale. **2.** ANAT. → **coclea**. **3.** MUS. Voluta terminale del violino e di altri strumenti ad arco. **4.** INFORM. Nome comune del carattere @, detto anche *at*.

chiodàto agg. **1.** Munito di chiodi. **2.** Inchiodato.

chioderìa s.f. **1.** Officina in cui si fabbricano i chiodi. **2.** Chiodame.

chiodìno s.m. **1.** Nel sign. del dim. di *chiodo*. **2.** BOT. Piccolo fungo commestibile con gambo sottile, cappella giallastra a lamelle e anello persistente, che cresce in gruppi ai piedi degli alberi. (Famiglia delle Agaricacee.) ◇ *Chiodino matto:* fungo somigliante al chiodino, ma con cappella viscida e lamelle verdastre.

chiòdo s.m. **1.** Bastoncino metallico di varia lunghezza e spessore, acuminato a un'estremità e terminante all'altra in una capocchia, usato per connettere parti in materiale vario. ◇ *figg. Battere il chiodo:* ritornare con insistenza su un argomento imbarazzante. – *Ridursi come un chiodo:* dimagrire in modo vistoso. – *Chiodo fisso:* idea fissa, pensiero che assilla. **2.** Elemento in metallo che viene inserito in pneumatici o suole di gomma per aumentarne l'aderenza. **3.** *Chiodo di garofano:* gemma floreale di una pianta esotica essiccata e usata come spezie. (Famiglia delle Mirtacee.) **4.** MED. Asta metallica usata in ortopedia. **5.** *fig.* Forte dolore localizzato. ◇ MED. *Chiodo solare:* cefalea conseguente a prolungata esposizione al sole. **6.** *gerg.* Giubbotto di pelle nera, corto in vita, con cerniera sul davanti e diverse borchie applicate.

chioggiòtto agg. Di Chioggia. ◆ s.m. [f. *–ta*] Nativo, abitante di Chioggia.

chiòma s.f. **1.** Folta capigliatura. **2.** *fig.* Fronde dell'albero. **3.** *estens.* Criniera del cavallo o del leone. **4.** ASTR. Aureola e coda della cometa, formate da gas provenienti dal nucleo.

chiomàto agg. **1.** Che ha lunga o folta capigliatura. **2.** *fig.* Riferito a pianta, frondoso.

chiòsa s.f. **1.** Commento, nota utile alla comprensione di un testo. **2.** *fig.* Commento malevolo, sarcastico.

chiosàre v.tr. **1.** Spiegare e interpretare un testo per mezzo di chiose. **2.** *fig.* Fare apprezzamenti malevoli su qlcu.

chiosatóre s.m. [non com. f. *–trice*] Commentatore di un testo. ~ Autore di chiose, spec. di epoca medievale e umanistica.

chiòsco s.m. [pl. *–schi*] (turco *köşk* "padiglione") **1.** Piccola costruzione o prefabbricato adibito alla vendita di giornali, generi alimentari o altri articoli. **2.** Edificio a pianta circolare, con colonne, edificato in parchi o giardini.

chiòstro s.m. (lat. *claūstrum* "luogo chiuso") **1.** Cortile interno di conventi o chiese, delimitato ai lati da un porticato o da un loggiato. **2.** *estens.* Convento, monastero. **3.** *fig.* Vita monastica.

1. chip [/'tʃip/] s.m. inv. (voce ingl., propr. "frammento") **1.** ELETTRON. Piastrina di materiale semiconduttore, general. silicio, sulla quale viene costruito, mediante un processo fotolitografico, un microcircuito. **2.** Gettone in uso nei giochi d'azzardo.

2. chip [/'tʃip/] s.f. [pl. *chips*] (voce ingl., deriv. di *to chip* "tagliare a fettine") Patatine fritte confezionate industrialmente e tagliate a fettine sottilissime o in bastoncini.

chippendale [/'tʃipəndeil/] s.m. (solo sing.) (voce ingl., dal nome del mobiliere inglese Th. *Chippendale*) Stile inglese di mobili in cui si uniscono motivi decorativi dello stile gotico, del rococò, e motivi esotici.

chirghìso o **kirghìso** agg. (russo *Kirgizy*, nome indicante le popolazioni di lingua turca dell'Asia Centrale) Di una popolazione di lingua turca stanziata nel Kirghizistan. ◆ s.m. [f. *–sa*] Chi appartiene a tale popolazione.

chirografàrio agg. [pl.m. *–ri*] DIR. Garantito da un documento scritto. *Credito chirografario.* ◆ s.m. DIR. [f. *–ria*] Creditore il cui credito è certificato da un atto firmato dal debitore.

chirògrafo s.m. DIR. Atto, documento autografo.

chiromànte s.m. e f. (gr. *kheirómantis* "indovino per mezzo delle mani") Chi predice il futuro o interpreta il carattere di una persona leggendo la mano.

chiromanzìa s.f. (gr. *kheiromantéia*, comp. di *khéir* "mano" e *mantéia* "arte divinatoria") Arte di predire il futuro o riconoscere il carattere di una persona interpretando le linee del palmo delle mani.

chironomìa s.f. **1.** Arte della gestualità nella recitazione. **2.** MUS. Arte di dirigere con un'opportuna gestualità.

■ **chirurgìa.** Blocco operatorio.

chiropràtica s.f. [pl. –*che*] MED. Metodo terapeutico consistente in manipolazioni delle vertebre.

chiropràtico agg. [pl.m. –*ci*, f. –*che*] MED. Relativo alla chiroterapia. ◆ s.m. Chi esegue la chiroterapia.

chirospàsmo s.m. MED. → grafospasmo.

chiroterapìa s.f. MED. Tecnica terapeutica con la quale si allevia o si elimina il dolore dovuto a patologie della colonna vertebrale.

chirotipìa s.f. Riproduzione grafica manuale mediante normografo.

Chiròtteri s.m. pl. [iniziale minusc. sing. –*ro* per l'individuo] ZOOL. Ordine di mammiferi volatori, crepuscolari o notturni, dotati di una membrana alare che raccorda col corpo gli arti posteriori e anteriori; ne fanno parte i pipistrelli.

chirurgìa s.f. (lat. *chirùrgiam*, gr. *kheirourgía* deriv. di *kheirourgós* orig. "chi lavora con le proprie mani, artista") **1.** MED. Cura delle patologie mediante interventi manuali o strumentali, praticati all'interno o all'esterno del corpo. ◇ *Chirurgia dentaria*: specialità esercitata dagli odontoiatri. – *Chirurgia plastica*: quella che ricostruisce artificialmente parti mancanti o malformate del corpo. **2.** Reparto ospedaliero in cui sono ricoverati i malati che necessitano di un intervento chirurgico.
ENCICL. La chirurgia moderna ha numerose applicazioni, fra cui la riparazione di traumi, il trattamento delle infezioni (p.e. degli ascessi), la lotta contro le conseguenze delle affezioni (ablazione di una ghiandola ormonale troppo attiva, ecc.), la correzione di malformazioni, la sostituzione, mediante trapianto, di organi malati.

chirùrgico agg. [pl.m. –*ci*, f. –*che*] Relativo alla chirurgia come prassi e come branca della medicina.

chirùrgo s.m. [f. –*ga*, pl.m. –*ghi*, –*gi*, f. –*ghe*] Medico che, a scopo terapeutico, compie interventi operatori sul corpo umano. ❑ In funzione di agg., nella loc. *medico chirurgo*, titolo di chi è laureato in medicina e chirurgia ed è abilitato all'esercizio della professione.

chissà avv. Esprime incertezza, dubbio, perplessità.

chitàrra s.f. (gr. *kithára* "cetra") **1.** Strumento musicale a sei corde con cassa a forma di otto, dotato di foro di risonanza circolare e manico lungo. ◇ *Chitarra elettrica*: la cui cassa di risonanza è ridotta perché l'amplificazione acustica del suono è ottenuta per mezzo di un amplificatore unito con un collegamento elettrico. **2.** Arnese da cucina costituito da un telaio sul quale sono tesi dei fili metallici che tagliano a listelle la sfoglia di pasta.

chitarrìsta s.m. e f. [pl.m. –*sti*] Musicista che suona la chitarra.

chitìna s.f. (fr. *chitine*, voce tratta dal naturalista francese Odier dal gr. *khitõn* "tunica") CHIM. Sostanza organica azotata che forma l'esoscheletro degli Artropodi.

chitinóso agg. BIOL. Di organismo animale, formato da chitina.

chitóne s.m. Tunica portata dagli antichi Greci.

chiùdere v.tr. [21] **1.** Attivare un dispositivo mobile per bloccare un'apertura, un passaggio. *Chiudere una porta.* ~ Ricoprire qlco. con qualche copertura. *Chiudere la bottiglia.* ~ Serrare una parte del corpo. *Chiudere la bocca.* ~ fig. Sbarrare il cuore o la mente a un sentimento. *Chiudere il cuore alla pietà.* **2.** Sbarrare un passaggio, proibire l'accesso. *Chiudere una strada.* ◇ *Chiudere al traffico*: impedire il transito di veicoli a motore in uno o più tratti stradali. **3.** Mettere, costringere qlcu. o qlco. in uno spazio limitato. *Chiudere i bimbi in casa.* ~ Riporre qlco. in qualche posto. *Chiudere i gioielli in cassaforte.* **4.** Delimitare uno spazio con qlco. *Chiudere il giardino con una siepe.* ~ Detto di cosa inanimata, circondare uno spazio. *Le mura chiudono la città.* **5.** fam. Spegnere un apparecchio. *Chiudere il televisore.* **6.** Terminare, concludere qlco. *Chiudere una discussione.* ◇ fig. *Chiudere in bellezza*: terminare qlco. con un successo. **7.** ECON. Compiere operazioni conclusive in campo contabile. *Chiudere un bilancio.* ◆ v.intr. (aus. *avere*) **1.** Assicurare la chiusura. *Questa porta chiude male.* **2.** Detto di esercizi commerciali, uffici e simili, cessare temporaneamente o definitivamente l'attività. *Il museo chiude martedì.* **3.** Interrompere ogni rapporto con qlcu., non frequentarlo più. *Con te ho chiuso!* ◆ **chiudersi** v.pron. **1.** Serrarsi. *La porta si chiude automaticamente.* **2.** Di persona, ritirarsi in un qualche luogo chiuso con l'intenzione di non uscirne. *Chiudersi in casa.* ◇ fig. *Chiudersi nel più assoluto riserbo*: rifiutarsi di parlare. **3.** fig. Impedire a se stessi di provare determinati sentimenti. *Chiudersi alla speran-*

za. **4.** Detto del tempo o del cielo, diventare nuvoloso, oscurarsi. *Il cielo si sta chiudendo.*

chiudilèttera s.m. inv. Bollino gommato che si pone sulla chiusura delle buste per sigillarle.

chiudipòrta s.m. inv. Dispositivo a molla che consente alle porte di chiudersi gradualmente, senza accompagnarle manualmente.

chiùrlo s.m. (voce onom.) **1.** Uccello di palude con zampe lunghe, piumaggio bruno sul dorso e chiaro sul ventre, becco sottile, molto lungo e ricurvo. (Ordine dei Caradriformi.) **2.** Verso tipico del chiurlo, dell'assiolo e di altri uccelli.

■ **chiùrlo**

chiùsa s.f. **1.** Recinzione di un terreno. **2.** Opera muraria per il contenimento delle acque. **3.** Restringimento del letto di un fiume o di una vallata. **4.** Parte conclusiva di un componimento, di un'opera scritta o di un discorso. SIN.: **epilogo**.

Entrata del battello nel bacino:
la porta a valle è aperta, quella a monte chiusa; al contrario, la porta a monte è chiusa, quella a valle è aperta.

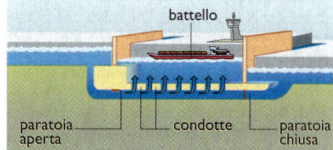

Riempimento del bacino:
le due porte sono chiuse, il bacino si riempie dal fondo grazie alle condotte dopo l'apertura della paratoia a monte e la chiusura della paratoia a valle

Uscita del battello dal bacino:
la porta a valle resta chiusa, quella a monte si apre; le paratoie a valle e a monte restano nella condizione precedente.

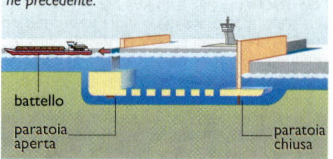

■ **chiùsa.** Funzionamento della chiusa fluviale.

chiùso agg. **1.** Abbassato, serrato, riaccostato. *Finestra chiusa.* ◇ *Casa chiusa*: postribolo. **2.** Sbarrato, ostruito. *Passaggio chiuso.* **3.** Racchiuso, riposto. *Una città chiusa dalle mura.* ◇ fig. *Carattere chiuso*: introverso. – *Mentalità chiusa*: ottusa, conservatrice. **4.** Finito, concluso, archiviato. *Argomen-*

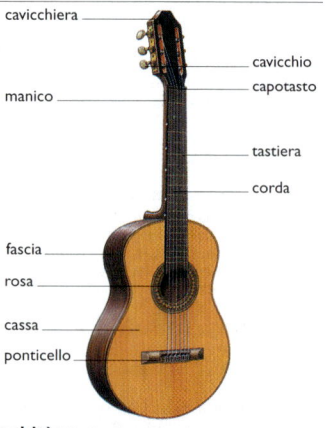

cavicchiera — cavicchio
capotasto
manico
tastiera
corda
fascia
rosa
cassa
ponticello

■ **chitàrra** classica.

to chiuso. **5.** FON. *Vocale chiusa*: quella articolata con un grado di apertura minore rispetto ad altre dette *aperte*. ◆ s.m. **1.** Spazio coperto, riparato. **2.** (solo sing.) Aria viziata. *Odore di chiuso*.

chiusùra s.f. **1.** Interruzione di un passaggio. *Chiusura di una strada al traffico.* **2.** Termine, conclusione, cessazione di un'attività. *Orario di chiusura dei negozi.* ◇ FIN. *Prezzi di chiusura*: quelli che formano il listino ufficiale dei titoli di borsa. **3.** Mezzo, meccanismo di blocco, di fissaggio. *Chiusura a scatto.* ◇ *Chiusura lampo*: *cerniera lampo.* **4.** *fig.* Indisponibilità alla collaborazione, al confronto. ◇ *Chiusura mentale*: incapacità di comunicare. **5.** MAT. *Chiusura di un insieme*: l'unione dell'insieme stesso e dei suoi punti di accumulazione.

chop [/'tʃɔp/] s.m. inv. (voce ingl., propr. "taglio") SPORT. Nel tennis, colpo diritto vibrato dall'alto, che mira a fare cadere la palla appena al di là della rete, smorzandone il rimbalzo.

chope [/'ʃɔp/] s.f. [pl. *chopes*] (voce fr., ol. *schopen*) Boccale di birra.

chopper [/'tʃɔpə/] s.m. inv. (voce ingl., deriv. di *to chop* "tagliare") **1.** Tipo di motocicletta con forcella anteriore lunga e sedile con schienale. **2.** PREIST. Ciottolo di particolare durezza, reso tagliente o appuntito, usato dagli uomini preistorici come utensile. **3.** ELETTROTEC. Circuito elettronico che trasforma la tensione continua in tensione alternata.

chopping-tool [/'tʃɔpɪŋ 'tu:l/] s.m. inv. (voce ingl.) PREIST. Strumento litico, general. ricavato da un ciottolo, dotato di un margine tagliente ottenuto mediante scheggiature su entrambe le facce.

chow chow [/'tʃaʊ 'tʃaʊ/] loc. sost. m. inv. (loc. ingl. di orig. cinese) Cane da guardia di taglia media dal pelo folto e irsuto.

ciabàtta s.f. **1.** Pantofola posteriormente priva di tomaia. SIN.: **babbuccia**. ~ *estens.* Qualsiasi calzatura vecchia e sdrucita. **2.** Tipo di pane piuttosto lungo e largo, piatto, croccante.

ciabattìno s.m. [f. *–na*] Persona che ripara le scarpe.

ciaccóna s.f. (spagn. *chacona* di orig. onom.) MUS. Danza di origine probabilmente messicana, che fece la prima comparsa in Spagna alla fine del sec. XVI.

ciàk s.m. inv. (voce onom.) **1.** Tavoletta di legno munita di asticciola mobile, su cui viene scritto il titolo del film e il numero della scena che si sta filmando. **2.** *estens.* Segnale d'inizio di una ripresa cinematografica.

ciàlda s.f. **1.** Sfoglia di farina impastata, non lievitata, cotta entro appositi stampi. **2.** Involucro non lievitato di farina e acqua, in cui si chiude di un medicinale in polvere per consentirne la deglutizione.

cialtróne s.m. [f. *–na*] **1.** Persona sciatta, trasandata. **2.** *estens.* Persona che lavora poco e male.

ciambèlla s.f. (lat. *cȳmbulam* "barchetta" per la sua forma) **1.** Dolce di pasta soffice a forma di anello. **2.** Nome di vari oggetti a forma di anello rigonfio. ◇ *Ciambella di salvataggio*: salvagente.

ciambellàno s.m. (fr. *chambellan*, germ. *kamarling* "camerlengo") In origine, persona addetta agli appartamenti e al tesoro del re; poi, dignitario che cura le udienze solenni e sovrintende al cerimoniale.

cianammide o **cianamide** s.f. CHIM. ORG. Ammide dell'acido cianico, usata come fertilizzante.

cianciàre v.intr. [5] (aus. *avere*) Chiacchierare a vuoto facendo discorsi sciocchi o inutili.

cianfrinàre v.tr. (fr. *chanfreiner*, deriv. di *chanfrein* "smussatura") TECN. Ribattere le lamiere o le teste dei chiodi per tappare ogni possibile fessura.

cianfrino s.m. TECN. Strumento simile a uno scalpello con tagliente smussato, usato per ribattere lamiere e chiodi.

cianfrusàglia s.f. Oggetto inutile e senza valore.

ciangottàre o **cingottàre** v.intr. (aus. *avere*) **1.** Parlare smozzicando le parole. **2.** Detto di uccelli, emettere un suono basso, continuo, modulato come quello dei pappagalli. **3.** Detto di acqua che scorre, gorgogliare lievemente.

ciànico agg. [pl.m. *–ci*, f. *–che*] CHIM. Che è attinente o contiene il radicale ciano.

cianìdrico agg. [pl.m. *–ci*] CHIM. *Acido cianidrico*: acido (HCN) composto dal radicale ciano e da un atomo di idrogeno, velenoso, detto anche *acido prussico*.

cianìna s.f. CHIM. Colorante azzurro presente in natura nel pigmento dei fiori.

cianìte s.f. MIN. Silicato di alluminio presente in natura in cristalli azzurri.

1. ciano s.m. Il colore azzurro usato in fotolitografia, nelle composizioni sottrattive dei colori, insieme al magenta e al giallo.

2. ciàno s.m. CHIM. Radicale monovalente composto da un atomo di carbonio e da uno di azoto.

3. ciàno s.f. inv. Nel linguaggio della tipografia, cianografica.

cianofìcee s.f. pl. [iniziale minusc. sing. *–a* per l'individuo] BOT. Divisione di organismi unicellulari di colore verde-azzurro detti comunemente *alghe azzurre*.

cianògeno s.m. CHIM. ORG. Gas venefico (C_2N_2 o NC–CN), usato come insetticida, composto da due radicali ciano uniti tramite gli atomi di carbonio.

cianografìa s.f. STAM. Procedimento di stampa fotografica per contatto su carta, trattata con ferrocianuro di potassio, dal colore azzurro scuro. SIN.: **cianotìpia**.

cianogràfico agg. [pl.m. *–ci*, f. *–che*] STAM. Relativo alla cianografia.

cianòsi s.f. inv. MED. Colore blu violaceo della pelle e delle mucose causato da mancata o insufficiente ossigenazione del sangue.

cianòtico agg. [pl.m. *–ci*, f. *–che*] Che presenta uno stato di cianosi.

cianotìpia s.f. STAM. Cianografia.

cianurazióne s.f. CHIM. **1.** Modalità di separazione dell'oro e dell'argento dalla ganga, mediante trattamento con cianuro di sodio. **2.** METALL. Trattamento dell'acciaio con ferrocianuro di potassio per fargli acquisire durezza e resistenza all'usura.

cianùro s.m. CHIM. Sale dell'acido cianidrico, estremamente tossico.

ciào escl. (venez. *s-ciavo* "schiavo" nel senso di "schiavo deferente "schiavo suo") Formula di saluto amichevole, di uso internazionale, che si rivolge, al momento dell'incontro o della separazione, a uno o a più persone a cui si dà del tu. *Ciao, come va?* ◆ s.m. inv. Il saluto stesso. *Ti mando un ciao.*

ciàppola s.f. Strumento di lavoro dei cesellatori, simile al bulino.

ciaramèlla o **ceramèlla** s.f. MUS. Strumento musicale a fiato simile all'oboe, di origine popolare, usato spec. in ambienti pastorali.

ciàrda o **czàrda** s.f. Danza popolare ungherese effettuata in coppia, in voga a partire dal sec. XIX. ~ È caratterizzata dal ritmo lento nella prima parte e veloce nell'ultima.

ciarlàre v.intr. (aus. *avere*) (voce onom.) Parlare tanto e di cose insignificanti.

ciarlatanerìa s.f. **1.** L'essere ciarlatano. ~ Vanto di meriti inesistenti per ricavarne un vantaggio. SIN.: **impostura**. **2.** Comportamento, discorso da ciarlatano.

ciarlatanésco agg. [pl.m. *–schi*, f. *–sche*] Di ciarlatano. ~ Da ciarlatano.

ciarlatàno s.m. [f. *–na*] **1.** Imbonitore che durante le antiche fiere attirava l'attenzione della gente con chiacchiere divertenti e persuasive, riuscendo a vendere supposti medicamenti. **2.** *estens.* Chi si spaccia o spaccia qlco. per quello che non è. SIN.: **imbroglione**.

ciarlièro agg. Molto loquace.

ciarlóne s.m. [f. *–na*] Chiacchierone pettegolo o anche maligno.

ciascùno agg. indef. (solo sing.) Ogni singolo appartenente a un determinato gruppo. *A ciascun partecipante sarà offerto un omaggio.*

ciàzio s.m. [pl. *–zi*] BOT. Infiorescenza formata da un fiore femminile con un solo pistillo circondato da vari fiori maschili ridotti a stami.

cibàre v.tr. Fornire di cibo qlco. ◆ **cibàrsi** v.pron. Alimentarsi, nutrirsi.

cibària s.f. (spec. pl.) Cibo, insieme di pietanze.

cibernètica s.f. [non com. pl. *–che*] (ingl. *cybernetics*, dal gr. *kybernân* "governare") Scienza che studia dal punto di vista teorico e applicativo la riproducibilità su macchine del comportamento di degli esseri umani.

cibernètico agg. [pl.m. *–ci*, f. *–che*] Relativo alla cibernetica. ◆ s.m. [f. *–ca*] Studioso di cibernetica.

cibo s.m. **1.** Ciò di cui si si nutre. ◇ *Non toccare cibo*: digiunare. **2.** *fig.* Cosa a cui si si appassiona, che piace.

cibòrio s.m. [pl. *–ri*] **1.** Edicola a quattro colonne sormontante l'altare nelle chiese cristiane antiche e rinascimentali. **2.** Coppa che contiene le ostie consacrate.

Cicadàcee s.f. pl. [iniziale minusc. sing. *–a* per l'individuo] BOT. Famiglia di piante simili alle palme, con fusto corto e robusto, non ramificato, e foglie larghe e pennate in ciuffo. (Divisione delle Gimnosperme.)

Cicadàli s.f. pl. [iniziale minusc. sing. *–le* per l'individuo] BOT. Ordine di piante tropicali a foglie perenni simili alle palme e alle felci, come p.e. la zamia. (Classe delle Cicadofite.)

Cicàdidi s.m. pl. [iniziale minusc. sing. *–de* per l'individuo] ZOOL. Famiglia di insetti comprendente la cicala. (Ordine degli Omotteri.)

Cicadofìte s.f. pl. [iniziale minusc. sing. *–ta* per l'individuo] BOT. Classe di piante in gran parte fossili.

cicàla s.f. **1.** Insetto omottero, molto diffuso nelle regioni mediterranee, che si nutre dei succhi di vari alberi su cui vive. (Lunghezza 5 cm; il maschio frinisce nelle ore più calde dell'estate; genere *Tibicen*, famiglia dei Cicadidi.) ◇ *fig. Essere una cicala, fare la cicala*: non essere previdenti, scialacquare subito ciò che si ha, con riferimento a una favola di La Fontaine (in oppos. a *fare come la formica*). **2.** *fig.* Persona ciarliera. **3.** Cicalino. **4.** MAR. Anello che unisce il fuso dell'ancora alla catena. **5.** Ornamento aureo portato sul capo dagli antichi ateniesi. **6.** ZOOL. *Cicala di mare*: squilla.

■ cicàla

cicalàre v.intr. (aus. *avere*) Chiacchierare fitto di cose poco importanti.

cicaléccio s.m. [pl. *–ci*] Chiacchierio frivolo e pettegolo.

cicalìno s.m. Apparecchio elettroacustico che produce un suono acuto, spesso usato come cercapersone.

cicalóne s.m. [f. *–na*] Persona loquace.

cicatrice s.f. **1.** MED. Tessuto neoformato che sostituisce tessuti danneggiati da un trauma o da un processo morboso qualsiasi. ~ Segno visibile del processo di cicatrizzazione. **2.** *fig.* Ricordo di un'esperienza dolorosa.

cicatriziàle agg. MED. Relativo a cicatrice.

cicatrizzànte agg. Che favorisce la cicatrizzazione del tessuto cutaneo. ◆ s.m. Nel sign. dell'agg.

cicatrizzàre v.tr. Rimarginare una ferita. ◆ v.intr. (aus. *avere* o *essere*) Rimarginarsi con la formazione di una cicatrice, anche pron. *La ferita (si) è cicatrizzata.*

cicatrizzazióne s.f. Processo di rigenerazione dei tessuti molli animali o vegetali, traumatizzati o distrutti da processi morbosi.

1. cicca s.f. [pl. *–che*] (fr. *chique*) **1.** Mozzicone di sigaretta o di sigaro fumati. **2.** Pezzo di tabacco da masticare. **3.** *fam.* Cosa senza valore. ◇ *Non valere una cicca*: non valere niente.

2. cicca s.f. [pl. *–che*] (ingl. d'America *chicle*) Gomma da masticare. SIN.: **chewing-gum**.

ciccàre v.intr. [4] (aus. *avere*) (fr. *chiquer*) Masticare tabacco o, estens., chewing-gum.

cìccia s.f. [pl. –ce] **1.** fam. Carne, spec. nel l. infantile. **2.** fam. scherz. Parte carnosa del corpo umano.

cìcciolo s.m. Residuo del grasso di maiale dopo che se n'è ricavato lo strutto.

cicción[e] s.m. [f. –na] fam. Persona molto grassa.

cicèrbita s.f. Pianta erbacea a fiori gialli a capolino, usata come foraggio o per insalata. (Genere Sonchus; famiglia delle Composite.)

cicèrchia s.f. Pianta rampicante diffusa nell'emisfero boreale temperato, alcune specie della quale sono coltivate per l'alimentazione del bestiame o come ornamento. (Genere Lathyrus; famiglia delle Leguminose.)

ciceróne s.m. (dal nome dell'oratore romano M. Tullio Cicerone) **1.** Guida turistica. **2.** ANT. Denominazione di libretti che illustrano le opere d'arte di una città. **3.** Marca da bollo previdenziale che si mette sugli atti di avvocati e procuratori. **4.** scherz. Persona di parola facile. ~ spreg. Saccente.

Cicindèla s.f. ZOOL. Genere di insetti diffusi nelle regioni tropicali, comuni anche in Italia, utilizzati nelle coltivazioni perché distruggono le larve di molti insetti nocivi. (Lunghezza 1 cm; famiglia dei Cicindelidi.)

■ **Cicindèla** campestris.

Cicindèlidi s.m. pl. [iniziale minusc. sing. –de per l'individuo] ZOOL. Famiglia di coleotteri con corpo allungato, zampe sottili ed elitre dai colori vivaci, diffusi nei terreni sabbiosi.

cicirèllo o **ciccerèllo** s.m. Nome volgare dell'Ammodytes cicerellus, pesce dalle carni molto gustose.

cicisbèo s.m. **1.** Nel Settecento, gentiluomo che aveva il compito di tenere compagnia a una dama. **2.** estens. Corteggiatore galante.

ciclàbile agg. Riservato alle biciclette. Pista ciclabile.

ciclamìno s.m. (lat. cyclamīnum, gr. kyklámĭnos forse da kýklos "circolo" per la forma della corolla) Pianta erbacea a fiori rosa o bianchi, foglie cuoriformi, comune nei boschi e spesso coltivata per ornamento. (Famiglia delle Primulacee.) ❑ In funzione di agg. inv., di color rosa tendente al viola. Maglia ciclamino.

■ **ciclamìno** coltivato.

ciclicità s.f. inv. Ripetizione periodica di un fenomeno.

cìclico agg. [pl.m. –ci, f. –che] **1.** Che si ripete periodicamente, a intervalli regolari. **2.** Nel l. della crit. lett., che fa parte di un ciclo letterario. **3.** CHIM. ORG. Composto ciclico: con atomi disposti ad anello. **4.** MUS. Di composizione in cui ricorrono nei vari movimenti variazioni su uno stesso tema.

ciclìsmo s.m. (fr. cyclisme) Sport della bicicletta, come attività agonistica o di allenamento sia a squadre sia individuale.

1. ciclìsta s.m. e f. [pl.m. –sti] (fr. cycliste) Chi usa la bicicletta come mezzo di locomozione o per sport. ❑ In funzione di agg., che va in bicicletta.

2. ciclìsta s.m. e f. [pl.m. –sti] Cicloanalista.

ciclìstico agg. [pl.m. –ci, f. –che] **1.** Della bicicletta. **2.** Del ciclismo.

ciclìte s.f. MED. Infiammazione del corpo ciliare dell'urea.

ciclizzàre v.tr. CHIM. Trasformare un composto a catena aperta in uno a catena chiusa.

ciclizzàto agg. CHIM. Di composto a struttura ciclica.

ciclizzazióne s.f. CHIM. Chiusura di una catena di atomi aperta, spec. di carbonio.

1. cìclo s.m. **1.** Serie di fenomeni che si ripetono identici a intervalli di tempo regolari. Il ciclo delle stagioni. ~ Periodo di tempo necessario al loro compiersi. ◊ Ciclo lunare: periodo di 19 anni dopo il quale le fasi della luna tornano a cadere negli stessi giorni del periodo precedente. – Ciclo solare: periodo di 28 anni dopo il quale i giorni della settimana si ripresentano nelle stesse date del periodo precedente. – Ciclo storico: periodo in cui appare evidenziabile l'intera vicenda (nascita, successo, decadenza) di istituzioni politiche, tipi di produzione, sistemi di pensiero. – Ciclo economico: successione ricorrente della sequenza delle fasi di espansione, crisi, recessione e ripresa, tipica del sistema capitalistico. – Ciclo produttivo: insieme di operazioni che trasformano una materia prima in prodotto finito. – FIS. Ciclo termodinamico: trasformazione termodinamica nella quale lo stato iniziale e finale del sistema coincidono. – Ciclo biologico, vitale: sequenza di nascita, crescita, riproduzione di un organismo. – BIOL. Ciclo mestruale: insieme delle modificazioni cicliche dell'organismo femminile, delle quali il flusso mestruale è la manifestazione più evidente. – GEOL. Ciclo d'erosione: teoria (formulata alla fine del sec. XIX da W. M. Davis) secondo la quale alla formazione di una regione elevata segue un'erosione che riduce a poco a poco il rilievo allo stato di penepiano. **2.** Serie di attività, spec. culturali, dedicate a un argomento, a un problema specifico. Ciclo di conferenze. **3.** Nell'ordinamento scolastico italiano, ciascuno dei due raggruppamenti di anni in cui si suddivide l'insegnamento. ◊ Primo ciclo: composto dalla scuola primaria e dalla secondaria di primo grado (durata complessiva otto anni), termina con un esame di stato. – Secondo ciclo: suddiviso in formazione liceale (durata 5 anni) e istruzione/formazione professionale. **4.** LETT. Insieme di opere o leggende aventi un comune argomento. ~ Serie di romanzi dello stesso autore aventi un personaggio o un tema comune. Il ciclo dei vinti di Verga. **5.** FIS. Ciclo al secondo: hertz. **6.** INFORM. Serie, sequenza di istruzioni eseguita più volte su dati diversi, per un numero definito di iterazioni o fino al verificarsi di una determinata condizione. – Nel funzionamento di un processore, la sequenza di passi con cui il processore carica dalla memoria un dato o un'istruzione di programma. **7.** CHIM. Catena chiusa di atomi di carbonio presente nelle molecole dei composti organici ciclici.

ENCICL. In economia, si distinguono in partic. i cicli lunghi (cinquant'anni) detti cicli di Kondratiev, i cicli di una durata media (dieci anni), detti cicli di Juglar, e i cicli di breve durata (due anni ca.) detti di Kitchin.

2. cìclo s.m. Bicicletta o ciclomotore.

cicloalcàno s.m. CHIM. Idrocarburo saturo (C_nH_{2n}) che contiene una catena chiusa.

cicloalchène s.m. CHIM. Idrocarburo (C_nH_{2n-2}) che contiene simultaneamente un ciclo e un doppio legame.

cicloamatóre s.m. [f. –trice] SPORT. Chi pratica il ciclismo a livello amatoriale.

cicloanalista s.m. e f. [pl.m. –sti] Analista di tempi e metodi della produttività di un ciclo industriale.

ciclocross [/tʃiklo'krɔs/] s.m. inv. (voce semiingl.) Ciclismo su percorsi campestri, derivato in parte dal cross-country, che costituisce una specialità invernale.

ciclocrossista s.m. e f. [pl.m. –sti] SPORT. Chi pratica il ciclocross.

cicloesàno s.m. Cicloalcano (C_6H_{12}), utilizzato come solvente e per la fabbricazione del nylon.

cicloidàle agg. GEOM. A forma di cicloide.

1. ciclòide agg. **1.** Che ha una forma circolare, tondeggiante. **2.** ZOOL. Riferito alle squame di alcuni pesci teleostei.

2. ciclòide s.f. GEOM. Curva piana descritta da un punto di una circonferenza in rotazione lungo una linea retta.

ciclometrìa s.f. GEOM. Studio dei problemi relativi al cerchio.

ciclomotóre s.m. Nome dei veicoli a motore, a due o tre ruote, aventi cilindrata fino a 50 cm³, potenza fino a 1,5 CV, peso del motore fino a 16 kg, velocità massima, su strada piana, di 40 km/h. SIN.: **motorino**.

ciclomotorìsta s.m. e f. [pl.m. –sti] Chi guida un ciclomotore.

cicló[ne] s.m. (ingl. cyclone, deriv. di gr. kýklos "giro") **1.** METEOR. Spostamento di masse d'aria che convergono verso un punto di pressione minima. ◊ Ciclone tropicale: vortice di masse d'aria accompagnato da piogge torrenziali; è detto anche uragano o tifone. – Ciclone delle medie latitudini: caratterizzato da un vortice-onda. – fig. Passare come un ciclone: di persona che si ferma pochissimo in un luogo ma crea un gran disordine. **2.** fig. Avvenimento che porta distruzione, sconvolgimento. Il ciclone della guerra lascia solo rovine. ~ Persona molto dinamica che apporta cambiamenti, scompiglio. Il tuo amico è un ciclone! **3.** CHIM. Apparecchiatura usata per la separazione di particelle solide o liquide trascinate da un fluido in moto vorticoso.

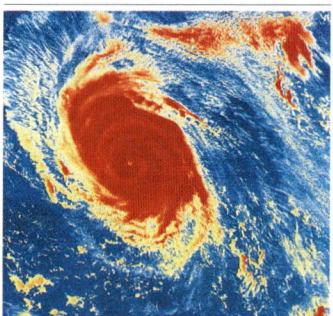

■ **cicló[ne].** Il ciclone tropicale Andrew sul golfo del Messico, a ovest della Florida (banda chiara in alto a destra), il 25 agosto 1992, visto da un satellite meteorologico GOES.

ciclònico agg. [pl.m. –ci, f. –che] Proprio di un ciclone. ◊ Area ciclonica: di bassa pressione (in oppos. a area anticiclonica, di alta pressione).

cicloparaffina s.f. CHIM. Cicloalcano.

1. ciclòpe s.m. (lat. Cyclōpem, gr. Kýklōps comp. di kýklos "cerchio" e óps "occhio") MIT. GR. Uomo gigantesco con un solo occhio in mezzo alla fronte.

2. ciclòpe s.m. ZOOL. Minuscolo crostaceo di acqua dolce dotato di un unico occhio. (Lunghezza 2 mm; ordine degli Copepodi.)

ciclopentàno s.m. CHIM. Cicloalcano (C_5H_{10}), che rientra nella molecola di alcuni steroli.

ciclòpico agg. [pl.m. –ci, f. –che] **1.** Di ciclope. **2.** fig. Gigantesco, immane. Fatica ciclopica.

ciclopista s.f. *Pista ciclabile.

ciclosporina s.f. MED. Denominazione di vari metaboliti ricavati da un fungo microscopico dotato di proprietà antifungine e immunodepressive e perciò utilizzato in caso di trapianti per impedire il rigetto.

ciclostilàre v.tr. Stampare qlco. con il ciclostile.

ciclostile s.m. Macchina per riprodurre scritti battuti a macchina o disegni o incisi su una matrice di carta cerata.

Ciclòstomi s.m. pl. [iniziale minusc. sing. –ma per l'individuo] ZOOL. Classe di vertebrati acquatici, dal corpo allungato e cilindrico, privo di mascelle e con caratteri di primitività rispetto ai pesci (p.e. lampreda).

ciclotimìa s.f. PSICOL. Alternanza di periodi di euforia e di depressione, di attivismo e di abulia.

ciclotìmico agg. [pl.m. –ci, f. –che] **1.** Della ciclotimia. **2.** Che è affetto da ciclotimia. ◆ s.m. [f. –ca] Nell'accez. 2 dell'agg.

ciclotróne s.m. (ingl. cyclotron) FIS. Acceleratore circolare nel quale le particelle vengono accelerate lungo traiettorie a spirale.

cicloturìsmo s.m. Turismo praticato con la bicicletta. ~ Sport non agonistico con la bicicletta.

cicloturìsta s.m. e f. [pl.m. –sti] **1.** Chi fa viaggi, giri turistici in bicicletta. **2.** Chi pratica il ciclismo non agonistico.

cicógna s.f. **1.** Uccello di palude, migratore, dotato di piumaggio bianco e remiganti nere, zampe e becco molto lunghi e rossi, che nidifica nell'Europa centrale e sverna in Africa. La specie più conosciuta è la cicogna bianca che supera il metro d'altezza. (Famiglia dei Ciconidi.) ◇ fig. Arriva la cicogna: sta per nascere un bambino. (Secondo una leggenda nordica le cicogne porterebbero i neonati.) **2.** ZOOL. (iniziale maiusc.) Genere di uccelli a cui appartiene la cicogna. **3.** → bisarca. **4.** Tipo di aereo da ricognizione usato dall'aviazione tedesca nella seconda guerra mondiale, monomotore, capace di basse velocità e di atterraggi corti. **5.** COSTR. Staffa per sostenere la grondaia. ~ Traversa di legno a cui è sospesa la campana.

■ **cicógna** bianca.

Cicònidi s.m. pl. [iniziale minusc. sing. –de per l'individuo] ZOOL. Famiglia di uccelli cui appartiene la cicogna. (Ordine dei Ciconiformi.)

Ciconifórmi s.m. pl. [iniziale minusc. sing. –me per l'individuo] ZOOL. Ordine di grandi uccelli migratori, dotati di zampe, collo e becco molto lunghi, a cui appartiene la cicogna.

cicòria s.f. Pianta erbacea dotata di foglie lanceolate commestibili, di cui si coltivano molte varietà (insalata riccia, scarola, indivia, ecc.); la radice, tostata, è usata come surrogato del caffè. (Famiglia delle Composite.)

cicùta s.f. **1.** Pianta erbacea contenente alcuni alcaloidi che la rendono, in certe specie, velenosa. (Altezza fino a 2 m per la cicuta maggiore; famiglia delle Ombrellifere.) **2.** BOT. (iniziale maiusc.) Genere di piante a cui appartiene la cicuta. **3.** Infuso venefico di alcune specie di tale genere di piante.

cicutìna s.f. CHIM. Alcaloide velenoso ricavato dalle foglie e dai frutti di una varietà della cicuta.

ciecaménte avv. Senza riflessione, alla leggera. Obbedire ciecamente.

cièco agg. [pl.m. –chi, f. –che] **1.** Privo della vista, non vedente. ◇ Volo cieco: senza visibilità diretta, con il solo ausilio degli strumenti di guida. **2.** fig. Senza la luce della ragione, folle. Una passione cieca. ◇ Cieco per la rabbia: sopraffatto dall'ira. – La fortuna è cieca: è indipendente dal merito o dal bisogno. – Alla cieca: a tentoni, a caso, all'impazzata. **3.** estens. Senza aperture da cui prendere luce, senza uscita, senza sbocco. Corri-

■ **cicòria.** Alcune varietà.

doio cieco. ~ Che non consente di vedere. ◇ Finestra cieca: finta, disegnata sul muro esterno. – fig. Essere, infilarsi in un vicolo cieco: in una situazione da cui non si sa come uscire. **4.** ANAT. Intestino cieco: prima parte dell'intestino crasso. ◆ s.m. **1.** [f. –ca] Chi è privo della vista, non vedente. **2.** ANAT. Intestino cieco.

cièlo s.m. **1.** Spazio siderale percepibile, di colore variabile a causa dell'atmosfera terrestre. SIN.: **firmamento.** ◇ A cielo aperto: allo scoperto, senza alcun riparo; anche di interventi chirurgici eseguiti incidendo i tessuti dei tegumenti esterni. – figg. Cielo a pecorelle: nuvoloso. – Non stare né in cielo né in terra: di cosa senza senso, assurda. – Cadere dal cielo: di cosa inaspettata, improvvisa. – L'altra metà del cielo: il sesso femminile. **2.** Porzione di cielo visibile da un dato luogo. ~ AER. Spazio sovrastante una località. Volare sul cielo italiano. ◇ fig. Sotto il cielo: sotto il *sole. **3.** Paradiso. Il regno dei cieli. ~ Dio stesso o la sua Provvidenza. Il volere del cielo. ◇ Essere mandato dal cielo: riferito a chi o a ciò che giunge nel momento giusto per dare un aiuto. **4.** È frequente col valore escl. per esprimere stupore, indignazione, sollievo, rammarico, speranza o per sottolineare l'eccezionalità di qlco. Cielo!, che hai fatto! **5.** Nel sistema tolemaico, ognuna delle sette sfere celesti. Cielo della Luna, di Marte, di Giove. **6.** Parte superiore di ambienti chiusi. Cielo di una stanza.

cifoscoliòsi s.f. inv. MED. Deformazione della colonna vertebrale che associa cifosi e scoliosi.

cifòsi s.f. inv. MED. Eccesso di convessità della parte dorso-cervicale della colonna vertebrale.

cifòtico agg. Relativo alla cifosi.

cifra s.f. (lat. cifram, ar. ṣifr "vuoto") **1.** Ogni segno che rappresenta i numeri da zero a nove. ~ estens. Numero in quanto risultato di un calcolo. ◇ Cifra astronomica: numero, in genere di denaro, altissimo. Spendere una cifra astronomica. **2.** Quantità, somma di denaro. **3.** Lettera iniziale di un nome o di un cognome, usata come

■ **cicùta** maggiore.

abbreviazione. Una camicia con le cifre ricamate. **4.** Codice segreto usato nelle comunicazioni militari o diplomatiche. **5.** Particolarità stilistica propria di un artista o di uno scrittore. Quel pittore ha sviluppato una cifra personalissima.

cifràre v.tr. Segnare qlco. con le proprie iniziali. ~ Disegnare o ricamare un oggetto con l'abbreviazione di un nome. **2.** Tradurre un messaggio in cifra, cioè in un linguaggio segreto e convenzionale. SIN.: **codificare.**

cifràrio s.m. [pl. –ri] Repertorio, codice convenzionale delle cifre, che consente di codificare e decodificare un messaggio in cifra.

cifràto agg. Segnato con cifre. Fazzoletto cifrato. ~ Codificato in un linguaggio convenzionale. ◇ fig. Linguaggio cifrato: poco comprensibile, poco chiaro.

cifratùra s.f. **1.** Abbreviazione in monogramma o in sigla. **2.** Trasformazione di un testo chiaro in crittogramma.

cigliàto agg. BIOL. Di una cellula o di un organo dotato di ciglia.

ciglio s.m. [pl.m. cigli nell'accez. 4, f. ciglia nell'accez. 1, 2 e 3] **1.** ANAT. Pelo impiantato sul bordo delle palpebre dell'uomo e delle scimmie. ~ Linea di tali peli. ◇ figg. Non, senza battere ciglio: restare impassibili, non tradire nessuna emozione. – In un battere di ciglia: in pochissimo tempo. **2.** estens. Sopracciglio. ◇ Strapparsi le ciglia: depilarsi le sopracciglia. **3.** BIOL. (spec. pl.) Filamento vibratile di protoplasma presente in cellule e in organismi unicellulari come organo di locomozione in ambiente liquido; è presente anche nelle cellule epiteliali delle mucose bronchiali e intestinali. **4.** Margine, bordo, sponda. Ciglio della strada.

cigno s.m. **1.** Uccello palmipede migratore dal lungo collo flessuoso; la specie del cigno reale, completamente bianca, è addomesticata e diffusa lungo gli specchi d'acqua. (Apertura alare fino a 2,3 m; peso fino a 23 kg; famiglia degli Anatidi.) ◇ fig. Canto del cigno: l'ultima e la più perfetta opera o azione compiuta da qlcu., spec. da un artista, perché secondo la leggenda il cigno prima di morire canta melodiosamente. **2.** ZOOL. (iniziale maiusc.) Genere di uccelli a cui appartengono varie specie di cigni. **3.** ASTR. (iniziale maiusc., solo sing.) Costellazione dell'emisfero boreale.

■ **cigno** reale.

cigolàre v.intr. (aus. avere) (voce onom.) **1.** Emettere un suono aspro e stridulo, proprio di porte, cancelli, congegni e parti metalliche non lubrificate. Come cigola quella porta! **2.** estens. Sibilare, scoppiettare, detto di legna verde o materiale umido che brucia.

cigolìo s.m. [pl. –lii] Cigolamento prolungato. Il cigolio di un freno.

cilécca s.f. [non com. pl. –che] ant. Beffa. ◇ Fare cilecca: riferito ad arma da fuoco o a cartuccia, non sparare, non esplodere per cattivo funzionamento. Il fucile ha fatto cilecca; fig. mancare, fallire, venir meno nel momento in cui si dovrebbe meglio figurare.

cilèno agg. Del Cile. ◆ s.m. **1.** [f. –na] Nativo, abitante del Cile. **2.** Moneta del Cile di valore pari a 1000 pesos.

ciliàre o **cigliàre** agg. **1.** Del ciglio o del sopracciglio. Arco ciliare. **2.** ANAT. Corpo ciliare.

parte della tunica vascolare dell'occhio tra l'iride e la coroide.

Ciliàti s.m. pl. [iniziale minusc. sing. –*to* per l'individuo] ZOOL. Classe di protozoi i cui organi di locomozione sono ciglia vibratili poste sulla superficie del corpo.

cilìcio s.m. [pl. –*ci*] (lat. *cilīcium* "coperta, abito di pelo caprino", gr. *Kilīkion* "della Cilicia"

regione dell'Asia Minore in cui il tessuto era fabbricato) **1.** Tessuto grossolano, pungente, di lana di capra o di crini di cavallo. **2.** Cintura o fascia di crine pungente fatta a nodi, portata sotto la veste sulla pelle nuda come pratica religiosa di penitenza. **3.** *fig., iron. o per esager.* Dolore, tortura fisica o spirituale, tormento.

ciliègia s.f. [pl. –*ge* o –*gie*] Frutto commestibile del ciliegio, costituito da una drupa polposa

e succosa di colore rosso più o meno intenso. ❑ In funzione di agg. inv. [–*ge*, –*gie*], di colore rosso intenso. *Vestito ciliegia*.

ciliegìna s.f. Nel sign. del dim. di *ciliegia*; in partic., ciliegia candita. ◇ *fam. La ciliegina sulla torta:* denota, con soddisfazione, il tocco finale di un fatto positivo o anche, con dispetto, il colmo di una serie di avversità o di elementi negativi.

ciliègio s.m. [pl. –*gi*] **1.** BOT. Albero fruttifero, dai fiori bianchi e frutti rossi a drupa, le cui varietà coltivate sono derivate da due specie: il *marasco* e il *visciolo*. (Genere *Prunus*; famiglia delle Rosacee.) ◇ *Ciliegio a grappoli:* albero spontaneo dal legno rossiccio e fiori profumati, la cui corteccia ha proprietà astringenti; detto anche *pado*. (Famiglia delle Rosacee.) – *Ciliegio di montagna:* pianta erbacea che cresce spontanea nei boschi di montagna, con bacche di colore rosso simile alla ciliegia. (Famiglia delle Caprifogliacee.) **2.** Legno di tale albero, molto compatto, dal colore rossiccio, usato per la fabbricazione di mobili pregiati.

frutti

fiori

sezione
del frutto

■ **ciliègio**

cilindràre v.tr. **1.** Spianare qlco. con un rullo compressore; comprimere il manto stradale. **2.** Far scorrere fra due o più cilindri materiali da spianare o lucidare.

cilindràsse s.m. BIOL. CELL. → **2. neurite**.

cilindràta s.f. MECC. Volume totale dei cilindri di un motore alternativo o motoveicoli. ◇ *Di grossa cilindrata:* con una grande potenza di motore.

cilindratóio s.m. [pl. –*toi*] TECN. Macchina per eseguire la cilindratura.

cilindratrìce s.f. TECN. Macchina a cilindri per la lavorazione delle fibre di canapa.

cilindratùra s.f. **1.** TECN. Schiacciamento, spianamento di un terreno con il rullo compressore. **2.** TECN. Stiramento, lucidatura di tessuti, carta, ecc. con macchine a cilindri.

cilìndrico agg. [pl.m. –*ci*, f. –*che*] **1.** GEOM. Di cilindro. ◇ OTT. *Lente cilindrica:* lente con una superficie cilindrica e una sferica o piana, usata per la correzione dell'astigmatismo. **2.** A forma di cilindro. *Rullo cilindrico*.

cilìndro s.m. **1.** GEOM. Solido generato dall'insieme di tutte le rette (*generatrici*) aventi la stessa direzione e che intersecano una curva data (*direttrice*). **2.** Qualsiasi oggetto con la forma di tale solido. ◇ *Cilindro della macchina da scrivere:* rullo intorno a cui passano i fogli di carta. **3.** Cappello rigido da cerimonia, con calotta alta e cilindrica di seta e dal bordo stretto. ◇ *Cilindro magico:* quello usato dal prestigiatore, per far sparire o apparire oggetti o piccoli animali. **4.** MECC. IND. Vano entro cui scorre il pistone di un motore,

emisfero boreale

emisfero australe

■ **cièlo.** Principali costellazioni e stelle più luminose.

di una pompa o di un compressore. **5.** MED. (spec. pl.) Parti microscopiche d'aspetto cilindrico di tessuto renale che appaiono nelle urine nel corso delle nefropatie.

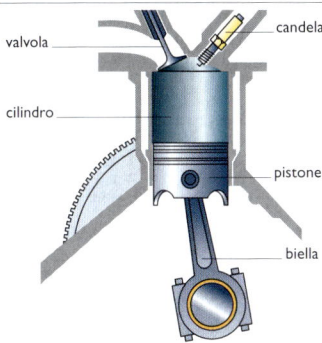

valvola
candela
cilindro
pistone
biella

■ **cilìndro** di un motore a scoppio.

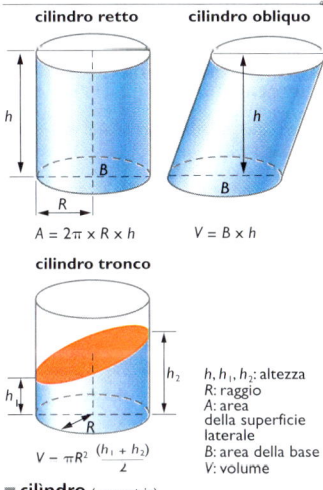

cilindro retto   cilindro obliquo

$A = 2\pi \times R \times h$ $V = B \times h$

cilindro tronco

h, h_1, h_2: altezza
R: raggio
A: area della superficie laterale
B: area della base
V: volume

$V = \pi R^2 \dfrac{(h_1 + h_2)}{2}$

■ **cilìndro** (geometria).

cilindròide s.m. GEOM. Solido limitato da una superficie cilindrica, da un piano a essa perpendicolare e da un'altra superficie qualsiasi che la intersechi.

cìma s.f. **1.** Parte più alta di qlco. *Cima di un albero.* ~ Estremità superiore. ~ Sommità, punto massimo. *Cima di una montagna.* ◇ figg. *Cima della carriera:* gradino più elevato consentito dalla propria attività professionale. – *Essere in cima ai pensieri di qlcu.:* essere oggetto di costante e primaria attenzione. – *Fare qlco. da cima a fondo:* dal principio alla fine, senza salti o interruzioni. **2.** fig. fam. Persona di grande intelligenza, che si distingue, pozzo di scienza, usato anche con ironia antifrastica. *Non è una cima.* **3.** MAR. Grossa corda di canapa usata spec. per le manovre di attracco alla banchina del porto. **4.** BOT. Tipo di ramificazione o infiorescenza in cui i rami laterali sovrastano l'asse principale. **5.** CUC. Striscia di petto di bovino cucito a tasca, riempita con cervella e animelle al burro, uova, piselli, maggiorana, e lessata, specialità della cucina genovese.

cimàre v.tr. **1.** Tagliare la cima, la parte superiore di qlco., general. con riferimento a piante. *Cimare la siepe.* **2.** IND. TESS. Livellare il pelo di un tessuto.

cimàsa s.f. ARCH. Modanatura, cornice aggettante che rifinisce superiormente un elemento architettonico o un mobile. ~ Negli edifici, sporgenza del tetto lungo cui si sviluppano le grondaie.

cimatùra s.f. **1.** Potatura delle piante. ~ Le cime, i rami potati. **2.** Taglio livellato del pelo di

un tessuto. **3.** Nell'industria petrolifera, separazione delle sostanze volatili dal greggio.

cimbalàio s.m. [f. *–aia*] Suonatore di cembalo.

cimbalària s.f. Pianta erbacea dalle piccole foglie arrotondate e lobate, che cresce sui muri. (Famiglia delle Scrofulariacee.)

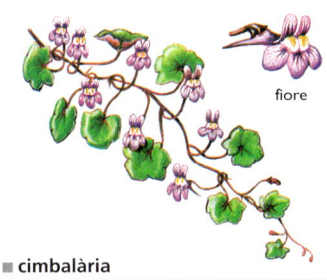

fiore

■ **cimbalària**

cimèlio s.m. [pl. *–li*] (lat. *cimèlium*, gr. *keimēlion* "tesoro") **1.** Oggetto risalente a un'epoca passata, conservato come ricordo di un avvenimento o di una persona. **2.** scherz. Oggetto consunto e di nessun valore.

cimentàre v.tr. Mettere alla prova, a repentaglio qlco. ◆ **cimentarsi** v.pron. Mettersi alla prova, impegnarsi in qlco. di difficile.

cìmice s.f. **1.** Insetto con apparato boccale a forma di rostro e corpo appiattito, che emana un odore sgradevole. (Ordine degli Eterotteri.) ◇ *Cimice dei letti:* dal corpo piuttosto largo e appiattito di colore bruno-rossiccio, parassita dell'uomo. – *Cimice delle piante:* parassita dei vegetali. – *Cimici dei campi:* nome comune della famiglia dei Pentatomidi. **2.** pop. Puntina da disegno dal gambo corto e sottile, usata per fissare fogli di disegno o cartoncini su legno o su altre superfici morbide. **3.** gerg. Microspia telefonica.

cimièro s.m. (fr. *cimier*) **1.** Ornamento che si innalza dall'elmo. **2.** ARALD. Figura di un elmo con cimiero sovrastante le armi gentilizie.

ciminièra s.f. Fumaiolo alto, in partic. di fabbriche, navi, locomotive a vapore.

cimìno s.m. Parte terminale, sottile e flessibile di una canna da pesca.

cimiteriàle agg. **1.** Del cimitero. **2.** fig. Lugubre, tetro, triste.

cimitèro s.m. (lat. *coemetèrium*, gr. *koimētérion* "luogo in cui si riposa") **1.** Luogo predisposto per la sepoltura dei morti e per la conservazione dei loro resti. ◇ *Cimitero degli elefanti:* luogo in cui, secondo una leggenda, vanno gli elefanti quando stanno per morire; fig. luogo dove si raccolgono persone o attività ormai inutili, obsolete; spreg. riunione, gruppo di vecchi. **2.** fig. scherz. Luogo desolato e silenzioso, squallido.

cimòsa s.f. **1.** Bordo di un tessuto in pezza, costituito da una fascia di colore e tessitura diversi dal resto della stoffa, di solito più resistente. **2.** Striscia di panno arrotolata, usata per cancellare scritte in gesso dalla lavagna.

cìmrico s.m. → gallese.

cimùrro s.m. (fr. *chamoire*) **1.** VET. Malattia virale dei cani e dei cavalli che causa un'infiammazione delle mucose nasali. **2.** scherz. Raffreddore forte.

cinàbro s.m. **1.** MIN. Solfuro di mercurio (HgS) in masse granulari cristallizzate, compatte, di colore rosso scuro. **2.** Colore rosso vivo del cinabro puro.

cincia s.f. [pl. *–ce*] (voce onom.) Piccolo uccello insettivoro, dal piumaggio chiazzato di vivaci colori, diffuso in tutto il mondo. [Le cince (genere *Parus*) come la *cinciarella*, la *cinciallegra* e la *cincia mora* formano la famiglia dei Paridi.]

cinciallégra o **cingallégra** s.f. Varietà di cincia, dal capo di colore nero, ventre giallo e nero, dorso verde-giallo e ali grigie.

cinciarèlla s.f. Varietà di cincia con livrea bianca e azzurra, penne erettili sul capo e lunga coda, diffusa in Europa e in Asia.

cincillà s.m. inv. (spagn. *chinchilla*, deriv. di *chinche* "cimice" per il suo odore) **1.** Roditore del Sudamerica, pregiato per la pelliccia color grigio perla. (Lunghezza 25 cm senza la coda; famiglia dei Cincillidi.) **2.** Pelliccia del cincillà.

Cincìllidi s.m. pl. [iniziale minusc. sing. *–de* per l'individuo] ZOOL. Famiglia di roditori da pelliccia, diffusi spec. nell'America Meridionale.

cincin escl. (trascrizione it. dell'ingl. *chin chin*, cinese *ch'ing ch'ing* "prego, prego") Formula di augurio come nei brindisi.

Cincóna s.f. Albero originario delle Ande, coltivato per la corteccia ricca di chinina. (Genere *Cinchona*; famiglia delle Rubiacee.)

cinconina s.f. CHIM., FARM. Alcaloide ricavato dalla corteccia della china, in forma di polvere incolore, usato per curare la malaria.

cinconìsmo s.m. MED. Intossicazione da alcaloidi della corteccia di china.

cine s.m. inv. comun. Cinema.

cineamatóre s.m. [f. *–trice*] Regista dilettante che si dedica alla ripresa e al montaggio di film, general. cortometraggi.

cineàsta s.m. e f. [pl.m. *–sti*] Autore o realizzatore professionale di pellicole.

cinecàmera s.f. CINE. Macchina da presa cinematografica.

cineclub /t∫ine'klub/ s.m. inv. Associazione che mira a promuovere la cultura cinematografica.

cinèfilo s.m. [f. *–la*] Appassionato di cinema.

cineforum /t∫ine'fɔrum/ s.m. inv. (voce semiing.) Dibattito pubblico di argomento cinematografico o su un film appena proiettato. ~ estens. Cineclub.

cinegètica s.f. [non com. pl. *–che*] Nell'antichità, arte della caccia con i cani. ~ Tecnica dell'addestramento dei cani da caccia.

cinegiornàle s.m. In passato, notiziario di attualità proiettato nei cinema prima del film.

cinema s.m. inv. **1.** Arte di comporre e realizzare film. **2.** Industria cinematografica. *Lavorare nel cinema.* ~ Insieme della produzione cinematografica di un paese, un autore, un genere. *Il cinema noir.* ◇ *Cinema verità:* documentario con riprese dal vero della realtà quotidiana, spesso connotato da impegno sociale e immagini crudamente realistiche. **3.** fig. Insieme, seguito di peripezie. ~ Ciò che è bizzarro. *Il tuo amico è un cinema.* **4.** Sala destinata alla proiezione di film. ENCICL. Si usa far cominciare la storia del cinema da Louis Lumière, considerato l'inventore del nuovo mezzo espressivo. Ma il cinema come arte non si sviluppò che più tardi, dopo la prima guerra mondiale: all'inizio esso fu prevalentemente spettacolo e il predominio sul settore fu soprattutto francese, ma ben presto subentrarono le grandi imprese finanziarie americane che venivano costituendosi sotto la spinta di Edison. Dopo un periodo di grave crisi, nel 1908 il cinema europeo si sviluppò rapidamente: in Italia si volse verso il film storico soprattutto d'ambiente romano-classico, ma il primo conflitto mondiale contribuì al successivo declino e, per contro, all'estendersi della supremazia americana. In Germania, nato dal cinema sperimentale, comparve l'*espressionismo* (*Golem*, 1915 di P. Wegener; *Il gabinetto del dottor Caligari*, 1919 di R. Wiene), talvolta con ambiziosi film dalla scenografia colossale (*Metropolis*, 1926 di F. Lang), influenzato dalla pittura e dalla letteratura dell'epoca. A Hollywood si impose il genere comico con Buster Keaton e Charlie Chaplin, la cui opera segnò il culmine delle possibilità del cinema muto a cui partecipò anche il cinema russo (*La corazzata Potëmkin*, 1925 di S. M. Eisenstein). A partire dal 1929 si impose clamorosamente il film

■ **cìncia.** Cinciarella.

sonoro. Il cinema divenne poi soprattutto "d'evasione" e comparve il fenomeno del divismo (Greta Garbo, Clark Gable, Joan Crawford). Fra i registi americani è da ricordare Frank Capra, che si specializzò nella commedia brillante e, fra i generi, il western (John Ford) e il film-gangster, il genere comico, che vide apparire altri attori dalla comicità più facile e immediata (la coppia Laurel-Hardy, i fratelli Marx). In Germania, l'avvento del nazismo disperse i registi della scuola realista psicologica. Verso il 1930 si assistette a una rinascita del cinema italiano e inglese accanto al cinema verista francese. La guerra, che in un primo tempo pareva dovesse segnare la morte del cinema nei paesi occupati, ebbe invece l'effetto di imprimere un ulteriore slancio in Francia (irrealismo, in contrasto con l'occupazione tedesca), in America (nonostante la perdita dei mercati europei), e in Italia, dove si preannunciò il *neorealismo* che si sviluppò pienamente nel dopoguerra. Questa nuova corrente concepì la realtà come un semplice e nudo documento e quindi i film erano girati fuori dai teatri di posa, con attori presi dalla strada. Suo fondatore fu Roberto Rossellini (*Roma città aperta*, 1945), seguito da Vittorio De Sica (*Ladri di biciclette*, 1948) e da Luchino Visconti (*La terra trema*, 1948). Nel '49 il neorealismo poteva già dirsi concluso, ma contribuì a far uscire il cinema americano dalle incertezze in cui si trovava, dando nuovi stimoli alla cinematografia d'oltreoceano. Federico Fellini (*Lo sceicco bianco*, 1951) e Michelangelo Antonioni (*L'avventura*, 1960), però, cercarono di superare gli schemi del neorealismo e affrontarono la realtà descrivendo con originali modelli narrativi il dramma della solitudine dell'uomo. Sulla loro scia altri registi (Franco Rosi, Gillo Pontecorvo, Pier Paolo Pasolini) ebbero fortuna. In Francia si affermò la *nouvelle vague*, nata dal verismo ma con intenti anticonformistici e di reazione ai vecchi linguaggi espressivi (Claude Chabrol, François Truffaut, Jean Luc Godard). Nel '57 al Festival di Venezia fu presentato *Rashomon* di Akira Kurosawa: da questo momento il cinema giapponese, con le sue caratteristiche peculiari di stile (dolorosa lentezza contrapposta a violenza d'azione; simboli arcani e montaggio a taglio rapido di immagini) fu introdotto anche in Occidente. In America, intanto, si accentuarono l'anticonformismo e i temi antieroici. In generale, a partire dal 1965, si andò verso il cinema d'autore assunse un ritmo assai più pronunciato e le esigenze della produzione vennero soddisfatte da un gruppo di registi capaci di assecondare il mercato, con il risultato che il cinema d'evasione perse terreno davanti all'opera cinematografica drammatica e impegnata. Il decennio 1965-1975 vide l'ascesa del cinema italiano, dominato dalla grande personalità di Fellini, insieme a Visconti, Antonioni, De Sica, Pietro Germi e Pasolini, affiancati da nuove voci che cercarono di rompere con la tradizione del passato (Marco Ferreri, Bernardo Bertolucci) e, fra le nuove leve, Ermanno Olmi, i fratelli Paolo e Vittorio Taviani, Dario Argento. Prese piede la satira di costume che rimase uno dei filoni più importanti del decennio (Mario Monicelli, Ettore Scola, Dino Risi, Alberto Lattuada, Luigi Comencini), accanto al clamoroso successo del *western all'italiana* (Sergio Leone). Negli Stati Uniti, dal '65 si profilò una crisi dovuta alla povertà di idee, alla tendenza a finanziare solo i colossal e alla stanchezza dei registi. Alcuni nomi difficilmente classificabili in cinematografie nazionali (Stanley Kubrick, Roman Polanski) lavorarono in America, insieme a registi della nuova generazione del calibro di Robert Altman, Sidney Pollack, Steven Spielberg, George Lukas e Woody Allen. Dalla fine degli anni Settanta, si è abbattuta sul cinema una crisi dovuta all'espandersi della TV e soprattutto delle reti private, con conseguente calo di spettatori nelle sale cinematografiche. In Italia registi già attivi continuarono comunque a lavorare, affiancati da nuovi nomi come Mauro Bolognini, Damiano Damiani, Pasquale Squitieri, Marco Tullio Giordana, Gianni Amelio, Giuseppe Tornatore, Pupi Avati, Nanni Moretti, Mimmo Calopresti, Francesca Archibugi, Gabriele Salvatores, Silvio Soldini, Carlo Verdone, Roberto Benigni.

cinemascope [/'siniməs‚koup/] s.m. inv. (voce ingl.) Procedimento di ripresa cinematografica e di proiezione che consente di allargare notevolmente il campo di ripresa e quello di visualizzazione.

cinemàtica s.f. [non com. pl. –*che*] (fr. *cinématique*, gr. *kínēma* "movimento") Parte della meccanica che studia il moto dei corpi in funzione del tempo, indipendentemente dalle forze che lo producono.

cinematismo s.m. FIS. Ogni sistema di trasmissione del moto.

cinematografia s.f. **1.** Insieme dei metodi e delle tecniche di ripresa e proiezione di film. **2.** Industria cinematografica. ~ Insieme di film prodotti.

cinematogràfico agg. [pl.m. –*ci*, f. –*che*] (fr. *cinématographique*) Relativo al cinema.

cinematògrafo s.m. (fr. *cinématographe*, voce coniata nel 1893 e diffusa con l'invenzione dei fratelli Lumière) **1.** *ant.* Apparecchio di registrazione e di proiezione su uno schermo di fotogrammi animati. **2.** Locale per la proiezione di film, cinema.

cinemòmetro s.m. Apparecchio per misurare la velocità lineare di un apparecchio mobile.

cineòlo s.m. CHIM., MED. → **eucaliptolo**.

cineoperatóre s.m. [f. –*trice*] CINE. Operatore cinematografico.

cinepàrco s.m. [pl. –*chi*] → **drive-in**.

cinepresa s.f. Apparecchio per le riprese cinematografiche usato per cinema, televisione e film amatoriali.

cineràma s.m. inv. CINE. Sistema di ripresa e proiezione su un grande schermo curvo, che, grazie a tre macchine diversamente angolate, dà allo spettatore l'illusione della profondità.

cinerària s.f. Pianta erbacea dal fogliame color cenere, fiori purpurei, coltivata come pianta decorativa. (Genere *Senecio*; famiglia delle Composite.)

cineràrio agg. [pl.m. –*ri*] Che contiene le ceneri di un corpo incenerito. *Urna cineraria.* ◆ s.m. ARCHEOL. Urna, vaso o ambiente destinato a contenere le ceneri di un defunto.

cinèreo agg. *lett.* Che ha l'aspetto, il colore della cenere. ◇ ASTR. *Luce cinerea:* la leggera luminosità della parte oscura della luna.

cinerite s.f. GEOL. Roccia sedimentaria formata da ceneri vulcaniche.

cinescòpio s.m. [pl. –*pi*] Nei televisori, tubo catodico che consente la produzione delle immagini sullo schermo.

cinése agg. **1.** Della Cina. ◇ *fig. Tortura cinese:* di qlco. che dia tormento, fastidio, noia e duri a lungo. **2.** *fig.* Incomprensibile, tortuoso, astruso. ◆ s.m. **1.** (anche f.) Nativo, abitante della Cina. **2.** (solo sing.) Lingua parlata in Cina.
ENCICL. In Cina si possono individuare sette zone dialettali. Una al Nord, quella del *cinese mandarino*, che comprende diversi dialetti (parlati dal 70% della popolazione) e da cui è stata

tratta la lingua standard, o *putonghua*; tre al centro (*wu*, *gan* e *xiang*) e tre al Sud (*min*, *hakka* e *yue*). Le differenziazioni dialettali sono compensate da un sistema comune di scrittura.

cineseria s.f. (fr. *chinoiserie*) **1.** (spec. pl.) Soprammobile che proviene dalla Cina o è di gusto cinese. ~ Porcellana cinese. **2.** Motivo ornamentale, decorazione, opera d'arte d'ispirazione cinese. **3.** Atteggiamento complimentoso, cerimonioso.

cinèsi s.f. inv. BIOL. Movimento di un organismo causato da un agente esterno e la cui velocità varia secondo l'intensità dello stimolo.

cinèsica s.f. [non com. pl. –*che*] (ingl. *kinesics*, deriv. di gr. *kínēsis* "movimento") Studio della mimica che accompagna o sostituisce la comunicazione verbale.

cinesiologia s.f. MED. Studio della motilità umana.

cinesiterapia o **chinesiterapia** s.f. Insieme dei trattamenti che utilizzano la mobilizzazione attiva o passiva per dare o restituire a un paziente il movimento e la funzione delle varie parti del corpo.

cinesiterapista o **chinesiterapista** s.m. e f. [pl.m. –*sti*] Tecnico paramedico che pratica la cinesiterapia.

cinestesia s.f. Sensazione provocata dai movimenti del proprio corpo e in partic. dalla contrazione dei muscoli striati.

cinetèca s.f. [pl. –*che*] Raccolta di pellicole cinematografiche ordinate e schedate. ~ Locale in cui sono custodite e dove è possibile visionarle.

cinètica s.f. [non com. pl. –*che*] **1.** FIS. Parte della meccanica che studia il moto dei sistemi materiali senza occuparsi delle forze a cui sono soggetti. **2.** CHIM. Studio della velocità delle reazioni chimiche e dei fattori che le determinano.

cinètico agg. [pl.m. –*ci*, f. –*che*] **1.** FIS. Relativo al moto. ◇ *Energia cinetica:* energia meccanica di un sistema dovuta al suo stato di moto. **2.** *Arte cinetica:* arte sperimentale degli anni Sessanta-Settanta caratterizzata dalla creazione di opere dotate di movimento.

cinetoscòpio s.m. [pl. –*pi*] Apparecchio usato un tempo per la visione, mediante oculare, di una pellicola cinematografica da parte di una sola persona.

cingere v.tr. [22] **1.** Avvolgere, ricoprire, ornare qlcu., o con qlco. *Cingere il cadavere di bende.* **2.** Circondare, delimitare uno spazio con qlco. *Cingere il giardino con un'alta siepe.* **3.** Mettersi addosso qlco., avvolgerlo, stringerlo intorno al proprio capo o al proprio corpo. ◇ *fig. Cingere la corona:* diventare re. ◆ **cingersi** v.pron. Ornarsi una parte del corpo con qlco. ~ Adornarsi il capo con qualche ornamento.

cinghia s.f. **1.** Striscia piuttosto bassa di cuoio o di tessuto di vario tipo, usata per legare, sostenere qlco. ◇ *fig. Tirare la cinghia:* ridurre al minimo le spese, fare economia. **2.** MECC. Anello

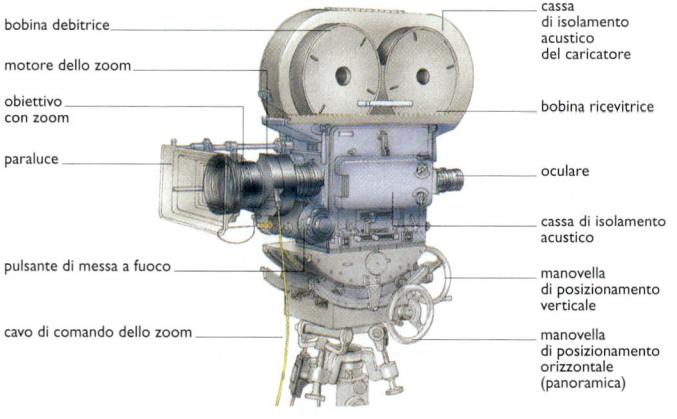

casa di isolamento acustico del caricatore

bobina debitrice

motore dello zoom

obiettivo con zoom

bobina ricevitrice

paraluce

oculare

cassa di isolamento acustico

pulsante di messa a fuoco

manovella di posizionamento verticale

cavo di comando dello zoom

manovella di posizionamento orizzontale (panoramica)

■ **cinepresa** professionale 35 mm.

di nastro che trasmette il moto tra due elementi di un macchinario. ◇ *Cinghia di trasmissione:* nastro che nei motori delle automobili mette in contatto il cambio e la trasmissione.

cinghiàle s.m. **1.** Mammifero simile al maiale ma di abitudini selvatiche, con zanne inferiori sporgenti, pelo setoloso, coda corta. (Il verso è il grugnito. Nome sc. *Sus scrofa;* famiglia dei Suidi.) **2.** La carne commestibile di tale animale. **3.** La sua pelle usata in pelletteria.

■ **cinghiàle** maschio, femmina e piccoli.

cingolàto agg. Di automezzo che ha i cingoli. ◆ s.m. Nel sign. dell'agg.

cingolo s.m. **1.** MECC. Anello di piastre metalliche agganciate l'una all'altra, montato sulle ruote motrici dentate di automezzi pesanti per consentirne la marcia su terreni accidentali. **2.** Cintura usata dai soldati romani.

cinguettàre v.intr. (aus. *avere*) **1.** Detto di uccelli, emettere il caratteristico suono breve e squillante. *I passeri cinguettano.* **2.** *fig.* Detto di esseri umani, spec. bambini, parlare fitto, con voce sottile e squillante. SIN.: **parlottare**.

cinguettio s.m. [pl. *–tii*] **1.** Canto di uccelli insistito e sommesso. **2.** *fig.* Chiacchierio di fanciulli.

cinico agg. [pl.m. *–ci,* f. *–che*] (lat. *cynicum,* gr. *kynikós* deriv. di *kýon* "cane", orig. dal nome della località di Cinosarge dove Antistene insegnava, ma in seguito volutamente equivocato per il comportamento considerato bestiale dei seguaci di questa scuola filosofica) **1.** Indifferente ai sentimenti e alla morale comune. ~ Privo di sensibilità. **2.** FILOS. Dell'antica scuola filosofica sostenitrice del cinismo. (Fondata da Antistene, un allievo di Socrate, nel IV sec. a.C., la scuola dei cinici ebbe in Diogene il suo rappresentante più significativo.) ◆ s.m. [f. *–ca*] Nei sign. dell'agg.

ciniglia s.f. [pl. *–glie*] (fr. *chenille* "bruco") **1.** Filato a forma di cordoncino peloso usato per tessuti spugnosi o vellutati. **2.** Tessuto, morbido e spugnoso, fatto con tale filato.

Cinìpidi s.f. pl. [iniziale minusc. sing. *–de* per l'individuo] ZOOL. Famiglia di insetti dotati di addome peduncolato; pungono le foglie di alcune piante per introdurvi le uova, producendo delle galle. (Ordine degli Imenotteri.)

cinismo s.m. **1.** Disprezzo, indifferenza verso la morale e i valori comuni. **2.** FILOS. Corrente filosofica e prassi di vita d'ispirazione socratica diffusa nell'antica Grecia, caratterizzata dal disprezzo per le comodità della vita e per le convenzioni umane e orientata verso la ricerca costante della felicità attraverso la virtù.

cinnamòmo s.m. **1.** Pianta arborea tropicale, dalla corteccia aromatica, da cui si ricavano cannella e canfora. (Famiglia delle Lauracee.) **2.** BOT. (iniziale maiusc.) Genere di Angiosperme a cui appartengono varie specie di cinnamomo.

cinocèfalo agg. *lett.* Dalla testa di cane o simile a un cane. ◆ s.m. Denominazione generica di varie scimmie africane, come il *babbuino* e il *mandrillo,* caratterizzate dal muso allungato somigliante a quello del cane.

cinòdromo s.m. Impianto attrezzato per le corse dei cani.

cinofilìa s.f. Amore, interessamento per i cani e il loro allevamento e addestramento.

cinòfilo agg. [f. *–la*] Che ha cura, interesse per l'allevamento e l'addestramento dei cani. ◇ *Unità cinofila:* unità operativa costituita da un militare e da un agente di pubblica sicurezza e dal cane che ha addestrato, utilizzata per operazioni di repressione del crimine o di salvataggio. ◆ s.m. Nel sign. dell'agg.

cinofobìa s.f. Paura esagerata od ossessiva dei cani.

cinoglòsso s.m. (lat. *Cynoglossum,* gr. *kynóglōsson* comp. di *kýon* "cane" e *glōssa* "lingua") BOT. Genere di piante erbacee annuali o biennali dotate di foglie lanceolate che assomigliano alla lingua del cane e di fiori rossi o azzurri; detto anche *Cinoglossa.* (Famiglia delle Borraginacee.)

cinquànta agg. num. card. Numero naturale equivalente a cinque decine. ◇ *per anton. Anni Cinquanta:* quelli compresi tra il 1950 e il 1959, con particolare riferimento alla moda, alla cultura e al costume. ◆ s.m. inv. **1.** Il numero cinquanta. **2.** La forma grafica del numero cinquanta. **3.** La quantità equivalente a cinquanta unità ogni cento, mille o più. ◇ *I cinquanta:* i cinquant'anni d'età; la velocità massima consentita nei centri abitati. *Non superare i cinquanta.*

cinquantenàrio agg. [pl.m. *–rî*] (fr. *cinquantenaire*) **1.** Che dura o è durato cinquant'anni. **2.** Che ricorre ogni cinquant'anni. ◆ s.m. Cinquantesimo anniversario di un avvenimento, la sua celebrazione.

cinquantènnio s.m. [pl. *–ni*] Periodo di cinquant'anni.

cinque agg. num. card. Numero naturale successore di quattro. ◆ s.m. inv. **1.** Il numero cinque. **2.** La forma grafica del numero cinque. **3.** La quantità equivalente a cinque unità ogni cento, mille o più. *Scarto del cinque per cento (o 5%)* **4.** Voto scolastico che, in una scala di valutazione da zero a dieci, indica ancora insufficienza.

cinquecènto agg. num. card. Numero naturale equivalente a cinque centinaia. ◆ s.m. inv. **1.** Il numero cinquecento. **2.** La forma grafica del numero cinquecento. **3.** La quantità equivalente a cinquecento unità ogni cento, mille o più. **4.** (iniziale maiusc.) Il secolo sedicesimo. **5.** *Consiglio dei Cinquecento:* assemblea legislativa francese operante tra il 1795 e il 1799.

cinquefòglie s.m. inv. (calco del gr. *pentáphyllon*) Pianta erbacea perenne dotata di foglie composte da cinque foglioline, lunghi stoloni, fiori gialli; è detta anche *pentafillo.* (Famiglia delle Rosacee.)

cinquìna s.f. **1.** Nel gioco del lotto, giocata di cinque numeri o gruppo di cinque numeri estratti sulla stessa ruota; nel gioco della tombola, serie di cinque numeri sulla stessa fila. **2.** Paga corrisposta ogni cinque giorni, com'è in uso per i soldati e i graduati di truppa e come usava, un tempo, per le compagnie teatrali.

cinta s.f. **1.** Antico sistema difensivo costituito da un seguito di mura, bastioni, torri che si sviluppavano lungo il perimetro di città, castelli, ecc. SIN.: **cerchia. 2.** *estens.* Recinzione di una proprietà o di una zona non accessibile a tutti. **3.** Linea ideale che costituisce il limite di un territorio, spec. di un centro abitato. ◇ *Cinta daziaria:* un tempo, confine comunale per passare il quale occorreva pagare il dazio sulle merci trasportate. **4.** MAR. Ciascuna delle tavole del fasciame esterno delle murate. **5.** *region.* Cintura.

cintàre v.tr. **1.** Recingere uno spazio. **2.** SPORT. Nella lotta, afferrare l'avversario ai fianchi.

cinto s.m. Cintura, cintola. ◇ *Cinto virginale:* cintura che portavano le giovani romane e che veniva tolta dallo sposo il giorno delle nozze.

cintola s.f. **1.** Cintura. **2.** Parte del corpo in corrispondenza della cintura.

cintùra s.f. **1.** Fascia in tessuto o pelle con cui si stringono o si sorreggono indumenti all'altezza della vita. ◇ *Cintura di sicurezza:* sugli aerei e sulle automobili, sistema di cinghie che trattiene il passeggero sul sedile. ~ *Cintura di salvataggio:* corpetto o fascia fatta di sugheri o di materiale gonfiabile che, allacciata in vita, consente di galleggiare. ~ *Cintura di castità:* armatu-

ra che si dice fosse usata nel Medioevo per assicurare la fedeltà delle donne. **2.** *estens.* Bordo superiore dei pantaloni o della gonna. **3.** *estens.* Girovita. **4.** *fig.* Disposizione circolare o simile di qlco. SIN.: **cerchia.** ~ Area che circonda un centro abitato. *Cintura industriale.* **5.** ANAT. Sistema di ossa che serve a unire le appendici al tronco. ◇ *Cintura pelvica:* quella formata dall'ileo e dall'ischio-pube. **6.** SPORT. Fascia che stringe in vita il chimono dei judoisti e che, a seconda del colore, indica la loro abilità e la categoria di appartenenza. ~ *estens.* L'atleta stesso. *Essere cintura nera.* ~ Nella lotta, mossa con cui si cinge l'avversario.

cinturino s.m. Nel sign. del dim. di *cintura;* in partic., striscetta di vario materiale per affibbiare, stringere qlco., spec. l'orologio.

cinturóne s.m. Nel sign. dell'accr. di *cintura;* in partic., cintura alta di cuoio propria di divise militari o di equipaggiamenti da caccia.

1. ciòcca s.f. [pl. *–che*] **1.** Ciuffo di capelli. **2.** Gruppo di foglie, fiori o frutti spuntati sullo stesso ramo e riuniti in grappolo.

2. ciòcca s.f. [pl. *–che*] Contratto per lo sfruttamento di terreno coltivato a vigneto.

cioccàre v.tr. [4] MAR. Far scorrere un cavo intorno a un appiglio (in oppos. a *bordare*). ◆ v.intr. (aus. *avere*) Dire cose senza senso.

cioccolàta s.f. (spagn. *chocolate,* azteco *chocolatl* "bevanda al cacao") **1.** Cioccolato. **2.** Bevanda a base di cacao da bersi calda. ▢ In funzione di agg. inv., di colore bruno-rossiccio.

cioccolatièra s.f. Bricco in cui si prepara e si serve la cioccolata in tazza.

cioccolatino s.m. Preparato dolciario a base di cioccolato, di piccole dimensioni e forma varia, anche ripieno. *Cioccolatino al caffè.*

cioccolàto s.m. (spagn. *chocolate*) Prodotto alimentare a base di cacao, zucchero, burro di cacao e altri ingredienti, confezionato in forme varie, oppure preparato in polvere. ◇ *Cioccolato fondente:* quello costituito solo da una miscela di zucchero e cacao. – *Cioccolato al latte:* composto da zucchero, latte in polvere, burro di cacao e cacao. – *Cioccolato bianco:* di colore bianco e contenente una miscela di burro di cacao, zucchero e latte. ▢ In funzione di agg. inv., di colore marrone come il cioccolato.

cioè cong. **1.** Ossia, vale a dire, ovvero. ~ Attribuisce a parole, frasi o sequenze di discorso funzione di parafrasi o di commento o completamento rispetto a ciò che precede. *Verrò lunedì, cioè il trenta.* ~ Seguita da una pausa forte, precede un elenco che specifica un'indicazione complessiva. **2.** O meglio, o piuttosto. *Mi dia un chilo di pane, cioè, un chilo e mezzo.* ~ Talora seguita da sì o no, introduce parole, frasi o sequenze di discorso con cui si ritratta o si modifica quanto è stato appena detto. *Fai venire qui Luigi; Carlo cioè.*

ciómpo s.m. ST. Nel Medioevo, a Firenze, salariato di una corporazione artigianale, in partic. di quella della lana. *Il tumulto dei Ciompi scoppiò a Firenze nel 1378.*

ciondolàre v.intr. (aus. *avere*) **1.** Oscillare, pendere, detto perlopiù di oggetto che perde il suo sostegno. ~ Con soggetto indicante parte del corpo, anche con specificazione della persona. *La testa gli ciondolava.* **2.** *estens.* Avere un equilibrio instabile. SIN.: **vacillare. 3.** *fig.* Aggirarsi senza meta da qualche parte perdendo tempo. SIN.: **oziare.** ◆ v.tr. Fare oscillare lentamente qlco., perlopiù una parte del corpo. *Ciondolare le gambe.*

ciòndolo s.m. **1.** Oggetto che pende da qlco. oscillando. ~ Piccolo gioiello, ninnolo da portare al collo o al braccio. SIN.: **pendente. 2.** *scherz.* Decorazione, onorificenza messa in mostra sull'abito. **3.** Barbazzale del cavallo.

ciondolóni o **ciondolóne** avv. Alla maniera di cosa che ciondola. *Tenere le braccia ciondoloni.* SIN.: **penzoloni.**

ciòtola s.f. Tazza larga, senza manico. SIN.: **scodella.** ~ Il suo contenuto. *Ciotola di latte.*

ciottolàto s.m. Selciato di ciottoli.

ciòttolo s.m. Pietra lucida arrotondata dall'azione dell'acqua. SIN.: **Sasso.**

Ciperàcee s.f. pl. [iniziale minusc. sing. *–a* per l'individuo] BOT. Famiglia di piante erbacee monocotiledoni, dotate di caule triangolare pieno, fiori in spiga, frutto ad achenio; crescono nei luoghi umidi.

cipero s.m. **1.** Pianta erbacea monocotiledone che cresce vicino ai corsi d'acqua o nelle paludi, con foglie lineari acuminate e tuberi commestibili. (Famiglia delle Ciperacee.) **2.** (iniziale maiusc.) Genere di piante a cui appartengono il cipero e il papiro.

cipiglio s.m. [pl. *–gli*] Increspamento della fronte in segno di ira, di sdegno.

cipòlla s.f. **1.** Pianta erbacea dotata di foglie lunghe e cilindriche e fiore a ombrella, il cui bulbo è commestibile e molto usato in cucina. (Nome sc. *Allium cepa*; famiglia delle Liliacee.) ◇ *fig. Mangiare pane e cipolla*: mangiare poco, male; anche, essere ridotto in povertà. **2.** *estens.* Bulbo. **3.** *estens.* Oggetto che per la forma ricorda una cipolla, come l'orologio da tasca grosso o antiquato.

bianca

rossa

gialla

■ **cipòlla**

cipollàta s.f. **1.** CUC. Pietanza a base di cipolle. **2.** *fig. spreg.* Opera artistica mal composta.

cipollatùra s.f. Difetto del legno consistente nella mancanza di coesione e di compattezza tra un anello annuale e l'altro. SIN. **accerchiatura**.

cipollétta s.f. Pianta simile alla cipolla che invece di formare un unico grosso bulbo, forma numerosi germogli provvisti ciascuno di un piccolo rigonfiamento basale; detta anche *cipolla d'inverno*. (Genere *Allium*; famiglia delle Liliacee.)

cipollino s.m. GEOL. Roccia metamorfica di marmo zonato con strati grigi, o verdi, e bianchi, ricco di mica.

cippo s.m. **1.** ARCHEOL. Piccola stele funeraria, a forma di colonna o di pilastro. *Cippo sepolcrale*. **2.** Grossa pietra naturale o manufatto simile a una pietra, che indica un confine, una distanza chilometrica.

Ciprèidi s.m. pl. [iniziale minusc. sing. *–de* per l'individuo] ZOOL. Famiglia di molluschi gasteropodi dalla conchiglia ovale, molto diffusi nei mari caldi e temperati.

ciprèsso s.m. **1.** Albero sempreverde, comune nell'Europa meridionale, dotato di foglie piccole a squama e chioma piramidale, piantato a

ramo

frutto
(strobilo)

■ **ciprèsso**

scopo ornamentale in parchi, cimiteri, ecc. (Ordine delle Conifere.) **2.** *estens.* Legno di tale albero.

cipria s.f. (dalla loc. *polvere cipria* "di Cipro", isola sacra ad Afrodite, dea della bellezza) Polvere molto fine contenente amido, pigmenti e altre sostanze, colorata nelle sfumature dell'incarnato del volto e usata come cosmetico. ◻ In funzione di agg. inv., di colore rosa molto tenue.

Ciprìnidi s.m. pl. [iniziale minusc. sing. *–de* per l'individuo] ZOOL. Famiglia di pesci ossei d'acqua dolce sprovvisti di denti e dotati di pinne addominali non spinose, di cui fanno parte la carpa e la tinca. (Ordine dei Cipriniformi.)

Ciprinifórmi s.m. pl. [iniziale minusc. sing. *–me* per l'individuo] ZOOL. Ordine di pesci ossei d'acqua dolce in cui la vescica natatoria funge da organo di senso.

Ciprino s.m. ZOOL. Genere di pesci ossei d'acqua dolce; ne fa parte il comune pesciolino rosso. (Famiglia dei Ciprinidi.)

cipriòta agg. [pl.m. *–ti*] Dell'isola di Cipro. ◆ s.m. e f. Nativo, abitante di Cipro.

cipripèdio s.m. [pl. *–di*] Pianta erbacea dotata di labello a forma di pianella di colore giallobruno o bruno-verdastro, detta anche *scarpetta di Venere* o *pianella della Madonna*. (Genere *Cypripedium*; famiglia delle Orchidacee.)

circa avv. Pressappoco, all'incirca, quasi, generalmente. preposto o posposto a un numero. *Circa cento persone.* ◆ prep. A proposito di, riguardo a qlco. *Vorrei avere notizie circa il loro arrivo.* ◻ In funzione di agg. inv., nella loc. *clausola circa*, nel l. finanziario, quella per cui in una transazione di borsa il prezzo al quale eseguire l'ordine del committente può subire una variazione pari alla provvigione dell'agente; detta anche *il circa*.

circadiàno o **circadiàle** agg. (ingl. *circadian*) BIOL. Del ritmo fisiologico di un organismo strutturato sull'alternanza del giorno e della notte.

circe s.f. (dal nome di un'antica maga citata nell'"Odissea" che trasformava gli uomini in animali) Donna che affascina, seduce.

circènse agg. **1.** Dell'antico circo romano. **2.** Del circo equestre. ◆ s.m. ANT. ROM. (al pl.) Spettacoli che si svolgevano nel circo.

circo s.m. [pl. *–chi*] (lat. *cìrcum* "circolo" per la sua forma) **1.** ANT. ROM. Complesso architettonico all'aperto, dove si disputavano le corse dei carri e i combattimenti dei gladiatori, costituito da un'arena o da una pista circondata da gradinate per gli spettatori. *Circo Massimo.* **2.** Padiglione in cui si svolgono spettacoli con acrobati, clown, animali addestrati. *Circo equestre.* ~ *estens.* Compagnia che vi si esibisce. **3.** *estens.* In alcuni sport (automobilismo, motociclismo, sci) complesso degli atleti, dei tecnici, dei mezzi che si spostano da una località sede di competizione a un'altra, seguendo il calendario del campionato del mondo. **4.** GEOL. *Circo glaciale*: erosione semicircolare dovuta all'azione di un ghiacciaio. **5.** ASTR. *Circo lunare*: grande cratere di origine non vulcanica visibile sulla superficie lunare.

ENCICL. Il circo, inteso in senso moderno (circo equestre), è uno spettacolo di origine inglese. Il fondatore del primo circo stabile fu, infatti, l'inglese Philip Astley (1742-1814) che, nel 1783, fondò un circo a Parigi. Astley diede largo spazio agli esercizi di equitazione, alle acrobazie e alle rappresentazioni di ombre cinesi. Altri gli fecero concorrenza, fra cui la famiglia Bouglione, che gestiva il *Cirque Napoléon* (l'attuale *Cirque d'Hiver*) e la famiglia Franconi. Nel frattempo lo spettacolo del circo andò allargandosi fino a comprendere, oltre ai tradizionali numeri di equitazione, di equilibrismo e di acrobazia, anche giochi di prestigio, esibizioni di animali ammaestrati e di bestie feroci, scene comiche interpretate da clown ed esercizi di ogni genere. Attualmente fra i circhi più famosi sono annoverati il circo Barnum e il Ringling negli Stati Uniti, il circo Renz a Berlino, il Médrano, il Bouglione e l'Amar a Parigi, il Togni e l'Orfei in Italia. La passione per il circo equestre è ancora viva soprattutto in Germania e in Russia, mentre altrove, a partire dagli anni Ottanta, si è andata sviluppando una nuova tendenza che ricerca

forme alternative rispetto a quelle dello spettacolo tradizionale; ne sono un esempio il circo Gosch in Germania e il Baroque in Francia.

circocèntro s.m. GEOM. In un triangolo, il punto di intersezione degli assi dei tre lati, corrispondente al centro del cerchio circoscritto al triangolo stesso.

circolànte agg. Che circola, che è in circolazione. ◇ ECON. *Capitale circolante*: capitale di un'impresa impiegato per investimenti produttivi immediati. ◆ s.m. ECON. (solo sing.) Complesso dei mezzi di pagamento in circolazione in uno Stato.

1. circolàre agg. **1.** Che ha o ricorda la forma di un cerchio. SIN. **rotondo**. **2.** MAT., FIS. Relativo al cerchio o alla circonferenza. ◇ *Moto circolare*: moto di un punto o di un corpo lungo una traiettoria circolare. – *Funzioni circolari*: funzioni trigonometriche. **3.** Che circola tra persone. ◇ BANC. *Assegno circolare*: assegno pagabile a vista. **4.** TECN. Che ruota. *Sega circolare.* ◆ s.f. **1.** Lettera inviata nella stessa forma a più destinatari, all'interno di un'amministrazione, per trasmettere informazioni o impartire disposizioni. ◇ *Circolare ministeriale*: documento recante una normativa interna della pubblica amministrazione. **2.** Linea tranviaria o di autobus che segue un tragitto circolare.

2. circolàre v.intr. (aus. *essere* o *avere*) **1.** Detto di elementi liquidi o gassosi, muoversi, fluire in un certo spazio. **2.** *estens.* Muoversi entro uno spazio determinato. **3.** Di oggetti, passare di mano in mano. **4.** *fig.* Di notizie o idee, diffondersi, essere divulgato. *Circolano notizie allarmanti.* ◇ *Circola voce*: si dice, si va dicendo in giro.

circolarità s.f. inv. **1.** Carattere di ciò che è circolare. **2.** *fig.* Ripetitività di un fenomeno, di un'esperienza.

circolatòrio agg. [pl.m. *–ri*] Relativo alla circolazione, spec. quella del sangue. ◇ *Sistema circolatorio*: insieme delle strutture anatomiche che compongono l'apparato sanguifero e linfatico degli organismi e degli animali.

circolazióne s.f. **1.** Movimento, spostamento. ~ Riferito a mezzi di locomozione, traffico, passaggio. ◇ *Mettere in circolazione*: far circolare, diffondere. – METEOR. *Circolazione atmosferica*: movimento circolare di grandi masse d'aria da zone di alta a zone di bassa pressione. – DIR. *Libertà di circolazione*: diritto garantito dalla costituzione, consistente nella facoltà di circolare e risiedere in ogni parte del territorio nazionale e nella libertà di espatrio. **2.** Movimento di un liquido. – FISIOL. *Circolazione sanguigna*: flusso del sangue dal cuore verso i sistemi circolatori e viceversa. (Si distingue fra *circolazione generale*, o *grande circolazione*, e *circolazione polmonare*, o *piccola circolazione*.) **3.** BOT. Flusso di liquidi nutritizi nei tessuti vegetali. **4.** *Circolazione monetaria*: complesso di monete e banconote che circola-

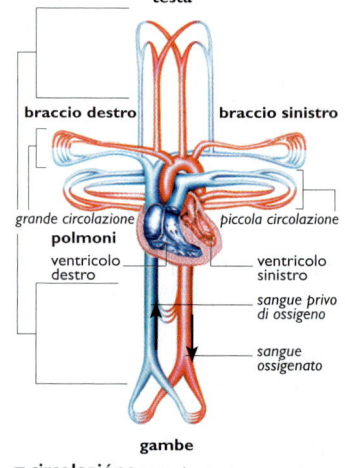

testa

braccio destro

braccio sinistro

grande circolazione

piccola circolazione

polmoni

ventricolo destro

ventricolo sinistro

sangue privo di ossigeno

sangue ossigenato

gambe

■ **circolazióne** sanguigna.

■ Il circo

Di origini antiche, il termine "circo" apparve per la prima volta sull'insegna di un edificio francese nel 1807. Designava allora sia l'esibizione sia il luogo in cui essa si svolgeva. Nel circo moderno, la nozione di virtuosismo fisico si va trasformando in un insieme di discipline, di cui l'acrobazia rappresenta il denominatore comune.

Domatore. I numeri circensi che fanno uso di grandi animali selvatici in cattività sono tra i più spettacolari. Una delle creature più spesso addestrate a tale scopo è la tigre, la cui forza e agilità permettono l'esecuzione di molti esercizi.

Cavallerizza, clown e cavallo. Supporto vivente di esercizi acrobatici, animale domestico che diventa maestoso in pista, il cavallo accompagna il circo moderno sin dagli albori, come i clown e i cavallerizzi.

Equilibrista. Discendenti dei funamboli dell'antichità, gli equilibristi, un tempo protagonisti delle piste dei circhi, hanno visto ridursi gradualmente lo spazio loro dedicato. Si sono quindi adattati modernizzando i loro numeri, arricchendoli con coreografie e semplice drammaturgia.

Clown. L'arte del clown è una delle poche discipline nate con il circo. Un primo duo clownesco è apparso intorno al 1865, dando il via alla codificazione di questo numero comico. Musica e trucco giocano un ruolo essenziale nella caratterizzazione dei personaggi.

---

no in uno Stato. – *Moneta fuori circolazione:* non più in corso.

circolo s.m. **1.** GEOM. Circonferenza, cerchio. ◇ *Circolo massimo:* quello che si ottiene secando una sfera con un piano passante per un diametro. **2.** GEOGR., ASTR. Ciascuna delle circonferenze immaginarie tracciate sulla sfera terrestre o celeste per determinare la posizione di punti o di astri. ◇ *Circolo polare artico, antartico:* paralleli che limitano le calotte polari dell'emisfero nord e sud. **3.** Associazione di persone, spesso appartenenti allo stesso ceto o categoria professionale o aventi un interesse comune, che si ritrovano a scopo culturale o ricreativo. SIN.: **club.** ~ *estens.* Il luogo in cui si riuniscono. **4.** *estens.* (al pl.) Complesso di persone che svolgono la stessa attività o appartenenti allo stesso rango. **5.** BIOL., MED. *Circolazione sanguigna. ◇ *Entrare in circolo:* detto di sostanza che direttamente o indirettamente venga a contatto con il sangue. **6.** Zona amministrativa, circoscrizione. ◇ *Circolo didattico:* circoscrizione facente capo a una direzione didattica. **7.** LOG. *Circolo vizioso:* falso ragionamento che presuppone ciò che invece dovrebbe dimostrare; *estens.* situazione che si riproduce identica e non ha soluzione.

circoncìdere v.tr. [21] Praticare la circoncisione.

circoncisióne s.f. **1.** Escissione totale o parziale del prepuzio, praticato per tradizione presso alcuni popoli semitici o come intervento chirurgico in caso di fimosi. **2.** Festa liturgica del primo gennaio in ricordo della circoncisione di Gesù, oggi sostituita da quella di Maria Madre di Dio.

circonciso agg. Che ha subito la circoncisione.

circondàre v.tr. **1.** Disporsi attorno a qlco. o qlcu. *La polizia ha circondato la zona.* ~ Delimitare un luogo con qlco. che gli giri intorno. *Mio padre ha circondato il giardino con una siepe.* **2.** *fig.* Fare oggetto qlcu. di premure. *Circondare i figli d'affetto.* ◆ **circondarsi** v.pron. **1.** Accom-

pagnarsi abitualmente con determinate persone. *Circondarsi di brave persone.* **2.** Concedersi con abbondanza determinate cose. *Circondarsi di lusso.*

circondariàle agg. Che concerne un circondario. ◇ *Casa circondariale:* carcere che ha sede in un circondario giudiziario.

circondàrio s.m. [pl. –ri] **1.** Circoscrizione amministrativa o giudiziaria che interessa il territorio di una provincia o compartimenti marittimi in cui è suddiviso il litorale. **2.** *estens.* Zona limitrofa a un centro abitato.

circonduzióne s.f. SPORT. Nella ginnastica, rotazione delle braccia intorno all'articolazione della spalla.

circonferènza s.f. **1.** GEOM. Curva formata dai punti del piano equidistanti da un punto fisso detto *centro.* [La sua lunghezza è uguale $2\pi R$ (R = raggio).] **2.** *estens.* Linea che passa attorno a un corpo, approssimativamente cilindrico o sferico, di cui si effettua la misura. *Circonferenza del torace.* **3.** Linea di delimitazione di una superficie qualunque. *Circonferenza della città.*

circonflèsso agg. **1.** Piegato a forma di arco. **2.** *Accento circonflesso:* segno grafico (^) usato da vari alfabeti (p.e. quello francese), a volte impiegato in italiano per indicare la contrazione del pl. dei s. uscenti in *-io* atono (p.e. *varî*); accento greco (~) indicante che la vocale che lo porta deve essere pronunciata con tono acuto seguito da tono grave.

circonlocuzióne s.f. (calco del gr. *períphrasis*) **1.** Espressione usata in sostituzione di un'altra più breve con lo stesso significato. SIN.: **perifrasi. 2.** Accorgimento usato per non parlare chiaro, per confondere l'interlocutore.

circonvallazióne s.f. **1.** Strada di scorrimento veloce che si snoda lungo il perimetro di una città, o lungo una sua parte. **2.** Nella tecnica militare romana, linea di fortificazioni campali apprestata da truppe assedianti intorno al luogo assediato.

circonvenzióne s.f. Modo di agire che, con l'uso di lusinghe, mira a estorcere qlco. a qlcu. ◇ DIR. *Circonvenzione d'incapace:* reato consistente nell'ingannare una persona incapace d'intendere, perché di minore età o in stato di infermità e deficienza mentale, al fine di trarne un profitto personale.

circonvicìno agg. Situato in prossimità. SIN.: **circostante.**

circonvoluzióne s.f. **1.** Contorcimento, involuzione, giravolta. **2.** ANAT. *Circonvoluzioni cerebrali:* pieghe ad andamento sinuoso della corteccia cerebrale.

circoscrìtto agg. **1.** GEOM. Di curva o figura geometrica che circonda un'altra curva o figura. **2.** *fig.* Limitato, racchiuso.

circoscrìvere v.tr. [30] **1.** GEOM. Disegnare una figura geometrica intorno a un'altra in modo che siano tangenti in più punti. ◇ *Circoscrivere una circonferenza a un poligono:* tracciare una circonferenza che passi per i vertici del poligono. – *Circoscrivere un poligono a una circonferenza:* tracciare un poligono con i lati tangenti alla circonferenza. **2.** *estens.* Delimitare e contenere l'estendersi di qlco., spec. di negativo. *Circoscrivere un incendio.* ~ *fig.* Delimitare con precisione l'ambito, la portata di qlco. *Circoscrivere un problema.*

circoscrizióne s.f. **1.** Parte di territorio su cui ha competenza un determinato organo amministrativo o giudiziario. *Circoscrizione amministrativa.* **2.** GEOM. Costruzione di una figura circoscritta a un'altra.

circospètto agg. Attento a ciò che accade intorno o che manifesta circospezione.

circospezióne s.f. Attenta e prudente valutazione dei fatti, delle situazioni.

circostànte agg. Intorno, vicino. *Luoghi circostanti.* ◆ s.m. LING. Elemento che non fa parte del nucleo della frase, costituito strettamente dal predicato e dai suoi argomenti, ma si aggiunge e si lega morfologicamente o sintatticamente all'uno o agli altri per specificarne le caratteristiche.

circostànza s.f. **1.** (spec. pl.) Ognuna delle condizioni oggettive che concorrono a determinare un evento e che lo caratterizzano. **2.** Condizione momentanea. *Una circostanza critica.* ◇ *Parole di circostanza:* adatte a qualsiasi occasione, formali, poco sincere e partecipi. *Un discorso di circostanza.*

circostanziàle agg. Relativo a una circostanza. ◇ GRAMM. *Complementi circostanziali:* quelli che indicano le circostanze in cui si svolge l'evento (complementi di tempo, luogo, modo, ecc.). ❑ In funzione di s.m., in ling., circostante.

circostanziàre v.tr. [6] (fr. *circonstancier*) Descrivere, riferire un fatto precisando le circostanze in cui si è verificato.

circostanziàto agg. Molto dettagliato. *Una relazione circostanziata.* ◇ DIR. *Reato circostanziato:* reato accompagnato da circostanze aggravanti o attenuanti.

circuire v.tr. [83] Blandire qlcu. allo scopo di ricavarne un profitto. SIN.: **raggirare**.

circuitazióne s.f. FIS. Nella dinamica dei fluidi, campo in cui le linee di corrente sono chiuse.

circuitería s.f. Serie di collegamenti elettrici in un impianto o in un apparecchio.

1. circuìto s.m. **1.** Tracciato, percorso, linea in cui il punto di partenza e d'arrivo coincidono. **2.** Percorso su strada o pista con arrivo coincidente con la linea di partenza, su cui si svolgono gare di automobilismo, motociclismo, ciclismo. *Circuito di Monza.* SIN.: **giro**.– La gara stessa. **3.** Sistema, complesso. ◇ ELETTR. *Circuito elettrico:* sistema di conduttori e di apparecchiature che rendono possibile il passaggio di una corrente elettrica. – *Corto circuito:* cortocircuito. – ELETTRON. *Circuito integrato:* chip. – *Circuito logico:* circuito integrato che esegue calcoli secondo l'algebra booleana. – TECN. *Circuito di raffreddamento:* disposizione in linea chiusa di condotti per il passaggio di fluidi. – *Circuito cinematografico, televisivo:* rapporto operativo tra più aziende o imprese, associate tra loro o non, allo scopo di concentrare la distribuzione e la produzione cinematografica o televisiva col fine di accrescere gli introiti pubblicitari. – ECON. *Circuito commerciale:* passaggio delle merci dal venditore al consumatore, distribuzione commerciale. **4.** GEOGR. *Circuiti oceanici:* le direzioni, costituite da linee chiuse, lungo cui si muovono le correnti oceaniche.

2. circuìto agg. Raggirato, abbindolato.

circumambulazióne s.f. Pratica magico-religiosa che consiste nel girare in cerchio attorno a un oggetto, una persona o a un edificio.

circumnavigàre v.tr. [4] Navigare tutt'intorno a un continente o a un'isola, seguendone il perimetro.

circumnavigazióne s.f. Viaggio per mare intorno a un'isola o a un continente, oppure da un capo all'altro del globo con ritorno al punto di partenza.

circumpolàre agg. GEOGR. Che si trova intorno ai poli terrestri. ~ Anche di corpo celeste che rimane sempre al di sopra dell'orizzonte di un dato luogo. *Stelle circumpolari.*

circumterrèstre agg. Che gira intorno alla Terra.

cirenàico agg. [pl.m. *–ci*, f. *–che*] Dell'antica città di Cirene o della Cirenaica, regione della Libia. ◇ *Scuola cirenaica:* scuola filosofica di derivazione socratica che propugnava l'edonismo come stile di vita. (Fu fondata da Aristippo di Cirene nel IV sec. a.C.) ◆ s.m. **1.** [f. *–ca*] Nativo, abitante di Cirene o della Cirenaica. **2.** Filosofo della scuola cirenaica.

cirillico agg. [pl.m. *–ci*, f. *–che*] (dal nome di san *Cirillo*, evangelizzatore, con san Metodio, dei popoli slavi) Relativo all'alfabeto di alcune lingue slave (russo, bulgaro, serbo, ecc.) e del rumeno fino all'Ottocento, derivato da quello greco secondo un tipo di scrittura dell'epoca bizantina. ◆ s.m. Nel sign. dell'agg.

cirrifórme agg. **1.** METEOR. A forma di cirro. *Nubi cirriformi.* **2.** BOT. A forma di viticcio. *Organi cirriformi.*

Cirripedi s.m. pl. [iniziale minusc. sing. *–de* per l'individuo] ZOOL. Sottoclasse di crostacei marini che da adulti si fissano a oggetti sommersi chiudendosi in un guscio calcareo.

cìrro s.m. **1.** METEOR. Nube bianca (che si forma a quota 9000-11.000 m) a forma di filamenti paralleli, di bioccoli, di strisce o di crespature. **2.** ZOOL. Organo tattile o di movimento di protozoi e crostacei. **3.** BOT. Organo di sostegno di alcune specie di piante.

cirrocùmulo o **cirrocùmolo** s.m. Nube bianca che si dispone in piccoli fiocchi, in strisce o in crespature molto fini, dando luogo al cosiddetto *cielo a pecorelle.*

cirròsi s.f. inv. (fr. *cirrhose*, deriv. di gr. *kirrhós* "giallastro") MED. Processo patologico di aumento del tessuto connettivo di un organo con atrofia del parenchima. ◇ *Cirrosi epatica:* affezione del fegato caratterizzata da una disorganizzazione dell'architettura epatica legata a fenomeni diffusi di fibrosi e a formazioni nodulari; la causa più comune è l'alcolismo.

cirróso agg. **1.** METEOR. Riferito al cielo, coperto di cirri. **2.** BOT. Che assomiglia a un cirro o ne ha la funzione. *Foglie cirrose.*

cirrostràto s.m. Nube stratificata che forma un velo biancastro che produce un alone attorno alla luna o al sole.

cirròtico agg. [pl.m. *–ci*, f. *–che*] MED. Di persona od organo affetti da cirrosi. ◆ s.m. Persona affetta da cirrosi.

Cìrsio s.m. BOT. Genere di piante erbacee spinose diffuse nei terreni incolti e nei luoghi umidi, molte delle quali sono dette comun. *cardi.* (Famiglia delle Composite.)

cisalpìno agg. Che è posto al di qua del versante meridionale delle Alpi. *Gallia Cisalpina.*

cìspa s.f. Sostanza viscosa e giallastra che si deposita sul bordo e agli angoli delle palpebre, durante il sonno e nei casi di affezioni patologiche dell'occhio.

cissòide s.f. MAT. Curva piana che, considerata nel tratto interno alla circonferenza tangente nell'origine all'asse delle ordinate, forma con quest'ultima una figura simile a una foglia d'edera.

cìsta s.f. ARCHEOL. Cesta cilindrica in vimini, legno, bronzo, munita di due manici, in cui ant. venivano riposti oggetti rituali o di abbigliamento.

Cistàcee s.f. pl. [iniziale minusc. sing. *–a* per l'individuo] BOT. Famiglia di piante dicotiledoni con foglie opposte semplici, fiori in racemi, frutto a capsula. (Ordine delle Parietali.)

ciste s.f. MED. Cisti.

cistectomia s.f. MED. Resezione parziale o totale della vescica urinaria.

cisteìna s.f. CHIM. Acido amminico solforato presente nelle proteine.

cistercènse o **cisterciènse** agg. (lat. *cistercènsem*, deriv. di *Cistèrcium* nome lat. della città di Citeaux in Borgogna dove venne fondato l'ordine) Relativo all'ordine monastico di Citeaux. ◆ s.m. Monaco di tale ordine.
ENCICL. I cistercensi costituiscono un ramo monastico derivato dall'abbazia benedettina di Cîteaux, nei pressi di Digione. Il fondatore fu Robert de Molesmes (1098), ma fu sotto l'impulso di Bernardo di Chiaravalle che l'ordine iniziò a espandersi in Europa e a caratterizzarsi per un severo rigore (attraverso il ritorno alle norme di San Benedetto), per una maggiore austerità e per l'importanza attribuita al lavoro manuale. Alla fine del sec. XVII, A. de Rancé, abate del monastero di Soligny-la-Trappe, crea un ramo riformato dei cistercensi, i *trappisti.*

cistèrna s.f. **1.** Serbatoio in materiale vario dove vengono raccolti acqua piovana o altri liquidi. ~ Parte costitutiva di un particolare autocarro (*autocisterna*) o di un tipo di carro ferroviario (*carro cisterna*). ~ Nelle navi, ciascuno dei cassoni della stiva contenenti l'acqua di zavorra. **2.** ANAT. Struttura anatomica in cui confluiscono liquidi organici. ❑ In funzione di agg. inv., di mezzo di trasporto munito di grande serbatoio per il trasporto di liquidi. ◇ *Aereo cisterna:* aerocisterna.

cìsti s.f. inv. (lat. *cýstis*, gr. *kýstis* "vescica") **1.** MED. Formazione patologica globoide a pareti fibrose, non comunicante con l'esterno, contenente sostanze liquide, solide o gassose. **2.** ZOOL. Formazione in cui si incapsulano alcuni protozoi per resistere a sfavorevoli condizioni ambientali.

cisticèrco s.m. [pl. *–chi*] ZOOL. Stadio larvale della tenia, che si incista nei muscoli o sotto la lingua dei mammiferi di cui diviene parassita. (Il cisticerco del cenuro si posiziona nell'encefalo e nel midollo spinale delle pecore e determina molti disturbi denominati *cenurosi.*)

maiuscole	minuscole	pronuncia	maiuscole	minuscole	pronuncia	maiuscole	minuscole	pronuncia	maiuscole	minuscole	pronuncia
А	а	a	Р	р	r	**serbo** lettere in disuso			**bulgaro** lettere in disuso		
Б	б	b	С	с	c	Й	й		Ы	ы	
В	в	v	Т	т	t	Щ	щ		Э	э	
Г	г	g	У	у	u	Ъ	ъ		altra pronuncia		
Д	д	d	Ф	ф	f	Ы	ы		Щ	щ	sht
Е	е	ié	Х	х	c aspirata	Ь	ь		Ъ	ъ	ɔ (suono sordo breve)
Ж	ж	j	Ц	ц	z dura	Э	э		ucraino lettere disusate		
З	з	s dolce	Ч	ч	c dolce	Ю	ю		Ъ	ъ	
И	и	i	Ш	ш	sc	Я	я		Ы	ы	
Й	й	i breve	Щ	щ	sc-ha	lettere supplementari			Э	э	
К	к	k	Ъ	ъ	segno forte	ђ	ђ	dje	altra pronuncia		
Л	л	l	Ы	ы	y (i dura)	J	j	j	Г	г	gh, h
М	м	m	Ь	ь	segno debole	Љ	љ	lje	lettere supplementari		
Н	н	n	Э	э	e aperta	Њ	њ	nje	Є	є	ie
О	о	o	Ю	ю	iu	Ћ	ћ	tshe	І	і	i
П	п	p	Я	я	ia	Џ	џ	dze	Ї	ї	ï, yi

■ **cirìllico.** Alfabeto cirillico.

cìstico agg. [pl.m. –ci, f. –che] **1.** MED. Relativo a cisti. **2.** ANAT. *Dotto cistico:* quello che unisce la cistifellea al coledoco.

cistifèllea s.f. ANAT. Vescicola a forma di pera sulla faccia inferiore del fegato nella quale fluisce la bile proveniente dal dotto cistico. SIN.: colecisti.

cistìna s.f. CHIM. Amminoacido, prodotto di ossidazione della cisteina.

cistìte s.f. MED. Infiammazione della vescica urinaria.

cìsto s.m. Pianta arbustiva mediterranea dotata di foglie opposte, fiori grandi bianchi o rosa, frutto a capsula. (Famiglia delle Cistacee.)

cistografìa s.f. MED. Radiografia della vescica urinaria.

cistopielìte s.f. MED. Infiammazione della vescica e della pelvi renale.

cistoscopìa s.f. MED. Esame endoscopico della vescica.

cistostomìa s.f. MED. Intervento chirurgico con cui si pratica, attraverso la parete addominale della vescica, un'apertura artificiale verso l'esterno.

cistróne s.m. GENET. Segmento di DNA che codifica l'informazione per una catena polipeptidica.

citàre v.tr. **1.** In un discorso o in uno scritto, richiamare qlco. e riferirne esattamente le parole. *Citare Dante.* ~ Riportare esattamente le parole di un testo orale o di un'opera scritta. ~ Riportare qlco. a memoria. *Citare il titolo di un'opera.* **2.** DIR. Convocare qlcu. in giudizio come parte in causa o testimone. **3.** *estens.* Menzionare qlcu. per additarlo all'attenzione degli altri, come modello da imitare.

citarèdo s.m. [non com. f. –da] ANT. GR. Poeta che cantava accompagnandosi con la cetra.

citarìsta s.m. e f. [pl.m. –sti] Suonatore di cetra.

citazióne s.f. **1.** Inserimento di parole altrui in un discorso o in uno scritto. **2.** ARCH., ART. *estens.* Richiamo esplicito o allusivo a forme e particolari contenuti in opere famose. **3.** Indicazione di estremi bibliografici. *Citazione del titolo.* **4.** *fig.* Riferimento a qlcu. ricordato come modello. **5.** DIR. Ordine di comparire in un giudizio penale e invito a costituirsi in un giudizio civile.

citerióre agg. Che si trova al di qua di una data posizione, spec. in determinazioni geografiche dell'antichità. *Gallia citeriore.*

citidìna s.f. BIOCHIM. Nucleotide costituito da citosina e ribosio, ottenuto per idrolisi alcalina dell'acido citidico.

citìso s.m. **1.** Pianta arborea dotata di foglie trifogliate, fiori gialli, frutto a baccello. (Famiglia delle Papilionacee.) **2.** Genere di piante a cui appartiene il citiso.

citochimica s.f. [non com. pl. –che] BIOCHIM. Studio dei fenomeni chimici che si verificano nelle cellule.

citocròmo s.m. CHIM., BIOL. Pigmento rosso, contenente ferro e proteine, presente in tutte le cellule animali e vegetali, nelle quali svolge un ruolo attivo nella funzione respiratoria.

citodiàgnosi s.f. inv. MED. Metodo diagnostico basato sullo studio microscopico di cellule prelevate dall'organismo.

citofagìa s.f. BIOL. CELL. Azione di fagocitosi esercitata dai fagociti su cellule o parti di cellule.

citofonàre v.intr. (aus. *avere*) Comunicare attraverso il citofono. *Se il portone è chiuso, bisogna citofonare.* ◆ v.tr. Comunicare qlco. attraverso il citofono.

citòfono s.m. Sistema telefonico interno per collegare locali lontani di uno stesso edificio. ~ L'apparecchio stesso.

citogènesi s.f. inv. BIOL. CELL. Processo di origine e sviluppo della cellula.

citogenètica s.f. BIOL., MED. Branca della genetica che ha per oggetto di studio la trasmissione cellulare del patrimonio genetico.

citolisi s.f. inv. BIOL. Dissoluzione degli elementi cellulari sotto l'influenza di un agente fisico.

citolìtico agg. BIOL. Si dice di tutte le sostanze che hanno la proprietà di determinare la citolisi.

citologìa s.f. BIOL. Studio della cellula.

citològico agg. [pl.m. –ci, f. –che] **1.** BIOL. Relativo alla cellula. **2.** BIOL. Relativo alla citologia.

citòlogo s.m. [f. –ga, pl.m. –gi, f. –ghe] Specialista di citologia.

citomegalovìrus s.m. inv. Virus che appartiene alla famiglia degli *herpes virus* che provoca l'aumento di volume delle cellule infettate.

citoplàsma s.m. [pl. –smi] BIOL. Parte di protoplasma che circonda il nucleo della cellula.

citoschèletro s.m. BIOL. CELL. Sistema di filamenti proteici che costituiscono il sostegno interno delle cellule e sono responsabili dei loro movimenti (deformazione, locomozione, divisione, trasporti interni, ecc.).

citosìna s.f. CHIM. Base azotata, derivata della pirimidina, costituente essenziale degli acidi nucleici.

citosòma s.m. [pl. –mi] BIOL. CELL. Corpo cellulare, con esclusione del nucleo.

citostàtico agg. [pl.m. –ci, f. –che] MED., FARM. Di farmaco che impedisce la riproduzione cellulare, usato nella cura delle neoplasie. ◆ s.m. Nel sign. dell'agg.

citotòssico agg. [pl.m. –ci, f. –che] BIOL. Che risulta tossico alla cellula.

citràto s.m. (fr. *citrate*) CHIM. Sale dell'acido citrico.

cìtrico agg. [pl.m. –ci, f. –che] (fr. *citrique*) **1.** CHIM. *Acido citrico:* acido organico presente in natura in molti frutti, spec. negli agrumi, usato nella produzione di bibite e in medicina come disinfettante e diuretico. **2.** Che produce acido citrico. *Fermentazione citrica.*

citrìna s.f. BIOL. Nome desueto della vitamina P.

citrìno agg. Di cedro. *Sapore citrino.* ◆ s.m. MIN. Varietà di quarzo di colore giallo trasparente.

citronèlla s.f. (fr. *citronnelle*) Graminacea con foglie larghe dalle quali si estrae un'essenza con profumo di limone. (Famiglia delle Graminacee.)

citrùllo s.m. [f. –la] (napol. *c'trùlo* "cetriolo") Persona di scarsa intelligenza.

Cìtrus s.m. inv. BOT. Genere di piante arboree o arbustive originarie dell'Asia tropicale e subtropicale, coltivate anche nelle zone temperate per i loro frutti (limone, arancia, limetta, cedro, mandarino, bergamotto, chinotto, ecc.). (Famiglia delle Rutacee.)

città s.f. inv. (lat. *civitàtem* "l'insieme dei cittadini") **1.** Centro abitato piuttosto esteso, sede di attività economiche, politiche, culturali, dotato di una rete viaria, un sistema di trasporti, un complesso di servizi. ◇ MIL. *Città aperta:* quella che, durante una guerra, viene lasciata sgombra da installazioni militari e le parti in conflitto si impegnano a non attaccare. – *Città santa:* città che ha un valore simbolico per i credenti. – *Città stato:* quella che, insieme al territorio circostante, costituisce uno stato sovrano, come l'antica *polis* greca o il comune medievale italiano. **2.** Porzione di città avente una propria peculiarità storica o geografica o sociale. ◇ *Città dormitorio:* grande quartiere periferico, denso di grandi edifici abitativi, ma in cui non si svolgono attività lavorative. – *Città giardino:* quartiere residenziale posto alla periferia di una grande area urbana, costituito da palazzine non sviluppate in altezza e inserite nel verde. – *Città satellite:* quartiere periferico residenziale. – *Città nuova:* i quartieri più recenti, spesso decentrati rispetto al centro storico. – *Centro città:* zona centrale di una città, più animata o più vecchia. **3.** Popolazione della città. *Tutta la città ne parla.* **4.** *estens.* Comunità. ◇ *Città dei ragazzi:* istituzione per la gioventù basata sul principio dell'autogestione. – *Città celeste:* ciò che è al di là della terra e delle cose terrene.

cittadèlla s.f. **1.** Fortezza a pianta poligonale, tipica dell'architettura militare del Rinascimento. **2.** *fig.* Ambiente di cui si vuole sottolineare la separatezza o l'impenetrabilità. **3.** MAR. La zona centrale e più protetta delle navi da guerra.

cittadìna s.f. Centro abitato di medie dimensioni.

cittadinànza s.f. **1.** Insieme dei cittadini. **2.** DIR. Condizione di appartenenza dell'individuo a uno Stato, a cui sono connessi diritti e doveri. *Certificato di cittadinanza.*

cittadìno s.m. [f. –na] **1.** Persona che abita in città. ◇ *Primo cittadino:* il sindaco. **2.** Membro di una collettività organizzata in Stato. ◇ *Primo cittadino dello Stato:* il presidente della Repubblica. – *Privato cittadino:* cittadino che non ricopre cariche pubbliche. – *Cittadino del mondo:* chi si riconosce in un ideale di cosmopolitismo. **3.** Chi appartiene a una comunità ideale. *Cittadino della repubblica delle lettere.* **4.** Nei comuni medievali, chi apparteneva al rango intermedio tra la nobiltà e il popolo. ~ Al tempo della rivoluzione francese, titolo di tutti gli appartenenti allo stato francese indipendentemente dalla condizione sociale. ❑ In funzione di agg. **1.** Della città e dei suoi abitanti. **2.** Che avviene tra cittadini. *Rivalità cittadine.*

cittì s.m. e f. inv. *Commissario tecnico.

city /'sɪtɪ/ s.f. inv. (voce ingl. "città") Centro degli affari di una città.

city car /'sɪtɪ 'kaː/ loc. sost. f. inv. (loc. ingl., propr. "auto da città") AUTOM. Automobile di piccole dimensioni, adatta alla città.

ciùco s.m. [f. –ca, pl.m. –chi, f. –che] **1.** *region.* Asino. **2.** *fig.* Persona ignorante.

ciùffo s.m. **1.** Ciocca di capelli, in partic. quella che ricade sulla fronte. **2.** *estens.* Insieme di peli, crini, piume, in partic. quelli che alcuni animali hanno sulla testa. **3.** Raggruppamento di cose o cosa singola che per volume abbia l'aspetto di un ciuffo. *Ciuffo d'erba.*

ciuffolòtto s.m. Piccolo uccello con testa, coda e ali nere, dorso grigio e ventre rosso, che si nutre di frutta e di semi; detto anche *monachino* o *borgognone.* (Lunghezza 18 cm; genere *Pyrrhula,* famiglia dei Fringillidi.)

■ ciuffolòtto maschio.

ciùrma s.f. (gr. *kéleusma* "comando per cadenzare la voga") **1.** Equipaggio di una nave, esclusi ufficiali e sottufficiali. **2.** *estens.* Gentaglia. **3.** Nelle tonnare, personale che cura la posa delle reti e la mattanza o lavora il pescato.

civet /si'vε/ s.m. [pl. *civets*] (voce fr. "ragù con cipolla") Salsa di vino, verdure, aromi, spezie, filtrata e cotta insieme alla selvaggina.

civétta s.f. **1.** Uccello rapace notturno dal capo rotondo piuttosto grosso, dotato di piumaggio folto e morbido di colore bruno-grigio chiazzato di bianco, becco adunco e occhi grandi. (Famiglia degli Strigidi.) ◇ *Civetta delle nevi:* uccello con piumaggio folto, bianco nei maschi e a macchie brune nelle femmine, che abita le zone boreali dell'Europa, Asia e America. (Nome sc. *Nyctea scandiaca,* famiglia degli Strigidi.) **2.** *fig.* Donna che cerca di attirare l'attenzione maschile con atti maliziosi. **3.** Foglio con uno o due titoli di spicco estratti da un giornale, che le edicole espongono per invogliare all'acquisto di giornali e riviste. SIN.: locandina. ❑ In funzione di agg. inv. di cosa che serve da esca e adatta a celare il proprio aspetto camuffato. ◇ POLIT. *Lista civetta:* lista che partecipa alla competizione

■ civétta

elettorale solo per danneggiare determinate forze politiche nella raccolta dei voti.

civettàre v.intr. (aus. *avere*) Detto spec. di donna, fare la civetta, usare moine e vezzi per attirare l'attenzione.

civetterìa s.f. **1.** Atteggiamento malizioso. **2.** Artificio messo in atto per rendersi interessanti e attirare l'attenzione. **3.** Sottolineatura di un lato del proprio carattere per narcisismo o per velata polemica nei confronti di altri modi di essere o di pensare.

civico agg. [pl.m. –*ci*, f. –*che*] **1.** Che riguarda il cittadino in quanto membro di uno Stato. *Senso civico.* **2.** Che appartiene alla città. *Biblioteca civica.* SIN.: **comunale.** ◇ *Numero civico:* quello che contraddistingue portoni, negozi, locali posti lungo strade, piazze, ecc. ◆ s.m. Numero civico.

civile agg. **1.** Che riguarda i cittadini di uno Stato e le loro relazioni sociali. ◇ *Guerra civile:* lotta tra cittadini di uno stesso paese. – *Diritto civile:* parte del diritto che ha per oggetto lo stato delle persone e i loro beni (in oppos. a *penale*). – *Diritti civili:* diritti garantiti dalla legge a tutti i cittadini di uno Stato, salvo la loro perdita o sospensione a seguito di una condanna. – *Codice civile:* raccolta di norme giuridiche riguardanti il diritto civile. **2.** Sprovvisto di carattere militare o religioso. *Autorità civile.* ◇ *Matrimonio civile:* rito celebrato dall'ufficiale di stato civile secondo le leggi dello Stato. **3.** Caratterizzato da quel grado di sviluppo sociale, economico, culturale che si definisce come civiltà. SIN.: **evoluto. 4.** Educato, rispettosi dei diritti e delle esigenze altrui. ◆ s.m. MIL. (anche f.) Chi non appartiene alle forze armate.

civilista s.m. e f. [pl.m. –*sti*] Giurista, avvocato specializzato in diritto civile.

civilizzàre v.tr. (fr. *civiliser*) Portare una società, un popolo da uno stato giudicato primitivo o inferiore a uno stato stimato superiore dal punto di vista culturale, morale e materiale. *Civilizzare gli abitanti dell'isola.* SIN.: **incivilire.** ◆ **civilizzarsi** v.pron. Detto di persona, diventare meno rozzo o più educato, assumere maniere più civili.

civilizzazióne s.f. (fr. *civilisation*) **1.** Processo di sviluppo economico, sociale, culturale, con riferimento spec. all'azione svolta dalle nazioni del mondo occidentale nei riguardi delle nazioni in via di sviluppo. SIN.: **incivilimento. 2.** Insieme delle tradizioni culturali e dei costumi di un popolo. SIN.: **civiltà.**

civilménte avv. **1.** Con cortesia. **2.** Secondo il diritto civile.

civiltà s.f. inv. **1.** Insieme dei caratteri sociali, culturali, economici, politici di un popolo in una data epoca. *La civiltà antica.* **2.** Forma elevata di organizzazione sociale raggiunta grazie a un adeguato sviluppo di conoscenze materiali e intellettuali (in oppos. a *barbarie*). SIN.: **progresso. 3.** *estens.* Educazione, rispetto per gli altri.

civismo s.m. (fr. *civisme*) Osservanza delle norme del vivere civile, dettata dal rispetto per i diritti altrui e dalla consapevolezza dei propri doveri.

clàcson o **clàxon** s.m. inv. (ingl. *klaxon*) AUTOM. Apparecchio di segnalazione acustica montato su auto e motoveicoli.

cladismo s.m. BIOL. Corrente secondo cui la classificazione degli organismi deve rispettare con rigore le derivazioni filogenetiche.

Cladòceri s.m. pl. [iniziale minusc. sing. –*ro* per l'individuo] ZOOL. Sottordine di crostacei marini o d'acqua dolce, dotati di guscio bivalve e di lunghe antenne ramificate adatte al nuoto.

cladòdio s.m. [pl. –*di*] BOT. Caule o ramo appiattito che svolge la funzione clorofilliana propria delle foglie.

cladogràmma s.m. [pl. –*mi*] BIOL. Rappresentazione grafica ad albero della filogenesi di un gruppo di specie attuali o estinte.

Cladònia s.f. BOT. Genere di licheni a tallo foglioso, eretto a cratere o a corno più o meno ramificato, dall'aspetto di un piccolo cespuglio, a cui appartiene la *cladonia rangiferina*, detta anche *lichene delle renne*.

clamidàto agg. **1.** Che indossa la clamide. **2.** BOT. Che ha il perianzio. *Fiore clamidato.*

clàmide s.f. Mantello corto, affibbiato su una spalla o sul petto, che lasciava libero un braccio

o entrambe le braccia, usato dagli antichi Greci e dai Romani. ◻ In funzione di agg., in botanica, clamidato.

clamidìa s.f. MED. Denominazione di batteri gram-negativi, responsabili di varie malattie infettive.

clamidomònade s.f. Alga unicellulare dotata di una sostanza di colore rosso che maschera il verde della clorofilla.

clamidospòra s.f. BOT. Spora di alcuni funghi, dotata di una parete spessa e resistente.

clamóre s.m. **1.** Suono di più voci che gridano. SIN.: **vocìo. 2.** *fig.* Vasta reazione di consenso o di dissenso suscitata nell'opinione pubblica da qlco. SIN.: **scalpore.**

clamoróso agg. **1.** Che si manifesta con clamore. **2.** *fig.* Che suscita ampia riprovazione o vasto consenso.

clamp [/klæmp/] s.m. inv. CHIR. Strumento usato per occludere i vasi sanguigni e impedire l'emorragia.

clan [/'klæn/] s.m. inv. (ingl. *clan*, gaelico *clann* "tribù, famiglia") **1.** Nei popoli di lingua gaelica, gruppo formato dai discendenti in linea maschile da un progenitore comune. **2.** ETNOL. Gruppo sociale che fa risalire la propria origine a un progenitore comune. **3.** *estens.* Famiglia numerosa legata da un forte vincolo di solidarietà. **4.** SPORT. Società sportiva.

clandestinità s.f. inv. (fr. *clandestinité*) Condizione di segretezza.

clandestino agg. (fr. *clandestin*) Che ha carattere di segretezza in quanto difforme dalla legge o dalle norme sociali e quindi perseguibile giudizialmente o condannabile moralmente. *Immigrato clandestino.* ◇ *Matrimonio clandestino:* contratto con il libero consenso dei soggetti ma senza l'intervento del sacerdote. – *Passeggero clandestino:* che si è imbarcato su una nave o su un aereo senza i documenti necessari. ◆ s.m. [f. –*na*] **1.** Passeggero sprovvisto di documenti di viaggio. **2.** Chi milita in un'organizzazione politica clandestina.

claque [/'klak/] s.f. inv. (voce fr., deriv. di *claquer* "battere le mani") Gruppo di persone ingaggiate per applaudire o fischiare a comando durante uno spettacolo. ~ *estens.* Seguito di fautori di un uomo politico.

claquettes [/kla'kɛt/] s.f. pl. (voce fr., deriv. di *claquer* "battere") Placche metalliche applicate alle suole delle scarpe dei ballerini di tiptap per sottolineare il ritmo con un particolare colpo.

clarinettista s.m. e f. [pl.m. –*sti*] (fr. *clarinettiste*) Suonatore di clarinetto.

clarinétto s.m. (fr. *clarinette*, deriv. di *clarine* "sonaglio") **1.** MUS. Strumento a fiato costituito da una canna con fori liberi o chiusi da chiavi, che termina superiormente con un bocchino ad ancia semplice e inferiormente con un'espansione a campana. **2.** *estens.* Suonatore di clarinetto.

clarino s.m. (fr. *clarin*) **1.** MUS. Nei secc. XVII-XVIII, specie di tromba con il tubo più stretto e il suono più acuto, usata negli antichi nelle rievocazioni storiche e nelle cerimonie importanti. SIN.: **chiarina. 2.** Clarinetto.

clarissa s.f. Suora del secondo ordine francescano, fondato nel 1212 da san Francesco e da

santa Chiara d'Assisi, con la stessa regola di povertà dei Minori.

clàsse s.f. (lat. *clàssem* orig. "reclutamento" poi "categoria di persone" quindi "reparto militare" e specificamente "flotta") **1.** Fascia di popolazione con una particolare connotazione economica e sociale e con interessi e cultura comuni. ~ Complesso delle persone che esercitano la medesima attività. ◇ *Classe politica:* insieme degli uomini politici di un paese. – *Classe dirigente:* insieme di persone con ruoli di responsabilità nella direzione politica, economica, sociale di una nazione. ~ *estens.* Categoria, gruppo di persone o di oggetti che hanno dei caratteri in comune. *La classe degli intellettuali.* **2.** Nel pensiero di Marx, categoria sociale che si differenzia dalle altre a seconda dei mezzi di produzione e lavoro utilizzati e che si articola nei tre raggruppamenti degli operai salariati (o *classe operaia*, proprietaria della forza-lavoro), dei capitalisti (proprietari degli strumenti di produzione) e dei proprietari fondiari. ◇ *Nemico di classe:* chi appartiene alla classe contrapposta alla propria; *estens.* capitalista. **3.** *fig.* Valore, qualità eccezionale. ◇ *Di classe:* riferito a persona, signorile, distinto, raffinato; riferito a cosa, di qualità superiore. – *Fuori classe:* fuoriclasse. **4.** Nel l. sc., raggruppamento stabilito in base a comuni caratteristiche. ~ BIOL. Nella classificazione animale e vegetale, raggruppamento inferiore al tipo, suddiviso a sua volta in ordini. ◇ MAT. *Classe di equivalenza:* insieme di elementi identificati in base a una relazione di equivalenza. **5.** Nella scuola, corso d'insegnamento. ~ Insieme degli alunni che frequentano lo stesso corso e stanno nello stesso aula. **6.** MIL. Insieme dei coscritti nati nello stesso anno. **7.** Sui mezzi di trasporto, ogni categoria distinta in base alla qualità delle attrezzature e dei servizi. *Prima, seconda classe.* ◇ *Di prima classe:* di qualità, trattamento o servizio ottimo. **8.** Suddivisione di auto, motoveicoli e imbarcazioni in base ad alcune caratteristiche (potenza, lunghezza, ecc.). **9.** ECON. Ciascuno dei raggruppamenti in cui può essere suddivisa una grandezza economica. *Classe di reddito.* **10.** Nella costituzione di Servio Tullio, ciascuna delle cinque categorie in cui era divisa la popolazione sulla base del censo. **11.** STAT. Gruppo di osservazioni ordinate in funzione di un carattere comune.

clàssica s.f. [pl. –*che*] SPORT. Gara di lunga tradizione, annuale, a partecipazione internazionale. *Una classica del ciclismo.* ~ IPP Gara tra cavalli della stessa età portati a eguale peso.

classicheggiànte agg. Che si ispira ad autori o modelli classici.

classicismo s.m. **1.** Complesso delle teorie e delle manifestazioni artistiche e letterarie ispirate consapevolmente all'esempio dei classici greci e latini, assunti a modelli ideali. ~ L'apparato di regole compositive aventi valore normativo, tratte dalle opere degli autori e degli artisti classici, che fu elaborato nel Rinascimento e riproposto a più riprese in epoche successive. **2.** *estens.* Carattere classico, inteso come aderenza a un ideale di perfezione formale che si rispecchia nei modelli del passato (non necessariamente greco-romani) e nella continuità della tradizione.

ENCICL. Il termine "classico" da sempre indica un'opera d'arte con qualità di misura e ritmo affini alle produzioni dell'arte greca del V sec. a.C. A partire dall'età ellenistica, le opere del passato iniziarono a essere considerate veri e propri modelli per la loro perfezione formale ed espressiva. In ogni epoca, vi sono testimonianze di opere improntate al classicismo: dall'*Ara pacis Augustae* al tempietto di Cividale, dalle opere di Arnolfo di Cambio e Giotto a Bramante, Raffaello, Giorgione fino a Poussin e al neoclassicismo di Canova. Il concetto di bellezza, fondato sulla sintesi di ordine, coerenza, simmetria e proporzione, rese il classicismo, in ogni sua riproposizione, modello di valori eterni, trascendenti. In certi periodi, si identificò con il concetto stesso di arte, nel senso che un'opera d'arte - non potendo prescindere da euritmia, equilibrio ed eccellenza - per forza è "classica". Dall'avvento del Romanticismo, però, questa identificazione non fu più possibile. In letteratura la nascita delle espressioni nazionali può sembrare una ribellio-

bocchino

barilotto

corpo superiore

chiave

anello

corpo inferiore

campana

■ clarinétto

ne alla tradizione classica, ma l'innovazione fu esclusivamente formale e linguistica poiché numerosi rimasero i legami contenutistici con il mondo latino. Il classicismo si fece dominante durante il Rinascimento italiano, quando dai classici si trassero i canoni poetici che determinarono tutta la produzione letteraria prima italiana e poi europea, e permise grande libertà creativa finché non si irrigidì negli angusti schemi imposti dalle regole aristoteliche. Col sorgere della poetica barocca il classicismo continuò come vero studio e amore dei classici, con punte di rinnovato fervore nell'*Arcadia* e nel *neoclassicismo*. In campo musicale, il classicismo incarnò le qualità di chiarezza e semplice cantabilità tipiche del periodo di passaggio dal barocco al rococò e, da un punto di vista formale, si assiste alla ricerca di uno stile fondato su un equilibrio assoluto. Non si può legare lo stile classico ad alcuna scuola nazionale perché ebbe origine e svolgimento internazionali. Ne fanno parte Gluck (il primo grande operista classico), i componenti della "scuola di Mannheim" e musicisti italiani attivi in varie parti d'Europa, come Boccherini, Paisiello, Cimarosa, e, in parte, Rossini e Cherubini. Lo stile classico, però, trovò la sua perfezione nell'ambito della scuola viennese con Haydn, Mozart e Beethoven: in quest'ultimo sono presenti le premesse per un superamento del modo formale e spirituale proprio del classicismo.

classicista s.m. e f. [pl.m. –*sti*] **1.** Seguace del classicismo. **2.** Chi studia l'antichità greca e latina dal punto di vista della lingua, della letteratura e dell'arte.

classicità s.f. inv. **1.** Civiltà, letteratura, arte dell'antica Grecia e di Roma. **2.** Conformità ai valori classici, etici o estetici, del mondo antico, identificati prevalentemente nella misura, nell'armonia e nell'equilibrio. **3.** *estens.* Aderenza a un ideale di perfezione formale.

clàssico agg. [pl.m. –*ci*, f. –*che*] (lat. *clássicum* "della prima classe di cittadini") **1.** Dell'antica civiltà greca e romana. ~ *estens.* Che si ispira agli ideali estetici della civiltà greco-romana. ◊ *Studi classici:* quelli che hanno per oggetto la civiltà, la cultura antica greco-latina. – *Teatro classico:* teatro degli autori francesi del sec. XVII (Racine, Corneille, Molière) che si ispirano alla drammaturgia greco-latino e obbediscono alle regole della verosimiglianza e della divisione dei generi, in opps. al *teatro barocco*. **2.** *estens.* Che ha raggiunto una perfezione degna degli antichi, da imitare. **3.** *estens.* Che ha origini lontane ed è diventato tradizionale. *I classici addobbi di Natale.* **4.** Di teoria, concezione, scuola di pensiero che rappresenta un precedente, un fondamento storico di un'altra più recente. **5.** MUS. Della musica colta occidentale, in opps. a quella *popolare* e *leggera*. ◆ s.m. **1.** Autore, opera esemplari, che costituiscono un modello. *I classici antichi, moderni.* **2.** (solo sing.) Ciò che è caratteristico, tipico di una cultura. *Il blues è un classico della cultura americana.*

classifica s.f. [pl. –*che*] **1.** Graduatoria di merito degli atleti o delle squadre partecipanti a una gara. ~ Graduatoria di partecipanti a un concorso, secondo il punteggio riportato. ◊ *Classifica avulsa:* quella che, in caso di parità, tiene conto di parametri secondari per decidere promozioni, retrocessioni, ecc. **2.** Suddivisione in classi. SIN. **classificazione. 3.** Hit-parade.

classificàbile agg. Che può essere classificato.

classificàre v.tr. [4] **1.** Suddividere più elementi di un insieme in parti, sulla base di criteri di affinità stabiliti. *Classificare documenti* ~ Ordinare in classi. *Classificare gli animali.* **2.** Valutare qlcu. o qlco. in un certo modo, quantificarne le capacità e il merito attraverso l'attribuzione di una valutazione o un punteggio. *La giuria lo classificò primo arrivato.* ◆ **classificarsi** v.pron. Entrare in una classifica in una certa posizione, vedersi attribuito un punteggio, una valutazione.

classificatóre s.m. **1.** [f. –*trice*] Chi classifica. **2.** Contenitore (cartella, album, cassettiera) predisposto per la sistemazione ordinata di qlco. **3.** CHIM. Apparecchio che separa in mucchi di dimensioni omogenee il materiale che vi viene versato.

classificatòrio agg. [pl.m. –*rì*] Che concerne la classificazione. ~ Utile alla classificazione. *Metodo classificatorio.*

classificazióne s.f. **1.** Ordinamento in categorie, in classi. ~ BIOL. Suddivisione degli esseri viventi in gruppi sistematici interdipendenti. ◊ *Classificazione decimale universale:* sistema di catalogazione basato sulla suddivisione del materiale bibliografico in dieci classi di soggetti, ciascuna delle quali a sua volta suddivisa in dieci sottoclassi e così via. **2.** Valutazione di merito.

classismo s.m. **1.** Concezione storica e politica, propria del pensiero marxista, secondo cui la storia è generata dall'opposizione dialettica tra classi sociali. **2.** Difesa degli interessi della propria classe.

classista agg. [pl.m. –*sti*] **1.** Che fa riferimento alla concezione storico-politica del classismo. **2.** Che difende gli interessi di una classe contro quelli delle altre. ◆ s.m. e f. Chi condivide la concezione del classismo.

-clastia o **-clasia** Secondo elemento di composti dotti in cui significa "rottura" (*iconoclastia*) e del l. medico nei quali indica "schiacciamento, demolizione" (*emoclasia*).

clàstico agg. [pl.m. –*ci*, f. –*che*] GEOL. *Roccia clastica:* roccia sedimentaria formata da detriti di rocce preesistenti, cementati o no.

claudicànte agg. **1.** Che zoppica. **2.** *fig.* Di espressione linguistica che non ha un corretto andamento grammaticale o sintattico. *Il mio inglese è molto claudicante.*

claudicàre v.intr. [4] (aus. *avere*) Camminare in modo difettoso. SIN. **zoppicare.**

claudicazióne s.f. **1.** Andatura zoppicante. **2.** MED. Deambulazione difettosa e anormale.

claunésco o **clownésco** agg. [pl.m. –*schi*, f. –*sche*] **1.** Di, da clown. **2.** *fig.* Poco serio, buffonesco.

clàusola s.f. **1.** DIR. In un contratto, disposizione aggiuntiva voluta dalla legge o dalle parti. ~ Nel decreto di promulgazione, formula rituale con cui il capo dello Stato ordina che le legge sia osservata. ◊ *Clausola compromissoria, arbitrale:* clausola per cui le parti si impegnano a far decidere da arbitri le loro controversie. – *Clausola risolutiva:* clausola per la quale un contratto può essere sciolto qualora una delle due parti risulti inadempiente. – *Clausola della nazione più favorita:* nei trattati commerciali internazionali, quella con cui ci si impegna ad applicare ai contraenti le migliori condizioni commerciali concesse a nazioni terze. **2.** *estens.* Proposizione con cui si precisa qlco. **3.** METR. Nella prosa latina, parte conclusiva del periodo, cadenzata secondo schemi fissi grazie all'alternanza di sillabe di quantità diversa. **4.** MUS. *estens.* Nella musica polifonica rinascimentale, conclusione di una melodia.

claustràle agg. **1.** Relativo al chiostro. **2.** *estens.* Che ha caratteristiche di vita monacale, ritirata.

claustrazióne s.f. Chiusura in un chiostro. ~ PSICH. *estens.* Chiusura in se stesso.

claustrofilìa s.f. PSICOL. Tendenza patologica a vivere in luoghi chiusi, a separarsi dagli altri.

claustrofobìa s.f. PSICOL. Paura morbosa degli spazi chiusi.

claustrofòbico agg. [pl. –*ci*, f. –*che*] Affetto da, tendente alla claustrofobia. ◆ s.m. [f. –*ca*] Nel sign. dell'agg.

claustròfobo agg. Che soffre di claustrofobia. ◆ s.m. [f. –*ba*] Nel sign. dell'agg.

clausùra s.f. Proibizione per i religiosi e le religiose di alcuni ordini monastici di uscire dal convento e di ammettere all'interno estranei. ◊ *fig. Vivere in clausura:* in solitudine, in un luogo remoto.

clàva s.f. **1.** Randello usato come arma dai popoli preistorici e tuttora di alcune popolazioni primitive. ~ *estens.* Grosso bastone di legno duro. **2.** Attrezzo ginnico a forma di clava.

clavària s.f. (lat. *Clavaria,* deriv. di *clàva* "clava" per la somiglianza di forma) BOT. Genere di funghi dal corpo fruttifero semplice oppure più spesso ramificato, volgarmente detti *ditole*. (Classe dei Basidiomiceti.)

clavicembalista s.m. e f. [pl.m. –*sti*] MUS. Compositore o esecutore di musiche per clavicembalo.

clavicembalistica s.f. [non com. pl. –*che*] MUS. Tecnica di comporre o suonare musiche per clavicembalo.

clavicémbalo s.m. MUS. Strumento musicale a corde pizzicate e a tastiera, di forma simile al pianoforte.

■ **clavicémbalo** (fra 1697 e 1789).

clavìcola s.f. (lat. *claviculam,* deriv. di *clàvis* "chiave" per la somiglianza di forma) ANAT. Osso lungo della spalla collocato tra lo sterno e la scapola.

clavicòrdo o **clavicòrdio** s.m. [pl. –*di*] MUS. Strumento musicale a corde e a tastiera, antenato del pianoforte.

clearance [/'klïərəns/] s.f. inv. (voce ingl., deriv. di *to clear* "schiarire, ripulire") FISIOL., MED. Prova di funzionalità renale con la quale si accerta quale volume di plasma o di sangue il rene sia in grado di depurare nell'unità di tempo. ~ Coefficiente di depurazione plasmatica.

clearing [/'klïərïŋ/] s.m. inv. (voce ingl., deriv. di *to clear* "sgomberare, svincolare") FIN. Compensazione dei debiti coi crediti, usata sia nei rapporti interbancari sia nei rapporti commerciali tra Stati.

clèfta s.m. [pl.m. –*ti*] (gr. *kléphtes* "brigante") Nella Grecia ottomana, montanaro greco membro delle bande irregolari che contribuirono alla liberazione del paese dal dominio turco nel sec. XIX.

cleistogamìa s.f. BOT. Autogamia dei fiori il cui perianzio non si apre.

cleistògamo agg. BOT. Di fiore che presenta cleistogamia.

clemàtide s.f. BOT. Pianta rampicante con fiori a petali bianchi o azzurri, foglie opposte, frutto ad achenio spesso con appendice filiforme a ciuffo. (Famiglia delle Ranuncolacee.)

clemènte agg. **1.** Disposto a mitigare il giudizio, la pena. **2.** *fig.* Di tempo, stagione, ecc., mite, temperato.

clementina s.f. (fr. *clémentine,* dal nome di padre *Clemente* che ottenne il primo ibrido all'inizio del '900 in una missione algerina) Arbusto ottenuto per ibridazione del mandarino e dell'arancio amaro. (Famiglia delle Rutacee.) ~ Il frutto commestibile di tale pianta, detto anche *mandarancio.*

coltivata
selvatica

■ **clemàtide**

clemènza s.f. **1.** Disponibilità all'indulgenza, al perdono. *La clemenza di Dio.* ◇ DIR. *Provvedimento di clemenza:* amnistia o indulto. **2.** Con riferimento al clima, mitezza. *La clemenza del tempo.*

cleopàtra s.f. (dal nome della regina d'Egitto *Cleopatra*) Farfalla diurna diffusa in Italia, dotata di ali dal colore giallo chiazzato d'arancione. (Famiglia dei Pieridi.)

cleptòmane agg. (fr. *kleptomane*) Affetto da cleptomania. ◆ s.m. e f. Nel sign. dell'agg.

cleptomanìa s.f. (fr. *kleptomanie*) PSICOL. Impulso patologico a rubare.

clergyman [/ˈklə:dʒimən/] s.m. inv. (voce ingl., "ecclesiastico") Abito sacerdotale simile all'abito civile, composto da pantaloni e giacca scuri e camicia con collarino bianco.

clericàle agg. **1.** Relativo al clero. **2.** Favorevole al potere temporale della Chiesa o alla presenza attiva della Chiesa nella vita politica. ◆ s.m. e f. Nell'accez. 2 dell'agg.

clericalìsmo s.m. (fr. *cléricalisme*) Corrente ideologica favorevole al potere temporale della Chiesa o all'assegnazione alla Chiesa di un ruolo guida nella società civile e nella politica.

Clèridi s.m. pl. [iniziale minusc. sing. *-de* per l'individuo] (dal gr. *kleros*, nome di un insetto dannoso alle api) ZOOL. Famiglia di coleotteri con corpo allungato e vellutato.

clèro s.m. (lat. *clèrum*, gr. *klēros* "parte avuta in sorte, eredità" poi "parte eletta di un popolo") Nella Chiesa cattolica, complesso dei sacerdoti. ◇ *Clero secolare:* quello che non appartiene a ordini religiosi e non vive in convento. – *Clero regolare:* quello sottoposto a una regola monastica.

cleruchìa s.f. (gr. *klēroukhía* "comunità di coloro che hanno un terreno sorteggiato") ANT. GR. Tipo di colonia i cui abitanti mantenevano la cittadinanza della madrepatria.

clessìdra s.f. **1.** Antico strumento per la misurazione del tempo, costituito da due vasi conici sovrapposti e speculari comunicanti attraverso uno stretto passaggio; l'intervallo impiegato dall'acqua o dalla sabbia per scendere da quello superiore in quello inferiore dà la misura del tempo. **2.** ALP. Foro passante nella roccia utilizzato per manovre di sicurezza.

clic o **click** s.m. inv. (voce onom.) **1.** Rumore breve e secco, metallico. *Il clic del grilletto.* ◇ *fam. Fare clic:* scattare una fotografia; INFORM. premere il pulsante del mouse, cliccare. **2.** LING. Altra denominazione del suono avulsivo.

cliccàre v.tr. [4] Premere il pulsante di un apparecchio. *Cliccare il telecomando.* ◆ v.intr. (aus. *avere*) INFORM. Premere il pulsante del mouse. *Cliccare sull'icona di un file.*

cliché [/kliˈʃe/] s.m. [pl. *clichés*] (voce fr., deriv. di *clicher* "stereotipare") **1.** Matrice metallica incisa per la riproduzione di disegni, fotografie, ecc. **2.** *fig.* Espressione abusata, stereotipata, frase fatta, luogo comune. ~ Modello di comportamento convenzionale o divenuto abituale. *Il cliché della casalinga.*

client [/ˈklaɪənt/] s.m. inv. (voce ingl., propr. "cliente") INFORM. In una rete, ciascuno dei calcolatori che possono accedere ai servizi e alle risorse del server.

clìènte s.m. e f. **1.** Chi ha un rapporto continuativo con un fornitore, con un professionista, ecc. *Cliente del bar.* **2.** ANT. ROM. Cittadino di condizione libera legato a un cittadino potente (*patrono*) da un rapporto di protezione, in cambio della quale era tenuto ad alcuni obblighi nei suoi confronti. **3.** *estens. spreg.* Chi appoggia un uomo politico in cambio di favori.

clientèla s.f. **1.** Insieme dei clienti. *Clientela ricca.* **2.** ANT. ROM. Istituto giuridico e sociale che regolava il rapporto tra cliente e patrono. **3.** *estens. spreg.* Insieme di coloro che appoggiano un politico in cambio di favori.

clientelarìsmo s.m. Rapporto di clientelismo, perlopiù in ambito politico, con connotazioni fortemente negative.

clientelìsmo s.m. Pratica, particolarmente diffusa nella pubblica amministrazione, consistente nel concedere vantaggi a chi può offrire un contraccambio. SIN.: **favoritismo**.

client-server [/ˈklaɪənt ˈsə:və/] loc. sost. m. inv. (loc. ingl., propr. "cliente - fornitore di servizio") INFORM. Modello di comunicazione e di suddivisione dei compiti di elaborazione tra gli utenti (*client*) di una rete di calcolatori e uno o più calcolatori (*server*) che distribuiscono informazioni oppure offrono servizi applicativi.

clìma s.m. [pl. *-mi*] (lat. *clīma*, gr. *klíma* propr. "inclinazione del cielo") **1.** Complesso delle condizioni meteorologiche ricorrenti in una data zona. *Clima tropicale.* **2.** *fig.* Insieme delle condizioni politiche, morali, culturali, psicologiche, ecc. che caratterizzano un ambiente, un'epoca. SIN.: **situazione**. **3.** *fig.* Atmosfera particolare di un'opera letteraria o artistica. *Il clima metafisico della pittura di Giorgio Morandi.*

climatèrico agg. [pl.m. *-ci*, f. *-che*] **1.** Del climaterio. **2.** Dell'anno conclusivo di ogni ciclo di sette in cui l'antica medicina divideva la vita umana e che era ritenuto pericoloso.

climatèrio s.m. [pl. *-ri*] Fenomeno proprio della fase della vita successiva alla maturità, consistente in un'involuzione fisiologica delle ghiandole sessuali. ~ Periodo in cui il fenomeno si manifesta.

climàtico agg. [pl.m. *-ci*, f. *-che*] (fr. *climatique*) Relativo al clima meteorologico. ◇ *Stazione climatica:* località dal clima salubre.

climatizzàre v.tr. (fr. *climatiser*) Dotare un ambiente chiuso di aria condizionata. *Climatizzare una stanza.*

climatizzàto agg. Dotato di impianto di aria condizionata.

climatizzatóre s.m. Condizionatore d'aria.

climatizzazióne s.f. (fr. *climatisation*) Creazione e mantenimento di determinate condizioni di temperatura e umidità in un ambiente.

climatologìa s.f. **1.** Disciplina che ha per oggetto di studio i diversi climi e la loro influenza sulla flora e sulla fauna di una determinata regione terrestre.

ENCICL. Strettamente legata alla meteorologia, la climatologia si occupa sia di analisi e previsioni sia dello studio dell'influenza esercitata dal clima sugli esseri viventi (bioclimatologia). Oggi, inoltre, è in pieno sviluppo la *paleoclimatologia*, ovvero la disciplina che si occupa di ricostruire i climi caratteristici delle diverse ere geologiche.

climatòlogo s.m. [f. *-ga*, pl.m. *-gi*, f. *-ghe*] Studioso specializzato in climatologia.

climatoterapìa s.f. MED. Terapia basata sull'influenza benefica esercitata da un dato clima su un organismo malato.

clìmax s.m. o s.f. inv. (gr. *klīmaks* "scala") **1.** RET. Gradazione ascendente, progressiva intensificazione del significato delle parole. ◇ *Climax discendente:* anticlimax. **2.** BIOL. Situazione di equilibrio di una comunità biologica in rapporto alla stabilità delle condizioni ambientali.

climbing [/ˈklaɪmɪŋ/] s.m. inv. (voce ingl., propr. "scalata") Arrampicata sportiva.

clìnica s.f. [pl. *-che*] (fr. *clinique*, lat. *clīnicem*, gr. *klinikḗ tékhnē* "arte di curare chi è a letto") **1.** Metodologia medica basata sull'esame diretto del paziente e sulla cura non chirurgica delle varie patologie. *Clinica neurologica.* ~ Insegnamento e studio di tale metodologia. **2.** Settore ospedaliero di competenza universitaria, costituito da un complesso di edifici, impianti e attrezzature, in cui si effettua l'insegnamento delle varie specialità mediche a contatto coi pazienti. *Clinica universitaria.* **3.** Casa di cura privata.

clìnico agg. [pl.m. *-ci*, f. *-che*] (fr. *clinique*) Della clinica, come teoria e pratica mediche. *Cartella clinica.* ◆ s.m. (anche riferito a donna) Medico specializzato in clinica o docente universitario di tale materia.

clinòmetro s.m. Strumento per misurare gli angoli di inclinazione.

1. clip [/ˈklɪp/] s.m. o s.f. inv. (voce ingl., deriv. di *to clip* "tener saldo") **1.** Graffetta per tenere uniti più fogli. **2.** Asticciola del cappuccio di penne e matite che serve per assicurarle al taschino. **3.** (spec. pl.) Fermaglio a molla per orecchini o spille. ~ L'orecchino, la spilla stessi.

2. clip [/ˈklip/] s.m. o s.f. inv. (voce ingl.) **1.** Spezzone di filmato trasmesso spec. a scopo pubblicitario o promozionale. **2.** Videoclip.

clip art [/klˈɪˌpɑ:t/] loc. sost. m. inv. (loc. ingl.) INFORM. Raccolta di immagini digitali da inserire in documenti multimediali.

clipper [/ˈklɪpə/] s.m. inv. (voce ingl., propr. "che taglia") **1.** MAR. Veliero veloce destinato al trasporto merci. **2.** AER. Grande aereo di linea per voli intercontinentali. **3.** ELETTR. Dispositivo elettronico che limita l'ampiezza massima di un'onda a un livello prestabilito.

clìsma s.m. [pl. *-smi*] (gr. *klýsma* "lavanda") MED. Clistere, enteroclisma.

clistère s.m. **1.** Introduzione di un liquido nell'intestino retto per via anale a scopo diagnostico o terapeutico. **2.** *estens.* Il liquido introdotto e lo strumento utile all'introduzione.

clistron s.m. inv. ELETTR. → **klystron**.

clitòride s.f. o s.m. (gr. *kleitorís*, deriv. di *kléitōr* "collina") ANAT. Organo erettile dell'apparato genitale femminile, posto nella parte anteriore della vulva.

clitoridectomìa s.f. Resezione rituale della clitoride, in uso presso alcuni popoli musulmani.

clivàggio s.m. [pl. *-gi*] (fr. *clivage*) MIN. Sfaldatura dei cristalli secondo determinati piani.

cloàca s.f. [pl. *-che*] **1.** COSTR. Canale sotterraneo che convoglia le acque di rifiuto verso un luogo di scarico. **2.** *fig.* Luogo, ambiente corrotto, vizioso. **3.** ZOOL. Tratto terminale dell'intestino di vari vertebrati in cui sboccano anche gli ureteri e i dotti genitali.

cloàsma s.m. [pl. *-smi*] MED. Chiazzatura giallo-bruna di forma irregolare che compare sulla pelle del viso delle donne durante la gravidanza o in seguito a disturbi ovarici.

clochard [/klɔˈʃar/] s.m. inv. (voce fr., forse deriv. di *clocher* "zoppicare") Barbone, vagabondo.

cloche [/ˈklɔʃ/] s.f. inv. (voce fr., propr. "campana") **1.** Cappello femminile a forma di campana. **2.** AER. Negli aerei, barra che comanda gli alettoni e il timone di profondità; negli elicotteri, barra che comanda l'asse del rotore. **3.** *Cambio a cloche:* negli autoveicoli, leva del cambio innestata sul pavimento.

clock [/ˈklɔk/] s.m. inv. (voce ingl., propr. "orologio") INFORM. Oscillatore che produce un segnale periodico per sincronizzare le attività di un computer.

cloisonné [/klwazɔˈne/] s.m. [pl. *cloisonnés*] (voce fr., deriv. di *cloisonner* "dividere con un tramezzo") PITT. Tecnica di pittura a smalto di oggetti metallici, originaria dell'arte orafa cinese. ❑ In funzione di agg. **1.** Di smalto usato per tale tecnica. **2.** Di rilegatura di libri con tramezzi di metallo.

clonàre v.tr. **1.** SC. VIT., BIOL. Produrre un clone, duplicando cellule o individui. **2.** INFORM. Produrre copie funzionalmente identiche di un elemento di hardware o di software.

clonazióne s.f. BIOL. Manipolazione embriologica che permette di riprodurre un clone in modo naturale o artificiale.

ENCICL. Alcuni fenomeni naturali possono essere assimilati a clonazioni (gemelli monozigoti, partenogenesi, ecc.). La coltura di tessuti cellulari rappresenta una tecnica di clonazione praticata da lungo tempo. Da diversi anni è possibile anche clonare piante adulte tramite la micropropagazione. La nascita della pecora *Dolly*, primo clone di un mammifero adulto (1996), offre prospettive economiche e mediche considerevoli, ma solleva anche fondamentali problemi etici: è infatti divenuto tecnicamente possibile clonare un essere umano adulto.

clóne s.m. (gr. *klṓn* "germoglio") **1.** SC. VIT., BIOL. Insieme di cellule o di individui geneticamente identici derivati per riproduzione agamica o per partenogenesi. ~ *fig.* Copia fedele ma priva di originalità. **2.** INFORM. Copia di un elemento di hardware o di software.

clonìsmo s.m. MED. Stato patologico caratterizzato dalla presenza di convulsioni cloniche.

clòno s.m. MED. Serie di contrazioni e distensioni muscolari involontarie dovute a lesioni del fascio piramidale.

cloràcne s.f. MED. Patologia cutanea dovuta a contatto con idrocarburi clorurati, quali la diossina.

cloràggio s.m. Operazione consistente nel sottoporre una materia tessile all'azione del cloro.

cloràlio s.m. [pl. –li] (fr. chloral) CHIM. Liquido oleoso, incolore, di odore soffocante, usato in medicina come anestetico e nella produzione del DDT.

cloràto agg. CHIM. Che contiene cloro. Acqua clorata. ◆ s.m. CHIM. Sale dell'acido clorico.

clorazióne s.f. TECN. Sterilizzazione dell'acqua mediante immissione di cloro.

Clorèlla s.f. BOT. Genere di alghe verdi, unicellulari, diffuse nell'acqua o sulla terra umida; alcune specie vivono in simbiosi con i licheni, altre con animali. (Ordine delle Clorococcali.)

clòrico agg. [pl.m. –ci, f. –che] (fr. chlorique) CHIM. Acido clorico: acido (HClO₃) del cloro pentavalente.

cloridràto s.m. CHIM. Sale dell'acido cloridrico.

clorìdrico agg. [pl.m. –ci] CHIM. Acido cloridrico: gas incolore (HCl), composto da idrogeno e cloro, di odore pungente, solubile in acqua.

clorite s.f. MIN. Minerale appartenente al gruppo dei silicati basici di alluminio, magnesio e ferro, facilmente sfaldabile, di colore verde.

clorito s.m. CHIM. MINER. Sale dell'acido cloroso HClO₂.

clòro s.m. (solo sing.) (fr. chlore) **1.** Gas venefico (Cl₂), di colore giallo-verdino e dall'odore soffocante, che si trova in natura spec. in forma di sali. **2.** Elemento chimico (Cl) di numero atomico 17 e peso atomico 35,452.
ENCICL. Il cloro si ottiene per elettrolisi del cloruro di sodio. Gassoso o sciolto nell'acqua, il cloro possiede notevoli proprietà chimiche. Affine all'idrogeno, agisce come ossidante e distrugge la parte colorante delle materie organiche. Nell'industria è usato per sbiancare tessuti e carta (oggi si sta cercando di usare sostituti meno inquinanti) e per la fabbricazione dell'ipoclorito, del clorato (utilizzato per i fuochi d'artificio), ecc.; è inoltre un potente disinfettante contenuto in prodotti per uso medico.

Clorococcàli s.f. pl. [iniziale minusc. sing. –le per l'individuo] BOT. Ordine di alghe verdi unicellulari o pluricellulari planctoniche d'acqua dolce.

Cloroficèe s.f. pl. [iniziale minusc. sing. –cea per l'individuo] BOT. Classe di alghe verdi unicellulari o pluricellulari.

clorofilla s.f. BOT. Pigmento verde contenente magnesio che consente alle piante di trasfor-

mare l'anidride carbonica in idrati di carbonio sotto l'azione della luce (fotosintesi clorofilliana).

clorofluorocarbùro s.m. CHIM. ORG. Composto gassoso (abbreviato in CFC) che deriva da un idrocarburo in cui gli atomi di idrogeno sono stati sostituiti con atomi di cloro e fluoro. (Possiede caratteristiche di stabilità chimica e termica, ininfiammabile e poco tossico, è variamente impiegato nell'industria, anche se oggi è sottoposto a restrizioni perché si ritiene che sia uno dei responsabili della riduzione dello strato di ozono nell'atmosfera.)

cloroformio s.m. [pl. –mi] (fr. chloroforme) CHIM. ORG. Composto organico liquido (CHCl₃), volatile, incolore, di sapore dolciastro, usato come solvente e un tempo come anestetico.

cloroformizzàre v.tr. (fr. chloroformiser) MED. Anestetizzare col cloroformio.

cloroplàsto s.m. BOT. Plastidio contenente clorofilla, fattore essenziale nella sintesi degli idrati di carbonio.

cloròsi s.f. inv. **1.** MED. Anemia puberale della donna, attualmente rara. **2.** BOT. Alterazione nella formazione della clorofilla che fa assumere ai cloroplasti un colore verde sbiadito.

cloròso agg. CHIM. Di composto del cloro trivalente. Acido cloroso.

clorotetraciclina s.f. FARM. → aureomicina.

cloròtico agg. [pl.m. –ci, f. –che] **1.** MED. Di clorosi. ~ Affetto da clorosi. **2.** BOT. Che presenta un fenomeno di clorosi. Pianta clorotica.

cloruràre v.tr. CHIM. Trattare una sostanza con cloro. ~ Introdurre in una molecola atomi di cloro.

cloruràto agg. CHIM. Che contiene cloro o è trattato con esso.

clorurazióne s.f. **1.** CHIM. Introduzione in una molecola di uno o più atomi di cloro. **2.** Immissione di cloro o di un suo composto nell'acqua, per renderla potabile o depurarla.

clorùro s.m. (fr. chlorure) CHIM. Sale dell'acido cloridrico. ◇ Cloruro di sodio: sale da cucina.

clostridio s.m. Batterio responsabile di alcune importanti patologie umane e animali (tetano, botulismo, avvelenamenti del bestiame).

clotòide s.f. GEOM. Curva piana la cui curvatura in un punto generico P è direttamente proporzionale alla lunghezza dell'arco di curva OP, dove O è un'origine fissa.

clou [/'klu/] s.m. inv. (voce fr., propr. "chiodo") Momento culminante, di maggiore attrattiva e interesse. SIN.: apice.

clown [/'klaʊn/] s.m. inv. (voce ingl., orig. "contadino") Pagliaccio del circo che fa ridere, suona, mima e compie acrobazie.

clownésco agg. → claunesco.

club [/'klʌb/] s.m. inv. (voce ingl., propr. "bastone" perché un tempo veniva spedita una mazza per la convocazione) **1.** Gruppo di persone unite da interessi politici, culturali, sportivi, ricreativi, talvolta costituente un ente. SIN.: circolo. ~ Luogo in cui tali persone si incontrano. Passare la serata al club. **2.** Al tempo della rivoluzione francese, associazione a carattere politico. **3.** Gruppo di rappresentanti di enti o Stati che si riuniscono periodicamente per accordarsi su argomenti di comune interesse.

club privé loc. sost. m. inv. Locale privato e riservato. ~ In partic., locale per spettacoli pornografici.

cluniacènse agg. (lat. Cluniacènsem, deriv. di Clunìacum nome lat. di Cluny, città francese della Borgogna dove sorse la famosa abbazia) Dell'ordine benedettino fondato da san Brunone a Cluny nel 910.

Clupèidi s.m. pl. [iniziale minusc. sing. –de per l'individuo] ZOOL. Famiglia di pesci marini e d'acqua dolce, con corpo affusolato e riflessi argentati, che vivono in banchi enormi; vi appartengono l'aringa, la sardina e lo spratto. (Sottoclasse degli Attinopterigi.)

Clupeifórmi s.m. pl. [iniziale minusc. sing. –me per l'individuo] ZOOL. Ordine di pesci ossei con vescica natatoria comunicante con lo stomaco.

cluster [/'klʌstə/] s.m. inv. (voce ingl. "grappolo") **1.** Ammasso stellare. **2.** MUS. Nella musica d'avanguardia, gruppo di suoni contigui eseguiti contemporaneamente. **3.** INFORM. Gruppo di calcolatori collegati tra loro che funzionano come un'unità singola, suddividendosi il carico di lavoro, con la possibilità di sostituirsi a vicenda qualora uno di essi vada in avaria. **4.** STAT. Gruppo di elementi aggregati.

Cnidàri s.m. pl. [iniziale minusc. sing. –rio per l'individuo] ZOOL. → Celenterati.

cnidoblàsto s.m. ZOOL. Cellula irritante dei tessuti dei Celenterati.

cnidocisti s.f. inv. ZOOL. → nematocisti.

co- → con-.

coabitàre v.intr. (aus. avere) Detto di due o più persone, abitare insieme, condividere l'abitazione. SIN.: convivere.

coabitazióne s.f. Convivenza di persone o gruppi familiari diversi nello stesso alloggio.

coacervàto agg. CHIM. Di particelle aggregatesi per coacervazione. ◆ s.m. BIOL. Sistema liquido a più fasi, costituito da strati sovrapposti di soluzioni colloidali a differenti concentrazioni. (Si pensa che il protoplasma della cellula vivente sia un coacervato di sostanze a grosse molecole.)

coacèrvo s.m. **1.** Mucchio disordinato di elementi. SIN.: accozzaglia. **2.** Nel l. bur., accumulo.

coach [/'kəʊtʃ/] s.m. e f. inv. (voce ingl., orig. "carrozza" quindi "guida") SPORT. Allenatore, responsabile della conduzione tecnica di una squadra.

coaching [/'kəʊtʃiŋ/] s.m. inv. (voce ingl., deriv. di to coach "studiare con un ripetitore") Periodo di formazione di un direttore d'azienda sotto la guida di un istruttore più esperto.

coadiutóre s.m. [f. –trice] Chi affianca, aiuta qlcu. nell'espletamento di un lavoro. ~ In partic., chi aiuta o sostituisce il titolare di un ufficio ecclesiastico.

coadiuvàre v.tr. Aiutare qlcu. o qlco.

coagulàbile agg. Che può essere coagulato.

coagulànte agg. Si dice di una sostanza che ha la proprietà di fare coagulare. ◆ s.m. Nel sign. dell'agg.

coaguláre v.tr. Portare una sostanza liquida a uno stato semisolido. ◆ coagulàrsi v.pron. **1.** Detto di sostanza liquida, rapprendersi. Il latte si coagula. **2.** fig. Detto di idee, prendere una forma più concreta, più precisa e definita. Le proposte si stanno coagulando.

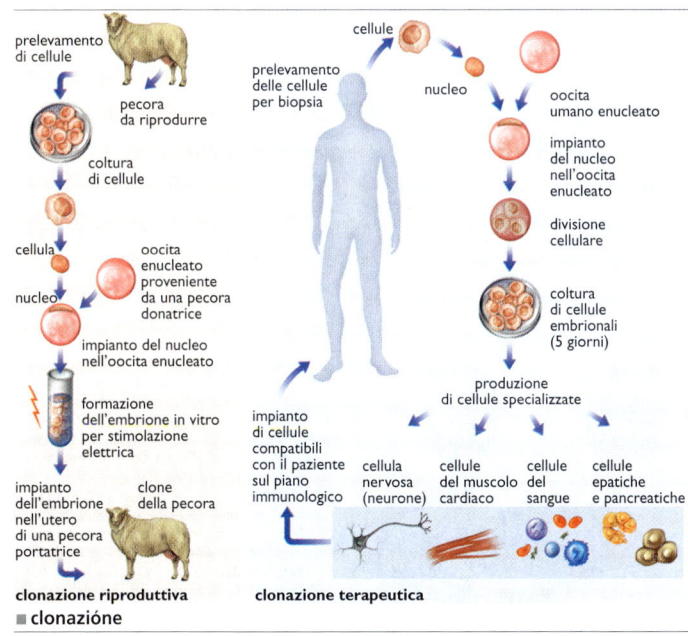

prelevamento di cellule
pecora da riprodurre
coltura di cellule
cellula
oocita enucleato proveniente da una pecora donatrice
nucleo
impianto del nucleo nell'oocita enucleato
formazione dell'embrione in vitro per stimolazione elettrica
impianto dell'embrione nell'utero di una pecora portatrice
clone della pecora
clonazione riproduttiva

prelevamento delle cellule per biopsia
impianto di cellule compatibili con il paziente sul piano immunologico
clonazione terapeutica

cellule
nucleo
oocita umano enucleato
impianto del nucleo nell'oocita enucleato
divisione cellulare
coltura di cellule embrionali (5 giorni)
produzione di cellule specializzate
cellula nervosa (neurone) | cellule del muscolo cardiaco | cellule del sangue | cellule epatiche e pancreatiche

■ **clonazióne**

coagulazióne s.f. Passaggio di una sostanza liquida allo stato semisolido a opera di agenti fisici o chimici.

coàgulo s.m. (lat. *coāgulum*, deriv. di *cōgere* "spingere insieme") **1.** Coagulazione. **2.** Piccola quantità rappresa di liquido organico. SIN.: **grumo**. **3.** Sostanza che produce la coagulazione del latte. SIN.: **caglio**.

coalescènte agg. BIOL. Che forma un tutto unico pur essendo costituito da più parti di origine diversa.

coalescènza s.f. (lat. *coalescentĭa*, deriv. di *coalēscere* "congiungersi" propr. "crescere insieme") **1.** FIS. Fenomeno di aggregazione delle gocce più piccole alle più grandi, che si verifica tra un liquido e un gas o tra due liquidi allo stato di emulsione. **2.** BIOL. Saldatura di due superfici a contatto. **3.** FON. Fusione di due vocali. SIN.: **contrazione**.

coalizióne s.f. (fr. *coalition*) **1.** Accordo, alleanza, lega per un fine comune, in partic. con senso politico e diplomatico. ◇ *Coalizione di governo*: nei sistemi parlamentari di tipo proporzionale, la coalizione stabilita da partiti che insieme raggiungono la maggioranza assoluta mentre da soli non ottengono la maggioranza dei voti. **2.** ECON. Accordo tra imprese dello stesso settore per limitare la concorrenza. SIN.: **cartello**.

coalizzàre v.tr. (fr. *coaliser*) Unire assieme qlcu. con altri o gruppi a dividersi o alleanza, in un patto. *Coalizzare i partiti.* SIN.: **alleare**. ◆ **coalizzarsi** v.pron. Formare un'alleanza insieme con altri. ~ Di due o più soggetti, raggiungere un'intesa, spec. politica o militare, uniformando i rispettivi piani di azione. *Le potenze occidentali si coalizzarono.*

coàna s.f. (gr. *khoánē* "imbuto") ANAT. Ciascuna delle due aperture interne che mettono in comunicazione la cavità nasale con la rino-faringe.

coartazióne s.f. **1.** Coercizione, costrizione, coazione. **2.** MED. Stenosi di un vaso, di una cavità. *Coartazione aortica.*

coassiàle agg. Di solidi aventi un asse comune, in partic. di macchine che hanno organi rotanti con un asse comune. ◇ ELETTROTEC. *Cavo coassiale:* cavo elettrico a due conduttori di cui uno inserito nell'altro e da esso isolato.

coassicurazióne s.f. Contratto di assicurazione sottoscritto da più assicuratori che coprono, con quote diverse, lo stesso rischio.

coàti s.m. inv. Mammifero carnivoro tipico del Sudamerica, con muso allungato, coda lunga, corpo massiccio, pelame ispido e rosso; si nutre di lucertole e insetti. (Lunghezza 45 cm ca. senza la coda; genere *Nasua*; famiglia dei Procionidi.)

■ **coàti**

coattazióne s.f. MED. Riduzione di una frattura o di una lussazione.

coattivo agg. **1.** Che costringe, obbliga con la forza. **2.** Che deve essere adempiuto per forza.

coàtto agg. **1.** Imposto forzatamente, obbligatorio. **2.** PSICOAN. Che presenta, denota coazione. ◆ s.m. [f. –*ta*] **1.** Chi, un tempo, era soggetto al domicilio coatto. **2.** *gerg.* Giovane che vive in una condizione di emarginazione prossima alla delinquenza.

coautóre s.m. [f. –*trice*] Chi è autore di un'opera insieme ad altri.

coazióne s.f. **1.** Limitazione della libertà altrui tramite l'uso della forza. **2.** PSICOAN. Forma di nevrosi che si manifesta con tendenze ossessive.

cobaltite s.f. MIN. Minerale di cobalto che si presenta in cristalli monometrici rosa; viene estratto come minerale utile di cobalto in Svezia, in Norvegia e nel Caucaso. SIN.: **cobaltina**.

cobàlto s.m. (ted. *Kobalt*, deriv. di *Kobold* "coboldo" perché si riteneva che fossero i coboldi a sottrarre nelle miniere l'argento lasciando al suo posto il meno prezioso cobalto) **1.** (solo sing.) Metallo di colore azzurro-argenteo, malleabile, di densità 8,9, che fonde a 1495 °C. **2.** (solo sing.) Elemento chimico (*Co*) di numero atomico 27 e peso atomico 58,9332. (Il cobalto è usato in varie leghe, p.e. acciai, resistenti all'usura e alla corrosione; i suoi sali sono impiegati nella preparazione di alcuni pigmenti blu.) ◇ MED. *Bomba al cobalto:* apparecchiatura con cui si sfrutta il cobalto radioattivo per scopi terapeutici. **3.** Colore azzurro intenso. □ In funzione di agg. inv., nell'accez. 3 del s.

cobaltoterapìa s.f. MED. Radioterapia basata sull'irraggiamento dei raggi β e γ emessi dal cobalto radioattivo.

cobèa s.f. (lat. *Cobaea*, dal nome del gesuita e naturalista spagnolo B. *Cobo*) **1.** Liana originaria del Messico, con foglie pennate, coltivata per i suoi grandi fiori violacei a campana. **2.** BOT. (iniziale maiusc.) Genere di piante a cui appartengono le varie specie di cobea.

cobelligerànte agg. Che si trova nella situazione di cobelligeranza. ◆ s.m. Nel sign. dell'agg.

cobelligerànza s.f. Condizione di belligeranza comune creatasi di fatto ma non prevista né sancita da un trattato di alleanza.

cobite s.m. **1.** Pesce d'acqua dolce con corpo allungato e bocca dotata di numerosi barbigli tattili. (Lunghezza 10-30 cm; famiglia dei Cobitidi.) **2.** Pesce marino simile al merluzzo, comune nell'Atlantico del Nord e nel Mediterraneo. (Lunghezza 25 cm; generi *Ciliata* e *Gaidropsarus*; famiglia dei Gadidi.)

Cobìtidi s.m. pl. [iniziale minusc. sing. –*de* per l'individuo] ZOOL. Famiglia di pesci d'acqua dolce simili a quelli del genere Cobitino, privi di denti mascellari. (Sottoclasse degli Attinopterigi.)

còbo o **cob** s.m. **1.** Antilope africana dal pelame lungo e ruvido con una macchia bianca sul dorso e, nei maschi, corna poco ricurve. (Generi *Kobus* e *Redunca*; famiglia dei Bovidi.) **2.** ZOOL. (iniziale maiusc.) Genere di Bovidi cui appartengono le varie specie di cobo.

còbol s.m. inv. (sigla dell'ingl. *Common Business Oriented Language* "linguaggio specifico per contabilità ordinaria") INFORM. Linguaggio di programmazione adatto alle applicazioni in ambito aziendale.

cobòldo s.m. (ted. *Kobold* "padrone della casa") Nell'antica mitologia germanica, gnomo a volte benevolo, a volte dispettoso, considerato spirito del focolare domestico. SIN.: **folletto**.

còbra s.m. inv. (port. *cobra*, lat. *cŏlubram* "serpente femmina") Denominazione di vari serpenti asiatici e africani, molto velenosi e capaci di dilatare il collo a disco o a cappuccio. (Alcune specie superano i 4 m di lunghezza. Un cobra delle Indie è chiamato *serpente dagli occhiali* per il particolare disegno che assume intorno agli occhi quando è irritato. Famiglia degli Elapidi.)

testa vista di fronte

■ **còbra**

còca s.f. [pl.m. –*che*] (peruviano *koka* "pianta") **1.** Arbusto originario del Perù, dotato di foglie alterne lanceolate ricche di alcaloidi, fiori ascellari biancastri, frutti a drupa; usato nella preparazione della cocaina. (Famiglia delle Eritroxilacee.) **2.** Cocaina. **3.** Coca-cola.

foglie e fiori

frutto

■ **còca**

còca-còla s.f. inv. Nome commerciale, che costituisce marchio registrato, di una bevanda gasata in cui sono presenti noce di cola e, in minima quantità, estratto di coca privato della cocaina.

cocaìna s.f. (fr. *cocaïne*) Alcaloide estratto dalle foglie di coca, in forma di polvere bianca, usato come stupefacente e anestetico locale.

cocainòmane s.m. e f. Tossicomane che usa la cocaina.

cocainomanìa s.f. Uso abituale di cocaina che porta alla tossicodipendenza.

1. còcca o **cócca** s.f. [pl. –*che*] Tacca sull'estremità dell'asta della freccia in cui si inserisce la corda dell'arco.

2. còcca s.f. [pl. –*che*] Angolo di un telo di stoffa.

3. còcca s.f. [pl. –*che*] (provenz. *cocha* "scafo", lat. *càudicam* "canotto") Nave usata nel Medioevo per il trasporto di merci e di persone.

4. còcca s.f. [pl. –*che*] *fam.* Gallina.

coccàrda s.f. (fr. *cocarde* da *coquard* "vanitoso") Distintivo circolare costituito da un nastro colorato pieghettato.

cocchière s.m. [f. –*ra*] Conducente di carrozze di uso pubblico o privato.

cocchio s.m. [pl. –*chi*] (ungherese *kocsi*) **1.** Carrozza di lusso trainata da due o quattro cavalli. **2.** Nell'antichità, carro a due ruote usato in guerra o in gare circensi.

cocchiumatóio s.m. [pl. –*toi*] Succhiello usato per praticare il foro di apertura nella doga più larga della botte.

cocchiùme s.m. Foro della botte praticato in un punto del diametro massimo. ~ estens. Tappo che lo chiude.

1. Còccidi s.m. pl. [iniziale minusc. sing. –*de* per l'individuo] ZOOL. Famiglia di insetti caratterizzati dalla presenza di ghiandole che secernono cera, sostanze coloranti, ecc. (Ordine degli Omotteri.)

2. Coccidi s.m. pl. [iniziale minusc. sing. –*dio* per l'individuo] ZOOL. Ordine di protozoi di forma quasi sferica, parassiti di vari animali. (Classe degli Sporozoi.)

coccidiòsi s.f. inv. VET. Malattia epidemica provocata dai protozoi dei Coccidi che colpisce prevalentemente gli animali.

còccige s.m. (lat. *coccygem*, gr. *kókkyks* "cuculo" e "coccige" perché somigliante al becco di tale uccello) ANAT. Osso triangolare terminale della colonna vertebrale, articolato con il sacro.

1. coccinèlla s.f. (lat. *Coccinella*, gr. *kókkinos* "scarlatto") **1.** Nome comune di insetti tra cui il più noto ha elitre rosse con sette punti neri e si nutre di afidi. (Famiglia dei Coccinellidi.)

2. Bambina tra gli 8 e i 12 anni che fa parte di un'associazione scoutistica.

2. coccinèlla s.f. Tufo calcareo di colore rossastro abbondante in Puglia.

■ **coccinèlla**

Coccinèllidi s.m. pl. [iniziale minusc. sing. –*de* per l'individuo] ZOOL. Famiglia di insetti dotati di corpo piccolo, elitre convesse, tegumento lucido e variamente colorato. (Ordine dei Coleotteri.)

cocciniglia s.f. [pl. –*glie*] (spagn. *cochinilla*) **1.** Insetto parassita di molte piante. (Lunghezza 2 mm; famiglia dei Coccidi.) **2.** Sostanza di colore rosso intenso ottenuta da alcune specie di cocciniglie.

còccio s.m. [pl. –*ci*] **1.** Terracotta grossolana. **2.** Frammento di un oggetto rotto. *Cocci di bottiglia.* **3.** Guscio di crostaceo, di lumaca.

cocciutàgglne s.t. Caparbietà, ostinazione.

cocciùto agg. Che non vuole modificare le proprie idee, il proprio comportamento, contro la logica e la ragione. ◆ s.m. [f. –*ta*] Nel sign. dell'agg.

1. còcco s.m. [pl. –*chi*] (port. *coco* propr. "orco" per l'aspetto irsuto del frutto) Albero tropicale molto sviluppato in altezza, dotato di ciuffo terminale di ampie foglie pennate. (Famiglia delle Palme.) ~ Frutto del cocco, detto *noce di cocco.* (La noce di cocco contiene un succo bianco e dolce detto *latte di cocco*.) ◇ *Olio di cocco*: sostanza grassa alimentare ricavata dalla mandorla della noce di cocco. – *Fibra di cocco*: ricavata dal mesocarpo della noce di cocco.

2. còcco s.m. [pl. –*chi*] (voce onom.) *fam.* Uovo. ~ *estens. pop.* Fungo commestibile che, acerbo, ha forma e colore dell'uovo. (Genere Amanita.)

3. còcco s.m. [pl. –*chi*] (voce onom.) *fam.* Persona a cui si vuole bene, verso cui si ha un sentimento di tenerezza protettiva. ◇ *iron. Cocco di mamma*: ragazzo, uomo, psicologicamente dipendente dalla madre e da lei ricambiato con un eccesso di premure e di cure.

4. còcco s.m. [pl. –*chi*] (lat. *coccus*, gr. *kókkos* "chicco") BIOL. Batterio di forma sferica.

5. còcco s.m. [pl. –*chi*] Colore rosso carminio ricavato dalla cocciniglia. ~ Stoffa di tale colore.

coccodè s.m. inv. (voce onom.) Il verso con cui si imita la gallina che ha fatto l'uovo.

Coccodrìllidi s.m. pl. [iniziale minusc. sing. –*de* per l'individuo] ZOOL. Famiglia di rettili anfibi, diffusi nelle regioni tropicali, caratterizzati da grandi dimensioni, corpo allungato e rivestito da placche cornee molto resistenti, arti brevi e dentatura eterodonte. (Ordine dei Coccodrilli.)

coccodrillo s.m. **1.** Grande rettile molto comune nei fiumi tropicali. (Lunghezza fino a 6 m; famiglia dei Coccodrillidi.) **2.** *estens.* Pelle del coccodrillo usata in pelletteria. **3.** ZOOL. (iniziale maiusc.) Ordine di rettili che comprende le famiglie dei Coccodrillidi, degli Alligatoridi, ecc. **4.** ZOOL. (iniziale maiusc.) Genere di animali a cui appartengono le varie specie di coccodrillo. **5.** FERR. Carrello per il trasporto su strada dei carri ferroviari. **6.** Nel l. giorn., biografia di un personaggio famoso, di solito in là con gli anni, tenuta pronta nell'archivio della redazione per essere immediatamente pubblicata in caso di morte. **7.** Morsetto a pinza che ricorda la testa del coccodrillo, per collegamenti elettrici provvisori.

1. còccola s.f. *fam.* Gesto di tenerezza, di affettuosità. SIN.: **carezza.**

2. còccola s.f. Galbulo del ginepro. ~ *estens.* Frutto rotondeggiante di altre piante (cipresso, mirto, ecc.).

coccolàre v.tr. Accarezzare teneramente e vezzeggiare qlcu. *Coccolare un bambino.* ◆ **coccolarsi** v.pron. Trattare se stessi con particolare riguardo.

coccolite s.f. Microscopica placca calcarea fossile ritrovata nelle cellule di alcuni Protozoi. (Per accumulazione, hanno formato le masse rocciose delle craie nel corso dell'era secondaria.)

1. coccolóne s.m. [f. –*na*] Persona espansiva, che ama essere oggetto di gesti teneri, di moine.

2. coccolóne s.m. *region.* Colpo apoplettico. ~ *per esager.* Colpo di sonno.

cocènte agg. **1.** Molto caldo, fino a scottare. *Sole cocente.* **2.** *fig.* Insopportabile, intenso, bruciante. *Delusione cocente.*

cocincina s.f. Gioco di carte sul tipo della scopa che si gioca in due con due mazzi di 40 carte.

cocker [/ˈkɔkə/] s.m. inv. (voce ingl., abbr. di *woodcocker* deriv. di *woodcock* "beccaccia") Cane da cerca e da riporto, di taglia medio-piccola, con pelo lungo ondulato e orecchie pendenti.

cockney [/ˈkɔkni/] s.m. e f. inv. (voce ingl., orig. "uovo malriuscito") *spreg.* Londinese di bassa estrazione sociale. ◆ s.m. inv. (solo sing.) Gergo, pronuncia dei londinesi. ❑ In funzione di agg. inv., nei sign. del s.

cocktail [/ˈkɔkteɪl/] s.m. inv. (voce ingl. d'America, comp. di *cock* "gallo" e *tail* "coda", voce indicante in gergo i "cavalli bastardi" da cui "bevanda bastarda") **1.** Mescolanza di liquori o di liquori e bibite, miscelati, con o senza ghiaccio, in un apposito contenitore. ~ *estens.* Antipasto freddo preparato con crostacei ricoperti da una salsa e servito in una coppa ghiacciata. *Cocktail di gamberi.* ◇ *Cocktail di farmaci*: miscela di farmaci utilizzata in particolari terapie. **2.** *fig.* Miscuglio, mescolanza di cose di cui si vuole sottolineare la diversità e la stravaganza. *Un cocktail di sensazioni.* **3.** Ricevimento del tardo pomeriggio nel quale si servono cocktail. ◇ *Abito da cocktail*: abito femminile da mezza sera.

còclea s.f. **1.** TECN. Macchina per il sollevamento e il trasporto di liquidi o di materiali incoerenti, costituita da una grossa vite che ruota all'interno di un tubo al quale essa è solidale. **2.** ANAT. Cavità tubiforme dell'orecchio interno, con andamento a spirale, in cui si trovano i recettori degli stimoli acustici.

cocleària s.f. (lat. *Cochlearia*, deriv. di *cŏchlear* "cucchiaio" per la forma delle foglie) Pianta erbacea biennale dotata di foglie tonde o lobate e di fiori bianchi, dalle proprietà antinfiammatorie e antiscorbutiche. (Famiglia delle Crocifere.)

còclide agg. ARCH. Di colonna avente al proprio interno una scala a chiocciola, oppure avente all'esterno una decorazione a spirale.

cocòlla s.f. (lat. *cucùllam* "cappuccio") Tonaca pesante con cappuccio propria di alcuni ordini monastici.

cocòmero s.m. **1.** Pianta erbacea annuale dotata di fusto prostrato, foglie grandi lobate, fiori gialli, frutti grossi, tondeggianti, con polpa rossa molto succosa. (Nome sc. *Citrullus vulgaris*; famiglia delle Cucurbitacee.) **2.** Frutto del cocomero.

cocorita s.f. Pappagallino domestico.

porzione del frutto

■ **cocòmero**

1. cocotte [/kɔˈkɔt/] s.f. inv. (voce fr.) Tipo di casseruola in ghisa o altro materiale, a bordi alti.

2. cocotte [/kɔˈkɔt/] s.f. inv. (voce fr., propr. "gallina") *eufem.* Prostituta.

còda s.f. **1.** Appendice del corpo dei vertebrati, costituita nei mammiferi e nei rettili dal prolungamento della colonna vertebrale. ◇ *fam. Senza capo né coda*: incoerente, irrazionale. *Una storia senza capo né coda.* – *figg. Coda di cavallo*: acconciatura femminile con i capelli lunghi annodati dietro il capo che ricadono sulla nuca. – *Colpo di coda*: improvvisa ripresa di un'attività. – *Avere la coda di paglia*: non avere la coscienza tranquilla ed essere perciò sospettoso e suscettibile. **2.** *estens.* Appendice, prolungamento. ~ Strascico di un abito. – ASTR. Lunga scia luminosa, formata da gas fluorescenti, che segue la testa delle comete in direzione opposta rispetto al Sole. – *fig.* Seguito, strascico. *Il caso ha avuto una coda polemica.* **3.** *estens.* Parte terminale di qlco. *La coda degli sci.* ~ MUS. Sezione conclusiva di un brano musicale. ◇ *Coda dell'occhio*: angolo esterno dell'occhio. – *fig. Guardare con la coda dell'occhio*: di nascosto o di sbieco, senza farsi notare. **4.** Fila, serie di persone o di mezzi. *Fare la coda.* ~ L'ultimo elemento di tale serie. *La coda del gruppo.* ◇ *In coda*: all'ultimo posto. **5.** TECN. *Coda di rondine*: incastro trapezoidale. **6.** Prodotto residuale della distillazione. **7.** Nel l. giorn., ultima cartella di un servizio. **8.** CINE. Pezzo di pellicola nera attaccata all'inizio o alla fine dei rulli di pellicola impressionata. **9.** BANC. Allunga di una cambiale, usata per aumentare lo spazio per la girata. **10.** ANAT. Parte più stretta, assottigliata, di alcuni organi. **11.** BOT. *Coda cavallina*: pianta erbacea dotata di fusto segmentato e fitti rametti sottili disposti a raggiera. (Famiglia delle Equisetacee.) – *Coda di cane*: pianta foraggera che cresce in ciuffi compatti. (Famiglia delle Graminacee.) – *Coda di volpe*: pianta erbacea comune nei prati. (Famiglia delle Graminacee.) **12.** *Coda di rospo*: parte commestibile della *rana pescatrice*.

■ **còda** di rondine

■ **còda** di volpe

codardìa s.f. Vigliaccheria, mancanza di coraggio. ~ Azione, comportamento da codardo. *Commettere una codardia.*

codàrdo agg. (fr. *couard* "con la coda bassa") **1.** Che manca di coraggio. **2.** Che rivela vigliaccheria. ◆ s.m. [f. –*da*] Nell'accez. 1 dell'agg.

codàzzo s.m. *spreg.* Seguito di persone, spec. scomposto.

codeìna s.f. (fr. *codéine*, deriv. di gr. *kŏdeia* "testa del papavero") CHIM., FARM. Alcaloide derivato dell'oppio, usato come calmante della tosse.

codésto agg. [f. *-sta*, pl.m. *-sti*, f. *-ste*] Indica qlco. o qlcu. vicino nello spazio o nel tempo a chi ascolta.

codetentóre s.m. [f. *-trice*] DIR. Persona che detiene una cosa, un bene, un record, ecc., insieme con una o più persone.

codetenùto s.m. [f. *-ta*] Chi è detenuto con una o più persone.

còdice s.m. (lat. *cōdicem* "tavoletta per scrivere") **1.** Nell'antichità, tavoletta lignea rivestita di cera su cui scrivere, o serie di tavolette legate insieme. ~ Dal Medioevo alla diffusione della stampa, serie di fogli di pergamena o di carta legati insieme a formare un libro manoscritto. ◇ *Codice autografo:* scritto di proprio pugno dall'autore. – *Codice diplomatico:* raccolta di documenti storici riguardanti un luogo o un personaggio. **2.** DIR. Insieme delle leggi e disposizioni regolamentari che disciplinano una materia. *Codice penale.* ~ Raccolta di leggi attribuita a un determinato legislatore. *Il codice di Giustiniano.* ◇ *Codice disciplinare:* norme applicabili dal datore di lavoro per punire le infrazioni del lavoratore. **3.** *estens.* Insieme di precetti, considerato vincolante dall'intera società o da suoi gruppi, in un determinato settore. ◇ *Codice sportivo:* complesso di principi ideali e comportamentali a cui si ispira l'attività agonistica. – *Codice giornalistico:* complesso di principi di onestà personale e correttezza dell'informazione, che rientra nel campo della cosiddetta deontologia professionale. – *Codice cavalleresco:* nel Medioevo, complesso di norme ispirate agli ideali di lealtà, coraggio e cortesia che erano alla base dell'istituzione cavalleresca. **4.** Nella teoria della comunicazione, sistema di segni e di regole convenzionalmente assunto per comunicare. ◇ *Codice segreto, cifrato:* sistema comunicativo convenzionale concordato tra membri di un'organizzazione per non farsi capire dagli altri. – *Codice (telegrafico) Morse:* *alfabeto Morse. **5.** Sequenza di segni (numeri, cifre o altro) atta a identificare qlcu. o qlco. ◇ *Codice di avviamento postale:* insieme di cifre (o, in alcuni paesi, di lettere) seguito eventualmente dal nome di una località, che deve apparire su ogni indirizzo postale per consentire lo smistamento automatico. – *Codice a barre:* quello composto da linee verticali, stampato sull'imballaggio di un prodotto commerciale, che, letto da un lettore ottico, permette l'identificazione dell'articolo, la visualizzazione del suo prezzo e la gestione automatizzata della giacenza di magazzino. – *Codice fiscale:* insieme di numeri e lettere che costituiscono l'identità del contribuente ai fini dell'anagrafe tributaria. **6.** BIOL. *Codice genetico:* insieme delle corrispondenze tra le sostanze (*basi puriniche* e *pirimidiniche*) che costituiscono un gene e le sostanze (*amminoacidi*) che costituiscono la proteina sintetizzata grazie a questo gene. (Il codice è rappresentato da un elenco che indica per ogni gruppo di tre basi successive, o *codone*, l'amminoacido corrispondente.) **7.** INFORM. Sistema di simboli che permette di rappresentare, interpretare, trasmettere dati e istruzioni. *Codice binario.* ~ La sequenza di istruzioni che compongono un programma. ◇ *Codice sorgente e codice oggetto:* il programma nella forma scritta dal programmatore e come viene trasformato per l'esecuzione. – *Codice segreto:* password.

codicillàre agg. DIR. Di codicillo, relativo a codicillo. *Clausola codicillare.*

codicillo s.m. **1.** DIR. Scrittura aggiunta in un documento legale. SIN.: **postilla**. ~ In partic., disposizione testamentaria che ne modifica altre precedenti. **2.** Poscritto di una lettera.

codicologìa s.f. Disciplina che studia i manoscritti antichi.

codìfica s.f. [pl. *-che*] **1.** Trasformazione di un messaggio in chiaro in un messaggio codificato comprensibile soltanto a chi possiede la chiave del codice. **2.** Trasformazione di segnali elettrici o radioelettrici per consentirne la comprensione mediante l'uso di un decodificatore adeguato. *Codifica delle trasmissioni satellitari.* **3.** INFORM. Sequenza di istruzioni che un computer deve eseguire per compiere una certa operazione. ~ La scrittura di un programma in un dato linguaggio di programmazione.

codificàre v.tr. [4] (fr. *codifier*) **1.** Ordinare norme giuridiche in maniera sistematica. ~ Compilare un codice. ~ *estens.* Fissare un insieme di regole. *Codificare le regole del concorso.* **2.** Dare valore di legge a qlco., attribuirgli valore normativo. *Codificare un comportamento.* **3.** Procedere alla codifica di un messaggio, di un'informazione, di dati. *Codificare un testo.* SIN.: **cifrare**. **4.** GENET. Parlando di un gene, contenere l'informazione necessaria per la sintesi di una determinata proteina.

codificatóre s.m. (fr. *codificateur*) **1.** [f. *-trice*] Chi forma un codice di leggi o dà valore di legge a qlco. **2.** INFORM., TELECOM. Dispositivo che realizza automaticamente la trascrizione di un'informazione secondo un codice. ~ (anche f.) Addetto alla codificazione dei dati.

codificazióne s.f. (fr. *codification*) **1.** Formazione di un codice di leggi. ~ Insieme delle norme codificate. ◇ *Accordi di codificazione:* quelli che provvedono a trascrivere e razionalizzare il diritto internazionale consuetudinario. **2.** *estens.* Assunzione a norma di carattere generale di un complesso di dati particolari. **3.** INFORM. Trascrizione di un'informazione in un codice, per consentirne l'elaborazione.

codinìsmo s.m. Mentalità conservatrice, reazionaria. ~ Il conseguente comportamento.

codìno s.m. **1.** Nel sign. del dim. di *coda*. **2.** Treccia di capelli raccolti con un laccio dietro la nuca o a ciascun lato della testa. **3.** *fig.* [f. *-na*] Persona rigidamente conservatrice, reazionaria (dall'abitudine dei legittimisti francesi di continuare ad acconciarsi col codino come prima della rivoluzione). SIN.: **parruccone**. ☐ In funzione di agg., nell'accez. 3 del s.

codióne s.m. Codrione.

codirósso s.m. Uccello insettivoro diffuso in Europa e in Asia meridionale, dalla coda rossa che spesso agita dall'alto in basso. (Genere *Phoenicurus*; famiglia dei Turdidi.)

códolo s.m. **1.** Parte della lama di un'arma o estremità sottile e sagomata di un utensile metallico, che s'inserisce nell'impugnatura o nel manico. ~ Estremità sagomata di un utensile che si fissa al mandrino della macchina. **2.** *estens.* Impugnatura. **3.** Estremità del manico del violino e di altri strumenti a corda. **4.** Cilindro con alette delle bombe da lancio. **5.** MECC. In un motore alternativo, estremità anteriore dell'albero a gomiti.

codominànte agg. **1.** GENET. Detto di due alleli di un gene di un individuo eterozigote, che si esprimono simultaneamente senza che uno sia dominante rispetto all'altro. **2.** ECOL. Di due o più specie dominanti insieme.

codominànza s.f. GENET. Proprietà di un gene allele codominante.

codomìnio s.m. [pl. *-ni*] MAT. *Codominio di una funzione:* insieme entro il quale la funzione assume i suoi valori.

codonatàrio agg. DIR. Che riceve una donazione assieme ad altri. ◆ s.m. [f. *-ria*] Nel sign. dell'agg.

codonatóre agg. DIR. Che fa una donazione con altri. ◆ s.m. [f. *-trice*] Nel sign. dell'agg.

1. codóne s.m. **1.** Nel sign. dell'accr. di *coda*. **2.** Anatra selvatica dalla lunga coda appuntita, diffusa nelle paludi e negli estuari dell'Eurasia e dell'America settentrionale, che sverna in Africa. (Lunghezza 60 cm; nome sc. *Anas acuta*, famiglia degli Anatidi.)

2. codóne s.m. GENET. Unità d'informazione del codice genetico formata da tre nucleotidi successivi della molecola di RNA, che determina l'integrazione di un determinato amminoacido in una proteina in via di sintesi, oppure la sospensione di tale sintesi.

codrióne o **codióne** s.m. Insieme di vertebre terminali della colonna degli uccelli; con senso scherzoso, coccige dell'uomo.

coeditàre v.tr. Pubblicare un lavoro in collaborazione con uno o più editori.

coeditóre s.m. [f. *-trice*] Persona o società che pubblica un'opera in collaborazione con altro o altri editori.

coedizióne s.f. Edizione di un'opera da parte di due o più editori.

coefficiènte s.m. **1.** Causa che, insieme ad altre, determina o connota un evento. SIN.: **concausa**. **2.** Ciascuno dei termini di un prodotto. *I coefficienti di un polinomio.* ~ ALG. Numero che moltiplica una variabile o le sue potenze in un monomio o polinomio. ◇ *Coefficiente angolare di una retta:* numero reale m definito dall'equazione della retta $y=mx+p$ in un sistema di riferimento cartesiano. **3.** FIS. Costante moltiplicativa che compare in una formula o nell'espressione di una legge, spesso con un particolare significato fisico. *Coefficiente di dilatazione.* ◇ *Coefficiente di Coriolis:* forza dovuta alla rotazione della terra che ha per effetto di deviare ogni oggetto in libero movimento verso la sua destra nell'emisfero nord e verso la sua sinistra nell'emisfero sud.

coèfora s.f. ANT. GR. Donna che portava libagioni sulle tombe.

coenzima s.m. [pl. *-mi*] BIOCHIM. Sostanza non proteica che interagisce con un enzima nel catalizzare una reazione. SIN.: **cofermento**.

coercìbile agg. (fr. *coercible*) **1.** Che può essere represso, trattenuto. *Istanza di libertà non coercibile.* **2.** FIS. Che si può comprimere. ◇ *Gas coercibile:* riducibile allo stato liquido.

coercitivo agg. (fr. *coercitif*) Che impone, che obbliga, togliendo la libertà di azione altrui. *Metodi coercitivi.*

coercizióne s.f. Imposizione operata sulla volontà altrui, spec. con l'uso della forza o del ricatto.

coerède s.m. e f.DIR. Chi eredita insieme ad altri.

coerènte agg. **1.** Fortemente unito, dotato di coesione tra le parti. **2.** *fig.* Che è conforme ai principi morali, alle idee professate. ~ Che non presenta contraddizione. SIN.: **logico**. **3.** FIS. Detto di processi oscillatori che presentano la proprietà della coerenza.

coerènza s.f. **1.** Stretta unione di diversi elementi di un gruppo. **2.** *fig.* Conformità tra le proprie convinzioni e l'agire pratico. ~ Armonia logica tra i diversi elementi di un insieme di idee o di fatti. **3.** FIS. Caratteristica di un insieme di grandezze ondulatorie fra cui esista una differenza di fase costante nel tempo. **4.** LING. Nella linguistica testuale, relazione di significato che lega gli enunciati di un testo.

coesióne s.f. (fr. *cohésion*) **1.** FIS., CHIM. Forza che tiene unite le molecole di un liquido o di un solido e ne determina lo stato di aggregazione. **2.** *fig.* Legame profondo che determina univocità di sentimenti e di atti. *La coesione di un'organizzazione.* ~ Organizzazione logica di un pensiero che determina l'accordo formale tra le sue articolazioni. *La coesione di un discorso.* SIN.: **coerenza**. **3.** LING. Nella linguistica testuale, il modo in cui i componenti di un testo sono collegati tra loro sia dal punto di vista grammaticale sia da quello semantico.

coesistènte agg. Che c'è, esiste, si manifesta insieme ad altri o ad altre cose.

coesistènza s.f. (fr. *coexistence*) Esistenza, presenza contemporanea di più elementi. SIN.: **convivenza**. ◇ POLIT. *Coesistenza pacifica:* condizione di non aggressione tra Stati, o loro parti, a diversa struttura economica e politica.

coesìstere v.intr. [14] (aus. *essere*) (fr. *coexister*) Esistere insieme con qualche altra cosa. *La libertà di stampa non può coesistere con la dittatura.* ~ Detto di due o più cose o persone, esistere insieme e contemporaneamente. *Quei popoli dovranno imparare a coesistere sullo stesso territorio.*

coesìvo agg. (fr. *cohésif*) Che unisce, collega, crea coesione. *Forza coesiva.*

coèso agg. Dotato di coesione, connessione.

coestensìvo agg. LOG. Si dice di un concetto, di un termine che condivide la stessa estensione di un altro.

coetàneo agg. Di uguale età. ◆ s.m. [f. *-a*] Nel sign. dell'agg.

coèvo agg. Che appartiene alla stessa epoca.

coevoluzióne s.f. BIOL. Evoluzione parallela di due specie in stato di mutua dipendenza (p.e., le piante da fiore con gli insetti che ne garantiscono l'impollinazione).

cofanétto s.m. **1.** Piccola cassa usata per custodire gioielli o altre cose di riguardo. SIN: **scrigno**. **2.** Confezione elegante per dolci o cosmetici. ~ Custodia per più volumi di un'opera o di una collana.

còfano s.m. **1.** Cassa con coperchio, un tempo anche istoriata. SIN.: **cassapanca**. **2.** Nella carrozzeria di un autoveicolo, coperchio incernierato che copre e protegge il motore. *Aprire, chiudere il cofano.* **3.** MAR. Casotto sul ponte di coperta, sopra ai locali dell'apparato motore. **4.** Nelle antiche fortificazioni, opera difensiva scavata nei fossati.

cofattóre s.m. **1.** BIOL. Sostanza inorganica che agisce da coenzima. **2.** MAT. Fattore usato insieme a uno o ad altri fattori.

còffa s.f. (ar. *quffa*, gr. *kóphinos* "cesta") MAR. Piattaforma posta sulla sommità degli alberi dei velieri e delle navi da guerra, adibita a funzioni d'alloggio o a posto di vedetta o di direzione di tiro.

coffee break [ˈkɔfi ˈbreɪk/] loc. sost. m. inv. (loc. ingl., "pausa per il caffè") Pausa di pochi minuti sul lavoro, concessa per bere un caffè.

cofinanziaménto s.m. Finanziamento realizzato da un istituto finanziario in associazione con altri.

cofinanziàre v.tr. [6] Finanziare coinvolgendo altri istituti o persone.

cofirmàre v.tr. Firmare un testo insieme ad altre persone.

cofirmatàrio agg. [pl.m. –*ri*] Che firma insieme con altri. ◆ s.m. [f. –*ria*] Nel sign. dell'agg.

cofondatóre s.m. [f. –*trice*] Persona che fonda o ha fondato qlco. con un'altra o con altri.

cogenerazióne s.f. ELETTR. Generazione contemporanea e integrata di energia elettrica e calore da parte di un solo impianto.

cogerènte s.m. e f. Chi amministra, gestisce qlco. insieme con altri.

cogestióne s.f. **1.** Gestione esercitata in comune con altri. ◇ *Cogestione aziendale:* esercitata dal dirigente con una rappresentanza dei lavoratori. **2.** POLIT. Insieme degli accordi di fatto tra parti avverse (p.e. maggioranza e opposizione).

cogestire v.tr. [83] Dirigere e amministrare un organismo, un'azienda, assieme con altri.

cògito s.m. (solo sing.) FILOS. In Cartesio, attività del pensare da cui l'individuo trae la certezza della propria esistenza. ◇ *Cogito ergo sum:* "penso dunque sono", formula per esprimere la certezza che l'individuo ha della propria esistenza in quanto essere dotato della facoltà intellettiva.

cògliere v.tr. [62] **1.** Staccare dal gambo o dal ramo fiori, frutti, ortaggi. **2.** Prendere, afferrare qlco. ~ *fig.* Detto di sentimenti o sensazioni, invadere qlcu. *Lo spavento colse tutti.* ◇ *fig. Cogliere un'occasione:* non lasciarsela sfuggire. **3.** *fig.* Capire, comprendere, afferrare. *Cogliere le idee di base.* ◇ *Cogliere nel segno:* indovinare, riuscire in pieno. **4.** Sorprendere qlcu. *Cogliere in fallo.* **5.** Colpire nel punto giusto. *Cogliere il bersaglio.* **6.** MAR. Mettere a posto un cavo, le corde.

coglionàta s.f. *volg.* Sbaglio grossolano, stupidaggine.

coglióne s.m. **1.** *volg.* Testicolo. **2.** *volg.* [f. –*na*] Stupido, incapace.

coglitóre s.m. [f. –*trice*, –*tora*] Nei lavori agricoli, persona addetta alla raccolta di frutti o di altri prodotti.

coglitùra s.f. Azione di raccogliere frutti e prodotti agricoli. ~ Periodo della raccolta.

cognac [koˈɲak] s.m. inv. (voce fr., dal nome della città di *Cognac* dove si produce) **1.** Acquavite prodotta da vini raccolti e distillati nella regione della Charente. SIN.: **brandy**. **2.** Bicchierino di tale liquore.

cognatizio agg. [pl.m. –*zi*] Che concerne un rapporto di parentela.

cognàto s.m. [f. –*ta*] **1.** Marito della propria sorella o di quella del proprio coniuge. ~ Fratello del coniuge. **2.** ANTROP. Consanguineo, legato da cognazione.

cognazióne s.f. Vincolo di parentela per consanguineità.

cognitivismo s.m. Insieme di concezioni psicologiche il cui oggetto è la costruzione di modelli dei processi d'acquisizione delle conoscenze, della ricerca e del trattamento delle informazioni.

cognitivista s.m. e f. [pl.m. –*sti*] Seguace del cognitivismo.

cognitivo agg. Nel l. sc. e filos., che riguarda la conoscenza. ◇ *Scienze cognitive:* quelle che si occupano dei processi legati all'intelligenza (linguaggio, ragionamento, rappresentazione, ecc.). – PSICOL. *Processi cognitivi:* quelli che sono alla base della conoscenza (p.e. percezione, ragionamento, memoria) valutati in rapporto al comportamento.

cognizióne s.f. **1.** Processo di formazione della conoscenza, di apprendimento concettuale e percettivo. **2.** (spec. pl.) Informazione appresa, nozione. *Cognizioni tecniche.* **3.** Accertamento. ◇ *Cognizione di causa:* approfondita conoscenza dei fatti. **4.** DIR. Istruzione di un procedimento giurisdizionale. ~ Competenza a giudicare. ◇ *Fonti di cognizione:* documenti che racchiudono le disposizioni vigenti, p.e. la Raccolta ufficiale degli atti normativi.

cognóme s.m. Nome di famiglia.

coguàro s.m. → **puma**.

coibentàre v.tr. Rivestire con materiale isolante. SIN.: **isolare**.

coibentazióne s.f. Rivestimento con materiale isolante. SIN.: **isolamento**.

coibènza s.f. FIS. Proprietà isolante dei corpi non conduttori o cattivi conduttori.

coiffeur [kwaˈfœr] s.m. inv. (voce fr., deriv. di *coiffer* "pettinare") Parrucchiere, spec. per signora.

coimputàto s.m. [f. –*ta*] Chi è imputato di un reato commesso in concorso con altri.

coincidènza s.f. **1.** Simultaneità di fatti, spesso casuale. ~ Concomitanza fortuita di circostanze. **2.** Corrispondenza di orario tra l'arrivo di un mezzo di trasporto pubblico e la partenza di un altro. ~ *estens.* Mezzo di trasporto che parte in coincidenza. *Perdere la coincidenza.* **3.** *fig.* Corrispondenza, identità. *Coincidenza di opinioni.* **4.** GEOM. Condizione di due figure sovrapponibili punto per punto.

coincidere v.intr. [30] (aus. *avere*) **1.** Accadere nello stesso momento. *La riunione coincide con la mia pausa.* **2.** Corrispondere esattamente. *Le impronte coincidono.* **3.** GEOM. Il sovrapporsi di due superfici o figure geometriche in ogni loro punto esattamente. **4.** ALG. Il verificarsi della relazione $f(x) = g(x)$, dove f e g sono funzioni definite sullo stesso insieme A e x è un punto qualunque di A.

coinè s.f. inv. → **koinè**.

coinquilino s.m. [f. –*na*] Ciascun inquilino di una casa rispetto agli altri.

cointestatàrio agg. [pl.m. –*ri*] Che è intestatario, general. di un atto o di un contratto, insieme ad altri. ◆ s.m. [f. –*ria*] Nel sign. dell'agg.

coinvolgènte agg. Che cattura l'attenzione, suscita grande interesse.

coinvòlgere v.tr. [22] **1.** Fare partecipare qlcu. a un'azione. *Coinvolsi mio zio nel litigio.* SIN.: **implicare**. **2.** Attrarre, ottenere l'adesione e la partecipazione di qlcu. a qlco. *Ho coinvolto tutti nel progetto.* **3.** Appassionare. *Il film mi ha coinvolto.*

coinvolgiménto s.m. **1.** Implicazione in qlco. di negativo. **2.** Forte partecipazione emotiva a qlco.

còito s.m. (lat. *cŏitum*, deriv. di *coïre* "andare insieme") Accoppiamento del maschio e della femmina nel genere umano o negli animali. SIN.: **copulazione**. ◇ *Coito interrotto:* metodo contraccettivo consistente nell'interruzione del coito prima dell'eiaculazione.

coke [ˈkəʊk/] s.m. inv. (voce ingl.) Carbone grigiastro, poroso, ottenuto dalla distillazione secca del carbon fossile, usato come combustibile e in metallurgia.

cokefazióne s.f. (fr. *cokéfaction*) **1.** Trasformazione del carbone in coke. **2.** *estens.* Qualsiasi processo chimico che, decomponendo una sostanza organica, lasci un residuo carbonioso simile al coke.

cokeria o **cocheria** s.f. Impianto per la produzione di coke destinato all'industria, agli altiforni.

cokificàre v.tr. [4] Trasformare in coke.

cokificazióne s.f. Cokefazione.

1. Còla s.f. BOT. Genere di piante arboree dicotiledoni, originarie dell'Africa tropicale, i cui semi contengono un alcaloide con proprietà stimolanti. (Famiglia delle Sterculiacee.)

2. cóla s.f. Setaccio per calcina.

colabilità s.f. inv. METALL. Attitudine di un metallo o di una lega a riempire uno stampo, quando viene versato allo stato liquido.

colabròdo s.m. inv. Utensile da cucina concavo e bucherellato, usato per filtrare brodo, sugo, ecc. ~ *fig.* Oggetto pieno di buchi. ~ Ciò che non trattiene, non controlla nulla. *Questa dogana è un colabrodo.*

colagògo agg. [pl.m. –*ghi*, f. –*ghe*] MED. Di sostanza che facilita la secrezione della bile verso l'intestino. ◆ s.m. Nel sign. dell'agg.

colangiografia s.f. MED. Radiografia delle vie biliari attuata opacizzando le vie stesse con preparati di iodio. SIN.: **angiocolecistografia**.

colapàsta s.m. inv. Utensile da cucina per scolare la pasta o altri cibi, di forma concava a buchi piuttosto fitti o raggruppati a rose, con manici e piedini.

colàre v.tr. **1.** Filtrare un liquido per separarlo da parti solide in sospensione. *Colare la pasta.* **2.** Fondere un metallo. *Colare l'oro.* **3.** Versare in appositi stampi una materia in fusione, spec. metallo. *Colare l'acciaio negli stampi.* **4.** Mandare a fondo un'imbarcazione, nella loc. *colare a picco.* ◆ v.intr. (aus.) **1.** (aus. *essere*) Detto di liquido, cadere lentamente e continuamente, ma in piccola quantità. *La cera colava a terra.* **2.** (aus. *avere*) Detto di un recipiente o contenitore, perdere parte del liquido, sgocciolare per imperfetta tenuta. **3.** (aus. *essere*) Andare a fondo, inabissarsi. *La barca è colata a picco.*

colàta s.f. Versamento di liquidi, spec. di masse fuse di metalli, in apposite forme. *La colata del bronzo.* ~ *estens.* La massa stessa. ◇ *Colata lavica:* traboccamento di magma durante un'eruzione vulcanica; fiume di magma raffreddato e solidificato. – *Colata continua:* che produce un prodotto semilavorato colando direttamente dal crogiolo alla forma. – *Colata di fango:* scorrimento di ceneri vulcaniche sciolte dalla pioggia; anche, smottamento di versante.

colaticcio s.m. [pl.m. –*ci*] **1.** Residuo solidificato di materiale colato. SIN.: **colatura**. **2.** AGR. Miscuglio liquido di urine ed escrementi di animali, in partic. bovini e suini, usato come concime.

colazióne s.f. (fr. *colation*, lat. *collātiōnem* propr. "il radunarsi", termine con cui i monaci medievali indicavano il pasto serale consumato assieme) **1.** Primo pasto della giornata consumato dopo il risveglio. ◇ *Colazione di lavoro:* quella durante la quale si discute di problemi di lavoro. **2.** Pasto di metà giornata.

colbàcco s.m. [pl. –*chi*] (turco *kalpak* "copricapo di pelliccia") **1.** Berretto di pelliccia che protegge orecchi, fronte e nuca. **2.** Antico copricapo militare, in pelliccia a forma di tronco di cono rovesciato e chiuso da una cinturina. ~ Cappello militare, portato in partic. dalla guardia napoleonica.

colbertismo s.m. Sistema economico mercantilista secondo cui la potenza di un paese dipende dalla sua disponibilità di metalli preziosi. (Tali disponibilità devono essere accresciute sia attraverso il commercio e l'industria sia grazie a un rigoroso protezionismo e all'intervento dello Stato in tutti i settori.)

colchicina s.f. CHIM., FARM. Alcaloide tossico estratto dai semi di colchico, inibitore delle divisioni cellulari e usato nella cura della gotta.

còlchico agg. [pl.m. –*ci*, f. –*che*] (lat. *cŏlchicum*, gr. *kolkhikón* propr. "della Colchide", regione sul Mar Nero famosa nell'antichità per i suoi veleni) Dell'antica regione della Colchide, sul Mar Nero. ◆ s.m. **1.** Denominazione comune di alcune piante a bulbo, a fiori rosa, bianchi o viola a forma di imbuto, i cui semi contengono un alcaloide tossico, la *colchicina*. (Famiglia delle Liliacee.) **2.** (iniziale maiusc.) Genere di

■ **còlchico**

piante a cui appartengono varie specie di colchico.

còlcos o **kòlchoz** s.m. inv. (voce russa, abbr. di *kollektivnoe chozjajstvo* "azienda collettiva") Nell'ex-URSS, cooperativa di produzione agricola.

colcotar s.m. inv. (ar. *qulqutar*) Triossido di ferro utilizzato come abrasivo.

colecistectomia s.f. MED. Ablazione chirurgica della cistifellea.

colecisti s.f. inv. ANAT. → **cistifellea**.

colecistite s.f. MED. Infiammazione della cistifellea.

colecistografia s.f. MED. Radiografia della cistifellea attuata rendendo opaca la bile tramite preparati a base di iodio.

colectomia s.f. CHIR. Resezione del colon.

colèdoco s.m. [pl. *–chi*] ANAT. Canale escretore della bile che va dalla confluenza del dotto epatico con quello cistico fino al duodeno.

colelitìasi s.f. inv. MED. Formazione di calcoli nella cistifellea e nelle vie biliari.

colemìa s.f. MED. Presenza anormale di bile o di suoi composti nel sangue.

coleòptile o **coleòttile** s.m. BOT. Nelle graminacee, guaina che protegge il germoglio durante la germinazione, priva di clorofilla e appuntita per forare il terreno.

Coleòtteri s.m. pl. [iniziale minusc. sing. *–ro* per l'individuo] ZOOL. Ordine di insetti a metamorfosi completa, dotati di apparato boccale masticatore e ali posteriori atte al volo protette da un primo paio di ali modificate in elitre. (L'ordine dei Coleotteri comprende più di 300.000 specie, tra cui il maggiolino, il punteruolo e la coccinella.)

colèra s.m. inv. **1.** MED. Malattia epidemica d'origine intestinale prodotta da un batterio, il *vibrione colerico*; si manifesta con diarrea, vomito, collasso e improvviso dimagrimento e può avere esito letale. **2.** VET. Nome di varie malattie infettive degli animali.

colerètico agg. [pl.m. *–ci*, f. *–che*] MED. Di sostanza che aumenta la secrezione biliare. ◆ s.m. Nel sign. dell'agg.

colesterina s.f. BIOCHIM. Colesterolo.

colesterolemìa s.f. MED. Presenza di colesterolo nel sangue.

colesteròlo s.m. BIOCHIM. Sterolo presente nei tessuti animali e nel sangue, e costituente delle lipoproteine. (A seconda della densità, le lipoproteine depositano o prelevano dalle pareti delle arterie il colesterolo che, se assunto in concentrazioni eccessive, può contribuire alla patogenesi dell'aterosclerosi.)

còleus s.m. inv. (voce lat., gr. *koleós* "guaina" perché presenta gli stami riuniti in un unico fodero) Pianta erbacea d'origine tropicale, dalle foglie appuntite e variopinte, coltivata a scopo ornamentale. (Famiglia delle Labiate.)

còlf s.f. inv. (abbr. di *collaboratrice familiare*) Donna che, per mestiere, sbriga le faccende domestiche presso le famiglie. SIN.: **domestica**.

còlia s.f. (lat. *Colias*, gr. *Kōliás*, appellativo di Afrodite, dal nome di un promontorio attico su cui sorgeva un suo tempio) Farfalla diurna il cui maschio ha le gialle bordate di bruno, la femmina ali bianche. (Famiglia delle Pieridi.)

coliàmbo s.m. (lat. *choliámbum*, gr. *khōliámbos* comp. di *khōlós* "zoppo" e *iámbos* "giambo", per il suo ritmo poco bilanciato) METR.

Nella metrica greca e latina, trimetro giambico con l'ultimo piede costituito da uno spondeo o da un trocheo, primo e terzo piede sostituibili con spondei; detto anche *ipponatteo* o *scazonte*.

colibacillo s.m. MICROBIOL. Bacillo saprofita, talvolta virulento, che si trova normalmente nell'intestino dell'uomo e degli animali a sangue caldo. (Nome sc. *Escherichia coli*.)

colibattèrio s.m. [pl. *–ri*] MICROBIOL. Colibacillo.

colibrì s.m. inv. (spagn. *colibrí*, da una voce indigena centramer.) Piccolo uccello delle regioni tropicali dell'America, dotato di piume variopinte, lungo becco con il quale aspira il nettare dei fiori, e ali a forma di falce; detto anche *uccello mosca*. (Lunghezza 6 cm; famiglia dei Trochilidi.)

■ **colibrì**

còlica s.f. [pl. *–che*] MED. Violento dolore nel tessuto muscolare di organi cavi, in partic. degli organi addominali. *Colica renale*. ◇ *Colica epatica, biliare*: causata dalla presenza di un calcolo nelle vie biliari.

colimbo s.m. Uccello palmipede a lungo becco diritto, che cattura i pesci nuotando sott'acqua e che sverna sulle coste. (Lunghezza 70 cm; genere *Gavia*, ordine dei Gaviformi.) SIN.: **strolaga**.

colina s.f. BIOCHIM. Sostanza azotata costituente dell'acetilcolina, della lecitina e di altri composti, presente nei tessuti animali e vegetali.

colinèrgico agg. [pl.m. *–ci*, f. *–che*] MED. Che ha attinenza con la liberazione di acetilcolina.

colinesteràsi s.f. inv. BIOCHIM. Enzima idrolizzante che scinde l'acetilcolina.

colino s.m. Utensile da cucina di forma concava, fittamente bucherellato o dotato di retina metallica, usato per filtrare tè, camomilla, ecc.

colite s.f. MED. Infiammazione del colon.

còlla s.f. Sostanza di origine vegetale, animale o sintetica utilizzata per tenere insieme o far aderire materiali vari. *Colla liquida*. ◇ *Colla di pesce*: quella, ricavata dalla vescica natatoria degli storioni e di altri pesci, usata come gelificante alimentare e nella preparazione di alcuni farmaci.

collaboràre v.intr. (aus. *avere*) (fr. *collaborer*) **1.** Detto di due o più persone, cooperare, lavorare assieme. **2.** Lavorare con altri a un'attività collettiva, spec. di tipo intellettuale. **3.** Prestare a qlco. il proprio aiuto. *Collaborare con le forze dell'ordine*.

collaboratóre s.m. [f. *–trice*] (fr. *collaborateur*) Chi collabora a un lavoro, a un'iniziativa senza avere funzione dirigente. SIN.: **assistente**. ◇ *Collaboratore esterno*: chi svolge un lavoro per un'azienda senza esserne dipendente. – *Collaboratrice domestica, familiare*: colf. – *Collaboratore di giustizia*: criminale pentito che collabora con gli inquirenti.

collaborazióne s.f. (fr. *collaboration*) Apporto dato a un'attività comune, spec. intellettuale. ◇ *Collaborazione coordinata e continuativa*: tipo di rapporto di lavoro tra un ente o un'azienda e un privato, che non prevede vincoli di subordinazione, ma solo compensi in relazione al lavoro commissionato.

collaborazionismo s.m. spreg. Disponibilità a collaborare con il nemico.

collaborazionista s.m. e f. [pl.m. *–sti*] Chi svolge attività di collaborazionismo.

collage [kɔ'laʒ] s.m. inv. (voce fr., "incollamento") **1.** Tecnica artistica consistente nell'incollare su una superficie ritagli, frammenti di materiali diversi. **2.** estens. Composizione così ottenuta. **3.** fig. Accozzaglia di elementi. SIN.: **mosaico**.

collàgeno o **collàgene** s.m. ISTOL. Proteina fibrosa costituente dei tessuti ossei e connettivi. ❏ In funzione di agg., costituito da collagene.

collàggio s.m. [pl. *–gi*] Processo di impermeabilizzazione della carta.

collàna s.f. **1.** Gioiello, ornamento che si porta attorno al collo. *Collana di perle*. SIN.: **collier**. ~ estens. Ghirlanda. **2.** fig. Serie di testi dello stesso tipo. *Collana di madrigali*. SIN.: **corona**. ~ Collezione di opere scelte ed edite con lo stesso criterio filologico. *Collana di classici*. SIN.: **collezione**.

collant [kɔ'lã] s.m. inv. (voce fr., deriv. di *coller* "incollare, aderire") Calzamaglia femminile di filato leggero.

collànte agg. Che incolla, spec. di adesivo sintetico. ◆ s.m. Nel sign. dell'agg.

collàre s.m. **1.** Anello, general. di cuoio, che si pone intorno al collo dei cani e al quale si attacca il guinzaglio. ~ Anello imbottito di legno o altro materiale che si mette al collo degli equini o dei bovini e che fa parte dei finimenti. **2.** Anello di ferro che, un tempo, veniva messo intorno al collo e alle caviglie dei prigionieri o degli schiavi. **3.** Listello girocollo rigido e bianco, con o senza davantino, che costituisce il colletto dell'abito sacerdotale. **4.** Girocollo di stoffa fittamente pieghettata, proprio dell'abbigliamento dei secc. XVI e XVII. SIN.: **gorgiera**. **5.** ARALD. Collana da cui pende l'insegna di un ordine cavalleresco. ~ estens. Persona che ne è insignita. **6.** Zona di pelo o di piume intorno al collo degli animali che presenta una colorazione differente. **7.** MAR. Denominazione generica di anelli di ferro o di corda usati per la navigazione e l'ormeggio. **8.** Qualsiasi fascia metallica, anello o risalto che contordina un elemento a superficie curva. **9.** MECC. Manicotto metallico dell'albero di trasmissione.

collarétto s.m. **1.** Nel sign. del dim. di *collare*. **2.** Colletto, in partic. quello pieghettato e inamidato proprio dei camerieri vaticani.

collarino s.m. **1.** Nel sign. del dim. di *collare*. **2.** Collare dell'abito sacerdotale. **3.** Striscia di velluto o di seta portata come ornamento attorno al collo. **4.** ARCH. Elemento modanato che separa il fusto della colonna dal capitello.

collassàre v.tr. **1.** MED. Provocare un collasso nell'organismo. **2.** MED. Determinare lo svuotamento del polmone mediante pneumotorace. ◆ v.intr. (aus. *avere*) **1.** MED. Subire un collasso. **2.** ASTR. Subire un collasso gravitazionale.

collàsso s.m. **1.** MED. Abbassamento patologico della pressione arteriosa con conseguente compromissione di varie funzioni organiche. SIN.: **malore**. **2.** MED. Contrazione del volume di un organo. ◇ *Collasso polmonare*: svuotamento del polmone che si verifica nello pneumotorace. **3.** fig. Calo di un'attività tale da portare a uno stato di crisi economica o sociale, o alla destrutturazione in un settore. **4.** COSTR. Cedimento di una struttura.

collateràle agg. **1.** Che sta a lato, che fiancheggia. SIN.: **laterale**. ◇ *Arteria collaterale*: quella che si dirama da un'arteria principale. – MED. *Circolazione collaterale*: quella che avviene attraverso le arterie collaterali. **2.** fig. Connesso, anche incidentalmente, con un nucleo centrale, con un'attività principale. SIN.: **accessorio 3.** Di linea di parentela sviluppatasi da un capostipite comune, ma senza incrociarsi con la linea di discendenza diretta. **4.** Nel Medioevo, relativo al giudice coadiutore del podestà o del capitano del popolo, investito della medesima autorità. **2.** BANC. Valore mobiliare o immobiliare che costituisce la garanzia di un prestito.

collaudàre v.tr. **1.** Usare qlco. per provarne funzionamento e qualità. **2.** fig. Mettere alla prova, verificare qlco.

collaudatóre s.m. [f. *–trice*] Addetto al collaudo.

collàudo s.m. **1.** Verifica sperimentale a cui si sottopongono impianti, opere edilizie, macchine o materiali per controllarne l'efficienza e la rispondenza ai requisiti previsti. ◇ *Certificato di collaudo*: quello che attesta l'esito positivo del collaudo. **2.** fig. Esame, prova dei fatti.

collazionàre v.tr. Sottoporre dei testi a collazione. SIN.: **confrontare**.

collazióne s.f. **1.** Riscontro delle copie di un testo con l'originale. ~ Inserimento su un'unica bozza di parti di testo, di correzioni effettuate da più autori. **2.** FILOL. Confronto, secondo un preciso metodo, dei diversi manoscritti di un'opera per ricostruire la lezione originale. **3.** DIR. Istituto giuridico per cui chi riceve un'eredità deve conferire al patrimonio ereditario tutti i beni che gli erano stati donati in vita dal defunto, in modo da dividerli con gli altri coeredi. **4.** Conferimento di un beneficio ecclesiastico o degli ordini sacri.

1. còlle s.m. Modesta elevazione del terreno.

2. còlle s.m. Abbassamento di livello che si verifica in una catena montuosa e che crea un varco. SIN.: **valico**.

collèga s.m. e f. [pl.m. *–ghi*, f. *–ghe*] **1.** Chi svolge la stessa attività lavorativa, professionale di altri, specie se è di pari grado. **2.** *estens., scherz. o lett.* Compagno in azioni riprovevoli.

collegaménto s.m. **1.** Attuazione di un contatto tra due o più cose, che rende possibile la comunicazione. *Collegamento telefonico.* **2.** *fig.* Relazione di tipo concettuale. *Non vedo collegamento tra i due fatti.* SIN.: **connessione**. **3.** MIL. Comunicazione permanente dei vari comandi tra loro e con le unità operative. ~ Comunicazione tra gruppi clandestini o terroristici. **4.** ELETTR. Contatto stabilito tra elementi di un circuito per consentire il passaggio della corrente elettrica. SIN.: **allacciamento**.

collegàre v.tr. [4] **1.** Unire, mettere in comunicazione una cosa con un'altra o un luogo con un altro. *Un'autostrada collega la capitale con l'aeroporto.* ~ Mettere in contatto due o più cose o luoghi. SIN.: **congiungere**. **2.** *fig.* Connettere, coordinare, porre in relazione due o più cose. ◆ **collegarsi** v.pron. **1.** Mettersi in comunicazione con qlcu., general. attraverso il telefono, la radio o la televisione. *Ci colleghiamo con il nostro inviato da Londra.* **2.** Detto di due o più persone, gruppi, enti, ecc., concordare azioni comuni. *I nostri istituti si sono collegati per condurre la ricerca.* SIN.: **allearsi**. **3.** *fig.* Essere in relazione con qlco. *L'ultimo verso si collega con il primo.* **4.** *fig.* Detto di due o più cose, connettersi, essere in reciproca relazione. *Queste frasi non si collegano.*

collegatàrio o **conlegatàrio** s.m. [f. *–ria*, pl.m. *–ri*] DIR. Chi è legatario insieme ad altri.

collegàto agg. Unito, congiunto a qlcu. o qlco.

college [/ˈkɔlɪdʒ/] s.m. inv. (voce ingl., fr. *collège* "collegio") **1.** In Inghilterra, scuola secondaria o istituto universitario con internato. ~ Negli Stati Uniti, facoltà universitaria con corso quadriennale. **2.** Complesso di edifici per attività di studio e a residenza, nelle università anglosassoni.

collegiàle agg. **1.** Di collegio, di tutti coloro che hanno diritto a partecipare e a deliberare. SIN.: **plenario**. ~ *estens.* Composto da più persone. SIN.: **collettivo**. ◇ *Giudice collegiale:* organo giurisdizionale composto da più giudici. **2.** Relativo a un convitto, proprio di esso. ◆ s.m. e f. Studente, studentessa che vive in un collegio.

collegialità s.f. inv. **1.** Carattere collettivo, plenario, proprio di un collegio. ◇ *Collegialità episcopale:* governo ecclesiale che, a partire dal Concilio Vaticano II (1962-65), è esercitato dal collegio dei vescovi in unione col Papa. **2.** RELIG. Privilegio di una chiesa collegiata.

collegiàta s.f. **1.** Chiesa non vescovile ma con un collegio (o capitolo) di canonici. **2.** Capitolo di canonici di una collegiata. ❑ In funzione di agg., nell'accez. 1 del s.

collegiàto agg. Di beneficio che appartiene a un collegio di canonici.

collègio s.m. [pl. *–gi*] **1.** Organismo con funzioni deliberative, consultive o di rappresentanza, formato da più persone che svolgono lo stesso ruolo. ◇ *Collegio dei docenti:* nelle scuole secondarie, organismo formato dagli insegnanti e dal preside. – *Collegio giudicante:* organo del potere giudiziario quale la Corte d'Assise, la Corte d'Appello. – *Collegio consultivo:* quello che dà pareri ad altri organi o autorità, quale il Consiglio di Stato. – *Collegio sindacale:* nelle società commerciali, finanziarie, ecc., organo di controllo i cui membri si chiamano sindaci. – *Collegio arbitrale:* gruppo di arbitri scelti per decidere su una vertenza. – *Collegio episcopale:* formato da vescovi. **2.** Qualunque gruppo di persone con caratteristiche o funzioni simili, in partic. associazione professionale di categoria. SIN.: **ordine**. ~ ANT. ROM. Insieme di persone occupate nello stesso ufficio, p.e. celebranti un dato culto. ~ Nel Medioevo e nel Rinascimento, corporazione, in partic. quella che univa gli studenti e i maestri universitari. **3.** Istituto scolastico con annesso convitto, inteso sia come collettività di persone sia come edificio. **4.** *Collegio elettorale:* circoscrizione territoriale stabilita in rapporto al numero degli elettori residenti; l'insieme degli elettori compresi in tale circoscrizione.

Collèmboli s.m. pl. [sing. *–lo* per l'individuo] ZOOL. Sottoclasse di piccoli insetti (0,25-8 mm), primitivi, senza ali, saltatori, diffusi nei luoghi umidi. (Sottoclasse degli Apterigoti.)

collènchima s.m. [pl. *–mi*] BOT. Tessuto vegetale di sostegno, flessibile, vivo, proprio delle parti giovani dei fusti.

còllera s.f. (lat. *chŏleram* "bile", gr. *kholéra* "colera") **1.** Impulso violento, aggressivo, general. determinato dall'indignazione contro qlcu. o contro qlco. SIN.: **ira**. **2.** *fig.* Manifestazione violenta di elementi naturali. SIN.: **furia**.

collèrico agg. [pl.m. *–ci*, f. *–che*] Che s'infuria facilmente. SIN.: **rabbioso**. ◆ s.m. [f. *–ca*] Nell'accez. 1 dell'agg.

collètta s.f. **1.** Raccolta di denaro a favore di persone o istituzioni. **2.** RELIG. Nella messa, preghiera che precede l'epistola. **3.** ETNOL. Per i popoli primitivi, raccolta dei prodotti spontanei della terra.

collettàme s.m. Insieme di merci varie di più proprietari, fatte viaggiare su un unico mezzo di trasporto ferroviario o stradale che le raccoglie lungo il percorso.

collettivìsmo s.m. (fr. *collectivisme*) Sistema economico fondato sulla proprietà collettiva dei mezzi di produzione.

collettivìsta s.m. e f. [pl.m. *–sti*] (fr. *collectiviste*) Fautore del collettivismo.

collettività s.f. inv. (fr. *collectivité*) **1.** Pluralità di persone considerate come un tutto unico. SIN.: **comunità**. **2.** Carattere collettivo. *La collettività di una richiesta.*

collettìvo agg. **1.** Di una collettività umana, di un insieme di persone. SIN.: **pubblico**. ◇ *Bisogno collettivo:* quello che riguarda l'uomo in quanto membro di una società e che, perciò, è largamente condiviso. **2.** GRAMM. Di nome che al singolare indica una pluralità di esseri animati o di cose (p.e. *gregge*).

1. collétto s.m. **1.** Parte variamente modellata di un capo d'abbigliamento che riveste o delimita il collo. ◇ *Colletto alla coreana:* formato da un bordo dritto privo di risvolti. – *figg. Colletti bianchi:* impiegati, cosiddetti dai loro abiti ben curati, in partic. dalle camicie eleganti, bianche. – *Colletti blu:* operai, perché dovevano lavorare con abiti grossolani, perlopiù con tute di colore scuro. **2.** ANAT. Linea di separazione tra la radice di un dente e la sua corona. **3.** BOT. Parte della pianta tra la radice e il fusto. **4.** Casacca di cuoio anticamente portata dai soldati sotto l'armatura.

2. collétto s.m. Incavo stretto e non molto profondo su una cresta montuosa.

collettóre s.m. **1.** [f. *–trice*] Chi raccoglie qlco. ◇ *Collettore delle imposte:* esattore ausiliario delle esattorie comunali delle imposte. **2.** Tubazione, conduttura che raccoglie acque, fluidi, ecc. ◇ *Collettore d'aspirazione:* nei motori a combustione interna, quello che convoglia nei cilindri aria o miscela di aria e combustibile. **3.** ELETTR. Nelle macchine elettriche rotanti, elemento del rotore che rende possibile il passaggio di corrente nello statore. **4.** ELETTRON. Uno dei tre elettrodi del transistor. ❑ In funzione di agg. [f. *–trice*], che raccoglie, convoglia. ◇ *Bacino collettore:* parte più alta del ghiacciaio in cui si raccoglie la neve, e che costituisce la zona di alimentazione dell'intero apparato glaciale.

collezionàre v.tr. (fr. *collectionner*) Raccogliere e ordinare una particolare specie di oggetti. ◇ *fig. Collezionare successi, insuccessi:* conseguirli ripetutamente, accumularli.

collezióne s.f. **1.** Raccolta di oggetti scelti per la loro bellezza, la loro rarità, il loro carattere curioso, il loro valore documentario o il loro prezzo. **2.** *fig.* Collana editoriale. **3.** Modelli di abiti creati e presentati a ogni stagione da una casa di alta moda. *Collezione primavera-estate.*

collezionìsmo s.m. **1.** Interesse, propensione per la ricerca e la raccolta di oggetti di valore storico, culturale, o semplicemente curiosi. **2.** Insieme dei collezionisti. *Il collezionismo italiano non richiede tale tipo di oggetto.*

collezionìsta s.m. e f. [pl.m. *–sti*] Chi cura una collezione di oggetti di qualsiasi tipo.

collider [/kəˈlaidə/] s.m. [pl. *colliders*] (voce ingl.) FIS. Acceleratore di particelle a fasci incrociati; in italiano, *collisore*.

collìdere v.intr. [21] (aus. *avere*) **1.** Cozzare, urtare causando danni. ~ Detto di due o più soggetti, cozzare. **2.** *fig.* Essere in opposizione, in contrasto.

collie [/ˈkɔli/] s.m. inv. (voce ingl.) Cane pastore scozzese con muso aguzzo e lungo pelo bianco e rossiccio.

collier [/kɔˈlje/] s.m. inv. (voce fr.) Collana preziosa, general. d'oro o di diamanti.

collimàre v.intr. (aus. *avere*) Detto di due o più cose, combaciare perfettamente, coincidere. ◆ v.tr. FIS. Orientare uno strumento ottico su un punto prefissato, in modo che gli assi siano allineati.

collimatóre s.m. (fr. *collimateur*) **1.** Ogni strumento che consente di individuare una linea di collimazione. **2.** FIS. Dispositivo ottico che trasforma i raggi provenienti da una sorgente luminosa in un fascio di raggi paralleli.

collimazióne s.f. (fr. *collimation*) OTT. Orientazione di uno strumento ottico su un punto prefissato in modo che i due rispettivi assi siano allineati.

collìna s.f. **1.** Rilievo di scarsa altezza con forma arrotondata. SIN.: **altura**. **2.** *estens.* Zona con molte colline. *Abitare in collina.*

collinàre agg. Di collina, costituito da colline. ~ Che ha la forma o le caratteristiche della collina. *Fascia collinare.*

collinóso agg. Che presenta numerose colline. *Zona collinosa.*

collìrio s.m. [pl. *–ri*] (gr. *kollýrion* "unguento") Medicinale liquido che si instilla nell'occhio per il trattamento di numerose patologie oculari.

collisióne s.f. **1.** Urto tra due corpi in movimento. *Entrare in collisione.* SIN.: **scontro**. **2.** *fig.* Contrasto, inconciliabilità. *Collisione di interessi.* **3.** FIS. Interazione tra particelle che produce uno scambio di energia e un brusco cambiamento del moto delle stesse.

collisóre s.m. FIS. → **collider**.

1. còllo s.m. **1.** Parte del corpo dell'uomo e di altri vertebrati, sostenuta dal tratto cervicale della colonna vertebrale, che unisce la testa e il torace. ◇ *Collo di cigno:* lungo e sottile. – *Prendere qlcu. per il collo:* stringergli le mani intorno al collo per strangolarlo; *fig.* imporre condizioni gravose, sfavorevoli. – *Gettare le braccia al collo a qlcu.:* abbracciarlo con trasporto. – *figg. Tra capo e collo:* inaspettatamente. – *Essere dentro a qlco. fino al collo:* fino al limite oltre il quale ci si trova in una situazione irreparabile. **2.** Parte

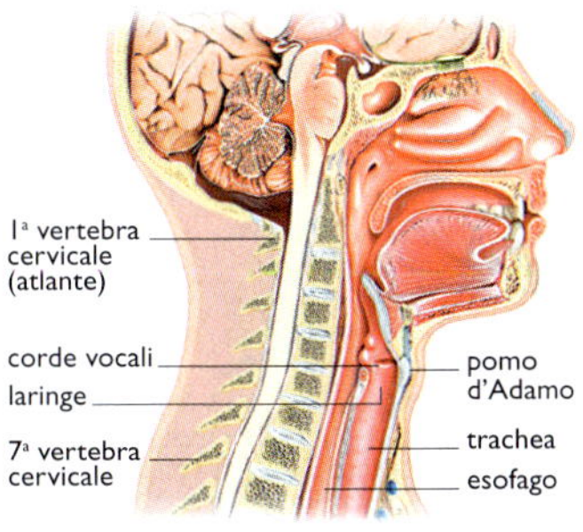
Iª vertebra cervicale (atlante)
corde vocali
laringe
7ª vertebra cervicale
pomo d'Adamo
trachea
esofago

■ **còllo**

dell'abito che circonda il collo. *Il collo di una camicia.* **3.** Parte ristretta di un recipiente. *Collo della bottiglia.* ~ Manico di uno strumento musicale. ◇ *fig. Collo di bottiglia:* restringimento di una strada, di un passaggio; strozzatura, impedimento che ostacola o riduce un processo di sviluppo o di espansione. **4.** ANAT. Parte di un organo che si restringe assumendo una forma cilindrica. ◇ *Collo dell'utero:* la parte inferiore dell'utero. – *Collo del piede:* parte anteriore tra i due malleoli. **5.** MECC. *Collo d'oca:* albero a gomiti. **6.** MAR. Giro di un cavo intorno a qlco. **7.** Parte inferiore del capitello. **8.** MUS. *Collo di una nota:* nella scrittura musicale, parte allungata della nota (in oppos. a *testa*).

2. còllo s.m. Cosa trasportata, spec. di notevoli dimensioni. *Spedire un collo.*

collocaménto s.m. **1.** Disposizione, sistemazione di qlco. in un luogo. **2.** Con riferimento a persona, condizione lavorativa nei suoi vari aspetti giuridici. *Collocamento in pensione.* ◇ *Ufficio di collocamento:* ufficio pubblico che mette in relazione le domande e le offerte di lavoro. **3.** FIN. Vendita od offerta in sottoscrizione a risparmiatori privati di titoli azionari od obbligazionari di nuova emissione, effettuata da una banca o da un gruppo di banche.

collocàre v.tr. [4] **1.** Mettere qlco. in un certo posto o in una posizione. SIN.: **porre. 2.** *fig.* Inquadrare un artista in un determinato periodo o in una particolare corrente. ~ Annoverare qlco. in un certo gruppo. *Collocare un campione tra i più forti del mondo.* **3.** Vendere, piazzare qlco. *Collocare la propria merce.* ~ Investire. *Collocare azioni.* **4.** Procurare a qlcu. un impiego. *Collocare un amico in un ufficio.* ◇ *fig. Collocare qlcu. a riposo:* metterlo in pensione. **5.** Accasare, maritare qlcu. ◆ **collocarsi** v.pron. Trovarsi in una data posizione. ~ Ricoprire, occupare un certo ruolo.

collocazióne s.f. **1.** Disposizione secondo un ordine determinato. SIN.: **sistemazione. 2.** *fig.* Posizione politica, ideologica o etica. **3.** LING. Combinazione di parole che, a differenza delle espressioni idiomatiche, mantengono il loro significato all'interno dell'enunciato. **4.** In biblioteconomia, posto di un libro nello scaffale e segnatura che ne rende possibile il reperimento. **5.** Occupazione, impiego.

collòdio o **collodióne** s.m. (fr. *collodion*, gr. *kollốdēs* "vischioso") CHIM. Soluzione di nitrocellulosa, alcol ed etere che evaporando forma una pellicola trasparente, usata in fotografia, nell'industria dei coloranti, in medicina.

collòide agg. Simile alla colla. ◇ *Sostanza colloide:* sostanza presente nei follicoli della tiroide. ◆ s.m. Sostanza costituita da raggruppamenti molecolari o da molecole più grosse di quelle presenti nelle soluzioni e più piccole di quelle presenti nelle sospensioni.

colloquiàle agg. (ingl. *colloquial*) Proprio della conversazione. *Tono colloquiale.* SIN.: **discorsivo.**

colloquialismo s.m. (ingl. *colloquialism*) LING. Espressione del linguaggio comune o familiare.

colloquiàre v.intr. [6] (aus. *avere*) Dialogare con qlcu.

collòquio s.m. [pl. *–qui*] **1.** Conversazione o scambio di idee tra due o più persone. ~ Riunione programmata per discutere argomenti rilevanti. *Colloquio di lavoro.* **2.** Prova orale di un esame. ~ In alcuni insegnamenti universitari, prova preliminare.

collotipia s.f. STAM. Tecnica di stampa consistente nello spalmare una gelatina al bicromato di potassio, matrici a forma di lastre che si impressionano alla luce e vengono sviluppate in acqua.

collòttola s.f. *fam.* Parte posteriore del collo. *Prendere qualcuno per la collottola.* SIN.: **cuticagna.**

collovérde s.m. [pl. *colliverdi*] Esemplare maschio del germano reale, caratterizzato da un collo verde lucente e da un collarino bianco. (Lunghezza 60 cm; famiglia degli Anatidi.)

collusióne s.f. **1.** DIR. Accordo segreto che una parte stipula con l'altra per ottenere vantaggi a danni di un terzo. **2.** *estens.* Accordo a carat-

re fraudolento tra esponenti politici o pubblici amministratori e malavita organizzata. ~ Nel l. pol., accordo tra partiti o forze politiche ideologicamente opposti.

collùso s.m. Chi si accorda segretamente con la malavita organizzata ricoprendo incarichi politici o di pubblica amministrazione.

collutòrio o **colluttòrio** s.m. [pl. *–ri*] Soluzione medicamentosa per l'igiene del cavo orale.

colluttazióne s.f. Scontro fisico, lotta corpo a corpo. SIN.: **rissa.**

colluviàle agg. (ingl. *colluvial*, deriv. di *colluvium* "detrito di falda") GEOL. Di terreno formato con i depositi detritici accumulati ai piedi di un pendio, per l'azione erosiva degli agenti fisici.

colmàre v.tr. **1.** Riempire interamente qlco. *Colmare un bicchiere di vino.* **2.** *fig.* Dare, offrire in abbondanza qlco. a qlcu. *Colmare gli amici d'affetto.* **3.** Riempire di terra una superficie per alzarne il livello. ◇ *figg. Colmare una lacuna:* eliminare un vuoto o una carenza. – *Colmare il vuoto lasciato da qlcu.:* supplire alla sua assenza.

colmaréccio s.m. [pl. *–ci*] COSTR. Arcareccio centrale del tetto a due falde.

colmàta s.f. **1.** IDROL. Deposito di un corso d'acqua di materiali detritici. ~ *estens.* Terreno rialzato dopo una colmata. **2.** Accumulo di sabbia che impedisce la navigazione in un punto del mare aperto o del porto.

colmatùra s.f. **1.** Riempimento. **2.** ENOL. Riempimento delle botti con una quantità di vino pari a quella persa durante l'evaporazione.

1. còlmo s.m. **1.** Punto culminante, estremo. *La casa sorge sul colmo del colle.* SIN.: **sommità. 2.** Momento più forte di un sentimento, di un'emozione. SIN.: **culmine. 3.** *È il colmo!:* espressione che indica il carattere eccessivo di qlco. che appare al limite dell'assurdo o dell'intollerabilità. **3.** Inizio complesso di un tipo di battuta umoristica basata sul doppio significato di una parola. *Qual è il colmo per un professore di matematica? Abitare in una frazione!* **4.** Nei tetti, linea di intersezione di due falde, general. ricoperta da una serie di tegole.

2. còlmo agg. Pieno al massimo. *Bicchiere colmo.* ~ Coperto, zeppo di qlco. *Una tavola colma di leccornie.*

-colo o **-cola** Secondo elemento atono di composti dotti con il valore di "abitante" (*cavernicolo*), di "vivente in un dato ambiente" (*terricolo*) o di "attinente alla coltivazione" o "all'allevamento" (*orticolo, avicolo*).

Colòbidi s.m. pl. [iniziale minusc. sing. *–de* per l'individuo] ZOOL. Famiglia di scimmie con coda lunga e fronte tondeggiante di cui fa parte il genere Colobo.

Còlobo s.m. (lat. *Colobus*, gr. *kolobós* "tagliato" perché presenta un pollice di dimensioni assai ridotte) ZOOL. Genere di scimmie dell'Africa equatoriale, con pollice rudimentale, pelame folto nero o rosso e lunga coda. [Si distinguono il Colobo vero, detto anche *Colobo verde* (genere *Procolobus*) e il guereza (genere *Colobus*); famiglia dei Colobidi.]

colocàsia s.f. Pianta erbacea tropicale coltivata per il rizoma ricco di amido e per le foglie commestibili. (Famiglia delle Aracee.)

colofònia s.f. Resina solida, residuo della distillazione delle oleoresine, usata nella preparazione di vernici, adesivi, ecc.; detta anche *pece greca.*

■ **collovérde**

cologaritmo s.m. MAT. Logaritmo dell'inverso di un numero.

colómba s.f. **1.** Femmina del colombo generic. considerata come l'emblema della mitezza, della purezza, della pace. **2.** *fig.* Persona, spec. donna, mite, innocente. **3.** Nel l. gior., chi rifiuta il ricorso alla guerra. ~ *estens.* Fautore di una politica moderata (in oppos. a *falco*). **4.** CUC. Tradizionale dolce pasquale con canditi e mandorle.

colombàccio s.m. [pl. *–ci*] Colombo selvatico con coda e piumaggio grigio. (Lunghezza 40 cm; nome sc. *Columba palumbus*.) SIN.: **palomba.**

colombàrio s.m. [pl. *–ri*] **1.** ARCHEOL. Nell'antica Roma, edificio costituito da nicchie contenenti le urne cinerarie. **2.** Attualmente, edificio dei cimiteri in cui si conservano le ossa o le ceneri dei defunti.

colombiàno agg. Della Colombia. ◆ s.m. [f. *–na*] Nativo, abitante della Colombia.

colombicoltùra s.f. ALLEV. Allevamento di colombi.

Colómbidi o **Colùmbidi** s.m. pl. [iniziale minusc. sing. *–de* per l'individuo] ZOOL. Famiglia di uccelli di medie dimensioni, con testa piccola e corpo tozzo, come il piccione e la tortora.

1. colombina s.f. **1.** Nel sign. del dim. di **1.** *colomba.* **2.** *fig.* Ragazza mite e ingenua, anche con valore iron. **3.** Razzo a forma di colomba che incendia i fuochi artificiali.

2. colombina s.f. **1.** Concime fatto di sterco di colombo. **2.** Pietra bianca usata per fare la calce. **3.** Nome comune di alcune varietà di mele. **4.** Nome comune di alcune specie di funghi, commestibili e non. (Genere *Rossola*, Famiglia delle Agaricacee.) *Colombina rossa.*

colombino agg. **1.** Proprio del colombo. **2.** Di colore grigio o violetto simile alle penne del colombo. ◆ s.m. Nell'arte ceramica, rotolo d'argilla morbida usato nella fabbricazione dei vasi.

colómbo s.m. [f. *–ba*] **1.** Uccello di media grandezza, robusto volatore, dotato di remiganti primarie più lunghe delle secondarie, becco leggermente ricurvo in punta e rigonfio all'apice, zampe corte; detto anche *piccione.* (Ordine dei Columbiformi.) **2.** Radice di una pianta dell'Africa tropicale usata in medicina come tonico e come cura per i disturbi gastrointestinali. **3.** *fig.* (al pl.) Innamorati, anche in senso ironico.

colombofilìa s.f. Interesse per l'addestramento e l'allevamento dei piccioni.

1. còlon s.m. inv. ANAT. Parte dell'intestino crasso compresa tra il cieco e il retto. (È diviso in *colon ascendente, colon trasverso, colon discendente* e *colon sigmoideo.*)

2. còlon s.m. [pl. *cola*] **1.** METR. Nella metrica greca e latina, segmento di verso delimitato da una pausa nella dizione. **2.** *estens.* Nella prosa, parte di un periodo segnata da una clausola metrica o da una pausa logica. **3.** Segno d'interpunzione del latino classico che indica una pausa media, corrispondente al moderno punto e virgola.

3. colón s.m. [pl. *colónes*] (da *Colón*, nome spagn. di Cristoforo Colombo) Unità monetaria della Costa Rica e del Salvador.

colonàto s.m. ANT. ROM. Nel basso Impero e nel periodo feudale, condizione giuridica che vincolava un agricoltore a un fondo.

1. colònia s.f. (dal nome dell'inventore Feminis di Colonia, dal fr. *eau de Cologne*) Profumo leggero a base di alcol e varie essenze.

2. colònia s.f. **1.** Ant., gruppo di cittadini che si stanziava in un territorio lontano dalla madrepatria, dandosi un proprio ordinamento politico. *Le colonie della Magna Grecia.* ~ In epoca contemporanea, territorio non europeo, spesso avente una locale organizzazione sociopolitica, al quale uno stato militarmente più forte impone la propria sovranità limitando i diritti degli abitanti originari. *Le colonie francesi in Africa.* SIN.: **possedimento. 2.** *estens.* Comunità di cittadini provenienti da una stessa nazione, che risiedono in una nazione straniera. **3.** Istituzione pubblica o privata che si fa carico del soggiorno estivo, in località di villeggiatura, dei bambini di famiglie non abbienti. *Colonia montana, marina.* **4.** *Colonia penale:* un tempo, penitenziario a regime duro fondato in un territorio lontano dalla madrepatria, in cui venivano deportati i detenuti che dovevano scontare lunghe pene o che erano considerati pericolosi. **5.** BIOL. Associazione di individui animali o vegetali della stessa specie, uniti somaticamente. *Colonia di pinguini.*

3. colonia s.f. DIR. *Colonia parziaria:* contratto agrario con il quale i prodotti e le spese del fondo vengono divisi in parti stabilite tra proprietario e contadino. – *Colonia perpetua:* istituto medievale che prevedeva l'occupazione di un fondo incolto da parte di un contadino e la sua trasmissibilità agli eredi in cambio del pagamento di un canone.

coloniàle agg. **1.** Che riguarda le colonie. *Truppe coloniali.* ◊ *Stile coloniale:* composto di stilemi propri dell'architettura locale e di altri desunti da quella del paese d'origine dei colonizzatori; *per anton.* quello che s'impose negli Stati Uniti nel periodo in cui erano colonia inglese. **2.** BIOL. Di organismo che vive in colonia. ◆ s.m. (al pl.) Generi alimentari di consumo corrente (caffè, spezie, cacao) provenienti da quelle che un tempo erano colonie dei paesi europei.

colonialismo s.m. (fr. *colonialisme*) Politiça che mira a legittimare l'occupazione e lo sfruttamento di un territorio da parte di uno Stato straniero. ◊ *Colonialismo linguistico:* imposizione della lingua del paese colonizzatore nel paese colonizzato. – ECON. *Colonialismo tecnologico:* dipendenza di una nazione da un'altra più avanzata, spec. dal punto di vista tecnologico.

colonialista s.m. e f. [pl.m. –sti] (fr. *colonialiste*) Chi è favorevole al colonialismo.

colònico agg. [pl.m. –ci, f. –che] **1.** Del colono. *Casa colonica.* **2.** DIR. Di colonìa parziaria.

colonizzàbile agg. (fr. *colonisable*) Che può essere colonizzato.

colonizzàre v.tr. (fr. *coloniser*, ingl. *to colonize*) **1.** Occupare un territorio e fondarvi delle colonie. **2.** Ridurre un paese straniero a colonia. ~ Sottoporre a sfruttamento un paese. **3.** Bonificare un terreno e provvedere la zona di coloni.

colonizzatóre agg. (fr. *colonisateur*) Che colonizza. ◆ s.m. [f. –trice] Nel sign. dell'agg.

colonizzazióne s.f. (fr. *colonisation*, ingl. *colonization*) **1.** Fondazione di colonie. ~ Conquista e sfruttamento di un paese. **2.** Bonifica e insediamento stabile da parte di una popolazione agricola. **3.** BIOL. Trasferimento di gruppi biologici da un luogo a un altro.
ENCICL. L'espansione degli stati europei inizia dal sec. XVI e procede nel corso dei secc. XVI-XVIII con le conquiste portoghesi (Africa, India, Brasile), spagnole (America centrale e meridionale), inglesi (America settentrionale), olandesi (Insulindia). Nel periodo compreso tra 1783 e il 1826, gli Stati Uniti e le colonie spagnole e portoghesi conquistarono l'indipendenza; tra il 1830 e il 1914, inoltre, fu costituito l'impero coloniale francese (12 milioni di km²) e britannico (35 milioni di km²), e anche Belgio, Germania e Italia acquisirono nuovi territori. Il crollo definitivo degli imperi coloniali, si ebbe tra il 1945 e il 1975.

colónna s.f. **1.** Elemento architettonico verticale a forma cilindrica, destinato a sorreggere il peso di determinate strutture e fornito general. di una base, un fusto e un capitello. *Colonna dorica.* ~ Monumento a forma di colonna. *La Colonna Traiana.* ◊ *Colonne d'Ercole:* promontori di Abila e Calpe sullo stretto di Gibilterra, che, secondo il mito, rappresentavano le colonne poste da Ercole per segnare i confini del mondo; *fig.* limite invalicabile per la morale o per il pensiero di una data epoca. – *Colonna infame:* quella innalzata a ricordo di un fatto, di un comportamento spregevole; in partic., quella, di cui parla il Manzoni, eretta a Milano a ricordo del processo agli untori del 1630. **2.** *fig.* Base, appoggio, sostegno. *Essere la colonna dell'azienda.* **3.** Tubazione verticale di deflusso o di afflusso di fluidi o di energia, che collega i vari piani di un edificio a una rete principale. ◊ *Colonna montante:* canalizzazione principale di un edificio a più piani, nella quale passano i tubi e i cavi che conducono acqua, gas ed elettricità a ciascun utente. **4.** Massa di un fluido che si espande con andamento verticale. ◊ *Colonna di mercurio del termometro:* quantità di mercurio che si espande in un contenitore chiuso cilindrico rendendo possibile con la propria variazione di volume la misurazione della temperatura. **5.** *estens.* Fila verticale od orizzontale di elementi. *Colonna di persone, di automobili.* ~ ALG. In una tabella a doppia entrata, p.e. una matrice, insieme degli elementi che si trovano su una stessa verticale. ~ MIL. Formazione nella quale gli elementi che la compongono si muovono gli uni dietro gli altri. ◊ *Quinta colonna:* gruppo di persone che, in uno Stato belligerante, operano in favore del nemico; *fig.* gruppo di persone che, all'interno di un'organizzazione, di un'azienda, di una ditta, agiscono a favore della concorrenza. **6.** STAM. Ogni sezione verticale di una pagina a stampa. **7.** ANAT. Struttura anatomica di forma cilindrica o allungata. ◊ *Colonna vertebrale:* insieme delle vertebre che formano un asse osseo esteso dal cranio alla fine del tronco. SIN.: **rachide**. **8.** SPORT. Posizione ginnica in cui le spalle poggiano a terra e il corpo è in verticale. **9.** MAR. Lato verticale della vela quadra. **10.** *Colonna sonora:* nel cinema, banda laterale della pellicola cinematografica su cui sono registrati i suoni; anche, la musica di sottofondo su di essa registrata.

1. colonnàto s.m. ARCH. Serie semplice o doppia di colonne collegate da un architrave o da arcate.

2. colonnàto agg. Che ha le colonne o è sorretto da esse. *Loggia colonnata.*

colonnèllo s.m. (deriv. di *colonnello* "colonna di soldati" cui tale ufficiale era preposto) **1.** MIL. Grado più elevato degli ufficiali superiori. ◊ *Tenente colonnello:* ufficiale superiore di grado intermedio tra maggiore e colonnello. **2.** CARTOL. Ciascuno dei grossi fili o listelli di legno che attraversano le vergelle della forma usata per la fabbricazione della carta a mano. SIN.: **filone**.

colonnìna s.f. **1.** Nel sign. del dim. di *colonna.* ◊ *Colonnina di mercurio:* indicatore della temperatura in un termometro. **2.** Distributore di carburante. **3.** STAM. Colonna di righe brevi per lasciare spazio a un'immagine o a un'illustrazione.

colòno s.m. [f. –na] **1.** Coltivatore di terre non proprie, secondo un contratto general. di

LA COLONIZZAZIONE NEL 1939

Impero britannico (domini e colonie) · Impero francese · Impero spagnolo · Impero portoghese · Impero olandese · Impero italiano · Impero belga · Mandati della SDN

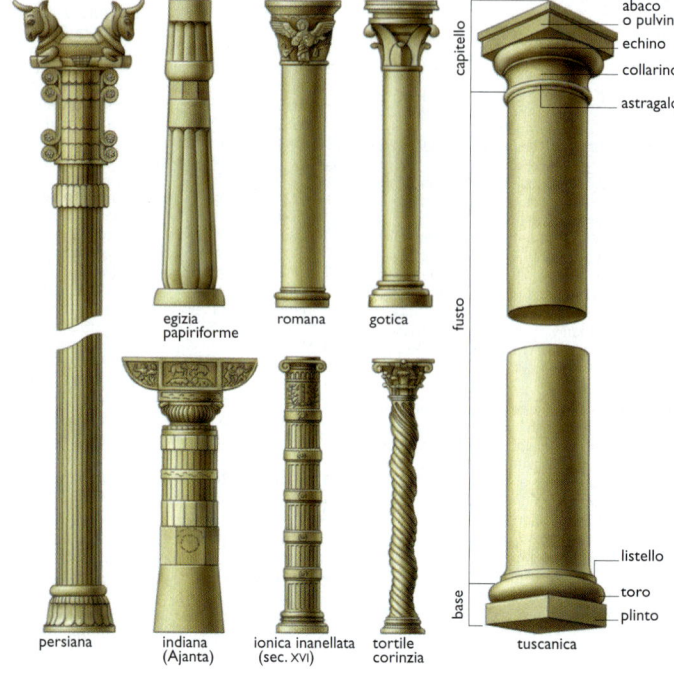

egizia papiriforme — romana — gotica

capitello
— abaco o pulvino
— echino
— collarino
— astragalo

fusto

persiana — indiana (Ajanta) — ionica inanellata (sec. XVI) — tortile corinzia — tuscanica

base
— listello
— toro
— plinto

■ colónna

---

mezzadria. ~ *estens.* Chi occupa e abita territori non propri. **2.** Abitante di un'antica colonia.

colonscopìa o **coloscopìa** s.f. MED. Esame endoscopico del colon.

colopatìa s.f. MED. Affezione del colon.

còlophon s.m. inv. **1.** Nei libri antichi, indicazione del nome dello stampatore e dell'anno della stampa, posta alla fine dell'opera. ~ Nei manoscritti medievali, indicazione del nome dell'amanuense con altre notizie. SIN.: **soscrizione. 2.** Nei libri moderni, indicazione dei nomi dello stampatore, dell'editore, della data e del luogo della stampa alla fine del volume per assolvere gli obblighi legali. **3.** STAM. Disposizione trapezoidale, con la base minore in basso, delle ultime righe di un libro.

coloquìntide s.f. Pianta simile al cocomero, i cui frutti, dalla polpa amara, hanno proprietà lassative. (Genere *Citrullus*; famiglia delle Cucurbitacee.)

di Malabar

piatta rigata

■ coloquìntide

colorànte agg. CHIM. Di sostanza che colora. ◆ s.m. Sostanza colorante. ◇ AGROAL. *Coloranti alimentari:* sostanze che danno ai cibi e alle bevande un colore gradevole.

coloràre v.tr. **1.** Trattare qlco. con una sostanza che dia colore. **2.** Abbellire qlco., renderlo più mosso e vivace. *Colorare un racconto con particolari piccanti.* ◆ **colorarsi** v.pron. **1.** Assumere un dato colore. ~ Diventare di un colore più vivace. *La torta comincia a colorarsi.* ~ *estens.* Arrossire. **2.** *fig.* Assumere una certa sfumatura. ~ Prendere un particolare aspetto, camuffarsi. *È una politica aggressiva che si colora di efficienza.*

coloràto agg. **1.** Che ha un colore diverso dal bianco e dal nero. **2.** *fig.* Vivace. ~ *spreg.* Artefatto. ◆ s.m. (al pl.) Tessuti non bianchi.

coloratùra s.f. MUS. Variazione musicale determinata da vocalizzi improvvisati dal cantante.

colorazióne s.f. **1.** Conferimento o acquisizione di un certo colore. **2.** *estens.* Colore, tinta. **3.** *fig.* Sfumatura stilistica. **4.** BIOL. Tecnica che permette di evidenziare i costituenti dei tessuti e delle cellule tramite opportuni coloranti.

colóre s.m. **1.** Impressione prodotta sull'occhio dalle caratteristiche delle onde elettromagnetiche riflesse dai corpi. ~ Luce costituita da tali onde. ◇ *A colori:* in fotografia, cinematografia e televisione, ciò che è ripreso o che si trasmette a colori (in oppos. a *in bianco e nero*).

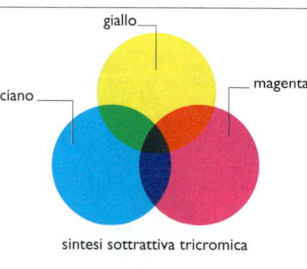

giallo

ciano — magenta

sintesi sottrattiva tricromica

verde

blu — rosso

sintesi additiva tricromica

■ colóre. Le due tecniche di restituzione dei colori in tricromia.

Film a colori. – I sette colori dell'iride (o colori fondamentali): rosso, arancio, giallo, verde, azzurro, indaco, violetto. – *Colori primari:* quelli da cui si ottengono gli altri (giallo, rosso, ciano). **2.** Sostanza colorante. *Colori a olio.* ◇ *Dare una mano di colore a qlco.:* pitturare, verniciare una superficie. **3.** Incarnato del volto. ~ assol. Colorito roseo. **4.** Tinta di una bandiera, di uno stemma, di un paramento. ◇ *fig. Colori del cuore:* quelli della squadra sportiva preferita; *per meton.* la squadra stessa. **5.** Ciascuno dei quattro semi delle carte da gioco (cuori, quadri, fiori, picche). ~ Al poker, combinazione di cinque carte dello stesso seme. **6.** *fig.* Aspetto, forma, qualità con cui una cosa si presenta. ~ Apparenza esteriore. ◇ *Cambiare colore:* mutare colore del volto (impallidire o arrossire) per un turbamento interiore, un'emozione, ecc. – *Passarne di tutti i colori:* subire molte contrarietà. **7.** FIS. Proprietà fisica che caratterizza la risposta di una particella alle interazioni forti o nucleari. (I gluoni sono portatori di colori.)

colorifìcio s.m. [pl. –*ci*] Industria che produce colori o coloranti.

colorimetrìa s.f. CHIM. Metodo per determinare la concentrazione delle soluzioni, basato sulla proprietà di molte sostanze di dar luogo a soluzioni colorate, in cui l'intensità del colore è in rapporto alla concentrazione della sostanza.

colorìmetro s.m. CHIM. Apparecchio che determina l'intensità dei colori.

colorìre v.tr. [83] **1.** Colorare qlco. **2.** *fig.* Ornare, rendere interessante qlco. ◆ **colorirsi** v.pron. Assumere un colore più intenso. ~ Detto di colorito, ravvivarsi. ◇ *Colorirsi in viso:* arrossire o abbronzarsi.

colorìsmo s.m. ART. Priorità assegnata al colore nella ricerca stilistica. ~ LETT., MUS. *estens.* Ricerca di vivacità descrittiva.

colorìsta s.m. e f. [pl.m. –*sti*] (fr. *coloriste*) **1.** Pittore che privilegia il colore, il cromatismo nel proprio linguaggio figurativo. ~ *estens.* Letterato, musicista che indulge al colorismo. **2.** Specialista nella preparazione dei colori. **3.** CINE. Tecnico che cura la resa cromatica di una pellicola durante lo sviluppo e la stampa.

colorìto agg. **1.** Che ha colore, in partic. vivace. **2.** *fig.* Ricco di fantasia ed espressività. ◆ s.m. **1.** Vivacità espressiva nel parlare e nello scrivere. **2.** Colore della pelle, spec. del viso. **3.** MUS. Grado di intensità prescritto, in una composizione, per l'esecuzione delle varie note. **4.** LING. Timbro di una vocale in rapporto con il luogo di articolazione e con la minore o maggiore apertura della pronuncia.

colorizzàre v.tr. CINE. Rendere a colori una pellicola in bianco e nero.

colòssal s.m. inv. → kolossal.

colossàle agg. (fr. *colossal*) **1.** Estremamente grande. SIN.: **enorme. 2.** *fig.* Di grandi proporzioni. *Uno sforzo colossale.* SIN.: **titanico.**

colòsso s.m. **1.** Statua di grandi dimensioni. ◇ *Colosso di Rodi:* antica statua raffigurante Apollo, sistemata all'imboccatura del porto di Rodi. **2.** *estens.* Persona di grande mole e statura. **3.** *fig.* Maestro riconosciuto del proprio settore. *Colosso della musica, del cinema.*

colostomìa s.f. MED. Abboccamento chirurgico del colon alla pelle per creare un ano artificiale.

colòstro s.m. FISIOL. Liquido giallastro e opaco secreto dalla ghiandola mammaria durante i primi giorni dopo il parto.

coloured [/'kʌləd/] s.m. e f. inv. (voce ingl., "colorato") Persona di colore; in partic., nero.

cólpa s.f. **1.** Azione contraria alle norme morali. ~ Mancanza. *Pentirsi delle proprie colpe.* **2.** DIR. Comportamento negligente, imperito o imprudente da cui deriva un danno ad altri. *Colpa grave.* **3.** *estens.* Responsabilità di qlcu. o di qlco. per le conseguenze negative che ne derivano. *Arrivare in ritardo per colpa della nebbia.*

colpévole agg. Che deve essere biasimato, condannato. *Pensieri colpevoli.* ~ DIR. Responsabile di un reato. ◆ s.m. e f. Chi ha commesso un'azione riprovevole, un reato.

colpevolézza s.f. DIR. Condizione di colpa seguente a un reato. SIN.: **responsabilità.**

colpevolìsmo s.m. Tendenza ad anticipare a prima della sentenza un generico giudizio di colpevolezza.

colpevolizzàre v.tr. Fare provare a qlcu. una sensazione di colpevolezza anche senza motivo. ◆ **colpevolizzarsi** v.pron. Sentirsi colpevole. ~ Attribuire a propria responsabilità anche ciò che obiettivamente non costituisce colpa.

colpire v.tr. [83] **1.** Picchiare, percuotere qlcu. ~ Assestare un colpo. ~ Battere qlco. ◇ SPORT. *Colpire di testa*: ricevere e rilanciare la palla con la testa. ~ Centrare qlcu. o qlco. con un proiettile. ◇ *Colpire a morte*: picchiare in modo da procurare la morte. – *Colpire ancora*: nel 1. gior., agire nuovamente. *Il mostro colpisce ancora.* **2.** *fig.* Toccare profondamente, suscitare una viva emozione. ~ *fig. Colpire al cuore*: minare le fondamenta, i principi guida di qlco. *Colpire al cuore delle istituzioni.* **3.** Danneggiare. *La carestia ha colpito alcune zone dell'Africa.* ~ Di legge o autorità, punire un reato o chi lo commette. *La legge colpisce gli evasori.*

cólpo s.m. **1.** Urto, botta. ~ Sparo di un'arma da fuoco. ~ (al pl.) Munizioni. ~ SPORT. Movimento e modo con cui si colpisce la palla, il pallone. ◇ *Colpo basso*: nella boxe, colpo proibito inferto sotto la cintura; *fig.* azione compiuta a tradimento. – *Colpo da maestro*: azione abilmente concertata. – *Fallire il colpo*: non riuscire a colpire il bersaglio. – *Accusare il colpo*: nella boxe, subire un attacco; *fig.* abbattersi. – *Colpo di grazia*: l'ultimo colpo tale da provocare la morte, dato per abbreviare l'agonia; *fig.* danno grave che trascina alla rovina. – *Al primo colpo*: subito, al primo tentativo. **2.** *estens.* Rumore prodotto da urti, vibrazioni. *Un colpo alla porta.* ◇ *Perdere colpi*: detto di un motore, non funzionare regolarmente; *fig.* dare segni di crisi, perdere di efficienza. **3.** Movimento rapido impresso a qlco. *Colpo di freno.* ◇ *Colpo di telefono*: breve telefonata. – *Colpo d'occhio*: rapida occhiata. **4.** *fig.* Manifestazione improvvisa di un fenomeno naturale. *Colpo di sole.* ~ Evento improvviso e imprevisto. *È un colpo di fortuna incredibile.* ◇ *Colpo d'ala*: idea geniale, momento d'ispirazione. – *Colpo di genio*: espediente per risolvere una situazione problematica. – *Colpo di fulmine*: amore improvviso e irresistibile. – *Colpo di scena*: in teatro, azione scenica inaspettata, di grande effetto; *fig.* mutamento repentino. **5.** *fig.* Impresa attuata con rapidità e audacia. ◇ *Colpo grosso*: azione illegale. – *Colpo giornalistico*: notizia importante pubblicata in esclusiva da un giornale. SIN.: **scoop**. – *Colpo di stato*: sovversione dell'ordinamento costituzionale di un paese attuato con un improvviso rovesciamento del potere legittimo. – *Colpo di mano*: operazione militare condotta a sorpresa su un obiettivo preciso; *estens.* azione a sorpresa, perlopiù sleale. – *Colpo di testa*: azione sventata, irragionevole. – *Tutto d'un colpo*: in una sola volta. – *Sul colpo*: nello stesso istante. **6.** *fig.* Forte emozione causata da una notizia, un evento, ecc. *Un duro colpo.* ◇ *Fare colpo*: suscitare un forte sentimento, impressionare. **7.** Attacco improvviso e violento di un processo morboso, malore.

colpocèle s.f. MED. Prolasso vaginale.

colporragìa s.f. MED. Emorragia vaginale.

colposcopìa s.f. MED. Esame ottico del collo dell'utero e della vagina.

colpóso agg. DIR. Di reato compiuto senza dolo perché non presuppone piena coscienza e responsabilità del fatto commesso (in oppos. a *doloso*). *Omicidio colposo.*

cólt s.f. inv. (dal nome dell'inventore, il colonnello statunitense S. *Colt*) Tipo di pistola a tamburo rotante, prodotta originariamente negli Stati Uniti.

coltellàccio s.m. [pl. –*ci*] **1.** Grosso coltello da cucina. **2.** Coltello da offesa a lama corta e larga, dritta o curva. **3.** MAR. Ciascuna delle vele che si affiancano da un lato e dall'altro alla gabbia e al parrocchetto per aumentare la superficie di esposizione al vento.

coltellàta s.f. **1.** Colpo di coltello e ferita così prodotta. **2.** *estens.* Dolore acuto ma di breve durata. – *fig.* Intenso dolore morale. **3.** COSTR. Struttura edificata con mattoni disposti a coltello.

coltellerìa s.f. **1.** Assortimento di coltelli. **2.** Fabbrica, negozio di coltelli.

coltellinàio s.m. [f. –*naia*, pl.m. –*nai*] Artigiano che fabbrica coltelli. ~ Commerciante che li vende.

coltèllo s.m. **1.** Strumento da taglio costituito da una lama affilata da una sola parte inserita in un manico. *Coltello da pane.* ◇ *Coltello a serramanico*: chiudibile, con una lama mobile che rientra nel manico. **2.** *estens.* Arnese, dispositivo a forma di coltello o con la funzione di tagliare. ~ Prisma triangolare su cui poggia il giogo della bilancia.

coltivàbile agg. Che si può coltivare.

coltivàre v.tr. **1.** Lavorare un terreno per renderlo produttivo. *Coltivare un campo.* ~ Curare la crescita di un pianta in previsione del raccolto. *Coltivare cereali.* **2.** *fig.* Praticare con impegno e passione un'attività, perseguire un intento, nutrire un sentimento. ~ Impegnarsi per conservare una relazione. *Coltivare un'amicizia.* **3.** Sfruttare un giacimento minerario.

coltivàto agg. **1.** Lavorato e reso fertile. *Terre coltivate.* **2.** Che non nasce o non si forma spontaneamente. *Perle coltivate.* ◆ s.m. Terreno coltivato.

coltivatóre s.m. **1.** [f. –*trice*] Chi coltiva la terra. SIN.: **agricoltore**. ◇ *Coltivatore diretto*: chi lavora un fondo agricolo personalmente o con l'aiuto dei familiari. **2.** Macchina agricola che rompe e smuove superficialmente il terreno.

coltivazióne s.f. **1.** Cura dedicata alla selezione e alla crescita delle piante. *Coltivazione della frutta.* ~ Terreno, piante coltivate. ◇ *Coltivazione diretta*: sfruttamento di un fondo agricolo da parte del proprietario. **2.** Nelle miniere, lavoro di scavo e di asportazione dei materiali.

cólto agg. Che ha una cultura ampia. *Insegnante colto.* ~ Che denota cultura. ◆ s.m. Chi ha conseguito un titolo di studio superiore, chi possiede una discreta cultura.

coltratùra s.f. AGR. Aratura compiuta con il coltro, che taglia e rovescia la terra da una sola parte.

cóltre s.f. (fr. *coltre*) **1.** Coperta da letto imbottita. **2.** *fig.* Strato che ricorda una coltre. *Coltre di nebbia.* **3.** Stoffa nera che copre il catafalco.

cóltro s.m. **1.** Nell'aratro, lama che taglia la terra. **2.** Tipo di aratro che rovescia la terra tutta da un lato.

coltùra s.f. **1.** Coltivazione di piante e opportuna lavorazione del terreno. ◇ AGR. *Coltura intensiva*: quella che tende alla migliore resa possibile della coltura per unità di superficie e con continuità di coltivazione del suolo. – *Coltura estensiva*: quella praticata su vasti terreni, ma con scarsità di mezzi. **2.** Allevamento di piccoli animali e insetti utili. ◇ *Coltura in vitro*: tecnica di riproduzione di organismi, cellule e tessuti effettuata in laboratorio. – *Coltura cellulare*: insieme delle tecniche di laboratorio che permettono la crescita e la moltiplicazione di cellule al di fuori del loro organismo d'origine. – BIOL. *Coltura microbica, batterica*: tecnica di moltiplicazione di microbi o batteri fuori da un organismo vivente.

Colùbridi s.m. pl. [iniziale minusc. sing. –*de* per l'individuo] ZOOL. Serpenti nei quali i denti velenosi sono assenti o posti anteriormente nella bocca o in fondo alla stessa. (I Colubridi formano una famiglia che comprende l'80% degli Ofidi.)

colubrina s.f. Arma da fuoco con canna lunga e stretta (secc. XV-XVII).

Columbifórmi o **Colombifórmi** s.m. pl. [iniziale minusc. sing. –*me* per l'individuo] ZOOL. Ordine di uccelli di medie dimensioni (p.e. piccioni), robusti volatori, dotati di zampe a quattro dita, monogami. (Alcune specie non

■ **colubrìna** (sec. XVI).

volano, come p.e. il dodo, che è stato sterminato dall'uomo.)

colùmbio s.m. (solo sing.) CHIM. → **niobio**.

columèlla s.f. **1.** ZOOL. Asse centrale della conchiglia dei molluschi Gasteropodi. **2.** ANAT. Osso della chiocciola dell'orecchio umano che ne costituisce l'ossatura.

colùro s.m. (lat. *colùrum*, gr. *kólouros* "senza coda" perché risulta invisibile la parte australe) ASTR. Ciascuno dei due cerchi massimi passanti per i poli celesti e per i punti equinoziali o solstiziali. *Coluro degli equinozi.*

còlza s.f. [pl.m. –*zi*] (fr. *colza*, ol. *koolzaad* "seme di cavolo") Pianta annuale con fiori gialli, coltivata come foraggio e per i suoi semi che forniscono un olio commestibile. (Genere *Brassica*; famiglia delle Crocifere.)

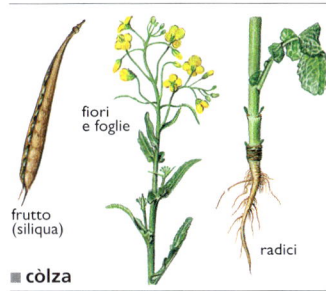

fiori
e foglie

frutto
(siliqua)

radici

■ **còlza**

1. còma s.m. inv. (gr. *kôma* "sonno profondo") **1.** MED. Stato caratterizzato dalla perdita totale o parziale delle funzioni di relazione (coscienza, mobilità, sensibilità) con conservazione dello stato vegetativo (respirazione, circolazione). ◇ *Coma profondo*: durante il quale la sopravvivenza è affidata ai mezzi di rianimazione. **2.** *estens., scherz.* o *per esager.* Grande stanchezza. *Sono in coma, non ce la faccio più a studiare.*

2. còma s.f. FIS. Aberrazione ottica a forma di ciuffo luminoso dovuta al non perfetto parallelismo dei raggi incidenti con l'asse ottico.

comandaménto s.m. RELIG. Legge morale prescritta da Dio. ◇ *I dieci comandamenti*: quelli che Dio diede a Mosè sul monte Sinai.

comandànte s.m. e f. **1.** Chi comanda. **2.** Chi ha un compito di direzione militare. **3.** MAR. Nella marina militare, chi ha il comando di una nave. **4.** AER. Ufficiale con incarico di comando.

comandàre v.tr. **1.** Ordinare qlco. a qlcu. *Gli comandò di partire.* **2.** Raccomandare, prescrivere qlco. a qlcu. *Il medico mi ha comandato riposo assoluto.* **3.** Spostare un impiegato ad altra sede o a mansioni diverse. *Comandare un funzionario all'ufficio di Trento.* **4.** Governare con pieni poteri, esercitare un'autorità. *Comandare un reggimento.* **5.** Di dispositivi o meccanismi, determinare il funzionamento di qlco. *La leva comanda l'apertura del cancello.* ◆ v.intr. (aus. *avere*) Imporre ed esercitare continuativamente la propria volontà. *Qui comanda lei.*

comàndo s.m. **1.** Ordine, disposizione, ingiunzione. **2.** Autorità di dirigere, di dare ordini. **3.** MIL. Organismo con compiti di direzione militare. *Comando militare.* ◇ *Comando supremo*: denominazione che in diversi Stati indica il comando militare più elevato, cui è affidata la responsabilità della condotta delle operazioni militari. **4.** Nel l. bur., provvedimento dell'autorità amministrativa nel quale un dipendente viene assegnato temporaneamente ad altro ufficio. **5.** MECC. Dispositivo, organo che avvia, regola, controlla una funzione, un meccanismo. ◇ *Comando a distanza*: radiocomando. **6.** INFORM. Ciascuna istruzione di un linguaggio di programmazione interpretato usata per eseguire immediatamente un'operazione. **7.** SPORT. Primo posto.

comàre s.f. **1.** Vicina di casa in rapporto d'amicizia. ~ *spreg.* Donna curiosa, pettegola. **2.** *region.* Madrina di battesimo o di cresima. ~ Madre del bambino rispetto alla madrina e al padrino.

comatóso agg. (fr. *comateux*) **1.** MED. Di coma. ~ Che è in coma. **2.** *fig., scherz.* o *per esa-*

ger. Stato comatoso: stato di profonda stanchezza, di prostrazione.

comàtula s.f. Echinoderma marino che nello stadio giovanile vive attaccato a oggetti sommersi e nello stadio adulto in libertà. (Famiglia dei Comatulidi.)

Comatùlidi s.m. pl. [iniziale minusc. sing. –*de* per l'individuo] ZOOL. Famiglia di echinodermi crinoidi articolati, detti anche *gigli di mare,* che vivono nei mari caldi e nel Mediterraneo a grandi profondità.

còmba s.f. GEOMORF. Valle stretta e lunga tipica dei monti del Giura.

combaciàre v.intr. [5] (aus. *avere*) **1.** Essere strettamente corrispondenti. *Le assi non combaciano.* **2.** Coincidere, collimare. *Le nostre idee non combaciano.*

combattènte agg. Che è in guerra. ◆ s.m. e f. Soldato, guerriero. ◆ agg. *Combattenti o volontari della libertà:* denominazione imposta dai comandi alleati ai reparti partigiani operanti sul territorio italiano nel periodo 1943-1945. – *Ex-combattente:* reduce di guerra. ◆ s.m. e f. *estens.* Chi per carattere è portato a misurarsi con le difficoltà della vita e a non demordere. **2.** (solo m.) Uccello di palude i cui maschi, in primavera, si impegnano in accesi combattimenti. (Lunghezza 30 cm; famiglia degli Scolopacidi.) **3.** (solo m.) Gallo e razza di galli da combattimento. **4.** (solo m.) Piccolo pesce dai colori vivaci, originario della Tailandia, i cui maschi si impegnano in combattimenti spesso mortali. (Genere *Betta;* famiglia degli Anabantidi.)

combàttere v.intr. (aus. *avere*) **1.** Prendere parte a un combattimento. *Combattere per la libertà.* ◊ *Combattere ad armi pari:* avere più o meno le stesse risorse e le stesse possibilità di vincere. – *fig. Combattere contro il tempo:* affrettarsi a terminare un lavoro per rispettare una qualche scadenza. **2.** *fig.* Impegnarsi attivamente, darsi da fare per realizzare qlco. *Combattere per le proprie idee.* **3.** SPORT. Gareggiare. ◆ v.tr. **1.** Affrontare qlcu. in battaglia. *Combattere il nemico.* **2.** *fig.* Opporsi fortemente a qlco. *Combattere l'ingiustizia.* **3.** *fig.* Agitare, sconvolgere, spec. al passivo. *Ero combattuto dai dubbi.* ◆ **combattersi** v.pron. Detto di due o più persone, gruppi, istituzioni, lottare l'uno contro l'altro, farsi guerra.

combattiménto s.m. **1.** Scontro armato tra eserciti o fazioni contrapposte. SIN.: **battaglia. 2.** *fig.* Contrasto interiore. **3.** SPORT. Incontro di lotta, pugilato, scherma o arti marziali. ◊ *Fuori combattimento:* situazione del pugile che cade al tappeto e non si rialza entro dieci secondi; *estens.* incapacità di continuare a combattere.

combattività s.f. inv. (fr. *combativité*) Disposizione a lottare. – SPORT. Agonismo.

combattivo agg. (fr. *combatif*) Costante, ostinato nel lottare.

combattùto agg. **1.** Incerto tra sentimenti o alternative contrastanti. **2.** Fatto con grande impegno, con partecipazione.

combinàre v.tr. **1.** Mettere assieme una cosa con un'altra secondo determinati criteri. *Combinare estetica e funzionalità.* ~ Disporre insieme due o più cose per ottenere un dato risultato o effetto. *Combinare colori.* **2.** Fissare le modalità di qlco., organizzare. *Combinare un affare.* **3.** *fam.* Fare qlco. di negativo. *Cosa hai combinato?* ◊ *Combinarne delle belle, di tutti i colori:* fare danni, guai; commettere azioni riprovevoli; agire in maniera sventata. **4.** CHIM. Unire due o più sostanze e far avvenire una reazione. *Combinare sodio e potassio.* ◆ **combinarsi** v.pron. **1.** Mettersi d'accordo con qlcu. *Per il viaggio mi combino con un collega.* ~ Detto di due o più persone, trovare un accordo. *Dobbiamo combinarci sul prezzo.* **2.** *fam.* Sistemarsi, conciarsi in un certo modo, soprattutto in riferimento all'abbigliamento e con connotazione negativa. *Come ti sei combinato!* **3.** CHIM. Detto di sostanze, reagire. *Idrogeno e ossigeno, combinandosi, formano l'acqua.*

combinàta s.f. SPORT. Competizione sportiva che associa prove di natura diversa. ◊ *Combinata alpina:* gara di sci in discesa libera e in slalom. – *Combinata nordica:* gara in sci di fondo e salto.

combinàto agg. **1.** Che risulta da un accostamento. *Colori ben combinati.* **2.** *fam.* Ridotto. *Essere combinato male.* **3.** Che risulta da un accordo di volontà. ◊ *Combinato disposto:* il risultato dell'interpretazione congiunta di più norme. **4.** MIL. Che risulta dall'azione coordinata di più forze. **5.** TECN. *Macchina combinata:* adatta a più usi perché costituita dall'unione di più macchine.

combinatóre s.m. [f. –*trice*] ELETTR. *Combinatore di marcia:* controller.

combinatòrio agg. [pl.m. –*ri*] Basato sulla combinazione di vari fattori. ◊ MAT. *Calcolo combinatorio:* studio dei problemi di selezione degli elementi di un insieme secondo regole prestabilite (combinazioni, disposizioni, permutazioni, ecc.). – LING. *Analisi combinatoria:* nella linguistica strutturale, metodo per individuare le relazioni che si stabiliscono in una catena parlata tra unità dello stesso livello (fonemi, morfemi, lessemi).

combinazióne s.f. **1.** Accostamento secondo una disposizione, una proporzione di due o più elementi. *Combinazione di colori.* ~ Accostamento di fatti, di eventi. *Combinazione di fattori.* **2.** Coincidenza, caso che può determinare una data sequenza di elementi, di fatti. *Mi hai trovato per pura combinazione.* **3.** MAT. *Combinazioni semplici di classe k in un insieme di n elementi distinti:* i diversi sottoinsiemi formati con *k* elementi scelti tra gli *n* dati. (Le combinazioni si considerano diverse solo se hanno diversa composizione; l'ordine non è rilevante. Il numero di tali sottoinsiemi si indica con $C_{n,k}$ ed è

$$C_{n,k} = \frac{n!}{k!(n-k)}$$) **4.** CHIM. Unione di sostanze semplici in un composto. **5.** LING. Processo di concatenazione sintagmatica degli elementi linguistici (fonemi, morfemi, lessemi). **6.** Sottoveste con spalline che univa il copribusto con la sottoveste a sottana. **7.** Serie di numeri o lettere che serve per aprire una serratura di sicurezza.

combine [/'kɔmbain/] s.f. [pl. *combines*] (voce ingl. d'America, propr. "combinazione") **1.** Intesa illecita per stabilire in precedenza il risultato di una competizione sportiva. **2.** *estens.* Accordo illecito ai danni di qlcu.

combo [/'kɔmbəu/] s.m. inv. (voce ingl., deriv. di *combination* "combinazione") **1.** Nel l. gior., assemblaggio di varie fotografie in una foto unica. **2.** MUS. Gruppo jazz composto da 6-8 musicisti (in oppos. a *big band*). **3.** Combinazione di funzioni o elementi diversi, usata spec. nel l. inf. □ In funzione di agg. inv., nel sign. del s.

Combretàcee s.f. pl. [iniziale minusc. sing. –*a* per l'individuo] BOT. Famiglia di piante legnose tropicali.

comburènte agg. CHIM. Di sostanza che, in combinazione con un'altra, rende possibile la combustione. (*L'ossigeno è comburente.*) ◆ s.m. Nel sign. dell'agg.

comburènza s.f. CHIM. Proprietà di una sostanza di agevolare e mantenere la combustione.

combustibile agg. (fr. *combustible*) Detto di sostanza che, per azione di un comburente, ha la proprietà di bruciare sviluppando energia termica e luce. ◆ s.m. Nel sign. dell'agg. ◊ *Combustibile nucleare:* materia in grado di fornire energia tramite fissione o fusione nucleare.

combustibilità s.f. inv. (fr. *combustibilité*) Capacità di una sostanza di bruciare.

combustióne s.f. **1.** CHIM. Reazione di un combustibile con un comburente (spesso l'ossigeno) che produce energia termica. ◊ *Combustione lenta:* quella che si verifica senza sviluppo di calore e di luce. – *Combustione spontanea:* autocombustione. **2.** *fig.* Trambusto.

combustóre s.m. MECC. *Camera di combustione.

combùtta s.f. Intesa tra persone unite da interessi disonesti.

cóme avv. In quale modo, di che qualità, con quali mezzi, per quale via. *Come ti sei ridotto male!* ◊ *Come mai:* per quale motivo, perché? *Come dire?:* inciso che esprime esitazione, incertezza. *Ho trovato tuo fratello… come dire?, abbastanza strano.* – *Come no?:* certamente sì. ◆ cong. **1.** Che. *Mi raccontò come fosse stato dapprima elogiato e poi maltrattato.* **2.** Il modo

in cui, nel modo in cui, quanto. *Non mi piace come ti vesti. Fai come ti pare.* – *È come:* è la stessa cosa. *Fidarsi di lui è come affidare le pecore al lupo.* – *Come sai, come vedi, come puoi ben capire, come dicevo:* espressioni incidentali che attenuano la forza di un'affermazione e facilitano l'intesa con l'interlocutore. – *Come Dio vuole:* nel modo in cui le cose devono andare. – *Come Dio comanda:* nei termini e nelle modalità dovute, indiscutibilmente. – loc. cong. *Sia come sia:* comunque stiano le cose, tuttavia. **3.** Quasi. *Marco era come stordito, quella sera.* ◊ *Come niente (fosse):* quasi fosse cosa da nulla. – *Come non detto:* ritiro ciò che ho detto, come se non lo avessi detto. **4.** Allo stesso modo, alla maniera di, nella stessa misura. *Lui ne sa come me.* **2.** Nella qualità di, nelle funzioni di. *È stato eletto come rappresentante di classe.* ~ In espressioni iterative, che circoscrivono esattamente l'indicazione. *Ora come ora.* **3.** In quanto, quanto a. *Come addetto ai lavori, ha potuto partecipare alla riunione.* ◆ s.m. (solo sing.) Modo, maniera, causa (riferiti a situazioni, comportamenti, operazioni). *Spiegami il come.*

comedóne s.m. (fr. *comédon,* lat. *comedōnem* propr. "mangione") MED. Punto nero della pelle contenente sebo, che ostruisce l'orifizio di una ghiandola sebacea.

cométa s.f. (lat. *comētem,* gr. *komḗtēs* "chiomato") ASTR. Corpo celeste di grandezza e luminosità variabile, formato da un nucleo (*testa*), da un'aureola (*chioma*) e da una coda, che percorre un'orbita ellittica molto eccentrica intorno al Sole.
ENCICL. Lontano dal Sole una cometa (costituita da un agglomerato di ghiaccio, frammenti rocciosi e polveri), si presenta con una forma irregolare, con un diametro di parecchi chilometri in rotazione su se stessa. Una cometa percorre un'orbita ellittica molto eccentrica intorno al Sole e quando si avvicina ad esso, i ghiacci si sublimano e i gas evaporano trascinando con sé frammenti rocciosi e polveri e formano una nebulosità diffusa, la *chioma,* resa luminosa dalla luce solare diffusa dalle polveri. La chioma è racchiusa in uno spesso strato di idrogeno rilevabile con gli ultravioletti. Respinti dal vento solare, gli ioni che si formano nella chioma generano una lunga coda bluastra, rettilinea, con direzione opposta a quella del Sole, che può essere lunga molte centinaia di milioni di chilometri. Le polveri prodotte dal nucleo, proiettate verso l'esterno dalla pressione dell'irradiazione solare, formano a loro volta una coda di polveri giallastra, più ampia, diffusa e incurvata. Dall'antichità sono state contate 1200 apparizioni di comete e ogni anno ne vengono scoperte o riscoperte una ventina, ma ne esisterebbero quasi mille miliardi distribuite in un vasta area ai confini del sistema solare.

comfort [/'kʌmfət/] s.m. inv. (voce ingl., fr. *confort* "conforto") Insieme delle comodità che rendono la vita quotidiana più piacevole. ~ Agio,

■ **cométa.** La cometa periodica Brörsen-Metcalf fotografata il 4 settembre 1989.

benessere materiale che ne risulta. *Albergo con tutti i comfort.*

comic [/'kɔmɪk/] s.m. (spec. pl.) (voce ingl., deriv. di *comic strip* "striscia comica") Fumetto general. di carattere comico.

còmica s.f. [pl. *-che*] **1.** Cortometraggio umoristico. **2.** *fig. fam.* Situazione, comportamento ridicolo.

comicità s.f. inv. Capacità di una persona o di una cosa di suscitare il riso.

còmico agg. [pl.m. *-ci*, f. *-che*] **1.** Che ha attinenza con la commedia. *Autore comico.* **2.** *estens.* Che fa ridere, diverte. *Avventura comica.* ◆ s.m. **1.** [f. *-ca*] Attore che sa suscitare l'ilarità del pubblico. **2.** Nel Medioevo, scrittore di opere di genere e stile comico. **3.** (solo sing.) Comicità, ridicolo. *Avere il senso del comico.* **4.** LETT. (solo sing.) Genere comico.

comignolo s.m. **1.** Parte terminale del condotto della canna fumaria, visibile dal tetto. **2.** Linea culminante del tetto costituita dall'intersezione degli spioventi.

cominciàre v.tr. [5] Dare inizio a qlco. *Cominciare gli studi.* ~ Seguito da verbo impersonale, assume valore impersonale. *Comincia a nevicare.* ◆ v.intr. (aus. *essere*) Avere inizio. *Il film è già cominciato, sbrighiamoci.* ❑ In funzione di s.m., spec. nel l. lett., inizio, principio. *Sul cominciare dell'estate.*

-còmio Secondo elemento di composti dotti, nei quali significa "luogo di cura, ospedale" (*nosocomio*).

comitàle agg. Del conte, da conte. *Corona, stemma, anello comitale.*

1. comitàto s.m. (lat. *comitàtum*, deriv. d *cŏmes* "compagno di viaggio" poi "conte") In alcuni paesi stranieri, territorio sotto la giurisdizione di un conte.

2. comitàto s.m. (fr. *comité*, ingl. *commitee*, deriv. di lat. *committere* "affidare") Organismo ristretto di persone che deve portare a termine un affare particolare, un compito di interesse collettivo. ◇ *Comitato centrale:* in certi partiti politici, organismo espresso dal congresso con il compito di attuarne la linea politica. – *Comitati di base:* gruppo informale di lavoratori, esterno o ai margini delle grandi organizzazioni sindacali. – *Comitato interministeriale:* organismo di coordinamento tra più ministeri composto dai rispettivi ministri. – *Comitato di liberazione nazionale (CLN):* organismo dirigente della lotta partigiana istituito dopo l'8 settembre 1943 con la partecipazione di esponenti di tutti i partiti antifascisti. – *Comitato dei creditori:* gruppo di creditori nominati dal giudice in un fallimento, con compiti consultivi. – *Comitato d'onore:* gruppo di persone incaricate dei festeggiamenti di avvenimenti, centenari importanti per il mondo della cultura o della ricerca scientifica. – *Comitato promotore:* insieme degli animatori di un'iniziativa importante.

comitiva s.f. Compagnia, gruppo di persone riunite per un viaggio, una gita.

comiziàle agg. **1.** Di, da comizio. *Retorica comiziale.* **2.** MED. Relativo all'epilessia.

comizio s.m. [pl. *-zi*] **1.** Pubblico raduno in cui i politici o i sindacalisti espongono i propri programmi. **2.** ANT. ROM. Assemblea popolare con funzioni legislative ed elettive. *Comizi curiati.* ◇ POLIT. *Convocare i comizi elettorali:* indire le elezioni politiche o amministrative. **3.** *estens.* Discorso lungo di tono enfatico.

1. còmma s.m. [pl. *-mi*] DIR. Partizione di un articolo di legge o di un altro documento redatto in articoli, separato graficamente da un accapo. SIN.: **capoverso**.

2. còmma s.m. [pl. *-mi*] **1.** RET. Parte di un periodo, anche non dotato di significato autonomo, individuato da una pausa. **2.** Segno grafico che indicava tale pausa breve nell'interpunzione medievale (general. un trattino sopra un punto). ~ La stessa pausa breve, corrispondente alla nostra virgola. **3.** MUS. Intervallo tra due suoni di altezza diversa, corrispondente a 1/9 o a 1/10 di tono (1/8 o 1/9 secondo la gamma prevista, p.e. tra il *re diesis* e il *mi bemolle*).

1. commàndo [/kə'ma:ndəʊ/] s.m. inv. (voce ingl., port. *commando* "comando") **1.** MIL. Piccola formazione militare, incaricata di missioni speciali e che opera isolatamente. **2.** *estens.* Piccolo gruppo di persone armate che compiono un attacco di sorpresa, spesso a scopi terroristici.

2. commàndo s.m. (fr. *commande* "piccolo cavo") MAR. Cima composta da due o tre fili semplici, ritorti assieme.

commèdia s.f. (lat. *comōediam*, gr. *kōmōidía* prob. comp. di *kômos* "festa orgiastica" e *ōidḗ* "canto") **1.** Rappresentazione teatrale di origine classica, ant. in versi, oggi prevalentemente in prosa, caratterizzata da uno stile e da un linguaggio realistici e dal lieto fine (in oppos. alla *tragedia*). ~ Genere letterario, cinematografico, ecc., caratterizzato da situazioni divertenti. ◇ *Commedia di carattere:* in cui si evidenziano tipi psicologici, in partic. per i loro difetti. – *Commedia d'intreccio:* in cui la trama è molto articolata. – *Commedia d'ambiente:* in cui l'ambiente umano, storico, sociale prevale sulla rappresentazione dei caratteri. – *Commedia dell'arte:* genere teatrale diffuso dalla metà del sec. XVI fino al sec. XVIII in tutta Europa, tramite le compagnie italiane specializzate, e oggigiorno adottato dalle compagnie che rivendicano l'invenzione artistica e l'impertinenza popolare dei primi interpreti di Arlecchino. – *Commedia musicale:* musical. – *Commedia all'italiana:* genere cinematografico, sviluppatosi a partire dagli anni Sessanta, basato sulla satira di costume e sul ritratto comico-realistico della società italiana sorta dal cosiddetto miracolo economico. **2.** *fig.* Messinscena, finzione, presa in giro. ~ Simulazione ipocrita, manifestazione caricata di sentimenti. *Lascia perdere certe commedie.* ◇ *figg. Fare la commedia:* fingere. – *Finire in commedia:* detto di una situazione che, iniziata in modo serio, finisce nel ridicolo o nel farsesco. – *Personaggio da commedia:* persona buffa e originale. **3.** Nella retorica medievale, opera letteraria di stile mediano. *La "Divina Commedia" di Dante.*

ENCICL. La commedia dell'arte, nata in Italia nei secc. XVI-XVIII, era basata sull'impiego di maschere e sullo sviluppo di un canovaccio attraverso l'improvvisazione. Diventava perciò determinante la professionalità degli attori e la stessa recitazione assumeva il carattere di arte, di mestiere. Gli interpeti, il cui ruolo era dunque più centrale rispetto a quello dell'autore, recitavano infatti su un canovaccio, colorendo con il proprio estro la personalità del personaggio interpretato. Per questo, iniziarono via via a specializzarsi nell'interpretazione di un unico ruolo: l'innamorato, la serva, il vecchio, ecc.

commediànte s.m. e f. **1.** Attore, attrice di commedie. **2.** *fig.* Persona che esprime ciò che non prova.

commediògrafo s.m. [f. *-fa*] Autore di commedie.

Commelinàcee s.f. pl. [iniziale minusc. sing. *-a* per l'individuo] (dal nome del botanico olandese K. *Commelyn*) BOT. Famiglia di piante monocotiledoni con fusto articolato e infiorescenze cimose.

commemoràre v.tr. Onorare la memoria di una persona, ricordare pubblicamente un evento, più o meno solennemente. SIN.: **celebrare**.

commemorativo agg. Che ricorda qlcu. o qlco. *Targa commemorativa.* ◇ *Francobollo commemorativo:* emesso per ricordare un particolare avvenimento o un personaggio degno di memoria.

commemorazióne s.f. **1.** Cerimonia con cui si ricorda un avvenimento o si onora la memoria di una persona. **2.** CATT. Menzione particolare di un santo o della Vergine in una celebrazione eucaristica.

commènda s.f. **1.** Onorificenza istituita dallo Stato italiano, superiore al cavalierato. ~ Decorazione che la rappresenta. **2.** Negli ordini cavallereschi, beneficio appartenente all'ordine, concesso a un suo membro che ne godeva finché aveva vita. ~ Sede dell'ordine beneficiario. **3.** ST. Conferimento di un vantaggio ecclesiastico (vescovado, abbazia) a un chierico o a un laico che non è tenuto all'osservanza degli obblighi a esso inerenti. **4.** Nel diritto medievale, contratto marittimo con cui dei beni da commercializzare venivano affidati a un navigante che riceveva in compenso una parte del guadagno realizzato.

commendatàrio agg. [pl.m. *-ri*] ST. Che gode di una commenda ecclesiastica. ◆ s.m. Nel sign. dell'agg.

commendatizio agg. [pl.m. *-zi*] Che raccomanda. *Lettera commendatizia.*

commendatóre s.m. (lat. *commendatōrem* "protettore") **1.** Chi è insignito dell'onorificenza della commenda. **2.** ST. Negli ordini cavallereschi, cavaliere titolare di una commenda. ~ Anche, grado cavalleresco che non comportava alcuna rendita.

commensàle s.m. **1.** (anche f.) Compagno di tavola. SIN.: **convitato**. ~ Persona che prende parte a un banchetto. **2.** BIOL. Detto di una specie animale che vive a contatto con un'altra approfittando dei residui di cibo di quest'ultima, ma senza parassitarla. (Il *granchio pinnotero, p.e., vive nel guscio di molluschi bivalvi.)

commensalismo s.m. BIOL. Associazione a scopo nutritivo tra due organismi animali, che ne traggono diverso ma reciproco vantaggio.

commensuràbile agg. **1.** Paragonabile, confrontabile, misurabile. **2.** MAT. *Grandezze commensurabili:* grandezze omogenee aventi un sottomultiplo comune.

commensurabilità s.f. inv. MAT. Caratteristica di grandezze aventi una comune misura.

commentàre v.tr. **1.** Esaminare, interpretare e spiegare qlco. ~ Esprimere un'opinione. *Commentare i fatti del giorno.* **2.** Interpretare e spiegare un testo. *Commentare un sonetto di Dante.*

commentatóre s.m. [f. *-trice*] **1.** Persona che commenta avvenimenti d'attualità, spec. alla radio o alla televisione. **2.** Autore del commento a un testo storico, letterario, ecc. *I commentatori della Bibbia.* **3.** DIR. *Scuola dei commentatori:* giuristi italiani dei secc. XIV-XV che studiarono e commentarono i testi giuridici romani, cercando di renderli compatibili con le esigenze della vita comunale. **4.** Nel l. liturgico, laico o chierico che spiega ai fedeli i riti che vengono svolti dal celebrante.

comménto s.m. (lat. *commĕntum* "invenzione" poi "trattato") **1.** Analisi, valutazione relativa a fatti e situazioni. ~ Insieme di osservazioni e spiegazioni su uno o più avvenimenti (p.e. in una telecronaca). ~ Giudizio espresso su qlco. o qlcu. ~ In partic., osservazione critica, malevola, pettegolezzo. *Risparmiateci i vostri commenti!* **2.** Osservazione, relazione che spiega, interpreta, apprezza un testo, un'opera, in partic. in letteratura. SIN.: **chiosa**. **3.** *Commento parlato:* testo letto da voce fuori campo che illustra le immagini di un documentario, di un servizio giornalistico. – *Commento musicale:* musica che accompagna l'azione in film, sceneggiati, ecc. **4.** INFORM. Nota esplicativa inserita nel testo di un programma, tramite particolari codici che la differenziano dalle istruzioni da eseguire, per illustrare la funzione delle istruzioni del programma stesso.

commerciàbile agg. Che si può comprare e vendere. SIN.: **negoziabile**.

commercial bank [/kə'mə:ʃəl bæŋk/] loc. sost. f. inv. (loc. ingl., "banca commerciale") Banca di credito ordinario.

commerciàle agg. **1.** Di commercio, concernente il commercio. ~ Che si dedica al commercio. *Agente commerciale.* ~ Da commerciante. *Spirito commerciale.* ◇ *Diritto commerciale:* legislazione che regola il settore del commercio. – *Costo commerciale:* costo di distribuzione di un prodotto. – *Valore commerciale:* valore di un prodotto sul mercato. **2.** Che è preposto all'acquisto e alla vendita di prodotti. ~ Che si occupa della distribuzione di un prodotto. *Direzione commerciale.* **3.** Fatto per un pubblico ampio, di scarsa qualità. *Film commerciale.* ◆ s.m. In un'azienda, ufficio di promozione e vendita.

commercialista s.m. e f. [pl.m. *-sti*] Professionista che si occupa di pratiche fiscali e finanziarie.

commercializzàre v.tr. **1.** Rendere commerciabile un prodotto. ~ Lanciare, sviluppare la diffusione di un prodotto. ~ Immettere sul mercato un prodotto. **2.** *spreg.* Trattare come merce qlco. che non lo è, per farne fonte di guadagno. *Commercializzare la cultura.* SIN.: **mercificare**.

commercializzazióne s.f. Attività necessaria per vendere un prodotto.
commercial paper [/kə'mɜːʃəl 'peɪpə/] loc. sost. m. inv. (loc. ingl., propr. "carta commerciale") ECON. Titolo di credito a breve termine, non garantito, tipico dei mercati monetari anglosassoni.
commerciànte s.m. e f. Chi esercita il commercio per professione. SIN.: **negoziante**.
commerciàre v.intr. [5] (aus. *avere*) Esercitare il commercio di determinati prodotti. *Commerciare in tappeti.* ~ Avere rapporti commerciali con un'azienda o un paese. *Commerciare con la Cina.*
commèrcio s.m. [pl. *-ci*] Attività che consiste nell'acquisto, vendita e scambio di prodotti o di servizi. SIN.: **compravendita**. ◇ *In commercio:* in vendita. *Mettere un prodotto in commercio.* – *Fuori commercio:* non più in vendita. – *Commercio elettronico, on line:* e-commerce.
commésso s.m. [f. *-sa* nelle accez. 1 e 2] **1.** Addetto alla vendita in un negozio. ◇ *Commesso viaggiatore:* *agente di commercio. SIN.: **piazzista**. **2.** Dipendente subalterno in un ufficio, aiutante. *Commesso di banca.* **3.** MAR. Nella marina militare, sottufficiale responsabile dei viveri. **4.** Tipo di intarsio con pietre dure o preziose.
commessùra s.f. **1.** Giuntura. *La commessura di due assi.* **2.** ANAT. Punto di giunzione di due parti anatomicamente analoghe. *La commessura delle labbra.*
commestìbile agg. **1.** Che si può mangiare. *Fungo commestibile.* **2.** *fig.* Non troppo difficile. *Un film commestibile.* ◆ s.m. (al pl.) Prodotti alimentari.
comméttere v.tr. [50] Fare, compiere qlco., perlopiù riprovevole. *Commettere un'imprudenza.*
commettitùra s.f. Linea di aderenza fra due parti. SIN.: **giuntura**.
commiàto s.m. **1.** Permesso di andarsene, di allontanarsi. *Prendere commiato.* **2.** *estens.* Partenza, separazione. **3.** METR. Strofa più breve che conclude la canzone petrarchesca.
commilitóne s.m. Compagno d'armi. SIN.: **camerata**.
comminàre v.tr. DIR. Stabilire per legge la sanzione o la pena da infliggere per ogni tipo di reato.
comminatòria s.f. DIR. Pena pecuniaria prevista da una sentenza in caso di mancato adempimento della sentenza stessa, o di un'ulteriore violazione della legge.
comminatòrio agg. [pl.m. *-ri*] DIR. *Termine comminatorio:* quello entro cui devono essere compiuti determinati atti.
comminùto agg. MED. Di frattura caratterizzata da rottura dell'osso in più frammenti.
comminuzióne s.f. MED. Frattura con più schegge ossee.
commiseràre v.tr. Provare pietà, compassione per qlcu.
commiserazióne s.f. **1.** Compassione per le disgrazie di altri, pietà. **2.** Atteggiamento di sprezzante compassione. SIN.: **compatimento**.
commissariàto s.m. **1.** Carica di commissario. *Affidare un commissariato.* **2.** Organo governativo insediato per provvedere a situazioni particolari temporanee o permanenti. *Alto commissariato per la lotta alla mafia.* **3.** Sede dell'ufficio di un commissario di polizia. *Commissariato di zona.*
commissàrio s.m. **1.** Persona incaricata di una missione temporanea o permanente. ◇ *Commissario di polizia:* funzionario che dirige un ufficio locale di commissariato. – *Commissario straordinario:* chi eccezionalmente amministra un ente, un'azienda con poteri solitamente propri di un organo collegiale. – *Commissario prefettizio:* quello che amministra un comune in mancanza della giunta. – *Commissario di bordo:* nella marina militare e civile, ufficiale che ha la responsabilità del personale, del materiale, delle provviste. – *Commissario del popolo:* nell'Unione Sovietica, dal 1917 al 1946, titolare di un dicastero. – *Commissario tecnico (CT):* chi ha l'incarico da una federazione sportiva di selezionare e di allenare gli atleti di una squadra nazionale. – *Commissario ad acta:* quello nominato dalla pubblica amministrazione o dal giudice amministrativo per il compimento di un atto imposto dalle autorità. – *Commissario giudiziale:* in caso di concordato preventivo o di amministrazione controllata, pubblico ufficiale addetto a funzioni di vigilanza sull'esercizio dell'impresa. – *Commissario liquidatore:* organo della liquidazione coatta amministrativa a cui compete l'amministrazione dell'impresa in liquidazione. **2.** Membro di una commissione. *Commissari di un concorso.*
commissionàre v.tr. (fr. *commissionner*) **1.** Dare l'incarico di eseguire qlco. *Commissionare un dipinto a un artista.* **2.** Ordinare una merce presso qlcu. *Commissionare un grosso quantitativo di grano agli Stati Uniti.*
commissionàrio s.m. [f. *-ria*, pl.m. *-ri*] (fr. *commissionnaire*) Intermediario commerciale o finanziario che agisce per conto del suo cliente (*committente*).
commissióne s.f. **1.** Incarico affidato a qlcu. ed eseguito per conto terzi. *Fare una commissione.* ◇ *Su commissione:* dietro incarico di qlcu. **2.** Ordinazione di merce. ~ *estens.* Documento che l'attesta. *Esaurire le commissioni.* **3.** *estens.* Pagamento dato a chi compie un servizio per conto di altri. *Spese di commissione.* ◇ *Commissione bancaria:* costo di un'operazione di banca. **4.** Faccenda personale. *Una commissione urgente.* ~ (al pl.) Compere, acquisti. **5.** Gruppo di persone investite di un pubblico incarico. *Commissione parlamentare.* ◇ *Commissione di vigilanza:* organo preposto al controllo e alla gestione delle problematiche relative a un settore specifico. *Commissione di vigilanza dei servizi radiotelevisivi.* ◇ *Commissione interna:* organismo eletto dai dipendenti di un'azienda, di un'impresa, con funzione di rappresentanza nei confronti della proprietà. **6.** DIR. Compimento di un reato.
commissòrio agg. [pl.m. *-ri*] DIR. *Patto commissorio:* patto illegale con cui un creditore, in caso di insolvenza del debitore, acquisisce la proprietà dei beni che detiene come pegno.
commistióne s.f. **1.** Unione, mescolanza. **2.** DIR. Modo di acquisto della proprietà di cose appartenenti a diversi proprietari.
commisuràre v.tr. Determinare una cosa rispetto a un'altra, istituire una proporzione. *Commisurare la punizione all'offesa.*
committènte s.m. e f. Chi dà un incarico, un lavoro. ~ Chi ordina una merce. *Committente di opere d'arte.*
committènza s.f. Committente o insieme di committenti, in partic. di opere di valore artistico. *Committenza pubblica, privata.*
commodòro s.m. (ingl. *commodore*, ol. *commandeur* "comandante") In alcune marine straniere, ufficiale immediatamente superiore al capitano di vascello.
common rail [/'kɒmən 'reɪl/] loc. agg. inv. (loc. ingl.) Denominazione commerciale, che costituisce marchio registrato, di un sistema di iniezione del gasolio, per motori diesel a iniezione diretta, sviluppato dalla Fiat, poi trasferito a Bosch, basato sul controllo elettronico della quantità e dell'istante di iniezione.
commorïènza s.f. DIR. Ipotesi di morte simultanea di due o più persone, prevista e accettata dalla legge quando sia impossibile stabilire se e quale persona sia momentaneamente sopravvissuta all'altra o alle altre.
commòsso agg. Che prova o manifesta emozione. SIN.: **turbato**. ~ Che denota partecipazione emotiva. *Voce commossa.*
commovènte agg. Che tocca la sensibilità, intenerisce. *Storia commovente.* SIN.: **toccante**.
commozióne s.f. **1.** Turbamento dovuto a una forte emozione. *Sincera commozione.* **2.** MED. Patologia conseguente a scuotimento violento di un organo, con scomparsa temporanea o permanente delle funzioni. *Commozione cerebrale.*
commuòvere v.tr. [44] Destare sentimenti intensi o forti emozioni. *Musica che commuove.* SIN.: **sconvolgere**. ◆ **commuoversi** v.pron. Provare sentimenti intensi o forti emozioni. *Si commosse, quando la salutai.* SIN.: **emozionarsi**.
commutàre v.tr. **1.** Cambiare una cosa in un'altra. SIN.: **convertire**. ~ DIR. PEN. Sostituire una pena con un'altra di grado inferiore. *Commutare la pena di morte nell'ergastolo.* **2.** Scambiare o invertire. *Commutare l'ordine dei fattori.* **3.** ELETTROTEC. Invertire il verso di una corrente in un circuito.
commutativo agg. **1.** Che consente uno scambio. ◇ FILOS. *Giustizia commutativa:* scambio di diritti e di doveri fondato sull'uguaglianza tra le persone (in oppos. a *giustizia distributiva*); quella che prescrive di restituire l'equivalente di quanto si è ricevuto. **2.** MAT. Si dice di un'operazione matematica con due o più termini, il cui risultato non cambia pur cambiando l'ordine di questi.
commutatóre s.m. **1.** ELETTR. Apparecchio che modifica i collegamenti di uno o più circuiti elettrici. ~ TELECOM. Dispositivo che permette di stabilire un collegamento temporaneo tra utenti. **2.** LING. Elemento che ha la funzione di mettere in relazione il messaggio linguistico con la realtà extralinguistica.
commutatrìce s.f. ELETTROTEC. Macchina che trasforma corrente alternata in corrente continua e viceversa.
commutazióne s.f. **1.** Sostituzione di una cosa con un'altra. *Commutazione di una pena.* **2.** ELETTR. Mutamento nei collegamenti di un circuito elettrico. ◇ TELECOM. *Commutazione telefonica:* operazione che consente di stabilire un collegamento temporaneo tra linee telefoniche. **3.** LING. Cambio di un fonema in una parola, grazie al quale si ottiene una parola di diverso significato.
comò s.m. inv. (fr. *commode* "comodo") Mobile con ampi cassetti.
comodàto s.m. DIR. Prestito gratuito di un bene con obbligo di restituzione.
1. comodìno s.m. Piccolo mobile che si mette vicino alla testata del letto.
2. comodìno s.m. **1.** TEAT. Telone collocato dietro il sipario che ha un'apertura per il passaggio degli attori. **2.** TEAT. Chi sostituisce un attore mancante.
comodità s.f. inv. **1.** Qualità di ciò che è comodo, pratico, piacevole. SIN.: **comfort**. **2.** Carattere vantaggioso di qlco. che dà un senso di praticità. **3.** (spec. pl.) Cose che danno benessere, agio.
còmodo agg. **1.** Che dà distensione, che si accorda bene con le esigenze, con i bisogni personali. SIN.: **confortevole**. ~ Di capo d'abbigliamento che permette di muoversi liberamente, ampio. ◇ *Prendersela comoda:* fare le cose con calma, con lentezza. – *Vita comoda:* quella di chi rifiuta o può permettersi di scansare sacrifici, fatiche. – *Tornare, essere, riuscire comodo:* vantaggioso, utile. **2.** Che si trova in una situazione confortevole, in cui non prova fastidio. ◇ *Stai comodo, state comodi!:* espressione di cortesia con cui si invita a rimanere seduti. ◆ s.m. Ciò che giova, che porta benessere, vantaggio. SIN.: **agio**. ◇ *Fare i propri comodi:* pensare egoisticamente a sé. – *Fare con comodo:* senza premura. – *Soluzione di comodo:* la più facile e immediatamente vantaggiosa, ma compromissoria o svantaggiosa in prospettiva.
compact disc [/kəm'pækt 'dɪsk/] loc. sost. m. inv. (loc. ingl., propr. "disco compatto") **1.** Piccolo disco inciso su un solo lato, che garantisce una riproduzione del suono altamente fedele grazie alla lettura ottica mediante laser. **2.** *estens.* Impianto per la lettura o l'ascolto dei compact disc.
compaesàno s.m. [f. *-na*] Nativo, abitante dello stesso paese.
compàgine s.f. Unione organica di più elementi.
compagnìa s.f. **1.** Lo stare insieme con altri (anche con un animale o con una cosa che non faccia sentire soli). ~ La persona o le persone con cui si sta insieme. ◇ *Fare, tenere compagnia:* stare insieme a qlcu., non farlo sentire solo. – *Essere di compagnia:* socievole, affabile, di buona conversazione. – *Dolce compagnia:* quella della persona amata. – *Dama di compagnia:* signora che intrattiene una signora, in partic. anziana. **2.** Gruppo di amici che si frequentano abitualmente. SIN.: **combriccola**. ◇ *fam.* … *E compagnia bella:* e via dicendo, eccetera. **3.** Ciascuno dei reparti in cui è suddiviso il battaglione. ~ Nel Medioevo, gruppo di fanti o cavalieri agli ordini di un capitano. ◇ *Compagnia di ventura:* nei secc. XIV-XVI, squadra di soldati mercenari guidati da un condottiero. **4.** Gruppo di attori riunito da un impresario o costituenti una società. ◇ *Compagnia*

stabile: gruppo di attori che si esibisce stabilmente in un teatro. **5.** Congregazione, ordine religioso. *Compagnia di Gesù.* **6.** Corporazione artigiana. **7.** Società commerciale o di trasporto. *Compagnia assicurativa.* ◇ *Compagnia aerea:* società con capitale pubblico o privato che provvede con aerei propri al trasporto di passeggeri e di merci.

compàgno s.m. [f. *–gna*] (lat. *compànio* "che mangia lo stesso pane") **1.** Chi fa qlco. insieme con altri. ~ Chi partecipa con altri a una medesima condizione materiale o spirituale. ◇ *Compagno d'armi:* commilitone. **2.** Appellativo dei militanti dei partiti della sinistra storica, e, per anton., degli appartenenti a un partito comunista. **3.** *fam.* Persona con cui si fa coppia nella vita, in una gara, in un gioco. SIN.: **partner**. **4.** COMM. (spec. pl.) Socio. *Ditta Rossi e C. (compagni)* □ In funzione di agg., nel l. fam., che fa il paio. *La calza compagna.* ~ Molto simile, uguale. *Un vestito compagno di questo.*

companàtico s.m. [pl. *–ci*] **1.** Ciò che viene mangiato col pane. **2.** *fig.* Ciò di cui si nutre lo spirito.

company [/'kʌmpəni/] s.m. inv. (voce ingl., "compagnia") Società o impresa.

comparàbile agg. Che può essere paragonato ad altro.

comparàggio s.m. [pl. *–gi*] DIR. Accordo illecito tra industrie farmaceutiche e medici, veterinari, farmacisti, in il quale questi ultimi si impegnano a prescrivere determinate specialità in cambio di un compenso.

comparàre v.tr. Esaminare due o più oggetti per stabilire le rassomiglianze e le differenze. SIN.: **paragonare**.

comparatista s.m. e f. [pl.m. *–sti*] Specialista di letteratura e linguistica comparata. ~ Specialista di scienze comparative.

comparativo agg. Che stabilisce un confronto. ◇ *Metodo comparativo:* quello che, in vari ambiti della ricerca scientifica, raffronta dati, situazioni, fenomeni per dedurne gli elementi invariabili utili alla classificazione. ◆ s.m. GRAMM. Grado con cui l'aggettivo o l'avverbio vengono espressi in rapporto a un termine di paragone. *Comparativo di maggioranza, minoranza.*

comparàto agg. **1.** Paragonato. **2.** Che è studiato col metodo comparativo. ◇ *Grammatica, linguistica comparata:* quella che studia i rapporti tra lingue e dialetti e tra gruppi di lingue.

comparatóre s.m. Strumento di precisione utilizzato per comparare la dimensione di una parte a quella di un campione.

comparazióne s.f. **1.** Confronto tra persone o elementi per determinare analogie e diversità. SIN.: **paragone**. **2.** GRAMM. Rapporto tra due entità per indicarne il grado, pari o no, di determinate qualità o confrontarne qualità diverse.

compàre s.m. **1.** *region.* Padrino di battesimo o di cresima. ~ Il padrino rispetto ai genitori del bambino e viceversa. ◇ *Compare d'anello:* testimone di nozze. **2.** *fam. spreg.* Complice di un'azione illecita.

comparìre v.intr. [87] (aus. *essere*) **1.** Apparire a qlcu., mostrarsi in qualche luogo, essere visibile. *Comparire in pubblico.* ~ Essere vistoso, farsi notare. **2.** DIR. Presentarsi davanti a un tribunale. *Comparire in giudizio, davanti al giudice.* **3.** Essere presente e riconoscibile da qualche parte. *Il tuo nome non compare nella lista.* **4.** Essere pubblicato, uscire. *Quando il mio libro comparirà, te ne regalerò una copia.*

comparizióne s.f. DIR. Presentazione di una parte in causa o di un imputato davanti al giudice.

compàrsa s.f. **1.** Apparizione. **2.** Attore che ha un ruolo muto o di poca importanza. ◇ *fig. Fare da comparsa:* essere presente a un avvenimento senza interloquire o senza prendervi parte attivamente. **3.** DIR. In un procedimento civile, atto scritto in cui ciascuna delle parti espone le proprie ragioni.

comparsàta s.f. Apparizione saltuaria come comparsa. ~ Breve apparizione di un artista importante.

compartecipàre v.intr. (aus. *avere*) Aver parte con altri in qlco.

compartecipazióne s.f. **1.** Partecipazione insieme con altri alla gestione di un'attività economica. **2.** Quota di ciascun compartecipe.

compartécipe agg. Che fa parte con altri di un'impresa, di un'associazione. ◆ s.m. e f. Nel sign. dell'agg.

compartiménto s.m. **1.** Ciascuna delle parti risultanti dalla suddivisione di uno spazio. **2.** Circoscrizione amministrativa.

compàrto s.m. **1.** Parte risultante da una suddivisione. **2.** Settore di attività. SIN.: **ramo**.

compassàto agg. Caratterizzato da senso della misura e da compostezza, naturale o affettata. SIN.: **controllato**.

compassióne s.f. **1.** Sentimento di partecipazione alle altrui sofferenze, caratterizzato da sollecitudine e pietà. SIN.: **commiserazione**. ◇ *Muoversi a compassione:* impietosirsi. **2.** Sentimento di disapprovazione, di disprezzo suscitato da qlcu. o qlco.

compàsso s.m. Strumento formato da due asticelle incernierate in modo da poter assumere varie inclinazioni, usato per tracciare circonferenze o per misurare lunghezze.

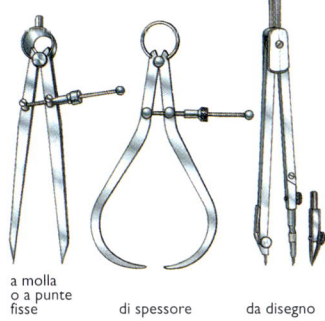

a molla o a punte fisse   di spessore   da disegno

■ **compàsso**

compatibile agg. **1.** Che può essere compatito, giustificato. **2.** Che può accordarsi o coesistere con qualcos'altro. SIN.: **conciliabile**. ◇ INFORM. *Computer compatibile:* che adotta un certo standard di formato dei dati o che può utilizzare dati e programmi di un altro computer. – *Dischetto compatibile:* che ha ricevuto una formattazione valida per il sistema operativo con cui deve essere impiegato. ◆ s.m. INFORM. Computer progettato per essere funzionalmente equivalente a un computer esistente.

compatibilità s.f. inv. Possibilità di coesistere, di convivere, di dialogare.

compatiménto s.m. **1.** Compassione, pietà. **2.** Sentimento di sopportazione verso le debolezze, gli errori altrui.

compatìre v.tr. [83] (aus.) **1.** Provare pena, pietà per qlcu. SIN.: **commiserare**. **2.** Considerare qlcu. con un sentimento misto di pena, superiorità e disprezzo, ed essere perciò esenti da sorvolare su certi comportamenti o difetti. SIN.: **scusare**. **3.** Essere indulgenti, tolleranti nei confronti di qlcu. o qlco. SIN.: **tollerare**. ◆ **compatirsi** v.pron. Aver pietà di sé. Detto di due o più persone, sopportarsi a vicenda.

compatriòta s.m. e f. [pl.m. *–ti*] (calco del gr. *synpatriótēs*) Chi appartiene alla stessa nazione, allo stesso paese. SIN.: **conterraneo**.

compattàre v.tr. **1.** Comprimere, schiacciare qlco. per renderlo compatto. **2.** *fig.* Rinsaldare la coesione di un gruppo. **3.** INFORM. Comprimere. ◆ **compattarsi** v.pron. **1.** Diventare solido, duro. **2.** *fig.* Stringersi in un gruppo compatto, rinsaldarsi.

compattazióne s.f. **1.** Complesso di operazioni volte a rendere più compatto un terreno. **2.** INFORM. Compressione.

compattézza s.f. **1.** Forte connessione di parti, di elementi costitutivi. SIN.: **coesione**. **2.** *fig.* Coesione di un gruppo, saldezza di un'unione. ~ Unanimità, vasto consenso a un'azione collettiva. *Compattezza di uno sciopero.*

compàtto agg. **1.** Che non presenta separazione visibile tra gli elementi costituenti. SIN.: **coerente**. **2.** *fig.* Unanime, concorde, solidale. **3.** *estens.* Di ciò che è di piccole dimensioni, che ha forma raccolta.

compendiàre v.tr. [6] Riassumere, esporre sinteticamente. ~ Descrivere efficacemente e in breve.

compèndio s.m. [pl. *–di*] **1.** Riassunto, riduzione, epitome degli elementi essenziali di opere o di argomenti di grande estensione. **2.** *fig.* Sintesi di cose diverse. **3.** DIR. Insieme di obblighi e di diritti connessi a un'eredità.

compenetràto agg. Immerso profondamente, intimamente preso, pervaso da sentimenti, emozioni, pensieri.

compenetrazióne s.f. **1.** Penetrazione irreversibile di particelle di una sostanza in un'altra. **2.** *fig.* Profonda comprensione e partecipazione alla vita altrui.

compensàre v.tr. **1.** Bilanciare, pareggiare qlco. *I guadagni compensano le spese.* **2.** Risarcire, indennizzare qlcu. di un danno. ~ Pagare, retribuire qlco. **3.** Equilibrare qlco. di negativo con qlco. di positivo. *Compensare l'insicurezza con la tenacia.* **4.** *fig.* Dare soddisfazione a qlcu. per qlco. che ha fatto. ◆ **compensarsi** v.pron. **1.** Detto di due o più cose, avere un sostanziale equilibrio l'una con l'altra. SIN.: **bilanciarsi**. **2.** *fig.* Equilibrarsi a vicenda, avere ciascuno ciò che manca all'altro.

compensativo agg. Che costituisce compensazione.

compensàto agg. **1.** Pareggiato, bilanciato, equilibrato. **2.** Pagato, retribuito. **3.** *fig.* Ricompensato. **4.** MED. Di lesione o affezione i cui effetti nocivi sono stati neutralizzati sia mediante un trattamento terapeutico sia mediante una reazione di difesa dell'organismo. *Il diabete compensato non causa dimagrimento.* ◆ s.m. *Legno compensato:* materiale costituito da un certo numero di sottili strati di legno incollati e pressati, le cui fibre sono incrociate perpendicolarmente.

compensatóre agg. [f. *–trice*] Che compensa, bilancia. ◆ s.m. FIS. Dispositivo che in un sistema elimina effetti indesiderati per assicurare la stabilità del sistema stesso. **2.** AER. *Compensatore aerodinamico:* ciascuna delle piccole superfici mobili che, sugli aeroplani, riducono le reazioni dei timoni ai comandi.

compensazióne s.f. **1.** Azione di compensare, di bilanciare. SIN.: **riequilibrio**. **2.** DIR. Istituto giuridico grazie al quale i crediti reciproci, fino alla concorrenza dello stesso valore, si annullano a vicenda. **3.** PSICOL. *Meccanismo di compensazione:* processo psichico di rafforzamento di attitudini o di individuazione di nuovi interessi, con cui si cerca di sopperire a una situazione di inferiorità fisica o psichica. **4.** BANC. Operazione nella quale acquisti e vendite sono regolati tramite giroconto reciproco senza la consegna materiale di titoli o di danaro. ◇ *Stanza di compensazione:* istituzione bancaria centrale che ha la funzione di pareggiare le operazioni di debito e di credito delle banche e degli agenti di cambio. **5.** SPORT. Negli sport subacquei, riequilibrio della pressione interna con quella esterna esercitata dall'acqua sul timpano mediante una particolare tecnica di respirazione.

compènso s.m. **1.** Corrispettivo di una cosa mancante, risarcimento. ~ *In compenso:* in cambio, al contrario. **2.** Corrispettivo economico di una cosa che è stata fatta. SIN.: **retribuzione**. ~ *fig.* Ricompensa, contraccambio morali. **3.** MED. Fenomeno per cui un organo supplisce alle proprie anomalie con delle modificazioni che tendono a ristabilire l'equilibrio fisiologico. **4.** FIN. Disposizione che il cliente impartisce a un intermediario finanziario per trasferire dei titoli a un altro intermediario. ◇ *Prezzo di compenso:* prezzo di un titolo determinato una volta al mese in relazione ai riporti di borsa.

cómpera o **cómpra** s.f. (spec. pl.) Acquisto. *Fare compere.*

competènte agg. **1.** Che possiede le competenze necessarie, esperto. **2.** DIR. Che ha competenza. *Giudice competente.* ◆ s.m. e f. Esperto, specialista.

competènza s.f. (fr. *compétence*) **1.** Capacità di agire con esperienza in una data materia. **2.** DIR. Idoneità di un organo amministrativo o giurisdizionale a emanare determinati atti giuridici. ~ Ambito entro cui tale idoneità è valida. ◇ *Essere di competenza:* essere preposto a svolgere un'attività. **3.** estens. Pertinenza, mansione. **4.** (spec. pl.) Onorario, spettanza. **5.** LING. Nella grammatica generativo-trasformazionale, conoscenza innata da parte del parlante dell'insieme di regole che governano la sua lingua. **6.** GEOL. Attitudine di un fluido (acqua o vento) a trasportare elementi della dimensione massima compatibile con la propria velocità.

compètere v.intr. [manca del part. pass.] (lat. *compètere* "tendere a un punto" quindi "essere capaci di") **1.** Confrontarsi come rivale con qlcu., gareggiare con lui. **2.** Essere di pertinenza, di competenza di qualche funzionario o ufficio. ~ estens. Spettare, riguardare.

competitività s.f. inv. **1.** Capacità di stare al passo con la concorrenza, di tenerle testa. **2.** Spirito di emulazione, di rivalità, proprio di chi è competitivo.

competitivo agg. **1.** Capace, grazie alle sue qualità, alle sue caratteristiche, di tenere testa alla concorrenza. **2.** Concorrenziale. *Mercato competitivo.*

competitóre s.m. [f. *–trice*] Chi è in competizione. SIN.: **rivale**.

competizióne s.f. Confronto tra avversari e concorrenti nello sport o in altri campi.

compiacènte agg. **1.** Disposto ad assecondare i desideri, le richieste altrui. **2.** spreg. Accomodante, dietro compenso, di fronte a situazioni o fatti illeciti.

compiacènza s.f. **1.** Compiacimento. **2.** Benvolere, disponibilità, cortesia.

compiacére v.tr. [55] Accontentare, soddisfare qlcu. ◆ v.intr. (aus. *avere*) Far piacere a qlcu., cedere volentieri ai suoi desideri. ◆ **compiacersi** v.pron. **1.** Provare piacere o soddisfazione. *Compiacersi per la buona riuscita del lavoro.* **2.** Degnarsi di fare qlco. *Compiacersi s'è compiaciuto di rispondere.* **3.** Esternare a qlcu. la propria soddisfazione. *Mi compiaccio con te per l'esito dell'esame.* SIN.: **congratularsi**.

compiaciménto s.m. **1.** Piacere che si prova nel fare qlco. **2.** Rallegramento, congratulazione. *Esprimere il proprio compiacimento a un amico per il suo successo.*

compiaciùto agg. Che prova compiacimento.

compiàngere v.tr. [22] Considerare qlcu. con atteggiamento di compassione e pena, a volte sino a provare un senso di sprezzante pietà. ◆ **compiangersi** v.pron. Provare pena per se stessi. SIN.: **compatirsi**.

compiànto agg. Che è oggetto di pianto, di dolore, perlopiù riferito a defunto. *Il compianto collega.* ◆ s.m. **1.** Pena, dolore collettivi. **2.** Componimento poetico medievale consistente in un lamento per la morte di una persona o per una sventura pubblica.

cómpiere v.tr. [70] **1.** Fare, eseguire qlco. *Compiere il proprio dovere.* **2.** Completare, portare a buon fine. *Finalmente ha compiuto l'opera.* SIN.: **terminare**. ◇ *Compiere gli anni:* raggiungere una data età; festeggiare il compleanno. ◆ **compiersi** v.pron. Avere attuazione, adempiersi.

compièta s.f. (lat. *hòram complètam* "ora che conclude la giornata") CRIST. Ultima ora canonica che chiude la giornata liturgica. ~ Insieme delle preghiere in essa recitate.

compilàre v.tr. **1.** Sistemare, elencare dati secondo un certo ordine. *Compilare un elenco.* **2.** Scrivere in una scheda prestampata le informazioni richieste. *Compilare un modulo.* **3.** Scrivere un'opera con materiali di diversa provenienza opportunamente selezionati e ordinati. **4.** INFORM. Tradurre un programma in linguaggio macchina mediante un compilatore.

compilation [/'kɔmpi'leiʃən/] s.f. inv. (voce ingl., "compilazione") Disco, cassetta che contiene una raccolta di brani musicali, spec. di grandi successi.

compilativo agg. Compilatorio, anche in senso spreg.

compilatóre s.m. **1.** [f. *–trice*] Chi compila. *Compilatori delle voci di un'enciclopedia.* **2.** INFORM. Programma che traduce tutte le istruzioni di un programma dal linguaggio simbolico usato dal programmatore al linguaggio macchina, producendo il codice che sarà eseguito.

compilatòrio agg. [pl.m. *–ri*] Che risulta da un lavoro di raccolta e di selezione di testi, dati, documenti già noti, messi insieme o con scarsi apporti personali. *Una tesi di laurea di tipo compilatorio.* SIN.: **compilativo**.

compilazióne s.f. **1.** Elencazione ordinata di dati. ~ Composizione, stesura di uno scritto. **2.** Raccolta, selezione e sistemazione di materiali senza pretese di originalità.

compiménto s.m. **1.** Atto con cui si porta a buon fine qlco. **2.** Messa in atto di un proposito. *Dare compimento a un desiderio.* SIN.: **adempimento**.

compire v.tr. [70] Compiere, concludere qlco. ◆ v.intr. (aus. *essere*) Giungere a termine, compiersi, realizzarsi; anche pron.

compitàre v.tr. Pronunciare le lettere o le sillabe che compongono una parola. ~ estens. Leggere stentatamente.

compitazióne s.f. Lettura ad alta voce fatta compitando.

1. cómpito s.m. **1.** Lavoro, incombenza anche di tipo morale assegnati da altri o sentiti dal soggetto stesso. SIN.: **mansione**. **2.** Dovere morale e d'ufficio. *Il medico ha il compito di curare.* **3.** Lavoro, esercizio scritto assegnato a uno studente.

2. compìto agg. Di maniere impeccabili. SIN.: **cortese**.

compiutézza s.f. **1.** Carattere definito, concluso. *Compiutezza di un'esperienza.* **2.** lett. Perfezione stilistica e formale di uno scritto, di un discorso, di un'opera d'arte.

compiùto agg. **1.** Che è arrivato al suo termine, completato, passato. ◇ *Fatto compiuto:* che ha carattere definitivo, irreversibile. **2.** Completo, esauriente.

complanàre agg. GEOM. Di enti geometrici che giacciono sullo stesso piano. *Rette complanari.*

compleànno s.m. (spagn. *cumpleaños*) Giorno di anniversario della nascita.

complementàre agg. (fr. *complémentaire*) **1.** Che costituisce un complemento, che si aggiunge a qlco. della stessa natura completandolo, anche se non è necessario. SIN.: **integrativo**. **2.** ALG. *Complementare di un insieme A in un insieme universo E:* è l'insieme Ā formata dagli elementi di *E* che non appartengono ad *A*. (Quindi A ∪ Ā = E e A ∩ Ā = → ∅.) – GEOM. *Angoli complementari:* angoli la cui somma è un angolo retto. **3.** FIS. *Colori complementari:* colori che, componendosi, danno luce bianca. **4.** ECON. *Bene complementare:* quello che soddisfa un determinato bisogno solo se impiegato insieme con un altro bene.

complementazióne s.f. (ingl. *complementation*) ALG. Biiezione di *P(E)*, insieme delle parti di *E*, su se stesso, che a una parte *A* di *E* associa il suo complementare *Ā*.

compleménto s.m. **1.** Ciò che occorre aggiungere a una cosa per renderla completa. **2.** GRAMM. Espressione linguistica (quasi sempre costituita da un nome o pronome preceduti da preposizione) che contribuisce a comporre la frase e si definisce per il concetto che racchiude (di luogo, tempo, causa, fine, mezzo, ecc.) e non per la funzione sintattica che svolge. **3.** MIL. Insieme di militari che completano le unità mobilitate e vanno a rimpiazzare le perdite subite. ◇ *Ufficiale di complemento:* nell'organizzazione militare, ufficiale di leva non in servizio permanente effettivo ma richiamato solo in caso di necessità. **4.** BIOL. Sistema di fattori proteici presenti nel plasma sanguigno, importanti in vari processi di difesa dell'organismo. **5.** ALG. *Complemento di un insieme:* insieme *complementare. – GEOM. Complemento di un angolo:* angolo complementare di quello dato.

complessàre v.tr. fam. Suscitare complessi in qlcu., intimidire.

complessàto agg. Che soffre di complessi psichici. ~ estens. Che si crea dei problemi, che è introverso, turbato. ◆ s.m. [f. *–ta*] Nel sign. dell'agg.

complessazióne s.f. CHIM. Formazione di un complesso per reazione.

complessióne s.f. Costituzione fisica. SIN.: **corporatura**.

complessità s.f. inv. (fr. *complexité*) **1.** Carattere di ciò che è complesso, complicato. *La complessità di un problema.* **2.** MAT. Proprietà specifica dei sistemi complessi. ◇ INFORM. *Teoria della complessità:* studio degli algoritmi in base ai quali è possibile sviluppare speciali programmi informatici.

complessivo agg. (lat. *complexìvum*, deriv. di *complècti* "abbracciare") Che tiene conto di più cose tutte insieme.

1. complèsso agg. **1.** Costituito da più elementi formanti un'unità funzionale. *Sistema complesso.* ◇ ALG. *Numero complesso:* numero che si può scrivere (*x* + i*y*) dove *x* e *y* sono numeri reali e i è un numero immaginario tale per cui i² = - 1 (i è detta unità immaginaria; *x* è la parte reale; *y* è il coefficiente dell'immaginario). (L'insieme ℂ dei numeri complessi ha una struttura di corpo commutativo per l'addizione e la moltiplicazione.) – GRAMM. *Frase o proposizione complessa:* quella costituita da due o più frasi legate per subordinazione. **2.** estens. Complicato, difficoltoso, non univoco. **3.** DIR. *Organo complesso:* quello composto da più organi, come il parlamento che comprende le due camere. – *Reato complesso:* reato che assorbe in sé una fattispecie criminosa minore, come la rapina rispetto al furto e alla violenza privata. **4.** CHIM. Di composto, di gruppo atomico o di ione che presenta un legame di coordinazione tra un atomo o uno ione e un numero definito di gruppi atomici, ioni, molecole.

2. complèsso s.m. **1.** Insieme di elementi che interagiscono, totalità. *Un complesso di problemi.* ~ Insieme di persone che condividono una condizione, una caratteristica. *Il complesso dei medici.* ◇ *Complesso musicale, vocale, orchestrale:* gruppo di musicisti o di cantanti riuniti temporaneamente o stabilmente. – *Nel complesso:* in una visione d'assieme, in una considerazione globale, in generale. **2.** Insieme integrato di edifici aventi una medesima funzione. *Complesso turistico.* ~ Impresa, industria con varie articolazioni produttive. *Complesso siderurgico.* **3.** CHIM. Composto complesso. ◇ BIOCHIM. *Complesso vitaminico:* gruppo di vitamine contenenti lo stesso principio attivo. **4.** PSICOAN. Situazione psichica, di origine inconscia, derivata da conflitti affettivi dell'età infantile che turbano un soggetto adulto e provocano in lui fenomeni nevrotici. ◇ *Complesso di Edipo:* insieme delle attrazioni affettive morbose e della ostilità che il bambino ha nei confronti dei suoi genitori durante la fase fallica (attaccamento erotico al genitore di sesso opposto e odio, causato da gelosia, verso quello del proprio sesso) il cui risultato è normalmente l'identificazione con il genitore del proprio sesso. – *Complesso di colpa:* ossessione di avere inconsciamente contribuito alla morte di una persona cara; estens. comun. tendenza esasperata di un individuo ad assumersi le responsabilità di qlco, che non ha commesso. – *Complesso di inferiorità:* stato nevrotico che intimidisce e paralizza un soggetto di fronte a un altro ritenuto superiore; estens. tendenza a sottovalutare se stesso. **5.** estens. Ingigantimento, esagerazione di un dato reale o di un'idea. *Essere pieno di complessi.* SIN.: **ossessione**.

completaménte avv. In modo completo, assoluto.

completaménto s.m. (fr. *complètement*) Azione di completare. SIN.: **compimento**.

completàre v.tr. (fr. *compléter*) Rendere completo aggiungendo ciò che manca. SIN.: **terminare**. ◆ fig. iron. *Completare l'opera:* aggiungere danno a danno, rendendo irreparabili i guasti. ◆ **completarsi** v.pron. Formare una totalità armonica. *Caratteri che si completano.* SIN.: **integrarsi**.

completézza s.f. **1.** Presenza di tutti gli elementi che fanno ritenere qlco. intero, compiuto.

2. MAT. Proprietà metrica e topologica di uno spazio astratto.

completivo agg. Che completa, che integra. ◇ GRAMM. *Frase, proposizione completiva:* subordinata che completa la reggente, svolgendo il ruolo di soggetto o di argomento diretto o indiretto.

complèto agg. **1.** A cui non manca alcun elemento costitutivo. *Equipaggio completo.* **2.** Interamente realizzato, totale, assoluto. *Fallimento completo.* ~ Senza restrizione, totale. **3.** Che ha tutte le qualità richieste dal suo stato. *Atleta completo.* **4.** Pieno, senza più posti disponibili. *Cinema completo.* ◆ s.m. **1.** Esaurimento della disponibilità, della capienza. ◇ *Al completo, al gran completo:* al massimo della capienza. *Ristorante al completo;* interamente, senza defezioni. *La squadra al gran completo.* **2.** Tipo di abbigliamento formato da capi di vestiario della stessa stoffa, fatti per essere portati insieme. ~ Equipaggiamento necessario per una data attività. *Completo da sci.* **3.** Insieme di oggetti necessari per una data operazione. *Completo da barba.*

complicànza s.f. MED. Ogni fenomeno patologico conseguente a una patologia primaria che aggrava la prognosi.

complicàre v.tr. [4] Rendere difficile, complicato. SIN.: **ingarbugliare**. ◆ **complicarsi** v.pron. Diventare più complicato, più difficile da risolvere. *Le cose si complicano.* ◇ *Complicarsi la vita:* scegliere le soluzioni di più difficile attuazione o di esito più incerto.

complicatézza s.f. Complessità di qlco. ~ Mancanza di linearità nel ragionamento che provoca scarsa chiarezza.

complicàto agg. **1.** Composto da un grande numero di elementi. SIN.: **complesso**. ~ Difficile da comprendere, da risolvere. **2.** Di persona, che manca di semplicità nelle relazioni con gli altri, nel pensiero. **3.** MED. Che presenta complicanze.

complicazióne s.f. **1.** Elemento che ostacola lo svolgimento normale di qlco. SIN.: **inconveniente**. **2.** Modo di procedere tortuoso, che fa perdere tempo. **3.** MED. Complicanza. **4.** (al pl.) Comportamento contorto, di difficile decifrazione.

còmplice s.m. e f. **1.** DIR. Chi partecipa a un delitto, a un crimine con altri. SIN.: **correo**. **2.** *scherz.* Compagno in un'azione sconveniente ma accettabile. ❑ In funzione di agg. **1.** Che consente, permette, favorisce. *Farsi complice di una truffa.* **2.** Che manifesta complicità con qlcu. *Sorriso complice.*

complicità s.f. inv. (fr. *complicité*) **1.** Partecipazione a un crimine, a un reato. SIN.: **correità**. **2.** Sostegno, aiuto dato in un'azione sconveniente. SIN.: **connivenza**. **3.** *estens.* Intesa segreta. *Complicità tra amanti.*

complimentàre v.tr. (spagn. *cumplimentar*) Indirizzare a qlcu. dei complimenti, delle congratulazioni. ◆ **complimentarsi** v.pron. Congratularsi. *Mi complimento con te per l'esame.*

compliménto s.m. (spagn. *cumplimiento*, deriv. di *cumplir* "compiere") **1.** Espressione con cui si sottolinea una qualità, un pregio di qlcu. SIN.: **apprezzamento**. **2.** (al pl.) Insieme di gesti, di parole, di atteggiamenti improntati a gentilezza formale. SIN.: **convenevoli**. ◇ *Senza tanti complimenti:* in modo sbrigativo, senza troppi riguardi. – *Senza complimenti:* espressione convenzionale per rifiutare ciò che viene offerto.

complimentóso agg. **1.** Che fa troppi complimenti. **2.** Che si dice per complimento.

complottàre v.intr. (aus. *avere*) (fr. *comploter*) **1.** Preparare un complotto contro l'autorità. *Complottare di rovesciare lo Stato.* **2.** *scherz.* Parlottare in segreto con aria d'intesa. *I bimbi complottano sempre.* ◆ v.tr. Preparare segretamente e di concerto. *Complottano la nostra rovina.*

complòtto s.m. (fr. *complot*, orig. "gruppo di persone") Insieme di intrighi segreti. ~ Disegno concertato in segreto tra più persone e diretto contro un individuo, un'istituzione, in partic. contro un governo, un regime.

complùvio s.m. [pl. *-vi*] **1.** ANT. ROM. Apertura quadrata, nel mezzo del tetto sovrastante l'atrio, attraverso cui l'acqua piovana defluiva e cadeva nell'impluvio. **2.** COSTR. Angolo formato da due falde di tetto in cui confluisce l'acqua piovana.

componèndo s.m. MAT. Proprietà delle proporzioni per cui si ottiene ancora una proporzione se il primo e il terzo termine si sostituiscono rispettivamente con la somma dei primi due e la somma degli altri due.

componènte s.m. **1.** (anche f.) Ciascuno di coloro che formano un gruppo. SIN.: **membro**. **2.** CHIM. Sostanza che, combinata con altre, forma un composto. **3.** TECN. Pezzo elementare di una macchina, un apparecchio, un circuito elettrico o elettronico. ~ Pezzo che un'industria acquista da terzi per assemblarlo alle parti fabbricate in proprio e ottenere il prodotto finito. *Componente per auto.* ◇ ALG. *Componenti di un vettore:* coordinate di un vettore in una base. ◆ s.f. *fig.* Elemento astratto che partecipa alla formazione di un fenomeno o di una personalità. *La componente realista della cultura occidentale.* ◇ ECON. *Componente di reddito:* elemento che entra nella formazione del reddito in forma negativa (*costo*) o positiva (*ricavo*). ◆ agg. Che entra nella composizione di qlco. *Le parti componenti di un tutto.*

componentìstica s.f. [non com. pl. *-che*] Produzione industriale di parti per determinati tipi di prodotto. ~ Complesso delle industrie di tale settore.

componìbile agg. Che si può unire con qlco. o che risulta dall'integrazione di vari elementi.

componiménto s.m. **1.** Esposizione scritta, a uso scolastico, di considerazioni su un argomento dato. SIN.: **tema**. **2.** Composizione letteraria, musicale.

compórre v.tr. [25] **1.** Elaborare un'opera, spec. letteraria o musicale. *Bach compose molti pezzi.* ~ Esporre ordinatamente per iscritto i propri pensieri. *Comporre un tema.* **2.** Mettere in ordine, sistemare, general. parti del corpo o abiti; anche pron. *Comporre (comporsi) i capelli.* **3.** Conciliare posizioni diverse. *Comporre una vertenza.* **4.** Formare un tutto riunendo varie parti. *Comporre un mazzo.* ◇ *Comporre un numero:* formare un numero, un codice su una tastiera per telefonare a qlcu. – STAM. *Comporre una parola, una riga:* procedere alla composizione di un testo da stampare. **5.** Atteggiare il viso in qualche modo, disporre l'animo a qlco. *Comporre il viso alla pietà.* **6.** Costituire, venire a formare un tutto organico. *I bimbi compongono una squadra.* ◆ **comporsi** v.pron. Essere formato, essere costituito da. *L'opera si compone di due cd.*

comportamentàle agg. (calco dell'ingl. *behavioural*) PSICOL. Relativo al comportamento.

comportamentìsmo s.m. (calco dell'ingl. *behaviourism*) **1.** PSICOL. Metodologia basata sull'analisi del comportamento inteso come risposta a stimoli provenienti dall'esterno. **2.** Tendenza artistica della metà degli anni Sessanta secondo cui l'artista come persona fisica, e la sua opera, è parte del fatto estetico.

comportamentìsta s.m. e f. [pl.m. *-sti*] (calco dell'ingl. *behaviourist*) Seguace del comportamentismo.

comportaménto s.m. **1.** Modo di comportarsi. ◇ *Comportamento alimentare:* modalità usuali con cui si ciba. ~ Insieme delle reazioni di un individuo agli altri e all'ambiente. SIN.: **condotta**. ◇ DIR. CIV. *Comportamento concludente:* quello che manifesta una volontà implicita producendone gli effetti giuridici. **2.** ETOL., PSICOL. Insieme delle reazioni, osservabili obiettivamente, di un organismo in risposta agli stimoli dell'ambiente interiore o esterno. **3.** Modo di reagire o di essere di una sostanza o di un corpo in rapporto a variazioni fisiche.

comportàre v.tr. **1.** Avere per effetto, causare. *La guerra comporta molti mali.* **2.** Consentire, ammettere, spec. in frasi negative. *Questa regola non comporta deroghe.* ◆ **comportarsi** v.pron. Operare, agire in un dato modo. *Si è comportato bene.*

Compòsite s.f. pl. [iniziale minusc. sing. *-ta* per l'individuo] BOT. Famiglia di piante erbacee dicotiledoni dai piccoli fiori numerosi, riuniti in capolini stretti che somigliano a volte a fiori semplici; ne fanno parte margherite, denti di leone, camomilla, cardi, fiordalisi. (Ordine delle Sinandre.) SIN.: **Asteracee**.

compòsito agg. Formato di elementi molto diversi. SIN.: **eterogeneo**. ◇ *Ordine composito:* ordine architettonico romano, il cui capitello combina le volute dello ionico e gli strati d'acanto del corinzio. – *Motore composito:* motore *compound. – *Materiale composito:* materiale formato di componenti distinti la cui associazione conferisce all'insieme proprietà che nessuno di essi separatamente possiede.

ENCICL. I materiali compositi sono oggi molto sfruttati perché coniugano leggerezza e robustezza. Hanno numerose applicazioni nell'industria aeronautica (derive mobili, sezioni di ali di aerei) e aerospaziale, navale (pali e scafi), automobilistica (carrozzerie, paraurti), nelle industrie meccaniche ed elettriche, nella fabbricazione di articoli sportivi (sci, racchette da tennis, tavole da vela), ecc. I più diffusi sono costituiti da una base in resina organica (epossidi, poliesteri, policarbonati, polietileni, ecc.) rafforzata da fibre resistenti o rigide (vetro, carbonio, boro, poliammide, ecc.) oppure da composti speciali (carbonio-carbonio, cioè fibre e base di carbonio, o ceramica-ceramica).

compositóio s.m. [pl. *-toi*] STAM. Arnese metallico con sezione a squadra sul quale vengono composte parole e righe. ~ Attrezzo costituito da una lama metallica piegata a squadra, chiusa a un'estremità da un tassello fisso e all'altra da un tassello mobile.

compositóre s.m. [f. *-trice*] **1.** Musicista che compone opere musicali. **2.** STAM. Chi è specializzato nella composizione.

compositrice s.f. STAM. Macchina per comporre automaticamente righe e pagine.

composizióne s.f. **1.** Modo di comporre un tutto riunendo più parti. SIN.: **combinazione**. **2.** Creazione di un'opera artistica, spec. musicale. ~ *estens.* L'opera stessa. **3.** Esercizio scolastico di svolgimento di un tema. **4.** ART. Rapporto intercorrente tra gli elementi formali. *Composizione prospettica.* **5.** STAM. Formazione di righe e pagine. ~ *estens.* Insieme di righe o pagine composte. ~ Sistemazione dei vari elementi grafici di uno stampato. (Attualmente si usano principalmente fotocompositrici.) **6.** LING. Processo morfologico di associazione di due unità lessicali autonome per formare una nuova parola. **7.** FIS. *Composizione di vettori:* operazione con cui a più vettori si sostituisce un unico vettore, detto *risultante*. **8.** ALG. *Legge di composizione interna su un insieme E:* applicazione di una parte A di $E \times E$ di E. [A ogni coppia (x, y) di elementi di A, si associa un elemento unico z di E.] **9.** CHIM. Proporzione degli elementi che entrano in un composto. **10.** Accordo raggiunto in un contrasto. SIN.: **conciliazione**.

compost [/ˈkɔmpɔst/] s.m. inv. (voce ingl., "miscela fertilizzante") Prodotto della degradazione batterica dei rifiuti solidi urbani, usato come fertilizzante.

compósta s.f. **1.** Preparazione di frutta fresca o secca cotta con acqua e zucchero. *Una composta di mele.* ~ Marmellata di frutta mista. **2.** Miscuglio fermentato di residui organici e minerali, utilizzato per l'ammendamento dei terreni agricoli. SIN.: **terricciato**.

compostàggio s.m. [pl. *-gi*] Preparazione del compost, che consiste nel lasciare fermentare residui agricoli o urbani (rifiuti domestici).

compostézza s.f. **1.** Atteggiamento composto del corpo. **2.** *fig.* Decoro.

compostièra s.f. Coppetta in cui si serve la marmellata o la frutta cotta.

compósto agg. **1.** Che risulta dall'unione di più elementi. ◇ CHIM. *Sostanza composta:* formata dalla combinazione di più sostanze. – GRAMM. *Parola composta:* costituita da più parole o elementi e formante un'unità significativa (p.e. posacenere). – *Tempo composto:* forma verbale costituita da un participio passato preceduto da un ausiliare (*essere* o *avere*), in oppos. a *tempo semplice*. – BOT. *Foglia composta:* quella formata da più foglioline che si dipartono dallo stesso asse. – MAT. *Funzione composta:* funzione di una o più variabili, funzioni a loro volta di altre variabili. **2.** Che ha un contegno misurato, educato. ◆ s.m.

1. Ciò che è formato da più elementi. 2. CHIM. Sostanza formata da più elementi chimici, di composizione definita. 3. LING. Parola composta.

compound [/'kəmpaʊnd/] agg. inv. (voce ingl. "composto") *Macchina compound:* macchina costituita da unità di diverso tipo o alimentata con sistemi misti. – AER. *Motore compound:* motore a pistoni nel quale i gas di scarico azionano una turbina che agisce sull'albero.

compràre o **comperàre** v.tr. 1. Entrare in possesso di qlco. attraverso il pagamento del prezzo fissato; anche pron. *Comprare (comprarsi) una casa.* SIN.: **acquistare**. 2. *fig.* Ottenere attraverso il denaro qlco. per sua natura non commerciabile; anche pron. ~ Corrompere qlcu. *Comprare (comprarsi) un testimone.*

compratóre s.m. [f. *-trice*] Chi compera.

compravéndere v.tr. [12] Effettuare un'operazione di compravendita di un bene.

compravéndita s.f. [pl. *compravendite*] Tipo di commercio che consiste nel comprare un bene per poi rivenderlo.

comprèndere v.tr. [33] 1. Afferrare il senso di qlco. *Non comprendere il discorso.* SIN.: **capire**. 2. *estens.* Penetrare nell'animo di qlcu., accettare le sue motivazioni o le ragioni di un suo comportamento. *Comprendo le tue ragioni.* 3. Includere, inserire qlco. in un insieme. *Il prezzo indicato comprende le spese.* ~ Contenere, racchiudere qlco. *L'elenco non comprende il mio nome.* ◆ **comprendersi** v.pron. Detto di due o più persone, intendersi, capirsi. *Si comprendono senza parlare.*

comprendònio s.m. [pl. *-ni*] *fam. scherz.* Facoltà di comprendere. SIN.: **intelligenza**.

comprensìbile agg. 1. Che si può comprendere facilmente. SIN.: **chiaro**. 2. *estens.* Meritevole di comprensione. SIN.: **giustificabile**.

comprensióne s.f. 1. Facoltà di capire, di intendere. *La comprensione delle ragioni di un fenomeno.* 2. *estens.* Attitudine a comprendere e valutare le ragioni altrui. *Comprensione reciproca.* 3. FILOS. Insieme di attributi inglobati in un'idea.

comprensìvo agg. 1. Che contiene, include qlco. 2. *estens.* Che manifesta comprensione e indulgenza verso gli altri. SIN.: **tollerante**.

comprensòrio s.m. [pl. *-ri*] Territorio che comprende più proprietà fondiarie, accorpate per una politica di sviluppo comune. *Comprensorio industriale.*

compresènza s.f. Presenza con altri o con altre cose.

compréso agg. 1. Contenuto, incluso. 2. *fig.* Capito sul piano intellettivo o linguistico. ~ *estens.* Capito nelle proprie ragioni morali, sentimentali. 3. *fig.* Intento, concentrato, assorbito. ~ Pervaso da un sentimento o da una sensazione.

comprèssa s.f. (fr. *compresse*) 1. Ritaglio di garza idrofila per medicazioni. 2. Pastiglia medicinale ottenuta per polverizzazione e compressione delle sostanze medicamentose. SIN.: **pillola**.

compressibilità s.f. inv. FIS. Proprietà delle sostanze di subire variazioni di volume in rapporto alla pressione esercitata su di esse.

compressióne s.f. 1. Riduzione del volume di un corpo. ◇ MECC. *Fase di compressione:* nel motore a scoppio, fase in cui il movimento del pistone riduce il volume del cilindro ed esercita una pressione sulla miscela di aria e carburante. – MED. *Compressione cerebrale:* aumento della pressione endocranica determinato da varie cause patologiche. 2. INFORM. Riduzione delle dimensioni di un file per occupare meno memoria.

comprèsso agg. 1. Sottoposto a pressione. 2. *fig.* Represso, frenato. *Desiderio compresso.* 3. MECC. Riferito al motore di un autoveicolo, con i cilindri modificati per avere un rapporto di compressione più elevato del normale.

compressóre agg. [non com. f. *compremitrice*] Che preme, che schiaccia. ◆ s.m. Apparecchio che serve a esercitare una pressione. ~ In partic. nei motori a scoppio, dispositivo che immette nei cilindri miscela sotto pressione. ◇ *Compressore stradale:* *rullo compressore.

comprìmere v.tr. [38] 1. Premere con forza, schiacciare, pressare qlco. 2. *fig.* Contenere, ridurre qlco. *Comprimere le spese.* 3. *fig.* Tenere a freno un sentimento, un'emozione. 4. FIS. Agire su un corpo in modo da ridurne il volume. *Comprimere un fluido.* 5. INFORM. Ridurre lo spazio occupato in memoria da certi dati. *Comprimere un file.* ◇ *Comprimere un'immagine:* ridurre la quantità di memoria che occupa, general. riducendone dimensioni o qualità.

compromésso agg. Che è sceso a patti, che ha collaborato con chi è moralmente screditato. *Un politico compromesso.* ~ Messo in discussione dal punto di vista morale. *Reputazione compromessa.* ~ Che ha scarse possibilità di riuscita, irrimediabilmente danneggiato. SIN.: **pregiudicato**. ◆ s.m. 1. Cedimento morale in vista di un vantaggio pratico. *Scendere a compromessi.* 2. DIR. Accordo con il quale le parti decidono di sottoporre una controversia a un arbitro. ~ Contratto preliminare, spec. di compravendita immobiliare, stipulato in vista della conclusione di un contratto definitivo. 3. *estens.* Accordo realizzato grazie a concessioni reciproche. *Arrivare a un compromesso.* 4. *fig.* Mistura, miscuglio, fusione di cose diverse.

compromettènte agg. Che espone a rischi morali, che può nuocere alla reputazione. *Dichiarazioni compromettenti.*

comprométtere v.tr. [48] (lat. *compromĭttere* "impegnarsi a vicenda a fare ricorso a un giudice") 1. Mettere qlco. a rischio. *Compromettere la propria salute.* SIN.: **pregiudicare**. 2. Coinvolgere qlcu. in una situazione poco chiara, mettendolo in una posizione moralmente difficile. 3. Rimettere una controversia al giudizio di un arbitro. *Compromettere una lite.* ◆ **compromettersi** v.pron. Mettersi in una situazione difficile, scomoda.

compromissióne s.f. (fr. *compromission*) Compromesso morale.

compromissòrio agg. [pl.m. *-ri*] DIR. Relativo a compromesso. *Accordo compromissorio.*

comproprietà s.f. inv. (fr. *copropriété*) DIR. Diritto di proprietà spettante a più persone.

comproprietàrio s.m. [f. *-ria*, pl.m. *-ri*] DIR. Chi è proprietario con altri di un immobile o di un terreno.

comprovàre v.tr. Dimostrare qlco. aggiungendo ulteriori prove. *Comprovare un diritto.* SIN.: **avvalorare**.

compulsióne s.f. PSICH. Impulso che porta a compiere azioni alle quali il soggetto non può resistere e che, se omesse, determinano uno stato d'angoscia.

compulsìvo agg. Caratterizzato, determinato da compulsione. *Atto compulsivo.*

compunzióne s.f. 1. Pentimento, rimorso per quanto si è fatto o si è causato. 2. Atteggiamento che denota contrizione, rimorso e pentimento.

computàbile agg. 1. Calcolabile, accertabile. 2. MAT., INFORM. Di funzione i cui valori sono determinabili mediante un procedimento meccanico.

computàre v.intr. (aus. *avere*) Conteggiare. ◆ v.tr. Inserire qlco. in un conteggio. SIN.: **calcolare**. ~ Tenere conto di qlco.

computazionàle agg. (ingl. *computational*) Relativo alla computazione. ◇ *Linguistica computazionale:* branca della linguistica che si fonda su principi matematici e opera con l'ausilio del calcolatore elettronico.

computazióne s.f. (ingl. *computation*) INFORM. Elaborazione elettronica di dati.

computer [/kəm'pjuːtə/] s.m. inv. (voce ingl., deriv. di *to compute* "calcolare") Dispositivo programmato per immagazzinare dati, elaborarli e trasmettere i risultati in forma opportuna, eseguendo operazioni complesse a velocità elevata. ◇ *Computer art:* corrente artistica contemporanea che usa il computer per creare immagini esteticamente valide. – *Computer graphics, grafica:* produzione di immagini con il calcolatore, applicata sia alla grafica industriale e alle attività artistico-creative, sia a scienze quali la medicina, la chimica, la geologia. – *Computer crime:* crimine compiuto manomettendo o utilizzando un sistema informatico.
ENCICL. Un computer è composto di hardware e software. L'hardware comprende uno o più processori, una memoria centrale, unità di input e di output e porte di comunicazione. Il processore esegue, in base alle istruzioni che vengono inserite al suo interno, i programmi contenuti nella memoria centrale. Le unità I/O comprendono la tastiera, il monitor, le unità di memoria su disco o a banda magnetica, la stampante, ecc. Queste unità permettono l'immissione di dati e l'emissione dei risultati elaborati. Le porte di comunicazione consentono i contatti fra il computer e altri terminali o la connessione a servizi telematici (database, servizi on-line, ecc.). Il software, invece, è l'insieme dei programmi codificati che il computer è in grado di rielaborare in una serie di istruzioni elementari direttamente eseguibili da parte dei circuiti elettronici. La catena di istruzioni può essere modificata in base ai risultati delle operazioni effettuate o all'immissione di nuove informazioni dall'esterno.

computergràfica s.f. Computer graphics.

computerizzàre v.tr. Automatizzare un settore d'attività applicandovi l'elaborazione elettronica dei dati tramite computer. *Computerizzare la gestione della biblioteca.*

computerizzàto agg. Fatto col computer, che prevede l'uso del computer.

computisterìa s.f. Applicazione del calcolo aritmetico ai fenomeni economici e commerciali e alla contabilità aziendale.

còmputo s.m. Conteggio, conto, calcolo a fini pratici. *Computo delle ore di lavoro.*

1. **comunàle** agg. 1. Del comune come unità territoriale e centro amministrativo. *Consiglio comunale.* SIN.: **municipale**. 2. Del comune medievale. *Società comunale.* ~ Proprio dell'epoca dei comuni.

2. **comunàle** agg. 1. Che appartiene alla comunità. SIN.: **pubblico**. 2. Comune, ordinario.

comunànza s.f. Carattere di ciò che è comune a più persone o cose.

1. **comùne** agg. (lat. *commūnem*, propr. "che espleta un incarico con altri") 1. Che appartiene a molti o a tutti. ◇ GRAMM. *Nome comune:* che si riferisce a una categoria generale di esseri animati o inanimati, qualità, concetti, ecc. (in oppos. a *nome proprio*). 2. Che è condiviso da tutti o dalla maggior parte delle persone. *Interesse comune.* 3. DIR. *Diritto comune:* complesso delle norme generali applicabili indistintamente a tutti i cittadini di uno Stato. 4. Che non si distacca dalla media, ordinario. ◆ s.m. 1. (solo sing.) La gran parte degli individui. ◇ *Avere, mettere qlco. in comune:* condividere qlco. con altri. – *loc. prep. In comune con:* insieme, in collaborazione. 2. (solo sing.) Carattere generale. SIN.: **normalità**. ◇ *Fuori dal comune:* che spicca per caratteristiche eccezionali o doti particolari. 3. MAR. Marinaio semplice.

2. **comùne** s.m. 1. (iniziale maiusc., solo sing.) Ente pubblico territoriale, diretto da un sindaco, che amministra autonomamente un centro abitato e il territorio circostante. ~ *estens.* Complesso degli uffici necessari all'amministrazione del territorio. ~ Edificio in cui hanno sede. SIN.: **municipio**. 2. Nel basso Medioevo, unità politica ed economica costituita da una città e dal suo territorio. 3. *Camera dei Comuni:* organo del parlamento inglese i cui membri sono eletti direttamente dal popolo (v. parte n.pr.).

3. **comùne** s.f. (fr. *commune*) 1. Governo rivoluzionario della municipalità di Parigi tra il 1789 e il 1795 (v. parte n.pr.). 2. Nella Cina comunista, comunità agricola organizzata su principi collettivistici. 3. *estens.* Comunità spontanea in cui si vive secondo principi collettivistici. *Vivere in una comune.*

comunèlla s.f. 1. *fam.* Nella loc. *fare comunella*, detto di più persone, trovare un'intesa, in partic. per scopi disonesti. 2. Chiave passe-partout in uso negli alberghi.

comunicàndo s.m. [f. *-da*] CRIST. Chi riceve la comunione, in partic. per la prima volta.

comunicànte agg. Di più elementi che sono in comunicazione. *Vasi comunicanti.* ~ Che è in comunicazione con altro. ◆ s.m. CRIST. Sacerdote che dà la comunione.

comunicàre v.tr. [4] 1. Divulgare, diffondere, rendere pubblica una notizia. ~ Dire qlco. a qlcu. *Comunicare agli amici la data delle nozze.* **2.** Trasmettere qlco. ad altri. *Comunicare una passione.* **3.** CRIST. Dare la comunione a qlcu. *Comunicare i fedeli.* ◆ v.intr. (aus. *avere*) **1.** Avere uno scambio di idee o di informazioni con qlcu. *Comunicare con un amico.* ~ Detto di due o più soggetti, scambiarsi informazioni e idee. **2.** Essere in collegamento con un luogo. *La cucina comunica con il salone.* ~ Detto di due o più luoghi, essere collegati tra loro. ◆ **comunicarsi** v.pron. **1.** Trasmettersi, diffondersi, propagarsi. *Il fuoco si è comunicato a tutto l'appartamento.* **2.** CRIST. Ricevere la comunione.

comunicativa s.f. Capacità di esprimersi con facilità e vivacità di parola.

comunicativo agg. **1.** Che comunica facilmente con gli altri. SIN.: **estroverso**. **2.** Relativo alla comunicazione. *Processo comunicativo.* ◇ LING. *Contesto comunicativo:* l'insieme delle circostanze e dei fattori extralinguistici in cui avviene la comunicazione e che influenzano il suo andamento.

comunicàto s.m. Notizia, avviso fatto pervenire agli organi di informazione per essere reso pubblico. *Comunicato radio.* ◇ *Comunicato medico:* *bollettino sanitario.

comunicatóre s.m. [f. *-trice*] Chi ha attitudine alla comunicazione.

comunicazióne s.f. **1.** Trasmissione, partecipazione, diffusione di qlco. agli altri. *Comunicazione di notizie.* ◇ *Comunicazione di massa:* diffusione di messaggi scritti o audiovisivi presso un pubblico più o meno vasto ed eterogeneo attraverso i mass media. **2.** Impiego dei mezzi mediatici da parte di un'impresa allo scopo di informare sulla propria attività e promuovere una determinata immagine presso il pubblico. **3.** Relazione presentata a un convegno. **4.** Collegamento attuato attraverso mezzi tecnologici di trasporto o di diffusione. *Comunicazione radiofonica,.* ◇ *Mettere in comunicazione:* collegare. **5.** LING. Scambio di informazioni mediante uno o più linguaggi tra un emittente e un destinatario. **6.** DIR. *Comunicazione giudiziaria:* atto con cui si informava il potenziale imputato dell'apertura di un procedimento penale a suo carico.

comunióne s.f. **1.** Comune partecipazione a qlco. **2.** RELIG. Partecipazione intima, spirituale. *Essere in comunione con Dio.* ~ Comunità dei fedeli di una confessione cristiana. *Comunione cattolica.* ◇ *Comunione dei santi:* unione di tutti i credenti vivi e defunti che formano il corpo mistico di Cristo. **3.** CRIST. Il sacramento dell'Eucarestia. ~ *estens.* Parte della messa in cui sacerdote riceve e amministra l'Eucarestia. **4.** DIR. Condivisione della titolarità di un diritto o comproprietà di un bene. ◇ *Comunione dei beni:* regime patrimoniale tra coniugi per cui i beni della famiglia appartengono a entrambi.

comunismo s.m. (fr. *communisme*) **1.** Dottrina che prevede l'abolizione della proprietà privata, la gestione collettiva dei mezzi di produzione, dei beni di consumo e della loro distribuzione. **2.** *estens.* Ogni forma storica o formulazione teorica di comunanza dei beni. **3.** Forza politica che sostiene e attua la teoria comunista.

ENCICL. Come teoria sociale, il comunismo compare già in Platone (V sec. a.C.) e negli scritti di Mencius, in Cina. La dottrina viene sviluppata nel sec. XVIII in Francia, da Morelly e soprattutto da Babeuf. Nel sec. XIX le teorie comuniste si moltiplicano (Flora Tristan, Pierre Leroux, Wilhelm Weitling) e differiscono soltanto per alcune sfumature dalle teorie socialiste, fino all'avvento di Marx ed Engels; questi ultimi stabiliscono una distinzione da tempo accolta tra comunismo e socialismo e sono all'origine del movimento internazionalista (→**marxismo**).

1. comunista agg. [pl.m. *-sti*] Del comunismo. ~ Che sostiene, che pratica il comunismo. ◆ s.m. e f. Chi è seguace del comunismo.

2. comunista s.m. e f. [pl.m. *-sti*] DIR. Contitolare di un diritto.

comunità s.f. inv. **1.** Insieme di persone unite da legami associativi e con fini comuni. *Comunità cittadina.* ◇ *Comunità montana:* formata dai comuni di un dato territorio montano per incentivare l'economia della zona. **2.** *estens.* Insieme di persone che convivono. *Comunità familiare.* ~ In partic., istituzione per la cura e il recupero di persone con disturbi psichici o affette da tossicodipendenza. **3.** Gruppo di paesi uniti da particolari legami economici o politici. *Comunità degli stati indipendenti.*

comunitàrio agg. [pl.m. *-ri*] **1.** Della comunità, fatto in comune. **2.** Che riguarda una comunità di Stati, in partic. la Comunità europea. *Direttiva comunitaria.*

comùnque avv. In ogni modo, in ogni caso. *Andrà bene comunque.* ◆ cong. In qualsiasi modo. *Comunque si mettano le cose, sarà presente.*

cón prep. Esprime un concetto basilare di "affiancamento, connessione, inerenza", realizzando il significato sia di "insieme con" sia di "mediante". ~ Introduce alcuni complementi. ~ Di compagnia. *Anna vive con Piero.* ~ Di relazione. *Uscire con un'amica.* ~ Di limitazione. *Su con la vita!* ~ Di unione. *L'olio non si amalgama con l'acqua.* ~ Di modo. *Trattare con gentilezza.* ~ Di mezzo. *Aprire con la chiave.* ~ Di causa. *Con questo freddo è meglio rimanere in casa.* ~ Di tempo, per indicare simultaneità. *Arrivare con il buio.*

cón- [cón-; com- davanti a *m*, *p* e *b*; talora anche co- davanti a vocale e consonante, spec. *s* + conson.; col- davanti a *l*; cor- davanti a *r*] Prefisso nominale e verbale di composti in cui ha il valore di "compagnia, unione" (*concausa*, *condirettore*).

conàto s.m. Tentativo, sforzo che non approda a nulla. ◇ *Conato di vomito:* impulso a vomitare.

cónca s.f. [pl. *-che*] **1.** Recipiente capace dall'imboccatura molto larga. **2.** *estens.* Vasca. **3.** GEOMORF. Avvallamento, depressione del terreno. ◇ *Conca idraulica, di navigazione:* opera idraulica che permette alle navi di superare dislivelli lungo i corsi navigabili grazie a un sistema di chiuse. **4.** ANAT. *Conca nasale:* turbinato. – *Conca auricolare:* parte centrale concava del padiglione.

concamerazióne s.f. BOT. Ciascuna delle suddivisioni tra loro comunicanti di una cavità interna.

concàta s.f. **1.** Quantità contenuta in una conca. **2.** Riempimento e svuotamento di una conca idraulica.

concatenàre v.tr. Collegare idee e pensieri sulla base di un ordine logico. *Nel tuo tema non hai saputo concatenare i pensieri.* ◆ **concatenarsi** v.pron. Detto di due o più cose, essere in necessario e reciproco rapporto, connettersi logicamente. *Gli indizi raccolti si concatenano perfettamente.*

concatenàto agg. Che è in stretta relazione logica. ~ *estens.* Collegato, connesso.

concatenazióne s.f. Rapporto tra concetti legati da necessità logica.

concàusa s.f. Causa che si accompagna ad altre nel determinare un effetto.

concavità s.f. inv. La condizione di ciò che è concavo. ~ Parte incavata di qlco. SIN.: **incavo**.

cóncavo agg. **1.** Di linea o superficie curva che si avvalli rispetto al punto di osservazione. **2.** GEOM. *Angolo concavo:* quello maggiore di un angolo piatto.

concèdere v.tr. [49] **1.** Dare, accordare qlco. a qlcu. *Concedere il proprio perdono.* ◇ SPORT. *Concedere un punto:* lasciare che l'avversario segni un punto. **2.** Ammettere, accettare, riconoscere qlco. di fronte a qlcu. *Avevi ragione, te lo concedo.* ◆ **concedersi** v.pron. **1.** Permettere qlco. a se stessi. *Concedersi una vacanza.* **2.** Darsi per vinto, arrendersi a qlcu. ~ Detto di donna, accettare un rapporto sessuale.

concelebràre v.tr. Detto di due o più persone, celebrare insieme un rito religioso.

concentraménto s.m. Raggruppamento, ammassamento di più cose o persone in un unico luogo.

concentràre v.tr. **1.** Raccogliere verso un centro, far convergere nella stessa zona. *Concentrare le truppe intorno alla città.* **2.** *fig.* Fissare l'attenzione, lo sguardo. *Concentrare l'attenzione sull'oratore.* **3.** CHIM. Aumentare la quantità di una sostanza in una soluzione. ◆ **concentrarsi** v.pron. **1.** Convergere in un luogo. *I tifosi si concentrarono nello stadio.* **2.** *fig.* Raccogliersi mentalmente senza lasciarsi distrarre. *Concentrarsi su un problema.* ~ Rivolgere la propria attenzione a qlco. *Concentrarsi su un libro.* **3.** CHIM. Ridursi di volume.

concentràto agg. **1.** Radunato, raccolto in un solo luogo. *Soldati concentrati in caserma.* **2.** *fig.* Assorto in un'attività intellettuale. *Allievo concentrato sul compito.* **3.** Che ha subito una riduzione di volume. *Brodo concentrato.* ~ *estens.* Forte, intenso. *Energia concentrata.* ◆ s.m. **1.** Sostanza ridotta di volume, condensata. *Concentrato di pomodoro.* **2.** *fig.* Forma più essenziale e intensa con cui si presenta un difetto. *Un concentrato di stupidità.*

concentratóre s.m. **1.** Apparecchio per concentrare sostanze. **2.** Sistema ottico utilizzato per concentrare un fascio di raggi luminosi. **3.** INFORM., TELECOM. Apparecchiatura che raccoglie i dati che provengono da molti terminali e li convoglia verso l'unità centrale.

concentrazionàrio agg. (fr. *concentrationnaire*) Relativo ai campi di concentramento.

concentrazióne s.f. **1.** Raduno, raggruppamento, concentramento di più cose o persone. **2.** *fig.* Capacità di fissare l'attenzione, di puntare senza distrazioni a un obiettivo. **3.** CHIM., FIS. Rapporto tra la quantità di soluto e la quantità di solvente. **4.** ECON. Processo di collegamento di imprese che controllano le fasi successive di uno stesso settore di produzione (concentrazione verticale o integrazione) o che fabbricano lo stesso prodotto (concentrazione orizzontale). **5.** STAT. Distribuzione di una variabile su un basso numero di unità statistiche.

concèntrico agg. [pl.m. *-ci*, f. *-che*] GEOM. Si dice di due o più figure circolari aventi il centro in comune. *Cerchi concentrici.*

concepìbile agg. Che può essere concepito, pensato, ammesso.

concepiménto s.m. **1.** Fecondazione. **2.** *fig.* Formazione di un concetto, di un'idea. SIN.: **ideazione**.

concepìre v.tr. [83] (lat. *concĭpere* "accogliere in sé") **1.** Detto di un essere femminile, sviluppare attraverso la fecondazione una nuova creatura vivente. *Concepire un figlio.* **2.** *estens.* Cominciare a provare una sensazione, a coltivare un sentimento. *Concepire stima.* ~ Ideare qlco. *Concepire un progetto.* **3.** Interpretare, intendere in un determinato modo una qualche esperienza. *Era il suo modo di concepire la vita.* **4.** Rappresentare con il pensiero, comprendere, immaginare. *Non concepisco un simile comportamento.*

concept car [/'kɒnsɛpt 'kaː/] loc. sost. f. inv. (loc. ingl., propr. "automobile teorica, studio di automobile") Prototipo di automobile ideato pe sperimentare e proporre nuove tecnologie o inedite soluzioni stilistiche.

concerìa s.f. **1.** Stabilimento dove si conciano le pelli. **2.** Attività, tecnica del conciare le pelli.

concernènte agg. Pertinente, riferibile, riconducibile a qlco. o a qlcu.

concèrnere v.tr. [12] Riguardare qlco. o qlcu., riferirsi. *Questo problema non vi concerne.*

concertànte agg. MUS. Si dice di musica che presenta rilievi solistici nelle singole parti strumentali dialoganti tra loro e con l'orchestra.

concertàre v.tr. **1.** Predisporre, preparare qlco. di comune accordo. *Concertare una truffa.* **2.** MUS. Armonizzare, accordare tra loro gli strumenti o le voci nell'esecuzione di un pezzo musicale.

concertàto agg. **1.** Predisposto, attuato di comune intesa. **2.** MUS. Caratterizzato dall'alternarsi, dal rispondersi di parti solistiche, strumentali o vocali. ◆ s.m. MUS. Nel melodramma, pezzo in cui intervengono più voci soliste e frequentemente anche il coro.

concertazióne s.f. **1.** MUS. Fase preparatoria di un'esecuzione orchestrale. **2.** Trattativa, ricerca di accordo spec. dal punto di vista politico, sindacale, sociale.

concertìna s.f. MUS. Strumento musicale basato sul principio dell'ancia libera metallica posta in vibrazione da corrente d'aria prodotta da un mantice.

concertìno s.m. **1.** Nel sign. del dim. di *concerto*. **2.** MUS. Gruppo di solisti che eseguono un passaggio in un concerto grosso. **3.** MUS. Nel sec. XIX, concerto in un solo movimento; oggi, concerto breve con piccola orchestra. **4.** Esecuzione di arie d'opera, brani sinfonici, ecc. in caffè o giardini pubblici. ~ Gruppo che li esegue.

concertismo s.m. MUS. Organizzazione ed esecuzione di concerti. ~ Attività concertistica.

concertista s.m. e f. [pl.m. –*sti*] Maestro solista in un concerto.

concèrto s.m. **1.** MUS. Composizione in più tempi per orchestra con parti strumentali soliste. ◇ *Concerto grosso:* composizione orchestrale che prevede l'intercalare di un gruppo di solisti, detto *concertino.* **2.** *estens.* Esecuzione di composizioni musicali. *Concerto di musica da camera.* ◇ *In concerto:* riferito a cantante o complesso che tiene spettacolo, eseguendo il proprio repertorio. **3.** Insieme di strumentisti o cantanti. **4.** Insieme di suoni. *Concerto di campane.* ~ *scherz.* Accozzaglia di suoni. **5.** *lett.* Accordo, intesa. ◇ *Di concerto:* in accordo reciproco.

concessionàrio s.m. [f. –*ria*, pl.m. –*ri*] Chi ha ricevuto una concessione dalla pubblica amministrazione. ~ Intermediario che ha ricevuto da un produttore un diritto esclusivo di vendita.

concessióne s.f. **1.** Conferimento di qlco. che non costituisce un diritto. ~ *estens.* Atto liberale, permissivo, con cui si appaga una richiesta. **2.** Riconoscimento della verità o della giustezza di quanto sostenuto da altri. *Per tua stessa concessione, le mie previsioni si sono rivelate esatte.* **3.** DIR. Contratto con il quale l'amministrazione autorizza un privato, dietro pagamento di un compenso, a utilizzare un proprio bene o a gestire un pubblico servizio. *Ferrovie in concessione.* ◇ *Concessione edilizia:* permesso rilasciato dall'autorità comunale per l'esercizio di attività che comportino la trasformazione del territorio o la ristrutturazione di case, ecc. **4.** DIR. INTERN. Territorio che uno Stato cede in affitto o lascia in amministrazione a un altro Stato. **5.** COMM. Contratto esclusivo di vendita accordato a un intermediario da un produttore in una determinata zona, ai sensi di un atto giuridico. **6.** RET. Figura retorica consistente nell'accettare formalmente le ipotesi, le ragioni dell'interlocutore, allo scopo di rovesciarle.

concessivo agg. **1.** Che esprime una concessione. **2.** GRAMM. *Frase o proposizione concessiva:* la subordinata indicante una circostanza che sarebbe di impedimento o comunque in contrasto con un determinato risultato, nonostante la quale però tale risultato, descritto nella frase reggente, si raggiunge. *Benché faccia molto freddo, vado ugualmente a passeggio.* – *Congiunzione concessiva:* quella che introduce una frase concessiva (benché, sebbene, ecc.).

concettàcolo s.m. BOT. Piccola cavità delle piante crittogame dove si formano spore o gameti.

concettismo s.m. Nella letteratura barocca, stile caratterizzato da un eccesso di ricerca, di perfezionismo, di raffinatezza.

concètto s.m. **1.** Idea, nozione astratta e generale. SIN.: **concezione. 2.** *estens.* Pensiero, idea in genere. **3.** Giudizio, opinione.

concettuàle agg. **1.** Di concetto, che contiene i concetti. ◇ *Arte concettuale:* tendenza dell'arte contemporanea in cui prevale l'idea sulla realtà materiale dell'opera. (Tra i suoi rappresentanti, alla fine degli anni Sessanta, figurano gli americani Joseph Kosuth e Lawrence Weiner, il britannico Victor Burgin, la tedesca Hanne Darboven.) **2.** *estens.* Speculativo, raziocinante, intellettuale.

concettualismo s.m. FILOS. Corrente interna alla scolastica secondo cui i concetti universali non sono né reali né puri nomi, ma esprimono qualità comuni e hanno esistenza nella mente umana.

concettualizzàre v.tr. Formare dei concetti a partire da qlco., per rappresentarlo, organizzarlo mentalmente.

concezióne s.f. **1.** Ideazione logica o fantastica, elaborazione concettuale. *La concezione di un progetto.* SIN.: **progettazione. 2.** Complesso di idee elaborate su un dato argomento. *Una concezione originale della vita.* SIN.: **visione.**

conchiglia s.f. [pl. –*glie*] **1.** Involucro duro, calcareo, che costituisce lo scheletro esterno della maggior parte dei Molluschi. (È secreta da una parte del tegumento, il *mantello.*) **2.** Ornamento architettonico a forma di conchiglia, in

partic. negli stili Luigi XIV e rococò. **3.** (spec. pl.) Tipo di pasta alimentare. **4.** Protezione degli organi genitali indossata da pugili e atleti. **5.** TECN. Forma per fusioni in serie e di precisione, costituita da due pezzi apribili. **6.** Nei giradischi, parte del braccio su cui è fissata la testina. **7.** Tipo di ricamo o di punto a maglia.

conchilìfero o **conchiglìfero** agg. GEOL. Relativo a roccia ricca di conchiglie fossili.

conchilifórme agg. A forma di conchiglia.

cóncia s.f. [pl. –*ce*] **1.** Insieme delle operazioni di trattamento delle pelli che hanno lo scopo di trasformarle e preservarle dalla putrefazione. *Concia al vegetale.* **2.** Trattamento a cui si sottopongono vari prodotti vegetali per conservarli meglio o migliorarne la qualità. **3.** IND. TESS. Operazione a cui si sottopongono alcuni tipi di fibre artificiali, consistente nel porle in un bagno di formaldeide. **4.** *estens.* Sostanza con cui si concia.

conciàre v.tr. [5] **1.** Trattare un prodotto naturale in modo da impedirne la putrefazione e renderne più agevole la lavorazione. *Conciare il tabacco.* ~ In partic., agire sulle pelli animali in modo da trasformarle in cuoio. **2.** Con valore antifrastico, ridurre in cattivo stato qlcu. o, più spesso, qlco., rovinarlo, sciuparlo. *Guarda come hai conciato i pantaloni nuovi!* ◇ *fig. Conciare qlcu. per le feste:* fargli del male; picchiarlo. ◆ **conciarsi** v.pron. Vestirsi e truccarsi secondo certe modalità, perlopiù malamente o in modo stravagante. *Conciarsi da clown.* ~ Ridursi in cattivo stato. ~ Sporcarsi. *Ma come ti sei conciato?*

conciatóre s.m. [f. –*trice*] Persona che concia il cuoio. SIN.: **conciapelli.**

conciliàbile agg. Che può conciliarsi, appianarsi, risolversi, estinguersi.

conciliàbolo s.m. Riunione in cui si tengono discussioni segrete, ci si accorda su intrighi e cose illecite.

conciliànte agg. Che è disposto alla conciliazione, all'accordo. SIN.: **accomodante.**

1. conciliàre v.tr. [6] **1.** Mettere d'accordo persone o cose tra loro in contrasto. SIN.: **armonizzare. 2.** Rendere qlco. più agevole, favorire, facilitare, procurare qlco. *Lo yoga concilia il rilassamento.* **3.** DIR. Annullare la materia del contendere o le conseguenze penali di un atto. ◇ *Conciliare una contravvenzione:* pagare l'importo dovuto. ◆ **conciliarsi** v.pron. **1.** Detto di due o più cose, andare reciprocamente d'accordo, coesistere. **2.** Fare pace, riconciliarsi con qlcu. **3.** Procurarsi, conquistarsi qlco. *Hai saputo conciliarti il favore della gente.*

2. conciliàre agg. CRIST. Del concilio. *Assemblea conciliare.* ◇ *Padre conciliare:* quelli che partecipano a un concilio (perlopiù vescovi e arcivescovi). ◆ s.m. Padre conciliare.

conciliarismo s.m. CRIST. Dottrina secondo cui l'autorità della Chiesa risiede nel concilio ecumenico dei vescovi e non nella persona del Papa.

conciliativo agg. Che ha lo scopo di conciliare.

conciliatóre agg. Che cerca l'accordo, la riconciliazione. ◇ DIR. *Giudice conciliatore:* giudice onorario incaricato di risolvere questioni di modesta rilevanza, ora sostituito dal giudice di pace. ◆ s.m. [f. –*trice*] Nel sign. dell'agg. SIN.: **paciere.**

conciliatòrio agg. [pl.m. –*ri*] Conciliativo.

conciliazióne s.f. **1.** Azione che mira a ristabilire la buona intesa tra persone in contrasto. **2.** DIR. Soluzione di mediazione in un contenzioso. ~ Anche, ufficio del giudice conciliatore. **3.** Risoluzione pacifica dei conflitti internazionali. ~ In partic., accordo del 1929 tra lo Stato italiano e la Santa Sede.

concilio s.m. [pl. –*li*] **1.** CRIST. Assemblea di vescovi e teologi che decide le questioni di dottrina, disciplina e morale ecclesiastica. SIN.: **sinodo. 2.** *fig. scherz.* Riunione di persone che discutono su argomenti di scarsa importanza. SIN.: **conciliabolo.** ◇ *Concilio dei popoli:* la convivenza pacifica dei popoli liberi.

concimàre v.tr. Fertilizzare una terra con un concime, renderlo più ricco di sostanze nutritive.

concimazióne s.f. Distribuzione di sostanze fertilizzanti nel terreno.

concime s.m. Prodotto organico o minerale che garantisce maggiore fertilità al terreno. SIN.: **fertilizzante.**
ENCICL. I concimi contengono sostanze che non si trovano nel suolo in quantità sufficiente e quindi migliorano le condizioni nutritive e di crescita delle piante, fornendo azoto, fosforo, potassio (elementi fertilizzanti primari), calcio, zolfo, magnesio, ecc. e oligoelementi (elementi fertilizzanti secondari). Si distinguono i *concimi minerali,* naturali o di sintesi, dai *concimi organici,* come lo stallatico. L'uso dei concimi, soprattutto d'origine industriale, è alla base dell'agricoltura intensiva moderna; tuttavia la presenza massiccia di alcuni concimi, in particolare azotati, può comportare danni ambientali soprattutto a causa dell'inquinamento delle falde acquifere.

1. cóncio s.m. [pl. –*ci*] ARCH. Elemento costitutivo dell'arco o delle volte in pietra.

2. cóncio agg. [pl. –*ci*] **1.** Sottoposto a concia. **2.** *fig.* Sistemato convenientemente, usato nella loc. *mal concio,* ridotto male.

3. cóncio s.m. [pl. –*ci*] → **letame.**

concisióne s.f. Sinteticità e incisività di espressione. SIN.: **stringatezza.**

conciso agg. (lat. *concisum,* deriv. di *concidere* "tagliare") Che esprime molte cose in poche parole. *Stile conciso.*

concistoriàle agg. CATT. Del concistoro. ◇ *Congregazione concistoriale:* organo ecclesiastico con compiti amministrativi riguardanti i capitoli, le diocesi, le nomine.

■ Arte **concettuàle.** *Una e tre sedie* (1965), installazione di J. Kosuth con sedia, fotografia e lemma del dizionario. (MNAM, Parigi.)

concistòro s.m. (lat. *consistòrium* "luogo di riunione") **1.** CATT. Assemblea dei cardinali indetta e presieduta dal Papa per discutere di problemi concernenti il governo della Chiesa, la canonizzazione di santi, ecc. **2.** RELIG. In alcune Chiese riformate, organo supremo deliberante. **3.** *iron.* Adunanza, consesso.

concitàto agg. Fortemente emozionato, molto turbato.

concitazióne s.f. Stato di intenso turbamento che riduce la capacità di controllo razionale di una situazione, dei propri sentimenti. SIN.: **foga**.

concittadino s.m. [f. *–na*] (calco del fr. *concitoyen*) Nativo, abitante della stessa città.

conclamàre v.tr. Acclamare qlcu. a gran voce.

conclamàto agg. MED. Dichiarato, evidente.

conclàve s.m. (lat. *conclāve* "camera che si può chiudere a chiave") CATT. Luogo di totale isolamento dove si riuniscono i cardinali per eleggere un nuovo papa. ~ *estens.* L'assemblea stessa.

conclùdere v.tr. [21] **1.** Terminare, completare qlco., condurlo al fine voluto. *Concludere un affare.* SIN.: **concretare**. **2.** Terminare, finire qlco. *Concludere un discorso.* **3.** Argomentare, ricavare un giudizio, farsi un'opinione. *Dal mio silenzio ha concluso che ero d'accordo.* **4.** Costituire la fine. *La frase che conclude il capitolo.* ◆ **concludersi** v.pron. Compiersi, aver fine, terminare.

conclusióne s.f. **1.** Azione di concludere, di realizzare con completezza qlco. ~ Stipulazione, stesura. *Conclusione di un trattato.* ◇ *loc. cong. In conclusione:* conferisce valore riassuntivo e conclusivo al discorso. *In conclusione, questo contratto non è valido.* **2.** Deduzione, illazione, conseguenza logica. *Trarre una conclusione.* **3.** Chiusa, finale di un discorso o di uno scritto. *La conclusione del romanzo.* **4.** FILOS. Nel sillogismo, proposizione che necessariamente consegue alle due premesse. **5.** DIR. (al pl.) Richieste definitive rivolte al giudice da ciascuna delle parti in causa o dal pubblico ministero.

conclusìvo agg. **1.** Che stabilisce in modo risolutivo la conclusione di qlco. *Esperienza conclusiva.* **2.** Finale, di chiusura. *Spettacolo conclusivo.* **3.** GRAMM. *Congiunzione conclusiva:* quella che conferisce valore di conclusione e deduzione al discorso, rispetto a quanto detto in precedenza (p.e. dunque, quindi).

concoidàle agg. MAT. Che ha forma di concoide.

concòide agg. Nel l. sc., a forma di conchiglia. ◆ s.f. **1.** MAT. *Concoide di una curva C rispetto a un punto fisso O e a una costante h*: è la curva *C'* formata dai punti *M'* allineati a *O* ed *M*, con *M* punto di *C* e tali che *MM'* = *h*, cioè la distanza tra *M* e *M'* è costante. (Il punto fisso O è detto *polo*.) **2.** ARCH. Profilo di un fusto di colonna. **3.** MIN. Si dice della frattura di un minerale quando la superficie dei frammenti, concava o convessa, è solcata da striature curve e concentr258iche o raggiate, simili a quelle di certe conchiglie.

concomitànte agg. Che si verifica insieme, che accompagna qlco. *Causa concomitante.* ◇ MED. *Sintomo concomitante:* quello che si manifesta insieme alla malattia. – DIR. *Fatto concomitante:* quello che concorre nel determinare una prova.

concomitànza s.f. Presenza simultanea di due o molti elementi. SIN.: **coincidenza**. ◇ *In concomitanza:* contemporaneamente.

concordànte agg. Corrispondente, conforme a qualcos'altro. *Opinioni concordanti.*

concordànza s.f. **1.** Conformità fra due o più cose o persone. SIN.: **consonanza**. **2.** GRAMM. Accordo tra le parti del discorso in genere, numero, persona. **3.** FILOL. (al pl.) Repertorio ordinato alfabeticamente delle parole presenti in un'opera o nelle opere di uno stesso autore. **4.** GEOL. Disposizione parallela degli strati sedimentari di rocce stratificate. **5.** FIS. Proprietà di due fenomeni rappresentati da grandezze fisiche che variano uniformemente e nello stesso senso in funzione della stessa variabile indipendente.

concordàre v.tr. **1.** Decidere qlco. di comune accordo. *Concordare un prezzo.* SIN.: **pattuire**. **2.** Mettere d'accordo, combinare una cosa con un'altra. ~ Armonizzare più cose o persone tra loro. **3.** GRAMM. Accordare una parte del discorso con un'altra, nel genere, numero, persona, caso. *Concordare il verbo col soggetto.* ◆ v.intr. (aus. *avere*) **1.** Essere d'accordo con qlcu. *Concordo con te.* ~ Essere conforme a qlco. *Questo non concorda con ciò che diceva ieri.* **2.** Detto di due o più soggetti, accordarsi, corrispondere. *Le testimonianze concordano.* **3.** GRAMM. Detto di parti del discorso, essere in accordo con altro elemento della frase. *In latino, l'aggettivo concorda con il nome a cui si riferisce.*

concordàto agg. **1.** Che è stato stabilito in precedenza attraverso un accordo tra due parti. *Prezzo concordato.* **2.** GRAMM. Di elemento che è accordato come numero, genere, persona a una parte del discorso a cui si riferisce. ◆ s.m. **1.** Accordo tra più parti. **2.** DIR. Composizione di una vertenza in cui entrambe le parti rinunciano a far valere propri diritti. SIN.: **compromesso**. ◇ *Concordato preventivo:* quello raggiunto tra debitore e creditori per evitare la procedura fallimentare. – *Concordato fallimentare:* quello, omologato dal tribunale, con cui il debitore dichiarato fallito si impegna a pagare a tutti i creditori una percentuale dei loro crediti. **3.** CATT. Patto, in partic. quello tra la Santa Sede e uno Stato, per regolare le relazioni fra il potere ecclesiastico e quello civile (v. parte n.pr.). ~ *per anton.* Patto sancito nel 1929 tra Santa Sede e Stato italiano.

concòrde agg. **1.** Che denota accordo di idee, di sentimenti. **2.** Che è all'unisono. **3.** Riferito a movimento, sincrono, simultaneo. **4.** MAT. Che ha lo stesso segno.

concòrdia s.f. **1.** Accordo, intesa tra più persone. *Concordia familiare.* **2.** Erba che deve il suo nome all'antica credenza che contribuisse alla salvaguardia della pace domestica. (Famiglia delle Orchidacee.)

concorrènte agg. **1.** Che gareggia, compete. *Imprese concorrenti.* **2.** Che concorre a produrre uno stesso risultato. **3.** Che converge verso uno stesso punto. ◇ GEOM. *Angoli concorrenti:* che hanno un vertice comune. ◆ s.m. e f. **1.** Chi partecipa a un concorso, a una competizione. SIN.: **partecipante**. **2.** Chi opera in regime di concorrenza.

concorrènza s.f. **1.** Rivalità di interessi tra persone che si confrontano, tendendo al medesimo obiettivo e cercando di superarsi a vicenda. SIN.: **competizione**. **2.** ECON. Condizione di mercato caratterizzata da libertà di accesso e di contrattazione. ~ In partic., competizione tra imprese per aumentare la propria quota di mercato. ~ *estens.* Rispetto a un'impresa, insieme di quelle che competono con essa. *Battere la concorrenza.* ◇ *Libera concorrenza:* mercato in cui lo stato non limita o influenza in alcun modo domanda e offerte, produzione e distribuzione. – *Concorrenza sleale:* comportamento di chi cerca di prevalere con mezzi professionalmente scorretti. – *Concorrenza perfetta:* nella teoria economica, situazione ideale caratterizzata da molteplicità di operatori, nessuno dei quali singolarmente in grado di influenzare l'andamento degli scambi e da omogeneità di prodotti, libertà di ingresso nel mercato, perfetta informazione, simultaneità delle contrattazioni. – *Concorrenza imperfetta, monopolistica:* forma di mercato in cui gli operatori possono influenzare in misura più o meno forte l'andamento delle contrattazioni. – *Prezzi di concorrenza:* quelli ribassati a scopo promozionale. **3.** Nel l. bur., raggiungimento. *Fino a concorrenza della somma dovuta.*

concorrenziàle agg. ECON. Di concorrenza, che fa concorrenza.

concórrere v.intr. [21] (aus. *avere*) **1.** Dare il proprio contributo a qlco. SIN.: **contribuire**. **2.** Gareggiare, competere. ~ Partecipare a un concorso, a una competizione. *Concorrere a una cattedra.* **3.** MAT., FIS. Detto di rette, raggi luminosi, ecc., convergere, incontrarsi in un punto.

concorsista s.m. e f. [pl.m. *–sti*] Partecipante a concorsi vari.

concórso s.m. **1.** Azione di cooperare, dare il proprio contributo. *Concorso di spese.* **2.** DIR. Partecipazione di persone con gli stessi diritti alla realizzazione di un evento. ◇ *Concorso nel reato:* partecipazione di più persone all'esecuzione di un reato, complicità. – *Concorso di colpa:* parziale responsabilità del soggetto che subisce un danno nel verificarsi dell'azione dannosa. – *Concorso di responsabilità:* quello per cui il medesimo fatto costituisce sia illecito contrattuale che extracontrattuale, sicché il creditore può scegliere l'azione di responsabilità che meglio lo tutela. **3.** Insieme di prove volte alla selezione di uno o più concorrenti per un posto di lavoro o un premio. *Concorso a premi.* ◇ *Concorso a cattedra:* per l'assegnazione di una cattedra d'insegnamento. – *Concorso per titoli ed esami:* in cui vengono valutate sia le pubblicazioni scientifiche presentate dai candidati sia le prove d'esame. – *Fuori concorso:* di persona od opera che non entra nella graduatoria di un concorso pur partecipando alla manifestazione. – *Concorso interno:* quello riservato ai lavoratori dell'ente che lo ha istituito. **4.** SPORT. Gara, competizione. *Concorso ippico.* **5.** Affluenza di più persone in un punto. *Concorso di popolo.* **6.** *fig.* Coincidenza di più elementi che insieme contribuiscono a un determinato fine. *Concorso di cause.*

concrescènza s.f. BIOL. Durante un processo di crescita, unione di parti prima separate.

concresciménto s.m. MIN. Unione, compenetrazione di cristalli della stessa specie o di specie diverse.

concretézza s.f. Caratteristica di ciò che è percepibile, verificabile, attuabile.

concretizzàre v.tr. Rendere concreto qlco. *Concretizzare un progetto.* SIN.: **realizzare**. ◆ **concretizzarsi** v.pron. Realizzarsi, concretarsi.

concrèto agg. **1.** Percepibile con i sensi (in oppos. ad *astratto*). *Oggetto concreto.* ◇ GRAMM. *Nome concreto:* quello che indica un'entità direttamente percepibile dai sensi. – PITT. *Arte concreta:* corrente secondo la quale il significato dell'opera d'arte risiede nel "concreto" insieme di linee e di colori, e non nell'eventuale immagine a cui essi rimandano. SIN.: **concretismo**. – MUS. *Musica concreta:* corrente contemporanea che adotta ed elabora suoni e rumori della vita quotidiana. **2.** Definito con precisione e con riscontri obiettivi. *Proposta concreta.* **3.** Riferito a persona, pratico, pragmatico. ◆ s.m. (solo sing.) Ciò che ha caratteri di realtà, di oggettività, di determinatezza. *Andare dal concreto all'astratto.* ◇ *In concreto:* in termini pratici.

concrezionàto agg. GEOL. Di minerale o di deposito sedimentario formatosi per concrezione.

concrezióne s.f. **1.** GEOL. Accumulo in strati concentrici di sostanze depositate dall'acqua. **2.** MED. Aggregato solido anomalo che si costituisce con successivi depositi di sostanze nei tessuti. **3.** LING. Unione di elementi linguistici che rimangono riconoscibili all'interno della parola a cui hanno dato origine.

concubino s.m. [f. *concubina*] Uomo che convive con una donna senza matrimonio.

concupiscènte agg. Che denota, che esprime desiderio, spec. amoroso.

concupiscènza s.f. Desiderio riferito ai piaceri dei sensi. SIN.: **brama**.

concussióne s.f. (lat. *concussiōnem* "scuotimento" poi "estorsione") DIR. Reato commesso nell'esercizio di una funzione pubblica che consiste nel servirsi della propria posizione per ottenere denaro o altri vantaggi.

condànna s.f. **1.** DIR. Sentenza di un tribunale che infligge una pena a una delle parti. ~ La pena stessa. ◇ *fig. Firmare la propria condanna:* agire in modo da farsi ritenere colpevole. **2.** *estens.* Nelle forme di giustizia sommaria, pena inflitta da chi si dà la funzione di giudice nei confronti di chi è considerato colpevole. *Condanna a morte.* **3.** Ciò che viene subito e vissuto come costrizione, privazione, infelicità. SIN.: **dannazione**. **4.** *fig.* Diagnosi, prognosi che non danno speranza di guarigione. **5.** *fig.* Giudizio negativo nei confronti di qlcu. o qlco. SIN.: **biasimo**. **6.** Dichiarazione dell'autorità ecclesiastica circa il carattere eretico di una dottrina e di chi la segue.

condannàre v.tr. **1.** Indicare qlcu. come colpevole. *I giudici lo hanno condannato.* ~ Far ritenere qlcu. colpevole. *La fuga lo condanna.*

2. DIR. Detto dell'autorità giudiziaria, imporre una pena a una persona giudicata colpevole. *Condannare un criminale.* **3.** estens. Imporre a qlcu. qlco. di sgradevole. *Condannare all'immobilità.* **4.** estens. Disapprovare qlcu., più spesso qlco. *Condannare la violenza.* ~ Da parte dell'autorità ecclesiastica, dichiarare una dottrina contraria alla verità di fede. *Condannare il divorzio.* **5.** COSTR. Sopprimere parti di un edificio, murare porte e finestre.

condènsa s.f. Acqua di condensazione.

condensàbile agg. **1.** Che può essere condensato. **2.** fig. Sintetizzabile, riassumibile.

condensàre v.tr. **1.** Rendere più denso, ridurre di volume. **2.** FIS. Far passare una sostanza dallo stato aeriforme a quello liquido. **3.** fig. Sintetizzare, ridurre all'essenziale. *Condensare i pensieri.* ◆ **condensarsi** v.pron. **1.** Diventare denso, spesso, compatto. **2.** FIS. Passare dallo stato aeriforme a quello liquido.

condensàto agg. **1.** Che risulta da un processo di condensazione. *Vapore condensato.* **2.** Concentrato. ◇ *Latte condensato:* latte ottenuto con l'evaporazione dei due terzi dell'acqua. ◆ s.m. **1.** FIS. Liquido ottenuto per condensazione di vapori. **2.** fig. Riassunto, sintesi. *Il condensato di un'opera.*

condensatóre s.m. (fr. *condensateur*, ingl. *condenser*) **1.** TECN. Apparecchio che serve a condensare il vapore. **2.** ELETTR. Apparecchio che concentra o accumula energia. ◇ *Condensatore ottico:* sistema ottico convergente che serve a concentrare un flusso luminoso su una superficie o in una direzione determinata, usato nei proiettori o nei microscopi. (Nel microscopio, serve a illuminare l'oggetto esaminato.)

condensazióne s.f. **1.** Passaggio di un vapore allo stato liquido o solido. **2.** CHIM. Reazione durante la quale si forma un composto risultante dalla somma delle due molecole reagenti. **3.** PSICOAN. Fusione di elementi psichici diversi in una rappresentazione unica, in partic. durante il sogno.

còndilo s.m. ANAT. Estremità convessa ellittica o rotonda di un osso.

condiloartròsi o **condilartròsi** s.f. inv. MED. Artrosi di un'articolazione a condilo.

condilòma s.m. [pl. –*mi*] MED. Neoformazione della pelle o delle mucose che si presenta in partic. nella zona anale o negli organi genitali.

condiménto s.m. **1.** Miscuglio di ingredienti utilizzato per insaporire un cibo. **2.** fig. Ciò che rende qlco. più gradevole.

condìre v.tr. [83] **1.** Incorporare un condimento a una pietanza. *Condire l'insalata.* **2.** fig. Rendere qlco. più piacevole mediante l'aggiunta di elementi vari.

condirettóre s.m. [f. –*trice*] Chi condivide con altri il titolo e l'incarico di direttore.

condiscendènte agg. Che cede facilmente alla volontà, ai desideri altrui. SIN.: **accondiscendente.**

condiscépolo s.m. [f. –*la*] Chi è con altri alla scuola di uno stesso maestro.

condìtio sine qua nòn loc. sost. f. inv. (loc. lat., propr. "condizione senza la quale non") **1.** Condizione imprescindibile per il verificarsi di qlco. **2.** DIR. Clausola che va assolutamente osservata perché un atto sia valido o efficace.

condividere v.tr. [21] **1.** Detto di due o più persone, dividere qlco., possedere qlco. in comune. *Condividere un appartamento.* **2.** fig. Partecipare con altri a qlco., provare qlco. insieme con altri. *Condividere una scelta.*

condivisibile agg. Che può essere condiviso.

condivisióne s.f. **1.** Adesione, partecipazione a idee o sentimenti altrui. **2.** INFORM. In una rete locale, possibilità di accesso a risorse comuni da parte di utenti diversi.

condizionàle agg. **1.** Che dipende da alcune condizioni. **2.** GRAMM. *Modo condizionale:* modo finito del verbo che presenta l'azione come possibilità o conseguenza del verificarsi di una data condizione. – *Frase o proposizione condizionale:* subordinata che esprime una condizione da cui dipende quanto espresso dalla frase principale. – *Congiunzione condizionale:* quella che introduce una frase condizionale (p.e. se,

purché). ◆ s.m. GRAMM. Modo condizionale. ◆ s.f. **1.** GRAMM. Frase condizionale. **2.** DIR. *Sospensione condizionale della pena.

condizionaménto s.m. **1.** Subordinazione a date condizioni. ~ Influenza esercitata o subita. *Essere libero da ogni condizionamento.* **2.** TECN. Trattamento di un materiale, di una sostanza perché acquisisca determinate proprietà. ◇ *Condizionamento dell'aria:* operazione volta a regolare la temperatura e l'umidità di un ambiente chiuso; detta anche *climatizzazione.* **3.** Confezione, imballaggio. **4.** LING. *Condizionamento di un fonema:* modificazione della pronuncia di un fonema per influenza di fonemi contigui. **5.** PSICOL. Stimolazione di un *riflesso condizionato.

condizionàre v.tr. **1.** Esercitare un'azione che limita, impedisce, modifica qlcu. o qlco. *Condizionare le decisioni di qualcuno.* SIN.: **influenzare.** **2.** Subordinare una cosa a un'altra. *Condizionare la firma del contratto al pieno rispetto degli accordi.* **3.** TECN. Trattare un materiale, una sostanza in modo che acquisisca determinate proprietà. ◆ COMM. *Condizionare una merce:* prepararla per l'imballo e la confezione.

condizionàto agg. **1.** Sottoposto ad alcune condizioni. ~ Riferito a persona, limitato nella propria libertà da condizioni. **2.** Confezionato, imballato. **3.** *Aria condizionata:* aria che presenta temperatura e umidità costanti, regolate con apposito impianto.

condizionatóre s.m. **1.** Apparecchio che regola la temperatura e l'umidità dell'aria in ambienti chiusi. SIN.: **climatizzatore. 2.** [f. –*trice*] Addetto alla condizionatura di fibre tessili, pelli, ecc. ▫ In funzione di agg., nell'accez. 1 del s.

condizionatùra s.f. **1.** Imballaggio di merci per la conservazione e il trasporto. **2.** Apporto di umidità a pelli conciate, fibre tessili per renderle morbide e facilitarne la lavorazione.

condizióne s.f. (lat. *condiciōnem,* deriv. di *condīcere* "stabilire di comune accordo") **1.** Circostanza alla quale è subordinato il verificarsi di un'azione o che già dà origine. *La condizione per essere eletti è fare molta propaganda.* ◇ MAT. *Condizione necessaria e sufficiente:* condizione che, a seconda che sussista oppure no, comporta o esclude la conseguenza preannunciata. – *loc. cong. A condizione di, che:* a patto che, basta che, purché. *Vengo, ma a condizione che lui non ci sia.* **2.** Disposizione prevista in un accordo, la cui osservanza dipende la validità dell'accordo stesso. *Condizioni di pagamento.* ~ estens. Riserva che si avanza in una trattativa. ◇ *Sotto condizione:* con riserva. **3.** (spec. pl.) Stato fisico o morale di una persona. ~ Natura, qualità di persone o cose. *La condizione umana.* ~ Circostanza esterna alla quale sono sottoposte le persone e le cose. *Condizioni politiche, sociali.* ~ Stato in cui si presenta un elemento della natura. *Condizioni meteorologiche.* **4.** Stato di conservazione di un oggetto. **5.** estens. Situazione sociale. *Essere di alta condizione.* **6.** DIR. Clausola che sottopone l'efficacia di un accordo al verificarsi di un evento futuro e incerto. ◇ *Condizione di reciprocità:* quella per cui lo straniero può esercitare i diritti civili in Italia solo se il suo stato d'origine accorda il medesimo trattamento ai cittadini italiani.

condoglianza s.f. (fr. *condoléance*) Partecipazione al dolore altrui in occasione di un lutto. ~ (al pl.) Espressione verbale di tale partecipazione.

condom [/'kɔndəm/] s.m. inv. (voce ingl., dal nome dell'inventore, un medico inglese del sec. XVIII) Preservativo, profilattico.

condominiàle agg. Di condominio.

condominio s.m. [pl. –*ni*] **1.** Comproprietà da parte di più soggetti di un unico bene immobile che in parte viene suddiviso tra essi, in parte rimane in comune. ~ Insieme dei condomini. **2.** DIR. INTERN. *Condominio internazionale:* diritto di sovranità esercitato da più Stati su uno stesso territorio.

condòmino s.m. [f. –*na*] Ciascuno dei proprietari o inquilini degli appartamenti, dei locali di un edificio in condominio.

condonàre v.tr. DIR. Diminuire o cancellare una pena o un obbligo a qlcu.

condóno s.m. DIR. Abbuono in tutto o in parte di una pena, di una sanzione. ◇ *Condono fiscale, tributario:* provvedimento con il quale lo Stato regolarizza evasioni fiscali dei contribuenti, tramite pagamenti effettuati secondo precise modalità. – *Condono edilizio:* provvedimento utilizzato dallo Stato per legalizzare costruzioni abusive, tramite autodenuncia e pagamento di una multa.

còndor s.m. inv. (spagn. *cóndor,* da una voce quechua) Grande avvoltoio che vive sulla Cordigliera delle Ande e sui monti della California meridionale. (Apertura alare fino a 3 m; famiglia dei Catartidi.)

■ **còndor.** Condor delle Ande.

condótta s.f. **1.** Modo di essere, di agire. SIN.: **comportamento.** ◇ *Condotta scolastica:* comportamento dell'alunno in classe, soggetto a valutazione con il *voto di condotta.* – *Buona condotta:* comportamento di un recluso conforme alla legge e all'ordinamento penitenziario. **2.** Modalità con cui si effettua un lavoro, un'attività. **3.** Un tempo, assunzione di professori o di professionisti in pubblici uffici; oggi, ufficio assegnato da un comune o da un consorzio di comuni a un sanitario con compiti di assistenza ai malati e di controllo igienico. ◇ *Condotta medica.* ~ estens. Zona coperta da tale servizio. **4.** In passato, ingaggio, da parte di un signore o di un comune, di un capitano con la sua milizia. ~ estens. Comando di tali milizie e le milizie stesse. **5.** TECN. Tubazione per il trasporto di fluidi. ◇ *Condotta forzata:* quella in cui scorre un liquido in pressione, in partic. quella che negli impianti idroelettrici porta l'acqua dal bacino di carico alle turbine. **6.** Arredo scenico, costumi che le compagnie teatrali hanno al seguito.

condottièro s.m. [f. –*ra*] **1.** ST. Nel Medioevo, capitano di milizie mercenarie. **2.** estens. Chi comanda un esercito o è a capo di un popolo.

1. condòtto agg. **1.** *Medico, veterinario condotto:* quelli a cui era affidata una condotta sanitaria. **2.** *Albero condotto, ruota condotta:* che ricevono il moto rispettivamente da un albero conduttore o da una ruota conduttrice.

2. condótto s.m. **1.** TECN. Canale di sezione variabile in cui scorrono liquidi. ◇ *Condotto eruttivo o vulcanico:* canale attraverso cui il magma risale dal focolaio magmatico alla bocca del vulcano; detto anche *camino.* **2.** ANAT. Dotto, canale. ◇ *Condotto uditivo esterno:* canale dell'orecchio esterno, attraverso il quale i suoni giungono alla membrana del timpano. – *Condotto uditivo interno:* canale osseo dell'orecchio interno nel quale si fondono in un unico nervo i nervi cocleare e vestibolare che escono dall'osso temporale.

condrìna s.f. BIOL. Sostanza organica che entra nella costituzione delle cartilagini.

condrìoma s.m. [pl. –*mi*] BIOL. CELL. Costituente cellulare presente nel citoplasma in forma di filamenti o di granuli.

condriosòma s.m. [pl. –*mi*] BIOL. CELL. → **mitocondrio.**

1. condrìte s.f. GEOL. Meteorite pietrosa che contiene condri.

2. condrìte s.f. MED. Infiammazione del tessuto cartilagineo.

Condrìtti o **Condroìtti** s.m. pl. [iniziale minusc. sing. –*to* per l'individuo] ZOOL. Classe di pesci il cui scheletro resta cartilagineo anche nell'adulto, p.e. negli squali, nelle razze e nelle chimere.

1. còndro s.m. (gr. *khóndros* "cartilagine, granello") MIN. Concrezione tondeggiante formata spec. da pirosseno e olivina, costituente delle condriti.

2. Còndro s.m. (lat. *Chondrus*, gr. *khóndros* "cartilagine" per l'aspetto cartilaginoso) BOT. Genere di alghe rosse di forma ramificata, da una specie delle quali si ottiene il carrageen.

condrocalcinòsi s.f. inv. MED. Malattia articolare metabolica, che si manifesta con attacchi simili agli accessi di gotta.

condrodistrofìa s.f. MED. Denominazione di un gruppo di malattie caratterizzate da malformazioni degli arti.

condròma s.m. [pl. *-mi*] MED. Tumore benigno del tessuto cartilagineo.

condromatòsi s.f. inv. MED. Affezione delle ossa caratterizzata dalla presenza di numerosi condromi.

condrosarcòma s.m. MED. Tumore maligno del tessuto cartilagineo.

Condròstei s.m. pl. [iniziale minusc. sing. *-steo* per l'individuo] ZOOL. Ordine di pesci con scheletro cartilagineo scarsamente ossificato e una sola pinna dorsale come, p.e., lo storione.

conducènte s.m. e f. Chi conduce un veicolo. SIN.: **autista**.

conducìbile agg. FIS. Riferito a un corpo che presenta conduttività.

conducibilità s.f. inv. FIS. Proprietà dei corpi di trasmettere il calore, la corrente elettrica o l'energia sonora. SIN.: **conduttività**.

conduplicàto agg. BOT. Relativo a un tipo di prefogliazione in cui le foglie sono piegate in doppio longitudinalmente.

condùrre v.tr. [26] **1.** Guidare un veicolo. *Condurre l'automobile.* **2.** *estens.* Dirigere, gestire, amministrare qlco. *Condurre un'azienda, un affare.* ◇ TV. *Condurre in studio:* dirigere un dibattito, organizzare l'intervento di più persone in scena. **3.** Accompagnare qlcu. o qlco. in qualche posto. ~ *fig.* Spingere qlcu. verso qlco. *Condurre qlcu. alla rovina.* ◇ *fig.* *Condurre in porto, a buon fine qlco.:* portarlo a compimento. **4.** *fig.* Trascorrere, passare un certo periodo di tempo. *Condurre una vita piacevole.* **5.** SPORT. Essere in testa in una gara, una classifica. **6.** FIS. Trasmettere una certa proprietà. *Condurre l'elettricità.* **7.** MAT. Tracciare qlco. *Condurre una retta.* **8.** TECN. Trasportare un fluido in qualche posto attraverso apposite tubature. ◆ v.intr. (aus. *avere*) Detto perlopiù di strade, portare in un certo luogo. *Questo sentiero conduce alla spiaggia.* ◆ **condursi** v.pron. **1.** Raggiungere un certo luogo. *Si condusse fino al bosco.* ~ Arrivare a una certa età della vita. *Si è condotto fino alla vecchiaia.* **2.** Comportarsi secondo un certo modello. *Condursi da gentiluomo.*

conduttànza s.f. ELETTR. Grandezza che indica in quale misura una sostanza si lasci attraversare da una corrente elettrica continua.

conduttività s.f. inv. FIS. → **conducibilità**.

conduttìvo agg. FIS. → **conducibile**.

conduttóre agg. [f. *-trice*] **1.** Che conduce. **2.** Che trasporta. ~ Che trasmette il moto. *Albero conduttore.* **3.** FIS. Riferito a un corpo che permette il passaggio di un agente fisico, quale calore, elettricità, ecc. ◆ s.m. **1.** TECN. (anche f.) Persona che conduce o fa funzionare veicoli, macchine, meccanismi. SIN.: **conducente**. ~ Nelle ferrovie, anche chi è addetto al controllo dei biglietti e al servizio viaggiatori. SIN.: **controllore**. **2.** (anche f.) Presentatore di programmi televisivi e radiofonici di notevole ampiezza. **3.** DIR. (anche f.) Locatario, affittuario. **4.** FIS. Corpo conduttore. *Conduttore elettrico, termico.*

conduttùra s.f. Canalizzazione per il trasporto di fluidi o energia elettrica.

conduzióne s.f. **1.** Guida, direzione. ◇ *Conduzione familiare:* gestione di un'impresa, un negozio, ecc. da parte dei componenti di una stessa famiglia. **2.** Presentazione di programmi televisivi o radiofonici. **3.** Attività volta a far funzionare un meccanismo, una macchina. **4.** Affitto, locazione. **5.** FIS. Trasmissione di energia o di massa in un mezzo, senza movimento del mezzo stesso.

conestàbile o **connestàbile** s.m. (fr. *conestable*, lat. *cómes stàbuli* "conte preposto alle scuderie imperiali") Nelle corti feudali, alto ufficiale della corona preposto all'organizzazione dell'esercito.

confabulàre v.intr. (aus. *avere*) Parlottare a bassa voce, in segreto.

confabulazióne s.f. **1.** Conversazione fatta a bassa voce, in disparte, di nascosto. **2.** PSICOL. Discorso sconnesso a livello logico, in cui realtà e fantasia si confondono.

confacènte agg. Che si addice, che è appropriato a qlco.

confàrsi v.pron. [9] Essere appropriato, adeguato a qlcu. o qlco. *Questo clima non mi si confà.*

confederàle agg. (fr. *confédéral*) Relativo a una confederazione. ~ Strutturato in confederazione.

confederàre v.tr. Riunire in confederazione. ◆ **confederarsi** v.pron. Detto di due o più organismi perlopiù statali, unirsi in una confederazione. ~ *estens.* Allearsi.

confederatìvo agg. Relativo a una confederazione. ~ Che sancisce un patto di confederazione. *Patto confederativo.*

confederàto agg. Unito in confederazione. *Sindacati confederati.* ◆ s.m. [f. *-ta*] Membro di una confederazione.

confederazióne s.f. **1.** Unione di Stati sovrani che delegano alcune attività di politica interna o estera a organi comuni. **2.** Associazione di organismi sindacali. *Confederazione generale italiana del lavoro (CGIL).*

conferènza s.f. (lat. *conferèntiam*, deriv. di *confĕrre* "portare in comune") **1.** Incontro tra più persone competenti per discutere di un argomento di particolare importanza. SIN.: **convegno**. ◇ *Conferenza permanente:* incontri stabili e periodici tra Stati. – *Conferenza dei servizi:* strumento di raccordo tra amministrazioni diverse per l'esame di provvedimenti congiunti. **2.** Discorso pubblico in cui si tratta di questioni culturali. ◇ *Conferenza stampa:* incontro durante il quale una o più personalità rispondono alle domande dei giornalisti. **3.** INFORM. Area di discussione tra utenti di Internet. **4.** COMM. Consorzio tra armatori.

conferiménto s.m. **1.** Assegnazione, attribuzione di qlco. a qlcu. **2.** ECON. Apporto di un socio al capitale societario.

conferìre v.tr. [83] **1.** Assegnare, accordare qlco. a qlcu. *Conferire un incarico.* **2.** *estens.* Riferito perlopiù a oggetti o entità inanimate, aggiungere un certo tocco, un certo effetto a qlcu. *La divisa gli conferiva un'aria d'autorità.* **3.** Portare qlco., perlopiù prodotti agricoli, a un luogo di raccolta. **4.** Contribuire a un fondo comune con beni o lavoro. ◆ v.intr. (aus. *avere*) Avere una conversazione importante, un abboccamento ufficiale con qlcu.

confèrma s.f. **1.** Prova che convalida un'ipotesi, ragione che avvalora un'argomentazione. **2.** Nel l. bur., convalida. *Conferma in ruolo.* **3.** Rinnovo di un impegno.

confermàre v.tr. **1.** Rinsaldare, rafforzare qlco. *Questo fatto conferma i miei dubbi.* **2.** Provare, convalidare qlco., avvalorare. *L'esperimento ha confermato che l'ipotesi era corretta.* **3.** Ripetere, ribadire a qlcu. quanto già detto, avendone controllato la fondatezza e la veridicità. *Confermare a qlcu. una promessa.* ~ Rinnovare un impegno già preso. **4.** Convalidare qlcu. in un certo ruolo. *L'hanno confermato presidente.* **5.** Conservare un incarico, una funzione a qlcu. ~ Ratificare una nomina. *Confermare l'incarico al questore.* ~ Ratificare un atto legislativo. **6.** ECON. Detto di una banca, impegnarsi in un'apertura di credito a favore di terzi. ◆ **confermarsi** v.pron. **1.** Dare ulteriore prova di sé in un certo ruolo, mantenere una proprietà acquisita. *La squadra si conferma campione d'Italia.* **2.** Mostrarsi, rivelarsi in un certo modo. *La tua previsione si conferma giusta.* **3.** Acquistare maggiore credito, rivelarsi giusto. *La sua idea si va confermando sempre più.* **4.** Convincersi di qlco. *Confermarsi in un'idea.*

confermazióne s.f. CRIST. Sacramento della cresima con cui il fedele riceve lo Spirito Santo che lo rafforza nella fede.

confessàre v.tr. **1.** Ammettere una forte emozione. *Ha confessato di aver paura.* ~ Confidare qlco. di intimo. *Ti confesso la mia amarezza.* **2.** Rivelare una o più azioni riprovevoli. *Confessò di essere l'unico responsabile.* **3.** CATT. Detto del penitente, elencare i propri peccati nella confessione sacramentale. **4.** CATT. Detto del sacerdote, raccogliere la confessione di un fedele. *Il sacerdote sta confessando.* ◆ **confessarsi** v.pron. **1.** Confidarsi con qlcu. **2.** Esporre i propri peccati in confessione. **3.** Riconoscere pubblicamente di essere in un certo modo, di rivestire un determinato ruolo. *Confessarsi colpevole.* **4.** Detto di due o più persone, rivelarsi reciprocamente qlco., perlopiù un sentimento. *I due si confessarono il loro amore.*

confessionàle agg. (fr. *confessionnal*) **1.** Che riguarda il sacramento della confessione. *Segreto confessionale.* **2.** Che concerne una confessione o una fede religiosa. ~ Che è improntato a essa (in oppos. a *laico*). ◇ *Stato confessionale:* quello che riconosce nella propria costituzione un'unica religione ufficiale. ◆ s.m. Arredo ligneo delle chiese formato da un vano centrale chiuso da una tenda, in cui prende posto il sacerdote, e da due inginocchiatoi laterali per i fedeli che si confessano.

confessionalìsmo s.m. **1.** Idea, opinione secondo cui l'ideologia e la prassi politica di uno Stato dovrebbero conformarsi ai principi di una particolare confessione religiosa. **2.** *estens.* Chiusura ideologica e culturale verso ciò che esula dalla propria credenza religiosa.

confessióne s.f. **1.** Dichiarazione con la quale si riconosce, si rivela qlco. *Mi ha fatto una grave confessione.* **2.** CATT. Momento del sacramento della penitenza in cui il fedele palesa al sacerdote i propri peccati. ~ *estens.* Il sacramento stesso. *Fare la confessione.* **3.** Dichiarazione pubblica di appartenenza a una fede religiosa. **4.** Insieme dei principi teologici fatti propri da una Chiesa. SIN.: **religione**. ~ La comunità di credenti che li accetta. *Confessione luterana, calvinista.* **5.** Piccola cripta che contiene la tomba di un martire. **6.** (al pl.) Memorie autobiografiche. ~ Titolo di varie opere aventi tale tema. *Le "Confessioni" di Sant'Agostino.*

confessóre s.m. **1.** Sacerdote autorizzato ad amministrare il sacramento della penitenza. **2.** Cristiano che, all'epoca delle persecuzioni, ha professato la fede ma non ha subito il martirio.

confettàre v.tr. **1.** Rivestire qlco. di zucchero. ~ Candire. **2.** *fig.* Addolcire qlco. di spiacevole.

confettatrice s.f. Macchina per confettare di uso alimentare e farmaceutico.

confetterìa s.f. **1.** Laboratorio in cui si preparano confetti o dolciumi. ~ Negozio in cui si vendono confetti, dolciumi, ecc. **2.** Assortimento di dolciumi.

confettièra s.f. Piccola scatola che contiene caramelle, confetti, dolciumi.

confètto s.m. **1.** Mandorla o nocciola rivestita di zucchero cotto, bianco o colorato, e offerto in occasione di battesimi, comunioni, matrimoni. **2.** Preparato farmaceutico solido ricoperto da un rivestimento duro, di solito zuccherino. SIN.: **pillola**. **3.** (al pl.) Dolciumi.

confettùra s.f. (fr. *confiture*) Conserva di frutta cotta nello zucchero. SIN.: **marmellata**.

confezionaménto s.m. Preparazione di confezioni di prodotti. ~ Imballaggio di pacchi e scatole.

confezionàre v.tr. (fr. *confectionner*) **1.** Tagliare e cucire un capo d'abbigliamento. *Confezionare una camicia.* **2.** Inscatolare, incartare, imballare una merce. *Confezionare un pacco postale.*

confezióne s.f. (lat. *confectiōnem* "compimento") **1.** Lavorazione, manifattura, produzione di qlco., oggi spec. di capi d'abbigliamento. **2.** Confezionamento di una merce. ~ Incarto, involucro, contenitore in cui viene messa la merce. **3.** *estens.* (al pl.) Capi di abbigliamento. *Negozio di confezioni.*

conficcàre v.tr. [4] Spingere verso il fondo, fare penetrare profondamente. *Conficcare un chiodo in una parete.* ◆ **conficcarsi** v.pron. **1.** Far andare perlopiù inavvertitamente qlco. in una parte del proprio corpo. **2.** *fig.* Imprimersi, stamparsi qlco. in testa. *Si conficcò in mente quella strana idea.*

confidàre v.tr. Rivelare qlco. a qlcu. facendo affidamento sul suo silenzio e sulla sua discrezione. *Confidare un segreto a un amico.* ◆ v.intr. (aus. *avere*) Avere fiducia, speranza in qlcu. o qlco. *Confidare nelle proprie forze.* ◆ **confidarsi** v.pron. Comunicare i pensieri e i sentimenti più intimi a qlcu. in cui si ripone la massima fiducia.

confidènte s.m. e f. **1.** Persona amica di cui ci si fida. **2.** Informatore delle forze dell'ordine. SIN.: **spia**. **3.** TEAT. Personaggio che viene affiancato ai protagonisti e che ha la funzione di permettere loro di esternare i propri pensieri senza ricorrere al monologo.

confidènza s.f. **1.** Amichevole intimità. ◇ *Dare confidenza a qlcu.:* permettergli di essere trattato con un eccesso di familiarità. – *Prendersi delle confidenze:* mancare di rispetto, di riguardo. **2.** *estens.* Dichiarazione fatta in segreto a qlcu. ◇ *In confidenza:* tra di noi, in segreto. **3.** Familiarità, pratica, sicurezza. *Prendere confidenza col lavoro.*

confidenziàle agg. **1.** Che si dice, si fa in segreto. *Notizie confidenziali.* ~ Che contiene delle informazioni segrete. *Dossier confidenziale.* **2.** Che denota intimità, familiarità. *Un saluto confidenziale.*

configuràre v.tr. **1.** Rappresentare qlco. secondo una certa forma. **2.** INFORM. Regolare un dispositivo informatico in modo che possa essere utilizzato da un computer. ◆ **configurarsi** v.pron. Assumere un determinato aspetto, presentarsi in un certo modo. *Il processo si configura difficile.*

configurazióne s.f. **1.** Aspetto, conformazione, struttura. *Configurazione del territorio.* **2.** Rappresentazione, figura. **3.** GEOM. Insieme di punti, rette e piani disposti in modo da soddisfare determinate relazioni di incidenza. **4.** ASTR. *Configurazione planetaria:* posizione della Luna o di un pianeta rispetto al Sole o alla Terra. **5.** INFORM. Insieme dei componenti hardware di un sistema di elaborazione e delle impostazioni software che ne regolano il funzionamento. ◇ *Configurazione minima:* insieme delle componenti e capacità necessarie a costituire un sistema autosufficiente. – *Configurazione di rete:* intera serie interconnessa di hardware o modo in cui sono collegati gli elementi di una rete.

confinaménto s.m. FIS. *Confinamento dei quark:* impossibilità di separare un quark dagli altri componenti di un adrone, dovuta al fatto che l'interazione tra i quark aumenta in seguito al loro allontanamento.

confinànte agg. Adiacente, contiguo.

confinàre v.intr. (aus. *avere*) **1.** Avere un confine in comune con qlco. *Il giardino confina con il parco comunale.* **2.** Detto di due o più soggetti, avere un confine in comune. *L'Italia e la Francia confinano.* ~ Essere contigui, limitrofi. *I nostri poderi confinano.* **3.** *fig.* Avvicinarsi, essere molto simile a qlco. d'altro. *La parsimonia spesso confina con l'avarizia.* ◆ v.tr. **1.** Mandare qlcu. al confino da qualche parte. **2.** *estens.* Trasferire qlcu. in un luogo lontano e disagiato. *La curia confinò il prete in un villaggio di montagna.* ◆ **confinarsi** v.pron. Isolarsi in un luogo appartato.

confìne s.m. **1.** Linea di delimitazione di due proprietà, territori, possedimenti. SIN.: **limite**. ◇ *Confine di Stato:* frontiera, delimitazione convenzionale del territorio di uno Stato. – *Confine naturale:* quello che coincide con un elemento del territorio (fiume, cresta montana, ecc.). – *Confine politico:* quello fissato convenzionalmente su basi storico-culturali. – *figg. Senza confini:* illimitato. – *Essere ai confini di qlco.:* all'estremo, al limite consentito. **2.** Segno di delimitazione.

confino s.m. Un tempo, misura di polizia che obbligava ad abitare per un periodo di tempo determinato in un comune diverso da quello di residenza.

confisca s.f. [pl. *-sche*] **1.** DIR. Requisizione da parte dello Stato di beni ottenuti commettendo un reato o connessi all'attuazione del reato. SIN.: **incameramento**. **2.** Istituto previsto dal diritto di guerra, in base al quale l'occupante può requisire i beni privati d'interesse militare.

confiscàre v.tr. [4] **1.** DIR. Detto dello Stato, sequestrare temporaneamente o definitivamente dei beni a qlcu. **2.** *estens.* Espropriare qlco. a qlcu.

confiteor s.m. inv. (voce lat. che significa "confesso") CATT. Formula liturgica di confessione delle colpe recitata dal sacerdote e dai fedeli all'inizio della messa.

conflagrazióne s.f. **1.** Sviluppo improvviso e violento di fiamme. SIN.: **incendio**. **2.** Scoppio, esplosione. **3.** *fig.* Manifestazione violenta di qlco. di negativo.

conflìtto s.m. **1.** Combattimento, scontro armato. ~ *estens.* Guerra. ◇ *Entrare in conflitto:* dichiarare guerra. – *Conflitto a fuoco:* con scambio di colpi d'arma da fuoco. **2.** *fig.* Opposizione, contrasto. ◇ *Conflitto di interessi:* situazione in cui un soggetto può favorire i propri interessi privati, anche se in contrasto con quelli che il suo ruolo imporrebbe. ◇ PSICOL. *Conflitto psichico:* condizione di un individuo sottoposto ad antagonismo tra motivazioni o pensieri contrastanti. ~ Discordia. *Essere in conflitto con i genitori.* **3.** DIR. Contrasto tra autorità politiche, giudiziarie o amministrative. *Conflitto di competenza.*

conflittuàle agg. Caratterizzato da lotta, scontro, conflitto. *Rapporto conflittuale.*

conflittualità s.f. inv. Stato di tensione tra forze opposte.

confluènza s.f. **1.** Convergenza di cose provenienti da direzioni diverse. ~ In partic., punto in cui si incontrano. *Confluenza di due fiumi.* **2.** *fig.* Concordanza, accordo, incontro. *Confluenza di idee.*

confluìre v.intr. [83] (aus. *essere* o *avere*) Riunirsi in un certo punto procedendo da direzioni diversi. *Le strade confluiscono nella piazza.* SIN.: **congiungersi**.

confóndere v.tr. [47] **1.** Mescolare più oggetti senza criterio, creando disordine e confusione. SIN.: **scompigliare**. ◇ *fig. Confondere le idee a qlcu.:* disorientarlo. **2.** *fig.* Turbare, imbarazzare, creare sconcerto o confusione in qlcu. *Le sue domande mi confusero.* **3.** Non distinguere, scambiare tra loro una o più persone o una o più cose. *La gente li confonde perché sono gemelli.* ◇ *fig. Confondere il sacro col profano:* mescolare cose tra loro antitetiche, non saper fare le giuste distinzioni. ~ Rendere indistinti alla vista linee, contorni di figure. *La nebbia confonde le forme.* ◆ **confondersi** v.pron. **1.** Provare una certa confusione in testa, non essere sufficientemente lucido. SIN.: **disorientarsi**. **2.** Commettere un errore. *Confondersi nel dare il resto.* SIN.: **sbagliarsi**. **3.** Di cosa, diventare vago e indistinto. *La sua immagine si confonde nel ricordo.* **4.** Mischiarsi, mescolarsi in mezzo a qlcu. *I borsaioli si confusero tra i passeggeri del tram.*

conformàre v.tr. **1.** Fornire qlcu. o qlco. di una certa forma, di una certa struttura. SIN.: **formare**. **2.** Far corrispondere, adattare, adeguare qlco. a un modello. *Conformò la sua vita agli ideali di libertà e giustizia.* ◆ **conformarsi** v.pron. Modellarsi su qlco., adattarsi, adeguarsi a qlco. *Conformarsi alla vita di città.*

conformatóre s.m. Strumento a stecche mobili utilizzato dai cappellai per prendere la misura e la forma della testa.

conformazionàle agg. Attinente la conformazione. ◇ CHIM. *Analisi conformazionale:* parte della stereochimica che studia le conseguenze della libera interazione degli atomi o di gruppi atomici intorno a legami semplici tra atomi. (L'introduzione di questa metodologia valse il prezzo Nobel a O. Hassel e D.H.R. Barton.)

conformazióne s.f. **1.** Organizzazione, struttura, forma. *Conformazione del terreno.* ~ CHIM. Forma particolare di una data molecola di un composto organico, ottenibile per rotazione dei legami semplici tra gli atomi. **2.** Struttura del corpo umano. SIN.: **corporatura**.

confórme agg. **1.** Che corrisponde perfettamente alla forma di un oggetto preso come modello. SIN.: **identico**. **2.** Che si modella su qlco. ~ Che corrisponde, si accorda con qlco. SIN.: **consono**. ~ Che è compiuto secondo le regole. *Un processo celebrato in modo conforme.* **3.** MAT. *Rappresentazione o trasformazione conforme:* ogni corrispondenza biunivoca e continua tra due superfici che conserva gli angoli, cioè tale che gli angoli corrispondenti sono uguali.

conformìsmo s.m. (ingl. *conformism*) Rispetto acritico delle norme, delle tradizioni, degli usi e della morale prevalenti nella società.

conformìsta s.m. e f. [pl.m. *-sti*] (ingl. *conformist*) **1.** Chi si adegua ai modelli socialmente prevalenti. **2.** In Inghilterra, chi professa la religione di Stato (anglicanesimo). ▫ In funzione di agg., tipico del conformismo, del conformista. *Mentalità conformista.*

conformità s.f. inv. Carattere di ciò che è conforme. ~ Stato di due cose che si somigliano o si accordano bene insieme. *Conformità di intenti.* ◇ *loc. prep. In conformità a:* in ossequio a, adeguandosi a.

confortànte agg. Che dà sollievo.

confortàre v.tr. (lat. *confortàre* propr. "rendere forte") **1.** Consolare, incoraggiare. *Confortare un amico.* **2.** Rafforzare, rendere più solido, confermare. *Confortare una tesi.* ◆ **confortarsi** v.pron. Sentirsi rincuorato, farsi coraggio. *Mi conforto al pensiero di rivederti.*

confortévole agg. **1.** Che rasserena, infonde tranquillità. *Un ambiente confortevole.* **2.** Che offre comodità, contribuisce al benessere. *Una casa confortevole.*

confòrto s.m. **1.** Sostegno, consolazione, spec. in occasione di gravi dolori o sofferenze. SIN.: **aiuto**. ◇ *loc. prep. A conforto di:* nel l. bur. e sc., a conferma, a sostegno di. **2.** Ristoro del corpo. ◇ *Generi di conforto:* cibi, bevande forniti a chi ha patito disagi. **3.** (al pl.) Agi, comodità. SIN.: **comfort**.

confratèllo s.m. Membro di una confraternita.

confratèrnita s.f. **1.** Associazione di laici fondata su principi religiosi finalizzata a opere di carità o a pratiche liturgiche. ~ *estens.* Luogo in cui si riunisce. **2.** Nell'Islam, organizzazione religiosa di fedeli, general. laici, dediti a esercizi spirituali sotto la guida di un capo che li inizia alla "via mistica".

confrontàre v.tr. (lat. *confrontàre* "mettere di fronte") **1.** Raffrontare una persona o una cosa con un'altra. **2.** Esaminare più persone o cose, per rilevarne differenze o somiglianze. *Confrontare i punti di vista.* ◆ **confrontarsi** v.pron. **1.** Paragonarsi con qlcu. o con qlco. *Confrontarsi con un modello.* **2.** Detto di due o più persone, scontrarsi, contrapporsi reciprocamente in una gara o in una discussione. *I due politici si confrontano sul tema della sanità.*

confrónto s.m. **1.** Esame comparato di due o più entità. *Il confronto di due ideologie.* ◇ *locc. prep. Nei confronti di:* verso, nei riguardi di. – *A confronto di:* a paragone di, rispetto. **2.** DIR. Interrogatorio simultaneo di testimoni o imputati le cui precedenti dichiarazioni siano risultate divergenti. ◇ *Confronto all'americana:* tipo di riconoscimento in cui il testimone deve indicare tra più persone quella vista commettere un reato. **3.** SPORT. Competizione, gara. ◇ *Confronto diretto:* quello tra due squadre che hanno la stessa posizione in classifica per decidere il primato di una.

confucianésimo s.m. Pensiero, dottrina religiosa di Confucio e della sua scuola.

confusionàle agg. Che presenta i caratteri della confusione mentale. *Stato confusionale.*

confusionàrio agg. [pl.m. *-ri*] Che manifesta una mancanza d'ordine, di metodo, di chiarezza. ◆ s.m. Nel sign. dell'agg.

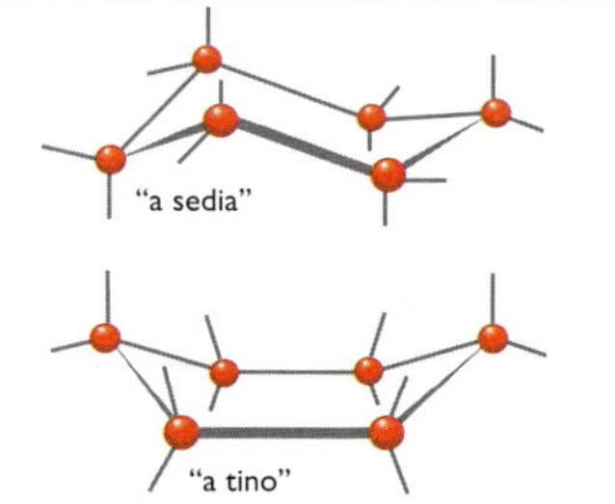

■ **conformazióne.** Le due principali conformazioni del cicloesano.

confusióne s.f. **1.** Riunione o distribuzione di elementi senza un criterio logico. SIN.: **caos. 2.** *estens.* Chiasso, baccano, baraonda. **3.** Azione di confondere, scambio di cose o persone. *Fare confusione tra due persone.* **4.** *fig.* Disordine, turbamento mentale. *Essere in preda alla confusione.* ◇ MED. *Confusione mentale:* insieme di alterazioni, spec. psichiche, causate da disordini della memoria e della percezione, ansia e, spesso, onirismo. **5.** DIR. Modalità d'estinzione di un debito per cui una stessa persona riunisce le qualità di creditore e di debitore.

confusionismo s.m. Tendenza a creare disordine, confusione materiale o mentale.

confùso agg. **1.** Mischiato ad altre persone o cose. *Era confuso tra la folla.* **2.** Non chiaro, vago. *Avere le idee confuse.* ~ Non netto, indistinto. *Vista confusa.* ~ Che non si spiega chiaramente, contorto. *Discorso confuso.* **3.** *fig.* Stupito al punto da sembrare stupido, smarrito. ~ Agitato per la consapevolezza del proprio errore o per un eccesso di complimenti. SIN.: **imbarazzato.**

confutàbile agg. Che si può smentire.

confutàre v.tr. **1.** Dimostrare la falsità di una dichiarazione con prove contrarie. *Confutare un'argomentazione.* SIN.: **smentire. 2.** DIR. Nel dibattimento processuale, contraddire gli argomenti della controparte.

confutatòrio agg. [pl.m. *–ri*] Che confuta, di confutazione. *Discorso confutatorio.*

confutazióne s.f. **1.** Insieme di parole, scritti, azioni finalizzati a confutare. SIN.: **smentita. 2.** RET. Parte di un discorso in cui l'oratore risponde alle tesi dell'avversario.

cònga [/'konga/] s.f. [pl. *–ghe*] (voce spagn. d'America, forse deriv. dal nome del *Congo*) **1.** Tamburo d'origine afro-cubana, alto ca. un metro, di forma semiconica, suonato general. con le mani. **2.** Musica in quattro tempi che accompagna la danza, ritmata dalla conga e a volte cantata. **3.** Danza di gruppo d'origine cubana in cui i ballerini formano una fila sinuosa tenendosi per la vita. (In voga negli Stati Uniti alla fine degli anni Trenta.)

■ Esecuzione di **cònga**

congedàre v.tr. **1.** Invitare qlcu. ad andarsene. ~ Lasciare andar via, accomiatare. **2.** MIL. Porre in congedo, licenziare i soldati dal servizio militare. ◆ **congedarsi** v.pron. **1.** Andarsene via, accomiatarsi. *Mi congedai dagli amici.* **2.** MIL. Andare in congedo. *Congedarsi dall'esercito.*

congedàto agg. **1.** MIL. Che è stato posto in congedo. **2.** Di impiegato, che ha ottenuto il congedo. ◆ s.m. [f. *–ta*] Nei sign. dell'agg.

congèdo s.m. (fr. *congiet*) **1.** Permesso di allontanarsi, di partire. **2.** MIL. Cessazione del servizio militare. ◇ *Congedo assoluto:* senza alcun obbligo di servizio. – *Congedo illimitato:* con obbligo di servizio solo in caso di necessità. – *Congedo provvisorio:* cessazione temporanea del servizio militare. – *Foglio di congedo:* documento che attesta la concessione del congedo e la posizione del congedato. **3.** Autorizzazione accordata a un lavoratore dipendente di interrompere il lavoro. ◇ *Congedo matrimoniale:* permesso concesso ai lavoratori dipendenti di assentarsi dal lavoro in occasione delle nozze. **4.** Stato dello studente universitario che chiede il trasferimen-

to ad altra università. **5.** METR. Strofa finale della canzone duecentesca e petrarchesca, più breve delle altre. **6.** TEAT. Battuta conclusiva di un'opera. ~ Saluto degli attori al termine di una rappresentazione.

congegnàre v.tr. Elaborare, costruire con ingegno. *Congegnare una trappola.* ~ *fig.* Ideare, inventare.

congégno s.m. Ogni cosa composta di parti tra loro integrate.

congelaménto s.m. **1.** FIS. Processo di solidificazione di un liquido. **2.** Processo di conservazione degli alimenti tramite raffreddamento. SIN.: **surgelamento. 3.** Insieme delle lesioni di un tessuto del corpo dovute a freddo intenso e che possono condurre alla cancrena. **4.** *fig.* Sospensione di un'attività, spec. economica, al suo stato attuale. *Congelamento dei beni.* SIN.: **blocco.**

congelàre v.tr. **1.** Raffreddare un liquido o un gas fino a farlo passare allo stato solido. **2.** Sottoporre prodotti alimentari all'azione del freddo per conservarli. *Congelare la carne.* SIN.: **surgelare. 3.** Assiderare qlcu. o una parte del corpo. *Il vento mi congela la faccia.* **4.** *fig.* Irrigidire, raggelare per una forte emozione. *La paura lo congelò.* **5.** *fig.* Interrompere un'attività, fermare un meccanismo di tipo amministrativo, sindacale o politico per impedire certe conseguenze. *Congelare i negoziati.* ◇ *Congelare gli armamenti:* bloccare l'utilizzo di un determinato tipo di arma (chimica, nucleare, ecc.). ◆ **congelarsi** v.pron. **1.** Di liquido, passare allo stato solido per il freddo. **2.** Patire un congelamento. ~ *estens.* Prendere molto freddo. *I miei piedi si stanno congelando!*

congelatóre agg. [f. *–trice*] Che ha azione congelante. ◆ s.m. Apparecchio che permette di congelare rapidamente gli alimenti e conservarli per lungo tempo. ~ Cella del frigorifero che congela o mantiene congelati gli alimenti. SIN.: **freezer.**

congènere agg. Dello stesso tipo o genere. *Pianta congenere.*

congeniàle agg. Confacente al temperamento, all'indole di una persona. SIN.: **consono.**

congènito agg. Presente già alla nascita. SIN.: **connaturato.**

congèrie s.f. inv. Mucchio di cose alla rinfusa. SIN.: **accozzaglia.**

congestionàre v.tr. (fr. *congestionner*) **1.** MED. Causare una congestione in una parte del corpo. **2.** *fig.* Intralciare un luogo, un'attività. *Congestionare il traffico.* ◆ **congestionarsi** v.pron. Essere colpito da congestione.

congestióne s.f. (lat. *congestiōnem* "ammasso") **1.** MED. Afflusso anormale di sangue nei vasi di un organo, di una parte del corpo. SIN.: **iperemia. 2.** *fig.* Aumento esagerato di lavoro che finisce col paralizzare un'attività. ~ Aumento di veicoli che determina intasamento nella circolazione. SIN.: **ingorgo.**

congestivo agg. MED. Di stato morboso che comporta un'iperemia.

congettùra s.f. **1.** Semplice ipotesi, fondata su assunzioni, ma assai probanti. SIN.: **supposizione. 2.** FILOL. Lezione ipotizzata là dove il testo è mutilo o corrotto. **3.** MAT. Ipotesi formulata sull'esattezza o l'inesattezza di un enunciato per cui non esiste dimostrazione. ◇ *Congettura di Goldbach:* ogni numero pari si può scrivere come somma di due numeri primi.

congetturàle agg. Che si basa su congetture.

congetturàre v.intr. (aus. *avere*) Ragionare partendo da dati non certi. ◆ v.tr. Ipotizzare qlco. secondo dati non certi, presumere. *Non si può congetturare niente.*

congiàrio s.m. [pl. *–ri*] ANT. ROM. Distribuzione d'olio, vino e denaro fatta al popolo o ai soldati dall'imperatore o dai cittadini ricchi, in occasione di feste e trionfi.

congiùngere v.tr. [22] **1.** Unire, porre a contatto più cose o persone. *Congiungere le mani.* **2.** Stabilire una comunicazione tra più località. *Congiungere due isole con un ponte.* SIN.: **collegare.** ◆ **congiungersi** v.pron. Incontrarsi, unirsi con qlco. *Qui la ferrovia si congiunge con l'autostrada.* ~ Di corsi d'acqua, mischiare le acque. *I due fiumi si congiungono a valle.*

congiungiménto s.m. Unione, collegamento. ~ Punto di congiunzione. SIN.: **giuntura.**

congiuntiva s.f. ANAT. Mucosa trasparente che ricopre la parte interna delle palpebre e la parte anteriore del globo oculare, esclusa la cornea.

congiuntivàle agg. ANAT. Della congiuntiva.

congiuntivite s.f. MED. Infiammazione della congiuntiva.

congiuntivo agg. *non com.* Che unisce. ◇ GRAMM. *Modo congiuntivo:* modo finito che esprime un'azione o uno stato non come reali, ma come possibili, supposti, temuti, desiderati e che supplisce alle forme mancanti dell'imperativo. ◆ s.m. GRAMM. Il modo verbale congiuntivo.

congiùnto agg. Unito, in collegamento, a contatto. ◇ *Comunicato congiunto:* comunicazione data alla stampa e concordata tra le personalità, le istituzioni che hanno partecipato a un incontro politico. – ECON. *Beni a offerta congiunta (o a costi congiunti):* quelli che si producono in un unico processo lavorativo. ◆ s.m. [f. *–ta*] Parente, familiare.

congiuntùra s.f. **1.** Punto in cui due cose si uniscono, si connettono, si toccano. SIN.: **giunzione. 2.** *fig.* Circostanza, situazione, combinazione di fattori. *Una congiuntura molto favorevole.* **3.** ECON. Insieme degli elementi che determinano la situazione economica, sociale, politica o demografica in un dato momento. ~ Tale fase economica. ~ assol. Periodo di recessione, di crisi. *Superare la congiuntura attuale.*

congiunturàle agg. Che riguarda la congiuntura economica. ◇ *Fase congiunturale:* di recessione.

congiunzióne s.f. **1.** Unione, giunzione. **2.** GRAMM. Parte invariabile che serve a riunire due parole, due gruppi di parole o delle proposizioni della stessa natura (*congiunzione coordinativa*) o a collegare una proposizione subordinata a una principale (*congiunzione subordinativa*). ◇ *Congiunzione testuale:* congiunzione o altro elemento linguistico o locuzione che non mette in rapporto due frasi, ma due sequenze di discorso. **3.** ASTR. Avvicinamento apparente di due o più stelle nel cielo.

congiùra s.f. **1.** Lotta, cospirazione per abbattere il potere costituito. *La congiura di Catilina.* SIN.: **complotto. 2.** *estens.* Macchinazione ai danni di qlcu., anche in senso scherz. ~ Combinazione sfavorevole di fattori. ◇ *Congiura del silenzio:* decisione collettiva e concorde di non parlare di qlcu. o di qlco.

congiuràre v.intr. (aus. *avere*) **1.** Tramare in segreto contro lo stato o contro chi detiene il potere. *Congiurare ai danni del re.* **2.** *estens.* Concorrere a danneggiare qlcu., a creare una situazione sfavorevole per qlcu. *Tutto sembra congiurare contro di me.*

congiuràto agg. Che partecipa a una congiura. ~ Che contribuisce a danneggiare qlcu. ◆ s.m. [f. *–ta*] Chi prende parte a una congiura.

congiuratóre s.m. [f. *–trice*] **1.** Chi trama congiure o vi prende parte. **2.** Nel diritto barbarico medievale, chi, durante i processi, parlava sotto giuramento per sostenere l'accusato.

conglobàre v.tr. (lat. *conglobāre* "foggiare a forma di sfera") Unire qlco. a qualcos'altro.

conglomeràre v.tr. (lat. *conglomerāre* "aggomitolare") Mettere insieme cose diverse. SIN.: **agglomerare.** ◆ **conglomerarsi** v.pron. Riunirsi, diventare un conglomerato.

conglomeràta s.f. ECON. Grossa società, perlopiù finanziaria, che riunisce imprese operanti in diversi settori produttivi.

conglomeràto agg. **1.** Che riunisce elementi diversi. **2.** COSTR. Di complesso di sostanze in muratura formato con cemento. *Materiale conglomerato.* ◆ s.m. **1.** Ammasso, unione di cose diverse. ◇ *Conglomerato urbano:* metropoli. **2.** *fig.* Insieme vario di più elementi. **3.** MAT. Materiale edilizio costituito da ghiaia e cemento. ~ Impasto di pietrisco e bitume usato nelle pavimentazioni stradali. **4.** GEOL. Roccia sedimentaria detritica, formata da ciottoli (*puddinghe*) o da frammenti angolosi (*brecce*) di altre rocce. **5.** ECON. Insieme di imprese che raccolgono, sotto forma di filiali e di partecipazioni, beni e servizi diversi. **6.** LING. Unità lessicale prodottasi per composizione da un sintagma complesso (p.e. *ti-ramisù* come denominazione di un dolce).

congolése agg. (fr. *congolais*) Del Congo o della repubblica democratica del Congo. ◆ s.m. e f. Nativo, abitante del Congo.

congratulàrsi v.pron. Partecipare alla gioia di qlcu. per qlco. ~ Rallegrarsi, felicitarsi con qlcu. *Mi congratulo con te per la promozione.*

congratulazióne s.f. Rallegramento, felicitazione, complimento. ~ (spec. pl.) Parole o gesti usati per felicitarsi.

congrèga s.f. [pl. *–ghe*] Gruppo di persone unite da comuni interessi, abitudini, ecc., general. con valore spreg. SIN.: **combriccola**.

congregazionalismo s.m. (ingl. *congregationalism*) Nel protestantesimo, sistema ecclesiastico che rivendica l'autonomia della Chiesa locale.

congregazionalista s.m. e f. [pl.m. *–sti*] (ingl. *congregationalist*) Che appartiene al congregazionalismo.

congregazióne s.f. **1.** Associazione di laici fondata su principi religiosi. ~ CATT. Associazione di religiosi o mista di religiosi e laici, la cui regola è approvata dall'autorità ecclesiastica. *La congregazione dei religiosi di san Vincenzo de' Paoli.* **2.** CATT. Riunione generale del collegio cardinalizio. ~ Organo collegiale diretto da un cardinale o dal Papa stesso preposto all'amministrazione degli affari ecclesiastici. **3.** *non com.* Adunanza di più persone. ~ *estens.* Collettività, comunità.

congregazionista s.m. e f. [pl.m. *–sti*] Chi fa parte di una congregazione religiosa. ▫ In funzione di agg., di congregazione religiosa.

congrèsso s.m. (lat. *congrèssum* "incontro") **1.** Assemblea, conferenza di capi di Stato, di ambasciatori, di delegati di diversi paesi per trattare questioni internazionali. *Il congresso di Vienna.* **2.** Riunione generale dei rappresentanti degli iscritti a un partito o a un sindacato, in cui si elegge il segretario. ~ Riunione di specialisti in una data branca che deliberano sui ricerche o studi. *Un congresso internazionale di cardiologia.* **3.** Negli Stati Uniti d'America e in altri Stati americani, parlamento.

congressuàle agg. Di un congresso, elaborato all'interno di un congresso. *Atti congressuali.*

còngrua s.f. ST. Somma versata in passato dallo Stato ai sacerdoti, a integrazione di un beneficio ecclesiastico.

congruènte agg. **1.** Che ha un rapporto di conformità, di coerenza con qlco. **2.** MAT. *Numeri congruenti:* quelli aventi una relazione di congruenza. **3.** GEOM. Riferito a figure che per mezzo di uno spostamento rigido possono essere fatte coincidere.

congruènza s.f. **1.** Rispondenza, conformità, proporzione; coerenza logica. **2.** MAT. *Congruenza tra due numeri:* relazione tra due numeri interi relativi, la cui differenza sia divisibile per un numero intero positivo fissato, detto *modulo di congruenza.* **3.** GEOM. Proprietà di due figure piane di essere sovrapponibili mediante rotazioni e traslazioni nel piano che le contiene.

congruità s.f. inv. Corrispondenza a particolari esigenze.

còngruo agg. **1.** Che corrisponde a qlco. SIN.: **adeguato**. **2.** MAT. *Numero congruo:* ogni numero di una coppia di numeri interi relativi la cui differenza sia divisibile per un numero intero positivo.

conguagliàre v.tr. [6] Conteggiare la parte in più o in meno rispetto a quanto dovuto e pareggiare la differenza.

conguàglio s.m. [pl. *–gli*] **1.** DIR. Somma di denaro che, in una spartizione o in uno scambio, compensa la disuguaglianza di valore dei gruppi o beni scambiati. **2.** CONTAB. Ripristino del pareggio tra due partite di dare e avere. ~ *estens.* Somma con cui si conguaglia.

coniàre v.tr. [6] **1.** Stampare una moneta o una medaglia. **2.** *fig.* Creare, inventare qlco. di nuovo, soprattutto riferito a parole e locuzioni. *Coniare una parola.*

coniatùra s.f. Impressione del conio su entrambe le facce di monete e medaglie.

coniazióne s.f. **1.** Operazione di fabbricazione delle valute e medaglie che consiste nello stampare la matrice del conio sulle due facce di un disco di metallo. **2.** *fig.* Creazione di parole o di espressioni nuove. **3.** Emissione di moneta metallica.

cònica s.f. [pl. *–che*] MAT. Ogni curva del secondo ordine (parabola, iperbole, ellisse) ottenuta intersecando un cono con un piano. [Una conica è il luogo dei punti di un piano in cui il rapporto delle distanze da un punto fisso (*fuoco*) e da una retta fissa (*direttrice*) è una costante detta *eccentricità*; l'*ellisse*, la *parabola* e l'*iperbole* sono coniche.] SIN.: **sezione conica**.

cònico agg. [pl.m. *–ci*, f. *–che*] Di cono. ~ Che ha la forma di cono. *Elemento conico.* ◇ CARTOGR. *Proiezione conica:* proiezione del globo terrestre su una superficie conica successivamente sviluppata su un piano.

Cònidi s.m. pl. [iniziale minusc. sing. *–de* per l'individuo] ZOOL. Famiglia di molluschi gasteropodi diffusi nei mari tropicali, con la conchiglia a forma di cono e dentelli cornei con cui pungono le prede. (Sottoclasse dei Prosobranchi.)

conidio s.m. [pl. *–di*] (lat. *conidium*, gr. *kónis* "polvere" perché formato da granelli minuscoli) BOT. Spora che garantisce la riproduzione asessuale di alcuni funghi.

Conifere s.f. pl. [iniziale minusc. sing. *–ra* per l'individuo] (lat. *Coniferae*, deriv. di *conifer* "che produce pinoli") BOT. Ordine di piante arboree con fusto eretto e molto ramificato, foglie aghiformi o squamiformi perlopiù persistenti, frutti conici. (Ne fanno parte, tra le altre, le famiglie delle Pinacee e delle Cupressacee; divisione delle Gimnosperme.)

coniglicoltùra s.f. Allevamento di conigli.

coniglièra s.f. Gabbia o luogo in cui si tengono o allevano i conigli.

coniglio s.m. [pl. *–gli*] (provenz. *conilh*) **1.** [f. *coniglia*, f. pl. *-glie*] Mammifero vegetariano, originario della penisola iberica e dell'Africa del Nord, oggi ovunque diffuso e molto prolifico. (Il *coniglio selvatico* è un tipo di selvaggina molto apprezzata, vive sui terreni boscosi e sabbiosi, dove scava tane collettive. Il *coniglio domestico* è allevato per la sua carne, a volte per la sua pelliccia. Genere *Oryctolagus*; ordine dei Lagomorfi.) **2.** Carne dell'animale macellato. ~ La pelliccia di questo animale. **3.** *fig.* Persona timida, paurosa.

■ **conìglio** domestico.

conìna o **coniìna** s.f. CHIM., FARM. Alcaloide contenuto nelle foglie e nei semi di cicuta, utilizzato nel trattamento del tetano e del morbo di Parkinson; è tossica in dosi elevate. SIN.: **cicutina**.

cònio s.m. [pl. *–ni*] (lat. *cùneum* "cuneo") **1.** Matrice in acciaio per la coniatura delle monete e medaglie. ◇ *Moneta fior di conio:* nuovissima e molto ricercata da numismatici e collezionisti. ~ *fig. Di basso conio:* di animo cattivo, volgare, dozzinale. **2.** Cuneo usato per spaccare legna o pietre.

coniugàbile agg. Che si può coniugare, congiungere.

coniugàle agg. Del matrimonio, dei coniugi. *Vita coniugale.*

coniugàre v.tr. [4] **1.** GRAMM. Elencare le forme della coniugazione di un verbo. *Coniugare il verbo "andare" al futuro.* **2.** *fig.* Associare, amalgamare, far convivere due o più cose anche quando sembrino antitetiche. *Lo Stato deve saper coniugare ordine e libertà.* ◆ **coniugarsi** v.pron. Sposarsi con qlcu.

Coniugàte s.f. pl. [iniziale minusc. sing. *–ta* per l'individuo] BOT. Classe di alghe verdi d'ac-

qua dolce unicellulari, spesso riunite in colonie a forma di filamenti.

coniugàto agg. **1.** Che è sposato, ammogliato; di donna, maritata. **2.** Nel l. sc., è usato in varie locc. ◇ GEOM. *Angoli coniugati:* gli angoli che si formano tagliando due rette di uno stesso piano con una trasversale in due punti distinti e che sono situati dalla stessa parte rispetto alla trasversale. ~ ALG. *Numero complesso coniugato di un numero complesso z = x + i y:* numero *x - i y,* indicato con *conj.* ◇ FIS. *Particelle coniugate:* una particella e la corrispondente antiparticella. – CHIM. *Legami coniugati:* di legami doppi separati da un legame semplice. – *Proteina coniugata:* proteina che oltre agli amminoacidi contiene gruppi prostetici.

coniugatóre s.m. Software che fornisce la coniugazione dei verbi.

coniugazióne s.f. **1.** GRAMM. Insieme delle forme che assumono i verbi secondo le persone, i tempi, i modi, le voci, ecc. ~ Insieme di verbi che presentano lo stesso paradigma di forme. *In italiano ci sono tre coniugazioni.* **2.** BIOL. Modo di riproduzione per contatto diretto delle cellule, proprio degli Protozoi (p.e. il paramecio) ed alcune alghe unicellulari. ~ MICROBIOL. Trasferimento di materiale genetico da un batterio a un altro. **3.** FIS. Trasformazione di una particella nella corrispondente antiparticella. **4.** *fig.* Collegamento, accordo, in vista di un risultato. *La coniugazione di molte forze.*

còniuge s.m. e f. Ciascuna delle due persone unite in matrimonio. SIN.: **consorte**.

connaturàrsi v.pron. Radicarsi stabilmente in qlcu. così da apparire naturale.

connaturàto agg. **1.** Congenito, innato. **2.** *estens.* Inguaribile, radicato.

connazionàle agg. Che appartiene alla stessa nazione. ◆ s.m. e f. Nel sign. dell'agg.

connection [/kənˈnɛkʃən/] s.f. inv. (voce ingl. d'America, propr. "connessione") Relazione tra più persone, che si organizzano clandestinamente e operano illegalmente. *La connection tra narcotrafficanti e mafia siciliana.*

connessióne s.f. **1.** Unione, legame, collegamento. **2.** *fig.* Disposizione logica. *Connessione di idee.* **3.** DIR. Stretto rapporto tra due o più procedimenti penali o civili che confluiscono in un unico processo. **4.** ELETTR. Collegamento elettrico tra conduttori. **5.** INFORM. Operazione o sequenza di operazioni con cui un calcolatore si collega a una rete.

connèsso agg. **1.** Unito, congiunto. **2.** *fig.* Che ha delle relazioni di similarità o di dipendenza con qlco.

connèttere v.tr. [16] **1.** Unire, mettere a contatto una cosa con un'altra o più cose. *Connettere i cavi.* **2.** *fig.* Collegare. *Connettere gli indizi.* ◆ v.intr. (aus. *avere*) Pensare, ragionare. *Sono così stanco che non riesco a connettere.* ◆ **connettersi** v.pron. Essere in rapporto con qlco., ricollegarsi a qlco. *La nuova normativa si connette con le disposizioni vigenti.*

connettivàle agg. BIOL., MED. Relativo al tessuto connettivo.

connettivite s.f. MED. Infiammazione del tessuto connettivo.

connettivo agg. (fr. *connectif*) Che unisce, congiunge. ◇ BIOL. *Tessuto connettivo:* tessuto di sostegno, collegamento, nutrizione, le cui cellule sono immerse in una sostanza contenente fibre proteiche; *fig.* ciò che costituisce elemento portante, di sostegno. *Il tessuto connettivo dell'economia.* ◆ s.m. **1.** BIOL. Tessuto connettivo. **2.** MAT. *Connettivi logici:* simboli usati per connettere le proposizioni. **3.** LOG., LING. Ogni elemento che lega singole frasi o sequenze di discorso (p.e. congiunzioni e avverbi).

connettóre s.m. (fr. *connecteur*) **1.** TECN. Dispositivo per il collegamento di più circuiti elettrici. **2.** TECN. Apparecchio che esegue automaticamente una selezione dei dati da inviare alla macchina operatrice.

connivènte agg. (lat. *conniventem,* deriv. di *connivère* "chiudere gli occhi" quindi "essere indulgente") **1.** Che è complice di un'azione disonesta senza avervi parte attiva. **2.** ANAT. Che tende ad avvicinarsi. ◇ *Valvole conniventi:* le pieghe permanenti della mucosa del duodeno, che aumentano la superficie di assorbimento e di secrezione dell'intestino tenue. ◆ s.m. e f. Complice, favoreggiatore.

connivènza s.f. Consenso, complicità indiretta in un'azione disonesta.

connotàre v.tr. LING. Designare un oggetto o un concetto con una parola che, oltre a indicare l'oggetto o il concetto stesso, suggerisca associazioni e interpretazioni specifiche (in oppos. a *denotare*).

connotativo agg. LING. Di significato secondario aggiunto a quello primario o denotativo. *Valore connotativo di una parola.*

connotàto agg. **1.** Che ha tratti peculiari. **2.** LING. Detto di significato aggiunto a quello primario. ◆ s.m. (spec. pl.) Caratteristica somatica di una persona. ◇ *Cambiare i connotati a qlcu.*: picchiarlo fino a renderlo irriconoscibile, usato anche scherz.

connotazióne s.f. **1.** FILOS. Indicazione di un soggetto e di tutti i suoi attributi impliciti. **2.** LING. Significato ulteriore, secondario di un segno, che si aggiunge al significato primario (o *denotazione*). *La parola "destriero" ha una connotazione letteraria.* **3.** Caratteristica, tratto. ~ Sfumatura, tonalità. *Un discorso dalle connotazioni inquietanti*

connùbio s.m. [pl. –*bi*] **1.** Stretto legame, unione. *Il connubio tra potere e ricchezza.* **2.** *estens.* Alleanza. *Connubio di forze politiche.*

còno s.m. **1.** GEOM. Solido ottenuto dalla rotazione completa di una retta (*generatrice*) intorno a un'altra retta con la quale la sua parte in comune (*vertice*). ◇ *Cono di rivoluzione*: solido generato dalla rotazione di un triangolo rettangolo intorno a un cateto. **2.** Qualsiasi oggetto a forma di cono. ◇ ASTR. *Cono d'ombra*: ombra a forma di cono proiettata da un pianeta o da un satellite nella direzione opposta a quella del Sole. – *Cono gelato*: gelato servito in una cialda a forma di cono. – GEOL. *Cono vulcanico*: rilievo formato dall'accumulazione di lava intorno all'apertura centrale (*cratere*). SIN.: **pigna**. ◇ *Cono vegetativo*: *apice vegetativo. **4.** ANAT. Strato cellulare della retina dell'occhio costituito da cellule fotosensibili. **5.** ZOOL. Mollusco gasteropode marino, carnivoro, provvisto di conchiglia a cono (Famiglia dei Conidi).

conòcchia s.f. **1.** La fibra avvolta sulla rocca per filarla. ~ *estens.* La rocca stessa. **2.** VITICOLT. Sistema per cui le viti si piantano ai bordi di un quadrilatero e si riuniscono superiormente mediante delle canne.

conòide s.m. **1.** GEOM. Solido simile al cono. **2.** Superficie generata dalla rotazione di una parabola o di un'iperbole attorno a un asse. **3.** GE-

■ **còno** (mollusco).

OL. Deposito alluvionale che si forma allo sbocco di un corso d'acqua in una valle.

conopèo s.m. (lat. *conopēum* "zanzariera") CRIST. Velo che avvolge il tabernacolo.

conoscènza s.f. **1.** Apprendimento, acquisizione di nozioni, di consapevolezza. *Le vie della conoscenza.* **2.** Padronanza, cognizione acquisita con lo studio o la pratica. *Una buona conoscenza dell'italiano.* **3.** Facoltà di intendere, di ragionare. ◇ *Perdere conoscenza*: svenire. – *Senza conoscenza*: svenuto. – FILOS. *Teoria della conoscenza*: → **gnoseologia**. **4.** Cognizione dell'identità di una persona con conseguente instaurazione di un rapporto di cordialità. *Fare la conoscenza di qlcu.* **5.** *estens.* Persona che si conosce. ◇ *Essere una vecchia conoscenza*: essere conosciuto da molto tempo. – *Avere delle conoscenze*: conoscere persone influenti.

conóscere v.tr. [39] **1.** Possedere nozioni ed esperienza relativamente a un determinato campo. *Conoscere l'inglese.* ◇ *Conoscere a fondo*: possedere una conoscenza approfondita di qlcu. o qlco. – *Conoscere il mondo*: essere esperti delle cose della vita. **2.** Avere diretta e personale esperienza di qlco. *Conoscere la fame.* **3.** Frequentare qlcu., annoverarlo tra le proprie conoscenze o anche semplicemente essere informato sulla sua identità. *Lo conosco di fama.* **4.** Riconoscere qlcu. *Ti ho conosciuta dalla voce.* **5.** In frasi negative, rifiutare qlco. *Non conosce riposo.* ◇ *Non conoscere altro che il lavoro*: dedicarsi unicamente al lavoro. **6.** DIR. Detto di organo giudiziario, prendere in esame, giudicare una causa. □ In funzione di s.m., conoscere. *L'importanza del conoscere.* ◆ v.intr. (aus. *avere*) DIR. Detto di organo giudiziario, essere competente a giudicare una causa. ◆ **conoscersi** v.pron. **1.** Avere consapevolezza delle proprie caratteristiche fisiche e morali. **2.** Detto di due o più persone, essere informato dell'identità e delle caratteristiche dell'altro.

conoscitóre s.m. [f. –*trice*] Esperto in un determinato campo. SIN.: **intenditore**.

conosciùto agg. **1.** Scoperto, esplorato dall'uomo. *I limiti del mondo conosciuto.* **2.** Sperimentato, risaputo. *Una persona di conosciuta bontà.* **3.** Che è famoso, noto. *Un attore conosciuto.* SIN.: **celebre**.

conquìsta s.f. **1.** Occupazione, invasione in seguito a vittorie militari. **2.** *estens.* Territorio, cosa conquistata. *Napoleone perse tutte le sue conquiste.* **3.** *fig.* Faticoso, arduo raggiungimento di qlco. *La conquista del potere.* SIN.: **conseguimento**. **4.** *fig.* Successo nei rapporti amorosi. ~ Persona che è stata sedotta. *Hai incontrato la sua ultima conquista?*

conquistador [/konista'dor/] s.m. [pl. *conquistadores*] (voce spagn., "conquistatore") Conquistatore, con riferimento specifico agli avventurieri spagnoli che nel XVI sec. erano a capo di spedizioni in America centro-meridionale.

conquistàre v.tr. **1.** Occupare militarmente un territorio. *Conquistare un paese.* **2.** *fig.* Sedurre, far innamorare qlcu. *Quella donna lo ha conquistato.* ~ *estens.* Attrarre, ammaliare. *Conquistare il pubblico.* **3.** *fig.* Conseguire, riuscire a ottenere qlco. *Conquistare la libertà.*

conquistatóre agg. [f. –*trice*] Che conquista. *Esercito conquistatore.* ◆ s.m. (anche f.) **1.** Chi conquista militarmente un territorio. *Alessandro il Macedone fu un grande conquistatore.* **2.** *fig.* Chi colleziona successi amorosi.

consacràre v.tr. **1.** Rendere sacro qlco. celebrando un apposito rito. *Consacrare una chiesa.* ◇ CRIST. *Consacrare l'ostia*: trasformare le specie del pane e del vino nel corpo e nel sangue di Cristo. ~ Votare qlco. al culto religioso o alla venerazione dei cittadini. **2.** *fig.* Dedicare, offrire qlco. a qlcu. con dedizione assoluta. *Consacra-*

re l'esistenza al lavoro. **3.** *estens.* Rendere valido, legittimare. *La legge consacra i diritti dei cittadini.* **4.** Rendere qlco. venerabile, degno di memoria e di rispetto. **5.** Conferire solennemente una dignità ecclesiastica o sancire la legittimità di un sovrano. *Carlo Magno fu consacrato imperatore dal Papa Leone III.* **6.** *estens.* Riconoscere a qlcu. un ruolo, una qualifica particolare. *La vittoria lo ha consacrato campione mondiale.* ◆ **consacrarsi** v.pron. Votarsi, dedicarsi con dedizione assoluta a qlcu. o qlco. *Consacrarsi a Dio.*

consacrazióne s.f. **1.** Attribuzione del carattere sacro a qlco. **2.** CRIST. Trasformazione liturgica del pane e del vino nel corpo e nel sangue di Cristo. **3.** Cerimonia religiosa per l'incoronazione di un sovrano. **4.** *fig.* Approvazione, riconoscimento pubblico.

consanguineità s.f. inv. Legame di parentela proprio delle persone aventi comuni genitori o avi.

consanguineo agg. Che è in rapporto di consanguineità. ◆ s.m. [f. –*a*] Parente stretto, non d'acquisto.

consapévole agg. **1.** Che si rende conto di qlco. *Sono consapevole del problema.* **2.** Che è informato, al corrente di qlco.

consapevolézza s.f. Cognizione, presa di coscienza di qlco.

cònscio agg. [pl.m. –*sci*, f. –*sce*] Che ha acquisito conoscenza, consapevolezza di qlco. SIN.: **consapevole**. ◆ s.m. PSICOAN. Parte dell'attività psichica di cui l'individuo ha cognizione (in oppos. a *inconscio*).

consecutivo agg. **1.** Che segue immediatamente senza intervalli. ~ Di elementi che si susseguono. *È piovuto per tre giorni consecutivi.* **2.** GRAMM. *Frase o proposizione consecutiva*: la frase dipendente che esprime la conseguenza di quanto si afferma nella reggente. – *Congiunzione consecutiva*: quella che introduce una proposizione consecutiva (p.e. cosicché). **3.** GEOM. *Segmenti consecutivi*: quelli aventi un estremo in comune. – *Angoli consecutivi*: quelli aventi un vertice e un lato in comune.

consègna s.f. **1.** Atto di dare qlco. a qlcu. con una certa formalità. *Consegna di un passaporto.* **2.** Affidamento in mano altrui. SIN.: **deposito**. ~ Spedizione di cose acquistate. *Consegna gratuita.* **3.** MIL. Disposizioni, ordini particolari dati dai superiori. ~ Punizione inflitta a militari semplici e sottufficiali, che consiste nel privare della libera uscita. **4.** *estens.* Invito pressante, disposizione vincolante. *Intorno a me c'è la consegna del silenzio.*

consegnàre v.tr. **1.** Dare qlco. in custodia o in possesso a qlcu. *Consegnare le chiavi alla vicina.* ◇ *Consegnare qlcu. alla giustizia*: arrestarlo. ~ Portare una merce all'acquirente. *Vi consegneranno i vostri mobili domani.* ~ Affidare qlcu. a un altro. *Consegnare il bambino alla maestra.* **2.** MIL. Privare un soldato della libera uscita. ~ Abbandonare al potere, all'azione di qlcu. o qlco. *Consegnare un paese alla guerra civile.* ◆ **consegnarsi** v.pron. Darsi in mano a qlcu., spec. al nemico o alla polizia.

consegnatàrio s.m. [f. –*ria*, pl.m. –*ri*] DIR. Chi riceve in consegna qlco.

conseguènte agg. **1.** Che consegue, che deriva da una cosa. *Malattie conseguenti dalla vecchiaia.* **2.** Caratterizzato da un corretto sviluppo logico. SIN.: **consequenziale**. **3.** Coerente sul piano morale. **4.** MAT. *Termini conseguenti*: in una proporzione, quelli che occupano il secondo e il quarto posto. ◆ s.m. FILOS. Secondo termine di una relazione d'implicazione che deriva logicamente dal primo (che è detto *antecedente*).

conseguènza s.f. **1.** Ciò che deriva, dipende, risulta da una premessa. *La disoccupazione è la conseguenza della crisi economica.* SIN.: **effetto**. ◇ *loc. prep. In conseguenza di*: per effetto di, a causa di. ~ *loc. cong. Di conseguenza*: perciò, quindi. **2.** (spec. pl.) Effetto negativo, strascico. *L'incidente si è risolto senza conseguenze.* SIN.: **ripercussioni**.

conseguiménto s.m. Raggiungimento di uno scopo.

conseguìre v.tr. Ottenere, raggiungere qlco. *Conseguire un premio.* ◆ v.intr. (aus. *essere*)

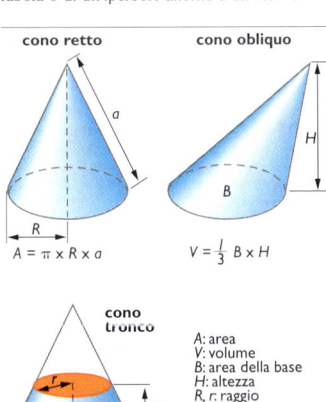

cono retto — cono obliquo

$A = \pi \times R \times a$

$V = \frac{l}{3} B \times H$

cono tronco

A: area
V: volume
B: area della base
H: altezza
R, r: raggio
a: spigolo o apotema

$V = \pi \frac{H}{3} (R^2 + r^2 + Rr)$

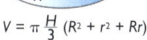

■ **còno.** Coni a base circolare.

Risultare logicamente come inevitabile conseguenza. *Se nessuno parla, ne consegue che tutti sono d'accordo.*

consènso s.m. **1.** Accordo, conformità di voleri e di opinioni fra più individui. **2.** Approvazione che si traduce in un permesso, in un'autorizzazione. *Dare il proprio consenso.* ◇ *Consenso informato:* il consenso scritto che un malato dà al proprio medico perché possa essere curato con la cura indicatagli. **3.** *estens.* Approvazione da parte di un'ampia maggioranza dell'opinione pubblica. *Il romanzo ha ottenuto un grande consenso.* ◇ *Consenso elettorale:* quello che i cittadini esprimono alle forze politiche con il voto.

consensuàle agg. DIR. Caratterizzato da comune accordo tra le parti. ◇ *Separazione consensuale:* quella attuata di comune accordo tra due coniugi. – *Contratto consensuale:* quello per la cui perfezione è sufficiente il consenso.

consentìre v.tr. [72] (lat. *consentīre* "essere d'accordo") Permettere, concedere qlco. a qlcu. *Consentimi di telefonare.* ◆ v.intr. (aus. *avere*) **1.** Accondiscendere, acconsentire, cedere a qlco. *Consentire alle richieste del figlio.* **2.** Essere d'accordo con qlcu. su qlco., avere lo stesso modo di pensare, di agire, di sentire. *Consentiamo con voi sull'intera questione.*

consenziènte agg. Che dà il proprio consenso.

consequenziàle o **conseguenziàle** agg. Logicamente dipendente da una premessa. *Un ragionamento consequenziale.* SIN.: **coerente**.

consèrto agg. Intrecciato, solo nella loc. *stare a braccia conserte*, intrecciate. ◆ s.m. Accordo, intesa, solo nella loc. *di conserto*, di comune accordo.

consèrva s.f. **1.** Modalità di conservazione di un alimento tale da mantenerlo inalterato per un dato tempo. ~ Alimento così trattato. *Conserva di frutta.* **2.** Tipo di peschiera a fossi paralleli per l'ibernazione del pesce.

conservànte agg. Di sostanza aggiunta a un alimento per garantire la sua conservazione. ◆ s.m. Nel sign. dell'agg.

conservàre v.tr. **1.** Mantenere, dare continuità a qlco. *Conservare la specie.* **2.** Preservare qlco. da alterazioni. *Conservare il pesce.* **3.** Custodire, serbare qlco. *Conservare i gioielli in cassaforte.* ◆ **conservarsi** v.pron. Detto di cose, restare immune da alterazioni. *Il latte si conserva fino a domani in frigorifero.* ~ Detto di persone, rimanere in buona salute.

conservativo agg. Che serve a conservare, a far durare nel tempo. ◇ *Restauro conservativo:* volto a mantenere ciò che resta di un monumento, senza ricostruzioni di parti mancanti. – DIR. *Sequestro conservativo:* sequestro preventivo dei beni del debitore.

conservàto agg. **1.** Che permane in buone condizioni nonostante il passare del tempo. *Un mobile perfettamente conservato.* **2.** Che ha subito un processo di lavorazione tale da evitare il deperimento. *Frutta conservata.*

conservatóre agg. **1.** Che conserva, che custodisce. **2.** *fig.* Che tende a mantenersi uguale, stabile. ~ Che favorisce il perdurare dello stato di cose esistente. **3.** POLIT. Che sostiene l'ordine costituito, opponendosi alle tendenze progressiste e riformiste. ◆ s.m. [f. *-trice*] **1.** Nel l. bur., funzionario responsabile dei beni di interesse generale, quali biblioteche, musei, archivi. *Conservatore dei registri immobiliari.* **2.** Chi è favorevole al perdurare dello stato di cose esistente. ~ POLIT. Chi aderisce a un partito conservatore.

conservatòrio s.m. [pl. *-ri*] (deriv. di *conservare*, perché l'insegnamento musicale era assai importante negli istituti *conservatori* di Napoli nel sec. XVI, destinati all'assistenza dei fanciulli orfani) Scuola di musica.

conservatorìsmo s.m. Tendenza a opporsi alle innovazioni politiche e sociali.

conservazióne s.f. **1.** Azione di conservare, di mantenere intatto. *Conservazione degli alimenti.* SIN.: **mantenimento**. ◇ *Istinto di conservazione:* istinto che spinge un essere umano o un animale a difendere il proprio spazio vitale. **2.** Cultura, ideologia avversa a riforme e mutamenti.

conservièro agg. Relativo alla produzione di conserve alimentari. *Industria conserviera.*

consèsso s.m. (lat. *consĕssum*, deriv. di *consīdere* "stare seduto insieme") Riunione, assemblea di persone autorevoli, in partic. collegio di magistrati.

consideràre v.tr. (lat. *considerāre*, propr. "osservare gli astri per trarne auspici") **1.** Analizzare, valutare una certa situazione. *Considerare i rischi di un'impresa.* SIN.: **vagliare**. ~ Tenere conto di qlco. *Bisogna considerare ogni aspetto della questione.* ◇ *Tutto considerato:* tenuto in debito conto ogni aspetto. – *loc. cong. Considerato che:* poiché, dato che, visto che. **2.** DIR. Prevedere, contemplare una cosa o una situazione. *La legge non considera questo caso.* **3.** Reputare, ritenere qlcu. o qlco. in un certo modo. *Lo considero il miglior giocatore del mondo.* ◆ **considerarsi** v.pron. Giudicare, reputare se stessi in un certo modo. *Puoi considerarti fortunato.*

considerazióne s.f. **1.** Attenta analisi, valutazione di qlco. *Prendere in considerazione una richiesta.* SIN.: **esame**. **2.** Valutazione positiva. *Essere degno di considerazione.* SIN.: **rispetto**. **3.** Valutazione che induce a cautela. *Agire con scarsa considerazione.* SIN.: **accortezza**. **4.** Riflessione, notazione, osservazione. *Fare delle considerazioni.*

consideréVole agg. Di grande importanza o quantità, notevole. *Spesa considerevole.*

consigliàbile agg. Dettato da buon senso.

consigliàre v.tr. [6] **1.** Suggerire qlco. a qlcu. *Ti consiglio un buon ristorante.* **2.** Intimare qlco. a qlcu. con tono di velata minaccia. *Ti consiglio di smetterla.* **3.** Esortare, incitare qlcu. a qlco. *Consigliare i giovani al bene.* ◆ **consigliarsi** v.pron. Consultarsi con qlcu. *Mi consiglierò con l'architetto.*

consiglière s.m. [f. *-ra*] **1.** Persona che dà consigli o suggerimenti. ~ In ambiti professionali, consulente. **2.** *fig.* Chi o ciò che spinge a un determinato comportamento. *La rabbia è una cattiva consigliera.* **3.** Membro di un consiglio o di un collegio giudicante. *Consigliere delegato.*

consìglio s.m. [pl. *-gli*] **1.** Raccomandazione, suggerimento su ciò che occorre fare. *Chiedere un consiglio.* ~ In partic., parere di un esperto. **2.** *estens.* Valutazione assennata, prudente. *La notte porta consiglio.* **3.** *estens.* Decisione, risoluzione. *Mutare consiglio.* **4.** Consultazione tra più persone. *Consiglio di famiglia.* **5.** DIR. Organo collegiale con funzioni consultive o deliberative. ◇ *Consiglio dei ministri:* organo formato da ministri e presieduto dal capo di governo. – *Consiglio di gabinetto:* organo ausiliario del presidente del consiglio, composto dai ministri più rappresentativi. – *Consiglio di Stato:* quello che ha funzioni consultive e di giurisdizione amministrativa. – *Consiglio superiore della magistratura (CSM):* organo di autogoverno dei magistrati con facoltà di prendere provvedimenti disciplinari. – *Consiglio d'amministrazione:* organo che riunisce gli azionisti di una società per prendere le decisioni di maggior rilievo. – *Consiglio di classe:* organo collegiale delle scuole e degli istituti di istruzione secondaria, costituito da docenti, alunni e genitori degli alunni di una stessa classe. – *Consiglio d'istituto:* organo collegiale delle scuole e degli istituti di istruzione secondaria. – *Consiglio di fabbrica:* organo sindacale di base composto dai delegati sindacali di reparto e d'azienda. – *Consiglio d'Europa:* organizzazione di stati istituita nel 1949 con il compito di sovrintendere allo sviluppo socio-economico dei paesi membri. – *Consiglio di sicurezza:* organo dell'*ONU preposto al mantenimento della pace (v. parte n.pr.).

consiliàre o **consigliàre** agg. Relativo al consiglio inteso come organo collegiale. *Delibera consiliare.*

consìmile agg. Simile, affine, analogo.

consistènte agg. **1.** Compatto, resistente. *Stoffa consistente.* **2.** Denso, spesso. *Crema consistente.* **3.** *estens.* Considerevole, di notevole entità. *Una somma consistente.* **4.** *fig.* Che ha un solido fondamento razionale o persuasivo. *Prove consistenti.* SIN.: **valido**.

consistènza s.f. **1.** Solidità, compattezza di un corpo. *La consistenza di un materiale.* ~ Densità, spessore. *La consistenza di un impasto.* **2.** Materialità, concretezza. *Dare consistenza alle ombre.* **3.** *fig.* Entità di ciò che può essere economicamente quantificato. *Consistenza patrimoniale.* **4.** *estens.* Carattere di ciò che è valido, certo. *L'ipotesi prende consistenza.* SIN.: **fondatezza**.

consìstere v.intr. [14] (aus. *essere*) Essere composto, formato da qlco. *L'enciclopedia consiste di venti volumi.* SIN.: **constare**.

consociativismo s.m. POLIT. *spreg.* Tendenza a conciliare, spesso in forma compromissoria, interessi divergenti fra maggioranza e opposizione. SIN.: **consociazionismo**.

consociàto agg. **1.** Associato in un'impresa. **2.** AGR. Di pianta coltivata con altre nello stesso terreno. ◆ s.m. [f. *-ta*] Membro di una società.

consòcio s.m. [f. *-cia*, pl.m. *-ci*, f. *-cie*] Socio con altri in un'impresa.

consolànte agg. Che rassicura. SIN.: **confortante**.

1. consolàre v.tr. **1.** Dire parole di consolazione, di conforto a qlcu. *Consolare un bambino che piange.* SIN.: **confortare**. **2.** Alleviare uno stato di sofferenza. *Consolare un dispiacere.* **3.** *estens.* Allietare, rallegrare qlcu. *Mi consola che tu sia qui.* ◆ **consolarsi** v.pron. **1.** Trovare pace e sollievo. ~ Farsi coraggio. *Consolati, manca poco alla fine.* **2.** *estens.* Provare piacere, rallegrarsi.

2. consolàre agg. **1.** ANT. ROM. Relativo alla figura o alla carica di console. *Comizio consolare.* ◇ *Vie consolari:* grandi strade romane. **2.** Del funzionario che ha la carica di console, di rappresentante di uno Stato all'estero. *Ufficio consolare.*

consolàto s.m. **1.** ANT. ROM. Carica di console. ~ La sua durata. **2.** Nei comuni medievali, ufficio di console. **3.** Ufficio di rappresentanza dello stato, in città non capitali di un paese straniero. ~ Carica del diplomatico che dirige tale ufficio.

consolatòrio agg. [pl.m. *-ri*] Che porta sollievo morale, consolazione. *Parole consolatorie.*

consolazióne s.f. **1.** Sollievo alla pena di qlcu. *Essere di consolazione a qualcuno.* **2.** Chi o ciò che è ragione di gioia e di speranza. *I figli sono l'unica consolazione.* ◇ *Premio di consolazione:* nelle lotterie e in altri giochi, premio minore che si dà a chi non ha vinto nessun premio importante.

1. cònsole s.m. **1.** ANT. ROM. Ciascuno dei due magistrati, eletti annualmente, che esercitavano il potere politico, giudiziario e militare. **2.** ST. Nei comuni medievali, supremo magistrato. **3.** Nella milizia fascista, grado pari a quello di colonnello dell'esercito. **4.** (anche in riferimento a donna) Funzionario di uno stato, incaricato di svolgere funzioni amministrative all'estero.

2. console [/kɔ̃'sɔl/] s.f. inv. (voce fr.) Consolle.

consòlida s.f. Pianta erbacea con proprietà officinali che cresce nei luoghi umidi. (Genere *Symphytum*; famiglia delle Borraginacee.)

consolidaménto s.m. **1.** Azione di rafforzare, in ambiti concreti e astratti. *Consolidamento del potere.* **2.** ECON. Sostituzione di un prestito a breve termine con un altro a medio o lungo termine.

consolidàre v.tr. **1.** Rendere più forte qlco. con opportuni interventi. *Consolidare le fondamenta di un edificio.* SIN.: **rafforzare**. ◇ MIL. *Consolidare una posizione:* apprestare opere difensive. – *fig. Consolidare la propria posizione:* acquistare maggiore stima, autorevolezza, credito. **2.** ECON. Operare un consolidamento, convertendo qlco. da breve a lungo termine. *Consolidare un debito.* ◆ **consolidarsi** v.pron. **1.** Diventare più saldo e compatto, acquistare forza e stabilità. *La nostra amicizia si è consolidata.* SIN.: **rinsaldarsi**. **2.** DIR. Estinguersi di un diritto di usufrutto per riunificazione nella stessa persona del diritto di proprietà e di usufrutto. **3.** MIL. Rendere più forti le proprie posizioni, rafforzando le difese.

consolidàto agg. **1.** Reso saldo. **2.** *fig.* Reso saldo dal tempo. **3.** ECON. *Debito consolidato:*

titolo del debito pubblico che non prevede l'obbligo dello stato a rimborsare la quota capitale.

consòlle s.f. inv. (fr. *console*) **1.** Tavolino sagomato e intagliato da appoggiare alle pareti, tipico dell'arredamento delle case signorili dei secc. XVII e XVIII. **2.** MUS. Parte dell'organo comprendente le tastiere, i registri, la pedaliera. **3.** Quadro di comando di varie apparecchiature elettriche o elettroniche. **4.** INFORM. Dispositivo periferico che permette all'operatore di comunicare col sistema.

consommé [/kɔ̃sɔ'me/] s.m. inv. (voce fr., deriv. di *consommer* "consumare") CUC. Brodo ristretto.

consonànte agg. *fig.* Conforme, che si accorda bene con qlco. o con qlcu. *Un comportamento consonante con il carattere della persona.* ◆ s.f. LING. Suono articolato con un'ostruzione più o meno accentuata del canale vocale e caratterizzato da un grado di sonorità minore rispetto a quello delle vocali. ~ Lettera dell'alfabeto che rappresenta tale suono.

ENCICL. Le consonanti sono classificate in base al modo di articolazione (*occlusive, fricative, affricate, nasali, vibranti*) e al luogo di articolazione (*labiali, labiodentali, dentali, alveolari, palatali, velari, laringali*). Secondo il grado di articolazione e le eventuali vibrazioni delle corde vocali, possono essere *sonore* e *sorde*; a seconda della forza articolatoria, invece, *semplici* o *doppie*.

consonàntico agg. [pl.m. *-ci*, f. *-che*] LING. Di consonante.

consonànza s.f. **1.** MUS. Caratteristica di un intervallo o di un accordo valutato gradevole in base a parametri oggettivi o soggettivi. ~ Relazione armonica tra due o più suoni. **2.** *fig.* Conformità, concordanza. **3.** METR. Varietà di rima consistente nella ripetizione dei suoni consonantici successivi alla vocale accentata.

cònsono agg. Adeguato a qlco.

consòrte s.m. e f. (lat. *consŏrtem* "che ha la stessa sorte") **1.** Coniuge. ◇ *Principe consorte:* marito della regina. **2.** DIR. In un giudizio civile, chi ha la stessa posizione processuale di un altro soggetto. **3.** Nel Medioevo, membro di una consorteria.

consorterìa s.f. **1.** Nel Medioevo, raggruppamento di famiglie determinato da interessi politici e dotato di forza militare. **2.** *spreg.* Insieme di persone, operanti in partic. nei settori della politica e dell'economia, che si danno man forte e che perseguono interessi particolaristici più o meno illeciti. SIN.: **congrega**.

consorziàre v.tr. [6] **1.** Unire in consorzio più persone, enti, aziende. **2.** Riunirsi in consorzio.

consòrzio s.m. [pl. *-zi*] Associazione costituita per la realizzazione di operazioni di interesse comune. ◇ *Consorzio agrario:* cooperativa costituita da agricoltori per incentivare la produzione.

constàre v.intr. (aus. *essere*) Essere costituito, consistere di qlco. ◆ v.impers. (aus. *essere*) Essere noto, risultare.

constatàre o **costatàre** v.tr. (fr. *constater*, lat. *constāre* "fermarsi, risultare, essere noto") Accertare personalmente la realtà di un fatto. SIN.: **riscontrare**. ~ Prendere atto di qlco. *Constatare un'assenza.*

constatazióne o **costatazióne** s.f. Accertamento, verifica di qlco., presa d'atto. *Constatazione di un danno.* ◇ *Constatazione amichevole:* modulo per la denuncia di un sinistro.

consuèto agg. Che costituisce un'abitudine. SIN.: **usuale**. ◆ s.m. (solo sing.) Ciò che si fa abitualmente. *Lavorare più del consueto.* SIN.: **consuetudine**.

consuetudinàrio agg. [pl.m. *-ri*] Riferito a persona, abitudinario. ~ Riferito a cosa, abituale, tradizionale. ◇ *Diritto consuetudinario:* quello basato su consuetudini affermatesi nel tempo e accettate dalla comunità come norme giuridiche. ◆ s.m. [f. *-ria*] Persona abitudinaria.

consuetùdine s.f. **1.** Abitudine acquisita. **2.** *estens.* Dimestichezza, familiarità. **3.** DIR. Comportamento comune accettato come norma giuridica.

consulènte s.m. e f. Professionista che informa, che consiglia su questioni specifiche. ◇ DIR. *Consulente tecnico:* nel processo civile, ausiliario del giudice. – *Consulente del lavoro:* chi, non essendo dipendente ed essendo iscritto nell'albo dei consulenti del lavoro, svolge presso aziende attività concernente le operazioni che riguardano la compilazione, la scritturazione e l'aggiornamento dei documenti aziendali di lavoro o attività presso istituti assistenziali o previdenziali su delega del titolare dell'impresa.

consulènza s.f. Parere di un professionista su una questione di specifica competenza. ◇ DIR. *Consulenza infedele:* reato commesso dall'avvocato che arreca danno al suo assistito.

consùlta s.f. Assemblea, organo collegiale con funzione consultiva. SIN.: **consiglio**. ◇ *Consulta nazionale:* assemblea con membri designati dai partiti e nominati dal governo, che rimase in funzione dal settembre 1945 al 2 giugno 1946 in sostituzione provvisoria del parlamento. – *La Consulta:* *Corte Costituzionale.

consultàre v.tr. **1.** Chiedere un consiglio, un parere tecnico a persone o a organi competenti. SIN.: **interpellare**. ◇ *fig. scherz. Consultare l'oracolo:* chiedere il parere di una persona autorevole. **2.** *estens.* Esaminare un testo scritto alla ricerca di informazioni, dati, ecc. ◆ **consultarsi** v.pron. **1.** Chiedere un parere, un consiglio a qlcu. di cui ci si fida. SIN.: **consigliarsi**. ~ Informarsi presso qlcu. *Consultarsi col medico.* **2.** Detto di due o più persone, confrontare i rispettivi pareri. *I giudici si stanno consultando.*

consultazióne s.f. **1.** Consiglio, parere. ~ *estens.* Ricerca di informazioni in un testo. ◇ *Opere di consultazione:* quelle di interesse generale, quali enciclopedie, dizionari, ecc. – *Consultazione popolare:* convocazione del popolo per conoscerne la volontà. **2.** POLIT. (al pl.) Colloqui del capo dello Stato con i maggiori esponenti dei vari partiti in vista dell'assegnazione dell'incarico di formare un nuovo governo.

consultìvo agg. Che ha la funzione di esprimere pareri ma non di prendere decisioni.

consùlto s.m. **1.** Visita di uno o più medici specialisti fatta a un malato. **2.** *estens.* Consultazione di specialisti, di esperti.

consultòrio s.m. [pl.m. *-ri*] Centro pubblico con compiti di informazione, prevenzione, assistenza in merito a problemi sociosanitari.

1. consumàre v.tr. **1.** Usare qlco. fino al suo esaurimento, logorarlo a poco a poco. *Consumare la suola delle scarpe.* **2.** Spendere del tutto, dilapidare danaro o beni. *Consumare lo stipendio.* ◇ *fig. Essere consumato dall'odio, dalla malattia:* esserne logorati, danneggiati. **3.** Utilizzare, adoperare, impiegare. *Il motore consuma troppo olio.* **4.** Mangiare e bere qlco. *Consumare un pasto.* ◆ **consumarsi** v.pron. **1.** Usare qlco. che ci appartiene fino al suo completo esaurimento. ◇ *fig. Consumarsi la vista:* sforzare gli occhi, spec. per leggere, fino al punto da vederci male. **2.** Diminuire progressivamente di volume. *La candela si consuma.* SIN.: **esaurirsi**. **3.** *fig.* Logorarsi nel fisico o nel morale. *Consumarsi d'amore.* SIN.: **struggersi**.

2. consumàre v.tr. Compiere, portare a termine qlco. ◇ *Consumare il matrimonio:* detto di due coniugi, renderlo compiuto attraverso il primo rapporto sessuale.

consumàto agg. **1.** Giunto alla fine, al compimento. ◇ *Matrimonio non consumato:* in cui non c'è stato l'atto sessuale. **2.** *estens.* Che ha acquisito esperienza, maestria o che è frutto di esse. *Un cuoco consumato.* SIN.: **esperto**.

consumatóre s.m. [f. *-trice*] **1.** Chi acquista e adopera un bene di consumo o un servizio. **2.** (spec. pl.) Chi prende una consumazione in un locale pubblico dove si servono bevande o cibi. SIN.: **cliente**.

consumazióne s.f. **1.** Insieme di atti con cui si consuma qlco. **2.** Cibo o bevanda che si consuma in un locale pubblico. **3.** RELIG. Comunione del celebrante durante la messa.

consumìsmo s.m. Tendenza tipica della società capitalista a moltiplicare artificiosamente i bisogni per incentivare la vendita di prodotti.

consumìstico agg. [pl.m. *-ci*, f. *-che*] Del consumismo.

consùmo s.m. **1.** Uso che porta all'esaurimento di qlco. SIN.: **utilizzo**. ~ Quantità consumata. ◇ *A uso e consumo di qlcu.:* a favore di qlcu., appositamente. **2.** ECON. Momento in cui un bene prodotto e commercializzato viene acquistato dal cliente. ◇ *Società dei consumi:* caratterizzata dalla diffusione e dal consumo di beni non necessari, dal consumismo. – *Vendita al consumo:* in base alla quantità consumata. – *Di largo consumo:* che ha un consumo diffuso, massiccio. – *Film, romanzo di consumo:* che non si propone finalità artistiche ma solo di cassetta.

consuntìvo agg. **1.** ECON. Destinato al consumo anziché all'investimento. **2.** ECON. Che riepiloga i risultati di un dato periodo di attività. ◆ s.m. **1.** ECON. Rendiconto consuntivo. **2.** *fig.* Valutazione complessiva.

consùnto agg. Consumato, logorato.

consuòcero s.m. [f. *-ra*] Genitore di un coniuge rispetto ai genitori dell'altro coniuge.

consustanziàle agg. TEOL. CRIST. Riferito a ciascuna delle persone della Trinità, che ha identica natura divina.

consustanziazióne s.f. TEOL. CRIST. Dottrina eucaristica luterana secondo la quale il corpo e il sangue di Cristo sono compresenti con le forme materiali del pane e del vino.

cónta s.f. Conteggio. ~ In partic. filastrocca che si canta nei giochi infantili per stabilire a chi tocchi un dato ruolo.

contàbile agg. (fr. *comptable*, deriv. di *compter* "calcolare") Che riguarda la contabilità. ◇ *Libro contabile o libro giornale:* registro obbligatorio per gli imprenditori del settore commerciale che vi annotano quotidianamente le operazioni relative all'esercizio dell'impresa. ◆ s.m. **1.** (anche f.) Chi si occupa della contabilità. SIN.: **ragioniere**. **2.** Nella marina militare, sottufficiale che ha in consegna determinati materiali.

contabilità s.f. inv. (fr. *comptabilité*) **1.** Modalità di esecuzione dei calcoli amministrativi e studio di tale modalità. ◇ *Contabilità di stato:* quella che ha come oggetto di studio la gestione dello stato o degli enti di diritto pubblico. **2.** Complesso dei conti amministrativi e delle scritture inerenti. ◇ *Contabilità nazionale:* quella che si occupa dell'attività produttiva e di scambio di una nazione. – *Contabilità in nero:* quella che, per ragioni di evasione fiscale, non compare ufficialmente. **3.** Ufficio in cui si svolge il lavoro contabile. SIN.: **amministrazione**.

contabilizzàre v.tr. Iscrivere una somma nella contabilità. SIN.: **conteggiare**.

contachilòmetri s.m. inv. Strumento montato sui veicoli che indica il numero di chilometri percorsi.

contadino s.m. [f. *-na*] **1.** Chi coltiva, lavora la terra. SIN.: **agricoltore**. **2.** *spreg.* Persona di aspetto o di modi rozzi, villani. ❑ In funzione di agg. **1.** Del contado, di campagna, rurale. **2.** Dedito al lavoro agricolo. ~ Proprio dei contadini. SIN.: **agreste**.

contàdo s.m. **1.** Territorio un tempo sottoposto alla giurisdizione di un conte. **2.** Territorio circostante il comune medievale, su cui il conte aveva giurisdizione. **3.** Zona di campagna intorno a una città e popolazione che vi risiede.

contafili s.m. inv. (calco fr. *compte-fils*) TECN. Piccola lente d'ingrandimento che serve a contare i fili di un tessuto. ~ STAM., FILAT. Il retino di una illustrazione.

contafotogràmmi s.m. inv. Dispositivo delle macchine fotografiche che indica il numero di fotogrammi scattati.

contagiàre v.tr. [5] **1.** Detto di malattia, trasmettersi a qlcu. **2.** *fig.* Detto di uno stato d'animo, diffondersi. ◆ **contagiarsi** v.pron. Prendere una malattia infettiva.

contàgio s.m. [pl. *-gi*] (lat. *contāgium*, deriv. di *contĭngere* "toccare, venire a contatto") **1.** Trasmissione di una malattia infettiva per contatto. SIN.: **infezione**. ~ *estens.* Malattia a carattere epidemico. **2.** *fig.* Influsso, influenza di concezioni e di forme di comportamento negative esercitata su altri.

contagióso agg. **1.** Che si trasmette per contagio. SIN.: **infettivo**. **2.** Colpito da malattia contagiosa. **3.** *fig.* Che si estende da una persona all'altra esercitando un'influenza negativa.

◆ s.m. [f. *-sa*] Chi è stato contagiato da una malattia.

contagìri s.m. inv. (calco del fr. *compte-tours*) TECN. Strumento che registra e indica il numero di giri effettuato da un corpo rotante nell'unità di tempo.

contagócce s.m. inv. (calco del fr. *compte-gouttes*) Tubicino di vetro o plastica inserito in un cappuccio di gomma, operando sul quale è possibile aspirare un liquido per poi versarlo goccia a goccia. ◇ *fig. Fare qlco. con il contagocce:* poco alla volta.

container [/kən'teɪnə/] s.m. inv. (voce ingl. "contenitore") Grande parallelepipedo in metallo di misure standardizzate usato per il trasporto di merci. ~ Con alcuni adattamenti, è usato anche come casa di fortuna, di emergenza. *I terremotati sono alloggiati nei container.*

contaminàre v.tr. **1.** Sporcare, inquinare, infettare un ambiente o una persona. *Gli scarichi abusivi contaminano l'acqua dei fiumi.* **2.** *fig.* Corrompere spiritualmente, macchiare moralmente qlcu. o qlco. *Il peccato contamina l'anima.* ~ Disonorare qlcu. *Le maldicenze hanno contaminato il suo nome.* **3.** Intervenire in un testo inserendo e fondendo elementi ricavati da fonti diverse.

contaminazióne s.f. **1.** Dispersione nell'ambiente di materiali, di sostanze che deturpano, sporcano, inquinano. ~ Alterazione di sostanze alimentari. ◇ *Contaminazione radioattiva:* aumento della radioattività in atmosfera e al suolo. **2.** *fig.* Perdita della purezza morale, spirituale. SIN.: **corruzione**. **3.** In un testo, mescolanza, fusione di elementi tratti da fonti diverse. **4.** LING. Sovrapposizione, incrocio di forme o costrutti diversi da cui risulta una forma nuova.

contaminùti s.m. inv. Meccanismo a orologeria che suona dopo un numero predeterminato di minuti.

contànte agg. Di un valore in forma di moneta o cartamoneta avente corso legale. ◆ s.m. Danaro, liquido. ~ BORS. Modalità di regolamento delle operazioni di compravendita che prevede la consegna e il pagamento dei titoli entro tre giorni dalla stipula del contratto. ◇ *Contanti a giorni:* con pagamento e consegna entro sette o quindici giorni dalla stipula del contratto.

contapàssi s.m. inv. Strumento per misurare la lunghezza o il numero dei passi. SIN.: **podometro**.

contàre v.intr. (aus. *avere*) **1.** Dire i numeri in progressione. *Imparare a contare.* **2.** Valere, essere importante. *È una persona che conta molto.* **3.** Fare assegnamento su qlcu. o qlco. *Conto su di te.* SIN.: **confidare**. **4.** Avere l'intenzione, proporsi di fare qlco. *Conto di partire domani.* ◆ v.tr. **1.** Determinare la consistenza di un insieme, enumerando i singoli elementi. *Contare i soldi.* ◇ *fig. Contare i giorni, le ore, i minuti:* attendere con impazienza qlco. – *Contare sulle dita di una mano:* si dice con riferimento a qlco. o a qlcu. che si trova raramente o scarseggia. *I veri amici si contano sulle dita di una mano.* **2.** Mettere in conto, considerare. *Guadagna molto, senza contare gli extra.* **3.** Annoverare, possedere un certo numero di persone o cose. *La città conta due milioni di abitanti.* **4.** *fam.* Raccontare qlco. a qlcu. *Contare le favole ai bambini.* **5.** *fig.* Dare qlco. a qlcu. con grande parsimonia. *Suo padre gli conta i bocconi.* SIN.: **lesinare**.

contascàtti s.m. inv. Apparecchio, usato spec. nei locali pubblici, che registra gli scatti di una telefonata.

contasecóndi s.m. inv. Orologio che misura i secondi e le loro frazioni.

contatóre s.m. **1.** TECN. Dispositivo che registra e indica il numero di movimenti, di operazioni o la quantità di energia erogata. *Contatore del gas.* **2.** TECN. *Contatore di particelle:* strumento rivelatore di particelle che fa corrispondere a ogni particella incidente un impulso di tensione, in modo da poterle contare.

contattàre v.tr. (calco dell'ingl. *to contact*) Mettersi in contatto con qlcu. di persona, telefonicamente, per lettera. *Mi contatti a questo numero telefonico.*

contàtto s.m. **1.** Stato o posizione di due corpi che si toccano. *Contatto di una mano.* **2.** *fig.* Vicinanza tra persone diretta o mediata da un mezzo di comunicazione. *Essere a contatto con il pubblico.* SIN.: **rapporto**. ~ (spec. pl.) Conoscenze, agganci. *Avere contatti nell'ambiente del teatro.* **3.** MIL. Momento in cui due schieramenti nemici sono a distanza ravvicinata e possono iniziare il combattimento. *Presa di contatto.* **4.** TECN. Collegamento. *Contatto radio.* ◇ ELETTROTEC. *Contatto elettrico:* superficie comune a due conduttori o elementi di circuito per consentire il passaggio della corrente; *comun.* cortocircuito. *La corrente è mancata per un contatto.* **5.** ETOL. Zona d'incontro delle aree su cui sono distribuite specie filogeneticamente affini. **6.** GEOM. *Punto di contatto:* punto comune a una curva e alla sua tangente, a una superficie e al suo piano tangente, a due curve tangenti. **7.** GEOL. Superficie secondo la quale due strati o due rocce si toccano.

contattologìa s.f. Branca dell'oftalmologia che si occupa delle lenti a contatto.

contattóre s.m. ELETTR. Dispositivo che apre o chiude un circuito elettrico mediante un comando a distanza.

cónte s.m. [f. *contessa*] (fr. *conte*, lat. *cŏmitem* "compagno" poi "funzionario imperiale") **1.** Titolo nobiliare intermedio tra quello di marchese e quello di barone. **2.** Dignitario del tardo impero romano. ~ Nel Medioevo, governatore di un territorio, con poteri civili e militari, poi titolo ereditario divenuto onorario nel sec. XV.

contèa s.f. **1.** Grado e titolo di conte. **2.** ST. Territorio su cui aveva giurisdizione un conte. **3.** Suddivisione amministrativa in Canada, negli Stati Uniti, in Gran Bretagna, in Irlanda e nella maggior parte degli Stati del Commonwealth.

conteggiàre v.intr. [5] (aus. *avere*) Fare dei conteggi. SIN.: **contare**. ◆ v.tr. (aus.) Calcolare, valutare qlco. *Conteggiare le spese.*

contéggio s.m. [pl. *-gi*] **1.** Computo, spec. in ambito pratico e amministrativo. *Conteggio dei crediti.* **2.** BOXE Scansione da parte dell'arbitro dei 10 secondi regolamentari entro i quali un pugile deve rialzarsi.

contégno s.m. Modo di atteggiarsi, comportarsi. *Un contegno imbarazzato.* ~ assol. Atteggiamento misurato, serio. SIN.: **compostezza**. ◇ *Darsi un contegno:* assumere un comportamento adatto alle circostanze.

contemplàre v.tr. (lat. *contemplāri* "osservare") **1.** Osservare a lungo, attentamente e con ammirazione. *Contemplare un quadro.* **2.** Meditare su questioni filosofiche o religiose. *Contemplare la verità.* **3.** Prevedere, prendere in esame qlco. *Il regolamento contempla questa possibilità.*

contemplatìvo agg. Caratterizzato dalla meditazione spirituale e dall'ascesi mistica. *Vita contemplativa.* ◆ s.m. [f. *-va*] Persona che si dedica alla meditazione filosofica o religiosa. *I contemplativi amano la solitudine.*

contemplazióne s.f. **1.** Ammirata osservazione di qlco. o di qlcu. *La contemplazione di una donna.* **2.** Meditazione, in partic. visione di Dio propria dell'ascesi mistica. *Assorto in contemplazione.*

contèmpo s.m. Usato nella loc. *nel contempo*, nello stesso tempo.

contemporaneità s.f. inv. (fr. *contemporanéité*) **1.** Coincidenza nel tempo. **2.** Insieme dei fenomeni culturali dell'epoca presente.

contemporàneo agg. **1.** Coincidente nel tempo. *Eventi contemporanei.* SIN.: **simultaneo**. ~ Riferito a persone, della stessa epoca. *Hugo e Rimbaud erano contemporanei.* **2.** Del tempo presente. *Problemi contemporanei.* SIN.: **odierno**. ◆ s.m. [f. *-a*] **1.** Chi vive negli stessi anni di un altro. *I contemporanei di Michelangelo.* SIN.: **coevo**. **2.** Chi vive e opera nell'età presente.

contendènte agg. Che è in contrasto con qlcu. ◆ s.m. e f. Avversario, rivale.

contèndere v.tr. [33] Cercare di ottenere qlco. per sé contrastando altri. *Contendere un premio all'avversario.* ◆ v.intr. (aus. *avere*) **1.** Competere con qlcu. *Pochi possono contendere con me.* **2.** Litigare con qlcu. ◆ **contendersi** v.pron. Disputarsi qlco. con qlcu. *I figli si contendono l'azienda con il padre.*

contenére v.tr. [61] **1.** Tenere dentro di sé, racchiudere. *La busta contiene due fogli.* **2.** Trattenere, frenare, reprimere qlco., in partic. un sentimento, una passione. *Contenere la rabbia.* **3.** Limitare, ridurre qlco. *Contenere l'aumento dei prezzi.* ◆ **contenersi** v.pron. Dominare i propri impulsi. *Cerca di contenerti!*

conteniménto s.m. Limitazione posta all'aumento di qlco. o all'avanzata di qlcu. *Contenimento del disavanzo.*

contenitóre s.m. **1.** Oggetto che serve a contenere qlco. *Il contenitore del gelato.* SIN.: **recipiente**. **2.** Container per trasporto merci. **3.** URBAN. Edificio o complesso edilizio ristrutturato e adibito a ospitare varie manifestazioni culturali. **4.** Programma televisivo o radiofonico che comprende generi diversi (servizi d'informazione, varietà, ecc.).

contentàre v.tr. Accontentare, appagare, soddisfare qlcu. o qlco. *Contentare i clienti.* ◆ **contentarsi** v.pron. Essere pago, soddisfatto di qlco. ~ Limitarsi nei desideri e accettare una condizione data, essere soddisfatto anche con poco. *È uno che si contenta.*

contentézza s.f. Sentimento di esultanza. SIN.: **felicità**.

contènto agg. (lat. *contĕntum* "contenuto" quindi "soddisfatto" perché si accontenta di poco) **1.** Soddisfatto, appagato. *Sono contenta del vostro lavoro.* ◇ *Far contento:* accontentare. **2.** Felice, sereno, allegro. *Sono contento di vederli.*

contenutismo s.m. Nel l. della crit. lett., priorità assegnata all'aspetto tematico e concettuale dell'opera anziché all'elaborazione stilistica e formale (in oppos. a *formalismo*).

1. contenùto agg. Che si mantiene entro un preciso limite, con riferimento anche ad ambiti astratti. *Rabbia contenuta.* ◇ *Stile contenuto:* misurato, privo di superflui ornamenti retorici.

2. contenùto s.m. **1.** Ciò che è in un recipiente. *Il contenuto di una bottiglia.* **2.** *fig.* Argomento di uno scritto, un discorso, un'opera letteraria o artistica. *Il contenuto di un romanzo.*

contenzióne s.f. MED. Procedimento col quale si mantengono fissi i frammenti di un osso fratturato o si impedisce la fuoruscita di un'ernia addominale. *Protesi di contenzione.*

contenzióso agg. DIR. Relativo a una controversia. *Procedimento contenzioso.* ◆ s.m. DIR. Insieme di controversie insorgenti tra determinati soggetti riguardo a particolari materie. SIN.: **vertenza**. ◇ *Ufficio del contenzioso:* nelle aziende, ufficio che si occupa dei problemi legali.

contésa s.f. **1.** Contrasto di idee, di posizioni, di interessi. **2.** Combattimento, duello.

contéso agg. Che è oggetto di contesa perché ambito, ricercato.

contéssa s.f. Nobildonna appartenente a un casato di conti.

contestàre v.tr. (lat. *contestāri* "chiamare i testimoni in un processo") **1.** Valutare qlco. in termini critici o negativi. *Contestare una sentenza.* SIN.: **confutare**. **2.** *estens.* Mettere in discussione, protestare contro qlco. *Contestare la società.* ~ Rimproverare, rinfacciare. *Mi si contesta di non essere corretto.* **3.** DIR. Comunicare formalmente a qlcu. il reato che gli viene attribuito. *Gli hanno contestato una contravvenzione.* SIN.: **notificare**.

contestatàrio agg. [pl.m. *-ri*] Di contestazione, spec. politica.

contestatóre s.m. [f. *-trice*] Chi mette in discussione la legittimità dell'ordine sociale, assumendo un atteggiamento di protesta. ~ *per anton.* Chi partecipò al movimento del Sessantotto. ❑ In funzione di agg., che critica, rifiuta ideologicamente qlco. *Gruppo contestatore.*

contestazióne s.f. **1.** Messa in discussione della validità di qlco. *Contestazione di un fatto.* **2.** Critica radicale accompagnata da volontà di opposizione. ~ *per anton.* Il movimento di protesta del Sessantotto. **3.** DIR. Comunicazione formale dell'addebito mosso a un imputato. SIN.: **notificazione**.

contèsto s.m. **1.** Situazione complessiva in cui si verifica un evento. *Contesto storico.* **2.** LING. L'insieme degli elementi linguistici di un testo e i rapporti che li legano presi nel loro complesso. *Il contesto di una frase.*

contestuàle agg. **1.** Relativo al contesto. **2.** LING. Di variante fonematica determinata dal contesto in cui si trova. **3.** nel l. bur., che avviene contemporaneamente o un attimo prima rispetto a un altro atto. *Firma contestuale.*

contestualizzàre v.tr. **1.** Inserire qlco. nel contesto che gli è proprio. *Contestualizzare un fenomeno.* **2.** LING. Riferire un enunciato al cotesto e al contesto al fine di renderne possibile un'adeguata interpretazione.

contestùra s.f. **1.** Tessitura, ordito di una stoffa. **2.** *fig.* Modo in cui sono unite le varie parti di un tutto, intreccio.

contiguità s.f. inv. **1.** Successione immediata nel tempo e nello spazio. SIN.: **vicinanza**. **2.** LOG. Rapporto intercorrente tra concetti affini compresi in uno più ampio.

contìguo agg. (lat. *contìguum*, deriv. di *contìngere* "venire a contatto") **1.** Che è attiguo, confinante. *Camere contigue.* SIN.: **adiacente**. **2.** MAT. *Classi contigue di numeri:* due sottoinsiemi di numeri reali tali che è possibile scegliere un elemento dell'uno e uno dell'altro in modo che la loro distanza sia piccola a piacere. **3.** CHIM. Di legami chimici che fanno capo a uno stesso atomo.

continentàle agg. Di un continente. ◇ *Clima continentale:* caratterizzato da notevoli escursioni termiche. – SPORT. *per anton.* Campione *continentale:* campione europeo. ● s.m. e f. Abitante della terraferma (in oppos. a *isolano*). *Lei è siciliana, ma ha sposato un continentale.*

1. continènte agg. (lat. *continèntem*, deriv. di *continère* "tenere a freno") **1.** Che sa moderare i piaceri dei sensi. *Continente nel bere.* SIN.: **parco**. **2.** MED. Capace di controllare l'emissione fisiologica di liquidi o di solidi organici. *Sfintere continente.*

2. continènte s.m. (lat. *tèrram continèntem* "terra non interrotta") **1.** Vasta estensione di terra emersa delimitata da oceani. ◇ *Antico continente:* insieme dell'Europa, dell'Asia e dell'Africa. – *Nuovo continente:* le due Americhe. **2.** *estens.* Territorio continentale rispetto alle isole. *Andare dalla Sardegna nel continente.*

continènza s.f. **1.** Temperanza, moderazione. ~ Astinenza dai piaceri sessuali. **2.** MED. Capacità di ritenzione urinaria. ~ Occlusione perfetta di un orifizio sfinterico o valvolare.

contingentaménto s.m. (fr. *contingentement*) ECON. Imposizione da parte dello Stato di limiti quantitativi alle importazioni o alle esportazioni di determinate merci.

contingentàre v.tr. (fr. *contingenter*) Regolare le importazioni e le esportazioni con appositi provvedimenti.

1. contingènte agg. **1.** FILOS. Che non ha carattere di necessità (in oppos. a *necessario*). **2.** *estens.* Che dipende da una situazione momentanea. ● s.m. (solo sing.) FILOS. Ciò che non ha carattere di necessità.

2. contingènte s.m. **1.** Parte, quota assegnata o imposta come contribuzione. **2.** Quantità massima di merci che possono essere importate o esportate nel corso di un periodo dato. **3.** MIL. Reparto, insieme di reparti, inviati in una spedizione. ~ Numero di uomini sotto le armi in un dato momento.

contingentìsmo s.m. FILOS. Complesso di dottrine che, nella spiegazione dell'universo, assegnano una parte rilevante alla contingenza e tendono a ridurre il ruolo svolto dalla legge di causa ed effetto.

contingènza s.f. **1.** FILOS. Carattere casuale, accidentale. ~ Ciò che ha tale carattere. **2.** *estens.* Situazione accidentale. SIN.: **circostanza**. **3.** ECON. *Indennità di contingenza:* parte variabile della retribuzione indicizzata al costo della vita, per compensare la perdita di potere d'acquisto in periodi inflazionistici. – *Punti di contingenza:* unità di scatto della retribuzione che conteggiano l'ammontare monetario dell'indennità di contingenza.

continuàre v.tr. Proseguire un'attività. ~ Riprendere qlco. che era stato interrotto. *Continuare il disegno.* ● v.intr. (aus. *essere*) Non cessare, proseguire nel tempo e nello spazio. *Il sentiero continua fino al bosco.*

continuatìvo agg. Che si protrae nel tempo, che non è interrotto o saltuario. SIN.: **permanente**.

continuàto agg. Che dura nel tempo. SIN.: **ininterrotto**. ◇ *Reato continuato:* quello caratterizzato da una molteplicità di violazioni di legge tendenti a realizzare un medesimo disegno criminoso.

continuatóre s.m. [f. –*trice*] Persona che continua ciò che un'altra ha cominciato.

continuazióne s.f. Proseguimento, seguito. ~ Il prosieguo di una cosa già iniziata. ◇ DIR. *Continuazione del reato:* caso che si verifica quando più reati sono commessi in tempi diversi ma in funzione di un medesimo progetto criminoso. – *In continuazione:* senza tregua, sempre.

continuità s.f. inv. Mancanza di interruzioni nello spazio, nel tempo o nell'attività svolta.

continuo agg. **1.** Senza interruzione, nel tempo o nello spazio. SIN.: **ininterrotto**. ◇ *Di continuo:* in modo durevole. **2.** ELETTR. *Corrente continua:* corrente di senso e intensità costanti. **3.** *estens.* Molto frequente, abituale. **4.** MAT. *Funzione continua in un punto* x_0: funzione tale che $f(x)$ ha per limite $f(x_0)$ quando x tende ax_0. ● s.m. **1.** (solo sing.) Ciò che dura, spec. nel l. filosofico. *Il continuo temporale.* **2.** MAT. L'insieme delle parti dei numeri naturali. ◇ *Potenza del continuo:* cardinalità dell'insieme dei numeri reali $\mathbb{R}$. (È anche la cardinalità del segmento [0, 1] e dello spazio reale $\mathbb{R}^2$.) – *Ipotesi del continuo:* quella secondo cui non esistono insiemi di cardinalità intermedia tra quella dei numeri naturali e quella del continuo.

continuum s.m. (solo sing.) (voce latina) SCIENT., FILOS. Continuo, con riferimento a tutto ciò che non presenta soluzione di continuità. ◇ *Continuum spazio-temporale:* nelle teorie relativistiche, spazio a quattro dimensioni, in cui la quarta è il tempo.

cónto s.m. (fr. *cointe*) **1.** Calcolo, operazione aritmetica. ◇ *Far di conto:* conoscere le quattro operazioni aritmetiche fondamentali. – *Conto alla rovescia:* conteggio che si effettua al momento del lancio delle astronavi; *fig.* computo di tempo ed eventi che precedono un fatto importante o molto desiderato. **2.** CONTAB. Trasposizione di operazioni economiche in termini numerici. – *Partita di dare e avere.* ◇ *Conto corrente:* conto aperto da un banca ai clienti che hanno effettuato uno o più depositi. – *Chiudere un conto:* insieme di operazioni che consistono nel determinare gli interessi di conto corrente, nel calcolarli e nell'accertare il saldo finale del conto. – *Conto (di) capitale:* conto relativo al capitale netto e alle sue variazioni. – *figg.* Fare bene, male, i propri conti: fare ipotesi, previsioni esatte o sbagliate. – *Fare i conti in tasca a qlcu.:* tentare di individuare, di indovinare l'ammontare delle sue entrate. – *Fare i conti con qlcu., con qlco.:* fare il conto del dare e dell'avere in termini morali; prendere prudentemente in considerazione un fattore che potrebbe rivelarsi ostile. – *Regolare un conto:* vendicarsi. – *locc. prep. In conto di:* a titolo di. – *Per conto di:* dalla parte di, per incarico di. – *Sul conto di:* nei riguardi di. – *locc. cong. In fin dei conti, alla fine dei conti, a conti fatti:* alla fin fine, tutto sommato. **3.** Nota di spesa. ◇ *fig. Chiedere, dare, rendere conto a qlcu. di qlco.:* chiedere, dare spiegazioni, rispondere delle proprie azioni. – *Mettere in conto:* aggiungere una voce a un conto aperto riservandosi di saldarlo in futuro; *fig.* preventivare, calcolare come possibile. **4.** Valore materiale o morale. ◇ *Tenere qlco. da conto:* tenerlo da parte, conservarlo con ogni cura. – *Tenere conto di qlco.:* considerare, calcolare, valutare nella giusta misura. – *Rendersi conto di qlco.:* averne consapevolezza. **5.** *fig.* Affidamento, assegnamento. *Faccio conto sulla tua buona volontà.* ~ Proposito, previsione. *Faceva conto di tornare entro sera.*

contòrcere v.tr. [22] Far ruotare ripetutamente qlco. o qlco. ~ Imprimere un movimento di torsione. ◆ **contòrcersi** v.pron. Fare movimenti di torsione.

contornàre v.tr. **1.** Detto di soggetto inanimato, circondare, cingere qlco. **2.** *estens.* Attorniare qlcu., stargli intorno. **3.** Detto di soggetto umano, guarnire qlco. con altro. *Il cuoco contornò la torta con pezzi di frutta.* ◆ **contornarsi** v.pron. Attorniarsi di persone o cose.

contórno s.m. **1.** Linea che delimita una cosa, una figura, un'immagine. **2.** NUMISM. Scritta impressa lungo il margine di una moneta o insieme dei piccoli segmenti del bordo. **3.** Piatto di verdura o legumi che accompagna la pietanza principale.

contorsióne s.f. **1.** Movimento di torsione. **2.** *fig.* Tortuosità, complicazione.

contorsionìsmo s.m. **1.** Specialità acrobatica che consiste nell'eseguire con il corpo piegamenti e torsioni estreme. **2.** *fig.* Comportamento forzato con cui si cerca di passare indenni tra contrastanti difficoltà.

contorsionìsta s.m. e f. [pl.m. –*sti*] **1.** Acrobata che esegue esercizi di contorsionismo. **2.** *fig.* Persona che adotta comportamenti tortuosi.

Contòrte s.f. pl. [iniziale minusc. sing. –*ta* per l'individuo] BOT. Ordine di piante dicotiledoni dai lobi della corolla contorti nel boccio.

contòrto agg. **1.** Storto, curvato, spec. con andamento a spirale. **2.** *fig.* Privo di naturalezza, complicato, tortuoso. *Pensiero contorto.*

contrabbandàre v.tr. **1.** Importare o esportare merci, eludendo il pagamento delle tasse. **2.** *fig.* Far passare qlco. per altro. *Contrabbandare la propria incapacità per sfortuna.* SIN.: **spacciare**.

contrabbandière s.m. [f. –*ra*] Chi esercita il contrabbando. ◻ Anche in funzione di agg. *Nave contrabbandiera.*

contrabbàndo s.m. Commercio clandestino di merci senza pagamento delle tasse doganali previste. ◇ *Di contrabbando:* di nascosto, in maniera illecita.

contrabbassìsta s.m. e f. [pl.m. –*sti*] Musicista che suona il contrabbasso.

contrabbàsso s.m. **1.** MUS. Strumento musicale ad arco con tre, quattro, cinque corde, accordate per quarte partendo dal *mi*. (La quinta corda, quando esiste, è accordata sul *do* grave.) **2.** MUS. Nell'ambito di una stessa famiglia di strumenti, indica quello che ha la tonalità più bassa. **3.** *estens.* Contrabbassista.

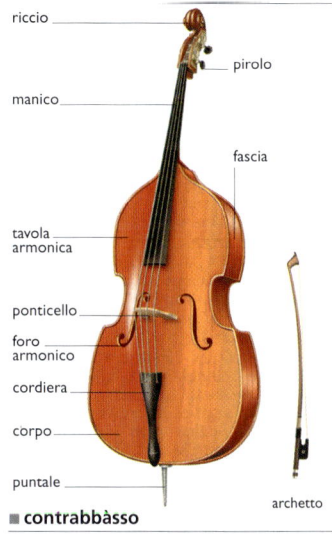

riccio

pirolo

manico

fascia

tavola
armonica

ponticello

foro
armonico

cordiera

corpo

puntale

archetto

■ **contrabbàsso**

contraccambiàre v.tr. [6] Fare qlco. di analogo a ciò che si è ricevuto. SIN.: **ricambiare**. ~ Ripagare qlcu. o qlco. con altro ritenuto equivalente. SIN.: **ricompensare**.

contraccàmbio s.m. [pl.m. –*bi*] **1.** Restituzione di qlco. di equivalente a quanto si è ricevuto. ◇ *In contraccambio:* per ricambiare. **2.** *estens.* Ciò che si fa o si dà per contraccambiare.

contraccettìvo agg. (ingl. *contraceptive*) Anticoncezionale, antifecondativo. ◆ s.m. Nel sign. dell'agg.

contraccezióne s.f. (ingl. *contraception*) Insieme dei metodi che mirano a evitare, in modo reversibile e temporaneo, la fecondazione. ENCICL. Il metodo contraccettivo più diffuso e più efficace è la "pillola", che contiene un estrogeno e un progestinico. La spirale, invece, è un piccolo apparecchio che viene introdotto nella cavità uterina, dove conserva la sua attività contraccettiva per 5 anni. Il preservativo maschile, oltre a svolgere una funzione contraccettiva, è anche il mezzo più sicuro per prevenire le malattie sessualmente trasmissibili.

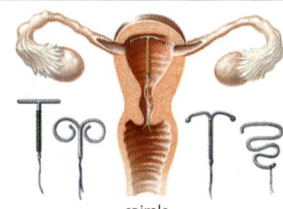
spirale

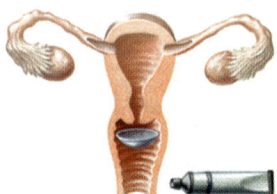
diaframma e crema spermicida

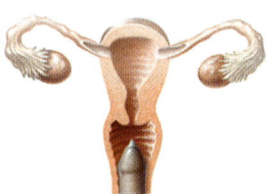
preservativo

■ **contraccezióne** locale.

contraccólpo s.m. (calco del fr. *contrecoup*) **1.** Colpo di ritorno di un corpo al momento di un urto. **2.** *fig.* Ripercussione, conseguenza.

contraccùsa o **controaccùsa** s.f. DIR. Accusa rivolta dall'accusato all'accusatore.

contràda s.f. **1.** Strada cittadina, in partic. quella che si dirama da una via principale. **2.** *region.* Quartiere, rione.

contraddànza s.f. (ingl. *country-dance* "danza di campagna") Danza d'origine inglese, assai in voga in tutta Europa nei secc. XVII-XVIII, in cui gli uomini e le donne si disponevano in due file che si fronteggiavano.

contraddire v.tr. [80] **1.** Confutare qlco. dicendo o mostrando l'opposto. SIN.: **contestare**. **2.** Costituire la negazione di qlco. SIN.: **smentire**. ◆ v.intr. (aus. *avere*) Essere in contraddizione con qlco. *Il tuo modo di fare contraddice alle regole.* ◆ **contraddirsi** v.pron. **1.** Detto di due o più soggetti, essere in contraddizione l'uno rispetto all'altro. **2.** Smentire il proprio precedente comportamento o le proprie affermazioni. *Ti sei contraddetto più volte.*

contraddistinguere v.tr. [32] Caratterizzare in modo particolare, costituire la peculiarità, la caratteristica principale. ◆ **contraddistinguersi** v.pron. Distinguersi, caratterizzarsi.

contraddittòrio agg. [pl.m. *–ri*] **1.** Che implica un'opposizione, un'inconciliabilità logica. *Concetto contraddittorio.* SIN.: **incongruente**. ◇ LOG. *Proposizioni contraddittorie:* completamente opposte, tali per cui l'una nega ciò che l'altra afferma. **2.** *estens.* Che non ha idee o

principi precisi, univoci. SIN.: **ambiguo**. ◆ s.m. Confronto tra persone che sostengono opinioni, tesi diverse. *Dare vita a un contraddittorio.* ◇ *Principio del contraddittorio:* principio per cui il giudice non può pronunciarsi sulla domanda di una parte senza che sia stata citata e ascoltata l'altra parte in causa.

contraddizióne s.f. **1.** Opposizione, contrasto tra pensieri, affermazioni, comportamenti, dati di fatto. SIN.: **antinomia**. ◇ *Spirito di contraddizione:* abitudine ostinata a sollevare sempre obiezioni. **2.** FILOS. Nella logica tradizionale, principio secondo cui la veridicità di una proposizione determina necessariamente la falsità della proposizione contraria.

contraènte agg. DIR. Che stipula un contratto. ◆ s.m. e f. Nel sign. dell'agg. *Firme dei contraenti.*

contraèrea s.f. Artiglieria per la difesa attiva dagli attacchi aerei.

contraèreo agg. Fatto, predisposto per difendersi attivamente da incursioni aeree. *Difesa contraerea.*

contraffàre v.tr. [9] Fare qlco. a imitazione di un'altra per scherzo. SIN.: **imitare**. ~ Imitare fraudolentemente, falsificare. *Contraffare una firma.*

contraffàtto agg. **1.** Alterato, falsificato con intenzione fraudolenta. *Banconota contraffatta.* **2.** Che ha subito una modificazione nell'aspetto abituale. *Volto contraffatto dall'ira.*

contraffattóre s.m. [f. *–trice*] Chi imita per frode, chi falsifica.

contraffazióne s.f. Imitazione a scopo di frode.

contraffortàre v.tr. COSTR. Rinforzare un edificio con la costruzione di contrafforti.

contraffòrte s.m. **1.** ARCH. Struttura muraria in aggetto rispetto all'allineamento generale, con cui si ottiene una superficie più ampia su cui scaricare le spinte orizzontali di archi o volte. SIN.: **barbacane**. **2.** Rilievo secondario che si diparte da una catena montuosa principale.

contraìbile agg. Che può essere contratto, che può essere stipulato. *Patto non contraibile.*

contràlto s.m. MUS. Voce femminile o voce bianca di registro più grave. ◇ *Chiave di contralto:* chiave di *do* sulla terza linea del rigo. ❑ In funzione di agg. inv., di strumento musicale dal registro di contralto.

contrammiràglio s.m. [pl. *–gli*] (calco del fr. *contre-amiral*) Nella marina militare, grado intermedio tra capitano di vascello e ammiraglio di divisione, ovvero il grado meno elevato degli ufficiali generali. ~ Ufficiale che ha tale grado.

1. contrappàsso s.m. (calco del gr. *antipeponthós*) Tipo di punizione in cui viene inflitta una pena uguale o simile alla colpa.

2. contrappàsso s.m. Nelle danze antiche, passo alternato.

contrappèllo s.m. (calco del fr. *contre-appel*) Appello supplementare con cui si verifica l'esattezza di un appello precedente.

contrappéso s.m. **1.** Peso che serve a equilibrare una forza, un altro peso per neutralizzarli o moderarne l'azione. **2.** TECNOL. Blocco di materiale disposto ad arte in un complesso meccanico con la funzione di mantenere in equilibrio taluni organi sia in posizione di riposo sia durante il movimento. **3.** *fig.* Cosa che ne compensa un'altra. – Chi, ciò che diminuisce il potere, l'influenza di qlcu. o qlco. opponendovi i propri. *Il direttore fa da contrappeso al consiglio.*

contrappórre v.tr. [25] Mettere l'una contro l'altra due o più cose o persone. *Contrapporre il bene al male.* SIN.: **opporre**. ◆ **contrapporsi** v.pron. **1.** Porsi in una posizione di contestazione rispetto a qlcu. o qlco. **2.** Detto di due o più soggetti, essere l'uno in difesa dell'altro. *Le nostre opinioni si contrappongono.*

contrapposizióne s.f. **1.** Opposizione, contrasto. **2.** FILOS. Nella logica tradizionale, operazione mediante la quale si nega il contrario di una proposizione.

contrappuntìsta s.m. e f. [pl.m. *–sti*] MUS. Compositore che studia ed esegue il contrappunto.

contrappùnto s.m. **1.** MUS. Tecnica di composizione che consiste nel sovrapporre molte linee melodiche. **2.** *estens.* Nelle altre arti, accorgimento stilistico consistente nell'avvicinare immagini contrastanti ma non illogiche.

contràre v.tr. SPORT. Prendere spunto da un'azione o manovra offensiva avversaria per annullarne l'effetto e passare a propria volta all'attacco.

contrariàre v.tr. [6] **1.** Ostacolare, impedire, avversare qlco. ~ Contraddire qlco. **2.** Mettere qlcu. di cattivo umore, irritarlo, infastidirlo. *Il tuo gesto mi ha contrariato.*

contrariàto agg. Di cattivo umore a causa di qlco. che contrasta con le aspettative, con i desideri. SIN.: **infastidito**.

contrarietà s.f. inv. **1.** (spec. pl.) Ostacolo, difficoltà, avversità. *Le contrarietà della vita.* **2.** *estens.* Irritazione, fastidio. *Quando lo incontra prova un'evidente contrarietà.*

contràrio agg. [pl.m. *–ri*] **1.** Che si oppone radicalmente a qlco. SIN.: **opposto**. ◇ LOG. *Proposizioni contrarie:* proposizioni uguali in quanto a soggetto e predicato ma di valore opposto perché una affermativa e l'altra negativa. *Ogni uomo è giusto, ogni uomo è ingiusto.* – MAT. *Numeri contrari:* quelli di uguale valore assoluto ma di segno opposto. – DIR. *Impugnazione contraria:* azione promossa dal convenuto contro chi ha promosso la causa. – *Fino a prova contraria:* fino a che non sia confutata una certa affermazione; spesso con connotazione iron. *Tocca a me decidere, fino a prova contraria...* – *In caso contrario:* altrimenti. **2.** Che va in senso opposto, in direzione opposta. *Vento contrario.* **3.** Che è sfavorevole, ostile. *Siamo contrari al tuo trasferimento.* ◇ *Bastian contrario:* chi è sistematicamente in disaccordo con le decisioni degli altri. ◆ s.m. **1.** Ciò che è diametralmente opposto, antitetico. ◇ *Al contrario:* in modo opposto; *loc. cong.* invece. – *In contrario:* contro. *Non avere nulla in contrario.* – *loc. prep.* Al *contrario di:* in modo diverso da. **2.** LING. Termine di significato opposto a un altro. SIN.: **antonimo**.

contrarmellìno s.m. ARALD. Pelliccia nera con ordinate macchie bianche.

contràrre v.tr. [11] **1.** Stringere, irrigidire qlco. – In partic., ridurre l'estensione di un muscolo tramite un impulso nervoso. *Contrarre il bicipite.* **2.** Diminuire qlco. *Contrarre le spese.* **3.** Impegnarsi giuridicamente o moralmente, stringere un rapporto, stabilire un vincolo. *Contrarre un debito.* ◇ *Contrarre matrimonio:* sposarsi. – *figg. Contrarre una malattia:* prenderla, esserne affetto. – *Contrarre un'abitudine:* acquisirla. ◆ **contrarsi** v.pron. **1.** Rattrappirsi, raggrinzirsi. ~ Detto di muscolo, ridursi in estensione. **2.** LING. Detto di due o più suoni vocalici, fondersi in una sola vocale.

contrassegnàre v.tr. **1.** Segnare qlcu. o qlco. in modo da poterlo individuare e riconoscere. SIN.: **marcare**. **2.** *fig.* Contraddistinguere, caratterizzare qlco., frequente al passivo. *Un'epoca contrassegnata da gravi disordini.*

1. contrasségno s.m. **1.** Segno distintivo. SIN.: **marchio**. **2.** TECN. Segno fatto a varie parti di un assemblaggio per riconoscerle. **3.** *fig.* Pegno, prova.

2. contrasségno o **controasségno** avv. Da pagare alla consegna, con riferimento a modalità di spedizione di una merce che viene consegnata solo dietro pagamento dell'importo dovuto.

contrastànte agg. **1.** Che contrasta, che è in antitesi. SIN.: **discorde**. **2.** Che crea un effetto di contrasto cromatico, ottico. *Colori contrastanti.*

contrastàre v.tr. **1.** Ostacolare qlcu. o qlco., opporsi a un atto, a un progetto. *Contrastare un'intenzione.* **2.** PITT. Accostare elementi contrapposti per ottenere un effetto di contrasto. *Contrastare i colori in un dipinto.* ~ Non graduare, non sfumare. ◆ v.intr. (aus. *avere*) Discordare con qlco. d'altro. *I risultati contrastano con i sondaggi.* ~ Detto di due o più soggetti, essere in contrasto, in opposizione l'uno con l'altro. *Questa chiesa moderna contrasta con le vecchie case.*

◆ **contrastarsi** v.pron. Detto di due o più soggetti, avversarsi l'un l'altro. ~ Contendersi qlco.

contrastàto agg. **1.** Reso difficile a causa di contrasti. *Vittoria contrastata.* **2.** FOTO. Che presenta contrapposizione netta di luce e ombra. *Immagine contrastata.*

contràsto s.m. **1.** Ciò che si oppone al compimento di qlco. *L'iniziativa ha incontrato duri contrasti.* **2.** Diversità conflittuale, inconciliabilità, disaccordo. ~ Scontro, conflitto. *Contrasti familiari.* **3.** PITT., FOTO. Mancanza di sfumature nei colori, giustapposizione di luce e ombra. **4.** Nell'immagine televisiva, differenza di toni nella composizione dell'immagine e comando che la regola. **5.** Componimento poetico, proprio della letteratura medievale, in cui due personaggi o due figure allegoriche dialogano o disputano. *Il contrasto di Cielo d'Alcamo.* **6.** RAD.DIAGN. *Mezzo di contrasto:* sostanza radiopaca che consente la visualizzazione radiologica di organi altrimenti non visibili ai raggi X. **7.** SPORT. Nel calcio, intervento difensivo su un giocatore per togliere la palla all'avversario o per fermarne l'azione offensiva.

contrattaccàre v.tr. [4] (calco del fr. *contre-attaquer*) Attaccare con un'azione offensiva il nemico o l'avversario in risposta a un attacco subito; anche in senso fig. *La squadra si è ripresa e ha contrattaccato.*

contrattacco s.m. [pl. –*chi*] (calco del fr. *contre-attaque*) **1.** MIL. Azione di risposta a un attacco nemico. **2.** SPORT. Azione di attacco di una squadra in risposta a un attacco subito. **3.** *fig.* Replica svolta con vivacità, immediatezza e novità di contenuti nell'ambito di una polemica, di un alterco, di una discussione.

contrattàre v.tr. Valutare, discutere con qlcu. le condizioni di una transazione economica. SIN.: **negoziare.** ◆ v.intr. (aus. *avere*) Mercanteggiare, discutere sul prezzo di un bene.

contrattazióne s.f. Fase preliminare alla firma di un accordo o alla stipula di un contratto. ◇ *Contrattazione collettiva:* quella che si stipula tra un datore di lavoro (o gruppi di questi) e una organizzazione (o più) di lavoratori, con lo scopo di stabilire il trattamento garantito minimo sul quale poi si dovranno stipulare i contratti di lavoro nazionali.

contrattèmpo s.m. **1.** Piccola difficoltà non grave che ritarda o che modifica l'andamento di qlco. *Per un contrattempo stasera non verrò.* **2.** MUS. → controtempo.

contràttile agg. Nel l. sc., che ha la capacità di diminuire la propria estensione. *Muscolo contrattile.*

contrattilità s.f. inv. Nel l. sc., proprietà di un tessuto, un muscolo, ecc. di diminuire la propria estensione.

contrattista s.m. e f. [pl.m. –*sti*] Chi ha un contratto di lavoro a termine.

1. contràtto agg. **1.** Caratterizzato da contrazione muscolare, spesso per reazione emotiva. *Viso contratto.* SIN.: **teso. 2.** LING. *Vocale contratta:* quella che risulta dalla contrazione di due o più vocali.

2. contràtto s.m. **1.** DIR. Accordo che fonda un rapporto giuridico tra due parti. ~ Documento ufficiale che constata questo accordo. *Redigere, firmare un contratto.* ◇ *Contratto di lavoro:* convenzione con la quale un lavoratore dipendente mette la sua attività al servizio di un datore di lavoro in cambio di un salario. – *Contratto collettivo di lavoro:* quello stipulato tra associazioni imprenditoriali e sindacati con cui si regolano, per un dato numero di anni, gli aspetti normativi ed economici del rapporto tra lavoratore e imprese. – *Contratto di formazione (lavoro):* contratto tendente a favorire l'occupazione giovanile e consistente nell'assunzione nominativa e temporanea dei lavoratori che non superano un'età prestabilita. – *Contratto d'inserimento:* contratto di lavoro che mira a realizzare, mediante un progetto individuale di formazione e di adattamento delle competenze professionali già acquisite, l'inserimento o il reinserimento nel mercato del lavoro. – *Contratto a tempo determinato:* contratto di lavoro nel quale è stabilita la durata del rapporto. – *Contratto a tempo indeterminato:* contratto di lavoro che si conclude solamente col licenziamento del dipendente (per scelta sua o del datore di lavoro). **2.** FILOS. *Contratto sociale:* ipotesi secondo la quale l'origine della società andrebbe ricercata in un patto tra gli uomini. (Già avanzata dagli antichi greci, la nozione è onnipresente nel pensiero politico europeo dalla fine del sec. XV alla fine del sec. XVIII; ipotesi diverse sono state proposte, tra gli altri, da Grotius, Hobbes, Spinoza e Rousseau, autore del *Contratto sociale.*) **3.** BORS. *Contratto a premio:* tipo di contratto relativo al ritiro o alla consegna di titoli a un prezzo fisso prestabilito. **4.** Nel bridge, impegno che una coppia di giocatori prende con l'ultima dichiarazione.

contrattuàle agg. (fr. *contractuel*) Di contratto. ◇ *Forza contrattuale:* nel l. sind. ed econ., capacità di fare accogliere in un contratto le proprie richieste. – *Danno contrattuale:* quello che deriva dall'inadempimento di obblighi previsti dal contratto.

contrattualismo s.m. FILOS. Contratto sociale.

contrattùra s.f. MED. Contrazione duratura e involontaria di un muscolo, accompagnata da rigidità.

contravveléno s.m. (calco del gr. *antiphármakon*) **1.** Antidoto. **2.** *fig.* Cosa che neutralizza l'azione di un'altra. SIN.: **rimedio.**

contravvenire v.intr. [81] (aus. *avere*) Agire contrariamente a una prescrizione, a un obbligo.

contravventóre s.m. [f. –*trice*] Persona che viola un regolamento, una legge. SIN.: **trasgressore.**

contravvenzióne s.f. **1.** Trasgressione, violazione di un divieto. **2.** Verbale che constata questa trasgressione e oblazione da versare per estinguerla.

contravviso o **controavviso** s.m. Avviso di correzione di un avviso precedente.

contribuènte s.m. e f. Chi deve, a norma di legge, pagare le tasse.

contribuire v.intr. [83] (aus. *avere*) Partecipare a un risultato con la propria presenza, con un'azione, con un contributo di denaro. *Invenzione che contribuisce al progresso.* SIN.: **concorrere.**

contributivo agg. Relativo al contributo, alla contribuzione. ◇ *Metodo contributivo:* sistema di calcolo della pensione basato sui contributi effettivamente versati dal lavoratore (in oppos. al *metodo retributivo*).

contribùto s.m. **1.** Apporto personale al raggiungimento di un comune risultato. *Dare il proprio contributo allo sviluppo dell'azienda.* SIN.: **partecipazione. 2.** Somma versata a un ente pubblico o privato per lavori eseguiti o per determinati servizi. ◇ *Contributi previdenziali:* versati dal datore di lavoro e dal lavoratore a un istituto di previdenza per costituire il fondo pensioni. **3.** Somma che lo stato o un organismo internazionale versa per una fine particolare. **4.** Saggio in cui si sviluppa un argomento particolare di un più ampio studio o ricerca.

contribuzióne s.f. Partecipazione con danaro, lavoro, ecc. a qlco. di comune. SIN.: **cooperazione.**

contrito agg. (lat. *contrītum*, deriv. di *contĕrere* "polverizzare") Che è pentito, che denota rammarico, mortificazione. *Espressione contrita.*

contrizióne s.f. **1.** TEOL. CRIST. Pentimento detto *perfetto* perché non determinato dal timore della pena, ma dal dolore per avere offeso Dio con il proprio peccato. **2.** *estens.* Rammarico sincero per aver commesso un peccato o un'azione riprovevole.

1. cóntro prep. **1.** Indica opposizione, avversione, contrasto. *Campagna contro il fumo.* ~ Indica direzione inversa a quella di un altro elemento o impatto con un elemento fermo. *Urtare contro il muro.* ◇ *Contro natura:* in antitesi rispetto all'istinto, agli impulsi naturali. **2.** Di fronte, sullo sfondo. *La scrivania è contro la finestra.* ~ Indica contatto di un oggetto appoggiato a un altro. *I pannelli erano allineati contro la parete.* **3.** In cambio di. *La consegna avviene contro pagamento.* ◆ avv. In modo contrario, opposto, in direzione di scontro. *Voterò contro.* ~ In posizione contraria. *Qualunque proposta io faccia, tu sei sempre contro.* ❑ In funzione di agg. inv., spec. nel l. gior., di persona che assume atteggiamenti contrari a quelli normali o attesi. *Uomini contro.* ◆ s.m. inv. **1.** Ciò che contrasta, che è contrario. *Valutare i pro e i contro.* **2.** SPORT. Nella scherma, particolare tipo di parata.

2. cóntro s.m. inv. Contre.

controaliséo o **contraliséo** s.m. METEOR. Vento d'alta quota che spira dall'equatore ai tropici, in direzione inversa rispetto all'aliseo; detto anche *antialiseo.*

controbàttere v.tr. (calco del fr. *contrebattre*) **1.** MIL. Colpire il nemico con tiri di batteria di risposta a quelli ricevuti. **2.** *fig.* Respingere le affermazioni di altri. SIN.: **replicare.**

controbatteria s.f. (calco del fr. *contre-batterie*) MIL. Azione d'artiglieria contro il nemico.

controbilanciàre v.tr. [5] (calco del fr. *contrebalancer*) Compensare, equilibrare qlco. *Il guadagno non controbilancia la fatica.* ◆ **controbilanciarsi** v.pron. Detto di due o più soggetti, bilanciarsi, compensarsi l'un l'altro.

controbóllo s.m. Bollo che si aggiunge a uno già impresso su un documento, per confermarne la validità.

controbórdo s.m. (calco del fr. *contrebord*) MAR. Posizione di navi che si incrociano seguendo rotte parallele e inverse.

controcàmpo s.m. **1.** FIS. Campo elettrico che si oppone al moto di una carica. **2.** CINE. Inquadratura effettuata nella direzione esattamente opposta a quella precedente.

controcànto s.m. **1.** MUS. Contrappunto che accompagna una melodia e che a esso stesso carattere melodico. **2.** *estens.* Nelle altre arti (letteratura, pittura, cinema), accorgimento stilistico consistente nell'avvicinare immagini contrastanti ma non irrelate.

controcarèna s.f. MAR. Compartimento a forma di rigonfiamento, situato fuori della carena di una nave da guerra per limitare i danni derivanti da un'esplosione subacquea.

controcaténa s.f. COSTR. Trave aggiunta alla catena di una capriata per rinforzarla.

controcopertina s.f. Quarta pagina della copertina di un libro.

controcorrènte s.f. **1.** Corrente di senso contrario a quello della corrente principale. *Controcorrente equatoriale.* **2.** CHIM. Procedimento che consiste nel dare a due corpi che devono agire uno sull'altro movimenti in senso inverso. ◆ avv. In direzione inversa a quella della corrente. *Remare controcorrente.* ◇ *fig. Andare controcorrente:* pensare, comportarsi in maniera anticonformista. ❑ In funzione di agg. inv., inconsueto, originale, anticonformista. *Idee controcorrente.*

controcultùra s.f. Insieme di idee o valori diversi da quelli della cultura dominante.

controcùrva s.f. Curva invertita rispetto a un'altra.

controdàdo s.m. Dado avvitato contro un altro di cui si vuole evitare l'allentamento.

controdatàre v.tr. (calco del fr. *contre-dater*) Correggere una data già scritta su un documento con un'altra data. *Controdatare una lettera.*

controdichiarazióne s.f. (calco del fr. *contre-déclaration*) DIR. Atto che annulla o modifica le disposizioni di un atto precedente.

controesàme s.m. Ulteriore esame di controllo, effettuato per verificare l'esattezza degli esiti di una precedente analisi.

controèsodo s.m. Ritorno in massa delle persone dal luogo in cui erano precedentemente andate. *Controesodo di fine estate.*

controestensióne s.f. MED. Immobilizzazione della parte superiore di un arto fratturato o lussato mentre si pratica la riduzione sulla parte inferiore.

controfagòtto s.m. MUS. Strumento a fiato a doppia ancia, di suono più grave del fagotto.

controfasciàme s.m. MAR. Rivestimento esterno del fasciame; detto anche *bottazzo*.

controfèrro s.m. FALEGN. Parte metallica che viene adattata e bloccata contro alcuni attrezzi (p.e. la pialla) per ottenere una buona sgrossatura, l'allontanamento dei trucioli e per evitare lo sfibramento del legno.

controffensiva s.f. 1. MIL. Offensiva che risponde a un attacco avversario. 2. *fig.* Decisa risposta a un attacco ideologico, morale. ~ Replica in un'azione di gioco. *La controffensiva del Milan è scattata subito.*

controffèrta s.f. Offerta in risposta a una richiesta di tipo economico.

controfigùra s.f. 1. CINE. Chi sostituisce un attore in alcune scene, spec. se pericolose. 2. *estens.* Persona che somiglia molto a un'altra. 3. *fig. spreg.* Persona che ne sostituisce un'altra senza avere analoghe qualità.

controfilétto s.m. MACELL. Taglio di carne bovina tra filetto e girello.

controfilo s.m. Disposizione perpendicolare rispetto alla superficie di taglio delle fibre del legno.

controfinèstra s.f. (calco del fr. *contre-fenêtre*) Seconda finestra esterna o interna rispetto a quella normale.

controfiòcco s.m. [pl. *–chi*] MAR. Nei velieri, vela a proravia del fiocco.

controfirma s.f. Altra firma apposta su un documento a convalida della prima. ◇ *Controfirma ministeriale*: requisito di validità degli atti emanati dal presidente della Repubblica.

controfirmàre v.tr. Apporre una controfirma.

controfuòco s.m. [pl. *–chi*] Fuoco acceso volontariamente davanti a un altro incendio per bloccarne la propagazione.

controimprónta s.f. TECN. Riproduzione di un'impronta, spec. fossile, determinata da un accumulo di sedimenti.

controinchièsta s.f. Inchiesta giudiziaria o giornalistica parallela o successiva a un'altra di cui si criticano le modalità o i risultati, giungendo spesso a conclusioni opposte o diverse da quelle precedentemente acquisite.

controindicàre o **contrindicàre** v.tr. [4] (calco del fr. *contre-indiquer*) Segnalare un medicinale, una terapia, un intervento chirurgico come dannosi in determinati casi. ~ *estens.* Sconsigliare. *Controindicare un'operazione.*

controindicàto o **contrindicàto** agg. 1. MED. Sconsigliato in quanto potenzialmente dannoso alla salute. 2. *estens.* Inadatto, inadeguato. *Una persona controindicata per un lavoro a contatto con il pubblico.*

controindicazióne o **contrindicazióne** s.f. (calco del fr. *contre-indication*) 1. MED. Segnalazione dei casi in cui un farmaco, un intervento, ecc. possono risultare dannosi. 2. Indicazione diversa da una data precedentemente. *Seguire le controindicazioni del caso.*

controinformazióne s.f. (calco del fr. *contre-information*) Informazione che si propone di evidenziare ciò che i mezzi di informazione ufficiali tacciono. ~ Complesso dei mezzi di controinformazione.

controinterrogatòrio s.m. [pl. *–ri*] DIR. In fase dibattimentale, interrogatorio condotto dalla controparte.

controlaterále agg. MED., ZOOL. Del lato simmetricamente opposto del corpo. *Paralisi controlaterale.*

controllàre v.tr. (fr. *contrôler*) 1. Esaminare attentamente qlco. da parte delle autorità preposte, per accertare l'osservanza di norme, la veridicità di fatti. *Controllare i bagagli.* SIN.: **ispezionare.** 2. Sottoporre a verifica. *Controllare le spese.* 3. Esaminare qlco. da parte delle persone competenti per verificarne il funzionamento. *Controllare il motore.* 4. Avere qlco. sotto il proprio controllo. *Controllare il mercato finanziario.*

◇ *Controllare una società*: detenere, direttamente o indirettamente, un numero di azioni o di parti sociali sufficiente per influire sulla gestione di una società. 5. Sorvegliare qlcu. o qlco., vigilare. *Controllare gli ambienti sospetti.* 6. SPORT. Nel calcio, marcare un avversario, mantenere il possesso della palla. ◆ **controllarsi** v.pron. 1. Essere padroni di sé, esercitare una forma di autocontrollo. *Controllati, per favore!* 2. Detto di due o più soggetti, effettuare controlli l'uno sull'altro. *I due rivali si controllano a vicenda.*

controllàto agg. 1. Sottoposto a norme che danno un ordine, una disciplina. 2. Che è padrone di sé dal punto di vista psicologico e del comportamento esteriore. 3. DIR. *Amministrazione controllata*: quella esercitata dall'autorità giudiziaria quando l'amministrazione ordinaria non è in grado di risolvere le difficoltà di una società.

controller [/kɔnˈtrəulə/] s.m. inv. (voce ingl. "che controlla") 1. ELETTR. Dispositivo elettromeccanico che comanda il funzionamento di una macchina. 2. FERR. Dispositivo di comando manuale. 3. ECON. Dirigente amministrativo responsabile del controllo sulla gestione economica dell'impresa.

contròllo s.m. (fr. *contrôle*) 1. Verifica per accertare l'esistenza, l'esattezza, la regolarità, la qualità di qlco. *Controllo dei biglietti.* SIN.: **ispezione.** ◇ *Controllo di gestione*: sistema di rilevazione che ha lo scopo di fornire tempestivamente i dati necessari per valutare l'efficienza della gestione aziendale e indicare le azioni correttive necessarie. ~ *Controllo a tappeto*: controllo totale, completo. 2. *estens.* Sorveglianza, vigilanza, spec. a opera delle forze dell'ordine. *Controllo degli aeroporti.* 3. Nel 1. bur. o fam., ufficio che esercita un'attività di ispezione e sua sede. *Presentarsi al controllo.* 4. Attività con cui si dà una regola, una disciplina a qlco., o si impone un limite. *Controllo degli armamenti.* ◇ *Controllo delle nascite*: limitazione del numero di nascite con la contraccezione. 5. (solo sing.) Capacità di governare qlco. *Mantenere il controllo del veicolo.* SIN.: **padronanza.** ~ Autocontrollo. ◇ *Perdere il controllo*: il dominio razionale sui propri impulsi. 6. MAT. *Teoria del controllo*: teoria che studia i problemi relativi alla verifica dei sistemi meccanici o dei fenomeni naturali. 7. TECN. Regolazione, verifica di un funzionamento, di un processo. *Controllo del volume.*

controllóre s.m. (fr. *contrôleur*) Persona addetta a operazioni di controllo. ~ FERR. Chi verifica i biglietti dei viaggiatori. ◇ *Controllore di volo*: negli aeroporti, chi sorveglia il traffico aereo impartendo istruzioni ai piloti degli aerei in arrivo e in partenza. SIN.: **uomo radar.**

controlùce s.m. inv. FOTO., CINE. Effetto che si crea fotografando o riprendendo con l'obiettivo rivolto verso la luce. *Fotografia in controluce.* ◆ s.f. inv. Luce opposta alla direzione dello sguardo. ◇ *In controluce*: in trasparenza.

contromàno avv. Nella circolazione stradale, in senso inverso a quello indicato dalla apposita segnaletica. *Andare contromano.*

contromanòvra s.f. 1. MIL. Manovra con cui si cerca di recuperare lo svantaggio determinato da una manovra del nemico. 2. *fig.* Azione con cui si risponde agli intrighi di qlcu.

contromàrca s.f. [pl. *–che*] (calco del fr. *contremarque*) 1. Tallonchino, targhetta, gettone dati in riscontro di un deposito SIN.: **contrassegno.** 2. NUMISM. Segno inciso o impresso su una moneta dopo la fabbricazione per modificarne il valore.

contromàrcia s.f. [pl. *–ce*] (calco del fr. *contremarche*) MIL. Marcia con inversione dell'ordine di incolonnamento dei reparti. ~ Nei veicoli a motore, retromarcia.

contromezzàna s.f. MAR. La seconda (*contromezzana fissa*) e la terza (*contromezzana volante*) vela dal basso dell'albero di mezzana.

contromina s.f. MIL. Mina che si prepara per difendere un'opera di fortificazione dalle mine dell'avversario.

contromisùra s.f. Provvedimento con cui si previene o si fronteggia una situazione sfavorevole. *Prendere opportune contromisure.*

contromòssa s.f. Mossa con cui si risponde a una mossa offensiva dell'avversario.

controparòla s.f. MIL. Risposta convenzionale che si dà alla parola d'ordine, in segno di reciproco riconoscimento.

contropàrte s.f. 1. Parte avversaria in un giudizio civile. 2. TEAT. Commento mimico di un attore a quanto dice un altro attore.

contropartita s.f. (calco del fr. *contrepartie*) 1. ECON. Nella contabilità, partita registrata a riscontro di un'altra. 2. Operazione finanziaria di pareggio. 3. *fig.* Contraccambio, compenso.

contropedàle s.m. Dispositivo di frenata di alcune biciclette, azionato pedalando all'indietro.

contropélo s.m. Rasatura in senso contrario al verso del pelo. ◇ *fig. Fare il pelo e il contropelo a qlcu.*: passare in rassegna tutti i suoi errori, rimproverandolo. ◆ avv. In senso opposto al verso del pelo. *Accarezzare un gatto contropelo.* ◇ *fig. fam.* Prendere qlcu. di contropelo: urtarlo, irritarlo.

contropendènza s.f. 1. Pendenza opposta a un'altra pendenza. 2. Inclinazione verso l'esterno di una curva stradale.

controperizia s.f. Perizia volta a verificare il risultato di una perizia precedente.

contropiède s.m. inv. SPORT. Nel calcio, veloce manovra di attacco che segue immediatamente un'azione offensiva condotta dall'avversario. ◇ *fig.* Prendere qlcu. in contropiede: da sprovvista.

contropòrta s.f. (calco del fr. *contre-porte*) Seconda porta, interna rispetto alla prima, a scopo di protezione o di isolamento.

contropotére s.m. Forma di potere costituitasi al di fuori o contro le forme di potere istituzionali, tipica della contestazione giovanile.

controprestazióne s.f. DIR. Beni offerti in cambio di beni ricevuti.

controproducènte agg. (spagn. *contraproducente*, lat. *contra producentem* "contro chi lo produce") Che produce un effetto opposto a quello voluto. *Comportamento controproducente.* SIN.: **dannoso.**

controprogètto s.m. (calco del fr. *contre-projet*) Progetto che ne modifica uno precedente.

contropropósta s.f. Proposta avanzata in replica a un'altra.

contropròva s.f. (calco del fr. *contre-épreuve*) 1. Operazione di verifica dell'esattezza di una prova precedente. 2. Verifica di uno scrutinio che consiste nel contare le voci che si oppongono alla proposta dopo avere contato le voci favorevoli.

contropùnta s.f. MECC. IND. Nel tornio, punta della testa mobile.

controrànda s.f. MAR. Vela aurica che si spiega sopra la randa.

contrórdine s.m. (calco del fr. *contrordre*) Ordine che ne annulla o ne modifica uno precedente. ~ Cambio di direttive.

controrelatóre s.m. [f. *–trice*] Chi presenta una relazione che evidenzia le lacune, gli errori di una precedente relazione.

controreplicàre v.intr. [4] (aus. *avere*) Ribattere alla replica di un interlocutore.

controrifórma s.f. (calco del ted. *Gegenreformation*) 1. (solo sing.) Restaurazione e riaffermazione dei valori della spiritualità cattolica in concorrenza con il luteranesimo e gli altri movimenti riformatori, operate dalla Chiesa di Roma nel concilio di Trento. 2. *estens.* Normalizzazione, restaurazione.

controrivoluzionàrio agg. [pl.m. *–ri*] (calco del fr. *contre-révolutionnaire*) Della controrivoluzione. ◆ s.m. [pl. *–ria*] Chi organizza una controrivoluzione o vi partecipa; partic. usato nel l. della sinistra comunista per indicare i nemici della sinistra, dell'ortodossia di partito.

controrivoluzióne s.f. (calco del fr. *contre-révolution*) Tentativo politico-militare di restaurare un assetto sociale e politico rovesciato da un moto rivoluzionario.

controrotàia s.f. (calco del fr. *contre-rail*) Rotaia di rinforzo posta internamente al binario in corrispondenza di curve strette, scambi, passaggi a livello.

controrotànte agg. MECC. IND. Che gira in senso contrario. *Aereo a eliche controrotanti.*

controscàrpa s.f. Muraglione di sostegno di scarpate o di terrapieni.

controsènso s.m. (calco del fr. *contresens*) **1.** Ragionamento, comportamento contraddittorio o contrari al senso comune. *Quello che dici è un controsenso*. SIN.: **assurdità**. **2.** *estens.* (spec. pl.) Travisamento, abbaglio. *Un discorso pieno di controsensi*.

controsoffìtto s.m. Secondo soffitto in materiale leggero posto a una certa distanza dal soffitto del solaio e a questo agganciato.

controsoggètto o **contrassoggètto** s.m. MUS. Nella fuga, motivo secondario intonato dalla stessa voce che ha condotto il motivo principale o soggetto.

controspallièra s.f. ARBOR. Filare di alberi da frutto sostenuti da un'intelaiatura di fili di ferro tesa tra pali (e non appoggiata al muro, come nella *spalliera*).

controspionàggio s.m. [pl. *–gi*] (calco del fr. *contre-espionnage*) Attività per individuare e reprimere l'attività delle spie straniere, dentro e fuori il territorio nazionale. ~ *Il servizio incaricato di quest'attività.*

controstallìa s.f. MAR. (spec. pl.) Tempo in più rispetto a quello contrattuale (*stallia*) impiegato da una nave per le operazioni di carico e scarico. ~ *Somma pagata all'armatore in caso di tale ritardo.*

controstàmpa o **contrastàmpa** s.f. **1.** INCIS. Copia invertita di un'incisione, ottenuta a partire da una copia appena stampata ancora fresca di inchiostro. **2.** STAM. Difetto di stampa dovuto a macchie di inchiostro su fogli stampati (per trasferimento, pressione, ecc.).

controsterzàre v.tr. Sterzare le ruote anteriori di un veicolo verso l'esterno della curva per correggere una sbandata.

controtàglio s.m. [pl. *–gli*] (calco del fr. *contre-taille*) **1.** INCIS. Ogni taglio che interseca i tagli precedenti per accentuare il chiaroscuro. **2.** SPORT. Nella sciabola, corto bordo tagliente della lama dalla parte opposta al filo; nella scherma, colpo dato con tale bordo secondo filo.

controtèmpo s.m. **1.** SPORT. Nel tennis, tiro nell'angolo da cui l'avversario si sta allontanando; nel pugilato, finto attacco per parare il quale l'avversario si scopre; nella scherma, azione tendente ad annullare un'uscita in tempo dell'avversario. ◇ *fig. Prendere in controtempo:* cogliere qlcu. impreparato. **2.** MUS. Metodo ritmico che consiste nell'articolare un suono su un tempo debole e farlo seguire da un silenzio sul tempo forte. SIN.: **contrattempo**.

controtendènza s.f. Tendenza opposta a una prevalente.

controtìpo s.m. FOTO., CINE. Negativo di una pellicola ricavato da un positivo.

controtrànsfert s.m. inv. PSICOAN. Reazione emotiva inconscia provocata nell'analista dal transfert del paziente.

controvallazióne s.f. FORTIF. Linea stabilita dall'assediante per garantirsi da eventuali sortite da parte degli assediati.

controvalóre s.m. Valore commerciale in denaro di una quantità di titoli o di valute.

controvelàccio s.m. [pl. *–ci*] MAR. La più alta e piccola vela quadra dell'albero di maestra.

controventàre o **contraventàre** v.tr. COSTR. Rafforzare per mezzo di controventi.

controvènto avv. In direzione inversa a quella del vento. ◆ s.m. **1.** COSTR. Elemento che aumenta la resistenza di una struttura metallica alle forze orizzontali. **2.** MAR. Cavo di manovra fissa che rinforza gli alberi, il bompresso, ecc. contro la forza del vento o altre sollecitazioni.

controvèrsia s.f. **1.** Divergenza di idee che genera discussioni, contrasti. SIN.: **polemica**. **2.** DIR. Conflitto, lite che costituisce l'oggetto di un'azione giudiziaria. SIN.: **vertenza**. **3.** RET. Esercizio proprio della cultura latina consistente nello svolgere un dibattito fittizio su argomenti giudiziari o etici.

controversìsta s.m. e f. [pl.m. *–sti*] Chi studia, esamina i termini di una disputa, spec. religiosa o giudiziaria.

controvèrso agg. **1.** DIR. Che è oggetto di contenzioso. **2.** Contestabile, interpretabile in varie maniere. SIN.: **dubbio**.

controvertìbile agg. Che può costituire oggetto di controversia, di dibattito. SIN.: **discutibile**.

controviàle s.m. Viale laterale, parallelo a uno principale.

controvòglia avv. Di malavoglia, malvolentieri.

contumàce agg. DIR. Di imputato o di parte in causa che senza motivo non si presenta o non si costituisce in giudizio. ◆ s.m. e f. DIR. Imputato o parte contumace.

contumàcia s.f. [non com. pl. *–cie*] **1.** DIR. Assenza deliberata, o comunque non giustificata, di un imputato in un processo penale o di una delle parti in un processo civile. *Essere condannato in contumacia*. **2.** MED. Quarantena, isolamento per persone, animali o cibi.

contumèlia s.f. Oltraggio verbale, insulto.

contundènte agg. Nel l. giur., atto a produrre contusioni. *Corpo contundente.*

contùndere v.tr. [33] Ferire per contusione, ammaccare. ◆ **contundersi** v.pron. Procurarsi una contusione. *Mi sono contuso cadendo.*

conturbànte agg. Che suscita passioni, emozioni.

contusióne s.f. MED. Lesione traumatica che non presenta tagli della pelle né frattura delle ossa. ~ *estens.* Il segno lasciato da tale trauma. SIN.: **ecchimosi**.

contùso agg. MED. Caratterizzato dalla presenza di una o più contusioni. *Ginocchio contuso.* ◆ s.m. [f. *–sa*] Chi ha una contusione (si distingue da *ferito*).

conurbazióne s.f. URBAN. Fenomeno di espansione urbana con inglobamento nella città dei centri periferici minori.

convalescènte agg. Che sta guarendo da una malattia. ◆ s.m. e f. Nel sign. dell'agg.

convalescènza s.f. **1.** Stato intermedio tra l'uscita dalla fase acuta di una malattia e la completa normalizzazione dell'organismo. ~ Periodo di tempo corrispondente. **2.** DIR. AMM. Acquisizione di validità di un atto originariamente non valido.

convàlida s.f. **1.** Conferma della validità di qlco. ~ DIR. Provvedimento che sana i vizi di un precedente atto invalido. **2.** Riprova, riscontro.

convalidàre v.tr. **1.** Rendere valido qlco. sul piano legale. SIN.: **ratificare**. ◇ *Convalidare un sequestro:* da parte dell'autorità giudiziaria, rendere definitivo il provvedimento di sequestro. **2.** *estens.* Confermare, avvalorare qlco. *Hai convalidato i miei dubbi.*

convégno s.m. Incontro di più persone in un luogo e in un tempo stabiliti.

convenévole s.m. (al pl.) Chiacchiere formali e di cortesia.

conveniènte agg. **1.** Adeguato alle circostanze, opportuno, consigliabile. **2.** Poco costoso, vantaggioso. *Un prezzo conveniente.*

conveniènza s.f. **1.** Rispondenza, adeguatezza a determinate situazioni o condizioni. **2.** Rispondenza alle norme di convivenza civile, di buona educazione. ~ (al pl.) Norme di cortesia da osservare nei rapporti sociali. *Rispettare le convenienze.* **3.** Utile, tornaconto, vantaggio. ◇ *Matrimonio di convenienza:* concluso per ragioni economiche, sociali. **4.** Rispondenza, ordine, equilibrio tra le parti. *La convenienza dei colori.*

convenìre v.intr. [81] **1.** (aus. essere) Di più persone provenienti da direzioni diverse, ritrovarsi in un unico luogo. *Sono convenuti a Parigi i delegati dei paesi europei.* ~ Di corsi d'acqua o strade, convergere in un punto. **2.** (aus. avere) Essere d'accordo con qlcu. su qlco. ~ Di più persone, avere la stessa opinione su una questione di comune interesse. *Tutti i presenti hanno convenuto sulla necessità di rinviare la riunione.* **3.** (aus. essere) Essere utile, vantaggioso, consigliabile. *Il suo arresto è convenuto a molti.* **4.** (aus. essere) Essere adeguato, confacente. *Il suo abito non conviene alla circostanza.* ◆ **addirsi**. ◆ v.tr. **1.** Decidere, stabilire di comune accordo. *Abbiamo convenuto il prezzo senza trat-*

tative. **2.** DIR. Citare, convocare in giudizio. ◆ **convenirsi** v.pron. Essere appropriato, addirsi, confarsi. *Un simile comportamento non si conviene a una persona educata.*

conventìcola s.f. Gruppo di persone che perseguono un fine comune in modo settario. *Conventicola politica.*

convention [/kənˈvɛnʃən/] s.f. inv. (voce ingl., "riunione") Assemblea politica o riunione sindacale.

convènto s.m. (lat. *convèntum* "riunione di confratelli") **1.** Edificio in cui vivono religiosi che hanno preso i voti. SIN.: **monastero**. ◇ *Entrare in convento:* prendere i voti. – *scherz. Quel che passa il convento:* quel che c'è o che la propria posizione economica consente. **2.** *estens.* Comunità di religiosi che abita il convento.

conventuàle agg. Relativo a una comunità religiosa, a un convento. ◇ *Frati minori conventuali:* ramo dei francescani che si costituì in ordine autonomo nel 1517. ◆ s.m. Religioso dell'ordine dei minori conventuali.

convenùto agg. Stabilito da una convenzione, un accordo. *Somma convenuta.* ◇ *Come convenuto:* conformemente a un precedente accordo. ◆ s.m. **1.** (solo sing.) Ciò che è pattuito, su cui c'è un'intesa. **2.** DIR. Colui contro cui è intentata un'azione in giudizio (in oppos. a *querelante*). **3.** [f. *–ta*, spec. pl.] Chi giunge con altri a una riunione. SIN.: **presenti**.

convenzionàle agg. **1.** Derivante da una convenzione. *Segno convenzionale.* SIN.: **prestabilito**. **2.** Conforme alle convenzioni sociali. *Morale convenzionale.* **3.** Mancante di naturalezza o di originalità. *Un elogio convenzionale.* **4.** MIL. Di armamento, classico (non nucleare, biologico o chimico). *Bombardamento convenzionale.*

convenzionalìsmo s.m. **1.** Tendenza al conformismo sociale. **2.** FILOS. Dottrina che considera le teorie scientifiche o filosofiche basate su convenzioni libere, non arbitrarie, stabilite in funzione della loro utilità. (Sostenitore del convenzionalismo fu Henri Poincaré.)

convenzionàre v.tr. Stabilire qlco. mediante una convenzione, un accordo. ◆ **convenzionarsi** v.pron. Stipulare una convenzione con un ente, impegnandosi a fornire certi servizi. *Convenzionarsi con il Servizio Sanitario Nazionale.*

convenzionàto agg. **1.** Determinato, fissato in base a una convenzione. **2.** Vincolato da una convenzione a prestare determinati servizi, spec. medici o assistenziali. *Clinica convenzionata.*

convenzióne s.f. **1.** Accordo originato da comuni intenti. *Convenzione sanitaria, sindacale.* **2.** Intesa a carattere collettivo volta a determinare il valore o il significato di qlco., spec. per utilità pratica. ◇ DIR. *Convenzioni costituzionali:* accordi fra organi costituzionali circa l'esercizio di competenze non interamente regolate da norme scritte. – *Convenzioni sociali:* norme di comportamento, usanze vigenti in una società. ~ Norma che risulta di comune accordo, tacito o esplicito. *La lingua è un sistema di convenzioni.* **3.** Assemblea. ◇ *Convenzione nazionale francese:* assemblea legislativa con funzioni costituzionali che svolse i suoi lavori tra il 1792 e il 1795. – *Convenzione democratica, repubblicana:* negli Stati Uniti, congresso democratico o repubblicano riunito per designare un candidato alla presidenza.

convergènte agg. **1.** Diretto verso lo stesso punto. ◇ OTT. *Lente convergente:* quella che trasforma i raggi paralleli incidenti in raggi convergenti nel fuoco. **2.** *fig.* Che tende allo stesso scopo, allo stesso risultato. *Sforzi, opinioni convergenti.* **3.** MAT. Detto di una funzione o serie, che assume valori prossimi a un numero dato (*limite*).

convergènza s.f. **1.** Caratteristica di due o più linee distinte di incontrarsi in un punto. **2.** *fig.* Azione di tendere verso uno stesso scopo. *Convergenza delle idee, degli sforzi.* ◇ POLIT. *Convergenza programmatica:* accordo su un programma da parte di partiti diversi che conservano la propria fisionomia ideologica. – *Convergenze parallele:* contorta espressione indicante la possibilità di giungere a un risultato politico concordato da parte di partiti ideologicamente diversi. **3.** GEOGR. Afflusso di masse d'aria verso una zona di bassa pressione. ◇ *Zona di convergenza:* quella in cui vengono a contatto correnti marine diverse. **4.** In oculistica, spostamento dello sguardo da un punto a un altro più vicino. **5.** BIOL. Analogia strutturale e organica tra organismi animali e vegetali non affini geneticamente, dovuta ad adattamento a un ambiente simile. **6.** MAT. Proprietà di una successione, di una serie o di altro oggetto matematico, di essere convergente. ◇ *Criteri di convergenza:* quelli che indicano le condizioni necessarie e sufficienti affinché una serie converga; ECON., FIN. insieme di requisiti richiesti dall'accordo di Maastricht per procedere all'unione economica e monetaria tra gli stati membri della comunità europea. **7.** OTT., FIS. Proprietà di un sistema di essere convergente. **8.** AUTOM. Negli autoveicoli, inclinazione verso l'interno delle ruote anteriori per bilanciare la tendenza a divergere durante il moto.

convèrgere v.intr. [21] (aus. *essere*) Arrivare allo stesso punto o allo stesso risultato. *Le strade convergono verso la piazza.*

convèrsa s.f. COSTR. Grondaia di tegole disposta nel punto di giuntura di due pendenze di un tetto, per raccogliere l'acqua di scolo.

conversàre v.intr. (aus. *avere*) Detto di due o più persone, chiacchierare. *I vicini stanno conversando.* ~ Intrattenersi familiarmente con qlcu. *Conversare con gli amici.* SIN.: **discorrere**.

conversazionàle agg. (ingl. *conversational*) **1.** LING. Riferito alla conversazione, come strumento linguistico di comunicazione, e alle sue regole. **2.** INFORM. Interattivo.

conversazióne s.f. **1.** Scambio di opinioni, chiacchierata. **2.** Piccola conferenza tenuta in modo facile, discorsivo. **3.** Esercitazione orale di lingua straniera sotto la guida dell'insegnante. ◇ *Manuale di conversazione:* che contiene le espressioni di una lingua straniera più comunemente usate nella lingua parlata. **4.** (al pl.) Titolo di opere che contengono osservazioni, notazioni su vari argomenti. *Conversazioni letterarie, filosofiche.*

conversióne s.f. **1.** Cambiamento di una cosa in un'altra, mutamento, trasformazione. *Conversione di un liquido in gas.* **2.** Conversione a una nuova credenza, idea, e in partic. a una nuova religione. **3.** Mutamento della direzione di un moto. **4.** FILOS. In logica, scambio del predicato di una proposizione col soggetto e viceversa. **5.** PSICH. Traduzione di un conflitto psichico in sintomi somatici, in partic. nel corso di alcune isterie. **6.** ECON. Cambio di cartamoneta con monete metalliche e viceversa. ◇ *Conversione del debito pubblico:* trasformazione da parte dello Stato delle caratteristiche di un prestito pubblico allo scopo di ridurne l'onere finanziario. – *Tasso di conversione:* cambio di base per determinare l'equivalente in moneta di un paese, di una somma espressa in moneta di un altro. **7.** FIN. Operazione con cui le obbligazioni convertibili sono trasformate in azioni. ◇ *Premio di conversione:* scarto tra la quotazione corrente delle azioni e il prezzo al quale il possessore di un'obbligazione convertibile può esercitare il diritto di conversione. – *Rapporto di conversione:* numero di azioni da attribuire a una o più obbligazioni. **8.** DIR. Cambiamento di un atto o di una procedura in un'altra. *Conversione di un processo civile in processo criminale.* ◇ *Conversione del negozio giuridico:* quella che consente di passare da un negozio nullo a uno valido. – *Legge di conversione:* atto col quale le Camere stabilizzano gli effetti di un decreto legge governativo, altrimenti circoscritti al sessantesimo giorno dalla sua pubblicazione. **9.** ELETTR. Trasformazione di una corrente elettrica in un'altra di caratteristiche diverse. **10.** INFORM. Trasferimento dei dati da un formato o da un sistema numerico a un altro. **11.** CHIM. Rapporto tra la quantità di un reagente trasformato in una reazione chimica e la quantità iniziale. **12.** Nell'antica terminologia astronomica, movimento che un corpo celeste effettua attorno a un centro. **13.** LING. Passaggio di una parola da una categoria grammaticale all'altra, a volte anche per il parallelo effetto di un'ellissi.

convèrso s.m. [f. *conversa*] Fratello laico che vive in un monastero sbrigando vari servizi.

convertìbile agg. Che può essere trasformato per un altro impiego. ◇ FIN. *Moneta convertibile:* che può essere cambiata con oro o con altre monete. – BANC. *Obbligazione convertibile:* che può essere convertita in azioni emesse dall'emittente il prestito, o da altro soggetto, entro un certo termine e secondo un rapporto prestabilito. – *Automobile convertibile:* decappottabile.

convertibilità s.f. inv. Possibilità di essere cambiato in o con qlco. d'altro, caratteristica propria soprattutto delle monete.

convertiplàno s.m. AVIAZ. Apparecchio che combina le caratteristiche dell'aereo e dell'elicottero.

convertìre v.tr. [89] **1.** Cambiare una cosa o una persona in un'altra, operando un cambiamento nella sua natura. *Convertire i rifiuti in energia termica.* **2.** Fare passare qlcu. a una nuova condotta, opinione o ideologia, cambiandolo interiormente. *Convertire i cittadini all'ideologia marxista.* ~ Portare qlcu. alla fede religiosa. *Convertire i pagani al cristianesimo.* ◆ **convertirsi** v.pron. **1.** Aderire a una nuova religione o ideologia. *Mi sono convertito al buddismo.* **2.** Trasformarsi radicalmente e mutare la propria natura in qlco. d'altro. *Il vino si convertì in aceto.*

convertito agg. Che ha cambiato religione, ideologia, opinione. ◆ s.m. [f. *-ta*] Nel sign. dell'agg.

convertitóre s.m. (calco dell'ingl. *converter*) **1.** FIS. Apparecchio, dispositivo in grado di trasformare una forza o un segnale. SIN.: **commutatore**. ◇ *Convertitore analogico-digitale:* quello che in entrata e in uscita da un elaboratore traduce grandezze fisiche continue in grandezze discrete e viceversa. **2.** METALL. Apparecchio utilizzato per la depurazione dei metalli fusi e in partic. per la trasformazione della ghisa d'altoforno in acciaio. **3.** INFORM. Macchina o programma in grado di tradurre dati da un supporto, da un formato o da un codice a un altro.

convessità s.f. inv. **1.** Proprietà di un ente geometrico di essere convesso. **2.** Parte convessa di qlco. SIN.: **sporgenza**.

convèsso agg. **1.** GEOM. Di insieme che contenendo due punti contiene anche il segmento che li unisce. ◇ *Angolo convesso:* quello inferiore a 180 gradi. – *Funzione convessa:* funzione tale che ogni tratto del suo grafico giace al di sotto del segmento che ne unisce gli estremi. **2.** Incurvato e sporgente verso l'esterno. *Specchio convesso.* ◇ *Lente convessa-concava:* lente divergente con una faccia convessa e una concava.

convettivo agg. FIS. Di convezione. *Moto convettivo.*

convettóre s.m. Apparecchio di riscaldamento nel quale l'aria è riscaldata grazie al contatto con superfici metalliche, detto anche *termoconvettore.*

convezióne s.f. **1.** FIS. Trasmissione di calore dovuta al movimento di parti calde di un fluido verso le parti fredde e viceversa. **2.** METEOR. Movimento verticale dell'aria, d'origine spesso termica od orografica.

convincènte agg. Che convince, che ha valore di prova. SIN.: **persuasivo**.

convìncere v.tr. [22] Indurre qlcu. a riconoscere la verità, l'esattezza di un fatto o la sua necessità tramite ragionamento o prove. *Convincere i colleghi della validità di una teoria.* ~ Persuadere qlcu. a fare qlco. *Convinsi Enrico che doveva partire al più presto.* ◆ **convincersi** v.pron. **1.** Divenire razionalmente certo di qlco. *Mi sono convinto del mio errore.* **2.** Persuadersi a fare qlco. *Mi convinsi ad accettare la sua proposta.*

convìnto agg. **1.** Che è persuaso dell'esattezza delle proprie idee. *Pacifista convinto.* **2.** DIR. *Reo convinto:* dimostrato colpevole in modo inconfutabile.

convinzióne s.f. **1.** Certezza acquisita grazie al ragionamento, alla riflessione. **2.** (al pl.) Insieme di principi ai quali si crede fermamente. *Convinzioni politiche, religiose.*

convitàto s.m. [f. *-ta*] Chi prende parte a un banchetto. ◇ *fig. Convitato di pietra:* persona o situazione pericolosa che si tenta di evitare, ma che si ripresenta in continuazione.

convìtto s.m. Istituto in cui vivono e studiano i giovani. SIN.: **collegio**. ~ *estens.* Insieme dei collegiali.

convittóre s.m. [f. *-trice*] → **collegiale**.

convivènte s.m. e f. Chi vive con altre persone, spec. uomo o donna di una coppia non sposata che convive.

convivènza s.f. **1.** Vita in comune. ~ In partic., stato coniugale di fatto. **2.** Insieme dei conviventi. **3.** Coesistenza.

convìvere v.intr. [31] (aus. *avere*) **1.** Abitare nella stessa casa e fare vita comune. **2.** *fig.* Vivere in rapporto con qlco., avere familiarità con qlco. *Convivere con la paura.* **3.** *fig.* Detto di più elementi, essere presenti insieme in qlco. *In quel romanzo convivono più generi.*

conviviàle agg. Di convivio, di banchetto.

convìvio s.m. [pl. *-vi*] Banchetto, convito. ~ *fig.* Riunione di persone.

convocàbile agg. Che può essere convocato.

convocàre v.tr. [4] **1.** Chiamare i membri di un organo collegiale a partecipare a una riunione. *Convocare l'assemblea nazionale.* **2.** *estens.* Chiamare in forma ufficiale qlcu. presso di sé per un incontro o una riunione. *Il direttore lo ha convocato nel suo ufficio.*

convocazióne s.f. Chiamata a una riunione o a un colloquio. *Convocazione di un'assemblea.* ~ La riunione stessa. ~ Lettera, circolare che invita a partecipare a una riunione. *È arrivata la convocazione.* ◇ *Convocazione degli atleti di una squadra nazionale:* invito ufficiale con cui un commissario tecnico chiama gli atleti selezionati a far parte di una rappresentativa nazionale.

convogliàre v.tr. [6] (fr. *convoyer*, lat. *conviàre* "fare la strada con qlcu.") **1.** Dirigere più persone o cose verso un luogo prefissato. *Convogliare le truppe al fronte.* **2.** Detto di corsi d'acqua, trascinare con sé, trasportare qlco. *Le acque dei torrenti convogliano residui di ogni tipo.* **3.** Incanalare, indirizzare qlco. verso un certo luogo. *Convogliare le acque in un bacino.* **4.** *fig.* Concentrare qlco. verso un obiettivo. *Convogliare tutte le energie sull'esame.*

convogliatóre s.m. MANUT., TRASP. Dispositivo di trasporto (a nastro o a rulli) di carichi, materiali, ecc., con percorso continuo e chiuso.

convòglio s.m. [pl. *-gli*] (fr. *convoi*) Seguito di navi, veicoli, persone, ecc. che si dirige verso un luogo stabilito. *Convoglio di soldati.* SIN.: **colonna**. ~ *per anton.* Insieme di vagoni ferroviari rimorchiati da una sola locomotrice (treno merci o passeggeri).

convolàre v.intr. (aus. *avere*) Detto di due o più soggetti, volare assieme verso un luogo. ◇ *scherz. Convolare a nozze:* sposarsi.

convolùto agg. BOT. Di foglia che nel formarsi appare accartocciata su se stessa.

convoluzióne s.f. MAT. Teoria dell'analisi matematica.

Convòlvolo s.m. BOT. Genere di piante erbacee rampicanti, annue o perenni, dotate di fiori a campanula di vario colore e frutto a capsula; tra queste il vilucchio e la bella di giorno. (Famiglia delle Convolvulacee.)

Convolvulàcee s.f. pl. [iniziale minusc. sing. *-a* per l'individuo] BOT. Famiglia di piante dicotiledoni legnose o erbacee, spesso rampicanti, con foglie alterne, fiori solitari o raggruppati in cime, frutto a capsula.

convulsionàrio agg. [pl.m. *-ri*] (fr. *convulsionnaire*) MED. Che è soggetto a convulsioni, che soffre di convulsioni. ◆ s.m. **1.** Nel sign. dell'agg. **2.** ST. Nella Francia del primo Settecento, fanatico giansenista che, in preda a deliri esaltanti, veniva colto da spasmi convulsivi.

convulsióne s.f. **1.** MED. Forte contrazione spasmodica involontaria e istantanea della muscolatura del corpo. ◇ *Convulsioni cloniche:* quelle in cui si alternano contrazioni e rilassamenti. – *Convulsioni toniche:* quelle in cui la contrazione è persistente. **2.** *estens.* Accesso violento e incontrollabile. *Una convulsione di pianto.*

convulsìvo agg. MED. Caratterizzato da convulsione. *Crisi convulsiva.*

convulsivoterapìa s.f. PSICH. Trattamento che utilizza le crisi convulsive indotte, in partic. tramite elettroshock.

convùlso agg. **1.** Caratterizzato da convulsioni nervose involontarie. *Tremito convulso.* ~ estens. Violento e incontrollabile. *Riso convulso.* ◇ *Tosse convulsa:* pertosse. **2.** fig. Affannoso, nervoso, frenetico. *Vita convulsa.* ◆ s.m. fam. Stato di grande agitazione e nervosismo. *Ho il convulso, non riesco a dormire.*

coobbligàto agg. DIR. Obbligato insieme con una o più persone all'adempimento di un debito o di una sanzione. ◆ s.m. [f. –ta] Nel sign. dell'agg.

cooccorrènza s.f. LING. Comparsa, in un enunciato, di un'unità linguistica contemporaneamente a un'altra.

cookie [ˈkʊkɪ] s.m. inv. (voce ingl., propr. "biscottino") INFORM. Piccolo blocco di dati trasmesso da un sito Web all'utente di un sistema informatico che è conservato sulla macchina ed è recuperato dal server al collegamento successivo.

cool [ˈkuːl] agg. inv. (voce ingl. "freddo") **1.** Alla moda, strepitoso. **2.** Di artista o scrittore che non esprime il proprio coinvolgimento emotivo.

coolie [ˈkuːli] s.m. [pl. *coolies*] (voce ingl., indostano *kulī* forse nome di una popolazione indiana) *spreg.* Nei paesi asiatici, chi svolge lavori non qualificati e pesanti.

cool jazz [ˈkuːl ˈdʒæz] loc. sost. m. inv. (loc. ingl., "jazz freddo") Jazz moderno, apparso intorno agli anni 1948-1949, caratterizzato da ritmi meno complessi e da sonorità più morbide e pacate. (Fra i maggiori rappresentanti di *cool jazz*, si può citare Miles Davis.)

cooperànte s.m. e f. Volontario di movimenti e organizzazioni per l'aiuto ai paesi in via di sviluppo.

cooperàre v.intr. (aus. *avere*) **1.** Detto di due o più soggetti, lavorare insieme a una qualche iniziativa. SIN.: **collaborare**. **2.** Collaborare con qlcu. al raggiungimento di un fine. *Cooperare con le autorità alla realizzazione del piano.*

cooperativa s.f. Società costituita non a fini di lucro ma per garantire ai soci una maggiore equità economica rispetto a quella del mercato. ~ Edificio, locale in cui ha sede tale società. ◇ *Cooperativa agricola:* costituita da agricoltori per provvedere in comune al miglioramento tecnologico dell'agricoltura. – *Cooperativa di lavoro:* quella che gestisce un'impresa dividendo gli utili tra i soci lavoratori. – *Cooperativa di consumo:* quella che acquista all'ingrosso le merci vendendole poi ai soci al prezzo di costo.

cooperativismo s.m. Movimento politico-economico favorevole all'istituzione di cooperative. ~ Sistema economico in cui i lavoratori sono proprietari dei mezzi di produzione e gestiscono collettivamente un'impresa.

cooperativo agg. Basato sulla cooperazione. ◇ FIS. *Effetto cooperativo:* quello in base al quale gli elementi di un sistema complesso entrano in relazione con interazioni a lungo raggio, dando luogo a fenomeni di autoorganizzazione o di transizione tra diverse configurazioni.

cooperatóre s.m. [f. –trice nelle accez. 1 e 3] **1.** Chi partecipa ad azioni di aiuto, soccorso, ecc. **2.** Nome dato durante la seconda guerra mondiale dagli angloamericani ai prigionieri di guerra italiani inseriti in unità ausiliarie. **3.** Membro di una società cooperativa. ❑ In funzione di agg., nell'accez. 1 del s.

cooperazióne s.f. **1.** Apporto del proprio lavoro a un'impresa comune. SIN.: **collaborazione**. ◇ *Cooperazione internazionale:* l'aiuto che i paesi più ricchi danno, spesso anche attraverso il volontariato, a quelli più poveri. **2.** ECON. Sistema economico basato sulle cooperative. ~ Insieme di cooperative in un settore economico o di una determinata zona geografica.

cooptàre v.tr. (fr. *coopter*, lat. *cooptāre* "ascrivere un nuovo membro") Chiamare qlcu., per decisione dei membri già in carica, a far parte di un collegio. *Il consiglio di amministrazione ha cooptato tre nuovi rappresentanti degli azionisti.*

cooptazióne s.f. (fr. *cooptation*) Designazione di un nuovo membro per un'assemblea, un collegio, un gruppo, da parte di qlcu. che già vi appartiene.

coordinaménto s.m. Raccordo tra più elementi in vista di un dato scopo. ~ Istituzione, organo che ha il compito di raccordare iniziative diverse, gruppi di lavoro, ecc.

coordinàre v.tr. **1.** Mettere assieme vari elementi in un certo ordine ritenuto il più opportuno al raggiungimento di un fine. SIN.: **organizzare**. **2.** Disporre qlco. in rapporto armonico con altro. *Coordinare gli accessori con l'abbigliamento.* **3.** GRAMM. Collegare con un rapporto di coordinazione due o più frasi o elementi della stessa proposizione. **4.** CHIM. Determinare legami chimici fra gli atomi.

coordinàta s.f. **1.** MAT. Ogni numero che serve a determinare la posizione di un punto su una superficie o nello spazio rispetto a un sistema di riferimento. ◇ BANC. *Coordinate bancarie:* codici che identificano il conto corrente, l'istituto bancario presso il quale lo si è acceso e la nazione di appartenenza dell'istituto. **2.** GEOGR. *Coordinate terrestri:* coppia di numeri che consente di determinare la posizione di un punto sulla superficie terrestre. – *Coordinate geografiche:* latitudine e longitudine. – *Coordinate polari:* quelle che individuano la distanza di un punto fisso (polo) e l'angolo formato dal raggio vettore del punto stesso. – GEOM. *Coordinate cilindriche:* quelle definite dalla distanza di un punto da una superficie e dalle coordinate polari della proiezione del punto sulla superficie stessa. **3.** GRAMM. *Frase coordinata.* **4.** fig. (al pl.) Sistema dentro il quale si inquadra un evento, un fenomeno sociale, un'iniziativa politica, ecc.

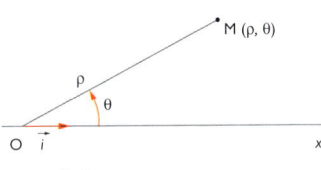

■ **coordinàte** polari.

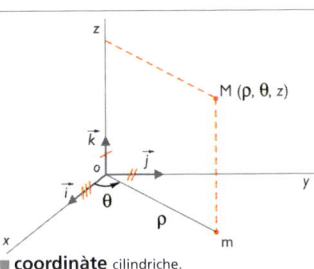

■ **coordinàte** cilindriche.

coordinàto agg. **1.** Organizzato, associato in attesa di ottenere un dato risultato, una certa finalità. **2.** MAT. Riferito a rette e piani che costituiscono un sistema di riferimento. **3.** GRAMM. Di elementi linguistici (parole, sintagmi, frasi) con lo stesso ruolo gerarchico nella struttura sintattica. ◆ s.m. Combinazione di capi di vestiario, di biancheria intima o per la casa, diversi per funzione ma raccordati dal tipo di disegno o dai colori. SIN.: **parure**.

coordinatóre s.m. [f. –trice] Chi coordina, organizza.

coordinazióne s.f. **1.** Rapporto, collegamento tra più elementi finalizzato a un dato scopo e a ciò opportunamente ordinato. SIN.: **organizzazione**. ◇ FISIOL. *Coordinazione (dei movimenti):* funzione del sistema nervoso centrale che, regolando i singoli movimenti elementari, rende possibile un movimento complesso. **2.** GRAMM. Relazione tra elementi linguistici (parole, sintagmi, frasi) che abbiano lo stesso ruolo gerarchico nella struttura sintattica (in oppos. a *subordinazione*). **3.** CHIM. Disposizione di atomi, molecole o ioni intorno a un atomo centrale.

coòrte s.f. (lat. *cohŏrtem* "recinto" poi "reparto militare, schiera") ANT. ROM. Ciascuna delle dieci parti in cui era suddivisa la legione romana, comprendente a sua volta tre manipoli. ◇ *Coorte*

pretoria: nella Roma repubblicana, guardia del corpo del comandante dell'esercito; durante l'impero, guardia del corpo dell'imperatore.

copàive s.f. (spagn. *copaiba* da una voce tupi) Albero resinoso dell'America tropicale. (Genere *Copaìa*; famiglia delle Cesalpiniacee.) ◇ *Balsamo di copaive:* balsamo un tempo usato per la cura delle malattie urinarie. – *Resina di copaive:* usata nell'industria delle vernici e delle lacche.

copàle s.m. o s.f. (spagn. *copal*, azteco *copalli*) **1.** Resina prodotta da diversi alberi tropicali (Conifere o Cesalpiniacee), usata nella fabbricazione di vernici e lacche. **2.** Pelle pregiata per scarpe resa lucida con vernice di copale.

copèco s.m. [pl. –chi] (ted. *Kopeke*, russo *kopejka*) Moneta russa corrispondente alla centesima parte del rublo.

Copèpodi s.m. pl. [iniziale minusc. sing. *-de* per l'individuo] ZOOL. Sottordine di crostacei, marini o d'acqua dolce, liberi (p.e. ciclope) o parassiti, di piccole dimensioni, che rappresentano il 60% del plancton animale.

copèrchio s.m. [pl. –chi] Elemento di varia forma e materiale che serve per coprire e chiudere l'apertura di pentole, recipienti, contenitori.

copernicanismo o **copernicanésimo** s.m. FILOS., ASTR. Indirizzo di pensiero che fa propria la teoria eliocentrica dell'astronomo N. Copernico.

copernicàno agg. Relativo a Copernico e al suo pensiero. ◇ *Sistema copernicano:* che riconosce la centralità del Sole nel sistema solare. – *Rivoluzione copernicana di Kant:* nella storiografia filosofica, quella operata da Kant capovolgendo il tradizionale rapporto soggetto-oggetto, analogamente al capovolgimento operato da Copernico rispetto alla teoria geocentrica.

copèrta s.f. **1.** Tessuto, general. di lana, che si usa per proteggere dal freddo. ◇ *Stare, ficcarsi sotto le coperte:* a letto. **2.** Copertura, fodera. *Coperta del sofà.* **3.** Panno che si mette sulla groppa degli animali prima della sella o della soma. **4.** MAR. Ponte principale, scoperto, della nave, che va da prua a poppa. **5.** Rivestimento per oggetti di ceramica vetroso, trasparente, colorato con ossidi metallici. (La decorazione può essere effettuata *sopra* o *sotto coperta*.)

copertina s.f. **1.** Nel sign. del dim. di *coperta*; in partic., coperta leggera. **2.** Parte esterna di un libro o di una rivista, formata dai due piani e dal dorso con impresso il nome dell'autore, dell'editore, il titolo e un'eventuale decorazione. ~ Rivestimento, in cartoncino, tela, pelle, con cui si copre un libro o un quaderno per proteggerlo. **3.** COSTR. Copertura di una parete, a una o due pendenze, con pietre, tegole o materiale impermeabilizzante, per facilitare lo smaltimento delle acque pluviali. **4.** Taglio di carne bovina nella zona dorsale, vicino alla coppa; detto anche *polpa di spalla.* ❑ In funzione di agg. inv., solo nella loc. *ragazza copertina*, modella che compare sulla copertina di riviste.

1. copèrto agg. **1.** Che ha sopra o intorno qlco., così da risultare parzialmente o totalmente chiuso e protetto. SIN.: **riparato**. **2.** Di persona protetta da un abito, da un cappello, ecc. *Questo bambino è troppo coperto.* **3.** Cosparso fittamente di qlco., spec. se formante uno strato. ◇ *Cielo coperto:* nuvoloso. **4.** fig. Poco evidente, dissimulato, mascherato. *Minacce coperte.* **5.** fig. Protetto, difeso, sicuro, garantito. ◇ *Assegno coperto:* emesso su un conto corrente su cui sono depositati fondi sufficienti al pagamento della somma indicata. ◆ s.m. (solo sing.) Spazio coperto, riparato. *Dormire al coperto.* ◇ fig. *Essere al coperto:* essere al sicuro da maldicenze, accuse.

2. copèrto s.m. Insieme degli utensili da tavola per una persona. *Aggiungere un coperto.* ~ Prezzo che il ristorante fa pagare per esso. *Il coperto costa € 1.50.*

copertóne s.m. **1.** Telone impermeabile usato per coprire. **2.** Nei pneumatici, parte di gomma spessa che contiene la camera d'aria o l'aria che li mantengono gonfi.

copertùra s.f. **1.** Ciò che copre, garantisce, protegge. ~ COSTR. Parte che copre un edificio, un tetto. *Copertura d'ardesia.* **2.** Strato di rivestimento. *Copertura di un dolce con cioccolato.* ◇ *Manto di copertura:* strato del tetto che impe-

271

disce le infiltrazioni d'acqua. **3.** *estens.* Ciò che copre, chiude, riveste. *Una copertura di lamiera.* **4.** BOT. Superficie coperta da un dato genere di vegetazione. **5.** *fig.* Protezione, difesa contro offese e rischi, garanzia contro gli imprevisti, i pericoli. **6.** MIL. Dispositivo di protezione di una zona o di un'operazione. *Copertura aerea.* ◇ *Fuoco di copertura:* quello con cui si difendono dall'attacco del nemico uomini, reparti che avanzano. **7.** ECON. Insieme dei valori che fanno da garanzia a un'operazione finanziaria o commerciale. ◇ *Copertura bancaria:* somma depositata in banca a garanzia di un assegno. – *Copertura di un assegno:* disponibilità sul conto del traente della somma riportata sull'assegno. **8.** FIN. Operazione di acquisto o vendita, a termine, con cui un venditore, o un acquirente, a pronti, cerca di ridurre il rischio di future variazioni di prezzo del bene oggetto della transazione a pronti. **9.** SPORT. Difesa, tattica prudente. **10.** *fig.* Apparenza che nasconde, che maschera la realtà. ~ Attività che maschera operazioni clandestine. *Un locale che serve da copertura a traffici illeciti.* ~ Nello spionaggio, insieme delle misure che permettono di agire in incognito, senza essere scoperti. *Ha una copertura fornitagli dai servizi segreti.*

còpia s.f. (lat. *cōpiam* "abbondanza") **1.** Trascrizione puntuale di uno scritto. ◇ *Copia autenticata:* legittimata dalla sottoscrizione di un pubblico ufficiale. **2.** Riproduzione esatta di uno scritto, del contenuto di un testo, di una banda magnetica. *Copia di un atto.* ~ Riproduzione di un oggetto o di un'opera d'arte, usando le stesse tecniche dell'originale. *Copia di un mobile antico.* **3.** FOTO. Riproduzione, duplicazione di un originale mediante procedimenti meccanici. ◇ *Copia conforme:* nel l. bur., di documento riprodotto in modo identico all'originale. – INFORM. *Copia di sicurezza:* riproduzione di un file o di un programma che si fa su un dischetto per evitare che un guasto dell'unità centrale causi la loro perdita. SIN.: **backup. 4.** *estens.* Persona molto somigliante a un'altra. *Il ragazzo è la copia di suo padre.* **5.** Ogni esemplare di libro, giornale, ecc. *Romanzo stampato in 10.000 copie.*

copiàre v.tr. [6] **1.** Riprodurre una o molte copie di un originale. ◇ *Copiare qlco. in bella (copia):* fare la stesura definitiva di qlco. – ART. *Copiare dal vero:* riprodurre una figura, un oggetto, un paesaggio reali. **2.** *estens.* Cercare di imitare qlcu. o qlco. *I giovani copiano i loro cantanti preferiti.* **3.** Servirsi in modo fraudolento degli appunti o del lavoro di altri, durante un esame o un compito in classe. *Copiare la soluzione dal vicino di banco.*

copiativo agg. Che serve per fare delle copie. *Inchiostro copiativo.* ◇ *Carta copiativa:* cartacarbone. – *Matita copiativa:* che produce un segno che non si può cancellare.

copiatùra s.f. **1.** Trascrizione di uno scritto, riproduzione di un'opera grafica, figurativa. **2.** *estens.* Ripresa letterale o imitazione pedissequa di un testo. SIN.: **plagio.**

copiglia o **coppiglia** s.f. [pl. *–glie*] (fr. *goupille,* lat. *vulpicula* deriv. di *vŭlpes* "volpe" che talora ricorre nelle denominazioni di ambito tecnico) MECC. Elemento di fissaggio costituito da una doppia asticciola di metallo che, infilata in un apposito foro della vite o del perno e poi divaricata, ne impedisce lo svitamento o lo sfilamento.

copilòta s.m. e f. [pl.m. *–ti*] Pilota ausiliario.

1. copióne s.m. TEAT., CINE. Testo scritto nella forma consona a una rappresentazione teatrale o a un film. SIN.: **sceneggiatura.** ◇ *fig. Secondo copione,* come da copione: come previsto.

2. copióne s.m. [f. *–na*] *fam.* Chi imita gli atteggiamenti degli altri. ~ Chi copia abitualmente i compiti scolastici.

copiosità s.f. inv. Grande quantità. SIN.: **abbondanza.**

copióso agg. **1.** Che è in grande quantità, abbondante. *Un pasto copioso.* **2.** Che ha qlco. in abbondanza, che è ricco di qlco. *Erario copioso.* **3.** Che ha abbondanza di parole. SIN.: **eloquente.**

copista s.m. e f. [pl.m. *–sti*] **1.** Chi copiava, in partic. manoscritti e musica, prima dell'inven-

in zinco

in ardesia

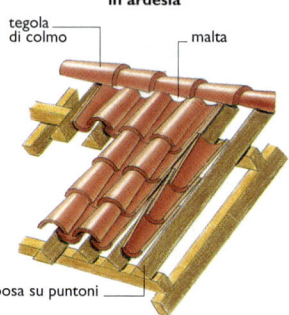

posa su puntoni

in tegole curve

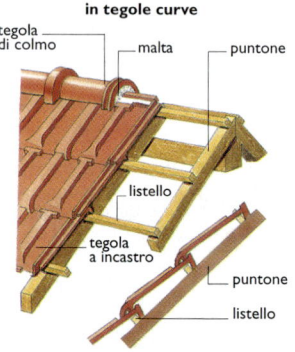

in tegole marsigliesi

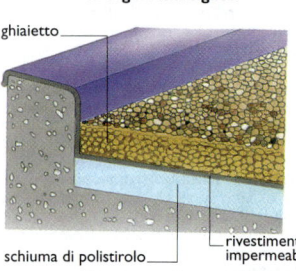

in terrazzo inaccessibile

■ **copertùra** di edifici.

zione della stampa. SIN.: **amanuense. 2.** Addetto alla copiatura di documenti. **3.** Chi fa copie di opere d'arte.

copisterìa s.f. Piccola azienda che svolge il lavoro di copiatura per conto terzi. ~ La sua sede.

còpla s.f. inv. (voce spagn.) Nella musica flamenca, breve strofa cantata, trasmessa dalla tradizione orale ma che lascia posto all'improvvisazione.

copolimerizzazióne s.f. CHIM. Polimerizzazione di due differenti monomeri che conduce a un polimero che li contiene entrambi.

copolìmero s.m. CHIM. ORG. Polimero costituito da due o più monomeri diversi.

1. còppa s.f. **1.** Tipo di bicchiere emisferico con gambo a stelo e piede circolare. *Coppa di cristallo.* ~ Suppellettile da tavola di forma emisferica in cui si servono frutta, creme, ecc. *Una coppa da macedonia.* **2.** Qualunque oggetto di forma emisferica o pressappoco tale. *Le coppe del reggiseno.* ◇ *Coppa dell'olio:* nei motori a scoppio, vaschetta in cui si raccoglie l'olio lubrificante. **3.** Vaso a coppa o a calice che costituisce il trofeo in gare sportive. ~ La gara stessa. **4.** (al pl.) Uno dei quattro semi delle carte da gioco napoletane.

2. còppa s.f. **1.** Nel meridione, parte posteriore del capo. **2.** Nell'Italia settentrionale, insaccato salato e stagionato fatto con lombo di maiale. ~ Nell'Italia centrale, insaccato di carne e cotica della testa del maiale, cotte e tritate. SIN.: **soppressata.**

3. còppa s.f. inv. Nome di una lettera dell'antico alfabeto greco, non conservata in quello classico, corrispondente al latino Q.

1. coppàia s.f. Cantina o locale dove si custodiscono gli orci dell'olio.

2. coppàia s.f. Pezzo del tornio che sostiene l'oggetto da tornire.

coppèlla s.f. **1.** Piccolo crogiolo utilizzato in metallurgia e nell'industria chimica. **2.** Forno per coppellazione. **3.** Rivestimento di agglomerato di sughero con cui si fasciano le tubature dell'acqua fredda per evitare il trasudo. **4.** Incavo.

coppellazióne s.f. METALL. Operazione che permette la separazione di due o più metalli allo stato liquido, basandosi sulla diversa affinità rispetto all'ossigeno, che trasforma i più reattivi in ossidi.

copperale s.m. BOT. Copra.

coppétta s.f. **1.** Nel sign. del dim. di 1. *coppa;* in partic., piccolo recipiente di forma emisferica. **2.** MED. Ventosa.

còppia s.f. (lat. *cōpulam* "unione, legame") **1.** Due unità considerate come un ente unico. *Coppia di ballerini.* ~ Due persone unite dal matrimonio o da legami affettivi. *Formano una bella coppia.* ◇ *Far coppia fissa:* detto di due persone che si fanno vedere sempre assieme. ~ ZOOL. Maschio e femmina in una data razza animale. *Coppia di buoi.* **2.** Nei giochi di carte, due carte uguali che abbinate hanno un dato valore o una certa funzione. ~ Due compagni che giocano insieme contro due avversari. **3.** SPORT. Equipaggio costituito da due atleti. ◇ *Gara a coppie:* nel ciclismo, tipo di gara su pista in cui due ciclisti corrono alternativamente o contemporaneamente (nel tandem) contro altre formazioni di due corridori. – *Due, quattro di coppia:* nel canottaggio, l'imbarcazione munita di un armamento di due remi per ciascuno dei vogatori. **4.** FIS. Sistema di due vettori uguali, paralleli e di versi opposti. **5.** LING. *Coppia minima:* due parole che differiscono per un solo fonema (p.e. *carta* e *sarta*). **6.** MECC. Due parti meccaniche collegate in modo da disporre di una sola reciproca libertà di movimento. ◇ *Coppia motrice:* valore istantaneo del momento della coppia prodotta da un motore. **7.** ELETTR. *Coppia termoelettrica:* termocoppia. **8.** MAT. Insieme di due elementi.

còppo s.m. **1.** Grande recipiente in terracotta per conservare l'olio. **2.** Antica misura di capacità per aridi. **3.** Tegola curva per tetti.

còpra s.f. (port. *copra,* di orig. indostana) BOT. Polpa della noce di cocco essiccata, da cui si estrae l'olio.

coprènte agg. Di sostanza che copre grazie alla sua maggiore opacità. *Un fondotinta coprente.*

copresidènte s.m. e f. Persona che condivide la presidenza con altri.

copricalorifero s.m. Rivestimento di vari materiali usato per nascondere il radiatore.

copricànna s.m. inv. Elemento in legno che copre parzialmente la canna del fucile per proteggerla dagli urti ed evitare che la persona si bruci con il calore da surriscaldamento.

copricàpo s.m. (calco del fr. *couvre-chef*) Qualunque berretto, cappello, tessuto utilizzato per coprire la testa.

copricaténa s.m. inv. Elemento metallico che copre la catena di trasmissione in biciclette e motociclette. SIN.: **carter**.

copricostùme s.m. inv. ABBIGL. Indumento femminile che si indossa sopra il costume da bagno.

coprifàsce s.m. inv. Camiciola che si metteva ai neonati per coprire le fasce.

coprifiàmma s.m. inv. Elemento d'acciaio che si applica alle armi da fuoco come protezione dalla fiammata dello sparo.

coprifuòco s.m. [non com. pl. –*chi*] (calco del fr. *couvre-feu*) **1.** Divieto di uscire di casa in determinate ore, general. notturne, imposto alla popolazione per motivi di ordine pubblico. **2.** Ant., usanza di spegnere alla sera i fuochi di casa per evitare incendi notturni e segnale dato in tal senso ai cittadini.

coprigiùnto s.m. inv. MECC. Elemento di copertura del punto di giunzione di due pezzi.

coprilètto s.m. inv. Coperta ornamentale usata per ricoprire il letto.

coprimòzzo s.m. inv. Parte metallica, general. circolare, che copre i mozzi delle ruote.

Coprìno s.m. BOT. Genere di funghi bianchi con cappella ripiegata verso il gambo, di cui alcune specie sono commestibili da giovani. (Classe dei Basidiomiceti.)

■ **Coprìno.** Coprino chiomato (commestibile).

copripiàtti s.m. inv. Coperchio traforato per impedire alle mosche di posarsi sulle vivande.

copripièdi s.m. inv. Cuscino, striscia imbottita, piccola coperta posata lungo il fondo del letto per riscaldare i piedi.

copripiumóne s.m. inv. Larga federa che riveste i piumoni del letto.

coprire v.tr. [77] (aus.) **1.** Essere disteso sopra qlco. occupandone tutta la superficie. *La neve copre i campi.* **2.** Riferito a soggetto umano, mettere una cosa sopra un'altra per chiuderla, nasconderla, ripararla dal contatto con l'esterno. *Coprire la tavola con la tovaglia.* SIN.: **rivestire. 3.** *fig.* Colmare, riempire, bersagliare qlcu. di qlco. *Coprire qualcuno di baci, di insulti.* **4.** *fig.* Occupare un posto come titolare. **5.** *fig.* Proteggere qlcu. o qlco. *Coprire la ritirata delle truppe.* **6.** *fig.* Nascondere qlco. facendo in modo che gli altri non lo scoprano. ~ Nascondere o minimizzare le colpe o le responsabilità di qlcu. *Coprire il collega assenteista.* **7.** Garantire, assicurare qlco. *L'assicurazione copre l'incendio e il furto.* ⋄ *Coprire le spese:* pareggiare i conti, rientrare in possesso di quanto si è speso. **8.** Detto di animali, montare la femmina. **9.** *fig.* Percorrere un certo spazio. *Coprire la distanza tra Bologna e Firenze in un'ora.* ◆ **coprirsi** v.pron. **1.** Mettersi addosso indumenti, proteggersi contro il freddo. ~ Nascondersi o ripararsi una parte del corpo con qlco. ⋄ *fig. Coprirsi le spalle:* agire in modo da non avere sorprese spiacevoli e inaspettate. **2.** Difendersi; in partic. nel pugilato, ripararsi dai colpi. **3.** Garantirsi da un rischio, nel l. bancario e assicurativo. **4.** Essere

pieno, disseminato di qlco. *Gli alberi si sono coperti di foglie.* SIN.: **riempirsi**.

copririsvólto s.m. inv. Applicazione di stoffa lungo l'abbottonatura di giacche, di abiti, dalla parte interna.

coprocessóre s.m. INFORM. Processore supplementare di supporto al processore principale a cui aggiunge funzioni specializzate o potenza di calcolo. – *Coprocessore numerico o matematico:* che processa numeri a virgola mobile, non solo interi. – *Coprocessore grafico:* specializzato nel velocizzare operazioni grafiche.

coprocoltùra o **coprocultùra** s.f. MED. Coltura a scopo diagnostico dei batteri fecali.

coproduttóre agg. [f. –*trice*] Che riguarda una coproduzione o che vi partecipa. ◆ s.m. (anche f.) Chi partecipa a una coproduzione.

coproduzióne s.f. Produzione di un'opera cinematografica, televisiva, teatrale condotta da più produttori. ~ Opera prodotta.

coprofagìa s.f. PSICH. Ingestione di escrementi, sintomo di gravi malattie mentali.

copròfago agg. [pl.m. –*gi*, f. –*ghe*] PSICH. Che soffre di coprofagia. ◆ s.m. [f. –*ga*] PSICH. Chi è affetto da coprofagia.

coprofilìa s.f. PSICH. Interesse libidico per gli escrementi.

copròfilo agg. **1.** ZOOL. Riferito ad animale che vive negli escrementi. **2.** PSICH. Che è affetto da coprofilia. ◆ s.m. Nei sign. dell'agg.

coprolalìa s.f. PSICH. Tendenza patologica a usare interiezioni oscene.

coprolàlico agg. [pl.m. –*ci*, f. –*che*] PSICH. Relativo alla coprolalia. ~ Che soffre di coprolalia. ◆ s.m. [f. –*ca*] PSICH. Chi è affetto da coprolalia.

copròlito s.m. **1.** PALEONT. Escremento fossile. **2.** MED. Materiale fecale indurito presente negli escrementi.

coprologìa s.f. MED. Esame delle feci effettuato a scopo diagnostico.

còpto agg. Relativo al cristianesimo monofisita dell'Egitto e dell'Etiopia. ◆ s.m. **1.** [f. –*ta*] Cristiano monofisita dell'Egitto e dell'Etiopia. **2.** (solo sing.) Lingua parlata in epoca tardo-antica in Egitto, ricca di elementi greci, documentata in testi cristiani dei secc. II-VII e poi rimasta solo nell'uso liturgico.

còpula s.f. (lat. *cōpulam* "vincolo, legame") GRAMM. Il verbo nel predicato nominale. (Le forme del verbo *essere* rappresentano la copula più frequente.)

copulàre v.tr. CHIM. Unire due o più elementi mediante copulazione. ◆ v.intr. (aus. *avere*) Fare l'amore, accoppiarsi.

copulatìvo agg. GRAMM. Che ha la funzione di coordinare.

copulatóre agg. [f. –*trice*] ZOOL. Nelle femmine degli animali vivipari a fecondazione interna, detto dell'apparato e degli organi preposti all'inseminazione.

copulazióne s.f. **1.** Amplesso, coito. **2.** CHIM. Reazione tra un sale di azonio e un fenolo o un'ammina aromatica, per dare un azocomposto.

copy /'kɔpi/ s.m. inv. (voce ingl.) **1.** (anche f.) Copywriter. **2.** Testo di un messaggio pubblicitario.

copyright /'kɔpi,rait/ s.m. inv. (voce ingl., propr. "diritto di riproduzione") Diritto d'*autore. ~ Marchio (*copy*) posto sull'opera con l'indicazione del titolare del diritto e dell'anno in cui esso è stato stabilito.

copywriter /'kɔpi,raitə/ s.m. e f. inv. (voce ingl., comp. di *copy* "copia" e *writer* "scrittore") Ideatore e redattore di messaggi pubblicitari.

coque /'kɔk/ s.f. inv. (voce fr. "guscio") Nella loc. *uovo alla coque*, cucinato nell'acqua bollente in modo che l'albume si solidifichi ma il tuorlo resti fluido.

Coracifórmi s.m. pl. [iniziale minusc. sing. –*me* per l'individuo] ZOOL. Ordine di uccelli arboricoli provvisti di becco lungo e grosso, zampe corte, livrea molto colorata, come l'upupa e il martin pescatore.

coràggio s.m. [non com. pl. –*gi*] (provenz. *coratge*, deriv. di lat. *cŏr* "cuore") **1.** Forza di carattere, fermezza davanti a pericoli, sofferenze, situazioni difficili. SIN.: **audacia.** ⋄ *Avere il coraggio*

delle proprie opinioni: difenderle apertamente, assumendosene la responsabilità. – *fig. Prendere il coraggio a due mani:* decidersi ad affrontare di petto una situazione. **2.** Sfrontatezza, impudenza, sfacciataggine. ❑ In funzione di agg., coraggioso. *Madre coraggio.*

coraggióso agg. Dotato di coraggio. ◆ s.m. [f. –*sa*] Persona coraggiosa.

coràle agg. **1.** Di coro. ~ Costituito da un coro, composto per un coro. *Canto corale.* **2.** *fig.* Di film, romanzo, ecc. in cui protagonista è una collettività, non un singolo personaggio. *Il carattere corale dei "Malavoglia".* **3.** *fig.* Collettivo, unanime. *Protesta corale.* ◆ s.m. **1.** MUS. Canto liturgico per coro proprio della Chiesa protestante. ~ Composizione per organo a esso ispirata. *I corali di Bach.* **2.** Codice liturgico di grandi dimensioni, spesso provvisto di disegni e miniature, destinato ai canti del coro. ◆ s.f. Associazione, gruppo di persone che interpretano canti scritti per un coro. ~ Coro.

corallìfero agg. Costituito da coralli, ricco di coralli. *Atolli coralliferi.*

corallìna s.f. **1.** Alga marina bianca o rossa che, per il suo aspetto ramificato e per la sua rigidità, evoca il corallo. (Divisione delle Rodoficee.) **2.** MIN. Roccia calcarea ricca di madrepore e coralli fossili.

Corallinàcee s.f. pl. [iniziale minusc. sing. –*a* per l'individuo] BOT. Famiglia di alghe rosse marine che presenta talli incrostato di calcare.

corallìno agg. Formato da coralli. SIN.: **corallìfero.**

coràllo s.m. **1.** Denominazione comune di animali dotati di sei o otto tentacoli intorno alla bocca e scheletro di carbonato di calcio; vivono solitari o in colonie di forme e colori diversi. (Sottotipo dei Cnidari; classe degli Antozoi.) ◇ *Corallo nero:* celenterato cosiddetto per il colore del suo scheletro. (Genere *Antipate.*) **2.** Scheletro calcareo di tale animale, utilizzato in gioielleria. *Una spilla di corallo.* **3.** Colore rosso chiaro e vivo. ❑ In funzione di agg. inv., nell'accez. 3 del s. *Rosso corallo.*

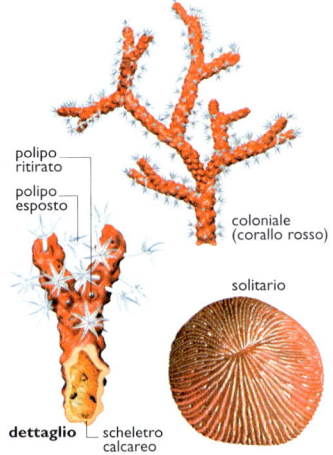

polipo ritirato
polipo esposto
coloniale (corallo rosso)
solitario
dettaglio — scheletro calcareo

■ **coràllo**

coramìna s.f. FARM. Denominazione commerciale, che costituisce marchio registrato, della dietilammide nicotinica, sostanza farmacologica che stimola l'attività cardiaca e respiratoria.

corànico agg. [pl.m. –*ci*, f. –*che*] (deriv. di ar. *qur'ān* propr. "recitazione") Del Corano.

coràta s.f. MACELL. Cuore, polmoni, fegato e milza di animali macellati.

coràzza s.f. (lat. *coriàcea*, deriv. di *coriàceus* "di cuoio") **1.** Armatura che protegge la schiena e il petto. **2.** Riparo in cuoio per il busto in uso in alcuni sport, p.e. il rugby. **3.** ZOOL. Copertura ossea, cornea, calcarea propria del corpo di alcuni animali. SIN.: **guscio. 4.** Rivestimento protettivo per mezzi da combattimento. SIN.: **blinda.**

5. Rivestimento con mattonelle di cemento delle sponde di un corso d'acqua. **6.** *fig.* Difesa psicologica, protezione, riparo. *L'aggressività spesso è solo una corazza.*

corazzàre v.tr. **1.** Fornire, rivestire qlco. di un'armatura, di un rivestimento di rinforzo. **2.** *fig.* Difendere, proteggere qlcu. o qlco. ◆ **corazzarsi** v.pron. Munirsi di corazza. ~ *fig.* Costruirsi delle difese interiori. *Ha imparato a corazzarsi contro le maldicenze.*

corazzàta s.f. (calco del fr. *cuirassé*) Nave da guerra di grande dimensione, munita di corazza, cannoni di grosso calibro e artiglierie contraeree.

corazzàto agg. **1.** Dotato, munito di corazza. **2.** *estens.* Rinforzato, blindato. **3.** *fig.* Protetto come da un'armatura. *Animo corazzato contro le sventure.*

corazzatùra s.f. **1.** Applicazione di corazze per munire o armare. **2.** Sistema di corazze di protezione che vengono applicate ai mezzi bellici.

corazzière s.m. (calco del fr. *cuirassier*) **1.** Soldato di cavalleria pesante munito di corazza. ~ Carabiniere della guardia d'onore del Presidente della Repubblica. **2.** *fig.* Uomo alto e robusto.

corbeille [/kɔr'bɛj/] s.f. inv. (voce fr., lat. *corbĭculam* deriv. di *cŏrbis* "cesta") **1.** Cestino di fiori. **2.** BORS. Spazio vuoto, di forma circolare od ovale, dove gli agenti di cambio fanno verbalmente le loro negoziazioni.

corbellerìa s.f. Opinione insensata, stupidaggine. *Dire delle corbellerie.*

corbézzola s.f. Bacca commestibile del corbezzolo.

corbézzolo s.m. Arbusto tipico del bacino mediterraneo, con foglie seghettate, fiori biancorosati a grappoli, frutto commestibile. (Altezza fino a 5 m; genere *Arbutus*, famiglia delle Ericacee.)

còrda s.f. **1.** Fascio di fili ritorti per legare, trainare, appendere. ◇ *Salto della corda:* gioco infantile, usato anche come esercizio atletico, consistente nel saltare una corda che viene fatta girare sotto i piedi e sopra la testa. – *figg. Tagliare la corda:* scappare. – *Tirare la corda:* esasperare una situazione fino al punto di rottura. – *Dare corda a qlcu.:* prestargli attenzione, incoraggiarlo. **2.** ALP. Fune in fibra sintetica usata per assicurarsi alla parete durante le ascensioni. ~ Limite interno di un tracciato di corsa (negli ippodromi è rappresentato da uno steccato). ~ BOXE Ciascuna delle funi che delimitano il quadrato o ring. ◇ *Mettere, stringere alle corde:* spingere l'avversario verso il limite del quadrato, facendogli mancare lo spazio per agire; *fig.* in una discussione, far sì che l'interlocutore non sappia più come controbattere. **3.** Filo di budello, di nylon o di metallo, teso sopra la cassa armonica di uno strumento musicale. [Si distinguono gli strumenti a corde pizzicate (*chitarra*), percosse (*piano*), sfregate (*violino*).] ◇ *fig. Saper toccare la corda giusta:* agire su quel particolare lato del carattere di una persona che la renderà più disponibile. **4.** Catena che sostiene i pesi in alcuni orologi a muro. ◇ *fig. Essere giù di corda:* privi di vivacità. **5.** Tortura che si infliggeva agli inquisiti o ai colpevoli di certi reati e che consisteva nel legare loro i polsi dietro la schiena e con la stessa corda sospenderli fino al soffitto per poi farli ricadere a terra e nuovamente risollevarli. ◇ *fig. Tenere sulla corda:* tenere nel dubbio, nell'incertezza. **6.** Trama di un tessuto. **7.** ANAT. *Corda vocale:* ciascuna delle quattro formazioni membranose della laringe che vibrando producono la modulazione della voce. – ZOOL. *Corda dorsale:* prima forma embrionale della colonna vertebrale, detta propriamente *notocorda.* **8.** Elemento che viene teso per incurvare l'arco e rilasciato per scoccare la freccia. **9.** GEOM. Segmento che unisce due punti di una curva. **10.** ARCH. *Corda di un arco:* distanza tra i due piedritti.

cordàio s.m. [f. *-daia*, pl.m. *-dai*] Chi fabbrica o vende corde e spaghi.

cordàme s.m. **1.** Assortimento di corde. **2.** MAR. Complesso dei cavi con cui si manovrano le vele.

cordàta s.f. (calco del fr. *cordée*) **1.** Gruppo di alpinisti legati alla stessa corda durante un'ascensione. **2.** ECON. *fig.* Gruppo di persone unite nell'intento di acquisire un importante complesso industriale. *Una cordata di imprenditori.*

Cordàti s.m. pl. ZOOL. Tipo di animali che presentano, almeno nelle prime fasi del loro sviluppo, la corda dorsale. (Comprende i Vertebrati, i Cefalocordati e i Tunicati.)

1. cordàto agg. **1.** Provvisto di corde. **2.** A forma di corda. **3.** Che appartiene al tipo dei Cordati. ◆ s.m. Nell'accez. 3 dell'agg.

2. cordàto agg. BOT. Di organo vegetale, in partic. foglia, a forma di cuore.

cordatrìce s.f. Macchina per la fabbricazione di corde e cavi.

cordería s.f. Fabbrica di cordami.

cordiàle agg. **1.** Amichevole, caloroso. *Un saluto cordiale.* **2.** Che viene dall'animo. SIN.: **intenso**. ◆ s.m. Bevanda corroborante, spec. alcolica.

cordialità s.f. inv. Gentilezza dettata dalla simpatia, da un sentimento amichevole.

cordièra s.f. MUS. Negli strumenti a corda, elemento forato montato sotto il ponticello, su cui vengono fissate le estremità inferiori delle corde. *Un violino con la cordiera in legno.*

cordierìte s.f. MIN. Silicato di alluminio, magnesio e ferro. (Minerale caratteristico delle rocce metamorfiche.)

cordiglièra s.f. (spagn. *cordillera*, deriv. di *cuerda* "corda") Denominazione di catene montuose dell'America centro-meridionale. *La cordigliera delle Ande.*

cordiglio s.m. [pl. *-gli*] **1.** Cintura a tre nodi portata dai frati francescani. **2.** Cintura costituita da una sottile corda con cui il sacerdote cinge il camice prima di indossare i paramenti.

1. cordite s.f. Esplosivo a base di nitrocellulosa e nitroglicerina.

2. cordite s.f. MED. Infiammazione delle corde vocali.

cordless [/'kɔ:dlɪs/] s.m. inv. (voce ingl., comp. di *cord* "cavo" e *-less* "senza") Telefono mobile senza fili.

cordoba [/'kordoʙa/] s.m. [pl. *cordobas*] (voce spagn., dal nome dell'esploratore spagnolo F. Francisco de *Cordoba*) Unità monetaria del Nicaragua.

cordòfono s.m. MUS. Qualsiasi strumento che risuoni per vibrazione di corde tese. *Strumento cordofono.*

cordòglio s.m. [pl. *-gli*] Dolore, afflizione profondi per un lutto.

còrdolo s.m. **1.** Ciascuno degli strati in terra battuta che formano un argine. **2.** COSTR. Trave in calcestruzzo che poggia sui muri perimetrali di un edificio. **3.** Bordo in cemento che delimita la corsia riservata ai mezzi pubblici.

cordonàta s.f. **1.** Strada a decisa pendenza trasformata in scalinata mediante l'inserzione di cordoni trasversali di pietre arrotondate o di mattoni. **2.** Bordo in pietra di forma arrotondata che delimita le aiuole.

cordon-bleu [/kɔrˌdɔ̃'blø/] s.m. inv. (loc. fr., "cordone azzurro" orig. insegna dei membri dell'ordine di Santo Spirito, quindi segno di merito) **1.** Titolo di merito per designare cuochi molto abili. **2.** Denominazione di alcune qualità pregiate di champagne.

cordoncìno s.m. Nel sign. del dim. di *cordone*; in partic., cordone elettrico sottile.

cordóne s.m. **1.** Nel sign. dell'accr. di *corda*; in partic., corda di medio spessore in cotone o seta, usata per rifiniture o guarnizioni. ~ Cavetto di uso tecnico. ◇ *Cordone elettrico:* insieme di due o più conduttori isolati coperti da una guaina isolante. **2.** Seguito di elementi moderatamente rilevati che delimita qlco. *Cordone del marciapiede.* **3.** ARCH. Modanatura a sezione circolare. **4.** *fig.* Barriera difensiva su un confine. ~ Fila di persone allineate l'una accanto all'altra. *Cordone di poliziotti.* ◇ *Cordone sanitario:* insieme di provvedimenti volti a circoscrivere un'epidemia; *fig.* provvedimenti presi nei confronti di idee ritenute pericolose. **5.** ANAT. Qualsiasi parte anatomica che assomigli a un cordone. *Cordone spermatico.* ◇ *Cordone ombelicale:* cordone che collega il feto alla placenta; *fig.* stretto legame, dipendenza. **6.** GEOGR. *Cordone litoraneo:* argine formato da detriti alluvionali accumulatisi parallelamente alla costa. (Può essere attaccato alla costa o libero.) – *Cordone morenico:* rilievo formato dai detriti accumulati di un ghiacciaio.

cordonétto s.m. Nel sign. del dim. di *cordone*; in partic. filato di cotone o di seta, usato in ricami e passamanerie.

cordovàno agg. Di Cordova. ◆ s.m. **1.** [f. *-na*] Nativo, abitante di Cordova. **2.** Tipo di cuoio artisticamente lavorato.

1. còrea o **corèa** s.f. (lat. *chorēam* "danza corale") MED. Sindrome neurologica caratterizzata da movimenti bruschi e involontari, spec. degli arti e del viso. ◇ *Corea di Sydenham:* sindrome provocata da malattie infettive, detta anche *ballo di san Vito.* – *Corea di Huntington:* malattia ereditaria che si manifesta nell'età adulta con movimenti coreici lenti e successivamente con indebolimento delle facoltà mentali.

2. corèa s.f. (da *Corea*, nome di una penisola asiatica, con riferimento alle condizioni miserevoli di vita della popolazione durante la guerra del 1950-53) **1.** Quartiere periferico di una grande città, sovrappopolato e in degrado. **2.** SPORT. Sconfitta vergognosa, in riferimento alla clamorosa sconfitta della squadra di calcio italiana da parte della nazionale coreana nel 1966.

coreàno agg. Della Corea. ◇ *Alla coreana:* di un tipo di colletto dritto, senza risvolti. ◆ s.m. **1.** [f. *-na*] Nativo, abitante della Corea. **2.** (solo sing.) Lingua parlata in Corea.

core business [/'kɔ: 'biznis/] loc. sost. m. inv. (loc. ingl., comp. di *core* "nocciolo, nucleo" e *business* "affari, organizzazione") ECON. Centro, nucleo principale e tradizionale dell'attività di una grande impresa.

coreggènte s.m. e f. Chi detiene la reggenza insieme ad altri.

coregìa s.f. [pl. *-gie*] Nell'antica Atene, assegnazione a privati cittadini ricchi dell'onere di allestire un coro durante le rappresentazioni drammatiche.

corègono o **coregóne** s.m. **1.** Pesce lacustre molto apprezzato per la bontà delle carni; detto anche *lavarello.* (Famiglia dei Salmonidi.) **2.** ZOOL. (iniziale maiusc.) Genere di pesci, marini e d'acqua dolce, a cui appartiene il coregono.

coreografìa s.f. **1.** Arte di comporre balletti. ~ *estens.* Insieme dei passi e delle figure che compongono un balletto. **2.** *estens.* Insieme di più elementi opportunamente armonizzati per creare un effetto spettacolare. *Una coreografia di luci e di acqua.*

coreogràfico agg. [pl.m. *-ci*, f. *-che*] **1.** Della coreografia. **2.** *estens.* Spettacolare, sfarzoso.

coreògrafo s.m. [f. *-fa*] Chi realizza e dirige coreografie per balletti, spettacoli musicali.

Coreópsis s.f. inv. BOT. Genere di piante erbacee ornamentali, originarie dell'Africa tropicale e dell'America settentrionale. (Famiglia delle Composite.)

corèuta s.m. e f. [pl.m. *-ti*] Componente del coro delle antiche rappresentazioni greche.

coriàceo agg. **1.** Simile al cuoio per aspetto o durezza. *Carne coriacea.* **2.** *fig.* Che non si commuove facilmente. SIN.: **insensibile**.

coriàle agg. ANAT. Del corion. ◇ *Villi coriali:* formazioni del corion che vengono a contatto con la mucosa uterina assicurando il nutrimento all'embrione.

coriàmbo s.m. METR. Nella metrica classica, piede composto da un trocheo e da un giambo.

coriàndolo s.m. **1.** Pianta mediterranea, con foglie pennatifide e fiori bianchi in ombrelle, il cui frutto aromatico è utilizzato in pasticceria. (Famiglia delle Ombrellifere.) **2.** Confetto costituito dal seme di coriandolo ricoperto di zucchero. **3.** (spec. pl.) Dischetto di carta colorata che si lancia sulle persone a Carnevale.

coricàre v.tr. [4] **1.** Mettere, distendere qlcu. o qlco. su un piano o in una posizione. *Coricare il ferito sulla schiena.* ~ Mettere a letto qlcu. *Coricare i bambini.* **2.** AGR. Interrare il ramo di una pianta per riprodurne una nuova. ◆ **coricarsi** v.pron. **1.** Andare a dormire. **2.** Sdraiarsi su qlco. o in una data posizione. *Coricarsi sul divano.* **3.** Di soggetto inanimato, piegarsi, abbattersi, inclinarsi su qlco. o in una data posizione. *La nave si coricò su un fianco.*

Còrifa s.f. BOT. Genere di palme dell'Asia tropicale dalle dimensioni gigantesche.

corifèo s.m. **1.** ANT. GR. Nella tragedia greca antica, capo del coro. **2.** *fig. scherz.* [f. *–a*] Promotore di un'iniziativa politica o culturale.

corimbo s.m. (lat. *corymbum* "grappolo di bacche") **1.** BOT. Tipo di inflorescenza in cui i gambi sono di lunghezza disuguale, ma i fiori sono su uno stesso piano. **2.** ARCHEOL. Elemento ornamentale della poppa e della prua delle antiche navi. **3.** Acconciatura propria delle antiche donne greche, con un ciuffo di capelli sciolto o annodato sulla nuca.

corindóne s.m. (fr. *corindon* da una voce tamil) MIN. Ossido d'alluminio in cristalli molto duri (Al$_2$O$_3$). [Alcune varietà, come il rubino (rosso) o lo zaffiro (blu), sono pietre preziose. La varietà granulosa, detta *allumina artificiale*, è utilizzata come abrasivo.]

corinzio o **corintio** agg. [pl.m. *–zi* o *–ti*] **1.** Di Corinto. **2.** ARCHEOL., ARCH. *Ordine corinzio:* ordine architettonico classico (apparso nella seconda metà del V sec. a.C.) da colonne con fusto scanalato e capitelli con volute regolari decorati con foglie di acanto. ◆ s.m **1.** [f *–zia* o *–tia*] Nativo, abitante di Corinto. **2.** Ordine, stile architettonico corinzio.

còrion s.m. inv. (gr. *khórion* "placenta") **1.** ANAT. Tessuto connettivo di sostegno alle membrane epiteliali detto anche *corio.* SIN.: **derma. 2.** EMBRIOL. Membrana che avvolge l'embrione.

coripètalo agg. BOT. → **dialipetalo.**

corista s.m. e f. [pl.m. *–sti*] **1.** MUS. Chi canta in un coro. **2.** (solo m.) Diapason.

còriza o **còrizza** s.f. **1.** MED. Rinite da virus. **2.** VET. Malattia epidemica del pollame.

còrmo s.m. (gr. *kormós* "ceppo") **1.** BOT. Struttura delle piante superiori costituente il corpo vegetativo e comprendente radici, fusto, foglie. **2.** ZOOL. Aggregato di individui della stessa specie derivanti da un unico capostipite per riproduzione agamica.

cormòfita agg. BOT. Di pianta provvista di cormo. ◆ s.f. Nel sign. dell'agg. (in oppos. a *tallofita.*)

cormoràno s.m. (fr. *cormoran* poi *cormareng*, comp. di *corp* "corvo" e *mareng* "marino") Uccello marino palmipede dal lungo becco adunco e piume scure; detto anche *marangone.* (Lunghezza 60-80 cm; genere *Phalacrocorax*; ordine dei Pelecaniformi.)

■ **cormoràno** comune.

cornac [/kɔr'nak/] s.m. [pl. *cornacs*] (fr. *cornac*, port. *cornaca*, singalese *kūrneka*) In India, chi accudisce e conduce gli elefanti.

cornàcchia s.f. **1.** Uccello passeriforme dell'Europa e dell'Asia settentrionale, che si nutre di insetti e di piccoli roditori; ha piume nere e un becco grosso e adunco. (Verso: la cornacchia gracchia; famiglia dei Corvidi.) **2.** *fig.* Persona che parla troppo e di cose futili, oppure persona di malaugurio, che predice disgrazie.

Cornàcee s.f. pl. [iniziale minusc. sing. *–a* per l'individuo] BOT. Famiglia di piante dicotiledoni arboree o arbustive, a cui appartengono il corniolo e l'acuba.

cornalina s.f. (fr. *cornaline*) MIN. → **corniola.**

cornamùsa s.f. (fr. *cornemuse*, deriv. di *cornemuser* comp. di *corner* "suonare il corno" e *muser* "suonare la cornamusa") MUS. Strumento musicale a fiato, costituito da un sacco in pelle

gonfiato e due o più tubi sonori ad ancia. SIN.: **zampogna.**

cornatùra s.f. ZOOL. Tipologia delle corna di un animale.

còrnea s.f. ANAT. Parte anteriore trasparente del bulbo oculare, costituita da tessuto connettivo che continua quello della sclerotica, collocata davanti all'iride.

corneàle agg. Relativo alla cornea. ◊ *Lenti corneali* (→*lenti a contatto).

corneàna s.f. Roccia compatta, a grana molto fine, derivata da un processo di metamorfismo di contatto.

corned-beef [/'kɔːnid biːf/] s.m. inv. (voce ingl.) Carne di manzo conservata in scatola.

corneificazióne s.f. BIOL. Processo di trasformazione dei tessuti epiteliali in tessuti cornei.

còrneo agg. Nel l. sc., che assomiglia al corno. ◊ BIOL. *Tessuto corneo:* quello formato da cellule prive di nucleo e con cheratina nel protoplasma. – *Strato corneo:* lo strato dell'epidermide più superficiale e più resistente.

corner [/'kɔːnə/] s.m. inv. (voce ingl. "angolo") **1.** SPORT. Nel gioco del calcio, calcio d'angolo, tiro dalla bandierina. ◊ *Salvarsi in corner:* in un'azione difensiva, allontanare il pallone dalla porta calciandolo oltre la propria linea di fondo; *fig.* salvarsi all'ultimo, per un pelo. **2.** ECON. Accaparramento di materie prime o di prodotti a opera di una o più aziende accordatesi allo scopo di rivenderli successivamente a prezzi maggiorati.

1. cornétta s.f. **1.** Strumento a fiato in ottone, a bocchino, a tre pistoni la cui sonorità dolce è intermedia tra il corno e la tromba. ~ MUS. Piccola tromba simile al corno, un tempo usata per segnalazioni (p.e. dai corrieri). **2.** Suonatore di cornetta. **3.** *region.* Ricevitore del telefono.

2. cornétta s.f. Cuffia inamidata a tese larghe e con punte all'insù portata un tempo dalle suore di san Vincenzo de' Paoli.

cornettista s.m. e f. [pl.m. *–sti*] Suonatore di cornetta.

cornétto s.m. **1.** Nel sign. del dim. di *corno*; in partic., amuleto a forma di piccolo corno. **2.** Dolce di pasta soffice a forma di mezzaluna. SIN.: **croissant.** ~ Cono di cialda biscottata ripieno di gelato. **3.** *Cornetto acustico:* apparecchio per persone sorde in uso un tempo. **4.** MUS. Strumento a fiato in uso nei secc. XVI-XVII, formato da un tubo di legno, avorio o più raramente metallo, con sette fori. **5.** ANAT. Formazione ossea delle fosse nasali. SIN.: **turbinato. 6.** *region.* Fagiolino verde.

corn-flakes o **cornflakes** [/'kɔːn,fleiks/] s.m. pl. (voce ingl. d'America) Fiocchi di granoturco soffiato da mangiare con il latte, usati spec. come prima colazione.

cornice s.f. **1.** Telaio, general. in legno o in metallo, che racchiude specchi, quadri, ecc. ◊ *Mettere in cornice:* incorniciare. **2.** *estens.* Elemento che racchiude qlco. con un effetto esteticamente gradevole. *I capelli fanno da cornice al viso.* **3.** *fig.* Insieme ambientale che fa da contorno a un avvenimento, a un'azione, ecc. **4.** ARCH. Membratura aggettante da una superficie architettonica. **5.** STAM. Riquadro entro cui si stampa una pagina o una figura. **6.** GEOGR. Scarpata rocciosa scoscesa, di altezza pressoché costante, che sta al di sopra di una pendenza più dolce o che forma uno strapiombo. **7.** In un'opera letteraria, occasione narrativa che raccorda vari episodi o racconti. *La cornice del Decameron.*

corniciàio s.m. [f. *–ciaia*, pl.m. *–ciai*] Chi fa o vende cornici.

cornicióne s.m. ARCH. Sovrastruttura orizzontale e in aggetto che conclude la facciata di un edificio. SIN.: **cornice.**

còrnico agg. [pl.m. *–ci*, f. *–che*] Della Cornovaglia. ◆ s.m. (solo sing.) Lingua celtica del gruppo britannico parlata un tempo in Cornovaglia.

cornificàre v.tr. [4] *pop.* Tradire il proprio coniuge, essergli infedele.

còrnio s.m. Corniolo.

1. còrniola s.f. Frutto del corniolo.

2. corniòla s.f. (deriv. di *corniolo* per il colore simile a quello della bacca di corniolo) MIN.

Varietà traslucida di calcedonio, di colore variante dal rosso chiaro al rosso scuro, considerata pietra semipreziosa. SIN.: **cornalina.**

còrniolo s.m. Pianta arbustiva dal legno durissimo. (Genere *Cornus*; famiglia delle Cornacee.)

fiori

foglie e frutti

■ **còrniolo**

cornista s.m. e f. [pl.m. *–sti*] MUS. Suonatore di corno.

còrno s.m. [pl.f. *corna* nelle accez. 1, 2, m. *corni* nelle altre] **1.** ZOOL. Ciascuna delle due protuberanze appuntite e più o meno incurvate, formate da tessuto osseo o corneo, del capo di svariati mammiferi ungulati, attribuite anche ad animali immaginari e al diavolo. ◊ *Corno del rinoceronte:* corno posto tra naso e fronte e formato da strutture compatte di cheratina, simili a peli. – *fam. Avere, portare le corna:* avere un coniuge infedele. – *figg. Prendere il toro per le corna:* affrontare con decisione una situazione difficile. – *Fare le corna:* gesto scaramantico e offensivo che si fa piegando tutte le dita della mano fatta eccezione dell'indice e del mignolo che vengono tenuti dritti. **2.** *estens.* Ciascuna delle appendici rigide o carnose del capo o del torace di vari animali. *Corno delle lumache.* **3.** Materiale ricavato dalle corna dei ruminanti e utilizzato per creare vari oggetti. ◊ *Corno da scarpe:* calzascarpe fatto di corno di bue. **4.** Estremità appuntita di qlco. *Corni dell'incudine.* ~ Piccolo amuleto in materiale vario, spec. prezioso. ◊ *Corno dell'abbondanza:* cornucopia. **5.** Ala di uno schieramento, lato. **6.** GEOGR. Regione incuneata tra bracci di mare. ~ Cima montuosa a forma di corno. **7.** MUS. Un tempo, strumento a fiato ricavato da un corno di bue a cui veniva tolta l'estremità appuntita. ~ Strumento musicale a fiato, in rame o in ottone, composto da un'imboccatura e da un tubo girato in più volute e terminante in un padiglione allargato. ◊ *Corno inglese:* strumento a fiato in legno di suono più grave dell'oboe.

■ **cornicióne**

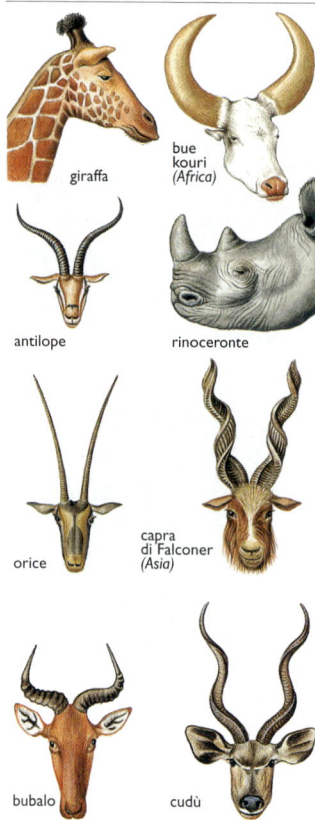

giraffa

bue kouri (Africa)

antilope

rinoceronte

orice

capra di Falconer (Asia)

bubalo

cudù

■ **còrna** di mammiferi.

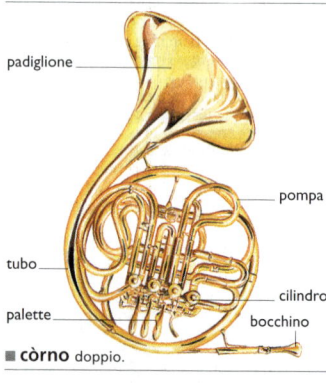

padiglione

pompa

tubo

cilindro

palette

bocchino

■ **còrno** doppio.

cornucòpia s.f. (lat. *cornucòpiam*, deriv. di *còrnu còpiae* "corno dell'abbondanza", il corno della capra Amaltea, nutrice di Zeus bambino) MIT. GR. ROM. Corno colmo di frutti e ornato di fiori, simbolo dell'abbondanza.

cornùto agg. **1.** Che ha le corna. *Animale cornuto.* **2.** *pop.* Tradito dal coniuge. ◆ s.m. [f. –*ta*] Nell'accez. 2 dell'agg.

còro s.m. **1.** Canto di più persone che eseguono la stessa parte o più parti armonizzate tra loro. ~ *estens.* Insieme, gruppo dei cantori. ~ Anche, brano musicale composto per un coro. ◊ *In coro:* all'unanimità, insieme. – *fig. Fare coro a qlcu.:* assentire alle sue opinioni. **2.** *estens.* Verso emesso contemporaneamente da più animali. *Coro di ragli.* ~ *fig.* Manifestazione, da parte di numerose persone, di uno stato d'animo comune. **3.** ANT. GR., TEAT. Nella tragedia e commedia greca, insieme dei coreuti che declamava a una voce e danzava intervallando l'azione scenica con un commento collettivo. ~ Parte del dramma

destinata a essere cantata dal coro. ~ Anche luogo del teatro riservato al coro. **4.** Ordine angelico. *Coro dei beati.* **5.** Nelle chiese, parte absidale in cui trovano posto gli stalli per i cantori del coro, detta anche *cantoria.* ~ Gli stalli stessi.

corografia s.f. (gr. *khōrographía*, comp. di *khōros* "regione" e *gráphein* "scrivere") **1.** Conformazione fisica di una regione. **2.** Descrizione di una regione dal punto di vista fisico e antropico. ~ Opera che la contiene.

corogràfico agg. [pl.m. –*ci*, f. –*che*] Relativo alla corografia. *Dizionario corografico.* ◊ *Carta corografica:* Quella che rappresenta vaste regioni con scala da 1:150.000 a 1:1.000.000.

corògrafo s.m. [f. –*fa*] Studioso di corografia. ~ Autore di opere corografiche.

coroide s.f. ANAT. Membrana dell'occhio posta tra la retina e la sclera.

coroidèo o **corioidèo** agg. Relativo alla coroide.

coroidite s.f. MED. Infiammazione della coroide.

coròlla s.f. BOT. Insieme dei petali di un fiore.

corollàrio s.m. [pl. –*ri*] **1.** FILOS. Proposizione che si deduce immediatamente da una proposizione già dimostrata. ~ *estens.* Conseguenza necessaria ed evidente. **2.** *estens.* Integrazione, appendice. *A corollario di quanto detto, preciso che...* **3.** ANT. ROM. Gratifica data agli attori oltre il normale compenso, costituita da piccole corone d'oro o d'argento.

coróna s.f. **1.** Ornamento di forma circolare, costituito di fronde e fiori. ~ Cerchio spesso di metallo prezioso, riccamente ornato, da portare sulla testa in segno di autorità, dignità, potere. *Corona reale.* ~ *estens.* Casa regnante. ~ Sovranità, dominio. ◊ *Discorso della Corona:* quello che, negli Stati monarchici, il re pronuncia di fronte alle Camere riunite. – *Corona d'alloro:* simbolo classico di eccellenza poetica. **2.** Ghirlanda di fiori o fronde che si depone sulla bara dei defunti o su monumenti alla memoria. *Corona funebre.* **3.** Qualsiasi oggetto, figura, disposizione di cose o congegni o persone che per la circolarità ricordino una corona. ◊ *Corona di carica:* piccola ruota zigrinata posta sul bordo dell'orologio, che serve per caricarlo. – MECC. *Corona dentata:* ruota dentata costituita da una corona circolare con dentatura all'interno. – ARM. *Corona di forzamento:* anello di rame che cinge un proiettile, al quale imprime il moto rotatorio. – GEOM. *Corona circolare:* insieme dei punti compresi tra due circonferenze concentriche. – ASTROFIS. *Corona solare:* parte più esterna dell'atmosfera del Sole. **4.** ANAT. Parte visibile di un dente. ~ Capsula in metallo o in ceramica che ricopre uno o più denti. **5.** Unità monetaria della Danimarca (*krone*), dell'Islanda (*krona*), della Norvegia (*krone*), della Svezia (*krona*), della Repubblica Ceca (*koruna*), della Slovacchia (*koruna*) e dell'Estonia (*kroon*). **6.** MUS. Segno convenzionale costituito da un cerchio con dentro un punto che consente di prolungare una nota o una pausa a piacere dell'esecutore. **7.** ZOOL. Margine inferiore del pastorale degli equini. ~ Corna del camoscio e apice delle corna del cervo. **8.** BOT. Ciuffo circolare di appendici so-

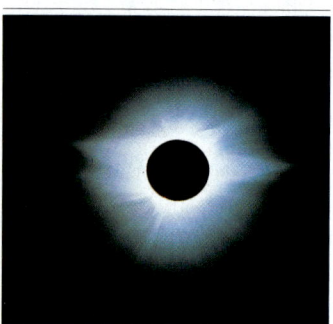

■ **coróna.** Fotografia della corona solare scattata in Messico durante l'eclissi totale di sole l'11 luglio 1991.

vrastanti un organo. ◊ *Corona imperiale:* pianta ornamentale che presenta in cima al fusto un ciuffo di brattee e di fiori arancioni, conosciuta anche come *fritillaria.* (Famiglia delle Liliacee.) ❑ In funzione di agg., nella loc. *effetto corona,* in fisica, particolare luminosità, rilevabile al buio, che si produce attorno a conduttori percorsi da corrente di elevata tensione.

coronàle agg. ASTR. Della corona solare.

coronaménto s.m. **1.** Compimento, degna conclusione di qlco. *Il coronamento di un sogno.* **2.** ARCH. Elemento decorativo con cui termina superiormente un edificio. **3.** MAR. Orlo superiore della poppa.

coronàre v.tr. **1.** Cingere, circondare qlco. **2.** Concludere, completare qlco. in modo ottimale. ~ Premiare, compensare. *Un pieno successo coronò la nostra impresa.*

coronària s.f. ANAT. Ciascuna delle due arterie che dipartendosi dall'aorta circondano il cuore irrorandolo. ~ Ciascuna delle corrispondenti vene.

coronàrico agg. [pl.m. –*ci*, f. –*che*] MED. Relativo alle coronarie.

coronàrio agg. [pl.m. –*ri*] ANAT. Che attornia un organo disponendosi a corona. ◊ *Solco coronario:* incavo sulla superficie del cuore che separa gli atri dai ventricoli.

coronarite s.f. MED. Infiammazione delle arterie coronarie.

coronarografia s.f. MED. Radiografia con mezzo di contrasto delle arterie coronarie cardiache.

coronaropatìa s.f. MED. Qualsiasi affezione delle arterie coronarie.

coronàto agg. Che porta la corona. ◊ *Teste coronate:* i regnanti. ◆ s.m. Moneta napoletana del Quattrocento fatta coniare da Ferdinando I d'Aragona.

coronavirus s.m. inv. MICROBIOL. Virus a RNA che presenta il tipico aspetto a corona.

1. coronèlla s.f. **1.** Argine ad andamento curvilineo costruito a valle di un altro pericolante. **2.** AGR. Segno ad anello lasciato dalla cercinatura sulla scorza del tronco di un albero.

2. Coronèlla s.f. ZOOL. Genere di piccoli serpenti di colore grigio con macchie e linee scure, vivipari, innocui, presenti in Italia. (Lunghezza 80 cm; famiglia dei Colubridi.)

coroner [/ˈkɔrənə/] s.m. inv. (voce ingl., anglonormanno *corouner* "ufficiale della corona") Nei paesi anglosassoni, ufficiale di polizia giudiziaria.

corònide s.f. **1.** GRAMM. Nell'ortografia del greco antico, segno a forma di apostrofo indicante la crasi. **2.** Negli antichi manoscritti greci, segno di forma varia indicante la fine di una scena, di un paragrafo, di un capitolo, ecc.

Coronilla s.f. BOT. Genere di piante erbacee e arbustive, con fiori gialli o rosa a forma di corona e frutto a legume. (Famiglia delle Papilionacee.)

coronògrafo s.m. ASTR. Telescopio utilizzato per lo studio e la fotografia della corona solare anche in assenza di eclissi.

corózo s.m. (spagn. *corozo,* da una voce indigena delle Antille) BOT. Sostanza molto dura, bianca, che forma l'albume dei semi di una palma dell'America tropicale (*Phytelephas*), usata per fabbricare spec. bottoni.

corpétto s.m. Nell'abbigliamento femminile, corpino; in quello maschile, panciotto, gilè.

còrpo s.m. **1.** FIS. Quantità di materia definita nello spazio, con proprietà particolari, avente una data forma e una certa massa. *Corpo solido.* **2.** Nel pensiero filosofico, ente fisico i cui attributi essenziali sono l'estensione e la massa. ~ *estens.* Oggetto, cosa concreta. ◊ MED. *Corpo estraneo:* qualunque cosa solida introdottasi nell'organismo. – MAR. *Corpo morto:* peso usato come ormeggio, general. un'ancora. – *fig. Gettarsi, buttarsi a corpo morto:* iniziare un'attività con impeto, dedicarsi a qlco. con entusiasmo, trasporto. – *Avere corpo:* di idea, iniziativa, ecc., avere forza e concretezza; di notizia, avere fondamento; detto di un vino, dare al gusto una sensazione di pienezza, di rotondità, di armonia. **3.** Organismo umano o animale. ~ Parte fisica degli essere animati (in oppos. ad *anima*, *spirito*). ~ Cadavere, salma. ◇ *Combattimento corpo a corpo:* a stretto contatto. – *Corpo libero:* ginnastica eseguita senza attrezzi. **4.** Tronco del corpo umano o animale (in oppos. a *membra*). ~ Ventre, pancia. **5.** Nucleo costitutivo, parte principale di qlco. *Corpo di un articolo.* ◇ ARCH. *Corpo di fabbrica:* edificio facente parte di un complesso architettonico ma avente proprie caratteristiche funzionali o stilistiche. – *fig. Fare corpo:* essere tutt'uno. **6.** Insieme di parti che formano un'unità organica, in partic. di lavori o testi che appartengono allo stesso settore. *Corpo del diritto romano.* **7.** Insieme di persone che appartengono a una stessa categoria, che hanno la stessa funzione. *Corpo insegnante.* ◇ *Corpo diplomatico:* insieme dei rappresentanti di un paese straniero presso un governo. **8.** MIL. Unità autonoma. ◇ *Corpo di guardia:* gruppo di militari incaricati di un turno di guardia, il loro alloggiamento. – *Corpo d'armata:* grande unità capace di condurre un'azione strategica. – *Corpo franco:* formazione irregolare costituita in occasione di moti insurrezionali o per azioni di guerriglia. – *Spirito di corpo:* sentimento che lega i militari al corpo di appartenenza; *estens.* solidarietà che collega i membri di un gruppo. **9.** ANAT. Denominazione di varie formazioni anatomiche. *Corpo luteo.* **10.** MAT. Struttura algebrica di anello in cui ogni elemento diverso dallo zero possiede un inverso moltiplicativo. **11.** STAM. Misura della grandezza di un carattere. *Corpo dodici.* **12.** Spessore, consistenza di un tessuto, di una carta.

1. corporàle agg. Relativo al corpo umano.

2. corporàle s.m. CATT. Tovagliolo di lino bianco che il sacerdote stende sull'altare prima di deporvi l'ostia e il calice.

corporate governance [/kɔːpərɪt ˈgʌvənəns/] loc. sost. f. inv. (loc. ingl., propr. "governo dell'azienda") Insieme di norme che regolano la gestione della società per azioni.

corporation [/kɔːpəˈreɪʃən/] s.f. inv. (voce ingl., propr. "corporazione") Società, impresa di vario tipo.

corporativìsmo s.m. **1.** Dottrina economica e sociale che si basa sulla costituzione di corporazioni professionali. **2.** *estens.* Difesa esclusiva dei propri interessi professionali da parte di una determinata categoria di lavoratori. **ENCICL.** Il termine *corporativismo* è di uso abbastanza recente, essendosi diffuso nel periodo fra le due guerre mondiali. Tuttavia la dottrina corporativa, che appare come una reazione al liberismo e alle sue conseguenze, ha origini molto più antiche, poiché risale alla prima metà del sec. XIX. Il fascismo attuò un corporativismo di Stato, la cui formula era diversa da quella sostenuta dalla tradizione cattolica sociale, mediante la costituzione di corporazioni nazionali di tutti i sindacati.

corporatìvo agg. (fr. *corporatif*) Proprio delle corporazioni. ~ Basato sul corporativismo.

corporatùra s.f. Costituzione fisica del corpo umano. SIN.: **fisico**.

corporazióne s.f. (fr. *corporation*, lat. *corporatiónem* "natura corporea") **1.** Dal Medioevo alla Rivoluzione francese, associazione professionale o di mestiere. (Le corporazioni, dette anche *arti*, furono eliminate nel 1791.) ~ Durante il fascismo, organo di diritto pubblico che comprendeva i rappresentanti dei datori di lavoro e dei lavoratori di un determinato settore economico. **2.** Categoria professionale caratterizzata da una forte difesa dei propri interessi.

corporeità s.f. inv. Natura, consistenza corporea.

corpòreo agg. **1.** Del corpo umano. *Peso corporeo.* **2.** Dotato di corpo. SIN.: **materiale**.

corpóso agg. Consistente, sostanzioso. *Un libro corposo.*

corpulènto agg. **1.** Di costituzione massiccia. **2.** *estens.* Che ha una pancia molto grossa. **3.** *fig.* Permeato di materialità e di forza rappresentativa.

còrpus s.m. inv. (voce lat., "corpo") **1.** Raccolta completa di testi e di opere costituita secondo un particolare criterio. **2.** LING. Raccolta di brani, singoli enunciati o altri dati linguistici, che vengono analizzati per definire la struttura di un sistema linguistico.

corpuscolàre agg. Relativo ai corpuscoli. ◇ *Teoria corpuscolare della luce:* teoria fisica secondo la quale la luce è formata da corpuscoli.

corpùscolo s.m. **1.** Corpo minuscolo. SIN.: **granellino**. **2.** FIS. Corpo microscopico risultante da un complesso di particelle. ◇ *Corpuscolo luminoso:* quello su cui si fonda la teoria corpuscolare della luce. **3.** ANAT. Piccolissima formazione anatomica. ~ In partic., recettore sensoriale. *Corpuscoli cromatici, tattili.*

Còrpus Dòmini loc. sost. m. inv. (loc. lat., "Corpo del Signore") Festività liturgica che ricorre sessanta giorni dopo la Pasqua in cui si celebra il mistero della transustanziazione e durante la quale viene portata in solenne processione l'ostia consacrata.

corradicàle agg. LING. Di vocabolo o di parte costitutiva di un vocabolo che ha la stessa radice di un altro.

corrasióne s.f. GEOL. Erosione delle rocce dovuta all'azione della sabbia trasportata dal vento.

corredàre v.tr. Rifornire qlco. di ciò che serve. ◆ **corredarsi** v.pron. Rifornirsi, provvedersi di qlco.

corredino s.m. **1.** Nel sign. del dim. di *corredo*. **2.** Insieme dei capi di abbigliamento e di biancheria necessari a un neonato.

corrèdo s.m. **1.** Complesso di oggetti personali, capi di abbigliamento e biancheria, spec. quelli che la sposa porta nella nuova casa. **2.** *fig.* Ciò che si è appreso con lo studio, bagaglio culturale. **3.** Attrezzatura, strumentazione che rende funzionante e utilizzabile qlco. *Corredo di una scuola.* **4.** Insieme delle parti esplicative che accompagnano un testo. *Corredo di note.* ◇ *Corredo bibliografico:* indicazioni bibliografiche di cui è provvisto un saggio letterario o scientifico.

corrèggere v.tr. [35] **1.** Eliminare errori e difetti. *Correggere le bozze.* ◇ MIL. *Correggere il tiro:* eseguire dei tiri d'aggiustamento; *fig.* adottare i cambiamenti più opportuni per migliorare qlco. **2.** Ammonire qlcu., fargli notare errori e difetti. *Se sbaglio correggimi.* **3.** Addizionare una sostanza a un'altra. *Correggere il caffè con il cognac.* ◆ **correggersi** v.pron. **1.** Modificare la propria personalità per migliorarla. *Ha un brutto carattere, dovrebbe correggersi.* **2.** Rettificare un errore fatto. *Ho notato l'errore e mi sono corretto.*

corrèggia o **corèggia** s.f. [pl. *-ge*] Striscia, cinghia di cuoio.

correggiàto o **coreggiàto** s.m. AGR. Antico strumento formato da due bastoni uniti da una striscia di cuoio, utilizzato per la battitura dei cereali.

correggiòla s.f. BOT. → **centinodia**.

corregionàle s.m. e f. Persona che è nata o che vive nella stessa regione di altri.

correità s.f. inv. DIR. Complicità, connivenza, concorso in un reato. *Dimostrare la correità.*

correlàre v.tr. Stabilire un rapporto tra due o più entità. *I due fenomeni non si possono correlare.*

correlatìvo agg. **1.** Che è in relazione con un altro elemento. **2.** GRAMM. Di aggettivi, pronomi, avverbi, congiunzioni che stabiliscono un rapporto reciproco tra due termini (*tanto… quanto*; *sia… sia*).

correlatóre s.m. [f. *-trice*] Chi presenta una relazione insieme a un altro relatore. ~ In partic., docente che, oltre al relatore, esamina la tesi di laurea di uno studente e partecipa alla discussione.

correlazióne s.f. **1.** Rapporto di reciproca dipendenza tra due termini o entità. SIN.: **interdipendenza**. **2.** STAT. *Coefficiente di correlazione:* indice dell'interdipendenza di due o più variabili. (È il quoziente della covarianza per il prodotto degli scarti-tipo.) **3.** GRAMM. *Correlazione dei tempi:* rapporto tra i tempi della frase principale e quelli della subordinata, detto anche *consecutio temporum*.

correligionàrio agg. [pl.m. *-ri*] Che professa la stessa religione di un altro. ◆ s.m. Nel sign. dell'agg.

1. corrènte agg. **1.** Che scorre, che fluisce. **2.** Che è abituale, si ripete con regolarità. *Le spese correnti.* **3.** Che è in corso, che non è terminato nel momento in cui si parla. *Il mese corrente.* ~ Riferito a moneta, circolante. *Valuta corrente.* **4.** Diffuso, comune. *Pregiudizio corrente.* ◇ *Lingua corrente:* usata abitualmente. **5.** Ordinario, poco pregiato. *Merce corrente.* ◆ s.m. **1.** Usato in alcune locc. ◇ *Essere al corrente:* informato, aggiornato. – *Tenere, mettere al corrente qlcu.:* aggiornare qlcu. su qlco. **2.** COSTR. Trave sottile di legno che, nelle impalcature e nei tetti, attraversa le travi principali. **3.** MAR. Striscia di legno disposta lungo il fasciame per rinforzarlo.

2. corrènte s.f. **1.** Movimento, spostamento di una massa d'acqua in una determinata direzione. *La corrente di un fiume.* ~ Movimento di una massa d'aria. *Correnti ascensionali.* ◇ METEOR. *Corrente a getto* → **jet-stream**. – *Corrente marina:* movimento di una massa d'acqua marina con moto regolare e in direzione costante. – *Corrente oceanica:* spostamento dell'acqua di mare caratterizzato da un'estensione regionale o planetaria, direzione relativamente stabile, velocità moderata e portata significativa. – *fig. Risalire la corrente:* superare le difficoltà con successo, risanare una situazione compromessa. **2.** Movimento collettivo di persone o di cose in una stessa direzione. *Un'importante corrente d'immigrazione.* **3.** *fig.* Insieme di idee condivise da più intellettuali, tendenza culturale. *Una corrente pittorica.* ~ Tendenza nell'ambito di un partito politico, di un'organizzazione. *La corrente interventista di un partito moderato.* **4.** ELETTR. Flusso di cariche elettriche. ◇ *Corrente di induzione:* corrente prodotta per induzione elettromagnetica. – *Correnti di Foucault:* correnti indotte nei conduttori per variazione del campo magnetico. (Le correnti di Foucault sono utilizzate nella frenata elettromagnetica degli autocarri.)

correnteménte avv. **1.** Senza difficoltà, con naturalezza, rapidamente. *Parla russo correntemente.* **2.** In modo abituale. *Espressione che si usa correntemente.*

correntìno s.m. **1.** COSTR. Ciascuna delle travi di legno del tetto. **2.** AER. Striscia metallica disposta lungo una struttura per irrigidirla.

correntìsta s.m. e f. [pl.m. *-sti*] BANC. Titolare di un conto corrente. *Correntista bancario, postale.*

còrreo s.m. [f. *-a*] DIR. Chi compie un reato con altri. SIN.: **complice**. ◇ *Chiamata di correo:* accusa di complicità, rivolta dall'imputato a una o più persone.

córrere v.intr. [21] **1.** (aus. avere) Camminare con andatura molto accelerata, sollevando un piede prima di appoggiare l'altro. *Corre come una lepre.* ~ Procedere molto rapidamente. ◇ *fig. Correre avanti e indietro:* essere molto indaffarato. – *fam. Lasciar correre:* non preoccuparsi, evitare di attaccar briga. **2.** Partecipare a una prova di velocità. *Questo cavallo oggi non corre.* **3.** (aus. essere) Muoversi velocemente verso una direzione. *Correre all'aeroporto.* SIN.: **precipitarsi**. ◇ *fig. Correre dietro a qlcu.:* tallonarlo per ottenere favori. – *Correre dietro a qlco.:* perseguire qlco. con passione, con tenacia. **4.** Detto di liquidi, scorrere, fluire. *Il sangue corre nelle vene.* **5.** *fig.* Volgersi verso qlcu. o qlco. *Lo sguardo corre verso l'orologio.* **6.** *fig.* Disporsi secondo un dato tracciato, avere un dato andamento. *Una strada che corre dietro le dune.* **7.** *fig.* Con soggetto perlopiù posposto, intercorrere. *Tra qui e casa mia non corre più di un chilometro.* **8.** *fig.* Con soggetto perlopiù posposto, circolare o essere presente, diffondersi. *Corrono voci di una novità.* **9.** Trascorrere, decorrere. *Correva l'anno 1800.* ◆ v.tr. **1.** Percorrere un certo territorio, viaggiare. *Correre i mari.* **2.** *fig.* Affrontare qlco., incorrere in qlco. *Correre un pericolo.* **3.** Disputare una gara. *Correre i cento metri.*

corresponsàbile agg. Che divide una responsabilità con uno o più altri.

corresponsióne s.f. Nel l. bur., versamento di una somma di danaro in cambio di qlco. *Corresponsione del canone d'affitto.* SIN.: **pagamento**.

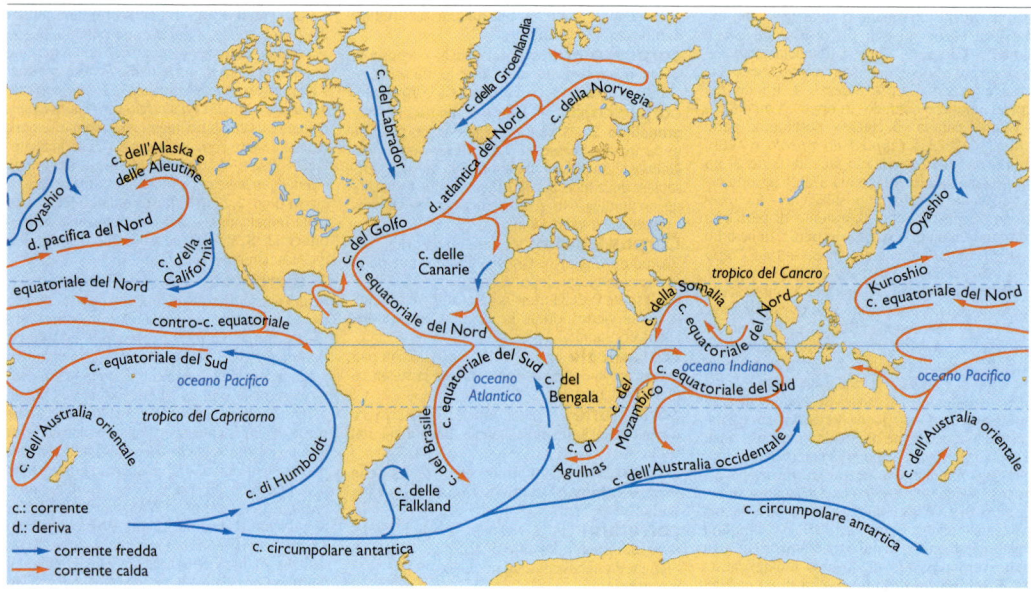

■ **corrènte.** Le principali correnti oceaniche (correnti, contro-correnti e derive).

correttézza s.f. **1.** Carattere di ciò che è corretto, esattezza. **2.** Qualità di una persona corretta, leale ed educata verso gli altri. SIN.: **onestà. 3.** estens. Osservanza delle regole di un gioco, di un codice. *Un calciatore senza correttezza.*

correttivo agg. Che cerca di correggere qlco., di eliminarne i difetti. *Ginnastica correttiva.* ◆ s.m. Ciò che serve a correggere. *Trovare un correttivo a una situazione.*

corrètto agg. **1.** Che non presenta errori. *Pronuncia corretta.* SIN.: **esatto. 2.** Ineccepibile per lealtà, onestà, educato, irreprensibile. *Persona corretta.* **3.** Modificato con l'aggiunta di qlco., spec. con riferimento a bevanda cui è aggiunto del liquore. *Caffè corretto.*

correttóre s.m. [f. –*trice* nell'accez. 1] **1.** Chi corregge. ~ In partic. chi, per mestiere, revisiona le bozze di stampa eliminandone gli errori. SIN.: **revisore.** ◇ INFORM. *Correttore ortografico:* strumento per la verifica della grafia fornito dai programmi di elaborazione di testi. – *Correttore grammaticale:* per la correzione degli errori di grammatica. **2.** TECN. Dispositivo che elimina i difetti di funzionamento degli strumenti. **3.** Prodotto di cancelleria che consente di fare correzioni su un dattiloscritto.

correzióne s.f. **1.** Eliminazione di errori da un testo. *Correzione di un compito.* ~ Segno grafico usato per evidenziare un errore. **2.** Modifica operata a scopo di miglioramento. **3.** Nel l. sc., variazione apportata a una grandezza per compensare gli errori dello strumento di misurazione.

corrida s.f. (spagn. *corrida* "corsa") Spettacolo di combattimento tra un uomo a piedi, il torero, e un toro, tipico della Spagna.

corridóio s.m. [pl. –*doi*] **1.** Ambiente sviluppato in lunghezza sul quale si affacciano vari locali. **2.** estens. Qualsiasi spazio tra file di sedili, che consente il passaggio. *Corridoio di un tram.* ~ Varco, passaggio. *Aprire un corridoio tra la folla.* **3.** Porzione di territorio di uno stato che si prolunga in un altro stato. *Il corridoio di Danzica.* ◇ *Corridoio aereo:* spazio riservato alle rotte aeree per accordo tra gli stati che vengono sorvolati. **4.** MAR. Ponte sotto coperta. **5.** SPORT. Nel tennis, ciascuna delle porzioni laterali del campo utilizzata esclusivamente per il doppio. ~ Nel calcio, zona non controllata dagli avversari o varco nella difesa avversaria.

corridóre agg. [non com. f. –*trice*] Adatto alla corsa. ◇ *Uccelli corridori:* denominazione antiquata di uccelli inetti al volo ma veloci nella corsa, fra cui lo struzzo e l'emù. ◆ s.m. SPORT. (anche f.) Persona che partecipa a una corsa. ~ Nel baseball, attaccante che corre verso una base o ne ritorna.

corrièra s.f. **1.** TRASP. Autobus di linea. SIN.: **torpedone.** ~ Un tempo, vettura a cavalli per il trasporto di passeggeri e di posta. SIN.: **diligenza. 2.** Gabbia a sbarre rade, mimetizzata di frasche, in cui vengono posti gli uccelli da richiamo che paiono muoversi liberamente.

corrière s.m. [non com. f. –*ra* nell'accez. 2] **1.** Azienda che effettua trasporti rapidi interurbani o internazionali per conto terzi. ~ Servizio che essa svolge. *Spedire per corriere.* ~ Automezzo di cui si serve. **2.** Un tempo, persona che portava la corrispondenza. ◇ *Corriere diplomatico:* persona a cui viene affidata la corrispondenza tra un governo e una sede diplomatica. **3.** Veicolo che svolge servizio postale. **4.** Uccello con zampe sottili e ali lunghe, che vive nelle zone desertiche. (Famiglia dei Caradridi.)

corrimàno s.m. [pl. *corrimani*] Barra di metallo o legno fissata lungo una scala o all'interno di mezzi di trasporto, che serve come appoggio.

corrispettivo agg. Equivalente, adeguato a ciò che si dà o si riceve in cambio. ◆ s.m. Ciò che è equivalente a una prestazione, a un lavoro, a un bene.

corrispondènte agg. Che è in relazione di corrispondenza, conformità con qlcu. o qlco. ◇ *Socio corrispondente:* membro di un'accademia che risiede in luoghi diversi da quello in cui ha sede l'accademia. ◆ s.m. e f.**1.** Persona con la quale si intrattiene un rapporto epistolare. ◇ *Corrispondente commerciale:* in un'azienda, che segue le operazioni con fornitori e clienti. **2.** Giornalista che non lavora alla sede di un giornale, ma trasmette notizie del luogo in cui risiede. ◇ *Corrispondente di guerra:* giornalista che segue le operazioni belliche dal fronte. **3.** Azienda, spec. di credito, o persona che svolge affari sul luogo per conto di altra azienda che sta in diverso luogo.

corrispondènza s.f. **1.** Relazione di conformità, di simmetria, d'armonia, d'accordo fra due o più elementi. *Corrispondenza tra parole e fatti.* **2.** Contraccambio di sentimenti, di affetti. *Corrispondenza amorosa.* **3.** Rapporto epistolare. ~ Insieme delle lettere scritte o ricevute. *Conservare la corrispondenza.* SIN.: **posta. 4.** Articolo, servizio giornalistico inviato da un corrispon-

dente. **5.** ALG. *Corrispondenza tra due insiemi:* legge che a ogni elemento del primo insieme associa un sottoinsieme del secondo. – *Corrispondenza univoca:* quella per la quale a ogni elemento del primo insieme corrisponde un solo elemento del secondo.

corrispóndere v.intr. [37] (aus. *avere*) **1.** Equivalere a qlco. *Un metro corrisponde a mille millimetri.* **2.** Detto di due o più soggetti, essere in relazione di conformità, reciprocità, uguaglianza. *Le due copie non corrispondono.* **3.** Essere conforme rispetto a qlco. *La merce non corrisponde alle richieste.* **4.** Ricambiare un sentimento. *Corrispondere all'amore di qualcuno.* **5.** Essere in rapporto di simmetria, d'equivalenza con qlco. *A ogni finestra corrisponde una lunetta.* **6.** Affacciarsi su un luogo. *Il balcone corrisponde sul giardino.* **7.** Mantenere rapporti epistolari con qlcu. ◆ v.tr. **1.** Ricambiare un sentimento. *Il suo amore non è corrisposto.* **2.** Versare una somma a qlcu. ◆ **corrispóndersi** v.pron. Detto di due o più cose, essere uguali l'una all'altra. *I due compiti si corrispondono perfettamente.*

corroborànte agg. Che rinvigorisce e tonifica il corpo e, in senso fig., la mente. *Bevanda corroborante.* ◆ s.m. Cibo, bevanda, spec. liquore, che dà tono. SIN.: **ricostituente.**

corroboràre v.tr. **1.** Indurre forza, vigore in qlcu. o qlco. *Un buon libro corrobora lo spirito.* SIN.: **fortificare. 2.** fig. Servire da prova, da conferma per una tesi, un fatto. SIN.: **avvalorare.** ◆ **corroboràrsi** v.pron. Ritrovare forza e vigore. *Mi sono corroborato grazie alle vacanze.* SIN.: **rinvigorirsi.**

corródere v.tr. [21] **1.** Attaccare un materiale consumandolo progressivamente. *La ruggine corrode il ferro.* **2.** Logorare, sminuire qlco. *Il tempo corrode l'amore.* ◆ **corródersi** v.pron. Consumarsi poco a poco. SIN.: **disgregarsi.**

corrómpere v.tr. [45] **1.** Provocare fenomeni di corruzione e deterioramento. *Il caldo corrompe gli alimenti.* ~ Rovinare moralmente. *Corrompere i giovani.* **2.** Persuadere qlcu., perlopiù dietro compenso in denaro, a venir meno ai propri compiti e doveri. *Corrompere un giudice.* ◆ **corrómpersi** v.pron. **1.** Decomporsi, alterarsi, guastarsi. **2.** Perdere integrità morale, rigore intellettuale, purezza.

corrosióne s.f. **1.** Progressivo deterioramento di una sostanza, di una superficie. **2.** fig. Graduale deterioramento di qlco.

corrosivo agg. **1.** Che corrode. *Azione corrosiva.* **2.** fig. Caustico, mordace. *Spirito corrosivo.* ◆ s.m. Sostanza corrosiva.

corrótto agg. **1.** Moralmente guasto. SIN.: **immorale**. **2.** Disposto a venir meno ai propri doveri in cambio di un profitto personale. SIN.: **disonesto**. **3.** *fig.* Che ha subito modificazioni, aggiunte di elementi spuri. *Un testo corrotto.* SIN.: **alterato**. ◆ s.m. [f. *-ta*] Chi si serve del proprio potere, del proprio ufficio per ottenere denaro, concedendo favori illeciti. *È un mondo pieno di corrotti.*

corrucciàre v.tr. [5] (fr. *courroucier*, lat. *corruptiāre* deriv. di *cŏr rŭptum* "cuore spezzato") *non com.* Suscitare sdegno e dolore in qlcu. ◆ **corrucciarsi** v.pron. **1.** Sentirsi offeso, sdegnato e nel contempo addolorato, triste. *Si corrucciò per il rimprovero.* **2.** Accigliarsi, incupirsi. **3.** *fig.* Detto del cielo o di elementi naturali, rabbuiarsi.

corrùccio s.m. [pl. *-ci*] Risentimento misto ad afflizione, a tormento.

corrugaménto s.m. **1.** Contrazione delle sopracciglia e della fronte. **2.** GEOL. Sollevamento e ripiegamento di strati della crosta terrestre con conseguente formazione di catene montuose.

corrugàre v.tr. [4] Contrarre la pelle del viso, perlopiù in segno d'ira o di preoccupazione. *Corrugare le sopracciglia.* ◆ **corrugarsi** v.pron. **1.** Aggrottarsi, incresparsi. **2.** Detto del mare, gonfiarsi in onde.

corrugàto agg. Pieno di increspature, di pieghe. *Terreno corrugato.* ~ Aggrottato, accigliato. *Fronte corrugata.*

corruttibile agg. **1.** Che può decomporsi, imputridirsi. **2.** Di persona, che può essere corrotta.

corruzióne s.f. **1.** Processo di decomposizione. ~ Inquinamento, contaminazione. *La corruzione dell'aria.* **2.** Perdita, scadimento di valori etici. *Corruzione dei costumi.* SIN.: **depravazione**. **3.** Detto di fenomeni culturali, alterazione della forma originaria. *La corruzione di una lingua.* **4.** DIR. Reato consistente nel derogare e nell'indurre a derogare ai doveri d'ufficio in cambio di danaro o di altri vantaggi personali.

córsa s.f. **1.** Azione di correre. ~ Andatura veloce. *Fare una corsa a cavallo.* ~ Spazio percorso con tale andatura. *Una corsa di un chilometro.* ◇ *Di corsa:* in fretta. **2.** SPORT. Gara di velocità tra uomini, animali o veicoli. *Corsa automobilistica.* ~ In partic., sport del correre. *Allenarsi per la corsa.* ◇ *Corsa a tappe:* gara suddivisa in più parti. – *Corsa contro il tempo:* nel ciclismo, gara a cronometro; *fig.* sforzo per raggiungere un obiettivo avendo poco tempo a disposizione. – *fig. Essere in corsa per qlco.:* essere in lizza con altri per ottenere qlco. – IPP. *Corsa tris:* corsa al trotto o al galoppo abbinata ad un concorso nel quale, per vincere, il giocatore deve indovinare l'ordine esatto dei cavalli che si classificheranno nelle prime tre posizioni. **3.** *estens.* Moto di un veicolo. *Non si può scendere dal treno in corsa.* ~ Tragitto percorso da un mezzo pubblico. *Biglietto di corsa semplice.* **4.** MECC. Distanza percorsa da un elemento che compie un moto alterno e il movimento che ne deriva. *Corsa del pistone.* **5.** *Guerra di corsa:* attacco alle navi mercantili ad opera di privati che, un tempo, armavano navi in proprio. **6.** *fig.* Perseguimento di un obiettivo a cui si cerca di giungere a ogni costo. *Corsa al successo.* ◇ *Corsa agli armamenti:* aumento dell'arsenale bellico dei vari stati spec. in previsione di un conflitto. **7.** *fig.* Crescita rapida e smodata. *Corsa dei prezzi.*

corsalétto s.m. (fr. *corselet*) **1.** Corazza leggera per proteggere il torace. ~ *estens.* Soldato così armato. **2.** Nell'abbigliamento intimo femminile di un tempo, corsetto, bustino. **3.** ZOOL. Primo segmento del torace di alcuni insetti.

corsàro s.m. (lat. *cursārium*, deriv. di *cŭrsus* "viaggio per mare") Chi faceva la guerra di corsa su autorizzazione dello stato. SIN.: **bucaniere**.

corsetterìa s.f. **1.** Complesso dei capi formanti l'abbigliamento intimo femminile. **2.** *estens.* Fabbrica, negozio di tali articoli.

corsétto s.m. (fr. *corset*) **1.** Corazza leggera. **2.** Nell'abbigliamento intimo femminile di un tempo, fascia di tessuto rigido o steccato che stringeva il torace tra la vita e il seno. **3.** Apparecchio ortopedico usato nella cura di malformazioni della colonna vertebrale.

corsìa s.f. **1.** In camerate, spazio tra le file di letti. ~ *estens.* Spazio tra file di sedili. **2.** In ospedale, vasta camera con più letti disposti in fila. **3.** Suddivisione longitudinale della carreggiata stradale, delimitata da segnaletica orizzontale. *Corsia di sorpasso.* ◇ *Corsia preferenziale:* parte della carreggiata riservata ai mezzi pubblici; *fig.* nel l. pol., procedura agevolata. – *Corsia d'emergenza:* corsia laterale riservata alla sosta d'emergenza o al passaggio di veicoli di soccorso, spec. in autostrade o tangenziali. **4.** Tracciato longitudinale di una pista di atletica leggera o di una piscina che delimita lo spazio destinato a ogni concorrente. *Correre in prima corsia.* **5.** Tappeto lungo e stretto. SIN.: **passatoia**. **6.** MAR. Nelle galee, tavolato percorribile che andava da poppa a prua.

corsista s.m. e f. [pl.m. *-sti*] Chi frequenta un corso di lezioni in ambito universitario o di formazione professionale.

corsivista s.m. e f. [pl.m. *-sti*] Autore di articoli corsivi per i giornali.

corsivo agg. *Scrittura corsiva:* tipo di scrittura a mano, in oppos. a *stampatello*, caratterizzata dalle aste leggermente inclinate verso destra e dai segni delle singole lettere uniti tra loro, in modo tale da consentire una maggiore rapidità nello scrivere. – STAM. *Carattere corsivo:* carattere di stampa con le lettere inclinate verso destra che imita la scrittura a mano; detto anche *aldino* o *italico*. ◆ s.m. **1.** Scrittura o carattere corsivo. **2.** Nei giornali, breve articolo, spesso stampato con carattere corsivo, perlopiù di tono polemico o satirico.

1. córso s.m. **1.** Moto continuo verso una direzione, spec. in riferimento allo scorrere di una massa d'acqua. ~ Percorso di un fiume. *Il corso del Tevere.* ◇ *Corso d'acqua:* denominazione generica di fiumi, torrenti, ruscelli, canali. **2.** Moto reale o apparente delle stelle. *Il corso del Sole.* **3.** Il trascorrere del tempo. *Il corso della vita.* ◇ *Dare corso:* iniziare, intraprendere. – *In corso:* in via di svolgimento. *Lavori in corso.* – *loc. prep. Nel corso di:* durante. *Nel corso della riunione.* – *Nuovo corso:* nel l. pol., mutamento radicale di linea politica. **4.** Serie di lezioni o conferenze ordinate secondo un criterio di progressivo apprendimento. *Corso di specializzazione.* ~ Testo che supporta tali lezioni. SIN.: **manuale**. ~ Ciclo di studi in cui si struttura un insegnamento. *Corso biennale.* ~ Ciascun anno di una facoltà universitaria. ◇ *Studente fuori corso:* studente che non ha sostenuto tutti gli esami previsti dal piano di studi. **5.** Regime di circolazione della moneta. ◇ *Corso legale:* sistema monetario nel quale la valuta di un paese deve essere accettata come mezzo di pagamento in base al suo valore nominale. – *Corso forzoso:* sistema monetario nel quale le banconote devono essere accettate come mezzo di pagamento anche se non possono essere convertite in oro. **6.** FIN. Quotazione di borsa di titoli e cambi. **7.** Passaggio di persone o di cose in una strada. SIN.: **corteo**. ~ Ampio viale. *Corso Garibaldi.* **8.** *ant.* Viaggio per mare, rotta. ◇ *Navigazione di lungo corso:* quella che non ha limiti di tonnellaggio e di distanza dalla costa. – *Capitano di lungo corso:* capitano che può comandare mercantili di qualsiasi stazza per qualsiasi destinazione. **9.** MAR. Fila di tavole o di lamiere che costituiscono il fasciame di una nave. **10.** COSTR. Fila di elementi uguali, in partic. mattoni o pietre.

2. còrso agg. Della Corsica. *Dialetti corsi.* ◆ s.m. [f. *-sa*] Nativo, abitante della Corsica.

corsóio s.m. [pl.m. *-soi*] **1.** MECC. Guida di scorrimento di un elemento dotato di moto alterno. **2.** Cursore del regolo calcolatore.

córte s.f. (lat. *cŏrtem*, deriv. di *cohŏrtem* "recinto" poi "reparto militare, schiera") **1.** Cortile di un edificio. ◇ *Corte dei miracoli:* antica denominazione che si dava, a Parigi, a vicoli chiusi e cortili abitati da mendicanti e ladri; *fig.* insieme di gente che vive al limite della legalità, gruppo di emarginati. **2.** Unità economico-agraria medioevale comprendente un fondo dominante e più fondi dipendenti. ~ Oggi, nell'Italia settentrionale, casa rurale con gli edifici annessi funzionali alla produzione agricola. **3.** Residenza di un sovrano. *Risiedere a corte.* ~ Insieme delle persone che costituiscono l'entourage di un sovrano. *Corte imperiale.* ◇ *Corte celeste:* Dio e gli angeli. **4.** Insieme di ammiratori o di persone in cerca di favori. ◇ *Fare la corte a qlcu.:* detto di innamorato, colmare di attenzioni affettuose la persona amata; *estens.* lusingare qlcu. per interesse. **5.** DIR. Collegio con funzioni giurisdizionali. *Corte di giustizia.* ◇ *Corte marziale:* tribunale militare che si costituisce in tempo di guerra. – *Corte dei conti:* organo amministrativo dello Stato con funzioni di controllo sulla gestione finanziaria pubblica. – *Corte costituzionale:* organo che garantisce il rispetto della Costituzione da parte del legislatore e degli altri soggetti pubblici. – *Corte di Cassazione:* supremo organo giurisdizionale. – *Corte d'appello:* organo giurisdizionale di secondo grado che esamina le cause sentenziate in prima istanza.

cortéccia s.f. [pl. *-ce*] **1.** Parte superficiale e protettiva di tronco, rami e radici delle piante arboree. **2.** *estens.* Parte esterna di qlco. SIN.: **buccia**. **3.** *fig.* Aspetto superficiale, apparenza. *Sotto una ruvida corteccia nasconde un gran cuore.* **4.** ANAT., MED. Parte esterna di un organo. *Corteccia surrenale.* ◇ *Corteccia cerebrale:* strato di sostanza nervosa grigia situata alla superficie degli emisferi cerebrali, che contiene i corpi cellulari dei neuroni ed è responsabile delle funzioni più importanti del cervello.

corteggiaménto s.m. **1.** Complesso di comportamenti con cui si esprime il desiderio amoroso. ~ Nel mondo animale, insieme di comportamenti rituali con cui il maschio richiama la femmina. **2.** Atteggiamento adulatorio.

corteggiàre v.tr. [5] **1.** Cercare di conquistare l'affetto, l'amore di qlcu. con un comportamento seducente. *Corteggiare una donna.* **2.** *estens.* Lusingare una persona importante per puro interesse. *Corteggiare un ministro.* ◆ **corteggiarsi** v.pron. Detto di più persone, farsi la corte, amoreggiare.

corteggiatóre s.m. [f. *-trice*] **1.** Persona innamorata che corteggia qlcu. **2.** *estens.* Adulatore.

cortèo s.m. **1.** Gruppo di persone che ne seguono un'altra per renderle omaggio. *Corteo nuziale.* ~ Processione che accompagna il corpo di un defunto in un funerale. *Corteo funebre.* **2.** Lunga sfilata di persone, di veicoli. *Corteo di protesta.*

1. cortése agg. (provenz. *cortes* "della corte") **1.** Dotato di cortesia raffinata. SIN.: **gentile**. ~ Che piace per l'aria amabile, il garbo. *Modi cortesi.* **2.** Proprio della corte signorile, dotato delle sue virtù peculiari (liberalità, lealtà, nobiltà d'animo). ◇ *Amor cortese:* nella letteratura medievale, rappresentazione dell'amore incentrata sul legame di vassallaggio tra il cavaliere e la donna amata. – *Poesia cortese:* caratterizzata dalla valorizzazione delle virtù cavalleresche, del bel parlare e dell'amore per la donna eletta. (Apparsa in Provenza nel sec. XII, in Francia è spec. rappresentata dai romanzi di Chrétien de Troyes, in Italia da Cielo d'Alcamo.)

2. cortése s.m. inv. Vino bianco secco prodotto in provincia di Alessandria. ~ Vitigno che lo produce.

cortesìa s.f. **1.** Azione, parola, comportamento piacevole, garbato. SIN.: **affabilità**. ~ Predisposizione alla gentilezza. *Sei di una cortesia estrema.* **2.** Azione gentile. *Fammi la cortesia di chiudere la porta.* SIN.: **favore**. ◇ *Luci di cortesia:* quelle applicate all'interno dell'abitacolo delle vetture. – *Specchietto di cortesia:* nelle auto, quello applicato sul retro dell'aletta parasole dal lato del passeggero. **3.** Valore fondamentale nel Medioevo e nel Rinascimento, riassuntivo delle virtù di liberalità, lealtà, decoro, elevatezza di sentimenti.

corticàle agg. (fr. *cortical*) BIOL., BOT. Relativo alla corteccia di un organo, di una pianta.

corticòide o **corticosteròide** s.m. BIOCHIM. Ogni ormone prodotto dalle ghiandole corticosurrenali, come p.e. il cortisone.

corticosteróne s.m. BIOCHIM. Ormone prodotto dalle ghiandole corticosurrenali.

corticostimolina o **corticostimulina** s.f. BIOCHIM. Ormone, secreto dall'ipofisi anteriore, che stimola la produzione degli ormoni corticosurrenali. SIN.: **ACTH**.

corticosurrenàle agg. BIOCHIM. Della corteccia surrenale. ◇ *Ghiandola corticosurrenale:*

regione periferica della ghiandola surrenale, che secerne gli ormoni steroidi. – *Ormone corticosurrenale:* corticoide.

corticoterapìa s.f. MED. Impiego terapeutico degli ormoni corticosurrenali.

cortigiàna s.f. **1.** Dama di corte. **2.** Nel Rinascimento, donna raffinata e colta, di costumi liberi. **3.** *lett.* Prostituta.

cortigianeria s.f. Atteggiamento adulatorio, ossequioso, da cortigiano. SIN.: **piaggeria**.

cortigiàno agg. **1.** Della corte. **2.** Adulatorio in modo servile e ipocrita. SIN.: **ossequioso**. ◆ s.m. **1.** [f. *–na*] Gentiluomo di corte. **2.** *fig.* Chi blandisce la gente potente o influente per interesse. SIN.: **adulatore**.

cortile s.m. **1.** Area libera, scoperta, interna a un edificio o compresa tra più edifici contigui. **2.** Nella casa colonica, aia, corte. ◇ *Animali da cortile:* polli, oche, conigli, ecc.

1. cortina s.f. (lat. *cortinam* "tenda". La loc. *cortina di ferro* è calco dell'ingl. *iron curtain* propr. "sipario di ferro" che nei teatri separa la platea del palcoscenico in caso di incendio; tale espressione fu usata in senso metaforico da W. Churchill in un discorso del 1946) **1.** Tendaggio che separa due ambienti o circoscrive parte di essi. – In partic., tenda di letto a baldacchino. ◇ *fig. Cortina di ferro:* nome dato alla linea di frontiera che, negli anni della guerra fredda, separava gli stati comunisti dell'Europa orientale dagli stati dell'Europa occidentale. (È stata smantellata nel 1989.) **2.** *estens.* Velo, schermo che maschera la vista o che forma un ostacolo o una protezione. *Cortina di fumo.* ◇ MIL. *Cortina fumogena, nebbiogena:* sbarramento di nebbia artificiale per ostacolare l'osservazione nemica. **3.** FORTIF. Parete di muro che univa i lati di due bastioni vicini. **4.** ARCH. Paramento liscio di mattoni.

2. cortina s.f. (ingl. *cortin*) **1.** BIOL. Ormone prodotto dalle ghiandole corticosurrenali. **2.** BOT. Insieme di filamenti che in alcuni funghi unisce il margine del cappello alla parte superiore del gambo.

3. cortina s.f. Tripode di Apollo a Delfi. ~ *estens.* L'oracolo stesso.

Cortinàrio s.m. (lat. *Cortinarius*, deriv. di *cortina* "tenda" per la sottile membrana che unisce il cappello al gambo) BOT. Genere di funghi a lamelle in cui il margine del cappello è attaccato al gambo da una membrana velata. (Delle ca. 400 specie, molte sono commestibili, altre velenose o letali; classe dei Basidiomiceti.)

cortinario
orellano
Cortinarius orellanus
mortale

cortinario prestante
Cortinarius praestans
commestibile

■ **Cortinàrio**

cortisòlo s.m. BIOCHIM. Ormone del gruppo degli steroidi, prodotto nelle zone reticolari e fascicolari più profonde del surrene. SIN.: **idrocortisone**.

cortisóne s.m. (ingl. d'America *cortisone*) Ormone prodotto nella corteccia della ghiandola surrenale; riprodotto chimicamente, è usato in farmacia come antinfiammatorio.

cortisònico agg. [pl.m. *–ci*, f. *–che*] FARM. Del cortisone, a base di cortisone. ◆ s.m. Sostanza di sintesi con le stesse proprietà terapeutiche del cortisone ma minori effetti collaterali.

córto agg. **1.** Poco esteso in lunghezza o altezza. ◇ *Passaggio corto:* nel calcio, passaggio di palla che non raggiunge il giocatore a cui è destinato. ◇ *Essere, venire ai ferri corti con qlcu.:* scontrarsi, litigare duramente con qlcu. **2.** Che dura poco. SIN.: **breve**. ◇ *Andare per le corte:*

sbrigarsi. – *Di corto respiro:* di progetto, intento, ecc. poco proiettato nel futuro. **3.** *estens.* Insufficiente, limitato, difettoso. ◇ *Essere a corto di qlco.:* esserne poco fornito. *Siamo a corto di idee.* – *fig. Avere la memoria corta:* dimenticare rapidamente obblighi, costrizioni. – *Avere la vista corta, essere corto di vista:* essere miope; *fig.* poco lungimirante. ❑ In funzione di avv., nella loc. *tagliare corto*, fare cessare rapidamente un discorso, una situazione. ◆ s.m. **1.** Cortocircuito. **2.** Cortometraggio.

cortocircùito s.m. [pl. *cortocircuiti*] (calco del fr. *court-circuit*) ELETTR. Connessione a bassa resistenza tra due punti di un circuito elettrico, general. accidentale e risultante in un eccessivo passaggio di corrente che provoca danni al circuito. ◇ *fig. Andare in cortocircuito:* di persona, perdere lucidità, capacità di ragionamento.

cortometràggio s.m. [pl. *–gi*] Film di breve durata, la cui pellicola di solito non supera i 1000 m di lunghezza.

corvée o **corvè** [/kor've/] s.f. [pl. *corvées*] (voce fr., lat. *corrogātam ŏperam* "lavoro richiesto") **1.** ST. In epoca feudale, lavoro gratuito che era dovuto dal vassallo al signore o al re. **2.** MIL. Servizio di fatica che i superiori assegnano a un drappello di soldati semplici. **3.** *fig.* Lavoro faticoso o sgradevole. SIN.: **sfacchinata**.

1. corvétta s.f. (fr. *corvette* di orig. ol.) **1.** MAR. Nave da guerra della marina velica, intermedia tra la fregata e il brigantino. **2.** Bastimento di tonnellaggio medio, armato per la guerra antisommergibile.

2. corvétta s.f. (fr. *courbette*, deriv. di *courbe* "curvo") EQUIT. Tipo di andatura del cavallo consistente in un seguito di piccoli salti.

Còrvidi s.m. pl. [iniziale minusc. sing. *–de* per l'individuo] ZOOL. Famiglia di uccelli di dimensione media, ali lunghe e becco grosso; ne fanno parte il corvo, la cornacchia, la ghiandaia e la gazza. (Ordine dei Passeriformi.)

corvino agg. Del colore nero con sfumature violacee, proprio del piumaggio del corvo. *Capelli corvini.*

1. còrvo s.m. **1.** Uccello piuttosto grosso, con becco nero e robusto e piumaggio nero. (Verso: il corvo gracchia; famiglia dei Corvidi.) ◇ ZOOL. *Corvo imperiale:* uccello passeriforme dell'emisfero settentrionale, di piumaggio nero e becco robusto, che si nutre di carogne, piccoli animali e frutta. (Apertura alare fino a 1,2 m; genere *Corvus*; famiglia dei Passeriformi, famiglia dei Corvidi.) – *Corvo comune:* corvo dell'Europa e dell'Asia, con faccia grigia e sprovvista di piume. (Apertura alare 90 cm; genere *Corvus*, famiglia dei Corvidi.) **2.** *fig.* Chi ha fama, aspetto da iettatore. ~ Chi predice sventure o ha un aspetto sinistro. **3.** Antico congegno militare per agganciare e tirare le macchine nemiche e, montato sulle navi, per l'abbordaggio. **4.** ASTR. Costellazione del cielo australe.

2. còrvo s.m. (deriv. di *corvo* per il colore scuro) Pesce teleosteo bruno sul dorso e giallo sul ventre. (Famiglia degli Scienidi.)

3. còrvo s.m. inv. (dal nome della zona di produzione in provincia di Palermo) Vino bianco o rosso, prodotto in Sicilia, ad alta gradazione alcolica.

còsa s.f. **1.** Oggetto inanimato, in oppos. a *ciò che è vivente.* ~ Qualcosa. *Una cosa incredibile.* ~ *assol.* Realtà ancora informe, non ben individuata. ◇ *Chiamare le cose con il loro nome:* parlare sinceramente, apertamente. – FILOS. *Cosa in sé:* per Kant, la realtà come esiste in se stessa, al di fuori della rappresentazione umana.

■ **còrvo**

dunque inconoscibile (detta anche *noumeno*); *estens.* cosa che esiste a prescindere dalla conoscenza che se ne ha di essa, entità considerata di per sé, fuori da ogni relazione con altre entità. **2.** In unione con agg. qual., dim. e ind., assume il valore neutro dell'agg. ◇ *È cosa giusta, bella, difficile:* è giusto, bello, difficile. – *Poca cosa:* fatto senza importanza. – *locc. cong. Per la qual cosa:* perciò. – *Sopra ogni cosa:* più di tutto. **3.** In frasi interr. ind. preceduto da *che*, o per ellissi di questo, esprime dubbio, sorpresa, indignazione, impazienza, ecc. *Non ho capito (che) cosa hai detto.* **4.** Oggetto materiale. ~ (al pl.) Averi, beni, patrimonio. **5.** Ciò che si compie volontariamente. ~ **azione**. **6.** Ciò che accade. ◇ *Da cosa nasce cosa:* da un primo fatto si possono derivare altri in modo incontrollabile. **7.** Oggetto di pensiero, di conoscenza, di comunicazione, di osservazione, di ascolto. *Vi dirò una cosa.* **8.** Faccenda, affare, questione. *Le cose della religione.* **9.** *fam.* Alimento, cibo. *Bevi una cosa calda.* **10.** DIR. Bene suscettibile d'appropriazione. *Cosa tramandata.* ◇ *La cosa pubblica:* lo Stato. – *Cosa giudicata:* fatto giudicato con sentenza non impugnabile; anche, l'efficacia della sentenza definitiva. **11.** *Cosa Nostra:* denominazione corrente della mafia siculo-americana.

cosàcco s.m. [pl.m. *–chi*, f. *–che*] (russo *kozak*, turco *kazak* "vagabondo") **1.** [f. *–ca*] Chi appartiene a una popolazione di origine tartara della Russia meridionale. **2.** Soldato di cavalleria proveniente da tale popolazione.

còsca s.f. [pl. *–sche*] Raggruppamento mafioso che controlla un territorio. ~ *estens.* Gruppo criminale organizzato. SIN.: **banda**.

còscia s.f. [pl. *–sce*] **1.** Parte dell'arto inferiore compresa tra anca e ginocchio proprio del femore. **2.** *estens.* Analoga parte degli arti degli animali, spec. macellati. *Coscia di pollo.* **3.** Nei pantaloni, parte che corrisponde alla coscia.

cosciàle s.m. **1.** Parte dell'armatura che copriva le cosce. **2.** Parte di indumento per riparare le cosce o i pantaloni all'altezza della coscia. **3.** MED. Parte del letto operatorio su cui poggiano le cosce del paziente. **4.** Parte laterale di una scala in cui si montano i gradini. **5.** In un veicolo, contenitore posto al fianco di un pilota, di un conduttore.

cosciènte agg. **1.** Che manifesta la piena coscienza di sé e dei propri atti. *Cosciente del pericolo.* **2.** Che ha senso di responsabilità. SIN.: **coscienzioso**. **3.** MED. Che ha la capacità di conoscere e riconoscere. SIN.: **lucido**.

coscïènza s.f. (lat. *consciĕntiam*, deriv. di *conscīre* "essere consapevole") **1.** Capacità dell'uomo di riflettere su se stesso e di attribuire un significato ai propri atti. SIN.: **consapevolezza**. ~ *estens.* Capacità di corretta valutazione. **2.** Sentimento interiore che spinge ciascuno a dare un giudizio di valore sui propri atti. – Senso del bene e del male. ◇ *Avere la coscienza tranquilla:* non avere nulla da rimproverarsi; non sentirsi colpevole. – *Avere qlco. sulla coscienza:* avere qlco. di grave da rimproverarsi. – *Caso di coscienza:* problema morale molto difficile da risolvere. – *In coscienza:* onestamente, sinceramente. **3.** Percezione, conoscenza più o meno chiara che ciascuno può avere del mondo esterno e di sé. ◇ *Perdere, riprendere coscienza:* svenire, rinvenire. **4.** *estens.* Consapevolezza del proprio ruolo, delle proprie responsabilità in campo sociale. SIN.: **coscienziosità**. ~ Serietà professionale, impegno. ◇ *Coscienza di classe:* per i marxisti, insieme delle rappresentazioni ideologiche e dei comportamenti sociali che dimostrano l'appartenenza a una determinata classe sociale. **5.** Uomo in quanto caratterizzato da attività spirituale. **6.** PSICOL. Funzione psichica identificabile con la stessa soggettività dell'uomo.

coscienzióso agg. **1.** Che dà prova di probità, di coscienza professionale. *Medico coscienzioso.* **2.** Eseguito con cura e precisione. *Lavoro coscienzioso.*

còscio s.m. [pl. *–sci*] Coscia di animale macellato, tagliata dal resto del corpo.

cosciòtto s.m. **1.** Nel sign. del dim. *coscio*; in partic., coscia di ovini. **2.** *scherz.* Riferito alle cosce dei bimbi piccoli che sono piene, rotonde.

coscritto agg. ANT. ROM. *Padri coscritti*: i senatori romani. ◆ s.m. MIL. Soldato di leva, recluta.

coscrivere v.tr. [30] MIL. Iscrivere i giovani abili nelle liste di leva. SIN.: **arruolare**.

coscrizióne s.f. (fr. *conscription*, lat. *conscriptiōnem* "redazione") MIL. Iscrizione di giovani nelle liste di leva.

cosecànte s.f. MAT. Funzione trigonometrica reciproca del seno.

coséno s.m. MAT. Funzione associata a un arco di un cerchio di formula $\widehat{AM}$, o all'angolo al centro $\widehat{AOM}$ che corrisponde al quoziente delle misure algebriche di OP e di OA, dove P è la proiezione ortogonale di M sulla retta OA (simb. cos).

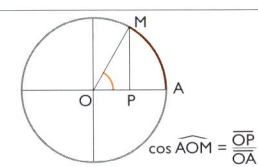

■ coséno

cosentino agg. Di Cosenza. ◆ s.m. [f. –*na*] Nativo, abitante di Cosenza. ~ (iniziale maiusc., solo sing.) Territorio nei dintorni di Cosenza.

cosfimetro s.m. ELETTR. → **fasometro**.

così avv. 1. In questo modo, con riferimento a quanto detto subito prima o subito dopo. *Così va il mondo*. ◇ *Così così*: in modo mediocre, né bene né male; *fam.* in funzione di agg., mediocre, scadente. *Ha comprato un magliore così così. – Basta così*: non occorre altro. 2. Nello stesso modo (in correlazione a *come*). *Come tu hai fatto a me, così io faccio a te.* 3. Tanto, talmente. *Da anni non faceva così freddo.* ❑ In funzione di agg. inv., tale, siffatto, simile. *Con gente così non si può parlare.* ❑ In funzione di cong. 1. In modo che, affinché. *Dammi la spesa, così la sistemo.* 2. Quindi, di conseguenza. *Eravamo già ben pronti dalla sera e così, di buon mattino, siamo partiti.*

cosiddétto agg. Denominato, chiamato così. *Sarebbe lui il cosiddetto specialista?*

cosinusòide s.f. MAT. Grafico cartesiano della funzione coseno.

cosmèsi s.f. inv. 1. Cura della bellezza del corpo e del viso. ~ **cosmetica**. 2. *fig.* Cambiamento superficiale che modifica l'aspetto di qlco. senza incidere sulla sostanza.

cosmètico agg. [pl.m. –*ci*, f. –*che*] 1. Si dice di ogni preparazione non medicale destinata alla cura del corpo e del viso. ◆ s.m. Prodotto di bellezza.

cosmetologìa s.f. MED. Branca della dermatologia che studia la pelle in rapporto alle sue caratteristiche estetiche.

cosmetòlogo s.m. [f. –*ga*, pl.m. –*gi*, f. –*ghe*] Specialista in cosmesi.

còsmico agg. [pl.m. –*ci*, f. –*che*] 1. Relativo all'universo, al cosmo. *Leggi cosmiche.* ◇ ASTROFIS. *Raggi cosmici*: radiazioni costituite principalmente da protoni ed elioni che provengono dallo spazio. 2. Universale, totale. ◇ *Pessimismo cosmico*: definizione critica di una fase del pensiero di G. Leopardi, caratterizzata dal convincimento del senso della totale infelicità dell'uomo.

còsmo s.m. (gr. *kósmos* "ordine") 1. Universo considerato nel suo insieme come entità complessa e ordinata. 2. Spazio siderale.

cosmòdromo s.m. 1. Base di lancio di navi spaziali. *Cosmodromo di Baïkonour.* 2. Nella fantascienza, stazione spaziale.

cosmogonìa s.f. Formazione, origine dell'universo. ~ **estens.** Complesso di miti e di teorie scientifiche che ne offrono una spiegazione.

cosmogònico agg. [pl.m. –*ci*, f. –*che*] Relativo alla cosmogonia.

cosmografìa s.f. 1. Descrizione dei sistemi astronomici dell'universo. 2. GEOGR. Studio della Terra come corpo celeste.

cosmogràfico agg. [pl.m. –*ci*, f. –*che*] Relativo alla cosmografia.

cosmògrafo s.m. [f. –*fa*] Studioso specializzato in cosmografia.

cosmologìa s.f. Scienza che studia la struttura e l'evoluzione dell'universo fisico. ~ FILOS. Ricerca sull'origine e sul fine dell'universo.

cosmològico agg. [pl.m. –*ci*, f. –*che*] Relativo alla cosmologia.

cosmòlogo s.m. [f. –*ga*, pl.m. –*gi*, f. –*ghe*] Specialista in cosmologia.

cosmonàuta s.m. e f. [pl.m. –*ti*] Chi naviga nello spazio. SIN.: **astronauta**.

cosmonàutica s.f. [non com. pl. –*che*] → **astronautica**.

cosmonàve s.f. → **astronave**.

cosmopolita s.m. e f. [pl.m. –*ti*] (fr. *cosmopolite*, gr. *kosmopolítēs* comp. di *kósmos* "mondo" e *polítēs* "cittadino") Chi viaggia e dimora in varie parti del mondo. ~ **estens.** Chi, considerandosi cittadino del mondo, non ha pregiudizi e apprezza culture e costumi diversi. ❑ In funzione di agg. 1. Proprio del cosmopolita. *Mentalità cosmopolita.* 2. Aperto a tutte le culture, a tutte le abitudini. *Città cosmopolita.* 3. BIOL. Si dice di una specie che vive in quasi tutte le regioni del mondo.

cosmopolitismo s.m. 1. Dottrina che considera il mondo come un unico stato di cui gli uomini sono i cittadini. 2. Carattere di ciò che è cosmopolita.

cosmoràma s.m. [pl. –*mi*] Apparecchio in uso un tempo che, grazie a un fenomeno di illusione ottica, consentiva di vedere quadri panoramici ingranditi e in rilievo.

còso s.m. *fam.* Designa qlco. o qlcu. di cui non si sa il nome o di cui il nome non viene immediatamente in mente. *Cos'è questo coso? ~ spreg.* Oggetto o persona brutta.

cospàrgere v.tr. [21] 1. Spargere in abbondanza qlco. SIN.: **disseminare**. 2. Rivestire, ricoprire una certa superficie di qlco. *Cospargere la torta di zucchero a velo.*

cospètto s.m. *locc. prep.* Al cospetto di qlcu., in cospetto di qlcu.: alla vista, alla presenza di qlcu.

cospìcuo agg. (lat. *conspícuum* "visibile") 1. Notevole, importante. *Personaggio, caso cospicuo.* 2. Di rilevante quantità. *Patrimonio cospicuo.*

cospiràre v.intr. (aus. *avere*) 1. Di persona, avere intese segrete, general. di natura politica, contro un'autorità o un'istituzione. *Cospirare contro lo stato.* SIN.: **complottare**. 2. *fig.* Con soggetto astratto, concorrere, contribuire a un dato risultato. *Le circostanze cospirano a suo favore.*

cospiratóre s.m. [f. –*trice*] Chi prende parte a una cospirazione. SIN.: **congiurato**.

cospirazióne s.f. 1. Intesa segreta di carattere sovversivo. SIN.: **complotto**. 2. *fig.* Concorso di elementi o accordo tra persone, spec. non palese anche se onesto, rispetto a un dato fine. *Le sue disgrazie sembrano quasi una cospirazione del destino.*

Còssidi s.m. pl. [iniziale minusc. sing. –*de* per l'individuo] ZOOL. Famiglia di insetti diffusi in Europa, Asia e Australia, di dimensioni notevoli, con corpo massiccio. (Ordine dei Lepidotteri.)

còsso s.m. Grossa farfalla notturna il cui bruco scava gallerie nel tronco degli alberi, spec. olmi e pioppi. (Apertura alare 6-9 cm; Famiglia dei Cossidi.)

còsta s.f. 1. ANAT. *estens.* Ognuna delle ossa piatte, arcuate e allungate, che formano la parete toracica articolandosi posteriormente con le vertebre e anteriormente con lo sterno. 2. In un oggetto, lato di maggior spessore o che ha la funzione di raccordare o tener fermi i singoli elementi. ◇ *Costa del coltello, della spada*: il margine opposto al taglio. – *Di costa*: di fianco, di lato. 3. Nelle foglie, nervatura centrale. ~ *estens.* Foglia di alcuni ortaggi. *Costa di cardo.* 4. Riga in rilievo sulla superficie di un tessuto. *Velluto a coste.* ◇ *Punto a coste*: nel lavoro a maglia, alternanza di punti dritti e rovesci che crea un effetto di linee in rilievo. 5. Negli scafi, ciascuno degli elementi curvilinei che si dipartono dalla chiglia e su cui si fissa il fasciame che viene così sostenuto e raccordato con la chiglia stessa. 6. Litorale marino. *Costa frastagliata. ~ estens.* Paese, regione che si affaccia sul mare. *Visitare le coste del Mediterraneo.* 7. Pendio, declivio di un monte, di una collina. ~ *estens.* Rasente a qlco. *Correre costa costa a una staccionata.*

costàle agg. ANAT. Di costa. ◇ *Arco costale*: profilo inferiore della gabbia toracica.

costantàna s.f. Lega di rame e di nichel (general. 40%) la cui resistività elettrica è praticamente indipendente dalla temperatura.

costànte agg. 1. Risoluto, perseverante, invariato. SIN.: **stabile**. ◇ *Venti costanti*: che spirano sempre nella stessa direzione e con la stessa intensità. 2. Con riferimento a persona, tenace, perseverante, saldo nella volontà, nelle idee. ◆ s.f. 1. MAT., FIS. Grandezza il cui valore resta invariato anche quando gli altri parametri con cui è in relazione mutano. ~ Simbolo con cui è rappresentata. ~ Valore numerico di certe grandezze (temperatura di fusione, di ebollizione, densità, ecc.) che permette di caratterizzare un corpo. ◇ CHIM. *Costante fondamentale, universale*: grandezza il cui valore è indipendente dal sistema dinamico in cui si misura e che compare nella formulazione di alcune leggi fondamentali. (La carica dell'elettrone e il numero di Avogadro sono costanti universali.) 2. *estens.* Elemento che ricorre immutato in una forma di pensiero, in una cultura, in un genere o in un'opera d'arte, in una personalità.

costànza s.f. 1. Inalterabilità, continuità di una caratteristica. *Costanza di rendimento di un motore.* SIN.: **regolarità**. 2. In ambito morale, perseveranza, tenacia, fermezza. *Avere costanza negli affetti.* 3. Nel I. sc., invariabilità di un parametro al variare degli altri a esso correlati. SIN.: **uniformità**. ◇ *Costanza delle leggi di natura*: principio secondo cui a uguali effetti naturali corrispondono uguali cause.

costàre v.intr. (aus. *essere*) (lat. *constāre* "stare fermo" poi "valere") 1. Avere un dato prezzo. *Quanto costa questo vaso?* ◇ *Costare caro, salato*: avere un prezzo alto. *Questa negligenza rischia di costargli caro.* ~ *fig. fam. Costare un occhio della testa*: costare molto caro. 2. *fig.* Pesare, rincrescere a qlcu. *Il silenzio mi è costato.* ◆ v.tr. *fig.* Richiedere, esigere qlco. come contropartita. *La conquista della libertà è costata lacrime e sangue.* SIN.: **comportare**.

costaricàno agg. Del Costa Rica. ◆ s.m. [f. –*na*] Nativo, abitante del Costa Rica.

costàta s.f. Taglio di carne che comprende la parte superiore delle coste di un bovino o suino, e le vertebre dorsali. SIN.: **braciola**.

costàto s.m. 1. ANAT. Gabbia toracica, torace. 2. MACELL. Negli animali macellati, parte corrispondente alla gabbia toracica.

costeggiàre v.tr. [5] 1. Navigare a poca distanza dalla costa. *Costeggiare un'isola.* 2. Detto di strade, corsi d'acqua, ecc., passare accanto a qlco. *Il sentiero costeggia il bosco.* 3. Detto di soggetti animati, camminare, muoversi lungo un margine, rasente un certo luogo o una qualche struttura. *Costeggiare il muro.* 4. AGR. Spianare con l'aratro le zolle tra due solchi.

costellàre v.tr. 1. *non com.* Punteggiare il cielo di stelle. 2. *fig.* Essere presente qua e là su una certa superficie, rendendola più bella. *Fiori variopinti costellano il prato.* 3. Cospargere una superficie di qlco. *Costellare di fiori il percorso del corteo.*

costellàto agg. 1. Punteggiato di stelle. 2. *fig.* Disseminato, cosparso di luci o forme colorate.

costellazióne s.f. 1. ASTR. Insieme di stelle che appaiono prossime le une alle altre e in posizione reciproca costante così da consentire alla fantasia umana di collegarle in figure di esseri mitologici, di animali, di oggetti. *Le dodici costellazioni dello zodiaco.* 2. *fig.* Insieme di entità similari situate in uno spazio o una superficie. *Costellazione di isolotti.* ~ Gruppo di persone che spiccano per qualche loro caratteristica.

costernàre v.tr. (lat. *consternāre*, deriv. di *constĕrnere* "stendere, mettere a terra") Gettare qlcu. nel più grande sconforto. SIN.: **abbattere**.

costernàto agg. Interiormente abbattuto, afflitto.

costernazióne s.f. Scoraggiamento, abbattimento causato da un evento infelice.

costì avv. In codesto luogo, indicato come vicino a chi ascolta.

costièra s.f. **1.** Tratto di costa, spec. alta e frastagliata. ~ *estens.* Zona di terraferma immediatamente retrostante. *Costiera amalfitana.* **2.** Costa montana, pendio. **3.** MAR. Ciascuna delle barre di legno che, messe di costa a un albero a vele quadre, sostengono la base della coffa.

costièro agg. **1.** Della costa. ◇ *Navigazione costiera:* effettuata lungo le coste. – *Traffico costiero:* commercio tra approdi e porti delle coste di uno stesso stato. **2.** MAR. *Barra costiera:* nelle navi a vela, ciascuna delle due traverse di legno che in ogni albero sostengono la coffa e le crocette.

costìna s.f. **1.** Nel sign. del dim. di *costa*. **2.** Costoletta di maiale.

costing [/'kostiŋ/] s.m. inv. (voce ingl., deriv. di *cost* "costo") Rilevazione dei costi aziendali.

costipaménto s.m. **1.** LAV. PUB. Operazione che ha lo scopo di compattare un suolo e di aumentarne la consistenza, la resistenza. **2.** Costipazione.

costipànte agg. Di sostanza, di farmaco che inibisce i movimenti peristaltici dell'intestino provocando stitichezza. ◆ s.m. Nel sign. dell'agg.

costipàre v.tr. **1.** AGR., COSTR. Sottoporre a compattamento un terreno. **2.** MED. Causare costipazione, rendere stitico o raffreddato qlcu. ◆ **costiparsi** v.pron. Diventare stitico oppure prendersi un raffreddore.

costipàto agg. **1.** Stipato, ingombro. **2.** Di persona, affetto da raffreddore o da stitichezza.

costipatóre s.m. AGR. Macchina costituita da un grosso rullo dalla superficie liscia, utilizzata per spianare le zolle di terra.

■ **costipatóre**

costipazióne s.f. **1.** Compressione di un terreno organico. **2.** MED. Stitichezza, ritardo nell'evacuazione delle feci. ~ Raffreddore. *Costipazione bronchiale.*

costituèndo agg. Che sta per essere costituito, che deve essere costituito.

costituènte agg. **1.** Che dà luogo alla formazione, alla composizione di qlco. **2.** *Assemblea costituente:* collegio di rappresentanti eletti dal popolo che hanno l'incarico e il potere di stendere o modificare la costituzione di uno Stato. – *Fase costituente:* il periodo di tempo in cui si elabora una costituzione. ◆ s.m. **1.** (anche f.) Membro di un'assemblea costituente. **2.** CHIM. Ogni elemento di un composto. **3.** LING. Elemento sintattico che fa parte di una proposizione e che a sua volta può essere formato da diversi elementi.

costituìre v.cop. [83] Essere, rappresentare, assumere un determinato aspetto o significato. *Il fatto non costituisce reato.* ◆ v.tr. **1.** Creare un gruppo o un'associazione con un atto deliberato, fissandone modi di essere e struttura. SIN.: **istituire**. **2.** Dare forma a qlco. per accumulo, per somma dei suoi componenti. *Costituire un patrimonio enorme.* **3.** Dichiarare, nominare qlcu. con un certo titolo, spec. in materia di diritto. ◇ *Costituire in mora qlcu.:* dichiarare la sua morosità. **4.** Venire a formare un tutto organico. *Cinque appartamenti costituiscono un discreto patrimonio.* ◆ **costituirsi** v.pron. **1.** Formarsi. *Si stanno costituendo molti comitati per l'ambiente.* **2.** Consegnarsi spontaneamente alla giustizia. **3.** DIR. Assumere un ufficio o un dato ruolo processuale. *Costituirsi arbitro fra le parti.* SIN.: **dichiararsi**. ◇ *Costituirsi parte civile:* nel processo penale, esercitare un'azione civile chiedendo il risarcimento dei danni causati dal reato.

costituìto agg. **1.** Istituito per legge, legittimo. *Potere costituito.* **2.** Formato, composto. *Un gruppo costituito di sole donne.*

costitutìvo agg. **1.** Che rientra nella formazione, nella composizione di qlco. *Principio costitutivo di una legge.* **2.** CHIM., FIS. Di proprietà dipendente dalla costituzione atomica o molecolare di una sostanza. **3.** DIR. Relativo a un atto che fonda o modifica un rapporto giuridico.

costituzionàle agg. (ingl. *costitutional*) **1.** Conforme, attinente alla costituzione di un paese. *Procedura costituzionale.* ◇ *Carta costituzionale:* costituzione. – *Stato costituzionale:* quello fondato su una costituzione. **2.** Relativo al carattere, alla natura intima di un luogo, di un fenomeno. *Il fenomeno dell'acqua alta è un fatto costituzionale a Venezia.* **3.** MED. Relativo alla costituzione fisica di un individuo. *Malattia costituzionale.*

costituzionalismo s.m. (ingl. *costitutionalism*) DIR. Dottrina che propugna la fondazione di uno stato costituzionale in cui i poteri legislativo, esecutivo e giudiziario siano separati e in cui siano sanciti i diritti e i doveri dei cittadini.

costituzionalista s.m. e f. [pl.m. –*sti*] **1.** DIR. Giurista specialista di diritto costituzionale. **2.** Medico, psicologo della scuola costituzionalistica.

costituzionalità s.f. inv. DIR. Conformità alla costituzione di uno Stato.

costituzióne s.f. **1.** Formazione, fondazione, istituzione. *Costituzione di un governo.* ◇ *Costituzione di capitali all'estero:* illecito trasferimento e accumulazione di valuta all'estero. **2.** Costituzione fisica dell'essere umano. *Certificato di sana e robusta costituzione.* **3.** Modo in cui qlco. è costituito, insieme degli elementi che lo compongono. *Costituzione dell'aria.* **4.** DIR. Insieme delle norme che stabiliscono la forma di un governo, l'ordinamento dello stato, i diritti e i doveri dei cittadini, determina l'organizzazione delle cariche pubbliche, ecc. *Giurare fedeltà alla Costituzione.* ◇ *Costituzione materiale:* quella effettivamente vigente nella realtà politica. – *Costituzione rigida:* quando è prevista una procedura speciale per la sua modificazione. **5.** (spec. pl.) Atti normativi di carattere generale emanati dai sovrani o dal Papa e dal concilio. *Costituzioni imperiali.* **6.** DIR. Atto con cui una persona si consegna alla giustizia per essere giudicata. ◇ *Costituzione di parte civile:* domanda di risarcimento dei danni formulata dinanzi a un tribunale penale da una persona che si dichiara parte lesa. – *Costituzione in giudizio:* attività della parte che direttamente o per mezzo di un avvocato si presenta dinanzi al giudice per formulare una domanda od opporsi a una domanda altrui.

còsto s.m. **1.** Spesa che occorre sostenere per entrare in possesso di un bene (producendolo o acquistandolo) o per usufruire di un servizio. ◇ *Sotto costo:* a un prezzo inferiore a quello di produzione. – *Costo della vita:* valore stimato delle spese sostenute per beni e servizi primari in un determinato periodo di tempo. – *Costo di produzione:* costo di produzione industriale di un bene. – *Costo di distribuzione:* divario tra il prezzo di vendita di un prodotto al consumatore e il prezzo di produzione. – *Costo fisso:* quello che, nel periodo breve, non dipende dalla quantità di beni prodotta. – *Costo variabile:* quello che varia al variare della quantità prodotta. – *Costo marginale:* aumento del costo totale che deve essere sopportato per ottenere un'unità di prodotto addizionale. – *Costo del lavoro:* insieme di retribuzioni, oneri contributivi e accantonamenti per l'indennità di liquidazione, che l'imprenditore deve corrispondere per ottenere la disponibilità del fattore lavoro. – *Costo del denaro:* somma, comprensiva degli interessi e di altri oneri, che si deve restituire a chi ha erogato un prestito. **2.** *fig.* Onere, sacrificio, disagio che si deve sostenere per ottenere qlco. ◇ *A tutti i costi:* in qualsiasi modo anche se difficile, ingrato, con ostinazione e tenacia. – *loc. prep. e cong. A costo di:* a rischio di, anche se.

còstola s.f. **1.** Ogni osso prolungato e incurvato che forma la gabbia toracica. ◇ *figg. Stare alle costole di qlcu.:* stargli vicino, controllarlo. – *Avere qlcu. alle costole:* averlo sempre dietro, essere tallonato. **2.** Lombata dell'animale macellato con esclusione del filetto. **3.** Parte della rilegatura di un libro che riunisce le pagine. **4.** Costa di una foglia. **5.** MAR. Costa dello scafo. **6.** ARCH. Costola di un arco: costolone.

costolétta s.f. Negli animali macellati, fetta tagliata nel costato.

costolóne s.m. **1.** ARCH. Elemento strutturale delle volte o delle cupole di cui suddivide la superficie e convoglia le spinte ai pilastri di sostegno. **2.** Declivio montano.

costóne s.m. Scarpata rocciosa in un rilievo di montagna. ~ Sporgenza morenica o rocciosa emergente da un ghiacciaio.

costóso agg. **1.** Che ha un prezzo elevato. *È un viaggio molto costoso.* SIN.: **dispendioso**. **2.** *fig.* Che esige sacrifici. *Ipotesi costosa.*

costringere v.tr. [20] Obbligare qlcu. a fare qlco., sottoporre qlcu. a un compito penoso, difficile. *Costringere il nemico alla resa, alla fuga.* ◆ **costringersi** v.pron. Imporsi di fare o non fare qlco.

costrittivo agg. **1.** Che obbliga, coercitivo. **2.** LING. *Consonante costrittiva:* caratterizzata da un rumore d'attrito causato dalla riduzione del condotto vocale (p.e. *f* e *v*). SIN.: **fricativa**. **3.** MED. Che tiene stretto, che comprime. *Fasciatura costrittiva.*

costrittóre agg. [f. –*trice*] Che restringe. ◇ ANAT. *Muscolo costrittore:* muscolo che ha la funzione di restringere il volume di un organo.

costrizióne s.f. **1.** Pressione morale o fisica esercitata su qlcu. *Ottenere qualcosa per costrizione.* **2.** MED. Restringimento, oppressione, riduzione di volume.

costruìre v.tr. [83] **1.** Ideare ed eseguire un manufatto. *Costruire automobili.* SIN.: **fabbricare**. ~ Edificare opere in muratura. *Costruire un ponte.* ◇ *fig. Costruire sulla sabbia:* fare qlco. senza che ci siano solidi presupposti. **2.** *fig.* Elaborare, concepire qlco., nell'ambito intellettuale. *Costruire una teoria.* **3.** GEOM. Rappresentare graficamente un'entità geometrica. **4.** LING. Dare a un enunciato la struttura sintattica e grammaticale prevista dalle norme linguistiche. **5.** SPORT. Nel calcio, effettuare una manovra secondo schemi prestabiliti. ◆ **costruirsi** v.pron. **1.** Edificare qlco. per sé. *Costruirsi la casa.* **2.** *fig.* Inventare qlco. per sé. *Si costruì un alibi perfetto.*

costruttivìsmo s.m. (russo *konstruktivizm*) **1.** Movimento dell'avanguardia artistica e rivoluzionaria russa degli anni successivi al 1915, secondo il quale l'arte da rappresentativa diventa informativa e pittura e scultura, in partic., devono trasformarsi da rappresentazione in costruzione di forme. **2.** MAT. Approccio metodologico in base al quale gli enti matematici devono essere definiti mediante un procedimento costruttivo. **3.** FILOS. Teoria epistemologica, sviluppatasi in Germania, che considera le teorie e i concetti scientifici costruzioni linguistiche riducibili a conoscenze elementari empiricamente evidenti.

ENCICL. Il costruttivismo è inizialmente di natura spirituale ed estetica nelle opere dei fratelli Gabo e Pevsner, autori del *Manifesto realista* (1920), ma anche in Malevitch: tutti e tre, nello stesso periodo, ricercano nelle opere di scultura o pittura linee e piani che siano espressione dell'essenza dell'universo. Il movimento, al contrario, si orienta verso realizzazioni pratiche con Tatlin (i "Controrilievi", assemblaggi del 1914), raggiungendo verso il 1923, con Malevitch e Lissitzky, uno stesso intento di applicazione all'architettura, alla progettazione, alle arti grafiche. In occidente, alcuni movimenti danno risalto al costruttivismo in senso ampio, come la scultura

■ Il costruttivismo

Secondo Tatlin, con il costruttivismo l'artista diventa ingegnere e produttore, socialmente impegnato nella trasformazione del mondo. Da qui l'audacia della torre della III Internazionale e la ricchezza del design sovietico degli anni '20 del Novecento, sia per quanto riguarda l'arte della scenografia sia per la ridefinizione di oggetti di uso comune. Quanto all'architettura di Rietveld, essa rispecchia perfettamente le tendenze moderniste dell'epoca.

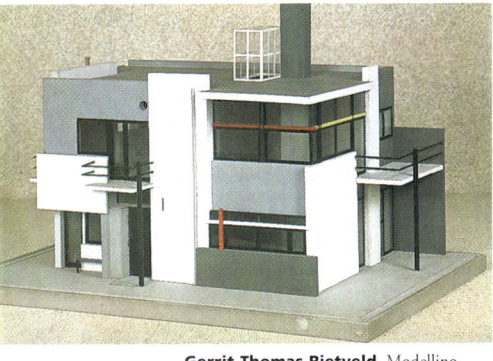

Vladimir Tatlin. Modellino in legno (1920) del Monumento alla III Internazionale: torre a elementi mobili di 400 m di altezza (foto d'epoca).

Gerrit Thomas Rietveld. Modellino della casa costruita a Utrecht nel 1924 per la signora Schröder-Schräder: rappresenta la realizzazione architettonica delle teorie del gruppo De Stijl.
(Stedelijk Museum, Amsterdam.)

Alexandra Exter. Progetto di scenografia (1924). Questa artista russa, legata alle avanguardie, a partire dal 1916 ha decisamente rivoluzionato l'arte dell'allestimento scenico teatrale.
(Coll. priv.)

Anton Pevsner. *Proiezione nello spazio* (1927), bronzo. Linee in tensione dinamica, in contrasto con la massa e i pieni della struttura tradizionale.
(Museum of Art, Baltimora.)

---

astratta di tendenza geometrica (l'arte cinetica ne è un esempio).

costruttìvo agg. **1.** Che serve a costruire, che riguarda la costruzione. *Tecnica costruttiva.* **2.** *fig.* Efficace da un punto di vista pratico, positivo. *Atteggiamento costruttivo.* ◇ *Critica costruttiva:* quella che non si limita a evidenziare i lati negativi di una cosa, ma indica come ovviare a essi.

costrùtto s.m. **1.** GRAMM. Modo in cui i sintagmi sono sistemati in una frase. ~ Struttura sintattica. **2.** *estens.* Significato logico di una frase, di un'espressione. **3.** *fig.* Risultato concreto, proficuo. SIN.: **profitto.**

costruttóre agg. [f. *–trice*] Che costruisce, fabbrica, fonda qlco. *Impresa costruttrice.* ◆ s.m. (anche f.) Chi fabbrica, chi ha un'impresa di costruzioni.

costruzióne s.f. **1.** Fase di attuazione di un'opera. *La costruzione di una casa.* SIN.: **edificazione.** ~ Fabbricazione di qlco. ◇ *Scienza delle costruzioni:* branca dell'ingegneria civile che studia i problemi connessi alla stabilità delle opere edificate. **2.** Opera, manufatto realizzati, in partic. edificio. *Costruzione in pietra.* ~ Insieme dei materiali e delle modalità tecniche impiegati in una costruzione. *Palazzo di solida costruzione.* **3.** *fig.* Disposizione delle singole parti di un'opera artistica o letteraria dipendente da scelte stilistiche. **4.** LING. Struttura sintattica. SIN.: **costrutto.** ◇ *Costruzione diretta:* quando le parole sono disposte nell'ordine che una lingua ritiene normale, non marcato (in italiano: soggetto + verbo + complemento oggetto). – *Costruzione inversa:* ordine marcato, non convenzionale delle parole. **5.** GEOM. Procedimento con cui si giunge a rappresentare graficamente una figura geometrica. *Costruzione di un triangolo.*

costùme s.m. **1.** Abitudine invalsa, modo usuale di agire, di pensare. ~ *estens.* Modo di essere di un animale. *È costume del cane abbaia-*re ai passanti. **2.** Comportamento individuale da cui si evince la moralità di una persona. ◇ *Donna di facili costumi:* che si concede facilmente; *eufem.* prostituta. **3.** (spec. pl.) Usanze, tradizioni, comportamenti prevalenti di una collettività indicativi della sensibilità morale e dei gusti. **4.** Abbigliamento tipico di un paese, di una regione o di un'epoca. *Costume greco, scozzese.* ~ Indumento, vestito proprio di particolari situazioni o occasioni. ◇ *Costume da bagno:* indumento usato per fare il bagno e per prendere il sole. – *Costume di scena:* quello indossato da un attore mentre recita.

costumìsta s.m. e f. [pl.m. *–sti*] **1.** Persona che realizza, vende o affitta costumi da teatro, per il cinema, ecc. **2.** Tecnico che si occupa dei costumi di uno spettacolo.

costùra s.f. Cucitura a orli ripiegati che risulta in rilievo. *Costura delle calze.*

cotangènte s.f. MAT. Funzione trigonometrica reciproca della tangente (simb. *cotg* o *cot* o *ctg*).

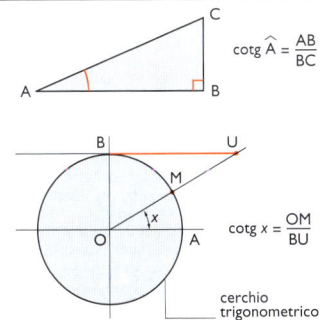

$$\text{cotg } \widehat{A} = \frac{AB}{BC}$$

$$\text{cotg } x = \frac{OM}{BU}$$

cerchio trigonometrico

■ **cotangènte**

còte s.f. Pietra naturale dura usata per affilare ferri da taglio.

cotechìno s.m. CUC. Insaccato da consumarsi cotto, formato da un trito di carne di maiale e cotiche.

coténna s.f. **1.** Pelle spessa, coriacea, setolosa, propria del maiale e del cinghiale. **2.** *spreg.* Pelle dell'uomo, spec. quella del capo. **3.** *estens.* Superficie spessa, in partic. crosta o corteccia.

cótica s.f. [pl. *–che*] **1.** *region.* Cotenna del maiale. *Fagioli con le cotiche.* **2.** AGR. Strato superficiale di un terreno erboso costituito dall'intrico di radici delle piante erbacee e dai loro residui morti.

cotidàle agg. (ingl. *cotidal*) OCEANOGR. Di linea che in una rappresentazione cartografica unisce tutti i punti aventi contemporaneamente il massimo di marea.

còtile s.m. **1.** ANT. GR. Unità di misura di capacità per aridi. **2.** ANAT. Cavità articolare di un osso. ~ Cavità dell'osso iliaco.

cotilèdone s.m. (lat. *cotylēdonem*, gr. *kotylēdōn* deriv. di *kotýlē* "ciotola, cavità" con riferimento all'incavo proprio delle foglie) BOT. Foglia che si trova nel seme delle Angiosperme come parte dell'embrione della pianta e che costituisce una riserva alimentare o il primo organo del germoglio capace della fotosintesi. SIN.: **embriofillo.**

cotillon [/kɔti'jɔ̃/] s.m. inv. (voce fr., deriv. di *cotte* "sottoveste" da cui il sign. di danza per il suo ondeggiare) **1.** Coriandoli, stelle filanti, ventagli, piccoli regali offerti in occasioni di feste, balli, spettacoli. **2.** MUS. Danza di origine francese, simile alla quadriglia, diffusa in Europa nei secc. XVIII e XIX.

cotiloidèo agg. ANAT. Del cotile.

cotìssa s.f. (fr. *cotice*, deriv. di *cotte* "gonna") ARALD. Banda diminuita di metà larghezza.

cotógna s.f. Frutto giallo del cotogno, di forma allungata, utilizzato in pasticceria.

cotognàta s.f. Marmellata di mele cotogne.

cotógno s.m. (lat. *cotōneum*, gr. *Kydṓnios* "di Cidonia" antica città dell'isola di Creta donde si riteneva fosse originaria la pianta) Albero da frutto provvisto di foglie ovali coperte di peluria nella pagina inferiore e fiori bianco rosati, che produce mele profumate e aspre adatte per marmellate. (Genere *Cydonia*; famiglia delle Rosacee.) ◇ *Cotogno del Giappone*: grazioso arbusto con fiori bianchi, rosa o rossi e frutto simile a una piccola mela. (Nome sc. *Chaenomeles japonica*.) ❑ In funzione di agg. *Mela cotogna*.

cotolétta s.f. (fr. *côtelette*, deriv. di *côte* "costola") CUC. Fettina di carne impanata e fritta. ◇ *Cotoletta alla milanese*: fettina passata nell'uovo, impanata e fritta nel burro.

cotonàre v.tr. **1.** Lavorare un tessuto in modo che assomigli al cotone. **2.** Tecnica consistente nel pettinare al contrario i capelli, ciocca a ciocca dalla punta alla radice, per creare volume; anche pron. *Non (mi) cotonare i capelli!*

cotonàta s.f. Tessuto di cotone stampato.

cotonàto agg. **1.** Che è imbottito di cotone o che ha l'aspetto del cotone. **2.** Che è stato sottoposto a cotonatura. *Capelli cotonati*. ◆ s.m. Tessuto di cotone o misto di cotone e altre fibre.

cotóne s.m. (ar. *quṭun*) **1.** Pianta erbacea o arbustiva, annua o bienne, provvista di foglie grandi lobate, fiori a calice general. gialllini, frutto a capsula, i cui semi sono rivestiti da una peluria bianca usata come fibra tessile. (Altezza 0,5-1,5 m; genere *Gossypium*, famiglia delle Malvacee.) **2.** Fibra tessile naturale che si ricava dai semi del cotone. ~ Filo o tessuto che si fabbrica con questa fibra. **3.** Peluria dei semi di cotone trattata per usi medici o altro, che si presenta come soffici fiocchi. SIN.: **ovatta**. ◇ *Cotone idrofilo*: preparato mediante sgrassamento e imbianchimento del cotone cardato. **4.** *Cotone fulminante* → **fulmicotone**.

fiori e foglia

frutto

■ cotóne

Cotoneàstro s.m. BOT. Genere di arbusti ornamentali con foglie piccole e fiori bianchi o rosa. (Famiglia delle Rosacee.)

cotonicoltùra s.f. Coltivazione del cotone.

cotonière s.m. [f. *–ra*] **1.** Commerciante o industriale nel settore del cotone. **2.** Operaio che lavora in un cotonificio.

cotonièro agg. Del cotone.

cotonificio s.m. [pl. *–ci*] Fabbrica in cui si lavora il cotone.

cotonizzàre v.tr. Trattare una fibra tessile in modo da renderla simile al cotone.

cotonóso agg. **1.** Che presenta una percentuale di cotone. **2.** Che ha l'aspetto del cotone. ~ Si dice di vegetale o frutto coperto di peluria, come il seme del cotone.

1. còtta s.f. (fr. *cotte* di orig. germ.) **1.** Tunica con maniche lunghe e larghe indossata da uomini e donne fino al Rinascimento. **2.** Maglia di ferro lunga fino a metà coscia e completa di maniche, indossata dagli uomini d'arme nel Medioevo, prima dell'introduzione dell'armatura. **3.** CATT. Veste liturgica, bianca, a maniche lunghe e lar-

ghe, che discende fino al ginocchio ed è indossata dai sacerdoti o dai chierichetti direttamente sulla talare.

2. còtta s.f. **1.** Cottura rapida, non completa. SIN.: **scottata**. **2.** Quantità di materiale cotto in una sola volta. SIN.: **fornaciata**. **3.** *fig.* Ubriacatura, sbornia. ~ Innamoramento forte e passeggero. SIN.: **infatuazione**. **4.** SPORT. Stato di debolezza, di depressione conseguente a uno sforzo atletico a cui si è impreparati o ad abuso di eccitanti.

cottage [/'kɔtɪdʒ/] s.m. inv. (voce ingl., fr. *cotage* deriv. di germ. *kote* "capanna") Villino di campagna rustico ed elegante.

Còttidi s.m. pl. [iniziale minusc. sing. *-de* per l'individuo] ZOOL. Famiglia di pesci teleostei perlopiù marini; hanno testa grossa munita di spine e corpo allungato con due pinne dorsali. (Ordine dei Perciformi.)

cottimista s.m. e f. [pl.m. *–sti*] Chi lavora a cottimo.

còttimo s.m. Sistema di retribuzione che varia in base alla quantità di lavoro compiuto, indipendentemente dal tempo impiegato. ~ Lavoro così retribuito.

còtto agg. **1.** Che ha subito il processo di cottura. ◇ *fig. Né cotto né crudo*: di ciò che non è né bello né brutto, né buono né cattivo, incerto. – *Farne di cotte e di crude*: compiere ogni genere di stranezze. **2.** *estens.* Riarso, bruciato. **3.** *fig. fam.* Ubriaco, sbronzo. ~ Innamorato perso. **4.** *gerg.* Di atleta che ha un vistoso calo di prestazione. ◆ s.m. **1.** Mattone, piastrella di terracotta. **2.** Mosto concentrato utilizzato per migliorare mosti deboli o per preparare vini particolari.

cottùra s.f. **1.** Processo di modificazione fisica, chimica, organolettica di una sostanza per azione del calore. ~ Preparazione degli alimenti. *Cottura al vapore*. **2.** INDUS. Sistema per ottenere la cellulosa mediante l'azione di reattivi chimici su vegetali precedentemente ridotti in pezzi minuti. **3.** Difetto del legno dovuto alla presenza di macchie sui tronchi degli alberi tagliati e non ridotti in tavole a tempo debito.

coturnàta s.f. TEAT., LETT. Nel mondo latino, tragedia di argomento greco, in oppos. a *pretesta* e *togata*, di argomento romano.

coturnìce s.f. **1.** Uccello diffuso sulle Alpi, sugli Appennini, in Sicilia e nella penisola balcanica, simile alla pernice rossa. (Famiglia dei Fasianidi.) **2.** ZOOL. (iniziale maiusc.) Genere di uccelli a cui appartengono varie specie di quaglie.

cotùrno s.m. **1.** ANT. GR. Calzatura a suola spessa indossata dagli attori tragici. **2.** ANT. ROM. Calzare femminile di origine orientale.

coulisse [/ku'lis/] s.f. inv. (voce fr., deriv. di *coulis* "scorrevole") **1.** Scanalatura, guida scorrevole. ~ SART. Guida ottenuta mediante due cuciture parallele nella quale passa un cordone, un elastico, una cinghia. **2.** TEAT. Quinta scorrevole. **3.** MUS. Parte mobile, scorrevole, del tubo di alcuni strumenti musicali, come il trombone a tiro. **4.** BORS. Mercato libero dei titoli non ammessi alla quotazione ufficiale.

coulomb [/ku'lɔ̃/] s.m. inv. (dal nome del fisico fr. Ch.-A. de *Coulomb*) Unità di misura della carica elettrica (simb. *C*) equivalente alla quantità di carica trasportata in un secondo dalla corrente di 1 ampere.

countdown [/'kaʊnt 'daʊn/] s.m. inv. (voce ingl., comp. di *count* "conto" e *down* "giù") **1.** Conto alla rovescia, spec. in riferimento al conteggio dei secondi che precedono un lancio spaziale. **2.** *fig.* Conto dei giorni che separano da un avvenimento importante o molto atteso.

country [/'kʌntri/] agg. inv. (voce ingl., propr. "campagna") Relativo al genere musicale apparso verso il 1920 nel Sud-Est degli Stati Uniti e influenzato dal folclore scozzese, gallese e irlandese. (Il genere è stato recuperato alla fine degli anni Sessanta da vari complessi sotto forma di

country rock, ed è diventato parte integrante della musica pop.) ◆ s.m. inv. Nel sign. dell'agg.

coupé [/ku'pe/] s.m. inv. (voce fr., deriv. di *couper* "tagliare") **1.** (o f.) Automobile sportiva bassa, a due posti e a due porte. **2.** Carrozza chiusa a quattro ruote e due posti. **3.** SPORT. Nella scherma, particolare cavazione di fioretto.

couperose [/kupə'roz/] s.f. inv. (voce fr., deriv. di *goutte rose* "goccia rosa" ma connesso con *couperose* "solfato di rame", forse dal lat. *cùpri ròsa* "rosa di rame") MED. Arrossamento dell'epidermide del viso dovuta a dilatazione o rottura dei vasi capillari.

couplet [/ku'plɛ/] s.m. inv. (voce fr., deriv. di *couple* "coppia") **1.** METR. Nella metrica francese, coppia di versi rimati o anche strofa di canzone. **2.** Strofa delle moderne canzonette.

coupon [/ku'pɔ̃/] s.m. inv. (voce fr., deriv. di *couper* "tagliare") Tagliando, scontrino, cedola, buono acquisto. ◇ *Certificati (a) zero coupon*: certificati di credito i cui interessi maturano solo alla scadenza.

court-bouillon [/kurbu'jɔ̃/] s.m. inv. (voce fr., propr. "brodo corto") CUC. Brodo aromatizzato usato per lessare carne e pesce.

couture [/ku'tyr/] s.f. inv. (voce fr., propr. "cucitura") ABBIGL. Arte della sartoria, moda. ◇ *Haute couture*: alta *moda.

couvade [/ku'vad/] s.f. inv. (voce fr., "covata") ETNOL. In alcune culture primitive, usanza da parte del marito di mimare il comportamento della moglie durante e dopo il parto.

cóva s.f. Azione di covare. ~ Periodo durante il quale un uccello cova le uova per farle schiudere. ~ Luogo in cui l'animale cova.

covalènte agg. CHIM. Relativo alla covalenza. ◇ *Legame covalente semplice*: quando due atomi forniscono ciascuno un elettrone, avendo quindi in comune una coppia. – *Legame covalente doppio, triplo*: quando due atomi hanno in comune due o più coppie di elettroni.

covalènza s.f. CHIM. Tipo di legame chimico in cui due atomi mettono in comune alcuni elettroni.

covàre v.tr. **1.** Detto di uccelli e di altri animali ovipari, stare accovacciati sopra le uova per fornire il calore necessario allo sviluppo dell'embrione. ~ *estens.* Tenere i piccoli appena nati sotto di sé per riscaldarli. **2.** *fig.* Proteggere e custodire gelosamente qlcu. o qlco. **3.** *fig.* Nascondere dentro di sé e nutrire un qualche sentimento o sentimento. ◇ *fig. Covare qlcu. con gli occhi*: fissarlo con amore e con senso di protezione. – *Covare una malattia*: averla in incubazione. ◆ v.intr. (aus. *avere*) Detto di cose, mantenersi vivo e attivo sotto qlco. o dentro qlcu. *Il fuoco cova sotto la cenere*.

covariànte agg. MAT. Riferito a un ente matematico che in corrispondenza a un cambiamento di coordinate si trasforma in modo analogo alle componenti di un vettore. ◆ s.f. Nel sign. dell'agg.

covariànza s.f. STAT. Coefficiente della distribuzione congiunta di due variabili casuali, che costituisce un indice della loro correlazione.

covàta s.f. **1.** Insieme delle uova che un uccello cova in una volta. ~ Insieme dei piccoli che nascono. **2.** *fig.* Insieme dei figli piccoli di una stessa famiglia. SIN.: **nidiata**. APICULT. Insieme delle uova, larve e ninfe presenti nei favi. **4.** ETNOL. Couvade.

covatùra s.f. Azione di covare e tempo di cui si dispone.

covenditóre s.m. [f. *–trice*] DIR. Ogni coerede o comproprietario in nome del quale si fa una vendita per licitazione.

coventrizzàre v.tr. (deriv. di *Coventry*, nome di una città inglese rasa al suolo dall'aviazione tedesca durante la seconda guerra mondiale) MIL. Bombardare a tappeto una città, raderla al suolo.

cover [/'kʌvə/] s.m. o s.f. inv. (voce ingl., propr. "copertina") MUS. Riedizione di una canzone.

coverage [/'kʌvərɪdʒ/] s.m. inv. (voce ingl., deriv. di *to cover* "coprire" quindi "trattare esaurientemente, far la cronaca") Nel l. gior., inchiesta, servizio.

■ coyote

cover girl [/'kʌvə 'gəːl/] loc. sost. f. inv. (loc. ingl. d'America, "ragazza da copertina") Modella che posa per fotografie su riviste, in partic. per la copertina.

covile s.m. **1.** Tana di un animale. **2.** *fig.* Stanza sporca o letto sgangherato, mal messo.

cóvo s.m. **1.** Rientranza, nascondiglio naturale in cui gli animali selvatici si rifugiano e allevano i piccoli. **2.** *fig.* Luogo in cui vivono persone che svolgono qlco. di segreto o illegale. ◊ *Covo di vipere:* ambiente di persone malvage e inaffidabili.

covolùme s.m. FIS. Denominazione di un coefficiente della legge dei gas reali, corrispondente intuitivamente al volume proprio complessivo delle molecole.

covóne s.m. Cumulo di fasci di cereali, paglia o fieno.

cowboy [/'kaʊbɔɪ/] s.m. [pl. *cowboys*] (voce ingl. d'America, comp. di *cow* "vacca" e *boy* "ragazzo") **1.** Mandriano a cavallo delle praterie nordamericane. **2.** *fig.* Uomo grossolano, rozzo.

cowper [/'kuːpə/] s.m. inv. (dal nome dell'inventore, l'inglese E. A. *Cowper*) TECNOL. Apparecchio a inversione utilizzato in siderurgia per recuperare l'energia dei gas degli altiforni e riscaldare l'aria inviata nelle tubiere.

cow-pox [/'kaʊˌpɒks/] s.m. inv. (voce ingl.) VET. Vaiolo vaccino che si manifesta con esantema molto simile a quello umano. (Riveste particolare interesse in quanto la struttura antigene del virus che lo determina è tale da provocare la formazione di anticorpi attivi contro il virus del vaiolo umano.)

coxàle agg. ANAT. Relativo all'articolazione dell'anca. ◊ *Osso coxale:* osso *iliaco.

coxalgia o **cossalgia** s.f. MED. Dolore all'articolazione dell'anca.

coxartròsi s.f. inv. MED. Artrosi dell'anca.

coxite s.f. MED. Infiammazione dell'anca di origine tubercolare.

coxofemoràle agg. ANAT. Si dice dell'articolazione dell'anca con il femore.

coyote o **coiote** [/koˈjote/] s.m. inv. (voce spagn., azteco *coyotl* "sciacallo") Mammifero carnivoro dell'America settentrionale, simile al lupo e allo sciacallo. (Nome sc. *Canis latrans*; famiglia dei Canidi.)

còzza s.f. **1.** Mollusco commestibile, a guscio bivalve scuro, che vive attaccato per mezzo di un bisso ai fondali rocciosi e alle scogliere del mare o degli estuari. (L'allevamento delle cozze o *mitilicoltura* si pratica soprattutto in Italia, Francia, Belgio e Olanda. Classe dei Lamellibranchi.) **2.** *fig., pop. spreg.* Donna, ragazza brutta.

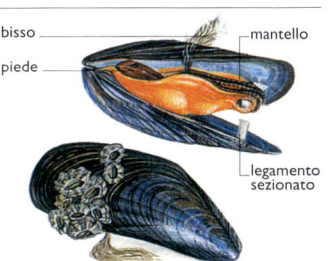

bisso — mantello
piede —
— legamento
sezionato

■ còzza

cozzàre v.intr. (aus. *avere*) **1.** Urtare frontalmente contro qlco. *L'auto ha sbandato e ha cozzato contro un muretto.* **2.** Detto di due o più soggetti, colpirsi l'un con l'altro con le corna o con la fronte. *I capretti cozzano tra loro.* **3.** *fig.* Scontrarsi apertamente, entrare in conflitto con qlcu. ~ Imbattersi in qlco. di spiacevole. ~ Combattere contro qlcu. o qlco. *Cozzare contro il muro dell'omertà.* **4.** *fig.* Detto di due o più soggetti, essere in contrasto, in contraddizione. *Le nostre idee cozzano continuamente.* ◆ v.tr. Far sbattere violentemente qlco. contro altro. *Ho cozzato il capo contro una trave.* ◊ *fig. Cozzare la testa contro il muro:* intestardirsi nel voler ottenere qlco. che si presenta come impossibile.

◆ **cozzarsi** v.pron. **1.** Detto di due o più soggetti, colpirsi con le corna l'un l'altro; estens. urtarsi, scontrarsi frontalmente l'uno contro l'altro con una certa violenza. *Le due macchine si sono cozzate.* **2.** *fig.* Detto di due persone, contendere, litigare l'uno con l'altro.

crac [/'krak/] s.m. inv. (voce onom.) **1.** Rumore di una cosa che si rompe, sbriciolandosi o spezzandosi. **2.** Tracollo finanziario, fallimento di grandi proporzioni di un'impresa. ~ Crollo delle quotazioni di Borsa.

Cràcidi s.m. pl. [iniziale minusc. sing. –*de* per l'individuo] ZOOL. Famiglia di robusti uccelli tipici dell'America centromeridionale, con piumaggio nero e zampe robuste. (Ordine dei Galliformi.)

crack [/'kræk/] s.m. inv. (voce ingl. "schianto") **1.** IPP. Cavallo da corsa di altissime prestazioni. **2.** Sostanza allucinogena, derivata dalla cocaina, che si può iniettare, aspirare o inghiottire in capsule. **3.** *estens.* Giocatore di carte, spec. di poker e bridge, molto bravo. **4.** INFORM. File utilizzato per rimuovere particolari protezioni dai programmi per computer.

cracker [/'kræka/] s.m. inv. (voce ingl., deriv. di *to crack* "rompere") **1.** Piccola sfoglia di pasta salata e croccante. **2.** CHIM. Impianto di raffinazione dove si trasformano gli idrocarburi pesanti in frazioni leggere. **3.** Chi si introduce nelle reti informatiche infrangendo i sistemi di protezione.

cracking [/'krækɪŋ/] s.m. inv. (voce ingl.) CHIM. Conversione, sotto l'azione della temperatura ed eventualmente di un catalizzatore, degli idrocarburi saturi di una frazione petrolifera in idrocarburi più leggeri.

cracoviàna s.f. (fr. *cracovienne* "di Cracovia") Danza d'origine polacca eseguita in coppia e nella quale il cavaliere fa ticchettare gli speroni dei suoi stivali. (In voga in Europa intorno alla metà del sec. XIX.)

cracoviàno agg. Della città di Cracovia. ◆ s.m. [f. –*na*] Nativo, abitante di Cracovia.

cràfen s.m. inv. → **krapfen**.

craie s.f. inv. (voce fr.) Roccia calcarea bianca o giallastra, polverulenta.

Cràmbe s.f. BOT. Genere di piante che comprende alcune specie, tra cui è diffuso nell'area mediterranea il cavolo marittimo, dotato di grosso rizoma e fiori bianchi raccolti in pannocchie. (Famiglia delle Crocifere.)

cràmpo s.m. (fr. *crampe*, francone *kramp* "ricurvo") Contrazione dolorosa, involontaria e passeggera, di uno o più muscoli. SIN.: **spasmo**. ◊ *Crampi allo stomaco:* dolore gastrico dovuto general. alla fame o a una cattiva digestione.

craniàle agg. ANAT. Del cranio.

crànico agg. [pl.m. –*ci*, f. –*che*] ANAT. Del cranio. *Scatola cranica.*

crànio s.m. [pl. –*ni*] **1.** ANAT. Nei vertebrati, scatola ossea che contiene e protegge l'encefalo. **2.** *fig. fam.* Mente. ~ estens. Persona di grande intelligenza. *Mia moglie è un cranio della finanza.* ◊ *A cranio:* per persona.

craniofaringiòma s.m. MED. Tumore non maligno ma grave, della regione dell'ipofisi.

craniografia s.f. ANTROP. Descrizione classificatoria delle conformazioni craniche all'interno degli studi di craniologia.

craniologia s.f. ANTROP. Studio della conformazione del cranio, supponendo rapporti tra essa e i fattori socio-ambientali.

craniometria s.f. ANTROP. Branca della craniologia che ha per oggetto la misurazione del cranio umano a scopo scientifico.

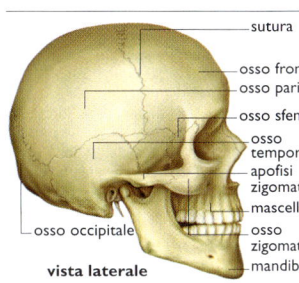

— sutura
— osso frontale
— osso parietale
— osso sfenoide
— osso temporale
— apofisi zigomatica
— mascella
osso occipitale —
— osso zigomatico
— mandibola

vista laterale

■ crànio

cranioscopia s.f. MED. Esame, ispezione del cranio.

craniostenòsi s.f. inv. MED. Malformazione congenita caratterizzata dalla chiusura prematura delle suture della scatola cranica, che causa una deformazione del cranio e un dolore cerebrale.

craniotomia s.f. MED. Apertura chirurgica del cranio.

craquelé [/kra'kle/] agg. inv. (voce fr., "screpolato") Di oggetto che presenta delle screpolature nello smalto, nella vernice. ◆ s.m. inv. Tecnica di screpolatura di porcellane, ceramiche a scopo decorativo o per simularne l'antichità.

cràsi s.f. inv. (lat. *crãsim*, gr. *krãsis* "fusione") **1.** LING. Nel greco antico, contrazione della vocale o del dittongo finale di una parola con quello iniziale della parola seguente. **2.** Nella medicina antica, fusione dei quattro umori presenti nell'organismo umano (sangue, flemma, bile bianca e bile nera). ◊ MED. *Crasi ematica, sanguigna:* composizione del sangue.

cràsso agg. **1.** Grezzo, non affinato culturalmente. *Ignoranza crassa.* SIN.: **grossolano. 2.** ANAT. *Intestino crasso:* ultimo tratto dell'intestino, compreso tra la valvola ileocecale e l'ano, e suddiviso in cieco, colon e retto.

Crassulàcee s.f. pl. [iniziale minusc. sing. –*a* per l'individuo] BOT. Famiglia di piante erbacee o arbustive dicotiledoni, con foglie succulente, che germogliano in ambienti sassosi, come la barba di Giove.

cratère s.m. (lat. *cratēra*, gr. *kratḗr*, propr. "grosso vaso in cui vengono mescolati vino e acqua" dato che nell'antichità il vino aveva una gradazione alcolica eccessiva per essere bevuto puro) **1.** GEOL. Depressione arrotondata, situata al vertice o sui lati di un vulcano, da dove fuoriescono, in occasione di eruzioni, i lapilli e la lava. **2.** *Cratere meteoritico:* depressione quasi circolare prodotta dall'impatto di una meteorite sulla superficie terrestre o di un astro, in partic. della luna. **3.** *estens. comun.* Cavità a forma di imbuto provocata nel suolo da un'esplosione. **4.** ARCHEOL. Grande vaso con due impugnature e ampia apertura dove gli antichi Greci e Romani mescolavano il vino e l'acqua.

cratellò s.m. BOT. *Trombetta dei morti.

craterífórme agg. A forma di cratere.

■ **cratère** a volute originario della Lucania; inizio del IV sec. a.C. (Louvre, Parigi.)

craterizzàto agg. Cosparso di crateri. *Il suolo craterizzato della luna.*

-cràtico Secondo elemento di aggettivi composti corrispondenti ai sostantivi astratti terminanti in *-crazia (democratico).*

cratóne s.m. (deriv. di gr. *krátos* "forza") GEOL. Parte interna di un continente che presenta stabilità da un tempo geologico molto lungo.

cràuti s.m. pl. CUC. Foglie di verza finemente spezzettate, fermentate in salamoia e poi cotte.

cravàtta s.f. (fr. *cravate*, slavo *krvat* "croata, sciarpa portata al collo dai cavalieri croati del XVII sec.") **1.** Nell'abbigliamento maschile, banda di tessuto che si passa attorno al colletto della camicia e si annoda sul davanti. ~ *estens.* Qualsiasi striscia di stoffa da portare intorno al collo come accessorio. **2.** MED. Apparecchio ortopedico ad anello utilizzato per equilibrare il peso della parte cervicale della colonna vertebrale. **3.** Nastro azzurro legato in cima all'asta della bandiera nazionale. **4.** TECN. Fascetta metallica ad anello per fissare un elemento. **5.** STAM. Filetto di separazione fra testata e corpo di una tabella.

cravattino s.m. ABBIGL. Piccola cravatta a farfalla. SIN.: **papillon.**

crawl [/'krɔːl/] s.m. inv. (voce ingl., deriv. di *to crawl* "avanzare strisciando") SPORT. Nel nuoto, stile caratterizzato da una propulsione continua con movimenti alternati delle braccia e delle gambe, detto anche *stile libero.*

-crazia Secondo elemento di composti in cui significa "dominio", "potere" *(aristocrazia).*

creànza s.f. (spagn. *crianza*, deriv. di *criar* "educare") Modo corretto di comportarsi. SIN.: **educazione.**

creàre v.tr. **1.** Formare qlcu. o qlco. dal nulla, dare vita. *Dio ha creato l'uomo e tutto l'universo.* **2.** Elaborare, concepire qlco. di nuovo e originale. *Creare una moda.* **3.** Essere la causa di qlco., suscitare, provocare qlco. *Creare un precedente.* **4.** Nominare, eleggere qlcu. a una certa carica. *Creare un commendatore.* ◆ **crearsi** v.pron. Inventarsi, immaginarsi qlco. *Crearsi dei problemi.*

creatina s.f. (fr. *créa-tine*, deriv. di gr. *kréas* "carne") BIOCHIM. Sostanza azotata presente nei tessuti muscolari, da cui dipende la trasformazione dell'energia chimica in meccanica.

creatinina s.f. BIOCHIM. Sostanza proveniente dal deterioramento della creatina. (L'analisi della sua concentrazione nel sangue serve a diagnosticare eventuali insufficienze renali.)

creatività s.f. inv. Capacità d'immaginazione, d'invenzione, di creazione.

creativo agg. **1.** Della creazione, relativo al creare. *Processo creativo.* **2.** Che è capace di creare, inventare, immaginare qlco. di nuovo e originale. *Spirito creativo.* ◆ s.m. [f. *-va*] Chi si occupa della creazione di progetti per un messaggio o una campagna pubblicitaria. SIN.: **copywriter.**

creàto agg. Formato dal nulla. ◆ s.m. (solo sing.) Universo in quanto tratto dal nulla da Dio, secondo il racconto biblico.

creatóre agg. [f. *-trice*] **1.** Che è artefice di vita. **2.** Che è artefice di nuove forme di pensiero e di espressione. *Il genio creatore di un poeta.* ◆ s.m. **1.** (anche f.) Chi dà origine, vita, forma a qlcu. o qlco. ◊ *per anton.* Il Creatore: Dio. – *fig. fam.* Andare al Creatore: morire. – *Mandare al Creatore:* uccidere. **2.** *estens.* (anche f.) Persona che crea, inventa qlco. di nuovo. *Creatore di una nuova moda.*

creatùra s.f. **1.** Tutto ciò che è stato creato, in partic. da Dio. ~ Essere umano. **2.** Con connotazione affettiva, bambino, figlio o anche persona adulta che ispira pietà o ammirazione. *Povera creatura.* **3.** Persona protetta da un personaggio importante a cui è soggetta. *Il sottosegretario è una creatura del presidente.*

creazióne s.f. **1.** Azione di creare, di formare qlco. dal nulla. *La creazione del mondo.* **2.** Invenzione, ideazione, fondazione di qlco. di nuovo. *La creazione di un progetto.* **3.** Opera creata. *Le creazioni italiane dell'alta moda.* **4.** FIS. Formazione di particelle di massa non nulla, dovuta alla trasformazione di energia in materia. *Creazione di coppie.*

creazionismo s.m. **1.** Dottrina teologica secondo cui l'anima è creata direttamente da Dio. **2.** FILOS. Qualunque concezione che consideri la realtà originata da un atto creativo. ~ BIOL. Ipotesi secondo la quale animali e piante sono stati creati così come si presentano attualmente. (Questa dottrina d'ispirazione religiosa, che nega l'evoluzione della vita sulla terra, è stata rifiutata dalla comunità scientifica.)

crécchia s.f. Pianta a cespuglio. (Famiglia delle Ericacee.)

credènte agg. Che ha fede in una religione o in un ideale. ◆ s.m. e f. Chi ha fede in una religione e in partic. chi professa il cattolicesimo. SIN.: **fedele.** ~ *estens.* Chi ha fiducia in qlco. *I credenti nel progresso.*

1. credènza s.f. **1.** Ciò che si crede, spec. in materia religiosa, filosofica, politica, ecc. ~ Nozione invalsa per tradizione, opinione comune. *Credenza popolare.* **2.** BANC. Credito finanziario, fido.

2. credènza s.f. Mobile in cui si tengono stoviglie, posaterie, bicchieri o alimenti.

■ **credènza.** Francia o Fiandre, fine del XV sec. (Louvre, Parigi.)

credenziàle agg. Che serve ad accreditare, solo nella loc. *lettera credenziale.* ◆ s.f. (spec. pl.) Segnalazioni e raccomandazioni di cui si dispone e che servono spec. per ottenere un posto di lavoro.

crédere v.intr. [12] (aus. *avere*) **1.** Essere sicuro dell'esistenza di qlcu. o qlco. *Credere ai fantasmi.* ~ *assol.* Avere una fede religiosa. **2.** Dare fiducia a qlcu. *Credere negli altri.* SIN.: **fidarsi. 3.** Dare credito a qlcu. ritenerlo veritiero. ◊ *Credere a qlcu. sulla parola:* avere la massima fiducia in lui. – *fig. Non credere ai propri occhi:* restare stupiti, sbalorditi. ☐ In funzione di s.m., opinione, parere. *A mio credere.* ◆ v.tr. **1.** Accettare qlco. per vero. *Vorrei crederlo ma non ci riesco.* **2.** Essere del parere, supporre, pensare. *Credevo che mi avrebbe telefonato.* **3.** Ritenere giusto, opportuno fare qlco. *Non credo giusto agire così.* **4.** Reputare, stimare qlcu. in un certo modo. *Vi credevo sinceri.* ◆ **credersi** v.pron. Ritenere di essere in un certo modo. *Credersi indispensabile.* SIN.: **reputarsi.**

credibile agg. **1.** Che si può ritenere vero o probabile. *Un racconto poco credibile.* SIN.: **verosimile. 2.** Degno di fiducia.

credibilità s.f. inv. **1.** Veridicità, attendibilità. **2.** Stima, credito.

creditizio agg. [pl.m. *-zi*] ECON. Relativo al credito. *Sistema creditizio.*

crédito s.m. **1.** Fiducia accordata a qlcu. o qlco. in base al convincimento della sua attendibilità o veridicità. **2.** Considerazione, reputazione di cui si gode presso qlcu. *Godere di scarso credito.* ◊ *DIR. Millantato credito:* reato commesso da chi accetta denaro o favori in cambio della propria opera di mediatore presso un pubblico ufficiale. **3.** DIR. Diritto che un soggetto, detto *creditore,* ha di esigere una prestazione di carattere economico da un altro soggetto, detto *debitore.* ~ *estens.* Somma cui si ha diritto. ◊ *Credito d'imposta:* condizione del contribuente che si trova a credito nei confronti del fisco. **4.** Unità di misura dell'esperienza acquisita da uno studente. ◊ *Credito formativo:* valutazione positiva ottenuta in un'attività extrascolastica che incrementa il credito scolastico di un allievo. – *Credito scolastico:* quello per l'andamento degli studi, introdotto nel 1999, che il consiglio di classe attribuisce a ogni alunno che ne sia meritevole nello scrutinio finale di ciascun degli ultimi tre anni della scuola secondaria superiore. **5.** ECON. Operazione in cui un bene immediatamente disponibile viene scambiato con un bene disponibile in futuro. *Aprire un credito.* ~ Vendita senza pagamento immediato. ◊ *Fare credito:* prestare denaro a qlcu. – *Credito al consumo:* finanziamento concesso ai consumatori per l'acquisto di beni di consumo. – *Titolo di credito:* documento che attribuisce al possessore il diritto a ottenere una determinata prestazione in denaro o merci. **6.** Attività economica e finanziaria connessa con le operazioni di credito. ~ Complesso delle istituzioni finanziarie, delle società che esercitano tale attività. *Credito commerciale.*

creditóre agg. DIR. Che è titolare di un diritto di credito. ◆ s.m. [f. *-trice*] **1.** Chi è in credito. **2.** *estens.* Chi è moralmente in credito di qlco. *Essere creditore dell'impegno profuso.*

crèdo s.m. **1.** CRIST. (iniziale maiusc., solo sing.) Professione di fede codificata dalla liturgia cattolica in cui sono elencate le verità rivelate. ~ *estens.* Parte della messa a essa dedicata. **2.** *fig.* Insieme dei principi sui quali si fondano le opinioni di qlcu. *Un credo politico.*

credulità s.f. inv. Eccessiva fiducia in qlcu. o qlco. SIN.: **ingenuità.**

crèdulo agg. Credulone, sempliciotto. ◆ s.m. [pl. *-na*] Nel sign. dell'agg.

credulóne agg. Che crede troppo facilmente a ciò che gli viene detto, ingenuo. SIN.: **credulo.** ◆ s.m. e f. [f. *-na*] Nel sign. dell'agg.

crèma s.f. (fr. *crème*) **1.** Parte grassa del latte che affiora in superficie. SIN.: **panna. 2.** *estens.* Qualsiasi sostanza densa ma non solida. ◊ *Crema da barba:* sapone emolliente che facilita la rasatura. **3.** Dolce a base di zucchero, uova, e farina, sciolti nel latte e addensati sulla fiamma. ~ *estens.* Cibo o bevanda molto buoni. ~ Passato di verdure che ha la consistenza della panna. *Crema di asparagi.* **5.** *fig.* Insieme delle persone migliori di un gruppo, di un ambiente. SIN.: **élite.** ~ *iron.* I peggiori, il peggio. ☐ In funzione di agg. inv., di colore tra il bianco e il giallo, proprio della panna del latte.

cremaglièra s.f. (fr. *crémaillère* "catena del camino") TECN. Organo rettilineo dentato che trasforma il moto rotatorio in traslatorio, usato come terza rotaia in ferrovie a forte pendenza o

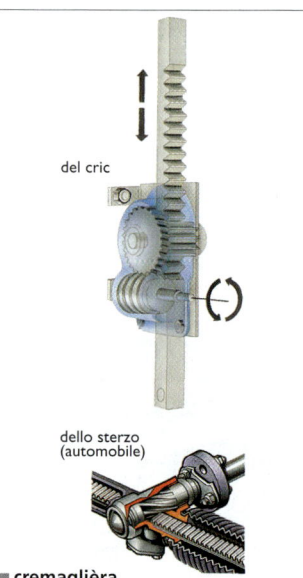

del cric

dello sterzo (automobile)

■ **cremaglièra**

in sistemi di sollevamento, in macchine utensili. *Direzione a cremagliera di una macchina.*

cremàre v.tr. Bruciare, incenerire un cadavere.

crematóio s.m. [pl. *–toi*] Parte del forno crematorio in cui il cadavere viene incenerito.

crematòrio agg. [pl.m. *–ri*] Atto alla cremazione. ◇ *Forno crematorio:* quello usato per cremare i cadaveri. ◆ s.m. Edificio cimiteriale in cui ha sede il forno crematorio.

cremazióne s.f. Incenerimento di un cadavere.

crème [ˈkrɛm] s.f. inv. (voce fr.) → **élite**.

crème caramel [ˈkrɛm karaˈmɛl] loc. sost. m. e f. inv. (loc. fr., propr. "crema al caramello") Dolce caramellato a base di latte e uova.

cremino s.m. **1.** Cioccolatino molto morbido e, in partic., cioccalatino a tre strati cui quello centrale di cioccolato chiaro. **2.** Denominazione di alimenti molto morbidi (p.e. formaggini). **3.** Semolino dolce.

crèmisi s.m. inv. (ar. *qirmizi* "carminio") Colore rosso intenso. ❏ In funzione di agg. inv., di una tonalità accesa di rosso.

cremlino s.m. (russo *kreml* "cittadella, fortezza") Parte centrale e rinforzata delle antiche città russe.◇ Il Cremlino: antica residenza degli *zar* di Russia a Mosca, attuale sede del governo russo (v. parte n.pr.).

cremlinòlogo s.m. [f. *–ga*, pl.m. *–gi, –ghi,* f. *–ghe*] Nel l. gior., chi era esperto della politica sovietica e degli assetti interni alla dirigenza politica; oggi, esperto della politica russa.

cremonése agg. Di Cremona. ◆ s.m. **1.** (anche f.) Nativo, abitante di Cremona. **2.** (iniziale maiusc., solo sing.) Territorio nei dintorni di Cremona. ◆ s.f. **1.** Dispositivo di chiusura delle finestre o delle porte, composto da due barrette metalliche che si azionano facendo girare un'impugnatura. **2.** Focaccia dolce con zafferano.

cremóre s.m. CHIM. Parte densa di una sostanza. ◇ *Cremore di tartaro:* bitartrato di potassio ricavato dal fondo lasciato dal vino nelle botti, usato in tintoria e farmacia.

cremortàrtaro s.m. CHIM. Cremore di tartaro.

cremóso agg. Ricco di crema o che ha la consistenza della crema. *Formaggio cremoso.*

crenatùra s.f. BOT. Ciascuno dei dentelli smussati del profilo delle foglie crenate.

crenoterapia s.f. Utilizzo terapeutico delle acque termali e minerali.

Creodónti s.m. pl. [iniziale minusc. sing. *–e* per l'individuo] PALEONT. Sottordine di mammiferi carnivori fossili, molto diffusi nel terziario inferiore.

creolina s.f. (deriv. di *creolo* per il suo colore scuro) CHIM., FARM. Liquido di colore marrone-rossastro derivato dal catrame di carbon fossile e usato in soluzione acquosa come disinfettante.

crèolo agg. (fr. *créole*, spagn. *criollo* "servitore nato in casa") **1.** Riferito a chi è nato nell'America centro-meridionale da coloni europei o da padre di origine europea e madre indigena o di origine africana. **2.** Relativo a lingua formatasi dall'incrocio di una lingua europea con parlate indigene di altri continenti, assunta come lingua madre da parte degli indigeni. ◆ s.m. **1.** [f. *–la*] Persona creola. **2.** (solo sing.) Lingua formatasi con la tratta degli schiavi negri (nei secc. XVI e XIX) e divenuta lingua madre dei loro discendenti. (Esistono lingue creole a base francese, inglese, portoghese, spagnola, olandese).

creosòto s.m. (ted. *Kreosot*, comp. di gr. *kréas* "carne" e *sózein* "salvare") CHIM., FARM. Liquido oleoso di odore pungente, prodotto dalla distillazione del legno di faggio, usato in medicina come antisettico per la sua azione anticatarrale e antitosse.)

crèpa s.f. **1.** Fessura sulla superficie di una parete, di un oggetto. SIN.: **incrinatura. 2.** *fig.* Screzio che lascia presagire la rottura di un rapporto. *Crepe nella compagine governativa.*

crepàccio s.m. [pl. *–ci*] Fessura stretta e profonda in rocce, ghiacciai, terreni.

crepacuòre s.m. inv. Pena profonda. *Morire di crepacuore.* SIN.: **disperazione.**

crepapèlle Solo nella loc. *a crepapelle,* in modo esagerato. *Abbiamo mangiato a crepapelle.*

crepàre v.intr. (aus. *essere*) **1.** Riempirsi di crepe. *La vernice sta crepando tutta.* SIN.: **incrinarsi. 2.** *pop.* Morire. *Creperà come un cane. ~ fig. per esager.* Non poterne più di qlco. *Crepo dal caldo!* SIN.: **scoppiare. ◆ creparsi** v.pron. Spaccarsi in tante piccole crepe. *Il ghiacciaio si sta crepando.* SIN.: **incrinarsi.**

1. crêpe [ˈkrɛp] s.m. inv. (voce fr., propr. "increspato") Tessuto di crespo.

2. crêpe [ˈkrɛp] s.f. inv. (voce fr., propr. "increspato") CUC. Sottilissima frittella di uova, latte e farina, cucinata alla piastra. ◇ *Crêpe suzette:* crespella arrotolata, con ripieno dolce, cosparsa di liquore e servita alla fiamma.

crepitàre v.intr. (aus. *avere*) **1.** Produrre una serie di suoni simili a piccoli scoppi. *Il fuoco crepita nel camino.* **2.** Scricchiolare, frusciare. *Le foglie secche crepitano sotto i nostri passi.*

crepitìo s.m. [pl. *–tii*] **1.** Serie di rumori secchi e brevissimi. *Crepitio della mitragliatrice.* **2.** MED. Rantolo che si percepisce all'auscultazione di suoni simili a piccoli scoppi, tipico della polmonite.

crepuscolàre agg. **1.** Del crepuscolo. *Luce crepuscolare.* **2.** *fig.* Vago, indefinito. *Sensazione crepuscolare.* **3.** Nel l. della crit. lett., relativo al crepuscolarismo. ◆ PSICOL. *Stato crepuscolare:* obnubilazione della coscienza ◆ s.m. e f. Poeta crepuscolare.

crepuscolarismo s.m. Nel l. della crit. lett., denominazione di un tipo di poesia e di un gruppo di poeti che si caratterizzano per i toni sommessi, malinconici e per un approccio ironico alla vita e all'ideologia borghese. ~ *estens.* Qualsiasi tendenza estetica o atteggiamento sentimentale che ricordi quello dei poeti crepuscolari.

crepùscolo s.m. **1.** Luminosità atmosferica che segue al tramonto. ~ *estens.* Periodo serale caratterizzato da tale fenomeno. **2.** *fig.* Declino, decadenza. *Il crepuscolo della vita.* ◇ *Crepuscolo degli dei:* nella mitologia nordica, fine del mondo. ~ *estens.* Decadenza di un'élite sociale o di una visione eroica della vita.

crescèndo s.m. inv. **1.** MUS. Aumento progressivo dell'intensità del suono. ~ Notazione convenzionale che indica tale effetto. **2.** *fig.* Aumento progressivo di un rumore. *Un crescendo di fischi.*

crescènte agg. **1.** Che cresce, che aumenta. *Serie crescente.* ◇ *Luna crescente:* la luna che si trova nel periodo tra il novilunio e il plenilunio (in opp. a *luna calante*). **2.** MAT. Relativo a funzione il cui valore cresce quando cresce quello della variabile indipendente. ◆ s.m. ARALD. Mezzaluna nello scudo. ◆ s.f. CUC. Focaccia fritta a base di farina, latte, strutto, piatto tipico della cucina emiliana.

crescènza s.f. Formaggio lombardo, simile allo stracchino.

Crescenzia s.f. BOT. Genere di alberi dell'America centrale. (Famiglia delle Bignoniacee.)

créscere v.intr. [39] (aus. *essere*) **1.** Aumentare in dimensioni secondo un processo naturale comune a uomini, animali, piante. *Il pioppo cresce rapidamente.* SIN.: **svilupparsi. 2.** Vivere, trascorrere l'infanzia in un luogo o in una condizione. *Sono cresciuto in campagna.* ~ *estens.* Diventare adulto. *Suo figlio è cresciuto.* **3.** Aumentare, ingrandirsi, diventare maggiore. *I prezzi sono cresciuti.* ◇ *fig. Crescere nella stima, nell'affetto:* essere maggiormente stimato, amato. **4.** Spuntare, venir su, svilupparsi. *Gli sono cresciuti i capelli.* ◆ v.tr. Allevare. *Crescere i figli.*

crescióne s.m. (fr. *cresson*) Pianta erbacea, coltivata per le foglie commestibili, che vive in ambiente umido. (Genere *Nasturtium;* famiglia delle Crocifere.)

créscita s.f. **1.** Processo fisiologico di sviluppo. *Bambino in piena crescita.* **2.** Aumento, estensione. *Crescita di un'agglomerazione.* ◇ *Crescita economica:* aumento della produzione dei beni a disposizione di una popolazione, definito nei suoi aspetti quantitativi (p.e. il tasso di variazione del prodotto interno lordo).

crèsima s.f. (lat. *chrisma,* gr. *khrîsma* "unguento, unzione") RELIG. Nella Chiesa cattolica e ortodossa, sacramento impartito dal vescovo,

con cui il cristiano riceve lo Spirito Santo che lo conferma nella fede.

cresimàndo agg. CRIST. Che si prepara a ricevere la cresima. ◆ s.m. [f. *–da*] Nel sign. dell'agg. *Il vescovo ha parlato ai cresimandi.*

cresimànte s.m. CRIST. Vescovo che amministra il sacramento della cresima.

cresimàre v.tr. Impartire il sacramento della cresima. ◆ **cresimarsi** v.pron. Ricevere la cresima.

crèso s.m. (dal nome di un antico re della Lidia famoso per la sua ricchezza) Persona molto ricca.

cresòlo s.m. CHIM. Fenolo derivato dal toluene, liquido, incolore, usato come plastificante e disinfettante.

crespèlla s.f. CUC. → **crêpe.**

crespigno s.m. → **cicerbita.**

crespino s.m. (calco del gr. *oksyákantha*) Arbusto spinoso con fiori gialli e bacche rosse commestibili; è ospite del fungo responsabile della ruggine dei cereali. (Genere *Berberis;* famiglia delle Berberidacee.)

crèspo agg. **1.** Che presenta una fitta pieghettatura, riferito spec. a stoffe. *Tessuto crespo.* **2.** Fittamente arricciato. *Capelli crespi.* ◆ s.m. Tessuto di seta o di lana fine il cui aspetto ondulato è ottenuto con l'impiego di fibre molto ritorte.

crésta s.f. **1.** Appendice carnosa dentellata sulla testa dei gallinacei. *La cresta rossa del gallo.* ~ *estens.* Ciuffo di piume sulla testa di alcuni uccelli o escrescenza sulla testa o sul dorso di alcuni rettili e pesci. ~ *estens. fam.* Ciuffo di capelli rialzati. ◇ *figg. Abbassare la cresta:* assumere un atteggiamento umile. – *Alzare la cresta:* insuperbirsi. **2.** Pennacchio di piume sulla cima dell'elmo. **3.** Cuffietta delle cameriere. **4.** GEOGR. Linea d'intersezione tra due versanti montani. ~ *estens.* Culmine, cima. *La cresta dei monti.* ◇ *fig. Essere sulla cresta dell'onda:* essere in un periodo molto favorevole. **5.** ANAT. Margine prominente di una formazione ossea. *Cresta iliaca.* **6.** MED. *Cresta di gallo:* vegetazione venerea sul pene. **7.** BOT. *Cresta di gallo:* tipo di pianta. (Famiglia delle Amarantacee.) SIN.: Solo nella loc. *fare la cresta,* rubare sulla spesa fatta per conto di altri.

crestomazìa s.f. Raccolta di testi scelti spec. antichi o di carattere filologico-linguistico. *Crestomazia dell'antico persiano.*

crèta s.f. **1.** Terra grassa e compatta, argillosa, con cui si fanno piastrelle, laterizi, vasellame. *Vaso di creta.* SIN.: **argilla. 2.** Oggetto fatto di creta. *Mostra di crete antiche.*

cretàceo s.m. (solo sing.) GEOL. Ultimo periodo dell'era mesozoica. (Compreso tra 135 e 65 milioni di anni fa, fu caratterizzato dall'estinzione dei dinosauri.) ◆ agg. **1.** Di terreno che contiene creta o ne ha l'aspetto. **2.** Relativo al periodo cretaceo.

cretàcico s.m. (solo sing.) GEOL. Cretaceo. ◆ agg. [pl.m. *–ci,* f. *–che*] Relativo al cretaceo.

cretése agg. Dell'isola di Creta. ◆ s.m. e f. Nativo, abitante di Creta.

crètico agg. [pl.m. *–ci,* f. *–che*] (lat. *crēticus,* gr. *krētikós* "di Creta" perché pare fosse il ritmo di un antico ballo cretese) METR. Nella metrica classica, di piede formato da una sillaba lunga, da una breve e da una lunga. ◆ s.m. Nel sign. dell'agg.

fiore

inflorescenza e frutti

■ **crescióne**

cretinàta s.f. **1.** Comportamento o espressione che denota stupidità. **2.** Inezia, cosa di poco valore. *Quel libro è una cretinata.*

cretinismo s.m. (fr. *crétinisme*) MED. Malattia consistente in un deficitario sviluppo fisico e psichico. ~ *comun.* Stupidità, imbecillità.

cretino agg. (fr. *crétin*, propr. "cristiano" da cui il sign. di "pover'uomo") **1.** *fam.* Di scarsa intelligenza. **2.** MED. Affetto da cretinismo. ◆ s.m. [f. –*na*] Nei sign. dell'agg.

cretonne [/krɔˈtɔn/] s.f. inv. (voce fr., deriv. di *Creton*, nome di un paese della Normandia famoso per le telerie) Tessuto di cotone consistente stampato a colori vivi.

cretóso agg. Composto di creta, simile alla creta.

crètto s.m. **1.** Crepa, spaccatura nell'intonaco. ~ Screpolatura della pelle. **2.** BOT. Nei tronchi degli alberi vecchi, spaccatura aperta in senso radiale.

cribri s.m. pl. BOT. Cellule allungate in serie longitudinali, con membrana trasversale provvista di piccoli canali, adibite al trasporto verso il basso dei materiali elaborati dalle foglie.

cribróso agg. **1.** BOT. Relativo ai cribri, costituito da cribri. *Vaso cribroso.* **2.** VET., BOT. Di formazione attraverso a piccoli canali.

1. cric [/ˈkrik/] s.m. inv. (voce onom.) Rumore di scricchiolio.

2. cric [/ˈkrik/] s.m. inv. (fr. *cric* di orig. onom.) Dispositivo usato per sollevare un autoveicolo quando si è reso necessario cambiare una ruota o effettuale lavori di riparazione.

1. cricca s.f. [pl. –*che*] (fr. *clique*, voce onom. indicante gente che fa chiasso) Gruppo di persone impegnate in affari poco onesti. SIN.: **congrega**. ~ *estens.* Gruppo di amici.

2. cricca s.f. [pl. –*che*] METALL. Fenditura in un materiale metallico causata da un eccesso di sollecitazioni o da un raffreddamento brusco dopo la colata.

criccàre v.intr. [4] (aus. *avere*) (voce onom.) METALL. Detto di laminati o di getti metallici, fendersi.

Cricètidi s.m. pl. [iniziale minusc. sing. –*deper* l'individuo] ZOOL. Famiglia di mammiferi caratterizzati da dimensioni piccole o medie, pelame folto e molto morbido, arti e coda brevi. (Ordine dei Roditori.)

cricèto s.m. Piccolo roditore diffuso nell'Europa centrale, simile a un topo ma con coda corta, testa arrotondata, due caratteristiche borse guanciali, pelo folto rossiccio e giallognolo. (Famiglia dei Cricetidi.)

■ **cricèto**

cricket [/ˈkrikit/] s.m. (solo sing.) (voce ingl., fr. *criquet* "bastone che serve da meta" nel gioco delle bocce) Sport inglese che si disputa con palla e mazza di legno.

cricòide s.f. (gr. *krikoeidḗs* "di forma circolare") ANAT. Nella laringe, cartilagine anulare situata sotto la cartilagine tiroidea e sopra la trachea.

cricoidèo agg. ANAT. Relativo alla cricoide.

criminàle agg. **1.** Che concerne i delitti. *Indagine criminale.* **2.** Che ha natura di delitto. SIN.: **delittuoso**. **3.** Che ha commesso un delitto o si suppone possa commetterlo. **4.** *fig.* Degno di un delinquente. *Si è comportato con una superficialità criminale.* ◆ s.m. e f. **1.** Persona colpevole di un crimine o considerata tale. **2.** *fig.* Persona senza scrupoli, pericolosa. *Quel chirurgo è un vero criminale.*

criminalista s.m. e f. [pl.m. –*sti*] DIR. PEN. Penalista, studioso di diritto criminale.

criminalità s.f. inv. **1.** Carattere delittuoso di un'azione. **2.** Fenomeno sociale di diffusione dell'illegalità e del reato. *La criminalità è in aumento.* ◇ *Criminalità organizzata:* grande criminalità dedita spec. al traffico di droga, di armi, all'acquisizione di appalti, ecc.

criminalizzàre v.tr. (fr. *criminaliser*) Trattare come criminale qlcu. o qlco. che si discosta o si contrappone alla norma sociale o all'ordine politico. *Criminalizzare l'opposizione.*

criminalizzazióne s.f. Connotazione di qlco. o di qlcu. come crimine o criminale.

crimine s.m. (lat. *crīmen*, propr. "ciò che serve a decidere" poi "decisione" e nel l. giuridico "oggetto su cui si deve prendere la decisione, colpa") **1.** Criminalità, delinquenza. *Il proliferare del crimine.* ◇ *Crimine organizzato:* organizzazione malavitosa che controlla particolari settori dell'attività economica. **2.** Delitto, misfatto, reato grave. ◇ *Crimine di guerra:* delitto compiuto da militari in tempo di guerra in contrasto con le norme internazionali vigenti. (Saccheggio, aggressione di civili, esecuzione di ostaggi.) – *Crimine contro l'umanità:* esecuzione di un piano concertato (genocidio, deportazione, distruzione, riduzione in schiavitù) ispirato da ragioni politiche, filosofiche, razziali o religiose, perpetrato nei confronti della popolazione civile.

ENCICL. I *crimini di guerra* e i *crimini contro l'umanità* sono soggetti al diritto internazionale e definiti fin dal 1945 dall'Organizzazione delle Nazioni Unite. I crimini contro l'umanità non sono soggetti a prescrizione. Quelli commessi durante la seconda guerra mondiale furono giudicati dal Tribunale internazionale di Norimberga.

criminògeno agg. SOCIOL. Che può generare atti criminali. *Fattori criminogeni.*

criminologìa s.f. Studio scientifico del fenomeno criminali.

criminòlogo s.m. [f. –*ga*, pl.m. –*gi*, f. –*ghe*] Studioso di criminologia.

criminóso agg. Delittuoso, che costituisce crimine. *Azione criminosa.*

crinàle s.m. (lat. *crināle* "pettine") GEOGR. Profilo di una catena montuosa.

crine s.m. Pelo della criniera o della coda degli animali. ~ Insieme di questi peli nel loro diversi utilizzi (spazzole, pennelli, imbottiture, ecc.).

crinièra s.f. (fr. *crinière*) **1.** Insieme dei crini del collo del cavallo e del leone maschio. **2.** *scherz.* Capigliatura folta e incolta.

crinolina s.f. (fr. *crinoline*) Sottana di stoffa con trama di crine e ordito di lino, attraversata da cerchi rigidi, che serviva a tenere la gonna per gonfiarla. (Molto in uso nei secc. XVIII e XIX.)

criobiologìa s.f. BIOL. Studio della conservazione di cellule viventi a temperature molto basse.

Criòcera s.f. ZOOL. Genere di insetti dannosi per le coltivazioni. (Lunghezza meno di 1 cm; famiglia dei Crisomelidi.)

criochirurgìa s.f. MED. Tecnica chirurgica che si basa sullo sfruttamento delle bassissime temperature.

crioclastismo s.m. GEOMORF. → gelifrazione.

crioconservazióne s.f. Conservazione con il freddo, in partic. di tessuti vivi, di cellule.

crioessiccazióne s.f. → liofilizzazione.

criogenìa s.f. FIS. Studio della produzione e delle applicazioni delle bassissime temperature.

criogènico agg. [pl.m. –*ci*, f. –*che*] **1.** Che produce il freddo. **2.** Relativo alla criogenia.

criolite s.f. MIN. Fluoruro doppio di alluminio e di sodio.

criologìa s.f. FIS. Studio delle proprietà e delle modificazioni della materia alle basse temperature. (La criologia include la criofisica, la criochimica, la criogenia, ecc.)

crioluminescènza s.f. FIS. Emissione di luce da parte di corpi raffreddati a temperatura molto bassa.

crioscopìa s.f. CHIM., FIS. Studio delle leggi del congelamento delle soluzioni mediante la misurazione dell'abbassamento della temperatura di congelamento di un solvente quando vi si scioglie una sostanza.

criòstato s.m. Termostato per bassissime temperature.

criotècnica s.f. [non com. pl. –*che*] Impiego delle bassissime temperature in vari settori tecnologici.

criotemperatùra s.f. Temperatura molto bassa, inferiore ai 120 gradi kelvin.

crioterapìa s.f. MED. Cura che utilizza le basse temperature.

cripta s.f. (lat. *crўptam*, gr. *krýptē* deriv. di *krýptein* "nascondere") **1.** Chiesa, cappella sotterranea, spesso con la tomba di un martire. **2.** ANAT. Incavo presente in una mucosa, in un organo.

criptàre o **crittàre** v.tr. TELECOM., INFORM. Attribuire un particolare codice a un segnale, a un messaggio o a una serie di dati in modo da renderne possibile la ricezione, la decifrazione o l'accesso solo a chi ne ha diritto. *Criptare un programma televisivo.*

criptàto agg. TELECOM., INFORM. Codificato elettronicamente.

criptestesìa o **criptoestesìa** s.f. Complesso di fenomeni di percezione extrasensoriale.

1. criptico agg. [pl.m. –*ci*, f. –*che*] Misterioso, oscuro, incomprensibile.

2. criptico agg. [pl.m. –*ci*, f. –*che*] ANAT. Di organo dotato di profonde cripte.

cripto s.m. (solo sing.) **1.** Gas nobile incolore e inodore, componente dell'atmosfera, usato nelle lampade a incandescenza. **2.** Elemento chimico (*Kr*) di numero atomico 36 e peso atomico 83,80; detto anche *cripton* o *crypton*.

criptografìa → crittografia

criptolalìa s.f. [pl. –*lie*] LING. Uso di un linguaggio di difficile comprensione sia per la presenza di neologismi sia per l'impiego di parole e di espressioni con un significato diverso da quello abituale.

criptopòrtico o **crittopòrtico** s.m. [pl. –*ci*] ARCHEOL. Galleria semisotterranea illuminata e arieggiata da finestre o feritoie aperte sotto le volte, propria dell'architettura romana.

crisàlide s.f. (lat. *chrysāllidem*, gr. *khrysallís* deriv. di *khrysós* "oro" per il suo colore) Stadio di metamorfosi di alcuni insetti in cui zampe e ali sono unite al corpo ed è presente un bozzolo costruito dalla larva come protezione. SIN.: **ninfa**.

crisantèmo s.m. (gr. *khrysánthemon*, comp. di *khrysós* "oro" e *ánthemon* "fiore") **1.** Pianta erbacea annuale o perenne con foglie lobate e fiori a capolino variamente colorati, coltivata a scopo ornamentale. (Famiglia delle Composite.) **2.** BOT. (iniziale maiusc.) Genere di piante a cui appartengono varie specie di crisantemo.

criselefantino o **crisoelefantino** agg. (gr. *khryselephántinos*, comp. di *khrysós* "oro" ed *eléphas* "avorio") ARCHEOL. Di statua greca del periodo arcaico e classico con parti in oro e parti in avorio.

crisi s.f. inv. (lat. *crīsim*, gr. *krísis* "scelta") **1.** Deterioramento di una condizione oggettiva con conseguente instabilità socio-politica, depauperamento, decadenza delle istituzioni civili. ◇ *Crisi di governo:* cessazione del governo in seguito a dimissioni o a un voto di sfiducia e periodo che precede la formazione di un nuovo governo. – *Mettere in crisi:* creare problemi, difficoltà, dubbi. **2.** Periodo caratterizzato da una caduta della produzione, da disoccupazione, inutilizzazione degli impianti, riduzione degli investimenti. SIN.: **recessione** ◇ *per anton. La grande crisi:* quella del 1929. – *Crisi energetica:* problema dell'approvvigionamento di energia nei momenti difficili. **3.** Incrinatura di un rapporto, rottura, interruzione della precedente normalità e armonia. **4.** Sconvolgimento dell'assetto interiore di un individuo. SIN.: **inquietudine**. **5.** MED. Cambiamento improvviso, positivo o più frequentemente negativo, nel decorso di una malattia. ~ *estens.* Fase acuta, accesso di una malattia. SIN.: **acme**. ~ Accesso, scoppio di uno stato emotivo. *Crisi di pianto.*

ENCICL. Fino alla metà del sec. XIX, le crisi economiche sono ancora crisi di sottoproduzione agricola che influiscono inizialmente sugli ambienti rurali. Quindi, lo sviluppo dell'industria pesante e delle comunicazioni e la sovrapposizione dei sistemi monetari causano crisi di sovrapproduzione industriale più lunghe ed estese. Successivamente, i fattori finanziari diventano determinanti causando crisi delle borse (p.e. a New York nel 1929). La crisi che colpisce l'economia nel 1973, a seguito della quadruplicazione del prezzo del petrolio, presenta la sovrapposizione di fenomeni fino ad allora paradossali, p.e. la disoccupazione coesistente con l'inflazione (stagflazione). Nell'ottobre del 1987, il mercato borsistico internazionale conosce una nuova ampia crisi, conseguenza diretta di speculazioni finanziarie e riflesso della precarietà monetaria internazionale. Nel 1991 una nuova crisi, legata alla guerra del Golfo, scuote l'economia mondiale. Nel 1997 un altro episodio coinvolge i principali paesi asiatici (fra cui il Giappone) e ha ripercussioni su tutti i centri finanziari con un conseguente rallentamento della ripresa economica mondiale.

crisma s.m. [pl. *–smi*] **1.** Sostanza composta di olio d'oliva e balsamo che viene usata in particolari cerimonie o per l'amministrazione dei sacramenti. **2.** *fig.* Beneplacito, approvazione.◇ *Con tutti i crismi:* rispettando le regole previste.

crismàle agg. Relativo al crisma. ◆ s.m. **1.** Vaso in cui si conserva il crisma. **2.** Panno bianco con cui si copre il corpo del battezzato. ~ Fascia bianca con cui si cinge il capo del cresimato.

crisoberillo s.m. MIN. Ossido di berillo e alluminio in cristalli trasparenti di colore verde-giallo, usato in alcune varietà come gemma.

crisocàlco s.m. [pl. *chi*] Lega con alta percentuale di rame e piccole percentuali di stagno e piombo che ha l'apparenza di oro.

Crisoficee s.f. pl. [iniziale minusc. sing. *–a* per l'individuo] BOT. Classe di alghe unicellulari di colore giallo.

crisòlito s.m. MIN. Varietà di olivina trasparente verde-gialla usata come gemma.

Crisomèlidi s.m. pl. [iniziale minusc. sing. *–de* per l'individuo] (lat. *Chrysomelidae*, deriv. di gr. *khrysomēlolónthion* "scarabeo d'oro") ZOOL. Famiglia di insetti dotati di corpo ovale o oblungo di colore nero ed elitre rossastre, dannosi per vari alberi. (Ordine dei Coleotteri).

crisopràso o **crisopràsio** s.m. [pl. *–si*] (lat. *chrysŏprasum*, gr. *khrysoprásios* comp. di *khrysós* "oro" e *práson* "porro" per il suo colore) MIN. Calcedonio di colore verde con riflessi dorati.

cristalleria s.f. **1.** Fabbrica, negozio di oggetti di cristallo. ~ Assortimento di cristalli. **2.** Arredo da tavola o da toilette in cristallo.

cristallièra s.f. Mobile con vetrine e ripiani interni in cui si ripongono i servizi da tavola di cristallo e altri oggetti ornamentali.

cristallino agg. **1.** MIN. Che ha la struttura di cristallo.◇ *Stato cristallino:* stato di aggregazione della materia in cui atomi, molecole, complessi atomici si presentano ordinati nello spazio con periodicità regolare. – *Sistema cristallino:* ciascuno dei sette raggruppamenti in cui si classificano, secondo il grado di simmetria, le forme cristalline possibili in natura. – GEOL. *Roccia cristallina:* roccia di origine endogena. **2.** Di cristallo. **3.** *estens.* Limpido, trasparente, terso. ◇ *Cielo cristallino:* nel sistema tolemaico, il nono cielo. **4.** *fig.* Puro moralmente, onesto, incontaminato. **5.** *fig.* Di suono, squillante, argentino. ◆ s.m. ANAT. Parte dell'occhio costituita da una sostanza elastica e trasparente a forma di lente biconvessa il cui grado di curvatura può essere modificato dall'azione del muscolo ciliare consentendo la visione degli oggetti a varia distanza.

cristallizzàre v.tr. (fr. *cristalliser*) **1.** CHIM. Ridurre una sostanza in forma di cristalli, far avvenire una cristallizzazione. **2.** *fig.* Dare a qlco. una forma fissa e immutabile. *Cristallizzare una situazione.* ◆ v.intr. (aus. *essere*) Assumere la struttura di cristallo; anche pron. *È una sostanza che (si) cristallizza.* ~ *fig.* Irrigidirsi, diventare fisso e immutabile; anche pron. *Col tempo le abitudini (si) cristallizzano.*

cristallizzazióne s.f. (fr. *cristallisation*) **1.** CHIM. Cambiamento di stato di un materiale che porta alla formazione di cristalli. **2.** *fig.* Irrigidimento di un sistema di idee che impedisce ogni mutamento. SIN.: **fossilizzazione**.

cristàllo s.m. (lat. *crystăllum*, gr. *krýstallos* "ghiaccio") **1.** CHIM., MIN. Solido i cui atomi sono ordinati nello spazio con regolare periodicità deter-

minando forme poliedriche. ◇ *Cristallo di rocca:* varietà di quarzo in cristalli limpidi e trasparenti. – *Cristallo liquido:* sostanza liquida organica con caratteristiche ottiche cristalline, usata negli orologi digitali e nei display. **2.** Vetro molto trasparente e rifrangente a base di silice, carbonato potassico e ossido di piombo, usato per oggetti domestici od ornamentali di lusso e in apparecchiature tecnico-scientifiche. ~ *estens.* Oggetto di tale vetro. ◇ *Cristallo di Boemia:* tipo di vetro pregiato privo di ossido di piombo. **3.** Lastra di cristallo o di vetro. ◇ *Cristalli dell'automobile:* parabrezza, lunotto, vetri dei finestrini. – *Cristallo infrangibile o di sicurezza:* formato da due lastre di vetro incollate a un sottile strato intermedio di materiale plastico trasparente che ne impedisce la caduta ed evita la formazione di schegge. – *Cristallo temperato:* sottoposto a tempra per diminuirne la fragilità. **4.** *fig.* Corpo, sostanza limpida, trasparente, lucente come il cristallo. *Aria di cristallo.*

cristallografia s.f. Studio scientifico dei cristalli e delle leggi che presiedono alla loro formazione.

cristallòide agg. Di sostanza che ha o può assumere aspetto di cristallo. ◆ s.m. **1.** CHIM. Sostanza che in soluzione passa attraverso membrane e cristallizza facilmente (in oppos. a *colloide*). **2.** ANAT. Membrana che avvolge il cristallino dell'occhio.

cristallomanzia s.f. Divinazione tramite oggetti di vetro o di cristallo.

cristalloterapia s.f. MED. Cura della medicina alternativa che si basa sull'utilizzo di pietre e cristalli.

cristianésimo s.m. **1.** Religione monoteista, di matrice ebraica, rivelata da Gesù Cristo attraverso la propria persona e la predicazione,

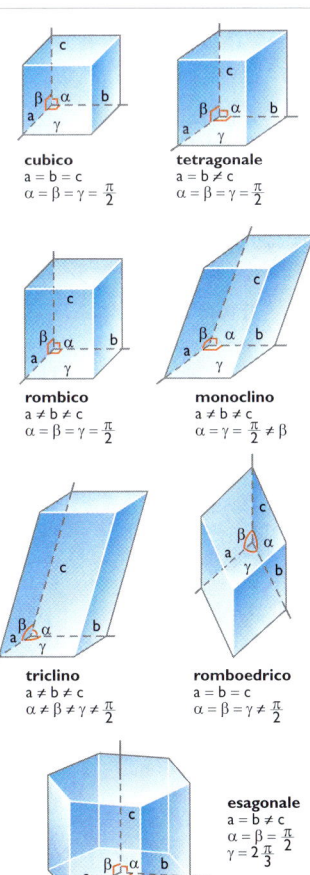

cubico
$a = b = c$
$\alpha = \beta = \gamma = \frac{\pi}{2}$

tetragonale
$a = b \neq c$
$\alpha = \beta = \gamma = \frac{\pi}{2}$

rombico
$a \neq b \neq c$
$\alpha = \beta = \gamma = \frac{\pi}{2}$

monoclino
$a \neq b \neq c$
$\alpha = \gamma = \frac{\pi}{2} \neq \beta$

triclino
$a \neq b \neq c$
$\alpha \neq \beta \neq \gamma \neq \frac{\pi}{2}$

romboedrico
$a = b = c$
$\alpha = \beta = \gamma \neq \frac{\pi}{2}$

esagonale
$a = b \neq c$
$\alpha = \beta = \frac{\pi}{2}$
$\gamma = 2 \frac{\pi}{3}$

■ **cristallino.** I sette sistemi cristallini.

attestata nei vangeli. **2.** Insieme delle confessioni, delle chiese che fanno riferimento alla rivelazione. **3.** *estens.* Civiltà sviluppatasi dalla concezione cristiana della natura, dell'uomo, della storia. ENCICL. Il cristianesimo si fonda sulla rivelazione divina trasmessa dal Vecchio Testamento e manifestata nell'insegnamento (la Buona Novella) di Gesù, Figlio di Dio e Salvatore dell'umanità. Gradualmente, il cristianesimo elabora una fede comune incentrata sulla Trinità, sull'Incarnazione e sulla Redenzione. Scosso da molte crisi dottrinali nei secc. IV e V, il cristianesimo conosce divisioni profonde quando le chiese orientali (sec. XI) e successivamente protestanti (sec. XVI) si staccano dalla Chiesa romana. Il sec. XX è invece segnato da un movimento in favore dell'unione dei cristiani (ecumenismo).

cristiània o **kristiània** s.m. inv. (da *Cristiania*, ant. nome della città di Oslo, perché tale stile fu introdotto dagli sciatori norvegesi) SPORT. Modalità di curvare o fermarsi mantenendo gli sci paralleli.

cristianità s.f. inv. **1.** Coscienza cristiana, carattere cristiano. **2.** Insieme dei paesi o dei popoli cristiani.

cristianizzàre v.tr. Convertire alla religione cristiana.

cristianizzazióne s.f. **1.** Conversione di qlcu. al cristianesimo. **2.** Interpretazione di qlco. secondo la cultura cristiana.

cristiàno agg. **1.** Che si riferisce a Gesù Cristo o alla religione da lui rivelata. ◇ *Chiesa cristiana:* comunità cristiana di confessione cattolica, ortodossa o protestante. **2.** Che professa il cristianesimo. **3.** Che presenta una cultura, una sensibilità riconducibili alla visione cristiana dell'uomo. *Arte cristiana.* **4.** Che ha tratti di umanità, di pietà, di generosità. SIN.: **caritatevole**. **5.** *fam.* Dignitoso, decoroso. ◆ s.m. [f. *–na*] **1.** Chi professa il cristianesimo. **2.** *pop.* Essere umano.

cristiàno-sociàle agg. [pl.m. e f. *cristiano-sociali*] Riferito a vari partiti europei che si propongono di portare l'etica cristiana nell'azione politica. ◆ s.m. e f. Chi si riconosce e milita in uno di tali partiti.

Cristo s.m. (lat. *Chrīstum*, gr. *Khristós* deriv. di *khríein* "ungere", calco dell'aram. *mašīḥā'* "unto") **1.** (solo sing.) Appellativo di Gesù (v. parte n.pr.). **2.** Rappresentazione di Cristo. *Un Cristo di legno.* **3.** *fam.* (iniziale minusc.) Individuo malridotto, che desta compassione per la sua condizione sventurata. *Un povero cristo.*

cristologia s.f. TEOL. CRIST. Parte della teologia dedicata alla studio della figura di Cristo.

cristològico agg. [pl.m. *–ci*, f. *–che*] Relativo alla cristologia, a Cristo.

1. critèrio s.m. [pl. *–ri*] **1.** Principio che permette di distinguere una cosa da un'altra, di emettere un giudizio, una valutazione. SIN.: **parametro**. ~ Metodo seguito nell'elaborare o nel compiere qlco. **2.** Assennatezza, buon senso. *Avere criterio.* **3.** MAT. Regola che permette di stabilire se dati ente godono di certe proprietà.

2. critèrio s.m. [pl. *–ri*] Criterium.

critèrium s.m. inv. (voce lat., propr. "selezione") Nome dato ad alcune gare sportive, in partic. ciclistiche, finalizzate a valutare la forma degli atleti.

critica s.f. [pl. *–che*] (gr. *kritikế tékhnē* "arte del giudicare") **1.** Attività intesa a esaminare e giudicare razionalmente. ~ Studio volto a stabilire la verità o l'autenticità. *La critica storica.* **2.** Esame, giudizio di opere letterarie o artistiche. *Critica musicale, letteraria.* ~ Scritto in cui si esamina e giudica un'opera. ~ Giudizio complessivo sulla produzione artistica di un autore. ~ Recensione, commento. *Una critica favorevole.* ◇ FILOL. *Critica testuale:* esame della tradizione manoscritta o a stampa di un testo al fine di stabilire la lezione più vicina all'originale. **3.** Insieme di coloro che si dedicano alla critica a livello professionale e delle loro opere. **4.** Giudizio negativo, rimprovero. *Esporsi a molte critiche.* **5.** Nella filosofia di Kant, esame attraverso cui la ragione umana giunge a individuare i propri limiti e le proprie possibilità.

criticàbile agg. Che si presta a un giudizio negativo.

criticàre v.tr. [4] **1.** Sottoporre qlco. ad analisi critica esprimendo perlopiù un giudizio negativo. **2.** Giudicare negativamente qlcu. o qlco. SIN.: **disapprovare**.

criticismo s.m. (ted. *Kriticismus*) **1.** FILOS. La concezione filosofica di Kant, fondata sull'analisi delle possibilità e dei limiti della ragione in ordine alla sua validità nella sfera della conoscenza e delle altre attività umane. **2.** *estens.* Puntigliosità polemica nell'evidenziare gli aspetti negativi di qlcu. o di qlco.

critico agg. [pl.m. *–ci*, f. *–che*] **1.** Che analizza e valuta razionalmente, con la capacità di cogliere gli aspetti contraddittori o meno evidenti di qlco. ◇ *Spirito critico:* capacità di esaminare e giudicare con precisione eventi, persone, ecc. – *Guardare con occhio critico:* con distacco razionale o anche con disapprovazione. – FILOL. *Edizione critica:* ricostruzione del testo originale di un'opera attraverso la collazione dei manoscritti o delle edizioni a stampa tramandate, effettuata secondo i metodi della critica testuale. **2.** Che esprime disapprovazione, rimprovero. **3.** Difficile, travagliato. *Periodo critico.* **4.** MED. Riferito alla fase acuta di una patologia. **5.** FIS., CHIM. Riferito ai particolari valori di una grandezza fisica in corrispondenza dei quali si verificano determinati fenomeni. ◇ *Temperatura critica:* quella a cui i gas iniziano a liquefarsi. ◆ s.m. [f. *–ca*] **1.** Chi esercita la critica d'arte o letteraria professionalmente. **2.** Chi giudica con rigore, con severità.

criticóne s.m. [f. *–na*] *fam.* Chi trova da ridire su tutto e tutti.

critmo s.m. Pianta a foglie carnose, commestibili, diffusa nelle regioni mediterranee, detta anche *finocchio marino.* (Genere *Crithmum*; famiglia degli Ombrellifere.)

Crittògame s.f. pl. [iniziale minusc. sing. *–ma* per l'individuo] **1.** BOT. Piante che hanno organi riproduttori non visibili, come funghi, licheni, ecc. (in oppos. alle *Fanerogame*). **2.** *Crittogama della vite:* fungo che si sviluppa sugli acini e sulle foglie della vite e si presenta come una polvere bianco-grigia; è detta anche *oidio.*

crittogamìa o **crittogamologìa** s.f. BOT. Studio delle piante crittogame.

crittogàmico agg. [pl.m. *–ci*, f. *–che*] BOT. Delle crittogame. ◇ *Malattia crittogamica:* affezione parassitaria dei vegetali causata da funghi microscopici. (La peronospora è una malattia crittogamica.)

crittografìa o **criptografìa** s.f. **1.** Insieme delle tecniche che consentono di realizzare la cifratura di un testo. **2.** *estens.* Scrittura concettualmente oscura, di difficile comprensione. **3.** Gioco enigmistico consistente nell'interpretare la disposizione di varie lettere per giungere alla composizione di una frase.

crittogràfico o **criptogràfico** agg. [pl.m. *–ci*, f. *–che*] **1.** Scritto in codice. **2.** *estens.* Di difficile interpretazione, oscuro.

crittògrafo o **criptògrafo** s.m. **1.** [f. *–fa*] Persona pratica di crittografia. **2.** Macchina per trasporre un testo in linguaggio cifrato e viceversa.

crittogràmma o **criptogràmma** s.m. [pl. *–mi*] **1.** Testo cifrato. **2.** In enigmistica, crittografia.

crivellàre v.tr. Colpire qlcu. o qlco. con una serie di colpi e farvi numerosi fori. SIN.: **bucherellare**.

crivèllo s.m. **1.** Arnese manuale o meccanico per separare materiali di pezzatura diversa, costituito da un telaio a cui è fissata una rete metallica o una lamiera con vari fori. **2.** MAT. *Crivello di Eratostene:* metodo iterativo per determinare tutti i numeri primi inferiori a uno dato.

croàto agg. Della Croazia. ◆ s.m. **1.** [f. *–ta*] Nativo, abitante della Croazia. **2.** (solo sing.) Lingua slava parlata in Croazia.

croccànte agg. (fr. *croquant*, deriv. di *croquer* "scricchiolare" di orig. onom.) Che scricchiola sotto i denti. *Biscotto croccante.* ◆ s.m. CUC. Dolce duro a base di zucchero caramellato e mandorle o nocciole tostate.

crocchétta s.f. (fr. *croquette*) CUC. Polpetta ovale a base di patate o di carne tritata mista a riso, impanata e fritta.

cròcchia s.f. Treccia di capelli avvolta e fermata sulla nuca. SIN.: **chignon**.

crocchiàre v.intr. [6] (aus. *avere*) (voce onom.) **1.** Produrre un suono sordo, proprio di vasi di terracotta incrinati. ~ *estens.* Scricchiolare. **2.** Detto di chioccia, emettere il caratteristico verso per richiamare i pulcini. SIN.: **chiocciare**. ◆ v.tr. Picchiare, percuotere qlcu.

1. cròcchio s.m. [pl. *–chi*] Rumore sordo prodotto da recipienti di terracotta, vetro, ecc. quando siano incrinati o rotti. SIN.: **scricchiolio**.

2. cròcchio s.m. [pl. *–chi*] Gruppetto di persone riunite a chiacchierare. SIN.: **capannello**.

cróce s.f. **1.** Antico strumento di supplizio formato da un palo e da un'asta trasversale, a cui venivano inchiodati o legati i condannati. ~ *per anton.* Quella su cui morì Gesù Cristo, secondo i Vangeli. **2.** *fig.* Sofferenza, tormento. *Tutti hanno la loro croce.* ◇ *Mettere qlcu. in croce:* tormentarlo. – *Gettare le croci addosso a qlcu.:* attribuirgli colpe in modo ingiusto. **3.** Simbolo del cristianesimo, riprodotto nella sua forma originale o in molteplici variazioni. *Croce di legno, d'oro.* ◇ *Croce greca o quadrata:* croce a quattro bracci uguali. – *Croce latina:* croce con un braccio più lungo degli altri. – *Croce di sant'Andrea o decussata:* croce obliqua o a forma di X, che è stata assunta dalla segnaletica stradale per indicare un passaggio a livello. **4.** Insegna dei partecipanti alle crociate. ~ La crociata stessa. **5.** Emblema di numerose organizzazioni umanitarie. **6.** ARALD. Elemento di stemmi, emblema di ordini cavallereschi. ◇ *Croce di Lorena o pontificale o patriarcale o doppia:* con due bracci orizzontali di cui il più alto è più corto. – *Croce di Malta:* formata da quattro bracci triangolari coi vertici riuniti al centro. ◇ Onorificenza civile e militare. ◇ *Croce al merito, al valore:* decorazione conferita ai combattenti delle due guerre mondiali distinti per particolari meriti. **8.** Qualsiasi segno o disposizione di cose a forma di croce. ◇ *fig. Mettere, fare una croce sopra a qlco.:* rinunciarvi per sempre. **9.** ASTR. *Croce del Sud:* nome di una costellazione australe formata da quattro stelle disposte secondo una croce latina. **10.** AGR. Punto del tronco degli alberi in cui si aprono i rami, detto anche *crocicchio.* **11.** Impugnatura tenuta in mano da chi fa muovere le marionette, detta anche *bilancino.* **12.** Arnese per la pesca del corallo in dotazione alle barche che la praticano, detto anche *ingegno.*

crocerossina s.f. Infermiera volontaria della Croce Rossa.

crocétta s.f. **1.** Nel sign. del dim. di *croce.* **2.** Panna a forma di croce. **3.** MAR. Insieme di due traverse poste nel senso longitudinale della nave che, unite con le barre traverse, sostengono la coffa o formano le barre dell'albero di gabbia. **4.** BOT. Lupinella.

crocevìa s.m. inv. **1.** Luogo dove si incrociano due o più strade. SIN.: **incrocio**. **2.** *fig.* Punto d'incontro di popoli e di scambio di esperienze umane.

crociaménto s.m. TRASP. Struttura di rinforzo applicata sulle rotaie nei punti di intersezione tra due binari.

crociàta s.f. **1.** ST. Nel Medioevo, ciascuna delle imprese militari condotte dai cristiani, su impulso della Chiesa, per liberare il Santo Sepolcro e i luoghi sacri di Palestina dai musulmani (v. parte n.pr.). **2.** *estens.* Spedizione militare contro eretici o non cristiani promossa dalla Chiesa. *La crociata contro gli Albigesi.* **3.** *fig.* Movimento collettivo con forte connotazione morale, campagna di moralizzazione. *Crociata contro la fame nel mondo.* ◇ *spreg. Spirito di crociata:* mentalità, comportamento caratterizzati da intolleranza e fanatismo.

crociàto agg. **1.** Di cosa, che porta impressa una croce o è disposta a croce. *Vela crociata.* ◇ *Parole crociate:* cruciverba. **2.** Di persona, che ha come insegna una croce, che ha partecipato a una crociata. ◆ s.m. Chi partecipa a una crociata.

crocicchio s.m. [pl. *–chi*] **1.** Luogo in cui si intersecano due o più vie. SIN.: **incrocio**. **2.** Punto del tronco degli alberi da cui si biforcano i rami, detto anche *croce.*

crocidàre v.intr. (aus. *avere*) Detto soprattutto del corvo e della cornacchia, gracchiare.

1. crocièra s.f. **1.** Disposizione di due elementi intersecantisi ad angolo retto e loro punto di intersezione. ◇ *Volta a crociera:* quella che risulta dall'intersezione di due volte a botte. **2.** ARCH. Spazio determinato dall'incrocio della navata centrale di una chiesa con il transetto. **3.** ARCH. Montante fisso che divide una finestra in compartimenti, in partic. nell'architettura medievale e rinascimentale. (Possono esserci uno o più incroci.)

2. crocièra s.f. **1.** MAR. Navigazione di una o più navi, circoscritta a un dato tratto di mare percorso più volte a scopo di pattugliamento, perlustrazione. ~ Viaggio di piacere su un transatlantico o una nave passeggeri. ◇ *Velocità di crociera:* velocità media di un veicolo, in partic. di un aereo o una nave, su una lunga distanza, ottimizzata in funzione di vari criteri (tempi, consumi, ecc.); *fig.* ritmo normale d'attività dopo un'interruzione o un periodo di riposo. **2.** La fase più lunga del volo di un aereo, compresa tra decollo e atterraggio, in cui la velocità resta praticamente costante.

crocière s.m. Uccello passeriforme, a becco lungo, che si nutre di semi e vive nelle foreste di conifere dell'emisfero nord. (Lunghezza 18 cm ca.; genere *Loxia*, famiglia dei Fringillidi.)

crocierìsta o **crocerìsta** s.m. e f. Chi va in crociera.

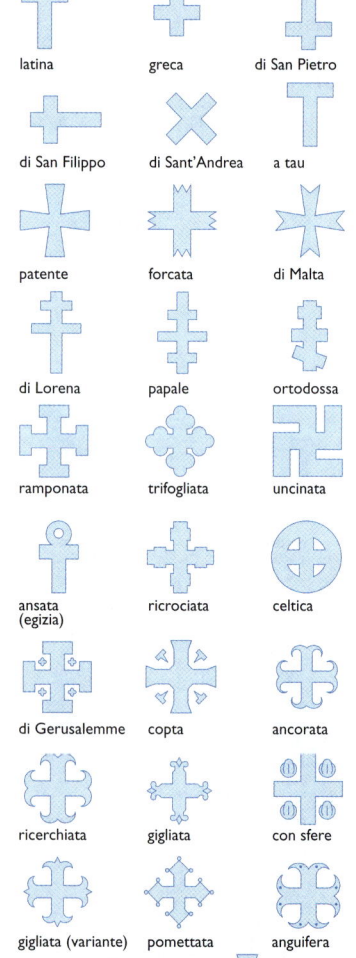

latina · greca · di San Pietro
di San Filippo · di Sant'Andrea · a tau
patente · forcata · di Malta
di Lorena · papale · ortodossa
ramponata · trifogliata · uncinata
ansata (egizia) · ricrociata · celtica
di Gerusalemme · copta · ancorata
ricerchiata · gigliata · con sfere
gigliata (variante) · pomettata · anguifera
di Tolosa · di San Luigi

■ **cróce**

Crocìfere s.f. pl. [iniziale minusc. sing. –*ra* per l'individuo] BOT. Famiglia di piante erbacee dicotiledoni con fiori a quattro petali liberi disposti a croce, sei stami e frutti a siliqua; ne fanno parte senape, cavolo, crescione, ravanello, rapa.

crocìfero agg. **1.** Che porta la croce. **2.** Che termina con una croce o che la regge. ◆ s.m. **1.** Suddiacono che nelle cerimonie religiose porta la croce. **2.** Religioso dell'ordine dei Chierici regolari ministri degli infermi, istituito da san Camillo de Lellis, il cui abito è contrassegnato da una croce rossa sul petto.

crocifìggere o **crocefìggere** v.tr. [32] **1.** Fare subire il supplizio della crocifissione. **2.** *fig.* Affliggere, tormentare.

crocifissióne o **crocefissióne** s.f. **1.** Pena in uso nell'antica Roma consistente nel legare o inchiodare la persona a una croce. ~ *per anton.* Morte in croce di Gesù Cristo. **2.** Opera d'arte raffigurante il Cristo sulla croce.

crocifìsso o **crocefìsso** agg. Messo in croce. ◆ s.m. **1.** *per anton.* (iniziale maiusc.) Cristo in croce. **2.** Croce su cui è rappresentato il Cristo (piccoli oggetti di devozione, sculture o dipinti).

cròco s.m. [pl. –*chi*] **1.** (iniziale maiusc.) Genere di piante tuberose, con foglie lineari e fiori radiali di colore violaceo, giallo, bianco, a cui appartiene lo zafferano. (Famiglia delle Iridacee.) **2.** CHIM. Denominazione di preparati di colore giallo o rosso scuro, alcuni dei quali usati come pigmenti. *Croco di Marte.*

fiore

foglia

bulbo

■ **cròco**

Crocodìlidi s.m. pl. [iniziale minusc. sing. –*de* per l'individuo] ZOOL. Famiglia di rettili a cui appartiene il coccodrillo.

cròda s.f. **1.** GEOL. Tipo di conglomerato presente nel Veneto, formato da ghiaia e ciottoli tenuti insieme da cemento calcareo. **2.** Tipica guglia dolomitica a pareti lisce.

crogiolàre v.tr. Cuocere qlco. a fuoco lento. ◆ **crogiolarsi** v.pron. *fig.* Di persona, indugiare, soffermarsi con gusto a lungo.

1. crògiolo s.m. **1.** TECN. Tempera a cui si sottopone il vetro appena formato, ponendolo nella camera di ricottura. **2.** *estens.* Cottura dei cibi a fuoco lento. SIN.: **rosolatura**.

2. crògiolo s.m. **1.** Piccolo recipiente in materiale refrattario o in metallo, utilizzato in laboratorio per fondere o calcinare. ~ Parte inferiore di un altoforno in cui si raccoglie il metallo in fusione. **2.** Luogo, ambiente in cui vengono a contatto e si amalgamano elementi diversi. *Crogiolo di razze.*

croissant [/krwa'sã/] s.m. inv. (voce fr., deriv. di *croître* "crescere" per la forma simile alla falce della luna crescente) Dolce di pasta sfoglia a forma di mezzaluna, cotto al forno. SIN.: **cornetto**.

crollàre vintr. (aus. *essere*) **1.** Non avere la forza, l'equilibrio per mantenersi dritto. ~ Cascare, rovinare al suolo. *Questa casa crolla.* SIN.: **cedere**. **2.** *fig.* Essere annientato, distrutto, rovinato. *La monarchia è crollata.* **3.** Essere sopraffatto da un brusco cedimento nel corso di uno sforzo, in partic. sportivo. ~ Perdere bruscamente ogni energia manuale, ogni capacità di reazione per effetto di un'emozione o di uno choc. *È crollata per la notizia.* ◇ *fig. Crollare dal sonno, dalla stanchezza:* cedere, esserne travolto. **4.** Diminuire molto rapidamente di valore, d'intensità. *È crollato il prezzo del greggio.*

cròllo s.m. **1.** Caduta violenta e improvvisa. **2.** *fig.* Rovina completa, distruzione. *Il crollo di una teoria.* SIN.: **fallimento**. **3.** *fig.* Forte ribasso, perdita di valore.

cròma s.f. MUS. Nota con un taglio in coda il cui valore corrisponde a 1/8 della semibreve. ~ Figura che indica tale nota. ~ Pausa di valore uguale alla croma.

cromàre v.tr. Ricoprire un metallo con un sottile strato di cromo per renderlo inossidabile e lucente.

cromàtico agg. [pl.m. –*ci*, f. –*che*] **1.** Relativo al colore. **2.** MUS. *Scala cromatica:* formata di una successione di semitoni (intervalli cromatici) rappresentanti un dodicesimo di un'ottava temperata (in oppos. a *diatonica*). – *Intervallo cromatico:* intervallo minimo tra due note dello stesso grado della scala, di cui una modificata verso l'alto o il grave.

cromatìdio s.m. [pl. –*di*] BIOL. Ciascuna delle due parti omologhe di un cromosoma, congiunte al centromero prima della divisione cellulare.

cromatìna s.f. BIOL. Sostanza colorabile presente nel nucleo delle cellule, costituita da DNA e da proteine, che si organizza in cromosomi durante la divisione cellulare.

cromatìsmo s.m. **1.** Uso di colori intensi, accesi. ~ PITT., FOTO. Prevalenza del colore come fatto espressivo autonomo. ~ LETT. Ricerca di vivacità descrittiva. **2.** MUS. Alterazione di una nota di una scala di un semitono ascendente o discendente. **3.** OTT. Tipo d'aberrazione cromatica.

1. cromàto agg. Di metallo rivestito da uno strato di cromo.

2. cromàto s.m. CHIM. Sale dell'acido cromico.

cromatòforo s.m. **1.** BIOL. Cellula pigmentata del derma che permette alla pelle di alcuni animali (camaleonte, seppia) di cambiare rapidamente colore. **2.** BOT. Plastidio di vario colore.

cromatografìa s.f. CHIM. Metodo d'analisi (identificazione o dosaggio) delle costituenti di un miscuglio, fondata sul loro assorbimento selettivo da parte di solidi polverulenti o sulla loro divisione in presenza di fasi liquide o gassose.

cromatògrafo s.m. CHIM. Apparecchio per eseguire la cromatografia.

cromatogràmma s.m. CHIM. Diagramma di un miscuglio, ottenuto da cromatografia.

cromatopsìa s.f. MED. Percezione visiva dei colori.

cromatùra s.f. Rivestimento di un metallo con uno strato di cromo mediante galvanostegia.

cromìa s.f. PITT. Scelta, tonalità di colori.

cròmico agg. [pl.m. –*ci*] **1.** CHIM. Relativo ai composti del cromo trivalente, come anidride cromica (CrO_3) e acido cromico. **2.** PITT. Concernente la cromia.

crominànza s.f. ELETTRON. Luminanza delle tre componenti colorate di un'immagine televisiva a colori.

cromìte s.f. Minerale di colore nerastro del gruppo degli spinelli, costituito da ossido di ferro e cromo.

cromizzazióne s.f. Processo di cementazione mediante cromo.

cromlech [/'krɔmlek/] s.m. inv. (voce gallese, ogni *crom* "curvo" e *llech* "pietra, ardesia") PREIST. Monumento megalitico formato da un insieme di *menhir* disposti in cerchio.

cròmo s.m. (solo sing.) (fr. *chrome*, gr. *khrōma* "colore" per la vivace colorazione dei suoi composti) **1.** Metallo di colore grigio lucente con riflessi azzurri, duro e inossidabile, usato nella produzione di acciai inossidabili e come rivestimento di altri metalli. **2.** Elemento chimico (*Cr*) di numero atomico 24 e peso atomico 51,996. ◻ In funzione di agg. inv., nella loc. *giallo cromo*, del colore dorato proprio del cromato di piombo.

cromodinàmica s.f. FIS. Teoria quantica che spiega le interazioni forti tramite particelle (*gluoni*) considerate come quanti di un campo detto *campo di colore.*

cromòforo agg. **1.** BIOL. Di batteri che producono e trattengono sostanze pigmentate. **2.** CHIM. Di gruppo chimico con legami multipli tra alcune coppie di atomi che conferisce alla molecola in cui è contenuto la potenzialità di divenire un colorante. ◆ s.m. Nel sign. dell'agg.

cromofotografìa s.f. FOTO. Procedimento fotografico con cui si ottiene un'immagine a colori. ~ L'immagine stessa.

cromògeno agg. **1.** BIOL. Di batteri che producono e secernono sostanze coloranti. **2.** CHIM. Di composto contenente uno o più gruppi cromofori. ◆ s.m. Nel sign. dell'agg.

cromolitografìa s.f. Metodo litografico di riproduzione di immagini a colori tramite impressioni successive. ~ L'immagine così ottenuta.

cromoplàsto s.m. BOT. Plastidio contenente vari pigmenti, tranne il verde, presente nelle cellule di molte piante, spec. in fiori e frutti.

cromoproteìna s.f. BIOL. Sostanza proteica combinata con un pigmento.

cromosfèra s.f. ASTR. Zona dell'atmosfera di una stella, in partic. del sole, intermedia tra la fotosfera e la corona.

cromóso agg. CHIM. Contenente cromo bivalente.

cromosòma s.m. [pl. –*mi*] BIOL. Elemento del nucleo delle cellule, costituito da una lunga molecola di DNA associata a proteine. ◇ *Cromosoma sessuale:* eterocromosoma.

ENCICL. Diffusi sotto forma di cromatina durante l'interfase, i cromosomi si individualizzano e si condensano al momento della divisione cellulare. Nelle cellule diploidi sono presenti in coppie di elementi omologhi (nell'uomo, p.e., ve ne sono 23 coppie).

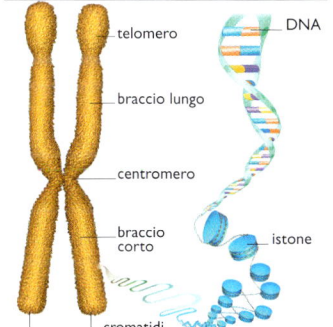

telomero

DNA

braccio lungo

centromero

braccio corto

istone

cromatidi

■ **cromosòma** (struttura).

cromosòmico agg. [pl.m. –*ci*, f. –*che*] BIOL. Dei cromosomi.

cromotipìa s.f. Stampa a colori.

crònaca s.f. [pl. –*che*] (lat. *chrŏnica*, gr. *khroniká* "annali" deriv. di *khrónos* "tempo") **1.** Esposizione dei fatti più notevoli del giorno a opera di giornali o altri mezzi d'informazione. *Cronaca politica, sportiva.* ~ Pagine di un quotidiano dedicate alla cronaca. *Mettere una notizia in cronaca.* ◇ *Cronaca nera:* su argomenti delittuosi. – *Cronaca rosa:* sulla vita privata dei personaggi famosi. – *Per la cronaca:* perché si sappia come stanno veramente le cose, con una sfumatura di puntigliosità. **2.** Resoconto spec. giornalistico di un avvenimento. *La cronaca del match.* **3.** ST. Forma storiografica, tipicamente medievale, di esposizione cronologica degli avvenimenti senza valutazione critica. ~ *estens.* Raccolta di fatti annotati in ordine cronologico.

cronachìstico agg. [pl.m. –*ci*, f. –*che*] Che ha le caratteristiche di una cronaca.

cronicàrio s.m. [pl. –*ri*] Ospedale, clinica per malati cronici.

cronicità s.f. inv. Stato, carattere di ciò che è cronico, permanente.

cronicizzàre v.tr. MED. Rendere cronica una malattia. ◆ **cronicizzàrsi** v.pron. MED. Di malattia, trasformarsi da acuta in cronica. *L'asma si è cronicizzata.*

cronicizzazióne s.f. MED. Trasformazione di una patologia da acuta in cronica.

crònico agg. [pl.m. –*ci*, f. –*che*] **1.** Relativo al tempo. **2.** MED. Di patologia che si evolve in modo prolungato, lento e poco regolare. **3.** MED. Affetto da una patologia cronica. **4.** *fig.* Che dura a lungo, persistente, radicato. *Ha il vizio cronico di dire bugie.* ◆ s.m. [f. –*ca*] Nell'accez. 3 dell'agg.

cronista s.m. e f. [pl.m. –*sti*] **1.** Giornalista che si occupa dei servizi di cronaca. *Cronista sportivo.* SIN.: **redattore.** ◇ *Cronista di nera:* giornalista che si occupa di avvenimenti tragici, di fatti criminali e di incidenti. **2.** Scrittore di cronache storiche. *I cronisti medievali.*

cronistòria s.m. **1.** Relazione cronologica dei fatti. SIN.: **cronaca. 2.** *estens.* Resoconto minuzioso.

cròno s.m. inv. SPORT. Tempo di gara di un atleta. ◆ s.f. inv. SPORT. Gara a cronometro. *Vincere la crono.*

cronobiología s.f. Studio scientifico dei ritmi biologici.

cronofotografìa s.f. [pl. –*fìe*] Tecnica con cui si ottengono fotogrammi a intervalli prestabiliti.

1. cronografìa s.f. [pl. –*fìe*] (gr. *khronographía,* comp. di *khrónos* "tempo" e *gráphein* "scrivere") **1.** Cronistoria, cronaca. **2.** Studio relativo alla datazione di avvenimenti storici.

2. cronografìa s.f. [pl. –*fìe*] Tecnica riguardante l'uso dei cronografi.

1. cronògrafo s.m. Cronometro che registra i tempi misurati.

2. cronògrafo s.m. [f. –*fa*] Autore di cronografie o di ricerche di cronografia.

cronogràmma s.m. [pl.m. –*mi*] **1.** Frase, verso in cui una o più lettere di ogni parola, interpretate come numeri romani, forniscono la data dell'avvenimento a cui il testo fa riferimento. **2.** STAT. Rappresentazione grafica di valori di carattere statistico (asse delle ordinate) che si succedono nel tempo (asse delle ascisse), detto anche *cronodiagramma.*

cronología s.f. **1.** Scienza che mira a stabilire le date dei fatti storici. ◇ *Cronologia geologica:* disciplina che ha per oggetto di studio la datazione dei fenomeni geologici verificatisi sulla Terra, detta anche *geocronologia.* **2.** Successione nel tempo di eventi storici o di eventi relativi a un individuo, a una famiglia, a un movimento, ecc. **3.** Opera che espone determinati avvenimenti in successione temporale.

cronològico agg. [pl.m. –*ci*, f. –*che*] Relativo alla cronologia.

cronometràggio s.m. [pl.m. –*gi*] (fr. *chronométrage*) Misurazione del tempo con il cronometro.

cronometràre v.tr. (fr. *chronométrer*) Rilevare il tempo esatto nel quale si compie un'azione, p.e. una prova sportiva.

cronometrìa s.f. **1.** Studio dei metodi e degli strumenti per la misurazione del tempo. **2.** Tecnica della progettazione e della costruzione degli orologi.

cronomètrico agg. [pl.m. –*ci*, f. –*che*] **1.** Relativo alla cronometria. **2.** Relativo al cronometro. **3.** *fig.* Esatto come un cronometro.

cronometrista s.m. e f. [pl.m. –*sti*] Persona incaricata di cronometrare.

cronòmetro s.m. **1.** Orologio di precisione il cui scarto nell'unità di tempo non può superare un dato valore. **2.** *comun.* Cronografo da polso usato per registrare i tempi nelle gare sportive. ◇ SPORT. *Gara, corsa, tappa a cronometro:* prova ciclistica su strada nella quale i concorrenti, che partono a intervalli regolari, sono cronometrati individualmente.

cronoscalàta s.f. SPORT. Nel ciclismo, tappa o corsa a cronometro in salita.

cronostratigrafìa s.f. GEOL. Studio cronologico della stratificazione dei terreni.

cronotachìgrafo s.m. Strumento che, posto a bordo di un automezzo, ne registra la velocità e i tempi di guida e di riposo dell'autista.

cronotàppa s.f. SPORT. Nel ciclismo, tappa a cronometro.

cronòtopo s.m. FIS. Nella teoria della relatività, spazio a quattro dimensioni. SIN.: **spazio-tempo.**

crooner [/'kruːnə/] s.m. inv. (voce ingl., deriv. di *to croon* "cantare in tono sommesso") Cantante di musica leggera dai toni lenti e sentimentali.

croquet [/'krɔ:kei/] s.m. (solo sing.) (voce ingl., fr. *crochet* "bastone curvo") Gioco che consiste nel far correre una pallina sotto una serie di archetti colpendola con una mazza.

1. cross [/'krɔs/] s.m. inv. (voce ingl., propr. "croce") **1.** SPORT. Nel calcio, tiro dalle ali verso il centro, detto anche *traversone;* nel tennis, tiro diagonale; nel pugilato, colpo di lato. **2.** SPORT. Nell'hockey su ghiaccio, bastone ricurvo.

2. cross [/'krɔs/] s.m. inv. (voce ingl., abbr. di *cross-country*) **1.** SPORT. Corsa campestre. **2.** SPORT. Motocross o ciclocross e per estens. bicicletta o motocicletta usate in tali sport.

■ **cross**

crossàre v.intr. (aus. *avere*) SPORT. Nel calcio, fare un cross, un traversone.

cross-country [/'krɔs,kʌntri/] s.m. inv. (voce ingl., propr. "attraverso la campagna") Corsa campestre podistica, ippica, ciclistica, motociclistica.

crossing-over [/'krɔsɪŋ,əʊvə/] s.m. inv. (voce ingl. "incrocio") BIOL. Intersezione di due cromosomi omologhi che si verifica nel corso della formazione dei gameti (*meiosi*) e che permette lo scambio di frammenti cromosomici, quindi dei geni in essi compresi. SIN.: **interscambio.**

crossista s.m. e f. [pl.m. –*sti*] SPORT. Corridore di corsa campestre.

crossòdromo o **crossdròmo** s.m. SPORT. Impianto sportivo con terreni per corse campestri, naturali o costruiti artificialmente.

Crossopterìgi s.m. pl. [iniziale minusc. sing. –*gio* per l'individuo] ZOOL. Ordine di pesci marini ossei dal corpo massiccio, che possiedono una doppia vescica natatoria, due paia di pinne pettorali lobate, pinna caudale simmetrica e arrotondata, la cui struttura ricorda quella dei primi anfibi.

crossover [/'krɔs'ouvə/] s.m. inv. (voce ingl., comp. di *to cross* "incrociare" e *over* "sopra") **1.** BIOL. Individuo che durante la meiosi ha subito un crossing-over. **2.** Filtro delle casse acustiche che separa le frequenze alte dalle basse, inviandole a due diversi altoparlanti.

cròsta s.f. **1.** Strato duro o indurito che ricopre una sostanza della stessa o di diversa natura. *Crosta del pane, del formaggio.* ◇ GEOL. *Crosta terrestre:* zona superficiale della sfera terrestre, di spessore medio di 35 km sotto i continenti (*crosta continentale*) e 10 km sotto gli oceani (*crosta oceanica*). **2.** *fig.* Apparenza che nasconde un diverso modo di essere. SIN.: **facciata. 3.** Sangue coagulato che si forma su una ferita cutanea. ◇ *Crosta lattea:* patologia cutanea dei lattanti che si manifesta con arrossamento della pelle del capo e comparsa di formazioni squamose, dette anche *lattime.* **4.** Squama di colore che si distacca da un dipinto. ~ *fig. spreg.* Quadro brutto, di nessun valore artistico. *Si è fatto rifilare una crosta.* **5.** Guscio dei crostacei. **6.** In conceria, parte inferiore, meno pregiata, di una pelle, ottenuta per suddivisione della stessa. □ In funzione di agg., tettonico. ◇ CUC. *In crosta:* preparazione a base di pasta sfoglia farcita internamente.

Crostàcei s.m. pl. ZOOL. Classe di artropodi, general. acquatici, a respirazione branchiale, con due paia di antenne, cinque o più paia di zampe (di cui il primo paio trasformato in chele), occhi peduncolati o semplici; hanno un carapace formato da chitina intrisa di calcare e sono perlopiù a sessi separati e ovipari; vi appartengono l'onisco, il balano, i Decapodi (granchi, gamberetti, ecc.).

crostàceo agg. Che appartiene alla classe dei Crostacei. ◆ s.m. *comun.* Denominazione generica di animali della classe dei Crostacei, spec. di quelli commestibili (aragosta, gambero, granchio, ecc.).

crostàre v.tr. CUC. Cuocere un cibo in modo che la superficie si indurisca e si colori. *Crostare la torta.*

crostàta s.f. CUC. Torta dolce di pasta frolla coperta da marmellata o crema e frutta.

crostino s.m. CUC. Fettina di pane abbrustolito ricoperta di impasti e salse varie, servita come antipasto o come spuntino. ~ Dadino di pane fritto o abbrustolito servito per accompagnare minestre, zuppe, ecc.

crostóne s.m. **1.** GEOL. Ammasso di detriti rocciosi di varia natura. **2.** Fetta di pane piuttosto grande, arrostita o fritta.

crostóso agg. Caratterizzato dalla presenza di croste.

Crotàlidi s.m. pl. [iniziale minusc. sing. –*de* per l'individuo] ZOOL. Famiglia di serpenti diffusi nelle regioni tropicali caratterizzata dalla presenza di un organo sensorio situato tra la narice e l'occhio.

cròtalo s.m. (lat. *crŏtalum,* gr. *krótalon* deriv. di *krótos* "rumore") **1.** MUS. Antico strumento musicale simile alle nacchere, costituito da due valve di legno, avorio o metallo che venivano battute l'una contro l'altra, in uso spec. in Grecia e in Egitto. **2.** Serpente velenoso, principalmente americano, dotato di capo triangolare, corpo grosso, coda corta caratterizzata dalla presenza, all'estremità, di anelli cornei articolati che producono un caratteristico suono; è detto anche *serpente a sonagli.* (Lunghezza da 1 a 2 m; famiglia dei Crotalidi). **3.** ZOOL. (iniziale maiusc.) Genere di serpenti a cui appartiene il crotalo.

■ **cròtalo** diamantino.

cròton s.m. inv. (lat. *Croton,* deriv. di gr. *krotôn,* propr. "zecca" perché le bacche della pianta assomigliano a zecche) **1.** Arbusto tropicale con fusto ricoperto di peli e i cui semi contengono un olio tossico. (Famiglia delle Euforbiacee). **2.** BOT. (iniziale maiusc.) Genere di piante a cui appartengono i croton.

cròtta s.f. MUS. Antico strumento celtico a tre o sei corde, simile alla cetra.

croupier [/'kru'pje/] s.m. e f. inv. (voce fr., propr. "chi siede in groppa insieme a un altro")

Dipendente di una casa di giochi che tiene il banco.

crown /ˈkraun/ s.m. inv. (voce ingl., propr. "corona") Tipo di vetro di notevole durezza e resistenza agli agenti atmosferici, con basso indice di rifrazione e dispersione, usato in ottica.

cru /ˈkry/ s.m. inv. (voce fr., "vigna, vino") Terreno considerato in funzione del vantaggio qualitativo che ne traggono le colture. ~ In partic., vigneto che produce uve di alta qualità e vino pregiato prodotto con esse.

crucciàre v.tr. [5] Affliggere, tormentare, dare preoccupazione. ◆ **crucciarsi** v.pron. Affliggersi, tormentarsi. ~ Risentirsi. *Non crucciarti per le mie parole.*

crùccio s.m. [pl. –ci] Preoccupazione tormentosa o irritante. SIN.: **tormento**.

crùcco s.m. [pl.m. –chi, f. –che] (serbo-croato *kruh* "pane", soprannome del gergo militare orig. riferito agli iugoslavi ma passato a indicare i tedeschi durante la seconda guerra mondiale) pegg. Tedesco. ~ estens. Stupido, ottuso.

cruciàle agg. (ingl. *crucial*, deriv. al lat. *crŭx* "croce", propr. "che mette di fronte a una scelta" dall'uso delle croci indicatrici poste ai bivi delle strade) Molto importante, fondamentale. *Periodo cruciale.* SIN.: **decisivo**.

crucifórme o **crocifórme** agg. **1.** A forma di croce. **2.** BOT. *Corolla cruciforme:* corolla actinomorfa a quattro petali separati, propria delle Crocifere.

crucivèrba s.m. inv. (comp. di lat. *crŭx* "croce" e *vèrba* "parole", prob. calco dell'ingl. *crossword*) Gioco enigmistico consistente nel trovare parole che si intersecano in uno schema predisposto secondo definizioni date. SIN.: **parole incrociate**.

cruciverbista s.m. e f. [pl.m. –sti] Chi prepara o risolve cruciverba.

crudaménte avv. Senza riguardo, brutalmente. *Parlare crudamente.*

crudèle agg. **1.** Che manifesta durezza, assenza di pietà. *Un tiranno crudele.* SIN.: **spietato**. **2.** Che causa una sofferenza morale o fisica. *Una perdita crudele.*

crudeltà s.f. inv. **1.** Tendenza a infliggere sofferenze agli altri. SIN.: **ferocia**. ~ Carattere di ciò che è crudele, feroce. *La crudeltà della sorte.* **2.** Azione che reca sofferenza, dolore. *Ha subìto una crudeltà.*

crudézza s.f. **1.** Durezza, asprezza. *Crudezza di un rimprovero.* **2.** PITT., CINE., LETT. fig. Realismo totale che porta a rappresentazioni violente, brutali, scabrose e tali di un linguaggio crudo. **3.** fig. Rigidezza, inclemenza. *Crudezza della stagione.*

crudités /kryditeˈ/ s.f. pl. (voce fr., propr. "crudità") CUC. Verdure che si mangiano crude.

crùdo agg. (lat. *crūdum*, deriv. di *crŭor* "sangue") **1.** Non sottoposto a cottura. *Verdure crude.* **2.** fig. Che non ha subìto trasformazioni, elaborazioni. *Seta cruda.* ~ Rude, rozzo. *Uno scherzo crudo.* ~ fig. Diretto, franco, schietto. *Rispondere in modo crudo.*

cruènto agg. Caratterizzato da spargimento di sangue. *Morte cruenta.*

cruise /ˈkruːz/ s.m. inv. (voce ingl., propr. "crociera") Missile americano dotato di testata nucleare.

cruiser /ˈkruːzə/ s.m. inv. (voce ingl., deriv. di *to cruise* "navigare battendo una stessa zona, fare una crociera") **1.** Imbarcazione da diporto, a motore e a vela, adatta a brevi crociere. **2.** Tipo di motocicletta adatta a brevi viaggi, simile al chopper.

cruising /ˈkruːzɪŋ/ s.m. inv. (voce ingl., deriv. di *to cruise* "fare una crociera") SPORT., MAR. Crociera a carattere sportivo.

crumiro s.m. [f. –ra] (fr. *kroumir*, ar. *Krumīr* nome di una popolazione tunisina di sentimenti ribelli che in Francia assunse connotazione ingiuriosa) Persona che lavora mentre gli altri sono in sciopero.

crùna s.f. Fessura all'estremità di un ago da cucire, dove passa il filo.

crup o **grup** s.m. inv. (ingl. *croup*, deriv. di *to croup* "parlare con voce roca" di orig. onom.) MED. Fase della patologia difterica in cui la pseudomembrana prodotta dallo svilupparsi dei batteri occlude la laringe provocando l'asfissia.

cruràle agg. ANAT. Relativo alla coscia. *Nervo crurale.* SIN.: **femorale**.

crùsca s.f. [non com. pl. –che] (germ. *krūska*) Residuo dalla macinazione dei cereali, costituito da frammenti di semi.

cruscòtto s.m. **1.** Pannello montato nell'abitacolo di un veicolo a motore, sotto il parabrezza, in cui è alloggiata la strumentazione di bordo. **2.** Nelle carrozze, riparo che proteggeva il cocchiere dagli spruzzi di fango.

csárdás /ˈtʃaːrdaʃ/ s.f. inv. (voce ungherese "danza ballata in osteria") Danza popolare di origine ungherese, dal ritmo lento nella prima parte e veloce nell'ultima.

csi o **ksi** /ˈksi/ s.m. o s.f. inv. Quattordicesima lettera dell'alfabeto greco (Ξ, ξ) corrispondente alla *x* dell'alfabeto latino.

Ctenòfori s.m. pl. [iniziale minusc. sing. –ro per l'individuo] ZOOL. Sottotipo di invertebrati marini simili agli Cnidari, ermafroditi, con corpo munito di ciglia a pettine che consentono la locomozione.

ctònio agg. [pl.m. –ni] MIT. GR. ROM. Sotterraneo, riferito alle divinità che abitavano gli Inferi.

CTZ s.m. inv. Sigla di *Certificati (del Tesoro a) Zero coupon.*

cuba libre /ˈkuia ˈliβre/ loc. sost. m. inv. (loc. spagn., propr. "Cuba libera") Cocktail preparato con coca cola, rum, scorza di limone, zucchero e ghiaccio.

cubàno agg. Di Cuba. ◆ s.m. [f. –na] Nativo, abitante di Cuba.

cubàre v.tr. Calcolare il volume di un solido e la terza potenza di un numero.

cubatùra s.f. Misura, calcolo di un volume.

cubèbe s.m. (ar. *kubāba* di provenienza cinese) Arbusto rampicante, proprio dei climi tropicali, con foglie oblunghe e frutto simile al pepe, dotato di proprietà medicinali. (Famiglia delle Piperacee.)

cubétto s.m. **1.** Nel sign. del dim. di *cubo*; in partic., piccolo oggetto a forma di cubo. *Cubetto di ghiaccio.* **2.** Pietra dura tagliata a forma di cubo o di tronco di piramide, usata per pavimentazioni stradali. *Cubetto di porfido.*

cubia s.f. (voce genov. di etim. incerta) MAR. Foro praticato nella murata di una nave attraverso cui passa la catena dell'àncora.

cùbico agg. [pl.m. –ci, f. –che] **1.** Che ha la forma di un cubo. **2.** MAT. *Curva cubica:* curva algebrica piana, espressa da un polinomio di terzo grado. – *Radice cubica di un numero:* numero (general. complesso) che elevato alla terza potenza dà il numero assegnato.

cubicolo s.m. (lat. *cubiculum*, deriv. di *cubāre* "giacere, dormire") **1.** Camera da letto padronale dell'antica casa romana. **2.** Nelle catacombe, spazio sepolcrale. **3.** Locale piccolo, misero. ~ estens. In partic., cella per un solo detenuto.

cubilòtto s.m. (fr. *cubilot*) METALL. Forno cilindrico per la fusione dei metalli.

cubismo s.m. (fr. *cubisme*, voce coniata dal pittore francese H. Matisse con riferimento scherzoso a un quadro di Braque in cui erano raffigurate case a forma di cubo) Movimento artistico che, tra il 1908 e il 1920, ha sostituito ai criteri espressivi derivati dal Rinascimento modi nuovi e più autonomi di costruzione plastica. **ENCICL.** La lezione di Cézanne e la scoperta dell'arte dell'Africa nera (che i *Fauves* già conoscevano) aprono la strada all'opera di Picasso (*Les demoiselles d'Avignon*, 1906-1907) e di Braque (i cui paesaggi "alla Cézanne" del 1908 furono paragonati a un accostamento di piccoli cubi). Una fase *analitica*, a partire dal 1909, vede l'adozione da parte dei due artisti di molte angolazioni per raffigurare uno stesso oggetto, sezionato in tali multipli e in una gamma ristretta di colori smorzati. Queste opere rasentarono a volte l'astrazione (*cubismo "ermetico"*), ma l'introduzione di cifre o di lettere a sagome frose e, nel 1912, l'invenzione del collage reintroducono il reale sotto una nuova forma, aprendo la fase *sintetica* del cubismo. Nello stesso periodo altri pittori, riuniti nel gruppo detto "di Puteaux" (poi della "Section d'or"), sperimentano la nuova estetica: i fratelli Duchamp, Gleizes e Metzin-

ger, Louis Marcoussis (d'origine polacca), Lhote, Gris, Léger, R. Delaunay, Kupka (questi ultimi due danno una visione luminosa e colorata del cubismo, battezzata da Apollinaire *orfismo*), ecc. Diversi scultori, sulla scia di Picasso, interpretano in tre dimensioni i principi cubisti: Archipenko, Duchamp-Villon, Laurens, Lipchitz, Zadkine. Dopo la Prima Guerra mondiale, ciascun fondatore o seguace del cubismo si allontana dalla corrente.

cubista s.m. e f. [pl.m. –sti] **1.** Artista seguace del cubismo. **2.** Chi nelle discoteche si esibisce ballando su un cubo. □ In funzione di agg., relativo al cubismo.

cubitàle agg. **1.** Della misura di un cubito. ~ estens. Molto grande. **2.** ANAT. Dell'ulna.

cùbito s.m. **1.** Misura lineare dell'antica Grecia e di Roma che equivale alla distanza che separa il gomito dall'estremità del dito medio (50 cm ca.). **2.** ANAT. → **ulna**.

cùbo s.m. **1.** GEOM. Parallelepipedo rettangolo a sei facce formate da quadrati uguali. **2.** estens. Oggetto di qualsiasi dimensione che abbia la forma di tale solido. **3.** MAT. *Cubo di un numero:* la terza potenza del numero stesso. *27 è il cubo di 3.* **4.** Nelle discoteche, piattaforma sopraelevata di forma cubica su cui ci si può esibire. □ In funzione di agg., nel l. matematico, denominazione dell'unità di volume corrispondente all'unità di misura lineare indicata dal c. *Centimetro cubo.*

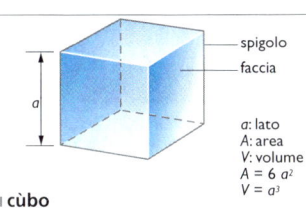

a: lato
A: area
V: volume
$A = 6 a^2$
$V = a^3$

spigolo
faccia

■ cùbo

cubòide agg. Di forma che si approssima a quella del cubo. ◆ s.m. ANAT. Osso del tarso.

cucaracha /kukaˈratʃa/ s.f. [pl. *cucarachas*] (voce spagn., propr. "scarafaggio" e "plebe") Ballo popolare messicano e musica che l'accompagna.

cuccàgna s.f. (provenz. *cocanha*, forse da una voce germ. indicante "dolciumi") **1.** (anche con iniziale maiusc.) Nome di un immaginario paese dell'abbondanza. **2.** estens. Copiosità di beni unita a piacevolezza del vivere. ◇ *Albero della cuccagna:* palo insaponato recante in cima un cerchio metallico al quale sono appesi vari doni, perlopiù alimentari, destinati a chi riesce a raggiungerli arrampicandosi.

cuccétta s.f. MAR. Lettino nella cabina di una nave. ~ FERR. Sedile o letto ribaltabile per dormire, in una carrozza ferroviaria.

cucchiàia s.f. **1.** Grosso cucchiaio. **2.** Cazzuola da muratore. **3.** Utensile di macchine o congegni manuali per scavare terreni incoerenti trattenendone i detriti. **4.** Nei mulini ad acqua, recipiente posto all'estremità di ciascuna pala che, riempiendosi d'acqua e vuotandosi, consente il moto continuo della ruota.

cucchiaiàta s.f. Quantità contenuta in un cucchiaio.

cucchiaino s.m. **1.** Nel sign. del dim. di *cucchiaio*; in partic., piccolo cucchiaio da tavola. ~ Quantità di cibo in esso contenuta. *Un cucchiaino di zucchero.* ◇ fig. *Da raccogliere col cucchiaino:* riferito a chi è così debole da non stare in piedi. **2.** Piccola cazzuola da muratore per lavori di rifinitura. **3.** PESC. Esca metallica roteante, di forma e lucentezza varia, in uso nella pesca al lancio.

cucchiàio s.m. [pl. –chiai] (lat. *cochleārium*, deriv. di *cŏchlea* "chiocciola" forse perché utilizzato orig. per mangiare le lumache) **1.** Posata da tavola e da cucina, composta da un'impugnatura e da una parte ovale concava. *Cucchiaio da minestra.* ◇ fig. *Da raccogliere, prendere col cucchiaio:* riferito a chi è in uno stato di debolezza fisica o di prostrazione psicologica tale da non poter stare più in piedi. – *Cucchiaio di legno:* quello usato per mescolare sughi, zuppe, ecc;

■ Il cubismo

A partire dal 1907, alla ricerca di uno stile "rigoroso", alcuni artisti cominciarono a "rappresentare la natura per mezzo del cilindro, della sfera, del cono", come già aveva immaginato Cézanne, usando rettangoli, cerchi, piramidi e cubi.

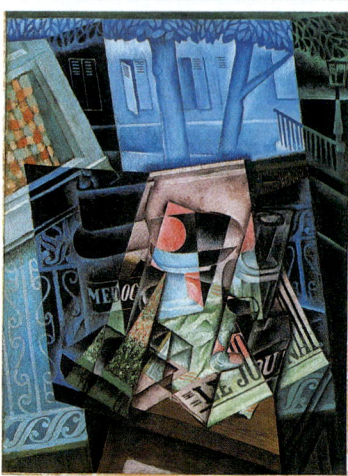

Juan Gris. *Natura morta con finestra aperta* (1915): la dimora del pittore al Bateau-Lavoir, a Montmartre, in cui lavorò anche Picasso, si affaccia sulla piazza (o la via) Ravignan. (Museum of Art, Philadelphia.)

Pablo Picasso. *Ritratto di D.H. Kahnweiler*, cubismo analitico (1910): suddivisione in minuscole sfaccettature dell'effigie del celebre mercante d'arte cubista. (Art Institute, Chicago.)

Georges Braque. *Il violino*, collage, cubismo sintetico, 1913-1914: una costruzione severa e armoniosa, contemporaneamente metafora del reale e presenza dello stesso, resa con frammenti di giornale incollati. (Coll. priv.)

---

fig. nel rugby, trofeo simbolico attribuito alla squadra che perde tutti gli incontri del trofeo delle nazioni. **2.** Oggetto, attrezzo, utensile simile a un cucchiaio per forma o funzione.

cùccia s.f. [pl. *–ce*] (fr. *couche*, deriv. di *coucher* "mettere a letto, dormire") **1.** Piccola casetta che funge da riparo e giaciglio per un cane. **2.** *scherz.* Letto o, con valore spreg., lettuccio vecchio, scomodo.

cucciolàta s.f. Insieme degli animali nati in uno stesso parto.

cùcciolo s.m. [f. *–la*] **1.** Giovane cane. ~ *estens.* Piccolo di un animale. *Cucciolo di foca.* **2.** *estens. fam.* Figlio piccolo. ~ *fig.* Persona giovane e inesperta.

cùccuma s.f. Bricco, spec. quello usato per il caffè.

cucina s.f. **1.** Ambiente o parte di un alloggio, di un ristorante, dove si preparano i pasti. *Una cucina spaziosa.* ◇ *Fare la cucina:* rigovernarla. – *Cucina abitabile:* spaziosa, arredata in modo da costituire anche un soggiorno. – *Uso cucina:* possibilità di servirsi di una cucina in abitazioni dove convivono più persone o famiglie. **2.** Arredamento di tale ambiente. ◇ *Cucina componibile o all'americana:* costituita da un complesso di mobili ed elettrodomestici, di dimensioni unificate e in parte pensili, variamente combinati. **3.** Apparecchio fornito di uno o di più fornelli per cuocere gli alimenti. *Cucina elettrica o a gas.* ◇ *Cucina economica:* quella a legna o a carbone che serve per cuocere i cibi e anche per riscaldare l'ambiente tramite irradiazione del calore dalla lastra superiore. **4.** Preparazione e cottura di cibi fatta secondo particolari modalità, secondo tradizioni locali o familiari. *Arte della cucina.* ◇ *Cucina povera:* a base di cibi poco costosi o poveri di calorie. – *Libro di cucina:* ricettario. **5.** Nei caseifici, locale in cui si prepara il formaggio.

cucinàre v.tr. **1.** Preparare, comporre un piatto, una vivanda. ◇ *gerg. Cucinare un articolo:* nel l. gior., preparare, adattare uno scritto alla pubblicazione. **2.** *fig.* Conciare, sistemare. *L'ho cucinato per le feste.* ◆ v.intr. (aus. *avere*) Preparare e cuocere cibi.

cucinino s.m. **1.** Nel sign. del dim. di *cucina*. **2.** Angolo cucina. **3.** Piccola cucina spesso integrata al soggiorno. SIN.: **cucinotto**.

cucinòtto s.m. Vano cucina comunicante col soggiorno.

cucire v.tr. [76] **1.** Riunire, attaccare insieme pezzi di stoffa o altro materiale per mezzo di punti fatti con filo e ago, a mano o a macchina. *Cucire un orlo.* ~ Rammendare qlco. *Cucire un calzino.* ◇ figg. *Cucire la bocca a qlcu.:* farlo tacere. – *Cucirsi la bocca:* in forma pron., stare zitto, non dire ciò che si sa. **2.** *fig.* Collegare tra loro, mettere assieme due o più cose. *Ha fatto un libro cucendo assieme diversi articoli.* SIN.: **imbastire. 3.** Confezionare un capo di vestiario, anche pron. *Cucire (cucirsi) la gonna.* **4.** MED. Riunire i due lembi di una ferita con un ago e con un filo speciale. SIN.: **suturare.** ◆ v.intr. (aus. *avere*) Eseguire lavori di cucito. *Non so cucire.*

cucito agg. Unito tramite cucitura. ~ MED. Suturato. ◇ *fig. Avere le labbra cucite:* saper tenere un segreto ◆ s m **1.** Arte, tecnica del cucire. *Corso di taglio e cucito.* **2.** Ciò che si cuce o si è cucito. *Riporre il cucito.*

cucitrice s.f. **1.** Macchina per cucire stoffa o altro materiale. **2.** Specie di pinza che inserisce punti metallici nei fogli di carta tenendoli uniti. SIN.: **pinzatrice.**

cucitùra s.f. **1.** SART. Unione di due pezzi di tessuto con una serie di punti fatti a mano o a macchina. ~ Serie di punti che uniscono due tessuti. *Scucire una cucitura.* **2.** MED. Operazione chirurgica con la quale vengono riuniti i margini di una ferita per mezzo di fili o graffette. SIN.: **sutura. 3.** Operazione con cui si legano insieme le parti che formano libri, stampati. ~ Anche, unione di più fogli con punti metallici. **4.** EDIT. Margine della pagina di un libro o di un giornale dalla parte del dorso.

cucù o **cuccù** s.m. inv. (voce onom.) **1.** Cuculo. ~ Anche, il suo verso. ◇ *Orologio a cucù:* quello a pendolo in cui le ore sono scandite da un suono simile al verso del cuculo mentre un uccellino di legno esce da uno sportellino. **2.** Antico gioco di carte italiano.

Cuculifórmi s.m. pl. [iniziale minusc. sing. *–me* per l'individuo] ZOOL. Ordine di uccelli arrampicatori con zampe piuttosto corte e dita suddivise in due anteriori e due posteriori, che vivono nei boschi.

cucùllo s.m. **1.** ANT. ROM. Ampio cappuccio portato da chi lavorava all'aperto o dai viaggiatori. **2.** Lo stesso cappuccio adottato dai monaci, in età cristiana.

cucùlo s.m. Uccello dell'Eurasia e dell'Africa, con piumaggio posteriore grigio e ventre bianco con righe marroni, insettivoro, che depone le uova nel nido di altri uccelli, affinché allevino la sua progenie. (Lunghezza 32 cm; ordine dei Cuculiformi.)

■ **cucùlo**

cucùrbita s.f. **1.** *fig. scherz.* Zucca. **2.** BOT. (iniziale maiusc.) Genere di piante a cui appartiene la zucca. **3.** CHIM. Parte inferiore dell'alambicco tradizionale, che contiene la materia da distillare.

Cucurbitàcee s.f. pl. [iniziale minusc. sing. *–a* per l'individuo] BOT. Famiglia di piante erbacee o, più raramente, arbustive dicotiledoni, dotate di fusto sdraiato o rampicante, foglie ruvide, fiori unisessuali solitari o in cime, frutto a bacca;

ne fanno parte il cetriolo, il cocomero, il melone e la zucca.

cucurbitina s.f. CHIM. Amminoacido con azione paralizzante sulla tenia.

cudù s.m. inv. (da una voce bantu) Antilope africana di alta statura, con pelame grigio striato trasversalmente di bianco; il maschio ha lunghe corna a tortiglione. (Famiglia dei Bovidi; ordine degli Artiodattili.)

cuesta s.f. GEOMORF. Rilievo dissimmetrico, tipico di regioni dalla struttura leggermente inclinata dove si alternano strati duri e strati teneri, caratterizzato da una scarpata con profilo concavo (*fronte*) e un tavolato dolcemente inclinato in senso inverso (*dorso*).

cueva agg. inv. Dei Cueva, popolazione dell'America centrale. ◆ s.m. e f. inv. (spec. pl. anche iniziale maiusc.) Appartenente a tale popolazione.

cùffia s.f. **1.** Copricapo di stoffa morbida che copre tutto il capo con esclusione della fronte, in uso un tempo per donne e neonati, oggi solo per questi ultimi e, in forme e materiali diversi e per scopi igienici, per infermieri, cuochi, negozianti di prodotti alimentari, ecc. ◇ *Cuffia da bagno*: calotta di gomma per tenere asciutti i capelli e riparare le orecchie durante nuotate, bagni, docce, ecc. – fig. *Farcela, salvarsi, uscire per il rotto della cuffia*: a stento, per un pelo, per miracolo. **2.** TECNOL. Apparecchio utilizzato per l'ascolto individuale di radio, televisori, ecc., costituito principalmente da una coppia di auricolari montati su un supporto che si adatta alla testa. **3.** TECN. Qualsiasi involucro, copertura, che protegga qlco., spec. aderendovi. **4.** TEAT. Tettuccio arcuato che copre la buca del suggeritore. SIN.: **cupolino**. **5.** BOT. *Cuffia radicale* → **caliptra**.

cùfico agg. [pl.m. –ci, f. –che] (deriv. di *Cufa*, nome di una città mesopotamica di grande importanza per la cultura musulmana) Riferito ai caratteri della scrittura araba più antica, con forme rigide e angolari, tracciati su una stessa linea di base e utilizzati per la calligrafia del Corano.

cuginànza s.f. Vincolo di parentela esistente tra cugini.

cugino s.m. [f. –na] (fr. *cosin*) **1.** Figlio di un fratello o di una sorella del proprio padre o della propria madre. ◇ *Cugini di secondo grado*: figli di cugini. **2.** Appellativo con cui si chiamavano tra loro gli affiliati alla Carboneria.

culatèllo s.m. CUC. Salume fatto con la coscia del maiale opportunamente trattata, specialità emiliana.

culàtta s.f. **1.** Parte posteriore dei calzoni o toppa lì cucita. **2.** Rinforzo del dorso dei libri. **3.** Parte d'acciaio destinata a garantire l'otturazione dell'orifizio posteriore del tubo di una bocca da fuoco. **4.** CUC. Parte terminale del salame e degli altri insaccati di carne.

culbiànco s.m. [pl. –chi] Piccolo uccello insettivoro dei luoghi aridi e sassosi dell'Eurasia e dell'Africa, di cui esistono molte specie. (Lunghezza 12-18 cm; genere *Saxicola* e *Oenanthe*, famiglia dei Turdidi.)

cùlice s.m. Zanzara o insetto simile con pungiglione.

Culicidi s.m. pl. [iniziale minusc. sing. –de per l'individuo] (dal nome del genere *Culex* "zanzara") ZOOL. Famiglia di insetti ditteri le cui femmine hanno un apparato boccale succhiatore molto sviluppato.

culinària s.f. → **gastronomia**.

culinàrio agg. [pl.m. –ri] (fr. *culinaire*, lat. *culinàrium*, deriv. di *culìna* "cucina" a di *coquìna* con *cùlus* "culo" perché nella casa romana spesso la cucina si trovava accanto alla latrina) Relativo alla preparazione, alla cottura dei cibi. SIN.: **gastronomico**.

cùlla s.f. **1.** Lettino per neonati, spesso a dondolo. ◇ *Culla termica, termostatica*: specie di culla sanitaria in cui vengono tenuti i bambini nati prematuri. **2.** estens. Nascita e primi mesi di vita. *Fin dalla culla. Morire in culla.* **3.** fig. Luogo natale di una persona o luogo d'origine, di sviluppo di qlco. *La Grecia è la culla della cultura occidentale.* **4.** MECC. Parte di telaio che sostiene il motore in alcune motociclette. **5.** MIL.

Parte dell'affusto in cui scorre la bocca da fuoco durante il rinculo.

cullàre v.tr. **1.** Ninnare, dondolare un bimbo tra le braccia o facendo oscillare la culla. **2.** estens. Far ondeggiare piano qlcu. o qlco. *Le onde mi cullavano dolcemente.* **3.** fig. Tenere, custodire qlco. dentro di sé pensandovi spesso, con compiacimento. *Cullare una speranza.* SIN.: **coltivare**. **4.** fig. Illudere, lusingare, blandire qlcu. con qlco. che alletta. *Cullare qualcuno con false promesse.* ◆ **cullarsi** v.pron. **1.** Dondolarsi, ondeggiare. *Cullarsi sull'amaca.* **2.** fig. Provare una sensazione di rapimento estatico, di beatitudine. **3.** fig. Illudersi, abbandonarsi a una vana speranza. *Cullarsi nell'illusione.*

cullàta s.f. Movimento impresso alla culla per far quietare il bambino.

culminàle agg. Relativo alla cima di un monte. *Vegetazione culminale.*

culminànte agg. **1.** Che si trova nel punto più alto o che ne costituisce il punto più alto. ◇ *Punto culminante*: parte più elevata di un rilievo. *Il Monte Bianco è il punto culminante delle Alpi*; fig. grado più alto di una gerarchia, momento massimo in un'attività, una carriera. *Il punto culminante della crisi economica.* **2.** fig. Che mostra al massimo grado le caratteristiche specifiche di una situazione giunta a un punto decisivo, cruciale.

culminàre v.intr. (aus. *essere*) **1.** ASTR. Detto di un astro, toccare il punto più elevato della sua traiettoria sulla sfera celeste. **2.** estens. Toccare il culmine in un certo punto. – Raggiungere il punto più elevato. *La parete culmina in un fregio.* **3.** fig. Toccare l'apice, raggiungere la maggiore intensità o il grado massimo di perfezione in un certo punto.

culminazióne s.f. ASTR. Posizione di un astro che transita per il meridiano celeste del luogo di osservazione.

cùlmine s.m. (lat. *cùlmen* "sommità, cima") **1.** Punto più alto. SIN.: **cima**. **2.** fig. Massimo grado di qlco. – Momento più importante. *Il culmine della gloria.* SIN.: **apice**.

cùlmo s.m. BOT. Fusto cavo delle Graminacee.

cùlo s.m. **1.** pop. Parte posteriore del corpo dell'uomo e di alcuni animali, costituita dalle natiche. SIN.: **sedere**. ◇ *A culo di gallina*: riferito a bocca piccola circondata da rughe. – volg. *Avere culo*: essere fortunato. – *Leccare il culo a qlcu.*: essere sfacciatamente adulatore. **2.** Fondo di un recipiente, in partic. di bicchiere, bottiglia, fiasco.

culotte [/ky'lɔt/] s.f. inv. (voce fr., deriv. di *cul* "culo") ABBIGL. Mutandine da donna non sgambate.

cult [/'kʌlt/] s.m. inv. (voce ingl., propr. "culto, venerazione") CINE., LETT. Classico della cinematografia o della letteratura, o libro prediletto dai lettori. ☐ In funzione di agg. inv., nella loc. *cult movie*, film molto ammirato dalla critica o dai cinefili.

culteranésimo o **culteranismo** s.m. (spagn. *culteranismo*, deriv. di *culterano* "persona colta") LETT. Corrente stilistica interna al barocco letterario spagnolo che privilegia un linguaggio difficile e raffinato.

cultismo s.m. (fr. *cultisme*) LETT. Culteranesimo.

cùltivar s.f. inv. (ingl. *cultivar*, abbr. di *cultivated variety* "varietà coltivata") AGR. Ogni varietà vegetale che deriva da una selezione, da un cambiamento o da un'ibridazione (naturale o causata), e coltivata per le sue qualità agronomiche.

cùlto s.m. **1.** Venerazione della divinità. **2.** Pratica devozionale, liturgia con cui si esprime in forme codificate il sentimento di venerazione e, più general., il proprio credo religioso. ◇ *Libertà di culto*: libertà religiosa sancita da norme costituzionali negli stati democratici e non totalitari. **3.** Profonda considerazione per qlco. – Devozione, ammirazione incondizionata e rispetto per qlcu. – *Film di culto*: *cult movie*. **4.** fig. Cura eccessiva, minuziosa, quasi maniacale per qlco. *Il culto dei vestiti.*

cultóre s.m. [f. –trice] Chi studia qlco. per passione anche senza finalità professionali. *Cultore di teatro.* SIN.: **appassionato**. ◇ *Cultore della materia*: denominazione di chi, pur non facendo parte dell'organico universitario, viene chiamato

to a tenere lezioni o a partecipare a esami di laurea come esperto di un determinato settore scientifico o letterario-umanistico.

cultuàle agg. (fr. *cultuel*) RELIG. Relativo al culto.

cultùra s.f. (lat. *cultùram*, deriv. di *còlere* "coltivare, onorare") **1.** Insieme di conoscenze che hanno parte attiva nella formazione della personalità e nell'affinamento delle capacità ragionative. ~ comun. Insieme delle conoscenze acquisite in uno o più settori. *Avere una solida cultura scientifica.* ◇ *Cultura fisica*: ginnastica, attività fisica come educazione del corpo. **2.** Insieme degli usi, delle abitudini, delle manifestazioni artistiche, religiose, intellettuali che definiscono e distinguono un gruppo, una società. *La cultura ellenistica.* ◇ *Cultura orale*: il sapere trasmesso a voce, cosa propria delle comunità primitive o del popolo quando l'analfabetismo era diffuso. – *Mondo della cultura*: ambienti culturalmente più elevati, intellighenzia, intellettualità. **3.** ANTROP. Patrimonio collettivo di credenze, tradizioni, norme sociali, conoscenze empiriche, prodotti del lavoro propri di un popolo in un dato momento della sua organizzazione sociale e connotanti una fase di civiltà. *Cultura matriarcale.* ◇ *Cultura popolare*: insieme di valori e di usanze propri di un dato strato sociale e costituenti un fattore di aggregazione. – *Cultura di massa*: insieme di nozioni, valori e modelli di comportamento indotti dai mass-media. **4.** estens. Insieme di convinzioni condivise, modi di vedere e di fare che orientano più o meno consapevolmente il comportamento di un individuo, di un gruppo. *Cultura laica.*

culturàle agg. (fr. *cultural*) **1.** Relativo alla cultura. **2.** Che si occupa di cultura, che ne promuove la diffusione.

culturalismo s.m. **1.** Sfoggio di cultura sia nella vita quotidiana sia in opere letterarie. **2.** Tendenza a interpretare qualsiasi dato, fenomeno, cosa, come espressione, manifestazione di cultura.

culturismo s.m. Ginnastica che potenzia le masse muscolari. SIN.: **body building**.

culturista s.m. e f. [pl.m. –sti] Chi pratica il culturismo.

cumàrico agg. CHIM. *Acido cumarico*: quello estratto dalla cumarina.

cumarina s.f. (deriv. di guaranì *cumaruna*, nome di una delle piante da cui si ricava) CHIM. Anidride dell'acido cumarico presente nei fiori e nelle foglie di varie piante, usata in liquoreria, profumeria e farmacia come correttivo di odori di altri medicinali.

cumaróne s.m. CHIM. Composto eterociclico, liquido, oleoso, incolore, distillato dal catrame di carbon fossile e usato nella produzione di materie plastiche.

cumino s.m. **1.** Pianta erbacea annua coltivata per i semi aromatici. (Famiglia delle Ombrellifere.) **2.** *Cumino dei prati o tedesco*: carvi.

frutti

inflorescenza

dettaglio del frutto

■ cumìno

cumulàbile agg. Che può essere cumulato con altro. *Pensione cumulabile.*

cumulàre v.tr. Accumulare più cose, spec. in senso fig. *Cumulare cariche, onori.*

cumulativo agg. Comprensivo di più cose. SIN.: **complessivo**. ◇ *Biglietto cumulativo*: per più persone o più viaggi.

cùmulo s.m. **1.** Mucchio, insieme di oggetti posti uno sopra l'altro. *Cumulo di libri.* **2.** fig. Grande quantità. *Cumulo di bugie.* **3.** fig. Riunine di più cose nella stessa persona, spec. incarichi o entrate finanziarie. SIN.: **concentrazione**. ◇ *Cumulo dei redditi*: somma dei redditi dei coniugi ai fini dell'imposizione fiscale. – *Cumulo di pene*: nel l. giur., attribuzione di più pene a una sola persona per diversi reati. **4.** METEOR. Nuvola da bel tempo, bianca, con contorni netti, base orizzontale e sommità a forma di cupola.

cumulonèmbo o **cumulo-nèmbo** s.m. [pl. *cumulinembi*] Nube scura di grandi dimensioni a sviluppo verticale (tra 400 e 10.000 m), che dà origine a grandine e temporali.

cumulostràto o **cumulo-stràto** s.m. [pl. *cumulistrati*] Tipo di nube scura e di forma arrotondata che si forma a bassa quota, spec. in inverno. SIN.: **stratocumulo**.

cuneése o **cuneènse** agg. Di Cuneo. ◆ s.m. **1.** (anche f.) Nativo, abitante di Cuneo. **2.** (iniziale maiusc., solo sing.) Territorio nei dintorni di Cuneo. **3.** Cioccolatino ripieno di pasta di cioccolato imbevuta di liquore, specialità di Cuneo.

cuneifórme agg. **1.** A forma di cuneo. ◇ *Scrittura cuneiforme*: i cui elementi hanno forma di cunei. (Attestata presso i Sumeri verso la fine del IV millennio a.C., fu utilizzata in Medio Oriente fino al I millennio a.C.) – ANAT. *Ossa cuneiformi*: insieme delle tre ossa del tarso. **2.** BOT. Di organo vegetale più sviluppato in lunghezza che in larghezza e che si restringe verso la base; detto anche *cuneato*.

■ **cuneifórme.** Esempio di scrittura cuneiforme; stele cassita, circa 1200 a.C. (Louvre, Parigi.)

cùneo s.m. **1.** Oggetto a forma di prisma in legno o metallo, usato general. per spaccare pietre o legni molto duri. **2.** *estens.* Qualsiasi cosa di forma pressappoco triangolare o trapezoidale che si insinua tra altre. **3.** ARCH. Ciascuna delle pietre trapezoidali disposte in un arco una accanto all'altra e con la base minore convergente verso il centro di curvatura. **4.** ARCHEOL. Ciascuno dei settori circolari del teatro o dell'anfiteatro antichi delimitati dalle scale. **5.** MIL. Formazione tattica a triangolo con la punta rivolta al nemico.

cunétta s.f. **1.** Avvallamento del fondo stradale. *Dossi e cunette*. **2.** Incavo lungo il margine delle strade per lo scolo dell'acqua piovana.

cunìcolo s.m. (lat. *cunìculum*, propr. "coniglio" quindi "tana") **1.** Condotto sotterraneo, galleria. **2.** Passaggio, cammino stretto. ◇ *Cunicolo della scabbia*: lesione praticata nella pelle dall'acaro della scabbia per deporvi le uova.

cunicoltóre o **cunicultóre** s.m. [f. –*trice*] Allevatore di conigli.

cunicoltùra o **cunicultùra** s.f. Allevamento di conigli.

cunnilìngio o **cunnilincto** s.m. Pratica erotica consistente nella stimolazione con la lingua dell'organo sessuale femminile; detta anche *cunnilinctus*.

cuòcere v.tr. [40] **1.** Trattare col calore sostanze alimentari per renderle appetibili e digeribili. ◆ Sottoporre oggetti, materie all'azione del calore per renderli idonei a un impiego specifico. *Cuocere l'argilla*. ◇ *fig. Lasciare cuocere qlcu. nel suo brodo*: lasciarlo solo, disinteressarsene. **2.** Bruciare qlco., spec. una parte del corpo, provocare ustioni. *Il sole mi ha cotto la pelle*. **3.** Seccare, inaridire qlco. *Il gelo ha cotto i germogli*. **4.** *fig.* Riferito a sentimento intenso, non dare pace a qlcu. ◆ v.intr. (aus. *essere*) **1.** Essere sottoposto a cottura. *L'arrosto sta cuocendo*. **2.** Inaridire, seccare. *I campi cuociono al sole*. **3.** *fig.* Es-

sere umiliante per qlcu. *L'errore commesso gli cuoce.* ◆ **cuocersi** v.pron. **1.** Essere sottoposto al procedimento della cottura attraverso l'azione del calore. *La bistecca si sta cuocendo*. **2.** Preparare e trattare con il calore un alimento che si ha intenzione di consumare personalmente. *Cuocersi una bistecca*. **3.** Di persona, scottarsi, ustionarsi, abbronzarsi. **4.** *fig.* Tormentarsi, crucciarsi. SIN.: **rammaricarsi**.

cuòco s.m. [f. *cuoca*, pl.m. –*chi*, f. –*che*] Chi cucina per professione in case, ristoranti, alberghi, ecc. ◆ *estens.* Chiunque si occupi di cucinare in famiglia. ◇ *Primo cuoco*: capocuoco.

cuoiàio o **coiàio** s.m. [f. –*iaia*, pl.m. –*iai*] Chi concia il cuoio o lo commercia.

cuoiàme o **coiàme** s.m. **1.** Assortimento di articoli in cuoio. **2.** Insieme di pelli conciate.

cuòio s.m. [pl. *cuoi*, f. *cuoia* in alcune locc.] **1.** Pelle di animale conciata e resa adatta alla lavorazione. ◇ *Cuoio naturale*: conciato ma non pigmentato. **2.** *estens.* Pelle umana. ◇ *fig. fam. Tirare le cuoia*: morire.

Cuon s.m. inv. ZOOL. Genere di mammiferi carnivori, diffusi nel continente asiatico, che cacciano in branco. (Famiglia dei Canidi.) SIN.: **Cyon**.

■ **Cuon**

cuòra s.f. Strato erboso che galleggia su paludi e laghi. SIN.: **aggallato**.

cuòre s.m. **1.** ANAT. Muscolo cavo collocato nel torace, di forma conica, motore centrale della circolazione del sangue. ◇ *Cuore destro, sinistro*: ciascuna delle due parti in cui il cuore è diviso da un setto longitudinale. – *Intervento a cuore aperto*: tipo di operazione sul cuore in cui

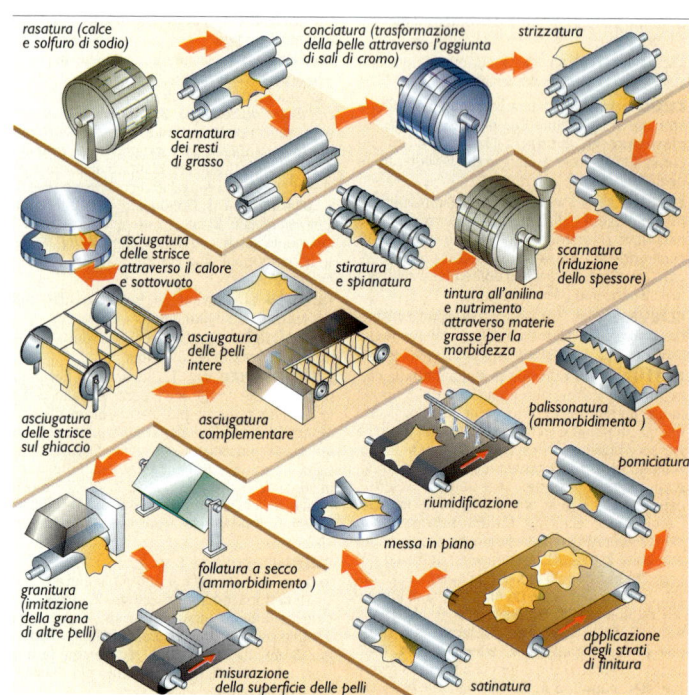

■ **cuòio** (processo produttivo).

rasatura (calce e solfuro di sodio)
conciatura (trasformazione della pelle attraverso l'aggiunta di sali di cromo)
strizzatura
scarnatura dei resti di grasso
asciugatura delle strisce attraverso il calore e sottovuoto
scarnatura (riduzione dello spessore)
stiratura e spianatura
tintura all'anilina e nutrimento attraverso materie grasse per la morbidezza
asciugatura delle pelli intere
palissonatura (ammorbidimento)
asciugatura delle strisce sul ghiaccio
asciugatura complementare
pomiciatura
riumidificazione
messa in piano
granitura (imitazione della grana di altre pelli)
follatura a secco (ammorbidimento)
applicazione degli strati di finitura
misurazione della superficie delle pelli
satinatura

viene instaurata una circolazione extracorporea. **2.** *estens.* Petto, seno. *Stringere qualcuno al (sul) cuore*. **3.** *fig.* Centro delle facoltà affettive, dei moti dell'animo. SIN.: **animo**. ◇ *Cuore solitario*: di persona che non ha un compagno di vita. – *Persona di buon cuore*: generosa. – *A cuore aperto*: con tutta sincerità. – *Aprire il proprio cuore*: confidarsi. – *Avere a cuore qlco.*: interessarsene vivamente. – *Toccare il cuore di qlcu.*: commuoverlo. – *A cuor leggero*: in modo spensierato, senza ponderazione. – *Cuore di leone*: riferito a persona molto coraggiosa, ant. usato come appellativo di re, condottieri. – *Fare qlco. col cuore*: con passione, con amore. – *Mettersi il cuore in pace*: rassegnarsi a una decisione, a un evento irrevocabile. – *Prendersi a cuore qlco.*: dedicarvi attenzione, tempo, ecc. – *Ridere di cuore*: con piacere, di gusto. **4.** (*Sacro*) *Cuore di Gesù*: figurazione codificata in cui viene visualizzato il cuore di Cristo come simbolo del suo amore per gli uomini. ~ Culto, festa liturgica a esso dedicati. **5.** *estens.* Ciò che ha o evoca la forma di un cuore. *Un cuore di cioccolato*. **6.** Parte centrale, più interna di qlco. *Cuore della città*. SIN.: **nucleo**. ◇ BOT. *Cuore del legno* → **durame**. **7.** (al pl.) Uno dei quattro semi delle carte da gioco francesi. **8.** Nella distillazione alcolica, parte più pregiata che si ottiene scartando la testa e la coda. **9.** *Cuore di Maria*: pianta ornamentale dai fiori rossi. (Famiglia delle Fumariacee.)

ENCICL. Il cuore fa circolare il sangue nell'organismo e agisce grazie alle sue contrazioni involontarie. È costituito da un muscolo, il *miocardio*, il cui lato interno è coperto da una membrana sottile, l'*endocardio*, e quello esterno da un involucro sieroso, il *pericardio*. È diviso in quattro cavità: l'atrio e il ventricolo destri contengono il sangue non ossigenato; quelli sinistri il sangue ossigenato. Non ci sono comunicazioni dirette tra le cavità di destra e quelle di sinistra. L'atrio e il ventricolo dello stesso lato sono collegati dalla *valvola mitrale* a sinistra, dalla *valvola tricuspide* a destra. I due atri ricevono il sangue dalle vene polmonari a sinistra e dalle vene cave a destra. Dal ventricolo sinistro parte l'*aorta*, da quello destro l'*arteria polmonare*. La vascolarizzazione del cuore è garantita dalle arterie coronarie.

cuorifórme agg. Nel l. sc., a forma di cuore.

■ **cùpola** su pennacchi incorniciata da due semicupole nella moschea Süleymaniye (sec. XVI) a Istanbul.

cupézza s.f. **1.** Oscurità, tenebra. **2.** Sfumatura più carica di un colore. *La cupezza del rosso dei parati.* **3.** Sordità di timbro sonoro. *Cupezza dei rintocchi della campana a morto.* **4.** fig. Ombrosità di carattere.

cupidìgia s.f. [pl. *–gie*] Desiderio smodato di ricchezze.

1. cùpido agg. **1.** Avido di qlco. **2.** Lussurioso, concupiscente.

2. Cupìdo s.m. **1.** Nella mitologia classica, il figlio di Venere, fanciullo alato armato di arco e frecce con le quali feriva dei e uomini suscitando in loro la passione amorosa. **2.** Statuina raffigurante Cupido.

cùpo agg. **1.** Profondo. *Abisso cupo.* **2.** estens. Buio, tenebroso, tetro. **3.** Riferito a colore, di tonalità scura. **4.** Riferito a suono, basso, fondo, roco. **5.** fig. Riferito a sentimento, che comporta rancore profondo, sofferenza. *Un cupo dolore.*

cùpola s.f. **1.** ARCH. Volta monumentale a base circolare, poligonale o ellittica, con archi a pieno centro o a sesto acuto, eretta sopra un muro continuo, su pilastri o su colonne. *Le cupole di San Marco a Venezia.* ~ La parte concava di una volta, l'interno di essa. *La cupola del Pantheon.* **2.** Tetto emisferico, apribile, degli osservatori astronomici. ~ MIL. Nella fortificazione permanente, corazzatura fissa o girevole a forma di calotta sferica per agevolare il rimbalzo dei proietti. **3.** estens. Qualsiasi forma emisferica. **4.** Calotta del cappello. **5.** GEOL. Ammasso di rocce effusive o sedimentarie di forma convessa. **6.** BOT. Organo squamoso che sostiene o che avvolge i frutti degli alberi delle Cupulifere. (La cupula di una ghianda ha la forma di una piccola coppa, quella della castagna è spinosa.) **7.** ANAT. *Cupola diaframmatica:* ciascuna delle due metà convesse del diaframma. **8.** fig. Nell'organizzazione mafiosa, il vertice direttivo che ha potere decisionale.

cuprallumìnio o **cuproallumìnio** s.m. METALL. Lega di rame, alluminio, nichel e ferro, dotata di elevata resistenza alla corrosione.

cuprammònio o **cuproammònio** s.m. [pl. *–ni*] CHIM. Ione complesso bivalente, formato da un atomo di rame e quattro molecole di ammoniaca.

Cupressàcee s.f. pl. [iniziale minusc. sing. *–a* per l'individuo] BOT. Famiglia di piante arboree o arbustive resinose, come cipresso e ginepro. (Ordine delle Conifere.)

cùprico agg. [pl.m. *–ci*, f. *–che*] CHIM. MINER. Di rame. ~ Che contiene rame.

cuprìfero agg. Ricco di rame.

cuprìsmo s.m. MED. Intossicazione cronica da rame.

cuprìte s.f. MIN. Ossido di rame di colore rosso cupo.

cuproléga s.f. [pl. *–ghe*] Lega a base di rame, a cui si aggiungono elementi come il nichel, lo stagno, il manganese.

cuprolìtico s.m. (solo sing.) GEOL. → eneolìtico. ◆ agg. [pl.m. *–ci*, f. *–che*] Relativo al periodo eneolitico.

cupronìchel s.m. inv. METALL. Lega di rame e nichel.

cupropiómbo s.m. inv. METALL. Lega non omogenea di rame e piombo usata come antifrizione, detta anche *metallo rosa.*

Cupulìfere o **Cupolìfere** s.f. pl. [iniziale minusc. sing. *–ra* per l'individuo] BOT. Famiglia di piante dicotiledoni arboree dell'emisfero settentrionale, con foglie lisce e frutto chiuso in una cupola; vi appartengono la quercia, il faggio, il castagno. SIN.: **Fagali.**

cùra s.f. **1.** Opera assidua volta al benessere materiale o spirituale di qlcu. o di qlco. SIN.: **premura.** ~ In senso non tecnico, amministrazione, gestione di qlco. ◇ *loc. prep. A cura di:* a opera di, indicazione della persona che promuove qlco., in partic. di chi sceglie e commenta un testo o ne prepara l'edizione critica o dirige un'impresa culturale ed editoriale. **2.** Persona, cosa di cui ci si occupa. *La sua unica cura è la famiglia.* **3.** Accuratezza, diligenza, impegno posti nell'eseguire un lavoro. **4.** RELIG. Ministero del sacerdote. ◇ *Cura delle anime:* governo spirituale dei fedeli. **5.** MED. Assistenza diagnostica e terapeutica prestata dal medico al malato. Terapia prescritta *Cura a base di antibiotici.* ◇ *Cura termale:* insieme dei bagni e dei trattamenti in acqua o in fanghi termali. **6.** PSICOL. Fase centrale del trattamento rieducativo condotto con soggetti ipodotati o disadattati. **7.** DIR. Curatela.

curàbile agg. Che può essere curato.

curaçao [/kyra'so/] s.m. inv. (voce fr., dal nome di un'isola delle Antille) Liquore di non alta gradazione alcolica ottenuto dalla distillazione della buccia di una varietà di arancia amara originaria dell'omonima isola delle Antille.

curànte agg. Che prescrive cure, in partic. di medico che ha in cura una persona abitualmente.

curapìpe s.m. inv. Raschietto metallico usato per pulire e per caricare il fornello della pipa. SIN.: **nettapipe.**

curàre v.tr. **1.** Occuparsi di qlcu. o di qlco. con assiduità. ◇ FILOL. *Curare l'edizione di un'opera:* confrontare tutte le fonti e le edizioni precedenti per riprodurre il testo originale nel modo più corretto e più fedele possibile. – *Curare una mostra, uno spettacolo:* occuparsi del loro allestimento. – RELIG. *Curare le anime:* detto del sacerdote, occuparsi dei fedeli, esercitando il proprio ministero. **2.** Sottoporre un malato alle cure mediche necessarie per guarirlo. ~ Diagnosticare una malattia, individuare e mettere in atto la terapia atta a debellarla. ~ Anche, assistere un malato. *Da dieci anni cura la madre inferma.* **3.** Riconoscere importanza a qlcu. o qlco. *Non curo i pettegolezzi.* **4.** Procurare di fare qlco. *Cura che la tavola sia apparecchiata.* SIN.: **adoperarsi. 5.** Nella tessitura, pulire, imbiancare filati o tessuti grezzi. ◆ **curarsi** v.pron. **1.** Darsi pensiero, preoccuparsi di qlcu. o qlco. *Non mi curo delle sue malignità.* **2.** Tenere in ordine la propria persona, fare attenzione al proprio aspetto. **3.** Badare alla propria salute, sottoporsi a cure mediche. *Non mi sono curato e ho avuto una ricaduta.*

curarìna s.f. CHIM. Alcaloide del curaro.

curarizzànte agg. MED. Che ha azione farmacologica analoga a quella del curaro.

curàro s.m. (fr. *curare*, da una voce caraibica) Sostanza molto tossica, ricca di alcaloidi, estratta dalla corteccia di diverse liane dell'Amazzonia, che causa la paralisi delle terminazioni dei nervi motori e provoca la morte per asfissia; usata da taluni amerindi per avvelenare le loro frecce e, opportunamente dosata, in medicina come farmaco in alcune terapie. ◇ fig. *Al curaro:* perfido, malvagio. *Sorrisi al curaro.*

curatèla s.f. (fr. *curatelle*) **1.** DIR. Istituto secondo cui, su decisione della magistratura, una persona parzialmente incapace viene assistita, per gli atti eccedenti l'ordinaria amministrazione, da un'altra persona che tuttavia non ne ha la rappresentanza legale. ~ estens. La gestione dei beni del fallito da parte di un curatore nominato dal tribunale. **2.** EDIT. Cura di un testo.

curatìvo agg. Atto a curare.

1. curàto agg. **1.** Che è oggetto di premure, di dedizione. *Un bambino fin troppo curato.* **2.** Soggetto a cure mediche. **3.** Effettuato con cura, precisione. *Lavoro curato.* **4.** Ordinato, pulito, ben sistemato. *Persona curata.* **5.** IND. TESS. Imbiancato, spec. di panni grezzi.

2. curàto s.m. **1.** Parroco o sacerdote che cura le anime in un territorio non ancora costituito in parrocchia. **2.** In alcune regioni, viceparroco.

curatóre s.m. [f. *–trice*] **1.** DIR. Chi ha l'ufficio della curatela. **2.** Studioso che cura l'edizione di un'opera.

curbàscio s.m. [pl. *–sci*] (turco *kirbaç*) Scudiscio di pelle d'ippopotamo con cui ant. venivano frustati i rematori delle galee. ~ Scudiscio un tempo in uso nell'esercito abissino e nelle truppe coloniali.

curculióne s.m. Coleottero dannoso per le piante. (Famiglia dei Curculionidi.)

Curculiònidi s.m. pl. [iniziale minusc. sing. *–de* per l'individuo] ZOOL. Famiglia di insetti in general. privi di ali, con apparato boccale posto all'estremità di una appendice del capo; si cibano di piante sia nello stadio larvale sia in quello adulto. (Vi appartengono 50.000 specie ca.; ordine dei Coleotteri.)

cùrcuma s.f. **1.** Pianta monocotiledone presente in India, con foglie semplici allungate e fiori in grappoli, il cui rizoma produce una polvere da cui si estraggono sostanze medicinali e coloranti, in partic. la cumarina che è usata come surrogato dello zafferano ed entra nella composizione del curry. (Famiglia delle Zingiberacee.) **2.** BOT. (iniziale maiusc.) Genere di piante a cui appartengono le varie specie di curcuma.

curcumìna s.f. CHIM. Sostanza gialla ricavata dalla radice di curcuma.

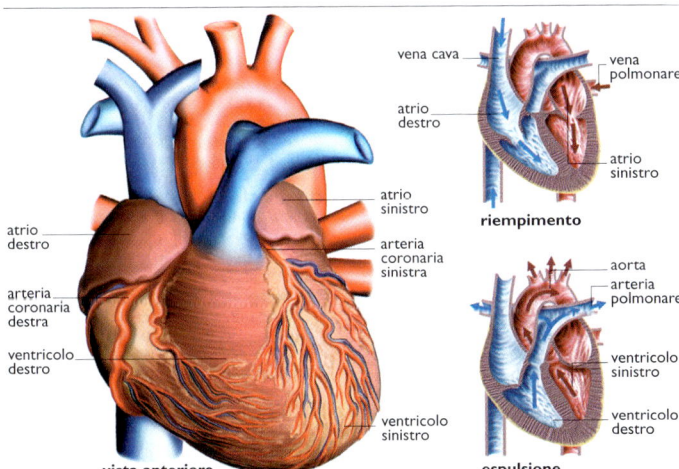

■ **cuòre** e circolazione cardiaca.

vena cava
vena polmonare
atrio destro
atrio sinistro
riempimento
atrio sinistro
arteria coronaria sinistra
aorta
arteria polmonare
atrio destro
arteria coronaria destra
ventricolo destro
ventricolo sinistro
ventricolo sinistro
ventricolo destro
vista anteriore
espulsione

cùrdo agg. (persiano *kurd*) Dei Curdi, popolazione indoeuropea stabilitasi tra Turchia, Armenia, Iraq, Iran. ◆ s.m. **1.** [f. *-da*] Chi appartiene al popolo dei Curdi. **2.** (solo sing.) Lingua indoeuropea della famiglia iranica parlata dai Curdi.

cùria s.f. **1.** CATT. Complesso di organismi che costituiscono il governo centrale della Chiesa o la sua amministrazione periferica. ~ Insieme delle persone che lo compongono e degli edifici in cui hanno sede gli uffici. **2.** ANT. ROM. Nella costituzione attribuita a Romolo, raggruppamento di dieci casate costituente la decima parte di ciascuna delle tre tribù (*Ramnenses*, *Titienses*, *Luceres*). ~ Luogo in cui il popolo si riuniva per curie. ~ Edificio in cui si riuniva il senato. **3.** Denominazione di varie magistrature medievali.

curiàto agg. ANT. ROM. Relativo alle curie.

curie [/ky'ri/] s.m. inv. (dal nome del fisico Marie *Curie*) FIS. Vecchia unità di misura d'attività di una fonte radioattiva (simb. *Ci*), equivalente a $3{,}7 \times 10^{10}$ becquerel.

cùrio s.m. (solo sing.) (dal nome dei fisici francesi P. e M. *Curie*) Elemento chimico transuranico (*Cm*), ottenuto per bombardamento del plutonio con particelle alfa, di numero atomico 96 e peso atomico 244,063.

curiosàre v.intr. (aus. *avere*) Frugare, cercare di scoprire cose nascoste o segreti. *Curiosare negli armadi di qualcuno.*

curiosità s.f. inv. **1.** Gusto, piacere di accrescere il proprio sapere, di fare nuove esperienze. **2.** Piacere di essere informato su cose riservate, private, perlopiù per il gusto del pettegolezzo. SIN.: **indiscrezione**. **3.** Cosa che desta interesse o sorpresa per il suo carattere singolare, bizzarro.

curióso agg. **1.** Animato dal desiderio di comprendere, conoscere, vedere. **2.** Che vuole essere messo a parte di quanto accade per indiscrezione, per il gusto del pettegolezzo. SIN.: **ficcanaso**. **3.** Che suscita curiosità perché insolito, bizzarro. ◆ s.m. **1.** [f. *-sa*] Persona che si interessa a quanto succede. **2.** (solo sing.) Cosa singolare, bizzarra.

curìte s.f. MIN. Ossido d'uranio e piombo idrato.

curling [/'kəːlɪŋ/] s.m. (solo sing.) (voce ingl., deriv. di *to curl* "torcere") Sport invernale, analogo alle bocce, praticato sul ghiaccio, che consiste nel fare scivolare verso un bersaglio una pesante piastrella.

ENCICL. Si svolge su una pista rettangolare ghiacciata e consiste nell'avvicinare il bersaglio con appositi attrezzi (solitamente blocchi di pietra) muniti di manico per l'impugnatura. La partita è disputata da due squadre di quattro giocatori l'una, agli ordini di due capitani non giocatori. Vince la squadra ch colloca uno dei suoi blocchi più vicino a un segnale costituito da un cubo di legno o da una bandierina. In Italia, regolari partite di *curling* si svolgono, sotto l'egida della Federazione italiana sport invernali (FISI), dal 1955.

cùros s.m. inv. → **kouros**.

currìculum s.m. (voce lat.) **1.** Curriculum vitae. **2.** In ambito scolastico, sequenza di obiettivi in una programmazione.

currìculum vìtae loc. sost. m. [pl. *curricula vitae*] (loc. lat., propr. "corso della vita") Corso delle vicende biografiche, di studio e lavorative di una persona; abbr. *curriculum* o *c.v.* ~ *estens.* Resoconto scritto che se ne fa a scopo burocratico per concorsi, assunzioni, ecc.

curry [/'kʌri/] s.m. inv. (voce ingl., tamil *kari* "salsa") CUC. Miscuglio aromatico e piccante, di origine indiana, a base di vegetali polverizzati. *Riso al curry.*

cursóre s.m. (lat. *cursōrem*, deriv. di *cŭrrere* "correre") **1.** Parte mobile di un dispositivo o di uno strumento. *Cursore del regolo calcolatore.* **2.** ELETTR. In alcuni apparecchi radio e televisivi, contatto mobile per la regolazione del volume, del suono, ecc. **3.** INFORM. Segnale mobile luminoso che segue sullo schermo video il carattere che si sta digitando sulla linea di scrittura e può spostarsi su ogni altro punto del testo in cui si vogliano apportare correzioni. ~ Negli ambienti operativi a interfaccia grafica, piccolo simbolo che si sposta sul video seguendo i movimenti del mouse. **4.** ASTR. Filo mobile che attraversa il campo di un micrometro e serve a misurare il diametro apparente di un astro o la distanza fra due stelle. **5.** SPORT. Nel calcio, giocatore che opera a tutto campo, cercando di sottrarre la palla agli avversari per iniziare un'azione offensiva. **6.** MAT. Vettore applicabile a un punto qualsiasi della sua retta.

cursòrio agg. [pl.m. *-ri*] ZOOL. Atto alla corsa. *Arti di tipo cursorio.*

cùrsus s.m. inv. (voce lat., propr. "corso") Andamento ritmico tipico della prosa proprio della prosa latina medievale, dato dalle particolari e codificate cadenze con cui vengono conclusi i periodi o i membri di periodo.

cùrsus honòrum loc. sost. m. inv. (loc. lat., propr. "corso delle cariche, carriera") **1.** ANT. ROM. Successione codificata di cariche pubbliche che il cittadino poteva ricoprire. **2.** Carriera.

curùle agg. (lat. *curūlem*, deriv. di *cŭrrus* "carro" perché orig. era collocata su un carro) ANT. ROM. *Sella curule:* sedile intarsiato d'avorio su cui sedevano i consoli, i pretori, gli edili.

cùrva s.f. **1.** *comun.* Linea non retta. **2.** MAT. Linea. ◇ *Curva algebrica:* quella definita da un'equazione algebrica. – *Curva piana:* ogni curva contenuta in un piano. **3.** Nel l. sc. e tecn., diagramma dell'andamento quantitativo di una grandezza in funzione di un'altra. ◇ STAT. *Curva logistica:* particolare curva a forma di *S*, detta anche *curva di Pearl-Reed*; interviene nella descrizione della crescita di una popolazione in un ambiente con risorse limitate. – ECON. *Curva della domanda:* che rappresenta il rapporto tra il prezzo di una merce e la richiesta di mercato. **4.** GEOM. Luogo geometrico delle successive posizioni di un punto che si muove secondo una legge determinata. **5.** GEOGR. *Curva altimetrica o di livello* → **isoipsa**. – *Curva batimetrica* → **isobata**. **6.** Profilo o tratto di superficie ad andamento curvilineo. ~ Tratto di strada che si incurva ad arco. ~ Ansa di un corso d'acqua. ◇ *Curva nord, sud:* negli stadi, settore di gradinate sovrastante i lati minori del campo da gioco, in cui i prezzi dei biglietti sono più bassi e in cui gener. prendono posto i tifosi più accesi. ~ *estens.* Tifoseria organizzata di una squadra che abitualmente si raduna in una delle due curve. **7.** *scherz.* (al pl.) Rotondità del corpo femminile, in partic. seno e fianchi.

curvàre v.tr. Piegare qlco. in forma di arco. SIN.: **arcuare**. ◇ *fig.* *Curvare la testa, la fronte:* sottomettersi, obbedire, umiliarsi. ◆ v.intr. (aus. *avere*) Avere un andamento ad arco, fare una curva. ◆ **curvarsi** v.pron. **1.** Inclinare il corpo in avanti. *Curvarsi per passare sotto una porta.* **2.** Detto di oggetto, diventare curvo, ripiegarsi formando una concavità centrale. *I ripiani della libreria si sono curvati sotto il peso dei libri.*

curvatùra s.f. **1.** Piegatura ad arco di qlco. **2.** Andamento curvilineo, profilo curvo. **3.** MAT. Per ogni punto di una curva, il reciproco del raggio della circonferenza tangente alla curva in quel punto. **4.** *Curvatura di campo:* aberrazione ottica per cui un oggetto piano dà luogo a un'immagine curva. **5.** AGR. Curvatura dei rami da frutto.

ENCICL. La curvatura è un concetto geometrico che si presenta nell'aspetto più semplice e intuitivo quando ci si riferisce a un cerchio, per il quale la curvatura è uniforme e ha lo stesso valore in ogni punto. La curvatura di un cerchio è tanto maggiore quanto minore è il raggio; precisamente si definisce la curvatura come l'inverso 1/P del raggio: si può dimostrare che essa rappresenta il rapporto tra l'ampiezza, espressa in radianti, dell'angolo formato dalle tangenti negli estremi di arco e la lunghezza dell'arco stesso. Più in generale, si dice *curvatura media* di un arco di una qualunque curva piana il rapporto fra l'angolo formato dalla tangenti nei suoi estremi e la lunghezza dello stesso. Si chiama *curvatura di una curva in un punto* il limite a cui tende la curvatura media di un suo arco quando gli estremi dell'arco si avvicinano indefinitamente al punto considerato. In un intorno infinitamente piccolo di un punto si identifica un arco di curva con un arco di un opportuno cerchio detto *cerchio osculatore o cerchio di curvatura* della curva nel punto considerato; il raggio e il centro di tale cerchio sono chiamati rispettivamente raggio e centro di curvatura.

curvilìneo agg. **1.** Che procede secondo una linea curva. *Moto curvilineo.* **2.** MAT. *Coordinate curvilinee:* sistema di coordinate non cartesiane, p.e. quelle polari. ◆ s.m. Barretta deformabile che viene piegata dal disegnatore nella maniera più opportuna per tracciare la linea curva voluta.

curvìmetro s.m. Strumento che serve a misurare la lunghezza di un arco di curva.

cùrvo agg. **1.** Piegato secondo un profilo pressappoco ad arco. SIN.: **arcuato**. **2.** Riferito a persona, chino. ~ Gobbo. ~ Di parte del corpo, piegato. *Spalle curve.*

cuscinétto s.m. **1.** Nel sign. del dim. di *cuscino*. **2.** *estens.* Qualsiasi oggetto leggermente rigonfio e consistente che ricordi un piccolo cuscino. **3.** TECN. Strato più sottile inserito tra due altri di materiali diversi. **4.** MECC. Elemento che posto tra un organo rotante e l'organo che ha funzione di perno, riduce l'attrito tra i due pezzi. *Cuscinetti a sfera.* ◇ *fig.* *Fare da cuscinetto:* essere la persona che, trovandosi tra due parti in contrasto, modera, mitiga, compone le divergenze. **5.** ZOOL. *Cuscinetti plantari o palmari:* ispessimenti della pelle sulla pianta del piede, sul palmo della mano, sui polpastrelli dei mammiferi plantigradi. **6.** *fam.* Deposito di grasso presente in alcune parti del corpo. ◻ In funzione di agg. inv., nella loc. fig. *stato cuscinetto,* nazione che trovandosi tra due più potenti e con mire espansionistiche impedisce o rende difficoltoso il loro scontro diretto.

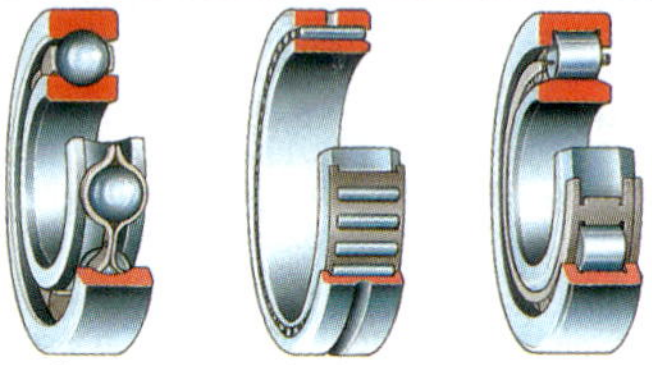
a sfere
ad aghi
a rulli

■ **cuscinétto** meccanico.

cuscìno s.m. (fr. *coissin*, deriv. dilat. *cŏxa* "coscia") Taglio doppio di tessuto o pelle, cucito lungo i bordi e imbottito con vari materiali soffici, usato come appoggio per il corpo o come ornamento. SIN.: **guanciale**.

cuscìta s.m. e f. [pl.m. *-ti*] (deriv. di ebr. *Kūš*, nome del primogenito di Cam) Chi appartenne ai Cusciti, uno degli antichi popoli di lingua camito-semitica che abitavano la regione egizio-etiopica.

cuscìtico agg. [pl.m. *-ci*, f. *-che*] Dei Cusciti. ◆ s.m. (solo sing.) Lingua parlata dai Cusciti.

cùscus o **cuscùs** s.m. inv. (ar. *kuskus*) CUC. Piatto arabo composto di semola, carne, verdure in salsa piccante.

Cùscuta s.f. BOT. Genere di piante erbacee parassite, prive di radici e di foglie, provviste di fusto sottile che si avvolge intorno alla pianta ospite prelevandone la linfa. (Famiglia delle Cuscutacee.)

Cuscutàcee s.f. pl. [iniziale minusc. sing. *-a* per l'individuo] BOT. Famiglia di piante dicotiledoni parassite, prive di radici e foglie, provviste di fusto che si attorce intorno alla pianta ospite.

cuspidàle agg. **1.** Di cuspide. ~ Che termina a punta. **2.** MAT. Relativo a una cuspide.

cuspidàto agg. **1.** Che finisce a punta. **2.** BOT. Di organo vegetale terminante con un punta allungata e rigida.

cùspide s.f. **1.** Estremità appuntita di qlco. SIN.: **punta**. **2.** ANAT. Ciascuno dei lembi delle valvole cardiache che mettono in comunicazione atrio e ventricolo. ~ Ciascuna delle sporgenze della superficie masticatoria dei premolari e molari. **3.** ARCHEOL. Elemento a sezione triangolare e accentuato verticalismo che corona facciate, porte, tavole dipinte. **4.** MAT. Punto di una curva piana da cui si dipartono due rami che hanno la stessa semitangente in tal punto.

custòde s.m. e f. **1.** Persona che è incaricata di vigilare su qlco. SIN.: **portinaio**. **2.** *fig.* Difensore di un ideale, di un valore etico. *Custode delle tradizioni.*

custòdia s.f. **1.** Preservazione di qlco. ottenuta vigilando contro possibili fattori negativi. ~ Vigilanza, sorveglianza di qlcu. *Lasciare i bambini in custodi alla nonna.* ~ Cura, protezione di qlcu. ◇ BANC. *Titoli a custodia:* quelli depositati presso una banca che ne cura l'amministrazione. – DIR. *Custodia cautelare:* detenzione di un imputato a fini cautelativi. **2.** Astuccio, fodera, busta in cui si ripone qlco. perché non si sciupi.

custodire v.tr. [83] **1.** Preservare qlco. da deterioramento, furto, ecc., con un'opera di attenta vigilanza. SIN.: **sorvegliare.** ~ Conservare intatto qlco. ◇ *Custodire l'onore, la virtù:* difenderli. ◇ *Custodire un segreto:* mantenerlo. **2.** Prendersi cura di qlcu. provvedendo alle sue necessità, badargli. *Custodire i bambini.* SIN.: **curare. 3.** Sorvegliare qlcu. in stato di carcerazione.

cutàneo agg. **1.** Relativo alla pelle. *Malattia cutanea.* SIN.: **epidermico. 2.** Che avviene attraverso la pelle. *Assorbimento cutaneo.*

cùte s.f. ANAT. Pelle dei vertebrati e in partic. dell'uomo, formata da uno strato profondo di tessuto connettivo detto *derma* o *corion*, e da uno strato superficiale di tessuto epiteliale, detto *epidermide.* SIN.: **epidermide**.

cuticola s.f. BIOL. Sottile membrana di rivestimento di cellule o tessuti. ◇ *Cuticola dello smalto:* pellicola che riveste lo smalto dei denti.

cutina s.f. BOT. Sostanza organica resistente agli enzimi e agli acidi, elaborata dalle cellule epidermiche del fusto e delle foglie, che si deposita sulla parete esterna delle cellule, riducendo così le perdite d'acqua.

cutireazióne s.f. MED Metodica di indagine sulla sensibilizzazione di un organismo a determinate sostanze, consistente nella loro applicazione sulla cute, dopo una leggera scarnificazione, in quantità opportunamente dosata, per verificare se dopo un certo tempo compaiono segni di infiammazione.

cutréttola s.f. (lat. *caūdam trĕpidam*, propr. "coda tentennante") Uccello dotato di zampe piuttosto lunghe, coda lunga, becco dritto e sottile, piumaggio grigio-verdognolo superiormente, giallino inferiormente, gola nera, ali e coda bianche e nere, caratteristico per il battere frequente della coda. (Lunghezza 15-20 cm; genere *Motacilla*, famiglia dei Motacillidi.) SIN.: **ballerina**.

cutter [/'kʌtə/] s.m. inv. (voce ingl., prob. deriv. di *to cut* "tagliare") **1.** Strumento che serve a tagliare la carta, il cartone, ecc., composto da una lama a scomparsa in un'impugnatura. **2.** Piccolo veliero da competizione o da diporto, basso di bordo, con un solo albero munito di randa e controranda e bompresso con fiocchi.

cuvée [/ky've/] s.f. inv. (voce fr., deriv. di *cuve* "tino") **1.** Vino contenuto in un tino. **2.** Vino prodotto dai vitigni di una determinata zona agricola. **3.** Procedimento per la produzione di alcuni tipi di spumante secondo il metodo champenois.

Cyanèlla s.f. BOT Genere di Liliacee erbacee e rizomatose, a fiori azzurri o gialli, solitari o in grappoli, originarie dell'Africa meridionale. (Famiglia delle Amarillidacee.)

cybernàuta s.m. e f. Chi naviga nel cyberspazio.

cyberspàzio o **ciberspàzio** s.m. INFORM. Lo spazio virtuale creato dai computer.

cyborg [/'saibɔːg/] s.m. inv. (voce ingl., comp. di *cyb-ernetic* "cibernetico" e *org-anism* "organismo") Nella fantascienza, essere ciberne-

■ **cutréttola**

fiore sbocciato — inflorescenza femminile — inflorescenza maschile

■ **Cýcas** revoluta.

tico dotato di infinite risorse fisiche e mentali grazie alla sostituzione di alcune parti organiche con organi artificiali.

Cýcas s.f. inv. BOT. Genere di piante originarie dell'Asia, alcune specie del quale sono coltivate come piante ornamentali (Famiglia delle Cicadacee.)

cyclette [/si'klɛt/] s.f. inv. (voce fr., deriv. di *bicyclette* "bicicletta") Denominazione commerciale, che costituisce marchio registrato, di una speciale bicicletta da ginnastica che, fissata al pavimento, consente di compiere in casa o in palestra lo stesso esercizio fisico di chi va in bicicletta.

czapka s.m. (voce polacca "berretto") Nel sec. XIX, copricapo militare simile a quello caratteristico polacco con la parte superiore quadrata e la punta in avanti. (Fu usato da alcuni copri di cavalleria: cavalleggeri di Napoleone. ulani, lancieri francesi, ecc.)

czarda [/'tʃarda, ktsarda/] s.f. inv. → **csárdás**.

Carattere Delta

d s.f. o s.m. inv. **1.** Lettera dell'alfabeto latino e delle lingue che lo adottano; in italiano rappresenta la consonante occlusiva dentale sonora. **2.** Semplice o puntata, maiuscola o minuscola, è usata in sigle o abbreviazioni. ◇ *2 D, 3 D:* due dimensioni, tre dimensioni. *Film in 3 D.* **3.** Simbolo usato in settori specifici. ◇ CHIM. *D:* simbolo del deuterio. – MAT. Simbolo della derivata. – FIS. *d:* simbolo della densità. – *D:* simbolo che nella numerazione romana equivale a 500. – MUS. Rappresenta la nota *re* nei paesi di area anglosassone e germanica. □ In funzione di agg., come numerale ord., quarto elemento di una serie o di una graduatoria. *Scala D.* ◇ BIOCHIM. *Vitamine (del gruppo) D:* quelle antirachitiche, che fissano il calcio nelle ossa.

da prep. Esprime fondamentalmente un significato di movimento a partire da un punto. ~ Introduce numerosi complementi. ~ Moto da luogo. *Partire da Milano.* ~ Separazione o allontanamento. *Accomiatarsi dagli ospiti.* ~ Origine o provenienza. *Nascere da una famiglia modesta.* ~ Distanza, di spazio o di tempo. *Non lo vedo da più di un anno. Cadde a pochi metri dal traguardo.* ~ Stato in luogo. *Da entrambi i lati della strada.* ~ Moto a luogo. *Passare dall'altra parte del fiume.* ~ Moto per luogo. *Passare dalla piazza.* ~ Limitazione. *Cieco da un occhio.* ~ Qualità. *Una ragazza dai capelli neri.* ~ Causa. *Tremare dal freddo.* ~ Agente o causa efficiente. *È stato arrestato da un poliziotto.* ~ Mezzo. *Il quadro è protetto da un vetro.* ~ Fine o scopo. *Racchetta da tennis.* ~ Stima o prezzo. *Un regalo da nulla.* ~ Predicativo del soggetto o dell'oggetto. *Comportarsi da gentiluomo.* ~ Con significato di età. *Da bambino.* ~ Introduce frasi dipendenti implicite con l'infinito. ~ Finali. *Macchina da scrivere.* ~ Consecutive (a volte con significato di necessità o dovere). *Una confusione da non credere. C'è da lavorare.* ◇ *locc. prep. Da parte di:* per conto, a nome di. – *Fino da:* immediatamente a partire da. *Ci conosciamo fin da bambini.* – *loc. cong. Da che:* a partire dal momento in cui. ~ Si usa anche in *locc. avv. D'altronde, da vicino, da presso, da basso.*

daccàpo avv. **1.** Dall'inizio, da principio. **2.** MUS. Notazione posta in fondo a un brano per prescriverne la ripetizione.

dacèlide s.m. Piccolo uccello delle foreste tropicali, con piumaggio bianco e bruno e l'aspetto di un martin pescatore. (Genere *Halcyon* e *Dacelo;* famiglia degli Alcedinidi.)

dàcia s.f. [pl. *–cie, –ce*] (russo *dača,* orig. "concessione, regalo") In Russia, casa signorile di campagna per la villeggiatura.

dacite s.f. (deriv. di *Dacia,* ant. nome della regione corrispondente all'odierna Romania dove si trovano ricchi giacimenti di questa roccia) MIN. Roccia effusiva, ricca di plagioclasio, appartenente alle andesiti quarzifere.

dàco agg. [pl.m. *–ci,* f. *–che*] Della Dacia, regione danubiana. ◆ s.m. [f. *–ca*] Appartenente alla popolazione che abitava la Dacia.

dacriocistite s.f. MED. Infiammazione del sacco lacrimale situato all'angolo interno dell'occhio.

dàcron s.m. inv. Denominazione commerciale, che costituisce marchio registrato, di una fibra sintetica. SIN.: **terital**.

dadaismo s.m. (fr. *dadaisme*) Movimento artistico e letterario del primo Novecento basato sulla radicale messa in discussione dei modi di espressione tradizionali e sull'esaltazione della libertà e spontaneità dell'artista.
ENCICL. La contestazione culturale del dadaismo, preparata dalla rivolta individuale e solitaria di Rimbaud e affermatasi dopo il 1916, si manifestò con provocazioni eversive e dissacratorie. I centri principali del movimento furono Zurigo (1915-1919), in particolare con Tzara, Arp, i poeti tedeschi Hugo Ball e Richard Huelsenbeck, il pittore rumeno Marcel Janco, il pittore e cineasta tedesco Hans Richter; New York (1915-1921), con Duchamp, Picabia, Man Ray; Berlino (1917-1923) con Huelsenbeck, Grosz,

■ Il dadaismo

Si può considerare il movimento dadaista come il culmine di una ribellione a una condizione di inquietudine crescente del mondo occidentale dopo la metà del XIX secolo, condizione che raggiunse il parossismo con l'ecatombe della prima guerra mondiale. Provocazione e derisione furono le armi essenziali dei dadaisti.

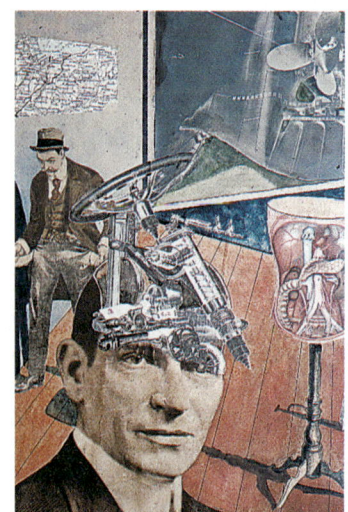

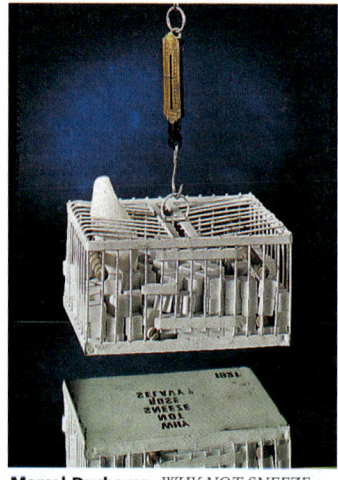

Marcel Duchamp. *WHY NOT SNEEZE ROSE SELAVY?,* ready-made (trasformato), 1921. Al di là dei suoi giochi di parole grafici e sintattici, l'opera dedicata al "doppio femminile", realizzata da Duchamp sotto lo pseudonimo di Rose Sélavy, preannuncia la nascita del surrealismo. (Museum of Art, Philadelphia.)

Raoul Hausmann. *Tatlin at home,* collage (fotomontaggio) eseguito nel 1920 a Berlino. Sovversivo nella sua assurdità, il collage è qui associato a un omaggio al costruttivista russo Tatlin. (Coll. priv., Berlino.)

Raoul Hausmann; Colonia (1919-1921), con Arp, Ernst; Hannover, con Schwitters; Parigi (1929-1923), dove il dadaismo conobbe il suo momento di maggiore fortuna con Tzara, Picabia, Man Ray, Breton.

dadaista agg. [pl.m. –*sti*] Proprio del o attinente al dadaismo. ◆ s.m. e f. Seguace del dadaismo.

dàdo s.m. **1.** Cubetto che ha sulle sei facce immagini o i punti da uno a sei, usato per diversi giochi. ◇ *Il dado è tratto:* tutto è deciso, non si può tornare indietro. **2.** *estens.* Qualsiasi oggetto cubico o pressappoco tale. ~ CUC. Cubetto di estratto di carne. **3.** Elemento metallico a forma di prisma, con foro filettato per potervi montare una vite. **4.** ARCH., SCULT. Elemento di forma cubica che costituisce il piedistallo di una colonna o di una statua.

Dàfne s.f. (lat. *Daphne*, gr. *dáphnē* "alloro") BOT. Genere di piante arbustive con fiori odorosi rossi o bianchi, bacche velenose perlopiù rosse, con alcune specie molto comuni nelle regioni mediterranee. (Famiglia delle Timeleacee.)

Dàfnia s.f. ZOOL. Genere di piccoli crostacei d'acqua dolce che nuotano a scatti, da cui il nome *pulce d'acqua*, con guscio trasparente e antenne ramificate, usati come mangime per pesci d'acquario (lunghezza massima 5 mm; ordine dei Branchiopodi).

dàga s.f. [pl. –*ghe*] **1.** Spada corta e larga con lama a doppio taglio (secc. XIII-XV). **2.** Tronco principale delle corna dei cervi, senza ramificazioni.

dagherròtipo s.m. (fr. *daguerréotype*, dal nome dell'inventore L.J.M. *Daguerre*) **1.** Dispositivo fotografico che fissa le immagini su lastre di rame ricoperte d'argento e ioduro. **2.** *estens.* Immagine ottenuta utilizzando questo dispositivo.

dàimio s.m. inv. (giapp. *daimyō* "grande nome") Titolo nobiliare dell'antico Giappone.

dàino s.m. **1.** Mammifero ruminante tipico delle foreste dell'Europa, con mantello chiazzato di bianco e corna appiattite all'estremità. (Altezza al garrese 90 cm ca.; genere *Dama*, famiglia dei Cervidi.) **2.** Pelle conciata del daino, usata in pelletteria.

■ **dàino**

daiquiri [/dai'kiri/] s.m. inv. (dal distretto cubano di *Daiquirí*) Cocktail a base di rum, limone e zucchero.

dalài-làma s.m. inv. (comp. di mongolo *dalai* "oceano" e tibetano *lama* "maestro, capo", propr. "capo universale") Capo spirituale della Chiesa buddista del Tibet, che fino al 1959 godeva di potere temporale.

dàlia s.f. (dal nome del botanico svedese A. *Dahl*) Pianta erbacea con radice tuberosa e fiori ornamentali originaria del Messico. (Famiglia delle Composite.)

dàlmata agg. [pl.m. –*ti*] **1.** Della Dalmazia. **2.** *Razza dalmata*: razza di cani con corpo slanciato e pelo bianco coperto da piccole macchie nere o marroni. ◆ s.m. (anche f.) Nativo, abitante della Dalmazia. ◆ s.m. Cane di razza dalmata.

dalmàtica s.f. [pl. –*che*] **1.** Tunica a maniche larghe originaria della Dalmazia e diffusa nei territori romanizzati in età imperiale. **2.** Veste liturgica indossata dai diaconi e dai vescovi.

dalmàtico agg. [pl.m. –*ci*, f. –*che*] Della Dalmazia. ◆ s.m. sing. Lingua neolatina parlata in Dalmazia fino alla fine del XIX sec.

dalton [/'dɔːltən/] s.m. inv. (voce ingl., dal nome del chimico inglese J. *Dalton*) CHIM. Unità chimica di massa atomica, ora abbandonata, pari a 1/16 della massa dell'atomo di ossigeno.

daltònico agg. [pl.m. –*ci*, f. –*che*] MED. Affetto da daltonismo. ◆ s.m. [f. –*ca*] Nel sign. dell'agg.

daltonismo s.m. (fr. *daltonisme*, dal nome del fisico inglese J. *Dalton* che studiò per primo questo difetto) Anomalia ereditaria della vista che impedisce di distinguere i colori.

dàma s.f. (lat. *dōminam* "padrona") **1.** Titolo assegnato in diverse epoche a donne di alto rango. ~ Donna nobile, altolocata. ◇ *Dama di corte*: gentildonna che ha particolari compiti presso la regina. **2.** *estens.* Signora di buona famiglia che si dedica a opere assistenziali. *Dama della Croce Rossa.* **3.** La compagna di danza del ballerino. **4.** (solo sing.) Gioco di strategia per due giocatori che muovono ognuno dodici pedine (bianche e nere) su una scacchiera. ~ Pedina coperta con un'altra pedina, che può essere mossa in diagonale su tutta la scacchiera. ◇ *Andare a dama*: arrivare all'ultima fila dello schieramento avversario, coprendo una pedina che diventa così dama.

Damàlisco s.m. (lat. *Damaliscus*, deriv. di gr. *dámalis* "giovenca") ZOOL. Genere di antilopi africane simili al bufalo. (Famiglia dei Bovidi.)

damàre v.tr. Nel gioco della dama, raddoppiare una pedina che è arrivata al fondo alla scacchiera.

damascàre v.tr. [4] Tessere un panno o ornare un oggetto con lavorazione a damasco.

damascàto agg. Di tessuto lavorato in modo da dare effetti diversi di lucentezza, come il damasco. ◆ s.m. Tale tessuto.

damascèno agg. Di Damasco. ◆ s.m. [f. –*na*] Nativo, abitante di Damasco.

damaschinàre v.tr. (fr. *damasquiner*) Intarsiare a martello con fili d'oro e d'argento una superficie metallica.

damaschino agg. Di Damasco, originario di tale città. ◆ s.m. **1.** [f. –*na*] Nativo, abitante di Damasco. **2.** Varietà di susino.

damàsco s.m. [pl. –*schi*] (dal nome di *Damasco*, capitale della Siria, che svolse nel Medioevo un'intensa attività artigianale e commerciale) Tessuto di seta o di lana di un solo colore, con disegni opachi su fondo satinato.

damerino s.m. **1.** Uomo dagli atteggiamenti studiati e ricercato nel vestire. SIN.: **bellimbusto.** **2.** Corteggiatore che sfoggia molti vezzi galanti. SIN.: **cascamorto.**

damigèlla s.f. (fr. *dameiselle*) **1.** Fanciulla nobile, in partic. quella al servizio di una principessa. ~ *estens.* Ragazza, giovinetta. **2.** ZOOL. *Damigella di Numidia*: uccello migratore con piume cenerine sul dorso, nere sul collo e con due ciuffi bianchi ai lati del capo. (Famiglia dei Gruidi.)

damigiàna s.f. (fr. *dame-jeanne*, inteso come "signora Giovanna" con riferimento scherzoso alla forma tondeggiante) **1.** Recipiente di vetro per liquidi con collo stretto e corpo largo, spesso rivestito di vimini intrecciati. **2.** *estens.* Quantità di liquido in esso contenuta.

dammàr o **dammàra** s.f. (voce malese, propr. "resina") CHIM., BIOL. Oleoresina che si ot-

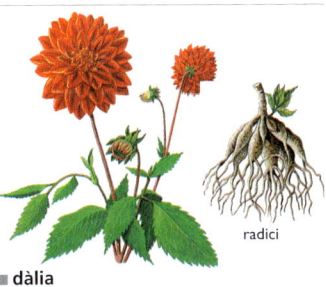
■ **dàlia**
radici

tiene da alcune piante asiatiche, usata per la preparazione di vernici e in farmacia.

dan s.m. inv. Ciascuno dei gradi delle arti marziali giapponesi. ~ Titolare di questo grado. *Primo dan.*

danaróso agg. Che ha denaro.

dance music [/'dɑːns 'mjuːzɪk/] loc. sost. f. inv. (loc. ingl.) Musica da ballo caratterizzata da un ritmo vivace.

dancing [/'dænsɪŋ/] s.m. inv. (voce ingl.) Locale pubblico dove si danza, sala da ballo.

dandismo o **dandýsmo** s.m. (ingl. *dandyism*) Atteggiamento di ostentata raffinatezza, modi da dandy.

dandy [/'dændi/] s.m. inv. (voce ingl.) **1.** Uomo elegante che associa alla raffinatezza nell'abbigliamento una certa affettazione dello spirito. **2.** MAR. Imbarcazione a vela da diporto a due alberi.

danése agg. Della Danimarca. ◆ s.m. **1.** (anche f.) Nativo, abitante della Danimarca. **2.** (solo sing.) Lingua parlata in Danimarca, che fa parte del gruppo germanico. **3.** Cane a pelo corto, di grande taglia, detto anche *alano.*

dannàre v.tr. Condurre alla dannazione. ~ Condannare a una pena infernale. ◇ *fig. Far dannare qlcu.*: esasperarlo. ◆ **dannarsi** v.pron. Impegnarsi, arrovellarsi, darsi da fare. *Dannarsi per finire il lavoro.* ◇ *fig. Dannarsi l'anima*: disperarsi, provare una preoccupazione eccessiva.

dannàto agg. **1.** Condannato alle pene infernali. ◇ *fig. Essere l'anima dannata di qlcu.*: ispirargli cattiverie. **2.** *estens.* Maledetto, detestabile. *Quella dannata macchina!* **3.** *fig.* Che procura o connota tormento, insopportabile. *Caldo dannato.* ◆ s.m. [f. –*ta*] Chi è condannato all'inferno. ~ *estens.* Malvagio, reietto. ◇ *fam. Come un dannato*: senza tregua, moltissimo. *Lavorare, gridare come un dannato.*

dannazióne s.f. **1.** Condanna alle pene infernali, perdizione eterna. **2.** *fig.* Causa di tormento e di infelicità continui. SIN.: **disgrazia.** ❑ In funzione di escl., imprecazione che denota collera. *Inferno e dannazione!*

danneggiaménto s.m. Azione di danneggiare qlco.

danneggiàre v.tr. [5] **1.** Causare un danno materiale. *La grandine ha danneggiato il raccolto.* SIN.: **deteriorare. 2.** Rendere a qlcu. un cattivo servizio, nuocere. *Le sue critiche lo hanno danneggiato.* ◆ **danneggiarsi** v.pron. **1.** Subire un danno, rovinarsi, deteriorarsi. **2.** Di persona, provocare un danno a se stessi.

dànno s.m. **1.** Offesa morale o lesione fisica, guasto, rovina. ~ Effetto di un'azione distruttiva. ~ Effetto nocivo. *I danni del fumo.* ◇ *A danno di qlcu.*: contro i suoi interessi. **2.** DIR. Lesione di un interesse giuridicamente tutelato. **3.** MED. Qualsiasi fatto patologico che alteri la struttura o la funzionalità di una parte del corpo.

dannóso agg. Che causa danno.

dantìstica s.f. [non com. pl. –*che*] Studio di Dante e delle sue opere.

danubiàno agg. Relativo al fiume Danubio.

dànza s.f. (fr. *danse*) **1.** Successione di movimenti del corpo accompagnati da musica o canto. ◇ *Danza classica o accademica*: forma di danza occidentale la cui tecnica, codificata alla fine del sec. XVII, si basa su cinque posizioni fondamentali, soprattutto sull'apertura di gambe e, dopo il sec. XIX, sull'uso delle punte da parte delle donne. – *Danza moderna*: nata in Europa e negli Stati Uniti all'inizio del sec. XX. – *Danza del ventre*: danza orientale in cui la ballerina esegue dei movimenti ondulatori del bacino. – *Aprire le danze*: essere i primi a ballare; *estens.* essere i primi a intraprendere un'azione. – *fig. Condurre le danze*: tirare le fila di un intrigo. **2.** Musica scritta su un ritmo di danza. **3.** ETOL. Seguito codificato di movimenti che un animale compie come risposta a uno stimolo e che hanno una funzione di comunicazione. *La danza delle api.*
ENCICL. La danza è una forma d'arte universale, antichissima, molto varia nelle sue espressioni. Presente in molte società primitive come forma rituale associata a cerimonie magiche o religiose, la danza possiede tuttora un carattere sacro in numerose civiltà, in particolare in Asia. In altri

■ La danza

La forma codificata del balletto classico rientra nel vasto patrimonio in continuo rinnovamento delle danze dell'umanità. Rituale o religiosa, la danza mette in relazione l'essere umano e le potenze cosmiche. Ricreativa nelle feste popolari o nei balli di corte, essa contribuì a intessere i legami sociali attraverso il divertimento; spettacolare a teatro o durante i festival, invita il pubblico a condividere con i ballerini una manifestazione di cultura superiore, fenomeno di comunicazione universale e celebrazione del movimento.

Il Legong. Questa danza, interpretata da giovani ragazze, è tipica di Bali, dove la tradizione le attribuisce un'origine divina.

Il tango. Divenuto all'inizio del XX secolo espressione di una società lasciva, spesso si trasforma in un vero e proprio spettacolo. Qui un'esecuzione di *Tango Argentino*, di Juan Carlos López, a Parigi nel 1984.

I Nicholas Brothers. Immortalate sul grande schermo nel film *Stormy Weather* (A.L. Stone, 1943), le loro acrobazie sono entrate nella leggenda del tip tap.

La sardana. Praticata in Catalogna fin ▷ dal XVI secolo, la sardana, eseguita nelle piazze o durante le feste popolari, resta una delle danze folcloristiche più vivaci.

Il flamenco. L'incontro della Spagna con i Gitani è suggellato in una danza dove si canta e si battono i piedi, qui portata su un palco di Parigi da C. Hoyos in *Caminos andaluces* nel 1994.

---

casi rappresenta l'espressione spontanea della gioia, legata all'idea della festa, oppure è la manifestazione di forme di svago privato o pubblico, aristocratico, borghese o popolare. Le danze europee di carattere ricreativo si sono rinnovate ed evolute dall'antichità, ma la danza di gruppo è rimasta a lungo dominante e comune a tutti gli ambienti. Il ballo in coppia non è comparso prima del sec. XV; tuttavia se durante il sec. XVIII era prevalente l'esecuzione di figure con cambio di partner, il sec. XIX ha visto l'affermazione del ballo di coppia. Dalla fine del sec. XIX le danze di moda iniziarono ad arrivare dall'America. A partire dagli anni Sessanta compare la figura del ballerino che si muove da solo, in mezzo alla folla della discoteca. Gli anni Settanta sono caratterizzati dalla nascita dei "balli di strada" che hanno origine nei ghetti. La presenza del pubblico rende la danza uno spettacolo (a carattere sacro o profano) che raggiunge in certe culture un alto grado di perfezione e obbedisce a norme rigorose e tecniche sofisticate. La danza indiana, per esempio, ha una tradizione codificata più che millenaria. La danza classica occidentale, frutto di una evoluzione più recente, venne elaborata alla corte di Francia nel sec. XVII. In quel periodo venne definita la terminologia, la descrizione dei passi e la fissazione delle regole di esecuzione. Intorno al 1820 comparvero i passi eseguiti sulle punte, che offrivano nuove possibilità espressive. Diverse scuole si sono successivamente sviluppate: quella italiana e russa nel sec. XIX, quella americana e inglese nel sec. XX.

danzànte agg. **1.** Che danza. **2.** Che si presta alla danza. ◇ *Serata danzante, tè danzante:* occasione mondana in cui si balla.

danzàre v.intr. (aus. *avere*) (fr. *danser*) **1.** Muovere il corpo assecondando un ritmo musicale. SIN.: **ballare. 2.** *fig.* Essere animato da movimenti rapidi, ondeggiare. *Le fiamme danzavano nel caminetto.* ◆ v.tr. Eseguire un determinato ballo. *Danzare il valzer.*

danzatóre s.m. [f. –*trice*] Chi esegue danze.

dapprima avv. In un primo momento.

darbismo s.m. Dottrina religiosa di John Nelson Darby che rifiuta le altre dottrine e mette l'accento sull'interpretazione letterale della Bibbia e sul rigore morale.

darbuka s.f. Tamburo di terracotta, sulla cui estremità è tesa una pelle, utilizzato in Maghreb e Medio Oriente e suonato con le mani.

dardeggiàre v.tr. [5] **1.** Colpire con dardi. **2.** *fig.* Osservare qlcu. con espressione intensa, fulminare con lo sguardo. ◆ v.intr. (aus. *avere*) **1.** Lanciare dardi. **2.** *fig.* Sprigionare raggi, brillare, fiammeggiare.

dàrdo s.m. (fr. *dard*) **1.** Arma da lanciare a mano o con l'arco, costituita da un'asticella di legno con punta di ferro. *fig.* Freccia che fa innamorare. **3.** Parte incurvata e appuntita dell'amo da pesca. **4.** Parte della fiamma più calda e di luminosità azzurra prodotta da un gas in pressione miscelato con aria od ossigeno. **5.** BOT. Rametto fruttifero, molto corto, del pero e del melo.

1. dàre v.tr. [8] **1.** Cedere a qlcu. qlco. di cui si dispone, trasferirlo ad altri. *Dare un gioco a un bambino.* **2.** Amministrare, somministrare qlco. a qlcu. *Dare la medicina al malato.* **3.** Affidare oggetti o persone. *Dare il bimbo ai nonni.* **4.** Accordare, concedere, permettere. *Dare la propria autorizzazione.* **5.** Attribuire, riconoscere qlco. a qlcu. *Dare torto o ragione.* **6.** Infliggere una punizione a qlcu. *Dare tre anni di carcere.* **7.** Assestare botte a qlcu. *Dare calci e pugni.* **8.** Prescrivere, suggerire, trasmettere pensieri, idee. *Dare consigli.* **9.** Causare, provocare una reazione fisica o emotiva. *Mi hai dato un'idea.* ◇ *Dar da pensare:* preoccupare. – *Dare i numeri:* dire cose senza senso. **10.** Assegnare qlco. a qlcu. *Dare un premio al vincitore.* **11.** Rivolgersi a qlcu. con un certo titolo. *Dare del maleducato.* **12.** Comunicare un'informazione. *Dare una notizia.* **13.** Trasmettere un programma. *Un cinema che dà dei bei film.* **14.** Produrre, essere la fonte di qlco. *Questa vigna dà un buon vino.*

15. Organizzare un evento. *Dare un ballo.* **16.** Applicare una vernice, una crema. *Dare la cera ai pavimenti.* ◆ v.intr. (aus. *avere*) **1.** Essere generosi. **2.** Essere rivolto verso una direzione. *Il terrazzo dà sul mare.* **3.** Permettere di accedere a un luogo. *Quella porta dà sul cortile.* **4.** Tendere a un colore. *Un rosso scuro che dà sul nero.* **5.** Fare effetto su una parte del corpo. *Questo vino dà alla testa.* ◆ **darsi** v.pron. **1.** Dedicarsi interamente a una attività. *Darsi al giardinaggio.* **2.** Abbandonarsi a un vizio. *Darsi al fumo.* **3.** *estens.* Abbandonarsi, spec. detto di donna che si concede a un uomo.

2. dàre s.m. **1.** Ciò che si deve dare. SIN.: **debito. 2.** CONTAB. Sezione sinistra di conti o bilanci, in oppos. ad *avere*. ◇ *Dare e avere:* attivo e passivo.

dàri s.m. Lingua persiana parlata in Afghanistan.

dàrico s.m. Moneta d'oro dei Persiani achemenidi (a partire dal regno di Dario I).

dàrsena s.f. **1.** La parte più interna del porto. **2.** *estens.* Porticciolo, spec. lacustre.

dartois [/daʁtwa/] s.m. inv. (voce fr.) Antipasto di pasta sfoglia con ripieno dolce o salato.

dartròsi s.f. inv. Malattia della patata causata da un fungo.

darvinismo o **darwinismo** s.m. BIOL. Teoria del naturalista inglese C. Darwin secondo la quale l'evoluzione delle specie biologiche deriva da una selezione naturale dei caratteri ereditari più favorevoli alla sopravvivenza degli individui nella lotta concorrenziale per il nutrimento e la riproduzione.

darwinismo s.m. Darvinismo.

Dasiàtidi s.m. pl. [iniziale minusc. sing. –*de* per l'individuo] ZOOL. Famiglia di pesci di forma rombica e coda provvista di aculei. (Ordine dei Raiformi.)

Dasiprottidi s.m. pl. [iniziale minusc. sing. –*de* per l'individuo] ZOOL. Famiglia comprendente l'aguti e il paca. (Ordine dei Roditori.)

Dasiùridi s.m. pl. [iniziale minusc. sing. –*de* per l'individuo] ZOOL. Famiglia di marsupiali, insettivori o carnivori, diffusi nel continente australiano.

Dasiùro s.m. ZOOL. Mammifero marsupiale d'Australia arboricolo e carnivoro, con coda pelosa. (Famiglia dei Dasiuridi.)

1. dàta s.f. **1.** Indicazione cronologica di un avvenimento. *Data di nascita.* ~ Indicazione del giorno di stesura di una lettera, di un documento. ◇ *A far data da:* a partire da. – *In data odierna:* oggi. **2.** Momento importante della storia o della vita di un individuo. **3.** Con valore generico, tempo, epoca. ◇ *Una amicizia di vecchia data:* che dura da molto tempo.

2. data [ˈdeɪtə/] s.m. pl. (voce ingl.) INFORM. Insieme di dati, di informazioni codificate per subire un trattamento automatico. ◇ *Data processing:* elaborazione elettronica dei dati. – *Data entry:* inserimento di dati, spec. in un elaboratore. – *Data retrieval:* recupero, ricerca di informazioni. – *Data management:* trattamento, gestione dei dati.

database [ˈdeɪtəbeɪs/] s.m. inv. (voce ingl.) INFORM. Insieme di informazioni tra loro omogenee, organizzato in modo da permettere un efficiente accesso ai dati. ~ Il programma applicativo per gestire tale insieme ed effettuare ricerche al suo interno (Data Base Management System).

datàre v.tr. **1.** Contrassegnare uno scritto con la data. **2.** Determinare la data di un avvenimento, di un oggetto. *Datare un fossile.* ◆ v.intr. (aus. *avere*) Avere inizio da un certo momento.

datàrio s.m. [pl. –*ri*] **1.** Timbro per imprimere la data con regolazione manuale di giorno, mese, anno. **2.** Calendario da tavolo da aggiornare quotidianamente a mano. **3.** Indicatore di data nell'orologio.

datàto agg. **1.** Fornito di data. **2.** estens. Che risente delle caratteristiche culturali di un dato periodo.

datazióne s.f. **1.** Fissazione di dati cronologici. *Datazione di un'opera.* **2.** Indicazione della data. *Datazione di un documento.* **3.** GEOL. Determinazione dell'età di un minerale, di una roccia, di un fossile.

dativo agg. LING. Del caso della flessione nominale che indica il termine a cui è diretta l'azione espressa dal verbo. ◆ s.m. Nel sign. dell'agg.

dàto agg. Conosciuto, determinato. *Una distanza data.* ◆ s.m. **1.** Ciò che viene proposto come oggetto di osservazione e di esperienza nella conoscenza sensibile. ◇ *Dato di fatto:* ciò che è dimostrato dai fatti e accertato dall'esperienza. – *Dato personale:* informazione che riguarda una persona fisica o giuridica. – *Dato sensibile:* tipo di dato personale, in partic. quando riguarda il credo religioso o politico, l'origine razziale o etnica, lo stato di salute, le tendenze sessuali. **2.** Nel l. sc., il valore numerico o il risultato di un'osservazione sperimentale. *I dati della scienza.* ~ MAT. L'elemento che in un problema si suppone assegnato. *Dato iniziale.* **3.** INFORM. Qualunque informazione rappresentata in modo da poter essere trattata da un calcolatore. **4.** LING. In un enunciato, l'elemento che contiene l'informazione nota.

datóre s.m. [f. –*trice*] Chi dà, dona, concede. ◇ *Datore di luci:* tecnico cinematografico o teatrale addetto all'illuminazione di scena. – *Datore di lavoro:* chi ha alle proprie dipendenze lavoratori retribuiti.

dàttero s.m. **1.** BOT. Frutto commestibile della palma da datteri, di forma allungata, con polpa zuccherina molto nutriente. **2.** estens. Nome comune della palma da datteri. (Genere *Phoenix*.) **3.** ZOOL. *Dattero di mare:* tipo di mollusco marino.

-dàttilo o **dàttilo-** Primo e secondo elemento di composti in cui significa "dito" (*dattilografo, pentadattilo*).

dattilografàre v.tr. (fr. *dactylographier*) Scrivere un testo a macchina. SIN.: **dattiloscrivere**.

dattilografìa s.f. Tecnica di utilizzo della macchina da scrivere.

dattilògrafo s.m. [f. –*fa*] Chi scrive a macchina, spec. per lavoro.

dattilogràmma s.m. [pl. –*mi*] Documento che riproduce le impronte digitali di una persona.

dattilologìa s.f. Sistema di comunicazione mediante segni con le dita.

dattiloscopìa s.f. Osservazione e studio delle impronte digitali, spec. a fini di identificazione.

dattiloscritto agg. Scritto a macchina. ◆ s.m. Nel sign. dell'agg.

dattiloscrivere v.tr. [30] Battere un testo a macchina. SIN.: **dattilografare**.

Dattilottèridi s.m. pl. [iniziale minusc. sing. –*de* per l'individuo] ZOOL. Famiglia di pesci diffusi nei mari caldi e temperati, dal corpo allungato e grandi pinne pettorali. (Ordine dei Perciformi.)

Datùra s.f. BOT. Genere di piante erbacee o arbustive con fiori rosa o bianchi e foglie ovali; alcune specie sono coltivate a scopo ornamentale o medicinale (*stramonio*). (Famiglia delle Solanacee.)

davànti avv. Nella parte anteriore. ~ Riferito a un tempo che precede un determinato evento. ◇ *loc. prep. Davanti a:* nello spazio antistante, di fronte a qlcu. o qlco. ◆ agg. inv. Anteriore. ◆ s.m. inv. Parte anteriore.

davanzàle s.m. Rivestimento di pietra o legno del parapetto della finestra.

davvéro avv. Proprio, veramente. ❑ In funzione di agg. inv., reale, vero. *Sarà una vacanza davvero.*

day after [ˈdeɪ ˈɑːftə/] loc. sost. m. sing. (loc. ingl. da *The day after*, titolo del film statunitense che rappresenta gli eventi successivi a un'esplosione nucleare) Giorno dopo, inteso come momento in cui una catastrofe si rivela in tutta la sua portata.

day hospital [ˈdeɪ ˈhɒspitəl/] loc. sost. m. inv. (loc. ingl. d'America, propr. "ospedale di giorno") Servizio ospedaliero di cura e ricovero diurno; anche, il tipo stesso di ricovero.

dazebào o **datzebào** s.m. inv. (adatt. di una voce cinese che significa "manifesto scritto a grandi caratteri") In Cina, manifesto murale con disegni e scritte, spesso dal contenuto politico.

dàzio s.m. [pl. –*zi*] **1.** Imposta sui consumi gravante sulle merci che provengono dall'estero (in passato anche da comuni diversi). **2.** estens. Ufficio preposto alla riscossione del dazio.

dazióne s.f. Atto di dare, consegna, spec. di una somma di denaro. ~ DIR. Estinzione di una obbligazione, in partic. in materia di successione per le opere d'arte, per cui il debitore, in accordo con il creditore, sostituisce una cosa dovuta con un'altra.

d.C. Abbreviazione di *dopo Cristo*, dopo la nascita di Cristo.

DDT s.m. inv. (sigla di *DicloroDifenilTricloroetano*) Insetticida potente e molto tossico, il cui uso è vietato in Italia e in numerosi altri paesi.

frutti   grappolo

■ **dàttero**

dé- Prefisso di verbi e derivati verbali, che esprime molteplici significati quali l'allontanamento (*decentrare, deviare*); il movimento reale o figurato verso il basso (*declinare, degradare*), la privazione (*decapitare, decongelare*); ha inoltre un generico significato negativo (*decrescere*), e uno di azione contraria (*denaturare*); può anche avere funzione intensiva (*debellare, degustare*); in partic., nel l. chimico, significa "sottrazione di atomi, di radicali, di gruppi atomici, di molecole" (*declorurare*).

dèa s.f. **1.** Divinità femminile. ◇ *Dea bendata:* la fortuna. **2.** estens. Donna particolarmente bella e di aspetto nobile.

deal [/ˈdiːl/] s.m. inv. (voce ingl., propr. "trattamento") Contratto, negoziato, trattativa.

dealer [/ˈdiːlə/] s.m. e f. inv. (voce ingl., "commerciante in valuta") FIN. Operatore professionale in titoli e valute che negozia esclusivamente in nome e per conto proprio.

deambulatòrio s.m. [pl. –*ri*] **1.** ARCH. Nelle chiese romaniche e gotiche, prolungamento delle navate laterali oltre il transetto, così da racchiudere il coro. SIN.: **ambulacro**. **2.** ARCH. Ambiente di passaggio che si affianca al vano principale di un edificio.

deambulazióne s.f. Facoltà di camminare nel modo proprio dell'uomo e dei vertebrati superiori. SIN.: **locomozione**.

debbiàre v.tr. [6] AGR. Sottoporre un terreno al debbio.

débbio s.m. [pl. –*bi*] AGR. Pratica di bruciare le zolle erbose superficiali di un terreno, le erbe secche o le stoppie dei cereali dopo la mietitura, interrando poi le ceneri per migliorare il terreno.

debellàre v.tr. **1.** Vincere qlcu. annientandone le forze. **2.** fig. Estirpare, distruggere.

debilitànte agg. Che indebolisce, fiacca, priva delle forze.

debilitàre v.tr. Affaticare fisicamente o moralmente. *Clima che debilita.* SIN.: **spossare**. ◆ debilitarsi v.pron. Deperire, esaurirsi, indebolirsi. *Mi sono debilitato lavorando giorno e notte.*

debilitàto agg. Privo di forze e di energie, in partic. in seguito a malattia.

debilitazióne s.f. Spossatezza fisica o psichica.

1. débito agg. Suggerito dal rispetto di norme, convenienze, consuetudini. *Usare le debite maniere.* SIN.: **opportuno**. ◇ *A tempo debito:* nel momento giusto. – *In tempo debito:* entro la scadenza prefissata.

2. débito s.m. **1.** Obbligo di fornire a qlcu. una certa prestazione, in partic. di restituire denaro. ~ DIR. Aspetto passivo di un rapporto giuridico patrimoniale (in oppos. a *credito*). ◇ *Debito d'onore:* quello che viene garantito soltanto dalla parola del debitore. – *Debito formativo:* carenza nel curriculum scolastico che deve essere compensata con studi e corsi integrativi. – *Debito pubblico:* complesso di debiti contratti dallo Stato per coprire il proprio fabbisogno finanziario. – *Debito di guerra:* insieme di azioni e opere di risarcimento dovute dallo stato sconfitto a quello vincitore della guerra. **2.** fig. Ciò che in coscienza si sente di dovere agli altri. SIN.: **dovere**. **3.** FISIOL. *Debito d'ossigeno:* quantità d'ossigeno necessaria per riportare alla normalità le funzioni dell'organismo dopo uno sforzo violento.

ENCICL. Il *debito pubblico* si divide in debito interno ed estero. Il *debito interno* è costituito dai prestiti emessi sul mercato nazionale mentre il *debito estero* da quelli emessi sui mercati stranieri: si presuppone che esista un accordo internazionale fra lo Stato debitore e lo Stato sul cui territorio avviene l'emissione. Il debito pubblico italiano si distingue in patrimoniale e fluttuante. Il *debito pubblico* si suddivide in irredimibile (o consolidato) e redimibile; il *debito fluttuante* rappresenta invece la somma dei debiti contratti per coprire disavanzi di cassa di breve durata.

debitóre agg. [f. –*trice*] **1.** Che si trova in debito, il cui saldo è negativo. **2.** TECN. Relativo a elemento meccanico che rifornisce altri elementi della stessa macchina. ◆ s.m. (anche f.) **1.** Nell'accez. 1 dell'agg. ~ Chi ha un debito morale, un obbligo con qlcu. **2.** DIR. Soggetto (passivo) che, in un rapporto obbligatorio, deve compiere una prestazione a favore del soggetto attivo.

debitòrio agg. [pl.m. *−ri*] DIR. Relativo al debito, al debitore.

débole agg. **1.** Che manca di vigore, di forza fisica. *Sentirsi debole.* ~ Meno valido della media, delicato. *Essere debole di stomaco.* ~ Fragile di costituzione. ◇ *Struttura debole:* poco solida, che non regge pesi. *− Moneta debole:* quella il cui contenuto metallico ha un valore commerciale inferiore al valore legale della moneta stessa. **2.** *fig.* Che manca di risolutezza, fragile, poco autorevole. *Carattere debole.* ~ Che presenta carenze rispetto a specifiche capacità. *Sono debole in matematica.* **3.** *fig.* Che ha scarsa consistenza logica o culturale. *Ragionamento debole.* **4.** FIS. *Interazione debole:* tra particelle subnucleari, quella a corto raggio che ha come caratteristica una buona costante d'accoppiamento. ◆ s.m. e f. **1.** Persona che manca di fermezza, di autorevolezza. **2.** Chi è in condizione di oggettiva inferiorità fisica o morale. *Stare dalla parte dei deboli.* ◆ s.m. (solo sing.) L'aspetto della personalità che rende più scoperti e indifesi. ~ *estens.* Predilezione, propensione che rende inclini a cedimenti. *Ha un debole per il gioco.*

debolézza s.f. **1.** Mancanza di forza fisica. ◇ PSICOL. *Debolezza mentale:* deficienza mentale. **2.** *fig.* Mancanza di risolutezza morale, di coraggio. ~ *estens.* Atto, comportamento che denota tale mancanza. **3.** *fig.* Piccolo difetto non grave.

debordàre v.intr. (aus. *avere*) (fr. *déborder*) Detto di acqua, uscire dai bordi.

debosciàto agg. (fr. *débauché*) Infiacchito moralmente dai vizi. SIN.: **dissoluto.** ◆ s.m. [f. *−ta*] Nel sign. dell'agg.

debug [/di'bʌg/] s.m. inv. (voce ingl., deriv. di *to debug* propr. "eliminare gli insetti") INFORM. Insieme delle operazioni con cui si controlla un programma per eliminare gli eventuali errori; detto anche *debugging.*

debugger [/di'bʌggə/] s.m. inv. (voce ingl.) Strumento software o hardware che assiste il programmatore nell'individuazione e correzione di errori in un programma.

debugging [/di'bʌgɪŋ/] s.m. inv. (voce ingl., propr. "spulciatura") **1.** INFORM. Insieme delle operazioni con cui si controlla un programma per eliminare gli eventuali errori. **2.** Azione di ricerca e di eliminazione di microspie usati in operazioni di spionaggio.

debuttànte agg. (fr. *débutant*) Che si presenta al pubblico per la prima volta. *Un attore debuttante.* SIN.: **esordiente.** ◆ s.m. e f. Nel sign. dell'agg. ◇ *Ballo delle debuttanti:* ballo di ragazze diciottenni che fanno il loro ingresso in società.

debuttàre v.intr. (aus. *avere*) (fr. *débuter* "giocare il primo colpo") **1.** Di artisti, fare la prima comparsa sulle scene davanti al pubblico. *Debuttare alla Scala.* ◇ *Debuttare in società:* di ragazze diciottenni, comparire ufficialmente in società per la prima volta. **2.** *estens.* Iniziare una attività pubblica con un certo ruolo. *Debuttare come procuratore.*

debùtto s.m. (fr. *début*) **1.** Prima apparizione, prima esibizione. ~ Prima rappresentazione di una compagnia teatrale. **2.** *estens.* Inizio di un'attività, spec. professionale.

dèca- Primo elemento di composti dotti e del l. scientifico in cui significa "dieci, che ha dieci" (*decade, decalogo, decagono*); davanti a un'unità di misura vale come moltiplicatore per dieci (*decalitro, decagrammo*).

decabrista s.m. e f. [pl.m. *−sti*] (russo *dekabrist*, deriv. di *dekabr'* "dicembre") ST. Membro della cospirazione organizzata a San Pietroburgo nel dicembre del 1825 contro lo zar Nicola I. ~ In partic., gli ufficiali della guardia imperiale.

dècade s.f. **1.** Serie di dieci unità. **2.** Periodo di dieci giorni.

decadènte agg. (fr. *décadent*) **1.** Che sta perdendo le proprie qualità, in fase di declino. **2.** Del decadentismo. ◆ s.m. o s.f. Seguace o esponente del decadentismo.

decadentismo s.m. (fr. *décadentisme*) Movimento artistico sviluppatosi in Francia a fine dell'Ottocento e poi diffusosi in tutta Europa che

si contraddistingueva per il recupero dell'individualismo e l'esasperata ricerca estetica.

decadènza s.f. (fr. *décadence*) **1.** Processo di graduale deterioramento, di perdita di qualità. SIN.: **decadimento.** ~ Con riferimento a epoche storiche e civiltà, perdita di capacità di sviluppo, di creatività. **2.** DIR. Perdita di un diritto per non averlo esercitato entro un termine perentorio.

decadére v.intr. [54] (aus. *essere*) **1.** Perdere a poco a poco forza, prosperità, influenza. *Il suo prestigio sta decadendo.* SIN.: **declinare. 2.** Passare da una condizione migliore a una peggiore. **3.** DIR. Perdere l'esercizio di un diritto, cessare da una funzione. **4.** FIS. Di sostanza radioattiva, trasformarsi per decadimento in un'altra sostanza.

decadiménto s.m. **1.** Graduale scadimento fisico, intellettivo, spirituale. ~ Perdita di creatività, involuzione. **2.** FIS. Riduzione nel tempo del valore di una grandezza. ◇ *Decadimento radioattivo:* processo di trasformazione spontanea di un nucleo in un altro con conseguente emissione di radiazioni.

decaèdro s.m. GEOM. Poliedro a dieci facce.

decaffeinàto agg. Privato della caffeina. ◆ s.m. Caffè decaffeinato.

decàgono s.m. GEOM. Poligono con dieci lati.

decagràmmo s.m. [pl. *−mi*] Unità di misura di peso pari a dieci grammi (simb. *dag*).

decalcificàre v.tr. [4] (fr. *décalcifier*) Privare una sostanza del calcio. ◆ **decalcificarsi** v.pron. Perdere calcio, subire un processo di decalcificazione.

decalcificazióne s.f. (fr. *décalcification*) **1.** GEOL. Disgregazione chimica esercitata da acque ricche di anidride carbonica su rocce contenenti carbonato di calcio. **2.** MED. Diminuzione del contenuto di calcio nei tessuti.

decalcomania s.f. (fr. *décalcomanie*) Processo di trasposizione su una superficie di disegni impressi su un'apposita carta. SIN.: **calcomania.** ~ *estens.* Il disegno stesso.

decalibràto agg. Di calibro inferiore al normale. *Proiettile decalibrato.*

decàlitro s.m. Misura di capacità equivalente a dieci litri (simb. *dal*).

decàlogo s.m. [pl. *−ghi*] **1.** (solo sing.) I dieci comandamenti dati da Dio a Mosè sul Sinai, secondo la Bibbia. ("Non avrai altri dèi di fronte a me. Non ti farai idolo né immagine alcuna di ciò che è lassù nel cielo [...]. Non pronuncerai invano il nome del Signore, tuo Dio [...]. Ricordati del giorno di sabato per santificarlo [...]. Onora tuo padre e tua madre [...]. Non uccidere. Non commettere adulterio. Non rubare. Non pronunciare falsa testimonianza contro il tuo prossimo. Non desiderare la moglie del tuo prossimo".) **2.** *estens.* Breve serie di regole di comportamento o di principi fondamentali.

decàmetro s.m. Lunghezza equivalente a dieci metri (simb. *dam*).

decanàto s.m. **1.** Funzione, dignità di decano. **2.** Circoscrizione amministrata da un decano. **3.** Residenza del decano.

decàno s.m. (lat. *decànum*, orig. "capo di dieci uomini") **1.** [f. *−na*] La persona più anziana per età o per nomina in assemblee, corpi accademici o professionali. ~ *estens.* Il più anziano in una categoria di persone. **2.** [f. *−na*] Nelle università straniere, il preside di una facoltà. **3.** Titolo e dignità ecclesiastici. **4.** Nell'esercito romano, comandante di dieci soldati. ~ Nella flotta, comandante di dieci navi. **5.** ASTROL. Regione del cielo che si estende per 10° di longitudine all'interno di ciascun segno zodiacale. (Ogni segno zodiacale comprende tre decani.)

1. decantàre v.tr. Fare l'elogio di una persona o di una cosa. *Decantare un poeta.* SIN.: **magnificare.**

2. decantàre v.tr. (lat. *decanthàre*, deriv. di *cànthus* "angolo, beccuccio di vaso") **1.** CHIM. Sottoporre un liquido alla decantazione, rendendolo trasparente. **2.** *fig.* Rendere qlco. trasparente, eliminando ciò che comporta deformazioni. *Decantare i ricordi.*

◆ v.intr. (aus. *avere*) CHIM. Subire il processo della decantazione.

decantatóre s.m. Apparecchio usato per la decantazione.

decanter [/dɪ'kætə/] s.m. inv. (voce ingl.) Particolare caraffa per ossigenare il vino invecchiato prima del consumo.

decantazióne s.f. **1.** CHIM. Separazione di particelle solide dal liquido in cui sono sospese per azione della forza di gravità. ◇ *Camera di decantazione:* serbatoio per la depurazione. **2.** *fig.* Perdita delle urgenze emotive o pratiche che offuscano un sentimento o un evento.

decapàggio s.m. [pl. *−gi*] (fr. *décapage*) Pulitura di superfici metalliche effettuata con sgrassanti, disossidanti o acidi.

decapàre v.tr. (fr. *décaper*) METALL. Pulire una superficie metallica immergendola in un liquido adatto.

decapitàre v.tr. **1.** Tagliare la testa a qlcu. **2.** *estens.* Eliminare l'estremità superiore di qlco.

decapitazióne s.f. **1.** Pena capitale del taglio della testa. **2.** In enigmistica, gioco consistente nel togliere la sillaba iniziale di una parola per ottenerne un'altra di senso compiuto.

Decàpodi s.m. pl. [iniziale minusc. sing. *−de* per l'individuo] **1.** ZOOL. Ordine di molluschi cefalopodi con otto braccia e due tentacoli con ventose, mantello provvisto di pinne, spesso con conchiglia interna (seppia, calamaro, ecc.). **2.** ZOOL. Ordine di crostacei marini o di acqua dolce, spesso di grossa taglia, con otto paia di appendici toraciche, che nuotano (gamberetto) o camminano (granchio, astice, aragosta, gambero, ecc.).

decappottàbile agg. Di automobile a cui è possibile togliere o sollevare la cappotta. ◆ s.f. Nel sign. dell'agg.

decappottàre v.tr. (fr. *décapoter*) Piegare o togliere la cappotta di una automobile.

decarbossilazióne s.f. CHIM. ORG. Eliminazione di uno o più gruppi carbossilici dalla molecola di un acido organico con sviluppo di anidride carbonica.

decarburàre v.tr. (fr. *décarburer*) Sottoporre a decarburazione una lega ferrosa, riducendone il contenuto di carbonio. *Decarburare la ghisa.*

decarburazióne s.f. (fr. *décarburation*) Diminuzione del contenuto di carbonio in una sostanza; in partic. nell'acciaio.

decartellizzazióne s.f. ECON. Eliminazione dei cartelli industriali nell'economia di un paese.

decasìllabo s.m. Verso a dieci sillabe.

decàstilo agg. ARCH. Di edificio classico che presenta sulla facciata dieci colonne.

dècathlon o **dècatlon** s.m. (solo sing.) Specialità di atletica maschile che comprende dieci prove differenti tra corsa (100 m, 400 m, 1500 m, 110 m a ostacoli), salto (in alto, in lungo, con l'asta) e lancio (del peso, del disco, del giavellotto).

decatissàggio s.m. [pl. *−gi*] (fr. *décatissage*, deriv. di *décatir* "togliere il lucido") IND. TESS. Esposizione dei tessuti di lana al vapore acqueo per renderli irrestringibili e ingualcibili.

decatizzàre v.tr. IND. TESS. Rifinire i tessuti per renderli irrestringibili, mediante un trattamento di decatissaggio.

decatlèta s.m. [pl. *−ti*] Atleta di decathlon.

decauville [/dəko'vil/] s.m. *pl. decauvilles* (voce fr., dal nome dell'inventore francese P. *Decauville*) Ferrovia a scartamento ridotto (da 0,4 a 0,6 m) su binari mobili, usata spec. in cantieri o miniere.

decèdere v.intr. [49] (aus. *essere*) (fr. *décéder*, lat. *decèdere de vita* "allontanarsi dalla vita") Morire, spegnersi.

decedùto agg. Morto, defunto. ◆ s.m. [f. *−ta*] Nel sign. dell'agg. *I deceduti per incidente.*

deceleràre v.tr. (ingl. *to decelerate*) Sottoporre a decelerazione, rallentare. ◆ v.intr. (aus. *avere*) Di corpo in movimento, subire una diminuzione della velocità.

deceleratóre agg. [f. *−trice*] (ingl. *decelerator*) Che fa diminuire la velocità.

decelerazióne s.f. (ingl. *deceleration*) **1.** Accelerazione negativa o riduzione della velocità.

2. *fig.* Rallentamento nella crescita di un fattore economico.

decemviràto o **decenviràto** s.m. Magistratura, dignità dei decemviri.

decèmviro o **decènviro** s.m. ANT. ROM. Membro di un collegio di dieci magistrati le cui funzioni variano secondo le epoche.

decennàle agg. **1.** Che dura dieci anni. *Garanzia decennale.* **2.** Che ricorre ogni dieci anni. ◆ s.m. Decimo anniversario di un avvenimento. *Il decennale della morte.*

decènnio s.m. [pl. –ni] Periodo di dieci anni.

decènte agg. **1.** Conforme al senso morale e alle convenienze. **2.** Conforme alle esigenze, ragionevole. *Uno stipendio decente.* SIN.: **sufficiente**.

decentralizzàre v.tr. (fr. *décentraliser*) Spostare una parte dei poteri e delle funzioni dagli organi centrali a quelli periferici. SIN.: **decentrare**.

decentraménto s.m. (fr. *décentrement*) Spostamento dal centro alla periferia di attività produttive o culturali, di servizi, di uffici. SIN.: **decentralizzazione**. ◇ DIR. *Decentramento politico, amministrativo:* trasferimento di funzioni legislative o amministrative dallo Stato alle regioni o agli enti territoriali minori.

decentràre v.tr. (fr. *décentrer*) **1.** Allontanare qlco. dal centro urbano. *Decentrare le fabbriche.* **2.** Spostare mansioni politiche e amministrative dagli organi centrali a uffici periferici.

decentràto agg. Dislocato in zone lontane da un centro.

decènza s.f. (calco del gr. *euprépeia*) **1.** Rispetto delle convenienze sociali. SIN.: **decoro**. **2.** *estens.* Tatto, buon gusto. *Potrebbe almeno avere la decenza di non farsi più vedere.*

decerebràre v.tr. FISIOL. Sottoporre un animale da esperimento a decerebrazione.

decerebràto agg. **1.** Che ha subito una decerebrazione. **2.** *estens.* Di paziente in cui non è più riscontrabile la funzionalità cerebrale.

decerebrazióne s.f. FISIOL. Asportazione degli emisferi cerebrali o separazione del cervello dal tronco encefalo-midollare.

decespugliatóre s.m. Macchina a disco o a lame mobili usata per tagliare i cespugli.

decèsso s.m. (fr. *décès*) Morte, spec. nel l. bur.

dèci- Prefisso che anteposto all'unità di misura ne divide il valore per dieci.

dècibel o **decìbel** s.m. inv. Decima parte del bel (simb. *dB*), unità di misura utilizzata in acustica per definire il livello di intensità sonora.

decìdere v.tr. [21] **1.** Determinare, fissare, definire. *Cos'hai deciso?* **2.** Proporsi fermamente un progetto, un obiettivo. SIN.: **stabilire**. **3.** Concludere qlco., risolverlo. **4.** Avere la possibilità di scegliere. *Chi decide qui?* ◆ v.intr. (aus. *avere*) Essere determinante per qlco. *Quell'incontro decide del suo destino.* ◆ **determinare**. ◆ **decìdersi** v.pron. Convincersi ad agire, a prendere una decisione. *Non riesco a decidermi.*

decìdua s.f. ANAT. Membrana formata dalla mucosa uterina che viene eliminata con la mestruazione o concorre a formare la placenta in gravidanza.

decìduo agg. Destinato a cadere una volta compiuta la propria funzione. *Denti decidui.*

decifràre v.tr. **1.** Leggere e comprendere un testo, un codice, una lingua sconosciuta. *Decifrare un manoscritto.* ~ *estens.* Leggere, intendere una scrittura poco chiara, risolvere qlco. di oscuro. *Decifrare un enigma.* **2.** *fig.* Scoprire, penetrare il senso di qlco., la sua struttura, il suo meccanismo. *Decifrare un comportamento.*

decifrazióne s.f. Lettura e interpretazione di testi cifrati o altrimenti oscuri.

decigrado s.m. MAT. Unità di misura pari a un decimo di grado.

decigràmmo o **decigràmma** s.m. [pl. –mi] Unità di misura di peso pari a un decimo di grammo (simb. *dg*).

decile s.m. STAT. Ciascuno dei nove punti in corrispondenza dei quali una funzione di distribuzione assume i valori 1/10, 2/10, ecc.

decilitro s.m. Unità di misura di capacità pari alla decima parte del litro (simb. *dl*).

dècima s.f. **1.** Decima parte del raccolto o del reddito di altre attività economiche che veniva versato al signore feudale, alla Chiesa, allo Stato. **2.** MUS. Intervallo d'altezza fra due note ottenuto sommando un intervallo di un'ottava e uno di terza.

decimàle agg. (fr. *décimal*) MAT. Che ha per base il numero dieci. *Logaritmo decimale.* ◇ *Sistema decimale:* quello in cui i numeri sono rappresentati con le cifre da 0 a 9. – *Numero decimale:* numero rappresentato secondo il sistema di numerazione decimale. ◆ s.m. Ciascuna delle cifre che si trovano dopo la virgola di un numero decimale.

decimalizzàre v.tr. Ricondurre al sistema metrico decimale.

decimàre v.tr. **1.** Punire un reparto militare colpevole di gravi mancanze uccidendo un soldato estratto a sorte ogni dieci. **2.** *estens.* Ridurre drasticamente il numero di un insieme di persone o animali causandone la morte. *L'epidemia ha decimato la popolazione.*

decimazióne s.f. **1.** Pena, spec. militare, consistente nell'uccidere una persona estratta a sorte ogni dieci. **2.** *estens.* Forte diminuzione.

decimetro s.m. **1.** Unità di misura della lunghezza pari alla decima parte del metro (simb. *dm*). **2.** Righello della lunghezza di 10 cm, suddiviso in centimetri e millimetri.

dècimo agg. num. ord. **1.** Che, in una successione ordinata, occupa il posto corrispondente al numero dieci. ~ Corrisponde a *X* nella numerazione romana. *Pio X.* **2.** Con valore frazionario, relativo a ciascuna delle parti di un intero diviso per dieci. *La decima parte del ricavato.* ◆ s.m. **1.** [f. –ma] Nel sign. dell'agg. *Sono il decimo della lista.* **2.** MED. Unità di misura dell'acuità visiva.

decina s.f. **1.** Insieme di dieci unità; spesso con valore di approssimazione. **2.** (al pl.) Con valore enfatico, un numero consistente. *Ho incontrato decine di turisti.* **3.** Nella numerazione decimale, cifra che occupa il secondo posto procedendo da destra verso sinistra.

decisionàle agg. Che ha facoltà di decidere.

decisióne s.f. **1.** Scelta operativa, risoluzione. *Una decisione prudente.* **2.** Assenza di remore, risolutezza, determinazione. *Attaccare con decisione.* **3.** DIR. Sentenza con cui si risolve una causa. *Decisione del giudice.* ~ Atto normativo della comunità europea. **4.** STAT. *Teoria delle decisioni:* studio delle procedure con cui compiere una scelta sulla base dei dati dell'osservazione.

decisionismo s.m. **1.** Tendenza a prendere rapidamente delle decisioni, senza troppo pensarci o consultarsi. ~ Ostentata sicurezza nel decidere. **2.** FILOS. Teoria elaborata da Ch. Schmitt secondo cui alla base del diritto vi è una decisione non dipendente da precedenti norme.

decisionista s.m. e f. [pl.m. –sti] Chi passa rapidamente all'azione, privilegiando le proprie decisioni.

decisivo agg. Che conduce a un risultato definitivo, a una soluzione. SIN.: **risolutivo**.

deciso agg. **1.** Che non si lascia inibire da esitazioni e perplessità. *Un uomo deciso.* **2.** *estens.* Che denota fermezza, risolutezza, determinazione.

decisòrio agg. [pl.m. –ri] DIR. Che serve a risolvere una controversia. ◇ *Giuramento decisorio:* procedura giudiziaria imposta all'avversario nel corso di un processo civile da cui dipende la soluzione di una controversia.

dècitex s.m. inv. IND. TESS. Unità di misura del titolo di una fibra tessile equivalente al titolo di un filo di 1 grammo avente una lunghezza di 10.000 metri.

declamàre v.tr. Recitare con enfasi un testo di fronte a un pubblico. *Declamare un'ode.* ◆ v.intr. (aus. *avere*) Parlare con enfasi.

declamatóre s.m. [f. –trice] Chi parla o recita in modo enfatico.

declamazióne s.f. **1.** Recitazione solenne. **2.** *estens.* Discorso o componimento retorico e pedante. **3.** Nella Roma antica, esercitazione di arte oratoria.

declaratòria s.f. DIR. Provvedimento del giudice che ha carattere di dichiarazione. *Declaratoria di incostituzionalità.*

declaratòrio agg. [pl.m. –ri] DIR. Che ha carattere di dichiarazione.

declassaménto s.m. **1.** Assegnazione a una classe inferiore. **2.** *estens.* Caduta in una condizione meno prestigiosa. **3.** FIN. *Declassamento di un titolo:* perdita di affidabilità di un titolo nell'opinione dei risparmiatori.

declassàre v.tr. (fr. *déclasser*) Degradare a un livello inferiore.

declinànte agg. **1.** Che declina, digrada verso un luogo più basso. *Un pendio declinante.* **2.** *fig.* Che si avvia al declino, alla fine. *Gli anni declinanti.*

declinàre v.intr. (aus. *avere*) **1.** Piegare verso il basso, abbassarsi. ~ Tramontare. *Il sole declina all'orizzonte.* **2.** Discostarsi da una certa direzione, più spesso con valore fig. *Declinare dai propri principi.* **3.** *fig.* Volgere al termine. ~ Diminuire, decadere. *La nostra fortuna sta declinando.* ◆ v.tr. **1.** Abbassare qlco. *Declinare la testa.* **2.** Rifiutare, evitare. *Declinare un invito.* ◇ *Declinare ogni responsabilità:* respingere ogni responsabilità. **3.** Nel l. bur., esplicitare, dichiarare. *Declinare le proprie generalità.* **4.** GRAMM. Flettere un s., un agg. o un pron. secondo numero, genere, caso.

declinatòrio agg. [pl.m. –ri] DIR. *Eccezione declinatoria:* quella con cui si contesta un difetto di competenza o di giurisdizione di un giudice; anche *istanza declinatoria*.

declinazióne s.f. **1.** Nel pensiero di Epicuro, deviazione casuale nella traiettoria di caduta degli atomi, che ne determina l'incontro e l'aggregazione da cui prendono forma i corpi. **2.** GRAMM. Flessione delle parti nominali del discorso a seconda di genere, numero e caso. **3.** *fig.* Pendenza, inclinazione. **4.** ASTR. Distanza angolare compresa tra un astro e il piano dell'equatore celeste. **5.** GEOFIS. *Declinazione magnetica:* angolo tra il piano meridiano magnetico e il piano meridiano geografico.

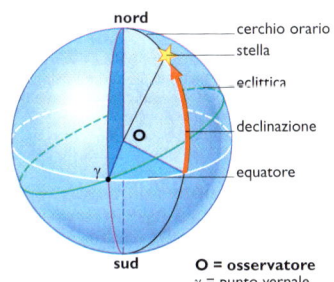

■ **declinazióne** (astronomia).

declino s.m. Fase di decadenza. ~ Perdita di forza creativa, di vitalità. *Il declino dello spirito.* ~ Diminuzione di prestigio, di potere. *Declino della popolarità.*

declinòmetro s.m. Strumento per misurare la declinazione magnetica.

declivio s.m. [pl. –vi] Pendenza dolce di un terreno. SIN.: **pendio**.

declorazióne s.f. CHIM. Eliminazione del cloro in eccesso da una soluzione, in partic. dall'acqua potabilizzata con cloro.

decloruràre v.tr. Eliminare il cloruro da una sostanza.

déco [/de'ko/] agg. inv. (voce fr.) → **Art déco**

decoder [/di'kəudə/] s.m. inv. (voce ingl.) Dispositivo che decodifica i segnali televisivi criptati.

decodificàre v.tr. [4] **1.** Tradurre, decifrare un messaggio o un testo codificato. **2.** INFORM. Nell'elaborazione automatica dei dati, riportare nella forma originaria le informazioni rese in codice.

decodificatóre s.m. **1.** [f. *–trice*] Chi decodifica un messaggio. **2.** TECNOL. Dispositivo che interpreta messaggi o dati codificati.

decodificazióne s.f. **1.** Interpretazione di dati espressi in codice. **2.** LING. Identificazione e comprensione da parte del destinatario di un messaggio espresso in un codice linguistico.

1.decollàre v.intr. (aus. *avere* o *essere*) (fr. *décoller* "togliere la colla, staccare") **1.** AER. Prendere il volo, staccarsi da terra. *L'aereo è decollato.* **2.** fig. Di attività, svilupparsi, uscire da un periodo di stagnazione.

2.decollàre v.tr. Decapitare qlcu., tagliargli la testa.

décolleté [/dekol'te/] s.m. inv. (voce fr.) **1.** Scollatura di abiti femminili, spec. eleganti, che lascia intravedere il seno. ~ L'abito stesso. **2.** estens. La parte del petto e delle spalle lasciata scoperta dalla scollatura. **3.** Tipo di scarpa femminile senza allacciatura, che lascia scoperto il collo del piede.

decòllo s.m. **1.** Manovra di distacco dal suolo. *Il decollo di un aereo.* **2.** fig. Fase di sviluppo iniziale. *Il decollo di un'azienda.*

decolonizzàre v.tr. (fr. *décoloniser*) Accordare l'indipendenza a una colonia in modo che diventi uno Stato indipendente. ~ estens. Liberare dal colonialismo i paesi ancora soggetti al controllo straniero.

decolonizzazióne s.f. (fr. *décolonisation*) Processo di riconquista dell'indipendenza da parte di un paese colonizzato.

decoloránte agg. (fr. *décolorant*) Che decolora.

decoloràre v.tr. Alterare, schiarire o eliminare il colore.

decolorazióne s.f. Trattamento che rimuove o attenua il colore di qlco. ~ Operazione che consiste nello schiarire il colore naturale dei capelli.

decomponìbile agg. (prob. calco dal fr. *décomposable*) Che si può decomporre.

decompórre v.tr. [25] (prob. calco dal fr. *décomposer*) **1.** CHIM. Dividere un composto nei suoi elementi costitutivi. **2.** fig. Sottoporre qlco. ad analisi minuziosa. **3.** Portare qlco. a putrefazione, alterare gravemente. ◆ decomporsi v.pron. **1.** CHIM. Scindersi negli elementi costituenti. **2.** Putrefarsi, corrompersi.

decompositóre agg. ECOL. Di organismo (animale, fungo, microrganismo) che determina la decomposizione della materia organica. ◆ s.m. Nel sign. dell'agg.

decomposizióne s.f. (prob. calco dal fr. *décomposition*) Separazione dei costituenti di una sostanza. SIN.: **putrefazione**.

decompressióne s.f. **1.** Abbassamento della pressione di un gas. ◇ *Camera di decompressione:* ambiente a pressione regolata in cui viene introdotto chi, come i subacquei, risale troppo rapidamente in superficie correndo il rischio di embolie. – MED. *Malattia da decompressione:* sindrome che può colpire chi lavora in ambienti con pressione superiore a quella atmosferica, caratterizzata dalla comparsa di bolle di gas nel sangue e causata da un tempo di decompressione troppo breve. (Ne vanno soggetti in partic. i subacquei.) **2.** INFORM. Restituzione a un file delle dimensioni che aveva prima di essere compresso.

decomprìmere v.tr. [38] **1.** Diminuire la pressione esterna su una persona o un oggetto. **2.** INFORM. Restituire a un file le dimensioni originarie.

deconcentràre v.tr. Rendere qlcu. meno concentrato. SIN.: **distrarre**. ◆ **deconcentrarsi** v.pron. Distrarsi, perdere la concentrazione.

decondizionaménto s.m. Pratica psicologica che ha come scopo l'annullamento della risposta condizionata a determinati stimoli.

decondizionàre v.tr. Liberare qlcu. da un condizionamento, spec. psicologico. ◆ **decondizionarsi** v.pron. Liberarsi da un condizionamento.

decongelaménto s.m. **1.** Passaggio di un sostanza congelata alla temperatura ambiente. **2.** fig. *Decongelamento di un credito:* rimozione del divieto di riscossione.

decongelàre v.tr. **1.** Riportare alimenti congelati alla temperatura ambiente. **2.** ECON. Liberare un credito da divieti che ne impediscono la riscossione.

decongestionànte agg. Di farmaco che elimina o riduce la congestione. ◆ s.m. Nel sign. dell'agg.

decongestionàre v.tr. **1.** MED. Guarire una parte dell'organismo affetta da congestione. **2.** fig. Rendere fluida la viabilità, sgombrare un luogo. *Decongestionare il centro di una città.* ◆ **decongestionarsi** v.pron. Nel l. med. detto di organo o parte del corpo, passare dallo stato di congestione alla normalità.

decontaminàre v.tr. Sottoporre oggetti o persone a decontaminazione. SIN.: **bonificare**.

decontaminazióne s.f. Eliminazione di sostanze radioattive o inquinanti da oggetti o persone.

decontribuzióne s.f. Riduzione o eliminazione dei contributi sociali che gravano sul salario lordo di un dipendente.

decoràre v.tr. **1.** Abbellire un luogo o un oggetto con elementi ornamentali. **2.** Conferire una decorazione o un titolo onorifico a qlcu.

decorativismo s.m. Predominanza in un'opera d'arte di motivi decorativi.

decorativo agg. Che serve a rifinire e arricchire esteticamente una struttura. ~ Di importanza secondaria, accessorio, insignificante. ◇ *Arti decorative:* insieme delle attività dirette all'abbellimento di oggetti di uso comune (ebanisteria, ceramica, oreficeria, gioielleria, ecc.).

decoratóre s.m. [f. *–trice*] Artista che lavora nell'ambito delle arti applicate.

decorazióne s.f. **1.** Opera di rifinitura e abbellimento di una struttura. *Decorazione di una galleria.* **2.** Attestazione dei meriti di un cittadino e onorificenza relativa. *Decorazione al merito.*

decòro s.m. **1.** Complesso di valori morali e pratici che garantiscono il rispetto delle convenienze sociali e della morale. ~ In partic., contegno che si considera adeguato alla propria condizione sociale. **2.** Consapevolezza della propria dignità. *Difendere il proprio decoro.* **3.** fig. Persona o cosa che costituisce motivo di soddisfazione, di lustro, di vanto. **4.** Elemento ornamentale. *Il decoro di un piatto.*

decoróso agg. **1.** Di persona, che si comporta con dignità. **2.** Di cosa, che denota rispetto, ordine, cura. *Un abbigliamento decoroso.* **3.** Che si addice alla dignità della persona, accettabile.

decorrènza s.f. Momento in cui comincia ad avere effetto un provvedimento, un diritto, un obbligo, ecc. *Decorrenza dei termini.*

decórrere v.intr. [21] (aus. *essere*) **1.** Detto di tempo, passare, trascorrere a partire da un certo momento. **2.** Cominciare ad avere effetto, entrare in vigore a partire da una certa data. ◇ *A decorrere da:* a partire da.

1. decórso agg. Che è ormai passato, trascorso, in partic. in riferimento a interessi, rendite, ecc., maturati ed esigibili.

2. decórso s.m. **1.** Corso del tempo. **2.** estens. Modo di manifestarsi di un fenomeno nel tempo.

decorticàre v.tr. [4] **1.** Privare una pianta della corteccia. **2.** Privare un seme o alcune parti della buccia. *Decorticare i semi di lino.* **3.** Privare un animale morto della sua pelle. SIN.: **scuoiare**. ◆ **decorticarsi** v.pron. Detto di piante, perdere la corteccia.

decorticazióne s.f. **1.** ARBOR. Eliminazione o caduta naturale di parti della corteccia degli alberi. **2.** → scuoiatura. **3.** MED. Separazione di un organo dalla membrana, sana o patologica, che lo avvolge.

decostruttivismo s.m. FILOS. Decostruzionismo.

decostruzionismo s.m. FILOS. Teoria critica e tendenza ideologica sviluppatasi negli Stati Uniti negli anni Settanta che afferma la necessità di abolire le consuete relazioni tra realtà e linguaggio e si contrappone all'interpretazione tradizionale degli eventi storici e letterari come realtà oggettiva e razionalmente spiegabile; detto anche *decostruttivismo*.

1.decòtto s.m. FARM. Pozione medicinale ottenuta facendo bollire a lungo nell'acqua sostanze contenenti principi attivi.

2.decòtto agg. DIR. Che è in stato di decozione, di insolvenza. *Azienda decotta.*

découpage [/deku'paʒ/] s.m. inv. (voce fr. "ripartizione") **1.** Tecnica artigianale di decorazione. **2.** Stadio definitivo della sceneggiatura di un film in cui le scene, suddivise e numerate, recano le indicazioni per le riprese necessarie al regista.

decozióne s.f. **1.** Bollitura necessaria alla preparazione di un decotto. **2.** DIR. Stato di insolvenza di un imprenditore, presupposto di una dichiarazione di fallimento.

decreménto s.m. **1.** Progressiva diminuzione. **2.** MAT. Incremento negativo.

decrepitàre v.intr. (aus. *avere*) Detto di cristalli di sali, scindersi in minuscoli frammenti, producendo un caratteristico crepitio.

decrepitézza s.f. **1.** Avanzata senilità, spec. se caratterizzata da decadimento fisico e mentale. **2.** fig. Stato di estremo logoramento, di inadeguatezza o di incompatibilità con il presente. *Decrepitezza di una legge.*

decrèpito agg. **1.** Molto vecchio, indebolito dalla decrepitezza. *Un anziano ormai decrepito.* **2.** fig. Malridotto a causa del trascorrere del tempo. *Una casa decrepita.*

decrescèndo s.m. inv. MUS. Notazione con cui si prescrive nell'esecuzione una progressiva diminuzione dell'intensità del suono. SIN.: **diminuendo**.

decrescènte agg. Che diminuisce lentamente, che scema.

decréscere v.intr. [39] (aus. *essere*) Diminuire progressivamente.

decretàle agg. CATT. Nella loc. *lettera decretale*, decreto pontificio redatto in forma di lettera, parte del diritto canonico. ◆ s.f. Lettera decretale.

decretàre v.tr. **1.** Ordinare, stabilire con un decreto. *Decretare un divieto.* ~ Decidere d'autorità. *Decretare un arresto.* **2.** estens. Tributare, rendere onori a qlcu.

decréto s.m. **1.** DIR. Disposizione dell'autorità amministrativa o giudiziaria. ◇ *Decreto legge:* atto governativo con valore di legge. **2.** *Decreto legislativo o delegato:* atto che ha valore di legge adottato dal governo su delega del parlamento. ~ estens. Documento contenente tali disposizioni. **3.** fig. Decisione imposta da una volontà superiore. *I decreti del Cielo.*

decriminalizzàre v.tr. DIR. Togliere a fatti o comportamenti il carattere di crimine. SIN.: **depenalizzare**.

decrittàre o **decriptàre** v.tr. (ingl. *to decrypt*) Decifrare un testo in codice. SIN.: **decodificare**.

decùbito s.m. Posizione del corpo sdraiato su un piano orizzontale. ◇ *Piaga da decubito:* lesione della pelle nella parte a contatto con il letto dovuta a decubito prolungato.

de cùius loc. sost. m. e f. inv. (loc. lat. deriv. di *de cuius hereditate agitur* "dell'eredità del quale si tratta") DIR. Defunto che lascia beni oggetto di eredità.

deculturazióne s.f. ANTROP. Perdita, da parte di un gruppo etnico o di una popolazione, dei propri valori, caratteri, tradizioni, costumi.

decumàno agg. (lat. *decumanus*, deriv. di *decimus* "decimo"; la strada è così detta perché nell'incrocio col *cardo* forma una X che nel sistema numerale romano indicava "dieci"; la porta perché in quel lato dell'accampamento si trovava la decima coorte) *Porta decumana:* porta principale dell'accampamento romano (in oppos. alla *pretoria*). ◆ s.m. **1.** Soldato della decima legione. **2.** Appaltatore della decima dei raccolti nell'antica Roma. **3.** Strada principale, con direzione est-ovest, di accampamenti e città romane.

decuplicàre v.tr. [4] Moltiplicare per dieci. ~ fig. Accrescere qlco. in modo considerevole. *La collera decuplica le forze.*

dècuplo agg. Maggiore di dieci volte. ◆ s.m. Grandezza dieci volte maggiore di un'altra.

decùria s.f. **1.** ANT. ROM. Formazione di dieci soldati. **2.** ST. Dal Medioevo fino all'Ottocento, denominazione di magistrature locali.

decurióne s.m. **1.** ANT. ROM. Capo di una decuria. **2.** ST. Dal Medioevo in poi, membro di organismi amministrativi locali.

decurtàre v.tr. Ridurre una somma di denaro, renderla più piccola. *Decurtare gli stipendi.*

decurtazióne s.f. Diminuzione, detrazione.

decussàto agg. Intersecato a forma di X. ◇ BOT. *Foglie decussate:* che formano coppie con disposizione perpendicolare.

decùsse s.f. **1.** Segno X. **2.** Moneta romana del valore di dieci assi. **3.** ARCHEOL. Incrocio tra il cardo e il decumano (strada principale).

dèdalo s.m. (gr. *Dáidalos* "Dedalo", nome del mitico costruttore del labirinto di Creta) Luogo formato da un insieme molto complicato di passaggi che si incrociano in modo da creare confusione e senso di smarrimento. SIN.: **labirinto**. ~ *fig.* Insieme complicato e confuso. *Il dedalo delle leggi.*

dèdica s.f. [pl. *–che*] **1.** Breve scritto, frase con cui si fa omaggio di una copia di un libro o di un oggetto. **2.** LETT. Nel poema epico ed epico-cavalleresco, parte della protasi in cui si dedica l'opera a un personaggio illustre.

dedicàre v.tr. [4] **1.** Offrire un'opera letteraria, scientifica, artistica a qlcu. mediante un'iscrizione. **2.** RELIG. Consacrare un luogo o un oggetto a Dio, alle divinità, ai santi. *Dedicare un altare alla Vergine.* **3.** Riservare, destinare. *Dedicare un pensiero a un amico.* **4.** Nel l. gior., concedere a una notizia spazio per la sua diffusione. ◆ **dedicarsi** v.pron. Applicarsi con serietà e costanza a un'attività, a un compito. *Dedicarsi alla famiglia.* SIN.: **darsi**.

dedicatàrio s.m. [f. *–ria*, pl.m. *–ri*] Persona a cui si dedica un'opera.

dedicàto agg. **1.** Votato al culto, consacrato. **2.** Intitolato a un personaggio illustre. *Strada dedicata alle brigate partigiane.* **3.** Offerto con una dedica. **4.** Intensamente occupato in qlco. **5.** INFORM. Usato per un determinato scopo e solo per quello. *Linea dedicata.*

dedicatòria s.f. Lettera con cui si offre, si presenta in omaggio, si dedica la propria opera a qlcu.

dedicazióne s.f. **1.** Consacrazione al culto di una chiesa. ~ *estens.* Anniversario di tale consacrazione. **2.** Cerimonia con cui si dedica un monumento, un edificio alla memoria di qlcu.

dèdito agg. Che attende unicamente o prevalentemente a una data attività. ~ Che ha un interesse volto esclusivamente o prevalentemente a una data cosa.

dedizióne s.f. Disponibilità a mettere le proprie energie, le proprie qualità a disposizione di qlcu. o qlco.

deducìbile agg. **1.** Che può essere ricavato per deduzione. **2.** Che può essere sottratto da una somma. *Spese mediche deducibili.*

deducibilità s.f. inv. Possibilità di essere detratto.

dedùrre v.tr. [26] **1.** FILOS. Ricavare logicamente da un principio generale. **2.** *estens.* Arrivare a una conclusione in base a fatti e prove. *Dalle sue parole deduco che mente.* SIN.: **desumere**. **3.** Detrarre una somma da un importo complessivo. SIN.: **sottrarre**. **4.** Derivare un'idea, un lavoro da un modello. **5.** Trasportare qlcu. in un luogo. **6.** DIR. Rendere note argomentazioni giuridiche davanti ai giudici.

deduttìvo agg. FILOS. Caratterizzato dal procedimento logico della deduzione. ◇ *Metodo deduttivo:* che procede per deduzione da premesse generali.

deduzióne s.f. **1.** FILOS. Procedimento che consiste nel ricavare una conclusione da una determinata premessa in virtù della pura logica (in oppos. a *induzione*). **2.** MAT. Derivazione formale di una proposizione, nell'ambito di un calcolo logico, a partire da assiomi o da altre proposizioni. **3.** *estens.* Conclusione derivata da un ragionamento. **4.** Detrazione di una somma di denaro. *La deduzione delle spese professionali.* SIN.: **defalco**.

deejay [/diː'dʒei/] s.m. e f. inv. (voce ingl., trascrizione della lettura delle iniziali di *disc jockey*) → **disc jockey**.

de-escalation [/diːeskə'leiʃən/] s.f. inv. (voce ingl.) **1.** Progressiva limitazione dell'impegno militare in un conflitto. **2.** *estens.* Graduale rientro di un fenomeno politico, sociale, economico.

de fàcto loc. avv. (loc. lat., propr. "secondo il fatto") DIR. Di fatto, usato spec. per indicare ciò che esiste ma che non ha riconoscimento giuridico (in oppos. a *de iure*).

défaillance [/defa'jãs/] s.f. inv. (voce fr., deriv. di *défaillir* "venir meno") Momentanea debolezza, fisica o morale.

defalcàre v.tr. [4] Togliere un importo da uno maggiore. SIN.: **detrarre**.

defàlco s.m. [pl. *–chi*] Detrazione, deduzione, sottrazione di una somma. ~ *estens.* Quantità defalcata.

defaticàre v.tr. [4] In costruzione causativa, far compiere particolari esercizi per eliminare dai muscoli l'acido lattico provocato da uno sforzo fisico intenso. *Far defaticare gli atleti.* ◆ **defaticarsi** v.pron. Compiere tali esercizi. *Defaticarsi dopo l'allenamento.*

defatigànte agg. Spossante, che stanca. *Riunione defatigante.*

default [/di'fɔːlt/] s.m. inv. (voce ingl., propr. "mancanza") INFORM. Impostazione adottata da un sistema in assenza di istruzioni specifiche da parte dell'utente o del programma. *Visualizzazione di default.*

defecàre v.intr. [4] (aus. *avere*) Espellere le feci. ◆ v.tr. CHIM. Purificare un liquido con opportuni trattamenti.

defecazióne s.f. (fr. *défécation*) **1.** Espulsione delle feci. **2.** Chiarificazione, purificazione di un liquido.

defenestràre v.tr. (fr. *défenestrer*) **1.** Gettare qlcu. o qlco. dalla finestra. **2.** *fig.* Privare qlcu. di una carica o di un ufficio.

defenestrazióne s.f. (fr. *défenestration*) **1.** Atto di buttare qlcu. dalla finestra. **2.** *fig.* Allontanamento inatteso di una persona da un ufficio, da una carica. SIN.: **destituzione**.

1. **deferènte** agg. **1.** ANAT. Che consente il deflusso, il passaggio di un liquido organico. ◇ *Dotto deferente:* canale che mette in comunicazione il testicolo con la vescichetta seminale. **2.** *Cerchio deferente:* nel sistema astronomico tolemaico, quello lungo il quale si ipotizzava che si muovesse il centro dell'orbita, detto anche *eccentrico.*

2. **deferènte** agg. Che manifesta rispetto, ubbidienza, sottomissione. *Deferente nei confronti del potere.*

deferènza s.f. (fr. *déférence*) Sentimento e atteggiamento di riverenza, rispetto, ossequio.

deferiménto s.m. DIR. Atto con cui si sottopone qlco. al giudizio di qlcu.

deferìre v.tr. [83] DIR. Sottoporre qlco. a esame, giudizio altrui. ~ Denunciare qlcu. a una autorità.

defervescènza s.f. **1.** MED. Diminuzione della febbre nel corso di una malattia. **2.** CHIM. Diminuzione o eliminazione dell'effervescenza.

defezióne s.f. **1.** Ritiro da un'iniziativa, da un'attività. **2.** Abbandono del gruppo, dello schieramento di cui si è parte. *Defezione dall'esercito.*

defibrillatóre s.m. MED. Apparecchio usato per arrestare la fibrillazione cardiaca.

defibrillazióne s.f. MED. Operazione effettuata dal defibrillatore con lo scopo di fermare la fibrillazione dei ventricoli.

deficiènte agg. Che presenta carenze, in assoluto o relativamente a qualche ambito. ◆ s.m. e f. **1.** Persona dal livello intellettivo inferiore alla media. SIN.: **subnormale**. **2.** *spreg.* Imbecille, cretino, stupido.

deficiènza s.f. **1.** Mancanza che rende qlco. inadeguato alle sue funzioni. ~ Scarsità, carenza. ◇ IMMUNOL. *Deficienza immunitaria* → **immunodeficienza**. **2.** *fig.* Lacuna, incompletezza. **3.** MED. Insufficienza mentale, oligofrenia. **4.** *spreg.* Imbecillità, stupidità.

dèficit s.m. inv. (voce lat., propr. "manca") **1.** Difetto, mancanza, lacuna. ~ MED. Diminuzione dell'attività funzionale. *Deficit motorio.* **2.** CONTAB. Perdita, disavanzo, saldo negativo tra voci attive e passive. *Chiudere un bilancio in deficit.* ~ *estens.* Scarsa floridezza economica. ◇ *Deficit pubblico:* saldo negativo tra le entrate e le uscite dello Stato relative a un esercizio finanziario.

deficitàrio agg. [pl.m. *–ri*] (fr. *déficitaire*) **1.** Che manca gli obiettivi per cui è stato creato. **2.** MED. Insufficiente, carente. **3.** CONTAB. Che è in una situazione di passività, di disavanzo.

defilaménto s.m. **1.** MIL. Occultamento di soldati, armi, postazioni. **2.** *fig.* Atteggiamento elusivo nei confronti di difficoltà od obblighi.

defilàre v.tr. (fr. *défiler*, propr. "marciare in fila") MIL. Sottrarre soldati al tiro o alla vista del nemico. ◆ v.intr. (aus. *avere*) MAR. Affiancare una nave all'altra, parallelamente ma di controbordo. ◆ **defilarsi** v.pron. **1.** Sottrarsi alla vista o al tiro del nemico. **2.** *fig.* Sottrarsi a un obbligo, a un impegno.

défilé [/defi'le/] s.m. inv. (voce fr.) Sfilata di abiti creati dai grandi sarti.

definìre v.tr. [83] **1.** Determinare confini, fissare limiti. *Definire i poteri dell'assemblea.* **2.** *fig.* Risolvere una disputa. SIN.: **comporre**. **3.** Precisare il contenuto di un concetto. **4.** Esplicitare il significato di un termine o di un'espressione. *Definire la parola "cuore".* **5.** Presentare qlcu. o qlco. evidenziandone le caratteristiche salienti. *Lo definirei un uomo di studio.* ◆ **definirsi** v.pron. Presentare se stesso in un certo modo, attribuendosi una determinata qualifica. *Si definisce un libero pensatore.*

definitìvo agg. Immutabile, fissato in modo che non possa più essere modificato. ◇ *In definitiva:* tutto considerato, in conclusione.

definìto agg. **1.** Determinato, preciso, chiaro. *Limite definito.* **2.** LING. Di un'espressione nominale che indica un referente preciso e già noto.

definitóre s.m. [f. *–trice*] CATT. Chi assiste il proprio superiore nel governo di un ordine.

definitòrio agg. [pl.m. *–ri*] **1.** Che vale a determinare, a precisare. **2.** Che ha valore risolutivo. *Prova definitoria.*

definizióne s.f. **1.** Esplicitazione del significato di un termine o di un'espressione mediante l'indicazione dei suoi caratteri essenziali. ◇ *Per definizione:* per antonomasia. **2.** *estens.* Spiegazione, illustrazione di un concetto. **3.** Enunciazione, dichiarazione in forma chiara e distinta. ◇ *Definizione dogmatica:* quella con cui si stabilisce una verità di fede. **4.** Determinazione, demarcazione, delimitazione. *Definizione dei confini.* **5.** Conclusione di una vertenza giudiziaria per transazione o per sentenza del giudice. **6.** FOTO., CINE. Grado di nitidezza di un'immagine. ~ Risoluzione di uno strumento di cui si valuta la resa visiva. ◇ *Ad alta definizione:* che offre immagini estremamente nitide. **7.** LOG. Nella logica formale, proposizione affermativa che ha per oggetto di far conoscere esattamente l'estensione e la comprensione di un concetto.

defiscalizzàre v.tr. **1.** Detrarre da un importo il valore corrispondente all'incidenza delle tasse. **2.** *estens.* Togliere a un'operazione il carattere fiscale, renderla meno burocratica e rigida.

defiscalizzazióne s.f. Soppressione o revoca di un'imposta.

deflagrànte agg. **1.** Che ha la proprietà di esplodere. *Sostanza deflagrante.* **2.** *fig.* Che ha carattere violento, sconvolgente. ◆ s.m. Nell'accez. 1 dell'agg.

deflagràre v.intr. (aus. *avere* o *essere*) **1.** Detto spec. di esplosivi, bruciare in modo velocissimo e con fragore. SIN.: **scoppiare**. **2.** GEOL. Detto di rocce, disgregarsi in modo violento. **3.** *fig.* Manifestarsi in modo violento. *Il conflitto deflagrò improvvisamente.*

deflagrazióne s.f. **1.** Combustione rapida e progressiva. ~ Esplosione più lenta della detonazione. **2.** GEOL. Rottura delle rocce composte, dovuta a notevoli escursioni termiche, accompagnata da forti scoppi.

deflatóre s.m. ECON. Numero indice dei prezzi usato per calcolare il valore di grandezze economiche (prodotto interno lordo, salari, ecc.), depurato dall'inflazione.

1. deflazióne s.f. (ingl. *deflation* "sgonfiamento") **1.** ECON. Diminuzione dei prezzi, con conseguente innalzamento del potere di acquisto della moneta, dovuta per lo più a contrazione della quantità di moneta in circolazione rispetto al reddito prodotto. **2.** Fase di contrazione della produzione e del reddito.

2. deflazióne s.f. (deriv. di lat. *deflāre* "soffiare via") GEOMORF. Il trasporto da parte del vento di polveri e sedimenti fini.

deflessióne s.f. **1.** *non com.* Deviazione. **2.** *fig.* Allontanamento da una norma. **3.** TECN. In uno strumento di misura, spostamento angolare o lineare dell'indice. **4.** OTT. Modifica della traiettoria di un fascio di particelle. **5.** In ostetricia, rettificazione della posizione della testa del bambino al momento del parto.

deflettóre s.m. (fr. *déflecteur*) **1.** CHIM., TECN. Dispositivo che devia la direzione di una corrente fluida in movimento. ~ AER. Aletta che si trova sotto il bordo d'attacco e d'uscita dell'ala. **2.** AUTOM. Cristallo orientabile dei finestrini anteriori degli autoveicoli.

defloràre v.tr. Privare una donna della verginità.

defluire v.intr. [83] (aus. *essere*) Detto di liquidi, scorrere via. SIN.: **fuoriuscire**. ~ *fig.* Uscire in un flusso continuo, allontanarsi da un luogo. *La folla defluisce lentamente.*

deflùsso s.m. **1.** Scorrimento di acque. **2.** Moto dell'onda che si ritira. **3.** *fig.* Abbandono di un luogo da parte di persone che escono in massa. ~ Con riferimento a cose, trasferimento continuo e massiccio. *Deflusso di capitali.*

defogliàre v.tr. [6] Eliminare le foglie da un albero. ◆ **defogliarsi** v.pron. Di piante, spogliarsi naturalmente delle foglie.

defogliazióne o **defoliazióne** s.f. Caduta delle foglie naturale o provocata da sostanze chimiche.

deforestazióne s.f. Distruzione della foresta, disboscamento.

deformàre v.tr. **1.** Alterare la forma, l'aspetto di qlco. ~ *fig.* Riprodurre, rappresentare in modo inesatto, distorcere. *Deformare la verità.* **2.** *estens.* Deturpare, imbruttire una parte del corpo. ◆ **deformarsi** v.pron. Perdere la propria forma.

deformazióne s.f. **1.** Modificazione temporanea o permanente della forma di qlco. ◇ FIS. *Deformazione elastica:* quella che cessa al cessare della forza che l'ha prodotta. ◇ *Deformazione plastica:* deformazione permanente di alcuni materiali anche sotto l'azione di forze modeste. **2.** *fig.* Stravolgimento di un'idea, un fatto. *Deformazione della realtà.* ◇ *Deformazione professionale:* il conservare nella vita corrente le pratiche, i riflessi, le abitudini acquisite nella professione.

defórme agg. Che ha forma anomala rispetto agli altri individui della stessa specie, quindi sgradevole a vedersi. SIN.: **malfatto**.

deformìsmo s.m. Nelle arti figurative, propensione ostentata per tutto ciò che è deforme.

deformità s.f. *inv.* Anomalia fisica, generalmente percepita come deturpante. SIN.: **malformazione**.

defosforazióne s.f. METALL. Operazione con cui si libera dal fosforo un metallo fuso.

defraudàre v.tr. Togliere a qlcu. con la frode ciò che gli spetta di diritto. SIN.: **derubare**.

defùnto agg. **1.** Morto, deceduto. **2.** *fig.* Finito, scomparso. *Epoca defunta.* ◆ s.m. [f. *–ta*] Persona deceduta.

degasolinàggio s.m. [pl. *–gi*] Separazione dei idrocarburi dai gas naturali.

degassaménto s.m. TECN. Eliminazione di gas da un fluido.

degassàre v.tr. CHIM. Privare una sostanza del gas in essa disciolto.

degassificazióne s.f. Degassamento.

degaussing [/di'gausiŋ/] s.m. *inv.* (voce ingl., deriv. di *to degauss* "smagnetizzare") MIL. Termine generico con cui si indicano i procedimenti di difesa atti a smagnetizzare lo scafo d'acciaio di una nave, in modo che non possa azionare le mine magnetiche.

degeneràre v.intr. (aus. *avere* o *essere*) **1.** Deviare dalle tradizioni, dalle qualità morali della propria famiglia o classe. SIN.: **tralignare**. **2.** Perdere le proprie qualità peculiari. SIN.: **degradare**. **3.** *fig.* Risolversi in qlco. di peggiore.

degenerativo agg. MED. Caratterizzato da degenerazione.

degeneràto agg. **1.** MED. Che è soggetto a un processo di degenerazione. **2.** *fig.* Scaduto moralmente. SIN.: **depravato**. **3.** Di cosa astratta, spec. in ambito culturale, che si ritiene decaduto rispetto a un precedente stato di perfezione etica ed estetica. *Arte degenerata.* SIN.: **deteriore**. ◆ s.m. [f. *–ta*] Nell'accez. 2 dell'agg.

degenerazióne s.f. **1.** Mutamento in senso negativo. SIN.: **scadimento**. **2.** BIOL. Degradazione fisica o psichica. ~ MED. Deformazione strutturale o morfologica di organi, tessuti, cellule. *Degenerazione del tessuto connettivo.*

degènere agg. (lat. *degĕnerem*, propr. "che traligna") **1.** Che devia dai caratteri morali, dai sentimenti propri della natura umana. ~ *estens.* Che devia dai valori, dai principi propri di una stirpe, di una famiglia. **2.** Con riferimento ad anomalie vegetali, che ha subito una degradazione.

degènte agg. (lat. *degĕntem* "che passa il proprio tempo") Per malattia o altro incidente è costretto a rimanere a letto o è ricoverato in un luogo di cura. ◆ s.m. e f. Nel sign. dell'agg.

degènza s.f. Periodo trascorso da un malato in un ospedale o in un altro luogo di cura.

deglaciazióne s.f. Arretramento e scioglimento dei ghiacciai.

deglassàre v.tr. CUC. Diluire un sugo condensato aggiungendo acqua, brodo o vino.

deglutinazióne s.f. LING. Caduta, all'inizio di una parola, di un fonema cui è stato attribuito il valore di articolo o di altra particella.

deglutire v.tr. [83] Far scendere alimenti e liquidi dalla bocca all'esofago. SIN.: **inghiottire**.

deglutizióne s.f. FISIOL. Atto riflesso per il quale il bolo alimentare e la saliva vengono spinti dalla bocca allo stomaco. SIN.: **ingestione**.

degnàre v.tr. Reputare qlco. o qlcu. degno di qualche attenzione. *Non mi ha degnato di uno sguardo.* ◆ **degnarsi** v.pron. Avere la compiacenza di fare qlco. ritenuto inferiore al proprio ruolo o alla propria posizione sociale. *Qui, nessuno si degna di fare le pulizie.*

degnazióne s.f. **1.** Disponibilità verso chi è socialmente inferiore, dimostrata in modo da sottolineare la propria superiorità. **2.** Benevolenza non disgiunta da sufficienza.

dégno agg. **1.** Meritevole di qlco. *Degno di elogio.* **2.** *assol.* Che ha o che denota qualità morali, intellettuali. *Il vostro degno successore.* SIN.: **onesto**. **3.** Che corrisponde alle qualità, alle caratteristiche di chi o di ciò a cui si riferisce. *Una azione degna della sua generosità.* SIN.: **appropriato**. ~ *iron.* Che si addice. *Una bravata degna di voi.*

degradàbile agg. CHIM. Che può essere degradato, decomposto.

degradànte agg. Che mortifica, umilia. SIN.: **avvilente**.

degradàre v.tr. (fr. *dégrader*, lat. *degradāre* "scendere") **1.** Privare qlcu. del proprio grado. *Degradare un ufficiale.* **2.** *fig.* Avvilire moralmente, disonorare qlcu. SIN.: **umiliare**. **3.** GEOL. Di agenti meteorici, erodere il suolo, il terreno. ◆ **degradarsi** v.pron. **1.** Di persona, abbrutirsi, avvilirsi, disonorarsi. **2.** Subire un processo di degradazione geologica. **3.** *estens.* Subire un degrado, un decadimento. SIN.: **rovinarsi**.

degradàto agg. **1.** Privato del proprio grado. **2.** *estens.* Che ha subito uno scadimento, un deterioramento fisico o morale. ◆ s.m. [f. *–ta*] Chi ha subito una degradazione.

degradazióne s.f. **1.** Pena del codice militare consistente nella privazione del grado conseguito e delle prerogative connesse. **2.** DIR. CAN. *estens.* Pena consistente nella privazione dell'abito religioso e nella riduzione allo stato laicale. **3.** *fig.* Stato morale di abbrutimento, di

perdita della propria dignità. SIN.: **avvilimento**. **4.** FIS. *Degradazione dell'energia:* trasformazione irreversibile dell'energia da una forma a un'altra meno utilizzabile. **5.** BIOL. Regressione. ~ BIOCHIM. Scissione di una molecola organica nei suoi vari componenti. **6.** GEOGR. *Degradazione meteorica:* insieme di processi fisici e chimici che avvengono sulla superficie delle terre emerse a opera di agenti naturali.

degrado s.m. Situazione rovinosa di abbandono, di incuria. SIN.: **deterioramento**. ~ *fig.* Decadimento morale, culturale.

degustàre v.tr. (fr. *déguster*) Assaggiare un alimento o una bevanda per apprezzarne le qualità. SIN.: **assaporare**.

degustatóre s.m. [f. *–trice*] (fr. *dégustateur*) Chi per lavoro assaggia bevande o prodotti alimentari.

degustazióne s.f. (fr. *dégustation*) **1.** Assaggio di cibi e bevande per apprezzarne qualità e individuarne caratteristiche organolettiche. **2.** Pubblico esercizio per l'assaggio di bevande, caffè.

deicìda agg. [pl.m. *–di*] Colpevole di deicidio. ◆ s.m. e f. Nel sign. dell'agg.

deicìdio s.m. [pl. *–di*] Uccisione di una divinità, in partic. la crocifissione di Cristo.

deidrogenàre v.tr. CHIM. Togliere uno o più atomi d'idrogeno da un composto chimico.

deiezióne s.f. **1.** MED. Espulsione delle feci dall'intestino. SIN.: **evacuazione**. **2.** GEOL. Accumulo di materiali detritici trasportati da agenti fisici. ◇ *Cono di deiezione:* deposito alluvionale formato da un torrente che sbocca a valle. **3.** *Fase di deiezione:* quella caratterizzata da fuoriuscita di materiale piroclastico da un vulcano. **4.** ASTR. Condizione di un astro quando indebolisce il proprio influsso.

deificàre v.tr. [4] Divinizzare qlcu., anche in senso fig.

deificazióne s.f. **1.** Innalzamento di un mortale alla condizione divina. SIN.: **divinizzazione**. **2.** *fig.* Attribuzione di lodi, di onori a qlcu. che viene innalzato al di sopra delle persone comuni. SIN.: **glorificazione**.

deindicizzàre v.tr. ECON. Eliminare, cancellare il valore di qlco. dall'indice dei prezzi al consumo.

deindustrializzàre v.tr. Sopprimere totalmente o in parte le attività industriali di un settore, di una regione o di un paese.

deionizzazióne s.f. **1.** CHIM. Eliminazione di ioni dalle acque naturali. **2.** FIS. Processo di ritorno allo stato neutro di un gas ionizzato.

deiscènte agg. BOT. Di organo vegetale, che si apre a maturazione.

deiscènza s.f. **1.** BOT. Apertura naturale, al momento della maturazione, di un organo chiuso (baccello, capsula, ecc.). **2.** MED. Rottura del follicolo ovarico. ~ Divaricazione delle labbra di una ferita.

deismo s.m. (solo sing.) (fr. *déisme*) Posizione filosofica di matrice illuminista che ammette l'esistenza di un dio creatore, ma rifiuta le religioni rivelate, i dogmi e le pratiche di culto.

deista s.m. e f. [pl.m. *–sti*] (fr. *déiste*) Seguace del deismo, i deisti. □ In funzione di agg., che concerne il deismo, i deisti. SIN.: **deistico**.

deìttico agg. [pl.m. *–ci*, f. *–che*] **1.** Dimostrativo. **2.** LING. Di elemento linguistico che rinvia al contesto dell'enunciato (oggi, domani, qui, ecc.).

déjà vu [/de'ʒa 'vy/] loc. agg. inv. (loc. fr., propr. "già visto") Che richiama alla mente cose già vissute, già viste. *Un opportunismo déjà vu.* ◆ loc. sost. inv. PSICOL. Impressione di aver già visto una determinata immagine. *Una sensazione di déjà vu.*

delatóre s.m. [f. *–trice*] Chi denuncia qlcu. alle autorità tradendone la fiducia.

delazióne s.f. **1.** Denuncia, accusa segreta. **2.** DIR. Deferimento. ◇ *Delazione dell'eredità:* sussistenza di tutte le condizioni perché l'erede faccia valere il proprio titolo.

delèbile agg. Che può essere cancellato.

dèlega s.f. [pl. *–ghe*] Trasferimento ad altri di compiti, diritti, prerogative, poteri. *Ricevere una delega.* □ In funzione di agg. inv., nella loc. *legge delega*, che prescrive i principi e i criteri ai quali deve attenersi il governo nell'emanare disposizioni più articolate con propri decreti.

delegànte agg. DIR. Che delega, che rilascia una delega. ◆ s.m. e f. Nel sign. dell'agg. ~ DIR. Debitore originario nel negozio giuridico della delegazione.

delegàre v.tr. [4] **1.** Investire qlcu. dell'esercizio di un potere, di una funzione di rappresentanza. **2.** Affidare ad altri l'esecuzione di un compito. *Delegare le indagini a una commissione.*

delegatàrio s.m. [f. –ria, pl.m. –ri] DIR. Creditore cui è assegnato un nuovo debitore, secondo il negozio giuridico della delegazione.

delegàto agg. **1.** Dato, emanato per delega. **2.** Che ha avuto l'incarico di rappresentare qlcu. o di svolgere funzioni spettanti ad altre persone od organismi. *Delegato sindacale.* ◆ s.m. [f. –ta] **1.** Nell'accez. 2 dell'agg. **2.** DIR. Il debitore subentrante nel negozio giuridico della delegazione.

delegazióne s.f. **1.** Delega, mandato. **2.** Gruppo di persone inviate in rappresentanza di una collettività. **3.** DIR. Istituto giuridico in base al quale il debitore può assegnare al creditore un nuovo debitore che si impegna al suo posto. **4.** Territorio su cui esercita le proprie competenze un delegato.

delegiferàre v.intr. (aus. *avere*) Ridurre l'emanazione di leggi, spec. di ridotta importanza.

delegificàre v.tr. [4] Trasferire alla pubblica amministrazione il disciplinamento di una materia prima regolata per legge.

delegittimàre v.tr. Togliere legittimità.

delegittimazióne s.f. Privazione di legittimità.

deletèrio agg. [pl.m. –ri] (fr. *délétère*, gr. *dēlētḗrios* deriv. di *dēlêisthai* "distruggere") Che è dannoso. SIN.: **nocivo.**

delezióne s.f. (ingl. *deletion*, lat. *deletiōnem* "distruzione") GENET. Perdita di un frammento di DNA da parte di un cromosoma.

delfina s.f. Nel regno di Francia, la moglie del delfino.

delfinàrio s.m. [pl. –ri] Vasca molto grande in cui sono tenuti i delfini addomesticati per essere mostrati al pubblico.

Delfinidi s.m. pl. [iniziale minusc. sing. –de per l'individuo] ZOOL. Famiglia di mammiferi marini cetacei come, p.e., il delfino e l'orca. (Sottordine degli Odontoceti.)

Delfinio s.m. BOT. Genere di piante diffuse nelle regioni mediterranee a fiori azzurri con sperone a forma di delfino. (Famiglia delle Ranuncolacee.)

delfinista s.m. e f. [pl.m. –sti] SPORT. Nuotatore specialista nello stile a delfino.

1.delfino s.m. **1.** Nome comune di varie specie di animali dei Delfinidi, con pinna dorsale ben sviluppata, caratteristico muso a becco, cervello particolarmente voluminoso. (Lunghezza 2-8 m secondo la specie; ordine dei Cetacei, famiglia dei Delfinidi.) **2.** ZOOL. (iniziale maiusc.) Genere di mammiferi marini a cui appartengono i delfini comuni. **3.** SPORT. Stile di nuoto simile a quello a farfalla, in cui a ogni movimento delle braccia corrispondono due battute delle gambe. **4.** Antica macchina da guerra navale con la quale si scagliavano massi o pesi di piombo sulle navi nemiche.

2.delfino s.m. **1.** Titolo dei signori del Delfinato, regione della Francia. ~ Titolo dell'erede del

■ **delfino** maggiore.

re di Francia, che aveva il Delfinato in appannaggio. **2.** *fig.* Il seguace più stretto di un uomo politico o di un personaggio illustre, che si suppone possa ricoprire in futuro i suoi stessi incarichi.

delibera s.f. **1.** Decisione di un organo collegiale e provvedimento che ne scaturisce. SIN.: **deliberazione. 2.** Aggiudicazione in una pubblica asta.

deliberànte agg. Che esplica una funzione deliberativa.

deliberàre v.tr. **1.** Prendere una decisione, spec. da parte di organi collegiali. SIN.: **decretare. 2.** Nelle vendite all'asta, aggiudicare qlco. a qlcu. ◆ v.intr. (aus. *avere*) **1.** Riflettere, ponderare. **2.** Nel l. bur., stabilire qlco., prendere una decisione risolutiva su un certo argomento.

deliberataménte avv. Di proposito.

deliberativo agg. Caratterizzato dall'atto o dalla potestà di decidere. ◊ *Voto deliberativo:* voto che esprime un parere vincolante o che obbliga a una precisa deliberazione.

deliberazióne s.f. **1.** Decisione, risoluzione, provvedimento di un organo collegiale. **2.** PSICOL. Momento che precede l'adozione di un comportamento.

delicatézza s.f. **1.** Qualità di ciò che non urta, non offende i sensi ma al contrario li blandisce, inducendo sensazioni gradevoli. *Delicatezza di un'armonia.* **2.** Qualità di chi usa discrezione e avvedutezza cercando di non offendere, non essere inopportuno. **3.** *estens.* Facilità a rompersi, a deteriorarsi che appare connessa alle cose fini, leggere, raffinate. **4.** *estens.* Natura esile, gracile del corpo che lo rende facile ad ammalarsi.

delicàto agg. **1.** Che ha qualità di leggerezza, morbidezza, levigatezza, armonia. *Un profumo delicato.* **2.** Che manifesta fragilità, che può rovinarsi facilmente. **3.** Cagionevole, con implicito riferimento alla natura debole, gracile del corpo. *Bambino delicato.* **4.** *fig.* Che deve essere trattato con attenzione, con cura. **5.** *fig.* Che dimostra finezza e sensibilità d'animo, gentilezza e discrezione.

delicious /[/diˈlɪʃəs/] s.f. inv. (voce ingl. d'America, propr. "delizioso" per il sapore di questo frutto proveniente dal Perù) Varietà di mela dalla buccia color giallo-oro e dalla polpa profumata.

delimitàre v.tr. (fr. *délimiter*) Determinare i confini, circoscrivere. *Delimitare un terreno.* · *fig.* Circoscrivere un argomento, una competenza, un compito.

delimitatóre s.m. INFORM. Simbolo utilizzato per delimitare una stringa di caratteri.

delimitazióne s.f. (fr. *délimitation*) **1.** Definizione di limiti, di confini. **2.** Il limite, il confine stesso.

delineaménto s.m. **1.** Disegno di una linea di contorno. **2.** *fig.* Traccia, abbozzo in cui sono presenti solo i punti fondamentali di una questione.

delineàre v.tr. Rappresentare un'immagine segnando i contorni con delle linee. ~ *fig.* Descrivere qlco. nelle sue linee essenziali. SIN.: **abbozzare.** ◆ **delinearsi** v.pron. *fig.* Prospettarsi, presentarsi.

delinquènte s.m. e f. **1.** Chi ha commesso un'azione criminale, un delitto. SIN.: **criminale.** ◊ *Delinquente abituale:* che persiste nell'attività criminosa. **2.** *estens.* Chi compie azioni malvagie. ~ Persona disonesta. SIN.: **malvivente.** ~ *scherz.* Birbante.

delinquènza s.f. **1.** Attività delittuosa, intesa come fenomeno collettivo sul piano sociale. **2.** *estens.* Modalità di comportamento caratterizzata da violenza, sopraffazione, noncuranza delle leggi e dei diritti altrui.

delìnquere v.intr. (aus. *avere*) (lat. *delīquere* "lasciare indietro" quindi "commettere una mancanza") Compiere un crimine. ◊ *Istigazione a delinquere:* stimolo a commettere un'azione criminale.

deliquescènza s.f. (fr. *déliquescence*) CHIM. Proprietà di alcune sostanze di passare in soluzione in presenza del vapore acqueo contenuto nell'aria.

deliquio s.f. [pl. –qui] Momentanea perdita dei sensi, svenimento. *Cadere in deliquio.*

delirànte agg. **1.** Che delira, farnetica, vaneggia. **2.** PSICH. Che ha i tratti caratteristici del

delirio. **3.** *estens.* Privo di logica, irragionevole. *Proposta delirante.* **4.** *fig.* Che manifesta una grande eccitazione. *Accoglienza delirante.*

deliràre v.intr. (aus. *avere*) (lat. *delirāre*, propr. "uscire dal solco") **1.** MED. Essere fuori di sé, in delirio. SIN.: **farneticare. 2.** *estens.* Dire e fare cose futili, sciocche, insensate. **3.** *fig.* Essere preda di un sentimento di esaltazione, entusiasmarsi. *Delirare per la gioia.*

delirio s.m. [pl. –ri] **1.** PSICH. Stravolgimento del giudizio sulla realtà, proprio di forme psicotiche, talvolta accompagnato da allucinazioni. ◊ *Delirio di onnipotenza:* convinzione di poter esercitare, spec. attraverso rituali magici, un potere sul mondo circostante. **2.** MED. Stato allucinatorio e confusionale possibile conseguenza di un forte rialzo della temperatura corporea. **3.** *estens.* Perdita della visione razionale a causa di un sentimento, una passione travolgente. **4.** *fig.* Stato di eccitazione, di esaltazione della fantasia. *Delirio creativo.*

delirium trèmens loc. sost. m. inv. (loc. lat. scient., propr. "delirio tremante") MED. Sindrome propria dell'alcolismo cronico, caratterizzata da tremori, stati confusionali, allucinazioni.

delitescènza s.f. CHIM. Proprietà di alcune sostanze cristalline di ridursi in polvere.

delitto s.m. (lat. *delīctum*, deriv. di *delīnquere* "sbagliare") **1.** Azione criminale perpetrata con dolo o colpa che comporta l'applicazione di una pena e il risarcimento del danno arrecato. *Delitto contro la persona.* **2.** *comun.* Assassinio, omicidio. ◊ *Delitto perfetto:* quello eseguito senza lasciare indizi che permettano di risalire al colpevole. **3.** *per esager.* Azione che indigna o che semplicemente dispiace, anche scherz.

delittuóso agg. Che ha natura di delitto. *Attività delittuose.* SIN.: **criminoso.**

delizia s.f. **1.** Intenso e delicato piacere estetico o fisico. **2.** *estens.* Ciò che suscita tale sensazione costituendo motivo di gioia, di soddisfazione. **3.** Con valore antifrastico, cosa sgradevole, irritante, fastidiosa.

deliziàre v.tr. [6] Procurare delizia, dare gioia, anche iron. ◆ **deliziarsi** v.pron. Trarre grande godimento da qlco. *Mi delizio della tua compagnia.*

delizióso agg. Che possiede particolari caratteristiche di bellezza, raffinatezza, finezza. ~ Di persona, che è amabile, di modi gentili.

delocalizzazióne s.f. Trasferimento di attività produttive in paesi dove il costo del lavoro e meno oneroso per guadagnare competitività sul mercato.

1. dèlta s.f. o s.m. inv. **1.** Quarta lettera dell'alfabeto greco (Δ δ) corrispondente al d nell'alfabeto latino. **2.** AER. *Ala a delta:* ala triangolare di aerei supersonici. ❑ In funzione di agg. inv., *raggi delta,* in fisica, elettroni prodotti per ionizzazione mediante il bombardamento della materia con particelle ad alta energia.

2. dèlta s.m. inv. GEOGR. Zona alluvionale a forma triangolare, costituita dalla ramificazione di un fiume alla foce.

deltaplàno s.m. Aereo ultraleggero per voli planati.

deltazióne s.f. GEOGR. Fenomeno di deposito alla foce dei detriti trasportati da un corso d'acqua.

deltìzio agg. [pl.m. –zi] GEOGR. Del delta di un fiume.

deltòide agg. Che ha forma di delta. ◊ ANAT. *Muscolo deltoide:* muscolo della regione superiore della spalla, che assicura l'elevazione del braccio; detto anche *deltoide.*

1.delucidàre v.tr. **1.** *non com.* Rendere lucido un oggetto. **2.** *fig.* Chiarire un'idea, spiegarla.

2.delucidàre v.tr. Togliere il lucido alle stoffe nuove.

1.delucidazióne o **dilucidazióne** s.f. Spiegazione, chiarimento.

2.delucidazióne s.f. Operazione con cui si toglie il lucido ai tessuti. SIN.: **decatissaggio.**

deludènte agg. Che delude perché non è all'altezza delle aspettative.

delùdere v.tr. [21] Non rispondere alle aspettative, alle speranze di qlcu.

delusióne s.f. **1.** Stato d'animo di tristezza e scontento, causato dal constatare che aspettative e speranze non hanno riscontro nella realtà.

SIN.: **disinganno**. **2.** *estens.* Ciò che causa questo stato d'animo.

delùso agg. **1.** Amareggiato o rattristato per la mancata corrispondenza tra le proprie aspettative e la realtà. **2.** Che denota delusione, è oggetto di delusione. *Occhi delusi.*

demagogìa s.f. **1.** Pratica politica mirante a ottenere il consenso popolare, facendo mostra di condividere i malumori e le rivendicazioni della maggioranza. **2.** Regime politico basato su tale pratica di governo.

demagògico agg. [pl.m. –*ci*, f. –*che*] Caratterizzato da demagogia.

demagògo s.m. [pl.m. –*ghi*, f. –*ghe*] Politico che, per raggiungere il potere, si fa alleato il popolo trascinandolo e sobillandolo con la promessa di appagare ogni sua aspettativa.

demandàre v.tr. **1.** Affidare un giudizio a qlcu. **2.** Delegare ad altri l'esecuzione di qlco.

demaniàle agg. Di proprietà del demanio. *Foresta demaniale.*

demànio s.m. [pl. –*ni*] (fr. *demaine*) **1.** DIR. AMM. Insieme dei beni inalienabili dello Stato o di enti pubblici territoriali, destinati a soddisfare bisogni collettivi. **2.** (iniziale maiusc.) Complesso di uffici destinati all'amministrazione di tali beni.

demarcàre v.tr. [4] Segnare con una linea di confine. ~ *estens.* Tracciare qlco. ~ *fig.* Stabilire una netta distinzione di qlco. da altro o tra due cose.

demarcazióne s.f. (fr. *démarcation*, spagn. *demarcación* deriv. di *marca* "linea di confine") **1.** Delimitazione di un territorio. **2.** *estens.* Segno tracciato a tale scopo. ◇ *Linea di demarcazione:* linea di confine; nello sport, quella tracciata ai bordi di un campo e al suo interno, per suddividerlo nelle zone previste dal gioco.

demaschiàre v.tr. [6] Asportare la corteccia più esterna della quercia da sughero.

demènte agg. **1.** MED. Affetto da demenza. **2.** *fam.* Idiota, stupido. ◆ s.m. e f. Nei sign. dell'agg.

demènza s.f. **1.** MED. Grave disturbo mentale caratterizzato da un processo di progressiva perdita delle capacità intellettive. *Demenza senile.* **2.** *fam.* Pazzia. SIN.: **idiozia**.

demenziàle agg. **1.** MED. Proprio della demenza, connotato da demenza. **2.** *estens.* Privo di senso, assurdo e insieme stupido. ~ Che fa il nonsenso un carattere stilistico.

demeritàre v.tr. (fr. *démériter*) Non meritare più qlco., rendersene indegno. *Demeritare la fiducia.*

demèrito s.m. (fr. *démérite*) **1.** Azione che suscita riprovazione, biasimo. **2.** Disapprovazione, rimprovero con cui è stata accolta un'azione, un comportamento.

demilitarizzàre v.tr. (fr. *démilitariser*) Privare un'area degli impianti bellici e delle industrie per la produzione di armamenti.

demi-mondaine [/d(ə)mimɔ̃'dɛn/] s.f. [pl. *demi-mondaines*] (voce fr.) Donna che conduce una vita equivoca.

demineralizzàre v.tr. Privare totalmente o parzialmente un materiale delle sostanze minerali in esso contenute.

demistificàre v.tr. [4] Ricondurre un'idea, una persona o una cosa a una dimensione reale, criticandone l'immagine apparente. SIN.: **smitizzare**. ~ Rendere palese a tutti che qlco. è ingannevole.

demistificatóre agg. [f. –*trice*] Che libera la realtà dalla finzione in cui è involta. ◆ s.m. (anche f.) Nel sign. dell'agg.

demistificazióne s.f. (fr. *démystification*) Evidenziazione dell'aspetto reale di un comportamento, di un'ideologia, ecc., che le è così sfrondato degli accessori esteriori, spesso ingannevoli.

demiùrgo s.m. [pl.m. –*ghi*, –*gi*] (lat. *demiūrgum*, gr. *dēmiourgós* comp. di *dêmios* "del popolo" ed *érgon* "lavoro") **1.** FILOS. Nel pensiero di Platone, l'artefice dell'universo. **2.** *fig.* Chi, grazie alla propria personalità, riesce a modellare gli eventi secondo il proprio volere.

demi-vierge [/d(ə)mi'vjɛrʒ/] s.f. inv. (voce fr., propr. "semi-vergine", dal titolo di un ro-

manzo di M. Prévost) Ragazza che si mantiene vergine anatomicamente pur concedendosi libertà erotiche in rapporti sessuali non completi.

demi-volée [/d(ə)mivɔ'le/] s.f. inv. (voce fr., "mezza voleé") SPORT. Nel tennis, colpo diretto alla palla appena rimbalzata e molto vicina a terra.

1. dèmo s.m. (gr. *dēmos* "popolo") ANT. GR. Circoscrizione amministrativa.

2. dèmo s.f. inv. (abbr. di ingl. *demonstration* "dimostrazione") **1.** Versione ridotta di un prodotto spec. informatico, usata a scopo di promozione. **2.** Presentazione di un nuovo prodotto spec. informatico.

1. dèmo- Primo elemento di composti dotti, appartenenti soprattutto al lessico politico, nei quali significa "popolo", "popolazione", "gente" (*demografia*).

2. dèmo- Primo elemento di composti, con il valore di abbreviazione di "democratico" (*demoplutocrazia, democristiano*).

democràtico agg. [pl.m. –*ci*, f. –*che*] (fr. *démocratique*) **1.** Che ha la forma politica della democrazia. **2.** *estens. fam.* Che è alla buona, affabile, cordiale. ◆ s.m. [pl. –*ci*] **1.** Fautore della democrazia. **2.** *estens. fam.* Chi è alla mano, sinceramente cordiale.

democratizzàre v.tr. Organizzare un paese, un'istituzione secondo i principi democratici. ◆ **democratizzarsi** v.pron. Rinnovarsi, assumendo principi e comportamenti democratici.

democratizzazióne s.f. (fr. *démocratisation*) Conferimento, acquisizione di carattere democratico.

democrazìa s.f. (fr. *démocratie*) **1.** Regime politico in cui il popolo esercita la sovranità senza l'intermediazione di un organo rappresentativo (democrazia diretta) o per rappresentanti interposti (democrazia rappresentativa). ◇ *Democrazia Cristiana:* movimento politico sviluppatosi in Europa alla fine del sec. XIX ispirato alla dottrina sociale della Chiesa cattolica. – *Democrazia popolare:* regime di ispirazione socialista basato sulla statalizzazione dell'economia, instaurato nei paesi satelliti dell'ex-URSS dopo la II guerra mondiale. **2.** *estens.* Paese che ha una costituzione democratica.

democristiàno agg. Del partito della Democrazia Cristiana. ◆ s.m. [f. –*na*] Membro, seguace della Democrazia Cristiana.

démodé [/demo'de/] agg. inv. (voce fr.) Superato, fuori moda. *Un abito démodé.* ~ *fig.* Che non è più attuale o valido, sorpassato. *Teoria démodé.*

Demodèx s.m. ZOOL. Genere di acari parassiti dei follicoli dei peli dei mammiferi.

demodossologìa o **demodossalogìa** s.f. Studio delle componenti sociali e psicologiche che intervengono nell'informazione. SIN.: **dossologia**.

demodulàre v.tr. TELECOM. Ottenere il segnale originario dall'onda portante.

demodulatóre agg. Di circuito elettrico o apparecchio che opera la demodulazione. ◆ s.m. [f. –*trice*] Nel sign. dell'agg.

demodulazióne s.f. Operazione di radiotecnica con cui una corrente ad alta frequenza modulata si trasforma in una serie di impulsi che, sommandosi, riproducono l'effetto della corrente modulatrice.

demografìa s.f. Scienza che ha per oggetto lo studio quantitativo delle popolazioni umane, della loro evoluzione, dei loro spostamenti.

demogràfico agg. [pl.m. –*ci*, f. –*che*] (fr. *démographique*) **1.** Relativo alla demografia. **2.** Relativo alla popolazione.

demògrafo s.m. [f. –*fa*] Specialista in demografia.

demolìre v.tr. [83] **1.** Abbattere, distruggere. *Demolire una casa.* **2.** *fig.* Compromettere la reputazione di qlcu., screditare. *Demolire gli avversari.* **3.** SPORT. Vincere i concorrenti in maniera schiacciante.

demolitóre agg. [f. –*trice*] **1.** Che demolisce, distrugge. **2.** *fig.* Che conduce un violento attacco ideologico contro qlcu. o qlco. ◆ s.m. (anche f.) Persona, impresa incaricata di un lavoro di demolizione.

demolizióne s.f. **1.** Lavoro con cui si disfa, si smonta, si distrugge qlco. *Demolizione di un immobile.* **2.** *fig.* Critica serrata. SIN.: **confutazione**. **3.** CHIM. Reazione che comporta il passaggio da un composto organico a un altro contenente un minor numero di atomi di carbonio. **4.** MED. Resezione di gran parte di un organo.

demologìa s.f. Studio delle tradizioni e dei costumi popolari.

demoltìplica s.f. [pl. –*che*] MECC. IND. Congegno atto a ridurre i giri di un albero motore. ~ Rapporto di riduzione di velocità nella trasmissione di un movimento.

demoltiplicàre v.tr. [4] TECN. Ridurre una grandezza in base a un determinato rapporto.

dèmone s.m. **1.** Nelle religioni primitive, entità benefica o malefica, posta tra l'uomo e la divinità. ~ FILOS. Personificazione della coscienza individuale. **2.** *fig.* Impulso, inclinazione, sentimento irresistibile. *Il demone della curiosità.* ~ Forza ispiratrice. *Il demone della musica.*

demonetizzàre v.tr. (fr. *démonétiser*) Privare un metallo del suo valore monetario.

demonìaco agg. [pl.m. –*ci*, f. –*che*] **1.** Del demonio. **2.** *estens.* Degno del demonio, diabolicamente perverso. *Un trucco demoniaco.* ◆ s.m. Con valore neutro, aspetto tenebroso, inquietante della vita. *Il demoniaco nella pittura.*

demònio s.m. **1.** RELIG. Angelo ribelle cacciato dal paradiso e considerato ispiratore del male. ~ assol. Satana, Lucifero. **2.** *fig.* Persona malvagia, spietata. ~ Persona molto dinamica. *Un demonio scatenato.* ~ *fig.* Chi usa le proprie qualità in modo così abile e tempestivo da spiazzare gli altri.

demonìsmo s.m. Carattere delle religioni primitive che tendono a spiegare i fenomeni naturali come conseguenza della lotta tra demoni buoni e cattivi.

demonizzàre v.tr. Considerare o presentare qlcu. o qlco. come diabolico.

demonizzazióne s.f. Individuazione di qlcu. o di qlco. come causa di ogni male.

demonologìa s.f. Studio delle credenze nei demoni e nel demonio.

demonòlogo s.m. [f. –*ga*, pl.m. –*gi*, f. –*ghe*] Esperto, studioso delle credenze relative ai demoni e al demonio.

demoralizzànte agg. Scoraggiante, deprimente.

demoralizzàre v.tr. (fr. *démoraliser*) Scoraggiare, abbattere, qlcu. privarlo della fiducia. ◆ **demoralizzarsi** v.pron. Avvilirsi, scoraggiarsi, perdersi d'animo.

demoralizzazióne s.f. (fr. *démoralisation*) Perdita di fiducia in se stessi e negli altri.

demòrdere v.intr. [21] (aus. *avere*) Cedere, arrendersi. *Non demorde facilmente.* SIN.: **desistere**.

demoscopìa s.f. STAT. Indagine statistica volta a sondare gli orientamenti dell'opinione pubblica su determinate questioni.

demòtico agg. [pl.m. –*ci*, f. –*che*] LING. Si dice della forma popolare di una lingua in opposizione alla forma dotta; in partic. della lingua greca. ◆ s.m. (solo sing.) **1.** Lingua parlata dagli antichi Egiziani nell'epoca più tarda della loro storia. **2.** Il greco colloquiale.

demotìsmo s.m. LING. Locuzione, parola di origine popolare.

demotivàre v.tr. Privare qlcu. di motivazioni, di stimoli.

demotivàto agg. Che ha perso la motivazione, gli stimoli, lo slancio.

demotivazióne s.f. Mancanza di motivazioni, di stimoli.

denàro s.m. (lat. *denārium* "moneta di dieci assi") **1.** Valuta, in monete o in banconote. ~ La ricchezza che rappresenta. ◇ *Denaro pulito:* guadagnato lavorando onestamente. – *Denaro sporco:* ottenuto attraverso attività illecite. – *Denaro pubblico:* le entrate dello stato. **2.** Moneta d'argento in uso nella Roma antica. ~ Nel Medioevo, nome di varie monete. **3.** IND. TESS. Unità di misura della finezza dei filati (simb. *den*). **4.** (al pl.) Uno dei quattro semi delle carte da gioco.

denasalizzàre v.tr. FON. Privare un suono del carattere nasale. ◆ **denasalizzarsi** v.pron. FON. Perdere il carattere di suono nasale.

denatalità s.f. inv. Diminuzione del numero delle nascite.

denaturalizzazióne s.f. Eliminazione o perdita della natura caratteristica dei luoghi, a seguito di fenomeni naturali.

denaturàre v.tr. (fr. *dénaturer*) 1. CHIM. Alterare una sostanza con additivi in modo da impedirne alcuni usi, in partic. l'uso alimentare. 2. Alterare la struttura delle sostanze proteiche.

denaturàto agg. Che ha subito un processo di denaturazione.

denazificàre v.tr. [4] Epurare un gruppo, un'organizzazione, un paese da influenze naziste.

denazionalizzàre v.tr. 1. Privare un gruppo etnico delle sue proprie caratteristiche nazionali. 2. ECON. Rendere nuovamente privato ciò che era stato nazionalizzato.

1. dendrite s.f. (gr. *dendrítēs* "arboreo") MIN. Aggregato cristallino a forma di albero che può formarsi all'interno di una roccia.

2. dendrite s.f. ANAT. Prolungamento protoplasmatico del neurone che porta gli stimoli al corpo cellulare.

1. dendritico agg. [pl.m. –ci, f. –che] MIN. Che ha forma di dendrite. SIN.: **arborescente**.

2. dendritico agg. [pl.m. –ci, f. –che] ANAT. Relativo al dendrite del neurone.

dendrocronologia s.f. Studio degli accrescimenti annuali di alberi fossili o secolari per trarre informazioni sui cicli climatici e sui mutamenti storici da essi indotti.

dendrologia s.f. BOT. Studio delle piante legnose anche nella loro relazione con l'ambiente.

dendrometria s.f. Studio dei metodi utili a determinare il volume di legname che si può ricavare da un bosco.

dengue [/'dɛnge/] s.f. [pl. *dengues*] (voce spagn., propr. "smorfia", swahili *dinga* "crampo") MED. Malattia virale, trasmessa da una zanzara, caratterizzata da febbre, sindrome dolorosa osteo-articolare ed eruzione cutanea.

denicotinizzàre v.tr. (fr. *dénicotiniser*) Eliminare o ridurre il contenuto di nicotina nel tabacco.

denigràre v.tr. (lat. *denigràre* "annerire, oscurare" quindi "diffamare") Criticare, diffamare qlcu.

denigratóre agg. [f. –trice] Che sottolinea o inventa difetti di qlcu. o qlco. per screditare, disprezzare. SIN.: **diffamatore**. ◆ s.m. (anche f.) Nel sign. dell'agg.

denigratòrio agg. [pl.m. –ri] Diretto a denigrare, diffamare. SIN.: **diffamatorio**.

denigrazióne s.f. L'atto di denigrare, svilire qlcu.

denim [/'dɛnim/] s.m. inv. (voce ingl., dalla loc. fr. *de Nîmes* "di Nîmes", città dove era originariamente lavorato) Tessuto di cotone robusto, usato in partic. per confezionare i jeans.

denitrificàre v.tr. [4] Privare un terreno di nitrati o nitriti, trasformandoli in azoto o ossidi di azoto.

denitrificazióne s.f. Decomposizione, per azione di alcuni batteri, dei nitrati del suolo e dell'acqua.

denominàle agg. 1. GRAMM. Di suffisso che produce derivati da una base costituita da un nome. 2. GRAMM. Di verbo, sostantivo o aggettivo derivato da un sostantivo (p.e., *ferrare*, *ferratura* e *ferroso* da *ferro*). SIN.: **denominativo**. □ Anche in funzione di s.m., per indicare il derivato.

denominàre v.tr. 1. Dare un nome a qlcu. o a qlco. 2. ECON. Fissare il costo di qlco., un valore in una data valuta. ◆ **denominarsi** v.pron. Prendere o avere un certo nome. *Quell'albergo si denomina Villa Serena*. SIN.: **chiamarsi**.

denominatóre s.m. ARITM. In una frazione, numero per il quale bisogna dividere il numeratore. ◇ *Comune denominatore*: multiplo comune dei denominatori di due o più frazioni; *fig.* carattere comune a più persone, a più cose.

denominazióne s.f. 1. Attribuzione di un nome. ◇ *Denominazione di origine controllata (DOC)*: marchio applicato ad alcuni prodotti agricoli, come vini o formaggi, per garantire la provenienza da una determinata zona e il possesso di specifiche caratteristiche. – *Denominazione di origine controllata e garantita (DOCG)*: marchio applicato a quei prodotti agricoli che abbiano già ottenuto la denominazione di origine controllata, a patto che questi rispondano a requisiti più severi. (Nel caso di vino, p.e., che sia imbottigliato esclusivamente nel luogo di produzione e porti sul recipiente uno speciale contrassegno di stato.) – *Denominazione di origine protetta (DOP)*: attestazione CEE che garantisce e tutela la qualità di un determinato prodotto agricolo-alimentare. 2. Setta, confessione religiosa.

denotàre v.tr. 1. Indicare, significare qlco. *La sua espressione denota paura*. 2. LING. Designare un preciso referente (in oppos. a *connotare*).

denotativo agg. 1. Che serve a denotare. 2. LING. Relativo alla denotazione.

denotazióne s.f. (fr. *dénotation*) 1. LOG. Proprietà di un termine di indicare, per estens., tutte le cose dello stesso genere di quella designata. (Così la parola *libro* indica tutti i possibili libri esistenti.) 2. LING. Insieme degli elementi fondamentali e permanenti del senso di una parola (in oppos. all'insieme dei valori soggettivi e variabili che ne costituiscono la *connotazione*).

densimètrico agg. [pl.m. –ci, f. –che] FIS. Relativo a misurazioni di densità.

densimetro s.m. FIS. Strumento usato per determinare la densità assoluta e relativa. SIN.: **areometro**.

densità s.f. inv. 1. Aspetto di un liquido o di un gas, che suggerisce un'idea di solidificazione. ~ estens. Aspetto di cose che si serrano l'una contro l'altra. 2. Nel l. sc., rapporto tra una grandezza e l'estensione su cui è distribuita. ◇ FIS. *Densità assoluta*: rapporto tra la massa di una sostanza e il volume occupato. – GEOGR. *Densità di popolazione*: numero medio di abitanti per unità di superficie. 3. *fig.* Serrata concatenazione di pensieri.

dènso agg. 1. Di sostanza che ha una consistenza compatta, spessa. *Una nebbia densa*. ~ estens. Che è composto di parti a stretto contatto. ~ FIS. La cui densità è alta rispetto a quella di una sostanza di riferimento (l'aria per i gas, l'acqua per i liquidi e i solidi). 2. BOT. Di infiorescenza con fiori molto vicini l'uno all'altro. 3. MAT. *Insieme denso*: tale che, per ogni coppia di elementi *a* e *b*, esiste un elemento *c* compreso tra essi. (L'insieme dei numeri razionali è un sottoinsieme denso dell'insieme dei numeri reali.) 4. *fig.* Che unisce più elementi in modo conciso. *Stile denso*.

1. dentàle agg. 1. Del dente, dentario. *Polpa dentale*. 2. FON. *Consonante dentale*: che si pronuncia appoggiando la punta della lingua ai denti anteriori, detta anche la *dentale*.

2. dentàle s.m. Parte dell'aratro che sostiene il vomere.

dentària s.f. Pianta erbacea delle regioni temperate con foglie composte e fiori rosati. (Famiglia delle Crocifere.)

dentàrio agg. [pl.m. –ri] Relativo ai denti.

dentàto agg. 1. Munito di denti. 2. estens. Che presenta sporgenze paragonabili per forma ai denti. *Ruota dentata*. 3. ANAT. Di organo, di formazione che presenta un prolungamento. ◇ *Muscolo dentato*: muscolo che unisce la scapola alle costole.

dentatrice s.f. TECN. Macchina che esegue denti per ingranaggi.

dentatùra s.f. 1. Insieme dei denti di un uomo o di un animale. 2. Insieme dei denti di una ruota, un ingranaggio, una cremagliera, una sega.

dènte s.m. 1. Ciascuna delle formazioni ossee, ricoperte di smalto, radicate nella mascella e nella mandibola dell'uomo e di quasi tutti i vertebrati superiori, con funzioni di masticazione e in taluni animali anche di difesa. (Nei mammiferi si distinguono gli incisivi, i canini, i premolari e i molari.) ◇ *Denti da latte o decidui*: quelli che spuntano ai bambini, destinati a essere rimpiazzati da denti permanenti. – *Dente del giudizio*: terzo molare superiore e inferiore di destra e di sinistra, che spunta tra i 18 e i 25 anni. – *fig. A denti stretti*: malvolentieri. – *Armato fino ai denti*: fornito di numerose armi. – *Al dente*: di alimenti cotti al punto da rimanere ancora piuttosto consistenti. *Pasta al dente*. 2. *fig.* Sensazione di rodimento dell'anima causata da un sentimento forte, assillante. *Il dente dell'invidia*. 3. estens. Ogni elemento aguzzo che forma la parte utile di alcuni attrezzi e strumenti. *Denti di un rastrello*. ~ Ciascuna delle sporgenze di una ruota di ingranaggio. 4. Denominazione di cima montuosa aguzza. *Dente del Gigante*. 5. BOT. Nome dato alle divisioni piccole e acute del margine di un organo, in partic. delle foglie. 6. *pop. Dente di leone*: pianta erbacea perenne con foglie radicali e fiori gialli in capolini, detta anche *soffione*. (Famiglia delle Composite.) 7. MAR. Estremità dei bracci dell'ancora.

ENCICL. Un dente comprende una o più *radici* fissate da un legamento agli alveoli della mascella e coperte dalla *corona*. La parte interna (dove ha sede il complesso di vasi e di nervi detto *polpa dentaria*), è protetta dalla *dentina* (o *avorio*), la radice dal *cemento* e la corona dallo *smalto*.

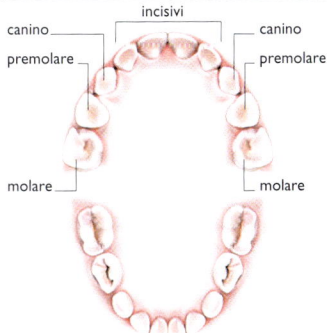

■ **dènte.** Dentatura del bambino.

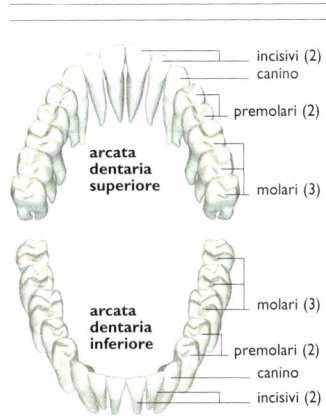

■ **dènte.** Dentatura dell'adulto.

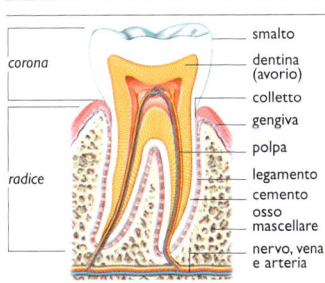

■ **dènte.** Sezione di molare.

dentellàre v.tr. Intagliare qlco. a dentelli. *Dentellare una ruota.*

dentellàto agg. Che ha i margini seghettati.

dentellatura s.f. Esecuzione di una profilatura a dentelli. ~ *estens.* La profilatura stessa. *Dentellatura di un francobollo.*

dentèllo s.m. **1.** Ciascuna delle piccole prominenze di una frastagliatura intervallate da rientranze. **2.** ARCH. Ciascuno dei parallelepipedi che aggettano sulla faccia inferiore della cornice ionica. **3.** TECN. *Lavorazione a dentelli:* quella degli orli delle lamiere usate per gli scafi metallici saldati.

dèntice s.m. Pesce marino del Mediterraneo che vive nei fondali sabbiosi e melmosi. (Classe degli Scafopodi; famiglia degli Sparidi.)

dentièra s.m. (fr. *dentier*) Protesi dentale che sostituisce la dentatura.

dentifricio agg. [pl.m. –*ci*, f. –*cie*] (fr. *dentifrice*) Di sostanza che deterge i denti. *Pasta dentifricia.* ◆ s.m. Nel sign. dell'agg.

dentìna s.f. ANAT. Tessuto osseo del dente, detto anche *avorio.*

dentista s.m. e f. [pl.m. –*sti*] (fr. *dentiste*) Medico chirurgo specializzato in odontoiatria. SIN.: **odontoiatra.**

dentizióne s.f. MED. Formazione e comparsa dei denti.

déntro prep. Indica la posizione all'interno di un ambito circoscritto. *Il vestito è dentro l'armadio.* ◇ *fig. Essere dentro a una questione, a una materia:* esserne ben informato, esperto. ◆ avv. **1.** All'interno. **2.** *per anton.* In prigione. **3.** Nell'interiorità della persona. *Tenersi tutto dentro.* ◆ s.m. (solo sing.) *fam.* La parte interna.

denuclearizzàre v.tr. Liberare una zona dalle armi e dagli impianti nucleari o dalla effettuazione di esplosioni nucleari.

denuclearizzàto agg. Che non ospita esperimenti nucleari o basi militari dotate di armi nucleari.

denuclearizzazióne s.f. Divieto di armi e impianti nucleari in un dato territorio.

denudaménto s.m. Atto del togliere di dosso tutti gli indumenti, rimanendo nudi.

denudàre v.tr. **1.** Spogliare una persona, mettere a nudo una parte del corpo. SIN.: **svestire. 2.** *estens.* Rendere spoglio un paesaggio, un albero, un giardino. **3.** *fig.* Ridurre qlcu. in miseria, sul lastrico. ◆ **denudarsi** v.pron. Spogliarsi completamente.

denudazióne s.f. **1.** RELIG. *Denudazione degli altari:* rito del giovedì santo con cui gli altari vengono spogliati dei paramenti sacri e il tabernacolo aperto. **2.** GEOL. Disgregazione e asportazione di materiali a opera di agenti naturali.

denùncia s.f. [pl. –*ce*, –*cie*] **1.** DIR. Atto con cui si informa l'autorità giudiziaria di un reato. *Sporgere denuncia.* ~ *estens.* Dichiarazione con cui si denuncia un danno subito a chi è tenuto a risarcirlo. **2.** Atto in cui si dichiara alla pubblica autorità qlco. che attiene alla vita civile. ◇ *Denuncia dei redditi:* *dichiarazione dei redditi. **3.** Segnalazione alla pubblica opinione di un fatto, un atteggiamento ritenuto negativo e riprovevole. *Denuncia della tortura.* **4.** DIR. Atto con cui si dichiara la nullità di un accordo.

denunciànte s.m. e f. Chi denuncia alla giustizia, all'autorità competente.

denunciàre v.tr. [5] (lat. *denuntiāre* "far conoscere") **1.** Dare notizia di un reato all'autorità competente. **2.** Accusare una persona di un reato presso l'autorità competente. **3.** Esprimersi pubblicamente contro qlcu. o qlco. *Denunciare gli abusi.* **4.** *estens.* Rendere evidente un atteggiamento nascosto. **5.** Dichiarare decaduto un accordo. *Denunciare un contratto.*

denutrito agg. Magro, emaciato, deperito per insufficiente alimentazione.

denutrizióne s.f. Stato di carente alimentazione con conseguente deperimento.

deodorànte agg. (ingl. *deodorant*) Che elimina o impedisce la formazione dei cattivi odori. *Spray deodorante.* ◆ Prodotto deodorante.

deodoràre v.tr. (calco dell'ingl. *to deodorize*) Liberare una persona, un ambiente, un oggetto, da odori sgradevoli. *Deodorare una stanza.*

deòntico agg. [pl.m. –*ci*, f. –*che*] Che riguarda l'obbligatorietà, il dovere o l'ammissibilità di un comportamento. ◇ *Logica deontica:* studio sistematico delle proprietà formali dei concetti di obbligo, divieto e permesso.

deontologìa s.f. Codice morale, comportamentale che presiede a ogni attività professionale. *Deontologia medica.*

deontològico agg. [pl.m. –*ci*, f. –*che*] Relativo alla deontologia.

deorbitàre v.tr. ASTRONAUT. Modificare l'orbita di un corpo.

deorbitazióne s.f. Con riferimento a veicoli spaziali, uscita da un'orbita planetaria e ingresso in una più bassa in vista del rientro sulla Terra o dell'atterraggio su un pianeta.

deossiribonuclèico agg. *Acido deossiribonucleico:* acido *desossiribonucleico.

depenalizzàre v.tr. DIR. Togliere il carattere penale a una infrazione.

depenalizzazióne s.f. DIR. Trasformazione, operata con legge, di un illecito penale in illecito amministrativo.

dépendance [/depã'dãs/] s.f. inv. (voce fr., propr. "dipendenza") Fabbricato indipendente legato da un rapporto funzionale ad altro maggiore.

depennaménto s.m. Cancellazione, esclusione da un elenco.

depennàre v.tr. **1.** Cancellare o togliere una parola o più parole da uno scritto, un nome da un elenco, una cifra da un conto. **2.** *fig.* Eliminare qlco. da un elenco, da un ambito, privarlo del godimento di qlco. *Depennare un erede dal testamento.*

deperìbile agg. Soggetto ad avariarsi.

deperiménto s.m. **1.** Indebolimento generale dell'organismo. **2.** Alterazione, deterioramento. **3.** ECON. Progressiva perdita di valore di un capitale infruttifero.

deperìre v.intr. [83] (aus. *essere*) (fr. *dépérir*) **1.** Perdere vigore, vitalità. *Un malato che deperisce.* **2.** Deteriorarsi, guastarsi.

depicciolàre v.tr. Togliere il picciolo da un frutto.

depigmentazióne s.f. BIOL., MED. Perdita o assenza della pigmentazione della pelle.

depilàre v.tr. Eliminare i peli superflui. ◆ **depilarsi** v.pron. Togliere i peli superflui da una parte del proprio corpo.

depilatóre agg. [f. –*trice*] Che depila. *Rasoio depilatore.* ◆ s.m. (anche f.) L'addetto alla pulitura delle pelli dal pelo nell'industria conciaria e nella lavorazione delle carni. **2.** Rasoio depilatore.

depilatòrio agg. [pl.m. –*ri*] Di sostanza o strumento atto a depilare. ◆ s.m. Nel sign. dell'agg.

depilazióne s.f. **1.** Eliminazione temporanea o definitiva dei peli, spec. per ragioni estetiche. **2.** Nell'industria conciaria, trattamento a cui si sottopongono le pelli per liberarle dai peli, dall'epidermide e da gran parte dei pigmenti.

depistàggio s.m. [pl. –*gi*] Deviazione, manipolazione dei sospetti emersi in un'indagine. *Depistaggio della polizia.* ~ *estens.* Manovra diretta a trarre in inganno e ad alterare i fatti.

depistàre v.tr. (fr. *dépister*) Portare una ricerca su una falsa pista. ~ Sviare un'indagine a proprio vantaggio. *Depistare le ricerche della polizia.*

deplezióne s.f. (ingl. *depletion* "esaurimento") Diminuzione, riduzione, impoverimento. ~ MED. Diminuzione della quantità di un liquido o di una sostanza in un organo. ~ Stato che ne consegue. *Deplezione sodica.*

dépliant [/depli'ã/] s.m. inv. (voce fr.) Foglio pieghevole a carattere informativo o pubblicitario.

deploràre v.tr. Manifestare rammarico e biasimo per una certa condotta.

deplorévole agg. **1.** Che merita disapprovazione. *Una dimenticanza deplorevole.* **2.** Che suscita pietà, commiserazione. *Una fine deplorevole.* SIN.: **miserevole.**

depolarizzànte agg. CHIM., FIS. Che previene o elimina la polarizzazione elettrolitica. ◆ s.m. Nel sign. dell'agg.

depolarizzàre v.tr. **1.** FIS. Impedire o attenuare la polarizzazione di un fascio luminoso. **2.** ELETTRON. Impedire o attenuare la polarizzazione di pile.

depolarizzatóre s.m. CHIM., FIS. Sostanza depolarizzante.

depolarizzazióne s.f. (fr. *dépolarisation*) CHIM., FIS. Limitazione o eliminazione del fenomeno della polarizzazione. ~ Diminuzione della polarizzazione di un'onda.

depolimerizzazióne s.f. CHIM. Scissione di polimeri in composti a peso molecolare minore.

deponènte agg. GRAMM. Di verbi latini, quelli che hanno forma passiva e valore attivo o, per lo più, medio.

depórre v.tr. [25] **1.** Posare qlco. *Deporre un peso.* ◇ *fig. Deporre le armi:* smettere di combattere. **2.** Depositare qlco. da qualche parte, lasciarvelo cadere. **3.** *fig.* Abbandonare, cessare di nutrire un sentimento. *Deporre il risentimento.* **4.** *fig.* Privare qlcu. di una carica, spodestare. *Il re è stato deposto.* **5.** Testimoniare un fatto. *Deporre il vero.* ◆ v.intr. (aus. *avere*) Testimoniare in giudizio. *Deporre contro qualcuno.* ~ Fornire elementi a favore o a sfavore di qlcu. o qlco. *Le prove non depongono in vostro favore.*

deportànza s.f. FIS. Portanza che agisce verso il basso.

deportàre v.tr. (fr. *déporter*) Sottoporre qlcu. alla deportazione in altro luogo.

deportàto agg. Che è stato condannato alla deportazione o viene portato in un campo di deportazione. ◆ s.m. [f. –*ta*] Nel sign. dell'agg.

deportazióne s.f. (fr. *déportation*) Tipo di pena che prevede la privazione dei diritti civili e politici e l'internamento del condannato in un campo di lavoro o in una colonia penale. ~ *estens.* Il trasporto in tali luoghi dei condannati.

depórt s.m. (fr. *déport*) BORS. Trasferimento a pronti contanti di titoli, con l'impegno a ritrasferire un'identica quantità di titoli dello stesso tipo a termine a un prezzo inferiore.

depositànte s.m. e f. Chi consegna in deposito valori o oggetti.

depositàre v.tr. **1.** Appoggiare, lasciare qlco. in qualche luogo. *Depositare la bottiglia sul tavolo.* ~ Lasciare qlco. in un luogo sicuro, in deposito. *Depositare le valige al deposito bagagli.* **2.** Versare un importo a un ente preposto. *Depositare una somma in banca.* ~ Mettere in deposito, a titolo di garanzia. ~ Consegnare un documento o una firma per il riconoscimento presso un ufficio pubblico. *Depositare una querela.* ~ Far registrare un marchio, un brevetto, ecc. per proteggerlo dalle imitazioni. *Depositare un progetto.* **3.** Di liquidi, lasciar cadere sul fondo le particelle in sospensione. *Il fiume ha depositato i sedimenti.* ◆ **depositarsi** v.pron. Scendere e posarsi da qualche parte in basso. *Il fango si è depositato sui campi.*

depositàrio s.m. [f. –*ria*, pl.m. –*ri*] **1.** Chi riceve in deposito valori altrui. **2.** *fig.* Chi conserva ciò che gli è stato confidato. *Depositario di un segreto.* ~ *estens.* Chi conserva memoria di usanze, tradizioni perdute o che vanno perdendosi. ~ Chi incarna valori che vanno scomparendo.

depòsito s.m. **1.** Atto di lasciare una cosa in un luogo custodito. ~ Servizio di una stazione, un aeroporto, un luogo pubblico di custodia dei bagagli depositati. ~ Locale in cui si tengono tali bagagli. ~ Oggetto depositato. ◇ *Deposito bancario:* somma affidata a un istituto bancario. ~ *Deposito cauzionale:* versamento, general. di denaro, a garanzia dell'adempimento di un obbligo. **2.** Di documenti, consegna. **3.** *estens.* Luogo, costruzione, ambiente dove si depositano le merci per un tempo limitato. ~ Rimessa per locomotive, tram, autobus. **4.** Luogo in cui vengono accolte persone in attesa di sistemazione. **5.** Accumulo sul fondo di un recipiente di parti solide in sospensione in un liquido. SIN.: **sedimento. 6.** GEOL. Accumulo di sedimenti portati dall'acqua o dal vento.

deposizióne s.f. **1.** Azione di posare. **2.** CHIM. Movimento di discesa delle parti solide sospese in un fluido fino a posarsi sulla superficie di fondo. SIN.: **decantazione. 3.** *fig.* Rimozione da una carica. **4.** DIR. Dichiarazione di un testimone. *Firmare una deposizione.* SIN.: **testimonianza.**

depravàre v.tr. **1.** Pervertire, corrompere moralmente. *Depravare la gioventù.* **2.** *fig.* Deteriorare qlco. ◆ **depravarsi** v.pron. Corrompersi moralmente. ~ Degenerare.

depravàto agg. **1.** Che è privo di moralità. **2.** Che denota corruzione morale, viziosità. ◆ s.m. [f. *–ta*] Persona dissoluta, corrotta.

depravazióne s.f. Profonda immoralità.

deprecàbile agg. Che è degno di biasimo, di riprovazione.

deprecàre v.tr. [4] (lat. *deprecāri* "chiedere con preghiere") Biasimare qlcu. o qlco.

depredàre v.tr. **1.** Rapinare un luogo, togliere con violenza. SIN.: **saccheggiare. 2.** *fig. fam.* Non riconoscere a qlcu. un suo diritto.

depressionàrio agg. [pl.m. *–ri*] METEOR. Proprio di una depressione atmosferica.

depressióne s.f. **1.** Discontinuità nel livello di un terreno per cui una parte risulta più bassa di quelle circostanti. **2.** METEOR. *Depressione barometrica:* zona di bassa pressione atmosferica. **3.** FIS. Condizione di pressione inferiore a quella atmosferica. **4.** ECON. Recessione, crisi economica. **5.** PSICH. Stato psicotico o nevrotico caratterizzato da malinconia, senso di vuoto, caduta di ogni interesse vitale. ~ *estens.* Nel l. com., demoralizzazione, scoraggiamento, prostrazione.

depressivo agg. **1.** ECON. Che può provocare, favorire la recessione. **2.** PSICH. Che induce alla depressione o ne è caratterizzato.

deprèsso agg. **1.** Che è a un livello inferiore rispetto alle zone circostanti. **2.** ZOOL. Appiattito, schiacciato. *Insetto dal corpo depresso.* **3.** *estens.* Che ha un'economia stagnante, poco sviluppata o in fase di recessione. **4.** PSICH. Affetto da depressione. ~ *estens.* Demoralizzato, abbattuto, triste. ◆ s.m. [f. *–sa*] PSICH. Nell'accez. 4 dell'agg.

depressóre agg. Che deprime, abbassa. ◇ ANAT. *Muscolo depressore:* che ha la funzione di abbassare un organo.

depressurizzàre v.tr. Diminuire la pressione interna di un ambiente.

depressurizzazióne s.f. Riduzione della pressione interna in un ambiente pressurizzato.

deprezzaménto s.m. **1.** Azione volta a sminuire il valore di qlco. ~ Differenza negativa tra il prezzo di vendita di un titolo e quello di acquisto. **2.** *fig.* Azione volta a sottrarre meriti, pregi.

deprezzàre v.tr. (fr. *déprécier*) **1.** Far calare di prezzo, diminuire il valore della moneta o di un oggetto; anche pron. **2.** *fig.* Svalutare qlco., attribuirgli un valore minimo.

deprimènte agg. **1.** Che ha un effetto debilitante. SIN.: **spossante. 2.** Che induce sconforto. *Un libro deprimente.* SIN.: **demoralizzante. 3.** MED. Che provoca una caduta del tono emotivo. ◆ s.m. MED. Nell'accez. 3 dell'agg.

deprimere v.tr. [38] **1.** Portare qlco. più in basso. **2.** *fig.* Abbattere qlcu. fisicamente o moralmente. *Questo lavoro lo deprime.* SIN.: **demoralizzare.** ◆ **deprimersi** v.pron. Avvilirsi, sentirsi depressi. SIN.: **demoralizzarsi.**

de profùndis loc. sost. m. inv. (loc. lat., dalle parole con cui inizia il salmo *de profundis clamavi ad te, Domine* "dal fondo dell'abisso mi rivolsi gridando a te, o Signore") CATT. Il sesto dei sette salmi penitenziali che si recitano in suffragio dei defunti.

depuràre v.tr. **1.** Purificare, liberare dalle impurità. *Depurare l'acqua.* **2.** *fig.* Affinare, eliminare le imperfezioni. *Depurare la lingua.* ◆ **depurarsi** v.pron. Purificarsi, diventare puro.

depurativo agg. MED. Di sostanza con proprietà disintossicanti. ◆ s.m. Nel sign. dell'agg.

depuratóre s.m. **1.** INDUS. [f. *–trice*] Addetto a processi di depurazione. **2.** Apparecchio utilizzato per eliminare impurità e sostanze nocive. ☐ Anche in funzione di agg., nell'accez. 2 del s. *Impianto depuratore.*

depurazióne s.f. Purificazione, eliminazione delle impurità e delle sostanze tossiche.

1. deputàto agg. Assegnato, destinato a un compito, a uno scopo.

2. deputàto s.m. Membro di un'assemblea elettiva designata da una comunità o da un'autorità allo svolgimento di un compito.

deputazióne s.f. Collegio di persone aventi un determinato mandato.

dequalificàre v.tr. [4] Abbassare il livello della qualifica professionale o del prestigio di qlcu. ◆ **dequalificarsi** v.pron. Squalificare sé stessi, sminuire il proprio ruolo.

dequalificazióne s.f. Abbassamento di qualifica. ◇ *Dequalificazione professionale:* situazione professionale caratterizzata dallo svolgimento di un lavoro meno qualificato di quello a cui darebbe diritto il proprio titolo di studio.

deragliaménto s.m. (fr. *déraillement*) Incidente che si verifica su una linea ferroviaria quando un treno esce dalle rotaie.

deragliàre v.intr. [6] (aus. *avere*) (fr. *dérailler*) Uscire dalle rotaie.

deragliatóre s.m. Congegno delle biciclette con cambio di velocità e doppia moltiplica, che permette il passaggio della catena dall'una all'altra ruota della moltiplica.

dérapage [/dera'paʒ/] s.m. inv. (voce fr.) Derapata.

derapàre v.intr. (aus. *avere*) (fr. *déraper*) Di autoveicoli, aerei e sci, effettuare una derapata. ~ Spostarsi lateralmente all'esterno della traiettoria a causa di una virata non corretta.

derapàta s.f. Scivolata, slittamento laterale. ~ In partic. in automobilismo, slittata delle ruote posteriori verso l'esterno della curva, operata dal pilota per affrontare la curva più velocemente.

derattizzàre o **deratizzàre** v.tr. (fr. *dératiser*) Liberare un ambiente dai topi.

derattizzazióne s.f. (fr. *dératisation*) Disinfestazione dai topi.

derby [/'dɑːbi/] s.m. inv. (voce ingl., dal nome di lord *Derby* che nel 1780 istituì un premio per tale gara ippica) **1.** Competizione ippica di galoppo per puledri di tre anni. **2.** *estens.* Incontro sportivo tra squadre della stessa città o regione.

derealizzazióne s.f. PSICOL. Perdita di contatto con la realtà dell'ambiente.

deregolamentàre v.tr. (calco dell'ingl. *to deregulate*) Liberare da norme e regolamenti.

deregolamentazióne s.f. (calco dell'ingl. *deregulation*) Politica economica che consiste nella sistematica abolizione di norme volte a regolamentare settori e imprese in campi specifici.

deregulation [/diːregjuˈleɪʃən/] s.f. inv. (voce ingl.) Deregolamentazione.

derelitto agg. Abbandonato, rifiutato da tutti. ◆ s.m. [f. *–ta*] Nel sign. dell'agg.

derelizióne s.f. DIR. Abbandono di un bene con l'intenzione di rinunciare alla sua proprietà.

deresponsabilizzàre v.tr. Esentare da responsabilità. ◆ **deresponsabilizzarsi** v.pron. Perdere il senso della propria responsabilità.

deretàno s.m. Parte del corpo umano formata dai glutei. ~ **sedere.**

deridere v.tr. [21] Prendere in giro; anche pron.

derisióne s.f. Riso ispirato a malignità. SIN.: scherno.

derisòrio agg. [pl.m. *–ri*] Che suscita o manifesta derisione.

deriva s.f. (fr. *dérive*) **1.** Spostamento, rispetto a una superficie fissa, di un corpo immerso o galleggiante nell'acqua o nell'aria, dovuto al movimento delle correnti. ◇ GEOL. *Deriva dei continenti:* il graduale allontanamento dei continenti, avvenuto nel corso delle ere geologiche.

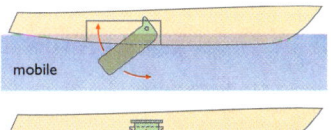
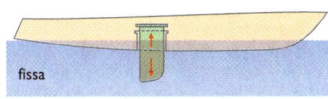

■ **deriva** di imbarcazioni.

(Questa teoria, elaborata da A. Wegener, è supportata dalla teoria della tettonica delle placche.) – GEOGR. *Correnti di deriva:* correnti marine lente e di superficie prodotte da venti di direzione costante. – *Andare alla deriva:* essere in balia delle correnti; *fig.* abbandonarsi per inerzia al corso degli eventi abbandonando uno stile di vita regolare. **2.** MAR. In alcuni tipi di imbarcazioni, piano longitudinale, fisso o mobile, di prolungamento della chiglia. ~ Piano verticale fisso della coda di alcuni aeromobili, con funzione stabilizzatrice. **3.** Denominazione di imbarcazioni a vela da diporto munita di deriva mobile.

derivàbile agg. Che può essere desunto, dedotto. ◇ MAT. *Funzione derivabile:* che ammette una derivata.

1. derivàre v.tr. (lat. *derivāre* propr. "condurre acque") **1.** Far provenire qlco. da altro. **2.** *fig.* Ricavare una conseguenza da certe premesse. **3.** MAT. Calcolare una derivata. ◆ v.intr. (aus. *essere*) **1.** Provenire, scaturire da un luogo. **2.** *fig.* Avere origine, risultare naturalmente o necessariamente da qlco. *Molte lingue europee derivano dal latino.* ~ Essere causato, dipendere.

2. derivàre v.intr. (aus. *essere*) (fr. *dériver*, ingl. *to drive* "spingere") MAR., AER. Subire il moto di deriva.

derivàta s.f. MAT. Limite al quale tende il rapporto incrementale di una funzione quando l'incremento della variabile indipendente tende a zero.

derivativo agg. **1.** Che deriva da qlco. **2.** LING. Che ha la funzione di formare derivati. *Suffisso derivativo.* **3.** Che opera una derivazione. ~ In partic., detto di intervento chirurgico che apre a determinati liquidi o materiali organici una uscita diversa da quella anatomica.

derivàto agg. **1.** Che trae origine, principio da qlco. **2.** Di grandezza la cui definizione è ricondotta a quella di grandezze e di unità primitive o fondamentali. ◆ s.m. **1.** Prodotto ottenuto da un altro grazie a una trasformazione chimica. *Un derivato del petrolio.* **2.** GRAMM. Vocabolo ottenuto da un altro mediante l'aggiunta di affissi o altri procedimenti di trasformazione. (p.e. *fruttifero* è un derivato di *frutto*.)

derivazióne s.f. **1.** Rapporto tra due elementi di cui il secondo deriva dal primo. *Questa conclusione è la derivazione delle premesse.* **2.** Prelievo di un certo quantitativo un fluido, spec. acqua. ~ Condotta, canale che trasporta un fluido dal centro di distribuzione agli utenti. **3.** LING. Metodo di creazione di una nuova unità lessicale per aggiunta di un affisso a una forma base. **4.** MAT. Calcolo della derivata di una funzione. **5.** ELETTROTEC. Sistemazione di due circuiti tale che parte della corrente inizialmente fluente in uno passi nell'altro. **6.** In balistica, spostamento laterale del proiettile in corsa dovuto al movimento rotatorio che gli è stato impresso dalla rigatura della canna.

dèrma s.m. ANAT. Strato di tessuto connettivo sottostante all'epidermide.

dermaschèletro s.m. ZOOL. Formazione scheletrica esterna degli Echinodermi e di certi Artropodi (guscio dei Molluschi, carapace degli Artropodi, ecc).

dermatite s.f. MED. Dermite.

dermatologia s.f. MED. Studio delle malattie della pelle.

dermatològico agg. [pl.m. *–ci*, f. *–che*] Relativo alla dermatologia.

dermatòlogo s.m. [f. *–ga*, pl.m. *–gi*, f. *–ghe*] MED. Medico specializzato in dermatologia.

dermatomiosite s.f. Malattia infiammatoria che colpisce contemporaneamente la pelle e i muscoli.

dermatòsi s.f. inv. MED. Qualsiasi affezione della pelle.

Dermàtteri s.m. pl. [iniziale minusc. sing. *–ro* per l'individuo] ZOOL. Ordine di insetti dal corpo piatto e allungato, con elitre ridotte e addome terminante con una formazione a pinza.

dermèste s.m. (gr. *dermēstḗs*, propr. "roditore della pelle") Insetto coleottero nerastro con corpo piccolo e zampe retrattili, le cui larve si annidano in vari materiali danneggiandoli. (Lunghezza massima 1 cm; famiglia dei Dermestidi.)

Dermèstidi s.m. pl. [iniziale minusc. sing. –*de* per l'individuo] ZOOL. Famiglia di insetti di piccole dimensioni, dal corpo ovoidale e convesso di colore scuro. (Ordine dei Coleotteri.)

dèrmico agg. [pl.m. –*ci*, f. –*che*] Relativo al derma.

dermite s.f. MED. Denominazione generica delle infiammazioni della pelle.

dermografismo s.m. MED. Comparsa di una reazione cutanea locale in seguito a una azione meccanica.

dermopatia s.f. MED. Qualsiasi malattia della pelle.

Dermòtteri s.m. pl. [iniziale minusc. sing. –*ro* per l'individuo] ZOOL. Ordine di mammiferi arboricoli di piccole dimensioni e forniti di una membrana cutanea alare estesa tra collo, arti e coda, che consente loro di effettuare voli planati.

dèroga s.f. [pl. –*ghe*] DIR. Eccezione a una norma, una legge, una convenzione. ~ Dispensa da un regolamento. *Ottenere una deroga.*

derogàre v.intr. [4] (aus. *avere*) **1.** DIR. Abrogare in uno o più punti una legge, senza intaccarne i principi generali. **2.** Venire meno a un accordo, a un impiego.

derogatòrio agg. [pl.m. –*ri*] DIR. Che ha valore di deroga.

derràta s.f. (fr. *denerée*, lat. *denariàta* "che vale un denaro" quindi "piccola quantità di merce") **1.** (spec. pl.) Prodotto della terra di largo consumo. **2.** *estens.* Merce destinata al consumo alimentare.

derrick [/'dɛrik/] s.m. [pl. *derricks*] (voce ingl., dal nome del noto boia Th. *Derrick*) **1.** Gru costituita da un albero verticale e da un braccio mobile che parte dal piede dell'albero. **2.** Struttura metallica che supporta il sistema di perforazione di un pozzo petrolifero.

derubàre v.tr. **1.** Privare qlcu. dei suoi beni con l'inganno. **2.** *fig. per esager.* Richiedere ai clienti prezzi esagerati.

derubricàre v.tr. [4] DIR. Nel processo penale, escludere un reato dalla rubrica in cui era stato inserito e quindi ridurne la gravità.

dervìscio s.m. [pl. –*sci*] (turco *derviş* persiano *darviš* "mendicante") Appartenente a confraternite religiose musulmane.

desaparecido [/desapareθido/] s.m. [f. *desaparecida*, pl.m. *desaparecidos*, f. *desaparecidas*] (voce spagn. dell'America Latina) Nell'Argentina degli anni Settanta, oppositore politico fatto sparire. ~ *estens.* Usato anche in riferimento ad analoghe situazioni politiche di altri paesi sudamericani.

descolarizzazióne s.f. Riduzione dell'importanza dell'istituzione scolastica nella società.

descrittivo agg. **1.** Che descrive, illustra. *Stile descrittivo.* **2.** *Geometria descrittiva:* ramo della geometria che studia i problemi tridimensionali rappresentandoli sul piano.

descrittóre s.m. **1.** [f. –*trice*] Chi descrive. **2.** Qualsiasi simbolo usato per identificare qlco. ~ INFORM. Insieme di caratteri che denomina un documento consentendo di richiamarlo.

descrìvere v.tr. [30] (lat. *describĕre*, propr. "copiare, scrivere traendo da un modello") **1.** Rappresentare qlco. con parole. *Descrivere un paesaggio.* **2.** *estens.* Tracciare una linea. *Descrivere un'ellisse.*

descrizióne s.f. Rappresentazione verbale dettagliata di un fatto, una cosa, una persona.

desegregazióne s.f. L'abolizione delle norme di segregazione razziale che prevedono strutture separate per gruppi sociali o etnici diversi.

desensibilizzàre v.tr. Rendere qlcu. o qlco. privo di sensibilità.

desensibilizzazióne s.f. **1.** FOTO. Riduzione della sensibilità alla luce di un'emulsione. **2.** IMMUNOL. Trattamento volto a eliminare la reazione allergica di un organismo in presenza di un antigene (polline, polvere, ecc.).

desèrtico agg. [pl.m. –*ci*, f. –*che*] (fr. *désertique*) GEOGR. Proprio del deserto.

deserticolo agg. Che vive nel deserto. *Flora deserticola.*

■ **desèrto** con clima arido e inverni caldi (Namibia).

desertificazióne s.f. GEOGR. Progressiva trasformazione di un terreno fertile in uno desertico.

desèrto agg. (lat. *desĕrtum*, deriv. di *deserĕre* "abbandonare") **1.** Che non presenta segno di vita e di attività umana. *Isola deserta.* **2.** Poco frequentato. *Strada deserta.* ◆ s.m. **1.** GEOGR. Regione molto secca, caratterizzata da assenza di vegetazione, povertà del suolo e scarsità di popolazione. **2.** *estens.* Luogo disabitato o poco frequentato.

déshabillé [/dezabi'je/] s.m. inv. (voce fr., deriv. di *déshabiller* "svestire") Vestaglia leggera da donna.

desiderabilità s.f. inv. Carattere di ciò che attrae, è desiderabile. ~ ECON. Attrazione provocata da un bene utile, capace di soddisfare un bisogno.

desideràre v.tr. (lat. *desiderāre*, propr. nel l. degli auguri "non scorgere le stelle utili per trarre auspici" quindi "sentire la mancanza di qlco.") **1.** Avvertire la mancanza di qlco. o qlcu. e tendere a ottenerlo. *Desiderare il successo.* ~ Provare desiderio fisico, sessuale. ◇ *Lasciare a desiderare:* essere mediocre, insufficiente. *La sua condotta lascia a desiderare.* **2.** Volere, cercare qlco. **3.** Richiedere qlcu. o qlco. *Ti desiderano al telefono.*

desideràta s.m. pl. Cose desiderate, volute, richieste.

desidèrio s.m. [pl. –*ri*] **1.** Aspirazione e impulso a soddisfare un bisogno o un piacere. ~ Bramosia sessuale. ~ Rimpianto, nostalgia di qlco. o qlcu. **2.** Ciò che si desidera. *Esprimi un desiderio.*

design [/di'zaɪn/] s.m. inv. (voce ingl., deriv. di *to design* "disegnare") Progettazione di un oggetto che si propone di sintetizzare funzionalità, economicità, qualità tecnica ed estetica. ~ La forma di un oggetto, rispondente a criteri estetici e funzionali.

designàre v.tr. **1.** Scegliere per un incarico, investire di un ruolo. *Designare un esperto.* **2.** Fissare, stabilire qlco. **3.** Mostrare, indicare con precisione. *Designare il colpevole.*

designàto agg. Che è stato scelto per un particolare incarico. ◆ s.m. [f. –*ta*] Nel sign. dell'agg.

designazióne s.f. Azione di designare.

designer [/di'zaɪnə/] s.m. e f. inv. (voce ingl. d'America) Chi si occupa di design. SIN.: **disegnatore industriale.** ◇ *Web designer:* professionista che si occupa della grafica di un sito web.

desincronizzazióne s.f. Perdita del sincronismo, della simultaneità tra due parti, fenomeni, congegni.

desinènza s.f. GRAMM. Elemento morfologico che si aggiunge alla forma base delle parole per formare la declinazione (sostantivo, aggettivo) o la coniugazione (verbo) e indicare così la persona, il numero, il modo o il tempo.

desistènza s.f. Decisione di interrompere ciò che si stava compiendo.

desistere v.intr. [14] (aus. *avere*) Rinunciare ad agire, recedere. *Desistere davanti alle difficoltà.*

desk [/dɛsk/] s.m. inv. (voce ingl., propr. "scrivania") **1.** Particolare scrivania utilizzata, per lavorare con il videoterminale. **2.** Dipartimento. **3.** In strutture turistiche, spazio riservato all'accoglienza di clienti e visitatori.

desktop [/'dɛsktɔp/] s.m. inv. (voce ingl., propr. "piano di scrivania") Scrivania, tavolo da lavoro. ~ INFORM. La scrivania elettronica con la quale il computer organizza i propri file.

desktop publishing [/'dɛsktɔp p bliscin/] loc. sost. m. inv. (loc. ingl., propr. "stampante alla scrivania") Insieme delle tecniche di elaborazione del testo, impaginazione e stampa basate sull'utilizzo del personal computer e impiegate nell'editoria aziendale.

dèsman s.m. inv. (deriv. di sved. *desman* "muschio") Mammifero che vive vicino ai corsi d'acqua. (Lunghezza 15 cm; genere *Galemys*; ordine degli Insettivori, famiglia dei Talpidi.)

■ **dèsman** dei Pirenei.

Desmodóntidi s.m. pl. [iniziale minusc. sing. –*de* per l'individuo] ZOOL. Antica denominazione di un gruppo di molluschi che comprende specie capaci di scavarsi una nicchia nella sabbia, nelle rocce e nel legno, dove vivono nascosti.

desolànte agg. **1.** Che induce sentimenti di sconforto, di avvilimento. SIN.: **sconsolante.** **2.** *estens.* Scoraggiante, deprimente.

desolàre v.tr. (lat. *desolāre* "lasciar solo") Addolorare qlcu., affliggerlo.

desolàto agg. **1.** Di luogo, deserto, disabitato. *Terra desolata.* **2.** Di persona, molto afflitto.

desolazióne s.f. **1.** Con riferimento a luogo, stato di squallido abbandono. **2.** Scoramento, malinconia, profondo dispiacere. **3.** Infelicità che non conosce consolazione e che è causa di devastante solitudine interiore.

desolforàre v.tr. CHIM. Rendere una sostanza priva di zolfo.

desolforazióne s.f. CHIM. Processo con cui si diminuisce o si elimina la quantità di zolfo o di composti solforati presenti in una sostanza.

desonorizzàto agg. FON. Che ha perso il carattere di sonorità. *Consonante desonorizzata.*

desonorizzazióne s.f. FON. Fenomeno di trasformazione di un fonema da sonoro a sordo.

desorbiménto s.f. CHIM., FIS. Liberazione da parte di un solido di gas o vapori che ha assorbito in precedenza (in oppos. ad *adsorbimento*).

desossiribonuclèico o **deossiribonuclèico** agg. [pl.m. *–ci*] BIOCHIM. *Acido desossiribonucleico:* sostanza che trasmette l'informazione genetica presente nei cromosomi del nucleo delle cellule animali e vegetali (sigla DNA).

desossiribòsio o **desossiribòso** s.m. BIOCHIM. Sostanza derivata dal ribosio che entra nella composizione del DNA.

desossiribòso s.m. BIOL., CHIM. Deossimonosaccaride che entra nella costituzione del DNA.

desperado [/despe'rado/] s.m. inv. (spagn. *desesperado* "disperato") Nome con cui sono spesso chiamati i banditi sudamericani.

dèspota s.m. [pl. *–ti*] (gr. *despótēs* "signore") **1.** Capo di Stato, sovrano che si arroga un potere assoluto ed arbitrario. **2.** *fig.* (anche f.) Chi opera continue coercizioni, comportandosi con brutale autoritarismo. **3.** Nell'antica Grecia, padrone di casa. ~ Sovrano di una monarchia orientale. **4.** ST. Nell'impero bizantino, titolo dell'imperatore, dei suoi figli, dei parenti maschi più prossimi e, in seguito, degli amministratori delle varie province.

despotàto s.m. ST. Territorio dell'impero bizantino governato da un despota. *Il despotato di Morea.*

desquamazióne s.f. **1.** MED. Distacco, fisiologico o patologico, di cellule morte dell'epidermide. **2.** GEOL. Distacco di scaglie o lamine da superfici rocciose.

dessert [/de'sɛr/] s.m. inv. (voce fr., deriv. di *desservir* "sparecchiare") **1.** Dolce o frutto servito alla fine del pasto. **2.** *estens.* Momento finale di un pasto.

destabilizzànte agg. Che tende a destabilizzare.

destabilizzàre v.tr. Rendere instabile. *Destabilizzare uno Stato.*

destabilizzatóre agg. [f. *–trice*] Che toglie stabilità. ◆ s.m. (anche f.) Nel sign. dell'agg.

destabilizzazióne s.f. Pratica che mira a far vacillare un sistema politico ricorrendo a oscure manovre o ad attentati, episodi di violenza, provocazioni.

destagionalizzàre v.tr. STAT. Eliminare da una serie di dati statistici le distorsioni dovute alle variazioni stagionali.

destalinizzazióne s.f. (dal nome del dittatore sovietico Josif Vissarionovic *Stalin*) Processo avviato in URSS e nei paesi satelliti a seguito del XX congresso del PCUS (1956), segnato dalla condanna dei crimini connessi al potere personale di Stalin e da misure di riabilitazione delle vittime.

destàre v.tr. **1.** Svegliare, scuotere qlcu. dal sonno. **2.** *fig.* Risvegliare un sentimento, un'emozione. *Destare sospetti.* ◆ **destarsi** v.pron. **1.** Svegliarsi. **2.** *fig.* Detto di sentimenti, emozioni, pensieri, risvegliarsi in qlcu.

destinàre v.tr. **1.** Decidere, stabilire, fissare qlco. *Destinare il giorno delle nozze.* **2.** Indirizzare, rivolgere qlco. a qlcu. *Questa osservazione era destinata a voi.* **3.** Adibire, assegnare, riservare qlco. a un uso specifico. *Ho destinato questo denaro agli acquisti.* **4.** Assegnare, riservare una somma a un certo scopo. **5.** Assegnare qlco. a una sede. **6.** *estens.* Assegnare, riservare qlcu. a un'attività, a una funzione, a un compito. **7.** Stabilire in sorte. *Era destinato a morire in modo violento.*

destinatàrio s.m. [f. *–ria*, pl.m. *–ri*] **1.** Persona alla quale è indirizzata una lettera, un messaggio. **2.** LING. Persona a cui l'emittente indirizza un messaggio. SIN.: **ricevente**.

destinatóre s.m. [f. *–trice*] LING. Chi manda o emette un messaggio.

destinazióne s.f. **1.** Finalità prevista per qlco. **2.** Luogo di arrivo di qlcu. o qlco. *Partire per una destinazione sconosciuta.* **3.** Ufficio, centro operativo, corpo a cui sono comandati funzionari, impiegati, militari.

destino s.m. **1.** Legge superiore che sembra determinare il corso degli eventi. **2.** Insieme degli eventi che compongono la vita di una persona, apparentemente determinati in modo irrevocabile e indipendente dalla sua volontà.

destituire v.tr. [83] (fr. *destituer*) Privare qlcu. di una carica. *Destituire qualcuno dalle sue funzioni.*

destituito agg. Completamente privo di qlco.

destituzióne s.f. (fr. *destitution*) Allontanamento, rimozione da un ufficio, un incarico. ~ MIL. Sanzione che comporta la perdita di un grado e delle decorazioni.

dèsto agg. Che è sveglio, che non dorme.

dèstra s.f. **1.** In una persona che abbia il viso rivolto a sud, mano che sta dalla parte in cui tramonta il sole. **2.** Parte che corrisponde alla mano destra. ◇ *Tenere la destra:* mantenersi sul lato destro di una strada. ~ *fig. Cercare a destra e a sinistra:* da ogni parte. **3.** Parte delle assemblee parlamentari che si riunisce alla destra del presidente, e comprendente i rappresentanti delle parti conservatrici e moderate. ◇ *Estrema destra:* partito o frazione di partito dalle idee più radicali e dalle posizioni più intransigenti nell'ambito dell'ideologia di destra.

destreggiàrsi v.pron. [5] Agire con prudenza, cercando di evitare gli ostacoli. SIN.: **arrangiarsi**.

destrézza s.f. **1.** Perizia, agilità di movimenti. *La destrezza di un prestigiatore.* **2.** Velocità mentale. SIN.: **intelligenza**.

destrièro o **destrière** s.m. (fr. *destrier*, deriv. di *destre* "mano destra" prob. perché lo scudiero con tale mano ne teneva le briglie) Cavallo da battaglia o da torneo. ~ *estens.* Cavallo di razza.

destrina s.f. (fr. *dextrine*, deriv. di *dextre* "destra" per la sua proprietà destrogira) CHIM. Sostanza colloidale utilizzata nell'industria degli adesivi, dei coloranti, dei prodotti farmaceutici.

destrismo s.m. **1.** Maggiore specializzazione della mano destra rispetto alla sinistra. **2.** POLIT. Tendenza conservatrice.

dèstro agg. (lat. *dĕxtrum* "destro" e "propizio" perché nella scienza degli auguri quanto proveniva da destra era considerato favorevole) **1.** Che si trova alla destra di qlcu. *Mano destra.* **2.** *fig.* Di persona, svelto, agile, abile. *Destro d'ingegno.* ◆ s.m. **1.** SPORT. Nel pugilato, colpo inferto col pugno destro. *Un gancio destro.* ~ Nel calcio, piede destro. *Tirare di destro.* **2.** [f. *–stra*] Chi professa un'ideologia reazionaria, conservatrice. **3.** Momento opportuno, occasione favorevole.

destrocardia s.f. MED. Posizione anomala del cuore, nella parte destra del torace, congenita o acquisita.

destrogiro agg. **1.** Che volge verso destra, in senso orario. SIN.: **destrorso**. **2.** CHIM. Di composto organico che fa ruotare verso destra il piano di polarizzazione della luce.

destròrso agg. **1.** Che procede da sinistra verso destra (in oppos. a *sinistrorso*). **2.** Nel l. sc., destrogiro. **3.** *fig.* Che mostra simpatia per la destra politica. ◆ s.m. [f. *–sa*] Nell'accez. 3 dell'agg.

destròsio s.m. (solo sing.) CHIM. Glucosio, così detto perché destrogiro.

destrutturàre v.tr. Scomporre qlco. nei suoi elementi, spec. allo scopo di riorganizzarlo o spiegarlo, anche in senso fig. *Destrutturare un'azienda.*

destrutturazióne s.f. Scomposizione di una struttura nei suoi elementi costitutivi. ~ Con significato esclusivamente negativo, distruzione dell'organizzazione interna di una struttura.

desuèto agg. **1.** Non più abituato a qlco. **2.** Non più in uso.

desuetùdine s.f. **1.** Perdita dell'abitudine a fare qlco. *Cadere in desuetudine.* **2.** DIR. Cessazione della validità di una norma o di una legge per effetto della sua prolungata inosservanza.

desùmere v.tr. [24] **1.** Trarre qualche notizia da una fonte. **2.** Ricavare qualche informazione da un segnale.

desùnto agg. Dedotto, inferito.

detassàre v.tr. Ridurre il carico fiscale.

detassazióne s.f. Diminuzione della pressione fiscale.

■ Il design

Voltando le spalle alle arti decorative per seguire lo sviluppo industriale del XX secolo, il design ha rivolto la sua attenzione alla funzione dell'oggetto nello spazio e sul primato della struttura sulla forma. La Germania del Bauhaus, e in seguito gli Stati Uniti, sono stati fra i principali centri di creazione.

Marcel Breuer. Poltrona "Wassily", realizzata con tubi d'acciaio e cuoio nero, disegnata nel 1925. Allo stile art déco dell'epoca si contrappongono celebri creazioni come questa, high-tech ante litteram.

Ronald Cecil Sportes. Divano a struttura metallica ideato nel 1983 dal designer francese Sportes per il palazzo dell'Eliseo. Un ammorbidimento delle forme che non raggiunge però la fantasia sfrenata del design italiano.

detective [/di'tɛktiv/] s.m. e f. inv. (voce ingl., deriv. di *detective policeman* "poliziotto che scopre") Persona il cui lavoro è condurre indagini, pedinamenti, ricerche per conto di privati.

detector [/di'tɛktɔ/] s.m. inv. (voce ingl., lat. *detéctor* deriv. di *detégere* "scoprire") Apparecchio che serve a individuare la presenza di qlco., la manifestazione di un fenomeno. *Metal detector.*

deteinàto agg. Privato di teina.

detenére v.tr. **1.** Aver acquisito, possedere. *Detenere il potere.* **2.** DIR. Avere la disponibilità di qlco. senza averne il possesso. **3.** Tenere qlcu. in prigione.

detentivo agg. DIR. Che implica la detenzione in carcere. *Pena detentiva.*

detentóre s.m. [f. *–trice*] Chi ha la disponibilità di qlco. ~ Chi è titolare di qlco. *Detentore del primato.*

detenùto agg. Che è tenuto in carcere. ◆ s.m. [f. *–ta*] Nel sign. dell'agg. *I detenuti politici.*

detenzióne s.f. **1.** Possesso di qlco. ~ Fatto di tenere presso di sé qlco. di illegale. *Detenzione abusiva di armi.* **2.** DIR. Disponibilità materiale di una cosa altrui. **3.** DIR. Pena che priva della libertà personale. ~ estens. Stato di incarcerazione.

detergente agg. Che deterge, pulisce. ◆ s.m. Nel sign. dell'agg.

detergènza s.f. **1.** Proprietà delle sostanze detergenti di togliere incrostazioni e sporcizia. **2.** estens. Rimozione di sudiciume, impurità da un corpo, una superficie, un impianto, ecc.

detèrgere v.tr. [21] **1.** Pulire, eliminare le macchie per mezzo di un detergente. **2.** Asciugare un liquido, spec. il sudore; anche pron. *I tennisti (si) detersero il sudore.*

deterioràbile agg. Che si altera facilmente.

deterioraménto s.m. Modificazione in peggio di qlco. *Deterioramento fisico.*

deterioràre v.tr. **1.** Danneggiare, ridurre in cattivo stato. **2.** fig. Rovinare qlco. *Deteriorare un'amicizia.* ◆ **deteriorarsi** v.pron. Guastarsi, alterarsi, rovinarsi.

deterioràto agg. In cattivo stato, alterato.

deterióre agg. (lat., compar. di *dēter* "cattivo") Inferiore rispetto alla qualità normale.

determinàbile agg. Che può essere determinato.

determinànte agg. Che determina un effetto, una conseguenza. *Un argomento determinante.* SIN.: **decisivo.** ◆ s.m. **1.** LING. Elemento che dipende dal nome e lo determina precisandone le caratteristiche (articoli, aggettivi possessivi, determinativi, ecc.). **2.** MAT. Numero associato da un logaritmo a una matrice quadrata di ordine *n*. (Il determinante della matrice di ordine 2 $\begin{pmatrix} a & c \\ b & d \end{pmatrix}$, indicato $\begin{vmatrix} a & c \\ b & d \end{vmatrix}$, è il numero *ad - bc*.) ◆ s.f. Causa che determina qlco. *La determinante del delitto.*

determinàre v.tr. (lat. *determinãre* "porre i limiti") **1.** Decidere, stabilire con precisione. *L'indagine determinerà la sua innocenza.* **2.** Fissare, decidere qlco. *Determinare il giorno della partenza.* **3.** Causare, provocare, comportare qlco. *Lo scandalo determinò la sua sconfitta.* **4.** Indurre qlcu. a fare una scelta. ◆ **determinarsi** v.pron. Convincere se stessi a fare qlco. SIN.: **decidersi.**

determinativo agg. **1.** Che serve a determinare qlco. **2.** GRAMM. *Articolo determinativo:* quello che si premette al nome quando la cosa designata è già conosciuta da chi parla o scrive e da chi ascolta o legge. (In italiano le forme *il, lo, la, i, gli, le*.) – *Aggettivi determinativi:* aggettivi dimostrativi, possessivi, interrogativi, indefiniti, numerali (in oppos. ad aggettivi qualificativi).

determinàto agg. **1.** Individuato da caratteri precisi, definiti. *Avere un determinato scopo.* **2.** Di quantità, che ha valore noto. **3.** Di persona, fermo nella decisione presa. **4.** LING. Di elemento nominale che viene accompagnato da un determinante. **5.** MAT. *Equazione determinata:* che ha un numero finito di soluzioni. ◆ s.m. Costituente fondamentale del sintagma nominale.

determinazióne s.f. **1.** Fissazione di punti di riferimento concettuali che rendono esatto, definito qlco., che prima era vago. **2.** Decisione, deliberazione, risoluzione. **3.** estens. Fermezza necessaria a compiere una scelta e a portarla alle ultime conseguenze. **4.** BOT., ZOOL. Individuazione e indicazione della categoria sistematica a cui appartiene una pianta o un animale. **5.** LING. Funzione svolta dai determinanti nell'attualizzare il nome. **6.** BIOL. Processo con cui le cellule seguono uno schema prestabilito durante lo sviluppo embrionale.

determinismo s.m. FILOS. Concezione secondo cui ogni fenomeno ha una causa diretta e necessaria.

determinista s.m. e f. [pl.m. *–sti*] Chi segue il determinismo. ◻ In funzione di agg., relativo al determinismo.

deterrènte agg. (ingl. *deterrent*) Che distoglie, dissuade dal compimento di qlco. perché impaurisce. ◆ s.m. **1.** Complesso di armamenti di un paese che per il suo potenziale distruttivo è considerato particolarmente temibile. **2.** fig. Ciò che, incutendo timore, trattiene dal fare qlco.

detersióne s.f. Pulitura, pulizia.

detersivo s.m. (fr. *détersif*) → **detergente.**

detestàre v.tr. (lat. *detestãri*, orig. "respingere una testimonianza") Avere odio, avversione per qlcu. o qlco. ◆ **detestarsi** v.pron. Detto di due o più persone, provare reciproco odio o avversione.

detonànte agg. Di sostanza che si decompone con estrema rapidità quando è urtata o accesa. ◆ s.m. Nel sign. dell'agg.

detonàre v.intr. (aus. *avere*) (fr. *détoner*) Esplodere, scoppiare.

detonatóre s.m. (fr. *détonateur*) Dispositivo di innesco che provoca la detonazione di una carica esplosiva. ~ fig. Ciò che è causa dello scoppio di una situazione esplosiva.

detonazióne s.f. (fr. *détonation*) **1.** Reazione rapidissima la cui onda esplosiva ha velocità superiore a quella del suono. **2.** Rumore violento prodotto da un'esplosione o che ricorda un'esplosione. **3.** Nei motori a scoppio, combustione troppo rapida della miscela, che brucia per ultima.

detossicazióne s.f. FISIOL. Eliminazione o neutralizzazione delle sostanze tossiche, in partic. da parte del fegato.

detraibile agg. Che può essere detratto, defalcato.

detràrre v.tr. [11] Sottrarre una somma da un totale. SIN.: **defalcare.**

detrattóre s.m. [f. *–trice*] Chi critica violentemente.

detrazióne s.f. Importo detraibile da un'imposta. ~ Sottrazione di una somma da un importo.

detriménto s.m. Danno materiale o morale.

detritico agg. [pl.m. *–ci*, f. *–che*] GEOL. Formato da detriti.

detrito s.m. (fr. *détritus*, lat. *detrĩtus* deriv. di *detĕrere* "logorare") **1.** GEOL. Frantume che risulta dalla disgregazione meccanica delle rocce. **2.** Residuo, frammento di materiale che risulta da un processo distruttivo.

detronizzàre v.tr. (fr. *détroniser*) Deporre un re dal trono. ~ estens. Spodestare qlcu.

dettagliànte s.m. e f. (fr. *détaillant*) Commerciante che vende al dettaglio.

dettagliàre v.tr. [6] (fr. *détailler* "vendere al dettaglio") **1.** Esporre qlco. con precisione e ricchezza di dettagli. *Dettagliare un piano.* **2.** Vendere al dettaglio.

dettagliàto agg. Minuzioso, circostanziato.

dettàglio s.m. [pl. *–gli*] (fr. *détail*) Ogni minima parte che compone un insieme. *I dettagli di una questione.* SIN.: **particolare.** ◇ *Commercio al dettaglio:* vendita di prodotti per unità e in piccole quantità.

dettàme s.m. **1.** Norma, precetto. **2.** estens. iron. Prescrizione.

dettàre v.tr. **1.** Leggere a voce alta un testo perché qlcu. possa scriverlo. *Dettare una lettera.* **2.** Suggerire, consigliare qlco. a qlcu. **3.** Imporre qlco. a qlcu. *Dettare i prezzi.* SIN.: **stabilire.**

dettàto s.m. **1.** Esercitazione scolastica di ortografia. ~ estens. Il testo così scritto. **2.** La lettera di una legge. ~ Ciò che essa prescrive. *Applicare il dettato costituzionale.*

dettatùra s.f. Lettura ad alta voce di un testo perché qlcu. possa scriverlo.

détto agg. **1.** Soprannominato, chiamato. *Michelangelo Merisi detto il Caravaggio.* **2.** Già menzionato. ◆ s.m. **1.** Atto di proferire parola e la parola, la frase, il discorso pronunciato. **2.** Massima, motto popolare che si è trasformato in proverbio. **3.** Nel Medioevo, poemetto a carattere allegorico e didascalico.

detumescènza s.f. MED. Scomparsa di una tumefazione.

deturpàre v.tr. **1.** Rendere brutto. **2.** fig. Rovinare, guastare.

deumidificànte agg. Che riduce l'umidità.

deumidificàre v.tr. [4] Rendere una sostanza o un ambiente meno umidi.

deumidificatóre s.m. Apparecchio che riduce l'umidità dell'aria.

deumidificazióne s.f. Riduzione dell'umidità o del contenuto di acqua.

dèus ex màchina loc. sost. m. [pl. *dei ex machina*] (loc. lat., propr. "divinità che appare dalla macchina") **1.** Nel teatro antico, divinità risolutrice calata dall'alto sulla scena. **2.** fig. Persona o evento che viene opportunamente a sciogliere una situazione drammatica o senza uscita.

deutèrio s.m. [pl. *–ri*] (ingl. *deuterium*, deriv. di gr. *déuteros* "secondo" perché ha massa atomica 2) CHIM., FIS. Isotopo dell'idrogeno (simb. *D*), con nucleo costituito da un protone e un neutrone, di numero atomico 2.

deuterocanònico agg. [pl.m. *–ci*] *Libri deuterocanonici:* libri dell'Antico e del Nuovo Testamento ammessi ufficialmente nel canone dei Libri Sacri solo dopo il Concilio di Trento. (Per i Protestanti tali libri sono apocrifi.)

deuterostòma s.m. [pl. *–mi*] Animale il cui sviluppo embrionale è caratterizzato dalla formazione della bocca all'estremità opposta rispetto al blastoporo, che formerà l'ano. (Gli Echinodermi, gli Emicordati e i Cordati sono deuterostomi.)

deutóne s.m. FIS. NUCL. Nucleo dell'atomo del deuterio, formato da un protone e da un neutrone.

deutoplàsma s.m. [pl. *–smi*] BIOL. Insieme di sostanze (carboidrati, grassi, proteine, acqua, ecc.) contenute nella cellula uovo e destinate al nutrimento dell'embrione durante lo sviluppo.

devanagàri s.m. inv. Alfabeto di numerose lingue dell'India antica e moderna, come sanscrito, hindi e nepali.

devastànte agg. Che arreca sconvolgimento, distruzione.

devastàre v.tr. **1.** Causare distruzioni e danni materiali considerevoli per l'effetto di un'azione violenta. *Il sisma ha devastato la regione.* **2.** Deturpare una parte del corpo. *Le piaghe gli hanno devastato il viso.*

devastatóre agg. [f. *–trice*] Che causa distruzione, rovina, devastazione. ◆ s.m. (anche f.) Chi devasta.

devastazióne s.f. Distruzione di ampie proporzioni, rovina.

deverbàle agg. GRAMM. Di sostantivo, aggettivo o verbo derivato da un verbo (p.e. *abbondante* da *abbondare*). ◻ Anche in funzione di s.m., per indicare il derivato.

devetrificazióne s.f. CHIM. Passaggio di una sostanza dallo stato vetroso allo stato cristallino.

deviànte agg. **1.** Che devia dal cammino che sta percorrendo. **2.** Che si scosta dalle regole, dalle consuetudini o dalle norme comunemente accettate. ◆ s.m. Nell'accez. 2 dell'agg.

deviànza s.f. **1.** Comportamento proprio di chi rifiuta le norme e le consuetudini comunemente accettate. **2.** FIS. Forza aerodinamica perpendicolare al piano individuato dai vettori *velocità* e *portanza*. **3.** STAT. Somma dei quadrati delle differenze tra i valori di una serie e la loro media.

deviàre v.intr. [6] (aus. *avere*) **1.** Uscire dalla via che si stava seguendo. **2.** *fig.* Allontanarsi da una linea di condotta morale. **3.** *fig.* Discostarsi da un tema. ◆ v.tr. **1.** Volgere qlco. in direzione diversa da quella ordinaria o precedente. *Deviare un fiume.* ~ SPORT. Nel gioco del calcio, mandare la palla in una qualche direzione. **2.** *fig.* Fare allontanare qlcu. dalla via intrapresa. **3.** *fig.* Portare fuori strada una ricerca, un discorso, un progetto.

deviàto agg. **1.** Avviato su una direzione diversa da quella iniziale. **2.** Che assume atteggiamenti devianti. **3.** *fig.* Che si volge a scopi diversi da quelli originariamente previsti. *Servizi segreti deviati.* ◆ s.m. [f. *-ta*] Nell'accez. 2 dell'agg.

deviatóre s.m. **1.** [f. *-trice*] Ferroviere che manovra gli scambi. **2.** ELETTRON. *Deviatore elettrico:* commutatore con cui la corrente elettrica può essere inviata su un circuito.

deviazióne s.f. **1.** Spostamento, spontaneo o obbligato, dalla direzione principale. *Fare una deviazione.* **2.** *estens.* La nuova direzione verso cui avviene uno spostamento, un cambiamento di percorso. ~ Il luogo in cui si trova un cambiamento di percorso. SIN.: **bivio**. ~ IDROL. Modificazione, temporanea o permanente, del letto di un corso d'acqua. **3.** *fig.* Allontanamento da ciò che ha valore normativo. **4.** MED. Spostamento dell'asse di un organo. *Deviazione della colonna vertebrale.* **5.** FIS. Modificazione della traiettoria di un corpo per una determinata causa. **6.** AER. Movimento laterale di un velivolo rispetto al suo piano di simmetria. **7.** STAT. Misura del modo in cui un insieme di dati si distribuisce intorno alla media.

deviazionìsmo s.m. (prob. calco del russo *uklonism*) Distacco, più o meno accentuato, da un'ideologia, da una linea politica che viene messa in discussione e ripensata.

devisceràre v.tr. Privare delle viscere gli animali macellati.

de vìsu loc. avv. (loc. lat., propr. "per diretta visione") Con i propri occhi, di persona.

devitalizzàre v.tr. (fr. *dévitaliser*) MED. Eliminare la vitalità di un organo a scopo terapeutico, spec. in odontoiatria.

devitalizzazióne s.f. Distruzione della polpa dentaria effettuata per la cura di particolari patologie.

devitaminizzàre v.tr. MED. Ridurre la quantità di vitamine nell'organismo. *Devitaminizzare un paziente.*

devoltàre v.tr. ELETTR. Alimentare un apparecchio con una tensione inferiore a quella prevista nella taratura.

devoltóre s.m. ELETTR. Apparecchio che riduce la differenza di potenziale.

devolution [/ˌdiːvəˈluːʃən/] s.f. inv. (voce ingl.) POLIT. Devoluzione.

devolutivo agg. DIR. Che riguarda la devoluzione.

devoluzióne s.f. **1.** Assegnazione, destinazione di qlco. a favore di qlcu. *Devoluzione dell'eredità.* SIN.: **donazione**. **2.** DIR. Trasferimento di un diritto o di un bene da una persona a un'altra. ~ POLIT. Trasferimento di poteri e competenze dal governo centrale ai governi regionali o locali.

devòlvere v.tr. [29] (lat. *devŏlvere*, propr. "far rotolare giù") **1.** Usare una certa somma a favore di qlcu. **2.** DIR. Trasmettere un diritto da una persona a un'altra.

devoniàno s.m. (solo sing.) (ingl. *devonian*, dal nome della contea di *Devon* dove per la prima volta furono studiate le formazioni relative a questo periodo) GEOL. Quarto periodo dell'era paleozoica. (Compreso tra 410 e 360 milioni di anni fa, fu caratterizzato dalla diffusione di pesci corazzati e di anfibi e, nella flora, di crittogame superiori e di felci arboree.) ◆ agg. Relativo a tale periodo.

devòto agg. **1.** Che vive in una prospettiva religiosa e lo dimostra adempiendo le pratiche del culto. **2.** Che nel suo animo e mediante pratiche religiose si affida alla protezione della divinità o a quella dei santi. **3.** *estens.* Che manifesta affetto, premura, lealtà. *Un amico devoto.* ◆ s.m. [f. *-ta*] **1.** Persona devota a Dio, ai santi. **2.** *estens.* Persona fedele e affezionata.

devozionàle agg. Dettato da devozione religiosa. ◆ s.m. Oggetto sacro, libro liturgico che suggerisce pensieri pii.

devozióne o **divozióne** s.f. **1.** Sentimento di venerazione verso Dio o i santi, che si esprime nella preghiera e in altre pratiche del culto. ~ (al pl.) Le preghiere quotidiane. **2.** Sentimento di affetto, di premura e di ammirazione. **3.** Appassionata fedeltà a un ideale, a un'istituzione.

dharma [/ˈdharma/] s.m. inv. (sanscr. *dharma-*, propr. "giustizia, dovere") **1.** Nell'induismo, legge religiosa e morale avente anche un valore sociale. **2.** Nel Buddismo, insegnamento di Budda.

di prep. Preposizione che esprime fondamentalmente un significato di appartenenza. ~ Introduce numerosi complementi. ~ Specificazione. *La porta di casa.* ~ Denominazione. *La città di Roma.* ~ Origine o provenienza. *I miei cugini di Milano.* ~ Materia. *Un anello d'oro.* ~ Abbondanza o privazione. *Una stanza piena di fumo.* ~ Qualità. *Un uomo di bassa statura.* ~ Quantità, riferita al peso. *Una anguria di tre chili.* ~ Quantità, riferita alla misura. *Una torre di cento metri.* ~ Quantità, riferita all'età. *Un bambino di tre anni.* ~ Quantità, riferita alla durata. *Una vacanza di dieci giorni.* ~ Stima e prezzo. *Un quadro di grande valore.* ~ Colpa o pena. *Accusato di corruzione.* ~ Limitazione. *Sano di mente.* ~ Argomento. *Un libro di cucina.* ~ Modo. *Essere di cattivo umore.* ~ Causa. *Morire di caldo.* ~ Tempo determinato. *Di mattina.* ~ Mezzo. *Vivere di espedienti.* ~ Fine o scopo. *Campanello d'allarme.* ~ Moto da luogo. *Uscire di casa.* ~ Paragone. *Sei più furbo di me.* ~ Predicativo. *Essere di guardia.* ~ Si usa anche per introdurre il superlativo relativo. *Il migliore dei risultati.* ~ In funzione appositiva. *Quel matto di Andrea.* ~ Nelle forme articolate (*del, dei, degli*, ecc.), svolge la funzione di art. partitivo. *Dammi del pane.* ~ Introduce frasi dipendenti implicite con l'infinito. *Mi sembra di conoscerlo.* ◇ *locc. prep. Prima di:* con valore temporale (*prima di domani sarà tutto risolto*); con valore spaziale (*il bar è prima dell'incrocio*); per indicare maggiore importanza rispetto ad altro (*la salute viene prima dei divertimenti*). – *A causa di:* in conseguenza, a motivo di. – *locc. cong. Pur di:* con lo scopo di. – *Invece di:* anziché. ~ Si usa in alcune locc. avv. *Di qui, di lì, di là, di frequente, di fronte, ecc.*

1. di- Prefisso verbale che, spec. in verbi di derivazione latina, indica movimento verso il basso (*digradare*) oppure ha valore negativo (*disperare*) o rafforzativo (*dibattere*); determina anche la formazione di verbi da sostantivi e aggettivi (*dimezzare*).

2. di- Prefisso di composti nel l. sc. nei quali esprime il sign. di "due, doppio" (diachenio, dimetro).

3. di- → **dis-**.

dì s.m. inv. Giorno, in partic. usato nelle datazioni e nelle ricette mediche. *Tre volte al dì.*

diabàse s.m. (fr. *diabase*) MIN. Roccia effusiva a struttura granulare, derivata da magmi ricchi di gabbro.

diabète s.m. Denominazione di varie patologie del ricambio, in partic. di quella consistente in un aumento della glicemia. ◇ *Diabete mellito:* disturbo del metabolismo dei glucidi dovuto a una insufficienza nell'azione dell'insulina pancreatica e caratterizzato da iperglicemia e talvolta presenza di zuccheri nelle urine. – *Diabete insipido:* tipo di diabete che non provoca la presenza di zucchero nell'urina.

ENCICL. Il diabete mellito può essere causato da disfunzioni autoimmunitarie, da obesità, da fattori ereditari e può manifestarsi fin dall'infanzia. Il controllo dei livelli della glicemia nel sangue e nelle urine costituisce una delle strategie di sorveglianza della malattia; regimi alimentari controllati e farmaci (insulina o ipoglicemizzanti orali) permettono ai diabetici di evitare complicanze nervose e vascolari.

diabètico agg. [pl.m. *-ci*, f. *-che*] **1.** Del diabete, causato dal diabete. **2.** Che è affetto da diabete. ◆ s.m. [f. *-ca*] Nell'accez. 2 dell'agg.

diabetologìa s.f. MED. Studio delle cause e della cura del diabete.

diabetòlogo s.m. [f. *-ga*, pl.m. *-gi*, f. *-ghe*] Specialista in diabetologia.

diabòlico agg. [pl.m. *-ci*, f. *-che*] **1.** Del diavolo, demoniaco. *Tentazione diabolica.* **2.** *estens.* Paragonabile al diavolo e alla sua eccellenza nel male. *Un'astuzia diabolica.* **3.** *per esager.* Paragonabile a cosa infernale, che come tale dà tormento. *Un caldo diabolico.*

diàbolo s.m. Gioco di origine cinese consistente nel far saltare in aria un rocchetto per mezzo di una fune legata a due bacchette.

diachènio s.m. [pl. *-ni*] BOT. Frutto a due carpelli, secco, che, giunto a maturità, si apre in due acheni.

diàcido s.m. CHIM. Sostanza che possiede due funzioni acide.

diàclasi s.f. inv. (gr. *diáklasis* "frattura") GEOL. Spaccatura di una massa rocciosa senza spostamento delle due parti, dovuta a cause meccaniche.

diaconàto s.m. **1.** CATT. Ordine sacro maggiore che consente di amministrare i sacramenti del battesimo e dell'eucarestia. **2.** Grado, ministero di diacono e sua durata. **3.** *estens.* Il complesso dei diaconi.

diaconéssa s.f. **1.** Nella Chiesa primitiva, donna a cui era affidata la cura dei poveri e dei malati e che compiva anche alcuni atti liturgici. **2.** In alcune Chiese protestanti, donna con particolari compiti caritatevoli e assistenziali.

diàcono s.m. (gr. *diákonos* "servitore") **1.** CATT. Ministro del culto che può amministrare il battesimo e l'eucarestia, predicare, assistere il sacerdote nella messa. **2.** Per i Protestanti, laico incaricato di opere assistenziali e dell'amministrazione dei beni della Chiesa.

diacrìtico agg. [pl.m. *-ci*] (gr. *diakritikós* "che distingue") LING. *Segno diacritico:* segno grafico che, posto sopra, sotto o accanto a una lettera dell'alfabeto o a un simbolo fonetico, ne indica una particolare pronuncia.

diacronìa s.f. (fr. *diachronie*) **1.** LING. Lo sviluppo dei fenomeni linguistici considerato dal punto di vista della loro evoluzione nel tempo (in oppos. a *sincronia*). **2.** *estens.* Diversità dei caratteri assunti da fenomeni che si sono svolti nel tempo non simultaneamente e con ritmi diversi.

diacrònico agg. [pl.m. *-ci*, f. *-che*] (fr. *diachronique*) LING. Relativo alla dimensione temporale di un fenomeno linguistico, culturale, sociale.

dìade s.f. **1.** Coppia di enti o elementi. ~ PSICOL. Coppia unita da un legame specifico all'interno della quale si forma una rete privilegiata di interazioni. **2.** BIOL. Ciascuno dei due cromosomi della prima divisione meiotica.

diadèma s.m. [pl. *-mi*] (lat. *diadēmam*, gr. *diádēma* deriv. di *diadêin* "legare intorno") **1.** Ornamento, riccamente decorato, a forma di coroncina o semicerchio che si porta sulla testa come segno di nobiltà. **2.** Ant., benda o cerchio di metallo prezioso, che cingeva il capo in segno di autorità sacerdotale o regale.

diàdico agg. [pl.m. *-ci*, f. *-che*] Relativo a una diade. SIN.: **binario**.

diàdoco s.m. [pl. *-chi*] (gr. *diádokhos* "successore") **1.** Titolo dato ai successori di Alessandro Magno. **2.** Nell'antico Egitto, titolo dei dignitari di corte di rango inferiore. **3.** Nella Grecia moderna, titolo del principe ereditario.

diàfano agg. **1.** FIS. Che ha una trasparenza tale da lasciare vedere il contorno dell'oggetto posto dietro di esso. **2.** *fig.* Di persona o del suo aspetto, di un pallore che lascia quasi vedere al di sotto della pelle.

diafanoscopìa s.f. MED. Esame della trasparenza di organi e tessuti.

diàfisi s.f. (gr. *diáphysis* "geminazione") ANAT. Parte mediana di un osso lungo (in oppos. a *epifisi*).

diafonìa s.f. **1.** MUS. Nell'antica musica greca, fenomeno di dissonanza per cui più suoni combinati vengono percepiti come distinti. **2.** MUS. Polifonia in uso nel Medioevo. **3.** ELETTRON. Disturbo consistente nella presenza in un circuito di segnali propri di un altro circuito.

diaforèsi s.f. inv. FISIOL. → **sudorazione**.

diafràmma s.m. [pl. –*mi*] **1.** Elemento di separazione costituito da una superficie. **2.** Schermo opaco con foro centrale presente in strumenti ottici, con la funzione di circoscrivere il fascio di raggi luminosi che lo attraversa. **3.** Negli apparecchi acustici, membrana vibrante. **4.** ANAT. Muscolo volontario largo e sottile che separa il torace dall'addome. (La sua contrazione provoca l'aumento del volume della gabbia toracica e, di conseguenza, l'inspirazione.) **5.** MED. Contraccettivo femminile costituito da una membrana di materiale morbido (gomma, plastica, ecc.) che viene applicata al collo dell'utero.

diaframmàre v.tr. **1.** Regolare l'apertura di un diaframma. **2.** TECNOL. Fornire qlco. di diaframma.

diaframmàtico agg. [pl.m. –*ci*, f. –*che*] ANAT. Relativo al diaframma.

diagènesi s.f. inv. GEOL. Insieme dei fenomeni che assicurano la trasformazione di un sedimento in una roccia coerente.

diàgnosi s.f. inv. **1.** MED. Individuazione di una patologia attraverso l'analisi dei sintomi. **2.** *estens.* Individuazione delle cause che concorrono a determinare un fenomeno sociale, politico, ecc.

diagnòstica s.f. [non com. pl. –*che*] MED. Scienza applicata all'individuazione delle malattie.

diagnosticàre v.tr. [4] MED. Riconoscere una malattia mediante diagnosi.

diagnòstico agg. [pl.m. –*ci*, f. –*che*] Relativo alla diagnosi. ◆ s.m. [f. –*ca*] Diagnosta.

diagonàle agg. **1.** Che ha direzione obliqua. **2.** MAT. *Matrice diagonale:* matrice quadrata i cui unici elementi diversi da zero sono quelli della diagonale. ~ Nel tennis, tiro che fa seguire alla palla una traiettoria coincidente con la diagonale del campo. ~ Nel calcio, tiro effettuato da un'ala del campo verso l'estremo opposto o verso il centro.

diagràmma s.m. [pl. –*mi*] Rappresentazione grafica o schematica che permette di descrivere una funzione matematica, l'evoluzione di un fenomeno, la correlazione dei fattori, la disposizione relativa delle parti di un insieme. ◇ BOT. *Diagramma floreale:* rappresentazione convenzionale degli elementi che compongono un fiore, proiettati su un piano normale all'asse del fiore stesso. – *Diagramma a blocchi:* rappresentazione schematica, costituita da una serie di rettangoli collegati con linee, che rappresenta le unità che compongono un sistema. – MAT. *Diagramma cartesiano:* rappresentato in un sistema di assi cartesiani. – INFORM. *Diagramma di flusso:* rappresentazione grafica delle operazioni di un programma.

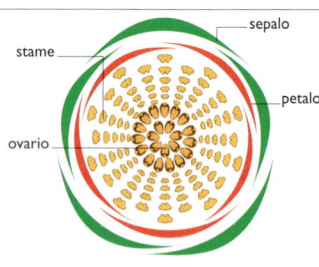

■ **diagràmma** floreale.

dialèfe s.f. METR. Fenomeno che si verifica quando la vocale finale di una parola e la vocale iniziale della parola successiva formano due distinte sillabe metriche.

dialettàle agg. Relativo al dialetto.

dialèttica s.f. [non com. pl. –*che*] **1.** Capacità di svolgere un ragionamento con logica, ricchezza di argomentazioni e forza persuasiva. **2.** Per Platone, rapporto che permette di risalire dalla realtà ideale. ~ Per Hegel, la forma dello sviluppo del pensiero e della realtà attraverso un processo di tesi (affermazione), antitesi (negazione) e sintesi (momento di superamento dei

due precedenti dei quali si conservano tuttavia elementi fondamentali). ~ In Marx ed Engels assume la forma di lotta tra le classi sociali.

dialèttico agg. [pl.m. –*ci*, f. –*che*] **1.** Caratterizzato da rigore logico e forza persuasiva. **2.** FILOS. Che attiene alla dialettica in senso hegeliano o marxiano. **3.** *estens.* Che non ragiona in modo schematico, semplicistico, meccanico ma coglie e valorizza le contraddizioni. ◆ s.m. Ragionatore abile, parlatore sottile.

dialettìsmo s.m. LING. Parola o espressione in una lingua nazionale che ha carattere, origine dialettale.

dialettizzàre v.tr. **1.** Rendere dialettali testi scritti o parlati. SIN.: **dialettalizzare**. **2.** FILOS. Mettere due concetti in un rapporto dialettico.

dialètto s.m. (gr. *diálektos* "lingua") Variante regionale di una lingua.

dialettòfono agg. LING. Che parla in dialetto. ◆ s.m. [f. –*na*] Nel sign. dell'agg.

dialettologìa s.f. LING. Studio dei dialetti.

dialettòlogo s.m. [f. –*ga*, pl.m. –*gi*, f. –*ghe*] Studioso di dialettologia.

dialipètalo agg. BOT. Di fiore, i cui petali sono separati uno dall'altro (in oppos. a *gamopetalo*). SIN.: **coripetalo**.

dialisèpalo agg. BOT. Del calice di un fiore i cui sepali sono separati uno dall'altro (in oppos. a *gamosepalo*). SIN.: **corisepalo**.

diàlisi s.f. (gr. *diálysis* "scioglimento") **1.** MED. Mezzo terapeutico con cui si eliminano le scorie dall'organismo quando i reni non sono in grado di assolvere tale funzione. ◇ *Dialisi extracorporea:* emodialisi. – *Dialisi peritoneale:* che utilizza il peritoneo come membrana filtrante per lo scambio tra il sangue e un liquido iniettato. **2.** CHIM. Separazione delle sostanze sciolte in una soluzione, attuata sfruttando la loro diversa capacità di diffusione attraverso una membrana. **3.** Figura retorica consistente nell'interrompere la continuità del periodo con un inciso.

dializzàre v.tr. **1.** CHIM., FIS. Sottoporre delle sostanze in soluzione a dialisi. **2.** MED. Sottoporre un paziente a emodialisi.

dializzàto agg. **1.** CHIM., FIS. Riferito a soluzione colloidale che ha perso le sostanze cristalloidi prima presenti. **2.** Di malato sottoposto a dialisi. ◆ s.m. [f. –*ta*] Nell'accez. 2 dell'agg.

dializzatóre agg. [f. –*trice*] (fr. *dialyseur*) CHIM., FIS. Che serve a compiere una dialisi. ◆ s.m. Apparecchio per eseguire la dialisi.

diàllage s.f. (lat. *diăllagen*, gr. *diallagē* deriv. di *diallássein* "cambiare") Nella retorica classica, figura per cui una serie di argomenti portano alla stessa conclusione.

diallàgio s.m. [pl. –*gi*] (deriv. di gr. *diallagē* "mutamento" da *diallássein* "cambiare" per la varia tipologia con cui si può presentare) MIN. Minerale dei pirosseni che si presenta in masse lamellari di colore grigio o verde-bruno.

diallagite s.f. MIN. Roccia eruttiva intrusiva costituita prevalentemente da diallagio.

diallèlo o **diallèle** s.m. FILOS. Circolo, giro vizioso di parole.

dialogàre v.intr. [4] (aus. *avere*) **1.** Avere un dialogo con qlcu. ~ Di due o più persone, conversare, discorrere. *Francesca e Giovanni stavano dialogando.* **2.** *estens.* Avere un'intesa comunicativa, condividere idee e progetti. ~ Comunicare in uno spirito di disponibilità al confronto e all'accordo. *Governo e opposizione devono dialogare.* ~ Essere aperti al confronto, al dialogo con chi la pensa in modo diverso. ◆ v.tr. Scrivere dialoghi per un film, un'opera teatrale, ecc.

dialoghìsta s.m. e f. [pl.m. –*sti*] **1.** Autore specializzato nella creazione di dialoghi. **2.** Chi cura l'adattamento italiano dei dialoghi dei film stranieri.

dialògico agg. [pl.m. –*ci*, f. –*che*] In forma di dialogo.

dialogìsmo s.m. Uso del dialogo in un'opera di genere narrativo o trattatistico per conseguire un effetto di vivacità.

diàlogo s.m. [pl. –*ghi*] **1.** Conversazione, comunicazione tra due o più persone. ~ Discussione finalizzata a trovare un accordo. **2.** *estens.*

Possibilità e capacità di parlare con confidenza e sincerità. ◇ *Dialogo tra sordi:* dialogo in cui gli interlocutori non si ascoltano. **3.** Insieme delle battute scambiate tra i personaggi di una opera teatrale, di un film, di un testo scritto. **4.** Opera letteraria presentata sotto forma di conversazione. **5.** MUS. Componimento per due o più voci accompagnate o per due o più strumenti in stile concertante.

diamagnètico agg. [pl.m. –*ci*, f. –*che*] FIS. Di sostanza che possiede suscettività magnetica negativa.

diamànte s.m. **1.** MIN. Carbonio puro in cristalli incolori o di colore vario. ~ Pietra preziosa dal valore variabile a seconda della purezza, della dimensione e del colore. ◇ ARCH., ART. DEC. APPL. *A punta di diamante:* bugnato a piccole piramidi regolari. **2.** *fig.* Costituisce il termine di paragone di persone e cose di cui si vuole sottolineare l'inattaccabilità. *Duro come il diamante.* **3.** Strumento con punta di diamante usato per tagliare il vetro. ◇ *fig. Essere la punta di diamante:* detto di persona che costituisce l'elemento di spicco di un gruppo. **4.** MAR. Nell'ancora, punta che si trova all'incrocio delle marre e che sporge rispetto al loro profilo esterno. **5.** Nel baseball, quadrato centrale avente ai vertici le quattro basi.

ENCICL. Il diamante è un minerale costituito di carbonio puro allo stato cristallino. Ha una densità di 3,5 ed è il più duro dei minerali naturali. La varietà opaca è usata nell'industria per tagliare, perforare, modellare materiali. Il diamante naturale, trasparente e incolore, è una pietra preziosa di grande pregio. Viene tagliata a forma di rosa, di brillante, di goccia, o di rettangolo (taglio a smeraldo) per aumentarne la brillantezza. Alcuni diamanti sono diventati celebri. Il *Régent* (Museo del Louvre), che fu acquistato nel 1717 dal Duca di Orléans, è considerato il più puro, con i suoi 137 carati (27,4 g). Il *Cullinan* (Torre di Londra), che fu trovato nel 1905 in Transilvania, è il più grande del mondo: la sua massa grezza, prima del taglio, era di 3106 carati (621,2 g).

diamantìfero agg. Che contiene diamanti.

diamantìna s.f. Chiodo con capocchia sfaccettata.

diamèsico agg. [pl.m. –*ci*, f. –*che*] LING. Che concerne le variazioni linguistiche dipendenti dal mezzo (scrittura, parlato faccia a faccia, parlato trasmesso) attraverso cui avviene la comunicazione.

diametràle agg. **1.** Che si riferisce al diametro. **2.** Che costituisce o unisce o si trova in ciascuno degli estremi del diametro. **3.** *fig.* Che ha un rapporto di opposizione analogo a quello degli estremi di un diametro.

diametralménte avv. Secondo la linea del diametro. ◇ *Diametralmente opposto:* opposto come lo sono gli estremi di un diametro; *fig.* in totale antitesi, senza possibilità di trovare un punto d'incontro.

diàmetro s.m. **1.** GEOM. Segmento che unisce due punti di una circonferenza passando per il centro. ~ La lunghezza del segmento stesso. **2.** *estens.* Segmento che congiunge due punti simmetrici di un qualsiasi corpo che abbia un centro di simmetria. *Diametro di un albero.*

diàmine escl. Indica disapprovazione, impazienza. *Diamine! La situazione è grave!* ~ Sottolinea una risposta affermativa. *"La conosci?" "Diamine!".*

diammìde o **diamìde** s.f. CHIM. Composto organico che contiene due ammidici radicali.

diammìna o **diamìna** s.f. CHIM. Denominazione di composti organici contenenti due gruppi amminici.

diàna s.f. (lat. *Diănam* "Diana" dea della luna e della prima luce del mattino) **1.** (iniziale maiusc., solo sing.) Altro nome del pianeta Venere visibile a oriente prima del sorgere del sole. **2.** *estens.* Prima luce del giorno. ~ MIL. Segnale di sveglia per i soldati. **3.** MAR. Sulle navi, turno di guardia dalle quattro alle otto del mattino. **4.** Denominazione data dagli alchimisti all'argento perché del colore della Luna, identificata dagli antichi con la dea Diana.

dianètica s.f. [non com. pl. *–che*] (ingl. *dianetics*, gr. *dianoētikós* "dianoetico") Tipo di terapia psicologica che fa ricorso alla rievocazione di ricordi riferibili a supposte vite anteriori.

dianoètico agg. [pl.m. *–ci*, f. *–che*] (gr. *dianoētikós*, deriv. di *diánoēsis* "pensiero") FILOS. Proprio della ragione e dell'intelletto. ◇ *Pensiero dianoetico*: in Platone terzo grado del sapere, identificabile con il ragionamento scientifico che coglie per via di ipotesi la realtà intelligibile. – *Virtù dianoetiche*: in Aristotele le virtù proprie della ragione quali l'arte, la scienza, l'intelligenza, la sapienza.

diànoia s.f. (gr. *diánoia*, comp. di *diá* "attraverso" e *noûs* "mente") FILOS. Nel pensiero platonico e aristotelico, la conoscenza intellettuale propria della ragione.

Diànto s.m. BOT. Genere di piante prevalentemente erbacee, dotate di foglie lineari, fusti articolati nodosi, fiori di svariati colori, con sepali uniti, petali con unghia; comprende tutte le specie di garofano. (Famiglia delle Cariofillacee.)

diàpason s.m. inv. (gr. *diapasōn*, dalla loc. *dià pasōn khordôn symphonía* "armonia per mezzo di tutte le corde") **1.** Strumento formato da una forcella metallica alla cui estremità si trova una lama vibrante a forma di U che emette con grande purezza il *la* della terza ottava. (Si usa per dare l'intonazione alle voci di un coro o per accordare strumenti.) **2.** Estensione dei suoni, dal più basso al più alto, che possono essere prodotti da una voce o da uno strumento. **3.** *fig.* Acme, culmine. *Toccare il diapason.*

diapàusa s.f. BIOL. Periodo di stasi dello sviluppo embrionale degli insetti che si verifica a causa di condizioni ambientali sfavorevoli.

diapedèsi s.f. inv. (gr. *diapédēsis*, deriv. di *diapēdân* "balzare attraverso") MED. Passaggio di cellule del sangue nei tessuti attraverso la parete dei vasi capillari, proprio degli stati infiammatori.

diàpiro s.m. (gr. *diápyros* "infiammato") GEOL. Struttura rocciosa per lo più di salgemma o argilla, a pieghe anticlinali.

diaporàma s.m. inv. Proiezione di diapositive con sonoro sincronizzato.

diapositiva s.f. Immagine fotografica positiva su pellicola, da proiettarsi su uno schermo.

diapotèca s.f. [pl. *–che*] Contenitore per diapositive

diaproiettóre s.m. Proiettore per diapositive.

diàpside agg. ANAT. *Cranio diapside*: provvisto di due fosse temporali.

Diàpsidi s.f. pl. [iniziale minusc. sing. *–de* per l'individuo] ZOOL. Sottoclasse di rettili con cranio diapside.

diarchia s.f. Forma di governo nella quale il potere è esercitato congiuntamente da due persone o due organi di pari autorità.

diària s.f. Somma giornaliera dovuta al dipendente in trasferta, a titolo di rimborso per spese sostenute.

diàrio s.m. [pl. *–ri*] (lat. *diàrium* "registro di annotazioni giornaliere") **1.** Registrazione quotidiana di ciò che accade, come forma storiografica e come privata scrittura di memorie. ◇ *Diario segreto*: annotazione di impressioni o riflessioni personali. **2.** *estens.* Volumetto, quaderno per tali scritture. **3.** Registro predisposto per annotazioni di tipo obiettivo. *Diario di classe.* ◇ *Diario scolastico*: quello in cui gli alunni segnano i compiti che devono svolgere. – *Diario di bordo*: diario su cui il comandante di una nave annota le informazioni relative al viaggio.

diarista s.m. e f. [pl.m. *–sti*] LETT. Storico, autore di diari.

diarrèa s.f. Evacuazione frequente di feci liquide o semiliquide. SIN. **dissenteria**.

diarròico agg. [pl.m. *–ci*, f. *–che*] Relativo alla diarrea.

diartròsi s.f. inv. ANAT. Articolazione caratterizzata da una grande mobilità (come quelle del ginocchio e del gomito).

diascòpio s.m. [pl. *–pi*] Apparecchio che permette la proiezione su schermo di un'immagine impressa su pellicola.

diàspora s.f. (gr. *diasporá*, deriv. di *diaspéirein* "seminare qua e là") La dispersione di un popolo in varie parti del mondo. ~ *per anton.* La dispersione del popolo ebreo dopo la distruzione del tempio di Gerusalemme a opera dei Romani nel 70 d.C. (v. parte n.pr.).

diàspro s.m. MIN. Roccia silicea durissima, contenente quarzo microcristallino, opaca, di colori vari, usata come pietra ornamentale.

1. diàstasi s.f. inv. MED. Separazione di parti di organi normalmente a contatto.

2. diastàsi s.f. inv. BIOL. → amilasi.

diastèma s.m. [pl. *–mi*] **1.** MED. Spazio che si crea tra un dente e l'altro quando tra loro ne manca uno intermedio. **2.** GEOL. Momentanea sospensione di un processo di sedimentazione.

diàstole s.f. (lat. *diàstolen*, gr. *diastolē* "dilatazione") **1.** Nella metrica italiana, spostamento dell'accento dalla terz'ultima alla penultima sillaba. **2.** Nella metrica classica, allungamento di una vocale breve. **3.** FISIOL. Fase di dilatazione degli atri e dei ventricoli cardiaci che succede alla *sistole*.

diastòlico agg. [pl.m. *–ci*, f. *–che*] FISIOL. Relativo alla diastole.

diatermàno agg. (fr. *diathermane*, deriv. di gr. *diathermáinein* "scaldare attraverso") FIS. Corpo che non si surriscalda se esposto a calore raggiante.

diatermìa s.f. MED. Metodo di cura consistente nel surriscaldare un tessuto interno con una corrente elettrica a bassa tensione e ad alta frequenza.

diatermocoagulazióne s.f. MED. Coagulazione delle albumine dei tessuti o del sangue praticata con l'elettrobisturi, con cui si ottiene la distruzione delle cellule malate.

diàtesi s.f. inv. (gr. *diáthesis* "disposizione") **1.** GRAMM. Forma della coniugazione verbale che esprime il rapporto tra il soggetto e l'evento descritto dal verbo. *Diatesi attiva, passiva.* **2.** MED. Complesso di caratteristiche anatomiche e funzionali, perlopiù ereditarie, che predispongono la persona a un tipo di patologie piuttosto che a un altro. *Diatesi allergica.*

Diatomèe s.f. pl. [iniziale minusc. sing. *–a* per l'individuo] (lat. *Diatomeae*, gr. *diátomos* "che taglia in due" prob. perché queste alghe formano catene non lineari) BOT. Classe di alghe unicellulari marine e lacustri, fornite di una membrana silicea bivalve, che rappresentano il fitoplancton per eccellenza.

■ diatomèa

diatòmico agg. [pl.m. *–ci*, f. *–che*] CHIM. Che ha due atomi.

diatomite s.f. GEOL. Roccia sedimentaria silicea formata da gusci di Diatomee, usata spec. come abrasivo o come assorbente.

diatonia s.f. MUS. Passaggio diretto del suono a un grado all'altro della scala fondamentale.

diatònico agg. [pl.m. *–ci*, f. *–che*] MUS. Proprio della diatonia. ◇ *Scala diatonica*: quella in cui l'ottava è suddivisa in cinque toni e due semitoni (in oppos. alla *scala cromatica*).

diatonismo s.m. MUS. Utilizzo della successione dei toni e dei semitoni naturali all'interno delle scale di cui fanno parte.

diàtriba s.f. Discussione polemica, che si trascina nel tempo. SIN. **contesa**.

diavoleria s.f. **1.** Accorgimento, espediente ingegnoso. SIN. **astuzia**. **2.** *estens.* Dispositivo

ingegnoso ma alquanto singolare e bizzarro. SIN. **marchingegno**.

diavoléssa s.f. Essere demoniaco rappresentato con fattezze femminili.

diavolétto s.m. **1.** [f. *–ta*] Nel sign. del dim. di *diavolo*. ~ Spec., in senso scherz., bambino turbolento e scatenato. **2.** FIS. *Diavoletto di Cartesio*: apparecchio a forma di pupazzo che serve a studiare le diverse condizioni in cui può trovarsi un corpo immerso in un liquido. **3.** Bigodino.

diàvolo s.m. [f. *diavola, diavolessa* nelle accez. 1 e 2] (lat. *diàbolum*, gr. *diábolos* propr. "calunniatore") **1.** Secondo la teologia cristiana, ebraica e musulmana, angelo che si ribellò a Dio venendo cacciato dal Paradiso e che da allora insidia il progetto di salvezza concepito da Dio per il genere umano, spingendo l'uomo verso il male. (La sua natura di spirito immondo è rappresentata attraverso l'aspetto semiumano: corna sul capo, coda, piedi caprini, mani artigliate e ali simili a quelle del pipistrello.) **2.** Simbolo di perfidia, di malvagità, di aspetti deteriori o sgradevoli dell'essere umano e della realtà. *Brutto come il diavolo.* ~ Simbolo di grande astuzia, di abilità nel vincere sottilmente gli altri, nel raggiungere uno scopo. *Quel diavolo di rappresentante!* ◇ *figg. Saperne una più del diavolo*: essere più furbo e ingegnoso del diavolo stesso. – *Mandare qlcu. al diavolo*: scacciarlo, respingerlo. – *Mandare qlco. al diavolo*: non condurlo a buon fine. – *Fare il diavolo a quattro*: fare confusione, agitarsi. – *Avere il diavolo in corpo*: essere agitato, inquieto come un indemoniato. – *A casa del diavolo*: in un posto lontano, impervio, scomodo come l'inferno. – *fam. Un buon diavolo*: persona umile e onesta. – *Un diavolo d'uomo*: una persona eccezionale, inesauribile, di grandi risorse. – *Vendere l'anima al diavolo*: scendere a qualsiasi compromesso. – CUC. *Alla diavola*: modo di cucinare il pollo, che consiste nel cospargerlo di pepe e cuocerlo sulla griglia. **3.** Carta dei tarocchi in cui è raffigurato il diavolo. **4.** Oggetto di ferro a forma di imbuto rovesciato che, messo sul fornello a carbone, ne facilita l'accensione.

diazina s.f. CHIM. Composto organico in cui la molecola è formata da un anello eterociclico a sei atomi, di cui due di azoto.

diazòico agg. Detto di composti che si formano per azione dell'acido nitroso sulle arilamine primarie.

diazotipia s.f. FOTO. Procedura di riproduzione a colori dei documenti che utilizza un'emulsione a base di sostanze diazoiche.

dibàttere v.tr. Discutere qlco., esaminarne tutti gli aspetti. *Dibattere un disegno di legge.* ◆ **dibàttersi** v.pron. **1.** Agitarsi, divincolarsi. *Il pesce si dibatteva violentemente.* **2.** *fig.* Trovarsi in una situazione difficile, di tormentosa incertezza, da cui non si riesce a venir fuori. *Dibattersi nel dubbio.*

dibattimentàle agg. DIR. Relativo al dibattimento giudiziario. *Fase dibattimentale.*

dibattiménto s.m. **1.** Dibattito, disputa, discussione. **2.** DIR. Momento del processo penale in cui si discute pubblicamente il caso oggetto di giudizio e si formulano le richieste per l'assoluzione o la condanna.

dibàttito s.m. Esame di un problema che comporta una discussione animata, a volte diretta, tra persone di pareri diversi. ~ In partic. discussione parlamentare o consiliare. *Dibattito sul bilancio aziendale.* ◇ *Dibattito politico*: discussione tra rappresentanti istituzionali su questioni politiche.

dibattùto agg. **1.** Che dà adito a differenti opinioni. **2.** Che non sa decidersi, tormentato.

diboscaménto o **disboscaménto** s.m. Taglio di un bosco per rinnovare le piante o per sfruttare il legname. SIN. **deforestazione**.

diboscàre o **disboscàre** v.tr. [4] Tagliare gli alberi di una zona boschiva.

dicàsio s.m. [pl. *–si*] BOT. Sistema di ramificazione, evidente in alcune infiorescenze, in cui, sotto il fiore terminale, si sviluppano due rami fioriferi simmetrici.

dicastèro s.m. (ted. *Dikasterium*, gr. *dikastérion* "tribunale") Ciascuno dei settori in cui è suddivisa una pubblica amministrazione. *Dicastero degli interni.* SIN.: **ministero**.

dicco s.m. [pl. *–chi*] (ingl. *dyke*, propr. "diga") GEOL. Filone di rocce intrusive interposto tra altre meno resistenti.

dicèmbre s.m. inv. (lat. *decembrem mensem* "mese di dicembre", deriv. di *decem* "dieci" perché decimo mese) Dodicesimo mese dell'anno secondo il calendario giuliano e gregoriano.

dicèntra s.f. **1.** Pianta erbacea perenne dai fiori bianco-rosati penduli, con petali esterni cuoriformi, detta anche *cuor di Maria*. (Famiglia delle Papaveracee.) **2.** BOT. (iniziale maiusc.) Genere di piante a cui appartengono diverse specie di dicentra.

diceria s.f. Pettegolezzo, chiacchiera che si diffonde sul conto di qlcu. SIN.: **maldicenza**.

dichetóne s.m. CHIM. Composto organico nella cui molecola sono presenti due gruppi chetonici.

dichiarànte s.m. e f.DIR. Chi fa una dichiarazione. *Firma del dichiarante.* ◇ *Coniuge dichiarante:* quello che partecipa alla dichiarazione (congiunta) dei redditi presentata dall'altro.

dichiaràre v.tr. **1.** Rendere qlco. manifesto a qlcu. *Dichiarare le proprie intenzioni alla famiglia.* ~ Affermare, asserire. *Dichiarare la propria innocenza.* **2.** Notificare qlco. a un'autorità. *Dichiarare il proprio reddito al fisco.* ◇ *Dichiarare bancarotta:* fallire. ~ Testimoniare qlco. in tribunale. *Dichiarare il falso.* SIN.: **deporre**. ~ Detto di uffici amministrativi, attestare qlco. SIN.: **certificare**. Proclamare ufficialmente un'iniziativa nei confronti di qlcu. o qlco. *Dichiarare guerra.* **4.** Riconoscere qlcu. in base a un giudizio emanato, o nominarlo con un certo titolo. *La dichiaro dottore in lettere.* ◇ *Dichiarare qlcu. in arresto:* procedere al suo arresto. ◆ **dichiararsi** v.pron. **1.** Affermare a proposito di se stessi di essere in un particolare stato d'animo, o di rivestire un determinato ruolo. *Dichiararsi soddisfatto.* **2.** Proclamare il proprio amore a qlcu.

dichiarativo agg. **1.** Che serve a chiarire, a rendere esplicito. **2.** Che serve a dichiarare, a notificare. *Sentenza dichiarativa.* ~ DIR. Detto di un atto con cui si constata l'esistenza di un diritto preesistente. **3.** GRAMM. Detto di un verbo che introduce un discorso o l'atto del parlare. ◇ LING. *Enunciato dichiarativo:* quello che manifesta un pensiero in termini di pura constatazione. – *Frase o proposizione dichiarativa:* quella che esplicita il contenuto di un elemento antecedente.

dichiarazióne s.f. **1.** Esposizione orale o scritta di ciò che si vuole far conoscere ad altri. SIN.: **comunicato**. ~ estens. Testo compilato a tale scopo. *Firmare una dichiarazione.* **2.** Atto, che può avere valore giuridico, con il quale si attesta qlco. ◇ *Dichiarazione dei redditi:* dichiarazione resa annualmente dal contribuente all'ufficio delle imposte dirette, in cui sono riepilogati tutti i redditi imponibili percepiti nell'anno ai fini della determinazione dell'imposta dovuta. **3.** Proclama, pubblica enunciazione di intenti. ◇ *Dichiarazione programmatica:* documento con cui il governo spiega al parlamento quali indirizzi politici intende perseguire. – *Dichiarazione dei diritti:* documento solenne che enuncia i diritti fondamentali della persona umana. **4.** Espressione di privati sentimenti ritenuta piuttosto impegnativa. *Dichiarazione d'amore.* **5.** Nel gioco del bridge, annuncio da parte dei giocatori del numero di prese che si impegnano a realizzare.

dicioccàre v.tr. [4] **1.** Eliminare da un terreno le ceppaie degli alberi caduti o abbattuti. **2.** Dissodare un terreno.

diciòtto agg. num. card. Numero naturale successore di diciassette. ◆ s.m. inv. **1.** Il numero diciotto. **2.** La forma grafica del numero diciotto. **3.** La quantità equivalente a diciotto unità. **4.** Voto conseguito in prove ed esami sulla base di differenti scale di valutazione; è la sufficienza in quella universitaria espressa in trentesimi.

dicitóre s.m. [f. *–trice*] **1.** Persona che parla, spec. in pubblico. *Dicitore e uditore.* **2.** Chi, per passione o per professione, recita pubblicamente testi.

dicitùra s.f. **1.** Aspetto formale di uno scritto o di un discorso. **2.** Breve scritta con cui si dà un'informazione o si illustra un'immagine. SIN.: **didascalia**.

diclìno agg. BOT. Detto di fiori provvisti solo di stami o solo di pistilli, detti anche *unisessuali.*

dicotilèdone agg. BOT. Di pianta il cui embrione ha due cotiledoni. SIN.: **dicotile**. ◆ s.f. Pianta della classe delle Dicotiledoni.

Dicotilèdoni s.f. pl. BOT. Classe di piante con due cotiledoni nell'embrione. (Comprende ca. 170.000 specie; divisione delle Angiosperme.)

2 cotiledoni (talvolta 3 o 4)

picciolo a nervature ramificate

tipo arborescente o erbaceo

fasci conduttori della linfa su un solo asse, corteccia

radice principale persistente

■ **Dicotilèdoni**

dicotomìa s.f. (gr. *dikhotomía*, comp. di *díkha* "in due parti" e *témnein* "tagliare") **1.** Suddivisione di un concetto in due categorie distinte e opposte. **2.** estens. Radicale divisione, separazione tra due entità, posizioni, punti di vista. *Dicotomia tra classicismo e romanticismo.* **3.** BIOL. Rapporto proprio di due caratteri che si escludono a vicenda. **4.** BOT. Tipo di ramificazione caratterizzato dalla divisione dell'apice in due apici, ciascuno dei quali può, a sua volta, bipartirsi. **5.** ASTR. Primo e ultimo quarto del ciclo lunare.

dicòtomo agg. **1.** BOT. Che presenta dicotomia. *Gambo dicotomo.* **2.** ASTR. *Luna dicotoma:* al primo o all'ultimo quarto.

dicroìsmo s.m. OTT. Proprietà di alcune sostanze cristallizzate che presentano colorazioni diverse a seconda delle direzioni di osservazione.

dicromatìsmo s.m. MED. Anomalia della vista consistente nel distinguere solo la luce e l'ombra oppure soltanto due dei tre colori fondamentali.

dicromìa s.f. Procedimento di riproduzione basato sulla colorazione risultante dall'impiego di due colori.

didascalìa s.f. (gr. *didaskalía* "insegnamento") **1.** Nei testi teatrali e nei copioni cinematografici, annotazione dell'autore circa la scenografia, la recitazione, ecc. **2.** Nei film, scritta che accompagna lo scorrere delle immagini. SIN.: **sottotitolo**. **3.** Breve scritta posta su cartigli, dipinti, ecc. e, in partic., quella che accompagna e spiega un'illustrazione. ~ estens. Avviso, indicazione. **4.** Nell'antico teatro greco, attività di preparazione del coro sotto la guida di un maestro. ~ estens. Elenco di rappresentazioni teatrali, corredato dei nomi degli autori, degli attori, ecc.

didascàlico agg. [pl.m *–ci*, f. *–che*] **1.** Volto a facilitare l'apprendimento. **2.** LETT. Che espone precetti morali o nozioni scientifiche e tecniche avendo come scopo l'educazione morale e l'istruzione del lettore. **3.** Dell'insegnamento. **4.** estens. Che risulta, pare saccente.

didascalìsmo s.m. Tendenza a far prevalere l'intento pedagogico su ogni altro, con il risultato di cadere in una certa monotonia e aridità espositiva.

didàttica s.f. **1.** Parte della pedagogia che ha per oggetto di studio i metodi d'insegnamento. **2.** estens. Metodo adottato e applicato all'insegnamento di una specifica disciplina.

didàttico agg. [pl.m. *–ci*, f. *–che*] Che concerne l'insegnamento. ◇ *Direttore didattico:* direttore di scuole elementari. ◆ s.m. *non com.* Chi parla o scrive in modo saccente.

didàttilo agg. ZOOL. Che ha due dita.

didattìsmo s.m. Eccessiva rigidezza e staticità nei principi e metodi didattici. SIN.: **didatticismo**.

Didèlfidi s.m. pl. [iniziale minusc. sing. *–de* per l'individuo] (lat. *Didelphydae*, comp. di gr. *dís* "doppio" e *delphýs* "utero" per la caratteristica doppia apertura nell'utero) ZOOL. Famiglia di mammiferi del continente americano, simili a topi di grosse dimensioni, sono per lo più notturni, insettivori e carnivori. (Ordine dei Marsupiali.)

didiètro avv. Dietro, dalla parte posteriore. ◆ s.m. inv. **1.** La parte posteriore. **2.** *fam.* Parte dell'uomo e dell'animale che comprende i glutei.

dièci agg. num. card. **1.** Numero naturale successore di nove. **2.** Indica un numero indeterminato, anche con valore iperbolico. *Ripetere dieci volte la stessa cosa.* ◆ s.m. inv. **1.** Il numero dieci. **2.** La forma grafica del numero dieci. **3.** La quantità equivalente a dieci unità ogni cento, mille o più. **4.** Voto scolastico che, in una scala di valutazione da zero a dieci, indica il più alto livello di preparazione. ◇ *Dieci e lode:* un tempo, il massimo voto assegnato; *fig.* formula di viva approvazione.

diecìna s.f. → **decina**.

dièdro agg. GEOM. *Angolo diedro:* ciascuna delle due parti in cui lo spazio viene diviso da due semipiani aventi origine nella stessa retta. ◆ s.m. **1.** GEOM. Angolo diedro. **2.** AER. Angolo formato dal piano orizzontale con il piano delle ali di un aereo.

dieffenbàchia s.f. (dal nome del naturalista tedesco E. *Dieffenbach*) Pianta perenne, dalle foglie grandi e allungate di color verde con sfumature gialle, largamente diffusa come pianta da appartamento. (Famiglia delle Aracee.)

diegèsi s.f. inv. Nella critica strutturalista, sviluppo della narrazione.

dielettricità s.f. inv. ELETTR. Proprietà dei mezzi dielettrici.

dielèttrico agg. [pl.m. *–ci*, f. *–che*] ELETTR. Di un mezzo caratterizzato da bassa conduttività. SIN.: **isolante**. ◇ *Costante dielettrica:* attitudine di una sostanza isolante a trasmettere l'azione induttiva elettrostatica. ◆ s.m. Mezzo poco conduttivo.

diencèfalo s.m. ANAT. Parte del cervello posta alla base del cranio, che presiede a importanti funzioni della vita vegetativa.

dième s.m. CHIM. Ogni idrocarburo alifatico la cui molecola presenti due doppi legami. SIN.: **diolefina**.

dièresi s.f. inv. **1.** FON. Separazione di una sequenza vocalica in modo che i due suoni vocalici che prima formavano un'unica sillaba vadano a costituire due sillabe (in *oriente,* p.e., o-*ri-en*-te invece di o-*rien*-te). ~ Il segno che indica tale separazione. **2.** Nella metrica classica, pausa metrica, interna al verso, che si ha quando vi è coincidenza tra la fine del piede e la fine della parola. **3.** FILOS. Nel pensiero classico, articolazione di una categoria concettuale, di un'idea, in altre meno generali, logicamente comprese nella prima. **4.** MED. Divisione spontanea o chirurgica di tessuti.

diergòlo s.m. Propellente liquido costituito da un combustibile e un ossidante iniettati separatamente nella camera di combustione.

diesel [/'diːzəl/] agg. inv. (voce ingl., dal nome dell'inventore tedesco Rudolf *Diesel*) Di motore a combustione interna che funziona per accensione spontanea del carburante grazie all'alta temperatura raggiunta dall'aria nella fase di compressione. *Motore diesel.* ◆ s.m. inv. **1.** Motore alimentato a gasolio, a nafta. **2.** Veicolo equipaggiato di motore diesel. **3.** FERR. *Diesel-elettrico:* mezzo di trazione la cui potenza è data da un motore diesel che trascina un generatore o un alternatore che a sua volta fornisce corrente ai motori.

dies irae loc. sost. m. inv. (loc. lat., propr. "il giorno dell'ira") **1.** RELIG. Componimento della liturgia dei defunti, nel rito cattolico romano. **2.** estens. Giorno del giudizio divino.

dièsis s.m. inv. (lat. *dièsin*, gr. *díesis* propr. "intervallo") **1.** MUS. Segno che altera una nota elevandola di un semitono ascendente. ◇ *Doppio diesis:* segno dal valore doppio rispetto al diesis semplice. **2.** Nell'antica musica greca, metà o quarto di tono.

dièstere s.m. Olio vegetale esterificato, utilizzato, puro o mescolato a gasolio, come biocarburante di motori diesel.

1. dièta s.f. (lat. *diētam* "giorno stabilito per l'adunanza") ST. Nel Medioevo, assemblea politica di vari Stati europei atta a eleggere il sovrano e a elaborare le leggi sottoposte alla sua ratifica. (Il Parlamento polacco mantiene ancora questo nome.) ~ Successivamente, assemblea dei deputati dei paesi componenti uno stato sovranazionale.

2. dièta s.f. (lat. *diăetam*, gr. *díaita* propr. "regola di vita") **1.** MED. Regime alimentare in cui quantità e qualità degli alimenti sono stabiliti in base al risultato terapeutico che si vuole conseguire. **2.** assol. Dieta dimagrante. **3.** *scherz.* Astensione da altre cose, in partic. privazione sessuale.

dietètica s.f. [non com. pl. *–che*] Disciplina che studia i valori nutritivi degli alimenti e determina i regimi alimentari.

dietètico agg. [pl.m. *–ci*, f. *–che*] Relativo alla dietetica.

dietilènico agg. Che possiede due doppi legami etilenici.

dietìsta s.m. e f. [pl.m. *–sti*] Diplomato in scienza dell'alimentazione.

dietòlogo s.m. [f. *–ga*, pl.m. *–gi*, f. *–ghe*] MED. Medico specializzato in dietetica.

diètro avv. Nella parte posteriore, a tergo, alle spalle (in oppos. a *davanti*). ~ In posizione nascosta, non visibile. *Le chiavi sono dietro il portacenere.* ◆ prep. **1.** Alle spalle di, a tergo di. **2.** *fig.* In posizione nascosta, defilata. ~ In posizione di dipendenza, inferiorità, dedizione. ◇ *fig. Ridere dietro a qlcu.:* deriderlo di nascosto. – *Tenere dietro a qlcu. o a qlco.:* essere allienato, al passo, essere in sintonia. **3.** Con valore temporale, dopo, di seguito a. *Un'ora dietro l'altra.* **4.** Nel l. bur., in seguito a, per mezzo di. *Dietro istanza, pagamento.* **5.** *fig. Tenere dietro a qlcu. o a qlco.:* essere allineato, al passo, essere in sintonia. **6.** *fig. Tenere dietro a qlcu. o a qlco.:* essere allineato, al passo, essere in sintonia.

dietrofrónt s.m. inv. **1.** Comando, ordine di invertire la marcia e il suo effetto. *Fare dietrofront.* **2.** *fig.* Annullamento improvviso di una decisione. *Il governo ha fatto dietrofront.*

dietrologia s.f. Nel l. pol. e gior., attribuzione di motivazioni e cause occulte a determinati fatti e decisioni.

difèndere v.tr. [33] (lat. *defĕndere*, propr. "colpire mandando via" quindi "proteggere") **1.** Assicurare una protezione a qlcu. contro offese, danni. SIN.: **proteggere**. ~ Proibire l'accesso, proteggere un luogo, una posizione. *Difendere la patria.* **2.** Sostenere una causa, un'idea di fronte ad altri. *Difendere una tesi.* **3.** *estens.* Prendere le parti di qlcu. o scusarlo. **4.** DIR. Salvaguardare un partito, una causa, un'accusa davanti a un tribunale. SIN.: **patrocinare**. ◆ **difendersi** v.pron. **1.** Proteggersi, salvaguardarsi, ripararsi da qlcu. o qlco. **2.** Opporre resistenza, tenere testa al nemico o a un avversario. *Difendersi dal male.* **3.** Sostenere le proprie ragioni. *Mi sono difeso bene dai suoi insulti.* **4.** *fig. fam.* Mostrare una qualche abilità in un ambito specifico. *Con l'inglese mi difendo.*

difendìbile agg. **1.** Che può essere difeso. **2.** *estens.* Che può essere sostenuto con possibilità di successo.

difenìle s.m. CHIM. Idrocarburo aromatico la cui molecola risulta dall'unione di due radicali fenilici, lo si trova nel carbon fossile ed è usato nella conservazione degli agrumi.

difenòlo s.m. CHIM. ORG. Composto con due funzioni fenoliche.

difensìva s.f. MIL. Strategia, tattica volta a difendere le posizioni occupate. ~ Misura che permette di fare fronte a un'aggressione. ◇ *Stare sulla difensiva:* tenere un atteggiamento prudente.

difensivìsmo s.m. SPORT. Negli sport di squadra, modulo di gioco impostato prevalentemente sulla difesa.

difensìvo agg. Destinato alla difesa, per difendere.

difensóre s.m. [f. *difenditrice*] **1.** Chi si oppone a un attacco. ~ Chi sostiene un ideale, una causa. *Difensore della libertà.* **2.** DIR. Avvocato che assume la difesa di una parte. ◇ *Difensore civico:* organo dell'amministrazione locale incaricato di tutelare i diritti dei cittadini denunciando scorrettezze e disfunzioni amministrative. – *Difensore di fiducia:* nominato dalla parte. – *Difensore d'ufficio:* *avvocato d'ufficio. **3.** SPORT. Giocatore che fa parte della difesa e ha il compito di fermare gli attacchi avversari. ❑ In funzione di agg., nell'accez. 2 del s. *Avvocato difensore.*

difésa s.f. **1.** Opera volta a respingere azioni ostili o dannose contro persone o cose. *Difesa dei propri diritti.* ~ In partic., con riferimento ad azioni belliche. ◇ *Difesa aerea:* protezione dalle offese provenienti dal cielo; insieme dei mezzi necessari a tale scopo. – *Difesa personale:* misure con cui si intende salvaguardare la propria persona da aggressioni. **2.** *estens.* Qualsiasi cosa valga a proteggere, a salvaguardare da qualsivoglia pericolo. ◇ IMMUNOL. *Difesa immunitaria:* quella di tipo umorale o cellulare, in grado di neutralizzare gli antigeni. – PSICOAN. *Meccanismi di difesa:* processi psichici inconsci con i quali vengono tenute lontane dalla coscienza emozioni, idee, ecc. che riuscirebbero dolorose. **3.** DIR. Azione di tutela, di assistenza, di rappresentanza svolta dall'avvocato nei confronti di una parte in giudizio. ~ *estens.* L'avvocato o il collegio di avvocati difensori e il loro modo di presentare le ragioni dell'imputato. *Domani parlerà la difesa.* ◇ *Diritto di difesa:* quello ad agire in giudizio per la tutela dei propri diritti e interessi legittimi, garantito dalla Costituzione. **4.** SPORT. Parte di una squadra incaricata di contenere gli attacchi degli avversari. ◇ *Difesa a uomo:* quando ogni attaccante della squadra avversaria è controllato da vicino da un difensore. – *Difesa a zona:* quando ogni giocatore deve controllare una data parte di campo. – *Difesa a quattro, a tre:* tipi di difesa sportiva.

difettàre v.intr. (aus. *avere*) **1.** Mancare di qlco. o averne poca disponibilità. *L'azienda difetta di liquidità.* **2.** Fare difetto, mancare a qlcu. *Non le difettano le idee.*

difettìvo agg. Carente, lacunoso. ◇ GRAMM. *Verbo difettivo:* verbo che non ha un paradigma completo ma solo alcuni tempi e alcune persone (p.e. *tangere*). – *Nomi difettivi:* che non hanno tutti i casi della declinazione o mancano di singolare o plurale.

difètto s.m. **1.** Mancanza, insufficienza di qlco. che si giudica necessario. ◇ *Fare difetto:* mancare. – ARITM. *Approssimazione per difetto:* in un calcolo matematico, sostituzione di un valore con uno trascurabilmente inferiore (in oppos. ad *approssimazione per eccesso*). **2.** Imperfezione che diminuisce la bellezza, il valore o la funzionalità di qlco. **3.** Imperfezione fisica, materiale, morale o estetica. *Difetto di carattere.* **4.** Colpa, fallo, torto. *Essere in difetto.*

difettóso agg. Che presenta difetti.

diffamàre v.tr. Mettere in pericolo la reputazione di qlcu., con parole o scritti menzogneri. SIN.: **calunniare**.

diffamatóre s.m. [f. *–trice*] Chi diffonde calunnie su altri.

diffamatòrio agg. [pl.m. *–ri*] Volto a diffamare, a calunniare. SIN.: **denigratorio**.

diffamazióne s.f. **1.** DIR. Reato consistente nel mettere in pericolo la reputazione di qlcu. **2.** *estens.* Discredito gettato su qlcu. mediante discorsi o scritti calunniosi. SIN.: **denigrazione**.

differènte agg. Che si distingue da un altro termine con cui viene confrontato. SIN.: **diverso**.

differènza s.f. **1.** Ciò per cui due enti, esseri o cose, non sono uguali. ~ Fatto di essere differenti, specificità. *Il diritto alla differenza.* ~ Caratteristica che distingue, oppone. ◇ *A differenza di:* diversamente da. – *Fare la differenza:* essere l'elemento determinante. – FILOS. *Differenza specifica:* distinzione interna allo stesso genere di cose in relazione a un determinato carattere (p.e. tra due tessuti di colore blu la differenza specifica è che uno è blu-mare e l'altro blu-notte). **2.** MAT. Risultato della sottrazione di due numeri. ◇ *Differenza di due insiemi:* insieme costituito dagli elementi di un insieme non appartenenti all'altro. – STAT. *Differenza media:* indice di variabilità dato dalla media di tutte le differenze possibili tra i termini di una serie. **3.** Nel l. sc., scarto tra i valori di determinate grandezze o di determinati parametri. **4.** CONTAB. Saldo attivo o passivo; in partic., disavanzo.

differenziàbile agg. Che può essere differenziato, distinto. ◇ MAT. *Funzione differenziabile:* funzione *derivabile.

differenziàle agg. **1.** Che rispecchia le differenze esistenti o è volto a evidenziare delle differenze. ◇ *Psicologia differenziale:* branca della psicologia applicata che studia le differenze tra gli individui, basandosi principalmente sull'uso di test. – GEOMORF. *Erosione differenziale:* diversa a seconda delle qualità delle rocce. – *Classi differenziali:* nella scuola di un tempo, classi elementari e medie per bambini o ragazzi con ritardi nello sviluppo intellettivo; anche dette *le differenziali.* **2.** MAT. Riferito ai concetti e alle teorie che studiano limiti, derivate, ecc. ◇ *Calcolo differenziale:* parte della matematica che tratta delle proprietà locali delle funzioni, del loro comportamento per differenze infinitamente piccole della variabile. – *Equazione differenziale:* la cui incognita è una funzione e compare con le relative derivate. ◆ s.m. **1.** MAT. Espressione che rappresenta un'approssimazione lineare della funzione nelle vicinanze di un punto. *Differenziale di una funzione.* **2.** Ingranaggio che consente di trasmettere a un albero rotante un moto di velocità pari alla somma o alla differenza delle velocità degli altri moti. ~ AUTOM. Meccanismo di trasmissione della coppia motrice alle ruote motrici, che consente alle stesse di girare nelle curve a velocità diversa. **3.** Divergenza, in percentuale, esistente tra due variabili della stessa natura. **4.** ECON. Nel l. sind., differenza.

differenziaménto s.m. **1.** Progressiva assunzione di specifici caratteri distintivi. **2.** BIOL. Acquisizione, durante lo sviluppo embrionale, di qualità differenti da parte delle cellule. SIN.: **differenziazione**.

differenziàre v.tr. [6] **1.** Distinguere, rendere differenti. *Il loro piumaggio li differenzia.* ~ Distinguere persone e cose, rilevandone le reciproche differenze. *Differenziare le piante dai fiori.* **2.** MAT. Calcolare il differenziale di una funzione. ◆ **differenziarsi** v.pron. **1.** Di cose o persone, mostrare differenze le une rispetto alle altre. *I gemelli non si differenziano per nulla.* **2.** Distinguersi, essere differente da altri. *Il buono si differenzia dal cattivo.*

differenziàto agg. **1.** Diversificato grazie alla presenza di particolari specifici. **2.** BIOL. Specializzato. *Cellule differenziate.*

differenziatóre agg. [f. *–trice*] Che introduce, segna una distinzione. ◆ s.m. TECN. Circuito che differenzia la corrente o la tensione a esso applicata. SIN.: **separatore**.

differenziazióne s.f. **1.** Acquisizione, attribuzione di caratteri specifici che distinguono cose della stessa natura. **2.** BIOL. Differenziamento. **3.** MAT. Derivazione di una funzione. **4.** GEOL. *Differenziazione magmatica:* processo per cui una massa magmatica si consolida in rocce intrusive di tipo diverso.

differìbile agg. Che può essere rinviato, rimandato.

differìre v.tr. [83] (lat. *differre* "portare qua e là" quindi "rinviare") Rimandare a una data successiva. SIN.: **rinviare**. ◆ v.intr. (aus. *avere*) **1.** Essere differente, discordare. *La mia idea differisce dalla sua.* **2.** Essere diverso da qlco.

differìta s.f. RAD.DIFF., TV. Modalità di trasmissione secondo la quale la ripresa di un avvenimento viene registrata e mandata in onda in un momento successivo.

differìto agg. Rinviato, posposto.

diffìcile agg. **1.** Che richiede impegno, fatica. *Problema difficile da risolvere.* SIN.: **arduo**. ~ Che presenta gravi problemi, spec. sociali. *Un*

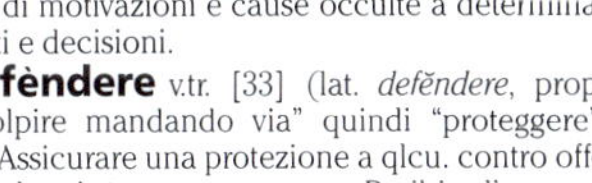

■ **dièsis**

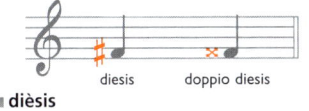

quartiere difficile. **2.** Che mette alla prova le capacità intellettive e le abilità di qlcu. SIN.: **complicato.** ~ Di discorso o scritto, astruso, incomprensibile. **3.** Che causa tormento. SIN.: **penoso. 4.** Che non è facile da accontentare o sopportare. *Carattere difficile.* ~ Di bambino, difficile da educare, da disciplinare. SIN.: **problematico.** ◆ avv. In modo difficile, complicato. *Parlare difficile.* ◆ s.m. (solo sing.) **1.** Cosa, situazione difficile. **2.** (anche f.) Persona particolarmente esigente. ◇ *Fare il difficile:* dimostrarsi incontentabile.

difficoltà s.f. inv. **1.** Natura ostica di qlco. *Difficoltà di un negoziato.* SIN.: **complessità. 2.** Cosa difficile, che mette a disagio o intralcia. *La principale difficoltà sarà convincerla.* SIN.: **impedimento.** ◇ *Mettere in difficoltà:* creare degli ostacoli. **3.** Stato o sensazione di disagio provati nel compimento di alcune azioni o funzioni. *Difficoltà a respirare.* SIN.: **fatica. 4.** (spec. pl.) Situazione critica, sfavorevole. **5.** Azione, argomento o contrario con cui si vuole osteggiare o scoraggiare qlcu. *Frapporre un mucchio di difficoltà.* SIN.: **obiezione.**

difficoltóso agg. Che presenta delle difficoltà. SIN.: **arduo.**

diffìda s.f. DIR. Comunicazione con cui si intima a una persona di fare o di astenersi dal fare qlco.

diffidàre v.intr. (aus. *avere*) **1.** Non fidarsi di qlcu. o qlco. *Diffida dei falsi amici.* SIN.: **dubitare. 2.** Intimare di astenersi dal compiere qlco. *L'ho diffidato dal chiamarmi.*

diffidènte agg. Che dà prova di diffidenza, sospettoso. ◆ s.m. e f. Nel sign. dell'agg.

diffidènza s.f. Mancanza di fiducia verso gli altri. SIN.: **sospettosità.** ~ Timore di essere ingannato.

diffluènte agg. GEOGR. Di braccio di un corso d'acqua o di un ghiacciaio che si separa dal braccio principale. ◆ s.m. GEOGR. Corso d'acqua che si diparte da un altro e scorre in un alveo indipendente.

diffluènza s.f. GEOGR. Divisione di un fiume in due alvei o di un ghiacciaio in due bracci.

diffóndere v.tr. [47] **1.** Spargere in tutte le direzioni. *Il vetro smerigliato diffonde la luce.* **2.** *fig.* Rendere pubblica una notizia, un sapere. *Diffondere un'informazione.* SIN.: **divulgare.** ~ Propagare attraverso i mezzi di informazione. ◆ **diffondersi** v.pron. **1.** Spargersi per diffusione. *L'odore si diffonde ovunque.* **2.** *fig.* Diventare più frequente, propagarsi. *Il contagio si sta diffondendo.* **3.** Dilungarsi in modo prolisso nel parlare o nello scrivere. SIN.: **indugiare.**

diffórme agg. Che si discosta per forma, aspetto, caratteri da un'altra cosa dello stesso genere.

difformità s.f. inv. Differenza, soprattutto nel campo dell'opinabile.

diffràngere v.tr. [22] (lat. *diffrǐngere* "spezzare in più parti") FIS. Produrre il fenomeno ottico della diffrazione della luce. ◆ **diffrangersi** v.pron. FIS. Presentare il fenomeno della diffrazione.

diffrattòmetro s.m. FIS. Strumento per l'analisi della struttura di un reticolo cristallino mediante diffrazione di raggi X.

diffrazióne s.f. FIS. Fenomeno di sparpagliamento di un fascio di onde luminose o elastiche, o di radiazioni, quando incontra un ostacolo sul suo percorso.

diffusióne s.f. **1.** Raggiungimento di punti sempre più lontani per espansione, propagazione, trasmissione. *Diffusione di un odore.* ◇ *Area di diffusione:* zona in cui è distribuita una data specie animale o vegetale. **2.** FIS. Sparpagliamento della materia in più direzioni. ◇ *Diffusione della luce:* fenomeno per cui un fascio di luce che cade su una superficie non liscia viene rinviato in tutte le direzioni. – *Diffusione di radiazioni:* dispersione di onde elettromagnetiche o di particelle nell'attraversamento di un mezzo materiale. – *Diffusione anelastica, elastica:* rispettivamente con e senza perdita di energia cinetica delle particelle. **3.** Comunicazione di qlco. a un numero sempre maggiore di persone. SIN.: **divulgazione. 4.** Atto di diffondere un libro, un giornale, un prodotto a un determinato numero di lettori.

diffusionìsmo s.m. Teoria antropologica, diffusa nel primo Novecento, secondo cui le somiglianze tra culture e società diverse sarebbero dovute a fenomeni di migrazione o d'imitazione e prestito.

diffusìvo agg. Di diffusione. *Forza diffusiva di un suono.*

diffùso agg. **1.** Che si propaga in tutte le direzioni. ~ *fig.* Che permea l'animo. *Una diffusa malinconia.* **2.** Che tocca, raggiunge, coinvolge il maggior numero di persone o che da esso è conosciuto, praticato, seguito. SIN.: **comune.** ~ Comunemente accettato. *Questa è l'opinione più diffusa.* **3.** LING. Di uno dei tratti distintivi adoperati per la classificazione acustica dei fonemi, indicante suoni in cui l'energia si espande più o meno liberamente tra le frequenze disponibili nello spettro, anziché concentrarsi in una singola zona.

diffusóre agg. [f. *diffonditrice*] Che diffonde la luce, il calore, ecc. ◆ s.m. Denominazione di apparecchi di diverso uso. ~ OTT. Apparecchio per ottenere una luce uniforme che si applica alla sorgente luminosa. ~ In idraulica, condotto a sezione variabile in cui il fluido che lo percorre perde velocità e aumenta la propria pressione. ~ ELETTROAC. Apparecchio che trasforma gli impulsi elettrici in energia sonora. SIN.: **altoparlante.** ~ FIS. NUCL. Lamina che provoca la diffusione delle radiazioni corpuscolari o elettromagnetiche incidenti. ~ AGROAL. Apparecchio per separare le polpe e le materie in sospensione nei succhi di barbabietole da zucchero. ~ ELETTR. Accessorio per l'illuminazione che garantisce una luce diffusa. ~ PROFUM. Dispositivo che permette a una sostanza (profumo, insetticida) di agire per evaporazione lenta.

difilàto avv. (part.pass. di *difilare*) Direttamente e rapidamente, velocemente. *Andare difilato a casa.*

difiodónte agg. ZOOL. Di mammifero che ha due dentizioni, quella decidua o da latte e quella permanente.

diftèrico agg. [pl.m. –*ci*, f. –*che*] (fr. *diftérique*) MED. Relativo alla difterite.

difterite s.f. (fr. *diphtérite*, deriv. di gr. *diphtéra* "membrana") MED. Malattia infettiva con focolaio nelle prime vie respiratorie le cui mucose vengono coperte da una tipica pseudomembrana biancastra, detta *crup*.

diga s.f. [pl. –*ghe*] (ol. *dijk*) **1.** Opera idraulica di sbarramento dei corsi d'acqua, atta a regolarne diversamente il flusso, a creare invasi artificiali o a proteggere terre litoranee più basse del livello del mare. ◇ *Diga foranea:* sbarramento frangiflutti all'imboccatura dei porti. **2.** *fig.* Difesa morale con cui si cerca di limitare, di frenare, la diffusione di qlco. ritenuto deleterio, pericoloso.
ENCICL. Le dighe si dividono in *dighe di derivazione* (o di regolazione del livello o traverse) e *dighe di ritenuta* (o di regolazione di portata). Le più diffuse sono quelle di ritenuta, fra cui si distinguono le *dighe in muratura*, costruite in calcestruzzo semplice o armato, e le *dighe in materiali sciolti*. Le dighe in muratura possono essere, a seconda della forma strutturale, *a gravità*, con un'ampia base di appoggio per sostenere la spinta dell'acqua; *a volta*, con la pianta a forma di arco; *a contrafforti*, costituite da piccole volte sostenute da numerosi contrafforti. Le dighe in materiali sciolti, invece, si distinguono in *dighe a scogliera*, costituite da una massa di pietre che formano un muro a sezione trapezoidale; *dighe in terra*, costituite da una massa di terra che forma un argine a sezione trapezoidale; *dighe miste*, in terra e pietrame.

digàmma s.m. inv. Antica lettera dell'alfabeto greco con grafia simile alla nostra *F*, che rappresentava la *u* semivocalica (come in *uomo*).

digàstrico agg. [pl. –*ci*] ANAT. *Muscolo digastrico:* muscolo del collo da cui dipendono alcuni movimenti della mandibola e del capo.

dig-dig o **dik-dik** [/digdig/ o /dikdik/] s.m. o s.f. inv. (voce indigena dell'Africa or.) Denominazione di alcune specie di antilopi africane di piccole dimensioni, caratterizzate da un ciuffo di peli sul capo e, nei maschi, dalla presenza di due piccole corna. (Famiglia dei Bovidi.)

digerènte agg. Preposto alla digestione. ◇ *Apparato digerente:* insieme degli organi che concorrono alla digestione.

digerìbile agg. **1.** Si dice di un alimento che può essere digerito, assimilato. **2.** *fig.* Che col tempo può apparire meno grave, meno fastidioso. *L'offesa ricevuta è poco digeribile.* SIN.: **tollerabile.**

digeribilità s.f. inv. Attitudine di un alimento a essere digerito.

digerìre v.tr. [83] (lat. *digérere*, propr. "portare qua e là") **1.** Trasformare il cibo, perché possa essere assimilato dall'organismo. *Digerire il pranzo.* ~ *fig.* Che la sbornia, la rabbia: smaltirla, farsela passare. **2.** *fig.* Assimilare nozioni, concetti. *Digerire tutta la storia italiana.* **3.** *fig.* Accettare senza proteste qlco. di spiacevole, di umiliante. *Non ho mai digerito quel fallimento.* **4.** CHIM. Sottoporre un elemento a digestione. ◆ v.intr. (aus. *avere*) Assimilare ciò che si è mangiato. *Non ho digerito bene.*

digest [/'daidʒest/] s.m. inv. (voce ingl., deriv. di *to digest* "riassumere") Giornale periodico che pubblica, integralmente o in riassunto, una selezione di articoli già apparsi su altre pubblicazioni.

digestióne s.f. **1.** FISIOL. Elaborazione degli alimenti ingeriti da parte di un apparato di organi a ciò preposto (*apparato digerente*) che li trasforma in sostanze assimilabili dall'organismo. (Nei ruminanti, questo processo è detto *ruminazione*.) **2.** CHIM. Processo consistente nel mantenere una sostanza a contatto con reattivi chimici, solventi, microrganismi al fine di indurre determinate modificazioni.
ENCICL. La digestione consiste in un insieme di azioni meccaniche, quali la masticazione attraverso cui si frantumano gli alimenti, la deglutizione, l'azione di rimescolamento da parte dello

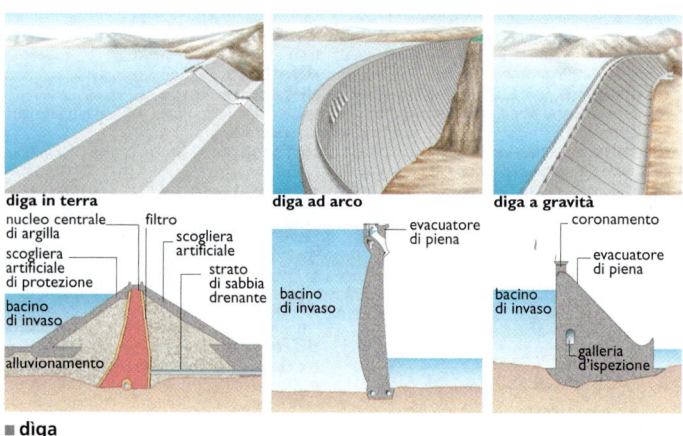

diga in terra
nucleo centrale di argilla
filtro
scogliera artificiale
scogliera artificiale di protezione
strato di sabbia drenante
bacino di invaso
alluvionamento

diga ad arco
bacino di invaso

diga a gravità
evacuatore di piena
evacuatore di piena
coronamento
bacino di invaso
galleria d'ispezione

■ **dìga**

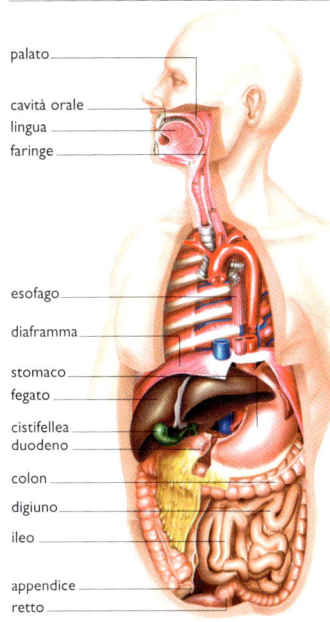

palato
cavità orale
lingua
faringe
esofago
diaframma
stomaco
fegato
cistifellea
duodeno
colon
digiuno
ileo
appendice
retto

■ apparato **digerènte**

stomaco e i movimenti peristaltici dell'intestino, unite a reazioni chimiche favorite dagli enzimi dei succhi digestivi (saliva, succhi gastrici, pancreatici, intestinali) e dalla bile che emulsiona i grassi. Gli alimenti sono suddivisi nei loro componenti elementari, quindi assorbiti attraverso la mucosa dell'intestino tenue per passare poi nel sangue o nei vasi chiliferi. Le sostanze non assorbite dall'intestino tenue passano nell'intestino crasso e sono eliminate tramite le feci.

digestivo agg. Relativo alla digestione. *Problemi digestivi.* ◆ s.m. Elisir, liquore, spesso a base di erbe, che si prende dopo il pasto per facilitare la digestione.

digèsto s.m. (deriv. di lat. *digèsta* "insieme di libri, titoli e paragrafi che formano un'opera") DIR. Raccolta sistematica di testi giuridici.

digestóre s.m. (fr. *digesteur*) **1.** CHIM. Contenitore usato per l'estrazione, la cottura, la decomposi-

zione e l'ammorbidimento di varie sostanze per mezzo della digestione chimica. **2** Serbatoio dove avviene la fermentazione anaerobica di fanghi residui o di deiezioni animali per produrre biogas.

1. digitàle agg. Relativo alle dita. *Impronta digitale.*

2. digitàle s.f. (lat. *Digitalis* "a forma di dito", per l'aspetto della corolla) **1.** Pianta erbacea presente in Europa e in Asia occidentale con foglie alterne, lanceolate, fiori purpurei in grappolo, frutto a capsula, dalle cui foglie si estraggono glucosidi usati nelle terapie di patologie cardiache. (Famiglia delle Scrofulariacee). **2.** BOT. (iniziale maiusc.) Genere di piante a cui appartengono varie specie di digitale.

3.digitàle agg. (ingl. *digital* "relativo al calcolo con elementi numerici") INFORM., TELECOM. Si riferisce a sistemi che rappresentano le grandezze per mezzo di numeri digitali, in oppos. ad *analogico*. ~ estens. Riferito anche a dispositivi che trattano grandezze rappresentate in forma digitale. ◇ *Televisione, tv digitale:* basata su sistemi ad alta definizione in formato digitale, in grado di ospitare anche dati da servizi di telecomunicazioni e di trasmettere informazioni. – *Orologio digitale:* nel quale l'ora è indicata in cifre.

digitàlico agg. [pl.m. *–ci*, f. *–che*] Che riguarda la digitale, che contiene le sostanze derivate da tale pianta, usate in farmacologia come cardiotonici.

digitalina s.f. Denominazione comune e commerciale di farmaci contenenti i principi attivi della digitale.

1. digitalizzàre v.tr. **1.** ELETTRON., INFORM. Nell'elaborazione elettronica, trasformare in forma digitale segnali analogici continui, come grandezze fisiche. **2.** Scrivere un testo usando la tastiera di un computer.

2. digitalizzàre v.tr. MED. Sottoporre un malato cardiopatico a terapia digitalica.

1. digitalizzàto agg. ELETTRON., INFORM. Relativo a grandezza o segnale convertito in forma digitale.

2. digitalizzàto agg. MED. Di paziente sottoposto a trattamento con digitale o suoi derivati.

1. digitalizzazióne s.f. **1.** ELETTRON., INFORM. Trasformazione di grandezze analogiche in digitali. **2.** Inserimento di un testo nella memoria di un computer battendo alla tastiera.

2.digitalizzazióne s.f. MED. Somministrazione di digitale a scopo terapeutico nelle patologie cardiache.

digitàre v.tr. **1.** Scrivere un testo utilizzando la tastiera di una macchina da scrivere, di un computer. *Digitare una cartella.* **2.** MUS. Suona-

Digitalis purpurea   Digitalis grandiflora

■ **digitàle**

re uno strumento con le dita. *Digitare l'arpa.* ◆ v.intr. (aus. *avere*) Operare con le dita su una tastiera musicale o su quella di un computer. *È molto lento nel digitare.*

digitàto agg. **1.** ZOOL. Di animale che ha i piedi con più dita. **2.** BOT. Di organo vegetale che ha una configurazione simile a una mano con le dita divaricate.

1. digitazióne s.f. MUS. → diteggiatura.

2. digitazióne s.f. ANAT. Ciascuno dei prolungamenti di un organo che hanno una configurazione simile alle dita di una mano.

digitifórme agg. BIOL. A forma di dito.

digitigrado agg. ZOOL. Di animale che cammina appoggiando a terra le dita ma non la pianta del piede.

digitoplàstica s.f. Operazione chirurgica che consiste nel riparare un dito amputato.

digitopressióne s.f. Tecnica di massaggio che si basa sulla pressione delle dita su determinati punti del corpo, analoghi a quelli trattati dall'agopuntura. SIN.: **shiatsu**.

digiunàre v.intr. (aus. *avere*) **1.** Astenersi dal cibo per un periodo di tempo, o privarsi di determinati cibi per motivi religiosi o di salute. *Digiuna per protesta.* **2.** *per esager.* Mangiare poco. **3.** *fig.* Rinunciare a qlco. che si desidera.

1. digiùno agg. **1.** Che non tocca cibo da un certo periodo di tempo. ~ assol. Che nel corso della giornata non ha mangiato. *Sono ancora digiuno.* **2.** Che non ha ricevuto cibo. *Stomaco digiuno.* **3.** *fig.* Privo di informazioni, di conoscenze, impreparato in un campo specifico. *Essere digiuno di letteratura.* SIN.: **profano**.

2. digiùno s.m. **1.** Astensione totale o parziale dal cibo per ragioni igieniche, terapeutiche, rituali, di protesta politica. *Un lungo digiuno indebolisce.* ◇ *Digiuno forzato:* quello di chi non ha da mangiare. – *A digiuno:* a stomaco vuoto. *Medicina da prendere al mattino a digiuno.* **2.** *fig.* Privazione protratta e penosa di qlco. che si desidera. *La lontananza ci ha costretti a un digiuno di notizie.* ~ scherz. Astinenza sessuale.

3. digiùno s.m. ANAT. Parte dell'intestino tenue compresa tra il duodeno e l'ileo, così detta perché il cibo non vi si sofferma a lungo. ◇ *Digiuno-ileo:* tratto di intestino tenue tra il duodeno e il colon.

diglossìa s.f. LING. Situazione di bilinguismo di un individuo o di una comunità, nella quale una delle due lingue ha uno statuto sociopolitico inferiore.

dignità s.f. inv. **1.** Considerazione in cui l'uomo tiene se stesso e che si traduce in un comportamento responsabile, misurato, equilibrato. **2.** Importanza che viene a una cosa dal significato spirituale, culturale, sociale che l'uomo le annette, e che la rende degna di rispetto. **3.** *estens.* Compostezza, decoro che denota rispetto per sé e per gli altri. **4.** Ufficio, carica che corrisponde al massimo grado di una gerarchia.

dignitàrio s.m. [f. *–ria*, pl.m. *–ri*] (fr. *dignitaire*) Chi ricopre una carica elevata e onorevole.

dignitóso agg. **1.** Che manifesta ritegno, decoro, una certa compostezza. **2.** Che rispetta il valore, i meriti della persona. SIN.: **decoroso**. **3.** *estens.* Di qualità intermedia tra l'ottimo e lo

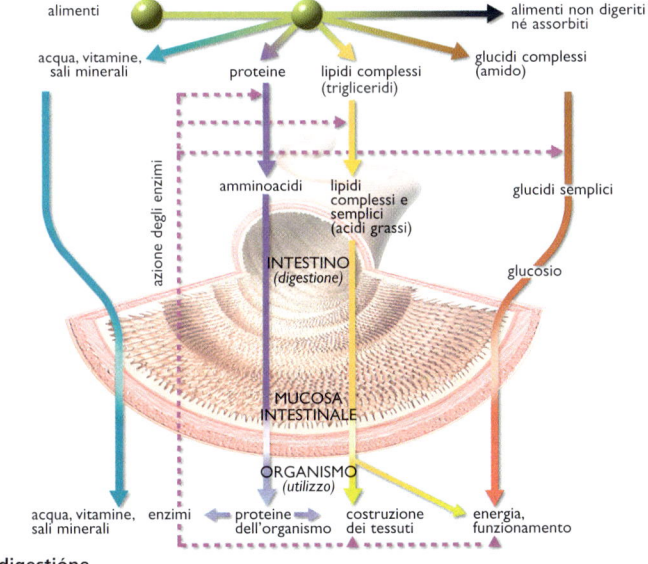

alimenti

alimenti non digeriti né assorbiti

acqua, vitamine, sali minerali

proteine

lipidi complessi (trigliceridi)

glucidi complessi (amido)

azione degli enzimi

amminoacidi

lipidi complessi e semplici (acidi grassi)

glucidi semplici

INTESTINO (digestione)

glucosio

MUCOSA INTESTINALE

ORGANISMO (utilizzo)

acqua, vitamine, sali minerali   enzimi

proteine dell'organismo

costruzione dei tessuti

energia, funzionamento

■ **digestióne**

scadente, tra il misero e il lussuoso. *Apparta-mento dignitoso.* SIN.: **accettabile**.

digradànte agg. Che scende dolcemente.

digradàre v.intr. (aus. *avere*) **1**. Scendere, abbassarsi gradatamente, detto soprattutto di terreni. *Qui la costa digrada dolcemente.* **2**. *fig.* Perdere gradualmente d'intensità. SIN.: **attenuarsi**. ◆ v.tr. Nelle arti figurative, mettere un colore in gradazione. *Digradare un tono.*

digradazióne s.f. Perdita di intensità graduale e continua.

digràmma s.m. [pl. *−mi*] LING. Gruppo di due lettere usato per rappresentare un singolo suono (p.e. *ch, gh, ci*).

digressióne s.f. **1**. Deviazione del percorso che si sta seguendo. *Abbiamo fatto una digressione di qualche chilometro per visitare un castello.* **2**. *fig.* Interruzione dell'argomento principale per svilupparne uno secondario. SIN.: **divagazione**. **3**. ASTR. Distanza angolare delle stelle circumpolari dal polo celeste.

digrignàre v.tr. Mostrare e far stridere i denti, in una smorfia di rabbia o di minaccia.

diibridismo s.m. BIOL. Incrocio di due razze o esemplari differenti per due caratteri ereditari.

diktat [/dik'ta:t/] s.m. inv. (voce ted., propr. "dettato" riferito in orig. alle dure condizioni di pace imposte alla Germania dopo la I guerra mondiale) **1**. Trattato di pace imposto dai vincitori ai vinti senza possibilità di negoziazione. **2**. *estens.* Imposizione della propria volontà ad altri.

dilacerazióne s.f. MED. Lacerazione violenta.

dilagànte agg. **1**. Che si espande dappertutto. **2**. *fig.* Che si diffonde con rapidità.

dilagàre v.intr. [4] (aus. *essere o avere*) **1**. Detto di liquidi, diffondersi su di un terreno al di fuori del proprio alveo. **2**. *fig.* Detto di fenomeni, spec. negativi, diffondersi rapidamente in un determinato luogo o ambiente.

dilaniàre v.tr. [6] **1**. Sbranare, fare a pezzi, a brandelli. *I lupi hanno dilaniato le pecore.* **2**. *fig.* Tormentare, straziare. *La guerra civile dilania il paese.* ◆ **dilaniarsi** v.pron. **1**. Detto di due o più persone, tormentarsi reciprocamente. *Si dilaniavano con accuse e recriminazioni.* **2**. Stracciarsi le vesti o straziarsi il corpo.

dilaniàto agg. Fatto a pezzi, a brandelli.

dilapidàre v.tr. (lat. *dilapidāre*, propr. "gettare qua e là come pietre") Sperperare denaro in poco tempo e senza riflettere. *Ha dilapidato tutta l'eredità.* SIN.: **scialacquare**.

dilapidazióne s.f. Sperpero di denaro in spese scriteriate.

dilatabilità s.f. inv. FIS. Proprietà della dilatazione posseduta da corpi solidi, liquidi, gassosi.

dilatàre v.tr. **1**. Ingrandire un corpo o un'apertura. *Dilatare le narici.* **2**. *fig.* Dare maggiore spazio a qlco. SIN.: **espandere**. ◆ **dilatarsi** v.pron. **1**. Allargarsi, aumentare la propria superficie o il proprio volume. SIN.: **espandersi**. **2**. *fig.* Diffondersi da qualche parte.

dilatàto agg. Di dimensioni accresciute e, quindi, ingrossato, gonfiato, oppure, ampliato, esteso, allargato.

dilatatóre agg. [f. *−trice*] Che induce, provoca una dilatazione. ◇ *Muscolo dilatatore:* che induce la dilatazione, l'allargamento, l'estensione di un canale, di un orifizio. ◆ s.m. **1**. MED. Muscolo dilatatore. **2**. MED. *Dilatatore ostetrico:* strumento con cui si allarga il collo dell'utero, usato in interventi di ostetricia.

dilatazióne s.f. **1**. FIS. Aumento della lunghezza o del volume di un corpo con aumento del corpo stesso. **2**. MED. Allargamento di un organo cavo o parte di esso. **3**. CARTOGR. *Dilatazione delle aree:* ingrandimento di alcune zone rispetto ad altre a causa della loro proiezione sul piano.

dilatòmetro s.m. FIS. Strumento di misura della dilatazione termica di un solido, di un liquido o di un gas.

dilatòrio agg. [pl.m. *−ri*] Che tende a guadagnare tempo, a ritardare una decisione. *Risposta dilatoria.*

dilavaménto s.m. GEOL., GEOGR. Azione erosiva delle acque meteoriche sugli strati superficiali delle rocce con asportazione del materiale eroso.

dilavàre v.tr. **1**. Detto dell'acqua, portare via gli strati superficiali del terreno, erodere. *Le onde hanno dilavato la roccia.* SIN.: **erodere**. **2**. *estens.* Scolorire un tessuto per effetto dei frequenti lavaggi.

dilazionàre v.tr. Rimandare un impegno, una decisione ad altra data.

dilazióne s.f. Spostamento della data fissata. SIN.: **rinvio**. ∼ DIR. Ritardo accordato a un debitore per l'adempimento dei suoi obblighi. SIN.: **proroga**.

dileggiàre v.tr. [5] Prendersi gioco di qlcu. o di qlco. con scherno e disprezzo. SIN.: **deridere**.

diléggio s.m. [pl. *−gi*] *lett.* Canzonatura, derisione, scherno.

dileguàre v.tr. (lat. *deliquāre* "liquefare del tutto") Disperdere qlco., dissiparlo. *Il vento ha dileguato la nebbia.* ◆ v.intr. (aus. *essere*) Andarsene in fretta, sparire; anche pron. *Molte speranze (si) dileguano col tempo.*

dilèmma s.m. [pl. *−mi*] (lat. *dilēmma*, gr. *dílēmma* comp. di *dís* "doppio" e *lēmma* "assunto, premessa") **1**. Tipo di ragionamento con cui da due premesse opposte si giunge a un'unica conclusione. **2**. *fig.* Scelta tra due opposte soluzioni. *Dilemma insolubile.* SIN.: **alternativa**. ∼ *Caso problematico.*

dilettànte s.m. e f. **1**. Chi si dedica a un'attività non per professione ma per amore della cosa in sé o per passatempo. **2**. SPORT. Atleta che, pur dedicandosi a tempo pieno a una disciplina, non viene retribuito. **3**. *pegg.* Chi dimostra una preparazione, una cultura insufficienti. SIN.: **incompetente**. ❑ In funzione di agg., nelle accez. 1 e 2 del s.

dilettantismo s.m. **1**. SPORT. Stato degli atleti che praticano uno sport non a fini di lucro. **2**. *pegg.* Modo di svolgere un'attività approssimativo, superficiale. SIN.: **incompetenza**.

dilettàre v.tr. (lat. *delectāre* "sedurre") Allietare qlcu., provocargli gioia, divertimento. *Musica che diletta l'orecchio.* SIN.: **deliziare**. ◆ **dilettarsi** v.pron. Provare piacere per qlco. *Si dilettava di quella musica.* SIN.: **deliziarsi**. ∼ Occuparsi di qlco. per divertimento, per svago. *Dilettarsi di pittura.*

dilettévole agg. Che suscita sensazioni piacevoli. ◆ s.m. (solo sing.) Ciò che arreca piacere. *Unire l'utile al dilettevole.*

1.dilètto agg. Che è particolarmente amato, benvoluto. ◆ s.m. [f. *−ta*] Persona di cui si è innamorati.

2.dilètto s.m. **1**. Piacere che si prova nel fare qlco. con entusiasmo. SIN.: **gioia**. **2**. *estens.* Passatempo, svago, divertimento.

diligènte agg. Che manifesta una precisione scrupolosa. *Un allievo diligente.* SIN.: **meticoloso**.

1.diligènza s.f. **1**. Qualità in cui convergono impegno, cura, meticolosità. SIN.: **zelo**. **2**. DIR. Uso dei normali doveri di perizia e cautela in assenza dei quali si determina una colpa.

2.diligènza s.f. (fr. *diligence*, da *voiture, carrozze de diligence* "vettura di fretta") Carrozza a cavalli per il trasporto rapido della posta e dei passeggeri.

diliscàre v.tr. [4] Pulire i pesci dalle lische.

Dilleniàcee s.f. pl. [iniziale minusc. sing. *−a* per l'individuo] (dal nome del botanico tedesco J.J. *Dillen*) BOT. Famiglia di piante dicotiledoni cui appartengono 300 specie tropicali, per lo più dell'Australia.

diluènte agg. Di sostanza inerte che viene aggiunta a una miscela per diminuirne la concentrazione o modificarne le caratteristiche. ◆ s.m. Nel sign. dell'agg.

diluire v.tr. [83] **1**. Rendere meno densa una sostanza liquida o gassosa. **2**. *fig.* Esprimere qlco. in modo indiretto. *Diluire un concetto.*

diluizióne o diluzióne s.f. CHIM. Diminuzione della concentrazione di una sostanza in una miscela mediante l'aggiunta di un'altra sostanza.

dilungàre v.tr. [4] Allungare, distendere qlco. ◆ **dilungarsi** v.pron. Soffermarsi troppo su un argomento. *L'oratore si sta dilungando.*

diluviàno agg. Relativo al Diluvio universale.

diluviàre v.impers. [6] (aus. *essere o avere*) Piovere a scroscio, a dirotto. *Ha diluviato per ore.* ◆ v.intr. (aus. *essere o avere*) *fig.* Succedersi in abbondanza. *Diluviavano insulti.*

dilùvio s.m. [pl. *−vi*] **1**. Pioggia torrenziale. ◇ *Diluvio universale:* secondo il racconto biblico, quello che sommerse la Terra per punizione divina. **2**. *fig.* Abbondanza, grande quantità di qlco. *Un diluvio di parole.*

dìma s.f. (milan. *dima*, deriv. di gr. *dēigma* "esempio") Modello, sagoma con cui si controlla, dal punto di vista delle dimensioni o come guida per la tracciatura, un prodotto metallico semilavorato.

dimàfono s.m. Apparecchio che consente la registrazione delle conversazioni telefoniche su un apposito disco e il loro successivo ascolto.

dimagrànte agg. Che fa dimagrire. *Dieta dimagrante.* ◆ s.m. Sostanza che diminuisce la plasticità di un'argilla o di un impasto.

dimagriménto s.m. Riduzione del peso corporeo.

dimagrìre v.intr. [83] (aus. *essere*) Perdere peso. *È molto dimagrito.* ◆ v.tr. Rendere o far sembrare più magro qlcu. *Il nero ti dimagrisce.* SIN.: **snellire**.

dimenaménto s.m. Accentuato dondolio del corpo o di alcune sue parti. *Dimenamento delle braccia.*

dimenàre v.tr. Agitare una parte del corpo. *Dimenare la coda.* ◆ **dimenarsi** v.pron. **1**. Muoversi in modo convulso. *Il bimbo si dimena.* SIN.: **dibattersi**. **2**. *fig.* Adoperarsi con passione per qlco. *Ti dimeni troppo per questa faccenda.* SIN.: **affannarsi**.

dimensionàle agg. Relativo alle dimensioni.

dimensionaménto s.m. **1**. TECN. Operazione con cui si stabiliscono le dimensioni di un corpo. **2**. MAR. Determinazione delle dimensioni dello scafo di una nave.

dimensióne s.f. (lat. *dimensiōnem*, deriv. di *dimetīri* "misurare da ogni parte") **1**. Ciascuna delle misure che determinano l'estensione di un corpo nel piano o nello spazio (lunghezza, larghezza, altezza o profondità). ∼ *estens.* (al pl.) Estensione, grandezza. *Stadio di grandi dimensioni.* SIN.: **mole**. ◇ *Figura a una, due, tre dimensioni:* rispettivamente una linea, una figura piana, un solido. − FIS. *Quarta dimensione:* nella teoria della relatività, il tempo. **2**. ALG. *Dimensione di uno spazio vettoriale:* numero di elementi costituenti una base per il suddetto spazio. **3**. FIS. *Dimensioni fisiche di una grandezza:* ciascuno degli esponenti numerici che si attribuiscono alle unità fondamentali per indicare come queste ultime intervengono nella misura della grandezza. **4**. *estens.* (spec. pl.) Ampiezza, sviluppo di una data realtà. *Commercio di notevoli dimensioni.* **5**. *fig.* Punto di riferimento per valutare una personalità o una data realtà. *La dimensione storica di un fenomeno.* ◇ *A dimensione d'uomo:* rispettoso delle esigenze e dei valori propri dell'essere umano.

dimenticànza s.f. **1**. Fatto di dimenticare e trascurare qlco. *Dimenticanza imperdonabile.* SIN.: **negligenza**. **2**. *estens.* Lacuna causata da distrazione. *Compito con alcune dimenticanze.* SIN.: **disattenzione**.

dimenticàre v.tr. [4] (lat. *dementicāre* "uscire di mente") **1**. Cancellare qlco. dalla memoria, volontariamente o involontariamente. *Dimenticare le date.* SIN.: **scordare**. ◇ *Dimenticare le offese, uno sgarbo:* perdonare. **2**. Abbandonare qlco. per distrazione. *Dimenticare i guanti.* **3**. *estens.* Trascurare. *Dimenticare gli amici.* ◆ **dimenticarsi** v.pron. Non ricordarsi di qlco. *Mi sono dimenticato del tuo compleanno.*

dimenticatóio s.m. [pl. *−toi*] Luogo immaginario dove si relegano le cose dimenticate. *Il progetto è finito nel dimenticatoio.*

diméntico agg. [pl.m. *−chi*, f. *−che*] **1**. Che non conserva memoria di qlco., di qlcu. e non se ne preoccupa. *Dimentico delle buone manie-*

re. SIN.: **immemore**. **2.** Che non tiene conto di qlco. *Dimentico del rischio.* SIN.: **incurante**.

dìmero agg. BOT. Che è formato da due parti. *Verticilli florali dimeri.* ◆ s.m. CHIM. Molecola risultante dall'unione di due molecole identiche.

1. diméssso agg. **1.** Caratterizzato da umiltà e modestia. **2.** Con riferimento a modo di vestire, per nulla appariscente, modesto o trascurato. **3.** Con riferimento a stile, a scrittura, semplice, sobrio.

2. diméssso agg. **1.** Dispensato da un obbligo, da una carica, da un impegno. **2.** Nel l. bur., che ha l'autorizzazione per andarsene da un ospedale o da un carcere.

dimestichézza s.f. **1.** Rapporto di intima familiarità. **2.** *estens.* Ottima conoscenza di una materia che consente di esserne perfettamente addentro.

dìmetro s.m. METR. Nella metrica classica, successione di due metri.

diméttere v.tr. [50] Far uscire qlcu. da un ospedale o da un carcere. *Mi hanno dimesso dopo la guarigione.* SIN.: **congedare**. ◆ **dimettersi** v.pron. Lasciare volontariamente un'occupazione. ~ Rinunciare a una carica. *Il presidente si è dimesso.*

dimezzàre v.tr. **1.** Dividere a metà. **2.** Ridurre della metà. ~ *estens.* Ridurre notevolmente; anche pron. *Le entrate (si) dimezzarono.*

diminuèndo s.m. MAI. Minuendo. ◆ inv. MUS. Indicazione che sottolinea un graduale passaggio dal forte al piano.

diminuìre v.tr. [83] Rendere minore un valore, una quantità, una misura, una forza. *Diminuire i salari.* SIN.: **ridurre**. ◆ v.intr. (aus. *essere*) Perdere la propria dimensione, il proprio valore, la propria intensità. *Il caldo non è diminuito.* SIN.: **attenuarsi**.

diminuìto agg. MUS. *Intervallo diminuito:* che comprende un semitono cromatico in meno rispetto all'intervallo minore omonimo.

diminutivo s.m. GRAMM. Sostantivo o aggettivo alterati mediante l'aggiunta di un suffisso che esprime riduzione di dimensioni o attenuazione di una qualità o di una condizione, associate talvolta a connotazioni affettive.

diminuzióne s.f. **1.** Riduzione delle dimensioni, della quantità. *Diminuzione della popolazione.* SIN.: **decremento**. **2.** MUS. Virtuosismo consistente nel riprendere un motivo sostituendone le note con l'equivalente ritmico di note più brevi.

dimissionaménto s.m. Esonero da un incarico, da un ufficio.

dimissionàre v.tr. (fr. *démissionner*) Nel l. bur., inviare o obbligare qlcu. a dimettersi. *È stato dimissionato.* SIN.: **licenziare**.

dimissionàrio agg. [pl.m. *–ri*] (fr. *démissionnaire*) Che ha presentato le proprie dimissioni. *Governo dimissionario.*

dimissióne s.f. (fr. *démission*) **1.** (spec. pl.) Atto con il quale ci si dimette da una funzione, da un'occupazione. *Inviare una lettera di dimissioni.* **2.** Riferito a un malato, atto con cui i medici consentono a un ricoverato di lasciare l'ospedale.

dimòra s.f. **1.** Luogo in cui si vive, domicilio. *Dimora stabile.* ◇ DIR. *Senza fissa dimora:* che non ha un'abitazione stabile, senzatetto. – *fig. Ultima dimora:* la tomba. **2.** *estens.* Abitazione signorile. *Una bella dimora del secolo scorso.* **3.** AGR. *Messa a dimora:* collocazione di una piantina da vivaio nel terreno in cui dovrà compiere la sua vita vegetativa.

dimoràre v.intr. (aus. *avere* o *essere*) (lat. *demorāri* "restare") **1.** Risiedere in un luogo. **2.** *fig.* Essere presenti nell'intimo di una persona, detto di sentimenti.

dimorfìsmo s.m. **1.** BIOL., BOT. Esistenza di caratteri diversi tra due individui della stessa specie animale o vegetale o nello stesso individuo in momenti diversi. *Dimorfismo stagionale.* ◇ *Dimorfismo sessuale:* insieme delle differenze, non indispensabili alla riproduzione, tra il maschio e la femmina della stessa specie animale. **2.** CHIM. Caratteristica di certe sostanze di cristallizzarsi in due forme diverse.

dimòrfo agg. **1.** BIOL. Che presenta dimorfismo. **2.** CHIM. Che può cristallizzarsi in due forme diverse.

dimostràbile agg. Che può essere dimostrato.

dimostrabilità s.f. inv. Possibilità di venir spiegato e provato. *Dimostrabilità di un impianto accusatorio.*

dimostrànte s.m. e f. Chi mostra pubblicamente la propria opinione o posizione politica prendendo parte a manifestazioni.

dimostràre v.tr. **1.** Provare una verità attraverso un ragionamento o delle prove. *Dimostrare una tesi.* **2.** Spiegare un procedimento. *Dimostrare il funzionamento di un aspirapolvere.* **3.** Manifestare, mostrare un sentimento, una sensazione. *Dimostrare entusiasmo.* SIN.: **rivelare**. ~ Mostrare in modo certo. *Dimostrò di essere all'altezza della prova.* ~ Essere indizio, prova di qlco. *Il suo gesto dimostra la sua bontà.* ◆ v.intr. (aus. *avere*) Fare una pubblica dimostrazione. *Dimostrare contro la guerra.* SIN.: **manifestare**. ◆ **dimostrarsi** v.pron. Rivelare il proprio stato d'animo o determinate qualità. *Dimostrarsi sereni.*

dimostrativo agg. **1.** Che serve a illustrare la fondatezza logica di qlco. *Argomentazione dimostrativa.* SIN.: **probatorio**. **2.** MIL. *Azione dimostrativa:* quella con cui si fa mostra di attaccare il nemico in un punto mentre lo si attacca in un altro; *fig.* qualsiasi azione che abbia come fine quello di mostrare la propria forza alla controparte. **3.** GRAMM. Si dice di un aggettivo o di un pronome che indica la posizione nello spazio, nel tempo e nell'ambito del discorso.

dimostratóre s.m. [f. *–trice*] (anche f.) Chi, per fini commerciali e promozionali, spiega il funzionamento di un prodotto al cliente.

dimostrazióne s.f. **1.** Manifestazione evidente di un sentimento, di una qualità. *Dimostrazione di onestà.* SIN.: **attestazione**. **2.** Ragionamento che spiega con tutta evidenza la logicità di un assunto. *Dimostrazione irrefutabile.* SIN.: **argomentazione**. ~ LOG. Ragionamento deduttivo che ricava la conclusione da premesse vere e necessarie. **3.** Esperimento che prova o illustra la validità di una teoria, la funzionalità di qlco., la qualità di un prodotto. *Dimostrazione scientifica.* **4.** Raduno di più persone che intendono rendere pubblica la loro opinione e posizione politica. *Dimostrazione popolare.* **5.** MIL. Manovra intimidatoria. **6.** SPORT. Gara che costituisce la cornice spettacolare di competizioni sportive.

dìna s.f. (fr. e ingl. *dyne*, deriv. di gr. *dýnamis* "potenza") FIS. Unità di misura pari alla forza capace di imprimere a 1 grammo massa l'accelerazione di 1 cm/sec^2.

dinàmica s.f. [pl. *–che*] **1.** Parte della meccanica che studia il moto dei corpi in rapporto alle forze cui sono sottoposti. *Dinamica dei fluidi.* **2.** *estens.* *Dinamica economica:* studio dei fenomeni economici in relazione agli elementi variabili che li determinano o li influenzano. **3.** *fig.* La successione dei fatti e l'insieme dei fattori che, nella loro reciproca interazione, determinano lo sviluppo di un evento, l'andamento di un fenomeno. *La dinamica di un incidente.* ◇ PSICOL. *Dinamica di gruppo:* insieme delle leggi che disciplinano il comportamento di un gruppo definito, fondate su un sistema d'interdipendenza tra i membri del gruppo. **4.** Nella rappresentazione artistica, l'insieme degli aspetti connessi all'idea di movimento. *La dinamica di una composizione pittorica.* ~ Articolazione di un testo letterario. *La dinamica della narrazione.* **5.** MUS. Aspetto della composizione musicale costituito dalla gradazione dell'intensità sonora.

dinamicità s.f. inv. **1.** Carattere di ciò che è soggetto a forze che determinano variazioni. *Dinamicità di una società.* **2.** *fig.* Vivacità ed energia nell'agire. *Una persona piena di dinamicità.*

dinàmico agg. [pl.m. *–ci*, f. *–che*] (fr. *dynamique*, gr. *dynamikós* "potente") **1.** Che riguarda il movimento, che intende dare un'impressione di movimento. *Rappresentazione dinamica del soggetto.* **2.** *fig.* Che concerne lo svolgimento, inteso soprattutto come sequenza di situazioni sempre nuove. *Tensione dinamica del racconto.* **3.** *fig.* Caratterizzato da grande attività, laboriosità, intraprendenza. *Città dinamica.* **4.** MUS. *Segni dinamici:* quelli indicanti le varie gradazioni di intensità sonora in un brano. **5.** FIS. Soggetto a forze che determinano variazioni nel movimento (in oppos. a *statico*). *Equazione dinamica.*

dinamìsmo s.m. (fr. *dynamisme*, deriv. di gr. *dýnamis* "forza") **1.** Carattere di intensa attività e operosità. *Dinamismo della vita moderna.* SIN.: **dinamicità**. **2.** Possibilità di trasformarsi, di rinnovarsi. *Dinamismo di un'economia.* **3.** Effetto di movimento. *Dinamismo di un gruppo scultoreo.* **4.** FILOS. Qualsiasi concezione scientifica o filosofica che ponga a base dell'universo una forza interna.

dinamitàrdo agg. [f. *–da*] Effettuato con l'uso di esplosivo. *Attentato dinamitardo.* ◆ s.m. e f. Chi compie attentati con esplosivi. ~ *estens.* Rivoluzionario, anarchico.

dinamìte s.f. **1.** CHIM. Sostanza esplosiva, inventata da A. Nobel nel 1866, composta da nitroglicerina e da una sostanza assorbente che rende l'esplosivo stabile. **2.** *fig.* Persona o cosa che può sconvolgere un assetto dato. *Quei documenti sono dinamite.*

dìnamo s.f. inv. (ted. *Dynamo*, abbr. di *dynamo-elektrische Maschine* "macchina dinamoelettrica") ELETTR. Macchina rotante che trasforma energia meccanica in energia elettrica e viceversa. ~ In partic., nella bicicletta il piccolo dispositivo che trasforma il movimento delle ruote in energia per alimentare il faro.

dinamoelèttrico agg. [pl.m. *–ci*, f. *–che*] Di macchina a induzione che trasforma l'energia meccanica in energia elettrica e viceversa.

dinamometrìa s.f. Studio della forza e del lavoro compiuto da una massa muscolare.

dinamomètrico agg. [pl.m. *–ci*, f. *–che*] Relativo al dinamometro.

dinamòmetro s.m. FIS. Strumento meccanico per misurare le forze.

dinànzi avv. **1.** Con valore spaziale, davanti, spec. in stile ricercato. **2.** Con valore temporale, prima. ◇ *loc. prep.* *Dinanzi a:* davanti, di fronte, dirimpetto a qlcu. o a qlco. ▫ In funzione di agg. inv. **1.** Che è davanti, dirimpetto. **2.** Che viene prima, precedente.

dinar [/di'nar/] s.m. inv. (ar. *dīnār*, gr. *dēnárion* "denaro") Antica moneta aurea araba. ~ Attualmente, unità monetaria della Tunisia, della Giordania, dell'Iraq e di altri paesi del Medio Oriente.

dinàro s.m. (serbo-croato *dinar*, gr. *dēnárion*, lat. *denārius* "denario") Unità monetaria dell'ex Iugoslavia.

dinàsta s.m. [pl. *–sti*] (gr. *dynástēs*, deriv. di *dýnasthai* "potere, essere potente") ANT. Sovrano, monarca, principe.

dinastìa s.f. **1.** Successione di sovrani appartenenti alla stessa stirpe. *Dinastia degli Asburgo.* **2.** *estens.* Successione dei membri di una famiglia celebre. *Dinastia degli Strauss.* ~ Discendenti di una famiglia che si succedono nello svolgimento della stessa attività. *Una dinastia di psichiatri.*

dinàstico agg. [pl.m. *–ci*, f. *–che*] Relativo a una dinastia.

dinghy [/'dɪŋi/] s.m. inv. (voce ingl.) MAR. Piccola imbarcazione da regata o da diporto dotata di un solo albero, con vela aurica e senza fiocco.

1. dìngo s.m. inv. [pl. *–ghi*] (voce di orig. australiana) Cane selvatico australiano.

2. dìngo s.m. inv. [pl. *–ghi*] Dinghy.

diniègo s.m. [pl. *–ghi*] Rifiuto, negazione.

dinitrotoluène s.m. CHIM. ORG. Derivato del toluene usato nella composizione degli esplosivi (spec. della cheddite).

dinoccolàto agg. Che ha movimenti sciolti ma scoordinati.

dìnodo s.m. TELECOM. Elettrodo di un tubo termoelettronico che ha il compito specifico di emettere elettroni secondari.

Dinoflagellàti s.m. pl. [iniziale minusc. sing. *–to* per l'individuo] ZOOL. Ordine di protozoi unicellulari dotati di flagelli e di guscio.

dinòrnis s.m. inv. Uccello corridore simile allo struzzo, diffuso in Nuova Zelanda, probabilmente vissuto nello stesso periodo dell'uomo preistorico. (Altezza 3,5 m.) SIN.: **moa**.

diplodoco
(27 m)

tirannosauro
(13 m)

triceratopo
(8 m)

stegosauro
(7 m)

■ **dinosàuro**

dinosàuro s.m. Nome generico di rettili fossili dell'era secondaria, le cui numerose specie si diversificano notevolmente per morfologia e taglia.
ENCICL. Classificati in due grandi gruppi (*Saurischi* e *Ornitischi*) a seconda della forma del bacino, gli oltre 400 generi fino a oggi descritti comprendono carnivori di piccola taglia (30 cm), carnivori giganti, come il tirannosauro, ed erbivori di grandi dimensioni (più di 20 m) come il brontosauro e il diplodoco. I dinosauri, apparsi durante il triassico o trias (200 milioni di anni fa ca.), hanno dominato la vita animale terrestre durante il giurassico e il cretaceo; si sono estinti improvvisamente 65 milioni di anni fa.
Dinotèrio s.m. ZOOL. Genere di mammiferi fossili vissuto in Europa durante il Miocene. (I Dinoteri avevano lo scheletro simile a quello degli elefanti ed erano dotati di zanne ricurve indietro; ordine dei Proboscidati.)
dintórno avv. Intorno, in giro. ◆ s.m. (al pl.) Luoghi vicini, circostanti. ~ Vicinanze. *I dintorni boscosi del villaggio.* ~ *fig.* Temi, argomenti affini. *Idealismo e dintorni.*
dio s.m. [f. *dèa* nelle accez. 1, 3, 4, pl.m. *dèi*] **1.** Nelle religioni politeiste, un essere superiore, un potere soprannaturale. *Marte, il dio della guerra.* SIN.: **divinità. 2.** (iniziale maiusc.) Nelle religioni monoteiste, l'essere supremo, creatore di tutte le cose e salvatore del mondo. ◇ *Sposa di Dio:* la Chiesa. – *Parola di Dio:* testo dei libri sacri perché ispirato direttamente da Dio. – *Mano di Dio:* la sua provvidenza. **3.** È usato anche in molte locc. ◇ *Grazia di Dio, ben di Dio:* abbondanza, quantità di cose buone, utilizzabili. – *Essere ancora nella mente di Dio:* non essere ancora venuto al mondo. – *Fuori dalla grazia di Dio:* furibondo. – *Andare con Dio:* con la protezione di Dio, come formula benaugurante di commiato; anche, per i fatti propri. **4.** Con riferimento alle divinità pagane più che a Dio, costituisce il termine di paragone di persona che eccelle in qlco., che opera ottimamente. *Bello come un Dio.* **5.** *fig.* Persona, cosa che diventa oggetto di culto, per la quale si ha un attaccamento appassionato.
diocesàno agg. [f. *–na*] Relativo alla diocesi. ◆ s.m. Chi fa parte di una diocesi.
diòcesi s.f. inv. (lat. *diòcesin*, gr. *dióikēsis* deriv. di *dioikēin* "amministrare", propr. "curare la casa") **1.** RELIG. Circoscrizione posta sotto la giurisdizione di un vescovo. **2.** Nell'antica Atene e nell'Egitto tolemaico, amministrazione pubblica. – Circoscrizioni amministrative dell'impero romano create dall'imperatore Diocleziano che raggruppavano numerose province ed erano poste sotto l'autorità di un vicario.
diodo s.m. ELETTRON. Elemento di circuito a due poli che consente il passaggio della corrente elettrica in una sola direzione, dall'anodo al catodo. ◇ *Diodo fotoemittente, luminoso* → **led.**
Diodóntidi s.m. pl. [iniziale minusc. sing. *–de* per l'individuo] ZOOL. Famiglia di pesci tropicali caratteristici per la dentatura provvista di un unico dente superiore e inferiore e per la pelle spinosa (per cui sono detti anche *pesci istrice*), che nuotano col ventre in alto perché si gonfiano d'aria. (Ordine dei Tetraodontiformi.)

■ **Diodóntidi.** Pesce istrice.

diòico agg. [pl.m. *–ci*, f. *–che*] BIOL. Relativo a specie vegetali che hanno i fiori maschili e i fiori femminili su individui distinti (p.e. canapa, luppolo, dattero).
diolefìna s.f. CHIM. ORG. → **diene.**
diolòside s.m. CHIM. ORG. Composto che risulta dalla condensazione di due molecole di monosaccaride, più comunemente noto come *disaccaride.*
Diomedèidi s.m. pl. [iniziale minusc. sing. *–de* per l'individuo] ZOOL. Famiglia di uccelli marini a cui appartiene l'albatro.
dionèa s.f. (lat. *Dionaea*, gr. *Diōnāia* "figlia di Dione" appellativo di Afrodite) Piccola pianta carnivora diffusa nell'America settentrionale, le cui foglie si chiudono bruscamente per intrappolare gli insetti che vi si posano, comunemente detta *pigliamosche.* (Famiglia delle Droseracee.)
dionisìaco agg. [pl.m. *–ci*, f. *–che*] **1.** Relativo a Dioniso, il dio che, nel mito greco, insegnò agli uomini la coltivazione della vite. SIN.: **bacchico. 2.** *estens.* Caratterizzato da sfrenatezza, esaltazione, furore com'è proprio dello stato di ebbrezza connesso al vino. **3.** FILOS. *Spirito dionisiaco:* per Nietzsche, l'elemento passionale, oscuro, in oppos. ad *apollineo.*

foglie che imprigionano un insetto

■ **dionèa**

diòpside s.f. (gr. *díopsis* "trasparenza") MIN. Silicato di calcio e magnesio in cristalli di colore verde scuro. (Minerale appartenente al gruppo dei pirosseni.)
dioràma s.m. [pl. *–mi*] (fr. *diorama*, comp. di gr. *diá* "attraverso" e *hórama* "veduta") **1.** Raffigurazione con cui, utilizzando una particolare illuminazione, si riesce a dare al pubblico l'illusione di un panorama reale. **2.** *estens.* Veduta panoramica.
diorite s.f. (fr. *diorite*, deriv. di gr. *diorízein* "separare" così detto per la sua struttura composita) MIN. Roccia magmatica a struttura granulare costituita principalmente di plagioclasio, di anfibolo e mica.
Dioscoreàcee s.f. pl. [iniziale minusc. sing. *–a* per l'individuo] (dal nome del famoso medico *Dioscoride*) BOT. Famiglia di piante monocotiledoni delle regioni tropicali e temperate, come il tamaro e l'igname.
diòssido s.m. CHIM. Ossido contenente due atomi di idrogeno. SIN.: **biossido.** ◇ *Diossido di carbonio:* → anidride *carbonica.
diossìna s.f. **1.** CHIM. Nome generico di una famiglia di composti cloro-organici ossigenati altamente tossici, inquinanti e cancerogeni. **2.** CHIM. Colorante artificiale usato nella tintura della lana.
diottrìa s.f. (fr. *dioptrie*) **1.** OTT. Unità di misura della convergenza dei sistemi ottici (simb. δ) equivalente alla convergenza di un sistema ottico che abbia distanza focale uguale a 1 m in un mezzo di indice di rifrazione pari a 1. **2.** MED. Misura della gravità di un difetto visivo espressa con un numero di diottrie pari a quello della lente necessaria per correggere il difetto stesso.
diòttrica s.f. [non com. pl. *–che*] FIS. Parte dell'ottica che studia la rifrazione della luce.
diòttrico agg. [pl.m. *–ci*, f. *–che*] FIS. Relativo alla diottrica.
diòttro s.m. (gr. *díoptron* "specchio") Coppia di mezzi ottici a indice di rifrazione diverso in cui la superficie di separazione è sferica o piana.
dipanaménto s.m. **1.** Operazione con cui si sbroglia il filo avvolto in matassa. **2.** *fig.* Sistemazione, risoluzione di qlco. che si presenta intricato come una matassa.
dipanàre v.tr. **1.** Avvolgere in gomitolo il filo dalla matassa. *Dipanare un gomitolo di lana.* **2.** *fig.* Risolvere una questione complicata. SIN.: **districare.** ◆ **dipanarsi** v.pron. **1.** Detto della lana, svolgersi dal gomitolo. **2.** *fig.* Risolversi. *Il mistero va dipanandosi.*
dipartimentàle agg. (fr. *départemental*) Relativo a un dipartimento.
dipartiménto s.m. (fr. *département*, deriv. di *départir* "suddividere") **1.** Partizione territoriale a fini amministrativi; in partic. in Francia, ciascuna delle circoscrizioni istituite nel 1790 e rette da un prefetto. ◇ *Dipartimento marittimo:* in Italia, ciascuna delle tre zone (Alto Tirreno; Basso Tirreno; Ionio e Basso Adriatico) in cui si articolano l'amministrazione della Marina militare e la difesa marittima e costiera. **2.** Nell'ordina-

mento universitario italiano e di alcuni altri paesi, struttura che riunisce cattedre di insegnamenti affini. *Dipartimento di studi storici.* **3.** Negli Stati Uniti, ciascuno dei settori in cui è suddivisa l'amministrazione dello Stato. **4.** Settore, reparto interno a uffici pubblici, aziende, ecc.

dipendènte agg. **1.** Che è subordinato all'autorità di altri. ~ Che non ha autonomia. ~ Che non ha la capacità di liberarsi da una condizione. *Una persona dipendente dai farmaci.* **2.** GRAMM. *Frase, proposizione dipendente:* quella che, staccata da un'altra frase, detta *principale o reggente*, non ha senso compiuto; è detta anche *subordinata*. **3.** MAT., FIS. *Grandezza dipendente:* *variabile dipendente. – *Vettori dipendenti:* sistema di vettori una cui combinazione lineare con coefficienti non nulli può dare risultante nulla. ◆ s.m. e f. Chi svolge un lavoro le cui condizioni sono determinate da altri. SIN.: **sottoposto**.

1. dipendènza s.f. **1.** Nesso, legame tale per cui una cosa non può sussistere o avere significato senza un'altra. *Dipendenza della velocità di un corpo dalla sua massa.* **2.** Rapporto di assoggettamento, di subordinazione. *Dipendenza dei bambini dagli adulti.* SIN.: **soggezione**. ~ Nella sfera pratica, impossibilità o incapacità di determinare da soli le condizioni della propria vita, del proprio lavoro, ecc. ◇ *Essere, lavorare alle dipendenze di qlcu.:* svolgere un lavoro dipendente, salariato. **3.** MED. Bisogno compulsivo di assumere una sostanza (droga, alcool, tabacco, ecc.) per far cessare un malessere psichico (*dipendenza psicologica*) o un disturbo fisico (*dipendenza fisica*). ~ Stato di assuefazione. **4.** GRAMM. Rapporto di subordinazione di una frase a un'altra, detta *principale* o *reggente*.

2. dipendènza s.f. **1.** Piccolo corpo di fabbrica o fabbricato indipendente, ma legato da un rapporto funzionale ad altro maggiore, detto anche *dépendance*. **2.** Filiale, succursale.

dipèndere v.intr. [33] (aus. *essere*) **1.** Derivare da una qualche causa, essere determinato da qlco. *L'esito degli esami dipende dalla preparazione degli studenti.* **2.** Sottostare alla volontà, all'autorità di qlcu. **3.** Essere dipendenti da un datore di lavoro. **4.** GRAMM. Di frase, essere retta da un'altra. **5.** MAT. Essere funzione di una grandezza.

dipeptìde s.m. Composto organico che si trova nei tessuti muscolari di molti animali.

dipìngere v.intr. [22] (aus. *avere*) Fare della pittura. ◆ v.tr. **1.** Rappresentare tramite l'arte della pittura. *Dipingere un paesaggio.* **2.** Ornare una parete, una sala, un palazzo di pitture. SIN.: **affrescare**. **3.** Tinteggiare, verniciare qlco. **4.** Dare il trucco a una parte del viso. SIN.: **truccare**. **5.** *fig.* Descrivere, rappresentare con le parole, la scrittura. *Ha dipinto la scena con molto umorismo.* SIN.: **illustrare**. ◆ **dipingersi** v.pron. **1.** Detto di sentimenti, rivelarsi attraverso l'espressione del volto. *Il panico si dipinse improvvisamente sul suo volto.* **2.** Truccarsi una parte del viso. *Si è dipinta gli occhi.*

1. dipìnto agg. **1.** Decorato con disegni colorati. **2.** Raffigurato, pitturato in un quadro. ◇ *Sembrare dipinto:* riferito comunemente a cosa di cui si vuole sottolineare la bellezza. – *Neanche dipinto:* riferito a qlcu. o qlco. verso cui si prova ripulsione totale. **3.** Truccato. *Occhi dipinti.*

2. dipìnto s.m. Raffigurazione di un soggetto concreto o astratto realizzata con varie tecniche su una superficie preparata a questo scopo. SIN.: **quadro**.

diploblàstico o **diblàstico** agg. EMBRIOL. Detto di un organismo costituito soltanto da ectoderma ed endoderma, in cui il mesoblasto o mesoderma non si forma. (Poriferi, Cnidari e Ctenofori sono i principali sottotipi diploblastici.)

diplocòcco s.m. [pl. *-chi*] BIOL. Batterio del tipo cocco che si presenta in coppia.

diplodòco s.m. Dinosauro erbivoro diffuso in America nel periodo giurassico, con collo e coda molto allungati. (Lunghezza 27 m ca.; ordine dei Saurischi.)

diplòide agg. BIOL., MED. Di cellula o essere vivente i cui cromosomi si presentano in doppia serie. (Nell'uovo fecondato, lo stato diploide deriva dall'unione di una serie di cromosomi d'origine materna con una serie di cromosomi omologhi d'origine paterna.)

diplòma s.m. [pl. *-mi*] (lat. *diplōma*, gr. *díplōma* deriv. di *diploûn* "raddoppiare" perché in orig. veniva piegato in due) **1.** Documento rilasciato da una scuola, da una università, ecc. che conferisce un titolo, un'abilitazione all'esercizio di una professione. *Diploma di laurea.* **2.** Nell'antica Roma, salvacondotto o congedo militare. **3.** Dal Rinascimento, denominazione di documenti attestanti diritti e privilegi, emessi dalla massima autorità politica. ~ *estens.* Attestato rilasciato da autorità varie a comprova di un titolo, di una benemerenza.

diplomàre v.tr. (fr. *diplômer*) Conferire un diploma a qlcu. ◆ **diplomarsi** v.pron. Ottenere un diploma.

diplomàtica s.f. [non com. pl. *-che*] (fr. *diplomatique*, dal titolo del trattato lat. *De re diplomatica* "Sulla scienza dei documenti" di J. Mabillon) Disciplina che studia le regole seguite o da seguirsi nella redazione di un documento al fine di assicurargli valore legale.

1. diplomàtico agg. [pl.m. *-ci*, f. *-che*] Degli antichi diplomi. ◇ *Edizione diplomatica:* che riproduce scrupolosamente un testo riportandone anche gli errori.

2. diplomàtico agg. [pl.m. *-ci*, f. *-che*] **1.** Relativo alla diplomazia, ai rapporti politici tra nazioni. *Incidente diplomatico.* ◇ *Sede diplomatica:* ambasciata o consolato. – *Passaporto diplomatico:* quello rilasciato esclusivamente a consoli, agenti diplomatici e altri dignitari di Stato. **2.** *estens.* Che agisce con tatto, prudenza e abilità. ◇ *fam. Malattia diplomatica:* pretesto addotto per sottrarsi a un obbligo professionale o sociale. ◆ s.m. **1.** (anche con riferimento a donna) Funzionario dello Stato incaricato di rappresentare il proprio paese presso una nazione straniera e nelle relazioni internazionali. **2.** *fig.* [f. *-ca*] Chi possiede quelle doti di accortezza, equilibrio, sensibilità considerate proprie dei diplomatici. *Un diplomatico come lui se la caverà senz'altro.* ◆ s.f. Dolce (o pastina dolce) formato da due sfoglie tra le quali vi è pan di Spagna imbevuto di liquore e spalmato di crema.

diplomàto agg. [f. *-ta*] Che ha un diploma. ◆ s.m. Chi ha ottenuto un diploma.

diplomazìa s.f. (fr. *diplomatie*, deriv. di *diplôme* "documento di diritto internazionale") **1.** Scienza dei trattati che regolano le relazioni internazionali. **2.** Attività che ha per oggetto la politica estera di uno Stato. **3.** Insieme delle persone e degli uffici che si occupano delle relazioni internazionali di uno Stato. **4.** Carriera, funzione di un agente diplomatico. *Mettersi in diplomazia.* **5.** *fig.* Tatto, discrezione nelle relazioni con gli altri. *Agire con diplomazia.*

diplopìa s.f. MED. Disturbo della vista, che causa lo sdoppiamento dell'immagine di un oggetto.

Dìpnoi o **Dipnòi** s.m. pl. [iniziale minusc. sing. *-pnoo* per l'individuo] (lat. *Dipnoi*, deriv. di gr. *dípnoos* "dalla doppia respirazione") ZOOL. Ordine di pesci d'acqua dolce, fossili e viventi, con scheletro prevalentemente cartilagineo, corpo allungato rivestito di squame embricate, che respirano sia per mezzo di branchie sia attraverso un organo polmonare, che funziona in condizioni di siccità.

dipodìa s.f. Nella metrica classica, successione di due piedi uguali che costituiscono un unico metro.

Dipòdidi s.m. pl. [iniziale minusc. sing. *-de* per l'individuo] ZOOL. Famiglia di mammiferi roditori a cui appartengono specie saltatrici, da cui il nome di *topi saltatori*.

dipolàre agg. **1.** FIS. Che possiede due poli. **2.** ELETTR. → **bipolare**.

dipòlo s.m. **1.** FIS. Sistema che presenta due cariche opposte in due punti detti *poli*. *Dipolo elettrico.* **2.** In radiotecnica, tipo di antenna a onde stazionarie.

dipòrto s.m. (fr. *déport*) **1.** Divertimento, svago. *Viaggiare per diporto.* **2.** Un tempo, l'attività oggi chiamata sport. ◇ *Da diporto:* che si utilizza o si pratica durante il tempo libero. *Imbarcazione da diporto.*

Dipsacàcee s.f. pl. [iniziale minusc. sing. *-a* per l'individuo] BOT. Famiglia di piante erbacee con piccoli fiori a capolino e frutto ad achenio. (Ordine delle Rubiali; classe delle Dicotiledoni.)

dipsomanìa s.f. Impulso irresistibile a bere qualsiasi tipo di bevanda, in partic. quelle alcoliche.

dìptero o **dìttero** agg. (gr. *dípteros*, propr. "a doppia ala") ARCH. Del tempio classico che ha una doppia fila di colonne.

diradaménto s.m. **1.** Diminuzione della quantità di qlco. *Diradamento della nebbia.* SIN.: **rarefazione**. **2.** AGR. Eliminazione selettiva di piante, per favorire la crescita delle rimanenti. *Diradamento di un bosco.* SIN.: **sfoltimento**. **3.** URBAN. Eliminazione dai centri antichi delle costruzioni prive di interesse storico-artistico.

diradàre v.tr. **1.** Rendere qlco. meno folto. SIN.: **sfoltire**. **2.** Fare qlco. con minore frequenza. *Diradare le visite agli amici.* ◆ **diradarsi** v.pron. Farsi rado, diventare meno fitto. *La nebbia si dirada.*

diramàre v.tr. Comunicare a più persone una notizia. SIN.: **diffondere**. ◆ v.intr. (aus. *avere*) Dividersi in rami. ◆ **diramarsi** v.pron. **1.** Dividersi in più rami, in più direzioni. *Dalla stazione si dirama una fitta rete di binari.* SIN.: **ramificarsi**. **2.** *fig.* Diffondersi, estendersi.

diramazióne s.f. **1.** Riferito a un fusto, una via, un condotto, suddivisione in rami. ◇ *Stazione di diramazione:* quella in cui convergono e da cui partono più linee ferroviarie. **2.** *estens.* Ciascuno dei rami in cui qlco. si suddivide. *Le diramazioni di una strada.* **3.** (spec. pl.) Sede periferica di un'azienda, di un'associazione, ecc. *Un'organizzazione criminale con diramazioni anche all'estero.* SIN.: **filiale**. **4.** Inoltro, spedizione di una comunicazione a più destinatari. *Diramazione di un invito.* SIN.: **diffusione**.

diraspàre v.tr. AGR. Separare gli acini d'uva dai raspi.

dìre v.tr. [80] (lat. *dīcere*, gr. *deiknýnai* "mostrare", quindi "far conoscere per mezzo della parola") **1.** Esprimere verbalmente, per mezzo di parole. ~ Riferire qlco. a qlcu. *Gli ho detto ciò che pensavo.* ◇ *Dire qlco. chiaro e tondo:* dirlo senza reticenze. – *A dir poco:* come minimo, perlomeno. – *E via dicendo:* eccetera, per indicare la possibile aggiunta di altre cose simili a quelle elencate. **2.** Recitare, esporre qlco. a memoria. *Dire le preghiere.* ~ Raccontare, narrare qlco. *Dimmi come sono andate le cose.* ◇ *Dirla grossa:* dire uno sproposito. – *Sapere qlco. per sentito dire:* conoscere qlco. indirettamente. **3.** Significare qlco. *Non capisco cosa vuol dire questa parola.* ◇ *loc. cong. Vale a dire:* cioè, in altre parole. **4.** Detto di testo scritto, riportare come contenuto. *Che cosa dice oggi il giornale?* **5.** Denominare, chiamare, considerare qlco. o qlcu. con un certo titolo, qualifica o nome. *Lo si direbbe un furto.* **6.** Consigliare, prescrivere, ordinare qlco. a qlcu. *Digli di telefonare più tardi.* ◇ *Non farselo dire due volte:* non farsi pregare. **7.** Suggerire, esprimere con mezzi non verbali. *Questo spettacolo non mi dice molto.* **8.** Dimostrare, provare qlco. a qlcu. *Quanto successo ti dice come stiano realmente le cose.* ◆ **dirsi** v.pron. Dichiarare d'essere in un particolare stato d'animo, di avere determinate qualità. *Si dice contenta.* ❑ In funzione di s.m., ciò che una persona dice, dichiara. ◇ *A suo dire:* a suo parere.

direct mail [/dɪˈrɛkt meɪl/] loc. sost. f. inv. (loc. ingl., propr. "posta diretta") Invio postale di volantini pubblicitari a determinati tipi di consumatori.

direct marketing [/dɪˈrɛkt ˈmaːkɪtɪŋ/] loc. sost. m. inv. (loc. ingl., propr. "commercializzazione diretta") Tecnica di marketing che si basa sul contatto diretto con potenziali clienti al fine di indurli ad acquistare prodotti, provare servizi, richiedere informazioni, ecc.

directory [/dɪˈrɛkt(ə)ri/] s.f. inv. (voce ingl., propr. "guida") **1.** INFORM. Indice dei file contenuti in un'unità di memoria. **2.** INFORM. Sezione di memoria denominata univocamente e utilizzata per archiviare file. *Creare una directory.* SIN.: **cartella**. **3.** Elenco di persone, risorse o altri dati omogenei.

dirètta s.f. RAD.DIFF., TV. Modalità di trasmissione che consiste nel mandare in onda immagini non registrate. *Trasmissione in diretta.*

direttaménte avv. In modo diretto.

direttìssima s.f. **1.** Linea ferroviaria che segue il percorso più breve tra due città. *La direttissima Roma-Firenze.* **2.** DIR. Procedimento penale privo di fase istruttoria in quanto l'imputato è stato colto in flagranza di reato o ha confessato. *Processo per direttissima.* **3.** ALP. Via più breve per giungere in vetta.

direttìva s.f. **1.** (spec. pl.) Indicazione operativa o di comportamento data da un'autorità. *Attenersi alle direttive del superiore.* **2.** Linea di condotta seguita. **3.** DIR. Atto normativo della Comunità europea che vincola gli Stati membri sul risultato da raggiungere, lasciandoli liberi sui mezzi.

direttività s.f. inv. RAD.DIFF. Proprietà di antenne, microfoni, ecc. di avere una maggiore o minore efficienza a seconda della direzione in cui sono orientati.

direttìvo agg. **1.** Che imprime una direzione, un orientamento. ◇ *Linea direttiva:* direzione di marcia; *fig.* modo di agire a cui ci si attiene, criterio di orientamento culturale, ideologico. **2.** Che stabilisce i criteri con cui operare. *Norme direttive.* **3.** Proprio dell'attività di direzione. *Mansioni direttive.* **4.** RAD.DIFF. Di apparecchio caratterizzato da direttività. ◆ s.m. Comitato, consiglio direttivo, spec. di un partito.

dirètto agg. **1.** Che si muove verso una data destinazione. *Essere diretto al lavoro.* ~ Inviato, emesso, con l'intenzione che giunga a un dato destinatario. *Elogio diretto a tutto il personale.* **2.** *fig.* Finalizzato a un dato scopo. SIN.: **volto**. **3.** assol. Che costituisce o che segue la via più breve per giungere alla meta. *La strada più diretta.* ~ *fig.* Immediato, spontaneo. *Domanda diretta.* ◇ *Vendita diretta:* che avviene tra produttore e consumatore, senza intermediari. – *Treno diretto:* treno che, viaggiando tra due grandi città, non si ferma in nessuna stazione intermedia. – GRAMM. *Complemento diretto:* complemento non introdotto da preposizione. – *Discorso diretto:* riproduzione di un enunciato nei termini in cui è stato formulato dal parlante nel rivolgersi direttamente al suo interlocutore. – ALG. *Rapporto diretto:* relazione tra due grandezze che variano in modo proporzionale. – DIR. *Dominio diretto:* rapporto di proprietà tra chi concede un fondo in enfiteusi e il fondo stesso. – ECON. *Bene diretto:* che non necessita di trasformazioni per soddisfare un bisogno. ◆ avv. **1.** Senza compiere deviazioni, senza fermarsi. *Andare diretti a casa.* **2.** Senza tortuosità, senza giri di parole. *Andare diretti allo scopo.* ◆ s.m. **1.** Treno diretto. **2.** BOXE Pugno sferrato in linea retta.

direttóre agg. [f. *-trice*] **1.** Che dà una direzione. *Timone direttore.* **2.** Che fornisce direttive. **3.** *estens.* Che indica un criterio di svolgimento. *Darsi una linea direttrice.* **4.** GEOM. *Angoli direttori:* gli angoli che una retta dello spazio forma con i tre assi coordinati. ◆ s.m. **1.** (anche f.) Persona che dirige, che è a capo di un'impresa, di un'attività. *Direttore di una banca.* SIN.: **dirigente**. ◇ *Direttore amministrativo:* responsabile di amministrazione. – *Direttore d'orchestra:* chi dirige un'orchestra nell'esecuzione di uno spartito musicale. – CATT. *Direttore spirituale:* sacerdote scelto da un fedele per guidare la sua vita spirituale. – *Direttore di un giornale:* chi ne decide gli orientamenti politici e culturali. – *Direttore artistico:* in un teatro, chi soprintende agli spettacoli assumendone la responsabilità artistica. – *Direttore di produzione:* chi organizza il programma di lavorazione di un film e ne stabilisce i margini di spesa. – *Direttore di rete:* responsabile del palinsesto di una emittente televisiva. – *Direttore sanitario:* medico responsabile di un ente sanitario. – *Direttore scientifico:* responsabile della direzione scientifica di un progetto. – SPORT. *Direttore di gara:* arbitro che controlla la regolarità della competizione. **2.** RAD.DIFF. Antenna parassita atta ad aumentare l'efficienza di un'antenna televisiva in una determinata direzione.

direttoriàle agg. **1.** Relativo alla direzione o al direttore. **2.** *estens. spreg.* Che denota autoritarismo.

direttòrio s.m. (solo sing.) (lat. *directòrium*, propr. "itinerario tracciato") **1.** (iniziale maiusc.) Organismo che governò la Francia dal 27 ottobre 1795 al 10 novembre 1799 caratterizzandosi per un allontanamento dal giacobinismo e una politica filo-borghese (v. parte n.pr.). ◇ *Stile direttorio:* stile decorativo ispirato a un'idea di rigore classico. **2.** *estens.* Ogni organo collegiale dotato di funzioni direttive. ~ In partic., organismo consultivo ed esecutivo del partito fascista. ◆ s.m. [pl.m. *-ri*] Calendario diocesano con indicazione delle prescrizioni liturgiche. ❑ In funzione di agg., che riguarda la direzione.

direttrìce s.f. **1.** Donna che svolge la funzione di direttore. **2.** Direzione su cui si articola un'azione militare. *Direttrice d'attacco.* ~ Senso di marcia. ~ *fig.* Linea di comportamento, spec. politico. **3.** *Direttrice montuosa:* direzione dominante di una o più catene montuose. **4.** Ciascuna delle palette che, in una turbina, dirigono il fluido motore. **5.** GEOM. *Direttrice di una conica:* retta polare di un fuoco della conica rispetto alla conica stessa.

direzionàle agg. **1.** Che riguarda l'orientamento di un moto. ◇ *Frecce direzionali:* nella segnaletica stradale, quelle che indicano la direzione da seguire. **2.** TECN. Che determina una direzione o funziona in rapporto a una direzione. *Microfono direzionale.* **3.** Che riguarda la funzione del dirigere. *Attività direzionale.* ◇ URBAN. *Centro direzionale:* area urbana destinata ad accogliere le sedi di direzioni aziendali, banche, uffici. ◆ s.m. AER. Strumento, consistente in un giroscopio che serve per controllare la direzione di volo. SIN.: **girodirezionale**.

direzióne s.f. **1.** Orientamento verso un punto dato. *Andare in direzione del mare.* **2.** *fig.* Orientamento che si dà a un'attività, a una ricerca. **3.** Attività volta a dare indirizzi, criteri operativi, a organizzare e coordinare il lavoro. *Direzione tecnica.* SIN.: **gestione**. ◇ *Direzione d'orchestra:* compito di istruire l'orchestra in modo che esegua uno spartito secondo la lettura critica che ne fa il direttore. **4.** Insieme dei dirigenti di un'impresa. SIN.: **dirigenza**. **5.** Ufficio occupato da un direttore e dal suo personale. *Essere convocato in direzione.* ◇ *Direzione generale:* sottodivisione di un ministero. *La direzione del Tesoro.* **6.** GEOM. *Direzione di una retta:* la sua disposizione nello spazio, che è la stessa di tutte le sue parallele.

dirham [/'diram/] s.m. inv. (voce ar., deriv. di gr. *drakhmḗ* "dracma") Unità monetaria degli Emirati Arabi e del Marocco.

dirigènte agg. Che dirige. ◆ s.m. e f. Chi svolge mansioni direttive. *Diventare dirigente.*

dirigènza s.f. **1.** (solo sing.) Funzione di direzione. **2.** Complesso dei dirigenti.

dirigenziàle agg. Relativo al dirigente e alla dirigenza.

dirigere v.tr. [27] **1.** Rivolgere qlco. in una certa direzione. *Dirigere la palla verso la porta.* **2.** *fig.* Rivolgere pensieri, energia o interessi verso un obiettivo. *Ho diretto tutte le mie fatiche verso questo traguardo.* **3.** Avere la responsabilità della gestione di qlco. o di qlcu. *Dirigere un'azienda.* SIN.: **sovrintendere**. **4.** Guidare un'orchestra o dei cantanti nell'esecuzione di un pezzo musicale. *Dirigere un coro.* **5.** Indirizzare qlco. a qlcu. *Dirigere una richiesta all'ufficio competente.* ◆ **dirigersi** v.pron. **1.** Avviarsi verso una determinata direzione. *Dirigersi verso il treno.* **2.** *fig.* Avere propensione per qlco. *I miei figli si sono diretti agli studi umanistici.*

dirigìbile agg. Che può essere diretto verso un luogo o uno scopo. ◆ s.m. Aerostato contenente un gas più leggero dell'aria, munito di elica propulsiva, in grado di avanzare nella direzione voluta.

■ **dirigìbile** britannico Skyship 500. Lunghezza: 50 m; diametro: 18,65 m; massa: 3,185 t; volume: 5.131 m^3; velocità massima: 115 km/h.

dirigìsmo s.m. (fr. *dirigisme*) **1.** Politica di intervento diretto dello Stato nel settore dell'economia per orientarne le scelte secondo fini politici e sociali. **2.** *estens.* Tendenza di una dirigenza aziendale a imporre d'autorità le proprie decisioni.

dirigìsta agg. [pl.m. *-sti*] (fr. *dirigiste*) Che ha un carattere autoritario. ◆ s.m. e f. Chi sostiene la politica del dirigismo.

dirimènte agg. Risolutivo. ◇ DIR. *Impedimento dirimente:* fattore che inficia la validità del matrimonio.

dirimere v.tr. [12] Porre fine a qlco.

dirimpettàio s.m. [f. *-taia*, pl.m. *-tai*] *fam.* Persona che abita nell'appartamento o nella casa di fronte. ~ *scherz.* Chi si trova di fronte a un'altra persona.

dirimpètto avv. Di fronte, davanti. *L'ufficio si trova qui dirimpetto.* ❑ In funzione di agg. inv. *La casa dirimpetto.*

1. diritto agg. (lat. *dirēctum*, propr. "tracciato in linea retta" poi "giusto") **1.** Che è o procede secondo una linea retta. *Strada diritta.* SIN.: **rettilineo**. **2.** Che sta in posizione verticale. *Diritto come un palo.* **3.** *fig.* Che segue senza deflettere principi di onestà morale e intellettuale. SIN.: **retto**. **4.** *non com.* Destro, che sta dal lato destro. *Mano diritta.* **5.** *fig. pop.* Abile, astuto, scaltro. **6.** *Punto diritto:* uno dei punti fondamentali del lavoro a maglia. ❑ In funzione di avv. **1.** In linea retta, direttamente. *Procedere diritto.* ◇ *fig. Tirare diritto:* proseguire per la propria strada, non lasciarsi fuorviare. – *Rigare diritto:* comportarsi bene. **2.** In verticale, verso l'alto. ◇ *Star diritto:* con la schiena ben eretta. ◆ s.m. **1.** In una struttura, in un oggetto a due facce, quella che si presenta immediatamente alla vista (in oppos. a *rovescio*). **2.** Punto fondamentale del lavoro a maglia. **3.** SPORT. Nel tennis, colpo effettuato con l'interno della racchetta.

2. diritto s.m. **1.** Insieme di principi codificati allo scopo di fornire ai membri di una comunità regole oggettive di comportamento su cui fondare un'ordinata convivenza. ◇ *Diritto naturale:* nel pensiero filosofico e giuridico del Sei-Settecento, quello non scritto, che trova il suo fondamento nella natura e nella ragione dell'uomo. – *Diritto positivo:* quello particolare di ogni società storica. – *Diritto costituzionale:* ramo che studia i fondamenti dell'ordinamento giuridico, la forma e la funzione degli organi dello Stato. – *Diritto penale:* complesso di norme che mirano alla prevenzione e repressione dei reati. – *Diritto pubblico:* complesso di norme che regolano l'organizzazione e le funzioni dello Stato e dei suoi enti. – *Diritto privato:* complesso di norme che regolano i rapporti tra i singoli cittadini e tra questi e gli enti pubblici. – *Diritto alla vita:* diritto tutelato sia dal diritto penale (che punisce l'omicidio e le lesioni personali) sia dal diritto civile (norme sul risarcimento del danno, patrimoniale e morale). – *Diritti fondamentali:* quelli soggettivi, propri della personalità del singolo e quindi assoluti, non derivati, non trasmissibili e non soggetti a prescrizione. – *Diritto allo studio:* diritto di usufruire dell'istruzione. – *Diritto di cittadinanza:* diritto o possibilità di essere ammesso alla cittadinanza. – *Diritto di cronaca:* libertà di manifestazione del pensiero del cronista. – *Diritto di famiglia:* le norme che regolano l'istituto familiare. – *Diritto di recesso:* diritto del consumatore a recedere da qualunque contratto a distanza entro il termine stabilito dalla legge. – *Diritto di riscatto:* istituto di diritto successorio che inibisce l'ingresso di terzi nella comunione ereditaria. – *Diritto societario:* relativo alle norme che regolano le società quotate. – *Diritti televisivi, tv:* diritti di un'emittente di trasmettere determinati programmi. **2.** Disciplina che studia i principi e le norme giuridiche. *Studiare diritto.* SIN.: **giurisprudenza**. **3.** Ciò che, in base a principi codificati o a principi morali universali anche non codificati, ogni cittadino può giustamente rivendicare di fronte alla comunità. *Diritto al voto.* ◇ *A buon diritto:* a giusto titolo, legittimamente. – *Dichiarazione dei diritti dell'uomo e del cittadino:* fondamentale documento che sancisce la fine della società assolutista e il sorgere della società democratica, votato in Francia dall'Assemblea Costituente nel 1789 (v. parte n.pr.). **4.** *estens.* Ciò che l'individuo pensa che gli spetti o crede di potere rivendicare in base a esigenze naturali o alla cultura e alle consuetudini della comunità in cui vive. *Avere diritto a un po' di tranquillità.* **5.** Nel l. giur., applicazione della norma giuridica al fatto oggetto di giudizio. **6.** (spec. pl.) Onere fisso a carattere di tassa o di imposta indiretta. *Diritti di segreteria.* **7.** Compenso dovuto a enti o a singoli per una prestazione, per un servizio. *Diritto d'asta.*

dirittùra s.f. **1.** Tratto rettilineo di un tracciato. ◇ *Dirittura d'arrivo:* tratto finale rettilineo del percorso di una gara di velocità. **2.** *fig.* Capacità di non deflettere dai propri principi morali.

diroccàto agg. Parzialmente crollato. *Palazzo diroccato.*

dirompènte agg. **1.** Che esplode squarciando, frantumando. *Bombe dirompenti.* **2.** *fig.* Che ha effetti devastanti, sensazionali. *Fascino dirompente.* **3.** BOT. Di frutto secco che, quando è maturo, si divide in due o più parti.

dirómpere v.intr. [45] (aus. *essere*) (lat. *dirŭmpere,* propr. "rompere a pezzi") **1.** Cadere in abbondanza e con forza. **2.** Manifestare improvvisamente uno stato d'animo attraverso il pianto, le risa, le urla.

dirottaménto s.m. Cambiamento di rotta di un aereo o di una nave deciso da una autorità o imposto con la forza.

dirottàre v.tr. (prob. calco del fr. *dérouter*) Costringere un mezzo ad allontanarsi dalla rotta stabilita per percorrerne un'altra. ◆ v.intr. (aus. *avere*) Cambiare o modificare la propria rotta. *La nave ha dirottato.*

dirottatóre s.m. [f. *–trice*] Chi dirotta un aereo o una nave con la minaccia delle armi.

diròtto agg. Con riferimento a pianto o a pioggia, che precipita copiosamente, in modo continuo. ◇ *A dirotto:* molto, impetuosamente.

dirozzàre v.tr. **1.** Rendere un materiale più liscio e levigato. SIN.: **raffinare. 2.** *fig.* Rendere meno rozzo. *Dirozzare i modi.* SIN.: **ingentilire.** ◆ dirozzarsi v.pron. Educarsi, incivilirsi, diventare meno rozzo.

dirt-track [/'dɜːt,træk/] s.m. inv. (voce ingl. "pista di terra") SPORT. Corsa motoristica o ippica su una pista speciale di sabbia, cenere o carbone, di sviluppo solitamente inferiore al chilometro.

dirupàto agg. Impervio, scosceso.

dirùpo s.m. Pendio ripido, precipizio.

1. dis- Prefisso verbale e nominale che in derivati esprime il significato di separazione (*disarticolare, disancorare*), di dispersione (*dissolvere, dissipare*), di privazione (*disabituare, disintossicare, disidratare*) e di negazione (*disadatto, disagevole, disarmonico*).

2. dis- Prefisso che in termini del l. medico esprime il significato di funzionamento difettoso, anomalia, alterazione (*dislessia, distrofia*).

disàbile agg. Che manca di alcune capacità fisiche e mentali che consentono di acquisire piena abilità. ◆ s.m. e f. Nel sign. dell'agg.

disabilitàre v.tr. Privare qlcu. o qlco. della possibilità di adempiere a determinate funzioni o compiti.

disabilitàto agg. Privato della possibilità o della capacità di esercitare determinate funzioni.

disabitàto agg. Che non ha abitanti.

disabituàre v.tr. Privare qlcu. o qlco. di un'abitudine. *Disabituare il fisico agli sforzi.* ◆ disabituarsi v.pron. Perdere un'abitudine.

disaccàride s.m. CHIM. ORG. Glucide che risulta dalla condensazione di due molecole di monosaccaride.

disaccoppiàre v.tr. [6] Separare due elementi uniti in coppia.

disaccòrdo s.m. **1.** Mancanza di accordo tra suoni. SIN.: **dissonanza. 2.** Mancanza di intesa. ~ Diversità di opinioni. *Famiglia in disaccordo.* SIN.: **discordia.**

disadattaménto s.m. PSICOL. Difficoltà ad accettare le condizioni di vita proprie di una data società, in un dato ambiente, che conduce a un rapporto conflittuale con essi.

disadattàre v.tr. ELETTR. Eliminare l'adattamento di impedenza tra un generatore e un circuito.

disadattàto agg. PSICOL. Che non ha compiuto il processo di adattamento all'ambiente

proprio dello sviluppo normale della personalità, con conseguenze negative di tipo emotivo e intellettivo. *Infanzia disadattata.* ◆ s.m. [f. *–ta*] Nel sign. dell'agg.

disadórno agg. Privo di ornamenti, nel duplice valore di semplice, austero e di spoglio, squallido.

disaffezióne s.f. Distacco emotivo da persone o cose che rende indisponibili all'affetto, all'interessamento.

disagévole agg. **1.** Poco praticabile, faticoso. **2.** Che non offre benessere, comodità, agio. ~ Difficile, penoso.

disàggio s.m. [pl. *–gi*] FIN. Differenza negativa tra il valore reale e il valore nominale della cartamoneta (si contrappone ad *aggio*). ~ BORS. Differenza negativa tra valore di mercato di un titolo e suo valore nominale.

disagiàto agg. Caratterizzato da mancanza di agi, di benessere; scomodo, privo di ogni comfort.

disàgio s.m. [pl. *–gi*] **1.** Stento, fatica, scomodità. *Disagi economici.* **2.** Sensazione sgradevole che si prova nei momenti di imbarazzo. *Il disagio dovuto alla lontananza da casa.* **3.** Stato di malessere fisico o morale.

disalberàre v.tr. MAR. Privare una nave degli alberi.

disallineàre v.tr. **1.** Disporre fuori linea persone o oggetti allineati. **2.** RAD.DIFF. Disporre su frequenze diverse circuiti oscillanti, per evitare che abbiano la stessa frequenza.

disambiguàre v.tr. LOG., LING. Eliminare l'ambiguità di un enunciato.

disàmina s.f. Esame puntuale, scrupoloso. SIN.: **analisi.**

disamoràre v.tr. Far perdere a qlcu. l'amore o l'interesse per una persona o per una cosa. ◆ disamorarsi v.pron. Perdere l'amore o l'interesse che si avevano per una persona o per una cosa. *Disamorarsi del lavoro.*

disamóre s.m. Logoramento del sentimento d'amore, perdita d'interesse.

disappannàre v.tr. Pulire dal vapore condensato.

disappetènza s.f. → **inappetenza.**

disapplicazióne s.f. **1.** Mancanza di applicazione, di impegno. SIN.: **negligenza. 2.** DIR. Inosservanza di atti amministrativi o di regolamenti illegittimi da parte del giudice ordinario. *La disapplicazione di un provvedimento.*

disapprèndere v.tr. [33] Dimenticare quello che si era imparato. *Spesso gli alunni disapprendono le lezioni appena studiate.*

disapprovàre v.tr. Esprimere un giudizio sfavorevole. SIN.: **criticare.**

disapprovazióne s.f. Giudizio morale negativo. SIN.: **biasimo.**

disappùnto s.m. (calco del fr. *désappointement,* deriv. di *désappointé* "che manca all'appuntamento") Delusione, disillusione. SIN.: **rammarico.**

disarcionàre v.tr. **1.** Sbalzare qlcu. di sella. *Disarcionare un cavaliere.* **2.** *fig.* Rimuovere improvvisamente qlcu. da una carica di prestigio. *Disarcionare un dirigente.* SIN.: **deporre.**

disargentàre v.tr. Togliere lo strato di argento da un oggetto.

disarmànte agg. Che toglie la volontà di reagire, di replicare, che lascia senza parole.

disarmàre v.tr. **1.** Privare delle armi. *Disarmare le guardie.* **2.** Calmare un sentimento violento. *La sua gentilezza mi ha disarmato.* **3.** COSTR. Privare delle impalcature e dei sostegni una costruzione edilizia. *Disarmare il tetto.* **4.** MAR. Sguarnire una nave di equipaggio e di apparecchiature. **5.** TEAT. Schiodare dai telai il fondalo o la dipinta la scena. ◆ v.intr. (aus. *avere*) **1.** Ridurre gli armamenti. **2.** *fig.* Cedere, arrendersi, smettere di lottare. SIN.: **desistere.**

disarmàto agg. **1.** Privo di armi. ~ Privato delle armi. **2.** *fig.* Che non ha mezzi contro qlcu. o qlco. di ostile.

disàrmo s.m. **1.** Riduzione o abolizione degli armamenti. ~ Azione che mira a limitare, eliminare o proibire la fabbricazione o l'uso di alcune armi. *Conferenza per il disarmo.* **2.** MAR. Stato di una nave militare o mercantile che non

viene più fatta navigare. *Mettere in disarmo.* ◇ *fig. In disarmo:* che sta per cessare la propria attività o che la espleta ancora ma in modo poco efficace. **3.** COSTR. Rimozione delle armature provvisorie di sostegno a quelle definitive.

disarmonìa s.f. **1.** Mancanza di armonia, di conformità. *Disarmonia di colori.* **2.** *fig.* Mancanza di armonia tra cose o persone. SIN.: **disaccordo.**

disarmònico agg. [pl.m. *–ci,* f. *–che*] **1.** Privo di armonia. **2.** *fig.* Che non presenta un rapporto di coerenza, di proporzione tra le parti di un tutto.

disarticolàre v.tr. **1.** MED. Far uscire dall'articolazione un arto. *Disarticolare un ginocchio.* SIN.: **slogare. 2.** *fig.* Impedire il funzionamento di un organismo complesso. SIN.: **scompaginare.** ◆ disarticolarsi v.pron. Scomporsi, disgregarsi, perdere di consistenza.

disarticolàto agg. **1.** Uscito dall'articolazione. **2.** *fig.* Privo di coesione. **3.** *fig.* Inarticolato, indistinto.

disarticolazióne s.f. **1.** MED. Amputazione di un arto o di una parte di esso a livello dell'articolazione. ~ Uscita dall'articolazione. **2.** *fig.* Interruzione del coordinamento in un'organizzazione complessa.

disartrìa s.f. MED. Difficoltà ad articolare le parole dovuta a patologie del sistema nervoso.

disassortìto agg. Che non fa, o non fa più parte di un assortimento. *Calze disassortite.*

disassuefazióne s.f. Progressiva perdita di una dipendenza, di un vizio.

disastràto agg. **1.** Di qlcu. o qlco. che ha subìto gravissimi danni. **2.** Ridotto in pessime condizioni. **3.** *per esager.* Caratterizzato da cattivo funzionamento, da bilancio negativo, da disguidi. ◆ s.m. [f. *–ta*] Nell'accez. 1 dell'agg.

disàstro s.m. **1.** Evento avverso di grande forza distruttiva. SIN.: **catastrofe.** ~ Insuccesso totale, rovina, fallimento. *Un disastro finanziario.* ~ Evento che sconvolge psicologicamente, moralmente. **2.** *estens.* Conseguenza di tale evento costituita dalla morte di persone, dalla rovina di cose, da danni gravissimi di ogni tipo. *I disastri prodotti dalla guerra.* **3.** *per esager.* Incidente increscioso, spiacevole. ~ Caos, grande confusione. *Guarda che disastro!* **4.** Persona che causa guai divenendo paragonabile a un evento calamitoso. *Nello studio è un disastro.*

disastróso agg. **1.** Che arreca sciagure, avversità, distruzioni, deterioramento delle condizioni di vita. SIN.: **catastrofico. 2.** Che costituisce un disastro, che ha carattere catastrofico. **3.** *per esager.* Caratterizzato da aspetti negativi. *Annata agricola disastrosa.*

disattèndere v.tr. [33] **1.** Non seguire, non osservare un consiglio, una norma, ecc. **2.** *fig.* Deludere un'aspettativa.

disattènto agg. Che non fa attenzione, distratto, sbadato.

disattenzióne s.f. **1.** Mancanza di concentrazione, di applicazione mentale. *Il discorso è andato avanti nella disattenzione generale.* **2.** *estens.* Omissione, svista, lacuna dovuta a distrazione. ~ Atto ineducato che denota mancanza di attenzione per la sensibilità altrui.

disattivàre v.tr. **1.** Rendere un ordigno esplosivo inattivo, inoffensivo. **2.** *estens.* Interrompere il funzionamento di qlco. ◆ disattivarsi v.pron. Detto di un congegno, cessare di funzionare.

disattivazióne s.f. Arresto, interruzione del funzionamento di un macchinario.

disavànzo s.f. ECON. Eccedenza delle uscite sulle entrate o dei costi sui ricavi. SIN.: **deficit.** ◇ *Disavanzo commerciale di uno Stato:* eccedenza delle importazioni sulle esportazioni. ~ *Disavanzo pubblico:* insieme dei debiti contratti dallo stato.

disavventùra s.f. Evento sfavorevole.

disboscaménto s.m. → **diboscamento.**

disboscàre v.tr. [4] → **diboscare.**

disbrìgo s.m. [pl. *–ghi*] **1.** Svolgimento, esecuzione di un compito ordinario, rapidamente e senza particolari approfondimenti. *Disbrigo della corrispondenza.* **2.** Locale di transito da cui si accede ad altri locali. SIN.: **disimpegno.**

discàle agg. ANAT. Relativo al disco invertebrale. *Ernia discale.*

discànto s.m. (calco del gr. *diaphōnía* "diafonia") **1.** MUS. Polifonia in uso nel Medioevo caratterizzata da voci in contrario e dal fatto che la voce aggiunta si pone al di sopra del canto dato. **2.** MUS. Parte eseguita dal soprano e, general., parte superiore vocale o strumentale.

discàpito s.m. *Sfavore, danno.* ◇ *loc. prep. A discapito di:* a danno di. *Tornare a discapito di qualcuno.*

discàrica s.f. [pl. *–che*] **1.** Zona in cui vengono raccolti e accumulati i materiali di scarto della lavorazione industriale, di risulta dell'edilizia e i rifiuti solidi urbani. **2.** Sbarco del carico di una nave dalla stiva a terra.

discàrico s.m. [pl. *–chi*] Sgravio di coscienza, giustificazione, discolpa. – DIR. Quanto attenua una responsabilità, un'imputazione. *Testimone a discarico.*

discendènte agg. Che va dall'alto al basso, dal più al meno, anche in senso figurato. ◇ *Linea discendente:* rapporto di parentela tra un individuo e quanti da lui discendono. – ASTR. *Moto discendente:* di un corpo celeste che procede dall'emisfero boreale a quello australe. – BOT. *Linfa discendente:* che dalle foglie scende verso il tronco fino alle radici. – STAM. *Lettere discendenti:* con l'asta che si allunga sotto la riga. ◆ s.m. e f. **1.** Ogni nuovo nato in una famiglia, in una stirpe. SIN.: **erede**. **2.** COSTR. (solo m.) Conduttura di scarico delle acque bianche e nere.

discendènza s.f. **1.** Complesso di individui di molteplici generazioni che provengono dalla stessa coppia di genitori o da un solo progenitore. SIN.: **stirpe**. **2.** Rapporto di parentela che collega una generazione ai propri figli, nipoti, ecc. ◇ *Discendenza agnatizia:* in linea paterna. – *Discendenza uterina:* in linea materna.

discéndere v.tr. [33] (lat. *descéndere*) Percorrere verso il basso un sentiero, una scala. *Discendere le scale.* ◆ v.intr. (aus. *essere*) **1.** Effettuare un movimento da un livello più alto a uno più basso. *Discese alla città.* **2.** Uscire da un veicolo, da un aereo, da un'imbarcazione. *Discendere dal traghetto.* **3.** Abbassarsi, scendere. *La temperatura è discesa notevolmente.* **4.** Calare verso il basso, detto di terreni o di astri. SIN.: **digradare**. **5.** Trarre la propria origine, provenire. *Discende da una famiglia illustre.*

discendería s.f. IND. ESTR. Nelle miniere, galleria che mette in comunicazione due o più livelli.

discensionàle agg. Che procede dall'alto al basso. *Corrente discensionale.*

discensóre s.m. **1.** Impianto per trasportare materiali dall'alto al basso, mosso dalla forza di gravità e dotato di regolatore di velocità e di freno. **2.** ALP., SPELEOL. Dispositivo ad attrito che viene utilizzato per scendere in modo controllato lungo la corda.

discènte s.m. e f. Persona che riceve un insegnamento. SIN.: **allievo**.

discentràre v.tr. MECC. IND. Decentrare un corpo dal centro, spostare il suo asse.

discépolo s.m. [f. *–la*] (lat. *discípulum*, deriv. di *discere* "imparare") Chi segue la dottrina di un maestro, che segue l'esempio culturale e spirituale di qlcu. ~ estens. Chi prende a modello qlcu. ispirandosi al suo esempio. ◇ *I discepoli di Cristo:* coloro che per primi credettero all'insegnamento di Gesù e lo diffusero.

discèrnere v.tr. [12] **1.** Vedere immagini e colori in modo chiaro. *Discernere delle figure in lontananza.* **2.** estens. Riconoscere qlcu. o qlco. SIN.: **ravvisare**. ~ fig. Comprendere qlco., giudicare. *Discernere un ragionamento.* **3.** Differenziare, distinguere, anche in senso fig. *Discernere il bene dal male.*

discerniménto s.m. Facoltà di giudicare e apprezzare con criterio, così da poter operare scelte corrette, oculate. SIN.: **avvedutezza**.

discésa s.f. **1.** Moto, spostamento, trasferimento dall'alto al basso. *La discesa è più rapida della risalita.* **2.** Discesa in secondo un piano inclinato. SIN.: **pendio**. ◇ *In discesa:* con una certa inclinazione, in declivio; fig. senza difficoltà, facile. **3.** fig. Attenuazione della forza, dell'intensità o della concitazione

espressiva. SIN.: **calo**. **4.** Diminuzione, riduzione di una grandezza. *Discesa dei prezzi.* **5.** SPORT. Prova di velocità dello sci alpino su un percorso in forte pendenza. ~ Nei giochi a squadra, rapida avanzata di uno o più giocatori verso la rete avversaria. ~ ALP. Ritorno da un'ascensione. ◇ *Discesa libera:* la più veloce delle gare sciistiche, in cui lo sciatore segue un tracciato filante, limitato da porte molto larghe. – *Sci da discesa:* più lunghi e larghi, con attacchi più duri, adatti alla discesa libera. – *Discesa fluviale:* gara di canoa in acque correnti e mosse. **6.** *Discesa d'antenna:* in radiotecnica, linea che collega un'antenna a un radioricevitore o a un radiotrasmettitore.

■ **discésa** con gli sci in un prova di velocità pura.

discesísta s.m. e f. [pl.m. *–sti*] Sciatore o ciclista che si distingue in partic. nella discesa.

dischétto s.m. **1.** Nel sign. del dim. di *disco*. **2.** SPORT. Nel gioco del calcio, segno circolare bianco, tracciato a 11 m dalla porta e in posizione centrale, su cui si colloca il pallone per battere il calcio di rigore. **3.** INFORM. Supporto magnetico per le informazioni che consiste in un disco di piccola dimensione che si può inserire in un lettore associato a un computer. SIN.: **floppy disk**. **4.** FERR. Segnale di deviazione.

dischiùdere v.tr. [21] **1.** Aprire poco. **2.** fig. Rendere manifesto qlco. **3.** Escludere qlco. da qualche luogo.

discinesía s.f. MED. Qualsiasi anomalia nel movimento dei muscoli striati o contrazione anomala degli organi a muscolatura liscia.

disciògliere v.tr. [62] **1.** Liberare dai legami. **2.** fig. Districare, risolvere una questione. **3.** Far passare una sostanza dallo stato solido allo stato liquido. **4.** Mettere fine a un gruppo organizzato. ◆ **disciogliersi** v.pron. Sciogliersi.

disciplina s.f. (lat. *disciplīnam*, deriv. di *díscere* "imparare") **1.** Branca della conoscenza che è oggetto di insegnamento teorico o pratico e di studi. SIN.: **materia**. **2.** Educazione, ammaestramento, regola osservati per sforzi, controllandosi con la volontà. *Seguire una dura disciplina.* ◇ *Sotto la disciplina di qlcu.:* sotto la sua guida, alla sua scuola. **3.** Insieme delle norme, degli obblighi che disciplinano alcuni corpi o collettività. *La disciplina militare.* ~ estens. Comportamento che si attiene al rispetto delle suddette regole e in partic. a quella dell'obbedienza dovuta ai superiori. ◇ *Consiglio di disciplina:* nome di organismi aventi il potere di comminare sanzioni disciplinari. **4.** estens. Severità, rigore, con cui vengono fatte osservare le regole di una comunità da parte dell'autorità interna. *Disciplina rigida.* **5.** Flagello formato da strisce di cuoio e corde attaccate all'estremità di un bastone, con cui gli asceti e i penitenti (detti *disciplinati*) si percuotevano. **6.** Normativa con cui si regola una materia avente rilevanza giuridica. *Disciplina del lavoro portuale.*

disciplinàbile agg. Che può essere sottoposto a regole.

1. disciplinàre v.tr. **1.** Abituare, assuefare, sottoporre qlcu. a una disciplina. *Disciplinare i figli.* **2.** estens. Ordinare qlco. secondo certe norme, regolarlo. *Disciplinare il traffico.* ~ fig. Regolare un istinto, una passione. *Disciplinare i propri impulsi.*

2. disciplinàre agg. Relativo alla disciplina di un corpo, di una assemblea, di una amministrazione. *Azione disciplinare.* ◇ *Commissione disciplinare:* disposta per valutare infrazioni alla disciplina e relative punizioni. ◆ s.m. DIR. Nor-

mativa adottata dalla pubblica amministrazione per regolare l'esercizio di un'attività o definire le caratteristiche di un prodotto.

disciplinàto agg. **1.** Che obbedisce alle regole date. *Allievo disciplinato.* **2.** estens. Ordinato, regolato. *Mente disciplinata.* ◆ s.m. (al pl.) Nel Medioevo, appartenenti a confraternite religiose che si flagellavano per penitenza. SIN.: **flagellanti**.

disc jockey /'dɪsk 'dʒɔki/) loc. sost. m. e f. inv. (loc. ingl. d'America, propr. "fantino del disco") Conduttore di uno spettacolo radiofonico o televisivo basato sulla presentazione di dischi, nastri, video clip di musica leggera. ~ Nelle discoteche, chi seleziona i pezzi musicali per la serata.

1. disco s.m. [pl. *–schi*] (lat. *dìscum*, gr. *dískos* deriv. di *dikēin* "lanciare") **1.** Qualsiasi elemento, oggetto, figura di forma circolare. *Il disco del sole.* ◇ *Disco volante:* fantascientifica astronave degli extraterrestri. – *Disco orario:* segnalatore del tempo di sosta di un veicolo in un posteggio. – FIS. *Disco cromatico (o di Newton):* disco composto di spicchi colorati nei colori dell'iride che, quando il disco ruota velocemente, si compongono dando un'immagine bianca. – ANAT. *Disco intervertebrale:* formazione di tessuto fibroso e cartilagineo interposta tra due vertebre. – ZOOL. *Dischi facciali:* i due cerchi di piume che circondano gli occhi degli uccelli Strigiformi. – BOT. *Disco nettarifero:* modificazione del ricettacolo di alcuni fiori per renderlo atto a secernere il nettare. **2.** Sottile piastra circolare in vinile sulle cui facce è inciso un solco continuo, usato per la riproduzione fonografica del suono. *Comprare un disco di musica leggera.* ~ estens. La musica incisa. ◇ *Disco (a) microsolco:* che compie in un minuto 16, 33, o 45 giri. – *Dischi caldi:* nome di una trasmissione radiofonica degli anni Settanta in cui presentavano i motivi musicali classificati subito dopo i primi nella hit parade; estens., le canzoni che stanno per entrare nella hit parade. – fig. *Cambiare disco:* smetterla di ripetere sempre le stesse cose. **3.** INFORM. *Disco magnetico:* sottile piastra di materiali sintetici e ferromagnetici che permette di registrare informazioni sotto forma binaria su piste concentriche. – *Disco ottico:* piccolo disco capace di contenere una grandissima quantità di informazioni, leggibili da un dispositivo ottico a laser. – *Disco fisso o rigido:* disco magnetico di materiale rigido, con elevate capacità di memoria, inserito stabilmente nel dispositivo e usato come disco principale interno del computer. – *Disco rimovibile:* disco rigido estraibile e sostituibile con altri, per aumentare la capacità totale di memorizzazione. **4.** SPORT. Attrezzo

■ **dìsco**. La lanciatrice del disco cinese Cao Qi durante la fase di rotazione precedente il lancio (peso: 1 kg).

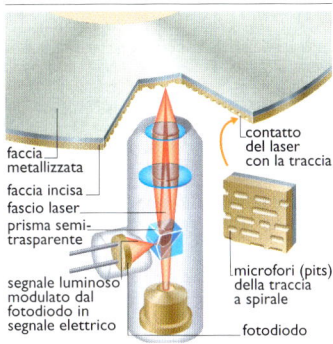

■ **disco.** Lettore di compact disc.

Etichette nella figura:
- faccia metallizzata
- faccia incisa
- fascio laser
- prisma semitrasparente
- segnale luminoso modulato dal fotodiodo in segnale elettrico
- contatto del laser con la traccia
- microfori (pits) della traccia a spirale
- fotodiodo

tondo, con superfici lievemente convesse, in legno profilato di metallo (anticamente anche in metallo o in pietra) usato nelle gare di lancio. ~ *estens.* La gara stessa. ~ Nel sollevamento pesi, ciascuno dei due pesi di forma circolare e di diametro variabile, posti all'estremità dell'asta del bilanciere. ~ Nell'hockey su ghiaccio, rondella di gomma vulcanizzata che i giocatori spingono con una mazza. **5.** FERR. Segnale ferroviario in uso un tempo, costituito da un tondo metallico posto in cima a un'asta che, se parallelo ai binari, indicava via libera, se perpendicolare, fermata e che è stato poi sostituito da un semaforo. ◇ *figg. Disco rosso:* presenza di impedimenti, di ostacoli da cui dipende l'avvio di qlco. – *Disco verde:* mancanza, assenza di ostacoli che permette l'inizio di qlco. **6.** PALEONT. Selce di forma circolare usata come strumento per raschiare. **7.** Cerchio configurato dalla rotazione delle pale d'elica. **ENCICL.** Il disco è stato a lungo un supporto per la registrazione meccanica, derivata dalle registrazioni su cilindro dei primi grammofoni. Un bulino incideva nella cera un solco i cui lati erano modulati dalle vibrazioni sonore. Il sistema permetteva di ottenere un effetto stereofonico in quanto ogni lato serviva all'iscrizione di una traccia. A partire dall'incisione su cera si realizzava, tramite elettrolisi, uno stampo metallico, che era seguito utilizzato per lo stampaggio in serie dei dischi in vinile. Le registrazioni così ottenute non potevano essere cancellate. Sui dischi magnetici, invece, il solco è sostituito da tracciati concentrici e la riproduzione avviene tramite una testina il cui campo magnetico è modulato dal segnale elettrico. Questo tipo di dischi è utilizzato in informatica sotto forma di dischetti o di dischi fissi. La capacità, secondo i formati, varia da 720 a 1,44 kilobyte per i dischetti e da 40 a 160 gigabyte per i dischi fissi. La registrazione permette la cancellazione e la riscrittura dei dati sullo stesso supporto. Con l'avvento del compact disc (CD), il disco è diventato un supporto di registrazione non solo del suono, ma anche di immagini fisse o animate, di testi e di dati informatici. Nel CD l'informazione è conservata sotto forma digitale: l'ampiezza del segnale analogico d'origine è misurata a intervalli regolari (*campionamento*) ed espressa sotto forma di numeri (*quantificazione*). Questi ultimi sono in seguito codificati in linguaggio binario e incisi su una faccia del disco sotto forma di microsolchi lungo un tracciato a spirale. La lettura si effettua con l'aiuto di un fascio di luce laser, dal centro del disco verso la periferia. Messa a punto inizialmente per il CD audio, la tecnica della registrazione digitale si applica ora a tutta una gamma di prodotti: CD-I (compact interattivi), CD-ROM (compact di sola lettura), CDV (compact video), DVD, ecc.

2. disco s.f. inv. [pl. *–schi*] **1.** *fam.* Discoteca. **2.** Disco music.

discobàr s.m. inv. Esercizio pubblico in cui al consumo di bevande si affianca l'ascolto di musica da discoteca.

discòbolo s.m. [f. *–la*] Atleta specialista nel lancio del disco. ~ Nell'arte greca, raffigurazione di un atleta che lancia il disco.

discòfilo s.m. [f. *–la*] Appassionato o collezionista di dischi musicali.

Discoglòssidi s.m. pl. [iniziale minusc. sing. *–de* per l'individuo] ZOOL. Famiglia di anfibi anuri con lingua a forma di disco, non protrattile.

discografìa s.f. **1.** Tecnica di fabbricazione, registrazione e riproduzione dei dischi e settore industriale che se ne occupa. **2.** Repertorio di dischi di uno specifico compositore o interprete.

discogràfico agg. [pl.m. *–ci*, f. *–che*] Attinente all'incisione, riproduzione, commercializzazione di dischi musicali. ◇ *Casa discografica:* industria che produce dischi musicali. ◆ s.m. Industriale, tecnico nel settore della discografia.

discoidàle agg. A forma di disco.

discòide agg. Di forma simile a un disco. ◆ s.m. Compressa medicinale ricoperta di zucchero.

discolibro s.m. [pl. *dischilibri, discolibri*] Libro accompagnato da uno o più dischi che integrano quanto è scritto.

dìscolo agg. [f. *–la*] (lat. *dýscolum*, gr. *dýskolos* "intrattabile") Che non si conforma alle regole della buona educazione. ~ Che non sente il richiamo dei doveri, riferito spec. a bambino, a ragazzo. SIN.: **scapestrato**. ◆ s.m. Nel sign. dell'agg.

discòlpa s.f. Liberazione dalla colpa, dalla responsabilità addossate.

discolpàre v.tr. Dimostrare l'innocenza di qlcu., sollevare qlcu. da un'accusa. *Il tribunale l'ha completamente discolpato.* SIN.: **scagionare**. ◆ **discolparsi** v.pron. Difendersi da un'accusa. SIN.: **giustificarsi**.

Discomicèti s.m. pl. Denominazione (oggi abbandonata da molti micologi) di un ordine di funghi caratterizzati da corpi fruttiferi.

disco music [/'dɪskəʊ 'mjuːzɪk/] loc. sost. f. inv. (loc. ingl., propr. "musica da discoteca") Genere di musica leggera caratterizzata da una prevalenza del ritmo sulla melodia.

discondroplasìa s.f. Condrodistrofia caratterizzata dalla presenza di tumori cartilaginei benigni (*condromi*) lungo lo scheletro.

disconnessióne s.f. **1.** Sconnessione. **2.** Nella tecnica telefonica, disinserimento automatico di linee e organi al termine di una comunicazione.

disconnèttere v.tr. [16] Disgiungere più elementi uniti, eliminarne le connessioni, i collegamenti.

disconoscimento s.m. Mancato riconoscimento di qlcu. o qlco. *Disconoscimento di un sacrificio.* ◇ DIR. *Disconoscimento di paternità:* atto giuridico con cui il marito rifiuta la paternità di un figlio nato dalla propria moglie.

discontinuità s.f. inv. Intervallo spaziale o temporale che interrompe la continuità di qlco. SIN.: **interruzione**. **2.** *fig.* Alterna presenza di caratteri e qualità con conseguente scarsa omogeneità di qlco. *Discontinuità di rendimento.* SIN.: **irregolarità**.

discontìnuo agg. **1.** Che si interrompe, presenta separazioni, intervalli. SIN.: **interrotto**. ~ Che non continua nello spazio. *Linea discontinua.* ◇ MAT. *Funzione discontinua:* che ha dei punti di discontinuità. **2.** *fig.* Che non è regolare, uniforme. *Uno sforzo discontinuo.* ~ Che non è costante nella qualità, nei risultati. *Atleta discontinuo.*

discopatìa s.f. MED. Affezione dei dischi intervertebrali.

discopub s.m. inv. Pub con annessa pista da ballo.

discordànte agg. **1.** Che manca di accordo, di armonia rispetto a un insieme. *Parere discordante.* SIN.: **contrastante**. ~ Con riferimento a suoni, dissonante. *Suoni discordanti.* **2.** GEOL. *Strati discordanti:* con stratificazione orientata in modo diverso rispetto alle rocce circostanti.

discordànza s.f. **1.** Assenza di caratteri comuni tra due o più cose. *Discordanza di colori, di opinioni.* SIN.: **contrasto**. **2.** GEOL. Disposizione di una serie di strati sedimentari senza parallelismo o regolarità. **3.** PSICH. Dissociazione.

discordàre v.intr. (aus. *avere*) **1.** Detto di persone o opinioni, essere in contrasto. *Le nostre opinioni discordano su questo punto.* SIN.: divergere. **2.** Detto di suoni e colori, non essere in armonia. SIN.: **stonare**.

discòrde agg. **1.** Che non ha unità o punti d'incontro. **2.** MAT. Riferito a orientamenti opposti o a vettori con direzione uguale e verso contrario.

discòrdia s.f. **1.** Assenza o rottura dell'identità di vedute e di sentimenti. SIN.: **disaccordo**. ◇ *fig. Pomo della discordia:* causa di contesa. **2.** Viva opposizione di sentimenti, di interessi, di idee. *Discordia di giudizi, pareri, posizioni.* SIN.: **dissenso**.

discòrrere v.intr. [21] (aus. *avere*) (lat. *discúrrere*, propr. "correre qua e là" poi "passare da un argomento a un altro") Parlare di un argomento e svilupparlo a lungo. *Discorrere per ore.* SIN.: **discutere**.

discòrde s.f. inv. **1.** Carattere proprio del linguaggio quotidiano che è privo di ricercatezze. **2.** Loquacità.

discorsìvo agg. **1.** LING. Che ha i caratteri del discorso comune, e dunque è piano, facile, scorrevole. *Stile discorsivo.* **2.** FILOS. Basato sul ragionamento.

discórso s.m. **1.** Successione di parole con cui si comunica il proprio pensiero ad altri. *Discorso sincero.* SIN.: **esposizione**. ~ L'argomento stesso di cui si parla. – *Questo è un altro discorso, tutto un altro discorso:* è un'altra cosa, è molto diverso. **2.** Esposizione pubblica di un determinato argomento. *Discorso di apertura di una conferenza.* **3.** POLIT. *fig.* Progetto per affrontare vari problemi, proposte di soluzione. *Il discorso sulla pubblica sicurezza.* **4.** *spreg.* (al pl.) Parole vuote, chiacchiere. *Meno discorsi e più fatti.* **5.** GRAMM. Costruzione linguistica dotata di un significato complessivo. ◇ *Parte del discorso:* categorie di classificazione delle parole di una lingua in base a criteri morfologici, sintattici e semantici (sostantivo, aggettivo, verbo, ecc.). **6.** LING. Successione delle parole e delle frasi in cui si realizza, sotto forma scritta o parlata, una determinata lingua.

discostàrsi v.pron. **1.** Allontanarsi, scostarsi da un luogo o da una persona. **2.** Divergere da un'opinione.

discotèca s.f. [pl. *–che*] **1.** Locale pubblico d'intrattenimento dove si balla su musica registrata e si consumano bevande. **2.** Collezione di dischi. ◇ *Discoteca di stato:* istituto per la conservazione di dischi, nastri, ecc. di interesse culturale.

discotecàrio s.m. [f. *–ria*, pl.m. *–ri*] Direttore di una discoteca come istituto culturale.

discount [/'diskaunt/] s.m. inv. (voce ingl., propr. "sconto") Negozio che vende la merce a prezzi inferiori rispetto a quelli correnti. ◇ *Hard discount:* grande magazzino che pratica prezzi particolarmente bassi.

discrédito s.m. Perdita della stima, della considerazione di cui si gode. ~ Macchia nella reputazione di qlcu. *Gettare discredito su qualcuno.* SIN.: **disonore**.

discrepànza s.f. Divergenza di opinioni.

discretaménte avv. In modo che superi appena la media.

discréto agg. **1.** Che si comporta in modo appropriato alla situazione, con misura e riguardo. SIN.: **prudente**. ~ Riservato nelle parole e nelle azioni. ~ Che non parla a sproposito. ~ Che sa tenere un segreto. *Un cenno discreto.* ~ Che non abita l'attenzione, sobrio. *Abito discreto.* **3.** Di un livello, di un'importanza adeguata, sufficiente. *Risultati discreti.* ~ Non piccolo, notevole. *Avere un discreto patrimonio.* ~ Moderato, non eccessivo. *Fa un uso discreto della propria libertà.* **4.** MED. Che rappresenta la forma attenuata di una malattia. **5.** Composto di elementi distinti, separati tra loro. ◇ MAT. *Insieme discreto di punti:* quello costituito da un numero finito o da un'infinità numerabile di punti. ◆ s.m. RELIG. (al pl.) I membri che compongono il consiglio superiore di un convento o di una provincia monastica.

discrezionàle agg. [fr. *discrétionnel*] Che dipende dal criterio di giudizio personale non essendo regolato da un'apposita disciplina. ◇ DIR. *Potere discrezionale:* quello che consente di valutare i fatti scegliendo la soluzione più opportuna in vista del pubblico interesse.

discrezióne s.f. **1.** Misura, criterio. *Comportarsi con discrezione.* SIN.: **moderazione**. **2.** Attitudine alla riservatezza. ~ Capacità di mantenere un segreto. **3.** Caratteristica di ciò che non attira l'attenzione. *Discrezione di un decoro.* SIN.: **sobrietà**. **4.** Volere, arbitrio, scelta. ◇ *A discrezione:* a volontà, senza limiti. – *loc. prep. A discrezione di:* secondo l'arbitrio, il volere, il giudizio di qlcu. *L'entità della pena è a discrezione del giudice.* **5.** Qualità razionale che consiste nella chiara comprensione delle cose e dei loro caratteri distintivi, presupposto di ogni giudizio. SIN.: **discernimento**.

1. discriminànte agg. **1.** Che stabilisce una separazione. **2.** Che discrimina. **3.** DIR. *Circostanza discriminante:* che annulla o limita la responsabilità penale. ◆ s.f. Elemento che differenzia persone o cose altrimenti considerate pari. *Una discriminante ideologica.*

2. discriminànte s.m. MAT. Numero ($\Delta = b - 4ac$) che permette di conoscere il numero di radici reali dell'equazione di secondo grado $ax + bx + c = 0$.

discriminàre v.tr. **1.** Stabilire una differenza, una distinzione tra individui o cose. **2.** Sottoporre qlcu. a discriminazione politica, sociale, economica. SIN.: **emarginare**. **3.** DIR. Dichiarare qlcu. non responsabile di un reato, per la presenza di una discriminante.

discriminatòrio agg. [pl.m. *-ri*] Che tende a differenziare all'interno di un insieme omogeneo. *Misure discriminatorie.*

discriminazióne s.f. **1.** Diversificazione iniqua del giudizio. ~ Disparità di trattamento. *Discriminazione sociale.* **2.** Distinzione, differenza. **3.** ELETTRON. Separazione di segnali dalle caratteristiche diverse.

discromatopsìa s.f. MED. Disturbo nella percezione dei colori, in partic. del rosso, del verde e del blu.

discromìa s.f. MED. Anomalia nella pigmentazione della pelle.

discussióne s.f. **1.** Scambio di idee, conversazione. *Una utile discussione.* ~ Esame formale, dibattito pubblico. *La discussione di un progetto di legge.* ◇ *Mettere in discussione qlco.:* metterlo in dubbio, esprimere delle riserve al riguardo. **2.** *estens.* Contrasto verbale, litigio. *Evitare discussioni.* **3.** DIR. Parte finale del processo penale comprendente le conclusioni delle parti civili, la requisitoria del pubblico ministero e le arringhe dei difensori. **4.** MAT. Ricerca e analisi delle soluzioni di un'equazione, di un sistema, ecc.

discùsso agg. Criticato, messo in discussione. *Un progetto molto discusso.* SIN.: **dibattuto**.

discùtere v.intr. [28] (aus. *avere*) Avere uno scambio di opinioni su un argomento. *Discutere di politica.* SIN.: **dibattere**. ◆ v.tr. **1.** Dibattere, sviluppare un tema confrontando opinioni diverse. *Discutere un problema.* SIN.: **esaminare**. **2.** Mettere in dubbio, contestare qlco. *Discutere gli ordini.* ◇ *Discutere sul prezzo:* contrattarlo.

discutìbile agg. Che è poco convincente e si presta a obiezioni di vario genere. SIN.: **opinabile**. ~ *estens.* Su cui è lecito avere dubbi e riserve. SIN.: **dubbio**.

disdegnàre v.tr. Trattare, guardare qlcu. o qlco. con sdegno. ~ Respingere qlco. con sdegno.

disdétta s.f. **1.** Sfortuna. **2.** Rescissione di un contratto o esplicitazione della volontà di non rinnovarlo e relativa comunicazione.

disdettàre v.tr. DIR. Rescindere un contratto o impedirne il tacito rinnovo.

disdicévole agg. Che non è conforme, confacente, adatto a qlco. SIN.: **inopportuno**. ~ Che non è decoroso. SIN.: **indecente**.

1. disdìre v.tr. [80] **1.** Negare di aver detto qlco. **2.** Dimostrare non vero ciò che è stato detto da qlcu. SIN.: **smentire**. **3.** Annullare un comando, un appuntamento, un invito. *Disdire un appuntamento.* ◆ **disdirsi** v.pron. Smentirsi, contraddirsi.

2. disdìre v.tr. Essere inopportuno per qlcu., sconveniente in una certa situazione; anche pron.

diseccitàre v.tr. FIS. Far passare un elemento da uno stato eccitato a uno non eccitato.

diseconomìa s.f. (ingl. *diseconomy*) Squilibrio economico.

diseducàre v.tr. [4] Dare un'educazione sbagliata. ~ Compromettere una buona educazione. ◆ v.intr. (aus. *avere*) Annullare gli effetti di una buona educazione.

diseducativo agg. Negativo per l'educazione, in partic. dei bambini. *Gioco diseducativo.*

diseducazióne s.f. Insegnamento di qlco. che è in antitesi con una corretta, giusta, buona educazione. SIN.: **maleducazione**.

disegnàre v.tr. **1.** Rappresentare un'immagine per mezzo di un disegno. ~ *fig.* Far risaltare la forma, il contorno di qlco. *Un abito che disegna la figura.* **2.** *fig.* Prefigurarsi qlco. con il pensiero. *Avevo già disegnato di trasferirmi in questa città.* SIN.: **ideare**. **3.** *estens.* Rappresentare qlco. con le parole. SIN.: **descrivere**. ◆ v.intr. (aus. *avere*) Tracciare disegni. *Mi piace disegnare.*

disegnatóre s.m. [f. *-trice*] Persona che disegna, che fa la professione del disegnatore. ◇ *Disegnatore industriale:* persona specializzata nel disegno industriale.

diségno s.m. **1.** Rappresentazione della forma, dei colori e, eventualmente, dei valori di luce e di ombra di un oggetto, di una figura, ecc. *Disegno a matita.* ◇ *Disegno a mano libera:* realizzato senza l'aiuto di strumenti. – CINE. *Disegno animato:* *cartone animato. **2.** Scienza e tecnica della rappresentazione grafica. *Apprendere il disegno.* **3.** Composizione decorativa, motivo ornamentale. *Una stoffa con un disegno floreale.* **4.** Progetto, modello per la realizzazione di qlco. *I disegni della nuova casa.* ◇ *Disegno industriale:* rappresentazione su piano realizzata a fini tecnici o di produzione industriale. **5.** *fig.* Schema, abbozzo di un'opera. *Il disegno di un romanzo.* ◇ *Disegno di legge:* proposta di legge presentata in parlamento per la discussione e l'approvazione. **6.** *fig.* Intenzione, idea precisa, piano. *Un abile disegno politico.*

disembriòma s.m. MED. Tumore formato a partire da residui di tessuti embrionali.

disembrioplasìa s.f. MED. Anomalia nello sviluppo embrionale di un tessuto, di un organo.

disequazióne s.f. ALG. Disuguaglianza che è soddisfatta solo per alcuni valori dell'incognita o dalle incognite.

diserbànte agg. AGR. Di prodotto che serve per eliminare le erbacce. ◆ s.m. Nel sign. dell'agg.

diserbàre v.tr. Strappare o distruggere le erbe infestanti di un prato, di un campo, ecc.

diseredàre v.tr. Privare qlcu. dell'eredità.

diseredàto agg. **1.** Privato dell'eredità. **2.** Privato dei beni materiali e dell'eredità naturale e storica di ogni uomo (affetti, cultura, valori). ~ *estens.* Che è socialmente inferiore non avendo proprietà, ricchezze. ◆ s.m. [f. *-ta*] Nei sign. dell'agg.

disertàre v.intr. (aus. *avere*) **1.** MIL. Lasciare il corpo militare di appartenenza senza autorizzazione. **2.** Sottrarsi a un impegno preso. *Disertare il proprio posto.* SIN.: **defezionare**. ◆ v.tr. Abbandonare un luogo, lasciarlo. *In autunno i vacanzieri disertano le spiagge.*

disertóre s.m. [non com. f. *-trice*] **1.** Militare che diserta. **2.** *estens.* Persona che abbandona un partito, una causa.

diserzióne s.f. **1.** Reato compiuto dal militare che diserta. **2.** *estens.* Abbandono di un'organizzazione, di un incarico, di una causa. SIN.: **defezione**.

disfaciménto s.m. **1.** Azione distruttiva che decompone i corpi. SIN.: **putrefazione**. **2.** *fig.* Smarrimento di valori spirituali e culturali che determina una perdita di coesione, di vigore morale, di vitalità. **3.** GEOL. Decomposizione chimica, disgregazione meccanica della crosta terrestre per l'azione di agenti fisici.

disfagìa s.f. Difficoltà a deglutire.

disfàre v.tr. [9] **1.** Demolire, distruggere qlco. *Disfare una macchina.* **2.** Scomporre un lavoro già fatto. *Disfare la cucitura di un abito, il letto.* ~ Estrarre il contenuto, disimballare. *Disfare un pacchetto, le valigie.* **3.** Sciogliere qlco. *Disfare il ghiaccio.* SIN.: **fondere**. ◆ **disfarsi** v.pron. **1.** Liberarsi di qlcu. o qlco., sbarazzarsene. *Disfarsi di un seccatore.* **2.** Andare in disfacimento. *Il tessuto si sta disfacendo.* **3.** Sciogliersi, liquefarsi. *La neve si disfa al sole.* **4.** *fig.* Struggersi, consumarsi. *Disfarsi in lacrime.* **5.** *fig.* Disgregarsi, allentarsi. *Le amicizie giovanili si sono ormai disfatte.*

disfasìa s.f. MED. Disturbo delle capacità linguistiche.

disfàtta s.f. (fr. *défaite*) **1.** Sconfitta militare fortemente distruttiva. **2.** *fig.* Grave insuccesso di un'impresa, un affare, ecc.

disfattìsmo s.m. (fr. *défaitisme*) **1.** Boicottaggio della guerra condotto con le azioni e con la propaganda. **2.** *estens.* Critica negativa. ~ Creazione di un clima di sfiducia, di diffidenza, di non collaborazione.

disfattìsta s.m. e f. [pl.m. *-sti*] (fr. *défaitiste*, calco del russo *porajenetz*) **1.** Chi compie opera di disfattismo. **2.** *estens.* Chi tende a essere troppo scettico, pessimista. ❑ In funzione di agg., che induce diffidenza, sfiducia. *Propaganda disfattista.*

disfonìa s.f. MED. Alterazione della voce.

disforìa s.f. (gr. *dysphoría* "sofferenza intollerabile") PSICH. Alterazione dell'umore negli stati di depressione e irritazione.

disfunzióne s.f. **1.** MED. Anomalia del funzionamento di un organo. *Disfunzione renale.* **2.** *estens.* Intoppo nel funzionamento di qlco. *Le disfunzioni della pubblica amministrazione.*

disgelàre v.tr. **1.** Far sciogliere quello che era congelato. **2.** *fig.* Liberare dalla tensione, con riferimento a situazioni e stati d'animo. *Disgelare un rapporto.* ◆ v.intr. (aus. *essere* o *avere*) Sciogliersi, liberarsi dal gelo e dalle nevi; anche pron. *I fiumi (si) disgelano in primavera.*

disgèlo s.m. **1.** GEOGR. Fusione del ghiaccio e della neve dovuta a innalzamento della temperatura. **2.** *fig.* Miglioramento delle relazioni tra Stati. *Il disgelo delle relazioni internazionali.* ~ Ritorno a rapporti sociali più liberi e dinamici dopo un periodo di immobilismo e di rigida disciplina. *Disgelo sociale.* ~ *estens.* Ritorno a rapporti espansivi e calorosi con le persone. *C'è un certo disgelo tra di loro.*

disgenesìa s.f. MED. → **displasia**.

disgiùngere v.tr. [22] **1.** Separare elementi uniti tra loro. *Disgiungere le mani.* **2.** Staccare qlcu. o qlco. da un luogo, da una persona o da altro. *Il lavoro mi ha disgiunto dal paese, dagli amici.* **3.** Differenziare qlco. da altro. *Disgiungere l'idea dalla sua realizzazione.* SIN.: **distinguere**. ◆ **disgiungersi** v.pron. Staccarsi da qlcu. o qlco.

disgiùnto agg. **1.** Che non è più unito. **2.** MAT. *Insiemi disgiunti:* che non hanno alcun elemento in comune.

disgiuntóre s.m. ELETTROTEC. Apparecchio capace di aprire un circuito percorso da corrente, automaticamente in caso di sovraccorrente, oppure per telecomando.

disgiunzióne s.f. **1.** Separazione, distacco. **2.** FILOS. Connessione tra due termini mediante un rapporto che prevede la reciproca esclusione o mediante un rapporto che indica come sufficiente almeno uno dei due termini per la validità della proposizione.

disgrafìa s.f. MED. Disturbo nell'apprendimento della scrittura.

disgràzia s.f. **1.** Situazione, condizione sfavorevole, negativa, infelice. SIN.: **sventura**. ~ Seguito di sventure. ◇ *Essere, cadere in disgrazia:* perdere il favore, la stima. **2.** Avvenimento malaugurato, funesto. *Le disgrazie non arrivano mai sole.* SIN.: **sciagura**.

disgraziàto agg. **1.** Che è bersagliato dalla malasorte, colpito da continue disgrazie. SIN.: **sventurato**. **2.** Con riferimento a cose, che risente di contrattempi, che non ha un corso agevole. *Iniziativa disgraziata.* SIN.: **travagliato**. **3.** Dovuto a una disgrazia. ~ *estens.* Miserando, squallido, penoso. *Fare una fine disgraziata.* ◆ s.m. [f. *-ta*] **1.** Persona a cui niente va per il verso giusto o che ha sopportato molte sventure. **2.** Persona che non è fisicamente o psichicamente normale. **3.** Forma di insulto che si rivolge a chi agisce irresponsabilmente. *Sei un disgraziato!* SIN.: **sciagurato**.

disgregàre v.tr. [4] **1.** Frantumare un corpo solido. **2.** *fig.* Privare un gruppo di coesione in-

■ Il disegno

Tecnica che mira, attraverso l'infinita varietà del tratto, della sfumatura, della velatura di colore, a evocare o dominare le forme del mondo visibile, spesso a dare vita a figure immaginarie. Il disegno è anche l'espressione dell'individualità dell'artista che tiene fra le dita lo o gli strumenti scelti: punte metalliche, pietre nere o colorate, gesso, matite, carboncino, pastelli, penna o pennello e inchiostro... fino al mouse del computer.

Il Perugino. *Bacco*, disegno a matita in pietra nera con sfumature in gesso. La pietra nera (un sorta di scisto) accentua la naturalezza di questo nudo, le cui vibrazioni si discostano dal classicismo talvolta un po' statico del Perugino pittore. La stessa pietra con piccoli tratteggi, associata alla luce rappresentata dall'uso del gesso, definisce il modellato. (Uffizi, Firenze.)

Pieter Saenredam. *Veduta di Bois-le-Duc,* inchiostro (penna) e acquerello. L'opera ha un carattere documentaristico suggerito dal dettaglio dei fregi paralleli alla navata della cattedrale, dalla scritta sul muro del convento, al centro, e dalla specificazione della data (19 luglio 1632); l'atmosfera sospesa esalta il valore poetico dell'opera.
(Musei Reali delle Belle Arti, Bruxelles.)

Jean-Antoine Watteau. *Savoiardo seduto,* pietra nera e sanguigna. In questo ritratto di un "immigrato" che svolge qualche lavoretto nelle vie di Parigi, l'artista combina la precisione del documento alla forza fremente della vita in esso rappresentata, associando tratti grossi bicolori e pennello. Watteau ha spesso utilizzato la tecnica detta "delle tre matite": pietra nera, sanguigna e gesso. (Uffizi, Firenze.)

Henri Matisse. *Viso*, pennello e china, 1950. Matisse usa una tecnica minimalista mutuata dalla tradizione artistica cinese e giapponese per schizzare e sintetizzare il soggetto.
(Fondazione Dina Vierny - Museo Maillol, Parigi.)

terna. *Disgregare una famiglia.* **3.** CHIM. Rendere una sostanza solubile. ◆ **disgregarsi** v.pron. **1.** Frantumarsi. ~ Scindersi negli elementi costitutivi. **2.** *fig.* Detto di un gruppo, perdere coesione.

disgregazióne s.f. **1.** Disunione, scissione della materia. **2.** *fig.* Rottura dei vincoli che danno unità e compattezza a una formazione sociale. ~ Disfacimento di un sistema di valori. **3.** CHIM. Procedimento con cui si rendono solubili sostanze che non lo sono.

disguido s.m. (spagn. *descuido* "distrazione") **1.** Errore nell'inoltro, nel recapito o nell'espletamento di una pratica. **2.** *estens.* Equivoco, qui pro quo, contrattempo.

disgustàre v.tr. Ispirare disgusto per qlco. *La sua sporcizia mi disgusta.* ◆ **disgustarsi** v.pron. Provare disgusto per qlco. o per qlcu. *Mi sono disgustato di quell'individuo.*

disgùsto s.m. **1.** Senso di fastidio, di nausea verso certi alimenti. SIN.: **ripugnanza**. **2.** *fig.* Sentimento di avversione, di repulsione provocato da qlco. o da qlcu. SIN.: **repulsione**.

disgustóso agg. **1.** Che offende il senso del gusto. SIN.: **nauseante**. **2.** *fig.* Che provoca avversione, repulsione psicologica, morale. SIN.: **ripugnante**.

disidratànte agg. Che è in grado di sottrarre acqua ad altri corpi. ◆ s.m. Nel sign. dell'agg.

disidratàre v.tr. (fr. *déshydrater*) Eliminare o ridurre l'acqua contenuta in un corpo o in una sostanza. ◆ **disidratarsi** v.pron. Subire una disidratazione.

disidratàto agg. Di tessuto o corpo che ha subito una perdita del normale contenuto idrico.

disidratazióne s.f. (fr. *déshydratation*) **1.** Perdita di acqua da parte di un corpo come processo spontaneo o provocato. **2.** MED. Affezione provocata da un deficit di acqua in un organismo.

disidròsi s.f. inv. MED. Forma di dermatosi localizzata alle mani e ai piedi.

disillùdere v.tr. [21] Disingannare qlcu. ◆ **disilludersi** v.pron. Perdere un'illusione o le illusioni.

disillusióne s.f. Perdita delle illusioni. *Provare disillusione.* SIN.: **disinganno**.

disimballàggio s.m. [pl. *–gi*] Azione di disimballare. SIN.: **sballatura**.

disimballàre v.tr. Togliere una merce dal suo imballo.

disimparàre v.tr. Dimenticare ciò che si è imparato. ~ *estens.* Perdere la capacità di fare qlco.

disimpegnàre v.tr. (spagn. *desempeñar*) **1.** Liberare qlcu. da un impegno. **2.** Liberare qlco. da un ostacolo. ~ Rendere indipendente un ambiente, liberandolo da un passaggio obbligato. **3.** Riscattare un oggetto dato in pegno. *Ha disimpegnato i gioielli.* **4.** Adempiere una funzione. *Disimpegnare un incarico.* **5.** MAR. Liberare cavi, ancore e altri attrezzi per le manovre delle imbarcazioni. **6.** MIL. Liberare tempestivamente le proprie forze dalla pressione dei nemici. ◆ v.pron. **1.** Liberarsi da un impegno. **2.** Riuscire ad adempiere una funzione. **3.** MIL. Ritirarsi di fronte al nemico. **4.** SPORT. Sottrarsi all'avversario.

disimpégno s.m. **1.** Mancanza di impegno politico, sociale o culturale. **2.** Liberazione da un obbligo. **3.** Espletamento, assolvimento di un compito. **4.** Locale di transito da cui si accede ad altri locali o che serve da ripostiglio. **5.** SPORT. Nel calcio, passaggio della palla per sottrarsi al pressing avversario. **6.** MED. Parte terminale del parto.

disincaglìare v.tr. [6] **1.** MAR. Liberare un'imbarcazione da un incaglio. **2.** *fig.* Liberare qlco. da un ostacolo. ◆ **disincagliarsi** v.pron. **1.** Detto di nave, liberarsi da un incaglio. **2.** *fig.* Togliersi da una situazione difficile. ~ Superare una difficoltà. *Disincagliarsi da un affare poco chiaro.*

disincantàre v.tr. **1.** Privare qlcu. delle sue illusioni. **2.** Liberare qlcu. da un'influenza magica. ◆ **disincantarsi** v.pron. Disilludersi, disingannarsi.

disincantàto agg. Senza illusioni, che vede le cose così come sono.

disincànto s.m. **1.** Perdita delle illusioni. **2.** Liberazione da un incantesimo, da una magia.

disincarnàto agg. Separato dalla sua forma corporea. *Anima disincarnata.*

disincentivàre v.tr. Privare qlco. di un incentivo. ~ Scoraggiare, frenare certi comportamenti e abitudini. *Disincentivare i consumi.*

disincentivo s.m. Qualsiasi intervento dell'autorità volto a scoraggiare comportamenti economici ritenuti dannosi.

disincrostànte agg. Di prodotto che dissolve o rimuove le incrostazioni. ◆ s.m. Nel sign. dell'agg.

disincrostàre v.tr. Togliere le incrostazioni da qlco.

disincrostazióne s.f. Eliminazione delle incrostazioni.

disinfestàre v.tr. Liberare un luogo, un oggetto, un animale o un individuo da insetti, parassiti, erbe infestanti e simili.

disinfestazióne s.f. Eliminazione di animali o insetti ritenuti dannosi o comunque sgradevoli. ~ Distruzione di erbe infestanti.

disinfettànte agg. Di sostanza che uccide i germi patogeni. ◆ s.m. Nel sign. dell'agg.

disinfettàre v.tr. (fr. *désinfecter*) Liberare qlco. dai germi patogeni per evitare l'insorgere di infezioni. *Disinfettare una ferita.* ◆ disinfettarsi v.pron. Eliminare i germi patogeni presenti su una parte del proprio corpo. *Disinfettarsi le mani.*

disinfezióne s.f. (fr. *désinfection*) Distruzione dei germi presenti in un luogo, in un oggetto o sulla pelle del corpo umano.

disinflazióne s.f. ECON. Riduzione, diminuzione durevole del rincaro generale dei prezzi.

disinformatóre agg. Che disinforma. ◆ s.m. Nel sign. dell'agg.

disinformazióne s.f. Informazione scorretta o lacunosa dovuta a pressappochismo o a malafede.

disingannàre v.tr. Deludere una persona o un'aspettativa. *Si aspettava molto dalla vita, ma la realtà lo ha disingannato.* SIN.: **disincantare.** ◆ disingannarsi v.pron. Accorgersi di essersi ingannato, ricredersi.

disingànno s.m. Constatazione che qlco. o qlcu. non è come si credeva o si sperava. SIN.: **disillusione.**

disingranàre v.tr. MECC. IND. Separare gli elementi di un ingranaggio.

disinibìre v.tr. [83] Liberare qlcu. dalle inibizioni, dai complessi. ◆ disinibirsi v.pron. Liberarsi delle proprie inibizioni. SIN.: **sbloccarsi.**

disinibìto agg. Libero dalla soggezione alle convenzioni sociali, spec. riferimento alla sfera sessuale.

disinnescàre v.tr. [4] **1.** Rendere un ordigno esplosivo innocuo privandolo del dispositivo d'innesco. *Disinnescare una granata.* **2.** fig. Prevenire gli sviluppi pericolosi di qlco. *Disinnescare un conflitto.*

disinnésco s.m. [pl. *–schi*] Operazione di togliere l'innesco a un ordigno esplosivo.

disinnestàre v.tr. **1.** MECC. Privare un organo meccanico dell'innesto con l'organo motore. ◇ *Disinnestare la marcia:* staccare il collegamento tra motore e ruote, agendo sulla leva del cambio. **2.** Distaccare un elemento da un altro in cui è inserito. *Disinnestare una spina.* SIN.: **disinserire.** ◆ disinnestarsi v.pron. Detto di due organi meccanici o di parti di essi, svincolarsi dall'innesto.

disinnésto s.m. Separazione di organi meccanici accoppiati a loro parti. ◇ *Disinnesto della frizione:* distacco tra albero motore e cambio. – *Disinnesto di un selettore:* in telefonia, il suo ritorno in posizione di riposo.

disinquinaménto s.m. **1.** Serie di operazioni, di processi con cui si riduce o si elimina l'inquinamento. ~ Il risultato ottenuto. **2.** fig. Pulizia morale a cui si sottopone un'istituzione, un ambiente, ecc.

disinquinàre v.tr. Eliminare o ridurre l'inquinamento in un ambiente; anche in senso fig. *Disinquinare la pubblica amministrazione.*

disinseriménto s.m. Operazione con cui si disinserisce, si disinnesca qlco., spec. un congegno, una presa di corrente, ecc.

disinserìre v.tr. [83] **1.** Interrompere la connessione, tagliare il collegamento con qlco. **2.** To-

gliere un congegno o un dispositivo dall'apparato di alimentazione. SIN.: **disinnestare.**

disinserzióne s.f. **1.** Atto del disinserire qlco. ed effetto che ne consegue. **2.** ELETTR. Distacco del circuito di alimentazione.

disinsettazióne s.f. Distruzione degli insetti nocivi.

disinstallazióne s.f. INFORM. Rimozione di un programma o di una scheda di espansione hardware dal sistema.

disintasàre v.tr. Liberare da un'ostruzione un foro o un condotto. *Disintasare lo scarico del lavandino.* SIN.: **sturare.**

disintegràre v.tr. (ingl. *to disintegrate*) Distruggere qlco. riducendolo in frammenti. *L'esplosione ha disintegrato l'edificio.* ~ FIS. NUCL. Provocare la disintegrazione di un nucleo. *Disintegrare l'atomo.* ~ fig. Disgregare. *Disintegrare un'antica cultura.* ◆ disintegrarsi v.pron. **1.** Ridursi in frammenti. *L'aereo si è disintegrato in volo.* **2.** fig. Detto di nazioni, istituzioni, gruppi, disgregarsi, dissolversi. *Il partito si è disintegrato.*

disintegrazióne s.f. **1.** Distruzione di un corpo data dalla sua rottura in parti infinitesime. SIN.: **frantumazione. 2.** estens. Sminuzzamento, spappolamento di sostanze tenaci come le fibre vegetali. **3.** FIS. Trasformazione di un nucleo atomico o di una particella in un altro nucleo o in altre particelle. **4.** fig. Disgregazione, dissoluzione.

disinteressaménto s.m. Mancanza di attenzione, d'impegno, di cura verso qlcu. o qlco. SIN.: **indifferenza.**

disinteressàre v.tr. Far cessare in una o più persone l'interesse per qlco. o per qlcu. *Disinteressare un allievo al latino.* ◆ disinteressarsi v.pron. Non provare interesse per qlco. o per qlcu., non occuparsene.

disinteressàto agg. Che non agisce per tornaconto personale o per egoismo. *Persona del tutto disinteressata.* ~ Che non è ispirato da interesse, da calcolo utilitaristico. *Consiglio, giudizio disinteressato.*

disinterèsse s.m. **1.** Perdita di interesse per qlco. SIN.: **indifferenza. 2.** Assenza di motivazioni utilitaristiche ed egoistiche, anche imparzialità. SIN.: **altruismo.**

disintermediazióne s.f. **1.** ECON. Superamento, forte riduzione delle attività di intermediazione economica a seguito dei processi di connessione di rete. **2.** BANC. Diminuzione dell'attività e dei ricavi da intermediazione per contrazione dei depositi.

disintossicànte agg. Che elimina lo stato d'intossicazione. ◆ s.m. Nel sign. dell'agg.

disintossicàre v.tr. [4] **1.** Provocare una disintossicazione in qlcu. o in una parte del corpo, spec. da alcool o droga. *Disintossicare i drogati.* **2.** fig. Liberare un ambiente da elementi di tensione e rancore. SIN.: **depurare.** ◆ disintossicarsi v.pron. Eliminare del proprio organismo tossine, veleni, o sostanze nocive. *Mi sono disintossicato dall'alcol.*

disintossicazióne s.f. Scomparsa di uno stato d'intossicazione grazie a processi organici o a interventi terapeutici.

disinvestiménto s.m. **1.** ECON. Conversione di un capitale investito in capitale liquido. **2.** PSICOL. Ritiro dell'investimento affettivo effettuato in precedenza.

disinvestìre v.tr. **1.** Vendere un bene, un titolo per convertirlo in denaro liquido. **2.** Diminuire, tramite cessioni, le attività di un'azienda.

disinvòlto agg. (spagn. *desenvuelto* "non impacciato") **1.** Riferito a persona, che ha facilità di rapporto con le persone. *Ragazzo disinvolto.* SIN.: **spigliato.** ~ Che mostra analoga padronanza e naturalezza in qualche ambito specifico, spec. espressivo. *Essere disinvolto nel parlare.* **2.** Con riferimento a cosa, che non risente di incertezze, che non è involuta. *Scrittura disinvolta.* **3.** Con valore negativo, libero da remore, da freni morali o dal rispetto della buona educazione. SIN.: **spregiudicato.** ~ Con riferimento a cosa, che denota tali caratteristiche. *Tenere un comportamento disinvolto.*

disinvoltùra s.f. (spagn. *desenvoltura*) **1.** Facilità, naturalezza di azione, maniere e linguag-

gio. *Esprimersi con disinvoltura.* SIN.: **spigliatezza. 2.** pegg. Eccesso di sicurezza che porta a sottovalutare le cose. SIN.: **superficialità.** ~ Assenza di scrupoli. SIN.: **spregiudicatezza.**

disistìma s.f. Mancanza, perdita di stima per qlcu. ~ pegg. Disprezzo.

disistimàre v.tr. Considerare con disprezzo qlcu. o qlco., non averne più stima. SIN.: **disprezzare.** ◆ disistimarsi v.pron. Non avere una buona opinione di sé, non stimarsi.

disistivàggio s.m. Rimozione delle merci dalla stiva per lo scarico.

disk [/'dɪsk/] s.m. inv. (voce ingl. d'America) INFORM. Dischetto, disco magnetico.

dislalìa s.f. PSICOL. Disturbo dell'articolazione del linguaggio.

dislessìa s.f. MED. Difficoltà di apprendimento della lettura, più o meno grave, senza che esista un deficit sensoriale o intellettuale.

dislèssico agg. [pl.m. *–ci*, f. *–che*] **1.** MED. Relativo alla dislessia. **2.** MED. Sofferente di dislessia. ◆ s.m. [f. *–ca*] MED. Nell'accez. 2 dell'agg.

dislivèllo s.m. **1.** Differente altezza di due punti rispetto a un piano orizzontale di riferimento. ~ Differenza di quota. ~ Seguito di salite e discese. **2.** fig. Differenza, divario, disparità qualitativa o quantitativa.

dislocaménto s.m. **1.** Spostamento da un luogo a un altro più opportuno, in partic., riferito a eserciti o installazioni industriali. **2.** MAR. Peso dell'acqua spostata dalla carena di una nave, equivalente al peso totale dell'imbarcazione.

dislocàre v.tr. [4] **1.** Collocare o trasferire qlco. o qlcu. in un luogo a seconda della necessità. **2.** MAR. Detto di imbarcazione, spostare una determinata quantità d'acqua con la parte immersa dello scafo.

dislocazióne s.f. **1.** Disposizione di truppe e mezzi su un territorio o lungo un fronte di guerra. SIN.: **collocazione.** ~ estens. Disposizione dei giocatori sul terreno di gioco. **2.** Trasferimento, spec. di impianti industriali, da un luogo a un altro. SIN.: **dislocamento. 3.** GEOL. Spinta laterale che causa il movimento di formazioni geologiche lontano dal loro luogo di origine. **4.** LING. Spostamento di un costituente della frase dalla sua sede consueta a una posizione diversa, per ottenere effetti di diversa focalizzazione delle informazioni espresse. **5.** CRISTALLOGR. Difetto di un cristallo caratterizzato dallo slittamento di una delle sue parti rispetto all'asse principale. **6.** CHIM. Ripartizione, su tutti gli atomi di una molecola, della carica associata a un elettrone.

dismenorrèa s.f. MED. Mestruazione dolorosa.

dismésso agg. Che non è più usabile, che è caduto in disuso, perché rovinato o inadeguato.

dismissióne s.f. **1.** DIR. Abbandono dell'esercizio di un diritto che viene trasferito ad altri. **2.** estens. Rinuncia a una competenza o a una proprietà da parte di un ente pubblico. **3.** (spec. pl.) Nel settore delle aziende a partecipazione statale, trasferimento al capitale privato di ciò che era proprietà pubblica.

dismisùra s.f. Eccesso che si manifesta nelle opinioni, nel comportamento, ecc. ◇ *A dismisura:* smodatamente, eccessivamente.

dismnesia s.f. MED. Ogni disturbo della memoria.

dismorfòsi s.f. inv. MED. Anomalia della forma di una parte del corpo.

disobbediènza s.f. → disubbidienza.

disoccupàto agg. Che non ha un posto di lavoro. ◆ s.m. [f. *–ta*] Nel sign. dell'agg.

disoccupazióne s.m. **1.** Condizione economica e sociale della forza-lavoro non occupata. ◇ *Disoccupazione parziale o sottoccupazione:* quella che si verifica quando un lavoratore viene impiegato per un numero di ore inferiore al normale. – *Disoccupazione tecnologica:* quella dovuta all'introduzione di macchine che riducono la quantità di ore di lavoro dell'uomo per unità di prodotto. – *Disoccupazione frizionale:* quella dovuta alla scarsa mobilità o alla scarsa qualificazione della mano d'opera. – *Disoccupazione stagionale:* quella di chi ha un'attività limitata a determinati periodi dell'anno, come avviene, p.e., nell'agricoltura e nel turismo. – *Disoccupa-*

zione intellettuale: mancanza di posti di lavoro adatti a chi ha un titolo di studio superiore. ~ *Indennità, assegno di disoccupazione:* sussidio che lo Stato devolve temporaneamente ai disoccupati. **2.** Insieme di coloro che pur essendo disposti a lavorare non trovano occupazione. ◇ *Tasso di disoccupazione:* rapporto statistico tra il numero di coloro in cerca di un lavoro e l'insieme delle forze di lavoro.

disoleàre v.tr. Rimuovere le sostanze oleose da una materia.

disoleatóre s.m. Apparecchio utilizzato per disoleare.

disoleatùra s.m. Eliminazione dell'olio contenuto in una miscela, general. acquosa.

disolfùro s.m. CHIM. → **bisolfuro**.

disomogèneo agg. Che non è omogeneo. SIN.: **eterogeneo**.

disonestà s.f. inv. Disponibilità a compiere azioni illecite o immorali se ciò arreca un utile, un vantaggio economico o di qualsiasi altro genere. SIN.: **scorrettezza**. ~ L'azione stessa. SIN.: **frode**.

disonèsto agg. Che compie azioni illecite o immorali per interesse. *Un professionista disonesto.* ~ Contrario alla morale, al pudore. ~ Detto di cosa, che denota disonestà. *Prezzo disonesto.* ◇ *Essere disonesto con se stesso:* essere insincero, non voler riconoscere la vera motivazione dei propri atti. ~ *Guadagno disonesto:* ottenuto in modo illecito.

disonoràre v.tr. Macchiare l'onore di qlcu. o qlco. SIN.: **screditare**. ◆ **disonorarsi** v.pron. Commettere un'azione che macchia il proprio onore.

disonoràto agg. Che ha perduto l'onore, la rispettabilità. SIN.: **screditato**. ~ Ant., riferito a donna, che ha perduto la verginità.

disonóre s.m. **1.** Perdita di rispetto generale a cui va incontro una persona quando contravviene ai valori morali o agli usi tradizionali di una comunità. SIN.: **infamia**. **2.** Persona, azione che arreca disonore. *Fare disonore a qualcuno.* **3.** Stato psicologico e sociale di inferiorità morale, di degradazione in cui si trova chi non è più rispettato e non si rispetta.

disonorévole agg. Che arreca disonore. SIN.: **vergognoso**.

disopercolàre v.tr. APICULT. Asportare gli opercoli che chiudono gli alveoli dei favi contenenti il miele.

disópra avv. In un luogo superiore, sopra. *Abitare disopra.* ❑ In funzione di agg. inv., superiore, posto sopra. *L'appartamento disopra.* ◆ s.m. inv. Parte, luogo superiore. *Il disopra della macchina.* ◇ *loc. prep. Al disopra di:* sopra, su, in senso proprio o fig.

disordinàre v.tr. **1.** Mettere qlco. in disordine. *Disordinare una stanza.* SIN.: **scompigliare**. **2.** *fig.* Turbare un progetto, un'idea. SIN.: **confondere**.

disordinàto agg. **1.** Che è in uno stato di disordine. *Casa disordinata.* ~ Che si svolge senza ordine e coerenza. *Pensieri disordinati.* **2.** Con riferimento a persona, che non cura l'ordine e la precisione. SIN.: **confusionario**. ~ Che, nel fare qlco. non si dà dei precisi criteri improntati ad assennatezza e congruenza. **3.** Che non è subordinato alla ragione ma all'impulso, all'istinto, al desiderio. ~ Privo di misura. SIN.: **sregolato**. ◆ s.m. [f. *-ta*] Nell'accez. 2 dell'agg.

disórdine s.m. **1.** Assenza di ordine, turbamento dell'ordine. *Camera in disordine.* ~ Mancanza di chiarezza e di ordine logico nelle idee, nei pensieri e nella loro esposizione. ~ Trascuratezza. ◇ *In disordine:* disordinato, confuso; mal funzionante, disturbato. *Stomaco in disordine.* **2.** Mancanza di razionale coordinamento tra compiti e funzioni. ~ Organizzazione di un'attività poco economica, con conseguenti disservizi, disfunzioni, perdite finanziarie. **3.** Mancanza di ordine morale, di giusta misura negli appetiti. *Disordine delle passioni.* SIN.: **sregolatezza**. **4.** (al pl.) Agitazione politica o disordine sociale. *Si temono disordini nel paese.*

disorganizzàre v.tr. (fr. *désorganiser*) Alterare, distruggere l'organizzazione di qlco. ~ Introdurre il disordine in un insieme organizzato. ◆ **disorganizzarsi** v.pron. Perdere la propria organizzazione.

disorganizzàto agg. Che non è coordinato.

disorganizzatóre agg. Che disorganizza. ◆ s.m. Nel sign. dell'agg.

disorganizzazióne s.f. (fr. *désorganisation*) **1.** Mancanza di connessione, di integrazione. **2.** BIOL. Modificazione sostanziale degli elementi che costituiscono un organismo.

disorientaménto s.m. **1.** Perdita di certezza, di punti di riferimento. SIN.: **smarrimento**. **2.** Incapacità a orientarsi nello spazio e nel tempo, in partic. in casi di stati psicotici.

disorientàre v.tr. (fr. *désorienter*) **1.** Far perdere a qlcu. l'orientamento. ~ Far perdere a qlcu. la rotta, la strada. **2.** *fig.* Far perdere a qlcu. la sicurezza, renderlo esitante. *Questa domanda l'ha disorientato.* SIN.: **confondere**. ◆ **disorientarsi** v.pron. Perdere l'orientamento, smarrirsi. ~ *fig.* Confondersi.

disorientàto agg. **1.** Che ha perso l'orientamento. ~ *fig.* Che non sa più quale condotta adottare. **2.** PSICH., PSICOL. Che è colpito da disorientamento.

disorméggio s.m. [pl. *-gi*] NAV. Operazione di togliere gli ormeggi.

disortografìa s.f. PSICOL. Difficoltà specifica nell'apprendimento dell'ortografia da parte di un bambino che non presenta alcun deficit intellettuale o sensoriale; è spesso legata alla dislessia.

disossàre v.tr. **1.** Togliere le ossa da un animale macellato o da una sua parte. *Disossare un cosciotto.* **2.** *estens.* Togliere il nocciolo da un frutto.

disossàto agg. **1.** Privato delle ossa. **2.** *fig.* Fiacco, slegato, informe.

disossidànte o **desossidànte** agg. (fr. *désoxydant*) CHIM. Di sostanza che riduce o elimina l'ossigeno presente in un composto di metalli fusi. ~ Di sostanza che elimina l'ossidazione superficiale dei metalli. ◆ s.m. Nel sign. dell'agg.

disossidàre v.tr. (fr. *désoxyder*) **1.** CHIM. Privare dell'ossigeno un composto chimico. **2.** TECN. Trattare un metallo fuso allo scopo di eliminare la presenza di ossigeno. ~ Eliminare l'ossidazione superficiale di un metallo.

disossidazióne o **desossidazióne** s.f. (fr. *désoxydation*) CHIM. Operazione di eliminazione dell'ossigeno da un composto, in partic. da una massa di metallo fuso. SIN.: **riduzione**.

disostruzióne s.f. MED. Intervento chirurgico per ristabilire la circolazione in un canale ostruito.

disótto avv. In un luogo inferiore, sotto. *Portare un mobile disotto.* ❑ In funzione di agg. inv., inferiore, posto sotto. *Scendere al piano disotto.* ◆ s.m. inv. Parte, luogo inferiore. *Il disotto di un foglio.* ◇ *loc. prep. Al disotto di:* sotto, in senso proprio o fig.

dispàccio s.m. [pl. *-ci*] (spagn. *despacho*, deriv. di *despachar* "disbrigare") **1.** Tipo di lettera proprio della comunicazione tra autorità superiori e sottoposte dello Stato (o viceversa). ~ In partic., missiva con cui il Ministero degli Esteri comunica disposizioni e informazioni alle proprie sedi diplomatiche. **2.** Lettera privata, messaggio confidenziale, spec. se breve e con carattere d'urgenza. ◇ *Dispaccio d'agenzia:* nel l. gior., telex, fax, informazione breve trasmessa dagli organi di stampa.

disparàto agg. Diverso, vario, eterogeneo.

disparére s.f. *lett.* Mancanza d'intesa, d'accordo tra persone. SIN.: **dissenso**.

dispareunia s.f. (deriv. di gr. *dyspáreunos* "che ha un connubio infelice") MED. Rapporto sessuale doloroso per la donna dovuto a cause organiche, funzionali, psicologiche.

dispari agg. inv. **1.** MAT. Di un numero non divisibile per due. ◇ *Funzione dispari:* funzione della variabile reale f tale che, per tutti gli x, $f(-x) = -f(x)$. **2.** Che è indicato con un numero dispari. *Giorno dispari della settimana.* ◆ s.m. inv. Numero dispari.

disparità s.f. inv. Divario di specifici caratteri tra persone o cose. SIN.: **differenza**. ◇ DIR. CAN. *Disparità di culto:* uno degli impedimenti dirimenti alla celebrazione del matrimonio consistente nel fatto che soltanto uno dei fidanzati è battezzato.

dispàrte avv. Oggi usato solo nella loc. *in disparte*, in un luogo appartato, da parte. ◇ *figg. Mettere qualcosa in disparte:* accantonarlo. ~ *Tenersi in disparte:* defilato, appartato.

dispèndio s.m. [non com. pl. *-di*] Impiego di qlco. in misura superiore al normale. *Dispendio di energie.* SIN.: **consumo**.

dispendióso agg. Che richiede spese notevoli. *Uno stile di vita dispendioso.* SIN.: **costoso**.

dispènsa s.f. **1.** Locale in cui avviene la distribuzione di viveri, in partic. in alcune regioni, spaccio, bottega. **2.** *estens.* Locale o credenza dove si conservano le provviste alimentari. **3.** Ciascuno dei fascicoli in cui viene suddivisa e distribuita al pubblico un'opera di una certa mole. ◇ *Dispensa universitaria:* sintesi delle lezioni tenute da un docente durante l'anno accademico. **4.** Permesso accordato da una autorità che autorizza a non osservare un obbligo. ~ Documento che attesta una concessione, un permesso. ◇ *Dispensa matrimoniale:* atto con cui l'autorità civile o ecclesiastica concede che si celebri un matrimonio pur in presenza di impedimenti. ~ *Dispensa dal servizio:* nel l. bur., provvedimento disciplinare con cui si esonera un dipendente pubblico da un impiego o da un servizio.

dispensàbile agg. **1.** Che può essere elargito, distribuito. **2.** Che può essere soggetto a dispensa, a esenzione.

dispensàre v.tr. **1.** Concedere, accordare qlco. a qlcu. *Dispensare favori alla clientela.* SIN.: **distribuire**. **2.** Esentare qlcu. da obblighi, impegni. SIN.: **esonerare**. ◆ **dispensarsi** v.pron. Esimersi dal fare qlco.

dispensàrio s.m. [pl. *-ri*] (fr. *dispensaire*, ingl. *dispensary*) **1.** Istituzione pubblica finalizzata alla prevenzione e cura gratuita di malattie di rilevanza sociale. *Dispensario antitubercolare.* **2.** Un tempo, assortimento di medicinali di cui una farmacia doveva essere fornita.

dispensatóre agg. [f. *-trice*] Che dà, arreca. *Guerra dispensatrice di lutti.*

dispenser [/di'spɛnsə/] s.m. inv. (voce ingl.) Dispositivo per dosare la distribuzione di un prodotto.

dispepsìa s.f. MED. Difficoltà digestiva per anomalia funzionale.

dispèptico agg. [pl.m. *-ci*, f. *-che*] **1.** MED. Relativo alla dispepsia. **2.** MED. Che soffre di dispepsia. ◆ s.m. MED. Nell'accez. 2 dell'agg.

disperànte agg. Che causa sconforto. *Una situazione disperante.* SIN.: **scoraggiante**.

disperàre v.intr. (aus. *avere*) Smettere di sperare, perdere fiducia e coraggio in qlcu. o qlco.; anche pron. ◆ v.tr. **1.** Condurre qlcu. alla disperazione. ◇ *Far disperare qlcu.:* fargli perdere la pazienza. **2.** Non credere di riuscire a fare o conseguire qlco. *Dispero ormai che tu mi scriva.*

disperàto agg. **1.** Che ha perso ogni speranza, che è in preda alla disperazione. *Uno sguardo disperato.* **2.** Che esprime, è provocato dalla disperazione. *Pianto disperato.* ~ Che non lascia speranza. *Situazione disperata.* **3.** Che costituisce l'ultima risorsa, l'azione estrema. *Tentativo disperato.* ◆ s.m. [f. *-ta*] **1.** Chi è pronto a tutto. **2.** *fam.* Persona senza mezzi e senza lavoro, che vive alla giornata. **3.** In similitudini denota comportamenti eccessivi. *Correre come un disperato.*

disperazióne s.f. **1.** Condizione di chi non ha più speranza. SIN.: **sconforto**. ◇ *Il coraggio della disperazione:* quello di chi, non avendo altre alternative, rischia il tutto per tutto. ~ TEOL. CRIST. Perdita della speranza nel perdono di Dio. **2.** Persona, cosa che delude ogni attesa. *Essere la disperazione della propria famiglia.*

disperdènte agg. **1.** CHIM. Detto di un agente il cui intervento, nelle sospensioni dei solidi nei liquidi, facilita la dispersione dei granuli dei componenti solidi. **2.** FIS. Di corpo o sostanza in cui si verificano dispersioni di radiazioni.

disperdènza s.f. ELETTR. Conduttanza causata da problemi di isolamento in un impianto elettrico.

dispèrdere v.tr. [51] **1.** Scacciare con la forza un gruppo di persone dal luogo in cui si trovano. *Disperdere un assembramento.* ~ Allontanare l'uno dall'altro i membri di un gruppo. *La guerra disperse la famiglia.* ~ Allontanare, dissolvere qlco. *Il vento disperse le nubi.* ~ Sparpagliare qlco. *Disperdere le ceneri.* **2.** MIL. Mettere in fuga, sconfiggere le forze nemiche. **3.** Dissipare, consumare qlco. *Disperdere le forze.* **4.** CHIM., FIS. Fare dispersione di una sostanza o di una carica elettrica. ◆ **disperdersi** v.pron. **1.** Andare perduto. *Il calore si è disperso.* ~ Svanire, dissiparsi, dissolversi. *Il fumo cominciò a disperdersi.* **2.** Sprecare la propria concentrazione in qlco. di non importante. **3.** Sparpagliarsi da qualche parte, fuggire qua e là.

dispersióne s.f. **1.** Separazione delle parti di un insieme, smembramento. *Dispersione di una biblioteca.* ◇ *Dispersione dei voti:* durante le elezioni, assegnazione di voti a partiti e candidati che non hanno alcuna possibilità di riuscire eletti. – *Dispersione scolastica:* cessazione degli studi o della frequenza della scuola prima del termine previsto dal corso. **2.** *fig.* Impiego scoordinato di energie e risorse in troppe attività. SIN.: **spreco**. **3.** FIS. *Dispersione elettrica:* fenomeno di limitata perdita di corrente che dal conduttore passa nel mezzo isolante. – OTT. *Dispersione della luce:* fenomeno di scomposizione della radiazione luminosa nelle sue radiazioni monocromatiche che si propagano con modalità diverse. **4.** CHIM. Sistema pseudo-colloidale formato da due o più componenti in cui uno, che risulta in quantità prevalente (fase disperdente), disperde gli altri (fasi disperse). **5.** STAT. Modalità di distribuzione dei dati intorno a un valore centrale. **6.** MIL. *Dispersione del tiro:* fenomeno per il quale i colpi sparati con la stessa arma e nelle stesse condizioni si dispongono sul terreno irregolarmente, in punti diversi.

dispersivo agg. **1.** Di chi si dedica a molte cose finendo per non portarne a termine nessuna. **2.** Che costituisce un'inutile spreco di capacità, di risorse. SIN.: **disordinato**. **3.** OTT. Che provoca la dispersione della luce.

dispèrso agg. **1.** Che ha subito la dispersione dei propri elementi costitutivi. SIN.: **sbandato**. **2.** Separato, diviso. ~ Perso, introvabile. *Pagine disperse.* ◇ *Dare qlcu. o qlco. per disperso:* considerarlo ormai perduto per sempre. **3.** CHIM. *Fase dispersa:* termine usato per indicare lo stato di una sostanza finemente suddivisa e mescolata con un'altra sostanza di diversa natura. ◆ s.m. [f. *-sa*] Chi dopo un evento catastrofico non è più reperibile, senza che peraltro venga ritrovata morta.

dispètto s.m. (lat. *despĕctum*, deriv. di *despĭcere* "disprezzare, guardare dall'alto in basso") **1.** Azione di infastidire qlcu. per malignità o per scherzo. *I bambini si divertono a farci i dispetti.* **2.** Amarezza, risentimento dettati da una delusione, da una ferita dell'amor proprio o da invidia. SIN.: **stizza**. ◇ *loc. prep. A dispetto di:* malgrado, senza tenere conto di. *Perseverare a dispetto delle avversità.*

dispettóso agg. **1.** Che fa dispetti, ripicche. SIN.: **fastidioso**. **2.** Che ha lo scopo di irritare. SIN.: **indisponente**. ◆ s.m. [f. *-sa*] Nell'accez. 1 dell'agg.

1. dispiacére v.intr. [55] (aus. *essere*) **1.** Risultare non piacevole, sgradito. *È un sapore che dispiace al palato.* **2.** Causare dolore, rammarico, delusione. *Ci è dispiaciuto il suo atteggiamento.* ◆ **dispiacersi** v.pron. Provare rincrescimento a causa di qlco. SIN.: **rammaricarsi**.

2. dispiacére s.m. Sentimento di dolore, delusione, amarezza. *Vero dispiacere.*

dispiaciùto agg. Che prova dispiacere.

dispiegaménto s.m. Spiegamento, impiego esibito. *Dispiegamento di forze di polizia.*

dispiegàre v.tr. [4] **1.** Distendere qlco. ~ Svolgerlo, allargarlo. **2.** Manifestare, rivelare. *Dispiegare una notizia ai quattro venti.* ◆ **dispiegarsi** v.pron. Svilupparsi.

displasia s.f. MED. Anomalia nella formazione di cellule, tessuti oppure organi, verificatasi prima o dopo la nascita, che comporta malformazioni.

display [/di'spleɪ/] s.m. inv. (voce ingl., deriv. di *to display* "mostrare") **1.** ELETTRON., INFORM. Dispositivo, in genere uno schermo, per la visualizzazione di informazioni, dati, ecc. *Display a cristalli liquidi.* **2.** Esposizione di merci che deve indurre il cliente all'acquisto.

displùvio s.m. [pl. *-vi*] **1.** GEOGR. Spartiacque. ◇ *Linea di displuvio:* linea di cresta di un rilievo da cui le acque scendono in distinti bacini idrografici. **2.** COSTR. Linea di intersezione delle falde di un tetto. SIN.: **colmo**.

dispnèa s.f. MED. Difficoltà a respirare, che si accompagna a una sensazione di affanno o di oppressione. SIN.: **affanno**.

dispnòico agg. [pl.m. *-ci*, f. *-che*] **1.** MED. Dovuto a dispnea, caratterizzato da dispnea. **2.** MED. Affetto da dispnea. ◆ s.m. [f. *-ca*] Nell'accez. 2 dell'agg.

disponènte s.m. DIR. Chi compie un atto di disposizione.

disponìbile agg. (fr. *disponible*) **1.** Di cui si può disporre. *Avere denaro disponibile.* SIN.: **utilizzabile**. ~ Libero. ◇ *Quota disponibile:* parte di un patrimonio di cui il titolare può disporre perché non destinata agli eredi. **2.** Con riferimento a persona, pronto a fare qlco. *Essere disponibile per un nuovo lavoro.* ~ Libero da impegni e occupazioni. *Ci sono giovani laureati disponibili.* ~ Che risponde positivamente a richieste d'aiuto, a iniziative, a proposte, ecc. ~ Aperto, propenso a qlco. *Persona molto disponibile.* ◆ s.m. BANC. Somma che può essere liberamente prelevata dal titolare di un conto.

disponibilità s.f. inv. (fr. *disponibilité*) **1.** Possibilità di servirsi largamente e liberamente di qlco. ~ (al pl.) Beni disponibili, denaro, mezzi. *Avere molte disponibilità.* **2.** FIN. I titoli a reddito fisso e i crediti con scadenza inferiore a diciotto mesi iscritti nello stato patrimoniale di un'impresa. **3.** *fig.* Apertura mentale e affettiva verso gli altri. *Dichiarare la propria disponibilità a fare qualcosa.* **4.** DIR. *Collocamento in disponibilità:* condizione propria del dipendente che si trova sospeso dal servizio a causa di riduzione dell'organico, di chiusura, ristrutturazione, ecc. dell'azienda. **5.** Posizione amministrativa di una nave militare momentaneamente in disarmo. **6.** LING. Possibilità di una parola di essere compresa e utilizzata dalla maggioranza dei parlanti di una comunità.

dispórre v.tr. [25] **1.** Collocare, sistemare più cose o persone in un certo luogo o secondo un certo ordine o criterio. *Disporre i libri sugli scaffali.* **2.** *fig.* Indurre qlcu. o qlco. a una certa reazione, prepararlo a qlco. *Disporre l'animo alla pazienza.* **3.** Ordinare, prescrivere qlco. *In questi casi la legge dispone l'arresto.* **4.** Preparare qlco. in modo che sia pronto per l'uso richiesto. *Disporre tutto il necessario.* **5.** *fig.* Mettere qlcu. in un certo stato d'animo. *Disporre i genitori ad accogliere la brutta notizia.* ◆ v.intr. (aus. *avere*) **1.** Avere a disposizione qlcu. o qlco. *Disporre di una grossa cifra di denaro.* ~ Fare affidamento su qlcu., spec. in formule di cortesia. *Disponi pure di me come vuoi.* **2.** Essere dotato di qlco. *L'impianto dispone di vari servizi.* ◆ **disporsi** v.pron. **1.** Mettersi in un certo modo o in un luogo, assumere una certa posizione. **2.** Prepararsi, predisporsi a qlco. *Disporsi alla partenza.*

1. dispositivo agg. Che è diretto a ordinare, a stabilire qlco. *Parte dispositiva di una legge.*

2. dispositivo s.m. (fr. *dispositif*) **1.** TECN. Congegno destinato a un impiego particolare. **2** Piano, organizzazione. ~ MIL. Dislocazione articolata delle forze sul campo di battaglia in vista dell'assolvimento di un compito operativo. *Dispositivo di attacco.* **3.** INFORM. *Dispositivo d'ingresso:* quello che permette al calcolatore di ricevere dati e comandi dall'esterno, p.e. la tastiera o il mouse. – *Dispositivo di uscita:* quello al quale il calcolatore invia dati e risultati delle elaborazioni, p.e. lo schermo o la stampante. – *Dispositivo di ingresso/uscita:* quello che può assumere entrambi i ruoli, p.e. la scheda di rete. **4.** DIR. Parte della sentenza in cui è esposta la decisione del giudice.

disposizióne s.f. **1.** Sistemazione secondo un certo ordine, un certo criterio. *Disposizione delle stanze di un appartamento.* SIN.: **collocazione**. **2.** Stato d'animo in un dato momento. *Non essere nella disposizione (d'animo) adatta a fare qualcosa.* SIN.: **umore**. ~ Attitudine, inclinazione. *Disposizione buona.* **3.** DIR. Norma, prescrizione. *Disposizioni date dal padre ai figli.* ~ *estens.* Il contenuto di una prescrizione. ◇ *Disposizioni testamentarie:* clausole con cui chi fa testamento decide sulla destinazione dei propri beni. **4.** Nella loc. *a disposizione*, disponibile. *Sono a vostra disposizione.* ◇ *Mettere a disposizione:* lasciare vacante il proprio posto a seguito di dimissioni. **5.** MAT. *Disposizioni semplici di classe k in un insieme di n elementi distinti (con $k \leq n$):* tutti i diversi ordinamenti di *k* elementi scelti tra gli *n* dati. [Le disposizioni si considerano diverse se hanno diversa composizione o se, avendo uguale composizione, hanno diverso ordinamento. Il numero di queste disposizioni si indica con $D_{n,k}$ ed è n (n - 1) (n - 2)... (n - k + 2) (n - k + 1).]

dispósto agg. **1.** Collocato in un dato posto, sistemato in un certo modo. *Oggetti disposti con gusto.* **2.** Che è nello stato d'animo adatto a fare o a sostenere moralmente qlco. SIN.: **incline**. ◇ *Essere disposto a tutto:* essere pronto, capace di tutto. **3.** Che ha un'inclinazione spirituale verso qlcu. o qlco. *Essere ben disposto verso una persona.* **4.** Stabilito, prescritto. ◆ s.m. DIR. Il contenuto di una disposizione.

dispòtico agg. [pl.m. *-ci*, f. *-che*] (fr. *despotique*) **1.** Proprio di un despota. SIN.: **tirannico**. **2.** *estens.* Che manifesta un carattere molto autoritario. SIN.: **prepotente**.

dispotìsmo s.m. (fr. *despotisme*) **1.** Forma di governo in cui una sola persona detiene tutti i poteri. ◇ ST. *Dispotismo illuminato:* nell'Europa del sec. XVIII, governo che concilia l'assolutismo con la volontà di garantire i progressi della società secondo lo spirito illuministico. **2.** *estens.* Autorità tirannica. SIN.: **autoritarismo**.

dispregiativo agg. **1.** Che esprime, denota disprezzo. SIN.: **sprezzante**. **2.** GRAMM. Spregiativo; peggiorativo.

disprezzàbile agg. Degno di disprezzo.

disprezzàre v.tr. **1.** Provare disprezzo per qlcu., qlco. *Disprezzare la gloria.* SIN.: **disdegnare**. ◇ *Non è affatto da disprezzare:* esprime un giudizio positivo su qlcu. o qlco. **2.** Non tenere qlco. in alcun conto, infischiarsene. *Disprezzare il pericolo.* ◆ **disprezzarsi** v.pron. Provare disprezzo verso se stessi.

disprèzzo s.m. **1.** Sentimento e atteggiamento di totale disistima e di sdegnata ripulsa verso persone o cose. SIN.: **disdegno**. **2.** Noncuranza, sprezzo. *Agire con disprezzo del pericolo.*

dispròsio s.m. [non com. pl. *-si*] (lat. *Dysprosium*, deriv. di gr. *dysprósitos* "di difficile accesso") **1.** Metallo appartenente al gruppo delle terre rare, con proprietà paramagnetiche, che fonde intorno ai 1400 °C. **2.** Elemento chimico (*Dy*) di numero atomico 66 e peso atomico 162,50.

disputa s.f. **1.** Vivace confronto di idee, di opinioni, tra più persone su un dato argomento. *Disputa amichevole.* SIN.: **discussione**. **2.** *estens.* Contestazione, disaccordo tra due parti che hanno idee o interessi opposti. *Ha avuto una disputa con un vicino.* **3.** Svolgimento di una contesa sportiva, di una gara, di un incontro. *Disputa di una partita di calcio.*

disputàre v.intr. (aus. *avere*) **1.** Contendere verbalmente. ~ Discutere animatamente. *Disputare di filosofia.* **2.** Gareggiare con uno o più rivali per il raggiungimento di uno scopo. *Disputare con i colleghi per la promozione.* SIN.: **competere**. ◆ v.tr. **1.** Partecipare a una gara sportiva. *Disputare una partita di calcio.* **2.** Contrastare, contendere qlco. a qlcu. *Disputare un diritto al vicino.* SIN.: **negare**. ◆ **disputarsi** v.pron. Detto di due o più persone, contendersi qlco.

disquisìre v.intr. [83] (aus. *avere*) Discutere con sottigliezza e a lungo.

disquisizióne s.f. (lat. *disquisitiōnem*, deriv. di *disquīrere* propr. "ricercare qua e là") Discussione dotta, meticolosa, talvolta capziosa.

disruptivo o **disruttivo** agg. ELETTR. *Scarica disruptiva:* quella che avviene quando si verifica un fenomeno di disruzione.

disruzióne s.f. ELETTR. Fenomeno caratterizzato dalla formazione di una scarica elettrica tra conduttori isolati quando la tensione esistente tra essi genera un campo elettrico la cui intensità vince le proprietà dielettriche del mezzo isolante.

dissabbiatùra s.f. **1.** Eliminazione della sabbia. **2.** Eliminazione, per decantazione, della sabbia e della ghiaia in sospensione nelle acque.

dissacrànte agg. Che esprime una critica anticonformista nei confronti di ciò che è sacro o che tradizionalmente è ritenuto degno di riverenza e rispetto. SIN.: **irriverente**.

dissacràre v.tr. **1.** Sconsacrare. **2.** Mettere in discussione istituzioni o persone considerate quasi sacre e intoccabili.

dissacratòrio agg. [pl.m. –ri] Dissacrante.

dissalaménto s.m. Eliminazione o riduzione della quantità di sale da acque salmastre o marine, in modo da renderle potabili o adatte a usi industriali e civili. SIN.: **dissalazione**.

dissalàre o **desalàre** v.tr. **1.** Eliminare il sale, rendere qlco. meno salato, in partic. immergendolo in acqua o raschiandone la superficie. *Dissalare un merluzzo.* **2.** Trattare un elemento in modo da eliminarvi i sali. *Dissalare l'acqua marina.*

dissalatóre o **desalatóre** s.m. Apparecchio utilizzato per dissalare l'acqua marina e salmastra.

dissaldàre v.tr. **1.** TECN. Separare due parti unite eliminando la saldatura. **2.** fig. Infrangere un rapporto. *Molte divergenze hanno dissaldato la nostra amicizia.* ◆ **dissaldarsi** v.pron. Detto di due elementi, disgiungersi per il distacco di una saldatura.

dissaldatùra s.f. Eliminazione di una saldatura.

dissanguaménto s.m. **1.** Perdita di sangue in quantità tale da pregiudicare la vita. **2.** fig. Sottrazione, perdita continua di beni, di risorse, ecc., che pregiudica la vitalità, la saldezza.

dissanguàre v.tr. Privare qlcu. di una grande quantità di sangue. *La rottura della vena ha dissanguato il poveretto.* **2.** fig. Privare qlcu. del denaro che gli è necessario. *Dissanguare i contribuenti.* SIN.: **impoverire**. ~ fig. fam. Far pagare troppo caro. *Un albergo che dissangua i clienti.* ◆ **dissanguarsi** v.pron. **1.** Perdere una grande quantità di sangue. *Si è dissanguato per le molte ferite riportate.* **2.** fig. Rovinarsi economicamente. SIN.: **impoverirsi**.

dissapóre s.m. (spec. pl.) Temporanea ostilità in un rapporto personale. SIN.: **screzio**.

disselciàre v.tr. [5] Disfare il selciato di una strada.

dissellàre v.tr. Togliere la bardatura o la sella a un animale.

disseminàre v.tr. Spargere oggetti qua e là senza alcun ordine. *Disseminare gli indumenti per tutta la casa.* ~ fig. Diffondere qlco. in un luogo, in varie parti. *Disseminare il contagio nella città.*

disseminazióne s.f. **1.** BOT. Spargimento, su una superficie il più possibile vasta, di disseminuli, a opera della pianta stessa o di agenti esterni (acqua, vento, animali). **2.** fig. Propagazione, divulgazione di dottrine, spec. se false, di calunnie, maldicenze, ecc.

disseminulo s.m. BOT. Organo che si stacca dalla pianta e che la riproduce.

dissennàto agg. Che manca di buon senso o che denota tale assenza. ◆ s.m. [f. –ta] Nel sign. dell'agg.

dissènso s.m. **1.** Contrasto di idee, di opinioni. SIN.: **disaccordo**. ~ Atteggiamento critico, opposizione da parte di gruppi minoritari nei confronti della linea ufficiale di un partito, di un'istituzione, di un regime politico. *Dissenso interno a un paese.* **2.** Disapprovazione. *L'iniziativa ha incontrato il dissenso generale.* **3.** DIR. Equivoco tra le parti contraenti un negozio giuridico, che dà luogo a un apparente consenso e a un sostanziale disaccordo.

dissenteria s.f. (gr. *dysentería* "disturbo di ventre") MED. Patologia intestinale di origine infettiva, caratterizzata da evacuazioni liquide o semiliquide in cui si possono riscontrare tracce di muco e di sangue.

dissentèrico agg. [pl.m. –ci, f. –che] **1.** MED. Relativo alla dissenteria. **2.** MED. Affetto da dissenteria.

dissentire v.intr. [72] (aus. *avere*) Avere un'opinione diversa.

dissenziènte agg. **1.** Che non è d'accordo. **2.** Che assume una posizione critica. ◆ s.m. e f. Nei sign. dell'agg.

dissequèstro s.m. Revoca di un provvedimento di sequestro.

disserràre v.tr. **1.** Aprire qlco. **2.** fig. Rendere manifesto qlco. ◆ **disserrarsi** v.pron. Venir fuori, sprigionarsi da un luogo.

dissertàre v.intr. (aus. *avere*) **1.** Trattare metodicamente un argomento, per iscritto o a parole. **2.** Disquisire lungamente. *State dissertando su inutili aspetti teorici.*

dissertazióne s.f. Ampia, approfondita, dotta trattazione di un argomento letterario o scientifico. SIN.: **discettazione**. ◇ *Dissertazione di laurea:* tesi.

disservizio s.m. [pl. –zi] Mancanza di funzionalità in un servizio che ha l'effetto di danneggiare gli utenti.

dissestàto agg. **1.** Che non ha stabilità. ~ Che ha perduto il suo assetto normale. *Strada dissestata.* **2.** fig. Che non ha solidità economica, che versa in gravi difficoltà. ◆ s.m. [f. –ta] Persona che versa in difficoltà economiche.

dissèsto s.m. **1.** Scarsa stabilità di una struttura. **2.** fig. Modificazione dell'equilibrio naturale di un ambiente con conseguenze disastrose. *Dissesto idrogeologico.* **3.** fig. Perdita di solidità, grave stato di crisi.

dissetànte agg. Che disseta. ◆ s.m. Nel sign. dell'agg.

dissetàre v.intr. (aus. *avere*) Togliere la sete. *Il caffè freddo disseta.* ◆ v.tr. **1.** Togliere la sete a qlcu. *Dissetare i ciclisti.* **2.** fig. Appagare spiritualmente un desiderio o un bisogno. *Queste letture dissetano il suo desiderio di avventura.* ◆ **dissetarsi** v.pron. **1.** Togliersi la sete. *Qui possiamo finalmente dissetarci.* **2.** fig. Soddisfarsi, appagarsi spiritualmente. *Dissetarsi alle sorgenti stesse della sapienza.*

dissezionàre v.tr. MED. Tagliare, separare le parti di un corpo per esaminarlo. *Dissezionare un cadavere.*

dissezióne s.f. (fr. *dissection*) MED. Taglio e asportazione di parti e organi del corpo umano.

dissidènte agg. Che non si uniforma alle idee e alla prassi di una maggioranza. ◆ s.m. e f. Nel sign. dell'agg. SIN.: **oppositore**.

dissidènza s.f. **1.** Divergenza spec. ideologica o religiosa. **2.** estens. Gruppo di dissidenti.

dissidio s.m. [pl. –di] **1.** Conflitto di opinioni, d'interessi. SIN.: **disaccordo**. **2.** Dicotomia, contrasto tra enti astratti. *Il dissidio tra ideale e reale.*

dissigillàre v.tr. Aprire qlco. togliendo i sigilli.

dissimilazióne s.f. FON. Fenomeno fonetico per cui dati due suoni uguali vicini, l'uno si modifica differenziandosi dall'altro.

dissimile agg. Che si distingue da altra persona o cosa in tutto o limitatamente ad alcuni aspetti. SIN.: **differente**.

dissimmetria s.f. Assenza di simmetria. SIN.: **asimmetria**. ◇ GEOL. *Dissimmetria tettonica:* mancanza di simmetria nell'andamento e nell'inclinazione delle pieghe poste ai due lati dell'asse mediano di una catena montuosa. – MED. *Dissimmetria termica:* differenza di temperatura tra i due lati del corpo, riscontrabile in alcuni stati patologici come, p.e., nell'emiparesi.

dissimulàre v.tr. Non lasciare trasparire un pensiero o un sentimento. *Dissimulare la propria ambizione.* SIN.: **mascherare**. ◆ v.intr. (aus. *avere*) Mentire, simulare.

dissimulatóre agg. [f. –trice] Che dissimula. ◆ s.m. (anche f.) Nel sign. dell'agg.

dissimulazióne s.f. Azione di dissimulare, nascondere qlco. *Dissimulazione dei propri pensieri.*

dissipàre v.tr. (lat. *dissipāre*, propr. "gettare qua e là") **1.** Dissolvere qlco. general. nubi, o nebbia, o altri elementi condensati nell'aria. ~ fig. Allontanare dubbi, paure o sospetti. **2.** Sperperare beni. ~ Sprecare qlco. ◆ **dissiparsi** v.pron. Svanire, disperdersi. ~ fig. Allontanarsi, sparire, dileguarsi.

dissipativo agg. **1.** Che è atto a dissipare. ~ In partic., nel l. med. del passato, che ha proprietà lassative. **2.** FIS. Che produce o è la sede di una dissipazione d'energia.

dissipatóre agg. [f. –trice] Che dissipa. ◆ s.m. **1.** (anche f.) Persona che sperpera i propri beni. SIN.: **scialacquatore**. **2.** Congegno elettrico di uso domestico che, applicato ai tubi di scarico, frantuma i rifiuti evitando intasamenti. **3.** ELETTR. Dispositivo atto a favorire la dissipazione del calore nei circuiti, evitando così il surriscaldamento dei componenti. **4.** Bacino di colma.

dissipazióne s.f. **1.** Impiego scriteriato di risorse materiali, intellettuali, morali. SIN.: **sperpero**. **2.** pegg. Sregolatezza, disordine di vita. *Vivere nella dissipazione.* SIN.: **dissolutezza**. **3.** TECN. Trasformazione dell'energia in una forma non utilizzabile.

dissociàre v.tr. [6] **1.** Separare due elementi associati. SIN.: **disgiungere**. **2.** CHIM. Scindere una sostanza nei suoi elementi costituenti. ◆ **dissociarsi** v.pron. **1.** Prendere le distanze da qlcu. con cui si dissente. **2.** CHIM. Subire un processo di dissociazione.

dissociativo agg. Che produce una dissociazione o è a essa connesso. *Processo, fattore dissociativo.*

dissociàto agg. [f. –ta] **1.** Separato, scisso, disgiunto. **2.** Divenuto estraneo all'ambiente che lo circonda. **3.** PSICH. Che soffre di dissociazione mentale. **4.** Che ha preso le distanze dall'organizzazione terroristica o criminale cui apparteneva. **5.** CHIM. Di composto scisso negli elementi costitutivi. **6.** *Dieta dissociata:* che si basa sul principio di non assimilare contemporaneamente carboidrati e proteine. ◆ s.m. **1.** Persona che soffre di dissociazione mentale. **2.** Chi ha preso le distanze dall'organizzazione a cui apparteneva e accetta le proprie responsabilità, senza però denunciare altri.

dissociazióne s.f. **1.** Separazione, scissione di ciò che era unito, congiunto. **2.** Presa di distanza. *Dissociazione da una decisione.* **3.** PSICH. Alterazione dei processi associativi propria della schizofrenia, che porta a uno scadimento delle facoltà mentali. **4.** CHIM. Separazione di una molecola o di un complesso nelle sue parti costituenti. **5.** MED. Separazione degli elementi che formano un tessuto cellulare.

dissodàre v.tr. Rendere coltivabile un terreno, rompendolo in zolle.

dissolutézza s.f. Mancanza di ogni freno morale e conseguente condotta di vita. *Darsi alla dissolutezza.* SIN.: **sregolatezza**. ~ Atto, comportamento dissoluto.

dissolùto agg. **1.** Non trattenuto da alcuna remora morale. SIN.: **vizioso**. **2.** Di componimento poetico che non segue le regole imposte dalla tradizione. ◆ s.m. [f. –ta] Nell'accez. 1 dell'agg. SIN.: **libertino**.

dissoluzióne s.f. **1.** Distruzione di una forma compiuta e organizzata. *Dissoluzione del sistema feudale.* SIN.: **dissolvimento**. **2.** fig. Rovina morale, desolazione. **3.** CHIM. Soluzione di una sostanza solida in un liquido.

dissolvènza s.f. **1.** CINE., TV. Effetto visivo di progressiva scomparsa o apparizione delle immagini. ◇ *Dissolvenza incrociata:* scomparsa progressiva di un'immagine su cui se ne sovrappone un'altra. **2.** estens. In una narrazione, gradualità nel passaggio da una situazione a un'altra.

dissòlvere v.tr. [22] **1.** Far scomparire qlco. *Il vento ha dissolto la nebbia.* **2.** fig. Eliminare dubbi o paure. SIN.: **fugare**. **3.** fig. Disfare legami o rapporti. *Le divergenze hanno dissolto la loro amicizia.* ◆ **dissolversi** v.pron. **1.** Dileguarsi, svanire. **2.** fig. Detto perlopiù di un gruppo organizzato, sciogliersi, disgregarsi. **3.** fig. Dissiparsi, scomparire.

dissomiglianza s.f. **1.** Assenza di somiglianza. *Dissomiglianza di stile.* SIN.: **diversità**. **2.** estens. Ciascun elemento che rende dissimili tra loro cose e persone.

dissonànte agg. **1.** MUS. Che produce dissonanza. *Accordo dissonante.* **2.** fig. Che non si armonizza, non concorda. *Dichiarazioni dissonanti.* SIN.: **discordante**.

dissonànza s.f. **1.** Accostamento poco armonioso di suoni, di parole, di sillabe. ~ MUS. Carattere dei suoni che restano distinti e che, come tali, producono un effetto poco gradevole di sospensione, di incompiutezza, di disarmonia. **2.** *fig.* Discordanza, disparità, difformità. *Dissonanza di idee.* ◇ PSICOL. *Teoria della dissonanza cognitiva:* teoria secondo la quale l'individuo è costantemente portato a ridurre, per quanto possibile, le incoerenze tra conoscenza ed esperienza.

dissotterràre v.tr. Togliere da sottoterra qlcu. o qlco. SIN.: **disseppellire**. ~ *fig.* Rivangare un pensiero, un fatto, riportarlo alla memoria.

dissuadére v.tr. [21] Distogliere qlcu. da un proposito. SIN.: **sconsigliare**. ◆ **dissuadersi** v.pron. Convincere se stessi a non fare qlco.

dissuasióne s.f. Opera di convincimento diretta a non far fare qlco. *Tentativo di dissuasione.* ~ MIL. Strategia militare che mira a dissuadere un avversario da un'intenzione aggressiva con la minaccia di una rappresaglia. (L'eccezionale potenzialità distruttiva delle armi nucleari ha dato un valore nuovo alla strategia di dissuasione.)

dissuasìvo agg. Che ha lo scopo di convincere qlcu. a non fare qlco. *Tono dissuasivo.* ~ Ciò che dissuade un nemico dal proposito di attaccare. *L'effetto dissuasivo delle armi nucleari.*

distaccaménto s.m. MIL. Reparto di soldati impegnato temporaneamente in compiti che prevedono l'allontanamento dalla sede abituale.

distaccàre v.tr. [4] **1.** Togliere via una cosa da un'altra cui era congiunta. *Distaccare i francobolli dalla busta.* SIN.: **separare**. ~ Allontanare, separare una persona da qlcu. o da qlco. **2.** Trasferire un funzionario o un soldato dalla sua amministrazione o dal suo servizio d'origine a una sede distaccata. **3.** In una competizione sportiva, mettere distanza tra sé e gli avversari. *Il ciclista al comando distacca il gruppo di due minuti.* SIN.: **distanziare**. ◆ **distaccarsi** v.pron. **1.** Detto di più cose, perdere l'aderenza reciproca. **2.** Detto di più persone, allontanarsi, separarsi l'una dall'altra. **3.** *fig.* Distinguersi da qlcu. o da qlco. per una qualche dote. *Lo studente si distacca dai compagni per intelligenza.* SIN.: **spiccare**.

distaccàto agg. **1.** Con riferimento a militari e funzionari, che è mandato temporaneamente in altra sede. **2.** Con riferimento a un atleta, che è separato da un altro da una distanza o da un intervallo di tempo. *Atleta distaccato di un giro.* **3.** *fig.* Che non è toccato da emozioni, da slanci emotivi. *Assumere un'aria distaccata.* SIN.: **freddo**.

distàcco s.m. [pl. *-chi*] **1.** Separazione di due cose che si toccano. ◇ MED. *Distacco della retina:* separazione della retina dalla coroide per cause traumatiche o patologiche. **2.** *fig.* Allontanamento da persone o luoghi ai quali ci si sente intimamente congiunti. *Distacco dalla casa natale.* SIN.: **separazione**. **3.** *fig.* Comportamento di chi non si lascia coinvolgere emotivamente. *Valutare i fatti con distacco.* **4.** SPORT. Nelle gare di velocità, distanza tra i concorrenti misurata in metri o in ore. *Un distacco di due ore.* ~ Differenza di punteggio.

distaffatùra s.f. METALL. Distacco del getto dalla forma in cui è stato colato.

distàle agg. (ingl. *distal*) ANAT. Che è lontano, distante dal punto convenzionalmente considerato come origine di un organo (in oppos. a *prossimale*).

distànte agg. **1.** Che è separato da uno spazio. *Due città distanti cento chilometri.* **2.** *estens.* Lontano nel tempo. *Avvenimenti distanti.* **3.** *fig.* Che non ha ancora raggiunto l'obiettivo a cui tende. *Siamo ancora distanti dalla forma ottimale.* **4.** *fig.* Lontano sul piano morale, intellettuale. *Posizioni politiche distanti.* **5.** *fig.* Che non dimostra alcun coinvolgimento affettivo ed emotivo, come se vivesse lontano dalla realtà e non la percepisse. *Atteggiamento distante.* SIN.: **freddo**.

distànza s.f. **1.** Intervallo che separa due punti nello spazio. ~ Lunghezza da percorrere per andare da un punto a un altro. *Distanza di una città da un'altra.* ◇ GEOM. *Distanza tra due punti:* lunghezza del segmento che li unisce. – *Distanza di un punto da una retta, da un piano:* lunghezza del segmento di perpendicolare tracciato dal punto alla retta, al piano. – *A distanza:* lontano. – *Restare a distanza. Tenere qlcu. a distanza:* non lasciarlo avvicinare; *fig.* evitare ogni relazione con lui. – *fig. Prendere le distanze:* dissociare la propria posizione. *Ho preso le distanze dalla sua dichiarazione.* **2.** Intervallo di tempo tra due momenti, due epoche. ◇ *loc. prep. A distanza di:* con un intervallo di, dopo. *A distanza di mesi si è rifatto vivo.* **3.** Distacco nello spazio e nel tempo necessario per giudicare correttamente un evento. **4.** SPORT. Lunghezza del percorso su cui si svolge una gara di velocità. **5.** *fig.* Differenza che deriva da una disuguaglianza sociale, culturale, generazionale, ecc.

distanziaménto s.m. **1.** Superamento in distanza. **2.** IPP. Retrocessione per irregolarità.

distanziàre v.tr. [6] (fr. *distancer*, ingl. *to distance*) **1.** Mettere una certa distanza fra sé e gli altri. *Distanziare gli altri corridori.* SIN.: **distaccare**. **2.** Collocare più elementi o eventi a una certa distanza spaziale o temporale l'uno dall'altro. *Distanziare gli alberi.*

distanziatóre s.m. MECC. Elemento che serve per tenere a una determinata distanza due o più pezzi.

distanziòmetro s.m. **1.** Qualsiasi strumento atto a misurare una distanza indirettamente. **2.** Apparecchio che tiene a regolare distanza i vagoncini delle teleferiche.

distàre v.intr. [manca del part. pass.] **1.** Riferito a più cose, essere differenti tra di loro. **2.** Trovarsi a una data distanza da un punto di riferimento.

distèndere v.tr. [33] **1.** Aumentare le dimensioni di un oggetto o di un corpo tendendolo. *Distendere una molla.* SIN.: **spiegare**. **2.** Mettere qlcu. a giacere in qualche posto. *Distendere il ferito sulla barella.* SIN.: **adagiare**. **3.** Allentare la tensione di qlco. *Distendere i muscoli affaticati.* ~ Attenuare o far scomparire la tensione nervosa. SIN.: **rilassare**. ◆ **distendersi** v.pron. **1.** Allungarsi. *I muscoli si distendono.* ~ Estendersi, allargarsi per un certo spazio. *Davanti a noi si distendeva la pianura.* **2.** *fig.* Rilassarsi. *Ascolto la musica per distendermi.* **3.** Sdraiarsi per riposare o dormire. *Distendersi sul divano.* SIN.: **coricarsi**.

distene s.m. MIN. Silicato di alluminio presente in natura in cristalli azzurri. (Il distene ha due durezze: 4,5 nella direzione dell'allungamento del prisma e 7 nella direzione perpendicolare alla scalfitura.) SIN.: **cianite**.

distensióne s.f. **1.** Passaggio dal ripiegamento alla massima estensione. *Distensione delle braccia.* ~ Aumento di superficie o di volume sotto l'effetto di una tensione. ~ SPORT. Esercizio del sollevamento pesi, che consiste nell'alzare il bilanciere fino alle spalle e successivamente sopra al capo, con le braccia completamente distese. **2.** *fig.* Diminuzione della tensione, stato di riposo e di rilassamento che ne risulta. **3.** *fig.* Riduzione della tensione tra stati, miglioramento delle relazioni internazionali.

distensìvo agg. **1.** Che serve a distendere. **2.** Che induce tranquillità, serenità. **3.** Volto a diminuire o eliminare l'animosità.

distésa s.f. **1.** Superficie di vasta estensione. *La distesa del mare.* ◇ *Suonare le campane a distesa:* facendole oscillare al massimo per ottenere un suono più intenso e prolungato. **2.** Grande quantità di cose disposte l'una accanto all'altra. **3.** Lunghezza di una superficie tra due suoi punti estremi. *Distesa delle ali di un aereo.*

distéso agg. **1.** Riferito al corpo umano, in posizione di massima estensione. *Braccia distese.* SIN.: **allungato**. **2.** Riferito a cosa, che si allarga su una superficie. **3.** *fig.* Che non è in preda alla tensione nervosa. SIN.: **calmo**.

1. dìstico s.m. [pl. *-ci*] (lat. *dìstichon*, gr. *dístikhon* comp. di *dís* "doppio" e *stíkhos* "verso") **1.** Sequenza di due versi legati da rima, assonanza o altro. **2.** Nel l. gior., scritto di poche righe, stampato con corpo diverso, prima dell'inizio di un articolo o di un brano.

2. dìstico agg. [pl.m. *-ci*, f. *-che*] (gr. *dístikhos* "in doppia fila") BOT. Di organi vegetali posti alternativamente a destra e a sinistra dell'asse generatore.

distillàre v.tr. **1.** CHIM. Sottoporre una sostanza a distillazione chimica. **2.** Lasciare colare goccia a goccia. *Il pino distilla resina.* **3.** Ottenere qlco. per distillazione. *Distillare la grappa.* **4.** *fig.* Estrarre con fatica qlco. *Distillare conoscenza.* **5.** *fig.* Infondere qlco. in un'opera. *Ha distillato in questo scritto il meglio di sé.* ◆ v.intr. (aus. *essere*) Trasudare, colare a stille da qlco.

distillàto agg. **1.** Ottenuto o purificato per distillazione. *Acqua distillata.* **2.** *fig. scherz.* Che è passato attraverso una lunga riflessione, elaborazione. ◆ s.m. **1.** Liquido prodotto mediante distillazione. *Distillato di more.* **2.** *fig.* Quintessenza, concentrato.

distillatóre agg. [f. *-trice*] Che distilla. ◆ s.m. **1.** (anche f.) Fabbricante di prodotti ottenuti per distillazione. **2.** Apparecchio, impianto per la distillazione.

distillazióne s.f. Operazione che consiste nel vaporizzare parzialmente un composto allo stato liquido, poi nel condensare i vapori formati per separarli secondo la volatilità. ~ Operazione che consiste nel separare un corpo solido dai suoi componenti gassosi o liquidi. (La distillazione del legno dà catrame, metanolo, acetone.) ◇ *Distillazione frazionata, rettificata:* per ottenere successivamente frazioni sempre più ricche di uno dei componenti la miscela iniziale. – *Distillazione molecolare:* che avviene a temperatura non elevata, sotto vuoto spinto. – *Distillazione secca, distruttiva:* riscaldamento in assenza d'aria di sostanze solide che si decompongono liberando vapori e gas condensabili.

distillerìa s.f. Industria che fabbrica prodotti ottenuti per distillazione, in partic. alcool. ~ Luogo in cui è realizzata la distillazione.

distimìa s.f. (gr. *dysthymía* "avvilimento") PSICH. Psicosi caratterizzata da alterazioni dell'affettività sia nel senso dell'eccitazione sia in quello della depressione.

distìnguere v.tr. [34] (lat. *distĭnguere*, propr. "separare con punti") **1.** Cogliere ciò che differenzia una cosa o una persona da un'altra. *Distinguere due gemelli.* SIN.: **discernere**. **2.** Discernere con i sensi le caratteristiche e le differenze di due o più cose. *Distinguere il bene e il male.* SIN.: **contrassegnare**. **3.** Riuscire a percepire qlco. con la vista. *Non distinguo nulla.* **4.** Costituire l'elemento caratteristico che differenzia. *La parola distingue l'uomo dall'animale.* SIN.: **differenziare**. **5.** Far emergere qlcu. rispetto ad altri per una peculiarità. *L'educazione lo distingue nel gruppo.* **6.** Dividere qlco. in parti diverse. *Distinguere una relazione in due parti.* **7.** Segnalare qlco. con un contrassegno. *Ho distinto con una croce i brani più belli.* SIN.: **ripartire**. ◆ v.intr. (aus. *avere*) Operare delle distinzioni. *Non intendevo dare un giudizio, ma una descrizione: distinguiamo!* ◆ **distinguersi** v.pron. Differenziarsi, caratterizzarsi per una particolarità, sia fisica sia morale. *Si distingue per l'altezza, per le buone maniere.*

distìnguo s.m. inv. **1.** Distinzione che prelude a un'obiezione. ~ *spreg.* Distinzione cavillosa e pedante. **2.** FILOS. Nella scolastica, formula con cui veniva introdotta la risposta a un'obiezione.

distìnta s.f. Elenco, lista di titoli, oggetti di cui vengono indicati i dati identificativi. ◇ BANC. *Distinta di versamento:* elenco dei titoli e delle banconote versati e degli effetti presentati all'incasso o allo sconto.

distintìvo agg. Che permette di riconoscere, di distinguere. ◆ s.m. **1.** Piccolo oggetto di vario tipo che vale a identificare qlcu. come appartenente a un gruppo. **2.** MAR. Bandiera di segnalazione di un'imbarcazione, può indicare p.e. il servizio, la presenza di autorità a bordo, l'appartenenza a circoli nautici. ~ Nella marina militare, sigla o numero di riconoscimento dipinto sul fumaiolo o sulla murata di prua delle unità minori. **3.** *fig.* Caratteristica che contraddistingue una persona. SIN.: **contrassegno**.

distìnto agg. **1.** Separato, diviso, non mescolato, in quanto oggetto o frutto di una ripartizione. **2.** *estens.* Differente, diverso, perché la ripartizione viene fatta in base a caratteristiche specifiche, esclusive. *Due problemi ben distinti.* **3.** Che si percepisce chiaramente. *Tracce distinte di passi sulla neve.* SIN.: **netto**. **4.** Che si differenzia per particolari qualità morali e intellettuali. *Un autore distinto.* SIN.: **illustre**. ~ Che manifesta signorilità, finezza, distinzione. *Una persona distinta.* ◇ *Distinto signore, distinti saluti:* formule epistolari di esordio e congedo rispettoso. – *Posti distinti:* particolare ordine di posti in stadi e teatri. ◆ s.m. **1.** (solo sing.) Grado di valutazione nelle qualifiche di merito scolastiche, tra buono e ottimo. **2.** (al pl.) Posti distinti.

distinzióne s.f. **1.** Ripartizione tra categorie concettuali sulla base dei loro caratteri specifici. *Distinzione terminologica.* **2.** Azione di distinguere, di separare una cosa da un'altra. ~ In senso negativo, discriminazione. ◇ *Senza distinzione:* senza fare differenze. **3.** Eleganza di maniere, linguaggio e portamento. *Persona di grande distinzione.* SIN.: **signorilità**.

distocìa s.f. MED. Difficoltà nel parto dovuta ad anomalia materna o fetale.

distòcico agg. [pl.m. *–ci*] Di parto difficile che esige un intervento medico.

distògliere v.tr. [62] **1.** Allontanare pensieri o sguardi da un luogo o da un oggetto. **2.** Allontanare qlcu. da un proposito. **3.** Distrarre qlcu. da un'attività. ◆ **distògliersi** v.pron. Allontanarsi da qlcu., da qualche idea, da un proposito. ~ Distrarsi.

distoma s.m. [pl. *–mi*] Verme platelminta, parassita di numerosi mammiferi (uomo, montone, bue), causa di distomatosi. (Lunghezza 3 cm ca.; classe dei Trematodi.)

distomatòsi s.f. inv. Infezione parassitaria dovuta a distomi che raggiungono fegato, intestino o polmoni dei mammiferi erbivori e dell'uomo.

distonìa s.f. MED. Contrazione muscolare involontaria e dolorosa, che costringe il soggetto in una posizione innaturale (p.e. torcicollo). ◇ *Distonia neurovegetativa:* disordine del funzionamento del sistema simpatico o parasimpatico, causa di vari sintomi.

distòrcere v.tr. [22] **1.** Deformare con una torsione. **2.** *fig.* Modificare una descrizione, un resoconto, introducendovi elementi non veri. *Hai distorto la verità.* **3.** Procurare una distorsione dolorosa a una parte del corpo. *Distorcere un braccio a un bambino.* **4.** FIS., ELETTROTEC. Provocare la distorsione di un segnale o di un suono. ◆ **distorcersi** v.pron. Subire la distorsione di un'articolazione. *Si è distorto la caviglia.*

distorsióne s.f. **1.** Modificazione in negativo della forma di qlco. *Distorsione di un'immagine.* ~ *fig.* Scorretto funzionamento, stortura. *Distorsioni nel servizio.* **2.** *fig.* Attribuzione a un pensiero o a un testo, di un indirizzo diverso da quello autentico, con conseguenti fraintendimenti e falsificazioni. **3.** Lesione traumatica di un'articolazione che deriva da un movimento di torsione violento, con stiramento o rottura dei legamenti. SIN.: **slogatura**. **4.** FIS. Aberrazione ottica di specchi o lenti che produce una deformazione dell'immagine. **5.** Deformazione di un segnale (acustico o elettrico) durante la trasmissione o ricezione.

distràrre v.tr. [11] (lat. *distrăhere*, propr. "tirare di qua e di là") **1.** Staccare lo sguardo, allontanare la mente, l'attenzione di qlcu. dall'oggetto cui era rivolta. *Distrarre lo sguardo da qualcosa.* **2.** Privare qlcu. della concentrazione su qlco. *L'aria di primavera distrae gli alunni dallo studio.* **3.** Sottrarre una somma da un importo per destinarla a impieghi diversi da quelli previsti. *Distrarre una somma dal bilancio.* SIN.: **stornare**. **4.** Fare passare il tempo piacevolmente a qlcu., divertire qlcu. *Distrarre gli ospiti.* ◆ **distrarsi** v.pron. **1.** Divagarsi, svagarsi, divertirsi. **2.** Distogliere la propria attenzione da ciò che si sta facendo. SIN.: **estraniarsi**.

distràtto agg. **1.** Riferito a chi con il pensiero è lontano dalla realtà. **2.** Assorto su una cosa al punto da perderne di vista altre. **3.** MED. Che ha subito distrazione. ◆ s.m. [f. *–ta*] Persona abitualmente distratta.

distrazióne s.f. **1.** Incapacità di rimanere attenti a ciò che si sta facendo. ~ Mancanza d'attenzione, turbolenza, di un bambino, un allievo. **2.** *estens.* Errore causato da disattenzione. SIN.: **sbadataggine**. **3.** Cosa che causa distrazione, talora identificabile con l'avventura amorosa. ~ *estens.* Occupazione che rilassa, diverte. **4.** Sottrazione di beni, risorse e loro impiego in usi diversi dal previsto. **5.** MED. Stiramento brusco lacerante di muscoli e di tendini.

distrétto s.m. **1.** Suddivisione territoriale a fini amministrativi, di dimensioni variabili a seconda degli stati. ◇ *Distretto militare:* circoscrizione avente un proprio comando con competenza sull'arruolamento e la mobilitazione delle truppe. **2.** GEOGR. Zona identificata da un particolare fenomeno. ◇ *Distretto industriale:* area in cui sono concentrate industrie dello stesso settore. **3.** ANAT. Parte del corpo avente caratteristiche funzionali specifiche, distintive.

distrettuàle agg. Relativo a un distretto. *Ufficio distrettuale delle imposte.*

distribuìre v.tr. [83] **1.** Assegnare qlco. a qlcu. secondo un criterio di divisione. *Distribuire la posta.* SIN.: **ripartire**. **2.** Porre in un luogo, in uno spazio temporale, secondo un certo ordine o criterio. *Distribuire i giocatori sul campo.* SIN.: **disporre**. **3.** Erogare un servizio agli utenti. *Distribuire il gas.* SIN.: **fornire**. **4.** Garantire la diffusione di film, prodotti, servizi. ◆ **distribuirsi** v.pron. Disporsi in un certo ordine. *Distribuirsi sul campo.*

distributività s.f. inv. **1.** Conformità a criteri distributivi o relativi a distribuzione. **2.** ALG. Caratteristica di un'operazione che gode della proprietà distributiva.

distributivo agg. **1.** Che riguarda la distribuzione. ◇ FILOS. *Giustizia distributiva:* per Aristotele, che dà a ciascuno ciò che gli spetta (in oppos. a *giustizia commutativa*). – *Rete distributiva, di distribuzione:* insieme dei punti di vendita delle merci all'ingrosso e al minuto. – *Sistema distributivo:* organizzazione commerciale che cura il passaggio delle merci dalla produzione al consumo. **2.** GRAMM. Di aggettivi, pronomi e locuzioni che indicano la ripartizione di una quantità in singole entità. ◇ *Numerali distributivi:* che esprimono il valore distributivo (p.e. a due a due). – *Singolare distributivo:* indica un elemento singolo che è però presente in una pluralità di soggetti (p.e. *i bimbi avevano tutti una palla*). **3.** ALG. Si dice di una proprietà di composizione interna $\perp$ definita su un insieme E in rapporto a un'altra proprietà $\top$ anche definita su E se, per a, b, c, elementi qualunque, si ha: $a \perp (b \top c) = (a \perp b) \top (a \perp c)$. (La moltiplicazione è distributiva rispetto all'addizione.)

distributóre agg. [f. *–trice*] **1.** Che si fa dispensatore, elargitore di qlco. **2.** Che eroga. *Società distributrice.* ◆ s.m. **1.** (anche f.) Persona, ditta che garantisce la distribuzione di un prodotto, di un servizio, di un film. *Distributore cinematografico indipendente.* **2.** Apparecchio, organo, struttura che ripartisce forze, convoglia sostanze, energia. ~ Apparecchio per la distribuzione di sostanze di pronta consumazione. *Distributore del sapone.* ◇ *Distributore di carburante, di benzina:* stazione di servizio. – *Distributore automatico:* apparecchio pubblico che distribuisce prodotti dietro pagamento elettronico o in valuta.

distribuzionàle agg. (ingl. *distributional*) Relativo al modo in cui gli elementi sono disposti in un insieme.

distribuzionalìsmo s.m. Linguistica *distribuzionale.

distribuzióne s.f. **1.** Azione di distribuire, ripartire tra persone. ~ Ripartizione dei ruoli tra gli interpreti di uno spettacolo, di un film. ◇ *Distribuzione del reddito:* secondo la teoria classica, suddivisione del reddito prodotto in un Paese in un dato tempo (come salario, rendita fondiaria e profitto) tra i rispettivi tre elementi fondamentali della produzione (lavoro, terra, capitale). **2.** Consegna, assegnazione. **3.** COMM. Insieme delle operazioni con cui prodotti e servizi passano dal produttore al consumatore. ◇ *Distribuzione tradizionale:* fondata sul commercio all'ingrosso e al minuto. – *Grande distribuzione:* rete commerciale costituita da ipermercati e supermercati. ~ CINE. Ramo dell'industria cinematografica che si occupa di collocare i film presso le sale cinematografiche. **4.** TECN. Disposizione nello spazio degli elementi di un sistema e modalità di variazione delle grandezze nello spazio e nel tempo. ~ MECC. Nelle macchine motrici, ripartizione del fluido motore tra le camere e i cilindri della macchina e complesso di organi meccanici che ne regolano l'immissione e lo scarico. **5.** MAT. Generalizzazione del concetto di funzione. **6.** LING. L'insieme dei contesti in cui compare un dato elemento linguistico. **7.** MED. Trasporto e diffusione di una medicina nell'organismo, oggetto della farmacocinetica. **8.** STAT. Disposizione di unità statistiche secondo i valori di uno o più caratteri individuali da esse posseduti.

districàre v.tr. [4] Liberare da un intrico di nodi. ~ *fig.* Sbrogliare qlco., chiarirlo. ~ Levare, liberare da una situazione scomoda, anche fig. ◆ **districarsi** v.pron. Cavarsela, sbrogliarsi, anche fig.

distrofìa s.f. MED. Alterazione nella nutrizione dei tessuti cellulari che comporta l'insorgere di patologie degenerative. ◇ *Distrofia muscolare:* miopatia ereditaria degenerativa che colpisce i tessuti muscolari.

distròfico agg. [pl.m. *–ci*, f. *–che*] **1.** MED. Relativo alla distrofia. **2.** MED. Affetto da distrofia. ◆ s.m. [f. *–ca*] Nell'accez. 2 dell'agg.

distrofizzazióne s.f. ECOL. Eccessivo arricchimento di materia nutritiva di origine industriale nelle acque di un lago o di uno stagno, con effetti simili all'eutrofizzazione.

distrùggere v.tr. [35] **1.** Compromettere definitivamente, annientare. *Ha distrutto la sua carriera.* ~ Far scomparire. ~ Demolire, abbattere. **2.** Sterminare, eliminare. *Distruggere gli insetti nocivi.* ~ *fig.* Rovinare la salute o l'equilibrio psicologico di qlcu. *L'alcool lo ha distrutto.* ◆ **distruggersi** v.pron. Rovinarsi, ridursi in cattive condizioni di salute o psicologiche. SIN.: **deperire**.

distruttivo agg. **1.** Dotato del potere di distruggere. ~ Che causa distruzione intellettuale o morale. *Critica distruttiva.* **2.** *fig.* Che provoca la fine di qlco., che indebolisce, logora. *Azione distruttiva della guerra.* **3.** ELETTR. Scarica distruttiva: (→ scarica *disruptiva)

distruttóre agg. [f. *–trice*] Che distrugge, che arreca rovina. SIN.: **devastatore**. ◆ s.m. (anche f.) Nel sign. dell'agg.

distruzióne s.f. **1.** Grave danneggiamento o annientamento. SIN.: **demolizione**. ~ (al pl.) Le cose distrutte, rovine, resti, macerie. ◇ PSICOAN. *Istinti di distruzione:* quelli la cui prevalenza è all'origine del sadismo e del masochismo. **2.** *fig.* Chi o ciò che arreca distruzione. *I compromessi sono la distruzione della coscienza morale.*

disturbàre v.tr. **1.** Infastidire, importunare qlcu., procurargli molestia o incomodo. *Non vorrei disturbarli.* **2.** Ostacolare o impedire il normale svolgimento di qlco. *Questo fatto disturba i miei progetti.* **3.** Procurare a qlcu. disagio fisico o morale. *Questa luce disturba la vista.* **4.** Nelle telecomunicazioni, provocare disturbi nella ricezione. *La trasmissione è stata disturbata dal temporale.* ◆ **disturbarsi** v.pron. Prendersi il fastidio, l'incomodo, spec. in formule di cortesia. *Non disturbarti per me!* SIN.: **preoccuparsi**.

disturbàto agg. *eufem.* Leggermente folle. ~ Che è affetto da un malessere fisico. *Essere disturbato di stomaco.*

distùrbo s.m. **1.** Evento che reca fastidio, intralcio alle proprie occupazioni o abitudini. *Essere di disturbo.* **2.** Atto che può risultare fastidioso per gli altri. SIN.: **fastidio**. ◇ MIL. *Azione di disturbo:* azione tattica con cui si impedisce al nemico di portare a compimento i propri piani. **3.** Incarico che ci si assume e che risulta fastidioso. SIN.: **seccatura**. **4.** Anomalia nel funzionamento di un organo del corpo, più leggera di un malessere. *Disturbi respiratori.* **5.** TECN. Qualsiasi perturbazione che interviene nell'andamento normale di un fenomeno. ~ TELECOM. Perturbazione nella ricezione dei segnali dovuta alla sovrapposizione, volontaria o meno, di altri segnali.

disubbidiènte o **disobbediènte** agg. Che non ubbidisce.

disubbidiènza o **disobbediènza** s.f. **1.** Rifiuto di ubbidire. **2.** *estens.* Atto che costituisce una mancanza di obbedienza. **3.** IPP. Rifiuto del cavallo di proseguire il percorso o di saltare un ostacolo.

disubbidìre o **disobbedìre** v.intr. [83] (aus. *avere*) Non ubbidire a qlcu. ~ Non rispettare una legge, una norma, un ordine. SIN.: **trasgredire**.

disuguagliànza o **diseguagliànza** s.f. **1.** Mancanza di identità tra cose o persone. SIN.: **disparità**. **2.** Mancanza di uniformità in una superficie, un corpo, ecc. *Le disuguaglianze di un terreno.* SIN.: **irregolarità**. **3.** MAT. Relazione tra grandezze secondo cui una è maggiore o maggiore uguale, minore o minore uguale all'altra.

disuguàle o **diseguàle** agg. **1.** Che non presenta identità con altra persona o cosa. *Due travi di lunghezza disuguale.* SIN.: **diverso**. **2.** Riferito a superficie, che manca di regolarità. SIN.: **accidentato**. **3.** *fig.* Discontinuo, mutevole, incostante. ~ Che rivela un'alternanza di moduli compositivi, di forme, di toni. *Opera di stile disuguale.*

disumanità s.f. inv. Assenza, attenuazione dei caratteri propri della natura umana. ~ In partic., assenza degli affetti comuni che porta a un freddo distacco dagli altri.

disumanizzàre v.tr. Privare qlcu. delle qualità umane. SIN.: **degradare**. ◆ **disumanizzarsi** v.pron. Rendere se stessi disumani.

disumàno agg. **1.** Che non sembra appartenere alla natura o alla specie umana. *Grido disumano.* ~ Riferito a persona, che non ha alcun moto d'affetto, di pietà, di comprensione. SIN.: **insensibile**. ~ Crudele, spietato. **2.** Riferito a cosa, che non è proprio dell'uomo in quanto essere capace di affetti. *Freddezza disumana.* **3.** Che oltrepassa la natura umana. *Lavoro disumano.*

disunióne s.f. Mancanza di unione, di solidarietà. SIN.: **discordia**.

disunìre v.tr. [83] **1.** Disgiungere, separare ciò che era unito. **2.** *fig.* Portare discordia tra più persone. SIN.: **dividere**. ◆ **disunirsi** v.pron. **1.** Detto di due o più persone, dividersi l'una dall'altra, separarsi reciprocamente. **2.** SPORT. Riferito a un atleta o a un cavallo, perdere la coordinazione dei movimenti, dell'andatura.

disunìto agg. **1.** Che non è più unito, staccato, disgiunto. **2.** *fig.* Che non ha unità d'intenti, di sentimenti. *Una famiglia disunita.* SIN.: **discorde**. **3.** *fig.* Che non ha coesione logica e formale. SIN.: **disorganico**. **4.** Che ha perduto la coordinazione, con riferimento sia ad atleti, in partic. pugili, sia a cavalli.

disùria s.f. MED. Difficoltà nell'emissione dell'urina.

disùso s.m. Condizione di ciò che non viene usato. *Il disuso ha contribuito al deterioramento della casa.* ~ Usato spec. nella loc. *in disuso*, abbandonato, dimenticato. *Strada in disuso.*

ditàle s.m. **1.** Cappuccio di metallo, osso, materia plastica, legno, ecc. destinato a proteggere il dito medio quando, cucendo, spinge l'ago. **2.** Cappuccio di pelle o di gomma con cui si protegge un dito malato o ferito. **3.** (spec. pl.) Tipo di pasta alimentare liscia o rigata a forma di piccolo cilindro.

diteggiàre v.tr. [5] MUS. Indicare la diteggiatura di un brano musicale sullo spartito. ◆ v.intr. (aus. *avere*) Muovere ad arte le dita su uno strumento musicale.

diteggiatùra s.f. MUS. Modalità di impiego delle dita durante l'esecuzione di un pezzo musicale con uno strumento a tastiera o a corde.

ditiràmbo s.m. **1.** Nell'antica letteratura greca, forma corale di poesia lirica sorta all'interno del culto dionisiaco. **2.** Nella letteratura italiana, componimento poetico di metro vario ma dal ritmo vivace. **3.** *fig.* Elogio entusiasta, spesso esagerato.

Ditìscidi s.m. pl. [iniziale minusc. sing. *-de* per l'individuo] ZOOL. Famiglia di insetti coleotteri adefagi di varie dimensioni, acquatici e predatori.

Ditìsco s.m. ZOOL. Genere di insetti dei Coleotteri, di forma ovale e di colore verde scuro con strisce gialle. (Lunghezza massima 5 cm; famiglia dei Ditiscidi.)

dìto s.m. [pl.f. *dita*] **1.** Ogni appendice articolata della mano e del piede dell'uomo o della zampa di molti animali. *Le cinque dita della mano.* ◇ *Dito grosso del piede:* alluce. – *Mostrare a dito:* additare al biasimo generale. – *figg. Non muovere, alzare un dito:* non fare nulla per aiutare qlcu. – *Avere qlco. sulla punta delle dita:* conoscerla molto bene. – *Mordersi le dita:* pentirsi, arrabbiarsi con se stessi per un'azione sbagliata. **2.** *estens.* Ciascuna delle parti del guanto che coprono le dita. **3.** Denominazione di cose che nella forma ricordano un dito o le dita della mano. *La vetta detta Cinque Dita.* **4.** In passato, misura sottomultipla del cubito. ~ Oggi, misura approssimativa che equivale allo spessore di un dito considerato in orizzontale. *Un dito di whisky.*

dìtta s.f. (venez. *dita* "detta", propr. "la casa commerciale detta...") Impresa industriale o commerciale.

dittàfono o **dictàfono** s.m. (ingl. *dictaphone*) **1.** Denominazione commerciale, che costituisce marchio registrato, di un apparecchio elettrico un tempo usato per registrare e riprodurre suoni. **2.** Apparecchio munito di altoparlante grazie al quale la voce giunge in stanze diverse.

dìttamo s.m. **1.** Pianta rizomatosa dotata di foglie semplici e pennate, fiori bianchi e rosa, frutto secco, detta anche *frassinella*. (Famiglia delle Rutacee.) **2.** *Dittamo Cretico:* pianta suffruticosa con foglie tonde, usate in liquoreria, e fiori rosei. (Famiglia delle Labiate.)

dittatóre s.m. [f. *-trice*] (lat. *dictatōrem*, deriv. di *dictāre* "prescrivere, comandare") **1.** Uomo politico che concentra nella propria persona tutti i poteri. **2.** Persona molto autoritaria. **3.** (solo m.) Nell'antica Roma, magistrato straordinario con autorità quasi assoluta, nominato nei momenti di maggiore gravità per la repubblica, con un mandato di sei mesi. **4.** (solo m.) Nel Risorgimento, capo provvisorio di un governo rivoluzionario e democratico.

dittatoriàle agg. (fr. *dictatorial*) **1.** Relativo a una dittatura. **2.** *estens.* Caratterizzato da piglio autoritario.

dittatùra s.f. **1.** Regime politico autoritario instaurato da una persona che accentra in sé tutti i poteri. *La dittatura fascista.* **2.** *estens.* Imposizione della propria volontà, delle proprie idee. ~ La funzione di guida spirituale, culturale e l'influenza esercitata. *Dittatura morale.* ◇ *Dittatura del proletariato:* secondo il marxismo, periodo transitorio durante il quale i rappresentanti del proletariato dovranno esercitare tutti i poteri per distruggere lo stato borghese e permettere il passaggio a una società senza classi. **3.** Nell'antica Roma, carica di dittatore e sua durata.

Dìtteri s.m. pl. [iniziale minusc. sing. *-ro* per l'individuo] ZOOL. Ordine di insetti a metamorfosi completa dotati di due ali anteriori membranose e due posteriori per il bilanciamento durante il volo, di cui fanno parte la mosca e la zanzara. (Comprende più di 200.000 specie.)

dìttero agg. → **dìptero**.

dìttico s.m. [pl. *-ci*] (gr. *díptykhos* "piegato in due") **1.** Quadro composto da due pannelli distinti. **2.** *estens.* Opera letteraria, musicale, teatrale, ecc. composta da due parti distinte ma logicamente connesse. **3.** ARCHEOL. Nell'antichità, coppia di tavolette ripiegabili che venivano spalmate di cera e sulle quali si scriveva con uno stilo appuntito.

dittongàre v.tr. [4] LING. Trasformare una vocale in dittongo. ◆ v.intr. (aus. *avere*) LING. Formare un dittongo.

dittòngo s.m. [pl. *-ghi*] (lat. *diphthòngum*, gr. *díphthongos* comp. di *dís* "doppio" e *phthóngos* "suono") LING. Sequenza fonetica formata da una semivocale (*i* e *u*) atona e da una vocale piena appartenenti alla stessa sillaba (p.e. *ai, oi, ie, uo*). ◇ *Dittongo mobile: uò* e *iè* perché in molte parole si riducono a *o* ed *e* in date condizioni fonologiche (p.e. *suono* e *sonante*). – *Dittongo ascendente:* quello in cui la semivocale precede la vocale. – *Dittongo discendente:* quello in cui la vocale precede la semivocale.

■ **Ditìsco** (maschio).

diurèsi s.f. inv. MED. Secrezione urinaria. ~ Quantità di urina emessa nell'unità di tempo.

diurètico agg. [pl.m. *-ci*, f. *-che*] MED. Che aumenta la secrezione urinaria. *Effetto diuretico.* ◆ s.m. Farmaco che stimola la diuresi.

diurnàle s.m. RELIG. Parte del breviario che contiene le preghiere da recitarsi durante il giorno.

diùrno agg. **1.** Relativo al giorno. *Ore diurne.* ◇ ASTR. *Moto diurno:* rotazione apparente del cielo, dovuta alla rotazione della Terra attorno al proprio asse. **2.** Di pianta o di fiore che sboccia durante il giorno e si chiude la notte. **3.** Che ha la durata di un giorno, cioè di ventiquattro ore. ◇ ASTR. *Arco diurno:* quello descritto da un corpo celeste nell'intervallo di ventiquattro ore. **4.** Quotidiano, giornaliero. ◆ s.m. **1.** RELIG. Diurnale. **2.** Albergo diurno.

dìva s.f. (lat. *dīvam* "dea") **1.** Cantante o attrice celebre. SIN.: **stella**. **2.** *estens.* Donna superiore alle altre per nobiltà di natali o d'animo.

divagàre v.intr. [4] (aus. *avere*) Andare vagando senza meta. ~ *fig.* Allontanarsi dall'argomento che si stava trattando. ◆ **divagarsi** v.pron. Prendersi dello svago.

divagazióne s.f. Allontanamento dall'argomento principale di un discorso. SIN.: **digressione**. ~ Scritto in cui si raccolgono i pensieri nati a margine di un argomento di studio, di riflessione.

divalènte agg. CHIM. → **bivalente**.

divampàre v.intr. (aus. *essere*) **1.** Bruciare con fiamma violenta e improvvisa. *Divampano ovunque incendi boschivi.* **2.** *fig.* Manifestarsi e diffondersi con impeto e violenza. *Divampa la rivolta.* **3.** *fig.* Infiammarsi di un sentimento. *Divampare d'ira.*

divàno s.m. (turco *divan*, di origine persiana, orig. "consiglio di stato" poi "sofà" su cui sedevano i ministri e anche "registro" su cui si trascrivevano le loro decisioni) **1.** Elemento dell'arredamento di soggiorni e salotti in genere costituito da un sedile con spalliera imbottiti. ◇ *Divano letto:* divano che si trasforma in letto. **2.** Nei paesi un tempo soggetti alla dominazione araba, ufficio amministrativo. ~ ST. Nell'impero ottomano, consiglio dei ministri.

divaricàre v.tr. [4] Allontanare tra loro due elementi contigui che continuano a mantenere un punto di contatto.

divaricàta s.f. SPORT. In ginnastica, divaricazione delle gambe eseguita con un piccolo salto.

divaricatóre s.m. MED. Strumento chirurgico che serve per allargare i lembi di una ferita.

divaricazióne s.f. **1.** Divaricamento. ~ Distanza che intercorre tra due elementi divaricati. **2.** *fig.* Dissenso, divergenza.

divàrio s.m. [pl. *-ri*] Differenza, spesso notevole, fra cose o persone. *Divario tra nazioni ricche e nazioni povere.* ◇ *Divario tecnologico:* maggiore sviluppo della tecnologia e della ricerca scientifica in un paese rispetto ad altri.

divèllere v.tr. [22] **1.** Estirpare. ~ Strappare via con forza. **2.** *fig.* Togliere del tutto qualche idea dalla mente.

1. divenìre v.cop. [81] (aus. *essere*) (lat. *devenīre* "giungere") Assumere una data qualità, condizione o ruolo, evolversi gradualmente acquisendo certe caratteristiche. *Divenire grande.* SIN.: **diventare**.

2. divenìre s.m. Passaggio da una situazione, da una condizione a un'altra. *Il divenire della storia.* SIN.: **evoluzione**.

diventàre v.cop. (aus. *essere*) Acquistare una qualità, una condizione o un ruolo diversi dai precedenti. *Diventare ricco.* ◇ *figg. Diventare matto per qlco.:* perdere la testa a causa di qlco. – *Diventare di tutti i colori:* arrossire, per confusione o per vergogna. – *Diventare di sasso:* stupirsi al punto da non saper reagire.

divèrbio s.m. [pl. *-bi*] (lat. *divĕrbium* "dialogo fra attori", calco del gr. *diálogos*) **1.** Scambio di parole caratterizzato da animosità, battibecco. **2.** Parte dialogata del dramma latino.

divergènte agg. **1.** Che si discosta, si allontana da altri elementi con cui ha in comune il punto di partenza. *Raggi divergenti.* ◇ GEOM. *Semirette divergenti:* che non si intersecano e non sono parallele. ~ FIS. Che trasforma un fascio di raggi paralleli in un fascio di raggi che divergono. *Lente divergente.* **2.** *fig.* Diverso, opposto, discordante. *Pareri divergenti.* **3.** MAT. *Serie divergente:* somma degli infiniti termini di una successione che non dà un risultato finito (in oppos. a *convergente*). ◆ s.m. MAR. Sistema di galleggianti usato per tenere divaricate le varie lenze nella pesca al traino o per tenere aperta l'imboccatura delle reti a strascico.

divergènza s.f. **1.** Moto, spostamento in direzioni diverse di enti aventi in comune il punto di partenza o aventi in precedenza la stessa direzione. ~ Situazione di due linee, di due raggi, ecc., che divergono, che si allontanano uno dall'altro. *Divergenza di raggi luminosi.* ◇ *Angolo di divergenza:* in balistica, angolo azimutale che, aggiunto a quello di direzione, fa sì che i piani di tiro divergano in modo da colpire una maggiore porzione di terreno. – MAT., FIS. *Divergenza di un campo vettoriale:* somma delle derivate parziali di ciascuna componente del campo. – *Divergenza di un sistema ottico:* inverso della distanza focale espressa in diottrie di segno negativo. – BIOL. *Divergenza genetica:* formazione di razze o varietà diverse a partire da una popolazione geneticamente omogenea. **2.** METEOR. Distribuzione orizzontale, in tutte le direzioni, di un flusso d'aria che scende da una zona di alta pressione ad altre a pressione inferiore. **3.** *fig.* Divergenza di punti di vista tra persone in opposizione. *Avere divergenze con i propri figli.* SIN.: **disaccordo**.

divèrgere v.intr. [manca del part. pass.] **1.** Detto di più cose, indirizzarsi verso direzioni diverse partendo da un punto comune. SIN.: **allontanarsi**. ~ *fig.* Essere in contrasto o molto diversi. *I nostri pareri su quest'argomento divergono.* **2.** Allontanarsi da qlco. prendendo un'altra direzione. ~ *fig.* Essere in contrasto con opinioni e posizioni altrui. SIN.: **discostarsi**.

diversificàre v.tr. [4] **1.** Rendere diversi tra loro gli elementi di un insieme. *Diversificare la produzione.* SIN.: **differenziare**. **2.** Distinguere qlcu. o qlco. da altro. *Nulla diversifica il suo comportamento dal tuo.* ◆ **diversificarsi** v.pron. **1.** Detto di due o più persone o cose, essere diversa l'una rispetto all'altra. **2.** Essere diverso rispetto ad altri. *La mia opinione si diversifica dalla tua.*

diversificazióne s.f. Introduzione di criteri, di caratteri che determinano una differenza tra cose altrimenti uguali. ◇ *Diversificazione degli investimenti, della produzione:* ampliamento a settori, a generi merceologici diversi da quelli originari o abituali per un'azienda, allo scopo di affermare maggiormente la propria presenza sul mercato, diminuire i rischi, ecc. – *Diversificazione delle fonti energetiche:* ricorso, per usi industriali e domestici, a una pluralità di forme di energia e non a una sola.

diversióne s.f. **1.** Deviazione di qlco. *Diversione delle acque in un canale sussidiario.* **2.** MIL. Mossa tattica con cui, fingendo di attaccare, si richiamano le forze nemiche in un punto diverso da quello in cui si intende portare il vero attacco. *Operare una diversione.* ~ Anche in senso fig. in contesti diversi. *Creare una diversione.*

diversità s.f. inv. **1.** Presenza di tratti che rendono diversa una cosa o una persona da un'altra appartenente alla stessa tipologia. *Diversità di idee.* SIN.: **differenza**. ~ Carattere, aspetto, per cui una cosa o una persona si distinguono nettamente da un'altra. *Evidenziare la diversità dei due vasi.* **2.** Condizione di chi (come gli handicappati o gli omosessuali o gli emarginati) si discosta dalla tipologia fisica, sessuale, sociale prevalente. **3.** Varietà, molteplicità. *La diversità dei colori.* **4.** *Diversità biologica:* biodiversità.

diversìvo agg. Che opera una diversione. ◆ s.m. Ciò che distrae lo spirito dalle sue preoccupazioni. SIN.: **svago**. ◇ *Trovare un diversivo:* discorso, battuta con cui si distoglie l'attenzione degli interlocutori da un argomento o si ravviva una conversazione che langue.

divèrso agg. **1.** Che non è più lo stesso, che è cambiato. SIN.: **differente**. **2.** Originale, nuovo. **3.** Con riferimento a persona, che si discosta, per caratteristiche fisiche o psicologiche, dalla tipologia prevalente. **4.** (al pl., anteposto al s.) Con valore di agg. indef., indica una molteplicità, una quantità imprecisata, ma piuttosto limitata di persone e cose. *C'erano diverse persone.* ~ Anche al singolare, con nomi collettivi e con tempo. *Aspetto da diverso tempo.* ◆ s.m. [non com. f. *-sa*] Persona con caratteristiche fisiche o psicologiche diverse da quelle comuni.

divertènte agg. Che mette allegria e distoglie la mente da pensieri gravi. SIN.: **spassoso**.

divertìcolo s.m. ANAT. Estroflessione congenita o acquisita riscontrabile nel tubo digerente o nella vescica urinaria, causa spesso di processi infiammatori. ◇ *Diverticolo di Meckel:* piccola appendice della parte terminale dell'intestino che si presenta come residuo di origine embrionale nell'1% degli individui.

diverticolòsi s.f. inv. MED. Malattia caratterizzata dalla presenza di diverticoli in un organo cavo.

divertiménto s.m. **1.** Ciò che, per le proprie qualità di piacevolezza e di gaiezza, attrae e distoglie la mente dalle consuete attività o da pensieri gravi. SIN.: **svago**. **2.** *estens.* Gioia, piacere, diletto che si prova nel momento dello svago, anche in senso iron. *È stato un vero divertimento.* ◇ *Prendersi il divertimento di:* con valore antifrastico, fare qlco. che infastidisce gli altri. – *Buon divertimento!:* esclamazione di augurio rivolta a chi va in vacanza oppure a uno spettacolo, a una festa. **3.** MUS. Divertissement.

divertìre v.tr. Rallegrare e interessare piacevolmente qlcu., procurargli diletto, svago. *Questo cartone animato lo ha molto divertito.* ◆ **divertirsi** v.pron. **1.** Occupare il proprio tempo in qlco. di piacevole. ~ Darsi a svaghi, a passatempi. *Vi siete divertiti alla partita?* SIN.: **distrarsi**. ◇ *fig. Divertirsi alle spalle di qlcu.:* prenderlo in giro. **2.** Non avere intenzioni serie nei rapporti con persone d'altro sesso. *Con lei vuol solo divertirsi.* **3.** Provare piacere, gusto nel fare qlco. *Si diverte a tormentarmi.*

divertissement [/divεrtis'mã/] s.m. inv. (voce fr., propr. "divertimento") **1.** MUS. Composizione, intermezzo, episodio di carattere leggero o con funzione di diversivo. **2.** TEAT. Composizione letteraria o artistica di tono leggero che nasce come divertimento dell'autore o che si propone di divertire.

dividèndo s.m. **1.** MAT. In una divisione, il termine da dividere. **2.** ECON. Quota dell'utile netto annuale che viene distribuito per ciascuna azione di una società.

divìdere v.tr. [21] **1.** Scomporre in più parti. *Dividere un terreno.* SIN.: **frazionare**. **2.** Disgiungere qlcu. o qlco. da altro o più persone o cose. *Dividere due lottatori.* SIN.: **separare**. ~ Allontanare due o più persone, fare in modo che non si frequentino. *Dividere due amici inseparabili.* ~ *fig.* Distinguere. *Dividere il bene dal male.* ~ Rendere estranee, ostili tra loro due o più persone o cose. *Li divide una forte rivalità.* **3.** Distribuire qlco. a qlcu. ~ Assegnare a più persone le parti di un tutto. *Dividere l'eredità tra fratelli.* **4.** Condividere, spartire qlco. con qlcu. *Dividerò le mie provviste con voi.* **5.** ARITM. Eseguire un'operazione matematica di divisione. **6.** Classificare qlco. in tipi, famiglie, gruppi. *Dividere le piante in specie diverse.* ◆ **dividersi** v.pron. **1.** Allontanarsi da qlcu. o da qlco. *Dividersi dagli amici.* ~ Detto di più persone o cose, separarsi, allontanarsi l'una dall'altra. *I due coniugi si sono divisi dopo pochi mesi di matrimonio.* **2.** *fig.* Divenire discorde nei confronti di qlcu. *Si divise dall'amico del cuore per una storia di donne.* **3.** Scomporsi in più parti. *Il libro si divide in venti capitoli.* **4.** Detto di due o più persone, spartirsi qlco. *I ladri si divisero il bottino.* **5.** Dedicarsi a più attività contemporaneamente. *Da molti anni ormai mi divido tra la scuola e la famiglia.*

divièto s.m. Disposizione di legge o dell'autorità che proibisce un atto, un comportamento. *Divieto di fumare.* ◇ *Divieto di soggiorno:* misura di sicurezza imposta a persone considerate socialmente pericolose, con la quale si impedisce di risiedere in un dato luogo.

divinatòrio agg. [pl.m. *-ri*] Relativo alla divinazione, proprio degli indovini.

divinazióne s.f. **1.** Capacità supposta di prevedere il futuro tramite l'interpretazione di alcuni fenomeni naturali o di combinazioni casuali di elementi. SIN.: **chiaroveggenza**. **2.** *estens.* Presentimento di ciò che accadrà.

divincolàrsi v.pron. Agitarsi con forza spec. per liberarsi da qualche impedimento.

divinità s.f. inv. **1.** Essenza, natura divina. *La divinità di Cristo.* **2.** Persona divina (se riferito a Dio, con iniziale maiusc.).

divinizzàre v.tr. (fr. *diviniser*) **1.** Considerare come divinità persone, cose, animali. *Divinizzare un eroe.* **2.** *estens.* Esaltare, celebrare qlco. o qlcu. come divino. *Divinizzare l'amore.*

divìno agg. **1.** Relativo a Dio. *Giustizia divina.* ~ Di un dio o degli dei. *Attributi divini.* ~ Che viene, che promana da Dio, da un dio. *Grazia divina.* ~ Che attiene al culto di Dio. *Funzioni divine.* SIN.: **sacro**. **2.** *estens.* Che sembra partecipare della natura divina. SIN.: **sublime**. ◆ s.m. Natura divina. ~ Concetto di Dio. *Cercare il divino nell'umano.*

divìsa s.f. (deriv. di *divisare* perché orig. abito caratterizzato da più colori) **1.** Abito variamente colorato e foggiato per distinguere una categoria di persone da altre. ~ *comun.* Uniforme militare o di corpi affini. **2.** Insegna, emblema, impresa, atta a distinguere casate, città, corpi militari, ecc. **3.** Insieme dei mezzi di pagamento espresso in valuta estera e usato per il saldo di debiti all'estero. ~ In partic., moneta, valuta.

divisìbile agg. **1.** Che può essere diviso. *Terreno divisibile.* **2.** MAT. Riferito a un numero intero, relativamente a un secondo numero, quando la divisione per quest'ultimo ha resto zero. *Dodici è divisibile per tre.*

divisibilità s.f. inv. **1.** Proprietà di ciò che può essere diviso. *La divisibilità della materia.* **2.** ARITM. Proprietà di un numero intero divisibile per un altro. **3.** GEOGR. Proprietà delle rocce di dividersi secondo determinate direzioni. **4.** ECON. Possibilità di suddividere un bene in più parti senza che muti il valore totale o si alteri la funzione socio-economica propria del bene indiviso.

divisionàle agg. **1.** Che appartiene a una divisione militare o amministrativa. **2.** FIN. *Moneta divisionale:* moneta divisionaria.

divisionàrio agg. [pl.m. *-ri*] (fr. *divisionnaire*) FIN. *Moneta divisionaria:* che corrisponde a una frazione dell'unità monetaria. ◆ s.m. Nell'accez. 2 dell'agg.

divisióne s.f. **1.** Atto con cui di una sola cosa si fanno più parti. *Divisione di un patrimonio.* SIN.: **partizione**. ◇ *Divisone di una parola in sillabe:* la sua scomposizione in fonemi o gruppi di fonemi che si pronunciano come unità indivisibili. – *Divisione dei poteri:* principio secondo il quale i poteri fondamentali dello stato (legislativo, esecutivo, giudiziario) devono essere esercitati da organi diversi e reciprocamente indipendenti. – *Divisione del lavoro:* metodo di organizzazione del lavoro caratterizzato dalla scomposizione del processo di produzione in operazioni che vengono demandate a persone diverse. **2.** MAT. Operazione elementare, inversa alla moltiplicazione, tra due numeri reali detti *dividendo* e *divisore*, con la quale si determina un terzo numero, detto *quoziente*, che moltiplicato per il divisore restituisce il dividendo. **3.** Ordinamento interno a un'opera che prevede una separazione tra argomenti o gruppi di argomenti. **4.** *fig.* Disaccordo, discordia. *Divisioni familiari.* **5.** BIOL. Forma elementare di riproduzione agamica, detta anche *scissione* o *schizogonia*. ◇ *Divisione cellulare:* processo di moltiplicazione della cellula, detto anche *cariogenesi* o *mitosi*. **6.** BOT. Ciascuna delle categorie in cui si suddivide il sottoregno, comprendente, a sua volta, le classi. **7.** ARALD. Ciascuna delle parti in cui è suddiviso lo scudo. **8.** AMM. Ciascuna delle maggiori partizioni di un'amministrazione o di un dicastero. *Divisione degli affari generali.* ~ Reparto di un ospedale o di un'azienda. *Divisione di oculistica.* **9.** SPORT. Raggruppamento in cui sono inserite, secondo il merito, le squadre che partecipano a un campionato o a un torneo. ◇ *Massima divi-*

sione: nel calcio, la serie A. **10.** MIL. Partizione dell'esercito comprendente tre brigate e varie unità di supporto. ◇ *Divisione navale:* unità costituita da più navi di diverso tipo, capace di svolgere operazioni diverse anche contemporaneamente. **11.** DIR. Cessazione della comunione su un diritto di proprietà o altro diritto reale, in seguito alla quale ogni avente diritto acquista la titolarità esclusiva di una parte dei beni. *Divisione contrattuale.*

divisionìsmo s.m. Movimento artistico affermatosi nell'ultimo ventennio dell'Ottocento come sviluppo dell'impressionismo, che adottò una tecnica pittorica basata sulla divisione del colore in piccole macchie di colori puri, non impastati tra loro sulla tavolozza. SIN.: **puntinismo**.

divisionìsta s.m. e f. [pl.m. –*sti*] Chi appartiene o si ricollega al divisionismo.

divìsmo s.m. Fenomeno sociale caratterizzato dalla promozione pubblicitaria di personaggi dello spettacolo.

divìso agg. **1.** Staccato concretamente o idealmente da un tutto, materiale o spirituale, di cui faceva parte. SIN.: **separato**. ~ *Parte relativo a beni economici, spartito. Proprietà divisa e proprietà indivisa.* **2.** *fig.* Che non ha unità d'intenti, e vedute. SIN.: **discorde**. **3.** BOT. Di organo vegetale che presenta un taglio più o meno lungo. **4.** MUS. Che presenta parti diverse per uno stesso tipo di strumenti e nel medesimo brano. ❑ Anche in funzione di prep., nell'espressione aritmetica che indica la divisione. *Dieci diviso cinque.*

divisóre agg. [non com. f. *dividitrice*] **1.** Che divide, separa. **2.** *fig.* Che suscita divisioni, discordie. ◆ s.m. **1.** MAT. Il secondo termine di una divisione. ◇ *Divisore di un numero intero:* numero che, nella divisione di questo intero, dà un resto nullo. – *Divisore comune:* numero che è divisore di più numeri interi. – *Massimo comun divisore:* il numero intero più grande per cui sono divisibili due o più numeri interi assegnati. **2.** Denominazione di strumenti o apparecchi che operano una divisione. ~ In partic., nella tecnica della stereotipia, strumento con cui si separano le pagine fuse su uno stesso flano.

divisòrio agg. [pl.m. –*ri*] Che traccia o indica una delimitazione. *Linea divisoria.* ◇ *Parete divisoria:* che appartiene a due proprietari contigui e separa i loro beni. – DIR. *Azione divisoria:* volta a dividere beni in comunione. ◆ s.m. Ogni elemento che serve a dividere.

1. dìvo agg. Divino, come attributo degli dei pagani e degli imperatori romani. *Il divo Augusto.* ~ Nel l. poetico, anche con riferimento a Dio.

2. dìvo s.m. [f. *diva*] Personaggio dello spettacolo o dello sport molto famoso, che suscita entusiasmo.

divoràre v.tr. **1.** Mangiare con avidità. *Il lupo divorò l'agnello.* SIN.: **ingurgitare**. **2.** *fig.* Distruggere, danneggiare o consumare qlco. *Le tarme hanno divorato questa coperta.* ◇ *Divorare con gli occhi:* guardare con avidità, passione, bramosia. – *Divorare un libro:* leggerlo con passione. – *Divorare un patrimonio:* dilapidarlo. ◆ **divorarsi** v.pron. *fig.* Struggersi, consumarsi, logorarsi.

divoratóre agg. [f. –*trice*] **1.** Che divora, che mangia molto. SIN.: **vorace**. **2.** *fig.* Che consuma in gran quantità o rapidamente. *Fuoco divoratore.* ◆ s.m. (anche f.) **1.** Persona che mangia con avidità, con ingordigia. **2.** *fig.* Chi dà rapidamente fondo a qlco. *Un gran divoratore di fumetti.*

divorzialità s.f. Fenomeno demografico relativo alla frequenza dei divorzi.

divorziàre v.intr. [6] (aus. *avere*) **1.** Sciogliere legalmente il matrimonio. **2.** *fig. scherz.* Separarsi, allontanarsi da qlcu. o qlco.

divorziàto agg. Che ha ottenuto il divorzio. ◆ s.m. [f. –*ta*] Nel sign. dell'agg.

divòrzio s.m. [pl. –*zi*] (lat. *divòrtium* propr. "il volgere in direzioni opposte") **1.** DIR. Scioglimento del matrimonio civile a termini di legge. **2.** *estens.* Separazione di persone unite da vincoli di amicizia o di interesse. **3.** *fig.* Dissidio tra enti astratti. *Divorzio tra amore e dovere.*
ENCICL. Introdotto in Italia dal 1° dicembre 1970, il divorzio può essere chiesto da uno dei coniugi per i seguenti motivi: 1. cause derivanti da procedimenti penali, inerenti a determinati reati contro la famiglia e la persona umana, o escludenti la convivenza per almeno quindici anni; 2. cause dovute a separazione fra coniugi; 3. cause relative a un'equiparazione del coniuge italiano al coniuge straniero; 4. non consumazione del matrimonio.

divorzìsta agg. [pl.m. –*sti*] **1.** Che riguarda l'istituto del divorzio. **2.** Che denota una posizione favorevole al divorzio. ◆ s.m. e f. **1.** Legale specializzato in cause di divorzio. **2.** Persona favorevole al divorzio.

divulgàre v.tr. [4] **1.** Rendere pubblica una notizia. SIN.: **diffondere**. **2.** Spiegare concetti o teorie difficili in forma facile e accessibile a tutti. ◆ **divulgarsi** v.pron. Diffondersi. ~ Diventare largamente noto.

divulgatìvo agg. Che si propone fini di divulgazione.

divulgatóre agg. [f. –*trice*] Volto a diffondere conoscenze scientifiche, tecniche e a migliorare la cultura dei più. ◆ s.m. (anche f.) **1.** Chi è incaricato di diffondere notizie o prodotti. **2.** Chi presenta in modo comprensibile a tutti argomenti di rilevanza culturale. **3.** Chi diffonde una dottrina, un gusto.

divulgazióne s.f. **1.** Comunicazione di una notizia a un gran numero di persone. SIN.: **diffusione**. **2.** Esposizione in forma semplice e comprensibile di nozioni scientifiche al grande pubblico.

dixieland [/'diksɪˌlænd] s.m. inv. (voce ingl. d'America "terra del Dixie", propr. "terra dei neri", dal nome di una popolare banconota da 10 dollari emessa a New Orleans) MUS. Jazz tradizionale nato nel sud degli Stati Uniti da una combinazione di stili (ragtime, blues e arie da parata), suonato da piccoli complessi composti per lo più da fiati e caratterizzato da un'accentuata improvvisazione. (Il dixieland si impose soprattutto tra il 1900 e il 1930, per riapparire verso il 1940.)

dizigòtico agg. [pl.m. –*ci*, f. –*che*] BIOL. Si dice di ciascuno dei due gemelli che si sviluppano da due distinti ovuli fecondati. SIN.: **bicoriale**.

dizionàrio s.m. [pl. –*ri*] (lat. *dictionàrium*, deriv. di *dictio* "esposizione") **1.** Raccolta di vocaboli ordinati alfabeticamente e seguiti dalla loro definizione o dalla traduzione in un'altra lingua. *Dizionario della lingua italiana.* SIN.: **vocabolario**. ◇ *Dizionario monolingue:* quello in cui le definizioni sono date nella stessa lingua dei lemmi. – *Dizionario bilingue:* quello in cui vocaboli e locuzioni di una lingua sono tradotti in altra lingua. **2.** Opera in cui è raccolta e spiegata la terminologia propria di particolari branche del sapere o di settori di attività. *Dizionario di filosofia.* **3.** Opera, prossima all'enciclopedia, in cui vengono raccolte, in ordine alfabetico, nozioni relative a particolari materie o a tutto lo scibile. *Dizionario enciclopedico.* ◇ *Dizionario biografico:* raccolta di biografie di personaggi.

dizióne s.f. **1.** Modo di pronunciare. *Buona dizione.* **2.** Ogni unità del discorso dotata di significato. SIN.: **parola**. **3.** RET. Scelta e disposizione delle parole nel discorso. ~ *estens.* Stile.

dj [/di'dʒei/] s.m. e f. inv. (lat. *disc jockey*). Sigla di *disc jockey*.

DNA s.m. inv. (sigla dell'ingl. *Deoxyribo Nucleic Acid*, "acido desossiribonucleico") BIOL., CHIM. Costituente dei cromosomi capace di duplicarsi e di trasmettere l'informazione genetica nella sintesi delle proteine. (Il DNA garantisce il controllo dell'attività cellulare.)

dò s.m. inv. (secondo la tradizione, forma sostitutiva dell'antico *ut* introdotta dal musicologo fiorentino G.B. Doni, che l'avrebbe ricavata dalla sillaba iniziale del proprio cognome) Nome dato in Italia e in Francia alla prima nota della scala musicale naturale, detta *ut* anticamente, *C* nella notazione alfabetica. ◇ *Do di petto:* di un'ottava superiore a quello centrale, cantato dai tenori a voce piena è considerato segnale della bravura dell'artista.

dobermann [/'doːbərman/] s.m. inv. (dal nome dell'allevatore tedesco L. *Dobermann*) Cane da guardia d'origine tedesca, a pelo raso di colore scuro e lucido.

doc o **DOC** agg. inv. **1.** Sigla di *Denominazione di Origine Controllata*. **2.** *fig.* Che esprime nel modo più esemplare determinate caratteristiche o qualità. *Un milanese doc.* ❑ In funzione di s.m. inv., nell'accez. 1 dell'agg. *Bere un doc del Veneto.*

dòccia s.f. [pl. –*ce*] **1.** Modalità di bagno con getto d'acqua spruzzato direttamente sul corpo a scopo d'igiene. *Fare una doccia.* ~ *estens.* Impianto idraulico che permette di fare una doccia. ~ Box per tale impianto. ◇ *Doccia scozzese:* alternativamente calda e fredda; *fig.* il succedersi in breve tempo di buone e di cattive notizie. – *fig. Doccia fredda:* delusione che fa bruscamente cessare l'entusiasmo. **2.** Canale lungo la gronda del tetto che raccoglie le acque piovane e le convoglia nello scarico. **3.** GEOGR. *Doccia valliva:* valle dal fondo concavo e dai fianchi dritti che ricorda nella forma una grondaia. **4.** ANAT. *Doccia ossea:* concavità nella superficie di alcune ossa. – *Doccia esofagea:* parte dello stomaco dei ruminanti che mette in comunicazione esofago e l'omaso. **5.** MED. *Doccia gessata:* apparecchio ortopedico semicircolare usato per contenere e immobilizzare un arto.

docciàre v.tr. [5] *non com.* Versare un liquido come da doccia su qlcu. o qlco. ◆ **docciarsi** v.pron. Farsi la doccia.

doccióne s.m. (lat. *ductiōnem* "conduttura") **1.** ARCH. Negli edifici antichi, parte terminale della grondaia, talora ornata con figure grottesche, che serve a scaricare l'acqua piovana lontano dal muro. ~ Oggi, tubo che dalla grondaia discende fino a terra convogliando l'acqua piovana nello scarico. **2.** ALP. Canalone in cui si raccoglie e scorre l'acqua piovana, spesso con frane sassose. SIN.: **colatoio**.

docènte agg. *Che insegna.* ~ Dell'insegnamento. ◇ *Corpo docente:* il complesso degli insegnanti. ◆ s.m. e f. Insegnante, maestro, professore.

docetìsmo s.m. RELIG. Dottrina eretica dei primi secoli del Cristianesimo, che nega la realtà fisica del corpo di Cristo.

docg o **DOCG** agg. inv. (sigla di *Denominazione di Origine Controllata e Garantita*) Di qualità garantita da controlli molto restrittivi. ❑ In funzione di s.m. inv., nel sign. dell'agg.

dòcile agg. (lat. *dòcilem*, propr. "colui cui si può insegnare") **1.** Che obbedisce facilmente. *Ragazzo docile.* SIN.: **remissivo**. **2.** Con riferimento ad animale, che è di indole non aggressiva, che ubbidisce ai comandi dell'uomo. *Cane docile.* SIN.: **mansueto**. **3.** *estens.* Detto di materiale facile da lavorare o di qlco. che si piega facilmente a un certo uso o scopo. *Metallo docile. Capelli docili al pettine.*

docimasìa s.f. (gr. *dokimasía*, deriv. di *dokimázein* "sottoporre a prova") **1.** ANT. GR. Esame dell'idoneità di un cittadino a rivestire determinate cariche pubbliche. **2.** MED. Complesso di esami del cadavere volti a dimostrare le circostanze della morte. **3.** CHIM. Insieme di esami di controllo su materiali.

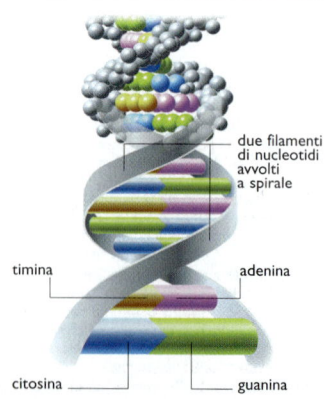

due filamenti di nucleotidi avvolti a spirale

timina — adenina

citosina — guanina

■ **DNA.** Struttura a doppia elica del DNA.

docimologia s.f. Studio sistematico dei criteri e dei metodi di valutazione del profitto scolastico e delle prove d'esame.

dock [/'dɔk/] s.m. [pl. *docks*] (voce ingl., propr. "bacino") (spec. pl.) Zona del porto con banchine e attrezzature per il carico e lo scarico delle navi.

documentalista s.m. e f. [pl.m. –*sti*] Chi, per professione, si occupa della ricerca, selezione, classificazione, utilizzo e diffusione di una documentazione. SIN.: **documentarista**.

documentàre v.tr. **1.** Fornire informazioni, documenti o una testimonianza giuridica per provare qlco. *Documentare la propria identità.* SIN.: **comprovare. 2.** Corredare di documentazione una domanda. *Documentare una richiesta di rimborso.* ◆ **documentarsi** v.pron. Informarsi con precisione in base a ricerche su un determinato argomento. *Documentarsi sulla situazione economica del paese.*

documentàrio agg. [pl.m. –*ri*] (fr. *documentaire*) **1.** Dei documenti. ◇ PALEOG. *Scrittura documentaria:* quella corsiva, utilizzata nei documenti. **2.** Che si basa su documenti. *Prova documentaria.* Che ha valore di documento. *Materiale documentario.* ◆ s.m. Cortometraggio per il cinema o la televisione che informa su un argomento d'attualità o di interesse culturale. *Regista di documentari.*

documentarista s.m. e f. [pl.m. –*sti*] **1.** Cineasta che realizza documentari. **2.** *estens.* Esperto nella raccolta dei documenti relativi a un determinato argomento. SIN.: **documentalista**.

documentaristico agg. [pl.m. –*ci*, –*che*] Relativo a un documentario. *Stile documentaristico.*

documentàto agg. **1.** Che porta in allegato dei documenti. *Domanda d'assunzione documentata.* **2.** Provato, sostenuto da documenti. *Spesa documentata.* **3.** Con riferimento a un riscontro accurato tra ipotesi interpretative e dati oggettivi. *Accusa documentata.* **4.** Con riferimento a persona, che fa ricorso ai documenti e vi si attiene, nell'impostare uno studio, un lavoro. ~ Ben informato su un argomento. *Ricercatore molto documentato.* **5.** BANC. *Credito documentato o documentario:* operazione, tipica del commercio internazionale, con cui una banca si impegna, su ordine e per conto di un acquirente, ad aprire un credito, di ammontare pari al valore della merce acquistata, a favore del venditore quando quest'ultimo presenti la documentazione dell'avvenuta spedizione della merce.

documentazióne s.f. (fr. *documentation*) **1.** Opera di individuazione, raccolta e analisi critica di documenti. *Lavoro di documentazione.* **2.** Insieme di documenti relativi a una ricerca, una domanda. *Raccogliere una vasta documentazione.* **3.** Dimostrazione, giustificazione. *Documentazione delle spese.* **4.** INFORM. Insieme di informazioni e istruzioni relative alle caratteristiche e all'uso di un prodotto, di un dispositivo, di un servizio. ◇ *Documentazione automatica:* tecniche di trattamento dell'informazione documentaria che utilizzano software di selezione e di ricerca.

documénto s.m. (lat. *documĕntum*, propr. "ciò con cui si insegna") **1.** Scritto o oggetto che costituisce una testimonianza, una prova, una fonte di informazione. *Documento statistico.* **2.** Testo scritto con l'intenzione di conservare memoria di qlco. *Documento di bordo.* ~ DIR. *Atto. Documento notarile.* **3.** Certificato rilasciato dalla pubblica autorità in cui sono elencati gli elementi atti a identificare una persona. *Documento d'identità.* **4.** INFORM. Qualsiasi file creato da un'applicazione e identificato con un nome.

dódeca- Primo elemento di composti nei quali significa "dodici" (*dodecafonia*).

dodecaèdro s.m. GEOM. Poliedro a dodici facce.

dodecafonìa s.f. MUS. Indirizzo musicale del Novecento fondato sul principio dell'equivalenza armonica dei dodici suoni della scala cromatica.

dodecafònico agg. [pl.m. –*ci*, f. –*che*] MUS. Relativo alla dodecafonia. SIN.: **atonale**. ◇ *Musica dodecafonica o atonale:* musica seriale, in cui i rapporti reciproci tra i dodici suoni

della scala cromatica non sono riferiti a un suono dominante.

dodecagonàle agg. GEOM. Che ha la forma di un dodecagono.

dodecàgono s.m. GEOM. Poligono che ha dodici angoli e quindi dodici lati.

dodecasìllabo agg. e s.m. Nella metrica italiana, verso di dodici sillabe metriche.

dodecàstilo agg. ARCH. Detto di edificio che abbia dodici colonne sulla fronte.

dodicèsimo agg. num. ord. Che, in una successione ordinata, occupa il posto corrispondente al numero dodici. ~ Con valore frazionario, relativo a ciascuna delle parti di un intero diviso per dodici. ◆ s.m. [f. –*ma*] Nel sign. dell'agg. *Dodicesimo dell'elenco.* ◇ STAM. *In dodicesimo:* formato di stampa in cui ogni parte del foglio è suddivisa in dodici pagine.

dódici agg. num. card. Numero naturale successore di undici. ◆ s.m. inv. **1.** Il numero dodici. **2.** La forma grafica del numero dodici. **3.** La quantità equivalente a dodici unità. **4.** Voto conseguito in prove ed esami sulla base di differenti scale di valutazione. **5.** *Fare dodici:* nel totocalcio, indovinare dodici risultati su tredici nella schedina abbinata alle partite di calcio.

dòdo s.m. (port. *doudo* "sciocco") Uccello estinto di grandi dimensioni e inetto al volo, che viveva nell'isola di Réunion e nell'isola Maurizio. (Ordine dei Colombiformi; famiglia dei Rafidi.) SIN.: **dronte**.

dóga s.f. [pl. –*ghe*] **1.** Ciascuna delle liste di legno che formano il corpo di botti, tini o mastelli. ~ Ogni lista in legno che costituisce la base di alcuni tipi di letti, in sostituzione della rete. **2.** ARALD. Ognuna delle strisce che negli scudi o nelle bandiere sono poste perpendicolarmente.

dogàna s.f. (ar. *dowān*, deriv. di *dīwān* propr. "registro") **1.** Ufficio che esercita il controllo sulle merci importate o esportate e riscuote l'eventuale dazio. *Visto della dogana.* ~ Personale di questo ufficio. *Visita della dogana.* ~ Sede di quest'ufficio. *Fermarsi alla dogana.* **2.** Imposta che viene versata a tale ufficio. *Pagare la dogana.* SIN.: **dazio doganale.**

doganàle agg. Della dogana. ◇ *Unione doganale:* convenzione tra stati che stabilisce il libero scambio e l'adozione di una tariffa doganale unica verso altri paesi.

doganière s.m. Impiegato della dogana. ~ Anche guardia di finanza in servizio al confine.

dogaréssa s.f. Moglie del doge.

dogàto o **dogàdo** s.m. Carica di doge e sua durata.

dog-cart [/'dɒg,kaːt/] s.m. inv. (voce ingl., propr. "carretta per cani") Veicolo scoperto, attrezzato per il trasporto dei cani da caccia.

dòge s.m. [pl. –*gi*] (voce venez., lat. *dūcem* "duce") Carica di capo dello stato nelle repubbliche di Venezia e di Genova.

dogger [/'dɒgə/] s.m. (solo sing.) (voce ingl.) GEOL. Seconda epoca del periodo giurassico. (Compresa tra 180 a 154 milioni di anni fa.)

dòglia s.f. e f. [pl. –*glie*] (al pl.) Dolori che precedono il parto.

dògma s.m. [pl. –*mi*] (lat. *dògma* "parere decisivo", poi *dògma* "dottrina filosofica") **1.** Proposizione fondamentale e considerata come incontestabile. **2.** TEOL. CATT. Verità rivelata da Dio direttamente ed attraverso il papa quando parla ex cathedra. *Dogma della Trinità.*

dogmàtica s.f. [non com. pl. –*che*] **1.** CRIST. Parte della teologia che studia i dogmi. **2.** DIR. *Dogmatica giuridica:* sistemazione teorica del diritto tale da dare a tutte le norme giustificazione teorica e da porle tra loro in rapporto di coordinazione e subordinazione logica.

dogmàtico agg. [pl.m. –*ci*, f. –*che*] **1.** Che attiene ai dogmi, che ha valore di dogma. *Verità dogmatiche.* **2.** *estens.* Che esprime un'opinione in modo categorico, perentorio, autorevole. *Una visione dogmatica.* ◆ s.m. [pl. –*ca*] **1.** Persona dogmatica. **2.** Studioso di dogmatica giuridica o di teologia dogmatica.

dogmatismo s.m. **1.** Posizione culturale basata su dogmi, che respinge categoricamente

il dubbio e la critica. **2.** *estens.* Atteggiamento di una persona dogmatica, che rifiuta di mettere in discussione le proprie idee.

dojo s.m. inv. (voce giapp.) Palestra dove si praticano le arti marziali.

dolby [/'dɒlbi/] s.m. inv. (voce ingl., dal nome del fisico statunitense R. *Dolby*) Denominazione commerciale, che costituisce marchio registrato, di un sistema elettronico di registrazione che migliora la qualità del suono eliminando il fruscio di fondo. □ Anche in funzione di agg., *dolby system,* strumento elettronico che, in una registrazione, riduce i rumori e i fruscii di sottofondo.

dólce agg. **1.** Che ha un sapore gradevole dovuto alla presenza di zuccheri. *Liquore dolce.* ◇ *Acqua dolce:* acqua dei fiumi e dei laghi, naturalmente sprovvista di sale. **2.** *fig.* Che procura una sensazione piacevole con la propria delicatezza. SIN.: **soave. 3.** *fig.* Non ripido. *Pendio dolce.* **4.** *fig.* Riferito a materiale, facilmente lavorabile, tenero, malleabile. *Legno dolce.* **5.** *fig.* Detto di persona, che manifesta dolcezza, bontà, gentilezza. *Sguardo dolce.* ~ Che rallegra, intenerisce l'animo. *Stare in dolce compagnia.* ◇ *Fare gli occhi dolci a qlcu.:* rivolgergli sguardi e attenzioni del tutto particolari. **6.** *fig.* Che non conosce difficoltà. ◇ *Dolce vita:* bella vita, vita mondana. *Dolce far niente:* ozio. **7.** LING. Detto di consonante sonora o pronunciata facendo avanzare la lingua verso il palato (*consonante palatale*). **8.** ECOL. Detto di tecnologie e fonti energetiche meno inquinanti e rischiose per l'ambiente. ◆ s.m. **1.** (solo sing.) Sapore, gusto dolce. **2.** Preparazione culinaria tra i cui ingredienti principali vi sono lo zucchero o il miele. **3.** *fig.* (solo sing.) Diletto, piacere.

dolceamàro agg. **1.** Che ha un sapore misto di dolce e di amaro. **2.** *fig.* Che suscita contemporaneamente emozioni, sensazioni piacevoli e sgradite.

dolcétta s.f. Pianta erbacea dotata di fiori azzurri e di foglie a rosetta che si consumano in insalata; è detta anche valerianella. (Nome sc. *Valerianella olitoria;* famiglia delle Valerianacee.)

fiori

pianta giovane

■ **dolcétta**

dolcétto s.m. Nel sign. del dim. di *dolce;* in partic. pasticcino. ◆ inv. Vitigno piemontese da cui si ricava il vino omonimo.

dolcevita agg. inv. (dal titolo del film di F. Fellini *La dolce vita* in cui erano indossati maglioni di tale foggia) Di maglia o maglione con collo alto e ripiegato su se stesso. ◆ s.m. o s.f. inv. Nel sign. dell'agg.

dolcézza s.f. **1.** Qualità di ciò che è dolce al gusto. *La dolcezza di un frutto.* **2.** *fig.* Caratteristica di ciò che appaga i sensi o lo spirito. *Dolcezza del clima.* **3.** *fig.* Comportamento amabile, affettuoso, gentile. *Trattare qualcuno con dolcezza.* ~ Attenzione, riguardo nel fare qlco. **4.** *fig.* (al pl.) Cose che arrecano piacere, gioia. **5.** *fig.* Sentimento di intima felicità mista a tenerezza e commozione.

dolciàrio agg. [pl.m. –*ri*] Relativo ai dolci. ◆ s.m. [f. –*ria*] Dolciere.

dolciàstro agg. **1.** Che ha un sapore sgradevolmente dolce. *Liquore dolciastro.* **2.** *fig.* Mellifluo, sdolcinato.

dolcière s.m. [f. –*ra*] **1.** Operaio dell'industria dolciaria. **2.** Imprenditore di un'industria dolciaria.

dolcificànte agg. Che conferisce un sapore dolce. ◆ s.m. Nel sign. dell'agg.

dolcificàre v.tr. [4] **1.** Rendere dolce un alimento. **2.** CHIM. Eliminare o diminuire la durezza di un'acqua, riducendovi la quantità di sali di calcio e di magnesio.

dolciùmi s.m. pl. Prodotti vari di pasticceria.

dolènte agg. **1.** Che è in uno stato di sofferenza. *Schiena dolente.* SIN.: **dolorante.** **2.** *fig.* Che esprime dolore. *Sguardo dolente.* SIN.: **addolorato.** ◇ *Dolenti note:* lati sgradevoli di un discorso o di un fatto; *scherz.* fatti incresciosi, spiacevoli.

dolére v.intr. [59] (aus. *essere* o *meno freq. avere*) **1.** Far male, provocare una sofferenza fisica. **2.** Rincrescere, dispiacere a qlcu. ◆ **dolersi** v.pron. **1.** Provare sincero rincrescimento. **2.** Lamentarsi, lagnarsi.

dòlico s.m. [pl. –*chi*] (lat. *Dolichos*, deriv. di gr. *dolikhós* "lungo" per la sua forma) **1.** Pianta simile al fagiolo, coltivata nelle regioni tropicali. (Famiglia delle Papilionacee.) **2.** BOT. (iniziale maiusc.) Genere di piante a cui appartiene tale specie.

dolicocefalia s.f. Conformazione allungata del cranio (in oppos. a *brachicefalia*).

dolicocòlon s.m. inv. MED. Allungamento patologico del colon.

dolicomòrfo agg. Di forma allungata, con riferimento al cranio, ad altra parte del corpo o alla conformazione snella, slanciata del corpo di taluni animali.

dolìna s.f. (sloveno *dolina*, deriv. di *dol* "valle") GEOL. Cavità nelle rocce calcaree, formatasi per dissoluzione o sprofondamento di rocce carsiche.

dòllaro s.m. (ingl. *dollar*, ted. *däler* "tallero") Unità monetaria degli Stati Uniti d'America e di altri paesi come il Canada e l'Australia (simb. $).

dòlman s.m. inv. (turco *dolama*) Giacca di panno tipica dell'uniforme degli ussari, detta anche *doliman* o *dulimano*.

dòlmen s.m. inv. (fr. *dolmen* "tavola di pietra") Monumento megalitico preistorico composto da due o più lastre di pietra verticali che sostengono una lastra orizzontale.

■ **dòlmen** a Moustoir-Ac, nel Morbihan (Bretagna); IV millennio.

dòlo s.m. (lat. *dŏlum* "frode") DIR. Nel diritto civile, comportamento fraudolento con cui si carpisce il consenso a un negozio giuridico. ~ Nel diritto penale, volontà consapevole di commettere un reato.

dolòmia s.f. (fr. *dolomie*, dal nome del geologo francese D.G. *Dolomieu* che distinse questo minerale dalla calcite) MIN. Roccia sedimentaria organogena costituita essenzialmente da dolomite, componente primaria del gruppo montuoso alpino conosciuto come Dolomiti.

dolomite s.f. (fr. *dolomite*) MIN. Carbonato doppio di calcio e di magnesio.

dolorànte agg. Che è la sede di un dolore. *Spalla dolorante.* ~ Che sente dolore. *Essere tutto dolorante.*

dolóre s.m. **1.** Sensazione fisica di malessere in una parte del corpo. *Dolore lancinante.* SIN.: **male. 2.** Stato d'animo di profonda tristezza, di angoscia, di disperazione. *Provare dolore.* SIN.: **sofferenza. 3.** Persona, cosa che è causa di dolore. SIN.: **cruccio. 4.** RELIG. Rincrescimento e rimorso che prova il credente per aver peccato.

doloróso agg. **1.** Che causa un dolore fisico o all'animo. SIN.: **penoso. 2.** Caratterizza-

to da sofferenze, da pene, da difficoltà. *Esistenza dolorosa.* ~ Che manifesta dolore. *Sguardo doloroso.*

dolóso agg. **1.** DIR. Commesso con dolo. *Incendio doloso.* **2.** Riferito a persona, falso, ingannevole.

dòm s.m. inv. (abbr. di lat. *dŏminus* "signore") Titolo che si premette al nome dei monaci benedettini e certosini.

domàbile agg. **1.** Che può essere domato. SIN.: **addomesticabile. 2.** *fam.* Che si può controllare, sottomettere.

domànda s.f. **1.** Enunciato con cui si chiedono informazioni o si comunica ciò che si desidera. *Porre una domanda a qualcuno.* **2.** Quesito posto a qlcu. *Domanda difficile.* **3.** Richiesta, perlopiù scritta. *Domanda d'assunzione.* SIN.: **istanza. 4.** ECON. Quantità di un bene o di un servizio che i consumatori sono pronti ad acquistare a un determinato prezzo. *La legge della domanda e dell'offerta.* ◇ *Legge della domanda:* quella per cui la quantità richiesta di un bene diminuisce all'aumentare del prezzo.

domandàre v.tr. **1.** Chiedere qlco. a qlcu. per conoscere la risposta. *Domanda l'ora a un passante.* **2.** Chiedere qlco.a qlcu. per ottenerlo. *Domandare il permesso al maestro.* ◆ v.intr. (aus. *avere*) **1.** Cercare una persona, voler parlare con lei. **2.** Chiedere notizie su una persona o su qlco. ◆ **domandarsi** v.pron. Interrogarsi su qlco. *Mi domando spesso cosa farò in futuro.*

domàni avv. (lat. *de mäne*, propr. "di mattina") **1.** Nel giorno immediatamente successivo all'odierno. **2.** In un futuro più o meno definito. **3.** *estens.* Mai, spec. in usi espressivi e con valore iron. *Come no, domani!* ◆ s.m. inv. **1.** Giorno che segue quello in cui ci si trova. ◇ *Dall'oggi al domani:* in un breve lasso di tempo, improvvisamente. **2.** *estens.* (solo sing.) Un futuro più o meno immediato. *Pensare al domani.*

domàre v.tr. **1.** Ridurre all'obbedienza un animale selvaggio. SIN.: **ammaestrare.** ~ *estens.* Ammansire una persona, renderla poco docile. *Domare gli allievi più turbolenti.* **2.** *fig.* Controllare un sentimento, un'emozione. *Domare la rabbia.* SIN.: **dominare.** ◇ *Domare un incendio:* spegnerlo. – *Domare una rivolta:* stroncarla con la forza.

domatóre s.m. [f. –*trice*] (anche f.) Persona che in un circo presenta numeri con animali selvaggi ammaestrati.

domattina avv. Domani mattina.

doménica s.f. [pl. –*che*] (lat. *dominicam diem* "giorno del Signore", calco del gr. *kyriakḗ hēméra*) **1.** Settimo giorno della settimana. ◇ *Domenica in albis:* la prima dopo la Pasqua. – *Domenica delle palme:* quella che precede la Pasqua. – *fig. Della domenica:* si dice di qlcu. che svolge un'attività in modo dilettantesco. *Guidatore della domenica.* **2.** *estens.* Giorno festivo. *Per certa gente è sempre domenica.* **3.** *Domenica ecologica:* durante la quale i mezzi a motore non circolano.

1. domenicàle agg. **1.** Relativo alla domenica. *Gita domenicale.* **2.** *fig.* Che per qualche aspetto ricorda la domenica. *Atmosfera domenicale.*

2. domenicàle agg. Del Signore, di Dio. ◆ s.m. Nei primi secoli del Cristianesimo, velo con cui le donne coprivano la mano su cui il sacerdote posava l'ostia consacrata.

domenicàno agg. Dell'ordine fondato da san Domenico di Guzmán (ordine dei frati predicatori). ◆ s.m. Frate dell'ordine fondato da san Domenico di Guzmán.

ENCICL. Fondato nel 1215 per combattere l'eresia catara, l'ordine dei domenicani si orientò verso una forma di vita comunitaria e democratica interamente dedicata alla predicazione della parola di Dio. Presente in tutta Europa, l'ordine si è distinto per l'azione contro le eresie e per la sua opera teologica.

domesticità s.f. inv. Stato proprio degli animali domestici e delle piante coltivate.

1. domèstico agg. [pl.m. –*ci*, f. –*che*] **1.** Che riguarda la casa, la famiglia. *Lavori domestici.* **2.** Si dice di un animale che è stato addomesticato e che vive nell'ambiente dell'uomo (in oppos. a *selvatico*).

2. domèstico s.m. [f. –*ca*, pl.m. –*ci*, f. –*che*] Persona che è retribuita per le attività di pulizia e cura di una casa. *Domestica fissa.*

1. domiciliàre agg. Che avviene al domicilio di una persona. *Visita domiciliare.*

2. domiciliàre v.tr. [6] Assegnare un domicilio a qlcu. ◆ **domiciliarsi** v.pron. Prendere domicilio in un certo luogo.

domiciliatàrio s.m. [f. –*ria*, pl.m. –*ri*] **1.** DIR. Persona presso la quale è stato eletto il proprio domicilio legale. **2.** DIR. Persona fisica o giuridica, diversa dall'emittente e dall'accettante, presso il cui domicilio deve essere pagata una cambiale.

domiciliàto agg. Che ha il proprio domicilio in un dato luogo.

domiciliazióne s.f. DIR., COMM. Indicazione del luogo, diverso dal domicilio dell'emittente e dell'accettante, in cui una cambiale può essere pagata.

domicìlio s.m. [pl. –*li*] **1.** Luogo abituale di abitazione. **2.** DIR. CIV. La sede dei propri affari o interessi che può non coincidere con la residenza anagrafica. **3.** *fig.* Sede ideale di valori e attività dell'uomo.

dominànte agg. **1.** Che esercita su altri un potere, un'autorità pieni. *Classe dominante.* SIN.: **egemone. 2.** *estens.* Che, di più, risulta più forte. *I tratti dominanti di un carattere.* ~ GENET. Detto dell'allele di un gene che si esprime nel soggetto eterozigote impedendo l'espressione del secondo allele (detto *recessivo*). ~ Del carattere o del modo di trasmissione ereditaria corrispondente. ~ FISIOL. Si dice dell'emisfero cerebrale (sinistro per i destri, destro o sinistro per i mancini) che svolge il ruolo principale nella gestione della motilità e della lingua. ◆ s.f. **1.** Città che esercita un'autorità sovrana su un dato territorio. **2.** MUS. *Nota dominante:* il quinto grado della scala diatonica. – *Accordo dominante:* impostato sulla nota dominante. **3.** Caratteristica prevalente. *L'umorismo è la dominante della sua opera.* **4.** FOTO. Colore che predomina sugli altri. *Dominante blu.*

dominànza s.f. **1.** Prevalenza, predominio. ~ GENET. Proprietà di un carattere, di un gene dominante. ~ FISIOL. Proprietà dell'emisfero cerebrale dominante. **2.** LING. Nella struttura ad albero con cui si descrivono le relazioni sintattiche, la relazione che lega un nodo a quelli sottostanti e collegati.

dominàre v.tr. **1.** Imporre la propria legge, la propria volontà. *Dominare gli eventi.* **2.** Superare, trionfare. *Dominare un avversario.* **3.** Essere in posizione più alta, sovrastare. *Il castello domina la città.* **4.** *fig.* Controllare le proprie emozioni, le proprie reazioni. **5.** *fig.* Padroneggiare un'arte, un mestiere, una lingua straniera. ◆ v.intr. (aus. *avere*) **1.** Avere autorità e potere incontrastati. *Roma dominò a lungo nel Mediterraneo.* SIN.: **spadroneggiare.** ~ Esercitare il proprio dominio. *La nostra squadra ha dominato nel primo tempo.* **2.** *fig.* Essere presente in maniera prevalente. *Un governo in cui domina la corruzione.* **3.** Prevalere in un certo ambiente o in un certo periodo, detto in partic. di idee o correnti. *Nell'Ottocento dominava il Romanticismo.* **4.** *fig.* Manifestare la propria superiorità. *Domina su tutti per velocità.* SIN.: **eccellere. 5.** Ergersi in un luogo sovrastandolo. *La torre domina sul colle.* ◆ **dominarsi** v.pron. Contenere i propri istinti o sentimenti. SIN.: **controllarsi.**

dominatóre agg. [f. –*trice*] **1.** Che domina, che ama dominare. **2.** Predominante, prevalente. ◆ s.m. (anche f.) Signore, sovrano, padrone.

dominazióne s.f. Potere politico imposto con la forza e suo esercizio.

dominicàno agg. (spagn. *dominicano* dal nome della capitale Santo Domingo) Relativo alla Repubblica Dominicana. ◆ s.m. [f. –*na*] Nativo, abitante della Repubblica Dominicana.

dominìo s.m. **1.** Condizione di supremazia, di superiorità politica o militare. SIN.: **egemonia.** ◇ *Essere di dominio pubblico:* detto di un'informazione, di una notizia, essere nota a tutti e comunque non protetta da segreto. **2.** Territorio ridotto in potere di qlcu. SIN.: **possedimento.** ~ ST. Nel Medioevo, anche tributo pagato dai sudditi al signore feudale. **3.** Proprietà, possesso.

4. *fig.* Insieme di ciò che costituisce l'oggetto di un'arte, di una scienza, di una facoltà. *Il dominio della medicina.* SIN.: **universo. 5.** MAT. Insieme aperto e connesso in uno spazio topologico. **6.** LOG. Universo. **7.** INFORM. Su Internet, parte finale di un indirizzo, riferita all'ambito o alla località in cui opera il titolare.

dominion [/dɔ'mɪnjən/] s.m. [pl. *dominions*] (voce ingl., fr. *dominion*, lat. *domĭnium* "dominio") Ciascuno degli stati che facevano parte del Commonwealth britannico (termine abbandonato nel 1947).

1. dòmino s.m. inv. (fr. *domino*) Mantello con cappuccio che nasconde la persona ed è usato come maschera.

2. dòmino s.m. LUD. (solo sing.) Gioco costituito da 28 tessere rettangolari divise ciascuna in due sezioni bianche con puntini neri che vengono abbinate in sequenza secondo il loro valore.

dòmo s.m. (fr. *dôme* "cupola") GEOL. Formazione rocciosa a forma di cupola. ~ Cavità in cui si raccoglie il petrolio.

domòtica s.f. Insieme delle tecniche e degli studi che tendono ad applicare all'abitazione domestica tutti gli automatismi disponibili in materia di sicurezza, gestione dell'energia, comunicazione, ecc.

dòn s.m. inv. Titolo onorifico che si premette al nome degli ecclesiastici.

donacia s.f. Insetto coleottero, dalla livrea a riflessi metallici, che vive sulle piante acquatiche. (Famiglia dei Crisomelidi.)

donànte s.m. e f. DIR. Persona che fa una donazione.

donàre v.tr. Dare spontaneamente qlco. a qlcu. senza riceverne compenso. SIN.: **regalare.** ◆ v.intr. (aus. *avere*) **1.** DIR. Effettuare una donazione. **2.** Sottolineare la bellezza, imbellire. *Questo abito gli dona.* ◆ **donarsi** v.pron. Dedicarsi completamente a qlcu. o qlco.

donatàrio s.m. [f. *-ria*, pl.m. *-ri*] DIR. Destinatario di una donazione.

donatismo s.m. Movimento scismatico della Chiesa cristiana d'Africa appoggiato dal vescovo di Cartagine Donato (sec. IV d.C.), caratterizzato da un'interpretazione rigorosa delle norme morali.

donatista s.m. e f. [pl.m. *-sti*] (lat. *Donatĭstam*, dal nome del vescovo eretico di Cartagine *Donatus*) Seguace del donatismo.

donatóre s.m. [f. *-trice*] Persona che dona, elargisce. ◆ MED. *Donatore di organi*: persona viva o morta alla quale si preleva un organo, un tessuto (sangue, midollo) per innestarlo a un paziente che lo riceve. – *Donatore universale*: persona del gruppo sanguigno *O Rh negativo*, il cui sangue può essere trasfuso alle persone di tutti i gruppi del sistema *ABO*.

donazióne s.f. **1.** Atto con cui si cede gratuitamente qlco. a qlcu. **2.** DIR. Atto giuridico con il quale una persona (*donante*) trasmette irrevocabilmente e senza compenso un bene ad un'altra persona (*donatario*) che lo accetta. ~ Documento che constata questa donazione.

donchisciòtte s.m. inv. (dal nome del protagonista dell'omonimo romanzo di Cervantes) Chi si getta con passione nella difesa di nobili ideali, spesso fuori da una visione realistica delle cose.

donchisciottismo s.m. Tendenza a battersi con coraggio ed entusiasmo per idee e ideali che non vengono valutati realisticamente e criticamente.

dondolaménto s.m. Oscillazione, ondeggiamento.

dondolàre v.intr. (aus. *avere*) Oscillare, muoversi con moto pendolare. ◆ v.tr. Muovere alternativamente da un lato e dall'altro. *Dondolare le gambe.* ◆ **dondolarsi** v.pron. Muoversi oscillando. ~ *fig.* Perdere tempo, ciondolare, bighellonare.

dondolìo s.m. [pl. *-lìi*] Prolungato, continuo movimento oscillatorio.

dóndolo s.m. **1.** Movimento in avanti e all'indietro di un corpo sospeso o in equilibrio. ◇ *Sedia a dondolo*: sedia munita di un telaio arcuato oscillante. **2.** Divanetto per giardini e terrazzi sospeso a un'intelaiatura oscillante. ~ Altalena.

dong [/'dɔng/] s.m. inv. (voce vietnamita, propr. "rame") Unità monetaria principale del Vietnam.

dongiovannésco agg. [pl.m. *-schi*, f. *-sche*] Da dongiovanni, da libertino seduttore.

dongiovànni s.m. inv. (dal nome di *Juan* de Tenorio, personaggio del "Burlador de Sevilla" di Tirso di Molina) Corteggiatore assiduo e fortunato di donne. SIN.: **casanova.**

dònna s.f. **1.** Persona adulta di sesso femminile. ◇ *Donna di servizio*: domestica. **2.** Compagna di vita, persona amata, moglie. *La mia donna.* **3.** Figura delle carte da gioco; la regina negli scacchi.

donnàccia s.f. [pl. *-ce*] **1.** Nel sign. del pegg. di *donna*. **2.** Prostituta.

donnaiòlo s.m. *fam.* Chi è sempre pronto a corteggiare, a sedurre le donne.

donnétta s.f. **1.** Nel sign. del dim. di *donna*. **2.** Donna dall'aspetto misero, di bassa condizione sociale.

dònnola s.f. (lat. *dŏmnulam* "signorina" prob. per il suo aspetto elegante) Piccolo mammifero carnivoro con corpo allungato, muso appuntito, coda sottile. (Lunghezza 17 cm ca. genere *Mustela*, famiglia dei Mustelidi.)

■ **dònnola**

dóno s.m. **1.** L'atto di donare qlco. ~ In senso concreto, ciò che si dà o si riceve senza contraccambio e che può essere un bene materiale o spirituale. ◇ *Essere un dono del cielo*: essere provvidenziale. **2.** Ciò che di buono la natura dà all'uomo. *I doni della terra.* ~ *estens.* Attitudine innata, disposizione, talento. *Avere il dono della bellezza.* ◻ In funzione di agg., nella loc. *pacco dono*, quello che in particolari situazioni o ricorrenze viene dato in regalo.

dont [/dɔ/] s.m. e f. inv. (voce fr., propr. "di cui") BORS. Contratto a premio con il quale il compratore acquista la facoltà di ritirare un certo quantitativo di titoli a un prezzo predeterminato entro una data prestabilita.

1. donzèlla s.f. (provenz. *donsela*) Piccolo pesce dai colori vivaci, frequente nel Golfo di Guascogna e molto comune nel Mediterraneo. (Lunghezza 25 cm; genere *Coris*, *Thalassoma*, famiglia dei Labridi.)

2. donzèlla s.f. **1.** Giovinetta non sposata. **2.** DIR. Fanciulla nobile al seguito di una dama.

dop o **DOP** agg. inv. Sigla di *Denominazione di Origine Protetta.* ◻ In funzione di s.m. inv., nel sign. dell'agg.

dopamina s.f. BIOCHIM. Sostanza organica che ha funzioni di neurotrasmettitore nell'encefalo, precursore dell'adrenalina e della noradrenalina.

dopaminèrgico agg. Che agisce come o grazie alla dopamina.

dopànte agg. MED. Detto di sostanza nociva per la salute, utilizzata illegalmente per migliorare il rendimento psicofisico. ◆ s.m. Nel sign. dell'agg.

dopàre v.tr. (ingl. *to dope*) Somministrare a un atleta o a un cavallo da corsa sostanze proibite per aumentarne il rendimento. ◆ **doparsi** v.pron. Assumere sostanze proibite per migliorare le proprie prestazioni agonistiche.

dopàto agg. Che è sotto l'effetto del doping.

doping [/'dɔupɪŋ/] s.m. inv. (voce ingl., deriv. di *to dope* "drogare") Uso di sostanze vietate, destinate ad aumentare artificialmente le capacità psicofisiche di un atleta o di un animale per migliorarne le prestazioni in gara.

dópo avv. **1.** In seguito. *Ne riparleremo dopo.* ~ *fam.* È usato come rafforzativo di *poi*. *Per ora* non ne parlare, poi dopo vedremo. ◇ *A dopo*: a più tardi, formula di saluto in previsione di un prossimo incontro. **2.** Oltre, in posizione successiva. *Due isolati dopo c'è la scuola.* **3.** *fig.* In posizione secondaria. *In un albergo cerco la pulizia, il lusso viene dopo.* ◻ In funzione di agg. inv., seguente, successivo. *Scendo alla fermata dopo.* ◆ prep. **1.** Con valore temporale, indica posteriorità di un evento rispetto a un altro. *Dopo la cena c'è stato uno spettacolo.* ~ Si riferisce anche alla conclusione di un periodo di tempo, passato o futuro. *Ci siamo rivisti dopo molti anni.* ~ Può essere utilizzato anche preceduto da una preposizione (*a, da, per*). *Ho già altri impegni per dopo la lezione.* ~ Compare anche in locc. in cui assume una funzione che prelude a quella di prefisso (*dopo-*). *Il dopo Vietnam.* ~ Può avere anche sfumatura causale. *Dopo quello che ha detto, abbiamo dovuto allontanarlo.* ◇ *Dopo di lei, prego*: espressione con cui si cede la precedenza a qualcuno. – *locc. cong. Dopo che*: dopoché. – *Dopo di che*: dopodiché. **2.** Indica posizione successiva a un termine di riferimento in una certa direzione. *Dopo la curva la strada inizia a salire.* **3.** *fig.* Indica ordine di importanza. *Per me i problemi del traffico vengono dopo quelli della pulizia della città.* ◆ cong. Introduce frasi temporali implicite. *Dopo aver mangiato andrò a trovarlo.* ◆ s.m. (spec. sing.) Ciò che accadrà in seguito, il periodo stesso successivo a un certo momento. *Il dopo partita.*

dopobàrba agg. inv. (calco dell'ingl. *after-shave*) Di lozione o balsamo che si passa sulla pelle del viso per calmare l'irritazione causata dal rasoio. ◆ s.m. inv. Nel sign. dell'agg.

dopocéna avv. Nelle ore che seguono il pasto serale. *Ci vediamo dopocena.* ◆ s.m. inv. Nel sign. dell'avv. *Un tranquillo dopocena.*

dopodiché avv. Successivamente, in seguito. *Venne a trovarmi una volta, dopodiché non l'ho più rivisto.*

dopodomàni avv. Fra due giorni. ◆ s.m. inv. Giornata successiva a domani.

dopoelezióni s.m. inv. Periodo successivo alle elezioni in cui se ne commentano i risultati e si iniziano le trattative per formare il governo.

dopofèstival s.m. inv. SPETT. Manifestazione che si svolge al termine di un festival, nella quale si commentano le canzoni, si intervistano i cantanti, intervengono ospiti, ecc.

dopoguèrra s.m. inv. Periodo immediatamente successivo alla fine di una guerra.

dopolavóro s.m. inv. Ente che organizza attività culturali e ricreative per impiegati e operai per i periodi di tempo libero. ~ La sede in cui si svolgono tali attività.

dopopartita s.m. inv. SPORT. Momento successivo alla conclusione di un incontro sportivo, spec. calcistico, nel quale si intrecciano i commenti a caldo. *Le discussioni del dopopartita.*

doposcì agg. inv. Che si indossa in montagna quando ci si riposa, dopo aver sciato. ◆ s.m. inv. **1.** Nel sign. dell'agg. **2.** (al pl.) Tipo di calzature, perlopiù a stivaletto imbottite, che si indossano in montagna quando non si scia.

doposcuòla s.m. inv. Tempo pomeridiano organizzato dalla scuola in cui si effettuano attività assistenziale, didattiche, sportive, ricreative.

doposóle agg. inv. Di lozione o crema idratante che viene applicata sulla pelle dopo una lunga esposizione ai raggi solari. ◆ s.m. inv. Nel sign. dell'agg.

dopoteàtro agg. inv. Di locale adatto per trascorrere la serata dopo aver assistito a una rappresentazione teatrale.

dopotùtto cong. (calco del fr. *après tout*) Alla fin fine, in definitiva. *Ha voluto prendere lui ogni decisione, dopotutto è lui che paga.*

dóppia s.f. **1.** Moneta d'oro del valore di due scudi coniata nel sec. XVI. **2.** Falsa gemma costituita da due pezzi di pietra sintetica o anche da un pezzo di pietra vera e da uno di pietra falsa. **3.** ASTR. Stella doppia.

1. doppiàggio s.m. [pl. *-gi*] SPORT. Nelle gare di corsa, distacco di un giro.

2. doppiàggio s.m. [pl. *-gi*] (calco del fr. *doublage*) **1.** CINE. Tecnica consistente nel registrare il parlato in un tempo successivo a quello della ripresa, usata sia per ottenere una migliore qualità del suono che per consentire la traduzione del film in lingue diverse dall'originale. **2.** Il parlato così registrato.

1. doppiàre v.tr. [6] **1.** Detto di imbarcazioni, superare un punto di riferimento geografico. *Doppiare un faro.* **2.** SPORT. Infliggere un distacco all'avversario pari a un giro di pista.

2. doppiàre v.tr. (calco del fr. *doubler*) Effettuare il doppiaggio del parlato di un film.

1. doppiàto agg. [f. *-ta*] SPORT. Nelle gare di corsa, di concorrente distaccato di almeno un giro. ◆ s.m. Nel sign. dell'agg.

2. doppiàto agg. [f. *-ta*] CINE., TV. Sottoposto a doppiaggio. ◆ s.m. Colonna sonora del parlato di un film che sostituisce quella originale.

1. doppiatóre s.m. **1.** [f. *-trice*] Addetto a piegare e rifilare la latta che esce dal laminatoio. **2.** Macchina che esegue la stessa operazione.

2. doppiatóre s.m. [f. *-trice*] Professionista che recita in sostituzione della voce originale delle pellicole straniere.

doppiétta s.f. **1.** Fucile da caccia a due canne. ~ Doppio colpo di un fucile da caccia. **2.** AUTOM. Colpo di acceleratore dato al momento di passaggio da una marcia elevata a una inferiore, per facilitarne l'innesto. **3.** SPORT. Seguito di due vittorie. ~ In partic. nel calcio, seguito di due goal segnati dallo stesso giocatore durante una partita. **4.** FIS. → **dipolo**.

doppiézza s.f. **1.** Natura duplice. **2.** *fig.* Disparità tra ciò che si fa o si fa trasparire e ciò che si pensa o si fa di nascosto.

doppino s.m. **1.** MAR. Cavo ripiegato su se stesso a formare un occhiello. ~ Punto in cui tale ripiegatura viene fatta. ~ *estens.* Chiodo a due punte. **2.** TELECOM. Insieme di due conduttori formanti un circuito bifilare.

dóppio agg. [pl.m. *-pi*] **1.** Che equivale a due volte la quantità, la grandezza assunta come riferimento. *Caffè doppio.* ◇ *Fascicolo, numero doppio:* riferito a periodico, che unisce due fascicoli in uno presentandosi, quindi, con un numero doppio di pagine. **2.** Che è formato di due elementi identici o diversi. *Consonante doppia.* ◇ *Doppio vetro:* vetro supplementare che si pone nella struttura di una finestra a scopo di isolamento. – *Doppio mento:* adipe che si accumula sotto il mento, che sembra raddoppiarsi. – *Camera doppia:* negli alberghi, camera per due persone. – LUD. *Doppia coppia:* nel poker, punto che consiste nell'avere due coppie distinte. – GEOM. *Punto doppio:* punto di una curva nel quale esistono due tangenti eventualmente coincidenti (p.e. nella cuspide). – LING. *Consonante doppia:* sequenza di due consonanti uguali che realizza graficamente una consonante lunga o geminata. – ASTR. *Stella doppia:* sistema di due stelle che appaiono molto vicine una all'altra nel cielo. (A volte la vicinanza è soltanto apparente, dovuta a un effetto prospettico; general. è reale e le due stelle sono legate dalla reciproca attrazione; si parla allora di *sistema binario* o di *stella doppia fisica*.) – *Fiore doppio:* in cui gli stami subiscono una metamorfosi e si presentano come un petalo. – INFORM. *Doppio clic:* comando composto da due clic eseguiti su un tasto del mouse, consecutivi e ravvicinati, che, general., lanciano una specifica attività (p.e., la visualizzazione del documento, l'apertura della finestra o il lancio del programma selezionato). – *Doppio turno:* sistema elettorale a due turni, nel secondo dei quali si vota per uno dei due candidati più votati nel primo. – *Doppio turno di coalizione:* scontro elettorale che prevede un primo turno in cui i cittadini scelgono fra i candidati delle diverse forze politiche, e un secondo turno in cui gli elettori scelgono fra le coalizioni più votate nel turno precedente. – *Doppio turno di collegio:* a differenza di quanto previsto per il doppio turno di coalizione, qui lo scontro della seconda tornata rimane all'interno dei singoli collegi, senza allargarsi sul piano nazionale. – STAM. *Doppia tinta:* procedimento di stampa grazie al quale con una sola tiratura si crea l'effetto di due distinti colori. – ALP. *Corda doppia:* manovra di discesa che consiste nello scivolare lungo una corda addoppiata e legata in alto. – CHIM. *Doppio legame:* legame tra due atomi garantito da due coppie di elettroni, rappresentato dal simbolo = – *fig. Essere legati a filo doppio:* di persone così unite da condividere tutto, diventando anche complici. **3.** Che ha due aspetti di cui uno solo è manifesto o rivelato. ◇ *Avere una doppia vita:* una, pubblica, ineccepibile e una privata, segreta, assai poco edificante. – *Doppia morale:* rigorosa quando si tratta degli altri e permissiva quando si tratta di sé. ❑ In funzione di avv., in modo sdoppiato. ◇ *Vedere (vederci) doppio:* percepire un'immagine come sdoppiata (*diplopia*); *fig.* essere ubriaco, o, anche, non valutare bene le cose. ◆ s.m. **1.** Quantità uguale a due volte un'altra. *Pagare il doppio.* **2.** SPORT. Incontro di tennis o di tennis da tavolo disputato tra due coppie di giocatori. ~ Nel canottaggio, due di coppia. **3.** Scampanio di campane. ◇ *Suonare a doppio le campane:* con due o più campane; *fig.* picchiare con forza qlcu. **4.** TEAT. Sostituto di attore o attrice in caso di necessità. **5.** LUD. Nel gioco degli scacchi, posizione di un pezzo quando minaccia due pezzi avversari.

doppiofàllo s.m. [pl. *doppifalli*] SPORT. Nel basket e nella pallavolo, il duplice fallo di due avversari che si affrontano direttamente. ~ Nel tennis, due servizi consecutivi sbagliati.

doppiofóndo s.m. [pl. *doppifondi*] **1.** In un contenitore, piano di base sovrapposto a un altro in modo da creare uno spazio non visibile. **2.** MAR. Nelle navi, duplice fasciame che crea un'intercapedine.

doppiogiòco s.m. [pl. *doppigiochi*] Comportamento ambiguo di chi, in una contesa, prende accordi con una parte all'insaputa dell'altra e viceversa. ~ General., atteggiamento equivoco a scopo di trovarsi sempre dalla parte del vincitore.

doppióne s.m. **1.** Copia identica e quindi superflua di un elemento di una raccolta, di una serie. ~ STAM. Errore tipografico che consiste nella ripetizione di una parola. **2.** In bachicoltura, bozzolo contenente due o più crisalidi. **3.** In tessitura, irregolarità nel punto in cui il filo si raddoppia. **4.** TEAT. Doppia parte assegnata a un attore. **5.** LING. Allotropo. ~ Meno frequentemente, variante fonetica senza variazioni semantiche. **6.** Antica moneta d'oro del valore di due doppie. ~ Doppio ducato.

doppiopètto agg. inv. Di giacca con i due baveri sovrapposti e chiusi da una doppia fila di bottoni (in oppos. a *giacca diritta*). ◆ s.m. inv. Nel sign. dell'agg.

doppiosènso s.m. [pl. *doppisensi, doppiosensi*] Parola o frase che può essere interpretata in due modi diversi, uno dei quali spesso malizioso.

doppler [/'dɔplə/] agg. inv. (voce ingl., dal nome dello scienziato inglese C.J. *Doppler*) FIS. Di strumento o apparecchio che basa il proprio funzionamento sull'*effetto doppler*, fenomeno fisico secondo cui la frequenza dei segnali emessi da un corpo varia al variare della posizione del corpo stesso rispetto al ricevente. (Si utilizza l'effetto doppler in astronomia, per misurare la velocità delle stelle e delle galassie.) ◇ MED. *Esame doppler (o doppler):* esame clinico a ultrasuoni basato sul principio fisico dell'effetto doppler, che permette in partic. di individuare anomalie nella funzionalità dei grandi vasi sanguigni.

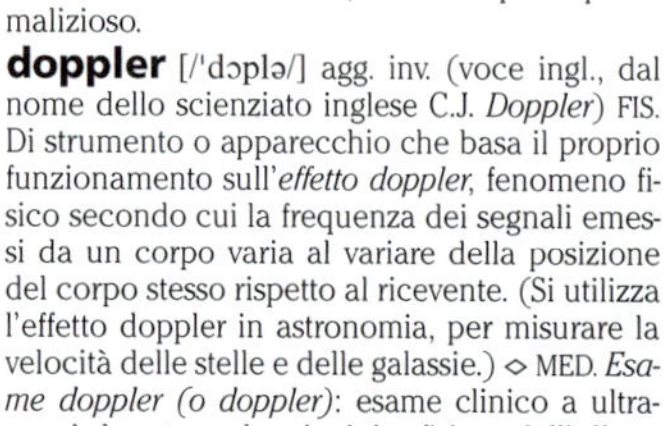

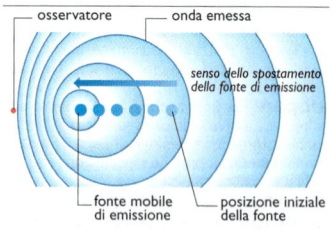

L'osservatore percepisce le onde sonore o elettromagnetiche emesse dalla fonte a una frequenza superiore rispetto alla frequenza di emissione se la fonte si avvicina, inferiore se si allontana.

■ effetto **doppler**

doràre v.tr. **1.** TECN. Ricoprire qlco. con un sottile strato d'oro. *Dorare un vaso.* **2.** CUC. Friggere o cuocere dei cibi fino a che prendano un colore giallo-oro. *Dorare il pollo al punto giusto.* ◆ **dorarsi** v.pron. Prendere un colore dorato.

doràto agg. **1.** Ricoperto di un sottile strato d'oro. **2.** Del colore dell'oro. SIN.: **giallo intenso**. ~ Con riferimento a capelli, biondo. ~ Di un colore, di una luminosità che ricorda l'oro. *Luce dorata.* **3.** CUC. Che, durante la cottura, assume una colorazione bionda.

doratóre s.m. [f. *-trice*] Specialista che pratica l'arte di dorare oggetti.

doratùra s.f. **1.** Rivestimento di qlco. con un sottile strato d'oro o similoro. (I metodi oggi più utilizzati sono l'elettrolisi, la doratura a foglietto, l'applicazione di un rivestimento ricco di polvere d'oro.) **2.** Ornamento dorato.

1. dòrico agg. [pl.m. *-ci*, f. *-che*] Dei Dori. ◇ *Dialetto dorico:* uno dei principali dialetti greci parlato ant. in parte del Peloponneso, a Megara e nelle colonie doriche. – *Ordine dorico:* il più antico degli ordini dell'architettura della Grecia antica (apparso nel V sec. a.C.) caratterizzato da una colonna rastremata con scanalature a spigoli vivi, senza base, con un capitello formato da un echino a bacile e una trabeazione che alterna triglifi e metope. ◆ s.m. **1.** Dialetto dorico. **2.** Stile dorico.

2. dòrico agg. [pl.m. *-ci*, f. *-che*] (così chiamato per la tradizione che vuole Ancona fondata dai *Dori*) **1.** Nativo, abitante di Ancona. SIN.: **anconitano**. **2.** Che riguarda la città di Ancona. **3.** Che gioca o tifa per la squadra di calcio dell'Ancona. ◆ s.m. [f. *-ca*] Nelle accez. 1 e 2 dell'agg.

doride s.f. Mollusco gasteropode marino, senza conchiglia, la cui parte posteriore è circondata di branchie. (Sottoclasse degli Opistobranchi.)

dorìfora s.f. (lat. *Doryphora*, deriv. di gr. *doryphóros* "portatore di lancia" per le righe delle elitre simili ad aste) Insetto coleottero originario dall'America settentrionale e molto diffuso in Europa, con ciascuna elitra ornata da dieci linee nere. (La dorifora e la sua larva si nutrono delle foglie delle patate e sono combattute con gli insetticidi. Lunghezza 1 cm; genere *Leptinotarsa*, famiglia dei Crisomelidi.)

dormeuse [/dɔr'møz/] s.f. inv. (voce fr.) Poltrona a sdraio o divano con un bracciolo trasformato in spalliera su cui si può stare sdraiati.

dormicchiàre v.intr. [6] (aus. *avere*) Dormire di un sonno leggero svegliandosi di tanto in tanto. SIN.: **sonnecchiare**.

dormiènte o **dormènte** agg. **1.** Che dorme. **2.** MAR. *Manovre dormienti:* insieme delle funi le cui estremità sono fisse e che servono a sostenere i pali (in oppos. a *manovre correnti*). ◆ s.m. **1.** (anche f.) Chi dorme. **2.** COSTR. Trave con funzione di collegamento e di sostegno, inserita orizzontalmente in una struttura. ~ Trave che è posta come ponticello su un fosso o un corso d'acqua. **3.** MAR. Cavo che nell'attrezzatura di una nave rimane sempre fisso.

dormiglióne s.m. [f. *-na*] **1.** *fam.* Chi ama dormire. *Un gran dormiglione.* **2.** *fam.* Persona che di solito si alza tardi al mattino. **3.** *fig.* Pigro, poltrone.

dormìre v.intr. [73] (aus. *avere*) **1.** Riposarsi grazie al sonno. *Ho bisogno di dormire.* ~ Essere immerso nel sonno. *Dormire bene.* ~ *fig.* Essere inattivi, lenti, poltrire. *Sbrigati, per favore, non dormire!* ◇ *Andare a dormire:* andare a letto. – *Trovare da dormire:* trovare un posto letto in un albergo, in un rifugio, in un'abitazione privata. – *figg. Dormire in piedi, a occhi aperti:* essere stanchissimi, quasi in uno stato di semincoscienza, o essere lenti, tardi di comprendonio. – *Far dormire qlcu.:* annoiarlo. – *Dormire con un occhio solo:* stare all'erta anche durante il sonno. – *Dormirci sopra:* rinviare una decisione e rifletterci ancora un po' – *Dormire tra due guanciali:* essere o credersi al sicuro da preoccupazioni o rischi. – *Dormire sopra un vulcano:* trovarsi in una situazione apparentemente tranquilla, ma che in realtà può diventare pericolosa da un momento all'altro. **2.** *fig.* Essere immobile, silenzioso. *Il palazzo dorme.* **3.** Giacere nella sepoltura. *Qui dormono i caduti della prima guerra mondiale.* **4.** *fig.* Essere dimenticato in qualche luogo. *Le chiavi dormivano in un cassetto.* ◆ v.tr. Fare un sonno in un certo modo. *Dormire un sonno agitato.* ◇ *Dormire il sonno del giusto:* tranquillamente, come chi ha fatto il proprio dovere. – *Dormire il sonno dei giusti:* giacere in pace dopo la morte.

dormitòrio s.m. [pl. *–ri*] **1.** Camerata con molti letti propria delle comunità. ◇ *Dormitorio pubblico:* ricovero cittadino notturno per chi non ha casa. **2.** *fig.* Luogo noioso, che annoia. ❑ In funzione di agg. inv., *quartiere dormitorio*, quartiere cittadino periferico, denso di grandi edifici abitativi, ma privo di insediamenti produttivi e commerciali, di servizi, di spazi verdi, ecc. cosicché gli abitanti devono allontanarsi da esso sia per lavorare sia per sbrigare qualsiasi altra faccenda, facendovi ritorno solo alla sera.

dormivéglia s.m. inv. Stato intermedio tra la veglia e il sonno.

dorsàle agg. **1.** Relativo al dorso. ~ Posto in corrispondenza del dorso. ~ BOT. Faccia, pagina, parte dorsale di un organo, opposta a quella rivolta verso l'organo di sostegno. ◇ *Nuoto dorsale:* effettuato sul dorso, detto più frequentemente *dorso*. – *Salto dorsale:* in atletica, effettuato superando l'asticella con la schiena secondo lo stile Fosbury (in oppos. a *salto ventrale*). **2.** LING. Detto di suono articolato con il dorso della lingua. ◆ s.m. **1.** Alzata del letto. SIN.: **spalliera**. ~ Schienale di poltrona. **2.** AER. Parte superiore della fusoliera. ◆ s.f. GEOGR. Formazione orografica ad ampio sviluppo idealmente paragonabile alla spina dorsale del corpo umano o a un suo tratto. SIN.: **cordigliera**.

dorsalgìa s.f. MED. Dolore localizzato nel dorso.

dòrso s.m. **1.** Parte posteriore del corpo umano, dalla nuca al coccige. SIN.: **schiena**. ◇ *figg. Piegare il dorso:* sottomettersi, prostrarsi, umiliarsi. – *Mostrare, volgere il dorso:* fuggire. – *Spianare il dorso a qlcu.:* bastonarlo. **2.** Negli animali, parte superiore del corpo tra la base del collo e la coda. SIN.: **groppa**. **3.** SPORT. Modalità di nuoto in cui il corpo si dispone supino sull'acqua e le braccia vengono ruotate all'indietro. **4.** *estens.* Parte, superficie di un corpo superiore o posteriore. *Dorso della mano.* ◇ *Dorso del libro:* lato lungo il quale sono cucite le pagine, avente funzione di sostegno. – *Dorso del coltello:* lato opposto al filo della lama. – GEOGR. *Dorso di un monte:* fascia corrispondente alla linea dello spartiacque quando si presenta piuttosto ampia e non spigolosa. – BOT. *Dorso di un organo:* faccia opposta a quella rivolta verso l'asse di sostegno (nelle foglie è la faccia inferiore, nei fiori quella esterna). – *Dorso dell'ala:* superficie superiore curva.

dorsoventràle agg. **1.** ANAT. *Asse dorsoventrale:* negli animali a simmetria bilaterale, che si estende tra dorso e ventre. **2.** BOT. Detto di foglia o di sua parte quando ha la faccia inferiore (*dorsale*) diversa per aspetto e struttura da quella superiore (*ventrale*).

DOS s.m. inv. INFORM. Sigla di *Disk Operating System*, sistema operativo su disco.

dosàggio s.m. [pl. *–gi*] (fr. *dosage*) **1.** Determinazione quantitativa di una sostanza considerata in sé o in rapporto con altre. SIN.: **dose**. **2.** MAR. Regolazione del peso di un sommergibile.

dosàre v.tr. (fr. *doser*) **1.** Calcolare l'esatta quantità dei vari componenti per formare un particolare composto. SIN.: **misurare**. **2.** *fig.* Usare con parsimonia, con attenzione, soppesare qlco.

dosatóre s.m. **1.** [f. *–trice*] Chi dosa. **2.** Recipiente graduato che consente il giusto dosaggio di sostanze varie. **3.** Apparecchio di uso industriale o scientifico che dosa le diverse sostanze secondo la necessità.

dòse s.f. (fr. *dose*, gr. *dósis* propr. "il dare") **1.** Quantità determinata di sostanza che consente di ottenere un prodotto o un effetto particolare. ~ *estens.* Genericamente, quantità. ~ In partic. nel l. med., quantità di una sostanza che consente di ottenere l'effetto terapeutico voluto. ◇ *Dose quotidiana:* quella di un farmaco che viene somministrata nell'arco delle 24 ore; razione giornaliera di qlco., spec. iron. o scherz. ~ *fam. per esager.* Molto, tanto. *Ha una dose di raffreddore.* ◇ *Dose minima, media, massima:* rispettivamente la minore quantità capace di produrre un effetto terapeutico, quella che dovrebbe produrre appieno il suo effetto, quella oltre la quale si manifestano effetti tossici. – *Dose tossica, mortale o letale:* rispettivamente quella che dà i primi sintomi di intossicazione e quella che produce la morte. – *Buona dose:* quantità abbastanza rilevante, anche in senso fig. *Bere una buona dose di liquore.* **2.** MED. Quantità di radiazioni emesse da una sorgente o assorbite da un tessuto.

dosimetrìa s.f. MED. Determinazione della quantità di radiazioni emesse da una sorgente o assorbite da un tessuto.

dossier [/dɔ'sje/] s.m. inv. (voce fr., deriv. di *dos* "dorso" perché l'intitolazione è scritta sul dorso del fascicolo) **1.** Raccolta di documenti che riguardano un fatto, un personaggio. **2.** BANC. *Dossier di titoli:* titoli depositati in custodia presso un intermediario finanziario.

dossière s.m. **1.** Spalliera imbottita a capo del letto. **2.** Nella bardatura dei cavalli da tiro, parte a contatto col dorso.

dòsso s.m. **1.** *ant.* Dorso, schiena, rimasto in uso in locc. proprie e fig. (p.e. *levarsi di dosso una camicia bagnata, scrollarsi di dosso le proprie responsabilità*). **2.** GEOGR. Altura di modeste dimensioni che si innalza su un terreno di diversa natura. **3.** Su una strada, breve tratto in salita che impedisce la visuale a distanza dei veicoli che transitano in senso contrario. **4.** Il punto più alto di qlco. SIN.: **sommità**.

1. dossologìa o **dossalogìa** s.f. → **demodossologia**.

2. dossologìa s.f. Formula della liturgia cristiana con cui si glorifica la Trinità. ~ Insieme di inni che glorificano la Trinità.

dotàle agg. Relativo alla dote.

dotàre v.tr. **1.** Fornire una dote per le nozze. ~ *estens.* Fare una dotazione, assegnare beni a una comunità, a un ente assistenziale, ecc. **2.** Fornire qlcu. di doti fisiche o intellettuali. *Madre natura ti ha dotato di una memoria straordinaria.* ~ Fornire qlco. di beni o servizi. SIN.: **corredare**.

dotàto agg. **1.** Che ha avuto in dono dalla natura attitudini e qualità intellettuali. SIN.: **provvisto**. **2.** Che ha particolari proprietà. **3.** Fornito dell'attrezzatura necessaria al proprio funzionamento. **4.** Provvisto di dote.

dotazióne s.f. Attrezzatura di cui si deve essere forniti per svolgere le proprie mansioni o soddisfare i propri scopi. SIN.: **equipaggiamento**. ~ Anche, l'insieme degli accessori, degli optional. ~ Complesso di beni e rendite assegnati a un istituto, a una comunità, a una persona. SIN.: **assegnazione**. ~ Anche, rendita, pensione personale. ◇ *Dotazione del capo dello stato:* quanto gli viene assegnato per adempiere alle necessità del suo incarico. – *Fondo di dotazione:* insieme di beni che costituiscono il patrimonio iniziale di una fondazione, di un istituto bancario; più in generale, il conferimento a titolo di capitale da parte dello stato a imprese o istituzioni pubbliche.

dòte s.f. **1.** *fig.* Attitudine apprezzabile che può considerarsi come un dono della natura. SIN.: **qualità**. ~ Merito, pregio. *Avere la dote della franchezza.* **2.** Patrimonio che la moglie porta al marito a titolo di contributo per le spese familiari (l'istituto giuridico corrispondente è da tempo abrogato). ~ *fig.* Anche, complesso di beni che viene trasferito al convento da chi si fa suora. ◇ *fig. Cacciatore di dote:* chi cerca una moglie ricca. **3.** Contributo finanziario dato a un istituto dallo stato o da un ente. ~ Complesso di beni e di rendite donati da privati a chiese, opere pie, ecc.

1. dòtto agg. [f. *–ta*] (lat. *dŏctum*, deriv. di *docēre* "insegnare") **1.** Riferito a persona che ha studiato a lungo acquisendo ampie e approfondite conoscenze. *Uno scienziato dotto.* ~ Utilizzato con *in* indica la disciplina in cui si è acquisita la maggiore competenza. *Dotto in glottologia.* **2.** Riferito a cosa, che è frutto di profonda conoscenza. *Dotta dissertazione.* ~ Che ha per fine il conseguimento del sapere. *Dotti studi.* **3.** Che è proprio delle persone colte, che si sviluppa nell'ambito della cultura (in oppos. a *popolare*). *Letteratura dotta.* ◇ *Lingue dotte:* il cui uso è circoscritto a una casta sociale o la cui conoscenza è prerogativa degli studiosi e delle persone di buona cultura (p.e., il greco antico e il latino). – *Parole dotte:* quelle derivate direttamente dal greco o dal latino senza subire i mutamenti propri della lingua parlata. ◆ s.m. Chi è colto.

2. dótto s.m. [f. *–ta*] (lat. *dūctum* "conduttura") ANAT. Canale, condotto a pareti proprie che consente il passaggio di un liquido organico. ◇ *Dotto toracico:* il maggiore canale di raccolta della linfa. – *Dotto di Wirsung:* canale escretore del pancreas che sfocia nel duodeno.

dottoràle agg. **1.** Del dottore o da dottore. *Toga dottorale.* **2.** *iron.* Ridicolmente grave, sussiegoso.

dottoràndo s.m. [f. *–da*] Studente che dopo la laurea segue un corso di dottorato di ricerca.

dottoràto s.m. Grado, titolo di dottore conseguito con la laurea. ◇ *Dottorato di ricerca:* titolo accademico che si consegue al termine di studi postuniversitari volti esclusivamente alla ricerca scientifica.

dottóre s.m. (lat. *doctōrem*, deriv. di *docēre* "insegnare") **1.** Grado e titolo di chi ha conseguito una laurea. ~ *comun.* assol. Medico. ◇ *Dottore di ricerca:* titolo conseguito da chi frequenta un corso accademico dopo la laurea e discute una tesi di dottorato. **2.** Maschera del pedante, del saccente, perlopiù avvocato o medico, propria della commedia dell'arte. **3.** *ant.* Persona di grande sapere in grado di interpretare testi e di insegnare. ◇ *Dottori della legge:* nell'antica terra d'Israele coloro che interpretavano e insegnavano la legge giudaica. – *Dottori della Chiesa:* scrittori di dottrina profonda, di vita santa e non eretici. – *Parlare come un dottore:* con tono saccente. – *Darsi arie da dottore, fare il dottore:* fare il saccente.

dottrìna s.f. (lat. *doctrīnam* "educazione") **1.** Complesso di conoscenze acquisite con uno studio sistematico. SIN.: **cultura**. **2.** Sintesi del pensiero teologico e morale della Chiesa per istruzione del clero e dei fedeli. SIN.: **catechismo**. **3.** DIR. Studio, sistemazione, interpretazione del diritto a opera dei giuristi. **4.** Programma politico, spec. di politica estera, formulato e proclamato da un capo di stato o di governo. *La dottrina dell'"America agli americani".*

dottrinàle agg. **1.** Che concerne una dottrina e la sua interpretazione. **2.** Che mira a insegnare, a istruire. SIN.: **didascalico**. **3.** *iron.* o *spreg.* Saccente, pedantesco.

dottrinàrio agg. [pl.m. *–ri*] Che aderisce con rigore e intransigenza a una dottrina, a un'opinione. SIN.: **dogmatico**. ~ Che denota tale carattere. ◆ s.m. [f. *–ria*] Nel sign. dell'agg.

double-face [/'dubləˈfas/] agg. (voce fr., propr. "doppia faccia") Di tessuto il cui rovescio è lavorato come un altro diritto, ma di colore o disegno diverso. ~ Di capo d'abbigliamento confezionato con tale tessuto e, quindi, rovesciabile. ◆ s.m. Nel sign. dell'agg.

dóve avv. **1.** In quale luogo. *Dove sei nato?* ~ Come risposta *ma dove?*, vale enfaticamente "no". *"È inutile che tu neghi, lo sai che ci sei stato". "Ma dove?".* ~ In nessun luogo. *Dove potrei trovare un'altra donna come lei?* **2.** In usi correlativi, qui... lì, in alcune parti... in altre. *Dove più, dove meno, il territorio è tutto coltivato.* ◆ cong. Nel luogo in cui. *Aspettami dove ci siamo visti ieri.* ~ Nel luogo che. *Sono andato a vivere dove piaceva a lei.* ~ Il luogo in cui. *Qui è dove lavoro.* ◆ s.m. inv. Il luogo, il posto in cui si verifica un'azione, un fatto. *Fammi sapere il dove e il quando.* ◇ *In, per ogni dove:* dappertutto.

1. dovére v.modale [67] (aus. *di norma quello richiesto dal v. che segue; con v.intr. che richiede essere si può tuttavia usare anche avere*) **1.** Essere obbligati, tenuti a fare qlco. per imposizione di una norma o di circostanze inderogabili o della propria coscienza. *Devo fare la denuncia dei redditi.* ◇ *Come si deve:* correttamente. *Comportati come si deve.* **2.** Avere un comportamento o essere in una condizione immodificabili. *Perché devi sempre darmi contro?* **3.** Avere bisogno di fare qlco. *Deve assolutamente parlarti.* ~ Essere necessario, utile. *Dovrei cambiare lavoro.* **4.** Essere probabile. *Deve essergli capitato un imprevisto.*

◆ v.tr. Essere debitore di qlco. a qlcu., anche in senso fig. *Quanto le devo?* ~ *estens.* Ricevere, possedere qlco. grazie ad altri o ad altro. *L'Europa deve il suo nome a una mitica donna.*

2. dovére s.m. **1.** Legge morale, non necessariamente scritta ma comunque riconosciuta dalla coscienza che impone di osservare gli impegni che ognuno contrae con gli altri. SIN.: **impegno.** ◇ *Sentirsi in dovere verso qlcu.*: avere la consapevolezza di avere un debito morale. – *Sentirsi in dovere di:* sentire l'obbligo morale di fare una data cosa. *Mi sento in dovere di dirgli la verità.* – *Richiamo al dovere:* ai propri compiti. – *Chi di dovere:* persona che ha l'autorità per compiere determinati atti. – *Più del dovere (o del dovuto):* più del necessario. – *A dovere:* bene, in modo corretto e opportuno. **2.** DIR. Obbligo derivante dall'esercizio di un diritto soggettivo altrui, o dell'osservanza dell'ordinamento statale. ◇ *Doveri d'ufficio:* quelli connessi all'incarico che si ricopre.

doveróso agg. **1.** Che costituisce un dovere, un obbligo morale. **2.** Suggerito dal rispetto che si deve agli altri.

dovizia s.f. (spec. pl.) Abbondanza, ricchezza di qlco.

dovùto agg. **1.** Che ha natura di obbligo. **2.** Che si esige in nome della legge morale, della responsabilità sociale. SIN.: **doveroso. 3.** Rispondente, conforme alle circostanze. SIN.: **opportuno. 4.** Causato da, riconducibile a. ◆ s.m. (spec. sing.) Ciò che si deve, ciò che spetta. ◇ *Pagare più del necessario:* più del necessario.

1. down [/daʊn/] agg. inv. (voce ingl., dal nome del medico inglese J.L.H. *Down* che per primo studiò la malattia) MED. Affetto dalla sindrome di Down, una malattia congenita dovuta ad anomalia cromosomica. (Le caratteristiche principali della sindrome sono la faccia rotonda e appiattita, gli occhi senza plica palpebrale, mani e piedi corti, deficienza più o meno grave dello sviluppo psichico.) ◆ s.m. e f. inv. Nel sign. dell'agg.

2. down [/daʊn/] avv. (voce ingl., propr. "sotto") Nel gioco del bridge, indica la condizione del giocatore che ha fatto una o più prese in meno rispetto al contratto dichiarato.

3. down [/daʊn/] s.m. inv. (voce ingl., propr. "sotto") FIS. Uno dei sei quark conosciuti.

download [/daʊn,lɔʊd/] s.m. inv. (voce ingl.) INFORM. L'operazione di copiare dati da un computer remoto all'unità prefissata.

dozzìna s.f. (fr. *douzaine*) Insieme di dodici elementi della stessa natura. *Una dozzina di uova.* ~ Anche con valore approssimativo. *Ripetere qualcosa una dozzina di volte.* ◇ *A dozzina:* in gran numero e quantità. – *Di, da dozzina:* di nessun pregio, da poco, dozzinale. *Biancheria di dozzina.*

dozzinàle agg. Di qualità mediocre. SIN.: **scadente.** ~ Senza grande valore. ~ *estens.* Con riferimento a persona, grossolano, che lavora malamente producendo cose di nessun pregio.

Dràba s.f. BOT. Genere di piante erbacee delle regioni fredde e temperate, con fiori bianchi o gialli. (Famiglia delle Crocifere.)

1.dracèna s.f. (lat. *dracaènam*, gr. *drákaina* "femmina del drago") **1.** Pianta arborea perenne coltivata a scopo ornamentale; da alcune specie come la Dracena drago (o albero del drago) ori-

■ dracèna

ginaria delle Canarie, si ricava una resina detta *sangue di drago*, utilizzata come vernice. (Altezza 20 m; genere *Dracaena*, famiglia delle Liliacee.) **2.** BOT. (iniziale maiusc.) Genere di piante a cui appartengono le varie specie di dracena.

2.dracèna s.f. **1.** Grande rettile che vive in prossimità dei corsi d'acqua, nutrendosi di gasteropodi. (Ordine degli Squamati.) **2.** ZOOL. (iniziale maiusc.) Genere di animali a cui appartengono diverse specie di dracena.

dràcma o **dràmma** s.f. (lat. *dràchmam*, gr. *drakhmḗ* deriv. di *dràssesthai* "prendere una manata" perché orig. una dracma equivaleva a 6 *obelòi* "aste metalliche", che potevano essere afferrate con una sola mano) Moneta d'argento della Grecia antica del valore di sei oboli. ~ Unità monetaria principale della Grecia moderna. (Dal primo gennaio 2001 la dracma è stata sostituita dalla moneta unica europea.)

draconiàno agg. **1.** Di Dracone, antico legislatore ateniese che aveva previsto la pena di morte per ogni delitto. **2.** *estens.* Di un rigore eccessivo. *Misura draconiana.*

dràga s.f. [pl. *-ghe*] (fr. *drague*, ingl. *to drag* "trascinare") **1.** Macchina utilizzata per scavare sott'acqua a moderata profondità. **2.** MAR. Tipo di ancora galleggiante usata per evitare che un'imbarcazione si metta di traverso quando il mare è agitato. **3.** Rete a strascico per la pesca vicino alla costa. ~ Apparecchio per il dragaggio delle mine.

dragàggio s.m. [pl. *-gi*] **1.** Scavo compiuto con una draga. **2.** MAR. Ricerca e distruzione (o recupero) di mine subacquee.

dragamine agg. inv. (calco del fr. *drague-mines*) Di nave militare costruita e attrezzata per il dragaggio delle mine. ◆ s.m. inv. Nel sign. dell'agg. ENCICL. I *dragamine*, in presenza di sole mine con acciarino a urto, grazie al loro limitato pescaggio procedono alla ricerca in zone minate navigando di conserva con gli apparati di dragaggio in opera. Questa tecnica, simile a quella della pesca a strascico, fu adottata durante la prima guerra mondiale con un largo ausilio, specie in Gran Bretagna, di pescherecci requisiti e dotati di draga per mine. Con la successiva presenza di mine a influenza magnetica si provvide a smagnetizzare gli scafi metallici, a sostituirli con scafi di legno e, oggi, con scafi in vetroresina. Per evitare di influenzare le mine acustiche, queste navi sono dotate di eliche supplementari intubate. Per la ricerca delle mine si ricorre anche al valido aiuto rappresentato dal sonar. I dragamine sono classificati, in base alle zone d'impiego, in *oceanici* (USA), *d'altura*, *costieri* e *litoranei*; in base a tale classificazione il dislocamento si aggira sulle: 700-800 t per quelli d'altura; 300-400 t per quelli costieri; 100-200 t per quelli litoranei. Un tipo d'altura di recente costruzione ha scafo classico lungo 50 m e dislocamento di 617 t; i cantieri navali di frequente oggi realizzano gli scafi in composito di vetroresina; altre volte ricorrono a scafi a catamarano o a navi a cuscino d'aria trattenuto da paratie rigide.

drag-and-drop [/drægən'drɒp/] s.m. inv. (voce ingl., propr. "trascina e lascia cadere") INFORM. Trascinamento di elementi sullo schermo tramite mouse, fino a rilasciarli in una nuova posizione oppure sopra altro elemento in grado di applicare loro un'operazione predefinita.

dragàre v.tr. [4] **1.** Scavare il fondo marino o un terreno servendosi della draga. **2.** Liberare uno specchio d'acqua dalle mine. SIN.: **bonificare. 3.** *gerg.* Abbordare qlcu., fare una conquista.

dràglia o **tràglia** s.f. [pl. *-glie*] (fr. *draille*, lat. *trāgula* deriv. di *trāhere* "tirare") MAR. Cavo d'acciaio teso orizzontalmente tra aste verticali con funzione di sostegno o di protezione.

dragline [/dræg,laɪn/] s.f. (voce ingl.) IND. ESTR., LAV. PUB. Attrezzatura da scavo che raschia il terreno per mezzo di una benna trascinata da un cavo.

dràgo s.m. [pl. *-ghi*] (lat. *drāco*, gr. *drákōn* deriv. di *dérkesthai* "guardare" perché si riteneva avesse uno sguardo paralizzante) **1.** Animale favoloso, general. raffigurato con artigli di leone, grandi ali e coda di serpente, che rappresenta il male o ciò che si frappone tra l'uomo e la sua felicità. ◇ *fig. Essere un drago:* nel l. giovanile,

una persona imbattibile, eccezionale. **2.** Rettile asiatico, arboricolo, non velenoso. (Famiglia degli Agamidi.) **3.** Razza di pesci rossi. (Genere *Carassio.*)

ENCICL. Sono stati denominati *draghi* alcuni esseri favolosi, creati dalla fantasia umana e raffigurati in molti modi diversi. Nella letteratura cinese, il libro *Yi ching* accorda un gran posto ai draghi; nell'arte cinese il drago è tuttora uno degli elementi più comuni; figurava un tempo negli stemmi della Cina, ed era rappresentato circondato da trigrammi negli stemmi della Corea; il suo aspetto è quello di un coccodrillo con ali d'aquila, artigli di leone e coda di serpente. Nella Bibbia, il serpente tentatore del paradiso terrestre, il *seraf* del deserto e i *serafim* dei quali parlano molto i profeti sono da qualche studioso considerati come draghi: ma tale interpretazione è assai poco probabile; molto interesse ha invece suscitato e suscita tuttora la descrizione fatta, nell'Apocalisse di Giovanni, dalla donna minacciata dal drago. Nella mitologia ittita era narrato come il dio della tempesta, *Teshup*, con l'aiuto della dea *Inara*, avesse ucciso un terribile drago, *Illuyanka*. Nella mitologia greca si parla spesso di draghi; essi però non corrispondono a un tipo unico e hanno molti nomi: il giardino delle Esperidi era custodito da uno drago dalla cento teste, con gli occhi sempre aperti, ucciso poi da Ercole; Cadmo e Giasone seminarono denti di drago e da essi nacquero uomini. Custodi di tesori favolosi, i draghi costituivano spesso, secondo le varie leggende, un costoso aggravio per tutto il paese: si doveva infatti pagare loro un annuale tributo di giovanetti e di fanciulle che essi poi divoravano; la lotta contro questi draghi assunse così il carattere di impresa liberatrice più che di conquista di ricchezze. Nella leggenda germanica dei Nibelunghi, Sigfrido uccide il *Lindwurm* che custodisce gelosamente l'oro del Reno. I draghi compaiono anche in alcune leggende cristiane: così San Giorgio salvò la figlia del re di Libia proprio quando, designata dalla sorte, stava per essere divorata da un mostruoso drago. Santa Maria asperse di acqua benedetta il drago che abitava nel bosco di Arles e Avignone: il mostro divenne mansueto come un agnello, si lasciò legare e attese fino a quando il popolo venne a ucciderlo a colpi di lance e pietre; questo drago, detto *tarasca*, è rappresentato nelle annuali processioni di Tarascona; un drago dello stesso genere, detto *granouille*, è condotto in processione a Metz nella festa delle Rogazioni. Nell'iconografia cristiana, il drago è diventato quindi simbolo del male.

dragomànno s.m. (ar. *targumān* "interprete") ST. Interprete di lingua araba presso le corti, le ambasciate, i consolati europei.

dragoncèllo s.m. **1.** Verme della classe dei Nematodi, detto anche *dracuncolo.* **2.** Pianta aromatica utilizzata in cucina e in profumeria. (Genere *Artemisia*; famiglia delle Composite.) SIN.: **estragone.**

dragóne s.m. **1.** Nel sign. dell'accr. di *drago. Dragone infernale.* **2.** Nei secc. XVII-XVIII, soldato di cavalleria di un corpo derivato dagli archibugieri a cavallo italiani. (Dal 1945, la missione dei dragoni è stata ripresa da alcuni reggimenti blindati.) **3.** Bocca da fuoco di grosso calibro usata nel Cinquecento. **4.** Razzo con anelli che, scorrendo lungo un filo di ferro, accende delle cariche. **5.** Dragoncello. **6.** Pesce di colore brunastro con strisce azzurre e pinna dorsale dotata di aculei velenosi, che vive sul litorale nella sab-

■ dragline

bia e nel fango. (Lunghezza 20-40 cm; famiglia dei Trachinidi.) **7.** MAR. Tipo di imbarcazione a vela da regata con randa e fiocco. **8.** Insegna di coorte romana.

dragonnade /dʀagɔnad/ s.f. (voce fr.) ST. Persecuzione praticata, in partic. sotto Luigi XIV, come mezzo di conversione dei protestanti, ai quali si imponeva l'obbligo dell'alloggio dei dragoni reali.

dragster /ˈdrægstə/ s.m. [pl. *dragsters*] (voce ingl. d'America, deriv. di *drag* "carrozzella, traboccolo") Veicolo sportivo a due o a quattro ruote, dal motore molto potente, capace di raggiungere molto rapidamente elevate velocità.

draisina s.f. (ted. *Draisine*, dal nome dell'inventore C.F. *Drais*) **1.** Mezzo di locomozione a due ruote, antenata della bicicletta, mossa dall'azione alternata dei piedi sul suolo. **2.** Piccolo veicolo a motore utilizzato per la manutenzione e la sorveglianza delle ferrovie.

■ **draisìna.** Stampa del sec. XIX. (CNAM, Parigi.)

drakkar /ˈdrakkar/ s.m. inv. (voce sved., propr. "draghi" perché orig. la polena aveva forma di drago) Grande imbarcazione vichinga priva di coperta, con trentadue remi e vela quadra. **ENCICL.** Nel 1881 si trovò a Gokstad, presso Oslo, in Norvegia, un *drakkar* molto ben conservato, che era servito, secondo l'uso, alla sepoltura di un grande capo. Risale al 700-1000 d.C. ed è costruito con corsi di fasciame di quercia. Aveva la forma di una baleniera, molto stabile, lunga 24 m, larga 5,2 m, e con immersione di 1,8 m. Aveva sedici remi per lato e pesava 23 t. Con queste imbarcazioni, che avevano un'ottima tenuta al mare, gli Scandinavi navigarono tutti i mari d'Europa, sino al Mediterraneo.

■ **drakar**

dràlon s.m. inv. Denominazione commerciale, che costituisce marchio registrato, di una fibra sintetica poliacrilica.

dràmma s.m. [pl. *–mi*] **1.** Opera letteraria a carattere drammatico scritta per la rappresentazione teatrale. ◊ *Dramma liturgico:* nel Medioevo, adattamento teatrale dei testi sacri. **2.** Opera teatrale in prosa che trasferisce in ambiente borghese o popolare alcuni elementi propri della tradizione tragica. *Dramma borghese.* **3.** Rappresentazione conflittuale, oppositiva, dialettica di una vicenda. **4.** *fig.* Evento violento o catastrofe, tragedia. *Dramma della passione.* ◊ *fig. Fare un dramma di qlco.:* reagire con eccessiva emotività e teatralità.

drammaticità s.f. inv. Valore proprio di ogni rappresentazione fondata sull'opposizione, sul conflitto, sulla tensione tra soggettività ed oggettività e, general., di ogni rappresentazione espressiva di stati tormentosi e problematici.

drammàtico agg. [pl.m. *–ci*, f. *–che*] **1.** Relativo al teatro. *Autore drammatico.* ~ Destinato a essere messo in scena in teatro. *Opera drammatica.* **2.** Che commuove profondamente. *Situazione drammatica.* SIN.: **tragico. 3.** Caratterizzato dall'espressione enfatica, esagerata dei sentimenti e delle emozioni. **4.** Che comporta un gra-

ve pericolo. *Situazione economica drammatica.* SIN.: **disperato. 5.** MUS. Di voce che ha toni bassi e marcati. *Soprano drammatico.*

drammatizzàre v.tr. **1.** Dare forma drammatica a uno scritto, adattarlo per il teatro. *Drammatizzare un racconto.* **2.** *estens.* Dare un tono esageratamente grave a qlco. *Drammatizzare la situazione.* SIN.: **esagerare.**

drammaturgia s.f. **1.** Arte di scrivere drammi e precettistica che la regola. **2.** Letteratura drammatica di un periodo o produzione drammatica di un autore. *Drammaturgia greca.*

drammatùrgo s.m. [f. *–ga*, pl.m. *–ghi*, f. *–ghe*] Autore di opere teatrali.

drappeggiàre v.tr. [5] **1.** Coprire, ornare con un drappo. *Drappeggiare una poltrona.* **2.** Disporre armoniosamente le pieghe di un abito. *Drappeggiare un abito.* ◆ **drappeggiarsi** v.pron. Avvolgersi in una veste o in un mantello.

drappéggio s.m. [pl. *–gi*] **1.** Disposizione delle pieghe di un abito o di un tessuto. ~ Rappresentazione artistica, in pittura o in scultura, delle pieghe di un abito. **2.** *fig.* Retorica, bello stile sovrapposti alla realtà per nasconderla.

drappèllo s.m. **1.** Raggruppamento di uomini in armi sotto la stessa insegna e al comando della stessa persona. ~ General., gruppo di soldati. **2.** *estens.* Gruppo di persone accomunate dallo stesso stato o situazione.

drapperia s.f. Fabbricazione, commercio, assortimento di drappi e tessuti.

dràppo s.m. Tessuto prezioso.

dràstico agg. [pl.m. *–ci*, f. *–che*] (fr. *drastique*, gr. *drastikós* "energico") **1.** Dall'effetto sicuro e violento. **2.** *fig.* Che è molto rigoroso, radicale. *Provvedimenti finanziari drastici.* SIN.: **risoluto.** ◆ s.m. MED. Purgante molto energico.

dravidico agg. [pl.m. *–ci*, f. *–che*] Relativo al Dravida. ◊ *Lingue dravidiche:* famiglia di lingue comprendente tutti i principali idiomi dell'India meridionale.

drawback /ˈdrɔːbæk/ s.m. [pl. *drawbacks*] (voce ingl., comp. di *to draw* "tirare" e *back* "indietro") ECON. Nelle esportazioni di prodotti industriali, restituzione immediata del dazio d'importazione o di altre imposte che avevano gravato sulla materia prima importata per la lavorazione.

dreadlocks /ˈdrɛdlɒks/ s.f. pl. (voce ingl.) Piccole trecce, a volte ornate di perle, che costituiscono l'acconciatura tradizionale dei rasta.

dreadnought /ˈdrɛdnɔːt/ s.m. inv. (voce ingl., dalle parole *which dreads nought* "che non teme nulla") MAR. Tipo di nave da guerra varata nel 1906, utilizzata fino al 1945 ca.

drenàggio s.m. [pl. *–gi*] **1.** Operazione che consiste nel facilitare, tramite tubi o di canali, lo smaltimento dell'acqua in eccesso in un terreno. ~ Opera idraulica per il prosciugamento di terreni umidi. **2.** GEOL. Fenomeno di maggior afflusso delle acque freatiche in determinati punti del terreno. **3.** MED. Tecnica con cui si libera una cavità o una ferita da liquidi fisiologici o patologici, convogliandoli all'esterno tramite un tubo flessibile. **4.** BANC. *Drenaggio dei depositi:* spostamento di una regione all'altra di disponibilità monetaria costituite dal risparmio raccolto dalle banche. **5.** FIN. *Drenaggio fiscale:* fiscal drag.

drenàre v.tr. (fr. *drainer*, ingl. *to drain* "rendere secco") **1.** Prosciugare un terreno mediante drenaggio. SIN.: **bonificare. 2.** MED. Liberare una ferita, una cavità, da liquidi patologici o fisiologici. **3.** ECON. Attirare capitali, raccogliere fondi per reinvestirli.

drepanocita o **drepanocito** s.m. [pl. *–ti*] BIOL. Cellula *falciforme.

drepanocitòsi s.f. inv. MED. *Anemia falciforme.

dressage /drɛˈsaʒ/ s.m. inv. (voce fr., deriv. di *dresser* "drizzare" e quindi "addestrare") **1.** EQUIT. Gara che si disputa su un terreno delimitato, durante la quale il cavallo esegue una serie di arie. **2.** Addestramento di cavalli da corsa e di cani per particolari impieghi. **3.** Disposizione delle vivande sulla tavola in modo tale da renderle gradevoli e stuzzicanti.

driade s.f. (lat. *Drÿadem*, gr. *Dryás* deriv. di *drÿs* "quercia") **1.** Nella mitologia classica, ninfe

degli alberi e dei boschi. **2.** Pianta erbacea perenne con foglie rugose e fiori solitari bianchi. (Famiglia delle Rosacee.)

dribblàggio s.m. [pl. *–gi*] SPORT. Dribbling.

dribblàre v.tr. (ingl. *to dribble* "schivare") SPORT. Schivare e superare il diretto avversario mantenendo il possesso del pallone con i piedi (nel calcio e nel rugby), con la mazza (nell'hockey) o con le mani (nel basket e nella pallamano), senza commettere fallo. ~ *fig.* Schivare una difficoltà, eluderla.

dribbling /ˈdrɪblɪŋ/ s.m. inv. (voce ingl.) SPORT. Nel calcio, tecnica con cui un giocatore schiva l'avversario che lo contrasta.

drifter /ˈdrɪftə/ s.m. inv. (voce ingl.) **1.** Barca specializzata nella pesca all'aringa. **2.** Barca a vela da regata.

drillo s.m. Scimmia dell'Africa occidentale, con pelo scuro e coda corta. (Lunghezza 70 cm; genere *Papio*, famiglia dei Cercopitecidi.)

drin s.m. inv. Onom. Voce che imita il suono di un campanello.

drink /ˈdrɪŋk/ s.m. inv. (voce ingl., deriv. di *to drink* "bere") Bevanda alcolica. *Bere un drink.*

driopitèco s.m. [pl. *–chi*] (lat. *Dryopithecus*, comp. di gr. *drÿs* "quercia" e *píthēkos* "scimmia") Primate fossile vissuto durante il miocene in Europa, in Asia (Caucaso) e in Africa (Kenia), probabilmente arboricolo e frugivoro. (Lunghezza 60 cm.)

dritta s.f. **1.** Mano destra. ~ MAR. *estens.* Fianco destro di una imbarcazione, guardando verso prora (in oppos. a *babordo*). SIN.: **tribordo. 2.** STAM. Parte del foglio da stampa che va in macchina per prima, di contro a *volta*. **3.** *gerg.* Informazione riservata che può andare a vantaggio di chi la riceve. SIN.: **soffiata.**

dritto agg. Che procede in linea retta, diritto. *Una strada dritta.* □ In funzione di *avv.*, diritto, direttamente. *Puntare dritto allo scopo.* ◆ s.m. **1.** NUMISM. Faccia di una moneta su cui è impressa l'effigie dell'autorità sovrana. **2.** Punto base del lavoro a maglia. **3.** MAR. Ciascuno degli elementi verticali che chiudono lo scafo all'estremità. **4.** *fig. fam.* [f. *–ta*] Persona astuta che raggiunge abilmente i propri scopi.

drittofilo s.m. inv. **1.** Il filo della trama di un tessuto. **2.** Segno che si fa sulla stoffa strisciandovi la punta dell'ago per andare dritti cucendola o piegandola.

1. drive /ˈdraiv/ s.m. inv. (voce ingl., propr. "spinta, colpo") SPORT. Nel tennis, colpo di diritto. ~ Nel golf, colpo lungo di inizio partita.

2. drive /ˈdraiv/ s.m. inv. (voce ingl., deriv. di *to drive* "far funzionare") INFORM. Dispositivo in grado di leggere e scrivere dati su un supporto di memorizzazione (disco, cartuccia, nastro).

drive-in /ˈdraivin/ s.m. inv. (voce ingl., propr. "guidare dentro") Cinema all'aperto dove gli spettatori possono assistere alle proiezioni restando nella loro automobile.

driver /ˈdraivə/ s.m. inv. (voce ingl., propr. "guidatore") **1.** IPP. (anche f.) Guidatore del cavallo nelle corse al trotto. **2.** SPORT. Bastone da golf che consente di effettuare tiri a lunga distanza. **3.** INFORM. Estensione del sistema operativo che gestisce il funzionamento di una componente periferica.

drizza s.f. MAR. Fune che serve a issare.

drizzàre v.tr. **1.** Raddrizzare qlco. che è storto. ◊ *fig. Drizzare le orecchie:* ascoltare attentamente. **2.** Mettere diritto, disporre verticalmente. *Drizzare la testa.* **3.** Dirigere qlco. verso un luogo o un punto. *Drizzare lo sguardo verso il paese.* SIN.: **indirizzare. 4.** Correggere qualche errore in qlco. ◆ **drizzarsi** v.pron. Mettersi in piedi diritti.

dròga s.f. [pl. *–ghe*] (etim. incerta, forse ol. *droog* "cosa secca" con allusione alle spezie) **1.** Sostanza vegetale aromatica usata per insaporire cibi, bevande. SIN.: **spezie. 2.** FARM. Sostanza naturale contenente principi attivi. **3.** Qualsiasi sostanza capace di modificare in vario modo lo stato fisico e psichico di chi la assume. ~ MED. Nel l. com., sostanza psicoattiva dannosa per la salute, suscettibile di provocare tossicomania, il cui consumo e commercio in assenza di prescrizione medica è proibito dalla legge. SIN.: **stupefacente.**

◇ *Droga pesante:* che genera rapidamente uno stato di dipendenza fisica. – *Droga leggera:* che produce minori effetti sull'organismo. **4.** *fig.* Qualsiasi cosa che occupi totalmente la mente impedendo di pensare ad altro o costituendo un bisogno assoluto.

dròga pàrty loc. sost. m. inv. Festa, ricevimento in cui i partecipanti fanno anche uso di droghe.

drogàre v.tr. [4] (fr. *droguer*) **1.** Insaporire i cibi con droghe. SIN.: **aromatizzare. 2.** Addizionare un alimento con sostanze soporifere. *Drogare il vino.* **3.** Somministrare a qlcu. sostanze stupefacenti. **4.** *fig.* Alterare, gonfiare dati, notizie. *Drogare i prezzi.* **5.** *fig.* Eccitare, stordire. *Il pubblico viene drogato dalla pubblicità.* ◆ **drogarsi** v.pron. Assumere droga, sostanze stupefacenti.

drogheria s.f. Negozio in cui si vendono spezie, generi coloniali e anche generi alimentari vari.

droghière s.m. Persona che gestisce una drogheria.

dròma s.f. MAR. Alberatura di rispetto, complesso dei ricambi per l'alberatura di un veliero.

Dromàidi s.m. pl. [iniziale minusc. sing. *–de* per l'individuo] ZOOL. Famiglia di uccelli a cui appartiene il solo genere Dromaius. (Ordine dei Casuariformi.)

dromedàrio s.m. [f. *–ria,* pl.m. *–ri*] (lat. *dromedàrium camèlum* "cammello veloce", deriv. di gr. *dromás* "che corre") Mammifero simile al cammello, con una sola gobba, grande corridore, resistente, utilizzato come animale da soma nei deserti dell'Africa e dell'Arabia. (Genere *Camelus*; famiglia dei Camelidi.)

■ **dromedàrio**

drómo Secondo elemento di composti con il significato di "luogo in cui si effettuano corse" (*autodromo*); anche con il significato di "che corre" (*catadromo*).

dròmo s.m. (gr. *drómos* "corso, strada") **1.** MAR. Indicatore naturale o artificiale situato a terra che funge da punto di riferimento per la navigazione in tratti di costa pericolosa. **2.** MAR. Antica nave da corsa.

dróne s.m. (voce ingl., propr. "fuco") **1.** MIL. Piccolo aereo radiotelecomandato senza pilota, utilizzato general. per sorveglianza. **2.** Figura di nave o aereo con funzione di bersaglio telecomandato per esercitazioni.

drónte s.m. ZOOL. → dodo.

1. drop [/'drɔp/] s.m. inv. (voce ingl., propr. "goccia") Caramella al gusto di frutta, non incartata e venduta in appositi contenitori.

2. drop [/'drɔp/] s.m. inv. (voce ingl., deriv. di *to drop* "cadere" per la traiettoria spiovente) **1.** Misura data dalla differenza in centimetri tra la semicirconferenza del torace e quella della vita, utilizzata nella confezione industriale di capi d'abbigliamento. ~ MIL. Divisa estiva o invernale, che si indossa in ufficio o in libera uscita. **2.** SPORT. Nel calcio, tiro a spiovere, detto anche *candela.* ~ Nel rugby, tiro del valore di tre punti, con il quale la palla passa sopra la traversa e tra le due porzioni superiori dei pali della porta, detto anche *drop-goal.* ~ IPP. Ostacolo mobile che può cadere quando viene scontrato. ◆ BOXE Movimento con cui il pugile sposta il busto in avanti finendo sotto il petto dell'avversario. ◇ *Drop shot o dropshot:* nel tennis, colpo smorzato con cui la palla cade subito al di là della rete.

dròsera s.f. (lat. *Drosera,* gr. *droserós* "rugiadoso" deriv. di *drósos* "rugiada" per l'aspetto umido delle sue foglie) **1.** Pianta erbacea carni-

vora, con foglie terminanti in un disco munito di tentacoli per catturare gli insetti. (Famiglia delle Droseracee.) SIN.: **rosolida. 2.** BOT. (iniziale maiusc.) Genere di piante, perlopiù tropicali, a cui appartengono le varie specie di drosera.

fiore

peli ghiandolari, o tentacoli

■ **dròsera**

Droseràcee s.f. pl. [iniziale minusc. sing. *–a* per l'individuo] BOT. Famiglia di piante dicotiledoni carnivore e provviste di tentacoli con cui catturano gli insetti. (Ordine delle Violali.)

Drosòfila s.f. ZOOL. Genere di piccoli insetti di colore bruno rossiccio, di cui il più noto è il moscerino del vino e della frutta, utilizzato anche per ricerche di genetica. (Ordine dei Ditteri, famiglia dei Drosofilidi.)

Drosofilidi s.m. pl. [iniziale minusc. sing. *–de* per l'individuo] ZOOL. Ordine di insetti ditteri, meglio noti con il nome di *moscerini;* hanno occhi sporgenti, piccola proboscide e ali ben sviluppate.

drugstore [/'drʌgstɔ:/] s.m. inv. (voce ingl. d'America, comp. di *drug* "medicina, droga" e *store* "magazzino") Negozio a orario continuato, tipico degli Stati Uniti, che vende prodotti di profumeria, tabacchi, giornali e merci varie. SIN.: **emporio.**

drùida o **drùido** s.m. [pl. *–di*] (lat. *drùidae* di orig. celt., prob. "conoscitori delle querce" di cui raccoglievano il vischio per scopi religiosi) Sacerdote degli antichi Celti in Gallia, Britannia, Irlanda.

druìdico agg. [pl.m. *–ci,* f. *–che*] Relativo ai druidi.

druidismo s.m. Religione degli antichi Celti di cui erano ministri i druidi.

drùpa s.f. (lat. *drùppam* "oliva matura", gr. *drýppa* deriv. di *drypepés* "maturato sull'albero") Frutto indeiscente con epicarpo formato da una membrana, mesocarpo carnoso, endocarpo legnoso contenente i semi (p.e. ciliegia, albicocca, pesca).

drùso s.m. [f. *–sa*] (ar. *Durūz,* dal nome di un fondatore della comunità, l'egiziano *ad-Darazî*) Seguace di una setta musulmana sorta intorno al Mille, che professa una religione mista di credenze islamiche, giudaiche e induiste.

dry [/draɪ/] agg. inv. (voce ingl.) Secco, con riferimento a bevande alcoliche, vini, liquori.

dual band [/'dju:əl 'bænd/] loc. agg. inv. (loc. ingl., propr. "doppia banda") Di telefono cellulare abilitato ad usare due diverse bande di frequenza.

duàle agg. **1.** LING. *Numero duale:* categoria grammaticale presente in alcune lingue, come il sanscrito e il greco antico, che indica una coppia di persone o cose. **2.** MAT. Riferito a elemento in relazione di dualità con un altro. ◆ s.m. LING. Nell'accez. 1 dell'agg.

dualismo s.m. **1.** Concezione filosofica o religiosa che ammette due principi irriducibili, opposti fin dall'origine (in oppos. a *monismo*). *Dualismo manicheo del bene e del male.* **2.** Coesistenza di due elementi diversi. **3.** *fig.* Antagonismo, contrasto concorrenziale tra due persone o gruppi. *Dualismo tra presidente e consiglio.* SIN.: **opposizione.**

dualista s.m. e f. [pl.m. *–sti*] Seguace di una concezione dualista.

dualìstico agg. [pl.m. *–ci,* f. *–che*] Relativo al dualismo, ai dualisti. *Concezione dualistica.*

dualità s.f. inv. **1.** Caratteristica di ciò che è duplice in sé stesso o di ciò che contiene due

elementi. ~ Coesistenza o contrasto di due cose distinte. SIN.: **dualismo. 2.** Nel l. sc., proprietà di enunciati e postulati di mutarsi in altri di identica validità logica quando si mutino gli enti che in essi compaiono con altri determinati.

dubàt s.m. inv. (voce somala, propr. "turbante bianco") Soldato indigeno inquadrato nei corpi coloniali dell'esercito italiano.

1. dùbbio agg. [pl.m. *–bi*] **1.** Che genera perplessità. *Un fatto dubbio.* SIN.: **incerto.** ~ Equivoco, ambiguo. *Persona di dubbia moralità.* ◇ *Scherzo di dubbio gusto:* poco divertente e molto offensivo. **2.** Che ingenera sospetto. *Morte dubbia.*

2. dùbbio s.m. [pl. *–bi*] **1.** Stato d'incertezza sulla realtà di un fatto, l'esattezza di una dichiarazione, la condotta da adottare. *Avere la mente piena di dubbi.* ~ estens. Ciò che, essendo poco chiaro o mal conosciuto, è causa di perplessità. ◇ *Senza dubbio, fuor di dubbio:* incontestabilmente, indiscutibilmente. – *Mettere in dubbio:* avere delle perplessità su una data cosa. – *Dare, accordare, concedere il beneficio del dubbio:* sospendere il giudizio sulla colpevolezza di qlcu. **2.** Sospetto, sfiducia. *Avere dubbi su qlcu.*

dubbióso agg. **1.** Che ha dei dubbi, incerto, esitante. SIN.: **perplesso.** ~ Sospettoso. **2.** Connesso a dubbio, a esitazioni. **3.** Con riferimento a cosa, che non si basa su elementi sicuri, certi. *Esito dubbioso.*

dubitàre v.intr. (aus. *avere*) **1.** Essere diffidenti, sospettosi. *È una persona che dubita facilmente.* **2.** Non essere certo di qlco. *Dubita delle cose che gli hai detto.* **3.** Diffidare di qlcu. *Ormai dubito di tutti.* **4.** Essere incerto se fare qlco. *Dubito ancora se accettare o meno la proposta.* SIN.: **esitare.** ◆ v.tr. **1.** Non ritenere probabile che qlco. si verifichi o si sia verificato. *Dubito che la mia lettera sia arrivata in tempo.* **2.** Temere qlco. *Dubito che sia troppo tardi per avvisarlo.*

dubitativo agg. **1.** Che manifesta dubbi. **2.** GRAMM. Di avverbio, locuzione o modo verbale che esprime dubbio, incertezza. ◇ *Frase o proposizione dubitativa:* interrogativa indiretta dipendente da verbo di dubbio e introdotta dalla congiunzione *se.*

dublinése agg. Di Dublino. ◆ s.m. e f. Nativo, abitante di Dublino.

dùbnio s.m. (solo sing.) Elemento chimico artificiale (*Db*) di numero atomico 105 e peso atomico 262,114.

dùca s.m. [f. *duchessa,* pl.m. *–chi*] Titolo nobiliare gerarchicamente inferiore solo a quello di principe.

ducàle agg. **1.** Di duca. **2.** Del doge. SIN.: **dogale.**

1. ducàto s.m. Titolo di duca. ~ Insieme dei territori soggetti all'autorità di un duca.

2. ducàto s.m. Moneta aurea o argentea veneziana poi diffusasi anche altrove.

dùce s.m. **1.** Nell'antica Roma, capo di eserciti, condottiero. ~ Nel periodo imperiale, usato anche come semplice titolo onorifico. **2.** Nel Medioevo, capo di una circoscrizione territoriale con poteri amministrativi, militari, giudiziari. **3.** (solo sing.) Titolo assunto da Benito Mussolini dal 1922 al 1945. *Duce del fascismo.*

duchéssa s.f. **1.** Donna che gode di un titolo ducale. **2.** Moglie del duca.

duchesse [/dy'ʃɛs/] s.f. inv. (voce fr., propr. "duchessa") **1.** Tessuto di raso. **2.** Tipo di poltrona allungata su cui sdraiarsi, molto diffusa in Francia nel sec. XVIII. ◇ *À la duchesse:* di mensole decorate e di baldacchini sospesi.

duck [/'dʌk/] s.m. inv. (voce ingl., "schivata") BOXE Movimento rapido con cui si reclina la testa per non essere colpito dall'avversario.

dùe agg. num. card. **1.** Numero naturale successore di uno. ◇ *Due ruote:* veicolo a due ruote, con o senza motore (bicicletta, ciclomotore, moto). – *Due cavalli:* vettura di due cv di cilindrata. – *Due alberi:* nave con due alberi. SIN.: **brigantino. 2.** Indicazione generica di piccola quantità. *A due passi da qui.* ~ *Fare due passi:* una breve passeggiata. ◆ s.m. inv. **1.** Il numero due. **2.** La forma grafica del numero due. **3.** La quantità equivalente a due unità ogni cento, mille o più. **4.** Voto scolastico che, in una scala di valutazione da zero a dieci, esprime una gravissima insufficienza. **5.** SPORT. *Due con, due senza:* imbarcazione con sedile scorrevole e due vogatori con o senza timoniere. **6.** Carta da gioco recante impresso il numero 2. ◇ *Contare come il due di coppe (con briscola di spade):* non contare nulla, non avere nessun valore.

duecènto agg. num. card. Numero naturale equivalente a due centinaia. ◆ s.m. inv. **1.** Il numero duecento. **2.** La forma grafica del numero duecento. **3.** La quantità equivalente a duecento unità ogni cento. **4.** (iniziale maiusc.) Il secolo tredicesimo. **5.** *Consiglio dei Duecento:* organo assembleare istituito a Firenze nel 1411, successivamente abolito e reintrodotto nel 1532 in sostituzione del Consiglio Maggiore.

duellànte s.m. e f. **1.** Chi partecipa a un duello. **2.** *fig.* Chi partecipa a contese e polemiche letterarie o similari.

duellàre v.intr. (aus. *avere*) Combattere, prendere parte a un duello.

duèllo s.m. **1.** Combattimento tra due contendenti armati nello stesso modo, spesso con lo scopo di risolvere una controversia o per sostenere valori e ideali. *Battersi in duello.* ◇ *Duello guerresco:* quello in cui si battevano i capi o i campioni di due eserciti. – *Duello cavalleresco:* quello combattuto per tutelare il proprio onore, in uso fino all'inizio del sec. XX. – *Duello all'ultimo sangue:* rispettivamente, che s'interrompe alla prima ferita o che continua finché non muore uno dei due contendenti. – *Duello aereo:* combattimento tra due aerei in volo. – *Duello giudiziario:* nel medioevo, mezzo usato per definire le liti o provare l'innocenza di qlcu. **2.** *fig.* Competizione, lotta serrata tra due individui, due gruppi antagonisti. ◇ *Duello oratorio:* quello tra due avvocati durante un processo.

duepèzzi s.m. inv. **1.** ABBIGL. Costume da bagno per donna costituito da due parti distinte, reggiseno e mutandine. SIN.: **bikini. 2.** ABBIGL. Vestito da donna composto da pantaloni o gonna e giacca. SIN.: **tailleur.**

due quàrti loc. sost. m. inv. MUS. Battuta a due tempi, avente la semiminima come unità di misura.

duèrno s.m. Accoppiamento di due fogli, uno inserito nell'altro, che dà luogo a otto pagine.

duettàre v.intr. (aus. *avere*) Cantare in duetto con qlcu. *La soprano duettava con il tenore.*

duettista s.m. e f. Musicista che canta o suona in duetto.

duétto s.m. **1.** MUS. Composizione musicale per due voci o strumenti di pari importanza. **2.** *estens. scherz.* Insieme di due voci che infastidiscono. ~ Anche, coppia di persone ben assortite, magari proprio per i loro difetti. **3.** Nel gioco dei dadi, punteggio minimo, detto *duino,* che si ottiene quando entrambi indicano uno.

dùglia s.f. [pl. *–glie*] MAR. Spira in cui è disposto un cavo.

Dugòngidi s.m. pl. [iniziale minusc. sing. *–de* per l'individuo] ZOOL. Famiglia di mammiferi sirenidi a cui appartiene il dugongo.

dugòngo s.m. [pl. *–ghi*] (fr. *dugong* da una voce indonesiana) **1.** Mammifero marino erbivoro, con corpo massiccio, testa grossa, bocca con dentatura ridotta e coda bilobata, che vive lungo i litorali dell'Oceano Indiano e del Pacifico Occidentale. (Lunghezza fino a 3 m; ordine dei Sirenidi, famiglia dei Dugongidi.) **2.** ZOOL. (iniziale maiusc.) Genere di animali a cui appartengono i dugonghi.

duina s.f. MUS. Coppia di note che devono essere eseguite nello stesso tempo di tre note di ugual valore. *Una duina di crome.*

■ dugòngo

dulcacquìcolo o **dulciacquìcolo** agg. Di organismo che vive nelle acque dolci.

1. dulcamàra s.f. (lat. *Dulcamara,* comp. di *dŭlcis* "dolce" e *amārus* "amaro") Pianta con foglie intere o bilobate, fiori in cime laterali, frutto a bacca, diffusa anche in Italia e usata in medicina per le proprietà diuretiche e depurative. (Famiglia delle Solanacee.)

2. dulcamàra s.m. inv. (dal nome di un personaggio de "L'elisir d'amore" di G. Donizetti) → ciarlatano.

dulcinèa s.f. (dal nome di *Dulcinea* del Toboso, la donna amata da Don Chisciotte nell'omonimo romanzo di Cervantes) *scherz.* Donna amata, vagheggiata.

dùlcis in fùndo loc. sost. m. inv. (loc. lat., propr. "il piacevole arriva in fondo") Il bello viene all'ultimo, detto citato a proposito di situazioni, di vicende che sortiscono buon fine dopo varie traversie.

dulìa s.f. (gr. *doulēia,* propr. "servitù") CATT. Culto degli angeli e dei santi fondato sulla venerazione e non sull'adorazione, che è dovuta solo a Dio.

duma [/'dʊmə/] s.f. inv. (voce russa propr. "pensiero, consiglio", got. *doms* "opinione") Parlamento della Russia zarista. [Una duma di Stato esercitò funzioni legislative sotto Nicola II, dal 1906 al 1917. La costituzione della Federazione Russa (1993) ha istituito nuovamente una duma di Stato.]

dum-dùm agg. inv. (ingl. *dumdum,* dal nome della cittadina indiana presso Calcutta dove gli inglesi nel 1890 ne avviarono la produzione) Detto di pallottola che reca un'incisione sull'incamiciatura anteriore così da deformarsi nell'impatto e ottenere effetti più devastanti.

dumper [/'dʌmpə/] s.m. [pl. *dumpers*] (voce ingl., deriv. di *to dump* "scaricare") Autoveicolo con cassone anteriore ribaltabile usato per trasportare materiali incoerenti su brevi distanze.

dumping [/'dʌmpɪŋ/] s.m. inv. (voce ingl., deriv. di *to dump* "buttare giù, scaricare") Pratica commerciale che consiste nel vendere una merce su un mercato straniero a un prezzo inferiore a quello praticato sul mercato interno.

dùna s.f. (medio ol. *dūne* "altura") Formazione sabbiosa delle zone desertiche e dei litorali dovuta all'azione del vento.

dune buggy [/'dju:n 'bʌgi/] loc. sost. m. o f. inv. (loc. ingl., propr. "carretta delle dune") Piccola autovettura con carrozzeria leggera, scoperta, adatta a percorsi su sabbia e fuori strada.

dùnque cong. **1.** Introduce una conclusione, una conseguenza. *Hai perso la causa, dunque devi lasciare l'appartamento.* SIN.: **quindi. 2.** Indica il ritorno a un punto precedente di un resoconto, di un discorso interrotto. *Vi dicevo dunque che...* **3.** Rafforza una domanda, un'esortazione. *Cos'hai dunque? Vieni, dunque!* ◆ s.m. (solo sing.) Il nocciolo di una questione, il momento decisivo in una situazione. *Veniamo al dunque.*

dùo s.m. inv. **1.** Coppia di strumentisti, di cantanti che eseguono un inedito e, general., coppia di artisti che eseguono numeri insieme. *Un duo comico.* **2.** METALL. Laminatoio a due cilindri.

dùo- Primo elemento di composti nei quali significa "due", "doppio" (*duopolio*).

duodecimàle agg. Che ha per base il numero dodici.

duodenàle agg. Del duodeno. *Ulcera duodenale.*

duodenite s.f. MED. Infiammazione del duodeno.

duodèno s.m. (lat. *duodēnum,* deriv. di *duŏdecim* "dodici" perché nell'uomo è lungo circa dodici pollici) ANAT. Tratto iniziale dell'intestino tenue, tra lo stomaco e il digiuno.

1. duòmo s.m. (lat. *dŏmum* "casa", deriv. di *dŏmum episcopi* "casa del vescovo, cattedrale") Chiesa principale o cattedrale in alcune città dell'Italia, della Germania, ecc. *Il duomo di Milano.*

2. duòmo s.m. (fr. *dôme* "cupola") **1.** MECC. Elemento cilindrico posto sopra la caldaia da cui inizia la tubazione di prelevamento del vapore. **2.** Parte superiore dell'alambicco.

duopòlio s.m. [pl. *–li*] **1.** ECON. Forma di mercato con due soli venditori di un dato bene o servizio rispetto alla massa dei consumatori.

2. Nel linguaggio pol., egemonia mondiale esercitata da due superpotenze.

dùplex s.m. inv. (voce lat. "duplice") **1.** TELECOM. Modalità di trasmissione che consente l'invio contemporaneo di segnali nei due sensi su uno stesso canale. ~ Tipo di collegamento, ormai caduto in disuso, per cui due diversi apparecchi telefonici condividono una singola linea, che non possono usare contemporaneamente. **2.** STAM. Stampa a due colori ottenuta con due cliché. **3.** ARCH. Appartamento su due piani con scala interna. ❑ In funzione di agg. inv., nell'accez. 1 del s. *Collegamento duplex.*

duplicàre v.tr. [4] Fare un duplicato di un originale. ~ Riprodurre una registrazione su supporto magnetico o ottico, fare una copia. *Duplicare una cassetta.*

duplicàto s.m. **1.** Riproduzione di un documento originale distrutto o smarrito che lo sostituisce a tutti gli effetti legali. *Il duplicato di un documento.* **2.** STAM. Raddoppiamento di lettere o parole causato da un errore di composizione. **3.** Nelle biblioteche, altra copia di un libro. SIN.: **doppione.**

duplicatóre s.m. **1.** Apparecchio che permette di ottenere una copia da un originale. ◇ *Duplicatore a matrice:* ciclostile. **2.** FOTO. *Duplicatore focale:* dispositivo che, interposto tra la camera fotografica e l'obiettivo, raddoppia la distanza focale di quest'ultimo.

duplicazióne s.f. **1.** Riproduzione identica. **2.** GENET. Fenomeno per cui, nello stesso cromosoma, sono presenti due volte gli stessi geni. ◇ *Duplicazione genetica:* il modo comune in cui viene sintetizzato il DNA nel nucleo cellulare. **3.** Raddoppiamento.

dùplice agg. Che è costituito da due elementi, che ha due distinti aspetti. ~ Se i due elementi sono uguali, doppio. *In duplice copia:* in due copie. ◆ s.f. Nell'ippica, scommessa con cui si indicano due cavalli vincenti in due corse diverse.

Duplicidentàti s.m. pl. [iniziale minusc. sing. *–to* per l'individuo] ZOOL. Ordine di mammiferi dotati di due coppie di incisivi superiori di cui una è di dimensioni più piccole e nascosta dietro all'altra.

duplicità s.f. inv. Carattere proprio di ciò che presenta due aspetti, due caratteri.

duracino agg. (lat. *durācinum* "dalla buccia dura") Detto di una varietà di pesca o di ciliegia la cui polpa non si distacca dal nocciolo. ◆ s.f. (spec. pl.) Ciliegia o pesca di tale tipo.

duràle agg. MED. Relativo alla duramadre.

duralluminio s.m. [pl. *–ni*] (comp. dal nome della fabbrica *Dürener Metallwerke* di Düren e *alluminio*) Lega d'alluminio, rame, magnesio, manganese e silicio, ad alta resistenza meccanica, usata spec. nelle costruzioni aeronautiche.

duramàdre s.f. [pl. *duremadri*] (calco parziale dell'ar. *umm ad-dimāg* "madre del cervello") ANAT. La più esterna delle tre meningi. SIN.: **pachimeninge.**

duràme s.m. BOT. Parte più interna, più vecchia e dura del tronco degli alberi e degli arbusti, avente solo funzione di sostegno, detto anche *massello, cuore del legno* o *duramen.*

duràno s.m. Costituente macroscopico del carbone, duro e opaco.

durànte prep. Nel corso di, mentre si svolge o si svolgeva qlco., per indicare l'intera durata di un evento. *Durante la guerra abitavamo in paese.*

duràre v.intr. (aus. *essere* o *avere*) **1.** Protrarsi, proseguire nel tempo. *Il suo discorso è durato due ore.* SIN.: **continuare.** ◇ *Finché dura:* finché continua così. **2.** Resistere al trascorrere del tempo, all'uso, alla distruzione. *È un'opera che durerà.* **3.** Insistere in qlco. SIN.: **perseverare.**

duràta s.f. **1.** Periodo di tempo entro il quale si manifesta o si svolge qlco. *Durata del lavoro.* **2.** LING. Misurazione acustica della porzione di tempo occupata da un suono. **3.** DIR. *Contratto di durata:* nel quale la prestazione continua per un certo periodo di tempo. **4.** SPORT. Negli sport motoristici e in aviazione, tempo di permanenza in corsa o in volo, con o senza rifornimento di carburante.

durativo agg. LING. Che esprime la nozione di durata dell'azione. *Valore durativo dell'imperfetto.*

duratùro agg. **1.** Destinato a durare nel tempo. **2.** BOT. Di organo, tessuto, cellula che hanno raggiunto lo stadio adulto.

durevolézza s.f. Qualità di ciò che è duraturo, che si conserva a lungo.

durézza s.f. **1.** Resistenza di un corpo all'azione di penetrazione o di deformazione esercitata da forze esterne. *La durezza dell'acciaio.* ◇ *Scala di durezza:* detta anche *scala di Mohs,* usata per la misurazione della durezza dei minerali; è suddivisa in dieci gradi, di cui il minimo è dato dalla durezza del talco, il massimo da quella del diamante. **2.** *fig.* Severità d'animo, asprezza, spietatezza. **3.** *fig.* Difficoltà, severità, gravosità, asprezza, spietatezza di qlco. *Durezza della guerra, della prigionia, della pena.* **4.** *fig.* Carattere di tutto ciò che non è influenzato, modificato dal contesto in cui è inserito. ◇ *Durezza di un volto:* mancanza di espressività, di mimica in relazione alle sollecitazioni emotive. **5.** CHIM. *Durezza dell'acqua:* concentrazione di sali di calcio e magnesio. **6.** MAR. Particolare risposta e resistenza, non agile e pronta, di una nave alle forze inclinanti che la ostacolano.

durìna s.f. Malattia contagiosa degli equini, dovuta a un tripanosoma.

durlindàna o **durindàna** s.f. (fr. *Durendal,* nome della spada di Orlando) *scherz.* Spada, sciabola.

dùro agg. **1.** Che resiste all'azione deformante, erosiva, alla scalfitura. SIN.: **resistente**. ~ *estens.* Poco morbido, poco soffice, rigido. ~ Che esige uno sforzo fisico o intellettuale. *La salita è dura.* ◇ CHIM. *Acqua dura:* ricca di sali di calcio e magnesio. (Si tratta spesso di un'acqua calcarea.) – *Vino duro:* ricco di cremortartaro e quindi di sapore poco gradevole. – BOT. *Libro duro:* parte del libro di piante, spec. legnose, formata da fibre disposte in cordoni. **2.** *fig.* Che non prova o non dimostra emozioni e sentimenti. *È una persona dura con i figli.* ◇ *Fare il muso duro:* mostrarsi indifferente a preghiere, suppliche volte a far recedere da una decisione. **3.** *fig.* Poco ricettivo intellettualmente. SIN.: **ottuso**. ~ Che oppone resistenza, restio. *Duro a credere.* ◇ *Essere duro d'orecchi:* un po' sordo; *fig.* che fa finta di non sentire. – *fig. Avere la testa dura:* essere ostinato. **4.** *fig.* Non agevole, irto di difficoltà. *Tempi duri.* **5.** Che influisce sui sensi in modo violento e produce un'impressione sgradevole. *Voce dura.* **6.** *fig.* Privo di grazia, di delicatezza. **7.** LING. *Consonante dura:* quella che nell'articolazione non prevede l'avanzamento della lingua verso il palato. ❑ In funzione di avv., con resistenza, con forza, con impegno. ◆ s.m. **1.** (solo sing.) Cosa priva di elasticità, di morbidezza. *Dormire sul duro.* **2.** *fig.* (solo sing.) Aspetto ostico, arduo. *Il duro è tutto da affrontare.* SIN.: **difficoltà**. **3.** [f. –*ra*] Persona che non accetta compromessi. *Fare il duro.*

duróna s.f. Varietà di pesca o ciliegia in cui il nocciolo rimane attaccato alla polpa. *Durona di Vignola.* SIN.: **duracina**.

duróne s.m. **1.** Ispessimento della pelle in alcuni punti delle mani e soprattutto dei piedi. SIN.: **callosità**. **2.** Nodo di grande durezza del marmo.

dùrra o **dùra** s.f. Varietà di sorgo coltivata per uso alimentare nell'Africa tropicale e subtropicale.

dùttile agg. (lat. *dūctilem,* propr. "che può essere guidato") **1.** TECN. Con riferimento a metallo, che può essere facilmente ridotto in lamine o fili sottili senza rompersi (p.e. l'oro, l'argento, il rame, ecc.). **2.** *fig.* Che si modifica a seconda delle necessità e delle circostanze. SIN.: **adattabile**. ~ Che è in grado di applicarsi con profitto a diverse discipline. SIN.: **versatile**.

duttilità s.f. inv. **1.** Proprietà dei metalli che consiste nella possibilità di subire una deformazione permanente grazie alle forze di trazione. *La duttilità dell'oro.* **2.** *fig.* Attitudine a modificare la propria mentalità e il proprio comportamento secondo le necessità. *In politica ci vuole duttilità.* SIN.: **elasticità**. ~ Capacità di piegare la mente a diversi studi.

duty free [/ˈdjuːtifriː/] loc. sost. m. inv. (loc. ingl., comp. da *duty* "imposta" e *free* "libero") Negozio i cui prodotti non sono soggetti a imposte, situato general. nei luoghi di frontiera o negli aeroporti internazionali.

duumviràto o **duunviràto** s.m. Grado, carica di duumviro e sua durata.

duùmviro o **duùnviro** s.m. ANT. ROM. Ciascuno dei due magistrati o sacerdoti incaricati di un compito specifico.

duvet [/dyˈvɛ/] s.m. [pl. *duvets*] (voce fr., propr. "piuma leggera" di orig. scandinava) **1.** Piuma o peluria animale destinata a fornire l'imbottitura di capi d'abbigliamento. **2.** Giubbotto, giacca in tessuto impermeabile imbottito di piuma d'oca. SIN.: **piumino**.

DVD [/divudˈdi/] s.m. inv. (sigla dell' ingl. *Digital Versatile Disc* "disco digitale versatile") Disco ottico digitale ad alta densità, con capacità variabile, a seconda degli strati registrabili, dai 4,7 ai 17 gigabyte; secondo le varianti, che possono richiedere diversi dispositivi di lettura, è adatto a contenere filmati, audio, dati.

Carattere Eurostyle

1. e s.f. o s.m. inv. **1.** Lettera dell'alfabeto latino e delle lingue che lo adottano; in italiano rappresenta la vocale palatale media, che quando è tonica può essere di timbro aperto (*caffè*) oppure chiuso (*perché*), quando è atona è sempre di timbro chiuso (*fiume*). ◇ *E commerciale:* il segno *&.* **2.** Semplice o puntata, maiuscola o minuscola, è usata in sigle o abbreviazioni con diversi valori. **3.** Simbolo usato in settori specifici. ◇ GEOM. *e:* il numero di Nepero, base dei logaritmi naturali. – FIS. Simbolo dell'elettrone e in elettrotecnica della forza elettromotrice. – *E:* simbolo del campo elettrico. – GEOGR. Indica l'est. – LOG. Simbolo della proposizione universale negativa. – MUS. La nota *mi* nell'area germanica e anglosassone. ❑ In funzione di agg. inv., come numerale ordinale, posposto al sostantivo cui si riferisce, sesto in una serie. *Sezione E.* ◇ BIOCHIM. *Vitamina E:* particolare vitamina, detta anche *tocoferolo*, attiva contro la sterilità e l'arteriosclerosi.

2. e cong. **1.** Coordina aggiuntivamente due elementi della frase. *Ha mangiato la frutta e il dolce.* **2.** Coordina aggiuntivamente due frasi. *Ugo lavora in banca e Gino è pilota.* **3.** Istituisce un rapporto temporale-consecutivo con il significato di *dopodiché. Dillo ancora una volta e ti picchio!* **4.** Coordina avversativamente ripetizioni dello stesso termine. *C'è modo e modo.* **5.** Coordina avversativamente due frasi diverse. *Lo aspettavano tutti e non si è visto.*

eau de toilette [/'o d(ə) twa'lɛt/] loc. sost. f. inv. (loc. fr., "acqua de toilette") Acqua profumata da toilette.

ebanista s.m. e f. [pl.m. *–sti*] Artigiano o operaio specializzato nella lavorazione dell'ebano o di altri legni pregiati.

ebanisteria s.f. **1.** Arte di lavorare l'ebano o altri legni pregiati. **2.** Bottega in cui lavora l'ebanista.

ebanite s.f. (ingl. *ebonite*) Sostanza nera e dura, ottenuta per riscaldamento della gomma elastica con zolfo e altre sostanze minerali e organiche, usata spec. come isolante elettrico.

èbano s.m. **1.** Albero delle regioni equatoriali. (Genere *Diospyros, Euclea*; famiglia delle Ebenacee.) **2.** Il legno fornito da tale albero, di colore scuro, molto resistente e facilmente lucidabile, utilizzato per fabbricare mobili di pregio o strumenti musicali. **3.** *fig.* Colore nero intenso, corvino. *Capelli d'ebano.*

ebbène cong. **1.** Dunque, sicché, ed ecco, e allora, con valore deduttivo e conclusivo. *Non siete ancora pronti? Ebbene, io parto.* ~ In apertura di discorso rinvia a una situazione nota. *Ebbene, vi decidete?* **2.** Con valore avversativo, per segnalare una decisione o una circostanza contraria all'aspettativa. *La sua proposta è che io mi dimetta; ebbene, non ci sto.*

èbbio s.m. [pl. *–bi*] Pianta erbacea perenne dell'Europa occidentale, simile al sambuco. (Genere *Sambucus*; famiglia delle Caprifogliacee.)

ebbrézza s.f. **1.** Perdita di lucidità mentale dovuta all'abuso di alcolici o di sostanze stupefacenti. **2.** *estens.* Stato di eccitazione, di euforia indotto da una forte emozione. *L'ebbrezza della velocità.*

èbbro agg. **1.** Ubriaco. **2.** *fig.* Esaltato da una forte emozione. *Ebbro d'amore.*

ebefrenia s.f. PSICH. Forma di schizofrenia propria degli adolescenti, caratterizzata da turbe della facoltà logica.

Ebenàcee s.f. pl. [iniziale minusc. sing. *–a* per l'individuo] BOT. Famiglia di piante arboree e arbustive della classe Dicotiledoni con fiori unisessuali e frutto a bacca, diffuse nella fascia indo-malese; ne fa parte l'ebano.

èbete agg. (lat. *hĕbetem* "spuntato" quindi "sciocco") Ottuso di mente. ◆ s.m. e f. Persona ottusa, sciocca.

ebetismo s.m. Intorpidimento mentale, idiozia.

ebetùdine s.f. Ebetismo, ottusità.

eboidofrenia s.f. PSICH. Forma di schizofrenia dove prevalgono le tendenze antisociali.

Èbola (virus) s.m. inv. MED. Virus diffuso in Africa, responsabile di una grave infezione contagiosa ed epidemica caratterizzata da febbre alta ed emorragie.

ebollizióne s.f. **1.** FIS. Passaggio di un liquido allo stato gassoso per effetto del calore. SIN.: **bollore.** ~ Condizione di un liquido che bolle. **2.** *fig.* Stato interiore caratterizzato da fermento di idee o da tumulto di sentimenti, di emozioni. *Animo in ebollizione.*

e-book [/i'buk/] s.m. inv. (voce ingl.) Libro prodotto, distribuito per via informatica.

ebràico agg. [pl.m. *–ci*, f. *–che*] Degli Ebrei. ◆ s.m. (solo sing.) Lingua semitica parlata dagli Ebrei.

ebraismo s.m. **1.** La religione e l'insieme di usi, costumi, tradizioni del popolo ebreo. **2.** Vocabolo, locuzione ebraici entrati in altra lingua.

ebraista s.m. e f. [pl.m. *–sti*] Studioso di lingua e cultura ebraica.

ebrèo s.m. [f. *–a*] (lat. *Hebraēum*, gr. *Hebrãios* deriv. di *'Ebher*, nome del supposto capostipite) **1.** Chi appartiene al popolo ebraico. ◇ *Ebreo errante:* secondo la leggenda, colui che schernì Gesù mentre saliva al Calvario e che per questo fu condannato a vagare fino alla fine del mondo. **2.** *per anton.* In base a vecchi quanto riprovevoli pregiudizi, persona avara, usuraio.

ebulliometria s.f. CHIM., FIS. Ebullioscopia.

ebulliòmetro s.m. CHIM., FIS. Ebullioscopio.

ebullioscopia s.f. CHIM., FIS. Misura del punto di ebollizione delle soluzioni.

ebullioscòpio s.m. [pl. *–pi*] CHIM., FIS. Strumento per la misurazione del punto di ebollizione di una soluzione e per la determinazione di pesi molecolari mediante ebullioscopia.

ebùrneo agg. Di avorio.

écarté [/ekar'te/] s.m. (solo sing.) (voce fr., deriv. di *écarter* "scartare") Gioco di carte simile

caratteri a stampa	corsivo moderno	nome	trascrizione
א	*lc*	alef	' (spirito dolce)
ב בּ	*ə ə*	bet	b, v
ג גּ	*d*	gimel	g, gh
ד דּ	*ɔ*	dalot	d, dh
ה	*ɾ*	he	h
ו	*l*	waw o vav	w, v
ז	*ʃ*	zayin	z
ח	*ɳ*	het	ḥ
ט	*ʋ*	tet	ṭ
י	*,*	yod	y
כ כּ [ך]	*ɔ ɔ [ʔ]*	kaf	k, kh
ל	*ʃ*	lamed	l
מ [ם]	*N [ɒ]*	mem	m
נ [ן]	*l [l]*	nun	n
ס	*ɔ*	samek	s
ע	*ɤ*	ayin	' (spirito aspro)
פ פּ [ף]	*ə ə [ʃ]*	pe o phe	p, f
צ [ץ]	*ʒ [ʃ]*	tsade	s
ק	*ʔ*	qof	q
ר	*ɔ*	resh	r
שׁ שׂ	*ɹ ɹ*	sin o shin	s, ch
ת תּ	*ɲ*	taw o tav	t, th

le lettere tra parentesi sono varianti finali

■ **ebràico.** Alfabeto ebraico.

alla briscola ma giocabile solo da due persone. ◆ inv. Posizione della danza classica con una gamba tesa e slanciata in alto.

ecatómbe s.f. (gr. *hekatómbē*, comp. di *hekatón* "cento" e *boûs* "bue") **1.** ANT. GR. Sacrificio di cento buoi. ~ *estens.* Sacrificio di più animali. **2.** *fig.* Strage, massacro. *Ci fu una vera ecatombe.*

ecballio s.m. Pianta rampicante delle regioni mediterranee, con fiori gialli e frutti verdi, che giunta a maturità proietta lontano i semi. (Famiglia delle Cucurbitacee.)

eccedènte agg. Che è in più, che avanza. ◆ s.m. Ciò che è in più, che avanza.

eccedènza s.f. **1.** Quantità che supera un certo limite. SIN.: **avanzo**. **2.** Superamento di una data misura. SIN.: **eccesso**.

eccèdere v.intr. [12] (aus. *avere*) Superare i limiti imposti dall'opportunità o dalle convenienze. ◆ v.tr. Oltrepassare un limite.

ècce hòmo loc. sost. m. inv. (loc. lat., propr. "ecco l'uomo": secondo il vangelo di Giovanni sono le parole che Pilato disse presentando al popolo Cristo coronato di spine) **1.** Rappresentazione del Cristo flagellato e coronato di spine. **2.** *fig.* Persona sfigurata dalle ferite, dal dolore.

ecceità s.f. inv. FILOS. Nella filosofia di Duns Scoto, la realtà individuale.

eccellènte agg. **1.** Superiore nel suo genere. SIN.: **ottimo**. **2.** *estens.* Di persone particolarmente importanti coinvolte in fatti negativi, equivoci, criminosi e dei fatti stessi. *Morti eccellenti.* **3.** *ant.* Appellativo di persone illustri.

eccellènza s.f. **1.** Il più alto livello qualitativo raggiungibile. SIN.: **superiorità**. ◇ *Per eccellenza:* per antonomasia. *Omero è il poeta per eccellenza.* **2.** Titolo dato a esponenti di governo stranieri e, in ambito ecclesiastico, ai vescovi.

eccèllere v.intr. [21] (aus. *avere* o *essere*) Essere superiori a tutti gli altri in un certo ambito.

eccèlso agg. **1.** Molto elevato, sublime. **2.** *fig.* Che si eleva su gli altri intellettualmente o moralmente. ◆ s.m. (solo sing. iniziale maiusc.) Dio.

eccentricità s.f. inv. **1.** Non coincidenza dei centri. ~ *estens.* Lontananza dal centro. **2.** GEOM., ASTR. Costante relativa a una conica, definita come il rapporto tra la distanza di ogni punto della curva da un punto fisso, detto *fuoco*, e da una retta detta *direttrice*. **3.** Stravaganza, stranezza, bizzarria.

eccèntrico agg. [pl.m. *-ci*, f. *-che*] **1.** Che non ha lo stesso centro, in partic. si dice di cerchi contenuti uno nell'altro ma con centro diverso. **2.** *estens.* Lontano dal centro, decentrato. **3.** *fig.* Originale, bizzarro, stravagante. *Idea eccentrica.* ◆ s.m. **1.** MECC. IND. Piastra circolare utilizzata per trasformare un moto rotatorio continuo in rettilineo alternato. **2.** ASTR. Nel sistema tolemaico, cerchio ausiliario necessario per spiegare il moto dei pianeti intorno alla Terra. **3.** *fig.* [f. *-ca*] Persona stravagante. *Suo marito è un eccentrico.*

eccepibile agg. Che può essere criticato, contraddetto. *Comportamento eccepibile.* SIN.: **discutibile**.

eccepire v.tr. [83] Muovere, sollevare obiezioni o eccezioni. *Niente da eccepire.* SIN.: **obiettare**. ~ Anche con argomento espresso dalla frase. *Eccepì di non saperne niente.*

eccessivamente avv. In modo eccessivo.

eccessìvo agg. Che eccede la giusta misura. *Un rigore eccessivo.* SIN.: **esagerato**.

eccèsso s.m. **1.** Grado eccessivo, quantità eccessiva di qlco. *Un eccesso di colesterolo.* ◇ Ciò che supera la misura normale. *Eccesso d'indulgenza.* ~ *estens.* Superamento del limite consentito. *Eccesso di velocità.* ◇ DIR. *Eccesso di potere:* vizio che comporta l'annullabilità di un atto amministrativo o legislativo, quando sia adottato con un fine diverso da quello previsto, ovvero abbia una contraddizione interna. – *Eccesso di zelo:* circostanza attenuante del Codice Penale Militare che ricorre quando il militare commetta un reato adempiendo in modo troppo scrupoloso ai suoi doveri. **2.** *estens.* Atto, atteggiamento, comportamento in cui si è perduto il senso della misura. *Gli eccessi sono pericolosi.* SIN.: **intemperanza**. **3.** Ciò che eccede, che è in più. *Smaltire l'eccesso di produzione.*

Le eclissi totali e anulari di Sole dal 2001 al 2010

data	tipo	durata massima	zona di visibilità
21 giugno 2001	totale	4 min 56 s	Africa australe
14 dicembre 2001	anulare	3 min 53 s	Oceano Pacifico
10 giugno 2002	anulare	0 min 23 s	Oceano Pacifico
4 dicembre 2002	totale	2 min 04 s	Africa australe, oceano Indiano
31 maggio 2003	anulare	3 min 37 s	Groenlandia, nord della Scozia
23 novembre 2003	totale	1 min 57 s	Antartide
8 aprile 2005	mista	0 min 42 s	Pacifico del sud, America centrale
3 ottobre 2005	anulare	4 min 32 s	Spagna, Algeria, Libia, Sudan, Etiopia
29 marzo 2006	totale	4 min 07 s	Africa, Turchia, Russia
22 settembre 2006	anulare	7 min 09 s	Guyana, Suriname, Atlantico del sud
7 febbraio 2008	anulare	2 min 12 s	Antartide
1 agosto 2008	totale	2 min 27 s	Groenlandia, Russia, Cina
26 gennaio 2009	anulare	7 min 54 s	Oceano Indiano, Indonesia
22 luglio 2009	totale	6 min 39 s	India, Nepal, Cina, oceano Pacifico
15 gennaio 2010	anulare	11 min 07 s	Africa centrale, India, Birmania, Cina
11 luglio 2010	totale	5 min 20 s	Pacifico del sud

Le eclissi totali di Luna dal 2001 al 2010

data	grandezza	zona di visibilità
9 gennaio 2001	1,19	Europa, Africa, Asia
16 maggio 2003	1,13	America, Africa, Europa
9 novembre 2003	1,02	Europa, Africa occidentale, est America
4 maggio 2004	1,30	America del Sud, Africa, Vicino Oriente, est Europa
28 ottobre 2004	1,31	Europa, Africa occidentale, America
3 marzo 2007	1,24	Africa, Europa, Asia
28 agosto 2007	1,48	Nuova Zelanda, isole del Pacifico
21 febbraio 2008	1,11	America, Europa, Africa occidentale
21 dicembre 2010	1,26	America del Nord, America centrale

eccètera avv. (lat. *ĕt cētera* "e le altre cose") E così via, e tutto il rimanente. ~ In un'elencazione sostituisce parole che indicano qlco. di simile o affine a quanto già elencato. ◆ s.m. inv. Nel sign. dell'avv. *Togliere gli eccetera da un testo.*

eccètto prep. (lat. *excĕptum*, deriv. di *excípere* "prendere fuori") Con esclusione di, all'infuori di, tranne. *Eccetto due o tre esempi. Eccetto che in matematica.* ◆ cong. All'infuori di. *Farei di tutto, eccetto vivere con lui.* ◇ loc. cong. *Eccetto che:* a meno che, tranne che. *Ti assicuro la mia presenza, eccetto che non succeda un imprevisto.*

eccettuàre v.tr. Non comprendere in un insieme, escludere. *Rimproverò tutti, senza eccettuare nessuno.* ~ Spesso nella costruzione con il *si* passivo. *È una brava persona, se si eccettua la sua passione per l'alcol.* ~ Il participio passato è usato con il valore di eccetto. *Riceve tutti i giorni, eccettuato il sabato.*

eccettuativo agg. Che esprime il valore di esclusione, di eccezione.

eccezionàle agg. (fr. *exceptionnel*) **1.** Che costituisce eccezione rispetto a una norma. **2.** Straordinario, formidabile. *Forza eccezionale.*

eccezionalità s.f. inv. Carattere di ciò che esula dalla norma.

eccezionalménte avv. **1.** Straordinariamente. **2.** A titolo di eccezione.

eccezióne s.f. **1.** Mancata applicazione di una regola. ~ Cosa, evento che esula dalla normalità. *Fare un'eccezione.* SIN.: **anomalia**. ◇ *D'eccezione:* straordinario, superiore alla media. – *locc. prep. A eccezione di, fatta eccezione per:* tranne, eccetto, escluso. **2.** Nell'uso scolastico, fatto grammaticale fonetico, sintattico che non rispetta la regola. *Le eccezioni della declinazione.* **3.** Obiezione, rilievo critico. **4.** DIR. Mezzo di difesa processuale con cui si chiede il rigetto della domanda proposta dalla controparte.

ecchimosi s.f. inv. (fr. *ecchymose*, gr. *ekkhýmōsis* deriv. di *ekkhymoûsthai* "far travasare il sangue") MED. Macchia cutanea dovuta a un'emorragia a livello dei tessuti sottocutanei.

eccidio s.m. [pl. *-di*] Strage, massacro. *Gli eccidi perpetrati durante la guerra.*

eccimero s.m. FIS. Molecola formata da atomi di cui uno, in genere un gas nobile, si trova in uno stato eccitato.

eccipiènte agg. (lat. *excipiĕntem*, deriv. di *excípere* "accogliere") FARM. Di sostanza priva di valore terapeutico aggiunta a una medicina per facilitarne la somministrazione. ◆ s.m. Nel sign. dell'agg.

eccitàbile agg. Incline a eccitarsi. SIN.: **impulsivo**.

eccitaménto s.m. **1.** Incitamento, istigazione, stimolo. **2.** Eccitazione emotiva. **3.** FISIOL. Reazione delle cellule agli stimoli.

eccitànte agg. **1.** Che suscita interesse, desideri, emozioni. **2.** MED. Di sostanza stimolante del sistema nervoso. **3.** *fig.* Che incita, sprona verso qlco. ◆ s.m. MED. Nell'accez. 2 dell'agg.

eccitàre v.tr. **1.** Procurare eccitazione, porre qlcu. in uno stato di tensione, di fermento. *Eccitare la folla.* ~ Istigare, incitare qlcu. a qlco. *Eccitare il popolo alla violenza.* **2.** Provocare, stimolare un sentimento o una sensazione. *Eccitare l'invidia.* **3.** ELETTR. Generare il campo elettromagnetico induttore in dinamo o in macchine simili. **4.** Fornire qlco. di energia. *Eccitare un sistema.* ◆ **eccitarsi** v.pron. Entrare in uno stato di eccitazione. *Non eccitarti troppo!* SIN.: **esaltarsi**. ~ In partic. provare un forte desiderio sessuale.

eccitatóre s.m. [f. *-trice*] **1.** MECC. Apparecchio che genera vibrazioni meccaniche, usato per valutare la resistenza di materiali o la risonanza di organi meccanici. **2.** ELETTR. Generatore di un campo elettromagnetico induttore in macchine elettriche. **3.** MED. → **stimolatore**.

eccitatrìce s.f. ELETTROTEC. Generatore usato per l'eccitazione di macchine più grandi.

eccitazióne s.f. **1.** Tensione emotiva che induce un'esaltazione. ~ L'atto che la induce. **2.** PSICH. Aumento più o meno disordinato dell'attività psichica o motoria. **3.** ELETTROTEC. Produzione di un flusso d'induzione magnetica in un circuito magnetico tramite una corrente elettrica. **4.** FIS. Processo per il quale un atomo, un nucleo, una molecola passano dallo stato fondamentale di stabilità a uno di instabilità. **5.** FISIOL. Modificazione dell'attività elettrica della membrana di un neurone o di una cellula muscolare sotto l'effetto di una stimolazione.

ecclesiàle agg. Relativo alla Chiesa in quanto comunità di fedeli.

ecclesiàstico agg. [pl.m. *-ci*] Relativo alla Chiesa o al clero. ◇ *Diritto ecclesiastico:* ramo del diritto pubblico che studia i rapporti fra lo Stato e le confessioni religiose. ◆ s.m. Membro del clero, religioso, sacerdote.

ecclesiologìa s.f. Parte della teologia che ha per oggetto di studio la costituzione e i caratteri della Chiesa.

ècco avv. **1.** Forma una frase presentativa, con la quale si segnala il compiersi di un evento. *Ecco il treno.* ~ Commenta l'evento verificatosi. *Ecco fatto.* ◇ *Ecco tutto:* non c'è altro da aggiungere. **2.** Equivale a una frase reggente da cui dipendono oggettive o interrogative indirette. *Ecco avanzare la sposa. Ecco perché non sono più venuto.*

eccóme avv. Certamente. *"Paolo parla il cinese?" "Eccome se lo parla!".*

ecdèmico agg. [pl.m. *-ci*, f. *-che*] (deriv. di gr. *ékdēmos* "fuori del territorio") MED. Di malattia non connessa a fattori ambientali (in oppos. a *endemico*).

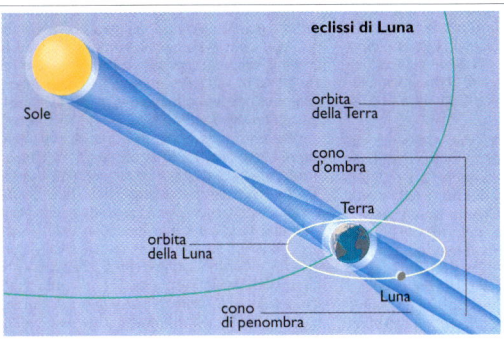
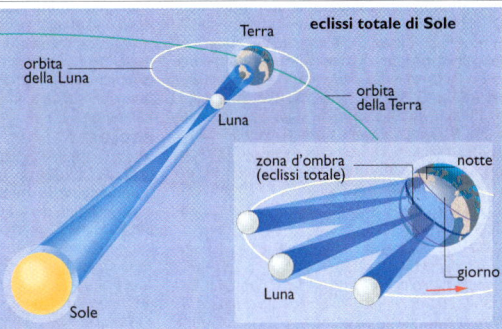

■ eclìssi

ecdisóne s.m. Ormone che determina la muta in insetti e crostacei.

echeggiàre v.intr. [5] (aus. *essere* o *avere*) **1.** Detto di suoni o rumori, risuonare con effetti di eco. **2.** Detto di luoghi, rimbombare di suoni o rumori come se fosse un'eco. ◆ v.tr. Ripetere, evocare suoni o modi espressivi.

Echenèidi s.m. pl. [Inizlale minusc. sing. *–de* per l'individuo] (lat. *Echeneidae*, dal gr. *ekhenẽīs*, propr. "che trattiene la nave") ZOOL. Famiglia di pesci ossei provvisti, nella parte superiore del capo, di un organo con funzione adesiva con cui si attaccano a imbarcazioni o ad altri pesci. (Ordine dei Perciformi.)

echìdna s.f. (lat. *Echidna*, gr. *ékhidna* "vipera", per gli aculei simili a denti di vipera) Mammifero australiano di piccole dimensioni, coperto di peli frammisti a corti aculei, con muso sottile, bocca priva di denti, lingua molto lunga e viscida atta a catturare gli insetti. (Ordine dei Monotremi.)

■ echìdna

Echìnidi s.m. pl. [iniziale minusc. sing. *–de* per l'individuo] ZOOL. Famiglia di echinoidi regolari comparsi nel cretaceo, ma molto più diffusi nel terziario e attualmente.

echìno s.m. **1.** Animale dei fondali marini, dal guscio globuloso, coperto di aculei mobili; è detto anche *riccio di mare*. (Classe degli Echinoidi.) **2.** ARCH. Elemento architettonico a forma di

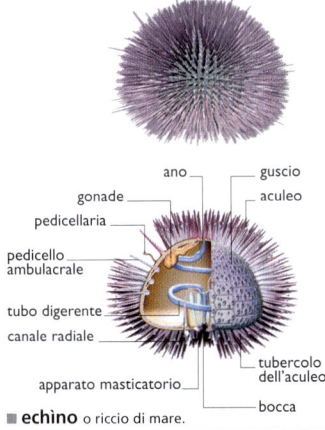

■ echìno o riccio di mare.

anello schiacciato interposto fra la colonna e l'abaco nel capitello dorico e ionico.

Echinocàctus s.m. inv. BOT. Genere di piante grasse ornamentali, con fusto tondeggiante e costole munite di spine. (Famiglia delle Cactacee.)

echinocòcco s.m. [pl. *–chi*] Parassita intestinale del cane, la cui larva si sviluppa nel fegato di molti mammiferi, fra cui l'uomo.

echinococcòsi s.f. inv. MED. Malattia parassitaria dell'uomo dovuta alla presenza nel fegato e in altri organi di echinococchi nella forma cistica larvale.

Echinodèrmi s.m. pl. [iniziale minusc. sing. *–ma* per l'individuo] ZOOL. Tipo di invertebrati marini, che si muovono grazie a pedicelli ambulacrali o vivono attaccati alle rocce.

Echinòidi s.m. pl. [iniziale minusc. sing. *–de* o *–do* per l'individuo] ZOOL. Classe di Echinodermi dal corpo tondeggiante ricoperto di piccole piastre calcaree aculeate, da cui fuoriescono i pedicelli ambulacrali.

Echiuroidèi s.m. pl. [iniziale minusc. sing. *–deo* per l'individuo] ZOOL. Tipo di animali marini vermiformi, dotati di una lunga proboscide; vivono sul fondo del mare o nelle crepe delle rocce.

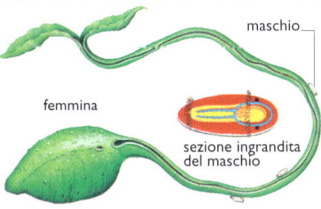

maschio
femmina
sezione ingrandita del maschio

■ Echiuroidèo (Bonellia viridis).

eclampsia s.f. (fr. *éclampsie*, deriv. di gr. *éklampsis* "fulgore improvviso" per il rapido insorgere della malattia) MED. Sindrome caratterizzata da convulsioni e da perdita di coscienza, che può insorgere durante il terzo trimestre di gravidanza o al momento del parto.

eclatànte agg. (fr. *éclatant*, deriv. di *éclater* "scoppiare") Di tutta evidenza, vistoso. *Vittoria eclatante.*

eclèttico agg. [pl.m. *–ci*, f. *–che*] (fr. *éclectique*, gr. *eklektikós* "che sceglie") **1.** Dell'eclettismo. ~ Che segue la corrente filosofica dell'eclettismo. **2.** Che non segue un solo metodo nello studio, nella ricerca, nell'arte ma combina teorie e metodi diversi. **3.** *estens.* Che spazia con discreta competenza in vari campi della cultura, che sa fare tante cose diverse. SIN.: **versatile**. **4.** *estens.* Che denota gusti, atteggiamenti vari, anche un po' stravaganti. ◆ s.m. [f. *–ca*] Nei sign. dell'agg.

eclettismo s.m. **1.** FILOS. Tendenza, sviluppatasi nel periodo ellenistico, a recepire dalle diverse filosofie gli elementi che parevano accordarsi tra loro ed essere universalmente accettati. **2.** ART. Pratica artistica, comune nel sec. XIX, basata sulla combinazione di stili diversi appartenenti al passato. **3.** *estens.* Tendenza a combinare modelli o metodi diversi in un qualsiasi campo

d'attività. ~ Con valore spregiativo, opera di raccolta di spunti, di idee altrui.

eclìmetro o **ecclìmetro** s.m. TOPOGR. Strumento che misura l'angolo d'inclinazione di una visuale rispetto alla linea dell'orizzonte.

eclissàre v.tr. **1.** ASTR. Rendere invisibile un astro, provocando un'eclissi. *La luna eclissò il sole.* **2.** *estens.* Offuscare con la propria luce la luminosità di qlco. *Il sole eclissa le stelle.* **3.** *fig.* Far sfigurare, far passare in secondo piano qlcu. o qlco. *Eclissare i rivali.* SIN.: **offuscare**. ◆ **eclissarsi** v.pron. **1.** Diventare invisibile a causa di una eclissi, cioè dell'interposizione di un corpo opaco. *La luna si è eclissata.* **2.** *fig.* Svanire. ~ Detto di persone, andar via, sparire, nascondersi. *Eclissarsi durante una riunione.*

eclìssi s.f. inv. (lat. *eclipsis*, gr. *ékleipsis* deriv. di *ekléipein* "abbandonare") **1.** Temporaneo oscuramento, parziale o totale, di un astro dovuto all'interposizione di un corpo celeste. ◇ *Eclissi di Sole:* quando la Luna si interpone tra la Terra e il Sole. – *Eclissi di Luna:* quando sulla Luna si proietta l'ombra della Terra che si interpone tra la Luna stessa e il Sole. **2.** *fig.* Perdita di fama, di prestigio di qlcu. o di qlco. che pare scomparire dal suo ambiente, dalla storia. *L'eclissi di uno scrittore.*

eclìttica s.f. [pl. *–che*] ASTR. Orbita immaginaria che il Sole descrive sulla sfera celeste nel suo moto apparente annuo intorno alla Terra. ~ Il piano dell'orbita della Terra intorno al Sole.

eclìttico agg. [pl.m. *–ci*, f. *–che*] ASTR. Relativo all'eclissi o all'eclittica.

eclogite s.f. GEOL. Roccia metamorfica composta da granato e pirosseno.

ecmnesìa s.f. (comp. di gr. *ek* "fuori" e *mnēsis* "ricordo") MED., PSICOL. Stato psichico anormale in cui i ricordi della vita recente sembrano svanire e il soggetto si sente riportato alla vita passata.

1. èco s.f. o s.m. [pl.m. *echi*] (lat. *ēcho*, gr. *ēkhō* deriv. di *ēkhēin* "rimbombare") **1.** Fenomeno acustico per cui un suono, riflesso da un ostacolo, viene udito nel punto di emissione. ◇ *fig.* *Fare eco a qlcu., farsi eco di qlcu.:* ripetere in modo pedissequo ciò che egli dice. **2.** *fig.* Ripercussione, risonanza che ha un fatto, una noti-

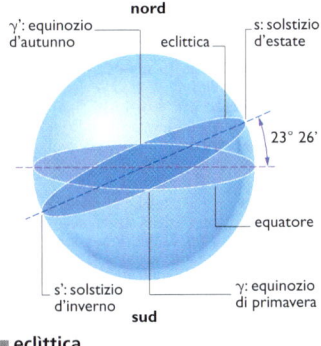

nord
γ': equinozio d'autunno
eclittica
s: solstizio d'estate
23° 26'
equatore
s': solstizio d'inverno
γ: equinozio di primavera
sud

■ eclìttica

zia, un fenomeno culturale. *Destare vasta eco.*
3. TECN. Nei collegamenti radiofonici e televisivi, ricezione diretta di un segnale accompagnata dalla ricezione del suo riflesso su superfici circostanti l'antenna ricevente. **4.** MUS. Ripetizione di un passo in una sonorità diminuita. **5.** Titolo di giornali, rubriche, agenzie d'informazione. **6.** Componimento poetico in cui le ultime parole o sillabe di un verso, ripetute, costituiscono la risposta a una domanda contenuta nel verso stesso.

2. èco s.f. inv. Ecografia, spec. nel l. degli addetti ai lavori.

èco- (gr. *ôikos* "casa") Primo elemento di composti col valore di "casa" (*ecofobia*), "ambiente", "natura" (*ecologia*). ~ *estens.* Nel l. gior., ha anche valore di ecologia, ecologista (*ecopacifista*), appartenente al gruppo politico dei verdi (*ecodeputato*).

ecobilàncio s.m. Bilancio quantitativo che permette di valutare l'impatto ecologico di produzione, consumo ed eliminazione di un prodotto industriale.

ecocardiografia s.f. MED. Tecnica diagnostica basata sull'impiego di ultrasuoni per rilevare anomalie del cuore o dei grossi vasi.

ecocatàstrofe s.f. ECOL. Disastro ambientale.

ecocidio s.m. [pl. *–di*] ECOL. Distruzione dell'ambiente naturale operata dall'uomo.

ecocompatibile agg. Detto di prodotto, materiale, tecnologia che non inquina.

ecodiesel [/'ɛco,diːzəl/] agg. Di auto a gasolio che rispetta le direttive CEE per l'emissione di gas inquinanti.

ecoetichétta s.f. Marchio europeo che garantisce la compatibilità di un prodotto con l'ambiente, durante tutto il suo ciclo di produzione, distribuzione e consumo.

ecofàse s.f. ECOL. Periodo della vita di un animale caratterizzato da un adattamento a condizioni particolari.

ecofobia s.f. PSICOL. Paura morbosa di star soli in casa.

ecogoniòmetro s.m. MAR. Apparecchio che rileva la profondità dei fondali marini od ostacoli sommersi grazie alla riflessione di ultrasuoni. SIN.: **sonar**.

ecografia s.f. MED. Tecnica diagnostica basata sulla rilevazione dei segnali rimandati dagli ultrasuoni inviati sull'organo da esaminare. ~ La lastra che ne risulta.

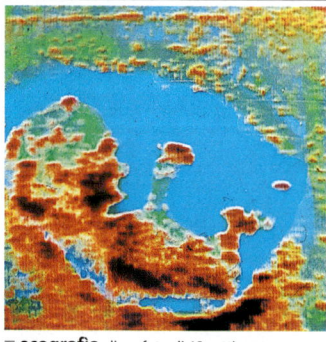

■ **ecografia** di un feto di 12 settimane.

ecogràfico agg. [pl.m. *–ci*, f. *–che*] MED. Relativo all'ecografia.

ecografista s.m. e f. [pl.m. *–sti*] Medico che esegue esami diagnostici usando l'ecografo.

ecoincentivo s.m. Incentivo, sconto concesso a chi produce o acquista prodotti meno inquinanti.

ecolalia s.f. **1.** Abitudine di ripetere, parlando, una o più parole della stessa frase, p.e. *l'ho detto io, l'ho detto.* **2.** MED. Ripetizione meccanica dell'ultima parola o sillaba o parte di frase udita; fenomeno caratteristico dei bambini nella fase di apprendimento del linguaggio oppure, in soggetti adulti, sintomo di disturbi del linguaggio.

ecolocalizzazióne s.f. **1.** Parte dell'ecometria che sfrutta il fenomeno dell'eco ultraso-

nora per determinare, mediante un sonar, la posizione di un oggetto (nave, sottomarino, mina subacquea, iceberg) in superficie o in immersione. **2.** ZOOL. Modalità d'orientamento tipica di alcuni animali (pipistrelli, delfini) che individuano ostacoli e prede tramite l'eco degli ultrasuoni da loro emessi.

ecologia s.f. (ted. *Oekologie*) **1.** Scienza che studia i rapporti tra gli esseri viventi e l'ambiente. **2.** Nel l. odierno, indica anche, sia pure impropriamente, la necessità di difendere la natura e la sensibilità per i problemi dell'ambiente.
ENCICL. Il termine fu creato nel 1866 dal biologo tedesco Ernst Haeckel. Solo nel corso degli anni Trenta, però, questa scienza assunse importanza grazie agli studi relativi all'azione delle condizioni fisiche ambientali sugli esseri viventi (fattori abiotici) e all'azione che gli esseri viventi esercitano sull'ambiente (fattori biotici). Da allora l'ecologia si è sviluppata integrando le conoscenze della biologia e di altre scienze (geologia, climatologia, economia, ecc.). Essa indaga la struttura e il funzionamento degli ecosistemi, nei quali scambi permanenti d'energia e di materia (catene alimentari, cicli ecologici) determinano la velocità di accrescimento della biomassa (produttività). Studia l'azione dell'uomo allo scopo di limitarne le conseguenze negative (deterioramento dell'ambiente, inquinamento, diminuzione della biodiversità, ecc.) e di favorire una gestione razionale della natura. Dalla fine degli anni Sessanta le preoccupazioni ecologiche sono state il motore di movimenti associativi, ideologici (ecologismo) e politici.

ecològico agg. [pl.m. *–ci*, f. *–che*] **1.** Relativo all'ecologia. **2.** Che salvaguarda l'ambiente naturale.

ecologismo s.m. Cultura ecologica o movimento ecologista.

ecologista s.m. e f. [pl.m. *–sti*] **1.** Studioso di ecologia. **2.** Sostenitore di campagne e iniziative ecologiche. SIN.: **ambientalista.** ❑ In funzione di agg., nell'accez. 2 di s.

ecòlogo s.m. [f. *–ga*, pl.m. *–gi*, f. *–ghe*] Studioso di ecologia.

ecometria s.f. Tecnica che utilizza uno speciale scandaglio elettroacustico, detto ecometro, per studiare le profondità marine o per rilevare la posizione di oggetti sommersi, banchi di pesci, giacimenti petroliferi.

ecòmetro s.m. MAR. Apparecchio che mediante la misurazione del tempo intercorrente tra l'emissione di segnali ultrasonori e la ricezione dei segnali riflessi, consente di rilevare la profondità dei fondali marini e di individuare ostacoli sommersi. SIN.: **ecoscandaglio**.

e-commerce [/i'kʌmɛːs/] s.m. inv. (voce ingl.) Commercio elettronico via Internet. ~ Insieme delle tecnologie e delle procedure mediante cui si realizza un meccanismo di acquisto diretto di beni e servizi in un sito Internet.

economàto s.m. **1.** Carica di economo. **2.** Ufficio preposto all'approvvigionamento e manutenzione delle attrezzature e dei materiali necessari al funzionamento di un ente.

econometria s.f. Parte dell'economia che studia i processi economici utilizzando modelli matematici e metodi statistici.

economia s.f. **1.** Modo di operare volto a ottenere il massimo vantaggio con il minimo dispendio di energie e risorse. ◇ *Lavori in economia:* eseguiti direttamente dal committente, che fornisce i materiali e paga la manodopera. **2.** *estens.* Saggia amministrazione dei beni, del danaro. *Fare economia.* SIN.: parsimonia. ◇ *Economia domestica:* la gestione degli affari di famiglia. **3.** (al pl.) Risparmi accumulati. *Essere derubato di tutte le proprie economie.* **4.** Attività dell'uomo organizzata su base sociale, volta allo sfruttamento di beni naturali e alla produzione e distribuzione di ricchezza. ◇ *Economia passiva o distruttiva:* quella basata sul semplice consumo di quanto la natura offre. **5.** Insieme delle attività di una comunità relative alla produzione, distribuzione e consumo delle ricchezze. *L'economia europea.* ◇ *Economia aperta:* quella in cui si praticano le esportazioni e le importazioni. – *Economia chiusa:* quella in cui non si effettuano scambi commerciali con l'estero. – *Economia di guerra:*

quella adottata dal governo al fine di adeguare il sistema economico nazionale alle esigenze che derivano dalla partecipazione dello Stato ad un evento bellico. – *Economia di mercato, capitalistica:* quella basata sulla proprietà privata dei mezzi di produzione. – *Economia mista:* quella in cui lo stato interviene attraverso il possesso, diretto o tramite enti di gestione, di quote di capitale di imprese organizzate nella forma di società per azioni, affiancandosi in questo modo all'iniziativa privata. – *Economia sommersa:* nel l. della pubblicistica politico-economica, quota di reddito nazionale che sfugge a ogni rilevazione statistica e a ogni controllo fiscale. **6.** Scienza che studia la produzione, la distribuzione della ricchezza e i rapporti che si instaurano tra le categorie economiche e i rapporti sociali a esse connessi. *Economia mercantilista.* ~ (iniziale maiusc.) La disciplina universitaria a essa collegata. *Facoltà di Economia e Commercio.* ◇ *Economia politica:* disciplina economica classica che prende in esame le categorie economiche e i rapporti sociali a esse connessi. – *Economia aziendale:* studio dell'attività economica di un'azienda e delle relative componenti connesse alla gestione, all'organizzazione e alla rilevazione (marketing, produzione, finanza, amministrazione del personale, pianificazione e budget, sistema informativo, giudizi di convenienza economica). **7.** *fig.* Organizzazione del contenuto di un testo scritto od orale secondo i criteri concettuali e stilistici dell'autore. *L'economia di un'opera teatrale.*

economicità s.f. inv. **1.** Conformità alle leggi dell'economia. **2.** Convenienza, vantaggio da un punto di vista economico.

econòmico agg. [pl.m. *–ci*, f. *–che*] **1.** Relativo all'economia. ~ Che riguarda la gestione dell'economia. **2.** Che tende a ottenere il massimo vantaggio con il minimo costo. ~ Che fa risparmiare.

economismo s.m. Dottrina che privilegia, nell'ambito dello studio delle attività umane, le questioni economiche; è detto spec. di certe concezioni filosofiche, perlopiù con valore spregiativo.

economista s.m. e f. [pl.m. *–sti*] Studioso di economia.

economizzàre v.tr. Usare qlco. con parsimonia. *Economizzare il tempo.* SIN.: **risparmiare**. ◆ v.intr. (aus. *avere*) Fare economia, ridurre le spese. *Economizzare sul cibo.*

economizzatóre s.m. (calco dell'ingl. *economizer*) **1.** TECN. Dispositivo che serve a ridurre il consumo di combustibile o di altra fonte d'energia. **2.** Preriscaldatore d'acqua di una caldaia a vapore.

ecònomo agg. [f. *–ma*] (lat. *oecònomum*, gr. *oikonómos* comp. di *ôikos* "casa" e *némein* "amministrare") Che sa risparmiare. SIN.: **parsimonioso**. ◆ s.m. Chi dirige un economato.

ecopacifista s.m. e f. [pl.m. *–sti*] Chi segue una politica che vuole accordare il pacifismo con i problemi dell'ecologia.

ecoscandàglio s.m. [pl. *–gli*] MAR. → ecometro.

ecosfèra s.f. GEOFIS. La parte dell'atmosfera terrestre in cui può svilupparsi la vita.

ecosistèma s.m. [pl. *–mi*] Unità ecologica costituita dalla condizione di equilibrio delle relazioni fra gli esseri viventi e l'ambiente chimico-fisico in cui si trovano. SIN.: **biosistema**.

ecoterrorismo s.m. Insieme di atti di violenza commessi per sabotare società responsabili di gravi danni ambientali.

ecoterrorista s.m. e f. Chi compie atti di ecoterrorismo.

ecotipo s.m. BIOL. Aspetto particolare di una specie dovuto al diverso ambiente di sviluppo.

ecotomografia s.f. MED. Ecografia che permette di esaminare i vari piani di un organo.

ecotòno s.m. ECOL. Zona di transizione tra due ecosistemi limitrofi.

ecotossicologia s.f. Studio delle sostanze inquinanti, dei loro effetti sulla biosfera e del loro impatto sulla salute.

ecoturismo s.m. Turismo che ha come meta luoghi di interesse ambientale o che viene effettuato rispettando l'ambiente naturale.

écru [/e'kry/] agg. inv. (voce fr., deriv. di *cru* "crudo") Di fibra che non ha subito il candeggio e del colore tra il grigio e il beige che le è proprio. ◆ s.m. inv. Colore écru.

ecstasy [/'ɛkstəsi/] s.f. inv. (voce ingl., propr. "estasi") Droga composta da una miscela di anfetamina, allucinogeni e acidi vari.

ectima s.m. MED. Infezione della pelle con pustole e croste nere.

ectoblàsto s.m. BIOL. Ectoderma.

ectodèrma s.m. [pl. –mi] **1.** ZOOL. Strato cellulare esterno della parete del corpo dei celenterati. **2.** BIOL. Foglietto germinativo esterno proprio dello stadio di gastrula nei Metazoi.

ectoparassìta s.m. [pl. –ti] BIOL. Parassita che vive sulla superficie esterna del corpo dell'ospite.

ectopìa s.f. MED. Posizione anomala di un organo. *Ectopia testicolare.*

ectoplàsma s.m. [pl. –mi] **1.** MICROBIOL. Parte superficiale gelatinosa del citoplasma cellulare. **2.** PARAPSIC. Sostanza che sembra promanare dal corpo dei medium. ~ *estens.* Essere evanescente. **3.** *fig.* Persona inconsistente, senza personalità o senza autorevolezza.

Ectoprócti o **Ectopròtti** s.m. pl. [iniziale minusc. sing. –*to* per l'individuo] ZOOL. → **Briozoi**.

ectotèrmo agg. FISIOL. Si dice di un anima le la cui temperatura corporea deriva da scambi termici con l'ambiente.

ectròpion s.m. inv. (gr. *ektrópion*, deriv. di *ektrépein* "volgere in fuori") MED. Rovesciamento verso l'esterno del bordo della palpebra, che non può più coprire il globo oculare (in oppos. a *entropion*).

ECU [/'ɛku o e'ky/] s.m. inv. (sigla dell'ingl. *European Currency Unit* "unità monetaria europea") Unità monetaria convenzionale usata negli scambi tra i paesi della CEE fino all'introduzione dell'euro, il cui valore era calcolato in base a una media ponderata dei valori delle unità monetarie dei paesi aderenti.

ecuadoriàno agg. Dell'Ecuador. ◆ s.m. [f. –na] Nativo, abitante dell'Ecuador.

ecumène s.f. (solo sing.) (gr. *oikouménē gē* "terra abitata") GEOGR. Parte abitabile della superficie terrestre.

ecumènico agg. [pl.m. –ci, f. –che] Che riguarda tutte le terre abitate, di uso spec. religioso. SIN.: **universale**. ◇ *Concilio ecumenico:* quello a cui partecipano tutti i vescovi della Chiesa cattolica, sotto la presidenza del papa. – *Consiglio ecumenico delle chiese:* organismo internazionale che riunisce la quasi totalità delle religioni cristiane acattoliche.

ecumenìsmo s.m. CRIST. Movimento che auspica l'unione di tutte le Chiese cristiane separate.
ENCICL. Nato sulla scia della conferenza internazionale protestante di Edimburgo (1910), l'ecumenismo contemporaneo si è concretizzato nella creazione del Consiglio Ecumenico delle Chiese (1948), al quale la Chiesa cattolica, a lungo estranea al movimento, invia degli osservatori dal 1962 (Concilio Vaticano II). Un importante passo è stato compiuto con l'incontro ecumenico tenutosi a Santiago de Compostela (Spagna) nel novembre 1991. Difficoltà sono sorte nell'ultimo decennio del sec. XX, per l'ammissione delle donne al sacerdozio nella Chiesa anglicana e per le tensioni createsi tra la Chiesa di Roma e alcune Chiese ortodosse orientali dopo la caduta del regime comunista nei Paesi dell'Est, nel timore di un rinnovato proselitismo cattolico tra i fedeli ortodossi.

eczèma s.m. (gr. *ékzema*, deriv. di *ekzéīn* "bollire") MED. Dermatosi allergica molto frequente, caratterizzata da rossore, vescicole e prurito.

edàfico agg. [pl.m. –ci, f. –che] BOT. Che è legato al suolo.

èdafon s.m. inv. BIOL. L'insieme di piccoli organismi e di microrganismi che vivono nello strato superficiale del suolo modificandone la composizione chimica.

èdam s.m. inv. (dal nome della città) Formaggio olandese a pasta dura, di forma sferica, rivestito di paraffina rossa.

---

edelweiss [/'eːdəlˌvais/] s.m. inv. (voce ted., propr. "bianco nobile") Pianta erbacea con fiori vellutati, che cresce sulle montagne dell'Europa occidentale; detta anche *stella alpina*. (Genere *Leontopodium*; famiglia delle Composite.)

■ **edelweiss** o stella alpina.

edèma o **èdema** s.m. [pl. –mí] (lat. *oedema*, dal gr. *óidēma* "gonfiore") MED. Accumulo anormale del liquido interstiziale dei tessuti. ◇ *Edema di Quincke:* forma di orticaria caratterizzata da un edema acuto prevalentemente facciale ma che può raggiungere la laringe.

edematóso agg. **1.** MED. Che presenta i caratteri dell'edema. **2.** Che è affetto da edema. ◆ s.m. Nell'accez. 2 dell'agg.

èden s.m. inv. (ebr. *ē'den* orig. "giardino" poi "delizia") **1.** (iniziale maiusc.) Nell'Antico Testamento, luogo in cui Dio collocò l'uomo dopo averlo creato. SIN.: **paradiso terrestre**. **2.** *estens.* Luogo di delizie oppure condizione di pace e di felicità.

edènico agg. [pl.m. –ci, f. –che] Proprio dell'eden, paradisiaco.

édera s.f. Pianta rampicante sempreverde, con bacche nere velenose, che aderisce ai muri e agli alberi grazie a radici avventizie. (Genere *Hedera*; famiglia delle Araliacee.) ◇ *Edera terrestre:* erba perenne sempreverde con piccoli fiori violetti. (Genere *Glechoma hederacea*.) – *fig. Attaccarsi come l'edera:* avere un rapporto esclusivo e soffocante.

frutto

■ **édera**

edìcola s.f. (lat. *aedīculam* "tempietto") **1.** Elemento architettonico a forma di tempietto o di tabernacolo che general. accoglie una statua. **2.** Chiosco per la vendita di giornali.

edicolànte s.m. e f. Chi vende i giornali in un'edicola.

edificàbile agg. **1.** Che può essere costruito. *Un fabbricato edificabile in tempi brevi.* **2.** Di lotto di terreno su cui si possono costruire edifici. *Area edificabile.*

edificànte agg. Che è di buon esempio, che invoglia a compiere il bene. *Lettura edificante.* SIN.: **educativo**.

edificàre v.tr. [4] **1.** Costruire un'opera in muratura. *Edificare un palazzo.* SIN.: **fabbricare**. **2.** *fig.* Fondare, istituire qlco. stabilmente. *Edificare un impero.* **3.** *fig.* Innalzare l'animo al bene con le parole e l'esempio. *Edificare le coscienze.* SIN.: **educare**.

edifìcio s.m. [pl. –ci, –zi] **1.** Costruzione architettonica destinata a sede di attività o ad abitazione. *Edificio sacro.* **2.** *fig.* Struttura, complesso.

L'edificio dello stato. **3.** *fig.* Insieme ben strutturato di motivi addotti a sostegno di un'asserzione. *L'edificio dell'accusa.* SIN.: **castello**.

edìle agg. (lat. *aedīlem*, deriv. di *aēdes* "abitazione, tempio") Che ha attinenza con l'attività edilizia. ◆ s.m. **1.** ANT. ROM. Magistrato eletto annualmente dalla plebe con il compito di avere cura degli edifici pubblici. **2.** (spec. pl.) Lavoratori dell'edilizia.

edilìzia s.f. Tecnica, attività volta alla costruzione e alla manutenzione di edifici privati o pubblici. ◇ *Edilizia popolare:* edilizia residenziale destinata a particolari categorie di cittadini e agevolata da apposite disposizioni di legge. – *Edilizia pubblica:* relativa a fabbricati destinati a servizi pubblici in genere. – *Edilizia residenziale:* riguardante fabbricati destinati ad abitazione.

edilìzio agg. [pl.m. –zi] **1.** Relativo all'edilizia. **2.** Relativo agli edili dell'antica Roma.

edìpico agg. [pl.m. –ci, f. –che] PSICOAN. Relativo al *complesso di Edipo.

editàre v.tr. **1.** Pubblicare, stampare qlco. **2.** INFORM. Organizzare e modificare dati memorizzati da un computer, mediante appositi programmi applicativi.

editing [/'ɛditiŋ/] s.m. inv. (voce ingl., deriv. di *to edit* "dare alle stampe") Sistemazione redazionale del testo prima della pubblicazione.

editio princeps loc. sost. f. inv. (loc. lat., propr. "edizione prima") FILOL. Prima edizione di un testo classico o medievale.

èdito agg. Stampato, pubblicato. *Poesie edite e inedite.*

editor [/'ɛditə/] s.m. inv. (voce ingl., deriv. di *to edit* "dare alle stampe") **1.** In una casa editrice, responsabile di una collana o di una linea editoriale. **2.** INFORM. Programma applicativo specializzato per la modifica di uno o più tipi di dati. *Editor di testo, di immagini.*

editóre s.m. [f. –*trice*] (fr. *éditeur*, lat. *editōrem* "chi produce") **1.** Imprenditore o società che pubblica libri, giornali, dischi, cassette e simili. **2.** Curatore di un'edizione. *Editore di opere antiche.* ▢ In funzione di agg.: nell'accez. 1 del s.

editorìa s.f. **1.** Attività industriale che ha per oggetto la pubblicazione di libri, di periodici, di informazioni, anche radiofoniche e televisive. **2.** L'insieme degli editori e delle attività connesse con la pubblicazione di libri, giornali, informazioni.

editoriàle agg. **1.** Relativo all'editore e all'editoria. **2.** Nell'organizzazione aziendale delle case editrici, che si occupa della produzione di libri. *Direttore editoriale.* ◆ s.m. Nel l. gior., articolo di fondo, pubblicato in prima pagina e spesso non firmato, che rispecchia l'indirizzo ideologico del giornale. ~ *estens.* Commento del direttore di un giornale radiotelevisivo.

editorialìsta s.m. e f. [pl.m. –sti] Persona che scrive l'editoriale di un giornale.

editto s.m. (lat. *edīctum*, deriv. di *edīcere* "rendere noto") Nella Roma antica, ordinanza emanata da una pubblica autorità.

edizióne s.f. (lat. *editiōnem*, deriv. di *ēdere* "mandare fuori") **1.** Pubblicazione di un'opera a stampa in un numero di esemplari adeguato alla diffusione pubblica. *Edizione economica.* **2.** L'insieme degli esemplari di una tiratura a stampa. *Prima edizione.* ~ Ogni singola copia di una tiratura. *Un'edizione rilegata.* **3.** Ogni tiratura di un giornale, soprattutto in riferimento all'ora di uscita. ~ Ogni trasmissione di un notiziario radiofonico o televisivo. *Edizione straordinaria.* **4.** Allestimento di un'opera teatrale. *Una nuova edizione della "Traviata".* ~ Versione di un film. *Edizione integrale di un film.* **5.** Ripetizione periodica di una manifestazione. *La scorsa edizione delle Olimpiadi.* **6.** INFORM. *Edizione elettronica:* pubblicazione su supporto elettronico.

edochiàno agg. (deriv. di giapp. *Edo*, ant. nome di Tokyo) Di Tokyo. ◆ s.m. [f. –*na*] Abitante di Tokyo.

edonìsmo s.m. **1.** FILOS. Dottrina epicurea che pone lo scopo della vita nel piacere. **2.** *estens.* Ricerca del piacere nella vita. **3.** Teoria estetica che considera fine dell'arte il procurare diletto.

edonìsta s.m. e f. [pl.m. *-sti*] Seguace dell'edonismo. ~ *estens.* Persona che ricerca il piacere. ❑ In funzione di agg., edonistico.

edonìstico agg. [pl.m. *-ci*, f. *-che*] Proprio dell'edonismo e dell'edonista.

edredóne s.m. (fr. *édredon*, islandese *aedhar-dúnn*) Anatra marina con piumaggio lungo e morbido; vive sulle coste scandinave. (Lunghezza 60 cm; genere *Somateria*, famiglia degli Anatidi.)

educandàto s.m. Istituto religioso dove sono ospitate ed educate le fanciulle.

educàre v.tr. [4] **1.** Far crescere e maturare qlcu. dal punto di vista morale e intellettuale. *Educare i figli.* SIN.: **formare**. **2.** Sviluppare con l'insegnamento determinate facoltà fisiche o spirituali. *Educare il gusto.* ~ Formare qlcu. indirizzandone l'animo verso determinati fini, qualità, comportamenti. *Educare i giovani alle arti.* **3.** Abituare qlcu. o qlco. a una certa pratica o convenienza attraverso l'esercizio. *Educare il corpo alle privazioni.* SIN.: **allenare**.

educational [/ˈɛdjəˈkeɪʃənəl/] s.m. inv. (voce ingl., propr. "educativo") Ausilio, strumento didattico, spec. nel settore informatico.

educatìvo agg. **1.** Che concerne l'istruzione. **2.** Che contribuisce all'istruzione.

educàto agg. **1.** Che si comporta con garbo e cortesia. SIN.: **gentile**. **2.** Affinato dallo studio, dall'esercizio.

educatóre agg. [f. *-trice*] Volto all'educazione morale e all'istruzione. ◆ s.m. (anche f.) **1.** Persona con il compito di educare i giovani. **2.** Pedagogista. **3.** Dipendente dell'amministrazione giudiziaria che lavora nelle carceri con compiti di assistenza pedagogica ai detenuti.

educazióne s.f. **1.** Trasmissione di sapere e di esperienza da una generazione all'altra, finalizzata al riconoscimento e all'acquisizione dei valori morali e culturali. *Educazione alla virtù.* **2.** Processo di acquisizione di nozioni e di abilità in particolari campi del sapere, curato dalla scuola o da altre istituzioni ed evidenziato nella denominazione stessa delle materie oggetto di insegnamento. *Educazione artistica.* ◇ *Educazione civica:* quella che porta a conoscenza degli studenti i principi giuridici e politici su cui si fondano la convivenza civile e le istituzioni. – *Educazione fisica:* quella che cura lo sviluppo del corpo attraverso la ginnastica. – *Educazione ambientale:* disciplina educativa che divulga criteri comportamentali di rispetto e correttezza nei confronti della natura e delle sue risorse. **3.** Capacità di comportarsi correttamente e rispettosamente con le altre persone.

edulcorànte agg. Dolcificante. ◆ s.m. Nel sign. dell'agg.

edulcoràre v.tr. (fr. *édulcorer*) **1.** Dolcificare un alimento. **2.** *fig.* Rendere o presentare qlco. come meno grave o sgradevole di quanto sia in realtà. *Edulcorare i fatti.*

edulcoràto agg. **1.** Addolcito. **2.** *fig.* Attenuato nella sua crudità, reso meno grave o duro.

eduzióne s.f. **1.** FILOS. Nella Scolastica, l'emergere della forma dalla materia, ossia il passaggio dalla potenza all'atto. **2.** IND. ESTR. L'insieme delle operazioni con cui si riversa in superficie l'acqua che filtra nelle miniere.

efebìa s.f. Istituzione dell'antica Atene che prevedeva per i giovani di condizione libera di diciotto anni un periodo di educazione militare e culturale.

efèbo s.m. **1.** Nell'antica Grecia, adolescente. **2.** *estens.* Giovane di forme e bellezza delicate.

Efèdra s.f. BOT. Genere di piante arbustive con fiori gialli, piccole foglie coriacee e bacche rosse commestibili, da cui si estrae l'efedrina. (Famiglia delle Efedracee.)

Efedràcee s.f. pl. [iniziale minusc. sing. *-a* per l'individuo] BOT. Famiglia di piante delle Gimnosperme, simili alle ginestre, con fusto ramificato alla base.

efedrìna s.f. FARM. Alcaloide estratto da diverse specie dell'Efedra o prodotto per sintesi, utilizzato in medicina.

efèlide s.f. (lat. *ephēlidem*, gr. *éphēlis* forse comp. di *epí* "sopra" ed *hḗlios* "sole" perché causata dall'esposizione al sole) Piccola macchia di colore giallo-bruno che si manifesta sulla pelle delle persone di carnagione chiara e con capelli biondi o rossi.

Efèmera s.f. ZOOL. Genere di insetti con ali membranose che, allo stato adulto, vivono solo poche ore. (Ordine degli Efemerotteri.)

Efemeròtteri s.m. pl. [iniziale minusc. sing. *-ro* per l'individuo] ZOOL. Ordine di insetti che si formano in acqua per un certo periodo e dopo aver raggiunto l'aspetto adulto vivono soltanto uno o due giorni.

èffe s.f. o s.m. inv. **1.** Nome della lettera alfabetica f. **2.** MUS. Piccola apertura a forma di *f* praticata nella tavola armonica di alcuni strumenti ad arco.

effemèride o **efemèride** s.f. **1.** Nelle monarchie orientali ed ellenistiche, libro in cui si annotavano gli atti del re. **2.** *estens.* Registrazione degli avvenimenti quotidiani. **3.** Pubblicazione periodica di carattere letterario o scientifico. **4.** ASTR. Tavola numerica che riporta le coordinate degli astri sulla sfera celeste per ogni anno solare.

effemerotèca s.f. [pl. *-che*] → **emeroteca**.

effeminàre o **effemminàre** v.tr. Dare un carattere femminile a qlco. o a qlcu. ◆ **effeminarsi** v.pron. Assumere atteggiamenti femminei. ~ Diventare troppo debole o lezioso. SIN.: **rammollirsi**.

effeminàto o **effemminàto** agg. Che non ha o non mostra la forza, il vigore considerati propri del maschio. ~ *spreg.* Smidollato. ◆ s.m. [f. *-ta*] Persona effeminata.

effèndi o **efèndi** s.m. inv. (turco *efendi*, gr. *audéndis*) Nell'impero ottomano, titolo dato ai funzionari del sultano o a uomini di cultura.

efferatézza s.f. Particolare ferocia, crudeltà.

efferàto agg. (lat. *efferātum*, deriv. di *efferāre* "rendere selvaggio") Feroce, crudele.

efferènte agg. **1.** Che porta, che conduce fuori. **2.** MED. Di condotto che si allontana da un organo.

effervescènte agg. (lat. *effervescĕntem*, deriv. di *effervēscere* "cominciare a bollire") **1.** Che produce effervescenza, che è in stato di effervescenza. **2.** *fig.* Caratterizzato da vitalità, da dinamismo, da creatività. SIN.: **vivace**.

effervescènza s.f. **1.** CHIM. Sviluppo tumultuoso di bollicine di gas in un liquido. **2.** *fig.* Agitazione, eccitazione.

effettivaménte avv. Sicuramente, davvero, in realtà.

effettività s.f. inv. **1.** Esistenza di fatto, concretezza, realtà. **2.** DIR. Sussistenza di fatto di un nuovo Stato, che è condizione necessaria per il suo riconoscimento giuridico.

effettìvo agg. **1.** Che esiste, che si è verificato e non è pertanto opinabile. SIN.: **reale**. **2.** Che è inserito legittimamente e stabilmente in un'organizzazione, in un ufficio. *Personale effettivo.* ◆ s.m. **1.** Numero di uomini di un'unità militare. ~ *estens.* (spec. pl.) Numero di individui che compongono un gruppo. *Gli effettivi di una banca.* **2.** Consistenza, quantità reale. *L'effettivo di un patrimonio.*

effètto s.m. **1.** Ciò che è originato da una causa ~ *estens.* Conseguenza, risultato di qlco. *Gli effetti dell'inquinamento.* ◇ *Effetti collaterali:* possibili effetti dannosi di un farmaco con un primario effetto benefico. – *loc. prep. Per effetto di:* in conseguenza di. *Per effetto delle piogge acide, gli alberi sono morti.* **2.** Finalità che si vuole raggiungere. *Ottenere l'effetto voluto.* ~ Attuazione di qlco. *Dare effetto a qualcosa.* ◇ *loc. cong. In effetti:* peraltro, però. *In effetti, poi tutto è andato bene.* **3.** *estens.* Efficacia, validità. *Decreto con effetto immediato.* **4.** FIS. Fenomeno che ha precisi caratteri e che si manifesta sempre in relazione a una determinata causa. ◇ *Effetto Joule:* fenomeno secondo cui un circuito si riscalda perché la corrente cede energia sotto forma di calore. **5.** Fenomeno non dotato di oggettività ma che pure appare reale alla percezione soggettiva. *Effetto ottico.* **6.** *estens.* Accorgimento con cui si induce una determinata impressione, si simula qlco. di fantastico. *Effetti di luce.* ~ Impressione che turba. *Immagini di grande effetto.* ◇ CINE. *Effetto notte:* tecnica di ripresa che conferisce a un filmato girato in piena luce l'aspetto di una scena notturna; in radiogoniometria, errore di rilevazione dovuto alla riflessione delle onde elettromagnetiche prodotta dalla ionosfera all'alba e al tramonto. – *Effetti sonori:* ricostruzione, a teatro, alla radio, al cinema, dei rumori che accompagnano l'azione. – *Effetti speciali:* nel cinema, immagini alterate o illusionistiche ottenute con tecniche particolari e le tecniche stesse. **7.** SPORT. Nei giochi con la palla e nel biliardo, rotazione impressa alla sfera, per modificarne la traiettoria. *Tiro a effetto.* **8.** *Effetti personali:* capi di vestiario e oggetti personali. **9.** BANC., COMM. Cambiale o titolo di credito. *Scontare un effetto.*

effettóre s.m. **1.** FISIOL. Organo, tessuto che viene messo in attività da una fibra nervosa efferente, che reagisce a stimoli esterni. **2.** BIOCHIM. Sostanza che influenza la velocità di reazione enzimatica.

effettuàle agg. (fr. *effectuel*) Che ha natura di fatto, che ha evidenza oggettiva.

effettuàre v.tr. (fr. *effectuer*) Realizzare, attuare qlco. *Effettuare un progetto.* ◆ **effettuarsi** v.pron. Accadere, svolgersi. *La partita non si effettuerà.*

efficàce agg. (lat. *efficācem*, deriv. di *efficere* propr. "fare del tutto") **1.** Che produce l'effetto desiderato. SIN.: **valido**. **2.** Che suscita sentimenti, emozioni o, riferito a persona, che si esprime con forza espressiva. SIN.: **persuasivo**. **3.** FIS. *Valore efficace:* radice quadrata della media temporale dei quadrati di una grandezza.

efficàcia s.f. [pl. *-cie*] **1.** Capacità di produrre l'effetto voluto. SIN.: **validità**. **2.** Capacità di suscitare in altri le emozioni e i sentimenti voluti. SIN.: **espressività**. **3.** DIR. Disposizione di un atto giuridico a produrre gli effetti per cui viene compiuto.

efficiènte agg. **1.** Di cosa, che funziona bene. ~ Di persona, che è intellettualmente valida e produttiva nelle attività. **2.** FILOS. Che produce effetti. ◇ *Causa efficiente:* secondo le concezioni aristoteliche, quella che dà origine prima a un mutamento.

efficientìsmo s.m. Tendenza a conseguire a ogni costo un alto rendimento e a considerare l'efficienza un valore primario.

efficiènza s.f. **1.** Competenza e prontezza nell'assolvere le proprie mansioni. ~ Con riferimento a cose, capacità di raggiungere i risultati richiesti. **2.** FIS. Per una macchina, rapporto tra la potenza in uscita e quella impegnata in ingresso.

effìgie o **effìge** s.f. [pl. *-gie*, *-gi*] (lat. *effigiem*, deriv. di *effingere* "riprodurre in rilievo") Rappresentazione, immagine di una persona.

effìmero agg. **1.** Che dura un solo giorno. **2.** *estens.* Di breve durata. SIN.: **fugace**. **3.** BOT. Di fiore, che appassisce in poche ore. ~ Di pianta, che ha un ciclo vitale di pochi mesi. **4.** ZOOL. Di insetto che, raggiunto lo stato adulto, resta in vita per le poche ore necessarie alla riproduzione. ◆ s.m. (solo sing.) Ciò che è transitorio, inconsistente.

efflorescènte agg. (lat. *efflorescĕntem*, deriv. di *efflorēscere* "cominciare a fiorire") CHIM. Soggetto a efflorescenza.

efflorescènza s.f. **1.** CHIM., CRISTALLOGR. Proprietà di un composto idrato di perdere l'acqua di cristallizzazione a contatto con l'aria, divenendo opaco e poi riducendosi in polvere. SIN.: **delitescenza**. **2.** GEOL. Formazione, dovuta all'umidità, di minuti cristalli salini su materiali porosi contenenti sali solubili. **3.** MED. Eruzione cutanea, esantema.

effluènte agg. Che sgorga fuori da un condotto. ◆ s.m. L'insieme dei rifiuti eliminato attraverso le fognature.

efflùvio s.m. [pl. *-vi*] **1.** (spec. pl.) Propagazione nell'aria di un odore gradevole. ~ *iron.* Puzza. **2.** *estens.* Emanazione, flusso. ◇ *Effluvio elettrico:* tipo di scarica elettrica che si produce quando la tensione è di poco inferiore a quella esplosiva.

effrazióne s.f. (fr. *effraction*, lat. *effractiónem* deriv. di *effringere* "rompere del tutto") DIR. Forzatura di sistemi di chiusura o di dispositivi di sicurezza; costituisce circostanza aggravante nei reati di furto. SIN.: **scasso**.

effusióne s.f. **1.** Fuoriuscita di un fluido da un'apertura. ~ Spargimento, versamento. **2.** FIS. Diffusione di un gas in un altro attraverso una parete porosa. **3.** *fig.* Libero sfogo dato a un sentimento, dimostrazione d'affetto.

effusivo agg. Che causa un'effusione o è derivato da essa. *Rocce effusive.*

èfod s.m. inv. (ebr.)ēpōd) Nell'antico culto ebraico, paramento sacro che veniva indossato solo dal gran sacerdote.

eforàto s.m. ANT. GR. Ufficio e dignità di eforo. ~ Durata della carica di eforo.

èforo s.m. (lat. *ĕphorum*, gr. *éphoros* "soprintendente") Nell'antica Sparta, ciascuno dei cinque componenti di una magistratura collegiale ed elettiva, con scadenza annuale, che aveva compiti di controllo sulla condotta di re e magistrati e che manteneva le relazioni con altri Stati.

egèmone agg. Che ha il predominio su qlcu. o qlco.

egemonia s.f. **1.** Preponderanza economica e politica. SIN.: **supremazia**. **2.** *estens.* Superiorità, preminenza in generale.

egemònico agg. [pl.m. –ci, f. –che] Proprio dell'egemonia, che ha carattere di egemonia.

egemonismo s.m. Tendenza all'egemonia.

egèo agg. Che si trova nel Mare Egeo o si riferisce al Mare Egeo.

ègida s.f. (lat. *aēgida*, gr. deriv. di *áiks* "capra" perché rivestita della pelle della capra Amaltea che aveva allattato Zeus) **1.** Mitico scudo di Zeus (o Giove) e di Atena (o Minerva). **2.** *fig.* Protezione, riparo.

ègira s.f. (ar. *hiǧra* "emigrazione") Fuga di Maometto dalla Mecca a Medina nell'anno 622, presa come data di inizio dell'era musulmana.

egirina o **egirite** s.f. (dal nome del dio nordico del mare *Ägir*) MIN. Silicato di ferro e di sodio, del gruppo dei pirosseni.

egittologia s.f. Studio dell'antico Egitto.

egiziàno agg. Dell'Egitto. ◆ s.m. **1.** [f. *–na*] Nativo, abitante dell'Egitto. **2.** (solo sing.) Lingua parlata in Egitto. **3.** Carattere tipografico grassetto con grazie spesse.

egizio agg. [pl.m. *–zi*] Dell'antico Egitto. ◆ s.m. [f. *–zia*] Nativo, abitante dell'antico Egitto.

eglefino s.m. (fr. *aiglefin*, ol. *schelvisch* "pesce dalla carne a scaglie") Pesce simile al merluzzo, diffuso nel mare del Nord, pescato per la bontà delle sue carni che vengono perlopiù affumicate. (Lunghezza 1 m; genere *Melanogrammus*, famiglia dei Gadidi.)

ègli pron.pers. m. sing. [pl.m. *essi*, f. *ella*, pl.f. *esse*] È utilizzato per menzionare una persona già nominata. *Egli visse.* ~ Nello stile ricercato si usa anche accompagnato da *stesso*, *anche*, *pure*, al posto di *lui. Egli stesso lo ha visto.*

ègloga o **ècloga** s.f. [pl. *–ghe*] **1.** Componimento poetico, proprio delle letterature greca e latina e ripreso in epoca umanistica, che celebra la vita rustica. **2.** Componimento musicale che si ispira a motivi della poesia pastorale.

ègo s.m. inv. PSICOAN. L'espressione dell'autocoscienza individuale, l'io.

egocèntrico agg. [pl.m. *–ci*, f. *–che*] (ingl. *egocentric*) Che riconduce tutto a sé stesso. ◆ s.m. [f. *–ca*] Persona egocentrica.

egocentrismo s.m. Tendenza a considerare il proprio modo di essere, di sentire e di giudicare come l'unico possibile e valido in assoluto (in oppos. a *allocentrismo*).

egoismo s.m. (fr. *égoïsme*, deriv. di lat. *ĕgo* "io") Esclusivo amore per se stesso che porta a non tener conto delle esigenze altrui. ~ *estens.* Ricerca esclusiva dell'utile, del profitto anche a danno degli altri.

egoista agg. [pl.m. *–sti*] (fr. *égoïste*) Che pensa soltanto a sé. ◆ s.m. e f. Nel sign. dell'agg.

egolalia s.f. Tendenza a parlare sempre di sé stessi.

egotismo s.m. (ingl. *egotism*) Eccessivo compiacimento con cui ci si guarda, tendenza a fare di se stessi l'oggetto privilegiato di ogni riflessione.

e-government [/'i:,gʌvənmənt/] s.m. inv. (voce ingl.) Applicazione delle nuove tecnologie (in partic. di Internet) alle istituzioni e alla pubblica amministrazione per ottimizzare tempi e costi di gestione.

egregiaménte avv. In modo egregio.

egrègio agg. [pl.m. *–gi*, f. *–gie*] (lat. *egrēgium*, propr. "che esce dal gregge") **1.** Fuori dal comune per qualità, per pregi. **2.** Negli indirizzi e nelle intestazioni ufficiali, epiteto di cortesia.

egressivo agg. FON. Di suono la cui articolazione implica emissione d'aria (si contrappone a *ingressivo*).

egrétta s.f. (fr. *aigrette*) **1.** Aigrette. **2.** (iniziale maiusc.) Genere di aironi comprendente l'airone bianco e la garzetta.

■ **Egrétta.** Airone bianco.

eguaglianza s.f. → uguaglianza.

eguagliàre v.tr. → uguagliare.

eguàle agg. → uguale.

egualitàrio o **egalitàrio** agg. [pl.m. *–ri*] (fr. *égalitaire*) Che persegue l'uguaglianza politica e sociale o si fonda su essa. ◆ s.m. [f. *–ria*] Sostenitore dell'egualitarismo.

egualitarismo o **egalitarismo** s.m. (fr. *égalitarisme*) Concezione di matrice illuministica secondo cui occorre perseguire l'uguaglianza giuridica e socio-economica dei cittadini.

egùmeno s.m. (gr. *hēgoúmenos* "colui che conduce") Abate di un monastero ortodosso.

eiaculàre v.intr. (aus. *avere*) Emettere il liquido seminale dall'uretra.

eiaculazióne s.f. Emissione di liquido seminale. ◇ *Eiaculazione precoce:* prematura emissione di liquido seminale prima o all'inizio della penetrazione.

eidètico agg. [pl.m. *–ci*, f. *–che*] **1.** FILOS. Attinente alla conoscenza. ◇ *Intuizione eidetica:* nel pensiero di E. Husserl, intuizione delle essenze ideali. **2.** PSICOL. Relativo all'eidetismo.

eidetismo s.m. PSICOL. Capacità dei bambini di riprodurre in immagini precise sensazioni visive o acustiche precedentemente percepite.

eidomàtica s.f. [pl. *–che*] Produzione ed elaborazione di immagini sullo schermo di un computer, resa possibile da opportuni programmi.

eiettàre v.tr. Lanciare, espellere qlco. all'esterno.

eiettóre s.m. **1.** MECC. Apparecchio che producendo una depressione consente l'espulsione di fluidi da un ambiente. **2.** Dispositivo per l'espulsione dei bossoli in fucili a canne basculanti.

eiezióne s.f. Espulsione o emissione di fluidi e talvolta anche di solidi.

einstéinio [/'ain'stainjo/] s.m. (solo sing.) (dal nome di A. *Einstein*) Elemento chimico (*Es*), transuranico artificiale, di numero atomico 99 e peso atomico 252.

elaboràre v.tr. **1.** Esaminare a fondo una questione, un'idea, una proposta e svilupparla in tutti i suoi particolari. *Elaborare un progetto.* **2.** Conteggiare e riorganizzare dati con strumenti matematici, statistici, informatici, in modo da renderli utilizzabili per un qualche scopo. *Elaborare i risultati dell'inchiesta.* **3.** Modificare un congegno, un motore per accrescerne la potenza. **4.** Trasformare le sostanze alimentari attraverso processi chimici. *Lo stomaco elabora in tempi diversi i vari tipi di cibo.* **5.** BIOL., CHIM. Produrre determinate sostanze. *Le piante elaborano la linfa.*

elaboràto agg. **1.** Che risulta da un lavoro di notevole accuratezza o complessità. *Pietanza elaborata.* **2.** Con valore negativo, sovraccarico di inutili finezze, troppo ricercato. *Stile elaborato.* ◆ s.m. **1.** BIOL. Il prodotto dell'attività di elaborazione di un organo. *Le lacrime sono l'elaborato dell'occhio.* **2.** Componimento scolastico, compito scritto.

elaboratóre agg. [f. *–trice*] Che elabora. ◆ s.m. **1.** (anche f.) Chi elabora, in partic. motori e macchine. **2.** *Elaboratore elettronico:* computer.

elaborazióne s.f. **1.** Procedimento con cui si vagliano e ordinano molteplici elementi in vista della formazione di un'opera complessa. *Elaborazione di una teoria.* ◇ INFORM. *Elaborazione dei dati:* esecuzione di operazioni su dati in base a un programma inserito in un calcolatore elettronico. – *Elaborazione dei testi:* insieme delle tecniche informatiche che permettono la battitura, la memorizzazione, la correzione, l'impaginazione e la diffusione dei testi. **2.** BIOL., MED. Produzione o trasformazione di sostanze da parte di un organo o di un apparato.

elàide s.f. (lat. *Elaeis*, deriv. di gr. *elaís* "olivo") Palma tropicale dell'Africa e dell'Asia che produce frutti da cui si estrae l'olio di palma e semi da cui si ricava un grasso utilizzato per margarine vegetali.

Elàpidi s.m. pl. [iniziale minusc. sing. *–de* per l'individuo] ZOOL. Famiglia di serpenti velenosi diffusi nelle regioni tropicali dell'Africa, dell'Asia e dell'Australia, come il cobra e il mamba. (Ordine degli Squamati.)

elargire v.tr. [83] Distribuire, donare con generosità. *Elargire vantaggi.* SIN.: **dispensare**.

Elasmobrànchi s.m. pl. [iniziale minusc. sing. *–chio* per l'individuo] ZOOL. Sottoclasse di pesci caratterizzati da scheletro cartilagineo, scaglie placoidi e almeno cinque paia di aperture branchiali.

elastan s.m. inv. Nome generico di una fibra sintetica dotata di una grande elasticità, commercializzata con il nome di lycra.

elasticimetria s.f. Misura delle sollecitazioni subite da un corpo e delle deformazione che ne conseguono.

elasticità s.f. inv. **1.** Proprietà di un corpo di riprendere forma e volume originari quando la forza che lo deforma cessa di agire. *Elasticità della gomma.* **2.** *estens.* Assenza di rigidità, scioltezza nei movimenti. *Il bambino è dotato di molta elasticità.* **3.** *fig.* Capacità di adattamento. *Elasticità mentale.* ◇ *Elasticità morale:* mancanza di rigore.

elasticizzàre v.tr. Rendere elastico qlco. *Elasticizzare un tessuto.*

elasticizzàto agg. Di tessuto reso elastico grazie a particolari trattamenti.

elàstico agg. [pl.m. *–ci*, f. *–che*] **1.** Che riprende la sua forma e il suo volume dopo essere stato deformato. **2.** *estens.* Agile, scattante, sciolto, flessuoso. *Movimenti elastici.* **3.** *fig.* Non rigido, modificabile, adattabile. SIN.: **duttile**. ~ Che manca di rigore. ◆ s.m. **1.** Sottile anello di gomma. *Una scatola di elastici.* **2.** Nastro di cotone o seta intessuti con fili di gomma. *L'elastico dei pantaloni.* **3.** Ripiano molleggiato del letto su cui poggia il materasso.

elastòmero s.m. CHIM. Polimero naturale o sintetico, avente proprietà elastiche simili a quelle della gomma.

Elatèridi s.m. pl. [iniziale minusc. sing. *–de* per l'individuo] ZOOL. Famiglia di insetti Coleotteri con corpo allungato e arti piuttosto corti, che allo stadio adulto sono anche atti al salto.

eldoràdo s.m. inv. (spagn. *el dorado*, propr. "il paese dorato") **1.** (spesso con iniziale maiusc.) Nome dato a un immaginario paese dell'America Meridionale che si riteneva fosse particolarmente ricco d'oro. **2.** *estens.* Paese immaginario dove ci si può arricchire facilmente e dove la vita è molto piacevole.

e-learning [/'i:,lɜ:nɪŋ/] s.m. inv. (voce ingl.) Formazione a distanza e trasmissione delle conoscenze tramite supporti elettronici.

eleàtico agg. [pl.m. *–ci*, f. *–che*] **1.** Dell'antica Elea. **2.** Della scuola filosofica di Elea. ~ Relativo

elefantessa

elefantino

africano   indiano

■ **elefànte**

all'eleatismo. ◆ s.m. **1.** [f. –*ca*] Nativo, abitante di Elea. **2.** Filosofo della scuola di Elea.

eleatismo s.m. Scuola filosofica greca fiorita a Elea fra il VI e V sec. a.C. e fondata sulla condanna della conoscenza sensibile come apparenza e sull'affermazione che l'essere, unica vera realtà, è accessibile solo al pensiero razionale.

elèctron s.m. inv. (gr. *élektron* "lega di oro e argento") METALL. Nome di varie leghe ultraleggere, contenenti magnesio e, in percentuale minore, alluminio, zinco, rame, manganese; sono dotate di alta resistenza e perciò adatte per costruzioni aeronautiche e automobilistiche.

elefànte s.m. [f. –*tessa*] **1.** Grande mammifero che vive in Asia e in Africa, erbivoro, caratterizzato da pelle spessa, incisivi superiori allungati e da una proboscide mobile e prensile alla cui estremità si aprono le narici. (Altezza 2-3,70 m, peso fino a 6 t; l'elefante è il più grande animale terrestre vivente, può vivere cento anni e la gestazione dura ventuno mesi. Ordine dei Proboscidati, famiglia degli Elefantidi.) **2.** *fig.* Persona grossa e impacciata nei movimenti. **3.** *Elefante marino*: grande foca dei mari australi e antartici, la cui appendice nasale, allungata e mobile nel maschio, ricorda la proboscide dell'elefante. (Lunghezza 6 m, peso 3 t; genere *Mirounga*.)

elefantésco agg. [pl.m. –*schi*, f. –*sche*] **1.** Di elefante. **2.** *fig.* Che ha la mole e la pesantezza d'un elefante. SIN.: **enorme**.

elefantìasi s.f. inv. **1.** MED. Edema e inspessimento del tessuto cutaneo che provoca un au-

mento del volume di un arto. **2.** *fig.* Sviluppo abnorme di qlco. SIN.: **ipertrofia**.

Elefàntidi s.m. pl. [iniziale minusc. sing. –*de* per l'individuo] ZOOL. Famiglia di mammiferi proboscidati che comprende gli elefanti attuali e alcune specie estinte.

elegànte agg. (lat. *elegàntem*, propr. "che sceglie con gusto") **1.** Che possiede grazia e semplicità, rivelando una misurata e non appariscente raffinatezza. **2.** Che ha un certo pregio estetico, semplicità, scioltezza, piacevolezza. *Un mobile elegante.* **3.** Frequentato da persone eleganti, ricche, note in società. *Quartiere elegante.* ❑ In funzione di avv., con eleganza.

elegantóne s.m. [f. –*na*] Chi veste in modo ricercato ed eccessivamente ligio ai dettami della moda.

elegànza s.f. **1.** Grazia, distinzione, sobria raffinatezza. *L'eleganza dei gesti.* **2.** *fig.* (al pl.) Accorgimenti formali che impreziosiscono un testo.

elèggere v.tr. [35] **1.** Scegliere, preferire qlco. ◇ *Eleggere il proprio domicilio*: nel l. bur., scegliere, fissare la propria residenza abituale. **2.** Nominare, scegliere in base a un'elezione. *Hanno eletto il presidente.*

eleggibilità s.f. inv. Possesso dei requisiti necessari per essere eletto.

elegìa s.f. (lat. *elegiam*, gr. *elegéia* deriv. di *élegos* "canto") **1.** Nella letteratura classica, componimento lirico in distici di tono spesso malinconico. **2.** Componimento musicale di carattere sentimentale.

elegìaco agg. [pl.m. –*ci*, f. –*che*] **1.** Proprio all'elegia. *Versi elegiaci.* **2.** *fig.* Malinconico, triste, mesto.

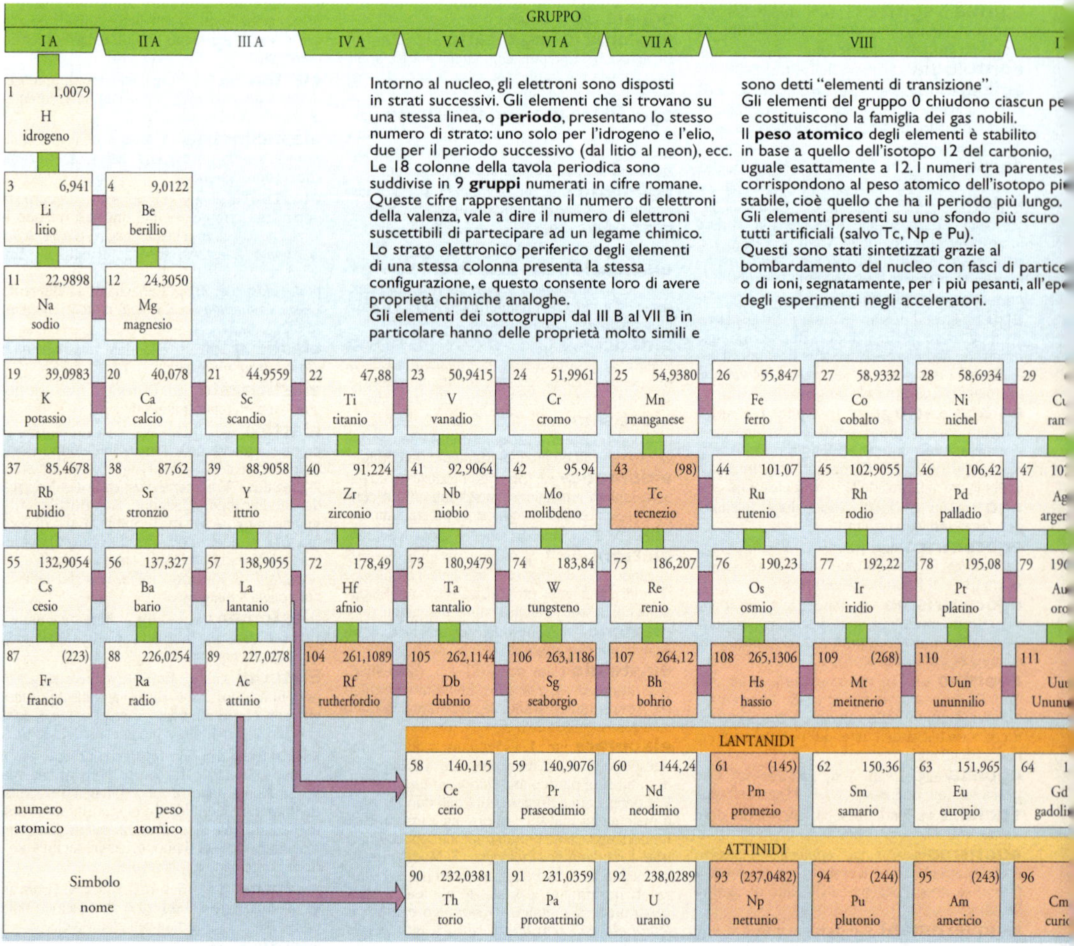

GRUPPO									
I A	II A	III A	IV A	V A	VI A	VII A		VIII	I

1	1,0079									
H									
idrogeno									

Intorno al nucleo, gli elettroni sono disposti in strati successivi. Gli elementi che si trovano su una stessa linea, o **periodo**, presentano lo stesso numero di strato: uno solo per l'idrogeno e l'elio, due per il periodo successivo (dal litio al neon), ecc. Le 18 colonne della tavola periodica sono suddivise in 9 **gruppi** numerati in cifre romane. Queste cifre rappresentano il numero di elettroni della valenza, vale a dire il numero di elettroni suscettibili di partecipare a un legame chimico. Lo strato elettronico periferico degli elementi di una stessa colonna presenta la stessa configurazione, e questo consente loro di avere proprietà chimiche analoghe. Gli elementi dei sottogruppi dal III B al VII B in particolare hanno delle proprietà molto simili e

sono detti "elementi di transizione". Gli elementi del gruppo 0 chiudono ciascun pe e costituiscono la famiglia dei gas nobili. Il **peso atomico** degli elementi è stabilito in base a quello dell'isotopo 12 del carbonio, uguale esattamente a 12. I numeri tra parentes corrispondono al peso atomico dell'isotopo pi stabile, cioè quello che ha il periodo più lungo. Gli elementi presenti su uno sfondo più scuro tutti artificiali (salvo Tc, Np e Pu). Questi sono stati sintetizzati grazie al bombardamento del nucleo con fasci di partice o di ioni, segnatamente, per i più pesanti, all'ep degli esperimenti negli acceleratori.

3	6,941	4	9,0122															
Li		Be																
litio		berillio																

11	22,9898	12	24,3050															
Na		Mg																
sodio		magnesio																

19	39,0983	20	40,078	21	44,9559	22	47,88	23	50,9415	24	51,9961	25	54,9380	26	55,847	27	58,9332	28	58,6934	29
K		Ca		Sc		Ti		V		Cr		Mn		Fe		Co		Ni		Cu
potassio		calcio		scandio		titanio		vanadio		cromo		manganese		ferro		cobalto		nichel		ram

37	85,4678	38	87,62	39	88,9058	40	91,224	41	92,9064	42	95,94	43	(98)	44	101,07	45	102,9055	46	106,42	47	107
Rb		Sr		Y		Zr		Nb		Mo		Tc		Ru		Rh		Pd		Ag
rubidio		stronzio		ittrio		zirconio		niobio		molibdeno		tecnezio		rutenio		rodio		palladio		argen

55	132,9054	56	137,327	57	138,9055	72	178,49	73	180,9479	74	183,84	75	186,207	76	190,23	77	192,22	78	195,08	79	196
Cs		Ba		La		Hf		Ta		W		Re		Os		Ir		Pt		Au
cesio		bario		lantanio		afnio		tantalio		tungsteno		renio		osmio		iridio		platino		oro

87	(223)	88	226,0254	89	227,0278	104	261,1089	105	262,1144	106	263,1186	107	264,12	108	265,1306	109	(268)	110		111
Fr		Ra		Ac		Rf		Db		Sg		Bh		Hs		Mt		Uun		Uuu
francio		radio		attinio		rutherfordio		dubnio		seaborgio		bohrio		hassio		meitnerio		ununnilio		Ununu

LANTANIDI							
58	140,115	59	140,9076	60	144,24	61	(145)	62	150,36	63	151,965	64	
Ce		Pr		Nd		Pm		Sm		Eu		Gd
cerio		praseodimio		neodimio		promezio		samario		europio		gadoli

| numero | peso |
| atomico | atomico |

ATTINIDI							
90	232,0381	91	231,0359	92	238,0289	93	(237,0482)	94	(244)	95	(243)	96	
Th		Pa		U		Np		Pu		Am		Cm
torio		protoattinio		uranio		nettunio		plutonio		americio		curic

| Simbolo |
| nome |

■ **eleménto.** Classificazione periodica degli elementi chimici.

elementàre agg. **1.** FIS., CHIM. Che ha natura di sostanza semplice e non può quindi essere scomposto. *Particella elementare.* ◇ *Analisi elementare:* analisi qualitativa o quantitativa che determina la natura degli elementi di un composto o i rapporti con cui i diversi elementi entrano nel composto. **2.** Che ha il carattere di nozione fondamentale di una scienza, di un'arte, di una tecnica. SIN.: **essenziale. 3.** *estens.* Semplice, ridotto all'essenziale, rudimentale. *Problema elementare.* **4.** Basilare, primario. *Conoscenze elementari.*

eleménto s.m. **1.** Nell'antica filosofia greca, ciascuno dei componenti dell'universo, cioè aria, acqua, terra, fuoco. **2.** L'ambiente vitale in cui si sviluppano animali e piante. *L'acqua è l'elemento dei pesci.* **3.** CHIM., FIS. Sostanza pura i cui atomi hanno uguale il numero e la disposizione degli elettroni esterni al nucleo. (Il raffronto delle proprietà chimiche e fisiche degli elementi ha condotto, nel 1869, il chimico russo Mendeleev a proporre una classificazione periodica, che ha trovato conferma nelle scoperte successive della fisica sulla struttura degli atomi.) **4.** Entità minima, indivisibile e autonoma che insieme con altre concorre a formare un tutto unitario. *Gli elementi di un'indagine.* **5.** Persona che appartiene a un gruppo. *È uno dei nostri migliori elementi.* ~ *spreg.* Tipaccio, tizio. *Che elementi girano da queste parti?* **6.** Requisito, fattore. *Ha tutti gli elementi per emergere.* **7.** (al pl.) Principi fondamentali, nozioni di base. *Elementi di fisica.*

elemòsina s.f. (lat. *eleemòsynam*, gr. *eleēmosýnē* deriv. di *eleêin* "avere pietà") **1.** Ciò che si dà ai poveri in carità. *Vivere di elemosina.* ~ Offerta fatta in chiesa. **2.** *fig.* Favore accordato con disprezzo, retribuzione irrisoria, insultante. *Uno stipendio che è un'elemosina.*

elemosinàre v.tr. **1.** Chiedere qlco. in elemosina. *Elemosinare un po' di pane.* **2.** *fig.* Chiedere umilmente e con insistenza. *Elemosinare indulgenza.* ◆ v.intr. (aus. *avere*) Chiedere l'elemosina. SIN.: **mendicare.**

elencàre v.tr. [4] Inserire, registrare, riportare in un elenco. ~ *estens.* Enumerare, riferire più cose. *Elencare le proprie richieste.*

elènco s.m. [pl. *–chi*] (lat. *elènchum*, gr. *élenkhos* "prova" quindi "catalogo di prove") **1.** Catalogo, lista di cose o persone registrate secondo un determinato ordine. ◇ *Elenco telefonico:* annuario degli utenti. **2.** FILOS. Nella logica formale, argomentazione con cui, muovendo da quanto l'interlocutore ha detto, lo si convince di essere in contraddizione.

elettivo agg. **1.** Che ottiene una carica attraverso un'elezione. *Presidente elettivo.* **2.** Liberamente scelto. *Domicilio elettivo.* **3.** MED. Prescelto allo scopo come più indicato tra altre possibilità.

elètto agg. **1.** Scelto con il sistema elettorale. **2.** Prescelto da Dio per una particolare missione o per essere ammesso alla beatitudine eterna. **3.** *estens.* Moralmente e intellettualmente elevato, sublime, nobile. *Mente eletta.* **4.** AGR. Di una nuova razza di piante prodotta per selezione o incrocio e migliore per qualche aspetto delle razze precedenti. ◆ s.m. [f. *–ta*] **1.** Persona designata da un'elezione. *Gli eletti del suffragio universale.* **2.** RELIG. (spec. pl.) Coloro che sono stati prescelti da Dio per la salvezza eterna.

elettoràle agg. Che si riferisce alle elezioni. ◇ *Sistema elettorale:* modo in cui è organizzata l'espressione del voto da parte dei cittadini.

elettoralismo s.m. Atteggiamento di un partito o di un governo che orienta programmi e posizioni in funzione di considerazioni puramente elettorali.

elettoràto s.m. **1.** Diritto di eleggere o di essere eletto. **2.** Insieme degli elettori di un paese, di una parte, di una regione, ecc. **3.** Nel Sacro Romano Impero, dignità di elettore e territorio soggetto a un principe elettore.

elettóre s.m. **1.** [f. *–trice*] Persona che ha il diritto di partecipare a un'elezione, che ha diritto di voto. ◇ *Grande elettore:* ciascun rappresentante del popolo che vota per l'elezione di determinate cariche. **2.** ST. Principe o vescovo che partecipava all'elezione dell'imperatore del Sacro Romano Impero. *L'elettore di Sassonia.*

elettràuto s.m. inv. Operaio specializzato nella riparazione degli impianti elettrici dei veicoli a motore. ~ Officina in cui lavora.

elettrète s.m. Elemento dielettrico dotato di carica elettrica quasi permanente anche in assenza del campo che l'ha generata.

elettricista s.m. [pl. *–sti*] Artigiano specializzato nell'installazione e riparazione di impianti elettrici. ~ Tecnico addetto al funzionamento di particolari attrezzature elettriche.

elettricità s.f. inv. **1.** Proprietà fisica della materia che si manifesta con fenomeni di attrazione e repulsione fra i corpi. ◇ *Elettricità statica:* acquisita da alcuni corpi per strofinio. ~ FISIOL. *Elettricità animale:* elettricità prodotta dagli animali, spec. da alcune specie di pesci, per orientarsi, cacciare e difendersi. **2.** Parte della fisica che studia i fenomeni elettrici e le loro applicazioni. SIN.: **elettrologia. 3.** Nel l. com., l'energia utilizzata come fonte d'illuminazione e per impieghi domestici o industriali. *Una casa senza elettricità.* **4.** *fig.* Irrequietezza, vivacità. *I bambini hanno l'elettricità addosso.* ~ Tensione, nervosismo. *L'atmosfera era carica di elettricità.* ENCICL. La materia è costituita da atomi che contengono elettroni (con carica negativa) e protoni (con carica positiva) in ugual numero: è dunque elettricamente neutra. Un deficit di elettroni si traduce in una carica positiva; un'eccedenza di elettroni, in una negativa. L'elettricità si suddivide in diverse branche di indagine, tra queste vi sono: l'*elettrostatica* che studia le cariche elettriche a riposo e l'*elettrocinetica* che si occupa dell'analisi di quelle in movimento. Elettricità e magnetismo, in origine ambiti distinti, furuno in seguito riuniti sotto l'unica espressione di *elettromagnetismo.* Infatti l'energia elettrica crea un campo magnetico e un magnete in movimento può indurre una corrente in un conduttore. Ciò ha permesso di spiegare l'origine delle onde radio, della luce, dei raggi x o γ, che sono onde elettromagnetiche della stessa natura ma con frequenze diverse. Grazie allo studio dell'elettromagnetismo l'elettricità ha potuto trovare applicazioni industriali e diventare uno dei fattori dello sviluppo economico. Così la corrente alternata, che per diverso tempo non fu presa in considerazione, ha dato luogo ad applicazioni industriali nel campo dell'*elettrotecnica.* Infatti, l'utilizzo della corrente alternata ad alta frequenza ha permesso la comunicazione a grande distanza proprio nel momento in cui la scoperta della struttura granulare dell'elettricità portava allo sviluppo dell'*elettronica.*

elèttrico agg. [pl.m. *–ci*, f. *–che*] (fr. *électrique*, deriv. di lat. *elèctrum* "elettro" per la proprietà elettrostatica dell'ambra quando venga strofinata) **1.** Relativo all'elettricità. ~ Che produce elettricità. *Centrale elettrica.* ~ Che funziona grazie all'elettricità. *Luce elettrica.* **2.** ZOOL. *Organi elettrici:* organi di varie specie di pesci (razze, torpedini, ecc.) che producono scariche elettriche. **3.** *fig.* Teso, nervoso, inquieto. ◆ s.m. (spec. pl.) Lavoratori dell'industria elettrica.

elettrificàre v.tr. [4] Dotare di una rete di distribuzione di energia elettrica. *Elettrificare una regione.*

elettrizzànte agg. **1.** Che elettrifica, sviluppa elettricità. **2.** *fig.* Che suscita entusiasmo.

GRUPPO							
B	III B	IV B	V B	VI B	VII B		0

| | | | | | | 2   4,0026 He elio | 1 |

5 10,811 B boro	6 12,011 C carbonio	7 14,0067 N azoto	8 15,9994 O ossigeno	9 18,9984 F fluoro	10 20,1797 Ne neon	2
13 26,9815 Al alluminio	14 28,0855 Si silicio	15 30,9737 P fosforo	16 32,066 S zolfo	17 35,4527 Cl cloro	18 39,948 Ar argo	3
65,39 co	31 69,723 Ga gallio	32 72,61 Ge germanio	33 74,9216 As arsenico	34 78,96 Se selenio	35 79,904 Br bromo	36 83,80 Kr cripto	4
12,411 d nio	49 114,818 In indio	50 118,710 Sn stagno	51 121,757 Sb antimonio	52 127,60 Te tellurio	53 126,9045 I iodio	54 131,29 Xe xeno	5
200,59 lg curio	81 204,3833 Tl tallio	82 207,2 Pb piombo	83 208,9804 Bi bismuto	84 (209) Po polonio	85 (210) At astato	86 (222) Rn radon	6
ub nbio		114 Uuq ununquadio		116 Uuh ununhexio			7

PERIODO

LANTANIDI						
58,9253 .b rbio	66 162,50 Dy disprosio	67 164,9303 Ho olmio	68 167,26 Er erbio	69 168,9342 Tm tulio	70 173,04 Yb itterbio	71 174,967 Lu lutezio

ATTINIDI						
(247) Bk kelio	98 (251) Cf californio	99 (252) Es einsteinio	100 (257) Fm fermio	101 (258) Md mendelevio	102 (259) No nobelio	103 (260) Lr laurenzio

elettrizzàre v.tr. **1.** Produrre cariche elettriche su un corpo. *Elettrizzare un bastone di vetro.* **2.** *fig.* Destare fortemente l'interesse, l'entusiasmo. *Elettrizzare il pubblico.* SIN.: **entusiasmare.** ◆ **elettrizzarsi** v.pron. **1.** Caricarsi di elettricità. **2.** *fig.* Provare un forte eccitamento, un grande entusiasmo. SIN.: **eccitarsi.**

elettrizzazióne s.f. **1.** Processo per cui un corpo inizialmente neutro acquista cariche elettriche oppure, mantenendo carica totale nulla, presenta una distribuzione di cariche di segno contrario. **2.** *fig.* Eccitazione, forte entusiasmo.

elèttro s.m. (lat. *elĕctrum*, gr. *ḗlektron* "ambra" e "lega di oro e argento") Lega d'oro e di argento raccolta, nell'antichità, allo stato naturale nei fiumi dell'Asia Minore e usata per oggetti di lusso o per il conio di monete.

elettroacùstica s.f. FIS. Settore della fisica che studia la trasformazione delle onde sonore in correnti elettriche e viceversa.

elettroaffinità s.f. inv. Tendenza di un elemento a formare ioni positivi o negativi.

elettrobiologìa s.f. Studio dei fenomeni elettrici spontanei degli organismi viventi (*elettrofisiologia*) e dell'utilizzo dell'elettricità nelle esperienze biologiche.

elettrobisturi s.m. inv. CHIR. Bisturi elettrico che taglia i tessuti ottenendo contemporaneamente l'emostasi di piccoli vasi.

elettrocalamita s.f. (calco del fr. *électro-aimant*) → elettromagnete.

elettrocapillarità s.f. inv. FIS. Fenomeno di capillarità che si origina dalla variazione di tensione superficiale risultante dall'azione di un campo elettrico.

elettrocardiografìa s.f. MED. Tecnica di registrazione dell'attività elettrica del cuore.

elettrocardiògrafo s.m. MED. Apparecchio diagnostico che rileva e registra le correnti d'azione del cuore che si presentano con le contrazioni.

elettrocardiogràmma s.m. [pl. *–mi*] MED. Tracciato ottenuto con l'elettrocardiografo. (Si abbrevia in *ECG*.)

elettrochìmica s.f. [non com. pl. *–che*] Scienza e tecnica delle trasformazioni reciproche fra energia chimica ed energia elettrica.

elettrocinètica s.f. [non com. pl. *–che*] Parte della fisica che studia i carichi elettrici in movimento, indipendentemente dai campi magnetici creati.

elettrocoagulazióne s.f. CHIR. Tecnica di coagulazione dei tessuti viventi ottenuta con l'applicazione di corrente elettrica ad alta frequenza.

elettrocuzióne s.f. (ingl. *electrocution*) **1.** Elettroesecuzione. **2.** Effetto patologico causato nell'organismo dal passaggio di una corrente elettrica.

elettrodeposizióne s.f. TECN. Processo con cui si deposita, per elettrolisi, uno strato di metallo sopra una superficie di un oggetto.

elettrodiagnòstica s.m. [non com. pl. *–che*] MED. Metodo diagnostico che analizza la risposta di un muscolo o di un nervo agli stimoli elettrici a esso applicati (p.e. elettrocardiografia).

elettrodiàlisi s.f. inv. CHIM. Metodo di purificazione degli ioni di un liquido messo tra due membrane semipermeabili in presenza di un campo elettrico.

elettrodinàmica s.f. [non com. pl. *–che*] Parte della fisica che studia le interazioni dinamiche tra correnti elettriche. ◇ *Elettrodinamica quantistica*: parte dell'elettrodinamica che studia le interazioni fra radiazioni elettromagnetiche e materia e, in partic., fra elettroni e fotoni.

elettrodinamòmetro s.m. Apparecchio per misurare l'intensità di una corrente elettrica, di una tensione o di una potenza.

elèttrodo s.m. Conduttore elettrico che porta corrente o crea un campo elettrico in un mezzo (l'elettrodo positivo è detto *anodo*, quello negativo *catodo*).

elettrodomèstico s.m. [pl. *–ci*] Apparecchio elettrico destinato all'utilizzo domestico. ◇ *Piccoli elettrodomestici*: ferro da stiro, tostapane, ecc. – *Elettrodomestici bianchi*: cucine, lavatrici, frigoriferi, ecc. – *Elettrodomestici bruni*: televisori, telefoni, videoregistratori, ecc.

elettrodótto s.m. ENERG., ELETTR. Conduttura, sotterranea o aerea, per il trasporto dell'energia elettrica.

elettroencefalografìa s.f. MED. Tecnica di registrazione dell'attività elettrica spontanea della corteccia cerebrale.

elettroencefalògrafo s.m. MED. Apparecchio utilizzato per l'elettroencefalografia.

elettroencefalogràmma s.m. [pl. *–mi*] MED. Tracciato ottenuto con l'elettroencefalografo (in sigla *EEG*). ◇ *Elettroencefalogramma piatto*: quello che indica assenza di attività cerebrale.

elettroerosióne s.f. Tipo di lavorazione di parti metalliche che prevede una successione molto rapida di scariche elettriche in un liquido isolante.

elettroesecuzióne s.f. (calco dell'ingl. *electrocution*) Esecuzione dei condannati a morte tramite sedia elettrica, in vigore in alcuni stati degli Stati Uniti. SIN.: **elettrocuzione.**

elettròfilo agg. CHIM., FIS. Di particelle chimiche capaci di acquistare elettroni del doppio legame.

elettrofisiologìa s.f. FISIOL. Studio dell'attività elettrica di cellule, organi e tessuti viventi, spec. dei tessuti nervosi e muscolari.

elettroforèsi s.f. inv. CHIM., FIS. Spostamento, sotto l'effetto di un campo elettrico, di granuli, di particelle cariche, in soluzione o in emulsione. [Il movimento può essere in direzione dell'anodo (*anaforesi*) o del catodo (*cataforesi*).]

elettrògeno agg. Che produce elettricità. ◇ *Gruppo elettrogeno*: insieme formato da un motore termico e un generatore, che trasforma in energia elettrica l'energia meccanica fornita dal motore.

elettròlisi s.f. inv. Decomposizione in ioni chimici di alcune sostanze in fusione o in soluzione, prodotta da una corrente elettrica. (L'alluminio, p.e., è prodotto per elettrolisi dell'allumina.)

elettrolìtico agg. [pl.m. *–ci*, f. *–che*] Realizzato per elettrolisi.

elettrolìto o **elettròlita** s.m. Sostanza che, in acqua o in soluzione, può dissociarsi in ioni sotto l'azione di una corrente elettrica.

elettrolizzàre v.tr. CHIM. Sottoporre a elettrolisi.

elettrolizzatóre s.m. Apparecchio per effettuare l'elettrolisi.

elettrolocazióne s.f. ZOOL. Capacità di localizzare prede e ostacoli per mezzo di un debole campo elettrico prodotto da organi speciali, propria di alcuni pesci.

elettrologìa s.f. FIS. Studio dei fenomeni elettrici, magnetici ed elettromagnetici.

elettroluminescènza s.f. FIS. Luminescenza di una sostanza solida o gassosa sotto l'azione di un campo elettrico.

elettromagnète s.m. Dispositivo che produce un campo magnetico grazie a un sistema di bobine inserite in un nucleo di ferro e percorse da corrente elettrica. SIN.: **elettrocalamita.**

elettromagnètico agg. [pl.m. *–ci*, f. *–che*] Relativo all'elettromagnetismo. *Campo elettromagnetico.*

elettromagnetismo s.m. **1.** FIS. Studio delle relazioni tra elettricità e magnetismo. **2.** L'insieme dei fenomeni elettromagnetici.

elettromeccànica s.f. [non com. pl. *–che*] **1.** Scienza che studia la trasformazione di energia elettrica in energia meccanica e viceversa. **2.** Comparto dell'industria meccanica specializzato nella produzione di macchine e apparecchi elettrici.

elettromeccànico agg. [pl.m. *–ci*, f. *–che*] Relativo all'elettromeccanica. ◆ s.m. [f. *–ca*] Operaio del comparto dell'elettromeccanica.

elettrometallurgìa s.f. **1.** Branca dell'elettrochimica che studia l'applicazione delle proprietà termiche ed elettrolitiche dell'elettricità per l'estrazione e raffinazione dei metalli. **2.** Impiego industriale di tali conoscenze teoriche.

elettrometrìa s.f. FIS. Insieme dei metodi di misura che utilizzano gli elettrometri.

elettròmetro s.m. FIS. Apparecchio elettrostatico per misurare differenze di potenziale o carichi elettrici, detto anche *voltmetro elettrostatico*.

elettromiografìa s.f. MED. Tecnica di registrazione dell'attività elettrica dei muscoli, utilizzata nella diagnosi delle miopatie.

elettromiogràmma s.m. [pl. *–mi*] MED. Tracciato ottenuto con l'elettromiografia.

elettromotóre agg. [f. *–trice*] Che produce elettricità sotto l'influenza di un'azione meccanica o chimica. ◆ s.m. Motore elettrico.

elettromotrice s.f. FERR. Automotrice azionata da motori elettrici che utilizzano energia elettrica proveniente da una fonte esterna.

elettróne s.m. FIS. Particella subatomica con carica elettrica negativa (- 1,602 x 10^{-19} C) che costituisce la più piccola carica esistente. ◇ *Elettrone libero*: non legato a un atomo. – *Elettroni di legame*: quelli in comune tra due o più atomi di una molecola, responsabili del legame molecolare. – *Elettroni di valenza*: quelli dello strato più esterno di un atomo ai quali si devono le reazioni chimiche.

elettronegatività s.f. inv. **1.** CHIM., FIS. Proprietà di essere elettronegativo. **2.** CHIM. Valore attribuito agli elementi chimici in base alla proprietà degli atomi nelle molecole di presentare un aumento della densità elettronica intorno a certi atomi.

elettronegativo agg. **1.** FIS. Di un elemento con carica elettrica negativa. **2.** CHIM. Riferito al valore di elettronegatività di un elemento.

elettrònica s.f. [non com. pl. *–che*] Parte della fisica che studia il moto degli elettroni nel vuoto, nei gas e nello stato solido. ~ Insieme dei dispositivi costituenti un sistema elettronico. *Si è rotta tutta l'elettronica della macchina.* ◇ *Elettronica di consumo*: produzione di piccoli apparecchi elettronici di uso comune.

elettrònico agg. [pl.m. *–ci*, f. *–che*] **1.** Relativo all'elettrone. *Fascio elettronico.* **2.** Che costituisce un'applicazione dell'elettronica. *Ingegneria elettronica.* ◇ *Musica elettronica*: musica che utilizza oscillazioni elettriche per creare suoni.

elettronucleàre agg. Relativo all'energia elettrica e nucleare.

elettronvòlt s.m. inv. FIS. Unità d'energia (simb. eV) utilizzata in fisica atomica e nucleare (1 eV = 1,602 x 10^{-19} J). SIN.: **voltelettrone.**

elettropómpa s.f. Pompa azionata da un motore elettrico.

elettropositivo agg. **1.** FIS. Riferito a corpo o particella con carica elettrica positiva. **2.** CHIM. Di elemento o di atomo che ha la tendenza a cedere elettroni.

elettropuntùra s.f. Terapia consistente nel pungere la pelle con aghi sottoposti a corrente elettrica.

elettroradiologìa s.f. MED. Studio delle applicazioni dell'elettrologia e della radiologia nella diagnostica e nella terapia.

elettroscòpio s.m. [pl. *–pi*] FIS. Strumento che permette di individuare cariche elettriche nei corpi.

elettroshòck o **elettrochòc** s.m. inv. PSICH. Metodo terapeutico, utilizzato nel trattamento delle depressioni gravi e di alcune psicosi, consistente nel provocare attacchi epilettici con il passaggio di corrente attraverso il cervello. ~ In cardiologia, shock elettrico.

elettroshockterapìa s.f. MED. Cura mediante elettroshock.

elettrosmòg s.m. inv. Inquinamento ambientale da onde elettromagnetiche.

elettrosmòsi o **elettroosmòsi** s.f. inv. Passaggio di un liquido attraverso un setto poroso sotto l'effetto di un campo elettrico.

elettrostàtica s.f. [non com. pl. *–che*] Parte della fisica che studia i fenomeni dovuti a cariche elettriche statiche.

elettrostàtico agg. [pl.m. *–ci*, f. *–che*] Relativo all'elettrostatica.

elettrostimolatóre s.m. Apparecchio elettrico che stimola la contrazione muscolare.

elettrostimolazióne s.f. Stimolazione elettrica dei tessuti.

elettrostrizióne s.f. **1.** FIS. Deformazione di un dielettrico sottoposto a un campo elettrico. **2.** CHIM. Contrazione che si genera nei liquidi a cui si aggiunge un elettrolito.

elettrotècnica s.f. [non com. pl. –che] Applicazione delle leggi della fisica alla produzione, trasporto e utilizzo dell'energia elettrica.

elettrotècnico agg. [pl.m. –ci, f. –che] Relativo all'elettrotecnica. ◆ s.m. [f. –ca] Specialista delle applicazioni tecniche dell'elettricità.

elettroterapia s.f. MED. Cura di alcune malattie mediante applicazioni di corrente elettrica. SIN.: **galvanoterapia**.

elettrotermìa s.f. **1.** Studio delle trasformazioni dell'energia elettrica in calore. **2.** Conversione di energia elettrica in energia termica.

elettrotrazióne s.f. MECC. Trazione elettrica.

elettrotrèno s.m. FERR. Treno rapido a trazione elettrica.

elettrotropismo s.m. BIOL. Reazione di alcuni organismi animali e vegetali al passaggio di corrente elettrica.

elettrovalènza s.f. CHIM. Legame chimico dovuto all'attrazione elettrica tra ioni di segno opposto.

elettrovàlvola s.f. Valvola di un circuito idraulico comandata da un dispositivo elettrico o elettromagnetico.

elettuàrio o **elettovàrio** s.m. [pl. –ri] (lat. *electuàrium*, prob. deriv. di gr. ekleiktón "pastiglia medicamentosa") Antico preparato terapeutico a base di miele e sciroppi.

eleusino agg. Di Eleusi, antica città della Grecia. ◆ s.m. [f. –na] Nativo, abitante di Eleusi.

elevàre v.tr. **1.** Portare verso l'alto, alzare qlco. *Elevare una barricata.* SIN.: **innalzare**. **2.** *fig.* Rendere migliore qlco. *Elevare il proprio tenore di vita.* ~ Portare una certa pratica, normalmente considerata negativa, a una condizione di presunta rispettabilità. *Elevare la tortura a mezzo di accertamento giudiziario.* **3.** *fig.* Sollevare i propri pensieri o sentimenti, staccarli dalla considerazione dei fatti più banali e contingenti. *Elevare la mente.* **4.** *fig.* Promuovere qlcu. a una certa carica. *Elevare alla carica di ministro.* **5.** MAT. Moltiplicare un numero per se stesso un certo numero di volte. *Elevare a potenza.* **6.** nel l. bur., contestare qlco. ◆ **elevarsi** v.pron. **1.** Detto di persona, raggiungere un livello più alto economicamente o moralmente. ~ Riferito a soggetto inanimato, portarsi a un livello qualitativo o quantitativo superiore. SIN.: **crescere**. **3.** Ergersi, innalzarsi, *Il monte si eleva oltre i 4500 metri.*

elevatézza s.f. Qualità di ciò che è elevato in senso morale o astratto. *Elevatezza di sentimenti.*

elevàto agg. **1.** Che raggiunge una grande altezza. *Una cima molto elevata.* **2.** *fig.* Cospicuo, notevole. *Prezzi elevati.* **3.** *fig.* Che eccelle alzandosi al di sopra di quanto è comune, ordinario. SIN.: **nobile**.

elevatóre agg. [f. –trice] Che serve a sollevare. ◇ ANAT. *Muscolo elevatore:* muscolo volontario la cui funzione è di sollevare l'organo o i tessuti ai quali è connesso. *Muscolo elevatore della palpebra.* ◆ s.m. **1.** Apparecchio utilizzato per trasportare carichi verticalmente o su forti pendenze. **2.** Meccanismo dei fucili a ripetizione che solleva la cartuccia all'altezza della canna. **3.** Nelle costruzioni aeronautiche, equilibratore.

elevazióne s.f. **1.** Atto di alzare, portare qlco. verso l'alto. ~ *estens.* Punto, luogo elevato. *Un'elevazione del terreno.* **2.** CATT. (iniziale maiusc.) Momento della messa in cui il sacerdote innalza l'ostia e il calice consacrati. **3.** *fig.* Assunzione a un grado superiore. ~ Miglioramento della propria condizione. *Elevazione dei ceti bassi.* **4.** SPORT. Spinta che si dà a un atleta per saltare in alto. ~ BALL. Capacità di un ballerino di effettuare salti ed eseguire movimenti nell'aria. **5.** ASTR. Altezza di un astro sull'orizzonte. **6.** MAT. Calcolo della potenza del numero. *Elevazione di un numero a potenza.*

elezióne s.f. **1.** Designazione a una carica sulla base di una votazione. *Elezione del papa.* **2.** (al pl.) Scelta, espressa tramite voto, dei rappresentanti popolari negli organismi amministrativi e legislativi. *Elezioni politiche.* ◇ *Elezioni anticipate:* quelle che si svolgono prima della scadenza naturale. – *Elezione diretta:* quella in cui gli elettori designano direttamente il candidato scelto. – *Elezione indiretta:* operata da elettori a loro volta eletti. – *Elezione supplettiva:* quella che si svolge in un collegio elettorale per sostituire un parlamentare eletto col sistema uninominale che sia decaduto dalla carica. – *Elezioni europee:* che designano i membri del parlamento europeo. – *Elezione primarie:* negli Stati Uniti, quelle che si svolgono all'interno di ogni partito per la designazione dei candidati che parteciperanno alle elezioni presidenziali. **3.** Libera scelta. *Fare qualcosa di propria elezione.*
ENCICL. In Italia le elezioni si svolgono per la Camera dei deputati, per il Senato e i consigli comunali, provinciali, regionali e, infine, per la designazione del Presidente della Repubblica. In base al principio del suffragio universale, sono elettori tutti i cittadini italiani che abbiano compiuto 18 anni per l'elezione dei deputati e 25 anni per quella dei senatori. Il Presidente della Repubblica è eletto dal Parlamento per scrutinio segreto, a maggioranza di due terzi dell'assemblea.

èlfo s.m. (ingl. *elf*) Nella mitologia nordica, divinità minore che abita l'aria, le foreste, i luoghi solitari e può essere ostile o benevola. SIN.: **folletto**.

eliaco agg. [pl.m. –ci, f. –che] ASTR. Che è in relazione con il Sole. ◇ *Levata eliaca, tramonto eliaco di un astro:* rispettivamente il tempo in cui una stella prossima al Sole si libera dai raggi solari o è da essi offuscata, a causa del moto annuo apparente del Sole sull'eclittica.

eliambulànza s.f. Elicottero attrezzato per il trasporto di feriti o malati.

Eliàntemo s.m. BOT. Genere di piante dicotiledoni legnose o erbacee a fiori bianchi, gialli, rosei raccolti in cime. (Famiglia delle Cistacee.)

eliantina s.f. CHIM. ORG. → **metilarancio**.

■ **elevatóre**

Eliànto s.m. BOT. Genere di piante erbacee di grandi dimensioni, originarie dell'America settentrionale, a grandi fiori gialli ornamentali; ne fanno parte il girasole e il topinambur. (Famiglia delle Composite.)

eliàsta s.m. ANT. GR. Giudice ateniese, membro del tribunale popolare dell'eliea.

èlibus s.m. inv. AER. Elicottero che trasporta passeggeri su percorsi brevi.

èlica s.f. [pl. –che] (lat. *hĕlicam*, gr. *héliks* "spirale") **1.** TECN. Organo propulsore di mezzi navali e aerei costituito da un mozzo intorno a cui sono disposte, a uguali intervalli angolari, due o più pale opportunamente sagomate. **2.** (spec. pl.) Tipo di pasta alimentare corta a forma di elica. **3.** MAT. Curva che si avvolge sulla superficie di un cilindro di revoluzione, intersecando tutte le generatrici di questo con un angolo costante, detta anche *elica cilindrica.* ◇ *A elica:* a spirale. – BIOL. *Doppia elica:* la conformazione del DNA, costituito da due filamenti che si svolgono a elica.

èlice s.f. **1.** ANAT. Piega elicoidale esterna del padiglione auricolare. **2.** ARCH. Voluta o spirale del capitello corinzio. **3.** *Scala a elice:* scala a *chiocciola.

elicicoltóre s.m. Allevatore di chiocciole.

elicicoltùra s.f. Allevamento di tipi commestibili di chiocciole.

Elicidi s.m. pl. [iniziale minusc. sing. –de per l'individuo] ZOOL. Famiglia di molluschi terrestri, polmonati e caratterizzati da conchiglia a spirale. (Classe dei Gasteropodi.)

elicoidàle agg. Che ha forma di elica. ◇ GEOM. *Moto elicoidale:* quello che risulta dalla composizione di una rotazione uniforme attorno a un asse fisso e di una traslazione uniforme parallela allo stesso asse.

elicòide agg. (gr. *helikoeidés*, comp. di *héliks* "spirale" ed *éidos* "forma") **1.** Elicoidale. **2.** BOT. Di ramificazione o di infiorescenza cimosa in cui gli assi laterali si sviluppano con andamento a spirale. ◆ s.m. GEOM. Superficie generata da una semiretta [OM_0] la cui origine O descrive una retta (Δ) e il cui punto fisso M_0 descrive un'elica (H_0) di asse (Δ) con [OM_0] che rimane ortogonale a (Δ).

elicotterista s.m. e f. [pl.m. –sti] Pilota di elicotteri.

elicòttero s.m. (fr. *hélicoptère*) Aeromobile ad ala rotante nel quale il rotore assicura la sostentazione e la traslazione per tutta la durata del volo.

elidere v.tr. [21] (lat. *elídere*, propr. "cacciare via") **1.** Eliminare qlco. **2.** GRAMM. Togliere la vocale finale di una parola quando la parola successiva comincia per vocale. ◆ **elidersi** v.pron. Detto di due o più soggetti, annullarsi reciprocamente.

elièa s.f. (gr. *heliáia*, deriv. di *aialía* "assemblea") ST. Tribunale elettivo, civile e criminale, dell'antica Atene istituito da Solone (VI sec. a.C.) e che sostituì l'Areopago nelle funzioni giudiziarie.

pala di materiale composto
biella di comando
rotore principale
ugello
fanale anticollisione
rotore di coda
albero di trasmissione
turbine
condotti ingresso aria
cabina biposto
rilevatore di ghiaccio
pinne di stabilizzazione (con sghiacciamento)
bagagliaio
porta d'accesso
radar meteorologico
pedaliera
carrello anteriore
serbatoio carburante
carrello d'atterraggio principale retrattile

CARATTERISTICHE
lunghezza (pale ripiegate): 16,92 m
larghezza: 3,38 m
altezza: 4,92 m
diametro del rotore: 18,70 m
massa a pieno carico: 8350 kg
velocità massima: 280 km/h

■ **elicòttero** francese Super-Puma 332.

eliminàre v.tr. (fr. *éliminer*, lat. *eliminãre* propr. "estromettere da casa") **1.** Togliere qlco. o qlcu. da un gruppo, allontanare. *Eliminare le spese superflue.* **2.** Escludere qlcu. o qlco. da una competizione, da un concorso. **3.** Far fuori, uccidere. **4.** FISIOL. Far uscire dall'organismo. *L'organismo elimina acqua.*

eliminatòria s.f. SPORT. (spec. pl.) Prova preliminare attraverso la quale si scelgono i concorrenti che parteciperanno alla gara finale.

eliminatòrio agg. [pl.m. –*ri*] Che serve a eliminare, a scartare. *Prova eliminatoria.*

eliminazióne s.f. **1.** Azione di eliminare. *Eliminazione di un ostacolo.* **2.** Uccisione, soppressione sistematica di persone, spec. di nemici politici. **3.** SPORT. Esclusione da una gara o dal proseguimento delle eliminatorie di un campionato. **4.** FISIOL. Evacuazione delle scorie e dei prodotti derivanti dal metabolismo. **5.** ALG. Tecnica di risoluzione di un sistema di equazioni a più incognite consistente nell'eliminare *n* variabili fra *n* + 1 equazioni. **6.** CHIM. ORG. Reazione consistente nel distacco di due residui monovalenti da una medesima molecola, che dà di solito luogo a un composto non saturo.

elinda s.f. TECN. Braccio articolato di una gru, un'escavatrice, una draga.

èlio s.m. (solo sing.) **1.** Gas inerte e incolore, di densità 0,126 e che liquefà a -268,934 °C. **2.** Elemento chimico (*He*) di numero atomico 2 e peso atomico 4,0026. (Scoperto durante un'eclissi di Sole, l'elio è presente in piccola quantità nell'atmosfera terrestre e in alcune sorgenti di gas naturali negli Stati Uniti ed è utilizzato per gonfiare i palloni a sonda e i dirigibili e, allo stato liquido, in criogenia.)

eliocèntrico agg. [pl.m. –*ci*, f. –*che*] ASTR. Che ha come centro il Sole. ◇ *Sistema eliocentrico:* sistema *copernicano. – Coordinate eliocentriche:* quelle di un sistema di riferimento avente l'origine nel Sole. – *Distanza eliocentrica:* distanza di un corpo celeste dal Sole.

eliocentrismo s.m. ASTR. Teoria astronomica elaborata da Copernico secondo la quale il Sole è al centro del sistema planetario (in oppos. a *geocentrismo*).

eliodòro s.m. Varietà di berillo di colore giallo oro, usata come gemma.

eliofilìa s.f. BOT. Caratteristica delle piante che prosperano solo se esposte alla luce solare diretta.

eliografìa s.f. **1.** STAM. Processo di riproduzione grafica consistente nell'esposizione alla luce di una carta sensibile su cui si sia posto un negativo. **2.** ASTR. Descrizione del Sole.

eliògrafo s.m. **1.** Telegrafo ottico che trasmette segnali luminosi servendosi di specchi che riflettono la luce solare o una luce artificiale, ora sostituito da strumenti tecnologicamente più avanzati. SIN.: **elioscopio. 2.** ASTR. Cannocchiale che viene utilizzato per fotografare il Sole. **3.** METEOR. Strumento che serve per registrare le ore di irradiazione solare. SIN.: **eliofanografo.**

elióne s.m. FIS. Nucleo dell'atomo di elio. SIN.: **particella alfa.**

eliosincrono agg. Che ha un movimento di rotazione contemporaneo a quello del Sole. *Satellite eliosincrono.*

eliòstato s.m. ASTR. Apparecchio che consente di deviare i raggi solari in una direzione fissa.

elioterapìa s.f. MED. Trattamento delle malattie per mezzo dei raggi solari.

eliotipìa s.f. STAM. → **fototipia.**

eliotropìna s.f. CHIM. ORG. Aldeide aromatica (C₈H₆O₃), che costituisce il principio odoroso dell'eliotropio. SIN.: **piperonalio.**

eliotròpio s.m. [pl. –*pi*] (lat. *heliotrõpium*, gr. *hēliotrópion* comp. di *hēlios* "sole" e *trépein* "volgere") **1.** ASTR. Denominazione dell'orologio solare usato dagli antichi Greci per osservazioni astronomiche. **2.** MIN. Varietà di calcedonio verde con macchie rossastre. **3.** BOT. (iniziale maiusc.) Genere di piante erbacee perenni diffuse nelle regioni calde e temperate, con fiori bianchi profumati, spesso coltivate per scopi ornamentali. (Famiglia delle Borraginacee.) **4.** Profumo delicato simile alla vaniglia, proprio dell'eliotropio peruviano.

eliotropismo s.m. BOT. → **fototropismo.**

eliplàno s.m. AER. Velivolo che durante il volo orizzontale utilizza ali fisse e durante il volo verticale un'elica orizzontale.

elipòrto s.m. Aeroporto per elicotteri. SIN.: **eliscalo.**

elisbàrco s.m. Operazione militare effettuata con truppe trasportate da elicotteri.

eliscàlo s.m. Eliporto.

elìsio o **elìso** s.m. [pl.m. –*si*] (iniziale maiusc.) Nella mitologia greca e romana, campagna bellissima al limite occidentale della Terra in cui è sempre primavera e dove dimorano dopo la morte gli uomini che sono stati pari agli dei, detto anche *Campi Elisi* o *Elisi.*

elisióne s.f. LING. Caduta della vocale finale atona di una parola dinanzi alla vocale iniziale della parola seguente. (L'elisione è segnata dall'apostrofo.)

elisir s.m. inv. (ar. *al-iksir* "pietra filosofale" e anche "medicamento balsamico", gr. *ksērón* "miscela di polveri secche") **1.** Preparato degli alchimisti che, versato sui metalli, avrebbe dovuto trasformarli in oro. **2.** Denominazione di pozioni dalle virtù terapeutiche e miracolose. *Elisir di lunga vita.* **3.** Liquore a base di sostanze aromatiche con proprietà benefiche.

elisoccórso s.m. Soccorso tramite eliambulanze.

elistazióne s.f. Complesso delle installazioni che, in un eliporto, sono messe a disposizione del pubblico e dei passeggeri.

elitàrio agg. [pl.m. –*ri*] Proprio di un'élite o a essa destinato.

elitarismo s.m. Tendenza a limitare a un'élite. – Coscienza di fare parte di un'élite.

élite [e/e'lit/] s.f. inv. (voce fr., deriv. di *élire* "scegliere") Gruppo ristretto di persone che spiccano per cultura, prestigio o ricchezza. ◇ *D'elite:* elitario.

èlitra s.f. ZOOL. Ala anteriore dei Coleotteri e degli Ortotteri, dura e rigida, che non sbatte durante il volo, ma protegge a riposo l'ala posteriore membranosa.

elitraspòrto s.m. Trasporto in elicottero di oggetti o persone.

élla pron.pers. f. sing. [m. *egli*, pl. *esse*] **1.** È utilizzato per menzionare una persona già nominata. *Ella disse.* – Nello stile ricercato si usa anche accompagnato da *stessa, anche, pure,* al posto di *lei. Ella stessa è convinta.* **2.** È utilizzato come forma di cortesia, riferita anche a persone di sesso maschile, nel registro più formale, spec. scritto (spesso con iniziale maiusc.), al posto del più comune *lei. Come Ella ha appreso dall'ultima missiva.* ◻ In funzione di s.m., il pronome nella forma allocutiva. *Con questo ella mi ha deluso!*

ellàdico agg. [pl.m. –*ci*, f. –*che*] Dell'Ellade o Grecia antica.

ellèboro s.m. (lat. *Helleborus*, gr. *helléboros* comp. di *héllos* "cerbiatto" e *bibrõskein* "mangiare" perché è una pianta di cui si nutrono i cervi) **1.** Pianta dicotiledone longeva a foglie palmate, fiori verdi o giallastri, che fiorisce fin dalla fine dell'inverno e la cui radice, molto tossica, era utilizzata come purgante. (Famiglia delle Ranuncolacee.) ◇ *Elleboro puzzolente:* *cavolo lupo. 2.* BOT. (iniziale maiusc.) Genere a cui appartengono le varie specie di elleboro.

ellènico agg. [pl.m. –*ci*, f. –*che*] Degli Elleni. ~ *estens.* Dei Greci e della Grecia.

ellenismo s.m. **1.** Periodo storico convenzionalmente compreso tra la morte di Alessandro Magno (323 a.C.) e la battaglia di Azio (31 a.C.), caratterizzato dalla diffusione della cultura greca in tutto il mondo conosciuto. **2.** LING. Termine o costrutto proprio della lingua greca. SIN.: **grecismo.**

ellenista s.m. e f. [pl.m. –*sti*] **1.** Specialista di studi greci. **2.** Nel Nuovo Testamento, nome dato agli Ebrei che parlavano greco. – (al pl.) I Settanta che tradussero la Bibbia in greco.

ellenizzàre v.tr. Convertire alla civiltà greca o ellenistica un altro popolo. SIN.: **grecizzare.**

ellèno agg. Della Grecia antica. ◆ s.m. [f. –*na*; al pl. anche iniziale maiusc.] Abitante della regione storica della Tessaglia meridionale, poi di tutta la Grecia.

ellepì o **elleppì** s.m. inv. (lettura di *LP,* sigla di ingl. *long playing*) MUS. Disco microsolco a trentatré giri. SIN.: **long playing.**

ellisse s.f. (lat. *ellipsis*, gr. *élleipsis* "mancanza" perché figura geometrica ritenuta meno perfetta del cerchio) **1.** GEOM. Curva piana chiusa, luogo dei punti di un piano per cui la somma delle distanze da due punti fissi, detti *fuochi,* è costante. **2.** ASTR. Orbita descritta da un corpo celeste intorno a un altro che ne occupa un fuoco.

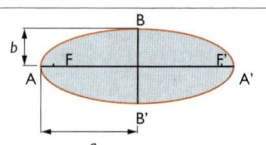

AA': asse maggiore
BB': asse minore
F, F': fuochi
FF': distanza focale

$$\text{area} = A$$
$$A = \pi \times a \times b$$
$$\text{perimetro} = P$$

$$P \approx \pi\sqrt{2(a^2 + b^2) - \frac{(a-b)^2}{2,2}}$$

■ **ellisse**

ellissi s.f. inv. GRAMM. Omissione di un elemento sintattico facilmente deducibile dal contesto.

ellissoidàle agg. GEOM. Relativo a un ellissoide. ~ A forma di ellissoide.

ellissòide s.m. GEOM. Superficie quadrica chiusa, le cui sezioni piane sono ellissi. ◇ *Ellissoide di rotazione:* quello generato dalla rotazione completa di un ellisse attorno a uno dei suoi assi.

1. ellìttico agg. [pl.m. –*ci*, f. –*che*] GEOM. Che ha la forma o la proprietà di ellisse. ◇ *Geometria ellittica:* geometria non euclidea, il cui postulato centrale è che non esistono rette parallele.

2. ellìttico agg. [pl.m. –*ci*, f. –*che*] **1.** GRAMM. Che fa uso di ellissi. **2.** *estens.* Che non svolge un argomento in maniera analitica, risultando quindi sintetico o carente. *Discorso troppo ellittico.*

elmétto s.m. Copricapo metallico usato come protezione spec. dai militari.

elminti s.m. pl. Nome comune dei vermi parassiti dell'uomo e dei vertebrati (tenia, ascaride, fasciola, acantocefalo, ecc.).

elmintìasi s.f. inv. MED. Malattia parassitaria causata dagli elminti. SIN.: **elmintosi.**

elmintologìa s.f. ZOOL., MED. Branca della parassitologia che studia i vermi parassiti.

élmo s.m. **1.** Armatura in cuoio o metallo che copre il capo proteggendolo. **2.** *estens.* Parte dello scafandro del palombaro che copre la testa ed è fornita di cristalli per consentire la visuale. **3.** ARALD. Ornamento dell'arme posto sopra allo scudo. **4.** ZOOL. Denominazione comune ai molluschi gasteropodi, perché la forma ricordano un elmo. **5.** BOT. Parte superiore ricurva dei fiori di alcune piante (orchidee, aconito, ecc.), costituita da uno o da più petali (o sepali). **6.** Parte superiore di un alambicco.

Elòbie s.f. pl. [iniziale minusc. sing. –*bia* per l'individuo] (lat. *Helobiae,* comp. di gr. *hélos* "palude" e *bíos* "vita") BOT. Gruppo di piante acquatiche il cui apparato florale presenta caratteri assai primitivi.

elocuzióne s.f. **1.** Arte di elaborare l'espressione verbale. **2.** *estens.* Aspetto formale di un'opera letteraria. **3.** LING. Produzione di linguaggio parlato e sue diverse modalità.

Elòdea o **Elòdia** s.f. BOT. Genere di piante acquatiche originarie dell'America, con fusti molto ramificati. (Famiglia delle Idrocaritacee.)

Elodèrma s.m. ZOOL. Genere di rettili con corpo bruno a macchie gialle, arti brevi e coda grossa e lunga, dal morso velenoso ma non mortale; vivono nelle regioni aride dell'America settentrionale e centrale e conducono vita notturna. (Lunghezza 50 cm; famiglia degli Elodermatidi.)

Elodermatidi s.m. pl. [iniziale minusc. sing. –*de* per l'individuo] ZOOL. Famiglia di rettili nordamericani che comprende una specie fossile e due viventi.

elogiàre v.tr. [6] Fare gli elogi, le lodi di qlcu. o qlco.

elogiativo agg. Che contiene, esprime un elogio, un'approvazione. *Discorsi elogiativi.*

elògio s.m. [pl. *–gi*] (lat. *elŏgium* "epitaffio" quindi "discorso encomiastico") **1.** Discorso o scritto riguardante i meriti di qlcu. o di qlco. SIN.: **encomio**. **2.** *estens.* Lode, approvazione. **3.** ANT. ROM. Epigrafe che espone i meriti del defunto. **4.** *estens.* Discorso funebre.

elongazióne s.f. **1.** ASTR. Distanza angolare di una stella dal Sole, rispetto a un osservatore situato sulla Terra. **2.** Distanza lineare o angolare di un punto da un corpo dalla posizione iniziale o di equilibrio. ~ FIS. Distanza massima o istantanea di un punto oscillante dalla posizione di riposo. (Il suo valore massimo è l'ampiezza.)

eloquènte agg. **1.** Che manifesta un'attitudine a parlare facilmente e con eleganza. **2.** Che porta in sé un significato chiaro. *Cifre eloquenti. Silenzio eloquente.* SIN.: **significativo**.

eloquènza s.f. **1.** Arte, talento di convincere, persuadere con la parola. ~ Capacità di parlare bene. – Anche, gli oratori nel loro complesso e il genere letterario dell'orazione. **2.** Carattere di ciò che è espressivo, persuasivo, probante. *L'eloquenza delle cifre.* ◇ *scherz. L'eloquenza del denaro:* la forza dell'interesse economico.

elòquio s.m. [pl. *–qui*] Linguaggio, modo di parlare

élsa s.f. Traversa di metallo che viene fissata alla base dell'impugnatura della spada per proteggere la mano e per fermare la corsa della lama nel fodero.

elucubràre v.tr. (deriv. di lat. *lucubrāre* "lavorare a lume di lucerna") Esaminare nella mente qlco. con molta concentrazione. SIN.: **meditare**. ~ *iron.* o *scherz.* Produrre riflessioni irragionevoli, esagerate. SIN.: **almanaccare**.

elucubrazióne s.f. Applicazione lunga e minuziosa della mente a un oggetto astratto.

elùdere v.tr. [21] (lat. *elūdere* propr. "sottrarsi al gioco") Sfuggire a qlcu., alla sua attenzione. *Eludere la vigilanza.* SIN.: **schivare**. ~ Non rispettare regole, leggi, divieti. *Eludere le tasse.*

eluìre v.tr. [83] CHIM. Ridurre in soluzione, tramite gas o solventi, una sostanza mescolata a un'altra.

elusióne s.f. Capacità di evitare, di sottrarsi a qlco. con abilità.

elusivo agg. Che sfugge, devia abilmente. *Risposta elusiva.* SIN.: **evasivo**.

eluviàle agg. GEOL. Relativo a eluvio.

elùvio s.m. [pl. *–vi*] (lat. *elŭviem* "inondazione") GEOL. Deposito detritico originato da rocce degradate e rimaste sul posto.

eluzióne o **eluizióne** s.f. Operazione consistente nel riportare in soluzione una sostanza adsorbita da un mezzo; è usata in cromatografia e nella tecnica farmaceutica e petrolifera.

Elvèlla s.f. BOT. Genere di funghi ascomiceti, commestibili, dal cappello marrone o bianco, lobato e ritorto. (Ordine delle Pezizali.)

Elvellàcee s.f. pl. [iniziale minusc. sing. *–a* per l'individuo] (lat. *Helvellaceae*, deriv. di *helvĕlla* propr. "erbette commestibili") BOT. Fami

glia di funghi comprendente diverse specie, quasi tutte commestibili, con grosso cappello di varia forma e gambo carnoso. (Sottodivisione degli Ascomiceti.)

elvètico agg. [pl.m. *–ci*, f. *–che*] **1.** ST. Degli Elvezi, popolazione celtica stanziatasi verso la fine del IV sec. a.C. nella zona alpina centroccidentale, che da loro prese il nome di *Elvezia*. **2.** Della Svizzera. ◆ s.m. [f. *–ca*] Nativo, abitante della Svizzera.

elzevirista s.m. e f. [pl.m. *–sti*] Autore di elzeviri.

elzeviro s.m. **1.** Volume stampato o pubblicato dagli Elzevier, famiglia di stampatori olandesi dei secc. XVI e XVII. **2.** Carattere tipografico usato dagli Elzevier o che lo impiega. **3.** Articolo della terza pagina dei quotidiani, general. letterario, saggistico, artistico, così detto dal tipo di carattere con cui veniva stampato. ❑ In funzione di agg., nel sign. 2 del s.

emaciàre v.tr. [6] Far diventare molto debole e magro. *La febbre ti ha emaciato.*

emaciàto agg. Molto magro, smunto. *Viso emaciato.*

e-mail [/i'meɪl/] s.f. inv. (voce ingl., abbr. di *electronic mail*) INFORM. Servizio di posta elettronica per utenti di elaboratori, che consente di inviare e ricevere messaggi e dati. ~ Indirizzo di posta elettronica.

emanàre v.intr. (aus. *essere*) Di soggetto inanimato, avere origine o provenire da una qualche fonte, anche in senso figurato. *Dalla stufa emana un dolce calore.* ◆ v.tr. **1.** Mandare fuori, diffondere qlco. che si propaga. *Questi fiori emanano un delicato profumo.* SIN.: **esalare**. **2.** Detto di un'autorità costituita, emettere, promulgare un documento ufficiale. *Emanare una circolare.*

emanatismo s.m. FILOS. Dottrina neoplatonica fondata sul concetto di emanazione.

emanazióne s.f. **1.** Irradiazione, propagazione di un fluido o di una radiazione. SIN.: **diffusione**. ◇ *Emanazioni vulcaniche:* gas e vapori emessi da un vulcano. **2.** FILOS. Per Plotino e il neoplatonismo, il processo per cui tutti gli esseri emanano dall'Uno, la divinità, come le irradiazioni della luce. **3.** FIS. Gas radioattivo che si produce nella disintegrazione di alcuni elementi radioattivi e che è costituito da isotopi del radon. **4.** *fig.* Espressione, manifestazione. *La commissione d'indagine è emanazione del parlamento.* **5.** DIR. Promulgazione di un provvedimento, di una legge. SIN.: **emissione**.

emanazionismo s.m. FILOS. Emanatismo.

emancipàre v.tr. (lat. *emancipāre*, deriv. di *mancĭpium* "mancipio", l'atto con cui il figlio veniva liberato dalla patria potestas) **1.** Rendere libero, liberare da una sovranità, da uno stato di dipendenza. *Emancipare le donne.* **2.** DIR. Concedere a un minore tra i sedici e i diciotto anni la possibilità del matrimonio e di atti di ordinaria amministrazione. **3.** Nel mondo romano, liberare uno schiavo. SIN.: **affrancare**. ◆ **emanciparsi** v.pron. Rendersi indipendente da qlcu. *Oggi i giovani si emancipano tardi dalla famiglia.*

emancipàto agg. **1.** Liberato da qualsiasi costrizione. **2.** DIR. Di minore che abbia ottenuto l'emancipazione. **3.** Che ha acquisito idee e comportamenti autonomi. ~ *eufem.* Spregiudicato. ~ Riferito a cosa, che denota tali caratteri.

emancipatóre agg. [f. *–trice*] Che promuove la formazione di una coscienza libera, che libera da qlco. ◆ s.m. (anche f.) Nel sign. dell'agg.

emancipazióne s.f. **1.** Liberazione da una condizione d'inferiorità, di subalternità, di costrizione, come processo oggettivo, storico o soggettivo, psicologico. ◇ *Emancipazione femminile:* raggiungimento da parte della donna della parità di diritti con l'uomo. **2.** DIR. Nel diritto romano e medievale, rinuncia del capofamiglia alla patria potestà su un figlio o un discendente che acquisiva così la piena capacità giuridica. ~ Nel diritto moderno, atto con cui si riconosce al minore che ha compiuto sedici anni la capacità di agire nei limiti dell'ordinaria amministrazione.

emangiòma o **emoangiòma** s.m. [pl. *–mi*] Angioma costituito di vasi sanguigni (in oppos. a *linfangioma*).

emarginàre v.tr. (calco del fr. *émarger*) **1.** Nel l. bur., annotare qlco. sul margine di un

documento. **2.** *fig.* Relegare qlcu. ai margini della società ed estrometterlo dalla partecipazione alla vita sociale. ◆ **emarginarsi** v.pron. Isolarsi, estromettersi da solo da un gruppo. *Il ragazzo si è emarginato dai compagni.*

emarginàto agg. **1.** Nel l. bur., annotato in margine. **2.** Che non è inserito, non integrato in una comunità umana, non per propria volontà ma per situazioni di fatto o per pregiudizi. ◆ s.m. **1.** Nel l. bur., documento emarginato. **2.** *fig.* [f. *–ta*] Nell'accez. 2 dell'agg.

emarginazióne s.f. Esclusione di qlcu. o di una certa categoria di persone dalla vita sociale, perché non corrispondenti ai modelli morali e sociali prevalenti.

emartròsi s.f. inv. MED. Versamento di sangue in una cavità articolare.

ematèmesi s.f. inv. MED. Vomito di sangue dovuto a patologie del primo tratto dell'apparato digerente.

ematico agg. [pl.m. *–ci*, f. *–che*] MED. Relativo al sangue.

ematina s.f. BIOCHIM. Composto che si forma per ossidazione di un gruppo prostetico dell'emoglobina (*eme*) alla quale conferisce la proprietà di trasportare ossigeno.

ematite s.f. (lat. *haēmatītem*, gr. *haimatítēs líthos* "pietra sanguigna") MIN. Sesquiossido di ferro (Fe$_2$O$_3$) in cristalli distinti di colore grigio scuro e di lucentezza metallica o in aggregati cristallini fibrosi di colore rosso scuro o in ammassi compatti terrosi anch'essi rossi.

ematòcrito s.m. MED. Percentuale del volume occupato dai globuli rossi rispetto al volume totale del sangue, mediamente intorno al 40% ~ Strumento che serve a determinare tale rapporto.

ematòfago agg. [pl.m. *–gi*, f. *–ghe*] ZOOL. Animale che si nutre di sangue e può così diventare vettore di malattie.

ematologia s.f. MED. Studio del sangue, degli organi emopoietici e delle loro affezioni.

ematològico agg. [pl.m. *–ci*, f. *–che*] MED. Relativo al sangue o ai suoi disturbi.

ematòlogo s.m. [f. *–ga*, pl.m. *–gi*, f. *–ghe*] Medico specialista di ematologia.

ematòma s.m. [pl. *–mi*] MED. Raccolta di sangue in una cavità naturale o in un tessuto dovuta a trauma o a malformazione.

ematopoiètico agg. MED. Relativo all'emopoiesi.

ematòsi s.f. inv. FISIOL. Insieme degli scambi gassosi che si producono nei polmoni e che trasformano il sangue ricco di gas carbonico (rosso scuro) in sangue ricco di ossigeno (rosso vivo).

ematozòo s.m. ZOOL. Denominazione generica di animali parassiti del sangue, in partic. protozoi.

ematùria s.f. MED. Presenza di sangue nelle urine.

emàzia s.f. (fr. *hématie*) ANAT. Globulo rosso del sangue che trasporta l'emoglobina. [Nell'uomo la norma è di ca. 5 milioni per mm³ di sangue, nella donna 4,5 milioni.] SIN.: **eritrocito**.

embàrgo s.m. [pl. *–ghi*] (voce spagn., deriv. di *embargar* "impedire") **1.** Sequestro o blocco di navi mercantili estere imposto da uno Stato come misura di polizia o come rappresaglia. **2.** Sospensione delle forniture militari o di altre merci decisa da uno o più paesi nei confronti di altri.

Emberizidi s.m. pl. [iniziale minusc. sing. *–de* per l'individuo] ZOOL. Famiglia di uccelli simili ai fringuelli, granivori, diffusi in tutto il mondo. (Ordine dei Passeriformi.)

emblèma s.m. [pl. *–mi*] (lat. *emblēma*, gr. *émblēma* propr. "ciò che viene inserito") **1.** Figura simbolica general. accompagnata da un motto. *La colomba è l'emblema della pace.* **2.** *fig.* Simbolo di qlco. *Quell'uomo è l'emblema dell'onestà.* **3.** Nell'antichità, composizione a mosaico effettuata su una sottile lastra di marmo incastonata nel pavimento.

emblemàtico agg. [pl.m. *–ci*, f. *–che*] **1.** Che ha carattere di emblema o accompagna un emblema. *Figura emblematica.* **2.** *fig.* Che sintetizza in modo significativo qlco. di complesso. SIN.: **rappresentativo**.

fiore

■ **Elòdea**

embolìa s.f. MED. Occlusione improvvisa di un vaso sanguigno o linfatico con un embolo e con conseguente infarto.

embolizzazióne s.f. **1.** MED. Meccanismo di formazione di un coagulo. **2.** MED. Trattamento di un tumore, di un'emorragia mediante l'iniezione di un embolo sintetico per bloccare l'arteria corrispondente.

èmbolo s.m. (lat. *embolum*, gr. *émbolos* "ostruttore") MED. Corpo estraneo trasportato dal sangue che occlude un vaso e causa un'embolia.

embricàre v.tr. [4] Ricoprire un tetto con embrici.

embricàto agg. **1.** Ricoperto di embrici. **2.** Ciò che è disposto secondo una parziale sovrapposizione, come gli embrici dei tetti.

embricatùra s.f. Disposizione di elementi in parziale sovrapposizione, come gli embrici, e manufatto così ottenuto. *Decorazione a embricatura.*

èmbrice s.m. (lat. *ĭmbrĭcem*, deriv. di *ĭmber* "pioggia") **1.** Elemento in laterizio per la copertura di tetti costituito da una lastra trapezoidale con i bordi dei lati obliqui rialzati. **2.** MAR. Ciascuno dei grossi cavi che stringono contro lo scafo l'invasatura di una nave pronta per il varo.

embriofillo s.m. BOT. → **cotiledone**.

embriogènesi s.f. inv. BIOL. Formazione e sviluppo di un organismo animale o vegetale dalla fase dell'embrione alla nascita. SIN.: **ontogenesi**.

embriologìa s.f. BIOL. Studio della formazione e dello sviluppo dell'embrione.

embriològico agg. [pl.m. *–ci*, f. *–che*] Relativo all'embriologia.

embriòlogo s.m. [f. *–ga*, pl.m. *–gi*, f. *–ghe*] Studioso di embriologia.

embrionàle agg. **1.** BIOL. Relativo all'embrione. ◇ *Area embrionale (o pellucida):* quella trasparente della parete centrale del blastoderma delle uova degli uccelli, da cui si origina l'embrione. **2.** *fig.* Che non ha una forma precisa e definita, che è appena abbozzato. *Progetto allo stato embrionale.* SIN.: **iniziale**.

embrióne s.m. **1.** EMBRIOL. Organismo che va sviluppandosi dall'uovo fecondato fino al raggiungimento di una forma capace di vita autonoma. ◇ *Embrione umano:* il frutto del concepimento nei trentacinque giorni successivi alla fecondazione. **2.** BOT. Nelle Fanerogame, il germe che conduce una vita latente racchiuso nel seme e riprende a crescere al momento della germinazione. **3.** *fig.* Prima e non ben precisata forma di un pensiero o di una cosa. SIN.: **abbozzo**.

embriopatìa s.f. MED. Anomalia o affezione patologica dell'embrione o del feto.

embriosopìa s.f. MED. Esame endoscopico dell'embrione nel corso della gravidanza, fatto attraverso il collo dell'utero.

embrocazióne s.f. Nell'antica farmacopea, preparazione oleosa più o meno analgesica utilizzata per il massaggio dei muscoli. SIN.: **linimento**.

ème s.m. CHIM., BIOL. Gruppo prostetico, contenente ferro, dell'emoglobina alla quale conferisce la proprietà di trasportare ossigeno.

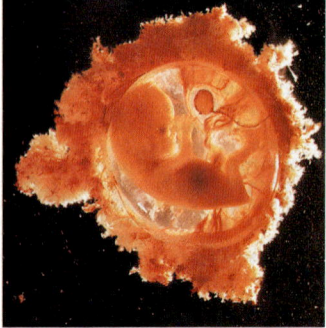
■ **embrióne** di 7 settimane nel liquido amniotico.

emendàbile agg. Che può essere emendato, modificato.

emendabilità s.f. inv. DIR. Possibilità di essere corretto, emendato. *L'emendabilità di un disegno di legge.*

emendaménto s.m. **1.** DIR. Modifica apportata a un progetto di legge da un'assemblea legislativa o dal governo durante la sua discussione. **2.** FILOL. Lezione congetturale con cui si corregge un testo che la tradizione ha trasmesso corrotto o lacunoso. **3.** AGR. Correzione della costituzione fisico-chimica di un terreno. SIN.: **ammendamento**.

emendàre v.tr. **1.** Ripulire qlco., spec. stile o carattere, da difetti o imperfezioni. **2.** Correggere qlco. o qlco. in senso morale. *Emendare i vizi.* **3.** Modificare una legge. **4.** AGR. Ammendare. ◆ **emendarsi** v.pron. Correggere, modificare se stessi.

emendàtio s.f. [pl. *emendationes*] FILOS. Correzione critica di testi antichi eseguita per riportarli alla forma originale.

emendazióne s.f. Emendamento, in ambiti concreti o astratti. *Emendazione dei costumi.*

emeralopìa s.f. MED. Indebolimento patologico della vista in condizioni di scarsa luminosità.

emergènte agg. **1.** Che esce da una condizione anonima o subalterna mostrando una precisa identità. *Classe emergente.* ◇ ECON. *Paesi emergenti:* paesi del Terzo Mondo in via di sviluppo economico. **2.** DIR. *Danno emergente:* diminuzione patrimoniale subita in seguito a fatti illeciti o inadempimenti altrui. **3.** FIS. Relativo a un elemento che esce da un mezzo dopo averlo attraversato. *Raggi emergenti.* ◆ s.m. e f. Chi si afferma per la prima volta in un dato ambito.

emergènza s.f. (ingl. *emergency*, deriv. di lat. *emĕrgens* "che si segnala") **1.** Circostanza, difficoltà imprevista. *Affrontare le emergenze.* ◇ *Freno d'emergenza:* dispositivo presente nelle carrozze ferroviarie che avvisa il macchinista della necessità di fermare immediatamente il treno. **2.** Situazione di grave pericolo. ◇ *Stato di emergenza:* insieme di condizioni eccezionali, dovute a calamità naturali o a gravi incidenti, che richiedono immediati provvedimenti del governo. **3.** *non com.* Ciò che emerge, sporge.

emèrgere v.intr. [21] (aus. *essere*) **1.** Affiorare dall'acqua, salire in superficie. **2.** *estens.* Apparire, manifestarsi uscendo da qlco. o sopra il livello di qlco. *Il sole emerge dalla linea dell'orizzonte.* **3.** *fig.* Eccellere rispetto ad altri. *Prova che emerge dal gruppo.* SIN.: **spiccare**. **4.** *fig.* Derivare da qlco., manifestandosi con chiarezza. *Dalle indagini non sono emerse mie responsabilità.*

emèrito agg. (lat. *emĕritum* "che ha ben meritato") **1.** Nella Roma antica, titolo attribuito al soldato che aveva finito il servizio militare. **2.** Di chi conserva un titolo dopo avere cessato di esercitare le sue funzioni. *Consigliere emerito.* ◇ *Professore emerito:* titolo che, su proposta della facoltà, il ministero concede ai professori universitari di ruolo al momento del pensionamento. **3.** Che, a causa di una lunga pratica, ha un'abilità notevole nel suo settore. ~ Egregio, illustre.

Emerocàllide s.f. BOT. Genere di piante erbacee rizomatose monocotiledoni, coltivate a scopo ornamentale per i grandi fiori gialli o rossastri. (Famiglia delle Liliacee.)

emerotèca s.f. [pl. *–che*] Raccolta organica di quotidiani e periodici, di solito presso una grande biblioteca.

emersióne s.f. **1.** Affioramento in superficie. ~ In partic., manovra con cui un mezzo navale subacqueo risale in superficie solo con la torretta e i periscopi (*emersione parziale*) o assumendo l'assetto di navigazione in superficie (*emersione totale*). **2.** GEOL. Fenomeno per cui vasti continenti si innalzano lentamente al di sopra della superficie delle acque. **3.** ASTR. Riapparizione di una stella dopo un occultamento o un'eclisse.

emèrso agg. Che fuoriesce dall'acqua. ◇ *Terre emerse:* i continenti e le isole.

emètico agg. [pl.m. *–ci*, f. *–che*] FARM. Di farmaco che è in grado di provocare il vomito. ◆ s.m. Nel sign. dell'agg.

emetìna s.f. BIOCHIM., MED. Alcaloide estratto da alcune specie di ipecacuana, usato in medicina come emetico ed espettorante.

emèttere v.tr. [50] **1.** Mandare fuori qlco. *Emettere radiazioni.* SIN.: **emanare**. **2.** Mettere in circolazione qlco. *Emettere un assegno.* ◇ BANC. *Emettere un titolo:* offrirlo sul mercato. **3.** Emanare, promulgare qlco. *Emettere una sentenza.* ~ Esprimere, manifestare. *Emettere un giudizio.*

emettitóre s.m. **1.** TELECOM. Trasmettitore. **2.** ELETTR. Catodo; in partic. uno degli elettrodi del transistor.

emianopsìa s.f. MED. Perdita parziale o totale della vista in metà del campo visivo.

emicìclo s.m. **1.** Ogni spazio avente la forma di un semicerchio. ~ In partic., costruzione semicircolare a gradinata per accogliere i membri di un'assemblea. *Emiciclo di Montecitorio.* **2.** ANT. GR. ROM. Gradinata del teatro dove sedevano gli spettatori.

Emicordàti s.m. pl. [iniziale minusc. sing. *–to* per l'individuo] ZOOL. Tipo di invertebrati marini vermiformi che comprende le classi degli Enteropneusti e degli Pterobranchi.

1. emicrània s.f. MED. Affezione caratterizzata da accessi di cefalea in una regione della testa.

2. emicrània s.f. Deformazione del cranio nel feto, che si presenta ridotto della metà rispetto alla sua dimensione normale. SIN.: **emicefalia**.

emigrànte agg. Che lascia il proprio paese ◆ s.m. e f. Persona che emigra, spec. in cerca di lavoro.

emigràre v.intr. (aus. *essere* o *avere*) Lasciare il proprio paese per stabilirsi altrove. SIN.: **espatriare**. ~ Detto di uccelli o di altri animali, trasferirsi da un luogo all'altro con l'avvicendarsi delle stagioni. SIN.: **migrare**.

emigràto agg. Che ha lasciato il proprio paese d'origine in cerca di lavoro o per motivi politici. ◆ s.m. [f. *–ta*] ST. Nel sign. dell'agg.

emigrazióne s.f. **1.** Spostamento da una zona all'altra di persone singole o gruppi in cerca di lavoro o per cause politiche. *Emigrazione stagionale.* ~ Insieme degli emigrati. ◇ *Emigrazione clandestina:* quella che viola le disposizioni di legge del paese ospite. – DIR. *Libertà di emigrazione:* diritto che la costituzione riconosce ai lavoratori, a condizione che siano stati assolti gli obblighi stabiliti dalla legge. **2.** Migrazione di animali.

emiliàno agg. (la regione è così detta perché attraversata dalla via *Emilia*, fatta costruire dal console romano M. *Emilio* Lepido) Dell'Emilia. ◆ s.m. **1.** [f. *–na*] Nativo, abitante dell'Emilia. **2.** (solo sing.) Dialetto dell'Emilia.

eminènte agg. **1.** *non com.* Che sovrasta in altezza chi o ciò che sta intorno. **2.** *fig.* Che è superiore ad altri per qualità. *Eminente personalità della politica.* SIN.: **insigne**. **3.** *fig.* Rilevante, degno di nota. *Qualità eminenti.*

eminenteménte avv. → **prevalentemente**.

eminènza s.f. **1.** ANAT. Denominazione di sporgenze o protuberanze di organi o tessuti. **2.** *fig.* Eccellenza, superiorità. *Eminenza d'ingegno.* **3.** CATT. Titolo onorifico dei cardinali della Chiesa cattolica. ◇ *Eminenza grigia:* consigliere segreto di un personaggio importante; anche, chi esercita potere e influenza pur restando nell'ombra.

emióne s.m. Nome comune di un mammifero perissodattilo selvatico con aspetto intermedio tra l'asino e il cavallo. (Nome sc. *Equus hemionius.*)

emiparassita s.m. e f. [pl.m. *–ti*] Pianta verde che attaccandosi alle radici o al caule di altri vegetali sottrae loro parte del nutrimento.

emiparèsi s.f. inv. MED. Paresi limitata a una sola metà del corpo.

emiplegìa s.f. MED. Paralisi della parte destra o sinistra del corpo, dovuta a una lesione cerebrale nell'emisfero opposto.

emiràto s.m. Titolo, dignità e giurisdizione di emiro.

emìro s.m. (ar. *amīr* "comandante") Capo supremo nei paesi musulmani.

emisfèrico agg. [pl.m. *–ci*, f. *–che*] Che ha la forma di un emisfero.

emisfèro s.m. **1.** La metà di una sfera. ◊ FIS. *Emisferi di Magdeburgo:* calotte metalliche cave di cui Otto von Guericke si servì nel 1654 per dimostrare l'azione della pressione atmosferica. **2.** Ciascuna delle due metà della sfera terrestre, separate dall'equatore. *Emisfero australe.* ◊ *Emisfero celeste:* ognuna delle due parti in cui l'immaginaria sfera celeste è divisa dal proprio equatore. **3.** ANAT. *Emisfero cerebrale:* ciascuna delle due parti simmetriche del cervello divise dalla scissura sagittale.

1. emissàrio s.m. [pl. *–ri*] **1.** Corso d'acqua che sottrae acqua a un invaso. *Un emissario del lago.* **2.** Collettore generale di una fognatura. **3.** ANAT. Vena che collega i seni della duramadre con le vene extracraniche.

2. emissàrio s.m. [f. *–ria,* pl. m. *–ri*] Persona incaricata di una missione, spec. diplomatica. ~ *spreg.* Individuo che fa lavori loschi, che compie azioni criminose per conto di altri.

emissióne s.f. **1.** Fuoriuscita, espulsione di qlco. *Emissione della voce.* ◊ *Emissione inquinante:* fuoriuscita di sostanze nocive per l'ambiente. **2.** FIS. Produzione di radiazioni da parte di un corpo. ◊ *Emissione ondulatoria:* quella che riguarda le onde elastiche ed elettromagnetiche. **3.** TELECOM. Trasmissione di suoni e immagini per mezzo di onde elettromagnetiche. **4.** BANC. Messa in circolazione di valuta, titoli, cambiali, assegni, ecc. ~ *estens.* Valore complessivo dei titoli oggetto di collocamento. ◊ *Istituto di emissione:* banca centrale di un paese.

emistichio s.m. [pl. *–chi*] **1.** METR. Ciascuna delle due parti di un verso tagliato da cesura. **2.** *estens.* Verso incompleto o citato parzialmente.

emitoràce s.m. MED. Metà del torace.

emittènte agg. Che emette, diffonde, irradia. ◆ s.m. e f. **1.** LING. La fonte di un messaggio. **2.** FIN. Soggetto che emette titoli di credito. ◆ s.f. Stazione che trasmette programmi radiofonici o televisivi. *Emittente privata.*

Emitteri s.m. pl. [iniziale minusc. sing. *–ro* per l'individuo] ZOOL. Superordine di insetti terrestri dotati di un apparato boccale con cui possono pungere e succhiare. (Gli Emitteri sono distinti in due sottordini: Omotteri e Eterotteri.)

emmenagògo agg. [pl.m. *–ghi,* f. *–ghe*] (comp. di gr. *émmēna* "mestrui" e *agōgós* "che guida") FARM. Di farmaco che favorisce il flusso mestruale. ◆ s.m. Nel sign. dell'agg.

emmental [/'ɛmənta:l/] s.m. inv. (dal nome della località svizzera dove scorre il fiume *Emme*) Vecchia denominazione dell'emmentaler, oggi in uso per indicare lo stesso formaggio prodotto fuori dalla Svizzera.

emmentaler [/'ɛməntalə/] s.m. inv. Denominazione commerciale, che costituisce marchio registrato, di formaggio svizzero a pasta dura caratterizzato da grossi buchi e preparato con latte vaccino intero.

emmètrope agg. MED. Che ha una vista normale, senza miopia né ipermetropia. ◆ s.m. e f. Nel sign. dell'agg.

emmetropìa s.f. MED. Condizione di normalità della rifrazione dell'occhio.

èmo- Primo elemento di composti del l. medico-biologico col valore di "sangue" (*emodialisi, emofilia*).

emocianina s.f. BIOCHIM. Cromoproteina contenente rame che si trova nel sangue di molluschi e crostacei con la funzione di trasportare l'ossigeno analogamente all'emoglobina.

emoclasìa s.f. MED. Squilibrio nella composizione del sangue con conseguenti alterazioni circolatorie e insorgenza di patologie secondarie.

emocoltùra o **emocultùra** s.f. MED. Coltura di tessuto ematico volta a isolare i microrganismi responsabili di patologie infettive.

emocromatòsi s.f. inv. MED. Malattia metabolica dovuta a un accumulo di ferro nell'organismo.

emocròmo s.m. MED. Esame con cui si determina il contenuto in emoglobina del sangue, il numero dei globuli rossi, dei leucociti e delle piastrine per unità di volume di sangue e la formula leucocitaria.

emodiàlisi s.f. inv. Eliminazione delle scorie azotate presenti nel sangue attraverso il rene artificiale.

emodializzàto agg. Che deve sottoporsi periodicamente a emodialisi. ◆ s.m. [f. *–ta*] Nel sign. dell'agg.

emodinàmica s.f. [non com. pl. *–che*] Dinamica della circolazione del sangue.

emodinàmico agg. [pl.m. *–ci,* f. *–che*] Relativo alla circolazione del sangue.

emofilìa s.f. MED. Malattia ereditaria, recessiva, trasmessa per linea femminile, che colpisce solo i maschi, caratterizzata da una tendenza più o meno grave alle emorragie, causata dall'insufficienza dei fattori plasmatici di coagulazione del sangue.

emofilìaco o **emofìlico** agg. [pl.m. *–ci,* f. *–che*] **1.** MED. Relativo all'emofilia. **2.** Affetto da emofilia. ◆ s.m. [f. *–ca*] Nell'accez. 2 dell'agg.

emoglobìna s.f. BIOCHIM. Proteina coniugata presente nei globuli rossi del sangue dei vertebrati, che ha la funzione di trasportare l'ossigeno dai polmoni ai vari tessuti.

emoglobinopatìa s.f. MED. Malattia dovuta a un'anomalia ereditaria dell'emoglobina.

emoglobinùria s.f. MED. Presenza di emoglobina nelle urine.

emogràmma s.m. MED. Esame diagnostico dei globuli del sangue, che comprende in partic. il conteggio globulare e la formula leucocitaria.

emolìnfa s.f. ZOOL. Liquido circolante negli Artropodi.

emolisi s.f. inv. BIOL. Rottura dei globuli rossi con conseguente fuoriuscita dell'emoglobina.

emolìtico agg. [pl.m. *–ci,* f. *–che*] BIOL. Che causa emolisi. *Malattia emolitica.*

emolliènte agg. **1.** FARM. Di farmaco ad azione decongestionante che svolge un'azione protettiva sui tessuti. **2.** IND. TESS. Di sostanza grassa che rende flessibili e morbidi i tessuti. ◆ s.m. Nei sign. dell'agg.

emoluménto s.m. (lat. *emolumēntum,* propr. "somma pagata per la macinatura") DIR. (spec. pl.) Compenso per una prestazione professionale.

emopatìa s.f. MED. Ogni malattia del sangue o degli organi emopoietici.

emopoièsi o **ematopoièsi** s.f. inv. BIOL. Formazione delle cellule del sangue nel midollo osseo rosso e nel tessuto linfoide.

emopoiètico o **ematopoiètico** agg. [pl.m. *–ci,* f. *–che*] BIOL., FARM. Relativo all'emopoiesi. *Processo emopoietico.* SIN.: **antianemico.**

emorragìa s.f. **1.** MED. Fuoriuscita di sangue dai vasi sanguigni. ◊ *Emorragia interna:* che si verifica quando il sangue rimane contenuto in una cavità interna. **2.** *fig.* Fuga, perdita importante. *Emorragia di voti.* ◊ *Emorragia di capitali:* il loro trasferimento all'estero.

emorràgico agg. [pl.m. *–ci,* f. *–che*] Relativo all'emorragia, dovuto a emorragia.

emorroidàle agg. Relativo alle emorroidi.

emorroidàrio agg. [pl.m. *–ri*] **1.** ANAT. Che ha sede nella zona anorettale. *Vene emorroidarie.* **2.** MED. Relativo alle emorroidi. SIN.: emorroidale.

emorròide s.f. (lat. *haēmorrhòides,* gr. *haimorrhoĩdes* comp. di *hãima* "sangue" e *rhẽin* "scorrere") MED. (spec. pl.) Dilatazione varicosa delle vene dell'ano che danno luogo a noduli e sono causa di vari disturbi.

emorroìssa s.f. Donna soggetta a frequenti emorragie, perlopiù riferito alla donna che, secondo il Vangelo, guarì toccando la veste di Gesù.

Emosporidi s.m. pl. [iniziale minusc. sing. *–dio* per l'individuo] ZOOL. Famiglia di animali unicellulari parassiti dei globuli rossi dei vertebrati nella fase agamica del loro ciclo. (Ordine dei Coccidi.)

emòstasi o **emostasìa** s.f. inv. (gr. *haimóstasis* "arresto del sangue") MED. Arresto di un'emorragia, spontaneo o attuato con vari mezzi.

emostàtico agg. [pl.m. *–ci,* f. *–che*] Di mezzo (impacco, pinza, laccio, matita) o farmaco che arresta un'emorragia. ◆ s.m. Nel sign. dell'agg.

emotèca s.f. [pl. *–che*] Armadio frigorifero in cui si conserva e si trasporta il sangue da utilizzare nelle trasfusioni. ~ Reparto trasfusionale di un centro clinico.

emoterapìa s.f. MED. Terapia consistente nell'introdurre sangue all'interno del corpo umano per via parenterale.

emoticon [/ɪ'məʊtɪkɒn/] s.m. o s.f. inv. (voce ingl., comp. di *emotion* "emozione" e *icon* "icona") Combinazione di caratteri da tastiera utilizzata per esprimere il proprio stato d'animo in un'e-mail o durante una sessione di chat.

emotività s.f. inv. PSICOL. Complesso di fenomeni fisici e psichici difficilmente controllabili, con cui l'individuo reagisce a qlco. che lo turba profondamente. ~ *comun.* Tendenza a emozionarsi o a impressionarsi. *Dominare la propria emotività.* SIN.: **sensibilità.**

emotìvo agg. [f. *–va*] (fr. *émotif*) **1.** Relativo all'emozione. *Tensione emotiva.* **2.** Incline a turbarsi e ad agitarsi. *Persona emotiva.* SIN.: **apprensivo.** ◆ s.m. Persona facilmente impressionabile. *Essere un emotivo.*

emotoràce s.m. MED. Versamento di sangue nella cavità pleurica.

emotrasfusióne s.f. Trasfusione di sangue.

emottìsi s.f. inv. MED. Sbocco di sangue dovuto alla rottura di vasi sanguigni bronchiali o polmonari.

emozionàle agg. Relativo a emozione, causato da emozione. *Spinta emozionale.*

emozionànte agg. Che provoca emozione. *Gara emozionante.* SIN.: **eccitante.**

emozionàre v.tr. Suscitare emozioni, commuovere. *Emozionare gli spettatori.* SIN.: **impressionare.** ◆ **emozionarsi** v.pron. Provare emozione. *Mi emoziono facilmente.* SIN.: **turbarsi.**

emozionàto agg. Che è in preda alle emozioni.

emozióne s.f. (fr. *émotion*) **1.** PSICOL. Risposta affettiva a eventi imprevisti, interni o esterni, che turbano profondamente la coscienza, caratterizzata da alterazioni delle funzioni neurovegetative e da comportamenti mimici. *Tradire le proprie emozioni.* **2.** Nel l. comune, forte emozione, commozione, turbamento. *Provare emozione.*

empatìa s.f. (calco dal ted. *Einfühlung* da *einfühlen* "immedesimarsi") **1.** PSICOL. Facoltà intuitiva di mettersi al posto di un altro, percependone gli stati d'animo. **2.** Nel l. della crit. art., coinvolgimento emotivo del fruitore nell'opera.

empàtico agg. [pl.m. *–ci,* f. *–che*] Relativo all'empatia.

empièma s.m. [pl. *–mi*] (gr. *empýēma,* deriv. di *empýẽin* "avere dentro il pus") MED. Accumulo di pus in una cavità naturale dell'organismo.

empietà s.f. inv. **1.** Disprezzo per le cose sacre. SIN.: **sacrilegio.** ~ Parola, azione che denota tale atteggiamento. *Oltraggiare un'immagine sacra è un'empietà.* **2.** Mancanza di rispetto e di pietà verso gli uomini e atto conseguente. *Empietà perpetrate in guerra.* SIN.: **malvagità.**

empiménto s.m. L'atto del riempire o dell'occupare un volume.

émpio agg. [pl.m. *–pi*] **1.** Che reca offesa alla religione. SIN.: **blasfemo. 2.** Che non prova sentimenti di umana pietà, che non rispetta i principi morali o che denota tali caratteri. SIN.: **spietato.** ◆ s.m. [f. *–pia*] Persona sacrilega o crudele.

empire o **émpiere** v.tr. [70] Riempire un recipiente, in tutto il suo volume, di qualche sostanza. *Empire un bicchiere di vino.* ~ *fig.* Riempire. *Notizia che empie di gioia.* ◆ **empirsi** v.pron. **1.** Colmare un recipiente di una qualche sostanza. *Empirsi il piatto di carne.* ~ *fam.* Rimpinzarsi di qlco. *Non empirti di dolci!* **2.** Detto di soggetto inanimato, diventare pieno di qlco. *La stanza si empì di fumo.*

empìreo agg. (lat. *empýrium,* gr. *empýrios* "infuocato") **1.** *Cielo empireo:* nella cosmologia e teologia medievale, decimo e ultimo cielo, sede dei beati, immobile a differenza degli altri e formato di sola luce, espressione dell'intelletto e dell'amore infinito di Dio. **2.** Che per qualche aspetto è paragonabile al cielo empireo. ◆ s.m. **1.** Cielo empireo. **2.** *estens.* Paradiso.

empìrico agg. [pl.m. *–ci,* f. *–che*] **1.** FILOS. Che si basa soltanto sull'esperienza, sull'osservazione. *Metodo empirico.* **2.** *estens.* Che si basa sull'esperienza spicciola e sulla pratica escludendo ogni riferimento sistematico alle conoscenze teoriche. **3.** CHIM. *Formula empirica:* quella che esprime soltanto i rapporti numerici e ponderali tra gli atomi di una molecola, detta anche *formula bruta.* ◆ s.m. [f. *–ca*] *spreg.* Chi nell'esercizio della propria professione si affida all'esperienza acquisita più che allo studio e alla teoria.

empiriocriticismo s.m. FILOS. Corrente filosofica (fine del sec. XIX, inizio del sec. XX) che si interrogava sulle modalità della conoscenza negando ogni distinzione di natura tra fenomeni fisici e fenomeni mentali. (Principali rappresentanti: E. Mach e R. Avenarius.)

empirismo s.m. (fr. *empirisme*) **1.** Metodo che si basa soltanto sull'esperienza ed esclude gli altri sistemi a priori. **2.** Dottrina filosofica sviluppata nel sec. XVIII in Gran Bretagna, secondo la quale tutte le conoscenze derivano dall'esperienza percepibile. (Locke e Hume ne sono i principali rappresentanti.) **3.** *Empirismo logico:* *positivismo logico.
ENCICL. In opposizione al razionalismo di Cartesio o di Leibniz, l'empirismo considera lo spirito umano come una "tabula rasa", negando quindi la presenza di idee innate e ritenendo fondamentale per la conoscenza la diretta e concreta esperienza. Dopo aver in gran parte contribuito, durante l'Illuminismo, alla rimessa in discussione delle idee della metafisica, l'empirismo ha esercitato un'influenza determinante sull'evoluzione del pensiero anglosassone.

empirista s.m. e f. [pl.m. *–sti*] (fr. *empiriste*) **1.** FILOS. Seguace dell'empirismo. **2.** Chi agisce, opera in modo empirico.

empòrio s.m. [pl. *–ri*] (lat. *empòrium*, gr. *empórion* deriv. di *émporos* "commerciante") **1.** Centro di attività mercantili che costituisce un polo economico per intere aree geografiche. **2.** *fig.* Centro di diffusione della cultura, che, storicamente, si è irradiata proprio lungo le grandi vie del commercio. **3.** Negozio di merci varie, un tempo di grandi dimensioni. **4.** *estens.* Grande quantità di cose diverse.

empusa s.f. **1.** Fungo zigomicete, parassita di alcuni insetti, tra cui, in partic., è nota l'*Empusa muscae*, che vive nel corpo della mosca domestica causandone la morte. (Famiglia delle Entomoftoracee.) **2.** BOT. (iniziale maiusc.) Genere di funghi a cui appartiene l'empusa. **3.** Insetto mantoideo, con arti dilatati a foglia e capo prolungato in una formazione conica, acuminata, tra le cui specie è nota l'*Empusa pennata*, con abitudini simili a quelle delle mantidi, comune nelle regioni a clima temperato. (Lunghezza 6-7 cm; famiglia dei Mantidi.) **4.** ZOOL. (iniziale maiusc.) Genere di insetti a cui appartiene l'empusa.

emù s.m. inv. Grosso uccello corridore dell'Australia, con ali rudimentali e si ciba di frutta e semi. (L'emù può correre a 50 km/h; altezza 1,80 m; genere *Dromiceius*, famiglia dei Dromaidi.)

emulàre v.tr. **1.** Prendere qlcu. a modello. *Emulare i propri genitori.* **2.** INFORM. Imitare il comportamento di un elaboratore di caratteristiche diverse da quello in uso, mediante l'uso di uno speciale software (emulatore), che permette di eseguirne i programmi, altrimenti incompatibili.

emulatóre agg. [f. *–trice*] INFORM. Di dispositivo con cui si emula la prestazione di un altro. ◆ s.m. **1.** (anche f.) Chi emula. **2.** INFORM. Dispositivo materiale o software che permette di emulare un particolare elaboratore e di utilizzare i programmi per esso sviluppati.

emulazióne s.f. **1.** Bisogno, desiderio di uguagliare o superare qlcu. **2.** INFORM. Tecnica che permette di simulare il funzionamento di un elaboratore per mezzo di un altro, non concepito originariamente per quest'impiego. **3.** DIR. *Atto di emulazione:* esercizio di un diritto da parte del proprietario di un bene al solo scopo di recare danno ad altri, detto anche *atto emulativo.*

èmulo s.m. [f. *–la*] Chi si mette in competizione con altri per affermare pari o superiori

---

capacità. **2.** Chi si propone di imitare qlcu. che viene considerato un modello. SIN.: **imitatore.**

emulsina s.f. CHIM. Enzima capace di emulsionare l'olio, estratto in partic. dalla mandorla amara e utilizzato in cosmetica.

emulsionàbile agg. Che può essere emulsionato.

emulsionànte agg. CHIM. Di sostanza o di miscuglio di sostanze che favorisce il formarsi e il mantenersi di un'emulsione. ◆ s.m. Nel sign. dell'agg.

emulsionàre v.tr. Ridurre una sostanza a emulsione. ◆ **emulsionarsi** v.pron. Detto di più cose, mescolarsi l'una all'altra, raggiungendo maggiore o minore omogeneità. *I diversi componenti si vanno emulsionando.*

emulsionatóre agg. [f. *–trice*] CHIM. INDU. Di apparecchio che forma un'emulsione stabile disperdendo una fase in un'altra sotto forma di minutissime particelle. *Macchina emulsionatrice.* ◆ s.m. CHIM. INDU. Nel sign. dell'agg.

emulsióne s.f. (fr. *émulsion*, deriv. di lat. *emulgēre* "spremere del tutto") **1.** CHIM., FIS. Dispersione di minutissime particelle di un liquido in un altro nel quale non si sciolgono. **2.** FOTO. *Emulsione sensibile:* strato molto sottile, sensibile alla luce, applicato sulle pellicole e le carte da stampa.

emulsivo agg. CHIM. Detto di prodotto che favorisce la formazione di un'emulsione o la sua conservazione.

emuntòrio s.m. [pl. *–ri*] (lat. *emunctòrium*, deriv. di *emúngere* propr. "soffiarsi il naso") FISIOL. Organo che serve a eliminare i prodotti di rifiuto dell'organismo.

enàllage s.f. (lat. *enàllagen*, gr. *enallagḗ* "cambiamento") RET. Figura retorica che consiste nel cambiare la funzione grammaticale di un elemento linguistico, p.e. l'uso di un aggettivo in funzione di avverbio (*lo dico chiaro* invece di *chiaramente*).

enalòtto s.m. inv. (comp. di *ENAL*, sigla di Ente Nazionale Assistenza Lavoratori, cui spetta parte dei proventi, e *lotto*) Concorso pubblico settimanale basato sulle estrazioni del lotto.

enànte s.f. **1.** Pianta erbacea delle zone umide, con piccoli fiori bianchi o rosa, molto tossica. (Famiglia delle Ombrellifere.) **2.** BOT. (iniziale maiusc.) Genere di piante a cui appartiene l'enante. (Famiglia delle Ombrellifere.) **3.** → **culbianco. 4.** ZOOL. (iniziale maiusc.) Genere di uccelli a cui appartiene l'Enante.

enantèma s.m. [pl. *–mi*] MED. Eruzione a carattere eritematoso delle mucose (p.e., la mucosa delle guance), spesso associata a un esantema.

enàntico agg. CHIM. Detto di vari composti a sette atomi di carbonio.

enantiòmero s.m. CHIM. Ognuno dei due stereoisomeri di cui uno è l'immagine speculare dell'altro.

enantiomòrfo agg. CHIM. Detto di cristalli formati da due enantiomeri. (Il loro aspetto, sia microscopico sia macroscopico, ha una configurazione speculare.)

enantiòtropo agg. CHIM. Detto di una sostanza che esiste sotto due forme fisiche differenti; il passaggio dall'una all'altra forma può avvenire, a pressione costante, solo a una temperatura caratteristica.

enarmonia s.f. **1.** Nella musica greca antica, uso di intervalli di grandezza inferiore al semitono. **2.** MUS. Nella musica moderna, rapporto tra due suoni di notazione diversa ma di identica altezza (p.e. *do diesis* e *re bemolle*).

enarmònico agg. [pl.m. *–ci*, f. *–che*] MUS. Relativo all'enarmonia.

enartròsi s.f. inv. ANAT. Articolazione mobile le cui superfici articolari sono sferiche.

encàrpo s.m. (lat. *encàrpa* "festoni", gr. *énkarpos* "ricco di frutti") ARCH. Motivo decorativo usato nei fregi consistente in un festone di fiori e frutti.

encàustica s.f. [non com. pl. *–che*] Arte di dipingere a encausto.

encàusto s.m. **1.** Tecnica pittorica romana e bizantina consistente nello sciogliere i colori nella cera fusa che veniva riscaldata al momen-

---

to dell'applicazione. **2.** Prodotto a base di cera e di benzina per lucidare il legno.

encefàlico agg. [pl.m. *–ci*, f. *–che*] ANAT. Relativo all'encefalo.

encefalina s.f. CHIM., BIOL. Polipeptide contenuto nei tessuti encefalici, nel midollo spinale e nelle pareti dell'intestino, con proprietà analgesiche.

encefalite s.f. MED. Nome dato ad alcune malattie che comportano un'infiammazione dell'encefalo, in partic. quando sono d'origine virale.

encèfalo s.m. (fr. *encéphale*, gr. *enképhalos* "che è dentro la testa") ANAT. Porzione del sistema nervoso centrale contenuta nella scatola cranica comprendente il cervello, il cervelletto e il tronco encefalico.

encefalografia s.f. MED. Radiografia dell'encefalo a scopo diagnostico.

encefalogràmma s.m. [pl. *–mi*] MED. Immagine radiografica ottenuta con l'encefalografia.

encefalomielite s.f. MED. Presenza contemporanea di focolai di infiammazione nell'encefalo e nel midollo spinale.

encefalopatia s.f. MED. Qualsiasi affezione del tessuto dell'encefalo. ◇ *Encefalopatia spongiforme bovina:* morbo che colpisce gli animali d'allevamento, spec. le mucche, che può trasmettersi all'uomo che si ciba della loro carne; detta anche *malattia di Creutzfeldt-Jakob* o *morbo della mucca pazza.*

enciclica s.f. [pl. *–che*] (lat. *encyclicam* "circolare") CATT. Lettera solenne, general. in latino, indirizzata dal papa ai vescovi, e da loro ai fedeli del mondo intero o di una regione. (Ogni enciclica prende il nome dalle prime parole del testo.)

enciclopedia s.f. (lat. *encyclopaedia*, gr. *enkýklios paidéia* propr. "istruzione circolare" quindi "complesso di dottrine che forniscono un'istruzione completa") **1.** Originariamente, sistemazione del sapere secondo un unico metodo conoscitivo, conseguenza del convincimento dell'unità del reale e del pensiero. **2.** Opera dove si espone metodicamente o alfabeticamente l'insieme delle conoscenze universali (*enciclopedia generale*) o specifiche di un settore del sapere (*enciclopedia specializzata*). **3.** Nel l. della semiologia, l'insieme delle conoscenze, perlopiù di valore generale, posseduto da una data civiltà oppure da una persona. **4.** *fig.* Persona di vaste e diversificate conoscenze, spesso con valore ironico.
ENCICL. Dall'antichità (Aristotele) al Medioevo (le *Etimologie* di Isidoro di Siviglia, il *Tesoro* di Brunetto Latini) e fino al Rinascimento, la parola *enciclopedia* mantiene il significato greco, cioè "insegnamento che abbraccia l'intero ciclo delle conoscenze umane". Nel significato moderno del termine, l'enciclopedia appare all'inizio del sec. XVII con Francis Bacon. Tra la fine del sec. XVII e l'inizio del XVIII, si impone l'ordine alfabetico del dizionario su modello dell'*Encyclopédie ou Dictionnaire raisonné des sciences, des arts et des métiers* di Diderot. Con l'*Enciclopedia metodica* dell'editore e libraio Panckoucke (1781) hanno inizio le edizioni moderne che, sia sotto forma di relazione metodica sia di raccolta alfabetica, si ripropongono di riassumere l'insieme delle conoscenze.

enciclopèdico agg. [pl.m. *–ci*, f. *–che*] **1.** Che ha carattere di enciclopedia. *Dizionario enciclopedico.* **2.** Che possiede una conoscenza ampia e universale. *Spirito enciclopedico.*

enciclopedismo s.m. **1.** FILOS. Complesso delle idee illuministiche che trovarono espressione nell'*Encyclopédie* francese. **2.** Tendenza all'accumulo sistematico di conoscenze nei settori più diversi.

enciclopedista s.m. e f. [pl.m. *–sti*] **1.** Chi collaborò all'*Encyclopédie* di Diderot e di D'Alembert. **2.** Chi collabora a un'enciclopedia.

enclave [/ã'klav/] s.f. inv. (voce fr., deriv. di *enclaver* "chiudere a chiave") Terreno o territorio situato entro i confini di uno Stato da cui non dipende politicamente.

ènclisi s.f. inv. (gr. *énklisis*, deriv. di *enklínein* "inclinarsi sopra") LING. Fenomeno per cui una parola monosillabica, o bisillabica, atona si appoggia alla precedente formando un'unità prosodica.

enclìtica s.f. [pl. –*che*] GRAMM. Forma pronominale o avverbiale che si appoggia, nella pronuncia (e nella grafia), alla parola che la precede.

enclìtico agg. [pl.m. –*ci*, f. –*che*] LING. Di parola atona che nella pronuncia si appoggia alla parola precedente.

enclosure [/ɪnˈkləʊʒə/] s.f. inv. (voce ingl.) ST. Nell'Inghilterra del secc. XVI-XVIII, recinzione delle terre aperte e incolte di uso comune da parte dei proprietari terrieri che contribuì a segnare il passaggio verso la proprietà privata agricola.

encomiàbile agg. Degno di lode, di elogio.

encomiàstico agg. [pl.m. –*ci*, f. –*che*] Celebrativo, che ha lo scopo di lodare, di elogiare. *Discorso encomiastico.*

encomienda s.f. (voce spagn.) ST. Istituzione coloniale spagnola secondo la quale la Corona affidava al comando di un solo padrone grandi estensioni di terreno assieme alle persone che vi abitavano.

encòmio s.m. [pl. –*mi*] (lat. *encòmium*, gr. *enkômion* deriv. di *enkômios* "che si canta in una festa") **1.** Nella Grecia antica, componimento in versi o in prosa celebrativo di gesta gloriose, di vittorie, ecc. **2.** *estens.* Pubblica e solenne lode. **3.** MIL. Riconoscimento al valore militare.

encoprèsi o **encopressìa** s.f. inv. MED. Incontinenza delle feci, come disturbo di origine psicologica che i bambini manifestano nell'epoca della normale disciplina dello sfintere anale.

endecaèdro s.m. GEOM. Poliedro con undici facce.

endecàgono s.m. GEOM. Poligono regolare di undici lati.

endecasìllabo s.m. **1.** Nella metrica greca e latina, verso di undici sillabe fisse. **2.** Nella metrica italiana, verso di undici sillabe metriche con accento fisso sulla decima sillaba.

endemìa s.f. (fr. *endémie*, deriv. di gr. *nósēma éndēmon* "malattia indigena") MED. Manifestazione costante in una determinata regione di una malattia, anche se sporadica.

endemicità s.f. inv. Carattere endemico di una malattia.

endèmico agg. [pl.m. –*ci*, f. –*che*] **1.** MED. Che presenta i caratteri dell'endemia. **2.** *fig.* Persistente, radicato. *Miseria endemica.* **3.** BOT., ZOOL. Di specie la cui presenza è limitata a una data regione (in oppos. a *cosmopolita*).

endemìsmo s.m. BOT., ZOOL. Fenomeno per cui una determinata razza, specie, vegetale o animale, è presente esclusivamente in un territorio circoscritto.

endèrmico agg. [pl.m. –*ci*, f. –*che*] MED. Che agisce attraverso la cute.

endìadi s.f. inv. (lat. *endýadis*, gr. *hèn dià dyôin* propr. "una cosa per mezzo di due") RET. Figura retorica consistente nell'esprimere un concetto unitario con due termini coordinati. *Fuoco e fiamme.*

éndice s.m. (lat. *índicem* propr. "segno rivelatore") **1.** Uccello da richiamo. SIN.: **zimbello. 2.** Uovo vero o di marmo che si colloca nel nido delle galline perché vi tornino a deporre le uova.

endoblàsto s.m. BIOL. Endoderma.

endocàrdio s.m. [pl. –*di*] ANAT. Membrana che riveste l'interno delle cavità del cuore.

endocardite s.f. MED. Infiammazione dell'endocardio.

endocàrpo o **endocàrpio** s.m. BOT. La parte più interna di un frutto. (Nelle ciliege e nelle prugne l'endocarpo, lignificato, costituisce la dura parete del nocciolo, nelle arance, invece, è molto sviluppato e succoso).

endocellulàre agg. BIOL. Interno alla cellula.

endocrànico agg. [pl.m. –*ci*, f. –*che*] MED. Che si trova o che avviene all'interno del cranio.

endòcrino agg. FISIOL. Che versa la propria secrezione all'interno dei vasi sanguigni e linfatici. *Ghiandole endocrine.* ◇ *Sistema endocrino:* sistema formato dall'ipofisi, dall'epifisi, dalla tiroide, dalle paratiroidi, dal timo, dal pancreas,

dalle ghiandole surrenali, dai testicoli o dalle ovaie.

endocrinologìa s.f. MED. Studio delle ghiandole endocrine e delle loro malattie.

endocrinòlogo s.m. [f. –*ga*, pl.m. –*gi*, f. –*ghe*] Medico specialista in endocrinologia.

endodèrma s.m. [pl. –*mi*] **1.** ZOOL. Foglietto germinativo interno della gastrula dei Metazoi dal quale si sviluppano gli apparati respiratorio e digerente e gli organi a essi correlati. **2.** BOT. Strato di cellule più interno della corteccia primaria del caule e della radice.

endodèrmico agg. [pl.m. –*ci*, f. –*che*] BIOL. Dell'endoderma.

endodonzìa s.f. Settore dell'odontoiatria che studia la cavità interna del dente e le sue patologie.

endogamìa s.f. **1.** ETNOL. Usanza di contrarre matrimonio tra appartenenti allo stesso gruppo sociale (casta, clan, famiglia). **2.** ZOOTECN., GENET. Riproduzione sessuale tra individui geneticamente simili. SIN.: **inbreeding. 3.** BIOL. Processo di coniugazione tra individui dello stesso clone che si verifica nei protozoi.

endogàmico agg. [pl.m. –*ci*, f. –*che*] Relativo all'endogamia.

endògamo agg. Che pratica l'endogamia.

endogènesi s.f. inv. Nel I. sc., generazione interna.

endògeno agg. **1.** Che ha la sua genesi o che si sviluppa all'interno di qlco. **2.** BIOL., MED. Dovuto a fattori o processi interni all'organismo. **3.** PSICH. Di malattia mentale non secondaria a una patologia organica né dipendente da una causa psicologica evidente. **4.** GEOL., GEOGR. Di roccia (p.e. magmatica) che proviene dalle zone profonde della terra. ~ Che ha origine internamente alla crosta terrestre ma produce effetti rilevabili in superficie. ◇ *Forze endogene:* quelle che causano i terremoti, i bradisismi, il vulcanismo, i movimenti orogenetici. – *Rocce endogene:* eruttive. **5.** BOT. Di organo che si sviluppa a partire dall'interno dell'asse generatore (p.e. i rami delle radici).

endometamorfismo s.m. GEOL. Forma particolare del metamorfismo di contatto che subiscono le rocce per effetto di alte temperature e pressioni cui vengono sottoposte all'interno della crosta terrestre.

endomètrio s.m. [pl. –*tri*] ANAT. Mucosa che riveste la cavità uterina.

endometriòsi s.f. inv. MED. Malattia che comporta la crescita e lo sviluppo della mucosa uterina in sede anormale o addirittura in altri organi.

endometrite s.f. MED. Infiammazione dell'endometrio.

endomorfìna s.f. Endorfina.

endomorfismo s.m. **1.** GEOL. Tipo di metamorfismo di contatto in cui il magma, a contatto con rocce incassanti, si modifica dando luogo a rocce eruttive differenziate, detto anche *endometamorfismo.* **2.** ALG. Omeomorfismo di una struttura algebrica in se stessa.

endoparassita s.m. [pl. –*ti*] BIOL. Parassita che vive all'interno di un organismo vegetale o animale.

endoplàsma s.m. [pl. –*mi*] BIOL. Parte interna del citoplasma cellulare.

endoplasmàtico agg. [pl.m. –*ci*, f. –*che*] BIOL. Relativo all'endoplasma.

endoreattòre s.m. AER. Tipo di reattore provvisto sia di combustibile sia di comburente così da poter funzionare anche nel vuoto e utilizzato in missilistica e in costruzioni aerospaziali.

endorèico o **endorrèico** agg. [pl.m. –*ci*, f. –*che*] GEOGR. Di regione o di bacino idrografico i cui corsi d'acqua non defluiscono verso il mare.

endoreìsmo s.m. IDROL. Carattere delle regioni i cui corsi d'acqua, pur presentando un deflusso permanente, non hanno come livello di base il livello generale dei mari.

endorfìna s.f. MED. Denominazione generale di composti prodotti dall'ipofisi e dall'ipotalamo che presumibilmente influiscono sui meccanismi del dolore e dei disturbi affettivi.

endoschèletro s.m. BIOL. Scheletro dei vertebrati.

endoscopìa s.f. MED. Esame interno di organi o di cavità del corpo umano tramite un endoscopio, durante il quale si possono effettuare alcuni interventi (estrazione di un corpo estraneo, elettrocoagulazione di un tumore, ecc.).

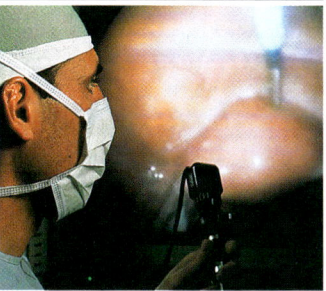

■ **endoscopìa.** Localizzazione del campo operatorio prima di un intervento chirurgico.

endoscòpico agg. [pl.m. –*ci*, f. –*che*] MED. Relativo all'endoscopia.

endoscòpio s.m. [pl. –*pi*] MED. Strumento ottico, fornito di un dispositivo d'illuminazione, che si usa per esaminare le cavità del corpo umano.

endospèrma s.m. [pl. –*mi*] BOT. Tessuto che garantisce il nutrimento dell'embrione delle Angiosperme.

endospòra s.f. BOT. Spora che si forma nell'interno di particolari cellule.

endostatìna s.f. Sostanza proteica con azione antitumorale.

endoteliàle agg. Relativo all'endotelio.

endotèlio s.m. [pl. –*li*] ANAT. Tessuto che ricopre la superficie interna dei vasi e del cuore.

endotèrmico agg. [pl.m. –*ci*, f. –*che*] Che si accompagna a un assorbimento di calore. *Trasformazione endotermica.*

endotossìna s.f. MICROBIOL. Tossina contenuta nella parete di alcuni batteri che viene liberata nell'ambiente soltanto in caso di distruzione del germe.

endovéna s.f. **1.** ANAT. Strato connettivo di una vena. **2.** Iniezione endovenosa.

endovenóso agg. MED. Di iniezione che si esegue iniettando il liquido direttamente in una vena. ◆ s.f. Nel sign. dell'agg.

endurance [/ɪnˈdjʊərəns/] s.f. inv. (voce ingl., propr. "resistenza") Gara automobilistica o motociclistica di velocità su lunga distanza fuori da un circuito.

endùro s.m. inv. (voce spagn. d'America, deriv. di *endurar* "resistere") **1.** SPORT. Gara motociclistica che consiste in una prova di durata e di regolarità su terreno vario. **2.** SPORT. *estens.* Moto concepita per praticare questo tipo di gara.

eneolìtico s.m. (solo sing.) GEOL. Periodo transitorio tra il neolitico e l'età del bronzo caratterizzato da un primo uso del bronzo accanto a quello della pietra levigata. (Collocabile fra il 4000 e 3000 anni prima della nostra era). ◆ agg. [pl.m. –*ci*, f. –*che*] Relativo a tale periodo.

energètica s.f. [non com. pl. –*che*] Scienza che si occupa della produzione dell'energia, del suo impiego e della sua trasformazione.

energètico agg. [pl.m. –*ci*, f. –*che*] **1.** Relativo all'energia, alle fonti d'energia. *Risparmio energetico.* **2.** Che stimola le energie dell'organismo. *Alimento energetico.* ◆ s.m. Nell'accez. 2 dell'agg.

energìa s.f. (lat. *energiam*, gr. *enérgeia* deriv. di *energês* "attivo") **1.** (spec. pl.) Forza fisica, vitalità. *Un bambino pieno di energie.* **2.** Forza morale, risolutezza, fermezza. *Reagire con energia.* SIN.: **decisione.** ~ *fig.* Forza, incisività espressiva. *Parlare con energia.* **3.** *per estens.* Le persone che possiedono intelligenza, creatività, ecc. *Le migliori energie del paese.* **4.** FIS. Uno dei concetti fondamentali della fisica, che esprime e quantifica la capacità di ottenere lavoro da un sistema. *Energia cinetica.* ◇ *Fonti d'energia:* insieme delle materie prime o dei fenomeni naturali utilizzati per la produzione d'energia (carbone, idrocarburi, uranio, corsi d'acqua, maree, vento, ecc.). – *Energia alternativa, rinnovabile:* fonti energetiche primarie che possono essere utilizzate senza limitazione e che non inquinano, come l'energia solare, quella eolica, ecc. – *Energia pulita:* che non inquina. – *Energia elettrica:* che genera corrente elettrica. **ENCICL.** L'energia è un concetto di base della fisica. Nella fisica classica e nella chimica non ci può essere creazione o distruzione di energia, ma soltanto la sua trasformazione da una forma a un'altra (principio di Mayer) o il trasferimento d'energia da un sistema a un altro (principio di Carnot). In compenso, in alcune branche della fisica, come quella nucleare, vi è la possibilità di trasformazioni reciproche d'energia in materia secondo la nota formula di Einstein: $\Delta E = \Delta m$ c dove ΔE è la variazione di energia e Δm la variazione di massa e c la velocità della luce. Infine, applicando le leggi della termodinamica, qualsiasi conversione d'energia si accompagna a perdite della stessa; in altre parole, l'energia sotto la prima forma non si trasforma completamente in energia sotto la seconda forma. Queste perdite sono particolarmente importanti durante la conversione dell'energia termica in energia meccanica.

energicaménte avv. Con energia.

enèrgico agg. [pl.m. *–ci*, f. *–che*] **1.** Che agisce con energia e risolutezza, con determinazione. *Persona energica.* **2.** Efficace, drastico. *Un rimedio energico.*

energùmeno s.m. [f. *–na*] (lat. *energúmenum*, gr. *energoúmenos* deriv. di *energéisthai* "subire l'azione altrui" e "essere posseduto dal demonio") Persona agitata da qualche passione, che si comporta con violenza e brutalità.

enervazióne s.f. **1.** MED. Operazione chirurgica con cui si priva dei nervi una parte del corpo. **2.** Metodo di abbattimento dei bovini mediante recisione del midollo allungato.

enfant prodige [/ɑ̃'fɑ̃ prɔ'diʒ/] loc. sost. m. inv. (loc. fr.) *Bambino prodigio.

enfant terrible [/ɑ̃'fɑ̃ tɛ'ribl/] loc. sost. m. inv. (loc. fr., propr. "bambino terribile") **1.** Bambino vivace, sfrontato. **2.** *estens.* Persona anticonformista, spregiudicata.

ènfasi s.f. inv. (lat. *émphasim*, gr. *émphasis* deriv. di *empháinein* "rendere manifesto") **1.** Esagerazione retorica sia nel tono della voce sia nei termini usati. **2.** Risalto particolare dato a uno o più elementi della frase. **3.** *estens.* Sottolineatura di qlco.

enfàtico agg. [pl.m. *–ci*, f. *–che*] **1.** Caratterizzato da enfasi. *Discorso enfatico.* SIN.: **retorico. 2.** Che esagera la componente emotiva ed espressiva. *Tono enfatico.*

enfatizzàre v.tr. **1.** Pronunciare con enfasi. **2.** Trattarne in modo eccessivo, esagerato. *Enfatizzare una notizia.*

enfisèma s.m. [pl. *–mi*] (fr. *emphysème*) MED. Presenza di aria o di altro gas nei tessuti dell'organismo che perdono elasticità. ◇ *Enfisema polmonare:* dilatazione eccessiva e permanente degli alveoli polmonari, con rottura delle loro divisioni. – *Enfisema sottocutaneo:* rigonfiamento prodotto dalla presenza di aria o di gas nel tessuto cellulare sottocutaneo.

enfisematóso agg. Colpito da enfisema.

enfitèusi s.f. inv. DIR. Diritto reale di godimento, perpetuo o temporaneo, di un fondo altrui con l'obbligo di migliorare il fondo e di pagare un canone annuo al proprietario.

enfitèuta s.m. [pl. *–ti*] DIR. Titolare del diritto di enfiteusi.

enfitèutico agg. [pl.m. *–ci*, f. *–che*] DIR. Di enfiteusi, a essa relativo. *Canone enfiteutico.*

enfleurage [ɑ̃flœraʒ] s.f. inv. (voce fr.) Procedimento di estrazione delle essenze di certi fiori per contatto a freddo con grassi.

engagé [/ɑ̃ga'ʒe/] agg. inv. (voce fr., deriv. di *s'engager* "impegnarsi") Impegnato ideologicamente, politicamente. *Intellettuale, regista engagé.*

engagement [/ɑ̃gaʒ'mɑ̃/] s.m. inv. (voce fr.) Impegno civile e politico.

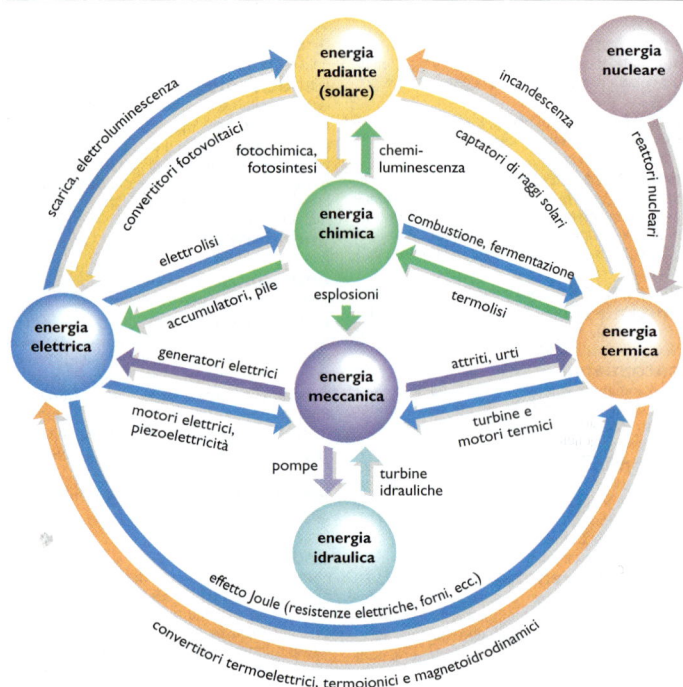

■ **energìa.** Conversione delle sette forme principali d'energia e loro convertitori.

engineering [/ɛndʒi'niəriŋ/] s.m. inv. (voce ingl., propr. "ingegneria") Attività di progettazione, di produzione e di controllo di impianti industriali. *Società di engineering.*

engràmma s.m. PSICOL. Modificazione funzionale del sistema nervoso che risulterebbe dalla fissazione e registrazione di un ricordo.

enidrocoltùra s.f. BOT. → idrocoltura.

enigma s.m. [pl. *–mi*] (lat. *aenígma*, gr. *áinigma* deriv. di *ainíssesthai* "parlare in modo oscuro") **1.** Gioco enigmistico che consiste nell'indovinare una cosa descritta con termini oscuri e doppi sensi. SIN.: **indovinello. 2.** *estens.* Espressione poco chiara, di difficile comprensione. **3.** *fig.* Fatto inspiegabile, misterioso. SIN.: **mistero.** ~ Persona di cui è impossibile comprendere le idee, i sentimenti, le opinioni. *Quell'uomo è un enigma.*

enigmàtico agg. [pl.m. *–ci*, f. *–che*] Misterioso, indecifrabile, oscuro.

enigmìstica s.f. [non com. pl. *–che*] **1.** L'arte di comporre e di risolvere rebus, sciarade, indovinelli. **2.** L'insieme dei giochi enigmistici.

enjambement [/ɑ̃ʒɑ̃bə'mɑ̃/] s.m. inv. (voce fr., "scavalcamento") Interruzione di un'unità sintattica dovuta alla fine del verso.

ennagonàle agg. GEOM. Che ha nove angoli.

ennàgono s.m. GEOM. Poligono che ha nove lati.

ennèsimo agg. **1.** MAT. Relativo al numero *n* (un numero intero qualsiasi). **2.** *comun.* Indica un numero ordinale indeterminato, general. molto grande. *Per l'ennesima volta.*

enocianìna s.f. CHIM. Sostanza organica dell'uva nera che conferisce al vino un colore azzurro cupo.

enoftàlmo s.m. MED. Infossamento patologico del globo oculare nell'orbita.

enogastronòmico agg. [pl.m. *–ci*, f. *–che*] Che concerne la gastronomia e l'appropriata scelta dei vini.

enòlo s.m. CHIM. ORG. Composto organico nella cui molecola è presente un atomo di carbonio insaturo legato a un gruppo ossidrile.

enologìa s.f. Scienza e tecnica della produzione e della conservazione dei vini.

enològico agg. [pl.m. *–ci*, f. *–che*] Relativo all'enologia.

enòlogo s.m. [f. *–ga*, pl.m. *–gi*, f. *–ghe*] Esperto in enologia.

enometrìa s.f. Determinazione della gradazione alcoolica dei vini in alcool.

enòmetro s.m. Strumento che misura il peso specifico del vino.

enòrme agg. **1.** Molto grande, fuori dalla norma. *Un enorme autotreno.* SIN.: **gigantesco. 2.** Che oltrepassa la quantità considerata normale. *Enorme dispendio di energie.* SIN.: **smisurato. 3.** Che va al di là del ragionevole, del credibile, del lecito. *Uno sbaglio enorme.*

enormità s.f. inv. **1.** Grandezza straordinaria. *L'enormità di un edificio.* **2.** Quantità fuori del comune o eccessiva. *Un'enormità di gente.* SIN.: **esagerazione. 3.** Parola esagerata, fatto irragionevole. *Quell'enormità ha sdegnato tutti.*

enotèca s.f. [pl. *–che*] Collezione di vini pregiati e rari. ~ Negozio in cui si possono degustare o acquistare vini.

enotècnica s.f. [non com. pl. *–che*] ENOL. Tecnica di vinificazione.

Enotèra s.f. BOT. Genere di piante erbacee di origine americana dai grandi fiori gialli o rosastri riuniti in mazzi e dai semi ricchi di olio, con qualità ornamentali e proprietà medicinali. (Famiglia delle Enoteracee.)

Enoteràcee s.f. pl. [iniziale minusc. sing. *–a* per l'individuo] BOT. Famiglia di piante erbacee dicotiledoni, annue o perenni, con foglie semplici, fiori ascellari, frutto general. a capsula; ne fa parte la fucsia. (Ordine delle Mirtali.)

en passant [/ɑ̃pa'sɑ̃/] loc. avv. (loc. fr., propr. "di passaggio") **1.** Di sfuggita, incidentalmente. **2.** Negli scacchi, mossa con cui un pedone mangia il pedone avversario che gli si è affiancato durante l'apertura muovendosi di due case.

en plein [/ɑ̃ 'plɛ̃/] loc. sost. m. inv. (loc. fr., propr. "in pieno") Alla roulette, vincita massima. ~ *fig.* Pieno successo.

ensemble [/ɑ̃'sɑ̃bl/] s.m. inv. (voce fr., propr. "insieme") **1.** Nel l. della moda, completo con accessori coordinati. **2.** MUS. Notazione musicale sugli spartiti di musica leggera indicante l'utilizzo contemporaneo di tutti gli strumenti che compongono l'orchestra. **3.** MUS. Complesso musicale.

ensifórme agg. Nel l. sc., di organo animale o vegetale a forma di spada.

entalpia s.f. (deriv. di gr. *enthálpein* "scaldare dentro") FIS. Grandezza termodinamica uguale alla somma dell'energia interna e del prodotto tra la pressione e il volume; è soprattutto utilizzata per calcolare l'energia scambiata in occasione di un cambiamento di stato o di una reazione chimica.

èntasi s.f. inv. (gr. *éntasis* "distensione") ARCH. Apparente rigonfiamento del fusto della colonna a circa un terzo della sua altezza, dovuto in realtà a una diminuzione del diametro della stessa verso l'alto, grazie alla quale si evita che, per un effetto ottico, la colonna, a distanza, si veda stretta in mezzo che alle estremità.

-ènte Suffisso del part. pres., dei verbi della seconda coniugazione, spesso aggettivati e sostantivati (*agente*). ~ Talora si unisce ad agg. o s. (*maggiorente*).

ènte s.m. 1. DIR. Istituzione provvista di personalità giuridica. ◇ *Ente pubblico*: gestito dallo Stato o dai suoi organi, che opera in vista di scopi di interesse generale. – *Ente locale*: ente pubblico che amministra parti di territorio (comune, provincia o regione). 2. FILOS. Ciò che non ha altra definizione che l'essere. ◇ *Ente supremo*: Dio in quanto essere assoluto, spec. nel linguaggio e nella filosofia illuminista. 3. MAT. Oggetto astratto definito attraverso determinate proprietà assiomatiche. ◇ *Enti geometrici*: il punto, la retta, il piano, ecc. ◇ *Ente territoriale*: quello a cui competono funzioni generali ma di interesse collettivo in un preciso ambito territoriale.

entelechìa o **entelècheia** s.f. (lat. *entelechìam*, dalla loc. gr. *en télei ékhein* "essere in compimento") FILOS. Nel pensiero aristotelico, la sostanza che ha perfettamente attuato tutte le sue potenzialità. ~ Nel pensiero di Leibniz, la monade o sostanza individuale, sviluppata completamente in sé senza interventi interni.

entèllo s.m. (lat. *Entellus* che si richiama al nome di un eroe siculo della mitologia classica) Scimmia arboricola che si nutre di foglie, con corpo snello ricoperto di un folto pelame bianco-giallognolo e coda molto lunga; è diffusa in India e nel sud-est asiatico. L'entello è un animale sacro in India; genere *Semnopithecus*; famiglia dei Colobidi.)

entente [/ā'tāt/] s.f. inv. (voce fr., da *entendre* "intendere") Accordo diplomatico tra due Stati, intesa politica.

entèrico agg. [pl.m. –ci, f. –che] MED. Relativo all'intestino.

enterite s.f. MED. Infiammazione della mucosa dell'intestino tenue.

enterobatterio s.m. Batterio molto diffuso in natura e nel tubo digestivo dell'uomo e degli animali, a volte patogeno.

enteròchinasi s.f. inv. Enzima secreto dalla mucosa intestinale, che attiva la tripsina pancreatica.

enteroclisma s.m. [pl. –mi] 1. MED. Introduzione nell'intestino per via rettale di soluzioni medicamentose. 2. MED. Apparecchio usato per praticare l'enteroclisma.

enterocòcco s.m. Streptococco intestinale dell'uomo, a volte patogeno.

enterocolite s.f. Infiammazione delle mucose dell'intestino tenue e del colon.

enterologìa s.f. MED. Studio dell'intestino.

enteropatia s.f. MED. Qualsiasi affezione intestinale.

Enteropnèusti s.m. pl. [iniziale minusc. sing. –sta per l'individuo] ZOOL. Classe di invertebrati marini vermiformi, muniti di un collare che nasconde l'apertura boccale e che vivono in gallerie scavate nella sabbia o nel fango o in mezzo alle alghe e si nutrono di microrganismi.

enterovirus s.m. inv. Virus patogeno che può causare, secondo le specie, gastroenterite, epatite virale A o poliomielite.

entertainer [/ɛntə'teɪnə/] s.m. e f. inv. (voce ingl., propr. "intrattenitore") SPETT. Cantante, showman in locali notturni o in spettacoli televisivi.

entertainment [/ɛntə'teɪnmənt/] s.m. inv. (voce ingl., propr. "intrattenimento") Spettacolo, genere letterario di evasione, di intrattenimento.

entimèma s.m. [pl. –mi] (lat. *enthymēma*, gr. *enthýmēma* deriv. di *enthymêisthai* "concepire nell'animo") 1. FILOS. Nella logica aristotelica, sillogismo fondato su premesse soltanto probabili. 2. Dal Medioevo in poi, sillogismo ellittico in cui una delle due premesse è sottintesa (p.e. "l'uomo è un animale; dunque è mortale", in cui è sottintesa la premessa maggiore: "gli animali sono mortali").

entità s.f. inv. 1. FILOS. Essenza di un ente intesa come forma o come genere a cui esso appartiene. ~ *estens.* L'ente stesso. 2. Consistenza, valore, grandezza. *Calcolare l'entità dei danni.* 3. *estens.* L'ente stesso.

Entolòma s.m. BOT. Genere di funghi basidiomiceti caratteristici per il colore rosa delle lamelle. (L'*Entoloma lividum* è velenoso.)

entomòfago agg. [pl. –gi, f. –ghe] Di animale che si nutre di insetti. ◆ s.m. Nel sign. dell'agg.

entomofilìa s.f. BOT. Impollinazione dovuta agli insetti.

entomòfilo agg. BOT. Di pianta la cui impollinazione è dovuta agli insetti.

Entomoftoràcee s.f. pl. [iniziale minusc. sing. –a per l'individuo] BOT. Famiglia di funghi parassiti. (Divisione degli Zigomiceti.)

entomologìa s.f. Ramo della zoologia che studia gli insetti.

entomològico agg. [pl.m. –ci, f. –che] Relativo all'entomologia.

entomòlogo s.m. [f. –ga, pl.m. –gi, f. –ghe] Studioso di entomologia.

Entomòstraci o **Entomòstrachi** s.m. pl. [iniziale minusc. sing. –co per l'individuo] ZOOL. Gruppo di crostacei inferiori, comprendente specie caratterizzate da corpo diviso in segmenti variabili per forma e numero e occhio mediano, tipico dello stadio larvale.

entourage [/ātu'raʒ/] s.m. inv. (voce fr., deriv. di *entourer* "circondare, stare intorno") 1. Insieme delle persone che circondano qlcu. SIN.: **cerchia**. 2. Gruppo di persone che si frequentano abitualmente.

entracte [/ā'trakt/] s.m. inv. (voce fr., propr. "tra un atto e l'altro") TEAT. Intermezzo musicale tra gli atti di una rappresentazione teatrale.

entraîneuse [/ātrɛ'nøz/] s.f. inv. (voce fr., propr. "trascinatrice") Giovane donna che nei locali notturni fa compagnia ai clienti anche allo scopo di far loro ordinare più consumazioni.

entrànte agg. 1. Che sta per cominciare. *Settimana, mese entrante.* SIN.: **prossimo**. 2. Che sta per prendere possesso di una carica o l'ha appena presa. 3. *fig.* Che riesce a insinuarsi, a intrufolarsi. SIN.: **invadente**.

entràre v.intr. (aus. *essere*) 1. Andare o venire all'interno di un luogo. *Entrare in una casa.* ~ *fig.* Insinuarsi, insediarsi. *Una grande pena è entrata nel mio cuore.* ◇ SPORT. *Entrare in campo*: di giocatori, scendere sul terreno di gioco. – *Entrare in area*: nel calcio, raggiungere, durante un attacco, l'area di rigore avversaria. – *Entrare in scena*: di attori, presentarsi al pubblico e dare inizio allo spettacolo; *fig.* intervenire. 2. Poter essere contenuto, poter stare in qlco. *Questi libri non entrano nella cassa.* ~ Detto di soggetti umani, riuscire a indossare qlco., usato per lo più in frasi negative. *Non entro più nei vestiti dell'anno scorso.* ~ Detto di indumenti, adattarsi a qlcu. 3. Essere messo o mettersi in una nuova situazione. *Entrare in guerra.* ◇ *Entrare in azione*: cominciare ad agire. – *Entrare in vigore*: di legge, di norma e simili, cominciare a essere operante, diventare obbligatoria. – *Entrare in contatto con qlcu.*: conoscerlo e avere contatti con lui. – *Entrare in possesso di un bene*: diventare proprietario, acquistandolo o ereditandolo. – *fig. Entrare in gioco*: intervenire e causare determinate conseguenze. 4. Essere assunto in un ruolo o dare inizio a un'attività. ~ Essere ammesso a far parte di un gruppo. *Entrare in banca.* 5. *fig.* Avere a che fare, immischiarsi di qlco. *Non voglio entrare in quest'affare.* 6. SPORT. Avventarsi in modo irruento sulla palla o ostacolare l'azione dell'av-

versario. 7. MUS. Attaccare. *A questo punto entrano i violini.*

entràta s.f. 1. Atto di entrare, passaggio dall'esterno all'interno. 2. Possibilità, permesso di entrare. 3. Luogo per cui si entra. 4. *fig.* Passaggio a una nuova condizione. ~ Momento in cui qlco. ha inizio. *Entrata in carica.* 5. Momento in cui un artista entra in scena per la sua prima battuta. 6. MUS. Attacco di una parte vocale o strumentale. ~ Pezzo che apre una suite. 7. SPORT. Azione irruenta per impadronirsi della palla o per ostacolare l'avversario. 8. (spec. pl.) Somme ricevute o guadagnate che sono entrate in cassa in un dato momento e che sono diventate parte del patrimonio. SIN.: **reddito**. ◇ *Entrate pubbliche*: insieme delle risorse finanziarie dello Stato o delle Comunità locali. – *Entrate tributarie*: introiti che lo Stato riceve dai contribuenti. 9. INFORM. Trasferimento di dati o di istruzioni da un'unità periferica a quella centrale. 10. LING. Lemma di un lessico o dizionario, o più in partic. ognuna delle diverse accezioni che compongono una voce.

entratùra s.f. 1. Anticamente, tassa d'ingresso in un'arte e gabella sulle merci in entrata. ~ Oggi, tassa versata dal proprietario di una scuderia per far partecipare i propri cavalli a una corsa. 2. *fig.* (spec. pl.) Accesso in ambienti esclusivi o riservati grazie ai buoni rapporti con le persone che li frequentano. ~ Conoscenze, agganci, appoggi.

entrechat [/ātrə'ʃa/] s.m. inv. (voce fr.) BALL. Salto verticale effettuato a gambe tese, durante il quale i piedi si incrociano e passano molte volte e rapidamente uno dinanzi all'altro.

entrecôte [/ātrə'kot/] s.f. inv. (voce fr. propr. "carne compresa fra le costole") Costoletta, bistecca, cotta di solito sulla griglia.

entre-deux [/ātrə'dø/] s.m. inv. (voce fr., comp. di *entre* "tra" e *deux* "due") Inserto di pizzo a bordi diritti, cucito dai due lati, che decora la biancheria. SIN.: **tramezzo**.

entrée [/ā'tre/] s.f. inv. (voce fr., propr. "entrata") CUC. Piatto servito tra la minestra o l'antipasto e la carne.

entremets [/ātrə'mɛ/] s.m. pl. (voce fr., propr. "piatto fra le portate") CUC. Portata intermedia leggera che si serve tra il secondo e la frutta o il dolce oppure portata dolce che precede il dessert vero e proprio.

entrismo s.m. Tattica politica praticata dall'opposizione quando accetta di far parte di organizzazioni, partiti, organismi di potere allo scopo di cambiarli dall'interno.

éntro prep. 1. Dentro, tra, in mezzo, anche *fig.* o in senso lett. *Entro un certo limite.* 2. Prima della fine di un dato periodo. *Studiate questa poesia entro domani.*

entrobórdo s.m. inv. Imbarcazione da turismo o da competizione con motore collocato all'interno dello scafo. ~ Il motore stesso.

entropìa s.f. (ted. *Entropie*, comp. di gr. *en* "dentro" e *tropé* "mutazione") 1. TERMODIN. Dimensione che permette di valutare il deterioramento dell'energia di un sistema. (L'entropia di un sistema caratterizza il suo grado di disordine.) 2. Nella teoria dell'informazione, misura della quantità di indeterminatezza contenuta in un messaggio: più il suo valore cresce e più diminuisce la quantità dell'informazione. 3. *fig.* Misura del grado di organizzazione o di disordine di un sistema sociale.

entròpion s.m. inv. MED. Introflessione del bordo delle palpebre verso la sfera oculare (in oppos. a *ectropion*); detto anche *entropio*.

entrotèrra s.m. inv. (calco del ted. *Hinterland*) Regione situata all'interno, non in prossimità delle coste (in oppos. a *litorale*). SIN.: **retroterra**.

entusiasmànte agg. Che entusiasma, appassiona.

entusiasmàre v.tr. Riempire d'entusiasmo. *Entusiasmare la folla.* SIN.: **esaltare**. ◆ **entusiasmàrsi** v.pron. Provare entusiasmo per qlco. *Questo viaggio mi entusiasma.*

entusiàsmo s.m. (fr. *enthousiasme*, gr. *enthousiasmós* deriv. di *enthousiázein* "essere ispirato dalla divinità") 1. Stato interiore di esaltazione indotto da qlco. che sollecita fortemente l'animo e al quale si dà un'adesione appassionata. *Entusiasmo per un ideale.* SIN.: **passione**. **2.** ANT. GR. Condizione di chi era invaso o ispirato da un dio.

entusiàsta agg. [pl.m. *–sti*] **1.** Che per temperamento è portato a slanci sentimentali. **2.** Pieno di entusiasmo, gioia, soddisfazione. *Essere entusiasta del proprio lavoro.* ◆ s.m. e f. Chi prova o manifesta entusiasmo.

entusiàstico agg. [pl.m. *–ci*, f. *–che*] Che denota entusiasmo.

enucleàre v.tr. (lat. *enucleāre*, propr. "estrarre il nocciolo") **1.** Mettere a fuoco e spiegare la parte essenziale di un argomento. *Enucleare il problema.* **2.** CHIR. Asportare chirurgicamente una massa rotondeggiante ben circoscritta. *Enucleare una cisti.*

enucleazióne s.f. **1.** Messa a fuoco di un argomento. **2.** CHIR. Asportazione chirurgica di una formazione patologica nettamente delimitata rispetto ai tessuti circostanti o del bulbo oculare.

enumeràre v.tr. Elencare in successione le parti di un tutto. *Enumerare i vantaggi.*

enumerazióne s.f. **1.** Esposizione di una serie di cose una dopo l'altra. SIN.: **elencazione**. ~ Insieme di ciò che si enumera. **2.** RET. Parte conclusiva di un'orazione in cui si riassumono brevemente i concetti espressi.

enunciàre v.tr. Esporre con parole o per iscritto in maniera rigorosa. *Enunciare un assioma.*

enunciativo agg. **1.** Relativo all'enunciazione, a essa finalizzato. **2.** GRAMM. Riferito a proposizione che asserisce uno stato di cose (in oppos. alla *proposizione interrogativa o imperativa*).

enunciàto s.m. **1.** Testo esposto in maniera chiara e sintetica. *Rileggere l'enunciato di un giudizio.* ◇ *Enunciato di un problema:* insieme delle ipotesi e delle tesi di un problema da risolvere. **2.** LING. Parola o sequenza di parole compresa tra due pause o tra due segni di interpunzione. **3.** LOG. Enunciato considerato indipendentemente dalla verità o dalla falsità del suo contenuto semantico.

enunciazióne s.f. **1.** Esposizione chiara e precisa. *L'enunciazione di un fatto.* SIN.: **esposizione**. **2.** LING. Produzione individuale di un enunciato in date condizioni spazio-temporali.

enurèsi s.f. inv. Perdita involontaria d'urina nel bambino, d'origine psicologica, in un'età in cui la proprietà di controllo dovrebbe essere acquisita.

environment [/ɪnˈvaɪrənmənt/] s.m. inv. (voce ingl., propr. "ambiente") Corrente artistica degli anni Settanta che identifica lo spazio rappresentato con lo spazio reale includente i comuni oggetti e lo spettatore stesso.

enzima s.m. [pl. *–mi*] (ted. *Enzym*, comp. di gr. *en* "dentro" e *zýmē* "fermento") BIOCHIM. Proteina dell'organismo che agisce come catalizzatore specifico in una reazione chimica.

enzimàtico agg. [pl.m. *–ci*, f. *–che*] BIOCHIM. Relativo agli enzimi.

enzimologia s.f. BIOCHIM. Studio degli enzimi.

enzimopatia s.f. Malattia metabolica ereditaria dovuta all'assenza o carenza congenita di un enzima.

enzoozia s.f. VET. Malattia infettiva che colpisce soltanto gli animali di una area determinata.

é/ó cong. (calco dell'ingl. *and/or*) Formula usata spec. nella lingua scritta per coordinare due elementi che possono essere compresenti o escludersi a vicenda. *Errori dell'autore e/o del traduttore.*

eocène s.m. (solo sing.) (ingl. *eocene*, propr. "periodo della nuova era") GEOL. Secondo sottoperiodo del paleogene. (Compreso tra 53 e 34 milioni di anni fa, fu caratterizzato dalla diversificazione dei mammiferi e dall'orogenesi alpina.)

eocènico agg. Relativo all'eocene.

1. eòlico agg. [pl.m. *–ci*, f. *–che*] Degli Eoli, antica stirpe ellenica stanziata in Tessaglia e Beozia, e dell'Eolide, antica regione dell'Asia Minore. ◇ *Dialetto eolico:* parlato nella Grecia settentrionale.

2. eòlico agg. [pl.m. *–ci*, f. *–che*] **1.** Di Eolo, dio dei venti. **2.** Mosso dal vento. *Motore eolico.* ~ Causato dal vento. *Erosione eolica.* ◇ *Energia*

eolica: quella creata sfruttando il vento. – *Deposito eolico:* deposito di materiale sabbioso trasportato e accumulato dal vento.

eòlio agg. [pl.m. *–li*] Degli Eoli e, in partic., della poesia eolica. ◆ s.m. [f. *–lia;* al pl. anche iniziale maiusc.] Chi apparteneva all'antica stirpe ellenica degli Eoli.

eolipila s.m. Apparecchio ideato da Erone di Alessandria (I sec. a.C.) per mettere in evidenza la forza motrice del vapore d'acqua.

eóne s.m. (lat. *aeŏnem*, gr. *aiōn* "tempo, eternità") FILOS. Presso i neoplatonici e gli gnostici, ognuno degli esseri spirituali emanati da Dio che colmavano la distanza esistente tra Lui e l'oggetto della creazione.

eonismo s.m. (dal nome del cavaliere d'*Eon* Charles de Beaumont, noto per la sua propensione a indossare abiti femminili) Travestitismo, in partic. riguardante uomini che si vestono da donne.

eosina s.f. CHIM. Materia colorante rossa, derivata dalla fluoresceina.

eosinòfilo agg. BIOL. Che si colora facilmente con eosina. SIN.: **acidofilo**. ◆ s.m. MED., BIOL. Cellula eosinofila. ~ In partic., globulo bianco del gruppo dei granulociti il cui citoplasma contiene granulazioni facilmente colorabili con eosina.

épagneul [/epaˈɲœl/] s.m. inv. (voce fr., propr. "spagnolo") Cane da caccia a pelo lungo e setoso.

epagòge s.f. FILOS. Nel pensiero di Aristotele, procedimento logico che dal particolare porta all'universale. SIN.: **induzione**.

epanalèssi s.f. inv. (lat. *epanalèpsim*, gr. *epanálēpsis* "ripresa") RET. Figura retorica consistente nel ripetere una o più parole nello stesso periodo, di seguito o con l'interposizione di altre parole.

eparchìa s.f. **1.** Nell'impero bizantino, suddivisione territoriale. **2.** RELIG. Suddivisione territoriale delle Chiese cristiane d'oriente corrispondente alla diocesi della Chiesa latina.

epàrco o **epàrca** s.m. [pl. *–chi*] (gr. *éparkhos* "comandante") **1.** Sotto l'impero bizantino, prefetto di Costantinopoli. **2.** Vescovo che governa un'eparchia.

eparina s.f. (ingl. *heparin*) BIOCHIM. Sostanza anticoagulante dell'organismo, estratta da fegato e polmoni di vari animali, che si usa per prevenire o trattare la trombosi.

epatalgìa s.f. Dolore al fegato.

epàtica s.f. [pl. *–che*] (lat. *hepatica*, deriv. di *hepaticus* "del fegato" per il colore e la forma delle sue foglie) Piccola pianta boschiva, con foglie rosse e fiori blu. (Genere *Hepatica;* famiglia delle Ranuncolacee.)

Epàtiche s.f. pl. [iniziale minusc. sing. *–ca* per l'individuo] (lat. *Hepaticae*, deriv. di *hepaticus* "del fegato" perché con alcune specie si curavano malattie epatiche) BOT. Classe di piante briofite che si sviluppano nei luoghi umidi e ombrosi.

epàtico agg. [pl.m. *–ci*, f. *–che*] Del fegato. ◇ *Dotto epatico:* condotto escretore della bile prodotta dal fegato che, unendosi con il dotto cistico, forma il coledoco. ◆ s.m. **1.** [f. *–ca*] Chi soffre di un'affezione al fegato. **2.** Fegato di zolfo.

epatite s.f. MED. Termine generico di gravi patologie infiammatorie del fegato. ◇ *Epatite virale:* causata da un virus, in partic. da un virus che raggiunge specificamente il fegato (epatiti A, B, C).

ENCICL. Le epatiti virali A ed E sono trasmesse per contatti alimentari, l'epatite B dal sangue e dai rapporti sessuali, la C di nuovo dal sangue, mentre l'epatite D si manifesta solo dopo la forma B. Queste malattie sono asintomatiche ma possono causare itterizia e, per le forme B e C, evolvere verso l'epatite cronica, la cirrosi o il cancro; le epatiti C, D ed E non sono ancora state studiate in modo approfondito.

epatobiliàre agg. MED. Relativo al fegato e alle vie biliari.

epatologìa s.f. Parte della gastroenterologia che si occupa del fegato e delle sue malattie.

epatomegalìa s.f. MED. Aumento anormale del volume del fegato.

epatopàncreas s.m. inv. ZOOL. Organo di alcuni invertebrati che svolge allo stesso tempo le funzioni del fegato e quelle del pancreas (funzioni digestive e di assorbimento).

epatopatìa s.f. MED. Termine generico con cui si indica ogni affezione del fegato.

epatòsi s.f. inv. MED. Ogni alterazione degenerativa del fegato.

epàtta s.f. (lat. *epàctas*, gr. *epaktḕ hēméra* "giorno intercalare") ASTR. Numero che rappresenta la differenza in giorni tra l'anno solare e quello lunare e che consente di determinare le fasi lunari, la Pasqua e le altre feste mobili.

epèira s.f. Ragno di grosse dimensioni, caratterizzato da macchioline bianche sul dorso. (Famiglia degli Araneidi.)

■ **epèira** o ragno crociato.

epèndima s.f. Membrana che riveste i ventricoli del cervello e il canale centrale del midollo spinale.

epèntesi s.f. inv. **1.** LING. Inserzione di un fonema non etimologico in una parola (p.e. la *n* di *inverno* derivato dal latino *hibernum*). **2.** Nell'enigmistica, gioco che consiste nell'indovinare due parole di cui una ha una lettera interna in più rispetto all'altra.

èpi- Primo elemento di composti del l. scientifico col valore di "parte esterna", "aggiunta", "sovrapposizione" (*epicarpo*).

èpica s.f. [pl. *–che*] **1.** Genere di poesia dallo stile elevato che narra le imprese di un popolo o di un grande eroe. **2.** estens. Poesia di carattere narrativo con tipologia stilistica e metrica diversa dalla lirica.

epicànto s.m. ANAT. Piega della pelle della palpebra superiore.

epicàrdio s.m. [pl. *–di*] ANAT. Foglietto viscerale del pericardio sieroso aderente alla superficie esterna del cuore.

epicàrpo o **epicàrpio** s.m. BOT. Lo strato più esterno della parete del frutto. SIN.: **esocarpo**.

epicèdio s.m. [pl. *–di*] Nell'antica Grecia, canto di accompagnamento del defunto eseguito alternativamente dagli uomini e dalle donne. ~ estens. Componimento di argomento funebre.

epicèno agg. GRAMM. Di nome che, pur denotando referenti sia maschili sia femminili, non presenta variazioni morfologiche di genere (p.e. *volpe*). ◆ s.m. Nel sign. dell'agg.

epicèntro s.m. **1.** GEOL. Punto della superficie terrestre che si trova sulla verticale passante per l'ipocentro di un terremoto. ~ estens. Zona circostante che è maggiormente colpita. **2.** fig. Punto reale o ideale in cui qlco. si presenta nella forma più forte, centro di cui qlco. si propaga. SIN.: **cuore**.

epico agg. [pl.m. *–ci*, f. *–che*] **1.** Che si riferisce alla narrazione poetica di imprese eroiche. ~ Proprio della poesia epica. **2.** estens. In oppos. a *lirico*, che ha carattere di narrazione oggettiva, anche se poetica. **3.** fig. Che ha qualcosa di sublime, di eccelso che lo distingue dalle ordinarie capacità umane. SIN.: **glorioso**. ◆ s.m. Scrittore di poesia epica.

epicòndilo s.m. ANAT. Tuberosità ossea che ha sede nella parte più bassa del bordo esterno dell'omero, sopra al condilo.

epicrisi s.f. inv. (gr. *epíkrisis*, deriv. di *epikrínein* "decidere") **1.** MED. Esperienza che si ricava dall'osservazione completa di una patologia dall'origine alla conclusione. **2.** DIR. Presso gli antichi greci ed egizi, esame dell'idoneità dei cittadini all'assunzione di cariche pubbliche e all'esercizio di diritti.

epicureismo s.m. **1.** FILOS. Dottrina fondata da Epicuro e dai suoi discepoli. **2.** estens. Atteggiamento di vita ispirato alla ricerca del piacere.

ENCICL. L'epicureismo, in una prospettiva materialista, unisce una fisica atomista ispirata a Democrito e una morale edonista imperniata sulla ricerca dei piaceri naturali e necessari, per cui l'*atarassia* (liberazione dai turbamenti dell'animo indotti dal timore e dall'eccesso di desideri) è lo scopo ultimo (il *De rerum natura* di Lucrezio ne è la principale enunciazione). In concorrenza con lo stoicismo nella ricerca di una saggezza austera e disincantata, l'epicureismo è stato accusato, soprattutto dalla tradizione cristiana, di indirizzare verso l'immoralità e il vizio; è stato più precisamente analizzato a partire dal Rinascimento e dal sec. XVII (Gassendi), e la sua eredità è stata rivendicata dal materialismo moderno (in particolare da Marx).

epicurèo s.m. [f. –*a*] **1.** Seguace di Epicuro, dell'epicureismo. **2.** *estens.* Chi apprezza i piaceri della vita.

epidemìa s.f. (gr. *epidēmía*, deriv. di *epídēmos* propr. "sopra il territorio") **1.** MED. Comparsa in una regione di un numero elevato di casi di una malattia contagiosa. **2.** *fig.* Ampia e malaugurata diffusione di un costume, di un comportamento.

epidèmico agg. [pl.m. –*ci*, f. –*che*] (fr. *épidémique*) **1.** Proprio, tipico dell'epidemia. **2.** *fig.* Che si diffonde facilmente.

epidemiologia s.f. MED. Studio delle cause e delle condizioni d'insorgenza delle malattie epidemiche.

epidemiòlogo s.m. [f. –*ga*, pl.m. –*gi*, –*ghi*, f. –*ghe*] Medico specialista in epidemiologia. ~ Studioso di epidemiologia.

epidèrmico agg. [pl.m. –*ci*, f. –*che*] **1.** ANAT. Relativo all'epidermide. **2.** *fig.* Superficiale, effimero. *Un interesse del tutto epidermico per la musica.*

epidèrmide s.f. **1.** La parte epiteliale e superficiale della pelle. ~ Nel l. com., pelle, cute. **2.** BOT. Strato superficiale protettivo delle parti fondamentali dei vegetali superiori.

epidiascòpio s.m. [pl. –*pi*] OTT. Strumento ottico che consente di vedere, proiettata su uno schermo, l'immagine ingrandita di oggetti, di testi, ecc., sfruttandone la trasparenza o la riflessione.

epididìmite s.f. MED. Infiammazione dell'epididimo.

epidìdimo s.m. ANAT. Corpo allungato che si trova lungo il margine posteriore del testicolo.

epidòto s.m. (lat. *Epidotus*, gr. *epídotos* "che ha ricevuto un'aggiunta" per la forma allungata dei cristalli) MIN. Minerale costituito da alluminosilicati di calcio e ferro di colore variabile dal verde al rossastro, al grigio.

epiduràle agg. ANAT., MED. Che si trova sopra alla dura madre. ◇ *Spazio epidurale:* spazio tra la dura madre e la parte interna del canale rachidiano. – *Anestesia epidurale:* quella praticata introducendo l'anestetico nello spazio epidurale.

epifanìa s.f. **1.** Apparizione, rivelazione della divinità. **2.** Nella religione cristiana, la prima manifestazione di Gesù, che avvenne davanti ai Magi nella grotta di Betlemme. ~ Festa del 6 gennaio che ricorda tale fatto.

epifenòmeno s.m. **1.** FILOS. Fenomeno secondario, senza importanza. **2.** MED. Sintomo collaterale.

epìfisi s.f. inv. (gr. *epíphysis*, deriv. di *epiphýein* "crescere sopra") **1.** ANAT. Ghiandola endocrina situata sulla superficie dorsale del mesencefalo. **2.** ANAT. Ciascuna delle due estremità rilevate delle ossa lunghe.

epìfita s.f. BOT. Pianta che cresce su altre piante che non le forniscono il nutrimento ma solo un appoggio (p.e. le orchidee).

epifitìa s.f. BOT. Epidemia che colpisce le piante.

epifonèma s.m. [pl. –*mi*] (lat. *epiphonèmam*, gr. *epiphónēma* deriv. di *epiphōneîn* "esclamare") RET. Immagine retorica consistente in una frase sentenziosa collocata di solito alla fine di un testo per renderlo più solenne e prezioso.

epigàstrio s.m. [pl. –*stri*] ANAT. Parte mediana superiore dell'addome corrispondente

---

all'apertura delle costole all'altezza dello stomaco e del lobo sinistro del fegato.

epigènesi s.f. inv. BIOL. Teoria secondo la quale le cellule embrionali si differenziano in successivi stadi di sviluppo dalle cellule indifferenziate, non essendo già formate come tali nell'uovo fecondato.

epigenìa s.f. **1.** GEOL. Processo di fossilizzazione per cui nello scheletro di molti organismi viventi il carbonato di calcio viene sostituito da altri minerali. **2.** GEOL. Formazione tardiva di minerali di una roccia per processi genetici diversi da quelli che hanno portato alla formazione della roccia stessa. **3.** GEOL. Disgregazione delle rocce provocata da infiltrazione di acque che depositano i sali in esse contenuti.

epigèo agg. **1.** BOT. Di pianta o organo vegetale che si sviluppa fuori dal terreno. **2.** ZOOL., GEOGR. Di fauna che vive sulla superficie terrestre.

epigìno agg. Si dice del fiore ermafrodito in cui il perianzio e l'androceo si trovano al di sopra del gineceo.

epiglòttide s.f. ANAT. Lamina cartilaginea che chiude l'orifizio superiore della laringe al momento della deglutizione.

epigono s.m. **1.** Successore, discepolo senza originalità personale. **2.** (al pl.) Nella mitologia greca, i figli dei sette eroi argivi caduti combattendo contro Tebe, che vendicarono i padri con una nuova guerra.

epìgrafe s.f. **1.** Iscrizione posta su un edificio per indicare la sua destinazione, la data della costruzione, ecc. – In partic., iscrizione breve su tombe, stele, monumenti, con finalità commemorative e celebrative. **2.** ARCHEOL. Qualsiasi iscrizione, completa o frammentaria, su pietra, terracotta o altro materiale diverso dai normali materiali scrittori. **3.** Citazione, dedica posta all'inizio di un libro, di un capitolo, ecc., in modo da riassumerne lo spirito o i contenuti. ◇ STAM. *Testo a epigrafe:* testo composto con le righe centrate in mezzo alla pagina.

epigrafìa s.f. **1.** Scienza ausiliaria della storia che studia le iscrizioni scolpite su materie dure (pietra, metallo, legno, terracotta, ecc.). SIN.: **lapidaria.** **2.** Arte della composizione di epigrafi. ~ Complesso delle norme stilistiche proprie del genere dell'epigrafe. **3.** L'insieme delle epigrafi appartenenti a una determinata civiltà o lingua.

epigràfico agg. [pl.m. –*ci*, f. –*che*] **1.** Relativo all'epigrafia. **2.** *fig.* Stringato, conciso.

epigrafista s.m. e f. [pl.m. –*sti*] **1.** Studioso di epigrafia. **2.** Chi scrive epigrafi.

epigràmma s.m. [pl. –*mi*] Breve componimento in versi di intenzione satirica che termina con un tratto spiritoso.

epigrammàtico agg. [pl.m. –*ci*, f. –*che*] **1.** LETT. Relativo all'epigramma. **2.** *estens.* Arguto, mordace. ~ Conciso, lapidario.

epigravettiàno s.m. (solo sing.) GEOL. Facies culturale del paleolitico superiore. ◆ agg. Relativo a tale facies.

epilatóre s.m. Apparecchio per depilarsi.

epilessìa s.f. (lat. *epilépsiam*, gr. *epilēpsía* "attacco") MED. Malattia caratterizzata da crisi dovute all'attività eccessiva dei neuroni localizzati nella corteccia cerebrale, che comporta, secondo i casi, convulsioni localizzate o generalizzate, con perdita di coscienza, allucinazioni sensoriali o altre turbe psichiche; è detta anche *morbo* o *male comiziale.*

ENCICL. Si distinguono due forme nell'epilessia. Le crisi generalizzate hanno una caratteristica distintiva: esiste una tipica relazione della forma clinica con l'età del soggetto colpito, mentre le crisi parziali hanno origine da un punto circoscritto e lateralizzato del sistema nervoso centrale. Le prime hanno manifestazioni cliniche distinte in *grande male,* caratterizzato da crisi convulsive generalizzate, e *piccolo male* che si manifesta con varie forme tra le quali l'assenza o la sospensione brusca della coscienza per quindici secondi al massimo. Le cause, quando è possibile individuarle, sono da imputare a traumi cranici, a tumori o a complicazioni vascolari cerebrali.

---

epilèttico agg. [pl.m. –*ci*, f. –*che*] **1.** Relativo all'epilessia. **2.** Affetto da epilessia. ◆ s.m. [f. –*ca*] Nell'accez. 2 dell'agg.

epilòbio s.m. [pl. –*bi*] BOT. Genere di piante di grandi dimensioni, con fiori rossi raccolti in spighe, comuni nei climi temperato-freddi. (Famiglia delle Enoteracee.)

epilogo s.m. [pl. –*ghi*] **1.** Nella retorica greca, l'ultima parte di un'orazione. **2.** *estens.* Parte finale, conclusiva di un'opera narrativa o drammatica. **3.** *estens.* Evento finale. *Epilogo di una vicenda.*

epiornìte s.m. Enorme uccello fossile scoperto nei sedimenti recenti del Madagascar, simile allo struzzo, estinto nel sec. X. (Altezza 3 m.)

epipaleolitico s.m. PREIST. Periodo transitorio fra il paleolitico superiore e l'inizio del mesolitico. ◆ agg. Nel sign. del s.

epipelàgico agg. [pl.m. –*ci*, f. –*che*] BIOL. Della zona oceanica che dalla piattaforma continentale fino a 250 m di profondità.

epiploon o **epiploo** s.m. inv. ANAT. Ripiegatura del peritoneo estesa da un viscere a un altro. SIN.: **omento.**

epirogènesi o **epeirogènesi** s.f. inv. GEOL. L'insieme dei movimenti lenti di abbassamento e innalzamento di vaste zone della superficie terrestre.

episclerite s.f. MED. Infiammazione dei tessuti attorno alla sclerotica.

episcopàle agg. Del vescovo. *Palazzo episcopale.* ◇ *Conferenza episcopale:* nella Chiesa cattolica, assemblea dei vescovi appartenenti a un medesimo territorio, per coordinare le attività pastorali. – *Chiesa episcopale:* ogni Chiesa che riconosce come massima autorità il vescovo e in cui è il collegio dei vescovi a decidere in materia dottrinale e disciplinare.

episcopaliàno agg. Relativo alla Chiesa episcopale e all'episcopalismo. ◆ s.m. Membro della Chiesa episcopale. ~ Seguace dell'episcopalismo.

episcopalismo s.m. CRIST. Teoria che attribuisce all'episcopato una funzione preminente nella costituzione ecclesiastica.

episcopàto s.m. **1.** Funzione, ufficio di vescovo e durata di tale incarico. **2.** Insieme dei vescovi.

episcòpio s.m. [pl. –*pi*] Apparecchio ottico per la proiezione su schermo di un oggetto non trasparente. ~ MIL. Strumento a specchi di cui sono dotati i carri armati, che permette di procedere a portello chiuso e al puntatore e al capo carro di eseguire il puntamento del cannone.

episiotomìa s.f. CHIR. Incisione chirurgica dell'orifizio vulvare effettuata talvolta nella fase finale del parto per consentire la fuoriuscita del feto evitando lacerazioni.

episòdico agg. [pl.m. –*ci*, f. –*che*] **1.** Che riguarda un solo momento o evento di una intera vicenda. **2.** *fig.* Che ha carattere occasionale, fortuito. **3.** Che ha carattere di episodio in un testo letterario. *Parti episodiche di un'opera.* ~ Che si sviluppa per episodi. **4.** Nel l. della crit. lett., discontinuo, frammentario. *Uno sviluppo troppo episodico del racconto.*

episòdio s.m. [pl. –*di*] (gr. *epeisódion* "parte recitata compresa fra i due ingressi del coro") **1.** Circostanza che appartiene a una serie di avvenimenti formanti un tutto. ~ Racconto che, all'interno di un'opera più vasta, sviluppa, con un certo carattere di autonomia, una vicenda secondaria. ◇ *Film a episodi:* costituito da brevi racconti indipendenti tra loro, accomunati solo dall'argomento di fondo. **2.** Nella tragedia antica, ciascuna delle parti dialogate. **3.** Evento, fatto particolare. ~ *estens.* Fatto secondario. **4.** Nel l. sc., evento limitato nel tempo e avente un preciso carattere. ~ MED. Insorgenza patologica, sporadica e secondaria, nel quadro di una patologia primaria. **5.** MUS. Parte di una composizione tra due riprese del tema principale. ~ Nella fuga, divertimento.

epispadìa s.f. MED. Malformazione congenita consistente in un'anomala posizione dell'apertura dell'uretra, posta nella parte superiore del glande anziché all'estremità.

epistàssi s.f. inv. (gr. *epístaksis* "sgocciolamento") MED. Emorragia dal naso.

epìstate s.m. ANT. GR. Titolo di diversi magistrati e funzionari con mansioni politiche e tecniche.

epistème s.m. o s.f. (gr. *epistéme* "conoscenza scientifica") FILOS. Il vero sapere universale raggiungibile solo razionalmente.

epistemologìa s.f. La teoria della conoscenza scientifica, con particolare riferimento alla matematica e alla fisica.

epistemològico agg. [pl.m. *–ci*, f. *–che*] Relativo all'epistemologia.

epistemòlogo s.m. [f. *–ga*, pl.m. *–gi*, f. *–ghe*] Studioso di epistemologia.

epistìlio s.m. [pl. *–li*] ARCH. → architrave.

epìstola s.f. (lat. *epístulam*, gr. *epistolé* deriv. di *epistéllein* "inviare") **1.** LETT. Componimento, general. in versi, d'argomento vario e di tono familiare e discorsivo. **2.** Lettera, missiva. ~ Lettera scritta da un autore antico. *Le epistole di Cicerone, di Dante.* **3.** Ognuna delle lettere degli apostoli facenti parte integrante del Nuovo Testamento. ~ Momento della messa, prima del Vangelo, in cui si legge un passo tratto da tali lettere. **4.** *scherz.* Lettera molto lunga e noiosa.

epistolàre agg. **1.** Tipico delle lettere in quanto genere letterario. **2.** Che concerne le lettere. ◇ *Romanzo epistolare:* forma particolare di romanzo, che si svolge attraverso lo scambio di lettere fra due o più corrispondenti.

epistolàrio s.m. [pl. *–ri*] **1.** Raccolta stampata di lettere, spec. di personaggi celebri. **2.** CRIST. Nella liturgia, libro che contiene i passi del Vangelo e delle lettere degli apostoli che si leggono durante la Messa.

epistolografìa s.f. LETT. Arte dello scrivere lettere a carattere letterario o diplomatico. *L'epistolografia medievale.*

epistològrafo s.m. [f. *–fa*] Scrittore di epistole.

epìstrofe s.f. RET. Figura retorica consistente nella ripetizione della stessa o delle stesse parole alla fine di più versi o di più frasi. SIN.: epifora.

epistrofèo s.m. ANAT. Seconda vertebra cervicale.

epitàffio o **epitàfio** s.m. [pl. *–fi*] (lat. *epitáphium*, gr. *epitáphios lógos* "discorso funebre") **1.** Iscrizione posta su una tomba a ricordo del defunto. **2.** *fig. scherz.* Scritto confuso o pomposo. **3.** Presso gli antichi Greci, discorso in onore dei caduti in guerra. **4.** Prezioso velo eucaristico usato nella liturgia bizantina, simboleggiante il sudario.

epitalàmio s.m. [pl. *–mi*] ANT. GR. ROM. Poema lirico composto per celebrare un matrimonio.

epitàlamo s.m. ANAT. Regione dell'encefalo in cui si trova la ghiandola pineale.

epitassìa s.f. [pl. *–sie*] MIN. Associazione regolare fra cristalli di sostanze diverse con struttura compatibile, in modo che i loro reticoli si orientino mutualmente; detta anche *epitassi.*

epiteliàle agg. Relativo, che appartiene all'epitelio.

epitèlio s.m. [pl. *–li*] ISTOL. Tessuto privo di vasi sanguigni, formato da cellule poste a contatto senza interposizione di sostanza intercellulare. (Si distinguono gli *epiteli di rivestimento*, che costituiscono lo strato superficiale della pelle [epidermide] e delle mucose, gli *epiteli ghiandolari*, che hanno una funzione di secrezione, e gli *epiteli sensoriali*.)

epiteliòma s.m. [pl. *–mi*] MED. Carcinoma dell'epitelio.

epitèsi s.f. inv. LING. Aggiunta di uno o più fonemi alla fine di una parola. SIN.: paragoge.

epìteto s.m. **1.** GRAMM. Parola o locuzione attributiva che si unisce a un nome per qualificarlo o per caratterizzarlo, spec. con funzione esornativa. *Lorenzo il Magnifico.* **2.** *estens.* (spec. pl.) Titolo ingiurioso. *La folla inferocita coprì l'arbitro di epiteti irriferibili.*

epìtome s.f. (lat. *epítomem*, gr. *epitomé* propr. "taglio") Compendio di un'opera a scopo didattico e divulgativo.

epizoòtico agg. [pl.m. *–ci*, f. *–che*] VET. Relativo all'epizoozia.

epizoozìa o **epizootìa** s.f. (fr. *épizootie*) VET. Malattia infettiva e contagiosa degli animali, che si diffonde con carattere epidemico su un vasto territorio.

EPO s.f. (solo sing.) Abbreviazione di *eritropoietina.*

època s.f. [pl. *–che*] (gr. *epokhé astéron* "posizione degli astri" quindi "periodo di tempo") **1.** Periodo storico segnato da eventi particolarmente importanti. *L'epoca di Carlo Magno.* ◇ *D'epoca:* detto di un oggetto, spec. d'antiquariato, che risale a un periodo storico, passato. – *fig. Fare epoca:* lasciare un segno duraturo nella memoria degli uomini. **2.** Momento, tempo, stagione. *L'epoca della vendemmia.* **3.** GEOL. Suddivisione cronologica di un periodo geologico, a sua volta diviso in età. **4.** ECON. Data di ricorrenza di un contratto, di un conteggio, ecc. **5.** Istante di riferimento al quale sono rapportate le coordinate astronomiche, o che si utilizza per alcuni calcoli di meccanica celeste.

epocàle agg. Relativo a una determinata epoca. – Di proporzioni pari a un'epoca. ~ Capace di caratterizzare un'epoca. *Svolta epocale.*

epòdico agg. [pl.m. *–ci*, f. *–che*] Relativo all'epodo.

epòdo s.m. **1.** Nella metrica classica, strofa lirica formata da due versi di lunghezza disuguale. **2.** Poema lirico composto da una sequenza di strofe distiche. *Gli Epodi di Orazio.*

eponimìa s.f. ANT. GR. ROM. Consuetudine di dare a determinate cose il nome di personaggi mitici o storici, in partic. all'anno il nome del magistrato in carica.

epònimo agg. **1.** ANT. GR. ROM. Del magistrato che dava il proprio nome all'anno. ~ Di personaggio storico o mitico che dava il nome a un luogo. **2.** Di persona o di cosa rappresentativa di una realtà, di un movimento culturale, ecc. ◆ s.m. [f. *–na*] Nei sign. dell'agg.

epopèa s.f. **1.** Narrazione poetica in versi o in prosa che narra la genesi mitica del mondo o gli eventi leggendari che hanno condotto alla fondazione di un nuovo ordine politico o religioso. *Epopea classica.* **2.** *estens.* Insieme di fatti reali straordinari o eroici, degni dell'antica poesia epica.

eporediése agg. Di Ivrea, in Piemonte. ◆ s.m. e f. Nativo, abitante di Ivrea.

èpos s.m. inv. Poesia epica, poema epico. ~ L'insieme delle leggende e dei poemi epici. *L'epos omerico.*

epossìdico agg. [pl.m. *–ci*, f. *–che*] CHIM. Di gruppo formato da un atomo di ossigeno in una struttura a ponte con due atomi di carbonio. ~ Di ogni composto contenente uno o più gruppi di tal genere. ◇ *Resina epossidica:* resina formata da macromolecole epossidiche, utilizzata soprattutto nella fabbricazione di adesivi, vernici e isolanti.

epòssido s.m. CHIM. Composto ossigenato in cui l'ossigeno è legato a due atomi di carbonio adiacenti.

eppùre cong. Tuttavia, nondimeno, peraltro. *Quest'avventura è sorprendente, eppure è vera.*

èpsilon s.m. o s.f. inv. Quinta lettera dell'alfabeto greco (E, ε) corrispondente a una *e* breve.

epsomìte s.f. (ingl. *epsomite*, dal nome della località ingl. di *Epsom* dove sgorgano le acque donde ha preso la prima volta questo minerale) MIN. Solfato di magnesio in cristalli incolori di sapore amaro. ~ FARM. Solfato di magnesio ottenuto per sintesi e usato come purgante. SIN.: sale inglese.

èpta- o **ètta-** Primo elemento di composti dotti, il cui scientifico ha il significato di "sette" (*eptafonico*); nel l. chimico indica la presenza di sette atomi o di sette gruppi atomici uguali (*eptano*).

eptacòrdo o **ettacòrdo** s.m. **1.** STR. MUS. Antico strumento musicale a sette corde. **2.** MUS. Scala musicale composta da sette suoni.

eptafònico agg. [pl.m. *–ci*, f. *–che*] Di scala che si compone di sette suoni o del sistema che si fonda su tale scala.

eptàno s.m. CHIM. Idrocarburo saturo (C_7H_{16}) contenuto in alcuni petroli e usato come solvente.

eptasìllabo s.m. Verso che ha sette sillabe. SIN.: settenario.

èptathlon o **èptatlon** s.m. inv. SPORT. Prova di atletica leggera femminile che combina 100 m ostacoli, 200 e 800 m piani, salto in alto e in lungo, lancio del peso e del giavellotto.

epùlide s.m. MED. Neoformazione di origine infiammatoria che si sviluppa nella gengiva.

epulóne s.m. **1.** ANT. ROM. Sacerdote che organizzava i banchetti sacri. **2.** *estens.* Persona dedita ai banchetti, ai piaceri materiali. SIN.: ghiottone.

epuràre v.tr. Liberare organismi, ambienti, ecc. da persone corrotte, incapaci o non fidate. *Epurare l'amministrazione.*

epurazióne s.f. Allontanamento da una carica, da una associazione, di persone la cui condotta è giudicata riprovevole, condannabile o indegna. ~ ST. Alla fine della seconda guerra mondiale, espulsione dai loro uffici di funzionari, impiegati, ecc. accusati di aver collaborato col fascismo o col nazismo.

equalizzatóre s.m. (ingl. *equalizer*) ELETTROAC. Dispositivo che agisce sull'intensità del segnale elettrico o acustico in bande di frequenze determinate per ottenere la risposta desiderata su tutte le frequenze sonore.

equalizzazióne s.f. **1.** ELETTROTEC. Operazione con cui si eliminano o si riducono distorsioni d'ampiezza e altri difetti nella trasmissione di segnali. **2.** ECON. Livellamento di un fenomeno che ne determina la stabilizzazione.

equanimità s.f. inv. Obiettività, imparzialità di giudizio.

equatóre s.m. (lat. *aequatórem* "che rende uguali il giorno e la notte") GEOGR. Circolo massimo equidistante dai poli che divide idealmente la Terra in due emisferi. ◇ *Equatore celeste:* circonferenza massima della sfera celeste, perpendicolare all'asse del mondo e che funge da piano di riferimento per le coordinate equatoriali. – *Equatore magnetico:* linea che unisce tutti i punti della superficie terrestre dove l'inclinazione magnetica è nulla.

equatoriàle agg. **1.** Relativo all'equatore. ◇ *Clima equatoriale:* caratterizzato da un calore costante, un'alta umidità atmosferica e da piogge regolari (pioggia totale annuale superiore a 1500 mm). **2.** Situato all'equatore. *Regioni equatoriali.* **3.** ASTR. *Coordinate equatoriali:* sistema di coordinate celesti. ◆ s.m. Cannocchiale astronomico o telescopio a montatura equatoriale.

equazióne s.f. **1.** MAT. Problema in cui le incognite devono soddisfare una eguaglianza. *Equazione a due, a tre incognite.* ~ ALG. Risolvere *l'equazione $f(x) = g(x)$ nel dominio D:* trovare gli elementi di *D* che, sostituiti a *x*, rendono vera l'uguaglianza e che sono le soluzioni, o radici, dell'equazione. ◇ GEOM. *Equazione di una curva, di una superficie:* relazione tra le coordinate di un punto *M* del piano o dello spazio che esprime l'appartenenza del punto alla curva o alla superficie. **2.** CHIM. *Equazione chimica:* rappresentazione simbolica di una reazione chimica, considerata sia globalmente, sia nel dettaglio delle trasformazioni. **3.** ASTR. Correzione, quantità da togliere o da aggiungere. ◇ *Equazione del tempo:* differenza, durante l'anno, fra il moto medio e quello reale del Sole.

equèstre agg. Che ha attinenza con il cavallo o con il cavaliere. ◇ ANT. ROM. *Ordine equestre:* la classe sociale dei cavalieri.

equiàngolo agg. (calco del gr. *isogónios*) GEOM. Riferito a poligono con tutti gli angoli uguali.

Èquidi s.m. pl. [iniziale minusc. sing. *–de* per l'individuo] ZOOL. Famiglia di mammiferi di grosse dimensioni, con zampe lunghe e robuste di cui solo il terzo dito è sviluppato e fornito di zoccolo. (Ordine dei Perissodattili.)

equidistànte agg. **1.** Situato a uguale distanza. *Tutti i punti del cerchio sono equidistanti dal centro.* **2.** *fig.* Che mantiene una posizione mediana tra parti contrapposte, che non si sbilancia.

equilàtero agg. (calco del gr. *isópleuros*) GEOM. Riferito a poligono con tutti i lati uguali. *Triangolo equilatero.* ◇ *Iperbole equilatera:* i cui asintoti sono perpendicolari.

equilibraménto s.m. **1.** Ricerca dell'equilibrio. **2.** MECC. Realizzazione dell'equilibrio delle forze d'inerzia degli organi rotanti o in moto alternativo, per evitare sollecitazioni e vibrazioni dannose.

equilibràre v.tr. **1.** Mettere o tenere in equilibrio qlco. *Equilibrare il carico.* ~ Mettere in equilibrio una cosa con un'altra, anche fig. *Equilibrare le spese con le entrate.* **2.** *fig.* Contemperare cose diverse. *Equilibrare le diverse esigenze.* ◆ **equilibrarsi** v.pron. Detto di due o più cose, formare un equilibrio, tenersi in equilibrio l'una con l'altra, anche fig. SIN.: **bilanciarsi**.

equilibràto agg. **1.** Che è in equilibrio. *Peso equilibrato.* **2.** MECC. Di un sistema di forze che si compensano a vicenda. **3.** *fig.* Che si astiene da ogni eccesso, dotato di senso della misura. *Una persona equilibrata nel mangiare.* SIN.: **assennato**.

equilibratóre agg. [f. *–trice*] **1.** Che mette in equilibrio. **2.** *fig.* Che evita il prevalere di una parte sull'altra nei rapporti interpersonali, politici, sociali. *Essere l'elemento equilibratore.* ◆ s.m. **1.** Dispositivo dell'affusto dei pezzi d'artiglieria atto a mantenere bilanciata l'arma a tutte le elevazioni. **2.** AVIAZ. Parte mobile dell'impennaggio orizzontale di un velivolo che serve a equilibrare l'aereo.

equilìbrio s.m. [pl. *–bri*] **1.** FIS. Stato di un sistema nel quale non intervengono cambiamenti se non a causa di perturbazioni esterne. ◇ *Equilibrio dinamico:* quello di un sistema in cui i processi che intervengono non modificano l'assetto complessivo. **2.** Stabilità di un corpo sia fermo sia in moto. *Perdere l'equilibrio.* **3.** Nel l. sc., condizione di un sistema i cui parametri restano costanti. *Sistema in equilibrio.* ◇ *Equilibrio biologico:* stato di un ecosistema nel quale la composizione della fauna e della flora resta quasi costante. – *Equilibrio chimico:* in un sistema che comprende reagenti e prodotti di reazione, stato in cui le velocità di trasformazione dei reagenti in prodotti e dei prodotti in reagenti sono uguali e quindi le rispettive concentrazioni non cambiano nel tempo. **4.** *fig.* Situazione in cui nessun elemento di un contesto prevale sugli altri. *L'equilibrio delle forze.* SIN.: **parità**. ◇ *Equilibrio economico:* situazione nella quale nessun operatore economico è incentivato a modificare le sue scelte per cambiare la condizione esistente. **5.** *fig.* Presenza proporzionata, equamente distribuita. *Equilibrio dei volumi.* **6.** *fig.* Senso della misura, capacità di valutare obiettivamente le cose. SIN.: **assennatezza**.

equilibrismo s.m. **1.** L'insieme dei giochi di equilibrio e la tecnica necessaria a compierli. **2.** *fig.* Capacità di destreggiarsi in situazioni difficili.

equilibrista s.m. e f. [pl.m. *–sti*] **1.** Persona che, in un circo, si esibisce in giochi d'equilibrio. SIN.: **acrobata**. **2.** *fig.* Chi sa destreggiarsi abilmente in situazioni difficili.

equinìsmo s.m. MED. Malformazione congenita o acquisita del piede per cui camminando o stando in posizione eretta poggia solo la parte anteriore della pianta.

equìno agg. **1.** Relativo al cavallo. *Razza equina.* **2.** MED. Riferito a piede affetto da equinismo. ◆ s.m. Ogni animale appartenente alla famiglia degli Equidi.

equinoziàle agg. Relativo all'equinozio. ◇ *Anno equinoziale:* periodo di tempo intercorrente tra due successivi passaggi del Sole all'equinozio di primavera; detto anche *anno tropico* o *anno solare*.

equinòzio s.m. [pl. *–zi*] **1.** ASTR. Ognuno dei due punti in cui l'eclittica interseca il piano dell'equatore celeste. ◇ *Linea degli equinozi:* retta d'intersezione dei due piani dell'eclittica e dell'equatore celeste. **2.** ASTR. Momento dell'anno in cui il Sole, nel suo moto apparente sull'eclittica, transita per tali punti e in cui la durata del giorno è uguale a quella della notte. *Il 21 marzo è l'equinozio di primavera, il 23 settembre è l'equinozio d'autunno.*

equipaggiaménto s.m. **1.** Allestimento di quanto è necessario alla realizzazione di un'attività. SIN.: **attrezzatura**. **2.** Insieme del materiale necessario allo svolgimento di un'attività. *Equipaggiamento di un soldato.*

equipaggiàre v.tr. [5] Fornire qlcu. o qlco. di equipaggiamento. *Equipaggiare una nave.* SIN.: **attrezzare**. ◆ **equipaggiarsi** v.pron. Procurarsi tutto quanto necessario per un'attività, un viaggio, una particolare situazione. SIN.: **attrezzarsi**.

equipàggio s.m. [pl. *–gi*] (fr. *équipage*, deriv. di *équiper* "procurare il necessario a un'imbarcazione") **1.** Insieme del personale imbarcato su una nave, su un aereo o su un veicolo spaziale. **2.** SPORT. Squadra di atleti che contribuiscono alla vittoria del mezzo a bordo del quale gareggiano. *L'equipaggio del bob.* **3.** Insieme delle persone che partecipano a una battuta di caccia. **4.** *non com.* L'insieme dei bagagli di un esercito o di un gruppo di persone. **5.** TECN. *Equipaggiamento di uno strumento di misura:* la parte mobile a cui è collegato l'indice.

equiparàbile agg. Che può essere paragonato, comparato a qlco. o qlcu.

equiparàre v.tr. **1.** Rendere uguali tra loro più cose. *Equiparare i salari di tutti i dipendenti.* ~ Rapportare una cosa a un'altra. *Equiparare gli stipendi degli operai a quelli degli impiegati.* **2.** Confrontare, comparare tra loro due o più cose. *Equiparare il modo di fare di più persone.* ~ Paragonare una cosa a un'altra. *Equiparare il lavoro di un dirigente a quello di un dipendente.*

equiparazióne s.f. Azione volta a stabilire una parità tra persone o situazioni.

équipe [/e'kip/] s.f. inv. (voce fr., deriv. di *équiper* "imbarcare") **1.** Gruppo di persone che svolgono la stessa attività e hanno un fine comune. **2.** SPORT. Squadra.

equipollènte agg. (calco del gr. *isodýnamos*) **1.** Che ha uguale valore, spec. nel l. bur. *Diploma di ragioneria o altro titolo equipollente.* SIN.: **equivalente**. **2.** GEOM. *Vettori equipollenti:* quelli che hanno la stessa lunghezza, direzione e verso. **3.** FIS. *Sistemi di forze equipollenti:* quelli la cui risultante e il cui momento totale sono eguali.

equipotènte agg. Che ha uguale potenza.

equipotenziàle agg. FIS. Che ha uguale potenziale. *Superficie equipotenziale.*

equiprobàbile agg. STAT. Di eventi che hanno la stessa probabilità di verificarsi.

Equisetàcee s.f. pl. [iniziale minusc. sing. *–a* per l'individuo] BOT. Famiglia di piante terrestri o palustri, rizomatose, con fusti aerei e foglie squamiformi; ne fa parte l'equiseto. (Divisione delle Pteridofite.)

Equisetàli s.f. pl. [iniziale minusc. sing. *–le* per l'individuo] BOT. Ordine di piante pteridofite comprendente gli equiseti.

equisèto s.m. **1.** Pianta rizomatosa dal fusto aereo e con foglie in verticilli che vive nei terreni argillosi. (Famiglia delle Equisetacee.) **2.** BOT. (iniziale maiusc.) Genere di piante a cui appartengono le varie specie di equiseti.

equità s.f. inv. Virtù di chi possiede un naturale senso della giustizia ed è capace di valutare con imparzialità. ◇ DIR. *Giudizio di equità:* quello in cui il giudice è autorizzato dalla legge a decidere prescindendo dall'applicazione di una norma giuridica.

equitazióne s.f. **1.** Arte e tecnica del cavalcare. *Scuola di equitazione.* **2.** SPORT. L'attività agonistica dell'andare a cavallo. SIN.: **ippica**.

equivalènte agg. **1.** Che ha lo stesso valore. *Parole equivalenti.* SIN.: **equipollente**. ◇ ALG. *Equazioni equivalenti:* quelle che ammettono le stesse soluzioni. – CARTOGR. *Proiezione equivalente:* rappresentazione che mantiene costante il rapporto fra la superficie terrestre e la sua immagine cartografica. **2.** GEOM. Relativo a figure piane o solide che hanno la stessa area o lo stesso volume. ◆ s.m. **1.** Ciò che è di valore uguale rispetto a un'altra cosa. *L'equivalente in denaro.* SIN.: **corrispettivo**. **2.** CHIM. *Equivalente chimico:* frazione del peso atomico di un elemento o del peso molecolare di un composto che può combinarsi con un atomo di idrogeno.

equivalènza s.f. **1.** Qualità di ciò che è equivalente. ~ Parità. **2.** MAT. Ogni relazione binaria tra gli elementi di un insieme che verifichi le proprietà riflessiva, simmetrica e transitiva.

equivalére v.intr. [69] (aus. *essere* o *avere*) Essere uguale a qlco. d'altro in quantità o qualità. *Un chilometro equivale a mille metri.* SIN.: **corrispondere**. ◆ **equivalersi** v.pron. (aus.) Detto di due o più soggetti, avere l'uno lo stesso valore, lo stesso significato dell'altro. *Le due squadre si equivalgono.* SIN.: **bilanciarsi**.

equivocàre v.intr. [4] (aus. *avere*) Sbagliare nell'interpretare fatti o parole. SIN.: **fraintendere**.

equivocità s.f. inv. Ambiguità concettuale o morale. *Equivocità di una parola, di un comportamento.* SIN.: **ambivalenza**.

equìvoco agg. [pl.m. *–ci*, f. *–che*] **1.** Che ha un doppio senso (in oppos. a *univoco*). *Parola equivoca.* **2.** Con riferimento a persona, che ha duplicità di comportamento e suscita sfiducia. *Un atteggiamento equivoco.* SIN.: **ambiguo**. ◆ s.m. Interpretazione errata, sbaglio dovuti alla natura ambigua di un fatto o di un testo. SIN.: **malinteso**.

èquo agg. **1.** Riferito a persona, che valuta, giudica con imparzialità. **2.** Riferito a cosa, conforme alle norme dell'equità, che obbedisce a un criterio di giustizia. *Sentenza equa.* ◇ *Equo canone:* canone d'affitto d'immobili urbani per uso abitativo determinato in base a parametri stabiliti dalla legge.

èra s.f. (lat. *aèram* "inizio cronologico, data d'inizio") **1.** Lungo arco di tempo connotato da un avvenimento storico particolarmente importante dal quale si inizia il computo degli anni. **2.** *estens.* Periodo storico caratterizzato da avvenimenti di fondamentale importanza. *Era nucleare.* SIN.: **epoca**. **3.** GEOL. Ciascuna delle cinque grandi suddivisioni dell'età della Terra. *Era primaria.*

erariàle agg. Dell'erario, dell'amministrazione finanziaria dello stato.

eràrio s.m. [pl. *–ri*] (lat. *aerārium* "denaro di rame") **1.** Nell'antica Roma, il tesoro dello stato e del popolo romano. **2.** Nel Medioevo, amministrazione finanziaria e cassa. **3.** Oggi, le finanze e l'amministrazione finanziaria dello stato.

èrba s.f. **1.** Pianta annuale con fusto basso, non legnoso. ◇ CUC. *Erbe fini:* mescolanza di erbe tritate usata in cucina come aromatizzante. – *Erba cipressina:* pianta erbacea perenne con foglie lineari e fitte e fiori in ombrelle. (Famiglia delle Euforbiacee.) – *Erbe medicinali:* quelle dotate di qualità terapeutiche. – *Erba aglina:* pianta molto tossica, detta anche *cicuta minore*. (Famiglia delle Ombrellifere.) – *Erba corsa:* arbusto dai fiori bianchi e odorosi. (Genere *Daphne*; famiglia delle Timelacee.) – *Erba medica:* pianta erbacea foraggera dall'elevato valore nutritivo. (Genere *Medicago*; famiglia delle Leguminose.) – *Erba di San Giovanni:* pianta perenne dal fogliame rigoglioso e fiori gialli o rosa, utilizzata in omeopatia. (Genere *Hypericum*; famiglia delle Guttifere.) – *Erba lucciola:* pianta perenne a ciuffi sparsi con rizomi corti e foglie erbacee. (Genere *Luzula*; famiglia delle Giuncacee.) – *Erba paris:* pianta che cresce nei boschi umidi. (Genere *Paris*; famiglia delle Liliacee.) – *Erba cipollina:* pianta ortiva diffusa nei luoghi umidi ed erbosi e coltivata per le sottili foglie tubulari, usate in cucina. (Famiglia delle Liliacee.) – *Erba gialla* → **2. guado**. – *Erba gatta:* pianta aromatica della famiglia delle Labiate con fiori bianchi e foglie cuoriformi, usata in farmacologia. – *In erba:* appena germogliato; *fig.* di chi ha appena iniziato un'attività o una professione, inesperto. **2.** *estens.* Insieme di piante erbacee che ricoprono un terreno. *Tagliare l'erba.* **3.** (spec. pl.) Piante medicinali. *Curarsi con le erbe.* ~ Verdure, erbag-

■ **èrba** medica.

gi. *Erbe aromatiche.* **4.** gerg. Marijuana. *Fumare l'erba.* □ In funzione di agg., p.e., nella loc., *punto erba*, punto del ricamo che crea l'effetto di uno stelo d'erba, detto anche *punto stelo.*

erbàccia s.f. [pl. *–ce*] Erba selvatica nociva per le colture.

erbàceo agg. Della natura dell'erba. ◊ *Piante erbacee:* non legnose.

erbàio s.m. [pl. *–bai*] **1.** Luogo in cui cresce no solo erbe o luogo infestato dalle erbe selvatiche. **2.** AGR. Coltivazione di piante foraggere che rientra nella rotazione delle colture.

erbàrio s.m. [pl. *–ri*] **1.** Raccolta di piante essiccate a uso scientifico. **2.** Libro in cui vengono descritte le piante medicinali, in partic. quelli compilati nel Medioevo.

erbàtico s.m. [pl. *–ci*] ST. Tributo pagato al signore feudale e poi al proprietario fondiario, in cambio del diritto di tagliare l'erba e di far pascolare il bestiame. SIN.: **erbaggio.**

erbatùra s.f. Tempo che intercorre tra due falciature.

erbétta s.f. **1.** Nel sign. del dim. di *erba*; in partic., erba appena spuntata. **2.** *region.* (al pl.) Nome generico che si attribuisce alle erbe odorose e agli aromi usati in cucina.

erbicida agg. [pl.m. *–di*] Di un prodotto che distrugge le piante erbacee. ◆ s.m. Nel sign. dell'agg. SIN.: **diserbante.**

èrbio s.m. (solo sing.) (dal nome della città svedese di *Ytterby* dove fu scoperto) **1.** Metallo del gruppo delle terre rare presente in natura in forma di polvere di colore verde-grigiastro. **2.** Elemento chimico (*Er*) di numero atomico 68 e peso atomico 167,26.

erbivéndolo s.m. [f. *–la*] Chi vende ortaggi e frutta. SIN.: **fruttivendolo.**

erbìvoro agg. **1.** Che si nutre solo di erbe (in oppos. a *carnivoro*). **2.** *scherz.* Di persona che mangia molta verdura. ◆ s.m. [f. *–ra*] Nei signn. dell'agg.

erborista s.m. e f. [pl.m. *–sti*] (fr. *herboriste*) Chi vende erbe medicinali.

erboristeria s.f. **1.** Raccolta di piante medicinali o aromatiche e loro preparazione a scopo farmacologico, alimentare, ecc. **2.** Negozio in cui si vendono erbe medicinali.

erbóso agg. Ricoperto d'erba folta.

ercìnico agg. [pl.m. *–ci*, f. *–che*] GEOL. Si dice dell'orogenesi che si svolse dal devoniano al permiano portando al sollevamento di molte catene montuose (Appalachi, Massiccio centrale, Massiccio armoricano, ecc.). SIN.: **erciniano.**

èrcole s.m. (lat. *Hèrculem*, propr. "colui che ebbe gloria da Era") Uomo di una grande forza fisica. ◊ *Fatica d'Ercole:* impresa gravosa, di estrema difficoltà.

ercùleo agg. **1.** Di Ercole. **2.** Degno di Ercole. *Forza erculea.*

erède s.m. e f.l. DIR. Chi eredita beni da un defunto. ◊ *Erede testamentario:* la persona indicata come tale nel testamento. – *Erede legittimo:* quello che è tale per legge in mancanza di un valido testamento. – *Erede universale:* chi eredita tutti i beni. – *Erede legittimario:* necessario, persona alla quale spetta per legge una quota dei beni del defunto, anche in caso di contraria disposizione testamentaria. **2.** *fig.* Persona che raccoglie e continua una tradizione, un'attività. **3.** *scherz.* Bambino, figlio. *Quando nascerà l'erede?*

eredità s.f. inv. **1.** Insieme dei beni acquisiti o trasmessi mediante successione. ◊ *Eredità giacente:* quella rifiutata o non ancora accettata dall'erede e affidata provvisoriamente a un curatore. **2.** *fig.* Complesso di sentimenti che costituiscono un lascito spirituale. *L'eredità culturale.* **3.** BIOL. *Eredità genetica:* trasmissione ai discendenti di caratteri morfologici e comportamentali, sotto forma di istruzioni chimiche contenute nei cromosomi delle cellule germinali.

ereditàre v.tr. Ricevere un'eredità, anche in senso fig. *Ereditare una casa.*

ereditarietà s.f. inv. **1.** Trasmissibilità ereditaria. *Ereditarietà di un titolo.* **2.** BIOL. Possibilità che un carattere venga trasmesso dai genitori ai figli. *Ereditarietà di alcune malattie.*

ereditàrio agg. [pl.m. *–ri*] **1.** Che è oggetto di eredità. *Patrimonio ereditario.* **2.** Che ha a

---

fondamento il diritto di successione familiare. *Titolo ereditario.* **3.** BIOL. Che si trasmette secondo le leggi genetiche dell'eredità. *Malattia ereditaria.*

ENCICL. Le malattie ereditarie fanno parte dei disordini genetici e non interessano solo i geni di cellule specifiche (come i tumori), ma quelli di tutti i tipi di cellule; queste malattie si tramandano di generazione in generazione (e non in modo sporadico come invece fa la trisomia 21). La conoscenza del gene responsabile, che riguarda però soltanto alcune affezioni dette *monogeniche*, suscita la speranza di future applicazioni terapeutiche.

ereditièra s.f. (fr. *héritière*) Donna che ha ereditato o dovrà ereditare un ingente patrimonio.

eremita s.m. e f. [pl.m. *–ti*] **1.** Monaco che vive nella solitudine per pregare, fare penitenza, dedicarsi all'ascesi mistica. ◊ *Vivere da eremita:* in modo appartato, solitario. **2.** (al pl.) Nel l. com., denominazione di crostacei dei Paguridei.

eremitàggio s.m. [pl. *–gi*] **1.** Luogo solitario dove vive l'eremita. SIN.: **eremo. 2.** *estens.* Abitazione isolata e tranquilla.

eremìtico agg. [pl.m. *–ci*, f. *–che*] Proprio degli eremiti. *Vita eremitica.*

èremo s.m. **1.** Luogo isolato abitato da un eremita. **2.** Convento dei monaci camaldolesi. SIN.: **romitorio. 3.** *estens.* Dimora tranquilla e isolata, stanza appartata in cui si può rimanere soli.

eresìa s.f. (lat. *haèresis* "dottrina", gr. *hàiresis* "scelta") **1.** Dottrina d'origine cristiana contraria alla fede cattolica e condannata dalla Chiesa. **2.** *fam.* Bestemmia. **3.** *fig.* Affermazione che contrasta con un'opinione prevalente ed è rigettata come abnorme e scandalosa. **4.** *fig.* Sciocchezza, assurdità, sproposito. ◆ *fam.* Enormità, esagerazione. *Hai speso un'eresia.*

eresiàrca s.m. e f. [pl. *–chi*] Chi si fa propugnatore di un movimento ereticale. ◆ *estens.* Sostenitore di una dottrina sovvertitrice di idee consolidate.

erètico agg. [pl.m. *–ci*, f. *–che*] **1.** Che costituisce eresia. ~ Che fa propria un'eresia. **2.** *fig.* Che non è ideologicamente o politicamente in linea col gruppo di cui fa parte. ◆ s.m. [f. *–ca*] **1.** Chi propone, diffonde o segue un'eresia. ◆ *estens. fam.* Ateo, miscredente. **3.** *fig.* Chi, all'interno di un movimento politico, si colloca su posizioni non ortodosse.

eretismo s.m. MED. Eccesso d'attività di alcuni organi, in partic. del cuore.

erèttile agg. FISIOL. Si dice di un tessuto, di un organo capace di assumere lo stato di erezione (pene, clitoride, ecc.).

erettóre agg. [f. *–trice*] FISIOL. Che provoca erezione.

ereutofobìa s.f. PSICH. Timore ossessivo di arrossire in pubblico.

erezióne s.f. **1.** Elevazione, costruzione di un edificio o di un monumento di una certa imponenza. *Erezione di una statua.* **2.** Fondazione, spec. di un'opera pia o assistenziale. **3.** FISIOL. Inturgidimento di alcuni organi o tessuti per afflusso di sangue, in partic. dell'organo sessuale maschile.

1.èrg s.m. inv. (tratto da gr. *érgon* "lavoro") FIS. Unità di misura del lavoro equivalente al lavoro compiuto dalla forza di una dina quando sposta il suo punto di applicazione di un centimetro nella sua stessa direzione e nel suo stesso verso.

2.èrg s.m. inv. (fr. *erg*, ar. deriv. di *'irq* propr. "vena") GEOGR. Deserto formato da dune di sabbia.

ergastolàno s.m. [f. *–na*] Chi sconta la pena dell'ergastolo.

ergàstolo s.m. (lat. *ergàstulum*, gr. *ergastèrion* "casa di lavoro") **1.** Pena del carcere a vita inflitta per i reati più gravi, che tuttavia può cessare dopo ventotto anni con l'istituzione della liberazione condizionale. ◆ Penitenziario. *Evadere dall'ergastolo.* **3.** ANT. ROM. Locale che serviva all'alloggio degli schiavi, dei gladiatori.

ergastoplàsma s.m. BIOL. CELL. Organo intracellulare che forma una rete complessa di ripiegamenti membranosi dove si fissano i ribosomi a livello del quale si effettua la sintesi del-

---

le proteine; detto anche *reticolo endoplasmatico ruvido.*

ergatìvo agg. (deriv. di gr. *érgon* "lavoro") **1.** LING. Del caso morfologico che in alcune lingue (p.e. il georgiano e il basco) viene assegnato al soggetto di un verbo transitivo distinguendolo così dal soggetto di un verbo intransitivo. **2.** Di alcuni verbi affini ai causativi, i quali indicano che il soggetto fa compiere ad altri una certa azione (p.e. *addormentare* rispetto a *dormire*).

èrgere v.tr. [22] Levare in alto, innalzare, sollevare qlco. ◆ **ergersi** v.pron. **1.** Detto di soggetto animato, levarsi in alto. *Si erse in tutta la sua statura.* **2.** Detto di soggetto inanimato, innalzarsi. *A nord si erge il massiccio del Monte Rosa.*

ergocalciferòlo s.m. CHIM. → **calciferolo.**

ergòlo s.m. CHIM. Elemento attivo di un propellente.

ergologìa s.f. ETNOL. Studio della cultura materiale dei popoli.

ergometrìa s.f. Tecnica di studio e di misura del lavoro muscolare.

ergòmetro s.m. FIS. Apparecchio utilizzato per misurare il lavoro di una forza.

ergonomìa s.f. **1.** Disciplina che studia la migliore integrazione tra lavoro umano, macchina e ambiente di lavoro, finalizzata al maggior rendimento del lavoro stesso. **2.** In un autoveicolo, sfruttamento ottimale di risorse, di spazi, rapporto tra i veicoli e i passeggeri. ~ La scienza che se ne occupa.

ergonòmico agg. [pl.m. *–ci*, f. *–che*] Relativo all'ergonomia.

ergònomo s.m. e f. Esperto di ergonomia.

ergosteròlo s.m. CHIM. Sostanza appartenente al gruppo degli steroli presente in natura nella segale cornuta e nel lievito. (Irradiata con raggi ultravioletti si trasforma nella vitamina antirachitica D2.) SIN.: **ergosterina.**

ergotamìna s.f. FARM. Alcaloide tossico della segale cornuta, utilizzato a piccole dosi come tonico della muscolatura uterina e vasocostrittore periferico.

ergotècnica s.f. [non com. pl. *–che*] Studio dei mezzi e delle tecniche utili a ottenere un maggior rendimento del lavoro umano.

ergoterapèuta s.m. e f. Assistente medico che esercita l'ergoterapia.

ergoterapìa s.f. PSICOL., MED. Metodo di riabilitazione e di riadattamento sociale e psicologico attraverso l'attività fisica, spec. attraverso il lavoro manuale.

ergotìna s.f. (fr. *ergotine*, deriv. di *ergot* "segale cornuta") MED. Alcaloide estratto dalla segale cornuta usato in medicina come emostatico o come stimolante delle contrazioni muscolari.

ergotìsmo s.m. (fr. *ergotisme*) MED. Intossicazione prodotta dagli alcaloidi contenuti nella segale cornuta.

èrica s.f. [pl. *–che*] **1.** Pianta con rami fitti e sottili, foglie aghiformi, fiori piccoli solitari o riuniti in corimbi o in grappoli, frutto a capsula. (Famiglia delle Ericacee.) **2.** BOT. (iniziale maiusc.) Genere di piante arbustive suffruticose o arboree a cui appartengono varie specie di erica.

■ **èrica**

Ericàcee s.f. pl. [iniziale minusc. sing. *–a* per l'individuo] BOT. Famiglia di piante legnose con foglie alterne, fiori actinomorfi, frutto vario; ne fanno parte l'erica, l'azalea, il rododendro. (Ordine delle Ericali.)

Ericàli s.f. pl. [iniziale minusc. sing. *–le* per l'individuo] BOT. Ordine di piante dicotiledoni comprendente numerose famiglie, tra cui le Ericacee.

erigere v.tr. [27] **1.** Costruire, innalzare qlco. di importante o di imponente. *Erigere una cattedrale.* **2.** *fig.* Istituire, fondare qlco. *Erigere un centro di studi.* **3.** Portare qlco. a un grado più elevato. *Erigere la regione a Stato sovrano.* ◆ **erigersi** v.pron. Innalzarsi a una certa dignità pur non avendone i titoli. ~ Attribuirsi un ruolo cui non si ha diritto.

Erigeròne s.m. BOT. Genere di piante erbacee con foglie lanceolate e piccoli fiori di vario colore riuniti in capolini; da una specie coltivata in America si ottiene l'olio di erigerone, essenza aromatica dal sapore pungente, usata anche in medicina per le sue proprietà diuretiche; detto anche *Erigeron.* (Famiglia delle Composite.)

Eringio s.m. BOT. Genere di piante erbacee perenni, diffuse nelle regioni a clima caldo o temperato, caratterizzate da foglie rigide e spinose, fiori a corolla riuniti in capolini. (Famiglia delle Ombrellifere.)

erinni s.f. inv. **1.** (spec. pl.) Nella mitologia greca, le tre dee della vendetta, Aletto, Tisifone e Megera. **2.** *fig.* Donna vendicativa, spietata.

Erióforo s.m. BOT. Genere di piante erbacee con fiorellini riuniti a spighette e frutti setolosi che, maturi, assumono l'aspetto di fiocchi bianchi. (Famiglia delle Ciperacee.)

erisimo o **erisamo** s.m. (lat. *Erysimum*, gr. *erýsimon* deriv. di *erýesthai* "liberare" per le sue proprietà curative) **1.** Pianta erbacea, chiamata impropriamente *ruchetta, sisimbrio* o *erba cornacchia,* usata per fare gargarismi contro la tosse e le affezioni della gola. (Genere *Sisymbrium;* famiglia delle Crocifere.) **2.** BOT. (iniziale maiusc.) Genere di piante a cui appartiene la violacciocca gialla.

erisipela o **eresipela** s.f. (gr. *erysípelas* "arrossamento della pelle") MED. Malattia infettiva da streptococco che causa infiammazione e arrossamento della pelle o della mucosa, perlopiù del viso.

eristica s.f. [pl. –*che*] FILOS. Arte della discussione.

eristico agg. [pl.m. –*ci,* f. –*che*] **1.** Relativo all'eristica. ~ Che usa l'eristica. **2.** *estens.* Capzioso. ◆ s.m. [f. –*ca*] Filosofo che appartiene alla scuola eristica.

eritèma s.m. [pl. –*mi*] MED. Arrossamento della pelle dovuto a una congestione.

eritematóso agg. MED. Di eritema, che si manifesta con eritema.

eritràsma s.m. [pl. –*smi*] MED. Frequente infezione cutanea batterica, caratterizzata da macchie di colore giallo bruno localizzate nella regione inguinale.

eritremia s.f. MED. Grave malattia del sangue caratterizzata dalla presenza nel sangue periferico di una poliglobulia con aumento del tasso di emoglobina. (L'evoluzione è mortale per trombosi vascolare o per trasformazione maligna.)

eritrèo agg. [f. –*a*] (lat. *Erythraeus,* gr. *Erythráios* propr. "rossiccio") Dell'Eritrea. ◆ s.m. Nativo, abitante dell'Eritrea.

1. eritrina s.f. Arseniato idrato di cobalto presente in natura come minerale in aggregati cristallini di colore rosso, variamente sfumato, dotati di lucentezza vitrea. SIN.: **eritrite.**

2. eritrina s.f. **1.** BOT. (iniziale maiusc.) Genere di piante arboree o arbustive, leguminose, con vistosi fiori rossi; sono diffuse nelle regioni tropicali e sono coltivate come piante ornamentali o per le loro proprietà medicinali. (Famiglia delle Papilionacee.) **2.** CHIM. Alcaloide che si estrae dalla corteccia dell'albero del corallo, usato in medicina come sedativo.

eritroblàsto s.m. FISIOL. Globulo rosso immaturo, presente nel midollo osseo. SIN.: **normoblasto.**

eritrocita o **eritrocito** s.m. [pl. –*ti*] ANAT. Globulo rosso. SIN.: **emazia.**

eritrocitàrio agg. [pl.m. –*ri*] MED. Che riguarda gli eritrociti.

eritrocitico agg. MED. Relativo agli eritrociti.

eritrocitòsi s.f. inv. MED. Aumento del numero dei globuli rossi nel sangue.

eritrodermìa s.f. MED. Affezione grave della pelle caratterizzata da un rossore generalizzato, dovuta a cause diverse (psoriasi, infezione della pelle, effetto collaterale di una medicina, ecc.).

eritrofobia s.f. PSICOL. Paura ossessiva di arrossire.

eritromicina s.f. FARM. Antibiotico dotato di una grande attività su alcuni tipi di germi (p.e. streptococchi, stafilococchi, bacillo difterico).

eritropoièsi s.f. inv. FISIOL. Produzione dei globuli rossi del sangue da parte del midollo osseo.

eritropoietina s.f. Ormone che favorisce l'eritropoiesi, detto anche *EPO.* (Questa sostanza naturale, destinata a impieghi di carattere medico, è considerata dopante per i suoi effetti stimolanti sull'attività muscolare.)

eritròsi s.f. inv. MED. Rossore diffuso della pelle, in partic. del viso.

eritrosina s.f. CHIM. ORG. Sostanza rossa utilizzata per colorare alcuni preparati e come colorante alimentare.

Eritroxilàcee s.f. pl. [iniziale minusc. sing. –*a* per l'individuo] BOT. Famiglia di piante dicotiledoni; vi appartiene la coca. (Ordine delle Geraniali.)

erlàng s.m. inv. (dal nome del matematico danese A.K. *Erlang*) Unità di misura dell'intensità delle comunicazioni telefoniche.

èrma s.f. (lat. *hĕrmam,* deriv. di gr. *Hermēs,* nome del dio greco *Ermes* che vi era raffigurato) Scultura che poggia su un pilastro e rappresenta una testa umana con parte del busto.

ermafroditismo o **ermafrodismo** s.m. BIOL. Presenza, in uno stesso individuo, degli organi sessuali maschili e femminili. SIN.: **androginia.**

ermafrodito o **ermafrodita** agg. [pl.m. –*ti*] (lat. *Hermaphrodītum,* gr. *Hermaphródītos,* nome del figlio di *Hermēs* e *Aphrodítē* che partecipava della natura di entrambi i sessi) BIOL. Di individuo, animale o vegetale, dove sono presenti gli organi riproduttivi maschili e femminili. ◆ s.m. Nel sign. dell'agg.

ermellino s.m. (lat. *armenīnum mùs* "topo di Armenia") **1.** Mammifero carnivoro, simile alla donnola, il cui pelo, molto fine e pregiato, fulvo durante l'estate, diventa bianco in inverno, tranne la parte terminale della coda che resta sempre nera. (Lunghezza 27 cm; famiglia dei Mustelidi.) **2.** Pelliccia invernale dell'animale, pregiata e costosissima. **3.** ARALD. Pelliccia bianca con macchiette nere disposte simmetricamente, raffigurata su uno scudo. SIN.: **armellino.**

livrea invernale

■ **ermellino**

ermenèuta s.m. e f. [pl.m. –*ti*] ~ **esegeta.**

ermenèutica s.f. [non com. pl. –*che*] **1.** Originariamente, disciplina, subordinata alla teologia e alla filologia, avente per oggetto l'interpretazione di passi oscuri o controversi. SIN.: **esegesi.** ~ Nel periodo romantico, interpretazione del testo intesa come capacità di rivelazione basata sull'affinità spirituale tra interprete e autore. ◇ *Ermeneutica giuridica:* attività interpretativa delle leggi svolta dai giudici. ~ TEOL. CRIST. Scienza della critica e dell'interpretazione dei testi biblici. **2.** FILOS. Teoria dell'interpretazione dei segni come elementi simbolici di una cultura.

ermenèutico agg. [pl.m. –*ci,* f. –*che*] Relativo all'ermeneutica. SIN.: **esegetico.**

ermeticaménte avv. **1.** In modo ermetico. **2.** *fig.* In modo incomprensibile.

ermeticità s.f. inv. **1.** Perfetta tenuta di una chiusura. **2.** *fig.* Enigmaticità. *Ermeticità del volto.* ~ Carattere oscuro, difficile, iniziatico. *Ermeticità di un testo.*

ermètico agg. [pl.m. –*ci,* f. –*che*] **1.** Relativo a Ermete Trismegisto e alla corrente mistico-filosofica che fa riferimento alla dottrina contenuta nei libri a lui attribuiti. **2.** *estens.* Alchimistico. **3.** Che chiude bene, che non lascia penetrare o fuoriuscire fluidi, polveri, ecc. **4.** *fig.* Che è difficile da comprendere, impenetrabile. *Un testo ermetico.* **5.** Relativo alla corrente poetica dell'ermetismo. ◆ s.m. [f. –*ca*] Poeta appartenente alla corrente dell'ermetismo.

ermetismo s.m. **1.** Dottrina mistico-filosofica fondata su scritti dell'epoca greco-romana attribuiti a Ermete Trismegisto. **2.** Corrente poetica del Novecento che privilegia il linguaggio analogico e simbolico su quello referenziale e razionale. **3.** *fig.* Difficoltà interpretativa, incomprensibilità, oscurità.

èrnia s.f. **1.** MED. Fuoriuscita parziale o totale di un organo dalla cavità dove si trova normalmente, attraverso un orifizio naturale o accidentale. ◇ *Ernia inguinale:* quella di un'ansa dell'intestino attraverso il canale inguinale. – *Ernia iatale:* fuoriuscita di parte dello stomaco o dell'esofago attraverso lo iato esofageo. – *Ernia strozzata:* quella in cui il sangue non circola più. – *Ernia del disco:* lussazione posteriore di tale anello. **2.** BOT. Malattia dovuta a un fungo parassita che compare sulle radici delle piante Crocifere.

erniària s.f. (lat. *Herniaria,* deriv. di *hĕrnia* "ernia" perché si usava come rimedio contro l'ernia) Pianta erbacea diffusa nei luoghi sabbiosi con foglie opposte e fiori bianchi in glomeruli. (Genere *Herniaria;* famiglia delle Cariofillacee.)

erniàrio agg. [pl.m. –*ri*] Relativo all'ernia. ◇ *Cinto erniario:* usato per contenere un'ernia.

erniàto agg. MED. Di organo o viscere che fuoriesce dalla cavità in cui è normalmente contenuto. *Intestino erniato.*

eródere v.tr. [21] Consumare qlco. per erosione, esercitare un'azione corrosiva. *L'acqua erode le rocce.* SIN.: **corrodere.**

eròe s.m. [f. *eroina*] **1.** MIT. (solo m.) Semidio o grande uomo. ~ Personaggio leggendario, autore di imprese straordinarie. **2.** *estens.* Persona che si distingue per qualità o azioni eccezionali, che dà prova di grande coraggio di fronte al pericolo. *Morire da eroe.* ◇ *Fare l'eroe:* accettare sacrifici insostenibili o andare incontro a rischi e pericoli senza necessità. – *Sentirsi un eroe:* sentirsi capace di imprese eccezionali o credere di averne compiute. **3.** Personaggio principale di un'opera letteraria, musicale teatrale o cinematografica. ◇ *Il nostro eroe:* il protagonista dell'opera di cui si sta parlando o, in senso ironico, del fatto di cui si parla. **4.** *scherz.* Chi in una data circostanza è o si pone al centro dell'attenzione.

erogàre v.tr. [4] (lat. *erogāre,* propr. "chiedere dal popolo il permesso di attingere all'erario per la spesa pubblica") **1.** Fornire, distribuire qlco. secondo criteri di pubblica utilità e attraverso una rete di distribuzione apposita. *Erogare l'acqua.* **2.** Donare o spendere somme di denaro, spesso con esplicitazione del fine o della persona o istituzione destinatarie. *Erogare i fondi per la costruzione dell'ospizio.* SIN.: **elargire.**

erogatóre agg. [f. –*trice*] Che eroga. ◆ s.f. **1.** (anche f.) Chi eroga. **2.** Dispositivo che regola l'erogazione di un fluido.

erogazióne s.f. **1.** Distribuzione, fornitura. *Erogazione del gas.* ~ Destinazione di una somma di denaro. *Erogazione di fondi.* **2.** Ciò che viene dato, distribuito, più frequentemente con riferimento a somma di denaro.

erògeno agg. Che suscita, provoca sensazioni erotiche. *Zona erogena.*

eroicità s.f. inv. Straordinaria grandezza morale, degna di un eroe. *L'eroicità di un atto.*

eroico agg. [pl.m. –*ci,* f. –*che*] **1.** Relativo agli eroi dell'antichità. ~ Relativo alla letteratura che tratta le imprese degli eroi. **2.** Che dimostra grande coraggio. SIN.: **glorioso. 3.** Che dimostra grande nobiltà morale e forza d'animo. ◇ TEOL. CATT. *Virtù eroiche:* le virtù cardinali e teologali esercitate perfettamente, requisito richiesto per la beatificazione. – *Furore eroico:* nella filosofia di Giordano Bruno, forte tensione spirituale che porta l'uomo a cogliere l'unità suprema dell'essere, del vero e del bene.

eroicòmico agg. [pl.m. –*ci,* f. –*che*] Che comprende episodi sia tragici sia comici. *Una situazione eroicomica.*

eròide s.f. LETT. Epistola in versi nella quale l'autore fa parlare un eroe famoso. (Le *Heroides* di Ovidio fu la prima opera di questo genere.)

1. eroina s.f. **1.** Donna eroica di estremo coraggio e, general., di grandi qualità. **2.** Protagonista di un'opera letteraria o di un film. **3.** Figura femminile che emerge in una vicenda.

2. eroìna s.f. (deriv. di *eroe*, così detta per lo stato di esaltazione che provoca) Stupefacente derivato dalla morfina, estremamente tossico. SIN.: **diacetilmorfina**.

eroinòmane s.m. e f. Tossicodipendente da eroina.

eroinomania s.f. Forma di tossicodipendenza da eroina.

eroismo s.m. (fr. *héroïsme*) **1.** Coraggio eccezionale, forza d'animo fuori del comune. *Eroismo silenzioso.* **2.** *non com.* Azione eroica. *L'eroismo di un gesto.*

erómpere v.intr. [45] [manca del part. pass.] Uscire fuori con violenza.

èros s.m. sing. (gr. *érōs* "amore") **1.** (iniziale maiusc.) Nella mitologia greca, dio dell'amore. **2.** Desiderio, istinto sessuale. **3.** FILOS. Nel pensiero di Platone, l'amore che spinge a ricercare il bello perfetto attraverso un processo di progressiva educazione dello spirito. **4.** PSICOAN. Nella teoria freudiana, istinto sessuale come istinto di vita, di autoconservazione (in oppos. a *thanatos*, istinto di morte).

erosióne s.f. **1.** GEOL. Sgretolamento della superficie terrestre emersa dovuta ad agenti fisici. *Erosione glaciale.* ~ assol. Azione abrasiva delle acque di scorrimento superficiale (fiumi, torrenti, ecc.). **2.** *estens.* Abrasione di materiale dovuta a svariati agenti. **3.** Sottrazione dolosa di metallo dalle monete d'oro o d'argento. SIN.: **tosatura**. **4.** MED. Lesione superficiale prodotta dalla perdita parziale o totale dell'epidermide. **5.** *fig.* Riduzione quantitativa lenta e progressiva. ◇ *Erosione fiscale:* riduzione della base imponibile dovuta a esenzioni e agevolazioni concesse al contribuente.

eróso agg. Che ha subito erosione.

eròtico agg. [pl.m. *-ci*, f. *-che*] **1.** Determinato dall'impulso sessuale. *Sogno erotico.* **2.** Che ha per argomento l'amore fisico. *Letteratura erotica.* **3.** Atto a stimolare le pulsioni sessuali. *Filtro erotico.* SIN.: **afrodisiaco**.

erotismo s.m. **1.** L'insieme dei modi e delle forme in cui si manifesta la sessualità umana. **2.** Percezione e visione delle cose fortemente influenzata dalla sfera della sessualità. ~ Carattere erotico. *Opera pervasa di erotismo.* **3.** Ricerca ed espressione raffinata del piacere sessuale. *Dedito all'erotismo.* **4.** Evocazione dell'amore fisico. *L'erotismo in Baudelaire.*

erotizzàre v.tr. PSICOAN. Attribuire un significato erotico. *Erotizzare la pubblicità.*

erotizzazióne s.f. Assunzione di valore erotico. ~ PSICOAN. Processo inconscio con cui si attribuisce a qlco. un significato sessuale.

erotòmane agg. Affetto da erotomania. ◆ s.m. e f. Nel sign. dell'agg.

erotomanìa s.f. Ossessione sessuale.

erpètico agg. [pl.m. *-ci*, f. *-che*] MED. Relativo all'herpes, dovuto a esso. *Virus erpetico.*

erpetologìa s.f. ZOOL. Studio dei rettili e degli anfibi.

erpetòlogo s.m. e f. [f. *-ga*, pl.m. *-gi*, f. *-ghe*] ZOOL. Studioso di erpetologia.

erpicàre v.tr. [4] AGR. Lavorare il terreno con l'erpice.

érpice s.m. (lat. *hérpicem*, deriv. di sannita *hĭrpus* "lupo" per i suoi denti affilati) AGR. Macchina con lame o dischi per lavorare in superficie il terreno agricolo.

errànte agg. **1.** Che va senza meta, che viaggia senza sosta. *Cavaliere errante.* SIN.: **nomade**. ◇ *Stelle erranti:* i pianeti, così chiamati dagli antichi perché la loro posizione non rimane mai fissa. **2.** *fig.* Che divaga senza fissarsi su nulla di preciso. *Pensieri erranti.* **3.** Che si allontana dal bene. SIN.: **traviato**.

erràre v.intr. (aus. *avere*) **1.** Cadere, essere in errore. *Se non erro, ci conosciamo.* SIN.: **sbagliare**. ~ In senso morale, commettere peccato. *Errare è umano.* SIN.: **peccare**. **2.** Andare di qua e di là senza meta, senza scopo. *Errare per i campi.* SIN.: **vagare**. ~ *fig.* Lasciarsi andare ai pensieri o ai sogni senza seguire una direzione precisa. *Errare con la mente.*

erràta còrrige loc. sost. m. inv. (loc. lat., propr. "correggi le cose errate") In una pubblicazione, tavola che segnala gli errori di stampa sfuggiti alla correzione. *Aggiungere l'errata corrige.*

erràtico agg. [pl.m. *-ci*, f. *-che*] **1.** Che cambia posto, instabile. *Animali erratici.* ◇ GEOL. *Masso erratico:* blocco roccioso trasportato a valle da un ghiacciaio. **2.** *fig.* Che non ha una precisa collocazione, in partic. politica. *Un personaggio erratico.*

erràto agg. Che contiene degli errori, inesatto. ◇ *Se non vado errato:* se non sbaglio.

erròneo agg. Contrario alla logica e al vero. *Interpretazione erronea.* SIN.: **errato**.

erróre s.m. **1.** Allontanamento dai principi logici e dalle cognizioni universalmente accettate. *Errore d'ortografia.* SIN.: **sbaglio**. ◇ *Errore di stampa:* quello insorto durante il processo di stampa. – *Errore umano:* quello causato dall'uomo o dalla sua imperizia. **2.** Allontanamento da ciò che è ritenuto vero e giusto dal punto di vista religioso e morale. *Errori di gioventù.* SIN.: **colpa**. **3.** Allontanamento da ciò che nella sfera pratica risulta più proficuo. *Errore tattico.* SIN.: **sbaglio**. **4.** MAT. Differenza, positiva o negativa, tra il valore approssimato di un numero e il suo valore esatto. *Errore assoluto.* **5.** DIR. Falsa rappresentazione della realtà che può determinare l'annullamento del contratto. *Errore di fatto.* ◇ *Errore giudiziario:* in un processo penale, sbagliata ricostruzione o interpretazione dei fatti che porta alla condanna di un innocente.

èrta s.f. Salita particolarmente ripida e faticosa. ◇ *Stare all'erta:* stare svegli, vigilare.

erùcico agg. [pl.m. *-ci*] CHIM. *Acido erucico:* acido organico alifatico, insaturo, presente nell'olio di alcune piante e nell'olio di fegato di merluzzo, usato perlopiù come lubrificante.

erudìre v.tr. [83] (lat. *erudīre* "digrossare") **1.** Rendere qlcu. colto e informato. **2.** *scherz.* Informare, mettere al corrente qlcu. di qlco. ◆ **erudirsi** v.pron. Studiare per diventare più colto.

erudìto agg. **1.** Di persona che possiede una notevole quantità di nozioni. *Storico erudito.* SIN.: **dotto**. **2.** Che denota un capillare lavoro di documentazione. *Ricerca erudita.* ◆ s.m. [f. *-ta*] Chi è dotato di molta erudizione. ~ *spreg.* Chi possiede molte nozioni ma non le approfondisce con una riflessione autonoma. *È un erudito più che un intellettuale.*

erudizióne s.f. **1.** Insieme di nozioni riguardanti un settore del sapere. *Sfoggiare la propria erudizione.* **2.** *spreg.* Insieme di nozioni non approfondite criticamente. *Lavoro di pura erudizione.*

eruttàre v.intr. (aus. *avere*) Ruttare. ◆ v.tr. Detto spec. di vulcano, emettere fumo, lava e altri materiali. *L'Etna erutta lava periodicamente.* ~ *fig.* Pronunciare con violenza. *Eruttare insulti e bestemmie.*

eruttazióne s.f. MED. Emissione rumorosa attraverso la bocca di gas accumulati nello stomaco. SIN.: **eruttamento**.

eruttivo agg. (fr. *éruptif*) **1.** GEOL. Relativo all'eruzione vulcanica. ◇ *Rocce eruttive:* rocce vulcaniche, formatesi per consolidamento di magma. **2.** MED. Caratterizzato da eruzione cutanea.

eruzióne s.f. **1.** GEOL. Fuoruscita di materiali solidi, liquidi o gassosi da un vulcano. *Eruzione dell'Etna.* **2.** ASTR. *Eruzione solare:* fenomeno che corrisponde a un aumento temporaneo dell'intensità dell'irradiazione nella cromosfera del Sole e si accompagna all'espulsione di particelle nello spazio. **3.** MED. Comparsa improvvisa di pustole, macchie, rossori sulla pelle. *Eruzione cutanea.*

ervo s.m. Varietà foraggera di pianta erbacea detta anche *mochi*. (Genere *Vicia*; famiglia delle Papilionacee.)

Ès s.m. inv. PSICOAN. In Freud, istanza psichica delle pulsioni e dell'istinto. (L'Es, i cui contenuti sono inconsci, è il serbatoio dell'energia psichica.)

ès- [ès o ès-, davanti a vocale o consonante sonora] Prefisso di origine latina di molte parole, usato con valore privativo (*esautorare*), intensivo (*esclamare*, *esaltare*) o con il significato di "fuori" (*espellere*).

èsa- Primo elemento di composti dotti e del l. scientifico nei quali significa "sei" (*esapodia*); nel l. chimico indica la presenza di sei atomi o gruppi atomici uguali (*esano*).

esacerbàre v.tr. **1.** Rendere più grave qlco. di spiacevole. *Esacerbare un dolore.* SIN.: **inasprire**. **2.** Esasperare qlcu. con continue provocazioni. *Esacerbare una persona mite.* SIN.: **irritare**. ◆ **esacerbarsi** v.pron. Diventare più irritato. ~ Anche di situazione, sentimento negativo, diventare più grave, esasperarsi. *L'ostilità tra loro si è esacerbata.* SIN.: **esasperarsi**.

esaclorocicloesàno s.m. CHIM. ORG. Composto ($C_6H_6Cl_6$) derivato del cicloesano, il cui isomero è usato come insetticida.

esaclorùro s.m. CHIM. MINER. Cloruro a sei atomi di cloro legati all'atomo centrale in una disposizione ottaedrica.

Esacoràlli s.m. pl. [iniziale minusc. sing. *-lo* per l'individuo] ZOOL. Sottoclasse di invertebrati che comprende specie solitarie e coloniali con simmetria a sei raggi, p.e. madrepore e attinie. (Classe degli Antozoi.)

esacòrdo s.m. MUS. Serie ascendente o discendente di sei gradi diatonici, sulla quale si basa il sistema musicale usato fino al sec. XVII (Esistono 3 esacordi: esacordo naturale do → la; esacordo duro sol →mi; esacordo molle fa →re.).

esadecimàle agg. Si dice di un sistema di numerazione a base sedici.

esaèdrico agg. GEOM. Che ha la forma di un esaedro.

esaèdro s.m. GEOM. Poliedro a sei facce. ◇ *Esaedro regolare:* cubo.

esafluorùro s.m. Fluoruro a sei atomi legati all'atomo centrale in una disposizione ottaedrica.

esageràre v.tr. **1.** Parlare di qlco. facendolo apparire più grande di quello che è. SIN.: **ingrandire**. **2.** Sottolineare eccessivamente qlco. SIN.: **caricare**. ◆ v.intr. (aus. *avere*) Andare con qlco. oltre i limiti consentiti dalla opportunità o dalle convenienze.

esageràto agg. **1.** Che oltrepassa la giusta misura. SIN.: **eccessivo**. **2.** Con riferimento a persona, che amplifica, enfatizza i fatti. ◆ s.m. [f. *-ta*] Nell'accez. 2 dell'agg. *È proprio un esagerato.*

esagerazióne s.f. **1.** Amplificazione eccessiva di un dato o di un fatto. **2.** Valutazione, prezzo esorbitanti. SIN.: **sproposito**.

esagitàto agg. Molto turbato. ◆ s.m. [f. *-ta*] *spreg.* Scalmanato, turbolento.

esàgonàle agg. Che ha la forma di un esagono. ◇ *Sistema esagonale:* sistema di simmetria dei cristalli caratterizzato da un asse di simmetria senario.

esàgono s.m. GEOM. Poligono avente sei angoli e sei lati. ◇ *Esagono regolare:* quello che ha i lati e gli angoli uguali.

esalàre v.tr. Spargere qlco. nell'aria. SIN.: **emanare**. ◇ *fig.* *Esalare l'ultimo respiro:* morire. ◆ v.intr. (aus. *essere*) Detto di vapori, odori, uscire da qlco. diffondendosi nell'aria. SIN.: **spandersi**.

esalazióne s.f. Emanazione, emissione di gas, vapori. ~ (spec. pl.) Gas, vapori diffusi nell'aria. SIN.: **miasma**. ◇ *Esalazioni vulcaniche:* gas e vapori che accompagnano le eruzioni di un vulcano.

esaltànte agg. Che entusiasma, che è motivo di orgoglio. *Spettacolo esaltante.*

esaltàre v.tr. **1.** Elogiare, celebrare qlcu. o qlco. **2.** Entusiasmare qlcu. *Esaltare il pubblico.* **3.** Mettere in risalto certe caratteristiche. *La luce esalta la luminosità del quadro.* ◆ **esaltarsi** v.pron. **1.** Vantarsi, gloriarsi. **2.** Provare grande entusiasmo ed eccitazione. *Esaltarsi per un progetto.*

esaltàto agg. **1.** Entusiasta, appassionato. **2.** Inquieto e turbolento. *Un giovane esaltato.* ◆ s.m. [f. *-ta*] Persona squilibrata, turbolenta, fanatica.

esaltatóre agg. [f. *-trice*] **1.** Che esalta, celebra qlcu. o qlco. **2.** Che rafforza una caratteristica, una proprietà di una sostanza. ◆ s.m. Additivo che rafforza determinate caratteristiche e proprietà di un cibo. ◇ *Esaltatore di sapore:* sostanza che migliora o esalta il gusto di un cibo o di una bevanda.

esaltazióne s.f. **1.** Elogio, lode incondizionata. *Esaltazione di gesta eroiche.* ~ Glorificazione. *Esaltazione della Croce.* **2.** Sovraeccitazione intellettuale e affettiva, grande entusiasmo. SIN.: **eccitazione**. **3.** CHIM. Accentuazione delle proprietà chimiche o fisiche di qlco.

esàme s.m. (lat. *exāmen*, propr. "ago della bilancia") **1.** Osservazione attenta, studio meticoloso. *Esame di un progetto.* ◇ *Prendere in esame, essere all'esame:* sottoporre o essere sottoposto ad accurata valutazione in vista di un giudizio, di una decisione. – *Esami di laboratorio:* quelli effettuati sul paziente con l'ausilio di una strumentazione. *Esame del sangue.* – *Esame medico:* visita medica basata sull'osservazione diretta del paziente. – *Esame di coscienza:* analisi critica della propria condotta. **2.** Prova o insieme di prove a cui viene sottoposto un candidato. *Esame di maturità.* ◇ *Esame di Stato:* esame pubblico attraverso il quale lo Stato esercita il suo controllo sull'istruzione, rilasciando un titolo che ha valore legale. – *Esame di guida:* quello per ottenere la patente di guida.

esàmetro s.m. Verso della poesia greca e latina composto di sei piedi.

esaminàre v.tr. **1.** Osservare attentamente, minuziosamente. *Bisogna esaminare il problema in tutti i suoi aspetti.* SIN.: **analizzare**. **2.** Sottoporre qlcu. a prova d'esame.

esaminatóre agg. [f. *-trice*] Che ha l'incarico di valutare i candidati che sostengono un esame. ◆ s.m. (anche f.) Nel sign. dell'agg.

Esanchifórmi s.m. pl. [iniziale minusc. sing. *-e* per l'individuo] BOT. Ordine di pesci selaci, con corpo fusiforme e pinna dorsale priva di spine.

esàngue agg. **1.** Che ha perso molto sangue. **2.** *estens.* Pallido, smorto. *Volto esangue.* **3.** *fig.* Privo di forza espressiva, di incisività. SIN.: **debole**.

esànime agg. Che è o appare senza vita.

esàno s.m. CHIM. ORG. Idrocarburo saturato (C_6H_{14}), general. usato come solvente.

esantèma s.m. [pl. *-mi*] (lat. *exanthēma*, gr. *eksánthēma* deriv. di *eksanthêin* "fiorire all'esterno") MED. Eruzione cutanea, rossore che accompagna alcune malattie infettive (rosolia, scarlattina, morbillo, ecc.).

esantemàtico agg. [pl.m. *-ci*, f. *-che*] MED. Caratterizzato da esantema. *Malattie esantematiche.*

Esàpodi s.m. pl. [iniziale minusc. sing. *-de* per l'individuo] ZOOL. Denominazione meno usata della classe degli Insetti, perché provvisti di sei zampe.

esapodìa s.f. Nella metrica greca, serie di sei piedi.

esàrca s.m. [pl. *-chi*] (gr. *éksarkhos* "comandante") **1.** ST. Governatore delle province italiane e africane dell'impero bizantino. **2.** RELIG. Capo di una diocesi nell'antica Chiesa d'Oriente, oggi titolo onorifico di delegati speciali di un vescovo o di un patriarca.

esarcàto s.m. **1.** Dignità dell'esarca. **2.** Circoscrizione ecclesiastica retta da un esarca. ◇ *Esarcato di Ravenna:* governatorato militare che riunì i territori bizantini d'Italia.

esasperànte agg. Che irrita, innervosisce. SIN.: **insopportabile**.

esasperàre v.tr. **1.** Portare qlcu. al colmo dell'irritazione, del nervosismo. SIN.: **irritare**. **2.** Rendere qlco. ancora più grave di quanto già non sia. *Esasperare le tensioni.* SIN.: **aggravare**. ◆ **esasperarsi** v.pron. **1.** Perdere la calma, irritarsi. **2.** Diventare più forte, più acuto.

esasperàto agg. **1.** Risentito, irritato. **2.** Spinto all'eccesso.

esasperazióne s.f. **1.** Stato d'animo d'indignazione, di irritazione. SIN.: **risentimento**. ~ Fatto, situazione che esaspera. **2.** Esacerbazione, inasprimento. **3.** Limite estremo a cui può giungere una situazione. *Un odio giunto all'esasperazione.*

esàstilo agg. ARCH. Di tempio o altro edificio che ha sei colonne sulla fronte.

esatòmico agg. [pl.m. *-ci*, f. *-che*] CHIM. Di un composto chimico con molecole costituite da sei atomi.

esatonàle agg. MUS. Relativo all'esatonia. *Accordo esatonale.*

esatonìa s.f. MUS. Sistema fondato su una scala di sei gradi contigui a intervallo costante di un tono intero.

esattaménte avv. **1.** Con esattezza, con precisione. **2.** Giusto, proprio. *Ho fatto esattamente quello che hai detto.*

esattézza s.f. Carattere di ciò che è esatto. SIN.: **precisione**.

esàtto agg. **1.** Perfettamente corrispondente a un termine di riferimento. *Calcolo esatto.* SIN.: **preciso**. **2.** *estens.* Che corrisponde a un modello ideale nelle proporzioni, nella conformazione. **3.** Che denota una rigorosa applicazione di principi logici, di nozioni valide. SIN.: **corretto**. ◇ *Scienze esatte:* le scienze matematiche (in oppos. a *scienze umane*). **4.** Che dimostra correttezza morale e formale in ciò che fa. SIN.: **puntuale**. ◆ avv. Sì, certamente, proprio. *"La pensi così?" "Esatto".*

esattóre s.m. [f. *-trice*] **1.** Chi assume in appalto la riscossione delle imposte erariali o di tributi locali. **2.** Chi ha il compito di riscuotere somme dovute per obblighi contratti con enti pubblici o privati.

esattorìa s.f. **1.** Contratto mediante il quale un ente pubblico assegna a un soggetto che abbia personalità giuridica il compito di riscuotere i tributi. **2.** Ufficio dell'esattore.

esaudire v.tr. [83] Soddisfare qlcu. concedendogli ciò che chiede.

esauribile agg. Destinato a terminare.

esauribilità s.f. inv. **1.** Possibilità di esaurirsi. **2.** MED. Tendenza dell'organismo ad affaticarsi in modo anormale.

esauriènte agg. **1.** Che tratta a fondo un argomento. *Studio esauriente.* SIN.: **esaustivo**. **2.** *estens.* Che convince, persuade.

esauriménto s.m. **1.** Consumazione completa di qlco. *Esaurimento della merce.* **2.** *Esaurimento nervoso:* nome generico che si dà a disturbi psicofisici causati da affaticamento, stress, ecc. **3.** MAR. Estrazione di liquidi dai locali interni di una nave.

esaurire v.tr. [84] **1.** Svuotare interamente qlco. *Esaurire un pozzo.* **2.** *estens.* Utilizzare, consumare completamente qlco. *Esaurire le munizioni.* SIN.: **finire**. **3.** Stressare qlcu. al punto da procurargli un esaurimento nervoso. SIN.: **logorare**. **4.** Portare a termine, completare un compito. *Esaurire le indagini.* ~ *fig.* Trattare a fondo, in modo esauriente un argomento. *Con questa lezione ho esaurito il mio programma.* **5.** MAR. Vuotare dell'acqua i locali interni di una nave. **6.** CHIM. Estrarre il più possibile uno o più componenti da una data sostanza. ◆ **esaurirsi** v.pron. **1.** Detto di soggetti inanimati, consumarsi completamente, fino a che non rimane niente. *Le sorgenti si sono esaurite.* **2.** *estens.* Terminare, aver fine. *Le polemiche non si sono esaurite.* **3.** Detto di persona, consumare le proprie forze fisiche e le proprie energie psichiche.

esaurito agg. **1.** Che è giunto alla fine, che è stato interamente consumato. ~ Non più disponibile. *Libro esaurito.* ◇ *Teatro esaurito:* senza più disponibilità di posti, essendo questi tutti occupati. – *Tutto esaurito:* completo, senza disponibilità di posti liberi. *Fare il tutto esaurito.* **2.** Psichicamente debilitato. SIN.: **stressato**.

esaustióne s.f. Esaurimento. ◇ MAT. *Metodo d'esaustione:* metodo di calcolo che procede per approssimazioni sempre più precise. (Si tratta di un sistema, oggi non più in uso e basato sul ragionamento per assurdo, per calcolare l'area e il volume. Fu inventato da Eudosso e utilizzato da Archimede, in partic. nel calcolo di π.)

esaustivo agg. (ingl. *exhaustive*) Esauriente, che non tralascia nulla di quanto si può ricercare e dire su un dato argomento. *Analisi esaustiva.*

esàusto agg. **1.** Molto stanco, alla fine delle proprie forze. SIN.: **sfinito**. **2.** Che non ha più ciò di cui prima era ricco. SIN.: **esaurito**.

esautoràre v.tr. Privare della propria importanza, autorità o competenza. *Esautorare il Parlamento.*

esavalènte agg. CHIM. Di elemento chimico con valenza sei.

esazióne s.f. Riscossione per conto proprio o di terzi di denaro dovuto obbligatoriamente. ~ Il denaro riscosso.

esbórso s.m. Nel l. bur., pagamento, spesa.

ésca s.f. [pl. *esche*] **1.** PESC. Cibo che serve per attirare pesci o altri animali selvatici per catturali. ◇ *Esche artificiali:* insetti finti usati per la pesca. **2.** *fig.* Ciò che alletta e inganna. *Prendere qualcuno all'esca.* **3.** Materiale infiammabile che serviva un tempo per accendere il fuoco.

escalation [/ˌɛskəˈleɪʃən/] s.f. inv. (voce ingl. d'America, deriv. di *to escalate* "intensificare") **1.** In strategia militare, processo di intensificazione dello sforzo bellico di uno Stato. **2.** *estens.* Accelerazione di un fenomeno politico, sociale, economico, spec. negativo. *Escalation del terrorismo.* SIN.: **intensificazione**.

escamotage [/əskamɔˈtaʒ/] s.m. inv. (voce fr., deriv. di *escamoter* "far sparire le cose con destrezza") **1.** Capacità di sottrarre con abilità qlco. all'attenzione di chi è presente. **2.** *fig.* Espediente per eludere una difficoltà.

escandescènza s.f. (lat. *excandescĕntiam*, deriv. di *excandĕscere* "infiammarsi") (spec. pl.) Scatto improvviso d'ira accompagnato da un atteggiamento violento. *Dare in escandescenze.*

1. èscara s.f. MED. Crosta che si forma su abrasioni, ferite o ustioni.

2. escàra s.f. ARCHEOL. Nell'antichità greca, focolare domestico e altare per i sacrifici.

escargot [/ɛskarˈgo/] s.m. inv. (voce fr., provenz. *escaragol* deriv. di lat. *scarabaēus* "scarabeo") Chiocciola, lumaca con guscio.

escatologìa s.f. (comp. di gr. *éskhatos* "estremo" e *logos* "discorso", fr. *eschatologie*) Insieme di dottrine e di credenze che riguardano il destino dell'uomo e dell'universo.

escavatóre agg. [f. *-trice*] **1.** Che serve a scavare. *Macchina escavatrice.* **2.** MED. Di strumento chirurgico utilizzato per interventi sulle ossa. ◆ s.m. **1.** Macchina utilizzata per eseguire scavi o movimenti di terreno. **2.** MED. Strumento escavatore. **3.** *non com.* Chi effettua lavori di scavo.

escavatrìce s.f. Macchina per scavare. SIN.: **pala meccanica**.

escavazióne s.f. **1.** Operazione di scavo. **2.** MED. Formazione di caverne nel decorso della tubercolosi polmonare.

eschimése o **esquimése** agg. (algonchino *wiyaskimowok* "mangiatore di carne cruda") Relativo agli eschimesi. ◆ s.m. **1.** (anche f.) Chi appartiene al popolo degli eschimesi. **2.** (solo sing.) La lingua parlata dagli eschimesi.

eschimotàggio s.m. [pl. *-gi*] SPORT. Nel canottaggio, la manovra del raddrizzare l'imbarcazione che si è capovolta. SIN.: **eskimo**.

escissióne s.f. **1.** MED. Ablazione di tessuti malati in una piccola regione del corpo. **2.** ETNOL. Asportazione rituale della clitoride praticata presso le popolazioni musulmane.

esclamàre v.tr. Esprimere qlco. con enfasi.

esclamativo agg. Che indica un'esclamazione. ◇ GRAMM. *Frase o proposizione esclamativa:* frase indipendente con cui si comunica una forte emozione o impressione grazie a una particolare enfasi, che nello scritto è indicata con il punto esclamativo.

esclamazióne s.f. **1.** L'atto dell'esclamare. ~ Espressione che comunica allegria, stupore, sdegno, ecc. **2.** GRAMM. Uso esclamativo di una frase per esprimere un sentimento, una sensazione, ecc.

esclùdere v.tr. [21] **1.** Tenere qlcu. fuori da un luogo. **2.** Lasciare fuori qlcu. dalla partecipazione a qlco. *Escludere uno studente da un concorso.* **3.** Ritenere impossibile o falso qlco., non ammettere qlco. *Escludere un'ipotesi.* SIN.: **scartare**. **4.** Rendere impossibile qlco. *Una cosa esclude l'altra.* **5.** Eccettuare, fare eccezione per qlco. o qlcu. *Escludendo mio padre, in famiglia siamo tutti sportivi.* ◆ **escludersi** v.pron. **1.** Detto di due o più cose, eliminarsi reciprocamente, essere l'una incompatibile con l'altra. *Sono due progetti che si escludono a vicenda.* **2.** Di persona, isolarsi, non partecipare a qlco. *Escludersi dal gruppo.*

esclusióne s.f. Atto con cui si pone o si lascia qlcu. o qlco. fuori da un contesto. *Esclusione da un concorso.* SIN.: **eliminazione**. ◇ *Combattere senza esclusione di colpi:* usando tutti i mezzi leciti e illeciti. – *Procedere per esclusione:* vagliando e scartando varie ipotesi per individuare quella più valida. – *loc. prep. A esclusione di:* eccetto, tranne.

esclusìva s.f. **1.** Godimento di un bene o di un diritto che non è concesso a nessun altro. *Avere l'esclusiva nella produzione.* ◇ *Notizia, intervista, sevizio fotografico in esclusiva:* concessi a un solo giornale. – *Clausola di esclusiva:* quella propria del contratto di agenzia, che concede a un agente il diritto di operare da solo in una data zona. **2.** *fig.* Possesso di una qualità da parte di una sola persona. *È convinto di avere l'esclusiva del buon gusto.*

esclusivaménte avv. **1.** In modo esclusivo. **2.** Soltanto. *La colpa è esclusivamente tua.*

esclusivìsmo s.m. **1.** Carattere di chi ritiene che solo il proprio modo di pensare e di giudicare sia giusto. **2.** ECON. Politica economica che tende a instaurare monopoli di società private.

esclusività s.f. inv. **1.** Carattere, aspetto esclusivo, in partic. quello di un luogo aperto solo a persone particolarmente ricche. **2.** Godimento di un diritto in esclusiva. SIN.: **monopolio**.

esclusìvo agg. **1.** Che appartiene a una sola persona. **2.** *estens.* Riservato a poche persone selezionate in base al censo o al prestigio sociale. *Locale esclusivo.* **3.** GRAMM. *Frase o proposizione esclusiva:* la frase dipendente che esprime l'esclusione o il mancato verificarsi di una circostanza. **4.** Che ha carattere di unicità, di irripetibilità. *Abito esclusivo.* **5.** Che denota nella persona la tendenza a considerare riservato unicamente a sé ogni rapporto d'affetto che la riguardi. *Amore esclusivo.*

esclùso agg. **1.** Che è stato lasciato fuori da un contesto. **2.** Emarginato, isolato socialmente e psicologicamente. **3.** Che non è preso neppure in considerazione, che è fuori discussione. *Una sua candidatura è esclusa.* ❑ In funzione di prep., col significato di tranne, eccetto. *Eravamo solo ragazzi, esclusa Federica.* ◆ s.m. [f. *-sa*] Nell'accez. 1 e 2 dell'agg.

escogitàre v.tr. Pensare a lungo a qlco.

escòmio s.m. [pl. *-mi*] DIR. Disdetta di locazione a un mezzadro, a un colono o a un affittuario.

escoriàre v.tr. [6] Provocare un'escoriazione su una parte del corpo. SIN.: **graffiare**. ◆ **escoriarsi** v.pron. Prodursi un'escoriazione su una parte del corpo. *Escoriarsi una gamba.*

escoriazióne s.f. MED. Abrasione leggera della pelle.

escreàto s.m. MED. Materiale muco-salivare emesso mediante la tosse.

escreménto s.m. **1.** (spec. pl.) Residui solidi della digestione espulsi per via naturale. SIN.: **feci**. **2.** *non com.* Qualsiasi sostanza eliminata dall'organismo.

escrescènza s.f. **1.** Protuberanza sulla superficie di un organo o di un tessuto. **2.** *estens.* Ciò che sporge da una superficie piana. **3.** Innalzamento di livello di un corso d'acqua.

escrèto agg. (lat. *excrētum*, deriv. di *excèrnere* propr. "passare al setaccio espellendo") BIOL. Versato per mezzo di escrezione. ◆ s.m. Qualsiasi sostanza eliminata dall'organismo (in oppos. a *increto*).

escretóre agg. [f. *-trice*] Che serve all'escrezione. *Organo escretore.*

escrezióne s.f. **1.** FISIOL. Espulsione dei prodotti di secrezione di una ghiandola. **2.** Secrezione di olii essenziali da parte di alcune piante. **3.** Sostanza eliminata da un organismo animale o vegetale.

escudo [/port. 'iʃ'kudu, spagn. es'kuðo/] s.m. [pl. *escudos*] (voce port. e spagn., "scudo") Unità monetaria del Portogallo e del Cile. (Dal gennaio 2002, l'escudo portoghese è stato sostituito dall'euro.)

escursióne s.f. **1.** Viaggio organizzato a scopo di studio o di svago, spec. in montagna. **2.** TECN. Spostamento massimo dell'elemento mobile di un meccanismo. **3.** Differenza tra il valore massimo e quello minimo di una grandezza in un ciclo di variazione. ◇ METEOR. *Escursione termica:* differenza tra la temperatura minima e massima in un dato periodo.

escursionismo s.m. Forma minore di alpinismo consistente in un'attività di escursioni, di gite impegnative.

escursionìsta s.m. e f. [pl.m. *-sti*] (fr. *excursionniste*) **1.** Chi si dedica all'escursionismo. **2.** Viaggiatore, turista.

esecràbile agg. Estremamente sgradevole. *Delitto esecrabile.* SIN.: **ripugnante**.

esecràre v.tr. (lat. *exsecrāri* "privare del carattere sacro") Avere in orrore e condannare con forza e convinzione qlcu. o qlco. *Esecrare la guerra.* SIN.: **aborrire**.

esecrazióne s.f. **1.** Sentimento di repulsione e di condanna. **2.** Imprecazione con cui gli antichi invitavano gli dei infernali a danneggiare i propri nemici.

esecutàre v.tr. DIR. Colpire qlcu. rendendo esecutivo il provvedimento del magistrato. *Esecutare il debitore.*

esecutìvo agg. **1.** DIR. Che provvede ad attuare quanto è stato stabilito. *Fase esecutiva.* ◇ *Potere esecutivo:* potere attribuito al governo di applicare le leggi. – *Progetto esecutivo:* progetto completo e dettagliato che serve per l'esecuzione di un lavoro. – *Comitato esecutivo:* organo collegiale di un partito incaricato di attuare la linea politica stabilita dagli organi deliberanti. **2.** Che ha il potere giuridico di attuare anche in maniera coatta quanto previsto. *Sentenza esecutiva.* ◆ s.m. **1.** Il governo, titolare del potere esecutivo. **2.** Comitato esecutivo.

esecutóre s.m. [f. *-trice*] **1.** Persona che esegue un compito, un ordine. ◇ *Esecutore materiale di un delitto:* chi lo compie su istigazione o commissione del mandante. – DIR. *Esecutore testamentario:* persona alla quale il testatore ha affidato l'esecuzione delle disposizioni testamentarie. **2.** Chi interpreta un testo o una musica di altri. **3.** Nei comuni medievali, titolo di magistrati o ufficiali pubblici che provvedevano all'attuazione di sentenze.

esecutorietà s.f. inv. DIR. Caratteristica che rende esecutiva una sentenza contro la volontà dei suoi destinatari.

esecutòrio agg. [pl. *-ri*] DIR. Che dà facoltà di eseguire quanto stabilito. *Sentenza esecutoria.*

esecuzióne s.f. **1.** Messa in atto di ciò che è stato concepito. *Esecuzione di un progetto.* SIN.: **realizzazione**. ~ Modalità di esecuzione. **2.** Interpretazione di un testo o di un brano musicale. **3.** DIR. Attuazione anche coatta di un provvedimento dell'autorità giudiziaria o amministrativa. ◇ *Esecuzione capitale:* uccisione di un condannato a morte. – *Esecuzione forzata:* esecuzione coatta di un atto. – *Plotone di esecuzione:* quello che esegue una condanna a morte per fucilazione. **4.** LING. Nella grammatica generativa, uso effettivo della lingua (in oppos. a *competenza*).

esèdra s.f. (lat. *ĕxedram*, gr. *eksédra* propr. "sedile esterno") **1.** ARCH. Nell'antichità, sala di conversazione munita di seggi. **2.** ARCH. Negli edifici greci e romani, spazio semicircolare scoperto, spesso a colonne o porticato. **3.** ARCH. Oggi, qualsiasi disposizione planimetrica a semicerchio.

esegèsi s.f. inv. Interpretazione di un testo basata sul suo studio critico. *Esegesi biblica.*

esegèta s.m. e f. [pl.m. *-ti*] Chi svolge un lavoro di esegesi. SIN.: **critico**.

esegètico agg. [pl.m. *-ci*, f. *-che*] Che ha carattere interpretativo, critico, esplicativo.

eseguìbile agg. **1.** Che può essere compiuto, fatto. **2.** INFORM. Di programma o file che permette di far compiere delle azioni al sistema operativo, di aprire delle applicazioni.

eseguìre v.tr. [85] **1.** Fare, compiere, realizzare qlco. *Eseguire un lavoro.* **2.** Interpretare un brano musicale, cantando, suonando o ballando. *Eseguire una sinfonia.*

esèmpio s.m. [pl. *-pi*] **1.** Persona, azione degna di essere imitata. *Un esempio da seguire.* SIN.: **modello**. **2.** *estens.* Ciò che può fungere da avvertimento, da ammonimento. *Che vi sia di esempio.* **3.** Nella letteratura medievale, racconto edificante. **4.** Citazione di un fatto o di una frase, di una cosa per avvalorare concetti, affermazioni, regole. SIN.: **esemplificazione**.

1. esemplàre agg. **1.** Che costituisce un modello. *Condotta esemplare.* SIN.: **edificante**. **2.** Proprio, tipico di qlcu. o qlco. *Caratteri esemplari di una specie.*

2. esemplàre s.m. **1.** Elemento di una specie o di una classe. *Un esemplare di falco.* **2.** Persona degna di imitazione. *Un esemplare di carità.* **3.** Singola copia di una serie. *Esemplare di francobollo raro.* **4.** Originale di cui si fanno delle copie.

esemplificàre v.tr. [4] Spiegare, illustrare con esempi.

esemplificatìvo agg. **1.** Che serve a esemplificare, a spiegare. **2.** Che costituisce un esempio di qlco.

esemplificazióne s.f. **1.** Azione di esemplificare. **2.** Serie di esempi.

esentàre v.tr. Esonerare, dispensare qlcu. da un obbligo. *Esentare da un incarico.*

esentàsse agg. inv. Nel l. bur. e pubbl., esente da tasse.

esènte agg. **1.** Che non è sottoposto a un obbligo. *Esente da imposte.* SIN.: **esonerato**. **2.** *estens.* Libero da un male o da altra cosa negativa o vincolante. *Esente da preoccupazioni.* SIN.: **immune**. ◆ s.m. Grado di ufficiale della guardia nobile pontificia corrispondente a colonnello.

esenzióne s.f. Dispensa da un obbligo.

esèquie s.f. pl. Funerale, onoranze funebri.

esercènte s.m. e f. Commerciante, chi conduce in proprio un negozio, un esercizio pubblico.

esercitàre v.tr. **1.** Tenere in esercizio il corpo umano con un costante allenamento. *Esercitare i muscoli.* SIN.: **allenare**. **2.** Usare concretamente qlco., far valere qlco. *Esercitare il potere.* ~ Attuare. *Esercitare una rigida censura.* ◇ *Esercitare una pressione su qlco.*: premerlo. – *fig. Esercitare una pressione su qlcu.*: insistere perché faccia o non faccia qlco. **3.** Far uso di una virtù, metterla in pratica. *Esercitare la giustizia.* **4.** Svolgere come professione. *Esercitare la professione medica.* SIN.: **praticare**. **5.** Sottoporre a un addestramento metodico. *Esercitare i soldati all'uso delle armi.* ◆ **esercitarsi** v.pron. Tenersi in esercizio. *Esercitarsi nel nuoto.*

esercitàto agg. Allenato, addestrato e quindi pratico, esperto. *Un orecchio esercitato.*

esercitazióne s.f. Attività di tipo pratico volta ad acquistare esperienza in una disciplina. *Esercitazione militare.*

esèrcito s.m. **1.** Insieme di uomini istruiti, organizzati ed equipaggiati per la difesa del territorio e per la partecipazione a guerre. **2.** *Esercito della salvezza:* organizzazione fondata a Londra nel 1865 dal metodista W. Booth con fini filantropici e umanitari. **3.** RELIG. Schiera. *L'esercito dei credenti.* **4.** *fig.* Grande numero, grande quantità. *Un esercito di formiche.*

eserciziàrio s.m. [pl. *-ri*] Volume contenente esercizi su un dato argomento, di solito abbinato a un testo teorico.

esercìzio s.m. [pl. *-zi*] **1.** Pratica concreta, attuazione operante di una professione, di una prerogativa, di una disposizione morale, ecc. *L'esercizio della medicina.* **2.** Prova, seguito di prove a cui l'individuo si sottopone per allenarsi fisicamente e mentalmente o per divenire più esperto in una disciplina. *Serve un lungo esercizio.* SIN.: **pratica**. ◇ *Essere in, fuori esercizio:* allenato o fuori allenamento. ~ Compito assegnato a un allievo in applicazione di ciò che è stato appreso precedentemente in un corso, in una lezione. ◇ *Esercizi spirituali:* pratiche di devozione. **3.** SPORT. Ognuna delle prove obbligatorie di cui è composto un concorso. **4.** Conduzione di un'azienda, gestione di un'attività economica o di un servizio. ◇ *Esercizio pubblico:* locale aperto al pubblico (p.e., bar, ristorante, albergo, ecc.). **5.** Periodo di tempo per il quale vengono elaborate previsioni finanziarie o vengono evidenziati i risultati economici di un'impresa. ◇ *Esercizio provvisorio dello Stato:* periodo di tempo durante il quale il governo può essere autorizzato dal parlamento a riscuotere le entrate e pagare le spese previste dal nuovo bilancio dello Stato benché questo non sia stato ancora approvato. **6.** Attività, uso.

esèrgo s.m. [pl. *–ghi*] (fr. *exergue*, comp. di gr. *eks* "fuori" ed *érgon* "opera" perché ritagliato al di fuori del disegno) Nelle monete e nelle medaglie, lo spazio in cui si indica la data, la zecca, un motto, ecc.

eserina s.f. Alcaloide estratto dalle fave di Calabar, utilizzato in medicina.

esfoliànte agg. Che causa lo sfaldamento degli strati superficiali della pelle. *Crema esfoliante.*

esfoliazióne s.f. MED. Distacco degli strati superficiali di un tessuto, in partic. dell'epidermide.

esibire v.tr. [83] (fr. *exhiber*) **1.** Fare vedere, mostrare. *Esibire i propri gioielli.* SIN.: **ostentare. 2.** Nel l. bur., presentare un documento ufficiale su richiesta di una autorità. ◆ **esibirsi** v.pron. Mettersi in mostra, farsi notare.

esibizióne s.f. **1.** Presentazione di documenti a una autorità che può legittimamente farne richiesta. **2.** Mostra di sé, sfoggio della propria bellezza, delle proprie virtù, dei propri averi. *Esibizione di lusso.* SIN.: **ostentazione. 3.** *estens.* Offerta. **4.** Numero di vario genere in uno spettacolo. **5.** SPORT. Manifestazione non competitiva, che ha per scopo la dimostrazione dell'abilità degli atleti.

esibizionismo s.m. **1.** Atteggiamento di ostentazione della propria personalità. **2.** PSICOL. Impulso morboso che spinge a mostrare i propri organi genitali.

esibizionista s.m. e f. [pl.m. *–sti*] (fr. *exhibitionniste*) **1.** Chi ha la tendenza a mettersi in mostra. **2.** PSICOL. Chi è affetto da esibizionismo.

esicàsmo s.m. Teoria e pratica di meditazione ascetica, propria della teologia bizantina, diffusa principalmente da Gregorio Palamas.

esigènte agg. Difficile da accontentare, che pretende molto. SIN.: **severo.**

esigènza s.f. **1.** Necessità, bisogno, richiesta. *Un'esigenza familiare.* **2.** (spec. pl.) Pretesa eccessiva.

esigere v.tr. [17] (lat. *exīgere*, propr. "fare uscire") **1.** Chiedere in modo intransigente ciò che è consentito come dovuto. *Esigere il rispetto degli accordi.* SIN.: **pretendere. 2.** Detto di soggetto inanimato, rendere necessario, richiedere. *Il suo stato esige cure.* **3.** Riscuotere qlco.

esigibile agg. Che può essere riscosso.

esiguità s.f. inv. Quantità, misura limitata.

esiguo agg. (lat. *exĭguum,* deriv. di *exĭgere* nel sign. di "pesare esattamente" quindi "misurato con troppa parsimonia") Di quantità, di misura, di valore, d'intensità limitata. *Guadagno esiguo.*

esilarànte agg. Che suscita allegria. SIN.: **comico.** ◇ CHIM. *Gas esilarante:* protossido di azoto (N$_2$O), ad azione anestetica, che a piccole dosi produce uno stato di euforia.

èsile agg. **1.** Con riferimento alle membra e al corpo, minuto, sottile, magro. **2.** *fig.* Di scarsa consistenza o intensità. **3.** *fig.* Di scarsa forza intellettuale o fantastica.

esiliàre v.tr. **1.** Mandare qlcu. in esilio. SIN.: **bandire. 2.** Obbligare qlcu. a vivere lontano da un luogo o da una situazione abituale. **3.** Confinare qlcu. in un luogo lontano, remoto. SIN.: **relegare.** ◆ **esiliarsi** v.pron. **1.** Allontanarsi volontariamente dalle persone o dai luoghi abituali. *Esiliarsi dagli amici.* **2.** Confinarsi, rifugiarsi in un luogo. *Esiliarsi in campagna.*

esiliàto agg. Condannato all'esilio. ◆ s.m. [f. *–ta*] Nel sign. dell'agg.

esilio s.m. [pl. *–li*] **1.** Tipo di pena che comporta l'allontanamento forzato dalla patria. *Mandare in esilio.* **2.** *estens.* Allontanamento volontario dalla patria per evitare persecuzioni politiche o religiose, per affermare valori in patria violati o repressi. **3.** Condizione di esule e sua durata. ~ Luogo in cui l'esule va a vivere. *Vivere in esilio.* **4.** *estens.* Gravosa permanenza in

luoghi lontani da casa. **5.** Vita ritirata, appartata, solitaria. **6.** Nel l. religioso, la vita terrena in quanto si svolge lontano dal Paradiso.

esìmere v.tr. [12] Esonerare qlcu. da un compito, da un obbligo. ◆ **esimersi** v.pron. Sottrarsi a un obbligo.

esìmio agg. [pl.m. *–mi*] (lat. *extĭmium,* propr. "distinto dagli altri") Che eccelle.

esistènte agg. **1.** Che vive. ~ Che è presente e percepibile. **2.** Noto, reperibile, disponibile. ◆ s.m. Ciò che è presente e rilevabile. *Fare i conti con l'esistente.*

esistènza s.f. **1.** FILOS. Condizione propria di ciò che è reale, in quanto tale, o che è oggetto di percezione sensoriale. **2.** *estens.* Stato di realtà, di evidenza, di presenza di qlcu. o qlco. *Credere nell'esistenza di Dio.* **3.** Modo di vivere, vita. *Un'esistenza pacifica.*

esistenziàle agg. **1.** Relativo all'esistenza, alla vita. **2.** FILOS. Che concerne i modi possibili di esistere dell'uomo. *Concezione esistenziale.* ◇ MAT. *Quantificatore esistenziale:* operatore quantificativo " (si legge "esiste") utilizzato in logica e in algebra per esprimere l'esistenza di almeno un elemento *x* di un insieme dato per il quale è valida una data proposizione.

esistenzialismo s.m. Corrente della filosofia moderna che mette al centro della sua riflessione la problematicità dell'esistenza dell'individuo in relazione al suo rapporto con il mondo. (I suoi principali esponenti sono: Kierkegaard, Heidegger, Sartre.)

esistenzialista s.m. e f. [pl.m. *–sti*] **1.** Seguace dell'esistenzialismo. ~ Giovane che, nel periodo successivo alla seconda guerra mondiale, frequentava i caffè di Saint-Germain-des-Prés a Parigi, e si richiamava all'esistenzialismo. **2.** *scherz.* Chi posa a intellettuale esistenzialista. ❏ In funzione di agg., che aderisce all'esistenzialismo o è da esso influenzato.

esistere v.intr. [14] (aus. *essere*) **1.** Fare parte della realtà. *La bicicletta non esisteva nel Medioevo.* **2.** Essere importante, contare. *Per lui esistono solo i soldi.* **3.** Essere in vita. *Ha cessato di esistere.*

esitànte agg. Che manifesta incertezza, indecisione.

1. esitàre v.intr. (aus. *avere*) (lat. *haesĭtāre* "impigliarsi") **1.** Essere incerto, indeciso. *Giulio ha risposto alle mie domande senza esitare.* SIN.: **tentennare. 2.** Non sapere decidere qlco., essere incerti su qlco. *Non esito a crederci.*

2. esitàre v.intr. (aus. *avere*) MED. Detto di una malattia, avere esito, risolversi in un certo modo, condurre a qlco. *La malattia esita in guarigione.*

esitazióne s.f. Sospensione di ogni decisione. SIN.: **incertezza.**

èsito s.m. **1.** Conclusione di un'azione, di un fatto, di una situazione. *L'esito del combattimento.* SIN.: **risultato.** ~ Riuscita, successo. *I nostri sforzi hanno avuto esito.* ~ Nel l. bur., risposta, riscontro. *Dare esito a una pratica.* **2.** MED. Conclusione di un processo morboso. *Esito infausto.* **3.** LING. Sviluppo fonetico, morfologico o lessicale quale risulta da una trasformazione diacronica. **4.** COMM. Vendita, smercio.

1. èskimo s.m. (ingl. *eskimo,* "eschimese" perché di foggia simile ai giacconi eschimesi) Giaccone impermeabile di colore grigioverde, simbolo dell'anticonformismo giovanile nei tardi anni Sessanta.

2. èskimo s.m. inv. (abbr. di ingl. *eskimoroll* "ribaltamento eschimese") SPORT. Nel canottaggio, la manovra dell'eschimottaggio.

eslège agg. inv. **1.** Che è fuori dall'ordinamento legislativo. *Mercenari eslege.* **2.** Che non conosce o riconosce alcuna legge o regola sociale. *Comportamento eslege.*

esobiologia s.f. Ramo della biologia che contribuisce alla ricerca e allo studio della vita extraterrestre. SIN.: **cosmobiologia.**

Esocètidi s.m. pl. [iniziale minusc. sing.] (lat. *Exocoetidae,* deriv. di gr. *eksŏkoitos* propr. "che dorme fuori", perché si riteneva che questi pesci dormissero sulla riva) ZOOL. Famiglia di pesci teleostei caratterizzati da due larghe pinne pettorali che consentono

loro di balzare fuori dall'acqua e compiere lunghi salti, detti anche *pesci volanti.* (Ordine degli Ateriniformi.)

Esocèto s.m. ZOOL. Genere di pesci teleostei in grado di saltare fuori dall'acqua grazie alle ampie pinne pettorali. (Famiglia degli Esocetidi.)

■ **Esocèto.** Pesce volante.

esòcrino agg. BIOL. Di ghiandola che riversa le sue secrezioni alla superficie della pelle (p.e., la ghiandola sebacea) o in una cavità naturale che comunica con l'ambiente esterno (p.e., le ghiandole digestive).

èsodo s.m. **1.** Emigrazione di un popolo o di una comunità causata da motivi politico-religiosi. ~ In partic., l'uscita degli Ebrei dall'Egitto sotto la guida di Mosè e libro della Bibbia che narra tale vicenda (v. parte n.pr.). **2.** *estens.* Spostamento definitivo di una massa di persone. ~ Movimento temporaneo, stagionale. ~ *Grande esodo:* quello che avviene nel periodo estivo, in coincidenza con la chiusura degli uffici, verso le mete vacanziere. ~ *Trasferimento di denaro o altri beni mobili da uno Stato all'altro.* **3.** Nell'antica tragedia greca, canto del coro all'uscita dall'orchestra oppure parte successiva all'ultimo stasimo.

esofagèo agg. Dell'esofago.

esofagite s.f. MED. Infiammazione dell'esofago.

esòfago s.m. [pl. *–gi*] Parte del tubo digestivo che si estende dalla faringe fino al cardia dello stomaco, e le cui pareti, con i loro movimenti, garantiscono la discesa del bolo alimentare.

esoftàlmico agg. Relativo all'esoftalmo. ~ Caratterizzato da esoftalmo.

esoftàlmo s.m. MED. Leggera sporgenza del globo oculare, p.e. causata dal morbo di Basedow.

esogamia s.f. **1.** ANTROP. Costume di effettuare matrimoni fuori dalla propria tribù o clan. **2.** BIOL. Riproduzione ottenuta per incrocio di individui geneticamente poco affini.

esogàmico agg. [pl.m. *–ci, –che*] ETNOL., BIOL. Relativo all'esogamia. SIN.: **esogamo.**

esògamo agg. ETNOL., BIOL. Esogamico.

esògeno agg. **1.** Nel l. sc., che ha origine all'esterno, proviene da fuori. **2.** GEOL. Di forze, fenomeni, agenti che operano o si verificano sulla superficie terrestre provocando trasformazioni chimiche, meccaniche, ecc. ◇ *Roccia esogena:* roccia sedimentaria, residuale, formatasi sulla superficie terrestre.

esomorfismo s.m. GEOL. Metamorfismo esercitato su una roccia già consolidata da una massa magmatica.

esondazióne s.f. Nel l. sc., straripamento.

esoneràre v.tr. (fr. *exonérer,* lat. *exonerāre* propr. "liberare da un peso") Dispensare completamente o in parte, qlcu. da un incarico, un obbligo, in partic. fiscale, o da una responsabilità. *Giorgio fu esonerato dal servizio militare.* SIN.: **esentare.** ◇ *Esonerare qlcu. da una carica o dal comando:* destituirlo. ◆ **esonerarsi** v.pron. Liberarsi da un obbligo o un impegno. *Mi sono esonerato da ogni impegno.*

esoneràto agg. Sollevato da un obbligo, da un incarico. ◆ s.m. [f. *–ta*] Nel sign. dell'agg.

esònero s.m. Dispensa, esenzione da un obbligo. ~ Licenziamento. *L'esonero dell'allenatore.*

esorbitànte agg. Che eccede la giusta misura. *Prezzo esorbitante.* SIN.: **esagerato.**

esorcismo s.m. **1.** Rituale magico volto a tener lontano da persone o luoghi forze occulte e malefiche. **2.** Rituale religioso per cacciare i demoni che hanno preso possesso di una persona. **3.** *estens.* Scongiuro, scaramanzia.

esorcista s.m. [pl. *–sti*] **1.** (anche f.) Persona che esorcizza. **2.** Nella Chiesa cattolica, sacerdote autorizzato dal vescovo a liberare le persone dal demonio.

esorcizzàre v.tr. **1.** Liberare persone o luoghi da demoni o presenze malefiche tramite rituali magici. ~ Scacciare il demonio tramite le preghiere speciali del rituale di esorcismo. **2.** *estens.* Rimuovere, allontanare, dimenticare o far dimenticare qlco. che non si desidera. SIN.: **scongiurare**.

esorcizzazióne s.f. **1.** Liberazione dal demonio o da forze malefiche di chi è da essi posseduto. **2.** *fig.* Capacità di liberarsi dalla soggezione di qlco. rendendola inefficace, inoffensiva. *Esorcizzazione delle proprie paure.*

esordiènte agg. Che comincia un'attività che implica la presenza e il giudizio di un pubblico. ◆ s.m. e f. Nel sign. dell'agg.

esòrdio s.m. [pl. *-di*] **1.** RET. Parte iniziale di un'orazione. **2.** *estens.* Inizio di un discorso o di un'opera. SIN.: **preambolo**. **3.** Inizio di un'attività. SIN.: **debutto**.

esordìre v.intr. [84] (aus. *avere*) (lat. *exordīri*, propr. "cominciare a tessere") **1.** Dare inizio a un'attività di rilievo pubblico. *Esordire come giornalista.* **2.** Dare inizio a un discorso.

esoreattóre agg. TECN. Detto di motore che utilizza l'ossigeno dell'aria per alimentare la reazione di combustione.

esorèico agg. [pl.m. *-ci*, f. *-che*] GEOGR. Di regioni le cui acque si riversano in mare.

esoreìsmo s.m. GEOGR. Carattere delle regioni le cui acque correnti si riversano in mare.

esornatìvo agg. Che serve a ornare, ad abbellire, quindi anche superfluo.

esortàre v.tr. Cercare di persuadere qlcu. a fare una determinata cosa. *Esortare qualcuno alla virtù.*

esortatìvo agg. Che ha lo scopo di esortare, di incitare.

esortazióne s.f. Discorso, parole con cui si incita qlcu. a fare qlco. *Esortazione alla pace.* SIN.: **incitamento**.

esoschèletro s.m. ZOOL. Scheletro esterno caratteristico di alcuni invertebrati appartenenti ai tipi degli Anellidi, dei Briozoi, degli Artropodi.

esosfèra s.f. Zona esterna dell'atmosfera di un pianeta (sopra i 1000 km per la Terra) dove gli atomi leggeri sfuggono alla gravità e si disperdono nello spazio interplanetario.

esòsio s.m. BIOCHIM. Zucchero ($C_6H_{12}O_6$) avente la stessa formula del glucosio e del galattosio.

1. esòso agg. (voce sett., propr. "che si rende odioso per la sua avarizia") **1.** Avaro, avido di denaro. **2.** Che denota avidità di guadagno.

2. esòso s.m. (solo sing.) CHIM. Carboidrato monosaccaride a sei atomi di carbonio.

esostòsi s.f. inv. **1.** MED. Tumore osseo benigno situato sulla superficie di un osso. **2.** Escrescenza legnosa che si sviluppa sul tronco o sui rami delle piante, perlopiù a opera di funghi parassiti.

esotèrico agg. [pl.m. *-ci*, f. *-che*] **1.** Destinato a essere conosciuto solo da una stretta cerchia di persone, general. i discepoli di un maestro, i sacerdoti di un culto, gli adepti di una setta (in oppos. a *essoterico*). **2.** *estens.* Segreto, misterioso, oscuro, difficile.

esoterìsmo s.m. Parte di alcune filosofie antiche che doveva restare sconosciuta ai non iniziati.

esotèrmico agg. [pl.m. *-ci*, f. *-che*] TERMODIN. Che avviene con un'emissione di calore. *Reazione esotermica.*

esòtico agg. [pl.m. *-ci*, f. *-che*] **1.** Che giunge da paesi stranieri lontani, extraeuropei. **2.** *estens.* Che ha forma, colori inusuali, strani, con cui si vuole dare il senso di cosa estranea alla civiltà occidentale. ◆ s.m. (solo sing.) Carattere, aspetto culturale, note di costume propri dei paesi che hanno civiltà molto diverse da quella occidentale.

esotìsmo s.m. **1.** Interesse, gusto per civiltà diverse da quella occidentale. **2.** LING. Parola, espressione presa da una lingua straniera che conservi in tutto o in parte la forma originaria o abbia un uso sintattico estraneo alla lingua in cui è stata introdotta. SIN.: **forestierismo**.

esotossìna s.f. BIOL. Tossina liberata nell'ambiente esterno da alcuni batteri.

espadrilles [/ɛspa'drij/] s.f. pl. (voce fr., deriv. di provenz. *espart* "sparto", graminacea le cui fibre erano usate nell'abbigliamento) Scarpe in tela di cotone con suola di sparto intrecciato.

espàndere v.tr. [48] **1.** Ampliare qlco., perlopiù in senso territoriale o commerciale. *Espandere i propri domini.* **2.** Diffondere odori intorno a sé. *Le viole espandono un profumo delicatissimo.* ◆ **espandersi** v.pron. **1.** Allargarsi territorialmente e occupare uno spazio più ampio. *È un popolo che si espande continuamente.* ~ Estendersi, diffondersi. *Il contagio si espande.* ~ Svilupparsi. *L'azienda si sta espandendo.* ◇ *Espandersi a macchia d'olio:* diffondersi velocemente in tutte le direzioni. **2.** Detto di gas, aumentare di volume. **3.** Detto spec. di odori, spandersi, diffondersi intorno, frequentemente con specificazione locativa. *Un profumo delizioso si espande nell'aria.*

espansìbile agg. Che può espandersi.

espansibilità s.f. inv. Capacità, proprietà di espandersi.

espansióne s.f. **1.** Ogni trasformazione fisica data da un aumento di volume. ◇ ASTR. *Espansione dell'universo:* teoria dedotta dalla teoria della relatività generale secondo la quale le galassie, nel corso del tempo, si allontanano le une dalle altre, a una velocità proporzionale alla loro distanza reciproca. – *Fase di espansione:* in un motore a combustione interna, fase in cui il gas prodotto dalla miscela incendiata si espande provocando il movimento del pistone nel cilindro. **2.** *estens.* Occupazione di uno spazio maggiore. **3.** Parte che presenta un rigonfiamento, una sporgenza. ◇ *Espansioni polari:* le estremità polari di un magnete o elettromagnete. **4.** LING. Ogni elemento che amplia la struttura base della frase fornendo informazioni e precisazioni sui contenuti (p.e. i complementi). **5.** *fig.* Estensione, ampliamento, incremento, sviluppo, ingrandimento. *Espansione industriale.* ◇ *Industria in espansione:* in fase di sviluppo. – *Espansione del ciclo economico o espansione economica:* aumento del reddito nazionale, dell'attività economica (in oppos. a *recessione*). **6.** *fig.* Manifestazione d'affetto, effusione sentimentale. **7.** INFORM. Scheda di memoria aggiuntiva o nuovo dispositivo periferico che si aggiunge a un computer per ampliarne le capacità e migliorarne le prestazioni.

espansionìsmo s.m. Tendenza di uno Stato a espandersi militarmente, ad ampliare la propria sfera di influenza politica o di un'industria a conquistare nuovi mercati.

espansionista agg. [pl.m. *-sti*] Che persegue, favorisce l'espansione territoriale, politica di uno Stato. ◆ s.m. e f. Nel sign. dell'agg.

espansionìstico agg. [pl.m. *-ci*, f. *-che*] Caratterizzato da espansionismo.

espansività s.f. inv. Carattere di una persona che tende a manifestare senza remore i propri sentimenti.

espansivo agg. **1.** Che si allarga, si dilata, si diffonde. *Forza espansiva del vapore.* **2.** *fig.* Che mostra, esprime senza diffidenza o riserve i propri sentimenti. SIN.: **aperto**.

espànso agg. **1.** FIS. Riferito a sostanza che si è dilatata. **2.** *estens.* Che presenta un allargamento o è largo. **3.** Di materie plastiche caratterizzate da struttura cellulare e che sono utilizzate per la loro leggerezza e le loro proprietà isolanti. ◆ s.m. Materiale plastico reso spugnoso e leggero.

espatriàre v.intr. [6] (aus. *essere* o *meno freq. avere*) (fr. *expatrier*) Andare via dalla patria.

espàtrio s.m. [pl. *-tri*] Abbandono dello Stato di appartenenza. ◇ *Espatrio clandestino:* senza i documenti necessari. – DIR. *Libertà di espatrio:* diritto garantito dalla Costituzione, che consiste nella possibilità di uscire dal territorio nazionale, fatti salvi gli obblighi di legge.

espediènte s.m. Trovata, rimedio per uscire provvisoriamente da una situazione difficile. SIN.: **stratagemma**. ◇ *Vivere di espedienti:* arrangiandosi come si può, anche al limite della legalità.

espèllere v.tr. [46] **1.** Cacciare, allontanare qlcu. da un gruppo o da un luogo. **2.** MED. Eliminare, mandare fuori qlco. dal corpo, da un organo. *Espellere il catarro dai bronchi.* **3.** Di cosa, emettere, mandar fuori qlco.

esperantista s.m. e f. [pl.m. *-sti*] Chi studia l'esperanto o ne propaganda la diffusione. ❑ In funzione di agg., che riguarda l'esperanto.

esperànto s.m. (solo sing.) (da *Esperanto*, propr. "colui che spera", pseudonimo che assunse il medico polacco L.L. Zamenhof, creatore nel 1887 di questa lingua) Lingua artificiale internazionale caratterizzata da una fonetica semplicissima, una morfologia estremamente regolare e un lessico derivato principalmente dalle lingue romanze.

Espèride s.f. BOT. Genere di piante ornamentali originarie della Turchia e dell'Asia Minore. (Famiglia delle Crocifere.)

esperìdio s.m. [pl. *-di*] (deriv. di gr. *Hesperídes*, nome delle ninfe che vivevano in un giardino dove crescevano pomi d'oro) Bacca con endocarpo succoso suddiviso in spicchi, mesocarpo bianco, morbido, epicarpo sottile di colore giallo o arancio. (È il frutto tipico degli agrumi.)

esperiènza s.f. **1.** Acquisizione di conoscenze attraverso il contatto personale con una realtà specifica o con la realtà in generale. ~ Pratica, saggezza come qualità che si acquisiscono con l'esperienza. *Avvocato di grande esperienza.* **2.** Avvenimento, serie di avvenimenti, che permettono di arricchire la propria personalità o il proprio sapere. **3.** *eufem.* Avventura amorosa. **4.** Nelle scienze sperimentali, esperimento. *Fare un'esperienza di chimica.* **5.** FILOS. Il complesso delle informazioni derivate immediatamente dalla realtà attraverso i sensi e dotate perciò, salvo il caso di percezioni illusorie, del più alto grado di attendibilità.

esperiménto s.m. **1.** Prova volta ad accertare la natura, la qualità di qlcu. o di qlco. ◇ *A titolo di esperimento:* per prova. **2.** Riproduzione oppure osservazione di un fenomeno naturale con strumenti idonei alla definizione delle condizioni che lo determinano e alla verifica di un'ipotesi scientifica.

espèrto agg. **1.** Che ha acquisito una lunga pratica in un determinato campo. *Disegnatore esperto.* SIN.: **competente**. **2.** Che ha acquisito una approfondita conoscenza dei vari aspetti della realtà. SIN.: **accorto**. ◇ INFORM. *Sistema esperto:* programma in grado di assistere interattivamente l'utente nella soluzione di un problema in un ambito specifico (dominio). ◆ s.m. [f. *-ta*] Persona che conosce bene un determinato argomento di studio o di lavoro. SIN.: **specialista**.

espettorànte agg. Si dice di una medicina che scioglie il catarro e ne facilita l'espulsione per via orale. ◆ s.m. Nel sign. dell'agg.

espettoràre v.tr. (fr. *expectorer*, lat. *expectorāre* propr. "mandare via dall'animo") MED. Mandar via, espellere il catarro dei bronchi e della trachea attraverso la bocca.

espettorazióne s.f. Fuoriuscita, espulsione per via orale del muco tracheo-bronchiale.

espiàbile agg. Che può essere espiato. *Colpa espiabile.*

espiantàre v.tr. CHIR. Prelevare organi o tessuti per trapianti. *Espiantare un rene.*

espiànto s.m. (ingl. *explant*) **1.** BIOL. Prelievo di parti di organi o di tessuti che vengono conservati in modo tale da consentire il loro accrescimento. **2.** MED. Prelievo di un organo o di un tessuto da trapiantare.

espiàre v.tr. **1.** Scontare, emendare una colpa attraverso la pena o il castigo. ◇ *Espiare la pena:* scontarla. **2.** Nelle religioni pagane, placare l'ira degli dei con sacrifici.

espiatòrio agg. [pl.m. *-ri*] Che permette di espiare. *Sacrificio espiatorio.* SIN.: **purificatore**.

espiazióne s.f. **1.** Liberazione dalla colpa attraverso l'accettazione di una punizione. **2.** Nelle religioni pagane, rito compiuto per placare l'ira degli dei. **3.** Nel cristianesimo, redenzione del genere umano ottenuta da Cristo con la morte in croce. SIN.: **riscatto**.

espiràre v.tr. FISIOL. Espellere dai polmoni l'aria ispirata.

espiratóre agg. ANAT. Che concorre a produrre l'espirazione. *Muscoli espiratori*.

espiratòrio agg. [pl.m. *–ri*] **1.** Relativo all'espirazione. **2.** LING. Articolato con emissione di aria proveniente dai polmoni.

espirazióne s.f. Fase della respirazione in cui l'aria contenuta nei bronchi e nei polmoni viene espulsa (in oppos. a *inspirazione*).

espletaménto s.m. Nel l. bur., esecuzione, compimento.

espletàre v.tr. Nel l. bur., compiere e portare a termine una mansione.

espletivo agg. GRAMM. Si dice di una parola che non è necessaria ai sensi della frase o che non è imposta dalla sintassi (p.e. il pronome *mi* nella frase *mi bevo un bel caffè*).

esplicàre v.tr. [4] Sviluppare, svolgere un'attività. ◆ **esplicarsi** v.pron. Realizzarsi, rivelarsi apertamente.

esplicativo agg. **1.** Che serve a spiegare qlco. *Nota esplicativa*. ◇ *Giudizio esplicativo:* nel pensiero di Kant, giudizio analitico. **2.** GRAMM. Di elemento del discorso che aggiunge, a titolo di spiegazione, informazioni collaterali, di per sé non indispensabili per costituire la struttura portante della frase o l'argomentazione principale.

esplicazióne s.f. **1.** Spiegazione, chiarimento di qlco. **2.** Svolgimento, esecuzione, esercizio di qlco.

esplicitaménte avv. In termini chiari, inequivocabili.

esplicitàre v.tr. Comunicare un'idea a qlcu. rendendola esplicita.

esplìcito agg. **1.** Detto in forma aperta, senza omissioni o allusioni. *Risposta esplicita*. SIN.: **inequivocabile**. ◇ GRAMM. *Frase o preposizione esplicita:* la frase dipendente che ha il verbo di modo finito. **2.** Con riferimento a persona, che dice le cose come stanno, senza reticenze. *Essere esplicito nelle risposte*. SIN.: **chiaro**.

esplòdere v.intr. [21] (aus. *essere*) (fr. *exploser*, lat. *explōdere* propr. "cacciare battendo le mani") **1.** Scoppiare facendo un gran rumore. **2.** *fig.* Manifestare con irruenza e all'improvviso pensieri o sentimenti tenuti a lungo nascosti. ~ Prorompere in eccessive manifestazioni di sentimenti. *Esplodere in una risata*. **3.** *fig.* Manifestarsi, giungere con forza e all'improvviso. ~ *estens.* Ottenere una pronta e generale affermazione. ◆ v.tr. Sparare uno o più colpi da un'arma. *Esplodere un colpo di pistola*.

esploditóre s.m. TECN. Generatore di energia elettrica utilizzato per far esplodere le mine dotate di innesco elettrico.

esploràre v.tr. **1.** Effettuare una ricognizione attenta e scrupolosa di luoghi geografici ancora sconosciuti. SIN.: **perlustrare**. **2.** *fig.* Investigare qlco. per fare delle scoperte. **3.** MED. Osservare attentamente una qualche parte del corpo umano a scopo diagnostico. ~ Eseguire un'esplorazione.

esplorativo agg. **1.** Finalizzato all'esplorazione. **2.** *fig.* Volto a indagare, a saggiare.

esploratóre s.m. **1.** [f. *–trice*] Persona che fa un viaggio di scoperta in paesi lontani, regioni sconosciute. **2.** MIL. Soldato destinato ad azioni di avanscoperta. **3.** MAR. Nave da guerra veloce, usata per ricognizioni. ❑ In funzione di agg., che esplora, indaga. *Scienza esploratrice dell'universo*.

esplorazióne s.f. **1.** Perlustrazione di luoghi sconosciuti con finalità scientifiche. *Esplorazione dello spazio*. **2.** MIL. Ricognizione effettuata per valutare la consistenza e la dislocazione di forze nemiche. SIN.: **avanscoperta**. **3.** MED. Esame a scopo diagnostico di una parte del corpo, di un organo interno, di un tessuto. *Esplorazione manuale, strumentale*.

esplosìmetro s.m. Apparecchio portatile destinato a verificare il tasso di gas esplosivi contenuti in un ambiente.

esplosióne s.f. **1.** Rapida liberazione di energia dovuta a decomposizione esotermica di una sostanza o all'espansione di un gas compresso. ~ Il rumore prodotto da tale fenomeno. **2.** GEOL. Fase iniziale di un'eruzione vulcanica caratterizzata dall'emissione di gas e vapori misti a cenere e lapilli. **3.** *fig.* Manifestazione improvvisa e violenta di un fenomeno sociale, spec. se comporta aumento quantitativo di qlco. ~ Forte crescita. *Esplosione demografica*. **4.** *fig.* Espressione irruenta di un sentimento. *Esplosione di gioia*. SIN.: **scoppio**. **5.** LING. Apertura del canale vocale successiva all'articolazione di un fonema occlusivo.

esplosività s.f. inv. Proprietà di esplodere. ~ *fig.* Eccitabilità. ~ *estens.* Pericolosità. *L'esplosività della situazione*.

esplosivo agg. **1.** Che può esplodere, che dà luogo a un'esplosione. ◇ *Fase esplosiva:* fase iniziale di un'eruzione vulcanica detta anche *fase pliniana*. – *Miscela esplosiva:* insieme di sostanze che possono dare luogo a esplosione; *fig.* situazione tesa, che può sfociare in disordini, in duri contrasti. **2.** *fig.* Che può scatenare eventi terribili e violenti. ~ Che turba profondamente, sconvolge un assetto dato. **3.** *fig.* Che si manifesta con irruenza. SIN.: **violento**. **4.** FON. Occlusivo (p.e. i foni *p, t, g*). ◆ s.m. Sostanza che dà origine a un'esplosione, a uno scoppio.

esplòso agg. **1.** Scoppiato. **2.** TECN. Di disegno che rappresenta, general. in prospettiva, le varie parti di una macchina nella precisa sequenza in cui queste devono essere assemblate. ◆ s.m. Nell'accez. 2 dell'aggettivo.

esponènte s.m. **1.** (anche f.) Chi presenta oralmente o per scritto le proprie o le altrui ragioni. SIN.: **richiedente**. **2.** *estens.* (anche f.) Rappresentante, membro qualificato di un gruppo, movimento, partito, corrente artistico-letteraria. **3.** ARITM. Uno dei due termini di una potenza. (È il numero *b*, general. posto in alto a destra nella formula di una potenza a^b.) **4.** *estens.* Lettera o simbolo scritti in alto a destra di una parola, di una lettera, di un simbolo. **5.** Ciascun lemma di un dizionario o di un'enciclopedia. SIN.: **voce**.

esponenziàle agg. **1.** Che ha un esponente variabile. ◇ MAT. *Funzione esponenziale:* funzione $y = e^{kx}$ con e base dei logaritmi naturali, *k* una costante e *x* un esponente variabile. (È la funzione inversa della funzione logaritmica.) **2.** STAT. *Distribuzione esponenziale:* quella di una variabile casuale la cui densità è espressa da una funzione esponenziale. **3.** *fig.* Di ciò che presenta un aumento straordinario tale da superare ogni previsione. *Crescita esponenziale della popolazione*.

espórre v.tr. [25] **1.** Collocare qlco. in un luogo e in modo tale da renderlo ben visibile a tutti. ~ Mettere fuori, in vista. ◇ *Esporre una fotografia:* sottoporre una pellicola fotografica all'azione della luce. **2.** Dire, riferire qlco. a qlcu. ~ Descrivere e spiegare qlco. in modo preciso e ordinato. SIN.: **illustrare**. ~ Esprimere, manifestare qlco. **3.** Mettere qlcu. o qlco. in una situazione perlopiù negativa. *Espone la propria vita al pericolo*. ◆ v.pron. **1.** Collocarsi in una certa posizione o situazione. ~ Mettere a repentaglio la propria immagine o credibilità. *Ti stai esponendo inutilmente*. SIN.: **compromettersi**. **2.** Detto di una banca, concedere prestiti. ~ Fare debiti.

esportàbile agg. Che si può esportare.

esportàre v.tr. **1.** Portare merci fuori dalla propria nazione per venderle all'estero. *L'Italia esporta olio, vino, prodotti dell'abbigliamento*. **2.** *estens.* Mandare qlco. all'estero. ~ *fig.* Diffondere qlco. all'estero. ◇ *fig. Esportare cervelli:* mandare valenti studiosi a lavorare all'estero; anche costringerli ad andare all'estero, negando loro ogni possibilità di studio e carriera in patria.

esportatóre agg. [f. *–trice*] Che effettua esportazioni. ◆ s.m. (anche f.) Nel sign. dell'agg.

esportazióne s.f. **1.** Spedizione e vendita di prodotti nazionali all'estero. ~ I prodotti stessi esportati. *Esportazione di latticini*. **2.** *estens.* Cessione di tecnologie, di metodologie. *Esportazione di tecnologie avanzate*. **3.** *estens.* Trasferimento all'estero. *Esportazione di capitali*.

esposìmetro s.m. FOTO. Apparecchio che misura l'intensità della luce e determina il tempo di posa.

espositivo agg. **1.** Che presenta, riferisce qlco. senza discussione o approfondimento critico. **2.** Che è destinato all'esposizione, a mettere in mostra. *Spazio espositivo*.

espositóre agg. [f. *–trice*] Che espone in una mostra, in una fiera. *Paesi espositori*. ◆ s.m. (anche f.) **1.** Chi racconta, commenta una dottrina o un testo. **2.** Chi presenta i propri prodotti o opere in una mostra pubblica. **3.** (solo m.) Piccolo scaffale o elemento a vetrina usato per la presentazione di prodotti in vendita.

esposizióne s.f. **1.** Illustrazione di qlco. che dovendo essere sottoposto all'attenzione altrui deve risultare chiaro, lineare. SIN.: **presentazione**. ~ Azione di fare conoscere, di spiegare. *Esposizione di un fatto*. ~ MUS. Parte iniziale della fuga o della sonata. **2.** Collocazione di qlco. in vista per pubblicità, venerazione, conoscenza. *Esposizione delle reliquie*. **3.** *estens.* Raccolta, operata secondo precisi criteri, di opere d'arte e loro mostra. ~ Esposizione di merci offerte per la vendita. SIN.: **fiera**. ◇ *Esposizione universale:* esposizione, fiera, salone destinato ad accogliere prodotti di tutti i paesi. **4.** Posizione di un edificio, un luogo, rispetto a un punto cardinale o alla luce. SIN.: **orientamento**. **5.** Collocazione di un corpo sotto l'effetto di radiazioni. **6.** FOTO. Collocazione di un materiale sensibile sotto la luce. **7.** ALP. Caratteristica di un passaggio o di una parete aperti sul vuoto. **8.** ECON. Posizione di un operatore economico nei confronti di un certo rischio (p.e. rischio di insolvenza). **9.** BANC. Ammontare dei crediti concessi da una banca ai clienti. ◇ COMM. *Esposizione debitoria:* ammontare dei debiti di una persona o di un'azienda.

Principali esposizioni universali

data	città	visitatori (in milioni)
1851	Londra	6
1855	Parigi	5,1
1862	Londra	6,2
1867	Parigi	11
1873	Vienna	7,2
1876	Philadelphia	9,8
1878	Parigi	16
1889	Parigi	32,3
1893	Chicago	2,5
1900	Parigi	50
1904	Saint Louis	19,6
1915	San Francisco	18,7
1933-1934	Chicago	38
1935	Bruxelles	20
1937	Parigi	34
1939-1940	New York	26
1958	Bruxelles	41
1967	Montreal	50
1970	Osaka	64
1992	Siviglia	42
2000	Hannover	18

espósto agg. **1.** Collocato alla vista di tutti, in mostra. **2.** Orientato in un dato modo rispetto ai punti cardinali. *Esposto a sud*. **3.** ALP. Di passaggio o parete particolarmente scoperti. **4.** *fig.* Suscettibile di incorrere in un pericolo fisico o morale. *Esposto alle maldicenze*. ~ Non protetto, non al riparo. **5.** Descritto, raccontato, riferito. *Le tesi esposte*. ◆ s.m. Scritto indirizzato a un'autorità, spec. giudiziaria, per rendere noto un fatto. *Fare un esposto alla pretura*.

espressaménte avv. **1.** In modo esplicito, chiaro. **2.** Intenzionalmente, appositamente.

espressióne s.f. **1.** Manifestazione o formulazione di pensieri, di sentimenti, di stati d'animo individuali o collettivi. **2.** *estens.* Forma concreta che assume tale manifestazione. ~ Rappresentazione, raffigurazione. *L'affresco è l'espressione della religiosità del pittore*. **3.** Mezzo linguistico adottato per manifestare la propria interiorità. ~ Vocabolo, locuzione. *Espressione familiare*. **4.** Insieme dei segni esteriori che esprimono una sensazione o un'emozione. *Avere un'espressione divertita*. **5.** Modo vivido, intenso, efficace di dar forma ai propri sentimenti. *Recitare con espressione*. **6.** ALG. Scrittura che rappresenta in modo formale un numero finito di operazioni. ~ *estens.* Insieme di simboli di significato matematico.

espressionìsmo s.m. (fr. *expressionisme*) Movimento artistico, sviluppatosi in Germania all'inizio del sec. XX, che tendeva a rappresentare la realtà attraverso immagini deformate e drammatiche. ~ *estens.* Stile che esaspera o distorce la realtà, espressione movimentata e composita.
ENCICL. I precursori dell'espressionismo sono, alla fine del sec. XIX, Van Gogh, Munch, Ensor, nei cui dipinti il vigore della pennellata e gli accostamenti insoliti fra i colori si traducono in

■ Il fauvismo e l'espressionismo

Esplosione del colore e semplificazione eloquente delle forme hanno caratterizzato gran parte della pittura europea dei primi due o tre decenni del XX secolo. Il fauvismo, corrente francese, si dedica alla plasticità pura, rifiuta le sottigliezze dell'impressionismo per esaltare tutto quello che concerne la sensazione. L'espressionismo si preoccupa più del contenuto, del messaggio delle opere; tratto e colori sono aggressivi in Germania, più contenuti nelle Fiandre.

Maurice de Vlaminck. *Ristorante a Marly-le-Roi*, 1905 circa. Questa tela riflette, con grande crudezza e una certa radiosità, la passione del giovane pittore per Van Gogh. (Museo d'Orsay, Parigi.)

André Derain. *Le due chiatte*, 1906. Il fauvismo si manifesta in quest'opera attraverso l'intensità cromatica e la libertà del tocco, non come frutto di qualche sfogo istintivo: i rapporti di colore sono decisi (blu/rosso, verde/giallo) e la composizione è meditata; le diagonali delle chiatte, viste da un ponte, suggeriscono profondità e movimento, un po' alla maniera delle stampe giapponesi. (MNAM, Parigi.)

Henri Matisse. *Marin II*, 1907. L'artista imita deliberatamente Gauguin, uno dei suoi ispiratori, nell'elaborare uno spazio autonomo con l'aiuto del colore: depura la forma, nega la prospettiva e il modello, escludendo tutto il sistema di riferimenti simbolici. (Coll. priv.)

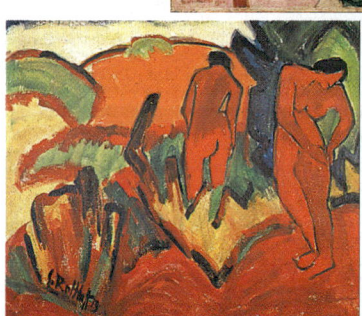

Karl Schmidt-Rottluff. *L'Estate, nudi en plein air*, 1913. Una stilizzazione audace alla quale non è estranea l'influenza dell'arte nera, ancora più marcata nelle rare sculture di questo artista, come in quelle di Kirchner e di Pechstein. (Landesmuseum, Hannover.)

Oskar Kokoschka. Manifesto del 1911, per la rivista *Der Sturm*, edita a Berlino (1910-1932) dallo scrittore e musicista Herwath Walden (una galleria con lo stesso nome venne aperta nel 1912). L'inquietante immagine di Kokoschka è allo stesso tempo un autoritratto e una ripresa dei disegni dell'artista per il suo lavoro teatrale *Assassinio, speranza delle donne*.

Constant Permeke. *Il mangiatore di patate*, 1935. Semplificazione formale ed estrema rudezza del maestro dell'espressionismo fiammingo. (Musei Reali delle Belle Arti, Bruxelles.)

Ossip Zadkine. *L'Uomo fulminato o la Città distrutta*, statua in bronzo a Rotterdam, 1948-1951. Una gesticolazione barocca, curata negli spigoli e nelle sfaccettature alla maniera del cubismo, per esprimere l'orrore della guerra.

grande intensità espressiva. Profondamente nordica, questa corrente si sviluppa in Germania con i pittori del gruppo «Die Brücke» (Dresda, poi Berlino, 1905-1913), Kirchner, Nolde, Max Pechstein (1881-1955), Karl Schmidt-Rottluff (1884-1976), ecc., impregnati di primitivismo e che perseguono semplificazioni formali, violenza grafica, irrealismo del colore. A Monaco, il gruppo «*Der* *blaue Reiter» si evolve verso l'astrazione lirica. La prima guerra mondiale influenza l'espressione artistica di Kokoschka, il pessimismo scarno e duro di Beckmann, la critica sociale di G. Grosz e di O. Dix (movimento della «nuova obiettività»), mentre un'importante corrente fiamminga è rappresentata da pittori della scuola di *Laethem-Saint-Martin come Permeke, Van den del Berghe, Gustave de Smet (1877-1943). Dopo il 1945 l'espressionismo conosce un rinnovamento di correnti che combinano una tendenza al primitivismo con la spontaneità gestuale appresa dai surrealisti: in Europa il movimento *Cobra, negli Stati Uniti l'espressionismo astratto, l'*action painting* di Pollock, Kooning, Franz Kline (1910-1962) o «astrazione cromatica» di Rothko o Newman. All'espressionismo appartengono scultori come i tedeschi Barlach e Käte Kollwitz (1867-1945; anche incisore) o come Zadkine, seguiti dopo il 1945 da numerosi artisti, come il francese G. Richier. Anche i «nouveaux *fauves» sono da comprendere in questo panorama. BALL. L'espressionismo, corrente della *danza moderna europea, si è sviluppato in particolare nella Germania della Repubblica di Weimar. Fortemente influenzati dai principi di Rudolf von Laban, i coreografi (Mary Wigman, Kurt Jooss) cercano l'equilibrio tra il gesto e il sentimento da interpretare e inaspriscono la forma a vantaggio dell'espressione. Il nazismo ha ostacolato il diffondersi del movimento in Europa ma non ha impedito la divulgazione del suo insegnamento (che spinge il ballerino a trovare da sé il movimento giusto), già sviluppato negli Stati Uniti. Dalla fine della seconda guerra mondiale, l'espressionismo conosce una rinascita in Germania e impregna sensibilmente la danza moderna contemporanea (Pina Bausch). LETT., TEAT. L'espressionismo si è sviluppato in particolare in Germania tra il 1910 e l'inizio degli anni Venti con romanzieri come Heinrich Mann, Alfred Döblin e soprattutto poeti (Gottfried Benn, Georg Trakl). Nel teatro, alcuni drammaturghi (Walter Hasenclever, Ernst Toller), registi (Leopold Jessner) e attori (Fritz Kortner) hanno tentato di realizzare nei drammi che hanno scritto o rappresentato la proiezione violenta e deformata della soggettività dell'individuo, di volta in volta mediante composizioni in quadri (*Stationendrama*), la manipolazione dello spazio scenico e l'utilizzo della luce. CINE. L'espressionismo cinematografico, derivato dalle ricerche dell'avanguardia teatrale (M. Reinhardt) e pittorica (Kokoschka, Kubin), è apparso in Germania alla fine della prima guerra mondiale. Privilegiando i temi d'orrore o d'ispirazione fantastica, questo movimento si è preoccupato principalmente di esprimere le atmosfere o gli stati d'animo dei personaggi con il simbolismo e la stilizzazione delle scene, della luce, della recitazione degli attori. Robert Wiene (*Il gabinetto del dottor Caligari*, 1919), Paul Wegener (*Il Golem*, 1920), Fritz Lang (*Il dottor Mabuse*, 1922), F.W. Murnau (*Nosferatu il vampiro*, 1922) sono particolarmente rappresentativi di questa tendenza. MUS. L'espressionismo in musica è caratterizzato da una grande ricchezza di elementi per tradurre sensazioni in forma esasperata. I compositori della scuola di Vienna, A. Schönberg, A. Berg e A. von Webern, ne sono i principali rappresentanti.

espressionista s.m. e f. [pl.m. *-sti*] Seguace dell'espressionismo. ❑ In funzione di agg., dell'espressionismo.

espressività s.f. inv. (fr. *expressivité*) Capacità di mostrare, di comunicare con efficacia sentimenti ed emozioni.

espressìvo agg. (fr. *expressif*) **1.** Che riguarda l'espressione. **2.** Che esprime con forza un pensiero, una sensazione, un'emozione. *Un gesto espressivo.* ~ In partic., che dà rilievo, forza alla comunicazione. SIN.: **efficace**. **3.** LING. Che si riferisce all'espressione delle emozioni del parlante.

esprèsso agg. **1.** Detto, formulato, esposto. ~ In partic., dichiarato, comunicato apertamente. ~ Preciso. *È dovere espresso di tutti di aiutare i più deboli.* **2.** Appositamente inviato. ◇ *Treno espresso:* treno viaggiatori veloce a lunga percorrenza che effettua solo fermate nelle stazioni più importanti e il cui orario è studiato per garantire le principali corrispondenze. – *Caffè espresso:* caffè più o meno concentrato ottenuto dal passaggio di vapore d'acqua sotto pressione attraverso la polvere di caffè. ◆ s.m. **1.** Caffè espresso. **2.** Treno espresso.

esprìmere v.tr. [38] **1.** Palesare pensieri, impressioni con gesti, parole, espressioni del viso. *Esprimere la gioia urlando.* **2.** Manifestare pensieri e sensazioni tramite un mezzo artistico. *Questo quadro esprime il rifiuto della guerra.* ◆ **esprimersi** v.pron. **1.** Esternare in modo compiuto e soddisfacente le proprie intime ragioni o aspirazioni. *Esprimersi nel lavoro.* **2.** Esporre i propri pensieri oralmente o per iscritto. *Esprimersi in due lingue.* **3.** *fig.* Manifestarsi, rivelarsi. *Nel tango si esprime lo spirito argentino.*

esprit [/ɛs'pri/] s.m. (solo sing.) (voce fr.) Spirito, ingegno, senso dell'umorismo.

espromissióne s.f. DIR. Assunzione spontanea di un debito altrui proposta al creditore. *Espromissione cumulativa.*

espropriàre v.tr. [6] **1.** Privare qlcu. di una proprietà o un bene a fini pubblici o per sentenza del tribunale, secondo forme legali general. accompagnate da indennità. *Espropriare i contadini.* **2.** *estens.* Privare qlcu. di qlco. *Espropriare i cittadini del diritto al voto.*

espropriazióne s.f. DIR. Presa di possesso da parte dell'Amministrazione pubblica di proprietà o beni privati. SIN.: **esproprio**. ◇ *Espropriazione forzata:* pignoramento e vendita all'asta dei beni di un debitore inadempiente, per soddisfare con il ricavato il creditore.

espròprio s.m. [pl. *-pri*] Privazione della proprietà o di altro diritto reale imposta dallo Stato, dietro indennizzo, per ragioni di pubblico interesse. SIN.: **espropriazione**. ◇ *Esproprio proletario:* sottrazione di beni da negozi durante pubbliche manifestazioni, attuata e teorizzata come legittima azione rivoluzionaria da gruppi di estrema sinistra negli anni Settanta.

espugnàre v.tr. **1.** Prendere, impadronirsi di una posizione militare. *Espugnare una fortezza.* **2.** *fig.* Piegare, vincere qlcu. o qlco. costringendolo alla resa.

espulsióne s.f. **1.** Estromissione, cacciata. ~ DIR. Misura amministrativa che obbliga uno straniero la cui presenza può costituire una minaccia per l'ordine pubblico o in situazione irregolare a lasciare il territorio di una nazione. **2.** Emissione, fuoriuscita. *Espulsione dei gas di scarico.*

espùlso agg. [f. *-sa*] Che ha subito un provvedimento di espulsione. *Immigrati espulsi dall'Italia.* ~ Che è stato lanciato, gettato, emesso. *Proiettile espulso con violenza.* ◆ s.m. Nei sign. dell'agg.

espulsóre s.m. **1.** Meccanismo che si usa per espellere parti metalliche o di plastica. **2.** TECN. Parte di un'arma da fuoco che espelle i bossoli di una cartuccia.

espurgàre v.tr. [4] Togliere da uno scritto o da un'opera ciò che si giudica contrario alla morale, alle convenzioni. SIN.: **censurare**.

éssa pron.pers. f. sing. [pl.f. *esse*] È utilizzato con riferimento ad animale o a cosa già nominati o che verranno nominati.

essai [/e'sɛ/] s.m. inv. (voce fr.) Saggio, esperimento. ◇ *Cinema d'essai (o d'autore):* produzione e proiezione di film d'avanguardia, sperimentali o d'autore.

1. èsse s.f. o s.m. inv. **1.** Nome della lettera alfabetica *s*. **2.** Nel pattinaggio artistico, figura composta da tre cerchi disposti sullo stesso asse.

2. èsse pron.pers. f. pl. [sing. *essa*] È utilizzato con riferimento a persone, animali o cose già nominati o che verranno nominati.

essènico agg. [pl.m. *-ci*, f. *-che*] Degli Esseni, membri di una setta ebraica (secc. I a.C.- I d.C.) che vivevano in comunità conducendo una vita ascetica.

essènza s.f. (calco del gr. *ousía*) **1.** FILOS. Ciò che costituisce il carattere fondamentale, la realtà permanente di una cosa. ~ Natura di un essere, indipendentemente dalla sua esistenza. **2.** Natura intima, carattere proprio di una cosa, di un essere. *L'essenza del suo pensiero.* **3.** CHIM. Estratto, concentrato di alcune sostanze aromatiche o alimentari ottenuto per distillazione. ~ Profumo concentrato. *Essenza di rosa.* **4.** Specie di piante, in partic. quelle forestali. *Essenza resinose.* ~ In merceologia, il legno proveniente da tali specie. *Essenze dolci, forti.*

essenziàle agg. **1.** Che costituisce, rappresenta ciò che è proprio di una cosa e fondamentale. *La parte essenziale di un meccanismo.* SIN.: **sostanziale**. **2.** MED. Detto di malattia o disturbo che non derivano da altre malattie. SIN.: **idiopatico**. ~ BIOL. Si dice di una sostanza che un organismo non può sintetizzare e che deve perciò procurarsi nell'ambiente esterno. **3.** MIN. Di minerale la cui presenza in una roccia ne consente la classificazione. ◆ s.m. (solo sing.) Ciò che è indispensabile. ~ Insieme degli oggetti necessari. *Portare via l'essenziale.*

essenzialismo s.m. FILOS. Ogni dottrina filosofica che accorda all'essenza il primato sull'esistenza.

essenzialità s.f. inv. **1.** Importanza fondamentale. **2.** Essenzialità, concisione.

essenzialménte avv. In modo essenziale, fondamentalmente.

1. èssere v.intr. [1] (aus. *essere*) **1.** Esistere, avere una realtà. *Penso, dunque sono.* ◇ *C'era una volta:* incipit delle favole. **2.** Essere presente, sussistere, essere disponibile (accompagnato da *ci* o *vi*). *C'è del tenero tra quei due.* **3.** Trovarsi in un certo luogo, situazione, condizione. *Essere in viaggio.* **4.** Collocarsi come parte di un certo gruppo politico o sociale, farne parte. *Anche tu sei del nostro partito?* ~ Schierarsi con la propria opinione contro o a favore di qlcu. o qlco. *Sono contro il razzismo.* ~ Appartenere. *Questo terreno è di mio padre.* **5.** Riferito a eventi, verificarsi, accadere, aver luogo. *C'è stato un gran temporale.* ◇ *Essere per:* stare per, essere sul punto di. *Ero per chiamarti.* – *Essere da:* che si deve fare. *I vetri sono da lavare.* **6.** Arrivare in un certo luogo o presso qlcu. *Presto saremo al rifugio.* ~ Andare in qualche luogo. *Sono stato a Roma.* **7.** *fam.* Misurare. *Questa torre è quasi trenta metri.* ~ Pesare. *Le mele sono due chili.* ~ Costare. *In tutto sono dieci euro.* **8.** Essere destinato o adatto a qlcu. o qlco. *Non è un libro per bambini.* **9.** Consistere in qlco. *La mia gioia è nel vedervi bene.* ◆ v.cop. **1.** Lega il soggetto con una sua qualità, uno stato, una funzione, l'appartenenza a una classe, la natura, la materia, l'origine, il possesso di qlco. *Il cane è bello.* **2.** Indica identità. *Sono io.* ~ Stabilisce identificazione tra due termini. *Questo signore è il sindaco.* **3.** Attribuisce caratteristiche a periodi di tempo o situazioni meteorologiche. *È giorno.* ◆ v.aus. Usato nei tempi composti di una parte dei verbi intransitivi, delle forme verbali passive, di tutte le forme riflessive e nella costruzione del *si* impersonale. *Sono arrivato ieri.*

2. èssere s.m. **1.** FILOS. La realtà assoluta (in oppos. al *divenire*, al *sensibile*). SIN.: **sostanza**. **2.** Ciò che possiede l'esistenza, la vita. *Gli esseri viventi.* ~ Il fatto di essere, l'esistenza. *L'essere e il nulla.* ◇ *Essere supremo:* Dio. **3.** Essenza, natura, interiorità peculiare dell'individuo. *Il vero essere dell'uomo.* **4.** *fam.* Individuo della razza umana, persona, spesso con valore spreg. *Un essere detestabile.*

éssi pron.pers. m. pl. [sing. *esso*] È utilizzato con riferimento a persone, animali o cose già nominati o che verranno nominati.

essiccaménto s.m. Essiccazione.

essiccànte agg. Di sostanza che è in grado di assorbire l'acqua contenuta in altre sostanze. SIN.: **disidratante**. ◆ s.m. Nel sign. dell'agg.

essiccàre v.tr. [4] **1.** Rendere secco ciò che è umido, che contiene acqua. *Il vento essicca la pelle.* **2.** Sottoporre a processo di essiccazione. *Essiccare il pesce.* SIN.: **disidratare**. ◆ v.intr. (aus. *essere*) Diventare secco, restando privo di acqua. SIN.: **asciugarsi**. ◆ **essiccarsi** v.pron. Diventare secco. *I pomodori si sono essiccati al sole.*

essiccatóio s.m. [pl. *-toi*] **1.** Dispositivo, apparecchio per essiccazione. **2.** Stabilimento specializzato nell'essiccazione di prodotti (in partic. pesce), in vista della loro conservazione. ~ Locale destinato all'asciugatura di alcuni formaggi a pasta molle. **3.** Ambiente delle lavanderie predisposto per l'asciugatura dei panni.

essiccatóre s.m. **1.** [f. *-trice*] Chi è addetto all'essiccazione. **2.** Essiccatoio. **3.** Apparecchio che si usa per eliminare l'umidità, o per proteggere da essa prodotti o sostanze.

essiccazióne s.f. **1.** Eliminazione dell'umidità da un corpo. ~ Trattamento che ha lo scopo di eliminare, in tutto o in parte, l'acqua che si trova in un corpo. **2.** Passaggio di una pittura, una vernice, dallo stato liquido allo stato solido.

ésso pron.pers. m. sing. [pl.m. *essi*] È utilizzato con riferimento ad animale o a cosa già nominati o che verranno nominati. *Ha uno scopo nella vita e ad esso tende con tutte le sue forze.*

essotèrico agg. [pl.m. *-ci*, f. *-che*] Di dottrina filosofica o religiosa che può essere oggetto di insegnamento pubblico (in oppos. a *esoterico*).

essoterìsmo s.m. Carattere essoterico.

essudàre v.intr. (aus. *avere*) MED. Uscire per essudazione dalle pareti dei vasi capillari. SIN.: **trasudare**.

essudatìvo agg. MED. Relativo a essudato o a essudazione.

essudatìzio agg. [pl.m. *-zi*] MED. Proprio dell'essudato, prodotto dall'essudato.

essudàto s.m. **1.** Materiale che filtra attraverso le pareti cellulari e si accumula nei tessuti, come le resine e le gomme. **2.** MED. Liquido con caratteristiche variabili che nei processi infiammatori filtra attraverso le pareti dei capillari raccogliendosi nei tessuti alterati.

essudazióne s.f. MED. Nei processi infiammatori, il passaggio attraverso le pareti dei capillari di liquido derivante dal plasma sanguigno.

èst s.m. sing. (fr. *est*, ingl. *east*) **1.** Uno dei quattro punti cardinali, situato dal lato dell'orizzonte dove sorge il sole. SIN.: **oriente**. ~ Punto che segna la direzione dalla quale soffia il vento di levante. **2.** Parte della sfera terrestre o insieme delle regioni di un paese, di un continente situate verso questo punto. *Visitare la Francia dell'est.* ◇ *per anton. Paesi dell'est:* insieme dei paesi dell'Europa orientale appartenenti al blocco socialista (dal 1945 al 1989). ❑ In funzione di agg. inv., situato verso est, esposto a est. SIN.: **orientale**.

establishment [/ɪs'tæblɪʃmənt/] s.m. inv. (voce ingl., da *to establish* "stabilire") Ceto, classe dirigente. ~ Apparato di potere.

estancia [/es'tanθja/] s.f. [pl. *estancias*] (voce spagn., propr. "stanza") In America latina, grande azienda agricola o per l'allevamento.

èstasi s.f. inv. (lat. *èxtasim*, gr. *ékstasis* deriv. di *eksistánai* "essere fuori di sé") **1.** Stato di una persona che si trova come trasportata fuori del mondo sensibile per l'intensità di un sentimento mistico. **2.** *estens.* Rapimento per viva ammirazione, per il piacere estremo causati da qlco. o qlcu. SIN.: **visibilio**. ◇ *fam. Essere in estasi:* essere distratto, assente.

estasiàre v.tr. [6] Mandare in estasi qlcu., coinvolgerlo profondamente. *È un'attrice capace di estasiare.* SIN.: **entusiasmare**. ◆ **estasiarsi** v.pron. Andare in estasi, provare un grande entusiasmo. SIN.: **bearsi**.

estasiàto agg. Completamente assorto in qlco. che occupa tutte le facoltà. SIN.: **incantato**.

estàte s.f. (lat. *aestātem*, propr. "calore bruciante") Stagione dell'anno che nell'emisfero boreale inizia il 21 giugno (solstizio d'estate) e termina il 23 settembre (equinozio d'autunno). ◇ *Estate di san Martino:* periodo attorno al giorno di san Martino (11 novembre), caratterizzato general. da bel tempo e da un relativo aumento della temperatura. ~ *fig.* Periodo di particolare vitalità sia fisica sia spirituale di una persona anziana.

estàtico agg. [pl.m. *-ci*, f. *-che*] **1.** Che è in estasi, che è proprio dell'estasi. ~ Che avviene durante l'estasi. **2.** *estens.* Rapito, incantato, affascinato.

estemporaneità s.f. inv. Carattere improvviso e talvolta anche gratuito di qlco. *L'estemporaneità di un intervento.*

estemporàneo agg. (lat. *extemporàneum*, dalla loc. *ex tempore* "al momento") **1.** Che non è stato preparato precedentemente. SIN.: **improvvisato**. **2.** *estens.* Improvviso, immediato. **3.** Che parla o scrive improvvisando. **4.** *estens.* Estroso.

estèndere v.tr. [33] **1.** Rendere più ampio qlco., anche in senso fig. *Estendere i confini dello Stato.* SIN.: **ampliare**. **2.** Concedere un diritto, una prerogativa a qlcu. che ne era privo. *Estendere il diritto di voto alle donne.* ◆ **estendersi** v.pron. **1.** Allargarsi territorialmente. SIN.: **ingrandirsi**. ~ Occupare una certa area nello spazio, con indicazione dell'estensione totale o dei limiti dello spazio occupato. *L'Italia si estende dalle Alpi alla Sicilia.* **2.** *fig.* Arrivare fino a un certo punto. *Le mie competenze non si estendono a tanto.* **3.** Diffondersi, propagarsi.

estènse agg. **1.** Di Este, in provincia di Padova. **2.** Della famiglia degli Este, duchi di Ferrara. ◆ s.m. pl. (anche con iniziale maiusc.) La famiglia, il casato dei signori di Ferrara.

estensìbile agg. **1.** Che può essere esteso, prolungato. **2.** Che può avere un maggiore sviluppo, ulteriore impiego, che può rivolgersi ad altre persone. *Norma estensibile a molti settori.*

estensìmetro s.m. TECN. Strumento per misurare le deformazione prodotte in un corpo.

estensionàle agg. FILOS. Che concerne l'estensione, soprattutto in riferimento a un tipo di definizione che designa soggetti con termini derivati per estensione da altri analoghi.

estensióne s.f. **1.** Ampliamento, allargamento, ingrandimento. ~ Assegnazione di qlco. a più soggetti. ~ Maggiore sviluppo, incremento. **2.** In lessicografia, passaggio da un'accezione ristretta di un vocabolo a una più ampia legata alla prima da un rapporto logico. **3.** Ampiezza spaziale e temporale. ◇ MUS. *Estensione di una voce, di uno strumento musicale:* intervallo tra il suono più grave e il più acuto. – GRAMM. *Complemento di estensione:* quello che indica la misura di una dimensione. ~ LOG. L'insieme degli oggetti ai quali si può attribuire un concetto. **4.** FISIOL. Movimento che porta i due segmenti di un'articolazione in linea con l'asse di un arto. ~ MED. Posizionamento in asse, mediante trazione, dei due monconi di un osso che abbia subito una frattura scomposta. **5.** SPORT. In ginnastica, il passaggio del corpo o di una parte di esso da una posizione raccolta a una di completa distensione. **6.** INFORM. Parte finale del nome di un file, separata da un punto dal resto del nome, che individua il tipo di contenuto e, di conseguenza, il programma adatto ad aprirlo. *Estensione DOC.* ~ Modulo di codice supplementare che in alcuni sistemi operativi viene caricato ed eseguito all'avvio del calcolatore, per aggiungere funzionalità.

estensìvo agg. **1.** Che denota l'allargamento di qlco. ad ambiti diversi dall'originario. **2.** Che occupa una vasta superficie. ◇ *Coltivazione estensiva:* coltivazione praticata su grandi superfici senza una particolare attenzione al rendimento (in oppos. a *intensiva*). – URBAN. *Zone estensive:* zone residenziali con bassa densità edilizia.

estensóre agg. [non com. f. *estenditrice*] **1.** ANAT. Che ha la funzione di operare un'estensione. **2.** Che ha il compito di redigere per esteso un documento. ◆ s.m. **1.** ANAT. Muscolo estensore. **2.** (anche f.) Compilatore, redattore. *L'estensore del regolamento.* **3.** Attrezzo per la ginnastica che sviluppa i muscoli delle braccia e del torace.

estenuànte agg. Che sfinisce, stanca. SIN.: **sfibrante**.

estenuàre v.tr. (lat. *extenuāre* "assottigliare") **1.** Portare qlcu. a una condizione di estrema magrezza. **2.** Stancare moltissimo qlcu., indurlo a uno stato di grande sfinimento e debolezza. ◆ **estenuarsi** v.pron. Stancarsi e perdere le forze fino a ridursi a uno stato di grande debolezza. *Mi sono estenuato nella preparazione di questo esame.*

esteràsi s.f. inv. CHIM., BIOL. Enzima che catalizza la scissione idrolitica degli esteri, importante nella digestione dei grassi.

èstere s.m. (ted. *Ester*) CHIM. Composto organico la cui molecola è costituita da un radicale alcolico e da un radicale acido uniti da un atomo di ossigeno.

esterificazióne s.f. CHIM. Reazione che determina la formazione di un estere.

esterióre agg. **1.** Che si presenta ai nostri sensi, che costituisce quanto di una persona o di una cosa è visibile. SIN.: **esterno**. ~ Che è al di fuori di noi. ~ Che è estraneo alla sfera spirituale. SIN.: **materiale**. **2.** *estens.* Che non implica un radicamento o una partecipazione interiore ma è pura apparenza. SIN.: **superficiale**. ◆ s.m. (solo sing.) Esteriorità, apparenza.

esteriorità s.f. inv. **1.** Ciò che appare e che può essere in contraddizione con la sostanza delle cose. **2.** *estens.* Sfoggio, sfarzo, superficialità.

esteriorizzazióne s.f. **1.** Manifestazione, espressione di pensieri, di sentimenti, di stati d'animo. **2.** PSICOL. La percezione di sensazioni personali come proprietà oggettive delle cose. **3.** MED. Negli interventi chirurgici, spostamento d'un organo mobile al di fuori del corpo del paziente.

esternalizzazióne s.f. ECON. Trasferimento all'esterno di lavorazioni o lavoratori di un'azienda.

esternàre v.tr. Manifestare, dichiarare pubblicamente il proprio pensiero. ◆ **esternarsi** v.pron. Manifestarsi, apparire all'esterno.

esternazióne s.f. Manifestazione del proprio pensiero, dei propri sentimenti.

estèrno agg. **1.** Che è a contatto diretto con l'aria o con altri agenti atmosferici (in oppos. a *interno*). ◇ *Per uso esterno:* di medicinale che si applica sulle parti esterne del corpo. **2.** Che non ha un rapporto organico, intrinseco, continuativo. *Consulente esterno.* ◇ *Allievo, alunno esterno:* quello che frequenta le lezioni in un convitto non essendo convittore. – *Candidato esterno:* privatista. **3.** Che costituisce la parte più lontana rispetto a un elemento di riferimento. ◇ *Angolo esterno dell'occhio:* quello verso la tempia. **4.** FILOS. Di ciò che ha origine nella realtà o che si ritiene abbia un'esistenza oggettiva indipendentemente dalla conoscenza che l'uomo può averne. ◇ *Mondo esterno:* l'insieme delle cose percepite o ritenute passibili di percezione. **5.** MAT., GEOM. *Retta esterna a una circonferenza:* che non ha punti reali in comune con essa. – *Angolo esterno di un poligono:* che è adiacente a un angolo interno. – *Punto esterno a un insieme:* quello che possiede un intorno che non contiene punti dell'insieme. **6.** ASTR. *Pianeti esterni:* che hanno un'orbita più ampia di quella terrestre. **7.** SPORT. Di una gara disputata sul campo avversario e del risultato ottenuto. ~ In giochi di squadra, del giocatore che opera sulle fasce. SIN.: **laterale**. ◆ s.m. **1.** Spazio che si apre al di là di una struttura chiusa. ◇ *All'esterno:* fuori. **2.** Parte di una struttura che è a contatto diretto con lo spazio esterno. *Gli esterni condominiali.* **3.** Parte di un corpo, di un oggetto che è più discosta dal centro o dall'asse del corpo stesso. **4.** MAT. *Esterno di un insieme:* insieme dei punti esterni all'insieme. **5.** SPORT. In alcuni giochi di squadra, il giocatore che si muove lungo i bordi laterali del campo. **6.** CINE. (al pl.) Le riprese girate all'aperto.

èstero agg. **1.** Che è fuori, oltre i confini di uno Stato o che da lì proviene. SIN.: **straniero**. **2.** Relativo alle relazioni con le altre nazioni. **3.** ECON. Del settore ideale costituito dagli operatori esterni rispetto al sistema nazionale. ◆ s.m. L'insieme (imprecisato) dei paesi stranieri.

esterofilìa s.f. (voce coniata dal futurista F. T. Marinetti) Sopravvalutazione dell'organizzazione sociale, produttiva e delle forme della cultura dei paesi stranieri.

esterofobìa s.f. Atteggiamento di ostilità e avversione verso tutto ciò che è straniero.

esterrefàtto agg. **1.** Spaventato, terrorizzato. **2.** Sbigottito, sbalordito.

estéso agg. **1.** Di grandi dimensioni. SIN.: **ampio**. ◇ *Per esteso:* in forma non abbreviata; in modo esauriente. *Un argomento trattato per esteso.* **2.** Ampiamente diffuso. *Uso molto esteso.*

estèta s.m. e f. [pl.m. *-ti*] (fr. *esthète*, gr. *aisthētḗs* "che sente") **1.** Chi nella creazione artistica privilegia il bello in sé e per sé. ~ Chi ha il culto della bellezza artistica. **2.** *estens.* Persona di gusti raffinati e ricercati.

estètica s.f. [non com. pl. *–che*] (lat. *Aesthetica*, deriv. di gr. *aisthētikós* "che è in grado di sentire") **1.** FILOS. Fino al sec. XVIII, ricerca filosofica avente per oggetto la conoscenza sensibile. ~ Successivamente, ricerca che ha per oggetto il bello e l'arte. **2.** Disciplina filosofica impartita a livello universitario che studia le varie dottrine estetiche. ~ Filosofia dell'arte. **3.** *estens.* Aspetto bello, gradevole. ~ Forma armoniosa. SIN.: **bellezza**.

estètico agg. [pl.m. *–ci*, f. *–che*] **1.** Che ha relazione con la sensazione o con la percezione del bello. **2.** Che riguarda la bellezza fisica. *Massaggi estetici.* ◆ s.m. [f. *–ca*] Filosofo che si occupa di estetica.

estetismo s.m. (fr. *esthétisme*) **1.** Dottrina o atteggiamento artistico che mette in primo piano il perfezionamento o il virtuosismo formale. **2.** *estens.* Tendenza alla raffinatezza, alla ricercatezza. **3.** Tendenza artistica e letteraria inglese dell'ultimo terzo del sec. XIX che si situa nella corrente, opposta al naturalismo, dell'arte per l'arte. (Personalità principali William Morris, Oscar Wilde, Whistler). **4.** Nel l. della crit. lett., tendenza a considerare il testo più come un oggetto da percepire sensibilmente nei suoi valori di musicalità, che come oggetto di conoscenza.

estetista s.m. e f. [pl.m. *–sti*] Persona specializzata in trattamenti cosmetici.

estetizzante agg. Che privilegia il gioco raffinato dei valori formali. ~ Assertore dell'estetismo. *Poeta estetizzante.*

estetizzàre v.intr. (aus. *avere*) Fare l'esteta, comportarsi da esteta.

estetòlogo s.m. [f. *–ga*, pl.m. *–gi*, f. *–ghe*] FILOS. Autore, filosofo che si occupa di estetica.

estimativo agg. Che ha per scopo la valutazione economica di qlco. *Perizia estimativa.*

estimatóre s.m. [f. *–trice*] **1.** Chi è in grado di fare una valutazione di un oggetto. **2.** Chi apprezza il valore di qlco. o qlcu.

estimatòrio agg. [pl.m. *–ri*] DIR. Relativo alla stima di un oggetto. ◇ *Contratto estimatorio:* contratto con cui una parte consegna una o più cose mobili a un'altra che si impegna a pagarne il prezzo o a restituirle entro il termine stabilito.

estimazióne s.f. Determinazione del valore economico di un oggetto.

èstimo s.m. **1.** Determinazione del valore economico dei beni immobili e della loro rendita. **2.** Disciplina che studia i criteri di tale valutazione.

estinguere v.tr. [34] **1.** Spegnere un fuoco. ~ *fig.* Attenuare, placare un bisogno. **2.** *fig.* Cancellare, annullare. *Estinguere un debito.* ◆ **estinguersi** v.pron. **1.** Smettere di ardere. SIN.: **spegnersi**. **2.** *fig.* Non avere più figli o discendenti. SIN.: **scomparire**. **3.** *fig.* Venir meno, finire.

estintivo agg. DIR. Atto a estinguere, ad annullare un debito, una pena.

estinto agg. **1.** Spento. **2.** *fig.* Che ha cessato di essere, di esistere, di vivere. ◆ s.m. [f. *–ta*] Persona defunta.

estintóre s.m. Apparecchio che serve per estinguere un principio d'incendio.

estinzióne s.f. **1.** Spegnimento di ciò che brucia. **2.** *fig.* Intervento che toglie vitalità, forza a qlco. *Estinzione di un focolaio di ribellione.* ~ Perdita di vitalità, morte. **3.** *fig.* Esaurimento dell'efficacia, del carattere operativo di qlco. ◇ *Estinzione del diritto:* cessazione di una posizione giuridica di vantaggio derivante dalla prescrizione. **4.** FIS. Cessazione progressiva di qlco. *Estinzione di un moto.* **5.** BIOL. Scomparsa di una specie animale o vegetale o di gruppi umani, dovuta a cause sia naturali sia storiche. *Specie in via d'estinzione.*

estirpàbile agg. Che può essere sradicato.

estirpàre v.tr. **1.** Strappare dalla radice. ~ *estens.* Estrarre, asportare qlco. *Il dente è malato, bisogna estirparlo.* **2.** *fig.* Togliere completamente qlco. SIN.: **distruggere**.

estirpatóre s.m. [f. *–trice*] AGR. Attrezzo agricolo per strappare le erbe infestanti ed effettuare lavori superficiali del terreno. ◆ agg. Che estirpa, sradica.

estirpazióne s.f. **1.** Sradicamento, estirpamento. **2.** AGR. Eliminazione delle erbe selvatiche con l'estirpatore. **3.** *fig.* Azione volta a svellere qlco. dalla coscienza individuale o della società, spec. in riferimento a fenomeni culturali, religiosi, ecc. molto radicati. *Estirpazione di una dottrina.*

estivazióne s.f. **1.** Migrazione delle greggi e delle mandrie verso i pascoli di montagna durante l'estate (in oppos. a *svernamento*). **2.** ZOOL. Stato letargico con cui alcuni animali (p.e. il prototipo) si difendono dalle alte temperature estive (in oppos. a *ibernazione*). **3.** BOT. Disposizione degli elementi del fiore prima della fioritura. SIN.: **prefloratura**. **4.** In bachicoltura, procedimento che consiste nel tenere a una temperatura costante (24-30 gradi centigradi) le uova appena deposte. **5.** Nell'industria dei laterizi, esposizione all'aria dell'argilla nel periodo estivo.

estivo agg. **1.** Relativo all'estate. *Vestito estivo.* ~ Tipico dell'estate. *Caldo estivo.* ~ Che ha luogo in estate. *Lavoro estivo.* **2.** BOT. Del legno secondario del fusto, che si forma al termine del periodo vegetativo ed è più compatto di quello primaticcio; è detto anche *tardivo*.

èstone agg. Dell'Estonia. ◆ s.m. **1.** (anche f.; al pl. anche iniziale maiusc.) Nativo, abitante dell'Estonia. **2.** (solo sing.) Lingua del gruppo ugro-finnico parlata dagli Estoni.

estòrcere v.tr. [22] Prendere, sottrarre qlco. con l'inganno o con la forza. *Estorcere danaro ai commercianti.*

estorsióne s.f. **1.** Azione volta a carpire qlco. a qlcu. **2.** Reato che consiste nell'ottenere qlco., general. del denaro, minacciando qlcu. o con l'uso della forza.

estorsivo agg. Relativo all'estorsione, fatto a scopo di estorsione. *Sequestro estorsivo.*

estorsóre s.m. [f. *–trice*] Colpevole di estorsione.

estradàre v.tr. DIR. Consegnare ad altro Stato una persona da questo ricercata o condannata.

estradìolo s.m. FISIOL. Il principale ormone estrogeno ovarico.

estradizióne s.f. (fr. *extradition*) DIR. Consegna, da parte di uno Stato, di una persona imputata o condannata in un altro Stato, quando quest'ultimo ne faccia richiesta. ◇ *Estradizione attiva:* con riferimento allo Stato che la richiede. – *Estradizione passiva:* con riferimento allo Stato che riceve la richiesta.

estradòsso s.m. **1.** ARCH. Superficie esterna di un arco, di una volta (in oppos. a *intradosso*). **2.** AER. Superficie superiore di un'ala d'aereo.

estragóne s.m. BOT. → dragoncello.

estraìbile agg. **1.** Che può essere estratto da qlco. **2.** Che può essere sfilato e asportato. *Autoradio estraibile.*

estràle agg. BIOL. Che concerne l'estro sessuale delle femmine dei mammiferi.

estramuràle o **extramuràle** agg. Che è o si svolge fuori dalle mura di una città, di un edificio.

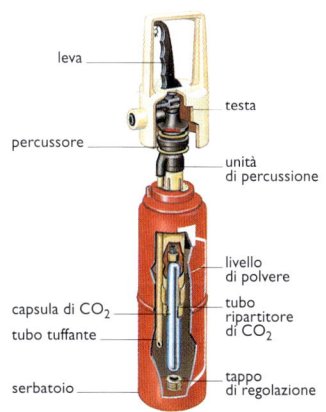

■ **estintóre** a polvere.

(Labels on figure: leva, testa, percussore, unità di percussione, livello di polvere, capsula di CO$_2$, tubo ripartitore di CO$_2$, tubo tuffante, serbatoio, tappo di regolazione)

estraneità s.f. inv. **1.** Atteggiamento di chi non intende partecipare o è rimasto estraneo a qlco. *Proclamare la propria estraneità ai fatti.* **2.** Senso di separatezza tra sé e gli altri, tra sé e la realtà che si traduce in una sorta di incomunicabilità. **3.** Condizione di non pertinenza, non attinenza con il contesto. *L'intervento si caratterizzava per la totale estraneità all'argomento.*

estràneo agg. **1.** Con riferimento a persona, che non appartiene a un contesto. *Mantenersi estraneo a una faccenda.* ~ Che non fa parte di un ambiente omogeneo per qualche aspetto, spec. per quello del lavoro. ~ Che non ha alcuna relazione di parentela, di amicizia, di familiarità o di conoscenza con il soggetto. SIN.: **sconosciuto**. **2.** Che non partecipa spiritualmente a qlco. SIN.: **assente**. **3.** Con riferimento a cosa, che non concerne l'argomento trattato, non pertinente. ◆ s.m. [f. *–a*] Nell'accez. 1 dell'agg.

estraniàre v.tr. [6] Rendere estraneo, allontanare qlcu. da un ambiente, da un oggetto. ◆ **estraniarsi** v.pron. Allontanarsi con il pensiero.

estraniazióne o **estraneazióne** s.f. **1.** Condizione di chi si sente estraneo, indifferente all'ambiente che lo circonda. *Estraniazione dalla realtà.* SIN.: **alienazione**. **2.** LETT. → **straniamento**.

estrapolàre v.tr. **1.** Trarre una conclusione da dati parziali o incompleti. **2.** Estrarre da un contesto dati particolari. *Ho estrapolato i dati dalle statistiche.* **3.** MAT. Ottenere qlco. per estrapolazione.

estrapolazióne s.f. **1.** Applicazione, per analogia, di categorie o concetti a un campo conoscitivo diverso da quello loro proprio. **2.** LING. Separazione di una frase dal suo contesto. **3.** STAT., MAT. Estensione di una funzione al di fuori del suo dominio.

estràrre v.tr. [11] **1.** Tirare fuori qlco. da un posto. *Estrarre la spada dal fodero.* ~ Sorteggiare un numero, un biglietto, ecc. *Estrarre i numeri del lotto.* ◇ MAT. *Estrarre la radice quadrata di un numero:* calcolare cercando il numero che, moltiplicato per sé stesso, dà il numero desiderato. **2.** Tirare fuori mediante un procedimento estrattivo. *Estrarre il petrolio.* ~ CHIM. Asportare uno o più elementi da un miscuglio.

estrattivo agg. Relativo all'estrazione. *Industria estrattiva.*

estràtto agg. Tratto fuori. *Numero estratto.* SIN.: **sorteggiato**. ◆ s.m. **1.** Prodotto che si ricava da sostanze animali o vegetali attraverso procedimenti fisici o chimici. *Estratto di pomodoro.* **2.** Numero o nome sorteggiato. **3.** Sintesi di uno scritto, di un documento in cui vengono riportati solo i dati essenziali. SIN.: **compendio**. ◇ BANC. *Estratto conto:* distinta di un conto corrente che riporta, general. in ordine cronologico, le operazioni effettuate e i saldi conseguenti. **4.** Opuscolo con uno solo degli articoli comparsi in un volume miscellaneo.

estrattóre s.m. **1.** [f. *–trice*] Chi è addetto a operazioni di estrazione. **2.** MIL. Dispositivo delle armi da fuoco per estrarre dalla camera dell'involucro della carica sparata dopo la partenza del colpo. **3.** MECC. IND. Attrezzo per estrarre una dall'altra due parti incastrate. **4.** CHIM. Apparecchio di estrazione per solidi e liquidi. **5.** MED. Strumento per estrarre corpi estranei dall'organismo. **6.** APICULT. Apparecchio che attraverso la centrifugazione dei favi permette l'estrazione del miele.

estrazióne s.f. **1.** Operazione di cavare qlco. *Estrazione di un dente.* ~ Azione di prelevare a caso un elemento in un insieme. *Estrazione dei numeri di una lotteria.* **2.** CHIM. Procedimento con cui si estraggono uno o più componenti da una miscela liquida mediante l'uso di solventi. **3.** ARITM. *Estrazione radice quadrata, cubica:* operazione con cui si calcola tale radice. **4.** BANC. *Estrazione della cassa:* prelevamento, dal luogo in cui sono custoditi, dei valori necessari per le operazioni di cassa. **5.** ECON. Operazione mediante la quale lo Stato o altro emittente sorteggia i titoli da rimborsare. **6.** *fig.* Origine sociale. *Persona di nobile estrazione.* SIN.: **progenie**.

estremàle agg. MAT. Di un punto in cui si annullano tutte le derivate prime di una funzione.

estremaménte avv. In massimo grado.

estremìsmo s.m. **1.** Tendenza ad accentuare fortemente una componente della vita, una posizione politica o ideologica, una passione. **2.** Comportamento politico che consiste nel difendere le posizioni più radicali. *L'estremismo di sinistra, di destra.* ~ L'insieme delle formazioni politiche che si trovano su tale posizione.

estremìsta s.m. e f. [pl.m. *-sti*] Chi assolutizza un concetto, una dottrina. *Estremista islamico.* ~ Nel l. pol., chi ha una posizione favorevole a idee e misure estreme e radicali. *Estremista di destra.* SIN.: **radicale**. ❑ In funzione di agg., estremistico.

estremìstico agg. [pl.m. *-ci*, f. *-che*] Caratterizzato da estremismo, da estremista. *Posizione estremistica.*

estremità s.f. inv. **1.** Parte più lontana di un luogo in cui esso ha termine. *L'estremità di un paese.* ~ In partic., parte terminale di una cosa rispetto al suo asse maggiore. *Estremità di una corda.* **2.** BIOL. (al pl.) Arti dei vertebrati tetrapodi. ~ *eufem.* Nel l. com., i piedi. **3.** *fig.* Fine, termine di qlco.

estrèmo agg. **1.** Di ciò oltre cui non c'è nulla o nessuno di eguale natura. SIN.: **ultimo**. ◇ *Estremo Oriente:* i paesi dell'Asia orientale che confinano con l'oceano Pacifico. **2.** Ultimo nel tempo, finale. ~ Che costituisce uno degli ultimi atti della vita. *Estremo saluto.* **3.** SPORT. In un gioco di squadra, riferito al giocatore che occupa la più arretrata posizione difensiva. ◇ *Estremo difensore:* nel calcio, portiere. **4.** *fig.* Che rappresenta il massimo grado di qlco. ~ Se riferito a qualità, eccezionale, straordinario. *Essere al limite estremo della sopportazione.* ◇ SPORT. *Sport estremi:* attività sportive dove il pericolo è associato a uno sforzo fisico intenso, al limite delle capacità umane. **5.** *fig.* Che assolutizza un'idea, un ideale. *Un'interpretazione estrema di una dottrina.* ~ POLIT. Radicale, estremista. ◇ *Estrema destra, sinistra:* frazione di un partito, che, all'interno della rispettiva ideologia, ha una posizione più intransigente. ◆ s.m. **1.** Parte terminale di qlco. SIN.: **estremità**. ~ *fig.* Limite ultimo, momento estremo. *Lottare fino all'estremo.* ~ Massimo, colmo. *L'estremo della vigliaccheria.* ◇ *Essere agli estremi:* in fin di vita o al limite massimo della resistenza psicofisica. – *figg. Da un estremo all'altro:* da un eccesso all'altro, da un'esagerazione all'altra. – *All'estremo:* al massimo grado. **2.** LOG. (al pl.) Il soggetto e il predicato di una proposizione. **3.** MAT. *Estremo di una funzione:* il valore di un suo massimo o di un suo minimo. – GEOM. *Estremo di un segmento:* i punti che delimitano il segmento come parte della retta cui appartiene. **4.** (al pl.) I dati essenziali che caratterizzano qlco., in partic. nel l. bur. *Gli estremi di un documento.* **5.** SPORT. Nel rugby, il giocatore più arretrato, schierato in difesa della linea di meta.

estremorientàle agg. Dell'Estremo Oriente.

Èstridi s.m. pl. [iniziale minusc. sing. *-de* per l'individuo] ZOOL. Famiglia di insetti, parassiti di molti mammiferi, con corpo peloso, grosso capo e corte antenne. (Ordine dei Ditteri.)

estrinsecazióne s.f. Manifestazione, espressione di idee o sentimenti. SIN.: **estrinsecamento**.

estrìnseco agg. [pl.m. *-ci*, f. *-che*] **1.** Che è al di fuori, che non appartiene alla natura specifica, alla sostanza di qlco. o qlcu. (in oppos. a *intrinseco*). *Fatti estrinseci.* SIN.: **esterno**. ~ ECON. Valore estrinseco o facciale di una moneta. **2.** ANAT. *Muscolo estrinseco:* preposto alla mobilità di un organo.

èstro s.m. (lat. *oēstrum*, gr. *ôistros* "tafano" poi "stimolo, furore") **1.** Per gli antichi Greci, ispirazione divina che faceva profetare o poetare i mortali. **2.** *estens.* Esaltazione creativa dell'artista, del poeta. **3.** Bizza, capriccio. *Gli è venuto l'estro di scrivere.* **4.** BIOL. Insieme dei fenomeni fisiologici e comportamentali che precedono e accompagnano l'ovulazione nella femmina dei mammiferi. **5.** ZOOL. (iniziale maiusc.) Genere di insetti le cui larve infestano i tessuti interni del corpo degli ospiti, in partic. bovini ed equini, provocando molte malattie e anche la morte. (Famiglia degli Estridi.)

estroflessióne s.f. MED. Ripiegamento verso l'esterno di un organo o di un tessuto.

estroflèsso agg. MED. Di organo o tessuto che presenta estroflessione.

estroflèttere v.tr. [53] Mandare in fuori e piegare qlco., general. un arto. ◆ **estroflettersi** v.pron. MED. Detto di un organo anatomico o di un tessuto, svilupparsi curvandosi verso l'esterno.

estrògeno s.m. BIOL., MED. Ormone prodotto spec. dalle ovaie che determina lo sviluppo dei caratteri sessuali primari e secondari femminili e li mantiene. ◆ agg. Nel sign. del s.

estrométtere v.tr. [50] Mettere qlcu. al di fuori di un gruppo di cui faceva parte. ◆ **estromettersi** v.pron. Porsi al di fuori di un gruppo.

estromissióne s.f. Espulsione, esclusione da qlco.

estróne s.m. BIOL. Ormone estrogeno naturale.

estròrso agg. BOT. Si dice dell'antera che si schiude verso l'esterno del fiore, cioè verso il perianzio (p.e. nelle Ranuncolacee).

estróso agg. **1.** Originale, ricco d'inventiva. **2.** Bizzarro, stravagante.

estroversióne s.f. PSICOL. Tendenza a privilegiare il rapporto con l'oggettività e la socializzazione.

estrovèrso agg. Che è stimolato dalla realtà e socializza molto facilmente. ~ Aperto, espansivo, esuberante. *Bambina estroversa.* ◆ s.m. [f. *-sa*] Nel sign. dell'agg.

estrùdere v.tr. [21] TECN. Sottoporre qlco. al procedimento dell'estrusione. *Estrudere un metallo.*

estrusióne s.f. **1.** GEOL. Emersione di formazioni rocciose non plastiche tra rocce deformabili, conseguente a fenomeni di corrugamento. **2.** TECN. Procedimento di lavorazione meccanica di materiali malleabili (metalli, plastiche), che consiste nel forzarli a pressione attraverso un foro sagomato, dal quale escono in forma di tubi, dischetti, barre, ecc.

estrusìvo agg. GEOL. Di eruzione vulcanica in cui i materiali eruttivi, molto densi, solidificano nel cratere.

estrusóre s.m. TECN. Macchina usata nei procedimenti di estrusione.

estuariàle agg. Relativo all'estuario.

estuàrio s.m. [pl. *-ri*] (lat. *aestuārium*, propr. "luogo dove le acque ribollono") GEOGR. Foce di un fiume a forma di imbuto, dovuta all'azione erosiva del mare che invade il letto del fiume.

esuberànte agg. **1.** Superiore al necessario. SIN.: **eccedente**. **2.** *estens.* Che dimostra una grande forza vitale nel suo sviluppo. *Vegetazione esuberante.* ~ Riferito a persona, florido, formoso. *Bellezza esuberante.* **3.** *fig.* Che esprime una traboccante, e talvolta eccessiva, vitalità interiore. SIN.: **espansivo**.

esuberànza s.f. **1.** Sovrabbondanza, dovizia, eccedenza di qlco. **2.** *fig.* Vivacità, vitalità interiore che pare traboccare all'esterno.

esùbero s.m. Eccedenza, eccesso, esuberanza. *Personale in esubero.*

esulàre v.intr. (aus. *avere*) Andare fuori da qlco., essere estraneo. *La decisione esula dalla mia volontà.*

esulceràre v.tr. **1.** Produrre un'ulcera, una piaga su una parte del corpo. **2.** *fig.* Addolorare profondamente o esacerbare qlcu. SIN.: **ferire**.

esulcerazióne s.f. MED. Formazione di una piaga, di un'ulcera.

èsule s.m. e f. Chi è in esilio. SIN.: **profugo**.

esultànte agg. **1.** Che è in preda a una grande gioia. **2.** Che denota tale stato d'animo.

esultànza s.f. Gioia incontenibile espressa con manifestazioni esteriori.

esultàre v.intr. (aus. *avere*) (lat. *exsultāre*, propr. "saltare di gioia") Provare una gioia molto intensa. SIN.: **gioire**.

esumàre v.tr. **1.** Estrarre dalla tomba una salma. SIN.: **disseppellire**. **2.** *fig.* Trarre dall'oblio, ritirare fuori cose ormai dimenticate. *Non è il caso di esumare queste vecchie storie.* SIN.: **rispolverare**.

esumazióne s.f. (fr. *exhumation*) **1.** Dissotterramento di un cadavere. **2.** *fig.* Recupero di qlco. di antico di cui non si aveva quasi più memoria. SIN.: **ripristino**.

esùvia s.f. (lat. *exŭviae* "spoglie") ZOOL. Strato superficiale del tegumento di alcuni animali, che si distacca periodicamente conservando intatta la propria forma.

èta s.f. o s.m. inv. Settima lettera dell'alfabeto greco (*Η, η*), corrispondente alla *e* lunga nel greco classico (in oppos. alla *epsilon* che vale come *e* breve) e nell'alfabeto latino, pronunciata come *i* già in epoca bizantina.

età s.f. inv. **1.** Periodo della vita che corrisponde a una fase dell'evoluzione dell'essere umano. *Questo sport è praticabile a tutte le età.* ◇ *Le quattro età dell'uomo:* l'infanzia, la giovinezza, la maturità e la vecchiaia. – *Mezza età:* periodo di vita compreso tra la gioventù e la vecchiaia. – *Terza età:* gli anziani fino ai 75 anni. **2.** Periodo della vita umana identificato in base a caratteristiche socioculturali. ◇ *Età mentale:* livello di sviluppo intellettuale di un bambino, misurato tramite alcune prove; *estens.* livello di maturità intellettuale di una persona, indipendentemente dalla sua età. **3.** Numero di anni trascorsi dalla nascita, con riferimento all'uomo, agli animali e alle piante. *Nascondere la propria età.* ~ Con riferimento a cose, dal momento della loro formazione, costruzione, ecc. ◇ *Età della Luna:* numero di giorni trascorsi dall'ultimo novilunio astronomico. – GRAMM. *Complemento d'età:* quello che indica in unità di tempo numerabili (anni, mesi, ecc.) l'età di un essere animato e, estens., di un vegetale o di una cosa. **4.** Numero di anni dell'uomo indicati approssimativamente per mezzo di attributi, di locuzioni, di perifrasi. ◇ *La bella età:* la giovinezza. – *Avere una bella età:* essere molto anziano. – *D'età avanzata, in età, d'età:* avanti negli anni. – *Essere nel fiore, nel verde dell'età:* essere giovane. – *Età critica:* della menopausa per le donne e della pubertà per gli adolescenti. – *Età dello sviluppo:* la pubertà. **5.** Periodo di vita di una generazione e la generazione stessa. *Essere di un'altra età.* **6.** Periodo, epoca storica. ◇ *Età Antica:* l'epoca greco-romana. – *Età di mezzo:* il Medioevo. – *Età Moderna:* convenzionalmente quella che va dalla scoperta dell'America (1492) alla Rivoluzione francese (1789) o alla prima metà del sec. XIX. – *Età Contemporanea:* quella che va dal congresso di Vienna (1815) o dalla metà del sec. XIX ai nostri giorni. – *Età dell'argento, del rame, del ferro:* le tre età del mondo secondo l'antica periodizzazione risalente ai Greci, caratterizzate da un progressivo allontanamento dalla primitiva condizione di felicità, propria dell'*età dell'oro*. **7.** GEOL. Ciascuna delle suddivisioni di un'epoca geologica. *Età della pietra, del bronzo.*

étamine [/eta'min/] s.m. sing. (voce fr., deriv. di lat. *stāmen* "filo") IND. TESS. Tessuto a trama larga. SIN.: **stamigna**.

etanàle s.m. CHIM. ORG. Aldeide (CH_3CHO) derivato dall'alcool etilico. SIN.: **acetaldeide**.

etàno s.m. CHIM. ORG. Idrocarburo saturo (C_2H_6) utilizzato come combustibile e come mezzo refrigerante.

etanòlo s.m. CHIM. Alcol (C_2H_5OH) derivato dall'etano. SIN.: **alcol etilico**.

etène s.m. CHIM. → **etilene**.

etèra s.f. (gr. *hetáira* "compagna") **1.** ANT. GR. Donna di costumi liberi che curava particolarmente la raffinatezza dei modi. **2.** *estens.* Prostituta.

1. ètere s.m. **1.** Secondo gli antichi, la parte più alta, pura e limpida, dello spazio celeste. ◇ *Etere cosmico:* fluido imponderabile la cui esistenza fu postulata da Cartesio e dai fisici del Settecento e dell'Ottocento per spiegare la propagazione della luce nel vuoto. **2.** Lo spazio inteso come luogo di propagazione delle onde elettromagnetiche. **3.** *lett.* Aria, cielo.

2. ètere s.m. (ted. *Äther*, deriv. di lat. *aēther* "etere" con riferimento alla sua volatilità) CHIM. Composto organico in cui due radicali alchilici sono uniti da un atomo di ossigeno. ◇ *Etere etilico:* liquido volatile facilmente infiammabile, usato un tempo come anestetico. – CHIM. ORG. *Etere solforico:* ossido d'etile ($(C_2H_5)_2O$), liquido molto volatile e infiammabile, usato come solvente e anestetico locale temporaneo.

1. etèreo agg. **1.** Dell'etere, lo spazio celeste concepito dagli antichi. ~ Dell'etere cosmico.

2. *estens.* Estremamente puro, immateriale, spirituale. *Bellezza eterea.*

2. etèreo agg. CHIM. Relativo all'etere.

eteria s.f. **1.** ANT. GR. Associazione politica a carattere aristocratico che esercita un potere. **2.** Nel Medioevo bizantino, corpo di mercenari stranieri addetto alla tutela della persona dell'imperatore. **3.** Nella Grecia dell'Ottocento, società segreta a carattere patriottico.

eterificàre v.tr. [4] (calco del fr. *éthérifier*) CHIM. Trasformare un alcol in etere. ◆ **eterificarsi** v.pron. CHIM. Detto di alcol, trasformarsi in etere.

eterificazióne s.f. CHIM. ORG. Processo che porta alla formazione di eteri.

eternàre v.tr. Rendere qlcu. o qlco. eterno, immortale. ~ Prolungarne la memoria nel futuro. ◆ **eternarsi** v.pron. Diventare immortale. ~ Acquistare fama, notorietà.

èternit s.m. inv. (deriv. di *eterno* perché di lunga durata) COSTR. Denominazione commerciale, che costituisce marchio registrato, di un materiale di cemento e amianto.

eternità s.f. inv. **1.** Concetto di tempo come durata priva di inizio e di fine. *L'eternità di Dio.* **2.** Durata priva di fine ma che ha avuto principio. *Eternità delle pene infernali.* **3.** *estens.* Continuità della fama che dà luogo a una specie di immortalità storica, terrena. **4.** *fig. fam.* Con valore iperbolico, lasso di tempo molto lungo. *È un'eternità che non ci vediamo.*

etèrno agg. **1.** Che non ha principio né fine, attributo proprio di Dio. **2.** Che ha avuto principio, ma non avrà fine. *Conservo un riconoscimento eterno.* SIN: **perpetuo.** ◇ *Felicità eterna:* il Paradiso. – *L'eterno riposo:* la morte in contrapposizione agli affanni terreni. – *Nulla eterno:* la condizione degli esseri viventi dopo la morte nella concezione materialistica. **3.** Che dura finché ci sarà storia. SIN: **immortale.** *~ per anton. La città eterna:* Roma. **4.** Che dura tutta la vita. *Amore eterno.* **5.** *fig. per esager.* Che non finisce mai. SIN: **interminabile.** – Detto di oggetto, molto resistente e duraturo. SIN: **indistruttibile. 6.** Che è immutabile, che resta inalterato nel tempo o che si ripete sempre uguale. ◇ *Eterno bambino:* riferito a un adulto che dimostra ingenuità o sensibilità infantile, come se non fosse mai cresciuto.

1. etèro s.m. (spec. pl.) Nella storiografia, ognuno dei principi del seguito di Alessandro Magno.

2. ètero agg. Eterosessuale. ◆ s.m. e f. Nel sign. dell'agg.

ètero- Primo elemento di composti dotti e del l. scientifico nei quali significa "diverso", "estraneo", "diseguale" (*eterociclico*); si contrappone a *omo-.* –

eterocèrco agg. [pl.f. *–che*] ZOOL. Riferito alla pinna caudale di alcuni pesci (storione, squalo, ecc.) il cui lobo dorsale, più sviluppato del ventrale, contiene l'estremità della colonna vertebrale (in oppos. a *omocerco*).

1. eterociclico agg. [pl.m. *–ci,* f. *–che*] CHIM. Di composto chimico organico a molecola anulare in cui uno o più atomi che costituiscono l'anello sono diversi dal carbonio.

2. eterociclico agg. [pl.m.*–ci,* f.*–che*] BOT. Di fiore quando i suoi verticilli sono composti da un numero disuguale di elementi. SIN: **eteromero.**

eterociclo s.m. CHIM. Catena chiusa di un composto organico ciclico che contiene un elemento diverso dal carbonio. (p.e. il furano.)

eterocromosòma s.m. [pl. *–mi*] BIOL. Cromosoma da cui dipende il sesso dello zigote. (Nella razza umana, si tratta di cromosomi X e Y; l'uomo ne possiede uno X e uno Y, mentre la donna due X.)

eterodìna s.f. (ingl. *heterodyne*) In radiotecnica ed elettronica, generatore di oscillazioni elettriche sinusoidali, general. impiegato nei ricevitori radioelettrici per effettuare un cambiamento di frequenza.

eterodónte agg. ZOOL. Si dice della dentatura dei vertebrati, quando i loro denti sono differenziati nella forma e nella funzione (in oppos. a *omodonte*).

eterodossia s.f. **1.** RELIG. Affermazione di una dottrina diversa da quella formulata dall'autorità religiosa. **2.** *estens.* Divaricazione tra le proprie idee e quelle imposte da una qualsiasi autorità laica. *Dal partito sono stati accusati di eterodossia.*

eterodòsso agg. **1.** RELIG. Con riferimento a persona, che professa una dottrina diversa da quella ufficiale della Chiesa di appartenenza. ~ *estens.* Che non si uniforma alla linea ufficiale di un partito, alle idee imposte da qualsivoglia autorità. **2.** Con riferimento a cosa, che si discosta da ciò che viene ufficialmente stabilito in materia di fede o in altra materia. *Opinioni eterodosse.* ◆ s.m. [pl. *–sa*] Chi segue, professa dottrine, idee o opinioni eterodosse.

eterofillìa s.f. BOT. Fenomeno per cui una stessa pianta ha foglie di forma diversa.

eterofillo agg. BOT. Di pianta che presenti eterofillia.

eteroforìa s.f. MED. Tendenza di uno o entrambi gli occhi a deviare dalla normale direzione dello sguardo, dovuta a disequilibrio muscolare; è detta anche *strabismo latente.*

eterogamète s.m. GENET. Gamete morfologicamente differenziato a seconda del sesso.

eterogamètico agg. BIOL. Che produce gameti di due tipi, determinando così il sesso del prodotto della fecondazione. (Nei mammiferi, è il maschio a essere eterogametico; negli uccelli è la femmina.)

eterogamìa s.f. BIOL. Riproduzione sessuale determinata dall'unione di un gamete maschile con uno femminile morfologicamente differenziati.

eterogeneità s.f. inv. Compresenza di elementi diversi.

eterogèneo agg. **1.** Che presenta differenze sostanziali e formali. *Società eterogenea.* **2.** CHIM. Di sistema costituito da specie chimiche presenti in diverso stato di aggregazione. **3.** GRAMM. Di sostantivo che al plurale può avere o ha genere diverso dal singolare (p.e. braccio, braccia).

eterogonìa s.f. BIOL. Alternanza di generazioni partenogenetiche e anfigoniche.

eteromanìa s.f. MED. Assuefazione a inalare o bere etere etilico.

eterometàbolo agg. ZOOL. Di insetto che presenta metamorfosi progressive e incomplete, senza fase ninfale. ~ SIN. Nel sign. dell'agg.

eteromorfìa s.f. Eteromorfismo.

eteromorfismo s.m. BOT. Carattere di una pianta che presenta due tipi di organi con lo stesso valore morfologico.

eteronimìa s.f. (gr. *heterōnymía* "differenza di nome") LING. Fenomeno per cui nomi, abbinati per significato e che differiscono tra loro unicamente per il genere o il numero, presentano nomi diversi (p.e. *pecora, montone*). ~ Relazione che si instaura tra i termini corrispondenti di due lingue diverse.

eteronomìa s.f. FILOS. Condizione in cui l'azione non è guidata da un criterio autonomo ma lo assume dall'esterno.

eteropolàre agg. CHIM. *Legame eteropolare:* che avviene per attrazione elettrostatica tra ioni di segno opposto.

eterosessuàle agg. Che è rivolto al sesso opposto. *Amore eterosessuale.* ◆ s.m. e f. Chi prova attrazione sessuale per il sesso opposto (in oppos. a *omosessuale*).

eterosfèra s.f. GEOFIS. Strato dell'atmosfera terrestre situato sopra l'omosfera (90-100 km di altitudine), nella quale i gas leggeri (azoto, idrogeno, elio) sono in concentrazione considerevole e l'ossigeno molecolare è dissociato.

eterotassìa s.f. BIOL. Disposizione invertita congenita di organi, che può interessare anche le piante, detta anche *eterotassi.*

eterotermìa s.f. **1.** IDROL. Fenomeno per cui nelle acque marine si hanno temperature diverse nei vari strati di profondità, dovuto alla maggiore o minore concentrazione di sale. **2.** BIOL. Caratteristica degli organismi viventi di variare la temperatura corporea in relazione al variare di quella ambientale.

eterotèrmo agg. **1.** Di strati d'acqua marina a diversa temperatura, irregolarmente alter-

nati. **2.** ZOOL. Di animale la cui temperatura cambia al variare di quella esterna.

eteròtrofo agg. BIOL. Di essere vivente che si nutre di sostanze organiche, come gli animali e la maggior parte delle piante sprovviste di clorofilla (in oppos. ad *autotrofo*).

Eteròtteri s.m. pl. [iniziale minusc. sing. *–ro* per l'individuo] ZOOL. Ordine di insetti, in parte terrestri in parte acquatici, caratterizzato da metamorfosi incompleta, con ali anteriori per metà chitinose e per metà membranose.

eterozigòte agg. BIOL. Si dice di un individuo le cui cellule possiedono, per uno stesso carattere, una coppia di geni o alleli differenti (in oppos. a *omozigote*). ◆ s.m. Nel sign. dell'agg.

etèsio agg. [pl.m.*–si*] (lat. *etēsium,* gr. *etēsíos* "della durata di un anno, periodico") Detto di venti che soffiano da nord durante l'estate nell'area del Mediterraneo orientale.

Ethernet [/'iθ∂ːnɛt/] s.f. inv. (voce ingl.) INFORM. Insieme di tecnologie hardware e software per la costruzione di reti locali di connessione a media e alta velocità.

èthos o **ètos** s.m. (solo sing.) Norma di comportamento dei membri di una società, in quanto oggetto dell'etica. ~ *estens.* Comportamento e modalità di vita di animali e piante.

ètica s.f. [non com. pl. *–che*] **1.** FILOS. Ricerca di ciò che è bene per l'uomo, di ciò che è bene fare o non fare. ~ Parte della filosofia che studia il problema della morale. **2.** Modo di comportarsi in base a ciò che ciascuno ritiene sia il giusto. ◇ *Etica professionale:* scrupolosità nel lavoro unita, spec. in alcune professioni, alla riservatezza. SIN: **deontologia.**

1. etichétta s.f. (fr. *étiquette*, deriv. di *estiquer* "attaccare") **1.** Piccolo rettangolo di stoffa, carta o altro, che si applica a contenitori, merci, oggetti di ogni tipo per indicarne contenuto, qualità, prezzo, collocazione, ecc. **2.** *fig.* Formula, definizione sintetica con cui si indica un movimento artistico, letterario, politico, ecc. **3.** Società editrice di dischi. ~ Marchio depositato di questa società.

2. etichétta s.f. (spagn. *etiqueta,* fr. *étiquette* orig. "protocollo scritto" quindi "cerimoniale") Complesso di norme che regola, dal punto di vista formale, i rapporti tra le persone. *Osservare l'etichetta.*

etichettàre v.tr. **1.** Fornire di etichetta. **2.** *fig.* Classificare qlcu. in modo più o meno arbitrario e sommario. *Lo hanno etichettato come codardo.* SIN.: **qualificare.**

etichettatrice s.f. Macchina che stampa o applica etichette.

etichettatùra s.m. Applicazione di etichette.

1. ètico agg. [pl.m.*–ci,* f. *–che*] (lat. *ēthicum,* gr. *ēthikós* deriv. di *êthos* "norma di vita") **1.** Che riguarda i principi della filosofia morale. **2.** Che riguarda la valutazione di ciò che è bene o ciò che è male. ◇ *Conto etico:* conto corrente di cui una percentuale degli interessi maturati nell'anno può essere direttamente devoluta a una donazione. – *Banca etica:* istituto di credito che concede prestiti a condizioni agevolate a progetti di particolare interesse sociale (tutela dell'ambiente, del patrimonio artistico, ecc.). ◆ s.m. [f. *–ca*] Filosofo che si occupa di etica.

2. ètico agg. [pl.m.*–ci,* f. *–che*] (gr. *hektikós pyretós* "febbre abituale") Proprio della tisi. ◆ s.m. [f. *–ca*] Chi è affetto da tisi.

etilammina s.f. CHIM. ORG. Base forte ($C_2H_5NH_2$) ottenuta in miscela facendo agire un alogenuro di etile sull'ammoniaca, usata nell'industria del petrolio, dei coloranti e dei farmaci.

etilàto s.m. CHIM. Ogni derivato metallico dell'alcol etilico.

etile s.m. CHIM. ORG. Radicale monovalente C_2H_5–, derivato dell'etano.

etilène s.m. CHIM. Idrocarburo alifatico incolore (CH_2=CH_2) prodotto a partire dal petrolio, utilizzato per la fabbricazione dei polietileni e alla base di numerose sintesi.

etilènico agg. [pl.f. *–che*] CHIM. Di sostanze che hanno un doppio legame nella molecola. ◇ *Serie etilenica:* quella omologa degli idrocarburi alifatici caratterizzati dalla presenza di uno o più doppi legami, detti anche *olefine*.

etilico agg. [pl.m. *–ci*, f. *–che*] CHIM. Si dice di un composto contenente un radicale etile. *Alcol etilico*.

etilismo s.m. MED. → alcolismo.

etilista s.m. e f. [pl.m. *–sti*] MED. → alcolista.

etilòmetro s.m. Apparecchio per la misurazione del tasso di alcol presente nell'organismo, usato soprattutto dalla polizia stradale per verificare lo stato di ubriachezza dei conducenti.

etilotèst s.m. inv. Esame effettuato con l'etilometro per misurare il tasso di alcol contenuto nell'organismo.

etiluretano s.m. CHIM. Denominazione corrente del carbammato di etile o semplicemente uretano, usato come ipnotico nella sperimentazione sugli animali.

ètimo s.m. (lat. *ètymon*, gr. *étymon* "significato proprio della parola") LING. Forma attestata o ricostituita da cui si fa derivare una parola.

etimologia s.f. 1. Studio scientifico dell'origine delle parole con riguardo alla fonetica, alla morfologia e alla semantica. 2. Etimo. ◇ *Etimologia popolare*: interpretazione di fantasia basata sull'associazione con altre parole note.

etimològico agg. [pl.m. *–ci*, f. *–che*] Relativo all'etimologia. ~ Conforme all'etimologia. ◇ *Figura etimologica*: procedimento stilistico consistente dall'accostamento di parole che hanno la stessa radice o lo stesso significato originario.

etimòlogo s.m. e f. [f. *–ga*, pl.m. *–gi*, f. *–ghe*] Specializzato in studi e ricerche etimologiche.

etiopatia s.f. Tecnica terapeutica, derivata dalla chiroterapia, basata sulla manipolazione.

etiope agg. (lat. *AEthiopem*, gr. *Aithíops* propr. "dall'aspetto riarso") Dell'Etiopia. ◆ s.m. e f. (al pl. anche iniziale maiusc.) Nativo, abitante dell'Etiopia.

etiòpico agg. [pl.m. *–ci*, f. *–che*] Dell'Etiopia, degli etiopi.

etmòide s.m. ANAT. Osso della base del cranio, posto dietro all'osso frontale e caratterizzato dalla presenza di numerosi fori.

etnàrca s.m. [pl. *–chi*] 1. Nel periodo tardoellenistico, capo di un popolo orientale di rango inferiore al re e superiore a tetrarca. 2. Patriarca dei cristiani ortodossi orientali soggetti a dominazione straniera che era anche la loro massima autorità civile.

etnarchia s.f. 1. Dignità e funzioni d'etnarca. 2. Territorio posto sotto la sovranità di un etnarca.

etnia s.f. Raggruppamento umano omogeneo, fondato sulla convinzione di condividere una stessa origine e su una comunanza di lingua e di cultura.

ètnico agg. [pl.m. *–ci*, f. *–che*] Relativo a un popolo. *Forte diversità etnica di un paese*. ◇ *Gruppo etnico*: gruppo sociale contraddistinto da una stessa cultura e da una stessa lingua, anche se con caratteri morfologici diversi. – *Musica etnica*: quella propria delle tradizioni musicali popolari o che a questa si ispira. – *Pulizia etnica*: appropriazione esclusiva di un territorio da parte di una popolazione a scapito di una o più popolazioni diverse costrette a subire violenze fisiche o psicologiche. ◆ s.m. pl. Nella Bibbia greca e negli scrittori ecclesiastici, quanti non professavano il monoteismo giudaico o cristiano.

ètno- Primo elemento di composti dotti e della terminologia scientifica col valore di "popolo", "razza" (*etnocidio*, *etnologia*).

etnobiologia s.f. ETNOL. Studio dei rapporti intercorrenti tra le diverse popolazioni umane e l'ambiente animale e vegetale.

etnocentrismo s.m. Tendenza a giudicare la cultura di un popolo con le categorie proprie della cultura di appartenenza, considerate valide in assoluto.

etnocidio s.m. [pl. *–di*] Annullamento dei valori sociali e culturali di un gruppo etnico attuato con metodi violenti da un altro popolo più potente.

etnogenia s.f. ANTROP. Ramo dell'antropologia che si occupa dell'origine, della derivazio-

ne e dell'evoluzione delle razze umane. (Oggi si preferisce usare il termine *antropogenesi*.)

etnografia s.f. Studio descrittivo di tutti i dati relativi alla vita di un gruppo etnico determinato.

etnògrafo s.m. e f. [f. *–fa*] Studioso di etnografia.

etnolinguìstica s.f. [non com. pl. *–che*] Settore della linguistica che studia i rapporti tra la struttura della lingua e la cultura delle varie etnie.

etnologia s.f. Scienza che ha per oggetto di studio l'origine e la diffusione delle culture dei vari popoli e gli scambi avvenuti tra esse.

etnòlogo s.m. e f. [f. *–ga*, pl.m. *–gi*, f. *–ghe*] Studioso di etnologia.

etnometodologia s.f. Corrente della sociologia secondo la quale la realtà sociale può essere descritta e compresa attraverso le pratiche ordinarie e banali della vita quotidiana.

etnomusicologia s.f. Studio scientifico della musica delle società non industriali e della musica popolare delle società industriali.

etnònimo s.m. LING. Nome o aggettivo *etnico.

etnopsichiatria s.f. Studio dei disordini psichici in funzione dei gruppi etnici e culturali ai quali appartengono i malati.

etnopsicologia s.f. Studio dei caratteri psichici dei gruppi etnici.

etogràmma s.m. Schema che definisce i comportamenti di un animale, allo scopo di distinguerlo dalle specie simili.

étoile [/e'twal/] s.f. e f. inv. (voce fr., propr. "stella") Nella danza classica, la star, il primo ballerino o la prima ballerina.

etologia s.f. (gr. *ēthología* "rappresentazione dei costumi") 1. BIOL. Studio scientifico del comportamento degli animali nel loro ambiente naturale. 2. PSICOL. Branca della psicologia differenziale che analizza e classifica i vari tipi di carattere.

etòlogo s.m. e f. [f. *–ga*, pl.m. *–gi*, f. *–ghe*] (gr. *ēthológos* "che imita i costumi") Studioso di etologia.

etrùsco agg. [pl.m. *–schi*, f. *–sche*] Dell'Etruria, antica regione corrispondente alla Toscana e al Lazio settentrionale odierni. ◆ s.m. 1. [f. *–sca*; al pl. anche iniziale maiusc.) Nativo, abitante dell'antica Etruria (v. parte n.pr.). 2. (solo sing.) Lingua che parlavano gli Etruschi, con parentela linguistica sconosciuta.

etruscologia s.f. Studio della lingua e della civiltà etrusca.

etruscòlogo s.m. [f. *–ga*, pl.m. *–gi*, f. *–ghe*] Studioso di etruscologia.

ettaèdro o **eptaèdro** s.m. GEOM. Poliedro a sette facce.

ettagonàle agg. Che ha forma di ettagono.

ettàgono o **eptàgono** agg. Ettagonale. ◆ s.m. GEOM. Poligono che ha sette angoli, e dunque sette lati.

èttaro s.m. Misura di superficie agraria (simb. *ha*) pari a 10.000 m².

ètto s.m. *fam.* Ettogrammo.

ettogràmmo s.m. Unità di misura di peso pari a 100 g (simb. *hg*).

ettòlitro s.m. Unità di misura di capacità pari a 100 litri (simb. *hl*).

ettomètrico agg. Che misura un ettometro.

ettòmetro s.m. Unità di misura lineare pari a 100 m (simb. *hm*).

ettowatt [/'ettovat/] s.m. inv. Unità di misura di potenza pari a 100 watt (simb. hW).

ettowattóra s.m. inv. FIS. Unità di misura di lavoro equivalente a 100 wattora.

èu- Primo elemento di composti dotti e del l. scientifico col significato di "bene", "buono" (*eudermia*); in vari casi, davanti a vocale, si è adattato in *ev* (*evangelo*).

Eubatteriàli s.f. pl. [iniziale minusc. sing. *–le* per l'individuo] BIOL. Ordine di batteri che comprende tutte le famiglie a cellula rigida.

eubattèrio s.m. BIOL. Batterio vero. (Gli eubatteri rappresentano la grande maggioranza all'interno del gruppo dei Procarioti.)

eucalìpto o **eucalìtto** s.m. 1. Albero originario dell'Australia, molto odoroso, dalla corteccia marmorizzata, con foglie grigio verdi, introdotto da tempo in Europa e in America. (Altezza oltre 100 m; famiglia delle Mirtacee.) 2. BOT. (iniziale maiusc.) Genere di piante a cui appartengono varie specie di eucalipto.

foglie

bottone floreale

fiore

■ eucalìpto

eucaliptòlo s.m. CHIM., MED. Liquido oleoso, incolore, con odore di canfora e sapore pungente, preparato per sintesi o estratto dall'olio di una varietà di eucalipto, usato come antisettico, balsamico, anticatarrale. SIN.: **cineolo**.

Eucàridi s.m. pl. [iniziale minusc. sing. *–de* per l'individuo] ZOOL. Superordine di crostacei malacostraci, muniti di carapace fuso con tutti o quasi tutti i segmenti toracici e di occhi peduncolati e mobili.

eucariòte s.m. BIOL. Organismo le cui cellule contengono il loro materiale genetico all'interno di un nucleo (in oppos. a *procariote*).

eucaristia o **eucarestia** s.f. (lat. *eucharìstiam*, gr. *eukharìstía* propr. "riconoscenza") 1. Sacramento istituito da Gesù in occasione dell'Ultima Cena e che, grazie alla transustanziazione, rinnova l'incarnazione di Gesù Cristo e attua la comunione dei fedeli con il suo corpo. *Celebrare l'eucaristia*. SIN.: **comunione**. 2. Ostia consacrata. *Adorazione dell'eucarestia*.

eucaristico agg. [pl.m. *–ci*, f. *–che*] Dell'eucaristia. ◇ *Congresso eucaristico*: convegno solenne di clero e fedeli tenuto per glorificare il SS. Sacramento. – *Pane eucaristico*: l'ostia consacrata.

euclidèo agg. 1. Di Euclide, celebre matematico greco del III sec. a.C. ◇ *Geometria euclidea*: quella che si fonda sui postulati di Euclide. – *Geometrie non euclidee*: quelle per cui non è valido il postulato secondo cui per un punto esterno a una retta passa una e una sola parallela. 2. *estens.* Razionale, rigoroso, ordinato.

eucologio s.m. Libro liturgico del rito bizantino.

eudemonismo s.m. FILOS. Dottrina che considera la felicità come il fine naturale della vita (p.e. l'epicureismo).

eudiòmetro s.m. (comp. di gr. *éudios* "chiaro, sereno" e *-metro* perché orig. volto a misurare la purezza dell'aria) FIS. Strumento che serve all'analisi volumetrica dei gas o alla misurazione delle variazioni di volume nelle reazioni chimiche tra gas.

Eudipte s.m. ZOOL. Genere di pinguini dell'Antartico comprendente specie come il pinguino crestato con il caratteristico ciuffo di piume gialle. (Famiglia degli Sfeniscidi.)

eudista agg. Relativo agli Eudisti. ◆ s.m. pl. (iniziale maiusc.) Religiosi della congregazione cattolica di Gesù e Maria fondata a Caen, nel 1643, da san Giovanni Eudes per la formazione dei seminaristi e per le missioni parrocchiali.

Eufausiàcei s.m. pl. [iniziale minusc. sing. –o per l'individuo] ZOOL. Ordine di crostacei malacostraci che vivono nei mari freddi in banchi immensi e costituiscono il principale nutrimento delle balene.

eufemismo s.m. (gr. *euphēmismós*, deriv. di *euphēmízein* "dire parole bene auguranti") Figura retorica che consiste nell'attenuare l'asprezza di un concetto sostituendo al vocabolo proprio una perifrasi o un altro vocabolo sentito come più riguardoso della sensibilità altrui, più accettabile moralmente (p.e. *dipartita* invece di *morte*).

eufemistico agg. [pl.m. –*ci*, f. –*che*] Che è usato per eufemismo.

eufonìa s.f. Gradevolezza di suoni; in partic. armoniosità della loro combinazione all'interno di una parola o di una frase.

eufònico agg. [pl.m. –*ci*, f. –*che*] Che produce eufonia. ◇ *D eufonica:* la *d* può essere aggiunta alle congiunzioni *e*, *a*, *o* davanti a una parola che comincia con vocale, ottenendo così le varianti *ed*, *ad*, *od*.

Eufòrbia s.f. BOT. Genere di piante molto comuni, con infiorescenza a ciazio e latice bianco spesso velenoso; ne fa parte la stella di Natale. (Famiglia delle Euforbiacee.)

frutto

■ **Eufòrbia.** Euphorbia lathyris.

Euforbiàcee s.f. pl. [iniziale minusc. sing. –*cea* per l'individuo] BOT. Famiglia di piante dicotiledoni erbacee, arbustive, arboree o con aspetto cactiforme con foglie e fiori molto variabili, frutto a capsula e caratteristica abbondanza di latice; ne fanno parte le più importanti piante di cauccù.

euforìa s.f. (ingl. *euphory*, gr. *euphoría* deriv. di *éuphoros* "favorevole") **1.** Sensazione intensa di benessere, gioia perfetta, ottimismo, dovuta a una buona condizione psicofisica ma anche all'assunzione di farmaci, droghe o alcol. SIN.: **esaltazione**. **2.** *estens.* Allegria individuale o collettiva. ~ Vitale dinamismo. SIN.: **entusiasmo**. ~ *fig.* Anche riferito a cose. *Euforia dei mercati finanziari.*

eufòrico agg. [pl.m. –*ci*, f. –*che*] (ingl. *euphoric*) **1.** Connotato da euforia. **2.** Che è in stato di euforia.

euforizzànte agg. (fr. *euphorisant*) FARM. Che provoca euforia. *Effetto euforizzante.* SIN.: **eccitante**. ◆ s.m. Nel sign. dell'agg.

eufòtico agg. IDROL., OCEANOGR. Di un ambiente acquatico dove la luce penetra, permettendo la fotosintesi.

Eufrasia s.f. BOT. Genere di piante semiparassite delle regioni temperate, con fiori bianchi o purpurei. (Famiglia delle Scrofulariacee.)

eufuismo s.m. (ingl. *euphuism*, dal titolo del romanzo *Euphues* di J. Lyly, noto per i preziosismi stilistici e lessicali) LETT. Stile manierato di moda in Inghilterra durante il periodo elisabettiano.

eugenètica s.f. [non com. pl. –*che*] MED. Eugenica.

Eugènia s.f. BOT. Genere di piante arbustive o arboree con foglie opposte, fiori ascellari, frutti carnosi, commestibili (p.e. i chiodi di garofa-no), diffuse nelle regioni calde. (Famiglia delle Mirtacee.)

eugènica s.f. [non com. pl. –*che*] (ingl. *eugenics*, deriv. di gr. *eugenés* "di buona stirpe") MED. Studio della possibilità di migliorare la specie umana attraverso il prevalere di caratteri ereditari considerati favorevoli.

ENCICL. L'eugenica resta un campo di studi discusso in quanto implica un giudizio di valore sul patrimonio genetico degli individui e contrasta con la complessità del determinismo genetico e della trasmissione ereditaria dei caratteri fisici e mentali. Le sue basi scientifiche e l'efficacia potenziale dei suoi metodi risultano quindi discutibili. Storicamente, ha ispirato le forme peggiori di repressione e di discriminazione, particolarmente nella Germania nazista. Dovrebbe invece essere sempre più diffusa fra il pubblico la conoscenza delle basi della genetica, in modo che i candidati a matrimoni a rischio siano resi edotti sulla natura e sulle probabilità del rischio che corrono e abbiano giusta nozione delle loro responsabilità.

eugenismo s.m. Teoria che sostiene i principi dell'eugenetica, affermando la possibilità di migliorare la specie umana attraverso la sperimentazione genetica.

eugenista s.m. e f. [pl.m. –*sti*] Biologo o studioso che si occupa di eugenetica.

Euglèna s.f. ZOOL., BOT. Genere di organismi unicellulari con clorofilla e dotati di flagelli, capaci di vivere senza operare la fotosintesi. (Sono classificati tra i vegetali, nella classe delle Euglenoficee, o tra gli animali, nella classe dei Flagellati.)

Euglenoficee s.f. pl. [iniziale minusc. sing. –*cea* per l'individuo] BOT. Classe di eucarioti unicellulari di acqua dolce con un solo flagello.

eunuchismo s.m. MED. Assenza completa delle gonadi rilevabile negli individui castrati in età prepubere o conseguente ad anomalie congenite o a malattie.

eunùco s.m. [pl. –*chi*] (lat. *eunūchum*, gr. *eunoûkhos* propr. "custode del letto") **1.** Uomo che, a seguito di disfunzioni organiche o congenite, non possiede le facoltà virili. ~ ST. In partic., uomo evirato preposto a funzioni amministrative e militari importanti, come pure alla custodia degli harem imperiali (antica Persia, Bisanzio, Cina, mondo musulmano medioevale, impero ottomano). **2.** *fig.* Uomo debole, privo di virilità. ❑ In funzione di agg., di fiore che non è dotato di capacità riproduttiva.

eupatòrio s.m. [pl. –*rî*] (lat. *eupatorium*, gr. *eupatórion* deriv. di *Eupátōr* "di nobile nascita", appellativo del re del Ponto Mitridate VI che usò tale pianta a scopo terapeutico) Pianta erbacea con foglie opposte, fiori bianchi riuniti in corimbi diffusa nei luoghi umidi, detta anche *canapa acquatica*. (Altezza 1,50 m ca.; famiglia delle Composite.)

eupàtride s.m. (gr. *eupatrídēs* "di nobile nascita") ANT. GR. Nella Grecia antica, chi apparteneva alla classe nobiliare e poteva accedere alle cariche politiche.

eupepsìa s.f. MED. Svolgimento regolare del processo digestivo.

Euplectèlla s.f. ZOOL. Genere di spugne dei mari caldi, con scheletro siliceo.

èureka escl. (trascrizione di gr. *héureka* propr. "ho trovato"; sarebbe stata pronunciata da Archimede quando scoprì il famoso principio fisico che da lui prese il nome) Parola che si usa per esprimere soddisfazione e gioia quando si trova improvvisamente una soluzione, un'idea buona.

eurialino agg. BIOL. Di organismo marino che tollera grandi variazioni di salinità.

euricoro agg. ZOOL., BOT. Detto di specie animale o vegetale che può vivere facilmente in ambienti diversi e pertanto è molto diffusa.

euristica s.f. [non com. pl. –*che*] Disciplina interna a ogni scienza che ha per scopo la scoperta di documenti, di fatti ancora ignoti.

euristico agg. [pl.m. –*ci*, f. –*che*] Nel l. sc., relativo a ipotesi posta a base di una ricerca. ◇ MAT. *Procedimento euristico:* procedimento non rigoroso con cui si prevede un risultato che dovrà poi essere convalidato formalmente.

euritèrmo agg. BIOL. Di organismo in grado di sopportare variazioni anche notevoli della temperatura ambientale.

euritmìa s.f. **1.** Disposizione armonica delle proporzioni, delle linee, dei colori, dei suoni. *Edificio privo di euritmia.* SIN.: **equilibrio**. **2.** MED. Ritmo regolare del polso.

euritmico agg. [pl.m. –*ci*, f. –*che*] Che ha un ritmo regolare.

èuro s.m. inv. Unità monetaria (simb. €) di 12 dei 15 paesi dell'Unione europea (Germania, Austria, Belgio, Spagna, Finlandia, Francia, Grecia, Irlanda, Italia, Lussemburgo, Paesi Bassi, Portogallo) divisa in 100 centesimi.

eurobànca s.f. Banca che opera sul mercato delle eurovalute.

eurobbligazióni s.f. pl. ECON. Obbligazioni collocate sul mercato finanziario europeo da imprese private, enti pubblici e organizzazioni internazionali.

eurocentrismo s.m. Tendenza a ritenere l'Europa la principale protagonista della storia e della civiltà umana.

eurochèque /ˈørɔˈʃɛk/ s.m. inv. BANC. Assegno internazionale istituito a seguito di una convenzione tra alcuni paesi europei e il cui incasso può avvenire esclusivamente tramite una banca e dietro presentazione di una speciale carta-assegni che ne garantisce la copertura.

eurocity /euroˈsiti/ s.m. inv. (voce semiingl.) Treno rapido che collega le principali città europee.

euròcrate s.m. e f. Nel l. gior., funzionario di un'istituzione europea.

eurodeputàto s.m. Deputato del parlamento europeo.

eurodivisa s.f. BANC. Divisa negoziata o investita in paesi europei diversi da quello di emissione. SIN.: **euromoneta**.

eurodòllaro s.m. BANC. Dollaro statunitense depositato in una banca europea.

euromercàto s.m. (calco del fr. *euromarché*) ECON. Mercato finanziario europeo.

euromissìle s.m. Nome dato ai missili balistici americani a media gittata installati nel 1983 in alcuni paesi della NATO e ritirati a partire dal 1987.

euromonéta s.f. Eurodivisa.

euroobbligazióne s.f. Obbligazione collocata sul mercato finanziario europeo da banche di diverse nazionalità.

europarlamentàre s.m. e f. Membro del Parlamento europeo.

europarlaménto s.m. Parlamento europeo.

europeìsmo s.m. **1.** Corrente di pensiero di origine settecentesca che propugna l'unificazione politica dei paesi europei. **2.** LING. Vocabolo o locuzione comune a più lingue europee, general. derivato dalle lingue classiche.

europeìsta s.m. e f. [pl.m. –*sti*] Sostenitore dell'europeismo.

europeizzàre v.tr. Rendere europeo qlcu. ~ Far assumere a qlcu. lo stile di vita europeo. ◆ **europeizzarsi** v.pron. Assumere le abitudini e i gusti tipici degli europei.

europèo agg. Dell'Europa. ◆ s.m. [f. –*a*] Nativo, abitante dell'Europa.

euròpio s.m. (solo sing.) **1.** Metallo di colore grigio appartenente al gruppo delle terre rare. **2.** Elemento chimico (*Eu*) di numero atomico 63 e peso atomico 151,965.

eurostàr s.m. inv. FERR. Treno ad alta velocità che copre percorsi di particolare importanza.

eurovalùta s.f. BANC. Eurodivisa.

eurovisióne s.f. TV. Collegamento tra le reti televisive di vari paesi europei per la trasmissione di uno stesso programma. *Essere collegati in eurovisione.*

èuscaro agg. (spagn. *éuscaro*, basco *euskara* "lingua basca") Appartenente al gruppo dei Baschi. ◆ s.m. **1.** [f. –*ra*] Nel sign. dell'agg. **2.** (solo sing.) La lingua parlata dai Baschi.

eustatismo s.m. GEOGR. Variazione lenta del livello degli oceani, dovuta a un cambiamento climatico o a movimenti tettonici.

eutanasìa s.f. Morte indolore, senza patimenti. ~ Atto che causa la morte di un paziente incurabile per ridurre le sue sofferenze o la sua agonia, illegale nella maggior parte dei paesi. ◇ *Eutanasia passiva:* quella che consiste nella sospensione del trattamento che tiene il paziente in vita artificialmente. – *Eutanasia attiva:* quella ottenuta con la somministrazione di opportune sostanze.

Eutèri s.m. pl. [iniziale minusc. sing. *-rio* per l'individuo] ZOOL. Sottoclasse di mammiferi provvisti di placenta caratterizzati dallo sviluppo intrauterino dell'embrione. (Tutti i mammiferi sono Euteri, ad eccezione dei Marsupiali e dei Monotremi.) SIN.: **Placentati**.

eutèttico agg. [pl.m. *-ci*, f. *-che*] Riferito a composto di due o più sostanze avente composizione tale che il suo punto di fusione è più basso di qualsiasi altro miscuglio formato dagli stessi componenti. ◆ s.m. Nel sign. dell'agg.

eutocìa s.f. (gr. *eutokía* "parto felice") MED. Svolgimento normale del parto (in oppos. a *distocia*).

eutòcico agg. [pl.m. *-ci*] MED. Si dice di un parto normale.

eutrofìa s.f. MED. Buono stato di nutrizione e di sviluppo dell'organismo. *Eutrofia del lattante.*

eutrofizzazióne s.f. ECOL. Aumentato apporto in un ambiente acquatico di sali minerali (in partic. nitrati e fosfati), che comporta squilibri ecologici come la proliferazione abnorme della vegetazione acquatica o l'impoverimento del tasso di ossigeno. [Questo processo naturale, o artificiale (in questo caso si parla anche di *distrofizzazione*), può riguardare i laghi, gli stagni, alcuni fiumi e le acque litorali poco profonde.]

euzòno s.m. Nell'esercito greco moderno, soldato scelto di fanteria.

evacuàre v.tr. **1.** Abbandonare in massa un luogo per sfuggire a un pericolo. ~ Fare uscire, trasportare qlcu. in un altro luogo. *Evacuare un ferito.* **2.** Espellere dall'organismo escrementi e scorie dannose. ◆ v.intr. (aus. *avere*) Andarsene da un luogo per motivi di emergenza. *Evacuare da una zona di guerra.*

evacuatóre agg. [f. *-trice*] MED. Di preparato farmaceutico che favorisce l'eliminazione delle feci. ◆ s.m. Nel sign. dell'agg.

evacuazióne s.f. **1.** Sgombero di un luogo da parte delle persone che vi si trovano. **2.** Eliminazione delle feci. **3.** MED. Svuotamento di una sacca liquida o semiliquida formatasi a seguito di una patologia.

evàdere v.intr. [21] (aus. *essere*) **1.** *fig.* Fuggire da una prigione, da uno stato di detenzione. *Evadere dal carcere.* SIN.: **scappare**. **2.** *fig.* Distrarsi, sottrarsi all'influenza delle preoccupazioni, liberarsi dalle costrizioni quotidiane. *Evadere dallo stress.* ◆ v.tr. **1.** Nel l. bur., eseguire, sbrigare delle pratiche. *Evadere gli ordini.* **2.** Non pagare le tasse dovute. *Evadere il fisco.*

evaginazióne s.f. MED. Fuoriuscita di un organo dalla cavità in cui è contenuto con movimento simile a quello di un guanto che viene rovesciato. SIN.: **estroflessione**.

evanescènte agg. **1.** Che scompare poco a poco. SIN.: **indistinto**. ~ *fig.* Inconsistente, privo di vigore. *La squadra ha perso per il suo gioco evanescente.* **2.** LING. Detto di vocale o di consonante dal suono debole, indistinto.

evanescènza s.f. **1.** Graduale perdita di consistenza visiva o sonora. **2.** RAD.DIFF. Intermittente affievolimento dei suoni captati da una radio ricevente. SIN.: **fading**.

evangeliàrio s.m. [pl. *-ri*] Libro liturgico che contiene i quattro Vangeli. ~ Brani dei Vangeli che sono letti nel corso della messa.

evangèlico agg. [pl.m. *-ci*, f. *-che*] **1.** Relativo al Vangelo. **2.** Conforme ai precetti del Vangelo. **3.** Che si riferisce o appartiene a una Chiesa riformata, in partic. quella luterana. ◆ s.m. [f. *-ca*] Membro di una Chiesa riformata.

evangelìsmo s.m. Aspirazione a tornare al cristianesimo primitivo più vicino allo spirito del Vangelo.

evangelista s.m. [pl. *-sti*] **1.** Autore di uno dei quattro Vangeli canonici (Marco, Matteo, Luca, Giovanni). **2.** Predicatore laico della Chiesa valdese. **3.** (anche f.) Chi legge o canta il Vangelo nelle funzioni liturgiche e nell'oratorio musicale.

evangelizzàre v.tr. Convertire qlcu. alla fede di Cristo predicando il Vangelo.

evangelizzatóre s.m. [f. *-trice*] **1.** Chi predica il Vangelo. ~ *estens.* Chi si dedica all'opera di conversione degli infedeli. **2.** *scherz.* Chi propaganda una dottrina spec. politica, cercando di fare nuovi adepti. SIN.: **catechizzatore**.

evangelizzazióne s.f. **1.** Opera di diffusione della dottrina evangelica con la predicazione. **2.** *scherz.* Opera di proselitismo politico-ideologico.

evaporàbile agg. Che evapora facilmente.

evaporàre v.intr. **1.** (aus. essere) Detto di sostanze liquide, diventare vapore. ~ Svanire dileguandosi nell'ambiente per evaporazione. SIN.: **dissolversi**. **2.** (aus. avere) Perdere liquido a causa dell'evaporazione. *Per il caldo intenso il lago ha evaporato parecchio.* ◆ v.tr. Trasformare un liquido in vapore. ~ Far evaporare qlco. SIN.: **vaporizzare**.

evaporatóre s.m. **1.** Apparecchio in cui avviene l'evaporazione di una soluzione grazie a un apporto di calore dall'esterno. **2.** Recipiente pieno d'acqua che si applica ai radiatori degli impianti di riscaldamento per mantenere nell'ambiente la giusta umidità.

evaporazióne s.f. Passaggio di un corpo dallo stato liquido allo stato aeriforme. SIN.: **vaporizzazione**.

evaporite s.f. GEOL. Roccia formatasi per precipitazione dei sali contenuti nelle acque marine in seguito alla loro evaporazione. (Le evaporiti sono costituite soprattutto da salgemma, anidrite, gesso, e in minor quantità, da altri cloruri, solfati, nitrati, carbonati, borati.)

evapotraspirazióne s.f. METEOR. Quantità d'acqua evaporata dal suolo, dalle superfici liquide e traspirata dalle piante.

evasióne s.f. **1.** Reato consistente nella fuga da un luogo di detenzione. **2.** *Evasione fiscale:* comportamento con il quale il contribuente si sottrae illecitamente al pagamento delle imposte dovute. SIN.: **frode fiscale**. – *Evasione contributiva:* omesso o ritardato versamento di ritenute e contributi previdenziali e assistenziali. **3.** *fig.* Breve, temporanea fuga da una condizione di vita opprimente sia di fatto sia attraverso l'immaginazione. ◇ *Film, romanzo d'evasione:* quelli che, attraverso un realismo edulcorato, facilitano l'immedesimazione dello spettatore nella gratificante vicenda rappresentata. **4.** Nel l. bur., disbrigo di corrispondenza, di pratiche. ◇ *Dare evasione a una pratica:* sbrigarla.

evasìvo agg. Che evita di affrontare direttamente una questione o di rispondere chiaramente a una domanda. SIN.: **sfuggente**.

evàso agg. **1.** Che è fuggito da un carcere. **2.** Nel l. bur., che è stato completato, sbrigato. ◆ s.m. [f. *-sa*] Prigioniero, carcerato fuggito.

evasóre s.m. Chi si sottrae a un obbligo, spec. a quello fiscale.

evemerismo s.m. La dottrina di Evemero, secondo la quale gli dei sono uomini eccezionali, elevati agli onori divini dall'ammirazione dei contemporanei e dei posteri.

evenemenziàle agg. Che si limita a studiare i singoli avvenimenti.

eveniènza s.f. Circostanza, situazione che può verificarsi. SIN.: **eventualità**. ◇ *Per ogni evenienza:* per qualsiasi eventualità.

evènto s.m. **1.** Ciò che accade o può accadere o è già accaduto. SIN.: **avvenimento**. ◇ *In ogni evento, per qualsiasi evento:* qualsiasi cosa avvenga. **2.** DIR. *Evento del reato:* modificazione indotta nella realtà dall'azione delittuosa. **3.** FIS. Punto dello spazio-tempo, caratterizzato cioè da quattro coordinate, tre spaziali e una temporale. **4.** STAT. Nel calcolo delle probabilità, ciascuno dei casi che possono presentarsi a seguito di un determinato esperimento.

eventrazióne s.f. MED. Sporgenza delle viscere addominali per debolezza congenita o accidentale della parete muscolare.

eventuàle agg. Che può accadere come non accadere. SIN.: **possibile**. ◇ *Varie ed eventuali:* formula usata nell'ordine del giorno con cui si convoca un'assemblea per indicare la possibilità di discutere qualche ulteriore argomento non previsto.

eventualità s.f. inv. **1.** Possibilità che avvenga qlco. **2.** Fatto che può realizzarsi.

eventualménte avv. **1.** Se sarà il caso. **2.** Nel caso che.

eversióne s.f. Azione o movimento che impiega mezzi violenti anche terroristici per rovesciare il potere costituito.

eversivo agg. Che si propone di sovvertire l'ordine costituito.

evezióne s.f. ASTR. Inuguaglianza periodica del moto lunare dovuta all'influenza del Sole.

evidènte agg. **1.** Che è chiaramente visibile mostrando spiccatamente i propri caratteri. **2.** Che non suscita ombre o dubbi nella mente. SIN.: **certo**.

evidènza s.f. **1.** Rilievo oggettivo che ha una cosa, tale da renderla innegabile. SIN.: **inoppugnabilità**. ◇ *Negare l'evidenza:* rifiutarsi di riconoscere qlco. che è sotto gli occhi di tutti, che è incontrovertibile. – *Mettere in evidenza:* far risaltare, dare rilievo. – *Mettere in evidenza una pratica:* nel l. bur., tenerla in vista perché possa essere sbrigata al più presto. **2.** Proprietà, chiarezza ed efficacia d'espressione. **3.** Nel l. bur., prova o copia conforme di operazioni d'ufficio.

evidenziàre v.tr. [6] **1.** Mettere in evidenza (anche con apposito evidenziatore) certi passaggi di un testo. **2.** Portare alla luce, far notare qlco. SIN.: **rilevare**. **3.** INFORM. Selezionare elementi su cui si deve operare.

evidenziatóre s.m. Pennarello con punta di feltro a tratto largo, di colore fluorescente e trasparente, che si passa sopra a una o più parole di uno scritto per metterle in risalto.

evincere v.tr. [22] **1.** DIR. Rivendicare o recuperare qlco. grazie a un giudizio emesso a seguito di un processo in tribunale. **2.** Dimostrare qlco. attraverso delle prove. ~ Ricavare qlco. attraverso un ragionamento. SIN.: **dedurre**.

eviràre v.tr. **1.** Privare un uomo o un animale maschio dei testicoli. SIN.: **castrare**. **2.** *fig.* Svigorire, rendere fiacco qlcu. o qlco. SIN.: **infiacchire**.

evirazióne s.f. Asportazione dei testicoli.

eviscerazióne s.f. **1.** MED. Termine con cui si indicano vari tipi di interventi chirurgici di asportazione di organi da una cavità naturale o fenomeni di fuoriuscita di visceri da ferite addominali. **2.** In certe specie di animali, amputazione spontanea di visceri. **3.** Estrazione di visceri da animali macellati.

evitàbile agg. Che può essere evitato, eluso, a cui si può derogare. *Fatica evitabile.*

evitàre v.tr. **1.** Cercare di non incontrare qlcu. ~ Sottrarre se stessi o un'altra persona a qlco. di sgradevole o dannoso. **2.** Riuscire a non far succedere qlco. di negativo. *Evitare lo sguardo degli altri.* **3.** Fare a meno di qlco. considerato nocivo o fastidioso. *Bisogna evitare il fumo.* SIN.: **astenersi**. ◆ **evitarsi** v.pron. Fare in modo di non incontrarsi. *Dopo la lite i due amici si evitano.*

evizióne s.f. DIR. Perdita di un diritto ottenuto per trasferimento, cagionata dal preesistente diritto di un terzo. ◇ *Garanzia per l'evizione:* garanzia che il venditore deve prestare al compratore nel caso in cui un terzo faccia valere diritti sulla cosa venduta.

èvo s.m. Ciascuna delle grandi suddivisioni cronologiche della storia.

evocàre v.tr. **1.** Ricordare o far ricordare qlco. a qlcu. *È inutile evocare il passato.* ~ Suscitare emozioni in qlcu. *Una musica che evoca al pubblico atmosfere esotiche.* **2.** Far comparire le anime dei morti o i demoni mediante pratiche magiche o medianiche. *Evocare gli spiriti.* **3.** Celebrare, raffigurare qlco. o qlcu. poeticamente.

evocativo agg. **1.** Capace di evocare. **2.** *fig.* Che fa rivivere sentimenti, sensazioni del passato. SIN.: **suggestivo**.

evocazióne s.f. **1.** Rito, proprio di antiche religioni, con cui si richiamavano gli spiriti dall'oltretomba. **2.** *fig.* Ricordo di eventi passati, riassaporamento di sentimenti, di stati d'animo lontani nel tempo. *Nell'opera si manifesta una costante tendenza all'evocazione dell'infanzia.*

evoluìre v.intr. [83] (aus. *avere*) (fr. *évoluer*) MIL. Detto perlopiù di navi o aerei militari, compiere evoluzioni, manovre terrestri, marittime o aeree.

evolùta s.f. GEOM. *Evoluta di una curva piana:* curva definita come luogo geometrico dei centri di curvatura della curva data (*evolvente*).

evolutivo agg. Che riguarda l'evoluzione. ◇ *Psicologia dell'età evolutiva:* quella che studia la formazione e lo sviluppo della personalità in tale periodo.

evolùto agg. **1.** BIOL. Che è più adatto a vivere in un ambiente rispetto alle forme da cui deriva. ~ Che ha compiuto lo sviluppo suo proprio. **2.** *estens.* Che ha acquisito piena consapevolezza della propria figura e del proprio ruolo sociali, liberandosi da ogni servile soggezione. *Proletariato evoluto.* ~ Che si ritiene giunto al punto più alto di un ideale sviluppo economico e culturale. **3.** Non inibito nel comportamento da convenzioni sociali o pregiudizi. SIN.: **disinibito.**

evoluzióne s.f. **1.** Passaggio, senza soluzione di continuità, da uno stato a un altro che determina una modificazione dell'esistente. SIN.: **trasformazione.** ~ Insieme dei cambiamenti subìti nel corso dei tempi geologici dalle stirpi animali e vegetali, che hanno avuto come risultato la comparsa di forme nuove. ◇ *Teoria dell'evoluzione:* complesso di ipotesi filosofico-scientifiche formulate nel corso del sec. XIX che tendevano a spiegare i fenomeni fisici, chimici, antropologici, ecc. in termini di evoluzione. – *Teoria dell'evoluzione della specie:* quella che sostiene che le attuali specie viventi sono derivate progressivamente da originari organismi molto semplici e che sono continuamente soggette a processi di trasformazione e di differenziazione. **2.** Passaggio di una società da una forma di organizzazione a un'altra, spec. da una più semplice a una più complessa. **3.** BIOL. Qualunque modificazione genetica che avviene negli organismi viventi di una generazione all'altra. ~ Sviluppo dell'embrione fino alla forma adulta. **4.** GEOL. Modificazione dell'attività di un vulcano dalla sua formazione all'estinzione. **5.** LING. Insieme di mutamenti fonetici, morfologici, sintattici, semantici a cui è soggetta una lingua nel tempo. **6.** STAT. *Indice di evoluzione:* parametro che indica la tendenza di un fenomeno alla crescita o alla diminuzione. **7.** Movimento o insieme di movimenti diversi e coordinati, aventi un fine stabilito e quindi precisamente ordinati. *Le evoluzioni di un acrobata.*

evoluzionìsmo s.m. **1.** BIOL. Ipotesi filosofico-scientifica formulata nel sec. XIX secondo cui la formazione dell'universo consisterebbe in un passaggio della materia da stati di maggiore omogeneità e indeterminatezza ad altri di eterogeneità e definitezza. **2.** Dottrina secondo la quale la storia della società si sviluppa in modo progressivo e senza discontinuità.

evoluzionista s.m. e f. [pl.m. –*sti*] (ingl. *evolutionist*) Seguace, sostenitore dell'evoluzionismo. ❑ In funzione di agg., relativo alle teorie dell'evoluzionismo.

evolvènte agg. Che connota uno sviluppo graduale. ◆ s.m. *Evolvente di una curva piana:* curva della quale la curva data è l'evoluta.

evòlvere v.intr. [29] (aus. *essere*) Modificarsi, trasformarsi gradualmente, progredire spiritualmente e materialmente; anche pron. *La società (si) evolve incessantemente.* SIN.: **mutare.**

evvìva escl. **1.** Esprime esultanza, gioia, consenso. **2.** assol. Ha il valore di *salute* e si usa nei brindisi o quando qlcu. starnutisce. ❑ In funzione di s.m. inv., il grido di evviva.

èx avv. (voce lat., propr. "fuori di") Che non è più tale. *Ex marito.* ◇ BORS. *Ex cedola, ex dividendo:* locuzioni che indicano che un titolo è privo della cedola d'interesse o di un dividendo prossima a scadenza, cosa che influisce sul valore di mercato del titolo stesso. ❑ In funzione di s.m. e f., nel l. fam. persona con cui si è troncato un rapporto amoroso. *Ieri ho incontrato il mio ex.* ◆ prep. DIR. Nel l. bur., indica da dove proviene una norma o un argomento giuridico. *Ex articolo 25 della legge 340.*

ex abrùpto loc. avv. (loc. lat., propr. "dal discorso troncato") All'improvviso.

ex aequo [/'ɛks 'ɛkwo/] loc. avv. (loc. lat., propr. "secondo uguale merito") A pari merito. *Classificati ex aequo.*

ex ànte loc. agg. inv. (loc. lat., propr. "di fuori") ECON. Di grandezze programmate e previste (in oppos. *ex post*). *Calcolo ex ante.*

ex càthedra loc. avv. (loc. lat., propr. "dalla cattedra") CATT. In riferimento alle opere e alle affermazioni del papa, infallibilmente, con valore di dogma. ◆ estens. *Parlare ex cathedra:* con tono autorevole, dogmatico.

exclàve [/ɛks'klav/] s.f. inv. (voce fr.) Territorio che si incunea nel territorio di uno Stato straniero.

excùrsus s.m. inv. (voce lat., propr. "digressione") **1.** Digressione all'interno di un discorso con cui si forniscono dati integrativi. **2.** estens. Divagazione.

èxeat s.m. inv. (voce lat., "che egli esca") Permesso di lasciare la diocesi dato a un chierico dal suo vescovo.

executive [/ɪg'zɛkjətiv/] agg. inv. (voce ingl., deriv. di *to execute* "eseguire") Adatto ai dirigenti. ◇ *Aereo executive:* aereo privato veloce usato dagli alti dirigenti. ◆ s.m. inv. **1.** Dirigente d'azienda o complesso dei dirigenti. **2.** Aereo executive.

exequàtur s.m. inv. (voce lat., propr. "abbia corso") DIR. Atto con il quale uno Stato autorizza un console estero a esercitare nel suo territorio funzioni consolari.

exèresi s.f. inv. (gr. *eksáiresis* "estrazione") CHIR. → ablazione.

exinscritto agg. GEOM. Si dice di un cerchio tangente a un lato di un triangolo e ai prolungamenti degli altri due.

èxit loc. inv. [pl. *exeunt*] (voci lat., "esce, escono") TEAT. La didascalia che indica l'uscita dalla scena di uno o più personaggi.

exit poll [/'ɛgzɪt pəʊl/] loc. sost. m. inv. (loc. ingl. d'America, propr. "votazione all'uscita") Sondaggio tra i votanti, effettuato all'uscita di seggi preventivamente selezionati, per anticipare i risultati elettorali.

ex libris loc. sost. m. inv. (loc. lat., "dai libri") Contrassegno spesso ornato con fregi o motti, posto internamente a un libro per indicarne la proprietà.

ex nihilo loc. avv. (riduzione del motto lat. *ex nihilo nihil fit* "dal nulla nulla si ricava") Dal nulla.

ex nòvo loc. avv. (loc. lat., "di nuovo") Daccapo, da zero.

expertise [/ɛkspɛr'tiz/] s.f. inv. (voce fr.) Dichiarazione di autenticità di qlco. redatta da un esperto. SIN.: **perizia.**

exploit [/ɛks'plwa/] s.m. inv. (voce fr., deriv. di lat. *explicāre* "portare a termine") Impresa eccezionale, prova prestigiosa, spec. in campo sportivo.

expo [/ɛks'po/] s.f. inv. (voce fr.) Esposizione universale.

export [/'ɛkspɔːt/] s.m. inv. (voce ingl.) ECON., COMM. Esportazione, spec. il volume degli affari.

ex pòst loc. agg. inv. (loc. lat., propr. "in base al dopo") ECON. Relativo a decisioni già prese.

exsanguinotrasfusióne s.f. MED. Sostituzione totale o parziale del sangue di un individuo con quello di uno o più soggetti compatibili.

èxtra prep. (lat. *ĕxtra* "fuori di") Fuori di. *Spese extra.* ◆ agg. inv. Fuori dell'ordinario. *Un'entrata extra.* ~ estens. Di qualità superiore. *Frutti extra.* ◆ s.m. inv. Tutto ciò che costituisce un sovrappiù. ~ Nel l. alberghiero, ciò che si consuma più del previsto.

èxtra- o **èstra-** Primo elemento di composti col significato di "fuori", "esterno", "dall'esterno" (*extracomunitario, extraconiugale, extracranico*).

extraatmosfèrico agg. [pl.m. –*ci*, f. –*che*] Che si trova o ha luogo al di fuori dell'atmosfera terrestre.

extracomunitàrio agg. [pl.m. –*ri*] Che non fa parte della Comunità economica europea. ◆ s.m. [f. –*ria*] Chi proviene da paesi non facenti parte della CEE.

extraconiugàle agg. Che avviene fuori del rapporto matrimoniale.

extracorpòreo agg. Che è esterno al corpo umano. ◇ MED. *Circolazione extracorporea:* derivazione del sangue all'esterno del corpo del paziente e sua ossigenazione in apposite apparecchiature.

extracorrènte s.f. ELETTR. Corrente autoindotta che si genera aprendo o chiudendo un circuito.

extragalàttico agg. [pl.m. –*ci*, f. –*che*] ASTR. Che è situato al di fuori della galassia in cui si trova la Terra. ~ *fig.* Eccezionale.

extragiudiziàle agg. DIR. Che avviene, che è acquisito fuori del procedimento giudiziale.

extra-large [/'ɛkstra 'lɑːdʒ/] agg. inv. Della misura più grande di un capo d'abbigliamento, general. abbr. in *XL*. ◆ s.f. inv. Nel sign. dell'agg.

extralegàle o **estralegàle** agg. Che non è previsto dalla legge. ~ Illegale.

extralinguìstico agg. [pl.m. –*ci*, f. –*che*] Che non appartiene al campo della linguistica o della lingua.

extranet [/'ɛkstr_net/] s.f. inv. (voce ingl.) INFORM. Rete telematica che amplia la rete intranet di un'azienda e consente lo scambio di informazioni con clienti e fornitori.

extraparlamentàre agg. **1.** Che si determina fuori del parlamento. **2.** Che rifiuta ideologicamente la democrazia parlamentare. ◆ s.m. e f. Chi aderisce a un movimento politico che ripudia la democrazia parlamentare.

extrapatrimoniàle agg. DIR. Che non fa parte del patrimonio.

extrapiramidàle agg. MED. Che non appartiene al sistema piramidale. ◇ *Sistema extrapiramidale:* fascio di fibre nervose preposto alla regolazione dei movimenti automatici. – *Sindrome extrapiramidale:* modificazione della tonicità muscolare e della regolazione dei movimenti involontari e automatici dovuta a un danno del sistema extrapiramidale, come nel caso del morbo di Parkinson.

extrascolàstico agg. Che ha luogo al di fuori dell'ambito scolastico.

extrasensibile agg. **1.** FILOS. Che, pur non essendo percepibile, viene ritenuto ugualmente esistente. **2.** PARAPSIC. Che non è riconducibile al mondo dei sensi.

extrasensoriàle agg. PARAPSIC. Che è percepito o avviene senza l'intervento dei sensi.

extrasistole o **estrasistole** s.f. MED. Contrazione cardiaca che altera il normale ritmo del cuore.

extra-small [/'ɛkstra 'smɔːl/] agg. inv. Della misura più piccola di un capo d'abbigliamento, general. abbr. in *XS*. ◆ s.f. inv. Nel sign. dell'agg.

extrasoggettivo agg. Relativo a quanto esiste all'esterno del soggetto.

extrasolàre o **estrasolàre** agg. Situato fuori dal sistema solare. *Pianeta extrasolare.*

extrastrong [/'ɛkstrəs'trɔŋ/] agg. inv. (voce ingl., "extra forte") Molto resistente. *Carta extrastrong.*

extratemporàle agg. Che è al di fuori del divenire temporale.

extraterrèstre agg. Che si trova, avviene o si suppone viva fuori dalla Terra. ◆ s.m. e f. Ipotetico abitante di altri pianeti.

extraterritoriàle agg. Non soggetto alla sovranità dello stato sul cui territorio si trova.

extraterritorialità s.f. inv. DIR. Condizione giuridica di ciò che, pur trovandosi nel territorio di uno Stato, non è soggetto alla sua sovranità.

extraurbàno agg. Situato al di fuori della città (in oppos. a *urbano*).

extrauterino agg. MED. Che è al di fuori dell'utero.

extravérgine agg. inv. Detto di olio di oliva che non ha subìto manipolazioni artificiali.

extrema ratio [/ɛks'trɛma 'ratsio/] loc. sost. f. [pl. *extremae rationes*] (loc. lat., propr. "ultimo modo") L'ultima soluzione, espressione usata per introdurre o giustificare il rimedio più drastico che si sarebbe voluto evitare ma che infine appare come l'unico possibile.

ex vìvo loc. agg. inv. (loc. lat.) MED. Riferito a una manipolazione genica, a un atto chirurgico effettuati su cellule o tessuti che sono stati prima espiantati, poi coltivati in laboratorio e successivamente reimpiantati nel paziente (in oppos. a *in vivo* o *in vitro*).

ex vòto [/ɛks 'vɔto/] loc. sost. m. inv. (riduzione dilat. *ex voto suscepto* "secondo la promessa fatta") Dono votivo offerto dai fedeli a Cristo, alla Madonna, ai santi in segno di riconoscenza per grazie ricevute.

eyeliner [/'aɪˌlaɪnə/] s.m. inv. (voce ingl., comp. di *eye* "occhio" e *to line* "segnare con una linea") Liquido denso usato nel trucco degli occhi per sottolineare il contorno delle palpebre.

eziolaménto s.m. (fr. *étiolement*, deriv. di *étioler* "far deperire una pianta") BOT. Fenomeno per cui una pianta cresciuta in un ambiente piuttosto buio ha foglie sbiadite per mancanza di clorofilla e stelo lungo e debole.

eziologia o **etiologia** s.f. Parte di una scienza che studia le cause di un certo tipo di fenomeni. ~ MED. Studio delle cause delle malattie. **ENCICL.** L'eziologia si fonda essenzialmente sulla ricerca della causa attiva di una malattia: agenti fisici (freddo, caldo, ecc.) o biologici (microbi, virus); ma studia anche tutte le cause predisponenti (ereditarietà, sesso, età, costituzione) e quelle scatenanti (condizioni fisiologiche in atto, stanchezza, insonnia, assenza o riduzione di fattori di difesa o presenza di fattori esterni che si sommano alla causa principale). Spesso la causa principale, l'agende della malattia, agisce solo in circostanze particolari: così il bacillo di Koch, agente responsabile della tubercolosi, provoca questa malattia solo in alcuni soggetti e in determinate condizioni.

eziològico o **etiològico** agg. [pl.m. *–ci*, f. *–che*] Che indaga le cause dei fenomeni. ~ Che mira a spiegare, tramite alcuni fatti, reali o mitici, le origini, il significato di un fenomeno naturale, di un nome, di un'istituzione, ecc.

eziopatogènesi s.f. inv. MED. Studio delle cause di una malattia e dei loro meccanismi di insorgenza e di sviluppo.

eziotropismo s.f. inv. MED. Studio delle cause di una malattia e dei loro meccanismi di insorgenza e di sviluppo. .m. FARM. Attività terapeutica di un farmaco che agisce selettivamente contro l'agente responsabile di una malattia infettiva.

Carattere Futura

f s.f. o s.m. inv. **1.** Lettera dell'alfabeto latino e delle lingue che lo adottano; in italiano rappresenta la consonante fricativa labiodentale sorda. **2.** Semplice o puntata, maiuscola o minuscola, è usata in sigle o abbreviazioni con diversi valori. **3.** Simbolo usato in settori specifici. ◇ CHIM. *F:* simbolo del fluoro. – MAT. *f:* simbolo di funzione. – FIS. *F:* simbolo del farad. – MUS. Nella terminologia dei paesi anglosassoni, la nota *fa.* – *f, ff, fff:* forte, fortissimo. ❑ In funzione di agg., come numerale ordinale posposto al s., sesto in una serie. *Classe terza sezione F.* ◇ BIOCHIM. *Vitamina F:* vitamina che mantiene morbida la pelle.

1. fa s.m. inv. (dalla sillaba iniziale di *Famuli*, parola con cui inizia il quarto versetto dell'"Inno a san Giovanni" di Paolo Diacono da cui Guido d'Arezzo trasse i nomi delle note) Quarta nota della scala musicale di *do.*

2. fa avv. Posposto alla specificazione del tempo determinato, indica l'anteriorità cronologica rispetto al presente. *Sei anni fa.* – *Poco fa:* da poco tempo.

fabbisógno s.m. Ciò che risulta indispensabile per soddisfare un bisogno o per assicurare il funzionamento di qlco.

fàbbrica o **fàbrica** s.f. [pl. *–che*] (lat. *fàbricam,* propr. "professione dell'artigiano" poi "bottega") **1.** Stabilimento industriale in cui le materie prime o semilavorate sono trasformate in prodotti finiti destinati al mercato. ◇ *Prezzo di fabbrica:* quello praticato dal produttore all'immissione della merce sul mercato, cioè al netto degli oneri di intermediazione e di distribuzione. **2.** Edificazione, costruzione di un edificio. ~ *estens.* L'edificio stesso. **3.** *fig.* Con valore perlopiù negativo, luogo, ambiente, persona che produce e diffonde una grossa quantità di fatti, discorsi, atteggiamenti. *Fabbrica di pettegolezzi.* ◇ *Fabbrica dei sogni:* Hollywood come centro di produzione cinematografica. **4.** Organo preposto alla manutenzione e all'amministrazione di una chiesa.

fabbricàbile agg. **1.** Su cui si può costruire. **2.** Che si può fabbricare o produrre.

fabbricànte s.m. e f. Costruttore, produttore.

fabbricàre v.tr. [4] **1.** Innalzare opere murarie. **2.** Produrre manufatti industrialmente o artigianalmente. *Fabbricare mobili.* SIN.: **confezionare. 3.** *fig.* Inventare di sana pianta, architettare. *Fabbricare menzogne.*

fabbricàto agg. Edificato. ~ Prodotto su scala industriale o artigianale. ◆ s.m. **1.** Costruzione, edificio, general. di notevoli dimensioni. ◇ *Fabbricato civile:* destinato ad abitazione o uffici. – *Fabbricato industriale:* insieme degli edifici di una fabbrica. – *Imposta sui fabbricati:* imposta diretta sul reddito netto dei fabbricati. **2.** *estens.* Insieme delle persone che vivono nel medesimo edificio.

fabbricatóre s.m. [f. *–trice*] **1.** Chi produce, realizza qlco. ~ Costruttore. **2.** *fig.* Chi ordisce notizie, inganni, scandali.

fabbricazióne s.f. **1.** Insieme delle operazioni necessarie per fabbricare un determinato prodotto. **2.** Con riferimento a opere edilizie, costruzione, edificazione.

fabbricerìa s.f. Ente ecclesiastico che amministra i beni di una chiesa o di una comunità religiosa per la conservazione degli edifici, le pratiche di culto, le opere di carità.

fàbbro s.m. (lat. *fàbrum* "operaio") Artigiano che lavora il ferro. ~ Artigiano esperto di serrature.

fabianismo o **fabianésimo** s.m. (ingl. *fabianism,* dal nome della londinese *Fabian* Society che si ispirava nell'azione politica alla tattica temporeggiatrice propria del generale romano Quinto Fabio Massimo) ST. Movimento politico di tendenza socialista, sorto in Inghilterra nel 1883, che si proponeva di risolvere i problemi sociali con una lenta e tenace opera di persuasione.

fabliau [/'fabli'o/] s.m. [pl. *fabliaux*] (voce piccarda dal fr. *fable* "favola") **1.** Nella letteratura francese medievale, breve racconto in versi a carattere realistico e satirico. **2.** (al pl.) Genere letterario che comprende tali racconti.

fabulatóre s.m. [f. *–trice*] Chi, narrando, rivela una grande immaginazione. ~ Chi ha doti narrative.

fabulazióne s.f. PSICH. Produzione scoordinata di discorsi da parte di un soggetto che non distingue tra realtà e fantasia, tra passato e presente.

faccènda s.f. **1.** Cosa da fare, occupazione, obbligo. ◇ *Faccende domestiche:* lavori di casa. **2.** Situazione, spec. se incresciosa o imbarazzante. *Una brutta faccenda.*

faccendière s.m. [f. *–ra*] Chi si occupa di affari o traffici spesso poco chiari. ~ *comun.* Procacciatore d'affari, mediatore senza scrupoli.

faccétta s.f. **1.** Nel sign. del dim. di *faccia;* in partic., viso piccolo, grazioso. **2.** GEOM. Elemento piano di un poliedro. ~ Sfaccettatura di una pietra preziosa.

facchinàggio s.m. [pl. *–gi*] **1.** Attività del facchino. ~ Compenso per tale prestazione. **2.** *fig.* Qualsiasi lavoro pesante e faticoso.

facchìno s.m. [f. *–na*] (etim. discussa, prob. dall'ar. *faqìh* orig. "giureconsulto, teologo" poi "funzionario per le questioni doganali" e infine "piccolo mercante" costretto a trasportare la propria merce sulle spalle) **1.** Addetto al trasporto di carichi, pesi, bagagli. *Il facchino della stazione.* **2.** Chi svolge lavori faticosi e pesanti. **3.** (solo m.) Uomo grossolano e triviale. SIN.: **cafone.**

faccia s.f. [pl. *–ce*] **1.** Parte anteriore della testa umana sotto la linea delle sopracciglia. ~ Espressione del viso da cui traspaiono sentimenti, emozioni. ◇ *figg. Cambiare faccia:* mutare espressione e atteggiamento. – *Leggere qlco. in faccia a qlcu.:* capirne intenzioni e sentimenti dall'espressione del volto. – *Salvare la faccia:* salvaguardare la propria reputazione in una situazione difficile. – *Perdere la faccia:* fare una brutta figura. – *Non guardare in faccia nessuno:* avere un atteggiamento sprezzante; essere imparziale. – *Guardare in faccia qlcu.:* sostenerne lo sguardo senza timore. – *Faccia da schiaffi:* arrogante, provocatoria; *scherz.* da furbo. – *Faccia tosta:* impudente, sfrontata. – *locc. prep. In faccia a:* davanti, di fronte. – *Di faccia a:* di fronte, davanti. – *Faccia a faccia:* a confronto; nel l. giorn. e tel., incontro diretto tra esponenti di opposte correnti di pensiero. **2.** *fig.* Modo di presentarsi di qlco., aspetto. *Le diverse facce della situazione.* **3.** Ciascuno dei lati di un oggetto piatto. ~ GEOM. Ciascuna delle superfici esterne poligonali di un poliedro. ~ Ciascuno dei due semipiani delimitanti un diedro. – *La faccia della Terra:* l'intera superficie della Terra, in partic. in espressioni iperboliche. *La persona più astuta che esista sulla faccia della Terra.* – *fig. L'altra faccia della Luna:* l'aspetto nascosto, spesso sgradevole di un problema. **4.** Facciata di un edificio.

facciàle o **faciàle** agg. Della faccia. ◇ ANAT. *Nervo facciale:* nervo cranico che si estende alla fronte, alle palpebre e ai muscoli della faccia. – *Valore facciale:* valore nominale di monete, titoli, francobolli.

facciàta s.f. **1.** Colpo preso con la faccia. **2.** *fig.* Smacco, delusione. **3.** Ciascuno dei lati esterni di un edificio dotato di valore funzionale o decorativo. ~ Parte esterna di qualsiasi lato del suo perimetro. *La facciata di una chiesa.* **4.** *fig.* Apparenza, aspetto esteriore. ◇ *fig. Di facciata:* esteriore, formale, non sincero. *Atteggiamento di facciata.* **5.** Ciascuna delle due superfici di un foglio di scrittura, di una pagina.

facciòla s.f. Ciascuna delle due strisce di tela bianca inamidata che adornano il colletto di avvocati, magistrati o professori universitari in toga oppure di membri di alcuni ordini religiosi.

facèto agg. Allegro, spiritoso. ◆ s.m. (solo sing.) Ciò che diverte. ◇ *Tra il serio e il faceto:* in modo scherzoso ma con intenti seri.

facèzia s.f. **1.** Frase o battuta spiritosa e arguta. **2.** Breve racconto costruito sull'abilità linguistica di un personaggio, su un motto di spirito.

fachirismo s.m. **1.** Insieme di pratiche ascetiche proprie dei fachiri. ~ *estens. scherz.* Tendenza a sottoporsi ad attività faticose o logoranti. **2.** MED. Tendenza morbosa a compiere atti autolesionistici.

■ **facocèro**

fachiro s.m. (ar. *faqīr* "povero, mendicante") **1.** Asceta indiano musulmano o indù capace di controllare le sensazioni dolorose. **2.** *estens.* [non com. f. *–ra*] Chi si esibisce davanti al pubblico per dimostrare la propria sopportazione del dolore.

fàcies s.f. inv. (voce lat., propr. "forma esteriore, aspetto") **1.** Nel l. sc., aspetto esteriore di una pianta, di un animale o di una roccia. **2.** MED. Aspetto del volto di un malato, determinato da particolari affezioni morbose.

fàcile agg. (lat. *facilem*, propr. "che si può fare") **1.** Realizzabile senza fatica, senza difficoltà. *Facile da fare.* ◇ *Guadagni facili:* che non hanno richiesto fatica; anche, ottenuti con la corruzione. – *Essere facile preda:* cedere facilmente alle pressioni, alle lusinghe altrui. – ALP. *Grado facile:* primo livello nella scala francese di difficoltà. **2.** Che si può capire senza difficoltà. *Domanda facile.* SIN.: **semplice.** ~ Ovvio, banale. *Un facile gioco di parole.* **3.** Incline, pronto, disposto (seguito dalla prep. *a*). *Facile al riso.* **4.** Affabile, disponibile. *Carattere facile.* ◇ *Avere qlco. facile:* avere inclinazione per qlco. farne mostra o uso con eccessiva facilità e quindi anche troppo spesso. **5.** Moralmente poco serio, poco onesto. SIN.: **leggero, frivolo.** ❑ In funzione di avv., facilmente. ◆ s.m. (solo sing.) Cosa facile.

facilità s.f. inv. **1.** Assenza di difficoltà. ~ Attitudine, propensione a fare qlco. *Avere facilità di parola.* ~ Tendenza. *Ha facilità ad arrabbiarsi.* ◇ *Con facilità:* senza sforzo. *Imparare con facilità;* frequentemente. *Ammalarsi con facilità;* facilmente. *Con facilità sono già partiti.* **2.** Chiarezza, evidenza.

facilitàre v.tr. Rendere facile. ◇ COMM. *Facilitare i pagamenti:* rateizzarli, dilazionarli.

facilitàto agg. Reso più facile.

facilitazióne s.f. **1.** Agevolazione, incoraggiamento. **2.** COMM. Dilazione o altra forma di pagamento agevolato.

facilménte avv. **1.** Senza difficoltà. **2.** Si usa per esprimere un punto di vista del parlante, col significato di "è facile che". *Non è ancora arrivato, facilmente non arriverà più.* **3.** Frequentemente. *Si ammala facilmente.*

facinoróso agg. [f. *–sa*] Incline ad atti di ribellione e di violenza. ◆ s.m. Nel sign. dell'agg.

facocèro o **facòcero** s.m. (lat. *Phacochoerus,* comp. di gr. *phakós* "lentiggine" per le escrescenze sul muso e *khôiros* "porco") Mammifero simile alla cinghiale molto diffuso nella savana africana, con zanne incurvate, pelle rugosa ricoperta da setole, testa massiccia, muso con grosse verruche e occhi sporgenti. (Altezza al garrese 80 cm ca.; famiglia dei Suidi.)

fàcola o **fàcula** s.f. ASTR. Zona brillante della superficie solare che compare spesso nei punti in cui nascerà una macchia; detta anche *flocculo.*

facoltà s.f. inv. **1.** Capacità, potenzialità psichica, morale e intellettiva. *Facoltà di parlare.* ◇ *Facoltà di intendere e di volere:* condizione di piena consapevolezza e responsabilità dei propri atti. **2.** *estens.* Autorità, diritto di compiere un'azione, potere di decidere. *Facoltà di deliberare.* ~ DIR. Manifestazione di un diritto soggettivo, possibilità giuridica. **3.** Proprietà di produrre un effetto. *L'agopuntura ha la facoltà di lenire i dolori.* **4.** Ogni singola unità in cui è diviso, secondo materie affini, l'insegnamento universitario. *Facoltà di medicina.* ~ Insieme dei docenti che ne fanno parte. ~ Edificio in cui ha sede. *Ci vediamo in facoltà.* **5.** (al pl.) Ricchezze, proprietà, risorse, beni.

facoltatìvo agg. Che, a scelta, si può fare o non fare. *Un esercizio facoltativo.*

facoltóso agg. Che dispone di abbondanti beni materiali. SIN.: **agiato.**

facóndia s.f. Grande facilità di parola.

facsìmile o **fac-sìmile** s.m. inv. (còmp. lat.) **1.** Riproduzione fedele di un originale ottenuta fotograficamente o a stampa. SIN.: **copia. 2.** Fax.

factor [/'fæktə/] s.m. inv. (voce ingl., propr. "agente commissionario") FIN. Impresa che offre il servizio di factoring.

factoring [/'fæktərɪŋ/] s.m. inv. (voce ingl., deriv. di *to factor* "svolgere le funzioni di agente commissionario") FIN. Contratto mediante il quale un'azienda cede, in tutto o in parte, i propri crediti a un'impresa (detta *factor*) che ne anticipa e, in alcuni casi, ne assicura il pagamento dietro commissione.

factòtum s.m. e f. inv. (comp. lat., propr. "fa tutto") Chi, in un posto di lavoro, svolge molte e disparate mansioni.

fading [/'feidiŋ/] s.m. inv. (voce ingl., deriv. di *to fade* "sbiadire") **1.** ELETTR. Evanescenza di un segnale. **2.** TRASP. Perdita di efficienza dei freni degli autoveicoli dovuta alle elevate temperature raggiunte dalle superfici d'attrito.

fado [/'fadu/] s.m. [pl. *fados*] (voce port., lat. *fatum* "fato") Canzone popolare caratteristica della tradizione portoghese di tono malinconico, nostalgico.

faènza s.f. (dal nome della cittadina di *Faenza* dove viene prodotta) CERAM. Ceramica a pasta porosa colorata, ricoperta di smalto bianco.

faesite s.f. (deriv. di *Faè* di Longarone, nome della località nel Bellunese dove ebbe inizio la lavorazione del prodotto) Materiale sintetico costituito da fibre di legno impastate e compresse, utilizzato come isolante termico o per rivestimenti.

Fagàcee s.f. pl. [iniziale minusc. sing. *–a* per il individuo] BOT. → **Cupulifere.**

faggéta s.f. Bosco di faggi; detto anche *faggeto.*

faggina s.f. Frutto del faggio, coriaceo e di colore rossastro.

fàggio s.m. [pl. *–gi*] **1.** Albero delle foreste temperate dell'emisfero settentrionale, a corteccia liscia, legno bianco, con foglie ovali verdi scure e frutti detti *faggiole.* (Altezza fino 30 m; famiglia delle Fagacee.) **2.** Legno di faggio, usato in falegnameria. **3.** BOT. (iniziale maiusc.) Genere di piante a cui appartengono le varie specie di faggio.

faggiòla s.f. Frutto del faggio detto anche *faggina.*

-fagia Secondo elemento di composti dotti col significato di "mangiare", "inclinazione a mangiare" (*aerofagia*).

fagianèlla s.f. Piccola otarda con piumaggio bruno, nero e bianco, ornato, nei maschi, di un ciuffo erigibile sulla nuca e di un collare, an-

ch'esso erigibile, alla base del collo, che vive in Europa, in Asia e nell'Africa settentrionale; detta anche *gallina prataiola.* (Ordine dei Gruiformi.)

fagiàno s.m. [f. *–na*] (lat. *phasiānum,* gr. *phasianós* "del Fasi" fiume della Colchide, da dove il fagiano fu importato in Occidente) Denominazione comune di vari uccelli originari dell'Asia, dalle carni pregiate; il maschio presenta un piumaggio variopinto e la testa sormontata da due cornetti erettili. (Ordine dei Galliformi.) ◇ *Fagiano di monte:* piccolo gallo, detto anche *gallo forcello,* che vive nell'arco alpino sopra i 1000 m.

■ **fagiàno** comune maschio.

fagiolino s.m. (spec. pl.) Varietà di fagiolo che presenta baccello piuttosto sottile e allungato di colore verde scuro completamente commestibile.

fagiòlo s.m. **1.** Pianta erbacea annua, volubile, che produce come frutti dei baccelli contenenti semi commestibili. (Famiglia delle Papilionacee.) **2.** (spec. pl.) Il seme della pianta del fagiolo. ◇ *Andare a fagiolo:* a genio. – *Capitare, venire a fagiolo:* a proposito, al momento più adatto. **3.** *fig.* Babbeo, ottuso. **4.** *scherz.* Studente iscritto al secondo anno di corso di una facoltà universitaria.

foglie e frutti

fiore

■ **fagiòlo** verde.

1. fàglia s.f. [pl. *–glie*] (fr. *faille,* propr. "falla") GEOL. Frattura delle masse rocciose accompagnata da uno spostamento laterale o verticale (detto *rigetto*) di blocchi distinti (o *compartimenti*).

2. fàglia s.f. [pl. *–glie*] (fr. *faille*) Tessuto di seta o di misto seta e cotone.

fagocita o **fagocito** s.m. [pl. *–ti*] BIOL. Cellula dell'organismo capace di effettuare la fagocitosi (macrofago, p.e.).

fagocitàre v.tr. **1.** BIOL. Assimilare attraverso la fagocitosi. **2.** *fig.* Inglobare, assorbire qlco. fino a neutralizzarlo. *Le grandi multinazionali fagocitano i piccoli produttori.*

foglie e frutti

fiore femminile

faggina

amento maschile

■ **fàggio**

■ **fàglia.** Faglia normale nelle arenarie del trias.

fagocitàrio agg. [pl.m. –*ri*] BIOL. Relativo alla fagocitosi, ai fagociti.

fagocitòsi s.f. inv. BIOL. Processo che consiste nell'introduzione in una cellula di corpuscoli estranei o di sostanze nutritizie.

fagopirismo s.m. VET. Avvelenamento, provocato dal grano saraceno, che colpisce gli erbivori.

fagottista s.m. e f. [pl.m. –*sti*] Suonatore di fagotto.

1. fagòtto s.m. (fr. *fagot* di etim. incerta) **1.** Involucro piuttosto ingombrante. ◇ *Far fagotto:* scappare alla svelta. **2.** estens. Persona infagottata, goffa.

2. fagòtto s.m. **1.** MUS. Strumento musicale in legno, a fiato e ad ancia doppia, con tubo conico ripiegato a U. **2.** estens. Chi suona il fagotto.

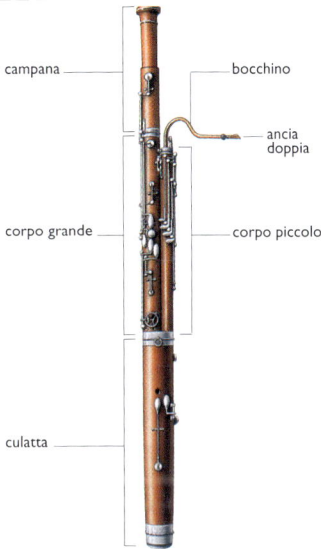

campana — bocchino
— ancia doppia
corpo grande — corpo piccolo
culatta

■ **fagòtto**

Fahrenheit (scala) [/ˈfaːrənhait/] agg. inv. (voce ted., dal nome dell'ideatore, il fisico G.D. *Fahrenheit*) FIS. Del sistema di misurazione della temperatura (simb. *F*) che fissa una differenza di 180° fra il punto di ebollizione dell'acqua (212 °F) e quello in cui fonde il ghiaccio (32 °F). □ In funzione di s.m. inv., nel sign. dell'agg.

fàida s.f. (long. *faihida* "diritto di vendetta privata") **1.** Nel diritto germanico medievale, vendetta privata da parte della vittima di un sopruso o dei suoi familiari. **2.** estens. Lotta fra famiglie e gruppi rivali, alimentata da vendette o ritorsioni. *Faida mafiosa.*

fài da té loc. sost. m. inv. (calco dell'ingl. *do it yourself*) Realizzazione di piccoli lavori o riparazioni in ambito domestico. SIN. **bricolage**.

faina s.f. (fr. *faïne*, lat. *fagìna* deriv. di *fägus* "faggio" perché spesso vive su questi alberi) **1.** Mammifero carnivoro diffuso in Europa e in Asia, con pelo di colore grigio bruno con riflessi rossastri; ha abitudini notturne e riesce a penetrare nelle conigliere, nei pollai e nelle piccionaie. (Lunghezza 50 cm senza la coda; genere

■ **faìna**

Martes, famiglia dei Mustelidi.) **2.** spreg. Persona avida e astuta.

fair play [/ˈfɛə ˈpleɪ/] loc. sost. m. inv. (loc. ingl., propr. "gioco leale") Comportamento sportivo rispettoso delle norme, dello spirito del gioco e dell'avversario. ~ estens. Comportamento onesto ed elegante in qualunque competizione.

fairway [/ˈfɛəˌweɪ/] s.m. inv. (voce ingl.) In un percorso di golf, striscia erbosa tra la partenza e il green.

1. falànge s.f. (lat. *phalängem*, gr. *phálanks* propr. "trave, tronco d'albero") **1.** ANT. GR. In epoca classica, formazione da combattimento degli opliti schierati in profondità su più file. ~ In epoca ellenistica, formazione da combattimento dei fanti macedoni disposti compattamente e dotati di scudi e lunghe lance (*sarisse*). **2.** estens. Schieramento di soldati. **3.** fig. Grande quantità spec. di persone. *Una falange di dimostranti.* **4.** Organizzazione familiare posta alla base del falansterio di Fourier. **5.** ST. Gruppo politico o paramilitare solitamente di ispirazione fascista. *Falange armata.*

2. falànge s.f. (gr. *phálanks* "falange" perché la disposizione delle ossa ricorda quella dei soldati) ANAT. Ogni piccolo osso che compone lo scheletro delle dita della mano e del piede. ~ estens. L'intero segmento del dito.

Falangèridi s.m. pl. [iniziale minusc. sing. –*de* per l'individuo] ZOOL. Famiglia di animali arboricoli, alcuni dei quali sono provvisti di una membrana cutanea ai fianchi che serve come paracadute. (Ordine dei Marsupiali.)

falangétta s.f. (fr. *phalangette*) ANAT. Ultima falange delle dita.

falangina s.f. (fr. *phalangine*) ANAT. Falange mediana delle dita.

falàngio s.m. Aracnide dalle zampe lunghe e sottili molto comune nei prati e nei boschi; si distingue dai ragni per l'assenza di veleno e di filo. (Sottoclasse degli Opilioni.)

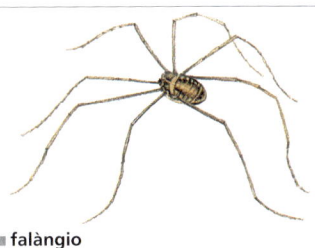

■ **falàngio**

1. falangista s.m. e f. [pl.m. –*sti*] Membro di una falange.

2. falangista s.m. [pl.m. –*sti*] Mammifero marsupiale diffuso in Australia e Nuova Guinea, dotato di coda prensile, zampe corte e pelame morbido e folto; detto anche *opossum d'Australia*. (Famiglia dei Falangeridi.)

falanstèrio o **falanstèro** s.m. [pl. –*ri*] (fr. *phalanstère*, deriv. di *phalan* "falange" qui inteso come "comunità di lavoratori") **1.** Nell'utopia socialista di Fourier, vasta associazione di produzione nell'ambito della quale i lavoratori vivono in comunità. **2.** estens. Grande caseggiato popolare in grado di ospitare un notevole numero di nuclei familiari.

falàropo s.m. Uccello migratore e limicolo delle regioni paludose litorali o continentali dell'emisfero nord che sverna in mare. (Ordine dei Caradriformi, famiglia degli Scolopacidi.)

falàsco s.m. [pl. –*schi*] Pianta erbacea monocotiledone, longeva, molto comune nelle zone umide, che forma ciuffi di lunghe foglie a sezione triangolare e bordo tagliente. (Famiglia delle Ciperacee.)

fàlca s.f. [pl. –*che*] MAR. Parte superiore del fasciame di una barca, dove sono infissi gli scalmi. ~ Negli scafi, tavola ricurva che corre lungo la parte superiore della murata per impedire l'entrata dell'acqua sottovento.

falcàta s.f. **1.** Salto del cavallo che flette le zampe posteriori e si slancia in alto e in avanti. ~ Spinta in avanti dell'arto anteriore del cavallo

al trotto. **2.** Nel podismo, distanza coperta tra due appoggi successivi.

fàlce s.f. **1.** Attrezzo agricolo da taglio formato da una lama metallica ricurva fissata a un lungo manico. ◇ *Falce e martello:* simbolo formato da una falce e un martello incrociati adottato dai partiti e dai movimenti di ispirazione marxista. **2.** Oggetto, figura a forma di falce. *Falce di luna.* **3.** ZOOL. La parte arcata degli arti posteriori del cavallo. **4.** ANAT. Membrana della dura madre che divide i due emisferi del cervello.

falcemia s.f. MED. *Anemia falciforme.

falcétto s.m. Nel sign. del dim. di *falce;* in partic., attrezzo agricolo a lama robusta e incurvata usato per mietere e potare.

falciàre v.tr. [5] **1.** Tagliare con una falce o una falciatrice. *Falciare il grano.* **2.** fig. Travolgere con violenza qlcu. causandone la morte. *Un'auto ha falciato i ciclisti.* **3.** MIL. Abbattere molte persone con scariche di colpi. **4.** SPORT. Sgambettare con violenza un avversario per fermarlo e rubargli la palla. ◆ v.intr. (aus. *avere*) Effettuare l'operazione della falciatura.

falciatóre s.m. [f. –*trice*] Chi falcia a mano o con falciatrice.

falciatrice s.f. Macchina per falciare l'erba.

falcidiàre v.tr. [6] Sottoporre qlcu. o qlco. a falcidia. ~ Ridurre drasticamente.

falcifórme agg. **1.** A forma di falce. **2.** MED. *Cellula falcìforme:* globulo rosso, dalla patologica forma di falce, contenente emoglobina anomala.

fàlco s.m. [pl. –*chi*] (lat. *fàlco*, deriv. di *fàlx* "falce" per il suo becco adunco) **1.** Denominazione comune di rapaci diurni di medie dimensioni, potenti, rapidi, con becco arcuato, ali lunghe e appuntite, zampe munite di forti artigli; alcune specie sono addestrate per la caccia. (Famiglia dei Falconidi.) ◇ fig. *Vista da falco:* acutissima. **2.** (iniziale maiusc.) Genere di animali a cui appartengono varie specie di falco. **3.** fig. Persona di temperamento vivace e di intelligenza agile e penetrante. **4.** fig. Nel l. gior., fautore delle soluzioni di forza nei conflitti internazionali (in oppos. a *colomba*).

■ **fàlco** pellegrino.

falconàra s.f. **1.** Luogo dove si allevano i falconi. **2.** Feritoia per le artiglierie nelle antiche fortezze. **3.** MAR. Trave di rinforzo dal fondo alla poppa della nave.

falcóne s.m. **1.** Nel sign. dell'accr. di *falco;* in partic., varietà di falco di grossa taglia usato per la caccia. **2.** Nel Medioevo, macchina da assedio simile all'ariete. ~ Pezzo d'artiglieria simile al cannone (in uso nei secc. XVI-XVII). **3.** Struttura per sollevare pesi costituita da un palo con carrucole e funi oppure dal braccio lungo di un'autogrù.

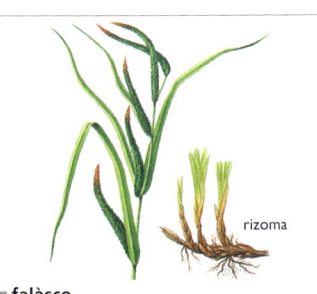

rizoma

■ **falàsco**

falconerìa s.f. Arte di allevare e addestrare i falconi per la caccia. ~ Caccia realizzata con uccelli rapaci.

Falcònidi s.m. pl. [iniziale minusc. sing. *-de* per l'individuo] ZOOL. Famiglia di uccelli rapaci diurni di piccole o medie dimensioni, con ali molto sviluppate che permettono un volo rapido e sostenuto.

falconière s.m. **1.** Chi esercita la falconeria. **2.** Chi addestra i falchi per la caccia.

Falconifórmi s.m. pl. [iniziale minusc. sing. *-me* per l'individuo] ZOOL. Ordine di uccelli rapaci con corpo tozzo, becco corto uncinato, zampe fornite di robusti artigli e ottima acutezza visiva.

fàlda s.f. (got. *falda* "piega") **1.** Strato piuttosto sottile di una materia. **2.** Orlo, lembo inferiore di un abito. **3.** Tesa del cappello. **4.** Lembo inferiore di un'armatura. **5.** GEOL. Strato del terreno che presenta determinate caratteristiche. ◇ *Falda acquifera:* insieme delle acque sotterranee che poggiano su uno strato impermeabile. – *Falda artesiana:* falda acquifera ricoperta da uno strato impermeabile. – *Falda detritica:* strato di materiali rocciosi accumulatisi ai piedi di un monte. – *Falda di ricoprimento:* piega di uno strato roccioso che si è sovrapposta a strati di natura diversa a causa di spostamenti tettonici sul piano orizzontale. – *Falda freatica:* che lascia filtrare l'acqua. **6.** (spec. pl.) Pendici di un monte. **7.** In macelleria, taglio di carne in prossimità della lombata. **8.** COSTR. Ciascuno dei piani inclinati di un tetto su cui scorre l'acqua pluviale. SIN.: **spiovente**.

falegnàme s.m. Artigiano che lavora il legno realizzando mobili general. di piccole dimensioni (in oppos. a *carpentiere*) oppure oggetti privi di intarsi raffinati (in oppos. a *ebanista*).

falegnamerìa s.f. **1.** Attività artigianale o industriale del falegname. **2.** Bottega del falegname.

falèna s.f. Grande farfalla spesso nociva per le colture o gli alberi forestali. (Famiglia dei Geometridi.)

fàlera s.f. Piastra metallica che veniva usata per ornare le bardature dei cavalli o come decorazione dei cavalieri valorosi.

falèrno s.m. inv. (lat. *Falĕrnum*, nome della località campana dove il vino era prodotto) Antico vino pregiato prodotto in Campania.

falèsia o **falèsa** s.f. (fr. *falaise*) GEOL. Costa con pareti rocciose a picco sul mare.

fàlla s.f. **1.** MAR. Apertura accidentale nella carena di una nave, in un serbatoio, in un argine, da cui penetrano o fuoriescono masse d'acqua o di altro liquido. **2.** *estens.* Incrinatura, difetto di fabbricazione.

fallàce agg. **1.** Fuorviante, specioso, falso. *Argomentazioni fallaci.* **2.** Di colore che stinge facilmente.

fallàcia s.f. [pl. *-cie*] L'essere fallace, ingannevole. SIN.: **infondatezza**.

fallàto agg. Di tessuto o di altro manufatto che presenta un difetto di fabbricazione.

fàllico agg. [pl.m. *-ci*, f. *-che*] Proprio dell'organo genitale maschile. ◇ PSICOAN. *Fase fallica:* la terza fase dello sviluppo della libido con la scoperta del sesso.

fallimentàre agg. **1.** DIR. Riguardante il fallimento di imprese. ◇ *Asta fallimentare:* vendita all'asta di beni soggetti a fallimento. – *Curatore fallimentare:* chi, sotto controllo del giudice, amministra e provvede alla realizzazione del patrimonio di chi è fallito. – *Gestione fallimentare:* la cura di un'azienda fallita da parte di un curatore nominato dal tribunale; *comun.* cattiva, negativa conduzione. **2.** *fig.* Mal funzionante, mal riuscito.

falliménto s.m. **1.** DIR. Procedimento coattivo attraverso cui il patrimonio di un imprenditore insolvente viene sottratto alla sua disponibilità e liquidato per soddisfare i creditori. SIN.: **bancarotta**. ◇ *Dichiarazione di fallimento:* dichiarazione di incapacità a onorare i debiti. – *Fallimento fiscale:* quello promosso dagli uffici finanziari quando un imprenditore non abbia pagato le imposte per un certo ammontare. **2.** *fig.* Esito negativo, insuccesso totale. *Il fallimento di un partito.*

fallìre v.intr. [83] (lat. *fallĕre* "ingannare") **1.** (aus. essere) Di cosa, avere un esito negativo, non riuscire. *Il negoziato è fallito.* **2.** (aus. essere) Fare fallimento. *La ditta è fallita.* **3.** (aus. avere) Di persona, sbagliare nel tentativo di realizzare qlco., non riuscire a raggiungere il fine desiderato. *Fallire nel lavoro.* ◆ v.tr. Non riuscire a colpire qlcu. o qlco. *Fallire la preda.*

fallìto agg. **1.** Di qlcu. che ha mancato gli obiettivi. ~ Di cosa, difettoso. **2.** DIR. Che è sotto procedura fallimentare. ◆ s.m. [f. *-ta*] **1.** Chi ha subito un dissesto finanziario. **2.** Chi ha mancato gli obiettivi, ha visto svanire le illusioni, cadere le speranze.

1. fàllo s.m. **1.** Errore, sbaglio, spesso compiuto inavvertitamente. ◇ *Cogliere in fallo:* sorprendere qlcu. mentre sta compiendo qlco. di illecito. – *Mettere un piede in fallo:* inciampare, anche fig. **2.** SPORT. Infrazione del regolamento, mancato rispetto di una regola di gioco. SIN.: **irregolarità**. ◇ *Doppio fallo:* nel tennis, quello commesso dal giocatore che sbaglia entrambe le possibilità di battuta. – *Fallo di mano:* quello commesso da un giocatore, portiere escluso, colpendo la palla con la mano o il braccio. – *Fallo laterale:* uscita della palla dalla linea laterale. – *Fallo intenzionale:* nel calcio, commesso volontariamente. **3.** Imperfezione che si verifica durante la lavorazione di qlco. SIN.: **difetto**.

2. fàllo s.m. **1.** Organo genitale maschile. SIN.: **pene**. **2.** ANT. Riproduzione in terracotta o in legno del membro virile come oggetto di culto propiziatorio.

fallocentrìsmo s.m. Tendenza a riportare tutto, da un punto di vista interpretativo, al simbolismo fallico e al posto primordiale che il fallo occuperebbe nella cultura. ~ *estens.* Tendenza a privilegiare l'uomo e il punto di vista maschile.

fallòcrate s.m. e f. Chi è favorevole alla fallocrazia.

fallocrazìa s.f. Concezione che tende a garantire e giustificare la sovranità degli uomini sulle donne. SIN.: **maschilismo**.

fallóso agg. **1.** SPORT. Che commette molti falli o è caratterizzato da molti falli. ~ Che costituisce fallo. *Entrata fallosa.* **2.** Che presenta difetti di fabbricazione.

falò s.m. inv. (etim. incerta, forse gr. *phanós* "torcia") Fuoco acceso all'aperto per segnalazione, come manifestazione festosa o per bruciare oggetti. ~ *estens.* Distruzione col fuoco di cose inutili o detestate.

falòppa s.f. Bozzolo imperfetto da cui si ricava una seta di bassa qualità.

falpalà o **falbalà** s.m. inv. (fr. *falbala*, franco-provenz. *farbela* "cencio") Striscia di stoffa arricciata o pieghettata utilizzata per guarnire abiti, tende, coperte.

falsàre v.tr. Rendere falso, inesatto. *Falsare una notizia.* SIN.: **alterare**. ~ Interpretare in maniera difforme dall'originale. *Falsare una legge.*

falsarìga s.f. [pl. *falsarighe*] **1.** Foglio rigato che si usa sotto il foglio bianco per scrivere diritto. **2.** *fig.* Modello da seguire fedelmente. *Fare un lavoro sulla falsariga di quello precedente.*

falsàrio s.m. [f. *-ria*, pl.m. *-ri*] Chi fabbrica valuta falsa, documenti falsi. ~ Chi produce falsi d'arte.

falsètto s.m. MUS. Tecnica di canto che sfrutta le cavità di risonanza del capo per raggiungere una maggiore estensione della voce verso i toni acuti. ~ L'imitazione da parte dell'uomo della voce femminile.

falsificabilità s.f. inv. (calco dell'ingl. *falsifiable*) FILOS. La condizione, per un'ipotesi scientifica, di essere confutata dall'esperienza. (Termine creato da K. Popper.)

falsificàre v.tr. [4] **1.** Modificare volontariamente per ingannare. *Falsificare una firma.* SIN.: **contraffare**. **2.** FILOS. Dimostrare la falsità o l'inconsistenza di un'ipotesi scientifica, una teoria.

falsificatóre agg. [f. *-trice*] Che falsifica. ◆ s.m. (anche f.) Nel sign. dell'agg.

falsificazióne s.f. Insieme di atti con cui si falsificano documenti, firme, scritture o con cui si contraffanno monete o metalli preziosi. ~ Ciò che è stato falsificato.

falsità s.f. inv. **1.** Mancanza di verità. *Falsità di una prova.* **2.** Mancanza di franchezza, ipocrisia. *Accusare di falsità.*

fàlso agg. **1.** Contrario a ciò che è vero o giusto, corretto o logico. *Notizia falsa.* ~ Non giustificato dai fatti, infondato. ◇ GRAMM. *Falsi alterati, derivati:* parole apparentemente derivate da altre con le quali non hanno in realtà rapporto semantico (p.e. *botte/bottone*). – *Sotto falso nome:* nascondendo la propria identità. **2.** Diverso da ciò che appare, non originale, non autentico. *Falsa arcata.* SIN.: **finto**. **3.** Erroneo, sbagliato. ◇ *Falso amico:* vocabolo straniero tradotto erroneamente nella propria lingua sulla base della pura corrispondenza fonica. – SPORT. *Falsa partenza:* non valida perché un atleta parte prima del segnale. **4.** Finto, non sincero. SIN.: **simulato**. **5.** ANAT., BOT. Di un organo simile a un altro, ma che ha origine diversa. ◇ *Falso frutto:* alla cui formazione partecipano, oltre all'ovario, anche altri organi fiorali. **6.** ZOOL. *Falsi vampiri:* Megadermatidi. ❑ Anche in funzione di avv., falsamente. ◆ s.m. **1.** (solo sing.) Cosa non rispondente alla verità. **2.** Cosa alterata, falsificata a scopo di frode. *Questo testamento è un falso.* **3.** DIR. Reato di falsificazione. ◇ *Falso in bilancio:* reato derivante dall'alterazione fraudolenta e intenzionale della verità in un bilancio aziendale. – *Falso ideologico:* quello che consiste nell'introdurre in un atto dichiarazioni menzognere. – *Falso materiale:* reato consistente nella contraffazione di documenti.

falsobórdo s.m. Inclinazione di una nave su un bordo dovuta a un difetto di costruzione o a una ripartizione diseguale dei carichi.

falsobordóne s.m. [pl. *falsibordoni*] MUS. Pratica di contrappunto del canto liturgico di origine inglese e molto diffusa nei secc. XV-XVI, in cui si alternavano sezioni monodiche a sezioni polifoniche corali a tre o quattro voci.

falsopiàno s.m. [pl. *falsipiani*, *falsopiani*] Vasta distesa di terreno che, apparentemente piana, presenta lievi dislivelli.

fàma s.f. (solo sing.) (lat. *fāmam*, deriv. di *fāri* "parlare") **1.** Reputazione, considerazione di cui si gode. **2.** Notorietà. ◇ *Di chiara fama:* celebre, insigne, prestigioso. – *Conoscere qlcu. di fama:* non personalmente ma per la sua notorietà. **3.** Notizia largamente conosciuta.

fàme s.f. (solo sing.) **1.** Sensazione provocata dal bisogno fisiologico di mangiare. ◇ *per esager. Fame da lupo:* fame grandissima. – *per esager. Morire di fame:* avere molta fame; anche in senso proprio riferito a zone del terzo mondo. – *fig. Morto di fame:* persona che vive nella miseria, anche spreg. **2.** *estens.* Situazione di penuria o carestia diffusa in una zona geografica. ◇ *La fame nel mondo:* condizione di denutrizione diffusa tra i paesi sottosviluppati. **3.** *fig.* Stato di grande povertà. ◇ *Fare la fame, essere alla fame:* essere molto poveri. **4.** *fig.* Grande desiderio, aspirazione profonda. SIN.: **brama**.

famèdio s.m. [pl. *-di*] ARCH. Tempio funerario che custodisce le spoglie di personaggi illustri nei cimiteri.

famèlico agg. [pl.m. *-ci*, f. *-che*] **1.** Affamato. *Animali famelici.* **2.** *fig.* Bramoso, smanioso, avido.

famigeràto agg. Malfamato, di pessima reputazione.

famìglia s.f. [pl. *-glie*] (lat. *famĭliam* orig. "insieme dei servitori", deriv. di *fămulus* "domestico") **1.** Elementare nucleo organizzato della società umana, formato in senso stretto e tradizionale da genitori e figli, con l'eventuale presenza di altri parenti. ◇ SOCIOL. *Famiglia nucleare, coniugale:* formata da padre, madre e figli non sposati. – *Famiglia di fatto:* quella costituita da una coppia di conviventi non coniugati e dagli eventuali figli. – *Famiglia estesa, allargata:* insieme di più famiglie, general. unite da legami di sangue, che vivono sotto lo stesso tetto. – *Di buona famiglia:* di famiglia rispettabile. – *Stato di famiglia:* certificato che attesta la composizione del nucleo familiare. **2.** Insieme delle persone appartenenti alla stessa stirpe familiare. **3.** *fig.* Insieme di persone o oggetti che presentano caratteri comuni. *Famiglia spirituale.* ◇ LING. *Fami-*

glia linguistica: insieme di lingue aventi origine comune. – *Famiglia di parole:* insieme di parole che possiedono la stessa radice. ~ *Scherzo, favola.* Insieme di elementi di uno stesso tipo. *Famiglia di vettori.* **4.** Organizzazione mafiosa che si riconosce in un unico capo. **5.** BOT., ZOOL. Una delle categorie sistematiche usate nella classificazione degli organismi vegetali e animali, di grado superiore al genere e inferiore all'ordine. [I nomi scientifici delle famiglie sono latini; in italiano, general. la desinenza è *–idi* per la zoologia e *–acee* per la botanica. Se però il nome della famiglia non deriva da quello di un genere, la desinenza cambia (p.e. *Ombrellifere*).] **6.** ECON. Unità elementare di popolazione (persona sola, coppia, comunità) avente residenza in uno stesso alloggio, considerata sulla base della sua funzione economica o consumatrice. ❑ In funzione di agg. inv., usato in alcune locc. ◇ *Formato famiglia:* di prodotto destinato al consumo familiare, presentato in confezioni più grandi e più economiche. – *Casa famiglia:* denominazione di pensionato, collegio per giovani.

familiàre agg. **1.** Che riguarda la famiglia. *Assegni familiari.* **2.** Adatto per dimensioni alle esigenze di una famiglia. *Auto familiare.* **3.** Semplice, alla buona. ~ Affabile, confidenziale. **4.** Che si conosce molto bene. **5.** Di termini o espressioni correntemente impiegati, non adatti ad ambiti formali o sostenuti. (Così *bici* è familiare rispetto a *bicicletta.*) ◆ s.m. e f. Persona di famiglia, parente. *Una festa coi familiari.* ◆ s.f. Autovettura che può portare un numero di passeggeri superiore al corrispondente modello a berlina. SIN.: **station wagon**.

familiarità s.f. inv. **1.** Modo alla buona, informale di tenere i rapporti con gli altri. **2.** *fig.* Dimestichezza acquisita con l'esperienza. *Avere familiarità col computer.*

familiarizzàre v.tr. (fr. *familiariser*) Rendere familiare, far conoscere meglio qlco. ◆ v.intr. (aus. *avere*) **1.** Diventare amici. **2.** Abituarsi, entrare in confidenza con qlcu. o qlco.; anche pron.

famóso agg. **1.** Che gode di una notevole fama, general. positiva. *Uno scrittore famoso.* **2.** *scherz.* Noto perché se ne è sentito parlare troppo. *E sarebbe questo il tuo famoso amico?*

fan [/'fæn/] s.m. e f. inv. (voce ingl., abbr. di *fanatic* "fanatico") Ammiratore entusiasta di qlco. o di qlcu., tifoso. ◇ *Fan club:* associazione di fan che condividono la stessa passione.

fanàle s.m. (gr. *phanárion*, deriv. di *phanós* "lampada") Apparecchio per l'illuminazione e la segnalazione impiegato su mezzi di locomozione. ◇ *Fanale di navigazione:* sistema di illuminazione di navi e aerei che permette di individuarne la rotta al buio.

fanaleria s.f. Apparato di illuminazione, spec. di un veicolo.

fanalino s.m. Piccolo fanale di posizione posto sul retro di un veicolo. ◇ *Fanalino di coda:* luce rossa di segnalazione nella parte posteriore di un veicolo; *fig.* chi occupa l'ultimo posto in una graduatoria.

fanàtico agg. (lat. *fanāticum* "ispirato dalla divinità, esaltato", propr. "che riguarda il tempio") **1.** Mosso da fanatismo, animato da fede intransigente in una dottrina, una corrente di pensiero. *Ucciso da un fanatico.* **2.** Esaltato da passioni incontrollabili, che denota fanatismo. *Discorso fanatico.* ◆ s.m. [f. *–ca*] Nei sign. dell'agg. ~ Chi ama qlco. con passione o con ammirazione eccessiva. *Un fanatico di Mozart.*

fanatismo s.m. (fr. *fanatisme*) Spirito, comportamento tipico del fanatico.

fanciullàccia s.f. [pl. *–ce*] BOT. → **Nigella**.

fanciullésco agg. [pl.m. *–schi,* f. *–sche*] Di, da fanciullo. ~ Puerile, sciocco.

fanciullézza s.f. **1.** Età umana compresa, grosso modo, tra i sei e i dodici anni. **2.** *estens.* Gli albori, gli esordi. *La fanciullezza della Terra.*

fanciùllo s.m. [f. *fanciulla*] Ragazzo in età compresa tra i sei e i dodici anni. ❑ In funzione di agg., in senso fig., agli inizi. *Paese fanciullo.*

fandàngo s.m. [pl. *–ghi*] (voce spagn.) Canzone spagnola di tempo vivace a 3/4 o 6/4, a molte voci e con accompagnamento di chitarre, tamburelli, violini. ~ Danza spagnola di coppia ballata al suono di chitarra e nacchere.

fandònia s.f. (spec. pl.) Storia inventata o deformata per vanteria. ~ Scherzo, favola.

fanèllo s.m. (prob. deriv. di lat. *fāgus* "faggio" su cui spesso nidifica) Uccello dell'Europa e dell'Asia occidentale, granivoro, canterino, caratterizzato dalla parte posteriore marrone e dal petto rosso. (Lunghezza 15 cm ca.; genere *Carduelis*, famiglia dei Fringillidi.)

fanera s.f. ZOOL. Formazione di origine epiteliale che sporge dalla pelle o dalle mucose dei vertebrati (peli, unghie, penne, denti, vibrisse, ecc.).

Fanerògame s.f. pl. [iniziale minusc. sing. *–ma* per l'individuo] BOT. Divisione di piante munite di fiori, cioè con organi riproduttori visibili, come le Angiosperme e le Gimnosperme (in oppos. alle *Crittogame*); sono dette anche *Antofite, Spermafite* o *Spermatofite.*

fanfàra s.f. (fr. *fanfare* di orig. onom.) **1.** Banda musicale, general. militare, composta da strumenti a fiato e percussione. **2.** *estens.* Composizione musicale per fanfara.

fanfaróne s.m. [f. *–na*] (spagn. *fanfarrón*) Chi ostenta capacità o poteri che in realtà non ha. SIN.: **gradasso**.

fangatùra s.f. Applicazione di fanghi termali sul corpo a scopo terapeutico. ~ I fanghi applicati.

fanghìglia s.f. [pl. *–glie*] **1.** Sottile strato di fango molliccio. **2.** GEOL. *Fanghiglia glaciale:* deposito di argilla o altro formatasi in seguito all'abrasione delle rocce operata dai ghiacciai.

fàngo s.m. [pl. *–ghi*] (voce di orig. germ.) **1.** Terra o polvere mista ad acqua e ridotta a forma di poltiglia. **2.** *fig.* Bassezza morale, infamia, abiezione. ◇ *Gettare qlcu. nel fango, coprire di fango qlcu.:* diffamarlo, disonorarlo. **3.** GEOL. (al pl.) Impasto di acqua e materiali ferrosi fini utilizzato a scopo terapeutico. ◇ *Fanghi termali:* quelli che provengono da fessure del suolo in corrispondenza di focolai termici. (Sono usati spesso per curare malattie reumatiche.) **4.** (al pl.) Residuo, di tipo melmoso, di alcune lavorazioni.

fangóso agg. Coperto da uno strato di fango, pieno di fango.

fangoterapìa s.f. MED. Trattamento terapeutico con fanghi termali.

fannullóne s.m. [f. *–na*] (prob. calco del fr. *fainéant*) Chi non vuole fare nulla. SIN.: **pigro**.

fanóne s.m. (fr. *fanon,* francone *fano* "pezzo di stoffa") **1.** ZOOL. Ognuna delle numerosissime lamine cornee flessibili, a margine frangiato, inserite verticalmente a breve distanza l'una dall'altra nella mascella superiore delle balene e dei balenotteri. (Ogni animale possiede 600-800 fanoni grazie ai quali filtra l'acqua immessa nella bocca trattenendo il krill.) **2.** RELIG. Indumento liturgico indossato dal papa nelle celebrazioni solenni. ~ Anche, ciascuna delle due strisce di stoffa pendenti dalla mitra dei vescovi. **3.** ZOOL. → **2. giogaia**.

fànotron s.m. inv. (ingl. *phanotron*) ELETTR. Raddrizzatore di corrente formato da un tubo termoelettronico a vapori di mercurio.

fànta- Primo elemento di composti col valore di "fantasia", "fantastico" (*fantascienza*).

fantacàlcio s.m. inv. Nome commerciale, che costituisce marchio registrato, di un gioco che simula il campionato di calcio reale.

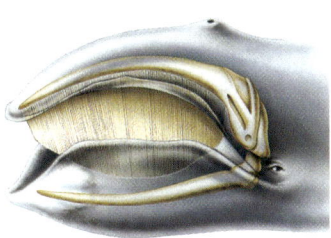

■ **fanóni** di balena.

fantapolìtica s.f. [non com. pl. *–che*] **1.** Genere narrativo fondato sull'ipotetica evoluzione futura di una situazione politica presente. **2.** *estens.* Disegno di futuri, forse irrealizzabili, scenari politici. ~ Interpretazione cervellotica e infondata di vicende politiche.

fantascientìfico agg. [pl.m. *–ci,* f. *–che*] **1.** Di fantascienza. **2.** *fig.* Tecnologicamente molto avanzato. ~ Talmente innovativo da risultare quasi incredibile.

fantasciènza s.f. (calco dell'ingl. *science fiction*) Genere letterario e cinematografico incentrato sull'evoluzione dell'umanità e in partic. sulle conseguenze dei progressi scientifici.

■ **fantasciènza.** Una scena di *Guerre stellari* di George Lucas (1977).

fantasìa s.f. **1.** Capacità della mente di creare in maniera libera e imprevedibile. *Dare libero corso alla fantasia.* ~ Opera dell'immaginazione. ~ Creazione libera, non legata a norme o modelli. ◇ *Fantasia creatrice:* la facoltà che presiede alla creazione artistica. **2.** (spec. pl.) Pensiero o immagine che non ha riscontro nella realtà. *Perdersi in fantasie.* SIN.: **fantasticheria**. ◇ *Frutto di fantasia:* cosa priva di alcun fondamento. **3.** Capriccio, voglia improvvisa. **4.** MUS. Composizione strumentale caratterizzata da libertà tematica e formale. ❑ Anche in funzione di agg. inv., nel l. della moda, di disegno e colore vivace e vario. *Tessuto fantasia.*

fantasióso agg. **1.** Ricco di fantasia. **2.** Frutto di fantasia. *Articolo fantasioso.*

fantasista s.m. e f. [pl.m. *–sti*] (calco del fr. *fantaisiste*) **1.** Artista di varietà, capace di cantare, ballare ed eseguire giochi di abilità. **2.** SPORT. *fig.* Atleta dal gioco imprevedibile, di grande abilità tecnica.

fantàsma s.m. [pl. *–smi*] **1.** Ombra, figura visibile di persona defunta. SIN.: **spettro**. **2.** *estens.* Immagine irreale creata dalla mente. ~ Aspirazione illusoria. ❑ In funzione di agg. inv., esistente soltanto nell'immaginazione. ~ Non ufficiale o nascosto. ◇ *Governo fantasma:* senza potere. – *Scrittore fantasma:* che scrive per conto di altri. – MED. *Arto fantasma:* sensazione di possedere ancora un arto amputato, dovuta alla persistenza dei circuiti nervosi.

fantasmagorìa s.f. (fr. *fantasmagorie*) **1.** Arte di far apparire immagini e illusioni ottiche, spec. mediante l'uso della lanterna magica. ~ Rapida successione di immagini, luci e colori. **2.** *fig.* Congerie di concetti, idee, dati, elementi che lasciano confusi.

fantasmagòrico agg. [pl.m. *–ci,* f. *–che*] (fr. *fantasmagorique*) Che è o sembra una fantasmagoria.

fantasticàre v.intr. [4] (aus. *avere*) Lavorare con la fantasia abbandonandosi a congetture irreali. ~ Lasciarsi andare al ricordo di cose trascorse. ◆ v.tr. Immaginare cose irreali con la fantasia, vagheggiare. *Fantasticare un futuro roseo.*

fantasticherìa s.f. **1.** Abitudine di fantasticare. ~ Stato di distrazione durante il quale l'attività mentale non è più diretta dall'attenzione e si abbandona a memorie, a immagini vaghe. **2.** Immagine fantastica, proposito irrealizzabile. SIN.: **chimera**.

fantàstico agg. [pl.m. *–ci,* f. *–che*] **1.** Creato dalla fantasia, dall'immaginazione. ~ Di un'opera artistica, che presenta l'irruzione del sovrannaturale e dell'irrazionale nella realtà quotidiana.

Racconto fantastico. **2.** *estens.* Degno di grande ammirazione. SIN.: **meraviglioso.** ◆ s.m. (solo sing.) **1.** Ciò che è concepito dalla fantasia. **2.** Ciò che è bellissimo, straordinario.

fantasy [ˈfæntəsi] s.f. inv. (voce ingl., propr. "fantasia") Genere narrativo e cinematografico in cui si susseguono ambientazioni e figure fantasiose tratte dalla mitologia, dalla fiaba o ispirate a un ipotetico, surreale e oscuro medioevo. ◻ Anche in funzione di agg.

fànte s.m. (lat. *infántem* "infante") **1.** Soldato di fanteria. **2.** Figura vestita delle carte da gioco, corrispondente all'otto.

fanteria s.f. MIL. Insieme delle truppe che combattevano a piedi. (Motorizzata o no, meccanizzata, aviotrasportata o paracadutata, la fanteria garantisce la conquista, l'occupazione e la difesa del territorio. La posizione della fanteria alla fine del combattimento decreta il successo o il fallimento di un'operazione.)

fantésca s.f. [pl. *–sche*] Domestica, donna di servizio.

fantino s.m. **1.** Chi monta i cavalli da corsa. **2.** Soldato di fanteria.

fantòccio s.m. [pl. *–ci*] **1.** Manichino fatto come una figura umana con stracci, legno o altro materiale. **2.** *fig.* Individuo inetto, che non merita di essere trattato seriamente. ◻ In funzione di agg. inv., non avente autorità propria, soggetto ad altri. ◇ *Governo fantoccio:* governante solo grazie a un'autorità esterna (p.e. grazie al sostegno straniero).

fantomàtico agg. [pl.m. *–ci*, f. *–che*] (fr. *fantomatique*) **1.** Simile a un fantasma, irreale. SIN.: **immaginario. 2.** Inafferrabile, imprendibile, misterioso. *Ladro fantomatico.*

fanzine [ˈfænziːn] s.f. inv. (voce ingl. d'America, comp. di *fan* e *maga-zine* "rivista") Pubblicazione a diffusione limitata redatta da e per i fan di un settore (p.e. fantascienza, fumetti, cinema).

FAQ s.f. pl. Sigla di *Frequently Asked Questions*, domande poste frequentemente.

fàra s.f. (long. *fara* "famiglia, stirpe") ST. Ogni gruppo in cui veniva suddivisa la popolazione longobarda. ~ Luogo in cui era stanziato, ancor oggi registrato dalla toponomastica.

farabùtto s.m. [f. *–ta*] (ted. *Freibuter* "predone") Individuo senza moralità, capace delle peggiori bassezze.

fàrad s.m. inv. (dal nome del fisico inglese M. *Faraday*) FIS. Unità di misura della capacità elettrica (simb. *F*) equivalente a 1 coulomb/volt.

faraday [ˈfærədei] s.m. inv. (dal nome del fisico inglese M. *Faraday*) Quantità di elettricità, pari a 96.484,56 coulomb, che, nell'elettrolisi, deposita un grammo-equivalente di elettrolita al catodo.

faradizzazióne s.f. MED. Trattamento di malattie psichiatriche basato sull'applicazione di correnti faradiche.

faraglióne s.m. Grosso scoglio che si erge isolato in prossimità della costa. *I faraglioni di Capri.*

faràndola s.f. (provenz. *farandoulo*) **1.** Danza provenzale in cui ballerini e danzatrici si tengono per mano in una lunga fila. **2.** Pezzo strumentale in 6/8, suonato con flauti e tamburelli.

faraóna s.f. (deriv. da *faraone* perché di provenienza egiziana) Uccello originario dell'Africa, oggi diffuso ovunque, caratterizzato da piume ne-

■ **faraóna**

rastre punteggiate di bianco, allevato per la squisitezza delle sue carni. (Genere *Numida;* famiglia dei Fasianidi.)

faraóne s.m. (lat. *Pharaónem*, gr. *Pharaő*, egiziano *per·a'a* "grande casa") Titolo del sovrano nell'antico Egitto.

faraònico agg. [pl.m. *–ci*, f. *–che*] **1.** Relativo ai faraoni, alla loro epoca. **2.** *fig.* Che evoca i faraoni e la loro grandiosità, sfarzoso, monumentale. *Progetto faraonico.*

fàrcia s.f. [pl. *–ce*] (fr. *farce*) CUC. Qualsiasi composto che serve per farcire.

farcino s.m. (fr. *farcin*, lat. *farcímen* "ulcera" deriv. di *farcire* "imbottire" perché causa gonfiori) VET. Malattia cutanea degli Equini.

farcire v.tr. [83] (fr. *farcir*) CUC. Riempire un alimento con una farcia, un ripieno. *Farcire un pollo.*

farcito agg. CUC. Imbottito con ripieno.

fard [ˈfar/] s.m. inv. (voce fr., deriv. di *farder* "imbellettare") Cosmetico in pasta o in polvere compatta per colorire le guance.

fardèllo s.m. (deriv. di ar. *farda* "carico di un cammello") **1.** Carico pesante da sollevare o trasportare general. sulle spalle. **2.** *fig.* Peso morale, carico di coscienza.

1. fàre v.tr. [9] **1.** Realizzare con il proprio lavoro, fabbricare. *Fare un maglione.* ◇ *Far da sé:* operare senza l'aiuto di nessuno. *~ Fare e disfare:* spadroneggiare. **2.** Compiere un atto, un gesto. *Fare una risata.* ◇ *Non fare che:* compiere sempre la stessa azione, general. sgradevole. *Non fa che gridare.* **3.** Creare, procreare qlcu. o dare origine a qlco. *Fare un figlio.* **4.** Comporre opere letterarie, artistiche. **5.** Cucinare. *Fare il risotto.* **6.** Mettere assieme, procurarsi, comperare qlco. *Fare benzina.* **7.** Suscitare, avere per effetto, provocare. *Fare timore.* **8.** Emettere, spandere intorno. *Questi fiori fanno un buon profumo.* **9.** Celebrare una funzione, un rito. *Fare la comunione.* ~ Organizzare ed effettuare feste o manifestazioni religiose o laiche. **10.** Trascorrere un certo periodo di tempo. *Fare una settimana al mare.* **11.** Raggiungere una certa ora, spec. notturna. *Fare le tre del mattino.* **12.** Compilare un documento, una richiesta. *Fare testamento.* **13.** Rassettare, pulire. *Fare il letto.* **14.** Di operazioni aritmetiche, dare come risultato. *Due più due fa quattro.* ~ *fam.* Costare. *Quanto fa di tutto?* **15.** Di diventare qlcu. o qlco. in un certo modo. *Fare felice la mamma.* SIN.: **rendere. 16.** Ritenere, reputare qlcu. diverso da come realmente è. *La facevo più vecchia.* **17.** Nominare, eleggere qlcu. a una certa carica. *Fare presidente.* **18.** *fam.* Dire a qlcu. un qlco. riportato col discorso diretto. *Lui mi guarda e mi fa: 'Mi dispiace'.* ◆ v.intr. (aus. *avere*) **1.** Agire, comportarsi. *Non potevo fare diversamente.* **2.** Essere adatto, conveniente. *Questa casa non fa per noi.* SIN.: **confarsi. 3.** Comportarsi, operare nei confronti di qlcu. secondo un certo ruolo o modello. *Mi ha fatto da padre.* **4.** Svolgere le funzioni di qlco. *La tenda ci farà da casa.* ◆ v.impers. (aus. *avere*) Di tempo cronologico o meteorologico, essere in un certo modo; anche pron. *Fare (farsi) notte.* ◆ v.cop. **1.** Esercitare un mestiere o una professione. *Fare l'operaio.* ~ Ricoprire una certa carica. *Fare il sindaco.* ~ Comportarsi in un certo modo. *Fare il furbo.* **2.** Creare un'atmosfera, richiamare uno stile particolare. *Il tuo abito fa molto chic.* **3.** Assumere una forma, diventare. *"Cavallo" al plurale fa "cavalli".* ◆ farsi v.pron. **1.** Muoversi, spostarsi verso una determinata direzione. *Farsi avanti.* **2.** Assumere un determinato ruolo o abbracciare una fede religiosa o politica diversa da quella precedentemente professata. *Farsi cristiano.* **3.** Acquisire una certa qualità o modo di essere. **4.** Acquistare un bene per sé. *Farsi la barca.* **5.** Stabilire una relazione, un rapporto con qlcu. *Farsi molti amici.* **6.** Cucinare per sé. **7.** Rassettare, mettere in ordine per sé. *Farsi la camera.* **8.** Fare qlco. per sé. *Farsi una bella dormita.* **9.** Drogarsi.

2. fàre s.m. **1.** L'agire, l'operare. SIN.: **attività. 2.** Inizio. ◇ *Sul fare di:* al principio di. *Sul fare del giorno.* **3.** Comportamento, contegno, atteggiamento. *Un fare sospetto.*

farètra s.f. Astuccio per le frecce.

farétto s.m. **1.** Nel sign. del dim. di *faro.* **2.** Lampada a incandescenza, orientabile, usata per illuminare un ambiente o un particolare oggetto, detta anche *spot.*

farfàlla s.f. (etim. incerta, forse di orig. onom. per il leggero battere d'ali) **1.** Nome comune di insetti dei Lepidotteri dotati di quattro ali ricoperte di squame microscopiche; esistono specie di farfalle diurne, dalle antenne clavate e dai colori vivaci, e specie notturne o crepuscolari, dalle antenne piumate e dai colori tenui. (La larva è detta *bruco,* la ninfa *crisalide.*) ◇ *figg.* Nodo a *farfalla:* quello i cui quattro capi ricordano la forma di una farfalla, usato p.e. per allacciare le scarpe. – *Cravatta a farfalla:* cravatta da uomo annodata a forma di farfalla con ali spiegate. – *Valvola a farfalla:* valvola che ruota attorno a un asse centrale e regola il flusso di un gas o di un liquido all'interno di un condotto. – *Nuoto a farfalla:* stile di nuoto per cui il nuotatore muove le braccia contemporaneamente fuori dall'acqua e le gambe a rana. **2.** *fig.* Persona dal carattere volubile, incostante. **3.** *scherz.* Cambiale, ingiunzione di pagamento o altra comunicazione sgradita. **4.** (al pl.) Tipo di pasta a forma di farfalla.

1. farfallino agg. **1.** Somigliante alla farfalla. **2.** *fig.* Superficiale, leggero, volubile.

2. farfallino s.m. **1.** Nel sign. del dim. di *farfalla.* **2.** [pl.m. *–na*] Persona leggera e volubile. **3.** Cravatta a forma di farfalla. SIN.: **papillon.**

farfallista s.m. e f. [pl.m. *–sti*] SPORT. Chi pratica il nuoto a farfalla.

farfaràccio s.m. [pl. *–ci*] Pianta diffusa nei fossi in Europa e in Asia; ha fiori color malva dal profumo vanigliato e foglie grandissime reniformi. (Genere *Petasites;* famiglia delle Composite.)

fàrfaro s.m. Pianta erbacea i cui fiori raccolti in capolini gialli vengono usati come medicinali. (Famiglia delle Composite.)

farfugliàre v.intr. [6] (aus. *avere*) (prob. spagn. *farfullar* di orig. onom.) Borbottare, balbettare. ◆ v.tr. Pronunciare parole o frasi in modo smozzicato e confuso. *Il vecchio farfugliò un nome.*

farina s.f. **1.** Polvere che si ottiene dalla macinatura dei grani dei cereali. ◇ *Farina bianca:* di grano. – *Farina gialla:* di granturco. – *Fior di farina:* quella di grano più raffinato. – *Farina lattea:* alimento per bambini piccoli o persone debilitate a base di cereali, latte condensato e zucchero. **2.** *estens.* Polvere che risulta dalla macinazione dei legumi, di frutti secchi, di sostanze organiche e inorganiche. ◇ *Farina d'ossa:* fertilizzante ricavato dalla macinazione delle ossa degli animali. – MIN. *Farina fossile:* roccia sedimentaria incoerente costituita dalle membrane bivalve di alghe monocellulari di acqua dolce, usata nella fabbricazione delle dinamite.

farinàceo agg. Avente natura o aspetto della farina. ◆ s.m. (al pl.) Sostanze ricche di amido (p.e. cereali, patate, castagne).

farinata s.f. **1.** In alcune regioni italiane, minestra a base di farina di grano o di granturco. **2.** In Liguria, torta salata, molto sottile, a base di farina di ceci.

faringàle agg. ANAT. Della faringe. ◇ *Consonante faringale:* suono consonantico che viene articolato nella faringe. ◆ s.f. Consonante faringale.

faringe s.f. ANAT. Nei Vertebrati, cavità a forma d'imbuto che mette in comunicazione le fosse nasali e la bocca con l'esofago e la laringe; lateralmente riceve le trombe uditive.

faringèo agg. ANAT. Della faringe.

faringite s.f. MED. Infiammazione della faringe.

faringotomia s.f. MED. Incisione chirurgica della faringe.

farinóso agg. **1.** Che contiene farina. **2.** *estens.* Che ha l'aspetto o la consistenza della farina.

fariseismo o **farisaismo** s.m. **1.** Dottrina dei farisei. **2.** *fig.* Formalismo, ipocrisia.

farisèo s.m. [f. *–a*] (lat. *Pharisaeum*, gr. *Pharisâios* dall'aramaico *Perishāyā* "i separati", nome della setta giudaica) **1.** Membro di una setta giudaica apparsa nel II sec. a.C. che osservava rigorosamente la legge di Mosè. **2.** *fig.* Persona falsa e ipocrita che ostenta rigore morale e si cu-

sfinge dell'oleandro
Daphnis nerii
Europa meridionale

sfinge testa di morto
Acherontia atropos
Eurasia, Africa, Indonesia

pavonia maggiore
Saturnia pyri
Europa, Nord Africa,
Medio Oriente

bombice dell'ailanto
Philosamia cynthia
India

omocromia
sposa
Catocala nupta
Europa

mimetismo

farfalla monarca
Danaus plexippus
America del Nord

farfalla viceré
Basilarchia archippus
America del Nord

livrea dissuasiva
farfalla civetta
Caligo prometheus
Colombia

lato ventrale   lato dorsale

criptismo
farfalla foglia
Kallima inachus
Sud-Est asiatico

maschio

dimorfismo sessuale
Morpho cypris
America del Sud tropicale

femmina

varietà *levana*   varietà *prorsa*
(primavera)   (estate)

dimorfismo stagionale
carta geografica
Araschnia levana
Europa, Asia

farfalla imperatore
Apatura iris
Europa, Asia temperata

policlora
Nymphalis polychloros
Eurasia, Nord Africa

tabacco di Spagna
Argynnis paphia
Eurasia, Nord Africa

Cleopatra
Gonepteryx cleopatra
Europa meridionale, Asia
temperata, Nord Africa

Armandia lidderdalei
dall'India settentrionale
alla Cina
occidentale

antiopa
Nymphalis antiopa
Europa occidentale, Asia,
America del Nord

vanessa io
Inachis io
Europa, Asia

zigena della filipendula
Zygaena filipendulae
Europa

ornitoptera
Ornithoptera priamus
Australia del nord, Nuova
Guinea, Isole Salomone

Eustera troglophylla
Gabon

macaone
Papilio machaon
Europa, Nord Africa,
Asia temperata

apollo
Parnassius apollo
Europa temperata,
al di sotto dei 1000 m

podalirio
Iphiclides podalirius
Europa meridionale

Zerynthia rumina
Sud-Est Europa,
Medio Oriente

Chrysiridia riphearia
Madagascar

■ **farfàlla**

ra solo delle apparenze esteriori. (Nei Vangeli, infatti, i farisei sono accusati di ostentare un'osservanza rigorosa ma falsa, più formale che sostanziale.) ~ Chi ostenta un rispetto meticoloso di una morale molto formale e per ciò giudica con gravità le azioni di altri.

farmacèutica s.f. [non com. pl. *–che*] **1.** Farmacologia. **2.** Industria specializzata nella preparazione di farmaci.

farmacèutico agg. [pl.m. *–ci*, f. *–che*] Relativo ai farmaci. *Prodotto farmaceutico.* ◇ *Tecnica farmaceutica:* studio delle manipolazioni atte a trasformare le droghe e i prodotti chimici ad azione terapeutica in medicamenti somministrabili al paziente. – *Forma farmaceutica:* l'aspetto sotto cui si presenta un medicinale (compressa, sciroppo, ecc.).

farmacia s.f. **1.** Scienza dei farmaci, della loro concezione, composizione, preparazione e distribuzione. ~ Facoltà in cui si insegna tale disciplina. **2.** Locale destinato alla vendita dei farmaci. ~ Un tempo la bottega in cui, in base alla ricetta del medico, si preparavano i medicinali. ◇ *Farmacia di turno:* aperta nei giorni festivi od oltre l'orario normale. ~ Armadietto domestico o valigetta portatile in cui si tengono medicinali. ~ I medicinali stessi.

farmacista s.m. e f. [pl.m. *–sti*] Laureato in farmacia, che lavora in un laboratorio o in una farmacia.

fàrmaco s.m. [pl. *–ci*, *–chì*] Sostanza che ha la proprietà di curare le malattie. SIN.: **medicinale**. ◇ *Farmaco da banco:* vendibile senza ricetta. – *Farmaco generico:* farmaco il cui brevetto è scaduto, e che può quindi essere commercializzato sotto la denominazione del suo principio attivo indipendentemente dal laboratorio farmaceutico d'origine.

farmacocinètica s.f. [non com. pl. *–che*] FARM. Studio di ciò che diventano i farmaci nell'organismo (assorbimento, distribuzione, fissazione nei tessuti, trasformazione, eliminazione). SIN.: **farmacocinesia**.

farmacodinàmica s.f. [non com. pl. *–che*] FARM. Studio sugli effetti dei farmaci sull'organismo.

farmacodipendènza s.f. **1.** MED. Dipendenza dai farmaci. **2.** MED. Tossicodipendenza da farmaci.

farmacologìa s.f. Scienza che studia la composizione dei farmaci e la loro azione sull'organismo.

farmacològico agg. [pl.m. *–ci*, f. *–che*] Relativo alla farmacologia.

farmacopèa s.f. **1.** Parte della scienza medica che studia la preparazione dei farmaci. **2.** Trattato, corso di farmacologia. ◇ *Farmacopea ufficiale:* elenco ufficiale in cui sono registrati i nomi di tutti i preparati medicinali in commercio con l'indicazione dei metodi di preparazione e la composizione.

farmacoterapìa s.f. **1.** FARM. Studio dei metodi curativi sulla base delle sostanze medicamentose. **2.** MED. Cura che si avvale dell'impiego di farmaci.

farmacovigilànza s.f. Raccolta, controllo e diffusione delle informazioni sugli effetti prodotti dai farmaci.

farneticaménto s.m. Vaneggiamento, delirio.

farneticàre v.intr. [4] (aus. *avere*) Parlare in modo insensato. SIN.: **delirare**.

fàrnia o **fàrgna** s.f. Quercia a foglie lobate e caduche, il cui legno è adatto alla costruzione di navi, travi e pavimenti, che produce ghiande che costituiscono un ottimo mangime per i suini. (Altezza 20 m ca. Famiglia delle Fagacee.)

fàro s.m. (lat. *Phărum*, gr. *Pháros*, nome di un isolotto presso Alessandria d'Egitto su cui fu costruito un faro celebre nell'antichità) **1.** Torre, dotata di una sorgente di luce intermittente, posta all'imbocco dei porti o sulla costa per aiutare la navigazione notturna. ~ Dispositivo simile usato per la navigazione aerea. **2.** (spec. pl.) Ogni fanale posto su un mezzo di trasporto. SIN.: **luci**. ◇ *Fari anabbaglianti:* nelle auto, fari anteriori che gettano il fascio di luce verso il basso. – *Fari abbaglianti:* nelle auto, fari anteriori di

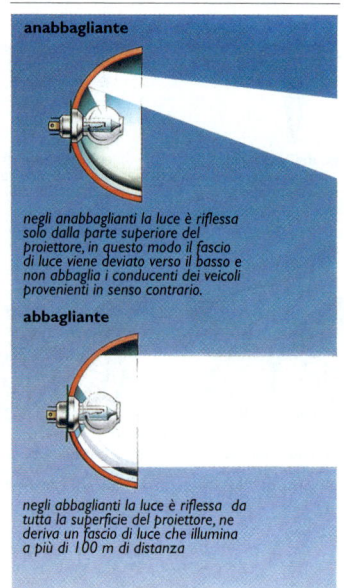

anabbagliante

negli anabbaglianti la luce è riflessa solo dalla parte superiore del proiettore, in questo modo il fascio di luce viene deviato verso il basso e non abbaglia i conducenti dei veicoli provenienti in senso contrario.

abbagliante

negli abbaglianti la luce è riflessa da tutta la superficie del proiettore, ne deriva un fascio di luce che illumina a più di 100 m di distanza

■ **fàro.** I due tipi d'illuminazione della lampada di un faro d'automobile.

portata minima di 100 m e di profondità orizzontale, da usare fuori dei centri abitati. **3.** *fig.* Persona o cosa che funge da guida spirituale o punto di riferimento culturale.

farraginóso agg. Disordinato, confuso, fumoso. *Racconto farraginoso.*

fàrro s.m. Pianta erbacea annuale simile al frumento, usata nell'alimentazione. (Famiglia delle Graminacee.)

fàrsa s.f. (fr. *farse*, deriv. di lat. *farcīre* "riempire" forse perché orig. occupava gli intervalli) **1.** Componimento teatrale di misura breve e di contenuto comico. ~ TEAT. Nei secc. X-XII, intermezzo comico di una rappresentazione. ~ Dal sec. XIII, breve rappresentazione comica e satirica sui costumi e sulla vita quotidiana. **2.** *fig.* Avvenimento poco serio, situazione che cade nel ridicolo. □ In funzione di agg. inv., finto, poco serio, ingannevole.

farsésco agg. [pl.m. *–schi*, f. *–sche*] **1.** Caratteristico di una farsa. **2.** *estens.* Poco serio, indecoroso. *Il colloquio d'assunzione ha avuto un andamento farsesco.*

fàrsi s.m. inv. LING. Persiano moderno parlato in Iran.

fascétta s.f. **1.** Nel sign. dim. di *fascia*. ◇ *Fascetta elastica:* indumento intimo femminile per contenere vita e fianchi. SIN.: **bustino**. **2.** Striscia di carta ad anello per tenere insieme fascicoli di carte, giornali, ecc. **3.** Oggetto metallico a forma d'anello.

fàscia s.f. [pl. *–sce*] **1.** Striscia di stoffa o altro materiale per avvolgere, sostenere, cingere, trattenere. ~ Larga banda di tessuto portata in obliquo da una spalla all'anca opposta, o attorno alla cintura, come segno distintivo di autorità. ◇ *Fascia tricolore:* quella indossata da sindaco, da altri funzionari dello Stato o di enti locali in talune funzioni pubbliche. **2.** Benda di garza o tela per avvolgere parti del corpo ferite o malate. ◇ *Fascia elastica:* striscia di tessuto elastico per comprimere o proteggere le articolazioni. – *Fascia gessata:* imbevuta di un impasto di polvere di amido e gesso che asciutta diventa rigida, usata per fermare e reggere una parte del corpo. **3.** (al pl.) Larghe strisce di lana o cotone in cui un tempo si avvolgevano i neonati. ~ *Essere in fasce:* molto piccolo, neonato; *fig.* psicologicamente immaturo. **4.** Fascetta di libri, giornali. **5.** Striscia o lamina di vario materiale usata per avvolgere, proteggere o collegare parti meccaniche. ◇ MECC. *Fasce elastiche:* anelli di ghisa, sistemati in apposite scanalature degli stantuffi o dei pistoni di macchine e motori a combustione inter-

na, che assicurano la tenuta dei fluidi nel cilindro o impediscono il passaggio dell'olio lubrificante nella camera di combustione. **6.** Striscia di territorio. SIN.: **zona**. ◇ *Fascia smilitarizzata:* zona che per accordo tra Stati non può ospitare insediamenti militari. – *Fascia equatoriale, tropicale:* zona della terra idealmente attraversata dall'equatore o dai tropici. – SPORT. *Fasce laterali:* le due parti laterali di un campo di calcio. **7.** ANAT. *Fasce muscolari:* rivestimento dei muscoli costituito da tessuto connettivale. **8.** *fig.* Sezione, ripartizione, insieme di entità omogenee. ~ Complesso di persone che si trovano nella stessa condizione. ~ TV. Suddivisione temporale della programmazione radiotelevisiva. *Fascia pomeridiana.* ◇ *Fascia d'ascolto:* le ore della giornata classificate secondo quantità e tipo di pubblico che segue le trasmissioni. – *Fascia di qualifica, salariale:* insieme di lavoratori raggruppati secondo la qualifica o la retribuzione. – *Fascia oraria:* unità temporale per classificare un dato servizio. **9.** MUS. Parte in legno degli strumenti ad arco compresa tra il fondo e il coperchio della cassa.

fasciacóda s.m. inv. Guaina di cuoio che circonda e che protegge la coda del cavallo.

fasciàme s.m. MAR. Insieme delle tavole o delle lamiere che costituiscono lo scafo di una nave.

fasciànte agg. Che aderisce al corpo segnandone le forme.

fasciapiède s.m. inv. Striscia di cuoio con cui si lega la zampa anteriore del cavallo con quella posteriore in modo che non scalci.

fasciàre v.tr. [5] **1.** Avvolgere con una fascia. *Fasciare una ferita.* SIN.: **bendare**. ~ Avvolgere un bambino in fasce. ~ *fig.* Aderire eccessivamente. *L'abito la fascia.* **2.** *estens.* Coprire qlco. con un rivestimento protettivo. *Fasciare i libri.* **3.** MAR. Rivestire lo scafo di un'imbarcazione con fasciame. ✦ **fasciarsi** v.pron. **1.** Avvolgersi con una fascia una parte del corpo. ◇ *fig. Fasciarsi il capo prima di rompterselo:* preoccuparsi per qlco. che non si sa neppure se accadrà. **2.** *fig.* Avvolgersi, ricoprirsi con qlco. *Fasciarsi di seta.*

fasciatóio s.m. [pl. *–toi*] Piano d'appoggio su cui si colloca un neonato per cambiarlo.

fasciatùra s.f. **1.** Applicazione di una fascia su una ferita. ~ Insieme del materiale utilizzato per fasciare. **2.** MAR. Striscia di tela catramata per cavi.

fasciazióne s.f. AGR. Anomalia delle piante di cui alcuni organi (ramoscelli, fusto) si appiattiscono presentandosi come fasce.

1. fascicolàre v.tr. Raccogliere documenti inserendoli in un fascicolo.

2. fascicolàre agg. **1.** BOT. Relativo al fascio vascolare. **2.** ANAT. Relativo a un fascicolo.

fascicolàto agg. **1.** Unito in fascicolo. **2.** BOT. Di un insieme di radici raggruppate a fascio tipico, spec., delle Graminacee. SIN.: **affastellato**. ~ Di foglia nata da una sola gemma, di fiore riunito alla sommità di un peduncolo.

fascicolatrice s.f. STAM. Macchina che assembla i fogli di un volume.

fascicolo s.m. **1.** Insieme di documenti e carte riguardanti una pratica o una persona. **2.** DIR. Incartamento processuale. **3.** Opuscolo, parte di un'opera pubblicata a dispense. **4.** ANAT. Fascio di fibre.

fascina s.f. Fascio di piccola legna da ardere, usata un tempo anche per lavori di riempimento e riparo. SIN.: **fastello**.

fascinàta s.f. Insieme di fascine utilizzate per opere di arginatura.

fascinazióne s.f. Fascino, irresistibile attrazione.

fàscino s.m. (lat. *făscinum*, propr. "amuleto" quindi "incantesimo") Attrazione, seduzione esercitata da qlcu. o da qlco. *Il fascino del potere.* ◇ *Fascino discreto:* capacità di seduzione esercitata con raffinatezza e discrezione.

fascinóso agg. Che esercita un'attrazione irresistibile.

fàscio s.m. [pl. *–sci*] **1.** Insieme di oggetti sottili e allungati raccolti insieme. *Fascio di ramoscelli.* ~ *estens.* Mucchio piuttosto disordinato di carte, fogli, oggetti. ◇ *Far d'ogni erba un fascio:* valutare tutto in modo uniforme, senza distinzioni. **2.** Nel l. sc., insieme organico di elementi omogenei, artificiali o naturali. ~ ANAT. Gruppo di fibre muscolari, nervose o altro, parallele e unite tra loro longitudinalmente. ◇ BOT. *Fascio vascolare:* insieme di cellule che trasportano soluzioni nutritive. ~ FIS. Insieme di onde, di particelle che si propagano in una stessa direzione. *Fascio di radiazioni.* ◇ GEOM. *Fascio di rette:* insieme di rette di un piano convergenti o parallele. – *Fascio di piani:* insieme di piani paralleli o di piani passanti per una stessa retta. – *Fascio luminoso:* fascio di luce di debole apertura. **3.** ANT. ROM. *Fascio littorio:* mazzo di verghe, legate da corregge e avvolgenti una scure, che i littori portavano precedendo un magistrato. ~ Simbolo del fascismo italiano, mutuato dall'antica Roma. **4.** *gerg.* Fascista.

fasciola s.f. Verme parassita dei condotti biliari del fegato di alcuni animali e raramente anche dell'uomo; ha corpo sottile, leggermente appiattito a forma di foglia ovale, è ermafrodita. (Classe dei Trematodi.)

fascismo s.m. **1.** Movimento e partito politico fondato da Mussolini nel 1919 che detenne un potere totalitario fino al 1943 (nella Repubblica di Salò fino al 1945). **2.** Dottrina e pratica che mira a stabilire un regime paragonabile, a vari livelli, al fascismo italiano. **3.** *estens.* Ogni movimento politico o regime di estrema destra.

fascista agg. [pl.m. *–sti*] Del fascismo, dei fascisti. ◆ s.m. e f. **1.** Seguace del fascismo. **2.** *estens.* Chi manifesta un'autorità arbitraria, dittatoriale e violenta.

fàse s.f. (gr. *phásis* "apparizione") **1.** ASTR. Ognuno dei diversi aspetti assunti dalla Luna e dai pianeti agli occhi di chi li osserva dalla Terra. ◇ *Fasi della Luna: novilunio,* primo quarto, *plenilunio,* ultimo quarto. **2.** *estens.* Ciascuno dei momenti successivi, particolari o autonomi, di un processo, di un fenomeno, di una situazione. ◇ *Fase di lavorazione:* ogni momento del ciclo di produzione di un'industria. – *loc. prep. In fase di:* durante, nel corso di. **3.** In campo scientifico e tecnico, ogni intervallo di tempo caratterizzato da un particolare stato. ~ CHIM. Fase elementare di una reazione, di una sintesi chimica, corrispondente a riorganizzazioni elettroniche, a movimenti nucleari nell'ambito delle molecole. ~ Parte omogenea di un sistema eterogeneo. *Acqua e ghiaccio sono fasi di uno stesso corpo puro.* ~ ELETTR. Ognuna delle variazioni periodiche, di intensità e di direzione, delle correnti alternate. ~ MECC. Ogni intervallo di tempo nel funzionamento di un motore a scoppio. ◇ *Mettere in fase:* mettere a punto, regolare, spec. di motore o congegno. – *Fuori fase:* non regolare nel funzionamento; *fig.* in uno stato di spossatezza fisica o mentale.

fashion [/ˈfæʃən/] s.f. inv. (voce ingl., fr. *façon* "maniera") Moda, eleganza.

Fasiànidi s.m. pl. [iniziale minusc. sing. *–de* per l'individuo] ZOOL. Famiglia di uccelli, di dimensioni medie o grandi, piumaggio ricco e vivacemente colorato, ali rudimentali, non atte al volo; ne fanno parte gallo, tacchino, pavone, quaglia, ecc. (Ordine dei Galliformi.)

Fàsmidi o **Fasmòidei** s.m. pl. [iniziale minusc. sing. *–de* per l'individuo] ZOOL. Ordine di insetti caratterizzati da metamorfosi incompleta, ali eteronome o mancanti, che vivono su alberi e cespugli, mimetizzandosi perfettamente con l'ambiente.

fasòmetro s.m. ELETTR. Strumento per misurare la differenza di fase fra due grandezze periodiche della stessa frequenza.

fastèllo s.m. → **fascina**.

fast-food [/ˈfɑːst,fuːd/] s.m. inv. (voce ingl. d'America, propr. "cibo rapido") **1.** Tipo di ristorazione fondata sulla distribuzione, a ogni ora e per un prezzo modico, di alcuni prodotti preparati in serie da consumarsi sul posto o da asporto. **2.** *estens.* Locale in cui si usa tale sistema.

fàsti s.m. pl. **1.** ANT. ROM. Giorni nei quali era lecito trattare affari pubblici o privati. ~ *estens.* Calendario su cui venivano trascritti tali giorni. **2.** *fig.* Memoria di imprese gloriose. ~ Fatti memorabili.

fastidio s.m. [pl. *–di*] (lat. *fastīdium,* propr. "disgusto") **1.** Disturbo fisico, malessere in senso generico. *Un fastidio ai denti.* **2.** Problema, preoccupazione. ◇ *Avere dei fastidi:* subire conseguenze negative per qlco. **3.** Tedio, sazietà, disgusto. ~ Avversione. *Provare fastidio per qualcuno.*

fastidióso agg. Che causa difficoltà per la sua monotonia o durata. *Lavoro fastidioso.* ~ Che irrita, disturba. *Un bimbo fastidioso.*

fastigiàto agg. **1.** ARCH. Che termina con un fastigio. **2.** BOT. Di albero, con rami diretti verso l'alto e addossati al ramo principale.

fastigio s.m. [pl. *–gi*] (lat. *fastīgium* "declivio" e "punto culminante") **1.** ARCH. Parte più elevata di una costruzione, sommità del tetto. SIN.: **frontone**. **2.** *fig.* Grado più alto, culmine. *I fastigi della gloria.*

1. fàsto agg. (lat. *fāstum,* deriv. di *fās* "il giusto" propr. "norma divina") ANT. ROM. Giorno in cui era permesso attendere agli affari pubblici (in oppos. a *nefasto*). *Giorno fasto.*

2. fàsto s.m. (lat. *fāstum* "orgoglio, superbia") Esibizione di ricchezza.

fastóso agg. Che mostra grande fasto, lussuoso.

fast pay [/ˌfɑst ˈpeɪ/] loc. sost. m. inv. (loc. ingl., comp. di *fast* "rapido" e *pay* "pagamento") Metodo di pagamento rapido del pedaggio autostradale. ~ Il casello che lo consente.

fasùllo agg. (voce gergale roman. della malavita, ebr. *pāsûl* "non valido") **1.** Non corrispondente al vero, non autentico. ~ *estens.* Di qualità scadente. *Lana fasulla.* **2.** *fig.* Con riferimento a persona, finto o anche incompetente, senza abilità. ~ Privo di titolo o di autorizzazione legale.

fàta s.f. (lat. *fātam* "dea del destino") **1.** Nella favolistica, donna giovane e bella che ha poteri soprannaturali, general. positivi. ◇ *fig. Mani di fata:* abili nello svolgere lavori domestici, spec. di cucito. **2.** *fig.* Donna bellissima o dotata di grande intelligenza. ◇ *Fata Morgana, fatamorgana:* fenomeno di rifrazione, per cui appare come sospesa nell'aria l'immagine di una cosa lontana. (Si può osservare a volte sulle coste dello stretto di Messina.)

1. fatàle agg. **1.** Voluto dalla sorte. SIN.: **inevitabile**. **2.** Destinato a compiere una missione. ~ Che ha valore decisivo, che può cambiare il corso degli avvenimenti. SIN.: **cruciale**. **3.** Che comporta inevitabilmente la rovina, la morte.

2. fatàle agg. Delle fate, fatato.

fatalismo s.m. (fr. *fatalisme*) **1.** FILOS. Dottrina secondo cui tutto è inesorabilmente stabilito dal destino. **2.** *estens.* Tendenza a considerare che accade solo ciò che deve accadere e a mostrarsi pertanto passivi o remissivi di fronte alle circostanze.

fatalista s.m. e f. [pl.m. *–sti*] (fr. *fataliste*) Chi accetta gli eventi con fatalismo. ❑ In funzione di agg., nel sign. del s.

fatalità s.f. inv. **1.** Forza sovrannaturale che sembra determinare in anticipo il corso degli eventi. ~ Carattere inevitabile di qlco. *La fatalità della morte.* **2.** Avvenimento dovuto al caso. ~ Destino avverso, sorte contraria, sfortuna.

fatalménte avv. In modo inevitabile.

fatàto agg. Dotato di poteri magici.

fathom [/ˈfæðəm/] s.m. inv. (voce ingl., deriv. di *faethm* "apertura delle braccia") Unità di misura di lunghezza anglosassone equivalente a 6 piedi (1,8 m ca.) usata per la misurazione delle profondità marine.

fatica s.f. [pl. *–che*] **1.** Impegno prolungato, fisico o psichico, che genera stanchezza. ◇ *fig. Morire di fatica:* fare un enorme fatica. **2.** Calo delle capacità psicofisiche di resistenza dovuto a uno sforzo prolungato. **3.** *estens.* Attività di carattere materiale o intellettuale, dura e impegnativa. ◇ *Uomo, donna di fatica:* senza qualifica, che fa lavori pesanti. **4.** *fig.* Difficoltà, stento, pena. ◇ *Costare fatica:* riuscire difficile, gravoso. **5.** MED. Logorio di un organo sottoposto a lavoro intenso. **6.** TECN. Deterioramento di un materiale sottoposto a particolari sollecitazioni. ◇ *Prove di fatica:* prove per saggiare la resistenza dei materiali. **7.** AGR. Condizione per cui un terreno, sfruttato da anni con la stessa coltura, si impoverisce.

faticabilità s.f. inv. Tendenza a sentire la fatica. ~ MED. Difficoltà di un organo a svolgere agevolmente e costantemente la propria funzione.

faticàre v.intr. [4] (aus. *avere*) **1.** Compiere lavori gravosi che stancano. **2.** Incontrare difficoltà a fare una cosa. *Faticare a studiare.*

faticóso agg. **1.** Che richiede uno sforzo fisico o intellettuale. ~ Che causa stanchezza. **2.** Complicato, involuto, impacciato. *Discorso faticoso.*

fatìdico agg. [pl.m. *–ci,* f. *–che*] Che sembra fissato dal destino, profetico. ~ Fatale, risolutivo. *Ora fatidica.*

fatiscènte agg. **1.** In pessimo stato, in rovina. SIN.: **cadente**. **2.** *fig.* Superato, obsoleto.

fàto s.m. [pl. *–ti*] (lat. *fātum,* propr. "decreto pronunciato dalla divinità") Per gli antichi, forza soprannaturale che domina il mondo e gli uomini.

fattézza s.f. (spec. pl.) Tratto fisico, lineamento del viso.

fattìbile agg. Che è possibile compiere.

fattibilità s.f. inv. Carattere di ciò che è attuabile, realizzabile in condizioni tecniche, finanziarie e temporali definite. ◇ *Studio, progetto di fattibilità:* ricerca intorno alla realizzabilità di un programma. – DIR. *Fattibilità delle leggi:* analisi che valuta l'applicabilità di un enunciato normativo, alla luce dei mezzi di cui dispone la pubblica amministrazione.

fattispècie s.f. inv. (lat. *făcti spĕciem* "apparenza di fatto") **1.** DIR. Fatto di cui si sta trattando. ~ Il resoconto preciso dello stesso. *Fattispecie penale.* **2.** Caso particolare, fatto concreto. ◇ *Nella fattispecie:* nella circostanza specifica.

fattivo agg. Capace di fare, che si rende utile.

fattìzio agg. [pl.m. *–zi*] FILOS. *Idee fattizie:* per Cartesio, idee elaborate dalla mente umana (in oppos. alle *idee innate* e alle *idee avventizie*).

1. fàtto agg. **1.** Costruito, eseguito. *Fatto a mano.* ◇ *Essere ben fatti:* riferito a persona, avere un bel fisico, proporzionato. **2.** Compiuto, avvenuto. ◇ *Bell'e fatto:* completato, ultimato. – *A cose fatte:* quando ormai un evento si è già verificato. **3.** Conserva valore di part. pass. in alcune locc. ◇ *Detto (e) fatto!:* eseguito immediatamente. – *Essere cosa fatta:* di problema, situazione, ecc. essere risolti. **4.** Stanco, affaticato. ~ *gerg.* Drogato.

2. fàtto s.m. **1.** Ciò che accade o è accaduto. ◇ *Fatto di sangue:* ferimento, uccisione. – *Sul fatto:* nel momento in cui si sta compiendo qlco., soprattutto di illecito. *Cogliere qlcu. sul fatto.* – *Vie di fatto:* interventi imposti con la forza; percosse, violenze. *Passare a vie di fatto.* – *loc. prep. In fatto di:* in materia di, per quanto riguarda. **2.** (al pl.) Faccende private, casi familiari. *Farsi i fatti propri.* ◇ *Dire a qlcu. il fatto suo:* dirgli tutto ciò che se ne pensa, senza riguardi. – *Essere sicuri del fatto proprio:* non avere dubbi. **3.** Ciò che è concreto, che esiste, è reale. *Il fatto e la teoria.* ~ *fam.* Ciò di cui si tratta, argomento. *Il fatto del suo futuro non interessa nessuno.* ◇ *Stato di fatto:* realtà. – *locc. cong. Di fatto:* in realtà, effettivamente. *Il quadro mi era sembrato autentico, ma di fatto non lo è.* – *Fatto si è che, fatto sta che, sta di fatto che, il fatto è che:* infatti, in realtà, in sostanza. **4.** DIR. Ogni evento suscettibile di modificare un rapporto giuridico. ◇ *Fatto del principe:* atto di autorità che rende giuridicamente impossibile una prestazione, liberando l'obbligato da qualsivoglia obbligo di adempimento. – *Fatto naturale:* indipendente dalla volontà umana, causa però di conseguenze giuridiche (p.e. la morte di qlcu. e la successione ereditaria derivante).

1. fattóre s.m. (lat. *factōrem,* propr. "chi fa") **1.** Ciò che determina un effetto o contribuisce a determinarlo. ◇ BIOL. *Fattore ereditario:* elemento geneticamente trasmissibile. – BIOCHIM. *Fattore di accrescimento:* sostanza indispensabile per lo sviluppo di organismi o microbi. – MED. *Fattore di rischio:* elemento che aumenta le probabilità statistiche che si determini l'insorgere di una malattia. – SPORT. *Il fattore campo:* il vantaggio di chi gioca sul campo di casa. – ECON. *Fattori di produzione:* elementi o risorse che contribuiscono alla produzione di beni e servizi, in partic. lavoro e capitale. **2.** Nel l. sc., rapporto tra due grandezze omogenee. SIN.: **coefficiente**. ◇ ECOL. *Fattore limitante:* sostanza nutritiva parzialmente o totalmente assente in un ambiente che limita o impedisce la crescita di una pianta. **3.** ARITM. Ogni termine di un'operazione, in partic. di una moltiplicazione. ◇ *Fattori primi di un numero:* numeri primi il cui prodotto è uguale al numero dato. (Per ogni numero esiste una sola scomposizione in fattori primi.)

2. fattóre s.m. [f. *fattoressa*] Agricoltore che conduce una fattoria.

fattoria s.f. Azienda agricola formata da poderi, edifici, aree per l'allevamento. ~ La casa del fattore.

fattoriále agg. Che riguarda i fattori che concorrono alla produzione di un determinato effetto. ◇ *Analisi fattoriale*: metodo statistico avente lo scopo di cercare i fattori comuni a un insieme di variabili aventi tra loro forti correlazioni. ◆ s.m. MAT. *Fattoriale di un numero intero n*: numero intero naturale indicato con *n!* e definito come 0! = 1 e, per tutti gli *n* + 1, *n!* = (*n* - 1)! × *n*, dove *n!* = 1 × 2 × 3 ×...× (*n* - 1) × *n* Il fattoriale di 5 è 5! = 5 × 4 × 3 × 2 × 1 = 120.

fattorino s.m. [f. –*na*] Dipendente di una ditta, ufficio pubblico, albergo, ecc., che disbriga commissioni e compie altri servizi.

fattorizzàre v.tr. ALG. Scomporre un numero in fattori primi.

fattorizzazióne s.f. ALG. Scrittura, sotto forma di un prodotto, di fattori primi.

fattrice s.f. Femmina di animale di razza destinata alla riproduzione.

fattuale agg. Che si attiene ai fatti, che presenta i fatti senza interpretarli. *Informazione fattuale*. ~ FILOS. Che è relativo al fatto empirico.

fattura s.f. **1.** COMM. Documento nel quale sono specificati i dati necessari a identificare un'avvenuta operazione commerciale. SIN.: **ricevuta**. ◇ *Fattura pro forma*: provvisoria, utilizzata da un eventuale cliente per conoscere dettagliatamente il costo effettivo della merce. **2.** Lavoro di un artigiano necessario per confezionare qlco. ~ Modo in cui una cosa è realizzata. *Una giacca di buona fattura*. **3.** *pop*. Atto di stregoneria. SIN.: **maleficio**.

fatturàre v.tr. **1.** COMM. Mettere in conto le vendite effettuate. *Fatturare le merci*. ~ Emettere fattura per il venduto. **2.** Modificare una sostanza aggiungendo qlco. nell'intento di dotarla di certe caratteristiche. *Fatturare il vino*.

fatturato s.m. COMM. Volume delle vendite di un'azienda, giro d'affari di un negozio, di un libero professionista, ecc. in un determinato periodo. ❑ In funzione di agg., artefatto, adulterato.

fatturazióne s.f. Emissione di una fattura.

fatuità s.f. inv. Leggerezza, futilità, frivolezza, inconsistenza. ~ Atto, parola di persona fatua.

fàtuo agg. (lat. *fătuum* "stolto") Vanitoso, leggero. ◇ *Fuoco fatuo*: fiamma leggera e fugace prodotta dalla combustione spontanea di gas, come fosforo d'idrogeno o metano, sprigionati da materia organica; *fig.* sentimento, passione destinati a finire rapidamente.

fàtwa s.f. inv. (voce ar.) Nell'Islam, parere giuridico dato da un'autorità religiosa su un caso incerto, una questione nuova e decreto che ne risulta.

fàuci s.f. pl. **1.** Parte della gola situata alla base della lingua. ~ Bocca, spec. degli animali. ◇ *fig*. *Cadere nelle fauci di qlcu.*: finire in suo potere. **2.** *estens*. Apertura a forma di arco che immette in un luogo buio.

fault [ˈfɔːlt] s.m. inv. (voce ingl., fr. *faute*) SPORT. → **1. fallo**.

fàuna s.f. (spec. sing.) (lat. *Făunam*, nome della dea sposa o figlia di *Făunus* dio delle selve) **1.** Insieme delle specie animali che vivono in un determinato habitat. **2.** *scherz*. Insieme di persone pittoresche che frequentano uno stesso luogo.

faunésco agg. [pl.m. –*schi*, f. –*sche*] Di, da fauno. *Viso faunesco*.

faunística s.f. [non com. pl. –*che*] Studio sistematico della fauna di un determinato territorio.

faunístico agg. [pl.m. –*ci*, f. –*che*] Relativo alla fauna.

fàuno s.m. (lat. *Făunum*, antico dio italico dei campi e delle greggi) MIT. ROM. Divinità pastorale benefica, rappresentata con corni e piedi caprini.

fàusto agg. Apportatore di gioia e di felicità.

fautóre s.m. [f. –*trice*] Sostenitore, protettore di qlcu. o qlco.

fauve [ˈfov] agg. inv. (voce fr. di origine germ., propr. "animale selvaggio" per la violenza espressiva) Che si ricollega al fauvismo. ◆ s.m. [pl. *fauves*] Pittore aderente al fauvismo.

fauvismo [/foˈvizmo/] s.m. (fr. *fauvisme*) Movimento pittorico francese dell'inizio del Novecento.

ENCICL. L'epiteto di *fauve* fu applicato da una parte della critica a un insieme di pittori partecipanti al Salone d'Autunno di Parigi del 1905, cui arte apparve di un modernismo aggressivo. Il fauvismo si manifestò con un'esplosione di colori puri, ordinati in ogni tela in maniera autonoma per esprimere soprattutto sensazioni ed emozioni e con una semplificazione delle forme e della prospettiva. I *fauves* comprendono alcuni allievi dell'atelier di Gustave Moreau (che affermava di non credere ad altra realtà che non fosse quella del "sentimento interiore"): Matisse, Marquet, Charles Camoin (1879-1965), Henri Manguin (1874-1949); due autodidatti accomunati dal loro amore per Van Gogh: Vlaminck e Derain; un normanno, Othon Friesz (1879-1949), che si ispira a Dufy e Braque. Matisse e Vlaminck erano già *fauves* prima del 1905, come Van Dongen e un altro precursore, Valtat. Verso il 1908 la carica innovativa di questa corrente si attenua e le strade di questi artisti divergono.

fàva s.f. **1.** Pianta erbacea annua con fiori bianchi a macchie nere i cui semi a forma di fagiolo e di colore verde sono contenuti in baccelli. (Nome sc. *Vicia faba*; famiglia delle Papilionacee.) **2.** (spec. pl.) Seme commestibile della pianta. ◇ *fig*. *Prendere due piccioni con una fava*: ottenere due scopi con un colpo solo.

fiore

seme

foglie
e baccello aperto

■ **fàva**

favagèllo s.m. Piccola pianta, simile al bottone d'oro, che apre i suoi fiori gialli fin dalla fine dell'inverno; detta anche *ficaria*. (Famiglia delle Ranuncolacee.)

favela [/faˈvɛla/] s.f. [pl. *favelas*] (voce port., propr. "alveare") Nelle grandi città brasiliane, quartiere costituito da baracche e abitato dallo strato più basso della popolazione. ~ *estens*. Baraccopoli.

favilla s.f. **1.** Frammento di materiale incandescente che si alza da un fuoco. ◇ *fig. Fare faville*: dare prova delle proprie qualità suscitando meraviglia. **2.** *fig*. Causa, principio, minima traccia di qlco.

favismo s.m. MED. Sindrome provocata dall'ingestione di fave o dall'aspirazione del loro polline, che si verifica in soggetti con deficit enzimatico ereditario.

fàvo s.m. **1.** Insieme delle celle in cera costruite dalle api per conservare il miele. **2.** MED. Agglomerato patologico di foruncoli con aperture multiple e circostante dermite provocato da un'infezione di un fungo che dal derma si propaga alle cellule sottocutanee.

fàvola s.f. (lat. *fābulam*, deriv. di *fāri* "parlare") **1.** Racconto immaginario, narrazione fantastica. *La favola di Cenerentola*. ~ Racconto allegorico general. dal finale moralistico. ~ *fig*. Persona, cosa di qualità eccezionali. ◇ *Da favola*: magnifico, straordinario. – *scherz. La morale della favola*: espressio-

ne che si usa per trarre le conclusioni di qlco. **2.** Storia inventata, fandonia. ~ Persona oggetto di chiacchiere. *È la favola del paese*. **3.** Azione drammatica, intreccio, trama.

favolista s.m. e f. [pl.m. –*sti*] Autore di favole.

favolística s.f. [pl. –*che*] Genere letterario della favola.

favolóso agg. **1.** Che ha le caratteristiche della favola. SIN.: **leggendario**. **2.** *per esager*. Al di là di ciò che si può immaginare, stupefacente. ~ Enorme, incredibile.

favóre s.m. **1.** Disposizione a trattare qlcu. con benevolenza. ~ Credito, popolarità che si ha presso qlcu. ◇ *loc. prep. Col favore di*: con l'aiuto, con l'appoggio di, grazie a. *Fuggire col favore delle tenebre*. **2.** Atto concreto di benevolenza, gesto di cortesia. *Ricevere un favore*. ~ Sostegno, beneficio, aiuto a qlcu. o a qlco. ◇ *loc. prep. In, a favore (di)*: a beneficio, in vantaggio, a sostegno (di). *Votare a favore di qlcu*. **3.** (al pl.) Compiacenza erotica.

favoreggiaménto s.m. DIR. Atto delittuoso consistente nel prestare aiuto a qlcu. sottraendolo all'accertamento delle sue responsabilità. ~ *estens*. Complicità in senso generico.

favoreggiàre v.tr. [5] DIR. Commettere il reato di favoreggiamento.

favorévole agg. **1.** Che favorisce, è propizio. *Vento favorevole*. ~ Che approva, che è a favore. **2.** Adatto, conveniente, vantaggioso, opportuno. **3.** Svolto secondo le aspirazioni. *Esito favorevole*.

favorire v.tr. [83] **1.** Sostenere, avvantaggiare qlcu. *Favorire un esordiente*. ~ Contribuire allo sviluppo, incoraggiare. *Favorire le arti*. ~ Facilitare. *Le circostanze lo hanno favorito*. ~ Essere favorevole. *Il pronostico favorisce lo sfidante*. **2.** *sosten*. Dare, presentare, far vedere qlco. a qlcu. *Lei ci dovrebbe favorire delle spiegazioni*.

favoritismo s.m. Tendenza ad accordare favori a una parte, danneggiandone altre.

favorito agg. **1.** Preferito, prediletto. **2.** Che è probabile vincitore in una gara sportiva, in una competizione elettorale, ecc. ◆ s.m. [f. –*ta*] **1.** Protetto, beniamino. **2.** Chi gode dei favori del pronostico. ~ IPP. Cavallo che ha maggiori possibilità di vincere una corsa. ◆ pl. Ciuffi di barba sulla guancia dalle basette al mento, tipiche nell'Ottocento.

fax s.m. inv. **1.** Apparecchio di trasmissione e copiatura a distanza di documenti attraverso una linea telefonica; detto anche *telefax*. **2.** Documento trasmesso o ricevuto tramite tale apparecchio.

faxàre v.tr. Inviare documenti via fax.

fazenda [/faˈzɛnda/] s.f. [pl. *fazendas*] (voce port., lat. *faciĕnda* "cose da fare") Grande azienda agricola del Brasile.

fazióne s.f. (lat. *factiōnem*, propr. "possibilità di agire") **1.** Raggruppamento che persegue i propri fini in modo fazioso. ~ Gruppo o parte che conduce un'azione frazionaria o sovversiva all'interno di un gruppo più importante. **2.** Sentinella, guardia.

faziosità s.f. inv. Attaccamento viscerale a una fazione, adesione aggressiva agli interessi di una parte. SIN.: **settarismo**.

fazióso agg. **1.** Che sostiene con intransigenza le proprie tesi. ~ Animato da spirito di parte. **2.** *estens*. Aggressivo, estremista, sovversivo. ◆ s.m. [f. –*sa*] Persona settaria, intransigente.

fazzolétto s.m. **1.** Piccolo quadrato di tessuto fine che si usa per soffiarsi il naso. ◇ *Fazzoletto di carta*: fazzoletto monouso in ovatta di cellulosa. ~ *fig*. *Farsi un nodo al fazzoletto*: cercare di non dimenticare qlco. **2.** Capo di abbigliamento costituito da un pezzo di stoffa quadrata di varie dimensioni che gli uomini portano nel taschino o al collo e le donne in testa o annodato sotto il mento. **3.** *fig*. Superficie molto piccola, piccolo spazio. *Un fazzoletto di terra*.

febbràio s.m. [non com. pl. –*brai*] (lat. *mensem Februārium*, propr. "mese della purificazione") Secondo mese dell'anno. (Negli anni bisestili dura 29 giorni anziché 28.)

fèbbre s.f. **1.** Aumento anormale della temperatura del corpo, accompagnato da disturbi (accelerazione del ritmo cardiaco e respiratorio, malessere, ecc.). SIN.: **piressia**. ◇ *Febbre di Malta, ondulante* → **brucellosi**. – *Febbre da fieno:* quella che si manifesta general. durante la fioritura delle piante ed è provocata da allergie. – *figg. Una febbre da cavallo:* molto alta. – *Avere due, poche linee di febbre:* espressione collegata alla misurazione della febbre con un termometro graduato a linee. **2.** *fig.* Desiderio incontenibile di qualcosa. SIN.: **smania**.

febbricitànte agg. Che ha la febbre. ◆ s.m. e f. Nel sign. dell'agg.

febbrìfugo agg. [pl.m. *–ghi*, f. *–ghe*] Di farmaco che fa calare la febbre. SIN.: **antipiretico**. ◆ s.m. Nel sign. dell'agg.

febbrile agg. **1.** MED. Di febbre. ~ Che si accompagna a febbre. *Malattia febbrile.* **2.** *fig.* Eccitato, frenetico, ansioso, agitato. *Attesa febbrile.*

fecàle agg. Delle feci.

fecalòma s.m. MED. Accumulo patologico nel retto o nel colon di materie fecali indurite.

fèccia s.f. [pl. *–ce*] **1.** Deposito che si forma nei liquidi fermentati (birra, vino). ◇ *fig. Bere il calice sino alla feccia:* sopportare le prove peggiori. **2.** *fig.* In una società, la parte peggiore, più vile. *La feccia del popolo.*

fecciòso agg. Che contiene feccia, sedimenti. – *fig.* Spregevole.

feci s.f. pl. Residui della digestione eliminati dagli intestini. SIN.: **escrementi**.

fècola s.f. (fr. *fécule*, lat. deriv. di *faēx* "feccia") Amido contenuto in alcune radici o tuberi (p.e. patata, manioca), trasformato in polvere bianca fine. ◇ *Fecola di patate:* quella ricavata dalle patate, usata spec. in pasticceria.

fecondàbile agg. Che può essere fecondato.

fecondàre v.tr. **1.** BIOL., MED. Realizzare la fecondazione di un organismo vivente. ~ Compiere un atto procreativo. **2.** Rendere più fertile, anche in senso fig. *La lettura feconda la mente.*

fecondatóre agg. [f. *–trice*] Che ha il potere di fecondare. ◆ s.m. Nel sign. dell'agg.

fecondazióne s.f. BIOL. Unione del gamete maschile con quello femminile, processo fondamentale della riproduzione sessuata. ◇ *Fecondazione esterna:* quella tipica della maggior parte degli animali acquatici che avviene senza l'accoppiamento, ma in seguito all'emissione simultanea di uova e spermatozoi. – MED. *Fecondazione artificiale o assistita:* introduzione artificiale del seme maschile nell'apparato genitale femminile; detta anche *spermateisfora.* – *Fecondazione in vitro (FIV):* realizzata artificialmente in laboratorio sull'ovulo estratto e poi reintrodotto nell'utero materno.

fecondità s.f. inv. **1.** Attitudine di un essere vivente a riprodursi. SIN.: **prolificità**. **2.** *fig.* Fertilità, abbondanza. ~ Ricchezza intellettuale e creativa. **3.** DIR. Utilità.

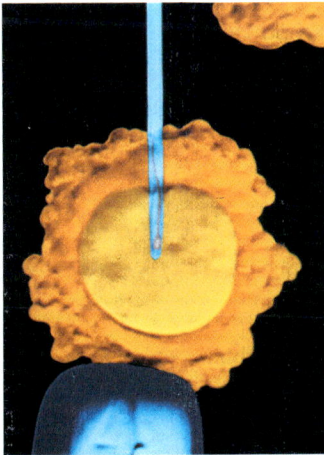

■ **fecondazióne** in vitro, realizzata qui tramite iniezione dello spermatozoo direttamente nell'ovulo.

fecóndo agg. **1.** Favorevole alla riproduzione della specie. ◇ *Giorni fecondi:* periodo dell'ovulazione in cui è possibile il concepimento. **2.** Produttivo, fertile, anche in senso fig. *Studio fecondo.*

fedayin [/fida'in/] s.m. inv. (ar. *fidā ȳȳin*, propr. "volontari della morte") Combattente palestinese aderente all'Organizzazione per la Liberazione della Palestina e general. partigiano palestinese in lotta contro Israele.

féde s.f. **1.** Fatto di credere alla verità o all'esistenza di qlco. ~ RELIG. Il fatto di credere in Dio e nelle verità religiose rivelate. **2.** Religione, credo, confessione. *Fede ortodossa.* ◇ *Atto di fede:* preghiera di credo del mattino. **3.** Ferma fiducia in qlcu. o in qlco. ◇ *Reati contro la fede pubblica:* consistenti nel porre in atto un falso materiale o ideologico. **4.** Ciò in cui si crede, a cui si aderisce. **5.** Convinta osservanza di quanto è stato promesso. SIN.: **fedeltà**. **6.** *estens.* Anello nuziale, vera. **7.** Certificato, attestazione. ◇ *Far fede:* stabilire in modo incontestabile, provare. – *In fede:* nel l. bur., formula di conferma e conclusione di una dichiarazione scritta. – *Fede d'investimento:* titolo di credito al portatore, simile a un'obbligazione, che garantisce un interesse periodico fisso o variabile.

fedecommésso s.m. inv. DIR. CIV. Disposizione testamentaria a favore di un beneficiario apparente (*istituito*) incaricato di far pervenire i beni ereditati a un'altra persona (*sostituito*). – *estens.* Insieme dei beni trasmessi agli eredi in base a tale disposizione.

fedéle agg. **1.** Devoto di una confessione religiosa. **2.** Che non tradisce, che rispetta gli impegni. ~ Costante negli affetti, nelle convinzioni. ~ *special.* Che non tradisce il proprio partner o coniuge. *Un marito fedele.* ~ Costante, duraturo. *Amicizia fedele.* **3.** Conforme all'originale o al vero. SIN.: **veritiero**. ◇ *Quadro, ritratto fedele:* in tutto simile all'originale; descrizione precisa di persone o cose. ◆ s.m. e f. **1.** Credente, appartenente a una confessione religiosa o devoto di un santo. **2.** Chi segue con devozione un'idea politica, un partito, una squadra sportiva. **3.** Nel mondo feudale, chi era legato a un signore da vincoli di vassallaggio o di fedeltà.

fedeltà s.f. inv. **1.** Qualità di chi rispetta le promesse e i patti. ◇ DIR. *Fedeltà alla Repubblica:* dovere solennemente prescritto dalla Costituzione di rispettare le leggi e adempiere le funzioni pubbliche con disciplina e onore. **2.** Precisione, esattezza. SIN.: **esattezza**. **3.** FIS. Proprietà di un apparecchio di riprodurre un segnale senza alterarlo. ◇ *Alta fedeltà:* sistema di registrazione e riproduzione del suono che riduce al minimo le distorsioni. (Abbreviato in *hi-fi*, dall'inglese *high fidelity*.)

fèdera s.f. (long. *federa* "piuma") Sacchetto di tessuto nel quale si infila il cuscino.

federàle agg. (fr. *fédéral*, deriv. di lat. *foēdus* "patto") **1.** Relativo a una federazione. **2.** Riguardante il potere centrale di uno Stato federale. ◇ *Stato federale:* composto dall'unione di enti territoriali (*stati federati*). **3.** Che riguarda un'associazione sportiva, sindacale, politica. *Lega federale del calcio.* ◆ s.m. Nel periodo fascista, chi era a capo di una federazione del partito.

federalismo s.m. (fr. *fédéralisme*) **1.** Sistema politico per cui diversi Stati indipendenti si raggruppano in organismi più vasti e, preservando il loro particolarismo, rinunciano a parte dei loro poteri sovrani adottando leggi comuni. **2.** Teoria dello smembramento regionalistico degli Stati nazionali e della loro sostituzione con organismi locali autonomi.

federalista agg. [pl.m. *–sti*] (fr. *fédéraliste*) Che concerne, che propugna il federalismo. ◆ s.m. e f. Fautore, seguace del federalismo.

federàre v.tr. (fr. *fédérer*) Organizzare in federazione più organismi politici, economici, amministrativi. ◆ **federarsi** v.pron. Raggrupparsi in federazione con qlcu. *Gli stati si sono federati.*

federativo agg. (fr. *fédératif*) **1.** Attinente a una federazione, che stabilisce una federazione. **2.** Che propugna il federalismo.

federàto agg. Che fa parte di una federazione.

federazióne s.f. (fr. *fédération*) **1.** Unione di Stati che si sono federati tra loro. **2.** Gruppo organico di partiti, movimenti, associazioni, sindacati, ecc.

fedìfrago agg. [pl.m. *–ghi*, f. *–ghe*] Che non presta fede a un giuramento. ~ *scherz.* Che non mantiene la parola. *Marito fedìfrago.* SIN.: **infedele**. ◆ s.m. [f. *–ga*] Nel sign. dell'agg.

1. fedina s.f. (lomb. *fedinna*, deriv. di *fed* "fede") DIR. Certificato del casellario giudiziale che documenta eventuali condanne penali. *Fedina penale pulita.*

2. fedina s.f. (spec. pl.) (etim. incerta, prob. deriv. di *fede*, con riferimento al fatto che nell'Ottocento portare le basette lunghe significava fedeltà al governo di Vienna) Tipo di barba ottenuta dal prolungamento delle basette fino al mento. SIN.: **favoriti**.

feedback [/'fi:dbæk/] s.m. inv. (voce ingl., propr. "alimentazione all'indietro") **1.** TECN. ~ **retroazione**. **2.** LING. Effetto retroattivo di un messaggio su chi lo ha prodotto. **3.** *estens.* Effetto di un evento su chi lo ha generato.

feeling [/'fi:lɪŋ/] s.m. inv. (voce ingl., deriv. di *to feel* "provare sensazioni") **1.** MUS. Nella musica jazz, sensibilità, sentimento. **2.** *estens.* Simpatia e intesa tra due persone.

féerie [/fe'ri/] s.f. inv. (voce fr., deriv. di *fée* "fata") **1.** Magia, incantesimo. ~ Mondo fantastico delle fate. **2.** Opera teatrale o spettacolo caratterizzato da eventi fantastici o magici e dall'intervento di esseri soprannaturali.

fegatèlla s.f. (deriv. di *fegato* per la somiglianza di colore e perché usata popolarmente nel curare malattie epatiche) Piccola pianta crittogama comune nei luoghi temperati umidi. (Classe delle Epatiche.)

fégato s.m. (lat. *iecur ficātum*, "fegato di oca ingrassato coi fichi") **1.** ANAT. Ghiandola lobulare collegata al tubo digerente e situata nella parte destra superiore dell'addome. ◇ *fig. Mangiarsi, rodersi il fegato:* essere divorati dalla rabbia. **2.** *fig.* Fegato degli animali utilizzato come cibo. **3.** *fig.* Temerarietà, coraggio, sangue freddo. ◇ *fam. Avere del fegato:* avere audacia o coraggio.

ENCICL. Il fegato è il più voluminoso di tutti gli organi interni. È irrorato dall'*arteria epatica* e dalla *vena porta* proveniente dall'intestino. Il fegato conserva il glucosio derivato dagli alimenti sotto forma di glicogeno, liberandolo poi nella circolazione sanguigna secondo le necessità dei vari organi; garantisce la sintesi di varie proteine, grassi ed elementi che intervengono nella coagulazione del sangue; trasforma diverse sostanze tossiche in *urea*, la cui eliminazione è poi effettuata dai *reni*, produce e secerne la *bile*, utile alla digestione dei grassi, che è conservata nella cistifellea.

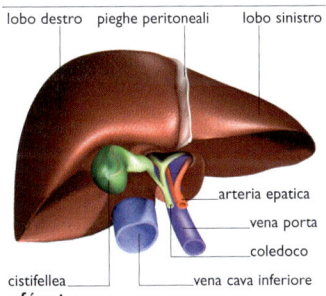

■ **fégato**

lobo destro — pieghe peritoneali — lobo sinistro — arteria epatica — vena porta — coledoco — cistifellea — vena cava inferiore

félce s.f. Pianta vascolare senza fiori né semi, costituita da un rizoma che produce gambi aerei, le cui foglie (*fronde*) hanno gli organi sporiferi (*sporangi*) sulla faccia inferiore. (Alcune felci tropicali sono arborescenti; ordine delle Filicali, divisione delle Pteridofite.) ◇ *Felce aquilina:* specie comune nei boschi, con grandi fronde finemente ritagliate, che si seccano in autunno. (Altezza 1,80 m; genere *Pteridium*.) – *Felce dolce, quercina:* coperta da squame rossastre il cui rizoma ha un sapore dolciastro simile alla liquirizia. – *Felce florida:* varietà a foglie grandi detta anche *osmunda.* – *Felce maschio:* con grandi foglie suddivise e rizoma dalle proprietà medicinali.

felcéta s.f. Luogo cosparso di felci.

■ **félce** maschio.

Félci s.f. pl. BOT. Classe di piante con fusto rizomatoso, grandi foglie verdi frastagliate, sulle cui pagine inferiori sono posti gli sporangi, raccolti in gruppi.

feldmaresciàllo s.m. (parziale calco dal ted. *Feldmarschall* "maresciallo di campo") Grado più elevato degli eserciti tedesco, austriaco, inglese, svedese e russo. ~ Maresciallo di campo.

feldspàto o **feldispàto** s.m. (ted. *Feldspat*) MIN. Alluminosilicato di potassio, sodio (*feldspato alcalino*) o calcio (*plagioclasi*), costituente essenziale delle rocce magmatiche e metamorfiche.

feldspatòide o **feldispatòide** s.m. MIN. Alluminosilicato simile al feldspato, ma meno ricco di silice, presente nelle rocce effusive.

felibrismo s.m. Scuola letteraria costituitasi in Provenza alla metà del sec. XIX, attiva fin verso il 1950, che si proponeva di restituire il provenzale al suo rango di lingua letteraria. (Principali rappresentanti: Aubanel, Mistral, Roumanille.)

felìce agg. (lat. *felìcem*, prob. deriv. di *fēre* "generare" quindi "che produce frutti, fertile") **1.** Lieto, pienamente appagato della propria condizione. SIN.: **contento**. ◇ *Essere felice di:* avere il piacere di, essere lieto di, usato soprattutto in formule di cortesia e di saluto. ~ Che rende lieto. *Un'occasione felice.* **2.** Ben riuscito, che ha avuto buon esito. *Il felice risultato dell'esame.* ~ Appropriato, opportuno, indovinato. *Scelta felice.* ◇ *Avere la mano felice:* essere dotati di talento.

felicitàrsi v.pron. Essere contento, gioire. ~ Esprimere i propri sentimenti di gioia, la propria partecipazione alla felicità di qlcu.

felicitazióne s.f. (spec. pl.) (fr. *félicitation*) Congratulazioni, complimenti, rallegramenti.

Fèlidi s.m. pl. [iniziale minusc. sing. *–de* per l'individuo] ZOOL. Famiglia di mammiferi digitigradi, ad artigli general. retrattili, dotati di molari taglienti e forti canini, come gatto, leone, tigre, lince, ghepardo. (Ordine dei Carnivori.)

felìno agg. **1.** Di, da felide, di felini. **2.** Simile al gatto nei movimenti e nei comportamenti. ◆ s.m. Ogni mammifero appartenente alla famiglia dei Felidi.

fellàgha o **fellàga** s.m. inv. Partigiano algerino o tunisino combattente contro l'autorità francese per l'indipendenza del proprio paese.

fellàh o **fellà** s.m. e f. inv. Nei paesi arabi, proletario che lavora la terra.

fellàtio s.f. inv. (voce pseudolat., deriv. di *fellāre* "succhiare") Fellazione.

fellazióne s.f. Stimolazione erotica orale dell'organo sessuale maschile.

fellodèrma s.m. [pl. *–mi*] BOT. Tessuto generato verso l'interno dal fellogeno della corteccia.

fellògeno s.m. BOT. Tessuto meristematico che, nei fusti e nelle radici, produce sughero sulla superficie esterna e felloderma verso l'interno.

fellóne s.m. [f. *–na*] (fr. *félon*) Chi è in grado di compiere qualsiasi azione negativa. ~ *scherz.* Briccone.

fellonìa s.f. **1.** Nel Medioevo, delitto di tradimento alla fede giurata che causava la rottura del patto feudale e la punizione con la confisca dei beni. **2.** Atto di slealtà in genere.

félpa s.f. (fr. *felpe*) **1.** Tessuto di cotone o di lana, peloso da una sola parte. **2.** *estens.* Maglia sportiva in tale tessuto, a girocollo, chiusa alla vita, ai polsi e al collo da un bordo a costine.

felpàre v.tr. Rivestire, foderare di felpa.

felpàto agg. **1.** Rivestito, foderato di felpa. **2.** *estens.* Che ha l'aspetto della felpa. **3.** *fig.* Che non fa rumore. *Passi felpati.*

feltràre v.tr. **1.** Trasformare pelo o lana in feltro. **2.** Coprire, foderare di feltro.

feltratùra s.f. **1.** Il rivestire, il foderare di feltro. **2.** Lavorazione della lana o di altro pelo per ottenere il feltro.

feltrazióne s.f. Filtrazione, depurazione.

feltrino s.m. Quadratino da applicarsi a mobili, sedie, soprammobili per evitare attriti e rumori.

féltro s.m. (germ. *filtir*) **1.** Tessuto ottenuto senza filatura né tessitura, ma tramite aggregazione di pelo o lana. **2.** Striscia di tessuto, intrisa di catrame, che ripara la parte immersa di uno scafo. **3.** *estens.* Pezzettino di feltro da applicarsi ai mobili per evitare attriti e rumori, detto anche *feltrino*. **4.** Cappello di feltro.

felùca s.f. [pl. *–che*] (ar. *falūka* "nave") **1.** MAR. Piccolo veliero, tipico del Mediterraneo, stretto e leggero, a vele e a remi. **2.** Cappello a due punte di alcuni ufficiali di marina, diplomatici, accademici. ~ Berretto goliardico che gli studenti universitari portano in occasioni particolari (la festa delle matricole, per es.).

■ **felùca** sul Nilo.

femme fatale [/fam fa'tal/] loc. sost. f. inv. (loc. fr.) Donna fatale, dotata di un grande potere di seduzione e di fascino.

fémmina s.f. (lat. *fēminam*, dalla radice indoeur. *dhēi* "generare, nutrire") **1.** Essere vivente che appartiene al sesso in grado di produrre cellule fecondabili (*ovuli*), ospitare il prodotto della fecondazione, partorire figli o deporre uova. ~ Animale di sesso femminile. ~ Pianta nella quale si sviluppano i pistilli. **2.** Donna, spesso con valore spreg. con riferimento all'aspetto sensuale e fisico. **3.** Pezzo di un meccanismo di forma cava atto a ricevere il pezzo complementare detto *maschio*. ❑ In funzione di agg. **1.** Di sesso femminile. **2.** Di animale, quando non esiste la forma femminile del nome. *Lepre femmina.* **3.** In un incastro, relativo alla parte ricevente. *Vite femmina.*

femminèlla s.f. **1.** Nel sign. del dim. di *femmina*. **2.** In un arnese o congegno composto, pezzo di forma incavata che consente l'inserimento stabile di un altro pezzo. **3.** MAR. Ognuno dei montaggi fissati sul telaio di poppa in cui girano i perni d'agganciamento del timone. **4.** BOT. Germoglio secondario della vite.

femminile agg. **1.** Di, da femmina. ~ Proprio della donna (in oppos. a *maschile*). ~ Composto di donne. *Orchestra femminile.* **2.** GRAMM. *Genere femminile:* categoria grammaticale che designa esseri animati di sesso femminile e, estens., entità concrete o astratte, classificate in una data lingua come femminili. ◆ s.m. Genere femminile. ◇ *Al femminile:* dal punto di vista delle donne, fatto da donne.

femminilità s.f. inv. **1.** Carattere femminile. ~ Insieme dei caratteri propri della donna. **2.** L'atteggiarsi da femmina.

femminilizzazióne s.f. **1.** Processo fisiologico di acquisizione di caratteri sessuali secondari della femmina. **2.** Aumento della presenza in settori tipicamente maschili.

femminismo s.m. (fr. *féminisme*) Dottrina e movimento che propugna la parità dei diritti fra uomini e donne nella società.
ENCICL. Il movimento feminista, preparato dalle idee dell'Illuminismo, apparve per la prima volta in Francia all'epoca della Rivoluzione francese: nel 1790 fu presentata alla Costituente la *Dichiarazione dei diritti della donna e della cittadina*. Nel 1869, J. Stuart Mill pubblicò *L'assoggettamento delle donne* che rappresentò il cardine della letteratura femminista. L'emancipazione si realizzò prima sul piano economico, poi su quello giuridico e intellettuale e, infine, sul piano politico, soprattutto nei paesi anglosassoni: in Inghilterra nel 1903 venne fondata la *Women's Social and Political Union* i cui membri, le "suffragette", riuscirono a ottenere il diritto di voto politico. Il movimento di liberazione della donna ha poi conosciuto una nuova fase di sviluppo negli anni Settanta. Alcune tendenze interne miravano a far prendere coscienza alle donne dell'oppressione maschile; con il tempo, tale radicalizzazione è andata alquanto modificando perdendo le forme più acute ed estremiste e mirando invece a una effettiva uguaglianza nel potere decisionale.

femminista agg. [pl.m. *–sti*] (fr. *féministe*) **1.** Proprio del femminismo. **2.** Che è seguace, fautore del femminismo. ◆ s.f. (non com. al m.) Fautrice, sostenitrice del femminismo.

femminùccia s.f. [pl. *–ce*] **1.** *spreg.* Nel sign. del dim. di *femmina*. **2.** *spreg.* Uomo debole, pavido. ~ Bambino piagnucoloso.

femoràle agg. ANAT. Relativo al femore o alla regione che vi corrisponde. ◇ *Nervo femorale:* ramo più voluminoso derivato dal plesso lombare.

fèmore s.m. ANAT. Osso della coscia collegato con l'ischio e con la tibia. (È il più lungo del corpo umano.)

fenachistoscòpio s.m. Apparecchio, messo a punto da J. Plateau nel 1832, che procurava l'illusione del movimento con la persistenza delle immagini nella retina dell'occhio.

fenantrène s.m. CHIM. ORG. Idrocarburo triciclico ($C_{14}H_{10}$), isomero dell'antracene, utilizzato nella fabbricazione dei coloranti.

fenàto s.m. CHIM. Sale dell'acido fenico. SIN.: **fenolato**.

fenciclidìna s.f. Anestetico e stupefacente dalle proprietà allucinogene, altamente tossico; detto anche *polvere degli angeli*.

fendènte s.m. Colpo di spada o di sciabola dato per taglio dall'alto verso il basso. ~ *estens.* Colpo inferto con qualsiasi arma da taglio o con un corpo contundente.

fèndere v.tr. [12] **1.** Dividere qlco. con un colpo, spaccarlo a metà. *Fendere il tronco.* **2.** Causare fenditure, solchi. *Fendere il campo.* **3.** *estens.* Attraversare una massa, aprirsi un varco in essa. SIN.: **solcare**. ◇ *fig. Fendere l'aria:* avanzare rapidamente. ◆ **fendersi** v.pron. Aprirsi in tante piccole fessure. *Il muro si fende.* SIN.: **spaccarsi**.

fendinébbia agg. inv. Di faro per autoveicoli per illuminare la strada in caso di nebbia. ◆ s.m. inv. Nel sign. dell'agg.

fenditóio s.m. [pl. *–toi*] **1.** Particolare coltello introdotto a colpi di martello in un tronco per creare una spaccatura e procedere a un innesto. **2.** Strumento per fendere.

fenditùra s.f. Spaccatura, apertura lunga e stretta. SIN.: **fessura**.

fenestrazióne s.f. MED. Apertura chirurgica di un organo cavo del corpo.

fenestron s.m. inv. AER. Rotore di coda costituito da numerose pale rotanti in un corto condotto adottato sugli elicotteri.

feng shui loc. sost. m. inv. (voce cin., comp. di *feng* "vento" e *shui* "acqua") Antica arte orientale di armonizzare lo spazio abitativo ricercando il giusto equilibrio di oggetti, arredi, elementi architettonici, ecc.

fenianismo s.m. (ingl. *fenianism*) Movimento politico clandestino irlandese fondato nel 1858 per combattere il dominio inglese.

feniàno s.m. [f. –*na*] (irl. *féne* "nome di un'antica popolazione dell'Irlanda") Esponente del fenianismo.

fenicàto agg. CHIM. Contenente acido fenico.

fenice s.f. (gr. *phôiniks* "della Fenicia") **1.** Uccello favoloso di mitica bellezza che secondo la leggenda ogni cinquecento anni si lasciava bruciare in un rogo per poi rinascere dalle sue stesse ceneri; detto anche *araba fenice* (v. parte n.pr.). ~ *fig.* Persona o cosa eccezionale, unica nel suo genere. **2.** ASTR. Costellazione australe. **3.** BOT. Palma di un genere rappresentato da una quindicina di specie, fra cui il dattero, e molte altre specie decorative. **4.** Moneta d'argento in uso in Grecia dal 1829 al 1833 e corrispondente alla dramma.

fenicio agg. [pl.m. –*ci*, f. –*cie*] Della Fenicia. ◆ s.m. **1.** [f. –*cia*; al pl. anche iniziale maiusc.] Nativo, abitante dell'antica Fenicia. **2.** (solo sing.) Lingua fenicia.

fènico agg. [pl.m. –*ci*] (fr. *phénique*, deriv. di gr. *pháinesthai* "brillare" perché ottenuto dal gas luminescente) CHIM. *Acido fenico:* fenolo.

Fenicottèridi s.m. pl. [iniziale minusc. sing. –*de* per l'individuo] ZOOL. Famiglia di uccelli migratori caratterizzati da zampe e collo molto lunghi, dita palmate, becco robusto e piegato all'ingiù; vivono in zone paludose e salmastre.

fenicòttero s.m. (lat. *Phoenicopterus*, gr. *phoinikópteros* comp. di *phôiniks* "porpora" e *pterón* "ala") Uccello di grandi dimensioni (altezza 1,50 m ca.), a piume rosa, scarlatte o bianche, lunghe zampe palmate, lungo collo flessibile e un grande becco curvo utile per filtrare dall'acqua i piccoli organismi di cui si nutre (Famiglia dei Fenicotteridi).

■ **fenicòttero** rosa.

fenilalanina s.f. CHIM. Amminoacido presente nelle proteine e precursore della tirosina e delle catecolammine.

fenilammina s.f. CHIM. → **anilina**.

fenilbenzòlo s.m. CHIM. → **difenile**.

fenilchetonùria s.f. MED. Malattia ereditaria che determina deficienza mentale a causa dell'accumulo di fenilalanina nel sangue.

fenile s.m. CHIM. ORG. Radicale –C₆H₅ monovalente, derivato del benzene.

fenilico agg. [pl.m. –*ci*, f. –*che*] CHIM. ORG. Di composto che contiene il gruppo fenile.

fènnec s.m. inv. (ar. *fanak*) Piccola volpe del Sahara e dell'Arabia, con lunghe orecchie. (Lunghezza 60 cm; nome sc. *Fennecus zerda*, famiglia dei Canidi.)

fenobàrbital s.m. inv. FARM. Medicamento barbiturico utilizzato contro l'epilessia e le convulsioni.

fenocristàllo s.m. CRISTALLOGR. Cristallo di grandi dimensioni che spicca in una roccia magmatica.

fenolàto s.m. CHIM. ORG. Sale dell'acido fenico, derivato dal fenolo per sostituzione dell'atomo di idrogeno dell'ossidrile con un metallo. SIN.: **fenato**.

fenòlico agg. [pl.m. –*ci*, f. –*che*] CHIM. Che deriva dal fenolo. ◇ *Aldeide fenolica:* composto aromatico, di aroma gradevole (p. es. *vanillina*), contenente uno o più gruppi ossidrilici e aldeidici – *Etere fenolico:* composto derivato dal fenolo, dall'odore molto intenso, usato nell'industria dei profumi e in medicina. – *Resina fenolica:* fenoplasto.

fenòlo s.m. **1.** CHIM. ORG. Derivato ossigenato del benzene (C₆H₅OH), presente nel catrame di carbone, utilizzato anche come disinfettante e nell'industria plastica, medica e dei coloranti. **2.** CHIM. ORG. Ogni composto simile al fenolo, derivante dagli idrocarburi benzenici.

fenologia s.f. ECOL. Studio dell'influenza dei climi sui fenomeni biologici stagionali vegetali (fogliazione, fioritura, ecc.) e animali (emigrazione, ibernazione, ecc.).

fenomenàle agg. (fr. *phénoménal*) Stupefacente, straordinario.

fenoménico agg. [pl.m. –*ci*, f. –*che*] **1.** Relativo a un fenomeno. **2.** FILOS. Che si manifesta, che può essere percepito dai sensi.

fenomenismo s.m. FILOS. Concezione per cui la realtà è un insieme di fenomeni sperimentabili e percepiti dal soggetto nelle dimensioni di spazio e tempo. ◇ *Fenomenismo gnoseologico:* per Kant, il carattere e il limite fenomenico della conoscenza umana, cui sfugge la realtà in sé, detta *noumeno*. – *Fenomenismo ontologico:* secondo l'empirismo inglese del Seicento, l'esistenza della sola realtà fenomenica.

fenòmeno s.m. (gr. *phainómenon* "ciò che appare") **1.** Ciò che appare all'esperienza sensibile, spec. nel l. filos. ~ FILOS. Per Kant, cosa che è percepita dai sensi, oggetto di conoscenza sensibile, che appare e si manifesta alla coscienza (in oppos. a *noumeno*). ~ Ciò che è possibile di osservazione scientifica. *Fenomeno fisico.* **2.** Fatto caratteristico, dato storico-culturale. **3.** *fam.* Persona o animale o cosa che suscita meraviglia per la sua straordinarietà. ◇ *Fenomeno da baraccone:* essere deforme esibito al pubblico nelle fiere. ~ Chi è eccezionalmente dotato in un campo. SIN.: **portento**.

fenomenologia s.f. FILOS. Studio descrittivo di un insieme di fenomeni. ◇ *Fenomenologia trascendentale:* metodo sviluppato da Husserl secondo cui i fenomeni sono manifestazioni originarie della realtà nella coscienza. (Si attua con un ritorno ai dati impulsivi della coscienza, risalendo così all'essenza delle cose.) ~ Movimento che si ispira al metodo della fenomenologia trascendentale. (Vi si ricollegano Merleau-Ponty, Sartre, Levinas.) ◇ *Fenomenologia dello spirito:* per Hegel, studio del divenire della coscienza, dalla sua elevazione dalla sensazione individuale alla conoscenza assoluta.

fenoplàsto s.m. CHIM. Resina artificiale ottenuta dalla condensazione del fenolo o dei suoi derivati con aldeidi.

fenotiazina s.f. FARM. Medicina prescritta come antistaminico, ipnotico o neurolettico.

fenotipo s.m. GENET. Insieme dei caratteri evidenti (morfologici, chimici, ecc.) di un indivi-

■ **fènnec**

duo, risultante dal suo patrimonio genetico e dall'influenza ambientale (in oppos. a *genotipo*).

feocromocitòma s.m. MED. Tumore generale, benigno della porzione midollare della ghiandola surrenale, che causa accessi d'ipertensione arteriosa.

Feofìcee s.f. pl. [iniziale minusc. sing. –*a* per l'individuo] BOT. Classe di alghe marine pluricellulari che, oltre alla clorofilla, contengono un pigmento marrone (*fucoxantina*).

feràlie s.f. pl. ANT. ROM. Ultimo giorno delle feste annuali in onore dei morti.

ferecratèo s.m. [pl. –*tei*, –*zi*] METR. Versetto eolico della metrica classica introdotto dal poeta ateniese Ferecrate con spondeo o trocheo in prima sede, dattilo in seconda e spondeo o trocheo in terza.

fèretro s.m. (lat. *féretrum*, gr. *phéretron* "barella, portantina") Cassa da morto, spec. quando ricoperta da drappo funebre. SIN.: **bara**.

fèria s.f. (lat. *fèriam* "giorno festivo") **1.** ANT. ROM. Giorno durante il quale la religione prescriveva la cessazione del lavoro. **2.** (al pl.) Periodo di vacanza retribuito per legge ai lavoratori dipendenti. **3.** Ogni giorno non festivo del calendario ecclesiastico.

feriàle agg. (lat. *feriàlem* "festivo", il sign. di "giorno non festivo" si sviluppò quando veniva indicato come *dies ferialis* il giorno di festa di un santo e come tale contrapposto al *dies Domini* "giorno del Signore, domenica") Non festivo, lavorativo.

feriménto s.m. Provocazione di ferite. ~ Condizione di chi è ferito.

ferino agg. **1.** Proprio delle belve. SIN.: **animalesco**. ◇ ZOOL. *Dente ferino:* il primo molare inferiore e l'ultimo premolare superiore dei Carnivori. **2.** *estens.* Di persona i cui sentimenti sono paragonabili a quelli di una belva. SIN.: **feroce**.

ferire v.tr. [83] **1.** Provocare una ferita a qlcu. colpendolo con un oggetto contundente. *Ferire il nemico.* ◇ *Ferire a morte:* molto gravemente, tanto da procurare la morte. **2.** *fig.* Fare soffrire moralmente, provocare offesa. *Ferisce più la lingua della spada.* **3.** Colpire, percuotere, spec. nella loc. *senza colpo ferire,* senza bisogno di lottare, senza difficoltà. **4.** Di luce o rumore, causare un senso di insopportabile fastidio perché troppo intensi. ◆ **ferirsi** v.pron. **1.** Procurarsi una ferita, perlopiù involontariamente. *Ferirsi in un incidente.* **2.** Di più persone o animali, procurare ferite l'uno all'altro.

ferita s.f. **1.** Lesione cutanea dovuta all'azione di un agente esterno. **2.** *fig.* Sofferenza morale, lacerazione interiore. SIN.: **dispiacere**. ~ Offesa. ◇ *Riaprire una ferita:* ridestare un dolore assopito.

ferito agg. **1.** Che ha riportato una ferita, che è stato ferito. **2.** *fig.* Offeso, colpito nella propria dignità, nell'orgoglio. *Ferito dalle critiche.* ◆ s.m. [f. –*ta*] Nell'accez. 1 dell'agg.

feritóia s.f. **1.** Apertura praticata in un parapetto per sparare sul nemico rimanendo coperti. **2.** Piccola apertura destinata all'aerazione e illuminazione di scantinati, sotterranei. **3.** *estens.* Qualsiasi apertura praticata su un apparecchio o una macchina. SIN.: **fessura**.

fèrma s.f. **1.** Periodo di permanenza sotto le armi. **2.** Posizione di immobilità del cane da caccia quando sente la presenza della selvaggina. *Cane da ferma.*

fermacapélli s.m. inv. Fermaglio per capelli. □ In funzione di agg. inv., che trattiene i capelli. *Forcina fermacapelli.*

fermacàrro s.m. [pl. *fermacarri*] Nelle stazioni ferroviarie o negli scali di smistamento, respingente infisso al suolo utilizzato per l'arresto delle carrozze.

fermacàrte s.m. inv. Oggetto pesante di vario materiale per mantenere ferme le carte su un tavolo.

fermacravàtta o **fermacravàtte** s.m. inv. Molletta o fibbia usata per fissare la cravatta alla camicia e mantenerla tesa.

fermadàdo s.m. MECC. Dispositivo che impedisce a un dado di staccarsi sotto l'effetto di scosse o vibrazioni.

fermàglio s.m. [pl. *-gli*] (provenz. *fermalh*, lat. *firmàclu* deriv. di *firmāre* "rendere saldo") **1.** Arnese di varie forme usato per tenere unite due parti di un oggetto, una cintura, un vestito, ecc. ~ Forcina usata per fissare i capelli. ~ Monile che si appunta su un capo di abbigliamento. *Fermaglio di smeraldi.* **2.** Pezzo di filo metallico ripiegato su se stesso utilizzato per tenere uniti i fogli di carta.

fermaménte avv. In modo deciso.

fermapièdi s.m. inv. Staffa di metallo fissata al pedale della bicicletta in cui si inserisce il piede perché rimanga ben fermo; detta anche *puntapiedi*.

fermàre v.tr. **1.** Arrestare il movimento di qlcu. o qlco. *Fermare il traffico.* ◇ SPORT. *Fermare un avversario:* nel calcio, interromperne l'azione. – *Fermare qlcu. per strada:* interpellarlo per chiedere o proporre qlco. – *fig. Fermare l'attenzione su qlco.:* valutare attentamente, concentrarsi su qlco. **2.** Conferire stabilità a qlco. che non è ben assicurato. ◇ *fig. Fermare il colore:* fissarlo su una superficie appena dipinta. **3.** DIR. Trattenere qlcu. in stato di fermo, operare un fermo giudiziario. *Fermare un malfattore.* ◆ v.intr. (aus. *avere*) Fare sosta, arrestarsi in un luogo. *Il cammino si ferma qui.* ◆ **fermarsi** v.pron. **1.** Smettere di muoversi o di camminare. *Ero stanco di correre e mi sono fermato.* **2.** Sostare in qualche posto, passare del tempo in un luogo o presso qlcu. *Fermarsi presso un parente.* SIN.: **trattenersi**. **3.** Stabilirsi definitivamente in un qualche posto. *Ho deciso di fermarmi definitivamente a Roma.* **4.** Interrompersi in ciò che si sta facendo. *Lavori troppo, ogni tanto dovresti fermarti.* **5.** Detto di cosa in movimento o di meccanismo, smettere di funzionare. *L'autobus si è fermato.*

fermàta s.f. **1.** Interruzione di un movimento, di un'attività. **2.** Riferito a un mezzo pubblico, breve sosta per consentire la salita e la discesa dei passeggeri. ~ Luogo in cui si ferma un mezzo pubblico.

fermentàre v.intr. (aus. *avere*) **1.** Subire un processo di fermentazione. **2.** Lievitare. *Metti l'impasto a fermentare per circa un'ora.* **3.** *fig.* Crescere rapidamente e manifestarsi pubblicamente. SIN.: **diffondersi**.

fermentatìvo agg. **1.** Atto a produrre fermentazione. **2.** Di fermentazione.

fermentatóre agg. [f. *-trice*] Che provoca la fermentazione. ◆ s.m. **1.** Apparecchio utilizzato per processi di fermentazione, in partic. in biotecnologia. **2.** (anche f.) Chi è specializzato nel controllo delle reazioni enzimatiche nella lavorazione di olii e grassi.

fermentazióne s.f. Trasformazione di alcune sostanze organiche sotto l'azione di enzimi prodotti da microrganismi. (Si distinguono la *fermentazione alcolica*, quella degli zuccheri sotto l'influenza di alcuni lieviti, che produce l'alcool etilico, e la *fermentazione lattica*, che produce l'acido lattico.) ~ Degradazione della materia organica.

ferménto s.m. **1.** Microrganismo che causa la fermentazione di una sostanza. **2.** Fermentazione, lievitazione. **3.** *fig.* Agitazione, sovreccitazione degli spiriti. *Fermenti morali, religiosi.*

ferméżza s.f. Saldezza di principi, risolutezza e coerenza di comportamento. ~ Stabilità, sicurezza morale, coraggio, determinazione. ◇ *Con fermezza:* con decisione, senza esitare.

fermière s.m. ST. Titolare o garante di un appalto di riscossione delle imposte.

fèrmio s.m. (solo sing.) (dal nome del fisico E. Fermi) Elemento chimico radioattivo (*Fm*), transuranico artificiale, di numero atomico 100 e peso atomico 257.

fermióne s.m. (dal nome del fisico E. Fermi) FIS. Particella che obbedisce alla statistica di Fermi-Dirac (elettrone, nucleone, ecc.), avente uno spin semintero.

1. férmo agg. **1.** Che non si muove. SIN.: **immobile**. ◇ *Terra ferma:* terraferma. – *Situazione ferma:* inalterata, che non presenta variazioni. – *Da fermo:* stando immobile, senza rincorsa. **2.** Di attività industriale, chiuso. ~ Di congegno, non funzionante. ~ Di attività commerciale, che si trova in una fase di stasi. *La produzione è ferma.* ~ Di atto d'ufficio, che non procede. *La mia pratica è ferma da due mesi.* ~ Di azione sportiva, interrotta. *Gioco fermo.* **3.** Che manifesta certezza, risoluto. *Fermo nelle proprie risoluzioni.* SIN.: **deciso**. ~ *fig.* Stabile, sicuro. ◇ *Con mano ferma, polso fermo:* con sicurezza e decisione. **4.** *fig.* Di cosa o norma, sicuro, stabilito, irremovibile. ◇ *loc. cong. Fermo restando che:* stabilito che.

2. férmo s.m. **1.** Dispositivo che serve a bloccare un meccanismo. ~ Interruzione nel moto di un congegno, di un veicolo. ◇ *Fermo immagine:* nel VHS, funzione che blocca lo scorrimento del nastro per visualizzare una singola immagine. – *fig. Mettere un fermo:* ridurre, bloccare un'attività, spec. illecita. **2.** DIR. Limitazione in via provvisoria della libertà personale da parte della polizia nei confronti di una persona sospettata gravemente di qualche reato, quando vi sia pericolo di fuga. ~ Arresto preventivo. **3.** BANC. Sospensione della validità di un titolo di credito. ◇ BORS. *A fermo:* compravendita a termine. – *Fermo amministrativo:* provvedimento con cui una pubblica amministrazione creditrice verso qlcu. chiede ad amministrazioni debitrici di sospendere ogni pagamento nei suoi confronti.

fermopòsta agg. inv. Riferito al servizio che consente all'utente di fissare il proprio recapito presso un ufficio postale. ◆ avv. Nel sign. dell'agg. ◆ s.m. inv. Ufficio postale dove si ritira la corrispondenza così spedita.

fernèt s.m. inv. Denominazione commerciale di un liquore amaro ricavato da erbe fatte stagionare a lungo in botti di rovere.

fernétta s.f. Piccola lastra ripiegata a squadra che si trova nei congegni delle serrature. ~ Parte corrispondente della chiave.

-fèro o **-féro** Secondo elemento atono di composti dotti, particolarmente attivo nel l. sc. e tecnologico, col valore di "che porta", "che produce" (*petrolifero, frigorifero*).

feròce agg. **1.** Violento, che esprime violenza. ~ Di animale, che uccide per istinto. **2.** *estens.* Crudele, sanguinario, che agisce in modo barbaro. *Killer feroce.* **3.** Di dolore, sofferenza, che non si può sopportare.

feròcia s.f. [pl. *-cie*] **1.** Istinto che porta un animale a essere aggressivo. **2.** Carattere, comportamento di chi agisce con violenza, odio, crudeltà.

feròdo s.m. (da un parziale anagramma del nome di H. *Frood*, fondatore della ditta che per prima produsse tale materiale) **1.** Denominazione commerciale, che costituisce marchio registrato, di un materiale ad alto coefficiente di attrito con cui si rivestono frizioni, freni e innesti di autoveicoli. **2.** *estens.* Ceppo dei freni nelle automobili.

feromóne o **ferormóne** s.m. BIOL. Sostanza chimica che, secreta in quantità minima da un animale nell'ambiente esterno, causa nei suoi consimili dei comportamenti specifici; durante il periodo dell'accoppiamento svolge la funzione di richiamo sessuale.

feràglia s.f. [pl. *-glie*] (fr. *ferraille*) Rottami in ferro, ghisa o acciaio.

ferragósto s.m. inv. (lat. *fēriae Augŭsti* "festa di Agosto") Festività civile del 15 agosto coincidente con quella religiosa dell'Assunta. ~ *estens.* Giorni di ferie in tale periodo.

ferraménta s.f. pl. Insieme di oggetti, di utensili in metallo che compongono, in partic., la piccola utensileria. ◆ s.m. inv. *estens.* Negozio dove si vendono tali oggetti.

ferraménto s.m. COSTR. Attrezzo, oggetto di ferro usato per rafforzare opere di muratura.

ferràre v.tr. **1.** Guarnire con ferro un oggetto per rinforzarlo. *Ferrare una botte.* **2.** Inchiodare piastre metalliche (*ferri*) agli zoccoli di equini e bovini. *Ferrare un cavallo.* **3.** Applicare i ferri ai prigionieri. SIN.: **incatenare**. ◆ **ferrarsi** v.pron. Diventare particolarmente esperto e competente in un ambito. SIN.: **perfezionarsi**.

ferrarése agg. Di Ferrara. ◆ s.m. **1.** (anche f.) Nativo, abitante di Ferrara. **2.** (iniziale maiusc., solo sing.) Territorio intorno a Ferrara.

ferràta s.f. **1.** Itinerario alpinistico su roccia attrezzato con funi e sostegni metallici nei tratti più impegnativi. **2.** Impronta lasciata sul terreno dai ferri di un animale. **3.** *fam.* Colpo di ferro da stiro sulla stoffa.

1. ferràto agg. **1.** Munito o fatto di ferro. *Scarpe ferrate.* ◇ ALP. *Via ferrata:* percorso facilitato da appigli fissi. – TRASP. *Strada ferrata:* ferrovia. **2.** *fig.* Che ha solide conoscenze, esperto. *Essere ferrato in latino.*

2. ferràto s.m. CHIM. Sale derivato da un ipotetico acido ferrico, nello stato d'ossidazione + 6.

ferratùra s.f. Applicazione di ferri agli zoccoli di cavalli e altri quadrupedi. ~ Modalità con cui viene effettuata l'applicazione di tali ferri. ~ I ferri applicati.

ferredossìna s.f. BIOCHIM. Proteina molto semplice, contenente ferro e zolfo, che svolge sin dall'origine della vita un ruolo fondamentale nelle reazioni di ossidoriduzione in tutti gli esseri viventi, in partic. nella fotosintesi delle piante verdi.

fèrreo agg. **1.** Di ferro lavorato. **2.** *fig.* Con riferimento alle proprietà del ferro, tenacissimo, irremovibile, rigoroso.

ferrétto s.m. **1.** Nel sign. del dim. di *ferro*; in partic., arnese in ferro di piccole dimensioni. **2.** GEOL. Materiale detritico ricco di ossidi di ferro, formato dalla trasformazione di depositi ciottolosi in suoli argillosi.

ferricianùro s.m. CHIM. MINER. Complesso del ferro (*III*) che contiene l'anione $[Fe(CN)_6]^{3-}$.

fèrrico agg. [pl.m. *-ci*, f. *-che*] CHIM. MINER. Di composto contenente ferro trivalente. (Il ferro è nello stato d'ossidazione + 3.)

ferrièra s.f. (fr. *ferrière*) INDUS. Stabilimento siderurgico.

ferrìgno agg. Che ha natura, colore, aspetto di ferro. ~ *fig.* Irremovibile, incrollabile, forte. *Carattere ferrigno.*

ferrimagnetìsmo s.m. FIS. Particolare magnetismo presente nelle ferriti.

ferrìsta s.m. e f. [pl.m. *-sti*] MED. Infermiere che prepara e porge al chirurgo gli strumenti necessari nel corso di un intervento.

ferrìte s.f. **1.** CHIM. Materiale di consistenza ceramica contenente ossidi di ferro dalle proprietà isolanti e magnetiche, usato in elettronica e in elettrotecnica. **2.** CHIM. Varietà allotropica di ferro presente in alcuni tipi di acciaio.

fèrro s.m. **1.** (solo sing.) Metallo grigio tenace, duttile, malleabile e magnetico, di densità 7,87, che fonde a 1535 °C. ◇ *Ferro battuto:* forgiato e lavorato a martello. – *Età del ferro:* il più recente periodo della preistoria, in cui compaiono i primi manufatti realizzati con tale materiale. – *fig. Di ferro:* resistente, robusto. *Stomaco di ferro.* **2.** (solo sing.) Elemento chimico (*Fe*) di numero atomico 26 e peso atomico 55,847. (Negli organismi animali è presente nell'emoglobina, nei vegetali è indispensabile per la formazione della clorofilla.) **3.** Oggetto, utensile in ferro o in acciaio. ◇ *Ferro da calza:* lungo ago di ferro, legno o plastica, che serve per lavorare a maglia. – *Ferro da stiro:* apparecchio domestico usato per stirare abiti formato da una piastra di metallo riscaldabile e un'impugnatura isolante. – *I ferri (del chirurgo):* gli strumenti utilizzati durante un'operazione chirurgica. – *Andare sotto i ferri:* subire un'operazione. – *Ferro di cavallo:* semicerchio metallico che si applica per protezione sotto lo zoccolo degli animali (cavallo, mulo, bue) sollecitati da un intenso lavoro (trazione, trasporto, equitazione, ecc.). – *fig. A ferro di cavallo:* in semicerchio. – *Ferro del mestiere:* strumento indispensabile per svolgere un'attività; *fig.* (al pl.) nozioni e competenze utili a svolgere una determinata professione. **4.** (al pl.) Catene, manette per i prigionieri. *Mettere i ferri ai polsi.*
ENCICL. Il ferro è un elemento chimico che viene estratto da minerali ossidi, solfuri e carbonati. Il ferro può sottostare a numerosi tipi di lavorazioni e leghe. Negli altiforni se ne trae la ghisa. Il ferro molto puro, o elettrolitico, si ottiene per elettrolisi del cloruro di ferro. Il ferro si ossida facilmente in presenza di umidità formando la ruggine. Poiché questa è porosa, la corrosione penetra in profondità proseguendo fino alla completa distruzione del metallo; la protezione delle superfici di ferro è pertanto indispensabile (ferro zincato, ferro stagnato). Nell'industria, il ferro è usato in un'ampia varietà di leghe (soprattutto acciai) che lo rendono di gran lunga il metallo più consumato nel mondo (30 volte più dell'alluminio).

■ **fèrro.** Età del ferro: tumulo di Hochdorf, VI sec. a.C. Ricostruzione della camera funeraria centrale e della disposizione del mobilio. (Secondo un documento del Württembergisches Landesmuseum, Stoccarda.)

ferrocemènto s.m. (solo sing.) COSTR. Tipo di calcestruzzo in cui la componente di ferro è maggiore rispetto a quella presente nel cemento armato comune.

ferrocianùro s.m. CHIM. Complesso del ferro (II) che contiene l'anione [Fe(CN)₆]⁴⁻.

ferrocròmo s.m. METALL. Lega di ferro e di cromo per la fabbricazione degli acciai inossidabili e speciali.

ferroelettricità s.f. inv. ELETTR. Proprietà di alcuni materiali dielettrici di rispondere con ritardo all'induzione elettrostatica prodotta da un campo elettrico.

ferrolèga s.f. [pl. *ferroleghe*] METALL. Lega che contiene ferro.

ferromagnetismo s.m. FIS. Proprietà di alcune sostanze (ferro, cobalto, nichel) di magnetizzarsi anche in mancanza di campo magnetico esterno. (I corpi dotati di ferromagnetismo sono detti *magneti*.)

ferromanganése s.m. (solo sing.) Lega di ferro ad alto tenore di manganese (fino all'80%).

ferromodellismo s.m. Attività svolta come passatempo, consistente nella costruzione, tramite pezzi prefabbricati, di convogli e impianti ferroviari in miniatura.

ferromolibdèno s.m. (solo sing.) Lega di ferro e di molibdeno (40-80%).

ferronichel s.m. (solo sing.) Lega di ferro e di nichel (più del 25%).

ferrosilicio s.m. (solo sing.) Lega di ferro e di silicio (15-95%).

ferróso agg. CHIM. Del composto del ferro bivalente.

ferrotranvière s.m. [f. *–ra*, pl.m. *–ri*] → autoferrotranviere.

ferrovècchio s.m. [pl. *ferrivecchi*] **1.** Arnese metallico ormai inservibile. ~ *estens.* Arnese, veicolo, strumento in cattive condizioni, fuori uso. **2.** Chi raccoglie e vende ferraglia.

ferrovia s.f. (calco del ted. *Eisenbahn*) **1.** Percorso costituito da binari su cui circolano i treni. **2.** *estens.* (spec. pl.) Servizio di trasporto di per-

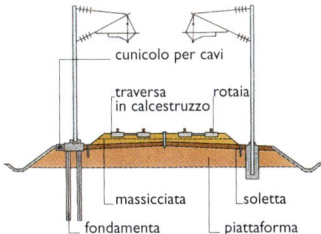

■ binario di **ferrovìa.** Sezione trasversale di un doppio binario di linea ferroviaria ad alta velocità.

sone e cose a media e lunga percorrenza a mezzo di treni. *Ferrovie dello Stato.*

ferroviàrio agg. [pl.m. *–ri*] (calco dell'ingl. *railway*, da *rail* "rotaia" e *way* "via") Proprio della ferrovia, relativo ai treni.

ferrovière s.m. [f. *–ra*] Chi presta servizio in un'azienda ferroviaria, nelle ferrovie.

ferrùgine s.f. Prodotto chimico costituito da solfato ferrico, usato in tintoria come mordente.

ferruginóso agg. Che contiene ferro o uno dei suoi composti.

ferryboat [/'fɛri'bout/] s.m. inv. (voce ingl., comp. di *to ferry* "traghettare" e *boat* "nave") Nave traghetto attrezzata per il trasporto di convogli ferroviari e di autoveicoli.

fèrtile agg. **1.** Di suolo, di regione, ecc., che può dare raccolti abbondanti. SIN.: **produttivo**. **2.** *estens.* Relativo a donna o a femmina degli animali in grado di procreare. **3.** *fig.* Ricco di idee e di immaginazione. SIN.: **fervido. 4.** FIS. Di uranio o altro materiale che, bombardato da neutroni, diventa fissile e adatto quindi per le centrali nucleari.

fertilità s.f. inv. **1.** Produttività di un terreno. **2.** Predisposizione della donna e delle femmine degli animali a procreare. **3.** *fig.* Creatività della fantasia o dell'intelligenza.

fertilizzànte agg. Di qualunque sostanza adatta a fertilizzare il terreno. ◆ s.m. Nel sign. dell'agg. SIN.: **concime**.

fertilizzàre v.tr. (fr. *fertiliser*) Rendere fertile un terreno. SIN.: **concimare**. ~ Concimare.

fertilizzazióne s.f. (fr. *fertilisation*) **1.** Concimazione di un terreno. **2.** FIS. NUCL. Trasformazione di un materiale fertile in materiale fissile.

fèrula s.f. (lat. *fĕrulam*; la pianta è così detta perché se ne ricavano verghe leggere) **1.** ANT. ROM. Bacchetta di punizione per gli scolari. ~ *fig.* Punizione severa, critica aspra. **2.** ANT. GR. ROM. Bastone simbolo della dignità sacerdotale, in seguito, di quella vescovile. **3.** MED. Supporto di cartone o di legno per immobilizzare gli arti fratturati. **4.** BOT. Pianta erbacea odorosa mediterranea e dell'Asia occidentale, con foglie grandi e fiori gialli. (Famiglia delle Ombrellifere.)

fervènte agg. **1.** Che pratica e sostiene con passione le proprie idee. *Cristiano fervente.* SIN.: **convinto. 2.** Di cosa, che denota emozione e partecipazione. *Supplica fervente.*

fèrvere v.intr. [12] [manca del part. pass.] **1.** Detto di un'attività, svolgersi con straordinario impegno e ardore. **2.** Detto di liquido, essere in ebollizione. ~ Detto di mare in tempesta, agitarsi fortemente.

fèrvido agg. **1.** Intenso, caloroso. *Richiesta fervida.* **2.** Brillante, vivace. *Fervida immaginazione.*

fervóre s.m. (lat. *fervōrem* "bollore") **1.** Intensa partecipazione emotiva, entusiasmo. ~ Zelo, dedizione. SIN.: **impegno. 2.** Fase di maggiore

accanimento, momento culminante. *Nel fervore della battaglia.* SIN.: **impeto**.

fèrzo s.m. MAR. Ognuna delle strisce di tela formanti una vela.

fesseria s.f. Cosa senza importanza, senza valore o senza senso. SIN.: **stupidaggine**.

1. fésso agg. BOT. Di foglia divisa dal margine fino a metà circa del lembo.

2. fésso agg. (voce napol.) Che agisce senza furbizia, con poca astuzia. ◆ s.m. Nel sign. dell'agg.

fessùra s.f. **1.** Spaccatura lunga e stretta. *Una fessura nel legno.* **2.** Piccola apertura di una porta, di una finestra. SIN.: **spiraglio**.

fessurazióne s.f. Formazione di spaccature, di fenditure, di crepe.

fèsta s.f. **1.** Ricorrenza religiosa o civile, solennizzata con il riposo, con riti e cerimonie. ~ Giornata non lavorativa, vacanza. ~ Giorno in cui si festeggia una ricorrenza privata, come compleanno o onomastico. ◇ *Fare festa:* festeggiare; fare vacanza. – *Festa nazionale:* festa ufficiale di una nazione. [In Italia si celebra il 2 giugno, per commemorare la nascita della Repubblica (2 giugno 1946).] – *A festa:* per una festa; come nei giorni di festa. – *Conciare qlcu. per le feste:* per antifrasi, ridurlo male. **2.** Intrattenimento pubblico o privato, per qualche ricorrenza o per divertimento. ◇ *Aria di festa:* aria allegra, di gioia. – *fig. Guastare la festa:* rovinare la contentezza degli altri, generare malcontento. **3.** *estens.* Manifestazione o occasione di allegria, di gioia, di esultanza. *Tutto il paese è in festa.* ◇ *Fare festa a qlcu.:* accoglierlo in modo festoso. – *fig. Far la festa a qlcu.:* per antifrasi, ucciderlo, rovinarlo.

festaiòlo agg. Che ama e frequenta le feste. ◆ s.m. [f. *–la*] Chi organizza spesso delle feste, chi vi partecipa volentieri.

festeggiaménto s.f. (spec. pl.) Manifestazione collettiva di gioia in occasione di qualche ricorrenza, di qualche evento.

festeggiàre v.tr. [5] **1.** Celebrare qlco. o qlcu. con cerimonie e festeggiamenti. ~ Celebrare una festa con il riposo lavorativo. *Festeggiare il santo patrono.* **2.** Accogliere qlcu. festosamente. *Festeggiare il vincitore.* ◆ v.intr. (aus. *avere*) Fare festa.

festino s.m. **1.** Festa elegante, banchetto. **2.** Festa trasgressiva, a carattere erotico.

fèstival s.m. inv. (ingl. *festival*, lat. *festivàlem* "festivo") **1.** Festa popolare con musica, canti e balli. **2.** Complesso di manifestazioni artistiche che si svolgono periodicamente in un certo luogo. *Festival del cinema di Berlino.*

festivalièro agg. **1.** Relativo a un festival. **2.** *fig.* Animato da un'allegria chiassosa ed eccessiva. *Atteggiamento festivaliero.*

festività s.f. inv. Ricorrenza civile o religiosa. *Le festività natalizie.* SIN.: **festa**.

festivo agg. Relativo a un giorno non lavorativo.

festóne s.m. **1.** Ghirlanda di stoffa o di carta che funge da decorazione. **2.** ARCH. Ornamento in bassorilievo o dipinto. **3.** Punto di ricamo, detto anche **smerlo**.

festóso agg. **1.** Di cosa, che esprime contentezza, cordialità. ~ Che si svolge in allegria. **2.** Di persona, naturalmente portato all'allegria. ~ Che accoglie, saluta qlcu. facendogli festa, manifestando contentezza.

festùca s.f. [pl. *–che*] (lat. *festūcam* "bacchetta") Pianta erbacea rizomatosa coltivata per foraggio o anche per scopi ornamentali. (Famiglia delle Graminacee.)

fèta s.m. inv. Formaggio greco di latte di pecora, ma anche di mucca, privo di crosta e a pasta morbida.

fetàle agg. Relativo al feto. ◇ *Posizione fetale:* rannicchiata, come quella del feto.

fetènte agg. **1.** Che emana un odore disgustoso. **2.** *fig.* Che non si comporta in modo leale nei confronti degli altri. ◆ s.m. e f.*pop.* Nel sign. 2 dell'agg.

feticìo s.m. [pl. *–ci*] (fr. *fetiche*, port. *feitiço*) **1.** Oggetto adorato come una divinità presso i popoli primitivi. SIN.: **idolo. 2.** *fig.* Oggetto di ammirazione esagerata o fanatica.

feticìdio s.m. [pl. *–di*] Uccisione del feto.

feticìsmo s.m. (fr. *fétichisme*) **1.** Culto dei feticci nelle religioni primitive. SIN.: **idolatria**. **2.** *fig.* Venerazione fanatica per qlcu. o qlco. **3.** PSICOL. Interesse erotico deviato e concentrato solo su parti del corpo o del vestiario.

feticìsta s.m. e f. [pl.m. *-sti*] (fr. *fétichiste*) **1.** Chi è dedito al culto dei feticci. **2.** *fig.* Ammiratore fanatico di qlcu. o qlco. **3.** PSICOL. Chi è affetto da feticismo.

fètido agg. **1.** Che emana cattivo odore. SIN.: **maleodorante**. **2.** *fig.* Che si comporta in modo turpe, abietto.

fèto s.m. Prodotto del concepimento che presenta già i caratteri distintivi della specie. (Nell'uomo, l'embrione prende il nome di feto dal terzo mese di gravidanza fino alla nascita.)

fetologìa s.f. MED. Studio dello sviluppo del feto.

fetónte s.m. (lat. *Phaethon*, dal nome del personaggio della mitologia greca, figlio del Sole) **1.** Uccello diffuso nei mari tropicali, delle dimensioni di un colombo; ha becco rosso, zampe corte, piedi palmati, coda provvista di due penne centrali lunghe e filiformi; detto anche *uccello del sole*. (Ordine dei Pelecaniformi.) **2.** ZOOL. (iniziale maiusc.) Genere di uccelli a cui appartengono le varie specie di fetonte.

fetóre s.m. Odore disgustoso. SIN.: **lezzo**.

fetoscopìa s.f. MED. Esame endoscopico del feto.

fétta s.f. (lat. *offitta*, deriv. di *ŏffa* "boccone") **1.** Parte di qlco. asportata da un tutto, spec. da una sostanza alimentare. *Fetta di pane.* **2.** *estens.* Piccola parte, lunga e stretta, di un'estensione. *Fetta di terreno.* SIN.: **striscia**. ~ Parte, settore. *Una vasta fetta di mercato.* **3.** *fig.* Quota, porzione. *Volere la propria fetta di guadagno.* **4.** *scherz.* Piede.

fettìna s.f. Nel sign. del dim. di *fetta*; in partic., fetta sottile di carne da cucinare.

fettóne s.m. Negli equini, parte dello zoccolo che chiude inferiormente e posteriormente la suola e serve come organo elastico di ammortamento.

fettùccia s.f. [pl. *-ce*] **1.** Nastro di cotone resistente, usato per orli, rinforzi, ecc. **2.** Striscia sottile e bassa di qualsiasi materiale. **3.** *fig.* Strada rettilinea e pianeggiante. **4.** Striscia ricavata dalla barbabietola nel processo di estrazione dello zucchero.

fettuccìna s.f. (spec. pl.) Tipo di pasta lunga e sottile, simile alle tagliatelle.

feudàle agg. **1.** Relativo al feudo o al feudalesimo. *Età feudale.* **2.** *fig.* Arretrato, autoritario, dispotico.

feudalésimo s.m. **1.** Forma di organizzazione economica, politica e sociale, tipica del Medioevo, basata sulla divisione del territorio in feudi, affidati a grandi proprietari fondiari, vincolati al re da un rapporto di vassallaggio. **2.** *fig.* Qualsiasi organizzazione che preveda un'anacronistica subordinazione gerarchica.
ENCICL. Il sistema feudale si basava su una rete di legami di dipendenza tra i signori e i loro *vassalli*, uomini liberi che si mettevano sotto la loro protezione e svolgevano particolari funzioni in cambio di un feudo. La ripresa del potere reale e l'evoluzione economica fecero declinare questo sistema nel corso del sec. XIII.

feudatàrio s.m. [f. *-ria*, pl.m. *-ri*] **1.** Titolare di un feudo. SIN.: **vassallo**. **2.** *estens.* Grande proprietario terriero.

fèudo s.m. (francone *fehu* "possesso di bestiame" quindi "ricchezza, bene") **1.** ST. Nel Medioevo, complesso di beni che un vassallo otteneva dal suo signore in cambio della sottomissione. ~ Territorio soggetto alla giurisdizione del feudatario. **2.** *estens.* Grande possedimento terriero. **3.** *fig.* Zona d'influenza riservata a qlcu. *Feudo elettorale.* **4.** In età medievale, compenso spettante ai pubblici ufficiali del comune.

feuilleton [/fœj'tɔ̃/] s.m. inv. (voce fr., deriv. di *feuille* "foglio") **1.** Romanzo a carattere popolare, pubblicato a puntate in appendice a un quotidiano; detto anche *romanzo d'appendice*. **2.** Genere letterario, di tipo popolare, cui si ascrivono i romanzi d'appendice. **3.** Programma televisivo o radiofonico a puntate con analoghe caratteristiche.

fez [/fɛts/] s.m. inv. (dal nome della città di *Fez* nel Marocco dove veniva prodotto) **1.** Berretto di forma varia di colore rosso con un fiocco di seta nera in cima, diffuso presso i turchi. **2.** Copricapo, di colore rosso cremisi con nappa azzurra, usato dai bersaglieri. ~ Un tempo, copricapo di colore nero degli appartenenti alla milizia fascista.

fezìale o **fecìale** s.m. ANT. ROM. Sacerdote o magistrato che era incaricato di compiere le formalità giuridiche e religiose alla stipula di alleanze e trattati di pace e alle dichiarazioni di guerra.

fi o **phi** s.m. o s.f. inv. Ventunesima lettera dell'alfabeto greco (*Φ φ*) traslitterata nell'alfabeto latino con *ph* per renderne il suono aspirato.

fiàba s.f. **1.** Racconto fantastico di origine popolare, destinato spec. ai ragazzi. **2.** *fig.* Cosa non vera. SIN.: **frottola**.

fiàcca s.f. [non com. pl. *-che*] **1.** Mancanza di energia, di vigore. **2.** Mancanza di volontà. SIN.: **svogliatezza**. ◇ *Battere la fiacca:* lavorare poco, svogliatamente. **3.** *estens.* Scarsità di lavoro, di guadagno. *È un periodo di fiacca.*

fiaccàre v.tr. [4] **1.** Privare della forza e capacità di resistere, fisicamente o psicologicamente. **2.** Piegare, deformare. ◆ **fiaccarsi** v.pron. **1.** Perdere le forze, diventare debole e fiacco. **2.** Rompersi, spezzarsi, spec. una parte del corpo. *Fiaccarsi le spalle.*

fiàcco agg. [pl.m. *-chi*, f. *-che*] **1.** Privo di forza, di energie. **2.** *fig.* Che manca di volontà, di iniziativa. SIN.: **svogliato**. ~ Privo di vivacità, noioso. *Serata fiacca.*

fiàccola s.f. **1.** Bastone di legno con un'estremità cosparsa di sostanze combustibili che danno luogo a una fiamma resistente al vento e di lunga durata. SIN.: **torcia**. ◇ *Fiaccola olimpica:* quella che nelle moderne Olimpiadi viene portata da una staffetta di atleti (*tedofori*) da Atene alla sede ufficiale dei giochi, dove resta accesa per tutta la durata delle gare. **2.** *fig.* Fiamma ideale che simboleggia un valore. *La fiaccola della fede.* SIN.: **faro**.

fiaccolàta s.f. Corteo formato da persone che reggono ognuna una fiaccola accesa.

fiacre [/'fjakr/] s.m. inv. (voce fr., dal nome di san *Fiacre*, la cui immagine fungeva da insegna della rimessa di Meaux dove si noleggiavano le vetture per recarsi al santuario a lui dedicato) Vettura trainata da cavalli. SIN.: **carrozzella**.

fiàla s.f. Piccolo recipiente di vetro usato per conservare medicinali, sostanze chimiche, profumi, ecc.

1. fiàmma s.f. **1.** Lingua di fuoco che si leva da materiale in combustione. ◇ *Andare in fiamme:* incendiarsi. – *Dare alle fiamme:* bruciare. – *fig. Fare fuoco e fiamme:* agitarsi, sbraitare per qlco. **2.** Passione intensa, spec. amorosa. *La fiamma dell'amore.* SIN.: **fervore**. ~ Chi è oggetto di tale passione. *Questa è la mia nuova fiamma.* **3.** Bandierina per segnali. ~ Bandierina triangolare coi colori nazionali issata sulle navi. ~ Mostrina a forma di fiamma di alcuni corpi militari. ~ Simbolo, a forma di lingua di fuoco, presente in alcuni stemmi araldici o emblemi di partiti e movimenti. ◇ *Partito della fiamma:* il Movimento sociale italiano, poi trasformato in Alleanza Nazionale. – *Fiamme Gialle, Oro:* la Guardia di finanza. – *Fiamme azzurre:* piloti di aeromobile o addetti ai servizi di bordo. **4.** *estens.* Colore rosso intenso. **5.** CHIM. Manifestazione luminosa e termica di un processo veloce di ossidazione di un combustibile solido, liquido o gassoso. ◇ *Fiamma ossidrica:* quella prodotta con la combustione di una miscela di idrogeno e ossigeno, impiegata per il taglio di pezzi metallici. ❑ In funzione di agg. inv., rosso, acceso.

2. fiàmma s.m. inv. *pop.* Fiammista.

fiammànte agg. Che splende come una fiamma. *Rosso fiammante.*

fiammàta s.f. **1.** Fuoco alto e di breve durata. SIN.: **vampata**. **2.** *fig.* Manifestazione improvvisa e intensa, ma di breve durata, di sentimenti, energie, ecc.

fiammeggiànte agg. **1.** Che fiammeggia. ◇ ARCH. *Gotico fiammeggiante:* stile tardo gotico che predilige le decorazioni a forma di fiamma; detto anche *gotico flamboyant* e *fiorito*. **2.** Di colore rosso vivo e lucente.

fiammeggiàre v.intr. [5] (aus. *avere*) **1.** Bruciare mandando fiamme. **2.** *estens.* Mandare bagliori. SIN.: **scintillare**. ◆ v.tr. **1.** CUC. Accostare alla fiamma volatili commestibili già spennati per eliminarne le piume più piccole. *Fiammeggiare il pollo.* **2.** Preparare una vivanda alla fiamma dando fuoco a un alcolico precedentemente cosparso su di essa.

fiammiferàio s.m. [f. *-raia*, pl.m. *-rai*] Chi fabbrica o vende fiammiferi.

fiammìfero s.m. Piccolo pezzo di legno o di cartone, provvisto a un'estremità di una capocchia infiammabile per sfregamento. SIN.: **zolfanello**. ◇ *fig. Accendersi come un fiammifero:* irritarsi troppo, molto facilmente.

1. fiammìngo agg. [pl.m. *-ghi*, f. *-ghe*] (germ. *flaming*) Delle Fiandre. ◇ *Scuola fiamminga:* della civiltà artistica sviluppatasi nei secc. XVI-XVII nei Paesi Bassi. ◆ s.m. **1.** [f. *-ga*] Nativo, abitante delle Fiandre. **2.** (solo sing.) Lingua fiamminga.

2. fiammìngo s.m. [pl.m. *-ghi*] (lat. *flămma* "fiamma" per il colore rosato delle ali) Fenicottero.

fiammìsta s.m. e f. [pl. *-sti*] Operaio siderurgico addetto al taglio dei rottami di ferro con la fiamma ossiacetilenica.

fiancàle s.m. **1.** Parte dell'armatura del soldato o del cavallo atta a proteggere i fianchi. **2.** Piastra laterale di copertura o sostegno di una macchina.

fiancàta s.f. **1.** Parte laterale di qlco. *La fiancata della nave.* **2.** Colpo inferto ai o coi fianchi. ~ EQUIT. Colpo di sprone ai fianchi del cavallo. **3.** MAR. Nell'antica marina militare, scarica di tutti i cannoni dal fianco di una nave.

fiancheggiaménto s.m. **1.** MIL. Atto del fiancheggiare. **2.** *fig.* Azione, perlopiù illegale, compiuta per aiutare qlcu. SIN.: **favoreggiamento**.

fiancheggiàre v.tr. [5] **1.** Stare di fianco a qlcu. o qlco. **2.** *fig.* Aiutare qlcu. con iniziative concrete. *Questi gruppi fiancheggiano il terrorismo.* SIN.: **spalleggiare**. **3.** MIL. Difendere i fianchi di truppe impegnate nella marcia o in combattimento.

fiancheggiatóre agg. [f. *-trice*] Che spalleggia, favorisce. ◆ s.m. (anche f.) Nel sign. dell'agg.

fianchétto s.m. Nel gioco degli scacchi, mossa di apertura con cui si fa avanzare il pedone che precede il cavallo, collocando al suo posto l'alfiere.

fiànco s.m. [pl. *-chi*] (fr. *flanc*) **1.** ANAT. Ciascuna delle parti laterali del corpo umano compresa tra la parte inferiore del torace e l'attaccatura delle cosce. *Il fianco sinistro, il fianco destro.* ◇ BOXE *Lavorare ai fianchi:* colpire insistentemente l'avversario ai fianchi per fiaccarne la resistenza, anche in senso figurato. – *figg. Essere, stare al fianco di qlcu.:* offrirgli appoggio, aiuto. – *Fianco a fianco:* a contatto, molto uniti. – *Fianchi forti:* larghi, molto pronunciati. – *Prestare il fianco:* prestarsi a critiche, attacchi, ecc. **2.** *estens.* Ciascuna delle parti esterne di qlco. ◇ *A fianco, di fianco:* lateralmente, vicino. – *loc. prep. Di fianco a:* accanto a, vicino a.

fiàndra s.f. (dal nome della regione della *Fiandra* dove era prodotta la tela) Tela di lino molto pregiata, usata soprattutto per biancheria da tavola.

fiàsca s.f. [pl. *-sche*] (ted. *flaska*) Bottiglia piatta simile al fiasco.

fiaschetterìa s.f. Bottega dove si vende il vino al minuto o lo si degusta al calice.

fiàsco s.m. [pl. *-schi*] (germ. *flaskō*) **1.** Recipiente ovale di vetro perlopiù verdognolo, di solito usato per contenere vino, con collo lungo e stretto e la parte inferiore panciuta. **2.** *fig.* Fallimento, insuccesso di un'attività. ◇ *Fare fiasco:* fallire, sbagliare. – *Essere un fiasco, risolversi in un fiasco:* concludersi con un esito negativo.

fiat s.m. inv. (voce lat., deriv. di *fieri* "accadere", dalla loc. biblica *fiat lux* "sia fatta la luce" che si vuole pronunciata da Dio all'atto della creazione del mondo) Brevissimo lasso di tempo, attimo.

fiatàre v.intr. (aus. *avere*) **1.** Respirare. **2.** *fig.* In frasi negative, parlare, aprire bocca. *Non fiatare!*

fiàto s.m. **1.** Aria che fuoriesce dalla bocca e dal naso durante l'atto respiratorio. SIN.: **respiro**. ◇ *Avere il fiato grosso, corto:* respirare con affanno. – *figg. Riprendere fiato:* interrompere un'attività intensa per riposarsi. – *Tenere col fiato sospeso:* tenere alta l'attenzione, lasciare nell'incertezza. – *Tutto d'un fiato:* senza interruzione, rapidamente. – *Mozzare il fiato:* stupire. **2.** Soffio d'aria volutamente emesso dai polmoni per qualche fine specifico. ◇ *Strumenti a fiato:* strumenti musicali azionati con la bocca. **3.** Capacità di resistenza alla fatica. *Avere, non avere fiato.* ◇ *Atleta con poco fiato:* che resiste poco. – *Fare il fiato:* nel l. sport., cercare di aumentare la propria resistenza allo sforzo fisico.

fiatóne s.m. Respiro affannoso.

fibbia s.f. (lat. *fibla*, deriv. di *figere* "configgere") Fermaglio di plastica o di metallo di varia foggia con una traversa recante uno o più puntali che serve a fissare l'estremità di una cinghia, di un lembo di veste, ecc.

fiberglass [/'faibəglɑːs/] s.m. inv. (voce ingl.) Fibra di vetro impiegata in varie tecnologie.

fibra s.f. **1.** Filamento tipico di molti tessuti vegetali e animali. ◇ Sostanza filamentosa ottenuta artificialmente. *Fibra tessile.* ◇ *Fibre ottiche:* filamenti lunghi e sottili di materiale trasparente dielettrico (vetro, silice) che, sfruttando il fenomeno della riflessione totale, convogliano un flusso di energia raggiante (visibile o infrarossa) da un'estremità all'altra con rendimento elevato. (Le fibre ottiche sono il principale supporto per la trasmissione di informazioni in forma digitale.) – *Fibra di vetro:* filamento vetroso usato come isolante. – *Fibre alimentari:* sostanze glucidiche non digeribili, contenute nei vegetali commestibili. – MED. *Fibre nervose:* i prolungamenti delle cellule nervose (*cilindrassi*), rivestiti di una guaina a struttura complessa (*guaina mielinica*), contenente cellule satelliti. – *Fibre sintetiche:* ottenute per polimerizzazione di composti chimici. **2.** *fig.* Complessione fisica, costituzione. *Essere di fibra robusta.* ~ Nucleo più interno, sentimento più profondo. *Le più intime fibre dell'animo.* **3.** Cartone particolarmente trattato che serve per la fabbricazione di borse e valigie.

■ **fibra.** Fascio di fibre ottiche nelle loro guaine isolanti.

fibrilla s.f. BIOL. Ciascuna delle sottilissime formazioni di forma allungata che costituiscono la fibra.

1. fibrillàre v.intr. (aus. *avere*) MED. Essere affetto da fibrillazione.

2. fibrillàre agg. ISTOL. Relativo a una fibrilla.

fibrillazióne s.f. MED. Contrazione anomala di una fibra muscolare. ~ Alterazione del ritmo cardiaco, caratterizzata da contrazioni rapide e irregolari che compromettono la normale circolazione del sangue. **2.** *fig.* Nel l. gior. e pol., stato anormale di eccitazione, momento di particolare difficoltà.

fibrina s.f. BIOL. Sostanza proteica che si forma all'atto della coagulazione del sangue per azione della trombina.

fibrinògeno s.m. BIOL. Proteina del plasma sanguigno, che si trasforma in fibrina durante la coagulazione.

fibrinolisi s.f. inv. MED. Distruzione del coagulo sanguigno da parte di enzimi proteolitici.

fibrinolitico agg. MED. Si dice di un enzima utilizzato a scopo terapeutico per la distruzione di coaguli. ◆ s.m. Nel sign. dell'agg.

fibrinóso agg. BIOL. Che contiene fibrina.

fibroblàsto s.m. ISTOL. Cellula embrionale che, durante lo sviluppo del tessuto connettivo, elabora le fibre delle sostanze fondamentali.

fibroceménto s.m. Prodotto ottenuto per impasto di fibre d'amianto e di cemento.

fibrocito s.m. ISTOL. Cellula tipica del tessuto connettivo.

fibroina s.f. IND. TESS., BIOCHIM. Sostanza proteica, componente fondamentale della fibra di seta.

fibròma s.m. [pl. *–mi*] MED. Tumore benigno del tessuto connettivo fibroso.

fibromatòsi s.f. inv. MED. Affezione caratterizzata dalla presenza di numerosi fibromi.

fibromatóso agg. MED. Di tessuto che presenta fibromatosi.

fibromiòma s.m. [pl. *–mi*] MED. Tumore benigno formato da tessuto fibroso e da tessuto muscolare.

fibroscopìa s.f. MED. Endoscopia realizzata mediante un fibroscopio.

fibroscòpio s.m. [pl. *–pi*] MED. Endoscopio flessibile e di piccolo diametro che sfrutta le proprietà delle fibre ottiche.

fibròsi s.f. inv. MED. Trasformazione fibrosa di formazioni patologiche. ◇ *Fibrosi cistica:* malattia di tipo ereditario che causa un funzionamento anormale di alcune ghiandole, che producono una quantità di liquido abbondante ed eccessivamente denso. **2.** MED. Eccesso di tessuto fibroso in un organo.

fibróso agg. **1.** Formato da fibre. ◇ BIOL. *Tessuto fibroso:* tessuto connettivo ricco di fibre riunite in fasci. – *Minerale fibroso:* aggregato cristallino costituito da elementi disposti prevalentemente in una direzione. **2.** Costituito da elementi filamentosi.

fibula s.f. **1.** ARCHEOL. Spilla di sicurezza o fermaglio in metallo che serviva a fermare la stoffa degli abiti. **2.** ANAT. Perone.

■ **fibula** gallica in bronzo; V sec. a.C.
(Museo delle Antichità nazionali, Saint-Germain-en-Laye.)

fica s.f. [pl. *–che*] (lat. *ficam*, calco semantico di gr. *sykē* "fico" e "fica" prob. perché ricorda la spaccatura del fico maturo) **1.** *volg.* Vulva. **2.** *estens. volg.* Donna attraente e desiderabile.

ficcanàso s.m. e f. Persona indiscreta che si interessa degli affari altrui. SIN.: **impiccione**.

ficcànte agg. Che mira dritto allo scopo. ~ Nel l. sport., penetrante, incisivo. *Azione ficcante.*

ficcàre v.tr. [4] **1.** Spingere, inserire con forza qlco. all'interno di altro. *Ficcare un palo nel terreno.* **2.** *fam.* Mettere qlco. da qualche parte senza ordine o cura. *Dove hai ficcato le forbici?* ◆ **ficcarsi** v.pron. Rinchiudersi in un luogo. *Ficcarsi in casa.* ◇ *fig. Ficcarsi nei guai, nei pasticci:* mettersi, ritrovarsi in una situazione difficile, negativa.

fiche [/fiʃ/] s.f. inv. (voce fr., propr. "chiodo" poi "gettone") **1.** Gettone usato al posto del denaro nei giochi d'azzardo. **2.** BANC. Tagliando per la registrazione di certe operazioni bancarie. ~ BORS. Tagliando staccato da un apposito taccuino, sul quale gli intermediari annotano provvisoriamente i contratti conclusi. **3.** Scheda.

1. fico s.m. [pl. *–chi*] **1.** Albero originario del vicino Oriente, coltivato per il suo frutto, il fico. [Nome sc. *Ficus carica;* famiglia delle Moracee. Un'altra specie, il baniano (*Ficus bengalensis*), ha rami quasi orizzontali da cui pendono numerose radici aeree di forma colonnare che permettono alla chioma di coprire aree vastissime.] ◇ *Fico d'India:* pianta grassa con foglie trasformate in spine e fusto appiattito di colore verde, che produce un frutto ovale, commestibile, dalla polpa gialla e dolce, contenente molti semi. (Famiglia delle Cactacee.) **2.** Frutto commestibile del fico, formato dal ricettacolo carnoso e zuccherino. ◇ *Foglia di fico:* quella che, in età controriformistica, si dipingeva o si modellava su quadri e sculture di epoche precedenti, per

coprirne le nudità; *fig.* occultamento di aspetti vergognosi o comunque poco lusinghieri. *Quella lettera è la foglia di fico delle sue reali responsabilità.* – *fam. Un fico secco:* niente. **3.** VET. Purulenta infiltrazione nello zoccolo degli Equini.

2. fico agg. [pl.m. *–chi*, f. *–che*] Nel gergo giovanile, di persona o cosa che segue perfettamente i dettami della moda del momento. ◆ s.m. [*–ca*] Nel l. giovanile, persona molto affascinante, attraente.

sezione del frutto

foglie e frutti

■ **fico**

ficocianina s.f. BIOL. Pigmento di natura proteica di colore tendente all'azzurro, presente in alcune alghe marine.

ficoeritrina s.f. BIOL. Pigmento di natura proteica di colore rosso, contenuto in alcune specie di alghe.

Ficomicèti s.m. pl. [iniziale minusc. sing. *–te* per l'individuo] BOT. Classe di funghi unicellulari con micelio senza setti, caratterizzati da riproduzione per via asessuata e sessuata; ne fanno parte specie parassite e dannose alle coltivazioni.

fiction [/'fikʃən/] s.f. inv. (voce ingl., propr. "invenzione") Genere letterario, cinematografico o televisivo a carattere romanzesco basato sulla pura invenzione. ~ Opere che appartengono a tale genere.

ficus s.m. inv. **1.** Pianta ornamentale coltivata in vasi (*Ficus elastica* e *Ficus benjamina*), con belle foglie larghe color verde scuro, coriacee e lucide. (Famiglia delle Moracee.) **2.** (iniziale maiusc.) Genere di piante a cui appartengono seicento specie ca. di ficus, tra cui il fico comune (*Ficus carica*).

fidanzaménto s.m. Promessa reciproca di matrimonio. ~ Cerimonia con cui viene festeggiata. ~ Il tempo che passa tra questa promessa e il matrimonio. ◇ *Anello di fidanzamento:* anello con cui si ufficializza la promessa di matrimonio.

fidanzàre v.tr. Promettere solennemente in matrimonio. ◆ **fidanzarsi** v.pron. Scambiarsi promessa di amore e matrimonio, impegnarsi ufficialmente a sposare qlcu.

fidanzàto agg. Promesso in matrimonio. ~ Che ha uno stabile rapporto affettivo con qlcu. ◆ s.m. [f. *–ta*] Nel sign. dell'agg.

fidàre v.intr. (aus. *avere*) Nutrire fede, fiducia in qlcu. o in qlco. SIN.: **confidare**. ◆ **fidarsi** v.pron. **1.** Riporre la propria fiducia in qlcu. **2.** *fam.* Avere il coraggio di fare qlco., azzardarsi.

fideismo s.m. (fr. *fidéisme*) **1.** Dottrina secondo la quale le verità supreme non si possono conoscere con la ragione ma solo attraverso la fede. **2.** *estens.* Atteggiamento di adesione acritica in persone, idee, movimenti politici.

fideista s.m. e f. [pl.m. *–sti*] (fr. *fidéiste*) Chi ha un atteggiamento improntato a fideismo.

fideiussióne s.f. (lat. *fideiussiōnem*, deriv. di *fideiubēre* "farsi garante") DIR. Assicurazione formale fornita da una persona (*fideiussore*) di soddisfare un'obbligazione assunta da un terzo nel caso che questi risultasse inadempiente.

fideiussóre s.m. DIR. Chi sottoscrive una fideiussione. SIN.: **garante**.

fidelizzàre v.tr. Rendere un utente o un cliente fedele ai propri prodotti o servizi.

fidelizzazióne s.f. Obiettivo delle tecniche di comunicazione e di marketing consistente nel rendere abituali le scelte per i prodotti o i servizi offerti da un'impresa identificata da clienti o utenti attraverso un nome, una marca precisa.

1. fido agg. Che dimostra attaccamento profondo e lealtà verso qlcu. ◆ s.m. [f. *-da*] **1.** Persona fidata. **2.** *per anton.* Nome di cane.

2. fido s.m. BANC. Limite massimo di credito che una banca può concedere in qualunque forma a un singolo cliente.

fidùcia s.f. [pl. *-cie*] Affidamento sicuro che si fa su qlcu. o qlco. ~ Attesa ottimistica di qlco. ~ Credito, stima. *Meritare la fiducia di qlcu.* ◇ *Di fiducia:* di cui ci si serve abitualmente e su cui si fa completo assegnamento.

fiduciària s.f. Società che si occupa di gestire beni per conto terzi.

fiduciàrio agg. [pl.m. *-ri*] Che si basa sulla fiducia. ◇ *Società fiduciaria:* quella che ha per scopo l'amministrazione e la gestione di patrimoni per conto di terzi. – BANC. *Deposito fiduciario:* quello stabilmente tenuto su conti o libretti bancari. – DIR. *Negozio fiduciario:* atto con cui un soggetto trasferisce ad altri un diritto (p.e. la proprietà di un bene), vincolandone però l'esercizio alla soddisfazione di un interesse prestabilito. ◆ s.m. Chi rappresenta gli interessi di un ente o di una persona.

fiducióso agg. Che ha fiducia, tranquillo, speranzoso.

field [/'fiːld/] s.m. inv. (voce ingl.) SPORT. Campo da gioco.

fièle s.m. **1.** Liquido giallo verdastro secreto dal fegato. SIN.: **bile**. **2.** *fig.* Sentimento di forte avversione per qlcu. o qlco.

fienagióne s.f. **1.** Taglio e raccolta del foraggio. **2.** Trasformazione dell'erba in fieno.

fiengrèco s.m. inv. [non com. pl. *fiengreci*] (lat. *fēnum Graēcum* perché introdotto nell'antichità dai Greci) → **trigonella**.

fienile s.m. Locale dove si raccoglie e conserva il fieno.

fièno s.m. BOT. Erba tagliata all'inizio della fioritura, fatta essiccare come foraggio per gli animali. ◇ *Fieno bianco:* bozzolina.

1. fièra s.f. (lat. *fēra*, deriv. di *fēriam* "giorno festivo" perché le fiere si tenevano solitamente nei giorni festivi) **1.** Raduno di venditori ambulanti e di compratori, in passato spec. di prodotti agricoli, che si svolge periodicamente in una località in occasione di feste patronali e ricorrenze. ◇ *Fiera di beneficenza:* vendita il cui ricavato viene devoluto in beneficenza. **2.** Mostra-mercato, globale o settoriale, che si svolge in determinate località a scadenze fisse. ◇ *Fiera campionaria:* dove si espongono solo campioni di prodotti che vengono venduti su ordinazione. **3.** *fig.* Con riferimento all'animazione che si verifica nelle fiere, confusione, bolgia. *Questa stanza è una fiera.*

2. fièra s.f. Animale feroce. SIN.: **belva**.

fierézza s.f. Consapevolezza del proprio valore, della propria dignità. ~ Qualità di chi o di ciò che suscita nel contempo rispetto e timore.

fieristico agg. [pl.m. *-ci*, f. *-che*] Di, da fiera.

fièro agg. (lat. *fērum* "selvaggio, crudele") **1.** Che esprime, dimostra fermezza morale, grande dignità e orgoglio. **2.** Profondamente orgoglioso di qlcu. o qlco. *Sono fiero di mio figlio.*

fièvole agg. (lat. *flēbilem*, deriv. di *flēre* "piangere") Debole, fioco.

1. fifa s.f. (voce sett.) *fam.* Paura, spavento. *Avere fifa.*

2. fifa s.f. (voce onom. che imita il verso del volatile) → **pavoncella**.

fifo s.m. inv. (sigla dell'ingl. *first in, first out* "il primo dentro, il primo fuori", ossia ciò che è entrato per primo va fatto uscire per primo) CONTAB. Metodo convenzionale per cui merci o titoli in giacenza sono valutati ai prezzi di acquisto più recenti, in base all'ipotesi che le merci o i titoli vengano venduti secondo l'ordine del loro acquisto.

fifóne agg. *fam.* Pauroso, timoroso. SIN.: **codardo**. ◆ s.m. [f. *-na*] Nel sign. dell'agg.

fifty-fifty [/'fifti'fifti/] avv. (voce ingl. d'America, propr. "cinquanta e cinquanta") **1.** ECON. Espressione indicante un rapporto paritetico tra due soci nella divisione degli utili o nella partecipazione al capitale di un'impresa. **2.** *estens.* A metà, in parti uguali. *Pagare il conto fifty-fifty.*

figaro s.m. (dal nome del protagonista de "Il barbiere di Siviglia", commedia di P.A. de Beaumarchais, diffuso in Italia grazie all'omonima opera di Rossini) **1.** *scherz.* Barbiere, parrucchiere. **2.** Giacca corta e attillata simile al bolero.

figlia s.f. [pl. *-glie*] (lat. *filiam*, dalla radice indoeur. *dhēi* "generare, nutrire") **1.** Rispetto ai genitori, prole di sesso femminile. **2.** Copia conforme alla matrice da consegnare come ricevuta.

figliàre v.tr. [6] Di animale, mettere al mondo piccoli, partorire. SIN.: **generare**. ◆ v.intr. (aus. *avere*) Partorire. *La mucca ha figliato.*

figliàstro s.m. [f. *-stra*] Figlio avuto dal coniuge, general. da un precedente matrimonio o relazione, considerato dal punto di vista dell'altro coniuge.

figliàta s.f. BIOL. Insieme dei piccoli di un animale, nati in un solo parto.

figlio s.m. (lat. *filium*, dalla radice indoeur. *dhēi* "generare, nutrire") **1.** Chi è stato generato, rispetto ai genitori. *Padre di tre figli.* ◇ *Figlio legittimo:* in passato, quello nato da genitori uniti in matrimonio. ~ Discendente di primo grado, erede. ◇ CRIST. *Il Figlio:* la seconda persona della Santissima Trinità, Gesù. ~ *estens.* Senza protettori influenti. ◇ *figg. Figlio del popolo:* persona di modeste origini. – *Figlio di papà:* chi è aiutato nella carriera dalla posizione sociale della famiglia. – *Figlio d'arte:* personaggio del mondo dell'arte o dello spettacolo che discende da una famiglia di artisti. **2.** *fig.* Espressione, risultato, conseguenza. *Essere figlio del proprio tempo.* **3.** (spec. pl.) Denominazione di varie organizzazioni e congregazioni soprattutto religiose. *I Figli della Carità.*

figliòccio s.m. [f. *-cia*, pl.m. *-ci*, f. *-ce*] CATT. Chi è stato tenuto a battesimo o a cresima da un parente o un amico (il padrino o la madrina) che si impegna ad assisterlo spiritualmente.

figùra s.f. **1.** Riferito a cosa, modo con cui si presenta esteriormente. SIN.: **aspetto**. **2.** Riferito a persona, aspetto fisico. SIN.: **corporatura**. **3.** Personaggio di un'opera letteraria o teatrale. ~ Persona eminente dal punto di vista storico. *Mazzini fu un'importante figura del Risorgimento.* **4.** Persona vista in quanto rappresentante di un ruolo, di una categoria sociale. **5.** Simbolo, emblema. ~ Nell'esegesi biblica, prefigurazione allegorica presente nel Vecchio Testamento di personaggi o eventi che appaiono nel Nuovo. **6.** Modo di presentarsi, con riferimento al giudizio che altri ne possono dare. ◇ *Far figura:* presentarsi al meglio, farsi apprezzare per aspetto, per qualità. – *Fare bella, brutta figura:* impressionare positivamente, negativamente. **7.** Rappresentazione intera di un essere umano o di un animale in un disegno, in un dipinto o in una scultura. ~ Disegno, illustrazione, riproduzione. ~ MUS. Segno grafico indicante la durata di una nota o una pausa. ~ Carta da gioco sulla quale è rappresentato un personaggio (re, regina, fante). **8.** RET. *Figura retorica:* forma speciale data a un pensiero per dargli maggior vigore e maggior rilievo. **9.** GEOM. Ente geometrico costituito da una superficie limitata da linee (*figura piana*) o da un volume limitato da superfici (*figura solida*). **10.** SPORT. Particolare posizione del corpo, successione armonica e coordinata di movimenti nel pattinaggio, nella ginnastica, nello sci nautico, nella scherma. **11.** Negli scacchi, ciascuno dei pezzi maggiori (re, regina, torre, alfiere, cavallo); nelle carte da gioco, carta recante un'immagine. **12.** BALL. Raggruppamento di molteplici passi eseguiti da parecchie persone contemporaneamente. **13.** PSICOL. Parte del campo percettivo che si distacca dagli elementi che vengono percepiti come sfondo. (Gli oggetti vengono individuati e percepiti in base all'interesse provato dal soggetto.)

figuràccia s.f. [pl. *-ce*] **1.** Nel sign. del peggiorativo di *figura*. **2.** *fig.* Impressione negativa o sbagliata suscitata col proprio comportamento.

figurànte s.m. e f. (fr. *figurant*) TEAT. Attore che interpreta una parte non rilevante. ~ *fig.* Persona di scarsa importanza.

figuràre v.intr. **1.** Trovarsi, risultare presente in un certo posto, in un certo gruppo. *L'uomo figura tra gli ospiti dell'albergo.* SIN.: **comparire**. **2.** Fare bella figura, impressionare favorevolmente gli altri. **3.** Apparire, risultare. *La mia presenza qui non deve figurare.* ◆ **figurarsi** v.pron. **1.** Immaginare, rappresentare qlco. con la fantasia. ◇ *locc. cong. Figurati se…, figurarsi se…, figuriamoci se…:* si usano per smentire il contenuto delle frasi che introducono. *Figuriamoci se gli ho creduto!* – *Figurati che, figurarsi che…:* introducono una frase su cui il parlante vuole richiamare l'attenzione partecipe di chi ascolta. *Figurati che l'hanno sorpreso mentre intascava i soldi!* **2.** Immaginare qlcu. o qlco. in un certo modo. *Mi figuravo tuo padre già ministro.* **3.** Supporre, ritenere. *Potete figurarvi il nostro spavento!*

figurativismo s.m. Tendenza della pittura e della scultura a una rappresentazione di tipo realistico (in oppos. all'*astrattismo*).

figurativo agg. **1.** Che rappresenta in figura, per mezzo di figure. ~ Che segue i canoni del figurativismo (in oppos. ad *astratto*). ◇ *Le arti figurative:* la pittura e la scultura. **2.** *Contributi figurativi:* nel l. bur., contributi previdenziali accreditati gratuitamente al lavoratore in determinate circostanze (maternità, cassa integrazione, ecc.). ◆ s.m. [f. *-va*] Pittore seguace del figurativismo.

figuràto agg. **1.** Adorno di figure, immagini, riproduzioni fotografiche. **2.** Espresso mediante figure retoriche. *Linguaggio figurato.* ◇ *Senso figurato:* diverso da quello proprio. **3.** Di musica polifonica che, in contrasto con quella primitiva redatta nota contro nota, si arricchisce di svariate figure ritmiche.

figurazióne s.f. **1.** Rappresentazione artistica, riproduzione. ~ Ciò che viene rappresentato. **2.** Nella danza e nello sport, insieme di figure ruotanti intorno a un'unità tematica. **3.** MUS. Insieme organico di note che costituiscono un'unità melodica autonoma.

figurina s.f. **1.** Nel sign. del dim. di *figura*. **2.** Statuetta di qualsiasi materiale; in partic., immagine stampata su un foglio di piccole dimensioni, a colori, di cui si fa la raccolta per hobby o per ottenere un premio. *Album delle figurine.* **3.** Donna graziosa, dal corpo sottile e ben modellato. *Che figurina quella ragazza!*

figurinista s.m. e f. [pl.m. *-sti*] Chi disegna figurini per riviste di moda, per sartorie o per spettacoli.

figurino s.m. **1.** Disegno di una persona che indossa un modello di abito, usato per presentare nuovi modelli per la moda. **2.** *estens.* Pubblicazione di moda con illustrazioni. **3.** Persona vestita con eleganza ricercata. *Essere un figurino.*

figùro s.m. Persona losca e dall'aspetto poco rassicurante. SIN.: **ceffo**.

fila s.f. **1.** Serie di cose o persone allineate una accanto all'altra o una dietro l'altra. ◇ *In fila, in fila indiana:* uno dietro l'altro. – *Fare la fila:* disporsi uno dietro l'altro in modo ordinato; anche, attendere il proprio turno. – *Essere in prima fila:* essere nei posti migliori per assistere a un evento; *fig.* mettersi in vista, esporsi; partecipare attivamente. – *Linea di fila:* ordine delle navi procedenti l'una dopo l'altra sulla stessa rotta alla stessa velocità. **2.** Serie continua nel tempo. SIN.: **sfilza**. ◇ *Di fila:* senza interruzione, di seguito. **3.** *estens.* (al pl.) Gruppo di persone unite da affinità di intenti o di condizioni. *Ingrossare le file dei disoccupati.*

filàbile agg. Che può essere filato.

filàccia s.f. [pl. *-ce*] **1.** Filo tratto da un vecchio tessuto, un tempo usato per medicare le ferite. *Filaccia di lino.* **2.** Ognuno dei fili che formano un cavo vegetale.

filaménto s.m. **1.** BIOL. Corpo, elemento sottile, di forma allungata simile a un filo. ◇ *Filamenti positivi, negativi:* le due catene complementari in cui sono codificate le informazioni genetiche. **2.** BOT. Nei fiori, parte dello stame che porta sulla sommità l'antera fertile. **3.** ELETTR. Nelle lampadine, filo sottilissimo che, attraversato dalla corrente, diviene incandescente ed emette la luce. ~ Nei tubi catodici, elemento incandescente per l'emissione di elettroni. **4.** ASTR. Particolare aspetto di una protuberanza del Sole, che appare come una lunga linea oscura e sinuosa.

filamentóso agg. Che presenta filamenti, formato da filamenti. SIN.: **fibroso**.

filànca s.f. [non com. pl. *–che*] Nome commerciale di un tessuto sintetico, elastico, usato per la fabbricazione di capi d'abbigliamento e di collant per donna.

filànda s.f. IND. TESS. Reparto o opificio in cui si filano le fibre tessili.

filandière s.m. [f. *–ra*] Proprietario, direttore di una filanda.

filànte agg. **1.** Che cola con aspetto filamentoso. *Formaggio filante.* **2.** Che procede velocemente. ~ Che favorisce la velocità con la propria forma. *La linea filante di un'automobile.* ◆ s.m. Malattia che colpisce il vino, caratterizzata dalla formazione di viscosità filose.

Filànto s.m. ZOOL. Genere di insetti a cui appartiene il *Philantus triangulum*, detto comunemente *filanto apivoro*, che paralizza le api con il pungiglione, si nutre del contenuto zuccherato del loro stomaco, quindi lo utilizza come cibo per le proprie larve. (Lunghezza 12-18 mm; ordine degli Imenotteri.)

filantropia s.f. Intenso amore per il prossimo, che induce a compiere opere di bene e ad aiutare gli altri. SIN.: **altruismo**.

filantròpico agg. [pl.m. *–ci*, f. *–che*] (fr. *philanthropique*) Di filantropia, da filantropo.

filantropismo s.m. **1.** Comportamento che si fonda sui valori della filantropia. **2.** FILOS. Movimento pedagogico di origine illuminista, affermatosi in Germania nel Settecento.

filàntropo s.m. [f. *–pa*] (gr. *philánthrōpos*, comp. di *phílos* "amico" e *ánthrōpos* "uomo") **1.** Fautore, sostenitore della filantropia. **2.** *estens.* Chi cerca di aiutare il prossimo con doni in denaro, fondazioni, ecc. ~ Chi agisce in modo disinteressato, senza ricercare il profitto.

1. filàre v.tr. **1.** Trasformare in filo le fibre tessili. *Filare la lana.* **2.** Ridurre in fili qualsiasi materiale per mezzo del calore. *Filare l'oro.* **3.** MAR. Svolgere un cavo, una catena, ecc. lentamente e con ritmo regolare. **4.** MUS. Prolungare l'emissione di un suono. ◆ v.intr. **1.** (aus. *avere*) Formare dei fili. ~ Assumere l'aspetto di lunghi filamenti. – Di ragni, tessere la ragnatela; di bachi, secernere il bozzolo. **2.** *fig. fam.* (aus. *avere*) Intendersela, andare d'accordo. **3.** (aus. *essere* o *avere*) Di un discorso, di un ragionamento, procedere senza intoppi, secondo un ordine logico, razionale. **4.** (aus. *essere* o *avere*) Andare a forte velocità, in gran fretta. SIN.: **correre**. ◇ *fig. Filarsela (all'inglese):* andarsene via senza che gli altri se ne accorgano. **5.** *fig. fam.* Avere una relazione amorosa con qlcu.

2. filàre v.tr. (voce roman.) *fam.* Prendere in considerazione qlcu., provare un qualche interesse per qlcu.; anche pron. *Non (se) lo fila nessuno.* SIN.: **considerare**.

3. filàre s.m. Serie di piante allineate. *Un filare di pioppi.*

filària s.f. (lat. *Filaria*, deriv. di *filum* "filo" per la forma dei vermi) Verme parassita del sangue e dei tessuti di mammiferi e uccelli. (Classe dei Nematodi.)

filarino s.m. **1.** *fam.* Amore poco impegnativo, flirt tra giovani. **2.** *fam.* [f. *–na*] Innamorato.

filariòsi o **filariàsi** s.f. inv. MED., VET. Affezione parassitaria causata dalla presenza di filarie sotto la pelle o nei vasi sanguigni o linfatici.

filarmònica s.f. [pl.m. *–che*] Associazione di musicisti dilettanti o professionisti.

filarmònico agg. [pl.m. *–ci*, f. *–che*] Che ama ed esegue musica classica. ◆ s.m. [f. *–ca*] **1.** Chi appartiene a una società filarmonica. **2.** Dilettante di musica. ~ Chi ama la musica classica.

filàssi s.f. inv. MED. Insieme di fenomeni di difesa dell'organismo in seguito ad attacchi di agenti patogeni.

filastròcca s.f. [pl. *–che*] **1.** Serie di parole in rima che compongono una specie di poesia per bambini priva di un particolare senso logico. **2.** *fig.* Noiosa elencazione. SIN.: **litania**.

filatelia s.f. (fr. *philatélie*, comp. di gr. *phílos* "amico" e *atéleia* "esenzione da imposte") Studio e collezionismo dei francobolli.

filatèlico agg. (fr. *philatélique*) Relativo alla filatelia. ◆ s.m. [f. *–ca*] Commerciante o collezionista di francobolli.

filatelista s.m. e f. [pl.m. *–sti*] Collezionista di francobolli.

filatìccio s.m. [pl. *–ci*] Seta che si ottiene dai bozzoli sfarfallati.

filàto agg. **1.** Lavorato in fili. **2.** *fig.* Che si svolge senza intoppi. SIN.: **continuo**. ❏ In funzione di avv., veloce, spedito. ◇ *Di filato:* difilato. – *Andare dritto filato:* speditamente. ◆ s.m. Filo tessile.

filatóio s.m. [pl. *–toi*] **1.** Macchina utilizzata per ridurre le fibre tessili in fili. **2.** Reparto di un opificio ove le fibre tessili sono ridotte in fili.

filatóre agg. [f. *–trice*] Addetto alla filatura. ◆ s.m. (anche f.) Nel sign. dell'agg.

filatrìce s.f. Macchina per filatura meccanica.

filattèrio o **filactèrio** s.m. [pl. *–ri*] (lat. *phylactèrium*, gr. *phylaktêrion* "amuleto") Striscia di pergamena, contenente versi del Pentateuco, che gli Ebrei tengono in due contenitori di cuoio legati alla fronte o al braccio durante la preghiera.

filatùra s.f. **1.** Trasformazione delle fibre tessili in fili. **2.** Stabilimento industriale dove si lavorano le fibre tessili.

fildifèrro o **filodifèrro** s.m. [pl. *fili di ferro*] Filo di acciaio di diametro millimetrico, dotato di alta resistenza e flessibilità, spesso ricoperto di plastica.

file [/ˈfaɪl/] s.m. inv. (voce ingl., propr. "filza, archivio") INFORM. Insieme di informazioni strutturate in modo ordinato e memorizzate in un documento individuabile.

fileggiàre v.intr. [5] (aus. *avere*) (deriv. di *filo* perché il vento soffia "in filo" alla superficie delle vele) MAR. Di vele, sbattere quando colpite dal vento in direzione parallela alla loro superficie.

filètico agg. [pl.m. *–ci*, f. *–che*] (gr. *phyletikós*, deriv. di *phylé* "stirpe, tribù") Relativo alla filogenesi.

filettàre v.tr. **1.** Ornare qlco. con filetti, con strisce di colore diverso. **2.** TECN. Munire di filettatura un foro cilindrico o un perno. **3.** Separare i filetti di un pesce.

filettàto agg. **1.** Fornito di filettatura. **2.** STAM. Di carattere in cui i tratti di ciascuna lettera sono percorsi da una linea bianca.

filettatrice s.f. MECC. IND. Macchina per filettare.

filettatùra s.m. **1.** Applicazione di filetti, ornamento con filetti. **2.** MECC. IND. Incisione di un perno o di un dado di metallo, eseguita lungo una linea elicoidale, per ricavarne rispettivamente una vite o una madrevite. ~ Zona provvista di filetto, all'esterno di una vite o all'interno di una madrevite. **3.** Effetto di rigatura dei tessuti ottenuto mediante intreccio di fili diversi.

filétto s.m. **1.** Bordino ricamato, nastro ornamentale. ~ Cordoncino che indicano il grado sulla divisa dei militari. **2.** MECC. Scanalatura elicoidale della vite e della madrevite detta anche *pane.* **3.** STAM. Linea di spessore variabile per separare o incorniciare testi ed elementi vari nel testo. ~ Trattino che collega una lettera all'altra nella grafia a mano (in oppos. a *pieno*). **4.** ARCH., ART. DEC. APPL. Linea decorativa applicata o dipinta intorno a un quadro, lungo un bordo, ecc. **5.** Gioco tra due persone che utilizza un tavoliere su cui sono segnati tre quadrati concentrici uniti da linee che passano dal centro di ognuno di essi; il gioco consiste nel cercare di allineare tre piante di seguito. **6.** MACELL. Taglio di carne tenera e pregiata. (È la carne che si trova sotto le vertebre lombari.) **7.** EQUIT. Tipo di morso snodato alla cui estremità si trovano due anelli sui quali sono inserite le redini. **8.** FIS. Tubo di flusso in un campo vettoriale.

-filia (gr. *-philía*, deriv. da *philía* "amore, amicizia") Secondo elemento di composti in cui significa "inclinazione", "amicizia" (*esterofilia*).

1. filiàle o **figliàle** agg. Di figlio, proprio di un figlio.

2. filiàle s.f. Sezione staccata di una banca, di un'azienda che svolge la propria attività alle dipendenze di una sede centrale.

filiazióne o **figliazióne** s.f. **1.** DIR. Legame che esiste tra figli e genitori. ◇ *Filiazione legittima:* che concerne i figli nati da genitori sposati. **2.** *estens.* Derivazione, provenienza di un'idea, di una lingua, di un'istituzione.

Filibrànchi s.m. pl. [iniziale minusc. sing. *–chio* per l'individuo] ZOOL. Ordine di molluschi caratterizzati da particolari ghiandole che secernono una sostanza liquida che, a contatto dell'acqua, si solidifica formando un filo. (Classe dei Lamellibranchi.)

filibùsta s.f. Nei secc. XVII e XVIII, insieme di bande di pirati francesi, inglesi e olandesi che attaccavano le navi e invadevano i possedimenti spagnoli nelle Antille.

filibustière s.m. (spagn. *filibustero*, ol. *vrijbuiter* "chi fa bottino liberamente") **1.** Pirata dei mari delle Antille (secc. XVII-XVIII). SIN.: **corsaro. 2.** *fig.* Chi riesce a ottenere con mezzi scaltri e disonesti ciò che si era prefissato.

Filicàli s.f. pl. [iniziale minusc. sing. *–le* per l'individuo] BOT. Ordine di piante a cui appartengono le felci propriamente dette. (Classe delle Felci.)

filièra s.f. (fr. *filière*) **1.** MECC. Strumento di acciaio temperato in cui, attraverso fori di varia larghezza, vengono introdotti i tondini che devono essere ridotti in fili. **2.** Strumento per la filettatura manuale delle viti. **3.** MECC. Macchina che serve per eseguire la filatura. ~ Placca perforata utilizzata nella fabbricazione delle fibre tessili sintetiche. **4.** INDUS. Insieme delle attività, delle industrie coinvolte nella realizzazione di una produzione. *Filiera automobilistica.* **5.** ZOOL. Orifizio presente in alcuni invertebrati (baco da seta, ragno) da cui esce un liquido viscoso che poi acquista la solidità di un filo.

filifórme agg. Che ha forma di filo, sottile come un filo.

filigràna s.f. **1.** Lavoro di oreficeria eseguito curvando e intrecciando sottili fili d'oro o d'argento, riunendoli nei punti di contatto con saldature. ~ Decorazione a fili di vetro colorati incorporati in un oggetto di vetro. **2.** *fig.* Lavoro molto accurato, di grande pregio. **3.** Disegno visibile in trasparenza che si trova nel corpo di alcuni tipi di carta, utilizzati per stampare banconote, francobolli e altri valori, allo scopo di impedire la falsificazione. ◇ *In filigrana:* non immediatamente visibile; *estens.* percepibile solo attraverso un'analisi minuziosa, precisa.

■ **filigràna** d'oro; dettaglio di gioiello vichingo, sec. VI (Museo delle Antichità nazionali, Stoccolma.)

filippica s.f. [pl. *–che*] (lat. *Philippicae*, nome delle orazioni scritte da Demostene per esortare gli Ateniesi a opporsi a *Filippo* II di Macedonia) Discorso violento diretto contro qlcu., spesso in senso scherz. *Gli hanno fatto una filippica!*

filippino agg. (dal nome dell'arcipelago che gli spagnoli chiamarono col nome di *Filippine* in onore del loro re Filippo II) Delle isole Filippine. ◆ s.m. **1.** [f. *–na*] Nativo, abitante delle Filippine. **2.** Chi appartiene all'ordine religioso fondato da san Filippo Neri.

filisteìsmo s.m. Atteggiamento da filisteo, di chi è conformista e attaccato alle tradizioni.

filistèo agg. (ebr. *Pälištīm*) **1.** Dei Filistei, popolo che abitava una parte della Palestina. **2.** *fig.* Conformista, gretto, retrivo. ◆ s.m. [f. *–a*] **1.** (al pl. anche iniziale maiusc.) Chi apparteneva alla popolazione filistea. **2.** *fig.* Persona ottusa, incapace di uscire dalle convenzioni.

fillàde s.f. (fr. *phyllade*, gr. *phyllás* "fogliame") GEOL. Roccia metamorfica composta essenzialmente da quarzo e da miche.

filler [/ˈfilə/] s.m. inv. (voce ingl., deriv. di *to fill* "riempire") TECN. Riempitivo, additivo, con riferimento a sostanze aggiuntive in varie lavorazioni industriali.

Fìllio s.m. ZOOL. Genere di insetti delle regioni tropicali dal corpo appiattito che si mimetizzano tra gli alberi. (Ordine dei Fasmidi.)

■ **Fìllio.** Insetto foglia.

filloclàdio s.m. [pl. *–di*] BOT. Fusto o ramo che ha la forma di una foglia, ma porta fiori e frutti.

fillòdio s.m. [pl. *–di*] BOT. Picciolo appiattito a forma di foglia.

fillòfago agg. [f. *–ga*, pl.m. *–gi*, f. *–ghe*] Di animale, perlopiù insetto, che si nutre esclusivamente di foglie.

fillòma s.m. [pl. *–mi*] BOT. Termine generico che indica gli organi che si sono formati dal meristema apicale del fusto.

fillòssera s.f. (lat. *Phylloxera*, comp. di pref. *fillo-* "foglia" e gr. *ksērós* "secco" perché dissecca le foglie) **1.** Insetto originario dell'America del Nord, parassita delle viti. (Nome sc. *Phylloxera vastatrix*; ordine degli Omotteri.) **2.** Malattia della vite causata dall'insetto omonimo.

alata   su una radichetta

foglia aggredita   galla aperta

■ **fillòssera** e foglia di vite parassitata.

fillotàssi s.f. inv. BOT. Disposizione delle foglie sul fusto.

film s.m. inv. (voce ingl., orig. "membrana") **1.** Striscia di celluloide opportunamente trattata per uso fotografico o cinematografico. SIN.: **pellicola. 2.** *estens.* Opera cinematografica. *Vedere un film.* ~ Cinema, cinematografia. *L'epoca del film muto.* ◇ *Film d'animazione:* *cartone animato.

filmàre v.tr. Registrare su una pellicola cinematografica o in video. *Filmare l'incidente.* ~ Adattare e riprodurre una storia in film.

filmàto agg. Ripreso con telecamera. ◆ s.m. Brano cinematografico con fini documentari.

filmìna s.f. Spezzone di pellicola cinematografica i cui singoli fotogrammi vengono proiettati come diapositive.

filmografìa s.f. Lista dei film realizzati da un regista o interpretati da un attore o riguardanti un determinato argomento.

filmologìa s.f. Disciplina avente per oggetto lo studio del cinema.

filo s.m. **1.** Elemento lungo e sottile a sezione circolare derivato dalla filatura di fibre naturali, artificiali o sintetiche. ◇ *Filo da imbastire:* quello piuttosto grosso e poco resistente usato dalle sarte per mettere in prova un capo d'abbigliamento. – *Filo di Scozia:* di cotone pregiato, aspetto lucido, usato spec. per capi di biancheria intima. – *Filo chirurgico:* catgut. – *Filo di Arianna:* nella mitologia greca, quello che Arianna consegnò a Teseo per uscire dal labirinto; *fig. Filo d'Arianna:* espediente che consente di venir fuori da una situazione incresciosa. – SPORT. *Il filo di lana:* quello posto al traguardo, spezzato dall'atleta vittorioso nelle gare di corsa; *fig.* all'ultimo momento. *Essere preceduto sul filo di lana.* – *Filo a piombo:* filo che reca attaccato un piombino di metallo pesante utilizzato per verificare la verticalità degli oggetti. – *figg. Essere legati, cuciti a filo doppio:* essere molto uniti, inseparabili. – *Dare del filo da torcere:* causare molti problemi, difficoltà. – *Essere appeso, sospeso a un filo:* trovarsi in una condizione molto precaria. – *Essere ridotto a un filo:* essere molto magro, deperito. – *fam. Fare il filo a qlcu.:* corteggiarlo. **2.** *estens.* Ogni elemento, naturale o artificiale, di aspetto filiforme. *Un filo d'erba.* ~ Rivolo, zampillo di un liquido. *Un filo d'olio.* ◇ *Filo spinato:* filo metallico in cui sono inserite punte, con cui si delimitano luoghi ai quali si voglia impedire l'accesso. – *Filo diretto:* linea telefonica in collegamento diretto; *fig.* rapporto privilegiato. – *Filo di perle:* le perle infilate su un filo. **3.** Taglio della lama nella sua parte estrema. *Il filo del rasoio.* **4.** *fig.* Quantità minima (frequentemente in forma diminutiva *filino*). *Filo di voce.* SIN.: **soffio.** ◇ *Sul filo dei millimetri, dei centesimi di secondo:* per brevissimo spazio, per pochissimo tempo. **5.** Direzione. *Il filo del vento.* **6.** *fig.* Continuità ordinata di elementi, concatenazione logica. *Il filo del discorso.* ◇ *Perdere il filo del discorso, del ragionamento:* dimenticare, smarrire un ordine logico. – *Il filo dell'immaginazione, dei ricordi:* la successione di immagini nella memoria. – *Riprendere il filo di una conversazione:* riprendere un colloquio, un discorso interrotti. – *Filo rosso:* motivo ricorrente, tema costante. – *Per filo e per segno:* in modo completo ed esauriente. – *Filo conduttore:* tema principale intorno a cui si sviluppa un pensiero, un discorso, una ricerca. **7.** Spigolo. *Il filo del muro.* ◆ s.f. pl. [le *fila*] **1.** Filamenti. *Le fila del formaggio fuso.* **2.** Tiranti con cui vengono manovrati i burattini. ◇ *figg. Tenere, reggere le fila:* organizzare in modo nascosto, complottare. – *Tirare le fila di qlco.:* cercare di concluderlo. *È ora di tirare le fila del discorso.*

filoamericàno agg. Che nutre simpatia per gli Stati Uniti d'America. ~ Riferito a uno stato, a un partito, politicamente legato agli Stati Uniti. ◆ s.m. [f. *–na*] Nel sign. dell'agg.

filobus s.m. inv. Autobus a trazione elettrica munito di ruote gommate e di trolley con cui si alimenta di energia da una linea aerea bifilare.

filocomunista agg. Simpatizzante per il comunismo. ◆ s.m. e f. [pl.m. *–sti*] Nel sign. dell'agg.

Filodèndro s.m. BOT. Genere di piante arbustive rampicanti, con grandi foglie e radici aeree, coltivate a scopo ornamentale. (Famiglia delle Aracee.)

filodiffusióne s.f. Sistema di trasmissione radio che sfrutta i fili della rete telefonica.

filodrammàtica s.f. [pl. *–che*] Compagnia di attori dilettanti.

radici aeree

■ **filodèndro**

filodrammàtico agg. [pl.m. *–ci*, f. *–che*] Che esercita l'arte drammatica. ~ Che si diletta a recitare. ◆ s.m. [f. *–ca*] Nel sign. dell'agg.

filogènesi s.f. inv. BIOL. Evoluzione e storia dell'evoluzione di una specie animale o vegetale.

filogovernativo agg. Favorevole al governo, vicino alle forze che lo sostengono.

filologìa s.f. (lat. *philolōgiam*, gr. *philología* propr. "amore per la parola") **1.** Studio di una lingua o di una famiglia di lingue, fondato sull'analisi critica dei testi. **2.** Insieme dei filologi in un dato momento e in una certa cultura. **3.** Insieme delle indagini atte a restituire un testo letterario nella forma il più possibile vicina a quella originale.

filològico agg. [pl.m. *–ci*, f. *–che*] Relativo alla filologia.

filòlogo s.m. [f. *–ga*, pl.m. *–gi*, f. *–ghe*] (lat. *philōlogum*, gr. *philólogos*, comp. di *philos* "amico" e *lógos* "discorso, parola") Studioso di filologia. ~ Curatore di edizioni critiche.

filoncino s.m. Forma di pane allungato.

filóne s.m. **1.** GEOL. Ricco strato di minerali situato tra rocce. ~ *fig.* vena. **2.** *fig.* Corrente letteraria o linguistica. ~ Linea e modo di svolgimento di un'attività culturale. **3.** In un corso d'acqua, il punto in cui la corrente è più profonda e veloce. **4.** Grossa forma di pane allungato. **5.** Parte del midollo di animali macellati. **6.** Nel gioco del biliardo, la fila di mezzo dei birilli.

filoniàno agg. GEOL. Relativo a un filone.

filosofàle agg. Filosofico. ◇ *Pietra filosofale:* essenza cercata anticamente dagli alchimisti per trasformare i metalli in oro o per produrre l'elisir di lunga vita.

filosofàre v.intr. (aus. *avere*) **1.** Riflettere su problemi filosofici. **2.** *iron.* Argomentare in termini filosofici; assumere atteggiamenti da filosofo.

filosofìa s.f. (lat. *philosōphiam*, gr. *philosophía* comp. di *philos* "amico" e *sophía* "sapienza") **1.** Attività intellettiva mirante all'indagine critica e alla riflessione sui principi fondamentali della realtà e dell'essere. ~ Complesso di dottrine proprie di un autore o di un'epoca. *La filosofia di Aristotele.* ◇ *Filosofia pratica:* etica. – *Filosofia dell'arte:* estetica. – *Fare (della) filosofia:* eccedere in disquisizioni teoriche, peccare di astrattezza. **2.** Disciplina che ha per oggetto di studio la produzione filosofica di un'epoca, di una scuola, di un autore. ~ Insegnamento scolastico della filosofia. ~ (iniziale maiusc.) Facoltà universitaria a essa collegata. **3.** *estens.* Complesso di principi che ispirano le scelte e la linea di condotta di persone, istituzioni. **4.** *fig.* Saggezza, serenità d'animo che consente un certo distacco.

ENCICL. La filosofia è stata anzitutto una riflessione scientifica sulla natura e sulle cause che formano l'universo, l'uomo, la società. Il pensiero occidentale si manifesta in questo senso fin dal VII sec. a.C. in Grecia; Platone e Aristotele (IV sec. a.C.) ne costituiscono le grandi figure. Con il cristianesimo, la filosofia si separa pian piano dalla teologia. Il Medioevo con Bacone e il Rinascimento con Macchiavelli affrontano la problematica dell'uomo nel mondo e nella città. Nei secc. XVI e XVII, con Copernico e Cartesio si inizia a distinguere la filosofia dai problemi fisici: la scienza conquista allora la propria autonomia. La riflessione sull'uomo, sulla sua morale e sulla sua libertà, si precisa con il pensiero di Leibniz, Spinoza, Kant. Quest'ultimo segna l'autonomia della filosofia rispetto alla metafisica, considerata come una speculazione su ciò che va oltre l'esperienza. Hegel inventa un nuovo modo di avvicinarsi alla storia, Marx si propone non più di interpretare il mondo, ma di trasformarlo. Nietzsche fa della filosofia un mezzo per sfuggire a tutti i vincoli dello spirito. Le scienze dell'uomo acquisiscono una propria autonomia: dalla filosofia si distinguono dunque psicologia e sociologia; con Freud nasce la psicanalisi; la logica si costituisce in disciplina indipendente con Frege; Husserl pone le basi della fenomenologia e Heidegger porta la propria riflessione sull'ontologia.

filosòfico agg. [pl.m. *–ci*, f. *–che*] Relativo alla filosofia o al filosofo.

filosofismo s.m. (fr. *philosophisme*) *spreg.* Ostentazione eccessiva di capacità di filosofare.

filòsofo s.m. [f. *-fa*, spreg. *-fessa*] **1.** Chi si dedica alla filosofia, la studia, la insegna. **2.** Chi sopporta e supera con serenità d'animo le difficoltà della vita. SIN.: **saggio**.

filovìa s.f. **1.** Sistema di trasporto a trazione elettrica tramite filobus. **2.** *estens.* Filobus.

filtràggio s.m. [pl. *-gi*] Operazione di filtrare, depurazione.

filtrànte agg. Che filtra, che fa filtrare. ◇ SPORT. *Passaggio, tiro filtrante:* che taglia in profondità la difesa avversaria.

filtràre v.tr. **1.** Far passare un fluido attraverso un filtro atto a trattenere le parti solide. **2.** *fig.* Scegliere e selezionare qlco. con attenzione. ◆ v.intr. (aus. *essere*) **1.** Passare lentamente attraverso una materia porosa o un passaggio molto stretto. SIN.: **penetrare**. ◇ SPORT. *fig. Filtrare tra le maglie della difesa avversaria:* nel calcio, riuscire a far passare la palla attraverso i giocatori della squadra avversaria. **2.** *fig.* Uscire, sia pure con difficoltà e in maniera clandestina, da un certo ambiente e diventare di pubblico dominio. SIN.: **trapelare**.

filtrazióne s.f. (fr. *filtration*) Separazione delle parti solide da un liquido o da un gas. SIN.: **depurazione**.

1. filtro s.m. (fr. *filtre*) **1.** Ogni apparecchio o materiale atto a liberare da impurità liquidi e gas. ◇ *Filtro per le sigarette:* rotolino poroso costituito principalmente di cellulosa che permette di trattenere il catrame e una parte della nicotina. – *fig. Fare da filtro:* nel l. sport., rendere inefficaci le azioni dell'avversario. **2.** *fig.* Attività intellettuale che fa decantare, chiarisce o seleziona ricordi, pensieri, esperienze. *Il filtro della memoria.* **3.** FIS. Dispositivo che permette di selezionare alcune onde di un fascio complesso. ◇ *Filtro acustico:* apparecchio che consente il passaggio di onde sonore aventi una data frequenza, impedendo il passaggio dei suoni disturbatori. – ELETTRON. *Filtro passa-alto:* filtro che lascia passare soltanto le frequenze superiori a una determinata frequenza. – *Filtro passa-banda:* quello che lascia passare soltanto una certa banda di frequenze. – *Filtro passa-basso:* quello che lascia passare le frequenze inferiori a una certa frequenza. – FOTO., CINE. *Filtro ottico:* dispositivo che ha il compito di lasciar passare certe radiazioni luminose e di fermarne altre. **4.** INFORM. Modulo software di elaborazione di immagini in grado di modificare l'immagine a cui è applicato. – In un programma di lettura della posta elettronica, meccanismo di classificazione automatica dei messaggi.

2. filtro s.m. (lat. *philtrum*, gr. *phíltron* "filtro d'amore" deriv. di *philêin* "amare") Bevanda magica a cui si attribuivano virtù prodigiose, spec. in campo amoroso. SIN.: **elisir**.

filtroprèssa s.f. [pl. *filtropresse*] TECNOL. Grosso apparecchio industriale usato per la filtrazione dei liquidi, tramite la pressione prodotta tra due placche di metallo.

filugèllo s.m. (lomb. *filosèll*, lat. deriv. di *fōllis* "sacco di cuoio, guscio") ZOOL. *Baco da seta.

filza s.f. **1.** Serie di cose tra loro simili, attraversate o tenute insieme da un filo o da altro. *Una fil-* za di salamini. **2.** *fig.* Serie ininterrotta. **3.** Fascio di fogli manoscritti o di documenti d'archivio. **4.** Cucitura provvisoria con punti lunghi, imbastitura.

fimìcolo agg. Di animale o di pianta che vive nello sterco di cui si nutre.

fimòsi s.f. inv. MED. Eccessivo restringimento del prepuzio che ostacola il suo movimento sul glande.

finàle agg. **1.** Che conclude, termina. *Prova finale.* SIN.: **conclusivo**. **2.** Che ha relazione con lo scopo. ◇ GRAMM. *Frase o proposizione finale:* quella che indica il fine a cui tende l'azione. – *Congiunzione finale:* quella che introduce una frase finale (p.e. affinché). ◆ s.m. **1.** Parte finale di un'opera letteraria, teatrale, cinematografica, musicale, di un avvenimento sportivo. SIN.: **epilogo**. **2.** STAM. Fregio stampato alla fine di un capitolo; detto anche *finalino* o *finaletto*. ◆ s.f. **1.** LING. Ultima sillaba o lettera di una parola. **2.** GRAMM. Frase finale. **3.** Gara decisiva di una competizione a eliminazione. **4.** Parte terminale della lenza della canna da pesca, detta anche *terminale*.

finalino s.m. STAM. Fregio stampato alla fine di un capitolo.

finalìsmo s.m. (fr. *finalisme*) FILOS. Dottrina secondo cui la realtà nel suo insieme tende a un fine determinato.

finalista s.m. e f. [pl.m. *-sti*] **1.** SPORT. Chi si è qualificato per disputare una finale. **2.** FILOS. Seguace del finalismo.

finalità s.f. inv. **1.** L'essere ordinato a uno scopo, a un fine prefissato. **2.** Fine, intenzione, obiettivo. *Le finalità di un'impresa.*

finalizzàre v.tr. Dare uno scopo, attribuire un fine a qlco. *Finalizzare tutti i risparmi all'acquisto di una casa.*

finalizzazióne s.f. Assegnazione di un fine, di uno scopo.

finalménte avv. Alla fine; si usa spec. per esprimere soddisfazione.

financial trust [/faiˈnænʃəl ˈtrʌst/] loc. sost. m. inv. (loc. ingl.) Consorzio finanziario.

finànza s.f. (fr. *finance*, deriv. di *finer* "portare a termine un pagamento") **1.** Complesso dei beni di cui dispone lo Stato o un ente pubblico o privato per l'esercizio delle proprie attività. ◇ *Finanza pubblica:* insieme delle attività di raccolta, trasferimento ed erogazione di fondi operate dalla pubblica amministrazione. – *Scienza delle finanze:* quella che studia il settore pubblico dell'economia. **2.** Politica finanziaria dello Stato. **3.** Insieme delle attività connesse al denaro e ai suoi mezzi rappresentativi, in partic. i valori mobiliari. *Il mondo della finanza.* ~ *estens.* L'insieme degli investitori e degli intermediari che operano sui mercati finanziari. *L'alta finanza.* **4.** *fam.* (al pl.) Risorse economiche private. *Finanze magre.*

finanziaménto s.m. Operazione con cui un'impresa si rivolge al mercato finanziario, per reperire il denaro occorrente a realizzare un dato progetto di investimento. ~ La somma ottenuta. ~ Sovvenzione ottenuta dallo Stato o da un ente pubblico. ◇ *Finanziamento occulto:* nel l. pol., finanziamento illecito dei partiti.

finanziàre v.tr. [6] (fr. *financer*) Fornire capitali a imprese commerciali o industriali, gruppi politici o sociali, per attività, ecc. *Finanziare un partito.* ◆ **finanziarsi** v.pron. Procurarsi il denaro necessario.

finanziària s.f. **1.** Società che si dedica alla compravendita e al collocamento di titoli pubblici e privati o che detiene il controllo di altre società. **2.** Legge fondamentale dello Stato che stabilisce gli orientamenti della spesa pubblica per un anno.

finanziàrio agg. [pl.m. *-ri*] (fr. *financier*) **1.** Relativo alle finanze. *Legge finanziaria.* ◇ *Amministrazione finanziaria:* quella che controlla le entrate dello Stato. **2.** Diretto al finanziamento. *Società finanziaria.* ◇ *Promotore finanziario:* soggetto abilitato a offrire servizi finanziari per conto delle società di investimento mobiliare.

finanziatóre agg. [f. *-trice*] Che finanzia. ◆ s.m. (anche f.) Chi fornisce capitali o aiuti in denaro.

finanzièra s.f. (fr. *financière*) **1.** Abito maschile da cerimonia a lunghe falde e a doppio petto. SIN.: **redingote**. **2.** CUC. Vivanda a base di fegatini di pollo e funghi.

finanzière s.m. (fr. *financier*) **1.** Esperto in operazioni finanziarie e gestione di patrimoni privati o pubblici. **2.** Chi fa parte del corpo della Guardia di Finanza. *Una pattuglia di finanzieri.*

finca s.f. [pl. *-che*] (spagn. *finca*, orig. "debito" poi "foglio sul quale vengono segnati i debiti") Nel l. bur., colonna di registro in cui si segnano in fila i prezzi.

finché cong. **1.** Fino a quando, fino a che, fino al momento in cui. *Lo aspetteremo finché non arriverà.* **2.** Fintantoché, per tutto il tempo che. *È andato tutto bene finché ci sei stato tu.*

fin de siècle [/fɛ̃d(ə) ˈsjɛkl/] loc. agg. inv. (loc. fr., "fine di secolo") Di persona o cosa appartenente alla fine del sec. XIX o che ne ricorda le caratteristiche artistiche e culturali.

1. fìne s.f. (lat. *finem*, calco del gr. *télos* "termine" e "scopo") **1.** Punto estremo, nello spazio e nel tempo, in cui qlco. termina. SIN.: **conclusione**. ◇ *figg. Fare una brutta fine:* avere un esito tragico, negativo. – *Senza fine:* incessantemente, continuamente. – *In fin di vita:* in punto di morte. – *Condurre a fine:* compiere, terminare. – *locc. cong. Alla fine, alla fin fine:* infine, finalmente. **2.** Cessazione definitiva di uno stato, di un percorso. *La fine delle speranze.* **3.** Fase finale di qlco. *La fine del romanzo è troppo triste.* SIN.: **finale**. ◆ s.m. Obiettivo, scopo cui si tende. ◇ *Secondo fine:* scopo segreto, intenzione non manifesta. *Agire senza secondi fini.* – GRAMM. *Complemento di fine o scopo:* quello che indica l'obiettivo o l'effetto previsto di un'azione, la destinazione o la funzione di un oggetto. ◆ s.f. BORS. *Fine corrente, fine prossimo:* rispettivamente il giorno di liquidazione del ciclo di borsa in cui è concluso un contratto a termine e il giorno di liquidazione del ciclo successivo a quello corrente. ◆ s.m. *loc. cong. A (al) fine di:* allo scopo di. *Il regolamento è stato modificato al fine di snellire le procedure.*

2. fìne agg. (lat. *finem* "fine" nel sign. di "estremo" quindi "sottile") **1.** Di spessore o di diame-

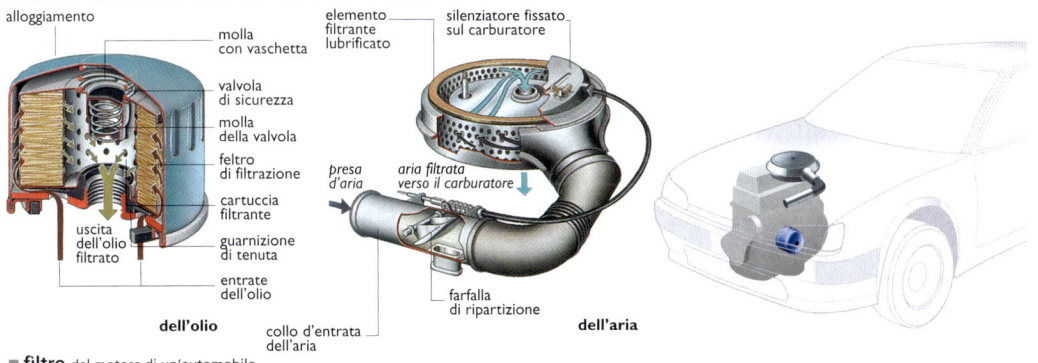

alloggiamento · molla con vaschetta · valvola di sicurezza · molla della valvola · feltro di filtrazione · cartuccia filtrante · uscita dell'olio filtrato · guarnizione di tenuta · entrate dell'olio · **dell'olio**

elemento filtrante lubrificato · silenziatore fissato sul carburatore · presa d'aria · aria filtrata verso il carburatore · farfalla di ripartizione · collo d'entrata dell'aria · **dell'aria**

■ **filtro** del motore di un'automobile.

tro molto piccolo. SIN.: **sottile**. ◇ *Aria fine:* rarefatta, pungente. – *fig. Lineamenti fini:* delicati. **2.** *fig.* Molto acuto, penetrante. *Avere l'udito fine.* **3.** *fig.* Che ha e dimostra signorilità d'aspetto e di modi, squisitezza di gusto e gentilezza d'animo. *Una persona molto fine.* ◇ *Animo fine:* gentile, delicato, sensibile. **4.** *fig.* Di qualità superiore. SIN.: **pregiato**.

finecórsa s.m. inv. **1.** TECN. Dispositivo di macchina che serve a bloccare il movimento periodico di un organo meccanico. **2.** Negli annunci delle stazioni, avviso che si è arrivati al capolinea.

fine settimàna loc. sost. m. inv. (calco dell'ingl. *week end*) Riposo settimanale dall'attività lavorativa che comprende, di solito, il sabato e la domenica.

finèstra s.f. **1.** Apertura perlopiù di forma rettangolare chiusa da una vetrata, praticata sui muri esterni degli edifici per dare aria e luce all'interno. ◇ *Doppia finestra:* insieme costituito da una finestra e da una controfinestra. – *Finestra finta:* dipinta sul muro per questioni di simmetria. – *figg. Stare alla finestra:* osservare ciò che capita senza intervenire. – *Uscire dalla porta e rientrare dalla finestra:* rientrare all'improvviso, ritornare inaspettatamente e riconquistare, per vie traverse, un posto che si era in precedenza perduto. – *Buttare i soldi dalla finestra:* sprecarli. **2.** *estens.* Qualsiasi spazio vuoto che interrompe una superficie. SIN.: **apertura**. ~ GEOL. Apertura formatasi in una falda. SIN.: **fenditura**. ◇ *Busta a finestra:* con riquadro per l'indirizzo scritto nella lettera interna. **3.** EDIT. Spazio per illustrazione o altro in una composizione tipografica. ~ Trafiletto incorniciato in un giornale. **4.** INFORM. Nei sistemi operativi e nei programmi che adottano interfacce grafiche, zona delimitata dello schermo, che si può aprire e chiudere, spostare e dimensionare, operativamente indipendente o interdipendente con altre analoghe. ◇ *Finestra di dialogo:* in cui il sistema operativo visualizza le domande e attende input di risposta da parte dell'utente. ❏ In funzione di agg. inv., nella loc. *porta finestra*, porta a vetri che dà su terrazzi, giardini, ecc.

finestratùra s.f. Insieme delle finestre di un edificio. ~ Finestrini di un veicolo.

finestrìno s.m. Finestra di un mezzo di trasporto. *Abbassare il finestrino.*

finètto s.m. Tessuto di cotone, utilizzato per la confezione di pannolini e biancheria intima per neonati.

finézza s.f. **1.** Sottigliezza, esilità. **2.** *fig.* Acutezza dei sensi. *Finezza d'ingegno.* **3.** *fig.* Raffinatezza, buon gusto. SIN.: **eleganza**. ~ Azione compiuta con eleganza, con abilità tecnica, spec. nel l. sport. **4.** *fig.* (spec. pl.) Atto di gentilezza verso qlcu. *Una signora piena di finezze.*

fìngere v.tr. **[22]** (lat. *fíngere*, propr. "plasmare" quindi "simulare") **1.** Immaginare, inventare qlco. con la fantasia. **2.** Simulare qlco. per fuor-

viare gli altri. *Fingere commozione.* ◆ **fìngersi** v.pron. Voler sembrare in un certo modo, comunque diversi da ciò che si è. *Si finge malato.*

finiménto s.m. **1.** (al pl.) Bardatura del cavallo. **2.** Tutto ciò che serve per rifinire, per addobbare. SIN.: **decorazione**.

finimóndo s.m. (spec. sing.) (lat. *finem mùndi* "fine del mondo") Trambusto, confusione totale.

finìre v.tr. **[83] 1.** Portare a conclusione una qualche attività. *Finire il lavoro.* ◇ *fig. Finire la vita, i giorni:* morire. **2.** Consumare qlco. fino a completo esaurimento. *Finire le scorte.* SIN.: **esaurire**. **3.** *fig.* Togliere la vita a qlcu., ucciderlo, farlo morire. *Finire un cavallo ferito.* **4.** Interrompere qlco. *È ora di finire questa storia.* ~ Più comune nella forma *finirla*, con cui si invita l'interlocutore a smettere, a interrompere ciò che sta facendo. *Finitela di chiacchierare!* ◆ v.intr. (aus. *essere*) **1.** Giungere alla fine, terminare. *Le vacanze sono finite.* **2.** Giungere al completo esaurimento. *Lo zucchero è finito.* **3.** Andare a terminare in un certo punto. ◇ *fig. Andare a finire:* tendere, andare a parare. *Sono curioso di capire dove va a finire questo discorso.* **4.** Terminare in un certo modo. *La commedia finisce in tragedia.* **5.** Di soggetto umano, andare a capitare in un certo posto. *Finire in prigione.* **6.** Di soggetto inanimato, arrivare in qualche posto. ◆ v.cop. Ridursi in un certo stato o condizione. *A causa del gioco Marco è finito poverissimo.* SIN.: **diventare**. ❏ In funzione di s.m., termine, conclusione. *Sul finire del giorno.*

finish [/'fɪnɪʃ/] s.m. inv. (voce ingl., deriv. di *to finish* "finire") SPORT. In atletica e nel ciclismo, volata, scatto finale.

finissàggio s.m. [pl. –*gi*] (fr. *finissage*) INDUS. Fase finale della lavorazione di un prodotto, corrispondente alle operazioni di rifinitura.

finitézza s.f. **1.** Qualità di ciò che è completo, ben definito. SIN.: **perfezione**. **2.** FILOS. Carattere dell'esistenza umana che è limitata e imperfetta. *La finitezza umana.*

finitismo s.m. Dottrina matematica che accetta come valide solo le dimostrazioni realizzabili con un numero finito di operazioni o deduzioni.

finìto agg. **1.** Che è stato portato a termine, concluso. *Lavoro finito.* ◇ *Prodotto finito:* prodotto industriale pronto per essere venduto. – *fig. Farla finita:* smetterla; mettere un termine; *estens.* suicidarsi. **2.** Di persona, che ha esaurito le sue potenzialità fisiche, morali o economiche. *Essere un uomo finito.* **3.** Di artigiano o di operaio, perfettamente padrone del suo mestiere. SIN.: **esperto**. **4.** MAT. Limitato, non infinito. *Numero finito.* **5.** GRAMM. *Modi finiti:* quelli del verbo le cui forme indicano la persona e il numero. ◆ s.m. FILOS. Ciò che è limitato e imperfetto, che non è infinito.

finitrice s.m. Macchina usata per spianare la pavimentazione stradale.

finitùra s.f. TECN. Ultimi ritocchi dati ad un lavoro. SIN.: **rifinitura**. ~ Il risultato del lavoro.

finlandése agg. Della Finlandia. ◆ s.m. **1.** (anche f.) Nativo, abitante della Finlandia. **2.** (solo sing.) Lingua dei finlandesi, appartenente al gruppo ugro-finnico.

finlandizzazióne s.f. Insieme di limitazioni imposte da uno Stato potente all'autonomia di un vicino più debole (per allusione alla sovranità della ex-URSS sulla Finlandia).

finn [/'fɪn/] s.m. inv. (voce ingl., propr. "finnico") MAR. Barca a vela monoposto da regata e da diporto.

finnico agg. [pl.m. –*ci*, –*che*] **1.** Relativo ai Finni, antica popolazione eurasiatica stanziata nell'Europa nord-orientale. **2.** Relativo alla lingua dei finlandesi. ◆ s.m. **1.** [f. –*ca*] Chi appartiene alla popolazione di origine finnica. **2.** (solo sing.) Lingua dei finlandesi.

1. fino avv. Anche, persino. *Sono stato fin troppo paziente con lui.* ◇ *locc. prep. Fino a, fino in, fino da:* per indicare il limite estremo spaziale, temporale o quantitativo a cui ci si riferisce. *Fino a oggi.* – *locc. cong. Fino a:* per introdurre una frase consecutiva implicita. *Schiaccia la pasta fino a ridurla a una sfoglia.* – *Fin dove:* per introdurre una frase relativa. *Fin dove potrò, lo accompagnerò.* – *Fin quando:* per introdurre una frase temporale. *Fin quando sarai qui, non potrò muovermi.*

2. fino agg. Fine, minuto, sottile. – Raffinato, puro. *Oro fino.* ~ *fig.* Acuto, accorto. *Cervello fino.* ◆ s.m. **1.** Sale fino. **2.** Oro fino.

finòcchio s.m. [pl. –*chi*] **1.** Pianta aromatica della regione mediterranea, commestibile per le guaine fogliari carnose e ispessite. (Genere *Foeniculum*; famiglia delle Ombrellifere.) ◇ *Finocchio fetido* → *aneto.* **2.** *volg.* Omosessuale maschio

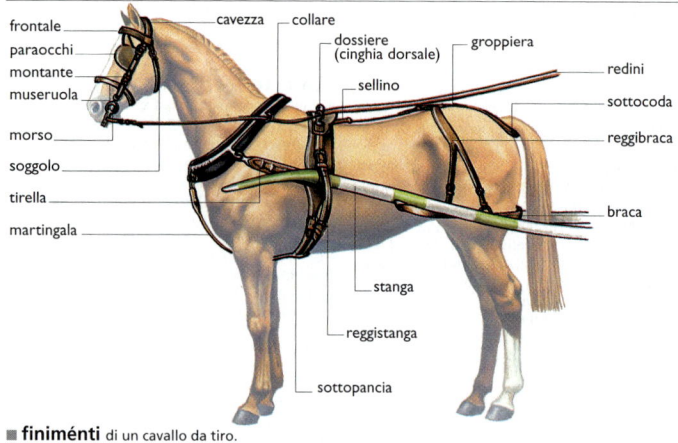

■ **finiménti** di un cavallo da tiro.

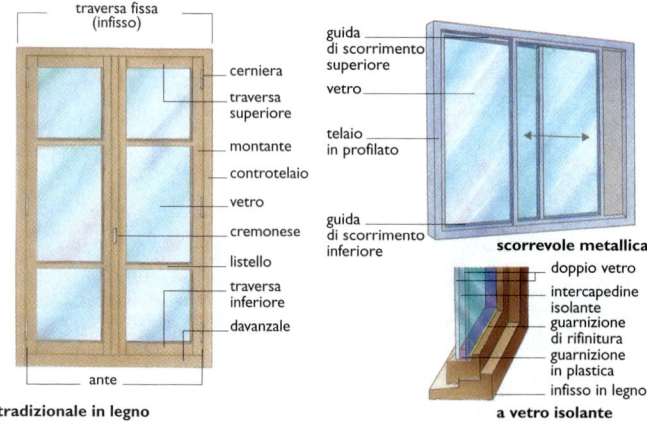

■ **finèstra**

■ **finòcchio**

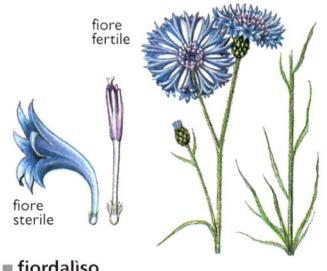

■ **fiordalìso**

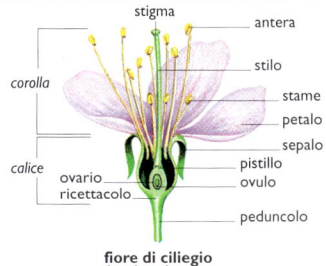

fiore di ciliegio (sezione)

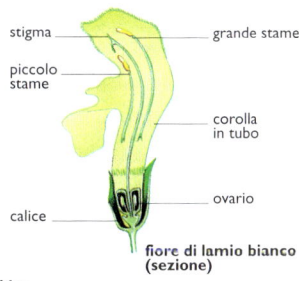

fiore di lamio bianco (sezione)

■ **fióre**

finóra avv. Fino a questo momento.

finta s.f. **1.** Simulazione, finzione, impostura. ◇ *Per finta:* per scherzo. – *Fare finta:* fingere. – *Fare finta di niente:* comportarsi come se nulla fosse. **2.** SPORT. Mossa destinata a fuorviare l'avversario. **3.** SART. Striscia di stoffa che dissimula una tasca o maschera gli occhielli di un abito.

fintàre v.intr. (aus. *avere*) SPORT. Fare una finta. ◆ v.tr. SPORT. Simulare un colpo, un movimento per fuorviare l'avversario. *Fintare un avversario.*

finto agg. **1.** Di persona che dissimula e inganna. SIN.: **ipocrita.** ~ Che vuole apparire diverso da ciò che è. **2.** Di cosa, non originale o autentica. *Pelle finta.* SIN.: **falso.** ~ Ingannevole, simulato. ◆ s.m. **1.** [f. *–ta*] Impostore. **2.** (solo sing.) Ciò che non è vero, non è autentico. *È difficile distinguere il vero dal finto.*

finzióne s.f. **1.** Atteggiamento, comportamento simulato. **2.** Fantasia, illusione.

fioccàre v.impers. [4] (aus. *essere o avere*) Nevicare. ◆ v.intr. (aus. *essere*) Detto della neve, cadere a fiocchi. ~ fig. Riversarsi in gran quantità in un certo posto.

1. fiòcco s.m. [pl. *–chi*] **1.** Piccolo ammasso di cotone o altre fibre. SIN.: **batuffolo. 2.** Falda di neve. *La neve cade a fiocchi.* **3.** Nodo di un nastro fatto in modo che si formino due anelli e che le estremità siano libere. ~ Il nastro così formato. ◇ fig. *Coi fiocchi:* magnifico, eccellente. *Un pranzo coi fiocchi.* – *Fiocco rosa, azzurro:* coccarda appesa in occasione della nascita rispettivamente di una bambina o un bambino. **4.** ZOOL. Ciuffo di peli che si trova sulla coda dei ruminanti, detto anche *nappa della coda.* **5.** (al pl.) Grani di cereali soffiati. *Fiocchi di mais.*

2. fiòcco o **flòcco** s.m. [pl. *–chi*] (ol. *fok*, deriv. al *vocken* "ventilare") MAR. Vela triangolare posta tra l'albero di trinchetto e il bompresso, e comunque tra lo strallo e il primo albero di prua.

fioccóso agg. **1.** A fiocchi, a forma di fiocco. **2.** BOT. Di organo cosparso di peli disposti a fiocchetto.

fiòcina s.f. (lat. *fúscinam* "tridente") Arnese da pesca di origine preistorica costituito da un'asta in legno o in ferro, con all'estremità un ferro a più punte.

fiocinàre v.intr. (aus. *avere*) Lanciare la fiocina. ◆ v.tr. Colpire, pescare un pesce servendosi della fiocina.

fiòco agg. [pl.m. *–chi*, f. *–che*] **1.** Di suono, appena percepibile. **2.** Di luce, appena visibile.

fiónda s.f. **1.** Antica arma da getto costituita da una striscia di materiale flessibile (p.e. cuoio) in cui viene collocato il proiettile e mediante la quale si effettua il lancio tenendone gli estremi e facendola roteare. **2.** Strumento di gioco dei ragazzi per il lancio di piccoli proiettili, detto anche *frombola.*

fiondàre v.tr. SPORT. Nel calcio, fare un lancio lungo e teso. ◆ **fiondarsi** v.pron. *fam.* Andare con estrema rapidità e decisione via da un luogo, in un luogo. *Fiondarsi in spiaggia.* SIN.: **precipitarsi.** ~ fig. Impegnarsi con determinazione in qlco. *Fiondarsi nel lavoro.*

fioràio s.m. [f. *–raia,* pl.m. *–rai*] Venditore di fiori. ~ Il suo negozio.

fioràle agg. BOT. Del fiore.

fioràme s.m. (al pl.) Disegno ornamentale a fiori usato nelle decorazioni. *Tappezzeria a fiorami.*

fiordalìso s.m. (fr. *fleur de lis* "fiore di giglio") **1.** Pianta a fiori azzurri, comune nei campi di grano. (Genere *Centaurea;* famiglia delle Composite.) **2.** ARALD. Giglio d'oro, antico emblema del re di Francia.

fiòrdo s.m. (norv. *fjord,* deriv. della base indoeur. *prtu-* "approdo") GEOGR. Antica valle glaciale, poi invasa dal mare e trasformata in un'insenatura lunga, stretta e ramificata, tipica delle regioni nordiche. *Fiordi norvegesi.*

fióre s.m. **1.** Germoglio delle piante superiori (*Fanerogame*) formato da foglie modificate in petali e sepali, stami e pistilli, adatto alla riproduzione, in molti casi caratterizzato da colori vivaci e profumo. ~ estens. La pianta stessa selezionata per la produzione floricola. *Mazzo di fiori.* ◇ *Fiori di Bach:* infusione di fiori diluita in una soluzione alcolica, usata come terapia curativa. – *Fiori d'arancio:* simbolo del matrimonio, perché tradizionalmente portati nell'occasione dalla sposa. – fig. *Essere tutto rose e fiori:* tutto semplice e gradevole. – *In fiore:* durante la fioritura; fig. nel pieno della bellezza, prosperoso. **2.** fig. La parte migliore di qlco. *Il fiore della società.* ◇ *Nel fiore degli anni:* nello splendore della giovinezza. – *Il fior fiore:* il meglio, la parte migliore. – *Fiore all'occhiello:* cosa o persona più prestigiosa, di maggior vanto. **3.** LETT. Antologia, florilegio, scelta. *Il fiore della poesia italiana.* **4.** Parte superficiale di qlco. *Il fiore del latte.* ◇ *A fior di pelle:* superficiale. **5.** LETT. Componimento letterario a carattere popolare in cui l'amante è simboleggiato da un fiore. **6.** (al pl.) Uno dei quattro semi delle carte da gioco, il cui simbolo è un trifoglio nero; anche carta di questo seme. *Asso di fiori.*

ENCICL. Collegato al gambo da un peduncolo alla base del quale si trova una brattea, un fiore completo si compone di un perianzio, dove si distingue un calice esterno, formato da sepali, e una corolla, formata da petali, spesso colorati e odorosi; di un androceo, formato dagli organi maschili, o stami, in cui l'antera produce i grani di polline; di un gineceo, o pistillo, organo femminile, che ha un ovario, sormontato da uno stilo e da uno stigma e fornito di ovuli. Dopo la fecondazione da parte del polline, l'ovario dà un frutto e ogni ovulo fornisce un seme. I fiori possono essere bisessuali o ermafroditi (con stami e pistilli) o unisessuali (con solo stami o solo pistilli), solitari o riuniti in infiorescenze.

fiorènte agg. Esuberante per bellezza. *Donna fiorente.* ~ Nel pieno del suo sviluppo. *Paese fiorente.* SIN.: **prospero, florido.**

fiorentino agg. Di Firenze. ◆ s.m. **1.** [f. *–na*] Nativo, abitante di Firenze. **2.** (iniziale maiusc., solo sing.) Territorio intorno a Firenze. **3.** (solo sing.) Dialetto di Firenze nelle sue diverse fasi storiche.

fiorétta s.f. **1.** Malattia del vino. **2.** Velo biancastro, formato dai batteri sulla superficie del vino, detto anche *madre del vino.*

fiorettista s.m. e f. [pl.m. *–sti*] SPORT. Chi pratica la scherma col fioretto.

1. fiorétto s.m. **1.** Nel sign. del dim. di *fiore.* **2.** Parte scelta di una materia prima o di una lavorazione. *Fioretto della lana.* **3.** Frase, vocabolo, costrutto raffinato, originale che impreziosisce uno stile o un discorso. *Sonata piena di fioretti.* **4.** Piccolo sacrificio compiuto per penitenza e devozione. **5.** (al pl.) Selezione degli aneddoti più significativi della vita di un personaggio. *I Fioretti di San Francesco.*

2. fiorétto s.m. **1.** SPORT. Una delle tre armi della scherma, molto leggera (meno di 500 g), senza taglio. ~ Disciplina praticata con quest'arma, dove si può colpire solo di punta e solo nella zona del tronco. ~ Bottone protettivo posto sulla punta della lama da scherma. **2.** TECN. Attrezzo costituito da un'asta d'acciaio con all'estremità un tagliente foggiato a scalpello, adoperato con le

■ **fiòrdo.** Immagine satellitare dei fiordi della regione di Bergen (al centro, in basso), in Norvegia.

perforatrici per praticare nella roccia i fori per le mine.

fiorièra s.f. Vaso o recipiente che contiene fiori e piante ornamentali.

fiorìfero agg. BOT. Che produce fiori.

fiorìle s.m. (solo sing.) (calco del fr. *floréal*) ST. Ottavo mese del calendario della Rivoluzione francese (dal 20-21 aprile al 19-20 maggio).

fiorìno s.m. **1.** Moneta d'oro coniata a Firenze (sec. XIII) così chiamata perché su una faccia recava l'immagine del giglio di Firenze. **2.** Unità monetaria principale di alcuni paesi, p.e. Olanda e Ungheria. (Dal 1° gennaio 2002, il fiorino olandese non ha più corso per l'introduzione sostitutiva dell'euro, la moneta unica dell'Unione europea.) **3.** Denominazione, che costituisce marchio registrato, di un autofurgone di piccole dimensioni.

fiorìre v.intr. [83] (aus. *essere*) **1.** BOT. Di piante, fare fiori, essere nella fioritura; di fiori, sbocciare. *Le rose stanno fiorendo.* **2.** *fig.* Svilupparsi fino a raggiungere risultati ragguardevoli, essere nel periodo di massimo splendore. *Il commercio navale fiorì nel Seicento.* SIN.: **prosperare**. **3.** *fig.* Spuntare, nascere in certo punto. *Un sorriso le fiorì sulle labbra.* **4.** Di una superficie, coprirsi di muffa o di macchie di vario genere che affiorano. ~ Riempirsi di bolle, increspandosi, specie per l'umidità. *Il vino fiorisce.* ◆ v.tr. Ornare, abbellire. *Fiorire una poesia di belle immagini.*

fiorista s.m. e f. [pl.m. *-sti*] (fr. *fleuriste*, orig. "amante dei fiori") **1.** Chi vende fiori e crea composizioni floreali. SIN.: **fioraio**. **2.** Chi dipinge fiori.

fiorita s.f. Apparato di festa costituito da un insieme di fiori e foglie che vengono sparsi per decorazione.

fiorito agg. **1.** Di pianta, che è in fiore; di terreno, ricco di fiori. *Giardino fiorito.* **2.** *fig.* Cosparso, pieno di qlco. *Tema fiorito di errori.* **3.** *fig.* Caratterizzato da eleganza formale. *Stile fiorito.* **4.** Coperto di muffa. *Parete fiorita.*

fioritùra s.f. **1.** Apertura dei boccioli floreali. **2.** *fig.* Affermazione e diffusione di un fenomeno, di una tendenza. *Fioritura di romanzi.* **3.** Artificio stilistico general. superfluo inteso ad abbellire uno scritto. ~ *fam.* Aggiunta di parti superflue o poco attendibili a un racconto. **4.** Formazione di macchie su una superficie. **5.** MUS. Note inserite in un motivo musicale per accentuarne il carattere decorativo e virtuosistico.

fioróne s.m. **1.** Nel sign. dell'accr. di *fiore.* **2.** BOT. Frutto del fico, della prima generazione, che matura all'inizio dell'estate. **3.** ARCH. Elemento decorativo che riproduce un grosso fiore.

fiorrancio s.m. [pl. *-ci*] → **calendola**.

fiòsso s.m. Parte al centro di una suola, che sostiene la volta plantare.

fiòtto s.m. (lat. *flūctum* "onda") Afflusso impetuoso e repentino di un liquido. SIN.: **getto**. ◇ *A, in fiotti:* in modo discontinuo.

firewall [/f'aɪəwˌɔːl/] s.m. inv. (voce ingl.) INFORM. Sistema che protegge la rete informatica di un'azienda da accessi non autorizzati soprattutto nel collegamento a Internet.

firma s.f. **1.** Nome e cognome apposto di propria mano in calce a un'opera, a un testo, a documenti per attestare che se ne è l'autore o che se ne approva il contenuto. SIN.: **autografo**. ◇ *Raccogliere firme:* raccogliere adesioni a un progetto, a un programma, a un'iniziativa, chiedendo la firma dei cittadini. – *Firma autenticata:* la cui autografia è comprovata come autentica da un notaio o da un segretario comunale. – *Mettere, fare la firma:* continuare volontariamente il servizio militare; intraprendere la carriera militare; *estens.* accettare subito, ben volentieri. – *Firma in bianco:* apposta in calce a un documento prima che questo sia redatto; *fig.* assunzione di un impegno senza conoscerne modalità e condizioni. – INFORM. *Firma digitale o elettronica:* informazione codificata che permette di autenticare il mittente di un messaggio elettronico. **2.** *estens.* Nome, personaggio molto rinomato in un dato campo. *Una firma del giornalismo.* **3.** Atto di conferma, ratifica, convalida di un documento ufficiale, di operazioni formali. ◇ *Firma congiunta, disgiunta:* firma attribuita a persone che rappresentano rispettivamente insieme o separatamente una società. – *Avere la firma:* possedere una delega di poteri, in partic. per svolgere trattative commerciali. – *fig. Fare onore alla propria firma:* mantenere fede agli impegni presi.

firmaménto s.m. (lat. *firmaméntum*, propr. "sostegno" solitamente usato nel sign. di "sostegno del cielo") **1.** Volta celeste stellata. **2.** *fig.* Insieme degli esponenti più alti di un determinato ambiente, spec. artistico e culturale. *Entrare nel firmamento cinematografico.*

firmàno s.m. (persiano *farmān* "ordine") ST. Editto del sultano ottomano o persiano.

firmàre v.tr. (lat. *firmāre* "rendere saldo" quindi "assicurare") Apporre la propria firma su un documento scritto, anche pron. *Firmare (firmarsi) con uno pseudonimo.* ~ Confermare la validità o l'autenticità di qlco. sottoscrivendo la propria firma. *Firmare un trattato.* ◇ *Firmare in bianco:* apporre la propria firma su un documento non ancora redatto.

firmatàrio s.m. [pl.m. *-ri*] Chi ha firmato un documento, anche pubblico, politico. *I firmatari di una proposta di legge.*

firmàto agg. **1.** Sottoscritto, convalidato. **2.** Autenticato, segnato con una sigla che ne garantisce l'autenticità. ~ Detto spec. di capo di abbigliamento che reca la firma o il marchio di uno stilista.

firmware [/'fɔːmwɛə/] s.m. inv. (voce ingl., comp. di *firm* "fermo" e *ware* "elemento") INFORM. Insieme di programmi collocato nella memoria permanente di un calcolatore.

first lady [/'fəːst 'leɪdi/] loc. sost. f. inv. (loc. ingl., comp. di *first* "prima" e *lady* "signora") **1.** Moglie del presidente degli Stati Uniti d'America. ~ *estens.* Moglie del presidente di uno stato. **2.** *fig.* Donna che si afferma in un'attività.

Fisa s.f. ZOOL. Genere di molluschi gasteropodi d'acqua dolce dotati di conchiglia calcarea. (Lunghezza 1 cm; famiglia dei Fisidi.)

Fisàlia s.f. ZOOL. Genere di celenterati marini, che comprende specie caratterizzate da colori vivaci, che vivono in colonie galleggianti. (Sottotipo dei Cnidari; ordine dei Sifonofori.)

Fisàlide s.f. BOT. Genere cui appartiene una pianta decorativa d'origine americana detta *alchechengi*, il cui calice forma un involucro pergamenaceo attorno al frutto, che è una bacca commestibile. (Famiglia delle Solanacee.)

■ **Fisàlide.** Alchechengi.

fisarmònica s.m. [pl. *-che*] (ted. *Physharmonika*, comp. di gr. *phŷsa* "mantice" e *harmonikós* "armonico") MUS. Strumento musicale portatile, composto da un mantice a soffietto che mette in vibrazione ance libere di metallo collegate a due tastiere.

fiscal drag [/'fɪskəl dræg/] loc. sost. m. inv. (loc. ingl., propr. "trascinamento fiscale") Aumento in termini reali del prelievo fiscale, causato dalle aliquote progressive di tassazione a fronte di un incremento solo nominale dei redditi personali dovuto all'inflazione.

fiscàle agg. **1.** Relativo al fisco, alle imposte. SIN.: **tributario**. ◇ *Medico fiscale:* medico di fiducia di un'amministrazione, con l'incarico di accertare e controllare le malattie denunciate dai dipendenti. – *Visita fiscale:* accertamento, attuato dal medico fiscale, per il lavoratore dipendente assente per malattia. **2.** *fig. spreg.* Eccessivamente formale, cavilloso e quindi intransigente.

fiscalìsmo s.m. inv. **1.** Eccessiva pressione fiscale. **2.** *fig.* Metodo, sistema improntato a eccessiva rigidità.

fiscalista s.m. e f. [pl.m. *-sti*] Professionista, consulente esperto in questioni fiscali. SIN.: **tributarista**.

fiscalità s.f. inv. **1.** Insieme delle leggi e delle norme relative ai tributi. **2.** *fig.* Atteggiamento eccessivamente formale e severo. SIN.: **rigidità**.

fiscalizzàre v.tr. Trasferire a carico dello Stato tributi che prima gravavano sui privati. *Fiscalizzare gli oneri sociali.*

fiscalizzazióne s.f. Trasferimento a carico dell'erario di oneri particolari. *La fiscalizzazione dei nuovi aumenti della benzina.* ◇ *Fiscalizzazione degli oneri sociali:* trasferimento a carico del bilancio dello Stato di una parte di oneri previdenziali gravanti sulle imprese al fine di ridurre per queste ultime il costo del lavoro.

fiscèlla s.f. Piccola cesta di vimini usata dai pastori per preparare la ricotta.

fischiàre v.intr. [6] (aus. *avere*) (lat. *fistulāri* "suonare la zampogna") **1.** Produrre un suono acuto soffiando con la bocca o in uno strumento. **2.** *estens.* Di animali, agenti atmosferici, mezzi meccanici, emettere un suono acuto e stridulo simile al fischio. *Un treno fischiò nella notte.* SIN.: **sibilare**. ◆ v.tr. **1.** Riprodurre un brano musicale modulando l'aria con le labbra. *Fischiare un motivo.* **2.** Manifestare disapprovazione verso qlcu. o qlco. con fischi. *È stato fischiato dal pubblico.* **3.** Di arbitro di un incontro sportivo, segnalare col fischietto le varie fasi del gioco. *Fischiare un fallo.*

fischiatóre s.m. [f. *-trice*] **1.** Persona abile nel fischiare, spec. come richiamo per gli uccelli. *Gara di fischiatori.* **2.** *estens.* Chi manifesta disapprovazione in luogo pubblico fischiando. *I fischiatori del loggione.* ❑ Anche in funzione di agg., che emette un verso sibilante. *Merlo fischiatore.*

fischiettàre v.tr. Modulare motivetti musicali con fischi emessi in sordina dalle labbra. *Fischiettare un'aria d'opera.* ◆ v.intr. (aus. *avere*) Accennare distrattamente un motivo musicale. *Guidare fischiettando.* SIN.: **zufolare**.

fischiétto s.m. **1.** Piccolo strumento a fiato formato da un tubo chiuso a una delle estremità, che produce una nota unica. *Fischietto dell'arbitro.* **2.** *estens.* Nel l. gior. sportivo, arbitro di partite di calcio. *Uno dei più severi fischietti italiani.* **3.** (al pl.) Pasta corta per minestra.

fischio s.m. [pl. *-schi*] **1.** Suono penetrante, emesso dall'uomo con le labbra o prodotto da animali, fenomeni naturali, oggetti, ecc. **2.** Qualsiasi strumento atto a emettere fischi.

fischióne s.m. **1.** Uccello simile all'anatra che emette un caratteristico fischio, ricercato per la sua carne. (Famiglia degli Anatidi.) SIN.: **morigiana**. **2.** → **chiurlo**.

fisco s.m. [non com. pl. *-schi*] (lat. *fiscum* "canestro" poi "cassa dello Stato") **1.** Settore dell'amministrazione pubblica che calcola e riscuote le imposte. **2.** ANT. ROM. Patrimonio dell'imperatore, erario.

fisetère s.m. → **capodoglio**.

fisheye [/'fɪʃai/] s.m. inv. (voce ingl., propr. "occhio di pesce") FOTO. Obiettivo che consente una ripresa semicircolare (da 160° a 200°).

fisiàtra s.m. e f. [pl.m. *-tri*] MED. Specialista in fisiatria.

fisiatrìa s.f. MED. Branca che cura il corpo umano attraverso l'impiego di mezzi fisici.

fìsica s.f. [non com. pl. *-che*] Scienza che ha per oggetto di studio i fenomeni naturali e per scopo l'enunciazione delle loro leggi generali. ◇ *Fisica atomica:* studio della struttura dell'atomo. – *Fisica nucleare:* studio del nucleo atomico. – *Fisica delle alte energie:* studio delle particelle elementari attraverso collisioni ad alta energia. – *Fisica applicata:* che si occupa delle applicazioni pratiche della fisica. – *Fisica matematica:* disciplina che applica la matematica superiore alla soluzione di problemi della fisica.

ENCICL. Ciò che noi oggi chiamiamo *fisica* per lungo tempo (da Aristotele a Newton) è stata chiamata *filosofia naturale.* La fisica moderna, essenzialmente sperimentale e matematica, si è sviluppata grazie al miglioramento dei mezzi di osservazione, all'elaborazione di teorie matematiche e alla riunificazione di leggi diverse in un insieme coerente, fondato su definizioni e principi formulati chiaramente. La meccanica ha avuto un ruolo chiave nell'evoluzione della fisica, poiché è stata la disciplina che prima delle altre ha acquisito connotati scientifici. Con essa inizia il vero sviluppo delle scienze fisiche all'inizio del sec. XVII (Keplero, Galileo, Huygens) prima della fondazione da parte di Newton della dinamica (1687). Nel sec. XVIII numerosi scienziati (Eulero, d'Alembert, Lagrange) lavorarono ad alcune applicazioni che daranno inizio alla meccanica dei fluidi. La scoperta dell'esistenza del vuoto e della pressione atmosferica avviene nel corso del sec. XVII, soprattutto grazie a Pascal. Keplero fonda l'ottica geometrica e a Huygens si deve la teoria ondulatoria della luce, in contrasto con quella corpuscolare, sostenuta principalmente da Newton. Con la dimostrazione di Galileo dell'identità di natura fra i corpi celesti e quelli terrestri all'inizio del sec. XVII, e la teoria della gravitazione universale formulata da Newton alla fine del sec. XVII, la fisica diventa una disciplina il cui campo di studio è ormai universale. Nel sec. XIX l'elettricità conosce un impulso notevole e Maxwell rende note le equazioni dell'elettromagnetismo. Viene enunciata un'altra teoria fondamentale: la termodinamica, iniziata da Lavoisier e Laplace nel corso del sec. XVIII con lo studio del calore, ma più precisamente fondata da Sadi Carnot (1824), che per primo spiega le relazioni fra il calore e la produzione di energia meccanica. La meccanica statistica (Maxwell, Boltzmann) tende allora a evidenziare le leggi della termodinamica avvalendosi della nozione di probabilità. Alla fine del sec. XIX si assiste all'elaborazione di principi che provocano una profonda revisione dei concetti fondamentali della fisica. Le teorie della relatività stabiliscono un rapporto fra massa ed energia e conducono alla concezione estremamente innovativa della gravitazione e delle relazioni fra massa, spazio e tempo. Dopo la scoperta dei quanti da parte di Planck nel 1900, Einstein dimostra l'esistenza di un quanto di luce, il fotone. Di nuovo sono contrapposte le due concezioni, ondulatorie e corpuscolari, della luce. Questo contrasto è superato solo dalla creazione della meccanica quantistica intorno al 1925 da parte di L. de Broglie, Heisenberg, Schrödinger, Dirac e Pauli. Dopo il riconoscimento dell'esistenza degli atomi, si pone la questione della loro struttura. Un primo modello fondato sui quanti fu elaborato da Bohr nel 1913. La struttura stessa del nucleo viene precisata solo a partire dal 1930 con la scoperta dei neutroni (1930-1932) che dalla quale inizia la costituzione della fisica nucleare che, nel 1939, conduce alla realizzazione della fissione di atomi molto pesanti. Dopo la seconda guerra mondiale nasce una branca della fisica ancora più specialistica, quella delle particelle elementari.

fisicalismo s.m. (ted. *Physikalismus*) FILOS. Teoria che afferma che al linguaggio della fisica possono essere ricondotti tutti i linguaggi scientifici. (Il fisicalismo è stato elaborato da alcuni rappresentanti del circolo di Vienna, in partic. Carnap.)

fisicaménte avv. **1.** Per quanto riguarda il corpo. **2.** Di persona. **3.** Dal punto di vista della fisica.

fisicismo s.m. (fr. *physicisme*) FILOS. Dottrina che considera la realtà unicamente come ente e fenomeno fisico.

fisicità s.f. inv. Corporeità, materialità.

fisico agg. [pl.m. *–ci*, f. *–che*] **1.** Relativo alla natura e ai fenomeni naturali. *Geografia fisica.* **2.** Relativo al corpo umano. *Educazione fisica.* ◇ *Medicina fisica*: fisiatria. ◆ s.m. **1.** [f. *–ca*] Studioso di fisica. **2.** Aspetto esterno, conformazione di una persona. **3.** Corpo umano, visto in partic. dal punto di vista della conformazione o dello stato di salute. *Il fisico influisce sul morale.*

Fìsidi s.m. pl. [iniziale minusc. sing. *–e* per l'individuo] ZOOL. Famiglia di molluschi gasteropodi polmonati d'acqua dolce diffusi in tutto il mondo.

fisima s.f. Idea fissa, capriccio.

fisiochinesiterapia o **fisiocinesiterapia** s.f. MED. Fisioterapia fondata sulla ginnastica terapeutica.

fisiocrazia s.f. (fr. *physiocratie*) Dottrina economica fondata da Quesnay (sec. XVIII) che considera la terra e l'agricoltura come fonti essenziali della ricchezza.

fisiognòmica s.f. [non com. pl. *–che*] Dottrina che studia i tratti del volto e la forma del cranio per dedurre le caratteristiche psichiche dell'individuo.

fisiognomonia s.f. (gr. *physiognōmonía* "arte di giudicare", comp. di *phýsis* "natura" e *gignṓskein* "conoscere") Fisiognomica.

fisiologia s.f. **1.** Scienza che studia le funzioni organiche degli esseri animali e vegetali. ◇ *Fisiologia patologica*: fisiopatologia. **2.** *fig.* Funzionamento, attività normale di un organo, di un organismo, di un sistema.

fisiològico agg. [pl.m. *–ci*, f. *–che*] **1.** Relativo alle funzioni organiche in quanto oggetto di studio. ◇ *Funzione fisiologica*: i bisogni elementari del corpo, in partic. quelli dell'evacuazione. – *Soluzione fisiologica*: soluzione acquosa di sali inorganici usata per lavaggi medicinali. **2.** Proprio del funzionamento normale di un organismo o di un sistema (in oppos. a *patologico*).

fisiòlogo s.m. [f. *–ga*, pl.m. *–gi*, f. *–ghe*] Specialista di fisiologia.

fisionomia s.f. **1.** Insieme delle caratteristiche del viso con carattere proprio e capaci di esprimere umore, temperamento. **2.** *estens.* Complesso dei tratti peculiari, degli elementi caratteristici. *Fisionomia di una zona, di un'epoca.*

fisionomista s.m. e f. [pl.m. *–sti*] Chi è capace di riconoscere immediatamente le persone dalla loro fisionomia.

fisiopatologia s.f. MED. Studio dei disordini del funzionamento dell'organismo o delle sue parti, nel corso di una malattia.

fisioterapia s.f. MED. Terapia che utilizza mezzi fisici come la ginnastica e il massaggio.

fisioterapista s.m. e f. [pl.m. *–sti*] Paramedico specializzato in fisioterapia.

fissa s.f. *fam.* Idea fissa, mania.

fissàggio s.m. [pl. *–gi*] (fr. *fixage*) Azione di fissare, stabilizzazione. ~ IND. TESS. Operazione con cui si rendono stabili i colori dei tessuti. ~ FOTO. Procedimento chimico che permette di fissare l'immagine fotografica. *Bagno di fissaggio.*

fissamaiùscole s.m. inv. Tasto che, nella macchina per scrivere o nelle tastiere del computer, fissa la posizione delle lettere maiuscole.

fissàre v.tr. **1.** Rendere fisso qlco. evitando che possa muoversi. SIN.: **bloccare. 2.** Collocare stabilmente in una posizione. *Fissare un quadro alla parete.* ~ Rendere stabile. *La vitamina D fissa il calcio nelle ossa.* ~ TECN. Sottoporre a un processo di fissaggio. ◇ IND. TESS. *Fissare un colore*: rendere un colore inalterabile mediante apposito trattamento. ~ FOTO. Trattare un'emulsione fotografica in un bagno di fissaggio. **3.** Determinare, definire precisamente. *Fissare l'ora, la data di un appuntamento.* ~ Pattuire qlco. *Fissare il prezzo.* ~ Prenotare. *Fissare una camera d'albergo.* **4.** Mantenere lo sguardo immobile. *Fissare il vuoto.* ~ Osservare con insistenza. *Fissare lo sguardo su qualcuno.* ◆ **fissarsi** v.pron. **1.** Stare con lo sguardo fisso su qlco. **2.** Pensare continuamente a qlco. o qlco. *Si è fissato su quella macchina anche se costosa.* ◇ SIN.: **stabilirsi.** Andare ad abitare stabilmente in un luogo. SIN.: **stabilirsi.**

fissativo agg. (fr. *fixatif*) TECN. Riferito a sostanza che si applica alla fine di una lavorazione a scopo stabilizzante. ◆ s.m. Nel sign. dell'agg.

fissàto agg. **1.** Stabilito, pattuito. **2.** *fam.* Ossessionato da un'idea fissa. SIN.: **maniaco.** ◆ s.m. [f. *–ta*] Nell'accez. 2 dell'agg.

fissàto bollàto loc. sost. m. [pl. *fissati bollati*] Modulo bollato e vidimato dal Ministero del Tesoro sul quale devono essere redatti i contratti di Borsa.

fissatóre agg. [f. *–trice*] (fr. *fixateur*) Che ha la proprietà di fissare, di stabilizzare. ◇ FOTO. *Bagno fissatore*: bagno di *fissaggio. ◆ s.m. **1.** IND. TESS. (anche f.) Chi è addetto all'operazione di fissaggio. **2.** Prodotto che ha la proprietà di fissare. ◇ *Fissatore per capelli*: cosmetico che favorisce la messa in piega dei capelli.

fissazióne s.f. **1.** Determinazione, regolazione precisa. *Fissazione dell'imposta.* **2.** *fig.*

Idea fissa, ossessione. *Ha una vera fissazione per il calcio.* **3.** PSICOAN. Stadio, lungo il percorso dello sviluppo psichico, in cui la libido tende a fissarsi, determinando varie patologie.

fissile agg. **1.** Facile a fendersi in lamine o scaglie. *Materiale fissile.* **2.** FIS. NUCL. Riferito a un nucleo atomico, capace di dar luogo a fissione.

fissionàre v.tr. FIS. NUCL. Provocare una fissione nucleare attraverso il bombardamento di un nucleo atomico con apposite particelle.

fissióne s.f. (lat. *fissiōnem* "atto dello spaccare") FIS. NUCL. Scissione del nucleo atomico in parti di massa comparabile.
ENCICL. La fissione, prodotta da un bombardamento di neutroni, libera una quantità enorme di energia e molti neutroni. Con l'uranio 235 (143 neutroni e 92 protoni), la produzione di energia è di circa 200 MeV per nucleo sottoposto a fissione; esistono da 30 a 40 coppie possibili di prodotti di fissione.

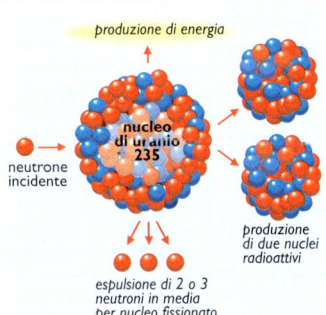

produzione di energia

nucleo di uranio 235

neutrone incidente

produzione di due nuclei radioattivi

espulsione di 2 o 3 neutroni in media per nucleo fissionato

■ **fissióne.** Principio della fissione nucleare a partire dall'uranio 235.

fissismo s.m. (fr. *fixisme*) Teoria che sostiene l'immutabilità delle specie viventi.

fissità s.f. inv. (fr. *fixité*) Stato di ciò che è fisso.

fisso agg. **1.** Che non si può spostare. *Punto fisso.* SIN.: **fermo.** ◇ *Sguardo fisso*: attonito, inespressivo. **2.** Immobile, fermo. **3.** *fig.* Saldo, irremovibile. **4.** Che si mantiene nello stesso stato. *Seguale fisso.* SIN.: **invariabile.** ~ Che non ammette deroghe. *Regola fissa.* ~ Determinato in anticipo, non suscettibile di variazione. *Spese fisse.* ◆ s.m. Quota stabile di una retribuzione variabile.

fistola s.f. **1.** MUS. Antico strumento musicale a sette canne suonato dai pastori. **2.** MED. Canale attraverso cui scorre un liquido, di origine patologica o chirurgica. **3.** Tubo, conduttura d'acqua.

fistolóso agg. **1.** A forma di fistola. **2.** Di organo, affetto da una o più fistole.

Fistulina s.f. BOT. Genere di funghi con corpo a forma di clava di colore rosso-violaceo, comune nelle cavità di castagni e querce. (Comprende la sola specie *Fistulina hepatica* comun. detta *lingua di bue*; sottordine dei Basidiomiceti.)

fitina s.f. CHIM. Sale fosforato di calcio e magnesio; è molto diffuso nel regno vegetale e viene usato come ricostituente dell'organismo e tonico del sistema nervoso.

fitness [/ˈfɪtnɪs/] s.m. e f. inv. (voce ingl., propr. "adeguatezza, appropriatezza") **1.** BIOL. Indice o misura diretta delle capacità riproduttive di un organismo in rapporto agli altri organismi della stessa popolazione. **2.** Benessere fisico, buona forma ottenuti mediante programmi integrati di ginnastica, cosmesi e dietetica.

fitobiologia s.f. BOT. Biologia vegetale.

fitocenòsi s.f. inv. BIOL. Complesso di piante che crescono in un ambiente ben determinato e si influenzano reciprocamente.

fitochìmica s.f. [non com. pl. *–che*] CHIM. Studio della composizione e delle trasformazioni chimiche che si verificano negli organismi vegetali.

fitocìda agg. [pl.m. –*di*] Di sostanza atta a combattere i parassiti vegetali delle piante. ◆ s.m. Nel sign. dell'agg.

fitocosmèsi s.f. inv. Cosmesi che utilizza prodotti a base di estratti vegetali.

fitòfago agg. [pl.m. –*gi*, f. –*ghe*] ZOOL. Di animale, insetto in partic., che si nutre di vegetali.

fitofarmacìa s.f. Studio e preparazione dei prodotti destinati al trattamento delle malattie delle piante. SIN.: **fitofarmacologia**.

fitofàrmaco s.m. [pl.m. –*ci*, –*chi*] Medicamento delle piante per aiutarne lo sviluppo e liberarle dai parassiti.

Fitoflagellàti s.m. pl. [iniziale minusc. sing. –*to* per l'individuo] BOT. Sottoclasse di protozoi dotati di clorofilla, considerati organismi di transizione fra il mondo vegetale e quello animale.

fitogènico agg. [pl.m. –*ci*, f. –*che*] GEOL. Di elemento fossile di origine vegetale, derivato da piante.

fitogeografìa s.f. BOT. Scienza che studia la distribuzione delle piante sulla superficie terrestre. SIN.: **geobotanica**.

fitogeologìa s.f. Scienza che studia la distribuzione delle specie vegetali nelle ere geologiche.

fitografìa s.f. BOT. Studio descrittivo e analitico delle specie vegetali.

fitolàcca s.f. [pl. –*che*] Albero con radici velenose e piccoli fiori bianchi raccolti a grappoli; i frutti rossi, a bacca, sono usati anche per colorare confetture. (Famiglia delle Fitolaccacee.)

Fitolaccàcee s.f. pl. [iniziale minusc. sing. –*a* per l'individuo] BOT. Famiglia di piante dicotiledoni, erbacee o legnose, diffuse in aree tropicali afroamericane.

fitologìa s.f. → **botanica**.

fitopatìa s.f. BOT. Qualsiasi malattia di una pianta.

fitopatologìa s.f. BOT. Studio delle malattie delle piante.

fitoplàncton s.m. inv. Plancton costituito da vegetali.

fitormóne s.m. CHIM., BIOL. Sostanza organica che incrementa la crescita delle piante. SIN.: **ormone vegetale**.

fitosanitàrio agg. [pl.m. –*ri*] Relativo alla cura da prestare alle colture per proteggerle dai parassiti e da altri agenti dannosi.

fitosociologìa s.f. Sezione della botanica che studia le associazioni vegetali.

fitosteròlo s.m. CHIM., BIOL. Sterolo di origine vegetale.

fitoterapìa s.f. **1.** MED. Terapia che sfrutta le proprietà medicinali degli estratti vegetali. **2.** AGR. Studio e applicazione dei rimedi contro le malattie delle piante.

fitoterapista s.m. e f. [pl.m. –*sti*] MED. Chi pratica la fitoterapia.

fitotossìna s.f. BIOL., MED. Tossina vegetale.

fitotróne s.m. (ingl. *phytotron*) Laboratorio attrezzato per lo studio delle condizioni fisiche e chimiche necessarie allo sviluppo delle piante.

fitozòo s.m. ZOOL. Nome di tutti gli animali acquatici che vivono attaccati al substrato e ricordano nella forma le alghe o altre piante acquatiche.

fitta s.f. Dolore acuto e istantaneo.

fittàvolo s.m. [f. –*la*] Chi conduce in affitto un terreno coltivabile.

fittile agg. ARCHEOL. Di terracotta. *Vasi fittili*.

fittìzio agg. [pl.m. –*zi*] **1.** Non reale. **2.** Non corrispondente al vero. SIN.: **falso**. ~ Non autentico, non effettivo. SIN.: **artificiale**.

1. fitto agg. **1.** Costituito da elementi posti a distanza ravvicinata. *Bosco fitto*. SIN.: **folto**. ~ *fig.* Profondo, impenetrabile. *Buio fitto*. **2.** Che si ripete più volte. *Una fitta serie di riunioni*. SIN.: **frequente**. **3.** Piantato, conficcato con forza. *Chiodo fitto*. ~ *fig.* Radicato, impresso. ❑ Anche in funzione di avv. *Parlare fitto*. ◆ s.m. (solo sing.) Parte molto folta di qlco. *Il fitto della foresta*.

2. fitto s.m. (deriv. di *canone fitto* "canone di locazione fissato") Contratto con cui si concede l'uso di un bene immobile. SIN.: **affitto**. ~ Prezzo concordato per l'uso.

---

fittonànte agg. BOT. *Radice fittonante*: radice a fittone.

fittóne s.m. (deriv. di *fitto*, perché conficcato nel suolo) BOT. Asse principale della radice di una pianta quando si sviluppa verticalmente.

fiumàna s.f. **1.** Corrente impetuosa di un fiume ingrossato o in piena. ~ *estens.* Piena. **2.** *fig.* Massa imponente di cose, di persone.

fiumàra s.f. IDROL. Corso d'acqua caratteristico dell'Italia meridionale, a regime torrentizio, asciutto per la maggior parte dell'anno.

fiùme s.m. (lat. *flūmen*, deriv. di *flŭĕre* "scorrere") **1.** Corso d'acqua perenne, a regime più o meno costante, che scorre entro un alveo a pendenza poco accentuata e che sbocca in un altro fiume, in un lago o nel mare. **2.** *fig.* Massa liquida in movimento. *Fiume di fango*. **3.** Grande flusso di cose o persone che si susseguono senza interruzione. *Un fiume di parole*. ◊ *A fiumi*: in gran quantità. ❑ In funzione di agg. inv., lunghissimo, interminabile. *Romanzo fiume*.

fiutàre v.tr. **1.** Aspirare l'aria con il naso e sentire certi odori. ~ Assumere una sostanza per aspirazione. *Fiutare il tabacco*. **2.** *estens.* Riconoscere la presenza di qlco. grazie al fiuto. **3.** *fig.* Presagire, intuire qlco. sulla base di indizi anche minimi. *Fiutare l'inganno*. SIN.: **subodorare**.

fiutàta s.f. Aspirazione intensa attraverso il naso.

fiùto s.m. **1.** Senso col quale si percepiscono gli odori, soprattutto per gli animali. SIN.: **odorato**. **2.** *fig.* Capacità di valutare cose o persone anche al di là delle apparenze. *Avere fiuto per gli affari*. SIN.: **intuito**.

FIV s.f. inv. Sigla di *Fecondazione In Vitro*.

fixing [/ˈfɪksɪŋ/] s.m. inv. (voce ingl., propr. "fissaggio") **1.** BORS. Quotazione ufficiale dell'oro sul mercato di Londra. ~ *estens.* Momento specifico della seduta di Borsa in cui viene fissato il cambio ufficiale delle valute. **2.** *estens.* Quotazione ufficiale di qualsiasi cosa in un determinato campo di attività.

fjeld [/fjɛld/] s.m. inv. (voce norv.) Ghiacciaio che ricopre una pianura o un altopiano.

flaccidézza s.f. **1.** Mancanza di tono, di consistenza. SIN.: **flaccidità**. **2.** VET. Malattia mortale del baco da seta che si manifesta con l'afflosciamento dei tessuti.

flàccido agg. Privo di consistenza, di tonicità. *Pelle flaccida*.

flacóne s.m. (fr. *flacon*, germ. *flaskō*) Bottiglia di vetro di piccole dimensioni per medicine o per profumi.

flag [/flæg/] s.m. inv. (voce ingl., propr. "bandiera") INFORM. In un programma, variabile di tipo logico che registra il verificarsi o meno di una determinata condizione e il cui valore influenza il flusso di elaborazione successivo.

flagellànte agg. Che flagella. *Pioggia flagellante*. ◆ s.m. e f. ST. Nel Medioevo, membro di confraternite religiose che praticavano pubblica penitenza con l'autoflagellazione.

flagellàre v.tr. **1.** Percuotere con una frusta, un flagello. **2.** *fig.* Battere qlco. ripetutamente e con violenza. **3.** *fig.* Affliggere, tormentare qlcu. ◆ **flagellarsi** v.pron. **1.** Percuotere se stesso, battersi con un flagello. **2.** *fig.* Tormentarsi, affliggersi.

Flagellàti s.m. pl. [iniziale minusc. sing. –*to* per l'individuo] BOT., ZOOL. Classe di organismi unicellulari microscopici, muniti di piccolissimi organi motori (*flagelli*); ne fanno parte forme vegetali e animali.

flagellatóre s.m. [f. –*trice*] **1.** Chi percuote qlcu. usando il flagello o una verga. **2.** *fig.* Aspro censore.

flagellazióne s.f. Fustigazione operata servendosi del flagello.

flagèllo s.m. **1.** Sferza di cuoio o di fibre annodate e distinte in molti capi. ~ *estens.* Supplizio della flagellazione. **2.** *fig.* Chi sferza, punisce. ~ Qualunque cosa o persona funesta per la collettività. *Il flagello della peste*. **3.** *fam.* Enorme quantità, spec. di qlco. di dannoso. **4.** BIOL. CELL. Lungo filamento mobile che costituisce l'organo locomotore di organismi unicellulari (Protozoi, alghe) e di cellule riproduttrici (alcune spore, spermatozoi, ecc.).

■ **flagèllo** di un'alga unicellulare.

flagiolétto s.m. MUS. Flauto a becco, a volte fornito di chiavi, dotato di sei fori. SIN.: **flautino**.

flagrànte agg. (lat. *flagrăntem*, deriv. di *flagrāre* "bruciare", attrav. la loc. *flagranti crimine comprehendi* "essere sorpreso sul delitto ancora caldo") **1.** DIR. Di situazione che ricorre quando l'autore di un reato viene sorpreso nell'atto di commetterlo o immediatamente dopo l'azione criminosa (*flagranza*). **2.** *estens.* Che non si può negare, palese, innegabile. ◆ s.m. DIR. Condizione di flagranza. ◊ *Cogliere in flagrante*: sorprendere qlcu. mentre sta compiendo un reato.

flagrànza s.f. (lat. *flagrăntiam* "ardore") DIR. Situazione che ricorre quando l'autore di un reato viene sorpreso nell'atto di commetterlo o immediatamente dopo l'azione criminosa.

flambàggio s.m. [pl. –*gi*] TECN. Sterilizzazione di un oggetto ottenuta facendolo passare più volte sulla fiamma.

flambàre v.tr. (fr. *flamber* "fiammeggiare") **1.** TECN. Sterilizzare qlco. passandolo sulla fiamma. **2.** CUC. Passare alla fiamma un alimento.

flambé [/flãbe/] agg. inv. (voce fr., deriv. di *flamme* "fiamma") CUC. Di pietanza che al momento di essere portata in tavola viene cosparsa di liquore e infiammata. *Banane flambé*.

flambèrga s.f. [pl. –*ghe*] (fr. *flamberge*, nome della spada del paladino Rinaldo) Lunga spada da duello molto leggera (secc. XVII-XVIII).

flamboyant [/flãbwaˈjã/] agg. inv. (voce fr.) ARCH. *Gotico flamboyant*: gotico *fiammeggiante.

flamenco [/flaˈmeŋko/] s.m. [pl. *flamencos*] (voce spagn., propr. "fiammingo") Tipo di canto, musica e danza praticati con chitarre e battitura di mani, in forma ricreativa e teatrale. (Nato dalla fusione di elementi tradizionali gitani e del folclore andaluso, il flamenco si è sviluppato nel sec. XIX e si è presto propagato in tutta la Spagna.)

flàmine s.m. ANT. ROM. Sacerdote dedito al culto di una divinità particolare.

1. flan /'flã/ s.m. inv. (voce fr., lat. *fladónem* "focaccia") CUC. Sformato, dolce o salato, simile a un polpettone di carne in un budino, cotto a bagnomaria in uno stampo con foro centrale.

2. flan /'flã/ s.m. inv. (voce fr.) STAM. Cartone utilizzato per prendere il calco della forma tipografica per la stereotipia; detto anche *flano*.

flanèlla s.f. (fr. *flanelle*, ingl. *flannel* deriv. di gallese *gwlân* "lana") Tessuto leggero, di lana cardata o cotone.

flàngia s.f. [pl. *–ge*] (ingl. *flange* "bordo sporgente") MECC. Piastra a forma circolare o ovale che funge da legame o da consolidamento di due o più parti. SIN.: **giunzione**.

flap /'flæp/ s.m. inv. (voce ingl., propr. "lembo") AER. Dispositivo per regolare la portanza degli aerei.

flash /'flæʃ/ s.m. inv. (voce ingl., propr. "lampo") **1.** FOTO. Dispositivo che produce un lampo luminoso in corrispondenza di uno scatto fotografico. ~ Il lampo stesso. **2.** Nel l. giorn., notizia d'agenzia breve trasmessa con priorità. ~ *estens.* Pensiero improvviso, ricordo che attraversa la mente. ◻ In funzione di agg. inv., breve, lampo: *Telegiornale flash*.

flashback /'flæʃbæk/ s.m. inv. (voce ingl., comp. di *flash* "lampo" e *back* "indietro") **1.** Sequenza cinematografica o letteraria che illustra un'azione precedente agli eventi narrati. ~ *estens.* Il ricordo rievocato. **2.** Episodio, situazione del passato che riemerge nella memoria.

flashforward /'flæʃfɔːwəd/ s.m. inv. (voce ingl., comp. di *flash* "lampo" e *forward* "in avanti") CINE. Interruzione di una sequenza cronologica per anticipare eventi o situazioni che appartengono al seguito della storia.

flat /'flæt/ agg. inv. Di tariffa telefonica il cui costo è fisso e non dipendente dal tempo di utilizzo del servizio.

flatting /'flætɪŋ/ s.m. inv. (voce ingl., deriv. di *to flatter* "abbellire") Vernice trasparente che protegge e dona brillantezza al legno.

flatulènza s.f. (fr. *flatulence*) MED. Accumulo di gas nell'intestino. ~ Espulsione rumorosa di gas dal retto.

flautàto agg. Si dice di un suono morbido che evoca quello del flauto.

flautino s.m. **1.** MUS. Piccolo flauto diritto. **2.** MUS. Ottavino.

flautista s.m. e f. [pl.m. *–sti*] Strumentista che suona il flauto.

flàuto s.m. (provenz. *flaut*) **1.** MUS. Strumento musicale a fiato in legno o metallo, in cui il suono è ottenuto soffiando l'aria contro un bordo affilato in una canna a forma cilindrica. ◇ *Flauto diritto, dolce, a becco*: in legno, di forma conica, possiede otto fori oltre a quello dell'imboccatura. – *Flauto piccolo*: ottavino. – *Flauto traverso*: in metallo e a imboccatura laterale. – *Flauto di Pan*: serie di canne aperte, a zufolo, disposte in ordine

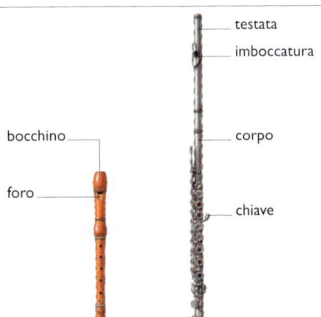

testata
imboccatura

bocchino

corpo

foro

chiave

padiglione

piede

■ **flàuto.** Flauto a becco e flauto traverso.

di lunghezza; si suona spostando la bocca da una canna all'altra; *fig.* suono armonioso simile a quello emesso dal flauto. **2.** *estens.* Chi suona il flauto. **3.** MAR. Antica nave da carico riservata al trasporto di materiale e munizioni, impiegata nei secc. XVII-XVIII.

flavèdo s.f. inv. BOT. Parte esterna, di colore giallo, della buccia degli agrumi, detta anche *flavedine*.

flèbile agg. (lat. *flēbilem*, deriv. di *flēre* "piangere") **1.** Che è appena percettibile. **2.** Che ha un tono languido, dolente.

flebite s.f. MED. Processo infiammatorio acuto o cronico che interessa un vaso venoso.

flèbo s.f. inv. *comun.* Fleboclisi.

fleboclisi s.f. inv. MED. Introduzione per via endovenosa di soluzioni acquose di varia composizione a scopo terapeutico.

flebografia s.f. MED. Esame e studio di una vena per mezzo di una radiografia con mezzo di contrasto.

flebologia s.f. MED. Studio delle vene e delle loro malattie.

flebòlogo s.m. Specialista in flebologia.

flebotomia s.f. MED. Incisione di una vena per asportare un coagulo di sangue, introdurre un catetere o praticare un salasso.

1. flebòtomo s.m. **1.** Strumento chirurgico per procedere all'incisione delle vene. **2.** Chi, un tempo, praticava le incisioni nei salassi ed eseguiva piccola chirurgia.

2. flebòtomo s.m. ZOOL. Genere di insetti ematofagi delle regioni mediterranee e tropicali, che possono trasmettere la leishmaniosi; detti *pappataci*. (Ordine dei Ditteri.)

flebotrombòsi s.f. inv. MED. Trombosi venosa primitiva consistente nella formazione di un trombo in una vena non infiammata.

flèmma s.f. (gr. *phlégma* "infiammazione") **1.** Comportamento di chi sa mantenere il sangue freddo. SIN.: **imperturbabilità.** ~ Mancanza di energia e di rapidità. SIN.: **lentezza. 2.** MED. Ant., uno dei quattro umori fondamentali dell'organismo vivente, sovrabbondante in inverno e nella vecchiaia e causa del cosiddetto *temperamento flemmatico*. **3.** CHIM. Residuo non consumabile della distillazione di un liquido alcolico.

flemmàtico agg. [pl.m. *–ci, –che*] **1.** Che ha un temperamento caratterizzato da compostezza e imperturbabilità. **2.** Relativo alla flemma nella medicina antica.

flemmatizzànte s.m. Sostanza che si aggiunge a un esplosivo per diminuire la sensibilità all'urto o alla frizione.

flèmmone s.m. MED. Infiammazione batterica del tessuto sottocutaneo che può trasformarsi in ascesso.

flèo s.m. Erba foraggera usata spec. nei giardini; detta anche *coda di topo*. (Genere *Phleum*; famiglia delle Graminacee.)

flessibile agg. **1.** Che si piega facilmente senza rompersi. *Canna flessibile.* **2.** *fig.* Capace di adattarsi alle circostanze, accomodante. ◇ *Morale, mentalità flessibile*: accomodante, disposta al compromesso. – DIR. *Costituzione flessibile*: modificabile con la stessa procedura seguita per la promulgazione di leggi ordinarie (in oppos. a *rigida*). ◆ s.m. **1.** Tubo o cavo di collegamento flessibile. **2.** Apparecchio elettrico portatile che taglia metalli e pietre utilizzando un disco flessibile di materiale abrasivo.

flessibilità s.f. inv. **1.** Qualità di ciò che è flessibile. **2.** Nel l. sind., abolizione o riduzione dei vincoli che irrigidiscono il rapporto di lavoro tra azienda e dipendente.

flessimetro s.m. Strumento che serve per misurare la flessione, sotto carico, di travi, di volte e di altri elementi architettonici.

flessionàle agg. LING. Che possiede delle flessioni. SIN.: **flessivo.**

flessióne s.f. **1.** Incurvamento, piegamento. ~ FISIOL. Azione del ripiegare una parte del corpo su una adiacente. *Flessione dell'avambraccio sul braccio.* **2.** TECN. Deformazione elastica di un solido sottoposto a forze trasversali. **3.** LING. Variazione morfologica di una parola in rapporto alle varie funzioni grammaticali e sintattiche. **4.** Esercizio di ginnastica che consiste nel solleva-

re il corpo spingendo sulle braccia in posizione supina. **5.** Diminuzione, calo progressivo. *Flessione dei consumi.* SIN.: **decremento.**

flessivo agg. LING. Soggetto a flessione. *Lingua flessiva.*

flèsso agg. **1.** Piegato. **2.** LING. Declinato, coniugato.

flessografia s.f. Sistema di stampa che si serve di una matrice di materiale flessibile avvolta su un cilindro.

flessòmetro s.m. Metro flessibile contenuto in un involucro in cui rientra dopo l'uso.

flessóre agg. ANAT. Di muscolo che causa la flessione. ◆ s.m. Nel sign. dell'agg.

flessuosità s.f. inv. Stato di ciò che è flessuoso.

flessuóso agg. **1.** Che si piega con facilità. SIN.: **flessibile. 2.** Che ha forme o movimenti sciolti. ~ Che è armoniosamente provvisto di curve.

flessùra s.f. GEOL. Piega monoclinale che raccorda due livelli diversi di uno strato roccioso.

flèttere v.tr. [53] **1.** Piegare una cosa in modo da farle descrivere una curva o un angolo. **2.** GRAMM. Cambiare le terminazioni di una parola a seconda del genere, numero e caso (per articoli, nomi, aggettivi e pronomi), della persona, tempo e modo (per i verbi). SIN.: **declinare, coniugare.** ◆ v.intr. Di valori sul mercato o di partiti nelle votazioni, scendere di valore, perdere posizioni. ◆ **flettersi** v.pron. **1.** Di soggetto umano, piegarsi. *Flettetevi sulle gambe.* **2.** Di soggetto inanimato, incurvarsi. *L'albero si flette fino a piegarsi.* **3.** GRAMM. Di parola, cambiare le proprie terminazioni. *Il verbo si flette in modo irregolare.*

fliàce s.m. (gr. *phlýakes* "buffoni") Presso gli antichi Dori nell'Italia meridionale, attore di farse popolari.

fliàcico agg. [pl.m. *–ci, –che*] Proprio dei fliaci, interpretato dai fliaci. *Farsa fliacica.*

flicòrno s.m. (ted. *Flügelhorn*, comp. di *Flügel* "ala" e *Horn* "corno") MUS. Strumento musicale a fiato, simile a una grossa tromba.

flint /'flint/ s.m. inv. (voce ingl., propr. "selce") TECN. Particolare tipo di vetro dall'elevato potere rifrangente usato per lenti e cristalli.

flip-flop /'flipˌflɒp/ s.m. inv. (voce ingl. onom. per indicare un movimento alternato, comp. di *to flip* "lanciare, gettare" e *to flop* "lasciar cadere") **1.** ELETTRON. Tipo di amplificatore a due stati stabili, usato per conservare un bit di informazione. **2.** SPORT. Nella ginnastica, capriola all'indietro.

flippàre v.intr. (aus. *avere* o *essere*) (ingl. d'America *to flip*, propr. "impazzire") Nel gergo giovanile, andare fuori di sé, perdere la testa.

flipper /'flipə/ s.m. inv. (voce ingl., deriv. di *to flip* "dare un colpetto") Biliardino elettrico.

flirt /'flɜːt/ s.m. inv. (voce ingl., deriv. di *to flirt* "amoreggiare") **1.** Amoreggiamento, rapporto sentimentale senza impegno e di breve durata. **2.** *estens.* La persona con cui si intrattiene tale rapporto. *Lui è il suo ultimo flirt.*

flirtàre v.intr. (aus. *avere*) (fr. *flirter*) **1.** Corteggiarsi, amoreggiare con leggerezza e civetteria. *I ragazzi di oggi iniziano a flirtare giovanissimi.* **2.** *fig.* Avere rapporti di simpatia e collaborazione con qlcu. *Il sindaco ha flirtato a lungo con i radicali.*

flittèna o **flictèna** s.f. (gr. *phlýktaina* "pustola") MED. Bolla, contenente liquido sieroso, che si forma immediatamente sotto l'epidermide, spec. in seguito a scottature.

float /'flɒt/ agg. inv. (voce ingl., propr. "galleggiante") Di vetro sottile, ma sottoposto a prove di resistenza per essere impiegato come vetro di sicurezza. ◆ s.m. inv. FIN. Periodo durante il quale i fondi destinati a un soggetto creditore (p.e. il beneficiario di un ordine di pagamento), transitano o giacciono nell'ambito del circuito di intermediazione bancaria prima di essere disponibili.

floater /'flɒtə/ s.m. inv. (voce ingl., propr. "galleggiante") FIN. Titolo di credito a interesse variabile espresso in valuta straniera.

float-glass /'flɒt/ s.m. inv. (voce ingl.) Tipo di lastre di vetro ottenute versando il vetro fuso su un bagno di stagno liquido, per fa sì che la superficie acquisti una brillantezza tale da rendere superflua ogni successiva operazione di lucidatura.

floating /ˈfləʊtɪŋ/ s.m. inv. (voce ingl., deriv. di *to float* "galleggiare") FIN. Fluttuazione dei tassi di cambio. ◇ *Floating rate notes*: obbligazioni internazionali a tasso variabile.

floccàggio o **flockàggio** s.m. [pl. *–gi*] TECN. Operazione mediante la quale fibre sintetiche o di cotone di dimensioni minuscole vengono fatte aderire a una superficie per conferirle un aspetto scamosciato o vellutato.

floccàre v.tr. [4] TECN. Sottoporre qlco. al floccaggio.

flocculànte agg. CHIM. Di additivo atto a favorire la flocculazione.

1. flocculàre v.intr. (aus. *avere*) CHIM. Di un precipitato o di un colloide, aggregarsi, separarsi allo stato fioccoso.

2. flocculàre agg. ASTR., CHIM. Relativo a un flocculo.

flocculazióne s.f. CHIM. Agglomerazione di particelle presenti in una soluzione colloidale con formazione di aggregati di dimensioni maggiori, di aspetto fioccoso.

flòcculo s.m. **1.** ASTR. Piccola nube sulla fotosfera solare detta anche *facola*. **2.** CHIM. Aggregato di particelle colloidali formatosi per flocculazione, cioè nella fase successiva alla coagulazione. **3.** ANAT. Uno dei lobuli nei quali si divide la faccia interiore dei due emisferi del cervelletto.

floèma s.m. [pl. *–mi*] (fr. *phloème*, deriv. di gr. *phloiós* "corteccia") BOT. Insieme di tessuti, comprendenti quello vascolare, in cui scorre la linfa. SIN.: **cribro**.

flogìstico agg. [pl.m. *–ci*, f. *–che*] **1.** MED. Infiammatorio, relativo all'infiammazione. **2.** Pertinente a processi di combustione.

flogìsto s.m. (gr. *phlogistós* "infiammabile") Secondo le teorie alchimistiche dei secc. XVII e XVIII, elemento immaginario ritenuto causa della combustione.

flogòsi s.f. inv. MED. → **infiammazione**.

flop /ˈflɔp/ s.m. inv. (voce ingl. di orig. onom., propr. "tonfo") Fallimento, fiasco, insuccesso.

floppy disk /ˈflɔpɪ ˈdɪsk/ loc. sost. m. inv. (loc. ingl., propr. "disco flessibile") INFORM. Dischetto magnetico che viene inserito nei personal computer e utilizzato come supporto portatile di registrazione dati.

flòra s.f. (lat. *Flōram* "Flora" nome della dea romana della vegetazione, deriv. di *flōs* "fiore") **1.** Insieme delle specie vegetali che crescono in una data regione o ambiente. **2.** BIOL. Insieme dei batteri presenti nei tessuti o in una cavità organica. *Flora intestinale.*

floreàle agg. (fr. *floréal*) Dei fiori, composto da fiori. ~ *Arte floreale*: basata sulla rappresentazione stilizzata di fiori. – *Stile floreale*: stile in voga tra fine Ottocento e primi Novecento, caratterizzato dall'abbondanza di decorazioni a fiori. SIN.: **liberty**.

florìcolo agg. **1.** ZOOL. Di animale che vive tra i fiori o si nutre di fiori. **2.** Della floricoltura.

floricoltóre o **floricultóre** s.m. [f. *–trice*] Chi per mestiere coltiva fiori e piante.

floricoltùra o **floricultùra** s.f. Coltura dei fiori.

Floridee s.f. pl. [iniziale minusc. sing. *–a* per l'individuo] BOT. Classe di alghe rosse, perlopiù marine, di forma ramificata e filamentosa.

floridézza s.f. Prosperità, rigogliosità.

flòrido agg. **1.** Che denota salute, vigoria. **2.** Che è nel pieno rigoglio. *Un giardino florido.* SIN.: **fiorente**.

florilègio s.m. [pl. *–gi*] Raccolta di brani scelti da vari autori. SIN.: **antologia**.

florìstica s.f. [non com. pl. *–che*] BOT. Parte della botanica che studia e cataloga le piante di un determinato territorio e ne descrive i caratteri.

florìstico agg. [pl.m. *–ci*, f. *–che*] **1.** Relativo alla flora di una regione. **2.** BOT. Che si riferisce alla floristica.

flòscio agg. [pl.m. *–sci*, f. *–sce*] (spagn. *flojo*, lat. *flūxus* "fluido") **1.** Privo di consistenza. **2.** *fig.* Privo di vigore, di energia.

flòsculo s.m. BOT. Nelle Composite, ognuno dei fiorellini tubulosi che formano la parte centrale dei capolini.

flòtta s.f. (spagn. *flota*, fr. *flotte* deriv. di scandinavo *flijōta* "navigare") **1.** Complesso delle navi mercantili e militari di una società, di uno Stato, ecc. *Flotta mercantile.* **2.** *estens.* Insieme delle forze aeree militari o civili di uno Stato o di una compagnia di navigazione aerea.

flottàggio s.m. [pl. *–gi*] (fr. *flottage*) **1.** Ondeggiamento di un corpo galleggiante sull'acqua. ~ AER. Corsa sull'acqua dell'idrovolante prima del decollo e dopo l'ammaraggio. **2.** CHIM. Flottazione.

flottànte agg. (fr. *flottant*) **1.** Che galleggia ondeggiando. **2.** Che si muove in acqua. ~ BANC. Fluttuante. ◆ s.m. **1.** BORS. Pacchetto di azioni non compreso nei pacchetti di controllo dei maggiori azionisti di una società quotata. **2.** Nel l. delle assicurazioni, valore di quella parte di merci o di prodotti assicurati, la cui quantità subisce variazioni a causa di vendita o di nuova produzione.

flottàre v.intr. (aus. *avere*) (fr. *flotter*) **1.** Detto di natante o di idrovolante, muoversi in acqua, galleggiare ondeggiando. **2.** SPORT. Nel basket, prendere posizione in attesa di ricevere la palla, muovendosi con grande fluidità. ◆ v.tr. **1.** CHIM. Sottoporre a flottazione. **2.** Trasportare tronchi di legname da un luogo all'altro facendoli scendere attraverso la corrente di un fiume.

flottazióne s.f. (ingl. *flotation*) **1.** Galleggiamento. ◇ *Linea di flottazione*: linea di *galleggiamento. **2.** Fluitazione. **3.** CHIM., MIN. Processo tecnologico che permette di separare i minerali in acqua trattata con additivi particolari. (Si basa sulla diversa permeabilità delle superfici dei materiali da separare.)

flottìglia s.f. [pl. *–glie*] (spagn. *flotilla*) **1.** MAR. Formazione organica della marina militare, costituita da due o più squadriglie. **2.** MAR. Piccola flotta di yacht o di navi da pesca. **3.** AER. Piccolo gruppo di aerei.

flou /flu/ agg. inv. (voce fr.) **1.** Sfocato, sfumato, evanescente, vago. ◇ FOTO. *Effetto flou*: procedimento teso a rendere meno marcati i contorni delle immagini. **2.** Nella moda, di abito dalla linea morbida.

flow chart /ˈfləʊ ˈtʃɑːt/ loc. sost. m. inv. (loc. ingl., comp. di *flow* "flusso" e *chart* "grafico") *Diagramma di flusso.

fluènte agg. **1.** Che fluisce, che scorre con facilità. ~ Che scivola, procede abbondante e facile. **2.** *fig.* Lungo, copioso e ondulato come un fiume. *Discorso fluente.*

flùidica s.f. [non com. pl. *–che*] TECN. Studio e pratica del controllo automatico, realizzati con correnti fluide entro condotti opportunamente sagomati.

flùidico agg. [pl.m. *–ci*, f. *–che*] **1.** Proprio dei fluidi. **2.** Relativo alla fluidica.

fluidificànte agg. Che scioglie, che rende fluido. ◆ s.m. **1.** MED. Medicinale che favorisce l'espettorazione rendendo più fluida la secrezione bronchiale. **2.** *gerg.* Nel gioco del calcio, difensore che fluidifica il gioco.

fluidificàre v.tr. [4] **1.** Rendere corpi o sostanze fluide, scorrevoli. **2.** *fig.* Rendere più facile un accordo, una trattativa, ecc. eliminando difficoltà e intoppi. **3.** *gerg.* Nel gioco del calcio, riferito a un difensore, rendere il gioco più scorrevole partecipando anche alle manovre del centrocampo e ad azioni offensive. ◆ **fluidificarsi** v.pron. Di sostanze, diventare fluide o più fluide.

fluidità s.f. inv. **1.** Con riferimento a sostanza, il suo essere allo stato liquido o aeriforme. **2.** *fig.* Scorrevolezza, scioltezza. *Fluidità di discorso.* **3.** Instabilità, mutabilità, precarietà. **4.** ECON. Situazione nella quale l'offerta di beni o servizi si adatta agevolmente alla domanda o viceversa.

fluidizzazióne s.f. CHIM. Processo per cui uno strato di particelle solide, attraversato dal basso in alto da un fluido (liquido o gassoso), acquista proprietà analoghe a quelle dei liquidi.

flùido agg. **1.** FIS. Si dice di un corpo (liquido o gas) le cui molecole hanno scarsa coesione ed è perciò in grado di assumere la forma del recipiente che lo contiene. **2.** *fig.* Scorrevole, sciolto. *Stile fluido.* ~ Disinvolto. **3.** *fig.* Non stabile, suscettibile di cambiamento. *Situazione politica fluida.* SIN.: **variabile**. ◆ s.m. **1.** FIS. Corpo allo stato liquido o gassoso. **2.** OCCULT. Energia, influenza misteriosa di cui sarebbero dotate certe persone in contatto con l'occulto.

fluidodinàmica s.f. [non com. pl. *–che*] FIS. Studio della dinamica dei fluidi.

fluidostàtica s.f. [non com. pl. *–che*] FIS. Studio della statica dei fluidi.

fluìre v.intr. [83] (aus. *essere*) Detto perlopiù di liquidi, scorrere scendendo lievemente, sgorgare con abbondanza. ◇ *fig. Il tempo fluisce inesorabile*: passa senza fermarsi un attimo. ◻ In funzione di s.m., movimento lento e continuo. *Il fluire delle onde.*

fluitàre v.intr. (aus. *essere*) Detto perlopiù di tronchi d'albero, galleggiare essendo trasportati dalla corrente di un fiume.

fluitazióne s.f. Sistema di trasporto del legno che sfrutta la corrente dei fiumi.

flùo agg. inv. Nel l. della moda, si dice di un colore molto luminoso. *Una maglia giallo fluo.*

fluoràto agg. Che contiene fluoro.

fluoresceìna s.f. CHIM. Colorante giallo del gruppo delle ftaleine che produce una marcata fluorescenza verde.

fluorescènte agg. (fr. *fluorescent*) FIS. Dotato di fluorescenza.

fluorescènza s.f. (ingl. *fluorescence*) FIS. Proprietà che hanno alcuni corpi di assorbire radiazioni luminose e di riemetterle con una lunghezza d'onda uguale o maggiore. (Si distingue la *fluorescenza*, che termina appena termina l'irradiazione, dalla *fosforescenza*, che persiste.)

fluorìdrico agg. [pl.m. *–ci*] CHIM. *Acido fluoridrico*: acido (HF) formato da fluoro e idrogeno, capace di intaccare il vetro.

fluorimetrìa s.f. CHIM. Analisi basata sulla misura della fluorescenza ottenuta colpendo l'oggetto da esaminare con raggi ultravioletti.

fluorite s.m. Fluoruro di calcio (CaF_2) presente insieme con quarzo o calcite nella ganga dei filoni minerali.

fluorizzazióne s.f. **1.** MED. Aggiunta di fluoruri nell'acqua potabile. **2.** Trattamento della superficie esterna di una lente con fluoruro, per ridurre la luce riflessa.

fluòro s.m. (solo sing.) (fr. *fluor*, lat. *fluōrem* "flusso") **1.** Metalloide gassoso, di colore giallo-verde, tossico e irritante. **2.** Elemento chimico (F) di numero atomico 9 e peso atomico 18,998. (È fortemente reattivo ed è il più elettronegativo di tutti gli elementi.)

fluorocarbùro s.m. CHIM. Composto derivato dagli alcani per totale sostituzione degli atomi di idrogeno con fluoro.

fluoròsi s.f. inv. MED. Intossicazione alimentare da fluoro.

fluoruràre v.tr. CHIM. Introdurre uno o più atomi di fluoro in una sostanza.

fluorurazióne s.f. CHIM. Reazione chimica che consente l'introduzione di atomi di fluoro in una molecola.

fluorùro s.m. CHIM. Composto binario del fluoro con un altro elemento. ~ *Sale dell'acido fluoridrico.*

flush /ˈflʌʃ/ s.m. inv. (voce ingl., deriv. di lat. *flūxus* "flusso") Nel poker, colore, combinazione che consiste nell'avere in mano tutte e cinque le carte dello stesso seme.

flussióne s.f. MED. Afflusso eccessivo di sangue in una parte del corpo che genera fenomeni di congestione.

flùsso s.m. **1.** Scorrimento costante di un fluido in una data direzione. *Flusso di sangue.* **2.** *estens.* Movimento continuo e omogeneo di persone o cose. *Il flusso di una via di comunicazione.* ◇ LETT. *Flusso di coscienza*: procedimento narrativo, affermatosi nella letteratura del Novecento, secondo il quale i pensieri, le emozioni, i ricordi di un personaggio, vengono riportati nella stessa successione, a volte disordinata, con cui si formano nella sua mente; detto anche *stream of*

cuticola
tessuto a palizzata
nervatura
legno
libro
stoma
epidermide superiore
tessuto lacunoso
epidermide inferiore

sezione trasversale di una foglia di dicotiledone

lamina
picciolo
fogliolina
guaina
(rosaio)

parti di una foglia composta

alterne (pesco)   opposte   decussate (labiate)

disposizione delle foglie

forme delle foglie o delle foglioline

a nervature parallele (iris)

lanceolata (aucuba)   dentata (acero)   pennata (finocchio)   lobata (celidonia)   peltata (nasturzio)   perfogliata (chlora)   squamiforme (licopodio)   aghiforme (pino)

■ **fòglia**

---

consciusness. – *Flusso migratorio:* continuo movimento migratorio di popolazione da un luogo a un altro. **3.** GEOGR. Marea ascendente (in oppos. a *riflusso*). **4.** ECON. Variabile economica definita in funzione del tempo come variazione di una consistenza patrimoniale. ◇ *Flusso di cassa* → **cash flow. 5.** FIS. Quantità di una grandezza su una superficie nell'unità di tempo. ◇ *Flusso energetico:* energia che attraversa nell'unità di tempo una data superficie (si misura in watt). **6.** INFORM. *Flusso di dati:* serie di dati in ingresso o in uscita da una procedura di elaborazione.

flussòmetro s.m. **1.** FIS. Strumento che misura l'entità del flusso di un fluido. ~ Apparecchio che misura la variazione di un flusso d'induzione magnetica. **2.** Apparecchio per lo scarico di una determinata quantità di acqua in uso per la pulizia delle latrine.

flûte [/'flyt/] s.m. o s.f. inv. (voce fr., propr. "flauto" per la forma allungata) Calice alto e stretto per servire champagne e altri vini spumanti.

flutter [/'flʌtə/] s.m. inv. (voce ingl., propr. "vibrazione") **1.** MED. Tachicardia marcata. **2.** FIS. Vibrazione di una struttura investita da una corrente. **3.** Alterazione della frequenza di un suono registrato su disco o su nastro.

flùtto s.m. [*lett.* Onda del mare. **2.** GEOGR. Movimento delle onde dal mare verso la costa (*flutto diretto*) o in direzione opposta (*flutto inverso*).

fluttuànte agg. **1.** Privo di stabilità, soggetto a modifiche. SIN.: **oscillante. 2.** ANAT. *Costole fluttuanti:* con la parte anteriore libera, non connessa con lo sterno.

fluttuàre v.intr. (aus. *avere*) **1.** Di qlco. che galleggia, essere mosso, agitato. SIN.: **ondeggiare. 2.** *fig.* Essere incerto, dubbioso, variabile. *Le opinioni della gente fluttuano.*

fluttuazióne s.f. **1.** Ondeggiamento, increspamento, ondulazione. **2.** *fig.* Instabilità, cambiamento, variazione temporanea. *Fluttuazione dei prezzi.* SIN.: **oscillazione. 3.** MAT. Variazione di una grandezza intorno al suo valore medio. **4.** MED. Movimento di un liquido raccolto in una cavità.

fluviàle agg. **1.** Relativo ai fiumi. *Navigazione fluviale.* **2.** *fig.* Copioso, abbondante come la corrente di un fiume.

fluvioglaciàle agg. GEOGR. Relativo all'azione dei corsi d'acqua derivati dalla fusione dei ghiacciai.

fluviòmetro s.m. Apparecchio che registra le variazioni del livello di un corso d'acqua.

fly and drive [/'flaɪ ən(d) 'draɪv/] loc. sost. m. inv. (loc. ingl., comp. di *to fly* "volare" e *to drive* "guidare") Formula di pagamento che comprende il passaggio aereo di andata e ritorno e il noleggio di un'auto.

flysch [/'fliʃ/] s.m. inv. (voce dial. della Svizzera tedesca) GEOL. Formazione sedimentaria caratterizzata dall'alternanza di strati di natura diversa.

-fobia Secondo elemento che, in composti della terminologia scientifica, significa "paura", "avversione" (*claustrofobia*).

fobia s.f. (gr. *phóbos* "paura") **1.** PSICOL. In psicopatologia, stato psichico caratterizzato da senso di paura, repulsione, disgusto per persone o situazioni reali o irreali. **2.** *fam.* Avversione marcata, repulsione. ~ Paura istintiva.

fòbico agg. [pl.m. *–ci*, f. *–che*] (fr. *phobique*) **1.** Relativo a, causato da fobia. *Atteggiamento fobico.* **2.** PSICOL. Che soffre di fobie. ◆ s.m. PSICOL. Nell'accez. 2 dell'agg.

-fòbo Secondo elemento di aggettivi correlati ai sostantivi astratti in -fobia e indicanti "che, chi prova paura, avversione" (*xenofobo*).

fòca s.f. [pl. *–che*] **1.** Mammifero marino con corpo cilindrico, zampe a forma di pinne, testa tonda e baffi setolosi, diffuso spec. nei mari freddi delle regioni artiche e antartiche, ma anche in acque più calde (p.e. la foca monaca del Mediterraneo, quasi estinta). (Alcune specie, come l'elefante marino, superano i 5 m di lunghezza; ordine dei Pinnipedi.) ◇ *Foca monaca:* *monaca di mare. **2.** ZOOL. (iniziale maiusc.) Genere di mammiferi a cui appartiene la foca comune. **3.** *fig. fam.* Persona goffa e grassa.

■ **fòca** comune.

focàccia s.f. [pl. *–ce*] (lat. *focācius* "cotto sul fuoco") **1.** Pane di forma bassa e rotonda, condito con olio o altro, cotto al forno o sotto la cenere. **2.** Dolce di forma rotonda e schiacciata fatto con uova, farina e zucchero.

focàle agg. **1.** GEOM. Relativo al fuoco di una parabola, di un'ellisse o d'un'iperbole. **2.** MED. Di infezione che ha origine da un focus. **3.** OTT. Relativo a un sistema ottico. ◇ *Distanza focale:* quella tra il fuoco e il centro ottico di una lente o di uno specchio. – *fig. Punto focale:* argomento centrale, determinante. *Il punto focale di un ragionamento.*

focalizzàre v.tr. **1.** FIS. Fare convergere in un punto un fascio luminoso, un flusso di particelle, ecc. **2.** FOTO. Mettere a fuoco un'immagine. **3.** *fig.* Mettere bene in chiaro, precisare. *Focalizzare il problema.* SIN.: **centrare.**

focalizzazióne s.f. **1.** Messa a fuoco di un obbiettivo. **2.** *fig.* Precisa individuazione degli aspetti essenziali di un problema.

focàtico s.m. [pl. *–ci*] (lat. *focàticum*, deriv. di *fŏcus* "focolare") Nel Medioevo, imposta direttamente gravante su ogni famiglia.

focatùra s.f. ZOOL. Serie di macchie fulve sul pelo di colore scuro di taluni animali.

---

fóce s.f. (lat. *faūcem* "gola" di etim. incerta) Punto in cui un fiume si immette in mare, in un lago o in un altro fiume.

focèna s.f. **1.** ZOOL. Mammifero nero e bianco, con denti a vanga, simile al delfino, ma di dimensioni più piccole. (Ordine dei Cetacei.) **2.** ZOOL. (iniziale maiusc.) Genere di animali a cui appartengono le focene.

fochista s.m. e f. [pl.m. *–sti*] → **fuochista.**

Fòcidi s.m. pl. [iniziale minusc. sing. *–de* per l'individuo] ZOOL. Famiglia di mammiferi carnivori acquatici, con arti trasformati in pinne che li rendono adatti al nuoto; ne fa parte la foca. (Sottordine dei Pinnipedi.)

focolàio s.m. [pl. *–lài*] **1.** MED. Sede principale di un'infezione. **2.** *fig.* Centro di diffusione, d'irradiazione. *Il focolaio della ribellione.*

focolàre s.m. **1.** Parte del camino su cui si accende il fuoco. **2.** *estens.* Casa, famiglia. *Il focolare domestico.* ~ Centro di aggregazione per gli appartenenti a uno stesso popolo. **3.** Parte della caldaia in cui ha luogo la combustione. **4.** GEOL. *Focolare sismico:* punto sotterraneo dove inizia il sisma. SIN.: **ipocentro.** – *Focolare vulcanico:* deposito di magma collocato all'interno della crosta terrestre che alimenta uno o più vulcani.

focomelia s.f. (comp. di gr. *phoke* "foca" e *mélos* "arto", perché gli arti ridotti ricordano quelli delle foche) MED. Malformazione caratterizzata dall'atrofia degli arti, che risultano deformi, cortissimi e inseriti direttamente sul tronco.

focòmetro s.m. OTT. Strumento con cui si misura la distanza focale delle lenti.

focóso agg. Che manifesta impeto, passione. *Amante focoso.*

fòcus s.m. [pl. *foci*] (voce lat., propr. "focolare") **1.** MED. Focolaio di infezione latente che può provocare gravi processi infettivi. **2.** LING. Elemento che riveste una funzione di particolare rilievo nell'ambito dell'enunciato.

fòdera s.f. **1.** Tessuto per il rivestimento interno di cappelli, capi d'abbigliamento e per il rivestimento esterno di poltrone, divani, ecc. **2.** Carta o altro materiale utilizzato per rivestire qlco. *La fodera di un libro.*

foderàre v.tr. **1.** Rivestire internamente un abito di fodera o di un tessuto caldo. **2.** Coprire con un rivestimento.

foderàto agg. Ricoperto di fodera.

fòdero s.m. (germ. *fodr*) Guaina, lungo astuccio per le armi da taglio.

fóga s.f. [pl. *–ghe*] (lat. *fŭgam* "fuga, corsa impetuosa") Ardore impetuoso, slancio. *La foga della gioventù.* SIN.: **entusiasmo.**

fòggia s.f. [pl. *–ge*] **1.** Figura, forma con cui si presenta esteriormente un oggetto. **2.** Nell'abbigliamento medievale, parte del cappuccio che scendeva sulle spalle.

foggiàre v.tr. [5] Dare una foggia, una forma particolare a qlco. SIN.: **plasmare.**

fòglia s.f. [pl. *–glie*] **1.** Organo periferico di una pianta, di varia forma e di colore quasi sem-

pre verde, attraverso cui avvengono la respirazione, la funzione clorofilliana e la traspirazione. ~ *estens*. Organo vegetale che ricorda la forma di una foglia (p.e. la brattea del carciofo o il petalo della rosa). ◇ *Foglia morta*: secca, ingiallita. – *figg*. *Non muovere una foglia*: essere passivo. – *Mangiare la foglia*: intuire ciò che sta sotto una falsa apparenza, un inganno. **2.** Lamina metallica sottilissima. ~ CRISTALL. Sottile lamina di stagno per la stagnatura degli specchi. **3.** ART. DEC. APPL. Motivo ornamentale che imita la foglia. *Foglia d'acqua*.
ENCICL. La faccia superiore delle foglie delle piante, ricca di clorofilla, garantisce la fotosintesi grazie all'energia solare. Ne risultano scambi gassosi (acqua, ossigeno, anidride carbonica), che avvengono attraverso gli stomi della faccia inferiore, e scambi vascolari (le nervature apportano linfa grezza alla foglia e ne ricevono linfa elaborata, ricca di materie organiche, distribuita poi alla pianta intera).

foglàceo agg. BOT. Che ha l'aspetto di una foglia.

fogliàme s.m. **1.** Insieme delle foglie di un albero, perenne in alcune specie (pino, abete, lauro), caduco in altre (betulla, faggio). **2.** ART. DEC. APPL. Motivo ornamentale costituito da foglie variamente dipinte o scolpite.

fogliànte s.m. (fr. *feuillant*, dal nome della località presso Tolosa dov'era situata l'abbazia) **1.** Religioso di un ramo dell'ordine cistercense, riformato nel 1577 e scomparso nel 1789. **2.** Aderente a un circolo politico di idee moderate, sorto durante la Rivoluzione francese, che si riuniva in un convento di foglianti.

fogliàre agg. BOT. Relativo alla foglia.

fogliàto o **foliàto** agg. **1.** Pieno di foglie. **2.** Ridotto in lamina, in foglia. **3.** ANAT. *Papille fogliate*: gruppo di papille poste nella regione posteriore della mucosa linguale, sede delle papille gustative.

fogliazióne s.f. BOT. Formazione delle foglie sul gambo. ~ Periodo dell'anno in cui avviene tale processo.

1. fogliétta s.f. **1.** Nel sign. del dim. di *foglia*. **2.** Tabacco da fiuto.

2. fogliétta s.f. (provenz. *folheta*) Antica misura di capacità usata nell'Italia centrale che corrisponde a circa mezzo litro.

fogliétto s.m. **1.** Nel sign. del dim. di *foglio*, in partic. se stampato. *Foglietto delle istruzioni*. **2.** ANAT. Membrana sierosa. **3.** ZOOL. *Foglietto embrionale*: ciascuno degli strati cellulari che si formano nello sviluppo dell'embrione dei Metazoi. **4.** STAM. Unità elementare della composizione di un libro, formata da due pagine. **5.** FILAT. Serie di francobolli stampata per la vendita ai collezionisti.

fòglio s.m. [pl. *–gli*] **1.** Pezzo di carta rettangolare sul quale si scrive o si stampa. ~ Insieme di due pagine, *recto* e *verso*, di un libro. – Modulo, documento che porta indicazioni d'ordine amministrativo. ◇ *Foglio volante*: stampato sciolto, non legato ad altri, volantino. – INFORM. *Foglio elettronico*: programma che consente di gestire dati in forma di tabelle. – *Foglio in bianco*: non compilato, che contiene solo la sottoscrizione in calce. – *Foglio complementare*: documento attestante la piena o condizionata proprietà di un autoveicolo. – *Foglio di presenza*: quello su cui si appone la firma che attesta la presenza di una persona sul luogo di lavoro, a un'attività. – *Foglio di via obbligatorio*: provvedimento rilasciato dalle autorità di pubblica sicurezza con cui si dispone il rimpatrio nel comune di origine di persone ritenute pericolose. – *Foglio rosa*: certificato temporaneo di abilitazione alla guida per chi è in attesa di ottenere la patente di guida. **2.** Biglietto di moneta cartacea. *Un foglio da venti euro*. **3.** *estens*. Pezzo rettangolare sottile di qualsiasi materiale. *Un foglio di alluminio*. **4.** Giornale, con connotazione riduttiva. *Un foglio scandalistico*.

fogliolina s.f. **1.** Nel sign. del dim. di *foglia*. **2.** BOT. Ogni porzione del lembo di una foglia composta.

fógna s.f. **1.** Condotta stagna, sotterranea, che raccoglie le acque di scarico di un aggregato urbano e le smaltisce nell'ambiente esterno o in una stazione di depurazione. SIN.: **chiavica**.

2. *fig*. Ambiente malsano e sordido. **3.** *volg*. Chi mangia moltissimo. ~ Persona corrotta, immonda. **4.** Parte bassa delle fosse dove si piantano le viti e si ammucchiano sassi per migliorare il drenaggio del terreno. **5.** Foro centrale sul fondo dei vasi di terracotta.

fognaiòlo s.m. **1.** Addetto alla pulizia e alla manutenzione delle fogne. **2.** *pop*. Osso del grugno dei suini.

fognàrio agg. [pl. *–ri*] Relativo alle fogne. *Rete fognaria*.

fognatùra s.f. **1.** Complesso delle opere di canalizzazione delle acque di scarico. **2.** Nel vaso da fiori, coccio che viene posto sul foro del fondo per impedire la fuoriuscita della terra. **3.** AGR. Complesso dei canali destinati a smaltire l'acqua stagnante nei campi.

föhn [/'føːn/] s.m. inv. (voce ted.) **1.** Nelle Alpi, vento caldo e secco del sud, dovuto alla depressione dell'aria dopo il passaggio di un rilievo montuoso. **2.** Denominazione commerciale, che costituisce marchio registrato, di un apparecchio elettrico per asciugare i capelli. ~ *estens*. Asciugacapelli.

fòiba s.f. (friul. *foibe*, lat. *fŏveam* "fossa") **1.** GEOGR. Avvallamento frequente nel paesaggio carsico, a forma di imbuto sul fondo del quale una profonda spaccatura fa passare le acque. **2.** Fossa comune delle vittime di lotte civili e di assassini politici.

foie gras [/'fwa 'gra/] loc. sost. m. inv. (voce fr., propr. "fegato grasso") Fegato d'oche appositamente allevate e nutrite per ottenere l'ingrassamento del fegato.

fòlade s.f. (lat. *Pholas*, deriv. di gr. *phōlás* "che sta in una tana") Mollusco bivalve a guscio bianco, che scava fori nelle rocce. (Lunghezza 10 cm ca.; genere *Pholas*, famiglia dei Foladidi).

Folàdidi s.m. pl. [iniziale minusc. sing. *–de* per l'individuo] ZOOL. Famiglia di molluschi provvisti di conchiglia bianca, luminescente al buio, a forma elicoidale. (Ordine dei Lamellibranchi).

fòlaga s.f. [pl. *–ghe*] Uccello trampoliere, a piumaggio scuro e becco bianco, affine alla gallina d'acqua, che vive nei canneti di laghi e stagni. (Lunghezza 20 cm; genere *Fulica*, famiglia dei Rallidi).

folclóre o **folklóre** s.m. (ingl. *folk-lore*, comp. di *folk* "popolo" e *lore* "dottrina") **1.** Il complesso delle tradizioni, dei costumi di un popolo e il loro modo di manifestarsi. ~ *fig*. Aspetto pittoresco di una situazione, di un ambiente. **2.** Studio delle tradizioni, dei costumi di un popolo. SIN.: **demologia**.

folclorista o **folklorista** s.m. e f. [pl.m. *–sti*] Chi studia le tradizioni popolari.

folcloristico o **folkloristico** agg. [pl.m. *–ci*, f. *–che*] **1.** Relativo al folclore. *Danza folcloristica*. **2.** Pittoresco, bizzarro. *Personaggio folcloristico*.

folder [/'fəʊldə/] s.m. inv. (voce ingl., propr. "cartella, raccoglitore") **1.** Pieghevole a stampa

usato per fare pubblicità su dépliant. **2.** INFORM. Cartella, directory.

folgorànte agg. **1.** Che suscita stupore e ammirazione. *Una rivelazione folgorante*. ◇ *fig*. *Idea folgorante*: splendida, illuminante. **2.** Che emana una luce rapida e abbagliante.

folgoràre v.intr. (aus. *avere*) Detto perlopiù di folgori o lampi, balenare. ◆ v.tr. **1.** Colpire con la folgore. **2.** Causare una scossa con il passaggio nell'organismo di una corrente elettrica. ~ Causare uno scossa letale. **3.** Rendere fulgido, illuminare di viva luce.

folgorazióne s.f. (dal lat. *fulguratiōnem*, deriv. di *fulgŭrāre* "folgorare") **1.** MED. Insieme delle gravi lesioni, spesso mortali, causate in un corpo umano da un fulmine o da una scarica elettrica. **2.** *fig*. Intuizione improvvisa, lampo di genio. SIN.: **illuminazione**.

fólgore s.f. (lat. *fŭlgur*, deriv. di *fulgĕre* "lampeggiare") Fortissima scarica elettrica tra due nubi temporalesche o fra una nube e la terra. SIN.: **fulmine**.

foliazióne s.f. (ingl. *foliation*) **1.** STAM. Impaginazione, impostazione grafica di un giornale. **2.** Numero dei fogli di un giornale o di un libro. **3.** GEOL. Nelle rocce metamorfiche, insieme di piani paralleli secondo i quali cristallizzano i minerali nuovi.

fòlico agg. [pl.m. *–ci*] CHIM. *Acido folico*: vitamina del gruppo B, contenuta in numerosi prodotti alimentari (fegato, spinaci, ecc.), necessaria alla sintesi del DNA e prescritta contro le anemie.

Folidòti s.m. pl. [iniziale minusc. sing. *–te* per l'individuo] (lat. *Pholidota*, comp. di gr. *pholís* "scaglia" e *oûs* "orecchio") ZOOL. Ordine di mammiferi caratterizzati da corpo ricoperto di grosse squame cornee, muso appuntito, bocca sfornita di denti con lingua protrattile per catturare piccoli insetti, arti brevi e coda prensile; ne fa parte il pangolino. (Famiglia dei Manidi.)

Foliòta s.f. BOT. Genere di funghi a lamelle aperte gialle o marroni, che crescono in ciuffi alla base dei vecchi alberi; alcune specie sono commestibili. (Famiglia delle Agaricacee.)

folk [/'fəʊk/] agg. inv. (voce ingl., propr. "popolo") Di una corrente della musica pop, apparsa negli Stati Uniti negli anni Sessanta, caratterizzata in partic. dall'uso della chitarra acustica e dall'adattamento delle tradizioni musicali del popolo americano. ~ *estens*. Popolare. ◆ s.m. inv. Musica popolare.

folklóre s.m. Folclore.

fòlla s.f. **1.** Riunione, in uno stesso luogo, di un gran numero di persone. SIN.: **moltitudine**. ◇ *Bagno di folla*: riferito a un personaggio importante, contatto con la gente. **2.** *fig*. Massa confusa di pensieri, di emozioni. *Una folla di sensazioni*.

follàre v.tr. (lat. *fullāre* "calcare") **1.** IND. TESS. Dare a un tessuto di lana compattezza e spessore producendo una feltratura più o meno spessa. **2.** Pigiare l'uva con i piedi. ~ Reimmergere nel mosto in fermentazione le vinacce affioranti in superficie.

follatóio s.m. [pl. *–toi*] Arnese di legno con manico, usato per pigiare l'uva. ~ Luogo dove avviene la pigiatura dell'uva.

follatóre s.m. **1.** IND. TESS. [f. *–trice*] Chi è addetto alla follatura. **2.** Follatoio.

follatrice s.f. IND. TESS. Macchina utilizzata per la follatura.

follatùra s.f. **1.** IND. TESS. Operazione con cui si conferisce compattezza e impermeabilità ai tessuti di origine animale. **2.** Operazione con cui si risospingono sotto la superficie del mosto le vinacce affioranti.

fòlle agg. (lat. *fŏllem* "sacco vuoto" quindi "testa vuota") **1.** Totalmente incapace di intendere e di volere. SIN.: **pazzo**. ~ Esagerato, irragionevole. *Prezzi folli*. ~ Contrario alla ragione, alla saggezza, alla prudenza. *Una speranza folle*. ◇ *Essere folle di qlcu.*: esserne molto innamorato. **2.** MECC. Che gira a vuoto. ~ Posizione della leva del cambio di un veicolo quando non vi è alcuna marcia ingranata. *Macchina in folle*. ◆ s.m. e f. Nell'accez. 1 dell'agg.

folleggiaménto s.m. Atteggiamento spensierato.

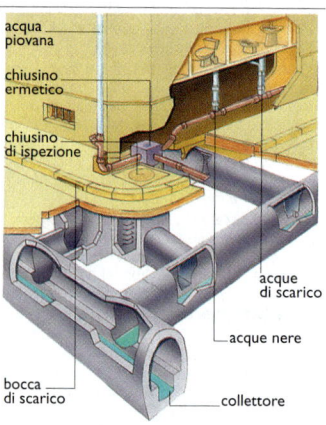

■ **fógna.** Collegamenti di una fogna.

acqua piovana

chiusino ermetico

chiusino di ispezione

acque di scarico

acque nere

bocca di scarico

collettore

folleggiàre v.intr. [5] (aus. *avere*) Comportarsi da folli. ~ Divertirsi spensieratamente o dissennatamente.

folleménte avv. Enormemente, moltissimo.

follétto s.m. **1.** Spiritello immaginario della tradizione popolare, un po' matto e dispettoso, ma non cattivo. **2.** *estens.* Ragazzo irrequieto, agitato, vivace.

follìa s.f. **1.** Grave infermità mentale, perdita della ragione. SIN.: **pazzia**. ◇ *Alla follia, fino alla follia:* moltissimo, perdutamente. *Amare qualcuno alla follia.* – *Follia collettiva:* fenomeno di esaltazione di massa che può portare a manifestazioni violente. **2.** Atteggiamento insensato, sconsiderato. *Volare in certe condizioni è una follia* ◇ *Fare follie:* non badare a spese; anche, divertirsi molto.

follicolàre agg. ANAT. Relativo ai follicoli.

follicolìna s.f. FISIOL. Ormone prodotto dai follicoli ovarici, detto anche *estrone*.

follicolite s.f. MED. Infiammazione dei follicoli piliferi. ~ Infezione dei follicoli intestinali.

follìcolo s.m. (lat. *follĭculum* "sacchetto") **1.** ANAT. Piccola formazione cava, presente in gran numero in molti organi del corpo umano. **2.** BOT. Frutto formato da un unico carpello, deiscente lungo la linea di sutura.

follóne s.m. (lat. *fullōnem* "lavapanni") Macchina a cilindri usata per la follatura dei tessuti.

follow-up [/ˈfɔləʊʌp/] s.m. inv. (voce ingl., comp. di *to follow* "seguire" e *up* "sopra") **1.** In un'azienda, attività di sostegno che orienta i nuovi assunti verso il migliore apprendimento dei compiti loro assegnati. **2.** INDUS. Momento della fase produttiva successivo alla lavorazione dei singoli materiali.

fólto agg. Fitto, denso. *Barba, nebbia folta.* ~ Che contiene in gran numero. *Una pagina folta di errori.* ◆ s.m. Parte più profonda, interna. *Il folto della foresta.*

fomentàre v.tr. Peggiorare una situazione già compromessa, istigando con malignità le persone coinvolte. *Fomentare disordini.*

fomentazióne s.f. MED. Azione medicamentosa ottenuta con l'applicazione di panni umidi e caldi imbevuti di sostanze balsamiche.

foménto s.m. (lat. *fomĕntum*, deriv. di *fovēre* "riscaldare") **1.** MED. Applicazione su parti doloranti del corpo di garze o pannolini, general. riscaldati, imbevuti di sostanze liquide medicamentose. SIN.: **impacco**. **2.** *fig.* Istigazione, sobillazione, eccitamento.

1. fon o **phon** [/ˈfɔn/] s.m. inv. Föhn.

2. fon o **phon** [/ˈfɔn/] s.m. inv. (deriv. di gr. *phōnḗ* "suono") ACUST. Unità di misura della sensazione sonora.

fonatóre agg. FISIOL. Che concorre alla produzione dei suoni.

fonatòrio agg. [pl.m. *-ri*] Che serve alla fonazione, della fonazione. *Organo fonatorio.*

fonazióne s.f. (fr. *phonation*, deriv. di gr. *phōnḗ* "suono") LING. Insieme dei fenomeni fisiologici che determinano l'emissione dei suoni.

1. fónda s.f. Tratto di mare che offre possibilità di ancoraggio. ◇ *Nave alla fonda:* ormeggiata alla propria ancora o a una boa, lontano dalla riva.

2. fónda s.f. (lat. *fŭndam* "borsellino") **1.** Fondina. **2.** Sostegno di tela o corda per curare l'arto fratturato o invalido di un quadrupede.

fóndaco s.m. [pl. *-chi*] (ar. *funduq* "magazzino") Nel Medioevo, edificio che serviva da magazzino o da albergo per mercanti in paesi stranieri, spec. sulle coste del Mediterraneo.

fondàle s.m. **1.** Profondità dell'acqua di un mare, di un fiume o di un lago in un determinato punto. *Basso fondale.* **2.** TEAT. Sfondo di scena, in una rappresentazione teatrale o cinematografica.

fondamentàle agg. **1.** Che costituisce il fondamento, il principio essenziale. *I diritti fondamentali del cittadino.* ~ Molto importante. *È un punto fondamentale.* ◇ *Grandezza fondamentale:* grandezza fisica che nel sistema di unità fisiche prescelto è assunta come fondamentale. **2.** MUS. *Nota fondamentale o la fondamentale:* nota più grave di una scala. ◆ s.m. (spec. pl.) Insieme degli elementi di base di uno sport. *I fondamentali del calcio.*

fondamentalìsmo s.m. (ingl. *fundamentalism*, deriv. di *fundamentals* "fondamenti" di una religione) **1.** Tendenza teologica conservatrice sviluppatasi nel protestantesimo, spec. americano, come reazione alle tesi evoluzionistiche. **2.** Rigorismo religioso e intransigenza politica, tipici della teologia e della pratica di alcuni gruppi e stati islamici. ~ *estens.* Qualunque fede religiosa vissuta in modo dogmatico e intransigente. SIN.: **integralismo**.

fondamentalìsta s.m. e f. [pl.m. *-sti*] (ingl. *fundamentalist*) **1.** Fautore, seguace del fondamentalismo. **2.** Religioso radicale, intransigente nell'esigere il più stretto rispetto dei fondamenti della propria fede. SIN.: **integralista**.

fondamentalménte avv. **1.** Nei fondamenti, alla base. **2.** Soprattutto, principalmente.

fondaménto s.m. [pl.f. *fondamenta* nell'accez. 1, m. nell'accez. 2] **1.** (spec. pl.) Struttura muraria che sta sottoterra e costituisce la base di un edificio. **2.** (spec. pl.) Dato di partenza, presupposto essenziale di qlco. ~ Le nozioni basilari di una scienza, di una dottrina. *I fondamenti del latino.* **3.** (solo sing.) Ciò su cui è possibile basarsi, contare. *Faccio fondamento su di te.* ~ Motivo valido, sicuro. ◇ *Con fondamento:* con cognizione di causa. – *Senza fondamento:* senza costrutto, inconsistente.

fondàre v.tr. **1.** Gettare le fondamenta di un'opera muraria. ◇ *fig. Fondare sulla sabbia:* costruire qlco. senza porre solide basi. **2.** *estens.* Dar vita a un nuovo centro abitato. **3.** *fig.* Far nascere un nuovo organismo politico, sociale o culturale e organizzarne l'attività. **4.** Mettere a punto qlco. di nuovo. **5.** Basare una cosa su un'altra. ◆ **fondarsi** v.pron. **1.** Fare affidamento su qlco. SIN.: **contare**. **2.** Detto di soggetto inanimato, basarsi su qlco. *La mia ipotesi si fonda su dati inoppugnabili.*

fondatézza s.f. Possesso, presenza dei requisiti validi per essere preso in seria considerazione. SIN.: **validità**.

fondàto agg. Che ha un valido fondamento. ~ Che si basa su prove sicure, su dati certi.

fondatóre s.m. [f. *-trice*] **1.** Chi promuove la fondazione, la realizzazione di qlco. **2.** DIR. Chi predispone una somma in denaro per costituire una fondazione. ❑ In funzione di agg., che fonda, promuove.

fondazióne s.f. **1.** Atto del fondare. *La fondazione di Roma.* **2.** (al pl.) Fondamenta di un edificio, di un muro. **3.** DIR. (anche con iniziale maiusc.) Istituzione con personalità giuridica, dotata di un patrimonio, che persegue scopi morali o culturali.

fondènte agg. Che fonde facilmente, che è facilmente solubile. *Cioccolato fondente.* ◆ s.m. **1.** Dolcetto a base di zucchero che si scioglie facilmente in bocca. **2.** METALL. Sostanza che, unita ai metalli durante la fusione, trasforma le impurità in scoria fluida.

fóndere v.tr. [47] (lat. *fŭndere* "versare") **1.** Trasformare una sostanza dallo stato solido allo stato liquido per azione del calore. *Fondere il piombo.* **2.** Fabbricare un oggetto colando metallo fuso in uno stampo. *Fondere una campana.* **3.** MECC. Provocare la fusione di un pezzo del motore per surriscaldamento o per attrito. *Fondere il motore.* SIN.: **grippare**. **4.** *fig.* Combinare, mescolare insieme più cose. *Fondere due imprese.* ◆ v.intr. (aus. *essere*) Passare dallo stato solido allo stato liquido per effetto del calore. *La neve fonde al sole.* ◆ **fondersi** v.pron. **1.** Diventare liquido per effetto del calore, liquefarsi, sciogliersi. **2.** Mettersi assieme cessando di esistere come singoli, detto perlopiù di enti, gruppi, associazioni. *Le due società si sono fuse.*

fonderìa s.f. Arte e tecnica di fondere e colare i metalli e le loro leghe. ~ Stabilimento dove si fondono i metalli e le loro leghe per ottenere pezzi variamente formati.

fondiàrio agg. [pl.m. *-ri*] (calco del fr. *foncier*) Di terreni, relativo ai terreni. ~ Che si riferisce ai beni immobili. ◇ BANC. *Credito fondiario:* credito a lungo termine concesso a proprietari di immobili, su cui viene accesa una garanzia ipotecaria.

fondìglio s.m. [pl. *-gli*] Residuo di liquidi che si deposita sul fondo di un recipiente.

fondìna s.f. Custodia portatile per armi, in partic. rivoltelle o pistole.

fondino s.m. **1.** TEAT. Piccolo fondale situato dietro un'apertura della scena teatrale. **2.** STAM. Sfondo in tinta unita su cui si inseriscono una o più illustrazioni.

1. fondista s.m. e f. [pl.m. *-sti*] **1.** Giornalista che scrive l'articolo di fondo su un quotidiano. **2.** SPORT. Atleta che gareggia in competizioni di resistenza su lunga distanza.

2. fondista s.m. e f. [pl.m. *-sti*] FIN. Sottoscrittore di fondi di investimento.

fonditóre s.m. [f. *-trice*] Chi lavora in fonderia.

fonditrìce s.f. STAM. Macchina utilizzata per fondere i caratteri tipografici.

1. fóndo s.m. **1.** Parte inferiore di un oggetto o luogo cavo. *Il fondo di un pozzo.* ~ Superficie solida che costituisce il letto di una massa d'acqua. SIN.: **fondale**. ~ Parte della strada adibita alla circolazione dei veicoli. ~ Linea o superficie all'estremità inferiore. *In fondo al foglio.* ~ La parte posteriore. *Il fondo dei calzoni.* ◇ *Mandare, andare a fondo:* affondare; *fig.* rovinare. – *iron. Fondo di bicchiere:* falsa pietra preziosa o lente molto spessa per occhiali. – *figg. Raschiare il fondo del barile:* fare appello alle ultime risorse disponibili. – *Dare fondo a qlco.:* dilapidare, sperperare. – *Stomaco senza fondo:* voracità insaziabile. **2.** Parte più lontana rispetto all'osservatore. *In fondo al negozio.* ◇ SPORT. *Linea di fondo:* quella che delimita un campo da gioco in senso longitudinale. *Rimessa dal fondo.* **3.** *fig.* Parte più intima, essenziale, completa di qlco. *Arrivare al fondo delle cose.* ◇ *In fondo:* in realtà, in ultima analisi. – *A fondo:* bene, in maniera approfondita. – *Da cima a fondo:* dall'inizio alla fine, completamente. **4.** Quanto rimane in fondo a un recipiente. *Fondo di bottiglia.* ◇ *Fondo di caffè:* polvere di caffè che resta nella tazza o nella caffettiera dopo il passaggio dell'acqua bollente. – *fig. Fondo di magazzino:* residuo di commercio, spesso merce scadente. **5.** Sfondo, colore di base. **6.** SPORT. Gara di resistenza su lunga distanza. *Sci di fondo.* ◇ *Gran fondo:* gara di sci che va dai 35 ai 50 km.

2. fóndo s.m. **1.** Terreno, bene immobiliare. **2.** ECON. Disponibilità di denaro o altri beni. *Trovare fondi.* ~ Titoli, azioni, obbligazioni in cui il capitale può essere impiegato. ◇ *Fondo pensioni:* somma accantonata e gestita dallo Stato per il pagamento delle pensioni. – *Fondo pensionistico integrativo:* fondo di investimento i cui dividendi sono assegnati a titolo di rendita nel quadro del regime di pensione complementare. – *Fondo comune di investimento:* portafoglio di valori mobiliari in comproprietà, gestito da una società finanziaria. – *Fondi neri:* somme illecitamente accantonate da un'impresa attraverso frodi contabili, sia per evadere il fisco, sia per finanziare attività illecite. – *Fondi pubblici:* insieme dei valori mobiliari emessi o garantiti dallo Stato. – *Fondo strutturale:* strumento finanziario utilizzato dall'Unione Europea per promuovere lo sviluppo e l'adeguamento strutturale delle regioni a sviluppo ritardato. – *Fondo di cassa:* la riserva di denaro disponibile presso un'impresa. – *A fondo perduto:* di finanziamento fatto senza impegno di restituzione o per attività non finalizzate al profitto. **3.** FIN. Consistenza di una variabile economica rilevata a un certo momento. ~ CONTAB. Voce di bilancio indicante l'accantonamento di risorse da destinare a specifiche esigenze future. *Fondo di ammortamento.* **4.** Patrimonio costituito e

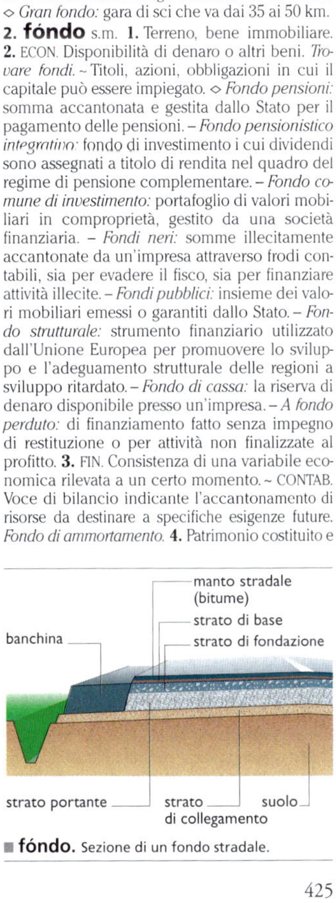

■ **fóndo.** Sezione di un fondo stradale.

riconosciuto per legge, fornito di autonomia amministrativa. *Fondo per il culto*. **5.** Nome di numerose istituzioni finanziarie sovranazionali, che favoriscono gli scambi commerciali e lo sviluppo economico di aree depresse. ◇ *Fondo monetario internazionale (FMI)*: agenzia delle Nazioni Unite che si occupa di accordare finanziamenti ai paesi membri per il riequilibrio della bilancia dei pagamenti, per evitare crisi dei cambi. **6.** Nelle biblioteche e negli archivi, gruppo omogeneo di libri, manoscritti o documenti di argomenti affini o provenienti da una medesima raccolta. *Il fondo slavo della Biblioteca*.

3. fóndo agg. **1.** Profondo. **2.** estens. Fitto, spesso, denso, folto.

fondocàmpo s.m. inv. SPORT. Nel calcio, nel tennis e in altre attività, ognuna delle aree esterne al campo di gioco considerato dalla parte della lunghezza. *Palla a fondocampo.*

fondoschièna s.m. inv. pop. Sedere, deretano.

fondotìnta s.m. inv. Fluido cremoso colorato che si stende sul viso come base per il trucco per ottenere una tinta uniforme.

fondovàlle s.m. inv. Parte più bassa di una valle nel senso della lunghezza, pianeggiante, dove sorgono solitamente i centri abitati.

fondue [/fɔ̃'dy/] s.f. inv. (voce fr., propr. "fusa") CUC. Pietanza tipicamente svizzera a base di formaggio fuso, simile alla fonduta piemontese. ◇ *Fondue bourguignonne*: pietanza a base di pezzetti di carne, che ogni commensale frigge nell'olio su un fornello posto in tavola e insaporisce con salse varie.

fondùta s.f. (piem. *fondùa*, fr. *fondue*) CUC. Piatto tipico piemontese a base di crema di formaggio fuso con rosso d'uovo e panna, da servire molto caldo, a volte arricchito con tartufo bianco finemente affettato.

fonèma s.m. [pl. *–mi*] (fr. *phonème*) LING. Elemento sonoro di una determinata lingua che possiede un valore distintivo, determinato dai rapporti che esistono tra esso e gli altri suoni della stessa lingua.

fonemàtica s.f. [non com. pl. *–che*] LING. Parte della linguistica che studia i fonemi di una lingua.

fonemàtico agg. [pl.m. *–ci*, f. *–che*] (fr. *phonématique*) LING. Relativo ai fonemi.

fonèsi s.f. inv. MED. Suono che si percepisce auscultando il polmone.

fonètica s.f. [non com. pl. *–che*] LING. Studio dei suoni dal punto di vista della loro materialità fisica.

fonètico agg. [pl.m. *–ci*, f. *–che*] LING. Che riguarda la fonetica, relativo ai suoni di una lingua.

fonetìsmo s.m. (fr. *phonétisme*) LING. Complesso dei caratteri fonetici di una lingua.

fonetìsta s.m. e f. [pl.m. *–sti*] LING. Studioso di fonetica.

-fonìa Secondo elemento di composti del l. tecnico-scientifico nei quali significa "suono", "voce" (*stereofonia*).

fonìa s.f. **1.** TELECOM. Trasmissione di suoni, con partic. riferimento alla trasmissione telefonica, in oppos. alle *trasmissioni video*. **2.** LING. Articolazione di suoni. SIN.: **fonazione.**

foniàtra o **fonoiàtra** s.m. e f. [pl.m. *–tri*] Medico specializzato in foniatria.

foniatrìa s.f. Branca della specialità otorinolaringoiatrica che studia le alterazioni della voce e del linguaggio e ha come fine di correggerne ogni imperfezione.

-fònico Secondo elemento di aggettivi composti derivati da sostantivi in *-fono* o in *-fonia* (*radiofonico*).

fònico agg. [pl.m. *–ci*, f. *–che*] (fr. *phonique*) **1.** Che riguarda il suono. **2.** ELETTROAC. Che riguarda le onde sonore. ◆ s.m. [f. *–ca*] Tecnico del suono. ~ In partic., chi è addetto alla cura della registrazione della colonna sonora di un film.

fònio s.m. Cereale coltivato nell'Africa occidentale che produce un grano di piccole dimensioni, impiegato spec. nella preparazione del cuscus. (Genere *Digitaria*; famiglia delle Graminacee.)

1. fòno s.m. Fonogramma.

2. fòno s.m. (gr. *phōnḗ* "suono") LING. Ogni suono linguistico considerato nella sua realtà fisica.

fòno- Primo e secondo elemento (in tale caso sempre atono) di composti in cui significa "voce".

fonoassorbènte agg. Che assorbe suoni e rumori. *Pannello fonoassorbente*. SIN.: **isolante.**

fonofobìa s.f. PSICH. Paura morbosa dei suoni e dei rumori.

fonogenìa s.f. Predisposizione naturale di un suono, di una voce, alla registrazione fonografica.

fonogènico agg. [pl.m. *–ci*, f. *–che*] Di suono o di voce adatti alla riproduzione discografica, alla registrazione su colonna sonora, alla trasmissione radiofonica.

fonografìa s.f. Tecnica di riproduzione e di registrazione del suono.

fonogràfico agg. [pl.m. *–ci*, f. *–che*] **1.** Che riguarda la fonografia. **2.** Relativo al fonografo.

fonògrafo s.m. (ingl. *phonograph*) Apparecchio per la riproduzione di suoni incisi su dischi.

fonogràmma s.m. [pl. *–mi*] **1.** Messaggio trasmesso per mezzo del telefono o del radiotelefono e raccolto per iscritto. **2.** Elemento di scrittura pittografica in cui la figura non significa l'oggetto ma il suono del suo nome.

fonoincisióne s.f. Procedimento di registrazione e incisione dei suoni su di un cilindro di cera o su un disco fonografico.

fonoincisóre s.m. Strumento per l'incisione di suoni su di un cilindro o su una superficie di cera per consentirne la riproduzione.

fonolìte s.f. GEOL. Roccia eruttiva alcalina a struttura porfirica, grigio-verde, che alla percussione emette un suono metallico.

fonologìa s.f. LING. Studio dei fonemi dal punto di vista della loro funzione in un sistema linguistico. SIN.: **fonematica.**

fonològico agg. [pl.m. *–ci*, f. *–che*] LING. Che riguarda la fonologia.

fonòlogo s.m. [f. *–ga*, pl.m. *–gi*, f. *–ghe*] Studioso di fonologia.

fonometrìa s.f. FIS. Misurazione dell'intensità sonora.

fonòmetro s.m. ELETTRON. Strumento di misurazione del livello sonoro e del livello di pressione sonora.

fonomorfològico agg. [pl.m. *–ci*, f. *–che*] LING. Che riguarda fonologia e morfologia.

fonóne s.m. FIS. Il quanto di energia meccanica proprio delle vibrazioni termiche di un cristallo.

fonoriproduttóre s.m. Apparecchio che riproduce i suoni registrati su disco o su nastro magnetico.

fonoriproduzióne s.f. Riproduzione di suoni mediante fonoriproduttore.

fonorivelatóre s.m. Dispositivo che trasforma in suoni le vibrazioni che le ondulazioni del disco trasmettono alla puntina. SIN.: **pick-up.**

fonosimbolìsmo s.m. Evocazione simbolica di significati attraverso suoni o sequenze di suoni di una lingua. *Il fonosimbolismo pascoliano.*

fonosintàssi s.f. inv. LING. Studio dell'insieme dei fenomeni fonetici e fonologici che si applicano a una parola inserita in una frase.

fonostilìstica s.f. [non com. pl. *–che*] FON. Parte della fonologia che si occupa degli elementi fonici aventi nel linguaggio un'esclusiva funzione espressiva ed emotiva.

fonotèca s.f. [pl. *–che*] **1.** Raccolta di dischi e nastri magnetici su cui sono incisi documenti utili per ricostruire la storia politica e sociale di un paese. ~ estens. Edificio che la ospita. **2.** CINE. Raccolta di musiche, voci, rumori registrati da riversare nel missaggio.

font [/'fɔnt/] s.m. inv. (voce ingl., fr. *fonte* propr. "colata" quindi "tipi di stampa") INFORM. Insieme di caratteri dello stesso tipo impiegati per la visualizzazione o per la stampa dei testi.

fontàna s.f. **1.** Costruzione in muratura, spesso architettonicamente pregevole o importante, provvista di una o più cannelle da cui esce acqua proveniente da una sorgente o da un acquedotto. **2.** fig. Efflusso copioso. *Una fontana di lacrime.*

3. GEOL. *Fontana ardente*: emissione dal terreno di idrocarburi gassosi infiammabili.

fontanèlla s.f. [pl. *–e*] **1.** Nel sign. del dim. di *fontana*. **2.** estens. Tenue zampillo d'acqua sorgiva. **3.** ANAT. Zona membranosa, non ancora ossificata, del cranio del neonato.

fontanière s.m. [*–ra*] **1.** Operaio addetto alle fontane, per regolarne il flusso o ripararne i guasti. **2.** Operaio esperto nella posa in opera e nella riparazione di impianti idraulici. ~ Idraulico.

fontanìle s.m. **1.** Scavo poco profondo fatto nel terreno per farvi sgorgare l'acqua. **2.** Sorgente di risorgiva. **3.** Vasca piena d'acqua dove si abbeverava il bestiame.

fónte s.f. **1.** Getto d'acqua corrente che scaturisce dal suolo naturalmente o artificialmente. SIN.: **sorgente. 2.** fig. Ciò da cui proviene, da cui deriva qlco. SIN.: **causa.** ◇ *Essere fonte di*: determinare, provocare, generare. **3.** Persona, istituzione, testo da cui si apprendono notizie su un determinato argomento. *Non rivelare le proprie fonti*. ~ LETT. (spec. pl.) Testo o documento di vario tipo da cui si attingono informazioni su opere letterarie, eventi storici, ecc. ~ Testi letterari a cui un autore si rifà nella sua opera. ~ DIR. *Fonti del diritto*: i fatti di produzione giuridica, vale a dire i fatti dai quali scaturisce il diritto. ◆ s.m. *Fonte battesimale* o *sacro fonte*: vasca che contiene l'acqua per i battesimi.

fontìna s.f. (piem. *funtina*) Formaggio dolce, piuttosto grasso, prodotto in Piemonte e Val d'Aosta.

football [/'futbɔːl/] s.m. inv. (voce ingl., comp. di *foot* "piede" e *ball* "palla") **1.** SPORT. Gioco del calcio. **2.** SPORT. *Football americano*: sport diffuso spec. negli Stati Uniti, che si gioca con un pallone ovale, tra due gruppi di undici giocatori ai quali è permesso l'uso di mani e piedi.

footing [/'futɪŋ/] s.m. inv. (voce pseudoingl., deriv. di *to foot* "andare a piedi") Esercizio di allenamento prima di una gara, praticato da atleti di diverse specialità che consiste in corsa e marcia alternate effettuate su strada. ~ estens. Pratica sportiva a carattere non competitivo che abbina marcia e corsa.

foraggèro o **foraggièro** agg. Relativo al foraggio, che produce foraggio.

foraggiaménto s.m. **1.** Rifornimento di vettovaglie e di foraggio. **2.** fig. scherz. o spreg. Sovvenzione, finanziamento.

foraggiàre v.tr. [5] (fr. *fourrager*) **1.** Distribuire foraggio al bestiame. **2.** fig. Finanziare qlcu. con denaro per ottenere dei vantaggi.

foràggio s.m. [pl. *–gi*] (fr. *fourrage*, francone *fodar* "cibo") Materiale vegetale che serve all'alimentazione del bestiame.

Foraminìferi s.m. pl. [iniziale minusc. sing. *–ro* per l'individuo] ZOOL. Ordine di protozoi marini a guscio calcareo con numerose aperture da cui fuoriescono pseudopodi fini e lunghi; detti anche *Perforati*.

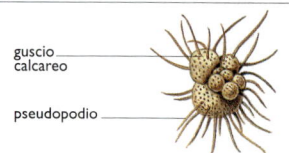

guscio calcareo

pseudopodio

■ foraminìfero

foranéve s.m. inv. BOT. → bucaneve.

forapàglie o **forapàglia** s.m. inv. Piccolo uccello passeriforme con becco diritto e sottile, zampe esili e coda lunga. (Genere *Acrocephalus*; famiglia dei Silvidi.)

foràre v.tr. **1.** Bucare qlco. facendo un foro. ~ Penetrare da parte a parte. *Forare una tavola*. **2.** Subire una foratura nei pneumatici della bicicletta, dell'auto, ecc. ◆ **forarsi** v.pron. Subire una foratura. SIN.: **bucarsi.**

forasàcco s.m. [pl. *–chi*] Nome comune di piante infestanti o foraggere molto diffuse. (Famiglia delle Graminacee.)

foràto agg. Bucato, trapassato da parte a parte. ◇ *Mattone forato*: mattone bucato nel senso della lunghezza, usato per muri non portanti. ◆ s.m. Mattone forato.

foratóio s.m. [pl. –toi] Attrezzo che serve per fare buchi.

foratóre s.m. **1.** [f. –trice] Operaio metallurgico addetto alla foratura. **2.** Foratoio.

foratùra s.f. **1.** Esecuzione di uno o più fori. ~ Il prodursi di fori. ~ METALL. Foro praticato su un bulletto di ferro per ottenere un tubo. **2.** estens. L'afflosciarsi di un pneumatico a causa di un foro nella camera d'aria.

fòrbice s.f. **1.** (al pl.) Strumento manuale da taglio formato da due lame incrociate che si possono aprire e chiudere. Forbici da sarto. ◇ fig. Lavorare di forbici: eliminare le parti superflue di un testo scritto; anche censurare. **2.** fig. Tutto ciò che, anche nella sua rappresentazione grafica, può assomigliare a una forbice o ricordare il movimento delle forbici. Salto a forbice. ◇ Entrata a forbice: nel calcio, sforbiciata. – Forbice dei prezzi: differenza tra i prezzi all'ingrosso e al minuto. – Forbice salariale: nel l. sind., diversificazione del livello retributivo fra lavoratori con qualifiche diverse. – ECON. Andamento a forbice: riferito a fenomeni che divergono tra di loro. **3.** Antenne di certi insetti. ~ Chele dei granchi e di altri crostacei. ~ estens. L'insetto o il crostaceo stesso.

forbicìna s.f. **1.** (spec. pl.) Nel sign. del dim. di forbice. **2.** ZOOL. Piccolo insetto il cui addome presenta due appendici a forma di forbice; detto anche forfecchia. (Ordine dei Dermatteri.)

maschio

■ forbicìna

forbìre v.tr. [83] (francone forbjan "pulire le armi") Rendere qlco. più elegante e raffinato, perfezionare. ◆ forbìrsi v.pron. Pulirsi, asciugarsi.

forbìto agg. Elegante, accurato. ~ Eccessivamente lezioso, detto spec. del linguaggio. Avere un vocabolario forbito. ❑ In funzione di avv., in modo elegante e accurato. Parlare forbito.

forbitùra s.f. Pulitura dei metalli.

fórca s.f. [pl. –che] **1.** Arnese agricolo con denti di ferro o di legno, munito di un lungo manico, usato per spostare il fieno o la paglia. **2.** Bastone di legno biforcuto alla sommità per reggere la corda del bucato. ~ estens. Ogni altro oggetto a forma di forca. ~ Punto dove un albero, un ramo, ecc. si dividono in due o più direzioni. **3.** Patibolo per l'impiccagione dei condannati a morte, costituito da travi incrociate da cui pende il capestro. Mandare alla forca. ◇ Forche caudine: gioghi sotto i quali dovettero passare, in segno di dispregio, i Romani sconfitti dai Sanniti a Caudio nel 321 a.C.; fig. umiliazione. **4.** Stretto valico montano. **5.** ZOOL. Appendice addominale dei crostacei.

forcaiòlo s.m. [f. –la] Chi sostiene misure violentemente repressive nei confronti del dissenso politico o della criminalità comune. ~ Reazionario.

forcàta s.f. **1.** Colpo di forca. **2.** Quantità di fieno, di paglia, ecc. che si può sollevare con un solo colpo di forca.

forcèlla s.f. **1.** Parte meccanica a forma biforcuta. ~ Parte del telaio di un veicolo a due ruote in cui sono inseriti la ruota anteriore e il manubrio. SIN.: forca. **2.** Stretto valico montano. SIN.: forca. **3.** Biforcazione di un tronco o di un ramo d'albero. **4.** Sterno di uccelli e pollame. **5.** Forcina per capelli. **6.** MUS. Segno che indica, a seconda del suo posizionamento, il crescendo o il diminuendo. **7.** DIR. Metodo di individuazione delle imprese invitate a una gara per l'aggiudicazione di lavori pubblici.

forchétta s.f. **1.** Posata per portare i cibi alla bocca, formata da un manico e da un certo numero di denti o rebbi. ◇ figg. Essere una buona forchetta: essere un gran mangiatore. – Parlare in punta di forchetta: esprimersi con affettazione,

in modo eccessivamente forbito. **2.** OROL. Estremità dell'ancora, a forma di forcella, che inserendosi in un perno del bilanciere gli trasmette un impulso alternato per mantenerlo in oscillazione costante. **3.** Osso del petto dei polli e degli uccelli. SIN.: forcella. **4.** ANAT. Forchetta sternale: incisura mediana dell'estremo superiore dello sterno. **5.** MAR. Nelle imbarcazioni a vela, mezzaluna di legno o metallo che tiene fermo il boma quando la randa è chiusa. **6.** Negli scacchi, mossa di un pedone con la quale si attaccano simultaneamente due pezzi avversari.

forcìna s.f. Fermaglio per capelli. SIN.: forcella.

forcing /'fɔːsɪŋ/ s.m. inv. (voce ingl., deriv. di to force "forzare") SPORT. Pressante azione d'attacco sia individuale, spec. nel pugilato, sia di squadra.

fòrcipe s.m. (lat. fŏrcipem "tenaglia") MED. Strumento chirurgico a forma di tenaglia, usato per l'estrazione del feto quando il parto risulta difficoltoso.

forclusióne s.f. PSICOAN. Secondo J. Lacan, meccanismo psicologico alla base di talune manifestazioni psicotiche, allorché un significante ansiogeno invece che essere rimosso dall'inconscio viene proiettato nella realtà e torna poi al soggetto sotto forma di allucinazione.

forcóne s.m. Forca a tre denti utilizzata per prendere il letame.

forcùto agg. A forma di forca. Coda forcuta.

fordìsmo s.m. (dal nome dell'industriale americano H. Ford che lo introdusse nella sua azienda) Teoria di organizzazione del lavoro che mira ad aumentare la produttività con l'uso della catena di montaggio, la standardizzazione dei prodotti e con incentivi ai lavoratori.

forènse agg. Relativo al foro, all'attività giudiziaria. Pratica forense.

forèsta s.f. **1.** Insieme di piante, perlopiù d'alto fusto, che ricoprono una vasta estensione di terreno. ◇ fig. Il richiamo della foresta: il riemergere degli istinti, dei ricordi, degli atteggiamenti e dei comportamenti legati alla propria vera natura o al proprio passato. (Dal titolo del celebre romanzo di J. London.) **2.** fig. Moltitudine fitta e intricata. Una foresta di capelli.

■ forèsta amazzonica in Venezuela.

forestàle agg. **1.** Che riguarda le foreste. Patrimonio forestale. **2.** Che si interessa della tutela dei boschi. ◇ Corpo forestale dello Stato: corpo di guardie addette alla tutela del patrimonio boschivo; detto anche Guardia forestale o la Forestale.

forestazióne s.f. Insieme delle attività legate alla foresta e alla sua tutela.

foresterìa s.f. Parte di un collegio o di un convento riservata all'alloggio di persone non residenti. ~ Insieme di appartamenti tenuti a disposizione da aziende o enti per ospiti temporanei.

forestierìsmo s.m. LING. Parola o locuzione presa in prestito da una lingua straniera.

forestièro agg. (provenz. forestier) Che proviene da un altro paese. SIN.: straniero. ◆ s.m. [f. –ra] Nel sign. dell'agg.

1. forfait /fɔr'fɛ/ s.m. inv. (voce fr. "contratto a prezzo fisso") Clausola di un contratto che fissa il prezzo di una prestazione in un importo fisso indipendente dal tempo impiegato.

2. forfait /fɔr'fɛ/ s.m. inv. (voce fr., ingl. forfeit deriv. di fr. forfaire "trasgredire") **1.** SPORT. Rinuncia di un concorrente o di una squadra a partecipare a una competizione. **2.** estens. Rinuncia, abbandono di qlco. che si era intrapreso. Dare forfait.

forfécchia s.f. ZOOL. → forbicina.

forfettàrio o **forfetàrio** agg. [pl.m. –ri] Fissato, determinato a forfait. Contratto forfettario.

fórfora s.f. (lat. fŭrfurem "crusca") Piccole squame chiare che si staccano dal cuoio capelluto.

fòrgia s.f. [pl. –ge] (fr. forge) Fornello per il lavoro a caldo dei metalli. SIN.: fucina.

forgiàre v.tr. [5] (fr. forger) **1.** Lavorare il metallo dopo averlo reso incandescente. Forgiare il ferro. **2.** fig. Plasmare, formare. Forgiare il carattere.

forièro agg. (fr. fourrier "foraggiatore", perché l'arrivo del foraggiatore preludeva a quello delle truppe) Che annuncia un evento prossimo. ◆ s.m. Negli antichi eserciti, chi aveva l'incarico di precedere la truppa per predisporre alloggi e vettovaglie.

forint /'fɔrint/ s.m. inv. (voce ungherese) Unità monetaria dell'Ungheria.

fórma s.f. **1.** Aspetto esteriore, configurazione un corpo o di un oggetto. SIN.: conformazione. ~ Aspetto fisico di una persona, spec. di una donna. ~ Oggetto di cui si delineano confusamente le caratteristiche. Una forma nella notte. SIN.: figura. ◇ fig. Prendere forma: iniziare a realizzarsi, acquistare un aspetto riconoscibile. – locc. prep. A forma di, sotto forma di: simile a, in veste di. **2.** Modo in cui si presenta qlco. o qlcu. In forma ufficiale. ~ Modo di essere di una cosa. ~ Modalità di svolgimento di una procedura o di un'organizzazione. Violare la forma. ◇ Forma di governo: modo con cui le funzioni di indirizzo politico vengono distribuite tra i vari organi costituzionali. – Questione di forma: che non riguarda la sostanza di qlco., ma il modo in cui è presentata. **3.** Esteriorità, apparenza. Badare troppo alla forma. **4.** Correttezza di comportamento, buona educazione. ~ (spec. pl.) Convenienze sociali. Rispettare le forme. **5.** FILOS. Nell'aristotelismo, principio sostanziale di ogni essere. ~ In Kant, funzione a priori del pensiero. **6.** Modalità espressiva, linguaggio, stile. ~ Schema formale, spec. in relazione al metro di una poesia. Forme aperte. **7.** Attrezzo che serve a modellare i più vari oggetti. Forma per torte. SIN.: stampo. ◇ Forma di formaggio: massa di formaggio modellata in uno stampo. **8.** SPORT. Condizione fisica e stato di allenamento di un atleta o di un cavallo da corsa. ~ estens. Condizione psicofisica di una persona. ◇ Essere in forma: essere in buona condizione fisica. – PSICOL. Psicologia della forma → gestaltismo. **9.** GRAMM. Modo in cui si presenta una parola a seconda della qualificazione morfologica. Forma singolare. **10.** MAT. Polinomio i cui variabili, in cui i termini hanno tutti lo stesso grado. ❑ In funzione di agg. inv., si usa per indicare il peso di un atleta nella sua migliore condizione fisica. Peso forma.

formaggétta s.f. **1.** Piccola forma di formaggio fresco. **2.** MAR. Sorta di pomo tondo e appiattito posto sulla cima degli alberi delle navi.

formaggiàio s.m. [f. –giaia, pl.m. –giai] Chi fabbrica o vende formaggi.

formaggìno s.m. Formaggio a pasta molle confezionato in piccoli pezzi.

formàggio s.m. [pl. –gi] (fr. fromage, lat. formàticum deriv. di fŏrma propr. "forma di cacio") Prodotto che si ricava dal latte intero o da quello scremato per coagulazione. SIN.: cacio.

formaldèide s.m. CHIM. (→ aldeide *formica*)

formàle agg. **1.** Che tiene conto solo o soprattutto della forma, che riguarda solo l'apparenza di qlco. **2.** Fatto con le debite forme (in oppos. a *informale*). ~ Espresso in modo esplicito, ufficiale, solenne. ◇ DIR. *Istruzione, procedimento formale*: in un processo, procedura normale (in oppos. a *procedura sommaria*). **3.** Che si riferisce alla forma di un'opera d'arte, considerata nelle sue tecniche di composizione, nel suo stile, nel suo linguaggio. ◇ *Errore formale*: errore di linguaggio, di forma, non di sostanza. **4.** FILOS. Di forma, pertinente alla forma, che prescinde dalla materia, dal contenuto.

formalina s.f. CHIM. Soluzione di aldeide formica in acqua, usata come antisettico. SIN.: **formolo**.

formalismo s.m. (fr. *formalisme*) **1.** Rispetto scrupoloso delle forme, delle formalità. ~ Attaccamento eccessivo alle forme esterne della cortesia, all'etichetta. **2.** FILOS. Qualsiasi sistema filosofico che si fonda su principi formali. ◇ *Formalismo etico*: che tiene conto né del contenuto né delle conseguenze dell'azione, ma solo della sua rispondenza alla legge del dovere. – *Formalismo logico*: che studia le forme del ragionare corretto prescindendo dai contenuti. **3.** Nel l. della crit. lett., priorità assegnata all'elaborazione stilistica e formale dell'opera, anziché all'aspetto tematico e concettuale (in oppos. a *contenutismo*). **4.** Corrente di critica letteraria, attiva dal 1916 al 1930 a Mosca, a Leningrado e quindi a Praga, il cui oggetto era la definizione dei caratteri propriamente letterari e formali di un'opera. (I principali rappresentanti furono Roman Jakobson, Viktor Chklovski, Ossip Brik, Iouri Tynianov, Vladimir Propp.)

formalista s.m. e f. [pl.m. –sti] (fr. *formaliste*) **1.** Chi osserva rigorosamente le forme e l'esteriorità. *Quel direttore è un formalista.* **2.** Chi segue, si attiene ai dettami della filosofia formalista o del formalismo in critica letteraria. *Rassegna dei formalisti russi.* ❑ In funzione di agg., proprio del formalismo, dei formalisti, improntato a formalismo.

formalità s.f. inv. Forma, norma, procedura prescritta per determinate azioni o per atti ufficiali. *Compiere una formalità.* ~ estens. Rispetto dell'esteriorità, delle convenzioni. ◇ *Pura, semplice formalità*: che compiuto solo per rispetto della forma della legge. – *Senza tante formalità*: direttamente, piuttosto concretamente, alla buona.

formalizzàre v.tr. **1.** Rendere formale o ufficiale qlco. ◇ DIR. *Formalizzare un'istruttoria*: trasformare un'istruttoria da sommaria in formale. **2.** Ridurre dati e conoscenze in formule, in simboli. *Formalizzare una teoria scientifica.* ◆ **formalizzarsi** v.pron. Sentirsi in obbligo di osservare determinate convenzioni sociali, preoccuparsi o scandalizzarsi se qlcu. non le rispetta.

formalizzazióne s.f. **1.** Conferimento di un carattere formale, ufficializzazione. **2.** Nel l. sc., procedimento col quale viene costruito un sistema di simboli, retto da una sintassi astratta.

formalménte avv. **1.** In modo formale, in forma ufficiale. **2.** Dal punto di vista formale. *Formalmente le cose sono a posto.*

fórma méntis loc. sost. f. [pl. *formae mentis*] (loc. lat., propr. "conformazione della mente") Modo di pensare, quale risultato di una formazione culturale. ~ Struttura mentale propria di un individuo.

formànte s.m. (ted. *Formans*) LING. Affisso derivativo che viene aggiunto alla parte radicale di una parola. ◆ s.f. FON. Ciascuna delle zone di concentrazione dell'energia sonora che distinguono in maniera specifica i diversi timbri vocalici.

formàre v.tr. **1.** Dare una certa forma. *Formare una maschera con la cartapesta.* SIN.: **modellare**. **2.** fig. Educare, insegnare, plasmare. *Formare i giovani.* **3.** Creare, dare origine, fare. *Formare una famiglia, il governo.* **4.** Assumere una certa forma, una certa disposizione. *I bambini giocando formarono un cerchio.* **5.** Venire a comporre un tutto organico. *Questi ragazzi formano un gruppo affiatato.* ◆ **formarsi** v.pron. **1.** Detto di soggetto animato, nascere, svilupparsi. ~ fig. Educarsi, affi-

nare la propria preparazione culturale e professionale in un certo luogo o presso una personalità di rilievo. **2.** Detto di soggetto inanimato, prodursi, prendere forma. *Si stanno formando molte nuvole.*

format [/ˈfɔːmæt/] s.m. inv. (voce ingl., "formato, struttura") **1.** Formato di stampa. **2.** INFORM. Disposizione prefissata dei dati in entrata o in uscita da un elaboratore elettronico. **3.** TV. Programma di tipo seriale, realizzato per il mercato internazionale con adattamenti vari per i diversi pubblici nazionali; basato su un'idea originale, può avere contenuti anche molto differenti (giochi, storie familiari, ecc.).

formativo agg. Costruttivo dal punto di vista educativo. ~ Che forma la personalità.

formàto agg. **1.** Compiuto, maturo. *Un giovane ormai formato.* ◇ *Ben formato*: proporzionato, armonioso. **2.** Costituito, composto. *Una squadra formata da undici giocatori.* ◆ s.m. **1.** Dimensione di un oggetto in generale. *Il formato di un giornale.* ~ Dimensioni di un libro, un foglio, una fotografia. ◇ *Formato tessera*: di fotografia dalle dimensioni ridotte, richieste dagli usi ufficiali su documenti. – *Fuori formato*: che non corrisponde alle misure convenzionali. **2.** INFORM. Schema prestabilito entro il quale vengono disposti i dati. ~ In partic. nei word processor, insieme delle procedure che regolano le caratteristiche tipografiche e la composizione delle pagine.

formatóre s.m. [f. –*trice*] **1.** Esecutore di calchi in gesso per le statue. **2.** Esperto preposto all'addestramento e alla preparazione del personale in diversi settori professionali. ❑ Anche in funzione di agg., nell'accez. 2 del s.

formattàre v.tr. (ingl. *to format*) INFORM. Predisporre un supporto di memorizzazione, in partic. un floppy disk, per la registrazione dei dati.

formattazióne s.f. INFORM. Preparazione dei dati secondo un determinato formato. ~ In partic., operazione preliminare di organizzazione di un supporto di memorizzazione, p.e. un floppy disk.

formatùra s.f. (lat. *formatūram* "conformazione") **1.** METALL. In fonderia, preparazione delle forme in cui viene versato il metallo fuso. **2.** In ceramica, operazione diretta a far assumere all'argilla la forma dell'oggetto da fabbricare.

formazióne s.f. **1.** Atto con cui si forma qlco. *La formazione di un nuovo governo.* SIN.: **costituzione**. ◇ LING. *Formazione delle parole*: insieme delle trasformazioni e delle regole che si evincono dall'evoluzione fonomorfologica delle parole. **2.** fig. Progressiva acquisizione, attraverso lo studio o l'esperienza, di una determinata fisionomia culturale o morale, di competenze specifiche. *Formazione letteraria.* ◇ *Corsi di formazione professionale*: quelli organizzati da enti pubblici o privati per migliorare le competenze professionali. – *Formazione a distanza*: sistema di formazione basato sullo scambio di informazioni tramite i mezzi di telecomunicazione, spec. internet. **3.** Disposizione dei singoli membri in una struttura organizzata, spec. militare. ~ estens. La struttura stessa. *Una formazione navale.* ~ Nel l. sport., insieme dei giocatori che formano una squadra. ~ La squadra stessa. **4.** GEOL. Insieme di rocce della stessa composizione e formatesi nello stesso periodo. *Formazione calcarea.* **5.** ANAT. Entità anatomica di natura fisiologica o patologica. *Formazione callosa.* **6.** BOT. Insieme di piante che hanno forma biologica e fisionomia simili, in armonia con le condizioni dell'ambiente.

-fórme Secondo elemento di aggettivi composti col significato di "che ha forma di" (*filiforme*).

formèlla s.f. **1.** Mattonella di marmo o di altro materiale per pavimentazione. **2.** ARCH. Elemento di forma geometrica, di materiale vario, usato per pavimentazione o a scopo decorativo. ~ estens. Ognuno dei riquadri di cui si compone un soffitto, una volta, una porta. **3.** Mattonella di materiale combustibile, ottenuta da materiale sminuzzato. **4.** Recipiente dove si raccoglie il latte per trasformarlo in formaggio. **5.** Mattonella di foraggio essiccato e compresso. **6.** VET. Callosità che si forma nel piede del cavallo.

formeret [/fɔrmaˈrɛ/] s.m. [pl. *formerets*] (voce fr.) ARCH. Nell'architettura romanica e gotica, arco laterale delle navate delle chiese.

formiàto s.m. CHIM. Sale o estere dell'acido formico.

1. fòrmica s.f. [pl. –*che*] (deriv. di *formico*, presente nella composizione chimica) Denominazione commerciale, che costituisce marchio registrato, di un laminato plastico, di solito usato per rivestimento di mobili.

2. fòrmica s.f. [pl. –*che*] **1.** Denominazione comune di vari insetti di piccole dimensioni con corpo allungato, capo grosso, antenne; subiscono metamorfosi completa e vivono in comunità organizzate composte da individui differenziati (femmine feconde, maschi, femmine infeconde o operaie). (Ordine degli Imenotteri.) ◇ *A passo di formica*: molto lentamente. – *Avere un cervello da formica*: piccolo e quindi di scarsa intelligenza. – *Fare come la formica*: risparmiare, essere parsimonioso, laborioso (in oppos. a *essere una cicala*). **2.** ZOOL. (iniziale maiusc.) Genere di insetti a cui appartengono varie specie di formiche.

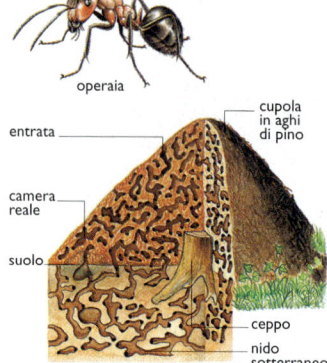

operaia
entrata
camera reale
suolo
cupola in aghi di pino
ceppo
nido sotterraneo

■ **formìca** rossa e formicaio.

formicàio s.m. [pl. –*cai*] **1.** Nido di formiche. **2.** fig. Folla brulicante, in movimento. ~ Luogo pieno di gente. **3.** VET. Malattia degli equini che disgrega il tessuto corneo dello zoccolo.

formicaleóne s.m. [pl. –*ni*] Insetto simile alla libellula, la cui larva divora le formiche che cattura scavando nella sabbia trappole a forma d'imbuto. (Lunghezza della larva 1 cm ca.; genere *Myrmeleon*, sottordine dei Planipenni.)

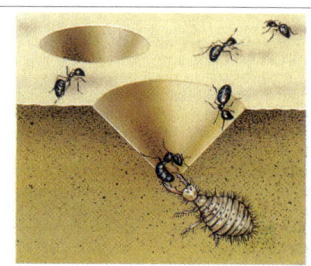

■ **formicaleóne**

formichière s.m. Mammifero dell'America meridionale dal pelame bruno scuro, striato di bianco, con muso appuntito, lingua sottile e vischiosa che introduce nei formicai e nei termitai per catturare gli insetti di cui si nutre. (Lunghezza 2,50 m ca. compresa la coda; ordine degli Sdentati, famiglia dei Mirmecofagidi.)

fòrmico agg. [pl.m. –*ci*, f. –*che*] (fr. *formique*, deriv. di lat. *formica* "formica" perché fu individuato nelle formiche rosse) CHIM. ORG. Di composto derivato dal metano. ◇ *Acido formico*: acido (HCOOH), ottenuto per ossidazione della formaldeide, che si presenta come liquido incolore, dall'odore acuto e penetrante, molto irritante; viene usato in conceria, in tintoria, nei prodotti fermentativi e nelle conserve alimentari per la sua azione antisettica. – *Aldeide formica:* gas (HCHO)ottenuto dall'ossidazione dell'alcool metilico, una delle principali materie prime della chimica pesante; trova largo impiego nella fabbricazione di varie categorie di resine sintetiche.

formicolàre v.intr. (aus. *essere* o *avere*) **1.** Di un arto, dare la sensazione tipica dell'intorpidimento. *Mi formicola una gamba.* **2.** Di luogo, essere pieno, pullulare di animali o persone che si muovono in tutte le direzioni. SIN.: **brulicare. 3.** Di persone, muoversi senza sosta in varie direzioni all'interno di un determinato spazio. *La folla formicolava per le vie.*

formicolìo s.m. [pl. *–lii*] **1.** Brulichio di persone. **2.** Sensazione epidermica di punture agli arti, dovuta a disturbi circolatori locali o alla compressione di un nervo.

formidàbile agg. **1.** Eccezionale, straordinario, fuori del comune. **2.** Tanto forte e imponente da incutere paura. SIN.: **temibile**.

formìle s.m. CHIM. Radicale dell'acido formico.

formìna s.f. **1.** Nel sign. del dim. di *forma*; in partic., piccolo stampo, di solito in plastica, con cui i bambini realizzano forme di sabbia. **2.** CHIM. Estere formico della glicerina.

fòrmio s.m. Pianta erbacea ornamentale nota col nome di *lino della Nuova Zelanda*, perché le sue foglie forniscono fibre tessili. (Famiglia delle Liliacee.)

formòlo s.m. CHIM. → formalina.

formosità s.f. inv. Prosperosa bellezza del corpo e delle membra; in partic., opulenza di forme di una donna.

formóso agg. (lat. *formōsum* "bello") Di corpo o di qualche sua parte, prosperoso, appariscente, pieno. *Una donna formosa.*

fòrmula s.f. **1.** Modo di dire, frase rituale consacrata dall'uso. *Formula di cortesia.* DIR. *Assolvere con formula piena, con formula dubitativa:* modi di proscioglimento dell'imputato previsti dal vecchio codice di procedura penale, ora abrogati. – *Formula esecutiva:* clausola che rende immediatamente eseguibile l'atto giudiziario in cui è inserita. **2.** In ambito scientifico, insieme di simboli convenzionali, a base di lettere e numeri, che indicano le caratteristiche di grandezze, fenomeni, enti, composti, ecc. e le loro reciproche relazioni. CHIM. *Formula chimica:* simbolo indicante gli elementi di un composto. – *Formula bruta:* quella che indica soltanto le quantità dei singoli componenti. – *Formula di struttura:* quella che indica anche i legami chimici che li collegano. – MED. *Formula leucocitaria:* rapporto numerico percentuale tra le varie categorie di leucociti presenti nel sangue periferico. **3.** MAT. Espressione simbolica che permette di calcolare certe quantità, avendone altre a disposizione, o di risolvere un problema o un'equazione in base a dati noti. *Formula algebrica.* ◇ *Formula di Chasles:* proprietà dell'addizione di due grandezze orientate (vettori, misure algebriche, angoli, ecc.). (Essendo *A, B* e *C* tre punti di un asse orientato, allora $\overrightarrow{AB} + \overrightarrow{BC} = \overrightarrow{AC}$.) **4.** *estens.* Insieme degli ingredienti di un prodotto. SIN.: **composizione. 5.** Frase che sintetizza, riassume schematicamente una teoria, una dottrina, ecc. ◇ Complesso degli aspetti distintivi di un organismo, di un'attività, di un movimento culturale. *Formula di un concorso.* ◇ *Ridurre a formule:* schematizzare in termini riduttivi. **6.** SPORT. Categoria in cui si dividono le competizioni automobilistiche. *Gara di formula uno.*

1. formulàre v.tr. Esprimere qlco. con una data formula o nella forma prescritta. *Formulare un giuramento.* ~ Esprimere, enunciare, esternare. *Formulare un'opinione.*

2. formulàre agg. Che si svolge per mezzo di formule. *Processo formulare.* ~ Che si basa su determinate formule. *Linguaggio letterario formulare.*

formulàrio s.m. [pl. *–ri*] **1.** Raccolta di formule relative a una determinata disciplina. **2.** Modulo prestampato, con spazi vuoti da compilare. *Formulario per il rilevamento catastale.*

formulazióne s.f. Espressione enunciata mediante una formula, un procedimento determinato, uno schema. *La formulazione di un'ipotesi.*

fornàce s.f. **1.** Opera in muratura per la cottura di argilla, gesso, ecc. **2.** *estens.* L'edificio in cui è posta tale costruzione. **3.** *fig.* Luogo molto caldo, torrido.

fornàio s.m. [f. *–naia*, pl.m. *–nai*] **1.** Proprietario, gestore di un forno. **2.** (solo m.) Piccolo uccello diffuso in America meridionale, che costruisce un nido in argilla somigliante a un forno. (Ordine dei Passeriformi.)

fornèllo s.m. **1.** Piccolo apparecchio per usi domestici alimentato con varie forme di energia per cuocere vivande o per riscaldare ambienti. *Fornello elettrico.* **2.** Incavo predisposto per una combustione. ◇ *Fornello della pipa:* cavità entro la quale viene inserito il tabacco per essere bruciato. – *Fornello di mina:* cavità della roccia in cui si colloca l'esplosivo, detta anche *foro di mina.* **3.** Pozzo di miniera. *Fornello di accesso.*

fornicàre v.intr. [4] (aus. *avere*) (lat. *fornicāre*, deriv. di *fōrnix* "sotterraneo a volte" e, perché frequentato da prostitute, "postribolo") **1.** Avere rapporti sessuali con qlcu. che non sia il proprio coniuge, commettere atti carnali illeciti. **2.** *fig.* Stabilire contatti poco chiari o equivoci con qlcu. o qlco.

fornicatóre agg. [f. *–trice*] Che fornica, che commette fornicazione. ◆ s.m. (anche f.) Nel sign. dell'agg.

fornicazióne s.f. Relazione carnale illecita. ~ Rapporto impuro.

fòrnice s.m. **1.** ARCH. Arco usato in edifici a carattere monumentale come passaggio o sostegno. **2.** ANAT. Nome generico di ripiegature di vari tessuti o mucose. *Fornice vaginale.*

fornire v.tr. [83] (fr. *fornir*, francone *frumjan* "eseguire") **1.** Mettere qlco. di necessario a disposizione di qlcu. *Fornire informazioni a un amico.* **2.** Dotare, provvedere qlcu. o qlco. di ciò che è necessario. *Fornire le aziende di energia elettrica.* **3.** Esibire, presentare ciò che è richiesto. *Fornire un certificato medico.* ◆ **fornirsi** v.pron. Munirsi, provvedersi di qlco. *Fornirsi di cibo.*

fornìto agg. Che dispone di ciò che occorre. *Negozio ben fornito.* SIN.: **provvisto.**

fornitóre agg. [f. *–trice*] Che abitualmente fornisce o provvede alla consegna di merce a negozi, a un'azienda o a privati. ◆ s.m. (anche f.) Nel sign. dell'agg. ◇ *Fornitore d'accesso:* società che garantisce l'accesso a Internet o, più, general. a una rete di comunicazione.

fornitùra s.f. Servizio di rifornimento. ~ La merce fornita.

fórno s.m. **1.** Locale o apparecchiatura usata per cuocere il pane o altre cose. *Forno da panettiere.* ~ Struttura cava in vario materiale, autonoma o inserita in cucine a gas ed elettriche, adibita agli stessi usi. *Mettere un soufflé in forno.* ◇ *Forno elettrico:* forno di acciaio, per uso domestico o industriale, riscaldato ad arco voltaico o a induzione. – *Forno a microonde:* forno nel quale l'irradiazione di onde elettromagnetiche ad altissima frequenza permette la cottura, il riscaldamento o lo scongelamento molto rapidi dei prodotti alimentari; detto comun. *microonde.* **2.** *estens.* Locale di una panetteria dove si trova il forno di cottura. ~ La panetteria stessa. **3.** TECN. Impianto ad alta temperatura per lavorazioni industriali. ◇ *Alto forno:* altoforno. – FIS. *Forno solare:* apparecchio costituito da uno specchio concavo di grande diametro che permette di concentrare i raggi solari in una piccola regione del piano focale dello strumento. **4.** MED. Apparecchio riscaldato elettricamente e

■ formichière

impiegato in reumatologia a fini terapeutici. **5.** *fig.* Luogo in cui la temperatura è molto alta.

1. fóro s.m. **1.** Apertura, perlopiù circolare, di ridotte dimensioni. *Un foro nella parete.* SIN.: **buco. 2.** Ferita causata da un'arma da fuoco o da taglio. *Foro di un proiettile.* **3.** *estens.* Qualsiasi cavità a orifizio funzionale praticata in costruzione meccanica. ◇ *Foro di mina:* *fornello di mina.

2. fòro s.m. (lat. *fŏrum*, orig. "spazio recintato" poi "piazza del mercato") **1.** Nell'età romana, piazza monumentale che costituiva il centro della vita civile, economica e sociale della città. **2.** DIR. Luogo ove si esercita la giustizia, tribunale. *Foro ecclesiastico.* ◇ *Principe del foro:* avvocato molto conosciuto e capace. **3.** DIR. Ufficio giudiziario che ha giurisdizione su un territorio determinato. ◇ *Foro competente:* il tribunale territorialmente competente per un'eventuale causa.

fórra s.f. (etim. incerta, forse dal got. *fauhrs* "spazio tra i solchi") GEOGR. Gola stretta tra pareti rocciose ripide, scavata dall'erosione dell'acqua.

fórse avv. (lat. *fŏrsit*, propr. "sorte sia") **1.** Indica dubbio, incertezza, possibilità. *Forse domani nevicherà.* **2.** Nelle frasi interrogative, attenua la forza di una richiesta effettiva. *Hai forse preso tu la mia penna?* **3.** Legato a un'indicazione numerica, acquista il significato di circa. *Saranno forse sette persone.* ◆ s.m. inv. Dubbio, incertezza. *Mettere in forse.*

forsennàto agg. **1.** Fuori di senno, folle. **2.** Convulso, frenetico. ◆ s.m. [f. *–ta*] Chi si comporta come un pazzo, spec. in usi iperbolici. *Studiare come un forsennato.*

Forsìzia s.f. inv. BOT. Genere di piante arbustive originarie del Giappone e della Cina, con rami rossastri, ricurvi e fiori gialli. (Altezza 2-4 m; famiglia delle Oleacee.)

foglie

fiori

■ Forsizia

1. fòrte agg. **1.** Dotato di forza fisica. SIN.: **vigoroso.** ~ Dato, fatto con forza. *Uno schiaffo forte.* **2.** *fam.* Che rivela o denota particolare abilità, attitudine, propensione nei confronti di altri. *Forte in storia. Forte mangiatore.* SIN.: **formidabile.** ~ Importante, considerevole. *Una forte somma.* ~ *pop.* In espressioni di apprezzamento, straordinario, eccezionale. *Quel calciatore è troppo forte.* **3.** D'animo saldo nelle avversità, moralmente temprato. SIN.: **risoluto.** ◇ *Farsi forte di qualcosa:* farne motivo di sicurezza, sfruttarlo a proprio vantaggio. *Si fa forte delle sue conoscenze.* **4.** Autorevole, che si impone sugli altri. **5.** Di fenomeno naturale, di evento, che colpisce i sensi con particolare intensità. *Venti forti.* ~ Gravoso, fisicamente e moralmente arduo da sopportare. *Un forte dolore.* ◇ Di sapore o di odore, vivo, deciso, penetrante. *Tabacco forte.* ◇ *Frasi, parole forti:* diretti, che possono risultare offensivi. **6.** Di un oggetto, di un prodotto, solido, duraturo. *Legno forte.* SIN.: **resistente. 7.** LING. *Consonanti forti:* in fonetica, consonanti pronunciate con maggiore energia articolatoria. **8.** MUS. *Tempo forte:* unità che nella battuta riceve l'accento. ◆ avv. **1.** Con forza, con energia. **2.** Con tono alto. *Parlare forte.* **3.** Velocemente. *Camminare forte.* **4.** *fam.* Grandemente, molto. *È bella forte.* ◆ s.m. (solo sing.) **1.** Ciò in cui si eccelle. *La generosità non è il suo forte.* **2.** Parte più resistente di qlco. *Il forte dell'esercito.* **3.** Sapore sgradevole di bevanda o di cibo quando sono alterati. *Latte che sa di forte.* SIN.: **acido.** ◆ s.m. e f. Chi è dotato di grande forza spirituale e morale.

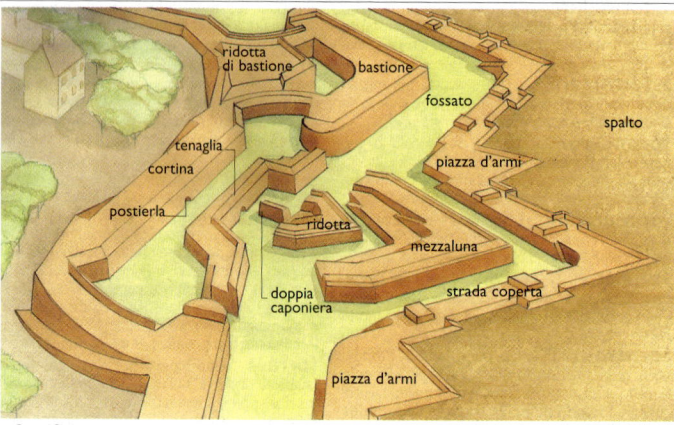

■ fortificazióne. Sistema bastionato (sec. XVII).

labels in illustration: ridotta di bastione, bastione, fossato, spalto, tenaglia, cortina, piazza d'armi, postierla, ridotta, mezzaluna, strada coperta, doppia caponiera, piazza d'armi

2. fòrte s.m. Opera di fortificazione per la difesa di un luogo.

forteménte avv. **1.** Con forza, con vigore. *Stringere fortemente la mano.* **2.** Molto, intensamente. *Desiderare fortemente qualcosa.*

fortepiàno s.m. Strumento a tastiera, diffuso nel sec. XVIII, dalla cui evoluzione deriva il pianoforte moderno.

fortézza s.f. **1.** Forza interiore. *Fortezza d'animo.* ~ Secondo la dottrina cattolica, una delle quattro virtù cardinali e uno dei sette doni dello Spirito Santo. **2.** Fortificazione, edificio fortificato. *Espugnare una fortezza.* ◇ *Fortezza volante:* bombardiere pesante americano di tipo Boeing B-17, entrato in uso nel 1942. **3.** Oggetto usato come rinforzo, spec. nell'attrezzatura navale.

fortificàre v.tr. [4] **1.** Rendere più forte ql-cu. o qlco. *Lo sport fortifica l'organismo.* SIN.: **irrobustire. 2.** Proteggere un luogo con opere di fortificazione. ◆ **fortificàrsi** v.pron. **1.** Diventare più forte e vigoroso. **2.** Provvedere alla propria difesa mediante fortificazioni.

fortificazióne s.f. Allestimento di opere di difesa. ~ Complesso di opere difensive. SIN.: **baluardo.**

fortilìzio s.m. [pl. *–zi*] Forte di piccole dimensioni.

fortino s.m. Fortilizio, piccolo forte.

fortìssimo s.m. MUS. Didascalia su uno spartito musicale che prescrive un'intensità sonora molto forte.

fòrtran s.m. inv. (ingl. *fortran,* abbr. di *formula translator* propr. "traduttore di formula") IN-FORM. Linguaggio di programmazione per elaborazioni scientifiche.

fortùito agg. Che accade per caso. SIN.: **accidentale.**

fortùna s.f. **1.** Destino buono o cattivo che gli antichi personificavano nella dea Fortuna, cieca distributrice di felicità o sventura. SIN.: **sorte. 2.** Occasione felice, sorte favorevole. *Avere, non avere fortuna.* ◇ *Essere baciato dalla fortuna:* essere fortunato, avere buona sorte. – *Portare fortuna:* influenzare favorevolmente la sorte. – *Colpo di fortuna:* grosso guadagno, buon affare del tutto inaspettato. – *Tentare la fortuna:* intraprendere un'impresa dall'esito imprevedibile. – *Cercare fortuna:* operare per migliorare le proprie condizioni economiche. – *Avere la fortuna di:* godere di circostanze favorevoli. *Ho avuto la fortuna di incontrarlo.* – *Per fortuna:* per buona sorte, anche con valore esclamativo, meno male. – *Di fortuna:* improvvisato, provvisorio. *Riparo di fortuna.* **3.** Ricchezza, averi, patrimonio, somma ingente. *Avere una fortuna da parte.* ◇ *Fare fortuna:* avere successo, diventare ricco. **4.** Il favore, il successo incontrato da una determinata cosa. *La fortuna di una battuta comica.* ~ Parlando di un autore, di un'opera letteraria, artistica, ecc. la sua diffusione e l'influenza da essa esercitata. *La fortuna di Joyce.*

fortunàle s.m. Tempesta di mare piuttosto violenta con venti che oltrepassano i 100 km all'ora.

fortunàto agg. **1.** Di persona, favorita dalla fortuna. **2.** Di cosa, contrassegnato dalla fortuna. SIN.: **propizio.** ~ Che ha esito favorevole, vantaggioso.

fortunóso agg. Pieno di imprevisti, di alterna fortuna. ~ Fortuito, casuale.

fòrum s.m. inv. (voce lat., propr. "foro") **1.** Riunione, assemblea. ~ Congresso, dibattito. **2.** IN-FORM. Spazio pubblico destinato allo scambio di messaggi su una rete telematica, in partic. Internet.

forùncolo s.m. (lat. *furŭnculum* orig. "getto della vite", deriv. di *fūr* "ladro" perché il nuovo getto sottrae nutrimento alla pianta) MED. Infiammazione acuta di un follicolo pilifero o sebaceo che provoca una lesione arrossata e tumefatta. SIN.: **brufolo.**

foruncolóso agg. Che è coperto di foruncoli. *Viso foruncoloso.*

foruncolòsi s.f. inv. MED. Affezione cutanea caratterizzata dalla comparsa di più foruncoli.

fòrza s.f. (lat. *fŏrtia,* propr. "insieme delle cose forti") **1.** Energia, vigore fisico. ◇ *Forza bruta:* puramente fisica, non controllata dalla ragione. – *A forza, a viva forza:* con violenza. ~ Capacità di affrontare le prove della vita. ◇ *loc. prep. A forza di:* alla lunga, con ripetuti sforzi. **2.** Animo, coraggio. ◇ *Far forza a qlcu.:* infondergli coraggio, sostenerlo. – *Forza d'animo:* coraggio di fronte alle difficoltà. ~ (al pl.) Mezzi, possibilità. *Affermarsi con le proprie forze.* **3.** Condizione obbligante, costrizione, vincolo. *La forza dell'abitudine.* ◇ *Per amore o per forza:* volontariamente o sotto costrizione. – DIR. *Forza maggiore:* circostanza che obbliga a compiere una determinata azione contro la propria volontà, con conseguente esclusione della colpevolezza. – *Per forza:* sotto l'effetto della costrizione, inevitabilmente. *Bisogna lavorare per forza; inevitabilmente. Hanno tanto insistito che dovevano per forza ottenerlo;* a malincuore, controvoglia. *Mangiare per forza.* ~ Uso di mezzi violenti per costringere una o più persone. ~ Potere, capacità di imporsi o esercitare una costrizione, autorità. ◇ *loc. prep. In forza di:* a norma, in virtù di. *Vincere qualcosa in forza dei propri titoli.* **4.** Potenza, intensità di un fenomeno naturale. *Le forze della natura.* ◇ *Forza del mare:* denominazione dell'indice di navigabilità del mare secondo una scala (detta di *Douglas*) che va da zero a nove. – *Forza del vento:* condizione del vento secondo una scala (detta *di Beaufort*) da zero a dodici. – fig. *Forza della natura:* persona che ha vigore, energia, che è piena di vitalità. ~ Urgenza, impeto di un sentimento. *La forza del desiderio.* **5.** FIS. Entità fisica capace di deformare un corpo, modificare lo stato di riposo o di movimento. *Calcolare il lavoro di una forza.* ◇ *Forza d'urto:* energia liberata in un colpo. – *Forza elettromotrice (f.e.m.):* differenza di potenziale elettrico che si ha ai morsetti di un generatore, che non eroghi corrente, e che consente a circuito chiuso di trasferire energia elettrica al circuito. – *Forza controelettromotrice (f.c.e.m.):* forza elettromotrice prodotta da un utilizzatore attivo reversibile (p.e. motore) quando esso è in funzione, avente segno contrario alla tensione di alimentazione dell'utilizzatore. – *Forza magnetomotrice:* lavoro occorrente per far compiere a un polo magnetico unitario una rotazione completa intorno a un campo magnetico. **6.** MIL. (spec. pl.) Insieme di persone armate e organizzate, con compiti di difesa o attacco. ◇ *Forza di dissuasione:* quella esibita per intimorire il nemico e dissuaderlo dall'iniziare un conflitto. – *Forze armate:* insieme dei soldati di una nazione. – *Forza pubblica:* organo esecutivo in funzione di polizia e di giustizia (In Italia la forza pubblica è costituita dall'arma dei carabinieri, dal corpo della guardia di finanza e dalla polizia di Stato). **7.** estens. (spec. pl.) Insieme delle persone collegate da una stessa volontà e che operano alla realizzazione di un'idea. *Le forze di progresso.* ◇ *In forze:* potentemente, con grandi mezzi. – *Forze produttive:* l'insieme degli strumenti di produzione, dei beni materiali e degli uomini che li usano. – *Forza lavoro:* capacità lavorativa umana impiegata nel processo produttivo.

forzàre v.tr. **1.** Obbligare, costringere qlcu. a fare qlco. ricorrendo a pressioni anche indebite. ◇ *Forzare la mano a qlcu.:* costringerlo a fare qlco. contro la sua volontà. **2.** Usare la forza su un determinato oggetto per ottenere un risultato desiderato. *Forzare una porta, una cassa.* SIN.: **manomettere.** ◇ figg. *Forzare la consegna:* disobbedire. – *Forzare il senso di una parola, di un testo:* attribuire un significato che non è quello proprio. **3.** Sottoporre qlco. a uno sforzo. *Forzare un motore.* ◇ fig. *Forzare i tempi:* affrettarsi a concludere qualche azione. **4.** AGR. Sottoporre a forzatura. *Forzare i legumi.*

forzàto agg. **1.** Imposto, indipendente dalla propria volontà. *Atterraggio forzato.* SIN.: **obbligato.** ◇ MIL. *Marcia forzata:* marcia di durata superiore alle marce ordinarie; estens. momento intenso di un'attività. **2.** estens. Fatto con sforzo, simulato, non spontaneo. *Un sorriso forzato.* **3.** AGR. Di piante sottoposte alla forzatura. ◆ s.m. [f. *–ta*] **1.** Condannato ai lavori forzati, ergastolano. **2.** fig. Chi è costretto, vincolato (anche se per libera scelta) a un certo comportamento. *I forzati dello sport.*

forzatùra s.f. **1.** Uso della forza per ottenere uno scopo. **2.** fig. Interpretazione arbitraria o volutamente forzata. *Forzatura della realtà.* **3.** Pratica agricola volta a ottenere una produzione anticipata rispetto alla norma.

forzière s.m. (fr. *forcier* "che si chiude con forza") Cassa robusta per la custodia di preziosi e di denaro. SIN.: **cassaforte.**

forzóso agg. ECON. Imposto dalla legge.

forzùto agg. scherz. Molto forte fisicamente. SIN.: **muscoloso.**

fosbury [/'fɔzbəri/] s.m. inv. (voce ingl., dal nome dell'atleta americano D. *Fosbury* che lo praticò per primo) SPORT. Stile di salto in alto che consiste nel superare l'asticella prima con la schiena inarcata e poi con le gambe. ◆ agg. inv. Nel sign. del s.

■ salto fosbury

foschìa s.f. Offuscamento dell'aria dovuto a umidità, fumo o pulviscolo. SIN.: **bruma.**

fósco agg. [pl.m. *–schi,* f. *–sche*] **1.** Scuro di colore, offuscato. SIN.: **cupo. 2.** fig. Che denota mancanza di benevolenza. ~ Triste, lugubre, inquietante. *Futuro fosco.*

fosfatàsi s.f. inv. BIOL. Enzima in grado di scindere i legami dei composti organici fosforati con conseguente liberazione di energia.

fosfatàto agg. CHIM. Che è allo stato di fosfato. *Carbonio fosfatato*.

fosfatazióne s.f. METALL. Trattamento della superficie di metalli ferrosi con acido fosforico per proteggerla dagli agenti atmosferici.

fosfàtide s.m. CHIM. Fosfolipide.

fosfatizzazióne s.f. METALL. Fosfatazione.

fosfàto s.m. (fr. *phosphate*) CHIM. Sale dell'acido fosforico. ◇ *Fosfato di calcio*: impiegato come fertilizzante.

fosfène s.m. (comp. di gr. *phôs* "luce" e *phái-nesthai* "apparire") MED. Immagine luminosa percepita dall'occhio umano in alcune condizioni morbose o quando l'occhio è compresso.

fosfina s.f. CHIM. Composto gassoso contenente un atomo di fosforo e tre di idrogeno, dall'odore disgustoso e velenosissimo.

fosfito s.m. (fr. *phosphite*) CHIM. Sale o estere dell'acido fosforoso.

fosfolipide s.m. CHIM. Nome generico di lipidi presenti in molte cellule viventi contenenti fosforo e azoto. SIN.: **fosfatide**.

fosforàre v.tr. Immettere fosforo, trattare o ricoprire qlco. con il fosforo.

fosforàto agg. CHIM. Che contiene fosforo.

fosforescènte agg. (fr. *phosphorescent*) Dotato di fosforescenza. ~ *estens.* Simile a qlco. che sia fosforescente. *Gli occhi fosforescenti dei gatti nella notte*.

fosforescènza s.f. (fr. *phosphorescence*) Fenomeno di emissione di luce da parte di alcune sostanze sottoposte all'azione di un fascio luminoso, che si protrae oltre la cessazione dell'illuminazione. ~ *estens.* Luminosità diffusa, luminescenza.

fosfòrico agg. [pl.m. *–ci*, f. *–che*] (fr. *phosphorique*) CHIM. Che proviene dal fosforo.

fosforilàre v.tr. CHIM. Introdurre uno o più gruppi dell'acido fosforico in una molecola organica.

fosforilazióne s.f. CHIM. Trasferimento di un gruppo fosfato a una molecola organica.

fosforile s.m. CHIM. Radicale trivalente derivato dall'acido ortofosforico attraverso la sottrazione dei tre gruppi ossidrili in esso contenuti.

fosforismo s.m. MED. Intossicazione acuta o cronica da fosforo.

fosforite s.f. MIN. Roccia fosfatica di origine organica usata anche come concime.

1. fòsforo s.m. (solo sing.) (fr. *phosphore*, gr. *phōsphóros* "che porta luce") **1.** Non metallo diffuso sotto forma di sali nel mondo minerale (fosfati), vegetale e animale. **2.** Elemento chimico (*P*) di numero atomico 15 e peso atomico 30,973. **3.** *fig. pop.* Capacità intellettuali, giudizio, prontezza d'intuito.

ENCICL. Il fosforo esiste in natura allo stato di fosfato; si trova anche nelle ossa, nel sistema nervoso, nell'urina e nel latte di pesce. Le forme allotropiche più diffuse sono il *fosforo bianco*, leggermente ambrato, molto infiammabile, luminoso nell'oscurità, molto tossico, e il *fosforo rosso*, non tossico, inodore, insapore. Lasciato in piena luce il fosforo bianco si trasforma in rosso, dalla struttura più stabile.

2. fosfòro s.m. (gr. *phōsphóros* "che porta luce") CHIM. Sostanza luminescente solida artificiale dotata di fosforescenza.

fosforóso agg. (fr. *phosphoreux*) CHIM. Che contiene fosforo trivalente.

fosfùro s.m. CHIM. Composto chimico derivante dalla combinazione del fosforo con un metallo.

fosgène s.m. (fr. *phosgène*) CHIM. Gas asfissiante formato dalla reazione del cloro sull'ossido di carbonio.

fòssa s.f. **1.** Cavità del suolo di ampiezza e profondità variabile. ◇ *Fossa biologica o settica*: serbatoio interrato destinato alla depurazione delle acque di scarico per mezzo di microrganismi. – *Fossa a perdere*: in cui sono convogliate e da cui filtrano nel terreno le acque di scarico. – *Fossa di riparazione*: quella sulla quale si collocano veicoli pesanti per consentirne la riparazione. – SPORT. *Fossa di caduta*: buca, riempita general. di

sabbia, nella quale cadevano gli atleti dopo il salto con l'asta, oggi sostituita da un materasso. – *fig. Fossa dei serpenti, dei leoni*: situazione rischiosa, pericolosa, da cui è difficile uscire. **2.** Scavo fatto attorno alle mura di una fortificazione e che poteva essere riempito d'acqua. SIN.: **fossato**. 3. Buca scavata per l'inumazione di un cadavere. ~ *estens.* Tomba, sepoltura. ◇ *Fossa comune*: destinata alla sepoltura di più corpi insieme. – *fig. Portare qlcu. alla fossa*: essere causa della morte di qlcu. – *Avere un piede nella fossa*: essere in punto di morte, essere molto anziano. – *Scavarsi la fossa con le proprie mani*: provocare o affrettare la propria rovina. **4.** ANAT. Cavità o incavo presente in alcune ossa. *Fosse nasali*. **5.** GEOGR. Zona di sprofondamento della crosta terrestre. SIN.: **depressione**. ◇ GEOL. *Fossa tettonica*: sprofondamento della crosta terrestre delimitato da faglie. – *Fossa oceanica*: depressione dei fondi oceanici, perlopiù stretta e allungata e con versanti ripidi.

fossàto s.m. **1.** Fosso scavato lungo i campi per lo scolo delle acque. ~ Le acque stesse. SIN.: **canale di scolo**. **2.** Scavo praticato lungo il perimetro di una fortificazione utilizzato a scopi difensivi. **3.** *fig.* Distanza incolmabile, incomunicabilità.

fossétta s.f. **1.** Nel sign. del dim. di *fossa*. **2.** Lieve infossatura che si può avere sul mento o che si forma sulla guancia quando si ride.

fòssile agg. (fr. *fossile*) **1.** Di qualsiasi resto o impronta di organismo vegetale o animale che è stato lungamente sepolto e ha subito un processo di mineralizzazione. **2.** *fig.* Di persona o cosa, superato dai tempi. **3.** LING. Di elemento linguistico che, pur essendo scomparso nell'uso, sopravvive in alcune espressioni. ◆ s.m. **1.** Pianta o animale seppelliti in epoca remota e riportati alla luce. ◇ *Fossili viventi*: organismi viventi che appartengono a specie antiche e in gran parte estinte. **2.** *fig.* Persona, istituzione, realtà superate dai tempi.

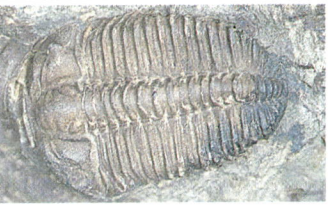

■ **fòssile.** Un fossile del Cambriano: il trilobite.

fossilifero agg. GEOL. Che contiene fossili.

fossilizzàre v.tr. (fr. *fossiliser*) Ridurre allo stato di fossile. – *fig. Fossilizzare le proprie idee*: non cambiarle mai. ◆ **fossilizzarsi** v.pron. **1.** GEOL. Di organismi animali e vegetali, diventare fossile, trasformarsi in fossile. **2.** *fig.* Di esseri umani, restare fermo a certi modelli di comportamento ormai superati. SIN.: **sclerotizzarsi**.

fossilizzazióne s.f. (fr. *fossilisation*) **1.** Processo di formazione di un fossile. (La fossilizzazione porta a una mineralizzazione delle parti dure e a una distruzione delle parti molli.) **2.** *fig.* Incapacità di adeguarsi a una nuova mentalità, a una situazione mutata.

fòsso s.m. **1.** Buca lunga e profonda scavata nel terreno per lo scolo o la distribuzione delle acque. **2.** Scavo intorno al perimetro di un'opera fortificata. SIN.: **fossato**. ◇ *fig. Saltare il fosso*:

Le principali fosse oceaniche

oceano Pacifico	
Marianne	11.034 m
Tonga	10.882 m
Curili	10.542 m
Filippine	10.540 m
Bonin	10.347 m
Kermadec	10.047 m
Nuove Ebridi	9.140 m
oceano Atlantico	
Puerto Rico	9.219 m
oceano Indiano	
Giava	7.455 m

superare un ostacolo, prendere in modo risoluto una decisione importante.

fòt o **phòt** s.m. inv. (deriv. di gr. *phôs* "luce") FIS. Unità di misura dell'illuminamento, pari a 10.000 lux.

fòto s.f. inv. Nel l. com., fotografia. ◇ *Foto di gruppo*: istantanea che riproduce un gruppo omogeneo di persone; *fig.* visione, analisi riassuntiva, esauriente di un problema, di una situazione.

1. fòto- Primo elemento di composti della terminologia scientifica e tecnica, nei quali significa "luce" o indica relazione o attinenza con la luce (*fotochimica*).

2. fòto- Primo elemento di composti della terminologia tecnico-scientifica col valore di "fotografia", "relativo alla fotografia" (*fotocolor*).

fotoallergia s.f. MED. Allergia alla luce solare.

fotobattería s.f. ELETTR. Batteria alimentata da celle fotovoltaiche.

fotocàlco s.m. Incisione di una fotografia su rame per riproduzioni calcografiche e rotocalcografiche.

fotocàmera s.f. Apparecchio, macchina fotografica.

fotocàtodo s.m. In una fotocellula, catodo sensibile alla luce.

fotocèllula s.f. FIS. Sistema a semiconduttori le cui caratteristiche di corrente e voltaggio si modificano per effetto di una radiazione incidente, usato comunemente come sensore ottico.

fotochimica s.f. [non com. pl. *–che*] CHIM., FIS. Studio delle reazioni chimiche sotto l'azione della luce.

fotocòlor s.m. inv. Procedimento che permette di ottenere fotografie a colori. ~ *estens.* La fotografia stessa.

fotocomposizióne s.f. Composizione automatica di caratteri da stampa su un supporto flessibile o su una diapositiva.

fotoconduttivo agg. FIS. Riferito a corpo, soggetto alla fotoconduzione. ◇ *Effetto fotoconduttivo*: caratteristico di alcuni materiali, come il diamante e la blenda, che diventano leggermente conduttori se sono colpiti da radiazioni di una certa frequenza. ◆ s.m. FIS. Elemento conduttore soggetto a fotoconduzione variabile sotto l'azione di una radiazione luminosa.

fotoconduttóre s.m. FIS. Fotoconduttivo. ❑ Anche in funzione di agg.

fotoconduzióne s.f. FIS. Proprietà di alcune sostanze la cui conduzione elettrica varia sotto l'effetto di un'irradiazione luminosa.

fotocòpia s.f. **1.** Copia fotografica di un originale, spec. di un testo scritto o disegnato. **2.** *fig.* Persona, cosa identica a un'altra. ❑ In funzione di agg., identico ad altro che precede. *Decreto fotocopia*.

fotocopiàre v.tr. [6] Riprodurre un testo scritto, un documento, un disegno, ecc. in fotocopia.

fotocopiatrice s.f. Apparecchio per fotocopiare.

fotocrònaca s.f. [pl. *–che*] → **fotoreportage**.

fotocronista s.m. e f. [pl.m. *–sti*] → **fotoreporter**.

fotodiodo s.m. ELETTRON. Diodo a giunzione nel quale una radiazione luminosa incidente determina una variazione di corrente elettrica.

fotoelasticimetria s.f. FIS. Tecnica di analisi ottica delle sollecitazioni e delle deformazioni subite dai solidi, basata sulla fotoelasticità.

fotoelasticità s.f. inv. FIS. Proprietà posseduta da determinate sostanze trasparenti isotrope che diventano birifrangenti sotto l'influenza di sollecitazioni meccaniche.

fotoelettricità s.f. inv. FIS. Complesso dei fenomeni elettrici prodotti su particolari sostanze, per effetto di una radiazione elettromagnetica a perdere.

fotoelèttrico agg. [pl.m. *–ci*, f. *–che*] FIS. Relativo alla fotoelettricità. ◇ *Effetto fotoelettrico*: emissione di elettroni da parte di un materiale, per effetto di una radiazione incidente.

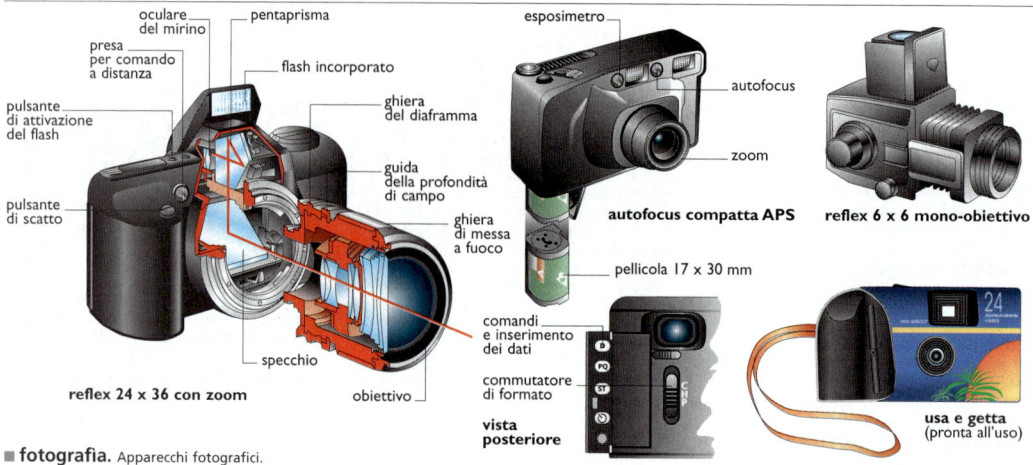

oculare del mirino
pentaprisma
esposimetro
presa per comando a distanza
flash incorporato
autofocus
pulsante di attivazione del flash
ghiera del diaframma
zoom
guida della profondità di campo
pulsante di scatto
ghiera di messa a fuoco
autofocus compatta APS
reflex 6 x 6 mono-obiettivo
pellicola 17 x 30 mm
specchio
comandi e inserimento dei dati
reflex 24 x 36 con zoom
obiettivo
commutatore di formato
usa e getta (pronta all'uso)
vista posteriore

■ **fotografia.** Apparecchi fotografici.

fotoelettróne s.m. FIS. Elettrone emesso dalla superficie di un corpo per effetto fotoelettrico.

fotoeliografìa s.f. ASTR. **1.** Tecnica che ha come scopo la fotografia del Sole. ~ *estens.* Fotografia del Sole ottenuta grazie a questa tecnica. **2.** Procedimento per copiare su carta eliografica un originale opaco o trasparente.

fotoemissióne s.f. FIS. Emissione di elettroni da parte di un corpo colpito da radiazioni elettromagnetiche.

fotofinish [/fəʊtə 'finiʃ/] s.m. inv. → **photofinish**.

fotofissióne s.f. FIS. Fissione nucleare causata da fotoni di grande energia.

fotofit s.m. inv. → **photofit**.

fotofobìa s.f. MED. Avversione alla luce che può essere provocata da varie forme morbose, sia oculari sia cerebrali.

fotòforo s.m. **1.** Organo ghiandolare produttore di luce, presente nell'epidermide di alcuni animali. **2.** Lampada elettrica fissata a un casco o a una fascia, usata per particolari attività.

fotogènesi s.f. inv. → **bioluminescenza**.

fotogenìa s.f. L'essere fotogenico. SIN.: **fotogenicità**.

fotogènico agg. [pl.m. –*ci*, f. –*che*] Particolarmente adatto a essere fotografato. *Un volto fotogenico.*

fotògeno agg. **1.** Che emette luce. *Animale fotogeno.* **2.** Che è prodotto dalla luce. *Effetto fotogeno.*

fotogeologìa s.f. Rilevamento geologico ottenuto mediante fotografie di una zona, prese da un aereo e la loro interpretazione.

fotogiornàle s.m. Rivista o quotidiano caratterizzato dalla predominanza di fotografie.

fotogiornalismo s.m. Realizzazione di servizi fotografici per la stampa.

fotogiornalista s.m. e f. Chi realizza servizi giornalistici completi di fotografie e testo.

fotografàre v.tr. **1.** Riprodurre mediante fotografia. **2.** *fig.* Descrivere, rappresentare con grande fedeltà, precisione. *Fotografare una situazione.*

fotografìa s.f. (ingl. *photography*) **1.** La tecnica e l'arte di ottenere immagini durature mediante l'azione esercitata dalla luce su determinati materiali opportunamente trattati. **2.** *estens.* Immagine ottenuta con tale tecnica. ~ In un filmato, insieme degli aspetti relativi all'inquadratura, alla luce, agli effetti particolari, ecc. *Un film premiato per la fotografia.* ◇ CINE., TV. *Direttore della fotografia:* tecnico responsabile delle luci e delle riprese. **3.** *fig.* Descrizione precisa e fedele di qlco. *Una fotografia della realtà.* ~ Riproduzione esatta, replica. SIN.: **fotocopia**.
ENCICL. Inventata nel 1816 da N. Niépce e quindi perfezionata in particolare da Daguerre e W. H. F. Talbot, la fotografia si fonda sulla trasformazione di composti chimici sotto l'azione della luce o di radiazioni attiniche. In un apparecchio fotografico, costituito essenzialmente da una camera oscura sulla quale è montato un obiettivo,

un'immagine è formata da reazioni fotochimiche su un supporto rivestito di uno strato sottile di composto chimico. La ripresa permette di ottenere un'immagine latente, instabile e non visibile. L'emulsione impressionata deve essere trattata immergendola in liquidi che, causando trasformazioni chimiche, danno composti stabili e insensibili alla luce (sviluppo). Si ottiene allora sia l'immagine negativa, che serve per la produzione delle copie, sia l'immagine positiva (diapositiva), che può essere proiettata. L'emulsione in bianco e nero è costituita da un supporto sul quale viene versato uno strato di gelatina contenente cristalli di sali d'argento in sospensione. La fotografia a colori si basa sul principio per cui i tre colori fondamentali (rosso, giallo, verde e blu) servono a formare tutti gli altri. Questa miscela è detta "additiva". I metodi fotografici additivi sono rari e, al giorno d'oggi, la maggior parte delle emulsioni si basano su un miscuglio "sottrattivo" dei colori. Nei metodi sottrattivi tricromatici si utilizzano i colori complementari dei precedenti: giallo, magenta e ciano. Le pellicole presentano tre immagini monocrome sovrapposte, ciascuna di uno dei colori citati. In occasione della proiezione di una diapositiva, questi strati agiscono da filtro e permettono la riproduzione dei colori per sottrazione di quelli complementari contenuti nella luce bianca emessa dalla lampada. Negli apparecchi di fotografia digitale le immagini sono memorizzate da un microprocessore integrato nella macchina. Un dispositivo permette la visualizzazione di queste su schermo video, il loro trattamento con l'aiuto di un elaboratore ma anche la loro trasmissione su diverse reti digitali. Immagini su carta possono essere ottenute per mezzo di una stampante a colori.

fotogràfico agg. [pl.m. –*ci*, f. –*che*] **1.** Relativo alla fotografia. ◇ *Macchina fotografica:* apparecchio dotato di camera oscura e obiettivo che consente di produrre fotografie. **2.** *fig.* Fedele al modello, che riproduce con esattezza la realtà. ◇ *Memoria fotografica:* che è in grado di ricordare anche i minimi particolari.

fotògrafo s.m. [f. –*fa*] Chi pratica la fotografia come dilettante o professionista. ~ Chi vende materiale fotografico.

fotogràmma s.m. [pl. –*mi*] Ogni singola immagine di una pellicola cinematografica.

fotogrammetrìa s.f. Riproduzione della dimensione di una zona per mezzo di fotografie da diverse prospettive.

fotogrammètrico agg. [pl.m. –*ci*, f. –*che*] Relativo alla fotogrammetria.

fotoincisióne s.f. (calco del fr. *photogravure*) Procedimento per ottenere cliché tipografici mediante incisione di metalli o pietra. ~ *estens.* L'immagine così ottenuta.

fotoincisóre s.m. [non com. f. –*ra*] Tecnico, esperto di fotoincisione.

fotointerpretazióne s.f. Tecnica di interpretazione delle immagini fotografiche me-

diante speciali strumenti, applicata soprattutto per scopi militari.

fotokit [/foto'kit/] s.m. inv. (voce semiingl.) Metodo utilizzato nelle indagini di polizia, che consente di ricostruire la fisionomia di una persona sconosciuta mediante l'accostamento di particolari fotografici di persone diverse. ~ *estens.* Immagine ottenuta con tale metodo.

fotòlisi s.f. inv. Processo di decomposizione di un composto, causato dalla luce.

1. fotòlito s.m. CHIM. Sostanza decomposta mediante fotolisi.

2. fotòlito s.m. STAM. Fotolitografia.

fotolitografìa s.f. STAM. Tecnica di stampa basata sulla trasposizione di immagini fotografiche su matrici di pietra o di metallo, ricoperte da uno strato di gelatina sensibile alla luce.

fotoluminescènza s.f. FIS. Luminescenza causata da radiazioni visibili, ultraviolette o infrarosse. SIN.: **fosforescenza**.

fotomeccànica s.f. [non com. pl. –*che*] **1.** STAM. Tecnica che comprende tutti i processi di riproduzione tipografica di immagini o scritti mediante matrici di metallo. **2.** FOTO. Processo per ottenere un fotogramma a contrasti molto netti.

fotomeccànico agg. [pl.m. –*ci*, f. –*che*] Relativo alla fotomeccanica.

fotometrìa s.f. FIS. Settore dell'ottica che studia la definizione e la misurazione delle grandezze luminose.

fotomètrico agg. [pl.m. –*ci*, f. –*che*] FIS. Relativo alla fotometria.

fotòmetro s.m. FIS. Strumento atto a misurare l'intensità di una sorgente luminosa.

fotomodèllo s.m. [f. –*la*] Chi posa per fotografie pubblicitarie o artistiche.

fotomoltiplicatóre s.m. Tubo elettronico in grado di trasformare e amplificare gli impulsi luminosi deboli che lo colpiscono in segnali elettrici.

fotomontàggio s.m. [pl. –*gi*] **1.** Composizione fotografica che consiste nella ripresa di parti di fotografie diverse montate in modo da sembrare un'unica foto. **2.** CINE. *estens.* Tecnica narrativa basata sulla giustapposizione di avvenimenti e di figure.

fotóne s.m. FIS. Particella elementare di massa zero, che costituisce il quanto del campo elettromagnetico.

fotònico agg. FIS. Relativo ai fotoni.

fotoperiodismo s.m. Complesso dei fenomeni (quiescenza, germogliazione) che insorgono nelle piante in relazione alla lunghezza relativa del giorno e della notte.

fotoperiodo s.m. Durata dell'illuminazione giornaliera come fattore che influenza la fisiologia vegetale.

fotopila s.f. Pila nella quale si ha l'effetto fotovoltaico; è detta anche *pila fotovoltaica*.

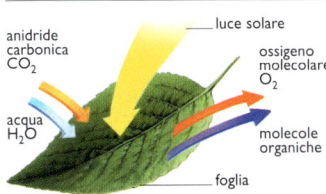

anidride carbonica CO_2
luce solare
ossigeno molecolare O_2
acqua H_2O
molecole organiche
foglia

■ **fotosìntesi**

fotoreazióne s.f. CHIM. Reazione chimica provocata dall'azione della luce.

fotorecettóre s.m. [f. –*trice*] Organulo o cellula sensibile alle radiazioni luminose.

fotoreportage [/fotorepor'taʒ/] s.m. inv. (voce semifr.) Cronaca di un avvenimento realizzata con fotografie corredate da un commento. SIN.: **fotocronaca**.

fotoreporter [/fotore'pɔrter/] s.m. e f. inv. (voce semiingl.) Giornalista incaricato di effettuare le fotografie di un servizio. SIN.: **fotocronista**.

fotoromànzo s.m. Romanzo raccontato per mezzo di fotografie corredate da fumetti e raccordate tra loro da didascalie.

fotosafàri s.m. inv. Viaggio in zone selvagge allo scopo di fotografare o filmare gli animali selvaggi e l'ambiente naturale.

fotosensìbile agg. Sensibile alla luce.

fotosensibilità s.f. inv. BIOL. Sensibilità alle radiazioni luminose.

fotoservìzio s.m. [pl. –*zi*] Servizio costituito principalmente da documenti fotografici.

fotosfèra s.f. ASTR. Superficie luminosa del Sole direttamente visibile.

fotosìntesi s.f. inv. **1.** BOT. Processo che si verifica negli organismi vegetali autotrofi, per effetto del quale essi trasformano, in presenza della luce solare, il diossido di carbonio e l'acqua in composti organici; durante questa sintesi si libera ossigeno e la clorofilla trasforma l'energia solare in energia chimica (in oppos. alla *chemiosintesi*). **2.** Cronaca giornalistica sintetica di un avvenimento mediante fotografie opportunamente selezionate.

fotostàtico agg. [pl.m. –*ci*, f. –*che*] Di un metodo di riproduzione diretta di manoscritti, libri, ecc. su carta sensibile alla luce. *Copia fotostatica.*

fototàssi s.f. inv. BIOL. Reazione spontanea di un organismo guidato da una fonte luminosa, che si traduce in uno spostamento (*fototattismo*) o in un semplice orientamento (*fototropismo*) rispetto a tale fonte.

fototattìsmo s.m. BIOL. Movimento di un organismo unicellulare in reazione a stimoli luminosi.

fototèca s.f. [pl. –*che*] Raccolta, archivio di fotografie.

fototerapìa s.f. MED. Terapia che consiste nell'esporre la parte malata alla luce emessa da speciali lampade.

fototèssera s.f. Fotografia nel formato richiesto da tessere e documenti.

fototèst s.m. inv. Test praticato con l'ausilio di radiazioni luminose.

fototipìa s.f. STAM. Procedimento di riproduzione fotomeccanica che permette di ottenere immagini con chiaroscuri per la stampa litografica.

fototìpo s.m. Procedimento di riproduzione fotomeccanica in rilievo per matrici di stampa.

fototransistor s.m. inv. ELETTRON. Transistor sottoposto a un flusso luminoso che determina un'emissione di elettroni.

fototropìsmo s.m. BOT. Tendenza delle piante a orientarsi verso la luce del sole. SIN.: **eliotropismo**.

fotovoltàico agg. [pl.m. –*ci*, f. –*che*] FIS. Relativo al fenomeno secondo il quale in un materiale si genera una differenza di potenziale a causa di una radiazione elettromagnetica.

fóttere v.tr. **1.** *volg.* Avere rapporti sessuali. **2.** *fig.* Imbrogliare, ingannare. **3.** *fig.* Rubare qlco. a qlcu. ◆ **fottersene** v.pron. Non curarsi di qlcu. o qlco. SIN.: **infischiarsene**.

fouetté [fwete] s.m. inv. (voce fr.) Nella danza classica, movimento che si realizza girando su se stessi e facendo perno sulla punta sinistra, mentre la gamba destra, a ciascun giro, si avvolge alla sinistra per dare slancio alla rotazione.

foulard [/fu'lar/] s.m. inv. (voce fr., provenz. *foulat*) **1.** Tessuto leggero, in seta o in fibre sintetiche, per la confezione di abiti, cravatte, sciarpe, ecc. **2.** Fazzoletto di seta o di stoffa leggera da avvolgere intorno al collo. **3.** Macchina tessile usata per impregnare i tessuti di sostanze liquide.

fòvea s.f. (lat. *fŏveam* "fossa") ANAT. Piccola depressione sulla superficie di alcuni organi. ~ Area centrale depressa della retina su cui si forma in maniera più netta l'immagine.

foxhound [/'fɔkshaʊnd/] s.m. inv. (voce ingl., propr. "cane da volpe") Cane muscoloso piuttosto veloce e aggressivo, a pelo corto e fitto, usato per la caccia alla volpe.

fox terrier [/'fɔks 'teriə/] loc. sost. m. inv. (loc. ingl., propr. "*terrier* da volpe") Cane di taglia piccola a pelo liscio o ruvido.

fox-trot [/'fɔks,trɔt/] s.m. inv. (voce ingl., propr. "passo della volpe") Danza caratterizzata da un ritmo sincopato, comparsa negli Stati Uniti nel 1912 e successivamente diffusasi in Europa.

foyer [/fwa'je/] s.m. inv. (voce fr., propr. "focolare") Sala, galleria di un teatro dove il pubblico può intrattenersi durante gli intervalli. SIN.: **ridotto**.

fra o **tra** prep. Esprime il concetto basilare di posizione intermedia rispetto a due o più elementi, soprattutto spaziali e temporali. *Ritornerò fra tre giorni.*

frac [/'frak/] s.m. inv. (voce fr., ingl. *frock*) Abito maschile da cerimonia nero con falde a coda di rondine. SIN.: **marsina**.

fracassàre v.tr. Rompere con violenza, fare a pezzi. *Fracassare una porta.* SIN.: **sfasciare**. ◆ **fracassarsi** v.pron. **1.** Di soggetto inanimato, sbattere contro qlco. e rompersi, spezzarsi in malo modo. **2.** Rompersi una parte del corpo.

fracàsso s.m. **1.** Rumore assordante. **2.** *fam.* Grande quantità di qlco. SIN.: **mucchio**.

fracassóne s.m. [f. –*na*] **1.** *fam.* Persona maldestra che provoca danni frequenti. **2.** *fam.* Chi fa un gran baccano.

fràdicio agg. [pl.m. –*ci*, f. –*ce* o –*cie*] **1.** Intriso d'acqua. *Vestito fradicio.* **2.** Di alimento, andato a male. SIN.: **guasto**. **3.** *fig.* Moralmente marcio, corrotto. ◆ s.m. [m. –*ci*, f. –*ce*, –*cie*] **1.** La parte andata a male di qlco. ~ *fig.* Corruzione, marcio. **2.** Superficie cosparsa d'acqua. ~ Terreno bagnato.

fràgile agg. (lat. *frăgilem*, deriv. di *frăngere* "spezzare") **1.** Che si rompe, che si deteriora facilmente. *Il vetro è fragile.* **2.** *fig.* Che manca di solidità, di forza. *Salute fragile.* **3.** *fig.* Incline a sbagliare, facile a cadere nelle tentazioni. **4.** *fig.* Inconsistente, poco stabile, incline a scomparire. *Equilibrio fragile.*

fragilità s.f. inv. **1.** Proprietà di alcuni materiali che, senza deformarsi, si rompono quando sono sottoposti a urti o a carichi. *Fragilità del vetro.* **2.** *fig.* Scarsa consistenza. *Fragilità di un governo.* **3.** Debolezza fisica o morale. *La fragilità di un adolescente.*

fràgola s.f. Piccola pianta erbacea con foglie trifogliate, fiori bianchi e falso frutto carnoso di colore rosso. (Genere *Fragaria*; famiglia delle Rosacee.) ~ Il falso frutto commestibile di questa pianta.

foglie
fiore
frutti
di bosco
coltivata

■ **fràgola**

fragoléto s.m. Terreno coltivato a fragole.

fragóre s.m. **1.** Rumore violento di cose che si rompono o che precipitano. *Il fragore del treno sul ponte.* SIN.: **frastuono**. **2.** *fig.* Risonanza, clamore. *Il fragore di una notizia.*

fragoróso agg. **1.** Che produce un grande rumore. **2.** *fig.* Che ha molta risonanza, che suscita sensazione. SIN.: **clamoroso**.

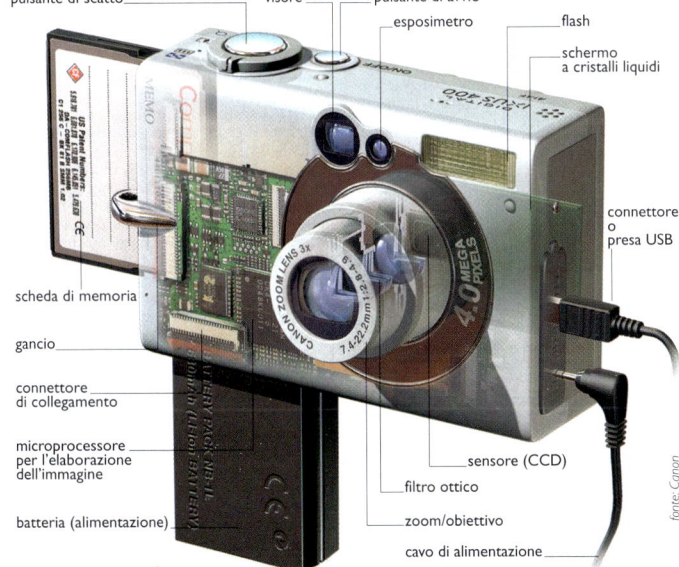

pulsante di scatto
visore
pulsante di avvio
esposimetro
flash
schermo a cristalli liquidi
connettore o presa USB
scheda di memoria
gancio
connettore di collegamento
microprocessore per l'elaborazione dell'immagine
batteria (alimentazione)
sensore (CCD)
filtro ottico
zoom/obiettivo
cavo di alimentazione

fonte: Canon

■ macchina **fotogràfica** digitale.

fragrànte agg. Di odore intenso e gradevole. SIN.: **profumato**.

fragrànza s.f. Odore gradevole.

fraintèndere v.tr. [33] Capire male qlco.o qlcu. ~ Equivocare sulle parole o sul comportamento di qlcu. *Fraintendere il senso del discorso.*

fraintendiménto s.m. Errore dovuto alla scorretta interpretazione di qlco.

framboèsia s.f. MED. Malattia infettiva tropicale che provoca sulla pelle la formazione di eruzioni nodulari di colore lampone.

frame [/'freɪm/] s.m. inv. (voce ingl., propr. "struttura") **1.** TELECOM. Quadro dell'immagine. **2.** CINE. Fotogramma, inquadratura. **3.** INFORM. Area di nastro magnetico in cui è registrata una sequenza di bit che costituisce un'unità di informazioni. ~ Nella presentazione a video di un sito Internet, ciascuna delle aree di schermo che visualizzano parti indipendenti di contenuto.

fràmea s.f. Arma degli antichi Germani costituita da un'asta a punta corta.

frammassóne s.m. e f. (fr. *francmaçon*, calco dell'ingl. *free-mason* propr. "libero muratore") → **massone**.

frammentàre v.tr. Ridurre qlco. in frammenti. SIN.: **spezzettare**. ◆ **frammentarsi** v.pron. **1.** Dividersi, ridursi in frammenti. **2.** BIOL. Riprodursi per frammentazione, per scissione.

frammentàrio agg. [pl.m. *-ri*] **1.** Che ha carattere, forma di frammento. ~ *estens.* Incompleto, lacunoso. ◇ *Opera frammentaria:* quella di cui si possiedono solo frammenti. **2.** *fig.* Privo di organicità. *Romanzo frammentario.* SIN.: **disorganico**. **3.** MIN. Costituito da materiali detritici.

frammentazióne s.f. **1.** Suddivisione in parti, in frammenti. **2.** BIOL. Processo di riproduzione asessuata per scissione, proprio delle spugne e di alcune specie di vegetali.

frammentìsmo s.m. LETT. Movimento letterario sviluppatosi in Italia agli inizi del Novecento, che considera espressione artistica la composizione a carattere breve e immediato e predilige il frammento. SIN.: **frammentarismo**.

framménto s.m. **1.** Ciascun pezzetto di un oggetto rotto, frantumato o strappato. *Un frammento di tessuto.* ~ *fig.* Piccola quantità, residuo. *Frammenti di memoria.* **2.** Ciò che resta di un'opera perduta o incompiuta. ~ Brano, passaggio all'interno di un'opera. **3.** Breve componimento lirico, in prosa o in versi, caratteristico del frammentismo.

frammischiàre v.tr. [6] Mescolare una cosa con altro. ◆ **frammischiarsi** v.pron. Mescolarsi, confondersi con qlcu. o qlco.

frammìsto agg. Misto con altre cose o persone.

fràna s.f. (lat. *fràgina*, deriv. di *frångere* "rompere") **1.** Distacco di terra o di materiale roccioso da un pendio, per movimenti sismici o per azione di agenti esogeni. ~ Anche, il materiale franato. SIN.: **smottamento**. **2.** *fig.* Crollo, rovina, fallimento. ~ *scherz.* Persona incapace, disastrosa, che combina guai. *Essere una frana.*

franàre v.intr. (aus. *essere*) **1.** Cedere rovinosamente a causa di una frana. ~ *estens.* Crollare. *Un pezzo dell'autostrada è franato.* **2.** *fig.* Venir meno, svanire. *Tutte le mie illusioni stanno franando.* SIN.: **sfumare**.

francaménte avv. Con franchezza, con sincerità.

francésca s.f. Ascia da guerra utilizzata dai Franchi e dai Germani.

francescanésimo s.m. Movimento e sensibilità religiosi ispirati a san Francesco d'Assisi e pervasi da ideali di povertà e di amore.

francescàno agg. **1.** Di san Francesco d'Assisi, dei suoi seguaci. ~ Che appartiene a uno degli ordini religiosi da lui fondati. *Suora francescana.* **2.** *estens.* Che si ispira alla frugalità, alla semplicità e povertà che caratterizzarono il francescanesimo. SIN.: **austero**. ◆ s.m. **1.** Chi appartiene all'ordine religioso fondato da san Francesco d' Assisi.

ENCICL. L'ordine dei francescani fu fondato da san Francesco d'Assisi intorno al 1210. L'obiettivo del santo non era, in realtà, quello di fondare un ordine monastico tradizionale, bensì quello di proporre al mondo contemporaneo uno stile di vita basato sulla semplicità del messaggio evangelico. Il successo dell'ordine indusse il santo a codificare gli obblighi dei frati minori in una regola scritta che fu approvata da Onorio III nel 1223. In origine i francescani non dovevano possedere alcun bene materiale, ma dovevano vivere esclusivamente del loro lavoro. Tuttavia, successivamente alla morte del santo, l'ordine si divise fra una tendenza radicale, fedele alla regola della povertà, e una tendenza moderata. Attualmente, i francescani sono divisi in tre ordini minori: i francescani propriamente detti, i cappuccini e i conventuali.

francése agg. Della Francia. ◇ *Mal francese:* sifilide. – *Alla francese:* secondo il gusto, le abitudini dei francesi. – *Nasino alla francese:* all'insù. ◆ s.m. **1.** (anche f.) Nativo, abitante della Francia. **2.** (spec. sing.) Lingua neolatina parlata in Francia e diffusa in vari altri paesi. **3.** Disciplina che insegna tale lingua e la sua letteratura.

ENCICL. Il francese, che conta ca. 130 milioni di parlanti nel mondo, è la lingua ufficiale di una trentina di Stati e conserva un ruolo rilevante come lingua di cultura e di comunicazione internazionale.

francesìsmo s.m. LING. Parola, locuzione o costrutto propri della lingua francese, introdotti in un'altra lingua. SIN.: **gallicismo**.

francesizzàre v.tr. Rendere qlcu. o qlco. simile, per aspetto, carattere o modalità, ai modelli francesi. *Francesizzare la moda.* ◆ v.intr. (aus. *avere*) Scrivere e parlare usando molti francesismi. ◆ **francesizzarsi** v.pron. Assumere modi e atteggiamenti tipici dei francesi. ~ Adeguarsi al gusto francese.

franchézza s.f. **1.** Qualità di chi rifugge da simulazioni. SIN.: **schiettezza**. **2.** *non com.* Disinvoltura, sfacciataggine. ~ Ardimento, sicurezza.

franchìgia s.f. [pl. *-ge* o *-gie*] (fr. *franchise*, deriv. di *franc* "libero") **1.** Esenzione da un pagamento dovuto, in partic., immunità da gravami fiscali. *Franchigia doganale.* **2.** DIR. Clausola di un'assicurazione che fissa a carico dell'assicurato una percentuale del danno. **3.** MAR. Periodo di riposo e di libertà dei marinai. ~ Permesso di recarsi a terra.

franchising [/fræn'tʃaizɪŋ/] s.m. inv. (voce ingl. d'America, deriv. di *franchise* "franchigia") ECON. Contratto con il quale un'impresa autorizza un'altra impresa a usare la sua ragione sociale e il suo marchio per commercializzare prodotti o servizi.

franchìsmo s.m. Movimento politico di destra del generale Franco che, in seguito alla guerra civile, conquistò il potere in Spagna e lo mantenne fino al 1975.

fràncio s.m. (solo sing.) (dal nome di *Francia* perché scoperto dalla scienziata francese M. Perey) **1.** Metallo alcalino radioattivo. **2.** Elemento chimico (*Fr*) di numero atomico 87 e peso atomico 223. (È il più elettropositivo di tutti gli elementi.)

1. frànco agg. [pl.m. *-chi*, f. *-che*] **1.** Degli antichi Franchi, popolo germanico stanziatosi in Gallia dopo la caduta dell'Impero Romano. **2.** Appartenente al territorio cristiano dell'Europa occidentale. ◇ *Lingua franca:* lingua mista, composta di elementi romanzi greci e arabi, usata nel Medioevo nei rapporti commerciali del Mediterraneo orientale; *estens.* lingua semplificata, composta di elementi di lingue molto diverse, che permette la comunicazione di base tra gruppi linguistici differenti. ◆ s.m. [f. *-ca*; al pl. anche iniziale maiusc.] **1.** Individuo appartenente all'antico popolo germanico dei Franchi. **2.** In Oriente, all'epoca delle crociate, termine con cui si designava il cristiano occidentale.

2. frànco agg. [pl.m. *-chi*, f. *-che*] (fr. *franc* "libero") **1.** Schietto, sincero. **2.** Disinvolto, risoluto, deciso. *Atteggiamento franco.* **3.** Libero da qualsiasi vincolo o debito. SIN.: **esente**. ◇ *Franco tiratore:* chi combatte contro le truppe regolari isolatamente, senza essere inquadrato in un movimento organizzato; *fig.* parlamentare che, durante le votazioni a scrutinio segreto, vota diversamente dalle indicazioni del suo partito. – *Farla franca:* compiere un'azione illecita senza essere scoperti. **4.** COMM. Libero da dazi, dogane, spese postali. ~ *estens.* Senza costi per il destinatario. ◇ *Porto franco:* porto in cui le merci possono transitare senza essere soggette a dazi doganali. – *Zona franca:* regione di frontiera in cui le merci straniere entrano liberamente, senza formalità né pagamento di diritti. – *Franco di porto:* con spese di trasporto a carico del mittente. – DIR. MAR. *Franco bordo:* clausola commerciale con la quale si stabilisce che i costi di spedizione sono a carico del venditore nel trasporto marittimo fino al carico delle merci a bordo della nave e nel trasporto aereo fino al caricamento sul velivolo. ❑ In funzione di avv., con franchezza, con sincerità. *Parlare franco.* ◆ s.m. Nelle costruzioni, distanza minima di sicurezza, da un elemento sospeso o sporgente, o fra questo e il suolo. ◇ *Franco arginale:* in un'opera idraulica, distanza fra il livello massimo raggiunto dall'acqua e il bordo superiore dell'impianto.

3. frànco s.m. [pl.m. *-chi*] (fr. *franc*, dalla legenda *Francorum rex* "re dei Franchi" incisa su esemplari antichi) **1.** Unità monetaria di Francia, Svizzera, Belgio e Lussemburgo. (I franchi francesi, belgi e lussemburghesi hanno cessato di esistere, sostituiti dalla moneta unica europea, nel 2002.) **2.** Antica moneta d'oro francese. **3.** *fam.* Lira.

francobóllo s.m. (comp. di *franco*, nel sign. di "esente da tasse", e *bollo*, perché orig. le spese postali erano a carico del destinatario) **1.** Etichetta adesiva, di valore convenzionale, che si applica sulla corrispondenza per attestare il pagamento della tassa dovuta per il recapito. **2.** CINE. Singolo fotogramma di una pellicola.

francofilìa s.f. Disposizione favorevole verso la Francia e i francesi.

francofobìa s.f. Ostilità verso la Francia e i francesi.

francòfono agg. Di persona o territorio di lingua francese. *Paesi francofoni.* ◆ s.m. [f. *-na*] Chi parla il francese.

francolìno s.m. **1.** Uccello originario dell'Africa e dell'Asia simile alla pernice. (Famiglia dei Fasianidi.) **2.** *Francolino di monte:* uccello della famiglia dei Tetraonidi di colore bruno e rossastro, caratterizzato da un ciuffo di penne sul capo. SIN.: **roncaso**.

fràncone agg. (deriv. di germ. *Frank*) **1.** Della Franconia, regione della Germania soggetta alla popolazione dei Franchi. **2.** Della lingua dei Franchi. ~ Dei dialetti parlati in Franconia. ◆ s.m. (solo sing.) Complesso dei dialetti franconi, appartenenti al ramo occidentale delle lingue germaniche.

frangènte s.m. **1.** Onda che si infrange sugli scogli, sulle rocce o su un'imbarcazione. **2.** *estens.* Scogliera sulla quale si infrangono le onde. **3.** *fig.* Grave momento, situazione difficile o dolorosa. *Trovarsi in un triste frangente.* ~ Circostanza, situazione particolare. *In quel frangente non sapevo come comportarmi.*

fràngere v.tr. [22] **1.** Ridurre qlco. in piccoli pezzi, in frammenti. SIN.: **frantumare**. **2.** *fig.* Fiaccare, domare qlcu. o qlco. ◆ **frangersi** v.pron. Delle onde, infrangersi urtando scogli o altri ostacoli.

fràngia s.f. [pl. *-ge*] (fr. *frange*) **1.** Guarnizione del bordo di un tessuto. *Le frange delle tende.* **2.** *fig.* Aggiunta che si apporta a un discorso per abbellirlo o manipolarlo. **3.** Ciuffo di capelli che ricade sulla fronte (più freq. *frangetta*). **4.** *fig.* Gruppo minoritario all'interno di un'organizzazione, di un partito, di un'associazione, ecc. *Frangia estremista.* **5.** ANAT. Formazione anatomica frastagliata. *Frange ovariche.* **6.** FIS. In un campo di osservazione, ciascuna delle strisce alternativamente luminose e oscure causate da fenomeni di interferenza e di diffrazione.

frangiàto agg. Ornato con frange.

frangìbile agg. Che si rompe facilmente. SIN.: **fragile**.

frangiflùtti s.m. inv. Ostacolo naturale oppure opera portuale che protegge un porto o una rada dalle onde. SIN.: **frangimare**. ❑ Anche in funzione di agg. inv., nel sign. del s. *Diga frangiflutti.*

frangipàni s.m. inv. Albero tropicale con grandi fiori rosa o bianchi che emanano un intenso profumo simile a quello del gelsomino. (Genere *Plumeria*; famiglia delle Apocinacee.)

frangisóle s.m. inv. COSTR. Struttura fissa o mobile che ripara qlco. dai raggi diretti del sole.

□ Anche in funzione di agg. inv., nel sign. del s. *Tenda frangisole.*

frangitùra s.f. Operazione di macinare le olive. ~ L'epoca in cui avviene.

frangivènto s.m. inv. Riparo che serve a proteggere dal vento le coltivazioni. □ Anche in funzione di agg. inv., nel sign. del s.

frangizòlle s.m. inv. AGR. Macchina agricola per spaccare o sminuzzare le zolle. □ Anche in funzione di agg. inv., nel sign. del s.

fràngola s.f. Arbusto dicotiledone la cui corteccia possiede un'azione lassativa. (Famiglia delle Ramnacee.)

1. franklin [/'fræŋklɪn/] agg. inv. (voce ingl., dal nome del fisico americano B. *Franklin* che ne fu l'inventore) Solo nella loc. *stufa, caminetto franklin*, sorta di stufa o caminetto da salotto aperti frontalmente e rivestiti all'esterno di ceramica decorata.

2. franklin [/'fræŋklɪn/] s.m. inv. (voce ingl., dal nome del fisico americano B. *Franklin*) FIS. Unità di misura di carica elettrica, oggi sostituita dallo *statcoulomb.*

franóso agg. Che frana con facilità, che tende a franare. SIN.: **franabile.**

frantóio s.m. [pl. *–toi*] Macchina con cui si macinano le olive per spremerne l'olio o si frantumano materiali compatti per ottenere pietrisco. ~ *estens.* Il locale, l'ambiente in cui tale macchina è installata.

frantumàre v.tr. Ridurre qlco. in frantumi, in piccoli frammenti. ~ Sottoporre qlco. a macinazione. SIN.: **sbriciolare.** ~ *fig.* Infrangere, piegare. *Frantumare la resistenza degli avversari.* ◇ *fig. Frantumare un primato:* nel'l sport., migliorarlo moltissimo. ◆ **frantumarsi** v.pron. Andare in frantumi, ridursi in piccoli pezzi. SIN.: **rompersi.**

frantumatóre s.m. **1.** [f. *–trice*] Operaio che esegue la frantumazione di pietre e minerali. **2.** Strumento usato nella frantumazione di minerali e del cemento.

frantumazióne s.f. L'operazione e il procedimento di ridurre in minime parti vario materiale.

frantùme s.m. (spec. pl.) Ciascuna delle singole parti in cui si divide un oggetto quando si rompe.

frappé [/fra'pe/] s.m. inv. (voce fr., deriv. di *frapper* "battere") Bibita ghiacciata a base di latte o di acqua e frutta e passata nel frullatore.

frappórre v.tr. [25] Porre qlco. in mezzo ad altro, interporre, perlopiù fig. ◆ **frapporsi** v.pron. Intervenire, subentrare, detto di qlco. che si presenta come un intralcio. ~ Mettersi in mezzo fra due o più persone.

frasàle agg. (ingl. *phrasal*) GRAMM., LING. Relativo alla frase.

frasàrio s.m. [pl. *–ri*] **1.** Complesso di espressioni usate comunemente da una persona o da un gruppo. **2.** Raccolta di frasi e espressioni usate da uno o più autori. ~ Repertorio di espressioni ricorrenti di una lingua, con traduzione.

fràsca s.f. [pl. *–sche*] **1.** Piccolo ramo adorno di foglie. **2.** *fig.* Donna superficiale e leggera, mutevole e instabile. **3.** (spec. pl.) Cosa fatua, capriccio.

frascàme s.m. Insieme dei rami frondosi di un albero.

frascàto s.m. Tettoia di frasche utilizzata come riparo dal sole.

fràse s.f. (lat. *phrăsim*, gr. *phrásis* deriv. di *phrázein* "dire") **1.** GRAMM. Unità minima di discorso dotata di significato compiuto senza l'apporto del contesto situazionale o di altro contesto verbale. SIN.: **proposizione.** ◇ *Frase nominale:* enunciato privo di sintagma verbale. **2.** *estens.* Espressione linguistica. ◇ *Frase fatta:* espressione convenzionale, locuzione stereotipata. **3.** *Frase musicale:* seguito di note che formano un'unità melodica espressiva.

fraseggiàre v.intr. [5] (aus. *avere*) **1.** Comporre e connettere frasi. **2.** MUS. Analizzare e dividere le composizioni musicali in frasi, dando a ciascuna il giusto rilievo.

fraséggio s.m. [pl. *–gi*] MUS. Modo di articolare l'esecuzione musicale di un brano.

fraseologìa s.f. L'insieme, la raccolta di frasi o locuzioni proprie di una lingua o di un suo settore. SIN.: **frasario.**

fraseològico agg. [pl.m. *–ci*, f. *–che*] Relativo alla fraseologia. ◇ GRAMM. *Verbo fraseologico:* che non ha un significato proprio, ma conferisce una particolare modalità al verbo da cui è seguito.

frassinèlla s.f. Pietra arenaria usata un tempo dagli artigiani orafi per affilare gli arnesi da lavoro e limare le superfici smaltate.

frassinéto s.m. Coltura, bosco a frassini.

fràssino s.m. **1.** Albero con fiori a pannocchia e frutto a samara; il suo legno è molto usato in falegnameria. (Altezza massima 40 m; famiglia delle Oleacee.) **2.** *estens.* Legno di frassino. *Un mobile di frassino.* **3.** BOT. (iniziale maiusc.) Genere di piante a cui appartengono le varie specie di frassino tra cui il frassino comune.

foglie e frutti

infiorescenze

■ **fràssino**

frastagliàre v.tr. [6] Fare degli intagli lungo l'orlo di un oggetto. ~ Tagliare irregolarmente qlco., spec. ai margini. ◆ **frastagliarsi** v.pron. Assumere una forma frastagliata, irregolare. *La costa in questo punto si frastaglia in una serie di scogliere.*

frastagliàto agg. **1.** Che presenta una serie irregolare di sporgenze e rientranze. **2.** Ornato di frastagli. ~ Molto elaborato. *Tenda frastagliata.*

fràstico agg. [pl.m. *–ci*, f. *–che*] LING. Relativo alla frase. SIN.: **frasale.** ◆ s.m. DIR. Parte della prescrizione che precisa ciò che viene imposto.

frastornàre v.tr. Disturbare qlcu. a lungo al punto di stordirlo. ~ Distrarre, distogliere, dissuadere qlcu.

frastuòno s.m. Rumore assordante e prolungato. SIN.: **fragore.**

fràte s.m. (lat. *frātrem* "fratello") **1.** Religioso appartenente a un ordine mendicante o anche monastico. ◇ *Frate laico:* che non ha preso gli ordini. SIN.: **converso.** ~ *Star coi frati e zappar l'orto:* adeguarsi alla volontà di chi comanda. **2.** Il baco da seta quando non è lasciato nella frasca. **3.** COSTR. Embrice rialzato a forma di cappuccio che consente il passaggio di aria e luce in un sottotetto. **4.** STAM. Pagina di un libro stampata male o rimasta in bianco.

fratellànza s.f. **1.** Legame naturale. ~ Vincolo affettivo tra fratelli. **2.** Sentimento di affetto e solidarietà che lega più persone tra loro come fratelli. ~ Comunanza di ideali e di intenti. SIN.: **fraternità. 3.** Denominazione di varie associazioni laiche o religiose con fini umanitari o caritativi. SIN.: **confraternita.**

fratellàstro s.m. Fratello unilaterale, che ha in comune uno solo dei genitori.

fratèllo s.m. **1.** Chi è legato ad altri da un vincolo di parentela derivante dai comuni genitori (di sesso maschile, se al sing., opposto a *sorella*, di entrambi i sessi se al pl.). ◇ *Fratello consanguineo:* con cui si condivide solo il padre. ~ *Amarsi come fratello e sorella:* di amore forte e casto. ~ *Sembrare fratelli, somigliarsi come fratelli:* assomigliarsi molto. **2.** Per il cristiano, tutti gli uomini in quanto figli dello stesso Padre celeste. ◇ *Fratelli separati:* per la Chiesa cattolica,

i cristiani delle altre confessioni. **3.** *estens.* Appellativo dei frati laici di vari ordini. SIN.: **confratello. 4.** *estens.* Chi ha intensi legami affettivi o ideali con altre persone. ◇ *Fratelli d'armi:* commilitoni. **5.** Membro di un'associazione con fini di reciproco aiuto tra gli aderenti. ◇ *Fratelli musulmani:* setta integralista islamica fondata nel 1929 e tuttora attiva nei paesi arabi. □ In funzione di agg. **1.** Che ha origini comuni, una cultura simile. *Un paese fratello.* **2.** *fig.* Di cosa molto simile o sempre appaiata a un'altra.

fraternità s.f. inv. **1.** Vincolo naturale d'amore che si ritiene debba esistere tra fratelli. **2.** Sentimento di solidarietà simile a quello che lega tra loro i fratelli.

fraternizzàre v.intr. (aus. *avere*) (fr. *fraterniser*) **1.** Fare amicizia, diventare amici. SIN.: **solidarizzare. 2.** Riconoscersi negli stessi ideali. ~ Assumere gli stessi scopi e ideali di qualcun altro. *L'esercito fraternizzò con i rivoltosi.*

fratèrno agg. **1.** Proprio dei fratelli. **2.** *estens.* Che mostra amicizia, solidarietà e affetto come tra fratelli.

fraticèllo s.m. **1.** Nel sign. del dim. di *frate*. **2.** Frate francescano appartenente a una frazione degli spirituali ispirata a un rigoroso pauperismo. **3.** ZOOL. Piccolo uccello marino, simile al gabbiano, con testa bianca e zampe palmate. (Famiglia degli Alcidi, ordine dei Caradriformi.)

fratìna s.f. **1.** Acconciatura dei capelli con frangetta simile a quella dei frati. **2.** Tavolo allungato di forma rettangolare. **3.** Sedia toscana molto elaborata (sec. XVII).

1. fratìno agg. Di mobilio massiccio e di stile severo, come quello in dotazione nei conventi.

2. fratìno s.m. **1.** Nel sign. del dim. di *frate*; in partic., frate giovane, ragazzo che studia per diventare frate. **2.** ZOOL. Uccello acquatico migratore di colore grigio con petto, fronte e collare bianchi. (Famiglia dei Caradridi.)

fratrìa s.f. **1.** Nell'antica Grecia, ciascuna delle tre parti in cui si suddividevano le tribù. **2.** ETNOL. In alcune società, classe matrimoniale esogamica comprendente vari clan.

fratricìda s.m. e f. [pl.m. *–di*] **1.** Assassino del proprio fratello o della propria sorella. **2.** *estens.* Chi uccide i propri compagni di fede o persone a cui sia legato da vincoli di solidarietà. □ Anche in funzione di agg., nel sign. del s. *Progetto fratricida.* ◇ *Lotta, guerra fratricida:* guerra civile.

fratricìdio s.m. [pl. *–di*] **1.** Omicidio di un fratello o di una sorella. ~ Il reato corrispondente. **2.** *estens.* Uccisione di un amico, di un alleato. ~ Nelle guerre civili, uccisione di un concittadino.

frattàglia s.f. [spec. pl. *–glie*] Interiora commestibili degli animali macellati. SIN.: **rigaglie.**

frattàle agg. (fr. *fractal*) GEOM. *Insieme frattale:* insieme di dimensione non intera. – *Geometria frattale:* studio delle forme, come quelle di molti oggetti naturali (fiocchi di neve, linee costiere, ecc.) che possono convenientemente essere descritte da insiemi frattali.

frattànto cong. Intanto (nel solo valore temporale), nel frattempo, nel mentre; istituisce un rapporto di contemporaneità tra gli eventi descritti in precedenza e quelli descritti susseguentemente. *Arrivò la polizia; frattanto i ladri erano fuggiti.*

■ **frattàle.** Rappresentazione al computer di un insieme di Mandelbrot, esempio di geometria frattale.

frattèmpo Usato solo nella loc. *nel frattempo*, frattanto.

frattùra s.f. **1.** MED. Rottura, spec. di un organo osseo in seguito a trauma, con o senza spostamento dei frammenti. ◇ *Frattura esposta:* quando l'osso rotto ha lacerato i tessuti ed è visibile dall'esterno. **2.** GEOL. Spaccatura di strati geologici senza scorrimento tra le parti. **3.** *fig.* Soluzione di continuità. ~ Interruzione brusca e netta di un rapporto, di un'unità.

fratturàre v.tr. Provocare una frattura a qlco. ~ Rompere o ridurre in pezzi qlco. ◆ **fratturarsi** v.pron. Subire una frattura. ~ Rompere una parte del proprio corpo.

fraudolènto agg. Fatto, ottenuto con la frode. ~ Che costituisce frode. ~ Che agisce in modo fraudolento.

frazionàle agg. ECON. Frazionario, divisionale. *Moneta frazionale.*

frazionaménto s.m. (fr. *fractionnement*) **1.** Suddivisione, spezzettamento. **2.** Nel l. bur., ripartizione catastale di una proprietà in più aree. **3.** CHIM. Separazione dei componenti di una miscela. **4.** FIN. Operazione con la quale una società divide il valore nominale delle sue azioni in un maggior numero, aumentandone la quantità in circolazione e mantenendo invariato l'ammontare del capitale.

frazionàre v.tr. (fr. *fractionner*) **1.** Dividere qlco. in parti. SIN.: **suddividere**. **2.** CHIM. Separare i componenti di una miscela. ◆ **frazionarsi** v.pron. Subire una rottura interna, una divisione. SIN.: **dividersi**.

frazionàrio agg. [pl.m. *-ri*] (fr. *fractionnaire*) MAT. Relativo a frazione, che costituisce frazione. *Numero frazionario.*

frazionàto agg. **1.** Diviso variamente in più parti o in frazioni. **2.** FILAT. Di un francobollo tagliato in due o tre parti e utilizzato per un valore pari alla metà o a un terzo del suo importo per mancanza di francobolli di piccolo valore.

frazióne s.f. **1.** Parte di una totalità, porzione. ◇ *per esager. In una frazione di secondo:* in un baleno. **2.** *estens.* Fazione ideologica o religiosa. ~ Corrente politica, frangia sindacale. **3.** ARITM. Notazione di un numero razionale nella forma $\frac{a}{b}$, laddove questo numero è il risultato della divisione di a (numeratore) per b (denominatore), in cui a e b sono numeri interi. ◇ *Frazione decimale:* che ha per denominatore 10 o una potenza di 10. – *Frazione propria:* quando il numeratore è minore del denominatore. – *Frazione impropria:* quando il numeratore è maggiore del denominatore. – *Frazione irriducibile:* che non può essere ulteriormente semplificata perché numeratore e denominatore sono numeri primi. **4.** Centro abitato staccato e individuabile ai margini di uno maggiore. ~ Piccolo centro abitato distinto dal centro del comune al quale appartiene amministrativamente. **5.** SPORT. Ogni singola parte di una corsa a staffetta. ~ Nel ciclismo, semitappa. **6.** CHIM. Miscela ottenuta con operazioni di frazionamento. ~ PETROL. Prodotto petrolifero che ha un punto di ebollizione compreso tra due definite temperature. **7.** CRIST. Azione di dividere il pane eucaristico.

frazionismo s.m. Tendenza di un partito o di un gruppo politico a dividersi in frazioni.

frazionista s.m. e f. [pl.m. *-sti*] **1.** SPORT. Nella staffetta, ciascuno degli atleti che disputa una frazione. **2.** Chi, in un partito, favorisce il sorgere di correnti, frazioni, minoranze. ◻ In funzione di agg., che tende al frazionismo, spec. nel l. pol. *Tendenza frazionista.*

freak [/'fri:k/] agg. inv. (voce ingl., propr. "persona bizzarra, anomala" orig. "ghiribizzo") Di persona che propugnava atteggiamenti anticonformistici non violenti, secondo un costume giovanile originario degli USA negli anni Settanta. ~ *estens.* Che tiene questo comportamento. ◆ s.m. e f. inv. Chi appartiene al mondo freak.

freàtico agg. [pl.m. *-ci*, f. *-che*] (fr. *phréatique*, deriv. di gr. *phréar* "pozzo") GEOL. Di terreno permeabile che contiene l'acqua meteorica penetrata fino a raggiungere il primo strato impermeabile. ◇ *Livello freatico:* altezza raggiunta dalle acque freatiche, soggetta a variazioni stagionali.

freccétta s.f. **1.** Nel sign. del dim. di *freccia*. **2.** Piccolo proiettile appuntito che si scaglia contro un bersaglio.

fréccia s.f. [pl. *-ce*] (fr. *flèche* di orig. germ., propr. "ciò che vola") **1.** Arma costituita da un'asta munita di una punta acuminata, da lanciare con l'arco, la balestra o altro. ◇ *fig. Avere molte frecce al proprio arco:* avere numerose risorse per affrontare una situazione. **2.** *estens.* Oggetto, segno a forma di freccia che indica una direzione, un senso o simboleggia un vettore. **3.** La luce che quando si guida si accende per indicare la direzione del proprio veicolo. **4.** *fig.* Frase pungente all'indirizzo di qlcu. SIN.: **frecciata**. ◇ *Freccia del Parto:* provocazione, battuta maligna che si dice al momento di congedarsi da qlcu., con allusione alla tattica guerresca dell'antico popolo dei Parti i quali, simulando la fuga, si voltavano poi improvvisamente a lanciare frecce contro gli avversari. **5.** GEOM. Segmento perpendicolare alla corda di un arco nel punto di tangenza tra l'arco e la parallela alla corda. **6.** ARCH. Distanza minima tra la chiave di volta e la luce di un arco o di una volta. **7.** MAR. → **controranda**. **8.** AVIAZ. Angolo, in gradi sessagesimali, che il bordo d'attacco di una semiala forma con la normale all'asse di simmetria dell'aereo.

frecciàta s.f. **1.** Ferita o colpo di freccia. **2.** *fig.* Motto di spirito, scherzo o critica. ◇ *Lanciare frecciate:* fare commenti allusivi o salaci. **3.** Nella scherma, stoccata vibrata proiettando il corpo in avanti.

freddaménte avv. Con freddezza, con indifferenza.

freddàre v.tr. **1.** Far diventare freddo qlco. ~ *fig.* Affievolire, smorzare un sentimento, una passione, ecc. ◇ *fig. Non lasciare freddare qlco.:* approfittare di un'occasione favorevole. **2.** Uccidere qlcu. ~ *fig.* Colpire qlcu. al punto da lasciarlo senza parole, incapace di reagire. ◆ **freddarsi** v.pron. Diventare freddo. ~ Perdere di calore e di intensità.

freddézza s.f. **1.** Assenza di sensibilità, indifferenza. ~ Distacco emotivo, lucida razionalità. **2.** Controllo di nervi, sangue freddo.

fréddo agg. **1.** Di cosa o corpo a temperatura bassa o comunque inferiore a quella circostante. *Acqua fredda.* **2.** Detto spec. di cibi, non più caldo o anche non cotto. *Piatto freddo.* **3.** *fig.* Privo di passione, di vivacità, di slancio. *Ricevere un'accoglienza fredda.* ~ *estens.* Che manifesta calma, razionalità. *Restare freddo dinanzi al pericolo.* ◇ *Colori, toni freddi:* quelli che tendono all'azzurro, al verde e al grigio. ◻ Anche in funzione di avv., nella loc. *sudare freddo*, avere, provare paura. ◆ s.m. Temperatura molto bassa. ~ La sensazione che procura. *Sentire freddo.* ◇ *Industria del freddo:* tecnica degli impianti di refrigerazione e congelazione di derrate e sostanze varie, per necessità di conservazione. – *A freddo:* senza usare il calore, senza un riscaldamento preventivo; *fig.* senza preavviso.

freddolóso agg. Che soffre il freddo.

freddùra s.f. Spiritosaggine consistente in giochi di parole, doppi sensi.

free climbing [/'fri: 'klaımıŋ/] loc. sost. m. (solo sing.) (loc. ingl., "arrampicata libera") SPORT. Arrampicata libera su parete rocciosa che prevede solo l'uso di corde e moschettoni.

free jazz [/fri: 'dʒæz/] loc. sost. m. inv. (loc. ingl., "jazz libero") Tipo di jazz sorto negli Stati Uniti all'inizio degli anni Sessanta, caratterizzato da improvvisazione, libertà ritmica e dall'impiego di strumenti acustici, rumori, ecc. (Fra gli esponenti di spicco si annoverano Coltrane, Sheep e Coleman.)

freelance [/'fri:,læns/] agg. inv. (voce ingl., propr. "lancia libera" quindi "mercenario") Di professionista indipendente che svolge la propria attività presso aziende diverse e senza vincoli di esclusività. ◆ s.m. e f. inv. Nel sign. dell'agg.

free rider [/fri: 'raıdə/] loc. sost. m. e f. inv. (loc. ingl., propr. "viaggiatore che non paga") ECON. Chi si avvantaggia dell'attività di altri o di un bene pubblico senza sopportare i relativi costi.

free shop [/fri: 'ʃɔp/] loc. sost. m. inv. (loc. ingl.) → **duty free**.

freestyle [/'fri:,staıl/] agg. inv. (voce ingl., "stile libero") SPORT. Di gara per la quale non è previsto uno stile obbligatorio per tutti gli atleti partecipanti. ◆ s.m. inv. Nel sign. dell'agg.

freezer [/'fri:zə/] s.m. inv. (voce ingl., deriv. di *to freeze* "congelare") Parte del frigorifero in cui si congelano i cibi. ~ Impianto refrigerante per la conservazione del cibo. SIN.: **congelatore**.

fregàre v.tr. [4] **1.** Passare ripetutamente con energia qlco. su uno stesso punto. *Fregare il pavimento.* **2.** *pop.* Fuorviare, ingannare. *Fregare un amico.* ~ Rubare. *Hanno fregato tutti i gioielli.* ◆ **fregarsi** v.pron. **1.** Strofinare una parte del proprio corpo. **2.** *pop.* Mostrare indifferenza in maniera strafottente (accompagnato perlopiù da ne). *Chi se ne frega.*

1. fregàta s.f. **1.** Passaggio energico e ripetuto di un corpo sulla superficie di un altro. **2.** *pop.* Danno, delusione. ~ Imbroglio, fregatura.

2. fregàta s.f. MAR. In passato, veloce trealberi da guerra e di scorta, a vele quadre e con uno o due ponti. ~ Nella moderna marina militare, nave da guerra specializzata nei servizi di scorta ai convogli e nella caccia ai sommergibili.

3. fregàta s.f. (fr. *frégate*) Grande uccello palmipede diffuso nei mari tropicali, dal piumaggio scuro; il maschio presenta sotto il becco una sacca membranosa rossa, che gonfia nella stagione degli amori. (Genere *Fregata*; ordine dei Pelecaniformi.)

fregatùra s.f. **1.** *pop.* Truffa, imbroglio. SIN.: **inganno**. **2.** *pop.* Opera, oggetto di scarsissimo o nessun valore, acquistato perché ritenuto di buona qualità.

fregiàre v.tr. [5] Ornare, decorare qlco. con un fregio. ◆ **fregiarsi** v.pron. **1.** Onorarsi, andare fiero di qlco. **2.** Ornare con un fregio parte del proprio corpo.

frégio s.m. [pl. *-gi*] (lat. *Phrȳgium* in riferimento alle stoffe intessute d'oro provenienti dalla Frigia) **1.** Decorazione, ornamento perlopiù a sviluppo lineare. ~ Nel cappello dei militari, segno del grado. **2.** ARCH. Parte decorata della trabeazione tra l'architrave e la cornice. *I fregi del Partenone.*

frégola s.f. (deriv. di *fregare* per l'abitudine dei pesci di fregarsi contro i sassi prima di deporre le uova) **1.** Eccitazione sessuale degli animali durante il periodo della riproduzione. ~ *estens. volg.* Stato di sovreccitazione sessuale. **2.** *fig.* Desiderio eccessivo, smania di qlco.

fregolatóio s.m. Luogo dove i pesci depongono le uova.

frèmere v.intr. [12] (aus. *avere*) (lat. *frĕmere*, propr. "strepitare" di orig. onom.) Tremare, essere violentemente scosso, agitato. *Fremere di sdegno, d'ira.*

frèmito s.m. **1.** Stato di agitazione violenta e convulsa, dovuto a un intenso sentimento. *Fremito di collera.* ~ Vibrazione improvvisa delle membra che denuncia questo stato d'animo. ~ *estens.* Rumore indistinto di persone o di una folla in preda a tale agitazione. **2.** Rumore, fragore di qlco., spec. di acque o piante agitate dal vento. **3.** MED. Vibrazione interna rivelabile con la palpazione.

frenàggio s.m. [pl. *-gi*] **1.** Insieme dei congegni che hanno il compito di frenare una macchina. **2.** SPORT. Manovra atta a rallentare o ad arrestare il moto.

frenànte agg. Che frena, riduce la velocità.

frenàre v.intr. (aus. *avere*) Di veicolo, subire una diminuzione di velocità o l'arresto del movimento grazie all'azione dei freni. *La macchina davanti ha frenato di colpo.* ◆ v.tr. **1.** Del conducente di un veicolo, azionare il freno per diminuirne la velocità o fermarlo. *Frenare l'auto.* **2.** *fig.* Trattenere, moderare sentimenti o emozioni. *Frenare la curiosità.* ◆ **frenarsi** v.pron. Trattenersi, controllarsi. *Dovrei mangiare di meno, ma non riesco a frenarmi.*

frenastenia s.f. PSICH. → **oligofrenia**.

frenàta s.f. **1.** Rapido e spesso brusco azionamento di un meccanismo frenante. **2.** Riduzione della velocità di crescita, rallentamento. ~ Interruzione, blocco di un'iniziativa, di un processo, spec. in seguito a ripensamento, a riconsiderazione.

frenàto agg. Tenuto a freno. ◇ AEROST. *Pallone frenato:* pallone aerostatico trattenuto al suolo da un cavo.

frenatùra s.f. **1.** Azionamento di un dispositivo frenante. ◇ *Tempo di frenatura:* quello occorrente per frenare alle diverse velocità. – *Spazio di frenatura:* quello percorso durante il tempo di frenatura. **2.** MECC. Modo di funzionare dei freni di un veicolo.

frenèllo s.m. **1.** ANAT. Membrana che unisce un organo all'altro. ◇ *Frenello della lingua:* frenulo. **2.** MAR. Qualunque tipo di corda utilizzata per trattenere una manovra. **3.** Nastro che le donne portavano intorno alla fronte per raccogliere i capelli.

frenesìa s.f. **1.** Stato di esaltazione, agitazione, entusiasmo. **2.** *fig.* Desiderio smanioso e poco ragionevole. ~ Stato di grande eccitazione psicomotoria.

frenètico agg. [pl.m. *–ci,* f. *–che*] Scatenato, convulso. ~ Che manifesta grande entusiasmo. *Applausi frenetici.*

frènico agg. [pl.m. *–ci,* f. *–che*] ANAT. Del diaframma. ◇ *Nervo frenico:* nervo pari, ramo discendente dal plesso cervicale, che innerva il diaframma e interviene nella respirazione.

fréno s.m. (lat. *frēnum* "freno, morso" connesso con *frĕndere* "digrignare i denti") **1.** Parte del morso che si mette nella bocca del cavallo per dirigerlo. ◇ *figg. Mordere il freno:* sopportare impazientemente l'inattività, l'attesa o la costrizione. – *Tenere a freno:* dominare, controllare. – *Stringere, allentare i freni:* diminuire o aumentare la libertà concessa ad altri. **2.** *estens.* Qualunque azione o meccanismo che serva a limitare e ad arrestare il movimento di un veicolo, di una macchina, di un qualsiasi corpo. ◇ *Freno a mano, di stazionamento:* dispositivo per bloccare le ruote dell'automobile in sosta. – *Freno motore:* nella guida di un veicolo, riduzione della velocità ottenuta attraverso il motore, cioè passando da una marcia superiore a una inferiore. **3.** *fig.* Impedimento, ostacolo. *La guerra è un freno per le Borse.* ◇ PSICOL. *Freni inibitori:* regolamentazione di pulsioni assorbita nell'inconscio. **4.** ANAT. → **frenulo.**

frenologìa s.f. Disciplina, ormai completamente abbandonata, che studia il carattere e le funzioni intellettuali dell'uomo in relazione alla conformazione esterna del cranio.

frenotomìa s.f. MED. Taglio chirurgico del frenulo della lingua o del prepuzio.

frènulo s.m. ANAT. Piccolo cordone o membrana che congiunge due organi o due parti di organo. *Il frenulo della lingua, del prepuzio.*

frèon s.m. inv. (nome comm.) Denominazione, che costituisce marchio registrato, di idrocarburi gassosi costituiti di carbonio, cloro o bromo e fluoro non tossici e non infiammabili, usati come fluidi frigoriferi o come propellenti per bombolette.

frequentàre v.tr. **1.** Andare abitualmente in un luogo. **2.** Incontrare spesso qlcu. **3.** Praticare assiduamente qlco. ◆ **frequentarsi** v.pron. Vedersi, incontrarsi spesso.

frequentativo agg. GRAMM. Di verbo che indica un'azione che si ripete (p.e. *mordicchiare* è il frequentativo di *mordere*). SIN.: **iterativo.** ◆ s.m. Nel sign. dell'agg.

frequentàto agg. Di luogo nel quale va o passa abitualmente molta gente.

frequentatóre s.m. [f. *–trice*] Chi frequenta abitualmente un certo luogo, specie un esercizio pubblico. ~ Chi segue con passione e assiduità certe manifestazioni. ~ Chi bazzica certe persone, determinati ambienti.

frequentazióne s.f. Abitudine a frequentare luoghi o persone. ~ Familiarità, consuetudine intellettuale con certe opere o certi autori.

frequènte agg. (lat. *frequĕntem,* propr. "fitto, denso") Che ricorre sovente. ~ Che si ripete con una certa regolarità.

frequènza s.f. **1.** Il ripetersi più volte, a brevi intervalli, dello stesso evento. *Vedersi con frequenza.* **2.** Numero di volte con cui un'azione, un evento si ripetono in un tempo dato. ◇ MED. *Frequenza cardiaca:* numero di battiti cardiaci al minuto. **3.** FIS. Numero di cicli per unità di tempo di un fenomeno periodico. (L'unità di frequenza è l'hertz.) ◇ TECN. *Gamma, banda di frequenza:* insieme delle frequenze comprese in un dato intervallo. (Le basse frequenze sono comprese tra 30 e 300 kHz; le alte frequenze tra 3 e 30 MHz.) – STAT. *Frequenza assoluta:* numero di volte in cui si presenta una certa modalità di un dato insieme di osservazioni. – *Frequenza relativa:* rapporto fra la frequenza assoluta e il numero totale di osservazioni. **4.** Assidua e regolare partecipazione a un'attività. *Frequenza obbligatoria alle lezioni.*

frequenziàle agg. Relativo alla frequenza di uno o più fenomeni.

frequenzìmetro s.m. FIS. Strumento per la misurazione della frequenza nelle correnti alternate.

frequenziòmetro s.m. FIS. Frequenzimetro.

frèsa s.f. (fr. *fraise*) MECC. Utensile per la lavorazione dei metalli e del legno, costituito da un corpo rotante provvisto di spigoli taglienti.

fresàre v.tr. (fr.*fraiser*) Lavorare i metalli, i legnami e altri materiali con la fresa.

fresatóre s.m. [f. *–trice*] Operaio addetto alla fresatrice.

fresatrìce s.f. MECC. Macchina munita di fresa, utilizzata per lavorare a freddo i metalli.

fresatùra s.f. Lavorazione eseguita con la fresatrice.

freschézza s.f. **1.** Proprietà di essere fresco. *La freschezza dell'aria.* **2.** *fig.* Mancanza d'artificiosità, di pedantesche sottigliezze intellettuali. *Freschezza di idee.* SIN.: **vivacità.**

1. frésco agg. [pl.m. *–schi,* f. *–sche*] (francone *frisk*) **1.** Di un freddo moderato e piacevole, di temperatura mite. ~ Che offre una sensazione di piacevole freschezza. *Ombra fresca di un albero.* ◇ *fig. Star freschi:* per antifrasi, trovarsi in difficoltà, essere in una brutta situazione, disilludersi. **2.** Preparato, nato da poco tempo. ~ Che conserva le qualità naturali. *Latte fresco.* ~ Appena colto. *Fiori freschi.* ~ *estens.* Recente. *Notizie fresche.* **3.** Florido, sano, robusto, anche in senso fig. *Viso fresco.* **4.** *fig.* Vivace, spontaneo. *Stile fresco.* ◆ s.m. **1.** Atmosfera, temperatura moderatamente e piacevolmente fredda. ◇ *Col fresco:* nelle ore fresche del mattino o della sera. **2.** *estens.* Luogo, ambiente dalla temperatura gradevole, meno calda di quella circostante. ◇ *fig. Andare, mettere al fresco:* in prigione, con allusione al freddo delle celle carcerarie di un tempo. **3.** Tessuto di lana usato per confezionare abiti. *Fresco di lana.* **4.** *Di fresco:* recentemente, da poco. *Si è laureato di fresco.*

2. frésco s.m. [pl.m. *–schi*] Intonaco recente sul quale si dipinge.

frescùra s.f. Aria fresca. *La frescura della notte.*

frèsia s.f. (dal nome del medico ted. F.H.Th. *Freese*) **1.** Pianta erbacea monocotiledone tuberosa, originaria dell'Africa del Sud, coltivata per i suoi fiori decorativi e molto profumati. (Famiglia delle Iridacee.) **2.** BOT. (iniziale maiusc.) Genere di piante a cui appartengono le fresie.

frétta s.f. **1.** Desiderio, necessità di fare presto. *Essere di fretta.* SIN.: **urgenza.** ◇ *Far, mettere fretta a qlcu.:* incitarlo a far presto. **2.** Rapidità, talvolta eccessiva, di azione, di movimento. *Mangiare in fretta.* ◇ *In fretta e furia:* in modo assai rapido e affannoso.

frettàzzo s.m. **1.** MAR. Spazzola di setole vegetali assai dure, provvista di manico, utilizzata per pulire i ponti di una nave. **2.** Tavoletta rettangolare di legno, munita di manico, che il muratore usa per stendere e lisciare la malta.

frettolóso agg. **1.** Che si muove con fretta, che ha fretta. ~ Che agisce con molta o troppa fretta. *Non essere frettoloso nel giudicare.* **2.** Fatto in fretta. ~ Sbrigativo, affrettato e quindi, spesso, scadente, superficiale.

friàbile agg. Che può essere facilmente ridotto in polvere o in briciole.

friabilità s.f. inv. Proprietà di ridursi in polvere, di essere sbriciolato. ~ Mancanza di coesione, di compattezza.

fricandò s.m. inv. (fr. *fricandeau*) CUC. Piatto di carne rosolata e cotta in casseruola nel suo sugo con verdure e aromi.

fricassèa s.f. (fr. *fricassée,* deriv. di *fricasser* "cuocere in salsa") **1.** CUC. Piatto di carne costituito da pezzi di vitello, agnello o pollo cotti con burro, erbe aromatiche e funghi, cui si aggiungono rossi d'uovo frullati e succo di limone. **2.** *fig.* Mescolanza di cose diverse, spec. in un discorso, in un testo scritto.

fricativa s.f. FON. Consonante (*f, v, s*) che si pronuncia restringendo ma senza occludere il canale vocale, in oppos. a *consonante occlusiva.*

fricchettóne s.m. [f. *–na*] *fam.* Freak. ~ *estens.* Ragazzo che si contraddistingue per atteggiamenti stravaganti e anticonformistici.

Frigànea s.f. (lat. *Phryganea,* deriv. di gr. *phrýganon* "ramo secco") Genere di insetti, dall'aspetto simile a piccole farfalle con ali e antenne pelose, acquatici allo stadio larvale; sono diffusi nelle regioni temperate del continente europeo e comuni anche in Italia. (Ordine dei Tricotteri.)

larva nel suo astuccio

■ **Frigànea.** *Phryganea striata.*

frìggere v.intr. [35] (aus. *avere*) **1.** Di olio o altro grasso, bollire scoppiettando. ~ *estens.* Di metallo rovente a contatto con l'acqua, sfrigolare, stridere. **2.** Di alimenti, cuocere in padella immersi in olio o grassi bollenti. **3.** *fig.* Detto di essere umano, struggersi, fremere. *Friggere di rabbia.* ◆ v.tr. Cucinare qlco. in padella con olio o altro grasso bollente. ~ *fam. Mandare qlcu. a farsi friggere:* allontanarlo con parole brusche e modi scortesi.

friggitorìa s.f. Negozio dove si prepara e si vende frittura, specie di pesci.

friggitrìce s.f. Apparecchio elettrico per friggere, dotato di un cestello estraibile e bucherellato per scolare l'olio.

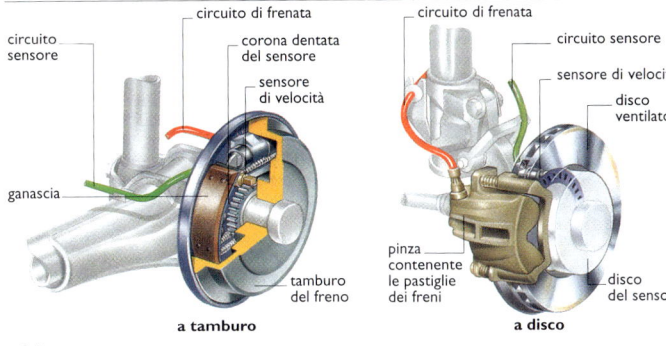

circuito sensore — circuito di frenata — corona dentata del sensore — sensore di velocità — ganascia — tamburo del freno — **a tamburo**

circuito di frenata — circuito sensore — sensore di velocità — disco ventilato — pinza contenente le pastiglie dei freni — disco del sensore — **a disco**

■ **fréno** d'automobile.

frigidàrio s.m. [pl. –*ri*] **1.** ARCHEOL. Nelle antiche terme romane, locale per i bagni freddi. **2.** *estens.* Luogo freddo, umido, che in passato fungeva anche da locale per la conservazione di alimenti.

frigidità s.f. inv. MED. Scarsa sensibilità della donna agli stimoli sessuali, incapacità di raggiungere l'orgasmo durante il coito vaginale.

frìgido agg. MED. Detto soprattutto di donna, insensibile o indifferente all'eccitazione sessuale.

frìgio agg. [pl.m. –*gi*, f. –*gie*] Della Frigia, regione storica dell'Asia minore che fa attualmente parte della Turchia. ◇ *Berretto frigio:* berretto floscio di colore rosso con la punta ripiegata sul davanti, usato ant. dalle popolazioni della Frigia; adottato dai rivoluzionari francesi, divenne simbolo di libertà. ◆ s.m. **1.** [f. –*gia*] Nativo, abitante della Frigia. **2.** (solo sing.) Antica lingua dei Frigi.

■ **frìgio.** "Patrioti esaltati strappano la corona dal busto di Voltaire e la sostituiscono con il berretto frigio". Dettaglio di un guazzo dei fratelli Lesueur. (Museo Carnavalet, Parigi.)

frignàre v.intr. (aus. *avere*) (voce onom.) Piangere in modo insistente e lamentoso, tipico dei bambini. ~ *estens.* Lagnarsi, lamentarsi. *Stai frignando come un bambino.*

frignóne s.m. [f. –*na*] **1.** Chi è solito frignare, piagnucolare. SIN.: **piagnucolone.**

frìgo s.m. inv. Frigorifero. ▢ Anche in funzione di agg. inv., nel sign. del s. *Banco frigo.*

frigobàr s.m. inv. Mobile bar frigorifero, usato in partic. negli alberghi.

frigorìa s.f. (fr. *frigorie*) Unità di misura nel trattamento industriale del freddo (simb. *F*), pari alla quantità di calore che si deve sottrarre a un chilogrammo-massa di acqua (a 15,5 °C) per diminuirne la temperatura di 1 °C.

frigorìfero agg. (comp. di lat. *frigus* "freddo" e *ferre* "portare") **1.** Pertinente alla produzione e al mantenimento del freddo. **2.** Dotato di impianto frigorifero. *Camion frigorifero.* ◆ s.m. **1.** Apparecchio, soprattutto domestico, che serve a raffreddare e conservare gli alimenti. ◇ *fig. Mettere qlco. in frigorifero:* tenere qlco. in sospeso finché non si presenti un'occasione propizia. **2.** *fig.* Luogo particolarmente freddo.
ENCICL. I frigoriferi possono avere motori a compressione o ad assorbimento. In un frigorifero a compressione, il fluido frigorigeno passa allo stato gassoso grazie a un evaporatore e toglie calore all'ambiente esterno; un compressore aspira i vapori che si formano e li riversa in un condensatore dove vengono raffreddati e riconvertiti allo stato liquido, una valvola di regolazione, poi, lascia passare il liquido frigorigeno verso l'evaporatore abbassandone la pressione. In un frigorifero ad assorbimento il refrigerante si trasforma dallo stato gassoso allo stato liquido, come nei frigoriferi a compressione, ma la compressione meccanica è sostituita dalla trasformazione di una soluzione ricca in una più povera di refrigerante ottenuta tramite un aumento di temperatura.

frigorìgeno agg. TECN. Che produce freddo.

frimàio s.m. [non com. pl. –*mai*] (fr. *frimaire*, deriv. di *frimas* "nebbia") ST. Terzo mese del calendario repubblicano francese.

fringe benefit /'frindʒ 'bɛnɪfɪt/ loc. sost. m. inv. (loc. ingl., propr. "vantaggio marginale")

ECON. Beneficio aggiuntivo, di natura diversa, che un'azienda concede ai propri dipendenti.

Fringìllidi s.m. pl. [iniziale minusc. sing. –*de* per l'individuo] ZOOL. Famiglia di uccelli canori di piccole dimensioni, con becco scuro e coda forcuta, principalmente granivori, di cui esistono numerose specie in Europa (fringuello, cardellino, canarino, ecc.). (Ordine dei Passeriformi.)

fringuèllo s.m. Piccolo uccello canoro caratterizzato da petto e gola con piumaggio rossiccio e coda nera striata di bianco. (Famiglia dei Fringillidi.)

frinìre v.intr. [83] (aus. *avere*) (voce onom.) Detto tipicamente della cicala, emettere il verso caratteristico.

frisbee /'frɪsbiː/ s.m. inv. (voce ingl., dall'uso di militari e studenti americani di giocare con il vassoio di cartone delle torte rotonde prodotte nel dopoguerra dall'azienda dolciaria *Frisbie Pie Company di Bridgeport in USA*) Denominazione commerciale, che costituisce marchio registrato, di un disco di plastica che si lancia in gare di precisione e di distanza, singolarmente o a squadre.

frisóne agg. Della Frisia. ◇ *Vacca frisona:* mucca olandese con mantello nero pezzato, allevata per l'alta produttività di latte. ◆ s.m. **1.** [f. –*sa*] Nativo, abitante della Frisia. **2.** (solo sing.) Complesso dei dialetti parlati in Frisia, appartenenti al gruppo germanico occidentale.

Fritillària s.f. (lat. *Fritillaria*, deriv. di *fritíllus* "bossolo con cui si lanciano i dadi", così chiamata per la forma dei suoi fiori) BOT. Genere di piante erbacee monocotiledoni decorative con fiori a forma di campanella. (Famiglia delle Liliacee.)

fritta s.f. **1.** Nell'industria della maiolica, miscela vetrosa di sabbia e sostanze alcaline con cui si ricoprono i pezzi cotti per smaltarli; è detta anche *marzacotto.* **2.** METALL. Agglomerato di polvere di metallo.

frittàta s.f. Piatto composto da uova sbattute e fritte in padella. ◇ *figg. Fare una frittata:* rompere qualche cosa, commettere un errore, combinare un guaio. – *Rivoltare la frittata:* modificare rapidamente e radicalmente il proprio atteggiamento, per trarne vantaggio.

frittèlla s.f. **1.** Vivanda dolce o salata, costituita da una piccola dose di pasta semiliquida, cotta o fritta in abbondante olio. **2.** *fam.* Piccola macchia di unto sugli abiti. SIN.: **chiazza.**

fritto agg. Cotto con olio, burro o grasso bollente. ◇ *fig. Essere fritto:* rovinato, perduto, finito. ◆ s.m. **1.** Vivanda cotta nell'olio, nel burro o nel grasso. SIN.: **frittura.** ◇ *Fritto misto:* frittura di diversi tipi di pesce o di carne; *fig.* guazzabuglio. **2.** *estens.* Odore, sapore tipico dei cibi fritti. *Puzza di fritto.*

frittùra s.f. **1.** Azione o modo di friggere un alimento. **2.** Alimento fritto o da friggere.

frivolézza s.f. Carattere, atteggiamento frivolo. SIN.: **futilità.** ~ Quisquilia, sciocchezza.

frìvolo agg. (lat. *frívolum*, propr. "fragile") **1.** Di poca importanza, di scarsa consistenza. SIN.: **futile. 2.** Di persona, che ha il gusto delle cose inutili, è superficiale nelle relazioni.

frizionàre v.tr. Passare e ripassare con la mano una qualche parte del corpo per fare una frizione; anche pron. *Frizionare (frizionarsi) la cute.* ◆ v.intr. (aus. *avere*) Agire sulla frizione di un motore. ◆ **frizionarsi** v.pron. Fare delle frizio-

ni a una parte del proprio corpo. *Frizionarsi la pelle con il guanto.*

frizióne s.f. **1.** Sfregamento di una parte del corpo con sostanze medicamentose o cosmetiche. ~ Anche, sostanze con cui si friziona. **2.** FIS. Resistenza che presentano due superfici in contatto per un movimento relativo dell'una in rapporto all'altra. SIN.: **attrito. 3.** MECC. Meccanismo attraverso il quale, in un veicolo, si realizza o si interrompe il collegamento del motore con gli organi di trasmissione, consentendo così il cambio di marcia. ~ *estens.* Il pedale per innestare tale meccanismo. **4.** *fig.* Attrito tra due o più persone, disaccordo, urto. *Tra loro ci sono delle frizioni.*

frizzànte agg. **1.** Che provoca una sensazione di fittissime e leggere punture di spillo. **2.** Di bevanda che contiene, produce bollicine di gas. **3.** *fig.* Vivace, brioso, brillante. ~ Mordace, salace.

frizzo s.m. Detto ironico o ingiurioso lanciato all'indirizzo di qlcu. *Frizzi e lazzi.* SIN.: **arguzia.**

fròcio s.m. [pl. –*ci*] (voce roman.) *volg.* Omosessuale maschio.

frodàre v.tr. Commettere una frode, truffare. *Frodare il fisco.* SIN.: **raggirare.**

frodatóre s.m. [f. –*trice*] Chi si serve di inganni per trarne vantaggio. ~ Chi commette il reato di frode.

fròde s.f. Atto in malafede compiuto violando la legge o i regolamenti e ledendo i diritti altrui. *Frode elettorale.* ◇ *Frode alimentare:* sofisticazione di prodotti alimentari. – *Frode fiscale:* comportamento che mira a eludere la normale applicazione delle leggi fiscali.

fròdo s.m. Azione illecita effettuata per evitare il pagamento di imposte, tasse. ◇ *Di frodo:* di contrabbando; in modo illegale. *Cacciatore di frodo.*

frògia s.f. [pl. –*gie*, –*ge*] (etim. incerta, forse deriv. di lat. *fórficem* nel sign. di "nasiera a forma di forbice") Narice di alcuni grandi mammiferi erbivori, spec. di cavallo e bue. ~ *scherz.* Le narici dell'uomo, spec. se dilatate.

frollàre v.tr. Fare acquistare alla carne un profumo accentuato facendole subire un inizio di decomposizione. *Frollare la lepre.* ◆ v.intr. (aus. *essere*) Di carne, diventare tenera e perdere l'odore di selvatico con opportuna stagionatura; anche pron. SIN.: **infrollire.**

frollatùra s.f. Operazione e periodo di stagionatura delle carni macellate che le rende adatte alla cottura.

frollìno s.m. CUC. Pasticcino o biscotto di pasta frolla, spesso guarnito con canditi o crema.

frombolière s.m. **1.** ST. Negli antichi eserciti, soldato munito di fionda. **2.** SPORT. Nel calcio, attaccante dotato di un tiro potente. SIN.: **cannoniere.**

1. frónda s.f. [pl. *fronde*] **1.** Ramo con foglie tenere. SIN.: **frasca.** ~ *estens.* (al pl.) Insieme di rami, di foglie di alberi che danno ombra. SIN.: **fogliame.** ~ *fig.* Ramo dell'albero genealogico, discendente. **2.** *fig.* Fronzolo letterario.

2. frónda s.f. (fr. *fronde* "fionda") **1.** La Fronda (v. parte n.pr.). **2.** *estens.* Sommossa di un gruppo sociale che contesta istituzioni, società, autorità.

frondìsta s.m. e f. [pl.m. –*sti*] **1.** Esponente della fronda secentesca in Francia. **2.** *estens.* Oppositore, ribelle che agisce di nascosto. ▢ In funzione di agg., nei sign. del s. *Atteggiamento frondista.*

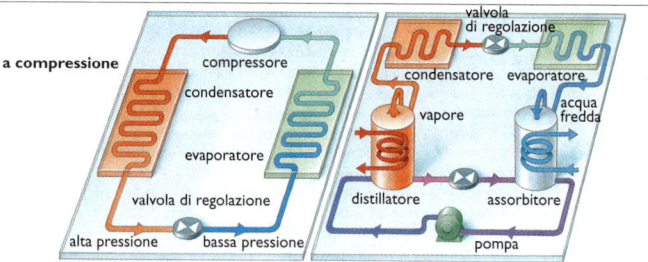

■ **frigorifero.** Principio di funzionamento degli apparecchi frigoriferi.

frontàle agg. **1.** ANAT. Della fronte. *Muscolo frontale.* ◇ *Lobo frontale:* parte di ogni emisfero cerebrale situata davanti al lobo parietale e sopra il lobo temporale, dotata di un importante ruolo riguardo motilità, linguaggio, comportamento, ecc. – *Osso frontale:* osso della parte anteriore del cranio. **2.** Che è nella parte anteriore di qlco. *La facciata frontale della casa.* **3.** Che è, che avviene di fronte, rivolto contro la fronte. ◇ *Scontro frontale:* urto tra le parti anteriori di due veicoli; *fig.* dissidio scoperto e duro. *Le due correnti sono arrivate allo scontro frontale.* ◆ s.m. **1.** Parte anteriore di qlco. **2.** ARCH. Elemento decorativo della facciata di un edificio. ~ Mensola o piastra aggettante di un caminetto. **3.** Parte della briglia che passa sul fronte del cavallo e si fissa sulla testiera. **4.** ANAT. Osso frontale. **5.** Gioiello portato sulla fronte, costituito da una catenella fine decorata nel mezzo da una pietra fine o preziosa.

frontalière s.m. [f. *–ra*] (fr. *frontalier*, provenz. *frountalié* "confinante") Chi abita una regione vicina a una frontiera; in partic., chi varca ogni giorno il confine per andare a lavorare.

frontalièro agg. **1.** Di persona, che ogni giorno deve passare la frontiera per andare a lavorare. *Lavoratore frontaliero.* **2.** Situato alla frontiera. *Città frontaliera.* ◆ s.m. [f. *–ra*] Nell'accez. 1 dell'agg.

frontalìno s.m. **1.** Bassa fascia verticale che rifinisce la fronte di pensiline, cornici, ecc. **2.** Parte verticale di uno scalino. **3.** Parte anteriore, asportabile, dell'autoradio.

frontalità s.f. inv. Posizione frontale. ~ Nelle arti plastiche e figurative delle antiche civiltà, raffigurazione centrale e intera della figura umana.

frónte s.f. **1.** Parte anteriore del cranio dei vertebrati compresa, nell'uomo, tra la radice dei capelli e l'arcata sopraciliare. ◇ *figg. A fronte alta:* senza nulla di cui vergognarsi. – *A fronte bassa:* con vergogna, titubanza. – *Avere qlco. scritto in fronte:* facilmente leggibile in volto. – *Baciare in fronte:* favorire, agevolare. *La fortuna lo ha baciato in fronte.* **2.** *estens.* Parte anteriore di qlco. rivolto verso chi osserva. SIN.: **facciata**. ◇ *Testo a fronte:* stampato accanto al testo in lingua originale. – *locc. prep. Di fronte a:* in presenza di. – *A fronte di:* davanti a, in presenza di, a confronto di. **3.** METR. Nella canzone lirica antica, la prima parte della strofa, suddivisibile, a sua volta, in due piedi. ◆ s.m. **1.** MIL. Settore delle operazioni di guerra in cui gli eserciti nemici si fronteggiano direttamente. ~ Linea di combattimento. ◇ *Aprire un secondo fronte:* attuare un diversivo; *fig.* trovare un nuovo motivo di polemica. – *Cambiamento di fronte:* spostamento di forze su un altro luogo di combattimento; *fig.* mutamento di opinione, di atteggiamento. – *Rovesciamento di fronte:* contrattacco; *fig.* nel calcio, contrattacco, azione di replica; *comun.* cambiamento repentino di situazione. – *fig. Fare fronte a qlco.:* affrontare risolutamente, saper resistere. – *Combattere su due fronti:* contro due diversi nemici contemporaneamente; anche in senso fig. – *loc. prep. Sul fronte di:* relativamente a, per quanto riguarda. *Nessuna novità sul fronte delle indagini.* **2.** *fig.* Coalizione di partiti o di correnti d'opinione affini in vista di uno scopo comune. ◇ *Fare fronte comune, unico:* affrontare insieme, uniti avversità, problemi, ecc. – *Fronte popolare:* coalizione di partiti di sinistra in Spagna, Francia e Italia in momenti storici diversi. **3.** METEOR. Zona di contatto tra due masse d'aria convergenti, diverse per temperatura e grado d'umidità. *Fronte caldo, freddo.* **4.** FIS. *Fronte d'onda:* superficie costituita dai punti che sono raggiunti contemporaneamente da una stessa onda e che quindi vibrano in fase.

fronteggiàre v.tr. [5] **1.** Star di fronte a qlcu. con l'intento di opporgli resistenza o combatterlo. **2.** *fig.* Affrontare una situazione di disagio o difficoltà adottando gli opportuni provvedimenti. **3.** Trovarsi di fronte a qlco. ◆ **fronteggiarsi** v.pron. Detto di due persone o gruppi, stare l'uno di fronte all'altro e affrontarsi in una gara o in un combattimento.

frontespìzio o **frontispìzio** s.m. [pl. *–zi*] (lat. *frontispĭcium*, comp. di *frŏns* "fronte" e *spĕcere* "guardare") **1.** Prima pagina dei libri in cui solitamente si trovano titolo, nome dell'autore e dell'editore e, a volte, alcuni fregi ornamentali. **2.** ARCH. Ornamento sulla facciata di un edificio. SIN.: **frontone**.

frontièra s.f. (fr. *frontière*) **1.** Limite che separa due Stati. ◇ *Valico di frontiera:* luogo di attraversamento del confine tra uno stato e l'altro sotto la sorveglianza doganale e militare. ~ MAT. Insieme dei punti di frontiera di un insieme. ◇ *Punto di frontiera di un insieme A di uno spazio topologico E:* punto di *E* tale che in ogni suo intorno si trovino punti che appartengono all'insieme *A* e punti che non gli appartengono. **2.** *fig.* Linea di demarcazione, di distinzione netta. ~ Limite estremo superabile, traguardo che si può raggiungere. ◇ *Nuova frontiera:* nel l. pol. indica l'esigenza e l'aspirazione a nuovi obiettivi; usata soprattutto nell'America degli anni Sessanta.

frontignan [/fʀɔ̃tiɲã/] s.m. inv. Vino dolce naturale, prodotto nella regione di Frontignan, ottenuto a partire da uva moscato.

frontìsmo s.m. Tendenza di movimenti o di partiti politici di sinistra a coalizzarsi per conquistare il potere. (Ebbe particolare rilevanza, nel nostro secolo, in Spagna, Francia e Italia.)

frontista s.m. e f. [pl.m. *–sti*] **1.** DIR. Proprietario di fondi o edifici che hanno la fronte rivolta verso una strada o un corso d'acqua. **2.** Esponente, sostenitore del frontismo. ❑ In funzione di agg., che propugna, si riconosce nel frontismo.

frontóne s.m. **1.** ARCH., ARRED. Ornamento di una facciata, un avancorpo, oppure di un pannello, ecc., di forma triangolare o arcuata su base orizzontale, di larghezza superiore all'altezza, composto da un timpano circondato da una cornice modanata. **2.** Nei libri a stampa eleganti, ornamento a tutta pagina che distingue le sezioni principali.

frònzolo s.m. Ornamento lezioso e superfluo. *Un discorso pieno di fronzoli.* SIN.: **orpello**. ◇ *Senza tanti fronzoli:* direttamente, senza giri di parole.

frosóne o **frusóne** s.m. (lat. *frisiónem*, propr. "della Frisia") Passeraceo granivoro dei boschi europei e asiatici, dal becco molto robusto. (Lunghezza 18 cm ca.; genere *Coccothraustes*, famiglia dei Fringillidi.)

fròtta s.f. (fr. *flotte* "moltitudine") Gruppo numeroso di persone o di animali che procede senza alcun ordine.

frottage [/frɔ'taʒ/] s.m. inv. (voce fr., deriv. di *frotter* "strofinare") Tecnica pittorica consistente nello sfregare la matita su un foglio di carta sovrapposto a una superficie ruvida per creare effetti e immagini astratte e non volute intenzionalmente.

fròttola s.f. **1.** Cosa inventata, notizia falsa. SIN.: **bugia**. **2.** Genere di composizione di metro e rima vari, sulla narrazione di fatti privi di collegamento, spesso bizzarri. **3.** Composizione polifonica profana di origine popolaresca, diffusa in Italia spec. nel sec. XV; detta anche *villotta* o *strambotto.*

fru-frù o **frufrù** s.m. inv. (fr. *frou frou* di orig. onom.) Ornamento di stoffa di un abito femminile. *Abito pieno di fru-fru.* ❑ In funzione di agg. inv., civettuolo, lezioso. *Pettinatura fru-fru.*

frugàle agg. (lat. *frugālem*, propr. "che vive dei prodotti della terra") Che si nutre di poco, che vive in modo semplice. SIN.: **parco**. ~ Consistente in cibi semplici e modesti. *Pasto frugale.* ~ *estens.* Senza particolari esigenze. *Abitudini frugali.*

frugàre v.intr. [4] (aus. *avere*) (voce sett., lat. *frucàre* deriv. di *furāri* "rubare") Cercare accuratamente tra più cose riposte. *Frugare nei cassetti.* SIN.: **rovistare**. ◆ v.tr. Esaminare attentamente un luogo o una persona, nell'intento di trovare qlco. *Frugare una stanza.* ◇ *fig. Frugare qlcu. con lo sguardo:* scrutarlo con la massima attenzione.

frugìvoro agg. Di animale, che si nutre di frutta.

fruìbile agg. Di cui si può fruire, godibile.

fruibilità s.f. inv. Possibilità di essere fruito, spec. nel l. giur.

fruìre v.intr. [83] (aus. *avere*) Godere di qlco. di vantaggioso avendone diritto.

fruit [/'fruːt/] s.f. inv. (voce ingl., propr. "frutta" dal nome registrato della marca *Fruit of the Loom*) Maglietta di cotone girocollo, con le maniche corte, a tinta unita, con un marchio che rappresenta un gruppo di frutti.

fruitóre s.m. [f. *–trice*] Destinatario di un bene o di un servizio.

fruizióne s.f. **1.** Disponibilità e godimento di un bene, di un diritto. ~ Uso di un bene o di un servizio da parte del pubblico. **2.** Il grado e i modi dell'interesse, dell'attenzione per un prodotto artistico.

frullàre v.tr. (voce onom.) Agitare, sbattere qualche alimento con il frullino o con il frullatore. ◆ v.intr. (aus. *avere*) **1.** Detto di uccelli, sbattere le ali per alzarsi in volo. **2.** Girare vorticosamente su se stesso o intorno al proprio asse. ~ *fig.* Agitarsi nella mente. *Strane idee gli frullano in testa.*

frullàto agg. Sbattuto, agitato con il frullino o con il frullatore. ◆ s.m. Bevanda a base di latte e frutta.

frullatóre s.m. Elettrodomestico che serve per frullare alimenti.

frullìno s.m. **1.** Apparecchio elettrodomestico o utensile per battere, mescolare o frullare preparazioni culinarie diverse. **2.** Piccolo uccello dal becco lungo e sottile e piumaggio a tinte metalliche. (Famiglia dei Caradridi.)

frumentàrio agg. [pl.m. *–ri*] Di frumento, relativo al frumento. ◆ s.m. ANT. ROM. Nell'esercito, addetto al vettovagliamento.

fruménto s.m. Graminacea a foglie lineari e inflorescenza a spiga. SIN.: **grano**.

frusciàre v.intr. [5] (aus. *avere*) (voce onom.) Produrre un rumore leggero simile a un fruscio.

fruscìo s.m. [pl. *–scii*] **1.** Rumore sommesso. *Il fruscio delle foglie mosse dal vento.* **2.** Nella riproduzione del suono, disturbo caratteristico delle registrazioni su nastro.

frùsta s.f. **1.** Strumento composto da una corda o da una striscia di cuoio attaccata a un'impugnatura per guidare o incitare alcuni animali (in partic. gli animali da tiro) e, soprattutto in passato, usato anche sull'uomo come strumento di punizione. ~ Punizione inflitta all'uomo con frusta o verghe. ◇ *fig. Colpo di frusta:* contrazione muscolare brusca e innaturale conseguente a un contraccolpo come quello subito da un automobilista in un tamponamento. **2.** Utensile di cucina per battere e montare. **3.** MECC. La parte rotante e inguainata di un albero flessibile. **4.** MUS. Strumento a percussione, formato da due tavolette di legno incernierate insieme.

frustàre v.tr. **1.** Colpire ripetutamente con la frusta. **2.** *fig.* Criticare, censurare aspramente.

frustàta s.f. **1.** Colpo inferto o ricevuto con la frusta. SIN.: **sferzata**. **2.** *fig.* Stimolo energico, incitamento brutale, critica severa.

frustino s.m. Piccola frusta flessibile di cui si servono i cavalieri per incitare il cavallo.

frustrànte agg. Che procura frustrazione, delude, mortifica.

frustràre v.tr. Deludere un'attesa, generare un senso di amarezza. *Il suo fallimento ha frustrato le nostre speranze.* ~ PSICOL. Spingere qlcu. a uno stato di frustrazione. *Certi genitori inconsapevolmente frustrano i loro figli.*

frustrazióne s.f. **1.** Delusione per il mancato appagamento di un'aspettativa. ~ Sensazione di inutilità, di umiliazione. **2.** PSICOL. Tensione generata da un ostacolo che impedisce al soggetto di raggiungere uno scopo o di realizzare un desiderio.

frùtice s.m. BOT. Pianta arbustiva perenne, ramificata fin dalla base, di piccole dimensioni. SIN.: **arbusto**.

fruticóso agg. BOT. Che ha l'aspetto o la natura di un frutice. SIN.: **arbustivo**.

frùtta s.f. [non com. pl. inv. o *–te*] **1.** Nome collettivo dei frutti commestibili, da tavola. ◇ *Frutta candita:* frutta immersa in uno sciroppo di acqua e zucchero, quindi essiccata lentamente. **2.** Portata consumata di solito alla fine del pranzo. ◇ *Essere alla frutta:* essere alla fine del pasto; *fig.* alla conclusione, alle ultime battute; non avere più risorse, energie. – *Arrivare alla frutta:* arrivare tardi; *fig.* aver esaurito ogni possibilità.

fruttàre v.tr. **1.** Produrre o procurare ricchezza. *Un lavoro che frutta molto denaro.* SIN.: **rendere.** ◇ *Far fruttare:* lucrare. **2.** *fig.* Causare, procurare a qlcu. qlco. di vantaggioso. *L'iniziativa ci ha fruttato la stima di tutti.* ◆ v.intr. (aus. *avere*) Di piante, produrre frutta. *Il ciliegio ha fruttato.*

1. fruttàto s.m. **1.** AGR. Complesso dei frutti prodotti da un campo, da un albero. **2.** ECON. Rendita di un campo o di un terreno coltivato. ~ *estens.* Reddito di capitale, interesse.

2. fruttàto agg. ENOL. Di vino che ha sapore di frutta matura. ~ che ricorda il profumo o il gusto di un frutto. *Un aroma fruttato.*

frutteria s.f. Negozio che vende frutta.

fruttéto s.m. Terreno coltivato ad alberi da frutto.

frùtticolo agg. Che riguarda le piante da frutto o la frutta. *Mercato frutticolo.*

frutticoltóre o **frutticultóre** s.m. [f. *–trice*] AGR. Coltivatore di alberi da frutto.

frutticoltùra o **frutticultùra** s.f. **1.** AGR. Coltivazione di alberi da frutto. **2.** AGR. Branca dell'agraria che studia i metodi di coltivazione degli alberi da frutto.

fruttidòro s.m. (spec. sing.) (fr. *fructidor*, comp. di lat. *frūctus* "frutto" e gr. *dôron* "dono") Dodicesimo mese del calendario rivoluzionario francese, che comincia il 18 o il 19 agosto e che finisce il 16 o il 17 settembre.

fruttièra s.f. Vassoio utilizzato per servire la frutta in tavola.

fruttìfero agg. **1.** BOT. Che produce frutti. **2.** ECON. Che produce reddito, che genera interessi. SIN.: **redditizio.**

fruttificàre v.intr. [4] (aus. *avere*) Portare, produrre frutti.

fruttificazióne s.f. Formazione di frutti nelle piante. ~ BOT. Complesso dei fenomeni fisiologici e biochimici che accompagnano la produzione dei frutti.

fruttìno s.m. **1.** Nel sign. del dim. di *frutto*. **2.** Piccola porzione di marmellata di frutta confezionata in cubetto. **3.** Caramella alla frutta, gelatina di frutta.

fruttivéndolo s.m. [f. *–la*] Chi vende al minuto le frutta fresca.

fruttìvoro agg. Di animale che si nutre di frutti.

frùtto s.m. (lat. *frūctum* "godimento, prodotto") **1.** BOT. Parte della pianta contenente i semi e proveniente general. dall'ovario del fiore. **2.** *comun.* Prodotto commestibile di alcune piante, di sapore general. zuccherino. ◇ *Albero da frutto:* che produce frutti commestibili e perciò appositamente coltivato. – *Frutti di mare:* crostacei e molluschi commestibili. – *figg. Frutto acerbo:* di cosa, esperienza prematura, di persona ancora immatura, a volte agra, aspra. – *Cogliere il frutto quando è maturo:* saper attendere il momento opportuno. – *Frutto proibito:* nella tradizione biblica, quello che Adamo ed Eva non avrebbero dovuto mangiare nel Paradiso terrestre; in generale, tutto ciò che è proibito. **3.** Prodotto del concepimento. SIN.: **prole. 4.** *fig.* Risultato, conseguenza, effetto. ◇ *Raccogliere il frutto del proprio lavoro:* ottenere i risultati di quanto si è fatto. – *Senza frutto:* senza risultato,

inutilmente. – *Con scarso frutto:* con poca utilità. **5.** Utile economico, interesse maturato da un investimento, un impiego finanziario. SIN.: **rendita.** ◇ *Mettere a frutto qlco.:* far fruttare, impiegare in modo proficuo, anche in senso fig. *Mettere a frutto la propria esperienza.* **6.** DIR. Prodotto regolare e periodico di un bene secondo la sua destinazione e senza perdita della sua sostanza, ottenuti naturalmente (*frutti naturali*), con il lavoro dell'uomo (*frutti industriali*), o per profitto pecuniario (*frutti civili*).

fruttòsio s.m. [non com. pl. *–si*] CHIM. Zucchero ($C_6H_{12}O_6$) contenuto nel miele e in molti frutti.

fruttuóso agg. **1.** Che produce molti buoni frutti. SIN.: **fecondo. 2.** *fig.* Che produce buoni risultati, che rende economicamente.

ftaleìna s.f. CHIM. Composto formato per condensazione di una molecola di anidride ftalica con due molecole di un fenolo, con eliminazione di una molecola d'acqua.

ftàlico agg. [pl.m. *–ci*, f. *–che*] CHIM. *Acido ftalico:* acido aromatico bicarbossilico derivato dall'azione dell'acido nitrico sulla naftalina. (È impiegato nelle industrie dei coloranti organici, dei medicinali, dei profumi, delle fibre sintetiche, ecc.)

FTP s.m. inv. (Sigla dell'ingl. *File Transfer Protocol*) INFORM. Sistema per il passaggio di dati tra due elaboratori distanti collegati in rete, usato in partic. su Internet.

fu agg. inv. (fr. *feu* "defunto") Nel l. bur., morto, defunto. *Il fu Tiziano Rossi.*

fuchsìte s.f. (dal nome del mineralogista ted. J.N. *Fuchs*) MIN. Muscovite di colore verde smeraldo, tipica delle Alpi orientali.

fucilàre v.tr. (fr. *fusiller*) Giustiziare un condannato a colpi di fucile.

fucilàta s.f. **1.** Colpo di fucile. ~ Il rumore prodotto dallo sparo. *Sentire una fucilata.* SIN.:

botto. **2.** SPORT. Nel calcio, tiro violento e improvviso contro la porta avversaria.

fucilatóre s.m. [f. *–trice*] Chi fa parte di un plotone d'esecuzione.

fucilazióne s.f. Condanna a morte eseguita mediante una scarica di pallottole di fucile, nel petto o nella schiena del condannato.

fucìle s.m. **1.** Arma da fuoco portatile, individuale, composta da una o due canne, da una cassa che si espande in un appoggio (*calcio*), da meccanismi vari per il caricamento, il puntamento e lo sparo. ◇ *Fucile a ripetizione automatica, automatico:* che esegue automaticamente le operazioni di caricamento ed espulsione delle cartucce o dei proiettili. – *Fucile a pompa:* fucile a ripetizione la cui alimentazione avviene attraverso il movimento di un tubo situato sotto la canna. **2.** *estens.* Arma non da fuoco, di forma e funzione simile al fucile. *Fucile subacqueo.*

fucilerìa s.f. Azione simultanea di molti fucili. ~ *estens.* Insieme di persone armate di fucili. ~ Corpo di fucilieri.

fucilière s.m. (fr. *fusilier*) **1.** Soldato armato di fucile. **2.** SPORT. Tiratore nelle specialità di tiro a volo, a segno, ecc.

fucìna s.f. **1.** Specie di fornello su cui si arroventa il ferro o che poi viene battuto sull'incudine. **2.** *estens.* Officina dove si lavorano i metalli a caldo con incudine e martello. **3.** *fig.* Luogo, ambiente in cui si formano grandi ingegni, prestigiose personalità. *Una fucina di giovani letterati.*

fucinàre v.tr. **1.** Lavorare il ferro o un altro metallo alla fucina. *Fucinare una sbarra di ferro.* SIN.: **forgiare. 2.** *fig.* Formare, plasmare qlco.

fucinatùra s.m. METALL. Lavorazione del ferro o di altri metalli resi incandescenti alla fucina e quindi poi deformabili. SIN.: **forgiatura.**

1. fùco s.m. [pl. *–chi*] ZOOL. Maschio dell'ape.

2. Fùco s.m. [pl. *–chi*] BOT. Genere di alghe marroni di notevoli dimensioni, abbondanti sulle coste rocciose. (Classe delle Feoficee.)

CARATTERISTICHE

fucile modello 1777
calibro: 17,5 mm
lunghezza: 1,253 m
peso: 4,375 kg

fucile d'assalto FAMAS 5,56 mm
lunghezza: 0,76 m
peso: 4,280 kg
(con caricatore)

fucile da caccia a canne sovrapposte
calibro 12
lunghezza: 1,15 m
peso: 3 kg

(fucile modello 1777: calcio, cane, ponticello, acciarino, canna, fascetta, imboccatura, bacchetta)

(fucile d'assalto FAMAS 5,56 mm: feritoia di espulsione, leva d'armamento, calcio, caricatore, congegno di mira, lanciagranate, ponticello, grilletto, parafiamma, bipiede, dettaglio dell'acciarino del fucile modello 1777)

fucile da caccia a canne sovrapposte
(calcio, sicura, chiave di chiusura, cerniera, grilletti, ponticello, fusto, canne, bindella ventilata)

■ **fucìle** da guerra e da caccia.

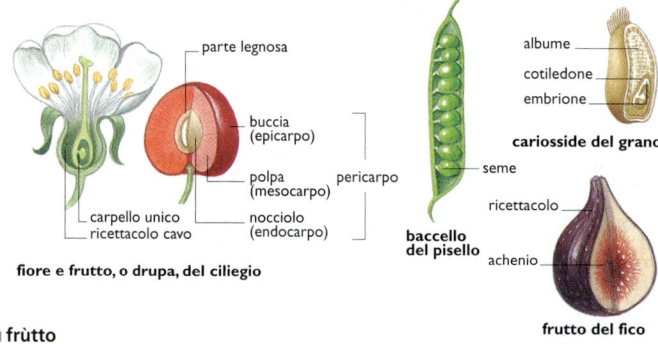

fiore e frutto, o drupa, del ciliegio
(parte legnosa, buccia (epicarpo), polpa (mesocarpo), nocciolo (endocarpo), pericarpo, carpello unico, ricettacolo cavo)

(baccello del pisello, albume, cotiledone, embrione, cariosside del grano, seme, ricettacolo, achenio, frutto del fico)

■ **frùtto**

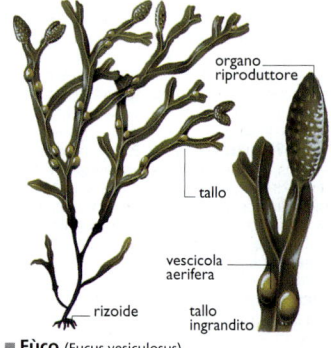

(organo riproduttore, tallo, vescicola aerifera, tallo ingrandito, rizoide)

■ **Fùco** (Fucus vesiculosus).

fùcsia s.f. (dal nome del naturalista tedesco L. *Fuchs*) **1.** Pianta arbustiva originaria dell'America, con fiori penduli rossi violacei, frutto a bacca. (Famiglia delle Enoteracee.) **2.** BOT. (iniziale maiusc.) Genere di piante a cui appartiene la fucsia. **3.** Materia colorante organica per tingere di rosso il cotone. ◆ s.m. sing. inv. Color fucsia. □ In funzione di agg. inv., di una particolare tonalità di colore tra il rosa e il viola.

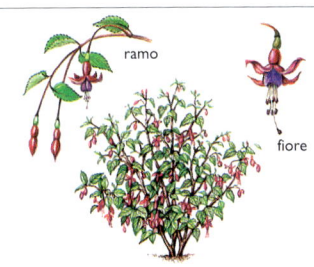

ramo

fiore

■ **fùcsia**

fucsina s.f. (fr. *fuchsine*, forse deriv. di ted. *Fuchs* "volpe" trad. del fr. Renard, nome dell'industriale lionese che per primo produsse questo colorante) CHIM. Sostanza colorante rossa, ottenuta per ossidazione dall'anilina.

fuegìno o **fuegiàno** agg. Della Terra del Fuoco. ◆ s.m. [f. –na] Nativo, abitante della Terra del Fuoco.

fùga s.f. [pl. –ghe] **1.** Abbandono precipitoso o segreto di un luogo. *Una fuga improvvisa.* ~ Abbandono in massa di un luogo. ~ Evasione. ~ Disfatta sotto l'impeto nemico. ◇ fig. *Fuga dalla realtà:* rifiuto di fare i conti con il quotidiano, tentativo di eluderlo. **2.** Fuoriuscita di un fluido dalle condutture in cui scorre. *Fuga di gas.* **3.** fig. Perdita vistosa, di grandi proporzioni. ◇ *Fuga di capitali:* trasferimento di capitali all'estero per impiegarli in investimenti più redditizi o per sottrarli al fisco. – *Fuga di notizie:* divulgazione di informazioni che dovevano restare segrete. – *Fuga di cervelli:* emigrazione all'estero di intellettuali o scienziati alla ricerca di migliori opportunità di lavoro. **4.** SPORT. Azione con cui uno o più corridori distanziano il gruppo. *Essere in fuga.* ◇ fig. *Fuga in avanti:* comportamento di chi si propone obiettivi troppo lontani o irrealistici, spesso per evitare la realizzazione di un progetto giudicato dannoso. **5.** Serie prospettica di elementi o ambienti architettonici. *Fuga di archi.* SIN.: **sequenza.** **6.** MUS. Composizione musicale costituita da un tema principale successivamente ripetuto in forme diverse. **7.** FIS. *Velocità di fuga:* quella necessaria a un oggetto per sottrarsi alla forza di gravità di un corpo celeste. **8.** GEOM. *Punto di fuga:* punto di una rappresentazione prospettica in cui convergono le rette che sono parallele nella realtà.

fugàce agg. Che non dura, che scompare rapidamente. SIN.: **effimero.** ~ Anche, superficiale, sommario. *Occhiata fugace.*

fugàre v.tr. [4] Mettere in fuga, scacciare qlco. ~ fig. Eliminare, disperdere qlco. *Le tue parole hanno fugato i miei dubbi.* ◆ v.intr. (aus. *avere*) MUS. Comporre una fuga.

fugàto agg. MUS. Simile alla fuga, ma con vincoli meno rigidi. ◆ s.m. MUS. Composizione musicale ispirata ai canoni della fuga.

fuggènte agg. Che fugge, fugace, fuggevole. *Cogliere l'attimo fuggente.*

fuggévole agg. Che non dura, che scompare rapidamente. *Gli ultimi fuggevoli istanti della vita.* ~ Fugace, superficiale. *Un cenno fuggevole.*

fuggiàsco agg. [pl.m. –schi, f. –sche] Che fugge perché inseguito, per evitare un pericolo. SIN.: **fuggitivo.** ◆ s.m. [f. –sca] Nel sign. dell'agg. SIN.: **profugo.**

fuggifuggi s.m. inv. Scompiglio, riferito a folla che fugge disordinatamente e in preda al panico.

fuggire v.intr. (aus. *essere*) **1.** Allontanarsi rapidamente per evitare un pericolo. SIN.: **scappare.** ◇ *Fuggire all'impazzata:* con gran

velocità. ~ fig. *Fuggire davanti alle difficoltà:* non affrontarle, tirarsi indietro. **2.** fig. Tenersi lontano da qlco. *Fuggire dalle tentazioni.* **3.** fig. Scorrere velocemente. *La vita fugge.* **4.** SPORT. Nel ciclismo o in altre gare di corsa, andare in fuga. ◆ v.tr. **1.** Evitare, tenere lontano qlcu. o qlco. **2.** fig. Schivare, sottrarsi a qlco. di dannoso o pericoloso.

fuggitivo agg. Che è fuggito. SIN.: **fuggiasco.** ◆ s.m. [f. –va] **1.** Nel sign. dell'agg. **2.** SPORT. Nel ciclismo e in altre gare di corsa, concorrente che ha distaccato gli altri con una fuga.

-fùgo Secondo elemento di composti nei quali, con valore transitivo, assume il significato di "che mette in fuga" (*callifugo*) oppure, con valore intransitivo, quello di "che fugge da" (*centrifugo*).

führer [/'fyːrə/] s.m. inv. (voce ted., deriv. di *führen* "condurre", calco dell'it. *duce*) Capo supremo. ~ Titolo assunto da Hitler, a partire dal 1934. ~ estens. Dittatore.

fùlcro s.m. **1.** MECC. Punto di appoggio della leva. **2.** fig. Punto fondamentale, centrale. SIN.: **perno. 3.** BOT. Organo con cui alcune specie di piante parassite si fissano a un sostegno.

fùlgido agg. **1.** Che risplende di viva luce. **2.** fig. Magnifico, splendido.

fulgóre s.m. Luce vivissima che abbaglia. SIN.: **splendore.**

fuliggine s.f. **1.** Polvere che si forma nei camini. **2.** AGR. Carie, golpe del grano.

fuligginóso agg. Coperto di fuliggine.

full [/ful/] s.m. inv. (voce ingl., propr. "completo") Nel poker, combinazione in cui si hanno un tris e una coppia.

full contact [/ful 'kɔntækt/] loc. sost. m. (solo sing.) (loc. ingl., propr. "contatto completo") SPORT. Lotta simile al karate diffusa negli Stati Uniti.

fullerène s.m. CHIM. MINER. Aggregato costituito da un numero pari di atomi di carbonio, con struttura sferoide.

full immersion [/ful ɪ'məːʃən/] loc. sost. f. inv. (loc. ingl., propr. "immersione completa") Metodo intensivo di apprendimento spec. di una lingua straniera.

full text [/ful 'tɛkst/] loc. agg. inv. (loc. ingl., propr. "pieno, intero testo") INFORM. Di ricerca di caratteri, di elementi condotta su un intero documento. ◆ loc. avv. In, su tutto il testo. *Muoversi full text.*

full-time [/'ful taim/] loc. agg. inv. (voce ingl., propr. "tempo pieno") A tempo pieno, in oppos. a *part-time.* □ Anche in funzione di avv. ◆ s.m. inv. Lavoro svolto a tempo pieno.

fulmicotóne s.m. inv. (fr. *fulmicoton*) Esplosivo detonante ottenuto per nitrazione spinta del cotone; detto anche *nitrocellulosa.*

fulminànte agg. **1.** Che colpisce all'improvviso e mortalmente. *Epatite fulminante.* **2.** Che scoppia detonando. *Polvere fulminante.* **3.** fig. Che rimprovera duramente. *Sguardo fulminante.*

fulminàre v.impers. (aus. *essere* o *avere*) Far fulmini. *Piove, tuona e fulmina.* ◆ v.tr. **1.** Colpire qlcu. o qlco. col fulmine. SIN.: **folgorare.** ◇ *Fulminare qlcu. con lo sguardo:* lanciargli uno sguardo severo in segno di disapprovazione. **2.** Dell'elettricità, provocare la morte di qlcu. con una scarica elettrica. **3.** estens. Colpire qlcu. con molta violenza e metterlo fuori combattimento o abbatterlo, ucciderlo sul colpo. *Un infarto l'ha fulminato.* ◆ **fulminarsi** v.pron. ELETTR. Detto soprattutto di lampadina a incandescenza, cessare di funzionare. *La lampadina si è fulminata.* SIN.: **bruciarsi.**

1. fulminàto agg. Allibito, impietrito dallo stupore, dalla sorpresa.

2. fulminàto s.m. CHIM. Sale dell'acido fulminico. (Il più importante è il fulminato di mercurio usato nella fabbricazione dei proiettili.)

fùlmine s.m. (lat. *fulmen*, deriv. di *fulgēre* "splendere") **1.** Scarica elettrica accompagnata da una viva luce (*lampo*) e da una forte detonazione (*tuono*). ◇ fig. *Un fulmine a ciel sereno:* evento spiacevole e inaspettato. ~ estens. *Essere un fulmine:* velocissimo. – *Fulmine di guerra:* generale che conduce le operazioni di guerra con audace, impetuosa rapidità. **2.** fig. (spec. pl.) Reazione for-

temente irata, minaccia severa. *Con le sue azioni si è tirato addosso i fulmini dei superiori.*

fulmìneo agg. Rapido, velocissimo, subitaneo. *Scatto fulmineo.* ~ Folgorante, penetrante. *Sguardo fulmineo.*

fulmìnico agg. [pl.m. –ci] CHIM. *Acido fulminico:* acido C=N–OH, instabile, velenoso, di odore acre, da cui si ricavano i fulminati.

fùlvo agg. Biondo rossiccio. *Un cane dal pelo fulvo.*

fumàggine s.f. BOT. Malattia degli alberi e degli arbusti, caratterizzata da una crosta nera sulla superficie.

fumaiòlo s.m. (lat. *fumariòlum*, deriv. di *fumàrium* "cella affumicata") **1.** Parte della canna fumaria sporgente dal tetto dalla quale fuoriesce il fumo. **2.** Nelle locomotive e nei piroscafi, tubo attraverso il quale esala il fumo. **3.** Fenditura del terreno da cui esce una fumarola.

fumànte agg. **1.** Che emette fumo o vapore. **2.** fig. Appena cotto, preparato da poco. *Una tazza fumante di caffè.*

fumàre v.intr. (aus. *avere*) **1.** Essere dedito al fumo. *Ho deciso di smettere di fumare.* **2.** Emettere fumo o vapore. *La minestra fuma.* ◆ v.tr. Aspirare ed espirare il fumo di qlco., anche pron. *(Si) Fuma una sigaretta.*

Fumària s.f. (lat. *Fumaria*, deriv. di *fūmus* "fumo" perché si ritiene che facesse lacrimare) BOT. Genere di piante annuali dicotiledoni con fiori rosa e foglie frastagliate. (Altezza 30 cm; Famiglia delle Papaveracee.)

Fumariàcee s.f. pl. [iniziale minusc. sing. –a per l'individuo] BOT. Famiglia di piante dialipetale affine alla famiglia delle Papaveracee.

fumaròla s.f. (voce napol., "fumaiolo") GEOL. Emanazione gassosa regolare e continua da un cratere vulcanico.

fumàta s.f. Emissione naturale o artificiale di fumo. ◇ *Fumata bianca:* quella che, durante il conclave in Vaticano, segnala l'elezione del nuovo pontefice; nel l. pol., importante decisione presa; in oppos. a *fumata nera* nei sign. opposti.

fumatóre s.m. [f. –trice] Chi fuma abitualmente.

fumé [/fy'me/] agg. inv. (voce fr.) **1.** Di colore tra il grigio antracite e il marrone scuro. **2.** estens. Scuro, affumicato.

fumeria s.f. (fr. *fumerie*) Locale in cui si ritrovano i fumatori di sostanze stupefacenti. ~ estens. Locale saturo di fumo.

fumettista s.m. e f. [pl.m. –sti] **1.** Chi crea, sceneggia o disegna storie a fumetti. **2.** spreg. Narratore, regista di scarso valore.

1. fumétto s.m. **1.** Nuvoletta che racchiude i dialoghi o i pensieri dei personaggi di un disegno. ~ (spec. pl.) Successione di disegni organizzati secondo una sequenza narrativa con dialoghi inseriti in nuvolette. ~ Il genere che comprende tale produzione. **2.** spreg. Opera narrativa o cinematografica di scarso valore e piuttosto banale.

ENCICL. Il 1892 segna la data di nascita del fumetto come viene concepito ai giorni nostri: sull'*Examiner* di San Francisco vennero pubblicati i *Little Bears*, personaggi che comparvero per diverso tempo sul quotidiano. Qualche anno dopo il *New York Journal* pubblicò una rubrica completamente dedicata ai fumetti, chiamati *comic strips* o più semplicemente *comics.* Nel 1927 Walt Disney creò il primo disegno animato per il cinema, successivamente anche in fumetto: nacque così *Mickey Mouse* (Topolino) che in breve divenne popolarissimo in tutto il mondo, subito affiancato da altri personaggi tutti destinati a grande popolarità, come p.e. *Donald Duck* (Paperino). Contemporaneamente anche in Italia, a fianco dei personaggi di Disney, erano nate alcune pubblicazioni specializzate: *L'Avventuroso, L'Intrepido* e soprattutto, dal 1909, il *Corriere dei Piccoli.* Nel secondo dopoguerra insieme agli alleati arrivano anche nuovi *comics,* come *Dick Tracy* e soprattutto, i *Peanuts* di Charles M. Schulz. Data fondamentale per la diffusione del fumetto in Italia è il 1965, anno in cui si organizzano i saloni internazionali del fumetto di Bordighera e Lucca e compare nelle edicole *Linus,* pubblicazione che si propone di valorizzare il fumetto di buona qualità ottenen-

441

do lo scopo di far uscire il genere dal ghetto del prodotto sottoculturale. Il fumetto inizia così a essere considerato un veicolo di idee e di modelli comportamentali. Se ne possono distinguere diversi filoni: il fumetto nero (*Diabolik*), quello erotico (*Barbarella*, *Valentina*), l'*underground*, importato direttamente dagli Stati Uniti, e quello politico, con *Bobo* di S. Staino e *Mafalda* dell'argentino Quino. Altri autori da ricordare sono Bonvicini (*Sturmtruppen*, *Nick Carter*), Hugo Pratt (*Corto Maltese*) e G. Bonelli (*Tex Willer*).

2. fumétto s.m. **1.** *non com.* Liquore di anice che, versato nell'acqua, la rende di colore biancastro e opaca. **2.** Polverina che avvolge i chicchi di riso sbiancati.

fumigànte agg. CHIM. Relativo a sostanza insetticida, che agisce allo stato gassoso.

fumigatóre s.m. AGR. Apparecchio che produce fumi o gas insetticidi.

fumigazióne s.f. **1.** MED. Inalazione di medicinali sotto forma di vapore a scopo terapeutico. SIN.: **suffumigio**. ~ Disinfezione di ambienti mediante immissione di fumo. **2.** AGR. Operazione che consiste nel produrre fumi e vapori disinfettanti per liberare piante e colture dagli insetti.

1. fumista s.m. e f. [pl.m. –sti] (fr. *fumiste*) Addetto alla manutenzione di camini e di impianti di riscaldamento.

2. fumista s.m. e f. [pl.m. –sti] (fr. *fumiste* "fumista", dal nome del protagonista di una commedia parigina che, di professione fumista, amava le facezie) *fam.* Chi ama fare burle, scherzi.

fumivoro agg. Di apparecchio che assorbe il fumo.

fùmo s.m. **1.** Sospensione di particelle solide nei gas prodotti dalla combustione. ~ *estens.* Esalazione di polvere. ◇ *figg. Mandare in fumo:* distruggere, vanificare. – *Andare in fumo:* svanire, fallire. – *Vedere come fumo negli occhi:* provare una forte antipatia, molto fastidio. **2.** *fig.* Esteriorità, frivolezza, inconsistenza, inganno. *Venditore di fumo.* ◇ *fig. Molto fumo e poco arrosto:* di persona o cosa che non risponde alle attese dettate dalle apparenze. **3.** *fig.* (spec. pl.) Annebbiamento intellettuale, confusione mentale. ~ Esaltazione, eccitazione. *Essere in preda ai fumi dell'alcol.* **4.** *per anton.* Il fumo del tabacco e il vizio che ne consegue. ◇ *Fumo passivo:* aspirato dai non fumatori in ambienti chiusi frequentati da fumatori. ◻ In funzione di agg. inv., di colore scuro, che ricorda il colore del fumo. ◇ *Colore fumo di Londra:* colore grigio scurissimo.

fumògeno agg. **1.** Di sostanza atta a produrre fumo, usata durante le operazioni militari e di polizia. *Candelotto fumogeno.* **2.** Formato, fatto di fumo. ◆ s.m. Sostanza, strumento che produce fumo. *Lanciare dei fumogeni.*

fumoir [/fy'mwar/] s.m. inv. (voce fr.) Ambiente riservato a chi fuma, sala fumatori.

fumóso agg. **1.** Che emana fumo o ne è pieno. *Stanza fumosa.* **2.** *estens.* Di vino che appena stappato emette un lieve vapore e dà facilmente ebbrezza. **3.** *fig.* Poco chiaro, contorto. *Stile fumoso.* ~ Inconsistente, vago. *Proposta fumosa.* ~ Superbo, borioso. *Un tipo fumoso.*

fùmus persecutiònis loc. sost. m. inv. (loc. lat., "sentore di persecuzione") DIR. Sospetto di persecuzione, di atteggiamento, di giudizio prevenuto.

funambolésco agg. [pl.m. –schi, f. –sche] **1.** Che richiede una notevole abilità e doti straordinarie di equilibrio. *Esercizi funamboleschi.* **2.** *fig.* Spregiudicato, opportunista, spec. nella vita politica e sociale. *Capacità funambolesche.*

funambolismo s.m. **1.** Arte dei funamboli. ~ *estens.* Abilità, virtuosismo. **2.** *fig.* Capacità di muoversi con scaltrezza, di destreggiarsi abilmente.

funàmbolo s.m. [f. –la] (lat. *funàmbulum*, comp. di *fūnis* "fune" e *ambulāre* "camminare", calco del gr. *skoinobátēs*) **1.** Acrobata che fa esercizi su una fune tesa nel vuoto. SIN.: **equilibrista**. ~ *estens.* Chi possiede eccezionale abilità tecnica in partic., in campo sportivo e musicale. *Un funambolo del violino.* **2.** *fig.* Chi sa destreggiarsi nella vita politica e sociale, anche con comportamenti spregiudicati. SIN.: **opportunista**.

fund raising [/fʌnd 'reɪzɪŋ/] loc. sost. m. inv. (loc. ingl.) Raccolta di fondi all'interno di organizzazioni umanitarie.

fùne s.f. **1.** Canapa o altra fibra ridotta in fili ritorti e attorcigliati fra loro, a formare un corpo flessibile e compatto di varia estensione; può anche essere di metallo e di un notevole diametro. **2.** SPORT. Attrezzo ginnico per gli esercizi di arrampicata con la forza delle braccia. **3.** Antico strumento di tortura.

fùnebre agg. **1.** Relativo a un defunto e al suo funerale. *Corteo funebre.* **2.** *fig.* Che ricorda la morte. *Faccia funebre.* SIN.: **lugubre**.

funeràle s.m. **1.** (al pl. anche con valore sing.) Cerimonia di accompagnamento di una salma al cimitero. *Funerali in forma privata.* **2.** *fig.* Persona o circostanza cupa, triste, noiosa. *Una cerimonia che sembra un funerale.* ◇ *Faccia da funerale:* espressione triste e cupa.

funeràrio agg. [pl.m. –ri] Che riguarda la tomba, le esequie, i defunti. *Arte funeraria.*

funèreo agg. **1.** Che riguarda il funerale, la tomba. **2.** *fig.* Che richiama alla mente immagini di morte.

funestàre v.tr. Causare lutti e danni, affliggere gravemente. *Un grave incidente ha funestato la partita.*

funèsto agg. Che è portatore di lutti e di sciagure. *Presagio funesto.* SIN.: **disastroso**.

fungàia s.f. **1.** Terreno dove si coltivano o nascono funghi. SIN.: **fungheto**. **2.** *fig. spreg.* Insieme fitto e numeroso di persone o di cose. *Quel quartiere è una fungaia.*

fùngere v.intr. [22] (aus. *avere*) Detto di persona, agire, operare provvisoriamente secondo un certo ruolo o funzione facendo le veci di un altro. ~ Detto di soggetto inanimato, servire da. *Questa stanza funge tipica della cucina e da camera.*

funghétto s.m. **1.** Nel sign. del dim. di *fungo*. **2.** CUC. Piccola torta dolce a forma di cappello di fungo tipica della cucina marchigiana.

funghicoltóre o **funghicultóre** s.m. [f. –*trice*] Chi coltiva funghi.

fungibile agg. Che può essere sostituito con altra cosa della stessa qualità e quantità. SIN.: **intercambiabile**. ◇ DIR. *Bene fungibile:* bene senza individualità specifica (p.e. denaro) e quindi sostituibile con un altro della stessa specie e di valore uguale.

fungicida agg. [pl.m. –di] Di sostanza che distrugge i funghi microscopici. SIN.: **anticrottogamico**. ◆ s.m. Nel sign. dell'agg.

fungifórme agg. Che ha la forma di un fungo.

fungino agg. Relativo ai funghi.

fùngo s.m. [pl. –ghi] **1.** Crittogama priva di clorofilla, a crescita rapida nei luoghi umidi, la cui riproduzione avviene general. mediante spore. ◇ *Fungo prataiolo:* denominazione di varie specie di funghi, spec. quelli commestibili, che presentano cappello bianco superiormente e rosa-violaceo inferiormente. (Famiglia delle Agaricacee.) – *Fungo allucinogeno:* fungo (psilocibe, amanita mu-

scaria) la cui ingestione può causare illusioni psicosensoriali o allucinazioni. – *fig. Crescere, nascere, venir su come funghi:* crescere molto rapidamente. **2.** *estens.* Qualunque oggetto che ricordi la forma del fungo. ◇ *Fungo atomico:* massa di gas e vapori prodotta da un'esplosione atomica. **3.** MED. Infezione della pelle provocata da funghi microscopici. **4.** GEOMORF. *Fungo di erosione:* rilievo di terra tenera sormontata da massi di roccia più resistente, formatasi per dilavamento di acque meteoriche, detto anche *piramide di terra o d'erosione*.

ENCICL. I funghi contano più di 50.000 specie, di cui alcune centinaia soltanto sono commestibili. A seconda che vivano su sostanze organiche morte oppure su organismi viventi, si distinguono in saprofiti e parassiti. Alcuni funghi sono formati da una sola cellula (lieviti). La maggior parte è costituita da un tallo, detto *micelio*, a sua volta formato da una rete di filamenti chiamati ife. Nei funghi superiori, il micelio sotterraneo si condensa general. per formare degli organi aerei portanti le spore: sono i basidiomiceti (funghi "con cappello", come i porcini e le amanite) e gli ascomiceti (come le spugnole e i tartufi). Esistono anche numerosi funghi con micelio ridotto o microscopico, fra i quali alcuni funghi superiori, come il penicillio, e i funghi inferiori che includono muffe e numerosi parassiti delle piante (peronospora, ruggine, carbone), degli animali e dell'uomo (micosi).

fungosità s.f. inv. MED. Escrescenza a forma di fungo che si forma su tessuti piagati, ulcerosi.

1. funicolàre s.f. (fr. *funiculaire*, riduzione di *chemin de fer funiculaire* "ferrovia a funi") Sistema di trazione in uso su forti pendenze in cui un veicolo su rotaie viene mosso da una fune d'acciaio azionata da un motore. ~ Impianto di trasporto aereo di persone e cose per mezzo di carrelli sospesi su funi.

2. funicolàre agg. **1.** Che ha la forma di una fune sospesa fra due punti, gravata da un carico. *Curva funicolare.* **2.** Che si muove per mezzo di funi. *Trazione funicolare.* **3.** ANAT., BOT. Relativo al cordone ombelicale o al funicolo spermatico.

funìcolo s.m. **1.** ANAT. Formazione allungata a forma di cordone. **2.** BOT. Peduncolo dell'ovulo delle Angiosperme.

funivìa s.f. Funicolare aerea per il trasporto di persone, formata da una o più cabine sospese a funi metalliche, tese fra due o più stazioni a quote diverse e trainate da una fune motrice.

funk [/'fʌŋk/] s.m. inv. (voce ingl. d'America, propr. "puzzolente") **1.** MUS. Negli anni Cinquanta, tipo di jazz caratterizzato da un ritmo forte che si richiama alla tradizione del *blues* e del *soul*. [Successivamente tale filone ha utilizzato i nuovi mezzi elettronici (*electro funk*) dando nuovi sbocchi alla disco dance.] **2.** ART. MOD. CONT. Corrente antiaccademica californiana degli anni Sessanta, caratterizzata da accesa policromia e uso di materiali poveri. ◻ Anche in funzione di agg. inv., nell'accez. 1 del s. *Musica funk.*

■ **fùnghi** d'erosione. I Camini delle Fate, in Cappadocia, Turchia.

cappello
lamelle
anello
gambo
volva
micelio

sezione di un fungo

● **commestibile** ● **non commestibile, ma non velenoso** ● **velenoso, ma non mortale** ● **mortale**

● amanita muscaria

● amanita phalloides

● cortinario di montagna

● ovolo buono

● prataiolo (fungo coltivato)

● geastro

● vescia

● poliporo

● fistulina adulta *(disegno qui sopra)*
● fistulina giovane

● gallinaccio

● idno

● clavaria dorata

● tartufo nero

● porcino rosso

● spugnola

● segale cornuta

lievito

aureola del penicillio sulla buccia di un frutto

penicillio (ingrandito 250 volte)

funghi microscopici e muffe

■ **fùngo**

443

funky [/ˈfʌŋki/] agg. inv. (voce ingl. d'America) MUS. Di uno stile di hard bop, apparso nella seconda metà degli anni Cinquanta, caratterizzato da temi semplici e improvvisazioni ispirate allo stile di discorsi dei predicatori neri. (Fra gli esponenti più importanti, Silver e Adderley.) ◆ s.m. inv. Nel sign. dell'agg.

funzionàle agg. **1.** Che concerne le funzioni che una persona, una cosa, un ente deve svolgere. *Caratteristiche funzionali di un ufficio.* **2.** Che svolge adeguatamente le funzioni cui è destinato. *Auto funzionale.* SIN.: **efficiente**. ~ Che si adatta perfettamente a una funzione determinata, a uno scopo. *Mobili funzionali.* **3.** MAT. Relativo a funzione. ◇ *Analisi funzionale:* parte dell'analisi, così nominata da P. Lévy all'inizio del sec. XX, che ha per oggetto funzioni tra spazi di dimensione infinita. – *Equazione funzionale:* quella in cui l'incognita è una funzione. **4.** MED. Che riguarda le funzioni di un organo. ◇ *Disturbo funzionale:* malattia dovuta alla perturbazione del funzionamento di un organo e non a una lesione.

funzionalìsmo s.m. Atteggiamento tendente a dare preminente importanza alle funzioni rispetto ai fattori estetici o strutturali. ~ ARCH. Corrente razionalistica del sec. XX, secondo cui la forma deve esprimere una funzione. ~ PSICOL. Teoria che interpreta i fenomeni mentali come funzioni biologiche fondamentali nell'adattamento dell'individuo all'ambiente. ~ ANTROP. Metodo d'indagine che consiste nello studiare i fenomeni e le istituzioni sociali in base alla funzione che rivestono all'interno di una società. ~ LING. Metodologia che identifica i singoli elementi in base alla funzione che svolgono nella struttura grammaticale di una lingua o nella comunicazione linguistica.

funzionalità s.f. inv. **1.** Rispondenza alle funzioni che si devono assolvere. SIN.: **efficienza**. ~ Adeguatezza all'uso cui qlco. è destinato. **2.** MED. Capacità di funzionamento di un organo. *Funzionalità epatica.*

funzionaménto s.m. Modo in cui qlco. funziona. *Funzionamento di un'azienda.*

funzionànte agg. In funzione. ~ Che funziona bene.

funzionàre v.intr. (aus. *avere*) (fr. *fonctionner*) **1.** Di meccanismi, strutture e parti del corpo, compiere la propria funzione. *Il cuore, la scuola, il motore funziona.* **2.** Dare risultati, essere efficace. *Un'idea, uno scherzo che funziona.* **3.** Svolgere le funzioni di qualcun altro. *Funzionare da cuoco a casa.* SIN.: **fungere**.

funzionàrio s.m. [f. *-ria*, pl.m. *-ri*] (fr. *fonctionnaire*) Chi in un'azienda, in un ente pubblico o privato, svolge funzioni di una certa responsabilità. ~ Nel pubblico impiego, grado intermedio tra l'impiegato e il dirigente. ◇ DIR. INTERN. *Funzionario internazionale:* funzionario di un ente internazionale, autonomo amministrativamente e politicamente rispetto agli Stati che di esso fanno parte. (Il segretario generale dell'ONU, p.e.)

funzióne s.f. **1.** Particolare compito svolto nell'ambito di una carica, di determinate competenze, di una struttura organizzativa. SIN.: **mansione**. ~ *estens.* Scopo cui l'attività stessa è rivolta. *Funzione legislativa.* ~ Ruolo che si svolge in un determinato contesto sociale. *La funzione del padre.* ~ Scopo, utilizzazione. *Che funzione ha questa scala?* ◇ *loc. prep. In funzione di:* in rapporto a. *Livello salariale in funzione dell'anzianità maturata;* in vista di. *Decisioni prese in funzione di una futura riorganizzazione dell'azienda;* nel ruolo di. *Aggettivo in funzione di avverbio.* **2.** Compito svolto da un congegno, una macchina, una struttura. ◇ *Essere, entrare in funzione:* funzionare. – *Mettere in funzione qlco.:* avviarlo. **3.** *fam.* Cosa da sbrigare. *Queste funzioni toccano sempre a me.* SIN.: **faccenda**. **4.** CRIST. Cerimonia celebrata da un ministro del culto. SIN.: **rito**. **5.** BIOL. Attività di organismi, organi specifici, apparati, oggetto di studio della fisiologia. *Funzione riproduttiva.* **6.** MAT. Una legge che a ogni elemento di un insieme (*dominio*) associa uno e un solo elemento di un altro insieme (*codominio*). ◇ *Funzione reale di una variabile reale:* funzione di $\mathbb{R}$ in $\mathbb{R}$. – *Funzione complessa di una variabile reale:* funzione di $\mathbb{R}$ in $\mathbb{C}$. **7.** LING. Ruolo di un elemento all'interno di una frase. *Funzione del verbo.* ~ Ognuna delle funzioni del linguaggio relative ai diversi fattori della comunicazione. *Funzione emotiva.* **8.** CHIM. Insieme di proprietà associate alla presenza di un gruppo di atomi nelle molecole di composti diversi. *Funzione acida.* **9.** INFORM. Insieme di istruzioni che costituiscono un sottoprogramma richiamabile da qualsiasi programma.

fuochìsta s.m. e f. [pl.m. *-sti*] Persona incaricata della sorveglianza e della alimentazione di un fuoco in un forno, in una caldaia; un tempo, macchinista delle locomotive a vapore addetto alla caldaia.

fuòco s.m. [pl. *-chi*] **1.** Emissione di calore e di luce sotto forma di fiamma prodotta dalla combustione. ◇ ANT. ROM. *Fuoco sacro:* quello che ardeva in onore della dea Vesta; *fig.* estro artistico, poetico. – ST. *Prova del fuoco:* nel Medioevo, prova che si riteneva manifestare il giudizio di Dio, consistente nel passare illesi attraverso le fiamme di un rogo; oggi, primo scontro a fuoco di un militare; *fig.* situazione rischiosa e decisiva. – *Bollare, marchiare a fuoco:* con uno stampo rovente; *fig.* coprire d'infamia. – *Mettere a ferro e fuoco:* devastare. – *figg. Soffiare sul fuoco, versare olio sul fuoco:* fomentare discordie o alimentare passioni già troppo forti. – *Scherzare col fuoco:* affrontare un pericolo con leggerezza. – *Avere, sentirsi il fuoco addosso:* essere molto vivace o molto eccitato. – *Buttare acqua sul fuoco:* favorire la conciliazione, attenuare le polemiche. – *Mettere una mano sul fuoco:* farsi garante di qlcu. o di qlco. – *Diventare di fuoco:* arrossire in modo evidente. **2.** *Fuoco di sant'Elmo:* fenomeno elettrico luminoso che a volte si manifesta in cima agli alberi delle navi, durante le tempeste, o sui pali in montagna a causa dell'estrema elettrizzazione dell'atmosfera. **3.** Fonte di calore (carbone, gas, elettricità) per cucinare con o senza fiamma. *Cucinare a fuoco lento.* **4.** Sparo, esplosione di una carica. ◇ MIL. *Gruppo di fuoco:* formazione costituita da più bocche da fuoco che mirano a uno stesso bersaglio. – *Linea del fuoco:* la linea del fronte più vicina al nemico. – *Fare fuoco:* sparare. – *Fuoco d'artificio:* congegno a base di polvere pirica con il quale, in occasione di feste o celebrazioni, si proiettano nel cielo fuochi colorati per formare disegni di varia forma; *fig.* aspra polemica, discussione animata. **5.** *fig.* Sensazione di arsura, di calore. *Avere la fronte di fuoco.* ~ Intensa passionalità che si esprime in modo concitato. *Il fuoco della fede.* SIN.: **ardore**. ◇ *Un temperamento di fuoco:* passionale. – *Cose di fuoco:* terribili come il fuoco. **6.** È usato in vari significati del l. scient. e tecn. ◇ FIS. *Fuoco reale, virtuale:* punto dell'asse ottico in cui convergono i raggi di un fascio incidente o i loro prolungamenti. – GEOM. *Fuoco di una conica:* punto appartenente al piano di una conica tale che il rapporto delle distanze dei punti della conica da esso e da una retta data (*direttrice*) è costante. – *A fuoco fisso:* di macchina fotografica con obiettivo non regolabile. – *Fuoco greco:* miscela a base di salnitro, di facile combustione, usata ant. nelle battaglie navali. **7.** MED. *pop. Fuoco di sant'Antonio:* nome di una malattia cutanea di origine virale, nota nel l. sc. come *herpes zoster.* **8.** ASTROL. *Segni di fuoco:* Ariete, Leone, Sagittario. ❑ In funzione di agg., pirotecnico, pirico. ◇ *Fuochi di segnalazione:* razzi, bengala, ecc. usati spec. in mare. – *figg. Tra due fuochi:* tra due pericoli. – *Fuoco incrociato:* scambi di botta e risposta in un dibattito, una discussione.

fuorché prep. Eccetto, tranne, salvo. ◆ cong. Tranne che, eccetto che, salvo che.

fuòri prep. (lat. *fŏris* "fuori", orig. "alle porte") **1.** Indica posizione all'esterno o direzione verso l'esterno. *Fare una gita fuori Roma.* ◇ *fig. Essere fuori di sé:* essere molto agitato, non avere più il controllo di sé. – *Fuori uso:* inservibile, guasto. **2.** Oltre i limiti di un determinato periodo di tempo. *Fuori stagione.* ◆ avv. All'esterno di un luogo. *Aspetto fuori.* ◇ *Far fuori:* escludere o uccidere qlcu; consumare qlco. *Far fuori i biscotti.*

fuoribórdo s.m. inv. (calco del fr. *horsbord*) **1.** Motore fissato sulla parte esterna della poppa di una barca. **2.** *estens.* Piccola imbarcazione spinta da tale motore. **3.** MAR. Parte esterna ed emersa dello scafo di una nave. SIN.: **fuoribanda**. ❑ Anche in funzione di agg., nei sign. del s. *Motore fuoribordo.*

fuoribórsa s.m. inv. FIN. Compravendita di titoli effettuata al di fuori del mercato ufficiale.

fuoribùsta agg. inv. Nel l. aziendale, di incentivo economico dato ai dipendenti al di fuori della paga sindacale, per sottrarlo all'imposizione fiscale e agli oneri sociali. ◆ s.m. inv. Nel sign. dell'agg.

fuoricàmpo agg. inv. **1.** CINE., TV. Che si trova all'esterno dell'inquadratura, non è presente nella scena inquadrata. **2.** SPORT. Nel baseball e nel softball, riferito al rinvio del battitore oltre i limiti regolamentari del campo, che comporta la conquista delle quattro basi. ◆ s.m. inv. Nei sign. dell'agg.

fuoriclàsse s.m. e f. inv. Chi eccelle in determinati campi, spec. nel l. sportivo.

fuoricórso agg. inv. **1.** Di anno di iscrizione universitaria oltre quelli regolamentari. ~ *estens.* Di studente universitario che non abbia compiuto tutti gli esami del corso di laurea negli anni prescritti. **2.** Di francobollo, banconota, ecc., non più in corso legale. ◆ s.m. e f. inv. Studente universitario iscritto a un anno accademico aggiuntivo rispetto a quelli regolamentari.

fuorigiòco s.m. inv. (calco dell'ingl. *offside*) SPORT. Nel calcio e in altri giochi di palla a squadre, posizione irregolare del giocatore di una squadra che abbia iniziato un'azione offensiva alle spalle dell'ultimo difensore avversario (non si calcola il portiere). SIN.: **offside**.

fuorilégge s.m. e f. inv. (calco dell'ingl. *outlaw*) Individuo che, con le sue azioni, si pone contro la legge. SIN.: **bandito**.

fuorimàno avv. In una sede scomoda da raggiungere. ◆ agg. inv. Scomodo, disagevole, lontano. *Un negozio fuorimano.*

fuorimòda agg. inv. Che non si usa più, che non è più attuale.

fuoriònda s.m. inv. Conversazione, spec. tra personaggi famosi, registrata a loro insaputa a telecamere spente durante una trasmissione televisiva e spesso messa in onda a fini satirici.

fuoripàsto avv. Lontano dai pasti principali. ❑ In funzione di s.m. inv., spuntino che si consuma fuori dai pasti principali.

fuoripìsta s.m. inv. SPORT. Sci praticato al di fuori dei tracciati segnalati.

fuoripòrta avv. Quasi fuori dalla città, in una zona di estrema periferia. ◆ agg. inv. Situato all'estrema periferia di una città o che ha luogo in tale zona. *Gita fuoriporta.*

fuoriprogràmma avv. Diversamente da quanto programmato. ◆ agg. inv. Di spettacolo trasmesso eccezionalmente e non previsto dalla programmazione. ◆ s.m. inv. Nel sign. dell'agg. ~ *fig.* Imprevisto, contrattempo.

fuorisèrie agg. inv. **1.** Di prodotto industriale non fabbricato in serie. **2.** *fig. fam.* Eccezionale, straordinario. *Vacanza fuoriserie.* ◆ s.f. inv. Automobile più costosa e pregiata rispetto al modello fabbricato in serie. *Guidare una fuoriserie.*

fuoristràda s.m. e f. inv. **1.** Automezzo a quattro ruote motrici con pneumatici speciali in grado di procedere anche fuori dalle normali strade. **2.** (solo m.) Percorso al di fuori delle strade normali. *Fare del fuoristrada.* ❑ In funzione di agg. inv., di automezzo attrezzato per il fuoristrada e dei suoi accessori. *Pneumatici fuoristrada.*

fuoristradìsta s.m. e f. [pl.m. *-sti*] SPORT. Pilota di auto o motoveicoli fuoristrada.

fuoritùtto s.m. inv. MAR. Lunghezza massima di una nave misurata calcolando anche le strutture a sbalzo poste agli estremi di prora e di poppa.

fuoriuscìre o **fuoruscìre** v.intr. [82] (aus. *essere*) **1.** Venir fuori, sgorgare da un'apertura, traboccare. *Il gas fuoriusciva dal tubo.* **2.** Sporgere, spuntare da qualche parte. *Il vestito fuoriusciva dal cappotto.*

fuoriuscìta o **fuoruscìta** s.f. **1.** Passaggio di un fluido dall'interno all'esterno attraverso una fenditura. SIN.: **fuga**. **2.** Allontanamento da un paese per motivi politici. *Fuoriuscita di dissidenti.*

fuoriuscìto s.m. [f. *–ta*] Chi ha abbandonato la propria patria riparando in un paese straniero per ragioni politiche.

fuorviànte agg. Che porta fuori dalla retta via. ~ Che induce a sbagliare.

fuorviàre v.tr. (fr. *fourvoyer*) Indurre in errore. *Fuorviare un amico.*

furàno s.m. (deriv. di lat. *fúrfur* "crusca") CHIM. Eterociclico aromatico (C_4H_4O) presente nel catrame d'abete.

furberìa s.f. Furbizia, astuzia.

furbizìa s.f. **1.** Qualità di chi sa trarsi abilmente d'impaccio o raggiungere i propri scopi. SIN.: **scaltrezza**. **2.** Atto da furbo, espediente astuto.

fùrbo agg. (fr. *fourbe* "ladro") Che fa il proprio vantaggio con accortezza, evitando le insidie e ricorrendo a espedienti. SIN.: **scaltro**. ~ Che denota furbizia. *Un sorriso furbo.* ◆ s.m. [f. *–ba*] Nel sign. dell'agg.

furènte agg. Che ha perso l'autocontrollo. SIN.: **furibondo**. ~ Che denota furore, collera. *Occhiate furenti.*

furerìa s.f. MIL. Ufficio amministrativo militare in cui vengono custoditi i documenti relativi a una compagnia.

furétto s.m. (lat. *furítu*, deriv. di *fúr* "ladro" perché predatore da pollaio) Piccolo mammifero carnivoro dal pelo bianco, simile alla puzzola, addomesticato per la caccia ai conigli selvatici.

■ **furétto**

furfànte s.m. e f. (fr. *forfaire* "agire fuori della legge") Persona disonesta, priva di scrupoli. ~ *scherz.* Con valore attenuato, birbante.

furfanterìa s.f. Azione, atteggiamento da furfante.

furfuròlo s.m. CHIM. Aldeide aromatica eterociclica, usata come solvente nella fabbricazione di resine; si trova negli oli essenziali ed è ricavabile dalla crusca e dalla lolla del riso.

furgonàto agg. Di veicolo da trasporto con carrozzeria chiusa a furgone. ◆ s.m. Nel sign. dell'agg.

furgoncìno s.m. Piccolo veicolo commerciale per il trasporto di merci.

furgóne s.m. (fr. *fourgon*) Veicolo chiuso per il trasporto di materiale vario.

fùria s.f. **1.** Passione violenta. ~ Esplosione d'ira. SIN.: **rabbia**. ◇ *Andar su tutte le furie*: adirarsi moltissimo. **2.** *estens.* Violenza, impeto. *La furia delle inondazioni.* ◇ *loc. prep. A furia di*: a forza di, continuando a. *Si è fatto avanti a furia di gomitate.* **3.** *fig. fam.* Fretta impellente. SIN.: **premura**. **4.** Personificazione della vendetta, della passione, della rapidità impetuosa.

furibóndo agg. In preda a rabbia violenta. SIN.: **furioso**. ~ Che denota furore. *Sguardi furibondi.* ~ Che si scatena con violenza. *Un odio furibondo.*

furière s.m. (fr. *fourrier* "foraggiatore") MIL. Sottufficiale incaricato dei lavori di contabilità e amministrazione.

furióso agg. **1.** Pieno di impetuosità, che si abbandona ad atti violenti. **2.** Riferito a cosa, che manifesta una furia impetuosa. *Tempesta furiosa.*

furlàna s.f. (ven. *furlano* "friulano") Danza originaria del Friuli, praticata come danza popolare all'inizio del sec. XVII a Venezia, quindi adattata come danza di corte e danza teatrale all'inizio del sec. XVIII in Francia.

furóre s.m. **1.** Violenta emozione causata da disappunto o da altra passione. *Il furore della folla.* SIN.: **furia**. **2.** Stato di profonda eccitazione interiore. *Furore mistico.* SIN.: **esaltazione**. ◇ *Far furore*: ottenere successo, riuscire in modo brillante. **3.** *fig.* Modo violento di manifestarsi. *Il furo-*

re dell'uragano. **4.** *fig.* Desiderio intenso di qlco. o qlcu.

furoreggiàre v.intr. [5] (aus. *avere*) Destare grande entusiasmo. ~ Avere un successo strepitoso.

furtivaménte avv. Di nascosto.

furtìvo agg. **1.** Fatto in modo da non farsi notare. *Lanciare uno sguardo furtivo.* SIN.: **circospetto**. **2.** Che accade senza che altri lo sappiano. *Incontro furtivo.* **3.** DIR. Si dice di qlco. proveniente da un furto, rubato. *Merce furtiva.*

fùrto s.m. (lat. *fúrtum*, deriv. di *fúrere* "rubare") DIR. Sottrazione, senza violenza contro le persone, di ciò che appartiene ad altri. *Furto con scasso.* ◇ *Furto aggravato*: reato di furto commesso in presenza di qualche circostanza aggravante (p.e. con destrezza o con mezzi fraudolenti). ~ *fig. Furto musicale, letterario*: plagio, copiatura. ~ *per esager.* Richiesta di somma eccessiva in pagamento di un oggetto o una prestazione.

fùsa s.f. pl. Respiro sordo con il quale il gatto manifesta la sua soddisfazione. *Fare le fusa.*

fusàggine s.f. (lat. *fusàgine*, deriv. di *fúsus* "fuso" perché il legno era usato per fare fusi) **1.** BOT. Pianta arbustiva velenosa delle regioni temperate, con fiori gialli e frutti rosa. (Genere *Evonymus*; famiglia delle Celastracee.) **2.** *Carboncino di fusaggine*: carboncino compatto tenero usato dai disegnatori.

foglie e frutti

fiore

■ **fusàggine**

fusaiòla o **fusaròla** s.f. **1.** ARCH. Intaglio decorativo consistente in una serie di elementi sferici e fusiformi variamente alternati. **2.** ETNOL. Piccolo globo forato di materiale vario, usato come peso da telaio o anche come elemento di collana.

fusariòsi s.f. inv. Malattia delle piante causata da funghi del genere *Fusarium*.

fuscèllo s.m. Ramoscello corto e sottile, pezzetto di paglia. ◇ *fig. Essere un fuscello*: esile, fragile.

fusciàcca s.f. [pl. *–che*] Fascia di seta o di diverso tessuto, usata come ornamento o in segno di dignità, che si porta intorno ai fianchi come cintura.

fuseaux [/fy'zo/] s.m. pl. (voce fr.) ABBIGL. Pantaloni affusolati, tubolari, di solito di tessuto elasticizzato.

fusèllo s.m. **1.** Piccolo arnese a forma di fuso, attorno al quale si avvolge il filo nel lavoro a tombolo. **2.** Elemento della navetta su cui è infilata la spola. **3.** STAM. Filetto decorativo un tempo usato dai tipografi. **4.** MECC. Parte finale dell'assale di un carro ferroviario su cui si incastra la ruota.

fusìbile agg. (fr. *fusible*) Che si può fondere. ◆ s.m. ELETTR. Filo di lega speciale che, inserito in un circuito elettrico, si fonde e interrompe la corrente quando questa supera un certo limite.

fusibilità s.f. inv. (fr. *fusibilité*) FIS. Proprietà di una sostanza di fondersi a una determinata temperatura.

fusifórme agg. Che ha forma allungata e rigonfia al centro, come un fuso. SIN.: **affusolato**.

fusìllo s.m. (spec. pl.) (voce merid.) CUC. Specie di pasta alimentare a forma di fettuccia attorcigliata a elica.

fusion [/'fjuːʒən/] s.f. inv. (voce ingl., propr. "fusione") MUS. Contaminazione di generi musicali diversi.

fusióne s.f. **1.** FIS. Passaggio di un corpo dallo stato solido a quello liquido per l'azione del calore. **2.** *estens.* Colata di metallo fuso in uno stampo per ottenere un determinato oggetto. **3.** Combinazione, aggregazione di elementi diversi, anche in senso fig. *Fusione di partiti.* ◇ *Fusione nucleare*: reazione nucleare per la quale due nuclei leggeri si uniscono per formare un nucleo più pesante con un'emissione di energia. **4.** DIR. Concentrazione di due o più imprese in una sola per ottenere una maggiore forza produttiva. *Fusione di tre società.*

ENCICL. La fusione, che si verifica a temperature molto alte (diversi milioni di gradi), comporta anche una grande emissione d'energia; è all'origine della nucleosintesi.

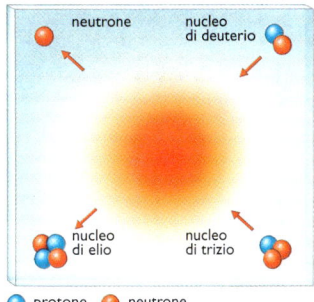

neutrone   nucleo di deuterio

nucleo di elio   nucleo di trizio

● protone   ● neutrone

■ **fusióne.** Principio della fusione nucleare a partire da nuclei di isotopi di idrogeno.

1. fùso agg. **1.** Si dice di un corpo solido passato allo stato liquido. SIN.: **liquefatto**. **2.** *fig.* Bene amalgamato, armonicamente strutturato. **3.** *fam.* Spossato, con i riflessi appannati.

2. fùso s.m. **1.** Strumento rigonfio al centro e sottile all'estremità, usato un tempo per la filatura a mano. **2.** Nella filatura meccanica, la bobina che torce e avvolge il filo. **3.** *estens.* Denominazione di molti oggetti e figure a forma di fuso. ◇ GEOM. *Fuso sferico*: parte della superficie di una sfera compresa tra due semicerchi massimi aventi il diametro in comune. ~ BIOL. Fascio di filamenti di citoplasma che appaiono durante la prima fase della divisione cellulare e che svolgono un ruolo nella separazione dei cromosomi. **4.** GEOGR. *Fuso orario*: ognuna delle 24 divisioni immaginarie della superficie della Terra in cui tutti i punti hanno la stessa ora legale. **5.** Strumento utilizzato per la pesca di totani e calamari.

fusolièra s.f. (deriv. di venez. *fisolera* "barca per la caccia al fisolo " e di *fuso*) AER. Corpo centrale dell'aeroplano, di forma affusolata.

fùsolo s.m. Nella mitilicoltura, bastone di legno che si conficca sul fondo del mare.

fusóre s.m. Correttore di bozze di opere enciclopediche, che ha il compito di inserire aggiunte e modifiche e di controllare la completezza delle voci compilate dai vari redattori.

fustàgno s.m. (etim. discussa, forse dal lat. *fustàneum* "lana vegetale", calco del gr. *erióksylon* "lana di legno") Tessuto compatto, robusto e morbido, vellutato all'esterno.

fustàia s.f. Bosco di alberi d'alto fusto.

fustèlla s.f. **1.** Utensile in acciaio, usato per perforare o tagliare. **2.** Talloncino applicato alla scatola di alcuni prodotti farmaceutici, valido per il rimborso del prezzo da parte di un ente assistenziale.

fusticìno s.m. BOT. Parte della piantina appena germinata che darà origine al fusto.

fustigàre v.tr. [4] **1.** Battere con una frusta. SIN.: **frustare**. **2.** *fig.* Criticare aspramente, censurare. *Fustigare il malcostume politico.*

■ Fusi orari

Suddivisione dei fusi orari a partire dalla linea del cambiamento di data

numero di ore da sottrarre dal fuso 0 per ottenere l'ora locale

Differenza oraria a partire dal fuso situato sul meridiano di Greenwich

| 11:00 | 12:00 | 13:00 | 14:00 | 15:00 | 16:00 | 17:00 | 18:00 | 19:00 | 20:00 | 21:00 | 22:00 | 23:00 |

A R T I C O

Terra di Francesco Giuseppe

Svalbard (Norv.)

Severnaja Zemlja
(Terra del Nord)

Nuova
Zemlja

Archipelago della
Nuova Siberia

M a r
i G r o e n l a n d i a

Isola Jan Mayen
(Norv.)

ISLANDA

Faer Øer (Dan.)

NORVEGIA SVEZIA FINLANDIA

Oslo Helsinki
Stoccolma San Pietroburgo
GRAN Copenaghen ESTONIA Mosca
BRETAGNA DAN. LETTONIA
IRLANDA Londra BERLino POLONIA BIEL.
Bruxelles P.B. GERM. Praga SLOVACCHIA Kiev
Parigi Vienna R. CECA UCRAINA
FRANCIA AUSTR. Budapest M.
ITALIA SLO. ROM. Bucarest
Lisbona Roma ALB. BULG.
PORTOGALLO SPAGNA Madrid GRECIA GEORGIA
Gibilterra Tunisia Istanbul Ankara
(G. B.) Algeri Atene TURCHIA
Rabat TUNISIA CIPRO SIRIA Baghdad
MAROCCO Tripoli Il Cairo ISR. Gerusalemme Beirut IRAQ
ALGERIA LIBIA EGITTO BAHRAIN KUWAIT
QATAR

F E D. R U S S A

Ekaterinburg
Novosibirsk

KAZAKISTAN Astana

Biškek
Uzbekistan Taskent KIRGHIZISTAN
ARM. Baku TURKM. Ašhabad TAGIKISTAN
AZERB. Teheran Kabul Islamabad
IRAN AFGHANISTAN
15:30 16:30
New
PAKISTAN Delhi NEPAL BHUTAN
17:45
Karachi BANGLA-DESH
17:30 Dacca 18:30
Bombay INDIA

MONGOLIA
Ulan Bator

C I N A Pechino
Chengdu Shanghai

Jakutsk Magadan

Sakhalin

Isole Curili (Russia)

COREA DEL NORD
Pyongyang GIAPPONE
Seul COREA Tokyo
DEL SUD
OCEANO
Hong Kong Taipei PACIFICO
TAIWAN

MAURITANIA MALI
Nouakchott NIGER
GAMBIA SENEGAL Bamako Niamey CIAD
ISSAU GUINEA BURKINA N'Djamena
SIERRA LEONE NIGERIA Khartoum
LIBERIA Abidjan Lagos SUDAN
Libreville GUINEA Eq. GABON Bangui
Yaoundé CONGO UGANDA
REP. DEM. RUANDA Nairobi
Ascension Brazzaville DEL BURUNDI
(G. B.) Kinshasa CONGO TANZANIA
Sant'Elena Luanda Dar es Salaam
(G. B.) COMORE
ANGOLA ZAMBIA MALAWI Mayotte
LANTICO Lusaka Harare (Fr.)
NAMIBIA ZIMBABWE
Windhoek BOTSWANA
Tristan da Cunha Maputo
(G. B.) Pretoria SWAZILAND
Gough SUDAFRICA LESOTHO
(G. B.) Città del Capo

ARABIA E. A. U.
SAUDITA Riyadh Masqat
YEMEN OMAN
Aden
GIBUTI
Addis-Abeba
ETIOPIA Isole
SOMALIA Laccadive
Mogadiscio (India)
KENYA Isole
Andamane
(India)
MYANMAR
Rangoon
17:30 THAILANDIA
Bangkok
Phnom
Penh CAMBOGIA
MALDIVE Isola Crozet (Fr.)

MADAGASCAR
Antananarivo MAURIZIO
Réunion (Fr.)

OCEANO
INDIANO
Colombo
SRI LANKA 17:30
MALAYSIA BRUNEI
Singapore

Cocos (Austr.)
18:30

SEICELLE
Giacarta
I N D O N E S I A

Manila

FILIPPINE

MICRONESIA

PALAU

Marianne
del Nord
(USA)
Guam (USA)

PAPUA
NUOVA
GUINEA
Port Moresby SALOMONE

Nuova
Caledonia
(Fr.)

A U S T R A L I A
21:30

Perth Adelaide Sydney
Melbourne Canberra
22:30
Lord Howe
(Austr.)

Tasmania

Isola Kerguelen (Fr.)

Isola Heard (Austr.)

I A L E A N T A R T I C O

| -1 | 0 | +1 | +2 | +3 | +4 | +5 | +6 | +7 | +8 | +9 | +10 | +11 |

numero di ore da aggiungere al fuso 0 per ottenere l'ora locale

●capitale

fustigatóre s.m. [f. –*trice*] Chi fustiga, spec. fig. *Fustigatore dei costumi.*

fustino s.m. Imballaggio per detersivi in polvere.

fùsto s.m. **1.** BOT. Gambo delle piante che porta le foglie. ~ Tronco di un albero. **2.** Parte allungata o portante di qlco. ~ Corpo di una colonna, tra la base e il capitello. **3.** Contenitore per liquidi piuttosto capace. SIN.: **barile**. **4.** *fig.* Persona robusta, vigorosa. *Un bel fusto.* **5.** Armatura in legno o metallo di mobili o di oggetti imbottiti. *Il fusto di un divano.*

sotterranei

rizoma
(sigillo di Salomone)

tubercoli
(patate)

aerei

gemma
terminale

piatto,
con spine
(fico d'India)

lanoso
(lamio
purpureo)

gemma
ascellare

nodo

tondo
(lillà)

volubile
(convolvolo)

■ **fùsto.** Tipi di fusto.

Fùsus s.m. inv. ZOOL. Genere di molluschi carnivori con conchiglia allungata. (Classe dei Gasteropodi.)

fùta s.f. o s.m. (ar. *fūta* "grembiule") Vestito nazionale abissino, colorato o bianco, simile a una toga.

fùtile agg. (fr. *futile*, lat. *fūtilem* propr. "che lascia scorrere facilmente") Di scarsa importanza, privo di valore. SIN.: **insignificante**.

futilità s.f. inv. (fr. *futilité*) Banalità, frivolezza, stupidaggine.

futón s.m. inv. (voce giapp.) Materasso giapponese costituito da strati di falde di cotone.

futures [/'fju:tʃə/] s.m. pl. (voce ingl., propr. "futuri") FIN. Contratti negoziati su mercati appositamente organizzati, con i quali le parti si impegnano a scambiarsi, a una certa data futura, a un prezzo fissato all'atto della stipula, una determinata quantità di merce, di un titolo o di una valuta quotati e pronti sul mercato.

futuribile agg. Che può realizzarsi solo nel futuro e quindi è fantastico, fantascientifico. ◆ s.m. **1.** Ciò che si realizzerà in futuro. **2.** (anche f.) Futurologo.

futurismo s.m. Movimento artistico e letterario dell'inizio del sec. XX che rifiuta la tradizione estetica ed esalta il mondo moderno, in partic. la civiltà urbana, le macchine, la velocità. **ENCICL.** Nato in Italia attorno al poeta Marinetti (*Manifesto del futurismo*, 1909), il futurismo si avvicina allo spirito rivoluzionario dell'espressionismo ed è precursore del dadaismo. Autori di due manifesti nel 1910, i primi pittori del movimento, Balla, Boccioni, Carrà, Severini, Luigi Russolo, si rifanno alla tecnica divisionista e al cubismo per intersecare forme, ritmi, colori e luci allo scopo di esprimere una "sensazione dinamica", una sovrapposizione degli stati d'animo e delle strutture multiple del mondo visibile. Un movimento futurista o "cubo-futurista", si è sviluppato in Russia negli anni 1910-1917 (Maiakovski, Malevitch, ecc.).

futurista s.m. e f. [pl.m. –*sti*] Seguace del futurismo. □ In funzione di agg., relativo al futurismo. *Manifesto futurista.*

futuristico agg. [pl.m. –*ci*, f. –*che*] → avveniristico.

futùro agg. (lat. *futūrum*, propr. "che sarà") **1.** Che ci sarà, che non esiste ancora. *Epoca futura.* **2.** Destinato a occupare il ruolo indicato. *Futuro erede.* ◆ s.m. **1.** (solo sing.) Tempo che verrà. *Preoccuparsi del futuro.* SIN.: **avvenire**. **2.** GRAMM. Tempo verbale che indica un'azione che avviene in un momento successivo al presente. ◇ *Futuro anteriore:* indica un'azione che avrà luogo prima di un'altra azione futura.

futurologia s.f. Scienza del futuro fondata su strumenti razionali di previsione in campo politico, economico, sociale, ecc.

futuròlogo s.m. [f. –*ga*, pl.m. –*gi*, –*ghi*, f. –*ghe*] Esperto di futurologia.

■ **Il futurismo**

"Noi affermiamo che la magnificenza del mondo si è arricchita di una bellezza nuova: la bellezza della velocità. Un automobile [sic] da corsa col suo cofano adorno di grossi tubi simili a serpenti dall'alito esplosivo... un automobile ruggente, che sembra correre sulla mitraglia, è più bella della Vittoria di Samotracia" (Marinetti, manifesto del Futurismo apparso su Le Figaro del 20 febbraio 1909).

Gino Severini. *Cannoni in azione,* dipinto, 1915. Alla ricerca di una rivoluzione culturale, i futuristi hanno riposto, almeno in un primo tempo, le loro speranze nella guerra, di cui l'artista tenta qui una sintesi con parole e immagini non esenti da una certa ingenuità. (Coll. priv., Milano.)

Umberto Boccioni. *Forme uniche della continuità nello spazio,* scultura in bronzo, 1913 (fonte del 1931). La scomposizione della figura e la messa in luce delle sue linee di forza suggeriscono una interpretazione dinamica delle forme e dello spazio.
(Museo Civico d'Arte Contemporanea, Milano)

Carattere Garamond

g s.f. o s.m. inv. **1.** Lettera dell'alfabeto latino e delle lingue che lo adottano; in italiano rappresenta sia la consonante occlusiva velare sonora, comunemente detta *g dura* (davanti alle vocali *a, o, u: gatto, golfo, gufo*; davanti a *e, i* il suono è reso con il digramma *gh: ghepardo, ghisa*; davanti a consonante: *grosso*; o in finale di parola: *zigzag*) sia la consonante affricata palatale sonora, comunemente detta *g dolce* (davanti alle vocali *e, i: gente, giro*; davanti ad *a, o, u* il suono è reso con *gi: giacca, giovane, giù*); entrambi i suoni possono essere di grado tenue o medio e, nella grafia doppia, di grado forte. La *g* entra inoltre nel digramma *gl* (davanti a *i*) e nel trigramma *gli* (davanti ad *a, e, o, u*), che indicano la consonante costrittiva laterale palatale di grado forte (*gli, figlio, maglia*), tranne che in alcune parole di origine latina o greca dove i suoni rappresentati dalle due consonanti rimangono distinti (*glicine, anglicano*), e nel digramma *gn*, che indica la palatale nasale di grado forte (*lagna*). **2.** Semplice o puntata, maiuscola o minuscola, è usata in sigle o abbreviazioni con diversi valori. **3.** Simbolo usato in settori specifici. ◇ METROL. *g:* indica il grammo. – MECC. Simbolo del gal. – FIS. *G:* indica la conduttanza. – MUS. Corrisponde alla nota *sol* nei paesi anglosassoni e germanici. ❑ In funzione di agg. inv., come numerale ord., settimo in una serie o in una graduatoria. *Sezione G.*

gabardine [/gabar'din/] s.f. inv. (voce fr., spagn. *gabardina* prob. deriv. di *gabán* "gabbano" e *tabardina* "tabarro") **1.** Tessuto di fibre naturali o sintetiche, ad armatura diagonale, spesso impermeabilizzato. **2.** (anche m.) Soprabito o impermeabile confezionato con tale tessuto.

gabàrra s.f. (provenz. *gabarra*) MAR. Barcone a fondo piatto adoperato nei porti per il carico e lo scarico delle navi. SIN.: **chiatta**.

gabbàno s.m. **1.** Soprabito ampio, spesso imbottito, aperto sul davanti con maniche e non di rado con cappuccio; detto anche *gabbana*. ◇ *fig. Voltar gabbana:* cambiare partito, opinione. **2.** Tuta da lavoro usata da operai e contadini.

gabbàre v.tr. (fr. *gaber*) Beffare qlcu. ~ Schernire, deridere. ◆ **gabbarsi** v.pron. Beffarsi di qlcu. prendersene gioco. *Gabbarsi del capo.* ~ Burlarsi di qlcu.

gàbbia s.f. **1.** Struttura che consente di tenere chiusi animali vivi, costituita da vimini, fili di ferro o robuste sbarre metalliche. ◇ *Uccel di gabbia:* volatile adatto a vivere in cattività; *fig.* persona che vive come prigioniero. – *figg. Gabbia di matti:* nel l. familiare, luogo in cui regnano disordine e confusione dovuti a comportamenti irrazionali o contraddittori. – *Animale in gabbia:* chi è agitato, irrequieto, insofferente. – *Sentirsi in gabbia:* patire la mancanza di libertà. – *Gabbia dorata:* condizione, situazione privilegiata che comporta,

però, la perdita o la limitazione della libertà personale. – *Gabbia salariale:* nel l. sind., insieme di parametri per la definizione dei salari fissato in relazione a determinate variabili (socioeconomiche, geografiche, ecc.). **2.** *estens.* Recinto a sbarre in cui talvolta sono rinchiusi gli imputati durante un processo in tribunale. **3.** *fig.* Prigione. *Mettere qualcuno in gabbia.* **4.** Tutto ciò che ricorda in qualche modo la struttura della gabbia, in partic. armatura metallica di pilastri, travi, ecc. ~ Anche, museruola per buoi. ◇ *Gabbia dell'ascensore:* struttura metallica a rete, o spazio tra i muri in cui scorre la cabina dell'ascensore. – FIS. *Gabbia di Faraday:* dispositivo a parete conduttrice, che permette di isolare elettricamente i corpi situati al proprio interno. – ANAT. *Gabbia toracica:* insieme dello scheletro toracico (vertebre dorsali, coste e sterno), che contiene il cuore e i polmoni. SIN.: **cassa toracica. 5.** SPORT. Nel lancio del martello, recinto che protegge gli spettatori; nell'ippica, ostacolo costituito da un doppio sbarramento di tronchi d'albero. **6.** MIL. Garitta posta in cima alle torri, a uso delle sentinelle. **7.** MAR. Vela quadra che si trova sopra la vela maggiore di ogni albero; nelle navi a vele quadre, *coffa.* **8.** STAM. Foglio, del formato del futuro stampato, in cui è delimitato lo spazio utile di stampa ai fini dell'impaginazione.

gabbianèllo s.m. Uccello acquatico migratore simile a un piccolo gabbiano. (Famiglia dei Laridi.)

gabbiàno s.m. Uccello marino palmipede, cosmopolita, con ali bianche bordate di nero, becco affusolato e zampe palmate; vive in affollate colonie. (Genere *Larus*; famiglia dei Laridi.)

■ **gabbiàno** zafferano.

gabbière s.m. MAR. Marinaio delle navi a vela addetto al compito di manovrare le vele di gabbia.

gabbiétta s.f. **1.** Nel sign. del dim. di *gabbia.* **2.** Cappuccetto di filo di ferro che assicura

la tenuta del tappo nelle bottiglie di vini spumanti.

gabbióne s.m. **1.** Nel sign. dell'accr. di *gabbia*; in partic., gabbia di grandi dimensioni in cui vengono rinchiusi molti uccelli. SIN.: **uccelliera. 2.** Parallelepipedo di filo di ferro zincato, riempito di pietre, usato come elemento di arginatura in opere di difesa idraulica. ~ Cesto di vimini, colmo di terra, usato un tempo come elemento costitutivo di ripari campali. **3.** Recinto per gli imputati in aule di tribunale.

gabbiòtto s.m. Stanzetta del portinaio.

gàbbro s.m. (lat. *gàbru*, deriv. di *glābrum* "liscio, senza peli" quindi "privo di vegetazione") GEOL. Roccia intrusiva basica a grana media o grossa di colore verdastro o nero, usata come materiale da costruzione o come pietra decorativa.

gabèlla s.f. (lat. *gabèllam*, deriv. di ar. *qabāla* "tributo") **1.** Nel Medioevo, tassa, imposta diretta o indiretta. **2.** Amministrazione incaricata di riscuotere questa imposta. **3.** Moneta d'argento coniata a Bologna nel sec. XVI.

gabellière s.m. Chi riscuoteva le gabelle. ~ *scherz.* Doganiere.

gabinétto s.m. (fr. *cabinet*) **1.** Stanza di uso strettamente privato adibita a studio, a spogliatoio, ecc. o destinata a colloqui riservati. *Gabinetto della regina.* **2.** Insieme dei ministri che compongono il governo e il governo stesso. ~ Ufficio particolare di un ministro. ◇ *Capo di gabinetto:* funzionario che dirige l'ufficio di segreteria di un ministro. **3.** Locale in cui si trovano i servizi igienici. SIN.: **bagno.** ~ Apparecchio igienico destinato alla raccolta e al deflusso dei rifiuti organici umani. **4.** Nei musei, locale riservato a collezioni particolari. *Gabinetto delle stampe.* ~ Nelle scuole, locale dotato di attrezzature per ricerche, analisi. *Gabinetto di chimica.* SIN.: **laboratorio.** ~ Studio professionale, in partic. medico. *Gabinetto dentistico.*

gabonése agg. Del Gabon. ◆ s.m. e f. Nativo, abitante del Gabon.

gadget [/'gædʒit/] s.m. inv. (voce ingl.) **1.** Piccolo congegno, dispositivo, aggeggio perlopiù superfluo. **2.** Accessorio originale, curioso più che utile, offerto a fini promozionali. *Gadget pubblicitario.*

Gàdidi s.m. pl. [iniziale minusc. sing. *-de* per l'individuo] ZOOL. Famiglia di pesci che vivono soprattutto nell'Atlantico nord-orientale; ne fanno parte il merluzzo, la molva, il nasello, ecc., tutti molto pregiati per le carni gustose. (Ordine dei Gadiformi.)

Gadifórmi s.m. pl. [iniziale minusc. sing. *-me* per l'individuo] ZOOL. Ordine di pesci teleostei a corpo affusolato con capo grande, apertura boccale notevole, denti piccoli sistemati sulle mascelle e nel palato.

gadolìnio s.m. (solo sing.) (dal nome del chimico finlandese J. *Gadolin*) **1.** Metallo appartenente al gruppo delle terre rare. **2.** Elemento chimico (*Gd*) di numero atomico 64 e peso atomico 157,25.

gaèlico agg. [pl.m. –*ci*, f. –*che*] (ingl. *Gaelic*) Dei Gaeli, una delle popolazioni celtiche. ◆ s.m. (solo sing.) Uno dei due rami (l'altro è il britannico) della lingua celtica insulare, rappresentato dall'irlandese e dallo scozzese antico.

gaffe [/'gaf/] s.f. inv. (voce fr., deriv. di *gaffer* propr. "afferrare con la gaffa" quindi "commettere un'indelicatezza") Azione o espressione inopportuna che genera imbarazzo.

gag [/'gæg/] s.f. inv. (voce ingl., propr. "bavaglio" perché la battuta improvvisata "tappa la bocca" all'interlocutore) Battuta, trovata comica. ~ Sketch inserito in spettacoli.

gaggia s.f. (gr. *akakía* "acacia") **1.** Nome volgare di arbusto sempreverde coltivato nei giardini, con foglie bipennate e fiori gialli molto profumati. (Nome sc. *Acacia farnesiana*; famiglia delle Mimosacee.) ◇ *Falsa gaggia* → **robinia**. **2.** Fiore di tale pianta. **3.** Strumento per la caccia con la civetta consistente in un palo che termina in un guancialetto, dove sta il rapace.

gagliardétto s.m. **1.** MAR. Piccola bandiera perlopiù triangolare o a due punte, posta sulla cima degli alberi delle navi e usata come segnale o come distintivo. **2.** Insegna di tale forma adottata da corpi militari, società sportive, ecc. *Il gagliardetto della Juventus.*

gagliàrdo agg. (provenz. *galhart* forse di orig. celtica) **1.** Dotato di vigore fisico, di grande vitalità. SIN.: **robusto.** ~ Valoroso, pugnace. **2.** Detto di cosa, impetuoso, forte. ~ Fervido, vivo.

gagliòffo s.m. [f. –*fa*] (etim. discussa, forse spagn. *gallofa*, lat. *galli òffa* "boccone del francese", con riferimento ai pellegrini di origine transpirenaica diretti a Santiago che elemosinavano il cibo ai conventi) **1.** Ribaldo, briccone. **2.** Chi ha una certa goffaggine, chi dimostra inettitudine.

gaièzza s.f. Allegria, brio.

Gaillardìa s.f. (dal nome del botanico fr. *Gaillard* de Marentonneau) BOT. Genere di piante erbacee americane a foglie intere o dentate e fiori in capolini gialli dorati con linguette bicolori giallo-rosse. (Famiglia delle Composite.)

gàio agg. [pl.m. *gai*] (provenz. *gai*, got. *gâheis* "impetuoso") **1.** Lieto, sereno, allegro, festoso. **2.** Che infonde serenità, allegria. ~ In partic. di colore, vivace, chiaro. *Verde gaio.*

gal s.m. inv. (dal nome di G. *Galilei*) FIS. Unità di misura che esprime l'accelerazione della gravità ed è pari all'accelerazione di 1 cm/sec[2].

1. gàla s.f. (spagn. *gala*, fr. *gale* "piacere") **1.** Lusso, splendore, occasione solenne che richiede un certo apparato e in cui si fa sfoggio di eleganza. *Serata di gala.* **2.** MAR. Festone formato da bandierine di ogni tipo teso tra gli alberi di una nave. SIN.: **pavese.** ◇ *Piccola gala:* presenza di una sola bandiera in testa a ciascun albero. – *Gran gala:* presenza di bandiere su tutti gli stralli da poppa a prua.

2. gàla s.f. Guarnizione di trina o di stoffa increspata, usata per ornamento negli abiti di un tempo.

3. gala [/ga'la/] s.m. inv. (voce fr.) Festa, raduno mondano o sportivo; detto anche *galà*. *Il Galà della Croce Rossa.*

Galagòne s.m. ZOOL. Genere di piccole proscimmie africane dal muso breve e dalla coda lunga; sono abili saltatrici e hanno abitudini notturne. (Ordine dei Primati.)

galalite s.f. CHIM. Materiale isolante, leggero e biancastro, ottenuto dai residui della lavorazione del latte.

galànte agg. (fr. *galant*, deriv. di *galer* "divertirsi") **1.** Di un uomo, gentile, cavalleresco con le donne, zelante nei loro confronti. ~ Di cosa, improntato a tale comportamento. *Modi galanti.* **2.** Che riguarda l'amore, le relazioni sentimentali. *Un incontro galante.*

galanterìa s.f. (fr. *galanterie*) **1.** Modo di comportarsi di uomini verso le donne, premuroso, servizievole, audacemente gentile. ~ Atto o parola galante. **2.** *estens.* Cibo squisito, ghiottoneria.

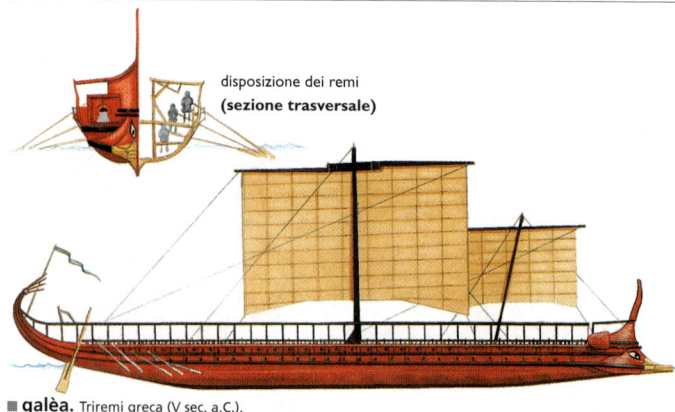
■ **galèa.** Triremi greca (V sec. a.C.).

disposizione dei remi
(sezione trasversale)

galantina s.f. (fr. *galantine*) **1.** CUC. Piatto freddo di pollo o di vitella in gelatina. **2.** CUC. Insaccato a base di polpa e di lingua di manzo con parti di maiale, pistacchi e altri aromi.

galantuòmo s.m. [pl. *galantuomini*] Uomo onesto, corretto.

galàssia s.f. (lat. *galàxiam*, gr. *galaksías kýklos* propr. "cerchio latteo" da *gála* "latte" perché la mitologia la riteneva frutto del latte di Era) **1.** ASTR. (anche iniziale maiusc.) Sistema costituito da miliardi di stelle e da materia interstellare, a cui appartiene il Sole, detto anche *Via Lattea.* ~ *estens.* (iniziale minusc.) Ogni analogo sistema stellare. *Galassia ellittica.* **2.** *fig.* Insieme di molte persone o cose anche diverse. *La galassia dei partiti di centro.* ◇ *Galassia Gutenberg:* la civiltà, la cultura posteriori all'invenzione della stampa e da essa influenzate. (Dal titolo di un celebre saggio dello studioso M. Mc Luhan.)

ENCICL. La nostra galassia si presenta come un disco molto appiattito di circa 100.000 anni luce di diametro e di 5000 anni luce di spessore, con un rigonfiamento centrale. Il centro, osservato dalla Terra, è situato verso la costellazione del Sagittario. La concentrazione diminuisce dal centro verso il bordo del disco. Attorno al disco si distribuiscono ammassi globulari in un alone sferoidale. Osservazioni recenti mostrano che esiste anche una vasta corona gassosa oscura attorno al disco. Quest'ultimo compie una rotazione d'insieme che non avviene con le stesse modalità di quanto accade con un corpo solido: è una rotazione differenziale la cui velocità varia in funzione della distanza dal centro. Il Sole e il sistema solare girano a una velocità di circa 250 km/s[1], e occorrono circa 240 milioni di anni perché essi completino il giro della galassia. Si conoscono oggigiorno decine di milioni di galassie che appaiono come la costituente fondamentale dell'universo. Sono tradizionalmente classificate in tre grandi categorie secondo la loro forma: le ellittiche, le spirali e le irregolari. Il loro tipo morfologico determina suddivisioni più specifiche all'interno di ogni categoria. Si sostiene che tutte le galassie si siano formate simultaneamente (secondo un processo ancora poco chiaro) circa un miliardo di anni dopo il *big bang* e che i diversi tipi morfologici riflettano ritmi diversi di formazione delle stelle. La regione centrale di alcune galassie, dette *attive* o a *nucleo attivo*, è una fonte d'energia eccezionalmente intensa. Quest'energia sarebbe emessa da un *buco nero*. La maggior parte delle galassie è raccolta in ammassi di galassie di varie forme che si estendono per decine o centinaia di milioni di anni di luce e sono separate da grandi vuoti.

galatèo s.m. (dal titolo del trattato *Il Galateo* scritto da monsignor Giovanni Della Casa dietro suggerimento dell'amico Galeazzo Florimonte) L'insieme delle regole della buona educazione.

galattagògo agg. [pl.m. –*ghi*, f. –*ghe*] MED. Che fa aumentare la secrezione del latte. SIN.: **galattogeno.** ◆ s.m. Nel sign. dell'agg.

galàttico agg. [pl.m. –*ci*, f. –*che*] (gr. *galáktikos* "latteo") **1.** ASTR. Relativo alla Galassia o alle galassie. **2.** *fig.* Immenso, straordinario.

galattòforo agg. ANAT. *Dotto galattoforo:* canale che convoglia all'esterno il latte secreto dalle ghiandole mammarie.

galattogènesi s.f. inv. FISIOL. Galattopoiesi.

galattopoièsi s.f. inv. FISIOL. Processo di produzione del latte.

galattorrèa s.f. MED. Eccessiva o persistente produzione di latte da parte della mammella.

galattòsio s.m. [pl. –*si*] CHIM. Monosaccaride a sei atomi di lattosio.

gàlbulo s.m. (lat. *gàlbulum* "bacca") BOT. Falso frutto a forma di cono formato da squame legnose, prodotto da alcune conifere.

1. gàlea s.f. (lat. *gàleam*, gr. *galéē* "pelle di donnola" con cui si rivestiva l'elmo perché il soldato potesse assumere la natura bellicosa dell'animale) **1.** ANT. ROM. Elmo di pelle usato dai soldati. **2.** ANAT. Membrana fibrosa che ricopre la volta cranica collegando i muscoli frontali a quelli occipitali.

2. gàlea o **galèra** s.f. (gr. *galéa* "nave da guerra", deriv. di *galéē* "donnola" prob. per la sua rapidità nel muoversi) MAR. Nave da guerra o commerciale a remi e a vela, in uso dal Medioevo fino al sec. XVIII.

galeàzza s.f. MAR. Nave con vele e remi, di dimensioni più grandi rispetto alla galea, utilizzata fino al sec. XVIII.

galèna s.f. MIN. Solfuro di piombo (PbS), principale minerale del piombo. ~ Frantumata e mescolata con sabbia quarzifera e argilla, viene utilizzata come componente di smalti per stoviglie e di vernici.

galènico agg. [pl.m. –*ci*, f. –*che*] **1.** Riferito a Galeno, alla sua dottrina. **2.** FARM. *Preparato galenico:* preparazione medicamentosa complessa che contiene uno o più componenti organici, ottenuta con semplici operazioni fisiche o meccaniche (in oppos. a *specialità farmaceutica*).

galeóne s.m. MAR. Grande nave da guerra, utilizzata spec. dagli Spagnoli a partire dal sec. XVI, per trasportare l'oro, l'argento e le merci preziose dalle loro colonie del Nuovo Mondo.

galeopitèco s.m. [pl. –*chi*, –*ci*] (lat. *Galeopithecus*, comp. di gr. *galéē* "donnola" e *píthēkos* "scimmia") Mammifero insettivoro delle Isole della Sonda e dell'Indocina, della grandezza di un gatto, che può planare grazie a una membrana laterale (*patagio*) sostenuta dagli arti e dalla coda. (Genere *Cynocephalus*; ordine dei Dermotteri.)

galeòtto s.m. [f. –*ta*] **1.** Rematore delle galee, spec. a seguito di condanna penale. **2.** Condannato alla galera o ai lavori forzati. ~ *scherz.* Malvivente, canaglia.

galèra s.f. **1.** MAR. Galea. **2.** Pena consistente nel remare sulle galee. ~ *estens.* Pena della reclusione, dei lavori forzati. ~ Il luogo dove si sconta la pena. SIN.: **carcere.** ◇ *Faccia da galera:* persona dall'aspetto poco rassicurante. – *Patrie galere:* sistema carcerario di uno Stato, usato spec. con valore scherz. **3.** *fig.* Luogo di costrizione, di fatica. ~ La condizione esistenziale a esso correlata. *La vita in questa città è una galera.* **4.** Pesante spazzolone per lucidare i pavimenti.

galerucèlla s.f. (lat. *Galerucella,* comp. di *gălea* "elmo" ed *erŭca* "bruco") Insetto coleottero che si nutre di sostanze vegetali, molto nocivo per gli alberi (olmo, salice, ecc.). (Famiglia dei Crisomelidi.)

galgal [/galgal/] s.m. inv. (voce bretone) PREIST. Ammasso di pietre che coprono un monumento megalitico.

galilèo agg. Della Galilea. ◆ s.m. [f. *–a*] Nativo, abitante della Galilea. ◇ *per anton.* Il Galileo: Gesù Cristo.

galiziàno agg. Della Galizia, regione spagnola o carpatica (tra Polonia e Ucraina). ◆ s.m. [f. *–na*] Nativo, abitante della Galizia spagnola o della Galizia carpatica.

gàlla s.f. **1.** Nella loc. *a galla,* a pelo d'acqua, in superficie. ◇ *Stare, rimanere a galla:* galleggiare; *fig.* non farsi travolgere dagli eventi. – *Venire a galla:* emergere; *fig.* manifestarsi. – *Tenersi a galla:* galleggiare; *fig.* fare quanto basta per far fronte agli impegni. **2.** Rigonfiamento prodotto da parassiti sugli organi di varie piante (insetti, funghi). ◇ *Noce di galla:* escrescenza delle piante, spec. di quercia, usata per inchiostri, tinture, ecc. **3.** Vescica della pelle, bolla.

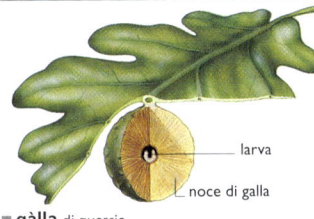

larva

noce di galla

■ **gàlla** di quercia.

gallatùra s.f. ZOOL. Fecondazione dell'uovo da parte del gallo.

galleggiabilità s.f. inv. Capacità di un corpo di galleggiare in un liquido.

galleggiaménto s.m. Condizione di un corpo che sta sulla superficie di un liquido. ◇ MAR. *Linea di galleggiamento:* linea che il livello d'acqua traccia sullo scafo di una nave.

galleggiànte agg. Che sta a galla. ◆ s.m. **1.** Imbarcazione o altro mezzo in grado di stare a galla (barcone, zattera, ecc.). **2.** Qualunque tipo di segnale sulla superficie dell'acqua. ~ PESC. Oggetto molto leggero, di varie forme, general. di sughero o plastica, che viene usato per regolare l'immersione dell'amo e segnalare l'abboccamento del pesce. **3.** AER. Struttura in legno o in metallo leggero fissata singolarmente o in coppia sotto la fusoliera di un idrovolante o di un elicottero. **4.** TECN. Globo metallico cavo che regola l'afflusso dell'acqua nel recipiente in cui è incluso.

galleggiàre v.intr. [5] (aus. *avere*) **1.** Stare a galla su un liquido. *Il legno galleggia sull'acqua.* ~ Essere solo parzialmente immerso in un liquido. SIN.: **emergere. 2.** AER. Stare sospeso nell'aria.

■ **galeopitèco**

---

gallègo agg. [pl.m. *–ghi,* f. *–ghe*] (port. *gallego*) Della Galizia. ◆ s.m. **1.** [f. *-ga*] Nativo, abitante della Galizia. **2.** (solo sing.) Lingua parlata in Galizia e in altre zone della penisola iberica nord-occidentale.

galleria s.f. (fr. *galerie,* lat. *galeriam* "portico di una chiesa") **1.** Corridoio di grande ampiezza che in origine collegava ambienti diversi di uno stesso edificio. *Galleria di un chiostro.* ~ Poi sala di rappresentanza di palazzi signorili arricchita con raccolte di quadri, d'oggetti d'arte, ecc. **2.** *estens.* Luogo predisposto per ricevere una raccolta di opere d'arte destinata al pubblico. *Le gallerie di un museo.* SIN.: **pinacoteca.** ~ Locale d'esposizione dove si commerciano opere, oggetti d'arte. **3.** Ampio passaggio tra palazzi, strada coperta, spesso con vetrate, destinati a esclusivo uso pedonale. ◇ *Galleria di testa:* atrio interno delle stazioni terminali con fronte perpendicolare ai binari. **4.** Via di comunicazione scavata attraverso un monte, per abbreviare o facilitare un percorso ferroviario o stradale. ~ Passaggio sotterraneo, per lo sfruttamento di un giacimento minerario. ~ Passaggio coperto o sotterraneo proprio di opere di difesa militare e in partic. opera di difesa antiaerea a uso della popolazione civile. **5.** Cavità sotterranea di forma allungata, prodotta da movimenti geologici, acqua, ecc. ~ Cunicolo di comunicazione scavato nel suolo o nel legno da alcuni animali (talpa, termite, ecc.). **6.** TECN. *Galleria del vento:* macchina che produce il vento necessario per far funzionare un impianto metallurgico, aerare una miniera, effettuare prove aerodinamiche. **7.** ARCH. Matroneo nelle chiese romaniche. **8.** Nei teatri storici, loggione; nelle moderne sale teatrali e cinematografiche, parte sovrastante la platea.

gallerista s.m. e f. [pl.m. *–sti*] Persona che possiede o gestisce una galleria d'arte.

gallése agg. Del Galles. ◆ s.m. **1.** (anche f.) Nativo, abitante del Galles. **2.** (solo sing.) Lingua del gruppo celtico insulare.

gallétta s.f. (fr. *galette,* deriv. di *galet* "ciottolo") **1.** Tipo di pane preparato con poco lievito e biscottato in modo da durare a lungo come cibo di riserva per marinai e soldati. ~ *estens.* Piccolo biscotto piatto e secco. **2.** MAR. Nell'attrezzatura navale, pomo che ricopre le sommità degli alberi e delle aste. SIN.: **formaggetta.**

gallétto s.m. **1.** Nel sign. del dim. di *gallo.* ~ *Giovane gallo, pollastro.* **2.** *fig.* Persona, general. molto giovane, vivace, un po' troppo impertinente. *Non fare il galletto con le persone più anziane.* ~ Uomo che fa l'intraprendente con le donne. **3.** Fungo commestibile di colore giallo, con cappello imbutiforme. SIN.: **gallinaccio. 4.** ATTREZZ. Madrevite ad alette, che si avvita e si svita a mano.

gallicanésimo o **gallicanismo** s.m. Insieme di dottrine sviluppatesi in Francia a partire dal sec. XV che tendono a limitare il potere spirituale del papa nei riguardi dei poteri civili.

gallicàno agg. **1.** Relativo alla Chiesa di Francia. **2.** Proprio del gallicanesimo. ◆ s.m. [f. *–na*] Seguace del gallicanesimo.

1. gàllico agg. [pl.m. *–ci,* f. *–che*] Della Gallia. ~ Dei Galli. ◆ s.m. (solo sing.) Lingua celtica parlata dagli antichi Galli.

2. gàllico agg. [pl.m. *–ci*] CHIM. *Acido gallico:* composto che si trova in vari vegetali, unito quasi sempre all'acido tannico, usato per preparare inchiostri, coloranti e disinfettanti.

gallicolo agg. Di insetto che vive nelle galle o causa la loro comparsa. SIN.: **galligeno.**

Gallifórmi s.m. pl. [iniziale minusc. sing. *–me* per l'individuo] ZOOL. Ordine di uccelli onnivori, dal corpo tozzo e inadatto al volo, come la gallina, la pernice, la quaglia, il fagiano, la faraona, il tacchino; sono detti anche *Gallinacei.*

gallina s.f. **1.** Femmina del gallo allevata per la carne e per le uova. (Durante la cova è detta *chioccia*; se giovane *pollastra.* Genere *Gallus*; ordine dei Galliformi.) ◇ *Avere un cervello da gallina:* essere poco intelligente. – *Scrittura a zampa di gallina:* irregolare e poco leggibile. – *figg. Zampe di gallina:* sottili rughe a ventaglio che si formano intorno agli angoli esterni degli occhi. – *Gallina dalle uova d'oro:* facile fonte di guada-

---

■ **gallìna** della razza New Hampshire.

gno. **2.** Nome dato ad alcune specie di uccelli. ◇ *Gallina prataiola:* fagianella.

gallinàccio s.m. [pl. *–ci*] (lat. *gallinăceum,* deriv. di *gallìna* "gallina"; il fungo è così detto per il bordo frastagliato del suo cappello che ricorda una cresta di gallo) **1.** Fungo molto pregiato, di colore giallo arancio, presente in boschi molto folti. (Nome sc. *Cantharellus cibarius*; classe dei Basidiomiceti.) **2.** *fig. scherz.* Vecchio *gallinaccio:* persona astuta, vecchia volpe, oppure dongiovanni impenitente o, ancora, vecchio borioso.

Gallinàcei s.m. pl. [iniziale minusc. sing. *–ceo* per l'individuo] ZOOL. Galliformi.

gallinèlla s.f. **1.** Nel sign. del dim. di *gallina.* **2.** *Gallinella d'acqua:* uccello palustre dal becco rosso e bianco e con piume scure. (Lunghezza 35 cm ca.; genere *Gallinula,* famiglia dei Rallidi.) **3.** BOT. Pianta erbacea simile alla bocca di leone. (Famiglia delle Scrofulariacee.) **4.** *Pesce cappone.* **5.** (iniziale maiusc., spec. pl.) Nome popolare della costellazione delle Pleiadi.

■ **gallinèlla** d'acqua.

Gallinula s.f. ZOOL. Genere di uccelli a cui appartiene la gallinella d'acqua.

gàllio s.m. (solo sing.) (lat. *Gallium,* traduzione dal fr. del cognome dello scopritore Lecoq) **1.** Metallo raro, bianco bluastro, dalle proprietà chimiche simili a quelle dell'alluminio. **2.** Elemento chimico (*Ga*) di numero atomico 31 e peso atomico 69,723.

1. gàllo s.m. **1.** [f. *gallina*] Uccello domestico allevato per uso alimentare, con grande cresta e piumaggio vistoso spec. nella coda. (Ordine dei Galliformi, famiglia dei Fasianidi.) ◇ *Al canto del gallo:* all'alba. – *figg. Fare il gallo:* fare il galante con le donne, oppure inalberarsi, prendere un tono aggressivo. – *Il gallo del pollaio:* persona vivace, spec. uomo intraprendente con le donne. **2.** ZOOL. (iniziale maiusc.) Genere a cui appartengono varie specie di gallo. **3.** Denominazione

■ **gàllo** e gallina.

di alcune varietà di uccelli. ◇ *Gallo cedrone:* urogallo. – *Gallo forcello:* *fagiano di monte. ❏ In funzione di agg. inv., nel pugilato, categoria di peso. ~ Sportivo che appartiene a tale categoria.

2. gàllo agg. Relativo alla Gallia. ◆ s.m. [f. *–la;* al pl. anche iniziale maiusc.] Nativo, abitante della Gallia.

3. gàllo s.m. Nell'antica religione greca e romana, sacerdote della dea Cibele.

gallòccia s.f. [pl. *–ce*] (venez. *gallozza*) MAR. Pezzo di legno o di metallo per dar volta alle cime.

gallofilìa s.f. Ammirazione per la Francia e per i francesi. SIN.: **francofilia**.

gallonàto agg. Decorato con galloni.

1. gallóne s.m. (fr. *galon*) **1.** Striscia tessuta o intrecciata utilizzata come ornamento nell'abbigliamento. ~ MIL. Segno distintivo dei gradi portato sull'uniforme. **2.** SPORT. Striscia di stoffa portata al braccio dal capitano di una squadra di calcio.

2. gallóne s.m. (ingl. *gallon*) *Gallone inglese (imperial gallon):* unità di misura di capacità di liquidi e aridi (simb. *gal*), pari a 4,546 l. (È usata in Gran Bretagna.) – *Gallone americano (US gallon):* unità di misura americana di capacità di liquidi e aridi, pari a 3,785 l.

gallonèa s.f. → **vallonea**.

gallóso agg. CHIM. MINER. Relativo ai composti del gallio bivalente.

galoche [/gaˈlɔʃ/] s.f. inv. (voce fr.) Soprascarpa o stivale di gomma per la pioggia.

galop [/gaˈlo/] s.m. [pl. *galops*] (voce fr., deriv. di *galoper* "galoppare") Danza in tondo, eseguita a coppie, di andamento vivace, molto diffusa in Francia e in Inghilterra nella seconda metà del sec. XIX.

galoppànte agg. **1.** Che galoppa. ~ *fig.* Sfrenato, sbrigliato. *Fantasia galoppante.* **2.** *fig.* Che ha una rapida crescita, che non si può controllare. *Inflazione galoppante.*

galoppàre v.intr. (aus. *avere*) (fr. *galoper*, deriv. di francone *wala klaupan* "correre bene") Andare al galoppo. ~ *estens.* Andare, correre molto rapidamente. ◇ *fig. Galoppare con la fantasia:* fantasticare.

galoppàta s.f. **1.** Corsa al galoppo. ~ EQUIT. Particolare tipo di galoppo a quattro tempi. **2.** *estens.* Corsa a ritmo sostenuto, spec. in gare sportive. ~ Corsa affannosa.

galoppatóio s.m. [pl. *–toi*] Luogo utilizzato per addestrare i cavalli al galoppo. SIN.: **maneggio**.

galoppatóre s.m. [f. *–trice*] **1.** Cavallo addestrato alle corse al galoppo. ~ *estens.* Il suo cavaliere. **2.** *fig.* Persona che cammina svelta.

galoppino s.m. (fr. *galopin* "messo") **1.** Cavallo che va al galoppo usato in allenamento per sollecitare i trottatori. **2.** [f. *–na*] Chi è incaricato di svolgere servizi per conto di altri. ~ *spreg.* Portaborse. ◇ *Galoppino elettorale:* chi va in giro a far propaganda per un candidato o un partito. **3.** MECC. Piccola puleggia che, girando in folle, mantiene tesa la cinghia di trasmissione.

galòppo s.m. (fr. *galop*) **1.** L'andatura più veloce del cavallo. ◇ *Al galoppo:* molto velocemente, di gran fretta. – MED. *Ritmo di galoppo:* ritmo cardiaco anomalo, a tre tempi, che si percepisce con l'auscultazione. **2.** Tipo di danza veloce, detta comun. *galop.*

galòscia s.f. [pl. *–sce*] Galoche.

galtèlla s.f. MAR. Mensola di legno o di metallo fissata su ciascun lato dell'estremità superiore del tronco di un veliero.

galvànico agg. [pl.m. *–ci*, f. *–che*] **1.** Relativo a Luigi Galvani e al galvanismo. ◇ MED. *Corrente galvanica:* corrente continua a bassa tensione. **2.** Che impiega una corrente galvanica.

galvanismo s.m. (dal nome del fisico bolognese L. *Galvani*) **1.** BIOL. Insieme di fenomeni propri dell'elettricità animale e il complesso degli studi e delle teorie di L. Galvani su di essi. **2.** Settore dell'elettrologia che si occupava delle pile voltaiche e delle correnti da esse prodotte. SIN.: **voltaismo**.

galvanizzàre v.tr. (fr. *galvaniser*) **1.** Stimolare un muscolo o un nervo mediante corrente continua. **2.** *fig.* Infondere a qlcu. energia ed entusiasmo. *Le sue parole mi galvanizzano.* SIN.:

elettrizzare. **3.** Rivestire un metallo con un altro mediante un processo elettrolitico. ◆ **galvanizzàrsi** v.pron. Eccitarsi, entusiasmarsi.

galvanizzazióne s.f. **1.** MED. Stimolazione di un muscolo o di un nervo con corrente elettrica. **2.** *fig.* Atto, comportamento con cui s'infonde entusiasmo, slancio, energia. **3.** Processo elettrolitico per mezzo del quale si ricopre un oggetto con un sottile strato di metallo.

galvanocàustica s.f. [non com. pl. *–che*] MED. Cauterizzazione dei tessuti per mezzo del galvanocauterio.

galvanocautèrio s.m. [pl. *–rî*] Bisturi la cui punta metallica è resa incandescente da corrente elettrica. SIN.: **elettrobisturi**.

galvanomagnetìsmo s.m. Insieme di fenomeni che si verificano in un conduttore percorso da una corrente elettrica e posto in un campo magnetico.

galvanòmetro s.m. Strumento che serve a misurare l'intensità delle correnti elettriche a bassa intensità.

galvanoplàstica s.f. [non com. pl. *–che*] Processo consistente nel depositare con elettrolisi uno strato di metallo su un supporto per rivestirlo.

galvanopuntùra s.f. MED. Operazione di elettrochirurgia effettuata per mezzo di un ago sottoposto a corrente galvanica e quindi incandescente; serve per eliminare piccole parti di cute, peli antiestetici, ecc.

galvanoscòpio s.m. [pl. *–pi*] ELETTROTEC. Strumento che indica il passaggio di una corrente elettrica, ma non ne misura l'intensità.

galvanostegìa s.f. Processo elettrochimico che consente di ricoprire la superficie di un oggetto di metallo con un altro metallo per aumentarne i pregi estetici o per proteggerlo.

galvanotècnica s.f. [non com. pl. *–che*] Tecnica di ricopertura degli oggetti con uno strato metallico secondo i due procedimenti della galvanostegia e della galvanoplastica.

galvanoterapìa s.f. MED. → **elettroterapia**.

galvanotipìa s.f. Procedimento di riproduzione tipografica che consiste nell'ottenere matrici in rilievo o incise mediante l'uso della galvanoplastica.

galvanotropìsmo s.m. BIOL. Tendenza di organismi fissi, o di loro parti, a orientarsi in risposta a uno stimolo elettrico.

gàmba s.f. **1.** Parte dell'arto inferiore dell'uomo compresa tra il ginocchio e il piede. ~ *comun.* Tutto l'arto. *Avere gambe lunghe, sottili.* ~ ZOOL. *estens.* Zampa di un animale. **2.** In molte locc., indica la funzione del camminare e del correre e, estens. e *fig.*, la forza, la saldezza della persona. ◇ *Sotto gamba:* sottogamba. – *Avere buone gambe, essere di gamba buona:* essere un buon camminatore. – *Mettersi le gambe in spalla:* correre a precipizio, fuggire a gran velocità. – *Darsela a gambe:* scappare il più in fretta possibile. – *A gambe levate:* a tutta velocità, di gran carriera. – *Persona in gamba:* che ha delle qualità, che è bravo. – *Non fare il passo più lungo della gamba:* usare prudenza, non sbilanciandosi al di là delle proprie forze e capacità. – *Con la coda fra le gambe:* avvilito, mortificato. – *A gambe all'aria:* all'indietro, per terra; *fig.* in rovina, in malora. – *Avere le gambe che fanno giacomo giacomo:* tremare per debolezza o per paura. **3.** *estens.* Elemento di sostegno di mobili o di altri oggetti. *Le gambe del tavolo.* **4.** Parte del pantalone che copre la gamba. **5.** Tratto verticale o leggermente inclinato di una lettera o nota musicale. *Le gambe della "m" e della "n".*

gambàle s.m. **1.** Parte superiore dello stivale che copre la gamba. **2.** Ghetta di pelle allacciata alla gamba. **3.** Protesi per infortunati alla gamba che va dal ginocchio alla caviglia. **4.** Nelle armature antiche, gambiera, schiniere.

gambalétto s.m. **1.** Nel sign. del dim. di *gambale.* **2.** Stivaletto che protegge le caviglie. **3.** Calza femminile che arriva sotto al ginocchio. **4.** MED. Ingessatura che va dal ginocchio al piede. **5.** Protezione applicata alle zampe dei cavalli nelle corse al trotto.

gambécchio s.m. [pl. *–chi*] Piccolo uccello di passo con piumaggio grigio e bianco, che

vive nelle alte paludi scandinave e le cui carni sono commestibili. (Famiglia degli Scolopacidi.)

gamberàna s.f. Piccola rete di forma quadrata usata per raccogliere gamberi sul fondo.

gamberétto s.m. Nel sign. del dim. di *gambero.* ~ Piccolo crostaceo marino di cui molte specie sono commestibili. ◇ *Gamberetto grigio:* piccolo crostaceo usato spesso come esca per pesci di mare. (Nome sc. *Crangon crangon*.)

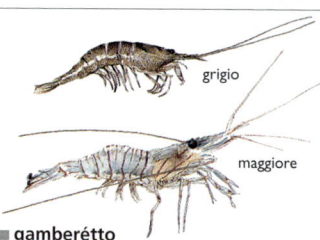

grigio

maggiore

■ **gamberétto**

gàmbero s.m. Nome comune di varie specie di crostacei con addome allungato terminante in un'ampia pinna codale e il primo paio di zampe provvisto di robuste chele per afferrare e trattenere la preda; vive in acque sia dolci sia marine. (Genere *Astacus*; ordine dei Decapodi.) ◇ *Gambero barbuto, imperiale:* grosso gambero marino dalla caratteristica forma a pannocchia, apprezzato per la bontà delle sue carni; è detto anche *spannocchio* o *mazzancolla.* – *Gambero marino:* astice. – *Gambero di fiume:* astaco. – *Essere rosso come un gambero:* per l'emozione, la vergogna o l'eccessiva esposizione al sole. – *Fare, camminare come i gamberi:* andare all'indietro; *fig.* regredire, non fare progressi.

■ **gàmbero** d'acqua dolce

gamberóne s.m. Nome comune di varie specie di grossi gamberi commestibili.

gambesécche s.f. pl. Nome usuale di molti piccoli funghi commestibili, dei generi *Marasmius* o *Tricholoma.*

gambétto s.m. Nel gioco degli scacchi, mossa con cui si offre un pedone all'avversario per aprirsi la strada verso il centro.

gambièra s.f. **1.** Nelle antiche armature, parte che copriva interamente la gamba. **2.** SPORT. Nell'hockey su ghiaccio, ampia fascia di protezione per le gambe usata dal portiere. **3.** Protezione per le zampe del cavallo.

gambìsta s.m. e f. [pl.m. *–sti*] **1.** Chi suona la viola da gamba. **2.** Chi offre le proprie gambe come modello per pubblicizzare un prodotto.

gambizzàre v.tr. Ferire qlcu. alle gambe con colpi d'arma da fuoco in un attentato.

gàmbo s.m. **1.** Parte sottile che nelle piante erbacee sostiene foglie, fiori e frutti. **2.** *estens.* Parte di un oggetto che ha forma allungata o funzione di sostegno. *Il gambo della lampada.* ◇ FERR. *Gambo della rotaia:* parte centrale della rotaia che collega il piano di appoggio (*suola*) con quello di rotolamento (*fungo*).

gambrinìsmo s.m. (dal nome del mitico re germanico *Gambrinus* ritenuto l'inventore della birra) MED. Intossicazione o abuso di birra.

gambùsia s.f. (lat. *Gambusia*, deriv. dello spagn. d'America *gambusino* "pesciolino") Piccolo pesce viviparo d'acqua dolce, originario dell'America settentrionale e acclimatato in numerose regioni tropicali e temperate, ritenuto utile nella lotta alla malaria perché si nutre delle larve delle zanzare anofeli. (Lunghezza 6 cm ca.; ordine degli Ateriniformi; famiglia dei Pecilidi.)

game [/'geɪm/] s.m. inv. (voce ingl., "gioco") SPORT. Nel tennis, ciascuna delle parti in cui viene suddiviso un set.

gamèlla s.f. (spagn. *gamella*, lat. deriv. di *camēlus* "cammello" prob. per il suo aspetto gobbuto) **1.** Recipiente metallico in cui si consuma il rancio. SIN.: **gavetta**. **2.** MAR. Insieme degli utensili da tavolo nelle mense di bordo.

gametàngio s.m. [pl. *-gi*] BOT. Struttura pluricellulare nella quale si generano i gameti.

gamète s.m. (gr. *gamétēs* "coniuge") BIOL. Ciascuna delle cellule sessuali che, dopo aver subìto particolari processi di maturazione, si unisce al gamete di sesso opposto (*fecondazione*) per generare una nuova cellula (*zigote*).

gametòfito s.m. BOT. Organismo vegetale che si sviluppa da una spora, che produrrà i gameti e che è tipico delle piante in cui si osserva l'alternanza di generazione. (Le cellule di gametofito sono aploidi.)

gametogènesi s.f. inv. BIOL. L'insieme di particolari divisioni cellulari che porta alla formazione di cellule sessuali (*gameti*).

-gamìa Secondo elemento di composti dotti e del l. scientifico in cui significa "matrimonio", "nozze" (*poligamia*), "riproduzione" (*gametogamia*).

gamìa s.f. (deriv. di gr. *gamêin* "sposare") BIOL. Modo di riproduzione che si verifica mediante gameti. SIN.: **gametogamia**.

gàmico agg. [pl.m. *-ci*, f. *-che*] BIOL. Relativo a gamia, che avviene per gamia.

1. gàmma s.m. o s.f. inv. Terza lettera dell'alfabeto greco (*Γ, γ*), che corrisponde alla *g* dell'alfabeto latino. ❑ In funzione di agg. inv., si usa in alcune locc. ◇ FIS. *Raggi gamma:* radiazioni elettromagnetiche emesse da sostanze radioattive. – ASTR. *Punto gamma:* quello in cui si trova il Sole nell'equinozio di primavera.

2. gàmma s.f. (dal nome con cui Guido d'Arezzo indicò la nota più bassa della scala musicale) **1.** MUS. Scala musicale completa. ~ Estensione di uno strumento. **2.** *estens.* Successione delle diverse gradazioni di un colore. *La gamma del blu.* ~ *fig.* Insieme dei diversi aspetti con cui qlco. può presentarsi. *Una gamma di valori.* **3.** *fig.* Serie di cose, di prodotti affini tra loro. *Gamma di modelli.* ◇ *Alto di gamma:* di modello di automobile che si colloca, per prezzi, allestimenti, motorizzazione, ecc. nella fascia alta. **4.** TELECOM. Banda, campo. *Gamma di frequenza.*

gammaglobulìna s.f. BIOL. Proteina del plasma sanguigno con funzione di anticorpo.

gammagrafìa s.f. TECN. Radiografia della struttura di corpi opachi tramite raggi gamma, utilizzata per controlli non distruttivi.

gammaterapìa s.f. MED. → **radioterapia**.

gamopètalo agg. BOT. Di un fiore i cui petali sono saldati tra loro per un tratto più o meno lungo (in oppos. a *dialipetalo*). (Le Gamopetale formano una sottoclasse delle Dicotiledoni, che comprende in partic. le Solanacee, le Labiate e le Composite.)

gamosèpalo agg. BOT. Di un fiore il cui calice ha i sepali saldati tra loro. (in oppos. a *dialisepalo*.)

gamozòide s.m. → **gonozoide**.

ganàscia s.f. [pl. *-sce*] **1.** Nell'uomo, mascella e guancia. ~ Negli animali, zona mandibolare e mascellare. **2.** TECN. Elemento che ha il compito di esercitare una pressione per tener fermo o arrestare un organo. *Ganascia dei freni.* ~ assol. Dispositivo di bloccaggio di una ruota applicato ai veicoli in sosta vietata.

gàncio s.m. [pl. *-ci*] (spagn. *gancho*) **1.** Strumento curvo, a forma di uncino, utile per appendere o trainare qlco. **2.** BOXE Pugno sferrato alzando il gomito e piegando il braccio a novanta gradi. ~ SPORT. Nella pallacanestro, tiro eseguito facendo compiere alla palla un'ampia parabola. **3.** *fig. fam.* Persona scaltra, priva di scrupoli. SIN.: **imbroglione**.

gandùra s.f. (fr. *gandoura*, berbero *qandūr*) Tunica senza maniche usata in partic. in Africa e nel vicino Oriente.

gang [/'gæŋ/] s.f. inv. (voce ingl., deriv. di *gangan* "andare insieme") **1.** Banda organizzata di malviventi. ◇ *Baby gang:* banda di giovani criminali. **2.** *scherz.* Compagnia, combriccola, gruppo.

1. gànga s.f. [pl. *-ghe*] Gang.

2. gànga s.f. [pl. *-ghe*] (ted. *Gang* "filone", propr. "cammino") METALL. Materiale inutilizzabile che in un giacimento minerario si trova associato a un minerale utile e che viene eliminato nel processo di estrazione.

gànghero s.m. (lat. *càncharu*, gr. *kánkhalos* "cardine") Supporto metallico su cui si imperniano e girano porte, finestre, ecc. SIN.: **cardine**. ◇ *fig. Uscire dai gangheri:* arrabbiarsi, perdere la pazienza.

gangliàre agg. ANAT. Relativo ai gangli.

gànglio s.m. [pl. *-gli*] (lat. *gànglion*, gr. *ganglíon* "tumore sottocutaneo") **1.** ANAT. Piccolo rigonfiamento rotondo o fusiforme, posto lungo il decorso di vasi linfatici o di nervi. ◇ *Ganglio nervoso:* quello posto lungo il percorso di alcuni nervi. – *Ganglio linfatico* → **linfonodo**. **2.** *fig.* Punto di raccordo o di particolare importanza, da cui dipende l'efficienza di un sistema. *I gangli dell'economia.* **3.** MED. Tumefazione cistica benigna delle articolazioni e dei tendini; detto anche *igroma*.

ganglióma s.m. [pl. *-mi*] MED. Tumore dei gangli nervosi.

gangrèna s.f. MED. → **cancrena**.

gangster [/'gæŋstə/] s.m. e f. inv. (voce ingl.) **1.** Membro di una banda criminale, di una gang. SIN.: **malvivente**. **2.** *estens.* Chi non bada ai mezzi per raggiungere lo scopo.

gangsterismo s.m. Attività criminale propria dei gangster. SIN.: **banditismo**.

ganimède s.m. (lat. *Ganymēdem*, gr. *Ganymḗdēs*, nome del mitico coppiere di Zeus) Uomo che cura eccessivamente la propria eleganza. SIN.: **dandy**.

gànzo s.m. [f. *-za*] **1.** *spreg.* Amante. **2.** *pop.* Persona scaltra, astuta. ❑ In funzione di agg., bravo, simpatico, in gamba.

gap [/'gæp/] s.m. inv. (voce ingl., norv. *gap* "crepaccio") **1.** ECON. Notevole divario, scarto, ritardo di tipo economico, tecnologico, ecc. ◇ *Gap generazionale:* differenza di mentalità, usi e costumi tra persone di generazioni successive. **2.** INFORM. Spazio di nastro magnetico senza dati che separa due blocchi di dati consecutivi.

gappista s.m. e f. [pl.m. *-sti*] ST. Appartenente a un GAP, *Gruppo di Azione Partigiana*, formazione armata della resistenza italiana durante la seconda guerra mondiale.

gàra s.f. (etim. incerta, forse dall'ar. *gàra* "scorreria") Evento nel quale due o più persone competono per conseguire un primato. SIN.: **competizione**. ◇ *Fare a gara:* lottare per essere il migliore in qlco. – *Gara di regolarità:* competizione tra auto o moto in cui i concorrenti devono mantenere il più possibile l'uniformità della marcia. – *Vendita a gara:* quella propria delle licitazioni.

garage [/ga'raʒ/] s.m. inv. (voce fr., deriv. di *garer* "mettere al riparo") Luogo coperto usato come riparo per i veicoli. SIN.: **box, autorimessa**.

garagìsta s.m. e f. [pl.m. *-sti*] (fr. *garagiste*) **1.** Chi lavora come operaio in un'autorimessa. **2.** Gestore di un'autorimessa.

garànte agg. (fr. *garant*, da una base germ. che significa "proteggere") Che dà assicurazione per altri. ◆ s.m. e f. **1.** Nel sign. dell'agg. **2.** Autorità di controllo sui pubblici servizi responsabile del loro corretto funzionamento e della loro legittimità rispetto agli utenti e all'amministrazione che li fornisce. ◇ *Garante dell'editoria:* organo di vigilanza sull'informazione giornalistica e radiotelevisiva. – *Garante della privacy:* quello che ha il compito di vigilare affinché la vita privata dei cittadini non sia lesa da terzi per fini illegali o diffamatori. – *Garante della concorrenza:* quello che ha il compito di vigilare sul rispetto della normativa antimonopolistica.

garantìre v.tr. [83] (fr. *garantir*) **1.** Assicurare qlco., dare per certo. *Garantire l'aiuto ai soldati.* **2.** Impegnarsi per l'assolvimento di un obbligo economico, in partic. vincolando un proprio bene come garanzia. *Garantire il pagamento ipotecando la casa.* ◇ *Garantire per qlcu.:* impegnarsi a pagare al suo posto, in caso di insolvenza. **3.** Rispondere della qualità di un oggetto venduto impegnandosi a rimediare a difetti o guasti constatati entro un certo periodo di tempo. *La ditta garantisce per un anno i suoi elettrodomestici.* **4.** Costituire una garanzia, salvaguardare, proteggere. *Garantire un diritto con una legge.* SIN.: **tutelare**. ◆ **garantirsi** v.pron. **1.** Procurarsi delle garanzie contro danni economici, pericoli. SIN.: **cautelarsi**. ~ Prendere delle precauzioni. *Mi sono garantito da ogni rivalsa.* **2.** Assicurarsi qlco., fare in modo di ottenerlo. *Garantirsi una somma.*

garantismo s.m. **1.** Dottrina politica sviluppatasi nell'Ottocento che sosteneva il rispetto delle garanzie costituzionali dei cittadini contro l'arbitrio del pubblico potere. **2.** Rigorosa osservanza e moltiplicazione delle garanzie giuridiche dell'individuo sottoposto ad azione penale. ~ Atteggiamento politico e giuridico esasperatamente e formalisticamente protettivo dell'individuo nei confronti della comunità e dello stato.

garantista s.m. e f. [pl.m. *-sti*] Sostenitore del garantismo. ❑ Anche in funzione di agg. *Provvedimento garantista.*

garantito agg. **1.** Di cui si assicura l'effettiva rispondenza alle caratteristiche e ai requisiti dichiarati, spesso con il rilascio di un apposito certificato. **2.** *estens.* Sicuro, stabile. *Impiego garantito.* ~ Indubitabile, certo. *Fallimento garantito.* ◆ s.m. [f. *-ta*] DIR. Chi ha i diritti garantiti.

garànza s.f. (fr. *garance*, francone *wratja*) **1.** Pianta erbacea delle regioni calde e temperate, detta anche *robbia*, coltivata per la sua radice da cui si ricava una tintura rossa, l'alizarina. (Famiglia delle Rubiacee.) **2.** Sostanza ottenuta macinando le radici della pianta, usata in tintoria. ~ Colore rosso vivo come quello della robbia.

garanzìa s.f. (fr. *garantie*) **1.** Assicurazione relativa all'adempimento di un obbligo o di un impegno. **2.** DIR. (spec. pl.) Guarentigie, controlli costituzionali. *Le garanzie costituzionali tutelano i diritti dei cittadini.* **3.** Certificato di funzionamento di un apparecchio o di un materiale, che assicura la sua attitudine a svolgere la funzione per cui è stato concepito. *Garanzia decennale del produttore.* **4.** *fig.* Ciò che è atto a garantire. SIN.: **assicurazione**.

garbàre v.intr. (aus. *essere*) Piacere a qlcu., andargli a genio, essergli gradito. *Questo ragazzo mi garba proprio.*

garbàto agg. Gentile, cortese. ~ Che ha una certa proprietà ed eleganza.

gàrbo s.m. (ar. *qālib* "modello, sagoma") **1.** Maniera compita e amabile di trattare e di comportarsi. ~ Grazia, eleganza, leggiadria. *Scrivere con garbo.* ◇ *Di garbo:* che si comporta con grande civiltà e con bel modo. **2.** Forma di qlco., giusta forma. *Dare garbo a un vestito.* **3.** MAR. Curvatura dello scafo di una nave.

garbùglio s.m. [pl. *-gli*] **1.** Groviglio, intrico. *Garbuglio di fili.* **2.** *fig.* Intreccio complicato e confuso. *Garbuglio di emozioni.* SIN.: **viluppo**. ~ Disordine, confusione.

gardènia s.f. (dal nome del botanico scozzese A. *Garden*) **1.** Arbusto originario della Cina, con fiori bianchi e odorosi. (Famiglia delle Rubiacee.) **2.** BOT. (iniziale maiusc.) Genere di piante ornamentali a cui appartengono le gardenie.

garden party [/'gɑːdn 'pɑːti/] loc. sost. m. inv. (loc. ingl., "festa in giardino") Festa, ricevimento tenuto in un giardino o in un parco.

gareggiàre v.intr. [5] (aus. *avere*) Partecipare a una competizione sportiva. *Gareggiano per una medaglia.* ~ *fig.* Rivaleggiare, misurarsi con qlcu. *Gareggiare in simpatia.* SIN.: **competere**.

garganèlla Solo nella loc. *bere a garganella*, bere piegando la testa indietro e facendo colare il liquido in bocca, senza che il recipiente tocchi le labbra; *estens.* bere abbondantemente, tracannare.

gargantuésco agg. [pl.m. *-schi*, f. *-sche*] (dal nome del gigante protagonista del romanzo "*Gargantua* et Pantagruel" dello scrittore francese F. Rabelais) Gigantesco, smisurato. SIN.: **pantagruelico**.

gargarismo s.m. **1.** Terapia di uso comune nei casi di infiammazione del cavo oro-faringeo,

fiori e foglie

frutto

■ **gardènia**

consistente nel fare gorgogliare in bocca, con il capo rovesciato all'indietro, un liquido medicamentoso. ~ *estens.* Il medicamento liquido così utilizzato. SIN.: **collutorio**. **2.** *scherz.* Canto o vocalizzo sgraziato e stonato.

gargarizzàre v.intr. (aus. *avere*) Fare gargarismi.

garibaldino agg. **1.** Di Garibaldi. **2.** *fig.* Caratterizzato da irruenza generosa, talvolta irriflessiva. SIN.: **irruente**. ◆ s.m. **1.** ST. Soldato combattente agli ordini di Garibaldi; detto anche *camicia rossa*. **2.** [f. –*na*] Durante la Resistenza (1943-1945), partigiano appartenente alle brigate denominate "Garibaldi".

gariga o **garriga** s.f. [pl. –*ghe*] Formazione vegetale secondaria mediterranea (lecci mescolati a cespugli e a piante erbacee) che appare su terreni calcarei dopo la distruzione di foreste.

garitta o **garétta** s.f. (spagn. *garita*, fr. *garite*) **1.** Casotto per riparo delle sentinelle di guardia. ◊ *Garitta di vedetta:* nelle fortificazioni, elemento sporgente dal muro destinato a ospitare un uomo di vedetta. **2.** Costruzione o vano di funzione o forma analoga a quella della garitta. **3.** MAR. Passaggio a tenuta d'acqua che attraversa un interponte dello scafo.

■ **garìtta** (sec. XVII).

garni [/ˈɡarˈni/] agg. inv. (voce fr., deriv. di *hôtel garni* propr. "albergo guarnito") **1.** Di albergo che offre solo servizio di pernottamento e prima colazione. **2.** CUC. Di pietanza con contorno. ◆ s.m. inv. Nell'accez. 1 dell'agg.

garnierite s.f. MIN. Silicato di nichel e di magnesio, utilizzato per l'estrazione del nichel.

garofanàia s.f. → cariofillata.

garòfano s.m. **1.** Pianta erbacea dai fiori profumati e variamente colorati, con foglie molto dentellate, spesso coltivata nei giardini. (Genere *Dianthus*; famiglia delle Cariofillacee.) ◊ *Partito del garofano:* negli anni Ottanta, partito socialista italiano, il cui simbolo era un garofano. **2.** *Garofano di mare* → attinia.

garrése s.m. Zona del corpo dei quadrupedi (spec. equini e bovini) corrispondente alle pri-

me vertebre dorsali. (È punto di riferimento per la misura dell'altezza.)

garrétto s.m. **1.** ZOOL. Nei bovini e negli equini, parte posteriore della zampa in corrispondenza dell'articolazione della tibia con il metatarso. **2.** *pop.* Nell'uomo, parte posteriore della caviglia.

garrire v.intr. [83] (aus. *avere*) Riferito agli uccelli, spec. alle rondini, emettere un particolare fischio.

garrito s.m. Cinguettio leggero, in partic. della rondine.

garròtta o **garròta** s.f. (spagn. *garrote*) Supplizio per strangolamento usato in Spagna fino all'abolizione della pena di morte. (Consiste in un palo a cui è fissata una panca sulla quale viene fatto sedere il condannato, che è poi strozzato da un cerchio di ferro collegato al palo stesso.)

gàrrulo agg. **1.** Che garrisce. **2.** Che ama chiacchierare. **3.** *estens.* Festoso, rumoroso.

gàrza s.f. Tessuto a trama molto rada e sottile. ◊ *Garza idrofila:* garza tessuta con cotone idrofilo, usata per medicazioni.

garzatrice s.f. Macchina per garzare i tessuti.

garzatùra s.f. Operazione che dà ai tessuti di lana e di cotone un aspetto peloso e morbido.

garzétta s.f. Uccello di media statura con penne di colore bianco, lunghe e sfilacciate, che vengono usate come ornamento. (Famiglia degli Ardeidi.)

garzóne s.m. Salariato addetto a lavori di secondaria importanza o umili e in partic. alla consegna della spesa a domicilio. ~ Apprendista. *Garzone di bottega.* ~ Nelle campagne, bracciante.

garçon [/ɡarˈsɔ̃/] s.m. inv. (voce fr. propr. "ragazzo", francone *wrakjo* "mercenario") Cameriere, garzone, fattorino.

garçonnière [/ɡarsɔˈnjɛr/] s.f. [pl. *garçonnières*] (voce fr., deriv. di *garçon* "giovanotto, scapolo") Piccolo appartamento, perlopiù riservato a incontri amorosi.

gas s.m. inv. (voce coniata dal chimico belga G.B. van Helmont, tratta da gr. *kháos* "massa informe") **1.** CHIM. Corpo allo stato aeriforme che non ha quindi né forma né volume propri, capace di espandersi in modo pressoché illimitato. ◊ *Gas naturale:* metano o altro idrocarburo presente nel sottosuolo. – *Gas liquido:* reso tale per compressione e chiuso in contenitori stagni, liberato dai quali ridiventa aeriforme. – *Gas nobili:* gruppo di sei elementi (elio, neon, argo, cripto, xeno e rado) gassosi, a molecola monoatomica, difficilmente liquefattibili e chimicamente inerti. – *Gas asfissiante, lacrimogeno, vescicante, tossico:* prodotti chimici tossici usati a scopi militari e di ordine pubblico. – *Gas delle miniere:* grisou. **2.** *comun.* Combustibile aeriforme usato per riscaldamento, illuminazione, ecc., oppure per uso domestico. ◊ *Gas liquido, di petrolio liquefatto:* GPL. **3.** Miscela di aria e carburante nebulizzato che alimenta i motori a scoppio. ◊ *Aumentare, dare, togliere (il) gas:* regolare l'afflusso di carburante in un motore agendo sull'acceleratore. – *Gas di scarico:* i fumi emessi dalla combustione, spec. quella dei motori a scoppio.

gasàre v.tr. *fam.* Esaltare eccessivamente qlcu., illuderlo. ◆ **gasarsi** v.pron. *fam.* Esaltarsi, montarsi la testa. *Se un campione si gasa troppo finisce per rovinarsi.*

garofano dei fioristi

garofano a pennacchio

■ **garòfano**

gasàto agg. **1.** Gassato. **2.** *fig. fam.* Esaltato ed euforico.

gasdinàmica s.f. [non com. pl. –*che*] Branca della dinamica che studia i gas.

gasdótto s.m. Canalizzazione destinata al trasporto del gas su lunga distanza. SIN.: **metanodotto**.

gasista o **gassista** s.m. e f. [pl.m. –*sti*] **1.** Operaio specializzato nell'installazione e nella manutenzione di impianti e apparecchiature a gas. ~ Operaio addetto agli impianti di produzione del gas. **2.** Nell'industria siderurgica, addetto al gasogeno e al forno a esso collegato.

gasògeno o **gassògeno** s.m. Apparecchio che trasforma in gas combustibile il carbone o il legno tramite ossidazione incompleta.

gasolina o **gazolina** s.f. **1.** CHIM. Prodotto petrolifero molto volatile, estratto dal gas naturale. **2.** Benzina carburante leggera.

gasòlio s.m. (ingl. *gasoil*) Prodotto della distillazione del petrolio greggio, usato come combustibile domestico e industriale e come carburante nei motori diesel; è impropriamente detto anche *nafta*.

gasòmetro o **gassòmetro** s.m. **1.** Serbatoio di grande capacità, a volume variabile, in cui si immagazzina un gas da erogare nella rete urbana. **2.** Officina in cui viene prodotto il gas illuminante.

gàssa s.f. MAR. Anello fatto con un cavo di canapa o di acciaio mediante un nodo che non strozza. ◊ *Gassa d'amante (o nodo di bolina):* fatta in modo da scorrere quando viene teso il cavo. – *Gassa impiombata:* ottenuta mediante saldatura.

gassàre v.tr. **1.** Aggiungere anidride carbonica a un liquido. **2.** Uccidere con gas asfissianti.

gassàto agg. **1.** Addizionato con gas, detto spec. di bevanda. **2.** Di persona, uccisa da gas velenosi.

gassatùra s.f. **1.** Operazione con cui si aggiunge gas a un liquido, in partic. anidride carbonica alle bevande. **2.** IND. TESS. ~ gazatura.

gassificàre o **gasificàre** v.tr. [4] Ridurre un solido o un liquido allo stato aeriforme.

gassificazióne o **gasificazióne** s.f. Trasformazione di sostanze liquide o solide contenenti carbonio in gas combustibile.

gassòsa o **gazzòsa** s.f. Bibita dissetante effervescente a base di acqua aromatizzata, anidride carbonica e zucchero.

gassóso o **gasóso** agg. **1.** Di gas. *Esalazioni gassose.* ~ Che si trova allo stato di gas. **2.** Che contiene gas disciolto. SIN.: **gassato**.

Gasteromicéti s.m. pl. [iniziale minusc. sing. –*te* per l'individuo] BOT. Gastromiceti.

Gasteròpodi s.m. pl. [iniziale minusc. sing. –*de* per l'individuo] ZOOL. Classe di molluschi caratterizzati da un unico organo di movimento costituito da un piede molto sviluppato e con cellule mucipare, testa con occhi peduncolati e conchiglia secreta dal mantello.

Gasterostèidi s.m. pl. [iniziale minusc. sing. –*de* per l'individuo] ZOOL. Famiglia di pesci ossei privi di scaglie e ricoperti da una fitta rete di lamelle ossee e aculei mobili sul dorso.

gastralgia s.f. MED. Dolore riferito all'area gastrica. SIN.: **mal di stomaco**.

gastrectomìa s.f. MED. Resezione chirurgica parziale o totale dello stomaco.

gàstrico agg. [pl.m. –*ci*, f. –*che*] Dello stomaco. ~ Prodotto nello, dallo stomaco. *Succo gastrico.* ◊ MED. *Lavanda gastrica:* lavaggio dello stomaco mediante sonda.

gastrite s.f. MED. Infiammazione della parete gastrica.

gastroduodenàle agg. MED. Dello stomaco e del duodeno.

gastroduodenite s.f. MED. Infiammazione dello stomaco e del duodeno.

gastroentèrico agg. [pl.m. –*ci*, f. –*che*] MED. Dello stomaco e dell'intestino.

gastroenterite s.f. MED. Processo infiammatorio dello stomaco e dell'intestino tenue caratterizzato da nausea, vomito, diarrea. (Solitamente ha origine infettiva.)

gastroenterologia s.f. MED. Studio dell'apparato digerente e delle ghiandole annesse.

gastroenteròlogo s.m. [f. –ga, pl.m. –gi, f. –ghe] Medico specialista in gastroenterologia.

gastrointestinàle agg. MED. Dello stomaco e dell'intestino.

Gastromicèti s.m. pl. [iniziale minusc. sing. –te per l'individuo] BOT. Ordine di funghi comprendente specie che hanno il corpo fruttifero racchiuso in un involucro detto *peridio*; alcune specie sono commestibili e di ottimo sapore. (Sottodivisione dei Basidiomiceti.)

gastronomia s.f. 1. Arte della cucina, della preparazione dei cibi. SIN.: **culinaria**. 2. Denominazione di negozio in cui si preparano e si vendono vivande.

gastronòmico agg. [pl.m. –ci, f. –che] Di gastronomia, della gastronomia.

gastrònomo s.m. [f. –ma] Esperto di gastronomia.

gastropatia s.f. MED. Qualsiasi affezione gastrica.

gastroscopia s.f. MED. Ispezione dello stomaco mediante gastroscopio.

gastroscòpio s.m. [pl. –pi] MED. Strumento a forma di lungo tubo provvisto a un'estremità di un sistema di illuminazione e che è adoperato per esaminare direttamente l'interno dello stomaco.

gastrotomia s.f. MED. Incisione dello stomaco.

gàstrula s.f. BIOL. Stadio di sviluppo dell'embrione che presenta aspetto sferoidale e ha pareti formate da tre strati di cellule, differenziate in ectoderma, endoderma e mesoderma, che racchiudono una cavità comunicante con l'esterno mediante il blastoporo.

gastrulazióne s.f. EMBRIOL. Insieme dei processi che portano alla formazione della gastrula.

gate [/'geɪt/] s.m. o s.f. inv. [pl. *gates*] (voce ingl., propr. "porta") Negli aeroporti, cancello d'imbarco.

gâteau [/ɡa'to/] s.m. inv. (voce fr., francone *wastil* "cibo") CUC. Torta dolce o salata, variamente preparata.

gateway [/'geɪtweɪ/] s.f. inv. (voce ingl. "entrata") Nel linguaggio del settore turistico, entrata, ingresso. ~ Gate. ◆ s.m. inv. INFORM. Sistema che converte i dati e garantisce la comunicazione tra reti telematiche con protocolli diversi.

1. gàtta s.f. Femmina del gatto. ◇ *figg. Gatta ci cova!*: c'è sotto qlco., c'è qlco. di nascosto. – *Una bella gatta da pelare*: incombenza che presenta difficoltà notevoli, che comporta fastidi.

2. gàtta s.f. (fr. *gatte*, lat. *gâbatam* "ciotola") MAR. Nelle navi, arnese che impedisce il passaggio dell'acqua che può penetrare attraverso le cubie.

gattabùia s.f. (solo sing.) (prob. gr. *katôgeia* "sotterranei") pop. scherz. Carcere, prigione. *Mandare in gattabuia.*

gattàia s.f. *Erba gatta.

gattamòrta s.f. [pl. *gattemorte*] Persona che ha un'aria mite, mansueta, indifesa mentre in realtà è tutt'altro.

gatteggiaménto s.m. 1. Luminosità tipica degli occhi dei felini. 2. MIN. Particolare effetto di luce in alcuni minerali.

gatteggiàre v.intr. [5] (aus. *avere*) Riferito a pietre preziose o minerali, avere riflessi che cambiano secondo i giochi di luce.

gattèllo s.m. ARCH. Elemento che sostiene le parti sporgenti di una struttura.

gattino s.m. 1. Nel sign. del dim. di *gatto*. 2. BOT. Infiorescenza allungata. SIN.: **amento**.

gàtto s.m. [f. *gatta*] Mammifero carnivoro di piccole dimensioni dotato di artigli retrattili, corpo agile e occhi fosforescenti. (Famiglia dei Felidi.) ◇ *figg. Essere come cane e gatto*: in perenne litigio. – *Avere sette vite come i gatti*: guarire, salvarsi incredibilmente. 2. Usato in locc. indicanti oggetti, strutture, mezzi tecnici. – *Gatto selvatico*: nell'industria petrolifera, piattaforma adagiata sui fondali marini per lavori di trivellazione. – *Gatto delle nevi*: mezzo cingolato

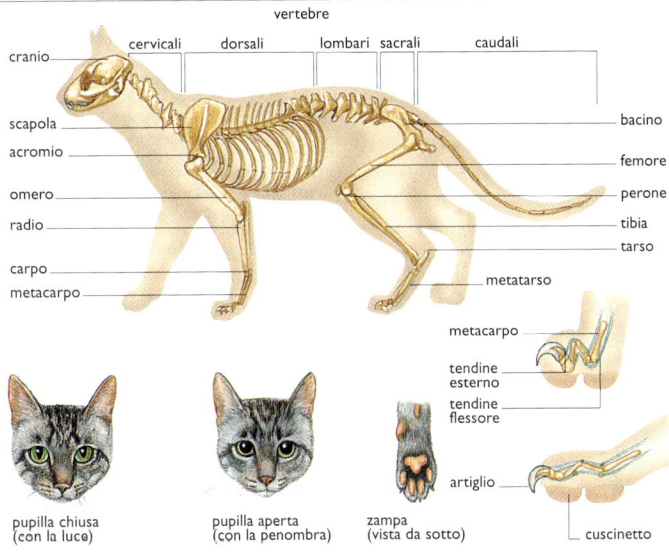

■ **gàtto.** Scheletro e dettagli morfologici.

utilizzato per spostamenti sulla neve. – *Gatto a nove code*: frusta con nove strisce di cuoio, usata come strumento di tortura. 3. MIN. *Occhio di gatto*: varietà pregiata di quarzo, di colore verde-grigiastro, che presenta il fenomeno del gatteggiamento. 4. BOT. Gattino, amento. 5. Nel Medioevo, macchina simile all'ariete ma munita di una tettoia, usata durante gli assedi per demolire le mura nemiche. ❑ In funzione di agg., *pesce gatto*, pesce di acqua dolce, con corpo allungato e slanciato e lunghi barbigli ai lati della bocca. (Ordine dei Siluriformi.)

gattonàre v.intr. (aus. *avere*) 1. Di mammiferi predatori, seguire la preda, strisciando sul terreno. 2. *estens.* Muoversi appoggiandosi su mani e ginocchia, detto spec. di bambini che non hanno ancora imparato a camminare.

gattóni avv. Solo nelle locc. *camminare, andare gattoni*, con le mani e con i piedi, a quattro zampe.

gattopàrdo s.m. 1. Mammifero carnivoro dell'Africa, con mantello giallastro maculato in nero. (Famiglia dei Felidi.) 2. *Gattopardo marino*: pesce marino cartilagineo simile al gattuccio. (Famiglia degli Sciliorinidi.)

gattùccio s.m. [pl. –ci] 1. Pesce marino cartilagineo con corpo fusiforme e caratteristica pelle macchiettata e rugosa, di colore grigio rossastro. (Lunghezza 1 m; genere *Scyliorhinus*, famiglia degli Sciliorinidi.) 2. TECN. Piccola sega con lama sottile e manico tondo per eseguire tagli curvi.

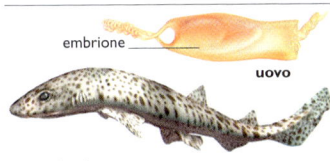

■ **gattùccio** maggiore.

gauche [/ɡoʃ/] s.f. [pl. *gauches*] (voce fr.) Area politica, opinione pubblica di sinistra.

gauchisme [/ɡo'ʃism/] s.m. inv. (voce fr.) Movimento extraparlamentare di sinistra.

gaucho [/'ɡautʃo/] s.m. [pl. *gauchos*] (voce spagn.) Mandriano della pampa argentina.

gaudènte agg. Che gode, che prova gioia, piacere. SIN.: *estens.* ~ Che ama vivere fra gli agi e i piaceri. ◆ s.m. e f. Nel sign. dell'agg. SIN.: **edonista**.

gàur s.m. inv. (voce hindi) Grande bue selvaggio delle foreste montagnose dell'India. (Altezza al garrese 2 m; peso 1 t; nome sc. *Bos gaurus*.)

gauss [/'ɡaus/] s.m. inv. (voce ted., dal nome dello scienziato K.F. *Gauss*) FIS. Unità di misura dell'induzione magnetica (simb. *G*).

gavétta s.f. (lat. *gabata* "scodella") Recipiente in cui, in passato, i soldati consumavano il rancio. ◇ *fig. Venire dalla gavetta*: percorrere tutti i gradi della gerarchia militare; *estens.* farsi strada con le proprie forze, partendo da una condizione umile.

Gaviàle s.m. ZOOL. Genere di rettili con muso lungo e stretto, che vivono nei grandi fiumi dell'India. (Lunghezza fino a 7 m; famiglia dei Gavialidi.)

Gaviàlidi s.m. pl. [iniziale minusc. sing. –de per l'individuo] ZOOL. Famiglia di rettili simili al coccodrillo. (Ordine dei Loricati.)

Gavifórmi s.m. pl. [iniziale minusc. sing. –de per l'individuo] ZOOL. Ordine di uccelli comprensivo di tutte le specie viventi e fossili, dal cretaceo in poi.

gavitèllo s.m. MAR. Piccolo galleggiante di vario materiale, utilizzato in partic. per segnalare il luogo in cui è stata gettata l'ancora. SIN.: **boa**.

gavóne s.m. (etim. incerta, forse lat. *căvus* "cavo") MAR. Compartimento stagno, a poppa o a prua di un'imbarcazione, dove non si riceve carico e dove si depositano gli attrezzi.

1. gavòtta s.f. ~ **triglia**.

2. gavòtta s.f. MUS. Danza francese di coppia praticata nei secc. XVI-XVIII.

gay [/'ɡeɪ/] agg. inv. (voce ingl., propr. "gaio") Di omosessuale spec. maschile. ◆ s.m. inv. (anche f.) Nel sign. dell'agg.

gayal s.m. inv. Bue artiodattilo diffuso in India e Birmania. (Famiglia dei Bovidi.)

gazàre v.tr. IND. TESS. Sottoporre un filato alla gazatura.

gazatùra s.f. IND. TESS. Operazione che consiste nel rendere liscio e lucente un filato facendolo passare attraverso una fiamma a gas.

gazebo [/ɡə'ziːbou/] s.m. inv. (voce ingl.) Chiosco di muratura o in tralicci di ferro o di legno, perlopiù rivestito da piante rampicanti.

gazolìna s.f. → **gasolina**.

gàzza s.f. Uccello passeriforme, detto anche *gazza ladra*, diffuso in Europa, in Asia e in America del Nord, con piume nere bluastre e bianche e lunga coda; ha l'istinto di ghermire oggetti luccicanti. (Lunghezza 45 cm; genere *Pica*, famiglia dei Corvidi.) ◇ *(v. immagine pag. succ.)* ◇ *Gazza ciarliera* → **ghiandaia**. – *Gazza marina*: uccello dei mari del Nord, con piumaggio nero nella parte superiore del corpo e bianco in quella inferiore.

■ **gàzza**

gazzàrra s.f. (ar. *gazāra* "abbondanza, quantità") Fracasso causato da folla vociante.

gazzèlla s.f. (ar. *ğazāl*) **1.** Mammifero ruminante africano con testa piccola e corna a lira, molto veloce nella corsa. (Famiglia dei Bovidi.) **2.** ZOOL. (iniziale maiusc.) Genere di animali che comprende le varie specie di gazzella. **3.** In similitudini e in usi metaforici indica eleganza, agilità. *Correre come una gazzella.* **4.** Vettura di pronto intervento dei carabinieri.

■ **gazzèlla** di Thompson.

1. gazzétta s.f. Moneta veneziana coniata all'inizio del sec. XVI.

2. gazzétta s.f. (dal nome della moneta, orig. prezzo di una copia del giornale veneziano) Giornale, anche come titolo di quotidiani. ◊ *Gazzetta Ufficiale*: giornale dello Stato italiano in cui vengono pubblicate leggi, decreti e altre disposizioni di interesse pubblico. – *figg. Cose, notizie da gazzetta*: che destano curiosità. – *Linguaggio da gazzetta*: linguaggio poco ricercato, poco curato nell'esposizione e nella scelta lessicali. – *Essere una gazzetta ambulante, la gazzetta del quartiere*: di persona piuttosto pettegola che si interessa dei fatti degli altri.

gazzettino s.m. **1.** Nel sign. del dim. di 2. *gazzetta*, spec. nel titolo di giornali e notiziari radiofonici locali. **2.** *fig.* Persona pettegola.

Geàstro s.m. BOT. Genere di funghi basidiomiceti il cui involucro si apre a stella alla fine dello sviluppo. (Ordine dei Gastromiceti.)

gèbel s.m. inv. (ar. *ğabal* "montagna") Monte isolato o altopiano, toponimo molto diffuso nei paesi di lingua araba.

gèco s.m. [pl. –*chi*] (ingl. *gecko* da una voce malese) Piccolo rettile notturno simile alla lucertola presente nelle regioni mediterranee e caratterizzato da polpastrelli muniti di organi adesivi che gli permettono di arrampicarsi sui muri; è detto anche *tarantola* o *stellione*. (Famiglia dei Geconidi.)

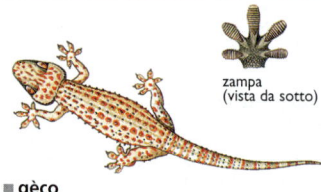

zampa
(vista da sotto)

■ **gèco**

Gecònidi s.m. pl. [iniziale minusc. sing. –*de* per l'individuo] ZOOL. Famiglia di piccoli rettili con dita con lamelle adesive che consentono di arrampicarsi e stare fermi in verticale.

geènna o **gehènna** s.f. (spec. sing.) (lat. *Gehènnam*, aramaico *gēhinnām* "valle di Ennom") Valle nei pressi di Gerusalemme che, nel Vangelo, designa l'Inferno e la dannazione eterna. ~ *estens.* Luogo di tormenti e di distruzione.

geisha [/'ge:ja/] s.f. [pl. *geishe*] (voce giapp., propr. "artista") **1.** Donna giapponese educata alla danza, al canto, alla conversazione, alle cerimonie di intrattenimento. **2.** *estens.* Donna di facili costumi.

gèl s.m. inv. (abbr. di ingl. *gelatin* "gelatina") CHIM. Massa semisolida o gelatinosa usata soprattutto in cosmesi e in farmacia con l'aggiunta di varie sostanze. *Gel per capelli.*

gelàre v.tr. **1.** Ghiacciare qlco. ~ *estens.* Rendere gelido, raffreddare qlco. o una parte del corpo. *Il vento mi sta gelando.* ◊ *fig. Far gelare il sangue a qlcu.*: spaventarlo, atterrirlo. **2.** *fig.* Smorzare, disperdere qlco. di positivo. *L'incidente gelò gli entusiasmi.* ~ Raggelare qlcu. *Lo sguardo del professore mi ha gelato.* ◆ v.impers. (aus. *essere* o *avere*) Fare una gelata. *Temo che stanotte geli.* ◆ v.intr. (aus. *essere*) Provare molto freddo. *Sto gelando.* ◊ *fig. Sentirsi gelare*: provare una grande paura. ◆ **gelarsi** v.pron. **1.** Ghiacciare, diventare di ghiaccio. **2.** Di persona, provare una sensazione di gelo.

gelàta s.f. Freddo intenso caratterizzato dalla formazione di ghiaccio. *Gelate notturne.*

gelatàio s.m. [f. –*taia*, pl.m. –*tai*] Chi prepara o vende gelati.

gelateria s.f. Negozio in cui si producono o si vendono gelati.

gelatièra s.f. Macchina per fare i gelati.

gelatina s.f. **1.** Alimento consistente in brodo di carne o di pesce, rappreso naturalmente o grazie all'aggiunta di sostanze gelatinizzanti. *Pollo in gelatina.* ~ Conserva preparata con succo di frutta e zucchero. *Gelatina di ribes.* ~ (spec. pl.) caramelle, dolcetti di gelatina di frutta. **2.** CHIM. Sostanza colloide proteica di origine animale, usata per prodotti alimentari, farmaceutici, nell'industria cartaria e tessile. ◊ *Gelatina al bromuro*: gelatina in cui l'alogenuro disperso è bromuro d'argento. **3.** CHIM. Miscela gelatinosa esplosiva composta da nitroglicerina e nitrocellulosa. **4.** Lastra trasparente in materiale ininfiammabile, di vario colore, usata per filtrare la luce dei riflettori in cinema o teatri. **5.** MICROBIOL. Terreno colturale per batteri, funghi, ecc.

gelatinóso agg. Che ha l'aspetto o la consistenza della gelatina. ~ *estens.* Molliccio, flaccido.

gelàto agg. **1.** Che è diventato ghiaccio. **2.** Freddo come il ghiaccio. *Avere le mani gelate.* SIN.: **ghiacciato.** ~ Se riferito al corpo o a sue parti, assiderato, intirizzito. **3.** *fig.* Pressoché privo di vita, interiormente paralizzato, annichilito. ◆ s.m. Dolce a base di latte, zucchero e uova, aromatizzato con altri ingredienti o con frutta e solidificato per congelamento.

gèlido agg. (aus.) **1.** Molto freddo, ghiacciato. *Vento gelido.* ~ Riferito al corpo o a sue parti, intirizzito. *Piedi gelidi.* ~ Che dà una sensazione, un'impressione di freddo. *Pavimento gelido.* **2.** *fig.* Che dimostra ostilità, freddezza. *Uomo gelido.* SIN.: **distaccato.**

gelificàre v.tr. [4] CHIM. Ridurre qlco. allo stato gelatinoso. ◆ v.intr. (aus. *essere*) Passare allo stato di gelatina. ◆ **gelificarsi** v.pron. Trasformarsi in gel, detto di sostanza, preparato, ecc.

gelificazióne s.f. Trasformazione in gel.

gelifrazióne o **gelivazióne** s.f. Fenomeno di frammentazione delle rocce o di materiali da costruzione a causa dell'alternanza di gelo e disgelo. SIN.: **crioclastismo.**

gelivazióne s.f. GEOFIS. Frammentazione della roccia o di materiale da costruzione sotto l'effetto delle alternanze del gelo e del disgelo.

gelività s.f. inv. Caratteristica di alcune rocce o di materiali da costruzione sui quali agisce facilmente il fenomeno della gelivazione.

gelivo agg. (fr. *gélif*) Che ha la predisposizione a essere disgregato dal gelo.

gellàba s.f. Abito lungo con cappuccio indossato da uomini e donne nell'Africa del Nord.

gèlo s.m. **1.** Freddo intenso, tale da far solidificare l'acqua. ◊ *figg. Essere di gelo*: insensibile, gelido. – *Diventare, farsi di ge-*

lo: assumere un atteggiamento freddo, distaccato, gelido. **2.** Ghiaccio, brina. **3.** *fig.* Sensazione, impressione di freddo legata a particolari condizioni emotive (stupore, paura, ecc.). *A quelle parole sui presenti scese il gelo.* ◊ *Rompere il gelo*: iniziare a fare qlco. che nessuno fa (perlopiù parlare) per imbarazzo, timore.

1. gelóne s.m. (spec. pl.) Alterazione della pelle, spec. delle estremità, delle orecchie e del naso, dovuta al freddo umido. (Si presenta con l'insorgere di chiazze bluastre o rosse, a volte cianotiche, che si trasformano in rilievi pruriginosi che possono dar luogo anche a ulcerazioni molto dolorose.)

2. gelóne s.m. Fungo edule da giovane, con cappello bruno a ventaglio e lamelle bianche, che cresce sui tronchi degli alberi. (Famiglia delle Agaricacee.)

gelosaménte avv. Con gelosia. ~ Anche, con cura e scrupolo.

1. gelosia s.f. **1.** Sentimento proprio di chi vive nella paura di vedersi sottratto l'oggetto del proprio amore. **2.** Avversione per chi ci sembra ottenere più attenzioni di noi dalla persona che amiamo o che stimiamo. ~ Invidia, rivalità e astio con cui si manifestano. **3.** Cura scrupolosa. *Custodire qualcosa con gelosia.*

2. gelosia s.f. (così chiamata perché nasconde alla vista altrui le donne di casa) Tipo di persiana, o parte mobile di essa, composta di stecche disposte in modo da consentire di guardare fuori senza essere visti.

gelóso agg. (lat. *zelósum* "di ardente zelo") **1.** Affetto da un timore, spesso immotivato, di essere tradito dalla persona amata, di non possederne tutti i sentimenti. **2.** Dettato da gelosia, che rivela gelosia. *Comportamento geloso.* **3.** Che ha un grande attaccamento verso le proprie cose e quindi le tratta (ed esige che siano trattate) con molta cura. **4.** Che prova avversione, rancore contro chi gli viene preferito. *Essere geloso del fratello.* SIN.: **invidioso.** ◆ s.m. [f. –*sa*] Persona gelosa. *Fare il geloso.* **2.** Carattere e personaggio ricorrente nel teatro comico e nella letteratura amorosa.

gelsicoltóre s.m. [f. –*trice*] AGR. Coltivatore di gelsi.

gelsicoltùra s.f. AGR. Coltivazione del gelso.

gèlso s.m. (deriv. di lat. *mōrum cĕlsam* "moro alto") Nome comune di alberi o arbusti ornamentali, originari delle regioni temperate dell'Asia e dell'America, con foglie caduche e piccoli frutti neri, bianchi o rossi secondo la specie. (Genere *Morus*; famiglia delle Moracee.) ◊ *Gelso bianco*: specie arborea a chioma globosa, con foglie verdi, infruttescenze biancastre o rosse. – *Gelso nero*: ha foglie verdi scure, poco pelose e infruttescenze nere dolci.

gelsomino s.m. (ar. *yasmīn*) Nome comune di alcuni arbusti rampicanti delle regioni mediterranee e dell'Estremo Oriente, con fiori bianchi o gialli molto profumati. (Genere *Jasminum*; famiglia delle Oleacee.) ~ *estens.* Il fiore e l'essenza che se ne ricava.

fiore

■ **gelsomino**

gemellàggio s.m. [pl. –*gi*] (calco del fr. *jumelage*) Legame di amicizia, apparentemente ideale tra due città di stati diversi e due società sportive. ~ La cerimonia che lo festeggia.

1. gemellàre agg. **1.** MED. Di gemelli. *Parto gemellare.* **2.** *fig.* Riferito a rapporto molto stretto tra cose uguali o simili.

Il corpo umano contiene circa 100.000 miliardi di cellule, ognuna delle quali racchiude nel nucleo tutto il suo patrimonio genetico, distribuito su 23 coppie di cromosomi. Ogni cromosoma consiste in un lungo filamento di DNA (acido desossiribonucleico) costituito da una catena di nucleotidi. In alcuni segmenti di questo filamento, detti geni, la sequenza ordinata dei nucleotidi costituisce un'informazione che si trasmette per via ereditaria e che partecipa alla sintesi di una determinata proteina.

cellula
cromosomi
nucleo
corpo umano
cromosoma
gene
filamento di DNA (acido desossiribonucleico)

■ **gène.** Dal corpo umano al gene.

2. gemellare v.tr. (calco del fr. *jumeler*) **1.** Unire due o più persone, cose o luoghi mediante gemellaggio. **2.** Unire qlco. con altro. ◆ **gemellarsi** v.pron. Unirsi, legarsi in gemellaggio. *Le due città si sono gemellate.*

gemellarità s.f. inv. Concepimento e nascita di gemelli.

gemellàto agg. Legato da un rapporto di gemellaggio. *Città gemellate.*

gemellìpara agg. (solo f.) Che partorisce o che partorirà gemelli. ◆ s.f. Nel sign. dell'agg.

gemelliparità s.f. inv. Gravidanza multipla.

gemèllo agg. **1.** Si dice di due o più bambini nati di una stessa gravidanza. *Fratelli gemelli.* **2.** estens. Che fa il paio con un'altra cosa o è identica a essa. *Letti gemelli.* ◇ ANAT. *Muscolo gemello:* ciascuno dei muscoli che appartengono alla stessa regione e hanno funzioni simili. ◆ s.m. **1.** [f. –*la*] Ciascuno degli individui nati in un parto plurimo. ◇ *Gemelli omozigoti:* risultanti dalla fecondazione di un solo uovo. (Sono dello stesso sesso e hanno uno stesso patrimonio genetico.) – *Gemelli eterozigoti:* risultanti dalla fecondazione di due uova distinte. (Possono essere di sesso diverso e avere patrimonio genetico differente.) **2.** (spec. pl.) Bottone accoppiato con allaccia, ai polsini della camicia. *Gemelli d'oro.* **3.** ASTR. (iniziale maiusc., al pl.) Costellazione zodiacale dell'emisfero boreale nella quale il Sole transita tra il 22 maggio e il 21 giugno. **4.** ASTROL. (al pl.) Terzo segno dello zodiaco dominante il periodo tra il 22 maggio e il 21 giugno. ~ *estens.* Persona nata sotto tale segno.

gèmere v.intr. [12] (aus. *avere*) **1.** Emettere lamenti. ~ *fig.* Soffrire, patire, dolersi. *Gemo sotto il giogo della dittatura.* **2.** Gocciolare, trasudare, stillare. *Le viti appena potate gemono.*

geminàta s.f. FON. Consonante doppia, intensa, più lunga rispetto a una semplice e articolata con maggiore energia.

geminàto agg. **1.** Doppio, raddoppiato, duplice. *Consonante geminata.* **2.** MIN. Di concrescimento regolare di due o più cristalli della stessa specie riuniti secondo una determinata legge cristallografica di geminazione. **3.** BOT. Di vegetale, che nasce insieme a un altro su un sostegno comune, detto anche *appaiato.* ◆ s.m. Nell'accez. 2 dell'agg.

geminazióne s.f. **1.** Raddoppiamento, duplicazione. ~ FON. Fenomeno di rafforzamento e di prolungamento di un'articolazione consonantica. **2.** MIN. Concrescimento di cristalli della stessa specie.

gèmito s.m. Lieve suono inarticolato emesso da chi si lamenta o piange sottovoce. *Il gemito dei malati.*

gèmma s.f. **1.** Escrescenza di tessuto meristematico a forma conica, situata all'apice del fusto di una pianta o all'ascella fogliare, da cui si sviluppano nuovi fiori, foglie e rami. **2.** BIOL. In-

sieme di elementi cellulari da cui ha origine l'embrione. **3.** Pietra preziosa lavorata. **4.** fig. Cosa preziosa o rara. ~ Persona dotata di molte qualità.

gemmàre v.intr. (aus. *avere*) Mettere le gemme.

gemmàrio agg. [pl.m. –*ri*] **1.** BOT. Che si riferisce alle gemme delle piante. **2.** Relativo alle pietre preziose. ◆ s.m. [f. –*ria*] Intagliatore di pietre preziose.

gemmazióne s.f. **1.** BOT. Formazione di gemme sulle piante. **2.** BIOL. Riproduzione agamica tipica di molti organismi animali o vegetali, perlopiù unicellulari, durante la quale dalla cellula madre si forma una protuberanza che, staccandosi, genera un nuovo individuo. **3.** fig. Nascita di un nuovo e autonomo centro abitato a una certa distanza da quello originario e lo stesso nuovo centro. ~ estens. Costituzione di una sede staccata di enti, aziende, ecc.

gemmìfero agg. **1.** Ricco di pietre preziose. **2.** BOT. Portatore, produttore di germogli. *Ramo gemmifero.*

gemmologìa s.f. Scienza avente come oggetto le pietre preziose.

gemmòlogo s.m. Specialista in gemmologia.

gemmoterapìa s.f. MED. Branca della fitoterapia che utilizza solo parti della pianta, in partic. gemme, germogli freschi in via di crescita e moltiplicazione.

gèmmula s.f. **1.** BOT. Gemma apicale dell'embrione. SIN.: **piumetta. 2.** ZOOL. Corpo riproduttivo asessuale delle spugne d'acqua dolce o di alcune spugne marine.

gendàrme s.m. (fr. *gendarme* dalla loc. *gens d'arme* "gente d'arme") **1.** In alcuni Stati, membro del corpo della gendarmeria, che ha compiti di tutela dell'ordine pubblico. **2.** fig. Persona severa, autoritaria. **3.** ALP. Punta rocciosa difficile da superare.

gendarmerìa s.f. (fr. *gendarmerie*) **1.** Corpo dei gendarmi. *La gendarmeria francese.* **2.** Caserma dei gendarmi.

gène s.m. (ted. *Gen*, tratto dal gr. *génesis* "origine, generazione") GENET. Particella biologica

fogliare (castagno)
fiorale (melo)

■ **gèmma**

con sede nel cromosoma e responsabile di uno o più caratteri ereditari.

genealogìa s.f. (lat. *genealŏgiam*, gr. *genealogía* comp. di *geneá* "generazione" *lógos* "discorso") **1.** Studio dell'origine e della discendenza di una famiglia, di una stirpe. **2.** Serie degli antenati o dei discendenti. ~ Anche, pedigree di un animale.

genealògico agg. [pl.m. –*ci*, f. –*che*] Relativo alla genealogia.

genepì o **genipì** s.m. inv. (fr. *génépi*) **1.** Denominazione comune di piante erbacee aromatiche di alta montagna, usate per la fabbricazione di liquori. (Famiglia delle Composite.) **2.** Liquore ricavato da tali erbe.

generalàto s.m. **1.** Dignità, carica di generale e residenza di questi, spec. in ambito ecclesiastico. – Durata di tale incarico. **2.** Rappresentanza romana di un ordine religioso di altro paese.

1. generàle agg. **1.** Di tutti gli appartenenti a un genere, a una categoria, a un raggruppamento, a essi comune, da essi condiviso. *Opinione generale.* SIN.: **globale.** ~ Di tutti gli elementi, i dati presi in considerazione. *Ripasso generale.* ◇ *Benessere, malessere generale:* in senso fisico o psicofisico, di tutta la persona; in senso sociale, di un'intera collettività. **2.** Esteso a un'intera categoria di persone, a cui partecipa un'intera categoria. *Sciopero generale.* **3.** Che riguarda un'organizzazione nel suo complesso, che presiede a tutte le sezioni in cui un ente è strutturato, a tutti i gradi di una gerarchia. *Segretario generale.* ◇ *Padre generale, madre generale:* titolo del superiore di un ordine o di una congregazione religiosa. – *Ufficio affari generali:* in un ente, l'ufficio che si occupa del funzionamento ordinario dell'ente stesso. – *Direzione generale:* ciascuno dei grandi settori in cui è organizzato un ministero; centro, ufficio direttivo di un'azienda. **4.** Generico, vago, superficiale. *Avere una conoscenza generale su una materia.* ◆ s.m. Ciò che è o ha valore generale. *Chiarire bene il generale serve a capire meglio il particolare.* ◆ s.f. MIL. In passato, segnale di adunata. *Suonare la generale.*

2. generàle s.m. [f. *generalessa*] **1.** Ufficiale che ricopre il grado più elevato della gerarchia militare. **2.** Superiore di un ordine religioso. *Generale dei gesuiti.*

generaléssa s.f. **1.** scherz. Moglie del generale. **2.** Superiora di un ordine religioso o di una congregazione femminile. **3.** fig. fam. Donna autoritaria, di carattere piuttosto energico.

generalìssimo s.m. Generale comandante supremo delle truppe di uno Stato o di una coalizione. (Nel Novecento è stato attribuito al dittatore spagnolo F. Franco Bahamonde.)

generalìsta agg. Di un tipo di televisione la cui programmazione si rivolge a un pubblico molto ampio.

generalità s.f. inv. **1.** Carattere o valore generale. *Generalità delle idee.* **2.** Maggior parte. *La generalità dei casi.* **3.** (al pl.) Nel l. bur., gli estremi che servono per l'identificazione di una persona. SIN.: **dati anagrafici**.

generalizzàre v.tr. (fr. *généraliser*) **1.** Rendere qlco. applicabile a un grande numero di casi. *Generalizzare un metodo.* **2.** Formare regole generali partendo da casi particolari. ◆ v.intr. (aus. *avere*) **1.** Pensare ed esprimersi in modo generico. *Ha l'abitudine di generalizzare.* **2.** Riuscire a cogliere ciò che accomuna diversi casi particolari. *Non riesce a generalizzare.*

generalizzàto agg. **1.** Esteso alla maggior parte, comune. **2.** MAT. Di oggetto matematico o di risultato modificati in modo da assumere una portata più generale di quella originaria.

generalizzazióne s.f. (fr. *généralisation*) Diffusione a un ambito più vasto. ~ Applicazione di qlco. di particolare alla totalità dei casi.

general manager [/'dʒɛnərəl 'mænɪdʒə/] loc. sost. m. e f. inv. (loc. ingl., "direttore generale") Funzionario di un'azienda con responsabilità globale nella realizzazione di scopi strategici.

generalménte avv. **1.** Molte volte, spesso, solitamente. *Generalmente alla sera vado a dormire verso le undici.* **2.** In maggioranza, per quanto riguarda la maggioranza. **3.** Da un punto di vista d'insieme. *Generalmente parlando.*

generàre v.tr. **1.** Dare vita a qlcu., metterlo al mondo. ~ *estens.* Dare origine, i natali. *Firenze generò grandi poeti.* **2.** Riferito alla terra, dare frutti. **3.** Suscitare qlco. di fisico. *Generare calore.* **4.** Avere come conseguenza, produrre. *L'inflazione genera la disoccupazione.* ~ GEOM. Detto di una linea o di una figura piana, determinare un solido per rotazione. *Un triangolo che genera un cono.* **5.** *fig.* Produrre idee, sentimenti, stati d'animo; anche pron. *Tra noi (si) generò l'invidia.* SIN.: **suscitare**.

generativismo s.m. LING. Teoria elaborata dal linguista americano N. Chomsky che considera la grammatica come lo studio della capacità umana di produrre e comprendere, dentro un sistema linguistico dato, un numero illimitato di espressioni sulla base di un numero limitato di regole.

generativo agg. Che genera, che produce. ◇ LING. *Grammatica generativa:* grammatica fondata sul generativismo.

generatóre agg. [f. *-trice*] Che genera, che produce. SIN.: **produttore**. ◇ MAT. *Frazione generatrice di un numero:* frazione che corrisponde al numero stesso. – GEOM. *Retta generatrice:* retta che genera una superficie di rotazione. ◆ s.m. TECN. Apparecchio o macchina in grado di generare energia utilizzando energia di altra natura. ◇ *Generatore di segnali:* termine con cui si designano diversi strumenti di laboratorio in grado di generare tensione o correnti periodiche o a impulsi. – *Generatore di corrente continua:* dinamo. – *Generatore di vapore:* caldaia.

generazionàle agg. Che riguarda una generazione, le relazioni tra generazioni. *Un conflitto generazionale.*

generazióne s.f. **1.** Processo di riproduzione degli esseri viventi. SIN.: **procreazione**. ◇ *Generazione spontanea:* teoria, diffusa fino al sec. XVII, secondo la quale alcune forme viventi possono originarsi da minerali o sostanze organiche in decomposizione. **2.** Insieme delle persone di una famiglia ugualmente distanti da un capostipite. *Della mia generazione siamo solo in tre.* ~ Insieme di persone aventi quasi la stessa età nello stesso periodo. ◇ *Di generazione in generazione:* di padre in figlio, per sempre. **3.** Periodo di tempo di ca. 25 anni che intercorre tra due generazioni contigue. **4.** Ciascuno dei successivi stadi di sviluppo di una tecnologia a cui corrispondono prodotti più perfezionati. *La quarta generazione di elaboratori.* **5.** Nel l. sc., produzione, emissione, formazione. *Generazione di calore.*

gènere s.m. (lat. *gĕnus*, deriv. della radice indoeur. *gen-/gn-* "generare") **1.** Insieme di persone o cose con caratteristiche comuni. *Difficoltà di ogni genere.* SIN.: **categoria**. ◇ *Del genere:* analogo, simile. – *Nel suo genere:* in rapporto alla categoria cui appartiene, nell'ambito della sua specificità. – *In genere:* generalmente, perlopiù. *In genere trascorro le domeniche al mare.* – *Il genere umano:* l'insieme degli uomini. **2.** BOT., ZOOL. Unità di classificazione degli esseri viventi intermedio tra la famiglia e la specie, e che raggruppa specie simili. (Il cane, il lupo, lo sciacallo e il coyote appartengono al genere *Canis*.) **3.** (spec. pl.) Merce, prodotto alimentare. *Generi di consumo.* **4.** GRAMM. Categoria distintiva del maschile, del femminile ed eventualmente del neutro. **5.** Categoria utilizzata per raggruppare opere letterarie, artistiche o musicali secondo criteri pragmatici, formali o tematici. ◇ *Quadro, pittura di genere:* che ritrae scene di vita quotidiana o nature morte. **6.** FILOS. Categoria di esseri o oggetti che hanno in comune proprietà essenziali e differiscono per proprietà non essenziali.

genericaménte avv. In modo generico, senza entrare nei particolari.

genèrico agg. [pl.m. *-ci*, f. *-che*] **1.** Che riguarda il genere e non l'individuo. *Carattere generico.* **2.** *estens.* Astratto, vago, generale, non approfondito. *Considerazioni generiche.* SIN.: **superficiale**. **3.** Non specializzato. *Un operaio generico.* ◆ s.m. **1.** [f. *-ca*] Attore, attrice cui sono affidate parti minori. **2.** (solo sing.) Ciò che è generico, impreciso, non specifico, vago. *Restare nel generico.*

gènero s.m. (lat. *gĕnerum* "parente") Marito della figlia.

generosità s.f. inv. Larghezza nel dare. ◆ s.f. Disponibilità a dare sul piano morale. ~ Carattere altruistico di qlco.

generóso agg. (lat. *generōsum*, propr. "nobile per nascita" quindi "magnanimo") **1.** Largo nel dare, nel donare. ~ Cospicuo, rilevante. *Offerta generosa.* **2.** Che dà prova di altruismo, di nobiltà d'animo. **3.** Che dà in abbondanza, o è abbondante, che non lesina o nasconde. *Una terra generosa.*

gènesi s.f. inv. **1.** Nascita, origine. *La genesi dell'uomo.* ~ Insieme dei fattori che hanno contribuito alla formazione, alla creazione di qlco. *Genesi di un romanzo.* **2.** (anche m.) Primo libro della Bibbia in cui si narra la creazione del mondo e dell'uomo (v. parte n.pr.).

genètica s.f. [non com. pl. *-che*] Ramo della biologia che studia la trasmissione dei caratteri anatomici e funzionali tra le generazioni di esseri viventi.

geneticaménte avv. **1.** Per via genetica. **2.** Per origine.

genètico agg. [pl.m. *-ci*, f. *-che*] **1.** BIOL. Che riguarda la genetica, la trasmissione ereditaria dei caratteri. **2.** Relativo alla genesi, all'origine di un fenomeno.

genetista s.m. e f. [pl.m. *-sti*] Studioso di genetica.

genetlìaco agg. [pl.m. *-ci*, f. *-che*] Della nascita. SIN.: **natale**. ◆ s.m. *lett.* Compleanno. *Oggi è il genetliaco della regina.*

genétta s.f. (fr. *genette*, ar. *ğarnayt*) **1.** Mammifero carnivoro dell'Europa e dell'Africa, dal pelame chiaro macchiato di nero. (Famiglia dei Viverridi.) **2.** (iniziale maiusc.) Genere di mammiferi a cui appartiene la genetta.

gengiva s.f. ANAT. Mucosa che ricopre le ossa mascellari e che circonda la base dei denti.

gengivàle agg. ANAT. Relativo alle gengive.

gengivite s.f. MED. Infiammazione delle gengive.

genìa s.f. (gr. *geneá* "stirpe") *spreg.* Gruppo, categoria di persone moralmente disprezzabili. SIN.: **accozzaglia**.

geniàle agg. Dotato di genio. *Regista geniale.* ~ Ispirato dal genio, degno di un genio. *Trovata geniale.* ~ *fam.* Sensazionale, notevole nel suo genere. SIN.: **brillante**.

genialità s.f. inv. (lat. *genialitàtem* "gaiezza") Carattere di chi o ciò che è geniale.

genialòide s.m. e f. Persona di intelligenza brillante ma incostante, incapace di far fruttare il proprio ingegno.

-gènico Secondo elemento di composti col valore di "che ha origine da" o "che è adatto a essere riprodotto mediante un dato mezzo" (*fotogenico*).

gènico agg. [pl.m. *-ci*, f. *-che*] Di gene. *Mutazione genica.*

genicolàto agg. **1.** ZOOL. Piegato a forma di ginocchio o di gomito. **2.** BOT. Di fusto con nodi distinti o che muta direzione di crescita. **3.** ANAT. *Corpi genicolati:* formazioni, piccole masse nervose situate all'estremità posteriore del talamo ottico.

genièno agg. ANAT. Relativo alla guancia.

genière s.m. Soldato dell'arma del genio.

1. gènio s.m. [pl. *-ni*] (lat. *gĕnium* "divinità che presiede alla nascita dell'uomo" quindi "nume tutelare") **1.** Intelligenza straordinaria, capace di creare qlco. di nuovo e di grandioso. *Genio creativo.* ~ Persona dotata di tale attitudine. *Un genio della matematica.* ◇ *iron.* *Genio incompreso:* chi attribuisce i propri insuccessi al mancato riconoscimento della propria presunta genialità. **2.** Spiccata versatilità in un'arte, in una professione. *Avere il genio per gli affari.* SIN.: **inclinazione**. **3.** Tratto caratterizzante, con riferimento a un patrimonio ereditario, a una tradizione. **4.** Gusto, gradimento. ◇ *Andare a genio:* essere simpatico, gradito. **5.** Ant., divinità tutelare di luoghi, di persone e di attività particolari. SIN.: **nume**. ~ Essere astratto a cui si attribuisce un potere ultraterreno. SIN.: **demone**. ◇ *Essere il genio buono, cattivo:* esercitare una forte influenza positiva o negativa su qlcu.

2. gènio s.m. [pl. *-ni*] (fr. *génie*, deriv. di *ingénieur* "ingegnere") Corpo militare specializzato nella progettazione, costruzione e riparazione di opere d'ingegneria di interesse pubblico o militare. ◇ LAV. PUB. *Genio civile:* ufficio su base provinciale che sovraintende a lavori di interesse pubblico e al controllo idrogeologico del territorio. – *Genio ferrovieri:* reparto specializzato nella gestione e conduzione delle linee e dei mezzi ferroviari.

geniospàsmo s.m. MED. Blocco della mascella dovuto a irrigidimento dei muscoli masticatori.

genitàle agg. Relativo alla riproduzione sessuata degli animali e dell'uomo. *Organi genitali.* ◇ PSICOAN. *Fase genitale:* l'ultimo stadio di sviluppo della libido, dopo le fasi orale, anale e fallica. ◆ s.m. ANAT. (al pl.) Insieme degli organi sessuali, spec. esterni.

ENCICL. Le due gonadi (ovaie nella donna, testicoli nell'uomo) producono i gameti. Le vie genitali mettono in relazione le gonadi con l'esterno. Oltre all'uretra, esse comprendono rispettivamente le due tube di Falloppio, l'utero e la vagina nella donna, e i canali degli epididimi e i dotti deferenti nell'uomo. Ricevono le secrezioni di ghiandole, p.e. la prostata nell'uomo.

genitivo s.m. GRAMM. Nelle lingue flessive, caso che esprime una relazione d'appartenenza, di dipendenza. ◇ *Genitivo sassone:* costrutto della lingua inglese e di altre lingue germaniche, in cui il nome del possessore precede quello della cosa posseduta.

genitóre s.m. [f. *-trice*] (lat. *genitōrem*, deriv. di *gĭgnere* "generare") (al pl.) Il padre e la madre.

genitourinàrio agg. [pl.m. *-ri*] MED. Relativo all'apparato riproduttore e urinario. SIN.: **urogenitale**.

gennàio s.m. [non com. pl. *-nai*] (lat. *mēnsem Ianuārium* "mese sacro a Giano") Primo mese dell'anno.

gennaker [/dʒ'enəkər/] s.m. inv. (voce ingl.) MAR. Vela di prua.

genocidio s.m. [pl. *-di*] Crimine contro l'umanità che consiste nello sterminio di un intero gruppo etnico o religioso.

ENCICL. Il termine è stato coniato nel 1944 per definire lo sterminio degli ebrei e degli zingari perpetrato nel corso della seconda guerra mondiale dai nazisti. È stato utilizzato anche per designare i massacri commessi in Turchia contro gli armeni nel 1915 e lo sterminio sistematico delle popolazioni autoctone, in particolare gli amerindi, da parte dei conquistatori europei. Il crimine di genocidio, imprescrittibile, definito nel campo del diritto internazionale dalla convenzione di Ginevra del 1948, si applica ai massacri più recenti, tra cui quelli perpetrati in Cambogia dai Khmers rossi (negli anni Settanta) e quelli commessi nell'ex-Iugoslavia e in Ruanda (negli anni Novanta).

genòma s.m. [pl. –*mi*] BIOL. Insieme dei geni di un individuo.

genòmica s.f. [non com. pl. –*che*] BIOL. Insieme delle discipline relative allo studio del genoma ed alle sue applicazioni.

genotipo s.m. BIOL. Insieme dei caratteri genetici di un individuo, trasmissibili ai propri discendenti (in oppos. a *fenotipo*).

genovése agg. Di Genova. ◇ *Alla genovese*: alla maniera tipica di Genova. *Pesto alla genovese*. ◆ s.m. **1.** (anche f.) Nativo, abitante di Genova. **2.** (solo sing.) Dialetto parlato a Genova e dintorni. **3.** (iniziale maiusc., solo sing.) Territorio intorno a Genova.

gentàglia s.f. [non com. pl. –*glie*] spreg. Insieme di individui spregevoli, volgari. SIN.: **feccia**.

gènte s.f. **1.** Insieme di persone in numero indeterminato. *La piazza era piena di gente.* ~ Le persone, gli altri in genere. *Far parlare la gente.* **2.** Insieme di persone i cui caratteri comuni vengono indicati con un aggettivo o con un complemento di specificazione. *Gente perbene.* ◇ *Gente del posto*: nativa del paese. – *Gente di chiesa*: il clero e i fedeli più devoti. – *Gente di mare*: marinai. **3.** Insieme di individui che hanno una comune origine. *Gente latina.* SIN.: **stirpe.** ~ Popolazione, cittadini. **4.** Presso gli antichi romani, gruppo parentale. **5.** (spec. pl.) Insieme di tutti gli uomini, di tutti i popoli. ◇ *Diritto delle genti*: l'insieme delle norme che tutti i popoli civili dovrebbero rispettare perché dettate dalla ragione.

gentildònna s.f. Signora, donna di condizione aristocratica.

1. gentile agg. (lat. *gentĭlem* "che appartiene alla stessa stirpe" poi "di nobile famiglia") **1.** Di modi amabili. SIN.: **cortese.** ~ Che denota educazione, cortesia. *Usare maniere gentili.* **2.** Che concepisce sentimenti nobili ed elevati, spec. benevolenza. *Animo gentile.* **3.** Caratterizzato da signorilità, da finezza, da delicatezza.

2. gentile s.m. (spec. pl.) (lat. *gentīles*, deriv. di *gēntes* nel sign. di "comunità rurale") Presso gli antichi cristiani, chi professava la religione pagana. ~ Secondo gli Ebrei, chi professava un'altra religione.

gentilézza s.f. **1.** Qualità di una persona cortese. ◇ *Per gentilezza*: per cortesia, per favore. **2.** Nobiltà interiore, finezza di sentimenti. **3.** Atto gentile. SIN.: **cortesia.**

gentilità s.f. inv. **1.** Al tempo dei primi cristiani, condizione di gentile. **2.** CRIST. Insieme dei pagani. SIN.: **gentilesimo.**

gentilizio agg. [pl.m. –*zi*] **1.** Di una famiglia nobile. **2.** *Nome gentilizio*: gruppo parentale nell'antica Roma.

gentilménte avv. Con cortesia.

gentiluòmo s.m. [pl. *gentiluomini*] (calco del fr. *gentilhomme*) **1.** Uomo nobile di nascita. SIN.: **nobiluomo. 2.** estens. Uomo dal comportamento distinto, fine. *Comportarsi da gentiluomo.*

3. Cannone di legno, cerchiato in ferro, che scagliava pietre. **4.** Malattia del riso che provoca l'annerimento di parti sommerse della pianta.

gentleman [/ˈdʒɛntələmən/] s.m. inv. (voce ingl., comp. di *gentle* "gentile" e *man* "uomo", calco del fr. *gentilhomme*) **1.** Gentiluomo, signore. **2.** Chi partecipa come dilettante a competizioni automobilistiche o ippiche o ad altre attività.

genuflessióne s.f. Flessione del ginocchio in segno d'adorazione e riverenza.

genuflèttersi v.pron. [53] Abbassare a terra una o entrambe le ginocchia in segno di riverenza. ~ Fare la genuflessione.

genuinità s.f. inv. **1.** Rispondenza alle caratteristiche naturali. **2.** Rispondenza al vero. **3.** fig. Rispondenza alla verità interiore.

genuino agg. (lat. *genuīnum*, deriv. di *gēnu* "ginocchio" dall'uso romano per cui il padre riconosceva il figlio prendendolo sulle sue ginocchia) **1.** Che non ha subìto adulterazioni. **2.** Non contraffatto. **3.** fig. Spontaneo, sincero.

genziàna s.f. (dal nome di *Genzio*, re d'Illiria che ne scoprì le proprietà mediche) **1.** Pianta dicotiledone, a fiori gamopetali, gialli, blu o violetti. (La genziana maggiore a fiori gialli ha una radice amara usata per decotti, liquori e amari; famiglia delle Genzianacee) **2.** BOT. (iniziale maiusc.) Genere di piante erbacee a cui appartengono le varie specie di genziana.

fiore

fiore

blu

gialla

radice

■ **genziàna**

Genzianàcee s.f. pl. [iniziale minusc. sing. –*a* per l'individuo] BOT. Famiglia di piante erbacee dicotiledoni con foglie opposte e fiori a corolla simpetala di vario colore e con frutti a capsula o a bacca.

genzianèlla s.f. Pianta erbacea perenne con fiore azzurro, diffusa nei pascoli montani. (È usata per preparare liquori amari; famiglia delle Genzianacee.)

geobiologìa s.f. Studio degli esseri viventi diffusi sulle terre emerse.

geobotànica s.f. BOT. → fitogeografia.

geocèntrico agg. [pl.m. –*ci*, f. –*che*] Che ha la Terra come centro o che ha relazione con il centro della Terra. ◇ *Moto geocentrico*: movimento apparente di un astro attorno alla Terra, considerata come centro di riferimento. – *Teoria astronomica geocentrica*: quella elaborata da Tolomeo, che collocava la Terra al centro dell'universo. – ASTR. *Coordinate geocentriche*: coordinate celesti rispetto a un sistema di assi aventi l'origine nel centro della Terra.

geocentrismo s.m. ASTR. Teoria astronomica che poneva la Terra al centro dell'universo (in oppos. a *eliocentrismo*).

geochimica s.f. [non com. pl. –*che*] Scienza che studia la Terra dal punto di vista chimico e chimico-fisico.

geocronologìa s.f. Ramo della geologia che cerca di datare gli eventi geologici.

geòde s.m. **1.** MIN. Piccola cavità chiusa di una roccia, rivestita di cristalli. **2.** MED. Cavità che si osserva all'esame radiologico a carico dei polmoni o delle ossa.

geodesìa s.f. (gr. *geōdaisía*, propr. "divisione della terra") Scienza che studia la conformazione e le dimensioni della Terra.

geodètica s.f. [pl. –*che*] GEOM. La linea più breve che unisce due punti di una superficie.

geodètico agg [pl.m. –*ci*, f. –*che*] **1.** Relativo alla geodesia. **2.** GEOM. *Linea geodetica*: geodetica.

geodinàmica s.f. [non com. pl. –*che*] Ramo della geologia che studia gli agenti naturali, esogeni ed endogeni, che modificano continuamente la crosta terrestre; detta anche *dinamica terrestre*.

geoeconomia s.f. Disciplina che studia l'influsso degli elementi geografici sulle condizioni di arretratezza o sviluppo dell'economia.

geofagìa s.f. **1.** MED. Disordine che conduce un soggetto general. psicotico o con deficienza mentale a nutrirsi di terra. **2.** ETNOL. Uso della terra nell'alimentazione, proprio di alcune popolazioni primitive.

geòfilo s.m. Millepiedi carnivoro a corpo lungo e gracile, di colore marrone fulvo, che vive nell'humus e sotto il muschio. (Lunghezza 5 cm; classe dei Miriapodi.)

geofisica s.f. [non com. pl. –*che*] Scienza che si occupa dei vari fenomeni fisici che si verificano sulla Terra e nell'atmosfera terrestre. (In senso più ampio, la geofisica si suddivide in *geofisica interna*, che comprende la geodesia, la sismologia, ecc., e in *geofisica esterna*, che comprende l'idrologia, l'oceanografia fisica e la meteorologia.) SIN.: **fisica terrestre.**

geofisico agg. [pl.m. –*ci*, f. –*che*] Relativo alla geofisica. ◆ s.m. [f. –*ca*] Studioso di geofisica.

geòfono s.m. Strumento d'ascolto per rilevare le onde sonore trasmesse dal sottosuolo, utilizzato in partic. in sismologia.

geogonìa s.f. Scienza che studia l'origine e la formazione della Terra.

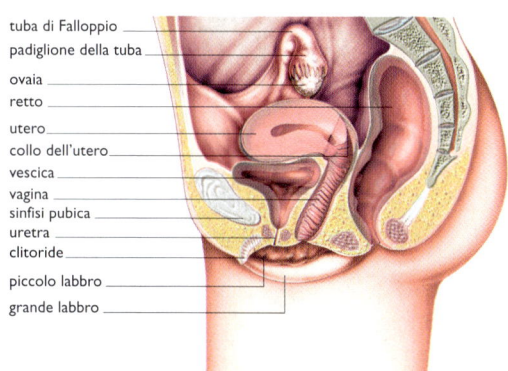

tuba di Falloppio
padiglione della tuba
ovaia
retto
utero
collo dell'utero
vescica
vagina
sinfisi pubica
uretra
clitoride
piccolo labbro
grande labbro

donna

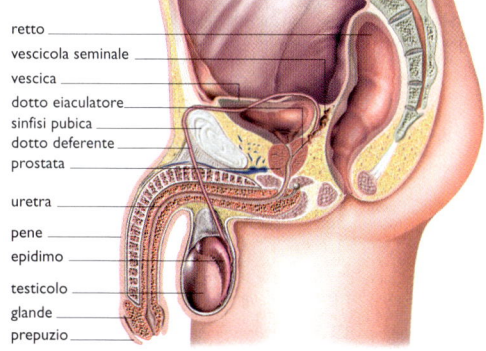

retto
vescicola seminale
vescica
dotto eiaculatore
sinfisi pubica
dotto deferente
prostata
uretra
pene
epidimo
testicolo
glande
prepuzio

uomo

■ **genitàle.** Anatomia dell'apparato genitale.

geografìa s.f. (gr. *geōgraphía*, propr. "descrizione della terra") **1.** Scienza che ha per oggetto lo studio della superficie e dei fenomeni terrestri. ~ *Materia d'insegnamento. Esame di geografia.* **2.** Insieme dei caratteri naturali e umani della Terra e delle sue parti. **3.** *fig.* Distribuzione sulla terra o in una società dei diversi elementi di una situazione o di un problema. *La geografìa del sottosviluppo.*

ENCICL. La geografia è la scienza che studia l'aspetto della superficie terrestre e i fenomeni fisici, biologici e umani che vi si verificano. Si interessa a problemi riguardanti l'habitat, la popolazione, l'organizzazione economica, i servizi e i trasporti (geografia umana, geografia economica, geografia fisica). Nell'ambito delle sue ricerche la geografia si richiama a molte discipline, quali la geomorfologia, la climatologia, la biogeografia, la pedologia e la geologia. Ma la comprensione dell'organizzazione dello spazio richiede anche il contributo della storia, della sociologia, dell'economia, della demografia. La geografia riveste quindi un ruolo fondamentale nell'ambito delle scienze della Terra e delle scienze umane.

geogràfico agg. [pl.m. –*ci*, f. –*che*] Relativo alla geografia. ◇ *Carta geografica:* rappresentazione ridotta, simbolica e approssimata della terra su un piano. – *Indicazione Geografica Protetta (IGP):* marchio distintivo attribuito a quei beni, agricoli o alimentari, per i quali il legame tra area geografica e standard produttivo può limitarsi a una sola fase del processo produttivo.

geògrafo s.m. e f. [f. –*fa*] Studioso di geografia.

geòide s.m. ASTR. Solido ideale, la cui superficie risulta in ogni punto perpendicolare alla direzione della gravità. (La sua forma corrisponde a quella che avrebbe la Terra se fosse priva di rilievi montuosi.)

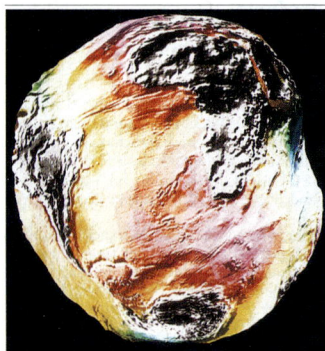

■ **geòide.** Con l'altimetro radar del satellite ERS 1, si ricostruisce la topografia della superficie media degli oceani (qui: x 20.000), e dunque la forma del geoide, misurando le differenze di altitudine in rapporto all'ellissoide di riferimento.

geolinguìstica s.f. [non com. pl. –*che*] LING., GEOGR. Studio della distribuzione geografica dei fenomeni linguistici.

geologìa s.f. Scienza che studia l'origine e la composizione dei materiali che costituiscono il globo terrestre e le trasformazioni avvenute sulla Terra. ◇ *Geologia planetaria:* studio degli astri con criteri geologici, grazie alle informazioni acquisite mediante sonde e veicoli spaziali. – *Geologia agraria:* pedologia.

ENCICL. La geologia è la scienza che studia la composizione, la distribuzione e le trasformazioni dei materiali che costituiscono la superficie terrestre. Ha come oggetti di studio i cristalli, i minerali, le rocce, i sistemi rocciosi (plutonico, stratigrafico, ecc.), i sistemi strutturali (il bacino sedimentario, la dorsale oceanica, ecc.), la placca litosferica, in relazione alle diverse parti della Terra. Queste componenti sono l'oggetto di studio di branche quali la *cristallografia*, la *mineralogia*, la *petrologia*. La *geodinamica* si interessa in partic. dei fenomeni che influiscono sugli insiemi rocciosi. La *tettonica* studia le deformazioni (pieghe, faglie, ecc.) dei campi della superficie

ERA	PERIODO	SERIE	milioni di anni
CENOZOICO (terziario e quaternario) 65 milioni di anni	quaternario	olocene	0,01
		pleistocene	1,64
	neogene	pliocene	
		miocene	
	paleogene	oligocene	23,5
		eocene	
		paleocene	65
MESOZOICO (secondario) 180 milioni di anni	cretaceo	superiore	
		inferiore	135
	giurassico	superiore (malm)	
		medio (dogger)	
		inferiore (lias)	205
	triassico	superiore	
		medio	
		inferiore	245
PALEOZOICO (primario) 295 milioni di anni	permiano	superiore	
		inferiore	295
	carbonifero	superiore	
		inferiore	360
	devoniano	superiore	
		medio	
		inferiore	410
	siluriano	pridoli	
		ludlow	
		wenlock	
		llandovery	435
	ordoviciano	ashgill	
		caradoc	
		llandeilo	
		llanvirn	
		arenig	
		tremadoc	500
	cambriano	superiore	
		medio	
		inferiore	540

ERA			
			540
PRECAMBRIANO più di 3 miliardi di anni	proterozoico	neoproterozoico	1.000
		mesoproterozoico	1.600
		paleoproterozoico	2.500
		archeano	

■ **geologìa.** Le divisioni stratigrafiche delle ere geologiche.

terrestre. La *paleontologia* si divide in *paleontologia animale* e *vegetale*, *micropaleontologia* e *paleontologia umana*. I bisogni economici, sociali, industriali hanno condotto allo sviluppo di una *geologia applicata*: l'*idrogeologia* e la *geologia dell'ambiente*, la *meccanica del suolo* e *delle rocce*, l'indagine mineraria (lo *studio dei giacimenti minerari*, la *metallogenia*), lo sfruttamento delle miniere e delle cave, la *mineralurgia*, la *geologia dei petroli* o *dei carboni*, ecc. Nello studio dei fenomeni geologici rivestono una particolare importanza anche i dati quantitativi; così questa disciplina ha intrecciato legami stretti con le scienze esatte (p.e. la *geofisica*, la *geochimica*, la *geostatica*) o con tecniche come il telerilevamento; allo stesso modo, è sorta un'informatica geologica. Per l'estensione dei suoi settori di studio, la geologia si inquadra nel vasto settore delle "scienze della Terra" o "geoscienze".

geològico agg. [pl.m. *–ci*, f. *–che*] Relativo alla geologia.

geòlogo s.m. [f. *–ga*, pl.m. *–gi*, f. *–ghe*] Studioso, esperto di geologia.

geomagnètico agg. [pl.m. *–ci*, f. *–che*] Che si riferisce al magnetismo terrestre.

geomagnetismo s.m. *Magnetismo terrestre.

geomanzìa s.f. (lat. *geomantìum*, gr. *geōmantéia* comp. di *gē* "terra" e *mantéia* "arte divinatoria") Antica arte divinatoria che consisteva nell'interpretazione di segni tracciati casualmente sulla sabbia o presenti sul terreno.

geòmetra s.m. e f. [pl.m. *–tri*] (lat. *geòmetram*, gr. *geōmétrēs* comp. di *gē* "terra" e *métrein* "misurare") Chi è in possesso di un titolo professionale che gli permette di occuparsi della misurazione e della stima dei terreni e delle aree urbane, di collaborare con ingegneri e architetti alla progettazione di edifici e di dirigere lavori di costruzione.

geometrìa s.f. **1.** Settore della matematica che studia le relazioni tra punti, rette, curve, superfici e volumi dello spazio. ◇ *Geometria piana*: quella che studia le figure piane in uno spazio a due dimensioni. – *Geometria solida*: quella che studia le figure solide in uno spazio a tre dimensioni. **2.** Disposizione secondo figure geometriche. *La geometria delle strade.* **3.** TECN. Disposizione nello spazio. *Ali a geometria variabile.* **4.** *fig.* Regolarità, proporzione, organizzazione razionale.

geomètrico agg. [pl.m. *–ci*, f. *–che*] **1.** Relativo alla geometria. **2.** *fig.* Rigoroso, preciso come una dimostrazione della geometria. ~ Logico, razionale. *Un'intelligenza geometrica.* ~ Schematico, rigido. *Impianto troppo geometrico di un ragionamento.*

Geomètridi s.m. pl. [iniziale minusc. sing. *–de* per l'individuo] ZOOL. Famiglia di insetti perlopiù notturni, dal corpo minuto e fragile e dalle ali piuttosto grandi, colorate di tinte vivaci o scure e omogenee; così detti perché le loro larve si muovono avvicinando e allontanando in alternanza le due estremità del corpo come se misurassero, al pari di un geometra, la lunghezza di un tratto che stanno percorrendo. (Ordine dei Lepidotteri.)

geometrizzàre v.tr. **1.** Ridurre qlco. a forme geometriche, spec. nel disegno. SIN.: **stilizzare**. **2.** Dimostrare qlco. secondo i principi della geometria.

geomorfologìa s.f. Parte della geografia fisica e della geologia che studia il rilievo terrestre, le sue forme e modificazioni, la sua evoluzione e le cause che le determinano.

geomorfòlogo s.m. Esperto di geomorfologia.

geopolìtica s.f. [non com. pl. *–che*] Studio del rapporto tra la posizione geografica di una regione e la sua storia politica.

geopolìtico agg. [pl.m. *–ci*, f. *–che*] Relativo alla geopolitica.

georgette [ʒɔrˈʒɛt/] s.f. inv. (voce fr., dal nome di una sarta) Crespo di lana o di seta trasparente e leggero.

1. georgiàno agg. **1.** Della Georgia, repubblica caucasica, già parte dell'URSS. **2.** Della Georgia, stato degli USA. **3.** GEOL. Del primo dei

tre piani geologici in cui si divide il cambriano. ◆ s.m. **1.** [f. *–na*] Nativo, abitante della Georgia statunitense o della Georgia caucasica. **2.** (solo sing.) Lingua caucasica parlata nella repubblica della Georgia.

2. georgiàno agg. (ingl. *Georgian*) Che si riferisce al periodo della storia inglese durante il quale regnarono quattro re della casa degli Hannover di nome Giorgio.

geòrgico agg. [pl.m. *–ci*, f. *–che*] *lett.* Proprio della coltivazione della terra e della vita campestre. SIN.: **agreste**.

geosfèra s.f. Globo terrestre. (Comprende l'atmosfera, l'idrosfera e la parte esterna della litosfera.)

geosinclinàle s.m. GEOL. Vasta depressione sedimentaria del fondo marino il cui corrugamento porta alla formazione di una catena montuosa. (Questa teoria, oggigiorno superata, ha lasciato il posto alla *tettonica delle placche*.)

geosincrono agg. Di satellite artificiale della Terra, il cui periodo di rivoluzione è uguale a quello di rotazione della Terra.

geostàtica s.f. [non com. pl. *–che*] FIS. Branca della fisica che studia l'equilibrio dei solidi.

geostazionàrio agg. [pl.m. *–ri*] Di satellite artificiale posto in orbita attorno alla Terra con periodo di rotazione pari a quello terrestre, in modo da risultare fisso rispetto alla superficie terrestre. (L'orbita dei satelliti geostazionari è collocata sul piano dell'equatore; la sua altitudine è di 35.800 km ca.)

geostròfico agg. METEOR. Si dice della forza di Coriolis o dei venti determinati da questa forza.

geotattismo s.m. BIOL. Movimento di un organismo verso l'alto o verso il basso, guidato dalla gravità. SIN.: **geotassi**.

geotècnica s.f. [non com. pl. *–che*] Studio delle caratteristiche del suolo e del sottosuolo soprattutto in funzione della possibilità di realizzare opere edilizie.

geotècnico s.m. [f. *–ca*] Studioso, esperto di geotecnica. ◆ agg. Relativo alla geotecnica.

geotermàle agg. Relativo a falda acquifera tanto profonda da avere una temperatura superiore a quella media esterna.

geotermìa s.f. **1.** Insieme dei fenomeni termici interni del globo terrestre. **2.** Studio scientifico e insieme delle applicazioni tecniche di questi fenomeni considerati come una fonte d'energia.

geotèrmica s.f. [non com. pl. *–che*] GEOFIS. Studio dei fenomeni inerenti alla temperatura dell'interno della Terra.

geotèrmico agg. [pl.m. *–ci*, f. *–che*] **1.** Relativo alla temperatura del suolo. ◇ *Energia geotermica*: energia termica accumulata nel sottosuolo. **2.** Che utilizza il calore interno della Terra. *Centrale geotermica.*

geotermòmetro s.m. GEOL. Termometro che misura la temperatura superficiale del suolo o degli strati interni.

geotèssile s.m. TECN. Prodotto resistente agli agenti chimici utilizzato nell'ingegneria civile come supporto o rinforzo.

geotropìsmo s.m. BOT. Proprietà degli organi vegetali di orientarsi, quando crescono, secondo una direzione conforme alla forza di gravità terrestre.

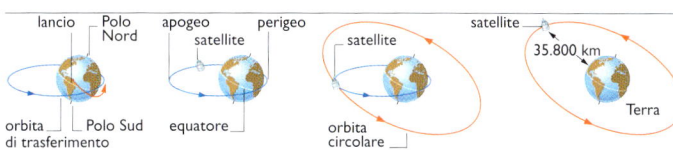

1. Lancio e inserimento del satellite su un'orbita di trasferimento.

2. Il satellite descrive più rivoluzioni sull'orbita di trasferimento

3. Durante un passaggio all'apogeo, l'accensione del motore d'apogeo permette l'inserimento del satellite su un'orbita circolare equatoriale a circa 35.800 km dal suolo.

4. Le ultime correzioni della traiettoria collocano il satellite nell'orbita geostazionaria.

■ **geostazionàrio.** Messa in orbita di un satellite geostazionario.

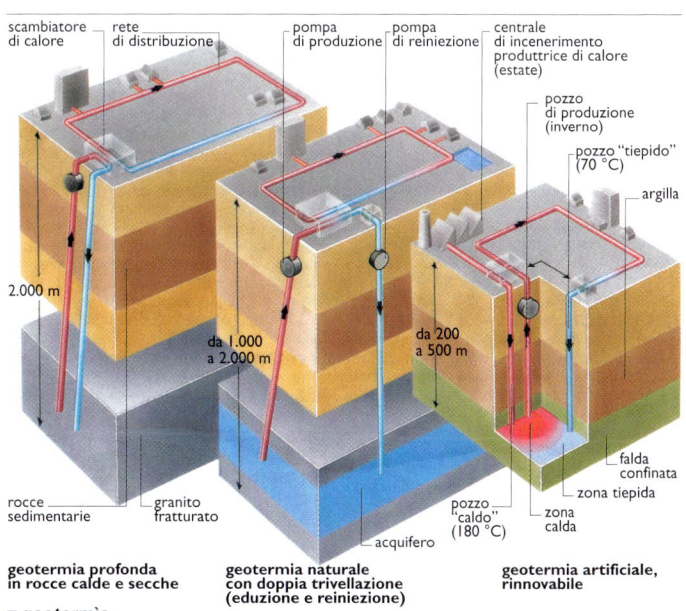

geotermia profonda in rocce calde e secche

geotermia naturale con doppia trivellazione (eduzione e reiniezione)

geotermia artificiale, rinnovabile

■ **geotermìa**

geotrùpe s.m. Insetto con corpo tozzo e scuro con riflessi argentei, volo pesante e rumoroso, che mangia gli escrementi degli animali erbivori. (Famiglia degli Scarabeidi.)

Geraniàcee s.f. pl. [iniziale minusc. sing. –*a* per l'individuo] BOT. Famiglia di piante erbacee con fiori dialipetali e frutto allungato, coltivate a scopo ornamentale. (Ordine delle Geraniali.)

Geraniàli s.f. pl. [iniziale minusc. sing. –*le* per l'individuo] BOT. Ordine di piante dicotiledoni perlopiù erbacee.

geràranio s.m. [pl. –*ni*] (lat. *Geranium*, gr. *geránion* propr. "becco di gru" cui somigliano i fiori quando stanno per mutarsi in frutti) **1.** Denominazione comune di diverse piante erbacee a foglie incise e fiori regolari variamente colorati, distribuite nelle regioni temperate. (I gerani coltivati appartengono al genere *Pelargonium*; famiglia delle Geraniacee.) **2.** BOT. (iniziale maiusc.) Genere di piante erbacee dicotiledoni a cui appartengono varie specie di gerani, spontanee e ornamentali.

coltivato

frutti

selvatico

■ **geràranio**

geràrca s.m. [pl. –*chi*] (gr. *hierárkhēs* "sommo sacerdote", comp. di *hierá* "riti sacri" e *árkhein* "comandare") **1.** In una gerarchia, spec. ecclesiastica, capo, superiore. **2.** Durante il fascismo, dirigente del Partito nazionale fascista. **3.** *estens.* (anche f.) Persona dispotica e autoritaria.

gerarchìa s.f. **1.** Rapporto di superiorità e di subordinazione tra gli uffici e tra le persone che li occupano. ~ L'insieme delle persone ordinate secondo tale rapporto. *Gerarchia militare.* **2.** *fig.* Scala, gradazione. *Gerarchia di valori.* ~ INFORM. In un elaboratore, ripartizione dei vari tipi di memoria secondo le modalità di impiego. **3.** (al pl.) Chi ricopre i gradi più alti. *Le alte gerarchie dello Stato.*

geràrchico agg. [pl.m. –*ci*, f. –*che*] **1.** Relativo alla gerarchia. ◆ Fondato su una gerarchia. ◊ *Scala gerarchica:* la scala ideale costituita dai successivi gradi di una gerarchia. – *Per via gerarchica:* procedendo dall'inferiore al superiore immediato sino ad arrivare al vertice della gerarchia. – DIR. *Ricorso gerarchico:* quello presentato all'organo gerarchicamente superiore rispetto all'ufficio che ha emesso il provvedimento. **2.** *fig.* Relativo, ispirato a una scala di valori. *Principio gerarchico.*

gerarchizzàre v.tr. Organizzare, regolare in funzione di una gerarchia.

gèrbera s.f. (dal nome del naturalista tedesco T. *Gerber*) Pianta erbacea originaria dell'Asia e dell'Africa, con foglie lanose sulla pagina inferiore e grandi infiorescenze a capolino solitario

di colore dall'arancione al rosso. (Famiglia delle Composite.)

gerbillo s.m. (spagn. *gerbillo*) **1.** Piccolo roditore con muso allungato, zampe posteriori più lunghe delle anteriori e lunga coda fornita di ciuffo, che vive nei deserti e nelle steppe dell'Africa e dell'Asia. (Lunghezza 8 cm ca.; famiglia dei Muridi.) **2.** ZOOL. (iniziale maiusc.) Genere di animali a cui appartengono varie specie di gerbillo.

gerbòa s.f. Mammifero roditore diffuso nei deserti della Tripolitania e della Cirenaica e nell'America del Nord. (Genere principale *Jaculus*; famiglia dei Dipodidi.)

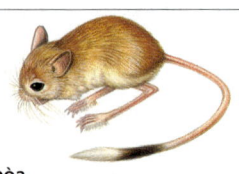

■ **gerbòa**

geremìade s.f. (fr. *jérémiade*, dal nome del profeta *Geremia*) Discorso lungo e lamentoso. SIN.: **piagnisteo**.

gerènte s.m. e f. Gestore, amministratore di qlco. per conto di terzi.

gerènza s.f. Incarico del gerente. ~ Gestione.

gergàle agg. Proprio del gergo.

gergalismo s.m. **1.** LING. Parola, espressione gergale. **2.** *spreg.* Modo oscuro di esprimersi.

gergalista s.m. e f. [pl.m. –*sti*] Studioso di gerghi.

gèrgo s.m. [pl. –*ghi*] (fr. *jargon* "linguaggio degli uccelli" poi "linguaggio incomprensibile") **1.** Linguaggio usato da gruppi i cui membri hanno necessità di comunicare tra loro senza essere capiti da altri, oppure se ne servono per distinguersi. *Gergo della malavita.* **2.** *estens.* Lingua che fa largo uso di termini settoriali scientifici, di mestieri. ~ Linguaggio poco comprensibile.

geriàtra s.m. e f. [pl.m. –*tri*] Medico specializzato in geriatria.

geriatrìa s.f. MED. Studio e cura delle malattie della senescenza.

geriàtrico agg. [pl.m. –*ci*, f. –*che*] Relativo alla geriatria.

gèrla s.f. (lat. *gèrla*, *gèrulam* propr. "portatrice") **1.** Grande cesto che si porta sulla schiena legato per mezzo di cinghie e che serve per trasportare in partic. prodotti agricoli. **2.** Quantità di fieno, foraggio, ecc. che può essere contenuto e trasportato in una gerla.

germànico agg. [pl.m. –*ci*, f. –*che*] Relativo all'antico popolo dei germani. ~ Dell'attuale Germania. ◆ s.m. LING. *Famiglia linguistica germanica:* il gruppo delle lingue d'origine indoeuropea da cui derivano l'inglese, il tedesco, l'olandese e le lingue scandinave tranne il finnico.

germànio s.m. (solo sing.) (dal nome di *Germania* da cui è stato scoperto) **1.** Metallo grigio molto fragile, simile al silicio. (Trova largo impiego nella costruzione di diodi e transistor, sia puro sia con aggiunte di tracce di elementi trivalenti o pentavalenti; è anche usato in dispositivi ottici e nella preparazione di leghe speciali.) **2.** Elemento chimico (*Ge*) di numero atomico 32 e peso atomico 72,61.

germanismo s.m. (fr. *germanisme*) **1.** LING. Parola o costrutto tratto da una lingua germanica. **2.** Motivo culturale, usanza, ecc. attinti dalla Germania.

germanistica s.f. [non com. pl. –*che*] Studio della civiltà e delle lingue germaniche.

germanizzàre v.tr. (fr. *germaniser*) **1.** Attrarre un paese, un popolo nell'orbita della civiltà germanica. ~ *estens.* Sottoporre un paese al predominio politico della Germania. **2.** Rendere germanici un comportamento, un abito, un'espressione, una persona. ◆ v.intr. (aus. *avere*) Ostentare simpatia per la Germania, imitandone gli usi. ◆ **germanizzarsi** v.pron. Assumere caratteri germanici.

1. germàno agg. (lat. *germānum*, propr. "dello stesso seme") Nato dagli stessi genitori.

2. germàno agg. Dei germani, gruppo di popoli indoeuropei. SIN.: **germanico**. ◆ s.m. [f. –*na*; al pl. anche iniziale maiusc.] Il popolo dei Germani.

3. germàno s.m. (etim. incerta, forse dal nome di san *Germano* che si festeggia il 21 febbraio, periodo del passo di tali anatre) Denominazione comune di vari uccelli. (Ordine degli Anseriformi.) ◊ *Germano reale:* anatra di grandi dimensioni da cui derivano molte varietà di anatre domestiche. – *Germano nero:* folaga.

germanofilìa s.f. Ammirazione esclusiva per la Germania, per le sue istituzioni e per la sua cultura.

germanofobìa s.f. Ostilità verso la Germania.

germanòfono agg. Di lingua tedesca. ◆ s.m. [f. –*na*] Nel sign. dell'agg.

gèrme s.m. **1.** BIOL. Stadio iniziale di sviluppo dell'embrione. ~ EMBRIOL. Insieme delle cellule dell'embrione che in un organismo animale o vegetale portano alla formazione delle cellule riproduttive o gameti (in oppos. a *soma*). ◊ *Olio di germe:* olio contenuto nell'embrione dei cereali. – *In germe:* che è all'inizio, allo stato embrionale; *fig.* allo stato preparatorio, in fase iniziale. **2.** Microorganismo, batterio. ◊ *Germe patogeno:* batterio, microbo che provoca malattie infettive. **3.** *fig.* Causa prima, origine di qlco. *Il germe dell'odio.*

germicìda agg. [pl.m. –*di*] Che uccide i germi. ◆ s.m. Nel sign. dell'agg.

1. germinàle agg. (spec. sing.) **1.** BIOL. Relativo al germe. ◊ *Cellule germinali:* gameti. – *Epitelio germinale:* quello che avvolge gli abbozzi delle gonadi. – *Vescicola germinale:* abbozzo embrionale dell'uovo. **2.** *fig.* Appena abbozzato. SIN.: **iniziale**.

2. germinàle s.m. (fr. *germinal*) ST. Settimo mese del calendario repubblicano francese, dal 21 marzo al 20 aprile.

germinàre v.intr. (aus. *essere* o *avere*) **1.** Di semi e spore, compiere il primo stadio di sviluppo. **2.** Iniziare a svilupparsi, detto di sentimenti e stati d'animo.

germinativo agg. **1.** BIOL. Pertinente al germe. SIN.: **germinale**. **2.** BOT. Relativo alla germinazione.

germinatóio s.m. [pl. –*toi*] Apparecchio in cui i semi possono germinare e che ne rileva la facoltà germinativa.

germinazióne s.f. **1.** Momento iniziale del processo di sviluppo di un organismo. ~ Formazione del nuovo individuo da spore, semi, ecc. **2.** *fig.* Nascita, sviluppo.

germogliaménto s.m. Germogliazione.

germogliàre v.intr. [6] (aus. *essere* o *avere*) **1.** Detto di semi, svilupparsi in pianta. ~ BOT. Di rami, piante, produrre germogli. **2.** *fig.* Nascere, svilupparsi, detto spec. di stati d'animo e sentimenti.

germogliazióne s.f. Prima fase di sviluppo di una pianta dal seme. ~ Ripresa vegetativa di una pianta data dallo sviluppo delle sue gemme.

germóglio s.m. [pl. –*gli*] **1.** Organo vegetale nel suo primo sviluppo da una gemma. ~ Pianta alla prima fase di sviluppo del seme. **2.** *fig.* Prime manifestazioni di qlco., inizio. *I germogli del sentimento.*

-gèro o **-gèro** Secondo elemento atono di composti in cui significa "che porta, portatore di" (*armigero*).

gèro- Primo elemento di composti in cui significa "vecchio", "vecchiaia" (*geroderma*).

gerocòmio s.m. [pl. –*mi*] Gerontocomio.

gerodèrma s.m. [pl. –*mi*] (comp. di *gero-* e *-derma*) MED. Malattia della pelle, quasi esclusiva del sesso maschile, a causa della quale la cute del volto diventa floscia e rugosa conferendo al soggetto un aspetto senile. ~ Anche, atrofia della cute che si osserva in età senile.

geroglìfico s.m. [pl. –*ci*] (lat. *hieroglyphicum*, gr. *hieroglyphikós* comp. di *hierós* "sacro" e *glyphein* "scolpire") **1.** Ciascun segno del sistema di scrittura ideografica degli antichi Egiziani.

2. *fig.* Segno impossibile da decifrare. ❑ In funzione di agg., costituito da geroglifici.

gerónte s.m. (gr. *gérōn* "vecchio") **1.** ANT. GR. Nell'antica Sparta, membro della gerusia. **2.** Titolo dei primi preti cristiani.

gerónto- Primo elemento di composti dotti e del l. scientifico in cui significa "anziano", "vecchio" (*gerontologia*).

gerontocòmio s.m. [pl. *–mi*] Istituto di ricovero e di cura per persone anziane. SIN.: **ospedale geriatrico**.

gerontocrazia s.f. Governo o potere esercitato dagli anziani.

gerontofilia s.f. PSICH. Attrazione sessuale morbosa verso gli anziani.

gerontologia s.f. Studio dei fenomeni biologici e psicologici propri dell'invecchiamento.

gerontòlogo s.m. [f. *–ga*, pl.m. *–gi*, f. *–ghe*] Specialista in gerontologia.

gerosolimitàno agg. Di Gerusalemme. ◆ s.m. **1.** [f. *–na*] Nativo, abitante di Gerusalemme. **2.** Chi appartiene all'ordine gerosolimitano.

gerùndio s.m. [pl. *–di*] (dalla loc. lat. *mŏdus gerúndi* "modo di comportarsi") GRAMM. Modo verbale indefinito, che svolge funzione di frase dipendente con valori diversi. (In italiano ha due tempi: presente, *mangiando*, e passato, *avendo mangiato*.)

gerundivo agg. GRAMM. Che contiene un gerundio. *Costruzione gerundiva*. ◆ s.m. GRAMM. Categoria morfologica del verbo latino caratterizzata dalla forma aggettivale. (Esprime con valore passivo l'idea di necessità al tempo futuro.)

gerusia s.f. ANT. GR. A Sparta e in altre antiche città greche, il consiglio degli anziani, o geronti, che assisteva il sovrano.

Gesneriàcee s.f. pl. (iniziale minusc. sing. *-a* per l'individuo) (dal nome del naturalista svizzero K. von *Gesner*) BOT. Famiglia di piante dicotiledoni, simpetale, con foglie opposte e fiori pentameri.

gessàio s.m. [f. *–saia*, pl.m. *–sai*] Chi vende o lavora il gesso. ~ Chi costruisce figure di gesso.

gessàre v.tr. **1.** AGR. Mescolare gesso al terreno per arricchirlo di calcare. **2.** Trattare il mosto con il gesso per schiarirlo.

gessàto agg. **1.** Trattato con il gesso. **2.** Spalmato di gesso. **3.** Di stoffa scura a sottili righe verticali chiare. – Di capo d'abbigliamento con essa confezionato. *Pantaloni gessati*. ◆ s.m. Stoffa o abito gessato.

gessatùra s.f. Trattamento con gesso. ◇ AGR. *Gessatura del terreno*: correzione di un terreno argilloso con gesso. – ENOL. *Gessatura del mosto*: introduzione di gesso nel mosto per diminuirne l'alterabilità e migliorarne il colore.

gessétto s.m. **1.** Nel sign. del dim. di *gesso*; in partic., bastoncino di gesso per scrivere sulla lavagna. **2.** Piastrina di steatite per tracciare sulla stoffa le linee di taglio e di cucito.

gessificazióne s.f. GEOL. Processo di trasformazione di una sostanza in gesso.

gèsso s.m. **1.** MIN. Solfato di calcio limpido e incolore, molto sfaldabile, la cui polvere, ricavata per macinazione, è usata spec. nell'edilizia. **2.** Bastoncino di polvere di gesso usato per scrivere sulla lavagna e sugli abiti in confezione. ~ Blocchetto di polvere di gesso che si strofina sulla punta delle stecche da biliardo. **3.** Scultura, rilievo in gesso. **4.** MED. Bendaggio gessato per fratture ossee. *Mettere il gesso*. ◇ *Gesso di*

■ **geroglìfico** (Museo Egizio, Il Cairo).

Parigi: tipo di gesso particolarmente duro che serve per il rilevamento delle impronte dentarie.

gèsta s.f. inv. (lat. *gĕsta*, deriv. di *gĕrere* "compiere") (al pl.) Azioni eroiche, imprese valorose. *Le gesta di re Artù e dei cavalieri della Tavola rotonda*. SIN.: **prodezze**. ◇ *Canzone di gesta* → chanson de geste.

Gestalt [/gəʃ'talt/] s.f. inv. (voce ted. propr. "forma", abbr. di *Gestalttheorie*) PSICOL. Teoria formulata in Germania all'inizio del Novecento secondo cui la percezione si configura come una totalità, una forma strutturata, un insieme unitario, e non come una giustapposizione di elementi isolati.

gestaltismo s.m. PSICOL. Teoria dovuta a Köhler, Wertheimer e Koffka, che rifiuta di isolare i fenomeni gli uni dagli altri per spiegarli, considerandoli invece come un insieme indissociabile e strutturato. (Questa teoria ha permesso in partic. di scoprire alcune leggi della percezione.) SIN.: **configurazionismo**.

gestànte s.f. Donna in stato di gravidanza.

gestazióne s.f. **1.** Periodo in cui la femmina dei mammiferi porta in grembo il frutto del concepimento. (La durata della gestazione varia dai 13 giorni dell'opossum ai 640 giorni dell'elefante.) **2.** *fig.* Processo di formazione, di elaborazione di un progetto o di un'opera. SIN.: **incubazione**.

gestìbile agg. Che si può gestire.

gesticolàre v.intr. (aus. *avere*) Fare gesti in modo concitato per farsi capire o per dare maggior enfasi a ciò che si sta dicendo.

gestionàle agg. Proprio di una gestione dal punto di vista giuridico o amministrativo. *Bilancio gestionale*.

gestióne s.f. (fr. *gestion*) **1.** Conduzione economica e amministrativa di un'impresa, di una fabbrica o di un'attività commerciale. ◇ DIR. *Gestione d'affari*: la cura degli affari altrui assunta deliberatamente e senza averne ricevuto mandato. *Gestione fallimentare*: in senso comune, cattiva, negativa conduzione. – *Ente di gestione*: organismo pubblico economico il cui compito è gestire la partecipazione azionaria dello Stato a società controllate o collegate, con l'intento di perseguire, oltre ai fini economici propri delle imprese, anche finalità pubbliche. **2.** *estens.* Direzione logistica di qlco. ~ Controllo, guida.

1. gestire v.intr. [83] (aus. *avere*) Fare gesti per esprimersi o per enfatizzare ciò che si sta dicendo. SIN.: **gesticolare**.

2. gestire v.tr. **1.** Amministrare un'impresa economica. *Gestire una mensa*. SIN.: **dirigere**. **2.** Sovrintendere, attendere in un'attività o a una organizzazione. **3.** *fig.* Regolare, distribuire con equilibrio qlco. di cui si dispone; anche pron. *Gestire (gestirsi) le proprie forze*. SIN.: **amministrare**. **4.** INFORM. Controllare le funzioni fondamentali di un sistema di elaborazione (p.e. memorizzazione, accesso ai dati, ecc.).

gèsto s.m. **1.** Movimento delle mani, del capo con cui si accompagna il discorso o per mezzo del quale si esprime uno stato d'animo, un'emozione. ◇ *Non fare un gesto*: rimanere immobile; *fig.* non fare nulla per aiutare chi è in difficoltà. **2.** *estens.* Azione, atto, impresa compiuta dall'uomo. *Un gesto amichevole*. ◇ *Bel gesto*: atto di coraggio, di generosità, ecc; *Un bel gesto*: anche un'azione più platealmente esibita che realmente buona. **3.** Posa, aspetto. *Gesto teatrale*.

gestóre s.m. [f. *–strice*] Chi gestisce un'impresa, un'azienda. ◇ *Gestore di portafoglio*: chi gestisce professionalmente valori mobiliari per conto di terzi.

gestuàle agg. **1.** Consistente in gesti, che si basa sul gesto. *Linguaggio gestuale*. **2.** Di arte drammatica, musicale o figurativa in cui l'evidenza del gesto è più importante del contenuto stesso. *Teatro gestuale*.

gestualità s.f. inv. **1.** Carattere gestuale. **2.** Insieme di gesti che accompagnano o sostituiscono la parola. *Efficace gestualità*.

gesuìta s.m. [pl. *–ti*] **1.** Membro della *Compagnia di Gesù* fondata da sant'Ignazio di Loyola nel 1534 (v. parte n.pr.). **2.** *spreg.* (anche f.) Persona ipocrita e di opportunistica cautela. SIN.: **simulatore**.

gesuitismo s.m. **1.** Sistema dottrinale, metodo pastorale e didattico proprio dei gesuiti. **2.** *spreg.* Ipocrisia, falsità.

gettaióne o **gittaióne** s.m. Pianta erbacea infestante con fiori rosso porpora, frutto a capsula pieno di semi velenosi. (Genere *Agrostemma*; famiglia delle Cariofillacee.)

gettàre v.tr. **1.** Allontanare da sé un oggetto con un gesto rapido e deciso buttandolo da un luogo a un altro. SIN.: **lanciare**. ◇ *Gettare l'ancora*: calarla in mare per fermare un'imbarcazione. – *Gettare le reti*: calarle nell'acqua. – *figg. Gettare tutto all'aria*: mettere tutto in disordine. – *Gettare al vento qlco.*: sprecarlo, disperderlo. – *Gettare il denaro*: sprecarlo. – *Gettare dietro alle spalle qlco.*: dimenticarlo. **2.** Emettere un liquido, una luce, una voce. ◇ *fig. Gettare luce su una vicenda*: chiarirla, spiegarla. **3.** Formare qlco. mediante operazione di gettata. ◇ *fig. Gettare le fondamenta di qlco.*: porne le basi, esserne il promotore. ◆ v.intr. (aus. *avere*) **1.** Germogliare, germinare, gemmare. **2.** Buttare un liquido. *Il pozzo getta bene*. ◆ **gettarsi** v.pron. **1.** Lanciarsi dall'alto e lasciarsi cadere verso un punto più basso. *Il suicida si è gettato dalla finestra sulla strada*. SIN.: **buttarsi**. **2.** Muoversi rapidamente, con impeto verso un luogo o una persona. SIN.: **precipitarsi**. **3.** Detto di corsi d'acqua, confluire in un altro corso, o nel mare, o in laghi. *Qui il torrente si getta nel fiume*. SIN.: **sboccare**. **4.** Mettersi addosso, indossare qlco. velocemente. *Gettarsi addosso un mantello*.

gettàta s.f. **1.** Azione di gettare. ~ In partic., operazione di riempimento con calcestruzzo o colata di metallo fuso. *Curare la gettata di una statua*. **2.** Massa di materiale versato, colato. *Al posto del giardino c'è una gettata di cemento*. ◇ MED. *Gettata cardiaca*: quantità di sangue che il cuore pompa nelle arterie in un minuto. **3.** Nelle costruzioni marittime, scogliera artificiale. SIN.: **diga**. **4.** In balistica, gittata.

gettàto s.m. MUS. Nell'uso degli strumenti ad arco, tecnica che consente di produrre più note successive veloci e di uguale durata, passando ripetutamente l'arco a rimbalzo sulle corde. ◆ agg. Ottenuto mediante un'operazione di getto. *Una statua gettata*.

getter [/'gɛtə/] s.m.inv. (voce ingl., da *to get* "ottenere") ELETTRON. Sostanza utilizzata nei tubi elettronici per aumentarne il grado di vuoto.

gèttito s.m. FIN. Provento complessivo che deriva dall'imposizione di uno o più tributi.

gètto s.m. **1.** Atto di gettare, lancio. ◇ *Getto del peso*: *lancio del peso. **2.** Fuoriuscita, emissione, espulsione. ~ Massa liquida o gassosa emessa. ◇ *A getto*: come reazione all'espulsione di liquidi o di gas. *Propulsore a getto*. – *A getto continuo*: senza interruzione. – *fig. Di getto*: speditamente, di foga, di primo impulso. *Scrivere qlco. di getto*. **3.** METALL. Gettata di metallo fuso, di calcestruzzo. SIN.: **colata**. ~ Ciò che si ottiene. **4.** Germoglio. *Trapiantare i getti*.

gettonàto agg. **1.** Di canzone o cantante di grande successo commerciale. **2.** *estens.* Di artista o uomo pubblico molto richiesto. ~ Anche di persona qualsiasi nel senso di amato, benvoluto. **3.** Nel gergo dei medici, precario che non riceve un regolare stipendio.

gettóne s.m. (fr. *jeton*) **1.** Dischetto metallico o di materiale plastico, coniato o stampato, avente un determinato valore in denaro e utilizzato per il funzionamento di macchine automatiche. **2.** Placchetta di materiale vario che rappresenta convenzionalmente il denaro nei giochi d'azzardo. SIN.: **fiche**. **3.** Compenso dato o richiesto da chi prende parte in via straordinaria a spettacoli o manifestazioni o espleta determinate attività. ◇ *Gettone di presenza*: compenso pagato da amministrazioni pubbliche e private ai membri di consigli di amministrazione o di commissioni o di altri organi collegiali per la loro partecipazione alle riunioni. **4.** Placchetta di materiale vario usata come contrassegno per cose in deposito.

gettopropulsióne s.f. Propulsione a getto.

geyser [/'gaizər/] s.m.inv. (voce ingl., islandese *Geysir*, nome di una sorgente termale, da *geysa* "scaturire") GEOL. Sorgente di natura vulcanica con getto intermittente e violento di vapore, acqua e gas vulcanici, tipica dell'Islanda. (I geyser si accompagnano spesso a depositi minerali.)

geyserite [/ˈgaizeˈrite/] s.f. MIN. Roccia silicea prodotta dalla deposizione chimica delle acque idrotermali.

ghaneàno agg. Del Ghana. ◆ s.m. [f. –na] Nativo, abitante del Ghana.

ghepàrdo s.m. (fr. guépard) Mammifero carnivoro dell'Africa, dell'Asia meridionale e del Medio Oriente, simile al leopardo ma più snello, con arti più lunghi e mantello a macchie nere tonde; in velocità può raggiungere i 100 km/h. (È il solo felino con artigli non retrattili. Lunghezza 1 m, senza la coda; genere Acinonyx, famiglia dei Felidi.)

■ **ghepàrdo**

ghéppio s.m. [pl. –pi] (lat. gỳpiu, gr. aigypiós "avvoltoio") Nome comune di uccelli rapaci diurni di medie dimensioni, dal piumaggio cenerino-bluastro e rosso mattone con macchie nere sul dorso; vivono tra le rupi, nei boschi e anche nelle città, si nutrono di uccelletti e di topi. (Apertura alare 80 cm; genere Falco, famiglia dei Falconidi.)

maschio

femmina

■ **ghéppio**

gheriglio s.m. [pl. –gli] Parte commestibile interna della noce.

gherlino s.m. (fr. guerlin) MAR. Grossa fune di fibra vegetale per l'ormeggio o il rimorchio di una nave.

ghermire v.tr. [83] (long. krimmjan "afferrare") **1.** Afferrare e stringere con gli artigli. **2.** estens. Afferrare con violenza e rapidità, anche fig. La morte l'ha ghermito ancora in giovane età.

gheróne s.m. (long. gairo "punta") **1.** SART. Spicchio di stoffa a triangolo che si inserisce nelle cuciture laterali delle camicie o delle gonne per allargarle. **2.** MAR. Pezza di rinforzo che si inserisce nelle cuciture laterali delle vele dove queste si usurano maggiormente.

ghétta s.f. (fr. guêtre) **1.** Tipo di gambiera che fascia la caviglia e si allaccia ai lati della scarpa, usata nell'abbigliamento elegante maschile tra la fine del sec. XIX e l'inizio del XX. (Oggi si usa nell'equipaggiamento militare e alpino.) **2.** (al pl.) Pantaloncini per bimbi piccoli che ricoprono anche il piede.

ghettizzàre v.tr. Chiudere qlcu. in un ghetto. SIN.: segregare. ~ fig. Discriminare, emarginare qlcu. Ghettizzare le minoranze.

ghettizzazióne s.f. Separazione di qlcu., di un gruppo sociale, ecc., allontanamento dal vivo della società. SIN.: **emarginazione.**

ghétto s.m. (venez. ghéto "fonderia", dal nome dell'isola dove si trovava una fonderia e dove vennero fatti alloggiare gli ebrei) **1.** Quartiere ebreo di alcune città d'Europa. (Secondo le diverse epoche, gli ebrei vi risiedevano liberamente oppure erano sottoposti a leggi di segre-

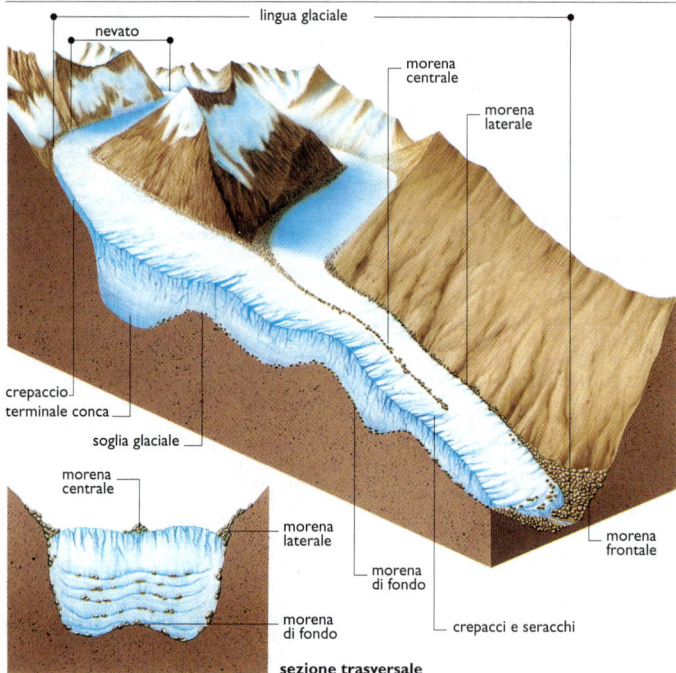

lingua glaciale

nevato

morena centrale

morena laterale

crepaccio terminale conca

soglia glaciale

morena frontale

morena centrale

morena laterale

morena di fondo

morena di fondo

crepacci e seracchi

sezione trasversale

■ **ghiacciàio.** Vedute in sezione di una valle glaciale.

gazione. Il primo ghetto è stato creato a Venezia nel 1516.) **2.** estens. Quartiere abitato da minoranze emarginate. ~ Anche, zona cittadina sudicia e malfamata. ◇ Ghetto dorato: luogo, ambiente la cui esclusività si trasforma in chiusura e in separatezza rispetto alla società. **3.** fig. Condizione di isolamento, d'emarginazione.

ghiacciàia s.f. **1.** Ambiente sotterraneo in cui un tempo si conservava il ghiaccio; oggi, magazzino frigorifero. **2.** Mobiletto rivestito internamente di materiale isolante e contenente ghiaccio, in cui si tenevano al fresco cibi e bevande, poi sostituito dal frigorifero. **3.** fig. Luogo freddissimo. Questa stanza è una ghiacciaia.

ghiacciàio s.m. [pl. –ciai] GEOGR. Accumulo naturale di ghiaccio che si forma in alta montagna e nelle zone polari per stratificazione della neve meteorica. [I ghiacciai formano vaste calotte nelle regioni polari (ghiacciai continentali), si estendono nelle valli di montagna (ghiacciai di montagna o di valle) oppure scendono in pianura e si congiungono ai piedi del gruppo montuoso (ghiacciai pedemontani).] ◇ Fronte del ghiacciaio: parte a valle di un ghiacciaio. – Porta, bocca del ghiacciaio: parte da cui fuoriescono le acque di fusione del ghiacciaio.

ghiacciaménto s.m. Deposito di ghiaccio formatosi su superfici esposte al vento per sublimazione o solidificazione.

ghiacciàre v.tr. [5] **1.** Trasformare un liquido in ghiaccio. SIN.: **gelare. 2.** Far sentire molto freddo. Questo vento mi ghiaccia. **3.** fig. Paralizzare una reazione, smorzare un sentimento. Ghiacciare gli entusiasmi. SIN.: **raffreddare.** ◆ v.impers. (aus. essere o avere) Gelare, fare una gelata. Stanotte ghiaccerà. ◆ v.intr. (aus. essere) **1.** Detto di acqua, gelare per l'abbassamento della temperatura; anche pron. Ieri l'acqua del radiatore (si) è ghiacciata. **2.** Di persona, provare un freddo intenso; anche pron. (Mi) Sto ghiacciando.

ghiacciàto agg. **1.** Divenuto di ghiaccio. SIN.: **congelato.** ~ Indurito dal freddo. Terra ghiacciata. **2.** estens. Molto freddo. Una bibita ghiacciata. SIN.: **gelido.**

1. ghiàccio s.m. [pl.m. –ci] **1.** Stato solido di aggregazione dell'acqua che, alla pressione di un'atmosfera, viene raggiunto a 0 °C. (Il ghiaccio è meno denso dell'acqua: si tratta di un caso eccezionale perché di solito è il liquido, risultato della fusione del solido, a essere meno denso.)

◇ Palazzo del ghiaccio: impianto coperto per pattinaggio o hockey su ghiaccio. – figg. Essere un pezzo di ghiaccio: essere intirizzito dal freddo. – Essere, restare di ghiaccio: allibito, insensibile. **2.** Ghiaccio secco: anidride carbonica solida, usata come refrigerante.

2. ghiàccio agg. [pl.m. –ci, f. –ce] Ghiacciato, freddo come il ghiaccio.

ghiacciòlo s.m. **1.** Formazione di ghiaccio dovuta al congelamento di acqua che sgocciola. **2.** Tipo di gelato da passeggio fatto di sciroppo diluito e congelato. **3.** fig. Persona fredda, distante. **4.** Difetto superficiale di una pietra preziosa.

ghiàia s.f. Roccia incoerente sedimentaria formata da piccole pietre, usata per la pavimentazione di strade, vialetti e giardini.

ghiaiétto s.m. Ghiaia minuta usata per ricoprire viottoli o viali di giardini.

ghiaióne s.m. Deposito di detriti che si forma alla base delle pareti rocciose a causa della loro disgregazione.

ghiaióso agg. Che contiene ghiaia. Suolo ghiaioso. SIN.: **pietroso.**

ghiànda s.m. **1.** Frutto della quercia, inserito in un involucro detto cupola. **2.** Elemento di passamaneria di forma ovoidale, usato spec. come ornamento per tende.

ghiandàia s.f. (lat. glandàriam, deriv. di glāns "ghianda" perché si ciba di tali frutti) Uccello di medie dimensioni diffuso in Europa, con ciuffo di penne erettili sulla testa e livrea variamente colorata; si nutre di frutta, semi e uova. (La ghiandaia emette suoni striduli; lunghezza 35 cm; genere Garrulus, famiglia dei Corvidi.)

■ **ghiandàia**

ghiàndola s.f. **1.** ANAT. Organo di formazione epiteliale con struttura tubulare o acinosa, semplice o composta, che esplica un'attività secretoria di sostanze specifiche o di eliminazione di sostanze di scarto. (Si distinguono le ghiandole *esocrine*, a secrezione esterna, e le ghiandole *endocrine*, a secrezione interna.) **2.** BOT. Cellula o gruppo di cellule in grado di elaborare svariate sostanze.

ghiandolàre agg. ANAT. Relativo alle ghiandole.

ghibellìno agg. [f. –*na*] (ted. *Wibelingen*, deriv. di *Wibeling* nome di un castello in Franconia possedimento degli Hohenstaufen) Dei ghibellini, del ghibellinismo. ♦ s.m. **1.** ST. Nell'Italia medievale, partigiano dell'imperatore romano germanico (in oppos. a *guelfo*). **2.** estens. Oppositore del potere temporale dei papi e sostenitore della laicità dello Stato.

ghìbli s.m. inv. (ar. *qiblī* "meridionale") METEOR. Forte vento di sud, caldo e asciutto, che spira nell'Africa settentrionale.

ghièra s.f. (lat. *vīriam* "braccialetto") **1.** Cerchietto metallico che si usa come rinforzo all'estremità di bastoni, ombrelli, ecc. **2.** MAR. Ogni cerchio metallico di rinforzo applicato attorno a un albero o a un'asta. **3.** MECC. Anello filettato usato per collegare elementi metallici.

ghigliottìna s.f. (dal nome del medico J.J. *Guillotin* che ne caldeggiò l'uso durante la Rivoluzione francese) Macchina per le esecuzioni capitali mediante decapitazione. ~ Pena di morte inflitta con la ghigliottina. ◇ *A ghigliottina*: di chiusure, serramenti che si aprono e chiudono scorrendo verticalmente tra due guide.

ENCICL. In Francia l'adozione della ghigliottina fu decisa il 20 marzo 1792 e rimase la modalità d'esecuzione dei condannati sottoposti al diritto comune fino all'abolizione della pena di morte, il 9 ottobre 1981.

ghigliottinàre v.tr. (fr. *guillotiner*) Decapitare per mezzo della ghigliottina.

ghignàre v.intr. (aus. *avere*) (fr. *guigner*) **1.** Ridere in modo sprezzante, sarcastico. **2.** Mostrare un viso beffardo o sarcastico.

ghìgno s.m. Riso sarcastico, cattivo. ~ Contrazione dei muscoli del volto. *Ghigno di rabbia*.

ghimbèrga s.f. [pl. –*ghe*] (ted. *wintberga*, propr. "protezione dal vento") ARCH. Negli edifici in stile gotico, frontone triangolare di un palazzo o di una chiesa affiancato da due guglie.

ghindàre v.tr. (sp. *guindar*, fr. *guinder*) MAR. Sollevare, issare un oggetto lungo un sostegno fisso per fissarvelo sopra.

ghindàta s.f. MAR. Tutta l'altezza lungo la quale può essere issato o alzato un albero o una vela, quando è in opera, issato.

ghinèa s.f. (fr. *guinée*, ingl. *guinea* dal nome della *Guinea*) **1.** Vecchia moneta d'oro inglese, del valore di 21 scellini. **2.** Tessuto grossolano di cotone usato per lenzuola, camicie, ecc.

ghìngheri fam. o scherz. Solo nella loc. *in ghingheri*, con tutto ciò che di meglio una persona ha, con tanti fronzoli.

ghiótto agg. **1.** Che è goloso, che ama mangiare. ~ Riferito al alimento, che fa gola. SIN.: **appetitoso**. **2.** fig. Desideroso, bramoso di qlco. *Ghiotto di pettegolezzi*. ~ Riferito a cosa, che attira la curiosità, che invoglia. *Notizia ghiotta*.

ghiottóne s.m. **1.** [f. –*na*] Persona molto ghiotta, ingorda. **2.** Mammifero carnivoro con corpo tozzo, arti robusti e coda folta, che vive nelle regioni settentrionali dell'America e dell'Europa. (Genere *Gulo*; famiglia dei Mustelidi.) SIN.: **volverina**.

ghiottonerìa s.f. **1.** Vizio di chi è ghiotto, goloso. SIN.: **golosità**. **2.** Cibo ghiotto, prelibato. **3.** fig. Cosa ambita, desiderata.

ghiózzo s.m. Piccolo pesce d'acqua salata o dolce, con testa larga, squame grosse e occhi sporgenti. (Il *ghiozzo pigmeo* delle Filippine, di lunghezza pari a 11 mm, è il più piccolo di tutti i pesci. Genere *Gobius*; ordine dei Perciformi, famiglia dei Gobidi.)

ghìrba s.f. (ar. *qirba* "otre di pelle") **1.** Otre di pelle usato in Africa per trasportare l'acqua. ~ Recipiente impermeabile per militari o campeggiatori. **2.** fig. Nel gergo militare, la vita.

ghiribìzzo o **schiribìzzo** s.m. (etim. incerta, forse deriv. dited. *Krebiz* "gambero") fam. Fantasia improvvisa, capriccio stravagante.

ghirigòro s.m. Intreccio bizzarro di linee e segni. SIN.: **svolazzo**.

ghirlànda s.f. **1.** Corona intrecciata di foglie e fiori. ~ estens. Corona di vario materiale. *Ghirlanda di Natale*. **2.** MAR. Nella costruzione delle navi, ciascuno degli elementi orizzontali di collegamento tra le strutture longitudinali di dritta e di sinistra.

ghìro s.m. Piccolo mammifero roditore simile allo scoiattolo e diffuso in Europa; cade in un lungo letargo invernale, ha abitudini notturne e si nutre di frutta, bacche e semi. (Lunghezza 15 cm; genere *Glis*, famiglia dei Gliridi.) ◇ *Dormire come un ghiro*: a lungo e profondamente.

■ **ghìro**

ghirónda s.f. Antico strumento a corde e a tastiera in cui le corde vengono fatte vibrare da una ruota in legno azionata da una manovella.

■ **ghirónda.** Suonatrici di ghironda a ruota.

ghìsa s.f. (fr. *guise* di orig. tedesca) Lega di ferro e di carbonio. (La ghisa è lavorata sia allo stato liquido a partire direttamente dal minerale del ferro sia dopo la fusione di vecchia ghisa a partire da acciaio carburato.)

ghost writer [/'goust,raitə/] loc. sost. m. e f. inv. (loc. ingl., "scrittore fantasma") Chi, dietro compenso, scrive testi per altri che poi ne assumono la paternità.

ghul s.f. inv. (voce ar.) Demone femminile che, secondo le credenze popolari arabe, può assumere forme diverse e assale i viandanti, li sgozza e ne beve il sangue.

già avv. **1.** Qualche tempo fa, qualche tempo prima. *Il dottore è già andato via*. **2.** Ormai. *Era già l'alba quando arrivarono i soccorsi*. ~ In frasi esclamative o interrogative sottolinea la sorpresa, spec. nella forma rinforzata "di già". *Sono arrivati! Di già?* **3.** Da tempo. *Dorme già da due ore*. **4.** Fin da ora. *Ti avverto già oggi*. **5.** Premesso a una denominazione o a una qualifica, indica la loro validità in un'epoca precedente e non più al momento di riferimento. *Cristina Rossi, già ministro delle Poste*. **6.** Anche solo così. *Recuperare le spese è già molto*. **7.** estens. È vero, appunto, sì, infatti. *"Deve arrivare ancora Luigi". "Ah, già"*.

giàcca s.f. [pl. –*che*] (fr. *jaque*, forse deriv. di *Jacques* "Giacomo", nome così diffuso da valere "contadino" di cui la giacca era indumento caratteristico) Indumento con maniche, abbottonato sul davanti, che copre il busto fino ai fianchi. *Giacca di lana*. ◇ *Giacca a vento*: giac-

cone impermeabile spesso imbottito con o senza cappuccio.

giacché cong. Poiché, siccome. *Giacché me lo chiedi, te lo dirò*.

giàcchio s.m. [pl. –*chi*] (lat. *iǎculum* "ciò che viene lanciato") Rete da pesca conica, ad apertura circolare che, calando verso il fondo, si chiude e imprigiona i pesci.

giaccóne s.m. ABBIGL. Giacca lunga e pesante, tipica dell'abbigliamento invernale.

giacènte agg. **1.** Steso, disteso in posizione orizzontale. **2.** Che non è stato sbrigato, espletato, inoltrato.

giacènza s.f. **1.** Stato di chi o di ciò che giace. ~ In partic. permanenza, deposito. **2.** (spec. pl.) Ciò che giace. ~ In partic., merce non venduta e quindi giacente in magazzino. SIN.: **rimanenze**.

giacére v.intr. [55] (aus. *essere* o *avere*) **1.** Essere adagiato, disteso su un piano orizzontale. *Giacere nel letto*. **2.** fig. Riferito a carte, denaro, indagini, essere abbandonati, dimenticati, accantonati. **3.** Essere sepolto in un luogo. *Qui giace il più grande poeta del paese*. **4.** Detto di luoghi, essere collocato in una certa posizione. *Il paese giace ai piedi della montagna*. **5.** fig. Essere inattivo in una certa situazione. *Giacere nella miseria*.

giacìglio s.m. [pl. –*gli*] **1.** Letto misero, improvvisato. ~ estens. Nel l. lett., Letto. **2.** Cuccia del cane.

giaciménto s.m. **1.** GEOL. Accumulo naturale di minerali o gas, che può essere sfruttato economicamente. **2.** Luogo in cui le ricerche paleontologiche hanno portato alla luce testimonianze di vita umana di età preistorica.

giacimentologìa s.f. GEOL. Studio dei giacimenti minerari.

giacìnto s.m. **1.** Pianta bulbosa con foglie lunghe e fiori in grappolo azzurri, bianchi, rossi e profumatissimi. (Generi *Scilla, Endymion*; famiglia delle Liliacee.) ◇ *Giacinto dei boschi*: pianta bulbosa a fiori azzurri, che fiorisce nei boschi in primavera. **2.** MIN. Varietà di zircone di colore giallo-arancio. ◇ *Giacinto di Compostella*: varietà di quarzo rosso.

fiore   fiore

di bosco   coltivato

■ **giacìnto**

giacitùra s.f. **1.** Azione di giacere, modo di giacere. ~ Disposizione, collocazione. **2.** GEOL. Configurazione, disposizione degli strati. **3.** GEOM. Disposizione di un ente geometrico rispetto a un sistema di riferimento.

giacobinìsmo s.m. (fr. *jacobinisme*) **1.** Dottrina democratica e centralizzatrice promossa durante la Rivoluzione francese dai giacobini. **2.** estens. Atteggiamento politico contraddistinto da estremismo e intransigenza. SIN.: **radicalismo**.

giacobìno agg. (fr. *jacobin*, dal nome del convento di Saint-*Jacques* a Parigi dove si riunirono per la prima volta i giacobini) **1.** Dei giacobini, del giacobinismo. **2.** estens. Degno di un giacobino. ♦ s.m. [f. –*na*] Nei sign. dell'agg.

giacobìta s.m. e f.ST. In Inghilterra, sostenitore di Giacomo II e della casa Stuart dopo la rivoluzione del 1688. ♦ agg. Relativo a tali sostenitori.

giàda s.f. (fr. *jade*, deriv. di spagn. *piedra de la ijada* "pietra del fianco" perché ritenuta efficace contro il mal di reni) **1.** MIN. Roccia metamorfica nera, verde o biancastra, molto dura, impiegata come pietra preziosa, spec. in Cina. [La giada può essere costituita sia da giadeite sia da un anfibolo fibroso (il tremolite, p.e.), nel qual caso è detta *nefrite*.] **2.** estens. Oggetto in giada.

☐ In funzione di agg. inv., indica una tonalità tra il verde chiaro e l'azzurro. *Verde giada.*

giadeìte s.f. MIN. Silicato di alluminio e sodio, verde o biancastro, della famiglia dei pirosseni, utilizzato per la fabbricazione di oggetti ornamentali.

giaggiòlo s.m. (lat. *gladìolu*, deriv. di *glàdius* "spada" per l'aspetto delle foglie) BOT. Pianta erbacea ornamentale con foglie spadiformi, fiori grandi profumati di colore diverso, da cui si ricava una polvere usata in farmacologia e profumeria. (Famiglia delle Iridacee.) SIN.: **iris**.

giaguàro s.m. (fr. *jaguar* da una voce tupi) Denominazione comune di alcuni mammiferi carnivori, diffusi nelle regioni tropicali d'America, con corpo snello molto agile e mantello fulvo a macchie ocellate. (Lunghezza fino a 2 m; nome sc. *Panthera onca*; famiglia dei Felidi.) ◇ *fig. scherz. Amico del giaguaro:* si dice di persona che sembra parteggiare per gli avversari anziché per gli amici.

■ giaguàro

giaiétto s.m. (fr. *jaïet*) **1.** MIN. Varietà di lignite nera lucente, che può essere levigata e tagliata. **2.** Tipo di perla nera, ottenuta da tale minerale.

giainismo o **jainismo** s.m. Religione fondata in India nel VI sec. a.C. (Per opera di Jina o Mahavira, secondo la tradizione.)
ENCICL. Il giainismo, come il brahmanesimo, tende a liberare l'uomo dalla sofferenza e dal ciclo delle reincarnazioni. Dà importanza alla non-violenza verso tutte le creature e all'ascetismo. Raggiunse il suo apogeo nel XII sec., ma conta ancora circa due milioni di fedeli, distribuiti soprattutto in alcuni stati dell'India (Gujerat, Bihar, Karnataka).

gialàppa s.f. (dal nome della città messicana di *Jalapa*) **1.** Pianta del Messico, la cui radice ha proprietà purgative. (Genere *Ipomoea*; famiglia delle Convolvulacee.) **2.** Polvere dalle proprietà purgative ricavata dai tuberi di tale pianta.

giallista s.m. e f. [pl.m. *–sti*] Autore di libri gialli.

giallo agg. (fr. *jalne*) Del colore che, nella gamma cromatica, sta tra l'arancio e il verde. ~ Di oggetto che ha tale colore. ◇ *Romanzo, film giallo:* che narra, che rappresenta fatti delittuosi con le relative inchieste giudiziarie. – *comun. Razza gialla:* i cinesi, i giapponesi, i mongoli. – *Febbre gialla:* infezione contagiosa dei paesi tropicali, trasmessa da una zanzara e caratterizzata da temperatura alta, dolori, a volte da ittero e vomito di sangue. ◆ s.m. **1.** Colore giallo. ~ Materia colorante gialla. *Un tubetto di giallo.* **2.** Racconto, film poliziesco. ~ *estens.* Caso giudiziario reale complicato e misterioso. **3.** [f. *–la*] Individuo di popolazione dalla pelle gialla.

giallorósso agg. Che fa parte di una squadra di calcio dalla maglia gialla e rossa. ~ Che tifa per tale squadra. ◆ s.m. [f. *–sa*] Nel sign. dell'agg.

giallùme s.m. **1.** Colore giallo sporco, alone giallastro. **2.** ZOOL. Malattia contagiosa del baco da seta, causata da un virus che gli conferisce un colore giallo molto intenso. **3.** BOT. Malattia virale che colora di giallo intenso le piante, spec. i peschi.

giamaicàno agg. Della Giamaica. ◆ s.m. [f. *–na*] Nativo, abitante della Giamaica.

giàmbico agg. [pl.m. *–ci*, f. *–che*] **1.** Proprio del giambo. ~ Composto da giambi. **2.** *fig.* Caratterizzato da spirito pungente, satirico e contestatario.

giàmbo s.m. **1.** METR. Piede formato da una sillaba breve seguita da una lunga. ~ *estens.* Verso formato da giambi, usato spec. nella poesia satirica e drammatica. **2.** Componimento poetico di intonazione satirica e di stile polemico.

giamburràsca s.m. e f. inv. (dal nome del protagonista del libro per ragazzi *Il giornalino di Giamburrasca*) Bambino terribile, discolo.

giandùia s.m. inv. (voce piem., da *Gioan d'la douja* "Giovanni della brocca") **1.** Maschera del teatro popolare piemontese. **2.** Tipo di cioccolato alla nocciola, prodotto a Torino e così chiamato dal nome della maschera.

gianduiòtto s.m. Cioccolatino di pasta gianduia di forma trapezoidale simile al cappello della maschera omonima.

1. giannétta s.f. (spagn. *jineta*, deriv. dal nome della tribù araba di Zanata) **1.** Antica arma da lancio, simile alla lancia, diffusa nei secc. XIV e XV. **2.** Bastoncino sottile e flessibile da passeggio.

2. giannétta s.f. (trad. del nome ingl. *Jenny*, attributo scherz. a questo macchinario) Macchina filatrice per la lana ed il cotone usata in Inghilterra nel sec. XVIII.

giannizzero s.m. (turco *yeniçeri*, propr. "nuova milizia") **1.** Soldato del corpo di fanteria ottomano nei secc. XIV-XIX. [Reclutati inizialmente (secc. XIV-XVI) fra i bambini sottratti ai popoli assoggettati, i giannizzeri svolsero un ruolo determinante nelle conquiste dell'impero ottomano.] **2.** *spreg.* Guardia del corpo di un personaggio importante.

giansenismo s.m. (dal nome del vescovo olandese C. *Jansen* iniziatore del movimento) Dottrina di Giansenio e movimento religioso da questi fondato.
ENCICL. Il giansenismo fu inizialmente un movimento religioso che sviluppò tra i secc. XVII e XVIII; particolarmente in Francia (Port-Royal ne fu il principale centro) e in Italia. Basandosi sull'*Augustinus* di Giansenio, il movimento privilegiò l'iniziativa divina di fronte alla libertà umana, opponendosi così ai gesuiti. Trovò terreno favorevole nella borghesia parlamentare, gallicana e austera e manifestò un'opposizione all'arbitrarietà reale e alla morale mondana dei gesuiti. Nel 1653 fu condannato da Innocente X.

giapponése agg. Del Giappone. ◇ *Febbre giapponese:* malattia infettiva diffusa in Oriente, trasmessa dai topi e caratterizzata da forti febbri e dolori. ◆ s.m. **1.** (anche f.) Nativo, abitante del Giappone. **2.** (solo sing.) Lingua parlata in Giappone.

giapponeseria s.f. (spec. pl.) Oggetto d'arte o di arredamento che imita lo stile giapponese.

giàra s.f. (ar. *ğarra* "brocca") Grande vaso in terracotta, dall'ampia apertura, pancia ovale, impugnature e fondo piatto, usato per la conservazione degli alimenti.

giàrda s.f. (ar. *ğard*, propr. "tumore del cavallo") VET. Tumore calloso sul lato esterno del garretto di equini e bovini.

giardinàggio s.m. [pl.m. *–gi*] (fr. *jardinage*) Arte, tecnica e attività del curare i giardini.

giardinétta s.f. Automobile di tipo familiare, i cui sedili posteriori sono rimovibili o articolati, dotata di portellone posteriore per l'utilizzo come furgoncino. SIN.: **familiare**.

giardinétto s.m. (fr. *jardinet*) **1.** Nel sign. del dim. di *giardino*. ~ (al pl.) Giardini pubblici di limitata estensione. **2.** Assortimento di frutta. ~ *Piatto di salumi e antipasti vari.* ~ *Gelato misto.* **3.** OREFIC. Piccola composizione di foglie e fiori in oro, argento e pietre, in voga nel sec. XVII. **4.** MAR. Ciascuno dei fianchi dell'estremità della poppa nei vecchi vascelli antichi era ornato con piante. **5.** Sistema di cattura degli animali selvatici predatori. **6.** BORS. Portafoglio di titoli differenziati per settore in modo da ridurre i rischi dell'investimento. SIN.: **paniere**.

giardinièra s.f. (fr. *jardinière*) **1.** Coltivatrice di giardini. **2.** Mobile atto a contenere o a sostenere vasi da giardino e da terrazzo. **3.** CUC. Piatto di ortaggi tagliati in piccoli pezzi e cucinati insieme. **4.** Carretto per il trasporto di frutta e verdura. ~ Carrozza a quattro ruote e a cavalli, scoperta e con sedili laterali. ~ Carrozza ferroviaria o tramviaria aperta lateralmente o con piattaforma a balcone.

giardinière s.m. [f. *–ra*] (fr. *jardinier*) Chi coltiva e cura i giardini per mestiere.

giardino s.m. (fr. *jardin*, francone *gardo* "luogo recintato") **1.** Luogo recintato, con piante ornamentali, prati erbosi, ecc. a uso di ricreazione o per bellezza. ◇ *Giardino alla francese:* pianeggiante, segnato da linee simmetriche, aiuole e fontane. – *Giardino all'inglese:* caratterizzato da vasti prati in erba molto curati. – *Giardino all'italiana:* diviso in aiuole ordinate geometricamente. – *Giardino pensile:* giardino su terrazza. – *Giardino pubblico:* area urbana coltivata con piante e fiori e dotata di giochi per bambini, panchine ecc. – *Giardino zoologico:* zoo. – *Giardino d'infanzia:* scuola materna. – *Giardino d'inverno:* sala con vetrate arredata con mobili da giardino e piante. **2.** Luogo fertile e ameno. *L'Italia è il giardino d'Europa.* ☐ In funzione di agg., nelle locc. *città, quartiere giardino,* quartiere residenziale costituito da palazzine inserite nel verde.
ENCICL. I giardini, da considerarsi vere e proprie espressioni artistiche, in occidente si distinguono principalmente in due tipi: il giardino *regolare*, con struttura rigida e geometrica (giardino italiano del Rinascimento, giardino "alla francese" del sec. XVII), e il giardino *paesaggistico*, che imita il paesaggio naturale (giardino inglese o "anglo-cinese" dei secc. XVIII-XIX). La Cina, il Giappone e i paesi arabi hanno propri tipi di giardino, sia regolari sia paesaggistici.

giarrettièra s.f. (fr. *jarretiére*) Piccola fascia elastica dotata di ganci per sostenere la calza di donna alla coscia e quella da uomo al polpaccio.

giaùrro s.m. (turco *gâvur*, ar. *kâfir* "infedele") Termine spregiativo con cui i turchi designavano i non musulmani.

1. giàva s.f. (dal nome dell'isola indonesiana di *Giava*) Danza francese di coppia popolare all'inizio del sec. XX. ~ Valzer irregolare general. suonato con la fisarmonica su un tempo di 3/4.

2. giàva s.f. Ripostiglio collocato nella stiva delle antiche galee.

giavanése agg. (ingl. *Javanese*) Dell'isola di Giava. ◆ s.m. **1.** (anche f.) Nativo, abitante di Giava. **2.** (solo sing.) Lingua parlata a Giava.

giavellòtto s.m. (fr. *javelot*, forse di orig. celtica) Nell'antichità, arma ad asta più breve della lancia. – SPORT. Strumento da lancio utilizzato in atletica, costituito da un'asta di corta o media lunghezza. ◇ *Lancio del giavellotto:* disciplina olimpionica di atletica.

gibberellina s.f. BIOCHIM. Ormone vegetale naturale, estratto da alcuni funghi e piante, che accelera lo sviluppo dei vegetali.

gibbo s.m. MED. Deformità del dorso prodotta da particolari patologie. SIN.: **gobba**.

gibbóne s.m. (fr. *gibbon* da una voce asiatica) Scimmia antropomorfa dell'Indocina e delle isole della Sonda, dal pelame chiaro e muso nero, abile arrampicatrice grazie alle braccia molto lunghe. (Altezza 1 m; ca. genere *Hylobates*, famiglia degli Ilobatidi.)

gibbosità s.f. inv. **1.** MED. Gobba dovuta a una deformazione della colonna vertebrale (p.e.

■ gibbóne

per scoliosi). **2.** *fig.* Sporgenza tondeggiante simile a una gobba. SIN.: **protuberanza**.

gibbóso agg. Che ha la forma di una gobba. ~ Che presenta delle gobbe. *Terreno gibboso.*

gibèrna s.f. (lat. *zabèrnam* "bisaccia") Tasca in cui si ripongono i caricatori e le cartucce del fucile.

gibus [/ʒi'bys/] s.m. inv. (dal nome del cappellaio parigino che lo inventò) Cappello a cilindro con molle che permettono di appiattirlo per il trasporto.

gicleur [/ʒi'klœr/] s.m. inv. (voce fr., deriv. di *gicler* "zampillare") AUTOM. Spruzzatore che fornisce il carburante alla camera di carburazione.

1. giga s.f. [pl. *–ghe*] (provenz. *giga*) MUS. Strumento musicale medievale simile alla viola.

2. giga s.f. [pl. *–ghe*] (fr. *gigue*, deriv. di *giguer* "suonare con la giga") Antica danza di origine irlandese caratterizzata da un ritmo vivace e brioso.

giga- Primo elemento di composti, particolarmente attivo nel l. sc., in cui, anteposto al nome di un'unità di misura, ne moltiplica il valore per 10^9 (*gigaelettronvolt*); in informatica, moltiplica il valore per 2^{30}.

gigabyte [/'gɪga,baɪt/] s.m. inv. (voce ingl.) INFORM. Unità di misura multipla del byte pari a oltre un miliardo di byte. (Equivale a 1024 megabyte, ossia 1.073.741.824 byte).

gigaelettronvòlt s.m. inv. FIS. Unità di misura di energia (simb. *GeV*), pari a un miliardo di elettronvolt, che si usa nella fisica delle alte energie.

gigànte s.m. **1.** Nella mitologia classica, ciascuno dei figli di Urano e di Gea, uomini di smisurata altezza. – Nella Bibbia, abitanti della Palestina prima del diluvio. ~ Esseri fiabeschi di altissima statura. **2.** *estens.* [*scherz.* f. *–tessa*] Persona di statura eccezionalmente alta e di corporatura poderosa. SIN.: **colosso**. **3.** *fig.* Chi eccelle su tutti gli altri in un'arte, in una scienza. ❏ In funzione di agg. Di proporzioni eccezionali o superiori alla media. SIN.: **enorme**.◇ ASTR. *Stella gigante*: stella a bassa temperatura e bassa densità, molto luminosa e di dimensioni superiori a quelle del Sole. – SPORT. *Slalom gigante*: gara di sci che, rispetto allo slalom speciale, si disputa su tracciati più lunghi e con porte più distanziate tra loro.

gigantésco agg. [pl.m. *–schi*, f. *–sche*] **1.** Da gigante, di grandi dimensioni. SIN.: **enorme**. **2.** Che eccede la norma, fuori dell'ordinario per grandiosità, imponenza. *Impresa gigantesca.*

gigantismo s.m. **1.** MED. Anomalia dello sviluppo per cui le dimensioni del corpo, spec. dell'altezza, risultano di gran lunga superiori alla media. SIN.: **macrosomia**. **2.** *fig.* Sviluppo esagerato di una struttura, spec. imprenditoriale. **3.** *fig.* Carattere grandioso di qlco. ~ Tendenza a concepire programmi grandiosi, mania di grandezza.

gigantografia s.f. FOTO. Ingrandimento di negativi retinati impiegato per la stampa di manifesti.

gigantomachia s.f. Combattimento mitologico dei giganti contro gli dei.

gigaro o **gìcaro** s.m. Pianta erbacea tuberosa che cresce nell'Europa centrale nelle zone ombrose, con infiorescenza avvolta da una spata e bacche rosse velenose. (Famiglia delle Aracee.)

gigióne s.m. [f. *–na*] (deriv. di *Gigi*, dal nome di un personaggio della rivista di E. Ferravilla "Il Minestron") **1.** Nel l. teatr., attore perlopiù di scarso valore, ma presuntuoso, che tende a esagerare nella recitazione. SIN.: **istrione**. **2.** *estens.* Persona vanitosa che vuole primeggiare a ogni costo.

gigioneggiàre v.intr. [5] (aus. *avere*) Assumere un comportamento da gigione.

gigliàto agg. ARALD. Decorato di gigli. ◆ s.m. **1.** Moneta fiorentina su cui era coniato il simbolo del giglio. **2.** [f. *–ta*] Giocatore o tifoso della squadra di calcio della Fiorentina, che ha come simbolo un giglio.

Gigliflòre s.f. pl. [iniziale minusc. sing. *–ra* per l'individuo] BOT. → Liliflore.

giglio s.m. [pl. *–gli*] **1.** Pianta a bulbo squamoso, fusto dritto, foglie lanceolate e grandi fiori terminali, solitari o riuniti in grappoli, con sei stami ad antera oscillante e frutto a capsula. (Il *Lilium candidum* o *giglio bianco*, originario probabilmente dell'Oriente, è la specie più rustica e più coltivata; famiglia delle Liliacee.) **2.** Denominazione di varie piante.◇ *Giglio delle convalli*: mughetto. – *Giglio fiorentino*: giaggiolo. – *Giglio giallo*: acoro. – *Giglio di San Bernardo*: amarilli. **3.** *fig.* Candore, purezza, castità. *Pelle bianca come un giglio.* **4.** *Giglio di mare* → **comatula**. **5.** ARALD. Figura araldica che riproduce un giglio stilizzato, costituito da tre foglie a base comune, di cui le due laterali ricurve.◇ *Giglio di Firenze*: emblema della città di Firenze, rappresentato con un giaggiolo rosso su fondo argenteo. – *Giglio d'oro*: fiordaliso, simbolo della monarchia francese.

■ **gìglio** di Sant'Antonio.

bulbo

Giganti del mondo animale e vegetale		
specie viventi		
mammiferi		
balenottera azzurra	lunghezza: 33 m; peso: 130 t	
elefante africano	altezza: 4 m; peso: 6 t	
giraffa	altezza: 6 m	
elefante marino	lunghezza: 6 m; peso: 3 t	
orso kodiak	lunghezza: 3,5 m; peso: 1 t	
uccelli		
struzzo	altezza: 2,5 m; peso: 120 kg	
albatro urlatore	apertura alare: 3,5 m	
rettili		
pitone reticolato	lunghezza: 8 m	
tartaruga liuto	lunghezza: 2,4 m; peso: 500 kg	
coccodrillo marino	lunghezza: 7 m; peso: 1 t	
crostacei		
granchio Macrocheira	apertura delle chele: 4 m	
molluschi		
calamaro gigante	lunghezza totale: 17 m	
vermi		
parassita del capodoglio	lunghezza: 8,4 m; diametro: 1 cm	
nemertino gigante	lunghezza: 30 m	
cnidari		
cianea (medusa)	diametro: 2 m; lunghezza dei tentacoli: 40 m	
vegetali		
sequoia	altezza: 110 m; circonferenza: 40 m	
eucalipto	altezza: 110 m	
rafflesia	diametro del fiore: 1 m	
palma rotang	lunghezza (liane): 300 m	
specie estinte		
mammiferi terrestri		
baluchitherium	lunghezza: 10 m; altezza: 5 m; peso: 20 t	
uccelli		
dinornis	altezza: 3,5 m	
teratornis (avvoltoio)	apertura alare: 5 m	
rettili		
diplodoco	lunghezza: 27 m; peso: 20 t	
brachiosauro	lunghezza: 25 m; peso: 80 t; altezza: 12 m	
tirannosauro	lunghezza: 13 m; altezza: 5 m	
quetzalcoatlus (rettile volante)	apertura alare: 11 m; peso: 40 kg	

gigolo [/ʒigɔ'lo/] s.m. inv. (voce fr., propr. "ballerino") Un tempo, chi nei balli pubblici si offriva come ballerino a pagamento. ~ *estens.* Giovane uomo mantenuto da una donna anziana o ricca. ~ Bellimbusto moralmente spregevole.

gilbert [/'gilbərt/] s.m. inv. (dal nome dello scienziato inglese W. *Gilbert*) FIS. Unità di misura del potenziale magnetico.

gilda s.f. (solo sing.) **1.** Organizzazione corporativa che raccoglie i commercianti, gli artigiani o gli artisti. (Le gilde si diffusero in Germania e nel mondo anglosassone durante il Medioevo.) **2.** Denominazione di una recente associazione sindacale di insegnanti.

gilè s.m. inv. Gilet.

gilet [/ʒi'lɛ/] s.m. inv. (voce fr., spagn. *gileco*, ar. algerino *ǧalīka* "casacca dei galeotti") Corpetto senza maniche da portare sotto la giacca.

gillette [/dʒɪl'et/] s.m. inv. (dal nome dell'inventore statunitense K.G. *Gillette*) Denominazione commerciale, che costituisce marchio registrato, di un rasoio di sicurezza a due tagli, con lama ricaricabile. ~ *Rasoio monouso.* ◆ s.f. inv. Lama a due tagli che può essere inserita nel rasoio omonimo.

gimcàna s.f. Gincana.

gimnocàrpo agg. BOT. Di fungo con la parte superiore del corpo fruttifero non coperta.

Gimnospèrme s.f. pl. [iniziale minusc. sing. *–ma* per l'individuo] (lat. *Gymnospermae*, deriv. di gr. *gymnóspermos* propr. "dal seme nudo") BOT. Divisione di piante caratterizzate dal non avere gli ovuli racchiusi in ovari, come p.e. Conifere, Ginkgoacee, ecc

Gimnòto s.m. (lat. *Gymnotus*, comp. di gr. *gymnós* "nudo" e *nôtos* "dorso") **1.** ZOOL. Generi di pesci caratterizzati dal fatto di possedere organi che producono scariche elettriche in grado di tramortire e anche di uccidere animali di notevoli dimensioni. (Lunghezza fino a 2,50 m; genere *Electrophorus*, ordine dei Cipriniformi.) **2.** MIL. (iniziale minusc.) Tipo di mina subacquea che può essere fatta esplodere con comando a distanza.

gin s.m. inv. (ingl. *gin*, ol. *genever* "ginepro") Tipo di acquavite distillata perlopiù dal grano e aromatizzata con bacche di ginepro.

ginandria s.f. MED. Presenza di caratteri sessuali maschili in un essere di sesso femminile.

ginandrismo s.m. MED. Pseudoermafroditismo sia maschile (*androginia*) sia femminile (*ginandria*).

ginandromorfismo s.m. BIOL. Sindrome di intersessualità che interessa individui con caratteri sessuali in parte maschili e in parte femminili ed è dovuta a un forte squilibrio ormonale.

gincàna o **gimcàna** s.f. (anglo-indiano *gymkhana*, indostano *gendkhāna* "luogo dove si gioca a palla") Originariamente, luogo aperto al pubblico fornito di attrezzature sportive; poi, percorso di gara con difficoltà varie da superare. ◇ *fig. Fare la gincana*: passare abilmente tra un ostacolo e l'altro.

ginecèo s.m. **1.** ANT. GR. Parte della casa in cui vivevano le donne, composta da un talamo, da una stanza dove venivano ricevute le visite e da una sala in cui le donne lavoravano. **2.** *scherz.* Ambiente dove si trovano o dove vivono molte donne. **3.** BOT. Parte femminile del fiore formata da uno o più carpelli riuniti a costituire uno o più pistilli.

ginecologìa s.f. MED. Studio dell'apparato genitale femminile, delle sue funzioni e patologie.

ginecològico agg. [pl.m. –ci, f. –che] Relativo alla ginecologia.

ginecòlogo s.m. [f. –ga, pl.m. –gi, f. –ghe] Medico specialista in ginecologia.

ginecomastìa s.f. MED. Aumento di volume delle mammelle nell'uomo.

ginepràio s.m. [pl. –prai] **1.** Terreno in cui crescono molti ginepri. ~ estens. Terreno cosparso di arbusti cespugliosi. **2.** fig. Situazione inestricabile. SIN.: **garbuglio.**

ginépro s.m. **1.** Albero o arbusto semprever-de con foglie spinose e bacche viola; molto diffuso il ginepro nano, da cui si trae il gin. (Altezza fino a 6 m; sottotipo delle Gimnosperme; genere Juniperus, famiglia delle Cupressacee.) **2.** Essenza ricavata dai frutti di ginepro che viene usata in farmacia, gastronomia e profumeria.

foglie
e frutti

frutto

■ **ginépro**

ginèrio s.m. (lat. Gynerium, comp. di gr. gynḗ "donna" ed érion "lana", per l'aspetto bioccoso delle infiorescenze femminili) Erba perenne ornamentale originaria dell'America meridionale, che può raggiungere notevole altezza; detta anche erba delle pampas.

ginèstra s.f. **1.** Nome volgare di molte piante arbustive, dotate di lunghi e sottili rami verdi, foglie pungenti e fiori gialli a grappolo, diffuse nella regione mediterranea e appartenenti anche a generi diversi. (Generi Genista, Citiso, Spartium; famiglia delle Papilionacee.) **2.** Tipo di fibra tessile ricavata dall'omonima pianta e utilizzata soprattutto nella realizzazione di cordami. **3.** BOT. (iniziale maiusc.) Genere di piante comprendente alcune varietà di ginestra.

ginestrina s.f. Erba perenne dai fiori gialli, comune in Italia e coltivata per foraggio. (Genere Lotus; famiglia delle Papilionacee.)

ginestróne s.m. Arbusto dalle foglie spinose e fiori gialli che cresce sui suoli silicei. (Altezza 1-4 m; genere Ulex, famiglia delle Papilionacee.)

ginevrino agg. Della città di Ginevra. ◆ s.m. [f. –na] Nativo, abitante di Ginevra.

fiore

ramo
fiorito

frutto

■ **ginèstra**

gin fizz [/'dʒɪn fɪz/] loc. sost. m. inv. (loc. in-gl., "gin effervescente") Cocktail costituito da un miscuglio di gin e succo di limone.

ginger s.m. inv. (voce ingl., propr. "zenzero") Denominazione commerciale, che costituisce marchio registrato, di bibita analcolica gassata a base di acqua, zucchero e aromi vegetali naturali.

gingillàrsi v.pron. **1.** Giocherellare, divertirsi con un gingillo. **2.** estens. Bighellonare, perdere tempo.

gingillo s.m. **1.** Piccolo oggetto di poco valore. **2.** Qualsiasi oggetto usato per trastullare i bambini. **3.** fig. Occupazione inutile.

Ginkgo s.m. (lat. Ginkgo, giapp. gin-ichō "albero di ginkgo argenteo") BOT. Genere di piante ornamentali con foglie a ventaglio, originarie della Cina e considerate sacre in Estremo Oriente. (Altezza 30 m ca.; sottotipo delle Gimnosperme, famiglia delle Ginkgoacee.)

ovuli
di un ramo
femminile

amento
di un ramo
maschile

albero
maschio

■ **Ginkgo**

Ginkgoàcee s.f. pl. [iniziale minusc. sing. –a per l'individuo] BOT. Famiglia di Gimnosperme di cui sopravvive un solo genere, il Ginkgo, essendo tutti gli altri fossili.

ginn s.m. inv. Nella credenza musulmana, spirito benevolo che anima la natura.

ginnasiàle agg. Relativo al ginnasio. ◆ s.m. e f. Studente del ginnasio.

ginnàsio s.m. [pl. –si] (lat. gymnăsium, gr. gymnásion deriv. di gymnázein "fare esercizi fisici" a corpo nudo) **1.** ANT. GR. Istituzione inizialmente destinata ai soli esercizi fisici e che divenne, successivamente, un centro di studi filosofico-letterari. **2.** Biennio di collegamento tra la scuola media inferiore e il liceo classico. ~ estens. L'edificio che ne ospita le classi.

ginnàsta s.m. e f. [pl.m. –sti] **1.** Atleta che pratica la ginnastica. **2.** ANT. GR. Chi insegnava educazione fisica ai giovani.

ginnàstica s.f. [pl. –che] Disciplina che si occupa del benessere e del rinvigorimento del corpo umano utilizzando particolari esercizi fisici. ~ L'insieme di tali esercizi. ◊ Ginnastica artistica: costituisce disciplina sportiva e comprendente esercizi ai grandi attrezzi (cavallo, parallele, ecc.). – Ginnastica in acqua: aquagym. – Ginnastica ritmica: costituisce disciplina sportiva e comprende esercizi fisici eseguiti con piccoli attrezzi e con accompagnamento musicale. – Ginnastica preparatoria: eseguita come preparazione a una determinata disciplina sportiva. – Ginnastica a corpo libero: eseguita senza l'uso di attrezzi. – Ginnastica medica o correttiva: complesso di esercizi fisici eseguiti a scopo terapeutico per correggere deficienze muscolari, rigidità articolare, ecc. – fig. Ginnastica mentale: esercizio mentale, allenamento a ragionare.

ginnétto s.m. (spagn. jinete, deriv. dal nome della tribù berbera degli Zeneti, famosi per la loro cavalleria leggera) **1.** Piccolo cavallo, originario della Spagna. **2.** estens. Cavallo di razza, cavallo da corsa.

ginnico agg. [pl.m. –ci, f. –che] Relativo alla ginnastica.

ginocchièra s.f. **1.** Sistema di protezione del ginocchio per l'esercizio di alcuni sport o mestieri. ~ Apparecchio ortopedico che sostiene l'articolazione del ginocchio. **2.** Parte dell'armatura che proteggeva il ginocchio. **3.** Rinforzo che viene applicato internamente ai pantaloni all'altezza del ginocchio. **4.** Parte di cuoio messa sulle ginocchia del cavallo per evitare spelature in seguito a cadute.

ginòcchio s.m. [pl.m. ginocchi, f. ginocchia spec. se di persona] **1.** Parte dell'arto inferiore dove la gamba si congiunge con la coscia. ◊ MED. Ginocchio della lavandaia: flogosi della zona patellare provocata da un eccessivo inginocchiamento su superfici dure. – fig. Far venire il latte alle ginocchia: tediare, infastidire. – Mettersi in ginocchio: in atteggiamento di meditazione, di preghiera; fig. umiliarsi. **2.** Nei quadrupedi, articolazione delle ossa carpali e metacarpali con il radio. **3.** Parte dei pantaloni corrispondente al ginocchio. **4.** MAR. Parte del remo che entra nella scalmiera.

ginocchióni avv. In ginocchio.

ginogènesi s.f. inv. BIOL. Particolare tipo di riproduzione in cui lo spermio ha solo la funzione di attivare lo sviluppo dell'uovo.

ginsèng s.m. inv. (cin. gên-scên "pianta uomo" per la forma delle radici) Pianta erbacea dell'Asia orientale e dell'America del nord, dalle cui radici si estrae un'essenza usata tradizionalmente contro la stanchezza. (Genere Panax; famiglia delle Araliacee.) ~ estens. L'essenza che se ne trae.

gin tonic [/'dʒɪn tɒnɪk/] loc. sost. m. inv. (loc. ingl.) Long drink a base di gin e acqua tonica.

giobertite s.f. MIN. → **magnesite.**

giocàre v.intr. [4] (aus. avere) **1.** Dedicarsi a un gioco, parteciparvi con qlcu. Giocare a carte con gli amici. ~ Divertirsi con qlco. ~ fig. Fare qlco. in maniera poco seria. ◊ figg. A che gioco giochiamo?: espressione che indica che non si intende essere presi in giro. – Giocare con le parole: fare allusioni, usare doppi sensi. **2.** SPORT. Praticare uno sport. Giocare a calcio. ~ Disputare un incontro sportivo. La Juventus gioca con il Milan. ◊ Giocare in casa: riferito a una squadra sportiva, disputare una partita nella città o nel paese di appartenenza; fig. essere avvantaggiato, godere di una condizione favorevole. – Giocare di rimessa: riferito a una squadra, limitarsi a contrastare le azioni della squadra avversaria senza impostarne di proprie; fig. lasciare l'iniziativa all'avversario cercando di sfruttare gli errori o le difficoltà. **3.** Fare scommesse su qlco., dedicarsi al gioco d'azzardo. Giocare al lotto. ◊ BORS. Giocare in Borsa: speculare sull'acquisto e la vendita di titoli. – BORS. Giocare al rialzo: acquistare titoli a termine contando su un loro aumento di valore, o cercare di provocare un aumento del valore dei titoli con acquisti massicci. **4.** Usare abitualmente uno strumento. Giocare di spada. ~ Fare forza su una parte del corpo. Giocare di mano. ~ fig. Servirsi di qlco. Giocare d'astuzia. **5.** fig. Assumere un ruolo decisivo in qualche situazione. Qui ha giocato la fortuna. **6.** Detto di parti

■ **ginnàstica.** Figura di ginnastica ritmica.

di congegni o di meccanismi, riuscire a muoversi, funzionare in un certo modo. *La chiave gioca male.* **7.** Detto di luci, di riflessi luminosi, creare particolari effetti ottici su una superficie. *La luce gioca nella stanza.* ◆ v.tr. **1.** Detto di due persone o di due squadre, prendere parte a un gioco o disputare un incontro sportivo. **2.** Mettere in tavola carte da gioco. ~ Nel gioco degli scacchi, muovere un pezzo. *Giocare il re.* ◇ *fig. Giocare le proprie carte:* usare le proprie risorse. **3.** Scommettere, arrischiare qlco. in un gioco. *Giocare un numero al lotto.* **4.** *fig.* Scommettere qlco. sul verificarsi di un fatto. *Ci giocherei la testa sulla sua promozione.* **5.** *fig.* Attuare, portare avanti una sfida in un certo campo. *La partita si gioca sulla qualità dei prodotti.* **6.** *fig.* Fuorviare, ingannare qlcu. ◆ **giocarsi** v.pron. Perdere qlco. per propria colpa, mettere a repentaglio. *Si è giocato la reputazione.*

giocàta s.f. **1.** Partita di un gioco o singola azione di una partita. **2.** Puntata del giocatore. **3.** Combinazione di numeri su cui si punta una somma in un gioco a estrazione o a pronostico.

giocatóre s.m. [f. *–trice*] **1.** Chi partecipa a un gioco. **2.** Chi ha il vizio del gioco. **3.** Chi pratica un gioco sportivo.

giocàttolo s.m. Oggetto con cui i bambini giocano, si divertono. ◇ *fig. Essere un giocattolo nelle mani di qlcu.:* essere manovrato, succube.

giocherellàre v.intr. (aus. *avere*) Divertirsi, trastullarsi.

giocherellóne s.m. [f. *–na*] Chi ama scherzare.

giòco s.m. [pl. *–chi*] (lat. *iŏcum* "scherzo") **1.** Qualsiasi attività a cui ci si dedica per svago, piacere. ◇ *Gioco di società:* quello che si fa in feste e riunioni mondane, basato spesso su quesiti da risolvere e con l'imposizione di penitenze a chi perde. – *Giochi di prestigio:* quelli che richiedono grande abilità manuale e si servono di trucchi ingegnosi per meravigliare il pubblico. – *fig. Essere un gioco da ragazzi:* una cosa facilissima a farsi. **2.** Competizione tra due o più persone, basata su regole codificate, il cui esito dipende dall'abilità o dalla sorte. ~ *estens.* La somma che si punta in gioco. SIN.: **posta.** ◇ *Gioco d'azzardo:* quello in cui si punta del denaro e in cui la vincita o la perdita dipendono solo dal caso. – *Gioco da tavolo:* quello in cui i giocatori muovono pezzi, pedine, contrassegni su scacchiere o tabelloni in base a regole prestabilite o lanciando dadi (dama, scacchi, backgammon, monopoli, gioco dell'oca, ecc.). – *Casa da gioco:* casinò. – *Essere in gioco:* essere il premio del vincitore; *fig.* correre un rischio, un pericolo. – *Mettere in gioco:* versare come posta; *fig.* rischiare. *Mettere in gioco il proprio buon nome.* **3.** Nei giochi di carte, la combinazione di carte posseduta da ciascun giocatore. ◇ *Scoprire il proprio gioco:* mostrare le carte possedute; *fig.* lasciare intendere le proprie intenzioni. – *fig. Avere buon gioco nel fare qlco.:* riuscirvi facilmente. – *Fare il doppio gioco:* favorire entrambe le parti in una contesa per trovarsi sempre dalla parte del vincitore. – *Fare gioco:* tornare utile, fare comodo. **4.** Attività, disciplina, competizione sportiva. *Gioco del calcio.* ~ (al pl.) Manifestazione sportiva comprendente gare in discipline diverse. *I giochi Olimpici.* **5.** Insieme delle norme secondo le quali si gioca. *Conoscere il gioco.* ◇ *Stare al gioco:* accettarne le regole, *fig.* accettare le regole di una attività o una situazione. **6.** Modo di giocare. ~ Mossa, tattica di gioco.

◇ SPORT. *Gioco di gambe:* nel pugilato, oscillazione sulle gambe per evitare i colpi dell'avversario; nel calcio, finte per dribblare l'avversario. – *Gioco di squadra:* quello in cui ogni giocatore fa la propria parte a vantaggio del complesso; *fig.* proficua interazione tra elementi dello stesso gruppo. – *Gioco di sponda:* nel biliardo o nelle bocce, tecnica di sfruttare le deviazioni che la palla subisce rimbalzando contro la sponda. – *figg. Capire il gioco di qlcu.:* capire il suo vero obiettivo e i mezzi con i quali intende raggiungerlo. – *Fare il gioco di qlcu.:* favorirlo, agire nel suo interesse. **7.** Insieme degli elementi necessari per praticare un gioco, giocattolo, balocco. *Regalare un gioco.* **8.** Durata di un gioco, partita, gara. ~ Nel tennis, ciascuna delle parti in cui viene suddiviso un set, detto propriamente *game.* ◇ *Gioco supplementare:* parte di un incontro disputata al termine di quella regolamentare conclusa in parità, per stabilire il vincitore. ~ Nei giochi di carte, turno, mano. **9.** Particolare combinazione di effetti che producono un risultato espressivo. *Gioco di luci.* ◇ *Gioco di parole:* doppio senso, bisticcio. – *Giochi d'acqua:* getti, zampilli d'acqua ornamentali. **10.** *fig.* Modo di agire, azione, attività per ottenere un risultato. *Il loro gioco non mi piace.* ~ Faccenda rischiosa o intricata. **11.** *fig.* Scherzo, burla. *È stato solo un gioco!* **12.** *Gioco in, di borsa:* l'insieme delle operazioni effettuate in Borsa per fini speculativi. SIN.: **speculazione. 13.** MAT. *Teoria dei giochi:* teoria e metodo matematico che dall'osservazione di determinati piani di strategia ricava indicazioni comportamentali che si possono applicare nelle soluzioni di problemi di gestione economica o aziendale. **14.** MECC. Spazio lasciato tra due elementi che permette un certo movimento. SIN.: **agio.**

ENCICL. In Grecia i giochi pubblici erano celebrati in onore di un dio e comprendevano gare atletiche, musicali e poetiche. I più importanti erano i giochi dell'Istmo, quelli di Nemea, i giochi Delfici e i giochi Olimpici. A Roma i giochi celebrati nei circhi, negli anfiteatri o nei teatri (combattimenti di gladiatori, naumachie, ecc.) accompagnavano le feste religiose, i funerali e altre cerimonie.

giocofòrza Solo nella loc. *essere giocoforza,* essere necessario, inevitabile.

giocolière s.m. [f. *–ra*] (fr. *joculer*) **1.** Chi nei circhi o nei teatri esegue giochi di destrezza e di equilibrio. **2.** Chi dà prova di abilità virtuosistica.

giocóndo agg. **1.** Privo di turbamenti. **2.** Che dà gioia. **3.** *fam.* Credulone.

giocóso agg. **1.** Che ama giocare, divertirsi. *Un ragazzo giocoso.* **2.** Che rallegra, diverte.

1. giogàia s.f. Successione di gioghi montani. ~ Catena di montagne. – *estens.* Passo, valico.

2. giogàia s.f. Piega della pelle collocata sotto il collo di alcuni animali (buoi, tacchini, ecc.).

giógo s.m. [pl. *–ghi*] **1.** Arnese di legno che si fissa alla testa o al garrese di una coppia di animali da tiro e costituisce l'elemento principale del sistema di attacco del carro, dell'aratro, ecc. **2.** ANT. ROM. Giavellotto fissato orizzontalmente su due altri giavellotti infissi nel terreno, sotto il quale il vincitore faceva passare, in segno di sottomissione, comandanti e soldati dell'esercito vinto. **3.** *fig.* Costrizione materiale o morale. *Il giogo dello straniero.* **4.** Sommità allungata di una montagna. **5.** TECN. Asta orizzontale della bilancia, alle cui estremità sono sospesi o fissati i piatti.

1. giòia s.f. (fr. *joie*) **1.** Soddisfazione, contentezza. SIN.: **felicità.** ◇ *Darsi alla pazza gioia:* a grandi divertimenti. – *Non stare in sé dalla gioia:* essere molto felice. **2.** Persona o cosa che è motivo di soddisfazione, di compiacimento. SIN.: **consolazione.**

2. giòia s.f. **1.** (spec. pl.) Gioiello, pietra preziosa. **2.** *fig.* Persona preziosa per le sue qualità o per l'affetto che le si porta. ~ Appellativo affettuoso, spec. di bambini. **3.** Rinforzo metallico applicato alla volata o alla culatta dei pezzi d'artiglieria.

gioiellerìa s.f. **1.** Arte di valorizzare le pietre preziose sfruttandone per fini decorativi luce,

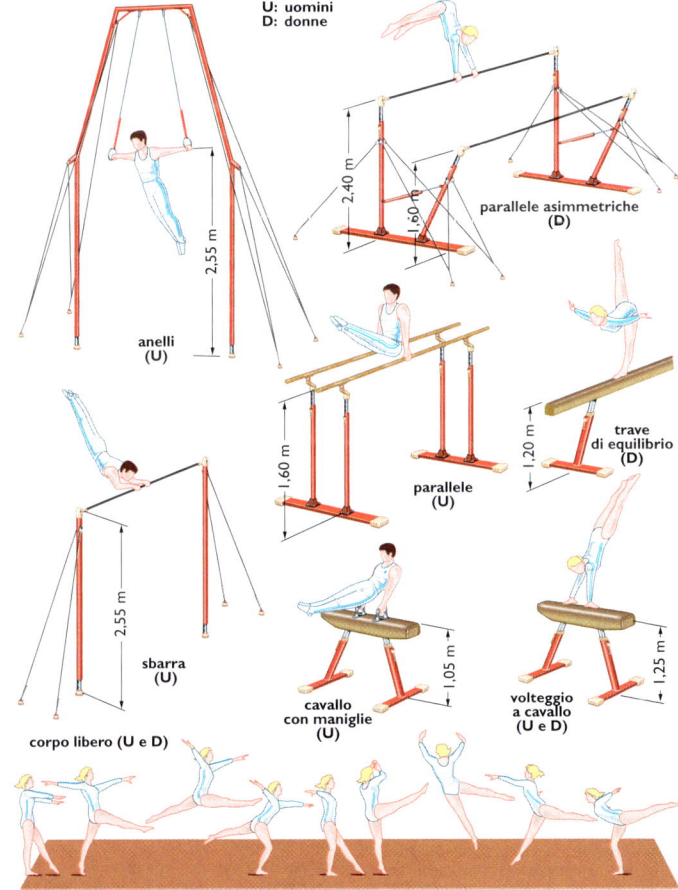

U: uomini
D: donne

anelli **(U)**

parallele asimmetriche **(D)**

2,55 m

2,40 m
1,60 m

trave di equilibrio **(D)**

parallele **(U)**

1,60 m
1,20 m

sbarra **(U)**

2,55 m

cavallo con maniglie **(U)**

1,05 m

volteggio a cavallo **(U e D)**

1,25 m

corpo libero **(U e D)**

■ **ginnàstica.** Attrezzi per la ginnastica artistica.

forma e colore. **2.** Negozio, laboratorio di gioielli, di preziosi. **3.** Assortimento di gioielli.

gioiellière s.m. [f. *-ra*] Persona che lavora o vende gioielli.

gioièllo s.m. (fr. *joel*) **1.** Oggetto ornamentale di metallo prezioso lavorato e spesso adorno di pietre preziose, da portarsi sulla persona. SIN.: **monile**. **2.** *fig.* Persona considerata preziosa dal punto di vista affettivo o per le sue doti, le sue qualità. ~ Cosa molto bella o di grande valore. *Un gioiello dell'architettura gotica.*

gioióso agg. (fr. *joieus*) **1.** Pieno di gioia. ~ Che ispira gioia. *Una notizia gioiosa.* **2.** Che manifesta gioia.

gioìre v.intr. [75] (aus. *avere*) (fr. *joir*, lat. *gaudēre* "godere") Provare piacere, una grande gioia.

giordàno agg. Della Giordania. ◆ s.m. [f. *-na*] Nativo, abitante della Giordania.

giornalàio s.m. [f. *-laia*, pl.m. *-lai*] Proprietario o gestore di una rivendita di giornali, di un'edicola. SIN.: **edicolante**.

giornàle s.m. **1.** Pubblicazione giornaliera, a stampa, che informa sugli avvenimenti politici, culturali, sportivi, sui fatti di cronaca e di costume. ~ Se la pubblicazione è periodica, rivista, rassegna. **2.** *estens.* Ogni pubblicazione periodica di varia attualità o specializzata in una data materia. SIN.: **rivista**. ~ Anche come titolo di riviste letterarie e scientifiche. *"Giornale storico della letteratura italiana"*. **3.** Notiziario trasmesso per radio (*giornale radio*), per televisione (*telegiornale*) o anche al cinema (*cinegiornale*). **4.** *estens.* Edificio, sede in cui viene stampato o redatto un giornale. **5.** Registro su cui si annotano di giorno in giorno notizie di vario tipo, in ambito privato o pubblico. SIN.: **diario**. ◇ MAR. *Giornale nautico:* registro sul quale sono scritte tutte le informazioni che riguardano la nave e la navigazione. – *Giornale di bordo:* diario redatto dagli ufficiali di grado inferiore della marina militare.

giornalétto s.m. **1.** Nel sign. del dim. di *giornale*, anche con valore spreg. **2.** Pubblicazione periodica, in gran parte costituita da storie a fumetti, destinata ai ragazzi. SIN.: **giornalino**.

giornalièro agg. (fr. *journalier*) **1.** Che si fa ogni giorno. **2.** Che dura un giorno. ◆ s.m. **1.** [f. *-ra*] Operaio pagato a giornata, in partic. lavoratore agricolo stagionale. **2.** CINE. (al pl.) Sequenze girate nel corso di una giornata e subito stampate per essere visionate dal regista.

giornalìno s.m. **1.** Nel sign. del dim. di *giornale*; in partic., giornale illustrato per ragazzi. **2.** Giornale a diffusione interna di associazioni, comunità, ecc.

giornalìsmo s.m. (fr. *journalisme*) **1.** Attività connessa alla pubblicazione di un giornale. **2.** Professione di chi scrive sui giornali, partecipa alla redazione di un giornale radiotelevisivo. **3.** Insieme dei giornali o dei giornalisti.

giornalìsta s.m. e f. [pl.m. *-sti*] (fr. *journaliste*) Chi ha come occupazione principale, regolare e remunerata, l'esercizio del giornalismo in uno o più organi della stampa scritta o audiovisiva. ◇ *Giornalista d'assalto:* impegnato in partic. nella denuncia dei problemi sociali.

giornalìstico agg. [pl.m. *-ci*, f. *-che*] Dei giornali o dei giornalisti. ~ Del giornalismo.

giornalménte avv. Tutti i giorni, ogni giorno.

giornàta s.f. **1.** Lasso di tempo compreso approssimativamente tra l'alba e il tramonto. ~ Questo lasso di tempo considerato in relazione alle condizioni climatiche o ai fatti che vi succedono. *Giornata faticosa, piovosa.* ◇ *Di giornata:* del giorno stesso. *Uova fresche di giornata.* – *In giornata:* nell'arco del giorno stesso. – *figg. Vivere alla giornata:* senza preoccuparsi di quanto avverrà in futuro. – *Andare a giornate:* essere di umore o di salute variabile. – *Giornata nera:* quella in cui si è di cattivo umore o niente va bene. **2.** Durata quotidiana del lavoro, stabilita dalla legge. *Giornata lavorativa di otto ore.* ~ Quantità di lavoro svolta in questo lasso di tempo. ~ Salario corrispondente. **3.** Misura approssimativa di distanza, corrispondente al tragitto di un giorno. ◇ *A grandi giornate:* anticamente, a marce forzate; *estens.* di gran carriera, velocemente. **4.** In Piemonte, antica unità di misura di superficie agraria che corrispondeva al terreno arato in un giorno da una coppia di buoi. **5.** Giorno segnato da un evento storico importante. ~ *fig.* Giornata faticosa in cui succede di tutto. **6.** Giorno destinato a celebrare un avvenimento o a sensibilizzare il pubblico su temi di contenuto sociale o civile. ◇ *Giornata di studi:* quella dedicata, soprattutto in ambito accademico, a convegni, seminari, dibattiti su un particolare tema. **7.** SPORT. In un campionato a squadre, ciascuno dei giorni prefissati in cui le squadre, secondo gli accoppiamenti previsti, giocano le partite del girone.

giornèa s.f. (fr. *journée*, propr. "viaggio di un giorno" poi "casacca da viaggio") Antica sopravveste militare.

giórno s.m. **1.** ASTR. Intervallo di tempo impiegato dalla Terra per fare una rotazione attorno al suo asse. ◇ *Giorno solare:* calcolato al riapparire, sullo stesso meridiano, del Sole. – *Giorno sidereo:* calcolato al riapparire, sullo stesso meridiano, di una stella di riferimento. **2.** Periodo di ventiquattro ore, contate da una mezzanotte all'altra. *Mese di trenta giorni.* ~ Intervallo approssimativo di ventiquattro ore, che vale anche come misura breve di tempo. ◇ *Giorno feriale, festivo:* rispettivamente, lavorativo e di riposo. – *Ultimo giorno utile:* nel l. bur., l'ultimo in cui si può effettuare un versamento, espletare una pratica, ecc. – *Del giorno:* che si verifica nella giornata in corso, che ha validità per quel giorno specifico; *estens.* attuale, che va per la maggiore al momento. *Moda del giorno.* – *Di giorno in giorno:* continuamente, progressivamente. – *Giorno dopo giorno:* ogni giorno, per un lungo periodo. – *Da un giorno all'altro:* improvvisamente, inaspettatamente. – *Giorno per giorno:* regolarmente; pensando solo al presente senza preoccuparsi del futuro. – *A giorni:* tra poco. – *Al giorno:* ogni giorno, con cadenza quotidiana. – *Un giorno:* una volta. – *Di tutti i giorni:* consueto, abituale. – *L'altro giorno:* l'altrieri; più in gener., poco tempo fa. – *Un giorno o l'altro:* una volta o l'altra. **3.** Intervallo di tempo in cui il Sole sta sopra all'orizzonte. ◇ *figg. Alla luce del giorno:* palesemente, apertamente. – *Giorno e notte:* ininterrottamente. – *Fare di notte giorno:* fare vita attiva di notte e dormire di giorno. **4.** Giornata. ~ Giornata in cui si celebra un avvenimento di rilievo. *Il giorno della Liberazione.* **5.** Periodo, momento di tempo indeterminato. *Chissà se un giorno ci rivedremo.* ◇ *Al giorno d'oggi, ai nostri giorni:* attualmente, di questi tempi. **6.** *A giorno:* visibile, all'aperto. – *Illuminazione a giorno:* tanto forte da sembrare quella del sole. – *Legare, montare a giorno:* incastonare una pietra preziosa in modo che sia visibile anche da sotto. – RIC. *Punto a giorno:* fatto per rifinire i tessuti sfilando alcuni fili della trama e riunendoli in mazzetti così da creare un alternarsi di pieno e vuoto. – *Orlo a giorno:* tipo di orlatura forata, attraverso cui passa la luce, ottenuta con il punto a giorno.

giòstra s.f. (fr. *joste*) **1.** Nel Medioevo e nel Rinascimento, duello tra cavalieri che si correvano incontro cercando reciprocamente di sbalzarsi da cavallo a colpi di lancia. **2.** *estens.* Combattimento di modesta entità. **3.** Rievocazione storica con figuranti in costume delle giostre medievali. **4.** Struttura girevole variamente attrezzata per il divertimento dei bambini e dei grandi. ~ *fam.* (al pl.) I divertimenti installati in un parco giochi o in luna park. **5.** *fig.* Movimento vorticoso, spesso confuso. SIN.: **caos**.

giostràio s.m. [f. *-straia*, pl.m. *-strai*] Proprietario o gestore delle installazioni, stabili o ambulanti, dei luna park o delle aree attrezzate per il divertimento pubblico.

giostràre v.intr. (aus. *avere*) (fr. *joster*, lat. *iuxtāre* "mettere insieme") **1.** Partecipare a una giostra. ~ *estens.* Duellare, combattere. **2.** *fig.* Destreggiarsi in una situazione difficile. *Mi trovo a giostrare in mezzo alle polemiche.*

giovaménto s.m. Effetto positivo di cui ci s'avvale. SIN.: **beneficio**.

gióvane agg. **1.** Che è nell'età della vita successiva alla puerizia e antecedente alla maturità. ~ Che non è vecchio. ~ Che ha meno anni di un'altra persona. *È più giovane di me di due anni.* ~ Come attributo di un nome proprio distingue dall'omonimo più vecchio. *Plinio il giovane.* ◇ *Essere troppo giovane:* non aver ancora raggiunto l'età prevista per qlco. o ritenuta conveniente, ottimale sotto il profilo dell'esperienza. *È troppo giovane per essere eletto al senato.* **2.** Giovanile di aspetto e di mentalità. **3.** Con riferimento ad animale o a pianta, nato da poco. *Un giovane cavallo.* ~ Riferito a cosa, esistente da poco tempo, da poco formatasi o costituitasi. *Nazione giovane.* ~ In partic., fatto da poco, non stagionato, recente. *Formaggio giovane.* ~ Non avanzato, non inoltrato. *La notte è ancora giovane.* **4.** Che ha talune caratteristiche o qualità della giovinezza. ~ Proprio di una nuova generazione. ❑ In funzione di avv. *Vestire giovane.* ◆ s.m. e f. **1.** Chi è tra l'adolescenza e la maturità. **2.** Aiutante, apprendista. *Giovane di studio.*

giovanìle agg. **1.** Della giovinezza. *Entusiasmo giovanile.* ~ Che si colloca nel tempo della giovinezza. *Opere giovanili.* **2.** Dei giovani. *Contestazione giovanile.* ~ Composto da giovani. *Squadra giovanile.* **3.** Che mantiene caratteristiche fisiche o psicologiche tipiche dei giovani. SIN.: **dinamico**.

giovanilìsmo s.m. **1.** *spreg.* Modo di comportarsi proprio di chi, nonostante l'età, vuol apparire giovane. **2.** Atteggiamento, politica favorevole ai giovani.

giovàre v.intr. (aus. *avere* o *essere*) Tornare utile a qlcu., essergli vantaggioso. *Giovare alla famiglia.* ◆ v.impers. Essere opportuno, vantaggioso. *Giova ribadire l'importanza dei fatti economici nella politica.* ◆ **giovarsi** v.pron. Servirsi, valersi di qlco. *I figli si gioveranno della mia esperienza.*

giovedì s.m. inv. (lat. *Iŏvis dīem* "giorno di Giove") Quarto giorno della settimana. ◇ CATT. *Giovedì santo:* giovedì che precede la Pasqua. – *Giovedì grasso:* l'ultimo giovedì di carnevale.

giovènca s.f. [pl. *-che*] (lat. *iuvĕncam*, deriv. di *iŭvenis* "giovane") Vacca giovane che non ha ancora partorito.

gioventù s.f. inv. **1.** Età intermedia tra l'adolescenza e la maturità. SIN.: **giovinezza**. **2.** I giovani nel loro insieme. *La gioventù del paese.*

gioviàle agg. **1.** Cordiale, espansivo, di indole benigna. *Carattere gioviale.* **2.** ASTR. Del pianeta Giove. *Satelliti gioviali.*

giovialità s.f. inv. Indole benigna, socievole. SIN.: **cordialità**.

giovincèllo s.m. [f. *-la*] Nel sign. del dim. di *giovane*. ~ *spreg.* Giovane immaturo o frivolo.

giovinézza s.f. **1.** Età intermedia tra l'adolescenza e la maturità. ◇ *Seconda giovinezza:* periodo dell'età matura in cui ritornano la felicità e l'entusiasmo della gioventù. **2.** *estens.* Insieme di caratteristiche proprie della giovinezza. **3.** *fig.* Primo periodo di vita, di sviluppo, di formazione. *La giovinezza di un'animale.* **4.** *fig.* Vitalità, freschezza, vivacità. *Giovinezza di spirito.*

gip o **GIP** Sigla di *Giudice per le Indagini Preliminari.*

gipèto o **gipaèto** s.m. Grande rapace diurno, che vive nelle alte montagne dell'Africa, dell'Asia centrale e dell'Europa mediterranea, caratterizzato da un ciuffo di peli neri sulla gola; si nutre di carogne come gli avvoltoi, per questo è detto anche *avvoltoio barbuto o degli agnelli.* (La sua portata alare può superare i 2,50 m; famiglia degli Accipitridi.)

gipsotèca s.f. [pl. *-che*] Collezione di calchi in gesso di statue. ~ Luogo in cui essa è collocata.

girabacchìno s.m. (voce sett., fr. *vilebrequin*, ol. *wimmelkijn* deriv. di *wimmel* "trivella") **1.** Trapano a mano sagomato a forma di U utilizzato per forare il legno. **2.** Chiave a tubo multipla sagomata a U o a croce utilizzata per svitare bulloni.

giradìschi s.m. inv. Apparecchio per riprodurre e ascoltare dischi fonografici costituito da un piatto rotante su cui viene sistemato il disco, un braccio di lettura, una testina fonografica e un amplificatore.

giradito s.m. inv. → **patereccio**.

giràffa s.f. (ar. *zurāfa*) **1.** Grande mammifero ruminante, tipico dell'Africa, con mantello biancastro a chiazze marroni irregolari, zampe posteriori più corte delle anteriori e collo lunghissimo che gli permette di raggiungere le foglie d'acacia fino a 6 m d'altezza. (Le giraffe vanno all'ambio e divaricano le zampe anteriori per bere e brucare; famiglia dei Giraffidi.) ◊ *fig. scherz. Avere un collo da giraffa:* avere un collo lungo e sottile. **2.** ZOOL. (iniziale maiusc.) Genere di animali a cui appartengono diverse varietà di giraffa. **3.** CINE., TV. Lungo braccio metallico usato nelle riprese cinematografiche e televisive per spostare fuori campo lampade o microfoni o per avvicinare questi ultimi a chi parla.

■ **giràffa** reticolata.

Giràffidi s.m. pl. [iniziale minusc. sing. *–de* per l'individuo] ZOOL. Famiglia di mammiferi ruminanti alla quale appartengono le giraffe e gli okapi.

giraffista s.m. e f. [pl.m. *–sti*] CINE., TV. Tecnico che manovra la giraffa nelle riprese cinematografiche e televisive. SIN.: **microfonista**.

giràle s.m. ARCH. Motivo decorativo costituito da elementi vegetali.

giramàschi s.m. inv. Arnese dotato di due manici che serve per imprimere la rotazione manuale al maschio nella filettatura.

giraménto s.m. Movimento circolare o rotatorio.

giramóndo s.m. e f. inv. Chi va per il mondo spesso senza uno scopo. SIN.: **girovago**. ~ Anche, assiduo viaggiatore.

giràndola s.f. **1.** Ruota che gira vorticosamente spinta a reazione dai fuochi d'artificio che vi sono applicati. **2.** Giocattolo formato da un'asticella su cui è infissa un'elica di plastica che gira al vento. SIN.: **mulinello**. **3.** Banderuola di metallo posta sulla sommità di un edificio e indicante la direzione del vento. **4.** *fig.* Persona volubile e incostante. **5.** *fig.* L'accavallarsi rapido e confuso di cose, eventi, ecc. SIN.: **turbinio**.

girànte agg. Che gira. ◆ s.m. e f. BANC. Chi fa la girata di un titolo di credito, p.e. una cambiale, un assegno. ◆ s.f. Parte rotante di una macchina rotativa.

giràre v.intr. (aus. *essere* o *avere*) **1.** Avere un movimento rotatorio. *La trottola non gira più.* ◊ *fig. Gira gira:* alla fin fine. **2.** Cingere qlco., correre intorno a qlco. **3.** Cambiare direzione e svoltare verso un punto. *La strada gira a sinistra.* SIN.: **curvare**. **4.** Muoversi ruotando intorno a qlco. *La Terra gira intorno al Sole.* **5.** Muoversi, andare in giro per un luogo. ◊ *fig. Girare per il capo a qlcu.:* agitarsi nella mente. **6.** Circolare, diffondersi in un luogo. *In questi paesi ora girano molti soldi.* **7.** *fig. fam.* Venire l'estro a qlcu. *Se mi gira domani parto.* ~ Andare, evolvere in un certo modo. *Ora le cose girano bene.* ◆ v.tr. **1.** Volgere qlco. da una parte. *Girò la testa dall'altra parte.* ~ Far ruotare qlco. intorno al proprio asse. *Girare la chiave nella serratura.* ~ Mescolare qlco. *Girare la polenta.* **2.** Filmare qlco., riprendere una scena con la macchina da presa. *Girare un documentario.* **3.** Circondare un luogo, percorrerlo lungo tutto il suo perimetro. *La strada panoramica gira tutto il lago.* **4.** Oltrepassare un dato punto piegando in una direzione. **5.** Percorrere, visitare un luogo in tut-

te le direzioni. ~ Andare in più posti successivamente. *Girare un paese.* **6.** Passare ad altri qlco. che si è ricevuto. *Girare una domanda.* ~ BANC. Trasferire ad altri un titolo di credito mediante girata. *Girare un assegno al figlio.* **7.** *fig.* Presentare qlco. sotto una diversa forma, dargli un altro significato. *Girala come vuoi, la sostanza non cambia.* ◆ **girarsi** v.pron. Voltarsi da una parte, in una direzione. *Si girò verso di me.*

girarròsto s.m. Congegno atto a far girare lo spiedo su cui è infilata la carne che arrostisce così in modo uniforme.

girasóle s.m. (così detto perché il fiore si volge seguendo il corso apparente del Sole) Pianta erbacea annua caratterizzata da foglie a forma di cuore e grosse infiorescenze di colore giallo dai cui semi si ricava un olio commestibile. (Genere *Helianthus*; famiglia delle Composite Tubuliflore.)

particolare del capolino prima della maturità

seme

■ **girasóle**

giràta s.f. **1.** Movimento impresso o compiuto da un corpo ruotante su se stesso. SIN.: **giro**. **2.** BANC. Atto con il quale si trasferisce un titolo di credito all'ordine, p.e. un assegno o una cambiale. (Consiste nell'apposizione della firma del girante e di altre eventuali indicazioni sul titolo stesso.) ◊ *Girata piena:* con indicazione del giratario. **3.** Nei giochi di carte, ciascuna distribuzione delle carte ai giocatori. ~ Nel sollevamento pesi, la prima parte del movimento di slancio.

giratàrio s.m. [f. *–ria*, pl.m. *–ri*] BANC. Persona indicata nella girata, a favore della quale si trasferisce una cambiale, un assegno o un altro titolo di credito.

giratùbi s.m. inv. Utensile che serve per avvitare o svitare un tubo metallico filettato.

giravite s.m. inv. → **cacciavite**.

giravòlta s.f. **1.** Movimento di rotazione di un corpo su se stesso. **2.** *fig.* Mutamento improvviso di idee, di posizioni ideologiche, di azioni. *Fare giravolte clamorose.* **3.** Ansa, sinuosità, meandro.

girellàre v.intr. (aus. *avere*) Gironzolare, bighellonare in un luogo.

girèllo s.m. **1.** Taglio di carne bovina macellata ricavato dalla parte posteriore della coscia della bestia. *Arrosto di girello.* **2.** Oggetto a forma di piccolo disco. SIN.: **cerchietto**. **3.** Nell'arcolaio, pezzo rotondo sul quale viene appoggiato il castello rotante, detto anche *scodellino*. **4.** Attrezzo a forma di tronco di cono munito di rotelle che sostiene il bambino quando muove i primi passi.

girévole agg. Che può girare, che può essere girato. *Sedia girevole.* ◆ s.m. TEAT. Piattaforma usata per velocizzare i cambi di scena.

girifàlco o **girfàlco** s.m. [pl. *–chi*] (fr. *gerfalc*, comp. di ted. *gīr* "avvoltoio" e *falko* "falco") Nome volgare di un grande uccello di origine scandinava che ha dimensioni maggiori di un falco e piumaggio grigio bruno con le singole penne fasciate di bianco. (Lunghezza 60 cm ca.; nome scientifico *Falco rusticolus*, famiglia dei Falconidi).

Girinidi s.m. pl. [iniziale minusc. sing. *–de* per l'individuo] ZOOL. Famiglia di insetti coleotteri acquatici che hanno l'abitudine di stare sulla superficie dell'acqua muovendosi in cerchio.

1. girino s.m. (lat. *gyrīnum*, gr. *gyrīnos* deriv. di *gýros* "cerchio") **1.** Larva acquatica di Anfibi

anuri che respira per mezzo di branchie e ha corpo sferico con lunga coda laminare. **2.** Piccolo coleottero che vive negli stagni.

2. girino s.m. SPORT. Corridore ciclista che partecipa al giro d'Italia.

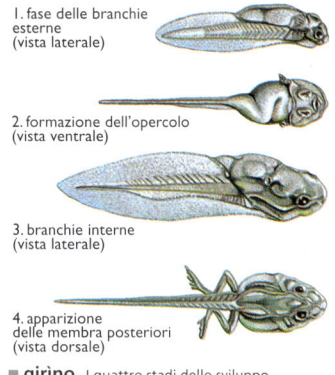

1. fase delle branchie esterne (vista laterale)

2. formazione dell'opercolo (vista ventrale)

3. branchie interne (vista laterale)

4. apparizione delle membra posteriori (vista dorsale)

■ **girino.** I quattro stadi dello sviluppo del girino.

girl [/ˈgəːl/] s.f. inv. (voce ingl., propr. "ragazza") Ballerina di varietà, ballerina di fila.

giro s.m. (lat. *gyrum*, gr. *gŷros* "cerchio") **1.** Linea perimetrale, di contorno, ecc. SIN.: **circonferenza, perimetro. 2.** Movimento rotatorio intorno al proprio asse oppure movimento lungo una circonferenza o un'ellissi. *Giro di chiave.* SIN.: **rotazione**. ◊ *Giro di ballo, di valzer:* successione di piroette, di evoluzioni che configurano una danza; *fig.* in politica, improvviso e temporaneo cambio di posizione, di schieramento e di alleanze. – SPORT. *Giro d'onore:* quello che il vincitore compie lungo la pista per ricevere gli applausi del pubblico. – *Giro di boa:* nelle gare nautiche, virata dell'imbarcazione attorno alla boa che determina il limite massimo del percorso; *fig.* svolta decisiva. – *Giro d'orizzonte:* procedimento topografico con cui si rilevano gli azimut dei segnali osservati da un punto fisso; *fig.* sguardo d'insieme, panoramica. – *Giro di vite:* intervento restrittivo, atteggiamento severo. – *Giro di parole:* perifrasi, circonlocuzione. – *Prendere in giro:* burlare, canzonare. – *Essere, andare su, giù di giri:* con riferimento al motore a scoppio, aumentare o diminuire il numero di giri nell'unità di tempo e conservarli; *fig.* essere euforico, eccitato oppure scoraggiato o depresso. **3.** Percorso in cui punto di partenza e di arrivo coincidono o che si snoda da un capo all'altro una località, di una regione geografica. ◊ *fig. Mettere in giro una voce, una notizia:* diffonderla, divulgarla, propagarla. **4.** SPORT. Corsa ciclistica che percorre una regione o una nazione, in un solo tratto o in più tappe. *Giro d'Italia.* SIN.: **tour. 5.** Circolazione di merci, di denaro e di altri beni. ◊ ECON. *Giro d'affari:* fatturato di un'impresa. – *Rispondere, spedire a (stretto) giro di posta:* utilizzando il primo invio postale utile. **6.** Gruppo di persone relativamente chiuso. *Avere il proprio giro di amicizie.* SIN.: **cerchia.** – *Brutto giro:* gruppo di persone losche, ambiente equivoco. **7.** Arco di tempo. ◊ *loc. prep. Nel giro di:* entro, nella durata di. **8.** Serie completa di atti, di operazioni. *Fare un giro di telefonate per avvisare gli amici.* ~ Nei giochi di carte, serie di partite corrispondente al numero dei giocatori o, comunque, serie prefissata. *Fare un giro di briscola.* ❑ In funzione di agg., *angolo giro,* di 360 gradi.

girobùssola s.f. *Bussola giroscopica.

girocòllo agg. inv. Di scollatura di un indumento che segue la circonferenza del collo. *Maglia girocollo.* ◆ s.m. inv. **1.** Nel sign. dell'agg. ◊ *A girocollo:* che contorna l'attaccatura del collo. **2.** Collana a girocollo. SIN.: **collier**.

girocónto s.m. inv. BANC. Strumento di pagamento bancario consistente nel trasferimento di denaro dal conto corrente dell'ordinante a quello del beneficiario quando entrambi siano clienti di una stessa banca. SIN.: **bancogiro**.

girodina s.f. Aeromobile composito, dotato di ali e di un rotore che ne assicurano la sostentazione e i movimenti verticali.

giromagnètico agg. [pl.m. –ci, f. –che] FIS. *Effetto giromagnetico:* fenomeno di magnetismo legato a moti di rotazione.

giromànica s.f. inv. Profilo, lembo di un indumento all'altezza della spalla là dove si attacca la manica.

giròmetro s.m. Strumento che indica la velocità angolare di virata di un aeromobile.

girondino agg. [f. –na] (fr. *girondin*) Del dipartimento francese della Gironda. ~ Con partic. riferimento a quei deputati della Gironda che durante la Rivoluzione francese costituirono un gruppo politico filo repubblicano ma moderato (v. parte n.pr.). ◆ s.m. Nel sign. dell'agg.

giróne s.m. **1.** Largo cerchio; in partic. ciascuna della sezioni in cui Dante suddivise l'Inferno, il Purgatorio e il Paradiso, nella *Divina Commedia.* **2.** Ampia curva o ansa di strada o di corso d'acqua, presente in toponimi. *Il Girone dell'Arno.* **3.** SPORT. Ciascuno dei raggruppamenti di squadre partecipanti a un campionato, a un torneo. ◇ *Girone d'andata, di ritorno:* ciascuno dei due turni in cui ogni squadra incontra tutte le altre. **4.** MAR. Segmento mediano del remo. ~ Impugnatura del remo.

gironzolàre v.intr. (aus. *avere*) Andare in giro senza scopo e senza meta. SIN.: **girovagare.**

giropilòta s.m. [pl. –ti] MAR., AER. Bussola giroscopica che permette il controllo automatico delle navi, degli aerei. SIN.: **autopilota.**

giroscòpio s.m. [pl. –pi] Strumento che ha la proprietà di mantenere invariata la posizione del proprio asse sotto determinate condizioni.

■ **giroscòpio**

girotóndo s.m. inv. Gioco infantile che consiste nel formare un cerchio tenendosi per mano e nel girare cantando una filastrocca.

girovagàre v.intr. [4] (aus. *avere*) Andare a zonzo. *Girovagare per la città.*

giròvago agg. [pl.m. –ghi, f. –ghe] Che non ha una dimora stabile o un luogo di lavoro fisso. SIN.: **ambulante.** ◆ s.m. [f. –ga] spreg. Nel sign. dell'agg. SIN.: **nomade.**

girovita s.m. inv. Circonferenza della vita di una persona o di un abito. ~ estens. La misura della vita di un abito.

gita s.f. Breve viaggio a scopo turistico, di piacere, per riposo. SIN.: **escursione.**

gitàno s.m. [f. –na] (spagn. *gitano,* lat. *Aegyptànu* "egiziano") Zingaro originario della Spagna (v. parte n.pr.).

gittàta s.f. Distanza a cui può arrivare il proiettile di un'arma.

giù avv. **1.** In basso, verso il basso. *Guardare giù.* ◇ *Essere, sentirsi giù:* essere in cattive condizioni fisiche o psicologiche. – *Non andare giù:* di un cibo, non riuscire a ingoiarlo; *fig.* di cosa, non riuscire a sopportarla. *Questa faccenda proprio non mi va giù.* **2.** In esclamazioni imperative o esortative. *Giù di lì che cadi!* ◇ *Giù le mani!:* non toccare. **3.** In connessione con avverbi e preposizioni. *Scendere giù per la valle.* ◇ *Su per giù:* all'incirca.

giùbba s.f. (ar. *ǧubba* "sottoveste") **1.** Indumento lungo sino ai fianchi, talvolta imbottito, portato ant. da aristocratici e da militari. SIN.:

casacca. ◇ *Giubba rossa:* agente della polizia canadese a cavallo, così detto per il colore dell'uniforme. **2.** Tunica di origine orientale usata come sottoveste.

giubbétto s.m. **1.** Giacca corta e attillata. **2.** Corpetto sprovvisto di maniche.

giubbino s.m. Giubbotto leggero.

giubbóne s.m. Nel sign. dell'accr. di 1. *giubba;* in partic., ampia giacca di panno grezzo e pesante. ~ Camiciotto da lavoro. ~ Giacca di pelle dei motociclisti.

giubbòtto s.m. **1.** Giacca sportiva stretta in vita con chiusura anteriore a bottoni o con cerniera a lampo. *Un giubbotto di pelle.* **2.** Corpetto senza maniche di uso particolare. ◇ *Giubbotto antiproiettile:* corpetto corazzato che protegge il busto dai colpi d'arma da fuoco. – *Giubbotto di salvataggio:* corpetto impermeabile imbottito di sughero o altro materiale atto a galleggiare.

giubilànte agg. Che esulta, giubila.

1. giubilàre v.intr. (aus. *avere*) (lat. *iubilàre* "gridare di gioia") Manifestare una gioia intensa. SIN.: **esultare.** ◆ v.tr. **1.** Mettere qlcu. a riposo per limiti di età. SIN.: **pensionare. 2.** estens. Esonerare qlcu. da una carica.

2. giubilàre agg. Relativo al giubileo.

giubilèo s.m. (lat. *ànnum iubilaèum,* gr. *iōbēlàios* deriv. di ebr. *jōḇēl* "capro" perché la festività veniva aperta dal suono di un corno di capro) **1.** Ricorrenza cinquantennale festeggiata dall'antico popolo ebraico con il riposo delle terre, la restituzione al legittimo proprietario di quelle usurpate e la liberazione degli schiavi. **2.** CATT. Anno santo durante il quale i pellegrini giunti a Roma godono di indulgenze plenarie. **3.** Anniversario, ricorrenza importante.

giùbilo s.m. Gioia intensa e sua manifestazione.

giùda s.m. inv. (dal nome di *Giuda* Iscariota, traditore di Gesù) Traditore, in partic. per denaro.

giudàico agg. [pl.m. –ci, f. –che] Relativo al giudaismo. *La legge giudaica.* ~ estens. Ebraico.

giudaismo s.m. Religione e cultura del popolo ebraico tra la fine della cattività babilonese e il sorgere del cristianesimo.

ENCICL. Con questo termine si designa la forma assunta dalla religione israelita dopo la distruzione del tempio di Gerusalemme (587 a.C.) e l'esilio (587-538 a.C.). Nell'accezione corrente, il *giudaismo* è l'insieme di tutte le istituzioni religiose del popolo ebraico. La tradizione religiosa ebraica si richiama ad Abramo, padre dei credenti, e a Mosè, colui che ha dato le leggi a Israele. La Bibbia (l'Antico Testamento per i cristiani) contiene la Legge scritta, che nei suoi tratti essenziali fu rivelata a Mosè sul monte Sinai: è la *Torah* (dottrina). Una Legge orale (la *Mishna*), che chiarisce la Legge scritta, è contenuta nel *Talmud,* opera di studiosi, la cui redazione definitiva è stata completata nel sec. VI.

giudèo agg. Della tribù di Giuda. ~ estens. Ebreo. SIN.: **israelita.** ◆ s.m. [f. –a] **1.** Appartenente alla tribù di Giuda. ~ estens. Ebreo, israelita. **2.** *fig.* spreg. Persona avara, infida. (Accezione di origine razzista e ideologica.)

giudèo-spagnòlo s.m. LING. Dialetto parlato dai discendenti degli Ebrei espulsi dalla Spagna nel 1492.

giudicàbile agg. Che può o deve essere giudicato.

giudicànte agg. Che giudica, che ha l'autorità per farlo.

giudicàre v.tr. [4] **1.** Sottoporre qlcu. o qlco. a un giudizio. *Giudicare il rendimento dei dipendenti.* ~ Esprimere una valutazione. *Giudicare un lavoro dai risultati.* **2.** Sottoporre qlcu. o qlco. a procedimento giudiziario. *Giudicare un imputato.* **3.** Attribuire a qlcu. o qlco. una certa qualità. *Giudicare le prove insufficienti.* ~ **ritenere. 4.** Essere del parere, pensare, reputare. *Giudico che sia meglio partire.* ◆ v.intr. (aus. *avere*) **1.** Esprimere un giudizio su qlco. o qlcu. *Giudicare sull'operato di qualcuno.* **2.** Avere abitualmente un atteggiamento critico. *Giudica facilmente.* ◆ **giudicarsi** v.pron. Ritenersi caratterizzato da certe qualità. SIN.: **reputarsi.**

1. giudicàto agg. DIR. Che è oggetto di sentenza definitiva da parte di un giudice, e che

pertanto fa stato tra le parti, i loro eredi e aventi causa. ◆ s.m. Ciò che è oggetto di sentenza definitiva. ◇ *Passare in giudicato:* detto di sentenza, diventare definitiva; *estens.* non essere più soggetto a discussione.

2. giudicàto s.m. Ciascuno dei quattro territori in cui nel Medioevo era divisa amministrativamente la Sardegna.

giudicatóre agg. [f. –trice] Che giudica. ◆ s.m. (anche f.) Nel sign. dell'agg.

giùdice s.m. e f. [non com. o scherz. f. *giudicessa*] (lat. *iūdicem,* propr. "colui che dice il diritto") **1.** Chi giudica qlcu. o qlco. *Essere un buon giudice.* ~ Chi, per autorità o per competenza, ha il compito di emettere un giudizio. *I giudici della giuria.* **2.** Ciò che consente di giudicare facendo emergere vizi e virtù, pregi e difetti. *Il tempo è il miglior giudice.* **3.** DIR. Magistrato di carriera. ◇ *Giudice istruttore:* nel vecchio codice di procedura penale, giudice che istruisce un processo. – *Giudice per le indagini preliminari (GIP):* che approva o respinge l'operato della procura a carico di un indagato e decide sulla sua imputazione e sulla sua libertà o carcerazione. – *Giudice per l'udienza preliminare (GUP):* magistrato che alla chiusura delle indagini preliminari valuta le richieste di rinvio a giudizio o di archiviazione avanzate dal pubblico ministero a carico di un indagato (che nel caso di rinvio a giudizio si qualifica imputato). – *Giudice popolare:* cittadino estratto a sorte per entrare a far parte della Corte d'assise accanto ai membri della stessa corte appartenenti all'ordine giudiziario. – *Giudice minorile:* con competenza riservata ai procedimenti in materia di minorenni. – *Giudice tutelare:* quello che soprintende alla tutela dei minori e degli interdetti. – *Giudice relatore:* istruttore incaricato di studiare il dossier della causa in corso e di esporne i fatti. – *Giudice di pace:* magistrato onorario che giudica su questioni di modesta entità. **4.** DIR. Organo giudiziario dello Stato. **5.** SPORT. Commissario incaricato di controllare il comportamento degli atleti in gara e il corretto svolgimento della gara stessa. SIN.: **arbitro. 6.** Nella storia ebraica, ciascuna delle guide morali che contribuirono al consolidamento dell'unità delle tribù d'Israele al tempo della conquista della Palestina.

giudiziàle agg. Relativo al giudizio e al giudice. *Spese giudiziali.*

giudiziàrio agg. [pl.m. –ri] Relativo ai giudici, ai giudizi e all'amministrazione della giustizia. *Autorità giudiziaria.* ◇ *Potere giudiziario:* uno dei tre poteri fondamentali dello Stato (insieme a quello legislativo e a quello esecutivo), che consiste nell'amministrazione della giustizia. – *Atto giudiziario:* legato allo svolgimento di una procedura.

giudizio s.m. [pl. –zi] **1.** Ciò che si pensa di qlcu. o qlco., complesso di considerazioni su qlcu. o su qlco. SIN.: **valutazione. 2.** Capacità di giudicare, di distinguere il bene dal male, e più general., di valutare persone e cose. *Usare giudizio.* ◇ *Mettere giudizio:* cominciare a comportarsi responsabilmente. **3.** DIR. Iter giudiziario nel suo complesso, processo. *Giudizio civile, penale* ~ Decisione presa dal giudice al termine di un processo. SIN.: **sentenza.** ◇ *Citare, comparire in giudizio:* davanti all'autorità giudiziaria. **4.** estens. Decisione che conclude una contesa, decisione che premia o castiga. ◇ *Giudizio di Salomone:* quello imparziale per antonomasia. ◇ *Giudizio di Dio:* giudizio di innocenza o di colpevolezza desunto dalla conservazione o dalla perdita della salute o della integrità fisica al termine di ardue prove alle quali la persona sospettata veniva sottoposta in assenza o insufficienza di prove giudiziali. (È detta anche *ordalia* e veniva praticata nel Medioevo e in civiltà primitive.) – *Giudizio universale:* secondo la religione giudaico-cristiana, quello che Dio emetterà nei confronti di tutti gli uomini alla fine del mondo. **5.** Decisione con cui una persona o un collegio giudicante, previo esame, assegna una vittoria, una promozione, ecc. **6.** FILOS. Proposizione che collega in vario modo un oggetto e un predicato. ◇ *Giudizio di valore:* riconosce l'esistenza di una situazione e la valuta secondo un sistema di valori.

giudiziosaménte avv. Con prudenza, assennatezza.

giudizióso agg. Che ha giudizio, che si comporta con assennatezza. SIN.: **saggio**.

giùggiola s.f. **1.** Frutto del giuggiolo, dal tipico colore rosso e a polpa bianca e zuccherina. ◇ *fig. Andare in brodo di giuggiole:* essere estremamente contento. **2.** Pasticca contro la tosse a base di decotto di giuggiole. **3.** *fig.* Faccenda o cosa di poco valore.

giùggiolo s.m. (tosc. *zizzolo*) Albero spinoso originario dell'Asia, coltivato nelle regioni tropicali e mediterranee per i suoi frutti. (Altezza fino a 8 m; tipo *Ziziphus*, famiglia delle Ramnacee.)

giùgno s.m. (lat. *Iūnium mēnsem* "mese di Giunone" cui era dedicato) Sesto mese dell'anno.

giugulàre agg. ANAT. Relativo alla gola, al collo.

1. giuliàno agg. Della Venezia Giulia. ◆ s.m. [f. *–na*] Nativo, abitante della Venezia Giulia.

2. giuliàno agg. Di Giulio Cesare. ◇ *Calendario giuliano:* quello introdotto da Giulio Cesare che fissa la durata dell'anno in 365 giorni e colloca un anno bisestile ogni quattro anni.

giulìvo agg. Lieto, festoso.

giullàre s.m. [non com. f. *giullaressa*] (provenz. *joglar*, lat. *ioculārem* "che fa scherzi") Nel Medioevo, giocoliere e cantastorie che si esibiva nelle corti o nelle piazze durante fiere, feste, ecc. ~ *estens.* Persona poco seria, senza dignità. SIN.: **buffone**.

giullarésco agg. [pl.m. *–schi*, f. *–sche*] Di, da giullare. *Poesia giullaresca.*

giuménta s.f. **1.** Femmina di animale da soma (asino, mulo, ecc.). **2.** Cavalla da sella.

giùnca s.f. [pl. *–che*] (malese *djong*) In Estremo Oriente, barca a carena piatta con due o tre alberi, vele di tessuto o stuoia rinforzate da stecche di bambù, prua e poppa rialzate, usata per la pesca o per il trasporto di merce.

■ **giùnca**

Giuncàcee s.f. pl. [iniziale minusc. sing. *–a* per l'individuo] BOT. Famiglia di piante erbacee dal frutto a capsula, diffuse nelle zone palustri e temperate.

giuncàia s.f. Luogo dove crescono i giunchi.

giuncàre v.tr. [4] **1.** Coprire qlco. con fiori e foglie. **2.** Battere qlco. con un giunco.

giuncàta s.f. Formaggio fresco a base di latte coagulato senza sale, presentato in un cesto di giunco.

giunchìglia s.f. [pl. *–glie*] (spagn. *junquillo*) Pianta erbacea con foglie lineari e fiori gialli. (Genere *Narcissus*; famiglia delle Amarillidacee.)

giùnco s.m. **1.** [pl. *–chi*] Pianta erbacea palustre con fusti e foglie alti, cilindrici e flessibili. (Famiglia delle Giuncacee.) **2.** BOT. (iniziale maiusc.) Genere di piante a cui appartiene il giunco.

giùngere v.intr. [22] (aus. *essere*) (lat. *iūngere* "unire, congiungere") **1.** Arrivare in un luogo. **2.** Arrivare al punto di fare qlco. di umiliante, sorprendente. *Giunse persino a supplicare.*

giùngla s.f. (ingl. *jungle*, indostano *jangal* "boscaglia") **1.** GEOGR. Foresta molto folta, che prospera in partic. nelle regioni monsoniche. **2.** *fig.* Contesto privo di regole e di ordine. *La giungla del mondo degli affari.* ◇ *Giungla d'asfalto:* la moderna metropoli intesa come regno della violenza e del sopruso. – *Giungla retributiva:* squilibrio nel trattamento economico tra lavoratori che esplicano funzioni analoghe.

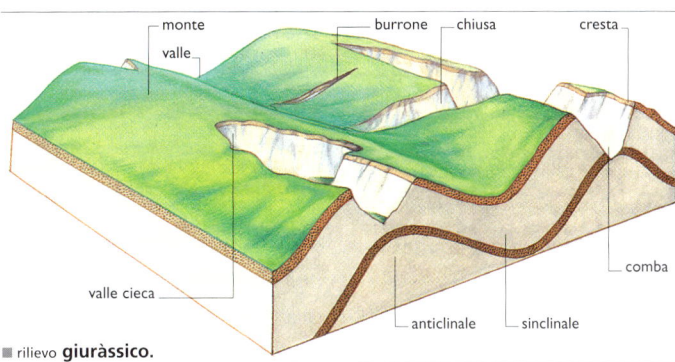

■ rilievo **giuràssico**.

giunònico agg. [pl.m. *–ci*, f. *–che*] Che ricorda la dea Giunone per formosità e imponenza. SIN.: **florido**.

1. giùnta s.f. **1.** Ciò che si aggiunge, aggiunta. **2.** Giuntura, giunzione, spec. in sartoria. **3.** MAR. Nell'attrezzatura navale, coppia di vele speciali che venivano unite ai due lati di caduta delle vele quadre.

2. giùnta s.f. (spagn. *junta*, deriv. di *juntar* "riunire") **1.** Organo collegiale, commissione di persone con funzioni consultive, deliberative o esecutive. **2.** Governo a carattere autoritario, generale. militare.

giùnto agg. Congiunto, unito. *Pregare a mani giunte.* ◆ s.m. TECN. Elemento di collegamento di due parti di un congegno o di una costruzione. ◇ COSTR. *Giunto di dilatazione:* in una struttura edilizia, spazio appositamente lasciato tra due elementi connessi in modo che l'eventuale dilatazione termica di uno di essi non pregiudichi la struttura.

giuntùra s.f. **1.** Punto dove due elementi si congiungono. *La giuntura di due pezzi.* ~ Il collegamento stesso. **2.** ANAT. Articolazione tra ossa. **3.** LING. Indicazione fonetica del confine tra morfemi.

giunzióne s.f. **1.** Congiunzione, unione. **2.** MECC. Collegamento dei diversi elementi di una macchina o di una struttura. **3.** ELETTRON. Nei semiconduttori, regione di confine tra parti con proprietà elettriche differenti.

giuraménto s.m. **1.** Formulazione di un impegno o di una promessa davanti a Dio, a un'autorità o a testimoni. **2.** Intenzione solenne, proposito fermo.

giuràre v.intr. (aus. *avere*) (lat. *iurāre*, propr. "pronunciare la formula rituale") Prestare giuramento. ~ Pronunciare solennemente un giuramento chiamando come testimone quanto ritenuto più sacro. *Giurare sulla Bibbia.* ◆ v.tr. **1.** Affermare con sicurezza, garantire, assicurare. *Giurare fedeltà.* **2.** Decidere con un impegno fermo. *Annibale giurò odio eterno ai Romani.*

giuràssico s.m. (solo sing.) (fr. *jurassique*, dal nome della catena montuosa del *Giura* dove si trovano tracce evidenti di tale periodo geologico) GEOL. Secondo periodo dell'era mesozoica. (Compreso tra 205 e 135 milioni di anni fa.) ◆ agg. [pl.m. *–ci*, f. *–che*] **1.** Relativo a tale

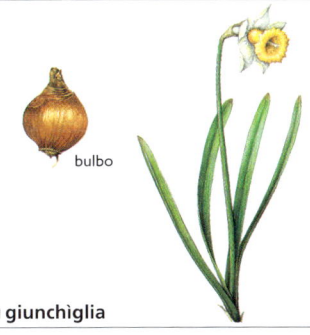

bulbo

■ **giunchìglia**

periodo. ◇ GEOL. *Rilievo giurassico:* quello che caratterizza la prima fase dell'evoluzione delle catene di montagne a pieghe, di struttura semplice, con alternanze di rocce resistenti e di rocce tenere. **2.** *fig.* Superato, obsoleto.

giuràto agg. **1.** Affermato sotto il vincolo del giuramento. *Dichiarazione giurata.* **2.** Che ha prestato giuramento davanti a un tribunale o per l'esercizio di una funzione, di una professione. ◇ *Nemico giurato:* avversario accanito, implacabile. ◆ s.m. [f. *–ta*] **1.** DIR. Membro di una giuria popolare in Corte d'Assise. **2.** *estens.* Membro di una giuria.

giureconsùlto s.m. [f. *–ta*] Specialista, esperto del diritto. SIN.: **giurista**.

giurì s.m. inv. (fr. *jury*, ingl. *jury*) Giuria, solo in alcune locc. ◇ *Gran giurì:* organo supremo dell'Istituto di pubblicità che vigila sul rispetto delle norme vigenti in materia di campagne pubblicitarie.

giuria s.f. (fr. *jury*) **1.** In un processo, collegio di giurati e di giudici popolari. **2.** Commissione incaricata di un esame, di un controllo, di un giudizio. *Giuria di un concorso.*

giuridicità s.f. inv. Qualità di ciò che è rispondente alle leggi. SIN.: **legalità**.

giurìdico agg. [pl.m. *–ci*, f. *–che*] **1.** Di pertinenza del diritto. **2.** Che è soggetto di diritto, che è contemplato dal diritto. **3.** Conforme al diritto. SIN.: **legittimo**.

giurisdizionàle agg. Relativo a una giurisdizione.

giurisdizionalìsmo s.m. Sistema di rapporti tra Stato e Chiesa fondato sulla distinzione dei rispettivi poteri e sul primato di giurisdizione dello Stato in caso di conflitti.

giurisdizióne s.f. (lat. *iurisdictiōnem*, comp. di *iūs* "diritto" e *dīcti* "manifestazione") **1.** DIR. Funzione attribuita al potere giudiziario, e consistente nella concreta applicazione delle norme giuridiche. ~ Insieme dei tribunali dello stesso ordine e grado. ◇ *Gradi di giurisdizione:* ordine gerarchico dei tribunali dinanzi ai quali una causa può essere successivamente portata. (Si tratta di tre gradi: la prima istanza, l'appello, la cassazione.) – *Giurisdizione volontaria:* attività del giudice rivolta alla gestione di un negozio o di un affare (p.e. l'autorizzazione alla vendita di beni minori), anziché alla risoluzione di una lite. **2.** *estens.* Autorità che può essere gestita da un organo o da una persona. SIN.: **pertinenza**.

giurisprudènza s.f. **1.** Scienza del diritto, studio del diritto. **2.** (anche iniziale maiusc.) Facoltà universitaria in cui si insegnano materie giuridiche. **3.** Corpo delle leggi, gli istituti giuridici propri di uno Stato, di un popolo. **4.** DIR. Insieme delle sentenze pronunciate dagli organi giurisdizionali. (Costituisce una fonte del diritto.) **5.** *estens.* Organo giurisdizionale.

giurisprudenziàle agg. DIR. Proprio della giurisprudenza.

giurista s.m. e f. [pl.m. *–sti*] Studioso, esperto di diritto.

giusnaturalìsmo s.m. (dalla loc. lat. *iūs naturāle* "diritto naturale") Teoria filosofico-giuridica secondo cui esiste un diritto naturale fondato sulla ragione umana da cui deve discendere ogni diritto storico, positivo.

giustacuòre s.m. inv. (fr. *justaucorps* "veste aderente al corpo") Antico giubbetto imbottito, stretto in vita, in uso nel sec. XVII.

giustaménte avv. Con ragione. *Ha giustamente commentato il fatto.*

giustappórre v.tr. [25] (fr. *juxtaposer*) Accostare tra loro più cose.

giustapposizióne s.f. (fr. *juxtaposition*) **1.** Accostamento, avvicinamento di elementi che non si fondono. **2.** LING. Composizione per contatto o accostamento di due o più parole che formano una struttura semantica unitaria.

giustappùnto o **giust'appùnto** avv. Precisamente, proprio. *Parlavamo giustappunto di voi.*

giustézza s.f. **1.** Qualità di una cosa ben regolata, esatta e dunque ben adeguata alla sua funzione. *Giustezza di un orologio.* **2.** STAM. Lunghezza o altezza di una linea di stampa espressa in unità tipografiche. **3.** Veridicità, fondatezza. *Giustezza di un confronto.*

giustificàbile agg. Che può essere giustificato.

giustificàre v.tr. [4] **1.** Riconoscere qlcu. o qlco. come moralmente scusabile per assenza di malizia. SIN.: **scusare**. **2.** Ritenere qlcu. non colpevole, accettarne le giustificazioni. *Giustificare l'alunno.* **3.** Spiegare, motivare le ragioni di un determinato comportamento o atteggiamento. *Giustificare un'assenza.* **4.** Rendere ammissibile, legittimo qlco. *Giustificare la sua condotta.* **5.** STAM. Dare a una riga la lunghezza necessaria per ottenere la giustezza, inserendo spazi tra le parole e tra i caratteri. **6.** TEOL. CRIST. Redimere dal peccato. ◆ **giustificarsi** v.pron. Scusarsi, dare ragione delle proprie azioni. SIN.: **discolparsi**.

giustificatìvo agg. Che serve a giustificare o a provare. *Documenti giustificativi.* ◆ s.m. Nel l. bur., documento che testimonia l'avvenuto pagamento di una somma. SIN.: **ricevuta**.

giustificazióne s.f. **1.** Legittimazione di un comportamento, di un atto, di una procedura di per sé non giusti né corretti. SIN.: **scusante**. ~ Argomento, ragione, scusa addotta per giustificare le proprie azioni. **2.** TEOL. CRIST. Perdono dei peccati da parte di Dio. **3.** STAM. Operazione che consiste nel modificare la spaziatura tra una parola e l'altra o tra una lettera e l'altra, in modo da ottenere la lunghezza della riga desiderata.

giustìzia s.f. **1.** Principio morale che esige il rispetto del diritto e dell'equità. ◇ *Giustizia sociale:* politica tendente all'abolizione delle disparità e dei privilegi di classe all'interno di una società, attuata soprattutto mediante un'equa partizione dei beni economici. **2.** Azione volta a realizzare la giustizia o a ripristinarla. ◇ *Farsi giustizia da sé:* non ricorrere all'autorità giudiziaria, interpretando la giustizia come una vendetta personale. **3.** Attuazione delle norme giuridiche da parte dell'autorità giudiziaria. ~ Istituzione che esercita un potere giurisdizionale. *Giustizia civile, militare.* **4.** *estens.* Corrispondenza di un'azione alla norma morale e giuridica o alla realtà della cosa. *Giustizia di un provvedimento.* **5.** RELIG. Una delle quattro virtù cardinali.

ENCICL. La *giustizia amministrativa* è un concetto di data relativamente recente. Nello Stato assoluto l'amministrazione si identificava con la persona del sovrano: il privato otteneva la tutela dei propri interessi solo in via di grazia e non in via di giustizia. Il sistema del *contenzioso amministrativo*, attivo allorché il controllo parlamentare sull'attività governativa si rivelò insufficiente, consisteva nell'instaurare all'interno dell'amministrazione appositi tribunali amministrativi, distinti dai tribunali ordinari e perciò scarsamente indipendenti nei riguardi dell'amministrazione della quale facevano parte. In Italia nel 1971 è stato istituito il doppio grado di giustizia amministrativa con la costituzione dei TAR (tribunali amministrativi regionali). Rispetto a ogni atto amministrativo si pongono quindi, al privato che ritenga di esserne leso, una serie di rimedi, parte dei quali aventi carattere giurisdizionale: il ricorso all'autorità giudiziaria ordinaria (possibile solo se l'atto sia illecito), il ricorso a organi di giurisdizione amministrativa e altri rimedi di natura amministrativa, come l'opposizione, il ricorso gerarchico, il ricorso straordinario al Capo dello Stato.

giustizialìsmo s.m. (spagn. *justicialismo*) **1.** → **peronismo**. **2.** Nel l. pol. dopo tangentopoli, con valore polemico, atteggiamento di chi appoggia senza riserve l'azione della magistratura contro la corruzione.

giustiziàre v.tr. [6] Uccidere qlcu. condannato a morte.

giustizière s.m. [non com. f. *-ra*] (fr. *justicier*) Chi fa giustizia sommaria.

giùsto agg. [f. *-sta*] (lat. *iūstum*, deriv. di *iūs* "diritto") **1.** Che si conforma ai principi dell'equità, rispettando le norme della morale o della religione. *Una sentenza giusta.* **2.** Fondato su ragioni moralmente valide. *Impegnarsi per una causa giusta.* ◇ *Giusto mezzo:* distanza dagli opposti, dagli eccessi, misura conveniente. **3.** Conforme alla verità. *Un'informazione giusta.* SIN.: **esatto**. ~ Adatto allo scopo, alla funzione. SIN.: **opportuno**. ~ Che funziona con precisione. *Una bilancia giusta.* **4.** MUS. *Intervallo giusto:* non eccedente un semitono o non diminuito di un semitono. ◆ avv. **1.** Esattamente, precisamente. *Rispondere giusto.* **2.** Appunto, proprio, per l'appunto. *Volevo giusto telefonarti.* **3.** Appena, soltanto. *L'ho visto giusto un attimo fa.* ◆ s.m. **1.** Chi uniforma sempre il proprio comportamento a principi di giustizia. SIN.: **onesto**. **2.** (solo sing.) Cosa giusta, ciò che è giusto. ◇ *Essere nel giusto:* avere ragione.

glabèlla s.f. ANAT. Sporgenza ossea dell'osso frontale, situata tra le sopracciglia.

glàbro agg. **1.** Privo di peli, imberbe. **2.** *estens.* Liscio, levigato.

glacé [/gla'se/] agg. inv. (voce fr.) **1.** Liscio e lucente come il ghiaccio. **2.** CUC. Ricoperto di glassa.

glaciàle agg. **1.** Di ghiaccio, coperto di ghiaccio. *Calotta glaciale.* ~ Dei periodi geologici caratterizzati dal raffreddamento del clima e dallo sviluppo di ghiacciai e inlandsis. ◇ *Epoca glaciale:* il pleistocene, periodo nel quale si verificarono fasi alterne di espansione dei ghiacciai. **2.** *estens.* Simile al ghiaccio. **3.** *fig.* Privo di calore umano, di cordialità. SIN.: **freddo**. ~ Che dà una sensazione di gelo. *Silenzio glaciale.* ◆ s.m. (spec. sing.) Nel calendario giacobino delle repubbliche italiane, il terzo mese (20 novembre-20 dicembre). SIN.: **frimaio**.

glacialìsmo s.m. GEOL. Complesso dei fenomeni che determinarono la glaciazione. ~ Teoria del ciclo delle glaciazioni.

glaciazióne s.f. **1.** GEOL. Periodo geologico durante il quale la copertura glaciale (ghiacciai, inlandsis) si è particolarmente estesa. (Le glaciazioni sono state quattro durante il quaternario: *günz, mindel, riss* e *würm*.) **2.** Espansione delle calotte glaciali.

glaciologìa s.f. GEOFIS. Studio dei ghiacciai, della loro formazione e dell'influenza che esercitano sul clima.

gladiatóre s.m. (lat. *gladiatōrem*, deriv. di *glădius* "spada") **1.** ANT. ROM. Schiavo, liberto o prigioniero che combatteva nell'arena armato di gladio o di altra arma. **2.** *fig.* [f. *-trice*] Nella pubblicistica, chi faceva parte dell'organizzazione segreta e paramilitare Gladio, appoggiata dalla NATO.

gladiatòrio agg. [pl.m. *-ri*] **1.** Di gladiatori. **2.** Da gladiatore in quanto a potenza fisica. **3.** Che ha carattere oppositivo, antagonistico.

glàdio s.m. [pl. *-di*] **1.** ANT. ROM. Spada corta a doppio taglio. **2.** (iniziale maiusc.) Denominazione di un'organizzazione paramilitare della NATO, oggi sciolta. **3.** ZOOL. Conchiglia piatta, cornea, con poco calcare, propria di alcuni cefalopodi.

gladìolo s.m. (lat. *gladĭolum*, deriv. di *glădius* "spada" per l'aspetto delle sue foglie) **1.** Pianta erbacea ornamentale dell'Europa mediterranea e dell'Africa subtropicale, di cui esistono diverse varietà con fiori a spiga e dai colori diversi. (Famiglia delle Iridacee.) **2.** BOT. (iniziale maiusc.) Genere di piante a cui appartengono varie specie ornamentali, spontanee e coltivate, di gladiolo.

glagolìtico agg. [pl.m. *-ci*] (deriv. di slavo *glagolŭ* "parola") Del più antico alfabeto slavo precedente al cirillico e dei suoi caratteri. ◆ s.m. Nel sign. dell'agg.

glamour [/'glæmə/] s.m. inv. (voce ingl., propr. "magia") Fascino irresistibile, incanto.

glànde s.m. (lat. *glăndem* "ghianda" per la sua forma) ANAT. Estremità anteriore del pene ricoperta dal prepuzio.

Glarèola s.f. ZOOL. Genere di piccoli uccelli dell'Europa meridionale e dell'Asia occidentale, dal piumaggio scuro e con gola bianca, detti anche *pernici di mare*. (Ordine dei Caradriformi; famiglia dei Glareolidi.)

Glareòlidi s.m. pl. [iniziale minusc. sing. *-de* per l'individuo] ZOOL. Famiglia di uccelli diffusi nelle zone temperate e calde dell'Europa, Africa, Asia e Australia. (Ordine dei Caradriformi.)

glasnost [/'glasnost/] s.f. inv. (voce russa, propr. "trasparenza") ST. Principio di trasparenza della vita pubblica che accompagnò il cambiamento politico (*perestroika*) condotto da M. Gorbaciov, a partire dal 1985.

glàssa s.f. (fr. *glace* "ghiaccio") CUC. Rivestimento a base di zucchero che si usa per decorare torte, paste, ecc.

glassàre v.tr. (fr. *glacer* "ghiacciare") CUC. Ricoprire di glassa un dolce, una torta.

glassàto agg. **1.** CUC. Ricoperto di glassa o gelatina. **2.** *estens.* Lucido.

glassatùra s.f. CUC. Operazione con cui vengono rivestiti di glassa dolci o altri alimenti.

glàuco agg. [pl.m. *-chi*, f. *-che*] (gr. *glaukós* "ceruleo") BOT. Colore verde grigio di molte piante grasse.

glaucòma s.m. [pl. *-mi*] (lat. *glaucōma*, gr. *gláukōma* deriv. di *glaukós* "ceruleo" per l'opacità dell'occhio colpito) MED. Malattia dell'occhio caratterizzata da un aumento della pressione interna che comporta sia crisi dolorose acute sia una diminuzione del campo visivo.

glaucòmio s.m. [pl. *-mi*] Mammifero roditore con mantello di colore bruno, fornito lateralmente di membrane (*patagi*) che gli consentono di effettuare brevi voli planati tra i rami degli alberi; detto anche *scoiattolo volante*.

glauconìte s.f. (deriv. di gr. *glaukós* "azzurro", fr. *glauconite*) MIN. Silicato idrato di ferro e potassio di colore verde scuro, usato come fertilizzante.

glèba s.f. **1.** *lett.* Suolo coltivabile. ◇ *Servo della gleba:* nel Medioevo, contadino libero nella persona ma legato alla terra che lavorava e insieme alla quale poteva essere ceduto. **2.** BOT. Parte più interna del corpo fruttifero dei funghi dei Gasteromiceti che dà origine alle spore.

glène o **glèna** s.f. (gr. *glḗnē* "pupilla") ANAT. Superficie articolare di un osso di forma ovoidale.

glenòide s.f. (gr. *glēnoeidḗs* "simile alla cavità ossea") ANAT. Glene. ◻ Anche in funzione di agg. *Cavità glenoide.*

glìa s.f. (gr. *glía* "glutine") ANAT. Tessuto connettivo che forma lo stroma dei centri nervosi. SIN.: **nevroglia**.

gliadìna s.f. BIOCHIM. Proteina semplice in forma di sostanza gelatinosa estratta dal grano, dalla segale e da altri cereali.

gliàle o **gliàre** agg. ANAT. Relativo alla glia.

glicemìa s.f. MED. Concentrazione di glucosio nel sangue. ~ *fam.* Tasso glicemico superiore alla media. SIN.: **iperglicemia**.

glicèmico agg. [pl.m. *-ci*, f. *-che*] MED. Relativo alla glicemia. ◇ *Tasso glicemico:* quantità di glucosio contenuta nel sangue.

glicerìa s.f. **1.** Pianta erbacea, acquatica o palustre, con ampie foglie, fiori a grappolo e frutti a cariosside, diffusa nelle regioni temperate. (Famiglia delle Graminacee.) **2.** BOT. (iniziale maiusc.) Genere di piante a cui appartiene la gliceria.

glicèrico agg. [pl.m. *-ci*, f. *-che*] *Acido glicerico:* quello corrispondente alla glicerina del tutto ossidata in una delle sue funzioni alcoliche primarie. (Si presenta sotto forma oleosa ed è insolubile nell'etere.) – *Aldeide glicerica:* quella analogamente derivata dalla glicerina per ossidazione parziale.

glicèride s.m. CHIM. Estere della glicerina.

glicerìna s.f. (fr. *glycérine*, deriv. di gr. *glykerós* "dolce") CHIM. Alcol trivalente che si trova combinato con vari acidi in tutti i grassi animali e vegetali e viene utilizzato nell'industria cosmetica e chimica.

gliceroftàlico agg. CHIM. Detto di una resina derivata dal glicerolo e da composti ftalici.

glicerolàto s.m. CHIM. Farmaco liquido a base di glicerina per uso esterno.

gliceròlo s.m. CHIM. Glicerina.

glicide s.m. CHIM. → **glucide**.

glicina s.f. CHIM. ORG. Acido amminico utilizzato dall'organismo per la sintesi di altre sostanze, costituente essenziale delle proteine.

1. glìcine s.m. (deriv. di gr. glykýs "dolce" dal sapore dolce del tubero) Arbusto rampicante originario della Cina e coltivato per i suoi lunghi grappoli di fiori profumati di color malva. (Genere *Wisteria*; famiglia delle Papilionacee.)

2. glicine s.m. (lat. *Glycine*, deriv. di gr. glykýs "dolce") BOT. Genere di piante erbacee a cui appartiene la soia. (Famiglia delle Leguminose.)

fiore

infiorescenza

■ glìcine

glicogènesi s.f. inv. BIOL. Trasformazione nel fegato del glucosio in glicogeno.

glicògeno s.m. BIOL. Composto organico affine all'amido che si trova nel fegato e nelle fibre muscolari come materiale energetico di riserva.

glicol o **glicole** s.m. [pl. *–li*] (ingl. *glycol*) CHIM. Alcol bivalente. ◇ *Glicol etilenico*: quello contenente due atomi di carbonio (HOH₂C–CH₂OH) usato in partic. come anticongelante nei radiatori degli autoveicoli.

glicòlico agg. [pl.m. *–ci*, f. *–che*] CHIM. *Aldeide glicolica*: il più semplice dei composti aldeidici che presenta la proprietà degli zuccheri. *– Acido glicolico*: il più semplice degli ossiacidi, prodotto dall'ossidazione completa di una delle funzioni alcoliche del glicol etilenico.

glicolipide s.m. BIOCHIM. Lipide complesso contenente una molecola di sfingosina, una di acido grasso e una di un carboidrato.

glicolìsi s.f. inv. BIOL. Deterioramento del glucosio nelle cellule durante il catabolismo.

gliconèo o **glicònio** s.m. [pl. *–nei*, *–ni*] (gr. glykṓneios dal nome del poeta *Glicone*) METR. Versetto eolico di otto sillabe, composto da uno spondeo, un coriambo e un pirrichio o da uno spondeo, un dattilo e un trocheo.

glicoproteina s.f. BIOCHIM. Sostanza costituita da una proteina combinata con un glucide.

glicòsio s.m. CHIM. → **glucosio**.

glicosùria s.f. MED. Eliminazione di glucosio con le urine.

glifo s.m. (fr. *glyphe*, gr. *glyphḗ* "intaglio") **1.** ARCH. Solco general. verticale che, abbinato con altri, forma il triglifo del fregio di ordine dorico. **2.** MECC. Guida mobile, rettilinea o curvilinea, nella quale è posto un cursore e che permette un collegamento variabile fra due organi meccanici.

gliòma s.m. [pl. *–mi*] MED. Tumore del sistema nervoso centrale, che si sviluppa dalla glia.

gliòmmero s.m. (napol. *gliuòmmero*) METR. Recitativo in endecasillabi a rima interna, in forma di frottola, di origine napoletana, composto come commento ad argomenti diversi.

gliptodónte s.m. Mammifero fossile sdentato lungo fino a 4 m, a carapace osseo, vissuto nel quaternario nell'America del sud. (Famiglia dei Gliptodontidi.)

Gliptodóntidi s.m. pl. [iniziale minusc. sing. *–de* per l'individuo] PALEONT. Famiglia di mammiferi sdentati a cui appartiene il Glyptodon.

Glìridi s.m. pl. [iniziale minusc. sing. *–de* per l'individuo] ZOOL. Famiglia di roditori arboricoli soggetti a letargo diffusi in Europa, Asia e Africa.

glissade [/ghlis d/] s.f. inv. (voce fr.) Nella danza classica, cambiamento leggero di posizione del piede radente il suolo.

glissàndo s.m. inv. MUS. Effetto strumentale che consiste nell'eseguire un passaggio rapidissimo scivolando da una nota all'altra senza fermarsi sulle note intermedie.

glissàre v.intr. (aus. *avere*) (fr. *glisser* "scivolare") Sorvolare su un argomento, non approfondirlo.

glittica s.f. [non com. f. *–che*] **1.** Arte di tagliare le pietre dure, fini o preziose, realizzando figure incavate (*intaglî*) o in rilievo (*cammei*). **2.** Disciplina che studia le gemme e le pietre incise.

glittotèca s.f. [pl. *–che*] Collezione di pietre incise. ~ Luogo dove si conserva tale raccolta.

globàle agg. (fr. *global*) **1.** Considerato nella sua totalità, complessivamente. ◇ *Metodo globale*: in pedagogia, metodo d'apprendimento della lettura basato sul principio che per il bambino la percezione di un insieme (sillaba) sia anteriore a quella dei suoi elementi (lettera). **2.** Che riguarda l'intero globo. SIN.: **mondiale**.

globalismo s.m. **1.** PSICOL. Processo conoscitivo, caratteristico della psiche infantile, per cui ogni fenomeno è percepito nella sua globalità e viene analizzato solo successivamente. **2.** In pedagogia, metodo didattico fondato sul predetto processo conoscitivo che, nello specifico dell'insegnamento del leggere e dello scrivere, consiste nel sottoporre all'allievo una parola o una frase, che solo successivamente verranno analizzate nei loro elementi costitutivi.

globalità s.f. inv. (fr. *globalité*) Totalità, insieme.

globalizzàre v.tr. Dare a qlco. un carattere mondiale, un'estensione che interessa il mondo intero.

globalizzazióne s.f. (fr. *globalisation*) **1.** Globalismo. **2.** Fenomeno di integrazione e interdipendenza delle economie e dei mercati internazionali, indotto dall'utilizzo delle nuove tecniche informatiche e di telecomunicazione.

globe-trotter [/gləub'trɔtə/] s.m. e f. inv. (voce ingl., propr. "che trotta per il mondo") Turista che gira il mondo con pochi mezzi. SIN.: **giramondo**.

globicèfalo s.m. Cetaceo la cui testa, priva di rostro, ha un rigonfiamento nella parte frontale. (Lunghezza 6 m; famiglia dei Delfinidi.)

Globigerina s.f. ZOOL. Genere di protozoi, di dimensioni piccolissime, con corpo unicellulare racchiuso in uno scheletro calcareo di forma sferoidale, perforato da numerosissimi forellini da cui fuoriescono i Rizopodi. (Ordine dei Foraminiferi.)

globina s.f. BIOL. Proteina che partecipa alla composizione dell'emoglobina del sangue e della mioglobina dei muscoli.

glòbo s.m. **1.** Corpo sferico, sfera. ◇ *Globo oculare*: l'occhio propriamente detto, senza annessi (p.e. muscoli oculomotori) e senza il nervo ottico. **2.** La Terra. *La superficie del globo*. ◇ *Globo celeste*: sfera sulla quale è disegnata una carta astrale. **3.** Sfera di vetro o di cristallo che protegge la lampadina o, nelle lampade a olio e a gas, la fiamma.

globòide s.m. Corpo che ha forma simile a quella di un globo.

globulàre agg. **1.** Che ha forma di globo. SIN.: **sferoidale**. ◇ ASTR. *Ammasso globulare*: ammasso sferico di centinaia di migliaia di stelle addensate e legate insieme dalla forza di gravità. **2.** Relativo ai globuli rossi del sangue. ◇ *Valore globulare*: il tasso di emoglobina proprio di ciascun globulo rosso.

globulària s.f. Pianta gamopetala tipica dei terreni sassosi, con piccoli fiori blu raggruppati in infiorescenze a forma di globo. (Famiglia delle Globulariacee.)

Globulariàcee s.f. pl. [iniziale minusc. sing. *–a* per l'individuo] BOT. Famiglia di piante dicotiledoni con fiori piccoli riuniti in infiorescenze a forma di globo. (Ordine delle Tubiflore.)

globulina s.f. BIOCHIM. Ciascuna delle proteine semplici che svolgono importanti funzioni immunitarie e che sono molto diffuse in natura essendo presenti nei liquidi organici e nei tessuti animali e vegetali.

glòbulo s.m. **1.** Piccolo corpo sferico. SIN.: **pallina**. **2.** MED. Costituente corpuscolare del sangue. ◇ *Globulo rosso*: contiene emoglobina e trasporta i gas respiratori; detto anche *eritrocita* o *emazia*. *– Globulo bianco*: è presente anche nella linfa e ha la capacità di produrre anticorpi e di fagocitare gli elementi estranei al corpo; detto anche *leucocita*. *– Globulo polare*: una delle tre cellule sterili formate con l'ovulo nel corso della meiosi, nella gametogenesi femminile.

gloglottàre v.intr. (aus. *avere*) (voce onom.) Di animali, spec. tacchini, fare glo glo. ~ *estens*. Produrre un gorgoglio. SIN.: **gorgogliare**.

glòmere s.m. (lat. *glōmus* "gomitolo") **1.** Massa compatta in cui si raggruppano le api durante i mesi invernali per mantenere un'alta temperatura. **2.** ZOOL. Piccolo millepiedi che si appallottola nel caso in cui venga toccato. (Lunghezza da 1 a 2 cm; classe dei Miriapodi.)

glomerulàre agg. ANAT. Di, dei glomeruli.

glomèrulo s.m. **1.** BOT. Inflorescenza in cui i fiori, ad asse molto contratto, paiono inseriti allo stesso livello. **2.** ANAT. *Glomeruli di Malpighi o renali*: corpuscoli che si trovano nella parte granulosa della sostanza corticale del rene e che hanno la funzione di filtrare l'urina dal sangue. *– Glomerulo ghiandolare*: corpo delle ghiandole sudoripare. *– Glomeruli protoplasmatici*: viluppi dei prolungamenti dendritici di più cellule nervose.

glomerulonefrite s.f. MED. Patologia acuta o cronica del rene caratterizzata da una flogosi a carico del glomerulo; detta anche *glomerulopatia*. SIN.: **nefrite**.

1. glòria s.f. **1.** Notorietà, celebrità, prestigio di cui gode qlcu. *Coprirsi di gloria*. ◇ *fig. Lavorare per la gloria*: senza ottenere nessuna ricompensa, gratis. **2.** Persona o cosa che è motivo di gloria, che suscita orgoglio. *Questo museo è la gloria della città*. ~ Persona famosa, la cui notorietà è incontestata. *Una delle glorie dell'epoca*. ◇ *Vecchie glorie*: personaggi dello spettacolo o dello sport una volta famosi. **3.** Trionfo paradisiaco, beatitudine delle anime del paradiso. ~ TEOL. CRIST. Manifestazione della maestà, onnipotenza e santità di Dio, così come si riflettono nella sua creazione. **4.** Lode, elogio con cui si glorifica qlcu. **5.** Vanto, orgoglio. **6.** Rappresentazione artistica in cui si esalta la divinità o si celebra una famiglia, una città.

2. glòria s.m. inv. **1.** Inizio e denominazione della preghiera *Gloria Patri*. **2.** (iniziale maiusc.) Inno liturgico che inizia con le parole *Gloria in excelsis Deo*.

gloriette [/glɔ'rjɛt/] s.f. inv. (voce fr.) Chiosco, padiglione ornato da piante rampicanti, posto in un parco o in un giardino. SIN.: **bersò**.

glorificàre v.tr. [4] **1.** Conferire gloria a qlcu. ~ *estens*. Celebrare, esaltare, magnificare. *Glorificare un eroe*. **2.** Innalzare qlcu. alla gloria celeste. ◆ **glorificarsi** v.pron. Vantarsi di qlco., compiacersene.

glorióso agg. **1.** Che dà gloria. *Impresa gloriosa*. SIN.: **eroico**. ~ Che ha meritato la gloria, soprattutto militare. ◇ *Di gloriosa memoria*: di persona o evento degni di imperituro ricordo, anche in usi iron. **2.** Che partecipa della gloria celeste. ◇ *Misteri gloriosi*: gli ultimi cinque misteri del Rosario celebrativi delle glorie della Vergine.

glòssa s.f. (lat. *glōssam*, gr. *glōssa* "lingua, parola rara") **1.** Spiegazione di alcune parole oscure di una lingua con altre parole più comprensibili. **2.** *estens*. Annotazione di commento, nota interpretativa, postilla.

glossàre v.tr. Chiarire un testo con una glossa, un commento.

glossàrio s.m. [pl. *–ri*] Raccolta, non necessariamente sistematica, di parole antiche, rare o di difficile comprensione, seguite dalla spiegazione del significato e da altre annotazioni. ~ Lessico specifico di un settore.

glossatóre s.m. [f. –*trice*] Redattore di glosse, spec. detto dei giuristi medievali che glossarono i codici giustinianei e altri testi di diritto.

glossectomìa s.f. MED. Asportazione chirurgica della lingua.

glossèma s.m. [pl. –*mi*] **1.** Interpretazione posta ai margini di un codice o di un papiro per spiegare un termine raro o oscuro. **2.** LING. Unità minima di espressione linguistica non ulteriormente analizzabile.

glossemàtica s.f. [non com. pl. –*che*] LING. Branca della linguistica strutturalista che studia le unità linguistiche definite in base alla loro funzione nella struttura della lingua.

Glossìna s.f. (lat. *Glossina*, deriv. di gr. *glôssa* "lingua" per il rostro simile a una lingua) ZOOL. Genere di insetti diffusi nel continente africano, capaci di trasmettere agenti patogeni pericolosi; ne fa parte la mosca tse-tse. (Ordine dei Ditteri.)

glossìte s.f. MED. Infiammazione della lingua.

glossodinìa s.f. MED. Sensazione sgradevole o dolorosa della lingua dovuta a nevralgia.

glossofaringèo agg. ANAT. Relativo a lingua e faringe. ◇ *Nervo glossofaringeo:* nono paio dei nervi cranici che forma il cosiddetto plesso linguale, i cui filamenti terminali si risolvono nella mucosa della base della lingua.

glossolalìa s.f. **1.** Esercizio o gioco di parole, spec. infantile, basato sulla produzione di parole o filastrocche insensate. **2.** PSICH. Patologia presente in alcune malattie mentali che comporta l'utilizzo di una lingua inventata, incomprensibile ai non malati. **3.** RELIG. Fenomeno estatico, detto anche *dono soprannaturale delle lingue*, per cui chi vi è soggetto emette una serie di suoni o di parole non comprensibili agli ascoltatori ma rivolte a Dio o, di contro, comprensibili ad ascoltatori di lingue diverse.

glossopatìa s.f. MED. Qualsiasi affezione della lingua.

glottàle agg. (fr. *glottal*) **1.** ANAT. Relativo alla glottide. **2.** LING. Di suono consonantico che viene articolato con la glottide.

glottidàle agg. LING. Glottale.

glòttide s.f. ANAT. Parte media della cavità della laringe, delimitata dalle corde vocali.

glottologìa s.f. Disciplina che studia scientificamente i sistemi linguistici.

glottòlogo s.m. [f. –*ga*, pl.m. –*gi*, f. –*ghe*] Studioso, docente di glottologia. SIN.: **linguista**.

glucagóne s.m. FISIOL. Ormone secreto dalle Isole di Langherhans del pancreas e che ha un'azione iperglicemizzante.

glucide o **glicide** s.m. CHIM. Composto fondamentale della materia vivente, costituito da carbonio, idrogeno e ossigeno, che svolge nell'organismo un ruolo energetico.

glucìdico o **glicìdico** agg. [pl.m. –*ci*, f. –*che*] CHIM. Relativo ai glucidi.

glucòside o **glicòside** s.m. CHIM. Composto che restituisce glucosio mediante idrolisi; si trova in numerose piante.

glucòsio o **glicòsio** s.m. (fr. *glucose*, deriv. di gr. *glêukos* "mosto" da *glykýs* "dolce") CHIM. Glucide ($C_6H_{12}O_6$) di sapore zuccherino, contenuto in numerosi frutti e nella composizione di quasi tutti i glucidi; detto anche *destrosio*. (Prodotto dalle piante verdi durante la fotosintesi, svolge un ruolo fondamentale nel metabolismo degli esseri viventi.)

glùma s.f. (lat. *glûmam* "bolla") BOT. Ciascuna delle due brattee verdastre situate alla base di ogni spighetta delle Graminacee.

glumèlla o **glumètta** s.f. BOT. Nel sign. del dim. di *gluma*; in partic., ciascuna delle due brattee che avvolgono direttamente ogni fiore della spiga delle Graminacee.

Glumiflòre s.f. pl. [iniziale minusc. sing. –*ra* per l'individuo] BOT. Ordine di piante monocotiledoni che comprende la famiglia delle Graminacee.

gluóne s.m. (ingl. *gluon*, deriv. di *glue* "colla", così detto per la sua azione unificante) FIS. Particella elementare, responsabile delle interazioni tra i quark. (Il gluone è un bosone.)

glutammàto s.m. CHIM. Sale o estere dell'acido glutammico, usato in partic. come agente di sapidità (*glutammato di sodio*).

glutammico agg. [pl.m. –*ci*] (ingl. *glutamic*) CHIM. *Acido glutammico:* amminoacido che si trova nelle proteine, solido, solubile nell'acqua pura. (È contenuto nella caseina e utilizzato come tonificante del sistema nervoso.)

glùteo s.m. **1.** Ciascuno dei tre muscoli della natica. **2.** (spec. pl.) Natica.

glutinàto agg. Addizionato con glutine.

glùtine s.m. CHIM. Parte proteica e viscosa della farina dei cereali.

glutinóso agg. **1.** Che contiene glutine. **2.** Vischioso, attaccaticcio. **3.** fig. Riferito a persona, appiccicoso.

gnaulàre v.intr. (aus. *avere*) (voce onom.) **1.** Parlando del gatto, miagolare. **2.** estens. Detto di bambini lattanti, piagnucolare.

gneiss o **gnais** [/'gnais/] s.m. inv. (voce ted.) GEOL. Roccia metamorfica che ha la stessa composizione dei graniti.

gnocchétto s.m. (spec. pl.) Nel sign. del dim. di *gnocco*; in partic., gnocco di piccole dimensioni per primi piatti.

gnòcco s.m. [pl. –*chi*] (ven. *gnòco* "protuberanza", long. *knohha* "nodo del legno") **1.** (spec. pl.) Ciascuno dei pezzettini di pasta fatta con farina di semolino, di grano o di patate, generalmente schiacciato, bollito e servito condito con sugo. ◇ CUC. *Gnocco fritto:* in Emilia, frittella di pasta di pane. – *Gnocchi alla romana:* impasto di semolino, latte, uova, burro, tagliato a riquadri o in tondi e gratinato in forno molto caldo. **2.** estens. Grumo, coagulo. ~ *pop.* Bernoccolo, protuberanza. **3.** fig. fam. [f. –*ca*] Persona sciocca, babbeo. SIN.: **bietolone**.

gnòmico agg. [pl.m. –*ci*, f. –*che*] Sentenzioso, moraleggiante. ◆ s.m. [f. –*ca*] Scrittore, poeta gnomico.

gnòmo s.m. (lat. *gnomus*, deriv. di gr. *gnômē* "intelligenza") **1.** Nell'antica mitologia nordica, spirito della terra o nano sapiente, general. immaginato vecchio e con una lunga barba bianca, che abita sottoterra dove custodisce miniere e tesori. **2.** Nel l. gior., operatore finanziario, in quanto muove grandi ricchezze in modo misterioso per i profani.

gnomóne s.m. (lat. *gnōmonem*, gr. *gnômōn* propr. "giudice, indicatore") Quadrante solare primitivo, costituito da una semplice asta la cui ombra si proietta su una superficie piana. ~ estens. Orologio solare, meridiana.

gnomònica s.f. [non com. pl. –*che*] Tecnica di costruire quadranti solari.

gnòrri s.m. e f. inv. Solo nella loc. *fare lo, la gnorri*, far finta di non sapere o di non capire.

gnoseologìa s.f. Parte della filosofia che studia la facoltà del conoscere. ~ Teoria della conoscenza.

gnoseològico agg. [pl.m. –*ci*, f. –*che*] Relativo alla gnoseologia.

gnòsi s.f. inv. **1.** Conoscenza perfetta e superiore del divino, propria degli gnostici. **2.** FILOS. Gnosticismo.

gnòstica s.f. [non com. f. –*che*] (gr. *gnōstikē epistēmē* "scienza conoscitiva") Parte della medicina che studia la natura delle malattie.

gnosticìsmo s.m. FILOS. Dottrina di un gruppo di sette cristiane eterodosse dei primi tre secoli della nostra era. [Professava un dualismo radicale e fondava la salvezza dell'uomo sul rifiuto della materia, sottoposta alle forze del male, e su una conoscenza superiore (*gnosi*) delle cose divine.]

gnòstico agg. [pl.m. –*ci*, f. –*che*] **1.** FILOS. Relativo allo gnosticismo. **2.** FILOS. Conoscitivo, intellettivo. ◆ s.m. FILOS. [f. –*ca*] Seguace dello gnosticismo.

gnu s.m. inv. (da una voce boscimana) Antilope africana caratterizzata da criniera vistosa, corna grosse alla base, molto acuminate all'apice e molto incurvate. (Altezza al garrese 1,20 m; genere *Connochaetes*; famiglia dei Bovidi.)

goal [/'goul/] s.m. inv. Gol.

gòbba s.f. **1.** Protuberanza posteriore e/o anteriore provocata dalla deformazione della colonna vertebrale. ◇ fig. *Spianare la gobba a qualcuno:* bastonarlo di santa ragione. **2.** Protuberanza naturale sul dorso di alcuni animali. *La gobba del dromedario.* **3.** estens. Convessità, rigonfiamento, prominenza. ◆ pop. Parte convessa del disco lunare nella prima e nell'ultima fase.

gobbìsta s.m. e f. [pl.m. –*sti*] CINE., TV. Tecnico addetto alla manovra dei gobbi.

1. gòbbo agg. **1.** Che ha una gobba. ◇ fig. *Colpo gobbo:* fortunato, propiziato dall'astuzia. **2.** estens. Che tiene le spalle incurvate, curvo. **3.** Che non è diritto o piano, ma presenta escrescenze, protuberanze. ◆ s.m. **1.** [f. –*ba*] Persona gobba. **2.** region. Gobba. ~ estens. Protuberanza, rigonfiamento. ◇ fam. *Avere qlcu. o qlco. sul gobbo:* avere qlcu. o qlco. a carico, doverne sostenere il peso.

2. gòbbo s.m. TV., CINE. Apparecchio sul quale i testi che sono letti di fronte a una telecamera o a una macchina da presa. ~ Negli studi cinematografici, schermo usato nella regolazione della luminosità.

3. gòbbo s.m. (spec. pl.) Pollone del carciofo piegato e fatto crescere sotto un riparo di terra affinché rimanga tenero e bianco.

Gòbidi s.m. pl. [iniziale minusc. sing. –*de* per l'individuo] ZOOL. Famiglia di pesci di modeste dimensioni, privi di vescica natatoria, che vivono lungo le coste. (Ordine dei Perciformi.)

góccia s.f. [pl. –*ce*] **1.** Piccola quantità di liquido dalla configurazione tondeggiante o sferica, originatasi per distaccamento da una massa più grande o per aggregazione di particelle minime. SIN.: **stilla**. ~ assol. Goccia di pioggia. ◇ *Avere la goccia al naso:* avere il naso umido di muco. – *Essere, somigliarsi come due gocce d'acqua:* essere identici. – fig. *Essere una goccia nel mare:* una parte minima e ininfluente rispetto alla vastità di ciò a cui si si rapporta. – *Essere la goccia che fa traboccare il vaso:* la piccola cosa che, in una situazione già compromessa, è sufficiente a determinare la catastrofe. – *Goccia a goccia:* a gocce, una goccia dopo l'altra; fig. poco alla volta. **2.** FARM. Misura per medicinali liquidi. ~ estens. La denominazione del medicinale stesso. **3.** per esager. Quantità minima di bevanda. *Bere una goccia di vino.* **4.** Ornamento a forma di goccia. **5.** ARCH. Ciascuno dei piccoli ornamenti troncoconici sotto i triglifi nella trabeazione dorica.

góccio s.m. [pl. –*ci*] Piccola quantità di liquido.

gocciolaménto s.m. Uscita, versamento di un liquido a gocce. SIN.: **stillicidio**.

gocciolàre v.intr. **1.** (aus. *essere*) Cadere a gocce. *L'olio sta gocciolando.* **2.** (aus. *avere*) Lasciar cadere gocce. *I rubinetti gocciolano.* SIN.: **perdere**. **3.** (aus. *avere*) Detto del naso, emettere muco liquido a causa di un raffreddore. **4.** (aus. *avere*) Detto di alberi o di frutti, secernere un umore. ◆ v.impers. Iniziare a piovere. *Sta gocciolando.* ◆ v.tr. Far cadere, mandare fuori gocciole di un liquido. *La grondaia gocciola acqua.*

gocciolatóio s.m. [pl. –*toi*] **1.** ARCH. Elemento dell'architrave classica costituito da una fascia sporgente lungo la quale scorre l'acqua piovana. **2.** Oggetto su cui si posa qlco. a sgocciolare. SIN.: **sgocciolatoio**.

godére v.intr. [12] (aus. *avere*) **1.** Beneficiare di qlco. *Godere di buona salute.* **2.** Essere intimamente contento, gioire. **3.** Provare godimento

■ **gnu**

fisico e sessuale. ◆ v.tr. **1.** Gustare o assaporare qlco. *Godere il riposo.* **2.** Possedere o ottenere qlco. a proprio vantaggio. ◆ **godersi** v.pron. Gustarsi intensamente qlco. *Godersi le vacanze.*

godet /'gɔ'de/ s.m. inv. (voce fr., propr. "ciotola") SART. Svasatura a campana, ottenuta tagliando il tessuto in sbieco. ❑ Anche in funzione di agg. inv. *Gonna godet.*

godiménto s.m. **1.** Piacere intenso tratto dal possesso, dalla conoscenza di qlco. **2.** Ciò che procura tale sentimento. **3.** DIR. Fruizione di un bene o di un diritto. ◇ *Giorno di godimento:* giorno dal quale gli interessi di un titolo obbligazionario, o i dividendi di un titolo azionario, cominciano a maturare. – *Avere in godimento:* in usufrutto. – *Avere il godimento dei diritti:* averne la titolarità.

godron s.m. inv. ART. Ornamento in rilievo o incavato, di forma ovale allungata.

godronatùra s.f. MECC. Particolare lavorazione di superfici metalliche a solchi e rilievi, in modo da renderle ruvide e quindi più salde sotto la pressione delle dita. SIN.: **zigrinatura.**

godùria s.f. *scherz.* Godimento.

goemon s.m. inv. → **vareck.**

goethite s.f. MIN. Idrossido di ferro, associato all'ematite.

goffàggine s.f. **1.** Mancanza di disinvoltura, di abilità. **2.** Azione, comportamento goffi.

gòffo agg. **1.** Che manca di disinvoltura, di eleganza. **2.** Caratterizzato da impaccio, da imbarazzo. ~ Privo di eleganza o di finezza.

goffràggio s.m. [pl. –gi] (fr. *gaufrage*) Goffratura.

goffràre v.tr. (fr. *gaufrer*, deriv. di *gaufre* "torta con disegni in rilievo") Imprimere un disegno in rilievo su un materiale.

goffràto agg. Su cui è stata eseguita una goffratura. ◆ s.m. Tessuto goffrato.

goffratrice s.f. Calandra con cui si esegue la goffratura. ❑ Anche in funzione di agg. *Macchina goffratrice.*

goffratùra s.f. Impressione di carta, tessuti, cuoio, ecc. mediante disegni a rilievo, eseguita per ragioni tecniche o in funzione ornamentale. ~ L'impronta, il disegno ottenuto tramite questa operazione.

gógna s.f. **1.** Collare di ferro dei condannati alla berlina. **2.** *estens.* Pena della berlina. ◇ *fig. Mettere alla gogna qlcu.:* svergognare, esporre al pubblico ludibrio.

go-kart /'gɔuka:t/ s.m. inv. (voce ingl., propr. "carretto per correre") Piccolo veicolo a quattro ruote con un solo sedile, senza carrozzeria e dotato di motore a due tempi.

gòl s.m. inv. (ingl. *goal* "traguardo, scopo") Nel calcio, il punto segnato da una squadra, quando il pallone entra in rete.

góla s.f. **1.** Regione anatomica corrispondente, internamente, al cavo faringeo, esternamente alla parte anteriore del collo. ◇ *Mal di gola:* denominazione generica di tutte le affezioni che interessano gli organi posti nella gola. – *Gola di lupo:* malformazione congenita del labbro e del palato, consistente in una fenditura longitudinale del palato. – *Avere il cuore in gola:* essere affannati o molto emozionati. – *fig. Ricacciare un'offesa in gola a qlcu.:* rispondere, con atti o parole, in modo da obbligare la persona a ritirare quanto aveva detto. **2.** *estens.* Collo. ◇ *Prendere qlcu. per la gola:* afferrarlo al collo; *fig.* imporre le proprie condizioni approfittando dello stato di necessità dell'altro. **3.** *fig.* Golosità, ghiottoneria, ingordigia. ~ TEOL. CATT. Uno dei sette peccati capitali. ◇ *Far gola:* eccitare la golosità, spec. di cibo o bevanda, ma con significato fig. anche di altre cose. *Lavoro che fa gola a molti.* – *Prendere per la gola:* attrarre, sedurre qlcu. facendo leva sulla sua golosità. **4.** GEOGR. Canalone o valle strettissima, a pareti ripide. SIN.: **forra.** **5.** *estens.* Condotto interno, spec. di scarico. ~ Apertura stretta e profonda. **6.** ARCH. Modanatura costituita da due curve che si raccordano a S diritta o rovesciata. **7.** GEOM. *Linea di gola:* linea di lunghezza minima tra tutte le sezioni parallele di una superficie.

golden /'gəuldən/ s.f. inv. (voce ingl.) *Golden delicious.* ❑ Anche in funzione di agg. *Mela golden.*

golden boy /'gəuldən 'bɔɪ/ loc. sost. m. inv. (loc. ingl.), propr. "ragazzo d'oro") **1.** Giocatore molto dotato e soprattutto ben pagato. **2.** *estens.* Ragazzo molto ricco e di gran successo.

golden delicious /'gəuldən dɪ'lɪʃəs/ loc. sost. f. inv. (loc. ingl. d'America, propr. "delizia dorata") Varietà di mela dalla buccia gialla e dalla polpa dolce.

golden gol /'gəuldən g'əul/ loc. sost. m. inv. (loc. ingl.) Nel calcio, spec. nelle finali di gare internazionali, il primo gol segnato nei tempi supplementari che aggiudica la vittoria alla squadra che lo realizza.

golden share /'gəuldən 'ʃɛə/ loc. sost. f. inv. (loc. ingl., propr. "azione d'oro") ECON. Privilegio del detentore di certi pacchetti azionari, sebbene di minoranza, con i quali può esercitare il diritto di veto su alcune decisioni della Società.

gold standard /'gəuld 'stændəd/ loc. sost. m. inv. (loc. ingl., propr. "regime monetario aureo") ECON. Sistema monetario fondato sull'impiego dell'oro come mezzo legale di pagamento e sulla piena convertibilità in oro dei biglietti di banca.

goleada /gole'aða/ s.f. [pl. *goleadas*] (voce spagn.) SPORT. Nel gergo calcistico, serie numericamente eccezionale di reti messe a segno in una sola partita da una sola delle due squadre.

goleador /golea'ðor/ s.m. [pl. *goleadores*] (voce spagn.) SPORT. Calciatore che mette a segno molte reti. SIN.: **cannoniere.**

gòlem s.m. inv. (ebr. *gōlem* "embrione") Nella cultura ebrea, automa di argilla dalla forma umana che i rabbini avevano il potere di animare. (Le leggende che si sono sviluppate su questo tema, a partire dal sec. XV e che si sono in partic. cristallizzate attorno alla figura del rabbino praghese Loew ben Bezalel, hanno ispirato numerose opere.)

golèna s.f. GEOGR. Zona di terreno pianeggiante tra l'argine e il letto di magra di un fiume, sommersa soltanto durante le piene.

1. golétta s.f. Colletto della camicia da uomo o risvolto del vestito da donna intorno al collo. ~ Guarnizione di trina o merletto intorno allo scollo di abiti femminili.

2. golétta s.f. (fr. *goëlette*, deriv. di bret. *göeland* "gabbiano") Nave a due alberi diffusa nei mari d'Europa fino al sec. XIX.

1. gòlf s.m. (solo sing.) (voce ingl., ol. *kolf* "bastone") Sport che si pratica all'aperto in campi attrezzati e che consiste nel mandare, con apposite mazze, una pallina in una serie di buche col minor numero di colpi possibile. (*v. immagine pag. succ.*)

2. gòlf s.m. inv. (abbr. dell'ingl. *golf-coat* "giacca da golf") Maglia maschile o femminile di lana o d'altre fibre, perlopiù chiusa sul davanti e con le maniche lunghe. SIN.: **pullover**

gólfo s.m. **1.** GEOGR. Insenatura marina di notevoli dimensioni. **2.** *Golfo mistico:* nei teatri lirici, grande buca tra palcoscenico e platea in cui prende posto l'orchestra.

goliàrdico agg. [pl.m. –ci, f. –che] **1.** Dei goliardi. **2.** *estens.* Caratterizzato da allegria.

goliàrdo s.m. (fr. *gouliard*, deriv. di lat. *Golias*, nome del gigante Golia considerato nel Medioevo l'incarnazione del male) **1.** Nel Medioevo, chierico vagante che conduceva vita scapestrata. **2.** *estens.* [f. –da] Studente universitario, in riferimento al clima spensierato del periodo degli studi.

gollismo s.m. Movimento politico francese che si ispira all'azione e al pensiero del generale Charles De Gaulle.

golosità s.f. inv. **1.** Voglia incontenibile di mangiare. **2.** (spec. pl.) Cibo o bevanda appetitosi.

golóso agg. **1.** Che ha una voglia irrefrenabile di mangiare o bere qlco. che piace. SIN.: **ghiotto. 2.** *fig.* Voglioso, avido di qlco. *Goloso di novità.* ~ Che rivela desiderio, bramosia. *Sguardo goloso.* ◆ s.m. [f. –sa] Nell'accez. 1 dell'agg.

1. gólpe s.f. BOT. Malattia prodotta da un fungo che colpisce i cereali e ne blocca la fioritura.

2. golpe /'golpe/ s.m. inv. (voce spagn., propr. "colpo") POLIT., MIL. Colpo di stato, in partic. organizzato da militari. SIN.: **putsch.**

golpismo s.m. POLIT., MIL. Tendenza a complottare, a vedere in un colpo di stato la risoluzione dei problemi e delle crisi politiche interne.

golpista s.m. e f. [pl.m. –sti] Chi fa, prepara, favorisce un colpo di stato. ❑ In funzione di agg., che mira a effettuare un colpo di stato o che è il risultato di un colpo di stato. *Gruppo golpista.*

gómena s.f. MAR. Cavo di canapa che viene usato per il rimorchio o per l'ormeggio delle navi. SIN.: **canapo.**

gomitàta s.f. Colpo di gomito. ◇ *Farsi avanti a gomitate:* aprirsi un varco nella folla, allontanando la gente con i gomiti; *fig.* far carriera senza riguardo per nessuno.

gomitièra s.f. Fascia imbottita utilizzata in alcuni sport per proteggere il gomito.

gómito s.m. **1.** ANAT. Parte dell'arto superiore corrispondente all'articolazione del braccio con l'avambraccio. ~ *comun.* La parte sporgente esterna dell'articolazione stessa. ◇ MED. *Gomito del tennista:* infiammazione dei tendini dell'omero che colpisce i giocatori di tennis. – *figg. Alzare il gomito:* esagerare nel bere. SIN.: **ubriacarsi.** – *Gomito a gomito:* a stretto contatto. – *Lavorare gomito a gomito. Farsi largo con i gomiti:* sgomitando,

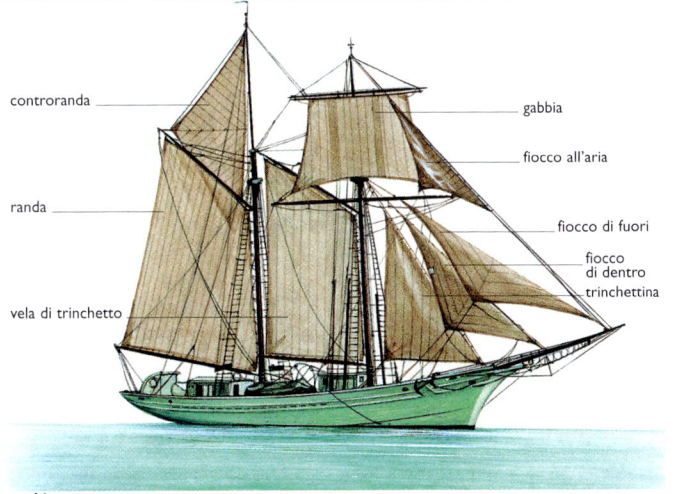

controroranda — randa — vela di trinchetto — gabbia — fiocco all'aria — fiocco di fuori — fiocco di dentro — trinchettina

■ **golétta** a gabbiola.

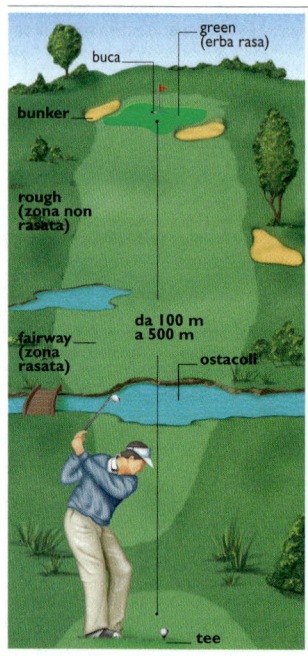

green (erba rasa)
buca
mazze
bunker
rough (zona non rasata)
da 100 m a 500 m
fairway (zona rasata)
ostacoli
palla
putter   ferro   legno   scarpa
tee

Il campione britannico di golf Nick Faldo.

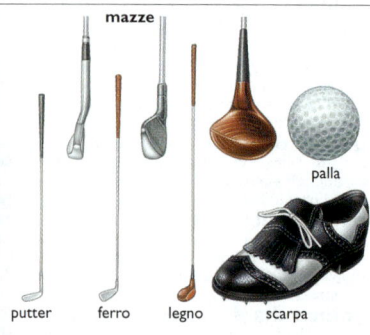

■ gòlf

spintonando; *fig.* far carriera senza riguardo per nessuno. **2.** *estens.* Parte della manica che copre il gomito. *Gomito della giacca.* **3.** Curva corrispondente a un cambio di direzione. ◇ *A gomito:* che segna un cambio di direzione. *Curva a gomito.* **4.** TECN. Elemento di raccordo fra due tubi non coassiali.

gomìtolo s.m. **1.** Ammasso sferico o cilindrico formato da fili, funi, nastri, ecc. arrotolati. ◇ *Fare un gomitolo di qlco.:* appallottolare. – *Farsi un gomitolo:* aggomitolarsi, rannicchiarsi. **2.** *fig.* Groviglio, intreccio. *Un gomitolo di strade.*

gómma s.f. **1.** Sostanza (*gomma naturale*) derivante dal latice di alcune piante, che si rapprende all'aria e da cui si ricava, per separazione, un coagulo di materia elastica che viene trasformato per diverse lavorazioni. ~ Prodotto (*gomma sintetica*) di proprietà simili ottenuto artificialmente dalla polimerizzazione di monomeri. *Guanto di gomma.* ◇ *fig. Essere di gomma:* particolarmente agile, elastico nei movimenti. **2.** Nome di prodotti vegetali, derivati dalla metamorfosi di alcuni costituenti cellulari, che induriscono all'aria e hanno proprietà adesive. ◇ *Gomma arabica:* gommoresina prodotta da alcune acacie (inizialmente raccolta solo in Arabia), usata in farmacia e come adesivo. **3.** Pezzetto di caucciù o di un'altra materia, che serve a cancellare la matita, l'inchiostro, ecc. **4.** Pneumatico per vari tipi di veicolo. **5.** *Gomma da masticare (o americana):* piccola striscia o pallina di materia elastica aromatizzata da masticare. SIN.: **chewing-gum. 6.** MED. Formazione patologica circoscritta, con parte centrale necrotica contenente materiale di consistenza gommosa. **7.** BOT. *Mal della gomma:* gommosi.

gommagùtta s.f. (fr. *gommegutte*, propr. "goccia di gomma") Gommoresina che si ricava da diverse specie di piante tropicali, usata in medicina come diuretico ed emostatico e nell'industria delle vernici come colorante.

gommalàcca s.f. [non com. pl. –*che*] Sostanza resinosa prodotta da una specie di cocciniglia, usata per produrre vernici, ceralacca, come appretto e come isolante elettrico.

gommapiùma s.f. [pl. *gommepiume*] Denominazione commerciale, che costituisce marchio registrato, di un tipo particolare di gomma espansa soffice e leggera che viene utilizzata per imbottiture.

gommàre v.tr. **1.** Ricoprire una superficie con uno strato di gomma. *Gommare un'etichetta.* **2.** Dotare un veicolo di pneumatici.

gommatùra s.f. **1.** Copertura, rivestimento con uno strato di gomma. **2.** Pneumatici di un autoveicolo.

gommìfero agg. **1.** Che produce gomma. *Albero gommifero.* **2.** BOT. Affetto da gommosi.

gommìna s.f. Fissatore per capelli in gel che produce un effetto di capelli bagnati.

gommìno s.m. Piccolo oggetto in gomma; in partic., piccolo tappo interno, a tenuta ermetica, che chiude le bottiglie dei profumi o dei medicinali.

gommìsta s.m. e f. [pl.m. –*sti*] **1.** Artigiano o operaio che ripara o sostituisce pneumatici o camere d'aria. ~ Chi vende pneumatici. ~ *estens.* Officina del gommista. *Portare l'automobile dal gommista.* **2.** Addetto alla lavorazione della gomma.

gommóne s.m. Canotto fuoribordo sgonfiabile, in gomma o plastica, a remi o a motore.

gommorèsina o **gommarèsina** s.f. Prodotto dell'esudazione di piante appartenenti a diverse famiglie, costituito da una miscela di gomme e di resine.

gommòsi s.f. inv. BOT. Processo patologico di alcuni vegetali che si manifesta con la formazione e la fuoriuscita di sostanze gommose. SIN.: **mal della gomma.**

gommóso agg. **1.** Che contiene gomma. *Sostanza gommosa.* **2.** Che ha l'elasticità, la consistenza o l'aspetto della gomma. *Caramella gommosa.*

gònade s.f. ANAT. Ghiandola sessuale maschile e femminile che produce gameti e ormoni sessuali. (Il testicolo è la gonade maschile, l'ovaia quella femminile.

gonadotropìna s.f. CHIM., BIOL. Ormone prodotto dal lobo inferiore dell'ipofisi, che stimola le gonadi. SIN.: **gonadostimolina.**

gonadòtropo agg. CHIM., BIOL. Che influenza la funzione delle gonadi. *Ormone gonadotropo.*

góndola s.f. (voce venez.) **1.** Caratteristica imbarcazione veneziana a remi di colore tradizionalmente nero, dallo scafo elegante e carenato costituito da due parti lievemente asimmetriche e con prua e poppa incurvate e rialzate, di solito condotta da un solo vogatore. ◇ *A gondola:* det-

to di oggetti che presentano una curvatura simile a quella delle gondole veneziane. *Scarpe a gondola.* **2.** AER. *Gondola dei motori:* parte dei piccoli velivoli in cui sono installati i motori. **3.** COMM. Espositore a piani sovrapposti utilizzato nei supermercati.

gondolière s.m. Rematore che, a poppa, conduce la gondola, servendosi dell'unico remo.

gonfalóne s.m. (fr. *gonfalon*, francone *gundfano* "vessillo di combattimento") Vessillo adottato come insegna dai comuni medievali e oggi usato come insegna di un municipio, di una corporazione o di un'associazione. SIN.: **stendardo.**

gonfalonière s.m. (fr. *gonfalonier*) **1.** ST. Magistratura degli antichi comuni italiani, al titolare della quale era affidata la custodia del gonfalone comunale. **2.** Chi porta un gonfalone. *Gonfaloniere dell'esercito.* SIN.: **vessillifero.**

gonfiàbile agg. Che può essere gonfiato. *Salvagente gonfiabile.*

gonfiaménto s.m. Azione di gonfiare o di gonfiarsi.

gonfiàre v.tr. [6] **1.** Riempire d'aria o d'altro gas una cavità dalle pareti elastiche in modo che si dilati o si tenda. *Gonfiare un pallone.* **2.** *estens.* Aumentare di volume qlco. SIN.: **dilatare.** ◇ *fig. Gonfiare qlc. di botte, di pugni, di schiaffi:* picchiarlo, malmenarlo fino a procurargli gonfiore. **3.** *fig.* Far apparire qlco. più grande o più importante di quello che è. *Gonfiare una notizia.* SIN.: **esagerare.** ~ Lodare eccessivamente qlcu., esaltarlo, farlo insuperbire. *Troppi complimenti lo gonfiano.* ◆ v.intr. (aus. *essere*) **1.** Aumentare di volume, anche pron. *La mano (mi) si sta gonfiando.* **2.** *fig.* Inorgoglirsi, darsi troppe arie. SIN.: **insuperbirsi.**

gonfiatóio s.m. [pl. –*toi*] Strumento atto a gonfiare.

gonfiatùra s.f. **1.** Azione di gonfiare o di gonfiarsi e suo risultato. **2.** *fig.* Esagerazione, montatura.

gónfio agg. [pl.m. –*fi*] **1.** Dilatato, teso grazie all'immissione di aria o di altro gas. *Pneumatico gonfio.* ~ Cresciuto di volume. ◇ *figg. Avere gli occhi gonfi:* appesantiti da un gonfiore alle palpebre. – *Sentirsi gonfio, sentire lo stomaco gonfio:* avere una sgradevole sensazione di pienezza, di pesantezza. – *Andare a gonfie vele:* procedere speditamente, felicemente. **2.** *fig.* Borioso, tronfio. **3.** *fig.* Ampolloso, retorico. *Una prosa gonfia.*

gonfióre s.m. Rigonfiamento anomalo di una parte del corpo, dovuto a cause patologiche o a fatti traumatici. *Lamentare un gonfiore al ginocchio.* SIN.: **tumefazione.**

gòng s.m. inv. (ingl. *gong*, da una voce malese di orig. onom.) Strumento a percussione di origine orientale, formato da un disco di metallo che, sospeso e percosso da una mazza o un martelletto o un'asticella, emette un suono prolungato di grande intensità. (Oltre che in orchestra, è usato come segnale, spec. nel pugilato dove scandisce l'inizio e la fine di una ripresa.) ~ Suono emesso da tale strumento. *Il gong annunciò l'inizio del pranzo.*

gongolàre v.intr. (aus. *avere*) (prob. voce onom.) Manifestare gioia o soddisfazione. SIN.: **esultare.**

gongorìsmo s.m. Tipo di stile, proprio della letteratura barocca spagnola, caratterizzato da un linguaggio ricco di latinismi, di parole peregrine, di reminiscenze mitologiche, ispirato alla produzione del poeta spagnolo Luis de Góngora.

-gonìa Secondo elemento di composti dotti e del l. scientifico, nei quali significa "generazione, origine" (*cosmogonia*).

goniometrìa s.f. MAT. Teoria e tecnica della misurazione degli angoli.

goniomètrico agg. [pl.m. –*ci*, f. –*che*] Relativo alla goniometria, al goniometro.

goniòmetro s.m. Strumento che serve per misurare gli angoli. ◇ TOPOGR. *Goniometro rapportatore:* quello che serve per misurare e riportare angoli grafici su disegni o su carte. – GEOM. *Goniometro squadro:* quello formato da due sistemi diottrici che hanno il piano di traguardo perpendicolare tra loro. – *Goniometro d'officina:*

quello costituito da una placca circolare che re-ca incisa la graduazione in 360°.

gònna s.f. **1.** Indumento femminile che copre il corpo dalla vita in giù. SIN.: **sottana**. ◇ *Gonna pantalone:* pantalone la cui forma è nascosta da profonde pieghe che gli danno l'aspetto di una gonna. – *Gonna a portafoglio:* che si incrocia sul davanti avvolgendosi alla vita senza abbottonatura. **2.** Ant., sopravveste maschile dotata di cappuccio.

gonocìto o **gonocìta** s.m. [pl. –*ti*] BIOL. Cellula germinale maschile e femminile che origina gameti per la riproduzione.

gonocòcco s.m. [pl. –*chi*] BIOL. Nome comune del batterio *Neisseria gonorrhoeae*, agente eziologico della blenorragia. (Appartiene alla famiglia delle Neisseriacee, che comprende numerose specie di batteri caratterizzati da forma sferica e mancanza di flagelli.)

gonocòrico agg. BIOL. Si dice di una specie animale in cui i sessi sono separati.

gonocorismo s.m. BIOL. Condizione di un individuo capace di produrre un solo tipo di gameti e cioè solo gameti maschili o gameti femminili.

gonòforo s.m. ZOOL. Individuo delle colonie di idrozoi che provvede alla riproduzione sessuale. SIN.: **sporosacco**.

gonorrèa s.f. MED. → blenorragia.

1. gonosòma s.m. BIOL. → eterocromosoma.

2. gonosòma s.m. ZOOL. Gonozoide.

gonozòide s.m. ZOOL. Negli Idrozoi, individuo specializzato nella produzione di elementi cellulari che evolvono in meduse.

gónzo agg. Che si fa imbrogliare facilmente, sciocco, credulone, semplicotto. ◆ s.m. [f. –*za*] Nel sign. dell'agg.

gòra s.f. **1.** Canale che conduce l'acqua da un fiume a un mulino. **2.** Acqua paludosa e stagnante. **3.** Traccia di una macchia che permane dopo lo smacchiatura. **4.** Traccia di lacrime oppure di sudore sul viso impolverato. ~ Traccia, segno lasciati dall'acqua che sgocciola sulla carta o altro materiale.

gordiàno agg. (dal nome di *Gordio*, capitale della Frigia dove era custodito il carro) Usato solo nella loc. *nodo gordiano*, nodo inestricabile che si trovava sul carro di Gordio e che Alessandro Magno sciolse tagliandolo con un colpo di spada; *fig.* difficoltà che pare insormontabile e che può essere risolta solo con una decisione drastica.

gòretex s.m. inv. Nome commerciale, che costituisce marchio registrato, di una fibra tessile sintetica derivata dal Teflon, impermeabile all'acqua ma che permette la traspirazione.

gorgheggiàre v.intr. [5] (aus. *avere*) Eseguire gorgheggi. SIN.: **trillare**. ◆ v.tr. Modulare un canto.

1. gorghéggio s.m. [pl. –*gi*] **1.** MUS. Nel canto, rapido passaggio di suoni sopra una stessa sillaba con effetti virtuosistici. **2.** (spec. pl.) Canto armonioso di alcuni uccelli.

2. gorghéggio s.m. [pl. –*gii*] Ripetuta serie di gorgheggi.

gòrgia s.f. [pl. –*ge*] (fr. *gorge* "gola") **1.** Il parlare in gola. ~ Parlata gutturale. **2.** MUS. Nella tecnica vocale del sec. XVII, ogni virtuosismo del canto. ~ Voce vibrata e tremula, gorgheggio. **3.** GEOGR. Valle molto stretta che assomiglia a un corridoio con pareti a picco. SIN.: **gola**.

gorgièra s.f. (fr. *gorgière*) **1.** ARM. Segmento in ferro, variamente lavorato, posto a protezione della gola. ~ Oggi, imbottitura applicata sotto la maschera dello schermitore a protezione del collo. **2.** Nel Medioevo, fascia che avvolgeva il collo e il mento delle donne. ~ Nei secc. XVI e XVII, collaretto in lino, trina o altro tessuto fine increspato o pieghettato e inamidato.

górgo s.m. [pl. –*ghi*] **1.** Punto di un fiume, di un torrente in cui l'acqua si fa più profonda e si crea un vortice. **2.** *fig.* Intenso turbamento.

gorgogliaménto s.m. CHIM. Passaggio di un gas attraverso un liquido, general. per purificarlo.

gorgogliàre v.intr. [6] (aus. *avere*) (lat. *gurguliàre*, deriv. di *gurgúlio* "esofago") **1.** Produrre il rumore di un liquido che scorre o fuoriesce da

una stretta apertura. **2.** Brontolare, borbottare. *Il mio stomaco gorgoglia.* **3.** CHIM. Produrre il rumore caratteristico del gas che attraversa un liquido.

1. gorgóglio s.m. [pl. –*gli*] Rumore prodotto da un liquido che esce irregolarmente da una stretta apertura. ~ Rumore di un liquido o di un gas nella gola, nello stomaco o nell'intestino.

2. gorgoglio s.m. [pl. –*glii*] Rumore insistente di un liquido che fuoriesce da un'apertura.

gòrgone s.f. (lat. *Górgonem*, gr. *Gorgó*, nella mitologia greca e romana nome delle tre figlie di Forco e Ceto rappresentate come mostri femminili) **1.** Donna scarmigliata, spettinata, brutta. **2.** ART. DEC. APPL. Nell'arte greca, motivo ornamentale che rappresenta le fattezze mostruose della testa di una Gorgone.

Gorgònia s.f. (lat. *Gorgonia*, deriv. dal nome di gr. *Gorgó* "Gorgone" alla cui capigliatura fan pensare le ramificazioni coralline) ZOOL. Genere di celenterati con scheletro calcareo dai colori vivaci, che vivono in colonie ramificate sui fondali rocciosi dei mari caldi. (Classe degli Antozoi.)

gorgonzòla s.m. inv. (dal nome della cittadina lombarda di *Gorgonzola* dove orig. era prodotto) Tipico formaggio vaccino da tavola, molle, piccante con venature verdastre provocate da muffe.

gorìlla s.m. inv. (lat. *Gorilla*, gr. *Goríllai* "peloso donne pigmee, scimmie") **1.** Grande scimmia antropomorfa africana, con pelle nera ricoperta da pelo grigio scuro, ma con faccia, palme delle mani e dei piedi e petto sgombri di pelo e prensili. (Vegetariana, è la più grande e forte di tutte le scimmie; raggiunge i 2 m di altezza e può superare i 200 kg di peso; famiglia dei Pongidi.) **2.** *fig.* Uomo dal fisico possente e dai modi grossolani. **3.** *fig.* Guardia del corpo.

■ **gorìlla** maschio.

gospel [/'gɔspel/] s.m. inv. (voce ingl., deriv. di *gospel song* "canto del Vangelo") MUS. Canto popolare d'ispirazione religiosa con accompagnamento musicale, nato nella comunità nera degli Stati Uniti all'inizio del sec. XX.

gossip [/'gɔsip/] s.m. inv. (voce ingl., "chiacchiera") Pettegolezzo, chiacchiera indiscreta, spec. mondana.

gòta s.f. → guancia.

gotha [/'gɔːta/] s.m. inv. (dal nome della città tedesca di *Gotha* dove si pubblicò dal 1763 al 1944 un almanacco genealogico delle famiglie aristocratiche) **1.** Almanacco di Gotha. ~ *estens.* Aristocratici, che compaiono nell'almanacco di Gotha o di gran casato. **2.** Persone più in vista, più influenti, più importanti nel mondo politico, culturale o in un settore d'attività. *Il gotha della pubblicità.*

gòtico agg. [pl.m. –*ci*, f. –*che*] **1.** Dei Goti, antica popolazione germanica. **2.** Germanico, tedesco. ~ *spreg.* Barbarico. ◇ *Arte gotica:* arte prevalente nell'Europa occidentale (secc. XII-XV) caratterizzata, spec. in architettura, dal verticalismo, da cui la preferenza accordata al rilievo dato al pilastro rispetto al muro. – *Stile gotico:* insieme di stilemi propri dell'arte gotica nei suoi vari momenti. – *Scrittura gotica:* scrittura caratterizzata dal tratto spigoloso e interrotto e dal-

la frequenza di abbreviazioni, nata in Europa nel sec. XII e rimasta a lungo in uso. – *Romanzo gotico:* sottogenere caratterizzato dall'ambientazione medievale e dal carattere misterioso o macabro delle vicende, in voga in Inghilterra nella seconda metà del sec. XVIII. (Autori principali: H. Walpole, A. Radcliffe, M. G. Lewis.) □ In funzione di avv., in modo oscuro. *Scrivere gotico.* ◆ s.m. (solo sing.) **1.** Lingua parlata dai goti, appartenente al ramo orientale del germanico. **2.** Arte gotica, stile gotico. **3.** Scrittura gotica.

ENCICL. Le conseguenze dell'uso razionale della volta a crociera ogivale sulla struttura della chiesa – spostamento delle spinte sui supporti d'angolo, alleggerimento dei muri, ingrandimento delle finestre – apparvero verso il 1140 nel deambulatorio dell'abbazia di Saint-Denis. Le cattedrali di Noyon, Laon e Parigi rappresentarono, nella seconda metà del sec. XII, il tipo complesso di *gotico primitivo*. Chartres, dopo il 1194, è un esempio di tipo classico, con innalzamento a tre piani e sistemazione degli archi di spinta che sostituiscono la tribuna nella sua funzione di contrafforte. Sempre sotto il dominio capetingio apparve, verso il 1230-1240, lo stile gotico *ornato*, caratterizzato da una più grande unità spaziale e lo sviluppo delle vetrate (Saint-Denis, Amiens, Sainte-Chapelle di Parigi). Questo stile si diffuse nel sud della Francia (dove fu in concorrenza, nel sec. XII, con un tipo meridionale a navata unica) e in Europa (fondazioni cistercensi). L'Inghilterra fu interessata in origine dal gotico primitivo, poi dal gotico ornato (1280) e perpendicolare (1350). La Germania sviluppò, nel sec. XIV, la tipologia di *chiesa a sala*; l'Italia fu il paese che accettò di meno il sistema gotico, con il suo slancio verticale realizzato tramite le colonnette che l'occhio vede dispiegarsi nelle nervature delle volte. L'esaltazione grafica di questo stile e delle vetrate caratterizzò il *gotico fiorito*, che apparve in Francia e in Germania alla fine del sec. XIV. L'architettura profana, soprattutto militare, nei secc. XII e XIII non cessò di arricchirsi negli edifici pubblici italiani o dei Paesi Bassi del Sud e in alcuni castelli della Francia. Come le vetrate e le altre arti applicate, la scultura rimase sottomessa all'architettura. Le facciate occidentali di Saint-Denis (molto rovinate) e di Chartres manifestano immediatamente il rigore e la ripartizione della statuaria e dei rilievi sui portali gotici. Alla loro ieraticità ancora vicina all'arte romanica seguì, a Senlis alla fine del sec. XII, poi a Chartres, a Parigi, a Reims, a Amiens, una tendenza alla morbidezza e al naturalismo che evolverà verso una maggiore espressione e movimento (Reims, Amiens, Bourges, Strasburgo, Bamberga, ecc.). La potenza di Claus Sluter, in Borgogna, trasformò l'arte del sec. XV. Slegata dall'architettura, la moda del retablo di legno scolpito si sviluppò nell'Europa centrale, nelle Fiandre e in Spagna. Lo *stile gotico internazionale*, intorno al 1400, abbracciò gran parte della scultura e soprattutto della pittura. Preparato attraverso il perfezionamento della miniatura parigina o inglese e l'evoluzione della pittura in Italia (in particolare a Siena con i Lorenzetti), questo stile di impronta aristocratica si trova in Germania e in Boemia, in Catalogna (Borrassà), nella scuola franco-fiamminga (Broederlam, the Limbourg), a Parigi (miniature), in Italia (Lorenzo Monaco, Gentile da Fabriano, Sassetta, Pisanello, ecc.).

gòto agg. Dei Goti, popolazione germanica stanziata originariamente sul Baltico e giunta in Italia nel sec. V. (Era suddivisa nei due rami dei Visigoti e degli Ostrogoti.) ◆ s.m. [f. –*ta*; al pl. anche iniziale maiusc.] Nel sign. dell'agg.

gótta s.f. (lat. *gúttam* "goccia" perché si riteneva causata da gocce di umori provenienti dal cervello) MED. Malattia metabolica dovuta all'eccesso di acido urico nell'organismo, causa di disturbi articolari (p.e. infiammazione acuta dell'alluce), sottocutanei (tofi) o renali (calcoli).

gottàzza o **gotàzza** s.f. MAR. Arnese di legno con cui si raccoglie l'acqua contenuta nelle sentine. SIN.: **sassola**.

gottóso agg. **1.** MED. Relativo alla gotta. **2.** MED. Malato di gotta. ◆ s.m. [f. –*sa*] Nell'accez. 2 dell'agg.

■ L'arte gotica

Il termine gotico fu usato per la prima volta dal Vasari per indicare lo stile architettonico medievale contraddistinto dall'uso generale dell'arco acuto, sviluppatosi lentamente dal romanico dei secc. XII e XIII. Il giudizio spregiativo del Vasari, che definì "mostruosa e barbara la maniera trovata dai Gothi", dove "Gothi" sta per barbari, si mantenne sino a Christopher Wren (sec. XVII), grande architetto inglese propugnatore del classicismo. Nel corso del sec. XIII, lo stile gotico si impose nella maggior parte dell'Occidente, prendendo in ciascun paese sfumature differenti. La diffusione dell'arte gotica, lungo tre secoli, riguarda tutte le arti.

Soissons. Transetto sud (iniziato nel 1177) della cattedrale Saint-Gervais-et-Saint-Protais a Soissons. Struttura complessa dell'architettura delle cattedrali del sec. XII elevata su quattro piani: grandi arcate, tribuna, triforio, finestre alte; qui, caso isolato, il transetto termina in emiciclo (verso la sinistra).

Bourges. Facciata occidentale della cattedrale Saint-Étienne (XIII secolo). Oltre a questa grandiosa facciata dai contrafforti possenti e dai campanili tozzi, cinque portali istoriati si aprono sulle cinque navate e con le loro sculture ispirano temi religiosi (il Giudizio Universale sul portale centrale, metà del sec. XIII).

Reims. L'angelo dell'Annunciazione sul portale centrale della cattedrale (facciata ovest): grazia sorridente di uno dei laboratori di Reims nel sec. XIII; la statua era pronta prima dell'inizio della costruzione della facciata (1255 circa).

Il Maestro di Trebon. *La Resurrezione*: pannello di un retablo dipinto verso il 1380 per un convento della città di Trebon, in Boemia. Alla corte dell'imperatore Carlo IV, a Praga, si elabora nella seconda metà del sec. XIV una della versioni più rilevanti dello "stile internazionale".

Louvain (Brabant). Il municipio, costruito dal 1448 al 1463 dall'architetto Mathijs de Layens. Torrette con scale, archi a carena con decorazioni vegetali, arcatelle e parapetti traforati, statue sotto baldacchini a pinnacoli compongono il decoro esuberante di questo gioiello dell'architettura comunale di Brabant.

Wells (Inghilterra). Coro della cattedrale, ricostruito durante il sec. XIV: insieme che rivela in gran parte lo stile gotico inglese, anteriore a quello fiammeggiante francese.

Tilman Riemenschneider. *Assunzione della Vergine*, parte centrale del monumentale retablo in legno di tiglio scolpito verso il 1505-1510 da Riemenschneider per la chiesa di Creglingen (Baviera).

gouda [/'xɔudaː/] s.m. inv. (dal nome della città) Formaggio olandese di latte di mucca, a pasta non cotta preparato in forme cilindriche.

gourde [/guəd/] s.f. inv. Unità monetaria principale della repubblica di Haiti.

gourmandise [/gurmã'diz/] s.f. inv. (voce fr., deriv. di *gourmand* "ghiottone") Cibo appetitoso, leccornia.

gourmet [/gur'mɛ/] s.m. inv. (voce fr., deriv. di *grommes* "servitore" e *gourmand* "ghiottone") Intenditore, degustatore di vini. ~ *estens.* Chi sa distinguere e apprezzare la buona cucina e i buoni vini. SIN.: **buongustaio**.

governànte agg. (fr. *gouvernante*) Che governa. *Classe governante.* ◆ s.f. Donna stipendiata che si occupa della casa o dei bambini. ◆ s.m. e f. (spec. pl.) Chi sta al governo, chi governa una nazione.

governàre v.tr. (lat. *gubernāre*, gr. *kybernân* "reggere il timone") **1.** Dirigere a livello politico. *Il sindaco governa la città.* ~ Esercitare il potere esecutivo. *Governare uno Stato.* **2.** Amministrare, dirigere. *Governare una banca.* **3.** *fig.* Guidare, pilotare un mezzo; anche in senso fig. *Governare una situazione.* **4.** Occuparsi di persone o bestiame, averne cura. **5.** Guidare una barca per mezzo del suo timone. ◆ v.intr. (aus. *avere*) MAR. Detto di imbarcazione, obbedire al timone. *La barca governa bene.*

governatìvo agg. **1.** Relativo al governo. ◇ *Maggioranza governativa:* la maggioranza parlamentare che sostiene il governo. **2.** Che sostiene il governo, si ispira a esso. *Giornale governativo.*

governatoràto s.m. **1.** Ufficio e carica di governatore. ~ Durata di tale carica. **2.** Territorio sottoposto all'autorità del governatore.

governatóre s.m. [f. *-trice*] **1.** Alto funzionario che governa un territorio in nome dell'autorità centrale. ~ Capo dell'esecutivo, nei singoli Stati degli Stati Uniti. **2.** Dirigente di più alto grado di un grande istituto finanziario. **3.** Persona incaricata dell'istruzione di un principe o di un giovane aristocratico. **4.** Capo d'una confraternita religiosa.

governissimo s.m. (superl. di governo) Governo formato da forze politiche diverse e normalmente in contrasto.

govèrno s.m. (lat. *gubĕrnum* "timone della nave") **1.** Conduzione, direzione, guida, cura di qlcu. o di qlco. *Governo della famiglia.* ~ Azione di dirigere un mezzo. *Governo di una nave.* **2.** Azione di governare, dirigere politicamente un paese. ◇ *Non governo:* mancanza di efficienza di un apparato governativo, dovuta a incapacità politica o a una scelta deliberata dei suoi esponenti. ~ Organo che detiene il potere esecutivo in uno Stato. ~ Periodo di tempo in cui resta in carica un governo. *Durante il secondo governo Andreotti.* ◇ *Governo di legislatura:* in carica per tutta una legislatura. – *Governo di coalizione:* formato da più partiti, anche di diverso orientamento politico, ma uniti nei programmi. – *Programma di governo:* quello che il governo presenta all'atto della propria costituzione e sul quale chiede la fiducia al parlamento. **3.** *estens.* Forma politica che disciplina uno Stato. *Governo democratico.* **4.** Governatorato. **5.** INFORM. Capacità di un computer di interpretare le istruzioni e operare in base a esse.

1. gózzo s.m. **1.** ZOOL. Negli uccelli, tasca formata da un rigonfiamento dell'esofago in cui rimangono temporaneamente i bocconi prima di passare nel ventriglio o di essere rigurgitati. SIN.: **ingluvie**. **2.** *estens. fam.* Gola, stomaco. SIN.: **gargarozzo**. ◇ *figg. Avere qlco. nel gozzo:* non riuscire a dimenticare un'offesa, un affronto subito. – *Stare sul gozzo:* detto di qlcu. o qlco. che non si sopporta. **3.** MED. Aumento di volume della ghiandola tiroide. (È l'anomalia più diffusa.)

2. gózzo s.m. **1.** NAV. Piccolo peschereccio a remi a volte fornito di un albero e di una piccola vela. **2.** PESC. Tipo particolare di rete da pesca di grandi dimensioni.

gozzovìglia s.f. [pl. *-glie*] Abbondante mangiata e bevuta. SIN.: **baldoria**.

gozzovigliàre v.intr. [6] (aus. *avere*) Fare gozzoviglie. SIN.: **bagordare**.

gozzùto agg. **1.** Che ha il gozzo. **2.** ZOOL. Di uccello, che ha la gola prominente.

GPL s.m. inv. (sigla di *Gas di Petrolio Liquefatto*) Miscela di idrocarburi leggeri (butano, propano, ecc.), mantenuta allo stato liquido sotto pressione a temperatura ambiente, usata come combustibile per uso domestico e come carburante.

GPRS s.m. inv. (sigla dell'ingl. *General Packet Radio Service*) Tecnologia di trasmissione dati a commutazione di pacchetto su rete radiomobile.

GPS s.m. inv. (sigla dell'ingl. *Global Positioning System*) Sistema satellitare di navigazione e localizzazione.

gracchiaménto s.m. ORNIT. Verso ripetuto, prolungato della cornacchia, del corvo, ecc.

gracchiàre v.intr. [6] (aus. *avere*) **1.** Detto della cornacchia, della gazza e del corvo, emettere il caratteristico verso rauco e stridente. ~ Detto della rana, gracidare. **2.** *fig.* Parlare con voce stridula. ~ Emettere suoni stridenti, detto di apparecchi difettosi. *La radio gracchia.*

1. gràcchio s.m. [pl. *-chi*] (lat. *grăculum* "corvo" di orig. onom.) Uccello passeriforme dal colore nero lucente e dal becco giallo, diffuso nell'Europa centrale e meridionale e nel Caucaso. (Famiglia dei Corvidi.) ◇ *Gracchio corallino:* uccello delle montagne dell'Europa meridionale, dell'Asia centrale e dell'Africa del Nord, con becco e zampe rosse. (Genere *Corvus*; famiglia dei Corvidi.)

2. gràcchio s.m. [pl. *-chi*] Verso del corvo e della cornacchia.

gracidaménto s.m. ZOOL. Verso della rana lungo e continuo.

gracidàre v.intr. (aus. *avere*) (orig. onom.) **1.** Detto di rane, oche e anatre, emettere il caratteristico suono. **2.** *fig.* Detto di persona, parlare con voce stridula e fastidiosa.

gracidìo s.m. [pl. *-dii*] Verso della rana.

gràcile agg. **1.** Di costituzione esile, poco robusto. SIN.: **delicato**. **2.** Che è sottile e d'aspetto delicato. *Corpo gracile.* SIN.: **fragile**. **3.** *estens.* Stentato, poco resistente o che sembra tale. **4.** *fig.* Privo di forza, di vigore, di nerbo e sostanza. *Trama gracile.* SIN.: **esile**.

gracilità s.f. inv. **1.** Carattere di chi o di ciò che è gracile. SIN.: **esilità**. **2.** *fig.* Inconsistenza, debolezza.

gràcola o **gràcula** s.f. **1.** Passeraceo originario del sud-est asiatico, caratterizzato da corpo tozzo, piume soffici di colore nero con riflessi violacei, becco lungo giallo e ali arrotondate; se addomesticato, riesce a imitare la voce umana. (Famiglia degli Sturnidi.) **2.** ZOOL. (iniziale maiusc.) Genere di uccelli a cui appartengono alcune specie di gracola.

gradàsso s.m. (da *Gradasso*, nome di un guerriero saraceno dell'"Orlando innamorato" di M.M. Boiardo e dell'"Orlando furioso" di L. Ariosto) Chi si vanta di essere più coraggioso, più forte, più capace degli altri. SIN.: **sbruffone**.

gradataménte avv. Lentamente, a poco a poco.

gradazióne s.f. **1.** Progressione per gradi successivi, per valori crescenti o decrescenti. *Gradazione di colori.* **2.** RET. Successione di parole, di espressioni che, per il significato o per il ritmo, creano un effetto di progressiva intensificazione (*gradazione ascendente*) o di progressiva attenuazione (*gradazione discendente*). **3.** FOTO. Capacità di un'emulsione di rendere i chiaroscuri con maggiore o minore evidenza. **4.** MUS. Mutamento graduale e progressivo di intensità e di coloriti. **5.** GEOL. Struttura interna di una roccia sedimentaria a granulometria decrescente dal basso verso l'alto. **6.** ENOL. Percentuale di alcol, espressa in gradi, presente nelle bevande alcoliche.

gradévole agg. Che procura piacere, che è gradito. SIN.: **piacevole**.

gradiènte s.m. (fr. *gradient*) **1.** FIS. *Gradiente di potenziale:* rapporto tra la differenza di potenziale in due punti di un conduttore e la loro distanza. – *Gradiente barico:* rapporto tra la differenza di pressione atmosferica in due luoghi, situati sulla perpendicolare a una linea isobara, e la loro distanza orizzontale. – *Gradiente termico:* rapporto tra la temperatura in due punti dell'atmosfera e la loro differenza di quota. – *Gradiente geotermico:* aumento della temperatura con la profondità, all'interno del globo terrestre. (Gradiente medio: 3,3 °C ogni 100 m, nei bacini sedimentari.) **2.** MAT. *Gradiente di una funzione:* vettore, scritto gradvettore*f*, le cui componenti, in una base ortonormale, sono costituite dalle derivate parziali di *f.*

gradiménto s.m. **1.** Apprezzamento, accoglienza favorevole. **2.** Approvazione da parte di un'autorità superiore. **3.** DIR. *Clausola di gradimento:* disposizione contrattuale che può impedire l'ingresso di soci non desiderati in una società di capitali.

1. gradìna s.f. Strumento d'acciaio simile a uno scalpello, utilizzato per le sculture su pietra e marmo.

2. gradìna s.f. (serbo-croato *gradina*, deriv. di *grad* "città") Insediamento preistorico in zona collinare circondato da mura a secco, diffuso spec. in Dalmazia e nelle Marche.

gradinàta s.f. **1.** Scala formata da larghi gradini. SIN.: **scalinata**. **2.** In stadi, teatri, ecc., ordine di posti costituito da file digradanti. ~ *estens.* L'insieme degli spettatori che siedono in gradinata.

gradinatùra s.f. **1.** Lavorazione del marmo o della pietra con la gradina. **2.** Segno lasciato sul marmo o sulla pietra dalla gradina.

gradìno s.m. **1.** Elemento costituito da una parte orizzontale (*pedata*) e da una verticale (*alzata*) che da solo o in serie (*scala*) serve a superare un dislivello. ◇ *Primo gradino:* quello da cui si inizia a salire; *fig.* prima tappa, primo passo della carriera. – *Salire, scendere un gradino:* fare un passo verso l'alto o verso il basso; *fig.* guadagnare o perdere in autorità, in considerazione, in prestigio. **2.** Elemento su cui poggia una colonna, una statua o altro. SIN.: **basamento**. **3.** Ripiano ricavato in un terreno in pendio. ◇ *Coltivazione a gradini:* realizzata su un ripiano naturale o ricavato artificialmente su un terreno a forte pendenza. **4.** ALP. Appoggio per il piede ricavato intaccando con la piccozza il ghiaccio o la neve dura. **5.** GEOGR. *Gradino di confluenza:* nelle valli alpine di origine glaciale, dislivello che s'incontra alla confluenza tra valli dipendenti e valle principale. – *Gradino sottomarino:* innalzamento del fondo marino ai piedi di coste alte, determinato dalla caduta di materiale dalla riva. **6.** MAR. Discontinuità trasversale del fondo dello scafo di natanti veloci o del galleggiante degli idrovolanti, utile per aiutarne l'emersione.

gradìre v.tr. [83] **1.** Accogliere favorevolmente qlco., accettare, approvare. *Gradire i complimenti di qualcuno.* SIN.: **apprezzare**. ◇ *Tanto per gradire:* per non fare dispiacere con un rifiuto. **2.** Desiderare qlco. *Gradirei ascoltare la sua opinione.*

gradìto agg. Che viene accolto con piacere.

-gràdo Secondo elemento di composti del l. scientifico nei quali significa "camminare" (*plantigrado*).

1. gràdo s.m. (lat. *grădum* "passo, scalino") **1.** Ciascuna delle posizioni che intercorrono tra un estremo e l'altro, tra un livello inferiore, reale o ideale, e un livello superiore. ◇ *Per gradi:* progressivamente, senza salti, a poco a poco. **2.** Ognuno degli immaginari gradini di cui si compone una scala di valori. SIN.: **livello**. ◇ ALP. *Grado di difficoltà:* ognuno dei 4 o dei 6 gradi in cui si suddivide il tipo di arrampicata in base alle difficoltà da affrontare. – *Terzo grado:* interrogatorio condotto nel modo più stringente; *fig.* serie incalzante di domande. – *Grado di parentela:* legame che unisce una persona con ascendenti e discendenti, diretti o collaterali, calcolato in base al numero delle generazioni. **3.** Livello, posizione occupata in una gerarchia. *Avanzare di grado.* **4.** (spec. pl.) Insegne del grado applicate sulla divisa militare. SIN.: **galloni**. ~ Persone che hanno un grado militare. **5.** *fig.* Condizione, possibilità. **6.** GRAMM. *Gradi dell'aggettivo, dell'avverbio:* ciascuna delle sfumature di significato che, in senso quantitativo e per intensità, può assumere un aggettivo, un avverbio, indicando in quale misura la qualità che esprime è posseduta dalla persona o dalla cosa o dall'azione a cui si riferisce. (Grado positivo, comparativo e superlativo.) **7.** Nel l. sc. e tecn., unità di misura di diverse grandezze in varie scale. ◇ GEOM. *Grado angolare:* unità di misura angolare (simb.°) che corrisponde a 1/360 di circonferenza. – *Grado alcolico:* percentuale alcolica di vini e altre bevande. **8.** MAT. *Grado di un monomio:* somma degli esponenti delle potenze a cui sono elevate le variabili del monomio. – *Grado di un polinomio:* massimo grado dei monomi che compongono il polinomio. – *Grado di un'equazione algebrica:* grado del polinomio che esprime l'equazione data. **9.** MUS. Ciascuno dei sette suoni di una scala diatonica e dei dodici della scala cromatica.

2. gràdo s.m. (lat. *grātum* "cosa gradita") *ant.* Gradimento, piacere, volontà. ◇ *Di buon grado:* volentieri.

gradonaménto s.m. SILV. Sistemazione a gradoni di terreni particolarmente ripidi. SIN.: **terrazzamento**.

gradóne s.m. **1.** Striscia orizzontale ricavata in un terreno in pendio, più ampia del gradino e meno ampia della terrazza. **2.** Largo scalino.

1. graduàle agg. Che si svolge per gradi. SIN.: **progressivo**.

2. graduàle s.m. (lat. *graduàlem*, deriv. di *grădus* "gradino" perché versetti recitati dagli ebrei lungo la salita al tempio di Gerusalemme) **1.** Nella Messa romana, versetti cantati o recitati tra la lettura dell'Epistola e quella del Vangelo. **2.** *estens.* Libro che contiene i canti liturgici della messa.

gradualismo s.m. Tendenza a procedere in maniera graduale, progressiva.

gradualità s.f. inv. Carattere graduale. ~ Tendenza a procedere per gradi.

graduàre v.tr. **1.** Fornire uno strumento di graduazione. *Graduare un termometro.* **2.** Ordinare, disporre qlco. per gradi. **3.** MIL. Conferire a qlcu. i gradi. **4.** MAT. Eseguire una graduazione su una curva.

graduàto agg. **1.** Distribuito, ordinato per gradi. **2.** Suddiviso in gradi. *Termometro graduato.* ◇ *Lenti graduate:* correttive per la vista. – *Carta graduata:* quella millimetrata usata per i disegni tecnici. ◆ s.m. Militare con diritto di comando sui soldati semplici.

graduatòria s.f. Elenco in cui vengono iscritti secondo un ordine di merito, o altro, i partecipanti a un concorso o a una competizione. SIN.: **classifica**.

graduazióne s.f. **1.** Suddivisione in gradi, distinzione per gradi. ◇ DIR. *Graduazione della pena:* determinazione della pena effettuata dal giudice, nei singoli casi, tra il minimo e il massimo previsti dalla legge. **2.** Insieme di suddivisioni che compongono la scala tarata di uno strumento di misura.

grafèma s.m. [pl. *-mi*] LING. La minima unità grafica che fa parte di un sistema di scrittura.

gràffa s.f. (long. *krapfo* "uncino") **1.** Gancio metallico. ~ In partic., fermaglio di metallo o di materiale plastico per tenere assieme fogli. **2.** Segni grafici ({ e }) usati per unire assieme righe di scrittura o per racchiudere espressioni numeriche. **3.** COSTR. → **grappa**. ❑ In funzione di agg., nell'accez. 2 del s. *Parentesi graffa.*

graffatrìce s.f. **1.** Macchina che esegue automaticamente la graffatura delle lamiere. **2.** *fam.* Cucitrice.

graffatùra s.f. **1.** Operazione meccanica con cui si uniscono due lamiere sottili facendone combaciare i lembi e ripiegandoli assieme due volte. SIN.: **aggraffatura**. **2.** Cucitura delle cinghie di trasmissione piatte per mezzo di graffe.

grafféttа s.f. **1.** Nel sign. del dim. di *graffa*; in partic., punto metallico, applicato con una particolare pinzatrice, che viene utilizzato per unire fogli di carta. **2.** CHIR. Punto metallico utilizzato per cucire i lembi delle ferite. **3.** Fascetta metallica usata per fissare cavi elettrici o telefonici alla parete.

graffiànte agg. **1.** Che graffia. **2.** *fig.* Tagliente, caustico.

graffiàre v.tr. [6] (etim. incerta, forse deriv. di lat. *grăphium* "stilo" usato per scrivere sulle tavolette spalmate di cera) **1.** Lacerare leggermente la pelle con qlco. di appuntito. **2.** *estens.* Intaccare superficialmente un oggetto. SIN.: **rigare**. **3.** *pop.* Rubare, sgraffignare qlco. **4.** *fig.* Detto di parole, offendere i sentimenti di qlcu. ◆ **graffiarsi** v.pron. Detto di persone, farsi dei graffi sulla pelle. ~ Detto di oggetti, riportare delle scalfitture.

graffiatùra o **sgraffiatùra** s.f. **1.** Segno di un graffio, graffio. **2.** *estens.* Ferita leggera. **3.** Segno lasciato su una superficie da un oggetto appuntito.

gràffio o **sgràffio** s.m. [pl. *-fi*] **1.** Azione di graffiare. **2.** Solco sottile lasciato sulla pelle dalle unghie o da un corpo appuntito. **3.** Segno, incisione che deturpa un oggetto.

graffitismo s.m. Uso di eseguire scritte e disegni murali.

graffitista s.m. e f. [pl.m. *-sti*] **1.** COSTR. Operaio specializzato in decorazioni a graffito. **2.** Chi scrive sui muri delle città.

graffito agg. Inciso con una punta. ◆ s.m. **1.** (spec. pl.) Disegno o scrittura incisi su pareti o pietre. **2.** Tipo di decorazione murale che consiste nell'applicare, su un fondo di colore scuro, un rivestimento di malta bianca che in seguito si incide e si toglie per fare spiccare in chiaro i motivi voluti. **3.** Scrittura o pittura eseguita sui muri della città o su altre vaste superfici general. con vernice a spruzzo.

-grafia Secondo elemento di composti, spesso formatisi in epoca classica, nei quali significa "scrittura, disegno" e "descrizione" (*silografia*, *innografia*).

grafia s.f. (fr. *graphie*, deriv. di gr. *graphḗ* "scrittura") **1.** Modo di scrivere le parole. SIN.: **calligrafia**. ◇ *Grafia fonetica:* quella che rappresenta la pronuncia delle parole. **2.** *estens.* Modo personale di scrivere.

gràfica s.f. [non com. pl. *-che*] **1.** Arte e tecnica di creare, di produrre e riprodurre disegni, incisioni, stampe. **2.** Impostazione tipografica di una pubblicazione. **3.** Complesso delle opere grafiche di un artista.

-gràfico Secondo elemento di aggettivi composti, spesso formatisi in epoca classica, derivati da s. in *-grafia* (*geografico*).

gràfico agg. [pl.m. *-ci*, f. *-che*] **1.** Relativo alla scrittura. ◇ *Variante grafica:* altro modo di scrivere una stessa parola. **2.** Relativo alla stampa e alle sue tecniche. ◇ *Arti grafiche:* insieme dei vari processi utilizzati nella riproduzione a stampa. **3.** Che viene espresso con un disegno. ◇ ALG. *Calcolo grafico:* metodo di risoluzione di problemi tramite la rappresentazione grafica delle grandezze in gioco. ◆ s.m. **1.** [f. *-ca*] Specialista nella grafica editoriale. **2.** (al pl.) Gli addetti al settore grafico. **3.** Diagramma che rappresenta l'andamento di un fenomeno.

grafiòsi s.f. inv. BOT. Malattia crittogamica dell'olmo, che comporta la scomparsa progressiva della specie; detta anche *tillosi parassitaria* o *moria*.

grafitàre v.tr. **1.** TECN. Lubrificare apparati e organi meccanici con una miscela di olio e grafite. **2.** TECN. Rivestire di grafite la superficie di un oggetto.

grafite s.f. (ted. *Graphit*, deriv. di gr. *gráphein* "scrivere") Minerale naturale o artificiale cristallizzato, di colore grigio scuro, tenero e friabile, buon conduttore di elettricità.

gràfo s.m. (ingl. *graph*) GEOM. Rappresentazione grafica, ottenuta da un insieme di punti collegati uno dopo l'altro da linee, che visualizza la corrispondenza tra più elementi e serve per la soluzione di problemi matematici, statistici, ecc. ◇ *Grafo di un'applicazione di A in B:* insieme delle coppie (a,b) formate da un elemento a di A e la sua immagine b ottenuta tramite l'applicazione di A in B. – *Grafo di una corrispondenza:* insieme delle coppie (a,b) formate da un elemento a di A e uno qualunque dei suoi corrispondenti in un insieme B.

grafologia s.f. Esame empirico e studio della scrittura di una persona, finalizzato alla conoscenza della psicologia, del carattere, ecc.

grafòlogo s.m. [f. *-ga*, pl.m. *-gi*, f. *-ghe*] (fr. *graphologue*) Studioso, esperto di grafologia.

grafòmane s.m. e f. Chi soffre di un bisogno morboso di scrivere. ~ Chi scrive troppo.

grafomania s.f. Bisogno morboso di scrivere. ~ *scherz.* Propensione a scrivere tanto.

grafospàsmo s.m. MED. Crampo dei muscoli della mano e dell'avambraccio provocato dallo scrivere a lungo; detto anche *crampo dello scrivano*.

gragnòla s.f. **1.** Grandine fitta ma di modesta dimensione. **2.** *fig.* Fitta serie di colpi o di altro.

gramàglia s.f. inv. (spec. pl.) [pl. *-glie*] (spagn. *gramalla* "sorta di toga" indossata dai magistrati aragonesi) Vestito da lutto.

gramigna s.f. (lat. *gramĭneam*, deriv. di *grāmen* "erba") **1.** Denominazione di varie piante erbacee a rizomi (*Agropyrum*, *Cynodon*, ecc.), perenni, stolonifere, infestanti, utilizzate per foraggio. (Famiglia delle Graminacee.) ~ *estens.* Erbaccia. ◇ *Crescere, moltiplicarsi come la gramigna:* di mali che si propagano con estrema rapidità. – *Attaccarsi come la gramigna:* avere un attaccamento, un'insistenza inopportuni e molesti. **2.** CUC. Tipo di pasta corta da minestra.

Graminàcee s.f. pl. [iniziale minusc. sing. *-a* per l'individuo] BOT. Famiglia di piante monocotiledoni erbacee con minuscoli fiori in spighe e frutti a chicchi ricchi di amido (*cariossidi*), come il bambù, la canna da zucchero e i cereali. (Si tratta di un'enorme famiglia comprendete 500 generi ca. con 5000 specie; ordine delle Glumiflore.)

-gràmma Secondo elemento di composti nei quali significa "dispaccio" (*telegramma*), oppure "rappresentazione grafica" (*cardiogramma*).

grammàtica s.f. [pl. *-che*] (lat. *grammăticam ărtem*, gr. *grammatikḗ tékhnē* "scienza delle lettere") **1.** Insieme delle regole fonetiche, morfologiche e sintattiche, scritte e orali, di una lingua. **2.** Studio e descrizione di queste regole. ◇ *Grammatica comparata:* quella che studia i rapporti tra lingue e dialetti o tra gruppi di lingue. – *Grammatica descrittiva, sincronica:* quella che studia una certa fase oppure un aspetto particolare di una lingua o di un dialetto. – *Grammatica storica, diacronica:* quella che studia l'evoluzione cronologica del sistema grammaticale di una lingua o di un dialetto. **3.** *estens.* Il saper parlare e scrivere in modo corretto. **4.** Libro, manuale che insegna le regole della grammatica. **5.** *estens.* Insieme delle regole di un'arte, di una tecnica. *La grammatica del cinema.* **6.** Insieme delle regole che sono sottese alla formazione e al funzionamento di un codice.

grammaticàle agg. **1.** Relativo alla grammatica. ◇ *Parola grammaticale:* quella che svolge un ruolo sintattico (congiunzione, preposizione, ecc.) e non ha di per sé un significato compiuto, in oppos. alla *parola lessicale* che ha un contenuto semantico autonomo (nomi, aggettivi, verbi, avverbi). **2.** Conforme alle norme della grammatica.

grammaticalità s.f. inv. LING. Caratteristica di una frase la cui costruzione è conforme alle norme della grammatica di una lingua.

grammaticalizzazióne s.f. LING. Fenomeno per cui un elemento lessicale diventa un morfema grammaticale.

grammàtico s.m. [sing.f. *-ca*, pl.m. *-ci*, f. *-che*] **1.** Studioso di grammatica, dell'insegnamento della grammatica. **2.** *spreg.* Letterato, critico che si distingue per piccineria di giudizio.

grammatùra s.f. Peso in grammi per metro quadro di un foglio di carta o cartone.

grammelot [/gram'lo/] s.m. inv. (voce pseudofr., forse comp. di *grammaire* "grammatica", *mêler* "mescolare" e *argot* "gergo") TEAT. Tecnica recitativa per imitare, con i mezzi offerti dalla voce, senza usare parole di senso compiuto, cadenze tipiche, sonorità, intonazione di una lingua o di un dialetto.

-gràmmo Secondo elemento di composti che indicano multipli o sottomultipli del grammo (*decigrammo*).

gràmmo s.m. (fr. *gramme*, lat. *grámma* "ventiquattresima parte dell'oncia") **1.** Unità di misura per i pesi (simb. *g* o *gr*) del sistema CGS, pari a un millesimo di chilogrammo e che rappresenta il peso di 1 cm d'acqua distillata a 4 °C. **2.** FIS. Unità di massa equivalente alla millesima parte del campione di massa in platino depositato negli archivi di Parigi; detto anche *grammo-massa*. **3.** *fig.* Quantità piccolissima. *Non ha un grammo di giudizio.* SIN.: **briciolo**.

grammoàtomo s.m. [pl. *grammiatomi*, *grammoatomi*] CHIM., FIS. Quantità di un elemento, espressa in grammi, numericamente uguale al peso atomico.

grammòfono s.m. (fr. *grammophone*, propr. "incisione del suono") Apparecchio in grado di riprodurre suoni preventivamente registrati su un disco di materiale speciale. [Inventato da E. Berliner (1851-1929).] SIN.: **fonografo**.

gràmmo-màssa s.m. inv. FIS. Unità di massa pari alla millesima parte del chilogrammo-massa.

gràmmo-mòle s.f. [pl.f. *grammo-moli*, m. *grammi-mole*] CHIM., FIS. Grammomolecola.

grammomolècola s.f. [pl. *grammomolecole*, *grammi-molecola*] CHIM., FIS. Quantità di una sostanza pari a un numero di grammi uguale al suo numero molecolare; detta anche *grammo-mole*.

gram-negativo agg. (comp. dal nome dell'ideatore del metodo, il medico danese H.C. *Gram*, e *negativo*) MICROBIOL. Di batterio trattato con un colorante basico, che perde il colore se successivamente immerso in alcol. ~ FARM. Indica gli agenti sensibili a determinati antibiotici.

gràmo agg. (germ. *gram* "affanno") **1.** Pieno di stenti. **2.** Inferiore alle attese. **3.** Di nessuna importanza, di cattiva qualità.

gràmola s.f. IND. TESS. Strumento per separare le fibre tessili della canapa e del lino dalle fibre legnose.

gram-positivo agg. (comp. dal nome dell'ideatore del metodo, il medico danese H.C. *Gram*, e *positivo*) MICROBIOL. Di batterio che, sottoposto a un trattamento con un colorante basico, mantiene il colore se successivamente immerso in alcol. ~ FARM. Indica gli agenti cui sono sensibili determinati antibiotici.

1. gràna s.f. **1.** Consistenza granulosa di un corpo. **2.** FOTO. Struttura caratteristica delle emulsioni fotografiche e il suo evidenziarsi nelle fotografie. **3.** Il color carminio ricavato dal corpo dissecato di una particolare cocciniglia. **4.** *fam.* Cosa sgradita o molesta. SIN.: **seccatura**. ◇ *Piantare una grana, piantare grane, far scoppiare una grana:* sollevare una questione fastidiosa.

2. gràna s.m. inv. Formaggio semigrasso di pasta dura, tipico delle province di Parma, Reggio e altre zone dell'Emilia e della Lombardia. ◇ *Grana padano:* varietà di formaggio grana prodotto nella Pianura Padana.

3. gràna s.f. (solo sing.) (forse da *grano*, moneta del Regno delle due Sicilie) *fam.* Denaro. ◆ s.f. *Scucire la grana:* tirare fuori i soldi.

granadiglia s.f. [pl. *–glie*] (spagn. *granadilla*, deriv. di *granada* "melagrana") Passiflora dell'Australia, della Malesia e dell'America tropicale, dal frutto simile alla melagrana per sapore e forma. SIN.: **passiflora**.

granàglia s.f. [spec. pl. *–glie*] **1.** Insieme dei grani alimentari o delle biade. **2.** OREFIC. Preparazione dell'oro e dell'argento in granellini.

granàio s.m. [pl. *–nai*] **1.** Parte di un'azienda agricola destinata alla conservazione del grano, fieno, cereali. **2.** *fig.* Regione, paese molto fertile, spec. ricco di cereali. *La Russia è il granaio d'Europa.*

granàrio agg. [pl.m. *–ri*] Relativo al grano.

1. granàta s.f. Scopa formata da mazzetti di saggina essiccata o da fili di plastica, legati attorno a un bastone.

2. granàta s.f. MIL. In passato, palla di ferro vuota all'interno che, riempita di polvere e mu-

nita di accenditore, era lanciata a mano e scoppiava giungendo sull'obiettivo. ~ Attualmente, proietto d'artiglieria contenente una carica di scoppio e munito di una spoletta a tempo o a percussione. (Si distinguono le granate piene, o perforanti, e le granate riempite di proiettili o materiali esplosivi, tossici, fumogeni, nucleari, ecc.)

3. granàta s.f. (lat. *granāta māla* "frutti granosi") **1.** Frutto del melograno. SIN.: **melagrana**. **2.** MIN. La pietra preziosa granato. *Una collana di granate.* ◆ s.m. e f. inv. (spec. pl.) Sostenitore della squadra di calcio del Torino. ❑ In funzione di agg. inv., di un colore rosso scuro. *Velluti granata.* ~ Della squadra del Torino.

granatière s.m. (calco del fr. *grenadier*) **1.** MIL. Soldato incaricato di lanciare granate (sec. XVIII). ~ Soldato di alcuni corpi scelti formati da elementi di statura superiore alla media. **2.** *fig. scherz.* [anche f. *–ra*] Persona di corporatura e robustezza inusitate.

granatina s.f. **1.** Sciroppo aromatizzato con succhi di frutta ottenuto dai semi di melagrana, di vaniglia e di agrumi. **2.** Ghiaccio tritato con sciroppo. SIN.: **granita**.

1. granàto agg. **1.** Formato da molti grani o granelli. **2.** *estens.* Di colore rosso acceso, simile ai semi della melagrana.

2. granàto s.m. **1.** Melograno. **2.** Nome di alcuni coloranti sintetici di colore simile a quello del melograno.

3. granàto s.m. (spec. pl.) (deriv. di *granato* per il colore prevalentemente rosso) MIN. Gruppo di minerali silicati dalla formula variabile, che si presentano in cristalli di colore rosso, verde, giallo, nero e sono usati come pietre preziose se puri, come abrasivi se impuri.

■ **granàto.** Varietà di granato (grossularia) proveniente dall'Afghanistan.

grancancellière s.m. Dignitario di corte, funzionario, talora usato solo come titolo.

grancàssa s.f. MUS. Strumento musicale a percussione costituito da un tamburo di grandi dimensioni che si suona con una mazza. ◇ *fig. Battere la grancassa:* cercare di attirare l'attenzione del pubblico.

grancèlla s.f. Granchio commestibile tipico del litorale atlantico, con occhi rossi, zampe posteriori piatte a paletta e carapace ricoperto da una sottile peluria. (Lunghezza 6 cm; genere *Portunus*, famiglia dei Portunidi.)

grancèola o **grancèvola** s.f. Grosso crostaceo con corazza spinosa che vive sui fondali sabbiosi del Mediterraneo e ha carni saporite. (Ordine dei Decapodi.)

granché avv. Molto, solo in frasi negative. *Il film non è granché bello.*

grànchio s.m. [pl. *–chi*] **1.** Nome comune di numerosi crostacei marini o d'acqua dolce, con corazza pentagonale o trapezoidale, piatta, di colore grigio-verdastro, zampe fornite di potenti chele. (Sottordine dei Brachiuri, suddiviso in duemila specie ca., perlopiù commestibili e comuni sulle coste europee: p.e. granciporro, grancella.) **2.** *fig.* Errore madornale, cantonata, abbaglio. *Prendere un granchio.* **3.** *pop.* Crampo, contrazione muscolare. **4.** FALEGN. La penna del martello utilizzata per togliere i chiodi. ~ Anche, il ferro conficcato sul banco per tenere fermo il legno da piallare.

granciporro s.m. (venez. *granzipòro*, comp. di *granzo* "granchio" e *porro*, gr. *págouros* "paguro") Nome comune di grandi granchi con ampio carapace ellittico marrone rossastro, dotati di potenti chele con l'estremità nera. (Nome sc. *Cancer pagurus*; larghezza fino a 25 cm.)

■ **granciporro**

grancróce s.f. Il grado più alto di molti ordini cavallereschi. ~ Massima onorificenza dell'Ordine al merito della Repubblica italiana.

grandangolàre agg. FOTO. Di obiettivo che permette di riprendere una vasta porzione di campo. ◆ s.m. FOTO. Grandangolo.

grandàngolo s.m. FOTO. Obiettivo fotografico a grande angolo di campo, che serve per riprodurre paesaggi di vasta estensione. (La sua distanza focale in formato 24 x 36 è inferiore a 50 mm.)

grand commis [/grã kɔ'mi/] loc. sost. m. inv. (loc. fr., propr. "grande commesso") Alto funzionario di stato. ~ Alto dirigente di un'industria pubblica.

grànde agg. **1.** Dalle ampie dimensioni. *Grande città.* ~ Di forte intensità. *Gran calore.* **2.** Che è significativo, eccezionale. *È un grande giorno.* ◇ *per anton. Grande guerra:* la prima guerra mondiale. – *Grande freddo:* era glaciale; *estens. fig.* nel l. com., caduta degli ideali, disillusione, delusione generazionale; nel l. econ., equivale a recessione; nel l. gior. e pol., irrigidimento delle posizioni, interruzione di un dialogo. (Dall'omonimo film di L. Kasdan, titolo originale "The Big Chill", 1984.) **3.** Importante per nascita, fortuna, influenza. *Grande personaggio.* ◇ Che si distingue per qlco. di notevole, per qualità, per talento. *Un grande matematico.* ◇ *Grande burattinaio:* personalità o gruppo di potere che tira, per fini occulti, le fila della vita e dei movimenti politici di un paese. – *Grande Fratello:* rappresentazione dell'incombenza e dell'onnipotenza del potere in un regime totalitario, come delineata (con allusione ai regimi totalitari novecenteschi) nel romanzo "1984" dello scrittore inglese George Orwell. **4.** Rafforza il significato di un termine già di per sé qualificante o di un aggettivo qualificativo. *Un gran lavoratore. Un gran bell'uomo.* **5.** Di cosa, che ha dimensioni maggiori rispetto a un'altra. *Scrivere in lettere grandi.* ◇ *Messa grande:* solenne, cantata (in oppos. a *bassa*). **6.** Posposto a nomi propri, indica alcuni monarchi celebri della storia. *Alessandro il Grande.* ~ Preposto a titoli onorifici indica il livello massimo di quel titolo. *Gran cancelliere.* **7.** In espressioni comparative o seguito da numeri, indica una misura, senza connotazioni di eccedenza rispetto al normale. *Una stanza grande venti metri.* ~ Che ha raggiunto una certa maturità. *Sei grande ora.* ◆ s.m. **1.** (solo sing., anche f.) Grandezza. *Vi è del grande in quel romanzo.* ◇ *In grande:* ad ampie dimensioni, su vasta scala. – *Alla grande:* magnificamente, in modo eccellente, con grandiosità. – *Fare le cose in grande:* con particolare impiego di mezzi e ampiezza di intenti. **2.** Persona adulta. **3.** Persona importante per rango, influenza, ruolo. ◇ *I due Grandi:* Stati Uniti e Unione Sovietica, fino allo scioglimento di quest'ultima (1990).

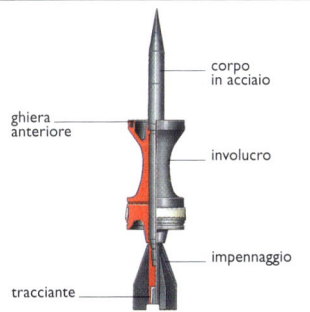
corpo
in acciaio
ghiera
anteriore
involucro
impennaggio
tracciante
■ **granàta** anticarro (granata perforante).

■ **grànchio** riparario.

grandeur [/'grãdœr/] s.f. inv. (voce fr., "grandezza") Grandiosità, esibizione di potenza.

grandézza s.f. **1.** L'insieme delle misure di un oggetto considerato in lunghezza, larghezza, altezza, volume. ◊ *A grandezza naturale:* le cui dimensioni rispettano quelle del modello, della cosa copiata. **2.** Eccedenza ed eccezionalità rispetto alle misure, alle dimensioni ritenute normali. ~ *fig.* Qualità di qlcu. che si distingue per influenza, rango, valore, importanza. □ PS. PATOL. *Delirio di grandezza:* condizione di chi ha un'eccessiva valutazione di sé. – *Grandezza d'animo:* magnanimità. **3.** MAT., FIS. Classe di enti a ciascuno dei quali può essere assegnata una misura. ~ Anche, la misura stessa. ◊ *Grandezza stellare:* caratteristica fisica che permette di classificare le stelle secondo la loro luminosità. – *Grandezza stellare apparente:* lo splendore dell'astro come viene percepito.

grand-guignol [/grãgi'ɲɔl/] s.m. inv. (voce fr., propr. "grande burattino") Genere teatrale che deriva il nome dal teatro parigino *Grand-Guignol* che, tra il XIX e il XX sec., divenne famoso per i suoi truculenti spettacoli dell'orrore con effetti comico-farseschi. □ In funzione di agg. inv., macabro.

grandguignolésco o **granguignolésco** agg. Macabro, terrificante, spec. in riferimento agli spettacoli presentati al teatro parigino del Grand-Guignol. ~ *estens.* Di tutto ciò che è ricco di orrori, pauroso, orripilante.

grandinàre v.impers. (aus. *essere* o *avere*) Cadere, detto della grandine. ◆ v.intr. (aus. *essere* o *avere*) Di oggetti, cadere copiosamente e pesantemente come la grandine. *Grandinavano insulti.*

grandinàta s.f. **1.** Fitto rovescio di grandine. SIN.: **gragnola. 2.** *fig.* Scarica violenta di oggetti o di azioni. *Grandinata di sassi.*

gràndine s.f. (spec. sing.) **1.** Precipitazione atmosferica formata da acqua congelata in strati concentrici a forma di chicchi più o meno grossi, che cade dal cielo durante le perturbazioni, spesso devastando le colture. **2.** *fig.* Intensa, ripetuta, violenta caduta, manifestazione di qlco. *Una grandine di sassi.*

grandiosità s.f. inv. **1.** Sfarzo. **2.** Straordinaria importanza. **3.** Grandezza ostentata ma senza consistenza.

grandióso agg. [f. –*sa*] (spagn. *grandioso*) **1.** Di dimensioni notevoli. *Costruzione grandiosa.* SIN.: **imponente.** ~ Che rivela grande ampiezza di concezione, che si propone obiettivi molto importanti o anche troppo ambiziosi. *Idee grandiose.* **2.** Di eccezionale importanza. *Impresa grandiosa.* **3.** Di persona, che conduce una vita lussuosa ostentando superiorità e ricchezza. ~ Che spende e spande. ◆ s.m. Nell'accez. 3 dell'agg. *Fare il grandioso.*

grand marnier [/grã mar'nje/] loc. sost. m. inv. (loc. fr.) Denominazione commerciale, che costituisce marchio registrato, di un liquore francese.

grand prix [/grã 'pri/] loc. sost. m. inv. (loc. fr., "gran premio") SPORT. Gran premio, gara o corsa di rilievo, spec. di ippica o automobilismo.

grandùca s.m. [f. *granduchessa,* pl. –*chi*] **1.** Titolo del sovrano di un granducato, equivalente alla dignità intermedia tra re e duca. ~ Il sovrano stesso. **2.** Titolo onorifico dei principi imperiali di Russia.

granducàle agg. Relativo al granduca, al granducato o alle sue istituzioni.

granducàto s.m. **1.** Dignità del granduca. ~ Il periodo del suo governo. **2.** Territorio sottoposto al governo del granduca o la sua giurisdizione, la sua entità politica. *Il granducato di Toscana.*

granduchéssa s.f. **1.** Moglie o figlia del granduca. **2.** Sovrana di un granducato. **3.** Titolo delle principesse imperiali di Russia.

grandufficiàle s.m. Negli ordini cavallereschi, titolo intermedio fra quello di cavaliere di gran croce e quello di commendatore.

gràndula o **gràndule** s.f. Uccello vegetariano dal becco molto robusto e corto, zampe coperte di piume sulla parte anteriore, coda con penne mediane lunghe e sottili, piume di colore verde-grigiastro a macchie gialle sul dorso. (Ordine dei Colombiformi; genere *Pterocles*.)

granèllo s.m. [pl. –*li*] **1.** Chicco del grano o di altri cereali. ~ Seme di alcuni frutti o legumi. **2.** *estens.* Ogni corpuscolo piccolo e tondeggiante. *Granello di sabbia.* **3.** *fig.* Piccola quantità. SIN.: **briciolo. 4.** *eufem.* (al pl.) Testicoli, in partic. quelli di bestie da macello.

granicoltùra s.f. AGR. Coltivazione del grano.

graniglia s.f. [pl. –*glie*] **1.** Materiale da costruzione formato da pietre o altri componenti ridotti in frammenti. ~ In partic., impasto di cemento misto a frammenti di marmo, usato soprattutto per mattonelle, piastrelle e sanitari. **2.** Sostanza abrasiva costituita da frammenti di ghisa, usata per rifinire superfici metalliche. ~ Impasto abrasivo usato dalle macchine adibite alla granitura.

granigliatùra s.m. TECN. Sabbiatura con graniglia metallica.

1. granire v.intr. [83] (aus. *essere*) Detto di grano, mettere i chicchi. *Il frumento è seccato ancora prima di granire.* ◆ v.tr. Ridurre qlco. in grani.

2. granire o **granàre** v.tr. **1.** Rendere leggermente ruvida una superficie di metallo sottoponendola all'operazione della granitura. **2.** Dare la grana a un tessuto in tintoria. **3.** MUS. Scandire le note distintamente.

granita s.f. Prodotto di gelateria composto da ghiaccio tritato finemente e miscelato con uno sciroppo poco zuccherato. SIN.: **granatina.**

granitico agg. [pl.m. –*ci*, f. –*che*] **1.** Di materiale che ha la struttura tipica del granito oppure di oggetto fatto di granito. **2.** *fig.* Di oggetto o persona, che ha l'aspetto del granito o la sua resistenza.

1. granito agg. **1.** Di graminacea, che ha messo i chicchi, essendo in fase avanzata di maturazione. ~ *estens.* Di ogni pianta giunta a maturazione. **2.** Vegeto, robusto, in riferimento a pianta, tronco, ramo, ecc. ~ *fig.* Riferito a persona, ben nutrito, dalle membra robuste.

2. granito agg. **1.** Dalla struttura granulare o di ruvida superficie. **2.** MUS. Detto di nota eseguita con tono piuttosto marcato. ◆ s.m. Prodotto iniziale della macinazione del frumento tenero.

3. granito s.m. **1.** MIN. Roccia intrusiva, acida, a struttura granulare, proveniente da un magma ricco di silice solidificato in profondità e piuttosto lentamente. (Per la sua resistenza viene usata come materiale per rivestimenti.) ~ *estens.* Il rivestimento in tale materiale. **2.** *fig.* Durezza, saldezza, tenacia. *Duro come il granito.* ◊ *Persona di granito:* tenace, di saldi convincimenti. – *Volontà, fede di granito:* salda, incrollabile.

1. granitùra s.f. AGR. Fase finale del processo di maturazione dei cereali durante la quale si formano i chicchi. ~ Il periodo dell'anno in cui ciò accade.

2. granitùra s.f. **1.** Operazione che consente di ridurre in grani un dato materiale e spec. un esplosivo. **2.** Operazione con cui si rende convenientemente ruvida una superficie liscia di metallo, pietra o vetro, spec. con riferimento alla tecnica litografica.

granivoro agg. Che si nutre quasi esclusivamente di grano o di cereali, spec. con riferimento a uccelli. SIN.: **granaiolo.**

granmaèstro s.m. **1.** Alto ufficiale o funzionario di corte. **2.** Capo supremo di un ordine cavalleresco o di una società segreta. ~ In partic., nella massoneria, capo di una gran loggia.

granny smith [/'græni smiθ/] loc. sost. f. inv. Varietà di mela dalla buccia verde e dalla polpa compatta leggermente asprigna.

gràno s.m. [pl. *grani*] **1.** Pianta erbacea annuale, con infiorescenza a spiga e frutti a cariossidе (chicco). (Famiglia delle Graminacee.) ~ Con termine collettivo per indicare la coltivazione e il prodotto. *Coltivare il grano.* **2.** Frutto ricavato da tale pianta, contenente albume farinoso. ◊ *Grano duro:* cariossidi ricche di glutine tenace, la cui farina in Italia è usata quasi esclusivamente per la pastificazione. – *Grano tenero:* cariossidi ricche di amido e glutine morbido, la cui farina è usata perlopiù nella panificazione (ma fuori d'Italia anche per la produzione di paste di grano tenero). **3.** *estens.* Pianta e frutti di altri tipi di Graminacee. ◊ *Grano nero:* grano *saraceno. – Grano segalato:* mistura di grani di frumento e segale. – *Grano canino:* orzo. – *Grano di Bonduc:* pianta i cui semi hanno proprietà farmacologiche. (Famiglia delle Papilionacee.) **4.** (al pl.) I cereali, le granaglie in genere. *Il commercio dei grani.* **5.** Particella, granello di qlco. *Grano di pepe.* SIN.: **chicco.** ~ In metallografia, i cristalli microscopici che formano una massa fusa. **6.** *fig.* Piccola quantità di qlco. *Un grano di sale in zucca.* SIN.: **pizzico. 7.** Unità di misura minima usata per i preziosi, per l'oro e in farmacia, corrispondente teoricamente al peso medio di un chicco di grano, di valore variabile. **8.** Nome di antiche monete coniate a Napoli e in Sicilia. ~ Moneta divisionaria dell'Ordine di Malta. **9.** *gerg.* [spec. pl. f. *grana*] Denaro. *Ho bisogno di grana.* **10.** *Grani gialli:* nome commerciale di frutti di alcune piante del genere Ramno, utilizzati soprattutto in tintoria, in pittura e nell'industria dei saponi. **11.** ASTR. *Grani o perle di Baily:* serie di punti, luminosi oppure scuri, visibili in alcuni casi all'inizio o al termine di un'eclissi solare totale tra i due dischi del Sole e della Luna. **12.** Corpo del focone, in rame, dei pezzi di artiglieria senza bossolo. ~ Cilindretto d'acciaio nel quale passa l'asta del percussore dei fucili basculanti.

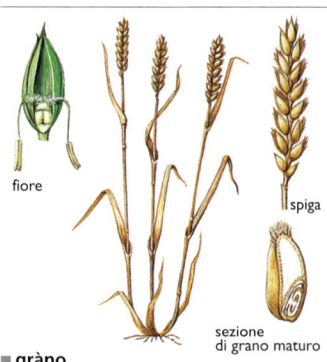

fiore · spiga · sezione di grano maturo

■ **gràno**

gràn prèmio loc. sost. m. [pl. *gran premi*] (calco del fr. *grand prix*) Competizione, spec. ippica o automobilistica, di grande rilievo. ◊ *Gran premio premio della montagna:* in una corsa ciclistica a tappe, il premio che si dà all'atleta risultato primo nella speciale classifica dei piazzamenti, nei passaggi o negli altri arrivi in montagna.

grantùrco s.m. [pl. –*chi*] o **mais.**

granturismo s.f. inv. Automobile sportiva a due posti. ~ Motocicletta adatta ai lunghi viaggi.

1. granulàre agg. **1.** Ridotto in grani. ~ Costituito da elementi a forma di piccoli granuli. ◊ ANAT. *Strati granulari:* della corteccia cerebrale, cerebellare o retinica. – GEOL. *Rocce a struttura granulare:* ignee, intrusive, cristalline, con elementi tondeggianti. **2.** Dovuto a granuli. ◊ FIS. *Effetti granulari:* sbalzi dovuti alla natura discontinua della corrente elettrica, detti anche *effetti mitraglia.*

2. granulàre v.tr. Ridurre qlco. in granelli. SIN.: **granellare.** ◆ **granularsi** v.pron. MED. Detto di una ferita, cominciare a cicatrizzare.

granulàto agg. Di corpo, ridotto in granuli o la cui superficie abbia consistenza granulosa. ◆ s.m. **1.** Preparato farmaceutico per uso orale costituito dall'aggregazione di granuli solidi. **2.** Ghiaia triturata artificialmente, di pezzatura uniforme.

granulazione s.f. **1.** Procedimento attraverso il quale una sostanza o un materiale, già allo stato granulare, vengono trasformati in granuli ancora più piccoli. ~ Il procedimento opposto, mediante il quale si dà a sostanze polverizzate (p.e. fertilizzanti o farmaci attivi) forma granulare al fine di renderne più agevole la manipolazione. **2.** MED. (spec. pl.) Piccole formazioni patologiche che hanno aspetto di granuli tondeggianti. ◊ *Tessuto di granulazione:* il tessuto connettivo di rigenerazione che si forma per riparare una perdita di sostanze in ferite, ulcere, ecc. **3.** Complesso di corpuscoli o granuli.

◇ ANAT. *Granulazioni del Pacchioni:* formazioni patologiche dell'aracnoide tipiche delle persone anziane. **4.** ASTR. Aspetto della fotosfera solare che sembra costituita da un insieme di granuli luminosi i quali risaltano su un fondo scuro. *Granulazione solare.* **5.** Tecnica orafa di origine preistorica consistente nella saldatura di grani d'oro fissati poi su lamine a scopo decorativo.

granulìa s.f. MED. Tubercolosi *miliare.

granulìte s.f. Roccia metamorfica costituita spec. da quarzo e feldspato e, in aggiunta, da granato o pirosseno.

grànulo s.m. **1.** Piccolo grano. **2.** GEOL. Corpuscolo costituente materiali compatti (p.e. granito) o sciolti (p.e. sabbia). **3.** FARM. Preparazione in forma di piccolissima pillola che contiene sostanze medicinali in dosi minime. **4.** BIOL. Piccola cellula poliedrica che costituisce lo strato interno della corteccia cerebrale. ~ Corpuscolo di varia origine che si trova all'interno delle cellule e può essere colorato o incolore. ◇ *Granulo basale:* centriolo posto alla base di ciglia o flagelli. **5.** BOT. Chicco o seme. *Granulo di polline.* **6.** ASTR. *Granuli del sole o grani di riso:* le macchie brillanti che appaiono sulla fotosfera muovendosi e rinnovandosi continuamente. **7.** FIS. *Granulo di energia:* quanto di energia.

granulocìta o **granulocìto** s.m. [pl. *-ti*] BIOL. Cellula ematica di tipo leucocitario caratterizzata dalla presenza di specifiche granulazioni nel citoplasma e dall'aspetto irregolare del nucleo.

granulòma s.m. [pl. *-mi*] MED. Neoformazione nodulare di natura infiammatoria dovuta a cause disparate. ◇ *Granuloma apicale:* colpisce la radice di un dente cariato o necrotico. – *Granuloma maligno:* linfogranuloma.

granulometrìa s.f. **1.** GEOL. Misurazione delle dimensioni e determinazione della forma dei granuli che compongono un miscuglio incoerente. **2.** GEOL. Distribuzione dei granuli che compongono una miscela incoerente. **3.** FOTO. Tecnica di misurazione della granulosità di un'emulsione sensibile.

granulosità s.f. inv. **1.** Aspetto granuloso, struttura, costituzione granulare. **2.** Aspetto dell'immagine fotografica (spec. stampata). SIN.: **grana**.

granulóso agg. Che contiene granuli o che ne è costituito. *Superficie granulosa.* ~ Che presenta escrescenze a forma di granuli.

1. gràppa s.f. (got. *krappa* "uncino") COSTR. Struttura metallica di varie forme e dimensioni, utilizzata per rinforzare e tenere uniti gli elementi di una costruzione sia in legno sia in muratura. ~ Sostegno metallico infisso nel muro per appendere oggetti.

2. gràppa s.f. (lomb. *grapa*, deriv. di *grapo* "raspo d'uva") Acquavite di vinacce derivante dalla loro distillazione a fuoco diretto o con vapore.

1. grappìno s.m. Bicchierino di grappa. *Bere un grappino.*

2. grappìno s.m. **1.** MAR. Ancorotto per ormeggio a quattro bracci uncinati. **2.** PESC. Amo a due o più punte utilizzato nella pesca con la lenza.

gràppolo s.m. **1.** Infiorescenza o infruttescenza nella quale i fiori o i frutti sono inseriti nel graspo per mezzo di peduncoli di lunghezza quasi uguale. *Grappolo di glicine.* **2.** *fig.* Raggruppamento di oggetti, animali (perlopiù insetti) o persone, accalcati in modo da ricordare un grappolo. *Grappolo di vespe.* **3.** BIOL., FIS. Raggruppamento di unità simili o vicine. **4.** STAT. Insieme di casi congeneri considerato isolatamente. SIN.: **cluster**.

Graptolìti s.m. pl. [iniziale minusc. sing. *-te* per l'individuo] Organismi marini fossili dell'era primaria, che sembrano costituire uno stadio intermedio tra gli invertebrati e i cordati. (I Graptoliti formano una classe estinta del sottotipo degli Emicordati.)

gràspo s.m. BOT. Raspo.

grassàggio s.m. [pl. *-gi*] Lubrificazione, effettuata con grasso, delle parti snodate di un veicolo. SIN.: **ingrassaggio**.

grassèlla o **grascèlla** s.f. ZOOL. Regione dell'arto posteriore dei quadrupedi, in partic. degli equini, corrispondente alla rotula.

1. grassèllo s.m. Pezzetto di grasso che si trova nella carne macellata, cruda o cotta. *I grasselli della mortadella.*

2. grassèllo s.m. COSTR. Massa pastosa fatta di calce spenta trattata con acqua. ~ Mescolata con sabbia o pozzolana, forma una malta.

grassétto s.m. STAM. Carattere tipografico costituito da segni più spessi di quelli ordinari. SIN.: **neretto**. ❑ Anche in funzione di agg. inv. *Carattere grassetto.*

gràsso agg. **1.** Che presenta abbondanza di tessuto adiposo, sia per eccesso di nutrizione sia a causa di una disfunzione organica. **2.** Di ciò che contiene molti grassi animali o vegetali. *Formaggio grasso.* ◇ *Formaggio grasso:* ottenuto con latte intero e quindi ricco di sostanze grasse. – *Terreno grasso:* ricco di sostanze organiche. SIN.: **fertile**. – *fig. Settimana grassa:* l'ultima settimana di carnevale di cui si festeggiano in partic. il martedì e il giovedì. **3.** Untuoso, oleoso. *Capelli grassi.* ~ Viscoso, denso, appiccicoso. *Vapore grasso.* ~ *estens.* Irrespirabile, caliginoso. ◇ CHIM. *Acidi grassi:* acidi organici monobasici derivanti da un idrocarburo alifatico. **4.** *fig.* Abbondante, lauto. *Raccolto grasso.* ~ Vantaggioso, ricco, cospicuo. *Guadagni grassi.* **5.** *fig.* Licenzioso, volgare, spec. in riferimento al modo di esprimersi. *Barzellette grasse.* ◇ *Risate grasse:* smodate, rumorose. ◆ s.m. **1.** Tessuto adiposo di uomini o animali. **2.** [f. *-sa*] Persona corpulenta. **3.** Sostanza di consistenza untuosa o viscosa. *Macchia di grasso.* **4.** CHIM. Prodotto dell'esterificazione della glicerina con gli acidi grassi, usato spec. nell'industria del sapone. ◇ *Grassi lubrificanti:* quelli derivanti perlopiù da idrocarburi. – *Grasso animale, vegetale:* quello di origine animale o vegetale, con alta concentrazione rispettivamente di colesterolo e fitosterolo. **5.** MAR. Concavità che si forma nella vela quando è gonfiata dal vento.

gràta s.f. (lat. *crātem* "graticcio, grata") Insieme di sbarre incrociate che chiudono un'apertura o che stabiliscono una separazione. *Grata di una cella.* SIN.: **griglia**.

gratìccia s.f. [pl. *-ce*] Soffitto del palcoscenico formato da listelli di legno utilizzati per la manovra degli scenari.

graticciàta s.f. **1.** Serie di graticci posti l'uno accanto all'altro con funzione di chiusura o riparo. ~ Insieme di graticci impiegati per sostenere dei terreni in pendio. **2.** ANAT. *Tessuto a graticciata:* varietà di tessuto connettivo.

gratìccio s.m. [pl. *-ci*] **1.** Struttura formata da elementi di legno, di filo metallico, ecc., disposti a grata. **2.** Stuoia di canne o telaio di legno su cui si dispongono i bachi e le foglie di gelso di cui si nutrono durante lo sviluppo. **3.** Rivestimento per fosse e trincee costituito di rami e vimini intrecciati. **4.** Siepe mobile usata come ostacolo nella disciplina ippica del salto. **5.** COSTR. Struttura di travi di legno intrecciate utilizzata come intelaiatura di pareti in muratura leggera.

gratìcola s.f. **1.** Arnese da cucina atto a cuocere vivande sulla viva fiamma. SIN.: **griglia**. **2.** Antico strumento per il supplizio del rogo a fuoco lento. **3.** Reticolato di fili tesi su un telaio che si sovrappone a un quadro o a un disegno per riprodurlo nelle dimensioni desiderate.

graticolàre v.tr. Riprodurre un disegno servendosi della graticola.

graticolàto s.m. **1.** Chiusura a griglia fatta con elementi di metallo o legno incrociati. **2.** Analoga struttura usata per riparo o sostegno, spec. di piante nei giardini. **3.** Muro di mattoni disposti diagonalmente e distanziati. **4.** Decorazione per libri composta di fili dorati che s'intrecciano formando piccoli rombi. **5.** GEOGR. *Graticolato stradale:* reticolato che risulta dall'incrocio ortogonale delle varie strade, caratteristico di zone pianeggianti un tempo occupate dai Romani.

gratìfica s.f. [pl. *-che*] Somma corrisposta dal datore di lavoro in aggiunta alla retribuzione regolare, a titolo contrattuale o eccezionale.

gratificànte agg. Che gratifica, che appaga. SIN.: **soddisfacente**.

gratificàre v.tr. [4] **1.** Fornire motivi di soddisfazione a una persona, procurarle un piacere, una soddisfazione. *Il successo all'esame lo ha molto gratificato.* SIN.: **appagare**. **2.** Ricompensare qlcu. con un'aggiunta sullo stipendio.

gratificazióne s.f. Soddisfazione psicologica.

gratin [/gra'tɛ̃/] s.m. inv. (voce fr. propr. "crosta", deriv. di *gratter* "grattare") CUC. Crosta che si forma all'interno di un tegame durante la cottura. ◇ *Al gratin:* modo di cucinare vivande nel forno dopo averle cosparse di pane e formaggio parmigiano grattugiati e di besciamella.

gratinàre v.tr. (fr. *gratiner*) Cuocere un cibo al gratin.

gratinàto agg. Di vivanda cotta al gratin.

gràtis avv. (lat. *grātis*, deriv. di *grātia* "grazia, favore") Senza alcuna spesa, senza pagare o senza compenso.

gratitùdine s.f. Riconoscenza per un beneficio ricevuto.

gràto agg. **1.** Piacevole, bene accetto, caro. **2.** Che prova, dimostra riconoscenza per i benefici ricevuti o richiesti.

grattacàpo s.m. Preoccupazione, inquietudine momentanea che procura un senso di disagio. SIN.: **cruccio**.

grattacièlo s.m. (calco dell'ingl. *sky-scraper*) Edificio a notevole sviluppo verticale (almeno 15 piani).

gràtta e vìnci loc. sost. m. inv. Lotteria a vincita istantanea, data dalla presenza, su un biglietto, di un codice che si scopre grattando una leggera pellicola coprente.

grattàre v.tr. (provenz. *gratar*, germ. *krattōn*) **1.** Sfregare la pelle con le unghie per lenire il prurito. **2.** Graffiare qlco. *Grattare via l'intonaco dal muro.* **3.** Ridurre qlco. in frammenti minutissimi. SIN.: **grattugiare**. **4.** *pop.* Realizzare segretamente un piccolo profitto, spesso disonestamente. *Grattare qualche euro sulle scommesse delle corse.* ◆ v.intr. (aus. *avere*) **1.** Stridere. ~ Fare attrito. **2.** AUTOM. Innestare male una marcia. ◆ **grattarsi** v.pron. Sfregare con le unghie una parte del corpo. *Grattarsi la schiena.* ◇ *fig. Grattarsi la pancia:* oziare, non fare nulla.

grattùgia s.f. [pl. *-gie*] (provenz. *gratusa*) Utensile da cucina munito di piccoli buchi con bordi in rilievo, usato per ridurre in polvere o in piccoli pezzi alcuni alimenti. *Grattugia per il formaggio.*

grattugiàre v.tr. [5] Ridurre qlco. in particelle minutissime utilizzando la grattugia. *Grattugiare il formaggio.*

grattugiàto agg. Ridotto in briciole, in piccolissime scaglie o in poltiglia mediante la grattugia. *Pane grattugiato.*

gratuità s.f. inv. **1.** Possibilità di usufruire di qlco. senza dover pagare. *La gratuità dell'istruzione.* **2.** Mancanza di fondamento di un'idea o di un'azione. SIN.: **inconsistenza**.

gratuitaménte avv. **1.** Gratis. **2.** Senza fondamento. *Affermazioni fatte del tutto gratuitamente.*

gratùito agg. **1.** Di ciò che si fa, si dà o si riceve senza la corresponsione di una ricompensa. *Consultazione gratuita.* **2.** *fig.* Fatto o concesso in assoluta libertà, senza particolare diritto, merito o fondamento. **3.** *estens.* Che non ha motivo, privo di fondamento. *Accusa gratuita.* SIN.: **ingiustificato**. ◇ *Insolenza, offesa gratuita:* immeritata. – *Atto, gesto gratuito:* privo di uno scopo preciso.

gravàme s.m. **1.** Ciò che pesa su qlcu. o qlco. **2.** Nel l. bur., tassa, imposta. ~ Ipoteca. *Casa libera da gravami.* **3.** DIR. Azione con cui la parte soccombente si oppone a una sentenza ritenuta ingiusta, appello.

gravàre v.intr. (aus. *essere* o *avere*) **1.** Premere con il proprio peso su qlco. *Il carico del carro grava sulle due ruote.* **2.** *fig.* Pesare su qlcu. o qlco. *Sulla casa grava un'ipoteca.* ◆ v.tr. **1.** Sottoporre a pesi eccessivi. *Gravare lo stomaco con cibi pesanti.* **2.** *fig.* Opprimere, tormentare, affliggere con un peso qlcu. o qlco. ◆ **gravarsi** v.pron. Prendere su di sé un grave peso, spec. in senso fig. *Gravarsi di responsabilità.*

gràve agg. **1.** Dotato di peso. SIN.: **pesante**. **2.** *fig.* Difficile da sopportare, intenso, grande.

Una grave colpa. **3.** *fig.* Serio, importante. *Una questione grave.* ~ Carico di conseguenze spesso negative, critico, pericoloso, dannoso. *Grave rischio.* **4.** Dignitoso, solenne, sostenuto. *Tono grave.* **5.** Lento, pigro. *Movimento grave.* **6.** MUS. Di didascalia che indica il movimento musicale più lento. ~ Di suono che produce vibrazioni a bassa frequenza. **7.** GRAMM. *Accento grave (`):* quello che indica il tono aperto delle vocali toniche è, ò (in oppos. ad *acuto*). ◆ s.m. (solo sing.) Cosa grave. **2.** FIS. (spec. pl.) Corpo sottomesso alla legge di gravità. *La caduta dei gravi.* **3.** Tono grave. ~ MUS. La nota più bassa che uno strumento possa emettere.

graveménte avv. **1.** In modo serio e preoccupante. **2.** Solennemente, con autorevolezza.

gravettiàno s.m. (solo sing.) GEOL. Facies culturale del paleolitico superiore, detta anche *perigordiano superiore.* (Collocabile fra 25.000 e 20.000 anni fa, presenta delle affinità con il castelperroniano, o perigordiano inferiore, mentre l'aurignaziano si pone tra questi due periodi. Si riconducono al gravettiano molte raffigurazioni femminili ritrovate dall'Atlantico ai monti Urali, dette *Venere di Lespugue, di Willendorf* o *di Kostenki.*) ◆ agg. Relativo a tale facies.

gravidànza s.f. Condizione biologica della femmina dei mammiferi dal momento del concepimento fino al parto. SIN.: **gestazione.** ◇ *Gravidanza extrauterina:* quella che ha luogo quando l'ovulo fecondato si sviluppa fuori dell'utero. – *Gravidanza isterica:* disordine psicologico di donne che associano l'amenorrea a sintomi soggettivi di gravidanza, senza che sia avvenuto alcun concepimento.

ENCICL. La gravidanza è lo stato fisiologico della donna dal momento della fecondazione a quello del parto. La fecondazione avviene per fusione di uno spermatozoo con un ovulo e ha luogo nelle tube uterine. In seguito, l'ovulo fecondato raggiunge la cavità uterina dove si sviluppa all'interno di una sacca contenente liquido amniotico. L'ovulo vive dapprima una fase embrionale di due mesi, durante la quale si formano gli organi. Nei sette mesi successivi, il feto continua a crescere e svilupparsi fino a raggiungere una maturazione completa.

gravìdico agg. [pl.m. –ci, f. –che] MED. Relativo alla gravidanza.

gràvido agg. **1.** Detto di femmina di mammiferi che si trova nel periodo che intercorre fra il concepimento e il parto. **2.** *fig.* Pieno, carico, anche con riferimento alle conseguenze di un fenomeno o un gesto. *Una presa di posizione gravida di conseguenze.*

gravimetrìa s.f. **1.** Settore della geofisica che ha per oggetto la misura della gravità terrestre e le relative variazioni. **2.** CHIM. Complesso dei metodi adottati per determinare le percentuali in cui un elemento è presente in una sostanza.

gravìmetro s.m. **1.** Strumento che misura le piccole variazioni dell'accelerazione di gravità nei vari luoghi. **2.** → aerometro.

1. gravìna s.f. Attrezzo per lavorare terreni di natura pietrosa.

2. gravìna s.f. (deriv. di *grava* "rupe, masso") GEOGR. Lunga e profonda fenditura tipica dei terreni calcarei.

gravità s.f. inv. **1.** Caratteristica di ciò che è difficile da sopportare. *Gravità di un rimprovero.* **2.** Proprietà di una cosa importante o preoccupante. *La gravità di una malattia.* **3.** Compostezza, severità, austerità di una persona. *Gravità dei gesti.* **4.** FIS. Tendenza di un corpo situato nel campo gravitazionale di un astro a cadere verso il suo centro. (Sulla terra, la gravità è originata dalla gravitazione della massa terrestre e dalla forza centrifuga dovuta alla rotazione del pianeta e si traduce come la forza, detta anche *peso,* che agisce in verticale verso il centro della Terra.) ◇ *Accelerazione di gravità:* quella acquistata da un corpo sotto l'influsso della forza di gravità e che è la stessa per tutti i corpi indipendentemente dal loro peso (simb. g). (L'accelerazione di gravità dipende da latitudine e altitudine; il suo valore medio è di 9,81 m/s.) – *Centro di gravità:* baricentro. **5.** MUS. Qualità dei suoni di tono basso.

gravitàre v.intr. (aus. *avere*) (ingl. *to gravitate*) **1.** ASTR. Muoversi verso un punto o attorno a un punto per la forza di attrazione che i corpi esercitano l'uno sull'altro. *La Luna gravita attorno alla Terra.* **2.** *fig.* Ruotare attorno a un centro, subire l'influenza. SIN.: **dipendere.**

gravitazionàle agg. (ingl. *gravitational*) FIS. Relativo alla gravitazione. ◇ ASTR. *Collasso gravitazionale:* fase finale della vita di una stella, che si verifica quando le forze gravitazionali prevalgono sulle forze termonucleari. (Conduce alla formazione di stelle estremamente dense: la nana bianca, la stella a neutroni e il buco nero.)

gravitazióne s.f. (ingl. *gravitation*) FIS. Proprietà della materia consistente nella mutua attrazione tra due o più corpi materiali. ~ Secondo la legge di Newton (*legge della gravitazione universale*), fenomeno per cui l'attrazione reciproca che si esercita tra due corpi materiali è direttamente proporzionale al prodotto delle masse e inversamente proporzionale al quadrato della loro distanza.

gravitóne s.m. FIS. Ipotetica particella elementare che costituisce il quanto del campo gravitazionale.

gravosità s.f. inv. Caratteristica di ciò che è gravoso, duro da fare o da sopportare. *La gravosità di un compito.* SIN.: **onerosità.**

gravóso agg. Che è realizzato con difficoltà, stanchezza, sofferenza. *Un lavoro gravoso.* SIN.: **impegnativo.**

gray [/grɛɪ/] s.m. inv. (dal nome del fisico inglese L.H. *Gray*) FIS. Unità di misura della dose di radioattività pari alla dose assorbita da un elemento di materia di 1 kg di massa al quale le radiazioni ionizzanti comunicano in modo uniforme un'energia di un joule (simb. Gy).

gràzia s.f. **1.** Bellezza gentile e delicata, fascino indefinibile e armonioso. *La grazia di un viso.* ~ Finezza, gentilezza di modi. *Ballare con grazia.* ~ (spec. pl.) Le attrattive fisiche di una persona, i vezzi, con accezione negativa, le moine. **2.** (spec. pl.) Disposizione benevola, considerazione, simpatia. ◇ *Essere nelle grazie di qlcu.:* godere del suo favore. – *Buona grazia:* garbo. **3.** Concessione di un beneficio non dovuto. ~ Esenzione parziale o totale d'esecuzione di una pena o commutazione di una pena in una pena più leggera, anche in seguito a un atto di clemenza. *Chiedere la grazia di un condannato.* ~ Condono, riduzione o commutazione di una pena, in seguito a decisione del capo dello stato. ◇ *fig. Fare la grazia:* concedere qlco., spesso con connotazione ironica. **4.** Concessione miracolosa o favore ottenuto da Dio. ◇ *Per grazia di Dio:* per concessione divina, miracolosamente. – *Stato di grazia:* stato dell'anima umana che partecipa della natura divina; *fig.* momento particolarmente favorevole. **5.** TEOL. CRIST. L'assistenza particolare prestata da Dio all'uomo per aiutarlo nel suo cammino verso la salvezza. ◇ *Grazia abituale:* quella che rinnova l'anima umana, dopo la giustificazione, rendendola nuovamente partecipe della natura divina. – *Grazia sufficiente:* quella che pone l'uomo nella possibilità di compiere il bene necessario per la sua salvezza. – *Grazia efficace:* quella che spinge la volontà umana verso il bene. **6.** *estens.* Condizione fisica o spirituale favorevole, soddisfacente, fortunata. **7.** (iniziale maiusc., spec. pl.) Nella mitologia romana, le tre dee dette anche Càriti che rappresentavano la bellezza, la leggiadria e l'amabilità femminili. **8.** STAM. Ciascuno dei sottili tratti ornamentali che in alcuni caratteri di stampa sporgono dalle aste.

graziàbile agg. Meritevole o in condizione di essere graziato.

graziàre v.tr. [6] **1.** Concedere la grazia a un condannato. **2.** Detto di Dio, della Madonna e dei santi, fare grazia a qlcu., esaudendo le sue invocazioni. **3.** Risparmiare qlcu., averne pietà.

gràzie escl. Termine di cortesia che si utilizza per ringraziare. *Grazie davvero.* ~ Rifiutare in modo cortese. *No, grazie, non ne voglio più.* ~ Sottolineare ironicamente l'ovvietà di un'affermazione. *"Parla benissimo il francese" "Grazie, è vissuto 10 anni a Parigi!".* ~ *loc. prep. Grazie a:* per merito, con l'aiuto di; anche iron. *Grazie a te ora sono nei guai.* – *Grazie a Dio, grazie al*

cielo: si usa per esprimere soddisfazione, compiacimento per la felice riuscita di qlco. – *Rendere grazie:* ringraziare, spec. nel l. eccl. ◆ s.f. pl. Ringraziamenti. *Mille grazie.* ◆ s.m. inv. Ringraziamento. *Un grazie a tutti.*

graziosità s.f. inv. L'essere grazioso, gradevole.

graziόso agg. **1.** Che piace per la grazia, la bellezza gentile. **2.** Piacevole, carino. **3.** Sistemato con cura, con raffinata bravura. **4.** Accordato per grazia, gratuito. ◆ s.m. [f. –sa] Persona che usa maniere eccessivamente aggraziate per rendersi simpatica.

grèca s.f. [pl. –che] **1.** Nel passato, abito femminile, piuttosto corto, dalle maniche ricamate. **2.** Motivo ornamentale geometrico costituito dalla ripetizione di segmenti paralleli e perpendicolari fra loro che formano degli angoli retti. ~ Intaglio di grado, in oro o argento, su uniformi o, fino alla seconda guerra mondiale, sul berretto di generali e ammiragli. **3.** Intaglio fatto sul dorso dei libri prima della rilegatura. **4.** ARCH. Decorazione formata da motivi ininterrotti simili alla greca, di solito in rilievo, ma che può essere anche dipinta. **5.** RAD.DIFF. *Antenna a greca:* quella ricevente costituita da un conduttore piegato a greca.

grecìsmo s.m. LING. Parola, locuzione o costrutto proprio della lingua greca introdotto in un'altra lingua.

grecìsta s.m. e f. [pl.m. –sti] Studioso della lingua, della letteratura e della civiltà della Grecia antica.

grecità s.f. inv. **1.** Appartenenza alla lingua, alla civiltà o alla tradizione greca. ~ Conformità alla lingua greca. **2.** Lingua e letteratura greche. ~ Più in generale, civiltà e cultura greche.

grecizzàre v.tr. **1.** Conformare qlcu. alla civiltà e alla cultura greca. **2.** Dare una forma greca a una parola di un'altra lingua. ◆ v.intr. (aus. *avere*) **1.** Parlare o scrivere impiegando forme e costruzioni tipiche della lingua greca. **2.** Imitare modi e costumi greci.

grèco agg. [pl.m. –ci, f. –che] Relativo alla Grecia antica o moderna, ai suoi abitanti. ◇ *Profilo greco:* che segue i canoni dell'arte statuaria greca. – *Naso greco:* diritto, che ricorda la linea della fronte nelle antiche statue greche. – *Rito greco:* quello dei cattolici greci rimasti fedeli alla chiesa di Roma dopo lo scisma d'Oriente. – *Fieno greco* → **trigonella.** ◆ s.m. **1.** [f. –ca] Nativo, abitante della Grecia antica o moderna. **2.** (solo sing.) La lingua greca antica o moderna (*neogreco*). **3.** Vento che nel Mediterraneo soffia dalla direzione nord-est e che agli antichi navigatori sembrava spirare dalla Grecia; detto anche *grecale.* **4.** Nome di alcuni vitigni.

grèco-ortodòsso agg. [pl.m. *greco-ortodossi*] Della chiesa cristiana di rito bizantino. ◆ s.m. [f. *greco-ortodossa*] Chi appartiene a tale chiesa.

lettera	nome	lettera	nome
A α	a *alfa*	N ν	n *ni*
B б, β	b *beta*	Ξ ξ	ks *csi*
Γ γ	g *gamma*	O o	o *omicron*
Δ δ	d *delta*	Π π	p *pi*
E ε	e *epsilon*	P ρ	r *rho*
Z ζ	dz *zeta*	Σ σ, ς	s *sigma*
H η	e *eta*	T τ	t *tau*
Θ θ	t aspirata: *teta*	Υ υ	u *ipsilon*
I ι	i *iota*	Φ φ	p aspirata: *fi*
K κ	k *cappa*	X χ	k aspirata: *chi*
Λ λ	l *lambda*	Ψ ψ	ps *psi*
M μ	m *mi*	Ω ω	o *omega*

■ **grèco.** Alfabeto greco.

grèco-romàno agg. [pl.m. *greco-romani*] Relativo alla civiltà nata dall'unione delle culture greca e latina. [dal 146 a.C. (conquista della Grecia da parte dei Romani) alla fine del sec. V (caduta dell'Impero d'occidente).] ◇ SPORT. *Lotta greco-romano-romana*: particolare tipo di lotta in cui sono consentiti solo colpi e prese nella parte superiore del corpo.

green [/'griːn/] agg. inv. (voce ingl., propr. "verde") PUBBL. Detto di capo d'abbigliamento o accessorio creato per i giovani o per chi vuole vestirsi in modo giovanile e informale. ◆ s.m. inv. SPORT. Nel golf, il campo di gioco.

Gregarine s.f. ZOOL. Ordine di Protozoi microscopici o piccolissimi, con corpo simile a una cellula ovoidale, parassiti di alcuni invertebrati, spec. Artropodi e Anellidi.

gregàrio agg. [pl.m. −ri] (lat. *gregārium*, propr. "che fa parte del gregge") 1. Di chi si aggrega ad altri senza spirito di iniziativa. 2. Di animale che vive in comunità. ◆ s.m. [f. −ria] 1. Chi si aggrega e segue le direttive di altri. 2. SPORT. Nel ciclismo, corridore che ha il compito di aiutare il capitano della squadra. ~ *estens.* Giocatore di non spiccate doti tecniche ma molto utile al gioco collettivo.

gregarìsmo s.m. 1. Comportamento da gregario. ~ Atteggiamento di chi tende ad accettare passivamente la volontà di altri. 2. Tendenza di alcuni animali e vegetali a vivere in gruppo.

grègge s.m. [pl.f. greggi] 1. Branco di pecore, di capre custodito da pastori. 2. *fig.* Gran numero di persone radunate. ◇ RELIG. *Gregge cristiano*: insieme di persone affidate a un pastore spirituale. 3. *fig. spreg.* Gruppo di persone incapaci di autonomia e soggezione. SIN.: **branco**. ◇ *Uscire dal gregge*: distinguersi dalla massa.

grèggio agg. [pl.m. −gi, f. −ge] (etim. discussa, forse lat. *grégiu* "del gregge" dal loc. *lana gregia* "lana allo stato naturale") 1. Non raffinato, non lavorato. *Materia greggia.* SIN.: **grezzo**. 2. *fig.* Di persona, ignorante, rozzo. 3. *estens.* Che ha il colore bianco sporco della tela prima di essere sbianchita. ◆ s.m. (solo sing.) Petrolio non ancora sottoposto a raffinazione.

gregoriàno agg. Relativo a un papa o a una personalità di nome Gregorio. ◇ *Riforma gregoriana*: riassetto dello spirito religioso e della disciplina della Chiesa, alla quale il papa Gregorio VII ha dato l'impulso decisivo (sec. XI) – *Canto gregoriano*: canto rituale della Chiesa, la cui codifica fu attribuita tardivamente al papa Gregorio I e che è stato alla base del canto ecclesiastico cattolico. – *Calendario gregoriano*: quello tuttora in uso, riformato nel 1581 dal papa Gregorio XIII, correggendo il precedente calendario giuliano.
ENCICL. Il canto *gregoriano*, sviluppatosi già nei primi secoli dell'era cristiana, fu codificato solo nel sec. IX. Dal sec. XIV in poi, conobbe una progressiva decadenza e fu ripristinato nella corretta tradizione esecutiva medievale nel sec. XIX dai monaci dell'abbazia di Solesmes. La maggior parte dei testi utilizzati dai canti gregoriani è in prosa ritmica, regolata dal *cursus*, ed è tratta principalmente dai salmi o da altre parti della Sacra Scrittura.

grembiàto agg. ARALD. Si dice dello scudo diviso in 6, 8, 10, 12 o 16 pezze triangolari, uguali fra loro, di due smalti alternati e diretti al cuore dello scudo.

grembiùle s.m. 1. Indumento che copre la parte anteriore del corpo per proteggere i vestiti mentre si lavora. 2. Indumento con le maniche lunghe indossato da scolari e varie categorie di lavoratori. 3. *estens.* Quantità di roba che può essere contenuta in un grembiule.

grèmbo s.m. 1. Concavità che si viene a creare tra le ginocchia e il seno di una persona quando è seduta. 2. *estens.* Parte interna del corpo femminile in cui si forma il bambino. *Portare un figlio in grembo.* 3. *fig.* Parte interna o nascosta di qlco. ◇ *locc. prep. In grembo a, nel grembo di*: dentro, all'interno di. *Nel grembo di un partito.*

gremìre v.tr. [83] (long. *krammjan* "riempire") Riempire un luogo fittamente. ◆ **gremìrsi** v.pron. Riempirsi di folla.

gremìto agg. Affollato, fitto.

grenache [/grənaʃ/] s.m. inv. (voce fr.) → **alicante**.

gréppia s.f. (francone *krippja*) 1. Rastrelliera, situata in alto sopra la mangiatoia, per mettervi fieno ed erba. ~ *estens.* Mangiatoia. 2. *fig.* Impiego, carica pubblica che procurano un guadagno facile e sicuro.

grès s.m. inv. (fr. *grès* "arenaria") Ceramica a pasta silico-argillosa che, cotta ad alte temperature (1200-1400 °C), subisce una vetrificazione parziale che la rende dura e impermeabile ai liquidi.

■ **grès.** Brocca in gres al sale di Raeren, 1587. (Kunstgewerbemuseum, Colonia.)

gréto s.m. Parte del letto di un fiume non ricoperta dalle acque in cui si trovano ciottoli e ghiaia.

grettézza s.f. 1. Avarizia, spilorceria. 2. *fig.* Ristrettezza mentale, povertà d'animo.

grètto agg. 1. Che manca di generosità. SIN.: **spilorcio**. 2. *fig.* Privo di affetti, di ideali. ◆ s.m. [f. −ta] Nei sign. dell'agg.

grève agg. Opprimente, anche in senso fig.

greyhound [/'grei,haund/] s.m. inv. (voce ingl., propr. "segugio grigio") 1. Cane levriero inglese da caccia e da corsa, molto veloce. 2. Negli Stati Uniti, servizio di autobus che collegano le principali città.

grézzo agg. 1. Non rifinito né adeguatamente trattato. *Diamante grezzo.* ◇ *Colore grezzo*: tra il bianco e il marrone chiarissimo. 2. *fig.* Rozzo, villano, volgare. ❑ In funzione di (solo sing.) s.m. IND. ESTR., materiale estratto da una miniera o da una cava prima di qualsiasi lavorazione.

gridàre v.intr. (aus. *avere*) (lat. *quiritāre* "chiamare in aiuto i Quiriti", cioè i cittadini) 1. Emettere la voce con forza. SIN.: **urlare**. 2. Esprimere con energia una sensazione o un'opinione negativa contro qlcu. o qlco. *Tutti gridano contro di lui.* SIN.: **inveire**. ◆ v.tr. 1. Chiedere qlco. a gran voce. SIN.: **invocare**. ◇ *Gridare vendetta*: detto di azioni malvage che richiedono una punizione grave. 2. Dire qlco. a qlcu. con forza e convinzione, a voce alta. *Gli gridò di tornare indietro.* ~ Proclamare qlco. ad alta voce, con determinazione. *Gridare il proprio dolore.* ◇ *fig. Gridare allo scandalo*: mostrarsi fortemente scandalizzati di qlco.

grido s.m. [pl.f. *grida*, m. *gridi*] 1. Suono acuto emesso con tono di voce altissimo. ◇ *Grido di guerra, grido di battaglia*: l'urlo all'unisono dei soldati durante l'assalto a scopo di incitamento. – *A grida di popolo*: per unanime volontà. – BORS. *Contrattazione alle grida*: modalità di contrattazione degli affari che si svolge nei locali della borsa, in appositi recinti, dove gli intermediari autorizzati gridano le rispettive proposte di acquisto e vendita. 2. Verso molto forte e prolungato emesso da un animale. SIN.: **strido**. 3. *fig.* Fama, notorietà. ◇ *All'ultimo grido*: all'ultima moda. 4. *fig.* Invocazione espressa con voce acuta o lamentosa.

grifèa s.f. Mollusco bivalve commestibile, simile all'ostrica, da cui si distingue per avere la valva superiore più corta di quella inferiore.

griffàre v.tr. Firmare un prodotto, spec. un capo d'abbigliamento.

griffàto agg. 1. Di capo o accessorio firmato da uno stilista. 2. *estens.* In riferimento a chi indossa vestiti o accessori firmati da uno stilista.

griffe [/'grif/] s.f. [pl. *griffes*] (voce fr., propr. "artiglio") 1. Marchio di sartoria, firma di uno stilista su abiti e accessori. 2. OREFIC. Ciascuno dei piccoli fermagli a forma di uncino che nelle montature a giorno trattengono una pietra preziosa nel castone.

griffóne s.m. (fr. *griffon*) 1. Razza di cane da ferma di origine francese od olandese. 2. Nome di alcune specie di funghi Basidiomiceti delle Poliporacee che si sviluppano in ammassi consistenti nelle ceppaie.

grifóne s.m. 1. Grosso uccello rapace diurno, simile all'avvoltoio, che in Italia si trova spec. in Sardegna. (Famiglia degli Accipitridi.) 2. MIT., ARALD. Animale favoloso con testa e ali di uccello, corpo di serpente o di quadrupede alato. 3. Nella simbologia cristiana, figura, simbolo di Cristo.

grìgio agg. [pl.m. −gi, f. −gie, −ge] (germ. *grīsi*) 1. Di un tono intermedio tra il bianco e il nero. ◇ *Capelli grigi*: che cominciano a diventare bianchi. – *Tempo, cielo grigio*: nuvoloso, coperto; plumbeo. 2. *fig.* Che ha in senso di monotonia, di noiosa tristezza. ~ Anche, di difficoltà. *Momenti grigi.* 3. *fig.* Anziano. ◆ s.m. Il colore grigio con le sue varie tonalità. *Grigio perla, fumo.*

grigióne s.m. Piccolo mammifero carnivoro con pelo di colore grigio-bruno, diffuso nell'America centro-meridionale. (Famiglia dei Mustelidi.)

grigióre s.m. 1. L'essere grigio, qualità di ciò che è grigio. *Il grigiore del cielo.* 2. *fig.* Atmosfera triste e monotona.

grigiovérde agg. inv. Di colore grigio con tonalità pronunciate di colore verde. ◆ s.m. inv. La stoffa con cui erano confezionate le divise dell'esercito italiano dal 1905 al 1945. ~ *estens.* La divisa stessa.

griglia s.f. [pl. −glie] (fr. *grille*, lat. *craticulam* "graticola") 1. Insieme incrociato di sbarre che chiudono parzialmente un'apertura o stabiliscono una separazione. ~ Graticola per arrostire cibi vari. 2. MECC. Telaio munito di sbarre trasversali. 3. ELETTR. Elettrodo interposto fra anodo e catodo di un tubo elettrico. 4. *Griglia di partenza*: nelle gare automobilistiche, ordine in cui sono disposte, per decisione della giuria, le vetture alla partenza, in relazione ai tempi ottenuti nelle prove preliminari. 5. In crittografia, foglio traforato di cartone o altro materiale per la cifratura o la decifrazione di messaggi in codice. 6. STAT. Tabella di controllo e di comparazione di dati in relazione a un modello o in un dato intervallo di tempo. 7. INFORM. Sistema di rette parallele e perpendicolari utilizzate per facilitare il posizionamento e l'allineamento di oggetti sullo schermo. 8. Nel l. della critica, schema (letterario, artistico, ecc.) d'interpretazione.

grigliàre v.tr. [6] Cuocere un cibo alla griglia.

grigliàta s.f. Pietanza a base di carne, pesce, formaggi o verdure cotti alla griglia.

grigliàto s.m. 1. Pavimento, pannello, sostegno fatto a griglia. 2. MAR. Portello dei boccaporti, a forma di griglia, per il passaggio dell'aria.

grill [/'gril/] s.m. inv. (voce ingl., deriv. di *to grill* "cuocere ai ferri") 1. Griglia, graticola. ~ *estens.* Arrosto di carne o di pesce. 2. Autogrill.

grillétto s.m. 1. Nel sign. del dim. di *grillo*. 2. Parte del meccanismo di un'arma da fuoco che, premuto dal tiratore, agisce sullo scatto e fa partire il colpo. 3. Punta della linguetta dello scacciapensieri, che si tocca per ricavarne il suono. 4. *volg.* Clitoride.

grillo s.m. 1. Insetto nero, con antenne sottili e zampe posteriori allungate e adatte al salto, che vive in luoghi caldi e umidi. (Lunghezza 3 cm; ordine degli Ortotteri.) ◇ *Saltare come un grillo*: con grande dinamismo e vivacità. – *fig. Fare il grillo parlante*: presumere di poter interve-

■ **grillo** campestre.

nire, in modo saccente, su ogni argomento. (Dal grillo parlante che compare nel "Pinocchio" di Collodi.) **2.** *fig.* Idea capricciosa, nata all'improvviso. *Avere dei grilli per la testa.* ◇ *Grillo di gioventù:* bizzarria propria dell'età giovanile. **3.** MAR. Ferro che unisce pezzi di catene.

grillotàlpa s.m. o s.f. [pl.f. *grillotalpe, grillitalpa*] Insetto scavatore, che vive sottoterra e può essere dannoso per le coltivazioni. (Ordine degli Ortotteri.)

■ **grillotàlpa**

grill-room [/ˈgrɪlˌruːm/] s.m. inv. (voce ingl.) Ristorante specializzato nelle grigliate, spesso preparate dinanzi ai clienti.

grimaldèllo s.m. **1.** Attrezzo di cui si servono fabbri e scassinatori per aprire o forzare le serrature. **2.** *fig.* Espediente che consente di capire o smascherare qlco. o qlcu.

grimpeur [/grɛ̃ˈpœr/] s.m. inv. (voce fr., deriv. di *grimper* "arrampicarsi") SPORT. Nel ciclismo, scalatore, arrampicatore. ~ ALP Rocciatore.

grìnfia o **sgrìnfia** s.f. (voce di orig. germ., prob. deriv. di long. *grífan* "ghermire" e *krapfo* "uncino") Artiglio, granfia. ◇ *Cadere nelle grinfie di qlcu.:* in potere di qlcu.

gringo [/ˈgringo/] s.m. [f. *gringa*, pl.m. *gringos*, f. *gringas*] (voce spagn., deriv. di *griego* "greco" poi "chi parla una lingua straniera") *spreg.* Per gli abitanti dell'America latina, appellativo di forestiero di madrelingua non spagnola, spec. nordamericano.

grinta s.f. (got. *grimmitha* "che incute paura") **1.** *non com.* Faccia truce e arcigna. *Ha una grinta che non mi piace.* **2.** *fig.* Volontà decisa di giungere al proprio obiettivo. SIN.: **aggressività.**

grintóso agg. Che ha grinta, è risoluto, deciso.

grinza s.f. **1.** Corrugamento, piega della pelle. SIN.: **ruga. 2.** Piega che si forma su una qualsiasi superficie. ◇ *fig. Non fare una grinza:* di ragionamento, essere ben costruito, logico; di persona, non dare segno di turbamento, di disappunto, ecc.

grinzóso agg. Che presenta delle grinze. ~ Pieno di rughe.

grip [/ˈgrɪp/] s.m. inv. (voce ingl., deriv. di *to grip* "afferrare") **1.** SPORT. Impugnatura di racchette da tennis o mazze da golf. **2.** Nelle compagnie teatrali, nelle troupe cinematografiche o televisive, chi si occupa di riparare o trasportare ciò che serve per allestire una scena. **3.** Aderenza di un pneumatico al fondo stradale, spec. in curva o sul bagnato.

grippàggio s.m. [pl. *–gi*] (fr. *grippage*) MECC. IND. L'incepparsi di due superfici che strisciano l'una contro l'altra a causa dello loro dilatazione, di cattiva lubrificazione, di difetti di costruzione, ecc.

grippàre v.intr. (aus. *avere*) (fr. *gripper*, francone *grīpan* "ghermire") Detto di parti meccaniche che si muovono a contatto, cessare di funzionare per dilatazione o per mancanza di lubrificazione; anche pron. *Il motore ha (si è) grippato.* SIN.: **bloccarsi.** ◆ v.tr. Provocare il grippaggio di un congegno meccanico. *Grippare il motore.*

grippia s.f. MAR. Fune assicurata a un oggetto immerso (ancora, grappino, ecc.) segnalato da una boa visibile anche con l'alta marea.

grisàglia s.f. [pl. *–glie*] (fr. *grisaille*) Abito, general. maschile, grigio, confezionato con stoffa di grisaille.

grisaille [/griˈzaj/] s.f. inv. (voce fr.) **1.** Tecnica pittorica di imitazione del bassorilievo che riproduce luci e ombre attraverso una gradazione di toni grigi, spec. sui mobili di stile neoclassico. **2.** Stoffa pettinata, di lana, dai toni tendenti ai grigi.

grisatóio s.m. [pl. *–toi*] (deriv. di fr. *gréser*, ol. *gruizen* "macinare") Attrezzo del vetraio a forma di piccola pinza, che serve a limare il bordo di una lastra di vetro e a correggerne il taglio.

grisèlla s.f. (spec. pl.) MAR. Ciascuno dei gradini tra le sartie per salire sull'alberatura.

grisou [/griˈzu/] s.m. (voce vallone per il fr. *feu grégeois* "fuoco greco") Gas contenente metano che si libera nelle miniere di carbone e che, mescolato all'aria, esplode al contatto con una fiamma.

grissinifìcio s.m. [pl. *–ci*] Fabbrica di grissini.

grissìno s.m. (piem. *grissìn* e *ghersin*, deriv. di *ghersa* nel sign. di "filone di pane") **1.** Piccolo bastoncino di pane croccante e friabile senza mollica. **2.** *fig.* Persona molto magra.

grisùmetro s.m. Apparecchio che misura il tasso di grisou nell'aria in una miniera.

grisutóso agg. (fr. *grisouteux*) Si dice di una miniera che contiene grisou.

grizzly [/ˈgrɪzli/] s.m. inv. (voce ingl. d'America, propr. "grigiastro") Orso bruno di grandi dimensioni diffuso nell'America del Nord. (Nome sc. *Ursus arctos*.)

groenlandése agg. Della Groenlandia. ◆ s.m. e f. Nativo, abitante della Groenlandia.

grog [/ˈgrɔg/] s.m. inv. (voce ingl., da *Old Grog* "Vecchio Grog" soprannome dato dai marinai inglesi all'ammiraglio Vernon che portava un mantello *grogram* "lana grossa", e aveva imposto razioni di rum fortemente annacquato) **1.** Bevanda calda fatta con rum o altri liquori, acqua zuccherata e scorza di limone. **2.** CERAM. Pasta risultante dalla macerazione di materiale refrattario.

groggy [/ˈgrɔgi/] agg. inv. (voce ingl., propr. "ubriaco") BOXE Di pugile che ha perso momentaneamente conoscenza, ma che è ancora in piedi. ~ *estens.* Di atleta stremato dalla fatica. ~ Molto stanco.

gròlla s.f. Coppa di legno lavorata al tornio con coperchio, tipica della Val d'Aosta. ~ *estens.* La bevanda servita in tale coppa.

grómma s.f. **1.** Incrostazione lasciata dal vino sulle pareti interne delle botti. **2.** Deposito minerale lasciato dall'acqua che stilla. **3.** Incrostazione che si forma nel fornello di una pipa.

grommóso agg. Ricoperto di gromma.

grónda s.f. **1.** Sporgenza del tetto sulla facciata di un edificio. SIN.: **grondaia. 2.** *estens.* Tutto ciò che per la sua forma ricorda una gronda. ~ Parte posteriore di metallo in un elmo o di tessuto in un copricapo usata per preservare la nuca. *Berretto a gronda.* **3.** Terreno inclinato per lo scorrimento delle acque. ~ Canale scolmatore di un bacino idroelettrico. **4.** Insieme dei terreni che costeggiano le rive di un lago o di una palude.

grondàia s.f. **1.** COSTR. Condotto applicato alla base del tetto che serve a raccogliere le acque piovane e a farle scolare nel tubo di scarico. **2.** Interstizio posto tra due file di embrici sul tetto dove scorre l'acqua piovana. ~ *estens.* La gronda stessa.

grondànte agg. Che gocciola, intriso di liquido. *Fronte grondante di sudore.*

grondàre v.intr. **1.** (aus. *essere*) Detto dell'acqua piovana, venire giù dalle gronde. **2.** (aus. *essere*) Detto di liquido, colare a gocce abbondanti. ◆ v.tr. Emettere sostanze liquide a gocce. SIN.: **versare.**

gróngo o **góngro** s.m. [pl. *–ghi, –grí*] Pesce marino grigio-blu scuro, molto vorace e simile a una grossa anguilla, che vive nelle cavità delle rocce. (Lunghezza 2-3 m; genere *Conger*, famiglia degli Anguillidi.)

groom [/ˈgruːm/] s.m. inv. (voce ingl., propr. "palafreniere") **1.** Inserviente in livrea di hotel,

ristoranti, ecc. **2.** In una casa principesca o signorile, giovane servitore.

gròppa s.f. (germ. *kruppa* "massa tondeggiante") **1.** La parte posteriore del dorso di alcuni quadrupedi, in partic. del cavallo, che si estende dai lombi alla base della coda. **2.** *fam. scherz.* Schiena di una persona. ◇ *fig. Avere molti anni sulla groppa:* essere avanti negli anni. – *Rimanere, restare sempre in groppa:* detto di chi riesce sempre a superare le difficoltà. – *Restare sulla groppa:* detto di cose, problemi che non si riescono a eliminare o a risolvere.

groppièra s.f. **1.** Coperta per la groppa, bardatura di lusso. **2.** Striscia di cuoio che attraversa tutta la groppa del cavallo fino alla coda.

gròppo s.m. (germ. *kruppa* "massa tondeggiante") **1.** Intreccio fitto di cose. SIN.: **nodo.** ◇ *fig. Avere un groppo alla gola:* avere la gola chiusa a causa di una violenta emozione, essere sul punto di scoppiare a piangere. **2.** *fig.* Dubbio, difficoltà, intoppo. **3.** MAR. Colpo di vento violento e improvviso, general. di breve durata.

groppóne s.m. **1.** Nel sign. dell'accr. di *groppa;* in partic., nel l. fam., parte superiore del corpo umano, schiena. **2.** Parte posteriore estrema del dorso degli uccelli.

groschen [/ˈgrɔʃən/] s.m. inv. (voce ted., deriv. di lat. *gròssus denarius* "moneta grossa") Antica moneta tedesca, successivamente moneta divisionale dello scellino austriaco.

gros-grain [/groˈgrɛ̃/] s.m. inv. (voce fr., propr. "a grana grossa") **1.** Tipo di tessuto di seta pesante a sottili coste in rilievo. **2.** Nastro rigido a coste verticali per sostenere dall'interno cinture o per confezionare fiocchi e guarnizioni.

1. gròssa s.f. COMM. Unità di misura corrispondente a dodici dozzine. *Una grossa di bottoni.*

2. gròssa s.f. **1.** La terza dormita dei bachi da seta. ◇ *fig. Dormire della grossa:* molto profondamente. **2.** Nella loc. *alla grossa*, senza cura, grossolanamente.

grossézza s.f. **1.** Dimensione riferita a volume, diametro o spessore. **2.** Condizione di ciò che ha dimensioni maggiori del normale. **3.** *fig.* Rozzezza, ottusità.

grossista s.m. e f. [pl.m. *–sti*] Nel processo di distribuzione delle merci, chi vende all'ingrosso, chi fa da intermediario tra il produttore e il venditore al dettaglio.

1. gròsso agg. **1.** Di notevoli dimensioni (volume, peso, capacità, spessore). ~ Maggiore, per dimensioni, di qualcos'altro dello stesso tipo. ◇ *figg. Sparlare grosse:* raccontare storie inverosimili. – *Fare la voce grossa:* alzare la voce per rimproverare qlcu. **2.** Di importanza considerevole. **3.** Grave, arduo, difficile, anche in senso negativo. ◇ *Farla grossa:* commettere un grave errore. – *Parole grosse:* offensive. **4.** *fig.* Grossolano, senza finezza. ◆ s.m. (solo sing.) **1.** La parte più considerevole di un insieme. *Il grosso di un lavoro.* ◇ *Di grosso:* di molto, grandemente. *Ti sbagli di grosso.* **2.** SPORT. Nel ciclismo, il gruppo. *Il grosso ha un forte distacco dai corridori in fuga.*

2. gròsso s.m. Moneta medievale d'argento diffusa in Europa dal sec. XII.

grossolanità s.f. inv. Mancanza di finezza. SIN.: **rozzezza.**

grossolàno agg. **1.** Che denota ignoranza, di scarsa intelligenza o cultura. *Comportamento grossolano.* SIN.: **rozzo. 2.** Fatto senza finezza, senza cura. *Lavoro grossolano.* **3.** Insufficiente, approssimativo.

gròsso mòdo loc. avv. (loc. lat., "in maniera generica") Su per giù, all'incirca.

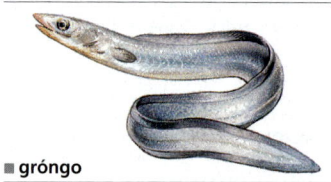

■ **gróngo**

gròtta s.f. (lat. *cròptam*, gr. *krýptē* deriv. di *krýptein* "nascondere") Cavità naturale sotterranea di qualunque origine, ampiezza ed estensione. SIN.: **caverna**.

grottésco agg. [pl.m. –*schi*, f. –*sche*] **1.** Bizzarro, strano, deforme al punto da risultare ridicolo. **2.** Paradossale. ~ Stravagante, eccentrico. ◆ s.m. (solo sing.) **1.** Situazione e sensazione che scaturiscono da ciò che è sproporzionato, strano, paradossale. **2.** LETT. Un aspetto del comico che deriva da uno squilibrio, da una sproporzione voluta tra gli elementi di una rappresentazione. **3.** Genere teatrale sorto in Italia tra le due guerre mondiali, inteso a ironizzare su aspetti e situazioni della vita borghese.

ground zero [/'graʊnd zɪərəʊ/] loc. sost. m. (solo sing.) (loc. ingl., propr. "punto zero", "punto di partenza") Denominazione assunta nel *World Trade Center*, il noto complesso commerciale di New York, dalla zona spianata dall'abbattimento terroristico delle Torri Gemelle l'11 settembre 2001. (L'attacco terroristico, che causò la morte di 3000 persone, è stato attribuito ad al-Quaeda, il gruppo radicale islamico capeggiato da Osama Bin Laden.)

groupware [/'gruːpwɛə/] s.m. inv. (voce ingl., propr. "software per lavoro di gruppo") INFORM. Insieme di programmi integrati che assistono nella stesura, revisione, approvazione di documenti più utenti che operano in collaborazione.

grovièra o **gruvièra** s.m. o s.f. inv. (fr. *Gruyère*, nome della regione svizzera dove viene prodotto) **1.** Formaggio d'origine svizzera fatto con latte di mucca, a pasta dura, con caratteristici buchi. **2.** *estens.* Difesa o barriera facilmente penetrabile, spec. nel l. calcistico.

groviglio s.m. [pl. –*gli*] (lat. *ervīliam* "cicerchia", pianta che si aggroviglia) Insieme di fili arruffati. ~ *estens.* Insieme di altre cose che formino un intrico. ~ *fig.* Confusione, garbuglio. *Groviglio di idee.*

gru s.f. **1.** Uccello migratore di grandi dimensioni, dalle zampe e dal collo molto lunghi, che si nutre di piccoli animali e di sostanze vegetali; stanzia nel nord Europa nei mesi estivi e sverna in Africa. (Lunghezza 1,15 m; famiglia dei Gruidi.) **2.** ZOOL. (iniziale maiusc.) Genere di animali a cui appartengono varie specie di gru. **3.** Antica macchina da guerra difensiva costituita da una trave mobile con un grosso uncino in punta per agganciare e distruggere le macchine da assedio. **4.** Grosso congegno per spostare e sollevare carichi molto in alto. ◇ *Gru galleggiante:* pontile che sostiene una gru, per caricare o scaricare carichi pesanti in un porto. **5.** CINE., TV. Carrello utilizzato per riprese cinematografiche, dotato di un braccio mobile sul quale è posta la cinepresa.

grùccia s.f. [pl. –*ce*] (etim. discussa, forse dal lat. *crùcea* "a forma di croce") **1.** Apparecchio ortopedico a forma di stampella di cui si servono i malati agli arti inferiori o coloro che sono privi di una o di entrambe le gambe. SIN.: **stampella**. **2.** Attrezzo di vario materiale, forma-

gru a torre ai docks di Londra.

gru cenerina.

gru galleggiante.

to da una lista orizzontale e un gancio centrale, che s'infila negli abiti per appenderli nell'armadio.

grucciòne s.m. Uccello dalle piume molto colorate, che si nutre di api e di vespe e che nidifica sulle scogliere lungo i fiumi dell'Europa meridionale, dell'Africa e dell'Asia occidentale. (Ordine dei Coraciformi; genere *Merops*, famiglia dei Meropidi.)

grufolàre v.intr. (aus. *avere*) Detto del cinghiale e del maiale, razzolare grugnendo in cerca di cibo. ~ *fig.* Mangiare avidamente, facendo rumore. ◆ **grufolarsi** v.pron. Rotolarsi nella sporcizia. ~ *fig.* Perseverare nel vizio. *Si grufola negli scandali.*

grugnire v.intr. [83] (aus. *avere*) (di orig. onom.) **1.** Detto del cinghiale o del maiale, emettere grugniti. **2.** Di persona, brontolare, mugugnare, bofonchiare. ◆ v.tr. Dire qlco. in modo poco chiaro. SIN.: **borbottare**.

grugnito s.m. **1.** Verso caratteristico del maiale o del cinghiale. **2.** *fig.* Brontolio, borbottio, frase incomprensibile.

grùgno s.m. **1.** Muso del maiale e del cinghiale. **2.** *spreg.* Viso dell'uomo. ◇ *Spiattellare qlco. sul grugno a qlcu.:* dirgli apertamente, sfacciatamente qlco. – *Mettere su, tenere il grugno:* fare un'espressione imbronciata; offendersi.

Grùidi s.m. pl. [iniziale minusc. sing. –*de* per l'individuo] ZOOL. Famiglia di uccelli corridori dal collo e dalle zampe lunghissime e ali larghe; frequentano le zone paludose. (Comprende circa ventidue specie raggruppate in otto generi.)

Gruifórmi s.m. pl. [iniziale minusc. sing. –*me* per l'individuo] ZOOL. Ordine di uccelli comprendente diverse famiglie, diffuse perlopiù nelle zone paludose; general. sono buoni camminatori, poco adatti al volo. (Sottoclasse dei Carenati.)

gruista s.m. e f. [pl.m. –*sti*] Chi manovra una gru.

grullàggine s.f. **1.** L'essere grullo, balordo. **2.** Atto, discorso da grullo.

grùllo agg. Che si lascia ingannare facilmente, molto ingenuo. ◆ s.m. [f. –*la*] Nel sign. dell'agg.

grùma s.f. Gromma, spec. quella untuosa che si deposita nel fornello della pipa. ~ Incrostazione di sangue raggrumato.

grùmo s.m. (lat. *grūmum* "mucchio, ammasso di terra") Piccola quantità di sostanza liquida rappresa. SIN.: **coagulo**. ~ Aggregazioni disomo-

genee di sostanze solide, in genere granulose. *Grumo di zucchero.*

grùmolo s.m. BOT. Gruppo di foglie formanti un cespo compatto (p.e. cavolo, lattuga, carciofo).

1. grumóso agg. Che presenta dei grumi.

2. grumóso agg. Incrostato di gruma.

grunge [/grʌnʒ/] s.m. inv. (voce ingl.) Abbigliamento, musica e general. stile di vita improntato a una studiata trascuratezza.

gruppétto s.m. **1.** Nel sign. del dim. di *gruppo*. **2.** MUS. Abbellimento costituito da 3 o 4 note brevi che precedono o seguono la nota principale.

grùppo s.m. **1.** Insieme strutturato di persone o cose distinte l'una dall'altra ma riunite in un unico complesso. *Un gruppo di curiosi.* **2.** Insieme più o meno organizzato di persone legate da attività, obiettivi comuni. *Gruppo studentesco.* ◇ *Gruppo parlamentare:* insieme di parlamentari appartenenti allo stesso partito politico o altrimenti iscritti al gruppo misto. – *Gruppo di controllo:* nel linguaggio della finanza, gli azionisti che nelle assemblee dispongono della quota di maggioranza del capitale sociale di una società. – *Gruppo di pressione, di interesse:* persone organizzate che sono in grado di incidere sull'attività degli organi istituzionali per tutelare determinati interessi economici. – *Gruppo di potere:* nucleo politico o economico organizzato, anche occulto, in grado di influenzare le decisioni degli organismi istituzionali. – *Gruppo di lavoro:* insieme di persone che collaborano a uno stesso progetto. **3.** Nel l. sc., ripartizione in base a categorie di appartenenza. ◇ *Gruppo chimico:* nel sistema periodico degli elementi di Mendeleev, l'insieme degli elementi che manifestano proprietà chimiche simili. – *Gruppo funzionale:* insieme di atomi capaci, per il loro comportamento chimico, di caratterizzare classi di sostanze. – MED. *Gruppo sanguigno:* categoria in cui si suddividono gli individui della specie umana secondo le caratteristiche del sangue. [Ogni antigene o famiglia di antigeni definisce un sistema di gruppi, i cui principali sono il sistema AB0 che comprende i gruppi A, B, AB e 0 (zero), e il sistema Rhesus (Rh), che comprende i fattori Rh positivo ed Rh negativo. Affinché una trasfusione sanguigna sia possibile, il gruppo del donatore e quello del ricevente devono essere compatibili.] **4.** ECON. Insieme di società controllate da uno o più soggetti tramite il possesso diretto o indiretto della maggioranza del capitale sociale. **5.** Insieme di elementi tecnologici che svolgono la stessa funzione per moltiplicarne gli effetti. ◇ ELETTR. *Gruppo di continuità:* apparecchi che, in caso di improvvisa mancanza di energia elettrica dalla rete, interviene ad alimentare i servizi elettrici essenziali. – *Gruppo elettrogeno:* l'insieme di un motore e di un generatore elettrici. – AER. *Gruppo motopropulsore:* l'insieme del motore alternativo e dell'elica. **6.** SPORT. Gruppo compatto di concorrenti in una corsa, spec. nel ciclismo. **7.** MAT. Struttura algebrica definita attraverso un'operazione binaria associativa, rispetto alla quale esiste l'elemento neutro e, per ogni elemento, il suo inverso. ◇ *Gruppo abeliano:* gruppo in cui l'operazione è commutativa. **8.** MIL. Insieme di più reparti di varie armi diretti da un unico comando per un'azione determinata. ~ Formazione organica destinata ad attività speciali. **9.** Rappresentazione artistica di un insieme di cose o persone. *Gruppo scultoreo.* **10.** MIN. Unità che comprende più sistemi cristallografici.

gruppùscolo s.m. (fr. *groupuscule*) Piccolo gruppo politico più o meno organizzato ispirato a ideologie estremiste.

gruvièra s.f. o s.m. inv. Groviera.

grùzzolo s.m. Insieme di denari più o meno cospicuo accumulati poco a poco.

GSM s.m. inv. (sigla dell'ingl. *Global Standard for Mobile communications* "standard globale per la comunicazione mobile") Telefono cellulare con area di copertura europea.

guadagnàre v.tr. (francone *waidanjan* "procurarsi il nutrimento" propr. "pascolare") **1.** Ottenere remunerazione dal proprio lavoro o da altra attività. *Guadagnare molto denaro.* **2.** Ricavare un profitto da un'attività economica, ottenendo più di quanto speso. *Guadagnare il trenta per cento.* **3.** *fig.* Ottenere, trarre benefici di qualche tipo, anche pron. *Guadagnare (guadagnarsi) la fiducia.* ◇ *Guadagnare terreno:* avanzare, progredire. **4.** Vincere una somma al gioco. ◆ v.intr. (aus. *avere*) **1.** Avere delle entrate. *Guadagnare bene.* **2.** In unione con la particella *ci*, fare una migliore figura, avere una migliore apparenza. *Con la cornice il quadro ci guadagna.*

guadàgno s.m. **1.** Ogni tipo di utile monetario. ~ Il ricavato, in danaro, dal lavoro e da ogni forma di attività. ◇ *Guadagno lordo:* quello da cui occorre detrarre i costi sostenuti per ottenerlo e le imposte. – *Guadagno netto:* quello da cui si sono dedotti i costi. – *Guadagno di capitale:* quello risultante dalla differenza positiva tra il prezzo di vendita e quello di acquisto di beni mobili o immobili. **2.** *estens.* Ogni tipo di vantaggio ottenuto. SIN.: **beneficio**. **3.** ELETTR., ELETTRON. Fattore di amplificazione di un circuito.

guadàre v.tr. Attraversare un corso d'acqua senza nuotare, a piedi, a cavallo o su un veicolo. *Guadare il fiume.*

guadìno s.m. Rete di forma conica, fissata all'estremità di un manico, usata per tirare in superficie pesci grossi ancora attaccati all'amo.

1. guàdo s.m. **1.** Tratto poco profondo di un fiume attraversabile a piedi. ◇ *Altezza di guado:* in un corso d'acqua la massima profondità in cui un veicolo può passare senza che venga sommerso il motore. **2.** L'attraversamento di un corso d'acqua.

2. guàdo s.m. (long. *waid* "erba colorante") Pianta a piccoli fiori gialli in corimbi, coltivata ant. per le sue foglie, che forniscono una tintura blu. (Famiglia delle Crocifere.) ~ Colorante blu ottenuto da tale pianta.

guaiàco s.m. [pl. *-chi*] (spagn. *guayaco*) Albero tropicale, con fiori azzurri, foglie persistenti e tronco formato da legno duro e resinoso. (Famiglia delle Zigofillacee.)

guaiàva s.f. Pianta coltivata in America tropicale per le sue bacche zuccherine. (Genere *Psidium*; famiglia delle Mirtacee.) ~ Frutto commestibile di tale pianta.

guaìme s.m. (provenz. *gaïm*, francone *waida* "prateria") **1.** AGR. Erba che ricresce nei prati dopo la falciatura. **2.** AGR. Fieno autunnale.

guaìna s.f. (lat. *vagīnam* "fodero") **1.** Custodia in metallo o in pelle per armi da taglio. SIN.: **fodero**. **2.** *estens.* Custodia o astuccio che copre, protegge qlco. **3.** Particolare cucitura che lascia nella stoffa uno spazio vuoto nel quale si infila un nastro o un cordoncino elastico per stringere e far calzare un indumento. **4.** Indumento intimo femminile in tessuto elastico per modellare il corpo. SIN.: **corsetto**. **5.** BOT. Base allargata di una foglia. **6.** ANAT. Membrana che riveste un muscolo, un tendine, un nervo o un organo e lo separa dalle parti circostanti.

guàio s.m. [pl. *guai*] **1.** Ciò che causa un danno. **2.** (spec. pl.) Grave difficoltà.

guaìre v.intr. [83] (aus. *avere*) (lat. *vagīre* "piangere") **1.** Detto di un cane, emettere dei guaiti. **2.** *estens.* Detto di un essere umano, lamentarsi per il dolore. SIN.: **gemere**.

guaìto s.m. **1.** Lamento emesso da un animale e spec. da un cane percosso o malato. ~ *estens.* Gemito. **2.** *spreg.* Voce stridula di persona che canti male.

gualchièra s.f. **1.** IND. TESS. Macchina utilizzata per la fabbricazione del feltro o per la follatura dei tessuti di lana. **2.** *estens.* Il luogo dove viene lavorata la lana con la gualchiera.

gualdràppa s.f. Drappo ornamentale attaccato alla sella del cavallo durante una cerimonia. SIN.: **groppiera**.

guanàco s.m. [pl. *-chi*] (spagn. *guanaco*) **1.** Mammifero ruminante selvaggio simile al lama, diffuso nell'America meridionale. (Famiglia dei Camelidi.) **2.** Pelliccia di questo animale.

guància s.f. [pl. *-ce*] (long. *wankja*) **1.** Ciascuna delle due parti del volto di un essere umano poste fra lo zigomo e la mascella inferiore. SIN.: **gota**. ◇ *fig. Porgere l'altra guancia:* secondo l'insegnamento evangelico, sopportare le offese ricevute senza reagire. **2.** *estens.* Parte carnosa della testa di un animale macellato.

1. guancìale agg. ANAT. Che riguarda la guancia.

2. guanciàle s.m. **1.** Cuscino quadrato o rettangolare che sostiene la testa quando si è coricati. **2.** MACELL. Parte salata del collo del maiale macellato.

guanìna s.f. BIOCHIM. Base azotata appartenente al gruppo delle purine, costituente degli acidi nucleici, ritrovata tra i componenti del guano e in altri escrementi animali.

guàno s.m. (spagn. *guano* da una voce quechua) Concime naturale costituito dall'accumulo di escrementi di uccelli marini. [Si presenta sotto forma di depositi (che possono raggiungere i 50 m di spessore) e viene considerato una roccia fosfatica; è molto diffuso nell'America Meridionale, nella costa africana meridionale e lungo le coste del Mar Rosso.]

guantàio s.m. [f. *-taia*, pl.m. *-tai*] Persona che fabbrica, vende guanti.

guanterìa s.f. Fabbrica di guanti.

guantièra s.f. **1.** Custodia per guanti. **2.** Vassoio utilizzato per servire i dessert.

guànto s.m. (francone *want*) **1.** Indumento con cui si riveste la mano per proteggerla dal freddo o per svolgere determinate attività. ◇ *Guanti a perdere:* quelli che vengono utilizzati una volta soltanto e che normalmente sono di materiale plastico atto a proteggere le mani da particolari sostanze. – *Guanti di gomma:* quelli che vengono utilizzati per particolari operazioni, spec. dai medici, per lavori domestici, pulizie ecc. – *Guanti di ferro:* quelli coperti da lastre di ferro, che facevano parte dell'armatura. – *Prova del guanto:* analisi tecnica che mira ad accertare se qualcuno abbia fatto recentemente uso di un'arma da fuoco; detta anche *guanto di paraffina.* **2.** In similitudini e usi fig., segno di perfezione nell'abbigliamento, di eleganza e raffinatezza. ◇ *Calzare come un guanto:* aderire perfettamente; *fig.* adattarsi bene. – *Trattare qlcu. coi guanti:* trattarlo bene, con particolare riguardo. – *Gettare il guanto:* sfidare qlcu. (Dall'antico uso di lanciare una sfida gettando appunto il guanto.) – *In guanti gialli:* con ostentazione, spec. in riferimento a modi falsamente signorili. – *Mano di ferro in guanto di velluto:* azione decisa dietro modi morbidi, gentili.

guantóne s.m. Nel sign. dell'accr. di *guanto*; in partic., guanto speciale completamente imbottito, usato per il pugilato. ~ Guanto imbottito sul dorso, usato nella scherma.

guàppo agg. (voce merid., spagn. *guapo* "persona sfrontata", lat. *văppam* propr. "vino annacquato" poi "buono a nulla") **1.** Sfrontato, arrogante. **2.** Di eleganza volgare, pacchiana. ◆ s.m. **1.** Camorrista napoletano. **2.** *estens.* Persona prepotente, arrogante, priva di riguardo. SIN.: **bullo**.

guar [/gaː/] s.m. inv. (voce ingl. di orig. indiana) Polvere inodore di origine vegetale, di colore bianco-giallastro, che viene utilizzata come additivo alimentare.

guaranà s.f. inv. Sostanza di color rosso bruno, preparata in Brasile con i semi di una liana contenente composti ricchi di caffeina. (Famiglia delle Sapindacee.)

guaranì agg. inv. (spagn. *guaraní* da una voce tupi) Relativo ai guaranì. ◆ s.m. inv. **1.** (anche f.) Appartenente al popolo indio abitante nel Sud America, del gruppo etnico-linguistico tupi-guaranì. **2.** (solo sing.) Seconda lingua parlata nel Paraguay. **3.** Unità monetaria del Paraguay.

guardabòschi s.m. e f. inv. Addetto alla vigilanza e protezione di un bosco.

guardabuòi s.m. inv. (calco del fr. *garde-boeuf*) Uccello diffuso in Africa e nell'Europa meridionale, con piumaggio di colore bianco durante l'inverno e variopinto nel periodo degli amori; vive in stormi e si nutre degli insetti che infestano i bovini. (Genere *Ardeola*; famiglia degli Ardeidi.)

guardacàccia o **guardiacàccia** s.m. e f. inv. Guardia giurata che sorveglia i cacciatori affinché rispettino le leggi che regolamentano la caccia.

guardacòrpo s.m. inv. (calco del fr. *garde-corps*) MAR. Ringhiera, parapetto a cui aggrapparsi in condizioni di mare mosso.

guardacòste o **guardiacòste** s.m. inv. (calco del fr. *garde-côte*) **1.** Piccola nave da guerra atta alla difesa delle coste. SIN.: **vedetta**. **2.** Corpo militare addetto alla sorveglianza delle coste. ~ Soldato o appartenente a tale corpo.

guardalìnee o **guardialìnee** s.m. e f. inv. **1.** Agente incaricato della sorveglianza di un tratto di linea ferroviaria. **2.** SPORT. Nel calcio o in altri sport a squadre, chi coadiuva l'arbitro nell'azione di controllo dello svolgimento regolare del gioco. SIN.: **segnalinee**.

guardamàno s.m. inv. **1.** Manopola di cuoio utilizzata dagli operai per proteggere la mano in certi lavori. **2.** Nel fucile, archetto di ferro che protegge il grilletto. **3.** MAR. Nell'attrezzatura navale, qualsiasi ringhiera o cordone sistemati ai lati delle scale di bordo, perché vi si possano appoggiare coloro che salgono o scendono. **4.** Parte dell'impugnatura della spada che protegge la mano.

guardapàlma s.m. inv. Piastra metallica, fissata nel palmo della mano tramite una cinghietta di cuoio, utilizzata per cucire cuoio e tele pesanti con grossi aghi che devono essere spinti con forza.

guardapésca o **guardiapésca** s.m. e f. inv. (calco del fr. *garde-pêche*) Agente incaricato di vigilare sull'osservanza delle norme che regolamentano l'esercizio della pesca in determinate zone e stagioni.

guardapìnna Crostaceo tipico del Mediterraneo, simile a un granchio, cosiddetto perché spesso vive nella cavità del mantello di molluschi bivalvi dei Pinnidi. (Ordine dei Decapodi.)

guardàre v.tr. (francone *wardōn* "stare in guardia") **1.** Rivolgere lo sguardo su qlcu. o qlco. SIN.: **osservare**. ◇ *Guardare qlcu. negli occhi:* con franchezza. – *Stare a guardare:* assistere a qlco. passivamente, senza intervenire. – *figg. Guardare qlcu. dall'alto in basso:* con superbia o disprezzo. – *Guardare di traverso:* con ostilità. – *Guardare in faccia il pericolo:* affrontarlo con coraggio e consapevolezza. **2.** Sorvegliare qlcu., custodirlo, averne cura. SIN.: **vigilare**. ~ Mostrare interesse, attenzione per qlcu. ◇ *Guardare qlcu. a vista:* sottoporlo a stretta sorveglianza. **3.** Controllare, verificare qlco. **4.** Nella lingua parlata e spec. all'imperativo, fare attenzione a qlco. *Guarda dove metti i piedi.* **5.** *fig.* Considerare qlco. *Guarda cosa mi è capitato.* **6.** Difendere una persona da qlco. o da qlcu. SIN.: **proteggere**. ◆ v.intr. (aus. *avere*) **1.** Rivolgere lo sguardo, l'attenzione, il pensiero a qlcu. o qlco. *Guardare al futuro.* ~ *estens.* Prendere qlcu. a modello. **2.** Pensare a qlcu. o a qlco. in un certo modo, considerarlo da un certo punto di vista. *Guardare al problema della droga da un punto di vista sociale.* **3.** Fare attenzione a qlco. *Guardare ai fatti propri.* SIN.: **badare**. ◇ *Non guardare a spese:* spendere con larghezza, non fare economia. **4.** Essere rivolto verso un punto. *Il terrazzo guarda proprio sul mare.* SIN.: **affacciarsi**. ◆ **guardarsi** v.pron. **1.** Osservarsi con attenzione. SIN.: **rimirarsi**. ◇ *Guardarsi attorno:* prestare attenzione a ciò che sta vicino; *fig.* cercare attivamente in vario modo ciò che interessa o che conviene. **2.** Detto di due o più persone, rivolgersi scambievolmente lo sguardo, osservarsi l'un l'altro. ◇ *fig. Non guardarsi più:* detto di due o più persone, ignorarsi, disinteressarsi l'una dell'altra. **3.** Difendersi da qlcu. o da qlco. *Guardati dai cattivi consigli.* **4.** Astenersi da qlco., evitare di farlo. *Guardati dall'insistere.*

guardaròba s.m. inv. (calco del fr. *garde-robe*, comp. di *garder* "custodire" e *robe* "veste") **1.** Stanza o armadio dove si ripongono gli abiti. ~ *estens.* Insieme degli abiti di una persona. **2.** Nei teatri, nei musei, nei cinema, nelle biblioteche, ecc., stanza o luogo dove si lasciano in deposito borse e cappotti. **3.** [pl. *guardarobi*] Titolo, oggi abolito, del cameriere privato pontificio addetto alla custodia dei paramenti del papa.

guardarobière s.m. [f. *-ra*] **1.** Persona di servizio, spec. donna, che provvede alla pulizia e alla custodia di abbigliamento e biancheria. **2.** Addetto al guardaroba di un locale pubblico.

guardasigilli s.m. inv. Titolo attribuito al ministro di Grazia e Giustizia, in quanto controfirma decreti muniti del sigillo dello Stato.

guàrdia s.f. **1.** Mansione di chi veglia su cose e persone. *Essere a guardia di una caserma.* SIN.: **sorveglianza**. ~ MAR. L'insieme dei servizi svolti dal personale durante il proprio turno. ~ Il turno stesso. ◇ *Medico di guardia:* medico che presta, a turno, servizio di assistenza in determinate ore del giorno o della notte in ospedali, cliniche, ambulatori pubblici. – *Guardia medica:* ambulatorio di pronto soccorso e medico di pronto intervento per urgenze notturne e festive. **2.** Chi svolge attività di controllo e sorveglianza. **3.** Gruppo, corpo di militari o di civili che svolgono servizi di vigilanza, di custodia, di protezione. ~ Ciascuno degli appartenenti a questi corpi. ◇ *Guardia giurata:* privato che vigila su beni e persone. – *Guardia notturna:* guardia giurata che controlla, secondo precisi turni svolti di notte o nei giorni festivi, edifici, uffici, negozi. – *Guardia costiera:* corpo della marina militare che sorveglia le coste. – *Guardia di Finanza:* corpo militare addetto alla vigilanza delle dogane e dei confini dello Stato o al controllo fiscale; agente che vi appartiene. – *Guardia di pubblica sicurezza:* agente di polizia, poliziotto. – *Guardia carceraria:* agente di custodia addetto alla sorveglianza dei detenuti nelle carceri. SIN.: **secondino**. – *Guardia del corpo:* nucleo di forze di polizia, di militari o di civili preposti alla difesa personale di uomini pubblici o di politici. – *Guardia rossa:* in Russia, soldato dell'esercito rivoluzionario costituitosi durante la Rivoluzione d'ottobre nel 1917; in Cina, sostenitore del movimento studentesco che diffondeva le basi della rivoluzione culturale del partito maoista nel 1964; in Italia, membro dei sindacati e dei movimenti operai durante gli scioperi e l'occupazione delle fabbriche, nel periodo tra il 1919 e il 1921. – *fig. Essere della vecchia guardia:* essere fra i seguaci più antichi e più fidati di un'ideologia, di un gruppo politico, di un corpo, di un istituto, ecc. **4.** SPORT. Posizione difensiva, soprattutto nella scherma e nel pugilato. SIN.: **difesa**. ◇ *Guardia destra:* pugile mancino. – *fig. Abbassare la guardia:* allentare la vigilanza, l'attenzione. – *Mettere, mettersi, stare in guardia:* invitare a fare, fare molta attenzione di fronte a un pericolo; *fig.* preparare, predisporsi a sostenere l'impatto con qlco. o qlcu. che si teme; informare qlcu. dei pericoli a cui va incontro. **5.** SPORT. Nella pallacanestro, giocatore che in attacco si muove perlopiù all'esterno dell'area. **6.** *Livello di guardia:* punto a cui può arrivare l'acqua di un fiume prima di creare una situazione di pericolo; *fig.* limite di sicurezza, punto dopo il quale incombe un rischio. **7.** La prima pagina di un libro o di un codice manoscritto tra la copertina e il frontespizio, e tra la copertina e l'ultima pagina. *Foglio di guardia.* **8.** La parte dell'elsa della spada che protegge la mano. **9.** Parte del morso, munita di anelli per attaccarvi le redini che sta fuori dalla bocca del cavallo. **10.** TECN. Dispositivo che mantiene dritta la spola del telaio automatico.

guardiacàccia s.m. Guardacaccia.

guardiamarina s.m. inv. Nella marina militare, il grado più basso nella scala gerarchica degli ufficiali del corpo di stato maggiore o di vascello. (Corrisponde al grado di sottotenente dell'esercito.)

guardianàggio s.m. [pl. *-gi*] Nei porti, servizio di sorveglianza delle barche ormeggiate.

guardianìa s.f. **1.** Servizio di custodia o di sorveglianza, spec. in cantieri, porti, impianti. **2.** Nell'organizzazione conventuale, il territorio e le persone che dipendono da un padre guardiano.

guardiàno s.m. **1.** [f. *-na*] Addetto alla sorveglianza. SIN.: **custode**. ~ Pastore, mandriano. **2.** Padre superiore dei conventi francescani. **3.** *Guardiano del coccodrillo:* uccelletto africano che sta sul dorso dei coccodrilli in cerca di cibo ed emette degli stridii d'allarme per avvisarli di un pericolo. (Ordine dei Caradriformi.) ❑ In funzione di agg., nell'accez. 2 del s. *Padre guardiano.*

guardìna s.f. Cella di un commissariato. *Mettere in guardina.*

guardinfànte s.m. (comp. di *guardia* e *infante* perché proteggeva il ventre delle donne gravide) Sostegno formato da cerchi concentrici di legno o di ferro sul quale si poneva la gonna per allargarla.

guardingo agg. [pl.m. *-ghi*, f. *-ghe*] Che fa le cose con molta attenzione.

guardiòla s.f. **1.** Costruzione di modesta dimensione dove si riparano le guardie. SIN.: **garitta**. **2.** Stanzetta collocata vicino alla porta d'entrata di edifici e dalla quale il portinaio controlla chi entra e chi esce. SIN.: **portineria**. **3.** Nelle fortezze medievali, torretta di vedetta con feritoie.

guardóne s.m. [non com. f. *-na*] *pop.* Chi trae piacere morboso dallo spiare le nudità altrui o assistere senza essere visto a scene erotiche. SIN.: **voyeur**.

guardrail [/gɑːdˈreɪl/] s.m. inv. (voce ingl., propr. "sbarra di protezione") Barriera di protezione che delimita i bordi di una strada.

guarìbile agg. Di persona malata o di malattia, che può guarire spontaneamente o che può essere curata con successo. SIN.: **sanabile**.

guarigióne s.f. Scomparsa completa di un male fisico o morale.

guarìre v.intr. [83] (aus. *essere*) (francone *warjan* "tener lontano" quindi "difendere") **1.** Recuperare uno stato di salute completa. *Non sono ancora guarito.* SIN.: **rimettersi**. **2.** Detto di malattia, regredire fino a non esserci più. *Il mio raffreddore è guarito.* SIN.: **scomparire**. ◆ v.tr. **1.** Rimettere in salute una persona malata. SIN.: **sanare**. ~ Far scomparire, eliminare una malattia. **2.** *fig.* Liberare qlcu. da qlco. di negativo, di dannoso. *Ha guarito molta gente dal vizio del fumo.*

guaritóre s.m. [f. *-trice*] Chi guarisce. ~ Chi, senza alcun titolo medico, presume di guarire i malati con pratiche paranormali o usando farmaci atipici o semplici rimedi.

guarnàcca o **guarnàccia** s.f. [pl. *-che*, *-ce*] (forse provenz. *guarnacha*, lat. *gaūnacam* "mantello di pelliccia") Nel Medioevo, lunga veste maschile o femminile usata come soprabito.

guarnigióne s.f. (fr. *garnison*) Insieme delle truppe dislocate in una determinata località. SIN.: **presidio**.

guarnìre v.tr. [83] (francone *warnjan* "mettere in guardia" quindi "provvedere alla difesa da un pericolo") **1.** Fornire qlco. di ornamenti. **2.** CUC. Fornire una pietanza di contorno. SIN.: **accompagnare**. **3.** Munire luoghi di importanza militare di armi e vettovagliamenti. *Guarnire una fortezza.*

guarnìto agg. Corredato, dotato di ornamenti o di rifiniture.

guarnizióne s.f. **1.** Ciò che serve per ornare e abbellire vesti, capi di biancheria o oggetti d'arredamento. **2.** CUC. Contorno di una pietanza. **3.** TECN. Cerchietto o disco di gomma o di altro materiale morbido, posto tra due elementi metallici combacianti per ottenere una tenuta perfetta.

guascóne agg. (fr. *gascon*) Della Guascogna. ◆ s.m. [f. *-na*] **1.** Nativo, abitante della Guascogna. **2.** *fig.* Fanfarone, sbruffone.

guastafèste s.m. e f. inv. Chi, con la propria presenza, disturba l'allegria di una festa. ~ *estens.* Persona vistosamente triste che condiziona negativamente l'umore degli altri. ~ Persona inopportuna e indiscreta che sconvolge un programma, giunge inattesa e indesiderata.

guastàre v.tr. (lat. *vastāre*, deriv. di *vāstus* "devastato, deserto") **1.** Ridurre qlco. in cattivo stato. *La carie guasta i denti.* SIN.: **danneggiare**. ~ Far andare a male alimenti. *Il caldo guasta la frutta.* **2.** *fig.* Rovinare qlcu., corromperlo, renderlo peggiore. SIN.: **traviare**. **3.** *fig.* Turbare qlco., interromperne il normale svolgimento. *Il temporale ha guastato la festa.* SIN.: **sconvolgere**. ◆ v.intr. (aus. *avere*) Nuocere, recare disturbo o danno. *Un po' di ottimismo non guasta.* ◆ **guastarsi** v.pron. **1.** Rovinarsi, non funzionare più. *La radio si è guastata.* **2.** Deteriorarsi, andare a male, marcire. **3.** *fig.* Peggiorare. *Il tempo si sta guastando.* **4.** Detto di persona, corrompersi. **5.** *fig.* Nelle locc. *guastarsi il fegato, il sangue*, preoccuparsi, arrabbiarsi fino a stare male. **6.** Rovinare il rapporto di amicizia con qlcu. ~ Detto di due o più persone, perdere l'armonia, l'amicizia reciproca.

guastatóre s.m. **1.** [f. *-trice*] Chi guasta, chi produce danni. **2.** Soldato del genio che ha il compito di scavare trincee, preparare il terreno o di distruggere mezzi corazzati, fare saltare fortificazioni, ecc.

1. guàsto agg. **1.** Di meccanismo, che si è guastato o è stato guastato, rotto, non funzionante. **2.** Di cibo, andato a male. SIN.: **avariato**. **3.** Di parte del corpo umano, malandato, malato. ~ *fig.* Deturpato, corrotto. ◇ *fig. Avere il sangue guasto:* essere arrabbiato.

2. guàsto s.m. **1.** L'effetto di un danneggiamento. SIN.: **danno**. ~ Avaria. *Riparare un guasto.* **2.** *fig.* Contrasto, dissapore. *Tra quei due c'è del guasto.* **3.** *fig.* Ciò che esprime disprezzo per la morale. *C'è del guasto all'interno della società.* SIN.: **marcio**.

guatemaltèco agg. [pl.m. *-chi*, f. *-che*] (spagn. *guatemalteco*) Del Guatemala. ◆ s.m. [f. *-ca*] Nativo, abitante del Guatemala.

guazzabùglio s.m. [pl. *-gli*] Miscuglio confuso e disparato di elementi eterogenei. SIN.: **pasticcio**.

guazzétto s.m. CUC. Sugo in cui si fa cuocere pesce o carne. SIN.: **intingolo**.

guàzzo s.m. (lat. *aquātio* "luogo con acqua") **1.** Acqua sparsa per terra in abbondanza. **2.** Particolare tecnica di pittura, analoga all'acquerello, ma più densa per i pigmenti e i collanti.

guèlfo agg. (ted. *Welf*, nome del capostipite della casa di Baviera) **1.** Nel Medievo, riferito a chi sosteneva il potere temporale dei papi contro l'imperatore (in oppos. a *ghibellino*). **2.** *estens.* Che sostiene il potere temporale del papato. SIN.: **clericale**. ~ In partic., nell'Ottocento, relativo ai seguaci del movimento di rinnovamento liberale del cattolicesimo che promuoveva un'organizzazione dei singoli stati italiani sotto la guida del papa (*neoguelfismo*). ◆ s.m. **1.** [f. *-fa*] Nelle accez. 1 e 2 dell'agg. **2.** Antica moneta d'argento coniata a Firenze nel 1314.

ENCICL. *Guelfi* e *Ghibellini*, correnti politiche medievali che ebbero origine in Germania nel sec. XII e si svilupparono in Italia nei secc. XIII e XIV. I termini derivarono rispettivamente dal nome della casa dei *Welfen* o *Guelfi* (*Welf* al signolare) e dal castello di Waiblingen (italianizzato in *Guaibelinga*) nel Württemberg, appartenente agli Hohenstaufen o casa di Svevia. In realtà i guelfi furono all'inizio i partigiani dei titolari dei ducati di Sassonia [Lotario di Supplimburgo (1106-1137) poi divenuto l'imperatore Lotario II] e di Baviera [Enrico IX il Nero (1120-1126) ed Enrico X il Superbo (1126-1138) della casa dei Guelfi]; i ghibellini invece furono i partigiani del duca di Svevia, Ferico II il Guercio (morto nel 1147), e di suo fratello Corrado di Hohenstraufen, duca di Franconia dal 1112, imperatore dal 1138 come Corrado III. La lotta cominciò alla morte di Enrico V di Franconia (1125), spentosi senza eredi immediati, quando le aspirazioni di Federico II il Guercio all'Impero si scontrarono con quelle di Lotario, e si complicò nel 1127 quando Lotario diede in sposa sua figlia Gertrude al figlio di Enrico IX, Erico X, il quale divenne così uno dei feudatari più potenti di Germania. Quanto agli orientamenti politici, la casa di Svevia aveva sostenuto le pretese dell'aristocrazia e difeso i diritti della Chiesa contro la monarchia e l'Impero fin dai tempi di Enrico IV. Questi infatti dovette lottare tra il 1077 e il 1080 contro l'antiré Rodolfo di Rheinfelden, duca di Svevia. Corrado III invece si appoggiò ai feudatari ecclesiastici e combatté la grande feudalità laica, che era capeggita prima da Enrico X, poi da Enrico XII il Leone e da Guelfo VI, che Corrado sconfisse presso Weinsberg in Franconia nel 1140, dopo aver diviso la Sassonia (lasciata a Enrico XII) dalla Baviera (attribuita ai Babenberg). Durante la battaglia di Weinsberg sarebbe risuonato per la prima volta il grido inneggiante alle due case (*Hye Welfen Hye Waiblingen*); le denominazioni sono però probabilmente posteriori a questa data. Comunque sotto Corrado la lotta tra guelfi e ghibellini si approfondì in tutta la Germania. Fu anche per mettervi rimedio che Federico I Barbarossa, figlio di Giuditta, sorella di Enrico X, e di Federico II il Guercio, venne eletto imperatore (1152-1190), nella speranza, come scrisse Ottone di Frisinga, che partecipando del sangue dell'una e dell'altra gente avrebbe restaurato come su pietra angolare la monarchia tedesca. Ed effettivamente il Barbarossa portò guerra alla Chiesa e ai Comuni italiani e mantenne buoni rapporti con le grandi casate feudali conciliando guelfi e ghibellini. Ma dopo i rovesci in Italia diminuì la sua autorità sull'aristocrazia tedesca, che nel 1180 lo spinse a deporre e a bandire suo cugino Enrico XII il Leone (duca di Sassonia dal 1142, duca di Baviera dal 1156), capo del partito guelfo. In Germania riarsero le lotte, e la rivalità tra le due case proseguì nel sec. XIII quando il figlio di Enrico XII, Ottone IV di Brunswick, fu eletto re dei Romani (1198) per designazione del partito guelfo e con il sostegno di papa Innocenzo III, in concorrenza col ghibellino Filippo di Svevia (1198-1208). Dopo la battaglia di Bouvines (1214) prevalse infine Federico II (1220-1250) di Svevia, che come suo nonno Ferico I combattè il papato e i Comuni. Pur senza mai arrivare a configurarsi come correnti ideologiche, le lotte tra guelfi e ghibellini in Germania ebbero prima carattere di semplice rivalità dinastica, per assumere poco per volta caratteristiche più ampie: contrapposizione tra principio monarchico e autonomie feudali, tra germanesimo e papato, uscito quest'ultimo sostanzialemtne vincitore dal concrodato di Worms (1122). In Italia i nomi dei due partiti si diffusero poco per volta, per generalizzarsi al tempo di Federico II, tanto che quasi in ogni città c'era un fazione guelfa e una ghibellina. Di nome, i guelfi costituivano la *pars Ecclesiae*, i ghibellini la *pars Imperii*, senza riferimento oramai alle due casate tedesche; di fatto la divisione tra guelfi e ghibellini avvenne inizialmente fra le famiglie nobili, si estese poi a tutta la cittadinanza e fu un fattore costante nele vite dei Comuni italiani. Secondo la tradizione, accolta anche dal Davidsohn, verso il 1215 in Firenze scoppiò una lite tra due nobili: Oddo Arrighi dei Fifanti venne ucciso da Buondelmonte che a sua volta venne massacrato dagli Amidei collegati con gli Arrighi, gli Uberti, i Lamberti e alri. Gli uccisori, per timore che fosse richiesto l'intervento dell'imperatore Ottone IV, si appellarono a Ferico II. Di qui sarebbe sorta la divisione nella cittadinanza fiorentina tra guelfi e ghibellini e sarebbe dilagata in tutta Italia. Naturalmente la tradizione di lotte intestine era ben più antica e legata alla struttura stessa del Comune, mentre le discordie private tra alcune consoterie nobiliari di Firenze (soprattutto Uberti e Buondelmonti, l'odio tra i quali si perpetuò per molte generazioni) acquistarono significato più ampio inserendosi nei conflitti del sec. XIII. Le città che ebbero prevalente carattere guelfo furono Firenze, Bologna, Milano, Mantova, Ferrara, Padova: prevalentemente ghibelline furono Cremona, Pavia, Modena, Rimini, Siena, Lucca, Pisa. In seguito alla decadenza della casa di Svevia (morte di Manfredi nella battaglia di Benevento, 1266) e all'alleanza angioino-papale, il partito guelfo ebbe anche rilievo nella politica internazionale; furono, p.e., banchieri guelfi a finanziare la spedizione in Italia di Carlo d'Angio. Da parte loro i ghibelini, che avevano sostenuto Manfredi, appoggiarono poi Pietro d'Aragona e il Nogaret contro papa Bonifacio VIII (1303), e favorirono le calate in Italia di Arrigo VII (1310) e di Ludovico il Bavaro (1328). Ma di fronte al tentativo del re di Boemia Giovanni di Lussemburgo di far valere la sua autorità in Italia (1330-1333) dichiarandosi capo dei guelfi e alleandosi con il cardinale Bertrando del Poggetto, legato papale in Italia, guelfi e ghibellini insorsero contro ambedue. L'orientamento prevalente dei Comuni e delle signorie, al di là di ogni contrapposizione, fu di evitare un predominio da qualsiasi parte venisse: papato, Impero o gli stessi signori italiani. Sicché il *Tractatus de Guelphis et Gebellinis* del giurista Bartoldo da Sassoferrato rispecchia lo svuotamento completo che nel sec. XIV ormai presentavano i programmi e le azioni dalle due parti. Sul piano puramente locale i termini guelfo e ghibellino come indicativi di opposte fazioni sopravvissero comunque fino ai secc. XVI e XVII, privi ormai di ogni senso storico.

guêpière [/gɛ'pjɛr/] s.f. inv. (voce fr., deriv. di *guêpe* "vespa" perché crea il cosiddetto "vitino di vespa") Bustino femminile in stoffa o pizzo usato per modellare la vita e i fianchi, general. fornito di giarrettiere.

guèrcio agg. [pl.m. *-ci*, f. *-ce*] **1.** Che, per un difetto fisico, ha le pupille non coassiali ossia rivolte verso l'esterno o l'interno rispetto agli assi oculari. SIN.: **strabico**. ~ *estens.* Privo di un occhio o con la vista difettosa. **2.** *fig.* Privo di discernimento. ◆ s.m. [f. *-cia*] Chi è affetto da strabismo o è cieco da un occhio.

guerèza s.f. (da una voce indigena dell'Etiopia) Scimmia con pelo di colore nero e bianco, molto diffusa in Africa. (Famiglia dei Colobidi.)

guéridon [/geri'dɔ̃/] s.m. inv. (voce fr., dal nome di un personaggio delle farse secentesche addetto a reggere i candelieri mentre gli altri danzavano) Piccolo tavolo rotondo con una sola gamba a tre piedi in uso nell'arredamento di saloni e stanze di rappresentanza dal sec. XVII.

guèrra s.f. (francone *werra* "litigio, mischia") **1.** Lotta tra stati o all'interno di uno stato, condotta con le armi, con o senza l'osservanza delle convenzioni del diritto internazionale in materia. SIN.: **conflitto**. ◇ *Guerra chimica:* combattuta con uso di gas velenosi. – *Guerra batteriologica:* uso a scopo bellico di microrganismi patogeni e virus. – *Guerra lampo:* che si conclude o si dovrebbe concludere in brevissimo tempo. – *Guerra santa:* jihad. – *Guerra totale:* forma di guerra in cui si utilizzano tutti i mezzi di lotta per ottenere la distruzione dell'avversario e in cui la totalità delle attività della nazione è mobilitata e impegnata (come in occasione della prima e della seconda guerra mondiale). – *Indennità di guerra:* risarcimento per danni causati da un conflitto bellico. – DIR. *Legge di guerra:* legge militare in vigore nel periodo bellico. – *Uomo di guerra:* soldato. – *Guerre stellari:* conflitti fantascientifici in cui sono coinvolti esseri che vivono su altri pianeti; *estens.* nel l. gior., conflitti immaginari tra superpotenze combattuti nello spazio con sofisticatissimi sistemi bellici. – *Guerra fredda:* quella condotta senza l'uso delle armi mediante atti simbolici, in partic. ai tempi della contrapposizione tra blocco occidentale e orientale, prima della disgregazione dell'Unione Sovietica nel 1990 (v. parte n.pr.). **2.** *estens.* Azione intrapresa per eliminare, distruggere qlco. di dannoso. *Fare la guerra ai pregiudizi.* SIN.: **battaglia**. **3.** *fig.* Divergenza, dissidio, contesa, ostilità fra individui o gruppi. SIN.: **ostilità**. ◇ *Guerra psicologica:* condotta con la tecnica della propaganda per piegare il morale dell'avversario. **4.** *fig.* Concorrenza commerciale spinta all'estremo, contrasto economico esasperato. *Guerra dei prezzi.*

guerrafondàio s.m. [f. *-daia*, pl.m. *-dai*] (deriv. da *guerra a fondo*, loc. coniata dall'umorista Gandolin polemizzando con coloro che volevano la guerra a oltranza contro l'Abissinia dopo la sconfitta ad Adua nel 1896) *spreg.* Chi propugna la guerra a ogni costo e vede in essa la possibilità di risoluzione delle controversie internazionali.

guerreggiàre v.intr. [5] (aus. *avere*) **1.** Detto di due o più parti, fare la guerra. **2.** *estens.* Rivaleggiare. ◆ **guerreggiarsi** v.pron. Detto di due o più persone, combattersi a vicenda.

guerrésco agg. [pl.m. *-schi*, f. *-sche*] Relativo alla guerra. SIN.: **bellico**. ~ Proprio di chi è naturalmente predisposto alla guerra.

guerrièro agg. (fr. *guerrier*) Che ama, non teme la guerra. *Nazione guerriera.* SIN.: **bellicoso**. ◆ s.m. [f. *-ra*] **1.** Uomo di guerra, combattente, soldato. **2.** *fig.* Persona aggressiva e battagliera.

guerrìglia s.f. [pl. *-glie*] (spagn. *guerrilla*) Guerra di logoramento caratterizzata da imboscate, colpi di mano e condotta da unità irregolari spesso favorite dalla conoscenza dei luoghi. ◇ *Guerriglia urbana:* insieme di azioni condotte da gruppi irregolari o contestatori contro obiettivi istituzionali.

guerriglièro s.m. [f. *-ra*] (spagn. *guerrillero*) Chi pratica la guerriglia.

guest star [/gɛs(t) stɑ:/] loc. sost. m. e f. inv. (loc. ingl., propr. "stella ospite") Attore di successo che partecipa a un film in un ruolo secondario o a un programma televisivo come ospite.

gufàre v.intr. (aus. *avere*) **1.** Fare il verso del gufo. ~ *estens.* Di persona, sbuffare. **2.** Nel l. giovanile, portare sfortuna.

gùfo s.m. **1.** Denominazione comune di diversi uccelli rapaci notturni, con testa che presenta ai lati ciuffi formati da piume erettili, occhi grandi, immobili, situati anteriormente, becco corto, ricurvo e robusto, piedi artigliati, ali piuttosto lunghe; nell'Europa occidentale sono presenti diverse specie di gufo: il *gufo reale*, specie protetta (altezza 70 cm), il *gufo comune* (35 cm), comune nell'emisfero del nord temperato e l'*assiolo* (20 cm), tipico delle zone mediterranee. (Generi *Asio*, *Bubo*, *Strix*; famiglia degli Strigidi.) **2.** *fig.* Persona poco socievole, introversa. **3.** Nel l. giovanile, nella loc. *fare il gufo*, portare sfortuna, iella. **4.** *Gufo delle nevi:* *civetta delle nevi.

■ **gùfo** reale.

gùglia s.f. [pl. *-glie*] **1.** Vertice acuminato posto a ornamento di chiese e campanili. SIN.: **cuspide**. **2.** Formazione rocciosa alta e sottile.

gugliàta s.f. Quantità di filo che di volta in volta si infila nell'ago per cucire.

guìda s.f. **1.** Attività di chi è preposto a guidare gli altri. ~ Direzione. *Essere alla guida di un paese.* **2.** Autorità morale, punto di riferimento intellettuale o politico. SIN.: **leader**. ~ Persona che accompagna i turisti in una città, in un museo, ecc. SIN.: **cicerone**. ◇ *Guida alpina:* alpinista che per professione accompagna escursionisti e alpinisti nelle ascensioni e nelle scalate. **3.** Volume illustrativo di una località, di una regione, di uno Stato, di un museo, di complessi monumentali. ~ Libro che fornisce gli elementi essenziali per apprendere una tecnica, un'arte, una disciplina. *Guida dei vini italiani.* ◇ *Guida del telefono:* elenco degli abbonati al telefono in una data provincia. **4.** Dispositivo che serve a far scorrere, a far funzionare, a mantenere nella sua sede qlco. *La tenda è uscita dalla guida.* **5.** Tappeto lungo e stretto da stendere sulle scale o nei corridoi per cerimonie o per ornamento. **6.** Conduzione di un veicolo. *Posto di guida.* **7.** ELETTRON. *Guida d'onda:* tubo metallico a sezione circolare o rettangolare in cui radioonde di determinata lunghezza si trasmettono con piccola attenuazione. ❑ In funzione di agg. inv., che ispira o impone norme o principi a cui altri si devono uniformare. *Uomo guida.*

guidaiòlo s.m. [f. *-la*] In un branco, la bestia che guida le altre.

guidàre v.tr. (provenz. *guidar*, francone *witan* "indirizzare") **1.** Accompagnare qlcu. per indicargli la strada. SIN.: **condurre**. ~ *fig.* Indirizzare qlcu. verso uno scopo. *Guidare i giovani alla solidarietà.* **2.** Capeggiare un gruppo di persone. SIN.: **dirigere**. ◇ SPORT. *Guidare la classifica:* essere in testa, essere il primo. **3.** Condurre un veicolo o un animale. *Guidare una macchina.* **4.** Determinare, regolare qlco. *Guidare un affare.*

guidatóre s.m. [f. *-trice*] Chi guida, in partic. veicoli. SIN.: **conducente**.

guideline [/gaid'laɪn/] s.f. [pl. *guidelines*] (voce ingl., propr. "linee di guida") ECON. (spec. pl.) Direttive di massima, concordate con le parti sociali, impartite dai pubblici poteri agli operatori economici nell'ambito della programmazione economica.

guidóne s.m. Piccola bandiera di forma triangolare issata sulle imbarcazioni come distintivo o segnale di comando.

guidrigildo s.m. (long. *widregild* "contro ricompensa") Nel diritto germanico medievale, e in partic. presso i Franchi, indennità che l'autore di un omicidio pagava ai parenti della vittima per sottrarsi alla loro vendetta.

guineàno agg. Della Guinea. ◆ s.m. [f. –*na*] Nativo, abitante della Guinea.

guinness [/'ginis/] s.f. inv. (voce ingl., dal nome della ditta produttrice di birra; *G. dei primati* è tratto dal titolo *The Guinness Book of Records* "Libro Guinness dei primati" edito dalla casa editrice *Guinness*) Denominazione commerciale, che costituisce marchio registrato, di una birra scura irlandese. ◆ s.m. inv. *Guinness dei primati*: pubblicazione annuale che riporta i primati ottenuti nelle prove più svariate.

guinzàglio s.m. [pl. –*gli*] (ted. *wintseil* "fune per legare un levriero") Lunga catena o striscia di cuoio fermata al collare di un cane per impedirgli di allontanarsi. ◇ *figg. Tenere qlcu. al guinzaglio*: impedirgli di agire liberamente, controllarlo continuamente. – *Farsi portare al guinzaglio*: accettare passivamente la volontà altrui.

guisa s.f. (francone *wīsa*, provenz. *guiza*) **1.** Maniera, modo, aspetto, forma. ◇ *loc. prep. A guisa di*: a somiglianza di, come. **2.** Costume, usanza.

guitto s.m. [f. –*ta*] **1.** Chi vive nella miseria. **2.** Attore comico di basso rango o che fa vita randagia e misera.

guizzàre v.intr. (aus. *essere*) **1.** Muoversi a scatti, a zig zag o con movimenti repentini. **2.** MAR. Riferito alla prora della nave, oscillare a destra o a manca in modo violento.

guizzàta s.f. MAR. Brusco cambiamento di direzione di una barca sotto l'effetto del vento, del mare o di una manovra.

guizzo s.m. **1.** Detto di un pesce, movimento rapido e improvviso. **2.** Riferito ad altri animali o a persone, balzo, scatto. *Il guizzo della lepre*. **3.** *estens.* Riferito a cose, tremolio. *Il guizzo della fiamma*.

gujarati [/ˌgʊdʒəˈrɑːtɪ/] s.m. inv. Lingua indoaria parlata in alcuni Stati dell'India.

gulag [/guˈlak/] s.m. inv. (voce russa, sigla di *glavnoe upravlenie ispravitel' notrudovych Lagerej* "direzione generale dei campi di lavoro correzionale") **1.** Nell'ex Unione Sovietica, campo di concentramento, di lavoro per prigionieri di guerra o detenuti politici. **2.** *estens.* Luogo di sofferenza e di isolamento, in senso fisico o morale.
ENCICL. Instaurata fin dal 1919, la rete dei campi di lavoro forzato si è sviluppata soprattutto sotto il regime di Stalin. I gulag erano destinati a diverse categorie sociali, accusate di idee contro-rivoluzionarie. Strumento di repressione di massa, il gulag, fornendo manodopera gratuita al paese, ha anche contribuito allo sviluppo economico dell'URSS staliniana.

gulasch [/'gulaʃ, 'guːlaʃ/] s.m. inv. (voce ted., ungherese *gulyás* "mandriano") CUC. Stufato di carne con cipolle, pomodori e paprica, tipico della cucina ungherese.

gulden [/'guldən/] s.m. inv. NUMISM. Nei paesi germanici, e spec. in Olanda, moneta d'oro del valore equivalente al fiorino di Firenze.

gulp [/'gʌlp/] s.m. inv. (voce ingl. onom., deriv. di *to gulp* "inghiottire") Nei fumetti, indica il rumore del deglutire oppure meraviglia, paura, ecc.

gum [/'gum/] s.m. inv. (voce russa, sigla di *gosudarstvennyi universal'nyi magazin* "magazzino universale di Stato") Nell'ex Unione Sovietica, grande magazzino.

gunite s.f. TECN. Nome depositato di un particolare tipo di intonaco costituito da malta cementizia e sabbia.

gup o **GUP** s.m. inv. Sigla di *Giudice per l'Udienza Preliminare*.

Gùra s.f. ZOOL. Genere di colombe di grandi dimensioni, con piumaggio grigio sul dorso e rosso inferiormente e ciuffo di penne erettili, che vivono nelle foreste della Nuova Guinea.

gurbi s.m. inv. In Africa del Nord, abitazione tradizionale di mattoni, paglia e fango secco, priva di finestre.

gùru s.m. inv. (sanscr. *guru-*, propr. "pesante, venerabile") **1.** In India, titolo attribuito ai maestri religiosi. **2.** *estens.* Capo carismatico, padre spirituale. **3.** ABBIGL. Abito chiuso al collo, tipo casacca, con maniche lunghe, che arriva fino alle ginocchia.

gùscio s.m. [pl. –*sci*] (etim. discussa, forse dal gr. *kýstis* "vescica") **1.** Involucro esterno rigido, di struttura e origine diversa, con funzione protettiva. ~ BOT. Rivestimento esterno di alcuni semi. *Guscio di noce*. ~ Rivestimento calcareo dell'uovo degli uccelli. ◇ *fig. Stare nel proprio guscio*: chiudersi in se stessi, evitare gli altri. **2.** TECN. Struttura di rivestimento, sottile ma resistente, usata per la costruzione di veicoli, di imbarcazioni, ecc. o per la copertura di edifici.

gustàre v.tr. **1.** Assaggiare qlco., provarne il sapore. **2.** Assaporare piacevolmente cibi, bevande e aromi. *Gustare un caffè*. ~ Trovare qlco. piacevole; anche pron. *Gustare (gustarsi) un gelato*. SIN.: **apprezzare**. ◆ v.intr. (aus. *essere*) Piacere a qlcu., riuscirgli gradito. *Questo argomento mi gusta proprio*. SIN.: **garbare**.

gustativo agg. Relativo al senso del gusto. *Papille gustative*.

gùsto s.m. **1.** Senso con cui si percepiscono i sapori. **2.** Sensazione gustativa data da una sostanza. *Un gusto amaro*. SIN.: **sapore**. **3.** *estens.* Sensazione di piacere ricavata da cibi e bevande. *Mangiare di gusto*. ~ *fig.* Piacere, godimento, soddisfazione. **4.** *fig.* Desiderio improvviso. *Levarsi il gusto di dolci*. SIN.: **capriccio**. **5.** *fig.* Capacità di discernere le cose belle, senso dell'eleganza e della misura. *Vestire con gusto*. **6.** Il complesso delle preferenze, delle tendenze, degli orientamenti di un'epoca, di una scuola, di uno stile. *Gusto barocco*. **7.** *fig.* Preferenza, inclinazione soggettiva.
ENCICL. Il senso del gusto ha sede nelle papille gustative, piccole cavità situate nella regione posteriore della lingua. Sono organi microscopici contenenti le cellule sensoriali. Queste, sensibili a diverse sostanze chimiche, trasmettono le informazioni ricevute ai neuroni che, a loro volta, le trasmettono all'encefalo.

gustóso agg. **1.** Che ha gusto. *Un piatto gustoso*. SIN.: **saporito**. **2.** Divertente, che dà piacere. *Un film gustoso*. SIN.: **gradevole**.

guttapèrca s.f. [pl. –*che*] (ingl. *gutta-percha*, deriv. dal malese *jetah percah* "gomma dell'albero di percha") Sostanza gommosa e isolante, estratta dal lattice di un albero (famiglia delle Sapotacee) della Malesia.

guttazióne s.f. (ted. *Guttation*) BOT. Eliminazione di acqua, sotto forma di goccioline, delle foglie delle piante.

Guttiferàli s.f. pl. [iniziale minusc. sing. –*le* per l'individuo] BOT. Ordine di piante arboree e arbustive cui appartengono le Teacee.

Guttifere s.f. pl. [sing. –*ra* per l'individuo] BOT. Famiglia di piante dicotiledoni che comprende oltre 800 specie, utilizzate per la produzione di gomme, resine, oli, grassi, ecc.

gutturàle agg. **1.** Relativo alla gola. **2.** Di suono pronunciato in gola. *Risata gutturale*. **3.** LING. Di suono consonantico articolato all'altezza del velo palatino. ◆ s.f. Nell'accez. 3 dell'agg.

guyot s.m. inv. (dal nome di A. *Guyot*, geografo svizzero) GEOMORF. Rilievo sottomarino di origine vulcanica.

gùzla o **gùsla** s.f. (serbo-croato *gusla*) **1.** MUS. Strumento musicale simile alla viola con una sola corda. **2.** MUS. Strumento musicale diffuso presso le genti slave con cassa a forma di trapezio orizzontale simile a un violino e un numero di corde che varia da sette a tredici.

Carattere Helvetica

h s.f. o s.m. inv. **1.** Lettera dell'alfabeto latino e delle lingue che lo adottano; in italiano non ha valore fonetico ma solo ortografico. **2.** Semplice o puntata, maiuscola o minuscola, è usata in sigle o abbreviazioni con diversi valori. **3.** Simbolo usato in settori specifici. ◇ CHIM. *H:* simbolo dell'idrogeno. – METROL. *h:* simbolo dell'ora. – FIS. *H:* indica l'intensità di un campo magnetico. – GEOM. *h:* indica l'altezza. – MUS. *H:* indica il *si* naturale nella notazione anglosassone. ❑ In funzione di agg., *bomba H,* bomba termonucleare o all'idrogeno. ◇ BIOCHIM. *Vitamina H:* la biotina, vitamina antiseborroica.

habanera [/aba'nera/] s.f. [pl. *habaneras*] (voce spagn., propr. "dell'Avana", capitale di Cuba) MUS. Ballo di origine cubana di moda nel sec. XIX, con un ritmo binario e sincopato.

hàbeas còrpus loc. sost. m. inv. (solo sing.) (loc. lat., propr. "che tu abbia la tua persona") DIR. Principio che garantisce la libertà personale e tutela contro l'arresto arbitrario, stabilito nel 1679 nell'*Habeas Corpus Act* di Carlo II d'Inghilterra.

hàbitat s.m. inv. (voce lat., propr. "esso abita") L'insieme dei caratteri ambientali, climatici, geologici, geografici, ecc. che favoriscono l'insediamento di certe specie animali o vegetali. ~ *estens.* L'ambiente umano, sociale.

habitué [/abitu'e/] s.m. inv. (voce fr., deriv. di *habituer* "abituare") Frequentatore assiduo, abituale. *Habitué di un locale.*

hàbitus s.m. inv. (voce lat., propr. "aspetto", deriv. di *sē habēre* "comportarsi") **1.** BIOL. L'insieme dei caratteri che definiscono una specie animale o vegetale. **2.** *estens.* Comportamento, atteggiamento abituale. **3.** MED. Aspetto rivelatore di stati morbosi.

hacienda [/a'θjenda/] s.f. [pl. *haciendas*] (voce spagn., lat. *faciénda* propr. "cose da farsi") Nell'America latina, grande fattoria.

hacker [/'hækə/] s.m. e f. inv. (voce ingl. d'America, deriv. di *to hack* "fendere, fare breccia") INFORM. Chi si diverte ad approfondire ogni aspetto dell'informatica. (Il termine è impropriamente usato in senso pegg. per indicare un pirata informatico o *cracker*).

haddock [/'hædək/] s.m. inv. (voce ingl.) Tipo di merluzzo affumicato.

hadith s.m. inv. (voce ar. "racconto, narrazione") Tradizione canonica intorno ai detti e ai fatti di Maometto.

hahnio [/'anjo/] s.m. (solo sing.) (dal nome del fisico tedesco O. *Hahn*) CHIM. Elemento transuranico artificiale (*Ha*) ottenuto bombardando con nuclei di azoto un isotopo del californio.

haiku [/ha'iku/] s.m. inv. (voce giapp.) Breve componimento lirico tipico della tradizione giapponese, costituito da 17 sillabe; detto anche *haikai.*

hairstyle [/'hɛəsˌtaɪl/] s.m. inv. (voce ingl., propr. "modello dei capelli") Acconciatura di capelli.

haitiàno agg. Di Haiti. ◆ s.m. [f. *–na*] Nativo, abitante di Haiti.

haka s.m. inv. Canto tribale maori che i giocatori di rugby neozelandesi intonano prima di ogni incontro internazionale.

hakka s.m. inv. Dialetto cinese parlato dalla omonima popolazione montanara del Sud-Est della Cina.

half court [/'haːf 'kɔːt/] loc. sost. m. [pl. *half courts*] (loc. ingl., propr. "mezzo campo da gioco") SPORT. Campo ridotto per tennis.

halibut [/'hælibət/] s.m. inv. (voce ingl., propr. "pesce che viene consumato nei giorni di festa") ITTIOL. → **ippoglosso.**

hall [/'hɔːl/] s.f. inv. (voce ingl., "sala") Sala di grandi dimensioni che funge da ingresso. *Hall della stazione.*

Halloween [/ˌhæləʊ'iːn/] s.m. inv. (voce ingl.) Festa d'origine anglosassone, celebrata la notte fra il 31 ottobre e il 1° novembre, durante la quale i bambini, mascherati general. da fantasmi e streghe, passano di casa in casa, ricevendo dolci.

hamburger [/'hæmbəgə/] s.m. inv. (voce ingl., deriv. di *hamburger steak* "bistecca d'Amburgo") **1.** Polpetta di carne di manzo macinata, cotta general. ai ferri. **2.** *estens.* Panino imbottito con tale polpetta che si consuma nei fast food.

hammada [/am'mada/] s.m. inv. (ar. *ḥammāda*) GEOGR. Deserto roccioso, tipico del Sahara.

hammam [/am'man/] s.m. inv. (ar. *ḥammām* "bagno turco") Luogo dove si fa un bagno di vapore caldo. ~ Bagno turco.

hammerless [/'hæməlɪs/] s.m. inv. (voce ingl., "senza cane") Fucile da caccia a percussione interna.

hamster [/'hamstə/] s.m. inv. (voce ted., prob. di orig. iranica) Pelliccia di criceto.

handicap [/'hændiˌkæp/] s.m. inv. (voce ingl., dalla loc. *hand in the cap* "mano nel cappello" con riferimento a un gioco d'azzardo in cui si estraevano monete da un cappello) **1.** SPORT. Corsa ippica in cui il diverso valore dei partecipanti è pareggiato mediante accorgimenti vari. ~ *estens.* In altri sport, svantaggio iniziale imposto ai concorrenti più quotati. – Il vantaggio o lo svantaggio stessi. *Corsa a handicap.* **2.** *fig.* Svantaggio iniziale in attività e aziende. *Handicap tecnologico.* SIN.: **gap. 3.** Menomazione, congenita o acquisita, che comporta una invalidità più o meno grave. *Portatore di handicap.*

ENCICL. L'handicap può essere sensoriale (visivo, uditivo), fisico (neurologico, muscolare, ecc.), o psichico (deficienza mentale, disordine psichiatrico). Le cause sono soprattutto i traumi, le malformazioni, le anomalie genetiche, le infezioni, le malattie cardiovascolari, respiratorie o reumatiche. Poiché l'handicap comporta una condizione di inferiorità rispetto agli altri, è necessario nei confronti di chi ne è vittima, un trattamento speciale anche sotto il profilo psicoaffettivo.

handicappare [/andikap'pare/] v.tr. Mettere qlcu. in condizione di svantaggio, di inferiorità; spec. al passivo. *È stato handicappato dalla sua timidezza.*

handicappato [/andikap'pato/] agg. **1.** Che ha un handicap fisico o psichico. **2.** Che si trova in una condizione di svantaggio. ◆ s.m. [f. *–ta*] Nell'accez. 1 dell'agg. SIN.: **disabile.**

handicapper [/'hændikæpə/] s.m. inv. (voce ingl., deriv. di *to handicap* "assegnare un handicap") SPORT. Giudice incaricato di stabilire gli handicap per i concorrenti di una gara.

hangar [/ã'gar/] s.m. inv. (voce fr., prob. di orig. germanica) Capannone per il ricovero di aeromobili. SIN.: **aviorimessa.**

Hansa [/h'anza/] s.f. inv. (voce ted. "associazione") ST. Lega di città mercantili tedesche, nata nel Medioevo.

hantavìrus s.m. inv. MED. Virus responsabile di epidemie, che causa febbre, emorragie e insufficienza renale.

hanukkah [/annukk'a/] s.f. inv. (voce ebr.) Festa ebraica della consacrazione del tempio di Gerusalemme, celebrata in dicembre e della durata di otto giorni.

hàpax s.m. inv. (voce gr., deriv. di *hapax legomenon* propr. "detto una volta sola") LING. Parola o espressione che appare solo una volta in un corpus linguistico.

happening [/'hæpəniŋ/] s.m. inv. (voce ingl., deriv. di *to happen* "accadere") **1.** Spettacolo teatrale basato sull'improvvisazione e sul coinvolgimento attivo del pubblico, apparso negli anni Cinquanta negli Stati Uniti. **2.** *estens.* Avvenimento inatteso. ~ Rappresentazione collettiva estemporanea.

happy end [/'hæpi 'end/] loc. sost. m. inv. (loc. pseudoingl., propr. "lieto fine") Lieto fine, epilogo felice.

happy few [/'hæpi fjuː/] loc. sost. m. pl. (loc. ingl., "pochi lieti") Cerchia molto ristretta di persone privilegiate.

happy hour [/'hæpɪ 'auə/] loc. sost. f. inv. (loc. ingl.) Fascia oraria nella quale pub e caffè applicano sconti sulle consumazioni.

harakiri [/hara'kiri/] s.m. inv. (voce giapp. "tagliare il ventre") **1.** Forma di suicidio rituale giapponese. **2.** *fig.* Atto di autolesionismo, drastico intervento che si ritorce a danno di chi lo compie. ◇ *Fare harakiri:* condannarsi inesorabilmente da solo; suicidarsi.

hard [ˈhɑːd] agg. inv. (voce ingl.) **1.** Duro, aspro o violento (in oppos. a *soft*). **2.** *estens.* Osceno, spinto, hard-core.

hard bop [ˈhɑːd ˈbɔp/] loc. sost. m. inv. (loc. ingl., "bop duro") MUS. Corrente del jazz, nata alla fine degli anni Cinquanta come reazione al cool jazz, caratterizzata da un ritorno al blues e al gospel e da sonorità più cariche.

hard copy [ˈhɑːd ˈkɔpi/] loc. sost. f. inv. (loc. ingl., propr. "copia rigida") INFORM. Stampa del contenuto di una schermata.

hard-core [ˈhɑːdˈkɔː/] agg. inv. (voce ingl., propr. "nocciolo duro" nel l. cinematografico "molto spinto" in scene erotiche) Che pratica la pornografia, pornografico.

hardcover [ˈhɑːdˌkʌvə/] s.m. inv. (voce ingl., propr. "copertina rigida") EDIT. Volume rilegato, in edizione non economica.

hard disk [ˈhɑːd ˈdisk/] loc. sost. m. inv. (loc. ingl. "disco rigido") INFORM. Disco fisso magnetico di grande capacità, in dotazione alla maggior parte dei personal computer. (Sigla internazionale *HD*, in italiano *disco rigido.*)

hard rock [ˈhɑːd ˈrɔk/] loc. sost. m. inv. (loc. ingl. "rock duro") MUS. Rock nato negli anni Settanta, caratterizzato da una ritmica semplice e sonorità aggressive.

hard top [ˈhɑːd ˈtɔp/] loc. sost. m. inv. (loc. ingl., propr. "parte superiore rigida") Tettuccio rigido scorrevole che viene applicato sulle auto decappottabili.

hardware [ˈhɑːdˌwɛə/] s.m. inv. (voce ingl., "ferramenta" propr. "merce rigida") **1.** INFORM. I componenti elettronici, la struttura fisica e tangibile di un elaboratore (in oppos. a *software*). **2.** INDUS. Il complesso di macchinari occorrenti per un determinato tipo di lavorazione.

Hare Krishna [ˈhare ˈkriʃna/] loc. sost. m. e f. inv. (loc. sanscr., comp. di *Hare* "O Signore potente" e *Krishna* propr. "l'Infinitamente Affascinante") **1.** Setta religiosa fondata negli Stati Uniti nel 1966 da Swami Trabhupada, basata sui testi sacri indiani di cultura vedica. **2.** Chi aderisce a tale setta.

harem [aˈrɛm/] s.m. inv. (turco *harem*, ar. *ḥarām* "luogo proibito") **1.** Nel mondo musulmano, gli appartamenti delle donne. ~ *estens.* L'insieme delle donne che vi risiedono. **2.** *scherz.* L'insieme delle donne con cui un uomo intreccia relazioni contemporaneamente.

harissa s.f. inv. (voce ar.) CUC. Condimento molto piccante, a base di peperoncino e olio, tipico della cucina nordafricana.

harmattan [ar/] s.m. inv. (voce di orig. africana) METEOR. Vento dell'est, caldo e secco, che soffia sul Sahara e sull'Africa occidentale.

hashish o **hascisc** [aʃˈʃiʃ/] s.m. inv. (ar. *ḥašīš* "erba secca") Resina psicotropa estratta dalle foglie e dalle infiorescenze della canapa indiana; viene per lo più fumata.

haute couture [ˈot kuˈtyr/] loc. sost. f. inv. (loc. fr., "alta sartoria") Sartoria di lusso.

hawaiano [ava ˈjano/] agg. Delle isole Hawaii. ~ *estens.* Di indumento a colori vivaci e disegni tipici delle Hawaii. ◇ GEOL. *Eruzione hawaiana:* eruzione vulcanica caratterizzata dall'emissione di colate di lava basaltica molto fluida. ◆ s.m. [f. *-na*] Nativo, abitante delle Hawaii.

HDTV s.f. inv. Sigla dell'inglese *High Definition Television*, televisione ad alta definizione.

head hunter [ˈhɛd ˈhʌntə/] loc. sost. m. inv. (loc. ingl., propr. "cacciatori di teste") ECON. Professionista o società specializzati nella ricerca di personale altamente qualificato.

head hunting [ˈhɛd ˈhʌntɪŋ/] loc. sost. m. inv. (loc. ingl., propr. "caccia di teste") ECON. L'attività di ricerca di personale altamente qualificato svolta dall'head hunter.

heading [ˈhɛdiŋ/] s.m. inv. (voce ingl., propr. "intestazione") **1.** Testata giornalistica. **2.** SPORT. Nel gioco del calcio, colpo di testa.

headline [ˈhɛdˌlain/] s.m. inv. (voce ingl., propr. "linea di testa") Titolo di un articolo.

heavy metal [ˈhɛvi ˈmɛtəl/] loc. sost. m. inv. (loc. ingl., propr. "metallo pesante") Genere

di musica affermatosi negli anni '70-80, caratterizzato da suoni metallici e da una ritmica violenta.

helisky [/eliˈski/] s.m. inv. (comp. di ingl. *helicopter* "elicottero" e *sky* "sci") SPORT. Sci d'alta quota, raggiunta mediante elicottero.

help [ˈhɛlp/] s.m. inv. (voce ingl., "aiuto") INFORM. Comando e tasto, disponibile con i principali sistemi operativi e programmi, che attiva la consultazione di una guida all'uso degli stessi.

henné [/eˈne/] s.m. inv. (voce fr., ar. *ḥinnā*) Sostanza colorante, usata spec. per tingere capelli o tessuti, che si ricava dalle foglie di una pianta, l'*alcanna*.

henry [ˈhɛnri/] s.m. inv. (voce ingl., dal nome del fisico statunitense J. *Henry*) FIS. Unità di misura dell'induttanza elettrica (simb. *H*) che equivale a quella di un circuito chiuso nel quale una forza elettromotrice di 1 volt è prodotta quando l'energia elettrica che percorre il circuito varia uniformemente in ragione di 1 ampère per secondo.

hèrpes s.m. [pl. *herpetes*] (voce lat., gr. *hérpēs* deriv. di *hérpein* "strisciare" perché la malattia si propaga sulla pelle) MED. Malattia della pelle e delle mucose d'origine virale, caratterizzata da vescichette purpuree pruriginose. ◇ *Herpes simplex:* tipo comune di herpes che colpisce soprattutto le labbra – *Herpes zoster:* malattia virale che colpisce i nervi ed è caratterizzata dalla comparsa di vesciccole molto dolorose in corrispondenza del decorso terminale delle fibre nervose; detto anche *fuoco di Sant'Antonio.*

hertz [ˈhɛrts/] s.m. inv. (voce ted., dal nome del fisico tedesco H.R. *Hertz*) FIS. Unità di misura della frequenza (simb. *Hz*) che equivale a un ciclo al secondo.

hertziano [/ɛrˈtsjano/] agg. (dal nome di H.R. *Hertz*) FIS. Detto di onde elettromagnetiche di frequenze inferiori a quelle delle onde ottiche, come pure dei fenomeni a esse connessi.

Hevèa s.f. (voce lat., deriv. da una voce indigena dell'Ecuador) BOT. Genere di piante arboree a succo lattiginoso, a cui appartiene l'albero della gomma (*Hevea brasiliensis*) coltivato per la produzione del caucciù. (Famiglia delle Euforbiacee.)

raccolta del lattice

foglie

■ **Hevèa.** Hevea brasiliensis.

hezbollah [/ezbollˈa/] s.m. inv. (da una voce ar.) POLIT., RELIG. Estremista islamico filoiraniano.

hiàtus s.m. inv. (voce lat., "apertura") **1.** ANAT. Denominazione di taluni orifizi del corpo umano. **2.** MED. Assenza di uno o più stadi di maturazione delle cellule del sangue leucocitarie o eritrocitarie, rispettivamente in caso di leucemia o di eritremia. **3.** GEOL. In una successione di strati, lacuna nella sedimentazione.

hickory [/ˈhikori/] s.m. inv. (voce ingl. da una voce algonchina) BOT. Albero dell'America settentrionale simile al noce, il cui legno, un tempo utilizzato per la fabbricazione degli sci e delle canoe, è tuttora impiegato per le sue doti

di resistenza; è noto anche come *noce americano.* (Genere *Carya*, famiglia delle luglandacee.)

hidalgo [/iˈdalgo/] s.m. [pl. *hidalgos*] (voce spagn., propr. "figlio di una persona in vista") **1.** Appartenente alla piccola nobiltà spagnola. ~ *spreg.* Simbolo di alterigia. **2.** Moneta messicana d'argento del valore di cinque pesos, coniata nel 1951.

hi-fi [ˈhaiˈfai/] agg. (voce ingl., abbr. di *high fidelity,* propr. "alta fedeltà") Di apparecchio di registrazione ad alta fedeltà. ◆ s.f. inv. Alta fedeltà. ◆ s.m. inv. Nel sign. dell'agg.

high fashion [ˈhai ˈfæʃən/] loc. sost. f. inv. (loc. ingl.) Alta moda.

high fidelity [ˈhai fiˈdɛlɪti/] loc. sost. f. inv. (loc. ingl.) Hi-fi.

highlander [ˈhailəndə/] s.m. inv. (voce ingl., deriv. di *Highlands* "Terre alte", denominazione generica delle montagne scozzesi) **1.** (anche f.) Abitante o nativo delle Highlands, in Scozia. **2.** Soldato di un reggimento britannico reclutato fra gli scozzesi, la cui divisa ha come elemento fondamentale il tipico gonnellino scozzese.

high society [ˈhai səˈsaiəti/] loc. sost. f. inv. (loc. ingl.) Alta società, bel mondo.

high tech [ˈhai tɛk/] loc. sost. f. inv. (loc. ingl.) **1.** High technology. **2.** ARCH. Tendenza architettonica nata negli anni Settanta, contraddistinta dall'utilizzo di materiali leggeri e flessibili (acciaio e vetro), da una distribuzione non tradizionale degli ambienti e dall'importanza data alla componente tecnologica. ❑ Anche in funzione di loc. agg. inv. *Arredamento high tech.*

high technology [ˈhai tɛkˈnɔlədʒi/] loc. sost. f. inv. (loc. ingl. "alta tecnologia") Tecnologia avanzata, con riferimento al livello di sofisticazione raggiunto dall'industria elettronica applicato anche in prodotti industriali destinati a uso domestico.

hijacking [ˈhaiˌdʒækiŋ/] s.m. inv. (voce ingl., deriv. di *to hijack* "depredare") **1.** Dirottamento aereo per estorsione o ricatto, a volte di natura politica. **2.** *estens.* Sequestro illegale di un qualsiasi mezzo di trasporto.

himalaiàno o **himalayàno** agg. Relativo all'Himalaya.

hindi [ˈindi/] s.m. (solo sing.) (hindi *hindī* "indiano", di orig. persiana) Lingua ufficiale dell'Unione Indiana e la più importante tra quelle parlate in India.

hindustani [/induˈstani/] s.m. (solo sing.) (hindi *hindōstānī*) Dialetto del gruppo hindi con caratteri urdu, parlato nel Pakistan dagli indù.

hinterland [ˈhintəlant/] s.m. inv. (voce ted., propr. "regione che sta dietro") **1.** Regione alle spalle di un grande porto, dai cui traffici trae beneficio l'intera area. **2.** *estens.* Territorio che economicamente, socialmente, culturalmente è collegato a una metropoli, a un centro di cui subisce l'influenza.

hip-hop [ˈhipˌhɔp/] s.m. inv. (voce ingl. d'America) Movimento culturale sorto all'inizio degli anni Ottanta tra i giovani neri e portoricani delle grandi città americane, caratterizzato da una politica di non violenza e dalla pratica di forme d'arte urbana come i graffiti, la musica rap, la break dance.

hippy o **hippie** [ˈhipi/] agg. inv. (voce ingl. d'America) Che appartiene o si riferisce al movimento giovanile di contestazione, nato negli anni Settanta in California, che rigettava la società dei consumi, professava la non violenza, la libertà e la vita comunitaria. ◆ s.m. e f. [pl. *hippies*] Esponente del movimento hippy. ~ *estens.* Contestatore, capellone.

hiragana s.m. inv. (voce giapponese) Sillabario giapponese nella sua forma corsiva.

hit [ˈhit/] s.m. inv. (voce ingl., propr. "colpo" quindi "colpo fortunato") Successo discografico.

hit-parade [ˈhit pəˈreid/] s.f. inv. (voce ingl. "parata di successi") Graduatoria di successi discografici stabilita general. sulla base delle vendite. ~ *estens.* Classifica di personaggi o cose di successo.

HIV s.m. inv. (sigla dell'ingl. *Human Immunodeficiency Virus,* "virus dell'immunodeficienza umana") Virus responsabile dell'AIDS.

HLA s.m. inv. (sigla dell'ingl. *Human Lymphocystic Antigens*, "antigeni linfocitari umani") BIOL. L'insieme degli antigeni (analoghi ai gruppi sanguigni) che rappresentano il maggior fattore di istocompatibilità.

hobby [/'hɔbi/] s.m. inv. (voce ingl., deriv. di *hobby horse* prob. "cavallino Robin", gioco per bambini passato poi a significare "svago") Svago, passatempo cui ci si dedica con costanza e passione. ◇ *Per hobby:* per svago, per passatempo, senza scopi commerciali. *Viaggiare, scrivere per hobby.*

hòcco s.m. inv. ORNIT. Uccello diffuso in Guatemala e Messico. (Lunghezza 90 cm; genere *Crax*, famiglia dei Cracidi.)

hockey [/'hɔki/] s.m. (solo sing.) (voce ingl., fr. *hoquet* "bastone") SPORT. Gioco a squadre che consiste nel mandare una palla o un disco nella rete avversaria con mazze ricurve. ◇ *Hockey su prato:* quello giocato da due squadre di undici giocatori su un campo erboso, con una palla di sughero ricoperta di cuoio. – *Hockey su ghiaccio:* sport originario del Canada che oppone, su una pista ghiacciata, due squadre di sei giocatori muniti di pattini da ghiaccio e si gioca con un dischetto rigido. – *Hockey su pista:* quello giocato su pattini a rotelle da due squadre di cinque giocatori ciascuna.

holding [/'hɔuldiŋ/] s.f. inv. (voce ingl., deriv. di *holding company* "società finanziaria di controllo") **1.** ECON. Società finanziaria che detiene il controllo di un gruppo di aziende, attraverso il possesso diretto o indiretto di quote rilevanti dei loro pacchetti azionari. ~ *estens.* Impresa, organizzazione molto ramificata e potente. **2.** SPORT. Nel rugby, nel basket e nel football americano, presa fallosa delle braccia dell'avversario per bloccarne l'azione.

hole [/'hɔul/] s.f. [pl. *holes*] (voce ingl., propr. "buco") SPORT. Nel golf, buca. ~ Anche, punteggio ottenuto mandando la palla in buca.

hollywoodiano [/ɔllivu'djano/] agg. (ingl. *hollywoodian*) Proprio di Hollywood, celebre centro dell'industria cinematografica statunitense. ~ *estens.* Che evoca lo sfarzo artificiale di Hollywood. *Matrimonio hollywoodiano.*

hòlmio s.m. → olmio.

holter [/h'ɔultər/] s.m. o s.f. inv. (dal nome dell'inventore N. J. *Holter*) Registrazione elettro-cardiografica continua mediante apparecchio portatile. ~ *estens.* L'apparecchio stesso.

home [/'hɔum/] s.f. inv. (voce ingl., propr. "casa") **1.** SPORT. Traguardo. **2.** Nel baseball e nel softball, il punto da cui si effettuano le battute (*home base* o *casa base*). **3.** INFORM. Posizione iniziale del cursore sullo schermo.

home banking [/'hɔum 'bæŋkiŋ/] loc. sost. m. inv. (loc. ingl., comp. di *home* "casa" e *banking* "operazione bancaria") Servizio bancario che consente al cliente di controllare il proprio conto o di effettuare pagamenti da casa tramite il computer.

home computer [/'hɔum kəm'pju:tə/] loc. sost. m. inv. (loc. ingl., propr. "computer da casa") Elaboratore elettronico per uso familiare.

home design [/'hɔum di'zain/] loc. sost. m. inv. (loc. ingl., propr. "disegno della casa") Disegno architettonico e arredamento di interni.

home fitness [/'hɔum 'fitnis/] loc. sost. f. inv. (loc. ingl., propr. "buona salute in casa") Esercizio fisico praticato in casa.

homeless [/'hɔumlis/] agg. inv. (voce ingl., propr. "senza casa") Che non ha un tetto sotto cui ripararsi e vive per la strada. ◆ s.m. e f. inv. Senzatetto.

home movie [/'hɔum 'mu:vi/] loc. sost. m. inv. (loc. ingl., comp. di *home* "casa" e *movie* "film") Film girato in casa o per usi familiari.

home page [/'hɔum 'peidʒ/] loc. sost. f. inv. (loc. ingl., comp. di *home* "casa" e *page* "pagina") INFORM. In Internet, prima pagina di ipertesto di un sito web, da cui si parte per esplorarne i contenuti.

home video [/'hɔum 'vidiəu/] loc. sost. m. inv. (loc. ingl. "video da casa") **1.** Programma televisivo o film registrato su videocassetta per uso domestico. **2.** Produzione a livello industriale di videocassette per uso domestico. ~ La videocassetta così prodotta.

hòmo nòvus loc. sost. m. inv. (loc. lat., propr. "uomo nuovo") **1.** ANT. ROM. Colui che per primo in una famiglia otteneva un'alta carica pubblica. **2.** *estens.* Chi raggiunge posizioni di prestigio avendo origini familiari modeste.

hòmo sàpiens loc. sost. m. inv. (loc. lat., propr. "uomo sapiente") La specie di Ominidi comprendente l'uomo attuale.

ENCICL. *Homo sapiens* è espressione lat. che significa *uomo sapiente*, denominazione della specie umana nella classificazione di Linneo; nella filosofia di Bergson, designa l'uomo non più solo *faber*, cioè esclusivamente impegnato nella costruzione di strumenti utili alla sopravvivenza, ma giunto ormai, grazie all'intelligenza, a un soddisfacente grado di adattamento all'ambiente. A questo livello dell'evoluzione l'essere umano può cominciare a pensare liberamente, oltrepassando l'incombenza del presente. Un tale privilegio, che distingue la specie umana dagli animali e discende dalla superiorità dell'intelligenza sull'istinto, procura all'uomo disponibilità e agi sempre crescenti e lo aiuta a ritrovare l'intuizione.

honduregno [/ondu'reɲɲo/] agg. [f. –*gna*] (spagn. *hondureño*) Dell'Honduras. ◆ s.m. Nativo, abitante dell'Honduras.

honòris càusa loc. agg. inv. (loc. lat. "a motivo di onore") *Laurea honoris causa:* titolo accademico onorifico conferito ad alte personalità che si sono distinte per la loro attività scientifica, letteraria, sociale o politica. ◆ loc. avv. Nel sign. dell'agg. *Laureato honoris causa.*

honvéd s.m. (voce ungh. "difesa della Patria") Nome dato, nel 1848, agli Ungheresi organizzati militarmente per la difesa del paese.

ENCICL. Questa guardia nazionale combatté dapprima contro i Croati di Jelacic, successivamente divenne l'esercito rivoluzionario che lottò, nel 1848-1849, per salvaguardare l'indipendenza dell'Ungheria nei confronti dell'impero austriaco. Scomparsa dopo l'occupazione russa del 1849 rinacque con l'esercito autro-ungarico, nato dal compromesso del 1867. La definizione di *hoved* fu ripresa per designare gli eserciti ungheresi sorti in seguito ai trattati del Trianon (1920) e di Parigi (1947).

Hoòdia s.f. ZOOL. Genere di piante grasse dell'Africa australe, dotate di un robusto fusto ramificato, spinoso, privo di foglie, e di grandi fiori spesso solitari. (Una ventina di specie; famiglia delle Asclepiadacee.)

hook [/'huk/] s.m. inv. (voce ingl., propr. "uncino") **1.** BOXE. Colpo inferto all'avversario col braccio piegato ad angolo retto e col gomito all'altezza della spalla. SIN.: **gancio. 2.** SPORT. Nel golf e nel tennis, colpo tagliato con effetto verso sinistra.

hooligan [/'hu:ligən/] s.m. [pl. *hooligans*] (voce ingl., dal nome di una famiglia irlandese di facinorosi di fine '800) Teppista che si abbandona ad atti di violenza e di vandalismo, in partic. in occasione di partite di calcio.

hopak o **gopak** s.m. inv. Danza popolare ucraina, general. accompagnata dal canto, eseguita con effetti acrobatici, piroette e altre figure, su un ritmo binario molto vivace. (Spesso trattata dai compositori russi, tra cui Mussorgski nella *Fiera di Sorocintzy.*)

horror [/'hɔrə/] s.m. inv. (voce ingl., propr. "orrore") LETT., CINE. Genere che si basa su scene spaventose o raccapriccianti, ripugnanti.

ENCICL. Storicamente il cinema *horror* trova dei precedenti in alcune produzioni scandinave (*Il carretto fantasma*, 1920, di V. Sjöström; *Fogli del libro di Satana*, 1920; *Vampyr* di Dreyer) e in alcuni film della corrente espressionistica tedesca (*Il gabinetto del dottor Caligari*, 1919, di R. Wiene; *Golem*, 1920, di Wegener; *Nosferatu il vampiro*, 1922, di Murnau; *Il gabinetto delle figure di cera*, 1924, di Leni). All'inizio degli anni Trenta il genere fu adottato a Hollywood, ove si erano trasferiti molti dei registi scandinavi e tedeschi (il cui unico prodotto fu però *Il gatto e il canarino*, 1927, di Leni). Maestro dell'*horror* negli Stati Uniti divenne il regista Tod Browning, che, nel 1930, filmò la versione teatrale di *Dracula*, utilizzando un attore ungherese di nome Béla Lugosi: fu il successo e l'inizio di un fortunatissimo filone. Nel 1931 James Whale diresse una versione di *Frankenstein* molto simile al *Golem* di Wegener e la Universal, che l'aveva prodotto, ne cominciò una lunga serie. Nel 1932 Boris Karloff interpretò *La mummia* e Claude Rains *L'uomo invisibile*: ambedue i personaggi furono subito adottati fra i protagonisti tipici dell'*horror-movie*. Nel 1935 Stuart Walker diresse *Il segreto del Ti-*

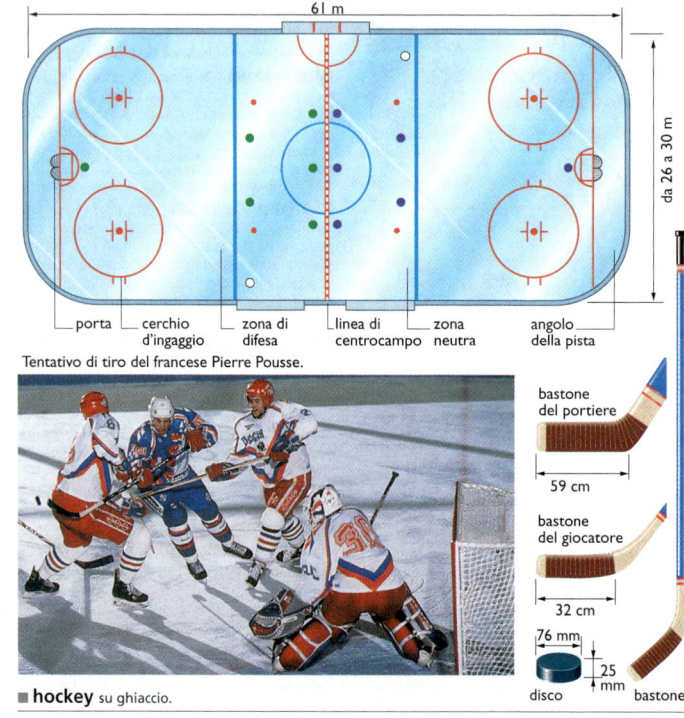

porta — cerchio d'ingaggio — zona di difesa — linea di centrocampo — zona neutra — angolo della pista

61 m

da 26 a 30 m

Tentativo di tiro del francese Pierre Pousse.

bastone del portiere

59 cm

bastone del giocatore

32 cm

76 mm

25 mm

disco

bastone

■ **hockey** su ghiaccio.

bet, incentrato sul personaggio di un lupo mannaro, cui seguì nel 1940 *L'uomo lupo*, che portò al grande successo come interprete *horror* Lon Chaney. Nel 1945, in America, questi personaggi, visti come superati, venivano ormai presentati tutti insieme in ogni film, o messi a confronto con personaggi comici come Gianni e Pinotto. Nel frattempo però cominciavano a imporsi altri filoni, anticipati da sapienti misture di elementi sgradevoli quali *Il castello maledetto* (1932) di Whale, *L'isola del dottor Moreau* (1932), *La maschera di cera* (1933) e *Dottor Cyclopis* (1940). Nei primi anni Quaranta la Universal aveva cominciato un'infinita serie antologica dell'*horror* sotto il titolo *Inner Sanctum*, e più tardi tentò senza successo di aggiungere un altro interessante mostro alla sua ricca galleria con *Il mostro della Laguna nera* (1954). Sicuramente, tuttavia, il più significativo ampliamento del genere fu il piccolo gruppo di *thrillers* ricchi di atmosfera prodotti da Val Lewton per la RKO dal 1942 al 1945. I migliori tra i film di Lewton furono *Il bacio della pantera* (1942), *Ho camminato con uno zombie* (1943) e *La iena* (1945). Dopo la guerra, fino all'avvento della fantascienza, nel 1950, si sentì poco parlare di cinema dell'orrore. Negli anni Cinquanta, si imposero sugli schermi molti visitatori diabolici provenienti da altri pianeti (*La cosa di un altro mondo*, 1951; *L'invasione degli ultracorpi*, 1956), mutanti (*L'esperimento del dottor K*, 1958), molti robots (*Ultimatum alla terra*, 1951; *Il pianeta proibito*, 1956) e spaventosi insetti giganti (*Assalto alla Terra*, 1954; *Tarantola*, 1955). Sempre negli anni Cinquanta il genere *horror* si diffuse nel mondo e cominciarono le prime produzioni giapponesi (*Godzilla*, 1954, di Inoshiro Honda), italiane (*I Vampiri*, 1956; *La maschera del demonio*, 1960; *L'orribile segreto del dottor Hichcock*, 1962, di Riccardo Freda; *I tre volti della paura*, 1963, di Mario Bava) e inglesi (*La maschera di Frankenstein*, 1957; *Dracula il vampiro*, 1958, di Terence Fisher). Negli anni Sessanta e Settanta l'*horror* era ormai un genere molto affermato, tanto da attrarre anche grandi registi come George Franju (*Occhi senza volto*, 1959), Alfred Hitchcock (*Psycho*, 1960), Federico Fellini (*Toby Dammit*, 1967), Roman Polanski (*Per favore non mordermi sul collo*, 1967, e *Rosemary's baby*, 1968), Louis Malle (*La palude della morte*, 1971), Pupi Avati all'italiana, Dario Argento (*Suspiria*, 1977; *Tenebrae*, 1982; *Phenomena*, 1984; *Trauma*, 1992). Sempre più amato, specie dai più giovani, il genere *horror* ha continuato a riscuotere grande

successo negli anni Novanta, tanto da richiedere la continuazione di diverse serie, a cominciare da *Nightmare* (il primo del 1987), il cui protagonista Krueger è un orribile mostro umano dagli uncini affilati, fino a *Hellraiser* (il primo del 1987), gioco di fantasia morbosa, o a *La casa* (il primo del 1982), tipico film splatter. È del 1991 *Il silenzio degli innocenti*, un memorabile e inquietante thriller di Jonathan Demme con Jodie Foster e Antony Hopkins, vincitore di 5 premi Oscar, mentre con *La vera storia di Jack lo squartatore* (2001) derivato da un romanzo a fumetti *Melodramma in 16 parti*, si realizza uno dei film fantastici più significativi a cavallo tra i due secoli. I film tradizionali come vampiri, zombies e lupi mannari sono sempre in auge, ma, in parallelo, si è andato affermando il consistente insinuarsi del genere in pellicole di diversa origine.

horst [/'hɔrst/] s.m. inv. (voce ted. "pilastro") GEOL. Zona della crosta terrestre sollevata rispetto alle zone circostanti, dalle quali è separata da faglie.

hostess [/'həʊstɪs/] s.f. inv. (voce ingl., fr. *hostesse* "ostessa, che dà ospitalità") Assistente femminile dei passeggeri sugli aerei di linea o guida e interprete donna nelle gite turistiche. ~ Addetta alle informazioni in congressi e fiere.

hosting [/'həʊstɪŋ/] s.m. inv. (voce ingl.) INFORM. Affitto dello spazio necessario per pubblicare pagine web e così renderle accessibili agli utenti.

hot [/'hɔt/] agg. inv. (voce ingl., propr. "caldo") Scottante, che desta scalpore. SIN: **scandaloso**. ◆ s.m. inv. Hot jazz.

hot dog [/'hɔt 'dɔg/] loc. sost. m. inv. (loc. ingl., propr. "cane caldo") **1.** Panino di forma allungata farcito con un wurstel bollente, cosparso di senape. **2.** SPORT. Stile di sci acrobatico.

hotel [/o'tɛl/] s.m. inv. (fr. *hôtel*, lat. *hospitāle* "per gli ospiti") Albergo, spec. nella denominazione di molti esercizi pubblici.

hot jazz [/'hɔt 'dʒæz/] loc. sost. m. inv. (loc. ingl., propr. "jazz caldo") Stile di musica jazz caratterizzato da improvvisazione, ritmo e intensa espressività.

hot line [/'hɔt 'lain/] loc. sost. f. inv. (loc. ingl., propr. "linea calda") **1.** Linea telefonica diretta tra i governi USA e URSS, istituita ai tempi della guerra fredda. ~ *estens.* Collegamento telefonico per comunicazioni urgenti. **2.** Linea telefonica per conversazioni erotiche.

hot money [/'hɔt 'mʌnɪ/] loc. sost. m. inv. (loc. ingl., propr. "denaro che scotta") ECON. Denaro investito in impieghi a brevissima scadenza, che viene spostato sui mercati finanziari con grande rapidità.

house music [/'haʊs 'mjuːzɪk/] loc. sost. f. inv. (loc. ingl., propr. "musica da casa") Tipo di

musica moderna da ballare in discoteca a volume molto forte, caratterizzata dal ritmo veloce e da un motivo di base che si ripete in maniera ossessiva, senza variazioni.

house organ [/'haʊs 'ɔːgən/] loc. sost. m. inv. (loc. ingl., propr. "giornale dell'azienda") Giornale aziendale che viene distribuito gratuitamente dall'azienda ai propri dipendenti.

hovercraft [/'hɒvə,krɑːft/] s.m. [pl. *hovercrafts*] (voce ingl., comp. di *to hover* "librarsi" e *craft* "imbarcazione") MAR. Veicolo anfibio a motore che si muove a notevole velocità, sospeso su un cuscino d'aria.

HTML s.m. inv. (sigla dell'ingl. *HyperText Markup Language* "linguaggio a marcatori per ipertesti") INFORM. Linguaggio software usato per realizzare i documenti accessibili tramite web.

hub [/'hʌb/] s.m. inv. (voce ingl., propr. "centro") **1.** INFORM. Dispositivo per connettere più elaboratori a una rete e più reti fra loro. **2.** AER. Aeroporto intercontinentale, importante nodo del traffico aereo di un paese.

hula [/'ula/] s.f. inv. (voce hawaiana) Ballo polinesiano al ritmo di tamburi.

hula hoop [/'hu(ː)lə 'huːp/] loc. sost. m. inv. (loc. ingl., propr. "cerchio per la hula") Largo cerchio di gomma o plastica colorata che i danzatori fanno girare attorno alla vita dimenando i fianchi. ~ *estens.* Il ballo così eseguito.

hully gully [/'hʌli 'gʌli/] loc. sost. m. inv. (loc. ingl. forse di orig. caraibica) Ballo simile alla samba, originario del Sud degli Stati Uniti, creato dai neri d'America.

hùmico agg. → umico.

humour [/'hjuːmə/] s.m. inv. (voce ingl., fr. *humor* "umore") Senso dell'umorismo.

hùmus s.f. o s.m. (solo sing.) (voce lat., propr. "suolo") **1.** Terreno molto fertile, contenente sostanze organiche formatesi in seguito alla decomposizione di animali o vegetali. **2.** *fig.* Complesso di fattori culturali, spirituali, ecc. da cui qlco. può trarre origine. SIN: **sostrato**.

hunter [/'hʌntə/] s.m. inv. (voce ingl., propr. "cacciatore") Razza di cavalli da sella di origine irlandese, adatti al salto e alla caccia.

huroniàno o **uroniàno** agg. (ingl. *huronian*, dal nome del lago *Huron*) GEOL. Relativo al secondo periodo dell'archeano. ◆ s.m. (solo sing.) Nel sign. dell'agg.

husky [/'ʌski/] s.m. inv. (voce ingl., deriv. di *eskimo* "eschimese") **1.** Razza di cani da slitta originari della Siberia. **2.** ABBIGL. Giacca a vento imbottita che consente un completo isolamento dal freddo.

Carattere Italia

i s.f. o s.m. inv. **1.** Lettera dell'alfabeto latino e delle lingue che lo adottano; in italiano rappresenta la vocale palatale di massima chiusura (*ira, così*), la corrispondente semivocale, nei dittonghi discendenti o dopo altra vocale tonica (*faida, mai*), la semiconsonante nei dittonghi ascendenti e nei trittonghi (*ieri, aiuto*). ◇ *fig. Mettere i puntini sulle i*: spiegarsi in modo chiaro e preciso per evitare ambiguità. **2.** Semplice o puntata, maiuscola o minuscola, è usata in sigle o abbreviazioni con diversi valori. **3.** Simbolo usato in settori specifici. ◇ CHIM. *I*: simbolo dello iodio. – FIS. Indica il momento di inerzia, l'intensità di un'onda o di una corrente elettrica. – ALG. Segno di insieme. – Nella numerazione romana equivale a 1.

iaboràndi s.m. inv. Arbusto aromatico dell'America tropicale, da cui si estrae la pilocarpina. (Genere *Pilocarpo*; famiglia delle Rutacee.)

ialino agg. **1.** MIN. Di minerale che ha l'aspetto del vetro, incolore, trasparente. ◇ *Quarzo ialino*: *cristallo di rocca. **2.** Di organo che ha consistenza vetrosa. ◇ BIOL. *Cartilagine ialina*: priva di fibre elastiche e ricca di tessuto intercellulare. – MED. *Degenerazione ialina*: acquisizione, da parte dei tessuti, di un aspetto vitreo.

ialite s.f. **1.** MIN. Opale di una varietà traslucida e incolore. **2.** Varietà di vetro duro, simile al marmo, usata per rivestimenti.

ialografia s.f. Tecnica, non più in uso, di incisione del vetro per la ialotipia.

ialoplàsma s.m. [pl. –*smi*] BIOL. CELL. Parte del citoplasma in cui sono immersi gli organuli cellulari; detta anche *citoplasma fondamentale*. SIN.: **protoplasma**.

ialotipìa s.f. Procedimento di stampa mediante lastre di zinco su cui sono riportate incisioni fatte su lastre di vetro.

iamatologìa o **yamatologìa** s.f. (deriv. di giapp. *Yamato* "Giappone", propr. nome della regione giapponese dove risiedeva l'imperatore) Disciplina che studia la civiltà e la cultura giapponese.

iarovizzazióne s.f. (deriv. di russo *jarovoj* "primavera") AGR. → **vernalizzazione**.

iatàle agg. **1.** LING. Di pronuncia e sillabazione caratterizzata da iato. **2.** ANAT. Relativo a uno degli iati della struttura anatomica, tipicamente quello esofageo. *Ernia iatale*.

iàto s.m. (lat. *hiātum*, propr. "apertura") **1.** LING. Sequenza di due vocali che appartengono a due sillabe distinte e non costituiscono dittongo (*poeta, via*). **2.** *fig.* Mancanza di continuità, stacco in una sequenza. SIN.: **interruzione**. **3.** ANAT. Denominazione di alcuni orifizi nei tessuti attraverso i quali passano vasi o altri condotti. *Iato esofageo*.

iatrògeno agg. MED. Di un disordine, di una malattia causati da una cura medica. *Malattia iatrogena*.

iattànza s.f. (lat. *iactāntiam*, deriv. di *iactāre* "vantare") Atteggiamento arrogante volto a mostrare la propria superiorità, il proprio potere. SIN.: **tracotanza**.

ibèrico agg. [pl.m. –*ci*, f. –*che*] (lat. *Ibēricum*, gr. *Ibērikós* "dell'Iberia", prob. dal nome del fiume *Íbēr* "Ebro") Degli Iberi, antico popolo stanziato nella penisola oggi suddivisa negli Stati di Spagna e Portogallo. ~ *estens*. Della penisola iberica, in partic. della Spagna. ◆ s.m. [f. –*ca*] **1.** (al pl. anche con iniziale maiusc.) Chi apparteneva all'antica popolazione degli Iberi. **2.** Nativo, abitante della penisola iberica, spagnolo o portoghese. **3.** (m. solo sing.) Insieme delle antiche lingue parlate dagli Iberi.

iberismo s.m. LING. Espressione propria di una lingua iberica ed entrata a far parte di un'altra lingua.

ibernànte agg. **1.** ZOOL. Di animale che trascorre l'inverno in letargo. **2.** BOT. Di gemma che, formatasi in primavera, rimane tutto l'inverno chiusa in un involucro protettivo per sbocciare nella primavera successiva; detta anche *svernante*.

ibernàre v.tr. (lat. *hibernāre* "svernare") MED. Sottoporre il corpo umano a trattamenti che determinano l'abbassamento della temperatura allo scopo di permettere particolari interventi chirurgici. ◆ v.intr. (aus. *avere*) **1.** ZOOL. Passare l'inverno in letargo. **2.** BOT. Detto di gemme, passare l'inverno in uno stato di vita latente per poi sbocciare a primavera.

ibernazióne s.f. **1.** Stato letargico, dovuto a un abbassamento della temperatura corporea, nel quale alcuni mammiferi (marmotta, ghiro, pipistrello) trascorrono l'inverno (in oppos. a *estivazione*). SIN.: **letargo**. **2.** MED. *Ibernazione artificiale*: abbassamento della temperatura corporea con conseguente rallentamento del metabolismo, che si pratica durante gli interventi chirurgici di notevole durata. SIN.: **ipotermia**. **3.** *fig.* Congelamento di un'azione. **4.** Esposizione dell'argilla all'azione degli agenti atmosferici per uno o più inverni perché disgregandosi si liberi dalle impurità e acquisti maggiore plasticità.

ibìdem avv. (voce lat.) Nello stesso luogo, usato nelle citazioni, negli indici e nelle indicazioni bibliografiche.

ibis s.m. inv. (di orig. egiziana) **1.** Uccello trampoliere con becco lungo e ricurvo. (*L'ibis sacro*, così detto perché gli antichi Egizi lo veneravano come incarnazione del dio Thot, è di grandi dimensioni, con becco molto lungo e piume bianche a eccezione della punta delle ali nera, collo e capo neri e nudi; famiglia dei Treschiornitidi.) **2.** ZOOL. (iniziale maiusc.) Genere di uccelli, detti comunemente *tantali*. (Famiglia dei Ciconidi.)

ibìsco s.m. [pl. –*schi*] **1.** Pianta arbustiva o arborea diffusa nelle regioni temperate e calde, con fiori a campanula bianchi o vivacemente colorati, coltivata a scopo ornamentale. (Famiglia delle Malvacee.) **2.** BOT. (iniziale maiusc.) Genere di piante a cui appartengono varie specie di ibischi.

ibridàre v.tr. BIOL. Incrociare un animale o una pianta con elementi di razza o specie differenti, per ottenere una nuova varietà.

ibridìsmo s.m. **1.** GENET. Condizione propria di un individuo animale o vegetale ibrido. (Si distingue il *monoibridismo*, trasmissione di un solo carattere, e il *diibridismo*, trasmissione simultanea di due caratteri.) ~ Insieme dei fenomeni biologici che la determinano. **2.** *fig.* Commistione di elementi disparati, non armonizzati tra loro. *Ibridismo culturale*. SIN.: **eclettismo**.

ibrido agg. (lat. *hỳbridam* "di sangue misto") **1.** Di animale o pianta nata dall'incrocio di razze diverse della stessa specie. ~ GENET. Eterozigote. **2.** *fig.* Costituito da elementi di natura diversa. SIN.: **eterogeneo**. ◇ INFORM. *Calcolatore ibrido*: che elabora dati in forma sia analogica sia digitale. **3.** CHIM., FIS. Riferito a orbitale prodotto per combinazione di orbitali atomici puri. ◆ s.m. **1.** [f. –*da*] Nell'accez. 1 dell'agg. SIN.: **incrocio**. **2.** Nell'accez. 2 dell'agg. SIN.: **mescolanza**.

ibridòma s.m. [pl. –*mi*] BIOL. Cellula che è in grado di elaborare anticorpi specifici, creata in vitro mediante la fusione di due cellule.

icàstico agg. [pl.m. –*ci*, f. –*che*] (gr. *eikastikós*, deriv. di *eikázein* "rappresentare") **1.** Che ritrae la realtà in immagini. *Arte icastica*. **2.** *estens*. Caratterizzato da particolare evidenza ed essenzialità, incisivo, efficace. *Stile icastico*.

iceberg [/'aisbɔːg/] s.m. inv. (voce ingl., calco del neerlandese *ijsberg* "monte di ghiaccio") Blocco di ghiaccio di grandi dimensioni che galleggia sulla superficie del mare. (La parte emer-

■ **ìbis** sacro.

sa rappresenta soltanto un quinto dell'altezza totale dell'iceberg.) ◊ *Punta dell'iceberg:* parte superiore emersa; *fig.* quanto affiora, spesso la minor parte di un problema o di un fenomeno sociale.

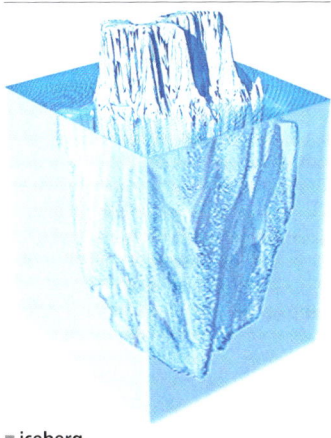

■ **iceberg**

ICI s.f. inv. (sigla di *Imposta Comunale sugli Immobili*) Imposta diretta applicata al patrimonio immobiliare e riscossa dai comuni.

ICIAP s.f. inv. Sigla di *Imposta Comunale per l'esercizio d"Impresa, Arte e Professione.*

Icnèumone s.m. (lat. *ichneumŏnem*, gr. *ikhnéumōn* propr. "che segue le tracce" con riferimento all'abitudine di seguire le orme dei coccodrilli per mangiarne le uova) ZOOL. Genere di carnivori diffusi in Africa comprendente un'unica specie detta *mangusta dalla coda bianca.* (Generi *Herpestes* e *Ichneumia;* famiglia dei Viverridi.)

Icneumònidi s.m. pl. [iniziale minusc. sing. –*de* per l'individuo] ZOOL. Famiglia di insetti con corpo allungato, antenne sottili e livree scure o vivacemente colorate. (Ordine degli Imenotteri.)

icnografìa s.f. (gr. *ikhnographía*, comp. di *íkhnos* "orma" e *gráphein* "disegnare") ARCH. Rappresentazione grafica, in proiezione ortogonale, della sezione orizzontale di un edificio. SIN.: **pianta.**

icnologìa s.f. Scienza che studia le impronte dei fossili.

icòna s.f. (lat. *icŏnam*, gr. *eikōn* "immagine") **1.** Opera pittorica propria dell'arte bizantina, raffigurante la Vergine o i santi con il volto e le mani dipinte e le vesti e l'aureola in oro o in argento lavorati. **2.** *estens.* Qualsiasi effige sacra. **3.** In semiologia, rappresentazione simbolica della realtà. **4.** INFORM. Immagine che rappresenta simbolicamente un programma, un comando o un file di dati.

icònico agg. [pl.m. –*ci,* f. –*che*] **1.** Che concerne l'immagine, che rappresenta per mezzo di immagini realistiche. SIN.: **figurativo.** ~ Detto in partic. di immagine antropomorfica della divinità. **2.** *Segno iconico:* in semiologia, che riproduce qualche caratteristica di ciò che denota.

icòno- Primo elemento di composti dotti nei quali significa "immagine, ritratto" (*iconologia, iconoscopio*) o, in parole derivate dal greco bizantino, "immagine sacra" (*iconodulia*).

iconoclàsta s.m. e f. [pl.m. –*sti*] (gr. *eikonoklástēs,* comp. di *eikōn* "immagine" e un deriv. di *klán* "rompere") **1.** Sostenitore dell'iconoclastia. **2.** *fig.* Chi esercita una critica sovversiva nei confronti dei valori tradizionali. □ In funzione di agg., attinente all'iconoclastia e agli iconoclasti.

iconoclastìa s.f. **1.** Dottrina ereticale, sviluppatasi in seno alla Chiesa orientale nel sec. VIII, che contestava l'uso delle immagini sacre e ne propugnava la distruzione. (Proclamata dottrina ufficiale dall'imperatore Leone III l'Isaurico, l'iconoclastia fu respinta dall'imperatrice Teodora nell'843.) **2.** *fig.* Critica intransigente e

distruttiva nei confronti di principi, idee, ideologie, dottrine su cui si regge la società.

iconografìa s.f. (gr. *eikonographía,* comp. di *eikōn* "immagine" e *gráphein* "disegnare") **1.** Disciplina che studia le immagini figurate come documento di una cultura anziché come fatto stilistico. **2.** L'insieme delle opere d'arte che si riferiscono al medesimo soggetto o a un determinato periodo. **3.** Insieme delle illustrazioni che completano una pubblicazione.

iconogràfico agg. [pl.m. –*ci,* f. –*che*] Relativo all'iconografia.

iconògrafo s.m. [f. –*fa*] **1.** Studioso di iconografia. **2.** Autore di opere basate sull'iconografia. **3.** Tecnico editoriale specializzato nella scelta delle immagini con cui illustrare un testo.

iconolatrìa s.f. Adorazione di immagini sacre.

iconologìa s.f. (gr. *eikonología* "linguaggio figurato") **1.** Interpretazione dei simboli presenti in determinate creazioni artistiche. **2.** Studio interpretativo che tende a cogliere il valore estetico dell'opera d'arte.

iconoscòpio s.m. [pl. –*pi*] TV. Tubo elettronico che trasforma un'immagine luminosa in segnali elettrici.

iconòstasi s.f. inv. (gr. *eikonóstasis,* comp. di *eikōn* "immagine" e *stásis* "collocamento") ARCH. Nelle basiliche cristiane, tramezzo che separa il presblterlo dalle navate, destinato all'esposizione delle immagini devozionali.

■ **iconòstasi.** Parte centrale di una iconostasi in legno scolpito e dorato; sec. XVIII.
(Chiesa della Trasfigurazione, isola di Kiji, Carelia.)

icóre o **icore** s.m. **1.** MIT. GR. Sangue incolore degli dei. **2.** MED. Nell'antica terminologia medica, liquido prodotto dai tessuti cancrenosi.

icosaèdro s.m. GEOM. Poliedro a venti facce. ◊ *Icosaedro regolare:* che ha per facce venti triangoli equilateri isometrici.

ictus s.m. inv. (voce lat., propr. "colpo") **1.** METR. Arsi nel piede. ~ Accento metrico. **2.** MED. Manifestazione acuta di una patologia, spec. localizzata nel cervello. ◊ *Ictus cerebrale* → **apoplessia**.

idàlgo s.m. [pl. –*ghi*] **1.** Titolo nobiliare spagnolo. **2.** *estens.* Gentiluomo spagnolo.

idàtide s.f. (gr. *hydatís,* deriv. di *hýdōr* "acqua") **1.** ZOOL. Larva cistica della tenia echinococco, che si riproduce in alcuni organi di mammiferi e, nell'uomo, soprattutto nel fegato. **2.** ANAT. Ogni formazione cistica, anche di natura patologica.

idèa s.f. (gr. *idéa,* deriv. di *idêin* "vedere") **1.** Ciò che di più astratto ed essenziale può essere concepito dalla mente umana. **2.** Rappresentazione mentale di qlco., concreto o astratto. *Idea di natura.* ~ Concetto informatore di una particolare visione del mondo. SIN.: **concezione.** ~ Pensiero, convinzione intesa come aspirazione ad affermare tale concetto e visione del mondo in sede storica e pratica. *Combattere per un'idea.* **3.** Convincimento intellettuale o morale. SIN.: **opinione.** ◊ *Idee chiare e distinte:* secondo Cartesio, le idee stesse, ognuna così precisa da diversificarsi dalle altre. **4.** Elaborazione originale del

pensiero, ispirazione artistica, spunto. **5.** Risultato teorico di un processo inventivo, creativo. *Idea geniale.* SIN.: **intuizione.** ~ Ispirazione, suggerimento. *L'idea del film gli è venuta da un fatto di cronaca.* **6.** *estens.* Pensiero inusuale oppure argomentazione di un'ingegnosità furbesca. *Che idea andare ad abitare in un posto così solitario!* SIN.: **pensata. 7.** Immaginazione di una realtà possibile o futura. SIN.: **prospettiva.** ◊ *Neanche per idea:* assolutamente no. ~ *fam. Avere idea che:* sospettare. **8.** Intenzione, progetto, proposito; iniziativa. *Avrei una mezza idea di andarmene.* **9.** Rappresentazione mentale priva di qualsiasi connessione con la realtà, supposizione infondata. SIN.: **fissazione. 10.** Conoscenza vaga, approssimativa, nozione elementare, sommaria di qlco. *Mi sono fatto un'idea del problema.* **11.** *fam.* Quantità minima di qlco. SIN.: **pizzico.**

ideàle agg. **1.** Che esiste sul piano delle idee e non nella realtà. *Mondo ideale.* SIN.: **astratto. 2.** Immaginario, fantastico. **3.** Che è connesso, legato a un'idea, a valori spirituali, etici (in oppos. a *materiale*). **4.** Che risponde a un modello di perfezione. SIN.: **perfetto.** ~ Che è il migliore possibile. *È il momento ideale per vendere.* ◆ s.m. **1.** (solo sing.) Ciò che esiste solo nel pensiero. **2.** Idea cui si crede come supremo valore e che si cerca di realizzare. *Ideali politici.* ~ *estens.* Suprema aspirazione, sogno. **3.** Modello di perfezione assoluta, che risponde alle esigenze estetiche, morali, intellettuali di una tendenza, di un gruppo, ecc. *L'ideale di bellezza oggi di moda.* ~ La cosa migliore, il massimo. *L'ideale sarebbe un lavoro fisso.* **4.** ALG. *Ideale di un anello unitario* (A, +, ·): è il sottogruppo additivo *I* di un anello commutativo *A* tale che, per ogni elemento *x* di *A* e *y* di *I,* il prodotto *x · y* appartiene a *I.*

idealìsmo s.m. (fr. *idéalisme*) **1.** FILOS. Ogni sistema filosofico in cui si afferma l'identità tra pensiero e realtà. **2.** Tendenza a giudicare la realtà secondo i propri ideali. ~ Mancanza di concretezza. **3.** Preminenza assegnata ai valori più alti dell'uomo. ~ Atteggiamento, comportamento disinteressato.

idealìsta s.m. e f. [pl.m. –*sti*] (fr. *idéaliste*) **1.** FILOS. Seguace dell'idealismo. **2.** Chi giudica la realtà attraverso l'idea che se n'è fatto e non per quello che effettivamente è. **3.** Chi ha fede nei propri ideali e si comporta di conseguenza.

idealìstico agg. [pl.m. –*ci,* f. –*che*] **1.** FILOS. Relativo all'idealismo e agli idealisti. *Corrente idealìstica.* **2.** Che non corrisponde alla realtà effettuale ma al suo modello astratto. *Visione idealistica della società.*

idealità s.f. inv. **1.** Tensione a elevarsi intellettualmente e spiritualmente al di sopra della realtà contingente. SIN.: **spiritualità. 2.** Valore, principio che si assume come scopo e guida della propria vita. SIN.: **ideale.**

idealizzàre v.tr. Concepire una realtà secondo principi o ideali, trasfigurandola col pensiero. SIN.: **mitizzare.**

idealizzazióne s.f. Assimilazione di qlcu. o di qlco. a un modello di perfezione che può esistere solo nella mente dell'uomo. ~ Trasfigurazione mentale. *Idealizzazione della donna nella poesia cortese.*

idealménte avv. Sul piano delle idee, teoricamente.

ideàre v.tr. **1.** Concepire qlco. con la mente o con la fantasia, prima di metterlo in pratica. SIN.: **inventare. 2.** Progettare, proporsi qlco. *Ideare un viaggio.*

ideatóre s.m. [f. –*trice*] Chi ha, chi formula una nuova idea, un progetto, un piano.

ideazióne s.f. **1.** Concepimento di un'idea, del nucleo teorico di qlco. che poi dovrà essere tradotto in pratica. **2.** PSICOL. Formazione e concatenazione delle idee.

idem pron. dimostr. inv. (voce lat.) Stesso, medesimo. ◆ avv. *fam.* Allo stesso modo.

idempotènte agg. ALG. *Elemento idempotente:* di un elemento *a,* appartenente a un insieme in cui è definita un'operazione di prodotto (p.e. gruppi o anelli), tale che *a · a = a.*

idèntico agg. [pl.m. –*ci,* f. –*che*] **1.** Che può identificarsi con altra persona o cosa somigliandole in tutto e per tutto. ~ *estens.* Molto simile o somigliante. *In sostanza è la stessa identica co-*

sa. **2.** MAT. *Funzione identica:* quella che trasforma ogni elemento in se stesso.

identificàbile agg. **1.** Che può essere riconosciuto. **2.** Che può essere considerato uguale ad altra persona o cosa. *La tua responsabilità è identificabile con la sua.*

identificàre v.tr. [4] **1.** Riconoscere, considerare due o più cose come identiche. *Identificare due teorie.* **2.** Individuare il motivo, la causa di un fatto. *Identificare le cause dell'incidente.* **3.** Stabilire l'identità di qlcu. ~ Individuare qlcu., in quanto responsabile di un fatto. *La polizia ha identificato il colpevole.* ◆ **identificarsi** v.pron. **1.** Sentire e considerare se stessi tutt'uno con un altro. SIN.: **immedesimarsi**. **2.** Detto di due o più elementi, essere simili o identici l'uno all'altro. SIN.: **coincidere**.

identificatìvo agg. Che riguarda l'identificazione.

identificatóre s.m. **1.** INFORM. Simbolo utilizzato in programmazione per designare una variabile o una funzione. ~ Qualunque nome dato dal programmatore agli elementi di un programma. **2.** TELECOM. Dispositivo che consente la teleselezione attraverso il riconoscimento del prefisso.

identificazióne s.f. **1.** Coincidenza di concetti o di entità reali. *L'identificazione del pensiero e dell'essere.* **2.** Riconoscimento della natura di qlco., dell'identità di qlcu. ◇ DIR. *Identificazione personale:* esame delle sembianze (*identificazione fisica*) e delle generalità del testimone, dell'indagato o dell'imputato al fine di accertarne l'identità. **3.** Processo per cui una persona si dà l'identità di un'altra. SIN.: **immedesimazione**. ~ PSICOAN. Processo per cui un individuo tende a identificarsi con un'altra persona, reale o fittizia. (Tale processo può costruirsi anche attraverso identificazioni multiple.)

identikit [/ai'dɛntikit/] s.m. inv. (voce ingl., propr. "attrezzatura per l'identificazione") **1.** Procedimento di identificazione di una persona, consistente nella ricostruzione dei suoi tratti somatici sulla base delle dichiarazioni di testimoni. ~ *estens.* L'immagine così ottenuta. **2.** *fig.* Immagine tipica, rappresentativa di una categoria di persone. *Il romanzo delinea l'identikit della gioventù emarginata.* SIN.: **ritratto**.

identità s.f. inv. **1.** Rapporto di un'entità con un'altra, tale per cui l'una è l'altra. *Identità di Padre, Figlio e Spirito Santo nel mistero della Trinità.* ~ Assoluta uguaglianza. *L'identità di due immagini.* ◇ LOG. *Principio di identità:* principio secondo il quale ogni cosa è identica a se stessa (*A è A*). **2.** ALG. Uguaglianza che sussiste qualunque sia il valore delle variabili che in essa compaiono. **3.** *fig.* Complesso di caratteri che determinano la specificità di cose o individui distinguendoli da tutti gli altri. ~ Insieme dei dati (nome, cognome, data e luogo di nascita, ecc.) che permettono di identificare qlcu. **4.** *estens.* Consapevolezza di sé come individuo. ~ Quanto di più autentico e specifico c'è nei gusti, negli interessi, nelle aspirazioni individuali. ◇ *Crisi d'identità:* stato conflittuale che determina l'affievolimento del senso della continuità del proprio io. – PSICOL. *Identità culturale:* senso di appartenenza a un certo gruppo sociale che porta ad adottare comportamenti specifici. – *Identità sessuale:* consapevolezza e percezione del proprio sesso.

idèo- Primo elemento di composti nei quali significa "idea" o indica relazione con le idee o le ideologie (*ideografia*, *ideologo*).

ideografìa s.f. Rappresentazione grafica delle idee mediante simboli. ~ In partic., sistema di scrittura in cui vengono rappresentati simbolicamente i contenuti concettuali della comunicazione (diversamente dalla scrittura alfabetica basata sull'indicazione dei suoni di una lingua).

ideogràfico agg. [pl.m. *-ci*, f. *-che*] Basato sull'ideografia, sugli ideogrammi.

ideogràmma s.m. [pl. *-mi*] **1.** LING. Simbolo grafico che rappresenta un concetto, non un valore fonetico (in oppos. a *fonogramma*). **2.** STAT. Rappresentazione di dati mediante immagini figurative le cui dimensioni e il cui numero sono correlati con le quantità esemplificate.

ideologìa s.f. (fr. *idéologie*) **1.** FILOS. Nel pensiero degli ideologi francesi (fine sec. XVIII-inizio sec. XIX), che studiavano la conoscenza in rapporto agli stati psichici, analisi delle sensazioni e delle idee. ~ Secondo K. Marx, espressione concettuale di una particolare realtà storica, che ha la funzione di far apparire come dovuto a una necessità razionale superiore ciò che, invece, è un puro dato di fatto. *Ideologia borghese.* ~ *pegg.* Mascheramento, copertura, espressione astratta che falsifica la realtà. **2.** Complesso di convinzioni, idee, opinioni che influenzano il comportamento individuale o collettivo. *Tenere fede all'ideologia del partito.*

ideològico agg. [pl.m. *-ci*, f. *-che*] **1.** Relativo all'ideologia. ~ Che trae origine dall'ideologia intesa come complesso di idee professate da individui o società. *Scontri ideologici.* **2.** *estens.* spreg. Condizionato da idee preconcette, da pregiudizi.

ideologìsmo s.m. Tendenza a interpretare la realtà secondo schemi rigidamente astratti e non desunti da un sistema di pensiero critico.

ideòlogo s.m. [f. *-ga*, pl.m. *-gi*, f. *-ghe*] **1.** Chi, guardando alla realtà attraverso un'ideologia, non ne coglie la concretezza. **2.** Chi elabora un sistema di pensiero, una teoria sociopolitica. ~ Teorico di un movimento. **3.** FILOS. (al pl.) Gruppo di filosofi francesi di tradizione sensista e illuminista, contrari sia agli eccessi del Terrore rivoluzionario sia alla svolta autoritaria di Napoleone che li tacciò di astrattezza.

id èst loc. cong. (loc. lat.) Cioè, vale a dire.

ìdi s.f. o s.m. pl. ANT. ROM. Quindicesimo giorno dei mesi di marzo, maggio, luglio e ottobre, e tredicesimo giorno degli altri mesi.

idillìaco agg. [pl.m. *-ci*, f. *-che*] **1.** Relativo all'idillio come forma poetica. SIN.: **bucolico**. **2.** *fig.* Caratterizzato da un'armonia, una serenità, una gioia, quali da sempre l'uomo vagheggia. *Luogo idilliaco.*

idìllico agg. [pl.m. *-ci*, f. *-che*] Idilliaco.

idìllio s.m. [pl. *-li*] (lat. *idyllium*, gr. *eidýllion* "piccolo quadro") **1.** LETT. Breve componimento pastorale o agreste. **2.** Componimento musicale sul testo di un idillio. **3.** Vita calma, serena, equilibrata. *Vivere in un idillio.* **4.** Amore tenero e ingenuo. ~ *estens.* Armonia tra persone, gruppi, ecc.

idioblàsto s.m. **1.** BOT. Cellula o insieme di cellule strutturalmente diverse da quelle del tessuto circostante e con diversa funzione. *Idioblasto meccanico.* **2.** GEOL. Cristallo originato da blastesi e caratterizzato da una forma ben distinta.

idiòfono agg. MUS. Di strumento dalle cui vibrazioni si origina il suono. ◆ s.m. Nel sign. dell'agg.

idiolètto s.m. LING. Lingua usata da un singolo parlante, caratterizzata dalle variazioni personali.

idiòma s.m. [pl. *-mi*] (lat. *idiōma*, gr. *idíōma* "particolarità nel parlare") Lingua di un popolo, di una nazione, di una regione, di una città, o anche lingua parlata in famiglia o propria di un autore.

idiomàtico agg. [pl.m. *-ci*, f. *-che*] Caratteristico di una lingua, di un dialetto.

idiomorfismo s.m. MIN. Proprietà dei cristalli che hanno aspetto cristallino.

idiomòrfo agg. Che ha una propria forma.

idiopàtico agg. [pl.m. *-ci*, f. *-che*] Di malattia spontanea, che si manifesta senza cause estrinseche apparenti.

idiosincrasìa s.f. (gr. *idiosyn-krasía* "carattere speciale") **1.** Attitudine propria di ogni individuo a reagire in modo diverso agli stimoli. ~ *estens.* Forma di incompatibilità radicale, di repulsione per qlcu. o per qlco. **2.** MED. Intolleranza patologica dell'organismo verso particolari sostanze.

idiòta s.m. e f. [pl.m. *-ti*] (lat. *idiōtam* "ignorante", gr. *idiṓtēs* propr. "uomo privato" che si contrappone all'"uomo pubblico, impegnato nella vita politica", quindi "poco capace, rozzo") **1.** Persona di scarsa intelligenza, imbecille. **2.** MED. Persona affetta da idiozia. ◻ In funzione di agg. **1.** Che denota stoltezza, stupidità. **2.** MED. Affetto da idiozia.

1. idiotìsmo s.m. (gr. *idiōtismós* "locuzione familiare") LING. Peculiarità lessicale, morfologica, sintattica di una lingua o di una data varietà di lingua. SIN.: **idiomatismo**.

2. idiotìsmo s.m. (fr. *idiotisme*) MED. Idiozia.

idiozìa s.f. (fr. *idiotie*) **1.** Stupidità. ~ Azione che denota mancanza d'intelligenza, di buon senso. SIN.: **cretineria**. **2.** MED. Mancato sviluppo mentale.

Idnàcee s.f. pl. [iniziale minusc. sing. *-a* per l'individuo] (lat. *Hydnaceae*, gr. *hýdnon* "tubero") BOT. Famiglia di funghi che si sviluppano nel terreno o sui tronchi degli alberi, con aculei nel ricettacolo. (Sottodivisione dei Basidiomiceti.)

ìdno s.m. BOT. Genere di funghi caratteristici per avere sotto il cappello numerosi aculei sulla superficie dei quali si dispongono i basidi. (Classe dei Basidiomiceti; famiglia delle Idnacee.)

idolàtra s.m. e f. [pl.m. *-tri*] **1.** Chi adora gli idoli. **2.** *fig.* Chi palesa un amore eccessivo o dedica una sorta di culto a qlcu. o qlco. ◻ In funzione di agg., che ha il culto degli idoli.

idolatràre v.tr. **1.** Adorare, venerare idoli. **2.** *fig.* Amare qlcu., qlco. con passione, in modo smodato.

idolatrìa s.f. (lat. *idololatrìam*, gr. *eidōlolatréia* comp. di *éidolon* "immagine" e *latréia* "servitù") **1.** Culto degli idoli. **2.** *fig.* Amore eccessivo, passione per qlcu., per qlco.

ìdolo s.m. (gr. *éidōlon* "simulacro") **1.** Immagine o rappresentazione di una divinità che è l'oggetto di un culto di adorazione. **2.** *fig.* Persona o cosa oggetto di un'ammirazione appassionata. **3.** FILOS. Secondo Bacone, finzioni, superstizioni che impediscono alla mente umana di vedere con chiarezza e di conoscere la natura.

idoneità s.f. inv. Possesso delle qualità e delle capacità necessarie o richieste per l'espletamento di particolari attività e funzioni. ~ DIR. Abilitazione, autorizzazione. *Idoneità a ricevere un'eredità.*

idòneo agg. **1.** Che ha le qualità per esercitare una particolare attività. **2.** Con riferimento a cosa, adatto, conforme, appropriato. *Trovare una soluzione idonea.*

ìdra s.f. (lat. *hýdram*, gr. *hýdra* "serpente d'acqua") **1.** MIT. GR. *Idra di Lerna:* nella mitologia greca, serpente con più teste che, se tagliate, ricrescevano (v. parte n.pr.). **2.** Moneta d'argento del valore di 12 soldi, recante sul rovescio l'idra a sette teste, fatta coniare da Ercole I d'Este. **3.** *fig.* Spec. nel l. lett., male che si rinnova costantemente e sembra aumentare in proporzione agli sforzi compiuti per distruggerlo. *L'idra della discordia.* **4.** Celenterato d'acqua dolce, con corpo polipoide di piccole dimensioni e cinque o più tentacoli prensili dotati di cellule urticanti. (Sottotipo dei Cnidari; classe degli Idrozoi.) **5.** ZOOL. (iniziale maiusc.) Genere di animali a cui appartiene l'idra. **6.** ASTR. (iniziale maiusc., solo sing.) Nome di costellazioni dell'emisfero australe.

idràcido s.m. CHIM. Acido privo di ossigeno che contiene idrogeno combinato a un non metallo.

idràmnio s.m. [pl. *-ni*] MED. Eccesso di liquido amniotico durante la gravidanza.

idrànte s.m. (ingl. *hydrant*) **1.** Apparecchio per la presa d'acqua da una rete di distribuzione con funzione antincendio o di irrigazione. **2.** Autobotte con proprie apparecchiature di presa e di getto dell'acqua.

idrargirismo s.m. (fr. *hydrargyrisme*) MED. Intossicazione cronica da mercurio. SIN.: **mercurialismo**.

idrartròsi s.f. inv. MED. Versamento di liquido sinoviale nella cavità di un'articolazione in seguito a trauma.

idràste s.f. (lat. *Hydrastis*, deriv. di gr. *hydrástina* "canapa silvestre") **1.** Pianta erbacea diffusa nell'America settentrionale, dal cui rizoma si estraggono sostanze con proprietà emostatiche e vasocostrittrici. (Famiglia delle Ranunculacee.) **2.** BOT. (iniziale maiusc.) Genere di piante a cui appartiene l'idraste.

idratànte agg. **1.** CHIM. Che ha la proprietà di far combinare una sostanza con l'acqua. **2.** Atto a far assorbire acqua a una sostanza o a un tessuto organico. ~ In partic., di cosmetico che mantiene o ristabilisce il tasso d'acqua dell'epidermide. ◆ s.m. Cosmetico che idrata la pelle.

idratàre v.tr. **1.** CHIM. Combinare una sostanza con l'acqua per la formazione di idrati. **2.** Far assumere acqua a organismi o tessuti. ~ Trattare la pelle con prodotti particolari per mantenere una sufficiente umidità.

idratazióne s.f. **1.** CHIM. Trasformazione di un composto anidro in idrato. **2.** Assorbimento di acqua da parte di una sostanza, di un organismo, di un tessuto.

idràto agg. (fr. *hydrate*) **1.** CHIM. Di composto in cui sono presenti una o più molecole d'acqua. **2.** Con riferimento a calce, che si è combinato con acqua. ◆ s.m. **1.** CHIM. → **idrossido**. **2.** *Idrato di carbonio:* composto organico in cui, oltre al carbonio, sono presenti idrogeno e ossigeno con un numero di atomi pari a quello dell'acqua; è detto anche *carboidrato* o *glucide*.

idràulica s.f. Branca della meccanica dei fluidi che studia i liquidi, in partic. l'acqua.

idràulico agg. [pl.m. –*ci*, f. –*che*] (lat. *hydráulicum*, gr. *hydraulikós* deriv. di *hýdraulos* propr. "organo ad acqua") **1.** Che riguarda la fisica delle acque e le relative applicazioni tecniche. **2.** Che funziona con l'uso di acqua o di altri liquidi. *Freno idraulico*. ~ Adatto a essere usato in presenza di acqua. *Calce idraulica.* ◇ *Energia idraulica:* quella prodotta da una massa d'acqua che scorre da un livello superiore a uno inferiore. **3.** Che riguarda la canalizzazione, la distribuzione, la regolazione delle acque. *Impianto idraulico.* **4.** Specializzato in idraulica. *Ingegnere idraulico.* ◆ s.m. Chi si occupa di impianti idraulici o igienici.

idrazina s.f. CHIM. MINER. Composto inorganico ($H_2N–NH_2$), utilizzato come propellente.

idria s.f. ANT. GR. Vaso per l'acqua con tre manici di cui uno posto all'altezza del collo.

idrico agg. [pl.m. –*ci*, f. –*che*] (fr. *hydrique*) Relativo all'acqua. ◇ MED. *Dieta idrica:* basata solo o prevalentemente sull'assunzione di liquidi.

idroalcòlico o **idralcòlico** agg. [pl.m. –*ci*, f. –*che*] Che contiene alcol etilico in soluzione acquosa.

idrobiologìa s.f. BIOL. Studio degli organismi animali e vegetali che vivono in acque dolci o marine.

Idrocarbùro s.m. CHIM. Molecola composta soltanto da carbonio e idrogeno.
ENCICL. Gli idrocarburi sono fondamentali per l'economia umana, ne fanno parte infatti, tra gli altri, il metano del gas naturale (CH_4), il benze-

ne (C_6H_6) e ne è ricco il petrolio. Gli idrocarburi benzenici, come naftalene, antracene, fenantrene, ($C_nH_2n_{-6}p$) formano una famiglia costituita da una struttura di *p* nuclei benzenici esagonali.

idrocaritàcee s.f. pl. [iniziale minusc. sing. –*a* per l'individuo] (lat. *Hydrocharitaceae*, gr. *hydrokharḗs* "amante dell'acqua") BOT. Famiglia di piante monocotiledoni erbacee, con fiori solitari o in infiorescenze e frutto bacciforme. (Ordine delle Elobie.)

idrocefalìa s.f. MED. Stato morboso dovuto a idrocefalo.

idrocèfalo s.m. MED. Aumento del volume del liquido cerebrospinale, che causa una dilatazione dei ventricoli cerebrali.

idrocèle s.m. MED. Presenza di liquido sieroso all'interno di una cavità del corpo, in partic. nello scroto.

idrochèridi s.m. pl. [iniziale minusc. sing. –*de* per l'individuo] ZOOL. Famiglia di mammiferi roditori a cui appartiene il capibara.

idrochinóne s.m. CHIM. Fenolo bivalente, utilizzato per lo sviluppo fotografico.

idroclassificatóre s.m. IND. ESTR. Apparecchio idraulico utilizzato nelle laverie di minerali metalliferi per suddividere, secondo classi granulometriche, i prodotti fini trascinati in sospensione dall'acqua.

idrocoltùra o **idrocultùra** s.f. BOT. Metodo di coltivazione delle piante consistente nell'immersione delle radici in un'acqua in cui sono stati sciolti i sali necessari al nutrimento. SIN. **idroponica**.

idrocorìa s.f. BOT. Diffusione dei semi operata dall'acqua.

idrocòro agg. BOT. Che avviene o che si riproduce per idrocoria. *Disseminazione idrocora*.

idrocortisóne s.m. BIOCHIM. → **cortisolo**.

idrocracking [/'idro'krkin/] s.m. inv. (voce semiingl.) PETR. Processo di cracking effettuato sugli idrocarburi a elevata pressione di idrogeno per ottenere benzine e altri prodotti petroliferi.

idrodinàmica s.f. FIS. Ramo dell'idraulica che studia il moto dei liquidi e in partic. dell'acqua.

idrodinàmico agg. [pl.m. –*ci*, f. –*che*] **1.** FIS. Relativo all'idrodinamica. **2.** Di scafo, che oppone una minima resistenza all'acqua.

idroelettricità s.f. inv. Energia elettrica ottenuta per conversione dell'energia idraulica di fiumi e cascate.

idroelèttrico agg. [pl.m. –*ci*, f. –*che*] Relativo all'energia elettrica ottenuta mediante sfruttamento dell'energia idraulica.

idròfidi s.m. pl. [iniziale minusc. sing. –*de* per l'individuo] ZOOL. Famiglia di serpenti acquatici provvisti di una coda appiattita ai lati che funge da pinna natatoria.

idrofilìa s.f. (solo sing.) **1.** CHIM. Proprietà di assorbire e di trattenere acqua da parte di una sostanza. **2.** BOT. Impollinazione a opera dell'acqua.

idrofilidi s.m. pl. [iniziale minusc. sing. –*de* per l'individuo] ZOOL. Famiglia di insetti acquatici che si nutrono di organismi in decomposizione. (Ordine dei Coleotteri.)

idrofillo s.m. BOT. Foglia tipica delle piante acquatiche, che resta sempre sommersa e spesso è morfologicamente differenziata dalle foglie aeree.

1. idròfilo agg. **1.** CHIM. Si dice di una fibra che assorbe l'acqua. *Cotone idrofilo.* **2.** BOT. Di pianta che riceve il polline per mezzo dell'acqua o che predilige i luoghi umidi. SIN. **idrogamo**.

2. idròfilo s.m. Grande coleottero acquatico, con dorso convesso e antenne corte a forma di clava. (Lunghezza 5 cm; genere *Hydrous*, famiglia degli Idrofilidi.)

idròfita s.f. BOT. Pianta acquatica perenne con rizoma o propaguli sommersi durante il riposo stagionale (p.e. la ninfea).

idrofobìa s.f. **1.** MED. Spasmo alla gola che si verifica alla vista e al contatto dell'acqua e dei liquidi in genere e, nell'uomo, costituisce un sintomo della rabbia. ~ *estens.* La rabbia stessa nell'uomo e, nel l. com., anche negli animali. **2.** CHIM., FIS. → **idrorepellenza**.

idròfobo agg. **1.** Colpito da idrofobia. **2.** CHIM., FIS. Idrorepellente.

idròfono s.m. MAR. Rivelatore di onde acustiche subacquee, usato in partic. per localizzare navi e sommergibili.

idròfugo agg. [pl.m. –*ghi*, f. –*ghe*] Di prodotto che, applicato in rivestimento o mescolato a un altro materiale, impermeabilizza.

idrogamìa s.f. BOT. Idrofilia.

idrogenàre v.tr. CHIM. Trattare una molecola organica inserendovi atomi di idrogeno.

idrogenàto agg. Combinato con l'idrogeno.

idrogenazióne s.f. CHIM. Reazione con cui si introduce idrogeno in un composto organico.

idrògeno s.m. (solo sing.) (fr. *hydrogène*) **1.** Gas inodore, incolore, estremamente leggero, di densità 0,071 che solidifica a -259,14 °C e liquefà a -252,87 °C. **2.** Elemento chimico (*H*) di numero atomico 1 e peso atomico 1,0079. ◇ *Idrogeno pesante:* deuterio, così detto perché la sua massa atomica è doppia di quella dell'idrogeno. – *Bomba a idrogeno,* o *bomba H:* bomba *termonucleare.
ENCICL. L'idrogeno è l'elemento più abbondante dell'universo. Scoperto da Cavendish nel 1766, deve il proprio nome al fatto che combinato con l'ossigeno forma l'acqua; è infiammabile e brucia all'aria con fiamma pallida. A livello industriale, è prodotto per elettrolisi dell'acqua o per decomposizione catalitica degli idrocarburi nel vapore acqueo ed è utilizzato per la sintesi di numerose sostanze (p.e. dell'ammoniaca) o per trattamenti petrolchimici. Allo stato liquido si usa come combustibile per la propulsione dei razzi spaziali.

idrogeologìa s.f. GEOL. Studio delle caratteristiche fisiche e chimiche delle acque profonde e di superficie.

idrogeològico agg. [pl.m. –*ci*, f. –*che*] **1.** GEOL. Relativo all'idrogeologia. **2.** GEOL. Che concerne il rapporto tra il terreno e le acque. *Equilibrio idrogeologico.* ◇ *Dissesto idrogeologico:* uso improprio o sfruttamento incontrollato del territorio, inteso come causa o aggravante di calamità naturali.

idrogètto s.m. MAR. Propulsore per natanti in cui la spinta è data dalla massa d'acqua espulsa da un reattore. SIN. **idroreattore**.

idrografìa s.f. **1.** GEOGR. Studio dell'origine e dell'evoluzione delle acque superficiali e la loro azione sul paesaggio terrestre. **2.** Conformazione di una regione in rapporto alle acque che la bagnano e distribuzione di queste ultime. **3.** Rappresentazione cartografica delle acque marine e terrestri.

idrogràfico agg. [pl.m. –*ci*, f. –*che*] Relativo all'idrografia.

idròidi s.m. pl. [iniziale minusc. sing. –*de* per l'individuo] ZOOL. Ordine di celenterati marini o d'acqua dolce cui appartengono alcuni piccoli polpi; si riproducono generando gemme sessuate che possono trasformarsi in piccole meduse. (Classe degli Idrozoi.)

idrolàsi s.f. inv. BIOCHIM. Enzima che attiva un'idrolisi.

idròlisi s.f. inv. CHIM. Scissione di legami in presenza di acqua.

idrolìtico agg. [pl.m. –*ci*, f. –*che*] CHIM. Di idrolisi. *Scissione idrolitica.*

idròlito s.m. FARM. Prodotto farmaceutico o altra sostanza medicinale sciolta in soluzione acquosa.

idrologìa s.f. **1.** Scienza che tratta delle proprietà meccaniche, fisiche e chimiche delle acque marine (*idrologia marina* o *oceanografia*) e continentali (*idrologia fluviale* o *potamologia*; *idrologia lacustre* o *limnologia*). **2.** MED. Scienza che studia le applicazioni terapeutiche delle acque termali, dei fanghi, ecc. e le patologie che possono essere curate con tali terapie.

idrològico agg. [pl.m. –*ci*, f. –*che*] Relativo all'idrologia.

idromanzìa s.f. (lat. *hidromantìam*, gr. *hidromantéia* comp. di *hýdōr* "acqua" e *mantéia* "divinazione") Antica forma di divinazione che consisteva nell'interpretare i movimenti di un oggetto deposto in uno specchio d'acqua sacro

profondità in km

idrocarburi ereditati dalla materia vivente
metano biogenico
anidride carbonica e acqua
finestra del petrolio
gas umido
gas secco
carbone
petrolio
prodotti formati
limite di metamorfismo

■ **idrocarbùro.** Formazione ed evoluzione degli idrocarburi in funzione della profondità del sotterramento dei sedimenti.

o i movimenti dell'acqua versata al suolo o in un bacile.

idromassàggio s.m. [pl. –gi] Massaggio operato da getti d'acqua che irrorano il corpo e che hanno una funzione tonificante sulla muscolatura. ~ estens. L'apposito impianto idraulico. Vasca con idromassaggio.

idromeccànica s.f. [non com. pl. –che] FIS. Meccanica dei liquidi.

idromedùsa s.f. Ogni medusa degli Idrozoi.

idromèle s.m. inv. Bevanda alcolica ottenuta dalla fermentazione del miele e variamente aromatizzata.

idrometèora s.f. METEOR. Denominazione generica dei fenomeni atmosferici connessi all'umidità.

1. idròmetra s.f. [pl.m. –tri] **1.** Insetto dal corpo sottile e dalle zampe lunghe con cui cammina sulla superficie delle acque calme alla ricerca di organismi morti o in decomposizione. (Ordine degli Eterotteri.) **2.** ZOOL. (iniziale maiusc.) Genere a cui appartengono le varie specie di idrometra.

2. idròmetra s.m. e f. [pl.m. –tri] Studioso di idrometria.

idrometria s.f. Branca dell'idraulica che si occupa della misurazione della portata di una corrente d'acqua di superficie o sotterranea.

idròmetro s.m. Strumento per misurare il livello delle acque di fiumi, canali, bacini idrografici e serbatoi. Idrometro fisso, a galleggiante.

idromineràle agg. CHIM. Relativo alle acque minerali.

idronefròsi s.f. inv. MED. Dilatazione più o meno notevole del rene e spec. della pelvi, per accumulo di urina.

idrònimo s.m. IDROL. Nome proprio di corsi d'acqua e di bacini idrografici.

idrope s.m. (lat. hydrŏpem, gr. hýdrōps propr. "dall'aspetto acquoso") MED. Raccolta patologica di trasudato nei tessuti o nelle cavità sierose.

idroperòssido s.m. CHIM. Composto di formula HO–O o HO–OR derivato dall'acqua ossigenata per sostituzione di un atomo di idrogeno con un residuo alchilico o arilico.

idròpico agg. [pl.m. –ci, f. –che] **1.** MED. Relativo all'idropisia. Stato idropico. **2.** MED. Affetto da idropisia. ◆ s.m. [f. –ca] Nell'accez. 2 dell'agg.

idropinoterapia s.f. MED. Cura consistente nell'assunzione di acque minerali.

idropisìa s.f. (fr. hydropisie) **1.** MED. Patologia caratterizzata dalla raccolta di trasudato nelle cavità sierose e nel tessuto sottocutaneo. **2.** BOT. Malattia delle piante dovuta a una quantità eccessiva di umori.

idropittùra s.f. Pittura per intonaci che deve essere diluita in acqua prima dell'uso.

idroplàno agg. MAR. Carena idroplana: tipo di carena che sfrutta la reazione dell'acqua come sostentazione, riducendo, insieme con l'immersione, la resistenza al moto. – Alette idroplane: superfici alari immerse, grazie alle quali lo scafo riceve una spinta verticale. ◆ s.m. Qualsiasi imbarcazione dotata di carena o alette che le consentono di sollevarsi sulla superficie dell'acqua. SIN.: **aliscafo.**

idropneumàtico agg. [pl.m. –ci, f. –che] MECC. Di dispositivo o congegno messo in azione dal contatto tra due fluidi, uno dei quali liquido, l'altro aeriforme. Freno idropneumatico.

idropòlipo s.m. Polipo degli Idrozoi.

idropterìdàli s.f. pl. [iniziale minusc. sing. –le per l'individuo] BOT. Sottoclasse di felci diffusa nelle acque stagnanti e caratterizzata da protallo ridotto e foglie semplici.

idrorepellènte agg. CHIM., FIS. Di superfici e in partic. di tessuti sui quali l'acqua scivola senza penetrare. ◆ s.m. Sostanza usata per impermeabilizzazioni.

idrorepellènza s.f. CHIM., FIS. Proprietà di corpi e sostanze di non lasciar filtrare l'acqua.

idroscàlo s.m. Aeroscalo per idrovolanti. SIN.: idroporto.

idroscivolànte s.m. MAR. Imbarcazione veloce con carena idroplana e propulsore a elica aerea.

idrosfèra s.f. GEOGR. Insieme delle acque del pianeta.

idrosilicàto s.m. Silicato idrato.

idrosoccórso s.m. Servizio di soccorso effettuato da idrovolanti.

idrosòl s.m. inv. CHIM. Soluzione o sospensione colloidale a base acquosa.

idrosolfìto s.m. CHIM. Sale dell'acido idrosolforoso usato come sbiancante e nella stampa di tessuti.

idrosolùbile agg. Solubile in acqua. Compresse idrosolubili.

idròssido s.m. CHIM. Composto inorganico in cui sono presenti uno o più ioni ossidrili uniti a un metallo. ◇ Idrossido di calcio: sostanza bianca e pastosa Ca(OH)$_2$, componente della malta da costruzione.

idrossìle s.m. CHIM. MINER. Radicale presente in molti composti, detto comunemente ossidrile.

idrostàtica s.f. FIS. Studio delle condizioni d'equilibrio dei liquidi e dei corpi galleggianti.

idrostàtico agg. [pl.m. –ci, f. –che] Relativo all'idrostatica. ◇ Spinta idrostatica: forza esercitata dall'acqua sulla superficie di un corpo immerso.

idroterapia s.f. MED. Insieme dei trattamenti basati sulle proprietà fisiche dell'acqua con particolare riferimento alla temperatura e alla pressione (bagni, docce, ecc.).

idroteràpico agg. [pl.m. –ci, f. –che] Basato sull'idroterapia.

idrotermàle agg. **1.** MED. Di acque termali. **2.** GEOL. Di acque sotterranee calde e ricche di soluzioni saline. ◇ Giacimento idrotermale: formatosi per azione chimico-fisica esercitata dalle acque calde circolanti nel sottosuolo. – Stadio idrotermale: ultima fase del consolidamento magmatico, in cui il vapore acqueo si condensa in soluzioni saline.

idrotimetria s.f. (comp. di gr. hydrótēs "umidità" e metron "misura") CHIM. Determinazione del grado di durezza di un'acqua mediante il dosaggio dei sali di calcio e di magnesio.

idrotropismo s.m. BOT. Fenomeno per cui certi organi vegetali si accrescono e si incurvano verso i punti di maggiore umidità.

idrovìa s.f. Complesso di corsi d'acqua, bacini, ecc. opportunamente collegati e predisposti per la navigazione.

idrovolànte s.m. Velivolo a motore capace di decollare e scendere su uno specchio d'acqua.

■ **idrovolànte.** Canadair della Protezione Civile.

idròvora s.f. MECC. Macchina atta a sollevare e aspirare acqua grazie a un sistema di pompe, usata p.e. nelle opere di bonifica.

idròvoro agg. **1.** Che solleva e asporta masse d'acqua. Pompa idrovora. **2.** GEOL. Che lascia filtrare all'interno l'acqua meteorica e di scorrimento superficiale.

Idrozòi s.m. pl. [iniziale minusc. sing. –zoo per l'individuo] ZOOL. Classe di celenterati, d'acqua dolce o di mare, cosmopoliti, caratterizzati perlopiù da un'alternanza di generazione allo stadio di polipo (idropolipo) e a quello di medusa (idromedusa).

idrùro s.m. CHIM. Composto inorganico dell'idrogeno con metalli o con non metalli.

ièlla s.f. fam. Sfortuna, malasorte. Portare iella.

iemàle agg. BOT. → sempreverde.

ièna s.f. (lat. hyaēnam, gr. hýaina propr. "scrofa" cui vagamente somiglia) **1.** Mammifero carnivoro dell'Africa e dell'Asia, con mantello grigio o fulvo chiazzato o rigato di marrone, che si ciba delle sue prede o di carogne; in Europa sono state trovate molte tracce di iene risalenti all'era del quaternario. (Lunghezza fino a 1,40 m; genere Hyaena e Crocuta, famiglia degli Ienidi.) ◇ Iena macchiata: specie solo africana con orecchie meno appuntite e criniera ridotta, detta anche iena ridens, per il suo verso simile a una risata. **2.** ZOOL. (iniziale maiusc.) Genere di animali a cui appartengono alcune specie di iene. **3.** fig. Chi si accanisce vilmente sul proprio avversario fino a portarlo allo stremo. SIN.: **belva.**

■ **ièna** maculata.

lènidi s.m. pl. [iniziale minusc. sing. –de per l'individuo] ZOOL. Famiglia di carnivori, dal corpo breve, collo tozzo, testa grande, arti anteriori più alti di quelli posteriori.

ieràtico agg. [pl.m. –ci, f. –che] **1.** Sacro, sacerdotale. ◇ Scrittura ieratica: scrittura corsiva geroglifica dell'antico Egitto, usata dai sacerdoti. **2.** fig. Maestoso, austero, solenne, come è proprio dell'aspetto e degli atti del sacerdote. ◆ s.m. **1.** Scrittura ieratica. **2.** La lingua parlata in Egitto dalla XVIII dinastia (sec. XVI a.C.) all'epoca dei Tolomei (sec. IV a.C.).

ièri avv. **1.** Nel giorno che precede immediatamente l'attuale. ◇ Da ieri a oggi: nel giro di ventiquattro ore; fig. pressoché all'improvviso. **2.** nel passato recente. ◇ Nato ieri: detto di persona molto giovane per sottolinearne l'ingenuità, la sprovvedutezza. ❑ In funzione di s.m. inv. **1.** Il giorno prima. Notizia di ieri. **2.** Il recente passato. La vita di ieri.

-ièro Suffisso derivativo usato per formare aggettivi tratti da sostantivi corrispondenti (costiero, mattiniero, veritiero).

ièro- Primo elemento di composti dotti nei quali significa "sacro" o "sacerdotale" (ierofania, ierocrazia).

ierocrazìa s.f. Esercizio del potere politico da parte di una casta sacerdotale e conseguente forma di governo.

ierodùlo s.m. ANT. GR. Schiavo addetto ai servizi inferiori di un tempio.

ierofanìa s.f. Sacralità che si fa sensibile e percepibile.

ierofànte s.m. (gr. hierophántēs propr. "colui che mostra le cose sacre") **1.** ANT. GR. Sommo sacerdote che presiedeva ai riti in onore della dea Demetra, che si celebravano a Eleusi. **2.** fig. scherz. o iron. (anche f.) Chi per autorità o sapere ha una posizione preminente o che si presenta come tale.

ierogamìa s.f. Unione di un dio e di una dea o dei due principi complementari dei sessi opposti, presente in molte religioni.

ieromanzìa s.f. Antica forma di divinazione basata sull'osservazione delle viscere degli animali offerti in sacrificio agli dei. SIN.: **ieroscopia.**

iettatóre s.m. [f. –trice] Chi è ritenuto in grado di esercitare, anche involontariamente, influssi malefici. SIN.: **menagramo.**

iettatùra s.f. **1.** Supposta influenza nefasta che avrebbero certe persone o cose su chi le avvicina. SIN.: **malocchio. 2.** estens. Sfortuna, disgrazia.

ifa s.f. (gr. hyfé "tessuto") MICOL. Filamento, unicellulare o pluricellulare, costitutivo del micelio dei funghi.

igiène s.f. (spec. sing.) (gr. *hygieinḗ tékhnē* "arte salutare") **1.** MED. Studio dei modi individuali o collettivi, dei principi e delle pratiche utili a conservare la salute e prevenire malattie. ◊ *Igiene mentale*: insieme delle pratiche profilattiche, educative o psicoterapiche che mirano a prevenire la comparsa di disturbi mentali. **2.** *estens.* Insieme delle cure riservate al proprio corpo per mantenerlo pulito e sano. ~ Insieme delle condizioni sanitarie di un luogo. *L'igiene del locale era scarsa.*

igiènico agg. [pl.m. *–ci*, f. *–che*] **1.** Volto alla salvaguardia della salute. **2.** Che riguarda la pulizia. **3.** *fig. fam.* Prudente, consigliabile per evitare danni, guai.

igienista s.m. e f. [pl.m. *–sti*] **1.** Studioso, specialista di igiene. ◊ *Igienista dentale*: tecnico che negli studi odontoiatrici si occupa dell'igiene del cavo orale. **2.** Chi conduce una vita salubre, è molto attento alla pulizia. SIN.: **salutista**.

igloo [/'ɪglu:/] s.m. inv. (voce ingl. di orig. eschimese *iglu* "casa") Casa di ghiaccio usata dagli eschimesi nel periodo invernale, di forma emisferica, con un foro nella volta per il passaggio dell'aria e la fuoriuscita del fumo.

ignàme s.m. (port. *inhame* da una voce congolese) BOT. Pianta erbacea tropicale commestibile, simile alla patata, coltivata per i suoi tuberi ricchi di amido. (Nome sc. *Dioscorea batatas*; famiglia delle Dioscoreacee.)

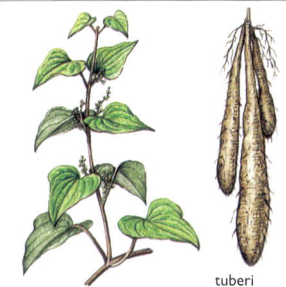

tuberi

■ **ignàme**

ignàro agg. **1.** Che non è a conoscenza di qlco. **2.** assol. Innocente ◆ s.m. [f *–ra*] Nel sign. dell'agg.

ignàvia s.f. (spec. sing.) Debolezza dello spirito incapace di compiere grandi scelte morali. SIN.: **accidia**.

ignàvo agg. **1.** Che è interiormente inerte e rifugge da tutto ciò che richiede uno sforzo, un forte e coraggioso sentire. SIN.: **indolente**. **2.** *estens.* Pusillanime, vile. ◆ s.m. [f. *–va*] Nei sign. dell'agg.

ìgneo agg. Di fuoco.

ignifugàre v.tr. [4] TECN. Trattare un materiale in modo da diminuirne o eliminarne l'infiammabilità.

ignifugo agg. [pl.m. *–ghi*, f. *–ghe*] Di sostanza non infiammabile usata per proteggere dal fuoco materiali combustibili. ◆ s.m. Nel sign. dell'agg.

ignitron s.m. inv. ELETTRON. Tubo termoionico con catodo di mercurio liquido e anodo metallico, usato come raddrizzatore di corrente.

igniźióne s.f. (ingl. *ignition*, deriv. di lat. *ignìre* "bruciare") **1.** ETNOL. Cremazione della salma come usanza rituale. **2.** CHIM. Momento iniziale della combustione.

ignòbile agg. **1.** Che non ha nobiltà d'animo. *Condotta ignobile.* SIN.: **spregevole**. ~ Che denota tali caratteri. **2.** In epoca feudale si diceva di chi, non essendo nobile, non poteva essere investito di un feudo.

ignominia s.f. **1.** Stato di chi ha perduto l'onore per avere commesso un'azione infamante. ~ *estens.* Azione disonorevole, causa di vergogna e riprovazione. ~ Persona che è causa di disonore. *È l'ignominia della sua famiglia.* **2.** *fig.* (spec. sing.) In senso scherz., ciò che è così brutto e malriuscito da far perdere la reputazione al suo ideatore, autore, costruttore. SIN.: **obbrobrio**.

ignorànte agg. **1.** Che non ha sufficiente padronanza di una materia. SIN.: **profano**. ~ assol. Di persona priva di cultura, di istruzione. ~ Che ha difetti di preparazione o di esperienza. SIN.: **incompetente**. **2.** Che non conosce le regole della buona educazione. SIN.: **maleducato**. ◆ s.m. e f. **1.** Persona incolta, illetterata. **2.** Persona maleducata, rozza.

ignorànza s.f. **1.** Mancanza di istruzione, di cultura. **2.** Mancanza di conoscenze su un determinato ambito. *Totale ignoranza del cinese.* ~ Difetto di preparazione teorica e di esperienza. SIN.: **incompetenza**. ◊ DIR. *Ignoranza della legge*: causa di esclusione della colpevolezza di chi ha commesso un reato, opponibile solo quando la disinformazione sia imputabile a circostanze oggettive. **3.** Mancanza di educazione. SIN.: **villania**.

ignoràre v.tr. **1.** Non conoscere qlco. *Ignoro tutto di lui.* **2.** Manifestare apertamente indifferenza nei confronti di qlco. o qlcu. ~ Non tenere conto di. *Ignorare un avvertimento.* ◆ **ignorarsi** v.pron. Di persone, fingere reciprocamente di non conoscersi, dimostrando indifferenza. *Si sono ignorati tutto il tempo.*

ignòto agg. (spec. sing.) Di cui non si ha alcuna conoscenza. ◆ s.m. **1.** [f. *–ta*] Persona sconosciuta, non identificata. *Sporgere denuncia contro ignoti.* **2.** (solo sing.) Ciò di cui l'uomo non ha conoscenza.

IGP s.f. inv. Sigla di *Indicazione Geografica Protetta*.

igrofilìa s.f. BIOL. Predilezione di animali e piante per gli ambienti umidi.

igròfilo agg. BIOL. Di un organismo, In partic. di una pianta, che si sviluppa meglio in ambienti umidi.

igròfito agg. BOT. Di pianta che vive in luoghi molto umidi. *Pianta igrofita.*

igrògrafo s.m. METEOR. Strumento che misura l'umidità presente nell'atmosfera e ne registra le variazioni in un arco di tempo.

igròma s.m. [pl. *–mi*] MED. Infiammazione acuta o cronica delle borse sierose. SIN.: **borsite**.

igrometrìa s.f. METEOR. Studio della quantità di vapore acqueo contenuto nell'aria.

igròmetro s.m. Strumento che misura l'umidità assoluta o relativa di un gas o di un vapore.

igroscopìa s.f. Igrometria.

igroscòpico agg. [pl.m. *–ci*, f. *–che*] FIS., CHIM. Che ha affinità con l'acqua, che ha la capacità di assorbire acqua o vapore acqueo.

igroscòpio s.m. [pl. *–pi*] Strumento che indica l'umidità dell'aria.

igròstato s.m. Apparecchio che misura e regola l'umidità dell'aria negli impianti di condizionamento.

iguàna s.f. inv. (spagn. *iguana* da una voce indigena delle Antille) **1.** Rettile erbivoro dell'America tropicale, dotato di cresta dorsale flessibile, coda lunga e una caratteristica formazione cutanea pendente sotto la gola. (Lunghezza 1,60 m; famiglia degli Iguanidi.) **2.** ZOOL. (iniziale maiusc.) Genere di animali a cui appartengono alcune specie di iguana.

Iguànidi s.m. pl. [iniziale minusc. sing. *–de* per l'individuo] ZOOL. Famiglia di rettili del tipo lucertola caratterizzate da lingua breve e grossa.

Iguanodónte s.m. ZOOL. Genere di rettili fossili, vissuti nel cretaceo nell'emisfero boreale,

■ **Iguanodónte**

erbivori, con corpo eretto sulle zampe posteriori. (Lunghezza fino a 10 m; ordine degli Ornitischi.)

ikebana [/i'kebana/] s.m. inv. (voce giapp. "fiore che prende vita") Arte della composizione floreale facente parte delle tradizioni e della filosofia di vita giapponesi, che dal sec. VII si attiene a norme e simbologie codificate.

il art.determ. m. sing. [pl. *i*] **1.** Indica che la cosa designata dal nome è individuata, perché già conosciuta da chi parla o scrive o da chi legge o ascolta, o perché viene determinata nel contesto della stessa frase. *Ho letto il libro di cui si parla tanto.* **2.** È premesso a cognome di persona, spec. se illustre oppure nell'uso giudiziario. *Come scrisse il De Sanctis.* **3.** Premesso a un aggettivo di grado comparativo forma il superlativo relativo. *Il più caro degli amici.* **4.** Con valore distributivo. *Di solito parte il lunedì.* **5.** Può avere il valore temporale di *nel*. *Il mese scorso.*

1. ìlare agg. Allegro, che esprime contentezza.

2. ilàre agg. **1.** ANAT. Relativo all'ilo di un organo, in partic. a quello polmonare. **2.** BOT. Relativo all'ilo del seme.

ilarità s.f. inv. **1.** Stato d'animo gioioso, sentimento o manifestazione di allegria. **2.** Accesso di riso. *Suscitare l'ilarità generale.*

ileite s.f. MED. Infiammazione dell'ileo.

ìleo s.m. **1.** ANAT. Porzione di intestino tenue compresa tra il digiuno e il cieco. **2.** ANAT. Una delle parti ossee del bacino, insieme al pube e all'ischio. **3.** MED. Occlusione intestinale.

ileocecàle agg. ANAT. Relativo alla regione intestinale dell'ileo e dell'intestino cieco.

ilìaco agg. [pl.m. *–ci*, f. *–che*] ANAT. Relativo al bacino. ◊ *Fossa iliaca*: regione inferiore e laterale dell'addome. ~ *Osso iliaco*: osso pari, piatto e asimmetrico che partecipa alla costituzione del bacino ed è formato da ileo, ischio e pube.

ìlidi s.m. pl. [iniziale minusc. sing. *–de* per l'individuo] ZOOL. Famiglia di anfibi anuri provvisti di dischi adesivi al termine delle dita e con mascella superiore fornita di denti.

illanguidìre v.tr. [83] Far diventare qlcu. debole, languido, fiacco. *Questo caldo mi illanguidisce.* ◆ v.intr. (aus. *essere*) Diventare debole. *Illanguidire per la fame.* ~ *fig.* Perdere efficacia. *Le speranze illanguidiscono.* ◆ **illanguidirsi** v.pron. Perdere vigore. SIN.: **indebolirsi**.

illaźióne s.f. **1.** Ragionamento deduttivo che parte da premesse che possono essere anche false. **2.** Il giudizio stesso così dedotto.

illécito agg. Che non è ammesso dalla morale o dalla legge. ◆ s.m. DIR. Atto o comportamento che viola una norma giuridica. *Illecito civile.*

■ **iguàna**

illegàle agg. (fr. *illégal*) Che non è consentito dalla legge, dalle regole in vigore.

illegalità s.f. (fr. *illégalité*) **1.** Non conformità alla legge. **2.** Atto illegale.

illeggibile agg. **1.** Che non può essere letto perché di difficile decifrazione. *Scrittura illeggibile.* **2.** Di lettura faticosa, sgradevole. SIN.: **noioso.**

illegittimità s.f. inv. **1.** Mancata rispondenza alla legge. **2.** Un tempo, condizione del figlio nato da genitori non uniti in matrimonio.

illegittimo agg. [f. *−ma*] Vietato dalla legge e difforme dalla regola legislativa. ◇ *Figlio illegittimo:* espressione con cui un tempo si indicava il figlio nato da genitori non coniugati.

illéso agg. **1.** Che non ha subito traumi fisici, anche con riferimento a singole parti del corpo. SIN.: **incolume. 2.** *estens.* Con riferimento a cosa, integro, intatto. ~ *fig.* Non macchiato, immune da ombre. *Il loro buon nome è rimasto illeso.*

illetteràto agg. **1.** Che non sa né leggere né scrivere. **2.** Che non ha cultura, istruzione. **3.** *estens. spreg.* Che non ha il senso critico, l'autonomia di giudizio di chi ha dimestichezza con la cultura. ◆ s.m. [f. *-ta*] Nei sign. dell'agg.

illibàto agg. **1.** Che non è toccato, corrotto da alcuna immoralità. **2.** Detto di donna, vergine. **3.** *fig.* Pulito, candido.

illiberàle agg. Che viola la libertà e i diritti del cittadino principi dell'ideologia liberale.

illimitataménte avv. In modo illimitato.

illimitàto agg. **1.** Che non ha limiti. SIN.: **infinito. 2.** MAT. *Insieme illimitato:* insieme di numeri reali privo di maggioranti. **3.** *per esager.* Privo di riserve. *Fiducia illimitata.*

illíquido agg. BANC. Riferito a bene non facilmente convertibile in moneta.

illírico agg. [pl.m. *−ci*, f. *−che*] **1.** Degli Illiri. **2.** Di tale territorio. ◆ s.m. **1.** [f. *−ca*] Nativo, abitante dell'Illiria. **2.** (solo sing.) Lingua indoeuropea parlata dagli Illiri.

illividire v.tr. [83] Far diventare livido qlcu. rendere qlco. livido, di un colore cupo e freddo. *Illividire la stanza con luci basse.* ◆ v.intr. (aus. *essere*) Diventare livido, anche pron. *Illividire (illividirsi) per la paura.*

illògico agg. [pl.m. *−ci*, f. *−che*] **1.** Che non è regolato dalla logica e dal buon senso. **2.** Che non si fa guidare dalla logica nei propri pensieri e atti. *Essere illogico.*

illùdere v.tr. [21] Ingannare qlcu. suscitando speranze prive di fondamento. *Le prospettive di successo illudono molti giovani.* ◆ **illudersi** v.pron. Lasciarsi dominare dall'illusione, coltivando speranze vane od opinioni erronee. *Illudersi sul conto di una persona.*

illuminaménto s.m. **1.** Illuminazione. **2.** FIS. Grandezza data dal rapporto tra il flusso luminoso ricevuto da una superficie e l'area della superficie stessa.

illuminante agg. **1.** Che emette luce. *Razzo illuminante.* **2.** *fig.* Che chiarisce ciò che è concettualmente oscuro. *Spiegazione illuminante.*

illuminàre v.tr. **1.** Diffondere luce su qlco. *I fari illuminano la strada.* SIN.: **rischiarare.** ~ *fig.* Ravvivare, dare luce. *Questo ricordo illumina la sua vita.* **2.** *fig.* Istruire, informare qlcu. riguardo a qlco. *Illuminare gli studenti sul problema.* ◆ **illuminarsi** v.pron. Diventare luminoso. *La strada si illuminò all'improvviso.* ~ *fig.* Acquistare un'espressione raggiante, esprimere contentezza. *Illuminarsi di gioia.*

illuminàto agg. **1.** Reso visibile, chiaro, luminoso. *Una via male illuminata.* **2.** *fig.* Nella terminologia della cultura settecentesca, che si lascia guidare solo dalla ragione. ◇ *Secolo illuminato:* il Settecento, età dell'illuminismo. **3.** *estens.* Equilibrato, capace di giudizi lucidi, non faziosi. *Lettore illuminato.* ◆ s.m. [f. *-ta*] **1.** Nella Chiesa cristiana delle origini, battezzato. **2.** Membro della società segreta di tipo massonico e di tradizione illuminista fondata in Baviera alla fine del sec. XVIII.

illuminazióne s.f. **1.** Passaggio dal buio alla luce. ~ L'insieme dei mezzi che danno luce a un ambiente. *Illuminazione elettrica.* **2.** *fig.* Ispirazione improvvisa, intuizione. *Avere un'illuminazione.* **3.** RELIG. Atto con cui Dio rende l'uomo capace di capire le verità soprannaturali.

illuminismo s.m. (fr. *illuminisme*, calco del ted. *Aufklärung* propr. "rischiaramento") **1.** Movimento filosofico affermatosi nel sec. XVIII, causa di profonde trasformazioni nella cultura e nel modo di pensare, caratterizzato dalla fede nel progresso della civiltà e nell'emancipazione dell'uomo sotto la guida della ragione. **2.** Il periodo storico in cui si sviluppò tale movimento.

illuminista s.m. e f. [pl.m. *−sti*] (fr. *illuministe*) **1.** Filosofo, scrittore dell'illuminismo. **2.** *estens.* Chi segue i principi dell'illuminismo, chi a essi si ispira. ◻ In funzione di agg., che fa parte della cultura dell'illuminismo.

illuminòmetro s.m. TECN. Strumento usato per misurare l'illuminamento di una superficie. SIN.: **luxmetro.**

illuminotècnica s.f. Tecnica degli impianti di illuminazione.

illusióne s.f. (lat. *illusiōnem* "ironia") **1.** Percezione soggettiva che non corrisponde alla realtà. ◇ *Illusione ottica:* errore di percezione della forma, delle dimensioni, del colore degli oggetti. − *Illusione ottico-geometrica:* errore di percezione visiva di figure geometriche che si manifesta con una sopravvalutazione o una sottovalutazione sistematica delle lunghezza, della superficie, della direzione, della curvatura, degli angoli, ecc. **2.** Immagine della realtà che corrisponde ai desideri soggettivi e non allo stato effettuale delle cose. ~ Convinzione falsa, erronea. ◇ *Farsi delle illusioni sul conto di qlcu.:* ritenerlo migliore di quanto non sia.

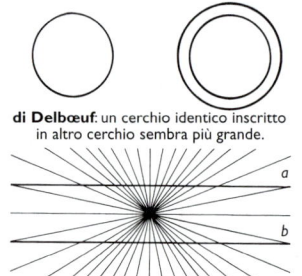

di Delbœuf: un cerchio identico inscritto in altro cerchio sembra più grande.

di Hering: le linee *a* e *b*, apparentemente curve, sono assolutamente dritte e parallele.

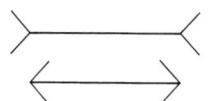

di Müller-Lyer: secondo la disposizione della impennatura, segmenti uguali sembrano di lunghezze diverse.

■ **illusióne** ottico-geometrica.

illusionismo s.m. (fr. *illusionisme*) **1.** Arte di far apparire come vere, ricorrendo ad abili trucchi, cose irreali. **2.** ART., CINE. Rappresentazione che riesce a dare un'ingannevole impressione di concreta realtà.

illusionista s.m. e f. [pl.m. *−sti*] (fr. *illusioniste*) Artista che si esibisce in spettacoli di illusionismo.

illùso agg. Che, non accettando la realtà per quello che è, se ne fa un'immagine più gratificata, consolatoria. ~ Che si nutre di illusioni. ◆ s.m. [f. *-sa*] Nel sign. dell'agg. SIN.: **sognatore.**

illusòrio agg. [pl.m. *−ri*] (lat. *illusòrium* "beffatore") **1.** Che crea delle illusioni, ingannevole. **2.** Che è creato dall'immaginazione. SIN.: **apparente.**

illustràre v.tr. **1.** Corredare un libro, un giornale, una stampa, ecc. di illustrazioni. **2.** Rendere un concetto, un testo, ecc. più chiaro con note ed esempi.

illustrativo agg. **1.** Che offre una spiegazione, un chiarimento. **2.** Costituito da illustrazioni, disegni. **3.** Nella critica d'arte, caratterizzato da una trattazione che evidenzia il significato storico, religioso, ecc.

illustràto agg. Accompagnato da illustrazioni, da figure.

illustratóre s.m. [f. *−trice*] Chi correda di illustrazioni un libro, un giornale, ecc.

illustrazióne s.f. (fr. *illustration*) **1.** Opera di chiarimento di un testo. **2.** Figura, disegno, fotografia che accompagna un testo.

illùstre agg. (lat. *illūstrem*, deriv. di *lūstrum* "splendore") **1.** Che gode di giusta fama. *Famiglia illustre.* SIN.: **celebre. 2.** Che fa parte di una classe privilegiata. SIN.: **aristocratico.**

illustrissimo agg. Titolo ecclesiastico e nobiliare, in passato forma di saluto e ossequio.

illùvio s.m. [pl. *−vi*] GEOL. Orizzonte di un suolo originato dall'accumulo di sostanze provenienti da uno strato soprastante.

ilmenite s.f. (deriv. dal nome dei monti *Il'men'* negli Urali) MIN. Ossido di ferro e titanio ($FeTiO_3$).

ilo s.m. (lat. *hīlum* "filo") **1.** BOT. Nel seme, punto di attacco dell'ovulo al funicolo. **2.** ANAT. Depressione indicante in un organo in corrispondenza dell'entrata o dell'uscita di dotti, vasi, nervi, ecc. *Ilo renale.*

ilobàtidi s.m. pl. [iniziale minusc. sing. *−de* per l'individuo] ZOOL. Famiglia di scimmie catarrine, arboricole, senza coda, con arti anteriori più lunghi dei posteriori.

ilòta s.m. e f. [pl.m. *−ti*] **1.** ANT. GR. A Sparta, schiavo dello Stato. **2.** *fig.* Persona schiava della miseria, dell'ignoranza.

ilozoismo s.m. (comp. di gr. *hýlē* "materia" e *zōḗ* "vita", ingl. *hylozoism*) FILOS. Dottrina dei filosofi della scuola di Mileto secondo la quale la materia è un tutto animato e vivente.

1. imàgo s.f. [pl. *imagines*] PSICOAN. Secondo C. G. Jung, immagine, perlopiù idealizzata, di una persona amata nell'infanzia, general. un genitore, che continua a influenzare la psiche dell'adulto.

2. imàgo s.f. [pl. *imagines*] ZOOL. Stadio di completo sviluppo e di maturità riproduttiva di un insetto, detto anche *immagine.*

imàm s.m. inv. Iman.

iman o **imano** s.m. /i'man/ s.m. inv. (voce ar. "capo") **1.** Califfo dei musulmani sunniti. ~ Per i musulmani sciiti, il profeta Alì e i suoi discendenti maschi in linea diretta. **2.** Chi guida la preghiera rituale collettiva dei musulmani. **3.** Fondatore di una scuola di pensiero, sapiente.

imanàto s.m. Ufficio e carica dell'iman. ~ Durata di tale carica. ~ Luogo di residenza dell'iman e territorio della sua giurisdizione.

imàtio s.m. [pl. *−ti*] ANT. GR. Tradizionale veste maschile e femminile costituita da un drappo di lana o di lino avvolto intorno alla spalla.

imbacuccàre v.tr. [4] (deriv. di *bacucco* "cappuccio") Coprire qlcu. con abiti caldi. SIN.: **infagottare.** ◆ **imbacuccarsi** v.pron. Coprire il proprio corpo con abiti molto pesanti.

imballàggio s.m. [pl. *−gi*] (fr. *emballage*) **1.** Sistemazione di una merce, di un oggetto da trasportare, in appositi contenitori o involucri in modo che resti integra. ~ Materiale utilizzato per imballare. **2.** IND. TESS. Operazione con cui si formano le balle di cotone.

1. imballàre v.tr. (fr. *emballer*) **1.** Confezionare qlco. in balle. *Imballare il fieno.* **2.** *estens.* Dotare una merce di un contenitore o di un involucro che la protegga nel trasporto. SIN.: **confezionare.**

2. imballàre v.tr. (fr. *emballer*, orig. riferito al cavallo significa "farsi prendere dall'eccitazione, imbizzarrirsi") Dare troppo gas a un motore a scoppio in rapporto al numero dei giri, provocando una perdita di potenza. *Imballare il motore.* ◆ **imballarsi** v.pron. **1.** Detto di un motore a scoppio, perdere potenza per sovraccarico di gas. **2.** Nel l. sport., perdere coordinazione e spinta per lo sforzo eccessivo.

imballatrice s.f. **1.** Macchina che imballa automaticamente alcuni tipi di merci. **2.** Macchina che raccoglie e comprime paglia o fieno in balle, detta anche *pressaforaggi.* ◻ In funzione di agg., detto di presse che comprimono in balle materiali vari.

imbàllo s.m. **1.** Imballaggio. **2.** Tessuto di juta per imballaggi.

imbalsamàre v.tr. **1.** Trattare un cadavere con sostanze che lo preservano dalla decomposizione. ~ *estens.* Trattare un animale morto in modo da mantenerne intatta la forma. SIN.: **impagliare**. **2.** *fig.* Conservare intatta una dottrina, un'ideologia o altro, ma irrigidendola e togliendole vitalità. SIN.: **sclerotizzare**.

imbalsamazióne s.f. **1.** Procedimento volto a impedire la decomposizione dei corpi dei defunti o dei loro organi. **2.** Preparazione e imbottitura delle pelli di animali eseguite in modo da rendere all'animale l'aspetto che aveva da vivo.

imbandìre v.tr. [83] **1.** Preparare un pasto in maniera sfarzosa. **2.** *fig. scherz.* Propinare qlco. di sgradito a qlcu.

imbarazzànte agg. Che mette a disagio o provoca un senso di fastidio. *Domanda imbarazzante.*

imbarazzàre v.tr. (spagn. *embarazar*, port. *embaraçar* "impedire col laccio") **1.** Occupare, riempire un luogo, rendendo difficile il movimento. *Imbarazzare la stanza di oggetti.* SIN.: **ingombrare**. ◇ *fig. Imbarazzare lo stomaco:* appesantirlo, rendere difficile la digestione. **2.** *fig.* Mettere qlcu. in difficoltà, a disagio. *Le domande personali mi imbarazzano.* ◆ **imbarazzarsi** v.pron. Sentirsi a disagio, in difficoltà.

imbarazzàto agg. Che prova o manifesta imbarazzo, disagio.

imbaràzzo s.m. (spagn. *embarazo*) **1.** Ingombro, impaccio, intralcio, fastidio. *Essere d'imbarazzo a qualcuno.* ◇ *fig. Imbarazzo di stomaco:* senso di pesantezza che infastidisce, che fa star male. **2.** Situazione difficile o disagio che ne risulta. *Mettere in imbarazzo.* SIN.: **difficoltà**.

imbarbariménto s.m. **1.** Caduta a un livello inferiore di civiltà. *Imbarbarimento dei costumi.* SIN.: **decadimento**. **2.** ST. Nella Roma imperiale, immissione di barbari nelle istituzioni.

imbarcadèro s.m. (fr. *embarcadère*, spagn. *embarcadero*) MAR. Banchina o pontile di approdo per le navi.

imbarcàre v.tr. [4] **1.** Far salire persone, animali o cose su un'imbarcazione o altro mezzo di trasporto. *Imbarcare i passeggeri.* ◇ *Imbarcare acqua:* detto di natante, riempirsi di acqua per una falla o per il mare grosso. **2.** *fig.* Trascinare qlcu. in una situazione difficile, lunga o rischiosa. ◆ **imbarcarsi** v.pron. **1.** Salire a bordo di un'imbarcazione o di altro mezzo di trasporto come passeggero. Salire su un'imbarcazione come membro dell'equipaggio. **2.** *fig.* Rimanere coinvolti in un affare complicato o rischioso. SIN.: **avventurarsi**. **3.** Detto di assi di legno o di elementi metallici, incurvarsi. **4.** AER. Detto di un aeroplano, eseguire una picchiata talmente accentuata da portare l'aereo in volo rovescio. ~ *estens.* Detto di un'automobile, piegarsi su un fianco affrontando una curva.

imbarcazióne s.f. (spagn. *embarcación*) Piccolo natante a remi o anche a vela o a motore, che le navi hanno in dotazione e usano per le comunicazioni con la terra o con altre navi. ~ *estens.* Qualsiasi piccolo natante.

imbàrco s.m. [pl. *-chi*] (spagn. *embarco*) **1.** Salita di passeggeri, operazione di carico di merci a bordo di navi e aerei. ~ Momento o arco di tempo in cui si effettuano. ◇ *Carta d'imbarco:* documento che attesta il diritto di un passeggero a imbarcarsi su un aereo. **2.** *estens.* Parte di banchina o altro punto da cui si sale a bordo. **3.** MAR. Assunzione di una persona come membro di un equipaggio e durata dell'impiego.

imbardàta s.f. (fr. *embardée*) **1.** AER. Rotazione di un aereo intorno all'asse verticale, passando per il suo centro di gravità. ~ *estens.* Analoga rotazione di un qualsiasi veicolo durante la marcia. **2.** MAR. → **guizzata**.

imbarilàre v.tr. Disporre, mettere qlco. in barili. *Imbarilare le aringhe.*

imbastardiménto s.m. Degenerazione, decadimento, corruzione. ~ BIOL. Perdita dei caratteri originari che distinguono la specie di un animale o di un vegetale in seguito all'incrocio con altre razze o specie.

imbastardìre v.tr. [83] **1.** Far diventare bastarda, ibrida una razza animale o vegetale. **2.** *fig.* Rovinare, alterare, corrompere elementi culturali. *Imbastardire una lingua.* SIN.: **imbarbarire**. ◆ v.intr. (aus. *essere*) **1.** Perdere le caratteristiche e le particolarità della propria razza o natura diventando bastardo. SIN.: **tralignare**. **2.** *fig.* Perdere la purezza, corrompersi, guastarsi. ◆ **imbastardirsi** v.pron. Detto di una razza, diventare bastarda. ~ *fig.* Corrompersi, rovinarsi.

imbastìre v.tr. [83] **1.** Unire due lembi di tessuto con una cucitura provvisoria di punti radi e lunghi. **2.** IND. TESS. Lavorare il feltro per fare cappelli con un'apposita macchina. **3.** *fig.* Tracciare, delineare qlco. nelle linee essenziali. *Imbastire un discorso.* SIN.: **abbozzare**. ~ Ideare qlco. in breve tempo, frettolosamente e senza precedenti piani. SIN.: **improvvisare**.

imbastitùra s.f. **1.** Cucitura provvisoria a punti lunghi. **2.** *fig.* Stesura provvisoria, abbozzo di uno scritto. **3.** Nella manifattura dei cappelli di feltro, formazione dello strato peloso costituente il cono del cappello. **4.** MECC. Montaggio provvisorio di elementi metallici prima del collegamento. **5.** SPORT. Stato di irrigidimento muscolare conseguente allo sforzo sostenuto.

imbàttersi v.pron. **1.** Trovarsi improvvisamente e casualmente di fronte a qlcu. o qlco. SIN.: **incontrare**. **2.** *fig.* Trovarsi improvvisamente di fronte a una circostanza o a una situazione inaspettata. *Imbattersi in difficoltà economiche.* ~ *estens.* Trovarsi ad avere a che fare con qlcu., spec. se poco piacevole.

imbattìbile agg. Che non può essere superato, sconfitto. SIN.: **invincibile**. ◇ *Prezzi imbattibili:* bassissimi, molto convenienti.

imbattibilità s.f. inv. Caratteristica di ciò che è insuperabile, ineguagliabile. ~ SPORT. Serie di prestazioni senza sconfitta da parte di atleti o di squadre per un determinato periodo e relativa impossibilità di essere sconfitto, avendo al proprio attivo un elevato numero di vittorie.

imbavagliaménto s.m. L'atto dell'imbavagliare. ~ *fig.* Oppressione, censura.

imbavagliàre v.tr. [6] **1.** Mettere un bavaglio a qlcu. *I rapinatori hanno imbavagliato la guardia.* **2.** *fig.* Impedire a qlcu. di parlare liberamente. *Imbavagliare la stampa.*

imbeccàre v.tr. [4] **1.** Alimentare volatili introducendo cibo nel becco. **2.** *fig.* Istruire qlcu. su cosa dire o fare.

imbeccàta s.f. **1.** Quantità di cibo che un uccello che non è in grado di nutrirsi da sé riceve nel becco. *Il merlo dà l'imbeccata ai piccoli.* **2.** *fig.* Frase che si mette in bocca a qlcu. che non sa cosa dire. SIN.: **suggerimento**. ~ In partic. nel gergo teatrale, suggerimento di una battuta.

imbecìlle agg. (lat. *imbecĭllem* "debole" tradiz. inteso come "senza bastone") **1.** MED. *non com.* Che presenta un deficit mentale, ritardato. **2.** *fam.* Appellativo ingiurioso rivolto a chi dimostra poca intelligenza e perspicacia, scarso buon senso. ◆ s.m. e f. *fam.* Nell'accez. 2 dell'agg. SIN.: **deficiente**.

imbecillità s.f. inv. **1.** Stupidità, azione o discorso poco intelligente e sensato. **2.** PSICOL. Termine generico con cui si indica il secondo grado di deficienza mentale.

imbellettàre v.tr. **1.** Ornare di belletto. *Imbellettare l'attrice prima delle riprese.* SIN.: **truccare**. **2.** *fig.* Ornare qlco. con artifici, in modo da nasconderne il vero aspetto.

imbellìre v.intr. [83] (aus. *essere*) Diventare più bello, anche pron. *In quest'ultimo anno la ragazza (si) è imbellita.*

imbèrbe agg. **1.** Che è senza barba. *Viso imberbe.* ~ *estens.* Molto giovane, adolescente. ~ fig. Inesperto, immaturo. **2.** BOT. Di pianta o di sua parte che non ha peli.

imbestialìre v.intr. [83] (aus. *essere*) Diventare furioso, perdendo il dominio di sé. ◆ **imbestialirsi** v.pron. Lasciarsi prendere dall'ira, inferocirsi. SIN.: **infuriarsi**.

imbévere v.tr. [66] Bagnare qlco. con un liquido, impregnandolo. *Imbevere la torta di liquore.* ~ Intingere qlco. in un liquido fino a inzupparlo. *Imbevere una spugna.* ◆ **imbeversi** v.pron. **1.** Detto di un oggetto poroso, essere bagnato da un liquido e lasciarsi penetrare da esso. SIN.: **impregnarsi**. **2.** *fig.* Detto di una persona, farsi influenzare profondamente da idee, dottrine, concetti, fino ad assimilarli. SIN.: **permearsi**.

imbevìbile agg. Che non può essere bevuto.

imbiancàre v.tr. [4] **1.** Far diventare bianco qlco. *La neve imbianca la campagna.* ~ Tingere qlco. di bianco. ~ Dipingere le pareti, tinteggiare. **2.** estens. Rischiarare, illuminare qlco. *L'alba imbianca il cielo.* ◆ v.intr. (aus. *essere*) **1.** Diventare bianco. ~ Detto di una persona, diventare bianco di capelli. SIN.: **incanutire**. **2.** Diventare pallido in volto. SIN.: **impallidire**. ◆ **imbiancarsi** v.pron. Farsi bianco, schiarirsi.

imbiancatùra s.f. **1.** Coloritura a tinta unita data sui muri sopra l'intonaco. **2.** Candeggio di tessuti.

imbianchiménto s.m. **1.** Trattamento chimico con cui si rende incolore una sostanza. **2.** AGR. *Imbianchimento degli ortaggi:* inibizione della funzione clorofilliana ottenuta coprendo gli ortaggi e che ha come effetto il loro schiarimento.

imbianchìno s.m. [f. *-na*] **1.** Operaio, artigiano che esegue lavori di tinteggiatura. **2.** *fig. spreg.* Pessimo pittore.

imbibènte agg. Di sostanza che riduce la tensione superficiale di liquidi o di soluzioni, facilitandone l'assorbimento da parte di sostanze solide. ◆ s.m. Nel sign. dell'agg.

imbibìre v.tr. [83] Bagnare qlco. con un liquido, fino a inzupparlo.

imbibizióne s.f. Assorbimento di un liquido da parte di una sostanza solida in assenza di reazioni chimiche.

imbiellàggio s.m. [pl. *-gi*] (fr. *embiellage*) MECC. Montaggio di bielle. ~ Insieme delle bielle montate su un'unica manovella.

imbiondìre v.tr. [83] Rendere biondo qlco. *Il sole imbiondisce le messi.* ~ Schiarire i capelli o tingerli di biondo. ◆ v.intr. (aus. *essere*) Diventare biondo, anche pron. *Al sole i capelli chiari (si) imbiondiscono.*

imbizzarrìre v.tr. [83] Far arrabbiare, far diventare irrequieto qlcu. SIN.: **irritare**. ◆ v.intr. (aus. *essere*) Diventare irrequieto, bizzarro, detto spec. dei cavalli. ◆ **imbizzarrirsi** v.pron. Diventare irrequieto. ~ Irritarsi, imbestialirsi.

imboccàre v.tr. [4] **1.** Nutrire qlcu. porgendogli il cibo alla bocca. **2.** *fig.* Istruire, ammaestrare qlcu. perché dica ciò che si vuole. SIN.: **imbeccare**. **3.** Mettere in bocca uno strumento a fiato e adattarlo per suonare. ~ *estens.* Mettere in bocca qlco. *Il cavallo imbocca il morso.* **4.** Prendere un sentiero, seguire un percorso. *Imboccare l'uscita.* ~ *fig.* Entrare in situazioni difficili o pericolose. *Imboccare strade pericolose.* ◆ v.intr. (aus. *essere*) Adattarsi bene, incastrarsi con qlco. *Il rubinetto imbocca nel tubo.*

imboccatùra s.f. **1.** Apertura di un recipiente, di un elemento cavo. ~ Apertura d'accesso. *L'imboccatura del porto.* SIN.: **imbocco**. **2.** In uno strumento a fiato, estremità che si porta alla bocca. ~ Modo di poggiare le labbra. **3.** Parte del morso che si mette in bocca al cavallo.

imbócco s.m. [pl. *-chi*] **1.** Accesso, entrata. **2.** MECC. Accoppiamento, invito.

imboniménto s.m. (voce roman.) **1.** Discorso abile per convincere le persone ad acquistare qlco. **2.** *estens.* Descrizione elogiativa di qlcu. o di qlco. di cui vengono sbandierati meriti e pregi inesistenti.

imbonìre v.tr. [83] Cercare di attirare qlcu. esaltando pregi e qualità di un prodotto.

imbonitóre s.m. [f. *-trice*] (voce roman.) **1.** Venditore ambulante che vuole convincere i passanti ad acquistare le proprie mercanzie decantandone qualità e prezzo. **2.** *estens. spreg.* Chi, per interesse, presenta persone o cose come ricche di meriti e pregi inesistenti. SIN.: **ciarlatano**.

imborghesiménto s.m. Assunzione della mentalità borghese, adeguamento alla vita, alle consuetudini borghesi.

imborghesìre v.tr. [83] Rendere qlcu. borghese, facendogli acquisire mentalità e atteggiamenti borghesi. ◆ v.intr. (aus. *essere*) Diventare borghese, assumere mentalità, atteggiamenti e abitudini di vita tipici della borghesia; anche pron. *Anche i contestatori (si) imborghesiscono.*

imboscàre v.tr. [4] **1.** Nascondere, far rifugiare qlcu. nel bosco. **2.** *fig.* Sottrarre della merce e accumularla per ricavarne un maggior guadagno. SIN.: **incettare**. **3.** *fig.* Nascondere qlcu. o qlco. per tenerlo per sé. ~ *estens.* Nascondere qlcu. per sottrarlo agli obblighi del servizio militare. ◆ **imboscarsi** v.pron. **1.** Inoltrarsi nel folto di un bosco per rifugiarsi, nascondersi o per tendere un agguato. ~ *estens.* Sottrarsi ai propri obblighi o a impegni gravosi nascondendosi o rifugiandosi in un luogo. **2.** Detto dei bachi da seta, andare al bosco per fare il bozzolo. **3.** Detto di una pianta, produrre rami e foglie in abbondanza.

imboscàta s.f. **1.** Azione che consiste nel nascondersi per attaccare di sorpresa un nemico in movimento. SIN.: **agguato**. **2.** *fig.* Tranello, insidia.

imboscàto agg. **1.** Con riferimento a uomini e animali, nascosto, spec. in vista di un agguato. **2.** Che riesce a sottrarsi alla partenza per il fronte nascondendosi opportunamente. ~ Con riferimento a derrate alimentari, a merci, sottratto alla consegna. **3.** *estens.* Che riesce a sottrarsi a lavori faticosi, di responsabilità. ◆ s.m. [f. *-ta*] Nei sign. dell'agg.

imboschìre v.tr. [83] Trasformare un terreno in bosco. ◆ v.intr. (aus. *essere*) Detto di un terreno, coprirsi di bosco, infoltirsi come un bosco; anche pron. *Il parco (si) imboschisce.*

imbottàre v.tr. Mettere qlco. nelle botti. *Imbottare il vino.*

imbottatùra s.f. **1.** Travaso del vino dal tino alla botte e periodo dell'anno in cui ciò viene fatto. **2.** Disposizione delle foglie di tabacco in appositi contenitori con cui vengono trasportate alla manifattura.

imbottavìno s.m. inv. Grosso imbuto di legno o di latta utilizzato per imbottare il vino. SIN.: **pevera**.

imbótte s.f. ARCH. Faccia interna di un arco o di una volta costituita da una superficie concava. SIN.: **intradosso**.

imbottigliaménto s.m. **1.** Operazione con cui si mette in bottiglia un liquido. **2.** MIL. Blocco di un porto per impedire l'uscita di navi nemiche. ~ *estens.* Accerchiamento di truppe nemiche che impedisce ogni loro movimento. **3.** *fig.* Ingorgo, blocco della circolazione stradale.

imbottigliàre v.tr. [6] **1.** Mettere qlco. in bottiglie. **2.** *fig.* Costringere qlcu. o qlco. in un luogo chiuso e circoscritto, togliendo qualsiasi possibilità di movimento. *Il traffico ci ha imbottigliati.* ◆ **imbottigliarsi** v.pron. Detto spec. di veicoli, rimanere ammassati, intralciandosi a vicenda, in un luogo molto stretto senza possibilità di movimento.

imbottigliatrìce s.f. Macchina per imbottigliare prodotti liquidi.

imbottinàre v.tr. AGR. Concimare un terreno con letame liquido (*bottino*).

imbottire v.tr. [83] (spagn. *embotir* "riempire come una botte") **1.** Riempire, rimpinzare qlcu. di qlco. *Imbottire il malato di medicine.* ~ *fig.* Riempire la testa con idee inutili o dannose. **2.** Riempire elementi d'arredamento o indumenti con strati di lana o altro materiale, per renderli più gonfi o caldi. *Imbottire il divano.* ~ Vestire qlcu. con indumenti caldi e pesanti. **3.** Farcire un panino. ◆ **imbottirsi** v.pron. **1.** Rimpinzarsi di qlco. **2.** Coprirsi con abiti molto pesanti.

imbottita s.f. Particolare coperta da letto riempita di lana, piume, bambagia. SIN.: **trapunta**.

imbottito agg. **1.** Che ha l'imbottitura. **2.** Vestito con più indumenti sovrapposti. **3.** Farcito. **4.** *fig.* Che è ben in carne. **5.** *fig.* Attutito.

imbottitùra s.f. **1.** Nei lavori di sartoria, inserimento di apposito materiale per ottenere un rigonfiamento o una maggior consistenza o una miglior protezione dal freddo in alcuni punti. **2.** Materiale morbido con cui si imbottisce una sedia, un cuscino, un divano, un materasso o determinate parti di un abito. **3.** TECN. Protezione dell'anima dei cavi sommersi.

imbozzacchìre v.intr. [83] (aus. *essere*) Detto delle susine, rovinarsi sull'albero in seguito all'azione di un fungo.

imbozzàre v.tr. MAR. Ormeggiare una nave in modo che mantenga un orientamento costante.

imbozzimatùra s.f. **1.** IND. TESS. Trattamento del filato con sostanze collanti che ne eliminano la peluria e ne aumentano la resistenza. SIN.: **incollaggio**. **2.** AGR. Immersione in bozzima delle radici delle piante da mettere a dimora.

imbràca o **imbràga** s.f. [pl. *-che, -ghe*] **1.** Cinghia di cuoio che viene fatta passare dietro le cosce dei cavalli da tiro e che si unisce alla groppiera e alle tirelle. **2.** Allacciatura che trattiene una persona o un carico che vengono sollevati. SIN.: **imbracatura**.

imbracàre o **imbragàre** v.tr. [4] Assicurare un carico con catene o cavi per riuscire a sollevarlo. ~ ALP. Assicurare una persona con corde o con un'imbracatura.

imbracatùra o **imbragatùra** s.f. **1.** Fissaggio di un carico. ~ Sistema di catene, funi, cinghie, ecc. con cui lo si effettua. ~ Risultato di tale operazione. **2.** Insieme delle corde che assicurano un paracadutista. **3.** Cintura munita di bretelle e cosciali a cui gli alpinisti fissano la corda di sicurezza.

imbracciàre v.tr. [5] Infilare, adattare, mettere qlco. al braccio. ~ Appoggiare un'arma alla spalla, impugnarla per assumere la posizione di tiro. *Imbracciare il fucile.*

imbragatùra s.m. Cintura munita di bretelle e cosciali, utilizzata da alpinisti e speleologi.

imbranàto agg. [f. *-ta*] (ven. *imbrenà* "impacciato", nel gergo degli alpini riferito al mulo, deriv. di *brena* "briglia") *fam.* Impacciato nell'agire e nell'esprimersi. ◆ s.m. *fam.* Nel sign. dell'agg.

imbrattàre v.tr. **1.** Sporcare, macchiare qlco. con liquidi o sostanze appiccicose. *Imbrattare i muri della città.* **2.** *fig.* Compromettere, disonorare qlcu. ◆ **imbrattarsi** v.pron. **1.** Insudiciarsi, sporcarsi. **2.** *fig.* Perdere dignità, onore. ◇ *fig. Imbrattarsi le mani:* essere coinvolti in affari disonesti.

imbrìfero agg. (lat. *imbrĭferum*, comp. di *ĭmber* "pioggia" e *fĕrre* "portare") GEOGR. Di terreno, di zona, in cui si raccolgono le acque piovane. *Bacino imbrifero.*

imbrigliàre v.tr. [6] **1.** Mettere la briglia a un cavallo, a un asino, ecc. ◇ *fig. Imbrigliare l'asino per la coda:* fare le cose alla rovescia. **2.** TECN. Munire le sponde e l'alveo di un corso d'acqua di opere che regolino e contengano il flusso della corrente. ~ *estens.* Rinforzare e sostenere qlco. con briglie. *Imbrigliare un edificio.* **3.** MAR. Rinforzare e rendere più stabile un albero o un'asta bloccandola per mezzo di briglie. **4.** *estens.* Tenere a freno, bloccare qlcu. *Imbrigliare il nemico.* **5.** *fig.* Tenere a freno fantasia, idee, ingegno. *Imbrigliare la fantasia.* SIN.: **controllare**. ◆ **imbrigliarsi** v.pron. Detto del cavallo, restare impigliato con le gambe nelle redini.

1. imbroccàre v.tr. [4] **1.** Tirare e colpire un bersaglio con precisione. **2.** *fig.* Indovinare, cogliere, trovare qlco. per caso.

2. imbroccàre v.tr. Nella tecnica dei calzolai, inchiodare con brocche la tomaia tesa sulla forma, per poterla lavorare.

imbrogliàre v.tr. [6] **1.** Mettere qlco. in disordine. *Imbrogliare i fili elettrici.* SIN.: **ingarbugliare**. **2.** *fig.* Rendere qlco. intricato, creando ostacoli o difficoltà. SIN.: **complicare**. ◇ *fig. Imbrogliare la matassa:* creare confusione per trarne profitto. **3.** *fig.* Confondere qlcu., facendogli perdere il filo del discorso o del pensiero. **4.** *estens.* Fuorviare con un inganno, raggirare. **5.** Essere d'ostacolo, d'impiccio per qlcu. SIN.: **impicciare**. ~ Ostacolare, ingombrare uno spazio. *La sedia imbroglia l'entrata.* **6.** MAR. Ammainare e ripiegare le vele legandole con gli imbrogli ai pennoni. ◆ **imbrogliarsi** v.pron. **1.** Detto di fili, corde, ecc. mescolarsi disordinatamente formando un garbuglio. **2.** *fig.* Detto di problemi, questioni, ecc., diventare complicato, difficile da comprendere. **3.** *fig.* Detto di persona, perdere il filo di un ragionamento o di un discorso. SIN.: **confondersi**.

imbròglio s.m. [pl. *-gli*] **1.** Viluppo di cose difficile da districare. SIN.: **groviglio**. **2.** *fig.* Situazione confusa e di grande complessità. SIN.: **pasticcio**. ~ Situazione che costituisce un ostacolo, un intoppo. **3.** *estens.* Truffa, raggiro. SIN.: **frode**. **4.** MUS. Intreccio di parti strumentali o vocali di ritmo diverso. **5.** MAR. Manovra di avviluppamento e di chiusura delle vele.

imbroglióne s.m. [f. *-na*] **1.** Chi vive di imbrogli, di truffe. SIN.: **truffatore**. **2.** *scherz.* Chi dice una cosa per un'altra, chi sa contarla bene.

imbroncàre v.tr. [4] MAR. Inclinare trasversalmente i pennoni dei velieri, per calarli in coperta o in segno di lutto.

imbronciàrsi v.pron. [5] Mostrarsi contrariato. SIN.: **corrucciarsi**. ~ *fig.* Detto del tempo, oscurarsi, mettersi al brutto.

imbronciàto agg. **1.** Che ha il broncio, che è palesemente di cattivo umore. **2.** *fig.* Di tempo, che volge al brutto.

1. imbrunìre v.intr. [83] (aus. *essere*) Farsi scuro, bruno; anche pron. *La pelle (si) imbrunisce per il sole.* ◆ v.impers. (aus. *essere*) Diventare buio, farsi sera.

2. imbrunìre s.m. inv. Ora del giorno che segue il tramonto, crepuscolo. *All'imbrunire.*

imbruttìre v.tr. [83] Rendere brutto qlcu. o qlco. ◆ v.intr. (aus. *essere*) Diventare brutto, anche pron. *Era una bella ragazza, ma ora (si) è imbruttita.*

imbucàre v.tr. [4] **1.** Mettere o far cadere qlco. in una buca. **2.** Introdurre una lettera o una cartolina nella cassetta postale. **3.** *fam.* Mettere qlco. in un luogo nascosto o inconsueto. ◆ **imbucarsi** v.pron. **1.** *fam.* Andare a finire in un luogo nascosto o inconsueto. **2.** Detto di persona, introdursi di nascosto in un luogo.

imbufalire v.intr. [83] (aus. *essere*) *fam.* Arrabbiarsi moltissimo, anche pron.

imburràre v.tr. Spalmare qlco. di burro. *Imburrare una teglia.*

imbustàre v.tr. Inserire qlco. in una busta. *Imbustare gli inviti.*

imbustatrice s.f. Macchina che imbusta automaticamente la corrispondenza o confeziona piccoli oggetti in buste.

imbutire v.tr. [83] (fr. *emboutir* "lavorare in punta") MECC. Foggiare dischi di metallo mediante la lavorazione a freddo delle lamiere.

imbùto s.m. **1.** Utensile conico che serve per travasare i liquidi. ◇ *A imbuto:* di oggetti la cui forma ricorda quella di un imbuto. **2.** *estens.* Restringimento, strettoia che segue a uno spazio più ampio. **3.** ZOOL. Organo dei molluschi cefalopodi preposto all'espulsione dei rifiuti e dell'acqua.

imène s.m. (lat. *hymènem*, gr. *hymḗn* "piccola membrana") ANAT. Membrana non continua, interposta tra vulva e vagina, che viene lacerata nel primo rapporto sessuale e, maggiormente, nel primo parto.

imenèo s.m. (lat. *hymenǣum*, gr. *hyménaios* deriv. dal nome di *Hymḗn* "Imene" divinità delle nozze) ANT. GR. Canto intonato dal corteo che accompagnava la sposa alla casa dello sposo. □ Anche in funzione di agg., matrimoniale, nuziale.

imènio s.m. [pl. *-ni*] BOT. Parte del corpo fruttifero dei funghi degli Ascomiceti e dei Basidiomiceti dal quale prendono origine le spore.

Imenòtteri s.m. pl. [iniziale minusc. sing. *-ro* per l'individuo] ZOOL. Ordine di insetti che possiedono due paia di ali membranose e il secondo segmento del torace particolarmente sviluppato; ne fanno parte l'ape, la formica, la vespa.

imitàre v.tr. **1.** Riprodurre qlco. più o meno esattamente. *Imitare una moda.* SIN.: **copiare**. **2.** Prendere qlcu. a modello, seguirne l'esempio. *Imitare un attore.* **3.** Riprodurre esattamente, contraffare. *Imitare una firma.* **4.** Con soggetto non animato, essere simile ad altro, riprodurne le fattezze. *Questa pelliccia imita la pelle di leopardo.* SIN.: **assomigliare**.

imitatóre agg. [f. *-trice*] **1.** Che cerca di essere il più possibile simile a un modello. **2.** Che si rifà a un modello artistico o letterario. ◆ s.m. **1.** (anche f.) Chi prende qlcu. o qlco. a modello e cerca di conformarvisi. **2.** Chi costruisce il proprio stile su quello di uno scrittore, di un artista. **3.** Artista di varietà o attore specializzato nell'imitazione della voce, del comportamento di un personaggio famoso.

imitazióne s.f. **1.** Tendenza ad avvicinare il proprio comportamento a quello di un'altra persona. **2.** Nella tradizione classicista, recupero di tematiche, uso di forme proprie delle maggiori opere artistiche e letterarie, considerate modelli insuperabili di stile. **3.** Riproduzione della natura nell'opera d'arte, come criterio estetico proprio della cultura classica e classicista. **4.** MUS. Ripetizione, in contrappunto, di una frase musicale già proposta da altra voce. **5.** DIR. *Imitazione servile:* contraffazione di un prodotto tale da generare equivoco e indurre in errore l'acquirente, considerata per questo forma di concorrenza sleale. **6.** Qualsiasi opera che copia un originale. *Un'imitazione di Gauguin.* SIN.: **falso**. ◇ *D'imitazione:* prodotto artificiale che somiglia a un originale più pregiato e costoso. **7.** Spettacolo, numero di varietà in cui un attore imita voce e comportamento di personaggi celebri.

immacolàto agg. **1.** Non intaccato, non deturpato. SIN.: **intatto**. **2.** *estens.* Perfettamente bianco. SIN.: **candido**. **3.** *fig.* Moralmente integro, senza colpa, senza peccato. *Coscienza immacolata.* SIN.: **puro**. ◇ *Immacolata Concezione:* dogma definito da Pio IX nel 1854, secondo il quale Maria Vergine è stata concepita senza peccato originale.

immagazzinàre v.tr. Mettere qlco. in un magazzino. *Immagazzinare le merci.* ~ INFORM. Raccogliere e conservare dati in un sistema. ~ *fig.* Accumulare, concentrare. *Immagazzinare aria nei polmoni.* ~ Accumulare nozioni, idee, ecc., facendole diventare parte del proprio bagaglio culturale.

immaginàbile agg. Che può essere immaginato. ◆ s.m. (solo sing.) Ciò che sussiste solo come immaginazione.

immaginàre v.tr. **1.** Rappresentare immagini nella mente. *Immaginare il mondo nell'anno 3000.* **2.** Inventare qlco. *Torricelli immaginò il barometro.* SIN.: **ideare**. **3.** Ritenere, credere qlco. come vero. *Immagino che siate al corrente dell'accaduto.* SIN.: **supporre**. ◆ **immaginarsi** v.pron. Figurarsi, pensare. *Puoi immaginarti la situazione!*

immaginàrio agg. [pl.m. *-ri*] **1.** Che esiste solo nella mente. SIN.: **inventato**. ◇ *Malato immaginario:* persona che si crede malata senza esserlo. **2.** MAT. *Parte immaginaria di un numero complesso z:* rappresentato come Im(z), è il numero reale y nell'equazione $z = x + iy$. – *Numero immaginario puro:* numero complesso la cui parte reale è nulla. ◆ s.m. Insieme di immagini prodotte dalla mente. ◇ *Immaginario collettivo:* complesso di immagini simboliche proprie di una cultura.

immaginativa s.f. Facoltà di immaginare.

immaginazióne s.f. **1.** Facoltà di creare nella mente immagini che rappresentano una realtà possibile o anche che sono prive di ogni senso logico. *Avere un'immaginazione viva.* SIN.: **fantasia**. **2.** *estens.* L'insieme delle immagini prodotte dalla mente. SIN.: **fantasticheria**. **3.** Concepimento, progettazione mentale. SIN.: **idea**.

immàgine s.f. **1.** Forma con la quale una cosa appare a chi la guarda. *Immagine nitida.* SIN.: **aspetto**. **2.** Forma di una cosa reale ricreata nel processo artistico oppure forma attribuita a qlco. di astratto. *Immagine sacra.* SIN.: **raffigurazione**. ~ Riproduzione di cose reali ottenuta con mezzi tecnici. *Immagine fotografica.* **3.** Rappresentazione mentale delle cose pensate, ricordate o sognate. *Immagine felice.* SIN.: **idea**. **4.** Forma materiale, identificabile con una persona o una cosa, in cui si concretizza un concetto astratto. *Essere l'immagine della salute.* SIN.: **personificazione**. **5.** Idea che si vuole dare di sé agli altri, suggerita attraverso segni esteriori e visibili. *Curare la propria immagine.* **6.** MAT. *Immagine di una funzione:* il sottoinsieme del codominio costituito da tutti i valori assunti dalla funzione. **7.** ZOOL. Insetto adulto, all'ultimo stadio della metamorfosi.

immaginìfico agg. [pl.m. *-ci*, f. *-che*] (calco del gr. *eikonopoiós*) Ridondante di immagini, di metafore. *Stile immaginifico.* ◆ s.m. [f. *-ca*] Autore dallo stile immaginifico.

immaginóso agg. **1.** Che ha una viva immaginazione. **2.** Ricco di immagini, di metafore, di figure retoriche. *Stile immaginoso.*

immalinconire v.tr. [83] Far diventare qlcu. triste, malinconico. ◆ v.intr. (aus. *essere*) Diventare malinconico. ◆ **immalinconirsi** v.pron. Diventare triste, malinconico.

immancàbile agg. (fr. *immanquable*) **1.** Che non può mancare, con valore iron. *Arrivò con l'immancabile mazzo di fiori.* **2.** Che non può non accadere, non verificarsi. SIN.: **certo**.

immancabilménte avv. **1.** Sempre, senza eccezioni. **2.** In modo inevitabile.

immàne agg. **1.** Smisurato e quindi tale da incutere paura. **2.** Eccezionalmente grave, disastroso. **3.** Che richiede un estremo sforzo fisico o mentale.

immanènte agg. FILOS. Interno a un ente, intrinseco (in oppos. a *trascendente*).

immanentismo s.m. FILOS. Ogni dottrina che nega la trascendenza dell'assoluto rispetto al finito, in partic. di Dio rispetto al mondo.

immanènza s.f. FILOS. Presenza nella realtà finita della propria causa e del proprio fine (in oppos. a *trascendenza*).

immangiàbile agg. Che non si può mangiare perché troppo duro, avariato o di sapore pessimo.

1. immanicàto agg. Provvisto di maniche.

2. immanicàto agg. Che può contare sulla protezione di una persona influente.

immantinènte avv. Immediatamente, subito.

immarcescibile agg. **1.** Che non può marcire. SIN.: **inalterabile**. **2.** *fig.* Che non risente del passare del tempo. SIN.: **immutabile**.

immateriàle agg. **1.** Che non è fatto di materia. ◇ DIR. *Beni immateriali:* beni che non hanno consistenza fisica ma che posseggono tuttavia un valore economico. **2.** Che non ha consistenza corporea, natura materiale. SIN.: **spirituale**.

immatricolàre v.tr. Iscrivere qlcu. o qlco. per la prima volta in un registro pubblico o nel libro di matricola. ◆ **immatricolarsi** v.pron. Iscriversi in un registro o nella matricola, spec. detto di studenti che si iscrivono al primo anno di università.

immatricolazióne s.f. Iscrizione di qlcu. o di qlco. in un registro pubblico.

immaturità s.f. inv. **1.** Stato di un frutto acerbo. **2.** *fig.* Mancato raggiungimento del senso di responsabilità, della capacità di riflessione, dell'autonomia di giudizio, dello sviluppo affettivo considerati propri della persona adulta. **3.** Mancanza di esperienza in un dato campo, insufficiente dimestichezza con una materia. **4.** MED. Condizione di un neonato nato a termine ma con il peso, la lunghezza, lo stato funzionale di un prematuro.

immatùro agg. **1.** Con riferimento a frutto, non ancora maturo. SIN.: **acerbo**. **2.** Che non avviene a tempo debito o risente di tale condizione. *Morte immatura.* SIN.: **prematuro**. **3.** *fig.* Che non ha ancora raggiunto il completo sviluppo fisico e psicologico. **4.** *estens.* Che non ha ancora raggiunto la maturità psicologica, intellettuale o emozionale. **5.** Che non ha ancora sviluppato al meglio le proprie potenzialità. *Un artista immaturo.* SIN.: **inesperto**. **6.** MED. Riferito a neonato, che, pur nascendo a termine, si presenta dal punto di vista fisico e funzionale come un bambino prematuro. ◆ s.m. [f. *-ra*] Nelle accez. 4 e 6 dell'agg.

immedesimàre v.tr. Considerare identiche e sullo stesso piano due o più cose diverse. ◆ **immedesimarsi** v.pron. Partecipare alle condizioni spirituali e materiali di un'altra persona.

immedesimazióne s.f. Intima partecipazione ai sentimenti, alla visione del mondo di un'altra persona che porta quasi a identificarsi con essa. SIN.: **identificazione**.

immediataménte avv. **1.** Senza nulla d'interposto. **2.** Senza indugio, subito.

immediatézza s.f. **1.** Caratteristica di ciò che è immediato. SIN.: **tempestività**. **2.** Assenza di elaborazione formale nella rappresentazione della realtà, nell'espressione dei sentimenti. *Ritrarre qualcosa con immediatezza.* SIN.: **spontaneità**. **3.** FILOS. Condizione di ciò che esiste, si pone senza bisogno di mediazioni.

immediàto agg. (calco del gr. *ámesos*) **1.** Che si verifica, viene fatto subito. SIN.: **istantaneo**. **2.** Che non presenta spazi, elementi interposti. SIN.: **diretto**. **3.** Che non risente di riflessione, di meditazione, di calcolo. SIN.: **spontaneo**. **4.** BOT. Di organo vegetale la cui inserzione ha luogo direttamente sull'asse. ◆ s.m. (solo sing.) Il futuro più vicino, più contiguo al presente. *Per l'immediato non abbiamo progetti.*

immemoràbile agg. **1.** Che non può essere ricordato tanto è antico, remoto, usato. **2.** DIR. Di bene il cui possesso ha un'origine così lontana da consentire solo una presunzione di legittimità.

immèmore agg. Che non ha, o mostra di non avere, memoria di qlcu. o qlco.

immensaménte avv. **1.** Smisuratamente, infinitamente. **2.** Moltissimo, oltre misura.

immensità s.f. inv. **1.** Carattere di ciò che è molto esteso, molto vasto. **2.** *per esager.* Numero altissimo. *Avere un'immensità di cose da fare.* SIN.: **infinità**.

immènso agg. (lat. *immēnsum*, propr. "non misurato") **1.** Tanto esteso da non poter essere misurato. *Un lago immenso.* SIN.: **sconfinato**. **2.** *per esager.* Che supera la grandezza, la quantità ordinaria. SIN.: **enorme** ◆ s.m. (spec. sing.) Immensità.

immèrgere v.tr. [21] **1.** Mettere qlco. in un liquido. *Immergere i piatti nell'acqua.* SIN.: **tuffare**. **2.** *estens.* Far entrare qlco. in altro, infilare. *Immergere la mano nella borsa.* **3.** *fig.* Sprofondare qlcu. in una situazione negativa. *Immergere gli azionisti nei debiti.* **4.** *fig.* Avvolgere qlco. in una determinata situazione. *La nebbia immerge il paesaggio in un'atmosfera fiabesca.* ◆ **immergersi** v.pron. **1.** Entrare in un liquido. **2.** *estens.* Penetrare, inoltrarsi in qlco. *Immergersi nella foresta.* SIN.: **addentrarsi**. **3.** *fig.* Dedicarsi totalmente a qlco. *Immergersi nello studio.* SIN.: **sprofondarsi**.

immeritàto agg. **1.** Dato, attribuito senza alcun merito. **2.** Inflitto ingiustamente. *Castigo immeritato.*

immersióne s.f. **1.** Penetrazione di un corpo in un liquido fino a esserne completamente coperto. *L'immersione di un sommergibile.* ◇ SPORT. *Immersione subacquea:* attività che consiste nello scendere sotto la superficie dell'acqua (mare, lago, fiume), dotati di attrezzatura appropriata (muta, respiratore, pinne, ecc.), a fini sportivi, scientifici, industriali o militari. **2.** MAR. Altezza della porzione di scafo che sta sotto il pelo dell'acqua. SIN.: **pescaggio**. **3.** *fig.* Totale compenetrazione, anche temporanea, in una data dimensione della vita. *Immersione nel passato.* **4.** GEOL. *Immersione di uno strato:* direzione, rispetto ai punti cardinali, verso cui scende la retta di massima pendenza di uno strato. **5.** ASTR. Scomparsa di un astro dietro a un altro durante l'eclissi.

immèrso agg. **1.** Che sta dentro un liquido. **2.** *estens.* Sprofondato dentro qlco. **3.** *fig.* Totalmente assorbito da un'attività.

immèttere v.tr. [50] **1.** Far entrare qlco. in altro. **2.** INFORM. Introdurre dati nella memoria di un computer. ◆ v.intr. (aus. *essere*) Detto di una strada, di un passaggio, condurre in un luogo. ◆ **immettersi** v.pron. Detto spec. di veicoli che imboccano una strada, entrare, introdursi in qlco.

immide s.m. CHIM. ORG. Derivato dell'ammoniaca, $(RCO)_2NH$, nel quale due atomi d'idrogeno sono stati sostituiti da gruppi acilici RCO.

immigrànte s.m. e f. Chi si trasferisce in un paese diverso da quello d'origine, spec. per trovare lavoro.

immigràre v.intr. (aus. *essere*) Stabilirsi in un paese straniero, spec. per trovare lavoro.

immigràto agg. Che si è trasferito in un paese diverso da quello d'origine. ◆ s.m. [f. *-ta*] Nel sign. dell'agg.

immigratòrio agg. [pl.m. *-ri*] Relativo all'immigrazione e agli immigrati. *Movimento, flusso immigratorio.*

immigrazióne s.f. **1.** Trasferimento di persone in un paese diverso da quello d'origine, spec. per trovare lavoro. ~ *Le persone immigrate nel loro insieme.* **2.** BIOL. Insediamento di animali o piante in una zona da cui prima erano assenti.

imminènte agg. (lat. *imminēntem*, deriv. di *imminēre* "incombere" propr. "pendere sopra") Che è sul punto di accadere. *Partenza imminente.* SIN.: **incombente.**

imminènza s.f. (spec. sing.) Prossimità di un avvenimento, vicinanza temporale di qlco.

immischiàre v.tr. [6] Coinvolgere qlcu. in un'attività in modo inopportuno o indebito. SIN.: **implicare.** ◆ **immischiarsi** v.pron. Intromettersi inopportunamente in qlco. che non riguarda.

immissàrio s.m. [pl. *–ri*] IDROL. Corso d'acqua che si immette in un altro di maggiore portata o in un lago.

immissióne s.f. **1.** Introduzione di una cosa dentro un'altra, detto spec. di fluidi. **2.** *estens.* Con riferimento a persona, inserimento in una categoria, in un ordine. **3.** INFORM. Introduzione di dati in un sistema di elaborazione.

immòbile agg. **1.** Che ha sempre la stessa posizione. SIN.: **statico. 2.** Che è temporaneamente in stato di quiete. SIN.: **fermo.** ◆ s.m. Bene immobile, in partic. terreno o fabbricato.

immobiliàre agg. (fr. *immobilier*) Relativo a beni immobili. *Politica immobiliare.* ◇ *Agenzia immobiliare:* che opera nel settore della compravendita di edifici, terreni, ecc.

immobilìsmo s.m. Tendenza a conservare lo stato di cose esistenti, opponendosi a ogni cambiamento.

immobilità s.f. inv. **1.** Stato di quiete, assenza di movimento. **2.** *fig.* Permanenza di condizioni identiche, senza evoluzione o sviluppo. *Immobilità sociale.*

immobilizzàre v.tr. (fr. *immobiliser*) **1.** Costringere all'immobilità, bloccare. *La malattia lo immobilizza a letto.* **2.** *fig.* Paralizzare, impedire qualsiasi attività o sviluppo. *Il provvedimento immobilizza il mercato azionario.* **3.** ECON. Investire nel mercato degli immobili.

immobilizzazióne s.f. (fr. *immobilisation*) **1.** Riduzione all'immobilità, in partic. come pratica ortopedica. **2.** ECON. (spec. pl.) Insieme di beni (edifici, terreni, macchine, materiali, brevetti, ecc.) che un'impresa utilizza durevolmente come strumenti di lavoro.

immodèstia s.f. Mancanza di modestia, presunzione.

immodificàbile agg. Che non può essere modificato, cambiato.

immolàre v.tr. (lat. *immolāre*, deriv. di *mŏla* "farina di farro" che si spargeva sulla vittima) **1.** Nel mondo antico, uccidere una persona o un animale per offrirlo in sacrificio a una divinità. **2.** *fig.* Subordinare qlco. a un valore che si ritiene più importante. *Immolare la libertà agli interessi materiali.* ◆ **immolarsi** v.pron. Offrirsi come vittima. SIN.: **sacrificarsi.**

immolazióne s.f. **1.** Nelle antiche religioni, sacrificio di un essere vivente alla divinità. ~ Cerimonia in cui ciò avveniva. **2.** Sacrificio di Cristo, come realtà storica e come atto liturgico nella messa. **3.** *fig.* Sacrificio totale di sé.

immondezzàio s.m. [pl. *–zai*] **1.** Luogo di raccolta della spazzatura. **2.** *fig.* Ambiente corrotto in cui tutti agiscono senza scrupoli.

immondìzia s.f. Spazzatura, mucchio di rifiuti.

immóndo agg. **1.** Sporco, sordido. **2.** *fig.* Contaminato dal peccato, abietto.

immoràle agg. **1.** Che agisce in modo difforme da quanto stabilito dalla morale. SIN.: **disonesto. 2.** Che denota disprezzo della morale. SIN.: **turpe.** ◆ s.m. e f. Chi si comporta in modo contrario alla morale.

immoralìsmo s.m. (fr. *immoralisme*) **1.** FILOS. Ogni concezione basata sul rifiuto della norma morale e, in partic., la critica alla morale tradizionale condotta da Nietzsche. **2.** Assenza di principi morali.

immoralità s.f. inv. **1.** Assenza di principi morali. **2.** Carattere di ciò che è in contrasto con le norme morali. **3.** Azione, comportamento immorale.

immorsatùra s.f. **1.** COSTR. In un muro, alternanza di mattoni sporgenti e non, che consente l'incastro con un altro muro. **2.** TECN. Incontro tra un elemento sporgente e uno che rientra in esso.

immortalàre v.tr. Far diventare qlcu. o qlco. eterno e immortale, rendendo perpetua la sua memoria. ~ *estens. fam.* Fotografare qlco.

immortàle agg. **1.** Che non muore. SIN.: **eterno. 2.** *estens.* Che supera la contingenza storica, che merita di restare nella memoria degli uomini. **3.** *per esager.* Che non avrà fine anche con la morte, tanto è forte, radicato. *Amore immortale.* ◆ s.m. (spec. pl.) **1.** Chi, per fama e meriti, non deve essere mai dimenticato. **2.** (non com. anche f.) Gli dei pagani.

immortalità s.f. inv. **1.** Condizione, carattere di ciò che è immortale. **2.** *fig.* Permanenza nella memoria collettiva. *L'immortalità di Dante.*

immotivàto agg. Che non ha una ragione plausibile. SIN.: **ingiustificato.**

immùne agg. **1.** Libero da obblighi. SIN.: **dispensato. 2.** Non gravato da carichi di coscienza, non menomato da carenze di alcun tipo. *Immune da colpe.* SIN.: **libero. 3.** MED. Che non viene contagiato da un agente patogeno grazie alla condizione di immunità dell'organismo.

immunità s.f. inv. **1.** Esenzione da imposte, da obblighi, da doveri. ◇ *Immunità parlamentare:* complesso di prerogative spettanti ai parlamentari i quali non possono essere perseguiti, eccetto in caso di flagranza di reato, senza l'autorizzazione dell'assemblea alla quale appartengono. – *Immunità diplomatica:* insieme di privilegi e garanzie di cui beneficiano gli agenti diplomatici stranieri (inviolabilità della persona, valigia diplomatica, privilegi fiscali e giurisdizionali). **2.** MED. Mancato sviluppo di malattie indotte da germi patogeni o da tossine, come condizione di aumentata resistenza, innata o acquisita, dell'organismo.

ENCICL. L'immunità può essere naturale o acquisita. L'*immunità naturale* o *congenita* è la prima difesa contro gli agenti infettivi e include principalmente le barriere cutanee, come peli ed epiteli delle vie respiratorie. L'*immunità acquisita* o *specifica*, entra in azione qualora un agente infettivo riesca a superare i meccanismi di difesa dell'immunità naturale agendo grazie ai linfociti-B (*immunità umorale*) e linfociti-T (*immunità cellulare*).

immunitàrio agg. [pl.m. *–ri*] **1.** DIR. Che gode di privilegi, di garanzie o ne procura. *Concessione immunitaria.* **2.** MED. Relativo all'immunità. ◇ *Sistema immunitario:* insieme di cellule, di tessuti e di organi (globuli bianchi, tessuto linfatico, ecc.) che garantisce la difesa dell'organismo contro gli agenti patogeni. – *Deficit immunitario:* immunodeficienza.

immunizzànte agg. MED. Che induce nell'organismo uno stato di immunità.

immunizzàre v.tr. (fr. *immuniser*) **1.** MED. Rendere un organismo immune da una malattia. **2.** *fig.* Proteggere da influenze negative. SIN.: **salvaguardare.** ◆ **immunizzarsi** v.pron. **1.** MED. Rendersi immune da una malattia. **2.** *fig.* Proteggersi, salvaguardarsi da qlco.

immunizzazióne s.f. (fr. *immunisation*) **1.** MED. Processo, cura grazie a cui un organismo acquisisce uno stato di immunità da una certa malattia. **2.** FIN. Tecnica di gestione di un portafoglio di titoli obbligazionari finalizzata a rendere minimo l'effetto di variazioni dei tassi.

immunocompetènte agg. BIOL., MED. Si dice di un leucocita, di una cellula dotata di proprietà immunitarie.

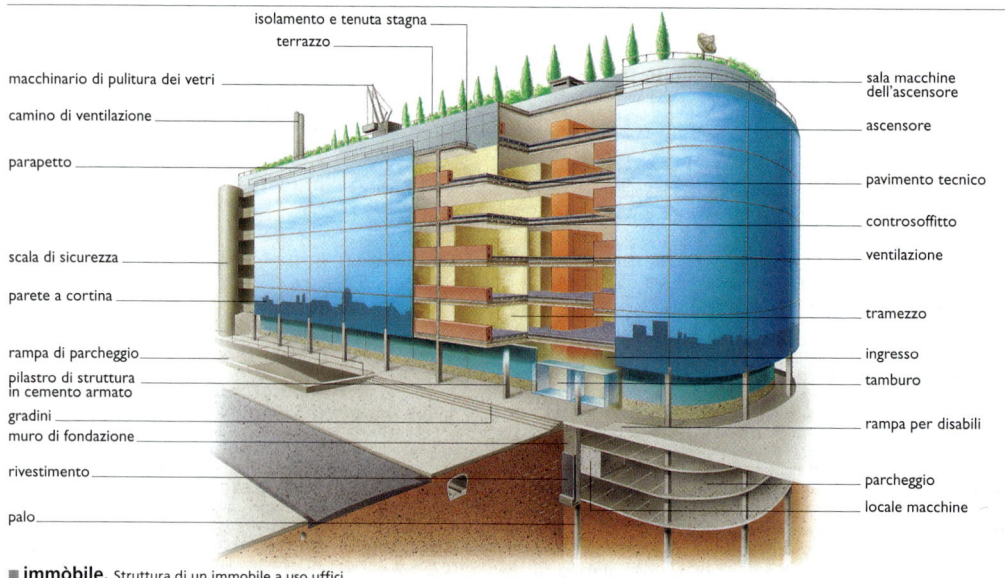

isolamento e tenuta stagna
terrazzo
macchinario di pulitura dei vetri
camino di ventilazione
parapetto
scala di sicurezza
parete a cortina
rampa di parcheggio
pilastro di struttura in cemento armato
gradini
muro di fondazione
rivestimento
palo

sala macchine dell'ascensore
ascensore
pavimento tecnico
controsoffitto
ventilazione
tramezzo
ingresso
tamburo
rampa per disabili
parcheggio
locale macchine

■ **immòbile.** Struttura di un immobile a uso uffici.

immunodeficiènza s.f. Carenza nei meccanismi immunitari.

immunodepressivo agg. Che riduce le reazioni immunitarie dell'organismo.

immunofluorescènza s.f. MED. Tecnica diagnostica consistente nell'utilizzare sostanze fluorescenti per evidenziare la presenza di anticorpi o di antigeni.

immunoglobulina s.f. BIOL., MED. Proteina presente nel plasma che ha funzione di anticorpo.

immunologìa s.f. MED. Studio dei fenomeni immunitari.

immunològico agg. [pl.m. –ci, f. –che] Relativo all'immunologia.

immunòlogo s.m. e f. [f. –ga, pl.m. –gi, f. –ghe] Medico specialista in immunologia.

immunoprofilàssi s.f. inv. MED. Profilassi che tende a stimolare risposte immunitarie da parte dell'organismo ed è attuata, quindi, attraverso l'uso di mezzi immunologici. SIN.: **immunoterapia**.

immunoreazióne s.f. MED. Reazione del sistema immunitario a un determinato antigene.

immunoterapìa s.f. Trattamento che consiste nel rafforzare o modificare lo stato immunitario dell'organismo (p.e. con un vaccino). SIN.: **immunoprofilassi**.

immunsièro o **immunosièro** s.m. IMMUNOL. Siero umano o animale contenente anticorpi specifici contro un particolare germe patogeno e per questo impiegato nella cura o nella prevenzione della malattia indotta da tale germe.

immusonirsi v.pron. [83] *fam.* Mettere il muso.

immutàbile agg. Che per propria natura non è soggetto a mutamenti. *Un destino immutabile.* SIN.: **invariabile**.

immutàto agg. Che non ha subito cambiamenti.

impaccàre v.tr. [4] Confezionare qlco. in pacco. SIN.: **imballare**. ~ Avvolgere in un pacco.

impacchettàre v.tr. Confezionare in un pacchetto.

impacciàto agg. **1.** Ostacolato nei movimenti, privo di agilità. **2.** *fig.* Che è trattenuto da timidezza, timore, imbarazzo.

impàccio s.m. [pl. –ci] **1.** Causa di difficoltà nell'effettuare movimenti e azioni. **2.** *estens.* Situazione nella quale si può restare invischiati, impegolati. **3.** *fig.* Senso di disagio dovuto a timidezza, timore, imbarazzo.

impàcco s.m. [pl. –chi] Applicazione, su una parte del corpo, di garze, cotone, ecc. imbevuti di sostanze medicamentose.

impadronirsi v.pron. [83] **1.** Prendere violentemente possesso di qlco. *Impadronirsi di una città.* SIN.: **impossessarsi**. **2.** *fig.* Arrivare a una completa padronanza di una disciplina o di un mestiere. **3.** *fig.* Detto di un sentimento, pervadere, impossessarsi di qlcu. *La rabbia si è impadronita di lui.*

impagàbile agg. (fr. *impayable*) **1.** Che non ha corrispettivo materiale adeguato tanto grande è il suo valore. SIN.: **impareggiabile**. **2.** *per esager.* Di tutto ciò che piace, che soddisfa, che è apprezzato. *Battute impagabili.* **3.** Con riferimento a persona, di capacità rara.

impaginàre v.tr. STAM. Sistemare in pagine un testo e distribuire le eventuali illustrazioni. *Impaginare un libro.* **2.** RILEG. Radunare in ordine le pagine o le segnature necessarie per formare un volume da rilegare.

impaginàto agg. Che ha il formato della pagina. ◆ s.m. Bozza impaginata.

impaginatóre s.m. [f. –*trice*] Addetto all'impaginazione.

impaginazióne s.f. STAM. Disposizione della composizione secondo l'aspetto che avrà la pagina stampata.

impagliàre v.tr. [6] **1.** Rivestire, coprire, imbottire qlco. con paglia. *Impagliare le sedie.* **2.** Riempire di paglia la pelle di animali morti, per conservarli nell'aspetto che avevano da vivi. *Impagliare una volpe.*

impagliatóre s.m. [f. –*trice*] **1.** Artigiano che lavora la paglia. **2.** Persona specializzata nell'imbalsamare animali.

impagliatùra s.f. Operazione di rivestimento o di imbottitura con paglia o materiale affine e quanto ne risulta.

impàla s.m. inv. (da una voce bantu) Antilope dell'Africa sud-orientale, con muso sottile e allungato, corpo snello e pelo rossiccio, che vive nella savana in grandi branchi ed è un'agile saltatrice. (Il maschio ha corna ricurve; genere *Aepyceros*; famiglia dei Bovidi.)

■ **impàla** maschio.

impalàre v.tr. **1.** Trafiggere con un palo, per supplizio. **2.** AGR. Sostenere le piante con pali. ◆ **impalarsi** v.pron. Stare rigido e dritto come un palo. SIN.: **irrigidirsi**.

impalàto agg. **1.** Dritto, fermo, rigido come un palo. **2.** Sottoposto al supplizio dell'impalamento, che consisteva nell'infilzare il corpo del condannato in un palo appuntito.

impalcàto agg. **1.** Che ha un palco, detto di stanza o di altro ambiente. **2.** AGR. Di pianta, sottoposta a una particolare forma di potatura e di controllo della crescita. ◆ s.m. **1.** Struttura di travi e assi formante un palco. ~ Soffittatura in legno che funge anche da pavimento di un locale soprastante. **2.** Struttura in legno o metallo necessaria all'esecuzione di opere murarie.

impalcatùra s.f. **1.** Struttura provvisoria, smontabile, che sostiene i muratori e il materiale durante l'esecuzione di lavori edili. **2.** Struttura fissa con funzione portante. **3.** *fig.* Organizzazione interna a un sistema.

impallàre v.tr. **1.** Nel gioco del biliardo, ostacolare l'avversario, mandando la propria palla in un punto dove sia coperta dai birilli o dal pallino. **2.** *fig.* Mettere qlcu. in difficoltà.

impallidire v.intr. [83] (aus. *essere*) **1.** Detto di persona, sbiancare in volto. *Impallidì improvvisamente per la rabbia.* **2.** Con soggetto non animato, perdere lucentezza o colore. *La luna impallidisce all'avvicinarsi dell'alba.* ~ *fig.* Risultare senza importanza di fronte a qlco. di più grave o più noto. *L'arte contemporanea impallidisce di fronte alle opere del Rinascimento.* **3.** *fig.* Detto di un sentimento, di ricordi, ecc., svanire lentamente. *La vera amicizia non impallidisce.* SIN.: **attenuarsi**. **4.** *fig.* Provare vergogna, restare di sasso. *C'è da impallidire di fronte a questi fatti.*

impallinàre v.tr. **1.** Colpire qlcu. con un colpo di fucile caricato con cartucce a pallini. **2.** *fig.* Ostacolare, bocciare qlcu. o qlco. sottoponendolo a una serie di critiche o di voti contrari.

impalpàbile agg. **1.** Così fine, lieve o inconsistente da risultare appena percepibile al tatto. *Polvere impalpabile.* **2.** *estens.* Appena percepibile ad altri sensi, quali l'udito, l'odorato. **3.** *fig.* Indefinibile, vago.

impaludaménto s.m. Trasformazione di un corso d'acqua o di un terreno in palude.

1. impanàre v.tr. Cospargere un cibo di pangrattato per prepararlo alla frittura.

2. impanàre v.tr. TECN. Filettare una vite. ◆ v.intr. (aus. *avere*) Detto di una vite, adattarsi

perfettamente all'elemento dentro il quale deve inserirsi.

impanàto agg. Cosparso di pangrattato.

impanatrice s.f. METALL. Macchina per la filettatura delle viti.

1. impanatùra s.f. CUC. Modalità di preparazione di carni, verdure, ecc. per la frittura.

2. impanatùra s.f. TECN. Operazione di filettatura di una vite.

impantanàre v.tr. **1.** Sporcare, insudiciare qlco. con fango e terra. *Impantanare le scale.* **2.** *estens.* Ridurre una superficie a pantano. ◆ **impantanarsi** v.pron. **1.** Sprofondare nel pantano. *La macchina si è impantanata.* **2.** *fig.* Bloccarsi, non riuscire a procedere. *Il progetto si è impantanato.* **3.** Sporcare di fango e terra qlco. che si indossa. *Impantanarsi le scarpe.* **4.** *fig.* Invischiarsi in una situazione difficile. *Impantanarsi nelle contraddizioni.*

impappinàrsi v.pron. Confondersi, parlare in modo impacciato. *Impappinarsi per l'emozione.*

imparàre v.tr. (lat. *imparàre* "acquistare") **1.** Acquisire conoscenze o capacità attraverso lo studio, l'esercizio, l'applicazione. ◇ *Imparare qlco. a memoria:* studiarlo in modo da poterlo ripetere esattamente. **2.** Acquisire comportamenti mediante l'esperienza.

impareggiàbile agg. Che non ha eguale per pregio, valore, qualità positiva.

imparentàre v.tr. Unire in un vincolo di parentela. ◆ **imparentarsi** v.pron. Diventare parenti.

imparentàto agg. Unito da legami di parentela acquisita.

impari agg. inv. **1.** Che non è pari, uguale a qualcos'altro. **2.** Inferiore, inadeguato. *Opera impari alla fama dell'autore.* **3.** MAT. Dispari, numero dispari. **4.** ANAT. Di organo singolo, non bilaterale (p.e. lo stomaco, il fegato, ecc.).

imparidigitàto agg. ZOOL. Di animale che ha le dita in numero dispari.

imparipennàto agg. BOT. Di foglia composta con foglioline in numero dispari.

imparisillabo agg. **1.** GRAMM. Di parola, che non mantiene lo stesso numero di sillabe per tutta la declinazione (in oppos. a *parisillabo*). **2.** METR. Di verso formato da un numero dispari di sillabe.

impartire v.tr. [83] Assegnare, dare, distribuire qlco. a qlcu., spec. in situazioni formali.

imparziàle agg. **1.** Che agisce secondo equità e obiettività. *Giudice imparziale.* SIN.: **neutrale**. **2.** Che denota imparzialità.

imparzialità s.f. inv. Capacità di mantenersi estraneo a interessi di parte e di valutare le cose con obiettività.

impasse [/ɛ̃'pas/] s.f. inv. (voce fr.) **1.** Situazione complicata che appare senza sbocco. *Una impasse nei negoziati.* **2.** Particolare giocata del bridge basata sulla supposizione che una certa carta, mancante sia al giocatore sia al suo compagno "morto", sia in mano all'avversario che deve ancora giocare.

impassibile agg. (calco del gr. *apathḗs*) Che non lascia trapelare alcuna emozione. *Restare impassibile dinanzi al pericolo.* SIN.: **imperturbabile**.

impastaménto s.m. **1.** Operazione di impastare. **2.** MED. Tecnica di massaggio che consiste nell'eseguire manipolazioni simili a quelle compiute nell'impastare il pane, per stimolare i muscoli e la circolazione.

impastàre v.tr. **1.** Stemperare, mescolare e manipolare una o più sostanze per amalgamarle (farina e acqua, intonaco, cemento, ecc.). **2.** PITT. Mescolare i colori sulla tavolozza o sulla tela. **3.** *fig.* Indurre una sgradevole sensazione di collosità in bocca. *Questo dolce impasta la lingua.* ◆ **impastarsi** v.pron. **1.** Sporcarsi, insudiciarsi di sostanze appiccicose. **2.** Detto di due o più cose, aggregarsi, amalgamarsi in un impasto.

impastàto agg. **1.** Fatto di due o più ingredienti mescolati e lavorati insieme fino a formare una pasta. **2.** Impregnato, cosparso di materia pastosa. SIN.: **imbrattato**. ◇ *Avere la bocca, la lingua impastata:* coperta da una patina biancastra (in partic. dopo un'indigestione); *fig.* di chi parla con difficoltà (spec. per ragioni emotive, psicofisiche, ecc.). **3.** *fig.* Che risente profondamente di un vizio o di un sentimento. *Essere impastato di pregiudizi.*

impastatrìce s.f. Macchina per impasti.

impasticcàrsi v.pron. [4] Nel gergo della droga, fare uso di sostanze stupefacenti sotto forma di pasticca.

impàsto s.m. **1.** Mescolanza di sostanze solide e liquide, lavorate insieme fino a formare una materia omogenea e morbida. **2.** PITT. Strato di colore che forma la superficie di una tela. **3.** *fig.* Sintesi di vari caratteri e tendenze. **4.** MUS. Fusione di suoni emessi da strumenti di diverso tipo e timbro.

impastoiàre v.tr. [6] **1.** Legare con funi le zampe di un animale. **2.** *estens.* Legare, ostacolare qlcu. ~ *fig.* Intralciare, vincolare. *Impastoiare la stampa.*

1. impattàre v.tr. Nello sport e nel gioco, terminare in parità una partita, una gara o un incontro.

2. impattàre v.tr. (ingl. *to impact*) **1.** Detto di un mezzo meccanico in movimento, cozzare, urtare contro qlco. **2.** *fig.* Avere un certo impatto, un determinato effetto.

impàtto s.m. (ingl. *impact*, lat. *impāctum* deriv. di *impīngere* "gettare contro") **1.** Urto di un corpo contro una superficie. ◇ *Angolo d'impatto:* angolo formato dalla tangente alla traiettoria con il piano tangente alla superficie colpita da un proiettile. **2.** *estens.* Urto tra corpi in moto. **3.** *fig.* Contatto con un contesto poco accogliente, o che è percepito come tale. *L'impatto con la realtà.* **4.** *fig.* Effetto prodotto su un contesto da qlco. che risulta per esso sconvolgente. ◇ *Impatto ambientale:* modificazione introdotta in un ambiente naturale con l'installazione di industrie, la costruzione di opere edili, ecc., che può portare ad alterazioni del suo equilibrio anche estetico. **5.** *fig.* Influenza esercitata da qlcu. *L'impatto di un autore.*

impaurìre v.tr. [83] Spaventare qlcu. ◆ **impaurirsi** v.intr. (aus. *essere*) Essere colto da paura, anche pron. SIN.: **spaventarsi**.

impavesàta s.f. MAR. Alto parapetto del ponte di coperta che offre maggior riparo alle persone.

impàvido agg. **1.** Che non prova o non manifesta alcun timore. SIN.: **coraggioso**. **2.** *estens.* Che denota coraggio, audacia.

1. impaziènte agg. Che perde la calma. ~ Smanioso, inquieto.

2. Impaziènte s.f. (così chiamata per la reazione dei frutti al tocco) BOT. Genere di piante erbacee, annue o perenni, diffuse nel continente asiatico e africano, coltivate anche in Europa a scopo ornamentale, con fiori di vario colore a seconda della specie e frutti a capsula che lanciano i semi all'esterno se toccati. (Famiglia delle Balsaminacee.)

impaziènza s.f. **1.** Irritazione, nervosismo davanti a contrarietà anche modeste. SIN.: **insofferenza**. **2.** Fastidio per l'attesa di qlco., smania.

impazzàre v.intr. (aus. *essere*) **1.** CUC. Detto di creme o salse, non acquisire la giusta omogeneità. **2.** *estens.* (aus. avere o essere) Fare chiasso, confusione, con allegria e vivacità. ~ Manifestarsi in modo rumoroso e confusionario. *La festa impazza.*

impazzìre v.intr. [83] (aus. *essere*) **1.** Diventare pazzo, cadere nella follia. **2.** *fig.* Perdere la testa o la pazienza, agitarsi. **3.** Detto di una salsa o crema d'uovo, perdere omogeneità per la formazione di grumi. *La maionese impazzisce facilmente.* **4.** Detto di apparecchi elettrici o meccanici, non funzionare bene. *La bussola è impazzita.* **5.** *fig.* Avere una grande passione per qlcu. o qlco. *Impazzire per la musica jazz.* **6.** *fig.* Essere presi da un forte sentimento. *Impazzire di gioia.*

impazzìto agg. **1.** Riferito a persona, pazzo, dissennato. **2.** Riferito a cosa, caotico, disordinato, fuori controllo.

impeachment [/ɪmˈpiːtʃmənt/] s.m. inv. (voce ingl., deriv. di *to impeach* "accusare") DIR. Stato d'accusa di un alto funzionario o di un uomo politico, sospettato di aver violato la legge nell'esercizio delle proprie funzioni.

impeccàbile agg. Che è senza difetti. SIN.: **perfetto**. ~ Inappuntabile, irreprensibile.

impedènza s.f. (ingl. *impedance*) **1.** FIS. Grandezza che misura la resistenza opposta da un circuito al passaggio di una corrente alternata. **2.** FIS. *Impedenza acustica:* rapporto fra la pressione esercitata dalle onde acustiche su una superficie e l'intensità del flusso sonoro attraverso la superficie stessa.

impediménto s.m. **1.** Ciò che impedisce o ostacola un'azione. *Impedimenti dell'ultimo minuto.* SIN.: **intralcio**. **2.** DIR. Circostanza prevista dalla legge canonica che impedisce di contrarre matrimonio o di ricevere gli ordini religiosi. **3.** MED. Alterazione della normale funzionalità di un organo o di un arto. SIN.: **disturbo**.

impedire v.tr. [83] (lat. *impedīre*, propr. "porre i ceppi ai piedi") **1.** Ostacolare, rendere impossibile. *La pioggia impedisce la partenza.* **2.** *estens.* Essere d'intralcio, rendere difficoltoso.

impedito agg. **1.** Che incontra ostacoli morali. SIN.: **contrastato**. **2.** Intralciato da un ostacolo materiale. SIN.: **inaccessibile**. **3.** Che non è fisicamente efficiente a causa di malattie, menomazioni, ecc. SIN.: **infermo**. **4.** *pop.* Maldestro, imbranato, anche come epiteto scherzoso.

impegnàre v.tr. **1.** Dare qlco. in pegno, a garanzia di un prestito che si riceve. *Impegnare la casa.* **2.** Obbligare qlcu. a un certo comportamento, a seguito di promessa formale. *Impegnare l'imbianchino per i lavori in casa.* ~ Vincolare, riservare qlco. con un accordo. *Impegnare una camera d'albergo.* **3.** Investire denaro in un'operazione. *Impegnare grosse cifre nell'azienda.* **4.** Tenere occupato qlcu., richiedendo impegno e dedizione. *Il mio lavoro mi impegna.* ~ Nel l. sport., obbligare un atleta o una squadra a un duro sforzo, soprattutto di difesa. ◆ **impegnarsi** v.pron. **1.** Assumersi l'impegno di qlco. *Impegnarsi a consegnare la merce a fine mese.* **2.** Darsi da fare in qlco. o per qlcu. sforzandosi in tutti i modi. *La squadra ha dovuto impegnarsi a fondo per vincere la gara.*

impegnativa s.f. Dichiarazione con cui si assume un impegno.

impegnativo agg. **1.** Che determina l'assunzione di un obbligo. **2.** Che esige applicazione, sforzo, energia. *Lavoro impegnativo.* **3.** Che obbliga a conformarsi alle regole del galateo e della buona società.

impegnàto agg. **1.** Dato in pegno. **2.** Molto preso da una o più attività. ~ Particolarmente attivo in un dato settore. **3.** *estens.* Che ha contratto un obbligo morale con qlcu., che è legato da una promessa vincolante. SIN.: **vincolato**. **4.** Che, in nome di un'idea, di un'ideologia condivisa, interpreta la cultura e l'arte come momenti inseparabili dalle opzioni politiche e sociali. *Intellettuale impegnato.*

impégno s.m. **1.** Vincolo morale, promessa. SIN.: **obbligo**. **2.** ECON. Obbligazione, debito. **3.** Attività che richiede di essere seguita e che non lascia tempo per altro. **4.** Atteggiamento morale proprio di chi impiega tutte le proprie forze nel compimento di qlco., nel raggiungimento di un obiettivo. **5.** Scelta politica (spec. di tipo progressista, rivoluzionario) che, per il suo carattere totalizzante, porta l'intellettuale o l'artista a privilegiarne le ragioni in ogni atteggiamento ed espressione. **6.** MED. Ingresso del cranio del feto nel canale del parto.

impegolàre v.tr. Impiastrare, sporcare qlco. di pece. ~ *fig.* Impegnare, coinvolgere qlcu. in una situazione infelice, senza uscita. *Impegolare qualcuno in un affare sgradevole.* ◆ **impegolarsi** v.pron. Invischiarsi in una situazione difficile, cacciarsi nei guai.

impelagàre v.tr. [4] Coinvolgere in una attività inopportuna o indebita. *Lo hanno impelagato in un'impresa losca.* ◆ **impelagarsi** v.pron. Lasciarsi coinvolgere in una situazione difficile.

impellènte agg. **1.** Che richiede un soddisfacimento immediato. **2.** *fig.* Che induce, spinge a qlco.

impenetràbile agg. **1.** Che non può essere penetrato, attraversato. **2.** Che non è permeabile all'acqua o ad altri liquidi. SIN.: **impermeabile**. ~ Che non si lascia perforare o attraversare. **3.** *fig.* Poco comprensibile, oscuro. *Un mistero impenetrabile.* **4.** *fig.* Che non lascia trasparire alcuna emozione. *Viso impenetrabile.*

impenetrabilità s.f. inv. **1.** FIS. Proprietà della materia, tale per cui due corpi solidi non possono occupare nello stesso tempo lo stesso spazio. **2.** *fig.* Chiusura in se stessi, isolamento. **3.** *fig.* Mancanza di comprensibilità di qlco. *Impenetrabilità di un testo.* **4.** *fig.* Carattere enigmatico.

impenitènte agg. **1.** Che persiste in una pratica. *Fumatore impenitente.* SIN.: **incorreggibile**. **2.** TEOL. CRIST. Che non prova pentimento, che non è disposto a pentirsi.

impennacchiàre v.tr. [6] Decorare qlco. con pennacchi. ◆ **impennacchiarsi** v.pron. *scherz.* Vestirsi in modo appariscente e ridicolo.

impennàggio s.m. [pl. *-gi*] Complesso di superfici fisse e mobili che costituiscono la parte posteriore di un aereo.

1. impennàre v.tr. Dotare, coprire, rivestire qlco. di penne.

2. impennàre v.tr. (spagn. *empinar*, propr. "essere ritto come un pino") AER. Alzare bruscamente la prua di un aereo. ◆ **impennarsi** v.pron. **1.** Detto di natanti o aerei, volgere la prua verso l'alto. **2.** Detto di cavalli, rizzarsi sulle zampe posteriori. **3.** *fig.* Detto di persona, essere preso da rabbia intensa e improvvisa. **4.** *fig.* Aumentare notevolmente all'improvviso. *L'inflazione si è impennata.*

impennàta s.f. **1.** Sollevamento brusco della parte anteriore (p.e. le zampe anteriori dei cavalli, la prua delle navi, la ruota anteriore della motocicletta, ecc.). **2.** *fig.* Improvviso moto d'ira. **3.** *fig.* Rialzo imprevisto e forte. *L'impennata del dollaro.*

impennàto agg. **1.** Alato, che ha le penne. **2.** Che ha l'impennatura.

impennatùra s.f. Innesto di penne nell'estremità della freccia opposta alla punta, utile per rendere precisa la traiettoria.

impensàbile agg. **1.** Che supera l'immaginazione. **2.** *estens.* Che risulta difficile da accettare perché assurdo, contraddittorio, intollerabile, ingiusto o del tutto imprevedibile.

imperànte agg. **1.** Che detiene il potere imperiale. ~ *estens.* Regnante. **2.** *fig.* Che prevale e predomina, dilaga. *Malcostume imperante.* SIN.: **diffuso**.

imperativo agg. **1.** Che obbliga, comanda. SIN.: **autoritario**. **2.** GRAMM. *Modo imperativo:* modo del verbo con cui si esprime un comando. (Ha solo il tempo presente e due persone, la seconda sing. e pl.) ◆ s.m. **1.** GRAMM. Modo imperativo. **2.** FILOS. *Imperativo categorico:* nel pensiero di Kant, legge morale che procede dalla ragione pratica e che si presenta all'uomo come comando. – *Imperativo ipotetico:* ordine morale condizionato a uno scopo.

imperatóre s.m. (lat. *imperatōrem* "comandante") **1.** ANT. ROM. Titolo assunto da Augusto (27 d.C.) e dai suoi successori, in quanto detentori della suprema autorità. **2.** [f. *–trice*] Da Carlo Magno fino al 1806, titolo spettante a chi reggeva il Sacro Romano Impero. ~ Titolo dei sovrani di Prussia e di Russia (equivalente del tedesco *Kaiser* e del russo *czar*). ~ Titolo assunto da sovrani di formazioni statali sovranazionali o di Stati che abbiano acquisito possessi coloniali.

imperatrìce s.f. **1.** Sovrana di un impero. **2.** Moglie dell'imperatore.

impercettìbile agg. **1.** Che sfugge alla percezione dei sensi. **2.** *estens.* Che sfugge alla comprensione, alla conoscenza.

impercorrìbile agg. **1.** Che non può essere percorso. SIN.: **impraticabile**. **2.** *fig.* Di concetto o teoria che non può essere sostenuta. *Ipotesi impercorribile.*

imperdonàbile agg. Che non può essere perdonato, giustificato.

imperfettìbile agg. Che non può migliorare.

imperfettivo agg. GRAMM. Dell'aspetto verbale proprio dell'imperfetto, che indica situazioni in corso di svolgimento o abituali.

imperfètto agg. **1.** Non terminato, non finito. **2.** Che presenta difetti, lacune, pecche. *Conoscenza imperfetta di una lingua.* **3.** GRAMM. *Tempo imperfetto:* tempo dei modi indicativo e congiuntivo. ◆ s.m. Nell'accez. 3 dell'agg.

imperfezióne s.f. **1.** Limitatezza, finitezza. **2.** Difetto, manchevolezza che rende qlco. imperfetto.

imperforazióne s.f. MED. Malformazione congenita consistente nella mancata apertura di orifizi esterni. *Imperforazione dell'ano.*

1. imperiàle agg. **1.** Relativo all'imperatore, all'impero. ~ Maestoso, regale. **2.** *Formato imperiale:* formato di carta usato in passato nei libri manoscritti e nei primi libri a stampa. ◆ s.m. **1.** (spec. pl.) Milizie del Sacro Romano Impero. **2.** Nell'accez. 2 dell'agg. **3.** Barba a pizzetto che parte dal labbro inferiore, così detta perché portata dall'imperatore Napoleone III.

2. imperiàle s.m. (fr. *impériale*, propr. "imperiale" per la posizione sovrastante) Piano superiore di una diligenza, di un tram, di un autobus, di una vettura ferroviaria.

imperialismo s.m. (ingl. *imperialism*) **1.** Politica di acquisizione di nuovi territori, condotta con campagne militari. **2.** Tendenza espansionistica in campo economico, politico e culturale.

imperialista s.m. e f. [pl.m. *-sti*] (ingl. *imperialist*) Fautore della politica dell'imperialismo.

imperióso agg. **1.** Che ha un tono di comando. SIN.: **perentorio**. ~ Che comanda con energia, prepotenza, arroganza. *Un padrone imperioso.* SIN.: **dispotico**. **2.** *fig.* Che ha carattere tassativo, impellente. *Necessità imperiosa di agire.*

imperitùro agg. Che non è destinato a perire. SIN.: **immortale**.

imperizia s.f. **1.** Mancanza di competenza e di pratica. **2.** Mancanza di esperienza, immaturità.

imperlàre v.tr. Guarnire, ornare con perle. ~ *fig.* Coprire una superficie con gocce simili a perle. *Le lacrime gli imperlavano le guance.* ◆ **imperlarsi** v.pron. **1.** Ornarsi di perle. **2.** *fig.* Bagnarsi delle gocce di un liquido, simili a perle. *La fronte mi si imperla di sudore.*

impermalìre v.tr. [83] Rendere qlcu. seccato, farlo stizzire. ◆ **impermalirsi** v.pron. Aversela a male, provare dispetto o risentimento.

impermeàbile agg. **1.** Che non si lascia attraversare da liquidi. **2.** *fig.* Che non risente di stimoli intellettuali o emotivi. ◆ s.m. Soprabito da pioggia confezionato con tessuto che non lascia passare l'acqua.

impermeabilizzànte agg. Di materiale che ha proprietà, funzione di impermeabilizzazione. ◆ s.m. o s.f. Nel sign. dell'agg.

impermeabilizzàre v.tr. Rendere qlco. impermeabile.

impermeabilizzazióne s.f. Procedimento, trattamento con cui si rende impermeabile un materiale o una struttura.

impèro s.m. (lat. *impĕrium* orig. "comando") **1.** Suprema autorità, massimo potere. **2.** *fig.* Forza vincolante, dominio. **3.** Organizzazione politico-territoriale perlopiù di grande ampiezza, retta da un sovrano che ha il titolo di imperatore. *L'impero romano.* ~ Insieme di territori facenti parte di tale formazione politica. **4.** assol. *per anton.* L'impero romano, il Sacro Romano Impero oppure l'impero napoleonico. **5.** Gruppo industriale, commerciale o finanziario molto grande e potente. ❑ In funzione di agg. inv., nella loc. *stile impero*, stile decorativo del periodo napoleonico.

imperscrutàbile agg. Che non può essere indagato dalla mente.

impersonàle agg. **1.** Che non concerne una persona specifica. **2.** Che non è pensato, immaginato come individualità. **3.** Banale, poco originale. SIN.: **comune**. **4.** GRAMM. *Verbo impersonale:* che non necessita di alcun argomento che lo completi, neppure del soggetto. (È usato solo nella terza persona singolare: succede, piove, nevica, ecc.) – *Costruzione impersonale:* quella che si ha quando il soggetto non è determinato bensì indefinito (si dice, si sente, si sa, ecc.).

impersonàre v.tr. **1.** Personificare, rappresentare, incarnare qlco. ~ Rappresentare un concetto astratto in un personaggio. **2.** Rappresentare un ruolo o un personaggio come attore. ◆ **impersonarsi** v.pron. **1.** Calarsi completamente in un personaggio o in una situazione, immedesimarsi. **2.** Acquistare concretezza in una persona.

impertèrrito agg. Che non si lascia condizionare, coinvolgere da nulla.

impertinènte agg. Non conforme a quanto esigono la discrezione e il rispetto. SIN.: **insolente**. ◆ s.m. e f. Persona sfacciata.

impertinènza s.f. Voluta e offensiva mancanza di discrezione, di tatto, di riguardo.

imperturbàbile agg. Che non si lascia turbare, sconvolgere da quanto accade intorno. SIN.: **impassibile**.

imperturbàto agg. **1.** Non turbato, non sconvolto da alcunché. **2.** TECN. *Stato imperturbato:* quello di un sistema non soggetto a perturbazioni.

imperversàre v.intr. (aus. *avere*) **1.** Detto di persona, agire con violenza, sfogarsi rabbiosamente. SIN.: **accanirsi**. **2.** Detto di elementi naturali, manifestarsi violentemente, causare devastazioni. *Il freddo imperversa ancora.* SIN.: **infuriare**. **3.** *scherz.* Detto di mode o costumi, avere molto successo, diffondersi senza freno. SIN.: **furoreggiare**.

impèrvio agg. [pl.m. *-vi*] **1.** Difficile da percorrere, da attraversare perché scosceso, accidentato. *Salita impervia.* SIN.: **impraticabile**. **2.** *fig.* Arduo a comprendersi. **3.** MED. Relativo a organo cavo, che ha l'apertura stretta in modo anomalo.

impestàre v.tr. **1.** Infestare qlcu. con la peste o con altra malattia. SIN.: **appestare**. ~ *fig.* Contaminare, corrompere moralmente. **2.** *estens.* Contaminare l'aria o un luogo con cattivi odori o miasmi. ◆ **impestarsi** v.pron. Prendere la puzza di qlco. *La stanza si è impestata di fumo.*

impetìgine s.f. MED. Infezione della pelle caratterizzata da pustole sierose o purulente.

ìmpeto s.m. (lat. *ĭmpetum*, comp. di *ĭn* "contro" e *pĕtere* "assalire") **1.** Potenza con cui cose o persone avanzano, spingendo e travolgendo. *L'impeto del vento.* **2.** *fig.* Forza di un sentimento che travalica l'equilibrio razionale e il ritegno. SIN.: **impulso**. **3.** *fig.* Concitazione, foga, entusiasmo da cui ci si lascia trascinare, spec. nello scrivere, nel parlare.

impettìto agg. Che tiene il busto eretto e il petto in fuori. ~ *estens.* Che si dà tono, che mostra sussiego.

impetuóso agg. **1.** Che si spinge avanti con forza travolgente. *Torrente impetuoso.* SIN.: **violento**. **2.** *fig.* Che travalica e sconvolge l'equilibrio razionale, l'ordine etico. SIN.: **tumultuoso**. **3.** *fig.* Che agisce in base a una spinta emozionale. SIN.: **impulsivo**.

impiallacciàre v.tr. [5] **1.** Rivestire una superficie di legno comune con fogli sottili di legno pregiato. **2.** *estens.* Rivestire pilastri, facciate di edifici con mattoni o lastre di marmo.

impiallacciàto agg. Che ha l'impiallacciatura.

impiallacciatùra s.f. Sovrapposizione di un sottile strato di legno pregiato su un mobile di altro legno. ~ *estens.* Risultato di tale lavoro.

impiantàre v.tr. (lat. *implantāre* "interrare una pianta") **1.** Mettere in opera una struttura o un congegno. *Impiantare una gru.* SIN.: **installare**. **2.** *estens.* Allestire e dare avvio a un'attività. SIN.: **avviare**. **3.** CHIR. Praticare un impianto. ◆ **impiantarsi** v.pron. Stabilirsi in un luogo.

impiantista s.m. e f. [pl.m. *-sti*] Addetto all'installazione di impianti termici, idraulici.

impiantìstica s.f. Branca dell'ingegneria che studia la realizzazione di impianti industriali sotto il profilo tecnico ed economico.

impiantìto s.m. Pavimento, in partic. quello di legno, mattoni, piastrelle.

impiànto s.m. **1.** Allestimento di strutture, macchinari, strumentazioni, ecc. **2.** Complesso delle attrezzature, delle macchine e degli ambienti da utilizzarsi per una data attività. *Impianto elettrico.* **3.** *fig.* Struttura, ordinamento interno di un'opera. **4.** BIOL. Processo grazie al quale l'uovo fecondato dei mammiferi si fissa alla parete dell'utero. SIN.: **annidamento**. **5.** CHIR. Elemento artificiale o biologico (apparecchio, dispositivo contenente un medicamento, protesi, organo o tessuto innestato, ecc.) introdotto nell'organismo per sostituire un organo, svolgere una funzione o curare una malattia.

impiastricciàre v.tr. [5] Imbrattare, sporcare qlco. con sostanze appiccicose e untuose. ◆ **impiastricciarsi** v.pron. **1.** Sporcarsi, imbrattarsi, insudiciarsi. **2.** Imbrattare una parte del proprio corpo.

impiàstro o **empiàstro** s.m. (lat. *emplāstrum*, gr. *émplastron* deriv. di *emplássein* "modellare") **1.** Preparato curativo per uso esterno, a base di resine, cere, ecc. **2.** *fig.* Lavoro mal fatto, oggetto che non funziona. ~ Persona lamentosa, inopportuna, fastidiosa.

impiccagióne s.f. Esecuzione capitale in cui il condannato viene appeso per il collo a un capestro.

impiccàre v.tr. [4] **1.** Uccidere qlcu. sospendendolo con un laccio al collo. **2.** *fig.* Detto di colletti e simili, stringere troppo la gola. *La cravatta mi impicca.* **3.** *fig.* Mettere qlcu. in difficoltà, perseguitarlo. ◆ **impiccarsi** v.pron. Uccidersi sospendendosi con un laccio intorno al collo.

impiccàto agg. **1.** Morto per impiccagione. **2.** *fig.* Stretto in modo fastidioso da un colletto troppo aderente. ◆ s.m. **1.** [f. *-ta*] Persona morta per impiccagione o impiccamento. **2.** Carta dei tarocchi, detta anche *penduto*.

impicciàre v.tr. [5] (fr. *empedechier*, lat. *impedicare* "intralciare") Essere d'impiccio, d'intralcio. ◆ **impicciarsi** v.pron. Intromettersi in qlco. che non riguarda. *Non impicciarti nei suoi affari!* SIN.: **immischiarsi**.

impiccio s.m. [pl. *-ci*] **1.** Ciò che fa disordine e intralcia il passo. SIN.: **ingombro**. **2.** Questione complicata, pasticcio, seccatura.

impiccióne s.m. [f. *-na*] Chi si intriga nelle faccende altrui.

impiegàbile agg. Che può essere impiegato.

impiegàre v.tr. [4] (lat. *implicāre* "avvolgere, coinvolgere") **1.** Usare, servirsi di qlco. *Impiegare le risorse disponibili.* **2.** Assumere, occupare. *Impiegare qualcuno come segretario.* **3.** Spendere, investire denaro in qlco. *Impiegare i propri risparmi in immobili.* **4.** Consumare un certo periodo di tempo in un'attività. *Impiegare due ore per arrivare a casa.* ◆ **impiegarsi** v.pron. Ottenere un impiego, un posto di lavoro.

impiegatìzio agg. [pl.m. *-zi*] Dell'impiegato, degli impiegati. ~ Da impiegato, anche con valore spreg. *Mentalità impiegatizia.*

impiegato s.m. [f. *-ta*] (calco del fr. *employé*) Dipendente di un ente pubblico o di una azienda privata con mansioni non manuali. *Impiegato di banca.* ◇ *Impiegato di concetto:* la cui attività non è meramente esecutiva.

impiègo s.m. [pl. *-ghi*] **1.** Azione, maniera d'usare qlco. oppure utilizzo di qlcu. in uno specifico settore d'attività. ~ Destinazione, uso proficuo di qlco. **2.** Posto di lavoro, occupazione. ◇ *Pubblico impiego:* il complesso dell'attività lavorativa svolta alle dipendenze dello Stato e i dipendenti a essa addetti.

impietosìre v.tr. [83] Muovere qlcu. a pietà, a compassione. SIN.: **commuovere**. ◆ **impietosirsi** v.pron. Commuoversi, essere mosso a pietà.

impigliàre v.tr. [6] *non com.* Afferrare qlco. e trattenerlo, intralciando e impedendo il movimento. *Il filo spinato impigliò i vestiti del fuggiasco.* ◆ **impigliarsi** v.pron. **1.** Rimanere intralciato, avviluppato, agganciato in qlco. **2.** *fig.* Rimanere coinvolto in qlco., spec. di poco gradevole. *Impigliarsi in grossi problemi.*

impigrìre v.tr. [83] Far diventare qlcu. pigro. ◆ v.intr. (aus. *essere*) Lasciarsi andare alla pigrizia, abbandonarsi all'ozio; anche pron. *Quando sono senza lavoro (mi) impigrisco.*

impilàbile agg. Che può essere impilato.

impilàggio s.m. [pl. *-gi*] (calco del fr. *empilage*) Sovrapposizione di vari oggetti a formare una pila. ~ *estens.* Pila così ottenuta.

impilàre v.tr. Disporre vari oggetti uno sull'altro. *Impilare dei libri.*

impiombàre v.tr. **1.** Saldare o fissare qlco. per mezzo del piombo. **2.** Dotare di sigillo di piombo o di piombini la chiusura di pacchi. **3.** MAR. Fissare assieme due cavi.

impiombatùra s.f. **1.** Utilizzazione del piombo per operazioni di saldatura, riempimento, rivestimento. ~ Il piombo stesso usato. **2.** *pop.* Otturazione di un dente con amalgama. **3.** MAR. Collegamento tra due cavi, fatto intrecciando i trefoli. **4.** AGR. Malattia virale che colpisce la vite.

impiotàre v.tr. AGR. Ricoprire un terreno di zolle erbose, per ornamento o per rinforzo.

impiumàre v.tr. Rivestire, decorare di piume. ◆ **impiumarsi** v.pron. Detto degli uccelli, mettere le piume. ~ Coprirsi di penne.

implacàbile agg. **1.** Che non può essere placato, sedato. ~ Detto di qlco., da cui non si può sfuggire. *Destino implacabile.* SIN.: **inesorabile**. ~ Detto di persona, che non demorde, che non si arrende. SIN.: **irriducibile**. **2.** Che non dà tregua. *Lotta implacabile.*

implementàre v.tr. (ingl. *to implement*) TECN. Rendere operante, attivo qlco. ~ In partic., nel l. inf. e dell'elettr., sviluppare e rendere operante un programma o un circuito elettrico.

implementazióne s.f. (ingl. *implementation*) INFORM. Progettazione e pieno sviluppo di un sistema per l'elaborazione automatica di dati.

implicàre v.tr. [4] (lat. *implicāre* "avvolgere, coinvolgere") **1.** Recare, comprendere qlco. in sé come conseguenza. *La preparazione all'esame implica un notevole impegno.* **2.** Coinvolgere qlcu. in un affare poco chiaro. *Implicare la popolazione in una guerra assurda.* SIN.: **trascinare**. ◆ **implicarsi** v.pron. Rimanere coinvolto in qlco. di spiacevole o pericoloso. *Cerca di non implicarti in qualche situazione equivoca.* SIN.: **invischiarsi**.

implicàto agg. **1.** Coinvolto, invischiato in qlco.

implicazióne s.f. **1.** Ogni possibile sviluppo insito in un presupposto. ~ Rapporto conseguenziale tra fenomeni diversi. SIN.: **connessione**. **2.** Coinvolgimento, compromissione.

implicitaménte loc. avv. In modo implicito, di conseguenza.

implìcito agg. **1.** Che non è espresso in termini formali perché evidente o sottinteso. **2.** GRAMM. *Frase o proposizione implicita:* la frase dipendente che ha il verbo di modo indefinito. **3.** MAT. *Funzione implicita:* quella definita attraverso equazioni e non in maniera diretta.

implòdere v.intr. [21] (aus. *essere*) Rompersi in seguito a implosione.

imploràpte agg. Che implora, supplica.

imploràre v.tr. **1.** Domandare, chiedere qlco. a qlcu. con preghiera. **2.** Invocare, supplicare, pregare qlcu. per ottenere qlco. *Implorare il perdono di qualcuno.*

implorazióne s.f. Fervida preghiera alla divinità.

implosióne s.f. **1.** FIS. Cedimento delle pareti di un corpo cavo sotto la pressione esterna (in oppos. a *esplosione*). **2.** *fig.* Nel l. della crit. art. o lett., riassorbimento, demolizione di qlco. dall'interno.

implosìvo agg. FON. Di consonante alla cui articolazione si accompagna un abbassamento della glottide con conseguente diminuzione della pressione nella cavità orale e immissione di aria esterna.

implùvio s.m. [pl. *–vi*] (lat. *implŭvium*, deriv. di *implŭere* "piovere dentro") **1.** ANT. ROM. Nelle antiche case romane, vasca scavata nel pavimento dell'atrio, in cui si raccoglieva l'acqua piovana proveniente dal compluvio. **2.** GEOGR. *Linea di impluvio:* in un bacino, la linea di scorrimento delle acque meteoriche, coincidente con la direttrice del corso d'acqua principale.

impolìtico agg. [pl.m. *–ci*, f. *–che*] Contrario alle regole di una saggia politica. ~ *estens.* Poco accorto, poco prudente, non lungimirante.

impollinàre v.tr. BOT. Fecondare un fiore depositando il polline sullo stigma.

impollinatóre agg. [f. *–trice*] BOT. *Agente impollinatore:* insetto o elemento che provoca l'impollinazione. ◆ s.m. (anche f.) Nel sign. dell'agg.

impollinazióne s.f. BOT. Trasferimento di granelli di polline sull'ovulo delle gimnosperme o sullo stigma delle angiosperme, mediato da vari agenti (animali, vento, ecc.).

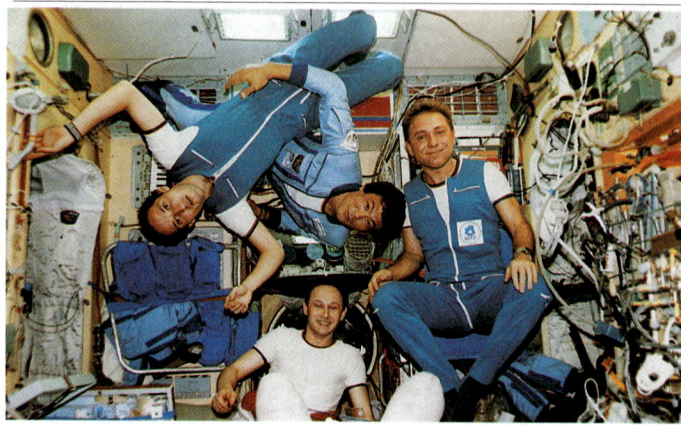

■ **imponderabilità.** Cosmonauti in imponderabilità all'interno della stazione orbitale Mir.

impolveràre v.tr. **1.** Coprire, cospargere di polvere. **2.** AGR. Trattare viti o altre piante con polveri antiparassitarie. ◆ **impolverarsi** v.pron. Sporcarsi, coprirsi di polvere.

impomatàre v.tr. Cospargere, ungere qlco. di pomata, di brillantina, ecc. ◆ **impomatarsi** v.pron. Cospargersi di sostanze untuose.

imponderàbile agg. **1.** Di peso minimo, tanto da non essere rilevabile. **2.** *fig.* Difficilmente valutabile o prevedibile. ◆ s.m. (solo sing.) Imprevisto che influisce sullo sviluppo degli eventi.

imponderabilità s.f. inv. **1.** FIS. Mancanza di peso dovuta all'assenza di gravità, in partic. all'interno di una capsula spaziale. **2.** *fig.* Carattere indefinibile o indeterminabile. *L'imponderabilità degli eventi.*

imponènte agg. **1.** Che sovrasta con la propria mole l'osservatore, suggerendo un'idea di grandiosità, di magnificenza, di potenza o di superiorità morale. SIN.: **grandioso**. **2.** Che impressiona per dimensione, vistosità, eccezionalità. SIN.: **enorme**.

imponènza s.f. **1.** Grandezza, vastità intesa come segno di potenza, di forza. **2.** Dimensione eccezionale, impressionante.

imponìbile agg. **1.** Che può essere imposto, reso obbligatorio. **2.** FIN. Soggetto a imposizione fiscale. *Reddito imponibile.* ◆ s.m. FIN. Quota di reddito o di patrimonio su cui si calcola l'ammontare dell'imposta.

imponibilità s.f. inv. **1.** Liceità di un'imposizione. *Imponibilità di una norma.* **2.** FIN. Legittimità dell'onere fiscale secondo le norme vigenti. SIN.: **tassabilità**.

impopolàre agg. Che non incontra l'approvazione dei cittadini o dei sottoposti. ~ Che non riscuote simpatie.

■ **implùvio**

impopolarità s.f. inv. Mancato riscontro in termini di approvazione, di consenso, di pubblica stima.

imporporàre v.tr. Tingere qlco. di porpora o del colore della porpora. ~ *estens.* Colorare qlco. di rosso. ◆ **imporporarsi** v.pron. Diventare rosso come la porpora. ~ Arrossire.

impórre v.tr. [25] **1.** Collocare, porre qlco. sopra ad altro, usato spec. in situazioni formali o rituali. *Il vescovo impone le mani sui nuovi sacerdoti.* **2.** *fig.* Dare, attribuire un nome a qlcu. *Imporre al figlio il nome del nonno.* **3.** Fare in modo che qlcu. rispetti un proprio ordine. ~ Ordinare qlco. a qlcu. *L'oratore impose il silenzio all'assemblea.* SIN.: **comandare**. ~ Fare osservare una legge o assegnare una tassa. **4.** *fig.* Far conoscere qlcu. o qlco. ad altri, rendendolo noto. *Questi successi lo hanno imposto all'attenzione del pubblico.* **5.** Avere necessità di qlco. ~ Esigere, richiedere qlco. *La situazione impone sacrifici.* ◆ **imporsi** v.pron. **1.** Far valere la propria personalità o autorità. *Non sai importi!* **2.** Rendersi necessario, indispensabile. *A questo punto si impongono seri provvedimenti.* **3.** Farsi conoscere e avere successo. SIN.: **affermarsi**. **4.** Vincere su qlcu. *La squadra si è imposta sugli avversari.*

import [/'impɔːt/] s.m. inv. (voce ingl.) ECON. Importazione, spec. in correlazione con *export*.

1. importàbile agg. Che non può essere indossato. *Una giacca importabile.*

2. importàbile agg. Che può essere importato. *Merci importabili.*

importànte agg. **1.** Che rappresenta qlco. di fondamentale, di determinante. SIN.: **rilevante**. **2.** Con riferimento a persona, che ha potere e autorità. SIN.: **ragguardevole**. **3.** Che è un'eccezione rispetto alla quotidianità. SIN.: **pregiato**. ~ Considerevole per quantità o importanza, cospicuo, ingente. *Un investimento importante.* ~ Che è degno di essere osservato, anche in senso iron. *Un naso importante.* ◆ s.m. (solo sing.) La cosa essenziale, ciò che conta. *L'importante è partecipare.*

importànza s.f. **1.** Valore fondamentale. SIN.: **rilevanza**. **2.** Autorità, influenza, prestigio.

1. importàre v.tr. (fr. *importer*, ingl. *to import*, lat. *importāre* "portare dentro") **1.** ECON. Fare entrare in un paese merci provenienti dall'estero. *Importare petrolio.* **2.** *estens.* Introdurre nel proprio paese qlco. che viene dall'estero. *Importare una danza.* **3.** INFORM. Trasferire dati da un programma all'altro.

2. importàre v.intr. (aus. *essere*) (lat. *importāre*, propr. "portare dentro") Essere importante, necessario. *A noi importa solo la tua felicità.*

importatóre agg. [f. *–trice*] Che acquista merci in un paese straniero, trasferendole nel proprio. ◆ s.m. (anche f.) Nel sign. dell'agg.

importazióne s.f. (ingl. *importation*) **1.** Introduzione nel proprio paese di merci acquistate all'estero. ~ *estens.* L'insieme dei prodotti importati. **2.** *fig.* Diffusione in un paese di fenomeni culturali o di costume manifestatisi per la prima volta altrove. **3.** INFORM. Conversione di un file nel formato proprio dell'applicazione in uso.

import-export [/ˈɪmpɔːˈtɛkspɔːt/] s.m. inv. (loc. ingl., propr. "importazione-esportazione") Attività e volume dello scambio commerciale tra un paese e gli altri.

impòrto s.m. Spesa per un acquisto o totale da pagare per più acquisti.

importunàre v.tr. Dare noia, molestia e fastidio a qlcu. in modo assillante. *Importunare i passanti.* SIN.: **disturbare**.

importùno agg. Che infastidisce. *Ospite importuno.* SIN.: **fastidioso**. ◆ s.m. [f. *-na*] Nel sign. dell'agg.

impositìvo agg. Nel l. bur., relativo all'imposizione fiscale.

impositóre agg. [f. *-trice*] Che impone, spec. nel l. giur. *Autorità impositrice.* ◆ s.m. (anche f.) Nel sign. dell'agg.

imposizióne s.f. **1.** Ciò a cui si deve sottostare perché voluto da chi detiene l'autorità e il potere. SIN.: **ingiunzione**. **2.** ECON. Applicazione di imposte, tributi. ◇ *Doppia imposizione:* situazione giuridica che si verifica quando una o più imposte gravano più volte sullo stesso soggetto. **3.** Azione di porre sopra. ◇ CRIST. *Imposizione delle mani:* gesto del sacerdote o del vescovo che pone le mani su qlcu. per benedirlo o conferirgli un sacramento. **4.** Assegnazione, attribuzione, conferimento. *Imposizione del nome di battesimo.* **5.** STAM. Disposizione, su un apposito telaio, delle pagine di composizione contenute in un foglio, in modo tale che, una volta che questo è stampato e ripiegato, le pagine risultino nell'esatto ordine di lettura.

impossessàrsi v.pron. **1.** Prendere possesso di qlco., spec. con la forza o in modo illegale. SIN.: **impadronirsi**. **2.** *fig.* Acquisire la piena padronanza di qlco. *Impossessarsi di una lingua straniera.*

impossìbile agg. **1.** Che esula dal campo dell'attuabile, del fattibile e dunque irrealizzabile. *Speranze impossibili.* ~ *fam.* Molto difficile da fare. **2.** *estens.* Che non si può sopportare, tollerare perché sgradevole da più punti di vista. *Carattere impossibile.* **3.** DIR. *Reato impossibile:* che non sussiste per l'inidoneità dell'azione delittuosa o per l'inesistenza della figura di reato. ◆ s.m. (solo sing.) Ciò che si pone fuori dalle possibilità umane. *Tentare l'impossibile.*

impossibilità s.f. inv. Carattere di ciò che è impossibile fare, concepire logicamente.

impossibilitàto agg. Impedito, messo in condizione di non potere agire.

1. impòsta s.f. **1.** Ognuna delle parti mobili e girevoli su cardini dei serramenti di porte e finestre. **2.** ARCH. *Imposta di un arco:* sezione d'appoggio sui piedritti. – *Linea d'imposta di una volta:* linea di appoggio.

2. impòsta s.f. ECON. Quota del reddito prelevata dallo Stato o da un ente pubblico ai contribuenti, in relazione alla loro capacità contributiva, per finanziare l'organizzazione statale e tutti i servizi necessari alla vita della collettività. ◇ *Imposta diretta:* percepita direttamente dall'amministrazione sui redditi del contribuente. – *Imposta indiretta:* percepita sui beni di consumo (p.e. i combustibili, gli alcolici, i tabacchi). – *Imposta sul valore aggiunto (IVA):* che grava sui consumi ed è applicata in misura proporzionale sia alle cessioni di beni sia alle prestazioni di servizio effettuate da chiunque eserciti un'attività imprenditoriale o professionale.

1. impostàre v.tr. **1.** COSTR. Preparare le basi per la costruzione di qlco. ~ *estens.* Porre le premesse, disporre gli elementi essenziali per la realizzazione di qlco. SIN.: **abbozzare**. ◇ MUS. *Impostare la voce:* controllare i muscoli interessati all'emissione della voce, per il canto o la recitazione. **2.** INFORM. Predisporre un programma o una qualsiasi operazione con una macchina calcolatrice. ◆ **impostarsi** v.pron. Disporsi in modo da poter compiere una particolare azione. *L'atleta si imposta per il salto.*

2. impostàre v.tr. Introdurre una lettera o una cartolina nella cassetta postale. *Impostare una cartolina.*

1. impostazióne s.f. **1.** Posa delle fondamenta di una costruzione o della base d'appoggio di un elemento architettonico. **2.** *estens.* Determinazione preliminare delle modalità di esecuzione o risoluzione di qlco. ~ Modo di concepire o organizzare qlco. SIN.: **impianto**. **3.** Approccio metodologico a una disciplina fisica o intellettuale, destinato a lasciare un'impronta duratura. *Risentire dell'impostazione ricevuta.* **4.** MUS. *Impostazione della voce:* educazione dei muscoli della laringe, volta a ottenere il canto. **5.** LING. Momento preliminare all'articolazione di un fonema. **6.** ECON. *Impostazione di bilancio:* iscrizione di una partita nel bilancio. **7.** STAM. Imposizione.

2. impostazióne s.f. Azione di inserire la corrispondenza nelle cassette postali.

impósto agg. Che è stabilito da una autorità.

impostóre s.m. [f. *-ra*] Persona che dà a credere cose non vere per trarne vantaggio. SIN.: **imbroglione**.

impostùra s.f. Simulazione volta a ottenere vantaggi.

impotènte agg. **1.** Che manca del potere, della forza necessaria per fare qlco. ~ Ridotto all'impotenza, indifeso, debole. ~ Riferito a maschio, che soffre d'impotenza sessuale. **2.** Riferito a cosa, che nulla può. *Leggi impotenti.* SIN.: **inutile**. ◆ s.m. Chi soffre di impotenza sessuale.

impotènza s.f. **1.** Mancanza di forza, di mezzi per fare qlco. **2.** MED. Stato di carente o mancante funzionalità di un organo o di un organismo. ◇ *Impotenza sessuale:* incapacità organica o psichica dell'uomo di compiere l'atto sessuale o di generare.

impoveriménto s.m. **1.** Perdita di beni, calo di ricchezza, di risorse produttive. **2.** *estens.* Perdita di valori, di conoscenze.

impoverire v.tr. [83] Rendere povero, più povero. ~ *fig.* Riferito a un corso d'acqua, diminuire la portata. *La siccità ha impoverito il fiume.* ~ Rendere qlcu. o qlco. spiritualmente misero, povero. ◆ v.intr. (aus. *essere*) **1.** Diventare povero, indigente. **2.** *fig.* Perdere vitalità spirituale. ◆ **impoverirsi** v.pron. Diventare povero. SIN.: **immiserirsi**. ~ *fig.* Diventare misero nello spirito.

impraticàbile agg. **1.** Che, per cause accidentali, non consente lo svolgimento di un'attività per la quale è predisposto. SIN.: **inagibile**. ~ Riferito a strada, intransitabile, impervio. **2.** Che non può essere messo in pratica. *Progetto impraticabile.* SIN.: **inattuabile**.

impraticabilità s.m. inv. **1.** Impossibilità accidentale di utilizzare qlco. per l'uso previsto. **2.** Intraducibilità in termini pratici.

impratichìre v.tr. [83] Rendere qlcu. pratico, abile, esperto in un'attività. ◆ v.pron. Diventare pratico, abile, esperto in qlco. con l'esercizio.

imprecàre v.intr. [4] (aus. *avere*) (lat. *imprecāri*, propr. "pregare contro") Lanciare maledizioni, insulti o parole offensive. SIN.: **inveire**.

imprecazióne s.f. **1.** Invocazione di malanni, di sventure su chi è oggetto di risentimento, di odio. ~ Maledizione pronunciata contro qlcu. **2.** Espressione brutale e volgare con cui ci si sfoga o si insulta qlcu. SIN.: **improperio**.

imprecisàbile agg. Che non può essere esattamente individuato, calcolato. *Danni imprecisabili.* SIN.: **indeterminato**.

imprecisàto agg. **1.** Non determinato, non individuato. ~ Calcolato senza precisione. SIN.: **indefinito**. **2.** Che non è stato stabilito, deciso, fissato con precisione. *Luogo imprecisato.*

imprecisióne s.f. Mancanza di precisione, esattezza, chiarezza. ~ *estens.* Imperfezione, errore che ne consegue.

impreciso agg. Che presenta un margine più o meno ampio di errore.

impregiudicàto agg. **1.** DIR. Che è ancora passibile di più soluzioni, non essendo stata pronunciata una sentenza dall'organo giudicante. **2.** *estens.* Che ha ancora delle possibilità di verificarsi.

impregnàre v.tr. **1.** Bagnare qlco. con un liquido, fino a inzupparlo. *Impregnare una spugna di alcol.* ~ Detto di una sostanza liquida, bagnare qlco. fino a renderlo zuppo, intriso. *La pioggia gli impregnò gli abiti.* **2.** *estens.* Detto di sostanze volatili o gassose, riempire qlco. per addensamento. *Il fumo impregna l'aria.* **3.** *fig.* Colmare, riempire qlco. di altro. ~ Penetrare in modo insidioso e profondo. *La sua istruzione lo ha impregnato di pregiudizi.* SIN.: **pervadere**. **4.** Detto spec. di animali, ingravidare una femmina. ◆ **impregnarsi** v.pron. Detto di un oggetto poroso, imbeversi, inzupparsi. *Il terreno si impregna d'acqua.*

impregnàto agg. Imbevuto, intriso di liquido.

imprenditóre s.m. [f. *-trice*] Chi esercita professionalmente un'attività economica organizzata al fine della produzione o dello scambio di beni o di servizi.

imprenditorìa s.f. **1.** Attività economica organizzata in forma di impresa e diretta alla produzione o commercializzazione di beni o servizi. **2.** Categoria degli imprenditori.

imprenditoriàle agg. Dell'imprenditore, dell'imprenditoria.

impreparàto agg. **1.** Che non ha predisposto le cose o se stesso ad affrontare adeguatamente gli eventi. **2.** Che non ha acquisito sufficienti cognizioni relative a una materia o a una attività.

impreparazióne s.f. **1.** Mancato approntamento di quanto è necessario per far fronte agli avvenimenti. *Impreparazione alla guerra.* **2.** Mancata acquisizione del sapere necessario a padroneggiare una disciplina, a espletare un'attività. *Impreparazione di uno studente.*

1. imprésa s.f. **1.** Azione, iniziativa di una certa importanza e difficoltà. ~ Azione memorabile, gloriosa. ~ Spedizione, campagna militare. ~ *iron.* Avventura nella quale ci si lancia, spesso con leggerezza. ~ *scherz.* Avventura galante. **2.** Iniziativa economica, politica, culturale. **3.** ECON., DIR. Organismo economico, costituito da capitali, strumenti e forza lavoro. ◇ *Libera impresa:* regime economico che si basa sulla libertà di creazione e di gestione di imprese private. – *Impresa pubblica:* persona giuridica, di diritto pubblico o privato, posta sotto l'autorità o la tutela dei pubblici poteri.

2. imprésa s.f. **1.** Segno (fazzoletto, sciarpa, ecc.) che il cavaliere riceveva dalla dama di cui era campione. **2.** Figurazione simbolica che il cavaliere portava sulla veste o che era scolpita sullo scudo, sull'elmo.

impresàrio s.m. [f. *-ria*, pl.m. *-ri*] **1.** Imprenditore, spec. edile. **2.** *estens.* Chi affitta un teatro e vi chiama compagnie di attori per gli spettacoli.

imprescindìbile agg. Da cui non si può prescindere, che non può essere eluso. *Dovere imprescindibile.*

imprescrittìbile agg. DIR. Non soggetto a prescrizione. *I crimini contro l'umanità sono imperscrittibili.* ~ *estens.* Che non può essere cancellato dal tempo, immutabile.

impressionàbile agg. **1.** Facile da impressionare, commuovere. SIN.: **emotivo**. **2.** FOTO. Che può essere impressionato dalla luce.

impressionànte agg. Che colpisce fortemente la fantasia, suscitando nell'animo paura, angoscia, ansia. *Una scena impressionante.* SIN.: **spaventoso**. ~ Che suscita un senso di sgomento. ~ *per esager.* Incredibile, straordinario. *Freddo impressionante.*

impressionàre v.tr. **1.** Turbare, scuotere, colpire profondamente qlcu. *Il suo recital ha impressionato il pubblico.* **2.** Colpire l'attenzione e indurre qlcu. a esprimere giudizi favorevoli o sfavorevoli. *Non si lascia impressionare dalle sue promesse.* **3.** FOTO. Detto dei raggi luminosi, produrre una trasformazione fotochimica su una superficie sensibile. ◆ **impressionarsi** v.pron. **1.** Rimanere emozionato o spaventato. SIN.: **turbarsi**. **2.** FOTO. Detto di una pellicola fotografica, subire l'azione dei raggi luminosi.

impressióne s.f. **1.** La traccia lasciata da un corpo premuto su un materiale. *L'impressione del sigillo sulla ceralacca.* **2.** Stampa di un testo, come lavoro tipografico e come risultato ottenuto. **3.** *fig.* Sensazione fisica, anche non corrispondente alla realtà. *Impressione di soffocamento.* ~ Opinione soggettiva, vaga sensazione. **4.** *fig.* Effetto che una cosa, un avvenimento, una persona esercitano sull'animo e sui sentimenti. ~ Sensazione immediata, opinione che sorge a un primo incontro. *Fare buona, cattiva impressione.* **5.** *fig.* Sensazione di turbamento, reazione di ansia, di timore di fronte a qlco. che sconvolge, colpisce.

impressionìsmo s.m. (fr. *impressionnisme*) **1.** Movimento pittorico francese (sviluppatosi intorno al 1870) che segnò la rottura dell'arte moderna con l'accademismo. **2.** *estens.* Tendenza artistica che si propone di rendere le impressioni dell'artista piuttosto che l'aspetto concettuale delle cose.

ENCICL. ART. DEC. APPL. I pittori impressionisti, seguendo il modello di Courbet, scelgono i propri soggetti nella realtà a loro contemporanea. Dipingono direttamente davanti al modello, come i pittori della scuola di Barbizon, come alcuni paesaggisti inglesi e come Boudin e Jongkind. Prediligono lo studio *en plein air*, fanno della luce l'elemento essenziale della loro pittura, evitando le tinte scure e terree per favorire quelle più pure e luminose (sotto l'influenza di Delacroix e Turner). Pittori dalla natura mutevole e amanti dei piaceri effimeri, gli impressionisti sono indifferenti alla ricerca, cara ai classicisti, del bello ideale e dell'essenza eterna delle cose. Manet gioca un ruolo molto importante nella genesi di questo nuovo modello di pittura, tuttavia impressionisti in senso stretto sono considerati Monet (la cui opera, *Impression, soleil levant*, esposta nel 1874, offre ai critici l'occasione di coniare in senso peggiorativo il nome della nuova scuola), Pissarro, Sisley, Renoir, Cézanne, Degas, ecc. L'impressionismo è un punto di partenza per Seurat e Signac, fautori del nuovo impressionismo, nonché per Gauguin, Toulouse-Lautrec, Van Gogh, e per i fautori del post-impressionismo. MUS. Il termine è impiegato dalla critica musicale intorno al 1887 per definire le opere di Debussy e, in genere, quelle di tutti i compositori sensibili alla percezione soggettiva delle tonalità sonore e dei ritmi: Ravel, Dukas, Satie, Roussel, ecc. I musicisti impressionisti misero in primo piano la libertà della forma, della frase e del linguaggio armonico.

impressionista s.m. e f. [pl.m. *-sti*] (fr. *impressionniste*, derisorio appellativo con cui il critico Leroy definì i pittori che esponevano alla mostra dove Monet aveva presentato il quadro intitolato *Impression: soleil levant*) Artista, spec. pittore, seguace dell'impressionismo. ❑ In funzione di agg., che si rifà all'impressionismo.

imprèsso agg. Che è rimasto stampato, inciso, segnato su un materiale.

imprevedibile agg. **1.** Che sfugge a ogni ipotesi o previsione. SIN.: **imponderabile**. **2.** Di cui non si possono prevedere le reazioni perché di umore e opinioni mutevoli.

imprevedibilità s.f. inv. **1.** Difficoltà o impossibilità di fare una previsione. **2.** Mutevolezza, instabilità emotiva che rende difficile conoscere in anticipo il comportamento di una persona.

imprevidènte agg. Avventato, incauto.

imprevisto agg. Che non può essere oggetto di una valutazione preventiva. *Incidente imprevisto.* SIN.: **inaspettato**. ◆ s.m. Evento fortuito, inatteso, casuale. SIN.: **contrattempo**.

impreziosìre v.tr. [83] **1.** Essere tale da rendere prezioso qlco. *Le perle impreziosiscono il vestito.* ~ *fig.* Dare pregio, prestigio a qlco. **2.** Con valore causativo, rendere qlco. prezioso ornandolo con qlco. d'altro. ◆ **impreziosirsi** v.pron. *scherz.* Fare il prezioso.

imprigionaménto s.m. Reclusione in un carcere.

imprigionàre v.tr. **1.** Mettere in prigione. SIN.: **incarcerare**. **2.** *fig.* Dominare, soggiogare un sentimento o una sensazione. **3.** *fig.* Bloccare qlcu., obbligarlo a rimanere in un determinato luogo impedendogli di andarsene.

imprimàtur s.m. inv. (voce lat., propr. "si stampi") **1.** Formula con la quale l'autorità religiosa concede il permesso di stampa a un libro di argomento religioso. **2.** *scherz.* Opinione favorevole alla pubblicazione di un libro, di un articolo, data da chi ha responsabilità editoriali o particolare autorevolezza in merito.

imprìmere v.tr. [38] (lat. *imprĭmere*, propr. "premere sopra") **1.** Lasciare un'impronta, un marchio, una traccia. *Imprimere i propri passi sulla neve.* SIN.: **marcare**. **2.** *fig.* Lasciare, fissare un segno, un marchio indelebile. *Imprimere un concetto nella mente.* ~ Fissare stabilmente nella memoria, nel cuore, ecc. **3.** FIS. Dare, trasmettere un movimento a qlco. *Le oscillazioni che le onde imprimono alla nave.* ◆ **imprimersi** v.pron. Fissarsi indelebilmente su una superficie, in modo da lasciare un'impronta. *Il colore si imprime sulla stoffa.* ~ *fig.* Detto di ricordi, idee, ecc., fissarsi stabilmente nel cuore o nell'animo. ~ Fissare qlco. in modo indelebile nella propria mente. *Imprimersi un volto nella mente.*

imprimitùra s.f. **1.** Preparazione applicata sulla tavola o sulla tela da dipingere. **2.** *estens.* Preparazione della tavola o della tela con tale preparato.

imprinting [/ˈɪmprɪntɪŋ/] s.m. inv. (voce ingl., propr. "impressione, stampa", calco del ted. *Prägung* "azione dell'imprimere") ETOL. Forma di apprendimento secondo la quale gli animali, nel periodo immediatamente successivo alla nascita, vengono condizionati dal primo essere che vedono.

improbàbile agg. **1.** Che ha scarsa probabilità di prodursi, realizzarsi. *Successo improbabile.* **2.** Che ha scarse probabilità di essere riscontrato nella realtà. *Una soluzione improbabile.* SIN.: **inverosimile**.

improcrastinàbile agg. Che non può essere rimandato, rinviato. *Appuntamento improcrastinabile.* SIN.: **improrogabile**.

improduttìvo agg. (fr. *improductif*) **1.** Che non è fertile, non produce frutti. SIN.: **sterile**. **2.** Che non porta a un aumento del capitale investito nella produzione, che non rende, non dà un profitto. **3.** Che non produce nulla, non dà risultati.

impromptu [/ɛ̃prɔ̃pty/] s.m. inv. (voce fr., "improvviso") MUS. Brano musicale estemporaneo.

imprónta s.f. **1.** Segno lasciato da un corpo premuto su un materiale cedevole. *L'impronta di un sigillo.* SIN.: **impressione**. ◇ *Impronta digitale:* segno lasciato sugli oggetti dai polpastrelli delle dita. – GENET. *Impronta digitale genetica:* rappresentazione del DNA la cui sequenza è specifica di ogni individuo e permette la sua identificazione. (Trova uso in medicina legale.) **2.** *fig.* Carattere, insieme di tratti tipici che riflettono la personalità individuale. ~ Tratto indelebile ricevuto durante un'esperienza precoce o molto intensa. *L'impronta materna.*

improntàto agg. **1.** Impresso, coniato. **2.** *fig.* Che si modella, si conforma, si atteggia a qlco.

impronunciàbile o **impronunziàbile** agg. **1.** Difficile o impossibile da pronunciare. **2.** Che non è educato, di buon gusto pronunciare. *Epiteto impronunciabile.*

impropèrio s.m. [pl. *-ri*] Espressione offensiva. SIN.: **insulto**.

improponìbile agg. **1.** Che non è possibile o opportuno proporre. *Progetto improponibile.* **2.** DIR. Di un procedimento giudiziario che non può essere avviato per mancanza dei requisiti richiesti dalla legge.

impròprio agg. [pl.m. *-pri*] **1.** Caratterizzato da una difformità tra natura e uso. *Modo improprio di utilizzare uno strumento.* ◇ *Arma impropria:* qualsiasi oggetto che possa essere usato per ferire o per uccidere pur non essendo di per sé un'arma. **2.** Che non è conforme alle circostanze. *Atteggiamento improprio.* SIN.: **inadatto**. **3.** LING. Che non presenta una perfetta corrispondenza tra il proprio significato e il concetto che è chiamato a esprimere, tra l'uso a cui è soggetto e la norma grammaticale, sintattica, stilistica.

improrogàbile agg. Che non è consentito rimandare, differire. *Termine improrogabile.*

improvvisaménte loc. avv. In modo improvviso, inaspettato.

improvvisàre v.tr. **1.** Fare un discorso, comporre musica o versi all'improvviso, secondo l'ispirazione momentanea. **2.** Preparare, allestire qlco. in fretta, senza programmi e con mezzi di fortuna. *Improvvisare un pranzo.* ◆ **improvvisarsi** v.pron. Impegnarsi in un'attività per la quale non si possiede alcuna preparazione. ~ Assumere un determinato ruolo, diverso dal proprio. *Improvvisarsi elettricista.*

improvvisàta s.f. *fam.* Arrivo inaspettato e piacevole di qlcu. o qlco.

improvvisàto agg. **1.** Fatto, scritto, detto senza una adeguata preparazione. **2.** *spreg.* Fatto male come una cosa improvvisata.

improvvisazióne s.f. **1.** Capacità di creare qlco. dandogli nel contempo una forma definitiva. ~ *spreg.* Lavoro frettoloso, poco meditato. **2.** *estens.* Composizione estemporanea a carattere musicale o poetico.

ENCICL. L'improvvisazione musicale, fondamentale nel jazz, permette a un solista di sviluppare variazioni originali o a un'orchestra di elaborare interi brani su una struttura melodica e armonica già determinata.

improvvìso agg. Che non è stato previsto, che si manifesta d'un tratto, che giunge inatteso. SIN.: **inaspettato**. ◆ s.m. **1.** MUS. Componimento musicale con carattere d'improvvisazione, gener. per il piano. SIN.: **impromptu**. **2.** Improvvisazione poetica. **3.** *All'improvviso, d'improvviso:* senza preavviso, inaspettatamente.

imprudènte agg. **1.** Che sottovaluta i pericoli e le conseguenze delle proprie azioni. SIN.: **incauto**. **2.** *estens.* Che è caratterizzato da un margine di rischio. *Condotta imprudente.* ◆ s.m. e f. Nell'accez. 1 dell'agg.

imprudènza s.f. **1.** Mancanza di cautela. SIN.: **sconsideratezza**. **2.** Azione, comportamento irresponsabile, sventato. SIN.: **leggerezza**.

impùbere agg. **1.** Che non ha ancora raggiunto la pubertà. **2.** BIOL. Che non ha ancora raggiunto l'età della riproduzione. ◆ s.m. e f. Nei sign. dell'agg.

impudènte agg. **1.** Privo di pudore, di vergogna, di ritegno. SIN.: **sfrontato**. **2.** *estens.* Insolente, audace, cinico. ◆ s.m. e f. Nei sign. dell'agg.

impudènza s.f. Mancanza di pudore, di vergogna, di ritegno.

impudicìzia s.f. **1.** Mancanza di pudore, di ritegno. **2.** (spec. pl.) Parola, azione, gesto impudico e lascivo.

impudico agg. [pl.m. *-chi*, f. *-che*] **1.** Privo di pudore, del senso della decenza. SIN.: **licenzioso**. **2.** *estens.* Che offende il pudore, indecente. *Gesto impudico.* SIN.: **lascivo**.

1. impugnàre v.tr. Prendere o tenere qlco. in pugno. SIN.: **afferrare**.

2. impugnàre v.tr. (lat. *impugnāre*, propr. "combattere contro") **1.** Contestare, confutare, avversare una teoria, un'opinione, un'idea. *Impugnare il parere dell'avversario politico.* **2.** DIR. Chiedere, nei termini di legge, la revisione di una decisione giudiziaria.

impugnatìva s.f. DIR. Richiesta d'impugnazione.

impugnatùra s.f. **1.** Modo di tenere stretto in mano uno strumento, un attrezzo, un arnese. **2.** Parte di un oggetto modellata in modo da adattarsi alla presa della mano.

impugnazióne s.f. **1.** Contestazione, confutazione di qlco. **2.** DIR. Azione processuale voluta da una delle parti in causa, diretta al riesame di una precedente decisione.

impulsività s.f. inv. Carattere, aspetto di ciò che è fatto o detto sull'onda dell'emozione momentanea, senza riflettere.

impulsìvo agg. [f. *-va*] (lat. *impulsīvum*, deriv. di *impĕllere* "spingere avanti") **1.** Che agisce senza riflettere, in base a una spinta emotiva. *Gesto impulsivo.* SIN.: **istintivo**. **2.** FIS. Che dà impulso, che imprime un moto. ◆ s.m. Nell'accez. 1 dell'agg.

impùlso s.m. **1.** Forza che imprime il movimento a un corpo. ◇ MECC. *Impulso elementare di una forza:* il prodotto tra la forza agente su un punto e il tempo d'azione. – ELETTR. *Impulso di corrente:* prodotto tra l'intensità di corrente in un circuito e il tempo durante il quale agisce. – *Impulso di tensione:* prodotto tra la tensione e l'intervallo di tempo in cui si manifesta. **2.** *fig.* Sollecitazione che dà un maggior sviluppo, fa progredire qlco. SIN.: **stimolo**. **3.** *fig.* Sollecitazione interiore, più forte della ragionevolezza, a compiere un'azione, spinta emotiva. SIN.: **istinto**.

■ L'impressionismo

Per gli impressionisti la pittura è essenzialmente "colore". Per questo cade in secondo piano la pratica del disegno mentre la realizzazione dei quadri si sposta dagli atelier direttamente sul posto, "en plein air". Nato intorno al 1860, l'impressionismo si libera progressivamente dalle convenzioni pittoriche in auge fino a quel momento operando un'autentica rivoluzione da un punto di vista della tecnica pittorica. Le forme e gli spazi sono definiti dalla vibrazione e il contrasto dei colori mentre i soggetti sono avvolti in atmosfere luminose e sfumate.

Auguste Renoir. *La Grenouillère* (1869). Si considerano generalmente come esemplari dell'impressionismo nascente le opere eseguite da Renoir e Monet alla Grenouillère, balera dell'Île de Croissy, sulla Senna vicino a Bougival. Tocco libero, semplificato all'estremo, personaggi abbozzati, perfetto uso della luce e i riflessi mobili vivacemente tratteggiati caratterizzano questa versione. (Coll. O. Reinhart, Winterthur.)

Camille Pissarro. *Gelata bianca* (1873). Pissarro continua la tradizione campagnola della scuola di Barbizon, ma sceglie una veduta ordinaria della campagna (vicino a Pontoise) per concentrarsi sull'effetto luminoso d'insieme, sulla palpitazione cromatica ottenuta tramite la giustapposizione di colori chiari stesi in tocchi irregolari. (Museo d'Orsay, Parigi.)

Alfred Sisley. *La barca durante l'inondazione*, Port-Marly (1876). I riflessi sull'acqua trasfigurano il quotidiano in numerose tele impressioniste, e soprattutto in questo tema sulla piena della Senna, trattato più volte dall'artista inglese. (Museo d'Orsay, Parigi.)

Claude Monet. *Stazione Saint-Lazare* (1877). Insieme a qualche fabbrica o impianto portuale di Pissarro, la serie consacrata da Claude Monet alla stazione parigina che collega alla Normandia costituisce una delle più efficaci incursioni degli impressionisti negli aspetti della vita moderna. Ma il carattere dell'istantaneità dell'atmosfera resta essenziale. (Museo d'Orsay, Parigi.)

Paul Cézanne. *Ragazzo con gilet rosso* (1890-1895 circa). Grazie alla volontà costruttiva del pittore, alla sua ricerca di una sintesi formale delle due dimensioni della tela, siamo già nell'arte del XX secolo, oltre l'impressionismo, di cui l'artista di Aix-en-Provence voleva fare "qualcosa di solido [...] come l'arte dei musei". (Fondazione Bührle, Zurigo.)

Edgar Degas. *Ballerine blu* (1890 circa). Il motivo delle ballerine in attesa dietro le quinte dell'Opéra non è che un pretesto per un poema puramente pittorico. Questo, oltre all'incrocio dinamico di linee corrispondenti all'atteggiamento delle ballerine, fa giocare l'intensità dei complementari blu e arancione sul piano del quadro; il ruolo della prospettiva diventa trascurabile. (Museo d'Orsay, Parigi.)

~ PSICH., PSICOL. Spinta incontrollabile e improvvisa a compiere un'azione. (Si differenzia dalla *compulsione*, sempre irresistibile, ma preceduta da un tormento ansioso.) ◇ NEUROL. *Impulso nervoso:* segnale trasmesso lungo la fibra nervosa, in virtù della proprietà di conduzione di questa.

impuneménte avv. **1.** Senza essere punito. **2.** Senza subire danni.

impunibile agg. DIR. Che non può essere punito.

impunità s.f. inv. Condizione di chi non è soggetto ad alcuna pena.

impunito agg. [f. *–ta*] Che rimane senza punizione.

impuntàre v.intr. (aus. *avere*) Incespicare, inciampare camminando. ◆ **impuntarsi** v.pron. **1.** Detto spec. di bambini e di animali, bloccarsi, fermarsi puntando i piedi e rifiutare di procedere. **2.** *fig.* Ostinarsi, rimanere fissi su qlco. e rifiutare di cedere. *Impuntarsi sulle proprie posizioni.* SIN.: **intestardirsi**.

impuntitùra s.f. Cucitura per manufatti imbottiti.

impuntùra s.f. **1.** SART. Cucitura con punti a vista. **2.** MAR. Angolo superiore di una vela quadrata o aurica.

impunturàto agg. Rifinito con impunture.

impurézza s.f. CHIM., FIS. Ciò che altera la purezza di una sostanza e lo stato che ne consegue. SIN.: **impurità**.

impurità s.f. inv. **1.** Stato di ciò che è alterato, inquinato da corpi estranei. ~ *estens.* (spec. pl.) Le sostanze, i corpi estranei stessi. **2.** *estens.* Elemento spurio presente in un contesto e conseguente alterazione del contesto stesso. *Impurità linguistiche.* **3.** RELIG. Condizione in cui viene a trovarsi chi ha un contatto con persone o cose considerate immonde, spec. se inerenti alla morale sessuale. ~ *estens.* Atto, espressione, fantasia lussuriosa.

impùro agg. **1.** Alterato dalla presenza di elementi estranei. **2.** *fig.* Macchiato da peccati, che infrange la morale sessuale. **3.** *fig.* Che non è proprio di una lingua e del suo corretto uso.

imputàbile agg. **1.** Che può, che deve essere attribuito a qlcu. o a qlco. **2.** Passibile di imputazione. **3.** CONTAB. Attribuibile a un capitolo di bilancio, a un prodotto, ecc.

imputàre v.tr. (lat. *imputāre*, propr. "mettere in conto") **1.** Attribuire a qlcu., a qlco. la responsabilità di un fatto. *Imputare la disgrazia al caso.* **2.** DIR. Promuovere un'azione penale contro qlcu. SIN.: **accusare**. **3.** ECON. Attribuire a un certo capitolo un'entrata o un'uscita.

imputàto s.m. [f. *–ta*] DIR. Persona nei confronti della quale è esercitata l'azione penale.

imputazióne s.f. **1.** DIR. Attribuzione a qlcu. della responsabilità di un reato, incriminazione di qlcu. **2.** CONTAB. Attribuzione di costi o ricavi a determinati capitoli di un bilancio.

imputridiménto s.m. Putrefazione, corruzione.

imputridìre v.tr. [83] Far diventare putrido qlco. ◆ v.intr. (aus. *essere*) Diventare putrido, marcio; anche pron.

1. in prep. Esprime fondamentalmente il significato di "collocazione in un ambito" e introduce numerosi complementi. ~ Di stato in luogo, anche fig. *Avere in mente qlco.* ~ Di quantità e misura. *Essere in due; in miniatura.* ~ Di modo. *Mettersi in coda.* ~ Di stima. *Tenere in considerazione* ~ Di mezzo o strumento. *Viaggiare in treno.* ~ Di limitazione. *Commerciante in tessuti.* ~ Di materia. *Pilastro in cemento armato.* ~ Di tempo. *In gioventù.* ~ Di moto a luogo. *Entrare in casa.* ~ Di moto a luogo figurato. *Venire in mente.* ~ Di fine o scopo. *Dare in ricompensa.* ~ Si usa in numerose locc. avv. *In qua; in là; in su; in giù.* ◇ *locc. prep. Nell'arco di:* durante. – *In base a:* secondo, sul fondamento di. – *In attesa di:* indica il periodo di tempo tra l'avvisaglia di un evento e il suo verificarsi. – *locc. cong. Nel caso che:* se, qualora. – *Nel dubbio che:* indica uno stato di incertezza.

2. in avv. Usato spec. nelle loc. *essere in, fare in,* essere alla moda, ben introdotti in ambienti mondani.

inàbile agg. **1.** Che non ha le qualità, le capacità, la forza necessaria a espletare un'attività, a svolgere un determinato lavoro. SIN.: **inadatto**. **2.** Che non è, o non è più, in grado di esercitare la propria funzione.

inabilità s.f. inv. Mancanza delle capacità e dei requisiti necessari a svolgere una determinata attività.

inabilitazióne s.f. DIR. Situazione giuridica di chi, a causa di una menomazione fisica o di una infermità mentale, è dichiarato incapace di occuparsi dei propri interessi, occorrendo in tal caso l'assistenza di un curatore.

inabissàre v.tr. **1.** Spingere, gettare qlcu. o qlco. nel profondo del mare. SIN.: **affondare**. **2.** *fig.* Spingere, porre qlcu. in una condizione disagiata. ◆ **inabissarsi** v.pron. **1.** Affondare, sprofondare nel mare. **2.** *fig.* Precipitare, cadere nel profondo di qlco. *Inabissarsi nei debiti.*

inabitàbile agg. Che non può essere abitato per cause climatiche, igieniche, ecc.

inabitabilità s.f. inv. Mancanza delle condizioni che rendono abitabile un luogo, un ambiente (in oppos. a *abitabilità*).

inabrogàbile agg. DIR. Che non può essere abrogato.

inaccessibile agg. **1.** Di luogo in cui non si può arrivare. **2.** *fig.* Riferito a persona, difficile da avvicinare. SIN.: **inabbordabile**. ~ Insensibile a quanto viene fatto per condizionarne il giudizio, la volontà. *Essere inaccessibile alle suppliche.* **3.** *fig.* Precluso alla comprensione. *Poesia inaccessibile.*

inaccettàbile agg. Che non può essere accettato perché contrario alla convenienza economica o alla morale o alla logica o al sapere.

inaccordàbile agg. **1.** Che non può essere concesso. *Permesso inaccordabile.* **2.** MUS. Che non può essere accordato.

inacidiménto s.m. Processo per cui una sostanza diventa acida.

inacidìre v.tr. [83] Far diventare acida una sostanza. *L'esposizione all'aria inacidisce il vino.* SIN.: **acidificare**. ~ *fig.* Rendere aspro, duro. *La sofferenza inacidisce l'animo.* SIN.: **esacerbare**. ◆ v.intr. (aus. *essere*) Divenire acido, anche pron. *Il latte (si) è inacidito.* ~ *fig.* Detto di persona, inasprirsi, inacerbire; anche pron. *Con l'età (ti) stai inacidendo.*

inadattàbile s.f. inv. **1.** Impossibilità di essere opportunamente modificato per un determinato scopo. **2.** Incapacità di adeguarsi a qlco. ~ *assol.* Difficoltà ad adeguarsi alle esigenze della vita in società.

inadàtto agg. **1.** Che non è funzionale a uno scopo. SIN.: **inadeguato**. **2.** Che non ha la predisposizione, le capacità necessarie a fare qlco. *Inadatto a gestire i propri affari.* SIN.: **inetto**.

inadeguatézza s.f. Insufficienza, manchevolezza.

inadeguàto agg. Inadatto o insufficiente. ~ Riferito a persona, che non è all'altezza di un compito, di un ruolo.

inadempibile agg. Che non può essere soddisfatto o che è difficile da adempiere. *Desiderio inadempibile.*

inadempiènte agg. Che non rispetta un impegno, non soddisfa un obbligo. ◆ s.m. e f. Nel sign. dell'agg.

inadempiènza s.f. Inosservanza o mancata esecuzione di un obbligo, di una prestazione. ~ DIR. Inosservanza totale o parziale degli obblighi imposti da un contratto, da un trattato, ecc. SIN.: **inadempimento**.

inadempiménto s.m. Inadempienza.

inafferràbile agg. **1.** Che, per sua natura, non può essere preso, toccato con mano. **2.** Che riesce sempre a sfuggire alla cattura. *Ladro inafferrabile.* **3.** *estens.* Che non può essere colto dai sensi tanto è lieve, flebile. SIN.: **impercettibile**. **4.** *fig.* Che non può essere compreso dalla mente, oscuro, sfuggente. ◆ s.m. (solo sing.) Ciò che travalica la possibilità umane di conoscenza, di comprensione.

inaffidàbile agg. (calco dell'ingl. *unreliable*) **1.** Che non dà garanzia di buon funzionamento. **2.** Di cui non ci si può fidare perché non dà garanzie di serietà.

inaffidabilità s.f. inv. (calco dell'ingl. *unreliability*) **1.** Mancanza delle qualità, dei requisiti che garantiscono il buon funzionamento di qlco. **2.** Mancanza di quei requisiti di serietà, di senso di responsabilità che rendono una persona meritevole di fiducia.

inagibile agg. **1.** Che non può essere usato o aperto al pubblico perché in tutto o in parte privo degli indispensabili requisiti strutturali o di legge. **2.** DIR. Riferito a un diritto, che non può essere fatto valere in giudizio.

inalàre v.tr. (lat. *inhalāre*, propr. "soffiare dentro") **1.** Inspirare sostanze aeriformi. *Inalare gas tossici.* **2.** MED. Introdurre nelle vie respiratorie sostanze medicamentose aeriformi, polverizzate o nebulizzate, mediante inspirazione.

inalatóre s.m. MED. Apparecchio che nebulizza le sostanze medicamentose da inalare.

inalazióne s.f. **1.** Assorbimento tramite le vie respiratorie, inspirazione. **2.** MED. Terapia basata sull'inspirazione di sostanze medicamentose nebulizzate o in forma di vapori, di fumi.

inalberàre v.tr. Alzare una bandiera o un'insegna sull'albero di una nave o in altro punto visibile. SIN.: **issare**. ◆ **inalberarsi** v.pron. **1.** Detto dei cavalli, alzarsi sulle zampe posteriori, impennarsi. **2.** *fig.* Detto di persona, adirarsi, sdegnarsi improvvisamente.

inalienàbile agg. **1.** DIR. Che non può essere ceduto, trasferito, venduto. *Beni inalienabili.* **2.** *fig.* Di cui non si può essere privati. SIN.: **irrinunciabile**.

inalteràbile agg. **1.** Che non può essere alterato, intaccato, corroso. *L'oro è inalterabile.* SIN.: **resistente**. **2.** Che permane immutato. *Amicizia inalterabile.* SIN.: **costante**. **3.** *fig.* Che non è influenzabile da fattori esterni. SIN.: **imperturbabile**.

inalteràto agg. **1.** Che non ha subito modificazioni, mutamenti. SIN.: **intatto**. **2.** *fig.* Che non ha subito scadimenti, è rimasto identico a se stesso. SIN.: **immutato**.

inalveàre v.tr. **1.** Immettere un corso d'acqua in un alveo artificiale. **2.** *fig.* Indirizzare più cose verso un unico scopo. ◆ **inalvearsi** v.pron. Detto di un corso d'acqua, scorrere o entrare in un alveo.

inalveazióne s.f. Operazione con cui si convogliano le acque di un fiume, di un lago, ecc. in un alveo artificiale.

inamidàre v.tr. Trattare con amido, anche pron. *Inamidare (inamidarsi) il colletto.*

inammissibile agg. **1.** Che non può essere tollerato, accettato o giustificato. **2.** DIR. Che manca dei presupposti, dei requisiti per essere proposto o ritenuto valido.

inamovibile agg. Che non può essere privato del proprio ufficio né trasferito d'autorità. *Magistrati inamovibili.*

inamovibilità s.f. inv. Garanzia di cui godono alcune categorie di funzionari e di ecclesiastici che non possono essere privati dell'incarico né trasferiti d'ufficio.

inanellaménto s.m. **1.** Avvolgimento ad anello, arricciamento a spirale. **2.** Applicazione di un anello alla zampa di polli o di uccelli migratori come contrassegno di riconoscimento.

inanellàre v.tr. **1.** Arricciare qlco. a forma di anello. *Inanellare un nastro.* **2.** Ornare le dita di anelli. **3.** *fig.* Porre più cose una dopo l'altra, come anelli di una catena. *Inanellare barzellette.* SIN.: **infilare**. ~ SPORT. Compiere un giro dopo l'altro su una pista ad anello. **4.** Munire gli uccelli di un anellino di riconoscimento posto alla zampa. ◆ **inanellarsi** v.pron. Dare una forma arricciata ai propri capelli.

inanellàto agg. **1.** Avvolto, arricciato ad anelli, detto spec. di capelli. **2.** Riferito a polli e uccelli migratori, che porta alla zampa un anello di riconoscimento. ~ Riferito a persona, che ha molti anelli al dito.

inanimàto agg. **1.** Che non è dotato di vita. **2.** Che non è più vitale o che è immobile come nella morte. *Corpo inanimato.* SIN.: **esanime**. **3.** LING. *Genere inanimato:* che raggruppa i nomi delle cose che sono o che sono considerate come inanimate.

inanità s.f. inv. Inconsistenza, inutilità, vanità. *L'inanità di uno sforzo.*

inanizióne s.f. (lat. *inanitiónem*, deriv. di *inanīre* "rendere vuoto") **1.** MED. Stato proprio di un organismo in difetto d'alimentazione. **2.** *fig.* Inerzia morale o intellettuale, inoperosità.

inappagàbile agg. **1.** Che non può essere esaudito. *Desiderio inappagabile.* SIN.: **inesaudibile**. **2.** Che non si accontenta facilmente, molto esigente. *Cliente inappagabile.*

inappagàto agg. **1.** Che non è stato soddisfatto, esaudito. *Un desiderio inappagato.* **2.** Che non si sente soddisfatto sul piano esistenziale. SIN.: **deluso**.

inappellàbile agg. **1.** DIR. Che non può essere impugnato in sede di appello. **2.** *estens.* Che ha carattere definitivo.

inappetènza s.f. Mancanza di appetito.

inapplicàbile agg. Che non può essere messo in atto. *Decisione inapplicabile.*

inapplicabilità s.f. inv. Impossibilità di essere messo in atto, impiegato.

inapprezzàbile agg. **1.** Che non può essere apprezzato in tutto il suo valore, tanto esso è grande. SIN.: **inestimabile**. **2.** Di cui quasi non ci si accorge, tanto è piccolo. SIN.: **trascurabile**.

inarcaménto s.m. Piegamento, curvatura ad arco.

inarcàre v.tr. [4] Curvare qlco. ad arco. *Inarcare la schiena.* ◆ **inarcarsi** v.pron. Assumere una posizione curva, diventare curvo come un arco. *Il legno si inarca per l'umidità.*

inargentàre v.tr. Ricoprire qlco. con uno strato di argento. SIN.: **argentare**. ~ *fig.* Rendere qlco. del colore dell'argento. ~ Schiarire qlco. con riflessi argentei. ◆ **inargentarsi** v.pron. Acquistare riflessi argentei. ~ In partic. detto dei capelli, diventare bianchi, incanutire.

inaridiménto s.m. **1.** Progressiva perdita di umidità, di sostanze nutritive che causa la sterilità di un terreno, l'essiccamento delle piante. **2.** *fig.* Impoverimento sentimentale e intellettuale. *Inaridimento dell'anima.*

inaridìre v.tr. [83] Rendere arido, improduttivo. *Inaridire un suolo.* ~ *fig.* Impoverire spiritualmente, privare di sensibilità, di vitalità. *Delusioni che inaridiscono il cuore.* ◆ v.intr. (aus. *essere*) Detto di terreno, piante o fonti d'acqua, diventare arido, seccare, asciugare; anche pron. *La fonte (si) è inaridita.* ~ *fig.* Perdere vitalità, efficacia; anche pron. *La sua vena poetica (si) è inaridita.*

inarrestàbile agg. **1.** Che non può essere fermato, controllato. **2.** Che, per propria natura, non conosce sosta, interruzione. *Inarrestabile fluire del tempo.* ~ *estens.* Che non sa o non vuole fermarsi.

inarticolàto agg. Che non è pronunciato in modo chiaro e distinto. *Grida inarticolate.*

inascoltàto agg. A cui non si presta attenzione e di cui non si fa tesoro. *Consigli rimasti inascoltati.*

inaspettataménte avv. In modo inaspettato, all'improvviso.

inaspettàto agg. Imprevisto, inatteso. *Vittoria inaspettata.*

inaspriménto s.m. Aumento di severità, di durezza di un fenomeno negativo. *L'inasprimento di un conflitto.*

inasprìre v.tr. [83] Rendere più aspro, più duro. *Inasprire una discussione.* SIN.: **esasperare**. ~ Rendere qlco. pesante, insopportabile. *Inasprire le tasse.* ◆ **inasprirsi** v.pron. Diventare aspro. *Il vino si è inasprito.* SIN.: **inacidirsi**. ~ *fig.* Diventare più duro, più forte. *Le loro relazioni si sono inasprite.* SIN.: **esacerbarsi**. ~ Diventare più acuto, più intenso. *Il freddo si è inasprito.*

inassimilàbile agg. Che non può essere assimilato. ~ *estens.* Che non può essere inserito, non può essere integrato in una comunità. *Minoranza inassimilabile.*

inattaccàbile agg. **1.** Impossibile da attaccare militarmente. SIN.: **inespugnabile**. **2.** *fig.* Che non può essere oggetto di critica. *Una difesa inattaccabile.* SIN.: **irreprensibile**. **3.** Che non può essere intaccato, corroso. SIN.: **resistente**.

inattendìbile agg. Cui non si può credere, dare credito. *Notizia inattendibile.* SIN.: **incredibile**.

inattéso agg. Che non è atteso e quindi è imprevisto. *Una visita inattesa.*

inattinico agg. [pl.m. *-ci*, f. *-che*] FIS. Riferito a radiazione elettromagnetica, che non produce effetti chimici sulla materia. ◇ *Luce inattinica:* luce schermata usata nella camera oscura per non impressionare le emulsioni fotografiche.

inattitùdine s.f. Assenza di attitudine, di disposizione, di inclinazione a fare qlco.

inattivàre v.tr. CHIM. Rendere inattiva una sostanza.

inattività s.f. inv. **1.** Mancanza, anche forzata, di produttività, di operatività o di operosità. **2.** Assenza di fenomeni dinamici. *Inattività di un vulcano.*

inattivo agg. **1.** Che, per scelta o per cause di forza maggiore, non mette in opera le proprie capacità, non lavora, non produce nulla. SIN.: **inoperoso**. ~ Che non rende, non è fruttifero. *Capitale inattivo.* **2.** Che non presenta fenomeni dinamici. *Vulcano inattivo.* **3.** CHIM. Che non ha o ha perso determinate proprietà.

inattuàbile agg. **1.** Che non può essere messo in atto, eseguito. **2.** Che non ha nessuna possibilità di avverarsi.

inattuàle agg. Che non corrisponde alla situazione, alle esigenze del momento. *Proposta inattuale.*

inaudito agg. **1.** Mai prima udito e quindi ignoto. **2.** *estens.* Straordinario, che non ha precedenti. *Ferocia inaudita.* SIN.: **inconcepibile**.

inauguràle agg. Relativo a un'inaugurazione, un'apertura ufficiale. *Seduta inaugurale di un congresso.*

inauguràre v.tr. (lat. *inaugurāre* "trarre gli auguri") **1.** Celebrare solennemente l'inizio di un'attività, di un'iniziativa o il termine della costruzione di un edificio. **2.** *fig.* Dare avvio, cominciare, iniziare un periodo di rinnovamento. *Inaugurare un nuovo sistema.*

inaugurazióne s.f. (lat. *inaugurātio* "inizio") Cerimonia con cui si festeggia ufficialmente l'inizio di un'attività, l'entrata in funzione di qlco.

inautèntico agg. [pl.m. *-ci*, f. *-che*] Finto, non autentico.

inavvertènza s.f. **1.** Mancanza di attenzione nel fare qlco. SIN.: **disattenzione**. **2.** *estens.* Omissione, errore dovuto a disattenzione.

inavvertitaménte avv. Senza intenzione, senza volere, senza accorgersene.

inavvicinàbile agg. **1.** Con cui è difficile o impossibile entrare in contatto, fare conoscenza. SIN.: **inabbordabile**. ~ *estens.* Insofferente del prossimo, intrattabile. **2.** *fig.* Che non è alla comune portata. *Affitti inavvicinabili.*

inazióne s.f. Assenza o interruzione dell'attività.

inca [/'inka/] agg. [pl. *incas*] (voce quechua, propr. "figlio del sole", orig. epiteto onorifico dei re) Che apparteneva al popolo degli antichi abitanti del Perù. SIN.: **incaico**. ◆ s.m. e f. (al pl. anche con iniziale maiusc.) Nel sign. dell'agg.

incagliàre v.tr. [6] (catal. *encallar* "porsi dentro uno stretto passaggio") *non com.* Intralciare, ostacolare, frenare qlco. ◆ v.intr. (aus. *essere*) *non com.* Detto di nave, urtare sul fondo e non riuscire più a muoversi. ◆ **incagliarsi** v.pron. **1.** Detto di imbarcazione, urtare sul fondo marino e rimanere bloccata. **2.** *fig.* Incontrare difficoltà e bloccarsi. **3.** *fig.* Detto di persona, incagliarsi nel parlare.

incàico agg. [pl.m. *-ci*, f. *-che*] Relativo agli Incas, antichi abitanti del Perù.

incalcinatùra s.f. **1.** Copertura di un muro con calcina. **2.** AGR. Aspersione delle piante con un bagno di calce per preservarle dalle crittogame.

incalcolàbile agg. **1.** Che eccede, in grandezza o in piccolezza, le possibilità di calcolo. *Il numero delle stelle è incalcolabile.* **2.** *estens.* Immenso, enorme.

incallito agg. **1.** Che ha fatto il callo, è diventato calloso. **2.** *fig.* Che ha preso l'abitudine al vizio. *Fumatore incallito.*

incalzàndo s.m. inv. MUS. Didascalia che indica un'accelerazione nell'esecuzione di un pezzo. SIN.: **accelerando**.

incalzànte agg. **1.** Che insegue da presso. **2.** Che si succede senza pausa. **3.** *fig.* Che incombe, imminente.

incalzàre v.tr. (lat. *incalciāre*, propr. "stare alle calcagna") **1.** Inseguire qlcu. che fugge senza dargli tregua. *Incalzare il nemico.* **2.** *fig.* Assillare, incombere. *Le scadenze mi incalzano.* ~ Sollecitare qlcu. con insistenza. *Incalzare qualcuno con richieste.* ◆ v.intr. (aus. *avere*) Detto di un avvenimento, urgere, essere imminente, farsi pressante. *Gli avvenimenti incalzano.* ~ Detto del tempo, passare velocemente, avanzare. *Il tempo incalza.* ◆ **incalzarsi** v.pron. Detto di due o più cose, susseguirsi rapidamente, senza tregua. *Le notizie si incalzano.* SIN.: **succedersi**.

incameraménto s.m. Appropriazione di beni altrui.

incameràre v.tr. **1.** Detto spec. dello stato, confiscare beni appartenenti a privati. **2.** *estens.* Fare proprio, impossessarsi arbitrariamente di qlco.

incamiciàre v.tr. [5] **1.** TECN. Rivestire qlco. con una fodera, un involucro. *Incamiciare un cilindro del motore.* **2.** COSTR. Rivestire una parete con uno strato di calce, intonaco o altro.

incamiciatùra s.f. Applicazione, stesura di un rivestimento. ~ *estens.* Il rivestimento stesso.

incamminàre v.tr. **1.** Avviare, mettere qlco. nelle condizioni di partire e funzionare. *Incamminare un'azienda.* SIN.: **intraprendere**. **2.** *fig.* Indirizzare qlcu. verso una strada, una professione, un'attività. SIN.: **guidare**. ◆ **incamminarsi** v.pron. **1.** Mettersi in cammino, dirigersi in una direzione. *Incamminarsi verso casa.* **2.** *fig.* Avviarsi, dirigersi verso qlco. *Questo scrittore si incammina verso il successo.*

incanalaménto s.m. **1.** Operazione con cui si convogliano le acque in canali. SIN.: **incanalatura**. **2.** *estens.* Concentrazione di qlco. verso un luogo. *Incanalamento del traffico automobilistico.*

incanalàre v.tr. **1.** Far convergere acqua in un canale. SIN.: **canalizzare**. ~ *estens.* Obbligare qlco. a scorrere entro un tracciato fisso. ~ *fig.* Guidare, far andare una massa di persone o mezzi verso un luogo stabilito. *Incanalare la folla.* SIN.: **indirizzare**. **2.** *fig.* Dare inizio, avviare qlco. con ordine e garanzia di efficienza. *Incanalare l'azienda.* **3.** *fig.* Concentrare, dirigere le forze per un obiettivo finale. *Incanalare le energie.* ◆ **incanalarsi** v.pron. **1.** Detto di acqua, raccogliersi in un canale. *Le acque si sono incanalate regolarmente.* **2.** *fig.* Detto di una massa di persone o mezzi, unirsi e avviarsi nella stessa direzione, su un certo percorso. *La processione si è incanalata nella via principale.*

incancellàbile agg. **1.** Che non può essere cancellato. SIN.: **indelebile**. **2.** *fig.* Che non può essere dimenticato.

incandescènte agg. (lat. *incandescĕntem*, deriv. di *candēscere* "diventare bianco") **1.** Riferito a sostanza, che emette radiazioni luminose perché portata ad alte temperature. *Lava incandescente.* ~ *per esager.* Surriscaldato, caldissimo. *Minestra incandescente.* SIN.: **rovente**. **2.** *fig.* Molto acceso e animato. *Una riunione incandescente.*

incandescènza s.f. Proprietà di una sostanza incandescente. ~ Proprietà di alcuni materiali di emettere radiazioni luminose ad alta temperatura.

incannàre v.tr. **1.** IND. TESS. Avvolgere il filato su bobine o rocchetti. **2.** *volg.* Ingannare, raggirare qlcu.

incannatùra s.m. IND. TESS. Avvolgimento del filo, del filato, ecc. sulle bobine per l'orditura.

incannucciàre v.tr. [6] **1.** Coprire qlco. o circondare un luogo mediante una struttura di canne. **2.** Sostenere una pianta con una struttura fatta di canne, in modo da tenerla diritta.

incantàre v.tr. **1.** Formulare un incantesimo, privando qlcu. della volontà o della coscienza. ~ Provocare effetti soprannaturali. SIN.: **stregare**. **2.** Attrarre qlcu. per particolari qualità e virtù. ~ Suscitare ammirazione. *La sua bellezza incanta tutti.* SIN.: **affascinare**. ◆ v.intr. (aus. *avere*) Avere qualità, virtù o bellezza tali da colpire intensamente e produrre ammirazione. *La sua musica incanta.* ◆ **incantarsi** v.pron. **1.** Detto di una persona, perdersi nei propri pensieri, restando come intontito. **2.** *fig.* Detto di un meccanismo, bloccarsi, incepparsi.

incantàto agg. **1.** Che ha virtù magiche. ~ Che è sotto l'influsso di un potere magico. **2.** *estens.* Bello al punto da parere irreale, da fiaba. *Paesaggio incantato.* **3.** Riferito a persona, attratto da qlcu. o da qlco. ~ Estremamente felice, onorato. *Sono incantato di fare la sua conoscenza.* ~ Che dà l'impressione di essere privo di coscienza tanto la sua espressione è assente. SIN.: **attonito**. **4.** *fig.* Riferito a meccanismo, a congegno, inceppato, bloccato.

incantatóre agg. [f. *–trice*] (lat. *incantatórem*, deriv. di *incantāre* "recitare formule magiche, incantare") Che affascina, seduce. ◆ s.m. **1.** Chi esercita incantesimi. **2.** *fig.* Persona di grande fascino.

incantésimo s.m. **1.** Rito o formula magica alla quale si attribuisce il potere di controllare le forze della natura o di privare qlcu. della volontà e della coscienza. ~ L'effetto prodotto. ◇ *fig.* *Rompere l'incantesimo:* richiamare qlcu. alla realtà, distogliendolo dallo stato illusorio o di felicità in cui si cullava. **2.** Fascino, meraviglia. **3.** *fig.* (spec. pl.) Mezzo di seduzione.

incantévole agg. Che avvince, affascina per bellezza e qualità.

1. incànto s.m. **1.** Incantesimo, magia. ◇ *figg.* *Come per incanto:* d'improvviso e senza rendersi conto di come sia successo. – *D'incanto:* meravigliosamente. **2.** Irresistibile attrattiva esercitata da persone o cose. SIN.: **fascino**. ~ Bellezza quasi magica, ricca di suggestione.

2. incànto s.m. (provenz. *encant*, lat. *inquàntum* dalla domanda *in quantum?* "a quale prezzo?" ricorrente durante le aste) Sistema di vendita pubblica di beni o di appalti al migliore offerente. SIN.: **asta**.

incanutiménto s.m. Processo per cui i capelli diventano gradualmente bianchi.

incapàce agg. **1.** Che non è in grado di fare qlco. per mancanza di inclinazione o di competenza. **2.** assol. Che non ha la debita competenza, perizia. SIN.: **inetto**. **3.** DIR. Che non è riconosciuto in grado di agire responsabilmente. ◆ s.m. e f. Nelle accez. 2 e 3 dell'agg. ◇ *Incapace di intendere e di volere:* chi non è, temporaneamente o stabilmente, in possesso delle piene facoltà mentali e pertanto responsabile dei propri atti.

incapacità s.f. inv. **1.** Mancanza di attitudine, di disposizione a fare qlco. SIN.: **inidoneità**. **2.** assol. Mancanza di capacità nel proprio lavoro. SIN.: **incompetenza**. **3.** DIR. Mancanza della capacità giuridica di agire.

incaponìrsi v.pron. [83] Intestardirsi, ostinarsi in modo irragionevole.

incappàre v.intr. (aus. *essere*) (propr. "andare a finire in una cappa") **1.** Incontrare per caso qlcu. o qlco. di non desiderato, molesto. **2.** *fig.* Trovarsi improvvisamente a dover affrontare una situazione spiacevole, difficile.

incappellàggio s.m. [pl. *–gi*] MAR. Nell'attrezzatura velica, l'anello metallico o il nodo di corda che collega le estremità degli alberi e del pennone con i cavi di sostegno o di manovra.

incappellàre v.tr. **1.** MAR. Nelle navi a vela, fornire un albero dei sostegni a cui si fissano le manovre dormienti. **2.** MAR. Detto di un'onda, investire un'imbarcazione dalla parte della prua.

incappucciàre v.tr. [5] **1.** Coprire con un cappuccio. **2.** *fig.* Coprire qlco. come un cappuccio. *La prima neve incappuccia le cime delle montagne.* SIN.: **ammantare**. ◆ **incappucciarsi** v.pron. **1.** Coprirsi con un cappuccio. **2.** Detto del cavallo, portare la testa sotto il petto per sottrarsi al morso.

incappucciàto agg. Che porta un cappuccio. ◆ s.m. [f. *–ta*] Membro di una confraternita o di un'associazione il cui abito prevede il cappuccio.

incapricciàrsi v.pron. [5] **1.** Ostinarsi irragionevolmente, farsi prendere dal capriccio di avere o fare qlco. **2.** Infatuarsi, invaghirsi.

incapsulaménto s.m. **1.** Rivestimento con una capsula, spec. di un dente. **2.** Chiusura ottenuta con una capsula.

incapsulàre v.tr. **1.** Racchiudere qlco. dentro una capsula. **2.** Chiudere bottiglie o flaconi applicando una capsula di stagnola o alluminio.

incarceraménto s.m. **1.** Carcerazione, prigionia. **2.** MED. Anomala compressione di un organo in una cavità troppo piccola per contenerlo.

incarceràre v.tr. Rinchiudere qlcu. in carcere. SIN.: **imprigionare**.

incaricàre v.tr. [4] Affidare a qlcu. una responsabilità, un compito. *Mi ha incaricato di organizzare tutto.* ◆ **incaricarsi** v.pron. Prendersi la responsabilità di un incarico. SIN.: **impegnarsi**.

incaricàto agg. Che ha ricevuto l'incarico di fare qlco. ◇ *Professore incaricato:* insegnante, docente non di ruolo. ◆ s.m. [f. *–ta*] Nel sign. dell'agg. SIN.: **addetto**. ◇ *Incaricato d'affari:* agente diplomatico al quale è affidato l'incarico di reggere temporaneamente una rappresentanza diplomatica scoperta.

incàrico s.m. [pl. *–chi*] **1.** Compito o responsabilità affidata a qlcu. **2.** Mansione che si svolge in mancanza del titolare e l'ufficio così ottenuto. ◇ DIR. *Incarico governativo:* l'atto con cui il Presidente della Repubblica conferisce a qlcu. il compito di formare un nuovo governo.

incarnàre v.tr. **1.** Personificare, rappresentare una realtà astratta. *Magistrato che incarna la giustizia.* **2.** Interpretare un personaggio in scena, sullo schermo. ◆ **incarnarsi** v.pron. **1.** Prendere corporeità e aspetto umano. *Cristo si è incarnato.* **2.** *fig.* Detto di qlco. di astratto, assumere vivezza e concretezza. *Ideali che si incarnano nell'opera dell'artista.* **3.** Crescere entro la carne. *L'unghia si incarna.* SIN.: **incarnirsi**.

1. incarnàto agg. **1.** Che si è fatto carne, che ha assunto la natura umana, usato come attributo di Cristo. *Verbo incarnato.* **2.** *fig.* Che ha tanto pervaso di sé l'animo di una persona, da sembrare che questa ne sia la forma concreta, vivente. *Essere la generosità incarnata.* SIN.: **personificato**. **3.** Entrato, penetrato nella carne. SIN.: **incarnito**.

2. incarnàto agg. Del colore roseo proprio della pelle. ◆ s.m. Il colore stesso del viso giovane e sano.

incarnazióne s.f. **1.** Atto con cui uno spirito prende corpo. ~ TEOL. CRIST. In partic., unione della natura divina e umana in Cristo, il suo concepimento. **2.** *fig.* Concretizzazione, personificazione di un concetto o di un sentimento. *È l'incarnazione dell'avarizia.*

incarnìre v.intr. [83] (aus. *essere*) Detto spec. delle unghie, crescere penetrando nella carne che si trova attorno; anche pron.

incarnìto agg. Cresciuto, penetrato nella carne. ◇ *Unghia incarnita:* cresciuta nella carne, soprattutto nel piede, causando una ferita.

incartaménto s.m. **1.** Complesso dei documenti relativi a una pratica, a una questione, a un affare. SIN.: **dossier**. **2.** Prima fase dell'essiccazione delle paste alimentari.

incartapecorìto agg. **1.** Che, con l'età, ha assunto l'aspetto della cartapecora, diventando giallastro e grinzoso. **2.** *fig.* Che ha perduto vitalità, vivacità. SIN.: **sclerotizzato**.

incartàre v.tr. Avvolgere qlco. nella carta. ◆ v.pron. **1.** In alcuni giochi di carte, rimanere con carte che non consentono di avere un buon gioco. **2.** *fig.* Confondersi, smarrirsi e non sapere più cosa fare.

incàrto s.m. **1.** Sistemazione di un oggetto o di un prodotto in un foglio di carta o in una confezione. ~ *estens.* Carta o altro materiale usato per fasciare. **2.** STAM. Foglio di due o di quattro pagine che viene inserito dopo la stampa e cucito con una segnatura. **3.** Nel l. bur., fascicolo contenente una pratica.

incartonatrìce s.f. Macchina utilizzata per l'incartonatura dei tessuti.

incartonatùra s.f. **1.** Nella rilegatura dei libri, operazione consistente nell'applicare i cartoni al libro da legare. **2.** IND. TESS. Inserimento di cartoni tra le falde di un tessuto in vista della pressatura.

incasellàre v.tr. **1.** Distribuire e collocare più oggetti negli scomparti di un casellario. **2.** *fig.* Ordinare, sistemare metodicamente una serie di concetti.

incasinàre v.tr. *pop.* Rendere qlco. confuso, disordinato. ~ Provocare intralci rendendo qlco. difficile.

incasinàto agg. *pop.* Disordinato e disorganizzato. ~ Sopraffatto da impegni.

incassaménto s.m. Sistemazione in casse.

incassànte agg. GEOL. Di roccia che racchiude un corpo intrusivo proveniente dalla cristallizzazione di un magma.

incassàre v.tr. **1.** Sistemare, disporre qlco. in casse. *Incassare delle bottiglie.* SIN.: **imballare**. **2.** Riscuotere, avere come introito una certa somma di denaro. **3.** SPORT. Nel pugilato, subire i colpi dell'avversario senza risentirne; nel calcio, subire reti dalla squadra avversaria. **4.** *fig.* Subire, sopportare esperienze negative senza reagire. *Incassare colpi.* **5.** Inserire qlco. in modo stabile in un'apposita cavità. *Incassare un armadio nel muro.* **6.** Delimitare, racchiudere. *Le montagne incassano il paese.* ◆ **incassarsi** v.pron. Racchiudersi, trovarsi stretto in qlco., detto spec. di strada o fiume. *Il fiume si incassa nella valle.*

incassàto agg. **1.** Messo in una cassa. **2.** *estens.* Collocato nella rientranza di un muro in cui sta di misura. *Finestra incassata.* **3.** Delimitato, chiuso da pareti alte, scoscese. **4.** *fig.* Infossato, contratto. *Testa incassata nelle spalle.*

incassatùra s.f. **1.** Sistemazione di oggetti, di merci in casse. **2.** Inserimento di un oggetto nella cavità predisposta ad accoglierlo. **3.** *estens.* Rientranza, cavità, incavo, solco in cui viene collocato qlco. ~ Scavo che precede la messa in opera di una massicciata.

incàsso s.m. **1.** Incassatura, sia come cavità predisposta ad accogliere qlco., sia come sistemazione in essa. *Elettrodomestico da incasso.* **2.** Riscossione di una somma. ~ La somma stessa. SIN.: **introito**. ~ BANC. Riscossione di un credito.

incastellàre v.tr. Munire una macchina o un edificio di impalcature di sostegno.

incastellatùra s.f. **1.** Armatura di sostegno a costruzioni o a macchine. **2.** VET. Malformazione del piede del cavallo, consistente nell'avere il tallone troppo stretto.

incastonàre v.tr. **1.** Sistemare, inserire una pietra preziosa nel castone. SIN.: **montare**. **2.** *fig.* Inserire qlco. di prezioso, raffinato, in un insieme. *Incastonare una citazione in un discorso.*

incastonàto agg. **1.** Montato e fissato nel castone. *Pietra incastonata.* **2.** *fig.* Messo a modo di ornamento. ~ Costellato. *Un discorso incastonato di citazioni.*

incastonatóre s.m. [f. *–trice*] Artigiano orafo specializzato nell'incastonatura.

incastonatùra s.f. Inserimento di pietre preziose nel castone. SIN.: **incassatura**.

incastràre v.tr. (lat. *incastrāre* "porre in un intaglio") **1.** Unire due o più pezzi tra loro, a forza o a pressione, in modo che restino fissati. *Incastrare i pezzi di un mobile.* ~ Introdurre a forza qlco. in altro, in modo che vi resti ben infisso. *Incastrare un chiodo in una fessura.* SIN.: **conficcare**. **2.** *fig. fam.* Mettere qlcu. nei pasticci o in una situazione da cui è difficile tirarsi fuori. *Incastrare qualcuno in un affare sporco.* SIN.: **inguaiare**. ~ *estens.* Mettere qlcu. nell'impossibilità di andarsene. *Vorrei uscire ma il capo mi ha incastrato.* ~ Mettere qlcu. alle strette. *Incastrare un colpevole.* ◆ v.pron. **1.** Detto di un meccanismo, rimanere bloccato, fermarsi. *Il rullo si è incastrato.* **2.** Fissarsi saldamente così da non poterne più uscire. *La lampadina si incastra nel supporto.* SIN.: **conficcarsi**.

incastratùra s.f. Unione di due parti che si incastrano. ~ Incavo in cui si inserisce la parte sporgente.

incàstro s.m. **1.** Inserimento di un elemento in un altro, in modo che non possa più uscirne. ~ Tipo di collegamento rigido che tiene uniti due elementi. **2.** *estens.* Incavo, incassatura, apertura in cui una cosa viene inserita, incastrata. **3.** Nella tecnica mineraria, ciascuno dei tagli verticali praticati nelle rocce tenere per facilitare il loro successivo abbattimento. **4.** Gioco enigmistico in cui una parola di senso compiuto risulta formata da altre due, contenute in essa in modo non del tutto evidente (p.e. *conto* e *solida* in CONsolidaTO). **5.** Strumento usato dal maniscalco per pareggiare l'unghia del cavallo.

incatenàre v.tr. **1.** Legare una persona o un animale con catene, mettere in catene. **2.** *fig.* Tenere bloccato qlcu., vincolarlo. *Questo lavoro mi incatena.* ~ Bloccare, soggiogare, tenere avvinta una facoltà mentale. *Certi programmi televisivi incatenano l'attenzione del pubblico.* **3.** Impedire il passaggio a un luogo, mediante la sistemazione di catene. **4.** Annodare assieme due o più fili diversi, formando una catena. **5.** COSTR. Rendere una costruzione più solida mediante ossature metalliche. SIN.: **rinforzare**. ◆ **incatenarsi** v.pron. **1.** Detto di due o più persone, legarsi, in partic. nel senso fig. di vincolarsi reciprocamente. **2.** Legarsi strettamente a qlco.

incatramàre v.tr. Cospargere, ricoprire qlco. di catrame. ◆ **incatramarsi** v.pron. Sporcarsi di catrame.

incattivìre v.tr. [83] Far diventare qlcu. cattivo. ◆ v.intr. (aus. *essere*) Diventare cattivo, malvagio. ◆ **incattivirsi** v.pron. **1.** Diventare cattivo. **2.** *estens.* Detto del vino, inacidire. ~ Detto del tempo, guastarsi.

incàuto s.m. Che non valuta con la dovuta circospezione fatti, circostanze e conseguenze delle proprie azioni. SIN.: **imprudente**. ~ Riferito a cosa, che denota tale atteggiamento. ◇ DIR. *Incauto acquisto:* acquisto in buona fede di merce di provenienza sospetta.

incavallatùra s.f. COSTR. → **capriata**.

incavàre v.tr. Rendere cavo qlco., scavando in esso un solco o una cavità. *L'acqua ha incavato la roccia.*

incavàto agg. Che presenta una concavità. SIN.: **scavato**. ◇ *Occhi incavati:* infossati nelle orbite. – *Guance incavate:* viso magro, smunto.

incavatùra s.f. **1.** Lavoro di scavo con cui si crea una concavità. **2.** *estens.* Concavità, incavo.

incavigliàre v.tr. [6] TECN. Agganciare, legare qlco. a un piolo. ~ Unire due o più cose con un piolo.

incàvo s.m. Parte scavata, solco, scanalatura. ◇ *Lavoro d'incavo, a incavo:* incisione su pietra dura di un'immagine in bassorilievo.

incavolàrsi v.pron. *fam.* Andare in collera, arrabbiarsi, infuriarsi. *Ti incavoli troppo facilmente.*

1. incèdere v.intr. [12] (aus. *avere*) Camminare in modo solenne e maestoso.

2. incèdere s.m. (solo sing.) **1.** Passo, modo di avanzare. **2.** *estens.* Portamento, andatura solenne.

incedibilità s.f. inv. DIR. Caratteristica dei beni che non possono essere ceduti, alienati.

incendiàre v.tr. [6] **1.** Bruciare, distruggere con il fuoco. **2.** *fig.* Infiammare, eccitare l'animo, suscitare passioni. *Il discorso incendiò gli animi dei manifestanti.* ◆ **incendiarsi** v.pron. Prendere fuoco. *Il pagliaio si è incendiato.*

incendiàrio agg. [pl.m. *-ri*] **1.** Che causa un incendio. *Proiettile incendiario.* **2.** *fig.* Che accende gli animi, provocatorio. *Discorsi incendiari.* ◆ s.m. [f. *-ria*] **1.** Autore volontario di un incendio. SIN.: **piromane**. **2.** *fig.* Chi fomenta sommosse, sedizioni. SIN.: **agitatore**.

incèndio s.m. [pl. *-di*] **1.** Combustione di materiali infiammabili, con rilevante sviluppo di fiamme, di fumo. **2.** *fig.* Stato d'animo provocato da passioni potenti. SIN.: **ardore**. **3.** *fig.* Esplosione di un dramma, di un fatto tragico.

incenerimènto s.m. Trasformazione in cenere dovuta alla completa combustione di una sostanza. ~ In partic., tecnica di smaltimento dei rifiuti solidi urbani che vengono bruciati in appositi forni.

incenerìre v.tr. [83] Bruciare qlco. riducendolo in cenere. SIN.: **carbonizzare**. ◆ **incenerirsi** v.pron. Ridursi in cenere.

inceneritóre s.m. Impianto che riduce in cenere rifiuti solidi, materiali infetti o tossici, ecc.

incensàre v.tr. **1.** RELIG. Cospargere con fumi di incenso, come segno di venerazione. **2.** *fig.* Elogiare, adulare.

incensària s.f. BOT. Menta selvatica.

incensàta s.f. **1.** Singola oscillazione del turibolo contenente l'incenso. **2.** *fig.* Lode rivolta a chi si vuole adulare.

incensière s.m. Recipiente metallico in cui si brucia l'incenso.

incènso s.m. **1.** Resina ottenuta principalmente da una pianta diffusa in Arabia e in Etiopia, che bruciando libera un caratteristico fumo aromatico. (Genere *Boswellia*; famiglia delle Burseracee.) **2.** *fig.* Elogio, adulazione eccessiva.

incensuràbile agg. Che non è passibile di censura, di biasimo, di riprovazione perché esente da colpe. *Comportamento incensurabile.* SIN.: **irreprensibile**.

incensuràto agg. **1.** Che non è mai stato oggetto di biasimo, di riprovazione. **2.** DIR. Che non ha mai riportato condanne penali e non ha precedenti giudiziari. ◆ s.m. [f. *-ta*] Nell'accez. 2 dell'agg.

incentivàre v.tr. **1.** Con soggetto non animato, sollecitare qlco., servire da stimolo. **2.** Agire con particolari provvedimenti in modo da favorire un'attività.

incentìvo s.m. (lat. *incentīvum* "che dà il tono") **1.** Sollecitazione finalizzata all'incremento di qlco. **2.** ECON. (spec. pl.) Misure volte a incrementare lo sviluppo di determinate attività. *Politica di incentivi all'esportazione.* ◇ *Incentivo fiscale:* agevolazione di carattere tributario che consiste nell'esenzione dal pagamento di determinati tributi o nella riduzione del loro ammontare.

incentràre v.tr. Organizzare intorno a un tema, a un'idea essenziale. *Incentrare una campagna sui problemi sociali.* SIN.: **basare**. ◆ **incentrarsi** v.pron. Avere il proprio fondamento in qlco. *Il racconto si incentra sulla figura dell'eroe.* SIN.: **imperniarsi**.

inceppàre v.tr. **1.** Ostacolare, impedire il movimento o il funzionamento. **2.** MAR. Fornire l'ancora del ceppo. ◆ **incepparsi** v.pron. **1.** Bloccarsi per un guasto o per accumulo di materiale. *La fotocopiatrice si è inceppata.* ~ *fig.* Funzionare male, bloccarsi. *Negoziati che si inceppano.* **2.** MAR. Detto della catena dell'ancora, avvolgersi attorno al ceppo.

inceppàto agg. **1.** Che manca di scioltezza, di speditezza. **2.** Che, per un guasto improvviso, smette di funzionare.

inceràre v.tr. Rivestire o lucidare con la cera.

inceràta s.f. **1.** Tela impermeabilizzata e indumento confezionato con essa. SIN.: **tela cerata**. **2.** Mantello o completo impermeabile usato soprattutto dai marinai.

incerconìre v.intr. [83] (aus. *essere*) ENOL. Detto del vino, rovinarsi nel sapore e nel colore. SIN.: **guastarsi**.

incernieràre v.tr. TECN. Dotare un oggetto di cerniera. ~ Unire due o più oggetti tra loro mediante cerniere.

incertézza s.f. **1.** Natura imprecisa, contraddittoria di un dato conoscitivo che, quindi, genera dubbi. **2.** Mancanza di prevedibilità. **3.** Stato di dubbio, di ansia. **4.** Mancanza di sicurezza, titubanza, esitazione.

incèrto agg. **1.** Che non è certo, che non è determinabile con precisione. SIN.: **dubbio**. **2.** Riferito a persona, che non sa quale scelta fare tra le varie possibili, perplesso, titubante. **3.** Che manca di sicurezza, di speditezza. *Scrittura incerta.* SIN.: **insicuro**. ~ Che manca di stabilità, variabile. *Tempo incerto.* ◆ s.m. **1.** (solo sing.) Ciò che non è sicuro, definito, precisato. **2.** (al pl.) Possibili guadagni oltre la retribuzione. *Guadagna più con gli incerti che con lo stipendio.* **3.** (spec. pl.) Possibili danni, possibili incidenti connessi a un'attività. *Gli incerti del mestiere.*

incespicàre v.intr. [4] (aus. *avere*) **1.** Urtare un ostacolo con il piede, mentre si cammina. SIN.: **inciampare**. **2.** *fig.* Mancare di sicurezza, parlare in modo stentato. SIN.: **balbettare**.

incessànte agg. Che non si interrompe. SIN.: **ininterrotto**.

incessantemènte avv. In modo incessante, senza sosta.

incèsto s.m. DIR. Rapporto sessuale tra persone di sesso diverso unite da un rapporto di consanguineità o affinità.

incestuóso agg. **1.** Che costituisce incesto. **2.** Che ha commesso o è frutto d'incesto.

incètta s.f. Raccolta sistematica a fini di accaparramento e speculazione. *Fare incetta di qlco.*

inchièsta s.f. **1.** Esame di un argomento corredato da prove, esperienze, documenti. **2.** Insieme di ricerche ordinate da un'autorità amministrativa o giudiziaria. ❑ In funzione di agg. inv., nell'accez. 1 del s. *Libro inchiesta.*

inchinàre v.tr. Volgere verso il basso una parte del corpo, spec. il capo, la schiena o gli occhi. ◆ **inchinarsi** v.pron. **1.** Chinarsi o volgere il capo verso il basso in segno di rispetto o per timore. **2.** *fig.* Rendere omaggio. *Inchinarsi di fronte alle autorità.* **3.** *fig.* Rassegnarsi, sottomettersi a qlco. di inevitabile. ~ Rinunciare alla lotta, dichiararsi sconfitto. *Inchinarsi dinanzi al nemico.* ~ In una competizione sportiva, riconoscere la superiorità di un avversario.

inchìno s.m. Atto di omaggio, di riverenza, consistente nel piegare il busto abbassando il capo e, talvolta, accennando a una genuflessione.

inchiodàre v.tr. **1.** Fissare qlco. con chiodi. **2.** *fig.* Tenere fermo qlcu. in un luogo, impedendogli di muoversi. *L'influenza mi ha inchiodato in casa.* ~ Bloccare bruscamente un mezzo in movimento. *Inchiodare la bicicletta.* ~ *estens.* Bloccare, arrestare qlco. in movimento. *Inchiodare i prezzi.* SIN.: **immobilizzare**. **3.** MIL. Rendere inservibile un pezzo d'artiglieria. **4.** Nella ferratura dei quadrupedi, conficcare i chiodi nel vivo della zampa. ◆ v.pron. **1.** Bloccarsi, arrestarsi bruscamente. **2.** *fig.* Radicarsi, imprimersi, stamparsi in qlco., detto spec. di idee. *I ricordi piacevoli si inchiodano in testa.*

inchiodatùra s.f. **1.** Azione o modo di unire due pezzi di legno con chiodi. **2.** Nel gioco degli scacchi, situazione in cui si trova un pezzo immobilizzato a protezione di un altro. **3.** Lesione del piede del cavallo causata dai chiodi utilizzati per la ferratura.

inchiostràre v.tr. STAM. Cospargere d'inchiostro le matrici.

inchiostratóre s.m. **1.** STAM. [f. *-trice*] Addetto all'inchiostrazione. **2.** STAM. Rullo utilizzato per cospargere uniformemente l'inchiostro sulle matrici. ❑ In funzione di agg., nell'accez. 2 del s.

inchiostrazióne s.m. STAM. Stesura uniforme dell'inchiostro sulla matrice.

inchiòstro s.m. **1.** Preparazione nera o colorata, liquida o pastosa, utilizzata per scrivere, stampare, ecc. ◇ *Inchiostro di china:* impasto di nerofumo e gomma arabica o gelatina diluito in acqua. – *Inchiostro simpatico:* liquido incolore che appare sulla carta soltanto sotto l'azione di un reattivo o del calore. – *fig. Versare fiumi di inchiostro:* scrivere moltissimo. **2.** Liquido nero e denso emesso da alcuni cefalopodi per difesa. *L'inchiostro della seppia.*

inciampàre v.intr. (aus. *essere* o *avere*) **1.** Urtare involontariamente un ostacolo col piede. SIN.: **incespicare**. ~ *fig.* Bloccarsi nel parlare, nel leggere, nello scrivere. *Inciampare su una parola difficile da pronunciare.* **2.** *fig.* Trovarsi improvvisamente di fronte a qlcu. o qlco. di spiacevole o indesiderato. *Inciampare in un imprevisto.* SIN.: **incappare**.

inciàmpo s.m. **1.** Ostacolo in cui urta il piede. ~ *estens.* Ciò che ingombra, anche in riferimento a persona. *Mi sposto perché sono d'inciampo.* **2.** *fig.* Ciò che intralcia quanto si è intrapreso. SIN.: **intoppo**.

incidentàle agg. **1.** Che accade casualmente, accidentale. **2.** Di secondaria importanza. *Osservazione incidentale.* SIN.: **marginale**. ◇ GRAMM. *Frase o proposizione incidentale:* frase indipendente che si collega a un'altra per nesso logico, senza legame di coordinazione né di subordinazione. **3.** DIR. Che ha attinenza con l'incidente in senso giuridico.

incidentàto agg. Che ha subito un incidente. *Automobile incidentata.*

1. incidènte s.m. **1.** Evento negativo imprevisto. *Incidente di ferrovia.* SIN.: **disgrazia**. ◇ *fig. Incidente di percorso:* imprevisto non grave, che non impedisce uno sviluppo favorevole degli eventi. **2.** Litigio che insorge durante una discussione e che è estraneo agli argomenti trattati. *Chiudere l'incidente.* **3.** DIR. Questione che richiede una decisione separata da parte del giudice. ◇ *Incidente probatorio:* forma di assunzione della prova nel processo penale.

2. incidènte agg. FIS. Che cade su una superficie o su un altro corpo. *Raggio incidente.* ◇ GEOM. *Figure incidenti:* aventi almeno un punto in comune. – *Rette incidenti:* che si intersecano.

incidènza s.f. **1.** Il fatto di cadere sopra qlco., di colpire qlco. in un punto. ~ FIS. Direzione di un corpo o di un raggio luminoso che incontra una superficie. ◇ *Angolo di incidenza:* quello formato dal vettore con la perpendicolare alla superficie nel punto di incontro. – GEOM. *Punto di incidenza:* vertice dell'angolo di incidenza. **2.** *fig.* Conseguenza più o meno diretta di qlco. SIN.: **ripercussione**. **3.** ECON. Conseguenze economiche di un prelievo fiscale.

1. incìdere v.intr. [21] (aus. *avere*) (lat. *incĭdere*, comp. di *ĭn* "sopra" e *cădere* "cadere") **1.** Pesare su qlco., gravare, ricadere. *Spese che incidono sul bilancio familiare.* **2.** *fig.* Avere influenza su qlco. *Le disgrazie hanno inciso sul suo carattere.*

2. incìdere v.tr. (lat. *incīdere*, comp. di *ĭn-* "in-" e *caedere* "tagliare") **1.** Praticare un taglio netto su una superficie. *Incidere la corteccia di un albero.* ~ MED. Tagliare un tessuto. *Incidere un ascesso.* **2.** Intagliare una superficie secondo un motivo, un disegno. **3.** *fig.* Rendere qlco. duraturo, fissandolo in qlco. d'altro, spec. nella memoria. *Incidere le nozioni nella memoria.* **4.** Far sì che un suono imprima particolari tracce su disco o su nastro, in modo che esso possa essere riprodotto.

incìnta agg. (solo f.) (lat. *incīnctam*, propr. "senza cintura") Che è in stato di gravidanza.

incipiènte agg. Che incomincia, che è all'inizio, riferito a fenomeni che hanno uno sviluppo graduale. *Calvizie, vecchiaia incipiente.*

ìncipit s.m. inv. (voce lat., deriv. di *incĭpere* "incominciare") **1.** Nei manoscritti e negli incunaboli, formula o frase con cui ha inizio il testo. **2.** Parole con cui inizia un testo. **3.** MUS. Battute, note iniziali di un brano.

incipitàrio s.m. [pl. *-ri*] Repertorio bibliografico che ordina alfabeticamente le parole iniziali di varie opere.

incipriàto s.m. Cosparso di un velo di cipria.

incìrca avv. Circa, pressappoco, spec. nella loc. *all'incirca*, più o meno.

incirconcìso agg. Che non è stato sottoposto alla circoncisione, riferito a chi non professa la religione ebraica. ◆ s.m. Nel sign. dell'agg.

incisióne s.f. **1.** Taglio praticato con uno strumento affilato. *Fare un'incisione con il bisturi.* **2.** Solco piuttosto stretto e profondo scavato sulla superficie terrestre da agenti esterni. **3.** Disegno, in incavo o a rilievo, praticato con uno strumento a punta o mediante processi chimici su un materiale duro. ~ *estens.* L'arte, la tecnica di eseguire tali disegni. **4.** *estens.* Stampa ottenuta da una matrice incisa con il bulino. **5.** Registrazione del suono su disco o nastro.

incisività s.f. inv. **1.** Nettezza del segno grafico. *Incisività dei contorni.* **2.** *estens.* Precisione e intensità espressiva.

1. incisìvo agg. **1.** Che ha la funzione di incidere, tagliare. ◇ ANAT. *Dente incisivo:* ciascuno dei quattro denti centrali superiori e inferiori che, durante la masticazione, tagliano il cibo. **2.** PITT. *Disegno incisivo:* che rende i contorni delle figure, degli oggetti con linee anziché col chiaroscuro. **3.** FOTO. *Obiettivo incisivo:* che rende l'immagine con grande nitidezza. **4.** *fig.* Caratterizzato da grande precisione, vivezza espressiva ed efficacia. *Critica incisiva.*

2. incisìvo agg. LING. *Intonazione incisiva:* variazione prosodica, consistente in un abbassamento della frequenza fondamentale e dell'intensità della voce, che accompagna l'enunciazione di un inciso.

1. incìso s.m. **1.** GRAMM. Espressione costituita da una frase indipendente, general. breve, inserita all'interno di un'altra frase. **2.** MUS. La più elementare combinazione ritmica, formata da due o tre unità di tempo.

2. incìso agg. **1.** Tagliato, scavato in modo da formare un solco sottile, stretto. **2.** BOT. Riferito a organo vegetale, che ha i bordi frastagliati.

incisóre s.m. **1.** Artista che realizza incisioni. **2.** Professionista che effettua incisioni su lastre metalliche. ❑ In funzione di agg. inv., che incide.

incisòrio agg. [pl.m. *-ri*] Che riguarda l'incisione.

incistaménto s.m. **1.** BIOL. Processo per cui alcuni protozoi e metazoi, in condizioni sfavorevoli, sospendono le loro attività vitali formando una cisti. **2.** MED. Fenomeno di difesa dell'organismo, caratterizzato dalla formazione di una cisti intorno a un corpo estraneo o a una lesione.

incisùra s.f. ANAT. Frastagliatura profonda e irregolare dei contorni di un organo animale o vegetale.

incitaménto s.m. Sollecitazione della altrui volontà. SIN.: **stimolo**.

incitàre v.tr. Spingere qlcu. a fare qlco. SIN.: **esortare**.

inciùcio s.m. [pl. *-ci*] (deverb. di sicil. *'nciuciare*, "fare qlco. male per imperizia o frettolosità") POLIT. *gerg.* Pasticcio, imbroglio.

incivìle agg. **1.** Che non si addice a una società civile. **2.** Che non dimostra la correttezza, il rispetto, la discrezione e la cortesia propri di un'ordinata e gradevole convivenza. ◆ s.m. e f. Persona priva di buona educazione, di buone maniere.

incivilimento s.m. Apporto o raggiungimento di un più elevato livello di civiltà, di costumi più civili. SIN.: **civilizzazione**.

incivilìre v.tr. [83] **1.** Far diventare civile qlcu. **2.** *estens.* Rendere qlcu. meno rozzo, ingentilire. ◆ **incivilirsi** v.pron. **1.** Diventare una persona civile. **2.** *estens.* Assumere modi meno rozzi.

inciviltà s.f. inv. Mancanza di educazione, di rispetto dei reciproci diritti e doveri.

inclassificàbile agg. **1.** Che non può essere inserito in una classe, in una categoria. **2.** Che non può essere inserito in una classifica di merito perché scadente, insufficiente. **3.** *estens.* Indegno, biasimevole.

inclemènte agg. **1.** Che non dà prova di clemenza. SIN.: **severo**. **2.** *fig.* Riferito a clima o stagione, rigido, piovoso, avverso.

inclemènza s.f. **1.** Mancanza di moderazione, di indulgenza. SIN.: **severità**. **2.** *fig.* Rigore delle condizioni climatiche.

inclinàbile agg. Che può essere inclinato. SIN.: **reclinabile**.

inclinàre v.tr. **1.** Muovere qlco. e disporlo in modo che penda da un lato. **2.** *fig.* Rendere qlcu. disposto, propenso, incline a qlco. *Inclinare un ragazzo allo studio.* ~ Disporre l'animo a un certo sentimento o atteggiamento. *Inclinare l'animo al perdono.* ◆ v.intr. (aus. *avere*) **1.** Essere piegato verso un lato. **2.** *fig.* Essere disposto, propenso a qlco. ◆ **inclinarsi** v.pron. Piegarsi, reclinarsi su un lato. ~ Assumere una certa pendenza. *Il cammino si è inclinato.*

inclinàto agg. **1.** Non diritto. *Una scrittura inclinata.* SIN.: **obliquo**. **2.** *fig.* Incline, propenso, disposto a qlco.

inclinazióne s.f. **1.** Stato di ciò che è inclinato rispetto all'orizzonte. ~ ARM. Angolo formato dalla traiettoria di un proiettile e l'orizzonte. ◇ ASTR. *Angolo d'inclinazione:* quello che il piano dell'orbita di un astro forma con il piano dell'eclittica. – GEOFIS. *Inclinazione magnetica:* angolo formato dalla direzione del campo magnetico terrestre col piano dell'orizzonte relativo al punto considerato. **2.** *fig.* Disposizione, attitudine naturale a qlco. SIN.: **propensione**. ~ Predisposizione, vocazione.

inclìne agg. **1.** Portato naturalmente a qlco. *Incline alla rabbia.* **2.** Propenso, favorevole a qlco. *Sono incline ad accettare l'offerta.*

inclinòmetro s.m. Strumento utilizzato per misurare un'inclinazione. SIN.: **clinometro**.

inclùdere v.tr. [21] **1.** Implicare, contemplare, comprendere. *Il contratto include questa condizione.* **2.** Introdurre, inserire una cosa in un'altra. *Includere la ricevuta nella busta.* SIN.: **allegare**. **3.** *fig.* Aggiungere a una serie o a un gruppo. *Includere qualcuno nella lista degli invitati.*

inclusióne s.f. **1.** Accorpamento di elementi o dati in una serie, in una categoria, in un insieme preesistente. SIN.: **inserimento**. **2.** ALG. Relazione binaria tra due insiemi *A* e *B*, per cui gli elementi di *A* appartengono anche a *B*. [Questa relazione si esprime con la notazione $A \supset B$ che si enuncia *A è incluso (o contenuto) in B.*] **3.** MIN. Ogni corpo estraneo all'interno di un minerale o di una gemma. **4.** MED. Condizione di un dente che rimane all'interno della gengiva.

inclusìvo agg. Che include, comprende altre cose in sé. *Prezzo inclusivo delle imposte.*

inclùso agg. **1.** Chiuso dentro a qlco., inglobato. ◇ MED. *Dente incluso:* che non ha uno spostamento verso il margine dell'alveolo come avviene normalmente. **2.** Compreso in un insieme. *Sarò assente fino a sabato incluso.* **3.** ALG. *Insieme A incluso in un insieme B:* insieme *A* di cui tutti gli elementi appartengono anche a *B*. (Relazione espressa con la notazione $A \supset B$.) ❑ In funzione di prep., nel l. pop., nel sign. di "includendo". *Saremo in cinque, incluso Francesca e Giovanni.* ◆ s.m. BIOL. Nei tessuti, corpo estraneo.

incoatìvo agg. GRAMM. Che indica l'inizio o la progressione di un'azione (p.e. addormentarsi, invecchiare). ◆ s.m. Verbo incoativo.

incoccàre v.tr. [4] **1.** Sistemare la freccia con la cocca sulla corda dell'arco. **2.** MAR. Sistemare, infilandolo, un anello alla fine di un'asta o di un albero.

incoercìbile agg. **1.** FIS. Che non è passibile di contenimento, di compressione. **2.** *fig.* Che non si può reprimere, contenere. *Volontà incoercibile.*

incoerènte agg. **1.** Che manca di unità, coesione, compattezza. *Materiale incoerente.* **2.** *fig.* Privo di nesso logico. *Parole incoerenti.* SIN.: **incongruente**. **3.** *fig.* Che manca di coerenza tra pensiero e azione. *Comportamento incoerente.* SIN.: **contradditorio**. **4.** FIS. *Onde incoerenti:* quelle che presentano una differenza di fase non costante nel tempo.

incoerènza s.f. **1.** Mancanza di coesione, di compattezza. **2.** *fig.* Mancanza di connessione, di consequenzialità. **3.** FIS. Proprietà delle onde incoerenti.

incògnita s.f. **1.** ALG. Variabile di un'equazione o di una disequazione. **2.** *estens.* Elemento non conosciuto o non prevedibile. ~ Persona difficile da comprendere.

incògnito agg. Che non è conosciuto, riconoscibile. SIN.: **ignoto**. ◆ s.m. Condizione di una persona che cela o falsifica la propria identità. ◇ *In incognito:* senza farsi riconoscere.

incollàre v.tr. **1.** Attaccare con la colla. *Incollare i fogli.* ~ *fig.* Attaccare, far aderire. *Incollare l'orecchio alla porta.* **2.** Spalmare una superficie di colla. *Incollare la carta da parati.* ◆ v.intr. (aus. *avere*) Avere azione adesiva. *Questa sostanza incolla molto bene.* ◆ **incollarsi** v.pron. **1.** Fissarsi strettamente a qlco. *Il fango si incolla alle scarpe.* **2.** *fig.* Stringersi, tenersi molto vicino a qlco. o qlcu. *Incollarsi alla madre.*

incollatrìce s.f. **1.** Macchina utilizzata per incollare. **2.** IND. TESS. Macchina che elimina la peluria dai tessuti.

1. incollatùra s.f. **1.** Attaccatura di parti, di pezzi mediante colla o altro adesivo. **2.** Superficie, punto in cui due parti aderiscono.

2. incollatùra s.f. IPP. Lunghezza che comprende la testa e il collo del cavallo e che vale a quantificare il distacco tra un cavallo e l'altro nell'ordine d'arrivo di una corsa. *Vincere per un'incollatura.*

incolmàbile agg. **1.** Che non può essere colmato, riempito. **2.** *fig.* Che non può scomparire, venire meno. **3.** *fig.* Irrecuperabile.

incolonnaménto s.m. Disposizione in colonna.

incolonnàre v.tr. Sistemare, disporre più cose o persone in colonna. *Incolonnare le cifre, gli alunni.* ◆ **incolonnarsi** v.pron. Sistemarsi, mettersi in colonna.

incolóre agg. (fr. *incolore*) **1.** Che non ha colore. **2.** *fig.* Privo di originalità. ~ Che manca di vivacità. SIN.: **monotono**.

incolpàre v.tr. Indicare o ritenere qlcu. colpevole di qlco., attribuirgli una colpa. *Incolpare il destino.* SIN.: **accusare**. ◆ **incolparsi** v.pron. Ritenere se stessi colpevoli di qlco.

incolpévole agg. Senza colpa, innocente. *Vittima incolpevole.*

incoltivàbile agg. Che non può essere coltivato.

incólto agg. **1.** Non coltivato, inselvatichito. **2.** *fig.* Disordinato, trascurato, arruffato. *Barba incolta.* **3.** *fig.* Privo di cultura, di istruzione. SIN.: **ignorante**. ◆ s.m. **1.** [f. *-ta*] Nell'accez. 3 del s. **2.** Terreno incolto.

incòlume agg. Che non ha riportato alcun danno fisico.

incolumità s.f. inv. **1.** Integrità fisica, salute personale. **2.** *fig.* Salvaguardia di beni, di istituzioni.

incombènte agg. **1.** Che sta sopra, sovrasta, dando l'impressione di pesare su chi sta sotto, di schiacciarlo. **2.** *fig.* Che è prossimo ad accadere, riferito a cose che opprimono l'animo. ◆ s.m. (spec. pl.) Atti processuali espletati dal giudice.

incombènza s.f. Compito, incarico dato o assunto e che è proprio dovere espletare.

incómbere v.intr. [12] [manca del part. pass.] (lat. *incŭmbere*, propr. "giacere sopra") Gravare in modo minaccioso, essere imminente. *La guerra incombe.*

incombustibile agg. Che non brucia. *L'amianto è incombustibile.*

incominciàre v.tr. [5] Iniziare qlco. SIN.: **avviare**. ◆ v.intr. (aus. *essere*) Avere inizio. *La discussione è incominciata male.*

incoming [/'ɪŋ,kʌmɪŋ/] agg. inv. (voce ingl., propr. "entrata") Riferito a carica, indica che questa, già attribuita, diverrà effettiva nel prossimo turno. ◆ s.m. inv. Flusso d'entrata dei turisti in uno stato straniero (in oppos. a *outgoing*).

incommensuràbile agg. **1.** Che non ha un adeguato termine di confronto. *Ente incommensurabile.* **2.** ARITM. Si dice di due grandezze omogenee che non ammettano un sottomultiplo comune. (Il perimetro e il diametro del cerchio, p.e., sono incommensurabili.) **3.** *estens.* Che non può essere quantificato, valutato. SIN.: **smisurato**. **4.** *per esager.* Straordinariamente grande, immenso. *L'incommensurabile rancore che covava nell'animo.*

incommutàbile agg. DIR. Che non può essere scambiato, sostituito. *Pena incommutabile.*

incomodàre v.tr. Disturbare, importunare qlcu. ◆ v.intr. (aus. *avere*) Recare disturbo, fastidio a qlcu. ◆ **incomodarsi** v.pron. Assumersi un disturbo, un fastidio.

1. incòmodo agg. Che non offre comodità.
2. incòmodo s.m. Ciò che turba il quieto vivere, che procura danno.

incomparàbile agg. Che non ammette paragone. SIN.: **ineguagliabile**.

incompatibile agg. **1.** Che non può coesistere o accordarsi con un altro termine. SIN.: **inconciliabile**. ◇ PROB. *Eventi incompatibili*: la cui realizzazione simultanea è impossibile. **2.** Che si presuppone a vicenda per la profonda diversità reciproca. *Caratteri incompatibili.* **3.** MAT. *Sistema di equazioni incompatibili*: che non ammette soluzioni. **4.** MED. Riferito a farmaco o a gruppo sanguigno, che non può essere somministrato in determinate situazioni o in concomitanza con altri medicinali. **5.** CHIM. Che in presenza di un'altra sostanza si altera. **6.** DIR. Di funzioni che non possono essere esercitate simultaneamente da una stessa persona.

incompatibilità s.f. inv. **1.** Discordanza tra termini, cose, persone, tale per cui uno non ammette l'altro. SIN.: **inconciliabilità**. ◇ *Incompatibilità di carattere*: profonda diversità tra due persone, tale da rendere impossibile il buon accordo, la convivenza. **2.** ALG. Proprietà di un sistema incompatibile. **3.** MED. Fenomeno per cui farmaci assunti contemporaneamente perdono la loro efficacia o producono effetti tossici. ~ Intolleranza a certi gruppi sanguigni il cui contatto

provoca reazioni immunitarie. **4.** CHIM. Impossibilità di alcune sostanze di sussistere senza alterarsi in presenza l'una dell'altra. **5.** DIR. Inconciliabilità legale tra due uffici o cariche.

incompetènte agg. **1.** Che sa poco di una data disciplina, perché non l'ha fatta oggetto di uno studio specifico. SIN.: **profano**. **2.** Che non ha la preparazione necessaria per svolgere nel miglior modo la propria attività. SIN.: **impreparato**. **3.** DIR. Che non ha la legittima autorità di compiere un atto. *Tribunale incompetente.* ◆ s.m. e f. Nelle accez. 1 e 2 dell'agg.

incompetènza s.f. **1.** Scarsa padronanza di una disciplina, cognizione insufficiente. **2.** Limite di preparazione, di preparazione nell'esercizio della propria attività. **3.** DIR. Il fatto di non possedere la legittima autorità di compiere un atto.

incompiutézza s.f. Condizione di ciò che non è stato portato a termine, non è stato completato.

incompiùto agg. Che non è stato portato a termine, completato. *Progetto incompiuto.*

incomplèto agg. **1.** Che manca di qualche parte, elemento o dato. SIN.: **parziale**. **2.** BOT. Riferito a fiore, che manca di corolla, di calice, di carpelli o di stami. **3.** CHIM. Riferito a reazione, che cessa prima che i reagenti si siano completamente trasformati.

incomprensibile agg. **1.** Che non si riesce a capire, a cogliere il senso. *Ragionamento, testo incomprensibile.* ~ Che non ha una motivazione evidente. *Comportamento incomprensibile.* SIN.: **inspiegabile**. **2.** Riferito a persona, il cui animo resta indecifrabile agli altri.

incomprensióne s.f. **1.** Incapacità di capire, di cogliere il senso, la portata di qlco. **2.** Incapacità o rifiuto di comprendere qlcu. o qlco. ~ (al pl.) Fatto, episodio, atteggiamento che denota tale modo di essere. *Tra loro sono nate delle incomprensioni.*

incomprèso agg. **1.** Che non è compreso, considerato, apprezzato per il suo valore. **2.** Che non è fatto oggetto di attenta e amorevole considerazione. ◆ s.m. [f. *-sa*] Nei sign. dell'agg.

incomprimibile agg. **1.** Che non può essere represso, dominato, frenato. **2.** FIS. Che non può essere compresso. (L'acqua, p.e., è incomprimibile.)

incomunicàbile agg. Che non può essere trasmesso, espresso ad altri. *Esperienza incomunicabile.*

inconcepibile agg. **1.** Che non si può concepire, comprendere. SIN.: **incredibile**. **2.** Che non è neppure immaginabile tanto è grave.

inconciliàbile agg. **1.** Che non può coesistere con un altro termine. *Opinioni inconciliabili.* SIN.: **incompatibile**. **2.** Che non può essere composto, sanato. *Contrasto inconciliabile.* SIN.: **insanabile**.

inconcludènte agg. **1.** Che non ha una conclusione proficua. **2.** Riferito a persona, che non porta a termine nulla di ciò che intraprende. ◆ s.m. e f. Nell'accez. 2 dell'agg.

incondizionataménte avv. In modo incondizionato, senza riserve o limitazioni.

incondizionàto agg. Che non è soggetto a condizioni, limitazioni, riserve. SIN.: **assoluto**. ◇ *Resa incondizionata*: quando il vinto non può porre condizioni alla propria resa e deve accettare quelle del vincitore. ~ PSICOL. *Riflesso incondizionato*: secondo Pavlov, la reazione prodotta da uno stimolo indipendente da qualunque condizionamento.

inconel s.m. inv. Lega di nichel (80%), cromo (14%) e ferro (6%).

inconfessàbile agg. Che la vergogna impedisce di confessare. *Colpe inconfessabili.* SIN.: **turpe**.

inconfessàto agg. Tenuto segreto, non ammesso neppure con se stessi. SIN.: **segreto**.

inconfondibile agg. Che per le sue particolarità non può essere confuso con cose analoghe.

inconfutàbile agg. Che non può essere dimostrato erroneo o falso. *Testimonianza inconfutabile.* SIN.: **incontrovertibile**.

incongruènte agg. Caratterizzato da mancanza di conformità, di corrispondenza logica.

incongruènza s.f. Mancata corrispondenza, assenza di conformità.

incòngruo agg. **1.** Non conforme, sproporzionato, inadeguato. *Iniziativa incongrua.* **2.** Incoerente, incongruente.

inconoscibile agg. Che non può essere conosciuto. ◆ s.m. (solo sing.) FILOS. Ciò che non può essere oggetto di conoscenza razionale.

inconsapévole agg. **1.** Che non ha consapevolezza di qlco. **2.** Che non è a conoscenza di qlco.

inconsciaménte avv. In modo inconscio.

incònscio agg. [pl.m. *-sci*, f. *-sce*] PSICOL. Che non è soggetto al controllo della volontà. ◆ s.m. **1.** Insieme dei processi psichici che si verificano al di fuori della coscienza. **2.** PSICOAN. (solo sing.) Parte della psiche individuata dai contenuti rimossi. ◇ *Inconscio collettivo*: traccia delle esperienze ancestrali dell'umanità. (Nozione dovuta a C. G. Jung.)

ENCICL. La nozione di inconscio è al centro della teoria psicanalitica. Secondo Freud, i fenomeni coscienti rappresentano solo una minima parte della vita psichica, costituita soprattutto da fatti psichici profondi che vengono relegati nel subconscio. I tre sistemi che costituiscono la vita psichica (*conscio, preconscio* e *inconscio*) non sono separati in modo netto e l'emersione di elementi dell'inconscio verso la coscienza può avvenire mediante uno sforzo del soggetto oppure con l'aiuto di tecniche proprie della psicanalisi.

inconseguènza s.f. Mancato rapporto logico tra premesse e conseguenze. *Inconseguenza di un ragionamento.* ~ Azione contraddittoria, incoerenza.

inconsistènte agg. **1.** Che manca di consistenza, di solidità. *Tessuto inconsistente.* **2.** *fig.* Che manca di logica, di coerenza. *Idee inconsistenti.* SIN.: **debole**. **3.** *fig.* Riferito a persona, di poco carattere. SIN.: **scialbo**.

inconsistènza s.f. **1.** Mancanza di solidità, di compattezza. **2.** *fig.* Mancanza di fermezza morale, di affidabilità, di spessore. **3.** *fig.* Mancanza di fondamento.

inconsolàbile agg. Che non conosce consolazione. SIN.: **sconsolato**.

inconsuèto agg. Che non è abituale. SIN.: **insolito**.

inconsùlto agg. Che non procede da una razionale riflessione ma dall'impulso.

incontaminàto agg. **1.** Non macchiato da colpe, da peccati. **2.** *estens.* Che si è conservato nella forma originale.

incontentàbile agg. **1.** Che avanza continue pretese, richieste. **2.** Che pretende per continue correzioni, messe a punto, ritocchi. **3.** Che non trova appagamento. ◆ s.m. e f. Nell'accez. 1 e 2 dell'agg.

incontestàbile agg. Che non può essere contestato, messo in dubbio. *Prova incontestabile.* SIN.: **innegabile**.

incontestàto agg. Che non è messo in dubbio, non è oggetto di contestazioni o critiche. *Un'autorità incontestata.* SIN.: **indiscusso**.

incontinènte agg. **1.** Incapace di moderarsi, di contenersi. SIN.: **intemperante**. **2.** MED. Incapace di trattenere urina o feci. ◆ s.m. e f. Nei sign. dell'agg.

incontinènza s.f. **1.** Incapacità di tenere a freno i propri appetiti, di sottometterli alla ragione e alla morale. SIN.: **intemperanza**. **2.** MED. Perdita o riduzione del controllo degli sfinteri. *Incontinenza urinaria.*

incontràre v.tr. **1.** Trovare qlcu. per caso davanti a sé. SIN.: **imbattersi**. **2.** Stabilire un incontro per vedere qlcu. e parlargli. **3.** SPORT. Affrontare un avversario, una squadra. **4.** *fig.* Trovare, imbattersi in qlco. *Incontrare cattivo tempo.* ◇ *Incontrare il favore del pubblico*: avere successo sul mercato. **5.** MAT. Toccare un elemento in un certo punto. *La retta incontra il piano in un punto.* ◆ **incontrarsi** v.pron. **1.** Detto di due o più persone, trovarsi per caso l'uno di fronte all'altro. *Ci siamo incontrati per strada dopo tanto tempo.* ~ Conoscersi. *Ci siamo incontrati a una festa.* **2.** Detto di due o più persone, trovarsi, vedersi in base a un precedente accordo. *Ci incontriamo al solito posto.* **3.** SPORT. Detto di due avversari o due squadre, affrontarsi, scontrarsi. *I due pugili si incontreranno domani.* **4.** Detto di due o più fiumi o strade, unirsi, confluire. **5.** *fig.* Detto di due o più idee, posizioni o pareri, coincidere, concordare. *I nostri gusti si incontrano.*

incontrastàto agg. Che non ha incontrato opposizioni.

1. incóntro s.m. **1.** Occasione fortuita di colloquio o conoscenza. ◇ *Fare un brutto incontro:* imbattersi in persone poco raccomandabili. **2.** Riunione preventivamente organizzata tra due o più persone. *Un incontro tra i dirigenti.* ◇ *Incontro al vertice:* fra capi di Stato, dirigenti di partito, sindacati, aziende, ecc. **3.** Unione o punto di contatto. *L'incontro di due fiumi.* ◇ *fig. Punto d'incontro:* argomento su cui le opinioni convergono. **4.** Confronto agonistico tra atleti o squadre, gara, partita.

2. incóntro avv. Indica movimento verso qlcu. o qlco. *Andare incontro agli ospiti.* ◇ *figg. Andare incontro a qlco.:* esporsi a eventi perlopiù rischiosi o dannosi. – *Andare incontro a qlcu.:* aiutarlo, favorirlo. – *Venirsi incontro:* trovare un compromesso.

incontrollàbile agg. **1.** Che non può essere controllato, verificato, accertato. *Affermazione incontrollabile.* **2.** Che sfugge al controllo della ragione. *Impulso incontrollabile.* SIN.: **irrefrenabile**.

incontrovertìbile agg. Che non può essere controbattuto, messo in discussione. *Teoria incontrovertibile.* SIN.: **indiscutibile**.

inconveniènte s.m. **1.** Fatto spiacevole, contrattempo, fastidio le cui conseguenze sono meno gravi di quanto si temeva. **2.** Aspetto negativo, svantaggio, difetto. *Gli inconvenienti della celebrità.*

inconvertìbile agg. ECON. Di moneta che non può essere convertita in oro o in valuta straniera oppure di titolo di debito pubblico che non è soggetto a conversione.

incoordinazióne s.f. **1.** Assenza, difetto di coordinazione. **2.** MED. *Incoordinazione motoria:* impossibilità di coordinare i movimenti elementari che compongono un movimento complesso.

incoraggiaménto s.m. Aiuto morale dato a chi è insicuro o demoralizzato. ~ *estens.* (spec. pl.) Parole che rincuorano. *Incoraggiamenti preziosi.*

incoraggiànte agg. Che dà coraggio. SIN.: **confortante**.

incoraggiàre v.tr. [5] **1.** Infondere coraggio, sostenere. SIN.: **rincuorare**. ~ *fig.* Favorire, promuovere. *Incoraggiare le iniziative culturali.* **2.** Incitare, spronare ad agire. SIN.: **esortare**.

incordàre v.tr. Fornire di corde uno strumento musicale o un attrezzo. *Incordare una racchetta da tennis.*

incornàre v.tr. **1.** Infilzare, colpire con le corna. **2.** SPORT. Nel gioco del calcio, colpire il pallone con la testa.

incorniciàre v.tr. [5] **1.** Sistemare qlco. in una cornice. *Incorniciare una fotografia.* **2.** *fig.* Circondare e ornare qlco. come una cornice. *I capelli le incorniciano il viso.* **3.** STAM. *fig.* Racchiudere un testo entro linee per metterlo in evidenza. *Incorniciare un articolo.*

incoronàre v.tr. **1.** Porre solennemente una corona sulla testa di un sovrano. **2.** *estens.* Mettere una corona sulla testa di qlcu., come ornamento o come simbolo di dignità. **3.** *fig.* Conferire un titolo. *Lo incoronarono atleta dell'anno.* **4.** *fig.* Circondare, contornare qlco. lungo il bordo, come una corona. *Il bosco incorona la collina.*

incoronazióne s.f. L'atto di porre una corona sul capo di qlcu. ~ Cerimonia solenne di conferimento della dignità regale o pontificia.

incorporàbile agg. Che può impastarsi, amalgamarsi con altra sostanza.

incorporaménto s.m. CUC. Operazione che consiste nell'incorporare un ingrediente (tuorlo d'uovo, farina, ecc.) a una preparazione.

incorporàre v.tr. **1.** Far entrare qlco. al proprio interno, assorbire, assimilare. *La spugna incorpora liquidi.* **2.** *fig.* Integrare un elemento in un insieme, annettere, inglobare. **3.** Mescolare tra loro due o più sostanze, amalgamare.

incorporàto agg. **1.** Annesso, unito strettamente a un altro elemento. **2.** *fig.* Assorbito in un organismo più ampio.

incorporazióne s.f. **1.** Formazione di un impasto omogeneo a partire da sostanze diverse. **2.** *fig.* Formazione di un tutto unitario e omogeneo a partire da elementi autonomi, che si aggregano tra di loro o confluiscono in un organismo preesistente e più grande. **3.** DIR., ECON. *Incorporazione di una società:* il suo assorbimento da parte di un'altra. **4.** DIR. Forma di connessione tra un bene mobile e uno immobile, che devono appartenere al medesimo proprietario.

incorpòreo agg. Privo di corpo, di consistenza materiale. ~ *estens.* Spirituale.

incorreggìbile agg. **1.** Che rifiuta di abbandonare abitudini viziose, di modificare in meglio il proprio comportamento. *Bugiardo incorreggibile.* SIN.: **incallito**. ~ *estens.* Che ripropone identico lo stesso approccio alla realtà, a dispetto di smentite e delusioni. *Incorreggibile ottimista.* **2.** *estens.* Ormai connaturato. *Vizio incorreggibile.* SIN.: **radicato**. **3.** Che presenta troppi errori perché sia proficuo un lavoro di correzione.

incórrere v.intr. [21] (aus. *essere*) (lat. *incŭrrere*, propr. "correre contro") Andare incontro a qlco. di spiacevole. *Incorrere in una punizione.*

incorruttìbile agg. **1.** Che non non si disfa, non si deteriora. **2.** *fig.* Che non può essere indotto a derogare ai propri principi morali e al dovere con danaro o altre forme di remunerazione.

incorruttibilità s.f. inv. **1.** Caratteristica di ciò che non si deteriora, non si disfa. SIN.: **inalterabilità**. **2.** *fig.* Condizione morale di chi non fa compromessi con la propria coscienza. SIN.: **rettitudine**.

incorsatóio s.m. [pl. *-toi*] FALEGN. Arnese simile a una pialla, usato per scanalature, modanature, sagomature.

incosciènte agg. **1.** Che non ha cognizione di sé e del significato dei propri atti. *Incosciente dopo l'operazione.* ~ Che ha perso conoscenza. SIN.: **svenuto**. **2.** Che manifesta superficialità, leggerezza, mancanza di riflessione. *Ragazzini incoscienti.* SIN.: **irresponsabile**. **3.** PSICOL. Che non è percepito a livello di coscienza. *Impulso incosciente.* SIN.: **inconscio**. ◆ s.m. (anche f.) Persona irresponsabile e sventata. SIN.: **scriteriato**.

incosciènza s.f. **1.** Perdita dei sensi momentanea o permanente. **2.** Comportamento di chi agisce senza comprendere la portata dei propri atti. SIN.: **irresponsabilità**.

incostànte agg. **1.** Soggetto a cambiamenti continui. SIN.: **instabile**. **2.** Che non ha doti di continuità, di perseveranza. SIN.: **volubile**. ◆ s.m. e f. Nell'accez. 2 dell'agg.

incostànza s.f. Tendenza a cambiare facilmente opinione, risoluzione, condotta. *Incostanza sentimentale.* SIN.: **mutevolezza**.

incostituzionàle agg. (fr. *incostitutionnel*) DIR. Non conforme ai principi sanciti dalla Costituzione.

incostituzionalità s.f. inv. (fr. *incostitutionnalité*) DIR. Difformità rispetto a quanto sancito dalla costituzione.

incravattàre v.tr. **1.** Mettere una cravatta a qlcu. ~ *scherz.* Agghindare qlcu., vestirlo in maniera ricercata. **2.** *gerg.* Assoggettare qlcu. prestandogli denaro a usura.

incredìbile agg. **1.** A cui è difficile o impossibile dare fede. *Resoconto incredibile.* ~ Che suscita stupore per il suo carattere eccessivo o sconosciuto. *Una possibilità incredibile.* SIN.: **inaudito**. **2.** *per esager.* Eccezionale, straordinario. *Pazienza incredibile.*

incredulità s.f. inv. **1.** Atteggiamento di chi non si lascia facilmente convincere. SIN.: **scetticismo**. **2.** TEOL. CRIST. Mancanza di fede, incolpevole se dovuta all'ignoranza del messaggio cristiano (*incredulità involontaria*), colpevole se dovuta a cosciente rifiuto dello stesso (*incredulità positiva*).

incrèdulo agg. **1.** Che non si lascia convincere facilmente. SIN.: **scettico**. **2.** TEOL. CRIST. Che non ha la fede. ◆ s.m. [f. *-la*] Nell'accez. 2 dell'agg.

incrementàle agg. MAT. Relativo alla differenza tra i valori di una grandezza.

incrementàre v.tr. Offrire possibilità di sviluppo, potenziare. *Incrementare il turismo.* SIN.: **aumentare**.

increménto s.m. **1.** Processo di crescita. SIN.: **accrescimento**. ◇ ECON. *Incremento di capitale:* la misura del suo aumento. **2.** MAT. Differenza tra due valori di una variabile.

incresciόso agg. **1.** Sgradevole, fastidioso. **2.** Che dispiace sia perché rattrista, addolora, sia perché urta il senso delle convenienze e la morale.

increspàre v.tr. Rendere crespo qlco. ◆ **incresparsi** v.pron. Diventare crespo, corrugarsi, arricciarsi. *Al mare i miei capelli si increspano.*

increspatùra s.f. **1.** SART. Lavorazione a fitte pieghine. **2.** Insieme di fitte e piccole pieghe, corrugamento. **3.** Aspetto di una superficie increspata, spec. riferito a quella di uno specchio d'acqua. *Increspatura del lago.*

incrèto s.m. (lat. *incrētum*, deriv. di *incĕrnere* "passare al setaccio") BIOL. Prodotto delle ghiandole a secrezione interna (in oppos. a *escreto*).

incriminàre v.tr. **1.** Incolpare qlcu. di un reato. *Incriminare il testimone.* SIN.: **accusare**. **2.** *estens.* Considerare, ritenere qlco. un reato. *La legge incrimina l'omissione di soccorso.*

incriminazióne s.f. Procedura d'accusa.

incrinàre v.tr. (fr. *encrener* di orig. incerta) **1.** Danneggiare un oggetto fragile producendo una crepa sottile. *Incrinare un vaso.* **2.** *fig.* Danneggiare, rovinare qlco. di solido. *Incrinare un rapporto.* SIN.: **compromettere**. ◆ **incrinarsi** v.pron. **1.** Rompersi, intaccarsi con una crepa. *Il piatto si è incrinato durante il trasloco.* **2.** *fig.* Subire un deterioramento, guastarsi. *L'equilibrio si è incrinato dopo l'attentato.*

incrinatùra s.f. **1.** Fessura sottile che si produce in un materiale. **2.** MED. → **infrazione**. **3.** *fig.* Primo cedimento che compromette la solidità di una situazione, un rapporto, un sentimento. ~ Punto debole in un ragionamento. **4.** *fig.* Stonatura, asprezza, spezzatura della voce.

incrociàre v.tr. [5] **1.** Disporre due cose trasversalmente, in forma di croce. SIN.: **accavallare**. ◇ *Incrociare le dita:* sovrapporre il dito medio all'indice in segno di buon auspicio. **2.** Attraversare, tagliare una linea, una strada. *Via che incrocia la strada principale.* **3.** Passare accanto a una persona o a un veicolo andando nella direzione opposta. *Incrociare un amico.* SIN.: **imbattersi**. **4.** BIOL. Ibridare due razze vegetali o animali. *Incrociare due razze di buoi.* ◆ v.intr. (aus. *avere*) AER., MAR. Volare o navigare più volte e in più direzioni nello stesso luogo. *Varie unità della marina incrociano nella zona dell'incidente.* ◆ **incrociarsi** v.pron. **1.** Di strade o traiettorie, attraversarsi, intersecarsi. *Le due vie si incrociano in paese.* ~ *fig.* Di battute tra due persone, susseguirsi velocemente, accavallarsi. *Domande e risposte s'incrociavano sul palco.* **2.** Di persone o mezzi in movimento, incontrarsi andando in senso opposto. *Incrociarsi a metà via.* **3.** BIOL. Di due razze vegetali o animali, accoppiarsi dando vita a un ibrido.

incrociàto agg. **1.** Disposto a forma di croce. ◇ *Parole incrociate:* cruciverba. **2.** METR. *Rima incrociata:* quando in una quartina il primo verso fa rima con il quarto e il secondo con il terzo (si indica con lo schema *ABBA*). **3.** BIOL., ZOOTECN. Di razza ibrida. **4.** BOT. Di organi vegetali, decussato. ~ Di impollinazione avvenuta per allogamia.

1. incrociatóre s.m. Nave da guerra veloce, ben armata, utilizzata per la scorta, la sorveglianza, la protezione di convogli e in azioni antiaeree e sottomarine.

2. incrociatóre s.m. [f. *-trice*] BOT. Biologo che sperimenta incroci tra specie diverse di piante.

incrócio s.m. [pl. *-ci*] **1.** Punto d'intersezione di due elementi. ~ *assol.* Punto di incontro di due o più strade. ~ Disposizione di elementi incrociati. *L'incrocio dei fili di un tessuto.* ◇ SPORT. *Incrocio dei pali:* nel calcio, ciascuno dei due angoli formati dai montanti della porta con la traversa. **2.** BIOL. Accoppiamento naturale o sperimentale di individui animali o vegetali appartenenti alla stessa specie ma a razze diverse (*ibridazione*). ~ *estens.* Frutto di un incrocio, ibrido. *Quel cane è un incrocio.* **3.** LING. Contaminazione tra elementi linguistici diversi.

incrollàbile agg. **1.** Non soggetto a crolli. *Roccia incrollabile.* **2.** *fig.* Che non viene meno. *Certezza incrollabile.* SIN.: **saldo**. ~ Che non si lascia abbattere, imperturbabile. *Uomo incrollabile.*

incrostàre v.tr. **1.** Ricoprire qlco. con uno strato di sedimenti. *Il calcare incrosta i tubi.* **2.** Decorare un materiale inserendovi frammenti di un altro materiale, general. più pregiato. *Incrostare d'oro una lama d'acciaio.* ◆ v.intr. (aus. *essere*) Formare una crosta, indurirsi, rapprendersi. *La ruggine incrosta.* ◆ **incrostarsi** v.pron. Ricoprirsi di uno strato di sedimenti che formano una sorta di crosta. *Il lavandino si è incrostato per l'acqua dura.*

incrostazióne s.f. **1.** Formazione di un deposito su una superficie. ~ Il deposito stesso. SIN.: **incrostamento**. **2.** Rivestimento ornamentale di un oggetto con materiali pregiati. *Incrostazione d'onice.* **3.** *fig.* Elemento estraneo o non più attuale che nasconde la vera natura di qlco. *Incrostazioni ideologiche.* **4.** ANAT. Deposito calcareo che si forma nei tessuti.

incrudiménto s.m. MECC. Deformazione a freddo della struttura cristallina di un metallo a opera di sollecitazioni esterne.

incrudìre v.tr. [83] METALL. Lavorare un metallo o una lega a temperatura inferiore rispetto a quella di ricottura e sotto sforzi superiori al limite elastico in modo da dar luogo a deformazioni permanenti. ◆ v.intr. (aus. *essere*) **1.** Di metallo, perdere la duttilità durante la cottura; anche pron. **2.** *fig.* Di sentimento, diventare aspro, doloroso; anche pron. *L'angoscia (si) incrudisce.* ~ Del tempo atmosferico, diventare brutto, rigido; anche pron. *Il tempo (si) è improvvisamente incrudito.*

incruènto agg. Che non comporta spargimento di sangue.

incubàre v.tr. (lat. *incubāre*, propr. "giacere sopra") **1.** ZOOL. Sottoporre all'incubazione. *Incubare le uova.* **2.** MED. Mantenere una malattia in incubazione.

incubatóio o **incubatório** s.m. [pl. *-toi*, *-ri*] Edificio, luogo in cui si trovano gli impianti di incubazione delle uova.

incubatrìce s.f. (lat. *incubatrīcem* "che si stende sopra") **1.** MED. Culla chiusa, asettica, mantenuta a temperatura costante, in cui si mettono i neonati prematuri per favorirne lo sviluppo. ~ Ambiente sterile trasparente in cui vivono bambini colpiti da deficit immunitario grave. **2.** Apparecchio utilizzato per effettuare l'incubazione artificiale delle uova.

incubazióne s.f. **1.** BIOL. In numerosi vertebrati, periodo di protezione garantita alle uova in una cavità del corpo di uno dei genitori. **2.** MED. Periodo di invisibilità di una malattia contagiosa, compreso tra l'introduzione del virus nell'organismo e la comparsa dei sintomi. **3.** *fig.* Fase precedente il manifestarsi di un fenomeno sociale, politico, culturale, in cui si organizza e si sviluppa.

ìncubo s.m. (lat. *ĭncubum*, deriv. di *incubāre* "giacere sopra", con riferimento allo spirito maligno *Incubus* che si immaginava steso sul petto di chi dormiva) **1.** Sogno angoscioso che si accompagna a un senso di oppressione. **2.** *estens.* Idea, cosa o persona che importuna, che preoccupa. *Avere l'incubo degli esami.* **3.** MIT. Spirito maligno che incombe su chi dorme, dando un senso di soffocamento.

incùdine s.f. **1.** Massa metallica destinata a sopportare i colpi nei lavori di battitura del ferro o di altri metalli. (Ha la faccia superiore piana e due sporgenze laterali, una piramidale e l'altra conica, dette *corni*.) ◇ *fig. Essere tra l'incudine e il martello:* trovarsi tra due alternative, ugualmente difficili o pericolose. **2.** ANAT. Secondo ossicino dell'orecchio medio, situato tra martello e staffa.

inculcàre v.tr. [4] Fare entrare profondamente qlco. nella mente di qlcu. *Inculcare il senso del dovere nei figli.* SIN.: **infondere**.

incultùra s.f. Mancanza di cultura.

incunàbolo o **incunàbulo** s.m. (lat. *incunăbula* "fasce", con allusione all'appena nata arte tipografica) **1.** Denominazione dei primi libri a stampa (fino al 1500). **2.** *fig.* (al pl.) Origini di qlco. SIN.: **culla**.

incupìre v.tr. [83] **1.** *fig.* Rendere cupo, scuro qlco. *Queste tende incupiscono l'ambiente.* SIN.: **scurire**. **2.** Rendere triste qlcu. *La morte incupisce ogni animo.* ◆ v.intr. (aus. *essere*) **1.** Diventare cupo, scuro. *Il cielo incupì rapidamente.* **2.** *fig.* Di persona, diventare triste, pensieroso. SIN.: **intristirsi**. ◆ **incupirsi** v.pron. **1.** Scurirsi. **2.** *fig.* Di persona, oscurarsi in volto, diventare triste, pensieroso. *Vedendola arrivare, si incupì.*

incuràbile agg. **1.** Che non può essere curato. ◇ *eufem. Male incurabile:* cancro. **2.** *fig.* Incorreggibile, irreparabile. ◆ s.m. e f. Chi soffre di una malattia inguaribile.

incurànte agg. **1.** Che non si fa carico, non si occupa dei propri doveri. SIN.: **indifferente**. **2.** Che non si preoccupa delle conseguenze delle proprie azioni.

incùria s.f. **1.** Mancanza di cura nel fare le cose. SIN.: **disattenzione**. **2.** *estens.* Lo stato di abbandono, di disordine che ne consegue.

incuriosìre v.tr. [83] Rendere qlcu. curioso e pieno di interesse. ◆ **incuriosirsi** v.pron. Diventare, farsi curioso di qlco.

incursióne s.f. **1.** Invasione rapida di un gruppo armato in territorio nemico, blitz. *Incursione aerea.* SIN.: **scorreria**. **2.** *estens. fam.* Penetrazione in posti preclusi o reconditi per cercare qlco. di buono o di insolito. ~ *scherz.* Entrata improvvisa, giudicata inopportuna. *La vostra incursione alla riunione è sembrata fuori luogo.* **3.** Nel l. sport., veloce discesa di uno o più giocatori nella metà campo avversaria. **4.** *fig.* Interesse episodico per discipline, attività diverse da quella a cui abitualmente ci si dedica.

incursóre agg. Che compie un'incursione militare. ◆ s.m. MIL. (anche con riferimento a donna) Soldato scelto per operazioni di incursione.

incurvàre v.tr. Piegare qlco. in modo da renderlo curvo. *Incurvare la schiena.* ◆ **incurvarsi** v.pron. Diventare curvo. SIN.: **piegarsi**. ~ Descrivere, formare una curva. *Salendo la strada si incurva.*

incurvatùra s.f. Andamento curvilineo. ~ Punto dove qlco. s'incurva o si piega.

incùtere v.tr. [28] Suscitare, infondere un sentimento di paura o sottomissione in qlcu.

ìndaco s.m. [pl. *-chi*] (lat. *Īndicum folium* "foglia indiana") **1.** Sostanza colorante dal colore violaceo, estratta dalle foglie di varie piante o ottenuta per sintesi chimica. **2.** (solo sing.) Uno dei sette colori dell'iride, intermedio tra l'azzurro e il violetto. **3.** BOT. *Indaco bastardo:* pianta arbustiva con foglie imparipennate e fiori violacei. (Famiglia delle Papilionacee.) ❑ In funzione di agg. inv., azzurro-violaceo.

indaffaràto agg. Che è molto occupato.

indagàre v.tr. [4] (lat. *indagāre* "spingere la selvaggina nelle reti" poi "investigare") Studiare, esaminare, cercare di conoscere qlco. con approfondite ricerche. *Indagare le cause del disastro.* ◆ v.intr. (aus. *avere*) Effettuare un'accurata indagine su qlco. SIN.: **investigare**.

indagàto s.m. [f. *-ta*] DIR. Persona nei confronti della quale vengono svolte indagini preliminari in un procedimento penale. ◇ *Registro degli indagati:* registro su cui la procura della Repubblica riporta il nome di chi è sottoposto a indagine preliminare.

indagatóre agg. [f. *-trice*] Che ha come scopo la scoperta della verità intorno a qlco. *Lanciare uno sguardo indagatore.* ◆ s.m. (anche f.) Nel sign. dell'agg.

indàgine s.f. Attività teorica e pratica, indirizzata alla scoperta della verità su qlcu. o qlco. ◇ DIR. *Indagine preliminare:* quella svolta dal pubblico ministero e dalla polizia giudiziaria per stabilire se sia necessario promuovere l'azione penale o richiedere l'archiviazione relativamente a una notizia di reato. – *Indagine conoscitiva:* quella svolta da una commissione parlamentare permanente per acquisire notizie su una questione. – *Indagine di mercato:* esame dei fattori che incidono sulla commercializzazione di un prodotto.

indebitaménte avv. Ingiustamente, illecitamente.

indebitaménto s.m. Situazione di passività, debito. *Indebitamento di un'azienda.* ◇ FIN. *Rapporto di indebitamento:* indice finanziario dato dal rapporto tra mezzi propri e capitale preso a prestito.

indebitàre v.tr. Caricare qlcu. di debiti. ◆ **indebitarsi** v.pron. Contrarre debiti. ◇ *Indebitarsi fino al collo:* contrarre debiti di notevole entità.

indébito agg. **1.** Non dovuto. ◇ DIR. *Prestazione indebita:* eseguita senza essere dovuta. **2.** Che non si deve fare perché illecito o contrario alle norme di correttezza e rispetto reciproco. ◆ s.m. Ciò che non è dovuto. ◇ DIR. *Pagamento d'indebito:* quello di una somma non dovuta. – *Indebito oggettivo:* caso in cui la prestazione eseguita non era dovuta o era dovuta ad altri.

indeboliménto s.m. **1.** Perdita di vigore, di intensità. *Indebolimento della vista.* ~ Perdita di resistenza, solidità, saldezza. **2.** LING. Fenomeno per cui un fonema viene pronunciato in modo meno distinto. **3.** FOTO. Trattamento che diminuisce l'opacità dei negativi.

indebolìre v.tr. [83] Rendere qlcu. debole. *La malattia lo ha molto indebolito.* SIN.: **debilitare**. ~ Rendere debole una parte del corpo. ~ Rendere qlco. debole, poco convincente. *Indebolire l'autorità del governo.* ◆ **indebolirsi** v.pron. **1.** Detto di persona o di una parte del corpo, diventare debole, fiacco. **2.** Detto di una cosa o di una situazione, perdere forza, vigore. *La resistenza dell'esercito si indebolisce.*

indecènte agg. **1.** Che viola il normale senso del pudore. SIN.: **scandaloso**. **2.** Che non si addice al decoro della persona sia perché sporco, disordinato, trascurato, sia perché ineducato.

indecènza s.f. Mancanza di pudore e di decoro. ~ *estens.* Fatto, azione, espressione offensiva di tali valori.

indecidìbile agg. Che non può essere deciso. ~ LOG. Di un enunciato che non può essere dimostrato né confutato.

indecifràbile agg. **1.** Che non si riesce a leggere e interpretare. *Grafia indecifrabile.* SIN.: **incomprensibile**. **2.** *fig.* Che non lascia intuire pensieri, sentimenti. ~ Che non è facile capire a che cosa miri o sia indirizzato. *Comportamento indecifrabile.*

indecisióne s.f. Titubanza nel fare una scelta. SIN.: **incertezza**.

indeciso agg. **1.** Che non è ancora stato definitivamente stabilito, fissato. SIN.: **incerto**. ~ Che è ancora aperto a varie possibilità. **2.** Che non sa decidersi ed esita a compiere una scelta. ~ *estens.* Che denota tale modo di essere. **3.** *fig.* Indefinito, impreciso. *Forma indecisa.* ◆ s.m. Persona esitante, dubbiosa. *Un eterno indeciso.*

indeclinàbile agg. **1.** GRAMM. Che non muta in base a caso, genere o numero. **2.** *fig.* Che non può essere disatteso, eluso, rifiutato. *Invito indeclinabile.*

indecomponìbile agg. CHIM., FIS. Che non può essere scomposto, analizzato.

indecoróso agg. Non conforme alla dignità della persona. SIN.: **sconveniente**.

indefèsso agg. Che non cede alla fatica.

indefettìbile agg. **1.** Che non può fare difetto, venir meno. *Amore indefettibile.* **2.** Che non può avere alcun difetto. *Indefettibile natura divina.*

indefinìbile agg. **1.** Che non può uscire dal vago e ricevere una definizione precisa. *Sensazione indefinibile.* **2.** Che non si può definire con precisione. ~ Riferito a persona, indecifrabile, incomprensibile.

indefinìto agg. **1.** Che non si può delimitare o definire. *Numero indefinito.* SIN.: **indeterminato**. **2.** Che non è stato fatto oggetto di una decisione definitiva, non risolto. **3.** GRAMM. *Modi indefiniti del verbo:* quelli che sono privi di specificazione della persona e del numero, e cioè l'infinito, il participio e il gerundio. ◆ s.m. (solo sing.) **1.** FILOS. Ciò che non ha limite e ha dunque potenzialità infinite. **2.** Ciò che è indeterminato, vago.

indeformàbile agg. Che non può essere deformato.

indegnità s.f. inv. **1.** Mancanza di merito, di pregi. ◇ DIR. *Indegnità a succedere:* condizione che esclude da una successione l'erede che abbia commesso reati gravi nei confronti del defunto. **2.** *estens.* Azione indegna. *Commettere un'indegnità.*

indégno agg. **1.** Che non è degno di qlco., che non lo merita. *Essere indegno della fiducia ricevuta.* **2.** Che non si addice alla dignità della persona, alla qualità della cosa. *Condotta indegna.* ~ assol. Abietto, disdicevole, disonorevole. **3.** TEOL. CATT. Che, per i propri peccati, la propria condotta immorale, non merita di accostarsi ai sacramenti o di ricevere benefici ecclesiastici.

indeiscènte agg. BOT. Di un frutto che non si apre spontaneamente quando è maturo.

indeiscènza s.f. BOT. Caratteristica di un frutto o di un altro apparato vegetale che non si apre spontaneamente una volta giunto a maturazione.

indelèbile agg. **1.** Che non può essere cancellato. *Inchiostro indelebile.* **2.** *fig.* Che il tempo non attenua. *Ricordo indelebile.* SIN.: **indimenticabile.** ◇ TEOL. CATT. *Carattere indelebile:* quello dato al cristiano dai sacramenti della cresima e dell'ordine.

indelicàto agg. (ingl. *indelicate*) Che manca di tatto e sensibilità. SIN.: **indiscreto.** ~ *estens.* Che denota tali caratteri.

indemagliàbile agg. (fr. *indémaillable*) Di un tessuto lavorato in modo da non smagliarsi.

indemoniàto agg. **1.** Posseduto dal demonio. **2.** *fig.* Agitato, scosso dall'ira, dalla rabbia. ◆ s.m. [f. *–ta*] Nel sign. dell'agg.

indène s.m. CHIM. Idrocarburo a due cicli benzenici (C_9H_8) estratto dal catrame del carbon fossile.

indènne agg. **1.** Che non ha subìto alcun danno morale o fisico. *Uscire indenne da un incidente.* SIN.: **illeso.** **2.** Immune da malattie. *Essere indenne da qualsiasi contagio.* ◇ *Latte indenne:* privo di germi patogeni.

indennità s.f. inv. **1.** Somma assegnata a chi ha subìto un danno. **2.** Compenso, eccedente la retribuzione, dato dal datore di lavoro al dipendente che, in ragione dell'attività svolta, debba affrontare disagi o sopportare spese. *Indennità di rischio.* ◇ *Indennità di funzione:* compenso aggiuntivo per determinati compiti. – *Indennità di cassa:* compenso aggiuntivo previsto per i cassieri responsabili in proprio di eventuali ammanchi. **3.** *estens.* Retribuzione, quando non riguardi persone che hanno un rapporto d'impiego. *Indennità parlamentare.* ◇ *Indennità di presenza:* compenso dato a partecipanti a riunioni amministrative, commissioni, ecc.

indennizzàbile agg. Che merita un indennizzo. SIN.: **risarcibile.**

indennizzàre v.tr. (fr. *indemniser*) Risarcire qlcu. delle spese sostenute o dei danni subiti.

indennìzzo s.m. Pagamento di un'indennità. ~ L'indennità stessa.

indentatùra s.f. Unione a incastro di due pezzi tramite uno o più denti.

inderogàbile agg. **1.** Che non ammette deroga, eccezione. **2.** Che non ammette di essere modificato, rinviato.

indescrivìbile agg. Che non può essere descritto, espresso perché fuori dell'ordinario. SIN.: **inenarrabile.**

indesideràbile agg. Che non si accetta o la cui vicinanza non è desiderata. ◇ *Persona indesiderabile:* persona che, per la sua posizione politica o giudiziaria, è ritenuta motivo di turbativa.

indesideràto agg. Non desiderato, non conforme alle proprie aspettative e quindi sgradito.

indeterminatézza s.f. **1.** Mancanza di precisione, di chiarezza nel definire qlco. **2.** *fig.* Mancanza di determinazione, di decisione.

indeterminativo agg. Che non individua precisamente l'oggetto. ◇ GRAMM. *Articolo indeterminativo (o indeterminato):* quello che si premette al nome quando la cosa designata non risulta già conosciuta e individuata, in oppos. a *determinativo.* (In italiano, ha le forme *un, uno, una.*)

indeterminàto agg. **1.** Che non è concettualmente determinato, non è chiaro. SIN.: **imprecisato.** ◇ *A tempo indeterminato:* si dice di incarichi di lavoro la cui scadenza non è precisata. **2.** FILOS. Che, non avendo una delimitazione concettuale, è suscettibile di più determinazioni. **3.** GRAMM. Articolo *indeterminativo.* **4.** MAT. *Sistema indeterminato:* sistema il cui numero di incognite è maggiore del numero di equazioni e che quindi ammette infinite soluzioni.

indeterminazióne s.f. **1.** Carattere di ciò che non è concettualmente determinato. SIN.: **indefinitezza. 2.** FIS. *Principio di indeterminazione o di Heisenberg:* principio fondamentale della meccanica quantistica, in base al quale la determinazione di una quantità osservabile implica l'indeterminazione di altre.

indeterminismo s.m. (ted. *Indeterminismus*) FILOS. Concezione secondo la quale la realtà non è necessariamente determinata da alcunché di esterno a essa.

indiàna s.f. (fr. *indienne,* dal nome di *Inde* "India") Tela leggera di cotone indiano dipinta o stampata a colori vivaci.

indianismo s.m. **1.** Qualsiasi elemento della cultura, della civiltà indiana, spec. se presente in altre culture. **2.** LING. Idiotismo delle lingue indiane.

indianista s.m. e f. [pl.m. *–sti*] Chi studia la civiltà, la cultura, le lingue dell'India.

indianìstica s.f. Disciplina che studia le lingue e la cultura dell'India.

indiàno agg. **1.** Dell'India. **2.** Delle popolazioni indigene precolombiane dell'America, ant. detta *Indie occidentali.* ◆ s.m. [f. *–na* nelleacc 1. e 3.] **1.** Nativo, abitante dell'India. **2.** (solo sing.) Lingua aria dell'India. **3.** Indigeno dell'America settentrionale. SIN.: **amerindio.** ◇ *fig. Fare l'indiano:* far finta di niente.

indiavolàto agg. Tanto furioso da sembrare posseduto dal diavolo. SIN.: **furibondo.**

indicàre v.tr. [4] **1.** Rendere chiaro, specificare. *Indicare i prezzi della merce.* **2.** Mostrare qlco. o qlcu. con il dito, a parole o gesti. *Indicare un prodotto al cliente.* SIN.: **additare.** ◇ *fig. Indicare la via:* indirizzare, consigliare. **3.** Suggerire, proporre qlco. a qlcu. *Indicare una cura al paziente.* **4.** Detto di segnali o strumenti, segnalare. *La freccia indica la direzione.* **5.** Detto di vocaboli, voler dire, significare. *Parola che indica un oggetto concreto.* **6.** *estens.* Essere segno di qlco., rivelare. *Ciò indica un grande disagio.* SIN.: **significare.**

indicativo agg. **1.** Che fornisce un indizio utile alla valutazione di qlco., significativo. SIN.: **rivelatore. 2.** assol. Che fornisce un orientamento di massima. *Prezzi indicativi.* SIN.: **orientativo. 3.** GRAMM. *Modo indicativo:* modo del verbo che enuncia un fatto reale o pensato come tale, senza interpretazione. [Comprende tempi semplici (presente, futuro, imperfetto, passato remoto) e tempi composti (passato prossimo, trapassato prossimo, passato anteriore, futuro anteriore).] ◆ s.m. GRAMM. Nell'accez. 3 dell'agg.

1. indicatóre agg. [f. *–trice*] Che segnala una direzione, dà un'informazione. ◆ s.m. **1.** Titolo di pubblicazioni di rapida consultazione, contenenti informazioni pratiche. *Indicatore ferroviario.* **2.** Strumento che serve a segnalare qlco., in partic. grandezze o condizioni di funzionamento. *Indicatore di velocità, di livello.* ◇ *Indicatore di direzione:* lampeggiatore degli autoveicoli che si accende e lampeggia dalla parte in cui si intende segnalare. **3.** FIS. *Indicatori radioattivi:* isotopi radioattivi la cui presenza rende possibile la rilevazione di tutti i processi in cui sono implicati. **4.** CHIM. Sostanza colorata, il cui colore cambia al variare di una certa pro-

prietà chimica e serve a valutare la concentrazione dei costituenti di una soluzione. **5.** ECON. Ciascuno dei fattori considerati rivelatori dell'andamento economico di un paese (p.e. inflazione, bilancia commerciale, tasso di disoccupazione). **6.** SOCIOL. Dato che si ritiene significativo delle condizioni e dei comportamenti sociali. **7.** Qualunque organismo animale o vegetale che, vivendo solo in un dato ambiente, ne costituisce l'elemento di individuazione.

2. Indicatóre s.m. ZOOL. Genere di uccelli insettivori africani, detti così perché indicano con strida gli alveari selvatici. (Ordine dei Piciformi.)

■ **Indicatóre.** Indicatore dalla gola nera.

indicazióne s.f. **1.** Mezzo (parole, scritte, segnali, numeri, ecc.) che serve a indicare. **2.** (spec. pl.) Mezzo con cui si fa conoscere l'uso di qlco. *Leggere le indicazioni.* SIN.: **istruzione. 3.** *estens.* Consiglio, istruzione da seguire. *Fornire indicazioni.* SIN.: **suggerimento. 4.** MED. Impiego terapeutico di un farmaco o di una metodica. *Indicazioni di un antibiotico.*

indice s.m. (lat. *índicem* "che indica") **1.** Dito della mano, tra il pollice e il medio. ◇ *fig. Puntare l'indice contro qlcu.:* accusarlo. **2.** Elenco dei capitoli, degli argomenti, dei nomi, ecc. contenuti in un'opera, accompagnati dal numero di pagina corrispondente. ◇ *Indice dei libri proibiti:* elenco dei libri condannati dalla Chiesa per ragioni dottrinali e morali, istituito nel 1559. – *Mettere all'indice:* inserire in tale elenco; *fig.* mettere al bando. **3.** Lancetta di uno strumento che indica il valore della grandezza da misurare. **4.** Numero, lettera o altro segno apposto a destra di un altro numero, lettera o simbolo (*esponente* o *deponente*). **5.** Rapporto tra valori numerici, siano essi espressione di grandezze, di fenomeni o di dati. *Indice dei prezzi.* ◇ *Indice di borsa o azionario:* che misura la variazione percentuale dei prezzi dei titoli azionari. – *Indice d'ascolto:* misura della percentuale di persone che seguono un dato programma radiotelevisivo in rapporto al numero totale di utenti che in quel momento hanno l'apparecchio acceso. – *Indice di gradimento:* percentuale di consensi espressi dai telespettatori interpellati in merito a un programma, a uno spettacolo. **6.** *fig.* Ciò che rivela, prova qlco. *Il tuo malessere è indice d'infelicità.* **7.** FIS. Rapporto tra valori numerici di due grandezze fisiche. **8.** INFORM. Parametro che, evolvendo regolarmente a ciascuna ripetizione di un dato programma, consente che essa si effettuai in modo identico su una serie di dati omogenei. ◻ In funzione di agg. **1.** *Dito indice:* indice. **2.** STAT. Riferito al valore con cui si esprime un cambiamento, una variazione quantitativa. *Numero indice.*

indicìbile agg. Che non si può dire perché la realtà è più forte della parola. ~ Anche nel senso di eccezionale, straordinario. *Indicibile soddisfazione.* ◆ s.m. (solo sing.) Ciò che non si può dire perché eccede la ragione e il linguaggio umano.

indicizzàre v.tr. (calco del fr. *indexer*) **1.** ECON. Rapportare il valore di un capitale o di un reddito alla variazione di un altro valore preso come riferimento (p.e. l'indice del costo della vita, il tasso d'inflazione o il livello dei prezzi). SIN.: **adeguare. 2.** LING. Contraddistinguere un elemento con un numero o una lettera. *Indicizzare un sintagma.*

indicizzàto agg. ECON. Che si adegua automaticamente al variare dell'indice di riferimento.

indicizzazióne s.f. (calco del fr. *indexé*) ECON. Operazione che permette di agganciare il valore di una grandezza economica alle variazioni di un termine di riferimento.

indietreggiàre v.intr. [5] (aus. *avere* o *essere*) Muoversi indietro. *Il nemico indietreggia.* SIN.: **arretrare**. ~ *fig.* Tirarsi indietro, mutare atteggiamento. *Indietreggiare di fronte alle difficoltà.*

indiètro avv. **1.** Alle spalle di qlcu., in posizione arretrata. ◇ *fig. Essere indietro:* in ritardo, distante dal punto ottimale. *Essere indietro con la lettura.* **2.** Nella direzione opposta a quella indicata, in senso contrario o con moto retrogrado. ◇ *Andare indietro:* ritardare; *fig.* regredire, peggiorare. – *Tirarsi indietro:* cercare di non fare ciò che si era promesso. – *Dare indietro:* restituire. ❑ In funzione di agg. inv., nella loc. *fare marcia indietro*, retrocedere e, in senso fig., recedere da un impegno, da una promessa.

indifendìbile agg. **1.** Che non può essere difeso contro i nemici. **2.** *fig.* Che non può essere sostenuto.

indiféso agg. **1.** Privo di difese militari. **2.** *fig.* Che non è in grado di difendersi perché inerme, debole.

indifferènte agg. **1.** Che non suscita interesse o particolari reazioni. ◇ *Essere indifferente:* seguito da frase soggettiva, essere la stessa cosa, essere uguale. **2.** Che non prova interesse particolare o manifesta coinvolgimento. ~ Che non si lascia condizionare. SIN.: **insensibile**. **3.** FILOS. Nella dottrina stoica, non suggerito né vietato dalla ragione. **4.** FIS. *Equilibrio indifferente:* tale che un corpo, allontanato dalla sua posizione d'equilibrio, si stabilizza in una nuova posizione di equilibrio vicina a quella di partenza. **5.** CHIM. Che non è reattivo. **6.** BOT. Riferito a pianta, che cresce in qualsiasi ambiente. ◆ s.m. e f. Persona priva di interessi, apatica e insensibile. ◇ *Fare l'indifferente:* ostentare imperturbabilità quando invece si è commossi.

indifferentismo s.m. **1.** FILOS. Ogni concezione che consideri qlco. non rilevante dal punto di vista etico e gnoseologico. **2.** *estens.* Disinteresse per i problemi morali o politici.

indifferènza s.f. **1.** Mancanza di interesse, di partecipazione. SIN.: **noncuranza**. **2.** Condizione di chi non opta né per l'uno né per l'altro dei due termini di un'alternativa. **3.** ECON. *Curve di indifferenza:* rappresentazione grafica di tutte le possibili combinazioni di beni, il cui consumo genera uguale soddisfazione per l'individuo.

indifferenziàto agg. **1.** Che non presenta al proprio interno caratteristiche nettamente distinguibili. *Un tutto indifferenziato.* **2.** BIOL. Di tessuto o cellula che non ha subito un processo di differenziamento.

indifferìbile agg. Che non può essere posposto nel tempo. SIN.: **indilazionabile**.

indigeno agg. Nato nel paese in cui vive. SIN.: **nativo**. ~ Costituito da persone del luogo. *Truppe indigene.* ◆ s.m. [f. *–na*] **1.** Persona originaria del luogo. **2.** Appartenente a popolazioni primitive.

indigènte agg. Privo dell'indispensabile per vivere. SIN.: **bisognoso**. ◆ s.m. e f. Nel sign. dell'agg.

indigènza s.f. (spec. sing.) Mancanza dello stretto necessario per vivere. SIN.: **miseria**.

indigestióne s.f. **1.** Disturbo dei processi digestivi causato general. da un eccesso di cibo. ◇ *per esager. Fare indigestione di qlco.:* mangiarne a sazietà. **2.** *fig.* Accumulo di nozioni, di stimoli mentali che genera un senso di ripulsa. *Fare un'indigestione di romanzi.*

indigèsto agg. **1.** Difficile da digerire. **2.** *fig.* Difficile da sopportare perché indisponente o noioso. SIN.: **insopportabile**. ~ Difficile da assimilare mentalmente. SIN.: **ostico**.

indignàre v.tr. Offendere, suscitare sdegno, risentimento. *L'ingiustizia mi indigna.* ◆ **indignarsi** v.pron. Provare un sentimento di sdegno, di risentimento. *Indignarsi di fronte alle ingiustizie.* SIN.: **risentirsi**.

indignàto agg. Che prova sdegno a causa di qlco. che offende la coscienza morale. SIN.: **sdegnato**.

indignazióne s.f. Rivolta della coscienza morale di fronte a ciò che la turba e l'offende. SIN.: **sdegno**.

Indigòfera s.f. BOT. Genere di piante diffuse nelle regioni calde comprendente alcune specie da cui si estrae l'indaco. (Famiglia delle Papilionacee.)

indimenticàbile agg. (calco del fr. *inoubliable*) Che non si può dimenticare, memorabile per il suo carattere unico.

1. ìndio agg. [pl.m. *–di*] (spagn. *indio* "abitante delle Indie occidentali") Delle popolazioni indigene dell'America centro-meridionale. ◆ s.m. [f. *–dia*] Indigeno dell'America centro-meridionale. ~ *estens.* Meticcio di quei luoghi.

2. ìndio s.m. (solo sing.) [pl.m. *–di*] (lat. *Indium*, deriv. di *indaco* per il colore azzurro presente nello spettro) **1.** Metallo bianco, più malleabile del piombo, che fonde a 156,6 °C e presenta analogie con l'alluminio. **2.** Elemento chimico (*In*) di numero atomico 49 e massa atomica 114,818.

indipendènte agg. **1.** Che non dipende da alcuna autorità. SIN.: **autonomo**. ~ In partic., che ha raggiunto l'autosufficienza economica. ~ Che non è legato a un partito. *Giornale indipendente.* ◇ MAT. *Variabili indipendenti:* variabili X e Y suscettibili di assumere rispettivamente i valori x_i di probabilità p_i e y_j di probabilità q_j e tali per cui la probabilità che X sia uguale a x_i e Y sia uguale a y_j è $p_i \times q_j$. – PROB. *Eventi indipendenti:* eventi A e B di uno stesso universo, tali per cui la probabilità condizionale di A relativa a B sia uguale alla probabilità semplice di A: $P_B(A) = P(A)$. – SPORT. *Corridore indipendente:* ciclista dilettante, non legato ad alcuna società, che partecipa a gare con premi pecuniari. **2.** Che non ha un rapporto di causa ed effetto con altra cosa. **3.** GRAMM. *Frase o proposizione indipendente:* proposizione principale, che non dipende sintatticamente da nessun'altra. ◆ s.m. e f. **1.** Chi non è iscritto ad alcun partito politico pur avendo affinità ideologiche con l'uno o con l'altro. **2.** Corridore indipendente.

indipendentemènte avv. Senza relazione di dipendenza.

indipendentismo s.m. Movimento che propugna l'indipendenza di uno stato, di un paese, di una regione.

indipendentista s.m. e f. [pl.m. *–sti*] Sostenitore, propugnatore dell'indipendentismo. ❑ In funzione di agg., dell'indipendentismo, degli indipendentisti. *Movimento indipendentista.*

indipendènza s.f. **1.** Libertà di agire secondo la propria volontà. SIN.: **autonomia**. ~ Detto di uno Stato, autonomia politica. **2.** Autosufficienza economica. **3.** MAT. In un sistema di postulati, proprietà secondo cui ognuno dei postulati non è conseguenza degli altri. **4.** BIOL. *Legge dell'indipendenza dei caratteri:* terza legge di Mendel, secondo la quale i caratteri si trasmettono ai discendenti indipendentemente l'uno dall'altro.

indìre v.tr. [80] Annunciare o ordinare qlco. pubblicamente.

indirettamènte avv. In modo indiretto.

indirètto agg. **1.** Che ha carattere mediato, trasverso, tale per cui non si dà relazione tra due termini senza l'interposizione di passaggi intermedi. ◇ *Luce indiretta:* riflessa o rifratta. **2.** GRAMM. *Complementi indiretti:* tutti i complementi diversi dal complemento oggetto. – *Discorso indiretto:* costruzione che riproduce le parole di persone diverse da colui che parla o che scrive, senza citarle letteralmente. **3.** SPORT. *Punizione indiretta:* tiro di punizione effettuato in due tempi perché la palla viene passata da un giocatore a un altro che può calciarla con forza verso la porta avversaria.

indirizzamènto s.m. INFORM. Nella programmazione, operazione con cui si fa riferimento a un valore (*indirizzo*), che specifica una posizione di memoria.

indirizzàre v.tr. **1.** Orientare, dirigere qlcu. in una direzione precisa, in un luogo. *Indirizzare le truppe al confine.* **2.** Inviare qlco. a qlcu. **3.** *fig.* Consigliare qlcu. perché si orienti verso qlco. **4.** *fig.* Rivolgere un discorso, una domanda, un pensiero a qlcu. *Indirizzare un appello ai cittadini.* **5.** *estens.* Destinare, dirigere qlco. ad altro. *Indirizzare ogni sforzo alla realizzazione del progetto.* ◆ **indirizzarsi** v.pron. Rivolgersi a qlcu. per un consiglio o un aiuto.

indirizzàrio s.m. [pl.m. *–ri*] Elenco ordinato di nomi e indirizzi in schedari, rubriche, ecc.

indirìzzo s.m. **1.** L'insieme delle indicazioni necessarie a raggiungere una persona, a identificarne la residenza temporanea o permanente. **2.** *fig.* Criterio direttivo, orientamento che guida le scelte e il comportamento. ~ *estens.* Orientamento, impostazione, detto spec. di un'istituzione scolastica. ◇ *Indirizzo politico:* scelta dei fini dell'azione politica e predisposizione degli strumenti per portarla a compimento. **3.** Messaggio, discorso rivolto a un'autorità, a un consesso. **4.** INFORM. Codice identificativo di una cella nella memoria centrale di un elaboratore. ◇ *Indirizzo fisico:* indica una cella effettivamente presente. – *Indirizzo logico:* indica una cella in uno spazio virtuale che si estende anche oltre la memoria realmente presente, utilizzando un disco come sua estensione. **5.** INFORM. Nome e codici che identificano un computer collegato a una rete (quelli di Internet sono scritti secondo il *Dns*, sistema dei nomi di dominio).

indisciplina s.f. (lat. *indisciplīna* "mancanza d'istruzione") Atteggiamento di qlcu. che non rispetta le norme, spec. quelle relative all'ordine, all'obbedienza. SIN.: **disubbidienza**.

indisciplinàto agg. Che non rispetta gli ordini dell'autorità e le regole su cui si regge una comunità. ~ *estens.* Che sfugge a una regolamentazione. *Traffico indisciplinato.* SIN.: **disordinato**. ◆ s.m. [f. *–ta*] Nel sign. dell'agg.

indiscréto agg. (lat. *indiscrētus* "non separato, indistinto") **1.** Che manca di discrezione, di riguardo. SIN.: **invadente**. **2.** Riferito a cosa, che denota indelicatezza, indiscrezione, insolenza. *Sguardi indiscreti.* ◆ s.m. [f. *–ta*] Nell'accez. 1 dell'agg.

indiscrezióne s.f. (lat. *indiscrētio* "mancanza di discernimento") **1.** Mancanza di discrezione e di riguardo per la vita privata delle persone. SIN.: **invadenza**. ~ *estens.* Atto che denota tale difetto. **2.** Disponibilità a lasciar filtrare notizie riservate. ~ Le notizie stesse. *Secondo indiscrezioni degli ambienti ministeriali.*

indiscùsso agg. **1.** Che non è stato oggetto di discussione. **2.** Che non dà luogo a pareri contrapposti. SIN.: **incontestabile**. ~ Che gode di unanime riconoscimento. *Leader indiscusso.* SIN.: **incontrastato**.

indiscutìbile agg. Che non può essere messo in discussione. SIN.: **inconfutabile**.

indispensàbile agg. Di cui non si può fare a meno. SIN.: **essenziale**. ~ Riferito a persona, che è determinante e insostituibile. *Nessuno è indispensabile.* ◆ s.m. (solo sing.) Ciò che è assolutamente necessario. *Portare con sé lo stretto indispensabile.*

indispettìre v.tr. [83] Generare in qlcu. uno stato di irritazione, suscitare dispetto, risentimento.

indisponènte agg. Che provoca irritazione, che suscita un sentimento di avversione.

indisponìbile agg. **1.** Di cui non si può disporre liberamente. ◇ DIR. *Quota indisponibile:* parte di patrimonio di cui non si può disporre per testamento, perché obbligatoriamente destinata agli eredi legittimi. **2.** Che non è disponibile a qlco., non intende farlo, lo rifiuta.

indisponibilità s.f. inv. **1.** Condizione di ciò che non può essere liberamente utilizzato. **2.** Condizione soggettiva propria di chi non vuole, non è propenso a fare qlco.

indispórre v.tr. [25] Mettere qlcu. in uno stato di irritazione. SIN.: **contrariare**.

indisposizióne s.f. Malessere lieve e passeggero.

indispósto agg. Che ha un malanno non grave e di breve durata.

indissociàbile agg. Che non si può dissociare da un'altra cosa. SIN.: **inscindibile**.

indissolùbile agg. Che non può essere sciolto, spec. in senso fig., con riferimento a vincoli di natura spirituale o giuridica. ~ Riferito a legame logico tra due o più termini, che non può essere sciolto perché essi sono strettamente connessi tra loro. *Nesso indissolubile tra l'idea di tempo e quella di storia.*

indistinguìbile agg. Che non è individuabile o lo è con difficoltà.

indistintaménte avv. **1.** In modo vago, confuso. **2.** Senza fare distinzioni.

indistinto agg. **1.** Di cui non sono percepibili i caratteri distintivi, indefinito, confuso. **2.** Che non presenta una differenziazione di caratteri. *Insieme indistinto.*

indistruttìbile agg. (fr. *indestructible*) **1.** Che non può essere distrutto. ~ *per esager.* Che resiste bene all'usura del tempo, all'incuria. **2.** *fig.* Fortemente radicato nell'animo, nella coscienza. *Fede indistruttibile.* SIN.: **incrollabile**.

indistruttibilità s.f. inv. (fr. *indestructibilité*) Natura non caduca, resistenza, capacità di qlco. di durare a lungo.

indisturbàto agg. Che non viene disturbato, intralciato, infastidito da ostacoli, imprevisti. *I ladri hanno agito indisturbati.*

indìvia o **endìvia** s.f. Pianta in cespi commestibile, con foglie laciniate e ricce e fiori ligulati a capolino. (Famiglia delle Composite.)

individuàbile agg. Che può essere individuato.

individuàle agg. **1.** Che riguarda un singolo individuo. *Libertà individuali.* **2.** Che è proprio di un determinato individuo, che riguarda una particolare persona e non altri. *Scelte individuali.* SIN.: **personale**. **3.** SPORT. Di prova sportiva disputata tra singoli concorrenti e non tra coppie o squadre.

individualismo s.m. **1.** Tendenza ad affermare i propri interessi indipendentemente da quelli collettivi. **2.** FILOS. Concezione che considera l'io come punto di partenza della fisica e della metafisica.

individualìsta s.m. e f. [pl.m. *-sti*] **1.** Chi ha una visione della società ispirata all'individualismo. **2.** Chi agisce secondo le proprie necessità materiali e spirituali e persegue l'interesse personale. ~ Chi non ama socializzare, far vita di gruppo, ma stare per conto proprio. ❑ In funzione di agg., individualistico. *Concezione individualista.*

individualìstico agg. [pl.m. *-ci*, f. *-che*] Dell'individualismo, degli individualisti.

individualità s.f. inv. **1.** Ciò che caratterizza individui, cose, enti rispetto alla generalità. ~ L'ente, la cosa stessa. **2.** Insieme dei caratteri propri di una persona, che la distinguono dal gruppo di appartenenza. SIN.: **personalità**. ~ Riferito a cosa, caratterizzazione.

individualizzàre v.tr. (fr. *individualiser*) Rendere individuale, distinguere dagli altri attraverso caratteri propri. SIN.: **personalizzare**.

individualizzazióne s.f. (fr. *individualisation*) **1.** Adattamento di qlco. alla personalità, alle esigenze dell'individuo. **2.** Determinazione particolare, specifica.

individuàre v.tr. **1.** Essere caratteristico di qlcu. o qlco. *Lo stile drammatico individua questo autore.* **2.** Determinare la posizione esatta di qlcu. o qlco. *Individuare un guasto.* **3.** *fig.* Mettere in luce, chiarire. *Individuare la causa della malattia.* ◆ **individuarsi** v.pron. Prendere forma in modo determinato e distinto, assumere caratteri propri. *Il carattere dei bambini si individua con la crescita.*

individuazióne s.f. **1.** PSICOL. Processo con il quale si rinvengono i caratteri specifici della persona o della cosa che interessa. **2.** FILOS. Acquisizione di determinazioni specifiche.

indivìduo s.m. **1.** Ente singolo distinguibile dal gruppo di appartenenza sulla base di caratteri particolari. **2.** Persona umana, considerata nella sua singolarità. **3.** Persona, spregiativamente considerata oppure non nota nella sua identità, nella sua individualità. SIN.: **tizio**. **4.** BIOL. Ogni esemplare di una specie animale o vegetale che non può essere suddiviso senza perdere i propri caratteri. **5.** MIN. *Individuo cristallino:* parte di materia cristallina priva di una forma definita ma fisicamente e chimicamente omogenea.

indivisìbile agg. **1.** Che non può essere diviso. ◇ DIR. *Bene indivisibile:* non suscettibile di frazionamento che ne altererebbe l'utilità o la destinazione economica. **2.** MAT. Di numero intero, quando la divisione per un altro numero non ha resto zero. **3.** Che ha uno stretto rapporto affettivo con qlcu. o uno stretto nesso logico con qlco. **4.** Che non può essere venduto separatamente.

indivìso agg. **1.** Che non è stato diviso in parti. **2.** BOT. Riferito a organo vegetale, intero.

indiziàrio agg. [pl.m. *-ri*] Che vale come indizio, che è fondato su indizi. *Elemento indiziario.*

indìzio s.m. [pl. *-zi*] (lat. *indĭcium* "notizia") **1.** Segno evidente che una cosa esiste. SIN.: **traccia**. **2.** DIR. Fatto, circostanza che fa supporre colpevole una persona.

indizióne s.f. **1.** Annuncio, ordine fatto pubblicamente. *Indizione delle elezioni.* SIN.: **convocazione**. **2.** ST. Periodo ciclico di quindici anni che nell'antica Roma era connesso alle revisioni fiscali, mentre nel Medioevo costituiva un riferimento nei computi cronologici.

indoàrio agg. [pl.m. *-ri*] LING. Di lingua indo-europea parlata in India. (Hindi, urdu, bengali, punjabi, gujarati, oriya, assamese, ecc.) ◆ s.m. [f. *-ria*] Chi appartiene ai popoli dell'India che parlano lingue indoeuropee.

indòcile agg. Che non si lascia guidare. *Ragazzo indocile.* SIN.: **ribelle**.

indocinése agg. Dell'Indocina. ◆ s.m. **1.** (anche f.) Nativo, abitante dell'Indocina. **2.** (solo sing.) Gruppo linguistico di cui fanno parte le principali lingue dell'Asia sud-orientale.

indoeuropeìsta o **indeuropeìsta** s.m. e f. [pl.m. *-sti*] Studioso di linguistica indoeuropea.

indoeuropeìstica o **indeuropeìstica** s.f. Branca della glottologia che studia le lingue indoeuropee.

indoeuropèo o **indeuropèo** agg. (ingl. *Indo-European*) **1.** LING. Delle lingue della maggior parte dei popoli europei e di vari popoli dell'Asia. **2.** Delle lingue indoeuropee o a esse attinente. **3.** Che parla una lingua indoeuropea. ◆ s.m. (solo sing.) Ipotizzata lingua preistorica che sarebbe alla base delle attuali lingue indoeuropee.

ENCICL. La famiglia linguistica indoeuropea comprende undici gruppi principali di lingue: il tocario, l'indoario, l'iranico, l'armeno, l'anatolico, il greco, l'albanese, l'italico (latino e lingue romanze), il germanico, il baltico, lo slavo. La metà dell'umanità parla attualmente una lingua indoeuropea.

indoirànico agg. [pl.m. *-ci*, f. *-che*] Relativo alle popolazioni antiche dell'India e dell'Iran.

indolacètico agg. BIOCHIM. *Acido indolacetico (AIA):* principio attivo che costituisce un fattore di accrescimento delle piante.

indole s.f. (lat. *ĭndolem*, orig. "accrescimento interiore") **1.** Disposizione fondamentale e apparentemente innata del carattere di una persona. **2.** *estens.* Segno distintivo, tratto caratteristico. **3.** *estens.* Tipo, genere.

indolènte agg. (lat. *indolĕntem* "insensibile al dolore") **1.** Che evita di darsi da fare, sia nel senso di una certa indifferenza e svogliatezza sia nel senso di una concreta lentezza nel fare le cose. SIN.: **apatico**. **2.** MED. Che non dà dolore. ◆ s.m. e f. Nell'accez. 1 dell'agg.

indolènza s.f. (lat. *indolĕntiam* "mancanza di dolore") Comportamento indifferente, assenza di energia.

indolenziménto s.f. Leggero dolore muscolare dovuto a stanchezza o a malattia.

indolenzìre v.tr. [83] Rendere dolorante una parte del corpo. *La ginnastica mi ha indolenzito le gambe.* ◆ **indolenzirsi** v.pron. Intorpidirsi, rattrappirsi. *Mi si è indolenzito un braccio.*

indolenzìto agg. Sofferente per un dolore diffuso anche se non acuto.

indòlo s.m. CHIM. ORG. Composto eterociclico azotato che si presenta come una sostanza solida, cristallina, incolore.

indolóre agg. **1.** Che non causa dolore. **2.** *fig.* Che non ha conseguenze gravi. *Sacrificio tutto sommato indolore.*

indomàbile agg. **1.** Che non si lascia domare. *Cavallo indomabile.* **2.** *estens.* Su cui non si riesce ad avere la meglio. *Epidemia indomabile.* **3.** *fig.* Che non si assoggetta all'altrui volontà. *Tenacia indomabile.*

indomàni avv. (sempre preceduto dall'art. determ.) Il giorno seguente. *L'indomani partì.* ◆ s.m. inv. Nel sign. dell'avv. *L'indomani di quella giornata.*

indòmito agg. **1.** Che non è stato domato. **2.** *estens.* Che non si assoggetta, non si sottomette. **3.** *fig.* Che non si abbatte davanti alle difficoltà.

indonesiàno agg. Dell'Indonesia. ◆ s.m. [f. *-na*] Nativo, abitante dell'Indonesia.

indoor [/ˈindɔːr/] agg. inv. (voce ingl., propr. "dentro la porta") **1.** Di competizione, di prestazione tenuta in ambienti coperti. **2.** Nel l. della pubblicità, riferito a dimostrazione promozionale che si effettua a domicilio.

indoràre v.tr. **1.** Ricoprire con uno strato d'oro o del colore dell'oro. ◇ *fig. Indorare la pillola:* cercare di attenuare le conseguenze di un fatto sgradevole. **2.** *fig.* Rendere del colore dell'oro. **3.** CUC. Immergere un alimento nell'uovo sbattuto e friggerlo facendogli assumere un colore dorato.

indorsàre v.tr. RILEG. Dare una forma arrotondata alla parte posteriore di un libro.

indossàre v.tr. **1.** Mettersi addosso un indumento. *Indosso un maglione ed esco.* ~ *fig.* Assumere una particolare autorità. **2.** Avere addosso un indumento. *La nonna indossa sempre abiti scuri.*

indossatóre s.m. **1.** [f. *indossatrice*] Chi presenta capi di abbigliamento di nuove collezioni di moda, indossandoli durante sfilate. SIN.: **modello**. **2.** Manufatto a forma di gruccia e munito di rotelle, su cui si posano gli abiti che verranno nuovamente indossati. *Indossatore da camera.*

indostàno agg. (hindi *Hindūstān* "paese del fiume Indo") Dell'Indostan. ◆ s.m. [f. *-na*] **1.** Nativo, abitante di tale regione. ~ *estens.* Indiano. **2.** (solo sing.) Varietà di lingua colloquiale comune alle popolazioni parlanti hindi e urdu.

indótto agg. **1.** Suscitato da una causa esterna. *Effetti indotti da una decisione politica.* **2.** ECON. *Attività produttive indotte:* quelle che si sviluppano per soddisfare le esigenze di beni e servizi di grandi complessi industriali. **3.** ELETTR. Di una corrente elettrica prodotta con induzione elettrostatica, magnetica o elettromagnetica. ◆ s.m. **1.** Parte di una macchina elettrica in cui si genera la corrente indotta. **2.** (solo sing.) Settore industriale costituito da attività produttive collegate e dipendenti da quelle di grandi complessi industriali. *Crisi dell'indotto Fiat.*

indottrinaménto s.m. Educazione ideologica che mira a determinare una persuasione profonda.

indottrinàre v.tr. Istruire qlcu., spec. per scopi di propaganda politica. *Indottrinare la popolazione.*

indovinàre v.tr. **1.** Rivelare qlco. che accadrà in futuro, per capacità soprannaturali. **2.** *estens.* Cogliere, individuare qlco. di ignoto, per caso o per intuizione. *Indovinare il risultato della partita.* **3.** Fare una buona scelta. *Indovinare il regalo adatto.*

indovinèllo s.m. **1.** Breve componimento in versi che, per gioco, presenta in forma metaforica o allusiva qlco. da identificare. **2.** *estens.* Espressione ambigua, persona indecifrabile, situazione confusa.

indovino s.m. [f. *-na*] Persona considerata capace di svelare ciò che è misterioso e di predire il futuro.

ìndri s.m. inv. (malgascio *indry!* "guarda!", scambiato dal naturalista francese P. Sonnerat per il nome dell'animale) Proscimmia del Madagascar, a coda breve e arti lunghi, che vive sugli alberi delle foreste nutrendosi di vegetali. (Lunghezza 1 m; Famiglia degli Indridi.)

Ìndridi s.m. pl. ZOOL. Famiglia di proscimmie del Madagascar.

indù agg. inv. (fr. *hindou*, hindi *hindū* "indiano") **1.** Dell'India non musulmana e dei suoi abitanti. **2.** Dell'induismo. ◆ s.m. e f. inv. Nativo, abitante dell'India non musulmana.

indubbiaménte avv. Certamente, senza dubbio.

indubitàbile agg. Di cui non si può dubitare perché è sicuro.

indugiàre v.intr. [5] (aus. *avere*) (lat. *indutiàre*, deriv. di *indutiae* "tregua") **1.** Esitare a fare qlco. *Indugiare a rispondere.* **2.** Lasciare trascorrere il tempo, attardarsi in qlco. o in un gesto. *Indugiare nei ricordi.* ◆ **indugiarsi** v.pron. Fermarsi troppo a lungo in un luogo.

indùgio s.m. [pl. *–gi*] Differimento ad altro momento di ciò a cui pure si deve porre mano. SIN.: **ritardo**.

induismo s.m. Complesso di dottrine e di credenze religiose risalenti alla cultura veda e al brahmanesimo.
ENCICL. I fondamenti dell'induismo risiedono in testi sacri che definiscono un insieme di principi comuni al brahmanesimo e al buddismo (derivazione del ciclo delle rinascite, yoga). Nell'induismo importanza centrale è attribuita alla fede nell'esistenza di un principio universale e nelle figure divine a esso subordinate (Indra, Brahma, Vishnou, Shiva) nonché alla rigidità della struttura sociale: il sistema delle caste. All'interno dell'induismo si distinguono varie tendenze (visnuismo, shivaismo, krishnaismo, tantrismo) e numerose sette.

induista s.m. e f. [pl.m. –*sti*] Seguace dell'induismo. □ In funzione di agg., dell'induismo, degli induisti. *Religione induista.*

indulgènte agg. Propenso a perdonare, a scusare colpe ed errori.

indulgènza s.f. **1.** Propensione al perdono. **2.** TEOL. CATT. Remissione totale (*indulgenza plenaria*) o parziale (*indulgenza parziale*) delle pene temporanee che sono inflitte in espiazione dei peccati, concessa dalla Chiesa a titolo di assoluzione e di suffragio (v. parte n.pr.).

indùlgere v.intr. [22] (aus. *avere*) **1.** Dimostrarsi indulgente, benevolo dando soddisfazione a richieste. □ Concedere il proprio consenso. **2.** estens. Abbandonarsi, cedere a qlco. □ Lasciarsi prendere da un desiderio, un'inclinazione.

indulìna s.f. CHIM. Colorante blu derivato dall'anilina (nome generico).

indùlto s.m. **1.** DIR. Provvedimento di clemenza elargito dal Parlamento o dal capo dello Stato, consistente nel condono totale o parziale o nella commutazione della pena inflitta per certi reati. **2.** DIR. CAN. Concessione accordata dall'autorità religiosa sia a vantaggio di una comunità sia di un privato.

induménto s.m. **1.** Capo di vestiario. *Indumento estivo.* SIN.: **àbito**. **2.** BOT. Rivestimento peloso del fusto o delle foglie di una pianta.

indurènte agg. Che provoca o accelera l'indurimento di una sostanza. ◆ s.m. Nel sign. dell'agg.

induriménto s.m. **1.** Passaggio a uno stato di maggiore compattezza. **2.** *fig.* Acquisizione di una maggiore resistenza fisica o di una minore reattività ai sentimenti. **3.** MED. Acquisizione di una maggiore consistenza da parte di un organo.

indurìre v.tr. [83] **1.** Rendere duro qlco. *Il gelo indurisce il suolo.* **2.** *fig.* Rendere qlcu. meno vulnerabile. *Le delusioni lo hanno indurito.* ◆ v.intr. (aus. *essere*) Diventare duro, anche pron. *La terra (si) indurisce per la siccità.* ~ *fig.* Diventare crudele, insensibile; anche pron. *Con la solitudine l'animo (si) indurisce.*

indùrre v.tr. [26] **1.** Spingere o persuadere qlcu. a fare qlco. *La situazione mi ha indotto nell'errore.* **2.** *fig.* Causare una condizione fisica o spirituale. *Questo farmaco induce sonnolenza.* **3.** ELETTROMAGN. Produrre un fenomeno di induzione in un corpo. **4.** FILOS. Ricavare un principio generale attraverso un procedimento logico che parte dai fatti ed esperienze particolari. ◆ **indursi** v.pron. Decidersi a fare qlco., dopo ripensamenti e con fatica. *Mi sono indotto a disturbarti.*

indùsio s.m. [pl. –*si*] (lat. *indusium* "sopravveste") **1.** Tunica senza maniche, usata dalle antiche donne romane. **2.** ZOOL. Rivestimento di alcuni invertebrati. **3.** BOT. Membrana protettiva

degli sporangi delle felci all'inizio del loro sviluppo.

indùstria s.f. (lat. *industriam* "operosità") **1.** Insieme delle attività che producono beni economici utilizzando e trasformando materie prime e semilavorati. ~ Complesso delle imprese che esercitano la stessa attività. ~ Impianto industriale. SIN.: **fabbrica**. ◇ *Industria pesante:* quella metalmeccanica e siderurgica. – *Industria leggera:* quella che produce particolari beni di largo consumo. **2.** Lavoro organizzato, sistematico, simile a quello svolto nei grandi complessi produttivi. ◇ *Industria culturale:* la moderna organizzazione della cultura che ha i suoi poli principali nell'editoria e nei mezzi di comunicazione di massa. – *Industria primaria, secondaria, terziaria:* rispettivamente l'agricoltura, l'industria e i servizi. **3.** ETNOL. Fabbricazione di oggetti d'uso, a opera dei popoli primitivi. *Industria litica.* **4.** Operosità guidata dall'intelligenza che, in vista di un fine, modifica, trasforma le condizioni date. SIN.: **industriosità**. ~ L'attività degli animali quando è frutto di un'ingegnosità analoga a quella umana. *Le api costruiscono l'alveare con mirabile industria.*

industrial design [/ɪnˈdʌstrɪəl diˈzaɪn/] loc. sost. m. inv. (loc. ingl., propr. "disegno industriale") Progettazione e disegno di manufatti prodotti in serie in cui si devono unire requisiti tecnici, funzionali e pregi estetici.

industriàle agg. **1.** Relativo all'industria. *Sviluppo industriale.* **2.** Relativo a un luogo in cui sono presenti insediamenti produttivi. *Zona industriale.* **3.** Rivolto, applicato all'industria. ◆ s.m. e f. **1.** Persona che opera nel settore dell'industria come imprenditore.
ENCICL. Nella rivoluzione industriale si distinguono comunemente tre fasi. La prima rivoluzione industriale nacque dai processi di meccanizzazione che ebbero luogo nell'industria tessile, mineraria e metallurgica (introduzione della macchina a vapore, meccanizzazione della filatura, dell'estrazione del carbone e utilizzo del carbon coke). Nata in Gran Bretagna alla fine del sec. XVIII, la rivoluzione industriale, data anche grazie a un forte aumento demografico, si propagò successivamente al resto d'Europa. La seconda rivoluzione industriale, verificatasi intorno al 1880, è legata soprattutto all'impiego di nuove forme di energia (petrolio, gas, elettricità) e a invenzioni quali il motore a scoppio, la corrente elettrica, il telefono, ecc. Nella seconda metà del sec. XX ebbe luogo la terza rivoluzione industriale basata principalmente sulle applicazioni della fisica, dell'elettronica, dell'informatica e sullo sviluppo delle comunicazioni.

industrialismo s.m. (fr. *industrialisme*) Teoria che privilegia l'industria sulle altre attività economiche.

industrializzàre v.tr. (fr. *industrialiser*) **1.** Adeguare l'attività economica a criteri industriali. **2.** Dotare una zona di industrie. ◆ **industrializzarsi** v.pron. Assumere caratteristiche industriali.

industrializzàto agg. Dove sono presenti industrie.

industrializzazióne s.f. **1.** Sviluppo di un'economia industriale. **2.** Applicazione ad altri settori di attività economica dei metodi di organizzazione della produzione propri dell'industria.

industriàrsi v.pron. [6] Dedicarsi con molto impegno. ~ Darsi da fare per conseguire qlco. ~ estens. Ingegnarsi, darsi da fare anche con espedienti non leciti per ottenere qlco.

industrióso agg. Che con l'intelligenza e l'operosità modifica le condizioni date, creandone di migliori.

induttànza s.f. (fr. *inductance*) **1.** ELETTR. Coefficiente di autoinduzione. **2.** ELETTR. Elemento di circuito costituito da un conduttore avvolto a spirale sopra un nucleo di materiale ferromagnetico. SIN.: **induttore**.

induttività s.f. inv. FIS. *Permeabilità magnetica.

induttìvo agg. **1.** FILOS. Che procede dal particolare all'universale (in oppos. a *deduttivo*). **2.** ELETTROMAGN. Che determina fenomeni di induzione o li sfrutta.

induttòmetro s.m. FIS. Strumento per la misurazione delle correnti indotte.

induttóre s.m. (lat. *inductòrem* "chi induce") **1.** ELETTR. Circuito di una macchina elettrica in cui circola corrente per produrre un flusso magnetico. **2.** LING. Elemento da cui ha origine un'influenza linguistica.

induzióne s.f. **1.** FILOS. Tipo di ragionamento che procede dal particolare all'universale (in oppos. a *deduzione*). **2.** ELETTROMAGN. *Induzione magnetica:* grandezza vettoriale che definisce la densità del flusso magnetico che attraversa una sostanza. (L'unità di misura dell'induzione magnetica nel sistema SI è il *tesla*.) – *Induzione elettromagnetica:* produzione di tensione o di correnti indotte in un circuito in seguito alla variazione del flusso d'induzione magnetica che lo attraversa. **3.** MED. Momento iniziale di un'anestesia generale. **4.** DIR. Il fatto di spingere qlcu. a fare qlco. influenzandone la volontà.

inebetìre v.tr. [83] Rendere ebete qlcu., intontirlo. *La televisione ti inebetisce!* ◆ v.intr. (aus. *essere*) Diventare ebete, cadere in uno stato di stupidità; anche pron. *Dopo la morte della moglie (si) è inebetito.*

inebetìto agg. Smarrito, stordito. ~ Che sembra proprio di un ebete per la fissità, l'inespressività. *Sorriso inebetito.*

inebriaménto s.m. → **ebbrezza**.

inebriànte agg. **1.** Che dà ebbrezza o una sensazione a essa simile. **2.** *fig.* Che porta a uno stato di eccitazione, di piacere. *Musica inebriante.*

inebriàre v.tr. [6] [manca del part. pass.] **1.** Rendere ebbro qlcu., ubriacarlo. ~ Portarlo in uno stato di stordimento o di ebbrezza. **2.** *fig.* Indurre in qlcu. uno stato di euforia e di eccitazione. ~ v.intr. (usato solo nei tempi semplici) Produrre uno stato di stordimento o di ebbrezza, anche con valore fig. *Il successo inebria.* ◆ **inebriarsi** v.pron. **1.** Diventare ebbro. SIN.: **ubriacarsi**. **2.** *fig.* Provare piacere, diventare euforico. *Inebriarsi alla vista della casa natale.*

ineccepìbile agg. Concepito o realizzato in modo da non poter essere messo in discussione.

inèdia s.f. Mancata ingestione di cibo per un periodo prolungato. ~ Il deperimento che ne consegue. *Morire d'inedia.*

inedificàbile agg. Di area o terreno su cui non è permesso edificare.

inèdito agg. **1.** Che non è mai stato pubblicato. *Romanzo inedito.* **2.** estens. Che non è ancora conosciuto, nuovo, originale. *Spettacolo inedito.* ◆ s.m. Testo non pubblicato. *Gli inediti di Calvino.*

ineffàbile agg. **1.** Che non può essere espresso, indicibile. **2.** *fig.* Impareggiabile, incomparabile. *I nostri ineffabili amici si sono presentati con un'ora di ritardo.*

inefficàce agg. **1.** Che non ha l'effetto voluto. *Metodo inefficace.* **2.** estens. Che ha poca forza. **3.** DIR. Non ancora in vigore.

inefficiènza s.f. Incapacità abituale di funzionare o di svolgere le proprie funzioni al meglio. ~ Mancanza di rendimento.

ineguagliàbile agg. Che non può essere uguagliato. SIN.: **impareggiabile**.

inelegànte agg. Che manca di quella grazia, di quella misura che sono alla base dell'eleganza.

ineleggìbile agg. Che non ha le qualità richieste per essere eletto.

ineludìbile agg. Che non ha la possibilità di essere evitato. SIN.: **ineluttabile**.

ineluttàbile agg. Contro cui non si può lottare, a cui non ci si può opporre. *Destino ineluttabile.*

ineluttabilità s.f. inv. Necessità assoluta, inesorabilità.

inenarràbile agg. Che non può essere raccontato o descritto. SIN.: **indescrivibile**.

inequivocàbile agg. Che non può essere equivocato perché chiaro, preciso. *Affermazione inequivocabile.*

inerbìre v.tr. [83] Ricoprire una superficie di erba.

inerènte agg. Appartenente a qlco. SIN.: **attinente**.

inèrme agg. **1.** Che è senz'armi e, estens., senza difesa. **2.** fig. Impotente, disarmato. **3.** BOT. Di una pianta, che non ha spine o aculei. **4.** ZOOL. Tenia inerme: priva di uncini. ◆ s.m. e f. Nelle accez. 1 e 2 dell'agg.

inerpicàrsi v.pron. [4] Salire con fatica un pendio ripido, superando un forte dislivello. SIN.: **scalare**.

inèrte agg. **1.** Che è inattivo per mancanza di volontà, di spinta interiore o perché costretto da qualche accidente. SIN.: **inoperoso**. ~ Senza energia, passivo, apatico. Temperamento inerte. **2.** Senza movimento, privo di vita. Cadde inerte al suolo. **3.** Nel l. sc., privo di attività dinamica o fisica. Materia inerte. ~ CHIM. Che non reagisce a contatto con un elemento, un composto. ◊ Atmosfera inerte: costituita da gas inerti. – Gas inerti: l'azoto e i gas rari (argo, cripto, elio, neon, xeno) che non reagiscono se non in particolari condizioni. – Materiali inerti: componenti del calcestruzzo, usati per dare consistenza e senza funzione legante.

inèrzia s.f. **1.** Mancanza d'attività, di energia, di iniziativa. SIN.: **apatia**. **2.** FIS. Tendenza d'un corpo a conservare il proprio stato di moto o di quiete e a opporre resistenza alle forze che tendono a modificare tale stato. ◊ MECC. Principio d'inerzia: principio secondo il quale ogni corpo non sottoposto ad alcuna forza è a riposo oppure si muove di moto rettilineo uniforme. – Forza di inerzia: resistenza che i corpi, in caso di loro massa, oppongono al movimento. – fig. Per forza d'inerzia: per la sola forza dell'abitudine o della volontà. – Momento d'inerzia di un sistema solido: somma, sull'insieme dei punti del sistema S, delle quantità mr, dove m è la massa di un punto M del sistema S situato alla distanza r da un punto O, da un piano P o da un asse C dati. **3.** MED. Stasi funzionale, totale o parziale.

inerziàle agg. (ingl. inertial) FIS. Relativo all'inerzia.

inesattézza s.f. Carattere di ciò che non è esatto, vero. SIN.: **imprecisione**. ~ Errore commesso per mancanza di precisione.

inesaudìto agg. Che non è stato esaudito. SIN.: **inappagato**.

inesauribile agg. Che non si può esaurire. ~ Che non può essere consumato completamente. SIN.: **inestinguibile**.

inesàusto agg. Che non è esaurito. SIN.: **inesauribile**.

inescusàbile agg. Che non può essere scusato. SIN.: **imperdonabile**.

ineseguibile agg. Che non può essere effettuato, non realizzabile. SIN.: **ineffettuabile**.

ineseguito agg. Che non è stato effettuato. La sentenza è rimasta ineseguita. SIN.: **ineffettuata**.

inesigibile agg. (calco del fr. inexécutable) Che non può essere riscosso. Credito inesigibile.

inesistènte agg. **1.** Che non esiste nella realtà. **2.** DIR. Che non ha alcuna rilevanza giuridica. **3.** fam. Di poco conto. Danno inesistente.

inesistènza s.f. **1.** Condizione di ciò che nella realtà non c'è, non esiste. **2.** DIR. Qualità di un atto giuridico al quale manca un elemento costitutivo essenziale.

inesoràbile agg. **1.** Che non si lascia vincere dalla pietà, che non è indulgente. SIN.: **inflessibile**. **2.** fig. A cui non ci si può sottrarre, inevitabile.

inesorabilménte avv. Con determinazione, implacabilmente.

inesperiènza s.f. Mancanza d'esperienza, di conoscenza pratica. SIN.: **immaturità**.

inespèrto agg. **1.** Che non ha esperienza, conoscenza pratica. Inesperto di bambini. ~ assol. Che non ha una sufficiente conoscenza dell'animo umano e della realtà. **2.** Che manca d'abilità, di know-how. Pilota inesperto.

inespiàbile agg. Che non può essere espiato. Crimine inespiabile.

inespiàto agg. Che non è stato redento da una pena.

inesplicàbile agg. Che non può essere spiegato. Gesto inesplicabile. SIN.: **inspiegabile**.

inesplicàto agg. Che non è stato spiegato, chiarito, perciò incomprensibile. Fenomeno inesplicato.

inesploràbile agg. Che non può essere esplorato.

inesploràto agg. **1.** Che non è stato ancora esplorato. **2.** Che non è stato ancora sottoposto ad attenta indagine, a ricerche. Archivio inesplorato.

inesplòso agg. Non esploso. Bomba inesplosa.

inespressìvo agg. (fr. inexpressif) Sprovvisto d'espressione, impassibile. Aspetto inespressivo.

inesprèsso agg. Che non è stato espresso, manifestato. Odio inespresso. SIN.: **celato**.

inesprimìbile agg. (calco del fr. inexprimable) Che non si può esprimere a parole, indescrivibile.

inespugnàbile agg. **1.** Che non può essere preso, conquistato. Cittadella inespugnabile. **2.** fig. Che non accondiscende, non cede alla volontà, alle pressioni altrui. Fedeltà inespugnabile.

inestensibile agg. Che non ha la proprietà dell'estensione, non elastico. Tessuto inestensibile.

inestetismo s.m. Imperfezione che sminuisce la bellezza della persona.

inestimàbile agg. Di cui non si può stimare il valore, il prezzo, perché troppo alti. Danni inestimabili. SIN.: **incalcolabile**.

inestinguìbile agg. **1.** Che non si può spegnere. Fuoco inestinguibile. **2.** estens. Che non si può alleviare, placare. Sete inestinguibile. SIN.: **implacabile**. **3.** Che non si attenua con il passare del tempo ma resta forte. SIN.: **inesauribile**.

inestricàbile agg. **1.** Che non può essere sbrogliato. Matassa inestricabile. **2.** fig. Che non può essere risolto.

inettitùdine s.f. Limite, incapacità nello svolgere un compito.

inètto agg. **1.** Che non ha le doti naturali o la preparazione per svolgere un compito. SIN.: **inabile**. **2.** ZOOL. Prole inetta: i piccoli animali che, appena nati, non sono capaci di procurarsi il cibo e di nutrirsi da soli (in oppos. a prole precoce). ◆ s.m. [f. –ta] Nell'accez. 1 dell'agg.

inevàso agg. Nel l. bur., che non è stato sbrigato, a cui non si è dato corso. Pratica inevasa.

inevitàbile agg. Che è impossibile da aggirare, evitare. ◆ s.m. (solo sing.) Ciò che non si può evitare.

in extrèmis loc. avv. (loc. lat., deriv. di in extremis diebus "negli ultimi giorni") **1.** Alla fine della vita, in punto di morte. **2.** All'ultimo momento. Decidere in extremis.

inèzia s.f. Cosa di poca importanza. SIN.: **minuzia**.

infagottàre v.tr. Avvolgere, coprire con panni pesanti e poco eleganti. Infagottare il bambino per uscire. ~ Di abiti, coprire la persona facendola sembrare un fagotto e limitandone i movimenti. ◆ infagottàrsi v.pron. Avvolgersi in panni pesanti per ripararsi dal freddo.

infallìbile agg. **1.** Il cui giudizio è esente da errore. **2.** Che non fallisce mai. ~ Che produce i risultati attesi. Rimedio infallibile.

infallibilità s.f. inv. Qualità di qlcu. che non può sbagliare.

infamànte agg. Che disonora, nuoce alla reputazione.

infamàre v.tr. Coprire d'infamia, macchiare di disonore. ~ Calunniare, screditare qualcuno ingiustamente. Infamare il nome di un onesto. ◆ infamàrsi v.pron. Coprirsi d'infamia. SIN.: **disonorarsi**.

infàme agg. **1.** Che, avendo compiuto azioni ritenute spregevoli dalla morale comune, ha pessima fama. **2.** estens. Di azione, che rispecchia la bassezza morale di chi la compie. ◆ s.m. e f. Scellerato, malvagio. ~ gerg. In partic., spia, traditore.

infàmia s.f. **1.** Condizione morale di chi ha commesso azioni ritenute disonorevoli. SIN.: **disonore**. ◊ Senza infamia e senza lode: privo di difetti, ma anche di pregi. **2.** estens. Azione o

parola vile, che suscita sdegno. SIN.: **nefandezza**. **3.** Persona o cosa che è causa di disonore.

infangaménto s.m. **1.** Atto dell'infangare, anche in senso fig. **2.** Operazione con cui si inietta fango nelle gallerie per non farvi penetrare l'aria o su determinate superfici per creare rivestimenti impermeabili.

infangàre v.tr. [4] **1.** Sporcare di fango. Infangare le scarpe. **2.** fig. Coprire di vergogna qlcu., il suo nome o il suo ricordo. Infangare il nome della famiglia. SIN.: **infamare**. ◆ infangàrsi v.pron. **1.** Sporcarsi di fango. Infangarsi le scarpe. **2.** fig. Disonorare se stessi o il proprio nome, la propria coscienza, ecc. Infangarsi la reputazione.

1. infànte agg. (lat. infàntem, propr. "che non può parlare") **1.** lett. Piccolissimo d'età. **2.** fig. Che è agli albori. Mondo infante.

2. infànte s.m. [f. –ta] (spagn. infante) Titolo dei figli cadetti dei re di Spagna e Portogallo.

infanticìdio s.m. [pl. –di] Uccisione di un bambino in tenera età, in partic. di un neonato.

infantile agg. **1.** Proprio dei bambini piccoli o che li riguarda. **2.** Che denota ingenuità, immaturità.

infantilìsmo s.m. **1.** Assenza di maturità nel comportamento. SIN.: **puerilità**. **2.** MED., PSICOAN. Persistenza di caratteri somatici o psichici infantili in persone che hanno superato la pubertà.

infànzia s.f. **1.** Primo periodo della vita umana, compreso tra la nascita e la pubertà. **2.** L'insieme dei bambini. Istituto per l'infanzia abbandonata. **3.** fig. Momento iniziale, primordi, origine. Infanzia dell'umanità.

infarcìre v.tr. [83] **1.** Imbottire con un ripieno. Infarcire l'anatra. **2.** fig. Riempire di elementi negativi o inutili, alla rinfusa. Infarcire il discorso di citazioni.

infarinàre v.tr. **1.** Cospargere di farina. Infarinare il pesce. **2.** estens. Rendere bianco. La neve ha infarinato i tetti. SIN.: **imbiancare**. ◆ infarinàrsi v.pron. **1.** Sporcarsi di farina o altra polvere bianca. Il bimbo si è tutto infarinato. **2.** scherz. Incipriarsi, truccarsi abbondantemente.

infarinatùra s.f. **1.** CUC. Procedimento consistente nel passare un cibo nella farina. **2.** fig. Conoscenza superficiale. Avere un'infarinatura di storia.

infàrto s.m. (lat. infàrtum, propr. "occluso") MED. Necrosi del tessuto di un organo, che cessa di essere irrorato dal sangue quando si verifica l'occlusione di un vaso arterioso terminale. ~ assol. per anton. Infarto del miocardio, provocato dalla trombosi di un ramo della coronaria sinistra o delle arterie del setto interventricolare. ◊ fig. fam. Da infarto: che produce una grande emozione, che fa battere il cuore.

infastidìre v.tr. [83] Dare noia, molestare. Infastidire i vicini. SIN.: **disturbare**. ◆ infastidìrsi v.pron. Provare noia, fastidio. Infastidirsi facilmente. SIN.: **indispettirsi**.

infaticàbile agg. **1.** Che non sembra avvertire la stanchezza, che non si stanca mai. SIN.: **instancabile**. **2.** Che persiste a dispetto della stanchezza. Volontà infaticabile.

infàtti cong. Introduce una frase di conferma o spiegazione rispetto a quanto detto in precedenza. Era malato, infatti non è venuto. SIN.: **difatti**. ~ assol. Come risposta affermativa. È il quadro che cercavi? Infatti.

infatuàre v.tr. Entusiasmare qlcu. provocando in lui un'ammirazione esagerata nei confronti di altro. Infatuare gli alunni delle proprie idee. ◆ infatuàrsi v.pron. Provare entusiasmo o ammirazione eccessiva. Infatuarsi di un cantante. SIN.: **infiammarsi**. ~ estens. Provare per qlcu. un amore improvviso e momentaneo. Infatuarsi di un uomo sposato. SIN.: **invaghirsi**.

infatuazióne s.f. (lat. infatuàtio "stravaganza") Passione intensa, ma passeggera.

infàusto agg. Di cattivo augurio. ~ Connesso a sventure, dolori.

infecondità s.f. inv. **1.** Impossibilità di generare, di dare frutto. SIN.: **sterilità**. **2.** fig. Mancanza di creatività, di fervore intellettuale.

infecóndo agg. **1.** Che non può procreare. SIN.: **sterile**. ~ Che non dà frutto. SIN.: **arido**.

2. *fig.* Che non crea, non dà risultati. SIN.: **inconcludente**.

infedéle agg. **1.** Che non rispetta la fede data, i vincoli contratti. **2.** Che non ha la vera fede. **3.** *fig.* Non aderente ai fatti o all'originale. SIN.: **inesatto**. ◆ s.m. e f. Nell'accez. 2 dell'agg.

infedeltà s.f. inv. **1.** Mancato rispetto della fede data. ~ *estens.* Azione che costituisce una violazione della fede data. **2.** Difformità rispetto alla verità.

infelice agg. **1.** Che non prova gioia. SIN.: **triste**. ~ Che, in seguito a vicende sfortunate, è in una situazione dolorosa, di sofferenza. ~ *estens.* Travagliato da eventi negativi. SIN.: **tribolato**. **2.** Fisicamente o mentalmente sofferente. ~ *estens.* Riferito a cosa, menomato, difettoso. **3.** Riferito a cosa, caratterizzato da eventi dolorosi. *Un'infanzia infelice.* **4.** Che ha esito negativo, che non soddisfa, mal riuscito. *Scrittura infelice.* ~ Non confortevole, non gradevole. *Tempo infelice.* SIN.: **brutto**. ◆ s.m. e f. Persona sventurata, afflitta, tribolata.

infelicità s.f. inv. **1.** Stato proprio dell'animo triste e inappagato che non trova piacere e pace in nulla. ~ Cosa, evento che lo causa. **2.** Carattere errato, inopportuno di qlco. **3.** Condizione di ciò che è sfavorevole, sgradevole, scomodo qlco.

infeltrìre v.tr. [83] Rendere un manufatto tessile compatto come un feltro, a seguito di follatura. ~ *estens.* Rendere una stoffa o un indumento di lana compatto e duro come un feltro. *Il lavaggio in lavatrice infeltrisce la lana.* ◆ v.intr. (aus. *essere*) Di tessuto o indumento di lana, diventare compatto, duro come il feltro; anche pron. *La lana (si) infeltrisce.*

inferènza s.f. LOG. Ragionamento con cui si trae una conseguenza da uno o più antecedenti. SIN.: **deduzione**. ◇ STAT. *Inferenza statistica:* procedimento con cui si individuano caratteri generali di una popolazione sulla base delle informazioni ottenute da un campionamento.

inferióre agg. **1.** Situato più in basso o nella parte bassa. **2.** Che ha uno sviluppo in altezza minore di altro. ~ *estens.* Minore secondo altre misure e altri valori. **3.** *fig.* Che occupa un grado meno elevato in una scala di valori. *Scuola media inferiore.* **4.** *fig.* Che ha minor pregio, di qualità più scadente. ~ Riferito a persona, che ha minori capacità di altri o che non raggiunge il livello qualitativo a cui potrebbe aspirare. **5.** GEOGR. Che si trova più a sud o più vicino alla foce. *Corso inferiore del fiume.* **6.** GEOL. Più antico. *Paleolitico inferiore.* **7.** BOT. *Piante inferiori:* che non presentano la differenziazione in radici, fusto e foglie e sono prive di fasci vascolari. ◆ s.m. e f. Persona che occupa una posizione subalterna. SIN.: **sottoposto**.

inferiorità s.f. inv. Svantaggio dato dall'essere, dal valere, dall'avere meno di altri.

inferire v.tr. [86] (lat. *infĕrre*, propr. "portare contro") **1.** Infliggere un colpo, una ferita. *Inferire una pugnalata.* SIN.: **vibrare**. **2.** *estens.* Provocare danni. *Inferire perdite al nemico.* SIN.: **procurare**. **3.** *fig.* [83] Dedurre come conseguenza logica da un fatto, un principio. *Da ciò si inferisce che l'imputato è innocente.* SIN.: **desumere**. **4.** MAR. Fissare le vele ai pennoni.

inferitùra s.f. **1.** MAR. Allacciatura delle vele al pennone. **2.** Lato della vela che si fissa al pennone. SIN.: **testiera**.

infermerìa s.f. Locale medico presente all'interno di edifici che ospitano collettività (scuole, caserme, ecc.).

infermière s.m. [f. *-ra*] **1.** Assistente sanitario che coadiuva il personale medico nella cura dei pazienti. **2.** *estens.* Chi assiste un malato.

infermità s.f. inv. **1.** Alterazione definitiva e grave di una funzione del corpo. ◇ DIR. *Infermità mentale:* alterazione dello stato mentale che esclude o diminuisce le capacità d'intendere e volere. **2.** *fig.* Debolezza morale, spirituale.

infèrmo agg. Affetto da una malattia grave, in partic. se costringe all'immobilità. ◆ s.m. [f. *-ma*] Nel sign. dell'agg.

infernàle agg. **1.** Che appartiene all'inferno. **2.** *fig.* Paragonabile all'inferno in quanto luogo di tormenti. SIN.: **orribile**. ~ Degno degli spiriti che sono all'inferno. *Piano infernale.* SIN.: **diabolico**.

1. infèrno s.m. (lat. *Infĕrnum*, deriv. di *īnferus* "che sta in basso, sotto") **1.** (Anche con iniziale maiusc.) Nel cristianesimo, luogo della pena eterna che attende le anime dei dannati. **2.** *fig.* Situazione estremamente penosa. *La sua vita è un inferno.* **3.** *fig.* Devastazione, situazione violenta, cruenta. ~ *per esager.* Confusione, chiasso. **4.** Negli oleifici, locale sotterraneo dove si raccolgono in appositi pozzetti le acque residue della torchiatura.

2. infèrno s.m. inv. (dal nome della località valtellinese di *Inferno*) Vino rosso vivo e corposo, prodotto dal vitigno nebbiolo.

ìnfero agg. **1.** Dell'oltretomba, del regno dei morti. **2.** BOT. Di ovario affondato nel ricettacolo, come nell'iris e nel melo. ◆ s.m. (al pl.) Nell'antica religione pagana, l'oltretomba, le anime e le divinità che lo abitano.

inferocìre v.tr. [83] Rendere feroce un animale. ◆ **inferocirsi** v.pron. Diventare feroce, aggressivo. ~ *per esager.* Arrabbiarsi violentemente.

inferriàta s.f. Manufatto costituito da sbarre di ferro posto a protezione di finestre o altre aperture. ~ *estens.* Cancellata.

infertilità s.f. inv. BIOL. Sterilità della femmina o del maschio dei mammiferi.

infèrto agg. Assestato, inflitto.

infervoràre v.tr. Suscitare entusiasmo, passione. *Infervorare i presenti.* SIN.: **appassionare**. ◆ **infervorarsi** v.pron. Farsi prendere dall'entusiasmo. *Infervorarsi in un dibattito.* SIN.: **accalorarsi**.

infestànte agg. Che si moltiplica provocando danni. ◇ *Erbe infestanti:* piante erbacee che si diffondono tra le piante coltivate soffocandole; sono dette anche *erbacce*, *malerbe*.

infestàre v.tr. **1.** Invadere e devastare con atti di violenza un luogo, rendendolo malsicuro. *I pirati infestavano queste coste.* ~ Di animali e vegetali dannosi, abbondare in un luogo danneggiandolo. *I ratti infestano certe navi.* **2.** *fig.* Diffondersi e rovinare moralmente un ambiente. *La droga infesta la società.* SIN.: **corrompere**. **3.** MED. Diffondere la presenza di parassiti.

infestàto agg. **1.** Malsicuro a causa della presenza di persone ostili. **2.** Invaso da organismi nocivi, da erbe infestanti.

infestazióne s.f. **1.** Danneggiamento, assalto, scorreria, atto piratesco. **2.** MED. Stato di un organismo invaso da parassiti. SIN.: **infestione**. **3.** AGR. Diffusione di erbe o insetti infestanti.

infettàre v.tr. (lat. *infectāre*, deriv. di *inficere* "inquinare", orig. nelle tintorie "mettere a bagno nel colore" quindi "mescolare") **1.** Far diventare infetto. *Infettare una ferita.* SIN.: **ammorbare**. ~ Inquinare un luogo. *Gli scarichi fognari infettano il mare.* ~ *estens.* Contagiare, contaminare qlcu. *Il malato ha infettato il medico.* **2.** *fig.* Corrompere moralmente. *La corruzione infetta la politica.* SIN.: **guastare**. ◆ **infettarsi** v.pron. Diventare infetto. *La ferita si è infettata.* ~ Di persona, prendere, contrarre un'infezione.

infettìvo agg. (lat. *infectīvus* "tintorio") Che si riferisce all'infezione. ~ Che produce un'infezione. *Germe infettivo.* ~ Che si trasmette per infezione. *Il morbillo è una malattia infettiva.*

infètto agg. **1.** Che presenta un'infezione in corso. ~ Che è sede di germi che possono causare o trasmettere infezione. ~ *estens.* Contaminato, inquinato. **2.** *fig.* Contaminato, corrotto moralmente.

infeudaménto s.m. Costituzione di un feudo con investitura dei relativi diritti.

infeudàre v.tr. **1.** Assoggettare un territorio a vincoli feudali. **2.** *estens.* Sottomettere qlcu. o qlco. al proprio potere. **3.** *fig.* Concedere un titolo o una carica a qlcu. in maniera perpetua. ◆ **infeudarsi** v.pron. **1.** Sottomettersi a qlcu. diventando suo vassallo. *Infeudarsi a un signore.* **2.** *fig.* Sottomettersi senza condizioni a qlcu.

infezióne s.f. (lat. *infĕctio* "tintura") **1.** MED. Penetrazione e sviluppo in un essere vivente di microrganismi patogeni che possono generare una malattia moltiplicandosi ed eventualmente secernendo tossine o propagandosi nel sangue. **2.** Contagio, diffusione di una malattia. **3.** *fig.* Corruzione. **4.** INFORM. Penetrazione e sviluppo di un virus in un sistema.

ENCICL. Le principali infezioni hanno origine da batteri, virus, funghi o parassiti. I sintomi possono essere febbre, dolore, secrezioni, disfunzioni dell'organismo (tosse, diarrea, ecc.). Le cure contro i batteri (antibiotici), i funghi e i parassiti sono molto più efficaci di quelle che contrastano i virus.

infiacchiménto s.m. Perdita di energie fisiche o spirituali.

infiacchìre v.tr. [83] Rendere qlcu. debole, senza energia. SIN.: **indebolire**. ◆ v.intr. (aus. *essere*) Diventare fiacco, debole; anche pron. *La squadra (si) è infiacchita.*

infiammàbile agg. **1.** Che può dar luogo a una combustione. **2.** *fig.* Facile all'ira. SIN.: **irascibile**. ◆ s.m. (spec. pl.) Sostanza, materiale infiammabile. *Deposito di infiammabili.*

infiammàre v.tr. **1.** Dare fuoco a qlco. SIN.: **bruciare**. ~ *fig.* Rendere rosso, avvampare il viso. *L'ira infiamma il volto.* **2.** *fig.* Incitare qlcu., esaltare. *Dichiarazioni che infiammano gli ascoltatori.* **3.** MED. Causare l'infiammazione di una parte del corpo. ◆ **infiammarsi** v.pron. **1.** Prendere fuoco, incendiarsi. ~ *fig.* Detto del viso, avvampare, diventare rosso. *Il viso del bambino si infiammò per la vergogna.* **2.** *fig.* Essere preso da improvvisa passione. **3.** MED. Subire un processo d'infiammazione. *La ferita si è infiammata.*

infiammàto agg. **1.** Che è in fiamme. **2.** *fig.* Che ha il colore della fiamma o la sua luce. **3.** *fig.* Pieno d'ardore, di passione. **4.** MED. In stato d'infiammazione. *Ferita infiammata.*

infiammatòrio agg. [pl.m. *-ri*] MED. Proprio di un'infiammazione, che produce un'infiammazione.

infiammazióne s.f. **1.** Eccitazione, fervore, tumulto di sentimenti. **2.** MED. Insieme di fenomeni di difesa dell'organismo contro un'aggressione (trauma, infezione, ecc.), che può manifestarsi con diversi sintomi (dolore, tumefazione, calore, rossore, ecc.).

infibulaménto s.m. MED. Immissione di un infibulo nel canale midollare di un osso fratturato per saldarlo.

infibulàre v.tr. (lat. *infibulāre* "allacciare con una fibbia") **1.** Saldare un osso mediante infibulamento. **2.** Sottoporre una donna all'operazione dell'infibulazione.

infibulazióne s.f. Intervento sulla donna per evitare i rapporti sessuali che consiste nell'applicazione di un anello metallico alla vulva o nel restringimento chirurgico di quest'ultima.

ìnfibulo s.m. MED. Barretta di metallo, d'osso o di altri materiali, utilizzata per l'operazione dell'infibulamento.

inficiàre v.tr. [5] **1.** Nel l. giur., rendere o dichiarare falso qlco. **2.** *estens.* Togliere validità o valore a qlco.

ìnfido agg. **1.** Di cui non ci si può fidare. **2.** Che nasconde insidie.

in fieri loc. agg. inv. (loc. lat., propr. "nel divenire") In divenire, in via di elaborazione, di attuazione.

infierìre v.intr. [83] (aus. *avere*) **1.** Incrudelire, accanirsi colpendo con crudeltà e insistenza. **2.** Detto di malattie e calamità, manifestarsi con violenza.

infìggere v.tr. [35] **1.** Conficcare, piantare con forza qlco. di appuntito in un oggetto. **2.** *fig.* Far entrare nella mente, nella testa, nella memoria. ◆ **infiggersi** v.pron. **1.** Rimanere piantato, conficcarsi. **2.** *fig.* Restare impresso nella mente.

infilàre v.tr. **1.** Introdurre qlco. in uno spazio ristretto. *Infilare la chiave nella serratura.* **2.** *estens.* Introdurre qlco. munito di un foro in un oggetto filiforme. *Infilare l'anello al dito.* **3.** Fare indossare qlco. a qlcu. *Infilare la giacca al bambino.* ~ *estens.* Calzare, indossare, mettersi addosso qlco. *Infilare le scarpe.* **4.** Corredare un ago del filo. *Infilare un ago da cucito.* **5.** Trapassare qlco. con un oggetto appuntito. *Infilare gli involtini.* **6.** *fig.* Indovinare, azzeccare, imbroccare qlco. *Infilare la risposta esatta.* **7.** *fig.* Iniziare un cammino, prendere una strada. *Infilare un sentiero.* **8.** MIL. Colpire un bersaglio di infilata. ◆ **infilarsi** v.pron. **1.** Penetrare in un luogo angusto. *Infilarsi nel letto.* **2.** Entrare di nascosto in un luogo. SIN.: **intrufolarsi. 3.** Mettersi addosso un qualche indumento. *Mi infilo la maglia.*

infilàta s.f. Insieme di cose sistemate in fila, in successione.

infiltràre v.tr. MED. Far penetrare un liquido. *Infiltrare un medicinale nella vena.* ◆ **infiltrarsi** v.pron. **1.** Detto di liquidi o sostanze gassose, penetrare a poco a poco in qlco. attraverso fessure, crepe, superfici porose. *L'umidità si infiltra nei muri. ~ fig.* Detto di sentimenti o stati d'animo, diffondersi lentamente, insinuarsi in qlco. *Il malumore si infiltra tra gli spettatori.* **2.** Penetrare in un gruppo furtivamente. *Infiltrarsi in una rete di spionaggio.*

infiltràto agg. MED. Che è sede di infiltrazione. ◆ **s.m.** MED. **1.** Liquido o insieme di cellule accumulato in un organo a seguito di un'infiltrazione. **2.** [f. *-ta*] Chi, per denaro o altri motivi, si introduce in un'organizzazione per raccogliere informazioni da riferire agli avversari. SIN.: **informatore.**

infiltrazióne s.f. **1.** Passaggio lento e costante di un liquido attraverso gli interstizi di un corpo. *C'è un'infiltrazione nel soffitto.* ◇ *Acque d'infiltrazione:* acque presenti nel sottosuolo, che provengono dalla superficie attraverso strati permeabili. **2.** *fig.* Penetrazione, in un'organizzazione militare, politica o criminale, di personale investigativo o similare. **3.** MED. Focolaio infiammatorio di tipo essudativo. ~ Introduzione di sostanze curative nello spessore di un tessuto. *Fare delle infiltrazioni al ginocchio.*

infilzàre v.tr. **1.** Introdurre più oggetti in serie in un elemento filiforme. *Infilzare le perle.* **2.** *fig.* Dire, fare più cose una di seguito all'altra. *Infilzare spropositi.* **3.** Trapassare qlcu. o qlco. con una lama o una punta. *Infilzare l'avversario (con la spada); il cuoco infilza il pollo.* ◆ **infilzarsi** v.pron. Rimanere trafitto in un elemento appuntito. *Si infilzò se è infilzato nel ramo.*

infilzatùra s.f. Azione di infilzare. ~ *estens.* Serie di cose infilzate.

infimo agg. Che è all'ultimo posto in una scala di valori. ◆ **s.m.** [f. *-ma*; spec. pl.] Persona di umilissimo livello sociale.

infìne avv. Alla fine, finalmente. *Mi ascoltò a lungo e infine accettò.* ◆ cong. Insomma, in conclusione. *Qual è infine il senso di questo discorso?*

infingàrdo agg. Che non ha alcuna propensione all'operosità. ◆ s.m. [f. *-da*] Nel sign. dell'agg.

infinità s.f. inv. **1.** Assenza di limiti spaziotemporali. *L'infinità dell'universo.* **2.** *per esager.* Grande, enorme quantità. *Un'infinità di gente.*

infinitaménte avv. **1.** All'infinito, senza limiti. **2.** Molto, immensamente.

infinitesimàle agg. **1.** MAT. Di calcolo differenziale e integrale. **2.** *estens.* Estremamente piccolo.

infinitèsimo agg. Infinitamente piccolo. ◆ s.m. **1.** Quantità, parte minima. **2.** MAT. Funzione o successione che ha limite zero.

infinitivàle agg. GRAMM. Del modo infinito del verbo o relativo a esso.

infinitivo agg. GRAMM. Caratterizzato dall'uso dell'infinito. ◇ *Frase o proposizione infinitiva:* subordinata completiva che ha il verbo all'infinito.

infinìto agg. **1.** Che è senza limiti. **2.** *per esager.* Molto grande, considerevole. *Serie infinita di fastidi.* **3.** GRAMM. *Modo infinito:* forma verbale priva di determinazione di persona e di numero. ◆ **s.m. 1.** (solo sing.) Ciò che non ha alcun limite. ◇ *All'infinito:* senza mai giungere a un punto fisso, a un momento conclusivo. **2.** MAT. Concetto che esprime il contrario della finitezza. *Assioma dell'infinito.* ◇ *Più infinito o meno infinito:* elementi, rappresentati rispettivamente come + *x* e - *x*, tali che ogni numero reale è inferiore a + *x* e superiore a - *x* **3.** GRAMM. Modo del verbo che ne esprime il puro contenuto semantico, essendo privo di determinazioni di persona e di numero, ma dotato di forme per il presente e il passato (*amare, aver amato*) e, se transitivo, anche di una forma per il passivo (*essere amato*). ◇ *Infinito sostantivato:* infinito preceduto dall'articolo, che assume il valore di sostantivo. *Tra il dire e il fare.*

infinocchiàre v.tr. [6] *fam.* Raggirare, ingannare qlcu.

infiocchettàre v.tr. **1.** Coprire di nastri. **2.** *fig.* Rendere un testo più elegante nello stile. *Infiocchettare un discorso.*

infioràre v.tr. **1.** Decorare con fiori. **2.** *fig.* Rendere un testo stilisticamente più elegante.

infiorescènza o **inflorescènza** s.f. BOT. Disposizione dei fiori su una pianta. (Principali tipi d'infiorescenza: grappolo, spiga, ombrella, capolino, cima, corimbo.) ~ L'insieme di questi fiori.

infiorettatùra s.f. Elemento superfluo di un testo, di una partitura, di un discorso, che nelle intenzioni dell'autore risponde a un desiderio di abbellimento. SIN.: **fronzolo.**

infirmàre v.tr. Rendere qlco. privo di validità. *La mancanza dei commissari infirma l'esame.* SIN.: **invalidare.**

infischiàrsene v.pron. intr. [6] Disinteressarsi, non curarsi per nulla di qlcu. o qlco. *Me ne infischio delle tue ragioni.*

infisso agg. Piantato dentro, conficcato. ◆ s.m. **1.** Manufatto di rifinitura dei vani delle porte e delle finestre, collegato rigidamente con la muratura. ~ *estens.* La parte mobile di chiusura, detta più propriamente *serramento.* **2.** LING. Elemento che si inserisce all'interno di una parola, in partic. nella radice, per modificarne il senso o il valore grammaticale.

infittìre v.tr. [83] Rendere qlco. più fitto. *Infittire i pali del recinto.* ~ *estens.* Rendere qlco. più frequente. *Infittire le visite.* SIN.: **moltiplicare.** ◆ v.intr. (aus. *essere*) Diventare più fitto, anche pron. *Il bosco (si) infittisce.* ~ *estens.* Diventare più frequente, anche pron. *Gli attacchi (si) infittiscono.*

inflativo agg. (ingl. *inflative*) ECON. Relativo all'inflazione.

inflazionàre v.tr. **1.** ECON. Portare qlco. allo stato di inflazione. SIN.: **svalutare. 2.** *fig.* Fare un uso eccessivo di qlco., renderlo abusato.

inflazionàto agg. **1.** ECON. Svalutato a causa di un processo inflativo. **2.** *fig.* Che ha perduto valore a causa dell'eccessiva quantità offerta o prodotta, della propria diffusione.

inflazióne s.f. (ingl. d'America *inflation*, lat. *inflatiōnem* deriv. di *inflāre* "soffiare dentro") **1.** ECON. Processo di costante e generalizzato rialzo dei prezzi che determina una diminuzione del potere d'acquisto della moneta. ◇ *Inflazione strisciante:* inflazione cronica, ma il cui

tasso rimane relativamente debole. – *Inflazione galoppante:* quando il potere d'acquisto diminuisce in modo vistoso e rapido. **2.** *fig.* Aumento quantitativo, eccessiva diffusione di qlco. che va a scapito della sua originalità o ne determina la perdita di valore, il deprezzamento. *Inflazione di diplomati.*

ENCICL. Ci sono tre tipi di inflazione, variabili in funzione delle relative cause. L'*inflazione da costi* deriva dall'aumento dei carichi (in partic. salariali) che pesano sul processo di produzione dei beni e dei servizi e si riflette sui prezzi di questi ultimi; l'*inflazione da domanda* manifesta un divario tra il volume dei beni e dei servizi richiesti dal mercato da un lato e la capacità dell'apparato produttivo di soddisfare la domanda dall'altro; l'*inflazione monetaria*, infine, è causata dall'immissione nel ciclo economico di un volume sovrabbondante di mezzi di pagamento che provoca, con l'intensificazione della domanda, un aumento dei prezzi. Fenomeni d'interazione ("spirale prezzo-salario") mantengono - e spesso aumentano - l'inflazione.

inflazionismo s.m. (ingl. *inflationism*) ECON. Politica economica che crea fenomeni d'inflazione o non li contiene.

inflazionistico agg. [pl.m. *-ci*, f. *-che*] Proprio dell'inflazione, che provoca inflazione.

inflessibile agg. **1.** *non com.* Che non si piega. **2.** *fig.* Non deflette dalle proprie idee, dai propri principi morali, che non fa compromessi. SIN.: **irremovibile.**

inflessióne s.f. **1.** TECN. Deformazione di una trave o di una stata consistente in una variazione della curvatura. **2.** LING. Variazione del timbro di una vocale per influsso di una vocale vicina. ~ Insieme delle caratteristiche di pronuncia di un parlante. SIN.: **intonazione.**

infliggere v.tr. [35] (lat. *inflīgere*, propr. "battere contro") Far subire a qlcu. punizioni, condanne, castighi.

inflorescènza s.f. Infiorescenza.

influènte agg. Che ha autorità, prestigio. SIN.: **autorevole.**

influènza s.f. (lat. *influĕntiam*, propr. "l'atto di fluire all'interno" e nel l. astrologico "azione delle stelle sull'indole") **1.** Incidenza di un fattore sullo stato di qlcu. o qlco. SIN.: **influsso. 2.** Condizionamento delle azioni e delle scelte altrui, non perseguito ad arte ma ottenuto spontaneamente. SIN.: **ascendente.** ◇ *Sfera, zona d'influenza:* ambito soggetto al controllo di un'autorità, di un centro di potere e, in partic., stato condizionato da una nazione più forte. **3.** Secondo le credenze astrologiche, azione esercitata dagli astri sulle vicende umane, personali e collettive. SIN.: **influsso. 4.** MED. Malattia respiratoria virale, acuta e contagiosa ma per lo più non grave, caratterizzata da febbre, cefalea, dolori muscolari.

influenzàbile agg. Che si lascia condizionare da chi ha una personalità più forte. SIN.: **suggestionabile.** ~ Che può subire influenza, condizionamento da parte di qlcu. o qlco.

influenzàle agg. MED. Proprio dell'influenza.

influenzàre v.tr. Esercitare un'influenza su qlcu. o qlco. SIN.: **condizionare.** ◆ **influenzarsi** v.pron. **1.** Detto di due o più persone, avere influenza l'una sull'altra. **2.** MED. Ammalarsi di influenza.

influìre v.intr. [83] (aus. *avere*) (lat. *inflŭere*, propr. "scorrere dentro") Esercitare la propria in-

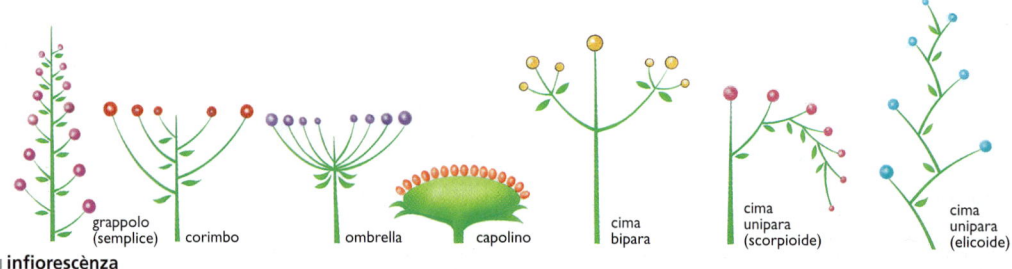

grappolo (semplice)   corimbo   ombrella   capolino   cima bipara   cima unipara (scorpioide)   cima unipara (elicoide)

■ infiorescènza

fluenza su qlcu. o qlco., condizionandolo. *Influire sullo sviluppo della cultura.*

inflùsso s.m. **1.** Presunta azione degli astri sull'indole dell'uomo e sulle sue vicende. **2.** Azione, condizionamento esercitati da qlcu. o da qlco. su altri o su altre cose.

ìnfo s.f. inv. (abbr. di *informazioni*) (spec. pl.) Nel l. gior., informazioni, notizie.

in fòlio loc. agg. inv. (loc. lat., propr. "su un foglio") Di volume i cui fogli di stampa sono stati piegati una sola volta. ~ *estens.* Di qualsiasi volume le cui pagine siano alte 40 cm e larghe 26 cm. ◆ loc. sost. m. inv. Libro di tale formato.

infondatézza s.f. Assenza di una base di validità, di fondamento.

infondàto agg. Che non è basato su valide ragioni o sulla verità. SIN.: **immotivato**.

infóndere v.tr. [47] Trasmettere un sentimento a qlcu. *Infondere coraggio.*

inforcàre v.tr. [4] **1.** Infilzare qlco. con la forca o con altro oggetto simile. **2.** Mettersi a cavalcioni di qlco., montarlo. *Inforcare la bicicletta.* ◇ *Inforcare gli occhiali:* metterseli.

inforcatùra s.f. **1.** Punto in cui qlco. si biforca. ~ Nel corpo umano, regione di giunzione tra il tronco e gli arti inferiori. **2.** Nel gioco degli scacchi, forchetta.

informàle agg. (ingl. *informal*) **1.** Che avviene al di fuori delle formalità d'uso, dell'ufficialità. **2.** Di un modo d'intendere l'arte come affermazione della pura esistenza dell'artista e non come espressione del suo pensiero, da cui il rifiuto del concetto di forma. (Tale tendenza si è affermata a partire dagli anni Cinquanta del Novecento.) ◆ s.m. **1.** (solo sing.) Arte informale. **2.** (anche f.) Pittore esponente dell'arte informale.

informàre v.tr. (lat. *informāre* "dare forma") **1.** Fornire notizie, far sapere. SIN.: **avvisare**. **2.** Conformare, adattare qlco. a un determinato indirizzo, spec. morale. *Informare la propria condotta a una rigida morale.* SIN.: **improntare**. ◆ **informarsi** v.pron. Prendere informazioni su qlco. *Informarsi sull'orario.*

informàtica s.f. (fr. *informatique*, deriv. di *inform-ation autom-atique* "informazione automatica") Scienza applicata che studia le modalità di raccolta, di trattamento e di trasmissione delle informazioni mediante elaboratori elettronici.

ENCICL. L'informatica comprende la teoria dell'informazione, l'algoritmica, l'analisi numerica (ricerche, studi e valutazione di algoritmi e metodi matematici di risoluzione di problemi) e i metodi teorici di rappresentazione delle conoscenze e di costruzione di modelli interpretativi dei problemi. Il trattamento automatico dell'informazione ha bisogno di *ricevere* dati in entrata, di *trasmetterli* attraverso linee di trasmissione, di *archiviarli* nelle memorie, di *processarli* in un'unità di trattamento (*unità di elaborazione* o *unità centrale*, chiamata anche *unità logica*) grazie ai software e, infine, di *restituirli* all'utente per mezzo di sistemi di output. L'architettura globale dei sistemi informatici è oggetto di numerosi studi per definire e costruire modelli adeguati alla risoluzione dei problemi e al tipo di informazioni da trattare.

informàtico agg. [pl.m. *–ci*, f. *–che*] Proprio dell'informatica, che è oggetto di elaborazione elettronica. ◆ s.m. [f. *–ca*] Studioso, esperto di informatica.

information technology [/ɪnfə'meɪʃən tɛk'nɒlədʒɪ/] loc. sost. f. (solo sing.) (loc. ingl., compl. di *information* "informazione" e *technology* "tecnologia") INFORM. L'insieme delle tecniche dell'informatica applicata.

informatìva s.f. Nel l. bur., complesso di informazioni in forma di nota o relazione.

informatìvo agg. **1.** Che fornisce informazioni, dati, notizie da cui partire per migliorare e accrescere le proprie conoscenze. ◇ *Articolo, saggio, libro informativo:* che non entra criticamente nel merito delle notizie fornite. – LING. *Funzione informativa:* funzione referenziale, incentrata sul contenuto del messaggio. **2.** FILOS. Che dà una determinazione alla materia, che dà a ciascun essere la propria forma. **3.** *fig.* Che dà una particolare conformazione, delle particolari caratteristiche a qlco. e quindi lo ispira, lo motiva.

informatizzàre v.tr. (fr. *informatiser*) Applicare a un'attività i mezzi dell'informatica.

informatizzàto agg. Fatto funzionare con sistemi informatici.

informàto agg. **1.** Che è a conoscenza di quanto si produce nella realtà. **2.** FILOS. Che ha ricevuto la sua propria forma. **3.** *fig.* Conformato in un dato modo, ispirato a un determinato criterio o valore. SIN.: **improntato**.

informatóre agg. [f. *–trice*] Che dà una particolare forma, un'impronta specifica. ◆ s.m. (anche f.) **1.** Chi fornisce notizie o ragguaglia su ambienti, realtà particolari, spesso nascosti o clandestini. ~ In partic. nel l. gior., chi raccoglie notizie da passare ad agenzie di stampa e a giornali. ◇ *Informatore medico, scientifico:* rappresentante del settore farmaceutico e sanitario che tiene al corrente i professionisti del settore. **2.** MIL. Chi fa parte del servizio di informazioni operativo. **3.** In sondaggi o inchieste, chi risponde a questionari, domande.

informazióne s.f. (lat. *informātio* "rappresentazione mentale") **1.** Scambio di notizie che consente a ciascuno di acquisire nuovi elementi conoscitivi. **2.** Ogni notizia, ogni elemento conoscitivo comunicato e acquisito. **3.** Trasmissione di notizie attraverso gli organi di stampa e radiotelevisivi detti, appunto, *mezzi di informazione*. **4.** DIR. *Libertà di informazione:* diritto a informare nonché a essere informati attraverso la pluralità delle fonti di conoscenza. – *Informazione di garanzia:* *avviso di garanzia. **5.** *Teoria dell'informazione:* studio matematico della trasmissione e della ricezione di messaggi intesi come serie di eventi soggetti a leggi probabilistiche. **6.** BIOL. *Informazione genetica:* il complesso dei messaggi ereditari presenti nei geni dei cromosomi di una cellula. **7.** FILOS. Atto che dà una determinazione alla materia, dà a un essere la sua propria forma.

infórme agg. Che non ha forme nette, precise, riconoscibili. ~ *estens.* Che è insufficientemente elaborato, incompleto. *Progetto informe.*

informicolìrsi v.pron. [83] Detto di una parte del corpo, produrre, far avvertire una sensazione di formicolio.

infornàre v.tr. **1.** Mettere qlco. in un forno. **2.** *fam.* Mangiare grandi quantità di cibo, inghiottire rapidamente.

infornàta s.f. **1.** Introduzione nel forno di cottura di materiali o impasti alimentari. ~ La quantità introdotta. **2.** *fig. scherz.* Notevole quantità di persone o di cose prese o considerate tutte insieme. **3.** TEAT. *gerg.* Il tutto esaurito.

infortunàrsi v.pron. Subire un infortunio. ~ Farsi male.

infortùnio s.m. [pl. *–ni*] **1.** Incidente involontario, perlopiù connesso all'attività lavorativa o alle operazioni della vita quotidiana, con conseguenze anche gravi per la salute. **2.** Con valore attenuato, caso sfortunato originato perlopiù da un errore di valutazione.

infortunìstica s.f. [non com. pl. *–che*] Studio scientifico degli incidenti, delle loro cause e dei danni da essi derivati.

infossaménto s.m. **1.** Collocazione in una fossa. **2.** Avvallamento, depressione del terreno.

infossàre v.tr. Collocare in una fossa. ◆ **infossarsi** v.pron. **1.** Formare una fossa, un avvallamento. ~ *estens.* Detto degli occhi o delle guance, incavarsi. **2.** Affondare nel terreno.

infossàto agg. **1.** Posto in una fossa, in una buca, sprofondato nel terreno. **2.** *estens.* Stretto, chiuso tra alte pareti. SIN.: **incassato**. **3.** *fig.* Incavato a mo' di fossa, scavato.

infradiciàre v.tr. [5] **1.** Bagnare completamente, rendere fradicio. **2.** Far marcire. ◆ **infradiciarsi** v.pron. **1.** Bagnarsi completamente. **2.** Marcire, guastarsi.

infradìto s.m. o s.f. inv. Sandalo fissato al piede con una striscia che passa tra l'alluce e il secondo dito.

inframméttere o **inframéttere** v.tr. [50] Mettere qlco. in modo da ostacolare lo svolgimento di altro. ◆ **inframmettersi** v.pron. Mettersi in mezzo, intromettersi.

inframmezzàre o **inframezzàre** v.tr. Mettere qlco. in modo da intercalarlo ad altro. SIN.: **alternare**.

infràngere v.tr. [22] (lat. *infrĭngere* "spezzare") **1.** Frantumare, mandare qlco. in pezzi. **2.** *fig.* Rendere vano qlco., annullarlo. *Infrangere la resistenza.* SIN.: **spezzare**. **3.** *fig.* Non rispettare, trasgredire. *Infrangere un divieto.* ◆ **infrangersi** v.pron. **1.** Spezzarsi, frantumarsi, rompersi. *Il vetro si è infranto.* **2.** *fig.* Arrestarsi, estinguersi, svanire. *Sogni che si infrangono contro la realtà.*

infrangìbile agg. Che non si rompe. ~ Che si rompe difficilmente o in modo tale da non danneggiare chi investe frantumandosi.

infrànto agg. **1.** Rotto, spezzato. **2.** *fig.* Che non appare più perfetto come una volta. ~ Che, a contatto con la realtà, mostra la propria natura fragile e caduca.

infraórdine s.m. ZOOL. Raggruppamento di rango inferiore al sottordine.

infrarósso agg. FIS. Di radiazioni elettromagnetiche invisibili, con lunghezza d'onda immediatamente inferiore al rosso, che costituiscono il calore raggiante. *Raggi infrarossi.* ◆ s.m. **1.** (solo sing.) Zona dello spettro elettromagnetico corrispondente alle radiazioni infrarosse. **2.** (al pl.) Raggi infrarossi. **3.** CHIM. *Analisi all'infrarosso:* tipo di analisi spettroscopica che consente di determinare certi gruppi caratteristici in una molecola.

infrascàre v.tr. [4] **1.** Rivestire, sostenere qlco. con frasche. **2.** *In bachicoltura*, mandare i bachi al bosco.

infrasettimanàle agg. Che cade, avviene durante la settimana. *Festività infrasettimanale.*

infrasonòro agg. FIS. Relativo agli infrasuoni.

infrastruttùra s.f. **1.** Parte sottostante o di sostegno di una struttura. **2.** (spec. pl.) Impianti che costituiscono la base indispensabile per l'abitabilità di un luogo e, in partic., l'insieme dei servizi pubblici (rete stradale o ferroviaria, scuole, acquedotti, ecc.). **3.** Il complesso degli impianti che consentono e condizionano un'attività, spec. economica. ~ MIL. Complesso delle installazioni territoriali necessarie per l'esercizio del comando, l'accasermamento e l'istruzione delle truppe, ecc.

infrasuòno s.m. ACUST. Vibrazione acustica di frequenza troppo bassa (inferiore a 15 Hz) per essere percepita dall'orecchio umano.

infrazióne s.f. (lat. *infractiōnem*, deriv. di *infrĭngere* "rompere") **1.** Trasgressione, violazione di un obbligo o di una norma. **2.** MED. Frattura che non determina una completa soluzione di continuità nell'osso.

infreddatùra s.f. Raffreddore leggero.

infruttescènza s.f. BOT. Insieme di frutti sviluppatisi da un'infiorescenza, spec. se hanno l'aspetto di un frutto unico.

infruttuóso agg. **1.** Che non dà frutto. **2.** *fig.* Che non fornisce reddito o ne fornisce uno troppo basso. **3.** *fig.* Che non dà risultati, sterile, vano.

ìnfula s.f. **1.** ANT. ROM. Benda bianca che cingeva la fronte degli antichi sacerdoti e delle vittime sacrificali in segno di consacrazione agli dei. **2.** *estens.* Ciascuna delle due strisce pendenti dalla mitra dei vescovi. ~ La mitra stessa e la dignità episcopale di cui è simbolo.

infundìbolo o **infundìbulo** s.m. (lat. *infundĭbulum*, deriv. di *infūndere* "versare dentro") **1.** Specie di imbuto usato nell'antica Grecia e a Roma. **2.** ANAT. Formazione che ricorda nell'aspetto tale forma antica di imbuto. *Infundibolo dell'ipotalamo.* **3.** ZOOL. Nei vertebrati e nei molluschi, estroflessione del pavimento del diencefalo, nella cui parte ventrale si trova l'ipofisi.

infundibulifórme agg. BOT. Di corolla a imbuto.

infungìbile agg. DIR. Di bene che per sua natura o per decisione delle parti non può essere sostituito con altri.

infuocàre v.tr. [4] **1.** Rendere rovente riscaldando. **2.** *estens.* Far diventare rosso come il fuoco. **3.** *fig.* Eccitare, infiammare. ◆ **infuocarsi** v.pron. **1.** Incendiarsi, prendere fuoco. **2.** *estens.* Diventare rosso come il fuoco. **3.** *fig.* Infiammarsi, eccitarsi.

infuòri avv. Fuori, verso l'esterno, spec. nella loc *all'infuori*.

infuriàre v.intr. [6] (aus. *avere*) Di elementi naturali, scatenarsi, imperversare. *Infuria una bufera di neve.* ◆ **infuriarsi** v.pron. Diventare furioso, furente.

infuriàto agg. **1.** In preda alla collera. **2.** *estens.* Violentemente agitato. *Mare infuriato.* SIN.: **tempestoso**.

infusìbile agg. Che non si può fondere.

infusibilità s.f. inv. Proprietà di un corpo di non fondere.

infusióne s.f. (lat. *infusiōnem*, deriv. di *infŭndere* "versare dentro") **1.** Azione di versare un liquido dentro un altro o sopra a una sostanza solida. SIN.: **infuso**. ~ In partic., tipo di preparazione di bevande o pozioni consistente nel versare acqua calda sopra frammenti vegetali, filtrando poi il liquido. **2.** *estens.* Preparazione di liquori, amari, ecc. in cui erbe e droghe vengono lasciate macerare nell'alcol. SIN.: **macerazione**. **3.** RELIG. *Battesimo per infusione:* in cui l'acqua viene versata sul capo del battezzando. **4.** *fig.* Immissione di valori, di significati. ~ TEOL. CATT. L'entrata dell'anima nel corpo.

infùso agg. **1.** Versato sopra, dentro o immerso in un liquido. **2.** *fig.* Penetrato nel corpo, nell'animo, nella mente. SIN.: **trasfuso**. ◇ TEOL. CATT. *Scienza infusa:* conoscenza delle verità eterne, concessa direttamente da Dio all'intelletto umano; *scherz.* che si possiede senza averla acquisita con lo studio o l'esperienza. *Ma tu sai le cose per scienza infusa!* ◆ s.m. Bevanda ottenuta per infusione.

infusóre s.m. MED. Strumento per l'infusione in vena di un medicinale.

ingabbiaménto s.m. Chiusura in gabbia.

ingabbiàre v.tr. [6] **1.** Mettere qlcu. o qlco. in gabbia. ~ *scherz.* Mettere qlcu. in prigione, in manicomio. **2.** COSTR. Rivestire una struttura con un'ingabbiatura. *Ingabbiare un monumento.*

ingabbiatùra s.f. COSTR. Struttura portante di un edificio, in acciaio o in cemento armato.

ingaggiàre v.tr. [5] (fr. *engager*) **1.** Assumere alle proprie dipendenze dietro compenso. **2.** Detto di due o più soggetti, iniziare una lotta, un confronto l'uno con l'altro.

ingàggio s.m. [pl. *-gi*] **1.** Assunzione di un dipendente per una somma pattuita, in vista di un lavoro generalmente provvisorio. ~ SPORT. Acquisizione di un giocatore o di altro atleta. **2.** *estens.* Somma versata come corrispettivo di una prestazione d'opera.

ingannàre v.tr. (lat. *ingannàre*, deriv. di *gannīre* "mugolare" e poi "canzonare") **1.** Trarre qlcu. in inganno. SIN.: **fuorviare**. **2.** Raggirare, imbrogliare, tradire. *Ingannare i clienti.* **3.** *fig.* Deviare, eludere qlco. *Ingannare la sorveglianza.* ◇ *Ingannare l'attesa:* cercare di renderla più piacevole. – *Ingannare il tempo:* cercare di farlo trascorrere impegnandosi in un'attività. **4.** *fig.* Tradire le aspettative, deludere. ◆ **ingannarsi** v.pron. Sbagliarsi nel giudizio su qlcu. o qlco.

ingannévole agg. **1.** Riferito a cosa, che finge ciò che non è. SIN.: **falso**. **2.** Che non ha fondamento obiettivo. SIN.: **illusorio**. **3.** Riferito a persona, che induce in errore, che trae in inganno. SIN.: **ingannatore**.

ingànno s.m. **1.** Mezzo per attirare e fuorviare qlcu. *Essere vittima di un inganno.* SIN.: **imbroglio**. **2.** Parvenza di vero creatasi spontaneamente a causa di un'errata percezione o conoscenza della realtà. SIN.: **abbaglio**. **3.** MUS. Effetto dato dal risolvere una nota o un accordo inaspettatamente. **4.** CACC. Richiamo per la selvaggina.

ingarbugliàre v.tr. [6] **1.** Mettere qlco. in disordine in modo da ridurlo a un ammasso intricato. *Ingarbugliare i fili.* **2.** *fig.* Rendere oscuro, confuso, intricato. *Ingarbugliare una questione.* **3.** *fig.* Far perdere il filo del pensiero o del discorso. *Queste chiacchiere mi ingarbugliano.* ◆ **ingarbugliarsi** v.pron. **1.** Detto di fili, corde o altro, mescolarsi disordinatamente formando un garbuglio. **2.** *fig.* Detto di problemi, questioni, ecc., diventare complicato. *La faccenda si ingarbuglia.*

ingarbugliàto agg. **1.** Che è stato scompigliato, ha perduto il suo ordine. **2.** *fig.* Difficile da districare, da risolvere. SIN.: **complicato**.

ingegnàrsi v.pron. Darsi da fare, impegnarsi in ogni modo per conseguire qlco. SIN.: **adoperarsi**. ~ *estens.* Darsi da fare per ottenere qlco.

ingegnère s.m. Laureato in ingegneria che studia e cura le possibili applicazioni pratiche delle conoscenze scientifiche. ◇ *Ingegnere bionico:* esperto che si occupa di bionica, cioè dello studio dei rapporti tra gli organismi e le macchine elettroniche, allo scopo di progettare un'integrazione di funzioni. – *Ingegnere clinico:* tecnico che si occupa dell'installazione, del controllo e della manutenzione delle apparecchiature sanitarie negli ospedali e in altri centri. – MIL. *Ingegnere militare:* in passato chi costruiva opere di fortificazione; in epoca successiva i civili, poi militari, incaricati dell'impiego sul campo di battaglia delle truppe tecniche e degli esplosivi da mina, di condurre le operazioni d'assedio, ecc.

ingegnerìa s.f. **1.** Disciplina che studia l'applicabilità delle conoscenze scientifiche alle necessità della vita civile e del suo sviluppo socio-economico e cura le singole applicazioni. ~ (anche con iniziale maiusc.) La disciplina universitaria ad essa collegata. **2.** *estens.* Applicazione di metodologie proprie dell'ingegneria ad altre discipline. ◇ *Ingegneria genetica:* complesso di metodiche con cui si giunge alla produzione di nuovi geni e alla modificazione del patrimonio cromosomico di un organismo, detta anche *bioingegneria*.

ingégno s.m. **1.** L'insieme delle qualità naturali della mente. ~ *estens.* Facoltà di apprendere, di intendere, di giudicare. ◇ *Opere d'ingegno:* opere letterarie, musicali, artistiche protette dal diritto d'autore. – *Alzata d'ingegno:* idea brillante, geniale e, con valore antifrastico, trovata infelice. **2.** *estens.* Persona ricca di talento, che ha dato prova di sé nel campo intellettuale e artistico. **3.** Parte della chiave, a diversi profili, che ha la funzione di mettere in azione il meccanismo della serratura attuando anche il movimento del chiavistello. **4.** Strumento per la pesca del corallo.

ingegnosaménte avv. In modo ingegnoso.

ingegnosità s.f. inv. **1.** Capacità inventiva che può manifestarsi sia nella creazione di opere originali sia nell'abile risoluzione di problemi pratici. **2.** Carattere originale, geniale di qlco.

ingegnóso agg. **1.** Che ha talento creativo o che sa trovare soluzioni efficaci. **2.** Costruito con particolare felicità creativa. ~ Abile, accorto.

ingelosire v.tr. [83] Far diventare geloso. ◆ v.intr. (aus. *essere*) Diventare geloso di qlcu. o per qlco., anche pron.

ingènte agg. Molto grande, rilevante.

ingenuaménte avv. Senza malizia, candidamente.

ingenuità s.f. inv. **1.** Innocenza, purezza. **2.** Semplicità eccessiva, mancanza di accortezza. ~ Eccesso di credulità. **3.** *estens.* Comportamento da persona ingenua. **4.** ANT. ROM. Condizione di chi era nato libero da genitori liberi.

ingènuo agg. (lat. *ingĕnuum*, propr. "indigeno" quindi "libero, sincero") **1.** Semplice nell'animo, innocente, privo di malizia e incapace di supporla anche negli altri. **2.** Che è così poco avveduto e sagace da rasentare la stupidità. **3.** *estens.* Che è fiducioso, privo di malizia. **4.** ANT. ROM. Nato libero da genitori liberi. ◆ s.m. [f. *-nua*] Nelle accez. 1, 2 e 4 dell'agg.

ingerènza s.f. Intromissione non richiesta e arbitraria in faccende che non riguardano. SIN.: **interferenza**.

ingerire v.tr. [83] Introdurre qlco. nello stomaco per via orale. SIN.: **inghiottire**. ◆ **ingerirsi** v.pron. Intromettersi in faccende altrui.

ingessàre v.tr. **1.** Coprire qlco. con il gesso. ~ Nel gioco del biliardo, passare il gessetto sulla punta della stecca prima di colpire la palla. **2.** MED. Immobilizzare un osso fratturato mediante ingessatura. **3.** *fig.* Rendere rigido qlco., contenerne il dinamismo, privarlo di flessibilità e possibilità di azione.

ingessatùra s.f. Applicazione di una fasciatura rigida realizzata con bende intrise in un impasto di acqua e gesso speciale. ~ La fasciatura applicata.

ingestìbile agg. Impossibile da gestire.

ingestióne s.f. Azione di ingerire prodotti alimentari o bevande.

inghiaiàre v.tr. [6] Cospargere, coprire una superficie di ghiaia. *Inghiaiare una strada.*

inghiottiménto s.m. **1.** Movimento con cui si fanno scendere gli alimenti nella faringe. SIN.: **deglutizione**. **2.** *fig.* Sprofondamento e, per estens., voragine, gorgo.

inghiottìre v.tr. [85] **1.** Mandare qlco. nello stomaco. SIN.: **ingoiare**. **2.** *fig.* Sopportare, mandare giù qlco. di spiacevole senza reagire. **3.** *fig.* Fare scomparire, sommergere qlco.

inghìppo s.m. (voce roman. forse di orig. gergale) **1.** Piccola frode, inganno, raggiro. *Ficcarsi in un brutto inghippo.* **2.** Inciampo, intralcio, impedimento.

inghirlandàre v.tr. Decorare con ghirlande. ◆ **inghirlandarsi** v.pron. Adornarsi di ghirlande.

ingialliménto s.m. Graduale passaggio di un colore a una tonalità gialla o giallastra.

ingiallire v.tr. [83] Far diventare giallo qlco. *Il caldo ingiallisce l'erba.* ◆ v.intr. (aus. *essere*) Diventare giallo, anche pron. *Le lenzuola (si) sono ingiallite.*

ingigantire v.tr. [83] **1.** Rendere enorme, ingrandire smisuratamente. **2.** Far sembrare enorme, smisurato. ◆ v.intr. (aus. *essere*) **1.** Prendere forme o proporzioni gigantesche, ingrandirsi esageratamente; anche pron. *Il giro d'affari (si) è ingigantito.* **2.** Apparire più grande del reale, anche pron. *I pericoli (si) ingigantiscono quando si ha paura.*

inginocchiàrsi v.pron. [6] Mettersi in ginocchio. SIN.: **genuflettersi**.

inginocchiatóio s.m. [pl. *-toi*] Piccolo banco di legno sul quale ci si inginocchia per pregare.

ingiù avv. Verso il basso.

ingiùngere v.tr. [22] (lat. *iniŭngere*, propr. "unire sopra") Ordinare, imporre qlco. a qlcu. in modo autoritario. SIN.: **intimare**.

ingiuntivo agg. Che esprime un ordine. ◇ DIR. *Decreto ingiuntivo:* provvedimento con cui il giudice, nei procedimenti sommari di ingiunzione, ordina al debitore di adempiere, entro un determinato tempo, all'obbligazione contratta.

ingiùnto agg. Ordinato, imposto in modo autoritario.

ingiunzióne s.f. **1.** Ordine tassativo. **2.** DIR. Ordine con cui l'autorità competente intima a chi ha contratto un'obbligazione di adempierla entro un determinato tempo. *Ingiunzione di pagamento.* ◇ *Procedimento d'ingiunzione:* procedura abbreviata con cui si soddisfano le richieste di un creditore.

ingiùria s.f. **1.** Atto lesivo della dignità e dell'onorabilità di una persona, che costituisce reato ed è perseguibile dietro querela dell'offeso. SIN.: **oltraggio**. **2.** *estens.* Espressione verbale offensiva. SIN.: **insulto**. **3.** *fig.* Danno arrecato all'uomo dalle forze della natura, dal trascorrere del tempo. *Le ingiurie del tempo.*

ingiuriàre v.tr. [6] Offendere qlcu. con ingiurie. SIN.: **insultare**. ◆ **ingiuriarsi** v.pron. Detto di due o più persone, scambiarsi reciprocamente ingiurie, offese.

ingiurióso agg. Che costituisce un'ingiuria. SIN.: **offensivo**.

ingiustificàbile agg. Che non può essere giustificato in alcun modo. SIN.: **inammissibile**.

ingiustificàto agg. La cui opportunità, validità, regolarità non è dimostrata. *Assenza ingiustificata.* ~ Che è senza fondamento.

ingiustìzia s.f. **1.** Inclinazione al male che si configura come violazione dei diritti altrui. **2.** Carattere di ciò che è contrario all'equità e all'imparzialità. *L'ingiustizia di una punizione.* **3.** *estens.* Azione che viola il principio d'equità. *Essere vittima di un'ingiustizia.* SIN.: **sopruso**.

ingiùsto agg. **1.** Che non è conforme ai diritti naturali e alla legge. ~ Che non giudica con obiettività e imparzialità, che non dà a ciascuno secondo il merito. **2.** *estens.* Che nasce dal mancato rispetto dell'equità, del diritto, dell'imparzialità. *Punizione ingiusta.* **3.** Che non è fondato su un diritto, su un legittimo presupposto. ◆ s.m. [f. *–sta*] **1.** Persona ingiusta. **2.** (solo sing.) Ciò che è ingiusto.

inglése agg. (fr. *englais*) ◇ Dell'Inghilterra. SIN.: **anglosassone**. ◇ *Sale inglese:* purgante a base di solfato di magnesio. – *Prato all'inglese:* con erba corta e folta. ◆ s.m. **1.** (anche f.) Nativo, abitante dell'Inghilterra. **2.** LING. (spec. sing.) Lingua germanica parlata in Inghilterra, nell'intera Gran Bretagna e, con alcune varianti, negli Stati Uniti d'America e in molti altri paesi. ~ Disciplina che studia tale lingua e letteratura in tale lingua.

inglesìsmo s.m. LING. → **anglicismo**.

inglobàre v.tr. Riunire, assorbire qlco. in una totalità.

inglùvie s.f. inv. ORNIT. Gozzo degli uccelli. ~ ENTOM. Parte dell'apparato digerente degli insetti che ha la funzione di deposito di cibo.

ingòbbio s.m. [pl. *–bi*] (fr. *engobe*) Rivestimento terroso bianco o colorato usato per coprire il colore naturale di una ceramica per decorarla; detto anche *mezzamaiolica*.

ingobbire v.intr. [83] (aus. *essere*) Diventare gobbo, anche pron.

ingoiàre v.tr. [6] **1.** Mandare qlco. in gola. ~ *fig.* Sopportare qlco. senza reagire. **2.** *fig.* Far sprofondare, sommergere qlco., farlo scomparire. *Il mare ingoiò in pochi minuti la nave.*

ingolfaménto s.m. Eccessivo afflusso di carburante nel carburatore di un motore a scoppio.

ingolfàre v.tr. **1.** Causare un ingolfamento, spec. in un motore a scoppio. **2.** *fig.* Porre qlco. in una situazione difficile. ◆ **ingolfarsi** v.pron. **1.** Detto di un motore a scoppio, subire un ingolfamento. **2.** Detto del mare, formare un golfo, un'insenatura. **3.** *fig.* Restare invischiati in una situazione difficile.

ingòlla s.f. Attrezzo, formato da una pertica che termina con un uncino e da un canestro, usato per staccare la frutta dai rami.

ingollàre v.tr. Inghiottire in fretta o avidamente.

ingombrànte agg. **1.** Che, per le sue dimensioni eccessive, ostacola il passaggio. **2.** *fig.* Che disturba con le sue continue esigenze, costituendo un fastidio. ~ Che occupa con prepotenza uno spazio politico, culturale, ecc., impedendo ad altri di emergere e di operare.

ingombràre v.tr. (fr. *encombrer*, deriv. di *combre* "sbarramento del fiume") Occupare troppo spazio. *Questo mobile ingombra la stanza.* SIN.: **intasare**.

1. ingómbro agg. Pieno di cose, occupato da qlco. di voluminoso.

2. ingómbro s.m. **1.** Il fatto di occupare uno spazio eccessivo, impedendo il passo o i movimenti. SIN.: **impaccio**. ~ Ciò che ostacola la libertà dei movimenti o impedisce lo svolgimento di attività. **2.** Spazio, volume occupato da un oggetto.

ingordigia s.f. [pl. *–gie*] **1.** Avidità di cibo. **2.** *fig.* Brama, cupidigia. *Ingordigia di denaro.*

ingórdo agg. **1.** Che mangia molto e con avidità. SIN.: **vorace**. **2.** *fig.* Che ha un desiderio smodato di qlco. SIN.: **avido**. ◆ s.m. [f. *–da*] Nei sign. dell'agg.

ingorgàre v.tr. [4] **1.** Occludere, otturare qlco. in cui passa del liquido. *Ingorgare il lavandino.* **2.** *estens.* Intasare uno spazio rendendo impossibile il movimento attraverso di esso. ◆ **ingorgarsi** v.pron. **1.** Detto di liquidi, formare un gorgo. ~ *estens.* Accumularsi, affollarsi ostacolando il passaggio. *Il traffico si è ingorgato.* **2.** Intasarsi, ostruirsi. *Lo scarico si è ingorgato.*

ingórgo s.m. [pl. *–ghi*] Rallentamento nel deflusso di un liquido o di un gas, dovuto a un suo accumulo o a un'ostruzione. ~ *estens.* Blocco della circolazione stradale. SIN.: **imbottigliamento**.

ingovernàbile agg. **1.** Che non si può governare, ribelle. ~ Che sfugge a un'efficace azione di governo. **2.** Che non risponde più alla guida, non è più manovrabile.

ingozzaménto s.m. **1.** Ingerimento affrettato di cibo in quantità superiore al normale. **2.** Nutrizione forzata di volatili d'allevamento.

ingozzàre v.tr. **1.** Detto spec. di uccelli, nutrire qlcu. mettendogli il cibo nel gozzo. *Ingozzare le oche.* ~ *estens.* Riempire qlcu. di cibo, nutrirlo a forza. **2.** Mangiare qlco. con avidità. **3.** Ingoiare con disgusto. *Ingozzare una medicina.* **4.** *fig.* Sopportare qlco. di spiacevole senza reagire, mandar giù. ◆ **ingozzarsi** v.pron. Mangiare in fretta e con avidità.

ingranàggio s.m. [pl. *–gi*] (fr. *engrenage*) **1.** Meccanismo che trasmette il moto grazie a un sistema di ruote dentate. **2.** *fig.* Complesso di circostanze o concatenamento di una maggiore estensione. **3.** FOTO. Sistema che permette di ottenere copie positive di dimensioni maggiori rispetto al negativo o al formato usuale. ~ La fotografia così ottenuta.

ingrandìre v.tr. [83] **1.** Rendere più grande o più importante. *Ingrandire una casa.* **2.** Far apparire più grande. *Questo colore ingrandisce il locale.* **3.** *fig.* Rendere o fare apparire più grande, più ampio, più importante. *Ingrandire la difficoltà.* ◆ v.intr. (aus. *essere*) Diventare più grande. SIN.: **accrescersi**. ◆ **ingrandirsi** v.pron. **1.** Diventare più grande o più ampio. *Le città tendono a ingrandirsi.* **2.** Sviluppare la propria attività, aumentare il giro d'affari oppure lo spazio in cui si vive o lavora. SIN.: **espandersi**.

ingrandìre v.tr. [83] **1.** Rendere più grande o più importante. *Ingrandire una casa.* **2.** Far apparire più grande. *Questo colore ingrandisce il locale.* **3.** *fig.* Rendere o fare apparire più grande, più ampio, più importante. *Ingrandire la difficoltà.* ◆ v.intr. (aus. *essere*) Diventare più grande. SIN.: **accrescersi**. ◆ **ingrandirsi** v.pron. **1.** Diventare più grande o più ampio. *Le città tendono a ingrandirsi.* **2.** Sviluppare la propria attività, aumentare il giro d'affari oppure lo spazio in cui si vive o lavora. SIN.: **espandersi**.

ingranditóre s.m. FOTO. Apparecchio usato per ottenere ingrandimenti.

ingrassàggio s.m. [pl. *–gi*] MECC. Applicazione di grasso su organi meccanici a contatto. SIN.: **ingrassatura**.

ingrassàre v.tr. **1.** Far diventare grasso. *Ingrassare un'oca.* ~ Far sembrare più grosso. *Quell'abito ti ingrassa.* **2.** Concimare un terreno. *Ingrassare l'orto.* ◇ *fig. scherz.* Andare a ingrassare i cavoli:* morire. **3.** Lubrificare, rivestire con grasso. *Ingrassare i cardini della porta.* ◆ v.intr. (aus. *essere*) Diventare o sembrare più grasso. *Se non fai movimento ingrasserai.* ◆ **ingrassarsi** v.pron. **1.** Diventare grasso. *In questi ultimi anni si è ingrassato.* **2.** *fig.* Arricchirsi, trarre vantaggi, spec. in maniera poco onesta. *Molti si ingrassano con la guerra.*

ingrassatóre s.m. **1.** [f. *–trice*] Chi è addetto a ingrassare pelli o altro e a effettuare la lubrificazione di apparecchi meccanici. **2.** MECC. Apparecchio iniettore del grasso lubrificante.

ingràsso s.m. **1.** Ingrassamento del bestiame, in partic. dei bovini. ◇ *fig. Essere all'ingrasso:* detto di chi sta in ozio preoccupandosi solo di mangiare. **2.** Concimazione di un terreno e sostanza usata.

ingraticciàre v.tr. [5] Chiudere o circondare qlco. con graticci.

ingraticolàre v.tr. Chiudere, riparare qlco. con una graticola.

ingratitùdine s.f. Mancanza di gratitudine, di riconoscenza. ~ Azione o parola ingrata.

ingràto agg. **1.** Che non prova, non mostra riconoscenza per il bene ricevuto. ~ *estens.* Che denota ingratitudine. **2.** Che non ricambia gli sforzi, le cure dell'uomo. *Terra ingrata.* **3.** Che non è gradito, non arreca alcun piacere. ~ Spec.

nel l. lett., infelicità, disgusto, fastidio. ◆ s.m. [f. *–ta*] Chi non prova gratitudine, riconoscenza.

ingravidàre v.tr. Far diventare gravida una femmina. *Ingravidare le mucche.* ◆ v.intr. (aus. *essere*) Diventare gravida, anche pron.

ingraziàrsi v.pron. [6] Rendere benevolo qlcu. nei propri confronti.

ingrediènte s.m. (lat. *ingrediĕntem*, deriv. di *ingredi* "entrare") **1.** Prodotto che entra nella composizione di un miscuglio. *Gli ingredienti di una salsa.* **2.** *fig.* Ciascuno dei fattori, degli elementi, che entrano in gioco in una situazione, in un fatto.

ingressivo agg. **1.** LING. Di suono caratterizzato da un flusso inspiratorio verso l'interno dell'apparato fonatorio. **2.** LING. Che si riferisce alla fase iniziale dell'azione indicata da un verbo.

ingrèsso s.m. **1.** Azione di entrare. **2.** Accesso a uno spettacolo, a un luogo concesso gratuitamente o dietro pagamento di una somma. ~ Somma da pagare per entrare in un luogo. ◇ *Ingresso libero:* libertà di accesso a un locale pubblico, a un negozio senza impegno d'acquisto. **3.** Posto per cui si entra, via d'accesso. ~ Spazio in un appartamento, una casa, una costruzione che garantisce la comunicazione con l'esterno. **4.** INFORM. → **input**.

ingrigìre v.tr. [83] (aus. *essere*) Assumere un colore grigio. ~ *estens.* Incanutire, anche pron. *La mamma inizia a ingrigire (ingrigìrsi)*

ingrippàre v.tr. Bloccare un meccanismo provocando un grippaggio. ◆ v.intr. (aus. *avere*) Detto di un motore, grippare; anche pron. *Il motore (si) ingrippa.*

ingrommàre v.tr. Coprire qlco. di gromma. ◆ v.intr. (aus. *essere*) Coprirsi di gromma, anche pron. *Le botti del vino (si) ingrommano facilmente.*

ingrossaménto s.m. Aumento di livello, di quantità.

ingrossàre v.tr. **1.** Far diventare grosso o più grosso. **2.** Far sembrare più grosso del reale. **3.** Far aumentare in quantità. ◆ v.intr. (aus. *essere*) Diventare grosso o più grosso. ◆ **ingrossarsi** v.pron. **1.** Aumentare in volume, diventare più grosso. ~ Detto del mare, diventare burrascoso. **2.** Aumentare di numero.

ingròsso s.m. (solo sing.) Usato solo nella loc. *all'ingrosso,* di vendita o acquisto di merci in grandi quantità presso il produttore o il fabbricante (in oppos. ad *al minuto*)

inguaiàre v.tr. [6] (voce merid.) *fam.* Mettere qlcu. nei guai. ◆ **inguaiarsi** v.pron. *fam.* Cacciarsi nei guai.

inguainàre v.tr. **1.** Mettere in un fodero. *Inguainare la spada.* **2.** Coprire con una guaina. **3.** Di un vestito, essere aderente e fasciare il corpo, mettendo in evidenza le forme.

inguantàre v.tr. Mettere un guanto a qlco. *Inguantare la mano.* ◆ **inguantarsi** v.pron. Mettersi, calzare i guanti.

inguardàbile agg. Così brutto da non potersi guardare.

inguaribile agg. **1.** Che non si può guarire. **2.** *fig.* Che, essendo radicale o strutturale, è non rimediabile. **3.** *fig.* Che non può liberarsi da un vizio, da un abito mentale. *Inguaribile idealista.*

inguinàle agg. ANAT. Dell'inguine.

inguine s.m. Parte anteriore dell'anca, situata tra la coscia e l'addome.

ingurgitàre v.tr. Inghiottire rapidamente e in grande quantità. SIN.: **trangugiare**.

inibìre v.tr. [83] **1.** Proibire, porre un divieto. *Inibire il passaggio.* SIN.: **interdire**. **2.** Ostacolare, bloccare il normale svolgersi di un'attività o lo sviluppo di un organismo. *La mancanza di luce inibisce la crescita delle piante.* **3.** PSICOL. Causare un blocco psicologico. ~ Sopprimere o rallentare reazioni, sentimenti, ecc. *Inibire la gioia dei bimbi.* ~ *estens.* Mettere a disagio. SIN.: **intimidire**.

inibìto agg. **1.** Proibito, vietato. **2.** BIOL. Di organismo o cosa la cui funzione è impedita o rallentata. **3.** PSICOL. Che non può esplicare liberamente le proprie funzioni psichiche a causa di conflitti interiori. ~ *comun.* Timido, impacciato, ritroso. ◆ s.m. [f. *–ta*] Nell'accez. 3 dell'agg.

inibitóre agg. [f. *-trice*] **1.** BIOL., MED. Di una sostanza, una cellula, un fenomeno che bloccano o ritardano una reazione chimica o un processo fisiologico. SIN.: **inibitorio**. **2.** PSICOL. Che blocca, reprime l'espressione di un'insorgenza interiore. *Freni inibitori.* ◆ s.m. Nell'accez. 1 dell'agg.

inibitòrio agg. [pl.m. *-ri*] **1.** Che fa cessare d'autorità una situazione lesiva. **2.** BIOL., PSICOL. Inibitore.

inibizióne s.f. **1.** DIR. Divieto, proibizione, interdizione. **2.** BIOL., MED. Fenomeno di arresto, blocco o rallentamento di un processo chimico, fisiologico. **3.** PSICOL. Divieto inconscio che può avere serie conseguenze psicopatologiche. *Inibizione dell'affettività.*

inidòneo agg. Privo dei requisiti, delle capacità necessarie a svolgere un'attività. SIN.: **inadatto**.

iniettàre v.tr. **1.** MED. Introdurre, far entrare liquidi nel corpo di qlcu. attraverso la cute o in cavità naturali. ~ Fare un'iniezione. **2.** Far penetrare sostanze liquide in spazi appositi. *Iniettare cemento.* ◆ **iniettarsi** v.pron. Fare un'iniezione a se stessi. *Si è iniettato una dose di eroina.* ~ Detto degli occhi, è usato solo nella loc. *iniettarsi di sangue*, arrossarsi, riempirsi di venature rosse per l'eccessivo afflusso di sangue nei capillari.

iniettìvo agg. **1.** LING. Che ha un'articolazione caratterizzata da un flusso inspiratorio verso l'interno dell'apparato fonatorio (p.e. nelle consonanti occlusive). **2.** ALG. Si dice di un'applicazione di un insieme *A* in un insieme *B* quando essa fa corrispondere a elementi distinti di *A* elementi distinti di *B*.

iniettóre s.m. (fr. *injecteur*) TECN. Apparecchio per mezzo del quale si opera l'introduzione forzata di un fluido in una macchina o in un meccanismo.

iniezióne s.f. **1.** Introduzione di un liquido o di una soluzione nell'organismo con una siringa. *Iniezione di morfina.* SIN.: **puntura**. **2.** *fig.* Apporto psicologico, carica. *Iniezione di buonumore.* **3.** TECN. Immissione di un fluido in uno spazio chiuso o in un materiale, in una struttura. ◇ *Motore a iniezione:* in cui un iniettore, spesso elettronico, inietta il carburante sotto pressione nel comburente. – MECC. *Iniezione diretta:* nei motori a iniezione, immissione di carburante direttamente nelle camere di combustione. **4.** ALG. Funzione, applicazione iniettiva. **5.** ECON. Conferimento massiccio di capitali, di denaro. *Iniezione di capitali.*

inimicàre v.tr. [4] Rendere più persone reciprocamente nemiche, ostili. *Inimicare due amici.* ◆ **inimicarsi** v.pron. **1.** Attirare su di sé l'ostilità di qlcu. *Si è inimicato il capo.* **2.** Diventare nemico di qlcu., suscitare la sua ostilità. *Inimicarsi con i colleghi.*

inimicìzia s.f. **1.** Sensazione duratura d'ostilità, avversione. **2.** *estens.* Discordia, contrasto. *Crearsi delle inimicizie.*

inimitàbile agg. Che non può essere imitato. SIN.: **unico**.

inimitàto agg. Che non è mai stato imitato.

inimmaginàbile agg. Che non si può concepire. SIN.: **impensabile**. ~ Che supera l'immaginazione. SIN.: **incredibile**.

inintelligìbile agg. **1.** Che non si può comprendere, oscuro. SIN.: **imperscrutabile**. **2.** Che sfugge alla percezione perché flebile. ~ Che non può essere letto e quindi neanche capito perché scritto malamente, con segni poco chiari. SIN.: **indecifrabile**.

inintermediàri avv. Senza intermediari, mediatori. *Vendesi appartamento inintermediari.*

ininterrottaménte avv. In modo ininterrotto.

ininterrótto agg. Che non ha pausa. SIN.: **continuo**.

iniquità s.f. inv. **1.** Violazione, disprezzo dei principi di giustizia. **2.** Malvagità, scelleratezza. SIN.: **malefatta**. ~ Nel l. religioso, condizione propria dell'animo del peccatore e peccato.

inìquo agg. Che non è equo. SIN.: **ingiusto**.

in itìnere loc. avv. (loc. lat., "in viaggio") In cammino, lungo il percorso.

inizìale agg. **1.** Che è all'inizio. ◇ *Stipendio iniziale:* quello che si percepisce all'inizio di una carriera. **2.** CHIM., FIS. *Condizioni iniziali di un sistema:* quelle esistenti nell'istante da cui si comincia a misurare il tempo. ◆ s.f. Prima lettera di una parola. ◇ *Le iniziali:* le lettere con cui cominciano nome e cognome.

inizializzàre v.tr. (ingl. *to initialize*) **1.** INFORM. Trattare un dispositivo in modo da renderlo pronto all'uso e, in partic., formattare un disco. **2.** INFORM. Assegnare un valore iniziale a una variabile all'avvio del programma.

inizializzazióne s.f. (ingl. *initialization*) INFORM. Insieme delle operazioni preliminari all'elaborazione con cui si assegnano alle variabili gli opportuni valori iniziali; anche, preparazione di un disco rigido o di un dischetto in modo da farlo funzionare.

inizialménte avv. All'inizio, in origine.

iniziàre v.tr. [6] **1.** Dare inizio, cominciare, avviare qlco. SIN.: **intraprendere**. **2.** Introdurre, ammettere qlcu. alla conoscenza e alla pratica di un culto, di un'associazione o di una setta con norme riservate. *Iniziare alla massoneria.* **3.** *estens.* Istruire qlcu. avviandolo a un'arte, a un lavoro o a una disciplina. *Cimabue iniziò Giotto alla pittura.* ◆ v.intr. (aus. *essere*) Avere inizio, cominciare. *È iniziata l'estate.*

iniziàtico agg. [pl.m. *-ci*, f. *-che*] **1.** Che riguarda un'iniziazione. **2.** *estens.* Incomprensibile ai più, oscuro.

iniziatìva s.f. (fr. *initiative*) **1.** Il fatto di dar principio a qlco. passando dall'ideazione all'attuazione. ◇ *Conservare, mantenere l'iniziativa:* imporre costantemente la propria strategia all'avversario, costringendolo alla difensiva. – ECON. *Iniziativa privata, libera iniziativa:* attività economica attuata da privati. – DIR. *Iniziativa legislativa:* atto con cui si dà avvio al procedimento legislativo, consistente nella presentazione di un disegno di legge. **2.** Dinamismo interiore, voglia di fare che è alla base di ogni impresa. SIN.: **intraprendenza**. ◇ *Spirito d'iniziativa:* innata capacità di individuare e attuare nuove modalità operative, di far sorgere attività, imprese, ecc. **3.** *estens.* Opera, impresa, attività pensate e avviate. ◇ *Essere pieno d'iniziative:* avere molte attività in via di sviluppo a cui badare.

iniziàto agg. **1.** Cominciato, intrapreso. **2.** Che, previo rito d'iniziazione, è stato ammesso alla pratica di un culto o è stato accettato in una società segreta. **3.** *estens.* Che è addentro a una disciplina, ne ha una sicura conoscenza. ◆ s.m. [f. *-ta*] Chi ha ricevuto un'iniziazione. ~ *scherz.* Esperto, competente, specialista.

iniziatóre agg. [f. *-trice*] Che inizia, fa conoscere per primo qlco. a qlcu. ◆ s.m. (anche f.) **1.** Chi dà principio a qlco. SIN.: **promotore**. **2.** Chi inizia qlcu. a un culto, a una società segreta, ecc. **3.** CHIM. (solo m.) Particolare sostanza che, decomponendosi con facilità in radicali, rende possibile la polimerizzazione di altre sostanze. *Iniziatore di polimerizzazione.*

iniziazióne s.f. **1.** Particolare cerimonia con cui si ammette qlcu. a un culto, a una società segreta, ecc. **2.** *estens.* Avviamento alla conoscenza, alla pratica di un'arte, di una disciplina, di un'attività.

inìzio s.m. [pl. *-zi*] **1.** Momento e atto con cui qlco. prende forma, comincia a esistere, diventa attuale. SIN.: **principio**. ◇ *Dare inizio:* cominciare, avviare. – *Avere inizio:* principiare, avere origine. **2.** Prima parte di un'opera letteraria o musicale, primo periodo, fase d'avvio di qlco. SIN.: **esordio**. ~ (spec. pl.) Periodo iniziale. *Gli inizi del Romanticismo.* SIN.: **origini**.

inlandsis [/'inlandsis/] s.m. inv. (voce sved., comp. di *inland* "interno del paese" e *is* "ghiaccio") GEOGR. Grande distesa di ghiacci che in Groenlandia e in Antartide copre vaste porzioni di territorio giungendo fino al mare.

in lòco loc. avv. (loc. lat., "nel luogo") Sul posto, nel medesimo luogo.

innaffiàre v.tr. → **annaffiare**.

innaffiatóio s.m. → **annaffiatoio**.

innalzaménto s.m. **1.** Crescita in altezza, di livello. SIN.: **sollevamento**. **2.** *fig.* Raggiungimento di un più alto grado, di una condizione più elevata. SIN.: **elevamento**. **3.** MAT. Elevazione a potenza. **4.** SPORT. Nel sollevamento pesi e nel lancio del peso, l'azione con cui l'atleta solleva l'attrezzo. ~ Nel salto con l'asta, fase in cui l'atleta, puntata l'asta, si solleva da terra.

innalzàre v.tr. **1.** Portare, dirigere qlco. verso l'alto o in un luogo più alto, usato spec. nel l. formale. *Innalzare il calice.* SIN.: **elevare**. ~ Drizzare qlco. in posizione verticale. *Innalzare la bandiera nazionale.* SIN.: **issare**. ~ *fig.* Nobilitare, perfezionare qlco. *Innalzare lo stile.* **2.** *fig.* Indirizzare, rivolgere qlco. a qlcu. *Innalzare una preghiera a Dio.* **3.** Portare qlco. a un livello superiore. *Le piogge innalzano le acque del torrente.* ~ *fig.* Nel l. formale, far avanzare qlcu. a un livello più alto, conferendogli una carica o un titolo. ◇ *Innalzare qlcu. all'onore degli altari:* proclamarlo santo. **4.** Erigere, edificare qlco. SIN.: **costruire**. ◆ **innalzarsi** v.pron. **1.** Portarsi verso l'alto. **2.** Aumentare, crescere di livello. **3.** Elevarsi, ergersi.

innamoraménto s.m. Momento in cui nasce una passione d'amore e stato d'animo che lo accompagna.

innamoràre v.tr. **1.** Suscitare amore. *La sua dolcezza mi innamora.* SIN.: **affascinare**. **2.** *estens.* Affascinare, incantare, suscitare piacere. *La musica mi innamora.* ◆ **innamorarsi** v.pron. **1.** Detto di due persone, provare amore l'una per l'altra. *Ci siamo innamorati subito.* **2.** Accendersi d'amore, essere preso da un sentimento d'amore per qlcu. **3.** *estens.* Accendersi d'entusiasmo per qlco. SIN.: **entusiarmarsi**.

innamoràto agg. **1.** Che prova amore, attrazione per qlco. **2.** Che prova per qlco. entusiasmo, interesse coinvolgente, appagante. SIN.: **appassionato**. ◆ s.m. [f. *-ta*] **1.** Chi prova amore per qlcu. o per qlco. SIN.: **amante**. ~ Chi è oggetto d'amore. SIN.: **amato**. **2.** Personaggio serio della commedia dell'arte, interpretato da attori o attrici che recitavano senza maschera. SIN.: **amoroso**.

innànzi avv. **1.** In posizione avanzata o in direzione frontale. SIN.: **avanti**. ◇ *Tirare innanzi:* andare diritto per la propria strada; *fig.* non badare a ciò che gli altri dicono, oppure tirare a campare. **2.** Anteriormente, prima. ◆ prep. **1.** Davanti, di fronte a qlcu. o qlco. *Innanzi casa.* **2.** Prima di. ◇ *Innanzi tempo:* prematuramente. **3.** Nella loc. *innanzi tutto*, innanzitutto. ◇ *loc. prep. Innanzi a:* davanti a. *Innanzi all'altare*; al cospetto di. *Comparire innanzi al giudice.* ◆ s.m. inv. Il tempo passato o anche quello futuro. *Per l'innanzi state più attenti.*

innanzitùtto avv. **1.** In primo luogo, prima di ogni altra cosa. *Deve pensare innanzitutto alla famiglia.* **2.** Come prima cosa. *Innanzitutto, sieditti e stammi a sentire.*

innàrio s.m. [pl. *-ri*] Raccolta di inni liturgici.

innatismo s.m. FILOS. Dottrina che sostiene l'esistenza nell'uomo di idee innate, cioè indipendenti dall'esperienza.

innàto agg. Presente in una persona fin dalla nascita come dato naturale. SIN.: **connaturato**. ~ *estens.* Che fa parte del modo di essere di una persona. SIN.: **naturale**.

innaturàle agg. **1.** Contrario alla natura nei suoi aspetti prevalenti. **2.** Contrario alla natura di una persona. **3.** Che manca di spontaneità.

innegàbile agg. Che non può essere negato, discusso.

innegabilménte avv. In modo innegabile.

inneggiàre v.intr. [5] (aus. *avere*) **1.** Cantare inni di lode a qlcu. **2.** *fig.* Rivolgere espressioni di entusiastico consenso a qlcu. ~ In senso negativo, adulare. ~ Rendere onori.

innervàre v.tr. Detto dei nervi, diramarsi e agire su una parte del corpo. *Il radiale innerva l'avambraccio.* ◆ **innervarsi** v.pron. **1.** Detto di un nervo, diramarsi in un organo o in un tessuto. **2.** *fig.* Diramarsi in o su qlco.

innervàto agg. **1.** Diramato in nervature. **2.** *fig.* Animato, permeato.

innervazióne s.f. ANAT. Distribuzione dei nervi in un organo, in un apparato, ecc.

innervosìre v.tr. [83] Rendere nervoso. ◆ **innervosirsi** v.pron. Perdere la calma.

innescaménto s.m. **1.** Sistemazione dell'esca sull'amo. **2.** Sistemazione dell'innesco in un'arma da fuoco.

innescàre v.tr. [4] **1.** Munire una carica esplosiva di innesco. ~ Attivare antiche armi da fuoco usando un'esca. **2.** Munire un amo di esca. **3.** *fig.* Dare avvio, provocare, suscitare qlco. ◆ **innescarsi** v.pron. *fig.* Detto di un fenomeno, un processo, ecc., prendere l'avvio.

innésco s.m. [pl.m. –schi] **1.** Congegno meccanico, dispositivo elettrico o chimico, che provoca uno scoppio. SIN.: **detonatore. 2.** *fig.* Evento che dà origine a un altro evento, causa scatenante. *Quel gesto è stato l'innesco della tragedia.*

innestàre v.tr. (lat. *ininsitāre*, deriv. di *insĕre* "piantare dentro") **1.** BOT. Inserire un ramo o una gemma di una pianta su un'altra pianta di diversa varietà, per ottenere un nuovo individuo. **2.** MECC. IND. Introdurre un elemento in un altro, per trasmettere moto o energia. **3.** *fig.* Introdurre, inserire qlco. in altro. **4.** MED. Eseguire un trapianto di tessuto trasportandolo da un organismo a un altro o tra parti diverse di uno stesso organismo. ◆ **innestarsi** v.pron. Introdursi, inserirsi in o su qlco. ~ Congiungersi, unirsi a qlco. *La presa si innesta nella spina.*

innèsto s.m. **1.** AGR. Inserimento in una pianta di una porzione d'altra pianta della stessa specie o di specie diversa allo scopo di migliorarne la qualità o ringiovanirla. ~ *estens.* La parte vegetale inserita. SIN.: **marza. 2.** BIOL., MED. Trasferimento di porzioni di tessuto o di organi da una parte all'altra dello stesso soggetto o da un soggetto all'altro della stessa specie, senza necessità di abboccamenti vascolari. ~ Trapianto. *Innesto cutaneo.* **3.** MECC. Organo meccanico che opera o interrompe il collegamento tra due elementi coassiali. **4.** ELETTR. Dispositivo che stabilisce un collegamento elettrico. SIN.: **presa. 5.** *fig.* Introduzione di elementi culturali nuovi o diversi in un ambito preesistente. SIN.: **apporto.**

innevaménto s.m. Quantità e condizione della neve caduta in un determinato luogo. ◇ *Innevamento artificiale:* effettuato trasportando in luoghi che ne sono privi la neve caduta altrove o producendola con apposite apparecchiature.

innevàre v.tr. **1.** Cospargere, ricoprire di neve. **2.** *fig.* Imbiancare qlco. ◆ **innevarsi** v.pron. Coprirsi di neve.

inning [/ˈɪnɪŋ/] s.m. inv. (voce ingl., deriv. di *innian* "mettere dentro") SPORT. Nel baseball e nel softball, ciascuna delle riprese in cui è divisa una partita.

inno s.m. **1.** Componimento poetico accompagnato dalla musica, ant. dedicato a dei ed eroi. ~ Nella liturgia cristiana, canto con cui si glorificano Dio, la Madonna, i santi. **2.** Componimento puramente letterario di genere lirico e di stile elevato. **3.** Canto dedicato alla patria o all'esaltazione di un ideale. **4.** *fig.* Qualsiasi scritto o discorso che suoni a esaltazione, a celebrazione di qlcu. o qlco. SIN.: **panegirico.**

innocènte agg. **1.** Che non ha fatto male a nessuno. SIN.: **incolpevole.** ~ Che non può far del male perché ne è ignaro. **2.** *estens.* Che non ha esperienza del male, che non concepisce malizia. **3.** Riferito a cosa, che rivela innocenza, candore. *Un innocente condannato ingiustamente.* **2.** *per anton.* Bambino. ◇ *Strage degli innocenti:* quella ordinata da Erode nella speranza che, tra gli altri bambini, venisse ucciso anche Gesù.

innocenteménte avv. In modo innocente.

innocentìsmo s.m. Posizione di chi si schiera a favore dell'innocenza di un imputato.

innocènza s.f. **1.** Condizione morale e giuridica di chi non ha fatto del male a nessuno e quindi senza colpa. ◇ DIR. *Presunzione d'innocenza:* garanzia costituzionale secondo cui l'imputato si presume innocente finché non intervenga una sentenza definitiva di condanna. **2.** Condizione spirituale di chi è ignaro del male, non ha malizia e quindi, nella teologia cristiana, è senza peccato. SIN.: **purezza.** ~ Con valore concreto e collettivo, persone innocenti, spec. infanzia, bambini. *Avere riguardo per l'innocenza.* ◇ *Fare qlco. in tutta innocenza:* senza alcuna intenzione malevola. **3.** *estens.* Semplicità d'animo, ingenuità, candore.

innocuità s.f. inv. Qualità, caratteristica di una cosa che non è nociva.

innòcuo agg. **1.** Che non fa male a nessuno. **2.** Che non è nocivo. **3.** *estens.* Che ha una personalità così scialba da non causare neppure il grado di danneggiare. ~ Con riferimento a cosa, che è di scarsa consistenza culturale.

innodìa s.f. **1.** Canto di inni, spec. religiosi. **2.** Produzione di inni propria di una determinata religione o cultura. SIN.: **innografia.**

innografìa s.f. **1.** Composizione di inni. **2.** Complesso di inni prodotti in un dato paese, in una data epoca, in un dato ambito culturale. SIN.: **innodìa. 3.** Raccolta di inni liturgici.

innologìa s.f. Studio degli inni, spec. di quelli religiosi.

innominàbile agg. Che non si può nominare perché vergognoso, empio. *Peccato innominabile.*

innominàto agg. Di cui non viene fatto il nome. ◆ s.m. [f. –ta] Nel sign. dell'agg.

innovàre v.tr. Introdurre delle novità in un determinato settore. SIN.: **riformare.** ◆ **innovarsi** v.pron. Rinnovarsi, assumere caratteristiche nuove.

innovatìvo agg. Che ha un contenuto di novità, che migliora lo stato di cose esistente.

innovatóre agg. [f. –trice] **1.** Che si propone di cambiare e migliorare lo stato di cose dato. **2.** *estens.* Riferito a cosa, che è diretto a rinnovare, che ha lo scopo di mutare in meglio qlco. *Principio innovatore.* ◆ s.m. (anche f.) Nell'accez. 1 dell'agg.

innovazióne s.f. **1.** Azione di innovare, inventare, creare qlco. di nuovo per modificare lo stato di cose esistente. SIN.: **rinnovamento. 2.** *estens.* Cosa nuova, novità. *Innovazioni tecnologiche.* **3.** LING. Mutamento fonetico, morfologico, sintattico, lessicale che si opera in una lingua.

innumerévole agg. Che è in numero troppo considerevole per essere contato.

inocchiàre v.tr. [6] BOT. Innestare una pianta inserendo sotto la sua corteccia un pezzo di corteccia di un'altra pianta, munita di gemma.

inoccupàto agg. Che non ha ancora avuto un'occupazione ed è alla ricerca del primo impiego. ◆ s.m. [f. –ta] Nel sign. dell'agg.

inoccupazióne s.f. Stato di una persona che non ha un'occupazione regolare.

inoculàre v.tr. (lat. *inoculāre* "innestare") **1.** MED. Introdurre particolari sostanze nell'organismo, per mezzo di iniezioni o piccole incisioni sulla cute, spec. a scopo terapeutico. SIN.: **iniettare. 2.** *fig.* Insinuare, suscitare un sentimento, spec. negativo, in qlcu.

inoculazióne s.f. (lat. *inoculatiōnem* "innesto") **1.** MED. Introduzione volontaria o accidentale di germi, tossine, sostanze medicamentose nell'organismo per iniezione o scarificazione. **2.** *fig.* Introduzione, considerata perlopiù negativa, di idee, opinioni, ecc.

inodóre o **inodóro** agg. (fr. *inodore*) Che non ha odore.

inoffensivo agg. **1.** Che non presenta caratteristiche tali da poter recare danno a qlcu. ◇ *Rendere qlcu. inoffensivo:* metterlo in condizione di non nuocere. **2.** Che non è diretto a nuocere. *Frasi inoffensive.*

inoltràre v.tr. **1.** Avviare qlco. o qlcu. a una determinata destinazione. **2.** Nel l. bur., trasmettere una pratica o un'istanza all'ufficio o alla persona competente. ◆ **inoltrarsi** v.pron. **1.** Detto spec. delle stagioni, avanzare, progredire. **2.** Procedere, avanzare in un luogo e dirigersi all'interno. SIN.: **addentrarsi. 3.** *fig.* Andare avanti, progredire in un'attività per conoscerla meglio.

inoltràto agg. **1.** Nel l. bur., avviato, trasmesso. **2.** Trascorso in gran parte, avanzato. *Stagione inoltrata.*

inóltre cong. Oltre a ciò, in aggiunta.

inóltro s.m. Nel l. bur., invio di pratiche.

inondàre v.tr. **1.** Detto di grandi masse d'acqua, allagare, coprire un luogo. ~ *estens.* Allagare un luogo facendo straripare un corso d'acqua. **2.** *estens.* Bagnare qlco. abbondantemente. *Le lacrime le inondarono il viso.* **3.** *fig.* Invadere, riempire qlco., affluendovi in grandi quantità. *La pubblicità inonda ogni mezzo di comunicazione.*

inondàto agg. **1.** Abbondantemente bagnato. ◇ GEOGR. *Foresta inondata:* quella equatoriale, per lunghi periodi invasa dalle acque di un fiume. **2.** *fig.* Colmo, pieno.

inondazióne s.f. **1.** Straripamento di corsi d'acqua che determina un grande afflusso d'acqua in un luogo. SIN.: **alluvione. 2.** *fig.* Afflusso considerevole di cose o persone in un luogo. SIN.: **invasione.**

inoperàbile agg. MED. Che non può subire un intervento chirurgico.

inoperànte agg. Che non ha efficacia.

inoperóso agg. Che resta inattivo per cause di forza maggiore o per pigrizia.

inopinàbile agg. Che non può essere immaginato, previsto. SIN.: **inimmaginabile.**

inopportunità s.f. inv. Difformità di contenuto o di tempi rispetto a quanto richiesto dalla situazione. SIN.: **intempestività.**

inopportùno agg. **1.** Che non è appropriato alla situazione. **2.** Che giunge nel momento sbagliato, che manca di tatto.

inoppugnàbile agg. **1.** Che non può essere confutato perché evidente. **2.** DIR. Che non può essere impugnato.

inorganicità s.f. inv. Mancanza di unità, di coerenza.

inorgànico agg. [pl.m. –ci, f. –che] **1.** Che non è un organismo vivente e, in partic., che appartiene al regno minerale. ◇ CHIM. *Composto inorganico:* che non comprende atomi di carbonio. **2.** *fig.* Privo di coordinazione logico-formale, di coerenza.

inorgoglìre v.tr. [75] Rendere qlcu. fiero, orgoglioso. ◆ v.intr. (aus. *essere*) Riempirsi di orgoglio, anche pron. *Inorgoglire (inorgoglirsi) per i successi ottenuti.*

La frizione è una sorta di interruttore di potenza che permette di disaccoppiare il motore dal resto della trasmissione per cambiare la marcia. In posizione di disinnesto, il cuscinetto reggispinta è azionato dal pedale e, attraverso un sistema di leve, il piatto spingidisco viene scostato e il trasferimento della potenza è interrotto.

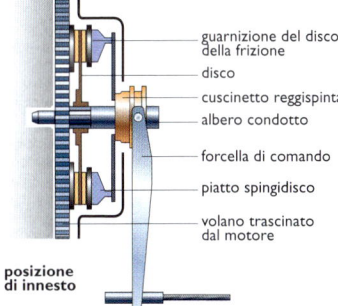

guarnizione del disco della frizione
disco
cuscinetto reggispinta
albero condotto
forcella di comando
piatto spingidisco
volano trascinato dal motore

posizione di innesto

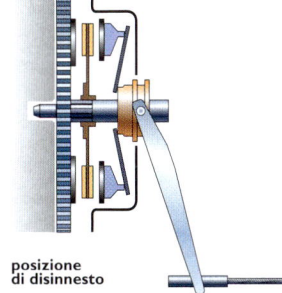

posizione di disinnesto

■ **innèsto** e disinnesto della frizione di un'automobile.

inorridìre v.intr. [83] (aus. *essere*) Essere preso da orrore, paura, angoscia. *Inorridire di fronte al pericolo.* SIN.: **atterrirsi**. ◆ v.tr. Riempire qlcu. d'orrore o paura. *Le grida inorridirono i presenti.* SIN.: **spaventare**.

inosìna s.f. CHIM. Nucleoside contenuto in alcuni tessuti animali e vegetali e usato per la preparazione di prodotti farmaceutici.

inospitàle agg. **1.** Che non accoglie benevolmente gli ospiti. *Paese inospitale.* **2.** Che non offre quanto è necessario alla vita dell'uomo.

inosservàbile agg. **1.** Che non può essere osservato. **2.** Che non può essere rispettato, seguito. *Norma inosservabile.*

inosservànza s.f. Mancato rispetto di una norma, di un principio, di un dovere. SIN.: **inadempienza**.

inosservàto agg. **1.** Che sfugge allo sguardo, all'attenzione. **2.** Che non viene rispettato. *Norma inosservata.*

inossidàbile agg. **1.** Che resiste all'ossidazione. **2.** *fig. scherz.* Che è sempre nella forma migliore e non mostra i segni del passare del tempo. *Un uomo inossidabile.*

inòtropo agg. FISIOL. Che riguarda la forza di contrazione di un muscolo.

ìnox agg. inv. (abbr. di fr. *inoxydable* "inossidabile") Inossidabile, costruito in acciaio inossidabile.

in pèctore loc. agg. inv. (loc. lat., propr. "nel petto") **1.** Di nomina cardinalizia che il papa annuncia in concistoro senza però fare il nome del prescelto. **2.** *estens.* Che si prevede essere designato a un determinato incarico. *Il nuovo direttore in pectore.*

in prìmis loc. avv. (loc. lat., propr. "tra le prime") In primo luogo, per prima cosa.

in progress [/ɪn 'prəʊgres/] loc. avv. (loc. ingl., "in sviluppo") In via di elaborazione o di sviluppo, in corso.

input [/'ɪnput/] s.m. inv. (voce ingl., deriv. di *to input* "mettere dentro") **1.** INFORM. Unità d'informazione introdotta in un elaboratore elettronico. **2.** *estens.* Direttiva, impulso che dà avvio a qlco. **3.** ECON. (spec. pl.) Il complesso dei fattori di produzione.

inquadraménto s.m. Insieme di persone in un determinato ordinamento, in una data struttura organizzativa.

inquadràre v.tr. **1.** Fornire qlco. di cornice. ~ STAM. Contornare un pezzo a stampa con un filetto. **2.** FOTO., CINE. Collocare un oggetto nel campo visivo di una macchina fotografica o cinematografica. ~ Fare in modo che un bersaglio si trovi al centro del campo di tiro di un'arma da fuoco. **3.** Nel l. bur., collocare qlcu. in una certa posizione all'interno di un sistema, secondo ruoli determinati. *Inquadrare alcuni dipendenti nel direttivo dell'azienda.* **4.** *fig.* Inserire, collocare qlcu. o qlco. in un ambito più vasto, per coglierne i rapporti. *Inquadrare l'analisi nella situazione economica.* **5.** *fig.* Analizzare qlco. cogliendone i caratteri fondamentali. *Inquadrare un periodo storico.* **6.** MIL. Ordinare, disporre i soldati in reparti e unità regolari. ◆ **inquadrarsi** v.pron. Collocarsi, inserirsi in un complesso o in un contesto più ampio. *Il provvedimento si inquadra in un vasto piano di interventi.*

inquadratùra s.f. **1.** Collocazione in una cornice, in un riquadro. **2.** Delimitazione del campo ripreso da una macchina fotografica o cinematografica. ~ CINE. Azione, scena ripresa senza interruzione.

inqualificàbile agg. (fr. *inqualifiable*) Che non può essere qualificato a meno di usare parole che non si possono adoperare.

inquartàre v.tr. **1.** ARALD. Dividere uno stemma in quarti. **2.** Addizionare l'oro con l'argento in modo da ottenere una lega con un quarto d'oro e tre quarti d'argento.

inquietànte agg. **1.** Che causa preoccupazione, che dà pensiero. **2.** Che turba l'animo in modo razionalmente indefinibile. *Sogno inquietante.*

inquietàre v.tr. Rendere ansioso, preoccupare qlcu. SIN.: **agitare**. ◆ **inquietarsi** v.pron. Stare in ansia, preoccuparsi. SIN.: **allarmarsi**.

inquièto agg. **1.** Che non trova pace. SIN.: **irrequieto**. ~ *estens.* Riferito a cosa, che non trascorre in modo tranquillo. *Sonno inquieto.* SIN.: **agitato**. **2.** Che è in apprensione, in ansia per qlco. o qlcu. ~ Che non riesce mai a trovare pace e serenità. ~ Riferito a cosa, travagliato. *Vita inquieta.* **3.** Che è irritato, crucciato, risentito con qlcu.

inquietùdine s.f. Stato proprio dell'animo che non trova pace, non s'acquieta, non si placa. SIN.: **ansia**. ~ *estens.* Causa che genera tale stato d'animo.

inquilinìsmo s.m. ZOOL. Forma di simbiosi caratterizzata dalla convivenza di specie diverse di animali nello stesso spazio o sul corpo di un altro.

inquilìno s.m. [f. *-na*] (lat. *inquilīnum*, deriv. di *ĭncola* "abitante") **1.** Chi abita in una casa presa in affitto. **2.** ZOOL. Specie che vive nello stesso spazio di un'altra.

inquinaménto s.m. (lat. *inquinamĕntum* "lordura") **1.** Alterazione e contaminazione di un ambiente, di una sostanza, indotte da cause esterne, spec. dall'opera dell'uomo. *Inquinamento atmosferico.* ◇ *Inquinamento acustico:* eccessiva rumorosità che danneggia l'udito. – *Inquinamento luminoso:* qualunque alterazione della quantità naturale di luce presente di notte nell'ambiente esterno dovuta a immissione di luce di cui l'uomo abbia responsabilità. (La riduzione della naturale visibilità del cielo notturno, p.e., è causata dall'illuminazione pubblica.) **2.** *fig.* Corruzione, degrado morale. **3.** DIR. *Inquinamento delle prove:* manipolazione delle prove a proprio favore.

inquinànte agg. Di prodotto, di agente che causa inquinamento. ◆ s.m. Nel sign. dell'agg.

inquinàre v.tr. **1.** Infettare, contaminare. ~ *estens.* Guastare, corrompere un ambiente naturale con sostanze nocive o con sporcizia, alterandone l'equilibrio. **2.** *fig.* Corrompere moralmente. ~ Privare qlco. delle caratteristiche originali, peculiari. *La violenza inquina lo sport.* ◇ DIR. *Inquinare le prove:* alterarle. ◆ v.intr. (aus. *avere*) Essere causa di inquinamento. *I detersivi inquinano.*

inquinàto agg. Alterato nel suo stato originario. ~ *fig.* Corrotto, contaminato.

inquirènte agg. (lat. *inquirĕntem*, deriv. di *inquīrere* "indagare") DIR. Che indaga per appurare responsabilità, colpe, con riferimento a organi giudiziari o amministrativi. *Magistrato inquirente.* ◆ s.m. (anche con riferimento a donna; spec. pl.) Chi è responsabile di un'indagine a livello ufficiale. ◆ s.f. Commissione parlamentare con compiti di indagine.

inquisìre v.tr. [83] **1.** Sottoporre a indagini minuziose. **2.** DIR. Sottoporre a un'inchiesta per stabilire colpe e responsabilità. ◆ v.intr. (aus. *avere*) Indagare per scoprire la verità.

inquisìto agg. DIR. Sottoposto a indagine giudiziaria. ◆ s.m. [f. *-ta*] Nel sign. dell'agg.

inquisitóre agg. [f. *-trice*] **1.** Che conduce un'indagine, un'inchiesta giudiziaria. SIN.: **inquirente**. **2.** *estens.* Che scruta per cercare di conoscere, di scoprire qlco. *Sguardo inquisitore.* ◆ s.m. **1.** (anche f.) Nell'accez. 1 dell'agg. **2.** ST. Membro dell'Inquisizione.

inquisitòrio agg. [pl.m. *-ri*] **1.** Che riguarda l'indagine giudiziaria. ◇ DIR. *Sistema inquisitorio:* processo penale caratterizzato da un'estrema segretezza e in cui non sono garantiti i diritti dell'imputato durante la raccolta delle prove. – *Processo inquisitorio:* tipo di processo penale, proprio dell'Europa continentale, in cui l'accusa è privilegiata nell'accertamento dei fatti che sono oggetto di giudizio. **2.** Caratterizzato da volontà accusatoria.

inquisizióne s.f. **1.** ST. Attività di un particolare tribunale ecclesiastico istituito nel sec. XIII con il compito di individuare gli eretici, esaminarli, condannarli o ottenerne il ravvedimento. ~ (iniziale maiusc.) Il tribunale stesso (v. parte n.pr.). **2.** *estens.* Interrogatorio, inchiesta condotti arbitrariamente e usando pressioni psicologiche.

insabbiaménto s.m. **1.** Accumulo di sabbia formato da un corso d'acqua, da una corrente marina o dal vento. **2.** L'azione di coprire o di coprirsi di sabbia. ~ AGR. Pratica consistente nel coprire di sabbia gli innesti per favorirne l'attecchimento grazie al calore. **3.** *fig.* Sospensione deliberata e sospetta di un procedimento giudiziario scomodo, di una pratica delicata. ~ Occultamento di uno scandalo.

insabbiàre v.tr. [6] **1.** Coprire qlco. di sabbia. ~ AGR. Coprire gli innesti con sabbia, per facilitare l'attecchimento. **2.** *fig.* Ostacolare, bloccare un procedimento, spec. a proprio interesse. ~ *estens.* Nascondere qlco., evitare che diventi di pubblico dominio. *Insabbiare una notizia.* ◆ **insabbiarsi** v.pron. **1.** Nascondersi nella sabbia, detto spec. di pesci o insetti. **2.** Detto di un'imbarcazione, rimanere bloccata nella sabbia del fondo. SIN.: **incagliarsi**. **3.** Detto di un porto, divenire inagibile per la sabbia accumulata sul fondo marino. **4.** *fig.* Detto di una pratica, venire ostacolata e bloccarsi.

insaccaménto s.m. AGR. Pratica consistente nell'avvolgere fiori o frutti ancora sulla pianta in sacchetti di vario materiale che li proteggono.

insaccàre v.tr. [4] **1.** Mettere qlco. in un sacco. ◇ *Insaccare il pallone:* nel gioco del calcio, segnare una rete. **2.** Introdurre carne tritata in budelli per farne salumi. **3.** *estens.* Coprire, vestire qlcu. con abiti pesanti e goffi. **4.** *fig.* Raccogliere e ammassare più cose o persone in un luogo ristretto. *Insaccare la folla in un corridoio.* ◆ **insaccarsi** v.pron. **1.** Nel gioco del calcio, detto del pallone, entrare in rete. **2.** MAR. Detto delle vele, gonfiarsi. **3.** *fig.* Di persona, comprimersi, rattrappirsi per un forte colpo, in seguito a una caduta. **4.** Infagottarsi, coprirsi con abiti pesanti. **5.** *fig.* Ammassarsi in un luogo stretto.

insaccàto agg. **1.** Messo in uno o più sacchi. **2.** Nella lavorazione delle carni, infilato in un budello. **3.** *estens.* Pigiato tra più persone. **4.** *fig.* Che sembra stare dentro a un sacco, p.e. perché tiene la testa incassata tra le spalle. ◆ s.m. **1.** (spec. pl.) Salume preparato insaccando carne di maiale aromatizzata in budella o in involucri artificiali simili. **2.** [f. *-ta*] Chi partecipa alla corsa nei sacchi.

insaccatrìce s.f. Macchina per insaccare prodotti o per fare insaccati.

insaccatùra s.f. **1.** Sistemazione in sacchi. **2.** Riempimento di budella o di altri simili involucri con carne tritata. **3.** METEOR. Zona cuneiforme di bassa pressione. SIN.: **saccatura**.

insalàta s.f. (deriv. di *insalare* "condire con sale") **1.** Piatto di verdure, general. crude, che si mangiano condite con olio, aceto (o limone) e sale. ~ Verdura in foglie o in cespi, spec. lattuga, radicchio, ecc. che si consuma in tal modo. **2.** *estens.* Qualsiasi pietanza fredda che si consuma condita con olio, aceto (o limone) e sale. ◇ *Insalata russa:* piatto freddo composto da verdure bollite condite con maionese. – *Insalata di riso:* pietanza a base di riso bollito, verdure, condimenti vari. **3.** *fig.* Mescolanza confusa di cose eterogenee. SIN.: **accozzaglia**.

insalatièra s.f. Recipiente in cui si condisce e si serve l'insalata.

insalùbre agg. Dannoso per la salute. SIN.: **malsano**.

insanàbile agg. **1.** Che non può essere guarito. **2.** *fig.* Che non ha rimedio. ~ In ambito morale e sociale, che non può essere ricondotto alla normalità. ~ Che non può essere superato, che non trova consolazione.

insanguinàre v.tr. **1.** Macchiare qlco. di sangue. **2.** *estens.* Devastare un luogo con stragi e spargimenti di sangue. *Le guerre insanguinano vaste zone del mondo.* SIN.: **funestare**. ◆ **insanguinarsi** v.pron. Sporcare di sangue qlco. che si indossa o una parte del corpo.

insàno agg. Contrario alla ragione, al buon senso. *Proposito insano.* SIN.: **sconsiderato**.

insaponàre v.tr. **1.** Cospargere e strofinare qlco. con sapone. **2.** *fig.* Lusingare, adulare qlcu. ◆ **insaponarsi** v.pron. Cospargere e strofinare il proprio corpo con sapone.

insapóre o **insapóro** agg. Privo di sapore.

insaporìre v.tr. [83] Aromatizzare qlco., renderlo saporito. *Insaporire il risotto.* ◆ **insaporirsi** v.pron. Prendere sapore, diventare saporito. *Il minestrone si insaporisce se aggiungi le erbe aromatiche.*

insapùta (calco del fr. *à l'insu*) Usato solo nella loc. *all'insaputa di*, di nascosto, in modo che non lo sappia chi invece dovrebbe essere informato.

insàturo agg. **1.** CHIM. Che contiene una quantità di soluto inferiore a quella corrispondente alla sua solubilità. **2.** Di composto organico che contiene collegamenti multipli. (Gli acidi grassi insaturi sono caratteristici di prodotti alimentari come pesce e oli vegetali.) ◇ *Idrocarburo insaturo:* in cui due atomi di carbonio sono uniti reciprocamente da più di un legame.

insaziàbile agg. **1.** Che non può essere saziato. *Fame insaziabile.* **2.** *estens.* Estremamente avido di ricchezze, di beni. **3.** *fig.* Che non è mai soddisfatto, appagato. SIN.: **inappagabile**.

inscatolàre v.tr. **1.** Sistemare qlco. in scatole. **2.** Mettere cibi in scatola, per la conservazione.

inscenàre v.tr. **1.** Mettere in scena, allestire uno spettacolo. **2.** *estens.* Promuovere una manifestazione vistosa o clamorosa. **3.** *estens.* Simulare qlco.

inscrittìbile agg. GEOM. Che si può iscrivere in una curva o in una superficie data. SIN.: **inscrivibile**.

inscritto agg. GEOM. Di poligono tracciato dentro una circonferenza in modo che i suoi vertici la tocchino in più punti o di circonferenza tracciata dentro un poligono regolare in modo da risultare tangente a ogni lato dello stesso.

inscrìvere v.tr. [30] GEOM. Disegnare un poligono in una circonferenza, in modo che i suoi vertici la tocchino. *Inscrivere un trapezio in una circonferenza.* ~ Disegnare una circonferenza all'interno di un poligono, in modo che sia tangente ai lati del poligono stesso. *Inscrivere una circonferenza in un triangolo.* ◆ **inscriversi** v.pron. *fig.* Risultare inserito, collocato in qlco. di più ampio. *Quest'opera si inscrive nell'ambito del futurismo.*

insecchìre v.tr. [83] Far diventare qlco. secco, arido. ◆ v.intr. (aus. *essere*) **1.** Diventare secco, anche pron. *Il grano (si) è insecchito.* **2.** Detto di persone, diventare molto magro.

insediaménto s.m. **1.** Assunzione ufficiale di una carica, di un ufficio, spesso accompagnata da una cerimonia. *Cerimonia d'insediamento.* **2.** Stanziamento di una popolazione in un territorio. **3.** ANTROP. Qualsiasi abitazione, spec. se in gruppo. *Insediamento urbano.* ~ Luogo di attività umane.

insediàre v.tr. [6] Collocare qlcu. in una carica o in un ufficio importanti. ◆ **insediarsi** v.pron. **1.** Prendere possesso di una carica e della sede in cui essa viene esercitata. **2.** Trovare sistemazione in un luogo.

inségna s.f. **1.** Gonfalone o bandiera usata come segnale distintivo di eserciti, di formazioni militari. ~ (spec. pl.) Vessillo di raggruppamenti di persone unite da un'idea o da un programma simboleggiati nella bandiera stessa. ◇ MAR., AER. *Insegne di comando:* bandiere che indicano la presenza di un comando o di alte autorità militari. **2.** *fig.* Segno, indizio. **3.** *fig.* Programma, norma di comportamento. ◇ *All'insegna di:* secondo il principio di, in modo conforme a. **4.** Segno distintivo di chi detiene una carica particolare. ~ Carica o dignità di cui esso è simbolo. *Il triregno è l'insegna papale.* ~ Decorazione propria di un ordine cavalleresco, onorifico, di un grado militare, ecc. **5.** Cartello, targa, ecc. che specificano l'attività svolta in un negozio o in un locale pubblico. *Insegna di un ristorante.*

insegnaménto s.m. **1.** Trasmissione di conoscenze e di esperienze con cui si educa qlcu. in una disciplina o lo si stimola alla crescita. **2.** Livello dell'organizzazione scolastica. *Insegnamento universitario.* **3.** Professione, attività dell'insegnante. **4.** Ciò che viene insegnato da una persona, un'opera, una situazione. *Gli insegnamenti della storia.*

insegnànte agg. Che insegna. ◇ *Corpo insegnante:* tutti gli insegnanti e i professori. ◆ s.m. e f. Chi, per professione, istruisce in una data disciplina. *Insegnante elementare.* SIN.: **docente**. ◇ *Insegnante di sostegno:* nella scuola elementare e media inferiore, docente che affianca l'insegnante di classe per gli alunni portatori di handicap o con difficoltà di inserimento.

insegnàre v.tr. (lat. *insignàre*, propr. "imprimere segni") **1.** Far apprendere nozioni teoriche o pratiche a qlcu. *Insegnare un gioco.* SIN.: **istruire**. ~ Fare acquisire la conoscenza o la pratica di una materia. **2.** Dare una lezione, inculcare, mostrare regole morali a qlcu. *Insegnare l'educazione ai figli.* **3.** *estens.* Indicare qlco. a qlcu. *Può insegnarmi la strada?* ◆ v.intr. (aus. *avere*) Svolgere la professione di insegnante. *Insegno nella scuola dell'obbligo.*

inseguiménto s.m. **1.** Corsa con cui si cerca di raggiungere qlcu. **2.** SPORT. Fase di una gara in cui un atleta o una squadra cercano di raggiungere l'avversario che li ha distanziati. ◇ *Gara a inseguimento:* gara di ciclismo su pista, individuale o a squadre, in cui i corridori, partiti distanziati, cercano di colmare il distacco da chi è partito prima.

inseguìre v.tr. **1.** Correre dietro a qlcu.o qlco. per ricuperarlo. *Inseguire il ladro.* **2.** *fig.* Cercare con tenacia di realizzare qlco. *Inseguire un sogno.* SIN.: **perseguire**. **3.** *fig.* Detto di sentimenti o pensieri, assillare qlcu. *I rimorsi ci inseguono ovunque.* ◆ **inseguirsi** v.pron. **1.** *fig.* Rincorrersi a vicenda. *I bambini si stanno inseguendo.* **2.** *fig.* Detto di due o più elementi, susseguirsi a breve distanza nel tempo e nello spazio.

inseguitóre agg. [f. *-trice*] **1.** Che insegue. **2.** SPORT. Che cerca di raggiungere un avversario da cui è distanziato. *Il gruppo inseguitore.* ◆ s.m. (anche f.) **1.** Chi insegue. **2.** SPORT. Ciclista specializzato in gare d'inseguimento. ~ Corridore che ne insegue un altro durante una gara su strada.

insellaménto s.m. **1.** L'operazione del sellare un cavallo o l'atto con cui si monta in sella. **2.** MAR. Curvatura che prende lo scafo di una nave quando la sua parte centrale si abbassa rispetto alle estremità di poppa e di prua.

insellàto agg. VET. Che ha un'incurvatura eccessiva, detto del dorso dei cavalli o dei cani.

insellatùra s.f. **1.** Incavo della schiena. ~ VET. Incurvatura eccessiva del dorso dei cavalli o dei cani. **2.** GEOGR. Depressione in un rilievo montuoso che crea un valico. **3.** MAR. Curvatura longitudinale dei ponti di una nave.

inseminàre v.tr. Procedere all'inseminazione per fecondare una femmina. *Inseminare le mucche dell'allevamento.*

inseminazióne s.f. **1.** BIOL. Deposizione naturale o artificiale del seme maschile negli organi genitali femminili per la fecondazione. ◇ ZOOTECN. *Inseminazione artificiale:* metodo di procreazione assistita molto usato nell'allevamento bovino e in via di sviluppo nella altre specie. **2.** In batteriologia, introduzione di microrganismi in un terreno di coltura.

insenatùra s.f. Piccola baia, rientranza della costa.

insensàto agg. Sprovvisto di ragione, di buon senso. SIN.: **irragionevole**. ◆ s.m. **1.** [f. *-ta*] Nel sign. dell'agg. **2.** (solo sing.) Ciò che esula dalla ragione e dalla capacità di giudizio. *Distinguere il fantastico dall'insensato.*

insensìbile agg. **1.** Che non reagisce, almeno in parte, a stimoli fisici. **2.** Indifferente a certe emozioni, sensazioni, sollecitazioni intellettuali. *Cuore insensibile.* ~ Che non cede agli allettamenti. *Insensibile al denaro.* **3.** Privo della facoltà sensitiva. ~ *estens.* Privo di vita. SIN.: **inanimato**. **4.** Che è impossibile o difficile da percepire dai sensi tanto è piccolo, minimo. ◆ s.m. e f. Persona incapace di sentimenti.

insensibilità s.f. inv. Mancanza di sensibilità fisica o emotiva.

inseparàbile agg. Che non può essere separato sul piano concettuale o affettivo. SIN.: **indissolubile**. ◆ s.m. pl. ZOOL. Cocorite dell'Africa che vivono perennemente in coppia. (Genere *Agapornis*; famiglia degli Psittaciformi.)

insequestràbile agg. DIR. Che la legge proibisce di sequestrare.

inseriménto s.m. **1.** Introduzione di un elemento in un congegno per farlo funzionare. ~ Inclusione di un elemento general. in un insieme con il quale si integra. *Inserimento di un documento in un fascicolo.* **2.** *fig.* Introduzione di una o più persone in una lista, in un elenco già compilato, in una collettività, in una comunità preesistente. **3.** INFORM. Registrazione di un'informazione in previsione del suo trattamento o della sua memorizzazione in un sistema informatico. *Inserimento dei dati.*

inserìre v.tr. [83] (lat. *insĕrere*, propr. "collegare dentro") **1.** Introdurre, mettere qlco. in altro. *Inserire la spina nella presa di corrente.* **2.** *fig.* Introdurre qlcu. in un ambito o in un insieme, facendo in modo che vi si trovi a proprio agio. *Inserire il nuovo dipendente nell'ambiente di lavoro.* **3.** Far pubblicare. *Inserire un avviso in un giornale.* **4.** Collegare un apparecchio, un dispositivo a un circuito, a una rete. *Inserire l'audio.* ◆ **inserirsi** v.pron. **1.** Essere attaccato, innestato con qlco. *Il piano si inserisce nella struttura portante.* **2.** Entrare a far parte di un insieme. *Inserirsi nell'ambiente.* SIN.: **integrarsi**. **3.** Collocarsi in un insieme. *Inserirsi tra i finalisti.* **4.** Intromettersi in qlco. *Inserirsi in una discussione.* **5.** Essere collocato in qlco. *Il progetto si inserisce nel programma.*

insèrto s.m. **1.** Elemento inserito, in partic. fascicolo, perlopiù illustrato, aggiunto a un libro, a una rivista. ~ Breve sequenza introdotta in un programma televisivo o radiofonico in diretta. *Inserto pubblicitario.* **2.** Documentazione raccolta in un unico raccoglitore.

inserviènte s.m. e f. Persona addetta alla pulizia e ai servizi pesanti in comunità, ospedali, uffici, istituti.

inserzióne s.f. **1.** Introduzione di un elemento in un altro con il quale si integra. **2.** Avviso pubblicitario o di altro tipo su un giornale, sottolineato da riquadro o da caratteri tipografici particolari. **3.** LING. Inserimento di un fonema in una parola. **4.** BIOL., ANAT. Punto di impianto di tendini e muscoli su ossa e cartilagini. **5.** Attacco della foglia sull'asse portante.

insettàrio s.m. [pl. *-ri*] Locale allestito per l'esposizione o per l'allevamento a scopo scientifico degli insetti.

Insètti s.m. pl. ZOOL. Classe di artropodi il cui corpo, avvolto in un dermascheletro o in un esoscheletro, è diviso in tre segmenti: *capo*, *torace* e *addome*. (La classe degli Insetti contiene numerosissime specie di cui noto 1 milione ca. I principali ordini sono i seguenti: Imenotteri, Coleotteri, Ditteri, Lepidotteri, Eterotteri, Omotteri, Odonati.) (*v. immagine pag. succ.*)

ENCICL. La *testa* degli insetti è dotata di un paio di antenne e di tre paia di appendici boccali. Il *torace* è formato da tre segmenti, ciascuno dotato di un paio di zampe, e l'*addome*, su cui si aprono gli orifizi respiratori (*stigmi*) contiene i visceri. Gli insetti depongono uova che generano larve, sempre senza ali, a volte talmente diverse dall'adulto (bruco e farfalla, larva e mosca) da richiedere uno stadio di sviluppo intermedio (*ninfa*) per definire completa la metamorfosi.

insetticìda agg. [pl.m. *-di*] Che uccide gli insetti. *Polvere insetticida.* ◆ s.m. Sostanza tossica che causa la morte degli insetti.

insettìfugo agg. [pl.m. *-ghi*, f. *-ghe*] Di sostanza che tiene lontani gli insetti, i parassiti. ◆ s.m. Nel sign. dell'agg.

Insettìvori s.m. pl. ZOOL. Ordine di mammiferi di piccole dimensioni, con muso lungo e denti aguzzi, che si nutrono di piccole prede (insetti, vermi, molluschi, ecc.); ne fanno parte il riccio, la talpa, il toporagno.

insettìvoro agg. Che si nutre di insetti. *Uccello insettivoro.* ◆ s.m. Denominazione comune di mammiferi dell'ordine degli Insettivori.

insètto s.m. (lat. *insĕctum*, deriv. di *insecāre* "tagliare", calco del gr. *éntoma* propr. "dal corpo segmentato") **1.** Denominazione corrente di animali appartenente alla classe degli Insetti. **2.** Nome generico di parassiti domestici. **3.** *fig. spreg.* Persona spregevole, meschina.

insicurézza s.f. **1.** Condizione caratterizzata da precarietà. **2.** Condizione psicologica caratterizzata dalla mancanza di sicurezza in se stessi. SIN.: **incertezza**.

inside [/ˈɪnˈsaɪd/] avv. (voce ingl., propr. "parte interna") Dentro, all'interno. ◆ s.m. inv. Il privato, i retroscena di un fatto.

insider [/ɪnˈsaɪdə/] s.m. inv. (voce ingl., deriv. di *insider trading* "commercio per iniziati") FIN. Chi è dentro o addentro a un gruppo sociale o a un'azienda. ◇ *Insider trading:* utilizzo illecito

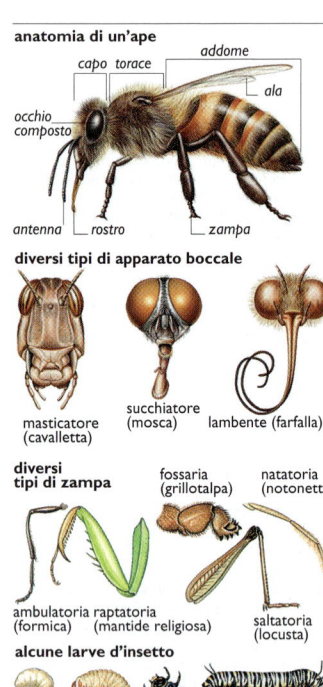

anatomia di un'ape

capo torace addome

occhio composto

ala

antenna rostro zampa

diversi tipi di apparato boccale

masticatore (cavalletta)

succhiatore (mosca)

lambente (farfalla)

diversi tipi di zampa

fossaria (grillotalpa)

natatoria (notonetta)

ambulatoria (formica)

raptatoria (mantide religiosa)

saltatoria (locusta)

alcune larve d'insetto

ape

maggiolino

coccinella

monarca

diverse forme d'ala

elitra e ala (coleottero)

semi-elitra (eterottero)

azzurra (lepidottero)

membranosa (imenottero)

■ **Insètti**

---

di informazioni riservate per effettuare operazioni in borsa.

insìdia s.f. (lat. *insìdias*, deriv. di *insidēre* "star seduto sopra" quindi "appostarsi") **1.** Macchinazione condotta ai danni di qlcu. **2.** *estens.* Agguato, ostacolo capace di fare fallire qlcu. *Insidie offensive.* **3.** Pericolo non evidente, nascosto, rischio imprevedibile. *Insidie del mare.* **4.** *fig.* Allettamento che mette in pericolo la saldezza morale e intellettuale della persona. *Insidie del successo.*

insidiàre v.tr. [6] Fare oggetto di insidie, di agguati qlcu. o qlco., per metterlo in difficoltà. ~ Mettere in pericolo, minacciare. ~ Minacciare un primato, renderlo precario, incerto. *La nostra squadra insidia la capolista.* ◆ v.intr. (aus. *avere*) Tendere insidie, tranelli.

insidiòso agg. **1.** Che costituisce una trappola, che è dettato dalla volontà d'ingannare. *Questione insidiosa.* SIN.: **ingannevole. 2.** Che può rivelarsi pericoloso, rischioso al di là del previsto. *Passaggio insidioso.* ◇ MED. *Malattia insidiosa:* malattia d'aspetto benigno che poi risulta grave.

insième avv. (lat. *insèmel*, deriv. di *īnsimul* "nello stesso tempo" e *sēmel* "una volta") **1.** Indica associazione, condivisione. *Studiare insieme.* ~ Indica lo stare in compagnia e, in senso più stretto, comunione di vita anche intima. *Maria e Pietro stanno insieme da alcuni anni.* ~ Di comune accordo. *Decidere insieme.* ◇ *Mettersi insieme:* associarsi in un'impresa oppure formare una coppia legata da affetti e da rapporti di tipo coniugale. **2.** Indica unione che deriva dal far parte di una unità. *Smontare e rimettere insieme i pezzi.* ~ Esprime l'armonizzazione di diversi elementi. *Questa giacca e questa cravatta stanno molto bene insieme.* ◇ *Mettere insieme:* formare, creare qlco. partendo da singoli ele-

menti. **3.** Esprime coincidenza e contemporaneità di fatti, anche contrastanti. *C'erano sole e pioggia insieme.* ◇ *locc. prep. Insieme con, insieme a:* introducono un complemento di compagnia o di unione; esprimono contemporaneità. *Insieme con l'arrivo del nuovo direttore si è creata un'atmosfera di sospetto.* ◆ s.m. **1.** Pluralità di elementi considerati come un tutt'uno. *L'insieme del personale.* ◇ *Nell'insieme:* secondo un giudizio complessivo. – *D'insieme:* generale. *Una visione d'insieme.* **2.** MAT. Nozione fondamentale della matematica, assunta come concetto primitivo che quindi non può essere definito, ma solo introdotto con esempi o con definizioni intuitive corrispondenti all'idea di raccolta, di gruppo di oggetti chiamati *elementi.* ◇ *Teoria degli insiemi:* sistema di assiomi derivato dagli studi di Georg Cantor che definisce il quadro operativo legato alla nozione di insieme.

insiemìstica s.f. MAT. Teoria matematica basata sul concetto di insieme.

insight [/'ɪnsaɪt/] s.m. inv. (voce ingl. "intuito") PSICOL. Penetrazione psicologica, intuito, visione distinta dei moventi delle proprie azioni.

insigne agg. Che si distingue per nobiltà d'animo, per la fama acquistata grazie alle proprie qualità, alle proprie opere.

insignificànte agg. **1.** Che ha poco valore poiché non esprime alcun concetto, non comunica nulla. SIN.: **banale. 2.** Che manca di personalità, non stimolante. **3.** *fig.* Di nessuna importanza.

insignire v.tr. [83] Onorare con un titolo, una particolare distinzione. *Insignire il direttore del titolo di cavaliere delle Repubblica.*

insilaménto s.m. **1.** Conservazione di derrate e merci in silos. **2.** AGR. Metodo di conservazione, mediante fermentazione lattica, di foraggio fresco destinato all'alimentazione degli animali che viene spezzato, messo in silos o pressato in mucchi.

insilatrice s.f. AGR. Macchina per la falciatura e la trinciatura dei foraggi verdi per caricarli nei silos.

insindacàbile agg. Che non può essere oggetto di esame e di giudizio critico, di revisione, di ricorso.

insinuànte agg. Che si introduce suadente nell'animo altrui per accattivarselo e condizionarlo.

insinuàre v.tr. **1.** Far penetrare qlco. in uno spazio stretto. **2.** *fig.* Suscitare, far nascere un sospetto o altro sentimento maligno in qlcu. *Insinuare un dubbio nei presenti.* ~ Fare credere qlco. di sbagliato, accusare indirettamente. *Vuole insinuare che sono il colpevole?* ◇ DIR. *Insinuare un credito:* chiedere al giudice di essere ammesso nella lista dei creditori, in una procedura fallimentare. ◆ **insinuarsi** v.pron. **1.** Introdursi in uno spazio stretto. *Il mare si insinua tra gli scogli.* **2.** *estens.* Entrare, inserirsi subdolamente in un ambiente. ◇ *fig. Insinuarsi nelle grazie di qlcu.:* conquistare la stima di qlcu. **3.** *fig.* Detto di pensieri o sentimenti, entrare, diffondersi nell'animo. *Un dubbio si insinuò nella mente dei presenti.*

insinuazióne s.f. **1.** Maldicenza non esplicita. **2.** DIR. *Insinuazione di un credito:* domanda di essere inserito nella lista dei creditori.

insipidézza s.f. **1.** Mancanza di sapore. **2.** *fig.* Mancanza di spirito, di fascino.

insipido agg. **1.** Che manca di sapore. *La sua cucina è molto insipida.* **2.** *fig.* Che non suscita alcun interesse, poco piacevole, noioso. **3.** *fig.* Sprovvisto di vivacità, di fantasia, di spessore concettuale.

insistènte agg. **1.** Che continua a chiedere, diventando fastidioso o maleducato. ~ Di qlco. che ritorna costantemente. *Insistenti richieste.* **2.** Che non ha posa, che non smette. *Pioggia insistente.* **3.** *fig.* Che esercita una costante pressione per raggiungere un suo fine. *Creditore insistente.* **4.** GEOM. *Angolo insistente:* i cui lati passano per gli estremi di un arco o di una corda.

insistenteménte avv. In modo insistente.

insistènza s.f. **1.** Perseveranza ostinata. **2.** Sollecitazione continua e fastidiosa che termina solo al raggiungimento di uno scopo. *Richiedere qualcosa con insistenza.* **3.** Durata ininterrotta. *La pioggia batte con insistenza sui vetri.*

insìstere v.intr. [14] (aus. *avere*) **1.** Perseverare con ostinazione nel fare qlco. *Insistere per essere ricevuto.* **2.** Sottolineare qlco. *Insistere su un punto.* **3.** Poggiare su una superficie. *L'edificio insiste su terreno argilloso.* ◇ GEOM. *Insistere su un arco di circonferenza:* detto di un angolo i cui lati passano per gli estremi dell'arco stesso.

insito agg. **1.** Che per natura è radicato profondamente. SIN.: **connaturato. 2.** Che è logicamente contenuto in una proposizione.

in situ loc. avv. (loc. lat., "nel luogo") Sul punto, nel luogo stesso.

insoddisfacènte agg. Che non dà soddisfazione. SIN.: **deludente.**

insoddisfàtto agg. **1.** Che non ha avuto il soddisfacimento sperato. *Bisogni insoddisfatti.* **2.** Che non è contento dell'esito, del risultato di qlco. *Rimanere insoddisfatti di un lavoro.* **3.** *assol.* Che, per carattere, non riesce a essere del tutto contento di ciò che ha o appagato di ciò che fa.

insoddisfazióne s.f. **1.** Stato di qlcu. che non ha ciò che desidera. **2.** Delusione derivante dalla mancata corrispondenza tra una particolare aspettativa e il risultato ottenuto.

insofferènte agg. Incapace di sopportare con pazienza ciò che è imposto. ~ assol. Facilmente irritabile, impaziente, nervoso.

insofferènza s.f. Incapacità o difficoltà di sopportare pazientemente ciò che urta la propria sensibilità, che delude i propri desideri, con conseguente irritazione, impazienza, nervosismo.

insolazióne s.f. **1.** Esposizione al sole. **2.** MED. Colpo di calore dovuto a un'esposizione prolungata al sole. **3.** COSTR. Esposizione al sole di finestre e ambienti. SIN.: **soleggiamento. 4.** ASTR. Rapporto fra la durata dell'effettiva visibilità del Sole in un dato luogo e la durata della sua permanenza al di sopra dell'orizzonte astronomico. **5.** METEOR. Quantità di radiazione solare che nell'unità di tempo raggiunge un luogo sulla superficie terre-

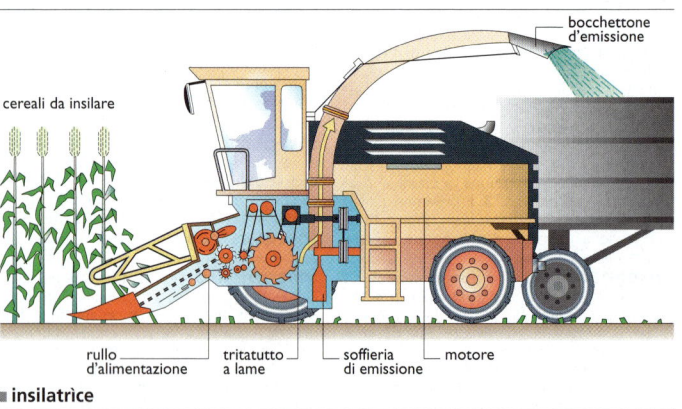

bocchettone d'emissione

cereali da insilare

rullo d'alimentazione tritatutto a lame soffieria di emissione motore

■ **insilatrìce**

stre. **6.** GEOL. Disgregazione operata sulle rocce dagli sbalzi tra la temperatura diurna e quella notturna, abituale p.e. nelle località desertiche. **7.** FOTO. → **esposizione**.

insolènte agg. (lat. *insolĕntem*, propr. "contrario alla consuetudine") Che non usa il dovuto rispetto, che si comporta con arroganza. ◆ s.m. e f. Nel sign. dell'agg. SIN.: **sfrontato**.

insolènza s.f. **1.** Mancanza di rispetto, audacia eccessiva dettata da arroganza. **2.** Parola, azione insolente.

insòlito agg. Che è diverso dal modo di essere, dal comportamento consueto. SIN.: **strano**. ◆ s.m. (solo sing.) Ciò che esula dal comune.

insolùbile agg. **1.** Che non si può risolvere. *Problema insolubile.* **2.** Che non può essere disciolto in un solvente. *La resina di pino è insolubile nell'acqua.*

insolubilità s.f. inv. **1.** Impossibilità o difficoltà di risoluzione. SIN.: **inesplicabilità. 2.** CHIM. Proprietà di una sostanza di non sciogliersi in un solvente.

insolubilizzàre v.tr. Rendere una sostanza insolubile.

insolùto agg. **1.** Non risolto. *Un caso ancora insoluto.* **2.** Non sciolto. **3.** Che non è stato pagato. ◆ s.m. Debito non saldato. *Pratica degli insoluti.*

insolvènte agg. DIR. Che non vuole o non può far fronte alle obbligazioni contratte. ◆ s.m. e f. Nel sign. dell'agg.

insolvènza s.f. **1.** DIR. Situazione di un debitore che non può soddisfare i suoi creditori. **2.** DIR. COMM. Stato di una società che non può soddisfare regolarmente le proprie obbligazioni, da cui consegue il fallimento. ◊ *Insolvenza fraudolenta:* reato commesso da chi, dissimulando il proprio stato di insolvenza, contrae un'obbligazione con l'intenzione di non adempierla.

insolvìbile agg. **1.** Che non è in condizione di soddisfare le obbligazioni pecuniarie. *Debitore insolvibile.* **2.** Che non può essere pagato. *Debito insolvibile.* **3.** Che non si può risolvere.

insómma cong. **1.** Conferisce valore riassuntivo, conclusivo. *Insomma, il fatto è che non si sente tutelato.* ~ Introduce una spiegazione. *È una menzogna, una verità incompleta, insomma una verità incompleta.* **2.** Esprime incertezza. *"Come va?" "Insomma".* **3.** Esprime impazienza. *Insomma! che ti prende?*

insommergìbile agg. MAR. Che è dotato di dispositivi di galleggiabilità (casse d'aria a tenuta stagna, compartimenti, materia plastica espansa, ecc.) per non andare a fondo anche se pieno d'acqua.

insondàbile agg. (fr. *insondable*) **1.** Che non può essere raggiunto con una sonda e scandagliato. *Profondità insondabile.* **2.** fig. Impossibile da capire, impenetrabile. *Mistero insondabile.*

insònne agg. **1.** Che non dorme nelle ore riservate al sonno. ~ estens. Che trascorre senza dare alla persona il beneficio del sonno. *Notte insonne.* **2.** fig. Che lavora instancabilmente senza concedersi riposo. *Studioso insonne.* ~ Riferito a cosa, che non si ferma mai. *Premura insonne.*

insònnia s.f. Impossibilità o difficoltà ad addormentarsi o a dormire sufficientemente. ~ Lo stato di veglia.

insonnolìto agg. Che è in uno stato di sonnolenza o perché è prossimo ad addormentarsi o perché si è svegliato da poco. SIN.: **assonnato**.

insonorizzàre v.tr. (fr. *insonoriser*) Rendere un apparecchio o un luogo impenetrabile a suoni e rumori.

insonorizzàto agg. Isolato acusticamente.

insonorizzazióne s.f. Tecnica e attività con cui si inibisce il passaggio di energia sonora. ~ Il risultato così ottenuto.

insopportàbile agg. **1.** Che non si può sopportare. *Dolore insopportabile.* **2.** Che ha carattere, comportamento antipatico e dunque è mal tollerato. *Bambino insopportabile.*

insorgènza s.f. Comparsa improvvisa di qlco., spec. di una patologia.

insórgere v.intr. [22] (aus. essere) **1.** Apparire, venire alla luce, detto spec. di eventi improvvisi e spiacevoli. *Sono insorte delle difficoltà.*

2. Passare all'azione, in partic. per protestare. *Il popolo insorge.*

insormontàbile agg. (fr. *insurmontable*) Che non può essere superato. *Ostacolo insormontabile.*

insórto agg. **1.** Sopravvenuto. **2.** Che ha partecipato a un'insurrezione. ◆ s.m. [f. *–ta*] Nell'accez. 2 dell'agg.

insospettàbile agg. **1.** Che non si può sospettare. **2.** Che non si supponeva.

insospettàto agg. **1.** Che non è sospettato. SIN.: **inatteso. 2.** Di cui non si era supposta l'esistenza.

insospettìre v.tr. [83] Suscitare, destare sospetto. ◆ v.intr. (aus. *essere*) Mettersi in sospetto, anche pron.

insostenìbile agg. **1.** Che non si può sopportare. *Dolore insostenibile.* **2.** fig. Che non può difendere, giustificare sul piano della correttezza logica. *Teoria insostenibile.*

insostituìbile agg. **1.** Che non può essere sostituito. *Collaboratore insostituibile.* **2.** Riferito ad apparecchiature, che non può essere cambiato con un pezzo nuovo.

insozzàre v.tr. **1.** Rendere qlco. sozzo, sporco. **2.** fig. Oltraggiare l'onore, il nome, la reputazione di qlcu. ◆ **insozzarsi** v.pron. **1.** Sporcarsi, imbrattarsi. **2.** fig. Corrompersi moralmente macchiandosi di un'azione disonorevole.

insperàto agg. Che va oltre ogni aspettativa. *Possibilità insperata.*

inspiegàbile agg. Che, almeno apparentemente, non ha una motivazione logica, una causa razionale.

inspiràre v.tr. Fare penetrare l'aria nei polmoni respirando. *Inspirare aria sana.* ~ estens. Mandare nei polmoni altre sostanze durante la respirazione.

inspiratóre agg. [f. *–trice*] **1.** Che alita, soffia. **2.** ANAT. *Muscoli inspiratori:* che presiedono all'inspirazione.

inspiratòrio agg. [pl.m. *–ri*] MED. Relativo all'inspirazione. *Fase inspiratoria.*

inspirazióne s.f. MED. Fase della respirazione in cui l'aria entra nell'apparato respiratorio.

instàbile agg. **1.** Che non resta così com'è ma è soggetto a mutamenti. *Tempo instabile.* **2.** Che cambia idea facilmente, che è soggetto a variazioni d'umore. **3.** FIS. Di un equilibrio distrutto alla minima perturbazione. ◊ *Composto instabile:* che tende a trasformarsi. – *Nucleo atomico instabile:* che tende a trasformarsi in un diverso nucleo emettendo radiazioni. **4.** PS. PATOL. Che soffre di instabilità psicomotoria.

instabilità s.f. inv. **1.** Tendenza a mutare, a variare, a non conservare lo stato di equilibrio. **2.** Tendenza a mutare facilmente idea, sentimento, a cambiare umore.

installàre v.tr. (fr. *installer*, lat. *installāre* "collocare un canonico nel suo stallo") **1.** Montare un apparecchio o un impianto collocandolo in un luogo. **2.** Assegnare solennemente una funzione, una carica a qlcu. *Installare un amico in un posto importante.* ~ estens. Sistemare, far alloggiare qlcu. in un luogo. *Installare gli ospiti nelle camere.* **3.** INFORM. Procedere all'installazione di un sistema informatico, di un'unità periferica o di un software per renderlo operativo. ◆ **installarsi** v.pron. Sistemarsi, insediarsi in un luogo. *Installarsi in un nuovo ufficio.*

installatóre v.tr. [f. *–trice*] Che mette in opera, monta impianti, macchinari, ecc. *Operaio installatore.* ◆ s.m. (anche f.) Nel sign. dell'agg.

installazióne s.f. (fr. *installation*) **1.** Messa in opera di impianti e macchinari. ~ (spec. pl.) Ciò che viene messo in opera. *Installazioni portuali.* **2.** INFORM. Inserimento in un computer di un software o di un dispositivo. **3.** ART. MOD. CONT. Allestimento, in uno spazio dato, di elementi organizzati secondo le disposizioni di un artista.

instancàbile agg. **1.** Che non è stanco, che sembra non provare stanchezza. SIN.: **infaticabile. 2.** Che non cessa a causa della stanchezza. SIN.: **assiduo.** ~ Che denota perseveranza.

instancabilménte avv. In modo instancabile.

instant book [/ˈɪnstənt bʊk/] loc. sost. m. inv. [pl. *instant books*] (loc. ingl., propr. "libro istantaneo") EDIT. Libro scritto e pubblicato in breve tempo e dedicato a un avvenimento politico o di cronaca di grande risonanza e attualità.

instant movie [/ˈɪnstənt ˈmuːvi/] loc. sost. m. inv. [pl. *instant movies*] (loc. ingl., propr. "film istantaneo") Film che si ispira a un fatto politico o di cronaca recente e di grande risonanza.

instauràre v.tr. Stabilire qlco. di nuovo. *Instaurare nuovi metodi.* ~ Ordinare un nuovo sistema, spec. in ambito politico o sociale. ◆ **instaurarsi** v.pron. Avere inizio. *Si instaurò una dittatura.*

instaurazióne s.f. Fondazione, costituzione di nuovi ordinamenti, istituti, ecc.

instillàre o **istillàre** v.tr. **1.** Introdurre un liquido goccia a goccia. *Instillare le gocce nel naso.* **2.** fig. Ispirare, infondere un sentimento. *Instillare il dubbio.*

instillazióne o **istillazióne** s.f. **1.** MED. Somministrazione goccia a goccia di una sostanza medicinale in una cavità naturale dell'organismo. **2.** fig. L'inculcare in qlcu. principi, norme, sentimenti.

instradaménto o **istradaménto** s.m. **1.** Avviamento in una certa direzione, lungo un dato percorso. **2.** fig. Opera volta ad ammaestrare, a guidare qlcu.

instradàre o **istradàre** v.tr. **1.** Far muovere su una certa strada. *Instradare il traffico.* SIN.: **incanalare. 2.** fig. Indirizzare qlcu. verso qlco. in ambito morale. *Instradare i figli all'onestà.* ~ Guidare verso un'attività o una disciplina. *Instradare gli studenti alla letteratura.* ◆ **instradarsi** v.pron. **1.** Muoversi per una strada. *Instradarsi verso la periferia.* **2.** fig. Fare i primi passi nell'acquisizione di una disciplina o di una professione, intraprendere una carriera. *Instradarsi nella moda.*

insù avv. Verso l'alto, in alto.

insubordinàto agg. (fr. *insubordonné*) Che rifiuta di sottomettersi, che si ribella agli ordini. SIN.: **indisciplinato.** ◆ s.m. [f. *–ta*] Nel sign. dell'agg.

insubordinazióne s.f. (fr. *insubordination*) Rifiuto di sottomettersi all'autorità di un superiore.

insuccèsso s.m. (fr. *insuccès*) Esito negativo di ciò che si è intrapreso. SIN.: **fallimento**.

insudiciàre v.tr. [5] **1.** Rendere sporco. *Insudiciare la camicia.* SIN.: **imbrattare. 2.** fig. Disonorare il nome di qlcu. *Insudiciare la propria reputazione.* SIN.: **insozzare.** ◆ **insudiciarsi** v.pron. **1.** Sporcare se stessi, qlco. che si indossa o una parte del proprio corpo. **2.** fig. Compromettersi, macchiarsi moralmente. *Insudiciarsi con affari illeciti.*

insufficiènte agg. **1.** Che non basta. *Entrate insufficienti.* **2.** Nel l. scolastico, che non ha la preparazione minima ritenuta indispensabile. **3.** Privo delle doti indispensabili allo svolgimento di una data attività. SIN.: **inadatto.** ◆ s.m. Giudizio scolastico negativo. *Un insufficiente in italiano.*

insufficiènza s.f. **1.** Mancanza del necessario. *Insufficienza di mezzi.* SIN.: **scarsità.** ◊ *Insufficienza di prove:* formula di proscioglimento da un giudizio penale. **2.** estens. Carenza evidente. *Insufficienze nello sviluppo economico.* SIN.: **manchevolezza. 3.** Inadeguatezza rispetto a un fine, a un compito. SIN.: **inidoneità. 4.** Nel l. scolastico, giudizio e voto negativo del docente che ritiene inadeguata la preparazione dello studente. **5.** MED. Carente funzionamento di un organo.

insufflazióne s.f. **1.** Immissione di aria o di altro gas nella cavità di un corpo elastico. **2.** MED. Immissione di ossigeno, vapori, polveri in una cavità del corpo, a scopo terapeutico o diagnostico. **3.** Atto liturgico consistente nell'alitare sopra a una persona o a un oggetto per esorcizzarlo, consacrarlo (oggi solo facoltativo).

insula s.f. (voce lat. "isola") ARCHEOL. Casa romana distanziata da altre case oppure casa suddivisa in abitazioni per più famiglie.

insulàre agg. **1.** Dell'isola. *Porto insulare.* ~ Che abita in un'isola. *Popolazione insulare.* **2.** ANAT., MED. Relativo alle isole di Langerhans, nel pancreas. ◆ s.m. e f. Abitante o nativo di un'isola. SIN.: **isolano**.

insularità s.f. inv. **1.** Configurazione geografica a isola o costituita da più isole. **2.** *estens.* Senso di appartenenza a un'isola.

insulìna s.f. BIOL. Ormone ipoglicemizzante secreto dalle cellule β dette *isole di Langerhans*. (La carenza di insulina causa il diabete.)

insulìnico agg. [pl.m. *-ci*, f. *-che*] Di insulina, a base di insulina. ◇ MED. *Coma, shock insulinico:* causato da una dose eccessiva di insulina.

insulinoterapìa s.f. MED. Cura a base di insulina.

insùlso agg. Privo di spirito, di vivacità intellettuale. SIN.: **futile**.

insultàre v.tr. (lat. *insultāre*, propr. "saltare contro") Offendere con parole o atti ingiuriosi. SIN.: **offendere**. ◆ **insultarsi** v.pron. Di due o più persone, scambiarsi offese. *I due automobilisti si insultavano.*

insùlto s.m. **1.** Parola o atto di spregio, che offende. SIN.: **oltraggio**. **2.** MED. Accesso, attacco. *Insulto di tosse.*

insuperàbile agg. **1.** Che non si può oltrepassare. *Limite insuperabile.* **2.** *fig.* Su cui non si può avere la meglio. SIN.: **insormontabile**. **3.** Di capacità o qualità ineguagliabili. SIN.: **impareggiabile**.

insuperbìre v.tr. [83] Far diventare superbo. ◆ v.intr. (aus. *essere*) Diventare superbo, anche pron.

insurrezióne s.f. Sollevazione contro l'autorità costituita.

intaccàre v.tr. [4] **1.** Incidere qlco. producendovi delle tacche. *Intaccare un'asse di legno.* ~ Rovinare il filo a una lama. **2.** *estens.* Danneggiare gradualmente, corrodere. *La ruggine intacca il ferro.* **3.** Detto di malattia, colpire un organo. *Il cancro ha intaccato il fegato.* ~ *estens.* Iniziare a consumare un bene. *Intaccare il patrimonio.* **5.** *fig.* Compromettere qlco. *Intaccare la reputazione, l'amicizia.*

intaccatùra s.f. **1.** Intaglio, incavo, solco praticato su qlco. **2.** TECN. Incavo a gradino praticato sul bordo di un pezzo per accogliere un altro pezzo a incastro. **3.** ARCH. Elemento poco aggettante a forma di fascia.

intagliàre v.tr. [6] **1.** Scolpire un materiale duro. *Intagliare il marmo.* **2.** Ritagliare motivi decorativi a traforo in un tessuto. *Intagliare una tovaglia.*

intàglio s.m. [pl. *-gli*] **1.** Procedimento della scultura che consiste nell'incidere un materiale duro (legno, avorio, pietre). **2.** MIN. Taglio praticato con l'intagliatrice in rocce tenere per ottenerne il distacco. **3.** Tacca praticata su qlco.

intangìbile agg. Che deve restare intatto, inviolato.

intànto cong. **1.** Nel medesimo tempo, nel frattempo. *Fermati pure, io intanto vado a casa.* ◇ *loc. cong. Intanto che:* mentre; *fam.* fin quando, con il tempo che ci vuole per. *Intanto che prepari le valigie, si fanno le dieci.* **2.** Però, a dire il vero. *Lui promette, ma intanto sono io a provvedere.* **3.** Comunque, alla fin fine. *Intanto, il governo si è dimesso.*

intarsiaménto s.m. Decorazione eseguita mediante inserimento di intarsi.

intarsiàre v.tr. [6] Decorare una superficie di legno inserendovi sottili lamine di materiale pregiato. ~ *fig.* Abbellire qlco. di elementi che lo impreziosiscono. *Intarsiare un discorso di citazioni letterarie.*

intarsiàto agg. Lavorato a intarsio, anche in senso fig.

intarsiatóre s.m. [f. *-trice*] Chi esegue intarsi artistici.

intàrsio s.m. [pl. *-si*] **1.** ART. DEC. APPL. Tecnica consistente nell'inserire a incastro, su una superficie di legno, metallo e altro, lamine di materiale pregiato (legno, marmo, madreperla, pietre dure) di varia forma e colore. ~ Oggetto e composizione ottenuti con tale tecnica. *Intarsio ligneo.* **2.** Decorazione di tessuti ottenuta con l'inserimento di tessuti di altro tipo o pelli. **3.** In odontoiatria e odontotecnica, ricostruzione di una parte della corona dentaria distrutta dalla carie. **4.** Gioco enigmistico.

intasaménto s.m. **1.** Ostruzione che impedisce il deflusso. SIN.: **ingorgo**. **2.** MIN. Chiusura dei fori delle mine.

intasàre v.tr. **1.** Bloccare con accumulo di materiale. *Intasare un condotto.* SIN.: **ostruire**. **2.** *estens.* Ostacolare la circolazione stradale. *Il traffico intasa l'autostrada.*

intasàto agg. Ostruito, ingorgato. ~ Chiuso, costipato, tappato.

intascàre v.tr. [4] **1.** Mettere in tasca. *Intascare il fazzoletto.* **2.** *estens.* Riscuotere somme di denaro rapidamente o in modo illecito. *Intascare una bella somma.* **3.** MAR. Piegare e arrotolare vele o altro.

intàtto agg. **1.** Che non è stato toccato. **2.** *estens.* Che non ha subito alcun danno, che non è stato violato. SIN.: **integro**. ~ Che non è stato intaccato. *Somma intatta.*

intavolàre v.tr. **1.** Disporre dati o numeri in tavole o tabelle. **2.** *fig.* Iniziare discussioni, trattative. **3.** MUS. Trascrivere un brano musicale con l'antico sistema di notazione dell'intavolatura.

intavolatùra s.f. **1.** MUS. Notazione musicale il cui principio si basa sull'utilizzo di cifre e lettere che indicano la posizione delle dita sullo strumento. **2.** Avviamento, inizio. **3.** Rivestimento con tavole.

integèrrimo agg. Nel sign. fig. del superl. di *integro*, onestissimo.

integràbile agg. **1.** Di cui si possono sanare le carenze con aggiunte quantitative o qualitative. *Pensione integrabile.* **2.** MAT. Si dice di una funzione che ammette l'integrale.

integràle agg. **1.** Che non è soggetto ad alcuna restrizione, ad alcun taglio. *Rimborso integrale.* **2.** Che conserva tutti i propri elementi costitutivi. **3.** MAT. Relativo all'integrazione. ◇ *Calcolo integrale:* la parte del calcolo infinitesimale che studia l'integrazione e le sue applicazioni. ◆ s.m. MAT. Uno dei concetti fondamentali del calcolo infinitesimale. ◇ *Integrale di un'equazione differenziale:* funzione, soluzione di un'equazione differenziale. – *Integrale definito di una funzione f(x) sull'intervallo [a,b]:* numero ottenuto come limite di una somma di termini infinitesimali, che rappresenta l'area (algebrica) delimitata dalla curva d'integrazione y=f(x), dall'asse delle x e dalle due parallele all'asse della y di ascisse a e b. [Questo numero si indica con $\int_a^b f(x) \cdot dx$ ed è pari a F(b) - F(a), dove F è una primitiva di f.] – *Funzione integrale di una funzione f:* funzione g ottenuta considerando un integrale definito di f come dipendente dal limite superiore dell'intervallo d'integrazione. (Si indica con $g(x) = \int_a^x f(t) \cdot dt$.)

integralìsmo s.m. Tendenza ad applicare una dottrina o un'ideologia nella sua interezza e col massimo rigore, il che porta spesso al rifiuto di ogni eccezione, deroga o compromesso, e quindi a intolleranza e fanatismo. *Integralismo cattolico.*

integralìsta s.m. e f. [pl.m. *-sti*] Fautore e seguace dell'integralismo. ❑ In funzione di agg., proprio dell'integralismo, caratterizzato da integralismo. ~ *estens.* Intransigente, intollerante.

integralménte avv. In modo integrale.

integrànte agg. Di elemento, necessario o accessorio, costitutivo di una totalità.

integràre v.tr. **1.** Rendere completo qlco. con l'aggiunta di elementi mancanti. *Integrare il testo con le illustrazioni.* **2.** Inserire qlcu. in un gruppo o in un'attività, facendo in modo che si trovi bene. *Integrare i portatori di handicap nella società.* **3.** MAT. Calcolare l'integrale di una funzione, risolvere un'equazione differenziale. ◆ **integrarsi** v.pron. Detto di due o più elementi in rapporto reciproco, completarsi a vicenda. *Le loro capacità si integrano perfettamente.* ~ Inserirsi in ambienti, gruppi, attività, ecc. in modo da essere in armonia con l'insieme. *Integrarsi in un nuovo ambiente di lavoro.*

integrativo agg. Che si aggiunge a qlco. di preesistente, costituendone il completamento.

integràto agg. **1.** Completato con aggiunte. *Nuova edizione integrata con illustrazioni.* ~ Che risulta dall'unione funzionale di più parti o momenti. *Ciclo produttivo integrato.* **2.** *fig.* Che partecipa pienamente alla vita di una comunità, che se ne sente parte, che fa tutt'uno con essa. SIN.: **inserito**. ~ *spreg.* Che ha fatto proprie, perlopiù opportunisticamente, abitudini di vita e mentalità predominanti, perdendo ogni autonomia critica. **3.** MAT. Che ha subito un'operazione di integrazione. ◆ s.m. [f. *-ta*] Nell'accez. 2 dell'agg.

integratóre agg. [f. *-trice*] (lat. *integratōrem* "restauratore") **1.** Che integra, completa, perfeziona. **2.** TECN. *Strumento integratore:* strumento di misurazione che integra e totalizza i valori di grandezze variabili, indicandoli o registrandoli (p.e. i contatori di acqua, gas, ecc.). **3.** ELETTRON. Di strumento che effettua un'operazione di integrazione sul segnale in ingresso. ◆ s.m. **1.** Nella trasmissione di immagini, dispositivo che provvede alla loro sintesi sul terminale ricevente. **2.** MAT. Strumento per tracciare la curva integrale di una funzione data. **3.** ELETTRON. Nell'accez. 3 dell'agg. **4.** Medicinale che integra l'alimentazione.

integrazióne s.f. **1.** Completamento di qlco. attraverso l'aggiunta di ciò che è mancante. **2.** Fusione, unificazione, stretta collaborazione tra soggetti diversi. ~ FISIOL. Coordinazione delle attività di più organi, realizzata dai centri nervosi. **3.** *spreg.* Adeguamento ai modelli socioculturali predominanti spec. da parte di chi prima li abbia criticati, contestati. **4.** ECON. Processo di coordinamento o concentrazione di imprese industriali che svolgono la stessa fase di lavorazione o che svolgono fasi successive della lavorazione di un medesimo prodotto. ◇ *Integrazione economica:* forma di cooperazione economica tra stati. (Può assumere varie forme: zona di libero scambio, unione doganale, mercato comune, unione economica, integrazione economica totale.) **5.** MAT. Operazione con cui si determina l'integrale, definito o indefinito, di una funzione data.

integrazionìsmo s.m. Indirizzo politico, movimento volto a favorire l'integrazione razziale.

integrità s.f. inv. **1.** Stato di una cosa che si presenta intatta, che non ha subito alterazioni. **2.** *fig.* Qualità di una persona onesta.

ìntegro agg. **1.** Intero, intatto. **2.** *fig.* Di assoluta onestà e probità.

intelaiatùra s.f. **1.** Sistemazione di qlco. in un telaio e approntamento dello stesso. **2.** Telaio o scheletro di una costruzione, di una macchina. **3.** *fig.* L'insieme degli elementi essenziali di un complesso, di un organismo, di un'opera.

intelàre v.tr. Foderare, rivestire qlco. di tela.

intellettivo agg. Proprio dell'intelletto.

intellètto s.m. (lat. *intellēctum*, deriv. di *intellĕgere* "capire", propr. "scegliere fra") **1.** FILOS. Facoltà di intendere ed elaborare concetti. ~ *comun.* Capacità di capire, di ragionare, di giudicare e di volere. **2.** L'essere umano in quanto possiede l'intelligenza e, in partic., persona di grande cultura e ricchezza intellettuale. **3.** TEOL. CATT. Dono dello Spirito Santo, grazie al quale l'uomo può avvicinarsi alla comprensione delle verità soprannaturali.

intellettuàle agg. **1.** Relativo all'intelligenza, al pensiero, alla conoscenza. *Lavoro intellettuale.* **2.** Caratterizzato da un prevalere del pensiero, del ragionamento sul sentimento e sulla fantasia. **3.** Che si dedica ad attività di pensiero, che ha spiccati interessi culturali. ◆ s.m. e f. Chi svolge un'attività in cui prevalgono il pensiero e la riflessione. ~ *estens.* Chi esercita una professione che abbia attinenza con la cultura.

intellettualìsmo s.m. **1.** FILOS. Dottrina che afferma la preminenza dell'intelligenza sulle sensazioni e sulla volontà. **2.** Carattere di un'opera, di un'arte dove prevale l'elemento intellettuale. ~ Esasperato predominio dei valori intellettuali. SIN.: **cerebralismo**.

intellettualìsta s.m. e f. [pl.m. *-sti*] **1.** FILOS. Fautore, sostenitore dell'intellettualismo. **2.** Chi nella vita o nell'attività artistica e letteraria assegna alla ragione una priorità sul sentimento e sulla fantasia. ❑ In funzione di agg., razionale, poco incline a sentimenti ed emozioni.

intellettualòide agg. **1.** *spreg.* Che si dà arie da intellettuale senza esserlo. **2.** Dettato dall'ambizione di apparire intellettuale. ◆ s.m. e f. Nell'accez. 1 dell'agg.

intellezióne s.f. FILOS. Attività dell'intelletto.

intelligence [/ɪn'tɛlidʒəns/] s.m. inv. (voce ingl., deriv. di *Intelligence Service* "Servizio di Informazioni") Servizio di spionaggio e di controspionaggio.

intelligènte agg. **1.** Dotato d'intelletto, che ha la facoltà di pensare. SIN.: **raziocinante**. **2.** *estens.* Che è dotato d'intuizione, di ingegno pronto e vivace, di notevoli capacità ragionative. SIN.: **sagace**. ~ Riferito ad animale, che si mostra disponibile a misurarsi con situazioni nuove. **3.** Che rivela, denota intelligenza. *Una risposta intelligente*. **4.** Di una apparecchiatura il cui funzionamento è garantito da un dispositivo automatizzato capace di sostituirsi, per alcune operazioni, all'intelligenza umana. *Semaforo intelligente*.

intelligènza s.f. **1.** Facoltà di effettuare ragionamenti, indispensabile nei processi di astrazione, nell'acquisizione di cognizioni, nella risoluzione di problemi pratici. SIN.: **intelletto**. ~ Prontezza e vivacità mentali. **2.** Persona molto intelligente. **3.** *Intelligenza artificiale*: insieme delle teorie e delle tecniche finalizzate alla parziale riproduzione di processi propri della mente umana. **4.** Capacità d'intendere, comprensione di qlco. **5.** Accordo, alleanza e, in partic., intesa segreta. **6.** MAR. Bandierina triangolare o segnale ottico che significa "ho capito il messaggio ricevuto".

ENCICL. I test d'intelligenza definiscono le potenzialità della mente umana in termini di quoziente intellettivo (QI). Tali test sono strutturati principalmente in base alle varie teorie dell'intelligenza, le quali si fondano su concezioni empiriche basate sulla vita quotidiana (la teoria di Binet-Simon ne è un esempio), su diversi stadi di sviluppo dell'intelligenza (Piaget), su fattori generali (Spearman), su una scala di attitudini e abilità (Burt) e scompongono l'intelligenza in diverse capacità od operazioni intellettive distinte (Thurstone, Sternberg). Dibattiti riguardo l'unicità dell'intelligenza e l'influsso di caratteri ereditari e dell'ambiente sulla mente umana sono tuttora in corso.

intellighènzia s.f. (russo *intelligencija*, lat. *intelligèntia* "intelligenza") ST. Nella Russia del sec. XIX, gli intellettuali di tendenza riformista o rivoluzionaria ~ *pegg.* Gli intellettuali considerati come categoria.

intelligìbile o **intellegìbile** agg. **1.** FILOS. Che può essere capito e conosciuto soltanto attraverso l'intelletto. ~ *estens.* Che non ha natura sensibile. **2.** *comun.* Che può essere compreso. *Discorso intelligibile.* SIN.: **comprensibile**. ◆ s.m. FILOS. (solo sing.) Tutto ciò che si può conoscere con l'intelletto.

intemperànte agg. Che non riesce a frenare impulsi, bisogni. ~ Incapace di moderazione.

intemperànza s.f. **1.** Incapacità di moderarsi nell'appagamento di istinti, di bisogni. *Intemperanza nel bere.* **2.** (spec. pl.) Atto, comportamento, espressione che denota mancanza di moderazione, di autocontrollo. SIN.: **eccesso**.

intempèrie s.f. pl. Qualsiasi perturbazione meteorologica.

intempestìvo agg. Che non viene fatto al momento giusto e risulta perciò inopportuno o controproducente.

intendènte s.m. (fr. *intendant*) Persona che sovrintende all'amministrazione di beni e in partic. che dirige un'intendenza.

intendènza s.f. Organo di direzione amministrativa. ◇ *Intendenza militare*: organizzazione che soprintende al funzionamento dei servizi logistici di un'armata. – *Intendenza di finanza*: organo direttivo periferico dell'amministrazione finanziaria dello Stato; oggi corrisponde alla Direzione regionale delle entrate.

intèndere v.tr. [33] (lat. *intèndere* "dirigersi, occuparsi") **1.** Capire, comprendere qlco. *Intendere il latino*. – *Lasciar, fare intendere*: parlare in modo allusivo. – *S'intende*: è ovvio. **2.** Interpretare in un certo modo. *Intendo le tue parole come una condanna*. **3.** Udire, avvertire qlco., venire a sapere. *Intendere voci riguardo al trasferimento*. **4.** Dare ascolto alle richieste e ai

consigli altrui. **5.** Avere l'intenzione, la volontà di fare. *Intendo partire questa sera.* **6.** Voler dire. *Cosa intendete con ciò?* ◆ **intendersi** v.pron. **1.** Capirsi, comprendersi reciprocamente. ~ Andare d'accordo. *I bambini si intendono facilmente.* **3.** Avere esperienza o conoscenza di qlco. *Intendersi di idraulica.*

intendimènto s.m. **1.** Ciò che si intende fare. SIN.: **intento**. **2.** Facoltà di pensare, di capire, di giudicare. SIN.: **intelletto**.

intenditóre s.m. [f. –*trice*] **1.** Chi s'intende di qlco., possiede una certa competenza in un determinato settore. **2.** Chi capisce le cose.

intenerimènto s.m. Cedimento interiore dovuto al sorgere di un sentimento di commozione, di tenerezza.

intenerìre v.tr. [83] **1.** Rendere qlco. tenero, morbido. *Intenerire la carne.* **2.** *fig.* Infondere una sensazione di pietà o tenerezza. *Il racconto lo ha intenerito.* SIN.: **commuovere**. ◆ v.intr. (aus. *essere*) Diventare tenero. ◆ **intenerirsi** v.pron. **1.** Diventare morbido, tenero. *Il materasso si intenerisce con il tempo.* **2.** *fig.* Commuoversi, essere presi da tenerezza. *Intenerirsi alla vista del figlio.* SIN.: **addolcirsi**.

intensaménte avv. Con intensità.

intensificàre v.tr. [4] (fr. *intensifier*) Rendere più intenso, più attivo. *Intensificare gli sforzi.* SIN.: **moltiplicare**. ◆ **intensificarsi** v.pron. Divcn tare più intenso, più frequente.

intensionàle agg. FILOS. Relativo all'intensione.

intensióne s.f. FILOS. Complesso degli attributi propri di un concetto. SIN.: **connotazione**.

intensità s.f. inv. **1.** Carattere intenso, manifestazione intensa di qlco. SIN.: **forza**. **2.** In vari contesti scientifici, indica una grandezza che rappresenta la quantità di un fenomeno. *Intensità di una forza*. ◇ FIS. *Intensità di corrente*: la carica elettrica, misurata in ampère, che nell'unità di tempo attraversa la sezione di un conduttore. – *Intensità luminosa*: flusso luminoso emesso, per unità di angolo solido, da una sorgente puntiforme. – *Intensità sonora*: energia emessa nell'unità di tempo da una sorgente sonora. – ECON. *Intensità di capitale*: quantità di capitale impiegata nella produzione in rapporto agli altri fattori della produzione (e in partic. all'impiego di manodopera). **3.** LING. *Intensità articolatoria*: energia impiegata nel realizzare un'articolazione.

intensìvo agg. Che raggiunge una maggiore efficacia perché più concentrato e frequente nel tempo. ◇ AGR. *Agricoltura intensiva*: che tende a ottenere la massima resa per unità di superficie grazie a opportuni trattamenti del terreno e ad appropriate tecniche di coltivazione. – URBAN. *Costruzioni intensive*: che sfruttano l'area edificabile al massimo sia con un più alto numero di piani sia con la riduzione dello spazio tra un fabbricato e l'altro. ◆ s.m. **1.** AGR. Agricoltura intensiva. **2.** URBAN. Costruzione intensiva.

intènso agg. **1.** Di potenza, forza molto grande, superiore alla media. ~ Di sensazione o sentimento, forte, acuto. SIN.: **violento**. **2.** Svolto, condotto con grande energia, concentrazione e assiduità. *Periodo intenso di studio.* **3.** LING. *Articolazione intensa*: caratterizzata da maggiore energia.

intentàre v.tr. DIR. Intraprendere un'azione giudiziaria. *Intentare una causa.*

1. intentàto agg. Che non è stato ancora provato, tentato. ◆ s.m. (solo sing.) Usato nella loc. *non lasciare nulla d'intentato*, provarle tutte.

2. intentàto agg. DIR. Iniziato, promosso.

1. intènto agg. **1.** Riferito ai sensi e alle facoltà mentali, attentamente rivolto a un particolare oggetto. **2.** Riferito a persona, che è concentrato in una determinata attività.

2. intènto s.m. Fine a cui il desiderio, la volontà, l'azione sono rivolti.

intenzionàle agg. **1.** Fatto di proposito, deliberatamente. ◇ DIR. *Delitto intenzionale*: doloso, in oppos. a *colposo*. – MED. *Tremore intenzionale*: quello di per sé involontario accompagnato però a un'azione volontaria. **2.** FILOS. Relativo all'intenzionalità.

intenzionalità s.f. inv. **1.** Carattere di ciò che viene fatto, detto di proposito. SIN.: **volonta**-

rietà. **2.** FILOS. Possibilità di una qualsiasi azione umana di tendere a qlco. di diverso da sé.

intenzionàto agg. (fr. *intentionné*) Che ha una precisa intenzione di fare, di dire qlco.

intenzióne s.f. **1.** Proposito deliberato di compiere questo o quell'atto. SIN.: **volontà**. **2.** Il fine, la finalità che ci si propone di raggiungere. SIN.: **intento**. **3.** Fine assegnato all'opera al cui raggiungimento l'autore aspira. **4.** (al pl.) Insieme di pensieri, di valutazioni che la mente elabora in rapporto a un fine. **5.** Disposizione d'animo verso qlcu. o qlco. **6.** SPORT. *Tiro di prima intenzione*: nel calcio, tiro sul pallone in arrivo senza fermarlo sul terreno.

intepidìre v.tr. → **intiepidire**.

inter- Prefisso di composti con il significato della preposizione "tra", che indica una posizione intermedia tra due cose o due limiti di spazio o di tempo (*interbinario*, *interdentale*, *intersecare*, *intervallo*), un rapporto di collegamento (*interlingua*, *internazionale*, *interpartitico*) o un rapporto di reciprocità (*interagente*, *intercomunicante*, *interrelazione*).

interafricàno agg. Riguardante più paesi africani o l'insieme dei continente.

interagènte agg. Che svolge un'azione caratterizzata da reciprocità.

interagìre v.intr. [83] (aus. *avere*) Esercitare un'interazione.

interalleàto agg. Comune a più alleati o all'insieme degli stessi. *Forze interalleate*.

interaménte avv. Completamente, del tutto.

interamericàno agg. Comune a più stati americani o all'intero continente.

interàrmi o **interàrme** agg. inv. Riguardante più armi (fanteria, artiglieria, ecc.) dell'esercito.

interàsse s.m. Distanza tra assi paralleli. ~ Distanza tra due coppie di ruote di un veicolo.

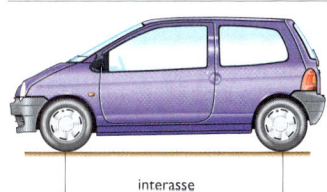

■ **interàsse** di un'automobile.

interattività s.f. **1.** Reciprocità d'azione. **2.** INFORM. Sistema che prevede l'interazione con l'utente.

interattìvo agg. **1.** Che presenta reciprocità d'azione. SIN.: **interagente**. ~ Di un supporto informatico, che permette la partecipazione dell'utente. *Libro interattivo.* **2.** INFORM. Che prevede l'interazione con un operatore, general. tramite terminale.

interaziendàle agg. Che riguarda più imprese.

interazióne s.f. (fr. *interaction*) Influenza reciproca di due fenomeni, due persone. ◇ FIS. *Interazione fondamentale*: ogni tipo d'azione reciproca esercitata tra i costituenti della materia [*interazione gravitazionale, elettromagnetica, debole* (radioattività e disintegrazione) e *forte* (forza nucleare)].

interbancàrio agg. [pl.m. –*ri*] Che riguarda le relazioni tra banche. SIN.: **interbanca**.

interbinàrio s.m. [pl. –*ri*] Distanza fra due binari paralleli.

1. intercalàre v.tr. (lat. *intercalàre*, propr. "chiamare in mezzo") Interporre qlco. ad altro o inserire qlco. in altro, secondo determinati intervalli. *Intercalare il lavoro al riposo.*

2. intercalàre agg. Inserito, aggiunto tra altre cose della stessa natura a intervalli regolari. ◇ *Giorno intercalare*: aggiunto nel mese di febbraio in occasione degli anni bisestili (29 febbraio). – ANAT. *Dischi intercalari*: formazioni istologiche nel tessuto muscolare del cuore. – BOT. *Meristema intercalare*: gruppo di cellule temporaneamente inattive. ◆ s.m. **1.** Parola o frase che inavvertitamente si inserisce continuamente nel discorso. **2.** Verso o gruppo di versi intercalari.

intercambiàbile agg. Che consente uno scambio, una sostituzione con altra analoga cosa o persona.

intercambiabilità s.f. inv. Possibilità di essere cambiato, sostituito con qlco. di analogo. ~ MECC. Caratteristica propria di parti di macchine che, grazie a tolleranze di fabbricazione, si possono montare le une al posto delle altre senza alcuna operazione di aggiustaggio.

intercapèdine s.f. Spazio, vuoto compreso tra due superfici vicine e parallele o pressappoco tali. ~ COSTR. In partic., spazio vuoto che isola fra loro alcune parti di un edificio, p.e. per impedire infiltrazioni d'acqua.

intercèdere v.intr. [49] (aus. *avere*) (lat. *intercēdere*, propr. "passare attraverso") Intervenire presso qlcu. in favore di altri o per ottenere qlco. *Intercedere per una grazia.*

intercellulàre agg. BIOL. CELL. Che è posto tra le cellule.

intercessióne s.f. Intervento a favore di qlcu. presso il possibile benefattore.

intercessóre s.m. [f. *interceditrice*] Chi intercede a favore di qlcu.

intercettàre v.tr. (fr. *intercepter*, lat. *intercĭpere* "prendere in mezzo") Identificare e fermare qlco. in modo che non giunga a destinazione. *Intercettare gli aerei nemici.* ~ Inserirsi e ricevere una comunicazione, senza bloccarla, all'insaputa di chi comunica. *Intercettare una telefonata.* ~ SPORT. In alcuni sport di squadra, prendere il pallone nel corso di un passaggio tra due giocatori della squadra avversaria.

intercettazióne s.f. Operazione con cui si impedisce che qlco. o qlcu. giunga a destinazione.

intercettóre s.m. (ingl. *interceptor*) MIL. Aereo da caccia incaricato di garantire la sicurezza dello spazio aereo, sopra il territorio nazionale o un teatro di operazioni, opponendosi alle incursioni di aerei o missili ostili.

intercity [/ɪnter'sɪti/] agg. (voce ingl.) Di treno rapido che effettua collegamenti veloci tra due o più città. ◆ s.m. Nel sign. dell'agg.

interclàsse agg. Che interessa più classi. ◆ s.f. Nella scuola elementare, insieme di insegnanti e genitori delle classi parallele dello stesso ciclo.

interclùdere v.tr. [21] DIR. Circondare completamente un fondo con altre proprietà.

interclusióne s.f. Condizione di ciò che è circondato da cose che lo chiudono. ◇ *Interclusione di un fondo:* chiusura di un fondo tra fondi di diversa proprietà.

intercolùnnio s.m. [pl.m. *-ni*] ARCH. Spazio compreso tra due colonne adiacenti.

intercomunàle agg. Che interessa o collega più comuni.

intercomunicànte agg. Che comunica direttamente con altro ambiente o vano. *Stanze intercomunicanti.*

interconfessionàle agg. Che è comune a più confessioni religiose. *Conferenza interconfessionale.* ~ Che costituisce motivo d'incontro tra esse.

interconnessióne s.f. **1.** Connessione reciproca tra fatti o fenomeni. **2.** ELETTROTEC. Collegamento fra reti elettriche di generazione o distribuzione, per garantire la continuità del servizio in caso di guasto, l'integrazione delle riserve e una produzione più economica.

interconnèttere v.tr. [16] Unire, connettere, collegare due o più elementi, in modo che ne risulti un rapporto reciproco. *Interconnettere i pezzi dell'ingranaggio.*

intercontinentàle agg. Che è situato o ha luogo tra continenti, che li collega. ◇ *Aeroporto intercontinentale:* scalo di aerei che percorrono linee intercontinentali.

intercorrènte agg. Che si frappone tra due termini, che trascorre tra due momenti. ~ MED. Di malattia, che si verifica durante il decorso di un'altra.

intercórrere v.intr. [21] (aus. *essere*) **1.** Stare in mezzo, frapporsi nel tempo e nello spazio tra due punti di riferimento. **2.** *fig.* Detto di legami o rapporti interpersonali, sussistere tra due o più persone.

intercostàle agg. ANAT., MED. Che si trova tra le costole. *Dolore intercostale.*

interculturàle agg. Che riguarda gli scambi tra varie culture.

interdentàle agg. **1.** ANAT. Frapposto tra due denti. ◇ *Filo interdentale:* filo usato per l'igiene orale. **2.** LING. *Consonante interdentale:* articolata con la punta della lingua tra i denti incisivi inferiori e superiori.

1. interdétto agg. **1.** Proibito, vietato. **2.** Che è oggetto d'interdizione o d'interdetto. ◆ s.m. [f. *-ta*] **1.** DIR. Chi soggiace a un provvedimento di interdizione. **2.** *estens. fam.* Con riferimento a chi è interdetto per infermità mentale, stupido, scemo, impedito.

2. interdétto agg. (fr. *interdit*) Che è così sconcertato da non sapere cosa dire. SIN.: **disorientato**.

3. interdétto s.m. **1.** Divieto, proibizione proveniente da un'autorità. **2.** DIR. CAN. Censura o pena consistente nella proibizione di accostarsi agli uffici divini, a taluni sacramenti e di avere sepoltura cristiana. **3.** Nel diritto romano, ordine di cessare un'attività o di desistere da un comportamento.

interdigitàle agg. Situato tra le dita. ◇ *Membrana interdigitale:* che unisce le dita del piede degli uccelli nuotatori o quelle delle zampe posteriori di vari anfibi.

interdipendènte agg. Di persone o cose che dipendono le une dalle altre.

interdipendènza s.f. Dipendenza reciproca. ◇ ECON. *Interdipendenze strutturali:* l'insieme delle relazioni determinate dalla produzione e dalla circolazione dei beni tra i diversi settori di un sistema economico.

interdire v.tr. [80] (lat. *interdīcere*, propr. "pronunciare un giudizio che pone fine a un litigio fra più persone" quindi "proibire") **1.** Vietare qlco. a qlcu. in forza di un'autorità. SIN.: **proibire**. **2.** DIR. Privare qlcu. di facoltà o diritti, dichiarandone l'interdizione. **3.** DIR. CAN. Colpire qlcu. con un interdetto. **4.** MIL. Ostacolare il nemico con azioni di guerra. **5.** SPORT. Ostacolare l'avversario con un gioco d'interdizione.

interdisciplinàre agg. Che stabilisce relazioni tra più scienze o discipline. *Ricerca interdisciplinare.* SIN.: **pluridisciplinare**.

interditóre s.m. [anche con riferimento a donna] SPORT. Calciatore abile nel gioco di interdizione dell'avversario in possesso del pallone.

interdizióne s.f. **1.** Proibizione di qlco. da parte di un'autorità. ◇ *Zona d'interdizione:* a cui è vietato l'accesso. – *Azione, tiro, fuoco d'interdizione:* azione d'artiglieria volta a impedire al nemico di organizzare un attacco e di sviluppare un'attività di fuoco. **2.** DIR. Divieto perpetuo o temporaneo a esercitare determinati diritti, a seguito di condanna penale o di accertata infermità mentale. **3.** LING. Riferito a un vocabolario, censura per cui alcune parole, considerate sconvenienti, vengono sostituite con eufemismi. **4.** SPORT. Nel calcio, azione volta a contrastare l'azione d'attacco degli avversari.

interessaménto s.m. **1.** Premurosa attenzione che si traduce in un intervento a favore. **2.** Coinvolgimento, ripercussione.

interessànte agg. **1.** Degno d'interesse, d'attenzione o di conoscenza. ~ Tale da richiamare l'attenzione, da attrarre con la propria convenienza. *Prezzo interessante.* **2.** Che attrae perché lascia intuire una complessità interiore. SIN.: **attraente**.

interessàre v.tr. **1.** Attirare qlcu. *Questo libro non mi interessa.* ~ Far sì che qlcu. prenda interesse a qlco. *Interessare il figlio allo sport.* ~ *estens.* Informare, rendere qlcu. partecipe di qlco., in modo che intervenga. *Interessare il ministro alla situazione di emergenza.* **2.** Riguardare da vicino, concernere qlcu. o qlco. *Il provvedimento interessa i giovani.* ◆ v.intr. (aus. *essere*) Essere di interesse, stare a cuore a qlcu. *A noi interessa solo la tua felicità.* SIN.: **importare**. ◆ **interessarsi** v.pron. **1.** Mostrare interesse per qlco. *Interessarsi agli avvenimenti politici.* **2.** Occuparsi, prendersi cura di qlcu. o qlco. SIN.: **preoccuparsi**. ~ Impicciarsi di qlco. *Non interessarti dei fatti miei.*

interessàto agg. **1.** Che mostra interesse per qlco. **2.** Che è parte attiva in qlco., che vi interviene a pieno titolo. ~ Che partecipa agli utili, agli interessi. **3.** Che agisce per tornaconto personale. ~ Che è finalizzato al conseguimento di un vantaggio. *Amicizia interessata.* ◆ s.m. [f. *-ta*] Chi ha una specifica convenienza, degli interessi personali in una faccenda. *Parlare col diretto interessato.*

interèsse s.m. **1.** Attenzione, curiosità. ~ (al pl.) Cose, argomenti che appassionano. *Ragazzo che ha scarsi interessi.* **2.** Capacità di una persona o di una cosa di destare attenzione, di attrarre. SIN.: **attrattiva**. ~ *estens.* Importanza. *Un'opera di notevole interesse.* **3.** ECON. Somma pattuita in percentuale, da pagare o da riscuotere in seguito al prestito di un capitale per un certo periodo di tempo. ~ Prezzo del denaro preso a prestito. ◇ *Interesse semplice:* interesse percepito sul capitale originale. (L'interesse semplice i del capitale a al tasso r per un tempo t è pari a $i = art/100$.) – *Interesse composto:* interesse maturato e capitalizzato in modo da produrre un ulteriore interesse. [Il capitale a al tasso r per 1 € diventa dopo n anni $A = a\ (1 + r)^n$.] – *Interesse legale:* quello stabilito per legge. – *Interesse reale, nominale:* rispettivamente, quello al netto e al lordo del tasso di inflazione. **4.** Vantaggio, utilità personale. ~ (al pl.) Esigenze. *Difendere gli interessi di qualcuno.* ~ *estens.* (al pl.) Affari, attività. ◇ *Interesse generale:* quello di un'intera collettività. – DIR. *Interesse privato in atti d'ufficio:* utilizzazione di atti amministrativi a fini di lucro o per ricavarne un qualunque vantaggio. – *Interesse legittimo:* situazione giuridica protetta dal diritto, in quanto il vantaggio di un privato viene a coincidere con l'interesse generale. – *Matrimonio d'interesse:* contratto perché economicamente vantaggioso. – *Interessi compensativi:* somma destinata a riparare il pregiudizio causato dall'inadempienza di un obbligo.

interessènza s.f. COMM. Partecipazione agli utili di un'impresa.

interètnico agg. [pl.m. *-ci*, f. *-che*] Che riguarda le relazioni tra diverse etnie o tra diversi popoli.

interézza s.f. Possesso di tutti gli elementi costitutivi. SIN.: **totalità**.

interfàccia s.m. e f. [pl.f. *-ce*] (ingl. *interface* "superficie tra due spazi") **1.** CHIM., FIS. Superficie che separa due fasi di un sistema. **2.** ELETTRON., INFORM. Sistema che connette o rende compatibili due sistemi funzionanti con modalità diverse. ~ Modalità di comunicazione tra un computer o un dispositivo controllato da computer e l'utente. ◇ *Scheda di interfaccia:* quella che consente il collegamento di unità esterne al computer centrale. – *Interfaccia grafica:* quella che rappresenta gli oggetti e le entità interne al computer o al programma in una forma grafica direttamente manipolabile dall'utente. **3.** *fig.* Chi o ciò che funge da contatto tra persone o organismi.

interfacciàre v.tr. [5] **1.** Porre tra due superfici che si trovano l'una di fronte all'altra. **2.** INFORM. Collegare un computer con altre unità tramite un'interfaccia.

interfacoltà agg. inv. Che interessa varie facoltà universitarie. ◆ s.f. inv. Organismo universitario elettivo formato da studenti che si prefigge di affrontare i problemi dell'università.

interferènza s.f. (ingl. *interference*) **1.** FIS. Sovrapposizione di fenomeni diversi i cui effetti possono sommarsi o elidersi. ~ TELECOM. Disturbo derivante dall'azione esercitata da un segnale su una comunicazione. **2.** MECC. Differenza tra le dimensioni di due elementi di un accoppiamento fisso. **3.** LING. Influenza esercitata da una lingua su un'altra che porta a modificazioni fonetiche, morfologiche, sintattiche, lessicali. **4.** *fig.* Intervento indebito. SIN.: **ingerenza**.

interferìre v.intr. [83] (aus. *avere*) (ingl. *to interfere* "causare interferenza") **1.** FIS. Detto di onde luminose, sonore o di altro tipo, produrre interferenze. **2.** *fig.* Detto di più elementi, influenzarsi a vicenda intervenendo nei rispettivi campi di azione. **3.** Intromettersi in qlco. che non compete.

interferometrìa s.f. (ingl. *interferometry*) Metodo di misurazione basato su fenomeni d'interferenza.

interferòmetro s.m. (ingl. *interferometer*) FIS. Strumento di misura che sfrutta i fenomeni d'interferenza.

interferóne o **ìntèrferon** s.m. inv. (ingl. *interferon*, deriv. di *to interfere* "interferire" per la sua proprietà inibente nei confronti del virus) BIOL. Proteina antivirale generata dalle cellule al momento del contatto con un virus e capace di inibire la moltiplicazione virale all'interno delle cellule stesse. (Può essere prodotto anche in laboratorio ed è usato come antitumorale e per combattere le epatiti virali.)

interfilàre s.m. AGR. Spazio tra due filari di alberi, general. coltivato.

interfòno s.m. (ingl. *interphone*) Apparecchio che permette comunicazioni a breve distanza, general. all'interno dello stesso edificio.

interfòrze agg. inv. MIL. Relativo a più forze armate. *Operazione interforze.*

intergalàttico agg. [pl.m. *–ci*, f. *–che*] Situato tra le galassie.

interglaciàle agg. GEOL. Detto di periodo, in partic. del quaternario, compreso tra due glaciazioni successive.

interiettìvo agg. LING. Che ha funzione, valore di interiezione. *Locuzione interiettiva.* ~ Caratterizzato dall'uso frequente di interiezioni.

interiezióne s.f. LING. Emissione di voce non distintamente articolata che, frammezzata alle parole del discorso, esprime stati d'animo e reazioni emotive (p.e. ah, mmh, bah, ecc.).

ìnterim s.m. inv. (voce lat., propr. "frattanto") **1.** Periodo di tempo durante il quale una funzione è svolta da una persona diversa dal titolare. ◇ *Ad interim:* temporaneamente. *Ministro ad interim.* **2.** *estens.* Incarico affidato, assunto provvisoriamente.

interinàle agg. **1.** Relativo a un *interim.* ~ Riferito a persona, che ricopre *ad interim* un incarico, che svolge temporaneamente le funzioni del titolare. SIN.: **temporaneo.** ◇ *Lavoro interinale:* svolto temporaneamente. **2.** FIN. Di foglietto, contenente gli estremi dell'operazione, che le parti si scambiano subito dopo la conclusione di un contratto.

interinàto s.m. Periodo di tempo in cui un incarico è retto ad interim. ~ L'incarico stesso.

interióra s.f. pl. (lat. *interiōra* "le parti più interne") Intestini e altri organi contenuti nella cavità toracica e addominale degli animali. SIN.: **frattaglie.**

interióre agg. **1.** Che sta, si trova dentro, nella parte più interna di qlco. **2.** *fig.* Che si riferisce allo spirito, alla coscienza. ◆ s.m. **1.** *fig.* Ambito spirituale. SIN.: **intimo. 2.** (spec. pl.) Interiora.

interiorità s.f. inv. Sfera dello spirito, della coscienza e dell'esperienza soggettiva. ~ Insieme di pensieri e di sentimenti che attengono all'esperienza soggettiva e all'attività dello spirito.

interiorizzàre v.tr. Elaborare e trasferire un'esperienza all'interno della propria coscien-

za. ◆ **interiorizzàrsi** v.pron. Acquistare carattere di interiorità, di autonomia e profondità. ~ Trasferirsi nella coscienza. *Le norme sociali si interiorizzano.*

interlìnea s.f. **1.** Spazio bianco che separa due righe manoscritte o stampate. **2.** *estens.* Frase, parola aggiunta tra due righe manoscritte o stampate. **3.** STAM. Lama di metallo di cui ci si serve in composizione tipografica per intervallare le linee.

interlìngua s.f. **1.** LING. Lingua artificiale creata ai primi del Novecento e che utilizzava, in ambito scientifico, il lessico e la morfologia latini ma quest'ultima in forma semplificata. **2.** LING. Sistema linguistico intermedio, risultato dell'interferenza tra la lingua di partenza e quella in via di apprendimento.

interlinguìstica s.f. [non com. pl. *–che*] LING. Studio dei problemi dell'ibridismo, del plurilinguismo, delle traduzioni e di tutti i fenomeni legati alla connessione tra lingue diverse.

interlinguìstico agg. [pl.m. *–ci*, f. *–che*] **1.** LING. Comune a più lingue diverse. **2.** LING. Che riguarda l'interlinguistica.

interlocutóre s.m. [f. *–trice*] **1.** Persona con cui si parla, a cui si destina un messaggio. **2.** *estens.* Chi partecipa a una trattativa (come controparte), a una discussione, a un dialogo, ecc. **3.** LING. Nella teoria del discorso, l'emittente del messaggio.

interlocutòrio agg. [pl.m. *–ri*] Che ha la funzione di tenere aperta una discussione o un dialogo. ~ *estens.* Che è ancora passibile di sviluppi, di cambiamenti.

interlocuzióne s.f. Partecipazione a un dialogo, a una discussione. ~ Contenuto e forma di tale intervento.

interlùdio s.m. [pl. *–di*] (fr. *interlude*) **1.** Brano di musica strumentale o corale suonato tra due scene o atti di una composizione orchestrale o di un'opera teatrale. SIN.: **intermezzo. 2.** *estens.* Periodo di apparente sospensione nel corso, previsto o inevitabile, degli eventi.

intermediàrio agg. [pl.m. *–ri*] (fr. *intermédiaire*) Che ha funzione di mediazione, di collegamento tra entità distinte, spec. nel l. commerciale. ◆ s.m. [f. *–ria*] Chi svolge un'azione di mediazione o di collegamento tra parti che non possono o non vogliono avere un contatto diretto. ~ In partic., agente commerciale, grossista, concessionario. SIN.: **mediatore.** ◇ *Intermediario finanziario:* banca, istituto di credito, di assicurazioni autorizzato a raccogliere denaro dai risparmiatori per investirlo.

intermediazióne s.f. Processo al termine del quale gli enti creditizi, che ricevono risparmi, li destinano a prestiti.

intermèdio agg. [pl.m. *–di*] **1.** Che sta tra due termini spaziali o temporali. ◇ GEOGR. *Punti intermedi:* nella rosa dei venti, gli otto punti equidistanti dai punti cardinali e intercardinali. **2.** *estens.* Che, essendo termine medio tra due, costituisce un passaggio e quindi anche una gradazione tra essi. **3.** CHIM. *Composto intermedio:* che costituisce un passaggio nella preparazione di altri composti. ◇ ZOOL. *Ospite intermedio (o secondario):* organismo in cui un parassita compie una fase del proprio sviluppo prima di raggiungere la maturità sessuale nell'ospite definitivo. ◆ s.m. **1.** [f. *–dia*] Nel l. sind., dipendente di un'azienda con competenza tecnica che non ha la qualifica di impiegato, ma ha responsabilità superiori a quelle del semplice operaio. **2.** CHIM. Composto intermedio. **3.** SPORT. Punto di controllo del tempo parziale durante un percorso di gara. **4.** Spettacolo con tono leggero, con musica e danze, che negli allestimenti teatrali del Rinascimento veniva eseguito tra un atto e l'altro di una rappresentazione.

intermèzzo s.m. **1.** Pausa tra un atto e l'altro di una rappresentazione teatrale e, più general., pausa che separa i vari momenti di uno spettacolo. **2.** *estens.* Spettacolo breve e di tono leggero eseguito nell'intervallo di una rappresentazione e, in partic., composizione musicale a carattere comico-farsesco, eseguita tra un atto e l'altro di un'opera seria (da cui nacque l'*opera buffa*). **3.** Componimento o gruppo di componimenti letterari considerati dall'autore, per ragio-

ni contenutistiche o stilistiche, di passaggio tra un'opera e l'altra o tra parti di una stessa opera.

interminàbile agg. **1.** Che non ha un limite temporale, che non ha fine. SIN.: **eterno. 2.** *per esager.* Che sembra non avere termine, di cui non si vede la fine.

interministeriàle agg. Relativo ai più ministri o ministeri.

intermittènte agg. **1.** Inframmezzato da intervalli più o meno regolari. SIN.: **discontinuo.** ◇ MED. *Febbre intermittente:* che compare solo a momenti. – *Polso intermittente:* che salta una pulsazione arteriosa. **2.** ELETTR. Calcolato per funzionare in modo non continuo.

intermittènza s.f. **1.** Alternanza di interruzioni e riprese. SIN.: **discontinuità. 2.** ELETTR. Dispositivo a resistenza che serve a interrompere a intervalli di tempo regolari un circuito.

intermodàle agg. (ingl. *intermodal*) Che coinvolge diversi mezzi di trasporto.

intermolecolàre agg. CHIM., FIS. Proprio di un insieme di molecole considerate nelle loro interazioni.

internalizzazióne s.f. (ingl. *internalization*) ECON. *Internalizzazione delle esternalità:* operazione tendente a eliminare gli effetti delle economie esterne attraverso la loro quantificazione monetaria e l'attribuzione dei relativi costi o benefici alle attività che le generano.

internaménto s.m. **1.** Relegazione, per lo più coatta, in un luogo sorvegliato. **2.** Ricovero obbligatorio e definitivo di un malato di mente in un ospedale psichiatrico, oggi non più in vigore. ~ *estens.* Degenza in ospedale psichiatrico e sua durata.

internàre v.tr. **1.** Relegare, rinchiudere qlcu. in un luogo sorvegliato, a scopo di custodia o di cura. SIN.: **segregare. 2.** Ricoverare qlcu. in ospedale psichiatrico. ~ *estens.* Fare ricoverare qlcu. in ospedale.

1. internàto agg. Che è stato relegato coattivamente in un luogo sorvegliato o in un ospedale psichiatrico. ◆ s.m. [f. *–ta*] Nel sign. dell'agg.

2. internàto s.m. [f. *–ta*] (fr. *internat*) **1.** Stato degli alunni interni di un collegio. ~ *estens.* I locali loro riservati e il collegio stesso. **2.** MED., FARM. Condizione di un laureando o laureato che studia e si dedica alla ricerca presso un istituto universitario, spec. nella facoltà di medicina.

internàuta s.m. e f. Utente della rete Internet.

internazionàle agg. (ingl. *international*) **1.** Che interessa più nazioni, più paesi. **2.** Che attiene ai rapporti tra le varie nazioni. ~ In partic., che è sottoposto al controllo di più nazioni o ha un assetto politico garantito da più nazioni. ◇ *Diritto internazionale:* l'insieme delle norme che disciplinano i rapporti tra i vari stati. – *Acque internazionali:* l'alto mare oltre il limite delle acque territoriali su cui tutti gli stati hanno diritto di navigazione e sfruttamento. **3.** Riferito a unità di misura accettata per accordo internazionale. **4.** Che oltrepassa l'ambito nazionale. **5.** Frequentato da persone di tutti i paesi. SIN.: **cosmopolita.** ◆ s.f. **1.** Denominazione di associazioni tra partiti, in partic. socialisti e comunisti, e sindacati di diversi paesi uniti da una stessa ideologia, da un analogo programma politico. ◇ *Prima Internazionale (o l'Internazionale):* quella nata a Londra nel 1864 sul programma di Marx. – *Quarta Internazionale:* quella fondata a Parigi nel 1931 da Trockij in oppos. alla linea stalinista. **2.** (solo sing.) Inno dei lavoratori iscritti ai partiti socialisti e comunisti aderenti all'Internazionale, composto durante la Comune parigina.

internazionalìsmo s.m. **1.** Aspetto proprio dell'ideologia socialista e comunista che contrappone alla natura sovranazionale del capitale la solidarietà e l'organizzazione internazionale del proletariato. **2.** Tendenza delle grandi imprese di vari paesi a raggrupparsi, secondo una logica di maggiore profitto. ~ Tendenza a formare organismi economici in cui sono presenti più paesi, per il perseguimento di fini concordati.

internazionalìsta s.m. e f. [pl.m. *–sti*] **1.** Propugnatore, seguace dell'internazionalismo. **2.** Chi fa parte di una delle Internazionali del comunismo. **3.** Studioso, esperto di diritto

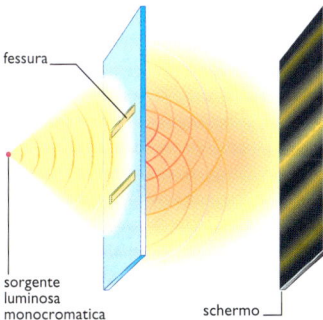

fessura

sorgente
luminosa
monocromatica

schermo

■ **interferènza**

internazionale. □ In funzione di agg., ispirato all'internazionalismo, agli internazionalisti.

internazionalizzàre v.tr. Rendere internazionale. *Internazionalizzare una scoperta.* ~ Sottoporre un territorio a controllo internazionale. ◆ **internazionalizzarsi** v.pron. Diventare, assumere carattere internazionale. *Questo porto si è internazionalizzato.*

internazionalizzazióne s.f. Assunzione o attribuzione di un carattere internazionale.

internegativo s.m. FOTO. Negativo ottenuto da una diapositiva allo scopo di farne altre copie.

Ìnternet s.f. inv. (dall'ingl. *Inter-connected Net-work*) INFORM. Rete telematica internazionale derivata dalla rete militare americana *Arpanet* (concepita nel 1969), risultante dall'interconnessione di migliaia di reti che utilizzano un protocollo di comunicazione comune (*WWW* o *web*, rete mondiale, correntemente chiamata *la Rete*). (Qualsiasi utente di computer fornito di un modem può collegarsi a Internet grazie a un fornitore di accessi. I servizi offerti comprendono la consultazione di siti web, la messaggeria elettronica, i forum, il commercio elettronico, ecc.) ◇ *Internet caffè*: locale in cui sono messi a disposizione della clientela computer per accedere alla rete Internet. □ Anche in funzione di agg. inv.

internettista s.m. e f. Internauta.

internista s.m. e f. [pl.m. –sti] Medico specializzato in medicina interna.

intèrno agg. **1.** Che si trova dentro, che è racchiuso dentro a qlco. ◇ *Numero interno*: indicante i singoli appartamenti di un palazzo o i portoni che non si affacciano sulla strada. – *Apparecchio, telefono interno*: che collega varie stanze e uffici con un centralino a sua volta comunicante con l'esterno. **2.** GEOGR. *Regione interna*: priva di sbocchi sul mare. – *Mare interno*: circondato da terre e comunicante con altri mari o con l'oceano solo attraverso uno o più stretti. – *Navigazione interna*: quella su acque interne. **3.** Che attiene agli organi che hanno sede nel corpo umano e al loro funzionamento. *Medicina interna*. ◇ *Per uso interno*: riferito a medicinale, che deve essere introdotto nel corpo. **4.** Che avviene, ha valore entro un ambito delimitato o che a esso variamente attiene. ~ In partic., che si svolge entro i confini di uno stato. *Guerra interna*. **5.** SPORT. *Partita, vittoria, sconfitta interna*: giocata, riportata sul proprio campo, in casa. **6.** Riferito a persona, che vive o lavora stabilmente entro una struttura. **7.** *fig.* Dell'animo, della coscienza. SIN.: **interiore**. ◇ *Foro interno*: nel l. eccl. ma poi estesosi, il tribunale della coscienza, di contro al tribunale vero e proprio (*foro esterno*). **8.** Che non è contiguo a uno spazio libero, che è più vicino alla parte centrale di un corpo. *Curva interna della strada*. **9.** GEOM. *Angolo interno di un poligono*: quello formato da due lati consecutivi e che giace all'interno del poligono. **10.** MAT. *Punto interno a un insieme*: quello del quale è possibile trovare un intorno tutto contenuto nell'insieme. **11.** CHIM. Che avviene dentro una molecola. ◇ *Composto interno*: quello in cui un atomo di un metallo stabilisce con altri atomi legami di coordinazione, dando luogo ad anelli ciclici. ◆ s.m. **1.** Parte di un corpo, di una struttura, ecc. che non è a contatto diretto con lo spazio libero. **2.** (spec. pl.) Ambiente chiuso e sua raffigurazione. ~ CINE. Ripresa effettuata in un teatro di posa o in un ambiente chiuso. **3.** Parte di un territorio più lontana dal mare, dalla costa. **4.** Telefono, apparecchio interno. *Passare l'interno richiesto*. ~ *Numero interno*. *Abitare all'interno 3.* **5.** Ciò che riguarda gli affari nazionali di uno stato. ~ (iniziale maiusc.) Amministrazione civile dello Stato che presiede alla sicurezza pubblica. **6.** [f. –na] Alunno stabilmente ospitato in un collegio o in altra struttura analoga. ~ Nelle facoltà universitarie, in partic. a medicina, studente ammesso in un istituto per svolgervi attività di studio e di ricerca. **7.** SPORT. Nel calcio, il giocatore che occupa il ruolo di mezz'ala. **8.** *fig.* Interiorità di una persona. SIN.: **intimo**.

inter nòs loc. avv. (loc. lat.) Fra noi, ossia in confidenza.

internùnzio s.m. [pl. –zi] Rappresentante diplomatico della Santa Sede negli stati in cui non c'è il nunzio.

intèro agg. **1.** A cui nulla è stato sottratto. SIN.: **completo**. ~ Che non manca di nulla, da cui nulla e nessuno viene escluso o si esclude. ◇ *Biglietto intero*: senza riduzione. **2.** Che conserva la propria forma originaria non avendo subito rotture, danni. SIN.: **integro**. **3.** Da cui nulla viene omesso. *Dire l'intera verità*. **4.** BOT. Che ha il bordo continuo, senza frastagliature. **5.** MAT. *Numeri interi*: l'insieme dei numeri naturali e dei numeri interi negativi. ◆ s.m. **1.** Il tutto, la totalità. **2.** MAT. Numero intero. **3.** Nelle sciarade, la parola da indovinare che prima è stata proposta suddivisa in parti.

interoceànico agg. [pl.m. –ci, f. –che] Che separa o collega due oceani.

interòsseo agg. ANAT. Situato tra due ossa.

interparlamentàre agg. Costituito da membri di entrambi i rami del parlamento o che comprende membri dei parlamenti di diversi stati.

interpellànte agg. Che presenta un'interpellanza parlamentare. ◆ s.m. e f. Nel sign. dell'agg.

interpellànza s.f. Domanda scritta presentata al governo da uno o più parlamentari per avere chiarimenti sul suo operato e che (diversamente dall'*interrogazione*) prevede un dibattito.

interpellàre v.tr. (lat. *interpellāre*, propr. "interrompere con obiezioni, rivolgere domande") Consultare, interrogare qlcu. per avere un consiglio. ◇ *Interpellare il governo*: rivolgergli un'interpellanza.

interpersonàle agg. Che avviene tra due o più persone.

interplanetàrio agg. [pl.m. –ri] Che è o avviene tra i pianeti. *Voli interplanetari*.

interpolàre v.tr. (lat. *interpolāre*, propr. "riparare") **1.** Introdurre in un testo passaggi che non fanno parte e ne cambiano il senso. **2.** DIR. Alterare il testo originale di una legge per adattarlo a nuove circostanze ed esigenze. **3.** MAT. Determinare approssimativamente i valori intermedi di una funzione in base ai valori conosciuti.

interpolazióne s.f. **1.** Alterazione di un testo con l'aggiunta di frasi, parole, sezioni estranee a esso. ~ Frase, parola, sezione aggiunta. **2.** DIR. Alterazione del testo originale di una legge mediante modifiche del significato e del valore per adattarlo a nuove circostanze. **3.** MAT. Determinazione approssimata dei valori di una grandezza o di una funzione, a partire da un certo numero di valori noti.

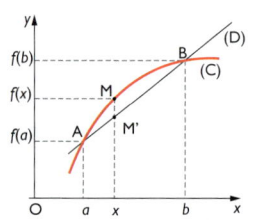

■ **interpolazióne.** L'interpolazione lineare consiste nel sostituire f(x), ordinata di M sulla curva (C), all'ordinata M' sulla retta (D) passante per A e B.

interpónte s.m. MAR. Spazio compreso tra due ponti di una nave.

interpórre v.tr. [25] **1.** Mettere in mezzo, inserire. *Interporre un aggettivo tra l'articolo e il nome*. **2.** *fig.* Mettere innanzi, addurre scuse, ritardi per fermare qlco. che si vuole impedire. *Interporre indugi al progetto*. ◇ DIR. *Interporre appello*: ricorrere in appello per rendere temporaneamente inoperante una sentenza. **3.** Far valere qlco. per uno scopo. *Interporre la propria autorità per ottenere sconti.* ◆ **interporsi** v.pron. **1.** Disporsi o trovarsi nel mezzo, frapporsi tra due o più cose. **2.** *estens.* Intervenire tra più persone o gruppi. *Interporsi tra i belligeranti.* **3.** Intercedere a favore di qlcu. o per ottenere qlco. *Interporsi per la liberazione dei prigionieri.*

interpòrto s.m. Area attrezzata nei pressi di una città per il deposito e lo smistamento delle merci arrivate.

interposizióne s.f. **1.** Inserimento in mezzo a qlco. che viene a essere interrotto o collocato tra due elementi o termini. **2.** Intervento di persona, per lo più autorevole, che può favorire un terzo. **3.** DIR. *Interposizione di persona*: sostituzione di una persona a un'altra nell'esplicazione di un'attività giuridica.

interpósto agg. Posto all'interno, frapposto.

interpretàre v.tr. **1.** Cercare di rendere comprensibile, chiarire. *Interpretare un testo*. **2.** Intendere, capire in un certo modo, attribuirgli un certo valore. *Non interpretare male le mie parole.* **3.** Indovinare, intuire un sentimento. *Interpretare i desideri dell'amato*. **4.** Sostenere un ruolo in una produzione teatrale o cinematografica. ~ Eseguire una composizione musicale.

interpretariàto s.m. (fr. *interprétariat*) Attività dell'interprete.

interpretativo agg. Finalizzato all'interpretazione. *Giudizio interpretativo*. SIN.: **esegetico**. ◇ DIR. *Norma interpretativa*: che spiega il senso di un'altra norma, di una legge.

interpretazióne s.f. **1.** Spiegazione, commento. *Interpretazione di un testo*. **2.** Azione o modo di rappresentare, sostenere un ruolo, eseguire un'opera. **3.** PSICOAN. Lavoro effettuato dal paziente, aiutato dall'analista, per individuare il desiderio inconscio che anima i suoi comportamenti. **4.** Traduzione da una lingua all'altra.

intèrprete s.m. e f. (lat. *intèrpretem* "mediatore") **1.** Chi traduce oralmente da una lingua a un'altra. **2.** Chi, attraverso la recitazione o l'esecuzione, fa conoscere un testo o una composizione al pubblico, evidenziandone i valori secondo un personale giudizio. **3.** Chi è incaricato di dichiarare, di fare conoscere le volontà, le intenzioni di un terzo. **4.** INFORM. Programma per linguaggi di alto livello che prende una riga di programma alla volta e sovrintende immediatamente alla sua traduzione in linguaggio macchina e alla sua esecuzione. *Interprete Basic*.

interpunzióne s.f. **1.** LING. Separazione degli elementi di una sequenza scritta secondo le necessità della struttura sintattica e altre ragioni prosodiche con segni grafici convenzionali. ~ *estens.* L'insieme dei segni di interpunzione. **2.** MUS. Sistema e complesso di segni con cui si indicano le pause e si distinguono le frasi.

interrail [/ˈɪntərˈreɪl/] s.m. inv. (voce ingl.) FERR. Biglietto ferroviario per giovani, valido un mese in zone della rete europea.

interraménto s.m. **1.** Azione di mettere sotto terra, di coprire, di colmare con terra. ~ In partic., seppellimento di un cadavere. **2.** Progressivo riempimento di un bacino, di un porto, ecc. con detriti.

interràre v.tr. **1.** Seppellire nella terra. **2.** Colmare una cavità con terra o sabbia. ◆ **interrarsi** v.pron. Colmarsi di terra.

interrazziàle agg. Che riguarda più razze.

interregionàle agg. Che riguarda più regioni. ◇ *Campionato interregionale*: tra squadre di calcio dilettanti per accedere alla categoria dei semiprofessionisti. ◆ s.m. **1.** Campionato interregionale. **2.** Treno interregionale (sigla *IR*).

interrégno s.m. **1.** Intervallo tra la morte, l'abdicazione, la deposizione del re e l'incoronazione del suo successore. **2.** *estens.* Intervallo durante cui una funzione non è svolta da un titolare. SIN.: **interim**. **3.** *estens.* Periodo di passaggio.

interrelàto agg. (ingl. *interrelated*) In relazione reciproca con altri elementi e dati. *Fenomeni interrelati*.

interrelazióne s.f. (ingl. *interrelation*) Relazione reciproca. SIN.: **interdipendenza**.

interrogàre v.tr. [4] **1.** Rivolgere domande a qlcu. per ottenere informazioni. *Interrogare uno studente.* ~ Esaminare attentamente. *Lo storico interroga i documenti.* **2.** DIR. Sottoporre a interrogatorio. ~ POLIT. Inoltrare un'interrogazione parlamentare. *Interrogare il parlamento.* **3.** Consultare qlcu. per avere una risposta. *Interrogare un mago.* ~ *fig.* Analizzare qlco. per avere risposte o chiarimenti. *Interrogò le stelle.* SIN.: **esaminare**.

interrogativaménte avv. In modo interrogative.

interrogativo agg. **1.** Che costituisce una domanda. *Frase interrogativa.* ~ Proprio della domanda. *Tono interrogativo.* **2.** GRAMM. *Aggettivi, pronomi interrogativi:* quelli utilizzati nelle frasi interrogative (*che ora è?; quante persone ci sono?*). – *Avverbi interrogativi:* quelli di luogo, di tempo, di quantità usati in frasi interrogative (*dove vai?; quando arriverà?; quanto vale?*). **3.** Che implicitamente contiene una domanda, esprime curiosità, desiderio di sapere. *Occhiata interrogativa.* ◆ s.m. **1.** Pensiero che assume una forma problematica, dubitativa. *Porsi un interrogativo.* ~ Perplessità suscitata da qlco. *La situazione pone molti interrogativi.* **2.** fig. Cosa imperscrutabile, indecifrabile, imprevedibile, anche riferito a persona. *Il futuro è un interrogativo.* SIN.: **enigma**.

interrogatòrio agg. [pl.m. –*ri*] **1.** Proprio di chi interroga con volontà indagatrice. SIN.: **inquisitorio**. **2.** Che serve a interrogare. ◆ s.m. **1.** DIR. Insieme di domande rivolte dal giudice o dalla polizia a testimoni, imputati. ◇ *Interrogatorio di terzo grado:* svolto con ricorso a vari mezzi di pressione per ottenere la confessione dell'imputato; fig. seguito di domande minuziose che mettono alle strette. – DIR. CIV. *Interrogatorio formale:* mezzo di prova proposto da una parte per ottenere la confessione dell'altra. – *Interrogatorio libero:* mezzo di prova che il giudice può disporre di propria iniziativa. **2.** estens. Analitico e fastidioso seguito di domande.

interrogazióne s.f. **1.** Domanda o insieme di domande per interrogare. ◇ *Interrogazione parlamentare:* tecnica di controllo parlamentare che permette agli onorevoli di ottenere informazioni o spiegazioni dal governo. **2.** Nel l. scolastico, controllo della preparazione di uno studente condotto attraverso una serie di domande. **3.** GRAMM. Proposizione interrogativa. ◇ *Interrogazione retorica:* domanda che contiene già in sé la risposta e quindi usata per enfatizzare il proprio assunto.

interrómpere v.tr. [45] (lat. *interrŭmpere*, propr. "rompere in mezzo") **1.** Rompere la continuità o la continuazione di qlco. *Interrompere il lavoro.* SIN.: **sospendere**. **2.** Togliere la parola a qlcu., bloccarlo nel parlare. *Non interrompere chi sta parlando.* ◆ **interrompersi** v.pron. **1.** Arrestarsi, bloccarsi smettendo l'attività che si sta svolgendo. *Si è interrotto per guardarmi.* **2.** Subire un blocco, arrestarsi. *La strada si interrompe al rifugio.*

interròtto agg. La cui continuità per qualche ragione è spezzata, interrotta.

interruttóre s.m. ELETTR. Dispositivo che serve a interrompere o a ristabilire una corrente elettrica aprendo o chiudendo il circuito. ◇ *Interruttore differenziale:* dispositivo di sicurezza che può interrompere automaticamente un circuito in caso di pericolo. – ELETTRON. *Interruttore di Wehnelt:* elettrodo cilindrico che serve a regolare il flusso di elettroni nei tubi catodici.

interruzióne s.f. **1.** Il venir meno di una continuità nello spazio, nel tempo, nell'azione. SIN.: **sospensione**. **2.** assol. Pausa, intervallo. **3.** Intervento estraneo che obbliga a sospendere l'attività in corso. *Interruzioni rumorose.*

interscambiàbile agg. Che può essere scambiato con altro analogo elemento.

interscàmbio s.m. [pl. –*bi*] **1.** Scambio, spec. tra paesi diversi. **2.** Insieme di opere viarie che consente l'incrocio, a diversi livelli, di più correnti di traffico.

interscuòla s.f. inv. Nella scuola, intervallo tra le lezioni mattutine e quelle pomeridiane dedicato al pranzo e allo svago degli alunni.

intersecàre v.tr. [4] **1.** Attraversare tagliando. **2.** GEOM. Detto di superfici che incontrano altre rette o superfici in uno o più punti. ◆ **intersecarsi** v.pron. Detto di due o più cose, incrociarsi, attraversarsi reciprocamente.

intersessualità s.f. inv. (ted. *Intersexualität*) BIOL. Coesistenza di caratteri sessuali maschili e femminili in un individuo.

intersezióne s.f. **1.** Luogo in cui due strade si incrociano. **2.** GEOM. Insieme dei punti o degli elementi comuni a due o più curve, superfici o volumi. ◇ *Punto d'intersezione di due linee:* punto in cui si tagliano. – ALG. *Intersezione di due insiemi A e B:* insieme degli elementi comuni ai due insiemi, espresso con A ∩ B (che si legge *A intersecato B*). **3.** TOPOGR. Metodo di determinazione delle coordinate di un punto inaccessibile ma visibile da un certo numero di punti noti.

intersideràle agg. Situato tra le stelle. SIN.: **interstellare**.

intersindacàle agg. Che riguarda più sindacati. *Riunione intersindacale.*

intersoggettivo agg. Che intercorre tra più soggetti. *Rapporti intersoggettivi.*

interspecifico agg. [pl.m. –*ci*, f. –*che*] BIOL. Relativo alle relazioni tra specie diverse. *Ibrido interspecifico.*

interstellàre agg. Situato tra le stelle. SIN.: **intersiderale**. ◇ *Materia interstellare:* materia (gas e polveri) presente nello spazio tra le stelle di una galassia, in partic. sotto forma di nebulose.

interstiziàle agg. **1.** BIOL., ANAT. Situato negli interstizi. ◇ *Cellula interstiziale:* cellula tra lo stroma di alcune ghiandole che spesso ha funzione secretoria. ~ estens. Di patologia che si sviluppa in seno all'impalcatura connettivo degli organi. *Nefrite interstiziale.* **2.** FIS. *Atomo interstiziale:* che si trova in una posizione anomala nel reticolo cristallino di una sostanza, cioè nell'interstizio tra atomi regolari.

interstizio s.m. [pl. –*zi*] Piccolo spazio vuoto tra le parti di un corpo o tra corpi.

intertàppa agg. inv. SPORT. Che si trova lungo il percorso di tappa di una gara ciclistica.

intertèmpo s.m. SPORT. Nelle gare sportive a cronometro, tempo parziale fatto registrare da un atleta in una determinata frazione del percorso.

intertestuàle agg. Che si stabilisce tra due testi.

intertestualità s.f. inv. LING. Rapporto di un testo con altri testi, sia sotto forma di memoria poetica, esplicita citazione o ripresa di moduli stilistici, sia, più in generale, come dipendenza culturale.

intertrìgine s.f. MED. Irritazione della pelle che si verifica nelle pieghe cutanee (inguini, ascelle, ecc.).

intertropicàle agg. Situato tra i due tropici.

interumàno agg. Relativo ai rapporti fra gli uomini.

interurbàna s.f. TELECOM. Comunicazione telefonica in teleselezione, che avviene tra località di diversi distretti.

interurbàno agg. Che unisce due o più città.

intervallàre v.tr. Disporre di più cose a intervalli di spazio o di tempo. SIN.: **distanziare**.

intervàllo s.m. (lat. *intervăllum*, propr. "spazio tra un vallo e l'altro") **1.** Spazio vuoto che si frappone tra cose o momenti diversi. ~ Spazio che intercorre tra due cose o luoghi. ~ Pausa tra un atto e un altro di uno spettacolo teatrale, cinematografico, ecc. **2.** estens. Interruzione, pausa, sosta. ◇ *A intervalli:* a momenti. **3.** MAT. Insieme dei numeri reali *x* compresi tra due numeri reali dati *a* e *b*. ◇ *Intervallo aperto]a, b[:* insieme dei numeri *x* tale che *a* < *x* < *b*. – *Intervallo chiuso [a, b]:* insieme dei numeri *x* tale che *a* ≤ *x* ≤ *b*. **4.** Nel l. sc., insieme di valori di una grandezza compreso tra due valori estremi. – OTT. In partic., in un sistema composto da due altri sistemi, distanza tra il secondo fuoco del primo sistema e il primo fuoco del secondo. **5.** STAT. *Intervallo di confidenza:* insieme di valori che si ritiene contenga, con una certa probabilità, il valore ignoto del parametro oggetto di stima. **6.** MUS. Differenza tra l'altezza di due suoni. (Si parla di intervallo di *seconda, terza, quarta, quinta, sesta, settima* od *ottava* secondo la posizione dei due suoni sul pentagramma.)

interveniènte s.m. e f.1. DIR. Chi interviene in un processo in corso. **2.** ECON. Chi interviene a favore di altri nel pagamento di una cambiale.

intervenire v.intr. [81] (aus. *essere*) (lat. *intervenīre*, propr. "giungere in mezzo") **1.** Intro-

mettersi in qlco., porsi in mezzo per trovare una soluzione. ◇ SPORT. *Intervenire sull'avversario:* ostacolarlo nell'azione. **2.** Prendere parte volontariamente a qlco. *Intervenire alla cerimonia.* ~ Prendere la parola in un dibattito, una discussione, ecc. *Intervenire in una conversazione.* **3.** MED. Compiere un intervento chirurgico su qlcu.

interventismo s.m. **1.** Movimento favorevole alla rottura della neutralità e all'intervento in guerra. **2.** Dottrina che propugna l'intervento dello stato nell'economia.

interventista s.m. e f. [pl.m. –*sti*] Chi è favorevole all'interventismo. ❑ In funzione di agg., dell'interventismo, degli interventisti.

intervènto s.m. **1.** Entrata in azione mentre un evento è in corso. ~ Ingerenza di uno Stato o di un organismo internazionale negli affari interni o esteri di un altro Stato. ◇ *Pronto intervento:* gruppo d'intervento della polizia. **2.** estens. Presenza, partecipazione. **3.** Discorso con cui si contribuisce all'andamento di un dibattito. **4.** SPORT. In alcuni giochi di squadra, ingresso di un giocatore sulla palla o, se falloso, sull'uomo. **5.** MED. *Intervento chirurgico:* operazione realizzata tramite la chirurgia. **6.** DIR. Partecipazione a un processo civile da parte di chi ritenga di avervi interesse. **7.** BANC., COMM. *Intervento cambiario:* pagamento di una cambiale effettuato non dal principale obbligato ma da persona indicata dal traente.

interversióne s.f. **1.** Inversione di termini, mutamento dall'interno. **2.** DIR. *Interversione nel possesso:* mutamento della detenzione di un bene in possesso o viceversa.

intervertebràle agg. ANAT. Posto tra due vertebre.

intervista s.f. (calco dell'ingl. *interview*; fr. *entrevue* deriv. di *s'entrevoir* "vedersi") Colloquio tra due persone, a domande e risposte, con il fine di trarne dati di carattere statistico, sociologico, ecc. oppure di pubblicarne il resoconto.

intervistàre v.tr. Fare un'intervista a qlcu.

intervistàto agg. Sottoposto a un'intervista. ~ s.m. [f. –*ta*] Nel sign. dell'agg.

intervistatóre s.m. [f. –*trice*] **1.** Chi intervista qlcu. **2.** Chi si occupa di ricerche di mercato.

intervocàlico agg. [pl.m. –*ci*, f. –*che*] LING. Posto tra due vocali.

interzàto agg. **1.** Aggiunto come terzo elemento. ~ estens. Rinforzato tre volte o semplicemente rinforzato. **2.** Composto in terza rima. ◆ s.m. ARALD. Scudo diviso in tre parti uguali di smalto diverso.

■ **intervàllo**

interzonàle agg. Relativo a più zone.

intésa s.f. **1.** Consonanza di idee, accordo di sentimenti. **2.** Accordo, concertazione. *Trovare un'intesa.* ~ Accordo tra Stati e l'insieme degli Stati stessi. ~ ECON. Accordo tra imprese che mantengono un'autonomia economica. **3.** Relazioni amichevoli tra persone, affiatamento.

intéso agg. **1.** Capito, compreso. **2.** Che ha la mente tutta rivolta a qlco. SIN.: **intento. 3.** Pattuito, convenuto.

intèssere v.tr. **1.** Tessere qlco. **2.** fig. Mettere insieme qlco. **3.** fig. Tramare qlco. di losco.

intessùto agg. **1.** Che presenta fili diversi da quelli di cui è fatta la stoffa. **2.** fig. Che sembra fatto di una certa cosa, tanto essa è ricorrente, vistosa.

intestardirsi v.pron. [83] Ostinarsi con caparbietà su o in qlco.

intestàre v.tr. **1.** Fornire un libro o un altro scritto di intestazione. ~ Scrivere l'intestazione. **2.** TECN. Mettere a contatto le testate di due o più elementi. **3.** Iniziare a perforare il terreno. **4.** Attribuire qlco. a un titolare assegnandogli il suo nome. ◆ **intestarsi** v.pron. Intestardirsi, ostinarsi.

intestatàrio s.m. [f. *–ria*, pl.m. *–rì*] **1.** Colui il cui nome è scritto in testa a lettere, buste, ecc. DIR. Persona fisica o giuridica a cui è intestato qlco. *Intestatario del conto corrente.* SIN.: **titolare.**

1. intestàto agg. **1.** Che porta un'intestazione. *Carta intestata.* **2.** DIR. Che porta il nome della persona fisica o giuridica cui appartiene. SIN.: **nominativo.** ~ Attribuito a qlcu. con l'assegnazione del suo nome. *Ditta intestata al figlio.*

2. intestàto agg. [f. *–ta*] Che non ha fatto testamento. ◆ s.m. Nel sign. dell'agg.

intestatùra s.f. **1.** COSTR., MECC. Collegamento tra elementi strutturali o meccanici, ottenuto con l'unione delle rispettive testate. ~ Il punto d'unione delle testate stesse. **2.** MECC. Tornitura delle estremità di un pezzo.

intestazióne s.f. **1.** Dicitura stampata posta in capo a un foglio, una lettera, ecc. SIN.: **intitolazione. 2.** DIR. Attribuzione di qlco. a un titolare il cui nome viene scritto. ~ La dicitura che ha tale funzione.

intestinàle agg. Dell'intestino. ◇ *Succo intestinale:* liquido secreto dalle ghiandole dell'intestino tenue, contenente degli enzimi che partecipano alla digestione.

1. intestìno agg. Che avviene tra i membri della stessa comunità, interno. *Lotte intestine.*

2. intestìno s.m. Tratto dell'apparato digerente che va dallo stomaco al retto, diviso in due parti, l'*intestino tenue* e l'*intestino crasso.*

intiepidire o **intepidire** v.tr. [83] **1.** Rendere tiepido, spec. riferito a vivande. **2.** fig. Smorzare, attenuare un sentimento. ◆ v.intr. (aus. *essere*). **1.** Diventare tiepido. *Lascia che la minestra intiepidisca.* **2.** fig. Detto di un sentimento, perdere forza, attenuarsi. *La mia passione per lo studio è intiepidita.* ◆ **intiepidirsi** v.pron. Diventare tiepido. *L'ambiente si intiepidisce.* ~ fig. Detto di sentimenti, perdere vigore. *L'entusiasmo si intiepidisce.*

intifada [/inti'fada/] s.f. inv. (ar. *intifāḍa* "scuotimento, rivolta") **1.** Sollevazione, ribellione degli arabi palestinesi contro i soldati israeliani durante l'occupazione militare della Cisgiordania e della striscia di Gaza. **2.** estens. Ribellione, sommossa popolare.

intimaménte avv. **1.** Nell'intimo. ~ In modo approfondito. **2.** In modo intimo. **3.** Strettamente.

intimàre v.tr. (lat. *intimāre* "far entrare" poi "far conoscere" quindi "ordinare") **1.** Ordinare qlco. a qlcu. *La polizia intimò l'alt a tutte le auto.* **2.** Notificare, dichiarare con autorità, in modo ufficiale. *Intimare uno sfratto.*

intimazióne s.f. **1.** Ordine perentorio. **2.** DIR. Atto ufficiale con cui si comunica a un soggetto che deve ottemperare a un obbligo. SIN.: **ingiunzione.**

intimidatòrio agg. [pl.m. *–rì*] Che comporta delle minacce, che mira a intimorire. SIN.: **minatorio.**

intimidazióne s.f. (fr. *intimidation*) Minaccia, pressione tesa a condizionare una persona.

intimidire v.tr. [83] **1.** Far perdere a qlcu. la propria sicurezza, metterlo a disagio. **2.** estens. Spaventare qlcu. ◆ v.intr. (aus. *essere*) Diventare timido, provare soggezione o timore; anche pron. *Intimidire (intimidirsi) davanti a estranei.*

intimismo s.m. Tendenza, propria della letteratura e delle arti figurative del secondo Ottocento, al ripiegamento in una sfera di affetti e di valori privati e quotidiani, a cui corrisponde la predilezione per ambienti familiari, semplici. ~ MUS. Espressione della sensibilità, dell'interiorità individuale.

intimista s.m. e f. [pl.m. *–sti*] LETT. Chi segue i canoni, i gusti dell'intimismo. ◻ In funzione di agg. **1.** Che fa sua la poetica dell'intimismo. **2.** Caratterizzato da tale poetica, da tale gusto.

intimistico agg. [pl.m. *–ci*, f. *–che*] Che ha i caratteri dell'intimismo.

intimità s.f. inv. **1.** Condivisione dei pensieri e dei sentimenti più personali e segreti che avviene solo tra familiari, amici fidati. SIN.: **confidenza.** ~ estens. Contatto amoroso, rapporto sessuale. **2.** Vita privata, domestica. *Intimità della casa.* ~ Ciò che è intimo, segreto. *Non voleva no che nessuno disturbasse la loro intimità.* ◇ *Nell'intimità:* nella vita intima o privata, nei rapporti sessuali. **3.** Interiorità, sfera spirituale. **4.** (al pl.) Parti intime del corpo, spec. femminili.

intimo agg. **1.** Che è più interno, che sta maggiormente dentro e non è quindi visibile dall'esterno. ◇ *Biancheria intima:* che è a contatto diretto con la pelle. – *Igiene intima:* igiene delle parti intime del corpo. **2.** Lontano dalla esteriorità e più vicino all'essenza delle cose, alla verità. SIN.: **profondo.** ~ Che costituisce la parte più segreta dell'essere. *Indole intima.* ~ estens. Che proviene dall'animo, che vi è profondamente radicato. *Intima forza.* **3.** Stretto. *Unione intima.* **4.** Che è soltanto privato, strettamente personale. ◇ *Avere rapporti intimi con qlcu.:* una relazione amorosa. – *Cerimonia intima:* una cui partecipano solo i parenti stretti e pochi amici. ◆ s.m. **1.** (solo sing.) Parte più interna, più nascosta. **2.** fig. (solo sing.) Interiorità, animo, coscienza. **3.** [f. *–ma*; spec. pl.] Persona a cui si è legati da stretti rapporti.

intimorire v.tr. [83] Spaventare, impaurire. ◆ **intimorirsi** v.pron. Essere preso da timore.

intingere v.tr. [22] Bagnare qlco. immergendolo in un liquido. SIN.: **inzuppare.**

intingolo s.m. Condimento generalmente elaborato e saporito con cui si cuoce o si condisce una vivanda. ~ estens. La vivanda stessa.

intirizzire v.tr. [83] Ghiacciare, gelare qlcu. o una parte del suo corpo. *Il vento gelido intirizzisce i passanti.* ◆ v.intr. (aus. *essere*) Irrigidirsi per il freddo intenso; anche pron. *Le foglie (si) sono intirizzite.*

intirizzito agg. In preda a una sensazione di gran freddo.

intitolàre v.tr. **1.** Dare un titolo a uno scritto o a un'altra opera. ~ Chiamare qlco. in un certo modo. *Manzoni aveva intitolato il suo romanzo*

"Fermo e Lucia". **2.** Dedicare qlco. a qlcu., anche dandogli un nome commemorativo. *Intitolare una strada ai martiri della libertà.* ◆ **intitolarsi** v.pron. Avere, portare un certo titolo. *Come s'intitola questo libro?*

intitolazióne s.f. **1.** Conferimento di un titolo e estens. il titolo stesso. *Intitolazione di un libro.* **2.** Intestazione di un atto pubblico. **3.** Apposizione di un nome a una via, a un edificio pubblico, ecc.

intoccàbile agg. **1.** Che non può essere toccato. SIN.: **intangibile.** ~ fig. A cui non si può alludere. **2.** fig. Che non può essere rimosso dal proprio ufficio, dalla carica che ricopre, o lo può essere solo con difficoltà, perché gode di potenti protezioni. ◆ s.m. e f.**1.** Nell'accez. **2** dell'agg. **2.** (al pl.) In India, i paria, considerati impuri perché fanno uso di carne.

intolleràbile agg. **1.** Che la coscienza non può accettare. *Intollerabile abuso.* **2.** Impossibile o difficile da sopportare. *Freddo intollerabile.* **3.** Riferito a persona, antipatico, sgradevole, scostante.

intollerànte agg. **1.** Che ha una reazione di fastidio, di rifiuto fisico o morale. **2.** assol. Incapace di sopportare le cose con pazienza. ~ Che non accetta la possibilità che altre persone abbiano idee, dottrine, comportamenti diversi dal proprio, che si considera l'unico giusto.

intolleranza s.f. **1.** Rifiuto di accettare qlco., di adattarvisi, di consentirvi. SIN.: **avversione. 2.** MED. Rifiuto da parte dell'organismo di alcune medicine o prodotti alimentari. SIN.: **allergia. 3.** Atteggiamento ostile nei confronti di chi ha idee o credenze diverse.

intonacàre v.tr. [4] (lat. *intunicàre*, deriv. di *tūnica* "tonaca, veste esterna") **1.** Rivestire qlco. con intonaco. **2.** estens. Ricoprire una superficie con una sostanza.

intonacatùra s.f. Stesura dell'intonaco su una superficie muraria.

intònaco s.m. [pl. *–ci*, *–chi*] **1.** Strato di malta applicato su una parete per dare uniformità prima di applicarvi tinte, tappezzerie, ecc. **2.** Rivestimento a base di calcina che si stende sui muri prima di tinteggiarli. **3.** fig. scherz. Trucco vistoso.

intonàre v.tr. **1.** MUS. Accordare uno strumento musicale o impostare la voce. ~ Armonizzare più voci o strumenti per un'esecuzione musicale. **2.** MUS. Iniziare un canto o un pezzo musicale. *Intonare un inno.* ~ Eseguire una nota nella giusta altezza. **3.** estens. Iniziare a pronunciare un discorso, spec. in modo solenne. **4.** Unire due o più cose trovando un'armonia tra esse. *Intonare i colori.* **5.** Unire, armonizzare qlco. ad altro. ~ Adattare. *Intonare il comportamento alle circostanze.* ◆ **intonarsi** v.pron. Detto di due o più elementi, essere in armonia in reciproco accordo. SIN.: **accordarsi.**

intonàto agg. **1.** MUS. Che ha, che tiene il giusto tono. **2.** fig. Che si armonizza, si accorda.

intonazióne s.f. **1.** Corrispondenza di altezza tra un suono e quanto prescritto dallo spartito. ~ Attitudine della persona che canta a co-

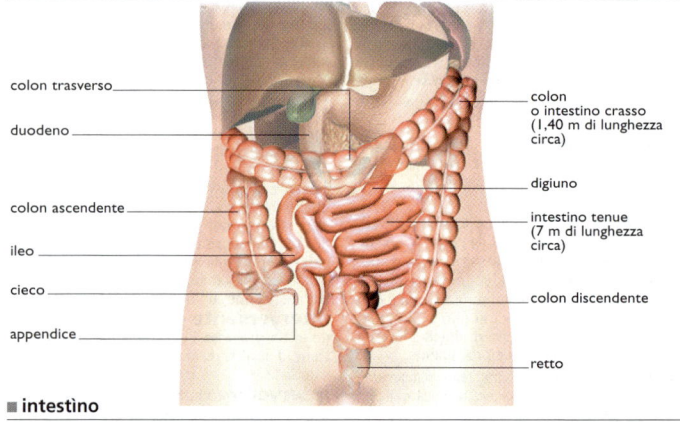

colon trasverso

duodeno

colon ascendente

ileo

cieco

appendice

colon o intestino crasso (1,40 m di lunghezza circa)

digiuno

intestino tenue (7 m di lunghezza circa)

colon discendente

retto

■ **intestìno**

gliere e conservare tale corrispondenza. **2.** MUS. Accordatura di uno strumento musicale su un suono fondamentale. ~ Il suono stesso. **3.** MUS. Nota o gruppo iniziale di note eseguite da uno strumento, indicative del tono che la voce cantante deve tenere. ~ Nel canto liturgico, attacco di un inno, di un salmo, ecc. **4.** estens. Altezza del tono della voce nel discorso. ~ Impostazione della voce in conformità al registro stilistico di una scrittura. **5.** LING. Fenomeno prosodico, basato sui parametri acustici dell'altezza tonale, della durata e dell'intensità, che segnala le caratteristiche di un'unità sintattica. **6.** fig. Accostamento armonioso, spec. di colori. **7.** Nelle cartiere, operazione di azzurraggio. **8.** FOTO. Procedimento con cui una copia in bianco e nero si trasforma in una copia colorata con un solo colore. SIN.: **viraggio**.

intònso agg. **1.** Che non è stato tosato, tagliato. ~ fig. Riferito a libro, che ha le pagine ancora da tagliare. **2.** estens. Non ancora consultato, non letto.

intontire v.tr. [83] Frastornare, confondere, stordire. ◆ v.intr. (aus. essere) Diventare tonto, rimbambito; anche pron. Con questo rumore rischi di intontire (intontirti).

intontito agg. **1.** Che non ha momentaneamente la mente sveglia, lucida. SIN.: **stordito**. **2.** estens. Che rivela tale stato. Mente intontita.

intòppo s.m. Ciò in cui ci si imbatte muovendosi e che può costituire un ostacolo allo svolgimento dell'azione iniziata. SIN.: **impedimento**.

intorbidaménto o **intorbidiménto** s.m. Perdita di trasparenza, di limpidezza di un liquido.

intorbidàre v.tr. **1.** Alterare la limpidezza, la trasparenza di qlco., spec. un liquido. ◇ fig. Intorbidare le acque: causare confusione, disordine. **2.** fig. Turbare, agitare, sconvolgere qlco. ~ estens. Annebbiare i sensi. Intorbidare la mente. ◆ v.intr. (aus. essere) **1.** Diventare torbido, anche pron. L'acqua del fiume (si) è intorbidata. **2.** Diventare difficile o poco chiaro, turbarsi, sconvolgersi; anche pron. La nostra amicizia (si) è intorbidata.

intórno avv. Con disposizione o andamento circolare rispetto a un centro reale o ideale. Guardarsi intorno. ◇ Avere qlcu. sempre intorno: avere una persona che ci frequenta assiduamente per ottenere vantaggi. – loc. prep. Intorno a: disposizione o movimento circolare intorno a un centro; approssimazione in più o in meno (con espressioni numeriche di tempo, prezzo, età, ecc.); trattazione di argomenti. ❑ In funzione di agg. inv., circostante. I paesi intorno. ◆ s.m. MAT. Intorno di un punto: concetto topologico che si definisce come un qualunque insieme contenente una sfera che ha il centro in un punto dato.

intorpidiménto s.m. Sensazione generale o di una parte del corpo di diminuzione della sensibilità e della mobilità. SIN.: **torpore**. ~ fig. Ottundimento spirituale, mentale.

intorpidire v.tr. [83] Rendere torpida, anchilosare una parte del corpo. ~ fig. Togliere lucidità. La mancanza di esercizio intorpidisce la memoria. ◆ v.intr. (aus. essere) Diventare torpido, fiacco, perdere vitalità; freq. anche pron. Le gambe (si) sono intorpidite. ~ fig. Offuscarsi, intorbidarsi; anche pron. La mente (si) intorpidisce.

intossicàre v.tr. [4] **1.** Impregnare un organismo con sostanze tossiche. **2.** fig. Corrompere, traviare moralmente qlcu. o qlco. La violenza intossica la società. ◆ intossicarsi v.pron. Subire un'intossicazione. SIN.: **avvelenarsi**.

intossicàto agg. **1.** Affetto da intossicazione. Organismo intossicato. **2.** fig. Che ha l'animo, la mente avvelenati, turbati da idee o sentimenti cattivi. SIN.: **traviato**. ◆ s.m. [f. -ta] Nell'accez. 1 dell'agg.

intossicazióne s.f. Insieme dei disordini dovuti all'introduzione di una sostanza tossica nell'organismo. SIN.: **avvelenamento**. ◇ Intossicazione endogena: causata da sostanze prodotte dall'organismo stesso e non eliminate. – Intossicazione esogena: causata da sostanze ingerite o assorbite dall'ambiente esterno. – Intossicazione professionale: dovuta a sostanze tossiche presenti nell'ambiente di lavoro.

in tòto loc. avv. (loc. lat., "in tutto") Interamente, totalmente.

intra- Prefisso di composti, particolarmente attivo nel l. sc., con il significato di "dentro", "che si trova all'interno" o "che avviene all'interno" (intradosso, intramuscolare, intracorporeo).

intracardìaco agg. [pl.m. -ci, f. -che] Relativo alle cavità del cuore.

intracellulàre agg. BIOL. CELL. Che è all'interno di una cellula.

intracorpòreo agg. Che si trova o avviene all'interno del corpo umano.

intracrànico agg. [pl.m. -ci, f. -che] ANAT. Situato all'interno della scatola cranica.

intradèrmico agg. [pl.m. -ci, f. -che] Relativo al derma inteso nel suo spessore. Iniezione intradermica.

intradermoreazióne s.f. MED. Inoculazione di un antigene nello spessore del derma, per verificare se esiste o meno una sensibilizzazione dell'organismo a esso. (L'intradermoreazione, p.e., viene usata per la diagnosi della tubercolosi.)

intradòsso s.m. (fr. intrados) **1.** ARCH. Superficie interna di un arco, di una volta. SIN.: **sottarco**. ~ Superficie interna del vano di una finestra o di una porta. **2.** AER. Superficie inferiore di un'ala.

intraducìbile agg. **1.** Che non si può tradurre. **2.** estens. Che non può essere convertito in parole. SIN.: **inesprimibile**.

intralciàre v.tr. [5] Creare impedimenti ostacolando qlcu. o qlco. ◆ intralciarsi v.pron. Detto di due o più cose o persone, essere d'intralcio l'uno con l'altro.

intràlcio s.m. [pl. -ci] Ostacolo, impedimento. Essere d'intralcio.

intrallazzàre v.intr. (aus. avere) (sicil. 'ntrallazzari) Fare o avere intrallazzi, intrighi, imbrogli.

intrallazzatóre s.m. [f. -trice] Chi fa affari in modo poco chiaro. ~ In politica, chi manovra sottobanco.

intrallàzzo s.m. (sicil. 'ntrallazzu "sviluppo") Traffico illecito, attività disonesta. ~ Anche, intrigo amoroso, relazione clandestina.

intramolecolàre agg. CHIM., FIS. Interno a una molecola.

intramontàbile agg. Che non scompare con il passare del tempo. - Riferito a persona, le cui capacità non si appannano con il passare degli anni.

intramuscolàre agg. MED. Che ha relazione con la compagine del muscolo, che avviene attraverso i muscoli. ◆ s.f. Iniezione che si effettua nello spessore del muscolo.

intranet s.f. inv. INFORM. Rete informatica interna a un'azienda o a un gruppo di aziende, costruita sul modello e con le tecnologie di Internet e a essa general. connessa, ma inaccessibile a utenti non autorizzati.

intransigènte agg. Che non deflette da principi e norme obiettivi o personali, né ammette trasgressioni in altri. SIN.: **inflessibile**. ~ Che esige il rispetto assoluto di ciò in cui crede o che professa. SIN.: **intollerante**. ~ Che denota tale modo di essere. Posizione intransigente.

intransigènza s.f. Rifiuto di addivenire a concessioni e compromessi. SIN.: **inflessibilità**. ~ Mancanza di elasticità, di comprensione.

intransitàbile agg. Su cui, attraverso cui non si può passare, transitare. SIN.: **impraticabile**.

intransitività s.f. inv. **1.** GRAMM. Carattere di un verbo intransitivo. **2.** Proprietà di ciò che non è transitivo.

intransitìvo agg. GRAMM. Detto di verbi che non ammettono complemento oggetto e trasformazione passiva. ◆ s.m. Verbo intransitivo.

intraoculàre agg. ANAT. Che è situato o si verifica all'interno dell'occhio.

intrappolàre v.tr. **1.** Prendere un animale con la trappola. SIN.: **catturare**. ~ estens. Prendere in trappola, fare cadere qlcu. in una trappola. **2.** fig. Mettere qlcu. nei guai, imbrogliarlo. SIN.: **raggirare**.

intraprendènte agg. (calco delfr. entreprendant) Dotato di iniziativa, di voglia di arri-

schiarsi in attività nuove. ~ In partic., audace in campo amoroso.

intraprendènza s.f. Attitudine a ideare e attuare nuove attività. ~ Abilità e audacia nell'avventurarsi in settori lavorativi diversi da quelli già praticati.

intraprèndere v.tr. [33] Cominciare, avviare un'attività, un'impresa, un lavoro. Intraprendere un viaggio.

intrasportàbile agg. Che non si può trasportare, detto spec. di ferito o malato grave.

intrattàbile agg. **1.** Con cui non è facile intrattenere un rapporto perché di carattere scontroso. **2.** Di difficile lavorazione. Materiale intrattabile.

intrattenére v.tr. [61] (calco del fr. entretenir) **1.** Impegnare qlcu. o tenergli compagnia per far passare il tempo in modo piacevole. **2.** Avere, conservare, intrecciare rapporti. Le due ditte intrattengono saldi rapporti commerciali. ◆ intrattenersi v.pron. **1.** Trascorrere il proprio tempo in compagnia di qlcu. Intrattenersi con gli amici. **2.** Soffermarsi in modo particolare su un argomento, durante un discorso. SIN.: **dilungarsi**.

intratteniménto s.m. (calco del fr. entretènement) Il fatto di passare il tempo piacevolmente divertendosi. ~ Ciò che ha tale scopo.

intrattenitóre s.m. [f. -trice] **1.** Chi intrattiene le persone. **2.** In uno spettacolo, persona che intrattiene gli spettatori durante gli intervalli.

intrauterino agg. MED. Che è situato o ha luogo all'interno della cavità uterina. ◇ Vita intrauterina: vita del feto nell'utero materno.

intravascolàre agg. MED. Che avviene nei vasi sanguigni.

intravedére o **intravvedére** v.tr. [56] (calco del fr. entrevoir) **1.** Scorgere in modo confuso, da lontano o di sfuggita. **2.** fig. Avvertire, intuire qlco. che dovrà accadere. Intravedere la verità.

intrecciàre v.tr. [5] **1.** Unire in una treccia. Intrecciare i capelli. **2.** estens. Unire più cose insieme strettamente, avvolgendole o incrociandole. Intrecciare la paglia. ◆ intrecciarsi v.pron. **1.** Detto di più elementi filiformi, aggrovigliarsi, ingarbugliarsi. I capelli si sono intrecciati. **2.** fig. Detto di due o più elementi, incrociarsi, accavallarsi. Le notizie più diverse si intrecciano.

intrecciatùra s.f. **1.** Lavorazione a intreccio. ~ Modo in cui un oggetto è intrecciato. **2.** Chiusura di una maglia, eseguita accavallando le maglie una sull'altra.

intréccio s.m. [pl. -ci] **1.** Concatenazione di elementi variamente accavallati tra loro. **2.** Disposizione dei fili di trama e ordito nel tessuto. **3.** SPORT. Nella lotta libera, mossa consistente nell'intrecciare una gamba con quella dell'avversario dopo avergli immobilizzato le braccia, in modo da atterrarlo. **4.** fig. Combinazione, complesso di fatti, fenomeni, aspetti. Intreccio di eventi. ~ Concatenazione di vicende che formano la trama di un'opera. Intreccio di un romanzo.

intrèpido agg. **1.** Che non teme il pericolo, che non si lascia scoraggiare dagli ostacoli. Soldati intrepidi. SIN.: **audace**. **2.** estens. Che denota coraggio, determinazione, fierezza. **3.** iron. Eccessivamente audace, spavaldo, sfrontato.

intricàre v.tr. [4] **1.** Mescolare in modo disordinato. Intricare i fili del ricamo. SIN.: **aggrovigliare**. **2.** fig. Rendere confuso, complicato. Intricare un discorso. SIN.: **confondere**. ◆ intricarsi v.pron. **1.** Detto di più oggetti, ingarbugliarsi, aggrovigliarsi. **2.** fig. Diventare complesso, confuso.

intricàto agg. **1.** Intrecciato, aggrovigliato. ~ estens. Inestricabile, insolubile. **2.** fig. Confuso, ingarbugliato.

intrìco s.m. [pl. -chi] **1.** Intreccio difficile da districare. SIN.: **groviglio**. **2.** fig. Insieme complicato, confuso. Un intrico di sentimenti.

intrigànte agg. (fr. intrigant) **1.** Che ricorre all'intrigo per ottenere vantaggi. **2.** Coinvolgente, interessante, accattivante. Una notizia intrigante. ◆ s.m. e f. Nell'accez. 1 dell'agg.

intrigàre v.tr. [4] **1.** Intricare, aggrovigliare, arruffare qlco. **2.** Risultare d'ostacolo, impicciare qlcu. o qlco. **3.** Avere caratteristiche tali da avvincere, affascinare, incuriosire qlcu. *Un romanzo che ti intriga.* ◆ v.intr. (aus. *avere*) Operare con truffe, inganni. SIN.: **intrallazzare**. ◆ **intrigarsi** v.pron. **1.** Immischiarsi in situazioni confuse, oscure e dannose. SIN.: **impelagarsi**. **2.** *fam.* Impicciarsi, intromettersi in qlco. che non riguarda.

intrìgo s.m. [pl. *-ghi*] **1.** Macchinazione segreta o sleale per ottenere un vantaggio o nuocere a qlcu. ~ Situazione complicata, difficile, confusa. SIN.: **imbroglio**. **2.** Insieme di fatti, di vicende che, in una narrazione, si accavallano, s'intrecciano tra loro.

intrìnseco agg. [pl.m. *-ci*, f. *-che*] (lat. *intrīnsecum*, propr. "lungo l'interno") **1.** Che appartiene alla persona o alla cosa in sé, che fa parte della sua natura (in oppos. a *estrinseco*). **2.** Che è intimo di una persona. ◆ s.m. **1.** (solo sing.) Essenza, natura di qlcu. o qlco. **2.** Valore intrinseco di un oggetto, di una moneta.

intrìso agg. **1.** Amalgamato con un liquido fino a diventare pastoso. **2.** *estens.* Impiastrato, impiastricciato. ~ Impregnato, madido. **3.** *fig.* Pervaso da un sentimento, permeato, dominato. ◆ s.m. Impasto di particolari sostanze e acqua.

intristire v.intr. [83] (aus. *essere*) **1.** Diventare triste. **2.** Detto spec. di piante, perdere vigore.

intro- Primo elemento di composti in cui significa "dentro" o indica movimento verso l'interno, penetrazione all'interno (*introflessione*).

introdùrre v.tr. [26] **1.** Iniziare, avviare qlco. *Introdurre un discorso.* **2.** GRAMM. Detto di preposizioni e congiunzioni, costituire l'elemento iniziale di un determinato costrutto. *"Affinché" introduce una proposizione finale.* **3.** Mettere, far entrare qlco. dentro altro. *Introdurre la chiave nella serratura.* SIN.: **inserire**. ~ Far entrare qlcu. o qlco. in un paese spec. in modo illegale. *Introdurre sigarette di contrabbando.* **4.** *estens.* Diffondere, mettere in uso qlco. in un certo ambito. *Introdurre l'uso del computer nella scuola.* **5.** Accompagnare qlcu. e farlo entrare in un luogo. *Introdurre gli ospiti nella sala da pranzo.* ~ Ammettere qlcu. alla presenza di altra persona. *Introdurre i diplomatici dal presidente.* **6.** *fig.* Far entrare, inserire qlcu. in un ambiente. *Introdurre l'amico nella politica.* ~ *estens.* Avviare, indirizzare qlcu. a una materia, una disciplina o altro. *Introdurre il figlio alla letteratura.* **7.** *fig.* Far parlare o agire un personaggio, inserendolo in un'opera letteraria o teatrale. *Introdurre i nuovi personaggi nel romanzo.* ◆ **introdursi** v.pron. **1.** Entrare, penetrare in un luogo, spec. di nascosto. SIN.: **infiltarsi**. **2.** *estens.* Diffondersi, essere in uso in un certo ambito. *La minigonna si è introdotta nella moda da decenni.* **3.** *fig.* Inserirsi, entrare in un ambiente. *Introdursi nel mondo del lavoro.*

introduttivo agg. Che ha la funzione di avviare, di guidare alla comprensione di ciò che segue.

introduzióne s.f. **1.** Azione di mettere qlco. dentro qualcos'altro. SIN.: **inserimento**. **2.** Momento propedeutico, preparatorio. *Introduzione alla chimica.* **3.** Testo esplicativo che viene premesso a un'opera. SIN.: **premessa**. ~ Parte iniziale di uno scritto o di un discorso. **4.** MUS. Brano privo di autonoma conclusione, che si collega alla parte successiva.

introflessióne s.f. MED. Ripiegamento in dentro di un organo o di un tessuto. SIN.: **invaginazione**.

introiezióne s.f. (ted. *Introjection*) PSICOAN. Processo mentale inconscio in virtù del quale una persona accoglie in sé situazioni, aspetti, ecc. del mondo esterno; in oppos. a *proiezione*. ~ *estens.* Interiorizzazione, assimilazione.

introitàre v.tr. Nel l. bur., riscuotere, incassare una somma.

intròito s.m. (lat. *intrŏitum* "ingresso") **1.** CATT. Prima parte della Messa. **2.** (spec. pl.) Entrata di denaro in cassa e il denaro incassato. SIN.: **incasso**.

introméttersi v.pron. [50] **1.** Mettersi in mezzo. **2.** Intromettersi tra i litiganti. **3.** Immischiarsi, impicciarsi in qlco. o tra più persone.

intromissióne s.f. **1.** Il fatto di mettersi di mezzo, sia opportunamente o perché richiesto, sia indebitamente. **2.** Riferito a cosa, interferenza.

intronàre v.tr. **1.** Assordare, stordire con rumore simile al tuono. ~ *estens.* Scuotere con colpi molto forti. **2.** *fig.* Frastornare, istupidire.

intronizzàre v.tr. **1.** Collocare qlcu. sul trono durante la cerimonia dell'incoronazione. **2.** *estens.* Investire qlcu. dell'autorità ecclesiastica episcopale.

introspettìvo agg. Fondato sull'introspezione.

introspezióne s.f. (fr. *introspection*) PSICOL. Accurata analisi di se stessi, dei propri sentimenti, delle emozioni e delle motivazioni profonde dell'agire.

introvàbile agg. Che non si riesce a trovare.

introversióne s.f. **1.** Versamento di un liquido verso l'interno. **2.** PSICOL. Tendenza al ripiegamento interiore in cui i fatti di coscienza diventano più importanti dei dati e delle relazioni esterne.

introvèrso agg. Che tende a chiudersi in se stesso. ◆ s.m. [f. *-sa*] Nel sign. dell'agg.

intrufolàrsi v.pron. Introdursi di nascosto o a sproposito in un luogo o tra più persone.

intrùglio s.f. [pl. *-gli*] **1.** Cibo o bevanda che risulta da una mescolanza male assortita di ingredienti e che ha un aspetto poco appetibile. **2.** *estens.* Miscuglio, accozzaglia. **3.** *fig.* Intrallazzo, imbroglio.

intrusióne s.f. **1.** GEOL. Inserimento di un magma in formazioni preesistenti. **2.** Irruzione indebita in un contesto, in un ambito improprio. SIN.: **intromissione**.

intrusìvo agg. GEOL. Che riguarda il fenomeno geologico dell'intrusione.

intrùso agg. **1.** Che si è insinuato di soppiatto, si è introdotto senza averne titolo in un ambiente, in un gruppo di persone. **2.** Arbitrariamente, forzosamente, inopportunamente inserito in un contesto. ◆ s.m. [f. *-sa*] Chi si trova indebitamente in un luogo, in un ambiente. ~ *estens.* Chi si sente estraneo e fuori posto in un luogo, in un ambiente che pure è il suo.

intubàre v.tr. **1.** MED. Sottoporre qlcu. a intubazione. **2.** TECN. Sistemare qlco. in un tubo o in una struttura tubolare.

intubazióne s.f. **1.** MED. Temporanea introduzione di un tubo in un condotto del corpo per scopi diversi. **2.** TECN. Rivestimento di un elemento con un tubo.

intuìbile agg. Che si può capire, immaginare senza bisogno di spiegazioni.

intuìre v.tr. [83] **1.** Afferrare con la mente in modo immediato. **2.** *estens.* Prevedere, immaginare, supporre.

intuitivaménte avv. In modo intuitivo.

intuitìvo agg. **1.** Relativo all'intuizione, che si attua per mezzo dell'intuizione. **2.** *estens.* Che, essendo colto dalla mente con un atto d'intuizione, può considerarsi di per se stesso evidente. *Verità intuitiva.* **3.** Istintivo, spontaneo, naturale. **4.** Che procede per intuizione. *Persona intuitiva.* ◆ s.m. [f. *-va*] Nell'accez. 4 dell'agg.

1. intùito s.m. (lat. *intŭitum*, propr. "sguardo") **1.** FILOS. Facoltà di conoscere un oggetto senza la mediazione del ragionamento. **2.** Nel l. com., attitudine a cogliere immediatamente il senso delle cose, a valutarle con prontezza. SIN.: **perspicacia**.

2. intuito agg. **1.** FILOS. Conosciuto attraverso un atto di intuizione e non attraverso il ragionamento. **2.** Avvertito, percepito, presagito.

intuizióne s.f. (lat. *intuitiōnem* "contemplazione") **1.** FILOS. Forma di conoscenza immediata che non richiede ragionamento. **2.** Percezione immediata ma non ben definita. SIN.: **presentimento**. **3.** Attitudine a percepire immediatamente la verità senza l'aiuto del ragionamento.

intuizionismo s.m. FILOS. Ogni dottrina che consideri l'intuizione come forma privilegiata di conoscenza.

intumescènza s.f. **1.** BOT. Rigonfiamento che si forma sulla superficie dei fusti, delle foglie e dei frutti, dovuto a un eccesso di umidità. **2.** MED. Rigonfiamento patologico di un organo. **3.** FIS. Nella meccanica dei fluidi, onda di superficie che si produce nei canali scoperti di piccola profondità.

inuit [/'inuit/] agg. inv. (voce algonchina "uomini") Relativo al popolo inuit, eschimese. ◆ s.m. inv. Nel sign. dell'agg.

ìnula s.f. BOT. Genere di piante erbacee, annue o perenni, con foglie alterne, fiori gialli in capolini, frutto ad achenio. (Famiglia delle Composite.)

inulìna s.f. CHIM. ORG. Polisaccaride solubile nell'acqua, presente nel rizoma di diverse Composite (p.e. dalia, topinambur).

inumanità s.f. inv. **1.** Mancanza dei sentimenti di pietà e di compassione propri dell'uomo. SIN.: **disumanità**. **2.** Atto, comportamento crudele, brutale.

inumàre v.tr. (lat. *inhumāre*, deriv. di *hŭmus* "terra") Nel l. formale, interrare, seppellire un morto.

inumazióne s.f. Seppellimento, sepoltura.

inumidire v.tr. [83] Rendere umido, bagnare leggermente qlco. ◆ **inumidirsi** v.pron. Diventare umido. *Di notte il terreno si inumidisce.*

inurbaménto s.m. Trasferimento di gruppi di persone dalle campagne alle città.

inurbàrsi v.pron. (voce coniata da Dante) Trasferirsi in città dalla campagna.

inusitàto agg. Non usuale. SIN.: **insolito**.

inusuàle agg. Insolito, fuori del normale.

inùtile agg. **1.** Che non serve perché non ha utilizzazione pratica. SIN.: **inservibile**. **2.** Che non serve perché superfluo. *Spese inutili.* **3.** Che non ha alcun risultato. *Lavoro inutile.* SIN.: **inefficace**. **4.** Riferito a persona, che non è d'aiuto.

inutilità s.f. inv. **1.** Mancanza di utilità, di efficacia. **2.** Lo stato di ciò che non può essere utilizzato per qualche scopo o che si è irrimediabilmente danneggiato.

inutilizzàbile agg. (fr. *inutilisable*) Impossibile da adoperare. SIN.: **inservibile**. ~ Riferito a persona, del cui lavoro non ci si può servire. *Personale inutilizzabile.*

inutilizzàto agg. Che non è stato utilizzato, adoperato.

inutilménte avv. Senza utilità o risultato.

invadènte agg. Che si intromette in faccende che non lo riguardano. SIN.: **indiscreto**. ◆ s.m. e f. Nel sign. dell'agg.

invadènza s.f. Propensione a occuparsi dei fatti altrui.

invàdere v.tr. [21] (lat. *invādere*, "andare contro") **1.** Occupare, conquistare un luogo con la forza o con la violenza. *Invadere il territorio nemico.* **2.** *estens.* Gremire, affollare uno spazio. *La folla invadeva le strade.* **3.** *estens.* Dilagare, espandersi in un luogo in grande quantità. *Il fumo invadeva la casa.* **4.** *fig.* Usurpare qlco. *Invadere i diritti altrui.* ~ Di sentimenti, diffondersi, pervadere. *Il dubbio lo invade.*

invaghirsi v.pron. [83] Essere colto da desiderio per qlcu. o qlco. *Invaghirsi della donna sbagliata.* SIN.: **infatuarsi**.

invaginazióne s.f. MED. Ripiegamento di un tessuto all'interno di una cavità. SIN.: **introflessione**.

invaiatùra s.f. BOT. Cambiamento di colore dei frutti all'inizio della maturazione.

invalicàbile agg. Che non si può oltrepassare. ~ *fig.* Insuperabile, insormontabile. *Difficoltà invalicabili.*

invalidaménto s.m. DIR. Dichiarazione di invalidità di un atto giuridico. SIN.: **annullamento**.

invalidànte agg. **1.** Che causa invalidità. *Lesione invalidante.* **2.** DIR. Che rende nullo, non valido. *Causa invalidante.*

invalidàre v.tr. **1.** DIR. Rendere non valido, nullo. *Invalidare una legge.* SIN.: **annullare**. **2.** *estens.* Dimostrare l'infondatezza di qlco. *Invalidare una tesi.*

invalidazióne s.f. DIR. Invalidamento.

invalidità s.f. inv. **1.** Impossibilità di svolgere un lavoro a causa dell'età senile, di malattia fisica o mentale, di mutilazione, ecc. **2.** DIR. Mancanza di validità. SIN.: **nullità**.

invàlido agg. **1.** Che non è in grado di svolgere determinati lavori a causa dell'età avanzata, di mutilazioni, di malattie fisiche o mentali. SIN.: **inabile**. **2.** DIR. Non valido. SIN.: **nullo**. ◆ s.m. [f. *-da*] Nell'accez. 1 dell'agg. *Invalidi civili.*

invàlso agg. Affermatosi nell'uso, diffuso.

invàno avv. (lat. *in vănum* "nel vuoto") Senza risultato, inutilmente.

invàr s.m. inv. (abbr. di fr. *invariable* "invariabile") Nome commerciale di una lega di ferro contenente il 36% di nichel, caratterizzata da un coefficiente di dilatazione termica quasi nullo (tra -50 °C e 100 °C).

invariàbile agg. **1.** Che non cambia. SIN.: **costante**. **2.** GRAMM. Che non presenta variazioni morfologiche derivanti dalla funzione grammaticale.

invariànte s.f. o s.m. MAT., FIS. Espressione, legge, equazione o grandezza la cui forma non muta per effetto di una determinata trasformazione delle variabili.

invariantìvo agg. Che non subisce o non causa variazioni.

invariànza s.f. MAT., FIS. Proprietà di un ente o di una grandezza di essere invariante.

invariàto agg. Non soggetto a variazioni.

1. invasàre v.tr. Detto di forti sentimenti, pervadere completamente la mente o l'animo di qlcu. *Essere invasati dall'odio.* SIN.: **dominare**. ◆ **invasarsi** v.pron. Essere preso da entusiasmo, invaghirsi di qlcu. o qlco. *Invasarsi di un attore.* SIN.: **esaltarsi**.

2. invasàre v.tr. **1.** Mettere in vaso. *Invasare una pianta.* **2.** MAR. Mettere una nave sull'invasatura.

invasatùra s.f. **1.** Sistemazione in vaso. **2.** MAR. Struttura su cui poggia e scivola la nave durante il varo. ~ Struttura che sostiene un'imbarcazione tirata in secco per lavori di costruzione o riparazione. **3.** MECC. Progressivo allargamento di un foro, allo scopo di accogliere un organo di accoppiamento.

invasióne s.f. **1.** Avanzata di forze armate che oltrepassa il confine di in un paese nemico, secondo un piano militare. ~ Avanzata di una massa di persone in un territorio alla ricerca di nuovi spazi. *Invasioni barbariche.* **2.** *estens.* Irruzione di un folto gruppo di persone in un luogo. *Invasione di turisti.* ◇ *Invasione di campo:* irruzione di tifosi sul campo di gioco in segno di protesta o di festa. **3.** Penetrazione e diffusione massiccia. *Invasione di cavallette.* **4.** MED. Diffusione nell'organismo di germi o di cellule cancerogene.

invasìvo agg. MED. Di patologia, che tende a diffondersi in altri tessuti. ~ Di indagine diagnostica o terapia, che comporta la penetrazione nei tessuti di strumenti o fattori modificanti.

invàso s.m. **1.** Operazione con cui si mette in vaso una pianta. **2.** Capacità di un bacino idrico. Il bacino stesso. **3.** ARCH. Volume di un ambiente.

invasóre agg. Che invade un territorio, un altro paese, ecc. ◆ s.m. [non com. f. *invaditrice*] Nel sign. dell'agg. *Fermare gli invasori.*

invecchiaménto s.m. **1.** Fatto di diventare vecchio, progressivo decadimento. **2.** Modificazione che subisce col tempo un prodotto, in partic. un vino, un formaggio, migliorando in gusto e qualità. **3.** *fig.* Perdita di attualità. *Invecchiamento di una dottrina.* **4.** GEOGR., STAT. *Invecchiamento demografico:* evoluzione della composizione per età di una popolazione tale da portare all'aumento della proporzione degli appartenenti alle età senili.

invecchiàre v.tr. [6] **1.** Rendere qlcu. più vecchio, più stanco. *Le preoccupazioni lo hanno invecchiato.* ~ Fare apparire più vecchio. *Questa pettinatura ti invecchia.* **2.** Lasciare che una cosa diventi vecchia, procurarne artificialmente l'invecchiamento. *Invecchiare un pellame.* ~ Stagionare una vivanda. *Invecchiare il formaggio.* ◆ v.intr. (aus. *essere*) **1.** Diventare vecchio o più vecchio. *Invecchiare con serenità.* ~ *estens.* Perdere forza, vitalità. *Invecchiare rapidamente.* **2.** Acquisire qualità particolari con la conservazione (di alcolici, vino, formaggio, carni affumicate, ecc.). *Il vino invecchia nelle botti.* SIN.: **stagionare**. **3.** *fig.* Perdere valore, efficacia, passare di moda. *La moda invecchia rapidamente.*

invecchiàto agg. **1.** Che porta i segni dell'età. **2.** Di sostanza o prodotto alimentare che ha migliorato le proprie qualità in seguito a invecchiamento. **3.** *fig.* Non più attuale.

invéce cong. All'opposto, al contrario. (Conferisce valore avversativo a quanto detto in precedenza.) *Ieri ho finito presto, oggi invece farò tardi.* ◇ *loc. prep. e cong. Invece di:* al posto di. *Gli regalerò un libro invece dei fiori.* – *loc. cong. Invece che:* anziché. *Invece che con lui, devi parlare con lei.*

invelre v.intr. [83] (aus. *avere*) (lat. *īnvehi* "scagliarsi") Parlare con violenza contro qlcu. o qlco. *Inveire contro l'arbitro.*

invendùto agg. Che non è stato venduto. ◆ s.m. Rimanenza di una merce.

inventàre v.tr. (lat. *inventàre*, deriv. di *invenīre* "trovare") **1.** Creare per primi qlco. d'ingegnoso. *Gutenberg inventò la stampa a caratteri mobili.* SIN.: **ideare**. **2.** Creare con l'immaginazione e far passare per vero, anche pron. *Inventare (inventarsi) scuse.*

inventariàre v.tr. [6] Nel l. bur., annotare in un inventario. *Inventariare le giacenze.*

inventàrio s.m. [pl. *-ri*] **1.** Enumerazione e descrizione di beni, di oggetti presenti in un luogo in un dato momento. ~ DIR., CONTAB. Descrizione e valutazione degli elementi attivi e passivi di un patrimonio. **2.** *estens.* Libro o atto contenente le scritture relative all'operazione di inventario. ~ In partic., libro dove registrare profitti e perdite di un'azienda. **3.** Raccolta ed elencazione di dati. **4.** *fig.* Elenco dettagliato e noioso. *Fare l'inventario dei propri malanni.*

inventìva s.f. Capacità di inventare. SIN.: **fantasia**.

inventìvo agg. Proprio dell'inventare. *Facoltà inventiva.* ~ Ricco di immaginazione. *Intelligenza inventiva.*

inventóre agg. **1.** Che ha inventato qlco. **2.** Inventivo. ◆ s.m. [f. *-trice*] **1.** Chi inventa qlco. di ingegnoso. *Inventore di una macchina.* SIN.: **ideatore**. **2.** Chi concepisce e realizza qlco. di fantasioso. *Inventore di uno scherzo.* **3.** DIR. Chi scopre oggetti nascosti, smarriti o un tesoro.

invenzióne s.f. **1.** Concepimento di qlco. mai pensato prima. SIN.: **ideazione**. **2.** Creazione di qlco. d'irreale. *Invenzione di una favola.* ~ *estens.* Capacità immaginativa. SIN.: **fantasia**. ~ (spec. pl.) Immagini, situazioni, ecc. inventate dall'artista. **3.** Ideazione di qlco., spec. a danno di altri. ~ L'immaginare e raccontare cose non vere. ~ Menzogna immaginata per fuorviare. SIN.: **falsità**. **4.** Stratagemma, espediente ingegnoso. SIN.: **trovata**. **5.** MUS. Nel Settecento, brano caratterizzato da contrappunto a due o tre voci. **6.** RET. Ricerca degli argomenti da esporre. SIN.: **invenzio**. **7.** Spec. nel l. giur., ritrovamento di ciò che è nascosto, occultato o sconosciuto. ~ In partic. nel l. eccl., ritrovamento di una reliquia e connesso motivo iconografico. *Invenzione della Santa Croce.*

invergatùra s.f. IND. TESS. Operazione del separare i fili dell'ordito con listelli di legno.

invernàle agg. **1.** Relativo all'inverno. **2.** Adatto all'inverno. **3.** Che si fa in inverno. *Sport invernali.* ◇ *Sport invernali:* che si praticano sulla neve o sul ghiaccio (sci, pattinaggio, ecc.).

invèrno s.m. (lat. *hibĕrnum tempus* "stagione invernale") Stagione che succede all'autunno e precede la primavera (nell'emisfero boreale comincia il 21 dicembre e finisce il 21 marzo) caratterizzata da temperature più basse e minore insolazione.

inverosimigliànza s.f. **1.** Mancanza di quel carattere di verità, di rispondenza alla logica e al sentire comuni, che fa sembrare vero o probabile anche ciò che è immaginario. **2.** *estens.* Fatto, cosa inverosimile, poco credibile.

inverosìmile agg. **1.** Che non sembra vero, probabile. SIN.: **incredibile**. **2.** *estens.* Assurdo, esagerato. **3.** Stupefacente, enorme. ◆ s.m. [solo sing.] **1.** Carattere d'inverosimiglianza. **2.** Eccesso, spec. nella loc. *(fino) all'inverosimile. È altruista all'inverosimile.*

inversaménte avv. In senso contrario.

inversióne s.f. **1.** Cambiamento di direzione di un moto. *Inversione a U.* ◇ *Inversione di corrente:* cambiamento di verso di una corrente in un circuito. – METEOR. *Inversione termica:* alterazione termica per cui la temperatura aumenta con l'altezza invece di diminuire. – *fig. Inversione di tendenza:* andamento contrario al precedente, che può verificarsi in fenomeni sociali, economici o nel comportamento di una persona. **2.** Modificazione, cambiamento dell'ordine abituale o naturale in cui si trovano due o più elementi. ~ Trasformazione tale per cui qlco. acquista caratteri contrari. ~ Rovesciamento di posizione, capovolgimento. ◇ MED. *Inversione dell'utero* → **estroflessione**. – GEOGR. *Inversione del rilievo:* forma strutturale nella quale la disposizione topografica è inversa rispetto a quella degli strati geologici. – GENET. *Inversione cromosomica:* mutazione di un segmento cromosomico che subisce una rotazione invertendo la successione dei geni. **3.** MUS. Termine di contrappunto che implica la trasformazione degli intervalli ascendenti in discendenti e viceversa. **4.** FOTO. *Inversione dell'immagine:* trasformazione di un'immagine da negativa in positiva sulla stessa pellicola o lastra. **5.** BIOL. *Inversione del sesso:* trasformazione per cui un individuo, nel corso della propria vita, passa dai caratteri e dalle funzioni di un sesso a quelli di un altro. **6.** CHIM. ORG. Trasformazione del saccarosio destrogiro in una miscela levogira di glucosio e levulosio. **7.** GEOM. Trasformazione geometrica puntuale per cui a ogni punto M (diverso da un punto O chiamato *polo dell'inversione*) corrisponde un punto M' della retta (OM) tale che $\overrightarrow{OM} \times \overrightarrow{OM'}$ sia uguale a una costante k, detta *potenza dell'inversione.*

invèrso agg. **1.** Di senso contrario. ~ GEOM. Disposto all'incontrario, rovesciato. **2.** CHIM., FIS. Di fenomeno che è il contrario di un altro. **3.** MAT. *Numero inverso:* numero il cui prodotto è uguale all'unità. – *Elemento inverso di un elemento x:* in un insieme dotato di una legge di composizione interna, denotata moltiplicativamente e con e elemento neutro, l'elemento x^{-1} è tale per cui $xx^{-1} = x^{-1}x = e$. – *Funzione inversa:* quella ottenuta da una funzione invertibile, associando a ogni punto dell'immagine di quest'ultima l'elemento del dominio da cui tale punto proviene. – *Teorema inverso:* è quello in cui, rispetto a un altro, si inverte l'ipotesi con la tesi. – *Variare in senso inverso:* detto di grandezze quando al crescere dell'una l'altra diminuisce. ◆ s.m. **1.** (solo sing.) Il contrario, l'opposto. ◇ *All'inverso:* alla rovescia. **2.** MAT. Numero inverso.

invertàsi s.f. inv. BIOCHIM. Enzima che scinde il saccarosio in glucosio e fruttosio. SIN.: **invertina**.

Invertebràti s.m. pl. Denominazione, priva di valore sistematico, data dal naturalista francese J. B. Lamarck agli animali non appartenenti al sottotipo Vertebrati.

invertebràto agg. **1.** Di animale pluricellulare senza colonna vertebrale. (La maggior parte degli invertebrati fa parte della classe degli Artropodi.) **2.** *fig.* Privo di forza di carattere, di solidità. ◆ s.m. Denominazione generica di animali appartenenti agli Invertebrati.

invertìbile agg. **1.** Che può essere invertito. **2.** FOTO. *Pellicola, emulsione invertibile:* che, mediante il processo d'inversione, dà direttamente immagini positive. **3.** FIS. *Trasformazione invertibile:* in termodinamica, reversibile. **4.** PSICOL. *Figure invertibili:* immagini che possono essere viste dal soggetto in due modi diversi. **5.** ELETTR. Che funziona come generatore e come motore.

invertìre v.tr. (lat. *invĕrtere* "volgere contro") **1.** Volgere un movimento nella direzione opposta a quella in atto. *Invertire la rotta.* **2.** Scambiare due cose, mettendo una al posto dell'altra. ~ Modificare l'ordine naturale o abituale di due cose. *Invertire i ruoli.* ◆ **invertirsi** v.pron. Detto di due cose, prendere l'una il posto dell'altra, capovolgersi, rovesciarsi.

invertìto agg. **1.** Che ha assunto un verso, un ordine contrario a quelli precedenti. **2.** LING. *Suono invertito:* retroflesso, articolato con la punta della lingua rivolta all'indietro. **3.** CHIM. ORG. *Zucchero invertito:* miscela di glucosio e fruttosio in parti uguali che risulta levogira, mentre il saccarosio da cui deriva è destrogiro. ◆ s.m. [f. *-ta*] Sessualmente attratto da persone dello stesso sesso.

invertitóre s.m. **1.** MECC. Dispositivo utilizzato per invertire il senso di un movimento meccanico. **2.** ELETTR. *Invertitore di corrente continua:* dispositivo atto a trasformare una corrente continua in alternata.

investigàre v.tr. [4] Esaminare qlco. con cura, analizzando tracce e indizi. SIN.: **indagare**. ◆ v.intr. (aus. *avere*) Effettuare indagini, fare una ricerca accurata.

investigativo agg. Che attiene all'investigazione.

investigatóre s.m. [f. *-trice*] **1.** Chi indaga, ricerca. **2.** [anche con riferimento a donna; ma diffuso il f. *investigatrice*, freq. al pl.] Chi conduce un'investigazione in ambito giudiziario. SIN.: **inquirente**. ◇ *Investigatore privato:* persona munita di apposita licenza, che effettua indagini su reati o raccoglie informazioni su qlcu. o qlco. per conto di privati.

investigazióne s.f. Ricerca attenta e minuziosa. ◇ DIR. *Investigazione giudiziaria:* effettuata dalla polizia giudiziaria per individuare il responsabile di un reato, raccogliere prove, ecc.

investiménto s.m. **1.** ECON. Collocamento di un capitale in attività e acquisti che ne determinino l'aumento. ~ *estens.* Insieme dei capitali, dei beni investiti. ~ Incremento di beni capitali che avviene in un certo lasso di tempo. **2.** Collisione, scontro tra mezzi terrestri o navali. ~ In partic., urto, colpo a cui è soggetto un pedone, un ciclista, un motociclista da parte di un autoveicolo o altro mezzo meccanico. **3.** MIL. Azione militare volta a circondare una città o una piazzaforte per conseguirne la resa. SIN.: **assedio**. **4.** PSICOL. Nella teoria freudiana, concentrazione delle pulsioni psichiche su un oggetto o una rappresentazione.

investìre v.tr. (lat. *investīre*, propr. "rivestire" e "attaccare, avvolgendo il nemico da ogni parte") **1.** Colpire, urtare qlcu. o qlco. con violenza. *Il temporale ha investito l'intera regione.* ~ Di un mezzo in movimento o di chi lo guida, colpire e travolgere qlcu. o qlco. *La vettura ha investito un gruppo di spettatori.* **2.** Impiegare capitali in un'impresa. *Investire i propri risparmi.* SIN.: **capitalizzare**. **3.** Insignire qlcu. di un titolo o di un diritto. ~ *estens.* Porre ufficialmente qlcu. nelle condizioni di esercitare un ufficio o una carica. **4.** *fig.* Assalire, aggredire qlcu. con gesti o parole minacciose. ◆ **investirsi** v.pron. **1.** Di due veicoli in movimento, scontrarsi. **2.** Appropriarsi di un titolo, un potere o altro, attribuendolo a se stessi. *Investirsi del potere supremo.* **3.** Immedesimarsi, rendersi intimamente partecipe di una certa condizione. *Investirsi del dolore altrui.*

investitóre agg. [f. *-trice*] Che urta, travolge qlcu. o qlco. spec. in un incidente stradale. *Auto investitrice.* ◆ s.m. (anche f.) **1.** Nel sign. dell'agg. **2.** ECON. Chi fa investimenti finanziari. ◇ *Investitori istituzionali:* istituti di credito, società d'assicurazioni, fondi d'investimento, ecc. che investono le risorse finanziarie raccolte.

investitùra s.f. **1.** Nel Medioevo, assegnazione di un feudo da parte del sovrano o di altre autorità aventi titolo. ~ Cerimonia solenne che accompagnava tale atto. ◇ *Lotta per le investiture:* contesa tra il papato e l'impero verificatasi tra la fine del sec. XI e il primo ventennio del XII. **2.** *estens.* Conferimento di una carica, di un incarico.

investment [/ɪn'vestmənt/] s.m. inv. (voce ingl.) ECON. Investimento.

inveteràto agg. Radicato dal tempo. *Odio inveterato.* SIN.: **inguaribile**. ~ Riferito a persona, incallito.

invetriàta s.f. **1.** Superficie a vetri che chiude una finestra o un'altra apertura, spec. in riferimento a edifici storici. *Le invetriate delle chiese gotiche.* SIN.: **vetrata**. **2.** MAR. Coperchio con vetri di un boccaporto.

invetriàto agg. **1.** Che il gelo ha reso simile al vetro. **2.** Rivestito di sostanza lucida come il vetro con il procedimento dell'invetriatura. **3.** *fig.* Riferito al volto, che resta impassibile. ~ Riferito a persona, sfacciato, sfrontato.

invetriatùra s.f. Procedimento con cui si rendono lucide e impermeabili terrecotte e maioliche.

invettiva s.f. (lat. *invectīvas orationes* "discorsi polemici") **1.** Discorso con cui ci si scaglia contro qlcu. o qlco., caratterizzato da tono duro, polemico, da forza espressiva, da violenza verbale. **2.** Nel l. com., frase, espressione di offesa, di accusa, di rimprovero. SIN.: **improperio**.

inviàre v.tr. [6] Spedire, mandare qlco. a qlcu. o in un luogo. *Inviare una lettera a un amico.* SIN.: **indirizzare**.

inviàto s.m. [f. *-ta*] Chi è mandato in un luogo con una particolare missione da compiere. ~ In partic., titolo di diplomatici. ◇ *Inviato speciale:* giornalista mandato in un luogo con l'incarico di raccogliere informazioni su un avvenimento.

invìdia s.f. **1.** Disposizione d'animo astiosa e maligna di una persona nei confronti degli altri, spec. verso ciò che considera il loro pregio o le loro fortune. **2.** Con valore enfatico, cosa desiderabile. ~ Espressione di un sentimento sincero di ammirazione. ~ Persona o cosa che desta invidia, ammirazione. *La sua casa è l'invidia di tutti.*

invidiàbile agg. Tale da destare invidia e ammirazione per la propria eccellenza. *Ha una calma invidiabile.* SIN.: **ammirevole**.

invidiàre v.tr. [6] **1.** Provare invidia verso qlcu. o qlco. **2.** *estens.* Ammirare, desiderare i benefici altrui, senza malanimo.

invidióso agg. Che nutre invidia verso gli altri. ◆ s.m. [f. *-sa*] **1.** Che denota invidia. **2.** Nel sign. dell'agg.

invilùppo s.m. **1.** Ciò che avvolge, che fascia. SIN.: **involucro**. **2.** Insieme di cose aggrovigliate, intricate. SIN.: **groviglio**. **3.** GEOM. Curva tangente in ogni suo punto a una curva di una data famiglia.

invincìbile agg. **1.** Che non si può sconfiggere, imbattibile. *Esercito invincibile.* **2.** *fig.* Che non può essere superato. ~ Che non può essere tenuto a freno, represso. SIN.: **irrefrenabile**.

invìo s.m. [pl. *-vii*] **1.** Avviamento a una destinazione. **2.** Ciò che è stato inviato.

inviolàbile agg. **1.** Che non deve essere violato. *Diritto inviolabile.* **2.** Che non deve essere profanato, contaminato. *Luogo inviolabile.* **3.** Che non è raggiungibile. *Vette inviolabili.* ~ Che si vuole tenere al riparo da intrusi, dagli altri. **4.** SPORT. Nel calcio, di campo su cui una squadra non è mai stata sconfitta.

inviolabilità s.f. inv. **1.** Prerogativa di persone, di luoghi, di cose che devono essere rispettate. **2.** Inaccessibilità di un luogo. **3.** SPORT. Di un portiere, di una porta che non hanno subito gol.

inviolàto agg. **1.** Che non è stato violato, che è stato rispettato. **2.** Che è rimasto incontaminato, incorrotto, puro. **3.** Inaccessibile, impenetrabile. **4.** SPORT. Detto di campo da gioco su cui nessuna squadra avversaria ha vinto.

inviperìre v.intr. [83] (aus. *essere*) Irritarsi, stizzirsi violentemente; anche pron.

invischiàre v.tr. [6] **1.** Coprire, rivestire qlco. di vischio, spec. per catturare uccelli. **2.** *estens.* Catturare uccelli mettendo il vischio sui rami. **3.** *fig.* Attirare, coinvolgere qlcu. in situazioni losche o pericolose. SIN.: **abbindolare**. ◆ **invischiarsi** v.pron. Restare imbrogliato, impelagato in situazioni difficili o pericolose.

invisìbile agg. **1.** Che non può essere visto perché non ha natura materiale. **2.** Che non può essere visto a occhio nudo. **3.** *estens.* Piccolissimo, minuscolo, microscopico. **4.** ECON. *Partite invisibili:* nella bilancia dei pagamenti, le entrate e le uscite correnti relative a transazioni con l'estero originate da fenomeni quali i noli, le assicurazioni, il turismo, le rimesse degli emigranti, le donazioni e le eredità.

invìso agg. (lat. *invīsum*, deriv. di *invidēre* "vedere di malocchio") Guardato con antipatia, avversione.

invitànte agg. Che sembra offrire un pieno appagamento. SIN.: **allettante**.

invitàre v.tr. **1.** Sollecitare qlcu., in forma cortese o affettuosa, a partecipare a qlco. o a fare qlco. *Invitare gli amici a cena.* **2.** Esortare qlcu. a fare qlco. *Invitare il pubblico a prendere posto.* **3.** Ingiungere a qlcu. di fare qlco. *L'agente li invitò a seguirlo in questura.* **4.** In alcuni giochi di carte, chiedere una carta o un seme al compagno. ~ Nel poker, proporre agli altri giocatori la somma che si vuole giocare. ◆ **invitarsi** v.pron. *scherz.* Partecipare a una riunione, un pranzo, ecc. senza invito, di propria iniziativa.

invitàto agg. A cui è stato chiesto di intervenire, di partecipare a una festa, a una cerimonia, ecc. ◆ s.m. [f. *-ta*] Nel sign. dell'agg. SIN.: **ospite**.

invìto s.m. **1.** Garbata offerta, fatta o ricevuta, di ospitalità, di partecipazione a qlco. *Ricevere un invito.* ~ *estens.* Biglietto su cui è scritta tale richiesta. ◇ *fig. Invito a nozze:* proposta che riesce molto gradita, estremamente vantaggiosa e che non comporta la minima difficoltà. **2.** Richiesta diretta di fare o di non fare qlco. SIN.: **sollecitazione**. **3.** Richiamo, tentazione. **4.** SPORT. Nella scherma, il movimento che scopre il bersaglio per indurre l'avversario a colpire. ~ BOXE Accorgimento con cui si lascia scoperta la parte in cui si è preparati a neutralizzare il colpo. **5.** Nel gioco del poker, la posta fissata ogni giro dal giocatore che apre il gioco. **6.** MECC., TECN. Conformazione di un pezzo tale da rendere più agevole l'ingresso o l'inserzione di un altro pezzo. SIN.: **invasatura**. **7.** COSTR. Primo o primi gradini di una scala che si allargano oltre la ringhiera.

in vìtro loc. agg. inv. (loc. lat., propr. "nel vetro") BIOL. Si dice di qualsiasi esame, sperimentazione o manipolazione biologica che è realizzata al di fuori dell'organismo, in un mezzo artificiale (p.e. in provetta). ◆ loc. avv. Nel sign. della loc. agg.

invìtto agg. **1.** Che non è mai stato sconfitto. SIN.: **imbattuto**. **2.** *fig.* Indomito, impavido.

invivìbile agg. Che non fornisce, non consente condizioni di vita accettabili sia materialmente che moralmente.

in vìvo loc. agg. inv. (loc. lat. "nel vivente") BIOL. Di esperimenti, osservazioni, che avvengono in un organismo o su cellule viventi. ◆ loc. avv. Nel sign. della loc. agg.

invocàre v.tr. [4] **1.** Supplicare, implorare, chiamare qlcu. con preghiere. *Invocare Dio.* **2.** Chiedere qlco. supplicando. *Invocare la pace.* SIN.: **implorare**. **3.** Citare qlco. a sostegno di altro. *Invocare una testimonianza a propria discolpa.*

invocatóre agg. **1.** Che implora, supplica. **2.** Che auspica, che si augura qlco. ◆ s.m. [f. *-trice*] Nei sign. dell'agg.

invocazióne s.f. **1.** Richiesta in forma di supplica, di preghiera. *Invocazione alla Vergine.* **2.** Parte della protasi di un poema in cui viene invocata la protezione della divinità. **3.** Nei documenti medioevali, formula o simbolo (una croce) posti in apertura a indicare che si operava nel nome di Dio.

invogliàre v.tr. [6] Rendere desideroso, stimolare. ◆ v.intr. (aus. *avere*) Avere caratteristiche tali da attrarre, allettare. ◆ **invogliarsi** v.pron. Essere preso dal desiderio di qlco.

involàrsi v.pron. Dileguarsi, sparire. *Involarsi all'arrivo degli agenti.*

involgarire v.tr. [83] Rendere volgare. *Tanto trucco ti involgarisce.* ◆ v.intr. (aus. *essere*) *fig.* Diventare volgare, anche pron. *Il tuo linguaggio (si) è involgarito.*

involontariaménte avv. **1.** Inavvertitamente. **2.** Fortuitamente, casualmente.

involontàrio agg. [pl.m. *-ri*] Che sfugge al controllo della volontà. *Gesto involontario.* ◇ ANAT. *Muscolatura involontaria:* l'insieme dei muscoli il cui movimento è controllato dal sistema nervoso vegetativo e non dalla volontà del soggetto. ~ Che si verifica in modo fortuito, senza volerlo. *Testimone involontario di un incidente.*

involtino s.m. CUC. Fettina di carne arrotolata, farcita con vari ingredienti e cotta in tegame, in bianco o in umido. ◇ *Involtino primavera:* macinato di carne di pollo, polpa di crostacei, cipolle, soia, insalata e altro, avvolto in una frittella di riso. (Cucina cinese.)

invòlucro s.m. **1.** Ciò che avvolge o circonda completamente qlco. ~ In partic., confezione con cui si presenta una merce. SIN.: **involto**. **2.** BOT. *Involucro fiorale:* perianzio. ~ Complesso di brattee o foglie situato alla base di un fiore o di un'infiorescenza, soprattutto nel caso di ombrelle e di capolini. **3.** AER. Membrana di tessuto gommato e impermeabile che forma le pareti delle camere a gas e d'aria di un aerostato o di un dirigibile.

involùto agg. Che ha un andamento logico ed espositivo tortuoso, contorto. ~ BOT. Di foglie o petali arrotolati verso l'interno, nelle gemme o nei boccioli.

involuzióne s.f. **1.** Progressiva regressione in seguito alla perdita di spinte progressive, di creatività, di valori. SIN.: **regresso**. **2.** MED. Processo di regressione di un gruppo di cellule, un organo o un tessuto per cause fisiologiche (invecchiamento) o patologiche.

invulneràbile agg. **1.** Che non può essere ferito. **2.** fig. Che non può o crede di non potere essere moralmente toccato o avere cedimenti. ~ Che non può essere leso, intaccato.

inzaccheràre v.tr. Fare schizzare fango o liquido addosso a qlcu. sporcandolo. SIN.: **infangare**. ◆ **inzaccherarsi** v.pron. Insudiciarsi, sporcarsi spec. di fango.

inzeppatùra s.f. Inserimento di una zeppa per fermare, chiudere qlco. di traballante, aperto. ~ fig. Inserimento di una zeppa per riempire un verso, una frase.

inzuppaménto s.m. Immersione in un liquido di un corpo che ne risulta imbevuto.

inzuppàre v.tr. **1.** Bagnare completamente qlcu. o qlco. *Inzuppare gli abiti.* **2.** Immergere in un liquido, impregnare di questo liquido. *Inzuppare i biscotti nel tè.* ◆ **inzupparsi** v.pron. Impregnarsi di acqua, bagnarsi del tutto.

io pron. pers. Prima persona sing. che indica chi parla in funzione di soggetto. ◆ s.m. (solo sing.) **1.** Ciò che costituisce l'individualità, la personalità del soggetto. *Affermare il proprio io.* ~ estens. Animo, coscienza. **2.** FILOS. (anche con iniziale maiusc.) Soggetto che parla, che pensa (in oppos. a *non-io*, l'oggetto). **3.** PSICOAN. (iniziale maiusc.) Nella seconda topica freudiana, istanza distinta dall'*Es* e dal *Super-io* che permette una difesa dell'individuo contro la realtà e contro gli impulsi. SIN.: **ego**. **4.** LETT. *Io narrante*: personaggio che narra in prima persona gli eventi di una storia di cui è protagonista.

iòd o **yòd** s.m. o s.f. inv. (ebr. *yōd*) Nome della decima lettera degli alfabeti fenicio ed ebraico, che indica la *i* semiconsonante. ~ LING. Ogni *i* semiconsonantica, spesso indicata graficamente con *j*.

iodàre v.tr. Trattare con lo iodio o con uno dei suoi composti.

iodàto agg. Che contiene iodio. ◆ s.m. CHIM. Sale dell'acido iodico.

iòdico agg. [pl.m. –*ci*, f. –*che*] **1.** CHIM. Dello iodio, contenente iodio, derivato dallo iodio. ◊ *Acido iodico*: acido HIO₃ ottenuto dall'ossidazione dello iodio. **2.** MED. A base di iodio. ~ Dovuto allo iodio.

iodìdrico agg. [pl.m. –*ci*] *Acido iodidrico*: combinazione di iodio e d'idrogeno (HI).

iòdio s.m. (solo sing.) (fr. *iode*, gr. *iṓdēs* "violetto" per il colore dei suoi vapori) **1.** Non metallo di densità 4,9, che fonde a 114 °C ca. ◊ *Tintura di iodio*: soluzione idroalcolica che si usa come antisettico. **2.** Elemento chimico (*I*) del gruppo degli alogeni di numero atomico 53 e peso atomico 126,904. ◊ *Iodio 131*: isotopo radioattivo usato in medicina per i test della funzionalità tiroidea o a scopo terapeutico.

iodìsmo s.m. MED. Intossicazione causata da abuso di preparati che contengono iodio.

iodofòrmio s.m. [non com. pl. –*mi*] Composto (CHI₃) solido e giallo, ottenuto per azione dello iodio sull'acetone in mezzo basico, utilizzato come antisettico.

iodoterapìa s.f. MED. Cura a base di iodio.

iodùro s.m. CHIM. Sale dell'acido iodidrico.

iògurt s.m. inv. → **yogurt**

iòide agg. (gr. *hyoeidḗs ostoûn* "osso a forma di u") ANAT. *Osso ioide*: piccolo osso a ferro di cavallo, sito sopra la laringe. ◆ s.m. Nel sign. dell'agg.

iòle o **yòle** s.f. (fr. *yole*, ingl. *yawl* "piccola imbarcazione") **1.** MAR. Imbarcazione a remi snella e veloce, ant. destinata al servizio degli ufficiali sulle navi mercantili. SIN.: **scappavia**. **2.** SPORT. Nel canottaggio, imbarcazione a remi lunga e veloce per due, quattro o otto vogatori, con o senza timoniere.

ióne s.m. (ingl. *ion*, gr. *iṑn* deriv. di *iénai* "andare") CHIM., FIS. Atomo o gruppo di atomi che hanno guadagnato o perso uno o più elettroni.

1. iònico agg. [pl.m. –*ci*, f. –*che*] Degli ioni, stirpe greca stanziatasi nell'Attica, nell'Eubea, su alcune coste dell'Asia Minore e nelle isole dell'Egeo. ◊ *Dialetto ionico*: antico dialetto greco usato nei poemi omerici e, parzialmente modificato, nell'elegia, nella poesia giambica ed epica. – *Metro ionico*: composto da due brevi e due lunghe (*ionico a minore*) o due lunghe e due brevi (*ionico a maiore*). – *Ordine ionico*: ordine architettonico greco apparso verso il 560 a.C., caratterizzato da colonne scanalate, protese, poggiate su base profilata, dal capitello sulla cui fronte sono due volute laterali e un fregio continuo. – FILOS. *Scuola ionica*: scuola filosofica greca del VII e VI sec. a.C. caratterizzata dal rifiuto del sovrannaturale e dalla ricerca nella natura di un principio fondatore. (Si sviluppò soprattutto a Mileto, con Talete, Anassimandro e Anassimene, e a Efeso, con Eraclito; vi si possono collegare anche Pitagora e Senofane.) ◆ s.m. **1.** (solo sing.) Dialetto ionico. **2.** Metro ionico.

2. iònico agg. [pl.m. –*ci*, f. –*che*] **1.** Del mare Ionio. **2.** Delle isole Ionie.

3. iònico agg. [pl.m. –*ci*, f. –*che*] CHIM., FIS. Relativo agli ioni. ◊ *Legame ionico*: legame che si esercita per le forze elettriche di attrazione tra ioni di carica opposta.

ionizzànte agg. Che produce ionizzazione.

ionizzàre v.tr. CHIM., FIS. Sottoporre un elemento a ionizzazione.

ionizzatóre s.m. Apparecchio che, mediante la produzione di ioni negativi, migliora la qualità dell'aria di un ambiente, spec. domestico.

ionizzazióne s.f. FIS., CHIM. Perdita o acquisto di elettroni da parte di un atomo o di un gruppo di atomi che in tal modo si trasformano in ioni.

ionoforèsi s.f. inv. MED. Procedimento con il quale si fa penetrare nell'organismo una sostanza curativa sotto forma di ioni.

ionóne s.m. (deriv. di gr. *íon* "violetta") Chetone usato in profumeria per la sua caratteristica profumazione di viola.

ionosfèra s.f. GEOGR. Zona dell'atmosfera oltre i 60 km di quota, rarefatta e ionizzata a causa delle radiazioni solari ultraviolette.

ionoterapìa s.f. MED. Terapia basata sulla ionoforesi.

iòsa Solo nella loc. *a iosa*, in abbondanza, in grande quantità.

iòta s.m. o s.f. inv. Nona lettera dell'alfabeto greco (*I, ɩ*) corrispondente alla *i* dell'alfabeto latino. **2.** fig. Quantità minima o nulla, spec. in frasi negative. *Non valere uno iota.*

iotacìsmo s.m. **1.** LING. Itacismo. **2.** Errore di scrittura riscontrabile nei manoscritti greci, in cui lo iota sostituisce un'altra vocale o un dittongo di suono simile.

ipàllage s.f. (gr. *hypallagḗ* "scambio") Figura retorica che consiste nel riferire grammaticalmente a un termine della frase ciò che, semanticamente, andrebbe riferito a un altro (p.e. il «trito mormorio della rena» di Montale, invece di *mormorio della rena trita*).

ipecacuàna s.f. (port. *ipecacuanha* da una voce tupi) Arbusto brasiliano dalla cui radice si ottiene un medicamento ad azione espettorante o emetica. (Famiglia delle Rubiacee.)

iper- Primo elemento di composti dotti e della terminologia scientifica nei quali significa "sopra" o "oltre" e indica qualità, quantità, condizioni in grado superiore al normale (*ipercritico, ipersensibile, ipercalorico*); trova largo impiego nel linguaggio giovanile e in alcune neoformazioni tipiche del linguaggio pubblicitario (*ipermercato*).

iperacidità s.f. inv. MED. Eccesso di acidità. SIN.: **ipercloridria**.

iperacusìa s.f. MED. Anormale aumento della sensibilità ai suoni e ai rumori.

iperalgesìa s.f. MED. Accentuazione della sensibilità al dolore.

iperalimentazióne s.f. MED. Alimentazione troppo abbondante.

iperattività s.f. inv. Attività eccessiva, estrema vivacità e vitalità. ~ MED., PSICH. Stato di attività costante e instabilità del comportamento accompagnata a difficoltà nella concentrazione che si osserva nei bambini o in alcuni stati d'ansia.

iperattìvo agg. Dotato di inesauribile vitalità.

iperbàrico agg. MED. Relativo a una pressione superiore a quella atmosferica.

ipèrbato s.m. (gr. *hypérbaton* "trasposizione") Figura retorica che consiste nello spezzare l'ordine consueto delle parole di una frase (p.e. in Foscolo «*mille di fiori al ciel mandano incensi*» in cui il sintagma *mille incensi* è stato spezzato).

ipèrbole s.f. (gr. *hyperbolḗ*, deriv. di *hyperbállein* "lanciare oltre" quindi "eccedere") **1.** Figura retorica che consiste nell'ingigantire o diminuire la realtà per rendere più incisivo il proprio discorso. *Te l'avrò detto mille volte!* **2.** estens. Amplificazione, esagerazione, eccesso. **3.** MAT. Curva appartenente alla famiglia delle coniche. (È il luogo dei punti del piano le cui distanze da due punti fissi, detti *fuochi*, hanno differenza costante.)

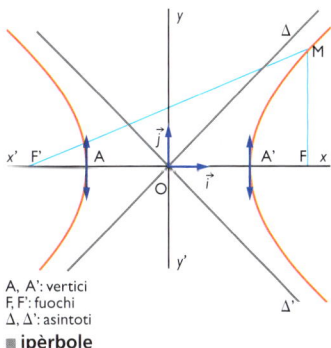

A, A': vertici
F, F': fuochi
Δ, Δ': asintoti

■ **ipèrbole**

iperbòlico agg. [pl.m. –*ci*, f. –*che*] **1.** Che costituisce iperbole, ricco di iperboli. **2.** estens. Ingrandito, ingigantito, esagerato, eccessivo. **3.** MAT. Relativo all'iperbole. ◊ *Funzioni iperboliche*: funzioni reali di una variabile reale, definite a partire da una particolare combinazione della funzione esponenziale. (senh è il seno iperbolico, cosh è il coseno iperbolico e da queste due formule otteniamo tgh, la tangente iperbolica.)

iperbolòide s.m. GEOM. Superficie che si ottiene dalla rotazione di un'iperbole attorno al proprio asse.

ipercalcemìa s.f. MED. Aumento patologico della concentrazione di calcio nel sangue.

ipercaliemìa s.f. MED. Aumento patologico della concentrazione di potassio nel sangue.

ipercalòrico agg. [pl.m. –*ci*, f. –*che*] Che contiene o fornisce un numero di calorie superiore al fabbisogno individuale.

ipercapnìa s.f. MED. Aumento patologico della concentrazione di anidride carbonica nel sangue.

ipercinesìa s.f. MED. Eccessiva e scoordinata attività motoria dovuta a lesioni cerebrali extra piramidali. ~ estens. Eccessiva motilità di un organo cavo.

ipercloridrìa s.f. MED. Eccessiva presenza di acido cloridrico nel succo gastrico. SIN.: **iperacidità**.

ipercolesterolemìa s.f. MED. Aumento patologico della concentrazione del colesterolo nel sangue.

ipercorrettìsmo s.m. LING. Forma che risulta dalla correzione, operata in base a false analogie, di una forma o di una pronuncia ritenuta scorretta.

iperdosàggio s.m. [pl. –*gi*] MED. Dosaggio eccessivo di un farmaco.

iperdulìa s.f. CATT. Culto riservato alla Madonna.

iperemìa s.f. MED. Eccesso di sangue in una regione del corpo.

iperemotività s.f. inv. PSICOL. Esagerata reazione agli stimoli emotivi.

iperestesìa s.f. **1.** MED. Eccessiva sensibilità agli stimoli sensoriali. SIN.: **ipersensibilità**. **2.** fig. Eccitazione, esaltazione.

iperfocàle agg. OTT., FOTO. *Distanza iperfocale:* distanza minima a partire dalla quale sono a fuoco tutti gli oggetti fino all'infinito.

iperglicemìa s.f. MED. Eccesso della concentrazione di glucosio nel sangue.

iperglicemizzànte agg. Di ormone o farmaco che aumentano la glicemia.

iperglobulìa s.f. MED. Patologico eccesso di globuli rossi nel sangue.

ipergòlo s.m. Combustibile i cui propellenti si infiammano spontaneamente se posti a contatto tra loro.

iperinflazióne s.f. ECON. Inflazione il cui tasso è molto elevato.

iperleucocitòsi s.f. inv. MED. Aumento del numero di globuli bianchi nel sangue.

iperlipemìa s.f. MED. Eccesso di lipidi nel plasma.

ipermercàto s.m. (calco dell'ingl. *hypermarket*) Supermercato di vaste proporzioni, fornito anche dei servizi necessari ai clienti.

ipermètrope agg. **1.** MED. Che presenta ipermetropia. **2.** Che soffre di ipermetropia. ◆ s.m. e f. Nell'accez. 2 dell'agg.

ipermetropìa s.f. MED. Difetto visivo per cui le immagini si formano in un punto oltre la retina, risultando sfocate. (Più l'oggetto si avvicina e più la messa a fuoco risulta difficile.)

ipermnesìa s.f. MED. Sviluppo eccessivo della memoria, che porta il soggetto, perlopiù affetto da qualche mania, a ricordare eventi molto lontani nel tempo.

ipernatriemìa s.f. MED. Aumento patologico della concentrazione del sodio nel sangue.

ipernutrizióne s.f. MED. Nutrizione eccessiva rispetto al fabbisogno ordinario.

iperóne s.m. FIS. Particella (*barione*) di massa superiore a quella del protone.

iperonimìa s.f. LING. Rapporto tra due lessemi di cui il primo (iperonimo) indica una classe di referenti più generale, comprensiva anche del secondo termine (iponimo).

iperònimo agg. LING. Di parola che ha un significato generale rispetto ad altre parole, dette *iponimi*, che rappresentano specificazioni particolari di quello stesso significato (p.e. *animale* è un iperonimo rispetto a *cane*). ◆ s.m. Nel sign. dell'agg.

iperpiàno s.m. GEOM. Sottospazio di dimensioni *n* - 1 di uno spazio vettoriale di dimensioni *n*.

iperpiressìa s.f. MED. Febbre superiore a 40 °C.

iperplasìa s.f. MED., BIOL. Aumento del volume di un tessuto o di un organo animale o vegetale, causato da un'anomala moltiplicazione delle cellule componenti.

iperprotèico agg. [pl.m. *-ci*, f. *-che*] Molto, troppo ricco di proteine.

iperrealismo s.m. Corrente delle arti plastiche sorta negli Stati Uniti alla fine degli anni Sessanta, caratterizzata dalla scelta di rifare fedelmente le immagini fotografiche servendosi delle tecniche proprie della pittura.

iperrealista s.m. e f. [pl.m. *-sti*] Artista seguace dell'iperrealismo.

ipersalivazióne s.f. MED. → scialorrea.

ipersecrezióne s.f. MED. Eccesso di secrezione ghiandolare.

ipersensibile agg. **1.** Che percepisce le cose con particolare acutezza, emozionandosi e commuovendosi eccessivamente. **2.** *estens.* Troppo suscettibile. **3.** MED. Che soffre di iperestesia o ha una reattività di tipo allergico. ◆ s.m. e f. Nei sign. dell'agg.

ipersensibilità s.f. inv. **1.** Sensibilità molto accentuata. **2.** MED. Condizione di reattività eccessiva di un organismo nei confronti di sostanze esogene o endogene. (L'allergia è una forma di ipersensibilità.)

ipersònico agg. [pl.m. *-ci*, f. *-che*] FIS. Che attiene a velocità superiori a quella del suono.

ipersostentatóre s.m. AVIAZ. Negli aeroplani, aletta, deflettore o dispositivo di altro genere che serve ad aumentare la portanza delle ali.

ipersostentazióne s.f. AVIAZ. Aumento della capacità di sostentazione degli aeromobili,

ottenuta mediante l'uso di ipersostentatori che agiscono sulla portanza delle ali.

iperspàzio s.m. [pl. *-zi*] **1.** MAT. Spazio a più di tre dimensioni. **2.** Nella fantascienza, spazio reale nel quale si entra quando si raggiungono velocità prossime a quella della luce.

iperstàtico agg. [pl.m. *-ci*, f. *-che*] MECC. Di un sistema materiale rigido con un numero sovrabbondante di vincoli esterni e interni che ne assicurano la stabilità.

ipertensióne s.f. MED. Aumento della pressione di liquidi o di gas presenti nel corpo. ◊ *Ipertensione arteriosa:* aumento della pressione arteriosa al di sopra dei valori normali, generalmente sintomatico di altre malattie (cardiovascolari, renali, ecc). – *Ipertensione venosa:* si osserva in generale nell'insufficienza ventricolare destra e può essere localizzata a un territorio venoso, in caso di ostacolo a livello di un grosso vaso.

ipertensivo agg. MED. Che causa l'ipertensione arteriosa. ◆ s.m. Sostanza, farmaco che ha l'effetto di aumentare la pressione.

ipertermìa s.f. MED. Aumento della temperatura del corpo al di sopra della norma.

ipertéso agg. MED. Che soffre di ipertensione. ◆ s.m. [f. *-sa*] Nel sign. dell'agg.

ipertèsto s.m. INFORM. Insieme di informazioni interconnesse, costituito da testi, indici gerarchici, note, illustrazioni, tabelle collegate fra loro da rimandi e collegamenti logici che consentono una consultazione non sequenziale.

ipertestuàle agg. INFORM. Relativo a un iperteso e alle modalità di consultazione interattiva e ricerca delle informazioni che esso consente.

ipertiroidìsmo s.m. MED. Eccessiva, irregolare attività funzionale della tiroide.

ipertonìa s.f. MED. Aumento del tono muscolare o accresciuto eccitamento del vago e del simpatico.

1. ipertònico agg. [pl.m. *-ci*, f. *-che*] CHIM., FIS. Di una soluzione la cui pressione osmotica è superiore a quella della soluzione fisiologica.

2. ipertònico agg. [pl.m. *-ci*, f. *-che*] MED. Di ipertonia. ~ Affetto o interessato da ipertonia.

ipertricòsi s.f. inv. MED. Patologico aumento dei peli sul corpo. SIN.: **irsutismo**.

ipertrofìa s.f. **1.** MED. Aumento patologico di volume di un tessuto, di un organo o di una parte di esso. **2.** *fig.* Sviluppo eccessivo, esagerato. *Ipertrofia delle leggi.*

ipertròfico agg. [pl.m. *-ci*, f. *-che*] **1.** MED. Caratterizzato da ipertrofia. **2.** *fig.* Accresciuto oltre misura, sproporzionato. *Apparato burocratico ipertrofico.*

iperurànio agg. [pl.m. *-ni*] Che è oltre il cielo. *Spazio iperuranio.* ◆ s.m. (solo sing.) Luogo ideale oltre lo spazio in cui Platone colloca il mondo delle idee intese come realtà immutabili, invisibili, eterne.

iperventilazióne s.f. MED. Aumento della ventilazione polmonare dovuta ad atti respiratori più frequenti e profondi. SIN.: **iperpnea**.

ipervitamìnico agg. [pl.m. *-ci*, f. *-che*] Ricco di vitamine, basato su abbondante, e anche eccessivo, uso di verdura e frutta.

ipervitaminòsi s.f. inv. MED. Insieme dei disturbi dovuti all'eccesso di vitamine nell'organismo.

ipnagògico agg. [pl.m. *-ci*, f. *-che*] PSICOL. Che precede il sonno.

ipnologìa s.f. PSICH. Studio dei fenomeni legati al sonno.

ipnopatìa s.f. MED. Patologica tendenza al sonno.

ipnòsi s.f. inv. (fr. *hypnose*, gr. *hýpnos* "sonno") MED. Stato psicofisico caratterizzato da una diminuzione delle capacità razionali e da un incremento dell'emotività, ha l'apparenza del sonno e può essere provocato da un esperto oppure essere autoindotto dal soggetto (*autoipnosi*).

ipnoterapìa s.f. MED. Tecnica che fa ricorso all'ipnosi, più ampiamente, al sonno. SIN.: **ipnositerapia**.

ipnòtico agg. [pl.m. *-ci*, f. *-che*] **1.** Che induce uno stato simile al sonno naturale. **2.** *fig.*

scherz. Noioso, monotono, poco interessante. **3.** Di ipnosi. *Stato ipnotico.* **4.** *fig.* Che esercita una straordinaria suggestione. *Fascino ipnotico.* ◆ s.m. Farmaco con effetto ipnotico.

ipnotismo s.m. (ingl. *hypnotism*) Tecnica, procedimento che permette di indurre uno stato d'ipnosi, usato in partic. nel corso di alcune psicoterapie.

ipnotizzàre v.tr. (fr. *hypnotiser*) Sottoporre a ipnosi. ~ *fig.* Ammaliare, incantare. *L'oratore ipnotizzava gli ascoltatori.*

ipnotizzatóre s.m. [f. *-trice*] Chi è capace di ipnotizzare.

ipo- Primo elemento di composti che nel l. sc. significano "sotto" (*iponimo*), "inferiore alla media" (*ipoalorico*).

ipoacidità s.f. inv. MED. Ipocloridria.

ipoacusìa s.f. MED. Diminuzione parziale della capacità uditiva.

ipoalgesìa s.f. MED. Indebolimento della sensibilità al dolore.

ipoalimentazióne s.f. MED. Alimentazione insufficiente per quantità o per carenza di singole sostanze.

ipoallergènico agg. Di una sostanza che riduce il rischio di reazioni allergiche. *Sapone ipoallergenico.*

ipocalcemìa s.f. MED. Insufficienza della concentrazione di calcio nel sangue.

ipocaliemìa s.f. MED. Diminuzione della concentrazione di potassio nel sangue.

ipocalòrico agg. [pl.m. *-ci*, f. *-che*] Che fornisce un basso numero di calorie.

ipocàusto s.m. (lat. *hypocāustum*, gr. *hypókauston* deriv. di *hypokáiein* "accendere sotto") ANT. ROM. Sistema di riscaldamento degli edifici che consisteva nel convogliare l'aria calda proveniente da un forno nell'intercapedine dei muri e del pavimento.

ipocèntro s.m. **1.** GEOFIS. Punto sotterraneo nel quale ha origine un terremoto e la cui proiezione sulla superficie è detta *epicentro.* **2.** *estens.* Punto che corrisponde a una bomba nucleare.

ipociclòide s.f. GEOM. Curva piana, descritta da un punto collegato rigidamente a un cerchio tangente internamente a un altro cerchio e che rotola in uno senso senza strisciare.

ipocinesìa s.f. MED. Ridotta contrattilità di un organo dotato di fibre muscolari.

ipocloridrìa s.f. MED. Carente secrezione di acido cloridrico da parte della mucosa gastrica.

ipoclorito s.m. CHIM. Ogni sale dell'acido ipocloroso, instabile allo stato puro, ma usato in soluzione, spec. come disinfettante e sbiancante.

ipocloróso agg. CHIM. Di ogni composto che contenga uno o più atomi di cloro monovalente.

ipocondrìa s.f. (lat. *hypocòndriam*, gr. *hypokhóndria* "ipocondrio" da cui si riteneva avesse origine la malinconia) PSICOL. Disturbo di natura nevrotica che si evidenzia con un'eccessiva e infondata preoccupazione per il proprio stato di salute.

ipocondriaco agg. [pl.m. *-ci*, f. *-che*] **1.** ANAT. Dell'ipocondrio. **2.** PSICOL. Dell'ipocondria, caratterizzato da ipocondria. **3.** PSICOL. Che soffre di ipocondria. **4.** *estens.* Malinconico, depresso, introverso. ◆ s.m. Nell'accez. 3 dell'agg.

ipocòndrio s.m. [pl. *-dri*] (gr. *hypokhóndrion*, propr. "sotto la cartilagine") ANAT. Regione superiore e laterale della cavità addominale, tra lo sterno e l'ombelico.

ipocorìstico agg. [pl.m. *-ci*, f. *-che*] (gr. *hypokoristikós*, deriv. di *hypokorízesthai* "chiamare con voce affettuosa, coccolare") LING. Riferito a diminutivo, vezzeggiativo o a semplice riduzione di nomi comuni e propri. ◆ s.m. Nel sign. dell'agg.

ipocrisìa s.f. (gr. *hypokrisíē* "finzione", propr. "recitazione") **1.** Simulazione di virtù e sentimenti encomiabili con cui ci si accattiva la stima e il benvolere degli altri e li si trae in inganno. **2.** *estens.* Comportamento, discorso da ipocrita.

ipòcrita agg. [pl.m. *-ti*] (gr. *hypokrítēs*, propr. "attore") **1.** Che simula virtù che non ha per guadagnarsi la fiducia e la benevolenza delle persone.

SIN.: **falso**. **2.** *estens.* Che denota ipocrisia. *Atteggiamento ipocrita.* ◆ s.m. e f. Nell'accez. 1 dell'agg.

ipocromìa s.f. **1.** MED. Carente pigmentazione della pelle. SIN.: **ipopigmentazione**. **2.** MED. Carenza patologica di emoglobina nei globuli rossi.

1. ipodèrma s.m. **1.** ANAT. Parte profonda della pelle, sotto il derma, ricca di tessuto adiposo. **2.** ZOOL. Epidermide degli Artropodi che secerne l'esoscheletro. **3.** BOT. Tessuto formato da uno o più strati di cellule e presente sotto l'epidermide delle foglie, del fusto, delle radici della pianta.

2. Ipodèrma s.m. ZOOL. Genere di insetti le cui larve vivono sotto la pelle di alcuni ruminanti causando ipodermosi. (Lunghezza 13 mm; famiglia degli Estridi.)

ipodermòsi s.f. inv. VET. Malattia dei bovini e di altri mammiferi, di origine parassitaria, provocata dalla larva di insetti del genere Ipoderma, che genera la formazione di noduli tumorali nei tessuti sottocutanei della regione dorsale.

ipoestesìa s.f. MED. Indebolimento della sensibilità olfattiva, tattile, gustativa, ottica, sessuale.

ipofisàrio agg. [pl.m. *–ri*] ANAT. Relativo all'ipofisi.

ipòfisi s.f. inv. (lat. *hypophysis*, gr. *hypóphysis* deriv. di *hypophýesthai* "crescere sotto") Ghiandola endocrina situata sotto l'encefalo. (Si distingue l'*adenoipofisi*, che secerne la prolattina, l'ormone somatotropo e le glandostimuline, e la *postipofisi*, dove sono conservati l'ormone antidiuretico e l'ossitocina.)

ipofonìa s.f. MED. Indebolimento della voce.

ipofosfìto s.m. CHIM. Sale dell'acido ipofosforoso.

ipofosforóso agg. *Acido ipofosforoso:* ossiacido del fosforo, che si presenta come solido cristallino dotato di proprietà riducenti.

ipogàstrico agg. [pl.m. *–ci*, f. *–che*] ANAT. Dell'ipogastrio.

ipogàstrio s.m. [pl. *–stri*] ANAT. Regione inferiore e mediana dell'addome.

ipogèo agg. Sotterraneo. ◇ BOT. *Organi ipogei:* gli organi della pianta che rimangono sottoterra, come le radici. ◆ s.m. ARCHEOL. Scavo sotterraneo, spec. adibito a tomba o a luogo di culto.

ipògino agg. BOT. Di organo del fiore situato sotto l'ovario.

ipoglicemìa s.f. MED. Diminuzione della concentrazione di glucosio nel sangue.

ipoglicèmico agg. [pl.m. *–ci*, f. *–che*] MED. Relativo all'ipoglicemia, causato da ipoglicemia.

ipoglicemizzànte agg. MED. Di sostanza che diminuisce la glicemia.

ipoglòsso s.m. ANAT. Dodicesimo paio di nervi del cranio, responsabile del movimento della lingua.

ipoglòttide s.f. ANAT. Parte più bassa della glottide.

ipolipìdico agg. [pl.m. *–ci*, f. *–che*] MED. Che contiene pochi grassi, povero di grassi.

ipomèa s.f. (lat. *Ipomoea*, comp. di gr. *íps* "verme della vite" e *hómoios* "simile") **1.** Pianta tropicale rampicante, a fiori vivacemente colorati, le cui specie sono coltivate come ortaggi (patata dolce), a scopo ornamentale o per le loro radici purgative (gialappa). (Famiglia delle Convolvulacee.) **2.** BOT. (iniziale maiusc.) Genere di dicotiledoni a cui appartengono varie specie di ipomea.

ipòmetro agg. METR. Di verso che ha un numero di sillabe inferiore alla norma.

iponimìa s.f. LING. Rapporto esistente tra due lessemi di cui uno (*iponimo*) indica un referente più specifico rispetto all'altro (*iperonimo*) che denota invece una classe più generale.

ipònimo agg. LING. Di lessema il cui referente è più specifico rispetto a un altro di significato più generale (p.e. *cane* rispetto ad *animale*). ◆ s.m. Nel sign. dell'agg.

iponutrizióne s.f. MED. Nutrizione carente. SIN.: **denutrizione**.

ipoplasìa s.f. MED. Diminuzione patologica del volume di un organo o suo insufficiente sviluppo.

ipoproteìco agg. [pl.m. *–ci*, f. *–che*] Povero di proteine.

iposcènio s.m. [pl. *–ni*] Nel teatro greco, parte inferiore interna della scena, corrispondente al sottopalco.

iposcòpio s.m. [pl. *–pi*] **1.** Strumento ottico simile al periscopio, che consente di avere lo stesso campo visuale dell'obiettivo stando però in una posizione più bassa. **2.** MED. Apparecchio radiografico, applicato nella parte inferiore del tavolo radiografico, consente di eseguire radioscopie e radiografie dal basso verso l'alto su pazienti sdraiati.

iposòdico agg. [pl.m. *–ci*, f. *–che*] Povero di sodio.

iposolfìto s.m. Sale dell'acido iposolforoso, utilizzato come fissatore in fotografia, detto più comunemente *idrosolfito*.

iposolforóso agg. CHIM. *Acido iposolforoso:* ossiacido dello zolfo ($H_2S_2O_3$) sotto forma di sale.

iposomìa s.f. MED. Statura inferiore alla norma dovuta a un insufficiente sviluppo del corpo.

ipospadìa s.f. (gr. *hypospadías*, comp. di *hypó* "sotto" e *spadízein* "scorticare") MED. Malformazione delle vie urinarie maschili consistente nell'apertura dell'uretra nella parte ventrale del pene.

ipossiemìa s.f. MED. Diminuzione della quantità di ossigeno nel sangue.

1. ipòstasi s.f. inv. (gr. *hypóstasis* "sostanza") **1.** FILOS. Sostanza una e immutabile rispetto alla molteplicità degli eventi e al divenire. SIN.: **essenza**. **2.** TEOL. CRIST. Ciascuna delle persone della Trinità in quanto considerate sostanza assoluta. **3.** *fig.* Concretizzazione di ciò che è astratto. **4.** LING. Passaggio di una parola da una categoria grammaticale a un'altra.

2. ipòstasi s.f. inv. (gr. *hypóstasis*, propr. "sedimento") MED. Ristagno di sangue nelle zone declivi del corpo, riscontrabile in persone costrette a lungo in posizione orizzontale o nei cadaveri.

1. ipostàtico agg. [pl.m. *–ci*, f. *–che*] **1.** FILOS., TEOL. CRIST. Relativo all'ipostasi. **2.** *fig.* Che ha carattere di concretezza, che rende concreto ciò che è astratto.

2. ipostàtico agg. [pl.m. *–ci*, f. *–che*] MED. Che riguarda il fenomeno dell'ipostasi.

ipostatizzàre v.tr. **1.** FILOS. Trasformare in sostanza un'entità astratta, accidentale. **2.** *estens.* Attribuire l'esistenza sostanziale a ciò che non l'ha. **3.** LING. Saldare una locuzione in un'unica parola, passando da una categoria grammaticale a un'altra.

ipòstilo agg. ARCHEOL. Che ha il tetto, il soffitto sorretto da colonne.

ipotàlamo s.m. ANAT. Formazione nervosa impari situata sotto i talami ottici, sede dei centri superiori del sistema nervoso vegetativo che controllano l'equilibrio idrico, la regolazione della temperatura corporea, l'appetito, il sonno oltre ad alcune funzioni dell'ipofisi.

ipotàssi s.f. inv. (gr. *hypótaxis* "dipendenza") LING. Subordinazione, relazione sintattica tra una proposizione principale e una subordinata dipendente dalla prima (in oppos. a *paratassi*).

ipotèca s.f. [pl. *–che*] (lat. *hypothēcam*, gr. *hypothēkē* deriv. di *hypotithénai* "dare in pegno") DIR. Diritto reale di garanzia, costituito su beni immobili o su beni mobili registrati, grazie al quale il creditore può espropriare di essi il debitore insolvente. ◇ *fig.* Mettere un'ipoteca su qlco.: porre le condizioni favorevoli per assicurarsi qualcosa.

ipotecàbile agg. Che può essere ipotecato. ~ *fig.* Su cui non si possono accampare pretese. *Il futuro non è ipotecabile.*

ipotecàre v.tr. [4] **1.** DIR. Gravare un bene di un'ipoteca per garantire un credito. **2.** *fig.* Assicurarsi qlco. *Ipotecare il posto di lavoro.* ◇ *Ipotecare il futuro:* fare progetti nella convinzione che si realizzeranno.

ipotecàrio agg. [pl.m. *–ri*] **1.** DIR. Relativo all'ipoteca. **2.** DIR. Garantito da un'ipoteca. *Mutuo ipotecario.*

ipotènar s.m. inv. ANAT. Nel palmo della mano, eminenza muscolare situata alla base del mignolo.

ipotensióne s.f. MED. Diminuzione della pressione di un liquido in una cavità organica. ◇ *Ipotensione arteriosa:* diminuzione patologica della tensione arteriosa.

ipotensìvo agg. MED. Che diminuisce la pressione arteriosa. ◆ s.m. Sostanza ipotensiva.

ipotenùsa s.f. (lat. *hypotenùsam*, gr. *hypotéinousa* "retta che sottende") GEOM. Lato maggiore di un triangolo rettangolo, che risulta opposto all'angolo retto.

ipotermìa s.f. MED. Abbassamento patologico della temperatura del corpo.

ipòtesi s.f. inv. (gr. *hypóthesis*, propr. "fondamento" quindi "premessa, ipotesi") **1.** Ciò che viene pensato come possibile e su cui si imposta un'indagine speculativa o sperimentale che dovrebbe confermarlo o negarlo. *Ipotesi di lavoro.* ~ MAT. Proposizione che si suppone vera e che, una volta verificata, rende valida un'altra proposizione (*tesi*). **2.** Spiegazione congetturale di un fenomeno, di un fatto di cui si ignorano le cause e la dinamica. SIN.: **supposizione**. **3.** Possibilità che si prospetta come probabile e che viene presa in considerazione dovendo decidere come agire. SIN.: **eventualità**. **4.** DIR. *Ipotesi di legge:* situazione astratta considerata dal legislatore come presupposto per l'applicazione di una norma. ~ *Ipotesi di reato:* condotta che, sulla base di quanto previsto dal legislatore, si configura come reato.

ipotéso agg. MED. Affetto da ipotensione arteriosa. ◆ s.m. [f. *–sa*] Nel sign. dell'agg.

ipotètico agg. [pl.m. *–ci*, f. *–che*] **1.** Fondato su un'ipotesi, che ha caratteri di ipotesi. **2.** *estens.* Che è solo supposto e quindi non ha fondamento reale. SIN.: **presunto**. **3.** FILOS. Che dipende dal verificarsi di una condizione. **4.** GRAMM. *Periodo ipotetico:* struttura sintattica formata da due frasi di cui una, detta *protasi* (o anche *frase condizionale*), esprime la condizione necessaria affinché si avveri l'evento espresso nell'altra, detta *apodosi*.

ipotipòsi s.f. inv. (gr. *hypotýpōsis* "abbozzo") RET. Figura retorica che consiste nel descrivere qlco. con particolare evidenza e vivacità.

ipotiroidèo agg. **1.** MED. Relativo all'ipotiroidismo. **2.** MED. Affetto da ipotiroidismo. ◆ s.m. [f. *–a*] Nell'accez. 2 dell'agg.

ipotiroidìsmo s.m. MED. Insufficiente funzionalità della tiroide, con conseguente riduzione del metabolismo basale, alterazioni mestruali e disturbi mentali.

ipotizzàbile agg. Che può essere ipotizzato.

ipotizzàre v.tr. Porre qlco. come ipotesi.

ipotonìa s.f. MED. Diminuzione del tono muscolare.

1. ipotònico agg. [pl.m. *–ci*, f. *–che*] MED. Relativo all'ipotonia.

2. ipotònico agg. [pl.m. *–ci*, f. *–che*] CHIM. Di soluzione che ha pressione osmotica minore rispetto alla soluzione fisiologica.

ipotricòsi s.f. inv. MED. Patologica insufficienza di peli.

ipotrofìa s.f. MED. Diminuzione di volume di un organo, di un tessuto, di un apparato senza diminuzione del numero delle cellule.

ipoventilazióne s.f. MED. Riduzione del volume degli scambi gassosi respiratori.

ipovitaminòsi s.f. inv. MED. Carenza di una o più vitamine.

ippàrco s.m. [pl. *–chi*] (gr. *hípparkhos*, comp. di *híppos* "cavallo" e *arkhē* "comando") ANT. GR. Comandante generale della cavalleria.

ippica s.f. (solo sing.) Insieme delle attività sportive svolte a cavallo.

ippico agg. [pl.m. *–ci*, f. *–che*] Relativo ai cavalli, all'ippica. *Concorso ippico.*

Ippobòscidi s.m. pl. [iniziale minusc. sing. *–de* per l'individuo] ZOOL. Famiglia di insetti ditteri che si nutrono del sangue che succhiano agli animali di cui sono parassiti.

1. ippocàmpo s.m. (lat. *hippocāmpum*, gr. *hyppókampos* comp. di *híppos* "cavallo" e *kámpos* "mostro marino") **1.** Piccolo pesce marino privo della pinna caudale, con testa e collo che formano un profilo cavallino e coda che si può avvolgere a spirale, è detto anche *cavalluccio marino*. (Il maschio dell'ippocampo possiede una tasca incubatrice; lunghezza 15 cm ca.; famiglia dei Signatidi.) **2.** ZOOL. (iniziale maiusc.) Genere di teleostei a cui appartengono varie specie di ippocampo.

2. ippocàmpo s.m. **1.** ANAT. Formazione nervosa pari e simmetrica del telencefalo che sovrintende al senso dell'olfatto. **2.** FISIOL. Regione del cervello che presiede ai processi di apprendimento e memorizzazione delle informazioni ricevute.

■ ippocàmpo

Ippocastanàcee s.f. pl. [iniziale minusc. sing. –*a* per l'individuo] BOT. Famiglia di piante arboree dicotiledoni con foglie opposte e frutto a capsula spesso protetto da un involucro aculeato.

ippocastàno s.m. BOT. Grande albero con ampia e folta chioma, fiori bianchi in pannocchia, frutto a capsula contenente tre grossi semi molto simili alle castagne ma non commestibili; detto anche *castagno d'India*. (Altezza 25 m; genere *Aesculus hippocastanum*; famiglia delle Ippocastanacee.)

riccio

fiore

inflorescenza e foglie

frutto

■ ippocastàno

ippocràtico agg. [pl.m. –*ci*, f. –*che*] Relativo a Ippocrate o alle sue teorie. ◇ *Giuramento ippocratico*: quello con cui il medico si impegna a osservare, nell'esercizio della professione, una serie di principi etici.

ippòdromo s.m. **1.** Luogo attrezzato per le corse dei cavalli. **2.** ANT. GR. Distanza percorsa un certo numero di volte dai cavalli o dai carri durante una corsa.

ippòfilo agg. Appassionato di cavalli, di ippica. ◆ s.m. [f. –*la*] Nel sign. dell'agg.

ippoglòsso s.m. **1.** Grosso pesce commestibile che vive sul fondo dei mari freddi, detto anche *halibut*. (Lunghezza 2-3 m, peso 250 kg; famiglia dei Pleuronettidi.) **2.** ZOOL. (iniziale maiusc.) Genere di animali a cui appartiene l'ippoglosso.

ippogrifo s.m. **1.** Favoloso cavallo alato (immaginato nell'*Orlando Furioso* da L. Ariosto).

2. ARALD. Figura di animale immaginario, metà aquila e metà cavallo.

ippologìa s.f. Scienza che studia il cavallo.

ippomanzìa s.f. Nelle religioni antiche, divinazione basata sui nitriti e sui movimenti dei cavalli.

ippopòtamo s.m. (lat. *hyppopŏtamum*, gr. *hippopótamos* comp. di *híppos* "cavallo" e *potamós* "fiume") **1.** Grosso mammifero erbivoro che vive lungo i fiumi africani, ha pelle spessa, zampe corte, bocca enorme ed è un ottimo nuotatore. (Cacciato per l'avorio dei denti, l'ippopotamo è una specie minacciata; lunghezza 4 m, peso 3-4 t; ordine degli Artiodattili.) **2.** ZOOL. (iniziale maiusc.) Genere di animali a cui appartiene l'ippopotamo. **3.** *estens.* Persona grossa, dai movimenti lenti.

■ ippopòtamo

ippotècnica s.f. [non com. pl. –*che*] Tecnica dell'allevamento e dell'addestramento dei cavalli.

ippotèrio s.m. [pl. –*rî*] Equide fossile da cui deriverebbe il cavallo.

iprite o **yprite** s.f. (dal nome della città belga di *Ypres* nella cui regione tale gas venne usato come arma) CHIM. Liquido oleoso (*solfuro d'etile*) con proprietà tossiche e vescicanti, usato come aggressivo chimico dalle truppe tedesche durante la prima guerra mondiale.

ipsilon o **ypsilon** s.f. o s.m. inv. (gr. *hýpsilón* "u semplice") Ventesima lettera dell'alfabeto greco (*Y*, *υ*), indicante la vocale *u*, pronunciata come *ü* e successivamente come *i*.

ipsodónte agg. ZOOL. Di dentatura con corona molto alta e radice breve, come le zanne degli elefanti. ~ Di animale provvisto di tale dentatura.

ipso fàcto loc. avv. (loc. lat., propr. "nel fatto stesso") **1.** Subito, immediatamente. **2.** Come conseguenza, automaticamente.

ipsòfilo agg. BIOL. Riferito ad animale o a pianta, adatto a vivere in alta montagna.

ipsometrìa s.f. Determinazione dell'altitudine di un luogo mediante la misurazione della pressione atmosferica.

ipsòmetro s.m. Strumento utilizzato per determinare la pressione atmosferica attraverso la misurazione della temperatura di ebollizione.

ira s.f. **1.** Impeto rabbioso e incontrollato. SIN.: **collera. 2.** Giusto sdegno che può tradursi in punizione di chi lo ha causato. **3.** *fig.* Furia degli elementi naturali. *L'ira dei venti*.

irachèno agg. Dell'Iraq. ◆ s.m. [f. –*na*] Nativo, abitante dell'Iraq.

iraniàno agg. Dell'Iran. ◆ s.m. [f. –*na*] LING. Nativo, abitante dell'Iran.

irànico agg. [pl.m. –*ci*, f. –*che*] Del territorio compreso tra il Tigri e l'Indo. ◆ s.m. [f. –*ca*] **1.** Nativo, abitante dell'antico Iran. **2.** (solo sing.) Gruppo delle lingue iraniche.

irascìbile agg. Facile all'ira. SIN.: **collerico.**

iràto agg. Colmo d'ira. ~ *estens.* Che denota un sentimento d'ira.

irenismo s.m. (deriv. di gr. *eirēnē* "pace") **1.** CRIST. Orientamento teologico volto a individuare gli elementi comuni alle varie confessioni cristiane, nella prospettiva di una loro unione. **2.** Tendenza a conciliare, ad attenuare ogni contrasto.

IRES s.f. inv. (sigla di *Imposta sui REdditi delle Società*) FIN. Imposta che incide principalmente sui redditi prodotti nell'ambito dello svolgimento normale dell'attività d'impresa, escludendo da imposizione le fasi straordinarie quali riorga-

nizzazioni aziendali o cessioni di partecipazioni. (Dal gennaio 2004 ha sostituito l'*IRPEG*.)

Iridàcee s.f. pl. [iniziale minusc. sing. –*a* per l'individuo] BOT. Famiglia di piante monocotiledoni come l'iris, il gladiolo e il croco.

iridàto agg. Che ha i colori dell'iride. ~ *estens.* Multicolore. ◆ s.m. [f. –*ta*] Corridore ciclista o altro sportivo che detiene il titolo di campione del mondo.

iride s.f. **1.** Arcobaleno. **2.** ANAT. Parte colorata della membrana vascolare dell'occhio, posta tra la cornea e il cristallino e avente al centro la pupilla. **3.** In un sistema ottico, diaframma. **4.** ZOOL. Denominazione di vari insetti e pesci multicolori. **5.** MIN. Varietà di cristallo di rocca che ha i riflessi dell'iride.

iridèo agg. ANAT. Dell'iride.

iridescènte agg. (fr. *iridescent*) Che ha o assume i colori dell'iride.

iridescènza s.f. Formazione di riflessi con i colori dell'iride che interessa alcuni minerali ed è dovuta a fenomeni di rifrazione e interferenza.

iridio s.m. (solo sing.) **1.** Metallo bianco, lucente, insolubile negli acidi, che fonde a 2443 °C. **2.** Elemento chimico (*Ir*) di numero atomico 77 e peso atomico 192,22.

iridologìa s.f. Osservazione dell'iride compiuta a scopo diagnostico.

iris s.f. inv. (lat. *īris*, gr. *îris* "arcobaleno, iris") **1.** Pianta erbacea con foglie lunghe, fiori grandi di vari colori, rizoma ben sviluppato. (Famiglia delle Iridacee.) **2.** BOT. (iniziale maiusc.) Genere di piante a cui appartiene anche il giaggiolo. **3.** MIN. Iride.

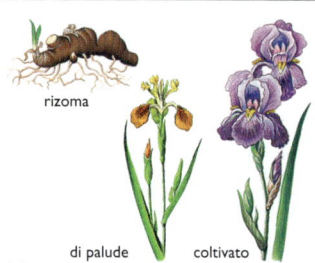

rizoma

di palude   coltivato

■ ìris

irish coffee [/'aiəriʃ 'kɔfi/] loc. sost. m. inv. (loc. ingl., propr. "caffè irlandese") Bevanda composta da caffè dolce molto caldo con whisky e copertura di panna.

irite s.f. MED. Infiammazione dell'iride.

irlandése agg. Dell'Irlanda. ◆ s.m. **1.** (anche f.) Nativo, abitante dell'Irlanda. **2.** (solo sing.) Lingua irlandese.

ironìa s.f. (lat. *ironĭam*, gr. *eirōnéia* propr. "finzione") **1.** Atteggiamento di bonaria irrisione, di superiore distacco dalle cose, di chi coglie l'aspetto ridicolo o paradossale o banale di una situazione, di un'affermazione, ecc. **2.** Con valore perlopiù negativo, ridicolizzazione, sarcastica deformazione di una cosa, di una persona, di un concetto. ~ *fig.* Presa in giro, scherzo crudele, beffa, anche dal risvolto tragico. *Per ironia della sorte.* **3.** Dissimulazione del proprio pensiero o della verità, affermando il loro contrario o parzialmente nascondendoli.

irònico agg. [pl.m. –*ci*, f. –*che*] **1.** Che rivela ironia. **2.** Propenso a fare ironia, sarcasmo. SIN.: **caustico.**

ironizzàre v.tr. (fr. *ironiser*) Trattare con ironia. *Ironizzare la propria condizione.* ◆ v.intr. (aus. *avere*) Fare ironia. *Ironizzare su tutti.*

IRPEF s.f. inv. (Sigla di *Imposta sul Reddito delle PErsone Fisiche*) FIN. Imposta diretta, personale e progressiva, che colpisce il reddito complessivo annuo delle persone fisiche.

IRPEG s.f. inv. (Sigla di *Imposta sul Reddito delle PErsone Giuridiche*) FIN. Imposta diretta proporzionale sul reddito complessivo annuo delle persone giuridiche e delle organizzazioni e associazioni a esse assimilate. (Dal gennaio 2004 è stata sostituita dall'*IRES*.)

irradiaménto s.m. **1.** Propagazione di radiazioni. **2.** Disposizione in direzioni diverse a partire da uno stesso punto. **3.** MAR. Manovra di navi in formazione consistente nel disporsi su rotte divergenti.

1. irradiàre v.tr. [6] **1.** Colpire con raggi o con la propria luce, anche fig. *Il Sole irradia la Terra.* **2.** *estens.* Emettere onde luminose. *Il forno irradia calore.* ~ *fig.* Pervadere qlcu. di un sentimento o uno stato d'animo. *Il successo la irradiò di fiducia in se stessa.* **3.** Sottoporre all'azione di radiazioni. ◆ v.intr. Diffondersi in forma di raggi. *La luce irradiava dai grandi candelabri in tutta la stanza.* **2.** *fig.* Detto di sensazioni, sprigionarsi da qlco. *Dai suoi occhi irradiava la felicità.* ◆ **irradiarsi** v.pron. Diffondersi a partire da un punto verso una certa direzione.

2. irradiàre v.tr. Trasmettere a mezzo radio. *Irradiare i bollettini meteorologici.*

irradiazióne s.f. **1.** Emanazione di energia raggiante. ~ *L'energia stessa irradiata.* **2.** *estens.* Propagazione a partire da un centro. **3.** In fisioterapia, cura basata su energia radiante. **4.** FIS. Esposizione di un materiale a una radiazione. ~ Fenomeno ottico per cui una superficie illuminata appare un po' più grande di una uguale e contigua superficie scura.

Irraggiaménto s.m. Propagazione di raggi luminosi o radiazioni.

irraggiungìbile agg. **1.** Impossibile o estremamente difficile da raggiungere. **2.** *fig.* Che non si può conseguire.

irragionévole agg. **1.** Che manca di ragione, di buon senso. **2.** Riferito a cosa, che non ha ragionevole motivazione. SIN.: **assurdo. 3.** Che manca di equilibrio e misura. SIN.: **esagerato.**

irrancidìre v.intr. [83] (aus. *essere*) **1.** Diventare rancido, anche fig. *Il lardo irrancidisce.* ~ *estens.* Diventare guasto. **2.** *fig.* Guastarsi, diventare inutile. *Queste proposte sono irrancidite.*

irrazionàle agg. **1.** Privo di ragione. SIN.: **bruto. 2.** FILOS. Che non ha relazione con la facoltà della ragione. **3.** Che non è regolato dalla ragione intesa come capacità logica e quindi anche come capacità di ordinare la realtà. SIN.: **illogico. 4.** Che non è regolato dalla ragione intesa come capacità di giudizio. **5.** MAT. *Numero irrazionale:* numero decimale illimitato non periodico che spesso esprime il rapporto tra due grandezze omogenee non commensurabili fra di loro. ◆ s.m. (solo sing.) Ciò che non è razionale, che manca di ragione.

irrazionalismo s.m. FILOS. Qualsiasi orientamento di pensiero che ritiene la ragione insufficiente a comprendere la realtà. **2.** *estens.* Ogni concreto esempio di illogicità.

irrazionalità s.f. inv. **1.** Assenza della facoltà della ragione. **2.** Mancanza di sensatezza.

irreàle agg. Che non è reale. SIN.: **illusorio.**

irrealizzàbile agg. Che non può essere realizzato.

irrealtà s.f. inv. Condizione di ciò che non ha consistenza obiettiva o ne ha solo illusoria.

irrecuperàbile o **irricuperàbile** agg. **1.** Che non si può recuperare. ~ Che non può più essere utilizzato. **2.** Che non può essere riportato alla primitiva condizione di normalità.

irrecusàbile o **irricusàbile** agg. **1.** Che non si può respingere. **2.** La cui evidenza non può essere negata.

irredentismo s.m. Orientamento politico e culturale di tipo nazionalistico, tendente a riunire alla madrepatria territori a essa legati per lingua, cultura o razza ma politicamente soggetti a uno stato straniero, in partic. quello che propugnava il ritorno all'Italia di Trentino, Venezia Giulia, Fiume e Dalmazia.

irredimìbile agg. **1.** Che non può essere redento. **2.** Che non può essere affrancato. **3.** FIN. Di cui non si può avere il rimborso.

irrefragàbile agg. Che non si può contestare.

irrefutàbile agg. Che non può essere confutato.

irreggimentàre v.tr. **1.** MIL. Sistemare più uomini in un reggimento. **2.** *estens.* Disciplinare

più persone in modo autoritario. *Il direttore cerca di irreggimentare il personale.*

irregolàre agg. (lat. *irregulàrem* "contrario alle norme ecclesiastiche") **1.** Non conforme alle regole. ~ Che si discosta dalle norme morali prevalenti. ~ SPORT. Che si discosta da quanto prescritto dal regolamento. **2.** Che si discosta dalla tipologia prevalente. SIN.: **insolito. 3.** GRAMM. *Nome, verbo irregolare:* che ha una flessione diversa da quella dei paradigmi morfologici più produttivi. **4.** Che non ha un andamento o, se riferito a persona, un comportamento sempre uguale. *Respiro irregolare.* **5.** GEOM. Che non presenta uniformità e simmetria. ◆ s.m. **1.** (anche f.) Chi pensa o si comporta in modo non convenzionale. **2.** MIL. Soldato volontario, non inquadrato nell'esercito regolare.

irregolarità s.f. inv. **1.** Carattere di ciò che si discosta dalla norma. **2.** *estens.* Atto divergente dalle regole. ◇ *eufem. Irregolarità amministrativa:* reato contro la pubblica amministrazione. ~ SPORT. *Irregolarità di gioco:* fallo, azione scorretta. **3.** Carattere di ciò che ha un andamento non continuo. **4.** DIR. CAN. Impedimento che vieta la ricezione o l'esercizio degli ordini sacri.

irrelàto agg. (ingl. *irrelated*) Che non ha connessione logica con altro termine.

irreligióne s.f. Assenza di convinzioni religiose.

irreligióso agg. **1.** Privo di religiosità. **2.** Che manifesta ostilità verso la religione. SIN.: **blasfemo.**

irremovìbile agg. **1.** Impossibile o difficile da smuovere. **2.** Che non può essere rimosso, allontanato.

irreparàbile agg. Che non può essere riparato. ◆ s.m. (solo sing.) Ciò per cui non c'è rimedio.

irreprensìbile agg. A cui non si può muovere alcuna critica. SIN.: **ineccepibile.**

irreprimìbile agg. Che non si può reprimere.

irrequietézza s.f. Stato d'agitazione intensa, di nervosismo e di eccitazione che si manifesta con un accresciuto bisogno di muoversi, di fare qlco. o con un senso di ansietà, di angoscia.

irrequièto agg. **1.** Che non ha riposo, non trova pace o per nervosismo o per vivacità. SIN.: **inquieto. 2.** Che manifesta ansia. *Sguardo irrequieto.*

irresistìbile agg. **1.** Che spezza ogni resistenza. *Irresistibile impeto del nemico.* **2.** Che piega, vince ogni resistenza mentale, ogni riserva critica, ogni riluttanza. ~ Molto attraente, di grande fascino. **3.** Che non può essere dominato, represso. *Bisogno irresistibile.*

irresolutézza o **irrisolutézza** s.f. Carattere tentennante di chi fatica a prendere una risoluzione. SIN.: **indecisione.**

irresolùto o **irrisolùto** agg. **1.** Che fatica a imporsi, a prendere una decisione. SIN.: **incerto. 2.** *estens.* Che denota esitazione.

irrespiràbile agg. **1.** Che non può essere respirato senza danno. **2.** *fig.* Che dà un senso di oppressione spirituale, di soffocamento interiore. *Atmosfera familiare irrespirabile.*

irresponsàbile agg. **1.** Che si comporta con incoscienza, che non pensa alle conseguenze delle proprie azioni. **2.** Che non può essere ritenuto responsabile delle azioni compiute, perché non consapevole di esse. **3.** Che non è o non si considera responsabile di singoli fatti. **4.** DIR. Che non è perseguibile per gli atti compiuti nell'esercizio delle proprie funzioni. ◆ s.m. e f. Nelle accez. 1 e 2 dell'agg.

irresponsabilità s.f. inv. **1.** Mancanza di responsabilità oppure di senso di responsabilità. **2.** DIR. *Irresponsabilità del capo dello Stato:* istituto per cui il capo dello Stato non è responsabile degli atti compiuti nell'esercizio delle sue funzioni a eccezione dell'alto tradimento e dell'attentato alla Costituzione.

irrestringìbile agg. Di tessuto che non può restringersi durante il lavaggio grazie a un apposito trattamento.

irretìre v.tr. [83] Sedurre, accalappiare con l'inganno; anche pron.

irreversìbile agg. **1.** Che non può avere un andamento inverso e non può essere corretto o

contrastato. ◇ FIS. *Trasformazione irreversibile:* quella che non può compiersi in senso opposto senza apporto di energia esterna al sistema che la subisce. ~ CHIM. *Reazione irreversibile:* quella in cui i reagenti si trasformano completamente in prodotti di reazione. **2.** MED. Che non è suscettibile di guarigione. *Coma irreversibile.* **3.** DIR. *Pensione irreversibile:* non trasferibile ad altri. **4.** ECON. *Capitale irreversibile:* impiegato in investimenti dai quali è difficile ritirarlo.

irreversibilità s.f. inv. Carattere di ciò che è irreversibile.

irrevocàbile agg. **1.** Che non può essere revocato e quindi né modificato né annullato. SIN.: **definitivo. 2.** *estens.* Su cui non si ritorna. *Decisione irrevocabile.*

irrevocabilità s.f. inv. **1.** Carattere di ciò che è definitivo. **2.** Impossibilità di ritornare a essere. *Irrevocabilità del tempo.*

irricevibilità s.f. inv. DIR. Assenza dei requisiti formali necessari affinché un'istanza, un ricorso, ecc. vengano presi in esame dall'autorità competente.

irriconoscènte agg. Che non è riconoscente, non dimostra riconoscenza. SIN.: **ingrato.**

irriconoscìbile agg. Che non si riconosce più perché è mutato fisicamente, spiritualmente o perché è camuffato o perché ha subìto gravi alterazioni.

irrìdere v.tr. [21] Deridere, schernire.

irriducìbile agg. **1.** Che non può essere condotto a un ordine, a una misura, a un carattere diversi dal proprio, ma resta ciò che è. **2.** *estens.* Che non cede. *Volontà irriducibile.* ~ Che non sa adattarsi a una diversa situazione. *Fumatore irriducibile.* **3.** Che non può essere diminuito. *Spese irriducibili.* **4.** MED. Che non può essere rimesso nella propria sede. *Ernia irriducibile.* ◆ s.m. e f. Nel sign. 2 dell'agg.

irriducibilità s.f. inv. Qualità di ciò che non può essere ridotto o modificato.

irriflessivo agg. **1.** Che agisce senza pensare. **2.** Che non è frutto di riflessione, di ragionamento, sia nel senso che è avventato sia nel senso che è spontaneo, istintivo.

irrigàbile agg. Che può essere irrigato.

irrigàre v.tr. [4] **1.** Bagnare terreni fornendo l'acqua necessaria per coltivarli. *Irrigare i campi.* **2.** *estens.* Detto di corsi d'acqua, bagnare una zona contribuendo a renderla fertile. *Una rete di canali irriga la pianura.* **3.** MED. Immettere in una cavità dell'organismo un liquido medicamentoso a scopo terapeutico.

irrigatóre agg. [f. –trice] Che serve all'irrigazione. ◆ s.m. Nel sign. dell'agg. ~ MED. Apparecchio dotato di un cannello utilizzato per il lavaggio di cavità.

irrigazióne s.f. **1.** Afflusso d'acqua su un terreno coltivato o un prato per compensare l'insufficienza delle precipitazioni e permettere la crescita delle piante. **2.** MED. Immissione di una corrente di liquido medicamentoso in una cavità del corpo.

irrigidiménto s.m. **1.** Perdita di elasticità. **2.** *fig.* Tendenza a diventare rigido, inflessibile. **3.** *fig.* Peggioramento. *Inasprimento del clima.*

irrigidìre v.tr. [83] **1.** Rendere rigido. **2.** *fig.* Rendere qlcu. insensibile. *Le delusioni mi hanno irrigidito.* ~ Rendere qlco. più duro. *Irrigidire la pena.* ◆ **irrigidirsi** v.pron. Diventare rigido. *Le membra si irrigidiscono.* **4.** MED. Detto del tempo o della temperatura, diventare più freddo. ~ Mantenersi inflessibile su una posizione. *Irrigidirsi su un'idea.*

irriguardóso agg. Che non ha riguardo, che manca del dovuto rispetto.

irrìguo agg. **1.** Che è ben irrigato, ricco di acque. **2.** Che serve, che è destinato a irrigare.

irrilevànte agg. Che ha poca o nessuna importanza.

irrilevànza s.f. Scarsa importanza, scarso valore.

irrimediàbile agg. Che non ha rimedio.

irrisióne s.f. Dileggio irriverente.

irrisòrio agg. [pl.m. –ri] **1.** Che esprime irrisione, scherno. **2.** Così trascurabile, da diventare poco importante. ~ *estens.* Minimo, esiguo. *Prezzo irrisorio.*

irrispettóso agg. Che manca di rispetto.

irritàbile agg. **1.** Che si arrabbia facilmente. **2.** MED. Soggetto a infiammazione. *Gola irritabile.*

irritabilità s.f. inv. **1.** Facilità a innervosirsi. **2.** MED. Tendenza a infiammarsi, propria di organi, tessuti, ecc. **3.** BIOL. Proprietà del protoplasma animale o vegetale di reagire vivacemente agli stimoli.

irritànte agg. **1.** Che indispettisce. **2.** Che causa infiammazione. *Gas irritanti.* ◆ s.m. Nell'accez. 2 dell'agg.

irritàre v.tr. **1.** Rendere nervoso. *Queste continue lamentele hanno irritato i professori.* **2.** Inasprire, esasperare un sentimento. *Irritare la gelosia.* **3.** Infiammare una parte del corpo. *Irritare la pelle.* ◆ **irritarsi** v.pron. **1.** Perdere la calma. *Irritarsi per il ritardo del treno.* **2.** Detto di una parte del corpo, infiammarsi. *La pelle delicata si irrita facilmente.*

irritativo agg. MED. Che stimola una reazione organica, che è causa d'infiammazione.

irritàto agg. **1.** Che prova risentimento, stizza, collera. **2.** MED. Infiammato. *Gola irritata.*

irritazióne s.f. **1.** Collera repressa. SIN.: **risentimento**. **2.** MED. Infiammazione di un tessuto, un organo, ecc.

ìrrito agg. (lat. *ĭrritum* "non ratificato") DIR. Che non ha valore legale.

irrituàle agg. **1.** DIR. Di atto processuale non conforme alla procedura di legge. **2.** *estens.* Inconsueto, non canonico.

irriverènte agg. **1.** Che manca della dovuta riverenza, del dovuto rispetto. **2.** *estens.* Che denota mancanza di rispetto, di ossequio.

irriverènza s.f. **1.** Mancanza di rispetto. **2.** *estens.* Azione, parola irriverente.

irrobustire v.tr. [83] **1.** Dare più forza a qlcu. o qlco. **2.** *estens.* Potenziare qlco. *Irrobustire la struttura aziendale.* ◆ **irrobustirsi** v.pron. Diventare robusto.

irrogàre v.tr. [4] DIR. Infliggere una pena a qlcu. *Irrogare una sanzione all'imputato.*

irrogazióne s.f. DIR. Atto con cui si irroga una pena.

irrómpere v.intr. [45] [manca del part. pass.] (lat. *irrŭmpere*, propr. "rompere dentro") **1.** Entrare, introdursi con forza e con impeto in un luogo. *La polizia irruppe nello stadio.* **2.** *fig.* Entrare con forza in un ambito. *La corruzione irrompe nella vita politica.*

irroràre v.tr. (lat. *irrorāre*, deriv. di *rōs* "rugiada") **1.** Bagnare, inumidire. **2.** Permeare, bagnare completamente. **3.** AGR. Spruzzare con liquidi antiparassitari.

irroratrice s.f. AGR. Macchina usata per irrorare le piante con sostanze antiparassitarie.

irrorazióne s.f. **1.** Spargimento di acqua o altri liquidi. **2.** MED. *Irrorazione sanguigna:* vascolarizzazione.

irruènte o **irruènto** agg. Che lascia prorompere le proprie passioni.

irruènza s.f. **1.** Esuberanza di carattere che induce a dar libero corso a passioni e impulsi. **2.** Impetuosità, impeto.

irruzióne s.f. **1.** Invasione violenta in un luogo da parte di un gruppo di persone. **2.** *fig.* Affermazione, diffusione di dottrine, di idee, ecc.

irsutìsmo s.m. MED. Eccessivo sviluppo dei peli nella donna.

irsùto agg. (lat. *hirsūtum* "irto") **1.** Formato o coperto di peli folti, lunghi, ispidi. ~ *estens.* Riferito a persona, peloso, selvatico. **2.** BOT. *estens.* Di organo vegetale a peli fitti, lunghi e flessibili. **3.** *estens.* Ruvido, pungente, grossolano.

irto agg. **1.** Formato o coperto di peli dritti, duri. **2.** BOT. Con riferimento a organo vegetale, che ha i peli formanti un angolo retto con la superficie d'inserzione. **3.** Coperto o cosparso di sporgenze aguzze o che sembrano tali. **4.** *fig.* Reso difficile da ostacoli.

Irudìnei s.m. pl. [iniziale minusc. sing. *-neo* per l'individuo] ZOOL. Ordine di invertebrati d'acqua dolce, ermafroditi, con corpo molle e cilindrico, due ventose e respirazione cutanea; ne fanno parte le sanguisughe. (Tipo degli Anellidi.)

Irundìnidi s.m. pl. [iniziale minusc. sing. *-de* per l'individuo] ZOOL. Famiglia di uccelli più noti con il nome di *rondini*, con corpo breve e tozzo, piumaggio di colore nero, con riflessi blu sul dorso e macchia bianca sul ventre, coda spesso biforcuta, ali corte ma molto sviluppate; si nutrono prevalentemente di insetti. (Ordine dei Passeriformi.)

1. isabèlla agg. inv. (fr. *isabelle*) Di colore fulvo, detto in partic. del mantello fulvo-giallastro di una varietà di cavallo sauro. ◆ s.m. inv. Nel sign. dell'agg.

2. isabèlla s.f. inv. (dal nome di *Isabella* Gibbs che diffuse questo vitigno) Vitigno americano coltivato anche in Italia, di uva nera non adatta alla vinificazione ma dal gradevole sapore di fragola; detta anche *uva fragola.*

isàgono agg. GEOM. Di figura con angoli uguali a quelli di un'altra.

isba o **izba** s.f. (russo *izbá*) Tipica casa rurale russa costruita con tronchi d'albero e costituita da una sola stanza suddivisa da tramezzi e riscaldata da una grande stufa in muratura su cui vi è posto per dormire.

ISBN s.m. inv. (Sigla dell'ingl. *International Standard Book Number*) Numero d'identificazione internazionale attribuito a ogni lavoro pubblicato.

iscariòta s.m. [pl. *-ti*] (gr. *Iskariṓtēs*, forse deriv. di ebr. *ỳīš Qeriyôt_* "uomo di Qeriyôt", nome del suo villaggio nativo) Soprannome di Giuda, l'apostolo che tradì Cristo.

ischemìa s.f. (gr. *ískhaimos* "che arresta il sangue") MED. Diminuito o interrotto apporto di sangue in una zona dell'organismo o in un organo.

ischèmico agg. [pl.m. *-ci*, f. *-che*] **1.** MED. Che riguarda l'ischemia, provocato da ischemia. *Cardiopatia ischemica.* **2.** MED. Che è colpito da ischemia. ◆ s.m. [f. *-ca*] MED. Nell'accez. 2 dell'agg.

ischialgìa s.f. MED. Nevralgia del nervo ischiatico. SIN.: **sciatica**.

ischiàtico agg. [pl.m. *-ci*, f. *-che*] (gr. *iskhiadikós* "dell'anca") ANAT. Relativo all'ischio. *Arteria ischiatica.*

ìschio s.m. [pl. *ischi*] ANAT. Uno dei tre elementi (insieme all'ileo e al pube) che formano l'osso iliaco, di cui costituisce l'angolo inferiore.

iscrìtto agg. **1.** Che ha compiuto l'atto dell'iscrizione. **2.** GEOM. Inscritto. ◆ s.m. [f. *-ta*] Nell'accez. 1 dell'agg.

iscrìvere v.tr. [30] **1.** Inserire in un registro, in un elenco il nome di qlcu. o qlco. *Iscrivere un candidato.* ~ *estens.* Associare qlcu. a un'organizzazione, una scuola, una società. **2.** Incidere un'iscrizione su pietra o altro materiale duro. ◆ **iscriversi** v.pron. Dare il proprio nome e compiere le formalità necessarie per essere ammesso a un'organizzazione o a un'attività come membro, socio, alunno, ecc.

iscrizióne s.f. **1.** Registrazione su un elenco, un registro ufficiale che sancisce l'ammissione tra i membri di un'organizzazione o tra i partecipanti a un'attività. **2.** Registrazione di atti giuridici o di beni particolari. *Iscrizione di un autoveicolo al pubblico registro.* **3.** SPORT. Atto che dà diritto a partecipare a una gara. **4.** Scrittura su pietra o altro materiale duro. *Iscrizione funebre.*

ISDN s.f. inv. (sigla dell'ingl. *Integrated Services Digital Network*, "rete numerica integrata di servizio") Insieme di standard per la trasmissione integrata di dati digitali e dati analogici o vocali sulla stessa rete fisica.

islàm s.m. inv. (ar. *Islām* "abbandono, dedizione") **1.** (preferibilmente con iniziale maiusc.) Religione monoteistica fondata da Maometto. **2.** *estens.* Il mondo musulmano, la sua cultura e il suo sistema socio-politico.

ENCICL. Fondato in Arabia da Maometto nel sec. VII l'islam si è diffuso in Asia, Africa e Europa, raggiungendo il numero di circa 950 milioni di fedeli. Religione rigorosamente monoteistica, fonda la vita religiosa e politica sul Corano, il libro sacro rivelato da Dio (Allah) a Maometto e sui detti e fatti (*ahadith*) del Profeta. Secondo la legge canonica (*sharia*) cinque sono i doveri fondamentali, o "pilastri", del credente: la professione di fede, o *shahada* (non c'è altro Dio al di fuori di Allah e Maometto è il suo profeta); la preghiera rituale cinque volte al giorno, o *salat*; il digiuno nel mese di ramadan, o *sawm*; il pellegrinaggio alla Mecca, o *haji*, almeno una volta nella vita; l'elemosina rituale, o *zakat*. Nelle due grandi correnti dell'Islam, la sunnita e la sciita, i fedeli sono assistiti da guide religiose (*ulémа, mullahs*) che interpretano la legge e vegliano sulla sua applicazione.

islàmico agg. [pl.m. *-ci*, f. *-che*] Relativo all'islam.

islamismo s.m. Islam, inteso sia come religione che come cultura e sistema socio-politico a essa correlati.

islamìsta s.m. e f. [pl.m. *-sti*] Studioso dell'islamismo.

islamizzàre v.tr. **1.** Convertire all'islam. **2.** Ridurre sotto l'influenza dell'islam. ◆ **islamizzarsi** v.pron. Convertirsi all'islam.

islandése agg. Dell'Islanda e dei suoi abitanti. ◆ s.m. **1.** (anche f.) Abitante dell'Islanda. **2.** (solo sing.) Lingua islandese.

ismaelita agg. [pl.m. *-ti*] Arabo, musulmano, saraceno (Ismaele, figlio di Abramo, è infatti considerato capostipite del popolo arabo).

ismailìsmo s.m. Setta e dottrina musulmana sciita degli ismailiti.

ismailita s.m. e f. [pl.m. *-ti*] Seguace della setta musulmana sciita, sorta nel sec. VIII, che considera come *iman* occulto Ismail, destinato a tornare sulla terra per far trionfare la vera fede.

-ismo Suffisso che forma sostantivi indicanti dottrine, tendenze, movimenti politici, religiosi o sociali, filosofici, artistico-letterari, ecc. (*futurismo, nazismo, cubismo*); in questo significato è spesso affiancato in allotropi da *-esimo* (*umanesimo, umanismo*); può essere usato anche per formare sostantivi che esprimono atteggiamenti collettivi o individuali o qualità fisiche e morali (*permissivismo, pentitismo*); è morfema molto fortunato nell'italiano moderno, spec. nel l. pol. e gior.; trova largo impiego, infine, nella formazione di sostantivi designanti attività sportive (*alpinismo, automobilismo*).

ISO agg. inv. (sigla dell'ingl. *International Organization for Standardization* "organizzazione internazionale per la standardizzazione") Usato in alcune locc. ◇ *Norma ISO:* norma definita dall'*ISO* applicata a prodotti e servizi a garanzia dell'unificazione tecnica e scientifica (v. parte n.pr.). – FOTO. *Scala ISO:* scala di sensibilità delle emulsioni fotografiche, utilizzata come standard internazionale.

isoalìna s.f. GEOFIS., CARTOGR. Linea che unisce tutti i punti di un bacino marino che, situati a una stessa profondità, hanno uguale salinità.

isòbara s.f. (riduzione del sintagma *linea isobara*) GEOFIS., CARTOGR. Linea che unisce tutti i punti a quota prefissata aventi in un dato momento uguale pressione atmosferica.

isobàrico agg. [pl.m. *-ci*, f. *-che*] **1.** FIS. Isobaro. **2.** METEOR. *Linea isobarica:* isobara.

isòbaro agg. **1.** FIS. *Trasformazione isobara:* realizzata a pressione costante. **2.** FIS. NUCL. Di atomi aventi uguale numero di massa ma diverso numero atomico. **3.** METEOR. Di uguale pressione atmosferica.

isòbata s.f. GEOFIS., CARTOGR. Linea che unisce tutti i punti che hanno la stessa profondità marina o lacustre, detta anche *curva batimetrica.*

isòclina s.f. GEOFIS., CARTOGR. Linea che unisce tutti i punti della superficie terrestre che in una determinata epoca hanno uguali valori di inclinazione magnetica.

isoclinàle agg. GEOL. Di piega tettonica i cui fianchi hanno la stessa inclinazione. ◆ s.f. Nel sign. dell'agg.

isòclino agg. GEOFIS. Che ha la stessa inclinazione.

isocòro agg. TERMODIN. Realizzato a volume costante.

isòcrono agg. (gr. *isókhronos*, comp. di *ísos* "uguale" e *khrónos* "tempo") **1.** FIS. Che avviene a intervalli di uguale periodo. *Le oscillazioni isocrone del pendolo.* **2.** Che si ripete con lo stesso intervallo di tempo o che avviene simultaneamente.

isodattilìa s.f. Uguale lunghezza delle dita. (Nell'uomo è una malformazione della mano.)

■ L'arte islamica

L'arte islamica nasce e si sviluppa in connessione alla diffusione del pensiero religioso e alle conquiste dell'impero. La moschea quindi, luogo di preghiera e di ritrovo della comunità dei fedeli, rappresenta il simbolo della tradizione islamica capace di raccogliere e sintetizzare anche le suggestioni e le influenze della tradizione artistica locale. Così in Iran si osservano i tipici iwan (nicchie a volta o portici aperti spesso per incorniciare un portale), mentre in Mesopotamia prendono forma le soluzioni architettoniche offerte dalle costruzioni in muratura. L'originalità dell'arte islamica sta proprio nella sua capacità di rivivificare le vecchie forme artistiche e culturali alla luce della nuova Rivelazione.

Il ribat di monastir. Iniziato nel 796, con funzioni di convento e fortezza insieme, è caratteristico delle origini dell'Islam e del giovane impero arabo che difende le sue frontiere. Tutti i ribat sono stati costruiti infatti fra i sec. VIII e IX.

La moschea del califfo Ibn Tulun a il Cairo. Costruita fra il 876 e il 879, in mattoni rossi rivestiti di stucco, sul piano della moschea araba bordata di portici e influenzata dalla Grande Moschea di Samarra (Iraq), resta uno degli esempi più belli di architettura abbaside.

Il mausoleo di Itimad al-Dawla a Agra. Edificato nel XVII secolo. Candore del marmo, pietre policrome, finezza delle balaustre, tutto qui fa eco alla raffinatezza e all'eleganza dell'arte mongola, nella quale, con lo stile indo-musulmano, si realizza la sintesi fra influenza iraniana e gusto autoctono.

Lampada da moschea in nome del sultano Nasir al-Din Hasan. Proviene dalla sua madrasa, a Il Cairo (vetro smaltato, metà del XIV secolo). Calligrafia, ornamento floreale e geometrismo si associano con eleganza nel decoro della lampade da moschea fabbricate in Egitto o in Siria. (Louvre, Parigi.)

La moschea Selimiye a Edirne. L'architetto Sinan la considerava il suo capolavoro: in effetti, la variazione sul modello di Santa Sofia è riuscita benissimo, con l'unità dello spazio centrale completamente libero, coperto dalla vasta (31,50 m) cupola a finestre. Fu costruita dal 1569 al 1574.

La Grande Moschea del Venerdì a Isfahan. Dettaglio del decoro tappezzato di mattoncini e di maioliche smaltate e dell'articolazione dei muqarnas che permettono di passare dal piano quadrato a quello circolare. (iwan sud; XI e XV secc.)

Il minareto di Kalan a Bukhara (a sinistra). Costruito nel 1127, di grande altezza (46 m) e sormontato da una lanterna forata da sedici aperture, è interamente decorato con bande geometriche tutte diverse ottenute tramite una sapiente disposizione dei mattoni.

isoelèttrico agg. [pl.m. –*ci*, f. –*che*] ELETTR. Caratterizzato da differenza di potenziale elettrico nulla.

isogamète s.m. GENET. Ogni gamete appartenente alla stessa specie, morfologicamente uguale all'altro, con cui è capace di coniugarsi.

isogamìa s.f. BIOL. Metodo di riproduzione tra isogameti, che si verifica in diverse specie di alghe, di funghi e di protozoi.

isoglòssa s.f. LING. Linea che su una carta geografica unisce i punti ove è presente un determinato fenomeno linguistico.

isògona s.f. 1. GEOFIS., CARTOGR. Linea ideale che unisce i punti della superficie terrestre che, in un determinato periodo, hanno uguale declinazione magnetica. 2. Carta che presenta isogonia.

isogonìa s.f. 1. GEOFIS., CARTOGR. Proprietà delle rappresentazioni che non modificano il valore degli angoli tra paralleli e meridiani. 2. BIOL. Proprietà degli organismi che si sviluppano in modo uniforme in ogni loro parte.

isògono agg. Che lascia inalterati gli angoli. ◇ GEOFIS. *Linea isogona:* linea ideale che unisce i punti che hanno la stessa declinazione magnetica.

isoièta s.f. CLIMAT. Linea che unisce i punti della terra in cui si è avuta la stessa quantità di precipitazioni in un dato periodo.

isoiònico agg. CHIM. Che contiene gli stessi ioni alla stessa concentrazione.

isoìpsa s.f. (gr. *isóypsos* "di uguale altezza") CARTOGR., TOPOGR. Linea che unisce tutti i punti della superficie terrestre aventi uguale altezza sul livello del mare.

isola s.f. 1. Distesa di terra circondata dalle acque. ◇ *Isola vulcanica:* formata dall'accumulo di materiale eruttivo. 2. Gli abitanti di un'isola. *I costumi dell'isola.* 3. *estens.* Porzione di territorio che, per caratteri linguistici, etnici, ecc., si distingue dalle zone circostanti. SIN.: **enclave**. ◇ *Isola amministrativa:* territorio incluso in un comune, una provincia, una regione diversi da quelli del territorio circostante. 4. *Isola pedonale:* porzione di tessuto urbano o di suolo pubblico isolata dal traffico. 5. *fig.* Luogo riparato, tranquillo, sereno. *Un'isola di pace.* 6. BIOL., ANAT. Porzione di organo dai contorni netti, piccolo grappolo di cellule omogenee in un tessuto diverso. ◇ *Isole di Langerhans:* ciascuno degli ammassi ghiandolari che costituiscono la parte a secrezione interna del pancreas e che secernono il glucagone e l'insulina. 7. MAR., MIL. Ciascuna delle sovrastrutture, separata dalle altre, di una nave mercantile. 8. INDUS. *Isola di lavorazione, di montaggio:* organizzazione della produzione tale che un gruppo di lavoratori esegue collettivamente tutte le fasi di una lavorazione articolata.

isolaménto s.m. 1. Stato di qlcu. che vive appartato dagli altri per libera scelta o per cause esterne. ~ MED. Separazione di chi è affetto da malattia contagiosa o psichiatrica dal suo ambiente abituale. 2. Condizione di una nazione che per scelta politica non stringe relazioni con altri paesi. 3. FIS. Condizione in cui è impedito il passaggio di energia sonora o termica attraverso una parete oppure di correnti elettriche tra conduttori.

isolàno agg. Di un'isola e della sua popolazione. ◆ s.m. [f. –*na*] Nativo, abitante di un'isola.

isolànte agg. 1. Che serve a creare un isolamento acustico, termico, elettrico. 2. LING. Riferito a lingua che, come il cinese, tende a esprimere le relazioni grammaticali non con affissi, ma con morfemi autonomi, per cui a ogni parola corrisponde a un unico morfema. ◆ s.m. Nell'accez. 1 dell'agg.

isolàre v.tr. 1. Separare qlco. da ciò che gli sta intorno in modo che non abbia contatti con esso. ~ Considerare qlco. a parte, distinguerlo dal resto. *Isolare una frase in un discorso.* SIN.: **estrapolare**. ~ Escludere qlco. da ogni rapporto con gli altri. 2. Separare un corpo conduttore per impedire il passaggio di suoni, di energia termica o elettrica. 3. CHIM. Separare una sostanza da altre, in una soluzione. ◇ MED. *Isolare un virus:* individuarlo. ◆ **isolarsi** v.pron. Vivere lontano dagli altri. *Da quando ci siamo trasferiti mio figlio si è isolato.* SIN.: **appartarsi**.

isolàto agg. 1. Che non ha intorno altri elementi simili a sé. *Casa isolata.* ~ Che non si verifica più volte. *Fenomeno isolato.* 2. Escluso dalla frequentazione umana. 3. Che non può o non vuole avere rapporti con altre persone, venendo così a trovarsi in una condizione di solitudine. 4. Che non svolge un'attività insieme con altri, che ha una posizione autonoma anche dal punto di vista intellettuale, ideologico. 5. SPORT. Nel ciclismo, di corridore che gareggia fuori da una squadra. 6. FIS., TECN. Che è in condizioni di isolamento acustico, termico o elettrico. ◆ s.m. 1. Gruppo di edifici o edificio circondato da strade. 2. [f. –*ta*] Chi vive in solitudine perché emarginato oppure perché ha una posizione ideologica fortemente autonoma. 3. [f. –*ta*] Corridore ciclista isolato.

isolatóre s.m. TECN. Elemento che realizza l'isolamento elettrico, termico, acustico. SIN.: **isolante**. ◇ *Isolatore rigido:* isolatore elettrico di porcellana o vetro a forma di campana.

isolazionismo s.m. (ingl. d'America *isolationism*) Politica di uno Stato che tende a integrarsi il meno possibile nella vita internazionale e a contrastare ogni ingerenza nei propri affari interni. ~ La politica degli Stati Uniti tra la fine della prima guerra mondiale e il 1937.

isoleucina s.f. CHIM. Amminoacido naturale, presente in numerose proteine.

isomeràsi s.f. inv. BIOCHIM. Enzima che trasforma una sostanza chimica in uno dei suoi meri (p.e. una forma destrogira in una forma levogira).

isomerìa s.f. (gr. *isoméreia* "uguaglianza") 1. CHIM. Fenomeno per cui due o più composti di uguale composizione hanno proprietà chimiche e fisiche differenti. 2. FIS. *Isomeria nucleare:* proprietà di due nuclidi di avere contenuto energetico diverso ma uguale numero atomico e numero di massa. 3. BOT. Caratteristica dei verticilli che hanno uguale numero di pezzi.

isomerizzazióne s.f. CHIM. Trasformazione di un composto nel suo isomero.

isòmero agg. 1. CHIM. Riferito a due o più composti, che presentano isomeria. 2. FIS. Riferito a nuclidi, che presentano isomeria. 3. BOT. Riferito a verticilli, che hanno lo stesso numero di pezzi. ◆ s.m. Nell'accez. 1 dell'agg.

isometrìa s.f. (gr. *isometría* "uguaglianza di misura") 1. GEOGR. Rappresentazione grafica attuata attraverso curve isometriche. 2. GEOM. Trasformazione in cui le distanze fra punti rimangono invariate.

isomètrico agg. [pl.m. –*ci*, f. –*che*] 1. GEOGR. *Linea, curva isometrica:* linea che unisce tutti i punti della terra in cui un determinato fenomeno ha lo stesso valore. 2. GEOM. *Trasformazione isometrica:* isometria. 3. MIN. *Sistema isometrico:* monometrico. 4. FISIOL. *Contrazione isometrica:* contrazione muscolare senza accorciamento, che esercita una maggior trazione sui punti di inserzione.

isomorfismo s.m. 1. CHIM. Fenomeno che si verifica quando due o più sostanze, avendo proprietà fisiche e chimiche analoghe, cristallizzano nella stessa forma, con simile struttura. 2. ALG. Corrispondenza biunivoca tra due insiemi, tale da conservare la struttura degli insiemi stessi.

isomòrfo agg. 1. CHIM. Che presenta isomorfismo. 2. MAT. Riferito a due insiemi tra i quali esiste un isomorfismo.

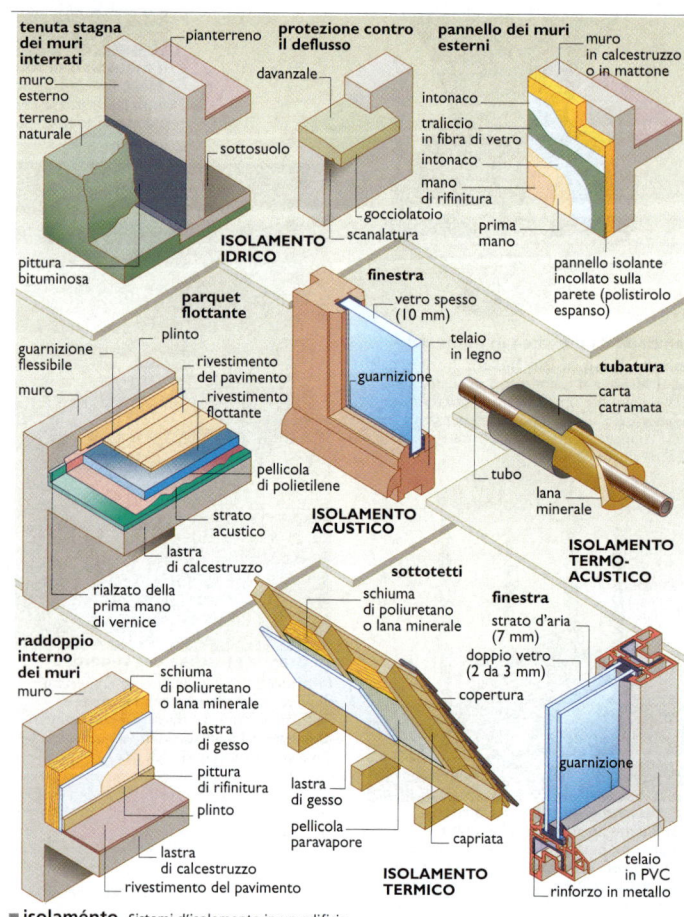

■ **isolaménto.** Sistemi d'isolamento in un edificio.

isoottàno o **isottàno** s.m. CHIM. Idrocarburo alifatico isomero dell'ottano, dotato di potere antidetonante.

Isòpodi s.m. pl. [iniziale minusc. sing. -*de* per l'individuo] ZOOL. Ordine di crostacei dal corpo piatto e dotati di sette paia di piedi locomotori; ne fanno parte la ligia e l'onisco.

isoprène s.m. Idrocarburo liquido incolore, H₂C=C(CH₃)-CH=CH₂, con punto d'ebollizione a 37 °C. (La gomma naturale è un polimero dell'isoprene.)

isòscele agg. GEOM. Di triangolo che ha due lati, e quindi due angoli, uguali. ~ Di trapezio i cui lati non paralleli sono uguali.

isosillàbico agg. [pl.m. -*ci*, f. -*che*] Che ha lo stesso numero di sillabe.

isosillabìsmo s.m. METR. Assenza di variazioni nel numero delle sillabe di uno schema metrico.

isosìsmica s.f. [pl. -*che*] GEOFIS. Linea che unisce tutti i punti della superficie terrestre in cui l'intensità di un terremoto ha raggiunto lo stesso valore.

Isospòndili s.m. pl. ZOOL. Ordine di pesci actinopterigi detti anche *Clupeiformi.*

isostasìa s.f. (ingl. *isostasy*) GEOFIS. Stato di equilibrio tra strati superficiali e strati profondi della crosta terrestre, dovuto alle differenze di densità.

isotèrma s.f. 1. METEOR. Linea che unisce tutti i punti della superficie terrestre che hanno uguale temperatura media in un dato periodo di tempo. 2. FIS. In un diagramma termodinamico, linea che rappresenta una trasformazione isotermica.

isotermìa s.f. 1. FIS. Proprietà di un corpo o di un sistema di mantenere costante nel tempo la temperatura. 2. BIOL. Costanza della temperatura corporea, propria di mammiferi e uccelli. SIN.: **omotermia**.

isotèrmico agg. [pl.m. -*ci*, f. -*che*] 1. FIS., CHIM. Che avviene a temperatura costante. 2. *estens.* Che presenta o riesce a mantenere temperatura costante. *Contenitore isotermico.*

isotipìa s.f. CHIM., MIN. Caratteristica di composti cristallini che, pur avendo uguale reticolo cristallino e analoga composizione chimica, non danno soluzioni solide.

isotonìa s.f. CHIM. Proprietà delle soluzioni isotoniche.

isotònico agg. [pl.m. -*ci*, f. -*che*] CHIM. Riferito a soluzioni che presentano la stessa pressione osmotica.

isotopìa s.f. 1. CHIM., FIS. Fenomeno per cui sostanze chimicamente diverse possono cristallizzare, originando reticoli analoghi per struttura e dimensioni. 2. LING. Ripetizione e costanza di unità di significato che consentono la decodificazione uniforme di un testo costituito da una molteplicità di enunciati.

isòtopo s.m. (ingl. *isotope*, propr. "che occupano lo stesso posto") CHIM., FIS. Riferito ad atomi di un elemento che hanno lo stesso numero atomico ma diverso numero di massa atomica. ◆ s.m. Nel sign. dell'agg. ◇ *Isotopo radioattivo:* radioisotopo.

isotróne s.m. FIS. Strumento usato per la separazione degli isotopi.

isotropìa s.f. FIS. Proprietà dei corpi di avere le stesse caratteristiche fisiche in tutte le direzioni.

isòtropo agg. FIS. Che ha la proprietà dell'isotropia.

Isòtteri s.m. pl. [iniziale minusc. sing. -*ro* per l'individuo] ZOOL. Ordine di insetti vegetariani dotati di due paia di ali uguali, come p.e. le termiti.

ispànico agg. [pl.m. -*ci*, f. -*che*] Della Spagna.

ispanismo s.m. (spagn. *hispanismo*) LING. Parola, costrutto tipico della lingua spagnola entrato in un'altra lingua.

ispanista s.m. e f. [pl.m. -*sti*] (spagn. *hispanista*) Studioso della lingua e della civiltà spagnola.

ispanizzàre v.tr. Adattare cose o persone alla cultura, alla civiltà spagnola o ispanoamericana. ◆ ispanizzarsi v.pron. Assumere usi e caratteristiche spagnole.

ispàno-americàno o **ispanoamericàno** agg. Relativo alle regioni d'America di antica colonizzazione spagnola. ◆ s.m. 1. [f. -*na*] Cittadino di lingua spagnola dell'America centro-meridionale. 2. (solo sing.) Lingua ispanoamericana.

ispanòfono agg. Di persona e di territorio di lingua spagnola. ◆ s.m. [f. -*na*] Chi parla lo spagnolo.

ispessiménto o **inspessiménto** s.m. 1. Aumento di spessore. 2. TECN. Processo con cui, per sedimentazione, si ottiene un aumento del contenuto di sostanze solide nello strato inferiore di una sospensione e una conseguente chiarificazione del liquido restante.

ispessìre o **inspessìre** v.tr. [83] Rendere qlco. più spesso. ◆ ispessirsi Diventare più spesso. *La nebbia si è ispessita.*

ispettìvo agg. Di ispezione, come osservazione e controllo. ~ Che svolge una funzione di ispezione.

ispettoràto s.m. 1. Qualifica, grado, ufficio di ispettore e loro durata. 2. Organo statale con funzioni di vigilanza e controllo su attività e servizi. 3. La sede degli uffici di un ispettore o di un organo ispettivo.

ispettóre s.m. Funzionario dell'amministrazione statale, di un ente pubblico, di un'azienda privata che ha l'incarico di sorvegliare il corretto svolgimento di attività, compiti, servizi. ~ Chi occasionalmente è incaricato di un'ispezione. ◇ *Ispettore di polizia:* funzionario di polizia che svolge compiti investigativi di polizia giudiziaria.

ispezionàre v.tr. Esaminare, controllare qlco. con cura. *Ispezionare il giardino.*

ispezióne s.f. 1. Esame attento di qlco. SIN.: **controllo.** 2. MED. Il momento dell'osservazione del malato, con cui il medico rileva la presenza di anomalie esteriori. 3. Accertamento, controllo compiuti da un ispettore. 4. DIR. Atto istruttorio tendente all'accertamento dello stato di una cosa o delle caratteristiche di una persona.

ispido agg. 1. Irto e ruvido. 2. *estens.* Coperto di peli duri, di spine, di aculei. 3. *fig.* Scostante, scontroso.

ispiràre v.tr. (lat. *inspirāre*, propr. "soffiare dentro") 1. Guidare qlcu. o qlco. attraverso l'ispirazione religiosa o artistica. ~ Infondere, suscitare sentimenti. *Quella donna mi ispira antipatia.* 2. *estens.* Consigliare qlcu. o suggerire qlco. *Il medico ispira le tue parole.* 3. *fam.* Destare interesse, affascinare. *Questa musica mi ispira.* ◆ ispirarsi v.pron. 1. Rifarsi, richiamarsi a qlcu. o qlco. *Conformarsi, adeguarsi a qlco. La nuova legge si ispira a principi di equità.*

ispiràto agg. 1. Animato dall'ispirazione divina. 2. Preso da ispirazione artistica. 3. Caratterizzato da altezza di pensiero, da superiore bellezza. 4. Che lascia trasparire ispirazione, rapimento quasi estatico.

ispiratóre agg. [f. -*trice*] 1. Che suggerisce idee, pensieri. 2. Che desta la fantasia, suscita uno slancio creativo. ◆ s.m. (anche f.) Nel sign. dell'agg. ~ Promotore. ◇ *All'istante, sull'istante:* subito. *Identificato l'ispiratore del complotto.*

ispirazióne s.f. 1. Illuminazione divina che apre la mente dell'uomo alla verità e lo guida al ben operare. 2. *estens.* Suggerimento interiore che coglie nel segno, che fa adottare il comportamento giusto. SIN.: **intuizione.** 3. Modello a cui ci si rifà, punto di riferimento. 4. Slancio creativo dell'artista.

israeliàno agg. Dello Stato d'Israele. ◆ s.m. [f. -*na*] Nativo, abitante d'Israele.

israelìta agg. [pl.m. -*ti*] (lat. *Israēlĭtam*, deriv. di *Israēl* soprannome del patriarca Giacobbe) Degli Ebrei, che riguarda gli Ebrei. ◆ s.m. e f. Appartenente al popolo ebreo.

issàre v.tr. Sollevare qlco. di pesante e metterlo in un luogo più alto. ~ MAR. Sollevare, fare salire qlco. con una carrucola, un cavo o altro. *Issare le vele.* ◆ issarsi v.pron. Salire faticosamente su qlco. *Il bambino si issò sulla sedia.*

issòpo s.m. 1. Pianta non ben identificata, più volte menzionata nella Bibbia e connessa con riti di purificazione. 2. BOT. Arbusto aromatico dell'Europa meridionale con fiori blu utilizzati per infusi e sciroppi. (Famiglia delle Labiate.)

istamìna s.f. (ingl. *histamine*) CHIM., BIOL. Ammina derivata dall'istidina, mediatore chimico in vari processi biologici.

istantànea s.f. Fotografia con tempo di posa molto breve che consente di fermare immagini in movimento.

istantàneo agg. 1. Che accade in un istante. 2. *estens.* Improvviso, repentino. 3. Che dura un istante. 4. FIS. Relativo a un istante.

1. istànte s.m. (lat. *instăntem*, deriv. di *instāre* "essere imminente") 1. Momento molto breve. SIN.: **attimo.** ◇ *Nell'istante che:* nel momento stesso in cui. 2. *estens.* Brevissimo lasso di tempo. 3. FIS. Valore particolare della variabile tempo.

2. istànte o **instànte** s.m. e f.DIR. Persona che presenta un'istanza.

istànza s.f. (lat. *instăntiam*, deriv. di *instāre* "fare pressione") 1. DIR. Richiesta rivolta all'autorità, in partic. a quella giudiziaria. 2. DIR. Ciascuno dei gradi di giudizio di un processo. ~ *fig.* Gradi di un'ideale gerarchia. ◇ *fig. In ultima istanza:* alla fine. 3. Nel l. pol., organismo con poteri decisionali. ~ Ciascun livello di organizzazione di un partito o di un sindacato. *Istanza di base.* 4. *estens.* Necessità di ordine spirituale, intellettuale. 5. FILOS. Nella scolastica, argomento che si oppone alla tesi dell'avversario.

isterectomìa s.f. MED. Asportazione chirurgica dell'utero.

isterèsi s.f. inv. (gr. *hystérēsis* "mancanza") FIS. Fenomeno per cui, in un dato istante, il valore di una grandezza, funzione di altre grandezze, non dipende solo dal valore di queste ultime nell'istante considerato ma anche dai valori che esse hanno assunto in precedenza.

isterìa s.f. MED., PSICOAN. Forma di nevrosi contraddistinta da instabilità emotiva, mitomania, disturbi somatici di tipo ansioso, stati convulsivi, ecc.

istèrico agg. [pl.m. -*ci*, f. -*che*] (lat. *hystěricum*, gr. *hysterikós* "proprio dell'utero" alla cui anomalia si attribuiva la responsabilità dell'isterismo) 1. MED., PSICOAN. Dell'isteria. 2. Affetto da isteria. 3. Che cede facilmente al nervosismo. ◆ s.m. [f. -*ca*] Nelle accez. 2 e 3 dell'agg.

isterìsmo s.m. 1. MED., PSICOAN. Isteria. 2. *estens. comun.* Eccitazione nervosa che porta a reazioni emotive incontrollate.

isterografìa s.f. MED. Procedimento ginecologico esplorativo consistente nel praticare una radiografia all'utero, in cui sia stata preventivamente iniettata una sostanza radiopaca.

isterometrìa s.f. MED. Misura della profondità dell'utero.

isterosalpingografìa s.f. MED. Radiografia dell'utero e delle tube dopo l'iniezione di mezzi di contrasto.

isteroscopìa s.f. MED. Endoscopia della cavità uterina.

isterotomìa s.f. MED. Incisione della parete dell'utero (p.e. nel parto cesareo).

-istico Suffisso usato per formare aggettivi connessi con i sostantivi in -*ismo* (*egoistico, altruistico, ciclistico*); per analogia forma aggettivi di diversa derivazione (*bandistico, stilistico, caratteristico*).

istidìna s.f. (deriv. di gr. *histíon* "tessuto") CHIM., BIOL. Amminoacido presente in numerose proteine, usato nella cura di ulcere gastriche e duodenali.

istigàre v.tr. [4] Indurre qlcu. a qlco. di negativo. *Istigare l'amico alla violenza.*

istigatóre agg. [f. -*trice*] Che istiga, sobilla. ◆ s.m. (anche f.) Nel sign. dell'agg.

istigazióne s.f. Incitamento a compiere azioni riprovevoli. ~ DIR. Reato commesso da chi induce altri a compiere atti criminosi.

istintivaménte avv. Per istinto, d'istinto.

istintìvo agg. 1. Dettato dall'istinto. 2. Di persona, che segue l'istinto più che la ragione. ◆ s.m. [f. -*va*] Nell'accez. 2 dell'agg.

istìnto s.m. (lat. *instĭnctum* "impulso") 1. Tendenza innata che spinge gli esseri viventi ad adottare comportamenti che mirano alla conservazione dell'individuo o della specie. *Istinto materno.* **2.** *estens.* Propensione naturale per qlco. **3.** Impulso animalesco connesso al corpo e alla materialità. *Dominare l'istinto.* ◇ *Istinti primigeni:* che sembrano affiorare dal lontano passato della razza umana. **4.** PSICOAN. → **pulsione**.

istintuàle agg. Dell'istinto, degli istinti.

istiocìta o **istiocìto** s.m. [pl. *-ti*] BIOL. Cellula con funzioni fagocitarie.

Istiofòridi s.m. pl. ZOOL. Famiglia di pesci di grandi dimensioni, caratterizzati dalla mascella superiore prolungata in forma di spada. (Ordine dei Perciformi.)

istituìre v.tr. [83] **1.** Fondare qlco. avente valore culturale o sociale. *Istituire una commissione d'inchiesta.* **2.** *fig.* Impostare, stabilire qlco. mettendo in relazione due o più elementi. *Istituire un rapporto tra due fatti.* **3.** DIR. Nominare, riconoscere qlcu. ufficialmente in un certo ruolo. *Istituire il figlio adottivo erede del patrimonio.*

istitùto s.m. **1.** Ente pubblico o privato istituito per perseguire fini di interesse generale. ◇ *Istituto di credito:* banca costituita in società per azioni. – *Istituto d'emissione:* banca autorizzata a emettere moneta. – *Istituto di bellezza:* in cui si praticano cure estetiche. – CATT. *Istituto religioso:* congregazione con finalità religiose. **2.** Ente pubblico o privato preposto all'istruzione. ~ Nell'università, ciascuno dei settori di una facoltà. **3.** Comportamento, uso, modo di organizzare i rapporti sociali. *Istituto matrimoniale.* ◇ DIR. *Istituto giuridico:* complesso di norme che regolano un fenomeno sociale.

istitutóre s.m. [f. *-trice*] **1.** Fondatore di un'istituzione. **2.** Chi svolge un'attività educativa e d'istruzione.

istituzionàle agg. **1.** Che concerne un'istituzione, un istituto, una fondazione. *Fini istituzionali.* ~ Delle istituzioni, spec. quelle statali. **2.** Che istruisce circa le nozioni fondamentali di una disciplina.

istituzionalizzàre v.tr. **1.** Dare carattere giuridico a qlco. *Istituzionalizzare una consuetudine.* **2.** *fig.* Rendere qlco. definitivo, stabile. ◆ **istituzionalizzarsi** v.pron. Assumere carattere istituzionale, stabile.

istituzionalizzazióne s.f. **1.** Acquisizione di una forma stabile, definitiva. **2.** Internamento in istituti.

istituzióne s.f. **1.** Azione di fondare, istituire qlco. ◇ DIR. *Istituzione di erede:* nomina di un erede da parte del testatore. **2.** Organismo fondato per perseguire finalità di rilevanza sociale. **3.** Ordinamento dei vari aspetti della vita collettiva.

istmico agg. [pl.m. *-ci*, f. *-che*] **1.** GEOGR. Di un istmo. **2.** ANAT. Riferito a qualunque istmo anatomico.

ìstmo s.m. (gr. *isthmós* "passaggio stretto") **1.** GEOGR. Striscia di terra, situata tra due mari, che congiunge due continenti o una penisola e un continente. **2.** ANAT. Tratto ristretto di un organo. *Istmo dell'aorta.*

istochìmica s.f. [non com. pl. *-che*] ISTOL. Studio delle sostanze chimiche presenti nelle cellule.

istocompatibilità s.f. inv. BIOL. Similarità tra gli antigeni dei tessuti di due persone.

istogènesi s.f. inv. **1.** BIOL. Processo di differenziazione o rigenerazione di tessuti. **2.** Studio della formazione dei tessuti animali e vegetali.

istogràmma s.m. [pl. *-mi*] STAT. Grafico costituito da rettangoli la cui base corrisponde all'intervallo entro il quale la variabile osservata assume i suoi valori, mentre l'altezza rappresenta il numero di osservazioni che cadono nel suddetto intervallo.

istolìsi s.f. inv. BIOL. Decadimento di tessuti animali o vegetali.

istologìa s.f. BIOL. Studio della struttura microscopica dei tessuti degli esseri viventi dal punto di vista morfologico e funzionale.

istóne s.f. BIOL. Proteina semplice basica che, legata agli acidi nucleici, forma una nucleoproteina.

istoriàre v.tr. [6] (lat. *historiāre* "rappresentare attraverso immagini") **1.** Ornare con immagini collegate da un filo conduttore narrativo. **2.** Ornare con disegni e immagini.

istoriàto agg. Decorato con raffigurazioni di scene storiche o religiose.

istradàre v.tr. → **instradare**.

ìstrice s.m. [non com. f.] (lat. *hȳstricem*, gr. *hýstriks* interpretato come "dal pelo di maiale") **1.** Denominazione comune di alcuni mammiferi, vegetariani, con corpo tozzo ricoperto di lunghi aculei e coda corta; detto anche *porcospino*. (Famiglia degli Istricidi.) **2.** ZOOL. (iniziale maiusc.) Genere di animali roditori a cui appartengono varie specie di istrice. **3.** *fig.* Persona irritabile. **4.** MIL. Caposaldo con funzioni di offesa e di difesa.

Istrìcidi s.m. pl. [iniziale minusc. sing. *-de* per l'individuo] ZOOL. Famiglia di roditori dai caratteristici aculei, sono scavatori, si nutrono di cortecce e hanno abitudini notturne.

Istricomòrfi s.m. pl. [iniziale minusc. sing. *-fo* per l'individuo] ZOOL. Sottordine di mammiferi roditori cui appartengono diverse famiglie, tra cui quella degli Istricidi.

istrióne s.m. [non com. f. *-essa*] **1.** ANT. ROM. Attore, spec. di commedie. **2.** *spreg.* Attore che recita in modo enfatico. **3.** *fig.* Chi ama gli atteggiamenti plateali. SIN.: **esibizionista**.

istriònico agg. [pl.m. *-ci*, f. *-che*] Proprio, caratteristico degli istrioni, degli attori.

istruìre v.tr. [83] (lat. *instrŭere* "allestire") **1.** Addestrare qlcu. per renderlo più capace o più erudito. *Istruire gli studenti.* SIN.: **erudire**. ~ *estens.* Insegnare a qlcu. i fondamenti della cultura e del vivere civile. **2.** DIR. Preparare un processo raccogliendo elementi per il giudizio. *Istruire una causa.* ~ Nel l. bur., raccogliere la documentazione necessaria per espletare una pratica. **3.** Consigliare qlcu. riguardo a qlco. ~ Dare suggerimenti, indicazioni a qlcu. su ciò che deve fare, spec. con il valore negativo di imporgli un determinato comportamento. *Istruire il testimone sulle cose da dire.* ◆ v.intr. (aus. *avere*) Risultare istruttivo. *Un film che istruisce.* ◆ **istruirsi** v.pron. Acquisire conoscenze, farsi un'istruzione. *Istruirsi nell'uso del computer.*

istruìto agg. **1.** Che ha una buona istruzione. **2.** DIR. Di processo di cui è stata compiuta l'istruzione.

istruttivo agg. Che insegna qlco. SIN.: **educativo**.

istruttóre agg. [f. *-trice*] **1.** Che fornisce nozioni utili a esercitare una particolare attività. **2.** DIR. Che istruisce un processo, una pratica. ◆ s.m. (anche f.) Nell'accez. 1 dell'agg.

istruttòria s.f. DIR. Fase in cui vengono compiuti gli atti necessari all'istruzione di un processo.

istruttòrio agg. [pl.m. *-ri*] DIR. Relativo all'istruzione di un processo.

istruzióne s.f. **1.** Opera di insegnamento o di addestramento. ~ La formazione, la cultura così acquisita. **2.** In partic., insegnamento scolastico. **3.** (spec. pl.) Delucidazione data, spec. da un superiore a un inferiore, in merito allo svolgimento dell'attività cui quest'ultimo è preposto. SIN.: **disposizione**. **4.** (spec. pl.) Indicazioni che accompagnano un prodotto e ne spiegano le caratteristiche e le modalità d'uso. *Libretto di istruzioni.* **5.** INFORM. Comando elementare impartito al computer dal programma in esecuzione o direttamente dall'utente. (Una serie di istruzioni costituisce un programma.) **6.** DIR. Fase processuale in cui si raccolgono i dati indispensabili per il giudizio.

istupidiménto s.m. Perdita d'intelligenza o di senso critico.

istupidìre v.tr. [83] Rendere stupido qlcu. ◆ v.intr. (aus. *essere*) Diventare stupido, anche pron. *(Si) È istupidito con l'uso di droghe.*

istupidìto agg. Divenuto incapace di ragionare. *Rimanere istupidito.*

Isùridi s.m. pl. [iniziale minusc. sing. *-de* per l'individuo] ZOOL. Famiglia di squali con due pinne dorsali.

itacìsmo s.m. FON. Pronuncia della lettera greca η (eta) come *i*, propria del periodo bizantino e del greco moderno e adottata dall'umanista tedesco J. Reuchlin anche per il greco classico. SIN.: **iotacismo**.

italianìsmo s.m. LING. Parola, locuzione o elemento fonetico, morfologico, sintattico proprio della lingua italiana entrato in un'altra lingua.

italianìsta s.m. e f. [pl.m. *-sti*] Specialista della lingua, della letteratura, della cultura italiana.

italianìstica s.f. [non com. pl. *-che*] Insieme di discipline che si occupano dello studio scientifico della lingua e della letteratura italiana e, più ampiamente, specie nelle università, anche di altri aspetti della civiltà italiana.

italianizzàre v.tr. (fr. *italianiser*) **1.** Conformare qlcu. o qlco. a lingua, usanze, cultura italiane. **2.** Adattare un vocabolo straniero al sistema grafico, fonetico o morfologico della lingua italiana. ◆ **italianizzarsi** v.pron. Assimilarsi alla lingua, alle usanze, alla cultura del popolo italiano.

italiàno agg. Dell'Italia, dei suoi abitanti. ◇ *Lingua italiana:* lingua neolatina, derivata dal fiorentino letterario trecentesco, parlata in Italia. ◆ s.m. **1.** [f. *-na*] Nativo, abitante dell'Italia. **2.** (spec. sing.) Lingua italiana. **3.** (solo sing.) La lingua e la letteratura italiana come materia d'insegnamento scolastico.

itàlico agg. [pl.m. *-ci*, f. *-che*] **1.** Dell'Italia antica. **2.** STAM. *Carattere italico:* corsivo introdotto da A. Manuzio nel 1501 caratterizzato dal tratto sottile, dalle aste allungate e dall'inclinazione verso destra. ◆ s.m. **1.** [f. *-ca*; al pl. anche iniziale maiusc.] Chi apparteneva a uno degli antichi popoli di lingua indoeuropea stanziati nell'Italia centro-meridionale. **2.** (solo sing.) Lingua degli italici, in partic. l'osco-umbro. **3.** STAM. Carattere italico.

italoamericàno agg. Relativo all'Italia e all'America, spec. agli USA. ◆ s.m. [f. *-na*] **1.** Cittadino americano di origine italiana. **2.** (solo sing.) Italiano parlato dagli emigrati italiani in USA.

italòfono agg. Di persona o territorio di lingua italiana. ◆ s.m. [f. *-na*] Persona che parla l'italiano.

1. ìtem avv. (voce lat. "parimenti") Similmente, altresì.

2. ìtem [/ˈaɪtəm/] s.m. inv. (voce lat. "parimenti" entrata nell'uso attraverso l'inglese) **1.** Ogni elemento di un elenco, di un insieme strutturato. **2.** LING. Qualsiasi elemento di un insieme grammaticale, lessicale, ecc., considerato come termine particolare. **3.** INFORM. Gruppo di caratteri che costituisce un'unità all'interno di un elenco, di un'enumerazione.

iter s.m. inv. (voce lat., "viaggio") Serie di passaggi da un ufficio all'altro a cui è soggetta una pratica burocratica. ◇ *Iter parlamentare:* percorso di una legge in Parlamento, dalla presentazione all'approvazione.

iterativo agg. **1.** Fatto o ripetuto molte volte. **2.** MAT. Che riguarda l'operazione di iterazione. **3.** LING. *Composti iterativi:* quelli costituiti dalla ripetizione della stessa parola (p.e. *checché*). – *Locuzioni iterative:* quelle in cui la stessa parola viene ripetuta (p.e. *adagio adagio*). – *Verbi iterativi:* che indicano il ripetersi di un'azione.

iterazióne s.f. **1.** Ripetizione di azioni, fatti, parole. **2.** RELIG. *Iterazione di sacramenti:* conferimento o accoglimento di un sacramento più di una volta. **3.** MAT. Procedimento consistente nel ripetere una successione di operazioni partendo ogni volta dall'ultimo risultato ottenuto.

itifàllico agg. [pl.m. *-ci*, f. *-che*] ANT. Caratterizzato dalla raffigurazione di valore simbolico del fallo in erezione.

itinerànte agg. Che si sposta da un luogo all'altro.

itineràrio s.m. [pl. *-ri*] **1.** Strada che si segue durante un viaggio. SIN.: **percorso**. **2.** MAR. Rotta seguita da una nave, dal porto di partenza a quello d'arrivo. **3.** Rappresentazione grafica o descrizione di un determinato percorso. **4.** *fig.* Percorso spirituale o intellettuale. *Itinerario mentale.*

ittèrbio o **yttèrbio** s.m. (solo sing.) (lat. *Ytterbium*, da *Ytterby*, nome della località svedese dove fu scoperto) **1.** Metallo del gruppo delle terre rare, di colore argenteo, che si trova in natura nei minerali contenenti ittrio. **2.** Elemento chimico (*Yb*) di numero atomico 70 e peso atomico 173,04.

ittèrico agg. [pl.m. *–ci*, f. *–che*] **1.** MED. Relativo all'ittero. **2.** Che è affetto da ittero. ◆ s.m. [f. *–ca*] Nell'accez. 2 dell'agg.

Ittèridi s.m. pl. [iniziale minusc. sing. *–de* per l'individuo] ZOOL. Uccelli con piumaggio dai colori brillanti e becco allungato. (Famiglia dei Passeracei.)

itterizia s.f. *comun.* Ittero.

1. ittero s.m. MED. Anormale colorazione giallastra della pelle, delle mucose e delle sclere, dovuta a un aumento della bilirubina nel sangue.

2. ittero s.m. (lat. *Icterus*, gr. *íkteros* deriv. di *íkteros* "ittero" per il suo piumaggio giallastro onde si sviluppò la credenza che guardandolo si sarebbe guariti dall'itterizia) **1.** Uccello passeriforme, con corpo snello, becco appuntito, piume variopinte e canto melodico. (Famiglia degli Itteridi.) **2.** ZOOL. (iniziale maiusc.) Genere di animali a cui appartengono varie specie di ittero.

ittico agg. [pl.m. *–ci*, f. *–che*] Relativo ai pesci, costituito da pesci.

ittiòfago agg. [pl.m. *–gi*, f. *–ghe*] Che mangia solo o prevalentemente pesci. ◆ s.m. [f. *–ga*] Nel sign. dell'agg.

ittiofàuna s.f. ZOOL. Insieme delle varie specie di pesci presenti in un determinato bacino, in una determinata regione.

ittiòlo s.m. CHIM., FARM. Composto chimico denso, di colore bruno-rossastro, ottenuto dalla distillazione di scisti bituminosi, usato come antisettico.

ittiologia s.f. ZOOL. Studio dei pesci.

ittiòlogo s.m. [f. *–ga*, pl.m. *–gi*, f. *–ghe*] Studioso di ittiologia.

Ittiosàuri o **Ictiosàuri** s.m. pl. [iniziale minusc. sing. *–ro* per l'individuo] ZOOL. Ordine di grandi rettili marini fossili del giurassico e del cretaceo, con testa allungata e sottile, corpo simile ai pesci, pelle liscia, pinna dorsale e caudale, arti con sei o sette dita. (Lunghezza 1-14 m secondo la specie.)

■ **Ittiosàuri.** Fossile del Lias di Holzmaden (Baviera) che ha conservato l'impronta delle parti molli.

ittiòsi o **ictiòsi** s.f. inv. MED. Malattia cutanea caratterizzata da pelle secca, ruvida, squamosa.

ittita o **hittita** agg. [pl.m. *–ti*] (fr. *hittite*, deriv. di ebr. *Hittîm* "popolo degli Hatti") Di un antico popolo indoeuropeo che viveva in Asia Minore. ◆ s.m. **1.** (anche f.; al pl. anche iniziale maiusc.) Chi faceva parte di tale popolo. **2.** (solo sing.) Lingua indoeuropea parlata dal popolo ittita.

ittrio o **ýttrio** s.m. (solo sing.) (lat. *Yttrium* da *Ytterby*, nome della località svedese dove fu scoperto) **1.** Metallo che appartiene alle terre rare, di densità 4,47. **2.** Elemento chimico (*Y*) di numero atomico 39 e peso atomico 88,9058.

iùgero s.m. (lat. *iūgerum* deriv. di *iūgum* "giogo", propr. "la parte di terreno arato in un giorno da due buoi aggiogati") ANT. ROM. Unità di misura di superficie pari a circa 2500 m².

luglandàcee s.f. pl. [iniziale minusc. sing. *–a* per l'individuo] BOT. Famiglia di piante arboree dicotiledoni con foglie alterne imparipennate, fiori a spiga, frutto a drupa con involucro carnoso e nocciolo duro.

iugoslàvo o **jugoslàvo** agg. (serbo croato *Jugoslaven* "slavo meridionale") Della Jugoslavia. ◆ s.m. [f. *–va*] Nativo, abitante della Iugoslavia, Stato costituito dalla federazione di varie repubbliche della penisola balcanica, di cui oggi fanno parte solo la Serbia e il Montenegro.

iùlo s.m. (gr. *íoulos* "insetto coperto di lanugine") Millepiedi dal corpo cilindrico, che si nutre di piante in decomposizione e che si avvolge a spirale quando viene toccato.

iùnior agg. [pl. *iuniores*] → junior.

iùs s.m. (solo sing.) (voce lat. *ius* "diritto") Il diritto, usato perlopiù in espressioni enfatiche. ◇ *Ius primae noctis*: in epoca feudale, il diritto che alcuni signori si sarebbero arrogati di prendere il posto dello sposo, loro vassallo, durante la prima notte di matrimonio.

iussivo agg. GRAMM. Con riferimento a forma verbale o nominale, che esprime un ordine (p.e. *esca!, buono!*).

iùta o **jùta** s.f. (ingl. *jute*, da una voce indiana) Fibra tessile estratta dalla corteccia di varie piante tropicali.

1. iva s.f. (fr. *ive*) Pianta erbacea dai fiori gialli molto odorosi, comune nelle regioni temperate. (Famiglia delle Labiate.)

2. iva o **IVA** [/'iva/] s.f. inv. ECON. Sigla di *Imposta sul Valore Aggiunto*.

-ivo Suffisso per la formazione di aggettivi deverbali, dal tema del participio passato, col valore di "volto a, teso a" (*derivativo, semplificativo*) e da nomi con il valore di "proprio di, relativo a" (*boschivo, prativo*).

ivoriàno agg. [f. *–na*] (fr. *ivoirien*) Della Costa d'Avorio. ◆ s.m. Nativo, abitante della Costa d'Avorio.

Carattere Janson

j s.f. o s.m. inv. **1.** Lettera dell'alfabeto latino e delle lingue che lo adottano; in italiano è uscita dall'uso e sopravvive solo, in alternativa a *i*, in toponimi, nomi propri e cognomi; è usata invece nelle parole straniere non adattate, ma con valori fonetici diversi. **2.** Semplice o puntata, maiuscola o minuscola, è usata in sigle o abbreviazioni con vari valori. **3.** Simbolo usato in settori specifici. ◇ FIS. *J*: simbolo del joule. – *j*: indica la densità di corrente elettrica. – *J*: il fante nelle carte da gioco francesi.

jabirù s.m. inv. Grande cicogna delle regioni tropicali, dal grosso becco colorato. (Altezza 1,40 m; famiglia dei Ciconidi.)

jabot [ʒaˈbo/] s.m. inv. (voce fr., propr. "gozzo degli uccelli") Ornamento di pizzo o mussola applicato sul davanti di abiti o camicette femminili.

Jacarànda s.f. BOT. Genere di piante tropicali cui appartiene l'omonimo albero ornamentale, diffuso in America meridionale e in Madagascar, da cui si ricava il palissandro. (Famiglia delle Bignoniacee.)

j'accuse [ʒaˈkyz/] loc. sost. m. inv. (loc. fr. "io accuso", dal titolo della lettera aperta che lo scrittore É. Zola scrisse al presidente francese nel 1898 per difendere l'ufficiale A. Dreyfus da false accuse di tradimento) Pubblica denuncia di ingiustizie e soprusi.

jack [/ˈdʒæk/] s.m. inv. (voce ingl., dal n. p. *Jack* usato come personificante con diversi significati nei l. settoriali) **1.** ELETTR. Spinotto a conduttori coassiali, usato come spina per la cuffia o l'auricolare. **2.** Nelle carte da gioco francesi, il fante.

jackpot [/ˈdʒækpɔt/] s.m. inv. (voce ingl., comp. di *jack* "fante" e *pot* "pentola", propr. la posta che si accumula fino a quando un giocatore non apre con una coppia di fanti) Nel poker e in altri giochi di carte, il montepremi che si accumula nel corso della partita. ~ Nel superanalotto, il montepremi non assegnato in un'estrazione e accumulato per le successive estrazioni. ~ Nelle slot-machine, combinazione vincente. ~ estens. Successo pieno, incontrastato.

jacquard [/ʒaˈkar/] agg. inv. (voce fr., dal nome dell'inventore J.-M. *Jacquard*) **1.** Di un dispositivo del telaio con cui si ottengono tessuti operati con disegni geometrici. **2.** estens. Di un punto a maglia col quale si realizzano disegni alternando sullo stesso ferro fili di diverso colore. ~ Di capo lavorato a maglia in tal modo. ◆ s.m. inv. Nei sign. dell'agg.

jacquerie [/ʒakˈri/] s.f. inv. (voce fr., da *Jacques* Bonhomme, tradizionale soprannome del contadino francese) **1.** La rivolta antifeudale dei contadini nella Francia del sec. XIV (v. parte n.pr.). **2.** estens. Sollevazione, sommossa contadina.

jacùzzi s.f. inv. Denominazione commerciale, che costituisce marchio registrato, di una vasca per idromassaggi. ~ estens. Vasca per idromassaggi.

jam session [/ˈdʒæm ˈsɛʃən/] loc. sost. f. inv. (loc. ingl., "seduta di improvvisazione") Esibizione di musicisti jazz che improvvisano.

Java [/ˈdʒava/] s.m. inv. (voce ingl.) INFORM. Linguaggio di programmazione usato nelle applicazioni di rete e nelle pagine Internet.

jazz [/ˈdʒæz/] s.m. inv. (voce ingl.) MUS. Musica afro-americana nata all'inizio del sec. XX nelle comunità nera e creola del Sud degli Stati Uniti e basata su improvvisazione, linguaggio melodico originale e tensione ritmica. ❑ Anche in funzione di agg. inv., usato in varie locc. ◇ *Jazz dance*: danza d'origine nordamericana, sintesi di varie tecniche, eseguita su una musica ritmata e travolgente secondo stili vari. – *Jazz band*: gruppo musicale jazz.

jazzista s.m. e f. [pl.m. –*sti*] Musicista jazz.

jazzistico agg. [pl.m. –*ci*, f. –*che*] Relativo al jazz.

jazz-rock [/ˈdʒæzˈrɔk/] s.m. inv. (voce ingl.) Genere musicale databile agli anni Settanta, costituito dall'associazione di motivi propri del jazz a motivi del rock. SIN.: **rockjazz**.

jeans [/ˈdʒiːnz/] s.m. pl. (voce ingl. d'America, abbr. di *blue-jeans*) **1.** Tela di cotone robusta, general. blu o nera e a trama grezza, usata prima per indumenti da lavoro, poi per quelli casual. **2.** Blue-jeans.

jeep [/ˈdʒiːp/] s.f. inv. (voce ingl., lettura della sigla *g.p.* da *general purpose car* "veicolo per ogni uso") Fuoristrada a quattro ruote motrici, in dotazione all'esercito americano durante la seconda guerra mondiale. ~ estens. Ogni vettura fuoristrada.

jenny [/ˈdʒɛni/] s.f. inv. Filatoio semimeccanico usato in Inghilterra nel sec. XVIII.

jersey [/ˈdʒɔːzi/] s.m. inv. (voce ingl., dal nome dell'isola di *Jersey* dove ne fu avviata la produzione) Tessuto a maglia rasata, liscio e morbido.

jet [/ˈdʒɛt/] s.m. inv. (voce ingl., deriv. di *jet airplane* "aeroplano a getto") Aereo a reazione. SIN.: **aviogetto**.

jetlag [/ˈdʒɛtˌlæg/] s.m. inv. (voce ingl.) Malessere fisico che si prova viaggiando in aereo da un paese a un altro con differente fuso orario.

jet set [/ˈdʒɛt ˈsɛt/] loc. sost. m. inv. (loc. ingl.) L'alta società internazionale, il bel mondo, ironicamente contraddistinto dall'abitudine a viaggiare in jet.

jet-stream [/ˈdʒɛt ˌstriːm/] s.m. inv. (voce ingl.) Vento potente che circola fra stratosfera e troposfera a oltre 6 km d'altitudine, le cui variazioni di traiettoria e di intensità hanno ripercussioni importanti sulle condizioni atmosferiche della superficie del pianeta.

jigger [/ˈdʒigə/] s.m. inv. (voce ingl., deriv. di *to jig* "agitarsi, ballare la giga") IND. TESS. Macchina per la tintura dei tessuti.

jihad [/ˈʒiˈhad/] s.f. inv. (voce ar. *ǧi hād* "combattimento, guerra santa") Guerra santa dei seguaci della religione musulmana contro i nemici dell'Islam.

jingle [/ˈdʒiŋgl/] s.m. inv. (voce ingl., propr. "tintinnio") Breve tema musicale che introduce o accompagna un programma o un messaggio pubblicitario.

job [/ˈdʒɔb/] s.m. inv. (voce ingl.) **1.** Impiego, posto di lavoro. **2.** INFORM. Unità di lavoro costituita da uno o più processi.

jockey [/ˈdʒɔki/] s.m. inv. (voce scozzese) **1.** Nelle carte da gioco, fante. **2.** (anche f.) Nelle corse al galoppo, fantino.

jodel [/ˈjoːdəl/] s.m. [pl. *jodels*] (voce ted. di orig. onom.) Particolare effetto di voce che caratterizza il grido tradizionale e le canzoni degli abitanti delle Alpi.

jodler [/ˈjoːdlər/] s.m. inv. (voce ted., deriv. di *jodeln* "gorgheggiare") **1.** Canto popolare per voci maschili, tipico del Tirolo e delle Alpi svizzere. **2.** Chi esegue questo canto.

jogging [/ˈdʒɔgɪŋ/] s.m. inv. (voce ingl., deriv. di *to jog* "avanzare a scatti") Corsa non competitiva a scopo di esercizio fisico, prolungata e a ritmo lento, alternata spesso alla marcia.

joint venture [/ˈdʒɔint ˈventʃə/] loc. sost. f. inv. (loc. ingl., comp. di *joint* "congiunto" e *venture* "impresa rischiosa") **1.** Contratto con cui due o più imprese, anche appartenenti a stati diversi, si impegnano a collaborare nella realizzazione di un determinato progetto per suddividere i rischi e sfruttare le reciproche competenze. **2.** estens. Alleanza, collaborazione.

jojòba s.f. inv. BOT. Arbusto delle regioni aride del Messico e della California; i semi contengono un olio molto simile a quello di balena, impiegato in cosmetica. (Genere *Simmondsia*; famiglia delle Buxacee.)

jolly [/ˈdʒɔli/] s.m. inv. (voce ingl., deriv. di *jolly joker* "allegro buffone") **1.** Carta che raffigura un giullare, alla quale, in alcuni giochi di carte, il giocatore può attribuire il valore che ritiene più opportuno. SIN.: **matta**. **2.** estens. Chi è in grado di svolgere mansioni diverse nel momento in cui è necessario. ~ SPORT. Nel calcio, giocatore tutto fare. **3.** estens. Combinazione fortunata, carta vincente, asso nella manica.

joule [/ˈdʒɔːl/] s.m. inv. (voce ingl., dal nome del fisico inglese J.P. *Joule*) FIS. Unità di misura del lavoro e dell'energia (simb. *J*) equivalente alla forza di 1 newton il cui punto di applicazione si sposta di 1 m nella direzione della forza.

❏ Anche in funzione di agg. inv., nella loc. *effetto joule*, fenomeno per il quale parte dell'energia elettrica di un conduttore si trasforma in calore.

joystick [/'dʒɔistik/] s.m. inv. (voce ingl., comp. di *joy* "divertimento" e *stick* "bastoncino") INFORM. Dispositivo di ingresso a forma di leva che serve, in partic. nei videogiochi, a muovere il cursore sullo schermo.

jubé [/ʒy'be/] s.m. inv. (voce fr., dalla formula lat. *iube, domine, benedicere* "ordina, o signore, di benedire") ARCH. Nelle cattedrali gotiche, tribuna sostenuta da archi e ricca di sculture, che separa il coro dalla navata centrale.

judo [/'dʒi:do/] s.m. inv. (giapp. *jūdō*, propr. "via della gentilezza") SPORT. Metodo di lotta difensiva giapponese elaborato sulle basi del jujitsu verso la fine dell'Ottocento. ~ Arte marziale in cui si sfruttano doti tecniche e di agilità, ammessa tra gli sport olimpici nel 1964.

judogi [/'dʒi:do:ʒi/] s.m. inv. (giapp. *jūdōgi*, propr. "indumento da judo") Costume indossato dal judoka.

judoka [/'dʒi:do:ka/] s.m. e f. inv. (giapp. *jūdōka*, propr. "esperto di judo") Chi pratica il judo.

jugoslàvo agg. → iugoslavo.

jujitsu o **jujutsu** [/'dʒu:ʒi:tsu o 'dʒu:ʒu:tsu/] s.m. inv. (giapp. *jūjutsu*, propr. "tecnica della gentilezza") SPORT. Antica arte marziale giapponese basata sulla presa nei punti più vulnerabili del corpo e sull'offesa dei centri nervosi; da essa deriva il judo.

jukebox [/'dʒu:kˌbɔks/] s.m. inv. (voce ingl. d'America, propr. "scatola per sala da ballo") Apparecchio automatico a gettone, general. in locali pubblici, in voga negli anni Sessanta, che permette di ascoltare un disco selezionato.

julienne [/ʒy'ljɛn/] s.f. inv. (voce fr., deriv. dal n. p. *Julien, Julienne* "Giuliano, Giuliana") Usato nella loc. *alla julienne*, di alimenti, spec.

■ **judo.** Proiezione ("te-guruma", ruota sul braccio).

verdure, tagliate a liste sottili o a bastoncini. ~ Di piatti preparati con verdure così tagliate.

jumbo [/'dʒʌmbəʊ/] s.m. inv. (voce ingl., deriv. di *jumbo jet*, comp. di *jumbo* "cosa o persona di grande mole", dal nome di un colossale elefante del circo Barnum e *jet*) Aereo a reazione di grandi dimensioni e attrezzato per lunghi voli; detto anche *jumbo jet*.

jumping [/'dʒʌmpɪŋ/] s.m. inv. (voce ingl. "salto") Sport che consiste nel lanciarsi nel vuoto da una base fissa con un paracadute (*base jumping*) o assicurati solo da una corda elastica (*bungee jumping*).

jùnior o **iùnior** agg. [pl. *juniores* o *iuniores*] (voce lat., propr. "il più giovane") **1.** Posposto a un nome (general. abbrev. *jr.* o *jun.*), indica il più giovane di una famiglia in cui ci siano omonimie. *John Kennedy jr.* **2.** SPORT. Di categoria giovanile. *Campionati juniores.* **3.** Nell'organizzazione aziendale, di giovane professionista appena assunto. *Ingegnere junior.* ◆ s.m. e f. **1.** SPORT. Atleta di una categoria giovanile. ~ Al pl. la categoria stessa. **2.** Professionista di recente assunzione.

junker [/'juŋkə/] s.m. inv. (voce ted. *junchērro*, propr. "giovane signore") ST. Membro della nobiltà terriera prussiana del secondo Ottocento.

Jussièua s.f. (dal nome del botanico francese Bernard de *Jussieu*) BOT. Genere di piante erbacee delle regioni tropicali, di cui fa parte l'omonima pianta acquatica ornamentale per acquari. (Famiglia delle Enoteracee.)

jùta s.f. → iuta.

Carattere Kabel

k s.f. o s.m. inv. **1.** Undicesima lettera dell'alfabeto latino e delle lingue che lo adottano. (*K* indica l'occlusiva palatale sorda.) ~ In italiano, a parte le presenze nei documenti dei primissimi secoli, non è stata più usata fino all'età contemporanea; compare oggi in parole dotte d'origine greca (koinè), in parole straniere non adattate (*kermesse*) e nei derivati italiani (*kafkiano*). **2.** Simbolo usato in settori specifici. ◇ CHIM. *K*: simbolo del potassio. – FIS. Simbolo del Kelvin. – ASTR. Indica una classe spettrale di stelle. ◻ In funzione di agg. inv., *vitamina k*, in biochimica, vitamina dotata di azione antiemorragica.

kabuki [/ka'biki/] s.m. inv. (voce giapp., comp. di *ka* "poesia", *bu* "danza" e *ki* "arte") Genere teatrale giapponese con alternanza di scene, danze e musica.

kaddish s.m. inv. Preghiera ebraica recitata alla fine di ogni parte del rito in sinagoga.

kafkiano agg. Dello scrittore Franz Kafka. ~ *estens.* La cui assurdità e illogicità ricordano l'atmosfera delle opere di Kafka. SIN.: **angoscioso.**

kaiser [/'kaizə/] s.m. inv. (voce ted., lat. *Caesar* "Cesare, imperatore") ST. Nei paesi di lingua tedesca, titolo dell'imperatore.

kakemono [/kake'mɔno/] s.m. inv. (voce giapp., "oggetto da appendere") Pittura giapponese su rotolo di carta o di tela che si appende srotolando verticalmente alle pareti.

kàki agg. inv. → **cachi.**

kalashnikov [/ka'laʃnikəf/] s.m. inv. (voce russa, dal nome del progettista M.T. *Kalašnikov*) Fucile mitragliatore automatico d'assalto di fabbricazione sovietica.

kamasùtra s.m. (solo sing.) (sanscr. *kāmasūtra-*, comp. di *kāma-* "amore, piacere" e *sūtra-* "regola") Nome di un libro di filosofia indiana, scritto intorno al III sec. d.C. in lingua sanscrita, che contiene ammaestramenti sull'amore e sul piacere; oggi inteso e letto solo come manuale di pratiche erotiche e divenuto perciò sinonimo di bibbia del sesso, dell'erotismo esasperato.

kamikaze [/kami'kaddze/] s.m. inv. (voce giapp., propr. "tempesta divina", nome con cui fu chiamato l'uragano che nel sec. XIII distrusse l'esercito mongolo mentre si apprestava a invadere il Giappone) **1.** Durante la seconda guerra mondiale, pilota giapponese volontario che effettuava missioni suicide. **2.** *estens.* Terrorista o guerrigliero, fanatico che sacrifica la propria e altrui vita per portare a termine un'azione. **3.** *fig.* Persona audace che si sacrifica per una causa.

kammerspiel [/'kamməʃpiːl/] s.m. [pl. *kammerspiele*] (voce ted., "teatro da camera") Genere teatrale e cinematografico rappresentato da drammi basati sulla storia intima di pochi personaggi.

kaóne s.m. FIS. Mesone con massa mille volte superiore a quella dell'elettrone; detto anche *mesone k*.

kapò s.m. e f. inv. (voce ted.) Nei campi di concentramento nazisti, prigioniero addetto all'ordine e all'organizzazione del lavoro degli altri prigionieri.

kapòk o **capòc** s.m. inv. (malese *kāpoq*) **1.** Albero tipico dei paesi tropicali; produce frutti le cui pareti sono rivestite di peli lanosi. (Famiglia delle Bombacacee.) **2.** *estens.* Bambagia ricavata dai frutti di tale albero e utilizzata come ovatta per le imbottiture.

kàppa s.m. e f. inv. → **cappa.**

kaputt o **caput** [/ka'put/] agg. inv. (voce ted., fr. *capot* "cappotto") Finito, distrutto, rovinato, morto. *Il governo è kaputt.*

karaoke [/kara'ɔke/] s.m. inv. (voce giapp., propr. "orchestra vuota") Intrattenimento collettivo che consiste nel cantare su una base musicale, leggendo le parole su un apposito schermo.

karate [/kara'tɛ o ka'rate/] s.m. (solo sing.) (voce giapp., propr. "mano vuota" cioè disarmata) Arte marziale giapponese di difesa e di attacco, che prevede l'uso di mani e piedi.

■ **karate.** Colpo di piede saltato al viso.

karateka [/kara'tɛka/] s.m. e f. inv. (voce giapp., propr. "esperto di karate") Chi pratica il karate.

karité s.m. Albero dell'Africa tropicale, i cui semi forniscono un grasso, il burro di karité, d'impiego culinario e cosmetico. (Genere *Vitellaria*; famiglia delle Sapotacee.)

karkadè s.m. inv. → **carcadè.**

kàrma o **kàrman** s.m. inv. (voce sanscr., propr. "opera") Nelle religioni indiane, le azioni compiute da un soggetto determinanti per il suo destino ultraterreno nella reincarnazione.

kart [/'kaːt/] s.m. inv. (abbr. di *go-kart*) **1.** Go-kart. **2.** Vetturetta usata per gli spostamenti sui campi di golf.

karting [/'kaːtɪŋ/] s.m. inv. (voce ingl.) Sport praticato con il go-kart.

kartòdromo s.m. Pista per go-kart.

kàsba s.f. inv. → **casba.**

kasher [/ka'ʃer/] agg. inv. (ebr. *kāšēr* "adatto") Nella legge religiosa ebraica, si dice di ogni tipo di cibo che sia puro secondo le prescrizioni rituali e le tradizioni alimentari di quella cultura.

kashmir [/'kaʃmir/] s.m. inv. (voce indiana, dal nome della regione del *Kashmīr*) → **cachemire.**

kàva o **kàva-kàva** s.f. inv. (voce polinesiana, propr. "amaro") Piccolo arbusto delle Piperacee tipico della Polinesia e della Micronesia. ~ Bevanda per uso cerimoniale estratta da tale arbusto.

kayak [/ka'jak/] s.m. inv. (voce ingl. di orig. eschimese) **1.** Canoa inuit da pesca la cui struttura di legno è rivestita di pelli di foca. **2.** SPORT. Canoa ispirata al kayak inuit, spinta da una doppia pagaia.

■ **kayak**

kayakìsta s.m. e f. [pl.m. *–sti*] Chi pratica lo sport del kayak.

kazàco o **kazàko** agg. [pl.m. *–chi*, f. *–che*] (turco *kazak* "vagabondo") Del Kazakistan. ◆ s.m. [f. *–ca*] Nativo, abitante del Kazakistan.

kebab [/ke'bab/] s.m. inv. (ar. *kebāb*, propr. "carne arrostita") CUC. Spiedino di carne arrostita di montone, specialità della cucina mediorientale.

kedivè o **chedivè** s.m. inv. (turco *hidiv* "signore", persiano *h¹idew*) Titolo del viceré d'Egitto durante il dominio ottomano.

kefiyyah [/'kɛ'fijə/] s.f. inv. (ar. *kafiyya*, prob. deriv. dilat. *cùfia* "cuffia") Copricapo tradizionale dei beduini, costituito da un quadrato di tessuto piegato e mantenuto sul capo da un cordone, divenuto emblema della lotta politica dei palestinesi.

kelvin [/'kɛlvin/] s.m. inv. (dal nome del fisico irlandese W. Thomson, noto come lord *Kel-*

vin) FIS. Unità di misura di temperatura (simb. *K*) pari a 1 °C ma il suo zero è -273,14 °C, cioè lo zero assoluto.

kendo [/'kendo:/] s.m. inv. (giapp. *kendō*, comp. di *ken* "spada" e *dō* "via") Arte marziale d'origine giapponese nella quale gli avversari, protetti da un casco e da un'armatura, lottano con spade di bambù.

keniàno agg. Del Kenia. ◆ s.m. [f. *–na*] Nel sign. dell'agg.

keniòta agg. [pl.m. *–ti*] Del Kenia. ◆ s.m. e f. Nativo, abitante del Kenia.

kèrmes s.m. inv. → **chermes**.

kermesse [/ker'mes/] s.f. inv. (voce fr., neerlandese *kermesse* "festa del patrono") **1.** Nei Paesi Bassi e nel Nord della Francia, solenne festa patronale. **2.** *estens.* Festa popolare, sagra, fiera. **3.** SPORT. Corsa ciclistica organizzata per offrire al pubblico l'esibizione di famosi campioni.

ketch [/'kɛtʃ/] s.m. inv. (voce ingl., forse deriv. di *to catch* "afferrare, cacciare") Piccola imbarcazione a vela a due alberi di cui uno più piccolo, da regata e da crociera.

ketchup [/'kɛtʃəp/] s.m. inv. (voce ingl., malese *kēchap* "salamoia di pesce") Salsa piccante agrodolce, a base di pomodoro, aceto, zucchero, spezie e aromi vari.

keyboard [/'ki:,bɔːd/] s.f. inv. (voce ingl., propr. "tavola a tasti") **1.** MUS. Tastiera elettrica o elettronica. **2.** INFORM. Dispositivo di input costituito da una tastiera e dall'interfaccia che la collega al computer.

keyword [/'ki:,wɜːd/] s.f. inv. (voce ingl., "parola chiave") INFORM. Parola che consente di identificare o di accedere a un documento o a un programma. ~ Nei linguaggi di programmazione, sequenza di caratteri che costituisce un comando del linguaggio.

khamsin [/xam'sin/] s.m. inv. (ar. egiz. *h¹amsīn* "vento caldo del sud", propr. "cinquanta") Vento intermittente molto caldo, proveniente da Sud, che soffia sull'Egitto provocando tempeste di sabbia.

khan o **can** [/'kan/] s.m. inv. (persiano *h¹ān*) **1.** Appellativo dei sovrani turchi e mongoli del Medioevo. ~ Oggi indica i capitribù dei mongoli nell'Asia centrale. **2.** *Agha khan*: capo religioso ismailita.

khanàto o **canàto** s.m. Ufficio del khan. ~ Territorio compreso sotto la giurisdizione di un khan.

khmer [/'kmɛr/] agg. inv. (voce cambogiana) Della Cambogia. ◆ s.m. e f. inv. Abitante della Cambogia. ◇ *Khmer rossi*: guerriglieri comunisti che hanno governato sanguinosamente la Cambogia negli anni Settanta.

kibbutz [/kib'buts/] s.m. inv. (ebr. *qibbûs*, propr. "assemblea") In Israele, fattoria a gestione collettiva.

kickboxing [/kık 'bɔksıŋ/] s.m. inv. (voce ingl.) Disciplina sportiva in cui si combatte facendo uso di calci e pugni.

kief [/'kifə/] s.f. inv. (dal nome dello statunitense A. *Kiefer* che la effettuò per primo) Nel nuoto, virata con capriola all'indietro.

kilim [/kı'limn/] s.m. inv. (voce turca) Tipo di tappeto orientale in cui viene tessuto invece che annodato, dai colori vivaci e ricco di motivi decorativi.

killer [/'kilə/] s.m. e f. inv. (voce ingl., deriv. di *to kill* "uccidere") **1.** Sicario, assassino per conto di altri. *I killer della mafia.* ◇ *Serial killer*: autore di delitti a catena, spinto a uccidere ripetutamente da una forma di godimento perverso. **2.** *fig.* Persona senza scrupoli nel perseguire i propri scopi. *È un killer nel suo lavoro.* ❏ In funzione di agg. inv., che uccide, detto di animali o sostanze. *Zanzara killer.*

kilobit [/'kılo,bıt/] s.m. inv. (voce ingl.) INFORM. Unità di misura multipla del bit pari a 1024 bit (ossia 2^{10} bit).

kilobyte [/,kılo,baıt/] s.m. inv. (voce ingl.) INFORM. Unità di misura multipla del byte, pari a 1024 byte, cioè a 2^{10} byte (*KB*).

kilocaloria s.f. → **chilocaloria**.

kilociclo s.m. → **chilociclo**.

kilohèrtz s.m. inv. → **chilohertz**.

kilowatt s.m. inv. → **chilowatt**.

kilt [/'kılt/] s.m. inv. (voce scozzese) Gonna corta, a pieghe, a portafoglio, in tartan, parte del costume nazionale scozzese.

kimberlite s.f. (dal nome della città sudafricana di *Kimberley*) Roccia magmatica molto basica; può contenere il diamante e si trova in vecchi camini vulcanici.

kimòno s.m. inv. → **chimono**.

king-size [/'kıŋ,saiz/] agg. inv. (voce ingl., propr. "misura da re") Di formato gigante.

kippur [/kip'pur/] s.m. inv. (ebr. *kippūr*, propr. "espiazione") Festa ebraica di penitenza celebrata dieci giorni dopo il nuovo anno, detta anche *yom kippur*.

kirghiso agg. → **chirghiso**.

kirsch [/'kirʃ/] s.m. inv. (voce ted., abbr. di *Kirschwasser* "acqua di ciliegia") Brandy di ciliegie fermentate.

kit [/'kıt/] s.m. inv. (voce ingl., propr. "secchio, cassetta") Insieme di elementi venduti insieme per essere assemblare. SIN.: **attrezzatura**.

kitsch [/'kitʃ/] s.m. inv. (voce ted., propr. "scarto") **1.** Cattivo gusto portato all'estremo. **2.** *estens.* Oggetto, decorazione, opera d'arte di cattivo gusto.

kiwi o **kivi** [/'kiwi/] s.m. inv. (voce ingl.) **1.** ZOOL. Grosso uccello tipico della Nuova Zelanda privo di coda, con ali atrofiche e inette a volare, piume brune e becco molto lungo e sottile; è in via di estinzione. (Ordine degli Struzioniformi.) SIN.: **atterige**. **2.** BOT. Frutto ovale dalla scorza marrone, polpa verde e succosa, prodotto da una pianta coltivata in passato soprattutto in Nuova Zelanda e ora diffusa anche in Italia.

■ **kiwi**

kleenex [/'kli:neks/] s.m. inv. (voce ingl. d'America, prob. deriv. di *to clean* "pulire") (iniziale maiusc.) Denominazione commerciale, che costituisce marchio registrato, di fazzoletti di carta.

kleksografìa s.f. (ted. *Klecksographie*, deriv. di *Klecks* "macchia d'inchiostro") Disegno che si ottiene piegando varie volte un foglio su cui si è fatta cadere una macchia d'inchiostro.

klystron [/'klaistrən/] s.m. inv. (voce ingl., comp. di gr. *klystḗr* "siringa" ed *electron* "elettrone") ELETTR. Valvola termoionica che genera onde hertziane ultra corte.

knesset [/'knesset/] s.f. inv. (ebr. *keneset*, propr. "raduno") Nello Stato d'Israele, parlamento monocamerale.

knickerbocker [/'nıkə,bɔkəz/] s.m. pl. (voce ingl., dal cognome di D. *Knickerbocker*, uno dei coloni olandesi fondatori di New York; un personaggio di tale nome indossava questo tipo di calzoni nelle illustrazioni del libro "History of New York" di W. Irving) Pantaloni alla zuava, ampi, corti e stretti sotto al ginocchio.

knockdown [/'nɔk,daon/] agg. inv. (voce ingl., comp. di *knocked* "abbattuto" e *down* "giù") Di pugile al tappeto che riesce a rialzarsi prima che l'arbitro abbia terminato il conteggio dei dieci secondi regolamentari. ◆ s.m. inv. Nel sign. dell'agg.

knockout [/'nɔk,aʊt/] agg. inv. (voce ingl., comp. di *knocked* "abbattuto" e *out of time* "fuori del tempo") Di pugile che è stato mandato al tappeto e non riesce ad alzarsi nei dieci secondi regolamentari, perdendo così l'incontro. ◆ s.m. inv. Sconfitta di un pugile messo al tappeto. ❏ In funzione di agg. inv., fuori combattimento, anche in senso fig. *Mettere knockout.*

knödel [/'knøːdəl/] s.m. inv. (voce ted., deriv. di *Kloe* "grumo, zolla") CUC. Gnocco di farina e patate o altri ingredienti. SIN.: **canederlo**.

know-how [/'nəʊ'hau/] s.m. inv. (voce ingl. d'America, propr. "sai come") **1.** Capacità pratica e conoscenza teorica necessarie per l'impiego di una tecnologia. **2.** *estens.* Abilità professionale specifica basata sulla buona conoscenza di un settore di attività. SIN.: **curriculum**. **3.** DIR. Contratto attraverso il quale un imprenditore trasferisce dietro compenso le proprie tecnologie a un altro imprenditore.

knut [/'knut/] s.m. inv. (voce russa, nordico *knútr* "nodo") Frusta russa con molti lacci di cuoio.

ko o **k.o.** s.m. inv. Sigla di *knockout*.

koàla o **coàla** s.m. inv. (ingl. *koala*, da una voce indigena dell'Australia) Mammifero marsupiale dell'Australia orientale, arboricolo, simile a un piccolo orso, che si nutre esclusivamente di eucalipto. (Lunghezza 80 cm ca.; genere *Phascolarctos*, famiglia dei Falangeridi.)

■ **koàla**

kòdiak s.m. inv. (dal nome di un'isola vicina all'Alaska) Orso bruno di enormi dimensioni diffuso in Alaska. (Lunghezza 3,50 m, peso 500 kg.)

koinè o **coinè** s.f. inv. (gr. *koinḗ diálektos* "dialetto comune") **1.** Dialetto attico con elementi ionici, diventato lingua comune greca in epoca ellenistica e romana. **2.** *estens.* Lingua comune in una stessa area geografica. **3.** *fig.* Unione, affinità. *Koinè culturale.*

kolchoz [/kal'xɔs/] s.m. inv. (voce russa, deriv. di *kollektivnoe chozjajstvo* "azienda collettiva") Cooperativa sovietica di produzione agricola.

kolossal [/kolɔ'saːl/] s.m. inv. (voce ted., fr. *colossal* "colossale") Spettacolo o film realizzato con grande impiego di mezzi e persone, monumentali messe in scena, effetti speciali e attori di rilievo.

kombinat [/kəmbi'nat/] s.m. inv. (voce russa, lat. *combinātus*, deriv. di *combināre* "mettere insieme") Nell'ex URSS, complesso di imprese produttive, general. situate nella stessa regione economica, reciprocamente complementari.

kor [/'kor/] s.m. inv. (voce polacca, sigla di *Komitet Obrony Robotnikòw* "Comitato per la difesa degli operai") Movimento di intellettuali e operai polacchi nel 1976.

kòre s.f. [pl. *korai*] (gr. *kórē* "fanciulla") Statua di giovane donna, tipica della scultura greca arcaica. (*v. immagine pag. succ.*)

kosovàro agg. Del Kosovo. ◆ s.m. [f. *–ra*] Abitante del Kosovo di etnia albanese.

kouros [/'kuros/] s.m. inv. [pl. *kuroi*] (gr. *koûros* "giovinetto") Nella scultura greca arcaica, statua raffigurante un giovane in piedi, privo di vestiti.

kraal [/'kraːl/] s.m. inv. (voce afrikaans, port. *corral* "recinto per il bestiame") Villaggio tipico di alcune popolazioni del Sud Africa, costituito da un insieme di capanne disposte in circolo attorno al recinto per il bestiame.

krapfen [/'krapfən/] s.m. inv. (voce ted., propr. "uncino", per la forma orig. ricurva) Piccola frittella di pasta per bignè, gonfia e molto leggera, ripiena di crema o marmellata.

krill [/'kril/] s.m. inv. (voce norvegese) Nei mari glaciali, fitto addensamento di minuscoli crostacei (soprattutto *Eufausiacei*) che costituiscono il nutrimento principale delle balene e possono essere pescati anche per l'alimentazione umana.

kriss o **kris** [/'kris/] s.m. inv. (ingl. *kris* da una voce malese) Pugnale dalla lama ondulata

■ **kore** di Euthydikos; marmo, 530-510 circa a.C.
(Museo dell'Acropoli, Atene.)

che si ingrossa alla base dell'impugnatura, tipico dell'Indonesia e della Malesia.

kronprinz [/'kro:nprints/] s.m. [pl. *kronprinzen*] (voce ted., propr. "principe della corona") Nei paesi di lingua tedesca principe ereditario.

ksi s.m. o s.f. inv. → **csi**.

kulak [/ku'lak/] s.m. inv. (voce russa, propr. "pugno" con allusione all'avidità del culaco) Nella società russa precedente la rivoluzione, contadino arricchito. (Nel 1930-1931, Stalin intraprese la liquidazione dei kulak, allora assimilati ai contadini medi.)

kumys [/ku'mis/] s.m. inv. (voce russa) Bevanda tipica delle popolazioni nomadi dell'Asia centrale, ottenuta dalla fermentazione del latte di mucca, asina, cammella o cavalla.

kung fu [/'kuŋ 'fu/] loc. sost. m. inv. (cin. *chüanfa*, propr. "sistema dei pugni") Arte marziale cinese simile al karate.

kunya s.f. inv. (voce ar.) Forma di nome maschile costituito da *abu* (in forma dialettale *bu*), "padre (di)", seguito dal nome di un figlio della persona in questione (p.e. Ahmad Abu Yusuf).

kupala s.f. inv. Festa degli Slavi precristiani, celebrata in occasione del solstizio d'estate. (Era accompagnata da danze e giochi, ma l'elemento essenziale consisteva nel prendere un bagno e nel saltare al di sopra di un fuoco. In certe regioni, soprattutto a partire dal sec. XI, durante la festa si seppelliva un fantoccio, simbolo dell'inverno superato, e, in seguito, del paganesimo vinto.)

kurciatòvio s.m. (solo sing.) (dal nome del fisico russo I. V. *Kurčiatov*) Nome dato dagli scienziati russi nel 1964 all'elemento transuranico (*Ku*) di numero atomico 104.

kurgan s.m. inv. (voce russa, di orig. turca) Tumulo sepolcrale diffuso nelle regioni dell'ex URSS europea e dell'Asia centroccidentale.
ENCICL. I *kurgan* comparvero alla fine dei tempi neolitici, si moltiplicarono con l'età del ferro e si incontrano ancora fino al sec. X dell'era volgare. Servivano da sepoltura per i notabili dei nomadi asiatici fin da tempi remoti; dopo le invasioni mongole, il termine designò anche piccoli siti fortificati posti su collinette. Nei *kurgan* preistorici si trovano urne contenenti le ceneri dei defunti; in quelli più recenti si trovano scheletri in posizione rannicchiata. Molti *kurgan* sono diventati sepolture collettive; vi si sono rinvenute molte armi (spade, frecce, lance, asce e scudi), prodotti ceramici e talvolta monili, nonché reperti che testimoniano l'esistenza di un culto dell'orso.

kuwaitiàno agg. Del Kuwait. ◆ s.m. [f. *–na*] Abitante del Kuwait.

k-way [/kei'wei/] s.f. o s.m. inv. (voce ingl.) Denominazione commerciale, che costituisce marchio registrato, di una giacca a vento molto sottile con cappuccio e grande tasca sul davanti.

kỳrie s.m. inv. Kyrie eleison. ~ Parte della messa in cui si recita o si canta questa invocazione.

kỳrie elèison loc. sost. m. inv. (loc. lat., gr. *kỳrie eléēson* "O Signore abbi pietà") Trascrizione latina di una formula di invocazione greca della messa, tradotta con "Signore pietà" dopo il Concilio Vaticano Secondo.

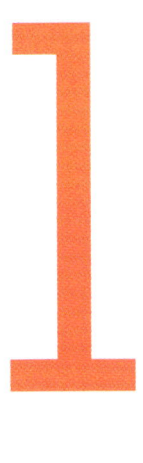

Carattere Lubalin

l s.f. o s.m. inv. **1.** Lettera dell'alfabeto latino e delle lingue che lo adottano; in italiano rappresenta la consonante costrittiva laterale. **2.** Semplice o puntata, maiuscola o minuscola, è usata in sigle o abbreviazioni con diversi valori. **3.** Simbolo usato in settori specifici. ◇ FIS. *L:* simbolo del lavoro o dell'induttanza. – METROL. *l:* indica il litro. – GEOM. Indica la lunghezza, il lato o la linea. – CHIM. *L:* simbolo del laurenzio. – *l:* anteposto al nome di un composto, indica levogiro. – *L:* nella numerazione romana, equivale a 50. **4.** *fig. A L:* ad angolo retto. *Disporre i tavoli a L.* ❏ In funzione di agg., *onde l,* in geologia, onde di superficie.

1. la art.determ. f. sing. [pl. *le*] **1.** Indica che la cosa designata dal nome è individuata, o perché già conosciuta da chi parla o scrive o da chi legge o ascolta, o perché viene determinata nel contesto della stessa frase. *Raccogli la forchetta, per favore.* **2.** Può accompagnare un cognome per indicare persona di sesso femminile. *La Bianchi.* **3.** Col valore di agg. dimostr. di *quella,* quando è sottinteso un nome. *La squadra torinese si è incontrata con la romana.* ~ In espressioni temporali, questa, quella. *Vengo a trovarti entro la settimana.* ❏ In funzione di prep. **1.** In espressioni temporali, nella. *È nevicato la sera prima.* **2.** In espressioni distributive, alla. *La mattina mi sveglio stanco.*

2. la s.m. inv. (dalla sillaba iniziale di *Labii,* parola con cui inizia il sesto versetto dell'"Inno a san Giovanni" di Paolo Diacono da cui Guido d'Arezzo trasse i nomi delle note) Sesta nota della scala musicale di *do.* ◇ *Dare il la:* dare la nota per accordare gli strumenti; *fig.* dare inizio a qlco.

là avv. **1.** In quel luogo, indicato come lontano da chi parla. *Vorrei essere già là.* **2.** Preceduto dalla preposizione *in* esprime il moto a luogo (*spostarsi in là*) o posizione avanzata nello spazio o nel tempo (*essere in là con gli anni; la stazione è molto più in là*). **3.** Con valore rafforzativo di altri elementi, si usa per marcare l'aspetto di distanza. *Fermo là.* ◇ *locc. prep. Di là da, di là di:* oltre, dopo. *È una questione di là da venire;* a prescindere da. *Al di là di ogni interesse.*

làbaro s.m. **1.** ST. Stendardo imperiale sul quale Costantino avrebbe fatto mettere, dopo la sua vittoria su Massenzio, una croce e il monogramma del nome di Cristo. **2.** In epoca romana o nel Medioevo, vessillo imperiale o stendardo di comuni e di cavalieri, costituito da un'asta trasversale da cui pendeva un drappo purpureo. **3.** Insegna di enti, di associazioni, spec. politiche, militari o religiose. *Benedire il labaro degli alpini.* **4.** *fig.* Simbolo, insegna di una fede o di un'idea che unisce più persone.

làbbro s.m. [pl.f. *labbra* nelle accez. 1, 2, 5, 7; m. *labbri* nelle accez. 3, 4, 6] **1.** Ciascuna delle due pieghe cutanee che delimitano l'apertura della bocca. *Avere un labbro gonfio.* ◇ MED. *Lab-*

bro leporino: malformazione congenita caratterizzata da una spaccatura del labbro superiore, con mancata saldatura della mascella. SIN.: **cheiloschisi**. **2.** *estens.* (spec. pl.) La bocca in generale, soprattutto come organo della parola. ◇ *A fior di labbra:* appena accennato, che si vede o si sente appena. *Un sorriso a fior di labbra.* **3.** Bordo, margine di una ferita. *Il labbro di un taglio.* **4.** Orlo in rilievo di un recipiente o di altro. *Il labbro di un vaso.* **5.** ANAT. (al pl.) Pieghe cutanee degli organi genitali femminili esterni. **6.** ZOOL. Pezzo chitinoso impari dell'apparato boccale degli insetti. **7.** BOT. Ciascuno dei due lobi in cui si divide la corolla caratteristica delle Labiate.

label [/leibl/] s.f. inv. (voce ingl., propr. "etichetta") **1.** Etichetta apposta su prodotti commerciali. **2.** INFORM. Nella codifica di un programma, etichetta simbolica che il programmatore attribuisce a un punto della sequenza di istruzioni.

labèllo s.m. **1.** BOT. Nelle orchidee, petalo superiore della corolla dall'aspetto di un piccolo labbro. **2.** ZOOL. Prolungamento terminale del labbro inferiore di alcuni insetti, come mosche o zanzare.

labiàle agg. **1.** Relativo alle labbra. **2.** FON. Di consonante, come la *b* e la *p,* articolata per mezzo delle labbra. ◆ s.f. FON. Nell'accez. 2 dell'agg.

labializzàre v.tr. FON. Pronunciare con fonema arrotondando le labbra. ◆ **labializzarsi** v.pron. Detto di suono, essere articolato arrotondando le labbra.

Labiàte s.f. pl. [iniziale minusc. sing. *–ta* per l'individuo] BOT. Famiglia di piante erbacee o arbustive, dicotiledoni, con fiori general. a corolla bilabiata cui appartengono menta, rosmarino, salvia, maggiorana e lavanda.

labiàto agg. **1.** BOT. Detto di di corolla gamopetala e irregolare la cui porzione distale è modellata in modo da simulare due labbra. ~ *estens.* Che richiama la forma delle labbra. **2.** FON. Di suono articolato con l'arrotondamento e la protrusione delle labbra. SIN.: **labializzato**.

làbile agg. (lat. *làbilem,* deriv. di *làbi* "scivolare") **1.** Che scompare rapidamente. SIN.: **fugace**. **2.** CHIM. Detto di sostanza chimica instabile, che tende a trasformarsi. **3.** PSICOL. Riferito a persona, incoerente, contraddittoria, emotivamente fragile e influenzabile, usato anche come secondo elemento nel composto *psicolabile*.

labilità s.f. inv. **1.** Caratteristica di ciò che è poco consistente o di scarsa durata. *Labilità di propositi.* SIN.: **precarietà**. ◇ *Labilità mentale:* condizione psicologica di chi è fragile, instabile. **2.** CHIM. Instabilità di un composto, tendenza alla dispersione. (La nitroglicerina è un composto labile a causa della scomposizione esplosiva in azoto CO_2 e H_2O.)

labiodentàle agg. FON. Di consonante, come la *f* e la *v,* articolata opponendo il labbro in-

feriore all'arcata dentaria superiore ◆ s.f. Nel sign. dell'agg.

labiolettùra s.f. Interpretazione delle parole basata sul movimento delle labbra di chi parla.

labionasàle agg. FON. Di suono, come *m,* caratterizzato da articolazione labiale e contemporaneo abbassamento del velo palatino, in modo che l'aria possa defluire anche dalle fosse nasali. ◆ s.f. Nel sign. dell'agg.

labiovelàre agg. FON. Di suono in cui si combinano contemporaneamente un'articolazione labiale e una velare (come *cu* in *cuore*). ◆ s.f. Nel sign. dell'agg.

labirìntico agg. [pl.m. *–ci,* f. *–che*] **1.** Relativo a un labirinto. ~ Simile a un labirinto. ~ *fig.* Tortuoso, complicato. **2.** MED. Che riguarda il labirinto dell'orecchio.

labirintìte s.f. MED. Infiammazione del labirinto dell'orecchio che provoca una vertigine transitoria.

labirìnto s.m. **1.** MIT. Mitica reggia di Minosse a Creta, costruita da Dedalo per imprigionarvi il Minotauro, con una pianta così intricata e tortuosa che era impossibile uscirne senza una guida (v. parte n.pr.). **2.** *estens.* Edificio, zona, parco in cui, per l'intrico delle costruzioni, delle vie o delle siepi, sia difficile orientarsi. SIN.: **dedalo**. **3.** *fig.* Situazione molto complicata, insieme di difficoltà insormontabili. *Un labirinto di calcoli.* SIN.: **ginepraio**. **4.** Gioco di pazienza consistente nel trovare l'unico percorso di uscita in un disegno raffigurante un intrico di vie. **5.** ANAT. Parte dell'orecchio interno formata da canali ossei e membranosi che svolgono una funzione di controllo dell'equilibrio.

làbium s.m. inv. ZOOL. Denominazione del labbro inferiore degli insetti.

laboratòrio s.m. [pl. *–ri*] **1.** Ambiente dotato di attrezzature per la ricerca scientifica e per prove ed esami particolari. ~ *estens.* Aula scolastica attrezzata per attività specifiche. ◇ *Laboratorio linguistico:* aula con apparecchiature idonee a facilitare l'apprendimento delle lingue straniere. – *Laboratorio spaziale:* satellite artificiale per effettuare ricerche nello spazio. **2.** *fig.* Attività e centro di ricerca artistica e letteraria. **3.** Locale dove si svolgono lavori di tipo artigianale o di riparazione. *Laboratorio fotografico.*

laboratorìsta s.m. e f. [pl.m. *–sti*] Persona che svolge mansioni tecniche o di ricerca in un laboratorio scientifico.

laboriosità s.f. inv. **1.** Presenza di difficoltà tali da obbligare a sforzi notevoli per portare a termine qlco. **2.** Intensa capacità di lavoro.

laborióso agg. **1.** Che richiede notevole impegno o sforzo, difficile da realizzare. *Una ricerca laboriosa.* SIN.: **impegnativo**. **2.** Dotato di grande capacità e diligenza nel lavoro. SIN.: **operoso**.

labràce s.m. ITTIOL. → **spigola**.

labradòr s.m. inv. (dal nome della penisola canadese del *Labrador* da cui provengono) **1.** Razza di cani da caccia, grande e robusto, con pelo corto aderente provvisto di fitto sottopelo e senza frange, di colore general. nero. **2.** Nome commerciale di una qualità di merluzzo prodotto nel Labrador.

labradorite o **labradìte** s.f. (dal nome della penisola del *Labrador* dove è presente in modo abbondante) MIN. Minerale grigiastro e iridescente della famiglia dei plagioclasi, presente prevalentemente in rocce basiche.

Làbridi s.m. pl. [iniziale minusc. sing. *-de* per l'individuo] ZOOL. Famiglia di pesci dai colori particolarmente vivaci, diffusi nei mari temperati e caldi. (Ordine dei Perciformi.)

Làbro s.m. (lat. *Labrus*, forse dal gr. *lábros* "vorace") ZOOL. Genere di pesci che vivono in prossimità delle coste rocciose nelle acque poco profonde dell'Atlantico e del Mediterraneo. (Ordine dei Perciformi, famiglia dei Labridi.)

laburìsmo s.m. (ingl. *labourism*, dal nome di *Labour Party* "Partito del lavoro") Movimento politico inglese di ispirazione socialista non marxista, sorto in Gran Bretagna agli inizi del Novecento.

laburìsta agg. [pl.m. *-sti*] **1.** Relativo al laburismo. **2.** Basato sui principi del laburismo. ◆ s.m. e f. Chi segue, propugna il laburismo.

làcca s.f. [pl. *-che*] (ar. *lakk*, indiano *lakh*) **1.** Sostanza colorante resinosa, di origine per lo più vegetale, da cui si ricavano vernici e mastici o che viene usata per rivestire oggetti d'arte o produrre effetti di rilievo. **2.** *estens.* Oggetto rivestito di lacca, di solito proveniente dall'Estremo Oriente. **3.** Smalto per le unghie. **4.** Prodotto a base di resine sintetiche che, vaporizzato sui capelli, li ricopre di un film protettivo conservandoli pettinati più a lungo.

laccàre v.tr. [4] Verniciare materiali e oggetti con uno strato di lacca.

laccàto agg. **1.** Di oggetto rivestito con lacca. **2.** *fig.* Di persona eccessivamente curata e agghindata.

laccatóre s.m. [f. *-trice*] Artigiano che esegue lavori di laccatura.

laccatùra s.f. Applicazione di lacca, smaltatura.

lacchè s.m. inv. (fr. *laquais*) **1.** Domestico in livrea che seguiva o precedeva a piedi la carrozza del padrone. **2.** *spreg.* Persona esageratamente servile. *Fare da lacchè a qualcuno.* SIN.: **tirapiedi**.

làccio s.m. [pl. *-ci*] **1.** Fune con nodo scorsoio per la cattura di animali selvatici, uccelli o bestiame allo stato brado. *Prendere un animale al laccio.* **2.** *fig.* Trappola, tranello. *Tendere un laccio a qlcu.* ~ Vincolo, in partic. amoroso. **3.** Nell'abbigliamento, legaccio che serve per la chiusura di un capo. *I lacci di una camicetta.* **4.** MED. *Laccio emostatico:* laccio usato per stringere un arto, rallentando la circolazione sanguigna, utilizzato per fare iniezioni endovenose, per arginare emorragie, ecc.

laccolìte s.f. o s.m. GEOL. Massa rocciosa intrusiva a forma di cupola, formatasi per infiltrazione di magma in rocce stratificate.

lacedèmone o **lacedemònio** agg. *lett.* Spartano. ◆ s.m. e f. Nel sign. dell'agg.

laceràbile agg. Che si può facilmente lacerare.

lacerànte agg. **1.** Che strappa, rompe. **2.** *fig.* Che provoca strazio.

laceràre v.tr. **1.** Strappare o ridurre a brandelli qlco. *Lacerare le pagine di un libro.* SIN.: **stracciare**. **2.** *fig.* Colpire con forza qlcu. o qlco. causando una sensazione di dolore, di tormento. ~ *estens.* Straziare, tormentare. *Un dispiacere che lacera il cuore.* ◆ **lacerarsi** v.pron. **1.** Strapparsi, rompersi in più punti. *La vela si lacerò per il forte vento.* **2.** Rompere un indumento indossato o parte del proprio corpo.

lacerazióne s.f. **1.** Strappo brutale, riduzione in brandelli. **2.** *fig.* Strazio, dolore dell'animo. ~ Disaccordo profondo, spaccatura in una coppia, in un gruppo, in un movimento. *Il partito ha subito una profonda lacerazione.* **3.** MED. Lesione traumatica di un tessuto o di un organo. ◇ *Lacerazione ostetrica:* lacerazione spontanea del perineo durante il parto. – *Lacerazione a manico di secchio:* quella propria del menisco del ginocchio.

lacèrna s.f. Mantello di tessuto pesante, che gli antichi romani indossavano sopra la tunica o l'armatura fermandolo sulle spalle con una fibbia.

làcero agg. **1.** Di cosa strappata in più parti. ◇ *Ferita lacera:* ferita che è prodotta da uno strappo improvviso e si presenta a labbri sfrangiati. **2.** *estens.* Che indossa abiti logori.

Lacèrtidi s.m. pl. [iniziale minusc. sing. *-de* per l'individuo] ZOOL. Famiglia di rettili di piccola taglia, velocissimi e insettivori, che vivono a terra o sulle piante. (Ordine degli Squamati.) SIN.: **sauro**.

Lacèrtili s.m. pl. Sottordine di rettili squamati al quale appartengono le lucertole e le specie affini.

lacèrto s.m. (lat. *lacĕrtum* "lucertola", "muscolo" e "scombro") Frammento, brano, spezzone.

laciniàto agg. BOT. Di parte anatomica o vegetale che presenta formazione di natura diversa, piatta, allungata o frastagliata (*lacinie*).

lacònico agg. [pl.m. *-ci*, f. *-che*] **1.** Della Laconia, antica regione greca in cui sorgeva Sparta. **2.** Di persona essenziale nell'esprimersi. ~ Poco loquace. ~ Con riferimento a cosa, scritto o espresso molto concisamente e brevemente. *Stile laconico.* SIN.: **conciso**.

làcrima s.f. **1.** (spec. pl.) Goccia di liquido acquoso e salato secreto dalle ghiandole lacrimali, che lubrifica la cornea e può sgorgare sotto l'effetto di impressioni fisiche o di vive emozioni. *Lacrime di dolore.* ~ *estens.* Pianto, patimento. ◇ *Avere le lacrime agli occhi:* piangere; *fig.* essere commossi. – *figg. Piangere a calde lacrime:* molto, intensamente; disperatamente. – *Lacrime di coccodrillo:* esibizione di chi mostra pentimento tardivo e spesso poco sincero per il male commesso. – *Versare lacrime sopra qlco.:* dispiacersi, rammaricarsi per qlco. **2.** *estens.* Piccolissima quantità di un liquido. *Una lacrima d'olio.* **3.** BOT. *Lacrime di Giobbe:* pianta erbacea affine al mais, coltivata nella zona del Mediterraneo per la particolarità dei suoi frutti. (Nome sc. *Coix lacryma Jobi*; famiglia delle Graminacee.)

lacrimàle agg. Relativo alle lacrime. ◇ *Ghiandola lacrimale:* quella che produce il liquido lacrimale. – *Condotto lacrimale:* canalino che porta il liquido lacrimale al naso.

lacrimàre v.intr. (aus. *avere*) Versare lacrime, piangere. *I miei occhi lacrimano per il fumo.*

lacrimatóio s.m. [pl. *-toi*] **1.** Zona dell'occhio vicina all'angolo interno, da cui escono le lacrime. **2.** ARCHEOL. Piccolo vaso, tipico della Roma antica, per profumi e unguenti.

lacrimazióne s.f. Secrezione lacrimale. *Le cipolle procurano un'abbondante lacrimazione.* ~ *estens.* Gocciolamento.

lacrimévole agg. Che induce al pianto. ~ Che provoca compassione.

lacrimògeno agg. Che irrita gli occhi facendoli lacrimare. *Gas lacrimogeno.* ◆ s.m. Gas, candelotto lacrimogeno, bomba lacrimogena.

lacrimóso agg. **1.** Bagnato di lacrime. *Occhi lacrimosi.* **2.** Che fa piangere, doloroso.

lacrosse [/lə'krɔs/] s.m. (solo sing.) (voce ingl., fr. *la crosse* "il bastone curvo") Sport di squadra (10 o 12 giocatori ciascuna) diffuso spec. in Canada che consiste nel colpire con un bastone curvo alla cui estremità è fissato un retino triangolare una palla di gomma e nel sospingerla verso la porta avversaria.

lacuàle agg. Relativo a un lago. ~ Che è su un lago. SIN.: **lacustre**.

lacùna s.f. (lat. *lacūnam*, deriv. di *lăcus* "lago") **1.** Spazio vuoto, mancanza di qlco. **2.** *estens.* (spec. pl.) Difetto, manchevolezza, carenza. *Uno studente con molte lacune.* **3.** FILOL. Assenza di una o più parole in un testo, soprattutto manoscritto. **4.** Vuoto, cavità. ◇ GEOL. *Lacuna stratigrafica:* cambiamento morfologico in una serie di strati, detto anche *hiatus*.

lacunóso agg. Che presenta lacune. *Avere una preparazione lacunosa.* ◇ BOT. *Tessuto lacunoso:* tessuto della foglia con ampi spazi intercellulari.

lacùstre agg. Che si trova o vive in un lago o sulle sue rive. ~ Caratteristico di un lago o dei laghi. *Flora lacustre.*

ladang s.m. inv. Nel sud-est asiatico, tipo d'insediamento umano seminomade basato su colture agricole realizzate col metodo del diboscamento.

1. làdano o **làbdano** s.m. Resina organica oleosa, prodotta dalle foglie di alcune piante, utilizzata in profumeria.

2. làdano s.m. ZOOL. Denominazione comune di alcuni pesci simili allo storione diffusi nel Mediterraneo orientale, nel Mar Caspio e nel Mar Nero e nei loro immissari; detti anche *beluga*.

làdar s.m. inv. (sigla dell'ingl. *laser detecting and rancing*, "rilevatore e localizzatore con il laser") Radar ottico che rileva missili e aerei in volo, mediante un raggio laser.

laddóve cong. **1.** Con valore temporale, quando. **2.** Con valore ipotetico, qualora, se. ◻ In funzione di cong., mentre, invece.

ladino agg. (lat. *latīnum* "latino") Dell'area linguistica neolatina comprendente le parlate dei Grigioni (in Svizzera), di alcune valli dolomitiche e del Friuli. *Dialetto ladino.* ◆ s.m. **1.** [f. *-na*] Nativo, abitante di un luogo in cui si parla un dialetto ladino. **2.** (solo sing.) Insieme dei dialetti neolatini parlati in area ladina.

làdro s.m. [f. *-dra*] (lat. *lătro*, orig. "mercenario" e "brigante") **1.** Chi ruba occasionalmente o abitualmente. *Ladri di bestiame.* **2.** *spreg.* Malvivente. **3.** *estens.* Chi richiede un prezzo eccessivo. *Quell'idraulico è un ladro.* ◻ In funzione di agg., che ruba, è disonesto.

ladrocìnio o **latrocìnio** s.m. [pl. *-ni*] Appropriazione indebita, furto perpetrato con l'inganno sotto apparenze legali. SIN.: **ruberia**.

ladróne s.m. [f. *-na*] Ladro incallito, bandito di strada. SIN.: **brigante**.

lady [/'leɪdi/] s.f. inv. (voce ingl., ant. *hlǣfdīge* "padrona di casa") Titolo che spetta alle signore dell'aristocrazia inglese. ~ *estens.* Donna di modi signorili. ◇ *Dark lady:* donna fatale e spregiudicata.

1. lager [/'la:gə/] s.m. inv. (voce ted., abbr. di *Konzentrationlager* "campo di concentramento") **1.** Campo di concentramento o di sterminio della Germania nazista. **2.** *estens.* Istituzione o comunità gestita con metodi prevaricatori e disumani. *I vecchi manicomi erano dei veri e propri lager.*

2. lager [/'la:gə/] s.f. inv. (voce ted., deriv di *Lagerbier* "birra di conserva") Birra chiara.

laggiù avv. In un luogo situato più in basso o più lontano da chi parla e da chi ascolta. *Era caduto laggiù.* ~ *estens.* In un luogo lontano.

laghista agg. [pl.m. *-sti*] *Poeti laghisti:* nome dato dagli storici della letteratura ai tre poeti romantici inglesi Wordsworth, Coleridge e Southey che avevano scelto di trascorrere la loro esistenza nella zona dei laghi del Cumberland ispirandosi, nei loro componimenti, al paesaggio circostante. ◆ s.m. e f. Nel sign. dell'agg.

làgna s.f. **1.** Lamento fastidioso e insistente, espressione ripetuta di rammarico. SIN.: **piagnisteo**. **2.** Cosa interminabile, prolissa, noiosa. SIN.: **noia**. ~ *estens.* Persona noiosa, che si lamenta continuamente.

lagnànza s.f. Espressione di scontento nei confronti di qlcu. per atteggiamenti o prestazioni criticabili, insoddisfacenti. *Presentare, esporre le proprie lagnanze.* SIN.: **lamentela**.

lagnàrsi v.pron. (lat. *laniāre* "dilaniare" poi "lamentarsi" per l'uso di esprimere il dolore graffiandosi il volto) **1.** Emettere lamenti. **2.** Manifestare malcontento.

lagnóso agg. **1.** Di persona che si lamenta continuamente e in modo irritante, anche senza motivo. *Bambino lagnoso.* SIN.: **piagnucoloso**. **2.** *fam.* Monotono, prolisso.

làgo s.m. [pl. *-ghi*] **1.** Grande massa d'acqua, general. dolce, che occupa una depressione del suolo e non comunica direttamente con il mare. *Il Lago di Garda.* ◇ *Lago glaciale:* situato in una depressione modellata da un ghiacciaio. – *Lago tettonico:* all'interno di una cavità originatasi per

Laghi: le principali superfici di acqua dolce		
nome	regione	superficie
lago Superiore	America del Nord	82.700 km²
lago Vittoria	Africa equatoriale	68.100 km²
lago Huron	America del Nord	59.800 km²
lago Michigan	America del Nord	58.300 km²
lago Tanganika	Africa orientale	31.900 km²
lago Bajkal	Siberia	31.500 km²
Grande Lago degli Orsi	America del Nord	31.100 km²
lago Malawi	Africa orientale	30.800 km²
Grande Lago degli Schiavi	America del Nord	28.930 km²

movimenti tettonici. – *Lago vulcanico:* formatosi nel cratere di un vulcano spento. – *Lago artificiale:* ottenuto con dighe di sbarramento per formare un serbatoio d'acqua da utilizzare per irrigazione, alimentazione di impianti idroelettrici o rifornimento idrico di una città. **2.** (al pl.) Zona ricca di laghi. **3.** *per esager.* Grande quantità di liquido sparso. *Fare un lago per terra.*

Lagomòrfi s.m. pl. [iniziale minusc. sing. *-fo* per l'individuo] ZOOL. Ordine di mammiferi vegetariani dai caratteristici quattro incisivi superiori, detti anche *Duplicidentati*; ne fanno parte la lepre e il coniglio.

Lagòpodo o **Lagòpo** s.m. ZOOL. Genere di uccelli montani, con livrea invernale bianca ed estiva marrone o rossastra, di cui fa parte la pernice bianca. (Il *Lagopodo alpino* ha una livrea invernale bianca, a differenza del *Lagopodo scozzese*; famiglia dei Tetraonidi.)

estate inverno

■ **Lagòpodo.** Pernice bianca.

lagòtrice o **lagòtriche** s.f. **1.** Grossa scimmia dal pelo lanoso e folto di colore grigio e nero, dotata di coda molto lunga e prensile, detta anche *scimmia lanosa*. (Lunghezza 50 cm ca., coda esclusa; famiglia dei Cebidi.) **2.** ZOOL. (iniziale maiusc.) Genere di mammiferi a cui appartiene la lagotrice.

laguna s.f. **1.** Specchio d'acqua marina che si forma al centro di un atollo o tra una barriera corallina e la costa. **2.** Distesa d'acqua salmastra separata dal mare per mezzo di un cordone litorale. *La Laguna veneta.*

lagunàre agg. Di laguna. ~ Relativo a una laguna. *Città lagunare.* ◆ s.m. Soldato di un reparto speciale dell'esercito italiano addestrato a compiere operazioni in zone costiere con mezzi anfibi.

lahar s.m. inv. (voce giavanese) Torrente di lava a colata di fango che scorre lungo i fianchi di un cono vulcanico, dagli effetti spesso disastrosi.

laicàto s.m. **1.** Condizione di chi è laico. **2.** Complesso dei fedeli non appartenenti al clero. *Il laicato cattolico.*

laicismo s.m. **1.** Atteggiamento che sostiene l'indipendenza assoluta sia dell'uomo sia dello Stato nei confronti di qualsiasi Chiesa, confessione o fede religiosa. **2.** L'essere laico, laicità.

laicità s.f. inv. Carattere di ciò che è laico, indipendente da concezioni religiose o ideologiche.

laicizzàre v.tr. Far diventare qlcu. o qlco. laico, affrancarlo da influenze e suggestioni religiose. *Laicizzare la scuola.* ◆ **laicizzarsi** v.pron. Prendere caratteristiche laiche.

làico agg. [pl.m. *-ci*, f. *-che*] (gr. *laikós* "del popolo, profano") **1.** Che non fa parte del clero. *Organizzazione laica.* ~ Che non ha ricevuto gli ordini sacerdotali pur facendo parte di una congregazione religiosa. **2.** Autonomo rispetto all'autorità della Chiesa cattolica o di qualsiasi altra istituzione religiosa. *Stato laico.* **3.** *estens.* Che si ispira al laicismo. *Intellettuale laico.* ◇ *Partiti laici:* che non si ispirano né a una fede religiosa né a un'ideologia dogmatica. (In Italia, quelli che non sono di matrice cristiana o marxista.) **4.** Che partecipa ai lavori di un organismo ma è estraneo alla corporazione che vi è rappresentata. ◆ s.m. [f. *-ca*] **1.** Chi non appartiene al clero. **2.** Membro di una comunità ispirata ai principi del laicismo. *Comportarsi da laico.*

laidézza s.f. **1.** Sporcizia, bruttezza, anche in senso fig. SIN.: **sozzura**. **2.** Oscenità, corruzione. *Non sopportare la laidezza di certi film.*

làido agg. (fr. *laid* "sgradevole" di orig. germ.) **1.** Ripugnante perché sporco o brutto. **2.** Sconcio. ~ Di persona, turpe, schifoso.

laissez-faire [/lɛseˈfɛr/] s.m. inv. (loc. fr., alla lettera "lasciate fare") ECON. Principio che teorizza l'assenza di vincoli da parte dello Stato nell'attività economica privata.

lallazióne s.f. (lat. *lallatiōnem*, deriv. di *lallāre* "cantare la ninna nanna" di orig. onom.) MED. Fase del processo di acquisizione linguistica del bambino caratterizzata dall'emissione reiterata di consonanti e vocali combinate in sillabe.

lalopatia s.f. MED. Disturbo del linguaggio che non dipende da anomalie psichiche o da malformazioni dell'apparato fonatorio.

1. làma s.f. (fr. *lame*, lat. *lāminam* "lamina") **1.** Parte metallica di un utensile da cucina, che serve per tagliare, troncare, rasare, raschiare. *La lama del coltello.* **2.** *fig.* L'elemento tagliente o affilato di uno strumento non da taglio, di un attrezzo sportivo. *La lama dei pattini.* **3.** Utensile a largo profilo di taglio impiegato per la lamatura, l'alesatura, ecc. **4.** *estens.* Sottile strato di qlco. *Lama d'acqua.* ◇ MAR. *Lama di deriva:* nelle barche a vela, piastra di metallo, di legno o di plastica sporgente dalla chiglia in giù per aumentarne la resistenza allo scivolamento laterale rispetto alla rotta (*scarroccio*).

2. làma s.f. (lat. *lāmam* "palude") Terreno basso e paludoso formatosi nei pressi di un fiume per il ristagno delle acque di piena.

3. làma s.m. inv. (spagn. *llama* da una voce peruviana) **1.** Mammifero ruminante tipico delle Ande, con corpo snello, coda corta, pelo soffice e lungo di colore bianco, nero o macchiato; è allevato sia per la lana, la carne e il cuoio sia come animale da trasporto. (Famiglia dei Camelidi.) **2.** *estens.* Lana molto pregiata che si ricava dal mantello dell'animale. **3.** ZOOL. (iniziale maiusc.) Genere di animali a cui appartengono le varie specie di lama.

4. làma s.m. inv. (tibetano *lama* "maestro") In Tibet e in Mongolia, sacerdote buddista.

lamàico agg. [pl.m. *-ci*, f. *-che*] Del lamaismo, dei lama tibetani.

lamaismo s.m. Religione buddista del Tibet di cui sono sacerdoti i lama.

■ **làma**

lamantino s.m. (spagn. *manatí* di orig. caraibica, con influsso di *lamenter* "gemere" per il verso dell'animale) Mammifero erbivoro acquatico con coda arrotondata e testa tozza, diffuso spec. sulle coste e nei fiumi dell'Africa e dell'America tropicali. (Genere *Tricheco*; ordine dei Sirenii.)

■ **lamantìno**

lamarckismo s.m. Teoria formulata da Lamarck all'inizio dell'Ottocento che spiega l'evoluzione degli esseri viventi in base all'influenza che le variazioni ambientali esercitano sul loro comportamento nonché sul loro corpo.

lamàre v.tr. Levigare con mezzi meccanici i pavimenti in legno o in marmo prima della vetrificazione.

lamasserìa s.f. (fr. *lamaserie*) Nel Tibet, monastero di religiosi buddisti.

lamatùra s.f. **1.** MECC. Foro o incavo praticato in un pezzo metallico. **2.** COSTR. Levigazione di pavimenti in legno, eseguita per prepararli alla verniciatura. ~ Trattamento dell'intonaco di una parete.

lambàda s.f. (voce port.-brasiliana, prob. dal gergale *lambada* "frustata") Ballo brasiliano dal ritmo frenetico, effettuato in coppia, corpo contro corpo, con ondulazione delle anche e delle spalle.

làmbda o **làbda** s.m. o s.f. inv. Undicesima lettera dell'alfabeto greco (*Λ*, *λ*) corrispondente al *l* dell'alfabeto latino. ❑ Anche in funzione di agg. inv., usato spec. in alcune locc. ◇ *Punto lambda:* in fisica, temperatura a cui avviene la transizione tra le due fasi dell'elio liquido; in antropometria, punto del cranio in cui la sutura sagittale si incontra con quelle interparietali. – *Sonda lambda:* nei motori, sonda che permette di ridurre, insieme ai catalizzatori, le emissioni inquinanti.

lambdacismo o **labdacismo** s.m. MED. Pronuncia difettosa del *l*.

làmbert s.m. inv. (dal nome del fisico alsaziano J.H. *Lambert*) FIS. In fotometria, unità di radianza pari a un lumen per cm²

lambiccàto agg. Molto complicato, privo di spontaneità, arzigogolato, cavilloso. *Stile lambiccato.* SIN.: **ricercato**.

lambire v.tr. [83] **1.** Detto di animali, sfiorare lievemente qlco. con la lingua. SIN.: **leccare**. **2.** *estens.* Detto per lo più di fiume, mare, fuoco, sfiorare, toccare lievemente qlco. *L'acqua lambisce le arcate del ponte.*

làmblia s.f. (dal nome del medico boemo W.D. *Lambl* che per primo la descrisse) Protozoo flagellato parassita dell'intestino umano. (Genere *Giardia*).

lambliasi s.f. inv. Malattia causata dalla presenza di un parassita (*Giardia lamblia*) nell'intestino tenue.

lambrecchino s.m. **1.** Banda di tessuto smerlato con cui i tappezzieri decorano tende e baldacchini. **2.** ARALD. Ornamento costituito da una sorta di calotta di stoffa allungata che ricopre l'elmo e ricade sullo scudo in lunghi svolazzi frastagliati. **3.** ARCH. Ornamento frastagliato, in legno o latta, che si mette attorno all'orlo delle tettoie per dissimulare le grondaie e i doccioni.

lambrétta s.f. (comp. di *Lambrate* e *motoretta*) Denominazione commerciale, che costituisce marchio registrato, di una motoretta fabbricata negli anni Cinquanta dalla Innocenti a Lambrate (Milano).

lambrùsco s.m. [inv. o non com. pl. *ghi*] **1.** Uva lambrusca. **2.** Vitigno emiliano che produce un'uva nera e acidula. **3.** *estens.* Il vino rosso che se ne ricava.

lambswool [/ˈlæmswʊl/] s.m. inv. (voce ingl.) Lana molto leggera fornita da agnelli di razza pregiata. ~ IND. TESS. *estens.* Tessuto fabbricato con questa lana.

lambùrda s.f. (fr. *lambourde*, propr. "trave che sostiene una tavola") ARBOR. Rametto che ha già dato frutto ma che è ulteriormente cresciuto e porta all'estremità una nuova gemma.

lamé [/la'me/] s.m. inv. (voce fr., deriv. di *lame* "lamina") Tessuto fabbricato con inserzione di sottili fili o lamine metalliche d'oro, d'argento o di altre leghe. ◆ agg. inv. Nel sign. del s.

lamèlla s.f. **1.** Lamina di metallo o di qualunque altro materiale. *Lamella d'acciaio.* **2.** estens. Strato molto sottile di roccia, di minerale o di tessuto cellulare. **3.** MICOL. Nei funghi delle Agaricacee, ciascuna delle pieghe disposte radialmente sotto il cappello.

lamellàre agg. **1.** Costituito di lamelle, che presenta forma di lamella. **2.** MIN. Di aggregato cristallino o di roccia, composto da elementi a forma di lamelle e facilmente sfaldabili.

lamellàto agg. BOT. Di tessuto vegetale formato da lamelle.

Lamellibrànchi s.m. pl. [iniziale minusc. sing. –*chio* per l'individuo] ZOOL. Classe di molluschi acquatici con conchiglia bivalve e lamine branchiali a forma di lamella per la respirazione, fra cui le ostriche e i mitili. SIN.: **bivalvi.**

lamellifórme agg. MIN. Che ha forma di lamella. SIN.: **lamellare.**

lamelliròstro agg. Detto di uccelli palmipedi, come l'anatra, che hanno il becco provvisto ai margini di lamelle cornee che fungono da apparato filtrante.

lamentàre v.tr. **1.** Provare e manifestare dispiacere o dolore per qlco. *Lamentare l'improvvisa morte di qualcuno.* SIN.: **compiangere. 2.** Segnalare, constatare con rincrescimento qlco. o negativo. *La polizia lamenta il diffondersi della criminalità.* SIN.: **denunciare.** ◆ **lamentarsi** v.pron. **1.** Emettere gemiti e lamenti per un dolore fisico o morale. *Il ferito si è lamentato tutta la notte.* **2.** Esprimere il proprio disappunto per un disservizio o un'ingiustizia. *Lamentarsi del cattivo funzionamento del servizio.* SIN.: **protestare.**

lamentazióne s.f. **1.** Espressione di dolore insistente e spesso anche fastidiosa. *Una lamentazione continua.* **2.** Nella tragedia greca antica, pianto eseguito dal coro insieme agli attori. **3.** Genere letterario medievale, più noto come *lamento.* **4.** MUS. Composizione vocale sacra diffusa soprattutto nei secc. XVII e XVIII.

lamentèla s.f. Insistente manifestazione di disappunto, rimostranza ripetuta nei confronti di qlcu. *Esporre le proprie lamentele.* SIN.: **lagnanza.**

laménto s.m. **1.** Espressione di dolore con voce o grida spesso accompagnate dal pianto. *Emettere un lamento.* SIN.: **gemito. 2.** Pianto e attestazione di cordoglio per la morte di una persona. *Il lamento della Vergine.* SIN.: **compianto.** ~ *estens.* Componimento poetico che trae origine da un fatto doloroso. ◇ ETNOL. *Lamento funebre:* manifestazione rituale di dolore in presenza della salma, espressa soprattutto per mezzo di grida, gesti, pianto. **3.** Verso o suono flebile e malinconico. *Il lamento del cuculo.* **4.** Brano musicale per canto su tema triste e doloroso soprattutto nel madrigale e nell'opera italiana. **5.** *non com.* Manifestazione di scontento. SIN.: **lagnanza.**

lamentóso agg. **1.** Che esprime lamento. *Tono lamentoso.* **2.** Che si lamenta continuamente. *Persona lamentosa.* SIN.: **piagnucoloso.**

lamétta s.f. Piccola lama affilatissima, spec. a due tagli, usata col rasoio di sicurezza. *Lametta da barba.*

1. làmia s.f. (lat. *lămiam,* gr. *lámia* deriv. di *lamyrós* "vorace") MIT. Mostro col corpo di serpente e il volto di donna, che si pensava succhiasse il sangue dei bambini. ~ *estens.* Ammaliatrice, strega, megera.

2. làmia s.f. (gr. *lámia,* propr. "voragini") *region.* Copertura a volta tipica delle abitazioni rurali meridionali, spec. pugliesi.

lamièra s.f. Prodotto siderurgico a forma di lastra, laminato a caldo o a freddo, utilizzato per rivestimenti e tettoie. *Lamiera di ferro.*

lamierino s.m. Nel sign. del dim. di *lamiera*; in partic., tipo di lamiera molto sottile prodotta in rotoli o in fogli.

làmina s.f. **1.** Lastra, piastra di spessore molto ridotto, di metallo o di altro materiale. *Lami-*

na d'oro. **2.** ANAT. Denominazione di numerose formazioni molto sottili e piatte, spec. di tessuto osseo o connettivo. ◇ *Lamina vertebrale:* tratto pari delle vertebre che decorre tra l'apofisi trasversa e quella spinosa, che delimita posteriormente il canale vertebrale. **3.** BOT. Lembo fogliare. **4.** GEOL. Sottilissima falda all'interno di uno strato roccioso. **5.** OTT. Lamina trasparente il cui spessore determina una variazione della lunghezza d'onda dei raggi luminosi rifratti. **6.** IND. TESS. Metallo appiattito in una finissima striscia d'oro o d'argento, usato nei ricami preziosi e nella fabbricazione di tessuti laminati.

1. laminàre agg. **1.** Che ha forma di lamina. **2.** FIS. Riferito al movimento di un fluido, caratterizzato dallo scorrere di strati paralleli del fluido stesso.

2. laminàre v.tr. **1.** Ridurre metalli in lamine. **2.** Coprire, rivestire qlco. con lamine.

laminària s.f. (lat. *Laminaria,* deriv. di *lāmina* "lamina" per la forma delle foglie) **1.** Alga bruna delle coste rocciose dell'Atlantico, a lunghe foglie piatte, che funge da concime e fornisce iodio, soda e potassa. (Classe delle Feoficee.) **2.** BOT. (iniziale maiusc.) Genere di alghe a cui appartengono varie specie di laminaria.

1. laminàto agg. s. m. (calco del fr. *lamé*) Lamé.

2. laminàto agg. **1.** Di materiale o prodotto trasformato in lamina o ricoperto di lamine. **2.** *estens.* A forma di lamina. ◆ s.m. Semilavorato ottenuto mediante laminazione o fatto a forma di lamina.

laminatóio s.m. [pl. –*toi*] Macchina per la laminazione, formata da due cilindri rotanti in senso opposto attraverso i quali è fatto passare il materiale che, a freddo o a caldo, viene ridotto in lamine.

laminazióne s.f. **1.** Preparazione di prodotti semilavorati di metallo, come lamiere o profilati, fatta a caldo o a freddo utilizzando il laminatoio. **2.** Rivestimento di materiali diversi con coperture di plastica. **3.** IND. TESS. Procedimento per la produzione di fili laminati.

laminectomìa s.f. Intervento chirurgico che consiste nella resezione di una o più lamine vertebrali. (Costituisce il primo tempo di tutti gli interventi sul midollo spinale.)

Làmio s.m. BOT. Genere di piante erbacee con foglie simili a quelle dell'ortica e fiori di colore bianco, giallo o rosso. (Famiglia delle Labiate.)

làmpada s.f. **1.** Sorgente di luce artificiale, prodotta per combustione di materie liquide o gassose, utilizzata per illuminare ambienti interni o esterni. *Lampada a olio.* ◇ *Lampada a incandescenza:* lampada nella quale l'emissione della luce dipende dalla temperatura di un corpo portato a incandescenza dal passaggio di corrente elettrica. – *Lampada fluorescente:* con luce prodotta da una scarica elettrica attraverso un tubo pieno di gas, di solito neon. – *Lampada di Aladino:* lanterna magica delle "Mille e una notte". **2.** Apparecchio costituito da una sorgente luminosa, dai dispositivi per farlo funzionare e dall'eventuale supporto. *Lampada da tavolo.*

◇ *Lampada di sicurezza:* quella munita di dispositivo che si accende in caso di pericolo; anche lampada a fiamma dei minatori con una particolare protezione in rete metallica. **3.** *estens.* Dispositivo che produce calore bruciando liquidi o gas, utilizzato per operazioni che richiedono il riscaldamento di particolari materiali o attrezzi. *Lampada da saldatore.* **4.** *fig.* Persona che funge da guida o modello spirituale.

lampadàrio s.m. [pl. –*ri*] (lat. *lampadàrium* "portatore di fiaccola") Apparecchio per l'illuminazione che ha anche funzione decorativa e d'arredamento, è appeso al soffitto ed è costituito da una solida struttura che sostiene una o più lampadine. *Lampadario di cristallo.* ◇ *Lampadario a gocce:* quello ornato da pendenti di cristallo o di vetro.

lampadina s.f. **1.** Lampada elettrica costituita da un bulbo di vetro con dentro un filamento metallico che emette luce per incandescenza al passaggio della corrente. **2.** *fig.* Idea. *Mi si è accesa la lampadina.*

lampànte agg. Di oggetto che brilla, luccicante. *Moneta lampante.* ~ *fig.* Evidente, chiaro. *Prova lampante.*

lampàra s.f. (voce merid.) **1.** Lampada ad acetilene o a gas usata di notte nella pesca del pesce azzurro attratto con la luce. **2.** *estens.* Barca dotata di lampara. ~ Rete per questo genere di pesca.

lampasco s.m. VET. Affezione di natura infiammatoria che colpisce il cavo orale dei puledri alla comparsa dei denti.

lampàsso s.m. (fr. *lampas*) Stoffa di seta cinese a fondo scuro con disegni colorati, usata per tappezzerie, coperte, tende.

lampeggiànte agg. Che si accende e si spegne a intermittenza. ◆ s.m. (spec. pl.) Lampeggiatore.

lampeggiàre v.impers. [5] (aus. *essere* o *avere*) Far lampi. *Lampeggia da stamattina.* SIN.: **balenare.** ◆ v.intr. (aus. *avere*) **1.** Emettere lampi, anche in senso fig. *Il cielo lampeggia.* **2.** Accendere e spegnere in rapida sequenza delle luci per segnalare qlco. *Non lampeggiare!* ~ Di fari e segnalatori luminosi, emettere luce intermittente per richiamare l'attenzione del conducente. *La spia dell'olio lampeggia.* ◆ v.tr. **1.** Lanciare uno sguardo, un sorriso breve e intenso. **2.** Cucinare qlco. con procedimenti particolari. *Lampeggiare un pollo.*

lampeggiatóre s.m. **1.** Dispositivo a luce intermittente di cui sono dotati auto e motoveicoli. ◇ *Lampeggiatore blu, giallo:* quello posto sopra il tetto degli automezzi di soccorso o delle forze dell'ordine, per renderli visibili. **2.** FOTO. Apparecchio di illuminazione artificiale funzionante con emissioni luminose sincronizzate all'aprirsi dell'obiettivo. SIN.: **flash.**

1. lampéggio s.m. [pl. –*gi*] **1.** Lampeggiamento, lampo. **2.** Emissione luminosa di brevissima durata, in riferimento a fanali o a indicatori di direzione di autoveicoli.

2. lampéggio s.m. [pl. –*gii*] Un lampeggiare continuo e frequente.

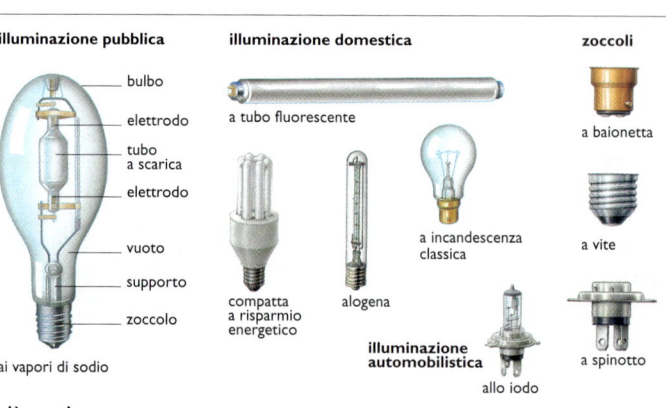

illuminazione pubblica	illuminazione domestica	zoccoli

illuminazione pubblica
- bulbo
- elettrodo
- tubo a scarica
- elettrodo
- vuoto
- supporto
- zoccolo

ai vapori di sodio

illuminazione domestica
a tubo fluorescente

compatta a risparmio energetico

alogena

a incandescenza classica

illuminazione automobilistica

allo iodio

zoccoli
- a baionetta
- a vite
- a spinotto

■ **làmpada.** Tipi di lampada e di zoccolo.

lampionàio s.m. [f. –naia, pl.m. –nai] Persona che, quando i lampioni erano a gas o a olio, era addetta ad accenderli e spegnerli.

lampióne s.m. Apparecchio per l'illuminazione artificiale di strade, piazze, giardini.

Lampiridi s.m. pl. [iniziale minusc. sing. –de per l'individuo] ZOOL. Famiglia di piccoli insetti con organi general. situati sull'addome che emettono luce intermittente; ne fanno parte le lucciole. (Ordine dei Coleotteri.)

lampista s.m. [pl. –sti] (fr. lampiste) Addetto alla manutenzione delle luci nelle miniere e nelle ferrovie.

lampistería s.f. (fr. lampisterie) Locale adibito alla custodia e alla manutenzione delle lampade nelle miniere e nelle ferrovie.

làmpo s.m. **1.** Luce abbagliante e di breve durata con cui si manifestano le scariche elettriche nell'atmosfera. SIN.: **baleno**. **2.** estens. Emissione di luce rapidissima e di forte intensità. Il lampo dei cannoni. ~ FOTO. Luce prodotta da un flash per scattare istantanee in condizioni di scarsa visibilità. ◇ fig. Lampo di genio: intuizione improvvisa. **3.** fig. Breve momento. ◇ In un lampo: molto rapidamente. ❑ In funzione di agg. inv., molto rapido e di breve durata. Viaggi lampo. ◆ s.f. inv. Cerniera munita di un cursore che fa combaciare e incastrare i denti fissati a due ctrice di tessuto. Chiudere la lampo.

lampóne s.m. **1.** Arbusto perenne munito di piccoli aculei che produce piccoli frutti rossi, rotondi e commestibili, simili alle more. (Genere Rubus; famiglia delle Rosacee.) **2.** Frutto di tale pianta, profumato e commestibile. ❑ In funzione di agg. inv., di colore simile a quello del lampone.

■ **lampóne**

lamprèda s.f. Nome comune di diverse specie di pesci commestibili di acqua dolce (genere Lampetra) o marini (genere Petromyzon) somiglianti all'anguilla, con bocca imbutiforme, labbra e lingua munite di denti. (Lunghezza 1 m; classe degli Agnati, ordine dei Ciclostomi.)

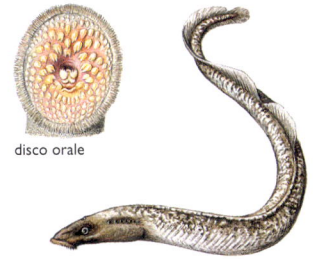

disco orale

■ **lamprèda** di fiume.

lampròfiro s.m. Roccia magmatica, general. filoniana, caratterizzata da una maggiore ricchezza di minerali colorati rispetto al magma di origine.

làna s.f. **1.** Pelo o vello di alcuni animali. Lana di pecora. **2.** Fibra tessile e i tessuti che se ne ricavano. ◇ Pura lana vergine: integra, ottenuta direttamente dalla tosatura. **3.** estens. Fibra artificiale o prodotto filamentoso di vario genere che ha l'aspetto e la consistenza della lana. ◇ Lana minerale: materiale a base di fibre minerali avente l'aspetto della lana, utilizzato come assorbente termoacustico. (Si distingue, secondo l'origine, la

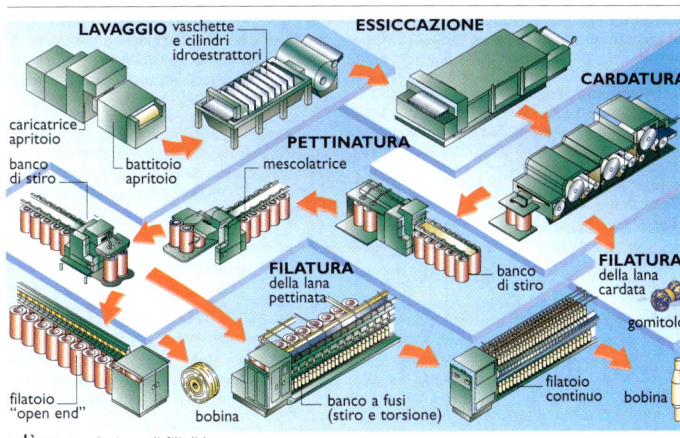

LAVAGGIO vaschette e cilindri idroestrattori — ESSICCAZIONE — CARDATURA — PETTINATURA — FILATURA della lana pettinata — FILATURA della lana cardata

caricatrice apritoio — banco di stiro — battitoio apritoio — mescolatrice — banco di stiro — gomitolo

filatoio "open end" — bobina — banco a fusi (stiro e torsione) — filatoio continuo — bobina

■ **làna.** Produzione di fili di lana.

lana di vetro, la lana di scorie e la lana di roccia.) – Lana d'acciaio: insieme di filamenti metallici usati per pulire, raschiando, oggetti di acciaio e utensili da cucina. **4.** estens. Lanugine vegetale o d'altro tipo. Lana dei pioppi.

lanaiòlo s.m. [f. –la] Addetto alla lavorazione della lana. ~ Commerciante di lana.

lanàrio s.m. [pl. –ri] (fr. lanier "lanaiolo" e "di poco valore", così chiamato perché selvatico) Piccolo uccello dalla testa di color fulvo e dal corpo slanciato e bruno, diffuso nel bacino del Mediterraneo. (Famiglia dei Falconidi.)

lanceolàto agg. Che presenta forma ellittica ed estremità appuntita, detto spec. di foglia.

lancétta s.f. **1.** Indicatore di apparecchi di misurazione. Le lancette dell'orologio. **2.** Strumento chirurgico antico, simile al bisturi, utilizzato per incisioni o salassi. **3.** Piccola lama con manico di legno usata per le incisioni in calcografia. **4.** BOT. Pianta erbacea, più nota come tulipano selvatico. (Famiglia delle Liliacee.) **5.** ARCH. Nell'architettura gotica, ciascuna delle suddivisioni di una finestra, terminanti con un arco acuto.

1. lància s.f. [pl. –ce] **1.** Antica arma da combattimento e gioco formata da una lunga asta munita a un'estremità di una punta in pietra o in metallo. ◇ fig. Spezzare una lancia in favore di qlco.: aiutarlo o prenderne le difese con azioni o parole. **2.** estens. Nel Medioevo, cavaliere munito di lancia. ◇ Lancia spezzata: soldato scelto appartenente alla guardia a cavallo di un sovrano; fig. non com. compagno fedele, difensore accanito di qlcu., anche in senso spreg. **3.** Fiocina usata per la cattura di grossi pesci che affiorano in superficie, come tonni, pesci spada, delfini. **4.** Estremità appuntita delle sbarre verticali di un cancello o di un recinto. **5.** Attrezzo a tubo per far uscire sotto pressione sostanze fluide. Lancia di un idrante.

2. lància s.f. [pl. –ce] MAR. Piccola imbarcazione leggera e veloce con la poppa quadra e la prua appuntita, normalmente usata per trasporto di persone. ◇ Lancia di salvataggio: scialuppa presente sulle navi per l'evacuazione dei passeggeri e dell'equipaggio in caso di naufragio.

lanciabómbe s.m. inv. Dispositivo o arma che serve per lanciare bombe.

lanciafiàmme s.m. inv. Arma che proietta a breve distanza sostanze incendiarie che si infiammano a contatto con l'aria.

lanciagranàte s.m. inv. Lanciabombe terrestre.

lanciamìssili agg. inv. Di mezzo da guerra attrezzato per lanciare missili. ◆ s.m. inv. Apparecchio per lanciare missili.

lanciapiattèllo s.m. inv. Nello sport del tiro al piattello, congegno a molla che serve a lanciare i piattelli da colpire al volo.

lanciaràzzi s.m. inv. Dispositivo fisso o portatile per il lancio di proiettili a razzo. SIN.: **spararazzi**.

lanciàre v.tr. (lat. lanceàre "vibrare la lancia") **1.** Gettare, scagliare qlco. con le mani o con i pie-

di in una certa direzione. Lanciare la palla. SIN.: **tirare**. ~ Far cadere, mandare qlco. o qlcu. verso il basso (da parte di aerei in volo). Lanciare viveri sulla città. ~ fig. Indirizzare, esprimere, mandare. Lanciare un grido. **2.** Imprimere forte velocità a qlco., perlopiù un mezzo di locomozione, e farlo partire in accelerazione. Lanciare la moto a tutta velocità. ◇ Lanciare un giocatore: nel calcio, passare la palla a un compagno di squadra in posizione favorevole per dargli la possibilità di segnare un gol. **3.** fig. Proporre, presentare, cercare di imporre all'attenzione del pubblico un personaggio, un prodotto, una nuova moda servendosi di mezzi pubblicitari. Lanciare un cantante. SIN.: **promuovere**. **4.** INFORM. Avviare, eseguire un programma. ◆ **lanciarsi** v.pron. Scagliarsi, gettarsi con grande impeto in una certa direzione, anche fig. Lanciarsi in un'impresa pericolosa. SIN.: **buttarsi**. ~ Mettersi a fare qlco. con determinazione, superando esitazioni e dubbi.

lanciasàgola s.m. inv. MAR. Strumento simile a un cannoncino, a una pistola o a un fucile che lancia un particolare proiettile cui è legata una sagola fissata per l'altra estremità al punto di partenza. (Usato in operazioni di rimorchio o salvataggio.)

lanciasiluri s.m. inv. Congegno delle navi, dei sommergibili e degli aerei da guerra, usato per lanciare siluri.

lanciàto agg. **1.** Di cosa o persona, gettato con forza. **2.** Di concorrente in gara, di veicolo o altro, che avanza velocissimo dopo aver accelerato a fondo. **3.** fig. Infervorato in un'attività, così da procedere speditamente. ~ Che si è imposto all'attenzione del mercato, o che riscuote successo e incontra i gusti del pubblico. **4.** SPORT. Detto di prova di velocità in cui si misura il tempo a partire dal passaggio dei concorrenti in velocità in un punto prestabilito della pista.

lanciatóre s.m. [f. –trice] **1.** Chi lancia qlco. **2.** SPORT. Atleta specialista nelle gare di lancio di un attrezzo. Lanciatore di peso. ~ Nel baseball, giocatore della squadra in difesa che deve lanciare la palla al battitore della squadra avversaria.

lancière o **lancére** s.m. **1.** Soldato armato di lancia. ~ Appartenente a uno speciale corpo di cavalleria. ◇ Grande lanciere: alto dignitario dell'antica corte persiana. **2.** (al pl.) Ballo figurato, simile alla quadriglia, diffuso in Europa verso la metà dell'800.

lancinànte agg. (lat. lancinàntem, deriv. di lancinàre "fare a pezzi") Che causa una sofferenza acuta, detto spec. di dolore fisico. Fitta lancinante. SIN.: **lacerante**.

làncio s.m. [pl. –ci] **1.** L'atto di scagliare con forza qlco. in avanti o verso l'alto. ~ estens. L'azione di far cadere qlco. dall'alto. Lancio di viveri da un aereo. ~ Movimento rapido di una persona o di un animale per fare un balzo in avanti o per gettarsi dall'alto. Lancio dal trampolino. ◇ Camera di lancio: locale del sommergibile in cui sono collocati i tubi lanciasiluri. – Pesca al lancio: quella che si effettua lanciando a distanza un'esca e poi recuperandola mediante una canna munita di mulinello. **2.** SPORT. In atletica leggera, prova in cui si deve lanciare il più lontano possibile un particolare attrezzo (disco, giavellotto, martello). ~ Nel calcio, passaggio lungo della palla a un giocatore della propria squadra in posizione avanzata. **3.** Promozione di qlcu. o di qlco. per imporlo all'attenzione del pubblico. *Campagna di lancio.* ◇ *A prezzo di lancio:* con forti sconti per un periodo limitato. **4.** INFORM. Esecuzione di un programma.

land /lã'do/ s.m. [pl. *länder*] (voce ted., propr. "terra") In Germania, regione amministrativa con forti poteri decisionali.

1. lànda s.f. (provenz. *landa*) **1.** Pianura arida tipica delle regioni fredde, inadatta alla coltivazione, in cui predomina la vegetazione bassa, erbacea o arbustiva. **2.** *estens.* Territorio in abbandono, arido e incolto. *Landa desolata.*

2. lànda o **làndra** s.f. MAR. Staffa di metallo o spranga di legno imperniata alla murata delle navi in corrispondenza degli alberi, usata per fissarvi il sartiame.

■ **lànda.** Paesaggio dei Grampians (Scozia).

land art /lænd a:t/ loc. sost. f. inv. (loc. ingl. "arte del territorio") Tendenza dell'arte contemporanea sviluppatasi negli Stati Uniti dal 1967, caratterizzata da interventi sull'ambiente naturale. (Tra gli esponenti: Robert Smithson, Michael Heizer, Walter de Maria, Richard Long, Hamish Fulton, Christo.)

landau /lã'do/ s.m. inv. (voce fr., dal nome della città bavarese di *Landau* dove si fabbricavano tali carrozze) Carrozza elegante a quattro ruote tirata da due o quattro cavalli e con chiusura a due mantici usata nell'Ottocento e nei primi del Novecento.

land-rover /,lænd'rouvə/ s.f. inv. (voce ingl., comp. di *land* "terra" e il nome dell'azienda produttrice *Rover* Company Limited) Nome commerciale, che costituisce marchio registrato, di un tipo di automobile a quattro ruote motrici.

landtag /'la:nt,ta:k/ s.m. inv. (voce ted.) Assemblea deliberante nella maggior parte dei paesi tedeschi e austriaci.

laneria s.f. (fr. *lainerie*) Assortimento di tessuti e filati di lana.

langràvio s.m. [pl. –*vi*] (ted. *Landgraf* "conte del paese") In Germania, titolo feudale attribuito a conti e dignitari imperiali.

languidézza s.f. Condizione di chi o di ciò che è languido. ~ Assenza di forze, anche fig.

lànguido agg. **1.** Di persona, spossato, senza energia. *Essere languido per la malattia.* SIN.: **debole.** ~ Di cosa, debole, fioco. *Luce languida.* **2.** *fig.* Pieno di tenerezza e abbandono sentimen-

tale. *Sguardo languido.* SIN.: **struggente. 3.** *fig.* Sdolcinato, eccessivamente tenero e svenevole. *Fare gli occhi languidi a qualcuno.*

languire v.intr. [85] (aus. *avere*) **1.** Essere in condizioni di spossatezza, di abbandono. ~ *estens.* Vivere in condizioni penose. **2.** *fig.* Detto di soggetto umano, venir meno, struggersi, consumarsi. *Languire d'amore.* **3.** Detto di soggetto inanimato, indebolirsi via via, diminuire di forza o d'intensità. ~ Essere in stato di abbandono. *La fiamma langue.*

languóre s.m. **1.** Stato di spossatezza fisica o morale, che si manifesta con una mancanza di energia e dinamismo. SIN.: **languidezza.** ◇ *Languore di stomaco:* lieve sensazione di fame, di vuoto allo stomaco. **2.** *estens.* Atteggiamento o espressione di dolce abbandono. *Uno sguardo pieno di languore.* ~ Tenerezza svenevole e appassionata. ~ (spec. pl.) Smancerie, affettazioni.

laniccio s.m. [pl. –*ci*] **1.** Peluria che si forma sotto i materassi o tra le pieghe dei tessuti di lana. **2.** Filo di bava prodotto dai bachi da seta per iniziare a fare il bozzolo.

lanière s.m. [f. –*ra*] Industriale, artigiano od operaio della lana.

laniero agg. Che riguarda la lana, la sua lavorazione o il suo commercio. *Prodotti lanieri.*

lanificio s.m. [pl. –*ci*] IND. TESS. Stabilimento tessile per la lavorazione della lana.

lanista s.m. [pl. –*sti*] ANT. ROM. Chi addestrava o vendeva i gladiatori. ~ Proprietario di una scuola per gladiatori.

lanital s.m. inv. Nome commerciale di una fibra sintetica con caratteristiche simili a quelle della lana, ottenuta dalla caseina del latte e trattata con formaldeide.

lanolina s.f. Sostanza cerosa ottenuta dalla raffinazione del grasso della lana di pecora, utilizzata nella preparazione di cosmetici.

lanóso agg. Di aspetto simile alla lana.

lantàna s.f. **1.** Piccolo arbusto con foglie ellittiche coperte di peli, piccoli fiori bianchi e frutti neri commestibili, tipico delle zone montane. (Famiglia delle Caprifogliacee.) **2.** BOT. (iniziale maiusc.) Genere di arbusti originari dell'America tropicale, coltivati come piante ornamentali da giardino. (Famiglia delle Verbenacee.)

lantànide s.m. CHIM. Nome generico degli elementi con caratteristiche simili a quelle del lantanio, designati col nome di *terre rare.*

lantànio s.m. (solo sing.) (deriv. di lat. *Lanthanum*, dal gr. *lanthánein* "star nascosto" perché poco diffuso) **1.** Metallo del gruppo delle terre rare, bianco e simile all'alluminio, usato per particolari leghe nella costruzione di apparecchi elettronici. **2.** Elemento chimico (*La*) di numero atomico 57 e peso atomico 138,905 5.

lantèrna s.f. (lat. *lantērnam*, deriv. di gr. *lámpein* "brillare") **1.** Apparecchio per illuminazione, portatile o fisso, costituito da una gabbia metallica recante all'interno la fonte luminosa chiusa da un vetro. ◇ *Lanterna veneziana:* lampioncino di carta colorata e pieghettata usato in occasione di feste, cerimonie. **2.** FOTO. Parte del proiettore che contiene la lampada di proiezione. ◇ *Lanterna magica:* antico strumento ottico da proiezione, a forma di scatola, che ingrandiva immagini dipinte su vetri; *estens.* il cinema o

la televisione. **3.** Parte superiore della torre di un faro, dove si trova la sorgente luminosa protetta da vetrata. ~ *estens.* Il faro stesso e ogni segnale luminoso posto all'entrata di un porto o all'estremità di un molo. **4.** ARCH. Struttura a pianta poligonale che costituisce la parte superiore della cupola. ~ Elemento architettonico posto, a scopo di illuminazione, alla sommità di cupole o volte. ~ *estens.* Lucernario di un tetto. **5.** MAR. Negli alberi delle navi, parte a sezione ottagonale di raccordo fra il tronco superiore e il tronco inferiore. SIN.: **rabazza. 6.** ZOOL. *Lanterna di Aristotele:* apparato boccale degli Echinoidi (ricci di mare).

lanternino s.m. Nel sign. del dim. di *lanterna*, spec. nella loc. *cercare qlco. con il lanternino*, cercare con pazienza qlco. di introvabile.

lanùgine s.f. **1.** Peluria fitta e morbida che ricopre la pelle durante la vita fetale e persiste anche dopo la nascita. ~ Quella che compare sulle guance e sul labbro superiore degli adolescenti e annuncia il formarsi della barba. **2.** ZOOL. Nei mammiferi, complesso dei peli più corti e fini che stanno intorno alla base dei peli più lunghi e rigidi. **3.** BOT. Peluria corta e chiara presente su fiori, frutti o foglie di particolari piante. **4.** Corta peluria di lana o simile alla lana.

lanzichenécco s.m. [pl. –*chi*] (ted. *Landsknecht* "servo del paese") **1.** Nel Rinascimento, soldato mercenario tedesco (secc. XV-XVII). **2.** Gioco d'azzardo di carte. SIN.: **zecchinetta.**

lào s.m. inv. (voce laotiana) Lingua ufficiale del Laos, che fa parte del gruppo thai. ▫ In funzione di agg. inv., del Laos. *Lingua lao.*

laotiàno agg. [f. –*na*] (fr. *laotien*) Del Laos, nell'Asia sudorientale. ◆ s.m. Nativo, abitante del Laos.

lapalissiàno agg. (dal nome del capitano francese J. de Chabannes, signore di *La Palice*, che, morto in battaglia, venne ricordato dai soldati in strofe dal significato scontato del tipo "Un quarto d'ora prima della sua morte / era ancora in vita") Di cosa o fatto talmente evidente che ne risulta ridicola l'enunciazione stessa. SIN.: **ovvio.**

laparoscopia s.f. MED. → **celioscopia**

laparoscòpio s.m. [pl. –*pi*] MED. Apparecchio munito di sonda e di un sistema di illuminazione, utilizzato per esaminare attraverso una incisione la cavità addominale.

laparotomia o **laparatomia** s.f. MED. Operazione chirurgica con cui si apre la cavità addominale a scopo terapeutico o diagnostico. SIN.: **celiotomia.**

lapàzio s.m. [pl. –*zi*] Pianta erbacea con radici dotate di proprietà medicinali. (Famiglia delle Poligonacee.)

lapicida s.m. [pl. –*di*] (lat. *lapicīdam*, comp. di *lăpis* "pietra" e *caĕdere* "tagliare") Artigiano che, nell'antichità classica, eseguiva incisioni e iscrizioni su pietra. ~ Nel Medioevo, artefice di sculture o decorazioni in pietra.

lapidàre v.tr. (lat. *lapidāre*, deriv. di *lăpis* "pietra") **1.** Lanciare sassate contro qlcu. fino a ucciderlo. **2.** *fig.* Inveire duramente contro qlcu., criticarlo con molta asprezza. *Lapidare un avversario politico.* **3.** MECC. Levigare la superficie di pietre o metalli. SIN.: **molare.**

lapidàrio agg. [pl.m. –*ri*] **1.** Relativo alle iscrizioni incise su lapide. **2.** *fig.* Detto di discorso o scritto incisivo e solenne, conciso e sentenzioso. ◆ s.m. **1.** Chi incide lapidi, marmi. ~ *estens.* Scalpellino. **2.** Museo che raccoglie iscrizioni e lapidi antiche. **3.** Libro medievale che descrive le pietre preziose e le loro presunte virtù curative e magiche. *Il lapidario Estense.*

lapidazióne s.f. **1.** Esecuzione capitale, barbaro assassinio compiuto con il lancio di pietre. **2.** *fig.* Linciaggio con parole e scritti ostili. *Essere sottoposto alla lapidazione dei giornali.*

làpide s.f. (lat. *lăpidem* "pietra") **1.** Lastra sepolcrale di pietra o marmo con un'iscrizione funeraria. **2.** Lastra su un monumento o sulla facciata di un edificio, recante un'iscrizione commemorativa.

lapié s.m. inv. GEOMORF. Zona che presenta fenomeni di erosione fluviale.

■ **land art.** Spiral Jetty, di R. Smithson, opera effimera realizzata nel 1970 sul Grande Lago Salato (Utah).

lapillo s.m. Frammento cristallizzato di lava di piccole dimensioni, eruttato da un vulcano durante la fase esplosiva.

lapin [/la'pɛ̃/] s.m. inv. (voce fr., "coniglio") Nel l. della moda, pelliccia di coniglio.

làpis s.m. inv. (voce lat., deriv. di *lăpis haematites* "pietra color del sangue") Bastoncino di legno con all'interno un cilindro di grafite o di materiale colorante per scrittura o disegno. SIN.: **matita**.

lapislàzzuli o **lapislàzzoli** s.m. inv. (lat. *lapislàzuli*, comp. di *lăpis* "pietra" e ar. *lāzürd* "azzurro") Minerale, appartenente al gruppo della sodalite, costituito da silicato di sodio, zolfo e alluminio. (Di colore azzurro oltremare intenso, è utilizzato come gemma o nella produzione di oggetti ornamentali.)

■ **lapislàzzuli.** Varietà rara, di qualità gemma.

làppa s.f. BOT. → **bardana**.

1. lappàre v.intr. (aus. *avere*) Detto per lo più di animali, bere rumorosamente e avidamente succhiando il liquido a colpi di lingua.

2. lappàre v.tr. (ingl. *to lap* "levigare") MECC. Effettuare una lappatura, levigando la superficie di pietre o metalli. SIN.: **lapidare**.

lappatùra s.f. MECC. Lavoro di rifinitura con cui si levigano superfici metalliche o pietre preziose, effettuato con polveri abrasive. SIN.: **lapidatura**.

làppola s.f. Pianta erbacea, come la bardana, a foglie triangolari e frutti muniti di uncini che si attaccano facilmente alle vesti e al vello degli animali. (Genere *Xanthium*; famiglia delle Composite.) ~ Il frutto stesso.

làppone agg. (sved. *Lapp* con orig. valore spregiativo) Della Lapponia. ◆ s.m. **1.** (anche f.) Nativo, abitante della Lapponia. **2.** (solo sing.) Lingua del gruppo ugro-finnico, parlata dai lapponi.

làpsus s.m. inv. (voce lat., propr. "caduta") Errore commesso involontariamente nel parlare (*lapsus linguae*) o nello scrivere (*lapsus calami*) per distrazione o per motivi inconsci. ◇ *Lapsus freudiano:* errore la cui spiegazione risiede nell'inconscio.

laptop [/'læptɒp/] s.m. inv. (voce ingl., propr. "che sta sulle ginocchia") INFORM. Computer portatile leggero.

laràrio s.m. [pl. *–ri*] ANT. ROM. Piccolo santuario domestico destinato al culto dei lari.

lardellàre v.tr. **1.** Farcire un pezzo di carne inserendo qua e là pezzetti di lardo. **2.** *fig. scherz.* Riempire, inzeppare, costellare un testo di qlco. *Lardellare un compito di errori.*

lardèllo s.m. Piccolo pezzo di lardo, in partic. quello a forma di cubetto o di strisciolina usato per lardellare.

làrdo s.m. **1.** Parte grassa sottocutanea del dorso e dell'addome del maiale che viene conservata salata o affumicata per usi culinari. **2.** *estens.* Eccessiva quantità di grasso, in una persona o un animale. *Avere il lardo sui fianchi.*

làre s.m. (spec. pl.) Presso gli antichi romani, anima di un antenato defunto che, divinizzata, era assunta come spirito protettore della casa e venerata presso il focolare domestico.

largaménte avv. Ampiamente, diffusamente.

large [/'lɑːdʒ/] agg. inv. (voce ingl., "ampio") Della misura grande di un capo d'abbigliamento, general. abbr. in L. ◆ s.f. inv. Nel sign. dell'agg.

larghétto agg. Nel sign. del dim. di *largo*; in partic. di oggetto piuttosto largo, spec. di un capo di abbigliamento. ◆ s.m. MUS. Brano da eseguirsi in tempo meno lento del largo.

larghézza s.f. **1.** GEOM. Una delle tre dimensioni geometriche, insieme ad altezza e lunghezza. **2.** Nel l. com., distanza fra due margini. *La larghezza di una strada.* ◇ La misura del lato minore o di base in oggetti o ambienti di forma geometrica. *La larghezza di un tavolo.* ◇ *fig. Larghezza di indumenti o scarpe:* misura abbondante, comodità. **3.** *fig.* Disposizione a dare o concedere copiosamente. SIN.: **generosità**. ~ Gesto generoso, munifico. **4.** *fig.* Ampiezza, libertà intellettuale. *Larghezza di vedute.* SIN.: **apertura mentale**. ~ Disposizione benevola nei confronti di colpe e di errori altrui. *Giudicare qualcuno con larghezza.* SIN.: **comprensione. 5.** *fig.* Grande quantità, abbondanza, dovizia. *Disporre di grande larghezza di mezzi.*

làrgo agg. [pl.m. *–ghi*, f. *–ghe*] (lat. *largum* "abbondante" quindi "generoso") **1.** Esteso nel senso della larghezza. **2.** Che si dilata notevolmente (anche oltre il normale), in ampiezza o circonferenza. *Un tratto di mare largo.* ◇ *Stare largo:* detto di abito, essere troppo grande. – *In senso largo:* in modo non restrittivo, in senso lato. **3.** *fig.* Di persona, che dà senza parsimonia. SIN.: **generoso.** ~ Di atteggiamento, intellettualmente e moralmente aperto, non gretto e meschino. *Essere di larghe vedute.* **4.** *fig.* Detto di cosa, abbondante, copioso. *Dare larghi frutti.* **5.** Nelle arti figurative, detto di tecnica rapida e non minuziosa. *Disegno a larghi tratti.* **6.** LING. Di suono articolato tenendo distanziati gli organi di articolazione. ~ Per le vocali è sinonimo di *aperto. Pronunciare la "e" larga.* **7.** MUS. Di tempo lento e sostenuto. ◆ avv. Tenendosi lontano da qlcu. o qlco. *Girare largo.* ◇ *fig. Tenersi largo:* in un calcolo, un preventivo, ecc., abbondare, calcolare per eccesso. ◆ s.m. **1.** La dimensione della larghezza. *Misurare qualcosa per il largo.* **2.** *estens.* Spazio libero. ~ *Fare largo:* farsi spazio, sgombrare. – *Farsi largo:* aprirsi un varco, spec. in mezzo alla folla; *fig.* fare carriera, conquistare una posizione. **3.** Il mare lontano dalla riva. **4.** *fig. Prendere il largo:* allontanarsi dalla riva. **5.** *fig. Prendere il largo:* scappare. – *Al largo di:* di fronte (a un'isola, a un promontorio, a una città). *Navigare al largo di un'isola.* **6.** (anche con iniziale maiusc.) Slargo in forma di piccola piazza all'incrocio di più vie cittadine. *Largo Augusto.*

làrice s.m. **1.** Pianta conifera a fusto alto ricoperto di corteccia bruno-grigiastra e con foglie aghiformi e caduche. (Da 20 a 35 m di altezza;

■ **làrice** europeo.

famiglia delle Pinacee.) **2.** Legno che si ottiene da tale pianta, resistente, molto usato per costruzioni navali e di falegnameria pesante. **3.** BOT. (iniziale maiusc.) Genere di Conifere cui appartengono varie specie di larice.

Làridi s.m. pl. [iniziale minusc. sing. *–de* per l'individuo] ZOOL. Famiglia di uccelli comprendente anche i gabbiani e le rondini di mare. (Ordine dei Caradriformi.)

Larifórmi s.m. pl. [iniziale minusc. sing. *–me* per l'individuo] ZOOL. Nome desueto di un ordine di uccelli acquatici, con ali lunghe e zampe palmate, buoni volatori e tuffatori; ne fa parte il gabbiano. (Famiglia dei Laridi; ordine dei Caradriformi.)

laringàle agg. **1.** ANAT. Relativo alla laringe. SIN.: **laringeo. 2.** LING. Di consonante, come *h* nell'inglese *house*, articolata con l'intervento della laringe. ◆ s.f. Nell'accez. 2 dell'agg.

laringe s.f. ANAT. Tratto dell'apparato respiratorio compreso tra la faringe e la trachea. (È l'organo principale della fonazione in quanto sede delle corde vocali.)

laringectomia s.f. MED. Asportazione chirurgica, totale o parziale, della laringe.

laringeo agg. Relativo alla laringe. SIN.: **laringale**.

laringite s.f. MED. Infiammazione acuta o cronica della laringe.

laringoiàtra s.m. e f. [pl.m *–tri*] MED. → **otorinolaringoiatra**.

laringoiatrìa s.f. MED. Studio delle malattie della laringe.

laringologìa s.f. MED. Studio della laringe e della sua patologia.

laringoscopia s.f. MED. Esame ottico della laringe effettuato mediante laringoscopio.

laringoscòpio s.m. [pl. *–pi*] MED. Strumento che permette l'esplorazione visiva della laringe.

laringotomìa s.f. MED. Incisione chirurgica del tratto laringeo per permettere il passaggio dell'aria quando la via normale è ostruita.

làrva s.f. (lat. *lărvam* "spettro" e "maschera") **1.** Stadio iniziale dello sviluppo di molti animali, durante il quale l'organismo presenta forma e organizzazione diverse da quelle dell'adulto. **2.** *fig.* Persona malridotta fisicamente, magra ed emaciata. ~ *estens.* Persona, istituzione, organismo privo di autorità o prestigio. *Una larva di governo.* **3.** Nell'antica Roma, spirito malefico di una persona che in vita era stata molto malvagia.

larvàle agg. (lat. *larvālis* "spettrale") **1.** Di larva. ~ Che si presenta come una larva. *Stadio larvale.* **2.** *fig.* Di cosa, incompiuta, abbozzata. ~ Di persona, senza vitalità, inebetito. *Ridotto allo stato larvale.*

larvàto agg. Che si presenta sotto apparenze che celano la sua vera natura. *Una larvata forma di razzismo.* SIN.: **velato**.

larvicìda agg. [pl.m. *–di*] Di sostanza o prodotto chimico che uccide le larve. ◆ s.m. Nel sign. dell'agg.

lasàgna s.f. (gr. *lásana* "vaso da cucina") **1.** (spec. pl.) Pasta all'uovo tagliata in larghe strisce. ◇ CUC. *Lasagne al forno:* tipico piatto emiliano di lasagne con besciamella e ragù. **2.** Nel gergo militare, sui berretti e sulle uniformi, fregio che indica il grado degli ufficiali.

làsca s.f. [pl. *–sche*] (long. *aska* "cenere", così detta per il suo colore grigiastro) Pesce d'acqua dolce dal corpo affusolato, con carne poco pregiata. (Lunghezza di 15 a 30 cm; genere *Leuciscus*, famiglia dei Ciprinidi.)

lascàre v.tr. [4] MAR. Allentare un cavo. SIN.: **allascare**.

lasciapassàre s.m. inv. (calco del fr. *laissez-passer*) **1.** Documento rilasciato da un'autorità che permette l'accesso o il transito in un luogo dove normalmente ciò non è consentito. ◇ DIR. *Lasciapassare doganale:* quello che deve accompagnare le merci al passaggio da una dogana. **2.** *fig.* Possibilità di accedere, garanzia. *Conseguire un titolo di studio come lasciapassare per un lavoro.*

lasciàre v.tr. [5] (lat. *laxāre*, propr. "allentare") **1.** Abbandonare una persona, un luogo, una cosa, allontanandosene. *Lasciare il marito.*

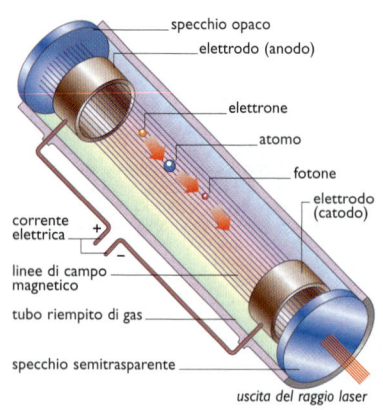

specchio opaco
elettrodo (anodo)
elettrone
atomo
fotone
elettrodo (catodo)
corrente elettrica
linee di campo magnetico
tubo riempito di gas
specchio semitrasparente
uscita del raggio laser

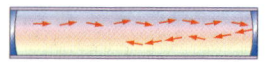

Gli elettroni di atomi di gas, eccitati da una corrente elettrica, emettono fotoni con la stessa energia e lunghezza d'onda.

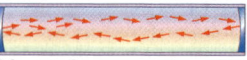

I fotoni si riflettono su specchi situati all'estremità di un tubo detto "cavità risonante" permettendo al processo di amplificarsi poco a poco.

Quando il fascio assume energia sufficiente per attraversare lo specchio semitrasparente, si forma un raggio luminoso monocromatico e coerente: il raggio laser.

■ **làser.** Struttura e funzionamento.

◇ *Lasciare il mondo:* morire; *fig.* ritirarsi a vita religiosa. – *Lasciare il tempo che trova:* di decisione, gesto, ecc. che non modifica nulla, non ha alcun effetto. **2.** Non prendere con sé qlco. o qlco. e farlo restare in un posto o presso qlcu. *Lasciare i bambini a casa.* ~ Dimenticare. *Lasciare l'ombrello in ufficio.* ~ Far rimanere in un certo stato. *Lasciare solo qualcuno.* **3.** Cessare di trattenere o di reggere. *Lasciare la preda.* **4.** Smettere una qualche attività. *Lasciare il lavoro.* ◇ *Lasciare qlco. a metà:* interromperlo. – *Lasciare da parte qlco.:* non occuparsene per un po'. **5.** Dare, trasmettere, affidare. *Lasciare un messaggio.* **6.** Cedere, vendere qlco. *Suo marito le ha lasciato la casa.* **7.** Non consumare, conservare. *Lasciare il cibo nel piatto.* **8.** Far rimanere impresso un segno, una traccia su qualche superficie o in un ambiente. **9.** In certi giochi di carte, non partecipare al gioco o astenersi dal prendere la carta. **10.** Nella forma *lasciarci*, perdere, rimetterci qlco. *Lasciarci la pelle.* **11.** Seguito dall'infinito di qualunque verbo, permettere, concedere; anche pron. *Lasciami riflettere.* ◇ *figg. Lasciare andare, perdere, correre:* sorvolare su qlco., non intervenire per correggere o punire. – *Lasciarsi andare:* perdere il controllo di sé, trascurarsi. ◆ **lasciarsi** v.pron. Detto di due o più persone, separarsi l'una dall'altra. ~ In partic., spezzare un legame d'amore.

lasciatùra s.f. **1.** STAM. Omissione di una parola o di una frase da parte del compositore. **2.** SART. Pezzo di stoffa del margine interno di una cucitura che viene lasciato in più per eventuali riparazioni.

làscito s.m. DIR. Attribuzione di un patrimonio o di un bene per disposizione testamentaria.

lascivia s.f. **1.** Inclinazione alla lussuria. **2.** Azione, frase o comportamento dissoluto.

lascivo agg. Licenzioso, sensuale in modo incontrollato. SIN.: **lussurioso.** ~ *estens.* Riferito al linguaggio, che verte su argomenti erotici.

làsco agg. [pl.m. *–schi*, f. *–sche*] MAR. Riferito a sartia, cavo, ecc., non stretto, non teso. ◆ s.m. **1.** MAR. Andatura con il vento più che al traverso e quasi in poppa (*gran lasco*), in cui si allentano le vele per usufruire dell'azione del vento. *Navigare al lasco.* **2.** Spazio fra due elementi del medesimo meccanismo per permettere il movimento di entrambi. SIN.: **gioco.**

làser s.m. inv. (sigla dell'ingl. *Lightwave Amplification by Stimulated Emission of Radiation* "amplificazione della luce attraverso l'emissione stimolata di radiazioni") Dispositivo elettronico che emette fasci coerenti di radiazioni elettromagnetiche, utilizzato in vari campi (ricerca scientifica, armamento, medicina, telecomunicazioni, industria, ecc.). ◇ *Laser a eccimeri:* apparecchio che emette una radiazione ultravioletta ad alta intensità, impiegato in interventi di correzione della cornea (p.e. LASIK).

laserchirurgia s.f. MED. Chirurgia che utilizza il raggio laser come bisturi.

laserterapia s.f. MED. Cura condotta con l'impiego del laser.

LÀSIK o **làsik** s.m. (solo sing.) (sigla dell'ingl. *LASer Intrastromal Keratomileusis,* "cheratomileusi intrastromale con laser a eccimeri") MED. Intervento effettuato mediante laser a eccimeri nello spessore corneale, indicato per correggere in modo definitivo miopia, ipermetropia e astigmatismo di grado medio ed elevato.

làssa s.f. (fr. *laisse*) Strofa dei poemi epici medievali composta da versi in numero variabile legati da un'unica rima o dall'assonanza.

lassativo agg. (lat. *laxatīvum,* deriv. di *laxāre* "allentare, rilasciare") Di sostanza che accelera il transito intestinale. ◆ s.m. Purgante.

lassismo s.m. **1.** Nella teologia morale cattolica, tendenza volta a sostenere la libertà di coscienza e a non riconoscere l'obbligatorietà di una legge morale se ritenuta dubbia o poco fondata. **2.** *estens.* Atteggiamento che tende a ridurre, a trascurare l'osservanza delle leggi e dei precetti morali. ~ Tolleranza eccessiva nei confronti di comportamenti moralmente discutibili.

lassista agg. [pl.m. *–sti*] Improntato al lassismo. ◆ s.m. e f. Fautore, seguace del lassismo.

1. làsso agg. *letter.* Privo di compattezza, cedevole.

2. làsso s.m. (lat. *lāpsum* "scorrimento") Usato soltanto nella loc. *lasso di tempo,* intervallo di tempo. *Tornò dopo un lungo lasso di tempo.*

3. làsso s.m. (ingl. *lasso,* spagn. *lazo*) Laccio con nodo scorsoio che usano i cowboy per la cattura di animali.

lassù avv. **1.** Là in alto, in quel luogo posto più in alto. **2.** *estens.* Là a nord. **3.** *fig.* In paradiso, in cielo (in oppos. a *quaggiù*).

làstex s.m. inv. (voce tratta dall'ingl. *elastic* "elastico") Denominazione commerciale, che costituisce marchio registrato, di un filo di lattice rivestito di fibre tessili.

lasting [/'lɑːstɪŋ/] s.m. inv. (voce ingl., propr. "duraturo") Lana particolarmente resistente e perciò adatta per calzature.

last minute [/lɑːst 'mɪnɪt/] loc. sost. m. inv. (loc. ingl., propr. "ultimo minuto") Formula che consente di ottenere a prezzi vantaggiosi biglietti o pacchetti turistici prenotati a ridosso della partenza.

làstra s.f. **1.** Elemento solido, di spessore limitato e di notevole estensione, che serve a rivestire una superficie. *Una lastra di marmo.* **2.** FOTO. Superficie di vetro ricoperta da un'emulsione sensibile alla luce. **3.** Pellicola radiografica. ~ Radiografia. **4.** STAM. Lamina di diverso materiale da cui si ottiene una matrice di stampa.

lastricàre v.tr. [4] Coprire, pavimentare qlco. con lastre o blocchetti di pietra.

lastricàto agg. Rivestito di lastre di pietra. ◆ s.m. Pavimentazione stradale fatta di lastre o piccoli blocchi di pietra. ~ *estens.* La strada stessa.

lastricatóre s.m. [f. *–trice*] Addetto a lavori di lastricatura.

lastricatùra s.f. Messa in opera di una pavimentazione a lastre.

làstrico s.m. [pl. *–chi, –ci*] (lat. *àstracum,* gr. *óstrakon* "coccio") **1.** Pavimentazione di una strada, di una piazza, di un cortile. **2.** *estens.* Strada. ◇ *fig.* Essere sul lastrico: in miseria.

latènte agg. Che non si manifesta apertamente, nascosto. *Significato latente.* SIN.: **recondito.** ◇ FOTO. *Immagine latente:* quella che si forma sull'emulsione sensibile della pellicola durante l'esposizione alla luce prima dello sviluppo. – PSICOAN. *Contenuto latente:* l'insieme dei desideri inconsci espressi nel sogno.

latènza s.f. Stato di ciò che è latente. ◇ MED. *Fase di latenza:* il periodo iniziale di una malattia, in cui i sintomi non sono ancora visibili. – PSICOAN. *Periodo di latenza:* quello compreso tra il quinto-sesto anno di vita e l'inizio della pubertà, durante il quale le pulsioni sessuali appaiono sopite.

lateràle agg. **1.** Che si trova sul lato di qlco. *Porta laterale.* **2.** *fig.* Secondario, marginale, di poca importanza. **3.** LING. *Consonante laterale:* consonante occlusiva articolata sollevando la punta o il dorso della lingua e lasciando passare l'aria ai lati (p.e. in italiano il suono *l*). ◆ s.m. SPORT. Nel calcio, giocatore di seconda linea. SIN.: **mediano.** ◆ s.f. LING. Nell'accez. 3 dell'agg.

lateralménte avv. **1.** Di fianco. **2.** Non completamente.

lateranènse agg. Di San Giovanni in Laterano a Roma.

laterite s.f. (deriv. di lat. *lāter* "mattone", perché in India era usato nella fabbricazione di laterizi) Roccia sedimentaria color mattone formata da idrossidi di ferro e di alluminio, frequente nelle regioni tropicali. ~ *estens.* Terreno rossastro delle zone tropicali.

laterizio agg. [pl.m. *–zi*] **1.** Composto di terracotta o di mattoni. *Pavimento laterizio.* **2.** MED. *Sedimento laterizio:* deposito color rosso mattone che compare nelle urine di malati con forte febbre. ◆ s.m. (spec. pl.) Materiali da costruzione.

lateroflessióne s.f. MED. Deviazione laterale di un organo che si presenta inclinato rispetto alla posizione normale. *Lateroflessione dell'utero.*

lateroversióne s.f. MED. Deviazione totale di un organo rispetto alla posizione normale.

làtex s.m. inv. Tessuto sintetico.

làtice o **làttice** s.m. (lat. *lāticem* "liquido") Liquido vischioso perlopiù biancastro costituito da sostanze gommose, resinose, ecc. secreto da molte piante o estratto mediante l'incisione della corteccia. ◇ *Latice naturale di gomma:* si trova in molte Euforbiacee e se ne ottiene il caucciù. – *Latice artificiale:* prodotto artificialmente e utilizzato come collante nella fabbricazione di gomme sintetiche, vernici, ecc.

laticifero o **latticifero** agg. BOT. Che contiene o secerne latice. ◆ s.m. Nel sign. dell'agg.

laticlàvio s.m. [pl. *–vi*] **1.** Tunica bianca, bordata da una larga striscia di porpora, indossata dagli antichi senatori romani. **2.** Nell'uso moderno, la dignità e il titolo di senatore.

latifòglia s.f. [pl. *–glie*] Pianta arborea o arbustiva a foglie larghe.

latifòglio agg. [pl.m. *–gli,* f. *–glie*] Di pianta con foglie larghe. *Albero latifoglio.*

latifondista s.m. e f. [pl.m. *–sti*] Proprietario di un latifondo.

latifóndo s.m. (lat. *latifūndium,* comp. di *lātus* "vasto" e *fūndus* "podere") Grande proprietà terriera lasciata incolta o adibita a pascolo in cui si praticano sistemi di coltura estensiva.

latinismo s.m. (fr. *latinisme*) Parola o costrutto tipico del latino o passato dal latino a un'altra lingua.

latinista s.m. e f. [pl.m. *–sti*] (fr. *latiniste*) Specialista della lingua e della letteratura latina.

latinità s.f. inv. **1.** Appartenenza alla lingua, alla civiltà o alla tradizione latina. **2.** Lingua e letteratura latina. ~ Più in generale, civiltà e cultura latina.

latinizzàre v.tr. **1.** Rendere latino o neolatino un popolo, introducendovi lingua, cultura, consuetudini latine. *L'invasione romana latinizzò la Gallia.* **2.** Conferire forma latina a parole o costrutti di lingua diversa. ~ Tradurre in latino. *Latinizzare il proprio nome.*

latin lover [/'lætɪn 'lʌvə/] loc. sost. m. inv. (loc. ingl. "amante latino") Amante passionale e romantico qual è, secondo la credenza nordeuropea, l'uomo dei paesi latini e in partic. l'italiano.

latino agg. (lat. *Latīnum*, dal nome di *Lătium* "Lazio") **1.** Relativo o appartenente alla popolazione che abitava l'antico Lazio. ~ *estens.* Della lingua parlata e scritta dagli antichi romani. ◇ *Mondo latino:* l'insieme dei territori colonizzati e civilizzati da Roma. **2.** Che riguarda i popoli discendenti diretti della civiltà latina. **3.** Relativo alla Chiesa cattolica romana. **4.** MAR. *Vela latina:* vela triangolare facilmente manovrabile e di ottimo rendimento con il vento al traverso. ❑ In funzione di avv., in modo incomprensibile. *Non parlare latino!* ◆ s.m. **1.** [f. *–na*] Abitante del Lazio o della Roma antica. **2.** (spec. sing.) Lingua indoeuropea diffusa nel mondo a partire da Roma. ◇ *Latino volgare:* quello di uso comune, spec. parlato, dal quale sono derivati gli idiomi neolatini. **3.** *estens.* (solo sing.) Lingua e letteratura latine come materia di insegnamento scolastico.

latino-americàno agg. Dell'America latina. ◆ s.m. [f. *–na*] Nativo, abitante dell'America latina.

latitànte agg. **1.** Detto di chi, nascondendosi, si sottrae a un mandato di arresto o di carcerazione. **2.** *fig.* Assente, inefficiente, che non si assume le proprie responsabilità. ◆ s.m. e f. Nell'accez. 1 dell'agg. *La polizia ha arrestato un pericoloso latitante.*

latitànza s.f. **1.** Stato di chi è latitante. **2.** *fig.* Assenza colpevole.

latitùdine s.f. (lat. *latitūdinem*, deriv. di *lātus* "largo") **1.** GEOGR. Una delle due coordinate (l'altra è la *longitudine*) che occorrono per determinare la posizione di un punto sulla superficie terrestre. (È la distanza di un luogo dall'equatore misurata in gradi sul meridiano che passa per quel punto e indicata con segno positivo o negativo.) **2.** (spec. pl.) Luogo considerato in relazione alle condizioni climatiche. *Alle nostre latitudini il clima è piuttosto temperato.* **3.** *fig.* Tolleranza, apertura mentale. *Devi interpretare ciò che ti dico con una certa latitudine.* **4.** FOTO. *Latitudine di posa:* ampiezza dell'intervallo entro cui può mutare il tempo di esposizione senza che il risultato si alteri.

1. làto s.m. **1.** Ciascuna delle due parti, destra e sinistra di qlco. o di qlco. ◇ *Visto di lato:* di profilo. ~ *estens.* Parte. *Pendere da un lato.* **2.** *fig.* Aspetto sotto il quale si presenta qlco. o qlcu. *Il lato economico di un affare.* **3.** *fig.* Ramo di famiglia. *Zio dal lato materno.* **4.** GEOM. Segmento che unisce due vertici consecutivi di un poligono.

2. làto agg. Esteso, non letterale. ◇ *In senso lato:* con significato ampio, non preciso, non rigoroso.

latomia s.f. (gr. *latomía*, comp. di *lâs* "pietra" e *témnein* "tagliare") **1.** ANT. ROM. Vasta cava di pietra a cielo aperto usata per i lavori forzati. **2.** *estens.* Prigione sotterranea.

latràre v.intr. (aus. *avere*) **1.** Detto di cane, abbaiare con insistenza. **2.** *fig.* Gridare forte, con rabbia.

latràto s.m. Il verso ripetuto del cane.

latria s.f. (lat. *latrìam*, gr. *latréia* deriv. di *latréuein* "servire") Nella religione cattolica, culto superiore, riservato soltanto alle tre persone della Trinità.

latrina s.f. **1.** Locale fornito di impianti igienici, per lo più di uso pubblico. **2.** *estens.* Luogo o ambiente molto sporco che suscita ribrezzo.

làtta s.f. **1.** Lamierino di acciaio dolce rivestito di stagno. **2.** Recipiente di latta. ~ Il suo contenuto.

lattàio s.m. [f. *–taia*, pl.m. *–tai*] Persona che vende il latte o lo recapita a domicilio.

lattàme s.m. CHIM. ORG. Composto organico a struttura di ammide interna ciclica, derivato da un amminoacido per eliminazione di acqua.

lattànte s.m. (lat. *lactántem*, deriv. di *lactàre* "poppare") Bambino o piccolo di animale che viene nutrito con il latte della madre o con il biberon. ~ Bambino di età compresa tra la fine del periodo neonatale e il primo anno di età.

Lattàrio s.m. BOT. Genere di funghi basidiomiceti con corpi fruttiferi da cui, se rotti, sgorga un succo lattiginoso, bianco o colorato. (Molte specie sono commestibili, altre velenose; famiglia delle Agaricacee.)

lattàsi s.f. inv. FISIOL. Enzima della mucosa intestinale, presente soprattutto nei bambini, che idrolizza il lattosio in glucosio e galattosio.

1. lattàto agg. Del colore del latte.

2. lattàto s.m. CHIM. ORG. Sale o estere dell'acido lattico.

lattazióne s.f. (lat. *lactàtio* "allattamento") **1.** Secrezione ed escrezione del latte. ~ Il periodo di tempo in cui si ha tale secrezione. **2.** ZOOTECN. Quantità di latte che una mucca produce in un anno.

làtte s.m. **1.** Liquido bianco secreto dalle ghiandole mammarie delle femmine dei mammiferi. ~ Alimento molto ricco di grassi emulsionati, proteine, lattosio, vitamine e sali minerali, che assicura la nutrizione dei piccoli nel primo periodo di vita. ◇ *Latte in polvere:* è stato tolto completamente il contenuto d'acqua. – *Latte a lunga conservazione:* trattato in modo da conservarsi a lungo anche a temperatura ambiente. – *Latte microfiltrato:* latte filtrato prima della sterilizzazione mediante una speciale membrana a fori microscopici, in grado di ridurre la carica batterica pur mantenendo inalterati i principi nutritivi. (Ha le stesse caratteristiche del latte fresco, ma può durare fino a 11 giorni.) – *Latte crudo:* quello appena munto, general. usato per i formaggi. – *Latte intero:* non scremato. – *Latte parzialmente scremato:* privato in parte della panna. – *Centrale del latte:* stabilimento in cui il latte viene sottoposto a pastorizzazione o ad altri trattamenti prima di essere messo in commercio. **2.** *estens.* Bibita dolce che contiene latte. ~ Dolce a base di latte. ◇ *Latte di gallina:* bevanda nutriente calda a base di uova e latte zuccherato; *fig.* cosa introvabile. **3.** Liquido che somiglia al latte. *Latte di mandorla.* ◇ *Latte detergente:* preparato più o meno fluido, spesso profumato, per la pulizia delle pelle del viso o per togliere il trucco. ◇ *Latte di pesce:* liquido seminale dei pesci. **4.** BOT. *Latte di gallina:* pianta a fiori bianchi disposti in ombrelle. (Genere *Ornitogalo;* famiglia delle Liliacee.) ❑ In funzione di agg. inv., bianco, latteo.

lattemièle s.m. inv. **1.** Latte dolcificato con miele. **2.** Dolce fatto di panna e miele. **3.** *fig.* Persona dolciastra e melliflua. ❑ In funzione di agg. inv., nell'accez. 3 del s.

làtteo agg. **1.** Relativo al latte. ~ A base di latte. ◇ *Febbre lattea:* aumento della temperatura corporea che può verificarsi nelle puerpere quando si manifesta la montata lattea. **2.** Che somiglia al latte. *Pelle lattea.* ◇ *Via Lattea:* nel l. com., la nostra galassia, così chiamata perché appare in cielo di notte come una striscia lattiginosa.

latteria s.f. **1.** Negozio per la vendita di latte, latticini e altri prodotti alimentari. **2.** Stabilimento dove viene raccolto e lavorato il latte per la produzione dei suoi derivati. **3.** *scherz.* Petto femminile molto pronunciato.

lattescènte agg. BOT. Di liquido o altro, che ha il colore e l'opacità tipici del latte.

làttice s.m. → latice.

latticèllo s.m. Residuo liquido della fabbricazione del burro.

latticino o **latticinio** s.m. [spec. pl. *–ni*] Prodotto alimentare derivato dal latte, come panna, ricotta, burro, yogurt, formaggio spec. fresco.

làttico agg. [pl.m. *–ci*, f. *–che*] CHIM. *Acido lattico:* acido di formula $H_3C–CHOH–COOH$ presente nel latte inacidito e in altre sostanze alimentari per la fermentazione degli zuccheri. (Si forma anche nel tessuto muscolare in seguito a intensa attività fisica.) – *Fermenti lattici:* microrganismi di varie specie capaci di liberare enzimi che catalizzano la formazione di acido lattico dal lattosio presente nel latte. (Sono usati per ricostruire la flora intestinale dopo impiego prolungato di antibiotici e nella terapia di certe dispepsie.)

lattièra s.f. **1.** Brocca di terracotta, metallo, ecc. fornita di beccuccio per servire il latte in tavola. **2.** Recipiente in cui si raccoglie il latte appena munto.

lattièro agg. Relativo alla produzione o al commercio del latte.

lattifero agg. **1.** Che ha o produce latte. **2.** ANAT. Di canale che porta il latte secreto dalla ghiandola mammaria. **3.** Di pianta o erba che, se recisa, secerne latice.

lattiginóso agg. **1.** Simile al latte annacquato, per consistenza e colore. *Un cielo lattiginoso.* **2.** BOT. Di pianta o erba che produce latice.

lattime s.m. *pop.* Malattia dei lattanti che si manifesta con eczemi sulla testa, più nota come *crosta lattea.*

lattina s.f. Piccolo contenitore metallico atto a contenere sostanze liquide, bibite. ~ Quantità di liquido contenuto nel recipiente.

lattoalbumina s.f. MED. Proteina del latte, contenente gli amminoacidi essenziali all'accrescimento.

Lattobacillo o **Lactobacillo** s.m. BIOL. Genere di batteri usati nella fabbricazione di yogurt e fermenti lattici. (Famiglia delle Lattobacillacee.)

lattodensimetro s.m. Strumento graduato per la misurazione della densità del latte. SIN.: galattometro.

lattoflavina s.f. CHIM. Composto organico, più noto come vitamina B2.

1. lattóne s.m. **1.** Maialino o altro animale da latte. **2.** Baco da seta nel suo ultimo stadio larvale.

2. lattóne s.m. CHIM. ORG. Composto eterociclico ottenuto da un ossiacido per reazione interna di esterificazione.

lattonière s.m. Artigiano specializzato nella fabbricazione o nella riparazione di oggetti di latta.

lattónzolo o **lattónzo** s.m. **1.** Animale da latte, spec. vitello o maialino. **2.** *fig.* Ragazzo ingenuo e inesperto.

lattoscòpio s.m. [pl. *–pi*] Strumento di misurazione della trasparenza e del contenuto di grassi del latte.

lattòsio s.m. (solo sing.) CHIM. ORG. Disaccaride presente nel latte dei mammiferi, formato da una molecola di glucosio e una di galattosio.

lattùga s.f. [pl. *–ghe*] (lat. *lactūcam*, deriv. di *lăc* "latte" per il suo umore lattiginoso) **1.** Pianta ortense molto comune di cui esistono molte varietà (romana, cappuccio, ecc.), le cui foglie si mangiano in insalata (Famiglia delle Composite.) ◇ *Lattuga di mare:* alga marina verde con tallo crespo e ondulato, detta anche *ulva.* (Famiglia delle Ulvacee.) **2.** BOT. (iniziale maiusc.) Genere di

cappuccio

crespa

romana

■ **lattùga**

■ **lattùga.** Dettaglio di un quadro di J.A. van Ravesteyn. (Museo delle Belle Arti, Lilla.)

piante a cui appartengono varie specie di lattuga. **3.** Guarnizione di tela o pizzo in uso nei secc. XV e XVI.

làudano s.m. Preparazione a base di oppio utilizzata come analgesico e antidiarroico.

laudèmio s.m. [pl. *–mi*] ST. Nel diritto feudale, prestazione, general. in denaro, dovuta dal vassallo al signore quando saliva al trono un nuovo sovrano. ~ Successivamente, tassa dovuta dall'enfiteuta al padrone.

launèddas s.f. pl. (voce sarda di orig. discussa, forse deriv. digr. *aulós* "flauto") STR. MUS. *region.* Strumento musicale sardo a fiato con tre canne di giunco di misura disuguale munite di fori.

làura o **làvra** s.f. (gr. *láura*, propr. "strada" e poi "quartiere") In Oriente, organizzazione monastica, tipica dell'epoca bizantina.

Lauràcee s.f. pl. [iniziale minusc. sing. *–a* per l'individuo] BOT. Famiglia di piante arboree e arbustive diffuse nei climi caldi, sempreverdi, come pe. il lauro, il canforo, la cannella.

làurea s.f. (lat. *corōnam lāuream* "corona d'alloro") Riconoscimento che sancisce la conclusione del ciclo dell'insegnamento universitario e dà diritto al titolo di dottore. ~ *estens. fam.* Dissertazione della tesi per conseguire il titolo. ◇ *Laurea breve:* laurea dopo un corso di 2 o 3 anni. – *Laurea ad honorem:* laurea *honoris causa.*

laureàndo agg. Di studente universitario in procinto di laurearsi o che prepara la tesi di laurea. ◆ s.m. [f. *–da*] Nel sign. dell'agg.

laureàre v.tr. **1.** Conferire la laurea a qlcu. **2.** Incoronare qlcu. con la corona d'alloro, in segno di massimo onore. **3.** *estens.* Insignire qlcu. di un riconoscimento. ◆ **laurearsi** v.pron. **1.** Ottenere una laurea. **2.** Diventare dottore in un certo settore. **3.** *estens.* Ottenere un riconoscimento.

laureàto agg. Che ha la laurea come titolo di studio. ◆ s.m. [f. *–ta*] Nel sign. dell'agg. **2.**

laurenziàno agg. (lat. *Laurentianus,* dal nome di *Laurèntius* "Lorenzo") **1.** Dedicato o appartenente a san Lorenzo. **2.** Del fiume San Lorenzo, nell'America settentrionale. ◇ GEOL. *Periodo laurenziano:* il più antico dell'era arcaica.

laurènzio o **laurèncio** s.m. (solo sing.) (ingl. *lawrencium,* dal nome del fisico statunitense E.O. Lawrence) **1.** Metallo ottenuto artificialmente. **2.** Elemento chimico radioattivo (*Lr*), di numero atomico 103.

làuro s.m. **1.** BOT. (iniziale maiusc.) Genere di piante cui appartiene l'alloro. **2.** *fig.* Simbolo di trionfo. ◇ *Lauro olimpico:* titolo ottenuto alle Olimpiadi.

laurocèraso s.m. Arbusto dell'Europa e dell'Asia Minore, a foglie lucide, coriacee e fiori bianchi, i cui frutti sono tossici. (Genere *Prunus;* famiglia delle Rosacee.)

laurotino s.m. Arbusto delle regioni mediterranee, le cui foglie sempreverdi ricordano quelle dell'alloro. (Genere *Viburnum;* famiglia delle Caprifogliacee.)

làuto agg. (lat. *lāutum,* propr. "lavato" quindi "pulito" e "distinto, ricco") Di cosa, molto abbondante, spec. in riferimento a cibo e denaro.

làva s.f. (voce napol., lat. *lābem* "caduta") GEOL. Magma in fusione emesso da un vulcano che, raffreddandosi, si solidifica e forma una roccia vulcanica.

lavabiancheria s.f. inv. Apparecchio fornito di un motore per lavare la biancheria. SIN.: lavatrice.

lavàbile agg. Che può essere lavato senza danni.

lavàbo s.m. **1.** Apparecchio sanitario a forma di bacino alimentato ad acqua, che permette di lavarsi. **2.** CRIST. Azione del sacerdote che si lava le mani nel corso dell'ufficio eucaristico dopo l'offertorio. – Luogo della chiesa dove avviene questo gesto o dove il sacerdote si lava le mani prima di iniziare la messa.

lavacristàllo s.m. Apparecchio che invia un getto d'acqua sul parabrezza o sul vetro posteriore di un'auto per lavarli.

lavàggio s.m. [pl. *–gi*] (fr. *lavage*) **1.** Operazione del lavare qlco. con acqua per lo più mista a detergenti. ◇ *Lavaggio a secco:* pulitura di in-

dumenti, tessuti, ecc. senza acqua, con l'uso di solventi chimici. – *fig. Lavaggio del cervello:* azione coercitiva, psicologica e fisica, esercitata su una persona per distruggere i suoi pensieri e le sue reazioni personali e renderla ricettiva a un nuovo comportamento. **2.** Eliminazione delle scorie presenti in una sostanza liquida o gassosa. **3.** IND. TESS. Fase di sgrassatura della lana o di altra materia prima. **4.** MED. Irrigazione di una cavità corporea a scopo diagnostico o terapeutico.

lavàgna s.f. (dal nome della cittadina ligure di *Lavagna* vicino alla quale si trovano grandi cave di ardesia) **1.** Roccia scisto-argillosa, simile all'ardesia, di colore nero, sfaldabile in lastre, utilizzata per tetti e pavimentazioni. **2.** Lastra di lavagna, ardesia, o altro materiale, sulla quale si può scrivere, disegnare col gesso, usata in partic. nelle scuole. ◇ *Lavagna luminosa:* apparecchio ottico che permette di proiettare documenti opachi o trasparenti su uno schermo. ❏ In funzione di agg. inv., di colore azzurro-grigiastro.

lavallière [/lava'lj ɛr/] s.f. inv. (voce fr., dal nome della favorita del re di Francia Luigi XIV, la duchessa di *La Vallière,* che ne lanciò la moda) Larga cravatta di solito nera, legata a fiocco.

lavamoquette [/lavamo'kɛt/] s.f. inv. Elettrodomestico che serve per lavare pavimenti rivestiti di moquette.

1. lavànda s.f. (lat. *lavănda,* propr. "cose da lavare") **1.** L'atto del lavare, spec. come abluzione simbolica. ◇ CRIST. *Lavanda dei piedi:* rituale del giovedì santo in ricordo di Gesù che lavò i piedi dei suoi dodici apostoli prima dell'ultima cena. **2.** Lavaggio di cavità interne del corpo. *Lavanda gastrica.*

2. lavànda s.f. (così chiamata perché utilizzata per profumare l'acqua con cui ci si lava) **1.** Pianta aromatica coltivata nelle regioni mediterranee, a foglie sempreverdi e fiori in spiga blu o viola. (Famiglia delle Labiate.) **2.** Essenza ricavata dai fiori della pianta. ~ Il profumo stesso, detto *acqua di lavanda.* **3.** BOT. (iniziale maiusc.) Genere a cui appartengono varie specie di lavanda.

fiore

■ **lavànda**

lavandàia s.f. **1.** Donna che di mestiere lava la biancheria. **2.** *fig.* Persona volgare e sboccata.

lavandàio s.m. [f. *–daia,* pl.m. *–dai*] Addetto al lavaggio industriale di biancheria.

lavanderìa s.f. **1.** Stanza di uno stabile attrezzata per fare il bucato. **2.** Impresa, deposito, negozio adibito al lavaggio e alla stiratura della biancheria con macchine lavatrici e asciugatrici.

lavandìno s.m. **1.** Vaschetta di ceramica alimentata da uno o due rubinetti usata per l'igiene della persona. SIN.: lavabo. **2.** Impianto simile al precedente usato in cucina per lavare stoviglie, verdure. SIN.: acquaio.

lavapiàtti s.m. inv. Addetto al lavaggio di stoviglie in ristoranti, alberghi, ecc. ◆ s.f. inv. Elettrodomestico che lava le stoviglie. SIN.: lavastoviglie.

lavàre v.tr. **1.** Pulire con un liquido, in partic. con acqua e sostanze detergenti. ◇ *fig. Lavare i panni sporchi in casa:* risolvere i problemi e le questioni gravi senza renderli noti agli estranei. **2.** *fig.* Eliminare qlco. di impuro, cancellare le colpe. **3.** *fig.* Vendicare un'offesa ricevuta. *Lavare il disonore.* **4.** PITT. Nella tecnica ad acquerello,

diluire e sfumare il colore. **5.** TECN. Sottoporre a lavaggio. *Lavare la lana.* ◆ v.intr. (aus. *avere*) Fare il bucato. *Mia madre sta lavando.* ◆ **lavarsi** v.pron. Pulirsi con acqua, spesso anche con sapone. *Lavarsi le mani.* ◇ *fig. Lavarsene le mani:* non assumersi le proprie responsabilità, non voler essere coinvolti.

lavasécco s.m. o s.f. inv. Lavanderia dove si effettuano lavaggi a secco. ◆ s.f. Macchina che pulisce a secco. ❏ In funzione di agg. inv., nel sign. del s.f.

lavastoviglie s.m. e f. inv. Addetto al lavaggio di stoviglie. SIN.: lavapiatti. ◆ s.f. inv. Elettrodomestico che lava e asciuga automaticamente le stoviglie.

lavàta s.f. Azione del lavare. ~ Infradiciatura. ◇ *fig. Lavata di capo:* sgridata severa.

lavatèsta s.m. inv. Vaschetta sagomata fissata al lavandino o alla poltrona del parrucchiere in modo che vi si possa appoggiare la testa per il lavaggio dei capelli.

lavatìvo s.m. (fr. *lavatif*) **1.** *pop.* Lavaggio dell'intestino per via rettale mediante introduzione di acqua e sostanze lassative. SIN.: clistere. ~ Lo strumento con cui si effettua. **2.** *fig.* [f. *–va*] Chi non vuole lavorare.

lavatóio s.m. [pl. *–toi*] Locale o luogo pubblico dove si lava a mano la biancheria. ~ La vasca stessa, con piano inclinato, in cui si effettua il lavaggio.

lavatóre agg. [f. *–trice*] Che esegue operazioni di lavaggio. ◇ *Orsetto lavatore:* procione, così chiamato per l'abitudine di tuffare in acqua oggetti simili alla preda che solitamente cattura. ◆ s.m. (anche f.) Chi lava. ~ Operaio addetto al lavaggio di solito effettuato con macchine. **2.** CHIM. Apparecchio utilizzato per purificare gas.

lavatrìce s.f. **1.** Macchina industriale che effettua operazioni di lavaggio. **2.** Elettrodomestico che lava la biancheria. SIN.: lavabiancheria.

lavatùra s.f. **1.** Operazione di lavaggio. **2.** Acqua residua del lavaggio.

lavavétri s.m. inv. **1.** (anche f.) Addetto alla pulizia di vetrate, ecc. ~ Chi pulisce, per pochi soldi, il parabrezza delle auto agli incroci. **2.** Spatola di gomma rigida utilizzata per pulire vetrate e sim. ◆ s.f. inv. Elettrodomestico con cui si lavano i vetri.

lavèllo s.m. (lat. *labēllum* "catino") Lavandino da cucina usato in partic. per il lavaggio di stoviglie.

laverìa s.f. IND. ESTR. Officina contenente gli impianti per la concentrazione dei minerali.

làvico agg. [pl.m. *–ci,* f. *–che*] Di lava. *Colata lavica.*

lavoràbile agg. Che può essere lavorato. *Materia lavorabile.*

lavorabilità s.f. inv. **1.** Adattabilità di un materiale a essere sottoposto a lavorazione. **2.** COSTR. *Lavorabilità di un calcestruzzo:* l'attitudine del calcestruzzo fresco ad assumere agevolmente la forma richiesta durante il getto nelle casseforme.

lavorànte s.m. e f. Dipendente che esegue lavori di carattere manuale in un'officina, in un negozio o in un laboratorio artigianale.

lavoràre v.intr. (aus. *avere*) **1.** Esercitare un'attività retribuita, impiegare le forze del corpo o della mente nell'esercizio di un mestiere o di una professione. *Lavorare presso una casa editrice.* ~ *estens.* Esercitare una qualche attività. *Lavorare all'uncinetto.* ~ Detto di animali, compiere una fatica utile all'uomo. *I buoi lavorano nei campi.* ◇ *figg. Lavorare di fantasia:* fantasticare. – *Lavorare d'astuzia:* agire con furbizia trovando qualche stratagemma. **2.** Funzionare attivamente, detto di macchine, strumenti, parti del corpo umano, attività. *In questo sport tutti i muscoli lavorano.* **3.** Detto di esercizio commerciale, di studio professionale o studio, avere clientela. *Quell'architetto non lavora molto.* **4.** Svolgere una determinata mansione. *Lavorare da falegname.* ~ v.tr. Agire su una particolare materia per conferirle la forma voluta o per trasformarla. *Lavorare il ferro.* ◇ *fig. Lavorare (lavorarsi) qlcu.:* cercare di convincerlo a fare qlco. con ragionamenti e raggiri.

lavorativo agg. Che riguarda il lavoro o una lavorazione.

lavoràto agg. **1.** Sottoposto a lavorazione. *Ferro lavorato.* **2.** Finemente decorato.

lavoratóre s.m. [f. *–trice*] **1.** Chi svolge un lavoro. **2.** Chi presta la propria opera alle dipendenze di qlcu. in cambio di una retribuzione. ◊ *Statuto dei lavoratori:* legge che regola i rapporti fra dipendenti e datori di lavoro. **3.** Chi ama lavorare. ❏ In funzione di agg., che lavora. *Studente lavoratore.*

lavorazióne s.f. (lat. *laboràtio* "lavoro, fatica") **1.** Operazione con cui si modella un materiale per adattarlo alla funzione prevista. ~ Il modo in cui si procede. ◊ *In lavorazione:* detto di prodotto non ancora finito. **2.** Insieme delle fasi di produzione di qlco.

lavorétto s.m. **1.** Nel sign. del dim. di *lavoro*; in partic., lavoro poco proficuo. **2.** estens. Oggetto di poco valore. **3.** iron. Colpo, furto.

lavorìo s.m. [pl. *–rìi*] **1.** Lavoro senza soste e molto intenso. **2.** Azione lenta ma continua. **3.** fig. Attività occulta a danno di qlcu.

lavóro s.m. **1.** Impiego di un'energia per raggiungere uno scopo determinato. ~ Attività umana volta a una produzione o a un servizio di qualsiasi tipo. *Lavoro manuale.* ◊ *Lavoro muscolare:* quello compiuto dai muscoli nell'adempiere le loro funzioni. – *Lavoro di gruppo, d'équipe:* organizzato distribuendo compiti diversi secondo le attitudini di ciascuno. – *Lavori forzati:* pena in cui il condannato era costretto a svolgere lavori pesanti. – *Addetto ai lavori:* chi ha conoscenze o esperienze specifiche in un settore, un'arte o una scienza. **2.** Occupazione specifica che prevede una retribuzione. ~ Esercizio di un mestiere o di una professione. *Lavoro dipendente.* – estens. Luogo in cui si lavora. ◊ *Lavoro straordinario:* svolto al di fuori dell'orario normale. – *Lavoro a domicilio:* attività che il lavoratore svolge nella propria abitazione. – *Lavori socialmente utili:* occupazione temporanea finanziata dallo Stato o da altri Enti pubblici tesa a fornire servizi di assistenza ad anziani, malati, ecc. e pronto intervento per emergenze. – *Secondo, doppio lavoro:* svolto a integrazione dello stipendio del lavoro principale. – *Lavoro a progetto:* contratto di lavoro che sostituisce quelli di collaborazione coordinata e continuativa, basato su uno o più progetti di lavoro stabiliti dal committente e gestiti in autonomia dal collaboratore. *Lavoro occasionale:* quello caratterizzato da una prestazione professionale temporanea e accessoria. – *Lavoro atipico:* l'insieme delle nuove tipologie lavorative, perlopiù originate dalla trasformazione dei modelli produttivi, caratterizzate da irregolarità, flessibilità, temporaneità. (Il lavoro interinale, p.e., è una forma di lavoro atipico.) **3.** Prodotto dell'attività lavorativa. *Lasciare un lavoro a metà.* – estens. Prodotto di attività dell'ingegno. **4.** Insieme delle attività produttive come fenomeno sociale con i suoi rapporti economici e giuridici. ~ Il complesso dei lavoratori intesi come classe. ◊ *Diritto del lavoro:* insieme delle norme giuridiche riguardanti il rapporto di lavoro subordinato. – *Psicologia del lavoro:* ramo della psicologia che studia i comportamenti dell'uomo nel suo ambiente di lavoro. – *Lavoro nero:* prestato senza la tutela di norme legali e sindacali, senza contratto. – *Lavoro sommerso:* l'insieme delle attività lavorative non rilevate dalle statistiche ufficiali. – ECON. *Domanda di lavoro:* la quantità di ore lavorative o di lavoratori richieste dagli imprenditori. – *Offerta di lavoro:* la quantità di lavoratori che offrono il proprio lavoro. **5.** (spec. pl.) Insieme delle attività effettuate da gruppi di persone, organi collegiali, ecc. **6.** (spec. pl.) Complesso di opere tecniche. ◊ *Lavori pubblici:* opere pubbliche di interesse nazionale. **7.** fam. Fatica, sforzo. **8.** fam. Imbroglio, guaio. **9.** Azione svolta dagli agenti naturali. **10.** FIS. Trasferimento di energia che si produce quando una forza agisce su un corpo. (L'unità di misura del lavoro è il *joule*.)

layout [ˈleiˌaut] s.m. inv. (voce ingl., propr. "disporre fuori") **1.** INDUS. Planimetria con la disposizione ottimale di macchinari e lavoratori per ottenere il massimo della produttività di un impianto. ~ Nella vendita al dettaglio, la collocazione di scaffalature e merci. **2.** Schema con le

istruzioni per una determinata lavorazione. **3.** EDIT. Ripartizione di un testo in capitoli e paragrafi, bozzetto con l'assetto definitivo degli elementi grafici. ~ INFORM. Nei programmi di elaborazione dei testi e di impaginazione, impostazione grafica di una pagina. **4.** ELETTR. Disposizione dei circuiti e degli altri elementi di un sistema.

làzo [ˈlaθo] s.m. [pl. *lazos*] (voce spagn., lat. *làqueum* "laccio") Fune con un cappio all'estremità, utilizzata per catturare animali.

lazulìte s.f. MIN. Minerale costituito da fosfato di alluminio, ferro e magnesio, usato come pietra ornamentale per il suo colore azzurro.

lazurite o **lasurite** s.f. MIN. Minerale di colore azzurro, principale costituente del lapislazzuli.

lazzarétto s.m. (deriv. di *Nazaretto*, dal nome dell'ospedale dell'isola veneziana di Santa Maria di Nazareth e di *Lazzaro*, nome del santo protettore dei lebbrosi) Ospedale dove si ricoveravano in isolamento persone colpite da malattie infettive o contagiose.

lazzarista s.m. [pl. *–sti*] (deriv. dal nome di *Lazzaro*) **1.** CATT. Membro della congregazione dei Padri della Missione, fondata nel 1625 da Vincenzo de' Paoli. **2.** Monaco della comunità di rito armeno dei mechitaristi sull'isola San Lazzaro, in Venezia.

lazzaróne o **lazzeróne** s.m. [f. *–na*] **1.** Popolano napoletano. **2.** Canaglia, mascalzone. ~ *scherz.* Fannullone, scansafatiche.

lazzeruòla o **lazzeròla** s.f. Frutto del lazzeruolo.

lazzeruòlo o **lazzeròlo** s.m. (spagn. *acerolo*, ar. *at-za'rūra*) Albero con rami spinosi e fiori bianchi profumati, che produce frutti simili a piccole mele di sapore agrodolce. (Famiglia delle Rosacee.)

làzzo s.m. **1.** Scena mimica eseguita nella commedia dell'arte per interrompere un dialogo troppo monotono. **2.** Frase o atto buffonesco e talora sguaiato.

leacril s.m. inv. Denominazione commerciale, che costituisce marchio registrato, di una fibra tessile a base di resine poliacriliche.

lead [ˈliːd] s.m. inv. (voce ingl., propr. "guida") Nel l. gior., il cappello introduttivo di un articolo.

leader [ˈliːdə] s.m. inv. (voce ingl., deriv. di *to lead* "guidare") **1.** Chi è a capo di un partito politico, di un movimento, di un gruppo. **2.** Persona rappresentativa. **3.** SPORT. Chi occupa la prima posizione in una gara o in una classifica. **4.** MIL. Aereo capo-formazione e il suo pilota. ❏ In funzione di agg. inv., che guida, orienta. ◊ *Azienda leader:* che ha un ruolo di guida e di preminenza in un particolare ambito della produzione.

leadership [ˈliːdəʃip] s.f. inv. (voce ingl., comp. di *leader* "capo" e *-ship* indicante condizione, funzione) Ruolo di guida, di direzione.

leàle agg. (lat. *legàlem* "legale") **1.** Di persona, che agisce con sincerità e onestà. **2.** Di cosa, conforme alle regole. *Combattimento leale.*

lealismo s.m. (fr. *loyalisme*) **1.** Orientamento politico fondato sulla lealtà nei confronti del sovrano. ~ Fedeltà di popolazioni colonizzate nei confronti della nazione colonizzatrice. **2.** estens. Atteggiamento leale verso chi detiene il potere.

lealtà s.f. inv. Carattere di chi o di ciò che è leale. ~ Fedeltà a un patto e agli impegni presi.

leasing [ˈliːsiŋ] s.m. inv. (voce ingl., deriv. di *to lease* "dare in affitto") Contratto di locazione di un bene mobile o immobile che, alla scadenza del contratto, potrà essere acquistato a un dato prezzo.

lébbra s.f. (lat. *lépram*, gr. *lépra* deriv. di *lépein* "sbucciare") **1.** Malattia infettiva cronica, dovuta al bacillo di Hansen, che intacca pelle, centri nervosi e organi interni. **2.** estens. Nome generico di alcune malattie delle piante provocate da funghi parassiti. **3.** estens. Disgregazione di opere architettoniche, statue, ecc. **4.** fig. Male morale fortemente radicato.

lebbrosàrio s.m. [pl. *–ri*] Ospedale per il ricovero dei lebbrosi.

lebbróso agg. **1.** Affetto da lebbra. **2.** fig. Di muro o superficie, decrepito. ◆ s.m. [f. *–sa*] Persona ammalata di lebbra.

lebìste s.m. Pesce d'acqua dolce originario dell'America meridionale coltivato in acquario per i suoi colori. (Lunghezza 3 cm per il maschio, 6 cm per la femmina; genere *Poecilia*, famiglia dei Pecilidi.)

leccacùlo s.m. e f. [inv. o pl. *–li*] volg. Chi è servile in modo spudorato con qlcu., spec. per averne vantaggio.

lécca-lécca s.m. inv. Grossa caramella infilata su un bastoncino con cui si tiene in mano per leccarla o succhiarla.

leccapièdi s.m. e f. inv. spreg. Persona servile senza dignità.

leccàrda s.f. Recipiente messo sotto lo spiedo o la griglia per raccogliere il grasso delle carni.

leccàre v.tr. [4] **1.** Lambire con la lingua. *Leccare un gelato.* **2.** fig. Adulare, lusingare qlcu. **3.** fig. Curare eccessivamente qlco. *Leccare un quadro.* ◆ **leccarsi** v.pron. **1.** Di animale, lambirne con la lingua il proprio corpo, spec. per pulirsi il pelo. **2.** fig. Di persona, farsi bello, curare il proprio corpo. ◊ figg. *Leccarsi i baffi, le dita:* gradire una cosa, una pietanza o altro. – *Leccarsi le ferite:* cercare sollievo a un dispiacere, a una sconfitta.

léccio s.m. [pl. *–ci*] (lat. *quércum ilìceam* "quercia ilicica") **1.** Albero sempreverde di notevole altezza, somigliante alla quercia. (Famiglia delle Fagacee.) **2.** Il legno che si ottiene da tale pianta.

ghianda
cupula
foglie e frutti

■ **léccio**

leccornìa s.f. (deriv. di *leccare*) **1.** Cibo invitante, prelibato. **2.** fig. Cosa molto desiderabile.

lecitina s.f. (fr. *lécithine*, deriv. di gr. *lékithos* "tuorlo") BIOCHIM. Fosfolipide contenuto in alcuni prodotti alimentari (p.e. nei semi di soia) e in alcuni organi.

lécito agg. Permesso dalla legge o da norme morali. ◆ s.m. (solo sing.) Ciò che è giusto, consentito.

lèd s.m. inv. (sigla dell'ingl. *Light Emitting Diode*, "diodo che emette luce") ELETTRON. Dispositivo che converte impulsi elettrici in emissioni luminose, detto anche *diodo luminoso*.

lèdere v.tr. [21] Danneggiare qlcu. o qlco. materialmente o moralmente.

1. léga s.f. [pl. *–ghe*] **1.** Unione tra due o più Stati, città, organismi per perseguire fini comuni. **2.** Unione, federazione tra movimenti politici, persone, enti o gruppi sociali per il conseguimento di fini comuni. **3.** estens. Accordo, perlopiù segreto, tra persone, spesso ai danni di altre. ~ L'insieme delle persone che hanno stipulato l'accordo.

2. léga s.f. [pl. *–ghe*] **1.** METALL. Materiale derivato dalla fusione di uno o più elementi, metallici e non. [Le leghe più comuni sono quelle ferrose (acciai e ghise), di rame (bronzo, ottone), di piombo (antifrizione), di nichel, di titanio, di alluminio e di zinco. Le leghe leggere sono soprattutto a base d'alluminio e di magnesio.] ◇ *Di buona, di cattiva lega:* a seconda della percentuale di metalli pregiati contenuta. **2.** *fig.* Genere, tipo, qualità. ◇ *Di bassa lega:* di cattivo gusto o di condizione vile. *Gente di bassa lega.*

3. léga s.f. [pl. *-ghe*] Unità di misura della distanza, variabile a seconda dei paesi, usata soprattutto nel passato. ◇ *Lega marina:* di circa quattro o cinque chilometri e mezzo.

legàccio s.m. [pl. *-ci*] **1.** Striscia di materiale vario utilizzata per legare o stringere. SIN.: **laccio**. **2.** Nel lavoro a maglia, punto ottenuto con lavorazione a diritto.

legàle agg. **1.** Della legge. ◇ *Consulente legale:* esperto in questioni giuridiche. – *Studio legale:* ufficio di avvocati e procuratori legali. **2.** Conforme alla legge. ◇ *Vie, mezzi legali:* procedimenti consentiti dalla legge per tutelare i propri interessi. **3.** Legittimo, regolare, valido. ◆ s.m. [anche con riferimento a donna] Professionista laureato in giurisprudenza abilitato a svolgere consulenze legali e a esercitare la professione forense.

legalismo s.m. Tendenza a rispettare strettamente la legge, anche con eccessiva attenzione per gli aspetti formali.

legalista s.m. e f. [pl.m. *-sti*] Chi tutela, rispetta rigidamente la legalità, o, in senso negativo, chi agisce nell'osservanza solo esteriore della legge.

legalità s.f. inv. Conformità alle leggi, situazione conforme alle leggi. ◇ *Principio di legalità:* nel diritto pubblico, quello che esige che ogni provvedimento amministrativo o giurisdizionale sia fondato sulla legge; nel diritto penale, quello che comporta il divieto di punire qualsiasi fatto non previsto come reato al momento in cui è stato commesso.

legalitàrio agg. [pl.m. *-ri*] (fr. *légalitaire*) Che rispetta la legalità. ◆ s.m. [f. *-ria*] Nel sign. dell'agg. SIN.: **legalista**.

legalizzàre v.tr. (fr. *légaliser*) **1.** Rendere legale. *Legalizzare l'aborto.* **2.** Dichiarare autentico un documento. *Legalizzare una firma.*

legalizzazióne s.f. (fr. *légalisation*) **1.** Operazione con cui un funzionario attesta la legalità di un atto o di un documento. **2.** Riconoscimento e disciplina legale di un fenomeno vietato in precedenza o di una situazione di fatto.

legàme s.m. **1.** Ciò che si usa per legare qlco. **2.** *fig.* Vincolo di natura morale o affettiva. ~ Impegno determinato da obblighi contratti nei confronti di altre persone. **3.** Connessione logica tra più cose. SIN.: **nesso**. **4.** CHIM. Forza d'interazione fra atomi che porta alla formazione di aggregati stabili, molecole o cristalli. (Un legame può essere ionico, metallico o covalente.)

legaménto s.m. (lat. *ligamĕntum* "legame") **1.** L'atto del legare. ~ Ciò con cui si lega. **2.** ANAT. Formazione di natura connettivale e tendinea che tiene saldamente unite due parti anatomiche in maniera non rigida. ◇ *Legamenti della schiena:* strisce flessibili, fibrose che scorrono lungo la colonna vertebrale. **3.** FON. Fenomeno di fonetica sintattica, dovuto all'incontro del suono finale di una parola con quello iniziale della parola successiva. SIN.: **liaison**. ~ Inserimento di un elemento consonantico di sostegno tra due suoni vocalici. **4.** SPORT. Nella scherma, contatto tra le due lame con una pressione continua. **5.** MAR. (spec. pl.) Pezzo che rinforza o unisce gli elementi della struttura di uno scafo.

1. legànte agg. COSTR. Di sostanza che, mescolata con acqua, unisce saldamente fra loro pietre o laterizi. ◆ s.m. **1.** COSTR. Nel sign. dell'agg. **2.** CHIM. Molecola collegata all'atomo centrale con un legame covalente nei composti di coordinazione. **3.** CUC. Ingrediente per addensare salse, sughi, ecc.

2. legànte agg. DIR. Che redige una disposizione testamentaria. ◆ s.m. e f. DIR. Autore di un legato.

1. legàre v.tr. [4] **1.** Avvolgere strettamente una persona o cosa mediante un elemento flessibile per immobilizzarla. ~ Avvolgere più cose per tenerle strette e unite tra loro. ~ Collegare una cosa a un'altra mediante una corda, catena, ecc. **2.** *fig.* Avvicinare più persone sul piano psicologico. *Ci lega una lunga amicizia.* ~ Unire una persona a un'altra. **3.** *fig.* Connettere logicamente i pensieri tra di loro. **4.** METALL. Unire metalli diversi per formare leghe. **5.** Rilegare un libro. **6.** MUS. Eseguire un insieme di note senza interrompere il suono. **7.** Fermare, collocare una pietra preziosa in un supporto metallico. SIN.: **incastonare**. **8.** CUC. Addensare una salsa o altro con l'aggiunta di qualche ingrediente. ◆ v.intr. (aus. *avere*) **1.** Detto di due o più metalli, unirsi, fondersi tra loro formando una lega. **2.** *fig.* Detto di più persone, fare amicizia. **3.** Detto di pensieri, di concetti, essere connessi, coerenti tra loro. **4.** Essere intonato a qlco. ◆ **legarsi** v.pron. **1.** Impegnarsi, stringere un legame con qlcu. ~ Detto di due o più persone, unirsi l'una all'altra, congiungersi per mezzo di un legame o un vincolo d'affetto. *Legarsi con una promessa.* **2.** Stringere con un nodo un indumento o una parte del corpo, spec. i capelli.

2. legàre v.tr. DIR. Lasciare un bene in eredità a qlcu. *Legare uno stabile a un ricovero per anziani.*

legatàrio s.m. [f. *-ria*, pl.m. *-ri*] DIR. Beneficiario di una disposizione testamentaria.

1. legàto agg. **1.** Stretto da funi, lacci o altri vincoli. **2.** *estens.* Impacciato, senza agilità. *Legato nei movimenti.* **3.** *fig.* (spec. pl.) Di persone che hanno un rapporto affettivo stretto. **4.** OREFIC. Incastonato. *Un brillante legato in oro.* **5.** Di libro, rilegato. **6.** MUS. Di un gruppo di note, eseguite senza interrompere il suono tra l'una e l'altra. ◆ s.m. MUS. Nell'accez. 6 dell'agg.

2. legàto s.m. **1.** Rappresentante ufficiale del Vaticano. **2.** ANT. ROM. Inviato del senato o dell'imperatore con incarichi ufficiali e luogotenente dei generali.

3. legàto s.m. DIR. Disposizione testamentaria con la quale si nomina destinatario di un bene o di una rendita una persona, un'associazione, un ente, ecc. diverso dall'erede.

legatorìa s.f. **1.** Arte di chi rilega libri e stampati vari. **2.** Laboratorio adibito alla rilegatura di libri, opuscoli, ecc.

legatrìce s.f. Macchina che esegue automaticamente la legatura di pacchi, confezioni, ecc.

legatùra s.f. **1.** Congiunzione di più cose mediante legacci, corde, ecc. **2.** Elemento usato per stringere, per chiudere. **3.** Procedimento per unire le pagine di un libro. **4.** OREFIC. Incastonatura di una gemma in un gioiello. SIN.: **montatura**. **5.** MUS. Segno arcuato posto su un gruppo di note di pari altezza che devono essere eseguite senza interrompere il suono. **6.** Nella scrittura corsiva, ciascuno dei tratti che uniscono una lettera all'altra. **7.** STAM. Carattere unico in cui sono fuse più lettere.

legazióne s.f. **1.** Rappresentanza diplomatica presso un governo straniero. **2.** Nella diplomazia vaticana, ufficio, carica di legato. ~ Nell'antico Stato pontificio, circoscrizione amministrativa governata da un cardinale legato.

legènda s.f. inv. (voce lat., propr. "cose che devono essere lette") Tavola di decodificazione dei segni convenzionali impiegati in un'immagine, in un disegno, ecc.

légge s.f. **1.** Norma o insieme di norme che regolano il comportamento etico e sociale degli uomini. ◇ *Legge naturale:* principi etici e di giustizia che si ritengono fondati sulla natura stessa dell'uomo. – *Legge morale:* quella che risiede nella coscienza dell'uomo permettendogli di distinguere il bene dal male. – *Legge divina:* il complesso delle norme che, secondo una fede religiosa, sono state rivelate all'uomo direttamente da Dio. – *Legge mosaica:* i dieci comandamenti dati da Dio a Mosè. – *La legge della giungla:* sistema di rapporti in vigore in un ambiente sociale basato sulla forza e sull'astuzia. – *La legge del più forte:* comportamento che ha come regola la sopraffazione. – *La legge del silenzio:* l'omertà. – *Dettare legge:* imporre il proprio dominio, farla da padrone, anche in senso iron. **2.** Prescrizione stabilita dall'autorità sovrana dello Stato, applicabile a tutti, che definisce i diritti e i doveri di ciascuno. ◇ *Legge costituzionale:* quella adottata seguendo un procedimento aggravato, e perciò immodificabile dalle leggi ordinarie. – DIR. *Legge organica:* legge di ampio respiro che regola compiutamente una determinata materia di rilevante interesse pubblico. – *Legge delega:* che prescrive i principi e i criteri ai quali deve attenersi il governo nell'emanare disposizioni più articolate con propri decreti. – *Legge ponte:* che regola la fase transitoria in vista di una legge più organica. – *Legge quadro:* che fissa i punti cardine di una nuova istituzione o di un nuovo ordinamento. – *Legge stralcio:* la parte più urgente di un disegno di legge che non è ancora stato completamente approvato. – *A norma, a termini di legge:* secondo ciò che la legge stabilisce. **3.** Complesso delle leggi di uno Stato, l'ordinamento giuridico. SIN.: **legislazione**. **4.** Giurisprudenza, scienza giuridica. **5.** *fig.* Complesso di regole alla base di una disciplina, di una tecnica, di un'arte, di un'attività. **6.** Nel l. sc., enunciazione di un ordine, di una regolarità o di una tendenza in un fenomeno. *Legge della gravitazione universale.*

leggènda s.f. **1.** Resoconto a carattere fantastico, dove i fatti storici sono trasformati dall'immaginazione popolare o dall'invenzione poetica. ◇ *Leggenda metropolitana:* racconto perlopiù allarmistico, ambientato e diffuso nelle grandi città. **2.** *estens.* Evento storico che la fantasia popolare ha arricchito di elementi fantastici. **3.** *fig.* Cosa falsa, frutto di fantasia. **4.** Tabella di spiegazione e decodificazione di segni convenzionali, abbreviazioni e simili allegata a una carta geografica, a un testo, a un prospetto. SIN.: **legenda**.

leggendàrio agg. [pl.m. *-ri*] **1.** Che fa parte di una leggenda o ne ha le caratteristiche. *Animali leggendari.* SIN.: **mitico**. **2.** Che è entrato nella leggenda, tanto grandioso e straordinario da essere ricordato. SIN.: **memorabile**. ~ *per esager.* Eccezionale, favoloso. *Una pigrizia leggendaria.*

lèggere v.tr. [35] **1.** Riconoscere e interpretare i segni della scrittura con i quali è composto un determinato testo; anche pron. *Leggere (leggersi) un libro.* **2.** Comunicare ad alta voce un testo scritto. *Leggere un racconto a un bambino.* **3.** *estens.* Comprendere, decifrare un insieme di segni convenzionali o naturali. *Leggere un grafico.* ~ *fig.* Interpretare i pensieri e i sentimenti di qlcu. *Leggere la gioia negli occhi di qualcuno.* **4.** *fig.* Interpretare un testo scritto, un'opera d'arte, un evento. *Leggere un'opera d'arte.* **5.** TECN. Detto di calcolatori elettronici, prelevare dati da un certo tipo di memoria. ◆ v.intr. (aus. *avere*) Riconoscere i segni della scrittura e intenderne i significati. *Questo bambino legge molto bene.* ~ Dedicarsi alla lettura. ◇ *fig. Leggere tra le righe:* capire ciò che di proposito non viene esplicitamente detto o scritto.

leggerézza s.f. **1.** Stato, condizione di ciò che è leggero. **2.** Scioltezza di movimenti, agilità. *Saltare con leggerezza.* **3.** *fig.* Mancanza di serietà. SIN.: **superficialità**. ~ Azione sconsiderata, superficiale. *Non commettere leggerezze.* SIN.: **imprudenza**.

leggèro agg. **1.** Che pesa poco. *Bagagli leggeri.* **2.** Che ha su di sé poco peso. *Viaggiare leggeri.* **3.** *fig.* Non gravoso da sopportare, poco impegnativo. *Lavoro leggero.* ◇ *Musica leggera:* genere destinato all'intrattenimento, che comprende canzoni orecchiabili o brani strumentali brevi e perlopiù ballabili. **4.** Svelto nel movimento, spedito, agile. **5.** *fig.* Di forza o intensità limitata, di poca entità o importanza. *Un leggero rumore.* ~ Poco denso. *Gas leggero.* ~ Poco concentrato. *Caffè leggero.* ◇ *Sonno leggero:* che viene disturbato facilmente. **6.** *fig.* Che manca di serietà. *Una donna leggera.* SIN.: **superficiale**. ~ Libero da preoccupazioni. ◇ *Alla leggera:* senza riflessione. ◻ In funzione di avv., lievemente. *Muoversi leggero.*

leggiadrìa s.f. (provenz. *leujairia*) Bellezza spontanea, soave.

leggiàdro agg. Dotato di eleganza e grazia.

leggìbile agg. **1.** Che si riesce a leggere. *Scrittura leggibile.* ~ Che non suscita problemi di comprensione. **2.** *estens.* Di ciò che, pur non entusiasmando, merita tuttavia una lettura. *Romanzo leggibile.*

leggìo s.m. [pl. *-gii*] (lat. *logēum* propr. "archivio", gr. *logêion* "pulpito") Mobiletto fisso o portatile per reggere un libro, una partitura musicale o un foglio durante la lettura.

leghista agg. [pl.m. *-sti*] Che appartiene a una lega, relativo a una lega, a un partito che si denomini *Lega.* ◆ s.m. e f. Membro o sostenitore di una lega.

legiferàre v.intr. (aus. *avere*) (fr. *légiférer*, lat. *lēgifer* "legislatore") **1.** Emanare, promulgare leggi. *Il parlamento sta legiferando.* **2.** *scherz.* Dettar legge, sentenziare.

legionàrio agg. [pl.m. *–ri*] Della legione. ♦ s.m. Nell'antichità, soldato di una legione romana. ~ In Francia, soldato della Legione straniera, membro della Legione d'onore.

legióne s.f. (lat. *legiōnem*, deriv. di *lĕgere* "raccogliere") **1.** Unità militare dell'antico esercito romano comprendente da 4.000 a 6.000 uomini. **2.** Unità organica dei carabinieri e della guardia di finanza comandata da un colonnello. **3.** Corpo militare fondato da volontari al di fuori dell'esercito regolare. ◇ *Legione d'onore:* ordine cavalleresco romano istituito nel 1802 da Napoleone. – *Legione straniera:* unità militare francese creata nel 1831 per combattere le guerre coloniali. **4.** Nella religione cristiana, moltitudine, schiera. *La legione degli angeli.* ~ *estens.* Gran numero di persone, stuolo, folla.

legionèlla s.f. Batterio responsabile della legionellosi.

legionellòsi s.f. inv. (lat. *Legionella*, nome del bacillo che provoca tale malattia osservata per la prima volta negli USA in alcuni membri dell'American *Legion*) Infezione contagiosa grave, di origine batterica, che si traduce soprattutto in pneumopatie.

legislativo agg. (fr. *législatif*) Relativo alla legge, al potere di legiferare. *Attività legislativa.* ◇ *Assemblea legislativa:* che fa approvare le leggi (v. parte n.pr.). – *Potere legislativo:* il potere di redigere e approvare leggi e l'insieme degli organi che hanno tale potere.

legislatóre s.m. Individuo od organismo che emana le leggi.

legislatùra s.f. (fr. *législature*) Durata del mandato di un'assemblea legislativa. ~ L'assemblea legislativa stessa.

legislazióne s.f. **1.** Attività del formulare e promulgare le leggi. **2.** Insieme delle disposizioni legislative di un paese, di un'epoca o riguardanti un settore particolare.

legittima s.f. DIR. La parte del patrimonio ereditario riservata per legge agli eredi legittimi e di cui il testatore non può disporre liberamente.

legittimàre v.tr. **1.** Rendere, riconoscere come legittimo o giuridicamente valido qlcu. o qlco. ~ In partic. riconoscere come legittimo un figlio nato fuori dal matrimonio. **2.** Riconoscere come giustificato o rendere moralmente legittimo un certo atto o fatto. *Nulla legittima la sua rabbia.* SIN.: **scusare. 3.** DIR. Riconoscere a qlcu. in diritto di compiere una qualche attività o di rivestire un determinato ruolo. *Legittimare qualcuno all'adozione di un minore.*

legittimàrio s.m. [f. *–ria*, pl.m. *–ri*] DIR. Erede cui è legalmente riservata una parte del patrimonio, indipendentemente dalle disposizioni testamentarie.

legittimazióne s.f. **1.** DIR. Riconoscimento come legittimo in partic. di un figlio naturale. **2.** *estens.* Giustificazione, fondamento.

legittimismo s.m. Orientamento politico che sostiene la legittimità della monarchia attribuendole un'origine divina.

legittimista s.m. e f. [pl.m. *–sti*] Propugnatore, sostenitore del legittimismo.

legittimità s.f. inv. **1.** Condizione, caratteristica di ciò che è conforme alla legge o al diritto. SIN.: **legalità.** ◇ *Principio di legittimità:* il riconoscimento del diritto di un sovrano a esercitare il potere e a trasmetterlo per eredità. **2.** *estens.* Rispondenza alla giustizia, alla ragione, ai principi morali. SIN.: **fondatezza.**

legittimo agg. **1.** Che è riconosciuto, ammesso dalla legge. *Autorità legittima.* ◇ *Legittima difesa:* reazione violenta di difesa, consentita dalla legge in particolari circostanze. – *Legittimo sospetto:* legittima **suspicione.* **2.** *estens.* Che è conforme a una norma, che è fondato su ragioni accettabili. *Domanda legittima.* SIN.: **lecito.**

légna s.f. inv. Legno destinato a essere bruciato come combustibile.

legnàia s.f. Luogo dove si deposita la legna da ardere.

legnàme s.m. (lat. *lignāmen* "armatura di legno") Tronchi d'albero, tavole e pezzi di legno da utilizzare a scopo industriale o in falegnameria. ~ Legna da ardere.

legnàta s.f. **1.** Colpo dato o ricevuto con un legno. SIN.: **bastonata. 2.** *fig.* Insuccesso di grosse proporzioni. SIN.: **stangata.**

legnàtico s.m. [pl. *–ci*] **1.** Uso civico che comporta la facoltà di raccogliere legna nei boschi comunali. **2.** Tributo feudale corrisposto al signore proprietario di un bosco in cambio della facoltà di raccogliere legna.

légno s.m. (lat. *lignum*, propr. "legna da ardere") **1.** Insieme di tessuti vegetali che costituiscono la maggior parte del tronco, dei rami e delle radici di alberi e arbusti. *Legno di rovere.* **2.** Materia prima fornita dagli alberi. *Legno verde.* ◇ *fig. Essere di legno:* insensibile. **3.** Pezzo di legno. **4.** MUS. (al pl.) Strumenti a fiato ant. di legno, oggi anche in metallo come l'oboe, il flauto, ecc.

ENCICL. Materiale naturale per antonomasia, il legno è caratterizzato da un eccellente grado di rigidità, una buona resistenza agli agenti chimici e proprietà isolanti. È sfruttato come fonte di energia e impiegato nell'edilizia, nell'artigianato e nella fabbricazione di carta e cartone. Una volta tagliato, deve essere trattato in modo opportuno per aumentare il suo grado di conservazione nel tempo.

legnòlo s.m. Elemento di un cavo vegetale, sintetico o di metallo, costituito da varie filacce o fili ritorti.

legnóso agg. **1.** Di legno. **2.** Che ha o può avere la consistenza o la fibrosità del legno. **3.** *fig.* Privo di scioltezza, di morbidezza.

légo s.m. inv. Denominazione commerciale, che costituisce marchio registrato, di gioco per bambini e ragazzi costituito da pezzi di plastica di varia forma e colore componibili a incastro.

legùme s.m. **1.** Frutto delle piante delle Leguminose, a forma di capsula allungata contenente i semi. SIN.: **baccello.** ~ La pianta che lo produce. **2.** (al pl.) Semi commestibili ricavati dal baccello delle Leguminose, come piselli, fave, fagioli, ceci, lenticchie.

legumina s.f. BIOL. Proteina vegetale presente in molti legumi.

leguminósa s.f. **1.** Pianta erbacea con fiore a cinque petali, foglie composte e frutto a baccello che contiene semi di grande importanza alimentare, come fagioli e piselli. (Classe delle Dicotiledoni) **2.** BOT. (iniziale maiusc., al pl.) Famiglia a cui appartengono tali piante.

lèi pron. pers. [pl.m. e f. *loro, m. lui*] Si usa in riferimento alla terza persona f. sing. e talora anche ad animale o a cosa (istituzioni, macchine) già nominati o nominati successivamente o, nel parlato, presenti. *Ho telefonato, ma lei non era in casa.*

leiomiòma s.m. MED. Tumore benigno che si sviluppa a partire da fibre muscolari lisce. (I leiomiomi dell'utero sono detti comunemente *fibromi*.)

leipòa s.f. Uccello terrestre del sud dell'Australia che depone le sue uova in un nido gigantesco (5 m di diametro) di foglie e humus, controllandone la temperatura fino alla nascita dei piccoli. (Ordine dei Galliformi; famiglia dei Megapodi.)

Leishmània s.f. (lat. *Leishmania* dal nome dello scopritore, il medico scozzese W.B. *Leishman*) ZOOL. Genere di protozoi con aspetto rotondeggiante, riproduzione agamica, parassiti dei leucociti e delle cellule endoteliali; trasmessi tramite la puntura di insetti provocano la leishmaniosi. (Famiglia dei Tripanosomatidi.)

leishmaniosi [/leizma'njozi/] s.f. inv. MED. Gruppo di malattie infettive prevalentemente cutanee, muco-cutanee e viscerali causate da vari tipi di protozoi del genere *Leishmania*.

leitmotiv [/ˈlaitmoˌtiːf/] s.m. inv. (voce ted., comp. di *leiten* "condurre" e *Motiv* "motivo") **1.** MUS. Tema musicale ricorrente che richiama un'idea, una sensazione, un personaggio. **2.** *estens.* Concetto, tema dominante, che si ripete con frequenza in un'opera letteraria, in un discorso, ecc.

lek [/ˈlɛk/] s.m. inv. (voce alb., dal n.p. *Lek'* "Alessandro" con riferimento ad Alessandro Magno) Unità monetaria dell'Albania.

lem o **LEM** [/ˈlɛm/] s.m. inv. (sigla dell'ingl. *Lunar Excursion Module*, "modulo per escursione lunare") Veicolo spaziale costruito per le esplorazioni lunari, usato per la prima spedizione dell'uomo sulla Luna.

lémbo s.m. **1.** Estremità inferiore di un indumento. SIN.: **orlo. 2.** *estens.* Parte più esterna di

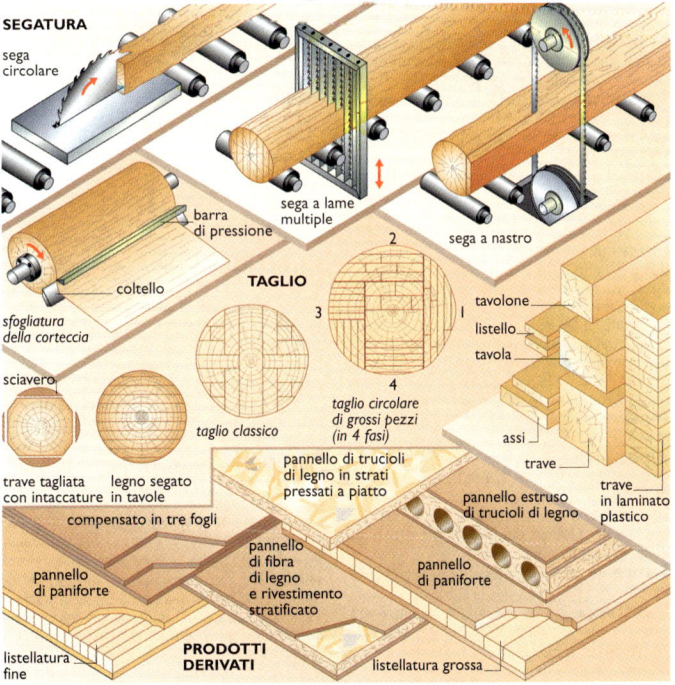

■ **légno.** Principali modalità di trasformazione del legno e relativi prodotti.

Testo illustrazione:
SEGATURA
sega circolare
barra di pressione
coltello
sfogliatura della corteccia
sciavero
sega a lame multiple
sega a nastro
TAGLIO
taglio classico
taglio circolare di grossi pezzi (in 4 fasi)
tavolone
listello
tavola
assi
trave
trave tagliata con intaccature
legno segato in tavole
pannello di trucioli di legno in strati pressati a piatto
pannello estruso di trucioli di legno
trave in laminato plastico
compensato in tre fogli
pannello di paniforte
pannello di fibra di legno e rivestimento stratificato
pannello di paniforte
listellatura fine
PRODOTTI DERIVATI
listellatura grossa

qlco. **3.** Pezzetto, striscia. ◇ CHIR. *Lembo cutaneo:* cute che nei trapianti viene staccata da un punto dell'epidermide per collocarla dove è necessaria. – GEOL. *Lembo di ricoprimento:* frammento di una falda di ricoprimento isolato dall'erosione. **4.** BOT. Parte espansa e piatta della foglia o del petalo.

lèmma s.m. [pl. –*mi*] (lat. *lèmma* "tema", gr. *lèmma* "premessa, argomento") **1.** Voce registrata in un dizionario o in un'enciclopedia. **2.** Proposizione preliminare a una dimostrazione filosofica o matematica.

lemmàrio s.m. [pl. –*ri*] Insieme dei lemmi di un'enciclopedia, di un dizionario, ecc.

lemmatizzàre v.tr. LING. In un dizionario, enciclopedia e simili, registrare una parola come lemma. ~ Nell'analisi di un testo, ricondurre una parola alla forma di citazione.

lemming [/'lɛmɪŋ/] s.m. inv. [o pl. *lemmings*] (voce ingl. di orig. norvegese) Piccolo mammifero roditore, tipico dell'Europa e dell'Asia settentrionali, dal mantello folto e impermeabile, corpo tozzo, coda corta, zampe munite di unghie robuste, noto per l'abitudine di compiere migrazioni massicce dopo un periodo di grande prolificità. (Genere *Lemmus*; famiglia dei Cricetidi.)

■ **lemming** della tundra.

lemniscàta s.f. MAT. Curva algebrica piana a forma di otto.

lempira [/lem'pira/] s.m. [pl. *lempiras*] (voce spagn. dal nome di un capo indigeno che si oppose agli spagnoli) Unità monetaria dell'Honduras.

Lèmure s.m. ZOOL. Genere di proscimmie, tipiche del Madagascar, con muso aguzzo, corpo snello, grandi occhi estroflessi e coda lunga. (Famiglia dei Lemuridi.)

lèmure s.m. Secondo le credenze religiose della Roma antica, spettro vagante di un morto che ritornava sulla terra per atterrire i vivi.

Lemùridi s.m. pl. [iniziale maiusc. sing. –*de* per l'individuo] ZOOL. Famiglia di proscimmie insettivore e frugivore, con pelo folto e lanoso, velocissime nei movimenti.

léna s.f. **1.** Respiro, fiato, spec. in relazione alla corsa. **2.** Volontà, energia, spec. nel sopportare la fatica. SIN.: **alacrità**. ◇ *Di buona lena:* con ardore e tenacia.

lènci s.m. inv. (nome della ditta torinese produttrice, tratto dalle iniziali del motto lat. *Ludus est nobis constanter industria* "il gioco è per noi costantemente un lavoro" ma anche con voluta ambiguità "il lavoro è per noi costantemente un gioco") Denominazione commerciale, che costituisce marchio registrato, di un particolare tessuto simile al feltro, utilizzato spec. per confezionare bambole, pupazzi, oggetti decorativi, ecc.

lèndine s.m. [meno freq. f.] Uovo di pidocchio.

leniménto s.m. **1.** Attenuazione di una sofferenza fisica o morale. **2.** Tutto ciò che procura un sollievo, anche temporaneo.

leninismo s.m. Dottrina di Lenin che propugnava la dittatura del proletariato e il ruolo guida del partito comunista.

lenire v.tr. [83] Attenuare una sensazione dolorosa.

lenitivo agg. Che attenua il dolore. ◆ s.m. **1.** Medicamento blando. **2.** *fig.* Sollievo, rimedio.

lenocinio s.m. [pl. –*ni*] **1.** Sfruttamento o favoreggiamento della prostituzione. **2.** *fig.* Lusinga. ~ *estens.* Ornamento per ottenere certi effetti.

lènte s.f. (lat. *lèntem* "lenticchia" per somiglianza nella forma) **1.** Dispositivo ottico rifrangente che modifica l'immagine ingrandendola o rimpicciolendola. ◇ *Lenti a contatto:* piccolissime lenti applicate alla cornea per la correzione dei difetti della vista. – *Lente d'ingrandimento:* lente che ingrandisce l'immagine. – *Lente elettronica:* dispositivo che devia la traiettoria di un fascio di elettroni. **2.** (al pl.) Gli occhiali o le lenti a contatto. **3.** Ogni oggetto a forma di lente. **4.** GEOL. Formazione sedimentaria o massa rocciosa o ammasso di minerali estesi in lunghezza e larghezza con spessore decrescente ai margini. **5.** ASTR. *Lente gravitazionale:* corpo celeste capace di modificare l'immagine di stelle più lontane deviando il fascio di radiazioni con la propria forza gravitazionale.

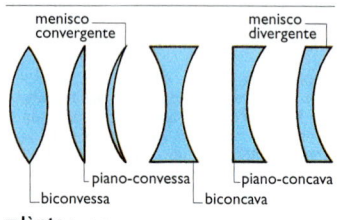

menisco convergente menisco divergente
piano-convessa piano-concava
biconvessa biconcava

■ **lènte** (ottica).

lentézza s.f. (lat. *lentìtia* "flessibilità") Mancanza di rapidità nei movimenti o nelle azioni.

lentia s.f. (spagn. *lantia* "grosso cavo per l'alberatura") MAR. Nell'attrezzatura navale, imbracatura con cui si lega un corpo cilindrico che deve essere alzato o abbassato lungo un piano inclinato.

lentìcchia s.f. **1.** Pianta erbacea annuale coltivata per i suoi semi commestibili. (Genere *Lens*; famiglia delle Leguminose.) **2.** Il seme di tale pianta usato come alimento. **3.** BOT. *Lenticchia d'acqua o di palude:* piccola acquatica monocotiledone con piccoli fiori bianchi e foglie a forma di lenticchia. (Genere *Lemna*; famiglia delle Lemnacee.)

seme
frutto
fiore

■ **lentìcchia**

lenticèlla s.f. BOT. Protuberanza sulla superficie dei rami di varie piante che consente la traspirazione degli strati sottostanti.

lenticolàre agg. Che ha l'aspetto di una lente biconvessa. ◇ *Ruota lenticolare:* particolare ruota per bicicletta senza raggi.

lentiggine s.f. [spec. pl.] (lat. *lentìginem*, deriv. di *lens* "lenticchia") MED. Piccola macchia della pelle di colore giallo-bruno, detta anche *efelide*.

lentigginóso agg. Cosparso di lentiggini.

lentisco o **lentìschio** s.m. [pl. –*schi*] Arbusto sempreverde tipico dell'area mediterranea dai cui frutti si estrae un olio aromatico usato nell'industria. (Genere *Schinus*; famiglia delle Anacardiacee.)

lènto agg. (lat. *lèntum*, propr. "pieghevole" poi "pigro") **1.** Che si muove con scarsa velocità. ~ Che impiega molto tempo nel fare qlco. ◇ *Lento di riflessi:* poco pronto nelle reazioni. **2.** Che dura a lungo. ~ Di effetto tardo. ◇ *Cuocere a fuoco lento:* con la fiamma bassa; *fig.* sottoporre una persona a una lunga attesa o a una pressione lunga e snervante. **3.** Non stretto. **4.** MUS. Di movimen-

to più sostenuto dell'adagio e meno sostenuto del grave. □ Anche in funzione di avv. *Camminare lento.* ◆ s.m. **1.** MUS. Brano eseguito con movimento lento. **2.** Ballo caratterizzato da un ritmo lento.

lentocrazìa s.f. *iron. spreg.* Cronica lentezza della burocrazia nel suo procedere.

lènza s.f. **1.** PESC. Filo con uno o più ami da pesca all'estremità. ~ Cavetto, imbevuto di vernice, usato nei cantieri navali per tracciare linee. **2.** *gerg.* Persona molto furba. **3.** AGR. Striscia di terra, coltivata a terrazza, sul fianco di una collina o di un monte.

lenzuòlo s.m. [pl.m. *lenzuoli*, più freq. f. *lenzuola*, spec. con riferimento al paio] (lat. *lintèolum* "pannolino", deriv. di *lìnteum* "tela di lino") **1.** Ciascuno dei due teli di cotone, lino, ecc. che si stendono sul letto. ◇ *Lenzuolo da bagno:* grande telo di spugna utilizzato per asciugarsi dopo la doccia o il bagno. – *Lenzuolo funebre:* grande telo in cui veniva avvolto il cadavere per la sepoltura. – *Bianco come un lenzuolo:* pallidissimo. **2.** *fig.* Distesa biancheggiante. *Il prato era coperto da un lenzuolo di margherite.*

leoncino s.m. **1.** Nel sign. del dim. di *leone*; in partic., cucciolo del leone. **2.** Camion leggero diffuso negli anni intorno al 1960.

leóne s.m. [f. *leonessa*] **1.** Grande mammifero carnivoro con arti robusti, unghie retrattili e dentatura potente, pelo fulvo e raso, con una folta criniera. (Lunghezza 2,60 m ca.; nome sc. *Panthera leo*; famiglia dei Felidi.) ~ Simbolo della forza e del coraggio in similitudini e usi figurati. ◇ *Sentirsi un leone:* molto forte, vigoroso e coraggioso. – *Fare la parte del leone:* prendere per sé il meglio ricorrendo alla forza; anche eccellere in un'attività. – *Essere nella fossa dei leoni:* trovarsi in grave pericolo. – *Leone d'oro:* moneta francese del 1338, raffigurante il re sul trono con un leone ai suoi piedi; oggi, premio assegnato annualmente alla Mostra del Cinema di Venezia. **2.** Animale che assomiglia al leone. ◇ *Leone marino:* mammifero carnivoro caratterizzato da corpo allungato e snello, ricoperto di setole, testa appuntita e grosse pinne. (Famiglia degli Otariidi.) **3.** ASTR. (iniziale maiusc., uso sing.) Costellazione zodiacale nella quale il sole transita nel periodo che va dal 23 luglio al 23 agosto (v. parte n.pr.). **4.** ASTROL. Quinto segno dello zodiaco dominante tale periodo. ~ *estens.* Chi è nato sotto tale segno.

■ **leóne** (femmina e maschio).

leonéssa s.f. Femmina del leone, simbolo di coraggio.

1. leonino agg. Proprio del leone. ◇ DIR. *Patto leonino:* patto non legale col quale in una società si escludono uno o più soci da ogni partecipazione agli utili o alle perdite.

2. leonino agg. Relativo a un papa o a un personaggio di nome Leone.

3. leonino o **leoniàno** s.m. (etim. discussa, forse dal nome del poeta *Leonio*, che usò per primo questo verso) METR. Verso dei componimenti latini medievali in cui gli emistichi sono in rima o in assonanza tra loro.

leontiàsi s.f. inv. MED. Alterazione dei tratti del viso, dovuta a ipertrofia ossea o a lebbra, che conferisce alla fisionomia della persona che ne è affetta un aspetto leonino.

leopardàto agg. Motivo che imita il disegno del mantello del leopardo.

leopàrdo s.m. (lat. *leopàrdum*, comp. di *lĕo* "leone" e *pắrdus* "pardo, pantera" perché si riteneva che il pardo si accoppiasse con la leonessa) **1.** Grosso mammifero agile e snello, dal pelo raso giallastro e maculato di scuro, diffuso in Africa. (Lunghezza 1,50 m; nome sc. *Panthera pardus*; famiglia dei Felidi.) **2.** Pelliccia di tale felino. ◇ *A pelle di leopardo:* maculato, a chiazze; *fig.* detto di fenomeno, di strategia economica o militare, che prevede sviluppi o interventi in tanti punti separati fra loro. – *A macchia di leopardo:* con riferimento a qlco. che è distribuito sul territorio in modo irregolare.

■ **leopàrdo**

lèpade s.f. (lat. *Lepas*, gr. *lepás* "ostrica" deriv. di *lépas* "roccia" cui si attacca) Crostaceo marino con un guscio calcareo che gli permette di attaccarsi alle rocce. (Sottoclasse dei Cirripedi.)

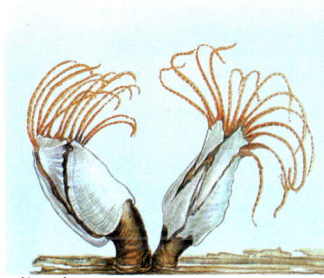

■ **lèpade**

Lepidio s.m. BOT. Genere di piante erbacee con piccoli fiori a grappolo, bianchi o rosa, di cui fa parte il crescione inglese. (Famiglia delle Crocifere.)

Lepidodendràcee s.f. pl. [iniziale minusc. sing. –*a* per l'individuo] BOT. Famiglia di Pteridofite fossili.

lepidodèndro s.m. PALEONT. Albero fossile alto fino a 30 m, reperibile nei giacimenti del Carbonifero. (Sottotipo delle Pteridofite; famiglia delle Lepidodendracee.)

lepidolite s.f. Minerale del gruppo delle miche utilizzato nell'estrazione del litio.

Lepidòtteri s.m. pl. [iniziale minusc. sing. –*ro* per l'individuo] ZOOL. Ordine di insetti detti comunemente *farfalle*, con quattro ali coperte di squame colorate e bocca munita di piccola proboscide. (Sottoclasse degli Pterigoti.)

Lepiòta s.f. (lat. *Lepiota*, comp. di gr. *lépion* "piccola scaglia" e *oũs* "orecchio") BOT. Genere di funghi con l'anello nella parte alta del gambo e cappello squamoso; ne fa parte la bubbola. (Famiglia delle Agaricacee.)

lepisma s.f. (lat. *Lepisma*, deriv. di gr. *lépisma* "squama" da *lepízein* "sbucciare") Insetto notturno di colore argenteo, con corpo appiattito, due lunghe antenne, zampe corte e tre filamenti caudali. (Lunghezza 1 cm; ordine dei Tisanuri.)

Lepòridi s.m. pl. [iniziale minusc. sing. –*de* per l'individuo] ZOOL. Famiglia di roditori comprendente molte specie cosmopolite, tra cui il coniglio e la lepre. (Ordine dei Duplicidentati.)

leporino agg. Di, da lepre.

lèpre s.f. **1.** Mammifero con lunghe orecchie, labbro superiore diviso da una profonda fenditura, coda corta, pelliccia grigio-brunastra, grandi occhi, zampe posteriori più lunghe delle anteriori e atte a saltare; prevalentemente notturno e molto timido nel comportamento, è un ottimo corridore ed è cacciato per la sua carne squisita. (Genere *Lepus*; famiglia dei Leporidi.) ~ In similitudini e usi fig. è simbolo di velocità o timidezza. ◇ *Lepre fischiante o fischiatrice:* mammifero degli Ocotonidi, detto anche *pica.* **2.** La carne pregiata di tale animale. **3.** SPORT. Nelle gare di corsa, atleta che impone un ritmo elevato nella fase iniziale per stancare gli altri concorrenti e favorire un compagno di squadra. ◇ *Lepre meccanica:* oggetto a forma di lepre che si fa muovere nella pista di un cinodromo per incitare i cani alla corsa. **4.** *Lepre di mare:* genere di molluschi gasteropodi di mare privi di conchiglia. (Famiglia degli Aplisidi.)

■ **lèpre**

lepròma s.m. [pl. –*mi*] MED. Granuloma cutaneo o delle mucose dovuto a lebbra.

lepróso agg. MED. Tipico della lebbra.

lepròtto s.m. Nel sign. del dim. di *lepre*; in partic., lepre molto giovane.

leptocèfalo s.m. ZOOL. Larva dell'anguilla, dalle fattezze a forma di nastro, che attraversa l'Atlantico verso le coste dell'Europa dove si trasforma in ceca. (Lunghezza 6-7 cm.)

leptóne s.m. FIS. Particella elementare della famiglia dei fermioni, di massa più piccola del protone e non soggetta all'interazione forte.

Leptospira s.f. BIOL. Genere di batteri, con corpo esile e filamentoso, senza flagelli o ciglia, agenti patogeni di gravi malattie infettive. (Famiglia delle Spirochetacee.)

leptospiròsi s.f. inv. MED. Nome generico di malattie infettive degli animali e dell'uomo dovute a un microrganismo del genere *Leptospira*.

lèrcio agg. [pl.m. –*ci*, f. –*ce*] (lat. *hìrciu*, deriv. di *hĩrcus* "capro" per il suo olezzo) **1.** Molto sporco. **2.** *fig.* Immondo, turpe.

lerciùme s.m. Quantità di cose lerce.

lèsbica s.f. [pl. –*che*] Donna omosessuale.

lèsbico agg. [pl.m. –*ci*, f. –*che*] **1.** Dell'isola greca di Lesbo. **2.** Relativo all'omosessualità femminile.

lèsbio agg. [pl.m. –*sbi*] Dell'isola di Lesbo. ◆ s.m. (f. –*bia*) Nativo, abitante dell'isola di Lesbo.

lesbismo s.m. Omosessualità femminile. SIN.: **saffismo**.

lesèna s.f. ARCH. Elemento architettonico in forma di pilastro incassato verticalmente in una parete, con funzione decorativa o di sostegno.

lésina s.f. **1.** Strumento che serve a bucare il cuoio. **2.** *fig.* Risparmio rigoroso dovuto soprattutto ad avarizia. **3.** *estens.* Persona molto avara.

lesinàre v.tr. Economizzare con eccesso. ◆ v.intr. (aus. *avere*) Risparmiare il più possibile al punto da rasentare l'avarizia. *Lesinare su tutte le spese.*

lesionàre v.tr. Produrre lesioni sui muri di edifici, anche pron.

lesióne s.f. **1.** Azione che procura un danno. ~ L'effetto della medesima. **2.** MED. Modificazione di un organo o di un tessuto, che provoca un'alterazione delle funzioni o una menomazione, di origine traumatica o patologica. **3.** DIR. *Lesione personale:* atto violento che causa, in chi lo subisce, malattia o menomazione. **4.** Crepa in una struttura muraria.

lesivo agg. Che provoca o può provocare un danno morale o materiale.

léso agg. Che ha subìto una lesione fisica o morale. ◇ ST. *Delitto di lesa maestà:* delitto contro la vita o l'autorità del sovrano e contro la sicurezza dello stato.

lessàre v.tr. (lat. *elixàre*, deriv. di *lĩxa* "acqua calda") Cuocere in acqua bollente.

lessèma s.m. [pl. –*mi*] LING. Unità di base del lessico dotata di un significato da cui derivano forme diverse (p.e. *vado, vai, andiamo* sono forme di *andare*).

lessicàle agg. Relativo al lessico. ◇ *Unità lessicale:* singolo elemento di un lessico con proprio significato. – *Errore lessicale:* che riguarda l'uso o il significato di un vocabolo.

lèssico s.m. [pl. –*ci*] (lat. *lexicon*, gr. *leksikón biblíon* "libro delle parole") **1.** Insieme delle parole e delle locuzioni di una lingua o di un dialetto o di un suo settore particolare, di un singolo autore, di un'opera. **2.** Testo che riporta in ordine alfabetico le parole di una lingua con la loro spiegazione. SIN.: **dizionario**.

lessicografia s.f. **1.** Scienza e tecnica della raccolta del lessico di una lingua. **2.** Complesso delle opere lessicografiche relative a un determinato sistema, periodo, nazione.

lessicologia s.f. Studio scientifico della struttura e dell'evoluzione storica del lessico.

lésso agg. **1.** Che è stato cotto in acqua bollente. **2.** *fig.* Insulso, scialbo. ◆ s.m. Vivanda a base di carne, spec. di manzo, cotta in brodo.

lèsto agg. **1.** Che si muove o agisce con agilità e prontezza. ◇ *Lesto di mano:* veloce nel rubare o nel picchiare. **2.** Che si esegue o si manifesta con rapidità. ◇ *Lesto d'ingegno:* sveglio, perspicace.

lestofànte s.m. Individuo che raggira.

letàle agg. **1.** Che provoca morte. ◇ *Iniezione letale:* pena capitale eseguita per inoculazione di sostanze letali. **2.** *estens.* Funesto, dannoso.

letamàio s.m. [pl. –*mai*] **1.** Luogo dove si accumula il letame. **2.** *estens.* Luogo sporchissimo. ~ Anche fig., ambiente immorale.

letàme s.m. (lat. *laetāmen*, deriv. di *laetāre* "fertilizzare") **1.** Miscuglio fermentato delle lettiere e delle deiezioni degli animali utilizzato come concime. **2.** *estens.* Sudiciume, sporcizia. ~ *fig.* Corruzione, immoralità.

letargìa s.f. **1.** MED. Stato patologico di sonno profondo derivante da malattie organiche o indotto per ipnosi. **2.** *fig.* Condizione di torpore morale e spirituale.

letàrgico agg. [pl.m. –*ci*, f. –*che*] **1.** Caratterizzato da letargo. ◇ MED. *Encefalite letargica:* letargia. **2.** Riferito ad animale, soggetto ad andare in letargo.

letàrgo s.m. [pl. –*ghi*] (lat. *lethārgum*, gr. *léthargos* comp. di *léthē* "oblio" e *argós* "inoperoso") **1.** Stato di torpore simile al sonno profondo, tipico di alcuni animali, spec. durante l'inverno. **2.** MED. Nell'uomo, letargia. ~ *estens.* Sonno molto profondo e duraturo. **3.** BOT. Stato di vita latente di semi, germogli sotterranei o piante. **4.** *fig.* Intorpidimento spirituale, morale o psichico.

letizia s.f. Stato di serenità e gioia interiore.

lèttera s.f. **1.** Ciascuno dei segni dell'alfabeto per mezzo dei quali si rappresentano i suoni della lingua. ◇ *fig. A lettere di fuoco:* in modo duro e critico. **2.** MAT. Simbolo che corrisponde a una quantità numerica indeterminata. **3.** STAM. Carattere di piombo che rappresenta una delle lettere dell'alfabeto. **4.** *estens.* Iscrizione posta ai piedi di una stampa o di un'incisione, che ne illustra il soggetto. SIN.: **didascalia**. ◇ INCIS. *Avanti lettera o ante litteram:* si dice di incisione effettuata come prova, prima di apporre la didascalia; *fig.* riferito a persona o avvenimento, anticipatore dei tempi. **5.** Senso rigoroso, letterale delle parole di un testo, di un discorso, ecc. (in oppos. a *spirito, sostanza*). ◇ *Alla lettera:* attenendosi testualmente al significato preciso delle parole. – *fig. Rimanere lettera morta:* non venire applicato, restare inascoltato. **6.** Testo scritto indirizzato a qlcu. SIN.: **missiva**. ~ (al pl.) Epistolario, insieme di lettere che costituiscono una raccolta, talvolta curata dall'autore stesso. ◇ *Lettera aperta:* scritto polemico indirizzato a qlcu. ma diffuso e fatto conoscere pubblicamente. – DIR. *Lettera di vettura:* quella che il mittente rilascia al vettore per certificare il contratto di trasporto. – *Lettera minatoria:* lettera di minaccia. **7.** Documento per lo più redatto in forma di lettera, emanato dall'autorità religiosa o civile o da un ente e indirizzato a uno o più destinatari. ◇ CATT. *Lettera pastorale:* del vescovo ai fedeli della diocesi. – BANC. *Lettera di credito:* impegno di una banca nei confronti del beneficiario a effettuare un pagamento o a risarcire la mancata prestazione di un contratto nell'ipotesi di inadempienza del cliente della banca. **8.** (al pl.) Letteratura, studi umanistici, ecc. ~ Disciplina universitaria a essa collegata. **9.** BORS. Il prezzo al quale il venditore è disposto a cedere un titolo.

letteràle agg. **1.** Relativo al significato preciso di un testo, di una frase, di un vocabolo. ◇ *Traduzione letterale di un testo:* fatta parola per parola. **2.** MAT. Riferito a operazione o a calcolo eseguito con lettere anziché con numeri.

letteralità s.f. inv. Carattere letterale di un significato, di un'espressione, ecc. ~ BANC. Ciò che è espressamente indicato negli assegni e nelle cambiali.

letteralménte avv. **1.** Alla lettera. **2.** Nel vero senso della parola, davvero.

letteràrio agg. [pl.m. *-ri*] **1.** Che riguarda la letteratura. ~ Che ha per oggetto o argomento la letteratura. ~ Relativo agli studi umanistici. ◇ *Premio letterario:* concorso che premia opere di letteratura. **2.** *estens.* Dei letterati, relativo ai letterati. **3.** Di termine o espressione che appartiene all'uso degli autori letterari o alla tradizione scritta.

letteràto agg. **1.** Relativo alla letteratura. **2.** Dedito alle lettere. **3.** Colto, dotato di istruzione. ◆ s.m. [f. *-ta*] Chi coltiva le lettere, per lavoro o passione.

letteratùra s.f. **1.** Insieme delle opere scritte alle quali si riconosce una finalità artistica, oggetto di sistemazione storica e analisi critica. ◇ *Letteratura di consumo:* costituita da prodotti di scarso valore artistico ma che godono dei favori del grande pubblico. – *Fare della letteratura su qlco.:* scriverne o parlarne molto, anche troppo, a vuoto. **2.** Insieme delle pubblicazioni che riguardano una scienza, un autore, un argomento particolare. SIN.: **bibliografia**. **3.** Insieme delle proprietà, delle indicazioni, delle posologie di un farmaco scritte su un foglietto accluso alla confezione.

lettering [/ˈlɛtərɪŋ/] s.m. inv. (voce ingl., deriv. di *letter* "carattere alfabetico") PUBBL., EDIT. Scelta o progettazione dei caratteri tipografici da usare in un testo.

lettièra s.f. Strato di paglia o altro materiale vegetale usato come giaciglio per gli animali di allevamento. ~ *estens.* Sabbia che assorbe le deiezioni del gatto.

lettiga s.f. [pl. *-ghe*] **1.** Particolare lettino, portatile o con ruote, utilizzato per trasportare ammalati e feriti, che può essere montato anche su automezzi. SIN.: **barella**. **2.** Letto coperto portato da uomini o bestie con l'ausilio di due lunghe stanghe, usato nell'antichità per trasportare malati e persone importanti.

lètto s.m. **1.** Mobile adatto a coricarsi per dormire o riposare. ◇ *Letto matrimoniale:* a due posti, simbolo del vincolo matrimoniale. – *Rifare il letto:* metterlo in ordine. – *figg. Essere inchiodato al letto:* essere infermo o affetto da una gravissima malattia. – *Cadere dal letto:* alzarsi molto presto. – *Figlio di primo, secondo letto:* nato nel primo, nel secondo matrimonio. – *Mettere a letto:* mandare a dormire. *Mettere a letto i bambini.* **2.** *estens.* Giaciglio o struttura sulla quale ci si corica. ◇ *Letto operatorio:* attrezzato per interventi chirurgici. **3.** Giaciglio per animali. SIN.: **lettiera**. **4.** AGR. *Letto caldo:* tratto di terra ben fertilizzata chiuso da vetri o altro materiale per ottenere la temperatura necessaria a favorire lo sviluppo anticipato di particolari piante. **5.** Parte piana di un carro su cui si dispone il materiale trasportato. **6.** Piano inferiore su cui è posto qlco. ~ GEOL. Massa solida rocciosa su cui posano gli strati superiori incoerenti. ~ COSTR. Strato di legante posto orizzontalmente fra due corsi di muratura. ~ CHIM., TECNOL. Strato di materiale diverso che serve da base per compiere una reazione chimica o un processo industriale. **7.** *Letto fluviale:* parte del fondovalle dove scorrono le acque. **8.** CUC. Guarnizione che viene posta in un piatto sotto una pietanza. **9.** MAR. *Letto della corrente:* zona del mare dove la corrente scorre. ❑ In funzione di agg. inv., che funge o può fungere da letto. *Poltrona letto.*

1. lèttone agg. Della Lettonia. ◆ s.m. **1.** (solo sing.) Lingua baltica parlata in Lettonia. **2.** (anche f.) Nativo, abitante della Lettonia.

2. lettóne agg. Nel sign. dell'accr. di *letto*; in partic., letto matrimoniale.

lettoràto s.m. **1.** Carica di lettore e corso universitario tenuto da un lettore. **2.** Nell'antica gerarchia della Chiesa cattolica il secondo degli ordini minori. ~ Oggi, il ministero liturgico di leggere passi delle Scritture a eccezione del Vangelo.

lettóre s.m. [f. *-trice* nelle accez. 1, 2, 4] **1.** Chi si dedica alla lettura. ~ Utente di un'opera scritta. ~ In una casa editrice, persona che è incaricata di esaminare e di giudicare le opere proposte. **2.** Persona che, per favore o dietro compenso, legge a chi non è in grado di farlo. ~ Chi legge spec. ad alta voce davanti ad altre persone. ~ Chi legge in una trasmissione radiofonica qlco. che non sia un notiziario. ~ CINE., TV. Chi commenta fuori campo un documentario. **3.** CATT. Chierico che aveva l'ordine del lettorato. ~ Oggi, chierico o laico a cui si affida il ministero liturgico del lettorato. **4.** Insegnante di madre lingua straniera che svolge esercitazioni pratiche di quella lingua in una università italiana. **5.** INFORM. *Lettore ottico:* dispositivo elettronico per la trasformazione di un'informazione (codice a barre, testo stampato, scrittura) in dati trattabili da un computer in modi e per usi diversi. **6.** ELETTRON. Dispositivo che trasforma un sistema di segnali in un altro. ◇ *Lettore di compact disc o dvd:* dispositivo che utilizza un raggio laser per leggere il contenuto di tali dischi ottici.

lettùra s.f. **1.** Azione ed effetto del leggere. ◇ *Dare lettura di qlco.:* leggerlo ad alta voce per una comunicazione ufficiale. **2.** Il leggere come attività abituale. *Darsi alla lettura.* ~ L'esercizio del leggere come materia di insegnamento. *Ora di lettura.* **3.** Recitazione in pubblico, discorso, conferenza. **4.** *estens.* Ciò che si legge. ~ Opera scritta. ~ Nella liturgia cattolica, ciascuno dei passi delle Scritture lette durante la messa. **5.** Decifrazione o interpretazione di un sistema di segni convenzionali o naturali. *Lettura di un codice cifrato.* **6.** Interpretazione di un testo, di un'opera d'arte, ecc. **7.** INFORM. Operazione con cui certi dati vengono trasformati in segnali codificati o trasferiti da un supporto di memoria a un altro. ◇ *Lettura ottica:* riconoscimento di caratteri registrati o manoscritti mediante un lettore ottico. **8.** FOTO. *Lettura esposimetrica:* la misurazione della quantità di luce fatta dall'esposimetro in funzione del tempo di posa e dell'apertura del diaframma.

letturista s.m. e f. [pl.m. *-sti*] Persona addetta a leggere a domicilio i contatori che rilevano il consumo di elettricità, gas e acqua dei singoli utenti.

leu [/leu/] s.m. [pl. *lei*] (voce rumena, propr. "leone" da un'antica raffigurazione su una moneta turca) Unità monetaria della Romania.

leucemìa s.f. Malattia, acuta o cronica, caratterizzata dalla proliferazione dei leucociti e dei leucoblasti, associata ad alterazioni quantitative e qualitative dei globuli bianchi del sangue periferico.

leucèmico agg. [pl.m. *-ci*, f. *-che*] **1.** Relativo alla leucemia. **2.** Affetto da leucemia. ◆ s.m. [f. *-ca*] Nell'accez. 2 dell'agg.

leucina s.f. CHIM. Amminoacido che entra nella costituzione di numerose proteine e partecipa al metabolismo.

leucite s.f. MIN. Minerale del gruppo dei feldspatoidi, di colore bianco grigiastro tipico di alcune rocce vulcaniche alcaline.

leucoblàsto s.m. BIOL. CELL. Nome generico di cellula progenitrice dei globuli bianchi che in condizioni patologiche è riscontrabile anche nel circolo sanguigno.

leucocita o **leucocito** s.m. [pl. *-ti*] BIOL. Globulo bianco.

leucocitàrio agg. [pl.m. *-ri*] BIOL. Che riguarda i leucociti.

leucocitòsi s.f. inv. MED. Aumento patologico della quantità di globuli bianchi nel sangue.

leucodermìa s.f. MED. Condizione patologica della pelle caratterizzata dalla presenza di macchie biancastre dovute alla mancanza di pigmento. SIN.: **acromia**.

leucodèrmo agg. ANTROP. Che appartiene alla razza bianca. ◆ s.m. (al pl. anche iniziale maiusc.) Nel sign. dell'agg.

leucoencefalite s.f. Infiammazione del sistema nervoso centrale, spec. della sostanza bianca, spesso di natura virale.

leucòma s.m. [pl. *-mi*] (gr. *léukōma*, deriv. di *leukós* "bianco") MED. Macchia biancastra della cornea dell'occhio dovuta a una lesione di natura infiammatoria o traumatica.

leucopenìa s.f. MED. Diminuzione del numero dei globuli bianchi nel sangue.

leucoplasìa s.f. MED. Alterazione delle mucose, spec. della bocca, che si manifesta con chiazze bianche.

leucoplàsto s.m. BOT. Plastidio incolore, tipico delle cellule vegetali, presente soprattutto nei tessuti di riserva dove trasforma lo zucchero in amido. SIN.: **amiloplasto**.

leucopoièsi s.f. inv. BIOL. Formazione dei globuli bianchi.

leucorrèa s.f. Secrezione vaginale biancastra contenente cellule desquamate, leucociti, batteri, detta comunemente *perdite bianche*.

leucòsi s.f. inv. MED. Proliferazione di globuli bianchi nel midollo osseo.

leucotomìa s.f. MED. Sezione della sostanza bianca cerebrale effettuata a scopo terapeutico in certe malattie mentali. SIN.: **lobotomia**.

1. lèva s.f. **1.** FIS. Macchina semplice costituita da un'asta rigida che, poggiando e ruotando su un fulcro, può vincere una forte resistenza con l'applicazione di una potenza modesta. ◇ *Far leva su qlco.:* applicarvi la resistenza o il fulcro per spostarla o per usarla allo scopo di spostare un altro oggetto; *fig.* agire su un determinato elemento, punto, ecc. per ottenere ciò che si desidera. **2.** *fig.* Stimolo, incentivo. *Agire sulla leva del credito.* ◇ *Leva fiscale:* Indice della politica fiscale determinato verificando l'impatto sul reddito delle variazioni delle entrate e delle spese pubbliche rispetto al periodo precedente. **3.** Asta che comanda movimenti meccanici. ◇ *Leva del cambio:* asta metallica dotata di impugnatura che manovra il cambio di velocità nei motori a scoppio. – *Leva di comando:* negli aeroplani, la barra, più nota come *cloche*, manovrata dal pilota; *fig.* al pl., l'autorità e i mezzi necessari per agire, disporre, ecc. **4.** Strumento chirurgico, in partic. odontoiatrico. **5.** CACC. L'azione di far fuggire o levare in volo la selvaggina. *Cane da leva.*

2. lèva s.f. **1.** Chiamata alle armi dei giovani che hanno raggiunto l'età prescritta. SIN.: **arruolamento**. ~ *comun.* Il servizio militare. ◇ *Visita di leva:* visita medica con cui si determina l'idoneità di qlcu. al servizio di leva. **2.** Complesso dei giovani che vengono chiamati alle armi in un anno. **3.** *estens.* L'insieme delle persone di una stessa generazione che intraprendono una determinata attività subentrando a quelle di una generazione precedente.

levanòccioli s.m. inv. Attrezzo da cucina che serve per togliere il nocciolo a olive e ciliegie.

levànte agg. Che sorge, che si leva. ◇ *Sole levante:* il sole come appare all'alba. ◆ s.m. (solo sing.) Parte dell'orizzonte da cui si vede sorgere il sole.

levantino agg. **1.** Del Levante. **2.** *fig. spreg.* Furbo, astuto. ~ *estens.* Che vive di espedienti. ◆ s.m. [f. *-na*] **1.** Nativo, abitante dei paesi del Levante. **2.** *fig. spreg.* Individuo scaltro, spregiudicato.

1. levàre v.tr. **1.** Togliere qlcu. o qlco. da un certo posto. ◇ *Levare il disturbo:* prendere congedo da qlcu. – *Levare le parole di bocca a qlcu.:* dire esattamente le stesse cose che avrebbe detto lui. **2.** Dirigere o spingere qlco. verso l'alto. ◇ *Levare l'ancora:* salpare. – fig. *Levare il capo:* diventare superbo. ◆ **levarsi** v.pron. **1.** Alzarsi in alto. *Levarsi in piedi.* ~ Alzarsi da letto. **2.** Sorgere, spuntare. **3.** Togliere qlco., perlopiù un indumento, dal proprio corpo. **4.** Allontanarsi da un certo posto. ◇ *Levarsi dai piedi:* andarsene. **5.** Ergersi su qlco. *La cima si leva su un vasto altopiano.*

2. levàre s.m. **1.** Comparsa di un astro sopra l'orizzonte. **2.** MUS. Nel dirigere un'orchestra, movimento della mano o della bacchetta volto a indicare il tempo debole della battuta.

levàta s.f. **1.** L'atto dell'alzarsi da un punto più basso. ◇ fig. *Levata di scudi:* azione di ribellione o di protesta, in riferimento a un'antica usanza dei legionari romani. **2.** L'azione del portar via. SIN.: **prelievo**. ◇ BANC. *Levata di cassa:* operazione con cui si preleva dalla cassaforte il denaro necessario all'attività giornaliera. **3.** BOT. Nei cereali, fase di sviluppo dell'allungamento del fusto fino alla fioritura. **4.** TOPOGR. Insieme dei rilevamenti del terreno al fine di allestire una carta.

levàto agg. **1.** Riferito a persona, alzato dal letto, in piedi. **2.** assol. A eccezione di, salvo, tranne. *Levato qualche errore di distrazione, il compito è buono.*

levatóio agg. [pl.m. –*toi*] Che si può sollevare e abbassare.

levatrice s.f. Donna specializzata nell'assistenza alle partorienti. SIN.: **ostetrica**.

levatùra s.f. Grado di capacità intellettuale, intelligenza, dignità. *Talento di eccezionale levatura.* ~ In riferimento a cosa, qualità, portata.

levellers [/'lɛvələz/] s.m. pl. (voce ingl. "livellatori") Repubblicani inglesi che, durante la guerra civile (1647-1649), pur essendo fermamente ostili alla monarchia, si opposero all'autoritarismo di Cromwell.

leverage [/'liːvərɪdʒ/] s.m. inv. (voce ingl., deriv. di *lever* "leva") Nell'analisi finanziaria, il rapporto tra l'indebitamento e i mezzi propri, ovvero tra capitale e riserve, di un'impresa.

leveraged buy-out [/'liːvərɪdʒd 'baɪ,aut/] loc. sost. m. inv. (loc. ingl., comp. di *to leverage* "speculare con denari presi a prestito" e *buy-out* "acquisto in blocco") FIN Acquisto di una società utilizzando fondi presi a prestito.

leviatàno o **leviathàn** s.m. (lat. *leviathān*, ebr. *liwjātān* "tortuoso") **1.** Nella Bibbia, enorme mostro di mare che si nutre di uomini, emblema della potenza dei Faraoni, assunto dal filosofo Hobbes a simbolo della potenza delle istituzioni nei confronti dei singoli. **2.** estens. Struttura gigantesca. ~ fig. Apparato burocratico tortuoso. **3.** IND. TESS. Macchinario per la sgrassatura della lana.

levigàre v.tr. [4] **1.** Rendere levigato, donare a una superficie un aspetto liscio e lucido. *Levigare un metallo.* **2.** Perfezionare qlco., togliervi ogni minimo difetto. *Levigare lo stile di un romanzo.* **3.** CHIM., FIS. Effettuare una levigazione.

levigàto agg. **1.** Privo di ruvidezza. **2.** fig. Rifinito con grande cura.

levigatóre s.m. [f. –*trice*] Chi si specializzato in levigazioni. **2.** CHIM., FIS. Strumento che si usa nella levigazione dei miscugli.

levigatrice s.f. Macchina usata per lavori di levigazione.

levigatùra s.f. Operazione con cui si leviga qlco. – Il suo risultato.

levigazióne s.f. **1.** Procedimento di rifinitura con cui si eliminano le scabrosità o le irregolarità di una superficie. **2.** GEOGR. Processo in base al quale le rocce vengono consumate o rese lisce dagli agenti atmosferici, dallo scorrere delle acque o dall'azione dei ghiacciai. **3.** CHIM., FIS. Processo industriale con cui si separano le particelle solide di un miscuglio sfruttando le diverse velocità di decantazione in un fluido.

leviràto s.m. (deriv. di lat. *lévir* "cognato") RELIG. Costume degli antichi Ebrei, tuttora diffuso in certe civiltà primitive, che consiste nel prendere in moglie la vedova del fratello maggiore se deceduto senza figli maschi.

levistico s.m. [pl. –*ci*] Pianta originaria della Persia, coltivata per le proprietà diuretiche delle sue radici e dei suoi frutti. (Genere *Levisticum;* famiglia delle Ombrellifere).

levita s.m. [pl.m. –*ti*] RELIG. Presso gli antichi Ebrei, membro della tribù di Levi, a cui era riservata la funzione di ministro del culto.

levitàre v.intr. (aus. *avere* ed *essere*) In metapsichica, diventare molto leggeri, al punto da alzarsi in aria.

levitazióne s.f. (ingl. *levitation*) Fenomeno paranormale consistente nel sollevare in aria la propria persona o un oggetto molto pesante.

levogiro agg. **1.** Di movimento, che va da destra a sinistra, in senso antiorario. SIN.: **sinistrorso**. **2.** CHIM. Di composto in grado di deviare il piano della luce polarizzata verso sinistra. (Il fruttosio naturale, p.e., è levogiro).

levrière o **levrière** s.m. (fr. *lévrier*, lat. *cànem leporārium* "cane da lepre") Cane snello, con muso affusolato, corpo incurvato e muscoloso, molto veloce, adatto alla caccia alla lepre.

levulòsio s.m. (fr. *lévulose*) CHIM. ORG. → **fruttosio**.

lewisite o **levisite** s.f. (dal nome del chimico statunitense W.L. *Lewis*) **1.** MIN. Minerale in cristalli ottaedrici di colore giallo-bruno o in tenenti titanio, calcio, antimonio. **2.** CHIM. Fluido oleoso dall'odore di geranio che, per la sua azione vescicatoria, veniva usato come aggressivo chimico durante la prima guerra mondiale.

lezióne s.f. (lat. *lectiōnem* "lettura") **1.** Attività didattica svolta da un docente con uno o più allievi in un tempo determinato. ~ estens. Il contenuto della lezione. *Preparare la lezione.* ~ Ciò che il maestro insegna. ~ La scuola stessa. **2.** Insegnamento appreso da un'azione o da un evento. *Le lezioni dell'esperienza.* ~ Punizione esemplare, rimprovero. *Subire una dura lezione.* **3.** Nella critica testuale, forma in cui una parola o un passo si presenta in un testo. *Questa è la lezione più attendibile.* **4.** CATT. Brano delle Scritture letto nell'ufficio mattutino e nella prima parte della messa.

leziosàggine s.f. Modo di agire stucchevole, affettato. ~ Frase o azione leziosa.

lezióso agg. **1.** Che si esprime o si comporta in modo cerimonioso e privo di spontaneità. **2.** Che manifesta eccessiva affettazione.

lezzino s.m. MAR. Cordicella fatta da due filacce di canapa intrecciate.

lézzo s.m. **1.** Pessimo odore. **2.** estens. Sporcizia. – fig. Perversione morale.

1. li art.determ. m. pl. Si usa oggi solo nelle date (invece di *il* o di *addì*), a partire dal secondo giorno del mese, soprattutto nella corrispondenza formale o nell'uso burocratico. *Roma, li 2 marzo 2003.*

2. li s.m. Misura cinese di lunghezza che vale 576 m ca.

lì avv. **1.** In quel luogo (in oppos. a *qui*). ◇ *Di, da lì:* da quella parte. **2.** Come rafforzativo di altri elementi. *Fermo lì.* **3.** In quel momento, in quel punto. *E lì cominciarono i guai.* ◇ *Di lì a:* dopo.

liability [/laɪə'bɪlɪti/] s.f. inv. (voce ingl., propr. "responsabilità") ECON. Passività di bilancio.

liaison [/lje'zɔ̃/] s.f. inv. (voce fr., lat. *ligatiōnem* "legatura") **1.** LING. Fenomeno fonetico-sintattico tipico della lingua francese che consiste nel pronunciare la consonante finale (normalmente muta) di una parola, per legarla alla vocale d'inizio della parola successiva. **2.** fig. Relazione, legame amoroso.

liàna s.f. (fr. *liane*, deriv. di *lier* "legare") Pianta il cui fusto flessibile si arrampica appendendosi a un sostegno (*specie rampicanti:* vite, edera, clematide) o avvolgendosi attorno a esso (*piante volubili:* convolvolo, fagiolo). (Le liane sono tipiche delle foreste tropicali.)

lianóso agg. BOT. Di pianta che ha la forma o le caratteristiche delle liane.

lias s.m. (solo sing.) (voce ingl., usata dai cavatori per indicare banchi regolari di calcari duri) GEOL. Prima epoca del periodo giurassico. (Compresa tra 205 e 180 milioni di anni fa.)

libagióne s.f. **1.** Nelle religioni antiche, offerta rituale a una divinità di una sostanza liquida (vino, olio, latte) che si spargeva sul suolo o su un altare. **2.** fig. scherz. Grande bevuta di vino o altre bevande alcoliche.

libanése agg. Del Libano. ◆ s.m. e f. Nativo, abitante del Libano.

libanizzazióne s.f. Nel l. gior., processo di frammentazione di uno Stato, per allusione alla situazione del Libano negli anni intorno al 1980.

libbra s.f. (lat. *libram* "bilancia" e "misura di peso") Antica unità di peso usata ancora oggi con valore variabile a seconda dei luoghi.

libéccio s.m. [non com. pl. –*ci*] (etim. discussa, forse ar. *lebeğ*, gr. *Libykós* "vento che proviene dalla Libia") Vento umido che spira nel Mediterraneo con raffiche violente da sud-ovest.

libellista s.m. e f. [pl.m. –*sti*] Scrittore di libelli.

libèllo s.m. **1.** Piccolo scritto satirico di solito anonimo, a volte a carattere diffamatorio. **2.** Nel l. giur. antico, domanda giudiziaria scritta.

libèllula s.f. (lat. *Libellula*, deriv. di *libèlla* "libellula" propr. "piccola bilancia" per la posizione orizzontale delle sue ali durante il volo) **1.** Insetto dal corpo allungato e stretto, con quattro ali trasparenti dalle fini nervature, occhi globulosi a faccette, che vola rapidamente nelle vicinanze dell'acqua, catturando insetti; la larva, è acquatica. (Lunghezza fino a 5 cm; ordine degli Odonati). **2.** ZOOL. (iniziale maiusc.) Genere di animali cui appartiene la libellula.

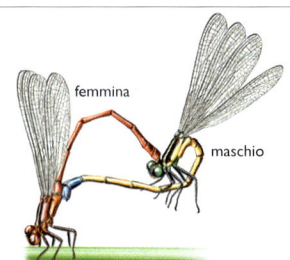

■ **libèllula.** Accoppiamento di libellule.

liberal [/'lɪbərəl/] agg. inv. (voce ingl.) Che ha un'ideologia progressista, democratica.

liberàle agg. **1.** Disposto a dare con generosità. ~ estens. Di azione, che dimostra generosità. **2.** Favorevole alle libertà individuali, alla libertà di pensare, alla libertà politica. *Idee liberali.* **3.** Che appartiene al liberalismo economico o politico, che è favorevole ad esso. ◇ *Economia liberale:* che tende a limitare l'intervento dello Stato nella vita economica a favore dell'iniziativa privata. ◆ s.m. e f. Seguace, propugnatore del liberalismo economico e politico. ~ estens. (pl. m.) Il partito stesso.

liberalismo s.m. Orientamento ideologico e politico che mira a limitare i poteri dello Stato per favorire la libertà d'azione dei singoli. ◇ *Liberalismo economico:* dottrina economica della libera impresa, secondo la quale lo Stato non deve, con il suo intervento, ostruire il libero gioco della concorrenza. (Il liberalismo politico si è inizialmente affermato con Locke e Montesquieu, mediante l'opposizione all'assolutismo monarchico, prima di conoscere un notevole sviluppo con Tocqueville, Bentham, J. S. Mills, Hayek. La scuola liberale è stata rappresentata dagli economisti classici dei secc. XVIII e XIX: da Adam Smith, Thomas Robert Malthus, David Ricardo, John Stuart Mill, in Inghilterra; da Jean-Baptiste Say, Frédéric Bastiat, in Francia.)

liberalità s.f. inv. **1.** Atteggiamento di larghezza nel dare, nello spendere. *Atti di liberalità.* ◇ *Liberalità d'uso:* compenso di modesta entità (p.e. una mancia) per un servizio reso. **2.** Azione compiuta con generosità. **3.** DIR. → **donazione**.

liberalizzàre v.tr. (ingl. *to liberalize*) **1.** ECON. Rendere un'attività libera da barriere economiche. **2.** Autorizzare, legalizzare qlco. *Liberalizzare l'aborto.*

liberalizzazióne s.f. (ingl. *liberalization*) **1.** Adeguamento ai principi economici del liberalismo. *Liberalizzazione dei prezzi.* **2.** Eliminazione di vincoli posti in precedenza.

liberalsocialismo s.m. Dottrina, sorta nell'Ottocento, che concilia i principi del socialismo e del liberalismo.

liberaménte avv. **1.** Con libertà. **2.** Senza ostacoli o restrizioni. **3.** Con franchezza.

liberàre v.tr. **1.** Sciogliere qlcu. o qlco. da impedimenti, eliminando un vincolo preesistente, anche fig. *Liberare una proprietà da ipoteca.* ~ *fig.* Sollevare, alleviare. ~ Rendere libero qlcu., dargli o ridargli la libertà. **2.** Sgombrare qlco. da ciò che lo ingombra. *Liberare il passaggio.* ~ Sbloccare un meccanismo eliminando un vincolo, un impedimento. **3.** Manifestare un certo modo di essere o di sentire senza porsi limitazioni. *Liberare la propria angoscia nel pianto.* **4.** CHIM., FIS. Originare un'energia, una sostanza. *Reazione che libera l'ossigeno.* ~ *estens.* Produrre, sprigionare qlco. **5.** COMM. Pagare per intero il prezzo di qlco. ~ Riscattare da un vincolo legale. ◇ *Liberare un'azione:* pagare per intero il valore del titolo. **6.** SPORT. Nel calcio, allontanare il pallone dalla propria porta mentre la squadra avversaria è in attacco. ◆ **liberarsi** v.pron. **1.** Diventare libero, rendersi disponibile. *L'appartamento si è liberato.* **2.** Rendersi libero da qlco. o qlcu. che impedisce il movimento. *Liberarsi da un pericolo.* **3.** Detto di soggetto inanimato, sprigionarsi da qlco. *Da questo materiale si libera calore.*

liberatóre agg. [f. *-trice*] Che libera da costrizioni morali o fisiche. *Esercito liberatore.* ◆ s.m. (anche f.) Nel sign. dell'agg. ◇ *L'estrema liberatrice:* la morte.

liberatòria s.f. DIR. Dichiarazione con cui si rende libero qlcu. da un vincolo.

liberatòrio agg. [pl.m. *-ri*] **1.** Che rende libero da un obbligo, spec. in senso psicologico. **2.** Di pagamento, che estingue un debito. ◇ ECON. *Potere liberatorio:* caratteristica della moneta legale in base alla quale essa deve essere accettata obbligatoriamente da tutti come mezzo di pagamento.

liberazióne s.f. **1.** Il rendere liberi da una condizione di soggezione o vincolo. *Liberazione di un prigioniero.* ◇ *Lotta di liberazione:* quella che si combatte contro l'occupazione straniera. – *per anton. La Liberazione:* in Italia e in altre nazioni d'Europa, la caduta del nazismo e dei governi a esso legati e la conseguente fine dell'occupazione (v. parte n.pr.). *Il 25 aprile si celebra l'anniversario della Liberazione.* **2.** *fig.* Cessazione di una costrizione materiale o psicologica. **3.** ECON. *Liberazione di un'azione:* pagamento da parte di un azionista alla società dell'intero valore di emissione di un'azione. **4.** CHIM. Separazione di un elemento o di un composto chimico da un altro, prodotta da una reazione. **5.** FIS. *Liberazione di energia:* emissione d'energia in occasione di una reazione chimica o nucleare.

1. liberiàno agg. Della Liberia. ◆ s.m. [f. *-na*] Nativo, abitante della Liberia.

2. liberiàno agg. (fr. *libérien*, deriv. di lat. *līber* "libro") BOT. Relativo al libro di una pianta. SIN.: **libroso**.

3. liberiàno agg. Di papa Liberio (352-366), spec. in riferimento alla basilica di Santa Maria Maggiore a Roma, da lui fatta costruire.

liberismo s.m. Liberalismo economico che propugna in partic. il libero scambio, la libera circolazione dei beni e l'estraneità dello stato all'economia.

1. liberista agg. [pl.m. *-sti*] Relativo al liberismo. ~ Che si ispira al liberismo e lo sostiene. ◆ s.m. e f. Seguace del liberismo.

2. liberista s.m. e f. [pl.m. *-sti*] (deriv. di *libero* con *-ista* deriv. di (*discesa*) *libera* con *-ista*) SPORT. Nello sci, atleta specialista della discesa libera.

lìbero agg. **1.** Non soggetto a padrone o a qualsiasi forma di dominio. *Libero cittadino.* SIN.: **indipendente**. ◇ *Stato, popolo libero:* Stato, popolo sovrano. **2.** Non limitato da dogmi o ideologie. *Voto libero.* ◇ *Libero pensatore:* chi rivendica la propria indipendenza di pensiero, in partic. in materia religiosa; nel Settecento e Ottocento, intellettuale anticonfessionale e antidogmatico. **3.** Non sottoposto a provvedimenti di custodia giudiziaria o ad altre forme di reclusione. *L'imputato è libero.* ~ Di animale, non prigioniero, slegato. **4.** Che è in grado di agire secondo la propria volontà. *Essere libero di rifiutare.* **5.** *estens.* Non condizionato da vincoli sociali, che non si preoccupa delle regole. *Coppia libera.* ~ Diretto, senza finzioni, franco. ~ Senza legami affettivi stabili. ◇ *Certificato di stato libero:* quello che attesta la condizione di non sposato. **6.** Riferito a persona, privo di impegni particolari, che dispone del proprio tempo. *Sono libera stasera.* **7.** Riferito a cosa, non occupato, disponibile, senza ostacoli. *Posto libero.* ◇ *Entrata libera:* accesso gratuito a un luogo. – *Libera uscita:* permesso con cui è consentito ai militari di lasciare la caserma. – *fig. Via libera:* possibilità di fare ciò che si vuole. **8.** Indipendente dal controllo o dall'ingerenza dello Stato, più genericamente, autonomo. ◇ *Libere professioni:* attività di lavoro autonomo svolte da professionisti. – *Libero professionista:* chi svolge la propria attività in modo autonomo, senza avere un rapporto di lavoro dipendente. **9.** Senza impedimenti fisici. *Libero nei movimenti.* SIN.: **sciolto**. ~ *fig.* Senza ostacoli. *Lasciare libera la fantasia.* **10.** Non definito da regole o schemi predeterminati. **11.** CHIM. Di elemento allo stato puro, non combinato con altri. **12.** SPORT. Affrancato da precise regole o compiti. *Stile libero.* **13.** LING. *Sillaba libera:* terminante in vocale e non in consonante. ◆ s.m. **1.** [f. *-ra*] Nella Roma antica, cittadino con tutti i diritti civili. **2.** SPORT. (anche con riferimento a donna) Nel calcio, difensore che si muove liberamente davanti al portiere e in linea difensiva.

liberoscambismo s.m. (calco delfr. *libre-échangisme*) ECON. Teoria e prassi del libero scambio. SIN.: **liberismo**.

libertà s.f. inv. **1.** Condizione di chi non è soggetto a nessuna costrizione. ◇ DIR. *Libertà vigilata:* misura di sicurezza non detentiva che sottopone a sorveglianza da parte della polizia. – *Diritti di libertà:* diritti di libertà personale, di riunione e associazione, di pensiero e religione. – *Libertà di riunione:* diritto costituzionale di riunirsi liberamente in un luogo determinato purché in modo pacifico e senza armi. – *fig. Libertà di movimento:* possibilità di agire secondo la propria volontà. – *Animali in libertà:* non legati o chiusi in un luogo. ~ FILOS. Facoltà dell'uomo di determinarsi da sé, di agire secondo la propria volontà e la propria ragione. **2.** Stato di un popolo non soggetto al dominio straniero o a una dittatura. *La causa della libertà.* **3.** Facoltà di agire, pensare, esprimersi secondo le proprie scelte. *Libertà d'opinione.* ◇ *Libertà di coscienza:* libertà di seguire le proprie convinzioni religiose, morali e politiche. – *Libertà d'espressione:* libertà di *parola. **4.** *estens.* Assenza di impedimenti fisici. *Libertà di movimenti.* ~ Assenza di impegni, obblighi, vincoli coniugali, professionali, ecc. *Prendersi un giorno di libertà.* ◇ *In tutta libertà:* senza timore o imbarazzo. – *Libertà di azione:* possibilità di agire senza limitazioni. **5.** Familiarità sconveniente, eccessiva confidenza. SIN.: **licenza**. ◇ *Prendersi la libertà di:* permettersi di. – *Prendersi delle libertà:* agire in modo poco rispettoso. **6.** Con la prep. *da*, liberazione da uno stato avvertito come negativo, doloroso. *Libertà dalla fame.*

libertàrio agg. [pl.m. *-ri*] (fr. *libertaire*) **1.** Basato sulla libertà o ispirato alla sua difesa. **2.** Che antepone a tutto la totale libertà dell'individuo. ◆ s.m. [*-ri*, f. *-ria*] Nell'accez. 2 dell'agg.

liberticida s.m. e f. [pl.m. *-di*] (fr. *liberticide*) Chi mette in pericolo la libertà politica e civile.

libertinàggio s.m. [pl. *-gi*] (fr. *libertinage*) **1.** Condotta licenziosa e dissoluta. SIN.: **depravazione**. **2.** Atteggiamento intellettuale proprio dei libertini dei secc. XVII-XVIII.

libertinismo s.m. **1.** Orientamento ideologico e dottrinale dei secc. XVII-XVIII, che propugnava l'assoluta indipendenza e libertà del pensiero da principi, dogmi, norme, ecc. **2.** *estens.* Anticonformismo.

libertìno agg. (lat. *libertīnum* "relativo al liberto" e "liberato, figlio di un liberto") **1.** Nell'antica Roma, relativo allo stato del liberto. **2.** Del movimento filosofico e ideologico del *libertinismo* (secc. XVII-XVIII) che propugnava l'assoluta indipendenza e libertà del pensiero da principi, dogmi, norme, ecc. **3.** *estens.* Improntato a comportamento dissoluto. ◆ s.m. [f. *-na*] **1.** Sostenitore della libertà del pensiero da ogni vincolo ideologico o dogmatico spec. con riferimento a intellettuali dei secc. XVII-XVIII. ~ Libero pensatore. **2.** *estens.* Individuo licenzioso, gaudente.

libèrto s.m. [f. *-ta*] Nella Roma antica, schiavo liberato.

liberty [/ˈlɪbəti/] s.m. inv. (voce ingl., dal nome di A.L. *Liberty*, proprietario a Londra di un noto negozio di articoli orientali) Tendenza stilistica, spec. nel campo dell'architettura e dell'arredamento, nata in Europa tra il sec. XIX e il sec. XX, nota anche come *stile floreale*.

lìbico agg. Della Libia. ◆ s.m. [pl.m. *-ci*] **1.** [f. *-ca*] Nativo, abitante della Libia. **2.** (solo sing.) Lingua estinta, un tempo diffusa in Africa settentrionale. **3.** Vento da sud-ovest. SIN.: **libeccio**.

libìdine s.f. (lat. *libīdinem*, deriv. di *libēre* "piacere, essere gradito") **1.** Desiderio sessuale incontrollabile. **2.** *estens.* Desiderio sfrenato di qlco. **3.** Nel gergo giovanile, grande divertimento.

libidinóso agg. **1.** Incline alla ricerca incessante del piacere erotico. ~ Caratterizzato da libidine. *Sguardo libidinoso.* **2.** Nel gergo giovanile, molto bello, piacevole. *Pranzo libidinoso.* ◆ s.m. [f. *-sa*] Persona lussuriosa.

libìdo s.f. inv. (lat. *libīdo* "desiderio, libidine") PSICOAN. In Freud, energia psichica dell'impulso sessuale. ~ PSICOL. Ogni tipo di energia psichica anche non sessuale. ~ SESS. Desiderio sessuale. *Mancanza di libido.*

libràio s.m. [f. *-braia*, pl.m. *-brai*] Chi vende libri.

libràrio agg. [pl.m. *-ri*] Dei libri. ◆ s.m. ANT. ROM. Servo, liberto con compiti di amanuense. ~ Addetto a tenere i libri contabili di una legione.

libràrsi v.pron. Sostenersi in aria, in equilibrio, in partic. di uccello ad ali spiegate. *Librarsi in volo.*

librazióne s.f. (lat. *librātiōnem* "livellamento") ASTR. Periodica oscillazione della Luna attorno al proprio asse, osservabile dalla Terra.

libreria s.f. **1.** Negozio di libri. ~ Casa editrice proprietaria di una o più librerie. *Libreria dello Stato.* **2.** Mobile a scaffali per sistemare libri. **3.** *estens.* Luogo dove sono raccolti molti libri. SIN.: **biblioteca**. **4.** INFORM. Raccolta di programmi, sottoprogrammi e funzioni dedicate allo svolgimento di compiti specifici, progettata per essere riutilizzata nell'ambito di diversi programmi applicativi. *Libreria grafica.*

librésco agg. [pl.m. *-schi*, f. *-sche*] (fr. *livresque*) *spreg.* Che si è appreso solo dai libri e non dall'esperienza.

librettista s.m. e f. [pl.m. *-sti*] Autore del testo di un'opera musicale.

librétto s.m. **1.** Nel sign. del dim. di *libro*. **2.** Taccuino per appunti registrazioni, conti. **3.** Fascicolo documentario, rilasciato da un ente pubblico, su cui vengono annotati dati ufficiali. *Libretto universitario.* ◇ *Libretto di lavoro:* documento contenente le generalità del lavoratore e altri dati rilevanti, necessario al lavoratore per iscriversi al collocamento e venire assunto. – *Libretto personale:* su cui vengono segnate le variazioni nella carriera di un militare. – *Libretto di risparmio:* in cui si annotano versamenti e prelievi bancari o postali. – *Libretto nominativo di risparmio:* intestato al proprietario che è l'unico a poter fare prelievi e a godere degli interessi maturati (in oppos. a *libretto al portatore*). – *Libretto di circolazione:* documento che autorizza un veicolo a motore a viaggiare sulle strade. – *Libretto degli assegni:* blocchetto di moduli che il titolare di un conto corrente compila per dare ordine di pagamento. – *Libretto di deposito:* documento sul quale sono annotati versamenti e prelievi del depositante di un conto bancario. **4.** MUS. Componimento letterario destinato a essere messo in musica. ~ Il fascicolo su cui è stampato.

libro s.m. (lat. *lībrum*, orig. "parte interna della corteccia" che, disseccata, nell'antichità forniva materiale su cui scrivere) **1.** Serie di fogli consecutivi contenenti un testo, legati tra loro e muniti di copertina. SIN.: **volume.** ~ Il contenuto del testo stampato in un libro. *Leggere un libro.* ◇ *Libro bianco*: raccolta di documenti o testimonianze per denunciare un problema determinato, pubblicato da un governo o da altro organismo. – *Libro nero*: marchio di cattiva fama segno di inimicizia, di ostilità. – *fig. Essere un libro aperto*: essere qlcu. di cui si capiscono i pensieri e gli stati d'animo. – *Il libro sacro*: nella religione ebraica o cristiana, per anton., la Bibbia, in quella musulmana, il Corano. **2.** Registro sul quale si annotano spec. dati relativi all'attività di un ente pubblico, di una ditta, ecc. *Libri contabili.* ◇ *Libro paga*: quello che rileva le presenze dei lavoratori dipendenti, i loro retribuzioni, ecc. – *Libro di bordo*: giornale di navigazione di una nave o di un aereo. **3.** Ciascuna parte di un'opera, spec. classica. *I dodici libri dell'Eneide.* **4.** BOT. Nelle piante legnose, complesso di tessuti vegetali più vicini alla corteccia, costituito da fibre di sostegno e vasi che conducono la linfa elaborata dalle foglie. SIN.: **floema.**

librogame o **libro-game** [/libro'geim/] s.m. inv. (voce semiingl.) Libro d'avventura in cui la trama e il finale sono lasciati al lettore, che sceglie fra varie soluzioni.

licantropìa s.f. **1.** PSICH. Delirio di natura isterica che spinge a imitare il comportamento di un lupo o una bestia feroce. **2.** Nella fantasia popolare, trasformazione di un uomo in lupo mannaro.

licàntropo s.m. (gr. *lykánthrōpos*, comp. di *lýkos* "lupo" e *ánthrōpos* "uomo") **1.** PSICH. [f. *-pa*] Persona affetta da licantropia. **2.** Nella fantasia popolare, uomo diventato lupo. SIN.: **lupo mannaro.**

licaóne s.m. (lat. *Lycaon*, gr. *Lykáōn* deriv. di *lýkos* "lupo", nome di un mitico re greco che Zeus tramutò in lupo) Mammifero carnivoro dell'Africa, simile sia alla iena sia al lupo, con pelo fulvo e nero, che caccia in branco zebre e gnu. (Famiglia dei Canidi).

lìccio s.f. [pl. *-ci*] IND. TESS. Meccanismo che alza e abbassa i fili dell'ordito.

liceàle agg. Del liceo, relativo al liceo. ◆ s.m. e f. Chi frequenta il liceo.

liceità s.f. inv. L'essere lecito, ammesso, consentito.

Licèna s.f. (lat. *Lycaena*, gr. *lýkaina* "lupa" forse per le ali grigie della femmina) ZOOL. Genere di piccole farfalle dai bellissimi colori; i bruchi delle specie più comuni vivono sulle leguminose o sulle piante delle paludi. (Famiglia dei Licenidi.)

Licènidi s.m. pl. [iniziale minusc. sing. *-de* per l'individuo] ZOOL. Famiglia di insetti comprendente numerose specie, con ali di colori brillanti soprattutto negli individui maschi, abitudini diurne e diffusi nei paesi caldi. (Ordine dei Lepidotteri.)

licènza s.f. (lat. *licĕntiam*, deriv. di *licēre* "essere lecito") **1.** Autorizzazione accordata general. da un superiore. SIN.: **permesso. 2.** Autorizzazione a esercitare un'attività rilasciata da un'autorità amministrativa. ~ Il documento che l'attesta. ◇ *Licenza d'importazione o d'esportazione*: autorizzazione da parte del ministero delle finanze di importare o esportare una determinata quantità di merci. – *Licenza d'uso*: cessione del godimento dell'innovazione da parte del titolare di un brevetto. **3.** assol. Permesso di fabbricazione concesso a terzi da parte del titolare di un marchio brevettato. *Prodotto su licenza di una ditta tedesca.* **4.** Deroga alle consuetudini. ◇ *Licenza poetica*: libertà del poeta di non rispettare consuetudini linguistiche o metriche. **5.** estens. Comportamento audace. ~ Libertà eccessiva. SIN.: **licenziosità. 6.** Permesso temporaneo di assentarsi da un posto di lavoro, in partic. quello accordato ai militari. **7.** Diploma ottenuto al termine delle scuole primarie e secondarie.

licenziaménto s.m. **1.** Interruzione del rapporto di lavoro su iniziativa del datore di lavoro. ◇ *Licenziamento per giusta causa*: per gravi infrazioni disciplinari. – *Indennità di licenziamento*:

dovuta al lavoratore al momento della cessazione del rapporto di lavoro. **2.** STAM. *Licenziamento delle bozze*: autorizzazione alla stampa.

licenziàre v.tr. [6] **1.** Mandar via da un posto di lavoro, rescindere un rapporto di lavoro. *Licenziare un dipendente.* **2.** estens. Sfrattare qlcu. *Licenziare un inquilino moroso.* **3.** Conferire una licenza di studi. *Ogni anno questa scuola licenzia molti studenti.* ◆ **licenziarsi** v.pron. **1.** Mettere termine a un rapporto di lavoro da parte del lavoratore. **2.** Terminare un corso di studi ottenendo la licenza.

licenziàto agg. **1.** Riferito a chi ha terminato un corso di studi ottenendo la licenza. **2.** Che ha ricevuto il licenziamento dal datore di lavoro. ◆ s.m. [f. *-ta*] Nei sign. dell'agg.

licenziosità s.f. inv. **1.** Violazione dei limiti della morale e del pudore. SIN.: **dissolutezza. 2.** Azione, frase licenziosa.

licenzióso agg. Che non rispetta la decenza, eccessivamente libero nei costumi. SIN.: **dissoluto.** ~ Contrario al pudore e alla decenza. *Canzone licenziosa.* SIN.: **osceno.**

licèo s.m. (gr. *Lýkeion* località ateniese dove aveva sede la scuola di Aristotele, presso il tempio di Apollo Liceo) **1.** Scuola secondaria superiore quinquennale a carattere formativo e culturale generale. ~ L'edificio in cui tale scuola è ubicata. **2.** Scuola filosofica ateniese fondata da Aristotele (III sec. a.C.).

lichen s.m. inv. (lat. *līchen* "lichene") MED. Affezione della pelle e delle mucose caratterizzata da piccole papule violacee o da placche bianche.

lichène s.m. (lat. *lichēnem*, gr. *leikhḗn* deriv. di *leíkhein* "lambire") Associazione simbiotica di un fungo e un'alga che si può sviluppare su rocce, sul terreno, sugli alberi e sopravvivere anche in condizioni particolarmente sfavorevoli. (Può avere aspetto crostoso, frondoso, ecc. ed è importante per la colonizzazione del terreno.) ◇ *Lichene d'Islanda*: con tallo a lamine verticali, usato popolarmente per curare le affezioni delle vie respiratorie.

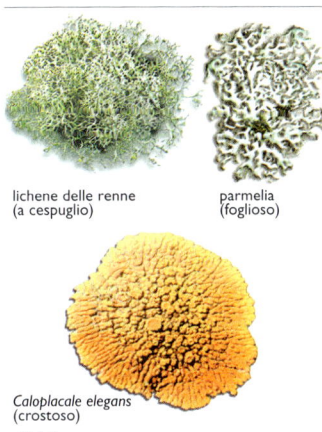

lichene delle renne (a cespuglio)

parmelia (foglioso)

Caloplacale elegans (crostoso)

■ **lichène**

licitàre v.intr. (aus. *avere*) DIR. Offrire un prezzo all'asta.

licitazióne s.f. (lat. *licitatiōnem*, deriv. di *licitāri* "fare un'offerta in una vendita all'incanto") **1.** DIR. Vendita sulla base dell'offerta più vantaggiosa. **2.** Nel bridge, dichiarazione che si fa a inizio partita, comunicando il seme e il punteggio.

Licnide s.f. BOT. Genere di piante delle zone temperate dell'emisfero nord, che comprende molte specie, spesso coltivate per ornamento. (Famiglia delle Cariofillacee.)

Licoperdàcee s.f. pl. [iniziale minusc. sing. *-a* per l'individuo] (lat. *Lycoperdaceae*, dal nome del genere *Lycoperdon* comp. di gr. *lýkos* "lupo" e *pérdesthai* "emettere peti") BOT. Famiglia di funghi basidiomiceti che a maturità si ricoprono di una polvere scura causata dalle spore; vi appartiene la vescia.

Licopodiàli s.f. pl. BOT. Ordine di piante crittogame a sporangio reniforme con un solo tipo di spore, cui appartiene il licopodio.

licopòdio s.m. (lat. *Lycopodium*, propr. "piede di lupo" per la peluria morbida) **1.** [pl. *-di*] Piccola pianta crittogama formata dai gambi striscianti o elaborati, con foglie sottili o aghiformi. (Ordine delle Licopodiacee). **2.** BOT. (iniziale maiusc.) Genere di piante comuni della flora italiana a cui appartengono varie specie di licopodi.

licòpsida s.f. **1.** Pianta crittogama, a foglie piccole e a sporangi isolati situati sulla faccia superiore delle foglie. (Classe delle Licopside.) **2.** (al pl. iniziale maiusc.) Classe del phylum delle Pteridofite, che comprende specie viventi e fossili.

Licòsa s.f. ZOOL. Genere di ragni, erranti e scavatori di tane, tipici del sud dell'Europa e delle regioni tropicali, di cui fa parte la tarantola. (Famiglia dei Licosidi.)

Licòsidi s.m. pl. [iniziale minusc. sing. *-de* per l'individuo] ZOOL. Famiglia di ragni di forma allungata; le femmine portano le uova in un sacchetto attaccato alle filiere. (Ordine degli Araneidi.)

lidar s.m. inv. (sigla dell'ingl. *Laser Infrared Detecting And Ranger*, "rivelatore e localizzatore con laser a raggi infrarossi") FIS. Tipo di radar ottico che utilizza luce laser a infrarossi, usato per rilevamenti atmosferici.

lìdio agg. [pl.m. *-di*] Della Lidia, antica regione dell'Asia Minore. ◆ s.m. **1.** [f. *-dia*] Nativo, abitante della Lidia. **2.** (solo sing.) Lingua con numerosi elementi indeuropei, parlata ant. in Lidia.

lidite o **lydite** s.f. (solo sing.) (ted. *Lydite* deriv. di *Lydia* "Lidia", come nome di una regione dell'Asia Minore) MIN. Varietà di diaspro usata per stabilire il titolo dei metalli preziosi, detta anche *pietra di paragone*.

lido s.m. **1.** Lembo di terra generalmente sabbiosa bagnata dal mare o da un lago. ~ Spiaggia attrezzata con stabilimenti balneari. ~ Lo stabilimento stesso. **2.** Deposito di sabbia e ghiaia dovuto all'accumulo dei materiali trascinati dai flutti. ~ Striscia di terra che divide una laguna dal mare aperto.

lidocaina s.f. Sostanza usata per le anestesie locali.

lied [/liːt/] s.m. [pl. *Lieder*] (voce ted., deriv. di *Liod* "canto") MUS. Poesia cantata, a una o più voci, con o senza accompagnamento, originaria dei paesi germanici.

ENCICL. Composizione medievale di contenuto sacro o profano, polifonico già dal XIV sec., il Lied ebbe grande successo nel XVII sec. (a voce sola e accompagnamento di basso continuo) e rinnovata fortuna nel XIX sec. (con accompagnamento di piano oppure di orchestra). Tra i maggiori compositori di *Lieder* vi furono Schubert, Schumann, Brahms, Wolf, Mahler, R. Strauss e, nel Novecento, Schoenberg, Berg e Webern.

lie detector [/lai di'tɛktə/] loc. sost. m. inv. (loc. ingl., propr. "rivelatore della menzogna") Macchina della verità, apparecchio che registra le reazioni emotive sull'organismo di una persona, nell'intento di valutarne la sincerità.

lièto agg. **1.** Che prova contentezza. ~ Usato in formule di cortesia. *Lieto di rivederla.* **2.** Che suscita gioia, che è fonte di contentezza o serenità. SIN.: **piacevole.** ◇ *Lieto fine*: conclusione felice di una pellicola, di un romanzo o di una storia. – *Lieto evento*: la nascita di un figlio.

lième agg. **1.** Che pesa poco, leggero. **2.** estens. Che si sopporta facilmente, che richiede poca fatica. **3.** fig. Di scarsa gravità o importanza.

lieveménte Pian piano. *La neve si posa lievemente.* ◆ avv. Poco, un poco, di poco.

lievitàre v.intr. (aus. *essere*) **1.** Gonfiarsi sotto l'effetto della fermentazione del lievito. *Il pane è lievitato.* **2.** fig. Aumentare, crescere. *I prezzi lievitano sotto Natale.*

lievitazióne s.f. **1.** Fermentazione della pasta dovuta al lievito. ~ fig. Crescita, proliferazione. **2.** ECON. Tendenza all'aumento, general. legata all'inflazione. *Lievitazione dei costi.*

lièvito s.m. **1.** Denominazione generica di funghi unicellulari a riproduzione asessuale, che

585

producono la fermentazione alcolica delle soluzioni zuccherate o che fanno aumentare le paste farinose. (I lieviti sono funghi della classe degli Ascomiceti; il genere più importante è il *Saccharomyces*.) ◇ *Lievito naturale:* impasto di farina e acqua lasciato inacidire. – *Lievito di birra:* costituito da cellule di lievito unite a sostanze inerti, è usato per fare il pane e per produrre la vitamina B1. **2.** *fig.* Ciò che è capace di suscitare un sentimento, un'emozione.

lifo s.m. inv. (sigla dell'ingl. *last in, first out* "l'ultimo dentro, il primo fuori", ossia ciò che è entrato per ultimo va fatto uscire per primo) CONTAB. Metodo convenzionale per cui merci o titoli in giacenza sono valutati ai prezzi di acquisto più vecchi, in base al principio che i beni acquistati per ultimi siano i primi a essere venduti o a essere impiegati nella produzione.

lift [/lɪft/] s.m. inv. (voce ingl., deriv. di *to lift* "innalzare") **1.** Addetto agli ascensori in grandi alberghi o edifici pubblici. **2.** SPORT. Nel tennis, effetto dato alla palla colpendola dal basso verso l'alto con la racchetta inclinata, per aumentare e accelerare il rimbalzo. SIN.: **effetto**.

lifting [/ˈlɪftɪŋ/] s.m. inv. (voce ingl., propr. "sollevamento") **1.** Intervento di chirurgia estetica consistente nell'eliminazione di rughe attraverso innalzamento e tensione della cute. **2.** Nel l. gior., operazione di ringiovanimento, di rinnovamento dell'immagine. *Un lifting ideologico.*

ligàsi s.f. inv. CHIM. Qualsiasi enzima che catalizza l'unione tra due molecole utilizzando l'energia contenuta in un legame di ATP; detta anche *sintetasi*.

light [/laɪt/] agg. inv. (voce ingl., "leggero") Leggero, detto di vari prodotti commerciali e di una categoria di pugili. ~ Di prodotto alimentare, a basso contenuto di grassi o zuccheri.

light pen [/laɪt ˈpɛn/] loc. sost. f. inv. (loc. ingl., propr. "penna - luce") INFORM. Penna ottica, dispositivo dotato di un sensore che è in grado di riconoscere la posizione sullo schermo a cui è avvicinata.

Ligia s.f. Genere di crostacei terrestri simili all'onisco, che vivono sulle coste del litorale atlantico. (Lunghezza 3 cm; ordine degli Isopodi, famiglia degli Oniscidi.)

ligio agg. [pl.m. *–gi*, f. *–gie*] **1.** Devoto a una persona, attaccato a una cosa, rispettoso di una situazione. *Dipendente ligio.* SIN.: **fedele. 2.** Nel diritto feudale, relativo al vassallo legato da un giuramento di fedeltà assoluta al suo signore.

lignàggio s.m. [pl. *–gi*] (fr. *lignage*) Linea di discendenza, di solito illustre. ◇ ANTROP. *Di alto lignaggio:* di alta nobiltà.

ligneo agg. **1.** Di legno, che è costruito in legno. *Un crocifisso ligneo.* **2.** *estens.* Di aspetto o con caratteristiche simili al legno. *Consistenza lignea.*

lignicolo agg. ZOOL. Di animale che vive nel legno degli alberi. *Insetti lignicoli.*

lignificàre v.tr. [4] BOT. Trasformare il tessuto vegetale col processo della lignificazione. ◆ v.intr. (aus. *essere*) BOT. Di cellule vegetali, subire il processo della lignificazione; anche pron. *Lo stelo (si) sta lignificando.*

lignificazióne s.f. (fr. *lignification*) BOT. Processo per il quale le pareti cellulosiche delle cellule vegetali si impregnano di lignina prendendo la consistenza del legno.

lignina s.f. BIOCHIM. Sostanza organica complessa, costituente principale del legno, che impregna le cellule, le fibre e i vasi conduttori, rendendoli impermeabili, anelastici e rigidi.

lignite s.f. Roccia d'origine organica, risultante dalla decomposizione incompleta di resti vegetali. (Poiché contiene il 70% ca. di carbonio, la lignite ha un potere calorifero tre volte inferiore, in media, al carbone.)

ligroina s.f. (fr. *ligroïne*) CHIM. Distillato del petrolio usato nell'industria come combustibile o solvente; detto anche *nafta leggera*.

ligula s.f. **1.** ANT. ROM. Tipo di cucchiaio. **2.** BOT. Piccola appendice della guaina che avvolge le foglie delle Graminacee. ~ Biforcazione presente a volte nei petali. **3.** ZOOL. Parte del labbro inferiore degli Imenotteri usata per succhiare il nettare dai fiori.

ligulàto agg. BOT. Munito di ligula.

ligure agg. **1.** Della Liguria, dei suoi abitanti. **2.** Degli antichi liguri, popolazione non indeuropea che ant. occupava la zona costiera dell'attuale Liguria e Costa Azzurra. ◆ s.m. e f. **1.** Nativo, abitante della Liguria. **2.** (al pl. iniziale maiusc.) Chi faceva parte dell'antico popolo ligure. **3.** (m. solo sing.) Dialetto della Liguria.

ligùstro s.m. **1.** Arbusto a fiori bianchi raccolti in pannocchie odorose, a bacche nere tossiche, spesso coltivato in parchi e giardini per formare siepi. (Altezza 2-3 m; famiglia delle Oleacee.) **2.** BOT. (iniziale maiusc.) Genere di piante cui appartengono varie specie di ligustro.

fiore

infiorescenza

frutti e foglie

■ ligùstro

Liliàcee s.f. pl. [iniziale minusc. sing. *–a* per l'individuo] BOT. Famiglia di piante erbacee monocotiledoni con bulbo sotterraneo, cui appartengono numerose specie utilizzate nell'alimentazione (aglio, cipolla) o a scopo ornamentale (giglio, tulipano, giacinto, ecc.).

Liliflòre s.f. pl. [iniziale minusc. sing. *–ra* per l'individuo] BOT. Ordine di piante con fiori vistosi con ovario supero o infero, frutti a capsula o a bacca e spesso organi sotterranei di riserva (bulbi, rizomi).

lilion s.m. inv. IND. TESS. Nome commerciale, che costituisce marchio registrato, di fibra tessile sintetica di natura poliammidica utilizzata per confezionare tendaggi e maglieria.

lilla agg. inv. (fr. *lilas*, ar. *līlaǧ* dal persiano *līlak*, sanscr. *nīla* "blu scuro") Di color viola tendente al rosa. ◆ s.m. inv. Il colore lilla.

lillà s.m. inv. Arbusto originario del Medio Oriente, coltivato per i suoi grappoli di fiori profumati, violacei o bianchi; detto anche *serenella*. (Genere *Syringa*, famiglia delle Oleacee.)

lillipuziàno agg. [f. *–na*] (ingl. *Lilliputian* deriv. di *Lilliput*, nome del favoloso paese in miniatura che lo scrittore inglese J. Swift descrive nel romanzo "I viaggi di Gulliver") **1.** Dell'immaginario paese di Lilliput. **2.** *estens.* Di dimensioni piccolissime. ◆ s.m. **1.** Abitante del paese di Lilliput. **2.** *estens.* Persona di statura ridottissima. SIN.: **nano.**

Lima s.f. ZOOL. Genere di molluschi lamellibranchi marini provvisti di conchiglia triangolare, spesso scabra. (Ordine dei Filibranchi, famiglia dei Limidi.)

infiorescenza

fiore

■ lillà

lima s.f. **1.** Attrezzo manuale lungo e stretto, in acciaio temperato a bordi taglienti, utilizzato per sgrossare, rifinire, tagliare, sagomare metalli o legno. **2.** *fig.* Rifinitura minuziosa di un testo scritto. *Lavoro di lima.*

limàccia s.f. [pl. *–ce*] (lat. *limācem* "lumaca") Mollusco gasteropode terrestre, senza guscio esterno, di cui alcune specie, come la lasca (genere *Limax*) o la lumaca rossa (genere *Arion*), si attaccano alle colture. (Sottoclasse dei Polmonati.)

■ limàccia

limaccióso agg. **1.** Torbido per il fango. SIN.: **fangoso. 2.** *fig.* Poco chiaro da comprendere. *Stile limaccioso.* SIN.: **oscuro.**

liman [/li'man/] s.m. inv. (voce russa, turco *liman*, gr. *limēn* "porto") Laguna isolata da un cordone litorale che sbarra parzialmente la foce di un fiume.

limànda s.f. (fr. *limande*) Pesce piatto asimmetrico, commestibile, che vive nella Manica e nell'Atlantico. (Lunghezza 40 cm; famiglia dei Pleuronettidi.)

■ limànda

limàre v.tr. **1.** Sbozzare, tagliare, lucidare con una lima. **2.** *fig.* Rifinire, correggere, perfezionare uno scritto. *Limare lo stile.*

limatrice s.f. Macchina per piallare il cui movimento di taglio è ottenuto grazie all'avanzamento rettilineo.

limatùra s.f. **1.** Lavorazione di un materiale con la lima o la limatrice. **2.** *estens.* Insieme delle particelle che si staccano dalla superficie limata. **3.** *fig.* Rifacimento, perfezionamento.

limbèllo s.m. Nel l. dei conciatori, brandello di pelle o piccolo ritaglio di tessuto.

limbo s.m. (lat. *līmbum* "orlo" poi "margine dell'aldilà") **1.** TEOL. CRIST. Luogo e condizione delle anime di coloro che sono morti senza battesimo e non hanno perciò lavato la colpa del peccato originale. ~ Luogo di serenità in cui si trovano i bimbi morti senza battesimo. **2.** *fig.* Stato di indeterminatezza, situazione vaga. *Progetto ancora nel limbo.*

lime [/laɪm/] s.m. inv. (voce ingl., fr. *lime*, ar. *līmūn*) Agrume commestibile della limetta, di colore verde, dalla buccia liscia e polpa senza semi molto succosa.

limerick [/ˈlɪmrɪk/] s.m. inv. (voce ingl., prob. dal nome della città irlandese di *Limerick*) Nella letteratura britannica, filastrocca scherzosa di cinque versi.

limes s.m. [pl. *limites*] (voce lat., propr. "confine") ST. Durante l'impero romano, linea di fortificazione più o meno continua che delimitava alcune frontiere.

1. limétta s.f. (deriv. di spagn. *lima* "limone dolce") Pianta arbustiva sempreverde con frutti (*lime*) simili a limoni. (Famiglia delle Rutacee.)

2. limétta s.f. Nel sign. di dim. di *lima*.

limìcolo agg. BIOL. Che vive in luoghi palustri. ◆ s.m. **1.** Nel sign. di dim. **2.** ZOOL. (al pl., iniziale maiusc.) Sottordine di uccelli dalle zampe non palmate, diffusi in zone paludose. (Ordine dei Caradriformi.)

limitàre v.tr. (lat. *limitārem* "del confine") **1.** Circoscrivere uno spazio. **2.** *fig.* Contenere, ridurre entro certi limiti. *Limitare le spese.* ◆ **limitarsi** v.pron. **1.** Trattenersi, non eccedere. *Limitarsi* *bere.* SIN.: **frenarsi. 2.** Non fare di più. *Si limitò a fare poche domande.*

limitatézza s.f. Condizione di ciò che ha dei limiti.

limitativo agg. Che limita, che fissa o costituisce un limite. SIN.: **restrittivo.**

limitàto agg. **1.** Contenuto entro certi limiti. *Dimensione limitata.* **2.** *estens.* Esiguo, scarso, piccolo. ~ Condizionato da limiti. *Intelligenza limitata.* **3.** Riferito a persona, che si pone dei limiti. *Essere limitato nelle spese.* SIN.: **misurato.** ~ Di scarsa apertura mentale, mediocre. **4.** MAT. Insieme numerico limitato superiormente o inferiormente: si dice di un insieme di numeri reali tale che esista un numero finito rispettivamente maggiore o minore di tutti i numeri dell'insieme.

limitatóre agg. [f. –*trice*] (lat. *limitàtor* "agrimensore") Che limita. ◆ s.m. TECN. Congegno che si applica a macchinari o impianti affinché mantenga entro certi limiti la capacità e il valore di particolari grandezze fisiche. *Limitatore di velocità di una turbina.*

limitazióne s.f. **1.** Intervento volto a stabilire restrizioni. **2.** *estens.* (spec. pl.) Limite posto dallo stesso intervento restrittivo.

limite s.m. (lat. *lìmitem,* propr. "confine") **1.** Linea di confine o di demarcazione. **2.** *estens.* Segno visibile che indica un confine. *Limite della corsia d'emergenza.* **3.** Grado, livello o punto estremo a cui può giungere qlco. *Limite di resistenza.* **4.** Punto di passaggio a una condizione opposta rispetto a quella normale. *Limite di rottura.* SIN.: **soglia. 5.** Termine, confine, ambito che non può o non deve essere superato. *Porre un limite agli sprechi.* ◆ *Limite d'età:* età oltre alla quale non si può esercitare una funzione o godere di un diritto. – *Senza limiti:* illimitato. – *Limite di velocità:* velocità massima consentita. – *Al limite:* per male che vada, tutt'al più. – *Superare i limiti:* esagerare. – *Essere al limite:* essere esausto, sul punto di cedere. **6.** Manchevolezza, insufficienza. *Persona con molti limiti.* **7.** MAT. Concetto fondamentale dell'analisi infinitesimale. ◇ *Limite superiore (o inferiore) di una funzione:* l'estremo superiore (o inferiore). – *Limite di una funzione f(x) in un punto c:* se il valore di una funzione *f(x)* si avvicina a *L* quando *x* si avvicina a *c,* diciamo che *f(x)* ha come limite *L* per *x* tendente a *c.* – *Limite di una serie convergente:* numero *l* tale per cui, fissato un numero ε piccolo a piacere, è possibile trovare un termine della successione a partire dal quale la differenza tra *l* e il termine della successione sia minore di ε. □ In funzione di agg., che costituisce il limite, estremo. *Caso limite.*

limitrofo agg. (fr. *limitrophe,* lat. *limìtrophum* propr. "territorio da cui si traggono gli alimenti per le truppe di confine") Di territorio, nazione o Stato che confina con un altro. SIN.: **confinante.**

limivoro agg. BIOL. Di animale che si nutre degli elementi organici contenuti nel fango.

limnèa s.f. (lat. *Limnaea,* deriv. di gr. *limnãios* "palustre") **1.** Mollusco gasteropode d'acqua dolce, con guscio aguzzo a spirale e respirazione polmonare. (Lunghezza massima 5 cm; sottoclasse dei Polmonati.) **2.** ZOOL. (iniziale maiusc.) Genere di invertebrati cui appartiene la limnea.

limnologia s.f. Scienza che studia l'idrologia lacustre.

limo s.m. GEOL. Roccia sedimentaria detritica, continentale, che, essendo formata da particelle intermedie tra quelle della sabbia e quelle dell'argilla, costituisce un suolo leggero e fertile.

limonàta s.f. Bevanda preparata con succo o sciroppo di limone e acqua zuccherata.

limoncèllo agg. Di color giallo limone. ◆ s.m. **1.** BOT. Pianta arborea somigliante al limone. (Famiglia delle Rutacee.) **2.** Liquore di limone.

limoncìno s.m. Liquore limoncello.

limóne s.m. (ar. *līmūn*) **1.** Albero sempreverde del gruppo degli agrumi, coltivato nelle regioni mediterranee e subtropicali. (Genere *Citrus,* famiglia delle Rutacee.) **2.** Frutto del limone, ovale, di colore giallo, da cui si estrae un succo che contiene acido citrico e vitamina C. □ In funzione di agg. inv., di un giallo chiaro luminoso simile alla buccia dei limoni.

fiore

foglie e frutto

sezione del frutto

■ **limóne**

limonène s.m. Idrocarburo terpenico molto diffuso in natura.

limonìte s.f. (fr. *limonite*) Minerale metallifero formato da ossido idrato di ferro trivalente, mescolato a ematite, silice e altri elementi.

limosìno agg. (fr. *limousin,* lat. *Lemovicīnum* deriv. di *Lemovices* "Lemovici" nome di una popolazione gallica dell'Aquitania) Della città francese di Limoges e della regione di cui è capoluogo. ◆ s.m. **1.** [f. –*na*] Nativo, abitante di Limoges. **2.** (solo sing.) Dialetto provenzale della regione di Limoges.

limóso agg. Che contiene limo.

limousine [/'lɪmu'zin/] s.f. inv. (voce fr., propr. "vettura di Limoges" forse per somiglianza con un tipo di carrozza diffuso in questa regione) Automobile di lusso a quattro porte con carrozzeria di grandi dimensioni e con i sedili posteriori separati da quello di guida da un vetro divisorio.

limpidézza s.f. **1.** Caratteristica di ciò che è trasparente, puro. *Limpidezza del cielo.* **2.** *fig.* Perfetta integrità morale, assenza di colpe. SIN.: **purezza. 3.** *fig.* Chiarezza, assenza di artificiosità, linearità. *Limpidezza di stile.*

limpido agg. **1.** Privo di elementi estranei. *Un'acqua limpida.* **2.** *estens.* Facile da comprendere, semplice, chiaro. **3.** *fig.* Che non lascia margine di dubbio. *Un messaggio limpido.* **4.** *fig.* Chiaro, non contorto, lineare.

limulo s.m. (lat. *Limulus,* deriv. di *līmus* "limo" perché predilige i fondali sabbiosi) **1.** Grande artropode marino delle Antille e del Pacifico, con carapace massiccio e convesso. (Lunghezza 50 cm; genere *Xiphosura,* classe dei Merostomi.) **2.** ZOOL. (iniziale maiusc.) Genere di artropodi a cui appartiene il limulo.

Linàcee s.f. pl. [iniziale minusc. sing. –*a* per l'individuo] BOT. Famiglia di piante erbacee dicotiledoni con foglie semplici e frutti a capsula.

Linària s.f. BOT. Genere di piante erbacee diffuse nella regione mediterranea, con fiori gialli o azzurri in spighe. (Famiglia delle Scrofulariacee.)

lince s.f. [pl. –*ci*] **1.** Mammifero carnivoro di dimensione media, con zampe lunghe, pelo maculato, orecchie a punta; vive in Europa (lince delle Alpi), in America settentrionale (lince del Canada, lince rossa), in Asia e in Africa (caracal). (Genere *Felis,* famiglia dei Felidi.) ◇ *fig.*

■ **lince.** Lince del Canada.

Occhi di lince: vista penetrante, capacità di distinguere i piccoli dettagli che sfuggono in generale all'attenzione. **2.** ZOOL. (iniziale maiusc.) Genere di animali a cui appartengono varie specie di lince.

linciàggio s.m. [pl. –*gi*] (fr. *lynchage*) Esecuzione sommaria, senza processo, da parte di una folla non organizzata. ◇ *fig. Linciaggio morale:* denigrazione sistematica che ricorre ad accuse infondate.

linciàre v.tr. [5] (fr. *lyncher,* ingl. *to lynch* "condannare in modo sommario" dal nome del capitano americano W. *Linch* che introdusse una legge che permetteva esecuzioni illegali) **1.** Uccidere qlcu. per mezzo di un linciaggio. **2.** *fig.* Sottoporre qlcu. a una violenta campagna critica o diffamatoria, distruggendolo sul piano professionale.

lindo agg. (spagn. *lindo* "bello", lat. *legìtimum* "legale, appropriato") **1.** Perfettamente pulito e ordinato. **2.** *fig.* Privo di imperfezioni, rifinito con accurata semplicità.

line [/laɪn/] s.f. inv. (voce ingl., propr. "linea") Nell'organizzazione di un'azienda, la gerarchia dei funzionari che rendono operative le indicazioni fornite dallo staff dirigenziale.

linea s.f. (lat. *lineam,* orig. "cordicella di lino") **1.** Ente geometrico usato nel senso della lunghezza. *Linea orizzontale.* ~ Tracciato immaginario di un percorso continuo. *Seguire la linea di marcia.* ◇ *Distanza in linea d'aria:* calcolata fra due punti geografici in linea retta. **2.** Segno grafico che consiste in un tratto continuo. *Tracciare una linea.* SIN.: **riga.** ~ Nel codice Morse, segnale lungo che si combina con altri analoghi e con segnali brevi (punti) per formare le parole. **3.** Traccia lineare presente su una superficie. *Le linee della mano.* **4.** Segno lineare materiale o ideale che indica il termine di qlco. *Linea di confine.* ◆ MAR. *Linea di carico:* livello di immersione massimo di una nave a pieno carico. – *Linea d'acqua:* intersezione della superficie esterna dello scafo con piani paralleli al piano di galleggiamento della nave. – *Linea equatoriale:* l'equatore terrestre. **5.** SPORT. Striscia tracciata con gesso o vernice bianca per delimitare un terreno di gioco o le sue parti. ◇ *Linea di partenza:* in una gara di corsa, quella da cui viene dato il via. – *Linea d'arrivo:* il traguardo. **6.** Tratto della scala graduata di uno strumento, in partic. di un termometro, che corrisponde a un decimo di grado. *Avere poche linee di febbre.* **7.** *estens.* Contorno di una struttura, di una cosa, di una persona. *La linea dei fianchi.* SIN.: **profilo.** ◇ *fam.* Mantenere la linea: la snellezza delle forme, non ingrassare. – *A grandi linee:* per sommi capi. **8.** Nel l. della moda, foggia di un indumento. **9.** *fig.* Modo di agire. *Linea di condotta.* ◇ *Linea dura:* atteggiamento risoluto per affrontare difficoltà. **10.** Disposizione in fila di persone, animali o cose. *Una linea di pioppi.* **11.** MIL. Schieramento di truppe o di congegni bellici. ~ Fronte di combattimento. *Linea avanzata.* ◇ *In prima linea:* sul fronte più vicino al nemico; *fig.* in posizione di preminenza e di rischio per importanza, responsabilità. – *Vittoria, sconfitta su tutta la linea:* completa, piena. **12.** SPORT. Reparto di una squadra. *Linea di difesa.* **13.** COMM. Insieme di prodotti con caratteristiche simili o complementari presentato da una ditta. *Una linea di profumi.* **14.** STAMP. Sequenza di lettere o parole composte su un'unica fila. SIN.: **riga. 15.** Servizio di comunicazione tra luoghi diversi per il trasporto di persone o merci. *Linea aerea.* ◇ *Di linea:* che offre un servizio di trasporto pubblico regolare con orari fissi e percorso stabilito. **16.** Impianto di conduzione di energia elettrica o di segnali di comunicazione. *Linea telefonica.* ◇ *Essere in linea:* in comunicazione, in ascolto; *estens.* essere conforme, adatto. – *Linea rossa:* quella che collega importanti capi di stato nei momenti di crisi. **17.** *In linea:* nel linguaggio della cibernetica, riferito a una unità di elaboratore che opera in diretta connessione con l'elaboratore centrale. SIN.: **on line.** – *Non in linea:* è detto di una unità di elaboratore che non opera in diretta connessione con l'elaboratore centrale. SIN.: **off line. 18.** Nell'organizzazione aziendale, collocamento dei posti di lavoro e delle macchine in base al susseguirsi delle operazioni richieste dal ciclo produttivo. *Linea di montaggio*. SIN.: **catena**. **19.** Ordine di successione nei legami di parentela. *Linea paterna*. ◇ *Discendenza in linea retta*: del figlio rispetto al padre. **20.** BANC. *Linea di credito*: fiducia concessa da una banca a un cliente sulla base di determinati presupposti. SIN.: **fido**. **21.** ZOOL. *Linea laterale*: organo sensoriale dei pesci e delle larve degli anfibi costituito da un canale sottocutaneo che percorre i lati del corpo e che contiene cellule sensibili alle vibrazioni dell'acqua.

lineaménto s.m. **1.** (al pl.) Insieme dei tratti che costituiscono le fattezze del volto umano. **2.** *fig.* Elementi essenziali di una disciplina. *I lineamenti di una teoria*.

lineàre agg. **1.** Che riguarda una linea, è costituito da linee, si sviluppa in linea retta o in lunghezza. ◇ *Misura lineare*: misura di lunghezza. **2.** BOT. *Organo lineare*: stretto e allungato. **3.** MAT. *Sistema algebrico lineare*: in cui le incognite compaiono alla prima potenza. – *Algebra lineare*: il settore della matematica che studia gli spazi vettoriali e gli operatori lineari su di essi. **4.** *fig.* Che procede uniformemente secondo un'ideale linea retta. ~ Caratterizzato da uno svolgimento coerente e funzionale. In funzione di s.f., scrittura sillabica della Grecia antica. (La *lineare A* non è stata decifrata; la *lineare B* è documentata da iscrizioni micenee.)

linearismo s.m. Nelle arti figurative, prevalenza delle linee su altri elementi quali il colore, il chiaroscuro, il volume, ecc.

linearità s.f. inv. **1.** Caratteristica di ciò che è lineare. **2.** *fig.* Chiarezza e onestà.

lineétta s.f. Nella scrittura e nella stampa, segno grafico che consiste in una linea orizzontale più lunga del trattino.

linèico agg. [pl.m. –*ci*, f. –*che*] FIS. Inerente alla lunghezza.

liner [/'laɪnə/] s.m. inv. (voce ingl.) Cargo, nave mercantile di linea.

linfa s.f. (lat. *lými̯mpham* "acqua limpida") **1.** BOT. Soluzione di acqua e sali minerali che circola nei vasi legnosi delle piante e le nutre (*linfa ascendente*). – Soluzione acquosa di sostanze organiche elaborate dalla pianta (*linfa discendente*). **2.** ANAT. Liquido ricco di proteine e linfociti che circola nel sistema linfatico. **3.** ZOOL. Emolinfa degli invertebrati. **4.** *fig.* Ciò che dà forza, sostegno.

linfadenite o **linfoadenite** s.f. MED. Infiammazione delle ghiandole linfatiche.

linfadenòma o **linfoadenòma** s.m. [pl. –*mi*] MED. Tumore benigno delle ghiandole linfatiche.

linfangiòma o **linfoangiòma** s.m. [pl. –*mi*] MED. Tumore benigno dei vasi linfatici.

linfangite o **linfoangite** s.f. MED. Infiammazione dei vasi linfatici.

linfàtico agg. [pl.m. –*ci*, f. –*che*] (lat. *lymphăticus* "idrofobo, forsennato", propr. "reso furioso dalle Ninfe dell'acqua") **1.** ANAT. Relativo alla linfa o al sistema linfatico. ◇ *Sistema linfatico*: insieme degli organi che provvedono alla produzione e al trasporto della linfa, svolgendo funzioni di difesa per l'organismo. **2.** MED. Relativo al linfatismo, affetto da linfatismo. **3.** *estens.* Che manifesta debolezza, mancanza di energia. ◆ s.m. **1.** [f. –*ca*] Persona affetta da linfatismo. **2.** ANAT. Vaso linfatico.

linfatismo s.m. MED. Stato patologico dovuto a eccessivo sviluppo delle ghiandole linfatiche e caratterizzato da insufficienza muscolare e minore resistenza alle malattie.

linfo- Nel l. sc., primo elemento di composti nei quali indica relazione con la linfa o con il sistema linfatico (*linfocito, linfonodo*).

linfoblàsto s.m. Cellula dalla quale si originano i linfociti.

linfochìna s.f. IMMUNOL. Sostanza solubile prodotta dai linfociti in seguito a una stimolazione da parte di antigeni.

linfocito o **linfocita** s.m. [pl. –*ti*] ANAT. Globulo bianco del sangue e del tessuto linfatico, responsabile della difesa immunitaria. (Si distinguono i *linfociti B*, capaci di trasformarsi in plasmociti, e i *linfociti T*.)

linfocitòsi s.f. inv. MED. Aumento fisiologico o patologico del numero dei linfociti nel sangue.

linfodrenàggio s.m. Massaggio anticellulite.

linfoghiàndola s.f. ANAT. Linfonodo.

linfografìa s.f. MED. Radiografia dei vasi e dei gangli linfatici dopo l'iniezione di una sostanza radiopaca.

linfogranulòma s.m. [pl. –*mi*] MED. Denominazione di malattie del sistema linfatico consistenti in una proliferazione di tipo granuloso con conseguente aumento di volume dei linfonodi.

linfogranulomatòsi s.f. inv. MED. Affezione del sistema linfatico caratterizzata da tumefazioni a carico di stazioni linfoghiandolari. ◇ *Linfogranulomatosi maligna*: *malattia di Hodgkin. – *Linfogranulomatosi benigna*: sarcoidosi. – *Linfogranulomatosi venerea*: *malattia di Nicolas e Favre.

linfòide agg. ANAT., MED. Dei gangli linfatici. ◇ ISTOL. *Tessuto linfoide*: insieme dei linfociti in circolo o raggruppati in organi, che svolgono un ruolo centrale nella difesa dell'organismo.

linfòma s.m. [pl. –*mi*] MED. Iperplasia di tessuto od organo linfatico. (Si distingue la *malattia di Hodgkin da altri linfomi, detti *non Hodgkin*.)

linfonòdo s.m. ANAT. Nodulo di tessuto linfatico posto lungo il decorso dei vasi linfatici con funzioni di drenaggio, di arresto dei germi patogeni e produzione di linfociti, detto anche *ganglio linfatico*.

linfopenia s.f. MED. Diminuzione del numero dei linfociti nel sangue.

linforeticulòsi s.f. inv. SCIENT. Infezione batterica che si manifesta con un'adenopatia in una regione del corpo graffiata da un gatto.

linfosarcòma s.m. [pl. –*mi*] MED. Tumore maligno del tessuto linfatico.

lingerie [/lɛ̃ʒˈri/] s.f. inv. (voce fr., deriv. di *linge* "biancheria di lino") Biancheria intima femminile.

lingottièra s.f. (fr. *lingotière*) **1.** Stampo in cui si cola il metallo fuso per fare un lingotto. **2.** STAM. Nella composizione a piombo, mobile a casellario per lingotti tipografici. ~ Macchina fonditrice di lingotti tipografici.

lingòtto s.m. (fr. *lingot*) **1.** Parallelepipedo di metallo o lega ottenuto per fusione e colata. ~ *special.* Massa colata di un chilogrammo d'oro puro a 995 millesimi. **2.** STAM. Blocco di metallo spesso come una riga, utilizzato per marginatura e interlinee.

lìngua s.f. **1.** MED. Organo carnoso, allungato, mobile, situato nella cavità orale e che, nell'uomo, svolge un ruolo nella deglutizione, nel gusto, nella parola. **2.** CUC. Lingua di animali macellati (bue, vitello) cucinata. **3.** *estens.* Ciò che ha la forma di una lingua. *Lingua di terra.* ◇ *Lingua di gatto*: biscottino lungo e sottile da tè, talvolta coperto di cioccolato. **4.** BOT. Nome popolare di funghi e piante le cui foglie ricordano la forma di una lingua. ◇ *Lingua di cane*: erba del genere Cinoglosso. – *Lingua cervina*: tipo di felce detta anche *scolopendrio*. **5.** Organo principale della fonazione, indica perciò la facoltà dell'uomo di parlare. ◇ *figg.* *Avere la lingua sciolta*: trovare prontamente la risposta giusta. – *Avere la lingua troppo lunga*: non sapere conservare un segreto. – *Avere una parola sulla punta della lingua*: essere sul punto di dirla senza però riuscirci per un improvviso vuoto di memoria. **6.** LING. Sistema di simboli combinabili secondo regole che identifica la comunità di individui che lo ha ideato per esprimersi e comunicare. *Lingua inglese.* – *Lingua madre*: prima lingua appresa dal bambino a contatto con l'ambiente. – *Lingua viva*: quella attualmente parlata da una popolazione, in un territorio. – *Lingua morta*: non più parlata. – *Lingua parlata*: adoperata per la comunicazione orale e in partic. per quella d'uso familiare. – *Lingua scritta*: tipica della comunicazione scritta, più curata e controllata. **7.** *per anton.* Lingua italiana. ◇ *Questione della lingua*: dibattito, in Italia, sull'identità e i modelli della lingua nazionale. **8.** Lingua straniera, anche con iniziale maiusc. se riferita alla disciplina universitaria collegata. *Studiare una lingua.* **9.** Caratteri stilistici di qlcu., spec. di scrittori, di un'epoca o di un settore specifico. *La lingua del diritto.* **10.** *estens.* Nazione.

linguàccia s.f. [pl. –*ce*] **1.** Nel sign. del pegg. di *lingua* e, in partic., lingua sporca segno di cattiva digestione. **2.** (spec. pl.) Il tirar fuori la lingua per dispetto. **3.** *fig.* Persona mordace, pettegola. SIN.: **malalingua**.

linguàggio s.m. [pl. –*gi*] **1.** Facoltà propria dell'uomo di esprimere e comunicare il suo pensiero tramite un sistema di simboli vocali o grafici. ~ Lo strumento stesso con cui si attua la comunicazione. ◇ *Disturbi del linguaggio*: che riguardano l'articolazione, la comprensione, la lettura. **2.** Uso della lingua proprio di un gruppo sociale o professionale, di una disciplina, ecc. *Linguaggio giuridico.* ~ LETT. Modo di scrivere di un autore. **3.** *estens.* Sistema strutturato di simboli non verbali con cui si attua la comunicazione. ◇ *Linguaggio del corpo*: comunicazione che avviene tramite espressioni e gesti del corpo. – *Linguaggio dei segni*: forma di comunicazione attraverso gesti simbolici. – Insieme dei simboli usati da un artista nell'espressione delle sue sensazioni e della sua concezione del mondo. **4.** Sistema di segnali fisici o chimici con cui gli individui di una specie animale comunicano fra loro. **5.** Attribuzione di significati a elementi della natura. *Linguaggio dei fiori.* **6.** MAT., LOG. Nelle discipline logico-matematiche, sistema di cifre, lettere, simboli, per esprimere in modo formalizzato e non ambiguo teorie e concetti. **7.** INFORM. Insieme di caratteri, simboli, norme che permettono di comunicare con un calcolatore e renderlo operativo. SIN.: **codice**. ◇ *Linguaggio macchina*: istruzioni formate da elementi numerici e alfanumerici interpretabili direttamente dall'unità centrale del calcolatore in termini di operazioni logiche. – *Linguaggio di programmazione*: esprime le istruzioni dei programmi.

linguàle agg. **1.** ANAT. Della lingua. *Muscolo linguale.* **2.** LING. Di consonante articolata con la lingua.

Linguàtula s.f. ZOOL. Genere di artropodi vermiformi, parassiti delle vie respiratorie di alcuni vertebrati come i cani. (Lunghezza 10 cm; classe dei Pentastomidi.)

linguétta s.f. **1.** Nel sign. del dim. di *lingua*. **2.** Oggetto sottile, stretto, la cui forma ricorda una lingua. *Linguetta delle scarpe.* **3.** MECC. Elemento che collega gli organi rotanti coassiali di una macchina. **4.** FALEGN. Perno sul lato di una tavola, da incastrare nella scanalatura di una tavola vicina.

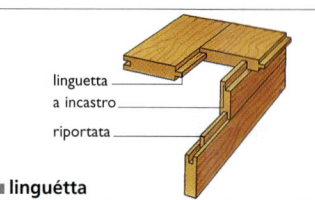

linguetta
a incastro
riportata

■ **linguétta**

linguina s.f. (spec. pl.) Pasta alimentare piatta e lunga.

linguista s.m. e f. [pl.m. –*sti*] (fr. *linguiste*) Specialista di linguistica.

linguistica s.f. [non com. pl. –*che*] (fr. *linguistique*) Scienza che studia il linguaggio e le lingue.

ENCICL. Discendente dalla lunga tradizione della grammatica generale, la linguistica come scienza inizia a svilupparsi nel sec. XIX grazie soprattutto a F. Bopp. Il padre della maggior parte delle correnti strutturaliste (sviluppate poi da N. S. Troubetzkoj, R. Jakobson, A. Martinet e altri) è F. de Saussure, che distinse i concetti di "lingua" e di "linguaggio". Più di recente, la corrente strutturalista statunitense sviluppatasi nella scuola di L. Bloomfield dallo studio delle lingue amerinde, ha dato origine al *distribuzionalismo* di Z. S. Harris e alla *grammatica generativa* di N. Chomsky.

linguistico agg. [pl.m. –*ci*, f. –*che*] (fr. *linguistique*) **1.** Del linguaggio, delle lingue. **2.** Riguardante la linguistica. **3.** Dell'apprendimento di una lingua straniera.

linìcolo agg. **1.** Relativo alla coltivazione del lino. **2.** Di erba che cresce nei campi di lino. *Loglio linìcolo.*

linicoltùra s.f. AGR. Coltivazione del lino.

linièro agg. Del lino.

linifìcio s.m. [pl. *–ci*] Stabilimento industriale in cui vengono sottoposti a lavorazione fibre e filati di lino.

liniménto s.m. (lat. *liniméntum*, deriv. di *linère* "spalmare") Olio medicinale destinato all'uso esterno.

link [/lıŋk/] s.m. inv. (voce ingl., propr. "legame, anello") **1.** Nei paesi anglosassoni, unità di misura della lunghezza, del valore pari a 0,2012 m. **2.** INFORM. Sistema di collegamento tra l'unità centrale di un sistema informatico e le unità periferiche o tra due o più computer. **3.** INFORM. In una struttura ipertestuale, collegamento che associa a un elemento di informazione (parola, frase, immagine) un'altra informazione a esso correlata logicamente. ~ Anche, la forma grafica con cui il collegamento è presentato sul video, attraverso icone, colorazione del testo, ecc. **4.** INFORM. Fase della costruzione di un programma che segue la compilazione e collega in un unico sistema distribuibile tutte le parti necessarie al suo funzionamento autonomo. **5.** TECN. In radiotecnica, tipo di collegamento tra circuiti oscillanti.

linkage [/'lıŋkıdʒ/] s.m. inv. (voce ingl., deriv. di *link* "anello di una catena") GENET. Compresenza in uno stesso cromosoma di due o più geni che vengono ereditati insieme.

lino s.m. **1.** Pianta erbacea delle regioni temperate, a fiori blu, coltivata sia per il gambo, che fornisce fibre tessili, sia per il seme oleoso che dà una farina emolliente e un olio, usato spec. in pittura, nell'alimentazione del bestiame e nella fabbricazione di medicinali. (Famiglia delle Linacee.) **2.** Fibra ottenuta da questa pianta e tessuto ricavato dalla fibra. **3.** BOT. (iniziale maiusc.) Genere di piante cui appartengono varie specie di lino.

fiore   frutto

■ **lìno**

linolèico agg. [pl.m. *–ci*] (comp. di lat. *linum* "lino" e *ŏleum* "olio") CHIM. ORG. *Acido linoleico:* acido grasso insaturo di formula C_{18} usato per emulsionanti e vernici.

linoleìna s.f. (comp. di lat. *linum* "lino" e *ŏleum* "olio") Gliceride dell'acido linoleico, componente principale dell'olio di lino.

linoleografìa s.f. Metodo di stampa su linoleum.

linòleum s.m. inv. (ingl. *linoleum*, dal lat. *lini oleum* "olio di lino") Rivestimento impermeabile e isolante, composto da un tessuto di iuta coperto di un miscuglio d'olio di lino, resina, polvere di sughero.

linòlico agg. Linoleico.

linóne s.m. (fr. *linomple* "lino unito") Tessuto fine e trasparente, in lino o in cotone.

linòsa s.f. (fr. *linuise*) Seme di lino da cui si estrae olio o farina.

linotipìa s.f. **1.** STAM. Composizione a linee di piombo fuso. SIN.: **linotype**. **2.** STAM. Luogo in cui si lavora con la linotype.

linotype [/'laınətaıp/] s.f. inv. (voce ingl., comp. di *line* "linea" e *type* "tipo, carattere di stampa") **1.** STAM. Macchina a tastiera che, nella composizione tipografica a piombo, compone e fonde in un blocco unico un'intera riga di caratteri. **2.** Composizione tipografica che si ottiene con tale macchina.

linter [/'lintə/] s.m. [pl. *linters*] (voce ingl. d'America, deriv. di *linter* "macchina per togliere la filaccia") (spec. pl.) Residui di cotone ottenuti dopo la sua lavorazione e usati per estrarne cellulosa o per fare imbottiture.

liocòrno s.m. Animale fantastico con corpo da cavallo, barba di capra, coda di leone e un lungo corno in mezzo alla fronte. SIN.: **unicorno.**

liofilizzàto s.m. Prodotto risultante da liofilizzazione. *Liofilizzato di carne.* ◆ agg. Che ha subito una liofilizzazione. *Caffè liofilizzato.*

liofilizzazióne s.f. Procedimento industriale con cui si disidrata e si essicca una sostanza a temperatura al di sotto dello zero e sottovuoto, affinché le sue proprietà restino inalterate.

liòfilo agg. CHIM. Di colloide con forte tendenza ad assorbire acqua o liquido disperdente.

lionése agg. Della città di Lione. ◆ s.m. **1.** (anche f.) Nativo, abitante di Lione. **2.** (solo sing.) Dialetto franco-provenzale parlato nella regione di Lione.

liparìte s.f. (dal nome dell'isola siciliana di *Lipari*) MIN. Roccia eruttiva effusiva recente con struttura general. vetrosa.

lipàsi s.f. inv. Enzima che idrolizza i lipidi formando acidi grassi.

lipectomìa s.f. CHIR. Operazione chirurgica con cui si asporta il tessuto adiposo sottocutaneo.

lipemìa s.f. MED. Quantità di lipidi presente nel sangue.

lipìde s.m. BIOL. (spec. pl.) Sostanza organica naturale, sia vegetale che animale, costituita da esteri di acidi grassi superiori con glicerina o alcoli superiori, insolubile in acqua, ma solubile in solventi organici. SIN.: **grasso.**

lipidemìa s.f. BIOCHIM. Concentrazione dei lipidi nel sangue.

lipìdico agg. [pl.m. *–ci*, f. *–che*] CHIM. Dei lipidi.

Lingue di grande diffusione

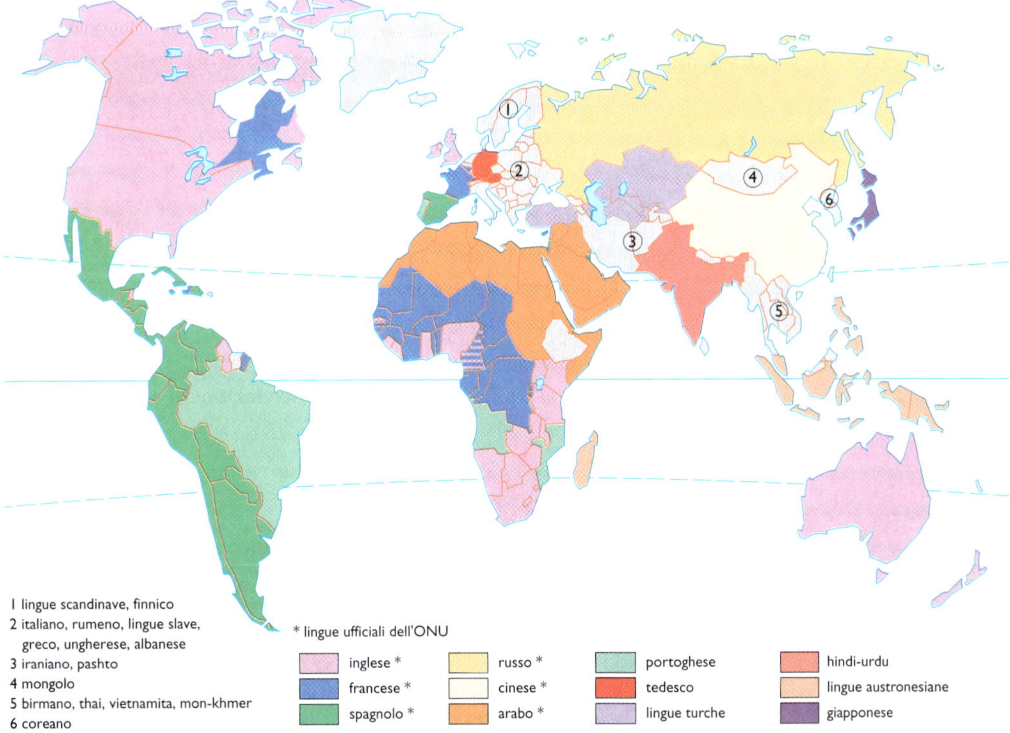

1 lingue scandinave, finnico
2 italiano, rumeno, lingue slave, greco, ungherese, albanese
3 iraniano, pashto
4 mongolo
5 birmano, thai, vietnamita, mon-khmer
6 coreano

inglese *	russo *	portoghese	hindi-urdu
francese *	cinese *	tedesco	lingue austronesiane
spagnolo *	arabo *	lingue turche	giapponese

lipizzàno agg. (dal nome di *Lipiza*, centro sloveno in cui si allevano tali cavalli) Riferito a una razza di cavalli con mantello grigio chiaro, da tiro leggero o da sella, usati anche negli esercizi d'equitazione. ◆ s.m. Nel sign. dell'agg.

lipoaspirazióne s.f. MED. Liposuzione.

lipocròmo s.m. BIOL. Pigmento liposolubile che colora di giallo i tessuti adiposi e i grassi animali.

lipòfilo agg. CHIM. Di sostanza che si scioglie nei grassi.

lipòfobo agg. CHIM. Di sostanza che non si scioglie nei grassi.

lipogràmma s.m. [pl. *-mi*] (fr. *lipogramme*) Componimento letterario in cui l'autore elimina tutte le parole contenenti una determinata lettera.

lipòide s.m. (spec. pl.) BIOL. Sostanza grassa legata a composti fosforati, azotati, solforati o a zuccheri.

lipolìsi s.f. inv. MED. Processo per cui si scindono e si smaltiscono le riserve grasse dell'organismo e diminuisce il tessuto adiposo.

lipòma s.m. [pl. *-mi*] MED. Tumore benigno costituito da tessuto adiposo.

lipoproteìna s.f. Sostanza costituita da una proteina e da un lipide. (Sotto questa forma vengono trasportati i grassi nel sangue.)

liposarcòma s.m. [pl. *-mi*] MED. Tumore maligno delle cellule del tessuto adiposo.

liposolùbile agg. CHIM. Che può sciogliersi nei solventi grassi.

liposòma s.m. Vescicola microscopica artificiale a membrana lipidica, utilizzata come modello di studio delle membrane biologiche e oggetto di ricerca per l'introduzione di sostanze nelle cellule di un organismo.

liposuzióne s.f. MED. Trattamento di chirurgia estetica che consiste nell'aspirazione, mediante apposite siringhe o cannule, degli eccessi di grasso sottocutaneo localizzati in particolari zone del corpo.

lipotimìa s.f. (gr. *lipothymía* "svenimento") MED. Impressione momentanea di mancamento dato da un insufficiente afflusso di sangue al cervello.

liquàme s.m. (lat. *liquāmen* "liquido") **1.** Liquido putrido convogliato nelle fognature, costituito da sostanze organiche e inorganiche in decomposizione. **2.** *estens.* Liquido infetto originato da sostanze organiche o dalla necrosi dei tessuti. *Liquame cadaverico.*

liquazióne s.f. (lat. *liquatiōnem* "fusione") METALL. Fenomeno che permette la stratificazione dei vari componenti di una lega metallica, dovuto alla diversa durata del processo di raffreddamento.

liquefàre v.tr. [9] **1.** Ridurre un gas, un solido allo stato liquido. **2.** *fig. non com.* Disperdere, dilapidare in poco tempo una ricchezza. *Liquefare una fortuna.* ◆ **liquefarsi** v.pron. **1.** Di sostanza, ridursi allo stato liquido. **2.** *fig. per esager.* Sudare moltissimo. **3.** *fig.* Finire in nulla.

liquefazióne s.f. **1.** FIS. Trasformazione di un gas in liquido mediante raffreddamento al di sotto della sua temperatura critica. **2.** *estens.* Fusione, scioglimento.

liquidàre v.tr. **1.** Regolare una pratica secondo le norme di legge, stabilendo l'importo dovuto in denaro. *Liquidare un'eredità.* ~ CONTAB. Saldare il passivo. ◇ *Liquidare un debito:* pagarlo. – *Liquidare un fallimento:* stabilire l'ammontare dei debiti e dei crediti su incarico del magistrato, concordare con i debitori la percentuale di liquidazione e pagare in proporzione all'accordo raggiunto. **2.** Vendere merci a prezzi bassi per cessata attività o per smaltimento di stock. *Liquidare le rimanenze.* **3.** *fig.* Porre fine a una situazione difficile. *Liquidare una lite.* **4.** *fig.* Sconfiggere, battere nettamente qlcu., metterlo fuori combattimento. *La nostra squadra ha liquidato gli avversari.* **5.** *fig.* Stroncare un'opera con una critica molto dura. *Ha liquidato il suo romanzo.*

liquidatóre s.m. [f. *-trice*] DIR. Esperto incaricato delle operazioni di liquidazione.

liquidazióne s.f. **1.** DIR., ECON. Atto amministrativo che prevede la realizzazione di beni, la corresponsione di una somma in denaro. **2.** Somma pagata dal datore di lavoro al lavoratore alla cessazione del rapporto lavorativo, che nel l. giur. è detta *indennità* o *trattamento di fine rapporto.* **3.** Chiusura di attività imprenditoriale e conseguente trasformazione in denaro del patrimonio sociale, per saldare i debiti e ripartire l'eventuale residuo tra i soci. **4.** Vendita di merci a prezzo inferiore al solito. **5.** *fig.* Ridimensionamento o eliminazione del potere di qlcu. **6.** BORS. Scadenza periodica dei contratti a termine stipulati nel mese borsistico e regolamento delle relative operazioni.

liquidità s.f. inv. (lat. *liquiditātem* "limpidezza") **1.** Caratteristica di un corpo allo stato liquido. **2.** ECON. Predisposizione di un bene economico a essere rapidamente convertito in moneta, senza subire una perdita di valore. **3.** Capacità di un'azienda di far fronte in breve a impegni economici in scadenza. **4.** Nell'analisi di bilancio, rapporto tra attività (disponibilità, crediti e scorte di merci) e debiti a breve termine.

lìquido agg. **1.** FIS. Stato di corpi senza forma propria, il cui volume è invariabile. **2.** *estens.* Sciolto o tendente a colare. **3.** LING. Delle consonanti *l* e *r*. *Consonanti liquide.* **4.** ECON., DIR. Che ha un ammontare determinato. ◇ *Denaro liquido:* denaro immediatamente disponibile. ◆ s.m. **1.** Sostanza allo stato liquido. ◇ MED. *Liquido di Dakin:* soluzione neutra di ipoclorito di sodio e acqua, utilizzata come antisettico per il lavaggio di piaghe e ferite. – CHIM. *Liquido di Fehling:* soluzione utilizzata per il dosaggio del glucosio. **2.** (spec. pl.) Denaro contante.

liquirìzia s.f. (lat. *liquiritiam*, deriv. di gr. *glykýrrhiza* "radice dolce") **1.** Arbusto delle regioni mediterranee, coltivato per la sua radice aromatica, impiegata in confetteria. (Genere *Glycyrrhiza*; famiglia delle Papilionacee.) ◇ *Liquirizia dei boschi:* *felce dolce. **2.** Succo di questa pianta dal sapore dolce e dalle proprietà antispasmodiche, espettoranti e diuretiche.

liquóre s.f. (fr. *liqueur*, lat. *liquōrem* "sostanza liquida") **1.** Bevanda alcolica preparata attraverso infusione di alcool misto a prodotti vegetali, acqua e zucchero. **2.** Preparazione farmaceutica in soluzione acquosa.

liquorerìa s.f. Fabbrica di liquori o negozio che vende liquori e alcolici in genere.

liquorìsta s.m. e f. [pl.m. *-sti*] Fabbricante o venditore di liquori.

liquoróso agg. Di bevanda alcolica zuccherata e aromatica.

1. lìra s.f. (lat. *lībram* "bilancia" quindi "libbra") **1.** Vecchia unità monetaria italiana, che ha cessato di esistere dall'introduzione della moneta unica europea, nel 2002. **2.** Unità monetaria di Cipro, Egitto, Libano, Malta, Siria e Turchia.

2. lìra s.f. **1.** Strumento musicale a corda utilizzato nell'antichità e nel Medioevo. **2.** *fig.* Poesia lirica ant. cantata accompagnandosi con la lira. **3.** ASTR. (iniziale maiusc., solo sing.) Costellazione dell'emisfero boreale. **4.** Attrezzo per rompere la cagliata nella fabbricazione del formaggio. **5.** *Uccello lira:* uccello australiano con piume rosso-brunastre, così detto perché il maschio ha una lunga ed elegante coda a forma di lira. (Ordine dei Passeriformi.)

■ **lìra.** Uccello lira maschio.

lìrica s.f. [pl. *-che*] **1.** Nell'antica Grecia, poesia recitata con l'accompagnamento della lira. **2.** Genere poetico caratterizzato dall'espressione della soggettività del poeta (in oppos. a *epico* o *drammatico*). **3.** Produzione di genere lirico di un paese, di un'epoca o di un autore. **4.** MUS. Il genere del melodramma, spec. con riferimento all'aspetto vocale.

lìrico agg. [pl.m. *-ci*, f. *-che*] **1.** ANT. GR. Della poesia cantata con accompagnamento della lira. **2.** Di opera poetica, letteraria o artistica che esprime con passione le sensazioni personali dell'autore. **3.** *estens.* Pieno d'esaltazione, di sentimento. **4.** MUS. Che riguarda il melodramma. ◇ *Cantante lirico:* cantante d'opera. ◆ s.m. [f. *-ca*] Poeta che scrive poesia lirica.

lirìsmo s.m. (fr. *lyrisme*) **1.** Espressione poetica di sensazioni personali, di passioni. **2.** *spreg.* Ricerca fine a se stessa di sentimentalismo.

lìsca s.f. [pl. *-sche*] **1.** Spina dorsale dei pesci. ◇ *A lisca di pesce:* detto di formazione in cui gli elementi sono disposti obliquamente e simmetricamente rispetto a un asse centrale. **2.** Materia legnosa che cade dalla canapa o dal lino durante la separazione delle fibre.

lìscia s.f. [pl. *-sce*] **1.** Attrezzo simile a un pestello utilizzato ant. nelle concerie per le operazioni di lisciatura e lucidatura. **2.** Macchina dotata di rulli che stirano la carta.

lisciàre v.tr. [5] **1.** Rendere liscio qlco. ~ Abbellire, rifinire con cura minuziosa, eccessiva. **2.** *estens.* Accarezzare il pelo di un animale nel verso giusto. **3.** *fig.* Lodare, adulare qlcu. per avere favori in cambio. *Lisciare il direttore.* ◇ *Lisciare il pelo a qlcu.:* adularlo; *iron.* picchiarlo, bastonarlo. **4.** SPORT. Mancare la palla. **5.** Nel gioco del tressette, strisciare la carta per segnalare qlco. al compagno di gioco. ◆ **lisciarsi** v.pron. **1.** Detto di animali, leccarsi il pelo per pulirlo. **2.** Detto di persona, curarsi in modo esagerato nell'aspetto.

lisciatóio s.m. [pl. *-toi*] Strumento che serve a lisciare. ~ Anche, utensile preistorico di pietra.

lisciatùra s.f. **1.** Conferimento di uniformità durante la lavorazione di qlco. **2.** MECC. Operazione con cui si levigano superfici di metallo. **3.** Nella filatura della lana o di filati che la contengono, ripulitura da polvere e da sostanze estranee. **4.** *fig.* Cura minuziosa dedicata alla propria persona o a un'opera. ~ *estens.* Atto di servilismo verso qlcu.

lìscio agg. [pl.m. *-sci*, f. *-sce*] **1.** Che presenta una superficie uniforme priva di asperità. ◇ *Pelle liscia:* senza rughe. – *Canna liscia:* nelle armi da fuoco, senza rigature interne. – *Mare liscio:* molto calmo. – *Mobile liscio:* senza ornamenti. – ALP. *Parete liscia:* senza appigli. **2.** *fig.* Che non presenta complicazioni. ◇ *Passarla liscia:* evitare difficoltà o punizioni. – *Liscio come l'olio:* di cosa che si svolge secondo le previsioni. **3.** *fig.* Riferito a bevanda, non mescolata con altri ingredienti. **4.** *fig.* Di un testo, scorrevole, fluido. **5.** ANAT. Di muscolo o di fibra muscolare senza striature. **6.** *pop. Ballo liscio:* eseguito su musica ballabile non sincopata. ◆ s.m. **1.** Ballo o ballabile tradizionale, non sincopato. **2.** SPORT. Errore che consiste nello sfiorare o mancare del tutto la palla.

liscìvia s.f. (lat. *lixīviam*, deriv. di *līxa* "acqua calda") **1.** Soluzione a base di cenere di legna in acqua bollente, usata un tempo come detersivo. ~ Anche, bucato fatto con tale operazione. **2.** CHIM. Soluzione a media concentrazione di idrossidi e carbonati alcalini, usata come detergente o sbiancante in processi industriali.

lisciviazióne s.f. **1.** Nell'industria cartaria, lavaggio con liscivia. **2.** CHIM. Procedimento di separazione dei componenti di una sostanza solida consistente nel portare in soluzione alcuni di essi mediante solventi o tramite reazioni chimiche. **3.** GEOL. Processo naturale di solubilizzazione e migrazione verso gli strati più profondi di sostanze organiche e sali minerali.

lisèrgico agg. [pl.m. *-ci*, f. *-che*] (ingl. *lysergic*, comp. di *hydrolysis* "idrolisi" ed *ergot* "fungo della segale cornuta") **1.** CHIM. *Acido lisergico:* acido organico di struttura complessa che si ottiene mediante idrolisi degli alcaloidi della segale cornuta. (Un suo derivato di sintesi è l'allucinogeno conosciuto come *LSD*.) **2.** *estens.* Causato da stupefacente. ~ In preda alle allucinazioni della droga.

lisèrgide s.f. Allucinogeno derivato dall'acido lisergico, più noto come *LSD*.

liseuse [/li'zøz/] s.f. inv. (voce fr., propr. "lettrice" perché indossata da chi legge stando seduto a letto) Leggera mantella o giacchetta femminile da letto.

lìsi s.f. inv. (gr. *lýsis* "scioglimento") **1.** BIOL. Dissoluzione di cellule o microrganismi patogeni per via biologica o chimico-fisica. **2.** MED. Disgregazione di tessuti dovuta a necrosi, putrefazione o fermentazione. **3.** MED. Abbassamento lento e graduale della febbre.

lisimàchia s.f. (lat. *Lysimachia*, deriv. di gr. *Lysímakhos* nome di un re tracio considerato il suo scopritore) **1.** Pianta erbacea perenne con foglie intere, fiori bianchi, gialli o rossi in pannocchia, è coltivata in funzione ornamentale. (Altezza fino a 1 m; famiglia delle Primulacee.) **2.** BOT. (iniziale maiusc.) Genere di piante a cui appartiene la lisimachia.

lisìna s.f. **1.** CHIM. Amminoacido costituente di molte proteine. **2.** MED. Sostanza presente come anticorpo nel siero del sangue.

lìso agg. (lat. *elīsum*, deriv. di *elīdere* "rompere") Consumato dal tempo e dall'uso. SIN.: **frusto**.

lisofòrmio s.m. inv. Denominazione commerciale, che costituisce marchio registrato, di una soluzione saponosa di aldeide formica ad azione detergente e disinfettante.

lisosòma s.m. [pl. *–mi*] BIOL. Piccolo organo subcellulare del citoplasma delle cellule dei Metazoi, contenente enzimi idrolitici in grado di distruggere macromolecole e particelle estranee alla cellula.

lisozìma s.m. [pl. *–mi*] (ingl. *lysozym*) BIOL. Enzima che agisce come antibatterico.

Lisp [/lɪsp/] s.m. inv. (voce ingl., comp. di *Lis-t* "lista" e *p-rocessing* "elaborazione") INFORM. Linguaggio di programmazione usato spec. nelle applicazioni di intelligenza artificiale.

lista s.f. (lat. *līstam* "striscia") **1.** Striscia lunga e stretta di materiale vario. ~ Elemento costituito da una striscia, da una riga tracciata su uno sfondo di colore diverso. **2.** Foglio di carta, originariamente a forma di striscia, su cui è scritto un elenco di nomi, cifre, conti, ecc. ~ L'elenco stesso, spec. se destinato al pubblico, se ufficiale. ◇ *Lista elettorale:* elenco dei cittadini con diritto di voto. – *Lista dei candidati:* nei collegi plurinominali, insieme dei candidati che si presentano a un'elezione sotto il simbolo di un partito. – *Essere in lista:* presentarsi come candidato alle elezioni. – *Essere il capo lista:* il primo di un elenco o di una graduatoria. – *Lista civica:* presentata da un gruppo non legato direttamente a un partito politico, ma espressione di interessi locali o di categoria. – *Lista di collocamento:* elenco dei disoccupati in cerca di lavoro. – *Lista d'attesa:* elenco dei viaggiatori senza prenotazione che attendono l'eventuale disponibilità di posti liberi su un aereo in partenza. ~ Elenco di persone che aspettano di ottenere qlco. ◇ *Lista di trasferimento:* elenco in cui una società calcistica include i nomi dei giocatori che intende cedere. – *Lista di nozze:* lista di oggetti graditi agli sposi come regali di nozze. – *Lista della spesa:* delle cose da acquistare. ~ *fig. spreg.* Richieste spicciole avanzate durante una vertenza. ◇ LING. *Lista di frequenza:* elenco delle parole di un testo secondo l'ordine di frequenza. – COMM. *Rimborso a piè di lista:* liquidato in base alle spese documentate. – *Lista di proscrizione:* nell'antica Roma, quella in cui erano elencati i nomi delle persone condannate all'esilio. – *Lista nera:* elenco di nomi di persone sgradite, sospette o da evitare.

listàre v.tr. **1.** Fregiare, ornare, contrassegnare mediante una o più liste. **2.** INFORM. Richiamare o evidenziare sullo schermo o stampare una serie di dati. ~ Fare un elenco delle istruzioni che risultano essere il programma di un elaboratore.

listàto agg. Orlato o fornito di liste o strisce. ◇ *Carta listata di nero:* carta da lettere con una striscia nera diagonale in segno di lutto. – *Bandiera listata a lutto:* con un nastro nero sotto la punta dell'asta. ◆ s.m. INFORM. Elenco di informazioni presentato in sequenza sul video o stampato da un elaboratore. ~ Nella programmazione, l'elenco delle istruzioni che costituiscono il programma.

listèlla s.f. Nel sign. del dim. di *lista*.

listèllo s.m. **1.** Nel sign. del dim. di *lista*; in partic. striscia di legno, metallo o altro materiale, usata in varie lavorazioni o costruzioni. **2.** Travetto di legno orizzontale su cui sono appoggiate le tegole del tetto. **3.** Modanatura a sezione rettangolare, usata come ornamento di elementi architettonici.

listing [/'lɪstɪŋ/] s.m. inv. (voce ingl., deriv. di *to list* "elencare") **1.** Compilazione di una lista. **2.** INFORM. Listato.

listino s.m. **1.** Elenco dei prodotti o dei relativi prezzi presentato periodicamente da una ditta. **2.** Documento redatto giornalmente che riporta le quotazioni ufficiali dei titoli trattati. **3.** Elenco dei film che un distributore noleggia nel corso di una stagione cinematografica.

listóne s.m. **1.** Nel sign. dell'accr. di *lista*. **2.** Lunga lista elettorale contenente rappresentanti di partiti diversi.

litanìa s.f. (lat. *litanīam*, gr. *litanéia* "preghiera") **1.** (spec. pl.) Nella liturgia cattolica, brevi invocazioni rituali da parte di un ministro del culto, a ciascuna delle quali i fedeli rispondono con una formula. **2.** *fig.* Sequela lunga e noiosa. SIN.: **filastrocca**. ~ Lamentela insistente.

litantràce s.m. MIN. Carbone fossile di colore nero lucente, contenente un'alta percentuale di carbonio.

litargìrio s.m. (lat. *lithărgyrum*, gr. *lithárgyros* comp. di *líthos* "pietra" e *árgyros* "argento") CHIM. Monossido di piombo (PbO), usato nell'arte ceramica, in farmacia e nell'industria vetraria.

litchi [/'litʃi/] s.m. inv. (cin. *li-chi*) **1.** Pianta arborea sempreverde, con foglie paripennate, infiorescenze ascellari o terminali, frutto a drupa commestibile, diffusa in Oriente. (Genere *Nephelium*; famiglia delle Sapindacee.) **2.** Frutto di tale pianta, detto anche *prugna* o *susina cinese*. **3.** BOT. (iniziale maiusc.) Genere di piante a cui appartiene il litchi.

lìte s.f. **1.** Discussione animata con scambio di ingiurie e offese. ~ Anche, contestazione, ostilità. **2.** DIR. Controversia tra privati che l'autorità giudiziaria è chiamata a dirimere. ~ Causa civile. ◇ *Lite temeraria:* sostenuta nonostante la consapevolezza del proprio torto.

litìasi s.f. inv. MED. Formazione di calcoli nei reni, nei condotti biliari, nella vescica, ecc.

lìtico agg. [pl.m. *–ci*, f. *–che*] Di pietra lavorata. ◇ ETNOL. *Industria litica:* produzione di arnesi e armi di pietra da parte di popolazioni preistoriche o primitive.

litigàre v.intr. [4] (aus. *avere*) **1.** Discutere con animazione, pronunciando ingiurie e offese. **2.** Avere un violento contrasto con qlcu. e rompere i rapporti.

litigàta s.f. Violento e prolungato litigio.

litigio s.m. [pl. *–gi*] Violento contrasto con ingiurie e offese tra due o più persone. ~ Alterco verbale accompagnato da gesti concitati.

litigiosità s.f. inv. **1.** Tendenza ad attaccare briga. **2.** DIR. Condizione di ciò che è sottoposto a lite giudiziaria. **3.** STAT. Rapporto tra il numero totale delle controversie civili e la popolazione media.

litigióso agg. **1.** Che litiga con facilità e frequenza. **2.** DIR. Che è oggetto di una contestazione giudiziaria.

litio s.m. (solo sing.) **1.** Metallo alcalino di colore bianco argenteo, molto malleabile, di densità 0,53, fonde a 180,54 °C. (È il più leggero di tutti gli elementi solidi ed è utilizzato in metallurgia, nell'industria della ceramica e in medicina.) **2.** Elemento chimico (*Li*) di numero atomico 3 e peso atomico 6,941.

litióso agg. CHIM. Che contiene sali di litio. ◇ *Acqua minerale litiosa:* che facilita lo scioglimento di calcoli.

litispendènza s.f. (lat. *litispendĕntiam*, dalla loc. *lis pendens* "causa pendente") DIR. Situazione caratterizzata dalla contemporanea proposizione, in due diversi processi, di una causa vertente sullo stesso oggetto.

1. -lito o **-lita** o **-lite** (deriv. di gr. *líthos* "pietra") Secondo elemento di composti della terminologia scientifica con il significato di "pietra, roccia, calcare" e simili (*batolite, monolito*).

2. -lìto o **-lìta** (deriv. digr. *lytós* "solubile") Nel l. sc., secondo elemento di composti nei quali indica la tendenza propria di certi corpi a scomporsi nei loro componenti o a passare in soluzione (*elettrolito*).

Litòbio s.m. ZOOL. Genere di artropodi con corpo sottile e appiattito, suddiviso in segmenti e provvisto di molte paia di zampe. (Lunghezza 3 cm ca.; classe dei Miriapodi.)

litòclasi s.f. inv. GEOL. Frattura delle rocce causata da movimenti tettonici.

Litòdomo s.m. (lat. *Lithodomus*, gr. *lithodómos* "muratore" comp. di *líthos* "pietra" e *démein* "costruire", così detto perché scava la nicchia ove abitare) ZOOL. Genere di molluschi bivalvi caratterizzati da conchiglia lunga e stretta; ne fa parte il dattero di mare. (Famiglia dei Mitilidi.) SIN.: **litofago**.

litofanìa s.f. (fr. *lithophanie*) **1.** Particolare decorazione, su porcellana o vetro opaco, ottenuta giocando sul diverso spessore del materiale. **2.** RELIG. In varie religioni, manifestazione della divinità sotto forma di pietra.

litofotografìa s.f. STAM. → **fotolitografia**.

litogènesi s.f. inv. GEOL. Complesso dei processi di formazione delle rocce.

litografàre v.tr. Riprodurre, stampare secondo i procedimenti della litografia.

litografìa s.f. **1.** Procedimento di riproduzione a stampa di scritte o disegni, ottenuto un tempo con una matrice di pietra calcarea, poi anche con lastre di metallo incise. (La litografia fu inventata nel 1796 da A. Senefelder.) ~ Immagine, stampa ottenuta da questo procedimento. **2.** *estens.* L'attuale sistema di stampa in offset. **3.** Stabilimento tipografico in cui si fanno stampe in litografia o in offset.

litogràfico agg. [pl.m. *–ci*, f. *–che*] Relativo alla litografia.

litògrafo s.m. [f. *–fa*] Operaio o artista che impiega i metodi della litografia.

litòide agg. Di pietra, simile a una pietra, che ha le caratteristiche di una pietra. SIN.: **roccioso**.

litolatrìa s.f. Culto religioso di feticci di pietra o di immagini scolpite.

litologìa s.f. GEOL. Scienza che studia le rocce, la loro struttura microscopica e macroscopica, le caratteristiche chimico-fisiche, ecc.

litològico agg. [pl.m. *–ci*, f. *–che*] Relativo alla litologia o alle rocce.

litopóne o **litopóno** s.m. (fr. *lithopone*) CHIM. Pigmento bianco, miscela di solfato di bario e di solfuro di zinco, non tossico, utilizzato in pittura.

litoràle agg. Del lido, che si trova lungo il lido. SIN.: **litoraneo**. ◆ s.m. Fascia di terra lungo il mare.

litorànea s.f. Strada che corre lungo un litorale.

litorànēo agg. Del litorale.

litosfèra s.f. GEOL. *Crosta terrestre.

litosfèrico agg. Relativo alla litosfera.

litostratigrafìa s.f. GEOL. Studio della stratificazione delle rocce in base ai loro caratteri litologici.

litosuòlo s.m. PEDOL. Suolo molto poco evoluto, costituito da frammenti meccanici che provengono dalla roccia madre sottostante.

litotàmnio s.m. Alga rossa dell'Atlantico, incrostata di calcare, simile al corallo. (Famiglia delle Corallinacee.)

litòte s.f. (gr. *litótēs* "semplicità" e "attenuazione") Figura retorica che consiste nell'esporre un concetto negando il suo contrario (p.e. *il risultato non è un capolavoro*, o *un danno non indifferente*).

litotèca s.f. [pl. *–che*] Raccolta, collezione di minerali.

litotripsìa o **litotrissìa** s.f. MED. Operazione, eseguita con il litotritore, che consiste nel polverizzare i calcoli dell'apparato urinario, che vengono poi espulsi per via naturale. ◇ *Litotripsia extracorporea:* realizzata senza penetrazione nel corpo, per mezzo di un apparecchio esterno che produce onde di scossa.

litotritóre s.m. MED. Apparecchio usato per eseguire la litotripsia.

Litràcee s.f. pl. [iniziale minusc. sing. –*a* per l'individuo] (lat. *Lythraceae*, dal gr. *lýthron* "macchia di sangue" per il colore dei suoi fiori) BOT. Famiglia di piante dicotiledoni erbacee, arbustive e arboree, con foglie intere opposte e fiori ermafroditi. (Ordine delle Mirtali.)

litro s.m. (fr. *litre*, gr. *lĩtra* "libbra") **1.** Unità di misura di volume del sistema metrico decimale per i liquidi o gli aridi (simb. *l*), equivalente a 1 dm³ o a 1 kg di acqua distillata. **2.** *estens.* Bottiglia, caraffa, ecc. che ha la capacità di un litro. ~ Quantità di liquido corrispondente alla misura di un litro. **3.** Unità di misura della cilindrata dei motori.

littóre s.m. (lat. *lictórem*, deriv. di *ligàre* "legare" perché recava un fascio di verghe legate assieme) **1.** ANT. ROM. Ufficiale che scortava i magistrati più importanti precedendoli con un fascio littorio. **2.** [f. –*trice*] Titolo attribuito ai vincitori dei ludi littoriali in epoca fascista.

1. littorìna s.f. (deriv. di *fascio littorio* perché entrata in servizio durante il fascismo) Automotrice ferroviaria.

2. Littorìna o **Litorìna** s.f. ZOOL. Genere di molluschi gasteropodi molto diffusi sulle coste europee a marea bassa, che sulla conchiglia vivono attaccate agli scogli affioranti dall'acqua. (Famiglia dei Littorinidi.)

Littorinìdi s.m. pl. Famiglia di molluschi gasteropodi prosobranchi, provvisti di lunghi tentacoli.

lituàno agg. Della Lituania. ◆ s.m. **1.** [f. –*na*] Nativo, abitante della Lituania. **2.** (solo sing.) Lingua indoeuropea appartenente al gruppo baltico, parlata in Lituania.

liturgìa s.f. (lat. *liturgìam*, gr. *testamentario leitourgìa* propr. "opera del liturgo"; in senso relig. calco dell'ebr. *'ăbodãh* "servizio del tempio") **1.** RELIG. Insieme delle norme che fissano lo svolgimento degli atti di un culto religioso. ~ Parte di questo culto. *Liturgia della parola.* **2.** *estens.* Insieme di atti, gesti o frasi ripetute in una determinata situazione. ~ Procedura secondo norme convenzionali, anche in senso ironico. **3.** ANT. GR. Presso gli antichi ateniesi, servizio di interesse pubblico la cui organizzazione e le spese erano sostenute dai cittadini più ricchi.

litùrgico agg. [pl.m. –*ci*, f. –*che*] **1.** CRIST. Relativo alla liturgia. ◇ *Calendario liturgico:* cadenza annuale delle feste cristiane. **2.** *estens.* Solenne, rituale.

liutàio s.m. [f. –*taia*, pl.m. –*tai*] Fabbricante di liuti e altri strumenti musicali a corda (violini, chitarre, ecc.).

liuterìa s.f. **1.** Arte di fabbricare liuti e in generale strumenti a corda. **2.** Bottega, laboratorio di liutaio.

liutìsta s.m. e f. [pl.m. –*sti*] Suonatore di liuto.

liùto s.m. (fr. *leût*, ar. *al- 'ûd* "lo strumento di legno") Antico strumento musicale a corde diffuso spec. nel Medioevo e nel Rinascimento, simile alla chitarra. (Ha la cassa panciuta, il manico lungo ripiegato all'indietro e si suona pizzicando le corde a mano o col plettro.)

live [/laɪv/] agg. inv. (voce ingl., propr. "vivo") Di un disco, di una trasmissione televisiva registrati dal vivo. ◇ *Live-aid:* grande concerto organizzato a favore di una causa.

livèdo s.m. MED. Insieme di venature cutanee d'origine circolatoria, normali o patologiche, che disegnano una rete o ramificazioni rosso violaceo.

livèlla s.f. Strumento che permette di verificare l'orizzontalità di una superficie. ◇ *Livella a bolla (d'aria):* livella composta da un tubo di vetro nel quale si trovano un liquido molto mobile (alcool o etere) e una bolla gassosa che, quando si dispone al centro, indica l'orizzontalità.

livellamènto s.m. **1.** Opera, lavoro tendente a eliminare dislivelli o asperità. **2.** *fig.* Parificazione quantitativa o qualitativa di cose in partenza diseguali. *Livellamento delle condizioni sociali, dei prezzi.*

1. livellàre v.tr. **1.** Appiattire un terreno, un argine, ecc. in modo da dargli una superficie regolare. **2.** *fig.* Rendere uguale, ridurre cose diverse allo stesso piano sia in senso quantitativo che qualitativo. **3.** TOPOGR. Sottoporre un terreno a livellazione. ◆ livellarsi v.pron. Portarsi a uno stesso livello.

2. livellàre v.tr. DIR. Dare una terra in godimento per mezzo di un contratto di livello.

3. livellàre agg. Di livello.

4. livellàre agg. Che riguarda la forma contrattuale del livello.

livellatrìce s.f. Macchina automotrice, dotata di lama orientabile, che si usa per livellare un suolo.

livellazióne s.f. TOPOGR. Azione di misurare i dislivelli fra due o più punti nei rilevamenti cartografici.

1. livèllo s.m. **1.** Altezza di qlco. rispetto a un piano orizzontale di riferimento. ◇ CARTOGR. *Curva di livello:* isoipsa. **2.** GEOL. Strato di rocce con caratteristiche comuni. ~ *estens.* Nella tecnica mineraria, galleria orizzontale corrispondente a una quota di estrazione. **3.** SCIENT. Valore assunto da una grandezza in rapporto a un termine di riferimento. ~ *estens.* Qualità e tono di una registrazione sonora, radiofonica o cinematografica, nel suo insieme. **4.** ECON. Valutazione quantitativa articolata secondo una scala di valori economici. ◇ *Livello di vita:* misura delle condizioni reali d'esistenza di un individuo, di una famiglia o di una popolazione presa nell'insieme. **5.** Ordine di un insieme organizzato, posizione in una gerarchia. *Il livello territoriale dei patronati.* ~ Nel l. pol., posizione di un organismo o di un funzionario che partecipa a una riunione e l'insieme degli organismi o dei funzionari di pari grado. ◇ *loc. prep. A livello (di):* sul piano, da parte di, per quanto riguarda. *Il problema è particolarmente sentito a livello locale.* **6.** *fig.* Grado raggiunto in una scala di valori. ◇ *Livello mentale o intellettuale:* grado d'efficacia intellettuale di un soggetto, stimato attraverso prove psicotecniche. – *Di basso livello:* di qualità mediocre, di cattivo gusto. **7.** LING. Ciascuno dei diversi piani in cui è organizzato un sistema linguistico. *Livello fonetico.* **8.** TOPOGR. Strumento usato per rilevamenti cartografici, livellazioni, che permette di individuare visuali giacenti su un piano orizzontale.

2. livèllo s.m. Nel diritto tardo-romano e medievale, contratto agrario di lungo periodo o perpetuo, stipulato a condizione che il concessionario mantenesse coltivato il terreno e pagasse un canone annuale.

lividézza s.f. Aspetto livido.

lìvido agg. **1.** Di colore plumbeo, viola-bluastro. **2.** *estens.* Riferito a persona, molto turbato per la forza di un sentimento che fa mutare colore al volto alterandolo. *Essere livido dalla rabbia.* ~ Molto pallido o anche scuro. ◆ s.m. **1.** Colore livido. **2.** Cerchio bluastro che si forma per percosse, attorno a una ferita, a una contusione, ecc.

living theatre [/'lɪvɪŋ 'θiːətə/] loc. sost. m. inv. (loc. ingl., propr. "teatro vivente") Forma di spettacolo teatrale in cui gli attori coinvolgono deliberatamente gli spettatori nell'azione scenica.

livóre s.m. Sentimento di invidia o di rancore.

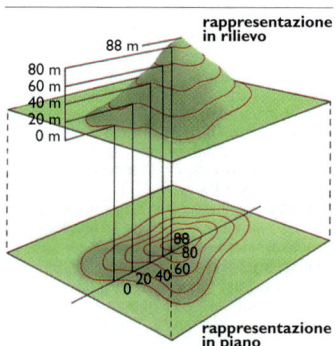
rappresentazione in rilievo
88 m
80 m
60 m
40 m
20 m
0 m
88
80
60
0 20 40 60
rappresentazione in piano

■ **livèllo.** Curve di livello dove l'equidistanza delle curve è di 20 m.

livrèa s.f. (fr. *livrée* robe "veste consegnata", deriv. di *livrer* "consegnare" perché fornita alla servitù dai padroni) **1.** Costume distintivo che portavano un tempo i servitori di una casa signorile. **2.** ZOOL. Disposizione dei colori nel tegumento, nel mantello di molte specie animali, variabile secondo il ciclo riproduttivo o l'alternarsi delle stagioni.

1. lizza s.f. (fr. *lice*, francone *lĩstja* "orlo, barriera") **1.** Palizzata difensiva di una piazzaforte militare. ◇ *fig. Essere in lizza:* partecipare a una competizione, a una disputa. **2.** FORTIF. Terreno recintato utilizzato per tornei e tenzoni.

2. lizza s.f. (etim. incerta, forse dal lat. *hélcia* "corda per tirare") Tipo di slitta di legno usata nelle cave delle alpi Apuane per trasportare i blocchi di marmo facendoli scivolare lungo un piano inclinato fino al luogo del carico.

ló art.determ. m. sing. [pl. *gli*] Si usa al posto di *il* davanti a parole che iniziano per vocale, per gn, ps o s seguita da consonante e x, z, i, o j e y seguite da vocale (*l'uomo, lo psicologo, lo stivale, lo yogurth*).

loading [/'ləʊdɪŋ/] s.m. inv. (voce ingl., deriv. di *load* "carico") INFORM. Lettura di un programma svolta dal computer sul quale viene caricato.

lob [/'lɔb/] s.m. inv. (voce ingl., deriv. di *to lob* "lanciare in alto a parabola") Nel tennis, colpo dato dal basso verso l'alto in modo da rallentare il gioco.

lobàre agg. **1.** Costituito da lobi. SIN.: **lobato**. **2.** ANAT. Di un lobo.

lobàto agg. **1.** Che ha forma di lobo o è diviso in lobi. **2.** ANAT. Lobare.

lòbbia s.f. (lomb. *lobia* "cappello a larghe falde", forse dal nome del deputato C. *Lobbia* che portava un tale cappello) Cappello maschile di feltro morbido, con tesa larga e un'infossatura nel senso della lunghezza.

lobbìsmo o **lobbysmo** s.m. (ingl. *lobbyism*) Azione esercitata da lobby economiche o politiche su pubblici funzionari, su uomini politici o membri del governo per orientarne a proprio vantaggio le decisioni. SIN.: **lobbying**. ~ Il sistema corrispondente.

lobbìsta o **lobbysta** s.m. e f. [pl.m. –*sti*] (ingl. *lobbyist*) Membro di una lobby. ~ Attivista per conto di una lobby.

lobby [/'lɔbi/] s.f. inv. (voce ingl., propr. "corridoio") **1.** Gruppo di persone legate da interessi comuni e in grado di esercitare una forte pressione sul potere politico per ottenere provvedimenti a proprio favore. **2.** Salone centrale di una banca dove avvengono le principali operazioni di sportello.

lobbying [/'lɔbiŋ/] s.f. inv. (voce ingl.) Lobbismo.

lobectomìa s.f. MED. Ablazione chirurgica di un lobo di un organo.

lobèlia s.f. (dal nome del botanico fiammingo M. de *Lobel*) **1.** Pianta decorativa delle regioni calde e temperate, coltivata per i suoi fiori colorati. (Famiglia delle Lobeliacee.) **2.** BOT. (iniziale maiusc.) Genere di piante a cui appartengono varie specie di lobelia.

Lobeliàcee s.f. pl. [iniziale minusc. sing. –*a* per l'individuo] BOT. Famiglia di piante dicotiledoni con foglie alterne, fiori solitari o in racemi, spighe, pannocchie, frutto a capsula o a bacca.

lòbo s.m. **1.** ANAT. Area di alcuni organi (polmone, fegato, cervello, ecc.), in parte divisa dal resto dell'organo o avente funzione propria. ◇ *Lobo dell'orecchio:* parte morbida e arrotondata, alla base del padiglione auricolare. **2.** ARCH., ART. DEC. APPL. Ciascuno degli archetti disposti in successione lungo il profilo interno di un arco o di un occhio circolare, detti *bilobati, trilobati, polilobati,* a seconda del numero dei lobi. **3.** BOT. Porzione di una foglia o di un fiore, individuata da profonde incisioni e di forma generale arrotondata.

lobotomìa s.f. Sezione chirurgica, non più in uso, delle fibre nervose che collegano un lobo del cervello alle altre regioni per trattare alcuni disordini psichiatrici. ~ Incisione chirurgica di un lobo polmonare.

lobotomizzàre v.tr. MED. Sottoporre qlcu. all'operazione chirurgica della lobotomia.

lobulàre agg. **1.** ANAT. Costituito da lobuli. SIN.: **lobulato. 2.** Di un lobulo.

lòbulo s.m. ANAT. Lobo di piccole dimensioni o suddivisione di un lobo. *Lobulo polmonare.*

locàle agg. **1.** Proprio di un luogo, una regione (in oppos. a *nazionale, generale*). ◇ *Colore locale:* insieme degli usi e costumi di un paese, un'epoca; la loro rappresentazione stereotipata. **2.** Che concerne l'idea di luogo. *Memoria locale.* **3.** MED. Che riguarda soltanto una parte del corpo. *Dolore locale.* ◆ s.m. **1.** Luogo chiuso destinato a un uso specifico. *I locali della scuola.* **2.** Spazio abitabile di un alloggio delimitato da pareti o divisioni. ~ Ciascuno di questi spazi, a eccezione di cucina, bagni e disimpegni, nella descrizione di un appartamento. **3.** Ambiente pubblico di ritrovo, esercizio pubblico. *Locale affollato.* ◇ *Locale notturno:* nightclub.

localismo s.m. **1.** Attenzione concessa, in campo politico-economico-sociale, a interessi e problemi locali o riguardanti un'area geografica limitata. **2.** LING. In epoca bizantina e per i grammatici del sec. XIX, teoria per cui nelle lingue indoeuropee i casi delle declinazioni avrebbero avuto in origine una funzione locativa.

località s.f. inv. (fr. *localité*) Porzione di territorio contraddistinta da particolari caratteristiche geografiche e ambientali, genericamente, zona. ~ Piccolo centro abitato.

localizzàre v.tr. (fr. *localiser*) **1.** Individuare il posto, il momento, l'origine, la causa di qlco. *Localizzare la sede di una malattia.* **2.** Stabilire l'estensione di qlco., limitare. *Localizzare un incendio.* SIN.: **circoscrivere. 3.** Adattare un prodotto multimediale (CD-ROM, DVD) a un paese straniero. *Localizzare un programma di traduzione.* ◆ **localizzarsi** v.pron. Fissarsi, restare circoscritto in un luogo preciso. *Il morbo si è localizzato in Cina.*

localizzatóre agg. [f. *–trice*] Che serve a localizzare. ◆ s.m. Apparecchio che individua l'origine di una fonte di energia o il punto in cui qlco. si trova.

localizzazióne s.f. (fr. *localisation*) **1.** Individuazione del punto in cui qlco. si trova, ha origine o accade. **2.** Delimitazione di un fatto, di un'attività che può avere sviluppo sul territorio. *Localizzazione dell'incendio.* **3.** MED. Attribuzione di funzioni sensoriali e mentali a una specifica parte del cervello. **4.** ECON. Adattamento di un prodotto, di un'attività produttrice o commerciale a una zona geografica in funzione dei diversi fattori naturali, tecnici, economici, culturali e sociali. ~ Adattamento di un prodotto multimediale (CD-ROM, DVD) a un paese straniero.

localménte avv. In un luogo, in una zona delimitata.

locànda s.f. (deriv. di *camera locanda* "camera da affittare") Albergo di campagna semplice e non di lusso, che offre vitto e alloggio a prezzi moderati.

locandière s.m. [f. *–ra*] Chi gestisce una locanda.

locandìna s.f. (deriv. di *locanda* "cartello con cui si reclamizza l'affitto di un'abitazione") Piccolo cartello pubblicitario appeso, in partic. sui mezzi di trasporto pubblici. ~ Nelle edicole, manifesto che preannuncia i titoli di un giornale. SIN.: **civetta.**

locàre v.tr. (lat. *locāre* "collocare" e "affittare") Dare o prendere un bene in affitto. SIN.: **affittare.**

locatàrio s.m. [f. *–ria*, pl.m. *–ri*] DIR. Chi riceve il godimento di una terra, una casa secondo un contratto di locazione. (in oppos. a *locatore.*)

location [/ləʊˈkeɪʃən/] s.f. inv. (voce ingl., propr. "collocazione") **1.** Set esterno scelto per l'ambientazione di un film o di un servizio fotografico. **2.** Riserva per i neri in Sudafrica al tempo dell'apartheid.

1. locativo agg. (fr. *locatif*) DIR. Dell'affittuario o del bene affittato. SIN.: **locatorio.** ◇ *Valore locativo:* reddito ricavabile da un immobile in affitto.

2. locativo s.m. GRAMM. Caso che, in alcune lingue, esprime il luogo in cui avviene l'azione. *Caso locativo.* ◆ agg. Riferito al luogo.

locatizio agg. [pl.m. *–zi*] (lat. *locatīcius* "affittato") Relativo a una locazione. *Rapporto locatizio.*

locatóre s.m. [f. *–trice*] DIR. Chi dà un bene in locazione (in oppos. a *locatario*). SIN.: **proprietario.**

locazióne s.f. **1.** DIR. Contratto bilaterale con cui una parte (*locatore*) offre a un'altra (*locatario*) la possibilità di usufruire di un bene mobile o immobile per un dato periodo di tempo, in cambio del pagamento di un canone. SIN.: **affitto. 2.** ECON. *Locazione finanziaria:* leasing. **3.** INFORM. *Locazione di memoria:* casella di memoria di un computer.

loch [/ˈlɔk/] s.m. inv. (voce scozzese) Depressione terrestre, dovuta a fratture tettoniche e a modellamento glaciale, che dà origine a laghi o fiordi. ~ In Scozia, lago molto allungato formatosi sul fondo di valli glaciali.

lòchi s.m. pl. (gr. *lókhia*, deriv. di *lókhios* "puerperale") MED. Liquidi, in partic. sangue, di origine uterina, la cui emissione dalla vagina inizia subito dopo il parto e dura circa tre settimane.

locomòbile s.f. (fr. *locomobile*, propr. "che si può spostare dall'uno all'altro posto") Macchina a vapore montata su ruote non motrici, usata in passato per lavori agricoli e stradali.

locomotìva s.f. (ingl. *locomotive*, fr. *locomotif* "relativo al moto", lat. *loco motivus* "che si muove secondo il luogo") **1.** Veicolo a motore elettrico, endotermico, a vapore, aria compressa, ecc. dotato di ruote e destinato a rimorchiare un convoglio di vagoni su una ferrovia. **2.** fig. Persona, gruppo che, per prestigio, talento, attività, ha assunto il ruolo di elemento trainante.

locomotóre agg. [f. *–trice*] (fr. *locomoteur*) MED. Relativo alla locomozione. SIN.: **locomotorio.** ◇ *Apparato locomotore:* insieme formato dallo scheletro, dai muscoli e dalla parte del sistema nervoso che lo controlla, che presiede alla locomozione. ◆ s.m. Locomotiva elettrica.

locomotòrio agg. [pl.m. *–ri*] Relativo alla locomozione. SIN.: **locomotore.**

locomotrice s.f. Locomotiva elettrica. SIN.: **locomotore.**

locomozióne s.f. (fr. *locomotion*) **1.** FISIOL. Funzione degli esseri viventi, in partic. degli animali, che permette lo spostamento del loro intero organismo. (I principali metodi di locomozione degli animali sono corsa, reptazione, nuoto, volo.) **2.** Spostamento di cose o persone mediante un mezzo di trasporto. *Mezzi di locomozione.*

lòculo s.m. **1.** Nicchia funeraria orizzontale e a fondo piatto. **2.** fig. Ambiente molto stretto. **3.** ZOOL. Celletta esagonale del vespaio. **4.** BOT. Cavità di un ovario o di un frutto contenente gli ovuli o i semi. SIN.: **loggia.**

lòcus s.m. inv. (voce lat., propr. "luogo") GENET. Posizione di un gene sul suo cromosoma.

locùsta s.f. **1.** Denominazione comune di diversi insetti, tra cui la *locusta migratrice* delle regioni mediterranee, africane e asiatiche che si sposta in sciami recando danni alle colture. (Nome sc. *Locusta migratoria*; famiglia degli Acrididi, ordine degli Ortotteri.) SIN.: **cavalletta. 2.** ZOOL. (iniziale maiusc.) Genere di insetti a cui appartiene la locusta.

locutóre agg. [f. *–trice*] Che parla. ◆ s.m. (anche f.) LING. Chi emette un enunciato.

locuzióne s.f. **1.** GRAMM. Insieme fisso di parole che esprime un concetto e costituisce un'unità lessicale autonoma. **2.** *estens.* Modo di dire, espressione idiomatica.

lodàre v.tr. **1.** Elogiare i meriti o le qualità di qlcu. **2.** Rivolgere lodi alla divinità. *Lodare Dio.* ◆ **lodarsi** v.pron. **1.** Esaltare le proprie lodi e abilità. *Non faccio per lodarmi, ma a scuola rie-*

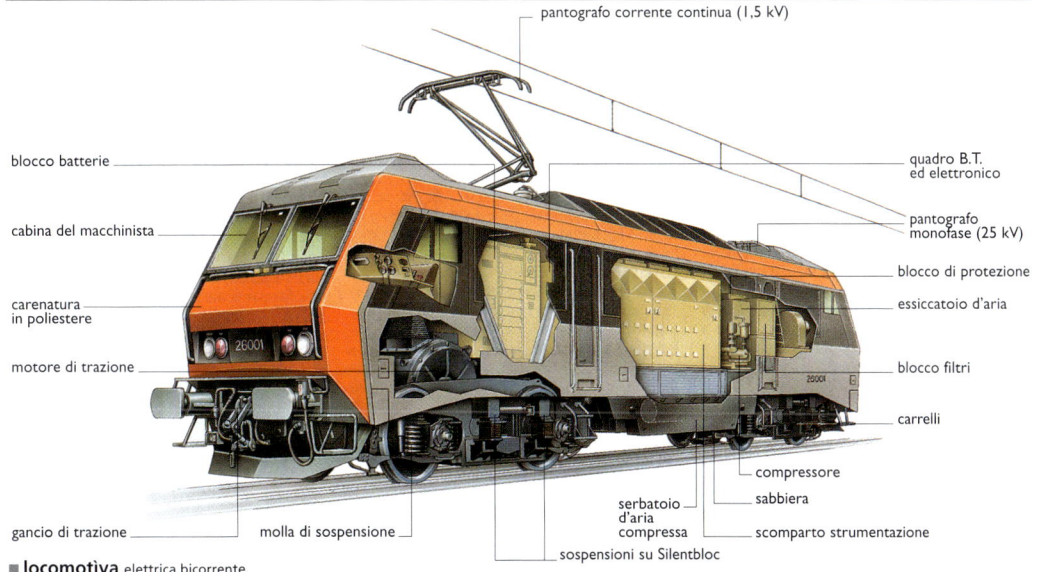

■ **locomotìva** elettrica bicorrente.

pantografo corrente continua (1,5 kV)

blocco batterie

cabina del macchinista

carenatura in poliestere

motore di trazione

gancio di trazione

molla di sospensione

serbatoio d'aria compressa

sospensioni su Silentbloc

sabbiera

compressore

scomparto strumentazione

quadro B.T. ed elettronico

pantografo monofase (25 kV)

blocco di protezione

essiccatoio d'aria

blocco filtri

carrelli

sco bene. SIN.: **vantarsi**. **2.** Compiacersi di qlcu. o qlco.

lodatìvo agg. Che elogia.

lòde s.f. **1.** Esplicito consenso nei confronti di una persona o del suo operato. SIN.: **elogio**. **2.** *estens.* (spec. pl.) Discorso scritto che esalta i meriti di qlcu. **3.** Nel l. scolastico, elogio particolare in aggiunta al voto massimo. **4.** Glorificazione della divinità sotto forma di preghiera o inno.

lòden s.m. inv. (voce ted.) **1.** Tipo di lana spessa fabbricata soprattutto in Austria e in Alto Adige, utilizzata per abiti da viaggio. **2.** *estens.* Cappotto confezionato con tale stoffa.

lodévole agg. Degno di lode. ◆ s.m. Giudizio di merito che, in passato, nelle scuole elementari, corrispondeva al voto più alto.

lòdo s.m. DIR. Decisione presa in seduta collegiale dagli arbitri di una vertenza. *Lodo arbitrale.*

lodolàio s.m. [pl. *-lai*] Uccello con piume di colore giallastro nella parte inferiore e nero in quella superiore, così detto perché ottimo cacciatore di allodole. (Ordine dei Falconiformi.)

loess o **löss** [/lœs/] s.m. inv. (voce ted., deriv. di *lösch* "instabile") Roccia sedimentaria costituita da granuli finissimi di quarzo, calcite, idrossidi di ferro e minerali argillosi accumulati dall'azione del vento, presente in abbondanza in vaste zone della Cina, degli Stati Uniti e dell'Argentina.

Lòfidi s.m. pl. [iniziale minusc. sing. *-de* per l'individuo] ZOOL. Famiglia di pesci teleostei, dalla testa enorme con gli occhi rivolti verso l'alto; ne fa parte la rana pescatrice.

lofòforo s.m. **1.** Uccello diffuso in Asia con piume dai colori vivaci e becco ricurvo. (Famiglia dei Fasianidi.) **2.** ZOOL. (iniziale maiusc.) Genere di animali cui appartiene il lofoforo.

loft [/ˈlɔft/] s.m. inv. (voce ingl., propr. "soffitta, attico") Locale abbandonato e in seguito ristrutturato, usato come alloggio, studio o sala d'esposizione.

log [/ˈlɔg/] s.m. inv. [o pl. *logs*] (voce ingl., propr. "ciocco" perché orig. costituito da un'assicella di legno) **1.** MAR. Apparecchio per misurare la velocità di una nave. **2.** INFORM. *Log in (o on), log out (o off):* procedura con cui si dà inizio o fine a una sessione in un computer. **3.** INFORM. Registrazione in un elenco delle attività di un computer o di un suo utente.

Loganiàcee s.f. pl. [iniziale minusc. sing. *-a* per l'individuo] (dal nome del botanico inglese J. *Logan*) BOT. Famiglia di piante erbacee o legnose, perlopiù tropicali, comprendente numerose specie (alcune provviste di liane), molte rampicanti. (Ordine delle Contorte.)

logarìtmico agg. [pl.m. *-ci*, f. *-che*] MAT. Di logaritmo. ◇ *Funzione logaritmica:* quella che, definita sui numeri reali positivi, fornisce il logaritmo della variabile indipendente. – *Curva logaritmica:* grafico di una funzione.

logarìtmo s.m. (lat. *logarithmus*, propr. "numero della proporzione") MAT. Esponente che si deve assegnare a una base per ottenere un determinato numero. ~ *Logaritmo di un numero reale x positivo in una base a positiva (diversa da 1):* è il numero y tale che $A(y) = x$, cioè l'esponente da dare alla base A per ottenere il numero x (simb. $\log_a$). ◇ *Logaritmo naturale o neperiano di un numero:* logaritmo di questo numero in un sistema la cui base è il numero *e* (simb. *ln*). – *Logaritmo decimale di un numero:* logaritmo di questo numero in un sistema la cui base è 10 (simb. *log*).

lòggia s.f. [pl. *-ge*] (fr. *loge*, francone *laubja* "pergola, chiosco") **1.** ARCH. Edificio con uno o più lati aperti in arcate. ~ *estens.* Galleria dei piani superiori, con colonnati o arcate, che si affaccia su un cortile. **2.** Luogo in cui si riuniscono i massoni. ~ *estens.* Associazione massonica. **3.** ANAT. Cavità che contiene un organo. **4.** BOT. Cavità di un frutto o dell'ovario di un fiore.

loggiàto s.m. ARCH. Corpo architettonico caratterizzato da un seguito di arcate che lo aprono verso lo spazio esterno. SIN.: **porticato**.

loggióne s.m. Galleria superiore di un teatro. ~ *per meton.* Gli spettatori che vi siedono.

-logìa Secondo elemento di composti dotti e della terminologia scientifica nei quali significa "studio, trattazione" (*glottologia*) o "discorso, espressione" (*tautologia*); in alcuni neologismi del l. gior. non indica una rigorosa trattazione metodica, bensì il risultato di una scienza effimera o di una semplice inclinazione, spesso con una spiccata connotazione negativa (*mafiologia, tuttologia, dietrologia*).

lògica s.f. [pl. *-che*] (lat. *lògicam*, gr. *logikḗ téchnē* "arte del discorso persuasivo") **1.** FILOS. Parte della filosofia che studia i procedimenti formali del ragionamento. ◇ *Logica formale:* scienza che studia la struttura e l'attività del pensiero. – *Logica matematica:* scienza che studia le dimostrazioni matematiche. (Il suo sviluppo ha permesso di studiare la struttura dei linguaggi formalizzati.) – INFORM. *Logica sfumata:* sistema logico nel quale le variabili possono assumere valori intermedi tra vero e falso. **2.** Coerenza del ragionamento, sensatezza, logicità. **3.** Modo di ragionare. **4.** Motivazione su cui si basa un comportamento. ◇ *Logica degli eventi:* il modo in cui si sono svolti, che configura o pare configurare una ragione autonoma rispetto a quella dell'uomo.

ENCICL. Dopo Aristotele, autore della più grande trattazione di logica della filosofia greca basata sul concetto di *sillogismo*, cioè la connessione fra diverse proposizioni, la logica attirò l'attenzione degli stoici, più tardi della scolastica medievale, poi di Arnauld e di Nicole e infine di Leibniz. È soltanto a partire dal XIX sec. che questa disciplina si distacca dalla filosofia e, con Bolzano, Boole e De Morgan, diventa una branca della matematica. Frege fonda la logica formale mentre lo studio dei fondamenti della matematica è al centro dei lavori di Dedekind, Peano, Hilbert e B. Russell che tenta, come anche Cantor e Zermelo, di risolvere le antinomie della teoria degli insiemi. Nel XX sec. Wittgenstein, Carnap, A. Church, Lukasiewicz, Gödel, Quine e Tarski rappresentano le principali correnti della logica matematica.

logicaménte avv. **1.** Secondo logica, per via di logica. **2.** Per esprimere un punto di vista del parlante, nel sign. di "è ovvio che".

logicìsmo s.m. **1.** FILOS. Tendenza a considerare la logica il fondamento di tutte le attività speculative. ~ *estens.* Nel l. com., rigore formalistico esasperato. **2.** Dottrina, sviluppata da G. Frege e B. Russell, secondo la quale la matematica sarebbe un'applicazione della logica.

logicità s.f. inv. Conformità ai criteri della logica.

lògico agg. [pl.m. *-ci*, f. *-che*] (lat. *lŏgicum*, gr. *logikós* "relativo alla ragione") **1.** FILOS. Della logica. ◇ *Istruzione logica:* quella che manipola i dati applicando operazioni logiche. **2.** Detto anche di persona, coerente. **3.** *estens.* Dedotto da certe premesse. SIN.: **naturale**. ◆ s.m. [f. *-ca*] **1.** Filosofo, matematico che si occupa di logica. **2.** Chi ragiona con rigore e coerenza. ~ In partic., chi ha grandi capacità dialettiche.

login [/lˈɒg͵ɪn/] s.m. inv. (voce ingl.) INFORM. Procedimento di accesso a un sistema tramite password. ~ *estens.* La password stessa.

logìstica s.f. [non com. pl. *-che*] (gr. *logistikḗ téchnē* "arte del fare i conti") **1.** Insieme delle operazioni volte al rifornimento e al trasporto degli eserciti in guerra. **2.** *estens.* In un'azienda, organizzazione delle operazioni di approvvigionamento, stoccaggio e distribuzione delle materie prime e dei prodotti finiti.

logìstico agg. [pl.m. *-ci*, f. *-che*] **1.** Della logistica militare. **2.** *estens.* Dei metodi di organizzazione di un'operazione, di un processo. SIN.: **organizzativo**.

Lòglio s.m. **1.** BOT. Genere di piante erbacee tossiche per la presenza di un fungo che si inserisce nelle cariossidi. (Famiglia delle Graminacee.) **2.** *fig.* (iniziale minusc.) Con riferimento alla nota parabola evangelica, il male, il cattivo. ◇ *Separare il grano dal loglio:* separare il bene dal male.

1. lògo s.m. Logos.

2. lògo s.m. [pl. *-ghi*] **1.** PUBBL. Rappresentazione grafica di un nome, che costituisce il marchio registrato di un prodotto, di un ente, di un'azienda, ecc. **2.** Immagine per display di cellulare.

logografìa s.f. (gr. *logographía*, comp. di *lógos* "discorso" e *gráphein* "scrivere") Nell'antica Grecia, narrazione scritta di miti e di storie. ~ Successivamente attività dei retori, che consisteva nella stesura a pagamento di orazioni giudiziarie per conto di accusatori e imputati.

logògrafo s.m. Nell'antica Grecia, scrittore di racconti. ~ Retore che, a pagamento, scriveva orazioni giudiziarie per conto di altri.

logogrìfo s.m. (fr. *logogriphe*) Gioco enigmistico in cui si devono formare parole con le lettere di una parola madre.

logopatìa s.f. MED. Disturbo del linguaggio che ha origine nel sistema nervoso centrale.

logopedìa s.f. MED. Disciplina che studia lo stato fisiologico e patologico degli organi del linguaggio e la correzione dei disturbi linguistici.

logopedìsta s.m. e f. [pl.m. *-sti*] MED. Terapista specializzato nella rieducazione di chi è affetto da disturbi o da difficoltà del linguaggio. SIN.: **logoterapista**.

logoplegìa s.f. MED. Paralisi degli organi dell'apparato fonatorio. ~ Afasia motoria.

logoraménto s.m. **1.** Processo distruttivo dovuto al progressivo consumarsi di un materiale per l'uso. **2.** Decadenza, estenuazione. ~ MIL. Strategia per fiaccare la resistenza del nemico.

logorànte agg. Che logora.

logoràre v.tr. (lat. *lucrare* "guadagnare, risparmiare", poi "consumare del tutto per risparmiare") Consumare o deteriorare lentamente qlco. con un uso prolungato. ◆ **logorarsi** v.pron. **1.** Di soggetto umano, perdere le forze. **2.** Di soggetto inanimato, deteriorarsi, diventare inservibile. **3.** Sottoporre a uno sforzo eccessivo una parte o una proprietà del corpo. *Logorarsi gli occhi.*

logorìo s.m. [pl. *-rii*] **1.** Azione di logoramento lenta e continua. **2.** Deterioramento, deperimento. **3.** *fig.* Processo di ordine interiore, intellettuale, tormentato.

1. lógoro agg. **1.** Consumato dall'uso o dal tempo. SIN.: **consunto**. **2.** Stanco, estenuato, sfinito. **3.** *fig.* Che ha perso vitalità, forza, pregnanza di significato per il troppo uso. SIN.: **abusato**.

2. lógoro s.m. (francone *lothr* "esca") Attrezzo costituito da un'ala di uccello o da un ciuffo di penne attaccato a un pezzo di legno, usato dal falconiere per richiamare il falco.

logorrèa s.f. **1.** MED. Irrefrenabile bisogno di parlare tipico di alcune malattie mentali. **2.** *estens.* Verbosità inesauribile.

logorròico agg. [pl.m. *-ci*, f. *-che*] **1.** Di logorrea, che soffre di logorrea. **2.** *estens.* Eccessivamente loquace. ◆ s.m. [f. *-ca*] Chi è affetto da logorrea. ~ Chi parla troppo.

lògos s.m. inv. (gr. *lógos* "parola, ragione") **1.** FILOS. Razionalità suprema che governa il mondo. ~ Manifestazione del pensiero. **2.** TEOL. CRIST. Seconda persona della Trinità cioè Gesù Cristo, in quanto pensiero, sapienza di Dio. SIN.: **Verbo**.

logoterapìa s.f. PSICOL. Nome generico di terapie che si basano sulla comunicazione verbale tra paziente e terapeuta.

logoterapìsta s.m. e f. [pl.m. *-sti*] MED. Logopedista.

logotìpo s.m. (ingl. *logotype*) **1.** STAM. Insieme di due o più lettere fuse in un unico carattere. **2.** PUBBL. → **2. logo**.

lolìta s.f. (dal nome della protagonista dell'omonimo romanzo dello scrittore V. Nabokov) Ragazzina sessualmente precoce.

lòlla s.f. Insieme di scorie che si forma durante la trebbiatura o in altre lavorazioni dei cereali.

spighetta
spiga

■ **Lòglio**

lombàggine s.f. MED. Dolore intenso nella regione lombare.

lombalgìa s.f. Lombaggine.

lombàrdo agg. Della Lombardia. ◆ s.m. **1.** [f. –da] Nativo, abitante della Lombardia. **2.** (solo sing.) Dialetto della Lombardia.

lombàre agg. Del lombo. ◇ *Puntura lombare:* quella praticata nella regione lombare della colonna vertebrale a scopo diagnostico, terapeutico o anestetico. ◆ s.f. Puntura lombare.

lombàta s.f. Taglio di carne che corrisponde ai lombi dell'animale macellato. ~ La relativa pietanza, cucinata in vari modi, spec. arrosto.

lómbo s.m. **1.** Parte del dorso compresa tra il tratto dorsale della colonna vertebrale e il bacino. **2.** *estens.* (al pl.) Fianco. **3.** Parte pregiata del dorso degli animali da macello.

lombosacràle agg. ANAT. Che riguarda la regione lombare e sacrale.

lombrìco s.m. [pl. –*chi*] **1.** Animale che vive in terreni umidi e con la sua attività di ingestione contribuisce alla formazione dell'humus; detto anche *verme di terra.* (Lunghezza 30 cm e fino a 3 m nell'emisfero Sud; tipo degli Anellidi, classe degli Oligocheti.) **2.** ZOOL. (iniziale maiusc.) Genere di animali a cui appartengono varie specie di lombrichi.

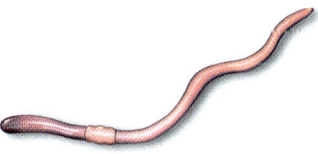

■ **lombrìco**

lómpo o **lùmpo** s.m. (ingl. *lump* "ciclottero") Pesce dei mari freddi le cui uova si usano come surrogato del caviale. ~ Il surrogato stesso.

londinése agg. Di Londra. ◆ s.m. e f. Nativo, abitante di Londra.

lònga mànus loc. sost. f. [pl. *longae manus*] (loc. lat., propr. "lunga mano") Persona, associazione o gruppo che agisce, più o meno velatamente, a vantaggio di altri. *Essere la longa manus di qualcuno.*

longanimità s.f. inv. (calco del gr. *makrothymìa*) Atteggiamento di grande tolleranza e comprensione.

long drink [/lɔŋ drɪŋk/] loc. sost. m. inv. (loc. ingl., propr. "bevanda lunga") Bevanda alcolica allungata con acqua, soda, succo di frutta.

longevità s.f. inv. Durata della vita di un organismo notevolmente superiore alla media.

longèvo agg. Che vive a lungo.

longherina o **longarina** s.f. (fr. *longrine*) **1.** COSTR. Lunga trave di ferro o di legno usata come architrave. **2.** Trave di legno o d'acciaio su cui sono appoggiati longitudinalmente i binari.

longheróne o **longaróne** s.m. (fr. *longeron*, lat. *longuriōnem* "spilungone") Trave principale posta nel senso della lunghezza che, in una costruzione meccanica, sostiene carichi molto pesanti.

longilineo agg. **1.** Di costituzione fisica caratterizzata da uno sviluppo degli arti superiore a quello del tronco. **2.** *estens.* Snello, slanciato, alto. ◆ s.m. [f. –*a*] Nei sign. dell'agg.

longitudinàle agg. **1.** Relativo alla longitudine. **2.** Che si estende o si sviluppa in lunghezza.

longitùdine s.f. (lat. *longitūdinem* "lunghezza") GEOGR. Una delle due coordinate (l'altra è la *latitudine*) che individuano la posizione geografica di un luogo. (È ottenuta misurando in gradi l'arco del parallelo terrestre che intercorre tra quel luogo e il meridiano fondamentale di Greenwich.)

long play [/lɔŋ 'pleɪ/] loc. sost. m. inv. (loc. ingl.) Long playing.

long-playing [/'lɔŋpleɪŋ/] s.m. inv. (loc. ingl., propr. "lunga esecuzione") Disco microsolco che gira alla velocità di 33 giri.

longuette [/lɔ̃'gɛt/] agg. (voce fr., deriv. di *longue* "lunga") Di media lunghezza, con riferimento a gonna o abito femminile. ◆ s.f. Gonna o veste di media lunghezza.

lontanaménte avv. In modo vago, impreciso.

lontanànza s.f. **1.** Distanza in senso spaziale. ◇ *In lontananza:* da lontano. **2.** Stato di chi si trova lontano dalle persone e dalle cose care. ~ Periodo di tempo trascorso lontano. ~ Assenza.

lontàno agg. **1.** Distante in senso assoluto o relativo rispetto a un punto di riferimento. **2.** *fig.* Distante in senso ideale, astratto. ~ In partic., diverso, differente sul piano ideologico. ~ Distante dalla precisione e quindi vago, incerto, indeterminato. ◇ *Cause lontane:* remote, indirette. **3.** Distante in senso temporale. ◆ avv. A notevole distanza, in un luogo distante, remoto. ◇ *figg. Andare lontano:* far carriera, avere successo. – *Guardare lontano:* saper prevedere ciò che potrà accadere. – *Vedere lontano:* considerare il futuro e l'evoluzione degli avvenimenti. – *Mirare lontano:* essere molto ambizioso. – *Vedere qlco. da lontano:* senza precisione. – *loc. prep.* Lontano da: distante da, anche fig. *Essere molto lontano dal vero.*

lóntra s.f. **1.** Nome comune di diversi animali mammiferi carnivori delle dimensioni di un grosso gatto, con corpo allungato, zampe palmate e corte, coda piatta, pelo lucido, morbido e scuro. (La *lontra comune,* genere *Lutra,* vive vicino ai corsi d'acqua in Europa, Asia e America; la *lontra di mare,* genere *Enhydra,* che può pesare anche 40 kg, vive nel Pacifico e si nutre di molluschi; famiglia dei Mustelidi.) ◇ *Lontra minore:* mammifero carnivoro di piccole dimensioni, con zampe palmate e corte, testa breve e piatta, pelo lucido, bruno e grigiastro; buon nuotatore, vive nelle zone ricche d'acqua dell'Asia settentrionale mentre in Europa è quasi estinto; è detto anche *lutreola* e *visone d'Europa.* (Famiglia dei Mustelidi.) **2.** Pelliccia di tale animale.

■ **lóntra**

1. lónza s.f. *ant.* Felino non ben identificato, forse un leopardo, una lince o un gheparado.

2. lónza s.f. (fr. *longe* "lombata") Nell'Italia settentrionale, taglio di carne ricavato dai lombi dell'animale macellato (detto anche *lombata*) o insaccato di maiale. ~ In altre parti d'Italia indica tagli diversi.

look [/luk/] s.m. inv. (voce ingl. "aspetto") Aspetto di qlcu. o di qlco. studiato nei dettagli per darne l'immagine voluta. ~ Nel l. della moda e dello spett., indica soprattutto l'immagine offerta attraverso l'abbigliamento, il trucco e l'acconciatura. ◇ *Look generation:* della generazione degli anni Ottanta del Novecento, tendente ad

aggregarsi in gruppi caratterizzati da vere e proprie divise. – *Look maker:* persona che cura l'aspetto esteriore, l'immagine di attori, personaggi pubblici, politici, cantanti, ecc.

loop [/'luːp/] s.m. inv. (voce ingl., propr. "cappio") **1.** TECN. Struttura o circuito ad anello. ◇ ELETTROTEC. *Loop di corrente:* *circuito chiuso. **2.** CINE. Cortometraggio che viene proiettato in sequenza ciclica. **3.** INFORM. In un programma, ciclo di istruzioni che viene eseguito più volte. **4.** AER. Acrobazia che consiste nel percorrere una traiettoria ad anello.

looping [/'luːpɪŋ/] s.m. inv. (voce ingl., deriv. di *to loop* "formare un cappio") Evoluzione acrobatica di un aereo consistente nel descrivere un cerchio in aria su un piano verticale.

lòppa s.f. (etim. incerta, forse dal lat. *falùppam* "scarto") **1.** Involucro dei grani nei cereali. SIN.: **lolla. 2.** METALL. Residuo che si ottiene dalla produzione della ghisa negli altiforni, utilizzato come materiale refrattario.

loquàce agg. **1.** Che ama parlare, discorrere. **2.** *fig.* Di grande efficacia espressiva.

loquacità s.f. inv. **1.** Tendenza a parlare molto. **2.** *fig.* Significatività, espressività.

Lorantàcee s.f. pl. [iniziale minusc. sing. –*a* per l'individuo] BOT. Famiglia di piante legnose con foglie opposte, frutto a bacca biancastra; sono prive di apparato radicale proprio, per cui vivono semiparassite sui tronchi di altre piante legnose. (Classe dei Dicotiledoni.)

lord [/lɔːd/] s.m. inv. (voce ingl., *hlaford* "signore", propr. "guardiano del pane") **1.** Titolo nobiliare inglese attribuito ai pari del regno, ai primogeniti della nobiltà e ad alcuni dignitari e funzionari. ◇ *Camera dei lord:* camera alta non elettiva del parlamento della Gran Bretagna (v. parte n.pr.). **2.** *estens.* Persona molto raffinata.

lórdo agg. (lat. *lūridum* "livido, pallido") **1.** Imbrattato di sudiciume. ~ Sporco, macchiato, anche in senso fig. *Avere la coscienza lorda di delitti.* **2.** ECON., COMM. Comprensivo di una parte che non è direttamente utilizzabile, in oppos. a *netto.* ◇ *Imposta lorda:* calcolata prima delle detrazioni. – *Peso lordo:* comprensivo della tara. – *Incasso lordo:* senza la detrazione delle spese. ◆ s.m. Peso, importo lordo, prima di detrarre da essi quanto si deve per legge. ◇ *Al lordo:* comprese le spese, le trattenute o la tara.

lordòsi s.f. inv. (gr. *lórdōsis* "curvatura") MED. Accentuazione della normale concavità della colonna vertebrale nel tratto lombosacrale.

lordùra s.f. **1.** Cosa o quantità di cose sporche. **2.** *fig.* Corruzione, vizio, depravazione, perversione. ~ *estens.* Insieme di persone abiette e viziose.

lorenése agg. Della regione e dell'antico ducato di Lorena. ◆ s.m. **1.** (anche f.) Nativo, abitante della Lorena. **2.** (solo sing.) Dialetto francese parlato in Lorena.

lorènzio s.m. (solo sing.) → **laurenzio.**

lorgnette [/lor'nɛt/] s.f. [pl. *lorgnettes*] (voce fr., deriv. di *lorgner* "guardare con la coda dell'occhio") Occhialino a una o a due lenti, con manico, che si portava appeso al collo. ~ Particolare binocolo con impugnatura usato a teatro.

lòri s.m. inv. (fr. *loris* di etim. discussa, forse dall'ol. *loeres* "sciocco, rozzo") ZOOL. Proscimmia notturna con coda rudimentale, pelame morbido fulvo-grigiastro, tipica dell'Asia meridionale, che si sposta molto lentamente come i bradipi. (Lunghezza 20 cm; sottordine dei Lemuridi, ordine dei Primati.)

lorica s.f. [pl. –*che*] (lat. *lorīcam,* deriv. di *lōrum* "cinghia di cuoio") **1.** Corazza, in partic. quella leggera dei legionari romani, in origine di cuoio, poi anche di metallo. **2.** ZOOL. Rivestimento osseo o di cuticola. ~ Guscio, esoscheletro chitinoso che avvolge il corpo di molti animali.

Loricàti s.m. pl. [iniziale minusc. sing. –*to* per l'individuo] ZOOL. Nome dato a diversi gruppi di animali, come p.e. i molluschi, che hanno il corpo coperto da lorica.

lorichétto s.m. Piccolo pappagallo dell'Oceania con piume molto colorate, a volte allevato in voliera. (Genere *Domicella,* famiglia degli Psittacidi.)

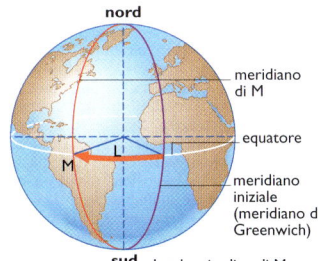

nord
meridiano di M
equatore
meridiano iniziale (meridiano di Greenwich)
sud   L = longitudine di M

■ **longitùdine**

1. lóro pron. pers. [sing.m. *lui*, f. *lei*] **1.** Si usa in riferimento alla terza persona m. e f. pl. e talora anche ad animale o a cosa (istituzioni, macchine) già nominati o nominati successivamente, o nel parlato, presenti. **2.** Ha funzione di complemento oggetto quando l'evidenza da dare a quell'elemento del discorso non consente l'impiego delle forme atone (*li* e *le*); di complemento di termine (talora come alternativa più formale a *gli*) dopo la prep. *a* oppure in uso assol. (general. posposto al v.), e obbligatoriamente dopo prep. di altri complementi indiretti. *Se le cose non sono andate bene, devi rimproverare loro, non me.* **3.** Ha funzione di soggetto, spec. nell'uso parlato e nello scritto non partic. formale, con un valore deittico più marcato rispetto a *essi, esse. Loro non ci stanno più.*

2. lóro agg. poss. **1.** Che appartiene a essi, a esse. *Il loro camper.* ~ Che li riguarda, spec. riferito a luoghi e tempi. *La loro patria.* ~ Che è prodotto, fatto da essi o da esse. **2.** Che è parte di essi o di esse. *Le loro facce.* ~ Si omette se è evidente la persona a cui si riferisce o se il verbo è riflessivo. *Hanno accusato dolori allo stomaco.* **3.** Di essi, di esse, nel senso della parentela, dell'amicizia, ecc. **4.** Abituale, familiare. *Fanno sempre il loro spuntino alle dieci.* ◆ pron. poss. **1.** Ha gli stessi valori e usi dell'agg. ed è sempre preceduto dall'art. determ. *Il nostro paese ha molti meno abitanti del loro.* **2.** In espressioni ellittiche acquista valore sostantivale. *Non rinunciano mai a dire la loro.*

losànga s.f. [pl. *–ghe*] (fr. *losange*) Quadrilatero i cui quattro lati hanno la stessa lunghezza.

lósca s.f. [pl. *–sche*] MAR. Nelle costruzioni navali, foro che permette il passaggio del timone.

lósco agg. [pl.m. *–schi*, f. *–sche*] (lat. *lūscum* "guercio") **1.** *non com.* Che ci vede poco spec. da lontano, e perciò strizza gli occhi e aggrotta le sopracciglia. ~ *estens.* Che guarda di traverso per invidia, malvagità, sospetto. ~ Bieco, torvo, obliquo. **2.** *fig.* Di persona o di cosa che dà adito a dubbi circa la correttezza morale e l'onestà. ❑ In funzione di avv. **1.** Di traverso. *Guardare losco.* **2.** *fig.* In modo torbido. ◇ *Vederci losco:* non vederci chiaro. ◆ s.m. (solo sing.) Ciò che è equivoco, disonesto. *C'è del losco in questa faccenda.*

lossodromìa s.f. (deriv. di gr. *loksodrómos* "che corre obliquo") **1.** GEOGR., CARTOGR. Linea che collega due punti della Terra tagliando tutti i meridiani con angolo costante. **2.** MAR. Percorso più lungo ma che permette di mantenere costante l'angolo di rotta.

lòto s.m. **1.** Nome attribuito a diverse piante erbacee acquatiche simili alle ninfee, che crescono spontaneamente negli stagni e sono coltivate a scopo ornamentale. ◇ *Loto indiano o egiziano:* pianta acquatica dai fiori rosati, diffusa nelle regioni tropicali asiatiche. (Genere *Nelumbo*.) **2.** BOT. (iniziale maiusc.) Genere di piante erbacee o arbustive dicotiledoni cui appartengono numerosissime specie. (Famiglia delle Papilionacee.) **3.** Nella mitologia antica, pianta che produceva frutti in grado di procurare l'oblio a chi li mangiava.

lòtta s.f. **1.** Scontro violento fra due parti. ◇ *Lotta per l'esistenza (o per la vita):* secondo Darwin quella che ogni individuo di qualsiasi specie combatte contro altri individui per conquistare gli alimenti, i mezzi e lo spazio necessa-

■ **lòtta** libera.

ri per vivere. – *Lotta all'ultimo sangue:* che si conclude solo con la morte di una delle parti; *fig.* particolarmente accanita. – *Lotta a coltello:* affrontata con armi da taglio; *fig.* feroce, furibonda, spietata. **2.** Combattimento militare o paramilitare. ◇ *Lotta clandestina:* condotta coi metodi della guerriglia da formazioni armate non regolari. – *Lotta di popolo:* in cui i cittadini collaborano attivamente nel combattere il nemico. **3.** Conflitto, litigio, contrasto esploso per disparità di interessi, di vedute. ~ *estens.* Scontro sul terreno ideologico, sociale e politico fra persone, gruppi che hanno aspirazioni, prospettive contrastanti. ~ Azione di forze contrarie. ◇ *Essere in lotta con qlcu.:* trovarsi in disaccordo profondo. – *Essere in lotta con se stesso:* profondamente incerto. – *Lotta di sentimenti:* dissidio interiore. – *Lotta a oltranza:* che continua fino al raggiungimento degli obiettivi che ci si è dati. – *Lotta senza esclusione di colpi:* con ricorso a mezzi ai confini del lecito o addirittura illeciti. – *Lotta di classe:* fra classi sociali diverse; in partic. secondo Marx, quella della classe operaia per sottrarre il controllo dei mezzi di produzione e del potere politico alla classe dei capitalisti. – *Lotta armata:* lotta sociale attraverso azioni armate o mezzi terroristici. – *Lotta continua:* movimento extraparlamentare di sinistra in attività fra gli anni Sessanta e la metà degli anni Ottanta (sigla *LC*). **4.** *fig.* Impegno di tutte le possibili energie per eliminare malattie o piaghe sociali, combattere forze ostili all'uomo o calamità naturali. **5.** SPORT. Competizione dell'atletica pesante che prevede il combattimento corpo a corpo fra due contendenti. ◇ *Lotta greco–romana:* che non prevede l'intervento attivo delle gambe. – *Lotta libera:* in cui sono ammesse prese con le gambe e alle gambe. – *Lotta giapponese:* judo.

lottàre v.intr. (aus. *avere*) Impiegare le proprie forze in uno scontro o in un conflitto fisico, morale, psicologico, ecc. ~ Battersi, competere in un incontro, in una lotta. ◇ *figg. Lottare con la morte:* essere ammalato molto gravemente. – *Lottare con se stesso:* cercare di dominare certi sentimenti e impulsi. – *Lottare contro i propri sentimenti:* cercare di sopprimerli o dominarli.

lottatóre s.m. [f. *–trice*] **1.** SPORT. Atleta che pratica lo sport della lotta. **2.** *fig.* Chi si dimostra dotato di spirito combattivo.

lotterìa s.f. Gioco consistente nel tirare a sorte numeri che designano biglietti vincenti e danno diritto ai premi corrispondenti. ◇ *Lotterie nazionali:* quelle che gestisce lo Stato, mettendo in palio somme notevoli di denaro. – *Lotteria di beneficenza:* organizzata da enti morali che devolvono l'incasso in beneficenza. – *Lotteria istantanea:* quella basata sull'acquisto di un biglietto che permette, previa rimozione di una patina di vernice, di verificare immediatamente la vincita. – *fig. Vincere alla lotteria:* avere un colpo di fortuna.

lottizzàre v.tr. **1.** Dividere qlco. in parti. **2.** *fig.* Spartire i posti di potere in base a criteri politici.

lottizzazióne s.f. **1.** Divisione in lotti. **2.** *fig.* Pratica che prevede la spartizione di posti di lavoro e di cariche secondo criteri non professionali, ma politici.

lòtto s.m. (fr. *lot* "parte sorteggiata") **1.** (spec. sing.) Gioco di fortuna gestito dallo Stato, consistente nell'estrazione settimanale di cinque numeri tra uno e novanta per dieci ruote e nell'attribuzione di premi a chi ne abbia indovinati più di uno. ◇ *Dare i numeri del lotto:* suggerire i numeri da giocare; *fig.* parlare senza riflettere e in modo sconclusionato. **2.** Porzione di un'area fabbricabile. **3.** Partita di merce. **4.** Parte di un lavoro data in appalto separatamente. **5.** Gruppo di partecipanti a una gara sportiva. **6.** BORS. Unità minima di contrattazione dei titoli.

loud [/'laud/] agg. inv. (voce ingl. "sonoro") TECN. Negli apparecchi audiovisivi, forte, sonoro, di alta intensità.

loudness [/'laudnɪs/] s.m. inv. (voce ingl., propr. "frastuono") Intensità sonora, altezza di un suono o di una voce.

love story [/'lʌv 'stɔːri/] loc. sost. f. inv. (loc. ingl., "storia d'amore", dal film tratto dall'omonimo romanzo dello scrittore statunitense E. Segal) Relazione amorosa, storia d'amore.

lozióne s.f. (lat. *lotiōnem* "lavaggio") Liquido medicamentoso usato spec. per l'igiene del cuoio capelluto o della pelle.

LSD s.m. (solo sing.) (sigla dell'ingl. *Lysergic Acid Diethylamide*, "dietilammide dell'acido lisergico") Derivato dell'acido lisergico con proprietà allucinogene.

lubricità s.f. inv. **1.** Scivolosità o viscidità di una superficie. ~ Detto della vie intestinali, facilità eccessiva a evacuare. **2.** *fig.* Indecenza, oscenità.

lubrificànte agg. Che lubrifica. ◆ s.m. Sostanza che, per la sua oleosità, riduce l'attrito tra due superfici.

lubrificàre v.tr. [4] (fr. *lubrifier*) Ridurre l'attrito in un meccanismo con grassi o sostanze oleose. *Lubrificare una serratura.*

lubrificazióne s.f. (fr. *lubrification*) Uso di grassi o di olii per rendere più scorrevoli ingranaggi, congegni, motori.

lucàno agg. Dell'antica Lucania o dell'odierna Basilicata. ◆ s.m. [f. *–na*] **1.** Abitante dell'antica Lucania o dell'odierna Basilicata. **2.** (solo sing.) Complesso dei dialetti parlati in Basilicata.

lucchétto s.m. Piccola serratura mobile dotata di un'arcata metallica che si richiude nel dispositivo di blocco.

luccicànte agg. **1.** Che luccica. SIN.: **scintillante. 2.** *fig.* Pieno di espressioni vivaci. *Prosa luccicante.*

luccicàre v.intr. (aus. *essere* o *avere*) Riflettere la luce a lampi brevi e intermittenti.

luccichìo s.m. [pl. *–chii*] Breve e frequente emissione o riflessione di luce. SIN.: **sfavillio.**

lùccio s.m. [pl. *–ci*] Pesce d'acqua dolce molto vorace, con mandibole fornite di forti denti. (Lunghezza fin oltre 1 m; genere *Esox*, famiglia degli Esocidi.)

■ **lùccio**

lùcciola s.f. (deriv. di lat. *lucēre* "risplendere") **1.** Coleottero fornito di ali in cui gli ultimi segmenti dell'addome sono luminescenti. (Lunghezza 1 cm; famiglia dei Lampiridi.) ◇ *fig. Prendere lucciole per lanterne:* confondere una cosa con un'altra. **2.** *estens.* In teatro o al cinema, persona munita di pila che accompagna gli spettatori nei posti a sedere durante lo spettacolo. SIN.: **maschera. 3.** *eufem.* Prostituta. **4.** Tipo di riflettore che irradia una luce intensa e ben distribuita su un largo spazio. ❑ Anche in funzio-

■ **lòtta** greco-romana.

ne di agg. inv., nella loc. *erba lucciola*, nome comune di varie erbe.

lùce s.f. **1.** FIS. Radiazione elettromagnetica emessa da corpi portati ad alta temperatura (*incandescenza*) o da corpi stimolati (*luminescenza*), percepita tramite la vista. (La luce è costituita da onde elettromagnetiche e la sua velocità di propagazione nel vuoto è di 299.792.458 m/s; si può anche considerare come un flusso di particelle energetiche, i *fotoni*, prive di massa.) ◇ *Giochi di luce:* contrasti dovuti all'accostamento di ombre e luci. – figg. *Mettersi in luce:* farsi notare. – *Mettere in buona, in cattiva luce:* far risaltare qualità o difetti. – *Alla luce del sole:* apertamente. – *Alla luce dei fatti:* in base a quanto è accaduto. – *Fare luce su qlco.:* scoprire qlco. **2.** assol. Luce del Sole, intesa anche come tempo in cui il sole sta sopra all'orizzonte, dì, giorno. **3.** fig. Vita, esistenza umana. ◇ *Dare alla luce:* partorire. – *Venire alla luce:* nascere, apparire per la prima volta. **4.** Fonte d'illuminazione, spec. elettrica. SIN.: **lampada**. ~ estens. Corrente elettrica. ◇ *Luci di posizione:* fanali che segnalano la sagoma di un veicolo. – *A luci rosse:* di carattere pornografico. – fig. *Luci della ribalta:* il palcoscenico o il teatro in genere. **5.** fig. Assenza di ignoranza intellettuale e spirituale. ◇ *Luce del progresso:* insieme delle scoperte scientifiche e tecnologiche con le quali l'uomo fuoriesce dall'arretratezza e dalla miseria. **6.** fig. Nella tradizione religiosa, DIO, le persone della Trinità. ~ Simbolo della spiritualità assoluta. ◇ *Luce eterna:* la beatitudine del paradiso. **7.** Luminosità di una pietra preziosa. **8.** ARCH. Vano di una finestra, di una porta che assicura luminosità a un ambiente. **9.** DIR. Finestra sul fondo contiguo che dà passaggio alla luce e all'aria. **10.** TECN. Bocca di un condotto idraulico. ❑ In funzione di agg. inv., *anno luce*, unità di misura della distanza tra corpi celesti, pari allo spazio percorso in un anno da un raggio alla velocità della luce (9461 miliardi di km). ◇ *Punto luce:* in un appartamento, quello dove è installata una presa elettrica.

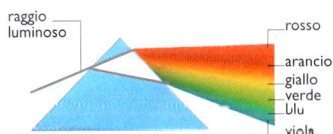

■ **lùce.** Scomposizione per rifrazione della luce bianca attraverso un prisma.

lucènte agg. Che emette luce o la riflette.

lucentézza s.f. Qualità di ciò che splende.

lucèrna s.f. Lampada portatile a combustibile liquido.

lucernàre s.m. **1.** Nella chiesa cristiana primitiva, rito serale con cui si salutava la luce del giorno. **2.** CATT. Rito che dà inizio alla veglia pasquale.

lucernària s.f. Medusa molto comune che vive fissata alle alghe. (Classe degli Scifozoi.)

lucernàrio s.m. [pl. –*ri*] Apertura nel tetto spesso dotata di vetrata.

lucèrtola s.f. (lat. *lacèrta* "lucertola") **1.** Rettile terrestre molto comune in Europa, insettivoro, di cui esistono molte specie. (Lunghezza fino a 60 cm; sottordine dei Lacertili, famiglia dei Lacertidi.) ◇ fig. *Essere una lucertola:* amare l'esposizione al sole. **2.** Pelle conciata dell'iguana. **3.** ZOOL. (iniziale maiusc.) Genere a cui appartengono diverse specie di lucertola.

■ **lucèrtola.** Ramarro.

lucherino o **lucarino** s.m. Uccello che sverna nei boschi dell'Europa occidentale, dal piumaggio verde e giallastro. (Lunghezza 12 cm; genere *Carduelis*, famiglia dei Fringillidi.)

lucidalàbbra s.m. inv. Cosmetico simile a un rossetto che rende lucide e talvolta lievemente colorate le labbra.

lucidàre v.tr. **1.** Fare splendere qlco. pulendolo. **2.** Ricalcare un disegno su carta lucida, allo scopo di riprodurlo.

lucidatrice s.f. **1.** Elettrodomestico per lucidare i pavimenti. **2.** TECN. Macchina per lucidare superfici lavorate.

lucidatùra s.f. **1.** Operazione con cui si dà lucentezza a una superficie. ~ METALL. Rifinitura di pezzi metallici per eliminare le irregolarità e produrre un effetto di brillantezza. **2.** Ricalco di disegni su carta lucida.

lucidità s.f. inv. **1.** Aspetto di una superficie lucida. **2.** fig. Qualità di chi discerne con chiarezza le cose.

lùcido agg. **1.** Che ha riflessi di luce (in oppos. a *opaco*). ◇ *Occhi lucidi:* bagnati di lacrime. – *Carta lucida:* tipo di carta semitrasparente con cui si riproducono i disegni tecnici. **2.** fig. Di persona, cosciente, capace di intendere e di volere. ~ Di capacità intellettuali, chiaro e consequenziale. ◆ s.m. **1.** Aspetto di ciò che è lucente. **2.** Prodotto per lucidare. **3.** Disegno eseguito su carta lucida. ~ Supporto trasparente per lavagna luminosa.

luciferina s.f. Sostanza contenuta negli organi di diversi animali la cui ossidazione causa un'emissione di luce.

lucignolo s.m. (lat. *licìnium* "stoppino") **1.** Intreccio di fili di bambagia che, nella lucerna, servono a mantenere la fiamma. SIN.: **stoppino**. **2.** fig. scherz. Persona alta e magra.

Lucìlia s.f. (lat. *Lucilia*, deriv. di *lūx* "luce" per i riflessi brillanti) ZOOL. Genere di mosche di colore verde metallico che vivono sui rifiuti organici o sulle ferite degli animali. (Lunghezza 6-11 mm; famiglia dei Callìforidi.)

■ **Lucìlia** o moscone verde.

luciopèrca o **lucciopèrca** s.m. o s.f. [pl. inv., f. –*che*] Grosso e vorace pesce d'acqua dolce con una doppia pinna dorsale. (Lunghezza massima 1 m; famiglia dei Percidi.)

lucràre v.tr. Guadagnare soldi, anche con mezzi illeciti.

lucratìvo agg. Che offre un profitto.

lùcro s.m. Vantaggio economico. ◇ DIR. *Lucro cessante:* utile che manca se una delle due parti non adempie al contratto.

luculliàno agg. **1.** Di Lucio Lucullo, uomo politico romano, del II sec. a.C., famoso per il lusso, la raffinatezza e i ricchi banchetti. **2.** estens. Abbondante e raffinato, spec. in campo gastronomico.

lucumóne s.m. Capo ereditario etrusco, con potere politico, militare e religioso.

luddìsmo s.m. (ingl. *luddism*, dal nome dell'operaio Ned *Ludd* che distrusse un telaio meccanico per protesta) **1.** ST. Movimento operaio inglese dell'inizio del XIX sec. contrario all'introduzione delle macchine a vapore nell'industria. **2.** estens. Ogni orientamento sindacale che si opponga all'introduzione di procedimenti di automazione nell'industria.

ludìbrio s.m. [pl. –*bri*] (lat. *ludībrium*, deriv. di *lūdus* "gioco") Derisione umiliante, scherno.

lùdico agg. [pl.m. –*ci*, f. –*che*] **1.** Del gioco. ◇ PSICOAN. *Tendenze ludiche:* manifestazioni che assumono le forme del gioco. **2.** estens. Che non impegna.

lùdo s.m. (spec. pl.) **1.** Giochi, spettacoli pubblici che si organizzavano nell'antica Roma. **2.** estens. Competizioni, gare spec. sportive.

ludòlogo s.m. Persona che crea giochi per i mass media.

ludotèca s.f. [pl. –*che*] (fr. *ludothèque*) Locale che raccoglie giochi e giocattoli per bambini e ragazzi con intenti educativi e di servizio sociale.

ludotecàrio s.m. [f. –*ria*, pl.m. –*ri*] Organizzatore di una ludoteca.

ludoterapìa s.f. PSICOAN. Psicoterapia di gruppo basata su giochi opportunamente studiati e predisposti.

lùe s.f. inv. (lat. *lŭem* "pestilenza, corruzione") **1.** MED. → **sifilide**. **2.** fig. Corruzione, depravazione.

Lùffa s.f. **1.** BOT. Genere di piante rampicanti, comprendente erbe annue con diverse specie tropicali, caratterizzate da fiori bianchi e da frutti a forma di lunghi cilindri. (Famiglia delle Cucurbitacee.) **2.** (iniziale minusc.) Il frutto stesso, dapprima commestibile, poi utilizzato, se maturo o secco, come spugna da bagno o come filtro, grazie all'alto contenuto di fibre interne.

lugger [/'lʌgə/] s.m. inv. (voce ingl., tratto da *lugsail* "vela al quarto") Veliero a due alberi, dotato di più vele auriche, diffuso come imbarcazione mercantile nel Mare del Nord.

lùglio s.m. [non com. pl. –*gli*] (lat. *Iūlium mēnsem* "mese di Giulio" in onore di Giulio Cesare che nacque in questo mese) Settimo mese dell'anno nel calendario giuliano e gregoriano. ◇ fig. *Vedere il sole di luglio:* promettere una cosa accessibile a tutti.

lùgubre agg. (lat. *lūgubrem*, deriv. di *lugēre* "piangere") Che richiama l'idea del buio, del lutto per il colore nero, per la tenebrosità, l'oscurità. ~ Che suscita un senso di cupa mestizia o la denota. *Lugubre spettacolo.*

lùi pron. pers. [pl.m e f. *loro*, f. *lei*] Si usa in riferimento alla terza persona m. sing. e talora anche ad animale o a cosa (istituzioni, macchine) già nominati o nominati successivamente, o nel parlato, presenti. *Ho parlato già con lui della faccenda.*

luì s.m. inv. (voce onom.) Piccolo uccello passeriforme, con becco corto e piume bruno-olivastro, che si nutre di insetti e vive nelle zone mediterranee. (Genere *Phylloscopus*; famiglia dei Silvidi.)

luigi s.m. inv. (fr. *louis* dal nome del re *Luigi* XIII) Moneta d'oro francese, di 6,70 g ca., coniata per la prima volta nel 1640 da Luigi XIII, con sopra la sua effigie e in seguito quella dei suoi successori.

lumàca s.f. [pl. –*che*] **1.** Mollusco gasteropode simile alla chiocciola ma senza guscio che si nutre di foglie, le cui specie più grandi sono commestibili e possono essere coltivate (*elicicoltura*). (Genere *Helix*; famiglia degli Elicidi.) (*v. immagine pag. succ.*) ◇ *Lumaca di mare:* nome volgare di alcuni molluschi gasteropodi. (Genere *Natica*.) **2.** comun. Chiocciola, spec. il tipo commestibile. **3.** fig. Persona di esasperante lentezza. ~ Mezzo di trasporto lento. **4.** (al pl.) Pasta alimentare corta, a forma di chiocciola.

lumachèlla s.f. **1.** Nel sign. del dim. di *lumaca*. **2.** MIN. Roccia sedimentaria calcarea formata principalmente dall'accumulo di gusci di conchiglie fossili cementati, usata come pietra ornamentale.

lùme s.m. **1.** Sorgente luminosa. ~ Il chiarore che genera. ~ Apparecchio non elettrico per produrre luce artificiale. ◇ *Festa dei lumi:* festa ebraica per la dedicazione del tempio, della durata di otto giorni, caratterizzata da una grande esposizione di lumi e fiaccole, detta anche *festa delle lampade*. – figg. *Arrivare a lumi spenti:* alla fine di una festa, di una riunione, o, più in generale, a cose fatte. – *A lume di naso:* per intuizione. **2.** PITT. La resa dell'effetto della luce. **3.** fig. La facoltà visiva, la vista. ~ (al pl.) Nel l. lett., gli occhi stessi. **4.** fig. Il potere, proprio della ragione, della conoscenza o, nel pensiero cristiano, della grazia divina, di fugare l'ignoranza, i pregiudizi e l'ottusità spirituale. ~ estens. Conoscenza intesa come complesso di cognizioni. ◇ fam. *Chiedere lumi:* chiedere consigli, spiegazioni. – *Perdere*

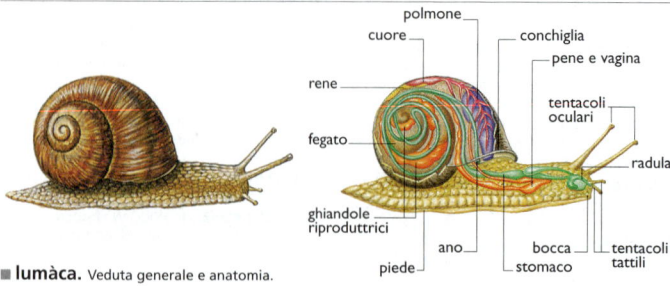

■ **lumàca.** Veduta generale e anatomia.

Labels: cuore — polmone — conchiglia — pene e vagina — rene — tentacoli oculari — fegato — radula — ghiandole riproduttrici — ano — bocca — tentacoli tattili — piede — stomaco

il lume della ragione: perdere il controllo delle proprie azioni, infuriarsi. – *Secolo dei lumi:* il Settecento, l'epoca dell'illuminismo. **5.** ANAT. La parte interna di un organo cavo o di un condotto. *Lume intestinale.* **6.** Nelle reti da pesca, la dimensione delle maglie.

lumeggiàre v.tr. [5] **1.** PITT. Usare colori più chiari per creare un effetto di luminosità. **2.** CARTOGR. Ombreggiare alcune zone per dare il senso del rilievo. **3.** *fig.* Spiegare o porre in risalto. SIN.: **delineare. 4.** Illuminare, rischiarare qlco.

lumeggiatùra s.f. PITT. Tecnica consistente nel creare effetti di luce con tocchi di colore più vivo, oppure di colore bianco, oro, ecc. ~ CARTOGR. Procedimento ed effetto del dare rilievo.

lùmen s.m. inv. (voce lat., "luce") FIS. Unità di misura del flusso luminoso (simb. *lm*), pari a quello emesso da una sorgente puntiforme che possiede l'intensità luminosa di una candela.

lumenòmetro s.m. FIS. Strumento che misura il flusso luminoso irradiato da una sorgente.

lumicino s.m. Nel sign. del dim. di *lume.* ◇ *fig. Cercare qlco. col lumicino:* con pazienza e attenzione qlco. che non si riesce a trovare.

luminànza s.f. OTT. Rapporto fra l'intensità luminosa di una sorgente e la sua superficie apparente in relazione a un osservatore lontano. [Unità: candela per metro quadrato (cd/m²).] ◇ *Segnale di luminanza:* nella trasmissione televisiva in bianco e nero, segnale d'ampiezza proporzionale alla luminanza del punto interessato che modula in ampiezza la portante video; nella trasmissione televisiva a colori, il segnale è costituito dai tre segnali sovrapposti dei tre colori.

luminàre s.m. (lat. *lumināre* "astro") **1.** Persona insigne per dottrina e capacità professionale. **2.** ARCHEOL. Apertura scavata verticalmente nel tufo per dare aria e luce alle catacombe.

luminària s.f. **1.** Addobbo luminoso con cui si orna un luogo pubblico per una ricorrenza, una festa. **2.** *estens.* Ingente quantità di lumi accesi.

1. luminèllo s.m. Riflesso provocato dalla luce del sole che colpisce una superficie lucida, a volte diretto per gioco sul viso di qlcu.

2. luminèllo s.m. **1.** Piccolo cilindro che, nelle antiche armi da fuoco, si avvitava sul foro posto nella culatta e serviva per far passare il fuoco di innesco per l'esplosione. **2.** Anello di metallo leggero e sughero usato come galleggiante per sostenere lo stoppino nei lumini a olio e nelle lampade sacre. **3.** Gioco consistente nel passarsi di mano in mano un fiammifero acceso senza mai farlo spegnere.

luminescènte agg. Dotato di luminescenza.

luminescènza s.f. FIS. Proprietà di numerose sostanze in grado di emettere luce a bassa temperatura grazie a processi chimici, fisici o a fenomeni biochimici. *Luminescenza delle meduse.*

luminismo s.m. PITT. Tecnica che privilegia gli effetti di luce o il chiaroscuro (utilizzata p.e. dal Caravaggio).

luminista s.m. e f. [pl.m. *–sti*] Pittore che usa la tecnica del luminismo.

lumino s.m. Nel sign. del dim. di *lume.* ~ In partic., basso cilindro di cera avvolto in carta colorata o vasetto di vetro con olio in cui galleggia uno stoppino acceso sulle tombe o davanti a immagini sacre.

luminòforo agg. CHIM. Di miscela o composto in grado di emettere luce a temperatura ambiente.

luminosità s.f. inv. **1.** Chiarore prodotto dalla luce (emanata, riflessa, rifratta, diffusa). **2.** Effetto di luce ottenuto ad arte. *Luminosità di un quadro.* **3.** *fig.* Chiarezza, evidenza. **4.** FIS. → **brillanza. 5.** ASTR. Quantità di energia irradiata da un astro nell'unità di tempo. **6.** In fotometria, radianza luminosa di una superficie emittente. ~ Nella tecnica fotografica, radianza luminosa media del soggetto da fotografare che si misura con l'esposimetro. ~ Nell'ottica fotografica, capacità di un obiettivo di lasciar entrare, nel tempo di apertura, la maggior quantità possibile di luce.

luminóso agg. **1.** Che emette luce. *Insegna luminosa.* ~ Che riceve molta luce. *Stanza luminosa.* **2.** Di luce, relativo alla luce. **3.** *fig.* Che ha chiarezza inconfutabile. *Prova luminosa.* **4.** *fig.* Che ha lo splendore della perfezione.

lùna s.f. **1.** (solo sing.) Satellite naturale della Terra. ◇ ASTR. *Luna nuova:* novilunio. – *Luna piena:* plenilunio. – *Chiaro di luna:* luminosità diffusa dalla luce lunare. – *fig. Essere sulla luna, avere la testa sulla luna:* essere distratto. **2.** Ciclo completo delle fasi lunari. ◇ *fig. Luna di miele:* inizio della vita matrimoniale e, in partic., il viaggio di nozze. ~ *estens.* Avvio promettente di un rapporto. **3.** Satellite naturale di un pianeta qualunque. **4.** MIN. *Pietra di luna:* lunaria. **5.** Una delle carte da gioco dei tarocchi.

ENCICL. La luna gira attorno alla Terra in 27 giorni, 7 ore e 43 minuti (*rivoluzione siderale*) a una distanza media di 384.400 km. Compie contemporaneamente una rotazione completa su se stessa, rivolgendo quindi alla Terra sempre la stessa faccia. Priva di luce propria, riflette quella del Sole ha sempre un emisfero in ombra e uno illuminato. La Luna osservata dalla Terra cambia aspetto al variare della posizione secondo varie "fasi" cicliche della durata di 29 giorni, 12 ore e 44 minuti (*rivoluzione sinodica, luna-*

zione o *mese lunare*). Il raggio della Luna è di 1738 km, la densità media di 3,34 e la massa è di 1/81 circa rispetto a quella terrestre; la sua superficie presenta vaste pianure con zone di lava solidificata (*mari lunari*), punteggiate da crateri meteorici di varie dimensioni e da rilievi con profilo dolce che possono però raggiungere altitudini elevate (8200 m). A causa della mancanza di atmosfera l'escursione termica giornaliera è molto elevata (da 120 °C di giorno fino a -170 °C la notte). Dal 1969 al 1972, nel corso delle sei missioni spaziali delle navicelle "Apollo", dodici astronauti americani hanno potuto mettere piede sulla Luna e studiarne il suolo grazie anche ai quasi 400 kg di campioni di terreno asportati.

lùna pàrk loc. sost. m. inv. (ingl. *Luna Park*, orig. nome di un parco di divertimenti a New York, comp. di *luna* nel sign. di "luogo fantastico" e *park* "parco") Parco di divertimenti attrezzato con giostre, baracconi di tiro a segno, montagne russe e altre attrazioni.

lunàre agg. **1.** Della luna. ◇ *Mese lunare:* la durata di una lunazione. **2.** Illuminato dalla luna oppure bianco come la luna, desolato come il paesaggio lunare. ~ Riferito a colore, diafano, livido.

1. lunària s.f. (calco del gr. *selēnítēs* "pietra di luna" perché si riteneva che le fasi lunari ne modificassero la lucentezza) MIN. Varietà di adularia formata da cristalli opalescenti da cui si ricavano gemme, detta anche *pietra di luna.*

2. lunària s.f. (lat. *Lunaria*, deriv. di *lūna* "luna" per il colore dei baccelli) **1.** Pianta decorativa coltivata per i fiori odorosi e i frutti costituiti da silique a disco con setto argenteo. (Famiglia delle Crocifere.) **2.** BOT. (iniziale maiusc.) Genere di piante a cui appartengono varie specie di lunaria.

lunàrio s.m. [pl. *–ri*] (lat., deriv. di *lunārem tabulam* "registro delle fasi lunari") Almanacco popolare che registra i mesi e i giorni dell'anno, le previsioni meteorologiche, le fasi lunari, gli oroscopi, unitamente a consigli, ricette, ecc.

lunàtico agg. [pl.m. *–ci*, f. *–che*] (lat. *lunātĭcum*, parziale calco del gr. *selēnóplēktos* "epilettico" propr. "colpito dalla luna") Che subisce l'influsso delle fasi lunari. ~ *estens.* Nel l. com., soggetto a sbalzi di umore. ~ Bizzarro, stravagante. ~ *scherz.* Imprevedibile. ◆ s.m. [f. *–ca*] Nel sign. dell'agg.

lunàto agg. (lat. *lunātum*, deriv. di *lunāre* "curvare a mezzaluna") Che ha forma curva, somigliante a un quarto di luna. *Corna lunate.*

lunatùra s.f. Difetto raro del legname per cui un anello completo del cuore del legno risulta formato da alburno che compare in posizione anomala.

lunazióne s.f. Lasso di tempo che passa tra due lune nuove consecutive (29,5 giorni ca.). SIN.: **mese lunare.**

lunch [ˈlʌntʃ] s.m. inv. (voce ingl.) Nei paesi anglosassoni, seconda colazione, spuntino di mezzogiorno tra la prima colazione e il pasto importante della giornata che si consuma attorno alle 6 di sera.

lunedì s.m. inv. (lat. *lūnae dĭem* "giorno della luna") Primo giorno della settimana. ◇ *Lunedì dell'Angelo:* il giorno dopo Pasqua, detto anche *pasquetta.*

lunétta s.f. **1.** Nel sign. del dim. di *luna.* **2.** ARCH. Finestra a forma di mezzaluna, posta di solito sopra una porta. ~ Porzione di muro a profilo semicircolare o a sesto acuto che sovrasta

luna crescente   primo quarto   luna gibbosa crescente   luna piena   luna gibbosa calante   ultimo quarto   luna calante

■ **lùna.** Principali fasi della luna.

porte o finestre. ~ *estens.* La pittura, il rilievo, il mosaico stessi. **3.** FORTIF. Nelle antiche fortificazioni, opera ritenuta in posizione avanzata, composta da due facce e due fiancate. **4.** Ciascuno dei due semicerchi di legno posti ai lati del mezzule sul fondo delle botti. **5.** Cerchio o mezzaluna di metallo dove è appoggiata l'ostia consacrata nell'ostensorio. **6.** CALZ. Pezzo di pelle a forma di mezzaluna che serve per rinforzare la tomaia delle calzature. **7.** Cerchietto metallico che fissa il vetro alla cassa dell'orologio. **8.** Nell'utensileria domestica, arnese a lama ricurva con due manici usato per tritare le verdure, meglio noto come *mezzaluna.* **9.** SPORT. Nella pallacanestro, il luogo segnato da un semicerchio dal quale si battono i tiri liberi. **10.** *fam.* Zona a mezzaluna che sta alla base dell'unghia ed è di colore più chiaro rispetto a essa. SIN.: **lunula.**

lùnga s.f. [pl. *–ghe*] Si usa in alcune locuzioni d'uso comune. ◊ *Alla lunga:* col tempo. *Alla lunga, dimenticherai.* – *Farla lunga:* continuare una discussione, una protesta al di là di quanto è corretto e opportuno. – *Saperla lunga:* essere bene informato o anche molto furbo. – *Andare per le lunghe:* procedere con esasperante lentezza protraendosi molto nel tempo. – *Tirare per le lunghe:* differire, procrastinare. – *Di gran lunga:* molto, tantissimo.

lungàggine s.f. **1.** Prolissità nel dire o nel fare. **2.** Perdita di tempo, lentezza esasperante.

lungaménte avv. Per molto tempo, a lungo.

lunghézza s.f. **1.** GEOM. Estensione di un ente lineare e sua misura. ~ È una delle dimensioni di una superficie piana (insieme alla larghezza) o di un solido (insieme alla larghezza e all'altezza). **2.** *estens.* Estensione di qualsiasi cosa abbia come connotazione fondamentale la linearità. ~ Misura di tale estensione. – Con riferimento a oggetti bidimensionali o tridimensionali, la dimensione orizzontale più sviluppata. ◊ *Lunghezza di un fiume:* misurazione del corso tra la sorgente e la foce. – ALP. *Lunghezza di corda:* tratto di arrampicata che corrisponde all'incirca alla lunghezza della corda a cui gli alpinisti sono legati. **3.** Nel l. sc., distanza. **4.** Estensione nel tempo di una cosa, di un fenomeno. **5.** LING. Relativa maggiore durata dell'articolazione di una vocale e carattere della sillaba in cui tale vocale si trova. **6.** SPORT. In una corsa, unità di misura approssimata pari alla lunghezza di un cavallo, di un veicolo, di una barca, ecc. utilizzata per valutare la distanza tra i concorrenti. *Guadagnare di una breve lunghezza.* ◊ *Lasciare indietro qlcu. di molte lunghezze:* superarlo nettamente; *fig.* sopravvanzarlo nettamente per qualità e capacità.

lungimirànte agg. Che, grazie alla propria acutezza e saggezza, intuisce il probabile andamento delle cose.

lungimirànza s.f. Capacità di prevedere per tempo ciò che potrebbe accadere in futuro e di adeguarsi con saggezza.

1. lùngo agg. [pl.m. *–ghi*, f. *–ghe*] **1.** Che ha una certa estensione nel senso della lunghezza. *Il rettilineo è lungo cento metri.* **2.** Di lunghezza considerevole o superiore alla media. *Naso lungo.* ~ Che è caratterizzato dalla lunghezza (in oppos. a *breve*). *Osso lungo.* ◊ *In lungo:* in abito da sera. **3.** *scherz.* Si dice di una persona alta e magra. SIN.: **allampanato. 4.** Che arriva lontano in ogni direzione. ◊ *figg. Avere la vista lunga:* vedere fino in lontananza oppure essere lungimirante. – *Avere la lingua lunga:* diffondere ovunque pettegolezzi. **5.** Che dura a lungo. *Un lungo viaggio.* ~ Che ha una certa durata. *Un'attesa lunga due ore.* – *fam.* Si dice di una persona che impiega molto tempo a fare qlco. SIN.: **lento. 6.** Detto di cibo o di bevanda, che contiene più acqua del normale. **7.** FON. *Vocale lunga:* la cui durata d'emissione è superiore a quella di altri suoni detti *brevi.* ◆ avv. **1.** Con valore spaziale. ◊ *In lungo e in largo:* dappertutto, sotto tutti gli aspetti. **2.** Con valore temporale. ◊ *A lungo:* per molto tempo. ◆ s.m. Lunghezza, altezza. ◊ *Per il lungo:* nel senso della lunghezza.

2. lùngo prep. [pl.m. *–ghi*, f. *–ghe*] **1.** Indica moto. *Camminare lungo il fiume.* **2.** Con valore temporale, durante, attraverso il susseguirsi di. *Lungo il cammino cambiò idea.*

lungodegènte s.m. e f. Persona che, per malattia cronica o per età molto avanzata, deve rimanere ricoverata in ospedale o in una struttura apposita per molto tempo.

lungofiùme s.m. Strada che corre lungo la riva di un fiume.

lungolàgo s.m. [pl. *–ghi*] Strada che costeggia la riva di un lago.

lungomàre s.m. [non com. pl. *–ri*] Strada che si snoda lungo la riva del mare.

lungometràggio s.m. [pl. *–gi*] Nel l. cinematografico, film della durata di un'ora e mezza ca.

lunisolàre agg. ASTR. Relativo alla Luna e al Sole, ai loro movimenti e ai riferimenti cronologici che forniscono.

lunòtto s.m. Vetro posteriore delle automobili.

lùnula s.f. **1.** Oggetto o figura a forma di falce di luna. **2.** GEOM. Superficie limitata da due archi di cerchio di diverso raggio ma con gli estremi in comune. **3.** ANAT. Zona bianca a forma di mezzaluna, situata alla base dell'unghia.

luògo s.m. [pl. *–ghi*] **1.** Parte circoscritta dello spazio dove si trova una cosa, dove si svolge un'azione. *Il luogo dell'appuntamento.* ◊ GEOM. *Luogo geometrico:* insieme di punti individuati tramite determinate proprietà. **2.** Parte di una regione, di una località, di un paese. ◊ *Luogo pubblico:* posto a cui il pubblico ha accesso libero (giardino pubblico, cinema, caffè, ecc.). **3.** Posto in cui avviene, è avvenuto o deve avvenire qlco. *Luogo di lavoro.* ◊ *Avere luogo:* svolgersi. *La riunione avrà luogo alle 10.* – *Dare luogo a:* fornire l'occasione di. *Ciò darà luogo a critiche.* **4.** Centro abitato, città, paese. *Luogo di residenza.* **5.** Costruzione o parte di essa adibita a usi particolari. **6.** Posto conveniente o momento opportuno. *Non è il luogo per discutere.* **7.** DIR. *Non luogo a procedere:* formula con cui, alla fine dell'istruttoria, si indica il proscioglimento dell'azione penale. **8.** *fig.* Stato, condizione sociale o intellettuale di una persona. **9.** *fig.* Ufficio, funzione, vece. ◊ *loc. prep. In luogo di:* al posto di, invece di, in qualità di. *Avere uno zio in luogo di padre.* **10.** Parte di un corpo o di un oggetto. **11.** *estens.* Parte di un'opera scritta. ◊ *Luogo comune:* nella retorica e nella logica, verità fondamentale e indiscutibile per l'autorità di chi l'ha enunciata; principio su cui viene basata una dimostrazione; estens., nell'uso corrente, frase fatta, argomento banale, scontato, ripetuto da critiche. **12.** GRAMM. *Complementi di luogo:* che esprimono una relazione spaziale e cioè la collocazione o la direzione di spostamento di qlcu. o qlco. **13.** Unito a numerali ordinali, indica l'ordine in cui vengono esposti i fatti. ◊ *In primo luogo:* tanto per cominciare. – *In secondo luogo:* secondariamente.

luogotenènte s.m. (calco del fr. *lieutenant*, lat. *lŏcum tenèntem* "che tiene il posto") **1.** Chi sostituisce temporaneamente una persona di grado elevato o detiene in suo nome una carica politico-militare. **2.** Nell'esercito romano, ufficiale che aiutava o faceva le veci del comandante supremo.

luogotenènza s.f. (calco del fr. *lieutenance*) Grado o incarico di luogotenente, durata di tale incarico, anche luogo di residenza del luogotenente.

lùpa s.f. **1.** Femmina del lupo. ◊ *Lupa capitolina:* lupa che allattò Romolo e Remo, simbolo di Roma. **2.** Appetito esagerato.

lupacchiòtto s.m. [f. *–ta*] **1.** Nel sign. del dim. *lupo;* in partic. cucciolo di lupo. **2.** *fig.* Persona astuta.

lupàra s.f. Cartuccia per fucile da caccia caricata a pallettoni. ~ *estens.* Fucile a canne mozze.

lupétto s.m. **1.** Nel sign. del dim. di *lupo;* in partic., cucciolo di lupo o di cane lupo. **2.** *fig.* Bambino sempre affamato. **3.** Nell'associazione degli scout, denominazione dei bambini più piccoli, compresi fra i 7 e gli 11 anni. **4.** Maglioncino con girocollo di media altezza.

lupinèlla s.f. Pianta erbacea con foglie alterne imparipennate, fiori rosa o rosso-porpora in grappoli, frutto a legume. (Famiglia delle Papilionacee.)

1. lupìno agg. Di lupo.

2. lupìno s.m. **1.** Pianta erbacea o arbustiva, diffusa nelle regioni mediterranee, con foglie digitate, fiori bianchi in grappoli, frutto a legume contenente semi commestibili. (Famiglia delle Papilionacee.) **2.** BOT. (iniziale maiusc.) Genere a cui appartengono varie specie di lupino.

lùpo s.m. **1.** [f. *lupa*] Mammifero carnivoro con muso allungato, orecchie grosse ed erette, pelo folto di colore grigio-fulvo e nero, mascelle molto robuste, collo grosso e coda pendente. (Verso: il lupo ulula; nome sc. *Canis lupus;* famiglia dei Canidi.) ◊ *figg. Lupo mannaro:* licantropo. – *Lupo solitario:* individuo piuttosto strano che rifugge la compagnia e i rapporti sociali. – *Vecchio lupo di mare:* marinaio esperto. – *Lupo grigio:* terrorista turco di estrema destra. **2.** *estens.* Pelliccia di lupo. **3.** In età romana, strumento di difesa, costituito da una sorta di tenaglia che veniva calata dalle mura per arpionare e allontanare le macchine d'assalto degli assedianti. **4.** Nell'industria cotoniera, macchina destinata a battere e pulire i cascami provenienti da altre lavorazioni.

■ **lùpo**

luppolina s.f. Polvere giallastra, costituita da sostanze amare e resinose ricavate dai coni di luppolo, usata come aromatizzante nella fabbricazione della birra, detta anche *luppolino.*

luppolizzàre v.tr. Nella produzione della birra, aggiungere il luppolo al mosto dell'orzo.

lùppolo s.m. (lat. *lũpulum,* deriv. di *lũpus* "lupo" e "un tipo di erba") Pianta erbacea perenne rampicante coltivata per le sue infiorescenze femminili (*coni*), da cui si estrae la luppolina, utilizzata per aromatizzare la birra. (Altezza fino a 10 m; genere *Humulus,* famiglia delle Cannabinacee.)

lùpus s.m. inv. (voce lat., propr. "lupo" con allusione ai suoi effetti devastanti) MED. Affezione cutanea di natura autoimmunitaria a tendenza invasiva e distruttiva, in partic. sul viso. – *Lupus eritematoso:* dermatosi caratterizzata da macchie rossastre con desquamazione, in partic. sul viso. – *Lupus eritematoso sistemico (acuto):* malattia caratterizzata da eritema rossastro sul volto, alterazione dello stato generale, lesioni articolari, cardiovascolari, talora gastrointestinali o nervose, accompagnate da febbre, astenia e anemia.

lùrex s.m. inv. Denominazione commerciale, che costituisce marchio registrato, sia del tessuto laminato sia del filo da cui si ottiene.

infiorescenza

amento maschile

amento femminile

■ **lùppolo**

lùrido agg. (lat. *lūridum* "livido, squallido") **1.** Molto sporco. **2.** *fig.* Corrotto, disonesto. *Un ambiente moralmente lurido.*

luscéngola s.f. Rettile viviparo con corpo stretto e lungo ricoperto da squame lucenti, testa piccola e senza occhi, zampe minuscole a tre dita. (Lunghezza 20 cm ca.; genere *Chalcides*, famiglia degli Scincidi.)

lusìnga s.f. [pl. *–ghe*] Azione, discorso con cui si assecconda la vanità di qlcu. per ottenerne il favore. SIN.: **adulazione**.

lusingàre v.tr. [4] **1.** Blandire con parole adulatrici, promesse, general. per ottenere uno scopo determinato. SIN.: **adulare. 2.** Provocare gioia, soddisfazione. *La sua stima mi lusinga.*

lusingatóre agg. [f. *–trice*] **1.** Che sa lusingare. SIN.: **adulatore. 2.** Che induce un piacere illusorio. ◆ s.m. (anche f.) Nell'accez. 1 dell'agg.

lusinghièro agg. (provenz. *lauzengier*) Che lusinga, alletta.

lusitàno agg. (lat. *Lusitānum*, deriv. di *Lūsus* "Luso" nome di un figlio di Bacco che secondo una tradiz. mitologica rinascimentale avrebbe conquistato il Portogallo) Dell'antica Lusitania, l'odierno Portogallo. ◆ s.m. **1.** [f. *–na*] Abitante, nativo della Lusitania. **2.** (solo sing.) La lingua portoghese.

lussàre v.tr. MED. Provocare lo spostamento di un osso dalla sua articolazione normale. ◆ **lussarsi** v.pron. **1.** Detto di una parte del corpo, subire una lussazione. *Mi si è lussata la spalla.* **2.** Detto di persona, subire una lussazione in una parte del proprio corpo. *Lussarsi un piede.*

lussazióne s.f. MED. Spostamento reciproco dei due capi ossei mobili che formano un'articolazione.

lussemburghése agg. Del Lussemburgo. ◆ s.m. e f. Nativo, abitante della città o del granducato di Lussemburgo.

lùsso s.m. (lat. *lūxum*, propr. "eccesso") **1.** Tenore di vita dispendioso e raffinato. SIN.: **sfarzo. 2.** Caratteristica di ciò che è costoso, raffinato, sontuoso. *Il lusso di una tavola.* ◇ *Di lusso:* si dice di oggetti, di prodotti, di servizi che corrispondono a gusti ricercati e costosi, e non alle necessità ordinarie della vita. – *fam. Andare di lusso:* bene. – *fig. Prendersi, concedersi, permettersi il lusso:* prendersi il piacere, la libertà, permettersi di

fare qlco. **3.** *estens.* Larghezza, abbondanza. *Un articolo con gran lusso di illustrazioni.*

lussuóso agg. (fr. *luxueux*) Che si distingue per raffinatezza e magnificenza.

lussureggiànte agg. **1.** Che si sviluppa con abbondanza. *Vegetazione lussureggiante.* SIN.: **rigoglioso. 2.** *fig.* Ricco, copioso. *Prosa lussureggiante.*

lussureggiàre v.intr. [5] (aus. *avere*) (deriv. di lat. *luxūria* "esuberanza di vegetazione") Detto di piante, essere rigoglioso.

lussùria s.f. (lat. *luxūriam* "sfrenatezza") *lett.* Incontrollato abbandono ai piaceri sessuali.

lussurióso agg. **1.** Caratterizzato da lussuria. **2.** Dominato dalla lussuria. ◆ s.m. [f. *–sa*] Nell'accez. 2 dell'agg.

1. lustràle agg. Che serve a purificare. *Acqua lustrale.*

2. lustràle agg. Relativo a un periodo di cinque anni. SIN.: **quinquennale**.

lustràre v.tr. (lat. *lustrāre* "rischiarare, illuminare") Pulire, strofinare qlco. in modo da fargli acquisire lucentezza. SIN.: **lucidare**.

lustrascàrpe s.m. e f. inv. **1.** Chi per mestiere pulisce e lucida le scarpe. **2.** Elettrodomestico, attrezzo per lustrare le scarpe. **3.** *fig.* Adulatore smaccato. SIN.: **leccapiedi**.

lustrazióne s.f. **1.** Rito di purificazione. **2.** *fig.* Revisione periodica degli estimi catastali.

lustrino s.m. **1.** Dischetto lucido applicato con altri ad abiti e accessori come ornamento. **2.** *fig.* (spec. pl.) Ornamento retorico di effetto, che non obbedisce a ragioni espressive. SIN.: **fronzolo**.

1. lùstro agg. Che presenta la superficie liscia e splendente al punto da riflettere la luce. SIN.: **lucido.** ◆ s.m. **1.** Proprietà di una superficie di riflettere la luce. SIN.: **lucentezza. 2.** *fig.* Prestigio, fama. *Essere il lustro della famiglia.*

2. lùstro s.m. (lat. *lūstrum* "sacrificio espiatorio effettuato ogni cinque anni") Periodo di cinque anni. SIN.: **quinquennio**.

lutàre v.tr. **1.** Chiudere, otturare, cementare qlco. mediante il luto. **2.** Spalmare i vasi con il luto prima di esporli al fuoco.

luteinico agg. [pl.m. *–ci*, f. *–che*] ANAT., MED. Relativo al corpo luteo.

lùteo agg. (lat. *lūteum*, deriv. di *lūtum* "guado" erba da cui si ricava la tintura gialla) ANAT., MED.

Corpo luteo: formazione di colore bianco giallastro con funzione endocrina e che si sviluppa nell'ovaia dopo l'ovulazione, che persiste se l'ovulo è stato fecondato, altrimenti degenera causando la comparsa delle mestruazioni. (Secerne ormoni, principalmente progesterone, che condizionano la gestazione.)

luteranésimo s.m. **1.** La religione cristiana e l'organizzazione ecclesiastica riformate in base ai princìpi e all'opera di Martin Lutero. **2.** L'insieme dei luterani.

luteràno agg. Che riguarda Lutero o il luteranesimo. ◆ s.m. [f. *–na*] Fautore, seguace di Lutero o del luteranesimo.

lutèzio s.m. (solo sing.) **1.** Metallo del gruppo delle terre rare. **2.** Elemento chimico (*Lu*) di numero atomico 71 e peso atomico 174,967.

lùto s.m. **1.** Fango. **2.** Impasto di terra argillosa con olio di lino cotto e altre sostanze, usato ant. per chiudere fessure o buchi.

lutoterapia s.f. MED. → **fangoterapia**.

lutrèola s.f. ZOOL. Mammifero carnivoro di piccole dimensioni con zampe palmate e corte, testa breve e piatta, pelo lucido, bruno e grigiastro; buon nuotatore, vive in Asia settentrionale mentre in Europa è quasi estinto. (Famiglia dei Mustelidi.)

lùtto s.m. **1.** Dolore causato dalla morte di qlcu. **2.** estens. Morte di qlcu. *C'è stato un lutto nella sua famiglia.* **3.** Usanze e cerimonie previste dopo la morte di una persona e per un determinato periodo di tempo. ~ Ogni segno esteriore con cui si esprime il proprio dolore. ◇ *Portare il lutto:* vestirsi di nero. – PSICOAN. *Elaborazione del lutto:* processo con il quale la persona reagisce alla depressione causata dalla morte di una persona cara.

lutz [/luːts/] s.m. inv. (voce ingl.) Nel pattinaggio artistico, salto puntato con partenza e arrivo all'indietro, sulla gamba e sul filo opposti a quelli di partenza.

lux s.m. inv. (voce lat. "luce") FIS. Unità di misura d'illuminamento (simb. *lx*), che equivale a quello prodotto da un flusso luminoso di 1 lumen ripartito uniformemente su una superficie di 1 m^2 e incidente perpendicolarmente.

lùxmetro s.m. (ingl. *luxmeter*) FIS. Apparecchio che serve a misurare l'illuminamento.

lycra [/'laɪkrə/] s.f. inv. Tipo di filato elastico.

Carattere Melior

m s.f. o s.m. inv. **1.** Lettera dell'alfabeto latino e delle lingue che lo adottano; in italiano rappresenta la consonante occlusiva nasale bilabiale. **2.** Semplice o puntata, maiuscola o minuscola, è usata in sigle o abbreviazioni con valori diversi. **3.** Simbolo usato in settori specifici. ◇ *M:* nella numerazione romana equivale a 1000. – CHIM. Indica il peso molecolare. – FIS. Indica il momento di una forza o il numero di Mach. – *m:* indica la massa di un corpo. – ASTR. *M:* simbolo della *magnitudo*, la grandezza assoluta di una stella, in oppos. a *m*, che indica la grandezza apparente. – METROL. *m:* indica il metro, il minuto secondo e, anteposto ad altro simbolo, la millesima parte di quest'ultimo. – *m²:* il metro quadrato. – *m³:* il metro cubo. ❑ In funzione di agg., nella loc. *vitamina M*, usata nella cura delle anemie.

ma cong. **1.** Bensì, invece. *Oggi non è lunedì, ma martedì.* **2.** Però, tuttavia. *Oggi è freddo, ma è una bellissima giornata.* **3.** All'inizio di un intero testo o prima di titoli giornalistici, rinvia con enfasi a situazioni note. *Ma il governo prende tempo.* **4.** Nello scambio dialogico marca spesso l'inizio della battuta come puro segnale discorsivo di presa di parola. *Ma non dovevi partire?* ◆ s.m. inv. Indica un'obiezione, una controindicazione, un dubbio, un ostacolo. *Non c'è ma che tenga, il contratto dev'essere rispettato.*

màcabro agg. (fr. *danse macabre* "danza macabra") Che desta spavento, sinistro. ◇ *Gusto macabro:* di chi ama spettacoli raccapriccianti. – *Danza macabra:* il ballo della morte nell'arte medievale. ◆ s.m. (solo sing.) Nel sign. dell'agg.

macàco s.m. [pl. –*chi*] (port. *macaco* da una voce africana) **1.** Scimmia diffusa in Asia, senza coda o con coda assai breve, corpo tozzo, arti anteriori più lunghi dei posteriori, folta pelliccia di colore bruno-giallastro; vive in piccoli branchi. (Il macaco, animale sacro in India, è utilizzato negli esami di laboratorio e ha permesso la scoperta del fattore Rh. Lunghezza 50-60 cm, coda esclusa; famiglia dei Cercopitecidi.) **2.** *fig.*

■ **macàco** reso.

scherz. Persona stupida o goffa nell'aspetto e nel comportamento. **3.** ZOOL. (iniziale maiusc.) Genere di Primati a cui appartengono varie specie di macaco.

macadàm s.m. inv. (fr. *macadam* dal nome dell'ideatore, l'ingegnere scozzese J.L. *Mc Adam*) Sistema di pavimentazione stradale costituito da pietrisco che, misto a sabbia e acqua, viene spianato da un rullo compressore.

macaóne s.m. (dal nome di *Macaone*, mitico medico greco) Farfalla diurna europea, con ali gialle venate di nero, rosso e blu, che può misurare fino a 9 cm. (La larva del macaone vive principalmente sul finocchio e sulla carota; genere *Papilio*, famiglia dei Papilionidi.)

macarèna s.f. (voce spagn., dal nome del quartiere *Macarena* di Siviglia) Ballo di origine sudamericana.

maccalùba s.f. (ar. *maqlūb*, propr. "rivoltato") Eruzione vulcanica di fango misto a gas vari, caratteristico di certe zone della Sicilia.

maccartismo s.m. (dal nome di J.R. *Mc-Carthy*, senatore degli Stati Uniti che dal 1950 al 1953 contrastò le attività antiamericane attribuite ai comunisti) Orientamento politico, tipico degli anni Cinquanta, che sosteneva e propugnava un rigido anticomunismo.

maccheróne s.m. **1.** (spec. pl.) Nome generico di svariati tipi di paste alimentari a base di farina di grano, da cucinare prevalentemente asciutte. **2.** *fig.* [f. –*na*] Persona molto sciocca e grossolana.

maccheronèa s.f. LETT. Opera scritta in latino maccheronico.

maccherònico o **macarònico** agg. [pl.m. –*ci*, f. –*che*] (così chiamato perché, come i maccheroni, costituito da più ingredienti) **1.** Riferito al linguaggio artificiale, di uso poetico, costituito da parole perlopiù volgari o dialettali adattate alla morfologia, alla sintassi e alla metrica latina, che nacque nell'area padana alla fine del sec. XV e venne usato largamente in opere burlesche, satire e parodie della letteratura dei secc. XV e XVI. ◇ LETT. *Poesia maccheronica:* scritta in linguaggio maccheronico. **2.** *estens.* Di qualsiasi lingua pronunciata o scritta male da persona che la conosce poco. ◆ s.m. **1.** Linguaggio maccheronico. **2.** [f. –*na*] Poeta o scrittore che usa il linguaggio maccheronico.

1. màcchia s.f. **1.** Zona di colore diverso che interrompe l'uniformità cromatica di una superficie. ~ Ciuffo di peli di un colore diverso sul pelame di un animale. ◇ ANAT. *Macchia cieca:* zona del normale campo visivo in corrispondenza del punto di uscita del nervo ottico del globo oculare, insensibile allo stimolo luminoso. – ASTR. *Macchia solare:* zona scura che talvolta si può vedere sulla fotosfera solare. **2.** Zona sporca o segno lasciato da una sostanza su una superficie

pulita. **3.** *fig.* Onta, vergogna, colpa. ◇ *scherz. Cavaliere senza macchia e senza paura:* persona corretta moralmente e coraggiosa. (Dallo storico epiteto di Baiardo, Pierre Terrail, signore di Bayard, uomo d'armi francese.)

2. màcchia s.f. (così chiamata perché tale vegetazione forma come una macchia sul terreno circostante) Intrico di rovi e pruni in cui è difficile penetrare. ◇ *Macchia mediterranea:* quella formata da piccoli alberi e arbusti sempreverdi, tipica delle zone mediterranee. – *Darsi alla macchia:* nascondersi nella boscaglia per evitare la cattura; *fig.* essere latitante o diventare partigiano, guerrigliero, ecc; *estens.* non farsi trovare.

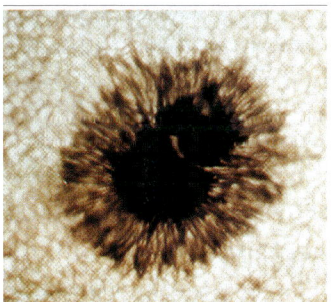

■ **màcchia** solare corrispondente a una zona di campo magnetico intenso.

macchiaiòlo s.m. [f. –*la*] Pittore appartenente al movimento che nacque e si sviluppò a Firenze verso la metà del sec. XIX e si impose per una nuova tecnica consistente nella giustapposizione di tante macchie di colore.

macchiàre v.tr. [6] **1.** Sporcare qlcu. o qlco. *Macchiare la camicia.* **2.** Aggiungere una modica quantità di una sostanza a un alimento, modificandone il colore normale. *Macchiare il caffè.* **3.** Dipingere una superficie con la tecnica delle macchie di colore. **4.** *fig.* Corrompere moralmente. ◆ v.intr. (aus. *avere*) Lasciare macchie. *Questa penna macchia.* ◆ **macchiarsi** v.pron. **1.** Sporcarsi. *Il muro s'è macchiato.* **2.** *fig.* Rendersi colpevole di una colpa. *Si sono macchiati di orrendi delitti.*

macchiàto agg. **1.** Sporcato, imbrattato. **2.** Cosparso di chiazze di vari colori. ◇ *Caffè macchiato:* con l'aggiunta di latte. ◆ s.m. Tecnica pittorica delle macchie di colore.

macchiétta s.f. **1.** Schizzo preparatorio a olio o matita. ~ *estens.* Vignetta, caricatura, ritratto umoristico. **2.** Personaggio stravagante e comico del cinema e del teatro. ~ *estens.* Persona bizzarra, tipo ameno, caricatura.

601

macchiettàre v.tr. Cospargere qlco. di piccole macchie di colore.

màcchina s.f. (lat. *māchinam*, gr. *makhaná* "meccanismo, marchingegno") **1.** Apparecchio o insieme di apparecchi capace di effettuare un certo lavoro o svolgere una certa funzione, con l'ausilio di un operatore o in modo autonomo. ~ *estens.* Qualunque congegno la cui natura e funzione è precisata da un complemento. *Una fabbrica di macchine agricole.* ◇ *Macchine utensili:* nella tecnica, quelle che asportano materiale dall'oggetto in lavorazione. – MECC. *Macchine semplici:* i dispositivi meccanici che hanno una struttura elementare (p.e. la leva). – *Macchina da presa:* apparecchio per riprese cinematografiche. – *Macchina da (o per) scrivere:* macchina che consente di tracciare meccanicamente lettere e segni grafici su un foglio. – *Macchina da cucire:* macchina che esegue meccanicamente lavori di cucitura, rammendo, ricamo. – MED. *Macchina cuore-polmoni:* struttura che permette la circolazione sanguigna extracorporea, formata da una pompa e da un ossigenatore che rendono possibile, durante un intervento, l'esclusione totale o parziale del cuore e dei polmoni dal circolo sanguigno. – *Macchina da guerra:* nell'antichità, qualunque congegno da lancio, da assedio e da combattimento. – *Macchina della verità:* apparecchio che dall'analisi delle reazioni dell'interrogato dovrebbe consentire di appurarne la sincerità. – *Macchina del tempo:* nella fantascienza, congegno che permette di spostarsi nel passato o nel futuro. – TEAT. *Macchine teatrali:* dispositivi usati per ottenere effetti scenici. – *Sala macchine:* ambiente di una nave, di una fabbrica, di una centrale in cui si trova il complesso delle macchine. **2.** assol. Qualsiasi macchina in generale, dispositivo o congegno che compie qlco. meccanicamente. ◇ *Linguaggio, codice macchina:* quello che dà informazioni operative a un calcolatore. **3.** *fig.* Usato come termine di confronto per indicare una persona che sembra priva di sentimenti, di qualità umane oppure che lavora molto. SIN.: **robot. 4.** *per anton.* L'automobile. ~ Qualsiasi altro mezzo di locomozione terrestre, aerea o marittima destinata al trasporto di persone. ~ FERR. Locomotiva. **5.** *fig.* Insieme di organi e di funzioni che svolgono un'attività in stretta interdipendenza per il raggiungimento di uno scopo comune o lo svolgimento di un'unica attività. *La macchina della giustizia.* **6.** *fig.* Complesso di più parti, di settori, di iniziative concorrenti a uno stesso scopo. SIN.: **apparato.** ◇ *La macchina del romanzo:* la trama, la struttura. **7.** SPORT. Misura corrispondente alla lunghezza di un mezzo usato nel ciclismo, motociclismo e automobilismo, che serve a stabilire il distacco tra i concorrenti. □ In funzione di agg., nell'accez. 3 del s. *Uomo macchina.*

macchinàre v.tr. Preparare qlco. di nascosto. ◆ v.intr. (aus. *avere*) *fig.* Ordire trame contro qlcu. *C'è chi sta macchinando contro di noi nell'ombra.*

macchinàrio s.m. [pl. *–ri*] Insieme di macchine usate per un lavoro. ~ Il complesso delle macchine presenti in un'industria.

macchinazióne s.f. Attività occulta ai danni di qlcu. o qlco. SIN.: **complotto.**

macchinétta s.f. *comun.* Particolare meccanismo usato comunemente, come la caffettiera, l'accendigas, l'apparecchio ortodontico per correggere le malformazioni dentarie, l'attrezzo usato dal parrucchiere per tagliare i capelli, ecc. ◇ *figg. Parlare come una macchinetta:* rapidamente, senza interruzioni e senza variazione di tono. – *A macchinetta:* meccanicamente, senza riflettere.

macchinìsmo s.m. **1.** Nel l. della crit. lett., intervento di forze straordinarie che risolvono le vicende. ~ Nella tragedia greca, intervento del *deus ex machina.* **2.** FILOS. → **meccanicismo.**

macchinìsta s.m. e f. [pl.m. *–sti*] **1.** Addetto alle macchine motrici. ~ In partic., conducente di una locomotiva o addetto al reparto macchine di una nave. **2.** TEAT., CINE., TV. Addetto ai montaggi dei materiali scenici, alla macchina da presa, ecc.

macchinóso agg. Inutilmente complicato ed elaborato.

macèdone agg. Della Macedonia. ◆ s.m. **1.** (anche f.) Nativo, abitante della Macedonia. **2.** (solo sing.) Lingua parlata in Macedonia.

macedònia s.f. (fr. *macédoine*, con prob. allusione al miscuglio di razze presenti nell'impero macedone) **1.** Mescolanza di frutta tagliata a pezzetti e condita con zucchero e con succo di limone o di arancia o con liquore. ◇ *Macedonia di verdure:* vivanda di contorno costituita da un insieme di verdure tagliate a pezzetti e mescolate. **2.** *fig.* Mescolanza di cose eterogenee e disordinate. □ In funzione di agg. inv., nella loc. *parola macedonia,* in linguistica, parola formata da frammenti di altre parole, in uso spec. nel l. gior.

macellàio s.m. [f. *–laia,* pl.m. *–lai*] **1.** Chi vende la carne delle bestie macellate in una macelleria. ~ Chi macella le bestie. **2.** *fig. spreg.* Chirurgo maldestro. **3.** Comandante militare che manda a morte senza scrupoli i suoi soldati o ordina crudeli rappresaglie.

macellàre v.tr. **1.** Ammazzare animali per ottenerne le carni. **2.** *estens.* Mandare a morte molte persone.

macellatóre s.m. [f. *–trice*] Persona che ammazza e scuoia le bestie nei macelli.

macellazióne s.f. Operazione con cui si ammazzano e si scuoiano le bestie nei macelli.

macelleria s.f. Negozio, bottega o reparto di un mercato o di un supermercato adibito alla vendita di carni macellate.

macèllo s.m. (lat. *macĕllum* "mercato di carni") **1.** Edificio adibito alla macellazione degli animali destinati all'alimentazione umana. **2.** Azione del macellare. **3.** *fig. fam.* Disastro, scempio. **4.** *fig.* Massacro, carneficina. ◇ *Carne da macello:* si dice di soldati che vengono mandati a compiere missioni belliche in cui saranno sicuramente uccisi.

maceràre v.tr. **1.** Tenere qlco. in acqua, o in altro solvente, per fargli perdere durezza, o per estrarne qualche componente. **2.** Sottoporre qlco. a un processo di putrefazione o decomposizione. **3.** *fig.* Affliggere qlcu. **4.** RELIG. Sottoporre a penitenza, a mortificazione. ◆ **macerarsi** v.pron. **1.** Subire il processo di macerazione. **2.** *fig.* Angustiarsi. **3.** RELIG. Mortificarsi.

maceratóio s.m. [pl. *–toi*] Luogo dove si portano a macerare stracci, carta, canapa, lino, ecc. ~ Vasca dove si effettua la macerazione.

macerazióne s.f. **1.** Operazione che consiste nel lasciare una sostanza in un solvente (acqua o altro) per estrarne qualche costituente solubile o per predisporla ad altri trattamenti. **2.** Operazione con cui si ricava la pasta per fare la carta dagli stracci di cotone, dalla carta da macero e dalla paglia dei cereali. **3.** *fig.* Mortificazione, penitenza corporale.

macèria s.f. (spec. pl.) (lat. *macĕriam,* deriv. di *macerāre* "macerare" perché fatta di materiale di scarto infracidito) Mucchio di costruzioni abbattute o crollate. SIN.: **rovine.**

1. màcero s.m. **1.** Che ha subito un processo di macerazione. ~ *estens.* Decomposto, marcio. **2.** *fig.* Esausto, sfinito.

2. màcero s.m. Vasca di macerazione. ◇ *Mandare al macero:* a macerare.

maceróne s.m. Pianta erbacea con tuberi, rami e foglie commestibili e fiori gialli. (Genere *Smyrnium;* famiglia delle Ombrellifere.)

Mach [/'makh/] s.m. inv. (voce ted., dal nome del fisico E. *Mach*) FIS. Unità relativa di velocità. ◇ *Numero di Mach:* il rapporto fra la velocità di un corpo in un fluido e la velocità del suono nel fluido stesso.

machete [/ma'tʃete/] s.m. [pl. *machetes*] (voce spagn., deriv. di *macho* "maglio") Lungo coltello con lama spessa, impugnatura corta, usato in Spagna e nell'America latina come strumento di lavoro, per farsi strada nella foresta o come arma.

machiavèllico agg. [pl.m. *–ci,* f. *–che*] Spregiudicato e subdolo.

machiavellìsmo s.m. **1.** Insieme delle dottrine del Machiavelli secondo cui la forza e l'astuzia sono la base della politica. ~ *estens.* Cinismo opportunista. **2.** *fig.* Azione o comportamento subdolo e astuto.

machìsmo [/ma'tʃizmo/] s.m. inv. (voce spagn. d'America, deriv. di *macho* "maschio") Aggressività e ostentazione di virilità da parte di uomini che si sentono superiori ad altri o, più spesso, alle donne.

machmetro [/'makmetro/] s.m. AER. Strumento che serve a misurare la velocità in numero di Mach a bordo degli aerei supersonici.

macho [/'matʃo/] agg. inv. (voce spagn., propr. "maschio") Che evidenzia o enfatizza i caratteri di un'ostentata virilità solo esteriore. ◆ s.m. inv. [anche pl. *machos*] Uomo che possiede o ostenta caratteristiche tipicamente maschili di forza, dominio, ecc.

macigno s.m. Grossa pietra. ◇ *Duro come un macigno:* detto di persona ostinata o caparbia o di cosa durissima e pesantissima. – *Pesante come un macigno:* detto di cosa noiosa o di cibo difficilmente digeribile.

macilènto agg. Magrissimo, consunto.

màcina s.f. **1.** Cilindro pesante in pietra, che serve a frantumare i grani, schiacciare le olive. **2.** *fig.* Oppressione morale o situazione difficile da sopportare.

macinacaffè s.m. inv. Macinino per il caffè.

macinàre v.tr. **1.** Ridurre in polvere con un laminatoio, una macina. **2.** *fig.* Fare qlco. in quantità e a ritmo sostenuto. *Macinare chilometri.* **3.** Ricordare qlco. con ossessione. ~ Ponderare con ostinazione e a lungo un'idea, un concetto, un proposito. SIN.: **rimuginare.**

macinàto agg. Ridotto in polvere, in frammenti. ◆ s.m. **1.** Prodotto ottenuto con frantumazione. **2.** *fam.* Carne tritata.

macinatùra s.f. Insieme delle operazioni con cui si effettua la macinazione.

macinazióne s.f. Operazione di triturazione, polverizzazione di varie sostanze per mezzo di una macina o di una qualsiasi macchina che tritura.

macinìno s.m. **1.** Apparecchio che serve a macinare caffè, pepe, ecc. **2.** *scherz.* Automobile vecchia e malandata.

màcis s.m. o s.f. inv. (lat. *mācis* deriv. di *mācir,* sostanza aromatica di incerta identificazione) Denominazione commerciale della membrana che contiene il seme della noce moscata. ~ Prodotto usato in profumeria, in medicina e come condimento.

maciste s.m. (nome di un personaggio cinematografico, deriv. di gr. *mákistos* "che possiede una grandissima forza") *scherz.* Uomo forte in modo straordinario, potente e fisicamente molto robusto e muscoloso.

macramè s.m. inv. (voce genov., deriv. di arabo *maḥrama* e turco *mahrama* "fazzoletto") **1.** Trina di fili intrecciati e annodati a mano usata per ornamenti, abiti femminili, ecc. ~ L'arte di intrecciare fili. **2.** Struttura usata per tessere gli asciugamani il cui tessuto è formato da quadrettini incavati simili a celle di un nido d'api. ~ L'asciugamano stesso.

màcro s.f. inv. INFORM. Macroistruzione.

màcro- Primo elemento di composti, particolarmente attivo nel l. sc., in cui indica "grande", "di notevole estensione" e spesso anche "lungo" (*macroeconomia*). – MED. Indica un eccessivo sviluppo di un organo o di una parte di esso (*macrocefalo*).

macrobiòtica s.f. [non comune pl. *–che*] **1.** Dottrina medica i cui fondamenti si ispirano all'antica filosofia orientale e ai suoi intenti di allungare la vita umana. **2.** Tipo di dieta che comporta un regime vegetariano composto principalmente da cereali, verdura e frutta.

macrobiòtico agg. [pl.m. *–ci,* f. *–che*] Di alimento che mantiene integre le proprietà nutritive e i componenti biologici di base della dieta macrobiotica.

macrocefalìa s.f. MED. Aumento anormale del volume del cranio, spesso in seguito a idrocefalia.

macrocèfalo agg. MED. Affetto da macrocefalia. ◆ s.m. [f. *–la*] **1.** Nel sign. dell'agg. **2.** *scherz.* Chi non è intellettualmente molto acuto.

macrocito o **macrocita** s.m. [pl. *–ti*] BIOL. Globulo rosso del sangue umano le cui dimensioni sono più grandi del normale senza conseguenze sulla sua funzionalità.

macrocitòsi s.f. inv. MED. Presenza di molti macrociti nel sangue periferico.

macroclima s.m. [pl. –*mi*] GEOGR. Insieme dei fenomeni climatici relativi a una vasta zona.

macrocòsmo s.m. FILOS. L'universo nella sua relazione analogica con l'uomo, inteso come microcosmo.

macroeconomia s.f. ECON. Parte della scienza economica che si propone di spiegare le relazioni tra grandi aggregati come il reddito nazionale, gli investimenti, ecc. e studia i fatti economici globali.

macroeconòmico agg. [pl.m. –*ci*, f. –*che*] Relativo alla macroeconomia.

macròfago s.m. [pl. –*gi*] BIOL. Cellula del sangue che, mediante processi enzimatici, può fagocitare e digerire cellule o detriti.

macrofotografia s.f. Tecnica di ripresa fotografica con cui si ottengono immagini molto ingrandite di oggetti piccoli collocati vicino all'obiettivo che funziona da lente d'ingrandimento. ~ La fotografia che si ottiene con tale tecnica, detta anche *macro*.

macrogamète s.m. BIOL. Gamete femminile, cioè ovulo, che ha dimensioni molto più grandi rispetto al gamete maschile, lo spermatozoo.

macroglobulina s.f. BIOCHIM. Globulina di peso molecolare elevato, con funzioni di anticorpo.

macroglobulinemia s.f. MED. Affezione caratterizzata da un eccesso di macroglobuline nel plasma sanguigno.

macroistruzione s.f. INFORM. Nella programmazione, istruzione complessa eseguibile con un unico comando. ~ Comando che automatizza una sequenza di operazioni che l'utente esegue frequentemente.

macromelia s.f. MED. Malformazione caratterizzata da un eccessivo sviluppo degli arti.

macromolècola s.f. CHIM. Molecola molto grande, formata dal concatenamento e dalla ripetizione di un grande numero di unità strutturali elementari.

macromolecolàre agg. CHIM. Relativo alle macromolecole, formato da macromolecole.

macromutazione s.f. GENET. Mutazione che colpisce un gran numero di cromosomi (in oppos. a *micromutazione*).

macronùcleo s.m. BIOL. Il maggiore dei due nuclei presenti in certi protozoi, in grado di assolvere le normali funzioni del nucleo cellulare.

macroplasia s.f. MED. Esagerato sviluppo di una sola parte del corpo.

Macropòdidi s.m. pl. [iniziale minusc. sing. –*de* per l'individuo] ZOOL. Famiglia di mammiferi con zampe anteriori corte, zampe posteriori lunghe e robuste. (Ordine dei Marsupiali).

Macròpodo s.m. ZOOL. Genere di pesci tropicali, originari del Sud-Est asiatico, allevati in acquario per i loro colori vivaci (p.e. i pesci del paradiso). (Lunghezza 7 cm; famiglia degli Anabantidi).

Macroscèlide s.m. ZOOL. Genere di piccoli mammiferi insettivori che vivono in Africa, caratterizzati da muso allungato a forma di proboscide, zampe posteriori lunghe e adatte al salto, pelo di colore giallo chiaro superiormente, biancastro inferiormente.

■ **macroscèlide** (toporagno elefante).

macroscòpico agg. [pl.m. –*ci*, f. –*che*] **1.** Visibile a occhio nudo. **2.** *fig.* Che colpisce per la sua rilevanza. SIN.: **madornale**.

macrosisma s.m. GEOFIS. Sisma direttamente avvertibile dall'uomo (in oppos. a *microsisma*).

macrosociologia s.f. Sociologia che studia la società globalmente, attraverso le sue principali strutture economiche, politiche, ideologiche, ecc.

macrosomia s.f. MED. → **gigantismo**.

macrospòra s.f. BOT. Spora da cui deriva il gametofito femminile.

macrosporàngio s.m. [pl. –*gi*] BOT. Sporangio che produce le macrospore.

macrostruttùra s.f. **1.** Struttura di un organismo, di un corpo, spec. di un metallo, visibile a occhio nudo. **2.** Nel l. sc., la struttura generale di un insieme in oppos. a quella delle singole parti.

macrotèsto s.m. Nel l. della crit. lett., testo costituito da un insieme di testi diversi che, per il ricorrere di elementi tematici e formali, possono essere considerati come un grande testo unitario.

Macrùri s.m. pl. [iniziale minusc. sing. –*ro* per l'individuo] ZOOL. Gruppo di crostacei con addome allungato e ampia pinna caudale.

màcula s.f. ANAT., MED. Macchia cutanea di colore diverso rispetto al tessuto circostante. ◊ *Macula lutea:* piccola zona tondeggiante della retina che ha la massima sensibilità visiva. – *Macula corneale:* cicatrice di colore grigio della cornea provocata da infiammazione.

1. maculàre o **macolàre** v.tr. **1.** Coprire di macchie. **2.** *fig.* Disonorare qlcu.

2. maculàre agg. **1.** MED. Che riguarda una macula. **2.** Relativo alle macchie. ◊ ASTR. *Zona maculare:* tratto della superficie del Sole caratterizzato dalle macchie solari.

maculàto o **macolàto** agg. Chiazzato, macchiato.

maculatùra s.f. BOT. Malattia causata da parassiti che intaccano la superficie di foglie o frutti.

macùmba s.f. (voce brasiliana) Pratica religiosa brasiliana. ~ *estens.* La musica e la danza che accompagnano tale rito.

madàma s.f. (fr. *madame*) **1.** Titolo che in passato si rivolgeva alle signore. **2.** Nel gergo della malavita, la polizia.

madame [/ma'dam/] s.f. [pl. *mesdames*] (voce fr., comp. di *ma* "mia" e *dame* "signora") **1.** Appellativo per signora. **2.** ST. Titolo della figlia del re di Francia o del delfino.

madapolàm s.m. inv. (dal nome della città indiana in cui era prodotto) Tessuto di cotone bianco fine e leggero.

1. maddaléna s.f. (dal nome della donna che, nel racconto evangelico, fu convertita da Gesù) Peccatrice pentita.

2. maddaléna s.f. (fr. *madeleine*, dal nome della donna *Madeleine* Paulmier che la ideò) CUC. Dolcetto a forma di conchiglia impastato con farina, latte e zucchero.

made in [/'meɪd ɪn/] loc. agg. inv. (loc. ingl., propr. "fatto in") Formula del linguaggio commerciale internazionale che, seguita da un nome di nazione, indica il luogo di produzione di un oggetto. ◊ *Made in Italy:* prodotto in Italia; *estens.* con valore di s. (solo sing.), ciò che viene fabbricato in Italia; il complesso dei prodotti italiani, spec. nell'abbigliamento. *Il made in Italy ha molto successo all'estero.*

mademoiselle [/madmwa'zɛl/] s.f. [pl. *mesdemoiselles*] (voce fr., comp. di *ma* "mia" e *demoiselle* "signorina") Signorina e, in passato, appellativo della dama di compagnia, dell'istitutrice di lingua francese o della governante.

madèra s.m. inv. (dal nome di *Madera*, isola delle Azzorre in cui è prodotto) Vino bianco liquoroso e dolciastro ad alta gradazione alcolica.

1. màdia s.f. (gr. *magís* "cibo impastato, pane") Mobile da cucina usato nelle case di campagna per impastare e conservare il pane. ~ *estens.* Dispensa, credenza.

2. màdia s.f. (spagn. *madia*) Pianta erbacea con fusto e foglie vischiosi, dall'odore molto sgradevole. (Famiglia delle Composite.) ◊ *Olio di madia:* quello che si ricava dai frutti di tale pianta e che viene usato come combustibile e lubrificante.

màdido agg. **1.** Intriso d'acqua o di altro liquido. *Madido di sudore.* **2.** *fig.* Inondato, pervaso.

madière s.m. (provenz. *madier*, lat. *matèrium* "trave") MAR. Trave che poggia trasversalmente sulla chiglia di una nave, detta anche *ossatura* o *costola*.

madison [/'mædɪsən/] s.m. inv. (voce ingl. d'America) Danza afro-americana di ritmo lento.

madònna s.f. **1.** (iniziale maiusc.) Appellativo di Maria, madre di Gesù. SIN.: **Vergine**. **2.** *estens.* (iniziale maiusc.) Chiesa o santuario dedicati a Maria. **3.** Rappresentazione d'arte figurativa della Vergine Maria. **4.** Donna di dolce e armoniosa bellezza.

madonnàro s.m. [f. –*ra*] **1.** Artista che dipinge o scolpisce l'immagine della Madonna. **2.** Venditore di immagini della Madonna. **3.** Chi porta l'immagine della Madonna durante processioni.

madóre s.m. Lieve umidità della pelle.

madornàle agg. Molto evidente, sproporzionato.

madràs s.m. inv. (dal nome della città indiana da cui proviene) Tessuto leggero di seta o cotone dai colori vivaci.

màdrasa s.f. (voce araba, propr. "luogo di studio") Edificio tipico delle civiltà islamiche in cui vengono insegnate le scienze giuridiche e teologiche.

màdre s.f. **1.** Donna che ha messo al mondo uno o più bambini. SIN.: **mamma**. ~ Femmina di animali che ha avuto dei piccoli. ◊ *Madre di famiglia:* che accudisce con dedizione i figli e si occupa della casa. – *Fare da madre a qlcu.:* crescerlo con dedizione e affetto materno. – *Madre in affitto:* espressione del l. gior. per indicare, nelle pratiche di fecondazione artificiale, quella donna che presta il proprio utero per un ovulo fecondato di un'altra. – *fig. Madre artificiale:* apparecchio che sostituisce la chioccia nell'allevamento dei pulcini. **2.** Appellativo delle suore di un certo grado o di età avanzata. **3.** *fig.* Fonte, causa, origine. **4.** Matrice di un foglio bollettario. **5.** *Madre dell'aceto:* pellicola viscosa che si forma nell'aceto in cui si accumulano microrganismi e batteri acetificanti. ❑ In funzione di agg. **1.** Che è madre. **2.** *fig.* Che costituisce il principio, l'origine. ◊ *Madre natura:* la natura che ha generato gli esseri viventi. – *Idea madre:* che è l'origine, il principio di qlco. – *Casa madre:* sede principale di un'impresa. – *Chiesa madre:* quella principale o da cui sono derivate altre, la Chiesa di Roma.

madrelingua s.f. [pl. *madrelingue*, o *madri lingue*] (calco del ted. *Muttersprache*) Lingua della propria patria, appresa nei primi anni di vita.

madrepàtria s.f. [pl. *madrepatrie*] (calco del ted. *Mutterland*) Patria di origine per chi vive in un paese straniero.

madrepèrla s.f. [pl. *madreperle*] (chiamata così perché si riteneva che generasse perle) Parte interna di colore bianco-lucente e iridescente delle conchiglie marine di certi molluschi utilizzata per fabbricare oggetti di ornamento. ❑ In funzione di agg. inv., di colore bianco-iridescente.

madreperlàto agg. Che presenta riflessi di madreperla, spec. di cosmetici.

madrèpora s.f. (chiamata così per i canali che uniscono le celle) **1.** Celenterato marino a scheletro calcareo, diffuso nei mari caldi dove vive in colonie che formano barriere coralline e atolli. **2.** ZOOL. (iniziale maiusc.) Genere di Celenterati a cui appartiene la madrepora.

■ **madrèpora**

madrevìte s.f. [pl. *madrevìti*] **1.** MECC. Foro filettato in cui si adatta una vite. **2.** MECC. Strumento d'acciaio col quale si esegue la filettatura delle viti.

madrigàle s.m. **1.** MUS. Composizione polifonica con accompagnamento strumentale sviluppatasi nei secc. XIV-XVII. **2.** Breve componimento poetico in endecasillabi di tema amoroso e bucolico. **3.** *fig.* Frase, comportamento galante.

madrilèno agg. (spagn. *madrileño*) Di Madrid. ◆ s.m. [f. *-na*] Nativo, abitante di Madrid.

madrìna s.f. **1.** Donna che tiene un bambino a battesimo o a cresima. ~ Madre spirituale. **2.** *estens.* Donna che presiede al varo di una nave o all'inaugurazione di una manifestazione culturale o di beneficenza.

maestà s.f. inv. (lat. *maiestātem*, deriv. di *māior* "maggiore") **1.** Carattere dovuto a nobiltà d'animo o a imponenza d'aspetto. ~ Solennità, nobile apparenza. **2.** Titolo di re, regine e imperatori. **3.** ART. Nell'iconografia cristiana, immagine sacra, spec. di Cristo o di Maria Vergine, seduta sul trono.

maestosità s.f. inv. Nobiltà e grandezza.

maestóso agg. **1.** Che manifesta o denota maestà. SIN.: **imponente**. **2.** MUS. Indicazione dinamica che prevede l'esecuzione lenta e solenne di un determinato brano musicale.

maestràle s.m. **1.** Vento impetuoso che spira da nord-ovest, general. freddo e secco, caratteristico del Tirreno. **2.** *estens.* (solo sing.) Direzione di tale vento, tra nord e ovest.

maestrànza s.f. (spec. pl.) Complesso degli operai che lavorano in un'industria. SIN.: **personale**.

maestrìa s.f. **1.** Abilità nella realizzazione di qlco. SIN.: **bravura**. **2.** Accortezza disinvolta e spregiudicata.

1. maèstro s.m. [f. *maestra*] (lat. *magĭstrum*, deriv. di *māgis* "più", orig. "che vale di più") **1.** Insegnante di scuola elementare. **2.** Chi insegna, conoscendone bene i fondamenti, particolari materie o attività. **3.** Chi conosce un'arte o una dottrina in misura tale da proporsi come modello e guida per gli altri. ◇ *Da maestro:* abile, eccellente, a regola d'arte. – *Lavoro da maestro.* RELIG. *Maestro spirituale:* chi forma i novizi; *estens.* chi rappresenta per qlcu. un riferimento morale o culturale. **4.** Musicista diplomato in un conservatorio, direttore d'orchestra. ~ Istruttore di un coro. **5.** Chi dirige qlco., spec. un ufficio, un'organizzazione. ◇ *Maestro di cerimonie:* cerimoniere. – *Gran maestro:* capo di un ordine militare o di un ordine cavalleresco. **6.** Operaio specializzato che coordina il lavoro di molte persone. ◇ *Maestro d'arte:* titolo di coloro che si diplomano in un istituto d'arte. **7.** ART. Artista capo di una scuola. *I maestri del Rinascimento.* **8.** Negli scacchi, titolo conseguito dopo aver raggiunto un determinato punteggio in una serie di tornei. **9.** Appellativo dato a personalità eminenti nel campo dell'arte, della cultura, dello spettacolo. ❑ In funzione di agg. **1.** Che è più importante. ◇ *Muro maestro:* su cui poggia il carico maggiore di un edificio. – *Argine maestro:* nella realizzazione delle opere di difesa delle sponde di un corso d'acqua, il più esterno, che evita le inondazioni. – *Ruota maestra:* la più importante in un ingranaggio. **2.** Che denota un'abilità non comune. SIN.: **abile**.

2. maèstro s.m. (chiamato così perché vento principale) Maestrale.

màfia s.f. (voce sicil. di etim. discussa, o deriv. di *mafiusu* "mafioso", o dall'ar. *mu'āfiya* "incolumità, salvezza") **1.** Organizzazione criminosa siciliana le cui attività economiche e traffici illeciti, esercitate da clan familiari, condizionano la libertà dei cittadini e il regolare andamento delle funzioni pubbliche. ~ Anche con riferimento ad altre organizzazioni criminose. *Mafia cinese.* **2.** *estens.* Gruppo di persone che perseguono i loro interessi con ogni mezzo.

mafiologìa s.f. Studio dei problemi relativi al fenomeno della mafia.

mafióso agg. (voce sicil. di etim. discussa, forse deriv. disicil. *marfusu* "sciagurato" e di *marfiuni* "marpione") Della mafia. ◆ s.m. [f. *-sa*] **1.** Membro della mafia. **2.** *fam. scherz.* Persona che ostenta eleganza vistosa e spavalderia.

magàgna s.f. **1.** Imperfezione, difetto. **2.** *fig.* Vizio, corruzione.

magàri avv. **1.** Piuttosto, perfino. *Chiederò magari l'elemosina, ma certo non mi sottometterò a lui.* **2.** Probabilmente, chissà. *Magari verrò domani.*

magazine [/ˌmægəˈziːn/] s.m. inv. (voce ingl., propr. "magazzino" per la varietà degli argomenti) Periodico illustrato, rotocalco, rivista. ~ *estens.* L'inserto settimanale in un quotidiano.

magazzinàggio s.m. [pl. *-gi*] (fr. *magasinage*) **1.** Deposito di qlco. in un magazzino. **2.** Somma di denaro pagata per il deposito di merci in un magazzino non proprio.

magazzinière s.m. [f. *-ra*] (fr. *magasinier*) Incaricato della custodia, della vigilanza di un magazzino.

magazzìno s.m. (ar. *maḥāzin*, deriv. di *maḥzan* "deposito") **1.** Locale o fabbricato adibito alla conservazione di merci. ◇ *Magazzini generali:* stabilimenti commerciali pubblici autorizzati a ricevere merci in deposito a fronte delle quali rilasciano, su richiesta del depositante, la fede di deposito e la nota di pegno, che sono titoli di credito trasmissibili mediante girata. **2.** La merce depositata in magazzino. **3.** L'ufficio che si occupa del deposito delle merci. **4.** (spec. pl.) Supermercato dove si vendono merci all'ingrosso o al dettaglio. *Comprare ai magazzini generali.* ◇ *Grande magazzino:* spazio di vendita di notevole estensione nel quale si trovano prodotti appartenenti a diversi settori merceologici. **5.** FOTO. Involucro reso impenetrabile alla luce usato per proteggere la pellicola fotografica o cinematografica che non è ancora stata impressionata. **6.** STAM. La parte superiore della linotype, che contiene le matrici.

magdaleniàno s.m. (solo sing.) (deriv. di *La Madeleine*, località fr. dove sono stati rinvenuti molti reperti di tale periodo) GEOL. Facies culturale del paleolitico superiore in Europa. (Collocabile fra 15.000 e 10.000 anni fa, si caratterizza per l'uso dell'osso, del corno di renna e per la lavorazione per mezzo di bulini in selce.) ◆ agg. Relativo a tale facies.

magènta agg. (con allusione alla sanguinosa battaglia del 1859 nella cittadina di *Magenta*) Di colore rosso violaceo. ◆ s.m. Nel sign. dell'agg.

maggése s.m. **1.** Pratica agricola di antica origine attuata per ripristinare le condizioni favorevoli di un terreno lasciandolo libero da piantagioni per un periodo di tempo. **2.** Terra non seminata, arata in primavera e in estate per ricevere la semina in autunno.

màggio s.m. (spec. sing.) [pl.m. *-gi*, f. *-ge*] (lat. *Māium mēnsem* forse deriv. di *Māia*, nome della dea madre di Mercurio) **1.** Quinto mese dell'anno. ◇ *Primo maggio:* festa internazionale dei lavoratori. (Dal primo maggio del 1884, ovvero la giornata delle prime rivendicazioni dei sindacati americani, celebrata in Italia per la prima volta nel 1891.) **2.** Ramoscello in fiore che in Toscana i giovani, nella notte di calendimaggio, mettevano sul davanzale delle innamorate.

1. maggiolìno s.m. **1.** Piccolo insetto molto comune nel mese di maggio, tipico dell'Europa centrale e occidentale; ha testa e corsaletto di colore nero lucente ed elitre bruno-rossicce, un prolungamento ricurvo nell'addome e antenne frangiate. (Sia l'adulto sia la larva, che vive sotto terra per tre anni, sono erbivori e dannosi per le colture; genere *Melolontha*, ordine dei Coleotteri.) **2.** Nome commerciale di un'automobile prodotta dalla casa automobilistica tedesca Volkswagen.

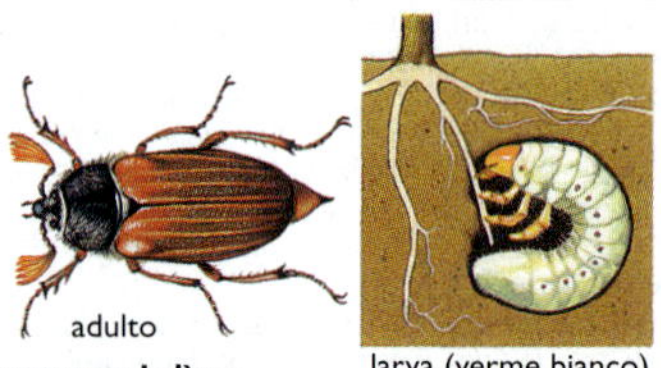

■ maggiolìno

2. maggiolìno s.m. Mobile neoclassico dal fusto in noce intarsiato.

maggioràna s.f. Pianta aromatica simile al timo. (Genere *Origanum*; famiglia delle Labiate.)

maggiorànte s.m. MAT. Serie in cui ogni termine è maggiore del corrispondente nella successione data.

maggiorànza s.f. **1.** La parte più consistente in numero. *La maggioranza degli spettatori apprezza le sue pellicole.* ◇ *In maggioranza:* nel maggior numero. – ECON. *Di maggioranza:* si dice di un azionista che detiene la maggioranza del capitale in un'impresa. – *Maggioranza silenziosa:* nel l. gior., la parte più numerosa della popolazione, di tendenze moderate, che non manifesta pubblicamente la propria opinione politica. **2.** In una votazione, numero di voti superiore a quello ottenuto dagli altri. ~ Parte o coalizione che controlla il più alto numero di seggi in un'assemblea. ◇ *Maggioranza di governo:* lo schieramento politico che governa. – *Maggioranza assoluta:* quella costituita almeno dalla metà più uno degli aventi diritto al voto in un collegio. – *Maggioranza relativa o semplice:* quella che ottiene più della metà dei voti delle persone presenti. – *Maggioranza qualificata:* quella rappresentata da un numero predeterminato di voti, comunque più elevato della metà più uno (p.e. due terzi, tre quarti, ecc.). **3.** GRAMM. *Grado comparativo di maggioranza:* espressione con la quale si indica il grado maggiore (sotto qualsiasi aspetto) che un termine presenta a paragone di un altro. *Luisa è più brava di Anna.*

maggioràre v.tr. (fr. *majorer*) **1.** Far diventare qlco. maggiore. *Maggiorare i salari.* **2.** ALG. Costruire una successione, una serie o una funzione maggiorante.

maggioràsco s.m. [pl. *-schi*] (spagn. *mayorazgo* "primogenitura") DIR. Diritto di successione, abolito in Italia nel 1866, secondo il quale il patrimonio viene trasmesso a un solo parente maschio.

maggioràta s.f. (dall'espressione di V. De Sica *la maggiorata fisica* riferita a Gina Lollobrigida nel film "Altri tempi" di A. Blasetti) Donna molto prosperosa e provocante.

maggioràto agg. Aumentato rispetto alla media, alla norma.

maggiorazióne s.f. (fr. *majoration*) Aumento, spec. di prezzo. SIN.: **rialzo**.

maggiordòmo s.m. (lat. *maiórem dòmus* "il maggiore di casa") **1.** Chi sovrintende alla cura della casa, nelle corti e nelle famiglie signorili. **2.** Nelle marine antiche, persona a capo dei servizi di mensa; anche, l'ufficiale che custodiva tutta l'artiglieria. **3.** Presso i Merovingi, sovrintendente del palazzo reale con funzione di primo ministro.

maggióre agg. **1.** Più grande, superiore. **2.** Preceduto dall'articolo determinativo, ha valore di superlativo relativo. *Dante è il maggior poeta italiano.* ◇ *La maggiore parte:* la maggioranza, la parte più numerosa, i più. **3.** Superiore in un ordine gerarchico. **4.** Più anziano, più grande. *La maggiore delle sorelle.* ◇ *Maggiore età:* in cui è riconosciuta la capacità di disporre di sé e dei propri beni. **5.** MUS. Che presenta l'intervallo di un tono tra il secondo e il terzo grado della scala, in oppos. a *minore*. *Accordo maggiore.* ◆ s.m. **1.** (anche f.) Chi è il più anziano di età rispetto ad altri. **2.** Chi è superiore in un qualsiasi ordine gerarchico. ~ MIL. Ufficiale superiore delle forze armate di grado intermedio tra tenente colonnello e capitano. **3.** MAT. *Simbolo di maggiore:* il simbolo utilizzato nelle disuguaglianze tra grandezze e alla cui sinistra si pone la maggiore e a destra la minore. ◆ s.f. Solo nella loc. *andare per la maggiore*, avere un grande successo.

maggiorènne agg. Che ha raggiunto la maggiore età. ◆ s.m. e f. Nel sign. dell'agg.

maggiorènte s.m. e f. (spec. pl.) Persona di riguardo per prestigio, fama, autorità, condizione sociale ed economica, molto influente nell'ambito di una comunità, di un paese, di una città. SIN.: **notabile**.

maggiorità s.f. inv. Ufficio di un corpo militare avente mansioni di segreteria.

maggioritàrio agg. [pl.m. *-ri*] (fr. *majoritaire*) Relativo alla maggioranza. ◇ *Sistema mag-*

gioritario: sistema elettorale in base a cui tutti i seggi di un collegio elettorale o una buona parte di essi sono attribuiti alla lista che ha ricevuto il maggior numero di voti (in oppos. a *proporzionale*). ◆ s.m. Sistema maggioritario.

maggiorménte avv. In misura maggiore, con più forza o intensità.

magìa s.f. **1.** Insieme delle pratiche utilizzate per garantirsi il controllo di forze invisibili, immanenti alla natura o sovrannaturali. ◇ *Magia nera, magia bianca:* rispettivamente messe in pratica con intenzioni malefiche o benefiche. ~ *fig.* Serie di effetti comparabili a quelli della magia. ◇ *fig. Come per magia:* in modo inspiegabile. **2.** *fig.* Capacità di seduzione, di illusione. *La magia delle parole.*

ENCICL. Prima del ridimensionamento operato dal pensiero razionalista moderno, la magia ha prodotto numerose e raffinate speculazioni. Così tra magia bianca e nera, il pensiero rinascimentale, con Cardano, Paracelso, Crollius, Della Porta, tentò di promuovere la magia naturale, basata sull'idea che tutto in natura sia comunicazione e simbolo. Numerosi etnologi, fra cui Lévi-Strauss, si sono interessati da vicino alle manifestazioni e ai rituali magici.

magiàro agg. (ungherese *magyar*) **1.** Appartenente al popolo di origine ugro-finnica che nel sec. IX si stabilì nella zona dell'attuale Ungheria. **2.** Ungherese. ◆ s.m. [f. *-ra*] Nei sign. dell'agg.

magicaménte avv. **1.** In modo magico. **2.** In modo affascinante, seducente.

màgico agg. [pl.m. *-ci*, f. *-che*] **1.** Che dipende dalla magia. *Potere magico.* ◇ *Cerchio magico:* quello tracciato a terra dal mago per tenere lontano le forze malefiche. **2.** *fig.* Che ha effetti prodigiosi, straordinari. ◇ PSICOL. *Pensiero magico:* forma di pensiero tipica dei bambini tra i 2 e i 7 anni, caratterizzata dalla confusione tra universo soggettivo e oggettivo. **3.** *fig.* Che affascina, suggestiona. SIN.: **incantevole**.

màgio s.m. [spec. pl. *-gi*] Sacerdote e sapiente delle antiche religioni mesopotamiche e persiane, seguace di Zarathustra. ◇ *per anton. I Magi:* i tre sacerdoti (detti anche *Re Magi*) che secondo il racconto evangelico partirono dall'Oriente per adorare Gesù Bambino appena nato e donargli oro, incenso e mirra.

magistèro s.m. (lat. *magistĕrium*, deriv. di *magĭster* "maestro") **1.** Incarico e attività di maestro, attività d'insegnamento ad alto livello. ~ Missione educatrice entro un certo ambito ideologico. **2.** Facoltà universitaria a cui si accedeva dagli istituti magistrali, che conferisce lauree in materie letterarie, linguistiche e pedagogiche. **3.** Carica di gran maestro di un ordine cavalleresco o religioso. **4.** *fig.* Abilità, maestria. **5.** Principio naturale al quale gli alchimisti attribuivano proprietà meravigliose.

magistràle agg. **1.** Che riguarda l'insegnamento a livello di scuola elementare o materna. **2.** Che porta il segno della superiorità, dell'eccellenza. *Un'opera magistrale.* SIN.: **eccellente**. **3.** Che evoca il comportamento di un padrone imperioso e solenne. **4.** Di medicina che si prepara in farmacia secondo la prescrizione del medico.

magistralménte avv. Con estrema maestria e abilità.

magistràto s.m. (lat. *magistrātum*, deriv. di *magĭster* "capo, maestro") **1.** Qualsiasi funzionario o ufficiale civile investito di un'autorità giurisdizionale, amministrativa o politica. **2.** Ant., chi aveva una carica pubblica elettiva.

magistratùra s.f. **1.** Potere giudiziario in tutti i suoi vari organi. ~ L'ufficio, la carica del magistrato. ~ L'insieme dei magistrati. ~ Mandato durante il quale un magistrato esercita le sue funzioni. ◇ *Magistratura ordinaria:* quella istituita e regolata dalle norme sull'ordinamento giudiziario, di cui fanno parte i giudici di pace, i pretori, i tribunali, le corti d'Assise, d'Appello, la Corte di Cassazione e i magistrati di sorveglianza. – *Magistrature speciali:* organi giurisdizionali dotati di una speciale competenza (come i tribunali amministrativi o quelli militari), istituiti in deroga al principio dell'unicità di giurisdizione. **2.** Ant., carica pubblica elettiva e durata di tale carica.

màglia s.f. [pl. *-glie*] (provenz. *malha*, lat. *măculam* "macchia" cui somigliano i buchi presenti nella trama) **1.** Anello di una catena. ~ Boccola formata da fili incrociati, collegata ad altre boccole per formare un tessuto a maglia. ~ *estens.* Tessuto lavorato a maglia. **2.** Capo d'abbigliamento lavorato a maglia. ~ Capo di biancheria intima per il busto. **3.** SPORT. Casacca variopinta indossata dagli sportivi per distinguerne la società di appartenenza. ◇ *Maglia azzurra:* quella che viene usata, per qualsiasi specialità, dalle squadre nazionali italiane. – *Maglia rosa, gialla:* quella che viene indossata dal ciclista primo in classifica rispettivamente nel Giro d'Italia o di Francia; *estens.* il ciclista stesso. – *Maglia iridata:* data ai ciclisti campioni del mondo. – *Maglia nera:* in passato, data al ciclista ultimo in classifica nel Giro d'Italia oggi detto dell'ultimo in una classifica. **4.** Parte dell'armatura, fatta di anelli metallici intrecciati e quindi flessibile, ant. indossata sotto la corazza. **5.** ELETTROTEC. Circuito chiuso in una rete di conduttori elettrici. **6.** Porzione di territorio individuata su una carta col reticolato dei meridiani e dei paralleli.

magliàia s.f. **1.** Donna che lavora a maglia in proprio e a pagamento. **2.** Operaia alle dipendenze di un maglificio.

maglierìa s.f. **1.** Industria, commercio degli articoli d'abbigliamento in tessuto a maglia. **2.** Indumenti a maglia.

magliétta s.f. **1.** Nel sign. del dim. di *maglia*. **2.** Maglia intima leggera. **3.** Anellino di metallo utilizzato per agganciare o appendere qlco.

maglificio s.m. [pl. *-ci*] Opificio per la fabbricazione di tessuti e indumenti a maglia.

màglio s.m. [pl. *-gli*] (lat. *mălleum* "martello") **1.** MECC. Grosso cilindro di acciaio pesante che, azionato meccanicamente, si usa per fucinare a caldo e per stampare metalli. **2.** Grosso martello a due teste per lavorazioni manuali. **3.** SPORT. Martello di legno dotato di un lungo manico e usato nel croquet. ~ Nell'hockey, l'attrezzo usato per lanciare il disco.

maglióne s.m. Maglia di lana a maniche lunghe, spesso molto pesante.

màgma s.m. [pl. *-mi*] (lat. *măgma*, gr. *mágma* "impasto") **1.** GEOL. Massa costituita da silicati che si forma all'interno della terra per fusione parziale del mantello superiore e che, raffreddandosi, forma una roccia vulcanica o plutonica. **2.** *fig.* Insieme caotico e indistinto.

magmàtico agg. [pl.m. *-ci*, f. *-che*] **1.** GEOL. Relativo al magma. **2.** *fig.* Confuso, caotico.

magmatismo s.m. GEOL. Formazione, emigrazione e solidificazione dei magmi.

magnanimità s.f. inv. Grandezza d'animo, superiorità morale. SIN.: **generosità**. ~ Altruismo. ~ Anche, superiore indulgenza, clemenza.

magnànimo agg. (lat. *magnănimum*, comp. di *măgnus* "grande" e *ănimus* "animo") Di animo nobile e generoso.

magnàte s.m. **1.** (anche f.) Personalità molto importante del mondo degli affari, dell'industria, delle finanze, della stampa. **2.** ST. (spec. pl.) Cittadino importante per ricchezza o grande proprietario terriero cui era riconosciuto un particolare potere politico.

magnèsia s.f. (lat. *magnèsiam*, gr. *magnēsía* dal nome della città di Magnesia in Asia Minore dove abbondano i minerali di magnesio) CHIM. MINER. Ossido di magnesio in forma di polvere bianca che si usa in medicina come leggero purgante e come antiacido e nell'industria dei cementi e dei refrattari. ◇ *Magnesia effervescente:* miscela a base di bicarbonato di sodio, carbonato di magnesio e acido citrico con cui si ottiene una bevanda rinfrescante e leggermente lassativa. – *Magnesia alba:* carbonato basico di magnesio, usato nella preparazione del citrato di magnesio e come componente di paste dentifricie, di cosmetici e di prodotti per pulire i metalli. – *Magnesia bisurata:* nome, che costituisce marchio registrato, di una miscela di carbonati di magnesio, bismuto e sodio usata come coadiuvante dell'intestino.

magnesìaco agg. Che contiene magnesio.

magnèsio s.m. (solo sing.) **1.** Metallo solido, bianco argentato, di densità 1,74 e che fonde a 648,8 °C. **2.** Elemento chimico (*Mg*) di numero atomico 12 e peso atomico 24,312. ◇ *Citrato di magnesio:* miscela di carbonato di magnesio, acido citrico ed essenza di cedro, usato per ottenere una bevanda leggermente purgante e rinfrescante.

ENCICL. Inalterabile in aria secca, il magnesio brucia in aria umida con fiamma molto luminosa a forma di nastro sottile, filo o polvere. È un elemento nutritivo essenziale per vari organismi viventi, in partic. per le piante. In metallurgia entra nella composizione di varie leghe di alluminio (*superleggere*) delle quali migliora le proprietà meccaniche.

magnesiotermìa s.f. METALL. Metodo di riduzione di un composto metallico per azione del magnesio.

magnesite s.f. MIN. Principale minerale di magnesio, il cui costituente è il carbonato di magnesio, di colore bianco o giallastro, presente sotto forma di aggregati cristallini o di masse terrose ($MgCO_3$).

magnète s.m. (lat. *magnētem*, gr. *Mágnēs líthos* "pietra di Magnesia" dal nome della città di Magnesia) **1.** Corpo in grado di generare, in forma permanente o temporanea, un campo magnetico. **2.** ELETTROTEC. Generatore elettrico che alimenta il circuito di accensione di un motore a combustione.

magnètico agg. [pl.m. *-ci*, f. *-che*] **1.** Relativo al magnete o al magnetismo. ◇ MAR. *Carta magnetica:* carta nautica che riporta esattamente le linee del magnetismo terrestre. – *Campo magnetico:* spazio in cui si manifestano fenomeni magnetici. – *Polo magnetico:* la parte superficiale di un corpo magnetizzato in cui hanno origine o fine le linee di forza magnetica; anche, ciascuno dei due punti opposti della Terra verso i quali si orienta l'ago della bussola. **2.** Che si può magnetizzare per contenere suoni, immagini, informazioni. *Disco magnetico.* **3.** *fig.* Che esercita un fascino potente e misterioso.

magnetismo s.m. **1.** FIS. Fenomeno fisico che corrisponde alle proprietà dei magneti o delle correnti elettriche di generare un campo magnetico. ◇ *Magnetismo terrestre:* l'insieme dei fenomeni magnetici che si verificano sulla superficie della Terra causati dal campo magnetico da questa posseduto, detto anche *geomagnetismo*. **2.** *Magnetismo animale:* insieme di forze, aventi particolari poteri spec. terapeutici, di cui sembrano essere dotate certe persone e alcuni animali che sono capaci di sprigionarle dal loro organismo. (La dottrina corrispondente è stata elaborata e diffusa nel sec. XVIII da F. Mesmer.) **3.** Ramo della fisica che si occupa dei fenomeni magnetici. **4.** *fig.* Capacità di attrazione molto intensa. SIN.: **fascino**.

ENCICL. La sensibilità di un atomo ai campi magnetici esterni permette di classificare le diverse sostanze a seconda della magnetizzazione indotta su esse da tale campo. Le sostanze che assumono una magnetizzazione molto bassa si dividono in *diamagnetiche* (magnetizzazione di senso opposto a quella del campo esterno) o *paramagnetiche* (allineate alla direzione del campo, come p.e. ossigeno e platino). Le sostanze a forte magnetizzazione sono dette *ferromagnetiche* (nichel, cobalto, ferriti); esse si dividono in piccoli settori a magnetizzazione parallela dentro cui tutti gli atomi hanno una disposizione parallela al campo magnetico induttore.

magnetite s.f. MIN. Minerale metallifero di ferro con forti capacità magnetiche.

magnetizzàbile agg. Che può essere magnetizzato.

magnetizzàre v.tr. (fr. *magnétiser*) **1.** Conferire a una sostanza capacità magnetiche. *La calamita magnetizza il ferro.* **2.** *fig.* Affascinare, suggestionare, sedurre. *L'oratore ha magnetizzato il pubblico.* ◆ **magnetizzarsi** v.pron. Assumere capacità magnetiche. *Il ferro si magnetizza a contatto con la calamita.*

magnetizzàto agg. Che ha subito un processo di magnetizzazione.

magnetizzatóre s.m. (fr. *magnétiseur*) ELETTR. Elettromagnete con cui si magnetizzano corpi ferromagnetici.

magnetizzazióne s.f. (fr. *magnétisation*) Conferimento o assunzione del magnetismo.

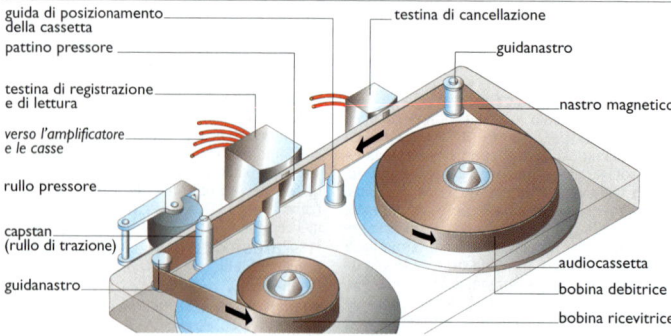

guida di posizionamento della cassetta
pattino pressore
testina di registrazione e di lettura
verso l'amplificatore e le casse
rullo pressore
capstan (rullo di trazione)
guidanastro

testina di cancellazione
guidanastro
nastro magnetico
audiocassetta
bobina debitrice
bobina ricevitrice

■ **magnetòfono** (funzionamento).

magnetoacùstica s.f. FIS. Studio dei fenomeni relativi all'interazione fra la propagazione delle onde elastiche in un reticolo cristallino e un campo magnetico applicato.

magnetochimica s.f. [non com. pl. *–che*] CHIM. Studio delle proprietà magnetiche dei composti chimici.

magnetodinàmico agg. Si dice di un apparecchio nel quale l'eccitazione magnetica è prodotta da un magnete permanente.

magnetoelèttrico agg. Di strumento di misura o di generatore elettrico nel quale l'elemento induttore sia un magnete permanente.

magnetòfono s.m. (ingl. *magnetophone*) Apparecchio di registrazione e di lettura dei suoni con magnetizzazione residua di un nastro magnetico.

magnetoidrodinàmica s.f. [non com. pl. *–che*] FIS. Studio della dinamica dei fluidi conduttori (p.e. un gas ionizzato) in presenza di un campo magnetico. (Talora abbreviato in MHD, *Magneto Hydro Dynamic*.) SIN.: **magnetofluidodinamica**.

magnetometria s.f. FIS. Studio delle misure relative ai campi magnetici.

magnetòmetro s.m. FIS. Apparecchio che misura un campo magnetico.

magnetomotóre agg. [f. *–trice*] FIS. Capace di far muovere poli magnetici.

magnetóne s.m. FIS. Unità elementare di momento magnetico usata in fisica atomica e subatomica. (Il valore del magnetone di Bohr è $\mu = e\hbar/2m$, con e = carica dell'elettrone, $\hbar$ = costante di Planck ridotta, m = massa dell'elettrone.)

magnetoòttica s.f. [non com. pl. *–che*] Studio delle proprietà ottiche delle sostanze sottoposte a campi magnetici.

magnetopàusa s.f. ASTR. Limite esterno della magnetosfera di un pianeta.

magnetoresistènza s.f. FIS. Proprietà per la quale la resistenza elettrica di un conduttore varia in seguito all'applicazione di un campo magnetico.

magnetoscòpio s.m. Apparecchio di registrazione e di lettura delle immagini e del suono su nastro magnetico.

magnetosfèra s.f. Spazio esterno alla Terra nel quale si manifesta l'azione del campo magnetico terrestre.

magnetostàtica s.f. [non com. pl. *–che*] Parte della fisica che studia i magneti e i campi magnetici da questi generati.

magnetostàtico agg. [pl.m. *–ci*, f. *–che*] FIS. Di un campo magnetico costante, oppure di fenomeni relativi a un campo di questo tipo.

magnetotèrmico agg. FIS. Relativo ai fenomeni di magnetismo che dipendono da variazioni di temperatura.

màgnetron s.m. inv. (ingl. *magnetron*, comp. di *magneto* "magneto" ed *electron* "elettrone") FIS. Tubo a vuoto per la generazione o l'amplificazione di correnti di altissima frequenza, il cui flusso di elettroni è comandato allo stesso tempo da un campo elettrico e da un campo magnetico.

magnificàre v.tr. [4] **1.** Esaltare qlcu. o qlco. *Magnificare un'impresa*. **2.** *estens.* Ingigantire le qualità di qlcu. o qlco. ◆ **magnificarsi** v.pron. Gloriarsi dei propri pregi.

magnificat s.m. inv. (voce lat., dall'inizio del cantico *Magnificat anima mea Dominum* "il mio animo magnifica il Signore") CATT. Canto in onore della Vergine.

magnificènza s.f. **1.** Qualità di ciò che è splendido e desta ammirazione. *La magnificenza di un palazzo*. **2.** Generosità nel donare. **3.** Titolo dato in passato a personaggi di rilievo e usato ancora oggi in allocuzioni formali al rettore di un'università.

magnifico agg. [pl.m. *–ci*, f. *–che*] **1.** Che suscita ammirazione per la grande bellezza. **2.** Di qualità eccezionale. **3.** (iniziale maiusc.) Appellativo dato a personaggi di rilievo del passato e oggi in partic. al rettore di un'università.

magniloquènte agg. **1.** Che si esprime con eleganza. **2.** *spreg.* Ridondante, ampolloso.

magniloquènza s.f. (lat. *magniloquĕntiam* "grandiosità di stile") **1.** Solennità di un discorso. **2.** Enfasi eccessiva.

magnitùdine s.f. ASTR. Misura della luminosità di un astro agli occhi di un osservatore sulla Terra (*magnitudine apparente*) o di quella che avrebbe l'astro riportato teoricamente a una distanza standard (*magnitudine assoluta*). (Più il numero è basso, più la stella è luminosa.)

magnitùdo s.f. inv. (voce lat. "grandezza") GEOFIS. Grandezza con cui si classifica la potenza distruttrice di un terremoto esprimendola in funzione dell'accelerazione massima delle onde sismiche.

magnòlia s.f. (dal nome del botanico francese P. *Magnol*) Pianta arborea ornamentale originaria dell'Asia e dell'America, a foglie caduche o sempreverdi, fiori bianchi o rosa molto profumati. (Famiglia delle Magnoliacee.)

Magnoliàcee s.f. pl. [iniziale minusc. sing. *–a* per l'individuo] BOT. Famiglia di alberi e arbu-

fiori e foglie

Magnolia soulangiana

Magnolia grandiflora

■ **magnòlia**

sti tipici delle regioni temperate e subtropicali; ne fa parte la magnolia. (classe delle Dicotiledoni.)

màgnum s.m. inv. (voce lat., deriv. di *măgnus* "grande") Bottiglia di grande formato, perlopiù di capacità doppia del normale, usata spec. per spumante e champagne. ◆ s.f. inv. Cartuccia potenziata per grande pistola. ~ *estens.* La pistola stessa.

màgo s.m. [f. *maga*, pl.m. *–ghi*, f. *–ghe*] **1.** Chi esercita la magia. ~ Chi sembra disporre di poteri soprannaturali. **2.** Illusionista, prestigiatore. **3.** *fig.* Chi è dotato di grande abilità nel fare qlco. **4.** *fig. non com.* Chi è dotato di molto fascino.

magóne s.m. (voce region., long. *magō* "gozzo") **1.** Ventriglio di pollo. **2.** *fig.* Nodo alla gola, abbattimento.

màgra s.f. **1.** Condizione di corso d'acqua nei periodi di portata minima. **2.** *fig.* Limitata disponibilità di mezzi. **3.** *fam.* Brutta figura.

magrebino o **maghrebino** agg. [f. *–na*] Del Magreb. ◆ s.m. Nativo, abitante del Magreb. (*Magreb* indica il complesso dei paesi dell'Africa nordoccidentale.)

magrézza s.f. **1.** Assenza di grasso. **2.** Mancanza di ricchezza.

màgro agg. **1.** Senza adipe in eccesso. **2.** Riferito ad alimento, che contiene pochi grassi o ne è privo. ~ Riferito a terreno, poco fertile. **3.** *fig.* Poco abbondante, inferiore al necessario. *Magri guadagni*. ◇ *Magra consolazione:* scarso, inadeguato conforto. ◆ s.m. **1.** (solo sing.) Parte magra della carne. ◇ *Giorni di magro:* quelli in cui la Chiesa prescrive l'astinenza dalla carne. **2.** (f. *–gra*, spec. pl.) Persona magra.

maharajah [/maara'dʒa/] s.m. inv. (voce hindi, sanscr. *mahārājā-* "grande re") Titolo di re e principi indiani.

maharani [/maha:'ra:ni/] s.f. inv. (voce hindi, sanscr. *mahārājñī-* "grande regina") Sposa del maharajah.

mahatma [/ma'ha:tma/] s.m. inv. (voce hindi, sanscr. *mahātmān-* "grande anima") In India, titolo riconosciuto a personalità di grande prestigio spec. religioso, spirituale. *Il Mahatma Gandhi*.

mahdi [/'mahdi/] s.m. inv. (ar. *al-mahdī* propr. "il ben guidato, l'ispirato") Nell'Islam, messia che porterà la fede e ristabilirà la giustizia. ◆ s.m. inv. (solo sing.) Parte magra.

mahdismo o **madismo** s.m. Corrente dell'Islam che professa la fede nell'avvento del mahdi.

mah-jong [/'ma:'dʒɔŋ/] s.m. (solo sing.) (voce ingl., cin. *ma chiang* propr. "passeri") Gioco di società, d'origine cinese, a cui possono partecipare quattro persone che hanno a disposizione 144 pezzi, simili a quelli del domino, con i quali devono formare delle combinazioni.

mài avv. **1.** In nessun momento, neanche una volta. *Non l'ho mai visto*. **2.** Qualche volta, in qualche caso, per caso. *Sei mai stato in America?* **3.** Da solo, nelle risposte, equivale a una negazione decisa. *"Lasceresti la tua città?" "Mai!"*. **4.** Si usa come rafforzativo di pronomi, congiunzioni e avverbi interrogativi, per dare enfasi. *Quando mai ti avrei detto una cosa simile?*

Màia s.f. (lat. *Maia*, gr. *màia*, nome di un particolare granchio di mare) ZOOL. Genere di grandi granchi commestibili, tipici dei fondali fangosi del litorale atlantico, con guscio triangolare e spinoso e zampe molto lunghe. (Famiglia dei Maidi.)

maiàle s.m. [f. non com. *maiala*] (forse dal nome della dea *Màia* perché le si sacrificava un maiale) **1.** Mammifero onnivoro, perlopiù addomesticato, dal muso terminante in un grugno. (Il maiale domestico è allevato per la carne e la pelle, il maiale selvatico è il cinghiale. Il maschio si chiama *verro*, la femmina *troia* o *scrofa*. Verso: il maiale grugnisce. Genere *Sus*; famiglia dei Suidi, ordine degli Artiodattili.) ~ *estens.* Carne suina. **2.** *fig.* Persona molto sporca o ingorda. ~ Persona moralmente ripugnante. ~ In partic., chi fa discorsi osceni o compie atti di molestia sessuale. **3.** MAR. Mezzo d'assalto, usato dalla marina militare italiana nell'ultima guerra, diretto da due uomini in immersione. (Era formato da una sorta di siluro la cui parte anteriore conteneva la carica esplosiva che veniva agganciata alla carena della nave nemica, mentre chi lo guidava poteva allontanarsi sulla parte rimanente.)

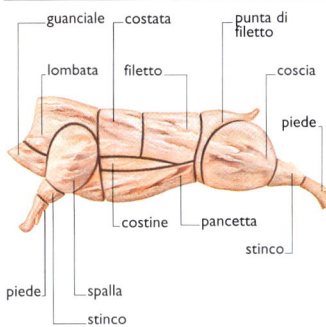

■ **maiàle** (principali tagli).

guanciale — costata — punta di filetto
lombata — filetto — coscia
piede
costine — pancetta
stinco
piede — spalla
stinco

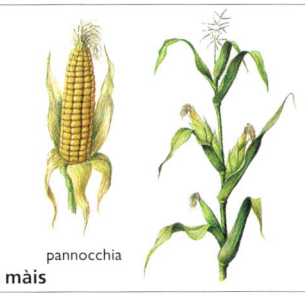

pannocchia

■ **màis**

maiden [/'mɛɪdən/] s.m. e f. inv. (voce ingl., propr. "vergine") IPP Cavallo che non ha ancora gareggiato o vinto premi.

Màidi s.m. pl. [iniziale minusc. sing. –*de* per l'individuo] ZOOL. Famiglia di crostacei caratterizzati da addome ridotto, ripiegato ventralmente, e cefalotorace ampio, che vivono sul fondo dei mari caldi e nel Mediterraneo; sono comun. detti *granchi*. (Ordine dei Decapodi.)

maìdico agg. [pl.m. –*ci*, f. –*che*] Del mais, che riguarda il mais.

maidìcolo agg. Relativo alla coltivazione del mais.

maiestàtico agg. [pl.m. –*ci*, f. –*che*] Che riguarda la maestà. ◇ *Plurale maiestatico:* pluralis maiestatis.

maièutica s.f. [non com. pl. –*che*] (gr. *maieutikḗ tékhnē* "arte ostetrica") FILOS. Metodo d'insegnamento proprio di Socrate, basato sul dialogo e sulla discussione, grazie al quale l'allievo scopre gradatamente e autonomamente la verità.

mail [/meɪl/] s.f. inv. → **e-mail**.

mailing [/'meɪlɪŋ/] s.m. inv. (voce ingl., deriv. di *to mail* "spedire per posta") Invio di pubblicità per posta. ◈ *Mailing list:* nel l. comm., rubrica di indirizzi di eventuali clienti a cui far recapitare materiale di pubblicità; sistema di posta elettronica tramite il quale gli utenti di una rete si scambiano messaggi.

maillechort [/majʃɔʀ/] s.m. inv. (voce fr., dal nome degli inventori francesi *Maillet* e *Chorier*) Lega di rame, zinco e nichel.

mail order [/'meɪl 'ɔːdə/] loc. sost. m. inv. (loc. ingl., "ordine per posta") Vendita per corrispondenza effettuata su catalogo apposito.

mainframe [/'meɪnˌfreɪm/] s.m. inv. (voce ingl., propr. "struttura principale") INFORM. Computer ad alte prestazioni e costo elevato per il trattamento di grandi quantità di dati che di solito gestisce una grande rete di utenti.

mainstream [/'meɪnsˌtriːm/] s.m. (solo sing.) (voce ingl., propr. "corrente principale") MUS. Nel jazz, la corrente del tardo swing precedente il bebop e dominante dagli anni Trenta agli anni Cinquanta del Novecento.

maiòlica s.f. [pl. –*che*] (da *Maiolica*, nome ant. dell'attuale isola di Maiorca da cui venne importata) **1.** Ceramica porosa ricavata da impasto argilloso e coperta di smalto impermeabile. ~ Oggetto creato con tale materiale. **2.** Roccia sedimentaria costituita essenzialmente da calcare bianco. **3.** Ceramica italiana del Rinascimento, ripresa dalla tradizione ispano-moresca.

maiolicàio s.m. [f. –*caia*, pl.m. –*cai*] **1.** Persona che fabbrica o vende oggetti in maiolica. **2.** COSTR. Operaio specializzato nel rivestimento di muri e pavimenti con piastrelle di maiolica.

maiolicàto agg. Rivestito da piastrelle di maiolica. ◆ s.m. Nel sign. dell'agg.

maionése s.f. (fr. *mayonnaise* di orig. incerta) CUC. Salsa fredda composta da un'emulsione di tuorli d'uova, olio, limone e aceto, usata come condimento o guarnizione di molte pietanze.

màis s.m. inv. (spagn. *maiz* di orig. centroamericana) Cereale con fusto robusto, spighe, frutti a pannocchia con file strette di grani, intro-

dotto in Europa dopo la scoperta dell'America, oggi coltivato in gran parte del mondo per l'alimentazione umana (grani) e soprattutto animale (grani o pianta intera). (Genere *Zea*; famiglia delle Graminacee.) SIN.: **granturco**.

maître [/'mɛtr/] s.m. [pl. *maîtres*] (voce fr., lat. *magĭster* "maestro") **1.** Maggiordomo o maestro di casa. **2.** Negli alberghi e nei ristoranti di lusso, direttore di mensa o di sala.

maître à penser [/'mɛtr a pã'se/] loc. sost. m. inv. (loc. fr., "maestro di pensiero") Guida morale, intellettuale che con i suoi scritti o i suoi discorsi orienta e influenza un gruppo o una società.

maiùscola s.f. Lettera o carattere maiuscolo dell'alfabeto.

maiuscolétto s.m. STAM. Lettera maiuscola dell'altezza di una minuscola.

maiùscolo agg. **1.** PALEOG. Di scrittura i cui segni alfabetici sono di altezza uniforme. ~ Delle lettere dell'alfabeto di carattere dell'alfabeto più grandi del comune e di forma diversa (in oppos. alle *minuscole*). ◇ *fig. Scrivere, dire qlco. a lettere maiuscole:* con molta chiarezza o solennità. **2.** *fig.* Che è di misura fuori del comune. ◆ s.m. Carattere maiuscolo.

maizèna s.f. (ingl. *maizena*, deriv. di *maize* "mais") Denominazione commerciale, che costituisce marchio registrato, dell'amido di mais.

major [/'meɪdʒə/] s.f. inv. (voce ingl., propr. "maggiore") Impresa molto potente nel proprio settore.

majorette [/ˌmeɪdʒə'rɛt/] s.f. [pl. *majorettes*] (voce ingl., deriv. di *drum major* "tamburo maggiore") Giovane donna in uniforme colorata che sfila in occasione di feste e parate, precedendo la banda musicale e facendo volteggiare bastoni infiocchettati.

make-up [/'meɪkˌkʌp/] s.m. inv. (voce ingl., deriv. di *to make up* "truccare") Trucco del viso o per il viso.

màki s.m. inv. (malgascio *maka*) Scimmia tipica del Madagascar, con muso appuntito, coda lunga e folto collare di peli. (Genere *Lemur*; sottordine dei Lemuridi.)

màla s.m. (solo sing.) *gerg.* Malavita.

malaccòrto agg. Che agisce senza prudenza. ~ *estens.* Che è effetto di sconsideratezza o mancanza di cautela.

malachite s.f. (lat. *malochītem*, gr. *molokhītis* deriv. di *molókhē* "malva" perché di colore simi-

■ **maiòlica.** Grande piatto istoriato, in maiolica di Faenza, 1530 circa. (Louvre, Parigi.)

le) MIN. Minerale composto di carbonato di rame, di colore verde a toni diversi, usato spesso come pietra dura ornamentale o, polverizzato, per la colorazione di stoffe, smalti, ecc. ❑ Anche in funzione di agg., di colore verde.

malacia s.f. (gr. *malakía* "mollezza") MED. Stato patologico caratterizzato da perdita di tonicità e consistenza di un tessuto o di un organo.

malacologia s.f. ZOOL. Studio dei molluschi.

Malacòstraci o **Malacòstrachi** s.m. pl. [iniziale minusc. sing. –*co* per l'individuo] (lat. *Malacostraca*, gr. *malakóstrakos* comp. di *malakós* "molle" e *óstrakon* "guscio") ZOOL. Sottoclasse di crostacei di acqua e terra aventi il corpo diviso in segmenti come i Decapodi (aragosta, granchio), gli Isopodi, gli Anfipodi.

malacozoologia s.f. ZOOL. Malacologia.

malaféde s.f. [non com. pl. *malefedi*] **1.** Disonestà di qlcu. **2.** DIR. Consapevolezza di pregiudicare con le proprie azioni un diritto altrui.

malaffàre Usato solo nella loc. *di malaffare*, a proposito di chi vive fuori della legalità.

màlaga s.f. inv. (dal nome della città dove viene prodotto) Uva tipica della regione di Malaga. ◆ s.m. inv. **1.** Vino liquoroso fatto con quest'uva. **2.** Gelato di crema al malaga con uvetta.

malagévole agg. Che non è facile da fare.

malalingua s.f. [pl. *malelingue*] Persona pettegola e maldicente.

malaménte avv. In malo modo, male, senza impegno.

malandàto agg. Detto di cosa o persona che è in cattivo stato, che ha un aspetto malconcio.

malàndra s.f. (lat. *malāndria* "pustole") VET. Piaga nella parte posteriore del ginocchio dei cavalli.

malandrinàta s.f. Atto da birbone, birichinata.

malandrino agg. (etim. discussa, forse deriv. di lat. *malāndria* "pustole") **1.** Che compie azioni illecite, insidiose. **2.** Birichino, monello. ◆ s.m. [f. –*na*] **1.** Chi vive di rapina, bandito. **2.** *estens.* Persona malvagia. SIN.: **canaglia**. **3.** *scherz.* Bambino, ragazzino scaltro.

malànimo s.m. Atteggiamento di ostilità nei confronti di qlcu. SIN.: **malevolenza**.

malànno s.m. **1.** Evento sventurato, disgraziato. SIN.: **calamità**. ~ Disturbo più o meno cronico della salute. **2.** Malattia general. non grave. **3.** Persona fastidiosa. SIN.: **seccatore**.

malapéna Nella loc. *a malapena*, con difficoltà.

malàre agg. ANAT. Relativo alle guance. ◇ *Osso malare:* quello degli zigomi.

malària s.f. Malattia parassitaria delle regioni calde e paludose dovuta ai plasmodi e trasmessa dalla zanzara anofele.
ENCICL. È la malattia più diffusa nel mondo. Si manifesta con accessi di febbre intermittente, secondo un ritmo caratteristico di due o quattro giorni, anemia, splenomegalia e alterazione dello stato generale. È ormai stata debellata in Europa e negli Stati Uniti, mentre è ancora diffusa nelle zone calde, anche nella forma letale dovuta al *Plasmodium falciparum*. È curabile con vari farmaci e trasfusioni, anche se si diffonde soprattutto la prevenzione mediante la profilassi e la protezione dalle zanzare.

malàrico agg. [pl.m. –*ci*, f. –*che*] **1.** Relativo alla malaria. **2.** Si dice di una regione o di una persona affetta dalla malaria.

malasanità s.f. (solo sing.) Nel l. gior., il sistema sanitario italiano, considerato per le sue disfunzioni, per la sua amministrazione inefficiente e corrotta. ~ Servizio sanitario italiano inefficiente.

malasòrte s.f. [pl. *malesorti*] Mancanza di fortuna. ~ Avversità della sorte.

malassàre v.tr. (lat. *malaxāre*, gr. *malássein* "rendere molle") CHIM. Misurare la dose di glutine presente nella farina.

malassorbiménto s.m. MED. Disturbo dell'intestino nell'assorbimento degli alimenti.

malatìccio agg. [pl.m. –*ci*, f. –*ce*] Di salute cagionevole. SIN.: **gracile**. ~ Che è spesso malato.

1. malàto agg. (lat. *màle hàbitum*, calco del gr. *kakōs échōn* "che si trova in cattivo stato")

1. La cui salute è alterata. ◇ *Malato di mente:* disturbato mentalmente, psicopatico. 2. Di organo che è alterato patologicamente. *Fegato malato.* 3. *fig.* In preda a una passione incontrollata. 4. Che è in cattivo stato, in crisi. *Economia malata.* ◆ s.m. [f. *-ta*] Persona che sta male di salute.

2. malàto s.m. CHIM. Sale o estere dell'acido malico.

malattìa s.f. 1. Alterazione della salute, delle funzioni degli esseri viventi, animali e vegetali. ◇ *Malattia infettiva:* quella il cui agente responsabile (microrganismo, virus) può essere trasmesso. – *Malattia professionale:* quella contratta sul lavoro per azione di fattori a questo collegati. – *Malattie sociali:* che interessano una grande quantità di popolazione e coinvolgono quindi la società nel suo complesso. – *Malattia di Nicolas e Favre:* affezione trasmissibile sessualmente dovuta a un germe del genere *Chlamydia.* SIN.: **linfogranulomatosi inguinale**. – *Malattia di Hodgkin:* linfoma caratterizzato in genere da tumefazione delle linfoghiandole. – *Malattia di Bouillaud:* reumatismo articolare acuto. – *Malattia di Creutzfeldt-Jakob:* malattia infettiva, il cui agente eziologico non è ancora stato identificato, che si manifesta con una demenza rapidamente progressiva associata ad altri disturbi neurologici. (Ha avuto un'impennata epidemiologica a metà degli anni Ottanta dopo la comparsa, nel 1986, prima in Gran Bretagna poi in altri paesi europei, dell'*encefalopatia bovina spongiforme*, una malattia che colpisce soprattutto i bovini portandoli alla morte.) – *Malattia di Recklinghausen:* denominazione con cui sono note due patologie, la neurofibromatosi e l'osteite fibrocistica, la prima caratterizzata da decalcificazione e deformazioni ossee, la seconda da formazioni tumorali che colpiscono nervi e cute. – *Malattia di Kaposi:* dermatosi caratterizzata da tumori e da placche violacee agli arti. (Le lesioni si diffondono sia sulla cute sia sugli organi interni.) – *Essere in malattia:* interrompere momentaneamente l'attività lavorativa per motivi di salute e usufruire dell'assistenza sanitaria e previdenziale. – *Malattia del secolo:* quella che si manifesta con particolare diffusione o gravità in una data epoca e che la medicina non riesce a debellare; *fig.* passione, tendenza di una data epoca. 2. Alterazione, deterioramento di qlco. *La malattia del vino.* 3. *fig.* Turbamento psichico. ◇ *Farne o farsi una malattia per qlco.:* soffrirne molto, avere un grosso dispiacere per qlco. 4. *fig.* Situazione di crisi.

malauguràto agg. Che causa difficoltà, sciagure.

malaugùrio s.m. [pl. *-ri*] Segno di cattivo augurio o di disgrazia.

malavìta s.f. 1. Vita moralmente deprecabile, contraria alla legge, al buoncostume. *Darsi alla malavita.* 2. Insieme delle persone che conducono questo tipo di vita. ~ Associazione per delinquere.

malavitóso s.m. Persona appartenente o dedita alla malavita.

malavòglia s.f. [pl. *malevoglie*] Assenza di partecipazione attiva, mancanza di buona volontà.

malayalam s.m. inv. Lingua dravidica parlata nel Kerala, in India.

malaysiàno agg. Della Malaysia. ◆ s.m. [f. *-na*] Nativo, abitante della Malaysia.

malbiànco s.m. [pl. *-chi*] AGR. Malattia delle piante causata dai funghi ascomiceti, detta anche *oidio.*

malcapitàto agg. Riferito a persona, che ha subito una disgrazia o è in una situazione difficile. ◆ s.m. [f. *-ta*] Nel sign. dell'agg.

malcelàto agg. Che non si riesce a reprimere, che trapela con evidenza.

malcóncio agg. [pl.m. *-ci*, f. *-ce*] Ridotto in pessimo stato, detto sia di persona sia di cosa.

1. malcontènto agg. Assolutamente non contento. ◆ s.m. [f. *-ta*] Nel sign. dell'agg.

2. malcontènto s.m. Sensazione, stato di indignazione di una persona o di un gruppo.

malcostùme s.m. [non com. pl. *mali costumi*] 1. Comportamento contrario alla buona educazione. 2. Atteggiamento diffuso di mancato rispetto della legalità e della morale.

maldèstro agg. 1. Privo di esperienza o di abilità. 2. Fatto senza abilità o accortezza.

maldicènte agg. Di persona che sparla degli altri. ◆ s.m. e f. Persona maligna e pettegola che sparla degli altri.

maldicènza s.f. 1. Cattiva abitudine di sparlare degli altri. 2. Comportamento da maldicente.

maldispósto agg. Ostile nei confronti di qlcu. o qlco.

1. màle avv. 1. In modo contrario alla morale. 2. In modo non soddisfacente, non corrispondente alle attese. ◇ *Mettersi male:* detto di situazione che assume un andamento sfavorevole. – *Andare male:* procedere contrariamente a come si era previsto o sperato. *L'esame è andato male.* – *Rimanere male:* deluso o contrariato. – *Prendere male qlco.:* affrontarlo sconvenientemente, spec. con rabbia o anche lasciando che abbia il sopravvento. – *Prenderla male:* offendersi, adirarsi. – *Finire male:* di cosa, avere esito negativo; di persona, fare una brutta fine. – *Sentirsi male:* provare una sensazione di malessere, anche grave. – *Non male:* discretamente, piuttosto buono. – *Star male:* di persona, essere malato; di cosa, non essere adatto a una particolare situazione, stonare, non convenire. *Sta male dire parolacce.* 3. In modo imperfetto. *La televisione funziona male.*

2. màle s.m. 1. Ciò che è contrario al bene, alla virtù o alla morale. 2. (solo sing.) Ciò che è inopportuno, dannoso, svantaggioso, sbagliato. ◇ *Fare del male a qlcu.:* danneggiarlo, rovinarlo, nuocergli. – *Dire male di qlcu.:* denigrarlo. – *Aversela a male:* offendersi. – *Andare a male:* guastarsi, deteriorarsi, detto spec. di cibo. 3. Sofferenza fisica. *Mali di denti, di stomaco.* ~ Malessere di cui si soffre in determinate situazioni. *Mal d'aria, di montagna, di mare.* ~ Malattia. *Il male ha progredito.* ◇ *Fare male:* dolere, provocare dolore; *fig.* dispiacere. – *Mal sottile:* tubercolosi. – *Brutto male:* cancro. – *Male oscuro:* la situazione angosciante dell'uomo contemporaneo e la crisi che ne deriva. (Dal titolo del romanzo di G. Berto.) 4. Affezione morbosa di animali o piante.

maledettaménte avv. *fam.* Tremendamente, terribilmente. ~ Con grande forza. ~ Insistentemente.

maledétto agg. 1. Destinato alla dannazione eterna. *Maledetto il momento in cui ho preso quella decisione!* ◇ *Poeti maledetti:* i decadentisti francesi così denominati per la loro visione esistenziale contrastante con la morale del tempo. 2. Insopportabile, fastidioso. ~ Forte, fortissimo, con valore genericamente rafforzativo. *Un caldo maledetto.* ◆ s.m. [f. *-ta*] 1. Chi subisce una maledizione. 2. Persona nei confronti della quale si prova rancore.

maledire v.tr. [80] 1. Invocare la rabbia divina su qlcu. 2. Augurare sventura a qlcu. che si odia o si disprezza. 3. Esprimere la propria rabbia contro qlco. *Maledire la sorte.*

maledizióne s.f. (lat. *maledictiōnem* "maldicenza") 1. Punizione scagliata dalla divinità su qlcu. o qlco. o invocata dagli uomini come augurio di male. ~ *estens.* L'effetto della maledizione. ~ Sorte ostile alla quale si sembra non potere sfuggire. *Sono perseguitato dalla maledizione.* 2. Parola o frase oltraggiosa gridata con violenza. 3. *fig.* Persona o cosa che è causa di danni, di sventure. *Sei la maledizione della nostra famiglia.*

maleducàto s.m. [f. *-ta*] Che manifesta una mancanza di educazione. ◆ agg. Nel sign. dell'agg.

maleducazióne s.f. 1. Mancanza di educazione. 2. Comportamento da maleducato.

malefàtta s.f. [pl. *malefatte*] (spec. pl.) Errore in genere, cattiva azione.

malefìcio s.m. [pl. *-ci*] Sortilegio, pratica magica che mira a nuocere.

malèfico agg. [pl.m. *-ci*, f. *-che*] 1. Che esercita un'influenza sovrannaturale in grado di arrecare danno. 2. Di maleficio. ~ Che è causa o effetto di maleficio.

maleodorànte agg. Che ha cattivo odore.

maleopolinesiàno agg. LING. Di un gruppo di lingue formato dal melanesiano, l'indonesiano e il polinesiano.

malèrba s.f. 1. Erba cattiva e dannosa alla semente. 2. *fig.* Persona disonesta o invadente. ~ Cosa nociva e fastidiosa.

malése agg. Della Malesia. ◆ s.m. 1. (anche f.) Nativo, abitante della Malesia. 2. (solo sing.) Lingua diffusa in Malesia, appartenente alla famiglia indonesiana.

malèssere s.m. 1. Sensazione, perlopiù passeggera, di non essere in perfetta salute. ~ Leggera indisposizione fisica. 2. *estens.* Sensazione di disagio profondo. SIN.: **inquietudine**.

malevolènza s.f. Intenzione di nuocere. ~ Malevola disposizione d'animo.

malèvolo agg. Che manifesta una volontà di nuocere ad altri. SIN.: **ostile**. ◆ s.m. [f. *-la*] Nel sign. dell'agg.

malfamàto agg. Che ha una pessima fama.

malfàtto agg. Fatto in modo errato e quindi biasimevole. ◆ s.m. (al pl.) CUC. Tipo di gnocchi impastati con spinaci, ricotta, ecc. tipici della Valtellina.

malfattóre s.m. [f. *-trice*] Individuo che commette crimini.

malférmo agg. 1. Che non riesce a reggersi stabilmente sulle gambe. SIN.: **barcollante**. 2. *fig.* Privo di robustezza, di sicurezza.

malformàto agg. 1. Che ha una brutta forma, che non è formato bene. *I pezzi malformati vengono scartati.* 2. BIOL., MED. Che ha una malformazione.

malformazióne s.f. BIOL., MED. Alterazione morfologica di un tessuto, di un organo del corpo umano.

malfrancése s.m. (così chiamato perché si riteneva diffuso tra le truppe francesi) MED. → **sifilide**.

malfunzionaménto s.m. Funzionamento difettoso di qlco.

màlga s.f. [pl. *-ghe*] (voce alpina) 1. Pascolo alpino in cui si tengono gli animali d'estate, durante l'alpeggio. 2. Costruzione rustica di pietre e di legno adibita ad abitazione per i pastori nel periodo estivo, dotata di stalla per le bestie e cascina per la lavorazione del latte.

malgàscio agg. [pl.m. *-sci*, f. *-sce*] (fr. *malgache*, deriv. di un termine indigeno) Del Madagascar. ◆ s.m. 1. [f. *-scia*] Nativo, abitante del Madagascar. 2. (solo sing.) Lingua del gruppo indonesiano parlata in Madagascar.

malgiudicàre v.tr. [4] Esprimere un giudizio sfavorevole o erroneo su qlcu.

malgovèrno s.m. Cattiva conduzione dello Stato, dei beni pubblici.

malgràdo prep. (calco del fr. *malgré*) 1. Nonostante. *Uscire malgrado la pioggia.* ◇ *Malgrado tutto:* nonostante tutti gli ostacoli. 2. Contro il gradimento, la volontà di qlcu. *Rinuncio mio malgrado.*

malìa s.f. 1. Specie di incantesimo con cui si cerca di influire sulla volontà di qlcu. SIN.: **sortilegio**. 2. *fig.* Incanto irresistibile. SIN.: **seduzione**.

màlico agg. [pl.m. *-ci*, f. *-che*] (fr. *malique*, deriv. di lat. *mālum* "mela") CHIM. ORG. Dell'ossiacido contenente due gruppi carbossilici a quattro atomi di carbonio, che si trova in molta frutta acerba.

malignàre v.intr. (aus. *avere*) (lat. *malignàre*, propr. "avere cattiva natura") *fam.* Parlare o pensare male di qlcu. o qlco. *Malignare su un collega.*

malignità s.f. inv. 1. Cattiveria. ~ Tendenza a fare il male. 2. MED. Carattere grave di un'affezione. ~ Gravità di un tumore.

maligno agg. (lat. *malīgnum*, propr. "di cattiva ascendenza") 1. Che mostra della malevolenza. ~ Che mostra o è conseguenza di cattiveria. *Giudizio maligno.* 2. Di malattia, gravissima, letale. ◇ MED. *Tumore maligno:* che tende a invadere i tessuti e a riprodursi rapidamente per metastasi. ◆ s.m. [f. *-gna*] Persona maligna.

malinconìa s.f. (gr. *melankholía* "atrabile", comp. di *mélas* "nero" e *kholḗ* "bile") 1. Stato di depressione, di vaga tristezza, di disgusto della vita. ~ Carattere di ciò che suscita questo sentimento. *La malinconia di un paesaggio.* SIN.: **tristezza**. 2. (spec. pl.) Ciò che suscita tristezza. 3. PSICH. Depressione intensa caratterizzata da rallentamento psicomotorio, tristezza con sofferenza morale e spinta al suicidio, che costituisce una delle fasi della psicosi maniaco-depressiva. **4.** Nella medicina antica, l'umore proveniente dalla milza e generante una cupa tristezza, legato alla bile nera, detto anche *atrabile* o *umor nero*.

malincònico agg. [pl.m. –*ci*, f. –*che*] **1.** Che manifesta malinconia. ~ Che infonde malinconia. **2.** PSICH. Affetto da sindrome di malinconia. SIN.: **depresso**.

malincuòre Usato solo nella loc. *a malincuore*, contro la propria volontà. *Accettare un incarico a malincuore*.

malinformàto agg. Informato erroneamente o insufficientemente.

malintenzionàto agg. Che manifesta cattive intenzioni. ◆ s.m. [f. –*ta*] Nel sign. dell'agg. *Attento ai malintenzionati!*

malintéso s.m. (calco del fr. *malentendu*) Sbaglio, equivoco, in partic. sul senso di una parola o una frase. SIN.: **fraintendimento**. ❏ In funzione di agg., non interpretato bene, errato, inopportuno. *Un malinteso senso del dovere*.

malizia s.f. **1.** Inclinazione a commettere male, a nuocere. **2.** La conoscenza e l'esperienza di ciò che è male (in oppos. a *ingenuità*). ~ Compiaciuta o ironica allusione a ciò che è male o che non si dovrebbe sapere. ~ Tendenza a vedere il male anche dove non c'è. **3.** Astuzia, furberia, espediente per ottenere un certo scopo.

maliziòso agg. Che mostra malizia nel comportamento, nei giudizi. ~ Carico di sottintesi e allusioni. ~ Che rivela vivacità e insieme furberia. ◆ s.m. [f. –*sa*] Nei sign. dell'agg.

malleàbile agg. (fr. *malléable*, deriv. di lat. *malleāre* "lavorare col martello") **1.** METALL. Di metallo che si può lavorare e ridurre facilmente in lamine senza subire rotture. **2.** *fig.* Che si lascia influenzare, convincere. SIN.: **docile**.

malleabilità s.f. inv. **1.** Qualità di una sostanza, spec. un metallo, facilmente riducibile in lamine senza rompersi. **2.** *fig.* Carattere di chi è arrendevole.

malleabilizzazióne s.f. METALL. Trattamento termico di ricottura che rende malleabile una ghisa bianca, fragile e dura.

malleolàre agg. Del malleolo.

mallèolo s.m. (lat. *mallĕolum*, deriv. di *mallĕus* "martello" per somiglianza di forma) ANAT. Sporgenza ossea laterale in corrispondenza della caviglia, all'estremità inferiore della tibia e del perone.

mallet [/'mælɪt/] s.m. inv. (voce ingl., fr. *maillet* deriv. di *mail* "mazza") Bastone con testa sferoidale imbottita usato per suonare strumenti a percussione.

mallevadóre s.m. [f. –*drice*] **1.** Chi si impegna a sostituirsi al debitore in caso di mancato adempimento di un obbligo. **2.** *estens.* Chi si rende garante di qlco.

malleveria s.f. DIR. Impegno formale con cui ci si assume la responsabilità del comportamento di altre persone. ~ Nelle biblioteche, garanzia firmata dal mallevadore che consente l'ammissione al prestito dei libri.

1. màllo s.m. (lat. *mallo* "rivestimento della cipolla", gr. *mallós* "vello") BOT. Involucro verde della frutta a guscio (p.e. noce). *Nocino di mallo*.

2. màllo s.m. (lat. *mallum*, francone *mathl* "assemblea") Presso gli antichi Germani, assemblea dal carattere politico-giuridicionale.

Mallòfagi s.m. pl. [iniziale minusc. sing. –*go* per l'individuo] ZOOL. Sottordine di piccoli insetti atteri, che conducono una vita da parassiti su piume di uccelli e peli di mammiferi.

mallòppo s.m. **1.** Involto di una certa consistenza. **2.** Bottino di un furto o di una rapina.

malm s.m. (voce ted.) GEOL. (solo sing.) Terza epoca del periodo giurassico. (Compreso tra 154 a 135 milioni di anni fa.)

malmenàre v.tr. Picchiare, colpire, maltrattare, anche in senso fig. *La folla malmenò il ladro*.

malmésso agg. **1.** Di persona o cosa, trasandato. **2.** Di persona, che si trova in una situazione difficile.

malmignàtta s.f. Ragno delle regioni mediterranee, molto simile alla vedova nera, dall'addome nero chiazzato di rosso e dal morso velenoso. (Lunghezza 15 mm; genere *Latrodectus*, famiglia dei Teridìdi.)

malnutrìto agg. Nutrito poco e male. SIN.: **denutrito**.

malnutrizióne s.f. Eccesso, insufficienza o squilibrio degli apporti alimentari. ~ La condizione morbosa che ne consegue.

màlo agg. Usato in varie locc., nel significato di negativo, sfavorevole, cattivo. ◇ *Ridurre a mal partito*: conciare male. – *In malo modo*: in modo errato o sgarbato.

malòcchio s.m. [pl. –*chi*] **1.** Secondo la superstizione popolare, capacità dello sguardo di alcune persone di portare disgrazia. **2.** Effetto malefico attribuito a pratiche di stregoneria.

malònico agg. [pl.m. –*ci*, f. –*che*] (fr. *malonique*) CHIM. ORG. Dell'acido generato dall'ossidazione dell'acido malico.

malóra s.f. (solo sing.) Condizione di crisi totale, danno gravissimo. ◇ *Mandare in malora qlcu.*: rovinarlo.

malóre s.m. Sensazione di malessere causata da un disordine fisiologico. SIN.: **indisposizione**.

malpagàto agg. Che riceve una retribuzione inadeguata.

malpighia s.f. (dal nome di M. *Malpighi*) Pianta dell'America tropicale, coltivata in serra per i fiori rosa o rossi in infiorescenze a ombrello, di cui una specie a frutta commestibile è detta *ciliegio di Barbados*. (Famiglia delle Malpighiacee.)

Malpighiàcee s.m. pl. [iniziale minusc. sing. –*a* per l'individuo] BOT. Famiglia di piante arboree o arbustacee generali, rampicanti, distribuite nelle regioni tropicali, spec. dell'America Meridionale.

malposizióne s.f. Posizione anormale di un organo, in partic. di un dente.

malridótto agg. Ridotto in pessimo stato, in cattive condizioni. SIN.: **malconcio**.

malriuscìto agg. Che non è riuscito bene. ~ Che non consegue i propri obiettivi.

malsàno agg. **1.** Di persona dall'aspetto malato, di scarsa salute. *Un individuo malsano*. ~ Suscettibile di nuocere alla salute fisica o morale. *Clima malsano*. SIN.: **insalubre**. **2.** Che manifesta perversità. SIN.: **vizioso**.

malsicùro agg. **1.** Che non ha stabilità, solidità. **2.** *fig.* Poco attendibile, incerto.

màlta s.f. (lat. *maltham*, gr. *máltha* "impasto di cera e pece") Miscuglio di sabbia, di un legante (calce o cemento), eventualmente di additivi, e d'acqua, utilizzato per collegare fra loro gli elementi di una muratura, effettuare coperture e rivestimenti.

maltàggio s.m. [pl. –*gi*] Operazione di conversione dell'orzo in malto.

maltagliàto s.m. (spec. pl.) Pasta da minestra tagliata a pezzi irregolari.

maltàsi s.f. inv. (ingl. *maltase*) CHIM. Enzima intestinale e pancreatico che scinde il maltosio in due molecole di glucosio.

maltatóre s.m. COSTR. Muratore addetto alla preparazione delle malte.

maltèmpo s.m. Brutto tempo. ~ Clima inclemente.

malteria s.f. Stabilimento o locale di una fabbrica di birra in cui si prepara il malto.

maltése agg. Di Malta. ◇ *Cane maltese*: cagnolino di lusso con pelo lungo di colore bianco. – *Capra maltese*: capra da latte a pelo lungo. ◆ s.m. **1.** (anche f.) Nativo, abitante dell'isola di Malta. **2.** (solo sing.) Lingua che si parla a Malta e nel suo arcipelago.

maltìna s.f. CHIM. Complesso di enzimi tratti dal malto che trasformano l'amido in maltosio.

màlto s.m. (ingl. *malt*) Prodotto utilizzato per la preparazione di bevande alcoliche e alimenti dietetici, ottenuto da cereali germogliati ed essiccati. ◇ *Birra doppio malto*: ottenuta da malto d'orzo e frumento.

maltòlto agg. DIR. Sottratto illecitamente. ◆ s.m. Nel sign. dell'agg.

maltòsio s.m. (solo sing.) BIOCHIM. Disaccaride presente nel malto, ottenuto per idrolisi dell'amido.

maltrattaménto s.m. Insieme di violenze fisiche o morali.

maltrattàre v.tr. **1.** Trattare in malo modo. SIN.: **malmenare**. ~ Strapazzare qlco. *Maltrattare*

i libri. **2.** *fig.* Interpretare o realizzare male qlco. per mancanza di competenza. *Maltrattare una lingua*.

malumóre s.m. **1.** Sentimento di irritazione, di scontentezza. **2.** Stato di insoddisfazione, tendenza alla ribellione. **3.** Leggera incomprensione.

màlus s.m. (voce lat. "cattivo") Aumento di un premio di assicurazione R.C. Auto in conseguenza della denuncia di un sinistro.

màlva s.f. **1.** Pianta con fiori rosa-violacei diffusa in Italia e nelle zone temperate. (Famiglia delle Malvacee.) **2.** BOT. (iniziale maiusc.) Genere di Angiosperme a cui appartengono le varie specie di malve. ❏ In funzione di agg. inv., di colore rosa-violaceo.

fiore

frutto

■ **màlva**

Malvàcee s.f. pl. [iniziale minusc. sing. –*a* per l'individuo] BOT. Famiglia di piante dicotiledoni con foglie alterne ricoperte di peluria e fiori a calice, come p.e. la malva, l'ibisco, il cotone.

malvàgio agg. [pl.m. –*gi*, f. –*gie*] (provenz. *malvatz*, lat. *malifātium* "dal cattivo destino, disgraziato") **1.** Cattivo, crudele. **2.** *fam.* Di qualità pessima. *Pranzo malvagio*. ◆ s.m. [f. –*gia*] Persona molto cattiva.

malvagità s.f. inv. **1.** Cattiveria innata. **2.** Comportamento malvagio.

malvaròsa s.f. Malvone.

malvasìa s.f. (dal nome di *Malvasia*, città della Laconia dove l'uva veniva orig. prodotta) Vino dolce o secco, ricavato da uve bianche o rosse di vitigni dello stesso nome, prodotto in molte regioni italiane.

malvavìschio s.m. [pl. –*schi*] (lat. *malvam hibīscum* "malva ibisco") Pianta erbacea la cui radice trova impieghi farmacologici. (Famiglia delle Malvacee.)

malveìna s.f. (fr. *mauvéine*) CHIM. Denominazione di un gruppo di coloranti violetti preparati per ossidazione dell'anilina. (Attualmente non è più utilizzata.)

malversàre v.tr. (fr. *malverser*, lat. *male versāri* "comportarsi male") Spendere in maniera illegittima il denaro che si amministra.

malversatóre s.m. [f. –*trice*] DIR. PEN. Chi compie una malversazione.

malversazióne s.f. (fr. *malversation*) DIR. PEN. Reato a danno dello Stato commesso da chi, avendo ottenuto contributi pubblici per finalità di interesse generale, li usa indebitamente.

malvestìto agg. Vestito in modo dimesso, o con abiti di cattivo gusto e privi di eleganza.

malvìsto agg. Guardato, considerato con diffidenza, antipatia.

malvivènte s.m. Malfattore, imbroglione.

malvolentièri avv. Contro voglia. ~ A malincuore.

1. malvolére v.tr. [60] Avere qlcu. in antipatia.

2. malvolére s.m. Indolenza, cattiva volontà, fam. SIN.: **malavoglia**.

malvóne s.m. Pianta erbacea con fiori colorati, detta anche *malvarosa* o *altea*, coltivata a scopo ornamentale. (Altezza fino a 2 m; genere *Althaea*, famiglia delle Malvacee.)

màmba s.m. inv. Grosso serpente dell'Africa tropicale, molto velenoso. (Lunghezza 4 m; genere *Dendroaspis*, famiglia degli Elapidi.)

màmbo s.m. inv. (voce delle Antille, propr. "sacerdotessa del culto voodoo" poi "danza e canto rituali") Danza di coppia d'origine cubana, accompagnata da strumenti a percussione, simile alla rumba e con i ritmi dello swing.

mamillària s.f. Mammillaria.

màmma s.f. (lat. *màmmam*, propr. "mammella") **1.** Nel l. familiare, la propria madre. ~ Donna che ha generato figli. ~ Femmina di animale che ha generato. **2.** Persona, in genere donna, che si occupa di qlco. facendogli da madre o da guida morale e spirituale.

mammaliàno agg. Relativo ai mammiferi.

mammalogìa s.f. ZOOL. Studio dei mammiferi.

mammalùcco s.m. [f. –ca, pl.m. –chi, f. –che] (ar. *mamlūk* "schiavo comperato") **1.** ST. (più freq. nella forma mamelucco) Soldato schiavo appartenente a una milizia che ebbe parte notevole nella storia dell'Egitto (v. parte n.pr.). ~ Cavaliere di uno squadrone che Napoleone I aggregò ai cacciatori a cavallo della guardia. **2.** *fig.* Persona sciocca, stupida, goffa. ◻ Anche in funzione di agg., nell'accez. 1 del s. *Epoca mammalucca.*

mammàrio agg. [pl.m. –ri] ANAT. Della mammella. ◇ *Ghiandola mammaria:* organo della secrezione lattea.

mammèlla s.f. **1.** Organo ghiandolare dei Mammiferi, molto sviluppato nelle femmine, che secerne il latte necessario al nutrimento della prole nei primi mesi di vita. (Il numero delle mammelle varia da a due a sei paia a seconda delle specie.) **2.** Ognuna delle due parti laterali dell'estremità dello zoccolo dei cavalli.

mammellonàto agg. GEOGR. Di monte o di altura che ha forma tondeggiante simile a una mammella.

mammellóne s.m. (fr. *mamelon*) GEOGR. Poggio, rilievo tondeggiante.

Mammìferi s.m. pl. ZOOL. Classe di animali vertebrati caratterizzati dalla presenza di mammelle, corpo rivestito per lo più di peli, encefalo relativamente sviluppato, temperatura interna costante, riproduzione general. vivipara. **ENCICL.** Apparsi alla fine del triassico (220 milioni di anni fa), i Mammiferi si svilupparono solo durante l'era terziaria. Formano ora una classe molto diversificata diffusa in tutti i tipi di ambiente - terra, aria (pipistrello), acqua (delfino) e sottosuolo (talpa) - e di peso variabile dai 2 g del toporagno pigmeo alle 150 t della balena. Sono caratterizzati dalla presenza di speciali ghiandole cutanee e di fanere (peli, corna, unghie), di tre serie di denti (incisivi, canini, molari), di un apparato cardiaco che separa la circolazione polmonare da quella generale, di un sistema nervoso centrale molto sviluppato e di una temperatura corporea costante piuttosto elevata. A eccezione dei Monotremi, sono vivipari.

mammìfero agg. Riferito ad animale vertebrato che ha le ghiandole mammarie. ◆ s.m. Denominazione generica di animale che appartiene alla classe dei Mammiferi.

mammillàre agg. **1.** ANAT. Della mammella. **2.** Di forma simile alla mammella.

mammillària o **mamillària** s.f. (lat. *Mammillaria,* deriv. di *mamílla* "mammella" per le sporgenze del fusto) **1.** Pianta erbacea messicana con grandi fiori, coltivata in serra a scopo decorativo, il cui fusto ha piccole protuberanze spinose. (Famiglia delle Cactacee.) **2.** BOT. (iniziale maiusc.) Genere di piante grasse a cui appartengono varie specie di mammillarie.

mammografìa s.f. MED. Esame radiologico della mammella.

màmmola s.f. (lat. *màmmulam* "piccola mammella" poi "piccolo fiore") BOT. Pianta erbacea con fiori profumati di colore violetto e foglie a forma di cuore. (Famiglia delle Violacee.) SIN.: **violetta.**

mammóne s.m. [f. –na] *fam.* Bambino eccessivamente attaccato alla mamma. ~ Adulto legato alla madre in modo eccessivo o morboso.

mammùt s.m. inv. (fr. *mammouth,* russo *mamout* di etim. incerta) **1.** Mammifero proboscida-to del quaternario, simile all'elefante dell'Asia, estintosi meno di 10.000 anni fa, di cui si sono trovati cadaveri interi nei ghiacci della Siberia. (Coperto da un vello lanoso, possedeva zanne enormi e ricurve e misurava 3 m d'altezza; nome sc. *Elephas primigenius.*) **2.** Morsettiera per connessioni elettriche.

■ **mammùt**

màna s.m. inv. (voce polinesiana) Presso i Polinesiani, potenza sovrannaturale e impersonale. ~ *estens.* In numerose società, forza sovrannaturale che conferisce un'efficacia magica o carismatica.

manàbile s.m. Manuale di svariati argomenti ma dimensioni tascabili.

management [/'mænɪdʒmənt/] s.m. inv. (voce ingl.) **1.** Insieme delle tecniche di direzione, di organizzazione e di gestione dell'impresa. ◇ *Asset management:* assistenza fornita alle imprese nella gestione di liquidità e investimenti mobiliari. **2.** *estens.* Insieme dei dirigenti di un'impresa.

manager [/'mænɪdʒə/] s.m. e f. inv. (voce ingl., deriv. di *to manage* "amministrare, governare") **1.** Persona che coordina un'azienda o un suo settore avendo spesso anche mansioni di direzione e organizzazione nei confronti dell'attività di altri e potere decisionale nella conduzione dell'impresa. **2.** Persona che gestisce gli interessi di uno sportivo, di una squadra, di un cantante, ecc. **3.** Denominazione di un gioco simile al monopoli. **4.** INFORM. Programma che serve a gestire un certo tipo di risorse o di documenti.

manageriàle agg. (ingl. *managerial*) Relativo alla gestione, al management.

managerialità s.f. inv. Qualità, attitudine propria di un manager.

managing [/'mænɪdʒɪŋ/] s.m. inv. (voce ingl.) Ambito dirigenziale. ◇ *Managing director:* amministratore delegato di una ditta privata.

mànca s.f. [pl. –che] Mano sinistra. ◇ *A manca:* a sinistra.

mancaménto s.m. Malore, svenimento.

mancànte agg. **1.** Che manca, che è in meno. **2.** Si dice di qlcu. che è assente. *Allievi mancanti.* **3.** Privo di qlco. **4.** MUS. Intervallo mancante: diminuito.

mancànza s.f. **1.** Insufficienza o assenza di ciò che sarebbe necessario. ◇ *loc. prep. In mancanza di:* in assenza di. **2.** Azione di mancare a un dovere, a una legge, a una norma.

fiore

■ **màmmola**

mancàre v.intr. [4] **1.** (aus. essere) Essere assente da un luogo. *Molti allievi mancano oggi.* ~ *Esserci in quantità insufficiente. Mi mancano i soldi.* ~ In frase negativa indica una presenza abbondante. *Il coraggio non mi manca.* **2.** Detto di persona, essere lontano da un luogo, o non presente a una situazione. *Mancare dal lavoro.* **3.** Essere residuo, nello spazio o nel tempo, al raggiungimento di qlco. *Manca poco alla fine della partita.* **4.** Venir meno. *Le forze gli mancano.* **5.** Essere oggetto di rimpianto per qlcu. *Mi manchi tanto!* **6.** (aus. avere) Sottrarsi a un obbligo. *Mancare al proprio dovere.* **7.** Sbagliare a fare qlco. *Ho mancato a trattarti male.* **8.** Omettere di fare qualcosa. *Non mancherò di informarvi.* SIN.: **trascurare. 9.** Essere privi di qlco., non possederlo. *Mancare di grazia.* ◆ v.tr. **1.** Fallire qlco., non colpirlo. *Mancare il bersaglio.* **2.** Perdere qlco., non coglierlo. *Mancare il momento opportuno.*

mancàto agg. **1.** Non riuscito, non avvenuto. **2.** Che non è diventato ciò che doveva o desiderava essere. *Avvocato mancato.*

manche [/'mãʃ/] s.f. inv. (voce fr., propr. "manica" perché spesso in numero di due come le maniche) **1.** SPORT. Ciascuna delle prove in cui può essere articolata una competizione sportiva. **2.** Nei giochi di carte, partita, mano, giro.

manchette [/mã'ʃɛt/] s.f. [pl. *manchettes*] (voce fr., propr. "polsino") **1.** Nota in margine. ~ Postilla a lato della testata di un giornale. ~ Notizia o testo pubblicitario evidenziato dall'inquadratura tra filetti. **2.** Fascetta pubblicitaria sulla copertina di un libro. **3.** Nella scherma, colpo diretto al polso dell'avversario.

manchévole agg. Che presenta delle lacune, dei difetti, delle mancanze, delle imperfezioni. *Un discorso manchevole.*

manchevolézza s.f. **1.** Imperfezione, insufficienza, inadeguatezza. **2.** Azione, frase, parola sconveniente o priva di riguardo e cortesia.

mància s.f. [pl. –ce] (prob. dal fr. *manche* "manica" per l'usanza delle dame medievali di regalare i nei tornei le maniche dei loro vestiti ai cavalieri) Somma di denaro, oltre al prezzo dovuto, data da un cliente in ricompensa del servizio ricevuto.

manciàta s.f. *fig.* Quantità di cose che possono essere contenute in una sola mano.

mancinìsmo s.m. **1.** Disposizione naturale a usare soprattutto gli arti della parte sinistra del corpo. **2.** VET. Difetto di appiombo per cui vi è una rotazione in fuori delle parti distali degli arti.

mancino agg. **1.** Situato nella parte sinistra. **2.** *fig.* Che colpisce in modo inaspettato e nuoce. ◇ *Tiro, colpo mancino:* scherzo astuto, che danneggia chi ne è colpito. **3.** Che è caratterizzato da mancinismo. ◆ s.m. [f. –na] Nell'accez. 3 dell'agg.

manciù agg. inv. (ingl. *Manchu* da una voce indigena) Della Manciuria. ◆ s.m. inv. **1.** (anche f.) Chi appartiene alla popolazione manciù. **2.** (solo sing.) Insieme di dialetti altaici o tungusi e, in partic., lingua letteraria della Manciuria.

màndala s.m. inv. (voce sanscr.) Nel buddismo e nel tantrismo, diagramma geometrico i cui colori simbolici, sezioni concentriche, ecc.

■ **màndala** tibetano del sec. XIX (Museo Guimet, Parigi).

rappresentano l'universo e fungono da supporto alla meditazione.

mandaménto s.m. (fr. *mandement* "distretto, dominio") DIR. Zona sulla quale un signore o una città avevano diritto di giurisdizione, ora sostituito dal circondario.

mandànte s.m. e f. **1.** DIR. Chi affida ad altri il compimento di una determinata attività giuridica. **2.** Chi affida ad altri l'incarico di eseguire qlco., spec. un reato, un crimine.

mandaràncio s.m. [pl. *–ci*] Frutto ottenuto per ibridazione fra l'arancio amaro e il mandarino. SIN.: **clementina**.

mandàre v.tr. (lat. *mandāre* "affidare") **1.** Inviare qualcuno in un luogo per un fine determinato. *Mandare un bambino a scuola.* ◇ *figg. Mandare al diavolo qlcu.*: toglierselo di torno, non volerne più sapere. – *Mandare all'altro mondo qlcu.*: ucciderlo. **2.** Spedire, inviare qlco. *Mandare una lettera.* **3.** Indirizzare qlco. verso un luogo. *Mandare il metano al quartiere.* SIN.: **dirigere**. ◇ *Mandare a chiamare*: chiamare a raccolta, convocare. – *Mandare a dire*: far sapere indirettamente. – *Mandare giù*: inghiottire; *fig.* essere costretti a sopportare. **4.** Destinare qlcu. in una determinata sede o a un determinato ufficio. *L'hanno mandato militare al Nord.* ◇ *Mandare avanti qlcu.*: farlo procedere; *fig.* favorirlo. – *Mandare via qlcu.*: cacciare, allontanare; *estens.* destituire dalle proprie funzioni, licenziare. **5.** Emettere voci, odori, luci, ecc. SIN.: **emanare**.

mandarinàto s.m. Dignità, carica di mandarino.

mandarinétto s.m. Liquore dolce ricavato dall'essenza di mandarino.

mandarinismo s.m. Comportamento paragonabile per autoritarismo o difesa dei propri privilegi a quello dei mandarini della Cina imperiale.

1. mandarino s.m. (port. *mandarin*, sanscr. *mantrin* - "consigliere") ST. Denominazione data dagli europei ai funzionari dell'impero cinese. ~ *estens.* Personaggio importante e influente nel suo ambiente. ❏ In funzione di agg., usato in alcune locc. ◇ *Anatra mandarina*: anatra originaria dell'Estremo Oriente, introdotta in Europa come uccello d'ornamento per le splendide piume. (Genere *Aix*; famiglia degli Anatidi.) – *Lingua mandarina*: varietà di cinese, parlata da tre quarti della popolazione, usata come base della lingua comune ufficiale attuale.

2. mandarino s.m (prob. così chiamato per il colore giallo che ricorda i cinesi e per la sua provenienza orientale) **1.** Albero del gruppo degli agrumi, molto simile all'arancio, coltivato per il frutto omonimo. (Famiglia delle Rutacee.) **2.** Frutto prodotto da tale albero, simile a una piccola arancia.

3. mandarino s.m. SPORT. Nel gioco della palla a muro, battitore che lancia la palla al di sopra della linea tracciata sul muro. ~ Nel gioco del pallone a bracciale toscano, mandatore.

mandàta s.f. **1.** Spedizione, invio. ~ Quantità di cose spedite in una sola volta. *Una mandata di merce.* **2.** Scatto di chiave in una serratura. *Chiudere a doppia mandata.* SIN.: **giro**.

mandatàrio s.m. [f. *–ria*, pl.m. *–ri*] DIR. Persona che ha ricevuto mandato o procura per rappresentare il suo mandante in un atto giuridico.

mandàto s.m. **1.** Potere che una persona dà a un'altra di agire per suo conto. ~ DIR. Nel l. pol., incarico di rappresentare gli elettori in parlamento o di formare un governo. *Mandato parlamentare.* **2.** Durata di un mandato politico elettivo. **3.** DIR. Nel diritto privato, contratto con il quale una parte (*mandatario*) si obbliga a compiere uno o più atti giuridici nell'interesse di un'altra (*mandante*) da cui ha ricevuto l'incarico. **4.** In procedura penale, provvedimento della magistratura a carico di un imputato per garantire la presenza davanti alla giustizia o limitarne la libertà. ◇ DIR. *Mandato di comparizione*: ordine di fare apparire qlcu. dinanzi a un giudice immediatamente o alla data e all'ora indicate dal mandato. – *Mandato di arresto*: ordine di arrestare. – *Mandato di perquisizione*: che autorizza una perquisizione nei confronti di un indagato. **5.** DIR., ST. Atto con cui la Società delle Nazioni affidava l'amministrazione di un territo-

rio a una potenza straniera che aveva il compito di promuoverne l'indipendenza. **6.** CONTAB. Effetto negoziabile per il quale una persona è tenuta a pagare a un'altra una somma di denaro.

mànde agg. inv. (da una voce indigena) Di uno dei gruppi di lingue dell'Africa nordoccidentale. ◆ s.m. inv. Nel sign. dell'agg.

mandeismo s.m. Dottrina religiosa a carattere gnostico, sorta verso il II sec. d.C., di cui restano alcune migliaia di seguaci in Iraq.

mandèo agg. Relativo al mandeismo. ◆ s.m. Seguace del mandeismo.

mandibola s.f. (lat. *mandĭbulam*, deriv. di *mǎndere* "masticare") **1.** Osso della mascella inferiore dell'uomo, costituita da un osso mobile con due branche orizzontali su cui poggiano i denti e due branche montanti che si articolano con l'osso temporale del cranio e consentono l'apertura. (Le sue funzioni comprendono la protezione della lingua, la masticazione e il linguaggio.) **2.** Parte inferiore della mascella degli animali con funzioni simili a quella dell'uomo. ~ Chele di alcune specie di insetti.

mandibolàre agg. Della mandibola. *Nervo mandibolare.*

mandingo agg. (da una voce indigena) Che fa parte di un popolo diffuso nell'Africa occidentale, di stirpe sudanese e lingua mande. ◆ s.m. e f. Nel sign. dell'agg.

mandolinista s.m. e f. [pl.m. *–sti*] Suonatore di mandolino.

mandolino s.m. Strumento musicale con una cassa di risonanza ovoidale e quattro corde doppie suonate a plettro o a pizzico.

màndorla s.f. **1.** Frutto del mandorlo. ◇ *Pasta di mandorle*: ottenuta con mandorle pestate trattate in modo particolare, utilizzata per la confezione di dolciumi. ~ *estens.* Seme del mandorlo o di altri frutti carnosi racchiuso in un nocciolo duro e legnoso. ◇ *A mandorla*: a forma di mandorla, spec. nella loc. *occhi a mandorla*, con taglio stretto e allungato, caratteristici delle popolazioni orientali. **2.** Motivo ornamentale a forma di mandorla usato spec. come ghirlanda per circondare figure sacre. **3.** RILEG. Modanatura a forma romboidale. **4.** ZOOL. *Mandorla di mare*: piccolo mollusco dotato di una conchiglia biancastra molto sottile. (Famiglia degli Arcidi.)

mandorlàto agg. **1.** Che ha forma di una mandorla. **2.** Che contiene mandorle. *Panettone mandorlato.* ◆ s.m. **1.** Dolce costituito di mandorle. **2.** Muro in cui i mattoni sono disposti in modo da lasciare vuoti romboidali per permettere il passaggio dell'aria.

mandorléto s.f. Luogo in cui sono coltivati mandorli.

màndorlo s.m. Albero con fiori bianchi che sbocciano presto in primavera, coltivato per i suoi semi o mandorle. (Genere *Amygdalus*; famiglia delle Rosacee.)

mandragola o **mandràgora** s.f. **1.** Pianta delle regioni mediterranee e dell'Asia del Sud, la cui radice, tuberosa e biforcata, ha proprietà midriatiche e un tempo si credeva avesse virtù magiche. (Famiglia delle Solanacee.) **2.** BOT. (iniziale maiusc.) Genere di Angiosperme a cui appartengono varie specie di mandragola.

màndria s.f. (lat. *mǎndram*, gr. *mándra* "ovile, recinto") **1.** Gruppo numeroso di grosso bestiame (tori, cavalli, ecc.). **2.** *spreg.* Insieme disordinato di persone.

1. mandriàno s.m. [f. *–na*] Custode di una mandria.

2. mandriàno s.m. (forse così chiamato per la somiglianza col bastone del mandriano) METALL. Asta d'acciaio curva usata anticamente nelle fornaci.

mandrillo s.m. (ingl. *mandrill*) **1.** Scimmia delle foreste dell'Africa centrale, simile al babbuino, dal muso di colore rosso bordato da rughe blu. (Lunghezza 80 cm; genere *Papio*, famiglia dei Cercopitecidi.) **2.** *fig. scherz.* Uomo molto lussurioso, libidinoso. **3.** ZOOL. (iniziale maiusc.) Genere di Primati a cui appartengono varie specie di mandrilli.

mandrino s.m. (fr. *mandrin*) **1.** Pezzo di una macchina utensile che trasmette il moto rotato-

rio al pezzo in lavorazione o all'utensile. **2.** Macchina per allargare i tubi. **3.** Filo da inserire nell'ago di una siringa e in altri strumenti medici per impedire l'otturazione. **4.** Cilindro di legno con cui, quando si caricano manualmente le cartucce d'arma da fuoco, viene spinto lo stoppaccio.

manducazióne s.f. Insieme delle azioni meccaniche che preparano il cibo contenuto nella bocca prima che passi nell'esofago.

-màne Secondo elemento di composti in cui indica chi ha una tendenza patologica o ossessiva o un'attrazione irresistibile per qlco. (*tossicomane, cleptomane*).

maneggévole agg. Che è facile da maneggiare o usare.

maneggevolézza s.f. **1.** Insieme delle qualità di un oggetto che lo rendono maneggevole. **2.** *fig.* Docilità, disponibilità di una persona.

maneggiàre v.tr. [5] **1.** Trattare qlco. con le mani. SIN.: **manipolare**. **2.** Usare uno strumento con perizia. *Maneggiare il computer.* **3.** *fig.* Amministrare, adoperare con abilità. **4.** Riferito a cavalli, addestrarli alle varie andature.

maneggiatóre s.m. [f. *–trice*] Chi maneggia.

1. manéggio s.m. [pl. *–gi*] **1.** Uso, esercizio. **2.** *fig.* Gestione, amministrazione di qlco., in senso perlopiù negativo, sfavorevole. **3.** *fig.* (spec. pl.) Manovra astuta tesa a fuorviare o a ottenere qlco. illecitamente. **4.** Luogo dove si praticano esercizi d'equitazione o dove si addestrano i cavalli. ~ Insieme di esercizi per imparare a cavalcare o con i quali si addestra un cavallo.

2. maneggio s.m. [pl. *–gii*] Lento e incessante maneggiare. ~ Armeggio, spec. in senso fig.

guscio
e frutto
(mandorla)

fiori   foglie e frutti

■ **màndorlo**

■ **mandrìllo** maschio.

maneggióne s.m. [f. –na] spreg. Chi si dedica ai brogli, trafficone.

manésco agg. [pl.m. –schi, f. –sche] Che tende a mettere le mani addosso agli altri per colpirli. Un ragazzo manesco.

manétta s.f. **1.** Leva o manopola di comando di alcuni dispositivi. **2.** (al pl.) Congegno usato dalle forze dell'ordine per serrare i polsi degli arrestati, formato da due bracciali d'acciaio che si chiudono a scatto e sono legati da una catena.

manfòrte s.f. (solo sing.) Aiuto, soccorso, appoggio. Ricevere manforte da qualcuno.

manga [/'manga/] s.m. inv. (voce giapp., propr. "vignetta, cartone animato") Fumetto giapponese.

manganàto s.m. CHIM. Sale M$_2$MnO$_4$, dove M è il simb. di un metallo monovalente.

manganatùra s.f. IND. TESS. Operazione per rendere liscia la superficie di tessuti di iuta, lino, canapa, ecc. tramite un mangano.

manganellàre v.tr. Percuotere qlcu. col manganello.

manganellàta s.f. Percossa data col manganello o con un altro bastone.

manganellatóre s.m. [f. –trice] Chi manganella.

manganèllo s.m. Arma contundente, fatta general. di un cilindro di legno ricoperto di gomma, detto anche sfollagente.

manganése s.m. (solo sing.) **1.** Metallo di colore grigiastro, di densità 7,43 e che fonde a 1244 °C. **2.** Elemento chimico (Mn) di numero atomico 25 e peso atomico 54,938.

mangànico agg. [pl.m. –ci, f. –che] CHIM. Riferito a composti in cui il manganese è trivalente.

manganina s.f. (ingl. manganin) CHIM. Lega di rame, manganese e nichel utilizzata nella fabbricazione di fili atti a misurare le resistenze elettriche di alta precisione.

manganite s.f. Sale che deriva dall'anidride manganosa MnO$_2$.

màngano s.m. **1.** IND. TESS. Macchina per la manganatura formata da due cilindri di metallo molto pesante che pressano un tessuto giacente su di un altro cilindro in modo da renderlo più compatto. **2.** Macchinario che effettua la stiratura di lenzuola, asciugamani, biancheria, ecc. per mezzo di un cilindro rotante, usato in alberghi, ospedali, ecc. **3.** Tipo di catapulta utilizzata nel Medioevo. **4.** fig. Persona di corporatura massiccia.

manganóso agg.m. CHIM. Riferito a composti in cui il manganese è bivalente.

mangeréccio agg. [pl.m. –ci, f. –ce] Che si può mangiare, che è buono da mangiare. Fungo mangereccio. SIN.: commestibile.

mangiàbile agg. Di cibo, che si può mangiare perché commestibile.

mangiadischi s.m. inv. Giradischi portatile automatico funzionante mediante l'inserimento del disco a 45 giri in un'apposita fessura.

mangia-e-bévi s.m. inv. **1.** Gelato misto a frutta e liquore servito in grossi bicchieri a calice. **2.** Denominazione commerciale di un succo di frutta.

mangiafùmo agg. inv. Candela profumata che, se accesa, elimina i cattivi odori, spec. quello del fumo.

mangianàstri s.m. inv. Denominazione commerciale di apparecchio automatico portatile che, mediante l'inserimento di bobine con nastri magnetici, riproduce i suoni già incisi permettendone l'ascolto o ne registra altri. SIN.: registratore.

mangiapólvere s.m. inv. Prodotto che favorisce la spolveratura, impedendo alla polvere di volare.

mangiaprèti s.m. e f. inv. Persona intollerante e maldicente nei riguardi dei preti. ~ Anticlericale dichiarato.

1. mangiàre v.tr. [5] (fr. mangier) **1.** Ingerire, masticando e deglutendo, una sostanza solida per alimentarsi. ◇ figg. Mangiare a quattro palmenti: con molta avidità, voracità. – Mangiare alla carta: secondo la lista delle vivande. – Mangiare nel piatto di qlcu.: essere con lui in confidenza, avere rapporti di familiarità. – Mangiare con gli occhi: guardarlo con intenso desiderio. **2.** estens. Sciupare, distruggere, logorare qlco. Le tarme hanno mangiato il maglione. **3.** Pungere, morsicare qlcu. in molti punti. Lo stanno mangiando le zanzare. **4.** Negli scacchi e nella dama, eliminare un pezzo dell'avversario. ~ In alcuni giochi di carte portare via una carta all'avversario. **5.** Spendere completamente una somma di denaro, general. importante. ◆ v.intr. (aus. avere) Consumare un pasto. ◆ mangiarsi v.pron. Esprime particolare intensità e coinvolgimento del soggetto. Mangiarsi un buon gelato. ◇ figg. Mangiarsi (vivo) qlcu.: minacciarlo, sgridarlo aspramente. – Mangiarsi la parola: non mantenerla. – Mangiarsi le mani: provare forte rimpianto per un'occasione persa, tormentarsi.

2. mangiare s.m. Ciò che si mangia. Il mangiare è in tavola.

mangiàta s.f. Pasto molto abbondante e buono. SIN.: scorpacciata.

mangiatóia s.f. **1.** Nelle stalle, cassa lunga dove mangiano le bestie. **2.** fig. spreg. Impiego, attività che permette di guadagnare facilmente o illecitamente.

mangiatóre s.m. [f. –trice] **1.** Chi mangia molto. **2.** Chi è abituato a mangiare determinati alimenti. Essere un mangiatore di dolci. ◇ fig. Mangiatore di libri: persona che legge molto e con passione. **3.** Giocoliere la cui esibizione consiste nell'introdurre in bocca o in gola armi da taglio o fiamme.

mangiatùtto s.m. e f. inv. **1.** Chi mangia avidamente e in grande abbondanza. ~ Chi non ha gusti troppo raffinati e si accontenta facilmente nella scelta dei cibi. **2.** fig. Chi sperpera il proprio patrimonio. ☐ In funzione di agg., nella loc. fagioli mangiatutto, varietà di fagioli carnosi di cui si può mangiare anche il baccello.

mangime s.m. Alimento composto da prodotti diversi e da sostanze vegetali o animali, utilizzato per nutrire il bestiame.

mangióne s.m. [f. –na] **1.** Chi mangia molto, avidamente e voracemente. **2.** fig. Chi approfitta di particolari circostanze, spec. di poteri pubblici, politici, per arricchirsi illecitamente.

mangiucchiàre v.tr. [6] Mangiare qlco. in piccola quantità, senza appetito. ◆ v.intr. (aus. avere) Mangiare spesso, a più riprese, e fuori pasto.

màngo s.m. [pl. –ghi] (ingl. mango, port. manga) Albero originario dell'Asia del Sud, dal fogliame denso, verde scuro, coltivato nelle regioni tropicali per il suo frutto. (Genere Mangifera; famiglia delle Anacardiacee.) ~ Frutto carnoso di tale pianta, dalla polpa gialla molto saporita e profumata.

mangostàno s.m. (malese mangustan) Albero da frutto originario della Malesia, coltivato spec. in Estremo Oriente nelle zone tropicali umide. (Genere Garcinia; famiglia delle Guttifere.) ~ Frutto di tale pianta, dal gusto delicato.

mangròvia o **mangròva** s.f. (ingl. mangrove) Formazione vegetale caratteristica delle regioni costiere tropicali, costituita da foreste impenetrabili di paletuvieri che fissano le loro forti radici nelle baie dalle acque calme, dove si depositano fanghi e limi.

mangùsta o **mangósta** s.f. (fr. mangouste, maratto mangūs) Piccolo mammifero carnivoro dell'Africa e dell'Asia meridionale, con corpo snello e lungo, coda folta e muso appuntito, dà la caccia a piccoli mammiferi, a uccelli e spec. ai serpenti velenosi. (In India, le manguste sono spesso addomesticate per lottare contro i ratti; lunghezza 50 cm ca.; famiglia dei Viverridi.)

màni s.m. pl. MIT. ROM. Anime dei morti, divinizzate perché ritenute protettrici della casa.

mania s.f. (lat. mànìam, gr. manía "follia" deriv. di màinesthai "essere furioso") **1.** PSICH. Stato d'eccitazione patologica, osservato in partic. nel corso della psicosi maniaco-depressiva, caratterizzato da agitazione, esaltazione ludica dell'umore, accelerazione disordinata del pensiero. ◇ Mania di grandezza → megalomania. **2.** Idea fissa, pallino. ~ Gusto eccessivo, irragionevole per qlco.

maniacàle agg. Relativo alla mania, caratteristico della sintomatologia della mania. ~ estens. Del comportamento di chi si preoccupa eccessivamente per i dettagli. SIN.: ossessivo.

maniaco agg. [pl.m. –ci, f. –che] **1.** Relativo alla mania. **2.** Che manifesta un'ossessione per qlco. ◆ s.m. [f. –ca] **1.** Persona in preda a mania. **2.** estens. Chi è fanatico, fissato nei confronti di qlco. SIN.: patito.

mànica s.f. [pl. –che] **1.** Parte dell'abito che copre il braccio. ◇ fig. Rimboccarsi le maniche: mettersi al lavoro con impegno. **2.** estens. Strumento a forma di manica. ◇ Manica a vento: negli aeroporti, cono di tela a strisce bianche e rosse che è appeso in cima a un'asta e che gonfiandosi per il vento ne rivela la direzione. **3.** METALL. Fornello di fonderia quadrangolare, con larga imboccatura e base stretta. **4.** spreg. Insieme di persone. SIN.: accozzaglia.

manicarétto s.m. Pietanza saporita e appetitosa cucinata con cura.

manicheismo s.m. **1.** Religione fondata in Persia nel III sec. d.C. da Mani, basata su un dualismo rigoroso che oppone i principi del bene e del male. (Il manicheismo fu una religione missionaria rivale del cristianesimo fino al Medioevo. Ebbe influenza sui bogomili e sui catari.) **2.** estens. Concezione che divide rigorosamente ogni cosa in due parti inconciliabili, una positiva e una negativa.

manichèo agg. **1.** Di Mani e del manicheismo. **2.** Che giudica le cose secondo i principi del bene e del male, senza sfumature. ◆ s.m. [f. –a] **1.** Sostenitore, seguace del manicheismo. **2.** Chi esagera, accentua le differenze di opinioni, teorie, posizioni, ecc.

manichétta s.f. **1.** Nel sign. del dim. di manica; in partic. mezza manica. **2.** Tubo di piccolo diametro, flessibile, di tela o di altro materiale, che serve da conduttura.

1. manichino s.m. **1.** Polsino delle maniche delle camicie maschili che può essere staccato e inamidato. **2.** Parte dell'armatura destinata a difendere il polso.

2. manichino s.m. (fr. mannequin, ol. deriv. di man "uomo") **1.** Fantoccio snodabile di cui si servono i pittori e gli scultori per riprodurre la figura umana in diverse posizioni. **2.** Fantoccio di sembianze umane usato dai sarti per modellare gli abiti e dai commercianti per l'esposizione degli indumenti. **3.** fig. Persona che si lascia condizionare dagli altri, priva di carattere.

mànico s.m. [pl. –ci, –chi] Parte con la quale si impugna uno strumento, un attrezzo. Il manico del pendolo. ◇ fig. Avere il coltello dalla parte del manico: trovarsi in una posizione molto vantaggiosa.

manicòmio s.m. [pl. –mi] **1.** Ospedale psichiatrico. ◇ fig. Finire al manicomio: impazzire. **2.** fam. Circostanza o luogo confuso, disordinato, caotico.

manicòtto s.m. **1.** Cilindro di materiale morbido e caldo nel quale si infilano le mani per proteggersi dal freddo. **2.** MECC. Giunto cilindrico cavo con funzione di collegamento o di protezione.

manicùre s.m. e f. inv. (fr. manucure, comp. di lat. mànus "mano" e curàre "curare") **1.** Persona incaricata delle cure estetiche delle mani e delle unghie. **2.** pop. Insieme delle operazioni per curare l'estetica delle mani e delle unghie.

Mànidi s.m. pl. [iniziale minusc. sing. –de per l'individuo] ZOOL. Unica famiglia di mammiferi a cui appartengono i pangolini. (Ordine dei Folidoti.)

manièra s.f. (fr. manière) **1.** Modo di fare, di agire. ◇ Non è questa la maniera di parlare. ◇ Alla maniera: a imitazione, secondo l'uso. Vestire alla maniera dei contadini. – loc. cong. In (o di) maniera che: così che. **2.** Insieme degli elementi stilistici che individuano un artista, una corrente o un'epoca. La maniera degli impressionisti. SIN.: stile. ~ Stile di artisti che imitano e ripetono pratiche e moduli già utilizzati, senza naturalezza né originalità. Quadro di maniera.

manieràto agg. **1.** Che manca di naturalezza, di semplicità. SIN.: artificioso. **2.** Riferito ad artista, non originale, convenzionale. ~ Effettuato minuziosamente. Ritratto manierato.

■ Il manierismo

Da Firenze a Praga, passando per Fontainebleau, i Paesi Bassi, ecc., gli artisti del XVI secolo hanno cercato di esaltare il genio dei loro antenati Raffaello, Leonardo, Michelangelo...

Spranger. *Salmace ed Ermafrodito*, (1581 circa). Il racconto di Ovidio (la ninfa di un lago di Caria s'innamora del figlio di Ermes e Afrodite) dà al pittore la possibilità di esaltare la bellezza dei corpi. (Kunsthistorisches Museum, Vienna).

Pontormo. *Deposizione*, retablo dell'altare maggiore della chiesa di S. Felicita a Firenze (1527 circa): complessità della composizione ritmica e soavità cromatica fanno di questo pannello un capolavoro.

manierismo s.m. (fr. *maniérisme*) **1.** Corrente artistica sviluppatasi in Italia e poi in Europa nel sec. XVI sotto l'influenza della *maniera* dei grandi maestri del Rinascimento. (Il manierismo è caratterizzato da effetti non realistici di perfezionamento o di enfasi, dall'allungamento elegante dei corpi e a volte da una tendenza al fantastico. La corrente, che ha coinvolto anche architettura e scultura, ha fra i suoi maggiori rappresentanti Pontormo, J. Romain, il Parmigianino, Tintoretto, diversi artisti della scuola di Fontainebleau, J. Metsys, Spranger, Arcimboldo, El Greco, ecc.) **2.** *estens.* In campo artistico e letterario, mancanza di naturalezza e nell'adeguamento a modelli. **3.** PSICH. Il complesso degli atteggiamenti espressivi privi di naturalezza che, in forma patologica, sono tipici della schizofrenia.

manierista s.m. e f. [pl.m. –*sti*] (fr. *maniériste*) Artista che si ricollega al manierismo. ~ *estens.* Artista privo di naturalezza e spontaneità.

manièro s.m. (fr. *maneir*, deriv. di lat. *manēre* "rimanere, dimorare") Nel Medioevo, dimora dei feudatari minori. ~ Casa signorile in campagna.

manifattùra s.f. **1.** Insieme delle operazioni mediante le quali una materia prima diventa un manufatto. SIN.: **lavorazione. 2.** Stabilimento industriale che realizza prodotti manifatturieri.

manifatturière s.m. [f. –*ra*] Chi possiede una manifattura. ~ Dipendente di una manifattura.

manifatturièro agg. Che riguarda la manifattura, che è tipico di essa. *Produzione manifatturiera.*

manifestaménte avv. In modo manifesto.

manifestànte s.m. e f. Persona che prende parte a una manifestazione, spec. di protesta. SIN.: **dimostrante.**

manifestàre v.tr. (lat. *manifestāre* "rendere palese") Esprimere le proprie sensazioni, le proprie idee. *Manifestare la propria gioia.* ~ Mostrare, esternare. *Manifestare il proprio coraggio.* ◆ v.intr. (aus. *avere*) Partecipare a una manifestazione pubblica. *Manifestare per la pace.* ◆ **manifestarsi** v.pron. Riferito a situazioni, eventi o stati d'animo, mostrarsi, apparire. *La malattia si manifesta improvvisamente.* ~ Mostrare se stessi, farsi vedere. ~ Farsi conoscere sotto un certo aspetto, palesare la propria personalità. *Il nuovo preside si è manifestato molto intransigente.*

manifestazione s.f. **1.** Cerimonia o spettacolo pubblico. **2.** Dimostrazione pubblica. **3.** Azione, atteggiamento con cui si manifesta qlco. *Manifestazioni di affetto.*

manifestino s.m. Nel sign. del dim. di 2. *manifesto*; in partic. volantino.

1. manifèsto agg. (lat. *manifēstum*, propr. "preso per mano" poi "colto in flagrante" quindi "evidente") Che è noto, visibile a tutti. *Il suo errore è manifesto.* SIN.: **palese.**

2. manifèsto s.m. **1.** Foglio stampato di notevoli dimensioni esposto in pubblico per avvisi o pubblicità. **2.** Scritto che rende noti i principi ispiratori e il programma di un movimento politico, artistico, culturale. *Il manifesto futurista.* **3.** Documento riguardante operazioni commerciali spec. di porti, aeroporti, ecc.

maniglia s.f. [pl. –*glie*] (spagn. *manilla*, lat. *manīculam* deriv. di *mănus* "mano") **1.** Elemento applicato a porte, cassetti, sportelli per aprirli, tirarli, spostarli, chiuderli, ecc. **2.** MAR. Morsetto metallico per collegare due pezzi di catena.

manina s.f. **1.** Nel sign. del dim. di *mano*. **2.** BOT. Denominazione comune del fungo detto anche *ditola*. **3.** Disegno che riproduce una mano con il dito indice teso, usato all'interno di un testo scritto per evidenziarne un punto particolare.

maniòca s.f. [pl. –*che*] (fr. *manioc*, da una voce guaranì) Pianta tropicale la cui radice tuberosa commestibile fornisce prodotti alimentari diversi, in partic. la *tapioca*. (Genere *Manihot*; famiglia delle Euforbiacee.)

1. manipolàre s.m. Soldato romano che faceva parte di un manipolo.

2. manipolàre v.tr. **1.** Lavorare un impasto mescolando sostanze diverse. **2.** Trattare oggetti e materiali con le mani. **3.** *fig.* Condizionare qlcu. **4.** Alterare, contraffare un prodotto. *Manipolare il vino.* SIN.: **adulterare.** ~ *fig.* Falsificare dati o notizie. *Manipolare le elezioni.*

manipolatóre s.m. [f. –*trice* nelle accez. 1 e 2] **1.** Chi esegue contraffazioni. **2.** *fig.* Chi trama qualcosa a danno altrui. **3.** Denominazione di dispositivi vari per manovre a mano o per mescolare o trattare sostanze.

manipolazióne s.f. **1.** Speciale preparazione effettuata mediante il mescolamento di diverse sostanze. ~ Azione o modo di trattare un oggetto, un apparecchio. *La manipolazione degli esplosivi è pericolosa.* ◇ GENET. *Manipolazioni genetiche*: insieme delle operazioni di modifica del DNA di cellule e di microrganismi, effettuate nell'ambito dell'ingegneria genetica. **2.** *fig.* Alterazione, falsificazione di qlco. a scopo d'inganno o per trarne vantaggio. **3.** *fig.* Manovra scorretta, intrigo, imbroglio. **4.** BANC. Reato commesso da chi divulga notizie false. **5.** MED. Tecnica terapeutica medica, chirurgica, o di alcune medicine parallele, che consiste nel muovere con le mani una parte del corpo, general. un'articolazione. *Manipolazioni vertebrali.*

manipolo s.m. (lat. *manĭpulum*, propr. "ciò che riempie una mano" quindi "manciata") Unità tattica di base della legione romana, composta da due centurie (200 uomini).

maniscàlco s.m. [pl. –*chi*] (lat. *mariscàlcum*, deriv. di francone *mahrskalk* "servo addetto ai cavalli") **1.** Artigiano che ferra i cavalli. **2.** Nelle corti medievali, alto dignitario che rivestiva spesso la carica di comandante dell'esercito.

manismo s.m. (ingl. *manism*) **1.** RELIG. Culto delle anime dei morti e degli antenati. **2.** FILOS. Teoria formulata dal filosofo inglese Spencer (sec. XIX) che identifica l'origine della religione nel culto degli antenati.

manitù s.m. (solo sing.) (fr. *manitou*, di orig. algonchina) Per alcuni indiani dell'America settentrionale, la forza superiore e impersonale che regge l'universo.

mànna s.f. **1.** Cibo che, secondo il racconto biblico, cadde dal cielo sugli Ebrei che attraversavano il deserto. ◇ *fig. Aspettare la manna dal cielo*: avere un atteggiamento di apatia, di passività nei confronti di una circostanza avversa, negativa. **2.** *fig.* Cibo o bevanda molto gustosa. **3.** *fig.* Cosa utile, provvidenziale. **4.** *fig.* Grazia celeste, verità rivelata da Dio. **5.** BOT. Sostanza zuccherina che si ricava dall'incisione di alcune piante (larice, eucalipto).

mannàia s.f. (lat. *manuàriam secùrem* "scure da tenere in mano") **1.** Scure del boia. ~ *estens.* Lama della ghigliottina. **2.** Scure per tagliare la legna. **3.** Coltello da macelleria ampio e pesante. **4.** *fig.* Pericolo incombente dalle gravi conseguenze.

mannequin [/manə'kɛ̃/] s.f. inv. (voce fr., propr. "manichino") Indossatrice, modella.

mannòsio s.m. BIOCHIM. Zucchero a sei atomi di carbonio presente allo stato libero nelle bucce delle arance.

màno s.f. [pl. *mani*] **1.** Organo prensile e tattile dell'uomo posto all'estremità degli arti supe-

foglia
e frutti

radice

■ **maniòca**

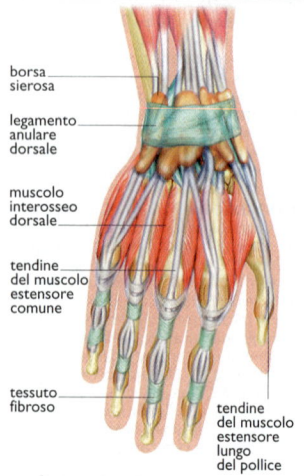

borsa
sierosa

legamento
anulare
dorsale

muscolo
interosseo
dorsale

tendine
del muscolo
estensore
comune

tessuto
fibroso

tendine
del muscolo
estensore
lungo
del pollice

■ **màno.** Veduta dorsale.

riori e formato dalle cinque dita, dal dorso, dal palmo. ◇ *figg. Con il cuore in mano:* sinceramente. – *A portata di mano:* vicino, facile da raggiungere. – *Con le mani in mano:* in ozio, senza fare nulla. – *Di prima mano:* che proviene direttamente dalla fonte. – *A mano armata:* con le armi. – *Di mano in mano:* da una persona all'altra. – *A mano a mano, man mano:* per gradi, di volta in volta, a poco a poco progressivamente. – *Avere le mani legate:* non avere la possibilità di agire. – *Dare una mano:* aiutare. – *Fare man bassa di qlco.:* impossessarsene indebitamente. – *In buone mani:* affidato a una persona capace. – *Mettere le mani su qlcu. o qlco.:* trovare, afferrare qlco. – *Mettere le mani addosso a qlcu.:* aggredirlo e malmenarlo. – *Mettere mano a un lavoro, a un'opera:* iniziarli. – *Prendere in mano qlco.:* incaricarsene. – *Avere sotto mano:* avere a disposizione. – *Tendere la mano:* offrire aiuto, presentare un'offerta di riconciliazione. – *Avere le mani in pasta:* essere coinvolto. – *Toccare con mano:* verificare di persona. – *Cambiar mano:* passare da un proprietario a un altro. – *Fare la mano a un lavoro:* diventare abile, impratichirsi. – *Forzare la mano:* esagerare. – *Avere la mano leggera:* eseguire qlco. con delicatezza. – *Avere la mano pesante:* esagerare, passare i limiti; anche, essere severo, inflessibile nei confronti di qlcu. – *Mano pubblica:* lo Stato, inteso dal punto di vista economico, come proprietario di aziende. – *Mani pulite:* onestà, pulizia morale; nel l. gior., operazioni giudiziarie per reprimere corruzione spec. nella pubblica amministrazione. – ECON. *La mano invisibile:* in base all'espressione di A. Smith, la meccanica dei prezzi che determina automaticamente il mercato della concorrenza. – *loc. prep. Per mano di:* mediante, tramite, per mezzo di una persona incaricata. **2.** *fig.* Qualità intrinseca che individua una persona. *Lo scrittore dimostra di avere una bella mano.* SIN.: **stile. 3.** Ogni copertura di vernice data su una superficie. SIN.: **passata. 4.** Nel gioco delle carte, ognuna delle distribuzioni delle carte di un mazzo. ◇ *Essere di mano:* essere il primo ad avere la possibilità di giocare. – *Passare la mano:* saltare volontariamente il proprio turno. **5.** Sulla strada, parte corrispondente a uno dei due lati. ~ Direzione del traffico. ◇ *Andare contro mano:* procedere in senso opposto a quello consentito; *fig.* avere idee, comportamenti anticonformistici.

manodòpera s.f. (spec. sing.) (calco del fr. *main-d'oeuvre*) **1.** Insieme dei lavoratori dipendenti, in partic. degli operai, di uno stabilimento, di una regione, di un paese. **2.** Costo del fattore lavoro impiegato nella produzione di un dato bene.

manometrìa s.f. (fr. *manométrie*) Misurazione delle pressioni dei fluidi.

manòmetro s.m. (comp. di gr. *manós* "poco denso" e *métron* "misura") FIS. Strumento per misurare la pressione di un fluido.

manométtere v.tr. [50] (lat. *manumĭttere*, propr. "mandare libero dalla potestà del padrone") **1.** Modificare qlco. per propria utilità. **2.** Fare violenza su qlco. **3.** Nel diritto romano, affrancare uno schiavo.

manomissióne s.f. (lat. *manumissiŏnem* "affrancamento") **1.** Alterazione indebita di qlco., spec. con fini illeciti. **2.** Nel diritto romano, liberazione di uno schiavo.

manomòrta s.f. [pl. *manimorte*] (calco del fr. *mainmorte* "possesso permanente") **1.** DIR. Condizione giuridica per cui i beni appartenenti a enti perpetui, quali chiese o conventi, non erano soggetti a imposte di successione. **2.** Nel Medioevo, istituto giuridico per cui i vassalli e i servi della gleba potevano godere di determinati beni senza disposizioni testamentarie. ~ Somma pagata per il riscatto di tali beni. ~ Diritto di successione del signore sui beni dei vassalli morti senza eredi. **3.** *Fare la manomorta:* toccare di nascosto parti del corpo di qlcu.

manòpola s.f. **1.** In una leva, un manubrio, ecc., la parte che viene impugnata. **2.** Parte della spada che protegge la mano. ~ Parte del guanto da scherma che protegge la mano. SIN.: **paramano. 3.** Guanto in cui tutte le dita sono unite, tranne il pollice. SIN.: **muffola. 4.** Striscia di stoffa o di pelliccia applicata sulla parte terminale della manica. **5.** Maniglia per sostenersi sui mezzi pubblici. **6.** Comando di regolazione girevole di un apparecchio.

manoscritto agg. Scritto a mano (in oppos. a *stampato* o *dattiloscritto*). ◆ s.m. **1.** Testo scritto a mano. **2.** FILOL. Documento scritto a mano di rilievo storico o letterario.

manovalànza s.f. **1.** L'insieme dei manovali e il loro lavoro. **2.** *estens.* L'insieme delle persone che, in una organizzazione, hanno mansioni esecutive e di scarso rilievo.

manovàle s.m. **1.** Operaio addetto a lavori manuali. – In partic. operaio che aiuta il muratore nei lavori di fatica. **2.** *estens.* (anche f.) Chi, in un'organizzazione, ha mansioni esecutive.

manovèlla s.f. Leva dotata di un'impugnatura a cui si imprime un movimento rotatorio per azionare un meccanismo. ◇ *fig. Primo giro di manovella:* inizio delle riprese di un film.

manòvra s.f. **1.** Insieme di operazioni che consentono di mettere in funzione un dispositivo. ~ Serie di movimenti per dirigere un veicolo nella direzione desiderata. **2.** MIL. Complesso di movimenti di unità militari secondo piani strategici. ◇ *Grandi manovre:* esercitazioni militari a cui partecipano grandi unità. **3.** SPORT. Nei giochi di squadra, azione organizzata. **4.** *fig.* (spec. pl.) Insieme di mezzi usati, anche segretamente, per ottenere un risultato. SIN.: **macchinazione. 5.** *estens.* Complesso delle misure di politica economica adottate dal governo in relazione alla situazione economica di uno Stato. *Manovra di bilancio.* **6.** MAR. Fune che si trova a bordo di una nave.

manovràbile agg. (calco del fr. *manoeuvrable*) **1.** Che si può manovrare, controllare. **2.** *fig.* Influenzabile, arrendevole.

manovràre v.tr. (fr. *manoeuvrer*, lat. *manuoperàre* "lavorare con la mano") **1.** Mettere in funzione un apparecchio o dirigere il movimento. ◇ MIL. *Manovrare le truppe:* disporle secondo piani strategici. **2.** *fig.* Condizionare qlcu. ◆ v.intr. (aus. *avere*) **1.** Effettuare una manovra militare. **2.** Compiere una manovra. *L'aereo sta manovrando per atterrare.* **3.** *fig.* Agire nascostamente per i propri fini.

manovratóre agg. [f. *–trice*] (calco del fr. *manoeuvreur*) Che effettua una o più manovre. ◆ s.m. (anche f.) Chi manovra qlco. SIN.: **conducente.**

manovrìna s.f. Manovra economica reputata non particolarmente gravosa per il cittadino.

manrovèscio s.m. [pl. *–sci*] Schiaffo dato con il dorso della mano. ~ Nella scherma, colpo di sciabola inferto da sinistra a destra.

mansàrda s.f. (fr. *mansarde*, dal nome dell'architetto F. *Mansart*) **1.** Abitazione ricavata nel sottotetto. **2.** ARCH. Forma di tetto a due falde di diversa pendenza.

mansióne s.f. (lat. *mansiŏnem*, propr. "luogo di sosta" poi "dimora") **1.** Ciò che si deve compiere quando si ricopre una funzione. **2.** (spec. pl.) Complesso dei doveri e delle attività che deve si trova a svolgere chi fa una determinata professione.

mansuèto agg. (lat. *mansuĕtum*, deriv. di *mansuēscere* "abituare alla mano") **1.** Di animale, che non è aggressivo. **2.** *estens.* Di persona, molto paziente, remissivo.

mansuetùdine s.f. Mitezza, dolcezza.

mànta s.f. (spagn. d'America *manta* "mantello" per la sua forma) **1.** Pesce marino di forma romboidale che vive sul fondo dei mari tropicali e si nutre di plancton. (Larghezza 5 m, peso 1000 kg; genere *Mobula*, famiglia dei Mobulidi.) **2.** ZOOL. (iniziale maiusc.) Genere di pesci cartilaginei a cui appartiene la manta.

mantecàre v.tr. [4] **1.** Amalgamare sostanze grasse in modo da ottenere un impasto omogeneo. **2.** CUC. Lavorare vari ingredienti in modo da formare un composto ben amalgamato e cremoso.

mantecàto agg. Di vivande sottoposte al trattamento del mantecare. *Riso mantecato.* ◆ s.m. Particolare gelato molle servito in bicchieri.

mantèlla s.f. Mantello, spec. femminile o da uniforme militare.

mantellétta s.f. Nel sign. del dim. di *mantella*; in partic. mantello corto che avvolge spalle, schiena e petto, tipico di certe divise.

mantellìna s.f. **1.** Nel sign. del dim. di *mantella*; in partic. impermeabile leggero. **2.** Mantella corta di certe uniformi.

mantèllo s.m. [pl.m. *mantelli*] (lat. *mantĕllum* "velo") **1.** Indumento costituito da un drappo senza maniche che si poggia sulle spalle. **2.** Elemento che ricopre uniformemente una superficie. SIN.: **coltre. 3.** Pelame che ricopre molti mammiferi. ~ Nei molluschi, piega cutanea che secerne la conchiglia. **4.** GEOL. Strato intermedio tra la crosta terrestre e il nucleo. **5.** TECN. Ciò che ricopre o protegge le cose sottostanti.

mantenére v.tr. [61] (lat. *mănu tenère* "tenere con la mano") **1.** Conservare qlco., farlo durare. *Mantenere la disciplina.* ◇ *Mantenere qlcu. in vita:* non farlo morire. **2.** Difendere. *Mantenere il dominio.* **3.** Conservare qlco. con determinate proprietà. *Il gelo mantiene gli alimenti incorrotti.* **4.** Tenere fede a una promessa. ◇ *Mantenere un segreto:* non rivelarlo. **5.** Sostenere qlcu. economicamente. *Mantenere una famiglia.* ◆ **mantenersi** v.pron. **1.** Procurarsi il necessario per vivere. **2.** Rimanere in un certo modo, in una determinata situazione. *Il nonno si mantiene giovane.*

mantenimènto s.m. **1.** Conservazione di qlco. **2.** Rispetto, osservanza. **3.** Sostentamento, sostegno. ◇ DIR. *Dovere di mantenimento:* obbligo di assistenza materiale di chi è legato da un vincolo di affinità, parentela o adozione a una persona che non può provvedere alla propria sussistenza.

mantenùto s.m. [f. *–ta*] Chi vive alle spalle di un altro.

màntica s.f. [pl. *–che*] Arte divinatoria.

màntice s.m. (lat. *mantĭcem* "bisacce") **1.** Strumento che produce aria per alimentare il fuoco. **2.** Capote a soffietto alzabile e abbassabile, caratteristica delle carrozze e delle vecchie automobili. **3.** Copertura a fisarmonica della passerella che collega le vetture di un treno o di un altro mezzo autosnodato.

màntide s.f. (lat. *Mantis*, gr. *mántis* "indovino" perché la disposizione delle zampe suggerisce un atteggiamento di preghiera) **1.** Insetto carnivoro con testa triangolare mobile e corpo lungo e sottile, detto anche *mantide religiosa* perché tiene congiunte le zampe anteriori mentre aspetta la preda. (Lunghezza 5 cm; ordine dei Mantoidei.) **2.** ZOOL. (iniziale maiusc.) Genere di insetti a cui appartiene la mantide. **3.** *fig.* Di donna, cacciatrice di uomini.

Màntidi s.m. pl. ZOOL. Famiglia di insetti che comprende parecchie centinaia di specie diffuse nelle regioni calde. (Ordine degli Mantoidei.)

mantìglia s.f. [pl. *–glie*] (spagn. *mantilla*, deriv. di *manta* "coperta") Lunga sciarpa di pizzo che le donne spagnole portano sulla testa o sulle spalle. ~ *estens.* Scialle.

mantìssa s.f. (lat. *mantissam* "aggiunta") MAT. Parte decimale di un numero reale positivo o di un logaritmo. ◇ *Mantissa di un numero reale x:* è il numero *x* - [*x*], dove [*x*] (detto *parte intera di x*) è il massimo intero minore o uguale a *x*. [La mantissa di un numero è sempre positiva e compresa tra 0 e 1; p.e., la mantissa di -1,534 (uguale a -2+0,466) è 0,466.]

mànto s.m. **1.** Ampio mantello indossato da personalità importanti in circostanze solenni. **2.** *estens.* Ciò che riveste una superficie. *Manto stradale.* **3.** *fig.* Ciò che consente un riparo.

Mantoidèi s.m. pl. [iniziale minusc. sing. *–o* per l'individuo] (dal nome del genere *Mantis* "mantide") ZOOL. Ordine di insetti dalla metamorfosi incompleta (p.e. blatta e mantide religiosa) che hanno ali anteriori semirigide e ali posteriori membranose.

mantovàna s.f. (così chiamata perché originaria di *Mantova*) **1.** Finitura di legno o metallo sul bordo dello spiovente dei tetti. **2.** Striscia di stoffa che copre il bordo superiore delle tende.

màntra s.m. (voce sanscr., propr. "strumento del pensiero") Nell'induismo, formula dotata di un potere spirituale.

1. manuàle agg. Eseguito a mano (in oppos. a *intellettuale*). ◆ s.m. Tastiera dell'organo suonata con le mani (in oppos. a *pedale*).

2. manuàle s.m. Libro che espone le nozioni essenziali di un'arte, di una scienza, di una disciplina, ecc. ◇ *Da manuale:* eseguito alla perfezione.

manualìstica s.f. [pl. *–che*] Complesso delle pubblicazioni e dei libri in forma di manuale.

manualìstico agg. [pl.m. *–ci*, f. *–che*] Di, da manuale. ~ *estens.* Poco approfondito, nozionistico.

manualità s.f. inv. Caratteristica manuale di un lavoro. ~ Abilità nell'uso delle mani.

manualménte avv. A mano, con le mani.

manùbrio s.m. [pl. *–bri*] **1.** Tubo di metallo a due impugnature per manovrare una bicicletta, una motocicletta, ecc. **2.** Oggetto che assomiglia a un manubrio. **3.** SPORT. Nel sollevamento pesi, strumento formato da due sfere di peso variabile collegate da un'asta centrale. **4.** ZOOL. Nelle meduse, prolungamento a forma di manico presente nella parte centrale sotto l'ombrello, su cui si trova la bocca.

manufacturing [/mænjuˈfæktʃərɪŋ/] s.m. inv. (voce ingl. "fabbricazione") ECON. Produzione e trasformazione industriale.

manufàtto agg. Fatto a mano o con arnesi manuali. ◆ s.m. Oggetto lavorato a mano. ~ COSTR. *estens.* Opera in muratura.

mànu militàri loc. avv. (loc. lat., propr. "a mano armata") Con uso delle armi o per mezzo di soldati. ~ *estens.* Di forza.

manutenzióne s.f. **1.** Insieme delle operazioni per mantenere un sistema, un apparecchio in buono stato o per restituirgli caratteristiche di funzionamento precise. ~ Servizio di un'impresa incaricata di mantenere in funzione e riparare attrezzature e materiali. **2.** DIR. Azione per cercare di mantenere il possesso o l'uso di un immobile o un complesso di beni mobili seguendo una procedura legale per contrastare chi contestava tale possesso.

manzanìglio s.m. [pl. *–gli*] (spagn. *manzanillo*) **1.** Albero originario delle Antille e dell'America equatoriale. (Genere *Hippomane*; famiglia

delle Euforbiacee.) **2.** Frutto di tale albero, simile a una mela, considerato commestibile.

manzanìlla [/manθaˈniʎʎa/] s.f. inv. (voce spagn., propr. "camomilla" forse per il suo colore) Vino bianco secco, di colore giallo chiaro, simile allo sherry, tipico dell'Andalusia.

mànzo s.m. Bovino maschio, castrato, di età tra uno e quattro anni. ~ *estens.* Carne di quest'animale.

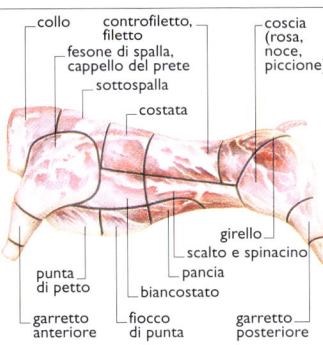

■ **mànzo** (principali tagli).

Labels on figure: collo — controfiletto, filetto — fesone di spalla, cappello del prete — sottospalla — costata — coscia (rosa, noce, piccione) — girello — scalto e spinacino — pancia — biancostato — punta di petto — garretto anteriore — fiocco di punta — garretto posteriore

maoìsmo s.m. Dottrina di stampo marxista elaborata dal cinese Mao Ze-Dong.

maònia s.f. Arbusto originario dell'America settentrionale, con foglie spinose, fiori gialli e bacche blu, spesso coltivato nei parchi. (Altezza 1-2 m; famiglia delle Berberidacee.)

maòri agg. inv. (da una voce indigena della Nuova Zelanda) Che appartiene o è relativo al popolo autoctono della Nuova Zelanda di razza polinesiana. ◆ s.m. inv. **1.** (anche f.) Chi appartiene al popolo maori. **2.** (solo sing.) Lingua polinesiana parlata da tale popolo.

màpo s.m. inv. (comp. di *ma-ndarino* e *po-mpelmo*) Frutto, nato dall'incrocio del mandarino col pompelmo, con buccia sottile verde e polpa arancio chiaro ricca di succo.

1. màppa s.f. (lat. *mặppam* "tovagliolo") **1.** Rappresentazione grafica in dettaglio di una zona di terreno. ◇ *Mappa catastale:* in cui sono riportati i confini delle proprietà fondiarie e il valore fiscale delle stesse proprietà. **2.** *fig.* Descrizione dettagliata di una determinata realtà frutto di precise ricerche. *La mappa della povertà.* **3.** GENET. *Mappa genetica:* descrizione della posizione dei geni conosciuti sui cromosomi di una specie e della loro distanza reciproca.

2. màppa s.f. (lig. *mappa* "bandella") Pezzo sagomato di una chiave con cui si aziona la serratura.

mappamóndo s.m. (lat. *mặppam mùndi* "carta del mondo") **1.** Carta che rappresenta la sfera terrestre divisa in due emisferi. SIN.: planisfero. **2.** Sfera che rappresenta il globo terrestre.

mappàre v.tr. (ingl. *to map*) **1.** GENET. Localizzare un gene in un cromosoma. **2.** CARTOGR. Rilevare dati e riportarli su mappa.

mappatùra s.f. **1.** CARTOGR. Insieme delle operazioni volte a localizzare e descrivere su una mappa fenomeni e caratteristiche di una zona geografica. **2.** GENET. *Mappatura del genoma:* insieme delle operazioni di localizzazione e isolamento dei cromosomi o dei geni.

maquette [/maˈkɛt/] s.f. [pl. *maquettes*] (voce fr. "abbozzo") **1.** Plastico, modello. **2.** Impaginazione tipografica. **3.** Bozza, realizzazione grafica di un annuncio pubblicitario.

maquillage [/makiˈjaʒ/] s.m. inv. (voce fr., deriv. di *maquiller* "truccare") **1.** Trucco o trattamento di bellezza del volto mediante cosmetici. **2.** *estens.* Intervento di abbellimento solo esteriore su una struttura organizzata (p.e. un'azienda).

maquis [/maˈki/] s.m. inv. (voce fr., propr. "macchie") **1.** Nella seconda guerra mondiale, l'organizzazione della resistenza francese contro l'occupazione tedesca e i collaborazionisti. **2.** Chi militò in tale organizzazione.

1. marabù s.m. inv. (fr. *marabout* "marabutto" per il suo portamento serio e dignitoso) Grande cicogna delle regioni calde asiatiche e africane, con becco forte e spesso, senza penne su testa e collo, che si nutre di piccoli animali e carogne. (Apertura alare oltre 3 m; genere *Leptoptilos*, famiglia dei Ciconidi.)

2. marabù s.m. inv. (così chiamato per la somiglianza con le piume dell'uccello dallo stesso nome) Tessuto fabbricato con seta greggia.

■ **marabù**

marabùtto o **marabùto** s.m. [pl. *–ti*] (fr. *marabout*, ar. *murâbit* "addetto alla guardia di un posto di frontiera" poi "eremita") **1.** Nell'Islam, combattente della guerra santa contro gli infedeli; detto anche *marabut.* **2.** *estens.* Eremita, asceta musulmano. ~ Tomba in cui è sepolto.

maraca [/maˈraka/] s.f. [pl. *maracas*] (voce spagn.) Strumento consistente in due sfere di legno o di metallo o in due zucche vuote dotate di un manico e contenenti sassolini o semi secchi, da agitare ritmicamente.

marachèlla s.f. (ebr. *maraggēl* "esploratore, spia") Azione illecita ma non grave, fatta di nascosto, ma senza cattiveria o malignità spec. da bambini.

maracuja [/makuˈʒa/] s.f. [pl. *maracujas*] (voce spagn. d'America di orig. tupi) Frutto a forma di bacca rotonda tipico dell'America tropicale.

maragià s.m. inv. → maharajah.

maraging [/ˈmɑːˌreɪdʒɪŋ/] agg. inv. (voce ingl.) Di trattamento termico per produrre l'acciaio maraging.

maramàldo s.m. (dal nome del feroce capitano di ventura F. *Maramaldo* che nella battaglia di Gavinana finì con la propria spada F. Ferrucci già morente) Persona perfida e vile che infierisce sui deboli e sui vinti.

Marànta s.f. (dal nome del botanico B. *Maranta*) BOT. Genere di piante monocotiledoni delle regioni tropicali, coltivate per la radice da cui si estrae una fecola (*arrow-root*) ricca di amido. (Famiglia delle Marantacee.)

Marantàcee s.f. pl. [iniziale minusc. sing. *–a* per l'individuo] (dal nome del botanico B. *Maranta*) BOT. Famiglia di piante erbacee con fiori riuniti in infiorescenze, foglie con picciolo corto, tipiche delle zone tropicali dell'America meridionale. (Ordine delle Scitaminee.)

maràsca o **amaràsca** s.f. [pl. *–sche*] Ciliegia frutto del marasco, scura, poco carnosa e asprigna, con cui si ottiene il maraschino.

maraschino s.m. Liquore tipico della Dalmazia ricavato dalla distillazione delle marasche.

maràsco o **amaràsco** s.m. [pl. *–schi*] Ciliegio selvatico, il cui legno è apprezzato in ebanisteria. (Altezza 25 m ca.; nome sc. *Prunus cerasus marasca*, famiglia delle Rosacee.)

■ **màntide** religiosa.

Labels: foglie e fiori — foglie e frutti

■ **maràsco** in fiore.

maràsma s.m. [pl. *–smi*] (fr. *marasme*, gr. *marasmós* deriv. di *maránein* "consumare") **1.** MED. Decadimento progressivo delle funzioni dell'organismo dovuto a malattie o anzianità. SIN: **cachessia**. **2.** *fig.* Rallentamento sensibile o sospensione dell'attività economica, commerciale, politica.

Maràsmio s.m. (lat. *Marasmius*, deriv. di gr. *marasmós* "consunzione" perché il cappello si secca ma non marcisce) BOT. Genere di funghi a gambo coriaceo, di cui una specie è nota come *gambasecca*. (Famiglia delle Agaricacee.)

maràsso s.m. Vipera dalla testa arrotondata, diffusa nell'Italia settentrionale, dal morso pericoloso. (Lunghezza 70 cm; nome sc. *Vipera berus*, famiglia dei Viperidi.)

maratóna s.f. (dal nome della località dove gli Ateniesi sconfissero i Persiani nel 490 a.C. e da cui il messaggero Filippide corse fino ad Atene e, annunciata alla città la vittoria, morì per l'estremo sforzo) **1.** SPORT. Corsa a piedi di gran fondo (42,195 km) che costituisce una disciplina olimpica. ◇ *Mezza maratona*: corsa con percorso di 21 km. **2.** *estens.* Gara di resistenza in vari campi. *Maratona di ballo*. **3.** *estens.* Corsa o camminata lunga e faticosa. **4.** *fig.* Attività lunga e difficile, che mette a dura prova la resistenza dei partecipanti. *Una maratona parlamentare*.

maratonèta s.m. e f. [pl.m. *–ti*] Corridore di maratona.

maràtto s.m. **1.** [f. *–ta*] Chi appartiene alla popolazione indiana dei Maratti. **2.** (solo sing.) Lingua indoaria parlata dai Maratti, nello Stato di Maharashtra (India sud-occidentale). ❑ In funzione di agg., nell'accez. 1 del s.

maravedì s.m. inv. (ar. *maràbiṭi* "degli Almoravidi" nome della dinastia araba che coniò tale moneta) Valuta in oro o argento coniata in Spagna alla fine del Medioevo, detta anche *maravedino*.

1. màrca s.f. [pl. *–che*] **1.** Segno impresso su un oggetto per indicarne la proprietà, il luogo, la ditta di fabbricazione o altre caratteristiche. **2.** *estens.* La fabbrica o l'azienda produttrice identificata dal suo marchio. ◇ *Di marca*: di prodotto fabbricato da una ditta il cui marchio è conosciuto. **3.** DIR. Tagliando simile a un francobollo che attesta il pagamento di una tassa, di un diritto, di un contributo. ◇ *Marca da bollo*: tagliando emesso dallo Stato da applicarsi su documenti per comprovare l'avvenuto pagamento di una tassa. **4.** Contrassegno rilasciato per ritirare qlco. lasciato in deposito. SIN: **contromarca**. **5.** *fig.* Impronta, segno distintivo, caratteristico. *Una reazione di marca fascista*. **6.** Elemento che distingue due segni linguistici essendo presente nell'uno e assente nell'altro. (I suoni *p/b* si distinguono per la presenza della marca di sonorità nella *b* e la sua assenza nella *p*.)

2. màrca s.f. [pl. *–che*] **1.** Nel Sacro Romano Impero di Carlo Magno (e in toponomastica), territorio di confine. **2.** Regione.

marcàggio s.m. [pl. *–gi*] **1.** CINE. Nelle operazioni effettuate dal tecnico del suono, inserimento dei segnali che individuano le varie parti della colonna sonora per mixarle, sincronizzarle e sceglierle. **2.** TELECOM. Operazione automatica di commutazione in cui gli impulsi di selezione sono ricevuti e trasmessi da un organo detto *marcatore*.

Marcanziàcee s.f. pl. [iniziale minusc. sing. *–a* per l'individuo] (dal nome del botanico francese N. *Marchant*) BOT. Famiglia di piante che crescono nell'umidità e si riproducono per spore o per via vegetativa. (Classe delle Epatiche.)

marcàre v.tr. [4] **1.** Bollare, segnare con un marchio. SIN: **contrassegnare**. **2.** Enfatizzare qlco., accentuarlo. *Marcare una pausa*. **3.** SPORT. Controllare un avversario per contrastarne le iniziative. **4.** SPORT. Nel calcio, fare goal. **5.** Rilevare, segnare un dato, una misura. *Marcare i punti*. **6.** CHIM. Aggiungere a una sostanza un elemento chimico per individuarne la composizione biologica.

marcassite s.f. MIN. Solfuro di ferro che cristallizza in sistema rombico.

marcatèmpo s.m. inv. **1.** INDUS. (anche f.) Addetto al controllo dei tempi di lavorazione. **2.** Apparecchio che registra la durata di un'operazione, di un fenomeno. ❑ In funzione di agg.

inv., nella loc. *orologio marcatempo*, macchina per registrare l'ora d'entrata e di uscita di un lavoratore dipendente.

marcàto agg. **1.** Che reca impresso un marchio distintivo. **2.** Accentuato, pronunciato. *Lineamenti marcati*. **3.** LING. Riferito a segno linguistico contraddistinto da una determinata marca.

marcatóre s.m. [f. *–trice* nelle accez. 1 e 2] **1.** Addetto a marcare i prodotti in una fabbrica. **2.** SPORT. Giocatore che segna un goal, una meta, un canestro. **3.** Sostanza che rivela una condizione fisiologica o uno stato patologico. **4.** INFORM. Contrassegno che consente di richiamare parti di testo. SIN.: **tag**. **5.** TELECOM. Organo che effettua il marcaggio.

marcatùra s.f. **1.** Apposizione o presenza di un marchio. **2.** SPORT. Controllo dell'avversario.

marcescènte agg. **1.** Che marcisce. **2.** BOT. Di foglia, calice, ecc. che appassisce senza staccarsi dalla pianta.

marchesàna s.f. Anello lungo che copre quasi tutto il dito.

marchesàto s.m. **1.** Titolo, dignità di marchese. **2.** Territorio sottoposto alla giurisdizione di un marchese.

marchése s.m. **1.** ST. Nel Medioevo, signore preposto alla guardia di una marca territoriale. **2.** Titolo nobiliare tra duca e conte.

marchétta s.f. **1.** Marca assicurativa e previdenziale per libretti di lavoro. **2.** Nelle case di tolleranza, gettone che veniva dato alle prostitute per ogni prestazione. ~ *estens.* Donna o uomo che si prostituisce. ~ La prostituzione stessa e il relativo guadagno.

marchiàno agg. (dal nome della *Marca* di Ancona) Madornale, spropositato. *Errore marchiano*.

marchiàre v.tr. [6] (fr. *merchier*) **1.** Segnare qlco. con un marchio. **2.** *fig.* Coprire qlcu. di disprezzo.

marchiatùra s.f. Apposizione di un marchio. ~ Impressione di un contrassegno.

marchingégno s.m. (voce merid.) **1.** Dispositivo, congegno di struttura e funzionamento piuttosto complicati, spesso di dubbia utilità. **2.** *fig.* Espediente complicato ma efficace.

màrchio s.m. [pl. *–chi*] **1.** Segno di riconoscimento impresso in modo indelebile su animali domestici per indicarne l'appartenenza, la provenienza, ecc. **2.** COMM. Emblema o denominazione destinati a distinguere le merci o altri prodotti di una data impresa. ◇ *Marchio di fabbrica*: quello apposto su prodotti di un'impresa industriale. – *Marchio di qualità*: tipo di marchio collettivo apposto su prodotti sottoposti a determinati controlli per accertarne la qualità. – DIR. *Marchio registrato*: quello depositato, tutelato dalla legge per evitare imitazioni o contraffazioni. **3.** Piccola incisione impressa sulle leghe preziose o su pesi e misure. **4.** Segno che un tempo si stampava a fuoco sulle spalle o sulla fronte di delinquenti, omicidi, ecc. **5.** *fig.* Segno distintivo. ~ Accusa infamante.

màrcia s.f. [pl. *–ce*] (fr. *marche* "traccia" di animale o uomo) **1.** Modo di camminare con passo cadenzato e uniforme. ~ Spostamento di reparti militari. ~ Determinazione di distanza valutata secondo il tempo che impiega un uomo a percorrerla a piedi. **2.** *estens.* Movimento più o meno ordinato di molte persone verso un luogo determinato. SIN.: **corteo**. **3.** Movimento di un veicolo, di un impianto, di un meccanismo. **4.** Rapporto di trasmissione dei veicoli a motore. ~ Velocità o senso del movimento indotto dal cambio. ◇ *Fare marcia indietro*: arretrare; *fig.* rinunciare. **5.** SPORT. Specialità dell'atletica leggera che esige un passo ritmico con uno dei due piedi sempre posato a terra. ~ Gara, per lo più non competitiva, senza obbligo di un passo particolare. **6.** MUS. Composizione, spec. per banda, di ritmo binario accentuatamente cadenzato. ~ Pezzo musicale adatto ad accompagnare un corteo, spec. militare.

marcialónga s.f. [pl. *marcelonghe*] **1.** SPORT. Competizione sciistica di fondo. **2.** *estens.* Gara podistica a grande partecipazione popolare e atletica.

marciapiède s.m. (fr. *marchepied*, orig. "tappeto") **1.** Parte laterale di una via, sopraelevata rispetto alla carreggiata, riservata ai pedoni. ◇ *fig. Battere il marciapiede*: esercitare la prostituzione. **2.** Nelle stazioni, banchina di transito posta lungo il binario. **3.** MAR. Nei velieri, cavo pendente dai pennoni sorretto da staffe per l'appoggio del piede dei marinai quando devono manovrare alle vele.

marciàre v.intr. [5] (aus. *avere*) (fr. *marcher* "calpestare") **1.** Avanzare verso un luogo. **2.** Camminare in formazione e a passo cadenzato. ~ Sfilare, riferito spec. a militari, bande, cortei. **3.** Andare, procedere. *Una colonna d'automobili che marcia lentamente*. **4.** Funzionare. *Questo orologio marcia con perfetta regolarità*. ~ *fig.* Avere buon esito.

marciatóre s.m. [f. *–trice*] **1.** Partecipante a una marcia. ~ *estens.* Buon camminatore. **2.** Atleta specialista della marcia.

màrcio agg. [pl.m. *–ci*, f. *–ce*] **1.** Putrefatto, in decomposizione. **2.** *estens.* Fradicio, deteriorato per l'umidità. *Muro marcio*. **3.** Riferito a parte del corpo, guasto per suppurazione. *Dente marcio*. **4.** *fig.* Che ha perduto la dignità. **5.** *spreg.* Funge da rafforzativo con valore negativo. *Essere ubriaco marcio*. ◆ s.m. (solo sing.) **1.** Parte marcia di qlco. **2.** *fig.* Corruzione morale, malcostume.

marcìre v.intr. [83] (aus. *essere*) **1.** Diventare marcio. **2.** Restare troppo a lungo in una situazione, in un luogo penosi. *Marcire in prigione*.

marcìta s.f. (voce lomb.) **1.** AGR. Terreno prativo naturale caratterizzato da abbondante umidità ed erbe grasse. **2.** Prato irrigato in permanenza per consentire all'erba da foraggio di crescere anche nei mesi invernali.

marcitóio s.m. [pl. *–toi*] Nelle cartiere, ampia vasca in cui si fanno macerare gli stracci.

marcìume s.m. **1.** Parte marcia di qlco. ~ Insieme di cose marce. ~ Materia purulenta, pus. **2.** BOT. Malattia dei vegetali dovuta a funghi o batteri che si manifesta con degenerazione e imputridimento dei tessuti. **3.** *fig.* Decadimento, corruzione morale.

màrco s.m. [pl. *–chi*] (ted. *Mark*) **1.** Antica unità di peso per oro e argento corrispondente in Italia a 250 gr ca. **2.** Denominazione di varie monete antiche. ~ Unità monetaria di Germania e Finlandia prima dell'avvento dell'euro (1 gennaio 2002).

marcofilìa s.f. FILAT. Collezionismo di marche da bollo.

marconìsta s.m. e f. [pl.m. *–sti*] Addetto alle radiocomunicazioni, radiotelegrafista.

marconiterapìa s.f. (comp. dal nome dello scienziato G. *Marconi* e *terapia*) MED. Terapia che consiste nell'applicare sul corpo del paziente onde elettromagnetiche corte che generano calore nei tessuti.

màre s.m. **1.** Vasta distesa di acqua salata che ricopre gran parte della superficie terrestre. ~ Qualsiasi zona specifica di queste acque. *Mar Rosso*. ◇ *Mare grosso*: molto agitato. – *Mal di mare*:

■ **màrcia.** Il portoghese José Urbano nella 20 km di marcia.

nausea, vomito provocati dalla navigazione. – *Via mare:* usando imbarcazioni o navi come mezzo di trasporto. – DIR. *Mare territoriale:* la fascia di mare che costeggia uno stato e che ricade sotto la sua giurisdizione (in oppos. a *mare libero).* – *Mare chiuso:* non collegato all'oceano a causa di particolari mutamenti geologici. **2.** *estens.* Ampia zona pianeggiante. **3.** *fig.* Grande quantità. *Un mare di guai.* **4.** ASTR. Pianura della superficie lunare.

marèa s.f. (fr. *marée*) **1.** GEOGR. Movimento periodico dell'acqua del mare che si alza e si abbassa per l'attrazione esercitata dalla Luna e, in parte, dal Sole. ◇ *Alta marea:* massima altezza del livello del mare durante la marea. – *Bassa marea:* altezza minima del livello del mare durante la marea. **2.** *estens.* Grande massa fluida o molle, spec. in movimento. **3.** *fig.* Grande quantità di cose o persone. *Una marea di gente.*
ENCICL. Pur derivando da un meccanismo teorico piuttosto semplice, le maree si manifestano in maniera molto complessa e variabile. Il loro andamento e la loro ampiezza sono infatti legati tanto alla posizione relativa di Terra, Sole e Luna, diversa ogni giorno, quanto alle irregolarità della costa e alla profondità dei bacini oceanici. In generale il fenomeno delle maree, che assume carattere periodico in ogni luogo per l'interazione tra la rotazione della Terra e il movimento orbitale della Luna, si può considerare come la sovrapposizione di un elevato numero di onde e può essere, a seconda dei luoghi, di tipo *diurno* (un'alta e una bassa marea ogni 24 ore e 50 minuti), *semidiurno* (due alte e due basse maree ogni 24 ore e 50 minuti) o *misto* (tipo semidiurno che presenta differenze fra le altezze di maree successive). Mentre nei mari chiusi le maree sono pressoché nulle, sulle rive costeggiate da una vasta zona continentale possono essere molto alte: fino a 16,2 m nella baia di Fundy, in Canada, e 13 m ca. nella baia di Mont-Saint-Michel, in Francia.

mareggiàta s.f. MAR. Tempesta, moto violento del mare con vento forte, che si verifica lungo la costa.

màre màgnum loc. sost. m. inv. (loc. lat., propr. "mare grande") Quantità grande e disordinata. ~ Gran confusione.

maremòto s.m. GEOGR. Movimento di enormi onde marine che possono raggiungere i 20-30 m d'altezza, causato da un sisma, da un'eruzione vulcanica subacquea o da una tempesta.

marèna s.f. (ted. *Marana,* slavo *morje* "mare") Pesce osseo con corpo allungato e stretto, pinna dorsale molto sviluppata e pinna caudale incisa in profondità, che vive nelle acque dolci.

maréngo s.m. [pl. *–ghi*] Moneta d'oro da venti franchi fatta coniare da Napoleone dopo la vittoria nella battaglia di Marengo.

mareògrafo s.m. (fr. *maréographe*) Apparecchio che registra le variazioni del livello del mare.

mareomotóre agg. Che utilizza l'energia idraulica delle maree.

marescìalla s.f. **1.** Moglie di un maresciallo di corte. **2.** *scherz.* Moglie di un maresciallo sottufficiale dell'esercito. **3.** *estens.* Donna dal carattere burbero e quasi militaresco.

marescìallo s.m. (fr. *maréchal* "ufficiale incaricato della cura dei cavalli") **1.** In diversi paesi, il grado più elevato della gerarchia militare. ~ In Italia, grado supremo nella gerarchia militare dei sottufficiali. **2.** Nel Medioevo, dignitario addetto alle scuderie del re.

marétta s.f. **1.** Leggero sommovimento marino con formazione di onde piccole e corte per l'azione del vento. **2.** *fig.* Situazione caratterizzata da conflittualità, agitazione, nervosismo.

marezzàre v.tr. (etim. discussa, forse gr. *marmarízen* "splendere") Colorare qlco. con striature a imitazione del legno o del marmo.

marezzàto agg. Che presenta striature. ~ Detto del pelame di animale che presenta chiazze di diverso colore rispetto al fondo uniforme. *Mantello marezzato.*

marézzo s.m. **1.** Insieme di striature fitte, irregolari e di colori vari rispetto al fondo, presenti sul legno o sul marmo. **2.** Striatura prodotta artificialmente su tessuti, lastre metalliche, ecc. **3.** Pittura o intonaco striati imitanti il legno o il marmo.

margarina s.f. (fr. *margarine,* dal gr. *márgaron* "perla") Emulsione solida a base di grassi vegetali o animali usata come surrogato del burro.

margherita s.f. (lat. *margarĭtam,* gr. *margārẽs* "perla, fiore") **1.** Pianta erbacea le cui infiorescenze formano grandi capolini di fiori centrali gialli e fiori periferici a linguetta bianchi o gialli. (Nome comune di numerose specie della famiglia delle Composite, spec. del genere *Leucanthemum.*) **2.** (al pl.) Piccole perle colorate di bigiotteria. **3.** Componente di scrittura per macchine da scrivere o stampanti, di forma simile a una margherita. ◻ In funzione di agg., usato in alcune locc. ◇ *Pasta margherita:* base per dolci da farcire costituita da un impasto di farina, burro, uova e zucchero. – *Pizza margherita:* con mozzarella, pomodoro e origano.

■ margherìta

margheritina s.f. **1.** Nel sign. del dim. di *margherita.* **2.** Pianta erbacea con piccoli capolini di fiori tubulari gialli con linguette bianche o rosate, comune in Europa e in Asia occidentale. (Nome sc. *Bellis perennis;* famiglia delle Composite.) SIN.: **pratolina. 3.** (al pl.) Perline di vari colori.

marginàle agg. **1.** Che si trova sul margine o ai margini. ~ Posto ai margini della società, emarginato. **2.** *estens.* Che ha valore, ruolo secondario. **3.** ECON. Si usa per indicare la modifica che subisce una grandezza a fronte di una variazione (in su o in giù) infinitesimale di un'altra. ◇ *Impresa marginale:* quella la cui struttura dei costi è tale da non consentire la prosecuzione dell'attività in caso di una diminuzione anche minima dei prezzi del prodotto. ◆ s.m. e f. Emarginato.

marginalìsmo s.m. ECON. Particolare metodo di analisi che consiste nell'individuare le scelte ottimali da parte di tutti gli operatori economici mediante il confronto tra beneficio e costi marginali derivanti dal cambiamento di una data scelta. ~ Teoria economica nata alla fine dell'Ottocento secondo la quale il valore di un bene è determinato dalla struttura delle preferenze del consumatore e, in partic., dall'utilità marginale piuttosto che dalla quantità di lavoro richiesto per la sua produzione, come ritenevano gli economisti classici.

marginalità s.f. inv. **1.** Carattere, stato di persona o cosa marginali. **2.** SOCIOL. Posizione di emarginazione.

marginalizzàre v.tr. Porre qlcu. o qlco. ai margini, in disparte. SIN.: **emarginare.**

marginalizzazióne s.f. Emarginazione politica, sociale, ecc. rispetto a ruoli, questioni, aspetti di primaria importanza.

marginalménte avv. **1.** In margine, ai margini. **2.** In modo marginale.

marginàre v.tr. STAM. Impostare i margini.

marginatóre s.m. **1.** Dispositivo che ha la funzione di fissare i margini laterali di una pagina, un foglio, ecc. **2.** STAM. Squadra che serve, nella composizione a piombo, a marginare la pagina.

marginatùra s.f. **1.** Operazione con cui si delimitano i margini. **2.** STAM. Insieme dei lingotti di piombo usati per ottenere i margini di una composizione a caldo.

màrgine s.m. **1.** Estremità di una superficie. **2.** *fig.* (spec. pl.) Limite, zona estrema, di confine. **3.** Zona bianca non occupata dalla scrittura ai quattro lati di un foglio. ~ Nel l. bur., zona del documento riservata alle annotazioni. ◇ *In margine:* secondariamente, marginalmente. – *loc. prep. In margine a:* ai bordi, sull'orlo. *Mettere le note in margine alla pagina; fig.* in merito a, spec. nel l. bur. *In margine a quanto evidenziato.* **4.** *fig.* Quantità superiore allo stretto necessario. ~ Differenza considerata rispetto a un valore di riferimento. *Prevedere un certo margine d'errore.* ◇ *Con largo, ampio margine:* con notevole vantaggio. – *Margine di contribuzione:* differenza tra i ricavi di un singolo prodotto e i costi variabili a esso direttamente attribuibili. **5.** STAM. Ogni lingotto di piombo che viene utilizzato per la marginatura.

margòtta s.f. (fr. *margotte,* deriv. di lat. *mĕrgus* "tralcio") **1.** Sistema di riproduzione artificiale delle piante consistente nel praticare piccole incisioni su un ramo della pianta madre, ricoprendole poi di terra umida fino al momento in cui si sviluppino le radici. **2.** *estens.* Ramo preparato in tale modo.

margràvio s.m. [pl. *–vi*] (lat. *margràvium,* ted. *Markgraf* comp. di *Mark* "marca" e *Graf* "conte") Titolo feudale del Medioevo germanico corrispondente a quello di marchese. ~ Titolo nobiliare nel mondo germanico.

mariàno agg. Di Maria Vergine. ◇ *Mese mariano:* il mese di maggio.

marijuana [/ˈmæriˈwaːnǝ/] s.f. inv. (voce ingl. d'America di orig. spagnola) Stupefacente di origine messicana costituito dalle foglie triturate della canapa indiana (*Cannabis sativa*) consumate in forma di sigaretta o in una particolare pipa.

marina s.f. **1.** Complesso delle attività, delle attrezzature e delle persone relative alla navigazione marittima. *(v. immagine pag. succ.)* **2.** Zona di terra o di mare vicina alla riva. **3.** Riproduzione pittorica di un paesaggio marino.

marinàio s.m. [pl. *–nai*] **1.** Chi lavora abitualmente sulle navi. **2.** Militare non graduato appartenente al corpo della marina.

marinàra agg. Solo nella loc. *alla marinara,* secondo le usanze dei marinai, in relazione a vivande a base di pesce. ◆ s.f. **1.** Abito, spec. per bambini, simile all'uniforme dei marinai. **2.** Cappello di paglia con nastro di tela blu, come usavano un tempo i marinai.

marinàre v.tr. (deriv. di *marino* perché è usato anche il sale) **1.** CUC. Tenere immerso il pesce o altre vivande in una salsa a base di aceto o vino e spezie, per conservarli, insaporirli, per far frollare la carne o per togliere l'odore di selvati-

■ **marèa.** Il fenomeno delle maree.

luna nuova
(LN)

Terra

Luna

marea sigiziale
(bassa marea)

Sole

primo
quarto (PQ)

marea
delle quadrature
(bassa marea)

luna piena
(LP)

marea sigiziale
(alta marea)

ultimo
quarto
(UQ)

marea
delle quadrature
(bassa marea)

orbita della Terra

■ La marina mercantile

Le flotte commerciali hanno ormai a disposizione una gran quantità di navi specializzate per trasportare le merci: portacontainer, petroliere, cargo di minerali, di prodotti chimici, di gas, ecc. Il trasporto passeggeri si effettua tramite piroscafi (navi da crociera) o trasbordatori. Far entrare in servizio navi più veloci, dal funzionamento quasi del tutto automatizzato, permette di ridurre i costi di gestione.

Piroscafo
Splendor of the seas. Costruito nei Cantieri dell'Atlantico a Saint-Nazaire per conto di una compagnia norvegese e varato nel 1996, questo piroscafo, dotato di 11 ponti, può accogliere più di 2.000 passeggeri ed è paragonabile a un vero e proprio palazzo galleggiante.

Nave portacontainer. Stivare in grossi container una parte del carico marittimo permette di automatizzare le operazioni di carico e scarico. Le navi passano così meno tempo nei porti e possono effettuare delle rotazioni accelerate.

Petroliera e rimorchiatori. Circa 7.000 petroliere solcano i mari del globo, le più grandi cariche di circa 300.000 t di greggio. Per prevenire i rischi di inquinamento accidentale, i modelli più recenti sono stati muniti di un doppio scafo, più resistente in caso di incagliamento o abbordaggio.

---

co. **2.** *Marinare la scuola:* non andare a lezione, fare vacanza senza autorizzazione.

marinarésco agg. [pl.m. *–schi,* f. *–sche*] Di, da marinaio. ~ Relativo alla navigazione o alla vita in mare.

marinàro agg. Di mare, che riguarda il mare.

marinàta s.f. CUC. Miscuglio liquido aromatico composto da aceto, sale, spezie, ecc. nel quale si fanno macerare carni e pesci prima di cucinarli.

marinàto agg. Conservato o trattato in marinata.

marine [/məˈriːn/] s.m. [pl. *marines*] (voce ingl., deriv. di *Marine Corps* "Corpo di Marina") Soldato americano o inglese addestrato per azioni difficili e rischiose.

marineria s.f. Il complesso delle persone, delle attrezzature, delle navi della marina militare di uno stato.

marinismo s.m. Stile e gusto letterario dello scrittore G.B. Marino, caratterizzato dalla frequenza di metafore e immagini ardite.

1. marino agg. Che riguarda il mare. ◇ *Fauna, flora marina:* tipiche delle località in prossimità del mare. – *Vento marino:* che soffia da mare verso terra, ricco di umidità. – *Azzurro o blu marino:* blu scuro, come le divise dei marinai.

2. marino s.m. inv. Vino bianco secco tipico della zona di Marino sui colli Albani.

mariòlo s.m. [f. *–la*] **1.** Truffatore, persona poco onesta. **2.** *scherz.* Bambino disubbidiente, dispettoso e molto vivace.

marionétta s.f. (fr. *marionnette,* deriv. di *Ma rie* "Maria" nel sign. di "immagine della Vergine" poi "bambola") **1.** Fantoccio snodato riproducente la figura umana intera, mosso dall'alto per mezzo di fili. **2.** *fig.* Persona priva di personalità e di carattere, che si lascia manovrare dagli altri.

marisca s.f. MED. Piccola tumefazione formata da vecchi noduli emorroidali che hanno subito una trasformazione fibrosa.

maritàre v.tr. **1.** Far sposare una donna con un uomo. **2.** *fig.* Unire qlco. ad altro. ◆ **maritarsi** v.pron. **1.** Prendere marito, andare in moglie. ~ Con uso improprio, detto dell'uomo, prendere moglie. **2.** Detto di due persone, sposarsi.

marito s.m. **1.** Uomo sposato, considerato in relazione a sua moglie. ◇ *Da marito, in età da marito:* si dice di ragazza nell'età ritenuta giusta per il matrimonio. **2.** AGR. Albero che fa da sostegno alla vite.

maríttimo agg. **1.** Relativo al mare. **2.** Che avviene sul mare. ◆ s.m. Chi lavora nell'ambito della marina mercantile.

marivaudage [/marivoˈdaːʒ/] s.m. inv. (voce fr., dal nome del romanziere e autore teatrale P. *Marivaux*) **1.** TEAT. Commedia raffinata d'intreccio amoroso, come quelle di Marivaux del Settecento. **2.** *estens.* Schermaglia amorosa.

marker [/ˈmɑːkə/] s.m. inv. (voce ingl., deriv. di *to mark* "segnare") **1.** Pennarello evidenziatore. **2.** MED. Rivelatore biologico usato per ricerche o a scopo diagnostico che, fissandosi a certe cellule, le rende visibili.

marketing [/ˈmɑːkɪtɪŋ/] s.m. inv. (voce ingl., deriv. di *to market* "vendere") Indagine per conoscere le tendenze del pubblico e impostare i rapporti tra impresa e mercato. ~ L'organizzazione di vendita e di commercio dei beni e dei servizi offerti da un'azienda. ◇ *Marketing mix:* insieme delle azioni di commercializzazione e di promozione di un prodotto. – *Marketing assistant:* funzionario il cui compito è quello di svolgere ricerche e analisi di mercato. – *Marketing manager:* dirigente dell'ufficio marketing di un'azienda. – *Marketing executive:* chi ha la responsabilità di un settore dell'ufficio marketing e collabora col direttore di tale ufficio.

mark-up [/ˈmɑːˌkʌp/] s.m. inv. (voce ingl., deriv. di *to mark* "valorizzare") ECON. In regime di oligopolio, metodo di determinazione del prezzo ottenuto aggiungendo un margine di profitto al costo totale di produzione del bene.

marmàglia s.f. [pl. *–glie*] (fr. *marmaille,* forse deriv. di *marmot* "fanciullo") **1.** Insieme di gente disprezzabile e disonesta. **2.** *scherz.* Gruppo di bambini o ragazzi che fanno molto rumore e confusione.

marmellàta s.f. (port. *marmelada,* propr. "conserva di mele cotogne") **1.** Conserva di polpa di frutta cotta con zucchero. ◇ *fig. scherz. Cogliere qlcu. con le mani nella marmellata:* coglierlo sul fatto. **2.** *fig.* Nel l. gior., miscuglio sgradevole.

marmìfero agg. Contenente marmo. ~ Che riguarda l'estrazione e la lavorazione del marmo.

marmista s.m. e f. [pl.m. *–sti*] Chi scolpisce, lavora, vende il marmo.

marmìtta s.f. (fr. *marmite*) **1.** Grande pentola da cucina, in partic. quella tipica delle caser-

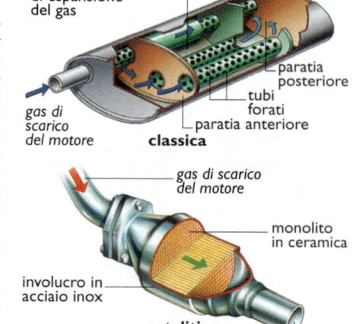

■ **marmìtta** di scarico.

me e dei collegi. **2.** AUTOM. Silenziatore posto nella parte terminale dei tubi di scappamento dei veicoli a motore. ◇ *Marmitta catalitica:* dotata di un catalizzatore disinquinante. **3.** GEOL. *Marmitta dei giganti:* cavità tondeggiante all'interno di una roccia, prodotta da acque vorticanti che trasportavano pietre.

marmittóne s.m. (fr. *marmiton*) **1.** Nel sign. dell'accr. di *marmitta.* **2.** *scherz.* Soldato timido, goffo e credulone.

màrmo s.m. **1.** Roccia calcarea dura, cristallina, a grana per lo più uniforme formata in seguito a fenomeni di metamorfismo, usata spec. come pregevole rivestimento. ~ General., ogni qualità di roccia che si può lucidare e usare per rivestimento. ◇ MIN. *Marmo verde:* roccia serpentina di vari colori, brecciata, cementata da prodotti calcarei, usata come materiale da decorazione; detta propriamente *oficalce.* **2.** Usato in diverse similitudini e locc. ◇ *Freddo come il marmo:* gelido, algido. – *Duro come il marmo:* durissimo. – *Bianco come il marmo:* bianchissimo. – figg. *Avere il cuore di marmo, essere di marmo:* essere molto insensibile e rigido. – *Diventare di marmo:* irrigidirsi. – *Restare di marmo:* stupito, meravigliato o impassibile. – *Essere inciso, scolpito nel marmo:* si dice di parola o avvenimento indimenticabile. **3.** estens. Scultura realizzata nel marmo. ~ Anche, lastra di marmo.

marmòcchio s.m. [f. *–chia,* pl.m. *–chi*] (fr. *marmot* "scimmia" poi "bambino") *scherz.* Ragazzetto, bambino.

marmoràia s.f. (lat. *marmorāriam artem* "arte di lavorare il marmo") Arte della lavorazione del marmo.

marmòreo agg. **1.** Di marmo. **2.** fig. Che sembra avere le caratteristiche del marmo. *Viso marmoreo.*

marmorizzàre v.tr. (fr. *marmoriser*) Decorare un materiale con macchie e venature che ricordano il marmo.

marmorizzàto agg. Che ha l'aspetto tipico del marmo.

marmòtta s.f. (fr. *marmotte,* di prob. orig. onom. per il rumore prodotto dall'animale mentre mangia) **1.** Mammifero con capo tozzo e zampe corte che vive nelle zone di montagna e va in letargo in inverno. (Lunghezza 50 cm; famiglia degli Sciuridi.) ◇ fig. *Dormire come una marmotta:* profondamente e a lungo. **2.** estens. Pelliccia conciata della marmotta. **3.** ZOOL. (iniziale maiusc.) Genere di roditori a cui appartengono le varie specie di marmotta. **4.** fig. fam. Persona molto pigra. **5.** FERR. Segnale di manovra. **6.** BOT. Albero simile all'albicocco. (Famiglia delle Rosacee.)

■ **marmòtta**

màrna s.f. (fr. *marne* di orig. celtica) Roccia sedimentaria calcareo-argillosa usata per concimare il terreno o per fabbricare il cemento.

marnóso agg. (fr. *marneux*) Che ha grande quantità di marna.

màro s.m. Pianta arbustiva diffusa nelle regioni mediterranee. (Famiglia delle Labiate.)

marocchinàre v.tr. Trattare la pelle di capra per ottenerne marocchino.

1. marocchino agg. Del Marocco. ◆ s.m. [f. *–na*] **1.** Nativo, abitante del Marocco. **2.** *spreg.* Epiteto dato agli extracomunitari.

2. marocchino s.m. **1.** Cuoio ricavato dalla pelle di capra con uno speciale trattamento. **2.** Tonalità di colore rosso cupo caratteristica di tale pelle.

maronita agg. [pl.m. *–ti*] (dal nome di san Giovanni *Marone*) Appartenente alla Chiesa cat-

tolica di rito orientale diffusa spec. in Libano. (I maroniti si costituirono in comunità autonoma nel sec. VII e nel sec. XII proclamarono la loro unione con la chiesa di Roma.) ◆ s.m. e f. Nel sign. dell'agg.

maróso s.m. [spec. pl.] **1.** Onda di mare in burrasca. **2.** fig. Tormento, travaglio.

marquise [/mar'kiz/] s.f. inv. [o pl. *marquises*] (voce fr., propr. "marchesa") **1.** Varietà bile da finestra. **2.** Tenda avvolgibile da finestra. **2.** Diamante dal taglio allungato. ~ estens. Il taglio stesso. **3.** Poltrona a due posti bassa e larga.

1. màrra s.f. **1.** Attrezzo per mescolare la calcina o per lavorare il terreno. **2.** MAR. Estremità dei bracci di un'ancora.

2. màrra s.f. Ammasso di pietre.

1. marróne agg. [inv. o pl. *–ni*] (voce sett.) Di colore simile a quello delle castagne. ◆ s.m. **1.** Varietà dai frutti più grossi delle castagne comuni. ~ Frutto commestibile di tale albero. **2.** Colore simile a quello delle castagne.

2. marróne s.m. **1.** Guida di montagna. **2.** Animale alla testa di un branco.

marron glacé [/ma'rɔ̃ gla'se/] loc. sost. m. inv. [o pl. *marrons glacés*] (loc. fr., propr. "castagna glassata") CUC. Marrone candito.

marrùbio o **marròbio** s.m. [pl. *–bi*] Pianta erbacea con fiori bianchi a spiga e fusto e foglie ricoperti di peli biancastri. (Genere *Marrubium;* famiglia delle Labiate.)

marrùca s.f. [pl. *–che*] Arbusto spinoso dell'Europa mediterranea e dell'Asia occidentale, coltivato per siepi e aiuole. (Genere *Paliurus;* famiglia delle Ramnacee.) ◇ *Marruca bianca* → biancospino.

marsàla s.m. (dal nome della città di *Marsala*) Vino aromatico prodotto in Sicilia.

marsigliése agg. Di Marsiglia. ◆ s.m. **1.** (anche f.) Nativo, abitante di Marsiglia. **2.** (solo sing.) Dialetto parlato nella zona di Marsiglia. ◆ s.f. **1.** Inno nazionale francese composto e musicato nel 1792. **2.** Tegola piana con risvolti e scanalature ai bordi.

Marsiliàcee o **Marsileàcee** s.f. pl. [sing. *–a* o *–ea* l'individuo] BOT. Famiglia di piante acquatiche dal fusto rizomatoso e dalle fronde spesso polimorfe che vivono in terreni paludosi. (Classe delle Felci.)

marsina s.f. (dal nome del condottiero belga J. de *Marsin* che fece indossare ai suoi soldati una casacca a falde) Abito maschile da cerimonia, nero, con falde a coda di rondine. SIN.: **frac.**

marsovino o **marsuino** s.m. (fr. *marsouin,* nordico *marsvin* "maiale di mare") ZOOL. Cetaceo detto anche *focena.* (Famiglia dei Delfinidi.)

■ **marsovìno**

marsupiàle agg. Del marsupio. ◆ s.m. Denominazione generica di mammifero che appartiene all'ordine dei Marsupiali.

Marsupiàli s.m. pl. ZOOL. Ordine di mammiferi diffusi in Australia e nell'America centrale, caratterizzati da una sacca cutanea ventrale in cui le femmine allevano i piccoli.

marsùpio s.m. [pl. *–pi*] (lat. *marsūpium,* gr. *marsýpion* "borsa") **1.** ZOOL. Sacca ventrale dei Marsupiali contenente le mammelle. **2.** estens. Grande tasca anteriore di giacche a vento. ~ Piccola borsa da allacciare in vita. ~ Sacca per trasportare un bambino.

martagóne s.m. (spagn. *martagón,* prob. turco *martağan* "turbante" per la sua forma) BOT. Pianta erbacea dai fiori rosa con macchie scure, detta anche *turbante di turco.* (Nome sc. *Lilium martagon;* famiglia delle Liliacee.)

martedì s.m. inv. (lat. *Mārtis diem* "giorno di Marte") Secondo giorno della settimana. ◇ *Martedì grasso:* ultimo giorno di carnevale.

martellaménto s.m. **1.** Serie prolungata e continua di colpi di martello. **2.** fig. Serie tormentosa e assillante.

martellànte agg. Insistente, incalzante.

martellàre v.tr. **1.** Lavorare col martello. *Martellare il rame.* **2.** Bombardare ripetutamente qlcu. o qlco. *Martellare le linee nemiche.* ~ fig. Assillare qlcu. con una serie continua di domande. **3.** BOXE Colpire ripetutamente con violenza l'avversario. ~ estens. Colpire qlcu. in modo incalzante. ◆ v.intr. (aus. *avere*) **1.** Pulsare con ritmo intenso. *Il cuore mi sta martellando.* **2.** Di idee e pensieri, ripresentarsi in modo ossessivo.

martellatùra s.f. **1.** Operazione eseguita a colpi di martello. **2.** Operazione con cui, nella pratica forestale, si marcano le piante che devono essere abbattute.

martellétto s.m. **1.** Nel sign. del dim. di *martello.* **2.** Denominazione generica di meccanismo che, azionato come una leva e che battono su qlco. come un martello.

martellina s.f. Arnese simile a un martello.

martèllo s.m. **1.** Attrezzo per battere formato da un massello metallico e un manico per l'impugnatura. **2.** Qualsiasi oggetto simile al martello. ◇ *Martello pneumatico:* macchina che, producendo una continua percussione, è usata per scavi, demolizioni, ecc. **3.** SPORT. In atletica leggera, sfera metallica (7,257 kg) dotata di un filo d'acciaio e di un'impugnatura. **4.** ANAT. La più grande delle tre piccole ossa dell'orecchio medio, aderente alla membrana del timpano. ❑ In funzione di agg., nella loc. *pesce o squalo martello,* grosso pesce cartilagineo, così detto per la grossa testa a forma di martello alle cui estremità si trovano gli occhi. (Famiglia degli Sfirnidi.)

martensite s.f. (dal nome dell'ingegnere ted. A. *Martens*) METALL. Lega di ferro e carbonio.

martinétto o **martinèllo** s.m. (deriv. dal n.p. *Martino*) **1.** Apparecchio usato per sollevare grandi pesi. **2.** Macchinetta usata nel varo delle navi per spingere lo scafo in mare. **3.** Ordigno di ferro usato negli antichi eserciti per tendere l'arco della balestra.

martingàla s.f. (fr. *martingale*) **1.** Banda di tessuto applicata all'altezza della vita per decorare o stringere un abito. **2.** Cinghia della briglia che impedisce al cavallo di alzare eccessivamente la testa. **3.** Nei giochi d'azzardo, raddoppio progressivo della somma perduta. **4.** STAT. In teoria della probabilità, sequenza di variabili aleatorie associate a successivi istanti temporali e legate da particolari condizioni.

martini s.m. inv. Denominazione commerciale, che costituisce marchio registrato, di un vermut italiano che a sua volta ha dato il nome a un cocktail in cui è unito al gin. **2.** Bicchiere di tale vermut o cocktail.

martinismo s.m. Dottrina mistica massonica fondata da Martinez de Pasqually, basata sulla

■ **martèllo.** Lanciatore di martello.

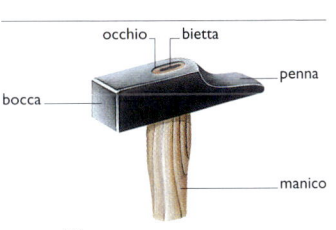

occhio — bietta

penna

bocca

manico

■ **martèllo**

considerazione di Cristo come intermediario unico con Dio.

martìn pescatóre loc. sost. m. [pl. *martìn pescatóri*] Piccolo uccello dalle piume variopinte che vive vicino corsi d'acqua e si nutre di piccoli pesci. (Lunghezza 16 cm ca.; genere *Alcedo*; ordine dei Coraciformi, famiglia degli Alcedinidi.)

■ **martìn pescatóre**

1. màrtire s.m. e f. (lat. *màrtyrem*, gr. *mártyr* "testimone") **1.** Cristiano messo a morte o torturato a testimonianza della propria fede. **2.** *estens.* Chi sopporta ogni pena e anche la morte per una causa nella quale crede. **3.** *fig.* Chi è costretto ad affrontare sacrifici, sventure o ingiustizie senza potersi ribellare. ◇ *scherz.* *Fare il martire*: assumere atteggiamenti da vittima.

2. màrtire s.m. Martirio.

martirio s.m. [pl. *–rî*] **1.** Il tormento, le sofferenze o la morte che un martire affronta per i propri ideali. ~ Pena. ~ *scherz.* Noia intollerabile.

martirizzàre v.tr. **1.** Infliggere trattamenti crudeli a qlcu. **2.** *fig.* Tormentare qlcu., infastidirlo insistentemente.

martirològio s.m. [pl. *–gî*] **1.** Libro che raccoglie le vite dei martiri cristiani. ~ *estens.* L'esaltazione della gesta dei martiri. **2.** *estens.* Elenco delle vittime di una causa. *Il martirologio del Risorgimento.*

màrtora s.f. (fr. *martre*) Mammifero carnivoro dell'Eurasia e dell'America settentrionale, ricoperto di pelliccia setosa, di cui esistono tre specie, la *martora* propriamente detta, la *faina* e lo *zibellino*. (Genere *Martes*; famiglia dei Mustelidi.)

martoriàre v.tr. [6] Affliggere qlcu., tormentarlo. ◆ **martoriarsi** v.pron. Tormentarsi, affliggersi.

martýrion s.m. inv. Nel cristianesimo primitivo, monumento, cappella elevati intorno alla tomba di un martire.

marxìsmo s.m. Insieme delle teorie filosofiche, economiche, sociali e politiche sostenute da Karl Marx e Friedrich Engels, che sono alla base del socialismo e del comunismo.

ENCICL. Secondo il marxismo, la lotta di classe è il motore della storia che porterà alla rivoluzione socialista, alla realizzazione del comunismo e all'abolizione della proprietà privata. L'antagonismo fra le classi, originato dalla diversa posizione occupata da queste nel processo produttivo, l'analisi delle condizioni economiche e in partic. l'analisi del sistema produttivo capitalista (*teoria del plusvalore*) costituiscono la base del *materialismo storico* di Marx ed Engels e il nucleo di una riflessione critica e rivoluzionaria che si estende a tutti gli aspetti del vivere sociale. Tale concezione è stata poi elaborata, producendo risposte molto differenti, da Lenin, Trotzkij, Stalin, Mao Ze-Dong, ma anche da Kautsky, Bernstein, Plekhanov, Luxemburg, Luckàcs, Gramsci, dalla scuola di Francoforte, Lefebvre, Althusser.

marxìsmo-leninìsmo s.m. **1.** Insieme dei concetti elaborati teoricamente e praticamente da V.I. Lenin, che sono all'origine del comunismo sovietico. **2.** *estens.* Qualunque dottrina, con le sue applicazioni pratiche, che si ispira a tali concetti.

maryland [/'mɛrɪlənd/] s.m. inv. (voce ingl.) Tabacco che proviene dal Maryland.

màrza s.f. (deriv. di *marzo* perché gli innesti si fanno in tale mese) BOT. Parte di una pianta (ramo, germoglio, occhio) utilizzata per realizzare un innesto.

marzacòtto s.m. (ar. *mashaqūniyā* "ossido di piombo") Miscuglio di alcali e sabbia usato nella lavorazione della maiolica.

marzapàne s.m. (ar. *marṭabān* "vaso di porcellana" proveniente dall'omonima città oggi in Birmania, poi "confettura di zucchero e spezie" contenuta in tale vaso) **1.** Pasta dolce ottenuta con zucchero, albume d'uovo e mandorle tritate cotti in forno, usata in pasticceria. **2.** *fig.* Persona mite, disponibile.

marziàle agg. **1.** MIT. Relativo a Marte, dio della guerra. ~ *estens.* Che riguarda la guerra stessa. ◇ DIR. *Legge marziale*: l'insieme delle disposizioni che affida il mantenimento dell'ordine alle autorità militari, in momenti eccezionali di sicurezza nazionale. – *Arti marziali*: insieme di tecniche di difesa personale d'origine giapponese (o più general. asiatica), diventate discipline sportive, come il judo, il karate, l'aikido, il kendo. **2.** *fig.* Si dice di un atteggiamento deciso, solenne e fiero. **3.** FARM. Che contiene ferro.

marziàno agg. (fr. *martien*) ASTR. Relativo al pianeta Marte. ◆ s.m. [f. *–na*] **1.** Abitante immaginario di Marte. **2.** *estens.* Extraterrestre. **3.** *fig. fam.* Chi è fuori dalla normalità per capacità, doti positive, ecc. ~ Chi non riesce a inserirsi adeguatamente nelle dinamiche di un gruppo.

màrzo s.m. (spec. sing.) Terzo mese dell'anno.

marzòcco s.m. [pl. *–chî*] (etim. discussa, prob. deriv. dilat. *Màrtius* "di Marte", perché tale emblema venne assunto dopo una rovinosa piena dell'Arno in sostituzione del precedente che raffigurava una statua di Marte) ARALD. Stemma di Firenze in cui compare un leone rampante che regge con la zampa destra uno scudo con giglio.

mas s.m. inv. (sigla di *Motobarca Armata Svan* dal nome della ditta costruttrice, reinterpretata da G. D'Annunzio come motto latino *memento audere semper* "ricordati di osare sempre") MAR. Motoscafo di grande potenza dotato di bombe di profondità, lanciasiluri e mitragliera, usato negli attacchi ai sommergibili, spec. nella prima guerra mondiale.

mascalcìa s.f. Bottega e lavoro del maniscalco.

mascalzonàta s.f. Atto, comportamento da mascalzone.

mascalzóne s.m. [f. *–na*] (deriv. di *maniscalco* "garzone da stalla") Chi si comporta senza scrupoli. ~ Persona di grande disonestà. ~ *scherz.* Birichino, monello.

mascàra s.m. inv. (ingl. *mascara*) Cosmetico colorato per dar risalto alle ciglia.

mascarpóne s.m. (lomb. *mascarpón*) Formaggio cremoso a base di panna di latte di mucca, bianco, di gusto delicato, usato anche nella preparazione di dolci.

mascèlla s.f. **1.** ANAT. Ciascuna delle due ossa, superiore e inferiore, della faccia, nelle quali sono infissi i denti. ~ *special.* Solo quella superiore che contribuisce a formare l'orbita, il palato e la cavità nasale. (L'inferiore è detta *mandibola*.) **2.** TECN. (spec. pl.) Ognuna delle due parti di attrezzi a forma di morsa che possono avvicinarsi o allontanarsi per stringere e mantenere un oggetto.

mascellàre agg. ANAT. Delle mascelle, che riguarda le mascelle. ◆ s.m. Osso della mascella. ◇ *Mascellare inferiore* → mandibola.

màschera s.f. (etim. incerta, forse deriv. di lat. *màsca* "strega") **1.** Viso posticcio di cartone dipinto, di plastica, tessuto, ecc. con cui ci si copre il viso per mascherarsi o dissimulare la propria identità, in riti, feste o spettacoli. ~ *estens.* Fascetta sagomata, coi fori per gli occhi, che si porta sulla parte superiore del viso. ◇ *fig. Gettare la maschera*: cessare di fingere. **2.** *fig.* Ciò che appare, spesso anche in contrasto a ciò che è. **3.** Forma stilizzata del viso o del corpo (umano o animale), con efficacia rituale. (Le maschere di alcuni popoli, vere opere d'arte, possono rappresentare un uomo, una forza sovrannaturale, un animale incoronato o un'entità divina che esercita simbolicamente una funzione rituale precisa.) **4.** Persona che porta una maschera o un costume. **5.** Personaggio della commedia dell'arte italiana, caratterizzato da un travestimento fisso che ne connota il ruolo teatrale, il

carattere, l'origine regionale. **6.** Volto dotato di grande forza espressiva. *La maschera comica di Totò.* ~ Viso che esprime intensamente determinati sentimenti. *Il suo volto era la maschera del dolore.* **7.** Dispositivo di protezione per il viso utilizzato in alcune professioni o sport. ◇ *Maschera di bellezza*: preparazione per le cure estetiche del viso, spesso sotto forma di crema, pasta o gel, da applicare uniformemente sulla pelle. – *Maschera subacquea*: costituita da gomma con una parte di vetro o di plastica trasparente, spesso con respiratore, che consente di vedere durante le immersioni sott'acqua. – *Maschera da, per anestesia*: apparecchio medico che si applica sul naso e la bocca dei pazienti per somministrare l'anestetico gassoso e l'ossigeno, prima di un'operazione chirurgica. – *Maschera antigas*: quella che si applica al viso per proteggersi da sostanze nocive. **8.** MED. Particolare aspetto del volto che spesso consente la diagnosi di un determinato stato fisico o psichico. ◇ *Maschera gravidica*: cloasma. **9.** Modello della faccia di una persona ricavata con la tecnica del calco. *Maschera mortuaria.* **10.** Chi accompagna gli spettatori ai propri posti in una sala di spettacolo o che indica a ciascuno la fila in una cerimonia. **11.** INFORM. Schema fisso predisposto per l'introduzione e la visualizzazione dei dati.

■ **màschera.** Una delle maschere d'iniziazione portate durante la circoncisione presso i Chokwe dell'Angola e del Congo. (Museo Etnografico, Neuchâtel.)

mascheraménto s.m. **1.** Contraffazione delle sembianze reali mediante mezzi adeguati. ~ Ciò che si usa per mascherarsi. ~ *estens.* Dissimulazione. **2.** MIL. Il rendere invisibili o poco riconoscibili mediante vari accorgimenti parti di postazioni militari. ~ *estens.* Ogni forma di occultamento su un edificio. **3.** Rivestimento a scopo protettivo. **4.** FOTO., STAM. Particolare procedimento usato per modificare e correggere il contrasto.

mascheràre v.tr. **1.** Coprire con una maschera, vestire in maschera; anche pron. *Mi sono mascherato il viso.* **2.** *estens.* Schermare qlcu., coprirlo. **3.** Mimetizzare qlco. **4.** Nascondere un sentimento, dissimularlo. ◆ **mascherarsi** v.pron. **1.** Indossare una maschera, vestirsi in maschera. **2.** *fig.* Dissimulare la propria personalità, non rivelare i propri sentimenti.

mascheràta s.f. **1.** Riunione o sfilata di persone mascherate. **2.** Messa in scena ingannevole, commedia, buffonata. **3.** MUS. Composizione polifonica che veniva eseguita a Firenze nel sec. XVI alla corte dei Medici durante le rappresentazioni teatrali.

mascheràto agg. Reso irriconoscibile da una maschera. ◇ *Corso mascherato*: sfilata di maschere e carri allegorici, nel periodo di carnevale.

mascherétto s.m. (fr. *mascaret*, propr. "bue macchiettato" perché le onde ricordano l'avanzare di mandrie di buoi) Fenomeno di violenta e rapida risalita delle acque verso il monte sotto forma d'onda, che si produce nelle acque di fiumi che sfociano in un tratto di costa soggetto a maree molto ampie.

mascherìna s.f. **1.** Nel sign. del dim. di *maschera*; in partic. mezza maschera per lo più in stoffa nera che copre la metà superiore del volto. **2.** Bambino o giovane donna mascherati.

3. Schermo per attenuare l'intensità di una sorgente luminosa. **4.** Pezzatura di diverso colore sul muso di un animale domestico. **5.** Pezzo centrale della tomaia delle calzature, talora anche di colore diverso rispetto alla punta e ai lati, quando questi sono pezzi a sé. **6.** Parte della carrozzeria di un'automobile che copre il radiatore.

mascheróne s.m. **1.** Nel sign. dell'accr. di *maschera*. **2.** Grande maschera dai tratti grotteschi. ~ *estens.* Volto deformato di una persona. **3.** ARCH. Scultura di viso grottesco di satiro che decorava un arco, un vaso, l'orifizio di una fontana, ecc. in uso nel Cinquecento e Seicento. **4.** Guida per parolieri costituita da uno schema metrico della melodia di una canzone composto da numeri o parole di fantasia a cui adattare i versi del testo.

maschétta s.f. MAR. Sbarra laterale di legno o di ferro che si fissa ai tronchi superiori degli alberi a sostegno delle costiere della coffa o ai gradini delle scale.

maschiàccio s.m. [pl. –ci] Bambino, ragazzo o ragazza molto vivace ed esuberante.

maschiatrice s.f. TECN. Macchina utensile per operazioni di filettatura.

maschiétta agg. Solo nella loc. *alla maschietta*, detto di taglio di capelli femminili corto e di linea maschile. ◆ s.f. Ragazza esuberante e spigliata.

1. maschiétto a.m. **1.** Nel sign. del dim. di 1. *maschio*; specie con riferimento a un bambino, in oppos. a *femminuccia*. **2.** *iron.* Maschio.

2. maschiétto s.m. FALEGN. Cardine che permette la rotazione di una porta, una finestra, un'anta, ecc. (A differenza della cerniera, le due parti, una fissa, con un cardine, l'altra mobile, possono essere separate.)

maschile agg. Di, da maschio. *Voce maschile*. ◆ s.m. GRAMM. *Genere maschile*: categoria che designa esseri animati di sesso maschile ed entità concrete o astratte classificate in una certa lingua come maschili; in oppos. a *femminile* o a *femminile* e *neutro*.

maschilismo s.m. Atteggiamento per cui l'uomo si reputa superiore alla donna in contesti sociali e privati (in oppos. a *femminismo*).

maschilista agg. [pl.m. –sti] Relativo al maschilismo. ◆ s.m. e f. Chi accetta e sostiene il maschilismo.

1. màschio agg. [pl.m. –schi] **1.** Di sesso maschile. **2.** *estens.* Che rivela energia, risolutezza. ◆ s.m. **1.** Che appartiene al sesso maschile, destinato a fecondare, portatore di cellule riproduttrici più numerose, più piccole e più mobili di quelle del sesso femminile. ~ Uomo. ~ Bambino. **2.** TECN. Utensile che esegue filettature nei fori di metallo di piccolo diametro per ospitare delle viti. **3.** MECC. Di pezzo di uno strumento che si incastra nella cavità corrispondente di un altro pezzo, chiamato *femmina*. **4.** COSTR. Parte continua di muro di sostegno che ha la funzione di collegamento tra i contrafforti e gli speroni.

2. màschio s.m. [pl.m. –schi] Torre principale di un castello, di una rocca o di un forte, che era la dimora del signore e l'ultima trincea della guarnigione.

mascolinità s.f. inv. **1.** Caratteristica propria del maschio (in oppos. a *femminilità*). **2.** Presenza di qualità o aspetti maschili (anche in donna).

mascolinizzàre v.tr. (fr. *masculiniser*) BIOL. Trasformare un essere in maschio. ◆ **mascolinizzarsi** v.pron. Detto di donna, rendersi simile a un maschio. ~ Fare proprie alcune caratteristiche tipicamente maschili.

mascolino agg. **1.** Maschile, tipico del maschio. SIN.: **virile**. **2.** Di donna, che manifesta caratteristiche considerate proprie dell'uomo.

mascon [/'mskən/] s.m. inv. (voce ingl., comp. di *mass* "massa" e *concentration* "concentrazione") ASTR. Concentrazione irregolare di massa nel globo lunare che provoca aumenti locali della forza di gravità.

mascotte [/mas'kɔt/] s.f. inv. (voce fr., provenz. *mascoto* "sortilegio") Oggetto, persona o animale considerati come portafortuna da un gruppo sportivo, militare, ecc.

màser s.m. inv. (sigla dell'ingl. *Microwave Amplification by Stimulated Emission of Radiation* "amplificazione di microonde per mezzo di emissione stimolata di radiazioni") FIS. Dispositivo per l'amplificazione o la generazione di microonde, basato sullo stesso principio del laser.

màso s.m. (voce sett., lat. *mànsum* "fondo") Piccolo edificio rurale e di montagna, comprendente podere, casa colonica, allevamento del bestiame e attrezzature agricole.

masochismo s.m. (dal nome dello scrittore austriaco L. von Sacher-*Masoch*, i cui personaggi spesso manifestano tale perversione) **1.** Deviazione sessuale in cui il soggetto trova il piacere soltanto nel dolore fisico e nelle umiliazioni inflittigli. **2.** *estens.* Comportamento di una persona che sembra ricercare le situazioni dove soffre, si trova in difficoltà, per una sorta di desiderio di autopunizione e di penitenza.

masochista agg. [pl.m. –sti] Relativo al masochismo. ◆ s.m. e f. Chi è affetto da masochismo. ~ *estens.* Chi si compiace nel subire sofferenze, maltrattamenti.

masonite s.f. (dal nome dell'inventore, l'ingegnere americano W.H. *Mason*) Denominazione commerciale, che costituisce marchio registrato, di materiale da costruzione formato da pannelli costituiti da un conglomerato di fibre di legno poco pregiate, usato per rivestire gli interni o per sostituire il compensato.

masòra o **massòra** s.f. Insieme degli studi di filologia ed esegesi compiuti da varie scuole palestinesi e babilonesi tra il V e il X sec. d.C., con lo scopo di fissare il testo e la precisa pronuncia dell'Antico Testamento. ~ *estens.* L'esegesi biblica di tali studi.

masorèta s.m. [pl. –ti] (ebr. *masōreṭ*, deriv. di *masōrāh* "tradizione") Rabbino che presta la sua opera alla masora.

màssa s.f. (lat. *màssam*, gr. *mâza* "frittella d'orzo") **1.** Insieme di materia di forma non definita. **2.** Grande quantità disordinata, indistinta di cose. **3.** Grande quantità indistinta di persone, considerata dal punto di vista del ruolo sociale, economico o politico. *Il potere delle masse*. ◇ *Di massa*: che riguarda la grande maggioranza della popolazione, indipendentemente dal livello sociale ed economico. **4.** *estens.* Folla, moltitudine. ◇ *In massa*: in grande quantità, tutti insieme. **5.** FIS. Grandezza fondamentale, che caratterizza sia la tendenza di un corpo a resistere all'accelerazione sia la forza di attrazione tra due corpi, secondo la legge della gravitazione universale di Newton. ◇ *Massa atomica*: quella di un atomo in stato di quiete. – *Massa critica*: la massa di combustibile nucleare sufficiente a mantenere una reazione a catena in un reattore nucleare. – *Numero di massa*: numero totale di particelle (protoni e neutroni) contenute nel nucleo di un atomo. – ASTRONAUT. *Rapporto di massa*: nei missili, rapporto tra il peso in partenza e quello al termine della combustione del propellente. – METEOR. *Massa d'aria*: volume d'aria le cui caratteristiche fisiche (pressione, temperatura, grado d'umidità) presentano un'omogeneità relativa. **6.** ELETTROTEC. Insieme delle parti conduttrici che, in un impianto elettrico, sono messe in comunicazione con il suolo. **7.** ANAT. *Massa cerebrale*: la materia cerebrale nella scatola cranica. **8.** ARCH., PITT. Insieme compositivo di una costruzione. **9.** MUS. L'insieme delle voci e degli strumenti. **10.** DIR. Insieme dei beni di una successione, di una società o di un gruppo. ◇ ECON. *Massa monetaria*: insieme del denaro cartaceo in circolazione e dei depositi a vista presso le banche. **11.** MIL. Quantità di denaro da amministrare per usi determinati. ❑ In funzione di agg. inv. FIS. Unità di misura rappresentata dalla massa. *Grammo massa*.

massacrànte agg. Estremamente faticoso, estenuante.

massacràre v.tr. (fr. *massacrer*) **1.** Uccidere più persone, fare una strage. *Massacrare popolazioni indifese*. **2.** Picchiare qlcu. con ferocia. *Massacrare l'avversario*. **3.** *fig.* Maltrattare qlco., rovinarlo, eseguirlo male. *Il regista ha massacrato il romanzo da cui ha tratto il soggetto*.

4. *fig.* Affaticare qlcu., stancarlo molto. *L'arrampicata mi ha massacrato*.

massàcro s.m. (fr. *massacre*) **1.** Carneficina, eccidio di animali o di persone. ◇ *Gioco al massacro*: spec. nel l. pol., distruzione sistematica di una personalità, di un'istituzione. **2.** *fig.* Rovina, strazio.

massaggiàre v.tr. [5] Sottoporre qlcu. o una parte del corpo a massaggio.

massaggiatóre s.m. [f. *massaggiatrice*] **1.** Chi effettua massaggi per professione. ~ Fisioterapista. **2.** Attrezzatura con cui sono effettuati massaggi.

massàggio s.m. [pl. –gi] (fr. *massage*, ar. *massa* "palpare") **1.** Procedimento fisioterapico consistente nel trattare il corpo del paziente con pressioni e manipolazioni o con adeguati strumenti. **2.** MED. *Massaggio cardiaco*: particolare pressione manuale ritmica che si esercita sul muscolo cardiaco o sullo sterno per far riprendere l'attività contrattile in casi di blocco improvviso.

massàia s.f. Donna che ha il compito di occuparsi delle faccende domestiche e di amministrare la casa.

massellàre v.tr. METALL. Battere un metallo con il maglio o con il martello in modo da ridurlo in masselli.

massèllo s.m. **1.** Lingotto metallico semilavorato. **2.** COSTR. Blocco di pietra per costruzioni di tipo monumentale. **3.** BOT. → **durame**. **4.** Legno massiccio.

masseria s.f. Azienda agricola. ~ Casa colonica del massaio.

masserizia s.f. (spec. pl.) (lat. *massarìcia*, propr. "le cose pertinenti al massaio") Arredamento e oggetti che sono in una casa modesta. ~ I mobili e gli attrezzi di una bottega.

massetère s.m. ANAT. Muscolo preposto alla masticazione, che governa il movimento della mandibola.

massicciàre v.tr. [5] Completare una strada con massicciata.

massicciàta s.f. Copertura ottenuta dalla compressione di ghiaia o pietrisco, su cui si stende la pavimentazione stradale o l'armamento di una ferrovia, che serve a ripartire adeguatamente il carico dei veicoli.

massiccio agg. [pl.m. –ci, f. –ce] **1.** Che forma un blocco solido, compatto. **2.** *fig.* Che comporta un notevole spiegamento di forze e di mezzi. ◆ s.m. **1.** GEOGR. Insieme di montagne riunite in un gruppo isolato rispetto agli altri. **2.** ANAT. *Massiccio facciale*: complesso delle ossa della parte anteriore del cranio.

màssico agg. [pl.m. –ci, f. –che] FIS. *fig.* Che riguarda la massa.

massificàre v.tr. [4] Rendere uniformi e anonime più persone o cose. SIN.: **uniformare**.

massificazióne s.f. Adattamento alla massa, spersonalizzazione.

massillipede s.m. ZOOL. Appendice dei crostacei, situata tra mandibole e gambe, che serve soprattutto a trattenere le prede, coadiuvando gli organi boccali.

1. màssima s.f. (lat. *màximam sententiam* "sentenza di carattere generale") **1.** Principio che esprime un pensiero, una sensazione, una norma di vita, di condotta. ◇ *Di massima*: approssimativo. *Accordi di massima*. – *In linea di massima*: in generale. **2.** Breve riflessione scritta ricavata dall'esperienza di vita. **3.** DIR. Sintesi delle affermazioni di principio di una sentenza.

2. màssima s.f. **1.** Temperatura più elevata. **2.** MED. Valore massimo della pressione arteriosa. **3.** MUS. Nella musica medievale, nota di maggior durata.

massimàle agg. (ingl. *maximal*) Costituente il limite massimo. ◆ s.m. Limite estremo di un prezzo o di un costo, valore massimo assicurato.

massimalismo s.m. **1.** Tendenza radicale e rivoluzionaria inaugurata nel 1919 all'interno del Partito socialista italiano. **2.** *estens.* Orientamento di un movimento o di un partito politico teso a ottenere il programma massimo (in oppos. a *minimalismo*). **3.** *fig.* Condotta intransigente, inflessibile e severa.

massimalista s.m. e f. [pl.m. –sti] (fr. maximaliste) Seguace, propugnatore del massimalismo.

massiminimo s.m. MAT. Il massimo dei valori minimi di una funzione.

massimizzàre v.tr. (fr. maximiser) Portare qlco. al massimo.

màssimo agg. Grandissimo, estremo. ◇ SPORT. Pesi massimi: nel pugilato, nel sollevamento pesi e nella lotta, categoria degli atleti di peso maggiore. ◆ s.m. 1. (spec. sing.) Il grado o il punto più alto raggiunto da qlco., la quantità più grande possibile. Chiedere il massimo della pena. ◇ loc. cong. Al massimo: tutt'al più, anche nel caso meno favorevole. Ci vorranno al massimo due ore. 2. MAT. Massimo di una funzione: il più grande dei valori che una funzione reale assume nel proprio dominio. 3. BOXE Appartenente alla categoria dei pesi massimi.

massimoleggèro agg. Usato solo nella loc. pesi massimoleggeri, nel pugilato, categoria comprendente i pesi da 79,378 a 86,183 chilogrammi.

massivo agg. (fr. massif) 1. Massiccio. ~ Numerosissimo, abbondante. 2. FIS. Relativo alla massa.

mass media [ˈmæs ˈmiːdjə] loc. sost. m. pl. (loc. ingl., "mezzi di comunicazione di massa") Mezzi di comunicazione di massa (televisione, radio, stampa, cinema, ecc.) che informano il vasto pubblico, costituiscono a loro volta un mezzo d'espressione e si fanno intermediari di un messaggio.

massmediòlogo s.m. [f. –ga, pl.m. –gi, f. –ghe] Studioso, esperto dei problemi relativi alla diffusione dei mezzi di comunicazione di massa.

màsso s.m. 1. Pezzo di roccia di grandi dimensioni. ~ estens. Grosso sasso. 2. fig. Blocco di pietra per sculture o architetture. 3. Simbolo di peso, durezza, difficoltà di spostamento.

massóne s.m. Chi appartiene alla massoneria.

massonerìa s.f. 1. Società segreta riservata agli uomini ispirata al razionalismo, che si è poi affermata in vari paesi propugnando un'ideologia umanitaria e sviluppando un sistema di assistenza tra i membri. 2. estens. Gruppo all'interno del quale si manifesta una solidarietà attiva tra membri.

ENCICL. La massoneria moderna, apparsa in Gran Bretagna nel sec. XVII, prende le mosse dalle corporazioni medievali dei muratori. Come questi, infatti, avevano il privilegio di costruire le chiese, così i massoni ambivano a costruire il "Tempio dell'Umanità". La massoneria attinge da un ricco patrimonio comune di simboli, emblemi e riti, ha struttura piramidale ed è organizzata in logge.

massònico agg. [pl.m. –ci, f. –che] (fr. maçonnique, deriv. di maçon "muratore, massone") Che appartiene alla massoneria.

massorèta s.m. → masoreta.

massoterapìa s.f. MED. Terapia effettuata mediante la tecnica del massaggio.

màstaba s.f. (turco mastabe, ar. maṣṭaba propr. "banco") In Egitto, monumento funerario a forma di piramide tronca.

mastalgìa s.f. MED. Dolore alla mammella. SIN.: mastodinia.

mastcèllula s.f. (calco di ted. Mastzelle) ISTOL. Cellula del tessuto connettivo il cui citoplasma presenta numerosi granuli contenenti particolari mediatori chimici. SIN.: mastocita.

mastectomìa s.f. MED. Asportazione chirurgica della mammella.

master [ˈmaːstə] s.m. [pl. masters] (voce ingl., propr. "maestro") 1. Corso e titolo di specializzazione dopo la laurea. 2. (al pl.) Torneo tennistico a cui partecipano i migliori giocatori di tennis del mondo e che si effettua negli Stati Uniti. 3. Nastro magnetico originale che viene inserito nel videoregistratore e su cui si incide il programma per registrarne le copie stabilite a livello industriale. 4. Organizzatore, controllore, supervisore.

masterizzàre v.tr. (deriv. di master "modello originale, da cui si riproducono le copie") INFORM. Registrazione di dati su un CD-ROM.

masterizzatóre s.m. Apparecchio a laser che permette di registrare dati su un CD-ROM.

masterizzazióne s.f. INFORM. Registrazione di dati su CD-ROM.

mastermind [ˈmaːstəˈmaɪnd] s.m. (solo sing.) (voce ingl., comp. di master "maestro" e mind "mente") Denominazione commerciale, che costituisce marchio registrato, di gioco di abilità mentale in cui un giocatore deve indovinare per via logica la disposizione di un insieme di chiodini colorati combinati e scelti dall'altro concorrente.

masticàre v.tr. [4] (lat. masticàre, gr. mastikhān deriv. di mástaks "bocca") 1. Triturare con i denti. 2. fig. Parlare male una lingua. ◆ v.intr. (aus. avere) Eseguire la masticazione. Mastica adagio se vuoi digerire.

masticatóre agg. [f. –trice] Che mastica. ◆ s.m. 1. (anche f.) Chi mastica. 2. CHIM. Strumento con cui si realizza la masticazione della gomma.

masticatòrio agg. [pl.m. –ri] Relativo alla masticazione. ~ Che si usa per la masticazione.

masticazióne s.f. 1. Azione di masticare. 2. CHIM. Procedimento iniziale della lavorazione della gomma naturale in cui viene trattata meccanicamente per aumentarne la plasticità.

màstice s.m. 1. Resina giallastra che cola dal lentisco. 2. Pasta malleabile che indurisce al contatto dell'aria, che serve a otturare fori o giunti, fare oggetti di natura diversa, ecc. 3. Soluzione viscosa di gomma per riparare le camere ad aria dei pneumatici.

mastìno s.m. (fr. mastin, lat. cane mansuetinu deriv. di mansuëtus "addomesticato") 1. Cane da guardia con testa grande e muso appiattito. 2. fig. Persona aggressiva, tenace.

mastìte s.f. MED. Infiammazione della ghiandola mammaria.

mastocita o **mastocito** s.m. [pl. –ti] ISTOL. → mastcellula.

mastodinìa s.f. MED. → mastalgia.

mastodónte s.m. (per la forma dei molari simile al capezzolo della mammella, fr. mastodonte) 1. Mammifero tipico del terziario, simile all'elefante, ma fornito di molari e, a volte, di due paia di zanne. (Una specie americana si è estinta soltanto 10.000 anni fa.). 2. estens. Persona, animale o cosa enorme.

mastodòntico agg. [pl.m. –ci, f. –che] Di enormi dimensioni.

mastòide s.f. (gr. mastoeidés "simile a una mammella") ANAT. Sporgenza dell'osso temporale situata dietro l'orecchio.

mastoidèo agg. ANAT. Della mastoide.

mastoidìte s.f. MED. Infiammazione della mastoide, dovuta general. a una complicanza di un'otite acuta.

mastopatìa s.f. MED. Qualsiasi affezione della mammella.

mastoplàstica s.f. CHIR. Plastica mammaria.

mastòsi s.f. inv. Ogni affezione del seno non cancerosa né infiammatoria (cisti multiple, p.e.).

màstra s.f. MAR. Buco che si pratica nei ponti di una nave per permettere il passaggio degli alberi.

mastrino s.m. CONTAB. Prospetto a sezioni contrapposte, in cui si registrano gli importi delle operazioni relative a un conto.

màstro s.m. (lat. magīstrum "maestro") 1. Artigiano, operaio esperto o specializzato. 2. Libro mastro: registro che raccoglie l'insieme dei conti di un dato sistema di scritture contabili.

masturbàre v.tr. Procurare il piacere sessuale con l'eccitazione manuale dei genitali. ◆ masturbarsi v.pron. Praticare la masturbazione su se stessi.

masturbazióne s.f. 1. Pratica erotica che consiste nella manipolazione dei genitali per raggiungere o per procurare il piacere sessuale. 2. fig. Autocompiacimento narcisistico. Quel libro contiene troppe masturbazioni intellettuali.

masùrio s.m. (solo sing.) (dal nome dei laghi Masuri in Polonia) Elemento chimico inesistente in natura, ma che si credette di individuare in certi minerali, le cui proprietà (compreso il numero atomico 43) corrispondono a quelle del tecneto, creato artificialmente.

masùt o **mazùt** s.m. inv. (russo mazut) CHIM. Sostanza nera e viscosa usata come combustibile, ottenuta come residuo della distillazione del petrolio greggio.

matador s.m. [pl. matadores] (voce spagn. deriv. di matar, lat. mactāre "uccidere") Colui che è incaricato della messa a morte al termine della corrida.

matafióne o **mattafióne** s.m. MAR. Ciascuno dei cavetti che si usano per legare o stendere vele o tende.

matamòro s.m. (spagn. matamoros, propr. "ammazza mori", personaggio della commedia spagnola che rappresentava il comandante vile ma spaccone) Persona che è coraggiosa soltanto a parole. SIN.: spaccone.

matàssa s.f. 1. Quantità di filo o di spago avvolto con l'aspo o a mano e legato per il bandolo in modo che non s'imbrogli. 2. fig. Insieme stretto di elementi legati tra loro in modo complesso. La matassa di un intrigo. 3. ELETTR. L'insieme delle spire di un avvolgimento.

match [ˈmætʃ] s.m. inv. (voce ingl., deriv. di to match "gareggiare") Competizione sportiva disputata tra due concorrenti, due squadre. ◇ Match ball: nel tennis o nella pallavolo, palla che può decidere l'esito di una competizione. – Match point: nel tennis o nella pallavolo punto decisivo di una competizione. – Match winner: giocatore che porta alla vittoria la sua squadra segnando un punto decisivo, uomo vincente.

màte o **matè** s.m. inv. (quechua mate "recipiente per bere" poi "bevanda" e la pianta stessa) 1. Pianta arbustiva sempreverde tipica dell'America meridionale, le cui foglie servono per preparare un infuso simile al tè. (Nome sc. Ilex paraguariensis; famiglia delle Aquifogliacee.) 2. estens. L'infuso stesso.

matelassé [matəlaˈse] agg. inv. (voce fr., deriv. di matelasser "confezionare in forma di materasso") Di un tessuto imbottito e trapuntato. ◆ s.m. inv. Nel sign. dell'agg.

matelote [matˈlɔt] s.f. inv. Preparazione fatta di pesci tagliati in pezzi, cotti nel vino rosso con cipolle.

matemàtica s.f. [pl. –che] (lat. mathemāticam ārtem, gr. mathēmatikhē tékhnē deriv. di máthēma "insegnamento") 1. Studio per mezzo del ragionamento deduttivo delle proprietà di enti numerici, geometrici e simili e le relazioni che si stabiliscono tra loro. 2. Materia scolastica o disciplina universitaria basata sull'insegnamento di tale scienza.

ENCICL. Le prime elaborazioni matematiche, in

■ **mastodónte.** Ricostruzione del genere Gomphotherium.

Simboli matematici

simbolo	spiegazione
teoria degli insiemi	
$\in$	elemento di, appartiene a
$\notin$	non appartiene a
$\cup$	sottoinsieme di
$\cup$	unione
$\cap$	intersezione
$\{x\}$	insieme degli elementi x_i
$\varnothing$	insieme vuoto
aritmetica, algebra	
$=$	uguale
$\cong$ o $\approx$	circa uguale
$\equiv$	identico
$\neq$	diverso
$<$	minore
$>$	maggiore
$\leqslant$	minore o uguale
$\geqslant$	maggiore o uguale
$+$	più
$-$	meno
$\cdot$ o $\times$	moltiplicato per
$:$ o $/$ o $-$	diviso per
$\sum_{i=1}^{n} a_i$	somma $a_1 + a_2 + \dots + a_n$
$\prod_{i=1}^{n} a_i$	prodotto $a_1 \cdot a_2 \cdot \dots \cdot a_n$
a^n	a alla potenza di n
$\sqrt{a}$	radice quadrata di a
$\sqrt[n]{a}$	radice n^{sima} di a
$n!$	fattoriale di n
C_n^p	combinazione di n elementi presi p a p
$|a|$	modulo o valore assoluto di a
$\log_b$	logaritmo in base b
$\log$	logaritmo in base 10
$\ln$	logaritmo neperiano, in base e
i	unità immaginaria, $i^2 = -1$
$\vec{a} \cdot \vec{b}$	prodotto scalare di due vettori
$\vec{a} \wedge \vec{b}$	prodotto vettoriale di due vettori
$(a_{ik}) = A$	matrice A di coefficienti a_{ik}
$|a_{ik}| = A$	determinante di una matrice quadrata A
$\equiv \pmod m$	congruente modulo m

simbolo	spiegazione
analisi	
$]a, b[$	intervallo aperto $a < x < b$
$[a, b]$	intervallo chiuso $a \leqslant x \leqslant b$
∞	infinito
$\rightarrow$	tende a
$\lim$	limite
d	simbolo di differenziazione
$\dfrac{dy}{dx}$, y'	derivata di y in rapporto a x
$\dfrac{d^n y}{dx^n}$, $y^{(n)}$	derivata di ordine n di y in rapporto a x
δ	simbolo di derivazione parziale
Δ o δ	variazione
$\int$	integrale semplice
$\iint$	integrale doppio
$\iiint$	integrale triplo
$\int_a^b f(x)\, dx$	integrale definito
geometria	
$\|$ o $/\!/$	parallelo
$\perp$	ortogonale o perpendicolare
$\widehat{}$	angolo
$^\circ$	grado angolare
$'$	minuto angolare
$''$	secondo angolare
$\overset{\frown}{AB}$	arco AB
$[AB]$	segmento AB
$\overrightarrow{AB}$	vettore AB
$\|\overrightarrow{AB}\|$	norma del vettore AB
$\overline{AB}$	misura algebrica di AB
AB	lunghezza AB
(AB)	retta AB
sin	seno
cos	coseno
tan o tg	tangente
cotan o cotg	cotangente
arc sin	arcoseno
sh	seno iperbolico
logica	
$\neg$	non (negazione)
$\wedge$	e (congiunzione)
$\vee$	o (disgiunzione)
$\Rightarrow$	se - allora (implicazione)
$\Leftrightarrow$	se e solamente se (equivalenza)
$\exists$	se esiste (quantificatore esistenziale)
$\forall$	per tutti (quantificatore universale)

esterni (*costruttivismo*). L'esponente più significativo della concezione platonica è Kurt Gödel, cui si deve l'analisi del parallelo fra matematica e fisica, per provare l'esistenza oggettiva degli enti matematici. Del costruttivismo fanno parte la corrente del formalismo estremo (spostato il centro dell'indagine matematica dagli oggetti esterni ai metodi dimostrativi, le costruzioni matematiche vengono concepite in modo puramente combinatorio negando a esse una qualsiasi connessione con la realtà esterna) e l'intuizionismo di L. E. J. Brouwer, che non nega l'esistenza di oggetti matematici esterni, ma nega che gli oggetti in questione possano esistere prima che ne sia stata data una precisa costruzione mentale.

matematicaménte avv. 1. Mediante calcoli, procedimenti matematici. 2. Senza possibilità di errore, con certezza.

matemàtico agg. [pl.m. –*ci*, f. –*che*] 1. Relativo alla matematica. 2. *estens.* Che esclude ogni incertezza. *Precisione matematica.* ◆ s.m. [f. –*ca*] Studioso, docente di matematica.

matematizzàre v.tr. 1. Applicare, introdurre metodi matematici in un settore. 2. Valutare un ragionamento, un principio, un fenomeno, una teoria in base a procedimenti matematici.

materassàio s.m. [f. –*saia*, pl.m. –*sai*] Persona che confeziona o ripara i materassi.

materassino s.m. 1. Tappeto con imbottitura di gommapiuma usato come base per gli incontri di lotta o in ginnastica. 2. Piccolo materasso pneumatico che si usa sulla spiaggia, in mare, in tenda, ecc.

materàsso s.m. (ar. *maṭraḥ* "cosa gettata, cuscino") Grosso sacco di tela trapuntato e imbottito di lana o di altri materiali soffici ed elastici che, steso sul letto e coperto col lenzuolo, offre un conveniente appoggio al corpo in riposo.

matèria s.f. (lat. *matĕriam* "sostanza di cui è fatta o da cui deriva qlco.") 1. Sostanza costitutiva dei corpi, dotata di proprietà fisiche. ◇ *Materia prima:* materiale d'origine naturale che è oggetto di una trasformazione e di un utilizzo economico. ~ *fig.* Elemento essenziale o, in senso scherz., il denaro o l'intelligenza. 2. ANAT. Sostanza organica, cellulare. ◇ *Materia grigia:* varietà di tessuto del sistema nervoso centrale che costituisce in partic. la corteccia cerebrale e svolge la funzione nervosa propriamente detta. – *Materia bianca:* le parti del cervello che contengono i prolungamenti delle cellule nervose. 3. FILOS. Corpo, realtà materiale che si contrappone allo spirito. 4. Ciò che può costituire l'argomento di un discorso, di una questione. ◇ *Materia del contendere:* in un dibattito, ciò di cui si discute. – DIR.

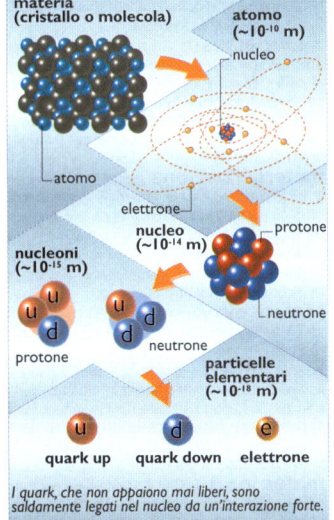

I quark, che non appaiono mai liberi, sono saldamente legati nel nucleo da un'interazione forte.

■ **matèria**. Tre particelle sono sufficienti a costituire tutta la materia stabile: i due quark (up, down) e l'elettrone.

epoca babilonese ed egiziana, avevano funzioni essenzialmente pratiche. In epoca ellenica, con il fiorire di una scienza delle dimostrazioni razionali che mette in opera una procedura ipotetico-deduttiva, nasce la matematica nel senso moderno. Fino al sec. XIX i postulati di Euclide, fondati su una visione del mondo fisico idealizzata sulla scia del platonismo (p.e. esistenza di linee rette), rimasero verità indiscusse. Gauss e altri elaborarono però delle geometrie, dall'aspetto deduttivo rigoroso, per le quali l'assioma di Euclide sui paralleli non risulta più vero. Lo sviluppo di tali geometrie, assieme all'evoluzione dell'*algebra* in analisi, alla nascita della *logica simbolica* e della *teoria degli insiemi* aprirono un periodo di profonde discussioni riguardanti l'esistenza di paradossi. Si svilupparono nuovi interrogativi incentrati sull'esistenza dell'essere matematico e del suo dipendere dall'intuizione o dall'esperienza. Figura discriminante della disputa, cui avrebbero in seguito fatto tutti riferimento, fu Da-

vid Hilbert, il quale si accinse a dimostrare che l'applicazione pratica della matematica non può essere tale da condurre a risultati contraddittori. Perciò egli propose e si sforzò di costruire una teoria delle dimostrazioni che, superando il metodo assiomatico, costituisse il fondamento di un metodo formale. Tali proponimenti (in parte realizzati) hanno esercitato un'influenza feconda su quel processo di sintesi dei vari rami della matematica necessario per edificare una teoria generale delle strutture. Si tratta di un'evoluzione verso l'astratto insita nella stessa natura dell'attività matematica. Dopo Hilbert si assiste a una radicalizzazione del problema di fondo dell'analisi dell'esperienza matematica. Si pone cioè il problema se detta analisi debba eseguirsi in termini di oggetti che hanno una loro esistenza esterna indipendente dal processo conoscitivo (*platonismo*) o viceversa in termini del processo conoscitivo considerato indipendente dall'ipotesi dell'esistenza di oggetti matematici

Competenza per materia: criterio di ripartizione della funzione giurisdizionale in base alla natura della causa o al tipo di reato. – *In materia:* riguardo all'argomento in questione. *Dare un parere in materia.* – *loc. prep. In materia di:* per quanto riguarda. **5.** Ciò che è oggetto di uno studio, di un insegnamento. *Materie artistiche, letterarie.* **6.** Ciò che fornisce l'occasione, il pretesto. **7.** RELIG. *Materia dei sacramenti:* elemento sensibile del segno sacramentale.

materiàle agg. **1.** Formato di materia. **2.** Relativo alla materia, alla sostanza concreta delle cose, agli aspetti fisici (in oppos. a quelli *spirituali, morali* o *intellettuali*). **3.** FILOS. Che riguarda i dati fisici, empirici e concreti. **4.** Detto di persona, grossolano, rozzo. ◆ s.m. **1.** Sostanza, materia, d'origine naturale o artificiale, utilizzata per la fabbricazione di oggetti, di macchine o per la costruzione di edifici, di veicoli, ecc. **2.** Insieme di informazioni utilizzabili per una ricerca, la redazione di un lavoro, ecc. *Quest'indagine gli ha fornito il materiale della sua tesi.*

materialìsmo s.m. (fr. *matérialisme*, ingl. *materialism*) **1.** FILOS. Dottrina secondo la quale esiste soltanto la materia e il pensiero e tutti i fenomeni detti *spirituali* derivano da essa (in oppos. a *spiritualismo*). ◇ *Materialismo dialettico:* la dottrina filosofica di K. Marx e F. Engels che vede nella natura un dinamismo, una dialettica che si attua nel rapporto con l'uomo. – *Materialismo storico:* concezione marxista della storia che fa dipendere tutti i fenomeni storici, politici e sociali dal fattore economico. **2.** Modo di vivere, stato d'animo orientati verso la ricerca delle soddisfazioni e dei piaceri materiali.

ENCICL. Il materialismo come corrente filosofica risale all'antichità (Democrito, Epicuro, Lucrezio). In epoca moderna si sviluppa essenzialmente a partire dal sec. XVIII (Helvétius, d'Holbach, La Mettrie), associando spesso la concezione meccanicista della materia all'ateismo e finendo con l'impregnare largamente, dal sec. XIX, il pensiero scientifico. Su questo sfondo si staglia il materialismo di Marx, la cui prospettiva dialettica rinnova profondamente il contenuto e la portata della dottrina.

materialìsta s.m. e f. [pl.m. *-sti*] (fr. *matérialiste*, ingl. *materialist*) **1.** FILOS. Chi appartiene al materialismo, chi ne è fautore. **2.** Orientato verso la sola ricerca delle soddisfazioni materiali. SIN.: **edonista**.

materialìstico agg. [pl.m. *-ci*, f. *-che*] Del materialismo, dei materialisti.

materialità s.f. inv. (fr. *matérialité*) **1.** Carattere di ciò che è materiale. ◇ DIR. *Principio di materialità:* canone generale secondo cui per valutare la sussistenza di un reato non bisogna riferirsi all'intenzione del soggetto bensì a un comportamento concretamente apprezzabile. **2.** *fig.* Grossolanità, rozzezza.

materializzàre v.tr. (fr. *matérialiser*) Dare una forma concreta. *Materializzare un progetto.* ◆ **materializzarsi** v.pron. **1.** Riferito a entità spirituali, prendere una forma corporea. **2.** *scherz.* Farsi vivo dopo una lunga assenza. **3.** Assumere concretezza, corporeità. *La questione si sta materializzando.*

materializzazióne s.f. (fr. *matérialisation*) **1.** Riduzione ad aspetti materiali. ~ Realizzazione di qlco. di astratto. **2.** FIS. Trasformazione d'energia radiante in particelle di massa non nulla.

materialménte avv. **1.** In modo materiale, dal punto di vista della materia. **2.** Fisicamente. **3.** In modo tangibile, concreto.

materìsmo s.m. ART. MOD. CONT. Nella pittura astratta, corrente che dà valore ai materiali che usa l'artista.

maternità s.f. inv. **1.** Il diventare e l'essere madre. **2.** Legame affettivo o giuridico tra madre e figlio. **3.** Reparto di ostetricia e ginecologia. **4.** Periodo di congedo dal lavoro previsto per le donne in gravidanza. **5.** Opera d'arte incentrata sulla Madonna col Bambino.

matèrno agg. **1.** Che riguarda il rapporto tra madre e figlio in senso fisico e affettivo. **2.** Tipico del comportamento di una madre. ◇ *Scuola materna:* scuola facoltativa per bambini dai 2 anni e mezzo ai 5 anni. **3.** Da parte di madre, nei rapporti parentali.

materòzza s.f. METALL. Recipiente che permette l'afflusso del materiale fuso e la raccolta delle scorie fino alla solidificazione completa del metallo.

matinée [/mati'ne/] s.f. [pl. *matinées*] (voce fr., propr. "mattinata") **1.** Spettacolo teatrale o cinematografico che si rappresenta di mattina o più spesso di pomeriggio (in oppos. a *soirée*). **2.** Vestaglia da donna corta e di tessuto leggero.

matìta s.f. (lat. *lăpidem haematītos* "pietra di ematite") Strumento per tracciare, scrivere o disegnare costituito da una mina in grafite o altro materiale colorante inserita all'interno di un bastoncino di legno o altro supporto. ◇ MED. *Matita emostatica:* la cui sostanza arresta l'emorragia di piccole ferite.

matràccio s.m. [pl. *-ci*] (fr. *matras*, prob. ar. *maṭara* "vaso") CHIM. Contenitore di vetro sferico usato per distillazioni.

matriarcàle agg. Relativo al matriarcato. ~ Conforme ai principi del matriarcato.

matriarcàto s.m. **1.** ANTROP. Sistema sociale, politico e giuridico nel quale la donna ha il predominio e il potere in quanto madre e capo di famiglia. **2.** *estens.* Predominio della donna in un ambiente sociale.

Matricària s.f. (lat. *Matricaria*, deriv. di *mātrix* "matrice, utero" perché usata per provocare le mestruazioni) BOT. Genere di piante erbacee odorose, a cui appartiene la camomilla (*Matricaria chamomilla*), usata per preparare tisane. (Famiglia delle Composite.)

matrìce s.f. **1.** BIOL., ANAT. Ammasso di cellule generatrici di un tessuto. **2.** *fig.* Ciò che sta alla base di qlco. **3.** TECN. Strumento in cavità o in rilievo, che serve a imprimere una forma su un oggetto. **4.** MECC. Elemento cavo fisso che, accoppiato con il punzone, costituisce l'attrezzatura per eseguire la tranciatura e altre operazioni analoghe. **5.** Parte di blocco di moduli collegata a un'altra staccabile, conservata dall'emittente a scopo di verifica. **6.** GEOL. La roccia che include un minerale di diverso tipo. **7.** MAT. Tabella di elementi (in partic. numeri) disposti su righe orizzontali e colonne verticali, che semplifica varie operazioni. **8.** INFORM. Struttura dati per disporre serie di informazioni in forma di tabella. ◇ *A matrice di punti:* di dispositivo hardware che crea caratteri e immagini grafiche sullo schermo o in stampa come gruppi di punti di una matrice.

matriciàle agg. ALG. Delle matrici e del calcolo a esse relativo.

matricìda agg. [pl.m. *-di*] DIR. PEN. Che ha ucciso la propria madre. ◆ s.m. e f.DIR. PEN. Nel sign. dell'agg.

matricìdio s.m. [pl. *-di*] Uccisone della propria madre.

matricìna s.f. Albero risparmiato nel taglio dei boschi perché produca nuove piante.

matrìcola s.f. (lat. *matrĭculam* "registro") **1.** Registro dove sono iscritti i nomi di tutti gli individui che appartengono a una certa categoria. ◇ *Numero di matricola:* quello relativo a una persona o a una cosa elencati in un registro. **2.** Allievo del primo anno, in partic. all'università. **3.** *estens.* Persona nuova in qualsiasi campo.

matricolàre agg. Di matricola, della matricola. ◇ *Foglio matricolare:* documento che registra la carriera del militare.

matricolàto agg. **1.** Iscritto in una matricola. **2.** *fig.* Esperto nel proprio settore. *Delinquente matricolato.*

matrìgna s.f. **1.** Nuova moglie del padre rispetto ai figli avuti dalla moglie precedente. **2.** *fig.* Di entità astratte, cattiva madre. *La sorte gli fu matrigna.* ❑ In funzione di agg., nell'accez. 2 del s. *Natura matrigna.*

matrilineàre agg. ETNOL. Che prende in considerazione solo la discendenza da parte di madre per la trasmissione del nome e l'appartenenza a un gruppo sociale (in oppos. a *patrilineare*).

matrilinearità s.f. inv. ETNOL. Concezione di parentela in cui si tiene conto della discendenza in linea materna.

matrilocàle agg. ETNOL. Che riguarda una coppia sposata che vive presso la famiglia della donna.

matrimoniàle agg. Del matrimonio. ◇ *Agenzia matrimoniale:* impresa che mette in contatto persone desiderose di sposarsi.

matrimonialìsta s.m. e f. [pl.m. *-sti*] DIR. CIV. Avvocato che si occupa di questioni relative al diritto matrimoniale. ~ Studioso, esperto di diritto matrimoniale.

matrimònio s.m. [pl. *-ni*] (lat. *matrimōnium*, deriv. di *māter* "madre") **1.** Unione tra un uomo e una donna ufficialmente sancita davanti a un ufficiale dello stato civile o a un ministro del culto. **2.** Cerimonia organizzata in occasione di quest'unione. **3.** *estens.* Il periodo dell'unione di due coniugi. **4.** Uno dei sette sacramenti della Chiesa cattolica. **5.** *fig.* Combinazione, riunione di più cose, organismi, ecc.

matriòska o **matriòsca** s.f. [pl. *-ske*, *-sche*] (russo *matr'ška*, deriv. di lat. *matrōna* "matrona") Bambola di legno caratteristica del folclore russo, costituita da più bamboline di forma ovoidale contenute una dentro l'altra.

matròna s.f. **1.** ANT. ROM. Donna sposata. **2.** *fig.* Donna imponente.

matronèo s.m. ARCH. Galleria riservata alle donne tipica delle basiliche paleocristiane e romaniche.

matronìmico agg. [pl.m. *-ci*, f. *-che*] **1.** Di gruppo sociale in cui i nomi si trasmettono da madre a figlio. **2.** Di nome trasmesso dalla madre (in oppos. a *patronimico*). ◆ s.m. Nell'accez. 2 dell'agg.

màtta s.f. (etim. discussa, forse dallo spagn. deriv. di *matar* "uccidere") Carta da gioco a cui si può dare qualsiasi valore.

mattacchióne s.m. [f. *-na*] Persona scherzosa, allegra.

mattànza s.f. (spagn. *matanza*, deriv. di *matar* "ammazzare") **1.** Ultima fase della pesca ai tonni, durante la quale questi vengono arpionati. **2.** *estens.* Massacro, sterminio.

mattarèllo o **matterèllo** s.m. Cilindro di legno usato in cucina per spianare e rendere sottile la pasta.

mattatóio s.m. [pl. *-toi*] Luogo in cui si macellano le bestie. SIN.: **macello**.

mattatóre s.m. **1.** Persona che uccide gli animali nei mattatoi. **2.** Torero che ha il compito di uccidere il toro. **3.** [f. *-trice*] Attore capace di attirare su di sé l'attenzione degli spettatori.

mattìna s.f. Indicazione del tempo che intercorre dall'alba al mezzodì. ◇ *Dalla mattina alla sera:* tutta la giornata, ininterrottamente. – *Di prima mattina:* nelle prime ore della giornata.

mattinàta s.f. **1.** Parte del giorno compresa tra l'alba e il mezzodì considerata nella sua durata o nei suoi aspetti meteorologici o relativamente a ciò che avviene o che si fa. SIN.: **mattina**. **2.** Spettacolo non serale.

mattinièro agg. Che si alza presto. ◆ s.m. [f. *-ra*] Nel sign. dell'agg.

mattìno s.m. Parte della giornata prima del mezzogiorno. ◇ *Di buon mattino:* molto presto.

1. màtto agg. (etim. incerta, forse lat. *màditu* "bagnato, ubriaco") **1.** Fuori di senno, spec. in senso scherzoso riferito ad atteggiamenti strani, a stati d'animo euforici. ◇ *Essere matto dalla gioia:* molto felice e allegro. **2.** *fig.* Proprio di un pazzo, che non si può trattenere. ◇ *Avere una voglia matta di qlco.:* desiderare irrefrenabilmente qlco. **3.** Di metallo senza lucentezza o di danaro falso. ◇ *Carta matta:* carta opaca usata per la stampa fotografica. **4.** *fig.* Di scarso valore. ◆ s.m. [f. *-ta*] **1.** Persona squilibrata. ◇ *Da matti:* moltissimo, in modo straordinario. **2.** *fig.* Chi appare stravagante, eccentrico.

2. màtto agg. [f. *-ta*] (ar. *šāhmāt*, prob. calco della loc. persiana *šāhmurd* "il re è morto") Usato nella loc. *scacco matto*, che negli scacchi indica la mossa che immobilizza il re concludendo la partita a vantaggio di chi l'ha fatta. ◇ *fig. Dare scacco matto a qlcu.:* avere la meglio su qlcu.

mattonàia s.f. Spazio presso la fornace dove si fabbricano mattoni.

mattonàio s.m. [f. *-naia*, pl.m. *-nai*] Operaio che produce mattoni.

mattonàre v.tr. Rivestire di mattoni.

mattóne s.m. **1.** Materiale per costruzioni a base d'argilla, a forma di parallelepipedo, cotto in forni (eccetto i *mattoni crudi*, essiccati al sole). **2.** *fam.* Libro voluminoso, di lettura difficile. **3.** Il settore immobiliare. *Investire sul mattone.* **4.** *fig.* Persona o cosa noiosa. □ In funzione di agg. inv., di colore rosso scuro, come quello della terracotta.

mattonèlla s.f. **1.** Nel sign. del dim. di *mattone*; in partic., qualsiasi oggetto a forma di piccolo mattone. *Mattonella di cioccolato.* **2.** Piastrella di forma varia per pavimentazioni e rivestimenti. **3.** Bordo del tavolo da biliardo.

mattutino agg. (lat. *matutīnum*, dal nome di *Matūta* "dea dell'Aurora") Proprio del mattino. ◆ s.m. **1.** CRIST. Primo ufficio divino del giorno. **2.** Suono della campana che segna l'inizio del giorno.

maturàndo s.m. [f. *–da*] Chi deve affrontare le prove dell'esame di maturità.

maturàre v.tr. **1.** Rendere maturo un vegetale. *Il caldo matura i frutti.* **2.** *fig.* Rendere qlcu. più saggio. *Le esperienze l'hanno maturato.* **3.** *fig.* Concepire qlco. *Maturare una decisione.* **4.** *fig. fam.* Promuovere qlcu. all'esame di maturità. *La commissione ha maturato tutti i candidati.* ◆ v.intr. (aus. *essere*) **1.** Giungere a maturazione, riferito ai vegetali. *La frutta matura in primavera.* **2.** Acquisire maturità fisica o psicologica, anche pron. *La ragazza (si) è ormai maturata.* **3.** *fig.* Evolvere, giungere a compimento. *I tempi stanno maturando.* **4.** Riferito a crediti bancari, poter essere riscossi. *Gli interessi maturano ogni sei mesi.*

maturazióne s.f. (lat. *maturātio* "celerità") **1.** Processo che conduce allo sviluppo completo di un fenomeno. ~ Evoluzione di un organismo animale o vegetale verso lo sviluppo completo. ~ BIOCHIM. Processo con cui una cellula trasforma un precursore di una proteina in una molecola attiva (enzima, ormone, ecc.). **2.** Compimento di un processo di fermentazione o di invecchiamento naturale. **3.** *estens.* Raggiungimento della maturità fisica e/o psicologica. **4.** COMM. Conseguimento di un reddito alla scadenza prevista. **5.** METALL. Mantenimento a temperatura ambiente di un prodotto bagnato in lega d'alluminio, destinato a migliorare le qualità meccaniche.

maturità s.f. inv. **1.** BOT. Condizione di pieno sviluppo di un prodotto vegetale. **2.** Evoluzione dell'organismo umano verso lo stadio adulto, in oppos. alla *crescita*, che indica l'aumento delle dimensioni. ~ Periodo della vita caratterizzato dal pieno sviluppo fisico e intellettuale. **3.** Diploma statale di scuola media superiore e l'esame per conseguirlo.

matùro agg. **1.** Di vegetale completamente sviluppato, pronto al raccolto. **2.** Adulto. **3.** Che ha raggiunto la compiutezza. **4.** *fig.* Dotato di saggezza ed equilibrio. **5.** *fig.* Approfondito, ponderato. *Un maturo esame della situazione.* **6.** Di chi ha conseguito il diploma di maturità. **7.** COMM. Detto del credito esigibile. ◆ s.m. [f. *–ra*] Chi ha superato l'esame di maturità.

matusalèmme s.m. inv. (dal nome del patriarca dell'Antico Testamento che sarebbe morto a 969 anni) *fam. scherz.* Persona molto avanti negli anni, decrepita.

maudit [/mo'di/] agg. inv. (voce fr., deriv. di *maudire* "maledire", spec. riferito ad artisti.

maurandia s.f. Pianta del Messico e dell'Arizona, rampicante, con fiori a grande corolla, usata nei pergolati. (Genere *Asarina*; famiglia delle Scrofulariacee).

maurino s.m. Membro della congregazione benedettina di san Mauro, istituita nel 1618 e soppressa durante la rivoluzione francese.

mauritàno agg. Della Mauritania, regione dell'antichità e oggi stato dell'Africa. ◆ s.m. [f. *–na*] Nativo, abitante della Mauritania.

mauser [/'mauzɐ/] s.m. inv. (voce ted., dal nome dei due armaioli Paul e Wilhelm *Mauser*) Fucile a ripetizione.

mausolèo s.m. (lat. *Mausolēum*, gr. *Mausolêion* dal nome di *Máusōlos* "Mausolo" satrapo della Caria che fece edificare un monumento funebre considerato poi una delle sette meraviglie del mondo) Sontuoso monumento funebre. ~ *estens.* Edificio maestoso.

màxi agg. inv. Di dimensioni superiori a quelle normali.

màxi- Primo elemento di composti in cui indica dimensioni molto grandi (*maximoto*).

maxicappòtto s.m. ABBIGL. Cappotto lungo fino alle caviglie.

maxigònna s.f. ABBIGL. Gonna lunga fino alle caviglie.

maxillofacciàle agg. ANAT. Che riguarda la mascella e la faccia.

maximìn s.m. inv. (comp. di ingl. *maxi-mum* "massimo" e *min-imum* "minimo") MAT. → **massiminimo**.

maximùlta s.f. Multa elevatissima.

màximum s.m. inv. (voce lat., "il massimo") ECON. Tariffa massima, prezzo limite di un prodotto.

maxiprocèsso s.m. DIR. PEN. Giudizio penale nei confronti di un grande numero di imputati appartenenti alla stessa associazione criminosa.

maxischèrmo s.m. Schermo di grandi dimensioni.

maxwell [/'mækswel/] s.m. inv. (voce ingl., dal nome del fisico scozzese J.C. *Maxwell*) FIS. Unità di flusso magnetico (simb. *Mx*) nel sistema CGS.

màya agg. inv. (voce indigena, propr. "luogo arido") Di antica popolazione indigena dell'America centrale originaria delle regioni dell'odierno Yucatan. ◆ s.m. inv. **1.** (anche f., al pl. anche iniziale maiusc.) Appartenente alla popolazione maya. **2.** (solo sing.) La lingua parlata da tale popolazione.

mayday [/'meɪdeɪ/] s.m. inv. (voce ingl., trascrizione secondo la pronuncia ingl. della loc. fr. *venez m'aider* "venite ad aiutarmi") TELECOM. Segnale internazionale di soccorso. ~ *estens.* Richiesta di assistenza.

mazdeismo o **mazdaismo** s.m. (dal nome della divinità Ahura *Mazdāh*) RELIG. Antica religione persiana preislamica. [Il mazdeismo è una religione dualista: il mondo è il teatro della lotta tra il male (Ahriman o Angra-Mainyu) e il bene (Ahura-Mazda o Ormuzd) in cui il bene deve trionfare. Il libro sacro del mazdeismo è l'Avesta.] SIN. **zoroastrismo**.

mazùrca o **mazùrka** s.f. [pl. *–che, –ke*] (polacco *mazurka* "danza della Mesovia") Danza d'origine polacca molto diffusa in Europa, ballata in coppia. (Praticata prima solo come danza popolare, divenne un comune ballo da sala della seconda metà del sec. XIX.)

màzza s.f. **1.** Grosso bastone. **2.** Bastone di comando. *Mazza di maresciallo.* **3.** Grosso martello per battere il ferro. **4.** SPORT. Bastone per colpire una palla.

mazzacavàllo s.m. [pl. *mazzacavalli*] (così chiamata perché posta a cavallo di un'altra asta) **1.** Bilanciere per prendere acqua dai pozzi. **2.** Antica macchina bellica costituita da una trave in equilibrio su un'asta, che si usava per far oltrepassare agli uomini le mura della città assediata.

mazzàcchera s.f. (lat. *mazàcaram* "salsiccia" poi "lombrico") Lenza a cui è legato un mazzo di lombrichi, usata per catturare rane e anguille.

mazzafrùsto s.m. [pl. *mazzafrusti*] Antica arma con un piccolo manico e un mazzo di corde metalliche terminanti con palle di ferro o di piombo (secc. XI-XVI).

mazzapicchio s.m. [pl. *mazzapicchi*] **1.** Grosso martello di legno per cerchiare botti. **2.** Grosso martello d'acciaio usato nella macellazione. **3.** Blocco di legno duro cerchiato di ferro e dotato di maniglie, usato per spianare terra battuta e per piantare pali nel terreno.

mazzàta s.f. **1.** Colpo inferto con una mazza. SIN. **legnata. 2.** *fig. fam.* Danno improvviso.

mazzerànga o **mazzarànga** s.f. [pl. *–ghe*] Attrezzo con due impugnature, che serve a spianare e rassodare il terreno.

1. mazzétta s.f. Arnese simile al martello.

2. mazzétta s.f. **1.** Mazzo di biglietti di banca dello stesso taglio. **2.** *fam.* Denaro dato a qlcu. allo scopo di corromperlo o di avere favori.

1. mazzière s.m. [f. *–ra*] Chi mischia le carte e le distribuisce durante il gioco.

2. mazzière s.m. [f. *–ra*] **1.** Chi apre la sfilata di una banda. **2.** Subalterno di certe signorie che teneva la mazza come segno di autorità. **3.** Picchiatore in manifestazioni politiche di stampo fascista.

1. màzzo s.m. (deriv. di *mazza* per somiglianza di forma) **1.** Fascio di fiori, vegetali, ecc. legati insieme. **2.** *estens.* Raggruppamento di cose tra loro omogenee. *Mazzo di chiavi.* **3.** Insieme di carte da gioco.

2. màzzo s.m. (voce merid. di etim. incerta) *volg.* In usi scherzosi od osceni, deretano, culo.

mazzuòla s.f. Arnese con la testa di legno a forma di martello.

mazzuòlo s.m. **1.** Piccola mazza con la testa di materiale tenero usata per colpire superfici delicate. **2.** Bacchetta terminante con una palla di materiale flessibile per suonare alcuni strumenti a percussione (grande cassa, xilofono, ecc.). **3.** La parte terminale di certe mazze da golf.

mèa cùlpa s.m. inv. (loc. lat. tratta dal *Confiteor*, "per mia colpa") Ammissione dei propri torti ed errori e conseguente pentimento.

meàndro s.m. (lat. *Maeándrum*, deriv. dal nome di gr. *Máiandros* fiume dell'Asia Minore che nel tratto terminale descrive numerose anse) **1.** Sinuosità, ansa di valle modellata da corso d'acqua. **2.** *estens.* Percorso tortuoso. **3.** ARCH. Motivo ornamentale. SIN. **greca. 4.** *fig.* (al pl.) Difficoltà, tortuosità. *I meandri della diplomazia.* ~ (al pl.) Parte impenetrabile dell'animo umano.

meàto s.m. (lat. *meātum*, deriv. di *meāre* "passare in una via tracciata") **1.** ANAT. Orifizio di alcuni condotti del corpo umano. **2.** *estens.* Apertura stretta. **3.** MECC. Piccolo spazio tra due superfici in movimento, dove scorre il lubrificante.

mècca s.f. [pl. *–che*] (ar. *Makka*, nome della città santa dell'Islam) **1.** Luogo in cui si reca chi spera di realizzare le proprie aspirazioni. **2.** *scherz.* Luogo lontano. **3.** Vernice incolore usata per dorare le cornici.

meccànica s.f. [non com. pl. *–che*] **1.** FIS. Studio del comportamento dei corpi in moto. ◇ *Meccanica razionale*: teoria matematica dei fenomeni meccanici. – *Meccanica quantistica*: la moderna teoria fisica della materia che studia soprattutto i fenomeni relativi ai sistemi molecolari, atomici e subatomici. **2.** Studio delle macchine, della loro costruzione e del loro funzionamento. **3.** Il funzionamento e la particolare disposizione di un meccanismo o di una macchina. **4.** *fig.* Il modo in cui avvengono determinati fatti o alcuni processi naturali. *La meccanica della respirazione umana.*

ENCICL. La meccanica classica si estende dall'antichità, in particolare con Archimede, al sec. XVII con Galileo, Newton e Huygens ed è comunemente suddivisa in *statica* (studio dell'equilibrio e dell'azione delle forze sui corpi in assenza di moto), *cinematica* (studio del moto indipendentemente dalle cause che lo producono) e *dinamica* (studio dei corpi in moto sotto l'azione di forze). Nel sec. XVIII nasce la *meccanica razionale*, sviluppatasi da una riformulazione della meccanica secondo principi matematici operata da Newton. Alla fine dello stesso secolo si struttura la *meccanica analitica*, grazie all'opera di Lagrange di riunione dei vari rami della meccanica (statica e idrostatica, dinamica e idrodinamica) e alla riformulazione delle equazioni della dinamica in forma più generale e semplice, e la *meccanica dei fluidi*. Nel sec. XIX si studiano soprattutto il moto relativo, le teorie dell'elasticità, della capillarità, della propagazione degli elementi nei mezzi continui e la formulazione delle equazioni generali, fin quando nella seconda metà del secolo nasce la *meccanica statistica*, diretta erede della termodinamica. Nel sec. XX, dalla meccanica e dall'elettromagnetismo scaturiranno da un lato la *teoria della relatività* di Einstein e dall'altro la *teoria dei quanti* e la *meccanica quantistica* (de Broglie).

meccanicaménte avv. **1.** Mediante l'uso di macchine. **2.** In modo automatico.

meccanicismo s.m. **1.** FILOS. Teoria che esclude ogni forma di finalismo e che concepisce la realtà come governata unicamente da leggi fisiche e materiali. **2.** Attuazione di qlco. usando macchine o seguendo un'impostazione meccanica senza l'intervento dell'iniziativa individuale.

meccanicista s.m. e f. [pl.m. –sti] FILOS. Chi segue, sostiene le concezioni del meccanicismo.

meccànico agg. [pl.m. –ci, f. –che] **1.** Relativo a una macchina, a un meccanismo. **2.** Di operazioni tecniche effettuate dalle macchine. **3.** fig. Eseguito automaticamente, senza l'intervento della volontà e dell'intelligenza individuale. **4.** FIS. Della meccanica. ◆ s.m. [f. –ca] Professionista che ripara macchinari, spec. automobili o che costruisce elementi meccanici su commissione.

meccanismo s.m. (ingl. mechanism, fr. mécanisme) **1.** Combinazione di parti disposte in modo da trasmettere un movimento. **2.** Modo di funzionamento di un insieme di congegni interconnessi. **3.** fig. Modo in cui avviene il funzionamento di qlco.

meccanizzàre v.tr. (fr. mécaniser) **1.** Introdurre l'uso di macchine in un'attività. Meccanizzare il lavoro tessile. **2.** fig. Rendere un'azione meccanica, automatica. ◆ **meccanizzarsi** v.pron. Di un'attività, adottare l'introduzione di macchine. Oggi l'agricoltura si è meccanizzata.

meccanizzazióne s.f. (fr. mécanisation) Impiego di macchine in un'attività.

meccàno s.m. (solo sing.) Denominazione commerciale, che costituisce marchio registrato, di gioco di costruzione composto da lame forate che si articolano tra loro con bulloni, per realizzare macchine in miniatura.

meccanografia s.f. Tecnica meccanica o elettromeccanica applicata a calcolo, selezione, classificazione ed elaborazione di dati.

meccanogràfico agg. [pl.m. –ci, f. –che] Relativo alla meccanografia.

meccanoterapia s.f. MED. Fisioterapia attuata mediante l'uso di particolari strumenti meccanici.

mecenàte s.m. e f. (dal nome di G. Cilnio Mecenate consigliere di Augusto, protettore di artisti e scienziati) Persona fisica o giuridica che finanzia artisti, scienziati, autori, ecc.

mecenatismo s.m. Tendenza a proteggere scrittori, poeti e artisti, a favorire lo sviluppo delle arti.

mèche [/'mɛʃ/] s.f. inv. (voce fr., propr. "stoppino" poi "ciocca di capelli") Ciocca di capelli tinta di un colore diverso rispetto al resto della capigliatura.

mecònio s.m. [pl. –ni] (lat. mecōnium, gr. mēkŏnion deriv. di mēkōn "papavero") MED. Materia contenuta nell'intestino del feto ed espulsa dopo la nascita.

Mecòtteri s.m. pl. [iniziale minusc. sing. –ro per l'individuo] ZOOL. Ordine di insetti con due paia di ali uguali, capo allungato e, nei maschi, addome incurvato terminante in un'appendice rigonfia.

méda s.f. (voce sett., lat. mētam "meta") MAR. Indicazione fissa che, emergendo dal mare, segnala i fondali bassi, gli scogli che non sono visibili, ecc.

medàglia s.f. [pl. –glie] (lat. mediàlia, propr. "moneta da mezzo denaro") **1.** Disco di metallo con un disegno, un'iscrizione in rilievo, a ricordo o commemorazione di qualche avvenimento o persona. (Le medaglie sono general. di dimensioni appena superiori a quelle di grandi monete.) **2.** Dischetto di metallo prezioso che funge da riconoscimento ufficiale per particolari meriti. Medaglia olimpica. ◇ Medaglia al valore: concessa ai militari per atti di eroismo in combattimento o ai civili per premiare atti di eccezionale coraggio che manifestano virtù civica. ~ per meton. Persona insignita di tale decorazione. Le medaglie d'oro della Resistenza.

medaglière s.m. **1.** Raccolta di medaglie e monete. **2.** Raccolta delle medaglie meritate da un privato o da un ente in campo civile, militare o sportivo. **3.** Mobile per la custodia di medaglie o di monete.

medagliétta s.f. **1.** Nel sign. del dim. di medaglia; in partic., piccola medaglia recante un'immagine sacra e portata al collo per devozione oppure targhetta portata da animali domestici a scopo identificativo. **2.** Distintivo di riconoscimento, portato al collo dai membri del parlamento italiano e recante il nome del deputato o del senatore e l'indicazione della legislatura.

medaglióne s.m. **1.** Nel sign. dell'accr. di medaglia; in partic., ciondolo contenente l'immagine di una persona cara. **2.** Ornamento, dipinto o a bassorilievo, in forma di cornice rotonda oppure ovale. **3.** Profilo critico e bibliografico di uno scrittore o di altro personaggio importante. **4.** CUC. Preparazione a stampo rotondo di carne macinata, pesce o gelatina.

medaglista s.m. e f. [pl.m. –sti] **1.** Artista che crea medaglie. **2.** Chi colleziona medaglie.

medésimo agg. [f. –ma, pl.m. –mi, f. –me] (calco del gr. autótatos) **1.** Proprio questo, proprio quello. Ho detto anche io la medesima cosa. **2.** Identico, uguale. Avere il medesimo peso. **3.** Si usa anche come rafforzativo e intensivo, spec. prima di un pronome personale. L'ho fatto da me medesimo.

1. mèdia s.f. **1.** Valore compreso tra un minimo e un massimo. ◇ Media aritmetica: quella ottenuta sommando due o più valori e dividendo il risultato per il numero degli stessi. – Media geometrica di numeri: dati n numeri, la radice n^{ma} del loro prodotto. **2.** STAT. Media aritmetica sempre uguale di valori che, nell'analisi di serie temporali, sono rilevati per gradi su vari periodi. **3.** Valore che rappresenta una condizione intermedia fra quelle che comunemente s'incontrano. **4.** Votazione scolastica che risulta dalla somma dei voti delle varie materie divisa per il numero delle stesse. **5.** Scuola secondaria di primo grado.

2. media [/'miːdja/] s.m. pl. (voce ingl.) Mass media. ◇ Media planning: tecnica e strategia per pubblicizzare un prodotto mediante diversi mezzi di comunicazione di massa. – Media event: avvenimento, fenomeno, fatto che viene ingigantito e reso straordinario dai mass media.

1. mediàle agg. ANAT. Che si trova vicino all'asse mediano del corpo o di un organo.

2. mediàle agg. LING. Relativo alla forma media di un verbo.

3. mediàle agg. Relativo ai mezzi di comunicazione di massa.

mediaménte avv. In media, facendo la media.

mediàna s.f. **1.** GEOM. Retta che congiunge un vertice di triangolo con il punto medio del lato opposto. **2.** STAT. Punto in cui una funzione è equidistante dagli estremi. **3.** SPORT. In certi giochi di squadra, lo schieramento di giocatori tra i difensori e gli attaccanti.

mediànico agg. [pl.m. –ci, f. –che] Caratteristico di un medium.

medianismo s.m. L'attività propria di un medium, l'insieme dei fenomeni caratteristici di un medium.

medianità s.f. inv. La capacità, il potere di un medium.

mediàno agg. Che si trova in mezzo. ◇ ANAT. Nervo mediano: nervo nel mezzo dell'avambraccio. ◆ s.m. [f. –na] SPORT. Nel calcio e nel rugby, giocatore che sta fra i difensori e gli attaccanti.

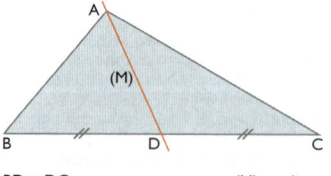

BD = DC — (M): mediana del lato BC

■ **mediàna** di un triangolo.

1. mediànte s.f. MUS. Terza nota che fissa il tono maggiore o minore di una scala in base all'intervallo con la tonica.

2. mediànte prep. Per mezzo di, con l'aiuto di.

mediàre v.intr. [6] (aus. avere) Intervenire mettendo in contatto parti avverse. Il presidente sta mediando tra i partiti. ◆ v.tr. **1.** Raggiungere un accordo. Mediare una soluzione. **2.** FILOS. Mettere in relazione un termine con un altro.

mediàstino s.m. ANAT. Spazio compreso tra i polmoni, la colonna vertebrale e lo sterno, contenente il cuore, il pericardio e i grossi vasi.

mediatèca s.f. [pl. –che] Archivio in cui si trovano fonti, strumenti, ecc. su supporto audio, video o elettronico.

mediàtico agg. [pl.m. –ci, f. –che] Relativo ai mass media o da essi prodotto o promosso.

mediàto agg. **1.** Posto in mezzo, interposto. **2.** Realizzato indirettamente, che passa per un intermediario.

mediatóre agg. [f. –trice] Che opera una mediazione. ◆ s.m. (anche f.) **1.** Chi si fa intermediario tra due contendenti. ◇ Mediatore europeo: persona, eletta dal Parlamento europeo, incaricata di regolare in forma amichevole le controversie tra i privati cittadini europei e le istituzioni comunitarie. **2.** COMM. Chi mette in relazione più parti per la conclusione di un affare, senza essere legato a nessuna di esse da rapporti economici e che ha diritto a una provvigione qualora l'affare venga concluso per effetto del suo intervento.

mediazióne s.f. **1.** Intervento volto a favorire rapporti, contratti, accordi. **2.** COMM. Provvigione che deve essere corrisposta da ciascuna delle parti di un affare al mediatore qualora l'affare sia concluso per effetto del suo intervento. **3.** FILOS. Ragionamento logico che si conclude attraverso passaggi intermedi.

medicalizzazióne s.f. (fr. médicalisation) Conferimento di carattere medico a un fenomeno o di altro tipo.

medicaménto s.m. Preparato che tratta o previene una malattia, ristabilisce o modifica funzioni dell'organismo.

medicamentóso agg. Che ha qualità terapeutiche.

medicàre v.tr. [4] **1.** Curare una ferita esterna. **2.** fig. Lenire, alleviare un dolore. ◆ **medicarsi** v.pron. Farsi una medicazione, curarsi per una ferita.

medicàstro s.m. [f. –stra] Nel sign. del pegg. di 2. medico. ~ Medico che non vale nulla.

medicazióne s.f. Applicazione terapeutica locale con cui si protegge e si tratta una lesione esterna.

medicina s.f. **1.** Scienza che si occupa delle malattie, della loro cura e prevenzione. ◇ Medicina generale: medicina che si occupa di tutte le patologie e general. del buon funzionamento dell'organismo. – Medicina legale: ramo specialistico volto all'applicazione della medicina alle scienze giuridiche. – Medicina sociale: ramo che tratta di problemi medici inerenti la comunità o un ampio gruppo di persone. – Medicina del lavoro: si occupa dell'idoneità di un individuo a un'attività, di nocività dell'ambiente di lavoro e di prevenzione e cura di malattie professionali. – Medicina alternativa: disciplina medica che si avvale di metodi terapeutici divergenti rispetto alla medicina ufficiale (p.e. l'omeopatia, l'agopuntura). **2.** Preparato a finalità terapeutiche. SIN.: medicinale. **3.** fig. Rimedio a mali fisici, sofferenze morali, situazioni difficili. **4.** (anche iniziale maiusc.) Facoltà universitaria in cui vengono insegnate le scienze mediche.

ENCICL. Le professioni mediche si svolgono in piena autonomia, mentre quelle paramediche possono solo coadiuvare il lavoro esercitato dai dottori. Le attività svolte dai cosiddetti guaritori, invece, hanno status diverso da paese a paese (basti pensare, p.e. alla pranoterapia). Accanto alla medicina tradizionale, che cura le malattie quando sono già sviluppate, ci sono la ricerca, la prevenzione e la medicina organizzata da un punto di vista amministrativo. Inoltre, parallelamente alla medicina di base, che implica una consultazione individuale con i pazienti, ci sono l'epidemiologia e il servizio sanitario pubblico che si occupano soprattutto di prevenzione attraverso lo studio dei fenomeni immunitari e la somministrazione dei vaccini.

medicinàle agg. Che ha delle proprietà terapeutiche. ◆ s.m. Preparato farmaceutico curativo. SIN.: **medicina**.

1. mèdico agg. [pl.m. –ci, f. –che] (lat. *mĕdicum*, deriv. di *medēri* "curare") Relativo alla medicina o ai medici. ◇ *Certificato medico*: quello che viene rilasciato dal medico sullo stato di salute di un paziente. – *Personale medico*: i laureati in medicina appartenenti a un'organizzazione sanitaria.

2. mèdico s.m. **1.** Chi esercita la professione medica dopo aver conseguito il titolo accademico, seguito il tirocinio prescritto e ottenuto l'abilitazione. ◇ *Medico chirurgo*: titolo di chi è laureato in medicina e chirurgia ed è stato abilitato all'esercizio. – *Medico curante*: che ha in cura stabilmente un ammalato. – *Medico generico (o di base)*: quello convenzionato con il servizio sanitario nazionale. – *Medico del lavoro*: quello che esercita nell'ambito della medicina del lavoro. **2.** *fig.* Ciò che rappresenta un qualche rimedio a mali fisici o morali. *Il miglior medico è il riposo.*

medievàle agg. **1.** Relativo al Medioevo. **2.** *fig. spreg.* Arretrato, retrogrado.

medievalismo s.m. (ingl. *medievalism*) Orientamento di pensiero che privilegia i principi, le usanze, i costumi, la mentalità, ecc. tipici del Medioevo.

medievalistica s.m. [pl. –che] L'insieme delle discipline filologiche e storiche che hanno come oggetto di studio il Medioevo.

medina s.f. (ar. *madīna* "città") La parte vecchia delle città islamiche comprendente il bazar e la moschea.

mèdio agg. [pl.m. –di] **1.** Che si trova a metà tra due estremi come posizione o valore. ◇ *Dito medio*: il terzo dito della mano. – *Ceto medio*: la media e piccola borghesia. – SPORT. *Pesi medi*: una delle categorie, stabilita in base al peso, di pugili, sollevatori di pesi, lottatori; *estens.* gli atleti appartenenti a tale categoria. **2.** Che risulta dalla media di grandezze diverse. **3.** LING. Riferito a coniugazione o diatesi dei verbi, che si oppone all'attivo e al passivo ed esprime l'azione che il soggetto esercita per sé o su se stesso. ~ GRAMM. Di consonanti occlusive sonore che stanno tra le tenui e le aspirate e di vocali articolate verso il centro della volta palatina oppure di apertura intermedia. ~ Riferito alla storia evolutiva di alcune lingue, indica il periodo intermedio tra la fase antica e quella moderna. ~ Di stile o uso che accoglie tratti molto diffusi della comunicazione parlata, non connotati però in senso regionale o popolare. ◆ s.m. **1.** Dito medio. **2.** SPORT. Pugile, sollevatore di pesi, lottatore che appartiene alla categoria dei pesi medi. **3.** MAT. (al pl.) Termini medi. **4.** ECON. *Medio circolante*: i mezzi di pagamento disponibili in uno stato.

mediòcre agg. (lat. *mediŏcrem*, propr. "che sta a metà altezza") **1.** Senza particolari doti, con capacità assai modeste. ~ Di qualità non buona, di scarso pregio. **2.** Al di sotto della media per dimensioni, valore, ecc. ◆ s.m. e f. Chi dimostra o ha capacità limitate.

mediocrità s.f. inv. **1.** Posizione intermedia tra due estremi. ◇ *Aurea mediocrità*: (in latino *aurea mediocritas*) il giusto mezzo, l'apprezzabile moderazione; *iron.* incapacità di distinguersi, di emergere per doti, capacità. **2.** Qualità modesta, scarso valore. *Mediocrità di un impiegato.* **3.** Persona di modeste qualità.

medioleggèro agg. SPORT. Di una delle categorie, determinate dal peso, in cui sono suddivisi i pugili, i sollevatori di pesi e i lottatori. ~ *estens.* Di atleta appartenente a tale categoria. ◆ s.m. Nel sign. dell'agg.

mediologia s.f. Studio dei mezzi di comunicazione di massa.

mediòlogo s.m. [f. –ga, pl.m. –gi, f. –ghe] Chi studia i mezzi di comunicazione di massa.

mediomàssimo agg. SPORT. Di una delle categorie, determinate dal peso, in cui sono suddivisi i pugili, i sollevatori di pesi e i lottatori. ~ *estens.* Di atleta che rientra in tale categoria. ◆ s.m. Nel sign. dell'agg.

mediorientàle agg. Del Medio Oriente.

meditabóndo agg. Assorto, immerso in meditazione.

meditàre v.tr. (lat. *meditàre*, deriv. di *medēri* "curare") **1.** Sottoporre a una riflessione profonda. *Meditare una pagina del Vangelo.* **2.** Progettare mentalmente. *Meditare un'impresa.* ◆ v.intr. (aus. *avere*) Riflettere con attenzione su un testo, un'idea, un problema. *Meditare sul senso dell'esistenza.*

meditativo agg. **1.** Che manifesta gusto per la meditazione. **2.** Dedito al meditare.

meditazióne s.f. **1.** Attenta e costante applicazione del pensiero intorno a un testo, un'idea, un problema, ecc. **2.** Pratica ascetica consistente in un raccoglimento, in preghiera, in una concentrazione profonda del pensiero con riflessione intorno alle verità della fede. **3.** Scritto, ragionamento, discorso filosofico o religioso che ha lo scopo di portare alla riflessione su un particolare problema, argomento, ecc.

mediterràneo agg. (lat. *mediterrāneum*, propr. "nell'entroterra, lontano dal mare") **1.** Di un mare che è circondato quasi del tutto da terre. **2.** Relativo al mare Mediterraneo. ◇ *Dieta mediterranea*: quella ricca di carboidrati e proteine vegetali. – LING. *Sostrato mediterraneo*: influsso delle lingue antiche parlate nel bacino del Mediterraneo sulle lingue indoeuropee successivamente insediatesi.

1. medium s.m. e f. inv. (fr. *médium*, ingl. *medium*, lat. *mĕdium* "mezzo" perché intermediario tra i vivi e gli spiriti) Chi ha poteri paranormali, in grado di suscitare fenomeni oggetto di studio della metapsichica. ~ Chi, nello spiritismo, sarebbe capace di mettere in comunicazione i vivi con gli spiriti dei defunti.

2. mèdium [/'miːdjum/] s.m. inv. (voce ingl.) **1.** Ogni singolo mezzo di comunicazione di massa. **2.** Ogni materiale usato, nella comunicazione visiva, come mezzo espressivo in lavori artistici o grafici.

3. medium [/'miːdjum/] agg. inv. (voce ingl.) Della misura media di un capo d'abbigliamento, superiore alla misura small e inferiore alla large, general. detta *media* e abbr. in *M*. ◆ s.f. inv. Nel sign. dell'agg.

medley [/'mɛdli/] s.m. inv. (voce ingl., propr. "miscuglio") MUS. Insieme di vari pezzi musicali.

mèdo agg. Della Media, antica regione iranica corrispondente all'attuale Persia. ◆ s.m. [f. –da] Appartenente all'antico popolo iranico della Media.

medùsa s.f. **1.** Animale marino dal corpo gelatinoso a forma di ombrello con una frangia di filamenti che causano irritazione al contatto. (Tipo dei Celenterati.) **2.** MIT. GR. (iniziale maiusc.) Una delle Gorgoni, che pietrificava chiunque la guardasse.

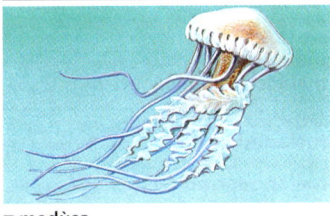

■ **medùsa**

meeting [/'miːtiŋ/] s.m. inv. (voce ingl., deriv. di *to meet* "incontrare") **1.** Riunione pubblica organizzata da un partito, un sindacato, ecc. per informare e discutere argomenti politici o sociali. ◇ *Meeting planner*: pianificatore aziendale di convegni. – *Meeting-point*: pubblico esercizio che costituisce un ritrovo. **2.** Riunione a carattere sportivo.

mefistofèlico agg. [pl.m. –ci, f. –che] Relativo a Mefistofele, nome del diavolo della leggenda popolare tedesca in seguito passato nel mito di Faust. ~ *estens.* Diabolico.

mefitico agg. [pl.m. –ci, f. –che] **1.** Dall'odore insopportabile. **2.** *fig.* Corrotto moralmente.

mèga- Primo elemento di composti dotti e del l. scientifico e tecnico, nei quali significa "grosso, grande" (*megalite*) o indica uno sviluppo abnorme (*megacolon*); se precede un'unità di misura la moltiplica per 10^6 (*megaohm*); anteposto a un'unità di misura di informazioni, ne moltiplica invece il valore per 2^{20} (*megabyte*). ~ *comun.* Aggiunge a nomi il significato di "eccessivamente grande, molto importante" (*megaconcorso*).

megabit [/'mɛgəˌbɪt/] s.m. inv. (voce ingl.) INFORM. Unità di misura multipla del bit pari a un milione di bit.

megabyte [/'mɛgaˌbaɪt/] s.m. inv. (voce ingl.) INFORM. Unità di misura multipla del byte, pari a circa un milione di byte, più precisamente a 1.048.576 byte, equivalente a 1024 kilobyte.

megàcero s.m. Mammifero fossile il cui maschio era dotato di corna palmate, vissuto in Europa e in Siberia, estinto nell'era quaternaria.

Megachiròtteri s.m. pl. [iniziale minusc. sing. –ro per l'individuo] ZOOL. Sottordine di mammiferi la cui nutrizione è costituita in prevalenza di frutti. (Ordine dei Chirotteri.)

megaciclo s.m. RAD.DIFF. Unità di misura della frequenza pari a 1 milione di cicli o periodi al secondo (*Mc*).

megacòlon s.m. inv. MED. Abnorme e patologico aumento del volume del colon o di un suo segmento.

Megadermàtidi o **Megadèrmidi** s.m. pl. [iniziale minusc. sing. –de per l'individuo] ZOOL. Famiglia di mammiferi con una grossa appendice lobata sul naso e orecchie di grandi dimensioni, che vivono in Australia, in Africa ai Tropici, in Asia al sud e che si cibano di piccoli animali; sono noti anche come *falsi vampiri*. (Certi esemplari non hanno coda; ordine dei Chirotteri.)

megàfono s.m. Apparecchio acustico che concentra e dirige un suono, una voce in una determinata direzione e quindi la amplifica.

megahertz [/'mɛga'ɛrts/] s.m. inv. FIS. Unità di misura della frequenza, multipla dell'hertz, pari a un milione di hertz.

megalite o **megalito** s.m. ARCHEOL. Monumento preistorico costituito da enormi blocchi di pietra.

■ **megalite.** Allineamento dei menhir di Carnac (Bretagna).

megalitico agg. [pl.m. –ci, f. –che] Relativo a un megalite.

mègalo- Primo elemento di composti dotti e del l. scientifico col significato di "grande" (*megalomania*).

megalocèfalo agg. MED. Macrocefalo. ◆ s.m. [f. –la] Nel sign. dell'agg.

megalòmane agg. Affetto da mania di grandezza. ◆ s.m. e f. Nel sign. dell'agg.

megalomania s.f. Delirio di grandezza, consistente in un'eccessiva considerazione di sé, che spinge a compiere o ad attribuirsi azioni al di sopra delle proprie possibilità o proprietà.

megalòpoli s.f. inv. Grande zona intensamente urbanizzata.

Megalòtteri s.m. pl. [iniziale minusc. sing. –ro per l'individuo] ZOOL. Ordine di insetti dotati di quattro lunghe ali membranose e di un apparato masticatore molto sviluppato.

megaòhm s.m. inv. ELETTR. Unità di misura della resistenza elettrica pari a 1 milione di ohm (simb. $M\Omega$).

Megapòdi o **Megapòdidi** s.m. pl. [iniziale minusc. sing. *-de* per l'individuo] ZOOL. Famiglia di uccelli terrestri dalle grosse zampe che depongono le uova in un nido gigantesco fatto di sostanze organiche in putrefazione.

mégaron s.m. [pl. *megara*] (gr. *mégaron*, deriv. di *mégas* "gande") ARCHEOL. Nei palazzi dell'età micenea, la sala più importante riservata ai banchetti e al trono.

megaschèrmo s.m. → maxischermo.

megatèp s.m. inv. (comp. di *mega-* e *t-onnellate e-quivalenti p-etrolio*) FIS. Unità di misura dell'energia pari al calore che si produce durante la combustione di un milione di tonnellate di petrolio, avente un potere calorifero di 10.000 kcal/kg.

Megatèrio s.m. ZOOL. Genere di mammiferi fossili, simili ai bradipi, vissuti all'inizio dell'era quaternaria nell'America meridionale. (Lunghezza fino a 4,5 m; Ordine degli Sdentati.)

megatèrmo agg. BOT. Di pianta che necessita di alte temperature.

mègaton o **megatóne** s.m. [inv. o pl. *-ni*] FIS. Unità di misura della potenza delle esplosioni nucleari, pari a quella di 1 milione di tonnellate di tritolo (simb. *MT*).

mègatron s.m. inv. Tubo elettronico a tre elettrodi adatto per frequenze dell'ordine dei 1000 MHz.

Megàttera s.f. ZOOL. Genere di cetacei dotati di lunghe pinne che li rendono molto veloci. (Lunghezza 15 m ca.; famiglia dei Balenotteridi.)

megavòlt s.m. inv. FIS. Unità di misura della tensione elettrica pari a 1 milione di volt (simb. *MV*).

megawatt [/'mega'vat/] s.m. inv. FIS. Unità di misura della potenza pari a un milione di watt (simb. *MW*).

megèra s.f. (lat. *Megaēram*, gr. *Mégaira* propr. "colei che invidia", nome di una delle tre Erinni, mostri mitologici dall'aspetto terrifico) **1.** Donna molto brutta e cattiva. **2.** Farfalla diurna, i cui bruchi vivono sulle graminacee, con ali rosso-giallastre maculate di nero. (Famiglia dei Satiridi.)

mèglio avv. **1.** In maniera migliore, in modo più soddisfacente. ◇ *Stare meglio:* essere in condizioni migliori; di cose, essere più appropriato. – *Andare meglio:* migliorare. **2.** Accompagna un termine di paragone esplicito. *Carlo scia meglio di Luigi.* ~ È preceduto dall'art. determ. nel superl. relativo di maggioranza. *Sei senza dubbio il meglio organizzato.* ◇ *Il meglio possibile:* nel miglior modo possibile. ◆ agg. inv. **1.** Migliore, con valore comparativo. *C'è di meglio.* **2.** Più opportuno. *È meglio non disturbarlo.* SIN.: **preferibile.** ◇ *Tanto meglio!:* esclamazione di compiacimento. ◆ s.m. inv. La cosa o la parte migliore, più opportuna. ◇ *Fare del proprio meglio:* tutto quello che è nelle proprie possibilità. ◆ s.f. inv. La cosa migliore, la soluzione più vantaggiosa. ◇ *Avere la meglio:* risultare vittorioso.

mehari [/me'ari/] s.m. inv. (fr. *méhari*, ar. magrebino *mehāri* dal nome di una tribù araba) Dromedario da sella africano, addestrato per la corsa e per il combattimento.

meiòsi s.f. inv. (gr. *meíōsis* "diminuzione") BIOL. Divisione del nucleo delle cellule germinali in seguito alla quale il numero dei cromosomi delle cellule figlie è ridotto a metà. (Al termine della meiosi, ogni cellula diploide forma quattro gameti aploidi.)

méla s.f. **1.** Frutto del melo, rotondo e carnoso, ricco di vitamine. ◇ *fig. Mela marcia:* elemento negativo all'interno di un gruppo. **2.** Qualsiasi oggetto avente forma di una mela. **3.** *gerg.* Nella pallacanestro, il pallone. **4.** *fig.* (spec. pl.) Guance floride e rose.

melagràna s.f. [pl. *melagrane*, meno freq. *melegrane*] (lat. *mālum granātum* "mela granata") Frutto del melograno che contiene molti grani dal colore rosso e dal sapore agrodolce.

melammina s.f. CHIM. Composto organico ($C_3H_6N_6$) derivante dalla polimerizzazione della cianammide, usato per la fabbricazione di resine polimeriche.

melampiro s.m. (lat. *Melampyrum*, gr. *melámpyron* "zizzania") Pianta erbacea con foglie opposte e fiori di vario colore, parassita di alberi ed erbe, tipica dei campi di frumento. (Genere *Melampyrum*; famiglia delle Scrofulariacee.)

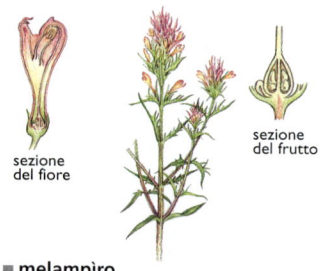

sezione
del fiore

sezione
del frutto

■ **melampìro**

melanesiàno agg. Della Melanesia. ◆ s.m. [f. *-na*] Nativo, abitante della Melanesia.

mélange [/me'lāʒ/] s.m. inv. (voce fr., deriv. di *mêler* "mescolare") **1.** Mescolanza, insieme di elementi. **2.** Tessuto di varie tinte mescolate in modo da ottenere un particolare effetto di colore.

melàngola s.f. Frutto del melangolo.

melàngolo s.m. (lat. *melàngolum*, comp. di gr. *mêlon* "mela" e *ángouron* "cetriolo") Albero simile all'arancio, tipico delle zone tropicali, dai frutti non commestibili e dal sapore amaro; detto anche *cetrangolo.* (Genere *Cedro.*)

melànico agg. [pl.m. *-ci*, f. *-che*] Dal colore scuro o nero. ◇ BIOL. *Cellule melaniche:* che contengono melanina.

melanina s.f. CHIM., BIOL. Pigmento scuro presente nella pelle, nei peli e nella retina sotto forma di granuli.

melanismo s.m. BIOL. Eccessiva pigmentazione del mantello dei mammiferi o delle piume dei volatili.

melanite s.f. MIN. Varietà nera di granato.

melanocita o **melanocito** s.m. BIOL. Cellula della pelle dell'uomo e dei mammiferi che garantisce la sintesi di melanina.

melanodermia s.f. MED. Eccessivo aumento della pigmentazione della pelle.

melanodèrmo agg. ANTROP. Che appartiene alla razza negra. ◆ s.m. (al pl. anche iniziale maiusc.) Nel sign. dell'agg.

melanòma s.m. [pl. *-mi*] MED. Tumore della pelle dovuto ad accumuli di melanina nei melanociti. ◇ *Melanomi benigni:* nei, lentiggini, efelidi. – *Melanoma maligno:* nevocarcinoma.

melanòsi s.f. inv. MED. Affezione derivante da un accumulo di melanina nei tessuti.

melanzàna s.f. (ar. *bāḏinğān*, persiano *bāḏimğān*) **1.** Pianta erbacea con foglie grandi e ruvide, coltivata nelle regioni mediterranee per i suoi frutti commestibili. (Nome sc. *Solanum melongena*, famiglia delle Solanacee.) **2.** Frutto di tale pianta, ovoidale, cilindrico e di colore violaceo.

fiore

frutto

■ **melanzàna**

melàssa s.f. (fr. *mélasse*, spagn. *melaza*, lat. *mellàceum* "mosto cotto") Residuo della fabbricazione dello zucchero.

melàta o **mielàta** s.f. **1.** Secrezione zuccherina vischiosa che trasuda dalla corteccia e dalle foglie di varie piante. **2.** Escrezione zuccherina di alcuni insetti sulle foglie, di cui api e formiche si nutrono.

melatonina s.f. BIOL. Ormone secreto dalla ghiandola pineale, che interviene nella regolazione dei ritmi biologici.

melchita s.m. e f. [pl.m. *-ti*] (deriv. di ar. *mālikī* da *malik* "re") Cattolico di rito bizantino e lingua araba.

meleagrina s.f. Mollusco che produce perle e madreperla, tipico dei mari caldi. (Classe dei Lamellibranchi.)

melèna s.f. MED. Emissione di feci nere o nerastre. (È dovuta alla digestione di sangue presente nel tubo digerente a causa di un'emorragia interna.)

melènso agg. **1.** Privo di valore, di originalità. SIN.: **insulso. 2.** Sdolcinato, zuccheroso. **3.** Scarsamente intelligente, goffo.

mèlia s.f. Albero coltivato a scopo ornamentale per i suoi fiori violacei raccolti a grappolo e per il legno pregiato. (Famiglia delle Meliacee.)

Meliàcee s.f. pl. [iniziale minusc. sing. *-a* per l'individuo] BOT. Famiglia di piante dicotiledoni arborescenti delle regioni tropicali, dal legno molto pregiato.

mèlica s.f. [pl. *-che*] Forma di poesia destinata a essere cantata o recitata con accompagnamento musicale, sviluppatasi spec. nell'antica Grecia.

mèlico agg. [pl.m. *-ci*, f. *-che*] Relativo alla poesia lirica, destinata a essere recitata con accompagnamento musicale, e al compositore di tale poesia. ◆ s.m. [f. *-ca*] Poeta autore di composizioni meliche.

mèliga o **mèlica** s.f. [pl. *-ghe, -che*] (lat. *herbam Mēdicam* "erba della Media") Pianta erbacea perenne avente piccoli fiori gialli in pannocchie, frutti a cariosside, coltivata per alimentazione o come materiale per scope. (Famiglia delle Graminacee.)

melilòto s.m. (lat. *Melilotus*, gr. *melílōton* comp. di *méli* "miele" e *lōtós* "loto" perché somiglia al loto e i suoi fiori emanano profumo di miele) **1.** Pianta erbacea dai piccoli fiori gialli o bianchi, utilizzata in profumeria e in farmacopea. (Famiglia delle Papilionacee.) **2.** BOT. (iniziale maiusc.) Genere di piante a cui appartengono varie specie di meliloto.

melinite s.f. (dal nome del ministro francese F.J. *Méline* a cui l'inventore la dedicò) Esplosivo a base di acido picrico.

prima divisione

seconda divisione

interfase   profase   anafase   telofase   anafase   telofase

■ **meiòsi.** Le fasi della meiosi.

melisma s.m. [pl. *–smi*] MUS. Nel canto liturgico monodico occidentale, abbellimento melodico in cui si utilizzano più note su una sola sillaba del testo; è tipico del canto gregoriano.

melissa s.f. (lat. *melìssam*, abbr. di *melissòphyllum*, gr. *melissóphyllon* "foglia gradita alle api") **1.** Pianta erbacea con fusto eretto, fiori bianchi e rosa, foglie odorose dalle quali si estrae un olio essenziale usato in profumeria e in farmacia per le sue proprietà antispasmodiche, stimolanti e nervine. (Famiglia delle Labiate.) **2.** BOT. (iniziale maiusc.) Genere di piante a cui appartiene la melissa.

mellificazióne s.f. La produzione del miele.

mellìfluo agg. (lat. *mellìfluum* "da cui scorre il miele") Che esprime gentilezza affettata, manierata. ~ Falsamente dolce e cortese. *Parole mellìflue.*

mélma s.f. **1.** Terra molle imbevuta d'acqua. SIN.: **fango. 2.** *fig.* Depravazione, abbrutimento.

melmóso agg. Sporco, ricoperto di melma.

mélo s.m. Albero da frutta molto diffuso nelle regioni temperate, con foglie ovali e dentate, fiori bianchi o rosa, falsi frutti commestibili. (Nome sc. *Malus communis*; famiglia delle Rosacee.)

albero in fiore

frutto

sezione del frutto   fiori e foglie

■ **mélo**

melò s.m. inv. Melodramma.

melodìa s.f. (lat. *melòdiam*, gr. *melōidían* deriv. di *melōidèin* "cantare") **1.** MUS. Successione di suoni musicali di altezza variabile. **2.** Frase semplice e orecchiabile su cui è basata una composizione musicale. **3.** *estens.* Dolce musicalità, gradevole equilibrio di un insieme di suoni o di voci. SIN.: **armonia.**

melòdico agg. [pl.m. *–ci*, f. *–che*] Relativo alla melodia.

melodióso agg. Armonioso, dolce.

melodìsta s.m. e f. [pl.m. *–sti*] Musicista che compone melodie.

melodràmma s.m. [pl. *–mi*] Dramma general. in versi messo in musica e cantato. SIN.: **opera.**

melodrammàtico agg. [pl.m. *–ci*, f. *–che*] **1.** Caratteristico del melodramma. SIN.: **operìstico. 2.** *fig.* Eccessivo, caricato di enfasi. SIN.: **teatrale.**

Mèloe s.m. inv. ZOOL. Genere di coleotteri grossi e tozzi con ali atrofizzate e livrea nero blu o nero-verdastra, talvolta dai riflessi metallici. (Famiglia dei Meloidi.)

Melòfago s.m. ZOOL. Genere di insetti ditteri, parassiti delle pecore. (Famiglia degli Ippoboscidi.)

melogràno s.m. [pl. *melograni, meligrani*] Albero originario del Medio Oriente, con fusto eretto, fiori rosso vivo, e frutti chiamati *melagrane.* (Altezza fino a 6 m; genere *Punica*, famiglia delle Punicacee.)

Melòidi s.m. pl. [iniziale minusc. sing. *–de* per l'individuo] ZOOL. Famiglia di insetti di medie dimensioni, abbondanti nelle regioni calde.

melòlogo s.m. [pl. *–ghi*] (fr. *mélologue*) Declamazione di una composizione letteraria, in prosa o in versi, con accompagnamento musicale.

melòmane s.m. e f. Chi ha la passione della musica operistica.

melóne s.m. (lat. *melónem*, abbr. di *melopepōnem*, gr. *mēlopépōn* comp. di *mēlon* "melo" e *pépōn* "popone") Pianta erbacea strisciante con foglie lobate e frutto commestibile. (Nome sc. *Cucumis melo*; famiglia delle Cucurbitacee.) ~ Frutto di questa pianta, di forma ovoidale, verde, giallo o marrone chiaro, con polpa arancione, dolce e con un profumo intenso.

sezione del frutto

■ **melóne**

melopèa s.f. (lat. *melopoèiam*, gr. *melopoiía* deriv. di *melopoïēin* "comporre canti") MUS. Composizione melodica di ritmo lento spesso ispirata a motivi liturgici.

mélos s.m. [pl. *mele*] (voce lat., gr. *mélos* "membro di frase musicale" poi "melodia") Melodia, canto lirico.

meloterapìa s.f. MED. → **musicoterapia.**

meltdown [/mɛlt'daʊn/] s.m. inv. (voce ingl., comp. di *melt* "fusione" e *down* "giù") **1.** FIS. Fusione del nocciolo di un reattore nucleare dovuta a guasti degli apparati di raffreddamento. **2.** *fig.* Caduta, crollo rovinoso.

melting pot [/'mɛltɪŋ 'pɒt/] loc. sost. m. inv. (loc. ingl., propr. "pentola dove si fonde") Mescolanza e assimilazione di elementi demografici diversi, in partic. negli Stati Uniti.

membràna s.f. (lat. *membrānam* "pellicola che copre le membra") **1.** ANAT. Pellicola di tessuto che racchiude organi o separa parti anatomiche o chiude orifizi. *Membrana timpanica.* **2.** BIOL. Involucro elastico che riveste un organo, una cellula o il suo nucleo. **3.** Strato di materia flessibile e general. elastica. ~ CHIM. Strato sottile di una sostanza porosa che si interpone tra due ambienti e che permette di eliminare o concentrare alcune costituenti per osmosi, dialisi, filtrazione, ecc. **4.** Pelle conciata che serviva un tempo a usi di scrittura (pergamena o cartapecora) e oggi elemento vibrante di tamburi o altri strumenti musicali a percussione. **5.** Lamina fine di metallo vibratile per apparecchi acustici, manometri o altro. **6.** TECN. Sottile strato di materiale vario con funzioni filtranti selettive inserita in diversi strumenti, apparecchi, ecc.

membranàceo agg. Costituito da una membrana.

membranóso agg. Costituito da una o più membrane. ~ Simile a una membrana.

membratùra s.f. **1.** Le membra umane o animali nel loro complesso. **2.** ARCH. Elemento strutturale.

mèmbro s.m. [pl.f. *membra* con valore collettivo, spec. per designare le parti del corpo umano nel loro complesso, m. *membri* per indicare singolarmente le parti del corpo, e in tutti gli altri casi] **1.** Ognuna delle parti esterne del corpo umano o animale e in partic. gli arti. ◇ *Membro virile*: pene. **2.** *fig.* Ogni persona che appartiene a un organismo, un'associazione, un gruppo, ecc. **3.** MAT. In un'uguaglianza o una disuguaglianza, ciascuno dei due termini che appaiono da ambo le parti del segno. **4.** GRAMM. Sequenza di parole che costituisce un'unità di significato o di costruzione distinguibile da altre nell'ambito di una frase o di un periodo. **5.** MECC. Elemento che costituisce un complesso meccanico. **6.** ARCH. Ciascuna delle parti di un complesso architettonico.

memènto s.m. inv. (voce lat., "ricòrdati") **1.** CATT. Parte della messa in cui il celebrante ricorda i vivi e i morti. **2.** Esortazione, ammonizione a non dimenticare. *Un attentato che è un inquietante memento per l'opinione pubblica.*

mèmo s.m. inv. Promemoria, taccuino dove si scrive ciò che si vuole ricordare.

memoràbile agg. Degno di essere ricordato.

memoràndum s.m. inv. (voce lat., deriv. di *memorāre* "ricordare") **1.** Nota diplomatica che contiene i termini di un'intesa. **2.** Libretto per appunti, annotazioni, promemoria. **3.** Lettera, spec. commerciale, per brevi comunicazioni. **4.** Foglio di carta da lettere di piccolo formato, per tali comunicazioni.

mèmore agg. Che si ricorda bene di qlco. *Memore del passato.* ~ Riconoscente. *Essere memore del bene ricevuto.* ~ Di luogo, che rinnova, perpetua il ricordo.

memòria s.f. **1.** Attività biologica e psichica che permette di ricordare e richiamare le informazioni. ~ Attitudine a ricordare. *Avere buona memoria.* ~ Lo spirito come sede dei ricordi. *Frugare nella sua memoria.* **2.** Idea, immagine che si conserva nella mente di cose, persone, avvenimenti. SIN.: **ricordo.** ◇ *Memoria storica, collettiva*: conoscenza della propria storia e tradizione, che costituisce il patrimonio spirituale di un popolo. – *In memoria di*: in onore di una persona o di un evento degno di essere ricordato. **3.** (al pl.) Avvenimenti del passato conservati nel ricordo della tradizione. **4.** (spec. pl.) Monumento, cimelio, scritto che costituisce un documento storico del passato. **5.** Scritto general. breve su argomenti eruditi o scientifici. **6.** Scritto che riassume i dati di una situazione dal punto di vista dello scrivente. **7.** Appunto, annotazione. **8.** INFORM. Dispositivo di un elaboratore che permette la registrazione, la conservazione e la restituzione dei dati. ◇ *Memoria di massa o secondaria*: memoria esterna capace di contenere grandi quantità di dati. – *Memoria a sola lettura*: ROM. – *Memoria ad accesso diretto*: RAM. – *Memoria virtuale*: composizione di memoria principale e memoria secondaria, per cui nella prima sono eseguite le operazioni, mentre nella seconda sono conservati dati momentaneamente inutilizzati.

ENCICL. La memoria umana è multiforme. La capacità di memorizzazione degli individui, differente a seconda che le informazioni da memorizzare riguardino azioni presenti o avvenimenti passati, consentono di distinguere tra *memoria immediata* (detta anche *a breve termine* o *di lavoro* se studiata in relazione alla risoluzione di problemi), dalle potenzialità limitate, e *memoria a lungo termine*, dalle potenzialità teoricamente illimitate. Dallo studio dei deficit di memoria, dovuti a fattori quali età, malattie o traumi, si è giunti alla suddivisione tra *memoria dichiarativa o esplicita* (composta da memoria *episodica*, che riguarda specifici avvenimenti, e *semantica*, relativa a fatti o conoscenze generiche) e la *memoria non dichiarativa o implicita* (di cui fanno parte anche la *memoria procedurale*, cioè l'insieme di ciò che sappiamo fare automaticamente a livello motorio, e la *memoria visiva e inconscia*).

memorial [/'mi'mɔːrɪəl/] s.m. inv. (voce ingl., propr. "commemorazione") **1.** Manifestazione spec. sportiva o artistica in ricordo di un personaggio famoso. **2.** Monumento commemorativo.

memoriàle s.m. (lat. *libèllum memoriàlem* "libretto di annotazioni") **1.** Scritto nel quale sono raccolti fatti memorabili vissuti in prima persona dallo scrivente. ~ Insieme di memorie riguardanti la vita e l'attività di un personaggio famoso. **2.** Dissertazione scritta in cui si espongono le proprie opinioni spec. per giustificare o per difendere il proprio operato.

memorialìsta s.m. e f. [pl.m. *–sti*] (fr. *mémorialiste*) Autore di scritti autobiografici, memorie, memoriali, ecc.

memorialìstica s.f. [non com. pl. *–che*] Genere letterario che comprende scritti autobiografici, libri di memorie, memoriali.

memorizzàre v.tr. (fr. *mémoriser*) **1.** Imprimere nella memoria. **2.** Detto di elaboratori, riuscire a immagazzinare dati. SIN.: **registrare**.

memorizzazióne s.f. (fr. *mémorisation*) **1.** L'apprendimento a memoria. **2.** INFORM. L'inserimento di dati nella memoria di un computer.

ména s.f. (spec. pl.) Manovra segreta spec. ai danni di qlcu. SIN.: **macchinazione**.

menabò s.m. inv. (voce milan., propr. "mena buoi" nel sign. di "guida per la stampa") **1.** STAM. Abbozzo di un progetto grafico. **2.** STAM. Schema, modello per impaginare un lavoro a stampa.

ménage [/me'naʒ/] s.m. inv. (voce fr., lat. deriv. di *mānsio* "soggiorno, dimora") Lo stato e la conduzione della vita domestica e familiare spec. in relazione a quella coniugale. ◇ *Ménage a tre* (o *à trois*): rapporto che coinvolge tre persone.

menagràmo s.m. e f. inv. (milan. *menagràm*, propr. "che porta cose tristi") Chi è ritenuto capace di portare sfortuna.

menàrca s.m. [non com. pl. –*chi*] MED. Nella donna in età puberale, comparsa della prima mestruazione e inizio dell'attività ovarica.

menàre v.tr. (lat. *mināre* "spingere un animale minacciandolo o battendolo") **1.** Assestare colpi con violenza a qlcu. **2.** Agitare, scuotere qlco. ◆ **menarsi** v.pron. Detto di due o più persone, picchiarsi a vicenda.

mendàce agg. Falso oppure bugiardo.

mendelèvio s.m. (solo sing.) (dal nome del chimico russo D. *Mendeleev*) CHIM. Elemento chimico transuranico (*Md*), ottenuto artificialmente dall'einsteinio, di numero atomico 101 e peso atomico 257.

mendelismo s.m. BIOL. L'insieme delle leggi naturali che descrivono la trasmissione dei caratteri ereditari nei casi più semplici e che costituiscono la base della genetica, così denominate in onore dell'abate Gregor Mendel che le descrisse.

mendicànte agg. Che vive chiedendo l'elemosina. ◇ *Ordini mendicanti*: ordini religiosi fondati a partire dal sec. XIII ai quali la regola impone la povertà. (I quattro ordini più antichi e importanti sono i carmelitani, i francescani, i domenicani e gli agostiniani. Il Concilio di Trento ha autorizzato gli ordini mendicanti ad acquisire possedimenti anziché vivere soltanto delle elemosine dei fedeli.) ◆ s.m. e f. Chi vive mendicando. SIN.: **accattone**.

mendicàre v.tr. [4] **1.** Domandare qlco. come elemosina. **2.** *estens.* Chiedere qlco. con insistenza, umiliandosi. ◆ v.intr. (aus. *avere*) Chiedere l'elemosina.

mendicità s.f. inv. **1.** La condizione di chi mendica. **2.** La categoria, il complesso dei mendicanti.

menefreghismo s.m. (dalla loc. di orig. roman. *me ne frego* "non me ne importa") Atteggiamento di indifferenza totale in relazione ad altre persone e ai propri doveri. ~ Ostentata trascuratezza. SIN.: **indifferenza**.

menefreghista agg. [pl.m. –*sti*] Che dimostra un'egoistica indifferenza nei confronti degli altri o dei propri doveri. ◆ s.m. e f. Nel sign. dell'agg.

menestrèllo s.m. (fr. *ménestrel*, lat. *ministeriàlem* "incaricato di un servizio") **1.** Nel Medioevo, musicista di bassa estrazione sociale che recitava o cantava dei versi accompagnandosi con uno strumento musicale. **2.** *scherz.* Chi canta canzoni e serenate, spec. in luoghi pubblici. ~ Cantante o poeta di nessun valore.

menhir [/me'nir/] s.m. inv. (voce bretone, propr. "pietra lunga") Monumento megalitico costituito da un unico blocco di pietra conficcata verticalmente nel terreno.

Meniantàcee s.f. pl. [iniziale minuscale sing. –*a* per l'individuo] BOT. Famiglia di piante acquatiche.

Mènidi s.m. pl. [iniziale minusc. sing. –*de* per l'individuo] ZOOL. Famiglia di pesci con bocca retrattile fornita di piccoli denti. SIN.: **Centracantidi**.

meninge s.f. (gr. *mēninks* "membrana cerebrale") **1.** ANAT. Ciascuna delle tre membrane (dura madre, aracnoide, pia madre) che circondano l'encefalo e il midollo spinale. **2.** *pop.* (spec. pl.) Cervello. ◇ *fam. Spremersi le meningi*: sforzarsi di capire, di studiare qlco.

meningèo agg. ANAT. Relativo alle meningi.

meningite s.f. MED. Infiammazione delle meningi di natura infettiva o tossica, che si manifesta con febbre, mal di testa e vomito.

meningocòcco s.m. [pl. –*chi*] MED. Batterio responsabile della meningite.

meningoencefalite s.f. MED. Infiammazione simultanea dell'encefalo e delle meningi.

menisco s.m. [pl. –*schi*] (gr. *mēnískos* "lunetta" perché somigliante alla forma di luna) **1.** ANAT. Cartilagine presente in alcune articolazioni come p.e. quella del ginocchio. **2.** Lente convessa da un lato e concava dall'altro. **3.** FIS. Forma convessa o concava che per effetto della capillarità viene assunta dalla superficie di un liquido contenuto in un tubicino.

mennonita s.m. e f. Seguace della dottrina della setta anabattista fondata dal riformatore olandese Menno Simonsz, e diffusasi in America, spec. in Pennsylvania. ◆ agg. Relativo ai mennoniti e alla loro dottrina.

méno avv. **1.** In misura o in grado minore. **2.** Preceduto dall'art. determ. forma il superlativo relat. e altre espressioni che esprimono un grado minimo di una qualità, condizione, ecc. *Questo è il giorno meno bello della mia vita*. ◇ *Per lo meno*: almeno, come minimo. **3.** Fa parte di formule e locc., superlativo o comparativo, di vario genere. ~ *Men(o) che*: al di sotto di. *Una condotta men che onesta*. – *Tanto meno, ancora meno*: a maggior ragione non. – *In men che non si dica*: in pochissimo tempo. ☐ In funzione di prep. **1.** Eccetto, tranne che. **2.** MAT. Indica la sottrazione di un numero da un altro. ~ ALG. Indica i numeri relativi negativi. ~ Nella misurazione della temperatura, indica i gradi sotto lo zero. ~ Nei voti scolastici, posposto a un numero, esprime una valutazione leggermente inferiore a quel valore. ~ In generale indica quanto manca a un dato valore. *Due metri meno pochi centimetri*. ◆ agg. inv. Minore o in numero minore. *Fai meno chiasso*. ◆ s.m. inv. Il minimo. *Devi stancarti il meno possibile*. ◇ *Il meno che possa capitare*: il danno meno grave. **2.** Simbolo (-) utilizzato per rappresentare una sottrazione o per indicare i numeri negativi e le misure negative. ~ FIS., CHIM. Indica le cariche elettrostatiche e i poli negativi.

mènola s.f. Pesce teleosteo che vive lungo le coste del Mediterraneo e dell'Atlantico del Nord, di colore grigio argentato con sfumature scure, dalle carni poco pregiate. (Lunghezza 20 cm; genere *Spicara*, famiglia dei Menidi.)

menològio s.m. [pl. –*gi*] (lat. *menològium*, gr. *mēnológion* comp. di *mēn* "mese" e *lógos* "discorso, trattato") Libro liturgico della chiesa greca, con le vite dei santi ordinate secondo la successione dei mesi, da leggere nelle vigilie delle loro feste.

menomàre v.tr. Danneggiare fisicamente qlcu. – *fig.* Ledere moralmente. *Lo scandalo ha menomato la sua reputazione*.

menomazióne s.f. **1.** MED. Perdita d'integrità o d'efficienza fisica. SIN.: **minorazione**. **2.** Diminuzione, lesione, danneggiamento materiale o morale.

menopàusa s.f. Nella donna verso i 50 anni, cessazione definitiva delle mestruazioni con conseguente perdita della facoltà di procreare.

menora [/mə'no:ra/] s.f. inv. Tradizionale candelabro ebraico a sette bracci.

menorragia s.f. MED. Flusso mestruale eccessivamente abbondante o prolungato.

menorrèa s.f. FISIOL. Normale flusso mestruale.

menostàsi s.f. inv. MED. Scomparsa patologica delle mestruazioni. SIN.: **menostasia**.

mènsa s.f. (lat. *mēnsam* "tavola"). **1.** Refezione organizzata all'interno di collettività e il locale in cui tale refezione viene consumata. **2.** RELIG. La parte superiore dell'altare. **3.** La rendita percepita da un vescovo.

menscevico agg. [pl.m. –*chi*, f. –*che*] (russo *men'šèvik* "minoritario") ST. Della corrente minoritaria del partito operaio socialdemocratico russo che, nel congresso di Londra del 1903, propugnava un atteggiamento riformistico moderato, in oppos. ai *bolscevichi*, dai quali venne battuta nell'ottobre del 1917. ◆ s.m. [f. –*ca*] Nel sign. dell'agg.

mensile agg. **1.** Che si fa, che avviene una volta al mese, ogni mese. **2.** Che dura un mese. ◆ s.m. **1.** Stipendio che si percepisce ogni mese. **2.** Pubblicazione che esce ogni mese, una volta al mese.

mensilità s.f. inv. **1.** Periodicità mensile. **2.** Somma versata o riscossa ogni mese. ~ Valore pari allo stipendio di un mese.

mensilménte avv. **1.** Ogni mese. **2.** Mese per mese.

mènsola s.f. (lat. *mēnsulam* "tavolino") **1.** Piano d'appoggio in legno o altro materiale fissato a una parete mediante sostegni di vario tipo. SIN.: **palchetto**. ~ Ogni sostegno, spec. a forma di *L*, del piano d'appoggio stesso. **2.** ARCH. Parte aggettante da muri o pilastri che serve da appoggio per strutture sovrastanti. (Può avere funzione puramente decorativa.) SIN.: **beccatello**. **3.** Struttura metallica infissa ai muri o collocata su pali che serve di sostegno a linee elettriche o telefoniche. **4.** La sommità dell'arpa, a forma di *S*, su cui si fissano le corde.

mènta s.f. **1.** Pianta aromatica spontanea, ma spesso anche coltivata, con fiori rosa o bianchi, diffusa nei luoghi umidi. (Famiglia delle Labiate.) **2.** *estens.* Essenza di tale pianta utilizzata per il suo aroma e le sue proprietà medicinali. ~ *Uno dei vari prodotti a base di menta*. *Bibita alla menta*. **3.** BOT. (iniziale maiusc.) Genere di piante cui appartengono varie specie di menta.

fiore

■ **ménta**

1. mentàle agg. **1.** Relativo alle funzioni intellettuali, alla mente. *Malattie mentali*. **2.** Che si verifica nella mente, senza essere espresso a voce alta o per iscritto. *Calcolo mentale*.

2. mentàle agg. ANAT. Relativo al mento. SIN.: **mentoniero**.

mentalismo s.m. **1.** FILOS. Propensione a considerare la struttura della mente umana come fondamento della conoscenza trascurando l'esperienza. **2.** LING. Concezione secondo cui la mente ha un ruolo primario nell'apprendimento e nell'uso del linguaggio.

mentalità s.f. inv. (ingl. *mentality*) **1.** Modo di pensare di una persona o di una collettività. **2.** SOCIOL. Insieme delle idee, credenze, opinioni di un gruppo.

mentalménte avv. **1.** Dal punto di vista mentale. **2.** Con, nella mente.

-ménte Suffisso derivativo di avverbi di modo, che si unisce alla forma femminile degli agg. qualificativi (*giustamente*) oppure all'unica forma singolare degli agg. in -*e* (*audacemente*), con elisi della stessa -*e* nei casi di agg. uscenti in -*le* o -*re* (*facilmente*).

ménte s.f. **1.** Insieme delle facoltà mentali. (Intelligenza, pensiero, immaginazione, ecc.) ◇ *figg. A mente fresca, riposata*: in piena efficienza di facoltà mentali. – *A mente fredda*: lucidamente, razionalmente. – *A mente lucida*: senza preoccupazioni, timori, ansie, ecc. **2.** Attività intellettiva, intelligenza. ◇ *figg. Fare mente locale*: concentrare la propria attenzione e i propri pensieri su una determinata cosa. – *Avere, mettersi in mente*: pensare con ostinazione. – *Tenere a mente*: ricordare. **3.** Attitudine mentale. SIN.: **ingegno**. **4.** Persona molto intelligente. *È proprio una men-*

te! **5.** Persona considerata sul piano dell'attività intellettuale. **6.** Persona o gruppo che concepisce, ispira, dirige. *La mente del movimento.*

mentecàtto agg. (lat. *ménte càptum* "preso nella mente") Infermo mentale. SIN.: **folle**. ~ *ingiur.* Idiota. ◆ s.m. [f. *-ta*] Nel sign. dell'agg.

mentìre v.intr. [85] (aus. *avere*) (lat. *mentīre*, orig. "immaginare" poi "fingere") **1.** Dire il falso, negare o alterare la verità con consapevolezza. *Mente spudoratamente.* **2.** *estens.* Trarre in inganno con false apparenze. *Questa foto non mente.*

mentìsmo s.m. PSICOL. Nei casi di nevrastenia costituzionale, successione rapida e irrefrenabile di idee e immagini nella mente.

mentitóre agg. Che fa, spec. d'abitudine, affermazioni non corrispondenti al vero. SIN.: **bugiardo**. ◆ s.m. [f. *-trice*] Nel sign. dell'agg.

-ménto Secondo elemento di sostantivi deverbali nei quali indica azione, effetto, risultato (*isolamento, radicamento*).

ménto s.m. Parte sporgente del viso, sotto la bocca.

mentolàto agg. FARM. Che contiene mentolo.

mentòlo s.m. (ted. *Menthol*) CHIM. Alcol terpenico estratto dall'olio essenziale di menta.

mentonièra s.f. (fr. *mentonnière*) **1.** Accessorio che si applica al violino o alla viola e serve a chi suona per poggiarvi il mento e reggere lo strumento. **2.** Parte anteriore del casco che protegge il mento e la mandibola.

mentonièro agg. (fr. *mentonnier*) ANAT. Relativo al mento.

mèntore s.m. (dal nome del personaggio omerico *Mentore*, maestro di Telemaco) Consigliere esperto. ~ Guida, maestro sapiente e fedele. SIN.: **precettore**.

méntre cong. **1.** Nel tempo in cui, nel momento in cui. *Non disturbarlo mentre mangia.* **2.** Finché, per tutto il tempo che. *Facciamo il bagno mentre il tempo è bello.* **3.** Invece, in realtà. *Ama l'opera, mentre io preferisco il jazz.* ◆ s.m. inv. *In quel mentre:* in quel momento. – *Nel mentre:* nel frattempo.

menu [/mə'ny/] s.m. inv. (voce fr., orig. "ricco di particolari") **1.** Insieme dei cibi e delle bevande che costituiscono un pranzo completo. ~ *estens.* Lista dei piatti e delle bevande serviti ai commensali in un pranzo o ai clienti di un ristorante. **2.** INFORM. Lista delle opzioni di un programma visualizzate sullo schermo per l'utente che può selezionarle usando la tastiera o il mouse. *Menu a tendina.*

menzionàre v.tr. Nominare, ricordare qlcu. o qlco. *Menzionare un autore.*

menzióne s.f. Segnalazione, citazione. ◇ *Fare menzione di:* citare, nominare. – *Menzione onorevole:* riconoscimento dato da una giuria a chi non ha ottenuto la vittoria ma è meritevole di essere elogiato.

menzógna s.f. Dichiarazione contraria alla verità, alterazione del vero. SIN.: **falsità**.

menzognèro agg. Che dice menzogne. SIN.: **bugiardo**. ~ Fondato su menzogne. SIN.: **falso**. ~ Ingannevole, illusorio.

meraménte avv. Semplicemente, soltanto.

meravìglia s.f. [pl. *-glie*] **1.** Sentimento di piacevole sorpresa. SIN.: **stupore**. ◇ *A meraviglia:* molto bene, perfettamente. **2.** Ciò che suscita grande ammirazione per la bellezza o la dimensione o il valore straordinario. SIN.: **portento**. ◇ *Le sette meraviglie del mondo:* le sette opere più notevoli dell'antichità. (Le piramidi d'Egitto, i giardini pensili di Babilonia, la statua in oro e avorio di Giove Olimpio, il tempio di Artemide a Efeso, il mausoleo di Alicarnasso, il colosso di Rodi, il faro d'Alessandria.) – *L'ottava meraviglia:* cosa straordinaria nel suo genere.

meravigliàre v.tr. [6] Suscitare meraviglia. SIN.: **stupire**. ◆ **meravigliarsi** v.pron. Provare meraviglia. *Mi meraviglio di voi!* SIN.: **stupirsi**.

meraviglióso agg. Che suscita ammirazione, meraviglia. SIN.: **incantevole**. ◆ s.m. (solo sing.) Ciò che desta meraviglia, stupore. ~ Fatti fantastici e sovrannaturali in un'opera letteraria, in partic. nel racconto e nell'epopea. *Il meraviglioso nei poemi omerici.*

mercànte s.m. e f. Commerciante, negoziante, perlopiù con riferimento al passato. ~ Oggi riferito a particolari tipi di commercio o con connotazioni negative. SIN.: **trafficante**. ◇ *fig. Fare orecchi da mercante:* fingere di non sentire o di non capire.

mercanteggiàre v.intr. [5] (aus. *avere*) Discutere sul prezzo di una merce. SIN.: **contrattare**.

mercantésco agg. [pl.m. *-schi*, f. *-sche*] *spreg.* Che pensa solo al profitto.

mercantile agg. **1.** Che riguarda il commercio. SIN.: **commerciale**. **2.** Riferito a nave, che trasporta merci e passeggeri (in oppos. a *militare*). *Marina mercantile.* ◆ s.m. Nave per il trasporto merci. *Un mercantile norvegese.*

mercantilismo s.m. ECON. Dottrina a carattere protezionistico, sviluppatasi nei secc. XVI e XVII nelle monarchie nazionali assolute in seguito alla scoperta delle miniere d'oro e d'argento americane, che pone i metalli preziosi alla base della ricchezza e della potenza degli stati e indica le misure atte a favorirne l'afflusso. (In Spagna, *bullionismo*; in Francia, *colbertismo*.)

mercanzìa s.f. **1.** Merce, insieme di merci. **2.** *fam.* Insieme di cose che non valgono nulla.

mercaptàno s.m. (ted. *Mercaptan*, dal lat. *mercurium captans corpus* "corpo che trattiene il mercurio") CHIM. ORG. Composto solforato di odore sgradevole detto anche *tioalcol*.

1. mercatino s.m. [f. *-na*] **1.** Nel sign. del dim. di *mercato*. **2.** BORS. Contrattazioni che hanno per oggetto titoli non quotati al mercato ufficiale.

2. mercatino agg. Volgare, rozzo. ◆ s.m. [f. *-na*] Persona dai modi volgari, sgarbata.

mercàto s.m. **1.** Riunione periodica di venditori e compratori in un luogo fisso. ◇ *Mercati generali:* mercati all'ingrosso dei beni di consumo provenienti dai produttori, da smistare ai mercati al minuto. ~ Luogo pubblico dove si vende e si acquista al dettaglio. ◇ *Città mercato:* centro commerciale. – Grande negozio specializzato nella vendita di determinati prodotti. **2.** Il complesso delle contrattazioni commerciali, il loro andamento. ◇ *Economia di mercato:* sistema economico che realizza l'utilizzo efficiente e l'equa distribuzione delle risorse attraverso il commercio e la libera concorrenza. – *Leggi di, del mercato:* quelle relative alla domanda e all'offerta e alla loro interazione nel processo di formazione dei prezzi. – *Potere di mercato:* la capacità di una grande azienda di fissare il prezzo di un determinato prodotto. – *Ricerca di mercato:* studio di previsione degli sbocchi di un certo prodotto. – *Mercato del lavoro:* l'insieme dei rapporti economici e giuridici che regolano l'incontro fra domanda e offerta di lavoro. – *A buon mercato:* con poca spesa; *fig.* con poco danno o senza troppa fatica. – *Mercato comune europeo:* istituito col trattato di Roma nel 1957 e consistente in un accordo d'integrazione economica tra alcuni paesi europei. **3.** Il complesso delle contrattazioni e degli scambi che si svolgono in una determinata area o relativi a un determinato bene economico. SIN.: **commercio**. ~ L'ambito di un prodotto. *Mercato delle auto di lusso.* ~ Le condizioni che determinano la formazione del prezzo. ◇ *Mercato estero:* vendita all'estero dei prodotti di un paese. – *Quota di mercato:* percentuale delle vendite di un prodotto rispetto al totale delle vendite di prodotti simili su un mercato determinato. – *Mercato fermo:* in cui non mutano la domanda, l'offerta e il prezzo. – *Mercato cedente:* in cui l'offerta prevale sulla domanda. – *Mercato sostenuto:* in cui la domanda prevale sull'offerta. – FIN. *Mercato finanziario:* l'insieme delle negoziazioni di prestiti a medio e lungo termine e dei finanziamenti a titolo di capitale di rischio. – *Mercato azionario:* settore del mercato finanziario dedicato alla negoziazione di azioni a lungo e medio termine. – BORS. *Mercato mobiliare:* quello in cui si contrattano titoli e obbligazioni. – *Mercato monetario:* in cui si effettuano transazioni a breve termine tra banche e istituti finanziari. – *Mercato ufficiale:* in cui si negoziano valori ammessi nei listini ufficiali. – *Mercato primario:* il complesso di transazioni con le quali si realizza il collocamento di titoli di nuova emissione. – *Mercato secondario:* quello delle operazioni relative a titoli che sono già circolanti. – *Terzo mercato:* le contrattazioni che si svolgono al di fuori dei locali della borsa. **4.** *fig.* Luogo in cui c'è caos e frastuono. SIN.: **babele**. **5.** *fig. spreg.* Traffico illecito e immorale.

mèrce s.f. **1.** Prodotto o bene economico mobile che è oggetto di scambio. SIN.: **mercanzia**. ◇ *Scalo merci:* adibito ai movimenti delle merci. **2.** *fig.* Bene, valore spirituale. *La virtù è una merce rara.* ◇ *fig. Vendere bene la propria merce:* riuscire a mostrarsi superiore alle reali capacità.

mercenàrio agg. (lat. *mercennārium*, propr. "chi lavora per compenso") **1.** Che combatte per mestiere e dietro pagamento. ~ *spreg.* Che presta la sua opera, spec. intellettuale, solo per il profitto. **2.** *spreg.* Che mira solo al guadagno. SIN.: **venale**. ◆ s.m. [pl.m. *-ri*, f. *-ria*] **1.** Soldato che combatte per denaro. **2.** *spreg.* Chi pensa soltanto ai vantaggi economici. **3.** (solo f.) Prostituta.

merceologìa s.f. COMM. Studio della composizione, delle qualità, delle proprietà chimiche e fisiche, degli usi, ecc. della merce.

merceològico agg. [pl.m. *-ci*, f. *-che*] Relativo alla merceologia.

mercerìa s.f. **1.** Insieme degli articoli per il cucito. **2.** Il negozio dove si vendono tali articoli.

mercerizzàre v.tr. (ingl. *to mercerize*, dal nome del chimico inglese J. *Mercer* che inventò tale procedimento) IND. TESS. Immergere in una soluzione di soda caustica un filato o un tessuto per facilitarne la tintura.

mercerizzazióne s.f. IND. TESS. Bagno di soda caustica con cui si rendono più lucidi e resistenti i tessuti.

merchandising [/'mə:tʃəndaɪzɪŋ/] s.m. inv. (voce ingl., deriv. di *to merchandise* "commercializzare") **1.** COMM. Attività promozionale presso i punti vendita finalizzata a presentare i prodotti nella maniera più efficace. **2.** DIR. COMM. Contratto che permette di commercializzare un prodotto con il marchio già noto di un prodotto appartenente a un altro settore merceologico.

merchant bank [/'mə:tʃənt 'bæŋk/] loc. sost. m. inv. (loc. ingl. "banca mercantile") ECON. *Banca d'affari.

merchant banking [/'mə:tʃənt 'bæŋkiŋ/] loc. sost. m. inv. (loc. ingl.) L'attività di consulenza e intermediazione finanziaria legata alla merchant bank.

merciàio s.m. [f. *-ciaia*, pl.m. *-ciai*] Chi vende articoli di merceria.

mercificàre v.tr. [4] Ridurre a merce valori etici, spirituali, culturali. *Mercificare la letteratura.*

mercoledì s.m. inv. (lat. *Mercùrii dīem* "giorno di Mercurio") Terzo giorno della settimana. ◇ CRIST. *Mercoledì delle Ceneri:* quello che segue il martedì grasso e precede la prima domenica di Quaresima.

1. mercuriàle s.f. (fr. *mercuriale*, lat. *Mercuriālem* "di Mercurio" dio del commercio) Tariffario, listino ufficiale dei prezzi medi correnti delle merci, emanato a cura delle camere di commercio.

2. mercuriàle agg. Che contiene mercurio.

3. mercuriàle agg. Relativo al pianeta Mercurio.

mercurialìsmo s.m. MED. → **idrargirismo**.

mercùrio s.m. (solo sing.) (lat. *Mercūrium*, nome di un dio e del pianeta che gli alchimisti posero in relazione col metallo) **1.** ASTR. (iniziale maiusc.) Pianeta del sistema solare più vicino al Sole. **2.** Metallo argenteo-bianco molto luminoso, di densità 13,6; è liquido a temperatura ambiente, si solidifica a -38,87 °C e va in ebollizione a 356,58 °C. **3.** Elemento chimico (*Hg*) di numero atomico 80 e peso atomico 200,59.

ENCICL. Presente in natura sotto forma di solfuro (*cinabro*), il mercurio si utilizza allo stato liquido in apparecchiature elettriche e in strumenti di fisica (spec. barometri e termometri) e nella metallurgia dell'argento e dell'oro per l'amalgamazione dei materiali.

mercurocròmo s.m. Denominazione commerciale, che costituisce marchio registrato, di una sostanza, a base di cromo e mercurio allo stato bivalente, con proprietà antisettiche.

mercuróso agg. Di composto, general. tossico, che contiene il mercurio monovalente.

mèrda s.f. **1.** *volg.* La parte non digerita degli alimenti che viene espulsa con la defecazione. **2.** *volg. fig.* Persona o cosa spregevole, di nessun conto o valore.

merènda s.f. (lat. *merènda*, propr. "cose da meritare") Piccolo pasto pomeridiano, spec. dei bambini.

merendìna s.f. Piccolo dolce preconfezionato.

merengue [/mereˈngue/] s.m. inv. (voce dello spagn. d'America) Danza simile al samba, originaria di Santo Domingo e Haiti.

meretrìce s.f. (lat. *meretrīcem*, propr. "colei che si fa pagare") Donna che esercita la prostituzione. SIN.: **prostituta**. ▫ In funzione di agg., vile, spregevole.

merge [/ˈmɔːdʒ/] s.m. inv. (voce ingl., deriv. di *to merge* "fondere, amalgamarsi") INFORM. Fusione ordinata di file separati.

merger [/ˈmɔːdʒə/] s.m. inv. (voce ingl., deriv. di *to merge* "fondere, amalgamarsi") ECON. Fusione tra due o più imprese a carattere finanziario in un'unica società.

mericìsmo s.m. (gr. *mērykismós* "ruminazione") MED. Abitudine morbosa del lattante che consiste nel rigurgitare certi cibi per poi masticarli e reingerirli.

meridiàna s.f. **1.** Intersezione del piano meridiano e del piano orizzontale in un dato luogo. **2.** Orologio solare, formato da un'asta che proietta l'ombra del sole sulle linee orarie tracciate su un quadrante.

meridiàno agg. Di mezzogiorno. ◆ s.m. **1.** ASTR. Semicirconferenza del globo terrestre che va dall'uno all'altro polo. ◇ *Meridiano magnetico*: linea ottenuta come intersezione della superficie terrestre con il piano verticale passante per i poli magnetici della Terra e per il punto considerato. – *Meridiano zero*: meridiano scelto convenzionalmente per la misurazione della longitudine. (Il meridiano zero è quello dell'osservatorio di Greenwich, presso Londra.) **2.** Secondo la medicina tradizionale cinese, linea immaginaria che unisce i punti del corpo in cui scorre l'energia dei vari organi.

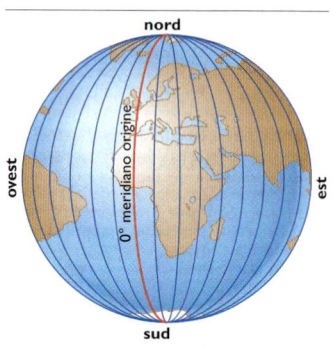

■ **meridiàno**

meridionàle agg. **1.** Del Meridione, che si trova a mezzogiorno. *Vento meridionale*. **2.** Caratteristico dei popoli, delle regioni del sud. *Accento meridionale*. ◆ s.m. e f. Nativo, abitante del meridione di un paese.

meridionalìsmo s.m. **1.** POLIT. Metodo di chi studia i problemi legati all'evoluzione economica e sociale del meridione italiano come decisivi e importanti per tutto il paese. **2.** Le caratteristiche e le qualità tipiche dei popoli dell'Italia meridionale. **3.** LING. Parola, modo di dire, ecc. peculiare dei dialetti meridionali.

meridionalìsta s.m. e f. [pl.m. *–sti*] Chi studia i problemi del meridione d'Italia. ▫ In funzione di agg., relativo al meridionalismo, alla questione meridionale.

meridióne 1. (solo sing.) Punto cardinale corrispondente al sud. **2.** L'insieme delle regioni meridionali di un paese.

meringa s.f. [pl. *–ghe*] (fr. *méringue*) Dolce cotto al forno, a base di chiara d'uovo montata a neve con zucchero a velo.

meringàta s.f. Dolce di meringhe e panna.

meringàto agg. Ricoperto di meringa.

merino [/meˈrino/] s.m. [pl. *merinos*] (spagn. *merino*, forse deriv. dalla dinastia araba *Merīn*) **1.** Razza di pecore che fornisce una lana molto fine e morbida. **2.** La lana stessa e il tessuto ricavato.

meristèma s.m. [pl. *–mi*] BOT. Tessuto vegetale giovane, costituito da cellule atte a dividersi e a produrne di nuove.

meristemàtico agg. [pl.m. *–ci*, f. *–che*] BOT. Del meristema.

meritàre v.tr. **1.** Essere degno di avere, ricevere, ottenere qlco.; anche pron. *Meritare (meritarsi) una ricompensa*. ~ Procurare, procacciare qlco. a qlcu. *Il romanzo ha meritato all'autore il successo*. **2.** Essere suscettibile di una punizione. **3.** *fam.* Valere qlco. *La casa non merita il prezzo pagato*.

meritàto agg. Che corrisponde al merito, ricevuto secondo i propri meriti. *Godersi il meritato riposo*.

meritévole agg. Che merita, degno.

mèrito s.m. **1.** Diritto alla stima, alla riconoscenza, alla giusta ricompensa in virtù delle proprie capacità, impegno, opere. ◇ *A pari merito*: i concorrenti considerati di uguale valore. **2.** Azione, opera, qualità degna di stima, di riconoscimento. ~ *estens.* Qualità lodevole, virtù, pregio. **3.** TEOL. CATT. Valore particolare delle azioni effettuate da colui che gode della grazia di Dio. **4.** DIR. AMM. Il criterio di opportunità e convenienza che la pubblica amministrazione è tenuta a osservare. **5.** *estens.* Aspetto sostanziale di una questione. ◇ *Entrare nel merito di una questione*: prenderla in esame nella sua essenza e nella sua concretezza. – *loc. prep. In merito a*: riguardo a.

meritocràtico agg. [pl.m. *–ci*, f. *–che*] Fondato essenzialmente sul merito, sul valore.

meritocrazìa s.f. Sistema secondo il quale il merito determina la posizione sociale.

meritòrio agg. [pl.m. *–ri*] (lat. *meritōrium* "che procura un guadagno") Che conferisce o costituisce un merito. SIN.: **encomiabile**.

merlàto agg. **1.** ARCH. Dotato di merli. *Torre merlata*. **2.** ARALD. Di pezze o figure simmetricamente guarnite di merli sui due lati.

merlatùra s.f. ARCH. Ordine di merli sulla cima di castelli, torri e fortezze.

merlettàia s.f. Donna che fabbrica o vende merletti.

merlétto s.m. (deriv. di *merlo*, in quanto le punte frastagliate ricordano la merlatura architettonica) Guarnizione fatta con filati diversi, terminante in piccole punte, di solito a disegni traforati. SIN.: **pizzo**. ~ Tessuto leggero costituito da fili di seta, cotone, lino, ecc. intrecciati, con motivi ricamati.

1. mèrlo s.m. [f. *merla*] **1.** Uccello nero con becco giallo, che canta melodiosamente e vive nei boschi, nei giardini, nei terreni coltivati. (Genere *Turdus*; famiglia dei Turdidi.) **2.** *fig.* Persona sciocca e credulona. **3.** ZOOL. Nome comune di vari uccelli dell'ordine dei Passeriformi. ◇ *Merlo acquaiolo*: uccello a piumaggio grigio-marrone di Europa e Asia minore, che vive nei pressi di corsi d'acqua rapidi in cui si immerge per cercare nutrimento. (Lunghezza 20 cm ca.; genere *Cinclus*, famiglia dei Turdidi.)

femmina (merla)

maschio

■ **mèrlo**

2. mèrlo s.m. (così chiamati perché posti in fila come merli appollaiati) ARCH. Elemento terminale disposto a serie intervallata sulla cima di castelli, torri e fortezze, che serviva da riparo per i difensori o come ornamento.

merlóne s.m. Protezione muraria delle artiglierie nelle vecchie fortificazioni.

merlot [/merˈlo/] s.m. inv. (voce fr., deriv. di *merle* "merlo" forse per il suo colore) Vitigno di origine francese che produce un'uva nera. ~ Il vino rosso da esso ottenuto.

merlùzzo s.m. (provenz. *merlus*, lat. *mērulam* "pesce merlo") **1.** Grande pesce dei mari freddi, di colore grigiastro con caratteristica maculatura dorsale, le cui carni si consumano fresche o essiccate e dal cui fegato si estrae un olio usato in farmacia. (Lunghezza fino a 1,50 m; genere *Gadus*, famiglia dei Gadidi.) **2.** Nome popolare del nasello o di altre specie simili. **3.** *fig.* Persona maldestra, impacciata nei movimenti.

■ **merlùzzo**

mèro o **-méro** Secondo elemento atono di composti del l. scientifico, nei quali significa "parte, formato da parti" (*polimero*).

mèro agg. Vero e proprio, puro e semplice. *Mera curiosità*.

meronimìa s.f. LING. Rapporto semantico tra un sostantivo e il suo meronimo.

merònimo s.m. LING. Sostantivo che denota una parte di un oggetto. (*Dito*, p.e., è un meronimo di *mano*.)

Meròpidi s.m. pl. [iniziale minusc. sing. *–de* per l'individuo]

Meròstomi s.m. pl. [iniziale minusc. sing. *–mo* per l'individuo] ZOOL. Classe di Artropodi che respirano con le branchie e hanno il corpo distinto in due regioni. (Classe di Chelicerati.)

merovìngico agg. [pl.m. *–ci*, f. *–che*] (dal nome del re *Meroveo* che fondò la dinastia) Dei Merovingi, dinastia che regnò sui Franchi nei secc. V-VIII.

merovìngio agg. [pl.m. *–gi*, f. *–ge*] → **merovingico**.

mesa [/ˈmesa/] s.f. [pl. *mesas*] (voce spagn., propr. "tavola") GEOMORF. Termine usato nel Messico e nel Colorado per indicare un tavolato roccioso, a versanti ripidi, formato da resti di colate laviche isolati dall'erosione.

mescàl s.m. inv. (spagn. *mezcal*, azteco *mexcalli*) Liquore messicano ottenuto per fermentazione del succo di alcune specie di agave, usato come bevanda o per la distillazione della tequila.

mescalìna s.f. CHIM. Alcaloide avente proprietà allucinogene ricavato da una cactacea messicana.

méscere v.tr. [15] Versare un liquido per berlo o farlo bere. *Mescere il caffè*. ◆ v.intr. (aus. *avere*) Versare da bere, spec. vino.

meschinità s.f. inv. **1.** Ristrettezza mentale, mediocrità. **2.** Insufficienza, scarsità di mezzi materiali.

meschino agg. (ar. *miskīn* "misero") **1.** Povero, infelice, sventurato. **2.** Troppo scarso, inadeguato, insufficiente. ◇ *Aspetto meschino*: gracile, che rivela debolezza. **3.** Che manca di generosità, di grandezza d'animo. SIN.: **gretto**. ◆ s.m. [f. *–na*] Nell'accez. 3 dell'agg.

méscola s.f. TECN. Mescolanza. ◇ *Pneumatici a mescola dura, tenera*: gomme per automobili da corsa che, grazie al differente dosaggio degli ingredienti, assicurano prestazioni ottimali, in relazione alla temperatura dell'asfalto.

mescolànza s.f. **1.** CHIM. Ciò che si ottiene unendo due o più sostanze senza che diano origine a nuovi composti. **2.** Insieme vario ed eterogeneo di elementi diversi.

mescolàre v.tr. **1.** Rimestare, girare qlco. *Mescolare il caffè*. **2.** Unire un elemento a un altro, per ottenere un composto. ~ Unire più ingredienti tra loro. **3.** *fig.* Accostare a sproposito un elemento con un altro. *Mescolare il sacro con il profano.* ~ Alternare tra loro elementi diversi. ◆ v.pron. **1.** Unirsi ad altri, confondersi con altri. *Mescolarsi alla folla.* **2.** Detto di due o più elementi, unirsi in un solo insieme. **3.** Immischiarsi, mettere il naso in cose che non riguardano.

mescolatóre s.m. **1.** [f. *–trice*] Chi mescola. **2.** TECN. Miscelatore.

mése s.m. (lat. *mēnsem*, deriv. di *metīri* "misurare") **1.** Ciascuna delle dodici suddivisioni dell'anno civile. **2.** Lasso di tempo di circa trenta giorni. **3.** Stipendio mensile. **4.** Quota, rata di un importo versata in un mese.

mesencèfalo s.m. ANAT. Regione dell'encefalo situata in cima al tronco cerebrale e che comprende i peduncoli cerebrali e i tubercoli quadrigemini.

mesènchima s.m. [pl. *–mi*] BIOL. Tessuto dell'embrione dal quale si formano il tessuto connettivo, i vasi, i muscoli e lo scheletro.

mesentère o **mesentèrio** s.m. [pl. *–rī*] ANAT. Piega della membrana del peritoneo che collega le anse dell'intestino tenue alla parete posteriore dell'addome.

mesentèrico agg. [pl.m. *–ci*, f. *–che*] ANAT. Del mesentere.

meseta [/me'seta/] s.f. [pl. *mesetas*] (voce spagn., deriv. di *mesa* "tavola, mensa") **1.** GEOL. Tavolato, zona più o meno pianeggiante in una parete rocciosa. **2.** GEOMORF. (al pl.) Massi, residui di un altopiano poco rilevati rispetto alla base.

mesmerismo s.m. **1.** Dottrina di Mesmer relativa all'esistenza negli esseri viventi di un fluido magnetico con influenza sui fenomeni legati all'ipnotismo. ~ *Magnetismo animale. **2.** Procedimento con cui vengono curate certe malattie servendosi di un ipotetico magnetismo animale.

mesoblàsto s.m. ANAT. → **mesoderma**.

mesocàrdio s.m. ANAT. Membrana di origine mesodermica che collega il cuore dei vertebrati alle pareti corporee.

mesocàrpo o **mesocàrpio** s.m. [pl. *–pi*] BOT. Strato intermedio di un frutto, tra l'epicarpo (la "pelle") e l'endocarpo (il nocciolo o i semi).

mesocefalìa s.f. ANAT. Conformazione del cranio intermedia tra la dolicocefalia e la brachicefalia.

mesocèfalo agg. [f. *–la*] ANAT. Che ha le caratteristiche antropometriche della mesocefalia.

mesocòlon s.m. inv. ANAT. Piega peritoneale che fissa il colon alla parete posteriore dell'addome.

mesodèrma s.m. [pl. *–mi*] ANAT. Foglietto embrionale che si trova tra l'ectoderma e l'endoderma e che dà origine all'apparato scheletrico, al sistema circolatorio, all'apparato escretore e riproduttivo.

mesodèrmico agg. [pl.m. *–ci*, f. *–che*] ANAT. Relativo al mesoderma.

mesòfita s.f. BOT. Pianta che vive in luoghi di media umidità.

mesolìtico s.m. (solo sing.) GEOL. Periodo preistorico compreso tra il paleolitico e il neolitico. (Collocabile fra 9.000 e 5.000 anni fa, fu caratterizzato da riscaldamento climatico postglaciale.) ◆ agg. [pl.m. *–ci*, f. *–che*] Relativo a tale periodo.

mesologìa s.f. BIOL. Studio chimico-fisico dell'ambiente in cui vivono gli organismi.

mesomerìa s.f. CHIM. Carattere di un composto la cui distribuzione elettronica è tale che la molecola è rappresentata come la coesistenza di molte formule limite, distinte non dalla posizione dei centri ma dalla ripartizione degli elettroni. (Questa teoria, che permette p.e. di rappresentare il benzene, si deve a L. Pauling.)

mesòmero s.m. CHIM. Composto che presenta il fenomeno dell'isomeria.

mesomòrfo agg. **1.** ZOOL. Di tipo morfologico di animali che hanno una lunghezza proporzionata alla massa del corpo. **2.** FIS. Si dice di stati della materia, intermedi tra lo stato amorfo e lo stato cristallino.

mesóne s.m. FIS. Particella elementare, propria delle interazioni forti, la cui massa è intermedia tra quella dell'elettrone e quella del protone (in oppos. a *barione*). ◇ *Mesone k:* kaone.

mesònico agg. [pl.m. *–ci*, f. *–che*] FIS. Relativo al mesone.

mesopàusa s.f. GEOGR. Zona di transizione tra la mesofera e la termosfera.

mesopotàmico agg. [pl.m. *–ci*, f. *–che*] Della Mesopotamia.

mesosfèra s.f. (spec. sing.) Strato dell'atmosfera che si estende tra la stratosfera e la termosfera, a un'altitudine compresa tra i 45 e i 95 km.

mesosiderìte s.f. ASTR. → **siderolite**.

mesotèlio s.m. [pl. *–li*] ANAT. Tessuto dell'epitelio che ricopre le membrane sierose dell'organismo.

mesoterapìa s.f. MED. Terapia locale per la cura di artrosi, nevriti, celluliti, ecc. attuata mediante iniezioni multiple, praticate con una piastra metallica dotata di aghi corti e sottili.

mesotèrmo agg. **1.** Di clima caratterizzato da una temperatura media. SIN.: **temperato**. **2.** BOT. Di pianta che vive a temperature medie tra 15 e 20 °C e necessita di un alto tasso di umidità.

mesotoràce s.m. ZOOL. Il segmento mediano del torace degli insetti.

mesozòico s.m. (solo sing.) GEOL. Terza era geologica divisa in tre periodi, compresa tra la paleozoica e la cenozoica. (Durata da 245 a 65 milioni di anni fa, fu caratterizzata dallo sviluppo delle Gimnosperme, dall'abbondanza delle Ammoniti, dalla preponderanza e dalla varietà dei rettili e dalla comparsa di uccelli e mammiferi.) ◆ agg. [pl.m. *–ci*, f. *–che*] Relativo a tale era.

1. méssa s.f. **1.** (Anche con iniziale maiusc.) Celebrazione fondamentale del culto cattolico, il cui atto centrale commemora, sotto forma del pane e del vino dell'ultima cena, il sacrificio di Cristo sulla croce. ◇ *Messa cantata:* messa solenne. – *Messa di mezzanotte:* celebrata nella notte di Natale. – *Messa da requiem:* celebrata in suffragio di un defunto. **2.** (iniziale maiusc.) Musica composta per una messa solenne.

ENCICL. Col nome di *messa* furono composte, dal sec. XIII in avanti, numerose opere vocali destinate ad accompagnare le letture liturgiche. Le più celebri furone quelle di Guglielmo di Machaut, Josquin Des Prés, Orlando di Lasso, Palestrina. Nel sec. XVII si iniziò la composizione di messe per voce e strumenti (Lotti, Bach, *Messa in si minore*, Charpentier) che culminò nelle grandi messe sinfoniche dei secc. XVIII-XIX di Beethoven (*Missa solemnis*), Schubert, Liszt, Gounod, Bruckner.

2. méssa s.f. **1.** Atto del mettere, usato in alcune locc. ◇ *Messa in atto:* attuazione, concretizzazione di qlco. *Messa in atto di un'idea.* – ELETTROTEC. *Messa a terra:* il collegare al terreno con opportuno cavo isolato apparecchi elettrici o elettromeccanici. – *Messa a punto:* insieme delle operazioni con cui si sistema un apparecchio, un congegno, ecc. per farlo funzionare nel modo migliore. – *Messa a fuoco:* regolazione di un obiettivo (fotografico, cinematografico o di un proiettore) per avere immagini nitide; *fig.* precisazione dei punti principali, dei termini di un problema. – *Messa in moto:* operazione con cui si accende e si avvia una macchina, un congegno. – *Messa in piega:* l'insieme delle azioni volte ad acconciare i capelli. – ASTRONAUT. *Messa in orbita:* l'invio in orbita di un veicolo spaziale. – *Messa in scena:* realizzazione scenica o cinematografica di un'opera. **2.** Nel biliardo, posizione della bilia tale che tra essa e la bilia avversaria si interpongono i birilli o il pallino.

messaggerìa s.f. (spec. pl.) (fr. *messagerie*) Trasporto rapido di merci via terra, aria o mare. ~ Impresa incaricata dello smistamento, dell'inoltro, della distribuzione delle opere stampate.

messaggèro agg. (fr. *messager*) Che annuncia. ◆ s.m. [f. *–ra*] **1.** Persona incaricata di trasmettere un messaggio. **2.** Chi o ciò che annuncia qlco. *Le rondini sono le messaggere della primavera.*

messàggio s.m. [pl. *–gi*] **1.** Informazione, notizia trasmessa a voce o per iscritto. ~ Avviso pubblicitario o promozionale di breve periodo diffuso su un supporto audiovisivo. **2.** Discorso pronunciato da personalità importanti, in speciali occasioni e in forma solenne. **3.** LING. L'oggetto comunicativo che viene scambiato tra emittente e destinatario. **4.** Insegnamento innovativo indirizzato agli uomini da personalità di rilievo, artisti, scrittori. SIN.: **dottrina**. **5.** Nel l. della crit. lett., il significato esplicito o implicito di un'opera o di un complesso di opere.

messàle s.m. (lat. *missàlem lĭbrum* "libro da messa") **1.** Libro che contiene i testi delle messe celebrate in tutti i giorni dell'anno e i riti che devono essere seguiti. **2.** *scherz.* Libro molto voluminoso e pesante.

messalìna s.f. (dal nome dell'imperatrice romana Valeria *Messalina* nota per la sua immoralità) Donna dissoluta.

mèsse s.f. **1.** (spec. pl.) I cereali che si stanno per mietere o che sono già stati mietuti. **2.** *fig.* Abbondanza di risultati relativi a un'attività svolta. *Raccogliere una messe di consensi.*

messère s.m. (provenz. *mes sir* "mio signore") Titolo onorifico che si attribuiva a giudici e giureconsulti, che oggi si usa solo in tono scherzoso.

messìa s.m. inv. (lat. *messìam*, gr. *messías*, aramaico *mešīḥāy̆* "unto") **1.** (iniziale maiusc.) Il salvatore che Dio promise agli Ebrei e che i cristiani riconoscono in Gesù Cristo. **2.** *fig.* Salvatore che porta con sé conseguenze positive. ~ Liberatore da cui dipendono le sorti di qlcu. ◇ *Aspettare il messia:* attendere per molto tempo e invano una persona che si desidera.

messiànico agg. [pl.m. *–ci*, f. *–che*] (ingl. *messianic*) **1.** Relativo al Messia. **2.** *fig.* Che promette o consente di migliorare, salvare miracolosamente le sorti di qlco. o di qlcu.

messianìsmo s.m. (ingl. *Messianism*) **1.** RELIG. Fede nella venuta del Messia. **2.** *fig.* L'attesa di un radicale rinnovamento di una società.

messicàno agg. Del Messico. ◆ s.m. [f. *–na*] **1.** Nativo, abitante del Messico. **2.** CUC. Involtino di carne il cui ripieno è costituito da carne tritata, mollica di pane, prosciutto, spezie, ecc.

messidòro s.m. (fr. *messidor*, comp. di lat. *mĕssis* "messe" e gr. *dôron* "dono") Decimo mese del calendario rivoluzionario francese (20 giugno-19 luglio).

messinscèna s.f. [pl. *messinscene*] (calco del fr. *mise en scène*) **1.** Ciò che serve ad allestire uno spettacolo teatrale. ~ Ciò che appare sulla scena durante uno spettacolo (costumi, luci, arredi, ecc.). **2.** *fig.* Aspetto ingannevole con cui si vuole illudere o impressionare.

mésso agg. Usato nella loc. *ben messo*, agghindato, vestito bene; anche, corpulento, robusto. ◆ s.m. Usciere, fattorino di un ufficio pubblico.

mèstica s.f. [pl. *–che*] Insieme miscelato di colori misti a olio di lino che serve a preparare la tela da dipingere.

mestière s.m. (fr. *mestier*, lat. *ministĕrium* "funzione di servitore") **1.** Attività esercitata abitualmente, spec. in ambito manuale. ◇ *Essere del mestiere:* essere introdotto in un determinato settore. – *Vecchio del mestiere:* da tempo in un dato ramo di attività e quindi molto esperto. – *Essere (o fare qlco.) di mestiere:* esercitare abitualmente un'attività; *fig.* ripetere lo stesso atteggiamento, assumere gli stessi modi, spec. se sgradevoli. – *Gli incerti del mestiere:* gli imprevisti che qualunque attività comporta. – *I ferri del mestiere:* ciò che serve per lavori materiali; *fig.* gli attributi necessari per un'attività. **2.** Particolare esperienza acquisita. **3.** *spreg.* L'attendere a un'attività a mero scopo di lucro.

mestìzia s.f. Tristezza che traspare dall'aspetto cupo e rassegnato.

mèsto agg. Che prova, esprime o rivela un dolore contenuto, malinconico.

méstola s.f. **1.** Grande cucchiaio poco convesso con o senza buchi per mescolare vivande e schiumare il brodo. **2.** Cazzuola da muratore. **3.** Mestolaccia.

mestolàccia s.f. [pl. *–ce*] Pianta acquatica con fiori bianchi o rosa, foglie aeree con lunghi piccioli. (Famiglia delle Alismatacee.)

méstolo s.m. Cucchiaione piuttosto convesso, di legno, metallo o materia plastica, con cui si mescolano e si versano cibi e liquidi nei piatti. ~ Quanto può essere contenuto in un mestolo.

mestolóne s.m. **1.** Nel sign. dell'accr. di *mestolo*. **2.** *fig.* [f. *-na*] Uomo stupido e impacciato. **3.** Uccello diffuso in Europa e in Asia con becco scuro allargato a forma di spatola. (Famiglia degli Anatidi.)

mestruàle agg. (lat. *menstruālem* "mensile") Relativo alla mestruazione.

mestruàto agg. Che ha il mestruo.

mestruazióne s.f. FISIOL. Secrezione ed emissione di sangue incoagulabile e di mucosa uterina che avviene attraverso l'utero nella donna non in gravidanza e in età feconda circa ogni 28 giorni e dura dai 3 ai 6 giorni. SIN.: **ciclo**.

1. mèta s.f. (lat. *mētam* "colonnetta del circo") **1.** ARCHEOL. Ciascuno dei due elementi di pietra, piramidali o a forma di cono, che nei circhi antichi segnavano il punto in cui i carri dovevano svoltare per girare. **2.** Il luogo da raggiungere al termine di un cammino. ~ Destinazione. **3.** *fig.* Scopo, obiettivo. **4.** SPORT. La segnatura che si ottiene nel gioco del rugby, mettendo il pallone oltre la linea del fondo campo avversario.

2. mèta s.m. inv. CHIM. Nome commerciale, che costituisce marchio registrato, e denominazione corrente della metaldeide.

3. méta s.f. (lat. *mētam* "mucchio a forma di cono") **1.** Mucchio di paglia, fieno, biada, letame che si leva nei campi. **2.** Escremento di un animale di grosse dimensioni.

mèta- Primo elemento di composti dotti e del l. scientifico, spesso formatisi in epoca classica, nei quali indica "modificazione" (*metamorfosi*), "trasferimento" (*metastasi*), "successione" (*metatarso*) e anche "superamento dei limiti" (*metalinguaggio*); in chimica organica indica un composto polimero o più complesso rispetto a quello preso in esame; in chimica inorganica indica l'acido che contiene meno molecole d'acqua rispetto a un altro derivato da una stessa anidride (*metabisolfito*).

metà s.f. inv. (calco del gr. *mesótēs*) **1.** Una delle due parti identiche che costituisce l'intero. ◇ *fig. Dire le cose a metà:* parlare con poca chiarezza. **2.** *fig. scherz.* Il coniuge di chi parla o scrive. *La mia metà vuole fare le ferie al mare.* ~ Persona con cui si forma un'unione perfetta. **3.** Punto o linea mediana reale o ideale. ❑ In funzione di agg., mezzo, che è pari alla metà. *Siamo a metà strada.*

metàbasi s.f. inv. RET. Passaggio nel discorso da un argomento a un altro.

metabisolfìto s.m. CHIM. Ogni composto salino derivato dal corrispondente bisolfito mediante l'eliminazione di acqua.

metabòlico agg. [pl.m. *-ci*, f. *-che*] (gr. *metabolikós* "mutevole") BIOL. Relativo al metabolismo.

metabolismo s.m. (deriv. di gr. *metabolḗ* "mutamento") BIOL. L'insieme delle trasformazioni chimiche ed energetiche che si verificano nelle cellule di un organismo vivente e ne garantiscono la conservazione, l'accrescimento, il movimento e il rinnovamento. ◇ *Metabolismo di base, basale:* dispendio minimo di energie in un organismo in condizioni normali a riposo, a digiuno, in un ambiente a 25 °C.

metabòlita o **metabòlito** s.m. [pl. *-ti*] BIOL. Prodotto intermedio o finale del metabolismo.

metabolizzàre v.tr. BIOL. Trasformare qlco. per metabolismo.

metacarpàle agg. ANAT. Del metacarpo.

metacàrpo s.m. (fr. *métacarpe*, gr. *metakárpion* comp. di *metá* "oltre" e *karpós* "polso") ANAT. L'insieme delle cinque ossa costituenti lo scheletro della mano tra il carpo e le dita.

metacèntro s.m. MAR. Punto che segna il limite entro cui il baricentro di un natante può alzarsi senza che questo, perduto l'equilibrio stabile, si capovolga.

metacrilàto s.m. CHIM. Estere dell'acido metacrilico da cui si ottengono polimeri sintetici, resine termoplastiche e trasparenti utilizzate al posto del vetro.

metacrìlico agg. [pl.m. *-ci*, f. *-che*] CHIM. Di acido organico insaturo monocarbossilico a quattro atomi di carbonio, ottenuto dall'acido acrilico e delle resine sintetiche che si ricavano da tale acido.

metadifenòlo s.m. CHIM. → **resorcina**.

metadóne s.m. CHIM. Composto sintetico che, per le sue proprietà analgesiche, si usa in medicina in sostituzione della morfina e nel trattamento dei tossicodipendenti.

metafàse s.f. BIOL. Il momento della divisione dei cromosomi nella riproduzione delle cellule.

metafìsica s.f. [pl. *-che*] (lat. *metaphȳsicam*, gr. *metà tà physiká* "dopo le cose concernenti la natura" con riferimento alla prima edizione delle opere di Aristotele in cui i testi di metafisica seguivano quelli di fisica) **1.** FILOS. Disciplina che si occupa dei principi primi, degli aspetti teorici e dei valori assoluti della realtà, prescindendo dai dati dell'esperienza diretta o della conoscenza sensibile. ~ Parte del sistema filosofico di un autore o di una scuola di pensiero che si occupa di tale argomento. **2.** *fig. spreg.* Ciò che non è legato alla realtà e che risulta quindi essere astruso.

metafìsico agg. [pl.m. *-ci*, f. *-che*] **1.** FILOS. Relativo a ciò che trascende ogni esperienza sensibile. **2.** *fig. spreg.* Complicato, di eccessiva astrattezza e sottigliezza. **3.** *Pittura metafisica:* corrente pittorica che si sviluppò in Italia ai primi del '900, iniziata da G. De Chirico e C. Carrà, caratterizzata dalla ricerca di particolari suggestioni e di atmosfere magiche. ◆ s.m. [f. *-ca*] **1.** Studioso di problemi relativi alla metafisica. **2.** *fig. spreg.* Persona che vive estraniata dalla realtà o che predilige i ragionamenti complicati ed eccessivamente astratti.

metafonèsi s.f. inv. (calco del ted. *Umlaut*) LING. Fenomeno fonetico consistente nel mutamento di timbro di una vocale, spesso la tonica, che assume alcuni tratti di un'altra vocale seguente, general. quella della sillaba finale della parola (p.e. lombardo: kamp, "campo", kemp "campi"; campano: nera "nera", nire "nero/neri/nere").

metafonìa s.f. LING. → **metafonesi**.

metàfora s.f. (lat. *metăphoram*, gr. *metaphorá* "mutamento" deriv. di *metaphérein* "trasferire") **1.** RET. Figura consistente nella sostituzione di un termine con un altro connesso al primo da un rapporto di parziale sovrapposizione semantica. ◇ *Metafora lessicalizzata:* metafora che ha perso il suo carattere deviante ed è entrata nel lessico standard di una lingua (p.e. *la gamba del tavolo*). **2.** *estens.* Tropo, linguaggio figurato. ◇ *Parlare per, sotto metafore:* con un linguaggio allusivo, poco esplicito e chiaro. – *Fuor di metafora:* esplicitamente, senza sotterfugi.

metafòrico agg. [pl.m. *-ci*, f. *-che*] Di metafora. ~ Ricco di metafore.

metagalàssia s.f. ASTR. Il complesso delle galassie che non appartengono al nostro sistema stellare.

metagènesi s.f. inv. BIOL. Alternanza di generazioni sessuate e agamiche che, nell'ambito della stessa specie, avviene nella maggior parte delle specie vegetali e di alcune animali.

metaldèide s.f. CHIM. Polimero dell'aldeide acetica usato come combustibile per fornelli portatili.

metal detector [/'mɛtəl di'tɛktə/] loc. sost. m. inv. (loc. ingl., "rivelatore di metalli") Congegno elettromagnetico usato in alcuni luoghi pubblici (aeroporti, banche, tribunali, ecc.) per segnalare gli oggetti metallici nascosti in valigie, borse o su persone.

metaletteratùra s.f. L'insieme dei testi letterari finalizzati ad analizzare e mettere in luce i processi dello scrivere in sé.

metalinguàggio s.m. [pl. *-gi*] **1.** LOG., LING. Linguaggio che studia e descrive una lingua naturale. **2.** INFORM. Linguaggio simbolico che consente di descrivere la sintassi e la semantica di un linguaggio qualsiasi da impiegare con un elaboratore elettronico

metalinguìstico agg. [pl.m. *-ci*, f. *-che*] **1.** Del metalinguaggio. **2.** Che supera l'ambito della struttura o della storia della lingua.

metallàro s.m. [f. *-ra*] (deriv. di ingl. heavy *metal*) Appartenente a gruppi giovanili (sorti negli anni Ottanta) in cui si prediligono musica e stile heavy metal.

metàllico agg. [pl.m. *-ci*, f. *-che*] **1.** Di metallo. ◇ ECON. *Riserva metallica:* insieme dei valori aurei che garantiscono la copertura della circolazione monetaria. **2.** Caratteristico dei metalli. ◇ CHIM. *Legame metallico:* legame caratteristico dei metalli. **3.** Detto di sensazioni visive o uditive, che evoca il metallo. *Voce metallica.*

metallìfero agg. Che contiene metalli.

metallizzàre v.tr. (fr. *métalliser*) **1.** Rivestire una superficie con uno strato di metallo per protezione o a scopo ornamentale. **2.** Rendere una superficie lucente come il metallo.

metallizzàto agg. Rivestito con uno strato di metallo a scopo protettivo o ornamentale. *Vernice metallizzata.*

metàllo s.m. **1.** Elemento chimico solido dotato di lucentezza e capacità di riflessione, buon conduttore di calore ed elettricità. ◇ *Metalli preziosi:* oro, argento, platino. – *Metalli nobili:* quelli che non si ossidano con facilità (platino, oro, ecc.). – *Metalli rari:* quelli che si ritrovano solo in piccole quantità (osmio, iridio, palladio, ecc.). – *Metalli leggeri:* con peso specifico inferiore a 4 (come l'alluminio). – *Metalli pesanti:* con peso specifico superiore a 4 (come il piombo, il ferro ecc.). **2.** *comun.* Lega metallica.

metallocromìa s.f. METALL. → **brunitura**.

metallografìa s.f. **1.** Studio della struttura e delle proprietà dei metalli e delle loro leghe. **2.** Riproduzione a stampa tramite lastre metalliche.

metallòide s.m. CHIM. Elemento, detto anche *non metallo*, con qualità opposte a quelle dei metalli.

metallorgànico agg. [pl.m. *-ci*, f. *-che*] CHIM. ORG. Di composto che contiene almeno un collegamento carbonio-metallo.

metallurgìa s.f. Insieme dei metodi e delle tecniche d'estrazione e trattamento dei metalli.

metallùrgico agg. [pl.m. *-ci*, f. *-che*] **1.** Della metallurgia. **2.** Che lavora nell'industria metallurgica. ◆ s.m. [f. *-ca*] Nell'accez. 2 dell'agg.

metalmeccànico agg. [pl.m. *-ci*, f. *-che*] **1.** Della metallurgia legata alla meccanica. **2.** Che lavora nell'industria metallurgica e meccanica. ◆ s.m. [f. *-ca*] Nell'accez. 2 dell'agg.

metalògico agg. [pl.m. *-ci*, f. *-che*] Relativo ai fondamenti del discorso logico.

metamatemàtica s.f. [non com. pl. *-che*] Teoria matematica finalizzata allo studio dei fondamenti della matematica.

metamerìa s.f. **1.** BIOL. Caratteristica di alcuni animali con corpo formato da segmenti di apparati ripetuti. **2.** CHIM. Tipo di isomeria tra due o più composti, la cui molecola comprende un ugual numero di atomi di stessa natura e valenza, ma legati in modo diverso.

metamèrico agg. [pl.m. *-ci*, f. *-che*] BIOL., CHIM. Che presenta metameria.

metàmero s.m. **1.** BIOL. Ciascuno dei segmenti che costituiscono il corpo di vari animali (p.e. Anellidi, Artropodi, ecc.). **2.** CHIM. Composto che presenta metameria.

metamòrfico agg. [pl.m. *-ci*, f. *-che*] **1.** Caratterizzato da metamorfosi. **2.** GEOL. Relativo al metamorfismo.

metamorfìsmo s.m. GEOL. Insieme delle trasformazioni di una roccia dovute al calore, alla pressione o ad azioni chimiche. (Il *metamorfismo di contatto* è dovuto all'intrusione di rocce magmatiche; il *metamorfismo regionale*, che influisce su una parte della crosta terrestre, è invece dovuto a fenomeni di orogenesi.)

metamòrfosi s.f. inv. **1.** MIT. GR. ROM. Trasformazione soprannaturale di un essere o di un oggetto. **2.** *estens.* Cambiamento, modificazione. **3.** BIOL. Mutamento di un organismo vivente nella forma e nella struttura. ~ Mutazione di un organo vegetale per adattamento all'ambiente o per cambiamento di funzione.

metanièra s.f. MAR. Nave che trasporta metano liquido.

metanièro agg. Relativo all'estrazione e all'impiego del metano.

metanizzàre v.tr. **1.** Dotare qlco. di metano. *Metanizzare il quartiere.* **2.** Modificare un apparecchio o un veicolo in modo che funzioni a metano.

metàno s.m. (solo sing.) CHIM. Gas incolore (CH_4) di densità 0,554, che brucia all'aria con fiamma non fuligginosa. (Il metano si forma nelle paludi dalla decomposizione di sostanze organiche; si trova anche in numerosi suoi naturali.)

metanodótto s.m. Impianto per trasportare e distribuire il metano dalla zona di estrazione a quella di consumo.

metànoia s.f. Profondo mutamento nel modo di pensare, di giudicare, spec. riferito alla conversione religiosa.

metanòlo s.m. (solo sing.) CHIM. Alcol *metilico.

metaplasia s.f. BIOL. Fenomeno in base a cui gli elementi costitutivi di un tessuto adulto completamente formato assumono caratteristiche diverse da quelle originarie.

metaplàsma s.m. [pl. –smi] (ted. *Metaplasma*) **1.** BIOL. Sostanza elaborata dalla cellula che riempie gli interstizi tra le cellule stesse. **2.** LING. Metaplasmo.

metaplàsmo s.m. **1.** LING. Mutamento fonetico e formale delle parole rispetto alla loro struttura con aggiunta, soppressione, spostamento o alterazione di suoni. **2.** LING. Fenomeno per cui una parola passa da una categoria morfologica a un'altra.

metapsichica s.f. [non com. pl. –che] (fr. *métapsychique*) Studio dei fenomeni metapsichici. SIN.: **parapsicologia**.

metapsichico agg. [pl.m. –ci, f. –che] Riferito a fenomeno paranormale come l'ectoplasma, la telepatia, la chiaroveggenza, ecc.

metapsicologia s.f. PSICOAN. Parte della teoria freudiana che illustra le diverse funzioni psichiche.

metaromànzo s.m. Testo di metaletteratura del romanzo.

metasemia s.f. LING. Mutamento di significato.

metastàbile agg. **1.** CHIM., FIS. Di un sistema che non è stabile in teoria, ma che sembra tale a causa di una velocità di trasformazione molto debole. **2.** MIN. Riferito a minerali che possono alterarsi in particolari condizioni.

metàstasi s.f. inv. (gr. *metástasis* "mutamento") MED. Diffusione, per via ematica o linfatica, di un processo morboso (spec. tumorale) in un punto dell'organismo diverso da quello del focolaio.

metastàtico agg. [pl.m. –ci, f. –che] MED. Relativo alla metastasi.

metastatizzàre v.intr. (aus. *avere*) Produrre metastasi, anche pron. *Il tumore ha (si è) metastatizzato.*

metastòria s.f. Ciò che permane costante nel divenire storico.

metatàrso s.m. ANAT. Parte dello scheletro del piede compresa tra il tarso e le dita.

metateàtro s.m. Rappresentazione che racconta l'allestimento, la rappresentazione di un testo teatrale.

metàtesi s.f. inv. LING. Spostamento di vocali, di consonanti o di sillabe all'interno di una parola.

metatoràce s.m. ZOOL. Il terzo dei tre segmenti del torace degli insetti.

metèco s.m. [pl.m. –ci, –chi] ANT. GR. Straniero che viveva all'interno del territorio di una città e che, pur avendone la cittadinanza ed essendo di condizione libera, era escluso dalla vita politica e soggetto al pagamento di particolari imposte.

■ **metanièra.** Metaniera ormeggiata al terminal metaniero di Zeebrugge (Belgio).

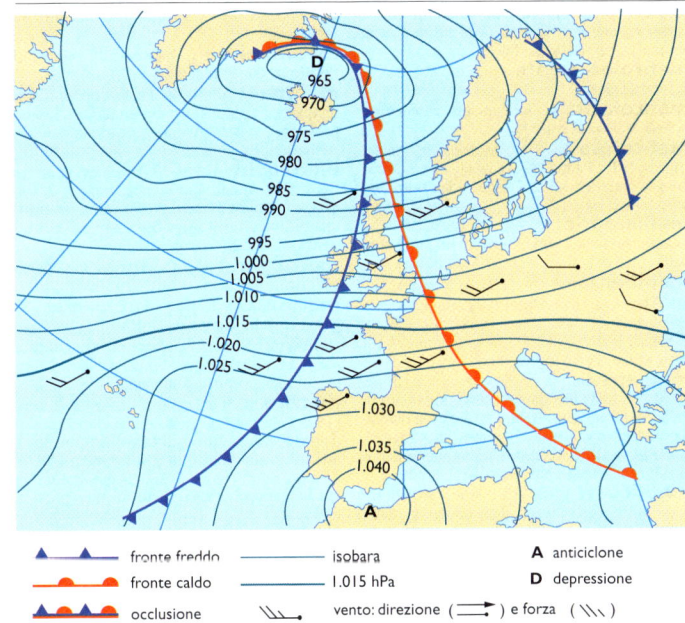

fronte freddo — isobara A anticiclone
fronte caldo — 1.015 hPa D depressione
occlusione — vento: direzione (→) e forza (\\\\)

■ **meteorologìa.** Esempio di corrente perturbata da ovest (i venti circolano da ovest verso est, fra la depressione e l'anticiclone), con i principali simboli utilizzati.

metemoglobina o **metaemoglobina** s.f. BIOCHIM. Emoglobina alterata in modo reversibile e inadatta al trasporto dell'ossigeno.

metempsicòsi s.f. inv. (gr. *metempsýkhōsis*, deriv. di *metempsykhoûsthai* "passare da un corpo all'altro") FILOS., RELIG. Trasmigrazione dell'anima che, dopo la morte del corpo, si reincarna in altri organismi umani, animali, vegetali o minerali fino alla definitiva liberazione dalla materia.

metencèfalo s.m. ANAT. Parte dell'encefalo embrionale tra il mesencefalo e il mielencefalo che dà origine al ponte e al cervelletto.

mèteo s.m. inv. *Bollettino meteorologico. ◆ agg. inv.* Meteorologico.

metèora s.f. (lat. *metèoram*, deriv. di gr. *metéōros* "che sta in alto") **1.** GEOGR. Ogni fenomeno osservato nell'atmosfera. **2.** ASTR. Fenomeno luminoso che deriva dalla caduta nell'atmosfera terrestre di un corpo solido che viene dallo spazio. ◇ *fig. Essere come una meteora:* di persona molto dotata che scompare troppo presto o che ha avuto grande fama per poco tempo.

metèorico agg. [pl.m. –ci, f. –che] **1.** ASTR. Di meteora. **2.** GEOGR. Di fenomeni che si verificano nell'atmosfera. *Acque meteoriche.*

meteorismo s.m. (gr. *meteōrismós* "gonfiamento") MED. Eccessiva formazione di gas nell'addome dovuta a un accumulo di gas nell'intestino e nello stomaco.

meteorite s.m. o s.f. ASTR. Frammento di corpo celeste di varie dimensioni vagante nello spazio che si disintegra nell'atmosfera per l'elevata temperatura provocata dall'attrito oppure si frantuma precipitando a terra con una scia luminosa.
ENCICL. I meteoriti che cadono sulla Terra variano moltissimo in dimensioni e velocità, dai *micrometeoriti* (microscopici e lentissimi che bruciano al contatto con l'atmosfera) ai *meteoridi* (del peso di tonnellate e velocissimi che, in parte cadono al suolo). Composti da leghe ferronichel e silicati di ferro e magnesio, si classificano in *sideriti* (soprattutto minerali), *sideroliti* (parti simili di minerali e silicati) e *aeroliti* (soprattutto silicati). La caduta di meteoriti in sciami dà origine al fenomeno delle stelle cadenti, che intersecano la Terra periodicamente (p.e. le Perseidi ogni anno intorno al 10 agosto).

meteorìtico agg. [pl.m. –ci, f. –che] Relativo a un meteorite.

meteorologìa s.f. GEOFIS. Studio degli elementi del tempo (temperature, precipitazioni, venti, pressione, ecc.) e dei movimenti dell'atmosfera.
ENCICL. La meteorologia è uno dei rami principali della geofisica esterna (come idrologia e oceanologia fisica) che applica la meccanica dei fluidi e la termodinamica all'elaborazione delle previsioni del tempo. Si occupa inoltre di osservazioni e misure sulla superficie terrestre e nell'atmosfera (grazie alle stazioni, ai radiosondaggi, ecc.), di analisi dei dati, climatologia, diffusione delle previsioni e delle statistiche climatiche, di analisi idrologiche, dello studio dell'inquinamento atmosferico, di ricerche che spaziano dalle tecniche strumentali (radar) o spaziali (satelliti), ai modelli di previsione e al clima. Il progresso della meteorologia è legato all'evoluzione del telerilevamento satellitare e alla cooperazione internazionale nell'ambito dell'Organizzazione Meteorologica Mondiale (OMM). Il primo satellite meteorologico, *Tiros*, fu lanciato nel 1960. La meteorologia ha applicazioni in vari settori, spec. nell'assistenza aeronautica, marina (pesca, attività petrolifere, ecc.) e agricola. Le previsioni in sé servono sia alla pianificazione e alla gestione di cantieri, trasporti stradali, produzione elettrica, ecc., sia all'analisi e alla prevenzione di catastrofi ambientali (valanghe, incendi, inquinamento, inondazioni e cicloni).

meteorològico agg. [pl.m. –ci, f. –che] Che riguarda la meteorologia.

meteoròlogo s.m. [f. –ga, pl.m. –gi, f. –ghe] Esperto nelle previsioni del tempo.

meteoropatìa s.f. MED. Stato di malessere psichico e neurovegetativo provocato dalle condizioni meteorologiche.

meteoropàtico agg. [pl.m. –ci, f. –che] **1.** Relativo alla meteoropatia. **2.** Che soffre di meteoropatia. ◆ s.m. [f. –ca] Nell'accez. 2 dell'agg.

mèteosat s.m. inv. Satellite meteorologico.

meticciaménto s.m. BIOL. Incrocio tra animali della stessa specie, ma di razze diverse, destinato a creare una razza con caratteristiche intermedie.

meticciàto s.m. **1.** Mescolanza biologica di razze animali, di popolazioni umane diverse. **2.** Gruppo costituito da meticci.

meticcio agg. [pl.m. –ci, f. –ce] (lat. *mesticium* "di razza mista", calco del gr. *sýmmiktos*) **1.** Che ha sangue misto in quanto nato da genitori di due popolazioni antropologicamente differenti. **2.** ZOOTECN. Si dice di un ibrido ottenuto a partire da due razze diverse della stessa specie. ◆ s.m. [f. –*cia*] Nei sign. dell'agg.

meticolosaménte avv. Con attenzione, in modo preciso.

meticolosità s.f. inv. Cura, precisione scrupolosa, talvolta eccessiva.

meticolóso agg. (lat. *meticulōsum* "timido, pauroso") **1.** Che manifesta una cura particolare per i minimi dettagli. **2.** Eseguito con zelo. *Una pulizia meticolosa.*

metilaràncio s.m. [pl. –*ci*] CHIM. ORG. Colorante che nelle analisi funziona da indicatore dell'acidità di una soluzione. SIN.: **eliantina**.

metilbenzène s.m. CHIM. → **toluene**.

metile s.m. (fr. *méthyle*) CHIM. Radicale monovalente (–CH₃) derivato dal metano. ◇ *Cloruro di metile*: liquido (CH₃Cl) che liquefà a - 24 °C, usato come agente frigorigeno.

metilène s.m. (fr. *méthylène*, comp. di gr. *méthy* "bevanda inebriante" e *hýlē* "legno, materia") CHIM. Radicale bivalente CH₂, che si ottiene dal metano sottraendo due atomi di idrogeno. ◇ *Blu di metilene*: colorante usato anche come leggero antisettico e analgesico.

metilico agg. [pl.m. –*ci*, f. –*che*] (fr. *méthylique*) CHIM. Dei composti derivati dal metano. ◇ *Alcol metilico*: alcol CH₃OH derivato dalla distillazione del legno o preparato sinteticamente, usato come solvente, combustibile e materia prima per numerose sintesi. (Se ingerito, è molto pericoloso, spec. per la vista.) SIN.: **metanolo**.

metilmorfina s.f. CHIM., FARM. → **codeina**.

metionina s.f. CHIM. Amminoacido solforato, indispensabile alla crescita e all'equilibrio dell'organismo, presente nelle proteine.

metòdica s.f. [pl. –*che*] **1.** In pedagogia, dottrina del metodo e didattica generale. **2.** estens. Metodo, metodologia.

metodicità s.f. inv. **1.** Modo di agire, di comportarsi improntato a un'impostazione logica e rigorosa. **2.** estens. Abitudine, costanza in un atteggiamento, comportamento.

metòdico agg. [pl.m. –*ci*, f. –*che*] **1.** Che è fatto con metodo. **2.** Che agisce con metodo.

metodismo s.m. (ingl. *methodism*) Movimento religioso protestante fondato in Inghilterra nel sec. XVIII da John Wesley per promuovere il "risveglio" della chiesa anglicana. (I metodisti, 30 milioni ca., sono sparsi in tutto il mondo.)

1. metodista s.m. e f. [pl.m. –*sti*] (ingl. *methodist*) Seguace del metodismo. ❑ In funzione di agg., metodistico.

2. metodista s.m. e f. [pl.m. –*sti*] **1.** Chi vive, agisce, si comporta seguendo un metodo rigoroso o sostenendo l'importanza di adottarlo. **2.** Nel gioco del lotto, del totocalcio, ecc., chi formula i propri pronostici utilizzando metodi basati sul calcolo delle probabilità.

mètodo s.m. **1.** Procedimento razionale messo in opera seguendo criteri sistematici in vista di uno scopo. ~ Insieme ordinato di principi, di norme, che permettono di raggiungere un risultato. ◇ *Metodo sperimentale*: procedura che consiste nell'osservare i fenomeni, nel fare ipotesi e nel verificare le conseguenze di quest'ipotesi con una sperimentazione scientifica. – MED. *Metodo di Karman*: metodo di svuotamento del contenuto dell'utero effettuato per mezzo di una speciale cannula, utilizzata come tecnica abortiva nel primo periodo di gravidanza; detto anche *aspirazione endouterina*. **2.** estens. Modo di agire, di comportarsi. **3.** estens. Manuale didattico per l'insegnamento di una certa disciplina, perlopiù tecnico-pratica.

metodologia s.f. **1.** Studio sistematico, per osservazione, della pratica scientifica, dei principi che la fondano e dei metodi di ricerca che essa utilizza. **2.** Insieme di metodi e di tecniche di un settore particolare.

metodològico agg. [pl.m. –*ci*, f. –*che*] Che concerne il metodo o la metodologia.

metonimia s.f. RET. Figura consistente nell'estensione semantica di un termine dal suo significato usuale a un altro che abbia col primo una relazione di contiguità o di dipendenza (il nome del contenente per il contenuto, della causa per l'effetto, dell'autore per l'opera, ecc. o

viceversa, p.e. *bere un bicchiere* o *portare Leopardi all'esame*).

metonìmico agg. [pl.m. –*ci*, f. –*che*] RET. Relativo alla metonimia.

mètopa s.f. ARCH. Nel fregio dorico, spazio tra due triglifi, lasciato aperto in origine, poi coperto da una lastra dipinta o decorata con bassorilievi.

metràggio s.m. [pl. –*gi*] (fr. *métrage*, gr. *métron* "misura") **1.** Misurazione in metri, a metri. **2.** Lunghezza calcolata in metri. – CINE. La lunghezza di una pellicola cinematografica, spec. nei composti *lungometraggio*, *cortometraggio*.

metralgia s.f. MED. Qualsiasi dolore che abbia origine dall'utero.

metratùra s.f. Misura in metri della lunghezza o della superficie di qlco.

-metria Secondo elemento di composti, in partic. attivo nel l. sc., nei quali significa "misura" o "misurazione" (*planimetria*).

mètrica s.f. [non com. pl. –*che*] **1.** Il complesso delle leggi che regolano la composizione dei versi e delle strofe. **2.** L'insieme dei sistemi metrici di una lingua, di una letteratura, di un periodo, di un autore. **3.** MAT. Legge che definisce la distanza intercorrente tra due punti di uno spazio.

mètrico agg. [pl.m. –*ci*, f. –*che*] **1.** Che concerne la misura o le misure. ◇ *Sistema metrico decimale*: quello in cui le unità di misura sono rappresentate da multipli e sottomultipli decimali delle unità fondamentali. – *Geometria metrica*: che tratta le proprietà delle figure che restano invariate rispetto al gruppo dei movimenti rigidi. **2.** Di un metro poetico, della metrica. ◇ *Accento metrico o ritmico*: quello che cade su quello che determina te sillabe del verso e che può anche non coincidere con l'accento tonico della parola.

metrite s.f. MED. Infiammazione dell'utero, in partic. della mucosa uterina (*endometriti*) o del collo dell'utero (*cerviciti*).

1. mètro s.m. (fr. *mètre*, gr. *métron* "misura") **1.** Unità fondamentale di misura di lunghezza del Sistema Internazionale (simb. m). ◇ *Metro quadrato*: unità di misura di superficie pari all'area di un quadrato avente il lato di 1 m. – *Metro cubo*: unità di misura di volume pari al volume di un cubo avente il lato di 1 m. **2.** Strumento di misura di varia forma avente come base il metro, suddiviso nei suoi sottomultipli. **3.** fig. Criterio soggettivo con cui si giudica. ENCICL. Originariamente il metro fu definito come la quarantamilionesima parte di un meridiano terrestre (prima Conferenza generale dei Pesi e delle Misure, Parigi 1889), ma in seguito assunse il valore della distanza, alla temperatura di 0° C, fra due tratti incisi su una barra di platino-iridio (ancora conservata presso l'Archivio internazionale dei Pesi e Misure di Sèvres). Dal 1960 al 1983, per il metro si assunse come riferimento la lunghezza d'onda della radiazione elettromagnetica rosso-arancio emessa dall'isotopo krypton 86. Infine, dal 1983, la Conferenza dei Pesi e delle Misure ha adottato una nuova definizione, legata alla velocità della luce: nel Sistema Internazionale, infatti, un metro è pari alla distanza percorsa dalla luce nel vuoto in un intervallo di tempo pari a 1/299.792.458 secondi.

2. mètro s.m. (gr. *métron* "misura del verso") Unità di misura della poesia a base quantitativa tipica dell'antichità classica e il verso formato da queste unità. ~ Tipo di struttura del verso nella poesia moderna e anche schema metrico di un componimento. ◇ *Metro libero*: non legato a uno schema rigido.

3. mètro s.f. inv. fam. Metropolitana.

metró [/me'tro/] s.m. inv. (fr. *métro*, abbr. di *chemin de fer métropolitain* "ferrovia metropolitana") Metropolitana.

metrologia s.f. (fr. *métrologie*) Studio delle misure.

metrològico agg. [pl.m. –*ci*, f. –*che*] Relativo alla metrologia.

metròlogo s.m. [f. –*ga*, pl.m. –*gi*, f. –*ghe*] Studioso di metrologia.

metrònomo s.m. (ingl. *metronome*) MUS. Strumento usato nella pratica musicale, con cui si misura e scandisce il tempo.

metronòtte s.m. e f. inv. *Guardia notturna.

metròpoli s.f. inv. (lat. *metrópolim*, gr. *mētrópolis* "madrepatria") **1.** Città più importante o capitale di uno stato o di una regione. ~ Centro di preminente importanza in una data zona geografica, città molto estesa e sviluppata. **2.** ANT. GR. La città madre o la madrepatria in relazione alle colonie fondate altrove.

metropolita s.m. [pl. –*ti*] Nelle Chiese cattolica e anglicana, arcivescovo di una circoscrizione ecclesiastica costituita da varie diocesi. ~ Nella Chiesa ortodossa, dignitario di grado intermedio tra il patriarca e gli arcivescovi.

metropolitàna s.f. (calco del fr. *chemin de fer métropolitain*) Ferrovia sotterranea e, a volte, di superficie o sopraelevata, che collega le zone di una grande città e della periferia; detta anche la *metro* o il *metró*. ~ Il convoglio, il servizio, il tracciato di tale ferrovia.

■ **metropolitàna.** Una linea di Caracas (Venezuela).

metropolitàno agg. **1.** Relativo a una metropoli, al suo territorio circostante. ◇ *Città metropolitana*: denominazione della provincia nelle aree metropolitane. **2.** Relativo a un vescovo metropolita. **3.** Della madrepatria.

metrorragia s.f. MED. Emorragia uterina non legata alla mestruazione.

méttere v.tr. [50] **1.** Collocare qlco. in un posto determinato. *Mettere la giacca nell'armadio.* ~ Disporre qlco. in un certo modo. *Mettere a posto i giocattoli.* ◇ figg. *Mettere a nudo qlco.*: accessorio, ecc. *Mettere i guanti al bambino.* **3.** Piantare semi o piantine in un terreno. *Mettere pomodori nell'orto.* **4.** Accostare una parte del corpo a qlco. *Mettere la mano alla bocca.* **5.** Sistemare qlco. in un luogo. *Mettere un figlio in collegio.* **6.** Condurre qlco. a una certa condizione psicologica. *Mettere gli alunni in soggezione.* **7.** Sistemare uno strumento in una certa posizione. *Mettere la marcia in folle.* **8.** Far entrare un oggetto in qlco. *Mettere il dito in bocca.* **9.** Attaccare, appendere, installare qlco. in un certo luogo. *Mettere il bollo sulla busta.* ◆ fig. *Mettere su qlco.*: allestirlo. **10.** Collocare qlco. in un certo periodo o in un certo gruppo. SIN.: **includere**. **11.** Infondere un sentimento in qlcu. che ha messo paura. ◆ fam. *Mettere su qlcu.*: istigarlo, incitarlo. **12.** Dedicare tempo, impegno, denaro a qlco. che sta a cuore. SIN.: **impiegare**. ◇ fig. *Mettere a segno qlco.*: conseguire un obiettivo. – *Mettere in conto qlco.*: calcolarlo, prevederlo. **13.** fam. Far pagare un prodotto a un certo prezzo. **14.** Prescrivere, imporre qlco. a qlcu. *Il governo ha messo nuove tasse.* **15.** Riferito a un testo, trascriverlo in forma diversa. **16.** Porre qlcu. a svolgere un determinato compito. *Mettere il vigile a dirigere il traffico.* **17.** Emettere, mandar fuori qlco. *La pianta ha messo i germogli.* **18.** Supporre. *Metti che lui arrivi.* ◆ v.intr. (aus. *avere*) Sboccare in un luogo. *Il corridoio mette direttamente nella sala.* SIN.: **immettere**. ◆ **mettersi** v.pron. **1.** Prendere una certa posizione o stato d'animo. *Mettersi comodi, tranquilli.* **2.** Acconciarsi in un certo posto. SIN.: **vestirsi**. **3.** Collocarsi, porsi in un certo posto. *Mettersi a sedere, a tavola.* **4.** Prendere un certo modo di procedere. SIN.: **profilarsi**.

mettifòglio o **mettifògli** s.m. [pl. –gli o inv.] **1.** STAM. Apparecchio automatico atto a inserire nella macchina da stampa un foglio per volta preso da una pila di carta. **2.** (anche f.) Operaio che effettua a mano tale operazione per gli apparecchi non automatici.

mettimàle s.m. e f. inv. fam. Chi suscita o inasprisce litigi e malumori.

mèzza s.f. (solo sing.) **1.** La mezza ora successiva a quella a cui ci si riferisce. Alle nove non era ancora arrivato, così lo aspettammo fino alla mezza. **2.** Mezzogiorno e mezzo, o mezzanotte e mezzo.

mezzabrigàta s.f. Ant., unità di fanteria che in seguito ebbe il nome di reggimento.

mezzacartùccia s.f. spreg. Persona ritenuta di scarso valore, di nessuna importanza. SIN.: mezzacalzetta.

mezzadrìa s.f. DIR. Contratto agrario in base al quale un colono (mezzadro) coltiva un fondo altrui, dividendo poi i prodotti e gli utili della coltivazione a metà col proprietario.

mezzàdro s.m. [f. –dra] DIR. Chi coltiva un podere altrui secondo il contratto di mezzadria.

mezzàla o **mezz'àla** s.f. [pl. mezzali, mezze ali] SPORT. Nel calcio, giocatore di prima linea situato tra l'ala e il centravanti.

mezzalùna s.f. [pl. mezzelune] **1.** La Luna come appare quando è illuminata per metà. **2.** Emblema dell'islamismo. ◇ L'impero della mezzaluna: l'impero ottomano. – Mezzaluna rossa: presso i popoli musulmani, istituzione sanitaria che corrisponde alla Croce rossa (v. parte n.pr.). **3.** Strumento da cucina a lama ricurva, con due manici, usato per tritare. **4.** MUS. Padiglione cinese. **5.** Nelle antiche fortificazioni rinascimentali, elemento delle opere difensive.

mezzanèlla s.f. MAR. In un veliero, la vela detta anche cavalletta.

mezzanìa s.f. MAR. Sezione di un'imbarcazione sul piano longitudinale. SIN.: mezzeria.

mezzanino s.m. In un edificio, piano che si trova tra il pianterreno e il primo piano. SIN.: ammezzato.

mezzàno agg. Che si trova nel mezzo, che è in una posizione intermedia all'interno di una successione, di una scala di grandezze, ecc. ◆ s.m. [f. mezzana] Chi favorisce relazioni amorose illecite.

mezzanòtte s.f. [non com. pl. mezzenotti, mezzanotti] **1.** Ventiquattresima e ultima ora del giorno. ◇ Sole di mezzanotte: nelle zone polari, fenomeno per cui il Sole si può vedere anche nelle ore notturne. **2.** (solo sing.) Il punto cardinale opposto a mezzogiorno. SIN.: nord.

mezzapùnta s.f. [pl. mezzepunte] **1.** SPORT. Nel calcio, giocatore che, pur non avendo un ruolo di punta, svolge anche un gioco d'attacco. **2.** Scarpa di pelle rifinita di raso, senza tacco, usata nella danza accademica. **3.** Nella danza, posizione che assume chi si sorregge solo sul metatarso e sulle dita, distendendo il collo del piede.

mezzatinta s.f. [pl. mezzetinte] **1.** PITT. Tonalità di colore la cui sfumatura è intermedia tra il chiaro e lo scuro. ~ Tonalità di colori tenue usata per il passaggio dalla tinta in luce a quella in ombra. **2.** fig. (spec. al pl.) Sfumatura, chiaroscuro. **3.** Metodo d'incisione usato in passato, mediante il quale uno strumento apposito riproduceva sulla lastra di rame tratti fittissimi, in modo da ottenere una varietà di toni imitanti il chiaroscuro. **4.** STAM. Tecnica fotomeccanica in cui si ottengono i chiaroscuri mediante l'utilizzo del retino.

mezzerìa s.f. **1.** Il punto mediano in senso spaziale. **2.** La linea bianca tracciata, nel senso della lunghezza, al centro di una carreggiata stradale per dividerla in due corsie. **3.** MAR. Mezzania.

1. mèzzo agg. **1.** Che è la metà esatta di un'unità. ◇ Mezza pensione: trattamento alberghiero che comprende l'alloggio, la colazione e un pasto. **2.** Intermedio, in senso spaziale o temporale. ◇ Mezze misure: provvedimenti scarsamente efficaci. – A mezz'aria: sospeso ad una certa altezza. – A mezz'asta: di bandiera alzata sino a metà in segno di lutto. – Mezzi termini: discorsi

equivoci. Parlare senza mezzi termini. **3.** fam. A metà, parzialmente. La porta è mezza chiusa. ~ per esager. Quasi completamente. Il teatro era mezzo vuoto. ~ Anche, all'opposto, scarso, solo in parte. ◇ Mezzo mondo: tantissima gente. – Avere una mezza idea: un'idea vaga, imprecisa. ◆ s.m. **1.** La metà di un intero. Un chilo e mezzo. **2.** Punto intermedio tra due estremi, in senso spaziale o temporale. In mezzo alla strada. SIN.: metà. ◇ Levar di mezzo qlcu.: farlo allontanare o ucciderlo. – Levar di mezzo qlco.: liberarsene. – Levarsi, togliersi di mezzo: andarsene oppure non occuparsi più di qlco. – Andarci di mezzo: rimanere coinvolto. – Mettere in mezzo qlcu.: coinvolgerlo. – loc. prep. In mezzo a: tra. Vivere in mezzo ai dispiaceri.

2. mèzzo s.m. **1.** Ciò che serve a raggiungere un determinato fine. SIN.: espediente. ◇ GRAMM. Complemento di mezzo o strumento: quello che indica per mezzo di chi o di che cosa si compie un'azione. – Mezzi di comunicazione di massa: mass media. – loc. prep. Per mezzo di: introduce la persona o la cosa che si usa per fare qlco. **2.** per anton. Mezzo di trasporto, spec. pubblico e urbano. ~ Qualsiasi veicolo usato per spostarsi. ◇ Mezzo pesante: veicolo di grandi dimensioni (p.e. camion e autotreni). – Mezzi corazzati: carri armati, autoblindo. **3.** fig. (al pl.) Capacità, qualità. **4.** (al pl.) Denaro, risorse economiche. ◇ CONTAB. Mezzi propri: insieme formato dal capitale sociale, dalle riserve e dall'utile di esercizio nel bilancio di una società. – Con i propri mezzi: con le risorse a disposizione. – Mezzi di produzione: beni e risorse impiegati per la produzione di altri beni. **5.** FIS., CHIM. Sostanza, general. fluida, in cui un fenomeno si verifica.

mezzocontràlto s.m. [pl. mezzicontralti] **1.** Voce femminile che, tra i contralti, ha il timbro più acuto. **2.** La cantante dotata di questo timbro di voce.

mezzofondista s.m. e f. [pl.m. –sti] SPORT. Atleta specialista del mezzofondo (1500 m).

mezzofóndo s.m. [pl. mezzifondi] SPORT. Nel nuoto e in atletica leggera, gara effettuata su una media distanza (da 800 a 3000 m). – Corsa ciclistica in pista effettuata dietro motori e su una distanza minore di 100 km.

mezzogiórno s.m. [non com. pl. mezzogiorni] **1.** Dodicesima ora del giorno. **2.** (solo sing.) Il sud come punto cardinale. **3.** Il meridiano di un paese. – per anton. (spec. con iniziale maiusc.) L'Italia meridionale.

mezzoguànto s.m. [pl. mezziguanti] ABBIGL. Guanto che lascia scoperta parte delle dita.

mezzóra o **mezz'óra** s.f. [pl. mezzore] Metà di un'ora.

mezzosàngue s.m. e f. inv. **1.** Cavallo con uno dei genitori purosangue. **2.** estens. Persona di sangue misto. **3.** estens. Animale nato da genitori di razza diversa.

mezzosopràno s.m. [pl. mezzosoprani o mezzisoprani] **1.** Registro di voce femminile compreso tra il soprano e il contralto. **2.** La cantante dotata di tale voce.

mezzotóndo s.m. (solo sing.) SCULT. Tecnica in cui i volumi del soggetto rappresentato vengono scolpiti solo in parte.

mezzùle s.m. La daga mediana del fondo di una botte, spesso fornita di sportello per consentire la pulizia all'interno.

1. mi s.m. inv. (dalla sillaba iniziale di Mira, parola con cui inizia il terzo versetto dell'"Inno a San Giovanni" di Paolo Diacono da cui Guido d'Arezzo trasse i nomi delle note) Terza nota della scala musicale di do.

2. mi o **mu** s.m. o s.f. inv. Dodicesima lettera dell'alfabeto greco (M, μ) corrispondente alla m dell'alfabeto latino.

miagolàre v.intr. (aus. avere) (voce onom.) **1.** Detto di gatto, emettere il proprio verso. **2.** fig. Riferito a persone, piagnucolare. ◆ v.tr. fig. Recitare o cantare qlco. con voce flebile. Miagolò la sua poesia.

miagolìo s.m. [pl. –lii] **1.** Il verso ripetuto del gatto. **2.** fig. Piagnucolio noioso.

mialgìa s.f. MED. Dolore muscolare.

miàsi s.f. inv. MED., VET. Malattia parassitaria causata da larve di mosca che si sviluppano su piaghe della cute o in cavità naturali.

miàsma s.m. [pl. –smi] (gr. míasma "lordura, contaminazione") Esalazione nociva di materie putrefatte o di acqua stagnante. ~ estens. Odore fetido.

miastenìa s.f. MED. Malattia autoimmunitaria, caratterizzata da debolezza e riduzione della capacità contrattile dei muscoli.

miatrofìa s.f. MED. Atrofia muscolare.

1. mica avv. (lat. mìcam "briciola") fam. Per nulla, affatto. Non sto mica bene. ~ Per caso. Hai mica visto i miei occhiali? ◇ Mica male: niente male, per esprimere un giudizio favorevole.

2. mica s.f. [pl. –che] (lat. mìcam "briciola", deriv. di micàre "scintillare" per la lucentezza del minerale) MIN. Nome generico di minerali presenti nelle rocce magmatiche e metamorfiche. [I principali miche sono la biotite (o mica nera) e la muscovite (o mica bianca), usata per la sua trasparenza e resistenza termica.]

micascisto o **micaschisto** s.m. MIN. Roccia metamorfica composta da mica e quarzo.

miccia s.f. [pl. –ce] (fr. mèche, lat. mỹxum "stoppino") **1.** Cordoncino usato per l'accensione di una carica esplosiva. ◇ Miccia detonante: dispositivo formato da tubetti di stagno riempiti di tritolo fuso. **2.** MAR. Parte estrema inferiore dell'albero della nave.

micèlio s.m. [pl. –li] (lat. Mycelium, deriv. di gr. mýkēs "fungo") BOT. Corpo vegetativo dei funghi, formato da filamenti (ife) ramificati e allungati.

micèlla s.f. CHIM., FIS. Particella colloidale formata da aggregati di molecole.

micenèo agg. Dell'antica città greca di Micene e della civiltà che vi si sviluppò. ◆ s.m. [f. –a] **1.** Nativo, abitante dell'antica Micene. **2.** (solo sing.) Dialetto greco parlato nell'antica Micene.

1. micète s.m. BOT. Fungo.

2. micète s.m. (gr. mykētḗs, propr. "che muggisce") ZOOL. Scimmia urlatrice americana con barba nera e coda prensile. (Ordine dei Primati.)

micetologìa s.f. BOT. → micologia.

micidiàle agg. **1.** Che può causare la morte. SIN.: mortale. **2.** per esager. Molto dannoso, insopportabile. Freddo micidiale.

micio s.m. [pl.m. –ci, f. –cie, –ce] (voce onom.) fam. Gatto domestico.

micobattèrio s.m. [pl. –ri] **1.** BOT. Batterio aerobio a forma filamentosa. (Ordine degli Actinomiceti.) **2.** BOT. (iniziale maiusc., al pl.) Genere di batteri a cui appartengono specie che provocano gravi patologie nell'uomo, come la tubercolosi (bacillo di Koch) o la lebbra (bacillo di Hansen).

micologìa s.f. BOT. Studio dei funghi.

micòlogo s.m. [f. –ga, pl.m. –gi, f. –ghe] Chi si occupa di micologia.

micorrìza s.f. BOT. Associazione simbiotica del micelio di un fungo con le radici di una pianta.

micòsi s.f. inv. MED. Ogni infezione dovuta a funghi microscopici parassiti.

micòtico agg. [pl.m. –ci, f. –che] MED. Relativo alla micosi.

micro- Primo elemento di composti nei quali significa "piccolo, di scarso sviluppo"(microanalisi) oppure "microscopico" (microcristallino); se precede l'unità di misura ne moltiplica il valore per 10^{-6} (microampere).

microampere [/mikroam'pεr/] s.m. inv. FIS. Unità di misura di intensità di corrente pari a 1 milionesimo di ampere (mA).

microanàlisi s.f. inv. Insieme delle metodologie che consentono di effettuare analisi chimiche su quantità di sostanza inferiori al milligrammo.

micròbico agg. [pl.m. –ci, f. –che] Relativo ai microbi.

microbilància s.f. [pl. –ce] Bilancia di alta precisione.

microbiologìa s.f. BIOL. Studio dei microrganismi.

microbo s.m. **1.** Microrganismo unicellulare per lo più patogeno. **2.** *fig.* Persona mediocre, meschina.

microcalcolatóre s.m. → minicomputer.

microcàmera s.f. Apparecchio fotografico di dimensioni ridotte che utilizza pellicole di formato inferiore ai 24 x 36 mm.

microcassétta s.f. Cassetta di ridotte dimensioni per microregistratori.

microcefalìa s.f. **1.** MED. Ridotto sviluppo del cranio. **2.** *scherz.* Stupidità, cretineria.

microcèfalo agg. **1.** MED. Affetto da microcefalia. **2.** *scherz.* Di persona di scarso acume. ◆ s.m. [f. *–la*] Nei sign. dell'agg.

microchìmica s.f. [non com. pl. *–che*] CHIM. Studio delle biologie microscopiche.

microchip [/'mikrotʃip/] s.m. inv. (voce ingl.) ELETTRON. → **1. chip**.

microchirurgìa s.f. Tipo di chirurgia che applica tecniche ad altissima precisione e fa uso di uno speciale microscopio.

microcircùito s.m. Circuito elettronico costituito da componenti miniaturizzati in forma integrata.

microcitemìa s.f. MED. → talassemia.

microcìto o **microcìta** s.m. [pl. *–ti*] MED. Globulo rosso di dimensioni inferiori alla norma.

microclìma s.m. [pl. *–mi*] **1.** GEOGR. Clima dello strato d'aria immediatamente vicino al suolo. ~ Clima di una zona specifica e limitata della superficie terrestre. **2.** L'insieme delle condizioni determinate dalla climatizzazione in un ambiente chiuso.

microclìno s.m. MIN. Feldspato potassico triclino avente composizione chimica simile a quella dell'ortoclasio.

microcomputer [/'mikrokom'pjutər/] s.m. inv. Calcolatore con funzioni limitate, adibito prevalentemente a compiti di controllo.

microcòsmo s.m. **1.** FILOS. L'uomo concepito come un mondo organizzato in sé, specchio dell'universo fisico, in oppos. al *macrocosmo*. **2.** Il complesso delle strutture infinitamente piccole costituenti la materia (atomi, molecole, ecc.). **3.** Insieme, ambito limitato e ristretto, che è specchio di un organismo più vasto. **4.** *spreg.* Piccolo ambiente di interessi limitati e ristretti.

microcriminalità s.f. inv. L'insieme dei frequenti reati minori.

microcristallìno agg. MIN. Di roccia i cui componenti cristallini sono visibili solo al microscopio.

microcurie [/mikroky'ri/] s.m. inv. FIS. Unità di misura della radioattività pari a 1 milionesimo di curie.

microdattilìa s.f. MED. Ridotto sviluppo delle dita delle mani o dei piedi.

microeconomìa s.f. ECON. Studio dei comportamenti individuali degli operatori economici.

microeleménto s.m. **1.** BIOL. Oligoelemento. **2.** CHIM. *Microelementi galvanici:* gli elementi galvanici microscopici che si originano nei processi di corrosione di materiali metallici.

microelettrònica s.f. [non com. pl. *–che*] Settore dell'elettronica che si occupa della progettazione, della costruzione e delle applicazioni dei circuiti elettronici miniaturizzati.

microfàrad s.m. inv. FIS. Unità di misura della capacità elettrostatica pari a un milionesimo di farad (simb. *mF*).

microfìbra s.f. Fibra tessile artificiale molto leggera.

microfiche [/mikro'fiʃ/] s.f. inv. (voce fr.) Scheda costituita da carta sensibile, su cui si effettua la riproduzione di varie pagine di testi, lettere, documenti, ecc. di diverse dimensioni a formato ridotto. SIN.: **microscheda**.

microfillo agg. BOT. Di pianta le cui foglie hanno dimensioni ridottissime. ◆ s.m. Foglia molto piccola avente un ridotto sviluppo dei caratteri.

microfilm s.m. inv. **1.** Sistema di riproduzione fotografica, su negativi di piccolo formato, di pagine di volumi o manoscritti, disegni o documenti. **2.** Bobina di pellicola fotografica contenente tali riproduzioni. ◇ *Lettore di microfilm:* microlettore.

microfilmàre v.tr. Riprodurre documenti su microfilm.

microflòra s.f. BOT. Flora microscopica.

microfonìsta s.m. e f. [pl.m. *–sti*] Tecnico specializzato nell'installare e nel far funzionare i microfoni.

micròfono s.m. **1.** Apparecchio in grado di trasformare le vibrazioni sonore in pulsazioni elettriche convenientemente amplificate. **2.** Impropriamente, il microtelefono.

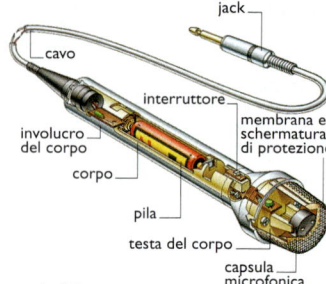

jack
cavo
interruttore
involucro del corpo
membrana e schermatura di protezione
corpo
pila
testa del corpo
capsula microfonica

■ **micròfono**

microfotografìa s.f. **1.** Fotografia riproducente oggetti di piccole dimensioni, realizzata usando il microscopio o un obiettivo capace di ingrandire. ~ La tecnica usata per ottenere tale fotografia. **2.** Fotografia effettuata usando una microcamera.

microfotogràfico agg. [pl.m. *–ci*, f. *–che*] Relativo alla microfotografia.

microfrattografìa s.f. Tecnica d'analisi al microscopio delle rotture dei materiali, in partic. dei metalli.

microglobulìna s.f. CHIM., BIOL. Proteina che fa parte del sistema HLA, presente anche nel sangue.

micrografìa s.f. **1.** Studio al microscopio di oggetti molto piccoli, in partic. della struttura di metalli e leghe. **2.** L'insieme dei procedimenti relativi alla preparazione in laboratorio di prodotti botanici per l'osservazione al microscopio. **3.** Scrittura di ridottissima proporzione.

microgràfico agg. Relativo alla micrografia.

microgràmmo s.m. Unità di misura della massa pari a 10^{-6} g (simb. *mg*).

microgranulàre agg. GEOL. Di rocce magmatiche con struttura a piccoli grani visibili soltanto al microscopio.

microgravità s.f. inv. Gravità molto ridotta.

microinformàtica s.f. INFORM. Fabbricazione e utilizzo di microcalcolatori.

microinformàtico agg. Relativo alla microinformatica.

microintervàllo s.m. MUS. Intervallo più piccolo di un semitono.

microirrigazióne s.f. Tecnica d'irrigazione nella quale l'acqua è trasportata in piccola quantità soltanto in prossimità delle piante.

microistruzióne s.f. INFORM. Nella microprogrammazione, istruzione elementare di cui si compone e in cui si trasforma un'istruzione di linguaggio macchina.

microlettóre s.m. Apparecchio ottico che consente, mediante ingrandimenti, la lettura e spesso anche la stampa del microfilm.

microlite s.m. MIN. In una roccia vulcanica, piccolo cristallo allungato (in partic. plagioclasi), visibile soltanto al microscopio.

micròlito o **microlìto** s.m. **1.** MED. Piccola formazione che contiene calcare, che ha origine nei condotti urinari e, se si accumula, provoca la renella. **2.** In paletnologia, piccolo oggetto di selce.

microlitro s.m. Unità di volume di liquidi pari a un milionesimo di litro.

micromanipolatóre s.m. Apparecchio che serve per manipolare piccolissimi strumenti in diversi interventi (lavorazione, assemblaggio, ecc.) legati all'uso del microscopio.

micromeccànica s.f. [non com. pl. *–che*] Tecniche di concezione, fabbricazione e funzionamento di oggetti meccanici di piccole dimensioni.

micromelìa s.f. MED. Malformazione, per lo più congenita, caratterizzata da eccessiva piccolezza di uno o più arti.

micrometeorite s.m. o s.f. inv. Meteorite di dimensioni molto piccole.

micrometrìa s.f. Misurazione di piccole dimensioni mediante il micrometro.

micromètrico agg. [pl.m. *–ci*, f. *–che*] **1.** Di minima entità. **2.** Relativo al micrometro.

1. micròmetro s.m. Strumento che permette di misurare con grande precisione lunghezze o angoli molto piccoli.

2. micròmetro s.m. Unità di lunghezza pari a un milionesimo del metro (simb. μm), detta anche *micron*.

microminiaturizzàre v.tr. Ridurre qlco. in dimensioni piccolissime.

micromòdulo s.m. Circuito elettronico di dimensione molto piccola stampato su una piastrina sottile di ceramica.

micromutazióne s.f. GENET. Cambiamento specifico su un cromosoma (in oppos. a *macromutazione*).

micron s.m. inv. Denominazione con cui si indica l'unità di lunghezza nota anche come *micrometro*.

micróne s.m. Particella avente dimensioni comprese tra quelle microscopiche e ultramicroscopiche (pari a circa 200 milionesimi di mm).

micronesiàno agg. Della Micronesia. ◆ s.m. [f. *–na*] Nativo, abitante della Micronesia.

micronizzàre v.tr. FIS. Ridurre una sostanza in corpuscoli minutissimi, dell'ordine di grandezza del micron.

micronizzazióne s.f. FIS. Riduzione di un corpo solido in particelle (*microsfere*) aventi dimensioni minutissime.

micronutrriènte s.m. BIOCHIM. → oligoelemento.

microónda s.f. (spec. pl.) FIS. Onda elettromagnetica la cui lunghezza d'onda è inferiore a 30 cm.

micròpilo s.m. BOT. Piccolo orifizio nel tegumento dell'ovulo delle piante Fanerogame, che permette la fecondazione.

microprocessóre s.m. (ingl. *microprocessor*) INFORM. Unità centrale di elaborazione, componente fondamentale di un computer costituito da un chip che sovrintende alle funzioni di elaborazione e controllo.

microprogrammazióne s.f. INFORM. Tecnica di realizzazione dell'unità centrale di un elaboratore, per cui durante l'esecuzione di un programma le istruzioni in linguaggio macchina vengono ulteriormente scomposte in sequenze di istruzioni elementari, dette *microistruzioni*, che vengono poi eseguite.

micropropagazióne s.f. BIOL. Propagazione asessuata vegetale, realizzata in vitro e in ambiente sterile a partire da frammenti di piante, impiegata su scala industriale per la produzione di rosai, orchidee, ecc.

microregistratóre s.m. Registratore magnetico tascabile e minicassetta.

microrganismo o **microorganismo** s.m. Denominazione di esseri viventi microscopici come batteri, virus, funghi unicellulari (lieviti), ecc. (Chiamati precedentemente *microbi*, i microrganismi svolgono un ruolo essenziale nei cicli ecologici. Alcune specie sono patogene.)

microriproduzióne s.f. Ogni supporto d'informazione che contiene immagini di dimensioni molto ridotte.

microsatèllite s.m. ASTRONAUT. Piccolo satellite, che pesa general. meno di 100 kg, messo a bordo di un vettore come carico ausiliario insieme con il carico principale.

microschèda s.f. (calco del fr. *microfiche*) → microfiche.

microscopìa s.f. Osservazione al microscopio.

microscòpico agg. [pl.m. *–ci*, f. *–che*] **1.** Relativo al microscopio. ~ Fatto usando il microscopio. **2.** Che può essere visto soltanto con un microscopio. *Particelle microscopiche. ~ scherz. o per esager.* Molto piccolo, minuscolo. *Una scrittura microscopica.*

microscòpio s.m. [pl. *–pi*] Strumento ottico che, utilizzando lenti d'ingrandimento diverse, permette l'osservazione di oggetti molto piccoli. ◊ *Microscopio elettronico:* nel quale i raggi luminosi sono sostituiti da un fascio di elettroni. (Può ingrandire fino a 500.000 volte.) – *Microscopio elettronico a scansione:* quello che permette forti ingrandimenti, superiori a 100.000 volte, utilizzando un fascio di elettroni che formano l'immagine per mezzo di un sistema di campi elettromagnetici, in sostituzione delle lenti del microscopio ottico. – *Microscopio a scansione a effetto tunnel:* microsonda che permette di esplorare la superficie dell'oggetto su scala atomica e che utilizza l'effetto tunnel.

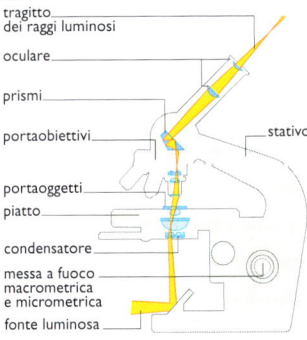

tragitto dei raggi luminosi
oculare
prismi
portaobiettivi
stativo
portaoggetti
piatto
condensatore
messa a fuoco macrometrica e micrometrica
fonte luminosa

microscopio ottico

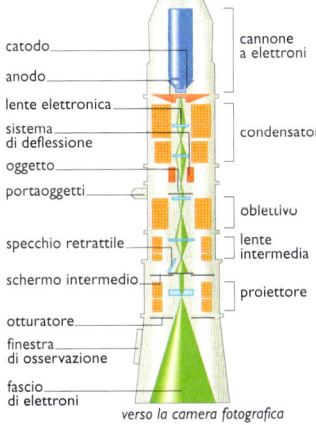

catodo
cannone a elettroni
anodo
lente elettronica
sistema di deflessione
condensatori
oggetto
portaoggetti
obiettivo
specchio retrattile
lente intermedia
schermo intermedio
proiettore
otturatore
finestra di osservazione
fascio di elettroni

verso la camera fotografica

microscopio elettronico

■ **microscòpio.** Principi di funzionamento.

microsecóndo s.m. Unità di tempo pari a un milionesimo di secondo (simb. *ms*).

microsfèra s.f. Particella di pigmento, d'agente abrasivo, di carico inerte, ottenuta per micronizzazione.

microsisma o **microsismo** s.m. [pl. *–smi*] GEOFIS. Sisma di intensità minima, riscontrabile soltanto tramite strumenti, che si produce in modo più o meno permanente (in oppos. a *macrosisma*). ~ Oscillazioni di fondo registrabili dai microsismografi.

microsismògrafo s.m. Strumento molto sensibile capace di registrare e misurare l'intensità dei microsismi.

microsociologìa s.f. Studio delle relazioni sociali nell'ambito di piccoli gruppi.

microsólco s.m. [pl. *–chi*] (calco dell'ingl. *microgroove*) Disco per incisione fonografica con faccia di 30 cm di diametro che permette un ascolto di 25 minuti ca.

microsónda s.f. Sonda di piccole dimensioni atta a esplorare zone molto piccole.

microspìa s.f. Microfono miniaturizzato usato per intercettazioni, spionaggio, ecc.

microspòra s.f. BOT. Spora di più piccole dimensioni della macrospora dalla quale si sviluppa il gametofito maschile.

microsporàngio s.m. [pl. *–gi*] BOT. Sporangio che produce le microspore.

microstruttùra s.f. **1.** Disposizione delle particelle microscopiche di un corpo. **2.** In ambito letterario, sociale, ecc., ogni singola parte in cui è suddiviso un insieme.

microtelecàmera s.f. Telecamera miniaturizzata.

microtelèfono s.m. Componente dell'apparecchio telefonico che contiene i dispositivi atti a trasmettere e a ricevere la voce.

microtèrmo agg. BOT. Di pianta che vive in regioni aventi una temperatura media annua fra 0 e 15 °C.

micròtomo s.m. Strumento con cui si realizzano sezioni molto sottili di sostanze organiche, pari a 5-20 millesimi di millimetro, per l'osservazione al microscopio.

microtràuma s.m. MED. Trauma molto leggero, che non ha alcuna importanza se è unico, ma a cui ripetizione può portare a conseguenze patologiche.

microtùbulo s.m. BIOL. CELL. Filamento cavo a forma di tubo di vario diametro delle cellule animali e vegetali.

microvòlt s.m. inv. FIS. Unità di misura di potenziale elettrico (*mV*), pari a un milionesimo di volt.

1. mìda s.m. inv. (dal nome del mitico re frigio che aveva la facoltà di mutare in oro tutto quanto toccava) Persona molto ricca e fortunata.

2. mìda s.m. inv. Grande tartaruga che vive nei mari tropicali e talvolta è presente anche nel Mediterraneo. (Famiglia dei Chelonidi.)

middle class [/'mɪdəl 'klɑːs/] loc. sost. f. inv. (loc. ingl., "classe media") Ceto* medio.

midi o **MÌDI** agg. inv. (sigla dell'ingl. *Music Instrument Digital Interface*) Dell'interfaccia standardizzata che permette il trasferimento di informazioni in tempo reale tra diversi strumenti musicali elettronici.

midólla s.f. Mollica.

midollàre agg. ANAT. Relativo al midollo.

midóllo s.m. [pl.t. *midolla, midolli,* f. *midolle*] **1.** ANAT. Parte centrale di alcuni organi (in oppos. a *corteccia*). ◊ *Midollo osseo:* sostanza spugnosa contenuta nelle ossa. (Si distingue il *midollo rosso,* emopoietico, e il *midollo giallo,* che contiene soprattutto grasso.) – *Midollo spinale:* parte del sistema nervoso centrale situata nella colonna vertebrale, che svolge un ruolo di centro nervoso responsabile di alcuni riflessi e della conduzione dei messaggi tra i nervi che gli sono collegati e l'encefalo. **2.** BOT. Tessuto costituito da cellule vive situato nella parte centrale del fusto e delle radici. **3.** *fig.* Parte più intima e caratteristica di qlco. o qlco. ◊ *Fino al midollo:* completamente, molto profondamente.

midollóso agg. Ricco di midollo.

midrash [/'mɪdraʃ/] s.m. inv. (ebr. *midraš,* deriv. di *daraš* "indagare") RELIG. Nella letteratura rabbinica, la metodologia tradizionale e canonica di esegesi biblica e le opere ispirate da tale metodo.

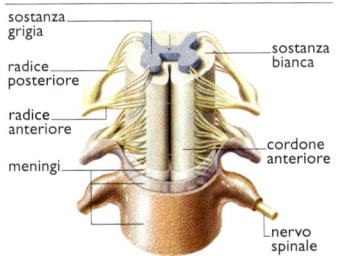

sostanza grigia
sostanza bianca
radice posteriore
radice anteriore
meningi
cordone anteriore
nervo spinale

■ **midóllo.** Il midollo spinale e i nervi spinali.

midrìasi s.f. inv. (lat. *mydrĭasim,* gr. *mydríasis* deriv. di *mýdros* "massa incandescente") MED. Dilatazione fisiologica o patologica della pupilla (in oppos. a *miosi*).

midrìatico agg. MED. Di medicina che produce midriasi.

mièle s.m. Sostanza fluida zuccherina di particolare profumo, di colore biondo, dolciastra, che le api producono succhiando il nettare dai fiori. ❑ In funzione di agg. inv., di colore biondo ambrato.

mielencèfalo s.m. ANAT. Segmento della parte terminale dell'encefalo embrionale che dà origine al midollo allungato.

mielina s.f. ANAT. Sostanza lipoide che avvolge come una guaina il midollo e le fibre nervose.

mielite s.f. MED. Qualsiasi infiammazione del midollo spinale.

mieloblàsto s.m. BIOL. CELL. Cellula immatura della serie bianca del sangue, dalla quale derivano i granulociti.

mielocito o **mielocita** s.m. [pl. *–ti*] BIOL. Cellula del midollo osseo, progenitrice dei granulociti.

mielografìa s.f. MED. Radiografia del midollo spinale previa iniezione di un liquido di contrasto.

mielogràmma s.m. MED. Risultato dell'esame citologico di un campione di midollo osseo.

mielòma s.m. [pl. *–mi*] MED. Tumore maligno del midollo osseo.

mielopatìa s.f. MED. Qualsiasi affezione del midollo spinale.

mielòsi s.f. inv. MED. Qualsiasi processo patologico del midollo osseo. ~ Affezione degenerativa del midollo spinale.

mielóso agg. **1.** Che ha un sapore dolciastro. **2.** *fig.* Sdolcinato e affettato, melliflluo.

mietere v.tr. **1.** Raccogliere i cereali. **2.** *fig.* Detto di malattie o guerre, uccidere, stroncare. *L'epidemia ha mietuto molte vittime.* **3.** *fig.* Raccogliere una grande quantità di risultati positivi. *Mietere successi.* ◆ v.intr. (aus. *avere*) Effettuare la mietitura.

mietilegatrice s.f. AGR. Macchina che miete i cereali e li raccoglie in covoni.

mietitóre s.m. [f. *–trice*] Chi miete.

mietitrebbiatrice s.f. AGR. Macchina che miete e trebbia cereali. *(v. immagine pag. succ.)*

mietitrice s.f. Macchina utilizzata per eseguire la mietitura.

mietitùra s.f. **1.** L'azione di mietere. **2.** Il raccolto. **3.** Il tempo, la stagione in cui si miete.

migale s.f. (lat. *Mygale,* gr. *mygalê* "toporagno") Grosso ragno tropicale, predatore, con corpo e zampe scuri e ghiandole velenifere. (Può raggiungere i 18 cm di lunghezza. Il morso della migale è molto doloroso ma di rado pericoloso per l'uomo. Ordine degli Araneidi.)

■ **mìgale**

migliàio s.m. [pl. *migliaia*] **1.** Serie di mille unità, spesso con valore di approssimazione. *Un migliaio di persone.* **2.** *per esager.* (al pl.) Grande numero indeterminato. *Migliaia di stelle.*

1. migliarino s.m. (così chiamato perché si nutre principalmente di miglio) Piccolo uccello di palude. (Famiglia degli Emberizidi.)

2. migliarino s.m. Pianta erbacea con fiori gialli, frutti bruni e foglie lanceolate, usata in erboristeria. (Genere *Lithospermum;* famiglia delle Borraginacee.)

1. mìglio s.m. [pl. *miglia*] **1.** Unità di misura anglosassone della lunghezza che equivale a 1609 m ca. ~ Unità di misura internazionale per le distanze nella navigazione aerea o marittima. (Il miglio nautico vale, per convenzione, 1852 m, eccetto nei paesi del Commonwealth, in cui vale 1853,18 m.) ◊ *Miglio romano:* quello corrisponden-

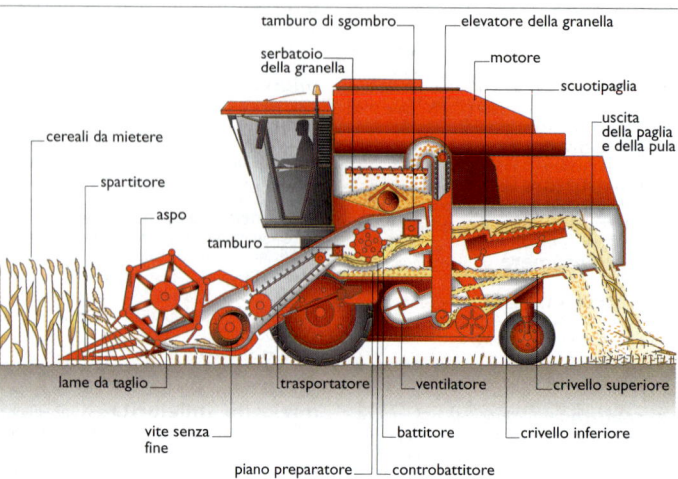

tamburo di sgombro — elevatore della granella
serbatoio della granella
motore
scuotipaglia
uscita della paglia e della pula
cereali da mietere
spartitore
aspo
tamburo
lame da taglio — trasportatore — ventilatore — crivello superiore
vite senza fine
battitore
crivello inferiore
piano preparatore — controbattitore

■ **mietitrebbiatrice**

te a 1000 passi, cioè approssimativamente a 1480 m. **2.** per esager. A grande distanza, molto lontano. *Essere lontano mille miglia.* ◇ *fig. Lontano un miglio, mille miglia da:* ben lungi da, molto distante.

2. mìglio s.m. [non com. pl. *–gli*] Pianta erbacea con fiori raccolti a pannocchia, foglie larghe e piccoli frutti gialli che si utilizzano come alimento o mangime. (Famiglia delle Graminacee.)

miglioraménto s.m. **1.** Cambiamento in meglio. **2.** Incremento, aumento. **3.** Lo stare meglio, spec. nel corso di una malattia. **4.** Intervento teso a migliorare.

miglioràre v.tr. Rendere migliore. ◆ v.intr. **1.** (aus. essere) Diventare migliore. *Il tempo è migliorato.* **2.** (aus. essere o avere) Stare meglio in salute. *Il ragazzo ha (è) migliorato nel secondo quadrimestre.* ◆ **migliorarsi** v.pron. Rendere se stessi migliori.

migliorativo agg. **1.** Che rende migliore, che apporta miglioramenti. **2.** LING. Di suffisso che altera il significato della base in senso positivo (in oppos. a *peggiorativo*). ◆ s.m. Nell'accez. 2 dell'agg.

miglioratóre agg. [f. *–trice*] Che rende migliore. ◆ s.m. **1.** (anche f.) Chi opera un miglioramento. **2.** BOT. Coltura o pianta che accresce le condizioni di fertilità di un terreno.

migliòre agg. **1.** Più buono d'animo, più ricco di doti morali e intellettuali, più abile, più stimato. CONTR.: **peggiore. 2.** Più alto, più considerato, più pregevole. **3.** Più comodo, più utile, più vantaggioso. ◇ *Vendere qlco. al miglior offerente:* a chi fa l'offerta più alta. **4.** Più felice, meno penoso. ◇ *Rimandare a tempi migliori:* più favorevoli o più tranquilli. – *eufem. Passare a miglior vita:* morire. – *Nella migliore delle ipotesi:* anche nel caso più favorevole. ◆ s.m. (anche f.) La persona più buona, più capace, più abile.

migliorìa s.f. Miglioramento apportato spec. a edifici, strade, ecc.

migliorista s.m. e f. [pl.m. *–sti*] Nel l. pol. e giorn., chi, all'interno di partiti della sinistra, sostiene posizioni moderate e ritiene migliorabile il sistema capitalistico.

mìgnolo s.m. Il quinto e più piccolo dito della mano e del piede.

mignon [/mi'ɲɔ̃/] agg. inv. (voce fr., "grazioso") Che ha dimensioni ridotte.

mignonnette [/miɲɔ'nɛt/] s.f. inv. (voce fr.) Piccola bottiglia di liquore simile in tutto alla confezione normale.

migrànte agg. **1.** Che migra. **2.** MED. Di organo, cellula o manifestazione patologica atta a spostarsi dalla sede primitiva.

migràre v.intr. (aus. *essere*) Abbandonare la sede originaria per trasferirsi, in partic. con riferimento a uccelli.

migratóre agg. [f. *–trice*] Che migra. ◆ s.m. (anche f.) Chi migra, spec. uccelli.

migratòrio agg. [pl.m. *–ri*] Relativo alle emigrazioni.

migrazióne s.f. **1.** Spostamento di una popolazione, di un gruppo di persone, ecc. da un luogo a un altro. ~ Spostamento collettivo periodico di certe specie animali da una sede a un'altra. **2.** FIS. Nell'elettrolisi, spostamento degli ioni verso gli elettrodi. **3.** MED. Spostamento di un organo, di una cellula o di un fenomeno patologico dalla sede primitiva.

mikado [/mi'kado/] s.m. inv. (voce giapp., orig. "palazzo imperiale" poi "sovrano") In Giappone, uno dei titoli dati all'imperatore. ~ L'imperatore stesso.

mila agg. num. card. inv. Moltiplica per mille il valore dei numeri interi cardinali. *Centomila euro.*

milanése agg. Di Milano. ◇ *Risotto alla milanese:* primo piatto di riso cucinato con burro, vino bianco, brodo, zafferano. – *(Cotoletta alla) milanese:* costoletta di vitello passata nell'uovo, impanata e fritta nel burro. ◆ s.m. **1.** (anche f.) Nativo, abitante di Milano. **2.** (solo sing.) Dialetto di Milano. SIN.: **meneghino. 3.** (iniziale maiusc., solo sing.) Territorio intorno a Milano.

miler [/'mailə/] s.m. inv. (voce ingl., deriv. di *mile* "miglio") IPP. Cavallo che gareggia sulla distanza del miglio inglese.

miliardàrio agg. [pl.m. *–ri*] (fr. *milliardaire*) Che possiede ricchezze equivalenti a uno o più miliardi di un'unità monetaria corrente. ~ estens. Di persona molto ricca. ◆ s.m. [f. *–ria*] Nel sign. dell'agg.

miliardèsimo agg. num. ord. **1.** Che, in una successione ordinata, occupa il posto corrispondente al numero di un miliardo. **2.** Con il valore frazionario relativo a ciascuna delle parti di un intero diviso per un miliardo di volte. **3.** per esager. Ennesimo. ◆ s.m. [f. *–ma*] Nelle accez. 1 e 2 dell'agg.

miliàrdo s.m. (fr. *milliard*) **1.** Mille milioni. ~ per anton. Un milione di euro. **2.** per esager. Quantità enorme. *Te l'ho detto un miliardo di volte.*

1. miliàre agg. (lat. *miliārium* "di mille unità" poi "pietra miliare") Di indicazione che lungo le strade segna il numero delle miglia in progressione.

2. miliàre agg. (fr. *miliaire*, deriv. di lat. *milium* "miglio") MED. Di fenomeno patologico in cui compaiono vescichette simili a granellini. ◇ *Tubercolosi miliare:* processo tubercolare infiammatorio per cui compaiono piccoli focolai a forma di granelli di miglio nei polmoni. – *Febbre miliare:* malattia contagiosa, virale o batterica, caratterizzata da febbre, sudori ed eruzione cutanea.

milieu [/mi'ljø/] s.m. inv. (voce fr., propr. "luogo di mezzo") **1.** Ambito, ambiente spec. dal punto di vista sociale, culturale, ecc. **2.** gerg. Malavita.

Miliobàtidi s.m. pl. [iniziale minusc. sing. *–de* per l'individuo] ZOOL. Famiglia di pesci dal corpo allungato e a forma di rombo, coda sottile e spinosa. (Ordine dei Raiformi.)

milionàrio agg. [pl.m. *–ri*] (fr. *millionaire*) Che possiede ricchezze equivalenti a uno o più milioni di euro o di altre monete. ~ estens. Che è molto ricco, facoltoso. ◆ s.m. [f. *–ria*] Nel sign. dell'agg.

milióne s.m. **1.** Unità equivalente a mille migliaia. ~ per anton. Un milione di euro. **2.** per esager. Un numero enorme, una gran quantità.

milionèsimo agg. num. ord. **1.** Che, in una successione ordinata, occupa il posto corrispondente al numero di un milione. **2.** Con il valore frazionario relativo a ciascuna delle parti di un intero diviso per un milione di volte. **3.** per esager. Una quantità enorme. *È la milionesima volta che te lo ripeto.* ◆ s.m. [f. *–ma*] Nelle accez. 1 e 2 dell'agg.

militànte agg. Che partecipa attivamente in un movimento politico, culturale, ecc. ◇ *Critico militante:* che partecipa in modo attivo alla problematica culturale del suo tempo. ◆ s.m. e f. Chi partecipa alle vicende di un partito, di un'organizzazione, ecc.

militànza s.f. Partecipazione concreta all'attività di un partito, di un'organizzazione. ~ L'insieme dei militanti.

1. militàre agg. Che riguarda i corpi militari o militarizzati. ~ Dell'esercito. *Ospedale militare* ◇ *Tribunale militare:* quello preposto a reati effettuati da un militare in servizio e soggetti alle leggi proprie del codice militare. – *Zona militare:* quella in cui si effettuano le operazioni dei corpi armati. – *Alla militare:* secondo le consuetudini, le usanze dei soldati. – *Governo militare:* governo politico nazionale in cui hanno il potere persone facenti parte delle forze armate. ◆ s.m. e f. Persona appartenente alle forze armate. ◇ *Fare il militare:* prestare servizio militare di leva.

2. militàre v.intr. (aus. *avere*) **1.** Prestare servizio in un corpo militare. **2.** estens. Prendere parte concretamente all'attività di un partito, di un'organizzazione politica, culturale, ecc. **3.** Essere di sostegno a qlcu. o per qlco. *Fatti che militano a favore della sua tesi.*

militarésco agg. [pl.m. *–schi*, f. *–sche*] Di, da militare.

militarismo s.m. (fr. *militarisme*) **1.** Predominio dei militari o della loro ideologia e disciplina. **2.** Concezione, ideologia volta a sostenere la crescita degli armamenti e dell'impegno militare dello stato.

militarista agg. [pl.m. *–sti*] Di, da militarista, del militarismo. ◆ s.m. e f. Chi sostiene il militarismo.

militarizzàre v.tr. (fr. *militariser*) **1.** Sottoporre alla giurisdizione militare, spec. in caso di guerra o di emergenza nazionale. **2.** estens. Organizzare un'istituzione secondo le regole militari. **3.** Presidiare, fortificare un luogo con mezzi di difesa militari. ◆ **militarizzarsi** v.pron. Sottoporsi all'organizzazione militare.

militassòlto agg. Militesente. ◆ s.m. Nel sign. dell'agg.

milite Militare, soldato. ◇ *Milite ignoto:* salma di soldato non identificato che viene onorata come simbolo del sacrificio di tutti gli altri soldati morti in guerra.

militesènte agg. Che ha già prestato il servizio militare o che non deve prestarlo. ◆ s.m. Nel sign. dell'agg.

milìzia s.f. **1.** La vita militare e l'esercizio della medesima. **2.** fig. Partecipazione concreta e attiva in nome di un ideale. **3.** (spec. pl.) Corpo armato addestrato al combattimento. ◇ *Milizie regolari:* quelle inquadrate in un esercito in forza del normale reclutamento. – *Milizie irregolari:* quelle che si affiancano, senza esserne inquadrate, alle truppe di un esercito istituzionale. **4.** estens. La comunità delle persone che credono in Gesù Cristo, la Chiesa militante e le schiere degli angeli e dei beati.

miliziàno s.m. [f. *–na*] (fr. *milicien*, spagn. *miliciano*) Civile armato. ~ Chi appartiene a particolari milizie, spec. volontarie.

milk-shake [/'mɪlk.ʃeik/] s.m. inv. (voce ingl., comp. di *milk* "latte" e *shake* "scuotimento") Frullato di latte, spec. fatto col gelato.

millantatóre agg. [f. *-trice*] Che vanta esageratamente cose o qualità non possedute. ◆ s.m. (anche f.) Persona vanagloriosa e spaccona.

millanteria s.f. **1.** Eccessivo vanto di sé e di meriti che non si possiedono. **2.** Azione o frase con cui si ostentano qualità non possedute o con cui ci si loda.

mille agg. num. card. **1.** Numero naturale equivalente a cento decine o dieci centinaia. **2.** *per esager.* Numero indeterminato, ma considerevole. ◆ s.m. inv. **1.** Il numero mille. ◇ *Il Mille:* l'anno mille dopo Cristo. **2.** La forma grafica del numero mille. **3.** Base di riferimento per calcolare frequenza o proporzione. *Un incremento del tre per mille.* **4.** La quantità equivalente a mille unità ogni cento. *C'è stato un aumento del mille per cento.*

millefióri s.m. inv. **1.** Liquore ottenuto dalle essenze di diversi tipi di fiori. **2.** Nell'arte vetraria, vetro costituito da frammenti colorati piccolissimi.

millefòglie s.m. o s.f. inv. Dolce costituito da molti strati di pasta sfoglia alternati a crema e panna o marmellata. ◆ s.m. inv. BOT. → achillea.

millefòglio s.m. [pl. *-gli*] → achillea.

millenàrio agg. [pl.m. *-ri*] **1.** Che dura da mille e più anni. **2.** Che ricorre ogni millennio. ◆ s.m. Ricorrenza del millesimo anno di un avvenimento e la sua celebrazione.

millenarismo s.m. RELIG. Movimento apocalittico che sosteneva la possibilità di un ritorno di Cristo sulla Terra per un millennio prima della distruzione del mondo.

millènnio s.m. [pl. *-ni*] Periodo di mille anni.

millepièdi s.m. inv. Nome pop. degli animali appartenenti alla classe dei Miriapodi. (Hanno in realtà da 10 a 175 paia di gambe.)

millerighe agg. inv. Di disegno su carta o stoffa a vari colori disposti in modo da creare un effetto di fitte linee verticali od orizzontali. ◆ s.m. inv. (pl. spl.) Tipo di maccherone a righe sottili.

millesimàle agg. **1.** Che costituisce un millesimo, la millesima parte. **2.** Piccolissimo.

millèsimo agg. num. ord. **1.** Che, in una successione ordinata, occupa il posto corrispondente al numero 1000. **2.** Con valore frazionario, relativo a ciascuna delle parti di un intero diviso per mille. **3.** *per esager.* Una quantità enorme. ◆ s.m. **1.** [f. *-ma*] Nei sign. dell'agg. **2.** La cifra delle migliaia nelle date. **3.** L'anno, indicato secondo l'era volgare.

millesimàto agg. (calco del fr. *millésimé*) Di vino, spec. di spumante o champagne, su cui viene indicato l'anno della vendemmia. ~ Anche di prodotti editoriali rinnovati ogni anno. *Edizioni millesimate.*

milleùsi agg. inv. Che serve o è adatto a molteplici usi.

milliampere [/milliam'pɛr/] s.m. inv. FIS. Unità di misura pari a un millesimo d'ampère (simb. *mA*).

milliamperòmetro s.m. ELETTR. Amperometro graduato in milliampere.

millibàr s.m. inv. FIS., METEOR. Unità di pressione atmosferica (simb. *mbar*) sostituita oggi con il pascal.

milligràmmo s.m. (fr. *milligramme*) Millesimo di grammo (simb. *mg*).

millilitro s.m. Millesimo di litro (simb. *ml*).

millimetràto agg. Graduato in millimetri.

millimètrico agg. [pl.m. *-ci*, f. *-che*] **1.** Diviso, graduato in millimetri. **2.** Che può essere valutato in millimetri. ~ *estens.* Molto piccolo.

millimetro s.m. (fr. *millimètre*) Millesimo di metro (simb. *mm*).

millisecóndo s.m. Millesimo di secondo (simb. *msec*).

millivòlt s.m. inv. FIS. Unità di misura di differenza di potenziale pari a un millesimo di volt (simb. *mV*).

millivòltmetro s.m. ELETTR. Voltmetro graduato in millivolt.

milonga [/mi'longa/] s.f. [pl. *milongas*] (voce spagn. d'America, "chiacchierino" di orig. angolana) Canzone e danza argentina simile al tango, in voga all'inizio del sec. XX.

milonìte s.f. (ingl. *mylonite*, deriv. digr. *mylón* "mulino" in quanto frantumata) GEOL. Roccia che ha subìto una frantumazione tettonica intensa e a cui grana è molto fine.

milòrdo s.m. ZOOL. Serpente giallo-verdastro con macchie scure non velenoso. (Famiglia dei Colubridi.) SIN.: biacco.

milza s.f. (longob. *milzi*) ANAT. Organo linfatico accessorio, addominale, situato nella parte superiore sinistra tra lo stomaco e il rene, costituito da tessuto vascolare, che ha la funzione di produrre globuli bianchi e di distruggere o riutilizzare i globuli rossi alterati.

mimàre v.tr. (fr. *mimer*) Esprimere un atteggiamento, una sensazione, un'azione con i gesti, senza utilizzare la parola. ◆ v.intr. (aus. *avere*) Fare il mimo.

mimeògrafo s.m. (ingl. *mimeograph*) Strumento per la riproduzione di scritti o disegni incisi su carta paraffinata.

mimètica s.f. [pl. *-che*] MIL. Divisa da caserma e da campo di colore e disegno adatti a mimetizzarsi con l'ambiente naturale circostante.

mimètico agg. [pl.m. *-ci*, f. *-che*] (lat. *mimēticum*, gr. *mimētikós* deriv. di *mímēsis* "imitazione") **1.** Relativo all'imitazione, alla capacità di imitare. **2.** Relativo al mimetismo. **3.** BIOL. Che presenta il fenomeno, la proprietà del mimetismo.

mimetismo s.m. **1.** BIOL. Proprietà che possiedono alcune specie animali (p.e. il camaleonte e alcuni ragni) di assumere la forma o il colore dell'ambiente in cui vivono. **2.** *fig. spreg.* Atteggiamento con cui si tende a variare opinione o comportamento, adattandosi alle circostanze o all'ideologia predominante.

mimetizzàre v.tr. Camuffare qlco. o qlcu. in modo che si confonda con l'ambiente circostante. ◆ **mimetizzarsi** v.pron. **1.** Detto di soldati, assumere un aspetto simile a quello dell'ambiente circostante. **2.** Riferito a piante e animali, assumere a scopo protettivo il colore dell'ambiente circostante. **3.** *fig.* Mutare opinione o comportamento, adattandosi alla situazione che via via si determina.

mimetizzazióne s.f. L'operazione con cui si camuffa qlco. o qlcu. per confonderlo con l'ambiente circostante e sottrarlo all'osservazione altrui.

mimiàmbo s.m. LETT. Nell'antichità classica, mimo scritto in metro giambico.

mimica s.f. [pl. *-che*] **1.** Espressione del pensiero, con la gestualità e le espressioni del volto. **2.** *estens.* L'insieme delle espressioni del volto.

mimico agg. [pl.m. *-ci*, f. *-che*] **1.** Relativo al mimo, alla mimica. **2.** Che si esprime a gesti.

Mimìdi s.m. pl. [iniziale minusc. sing. *-de* per l'individuo] ZOOL. Famiglia di uccelli passeriformi.

1. mìmo s.m. **1.** [f. *-ma*] Attore che interpreta azioni sceniche con gesti e con vari atteggiamenti del volto e della persona senza usare le parole, talvolta utilizzando la musica e la danza. **2.** Arte che consiste nell'imitare con l'espressione dei gesti un'azione drammatica, un atteggiamento. **3.** TEAT. Tipo di commedia poetica, originaria dell'antica Grecia, dove l'attore rappresenta attraverso i gesti l'azione, le sensazioni, ecc.

2. mimo s.m. Uccello tipico dei boschi e dei giardini degli Stati Uniti e del Sud canadese, aggressivo e rumoroso, che imita il canto degli altri uccelli. (Famiglia dei Mimìdi.)

mimodràmma s.m. [pl. *-mi*] **1.** MUS. Favola drammatica rappresentata da un concatenamento di gesti espressivi e accompagnata dalla musica. SIN.: pantomima. **2.** PSICH. Terapia di gruppo consistente nel rappresentare mimicamente un argomento, una tematica, un problema scelto in precedenza.

mimòsa s.f. (lat. *Mimosa*, deriv. di *mīmus* "mimo" per la reazione delle foglie al contatto) **1.** Denominazione corrente di alcune varietà di acacia con i fiori molto profumati e a forma di pallina. **2.** BOT. (iniziale maiusc.) Genere di piante arbustive originarie dell'America tropicale, con foglie pennate, fiori a capolino, frutti a legume e rami spinosi. (Famiglia delle Mimosacee.)

Mimosàcee s.f. pl. [iniziale minusc. sing. *-a* per l'individuo] BOT. Famiglia di piante dicotiledoni che comprende l'acacia e la mimosa. (Ordine delle Leguminose.)

1. mìna s.f. (fr. *mine* di orig. celtica) **1.** Galleria sotterranea praticata in attesa di distruggere qlco. tramite una carica esplosiva. **2.** MIL. Ordigno esplosivo bellico azionato da dispositivi di vario genere. [Esistono mine terrestri (anticarro, antiuomo, fisse), marine (acustiche, a depressione, magnetiche, ecc.).] ◇ *Mina vagante:* ordigno lasciato alla deriva, non ancorato; *fig.* persona o persona che rappresenta una minaccia incombente. **3.** Piccolo cilindro di grafite che forma il cuore di una matita e che costituisce l'elemento scrivente.

2. mìna s.f. **1.** Antica moneta greca del valore di cento dracme. **2.** Antica unità di misura di peso equivalente a 0,5 kg ca.

3. mìna s.f. (lat. *hēminam*, gr. *hēmína* "mezzo staio") Unità di misura di capacità per aridi, utilizzata spec. in Liguria e in altre regioni prima dell'adozione del sistema metrico decimale, equivalente a ca. 116 l.

minàccia s.f. [pl. *-ce*] **1.** Parola o atto con il quale si esprime la volontà di fare male a qlcu., con la prospettiva di dissuaderlo o di costringerlo a fare qlco. **2.** DIR. Reato commesso da chi provoca in altri il timore di un danno ingiusto. **3.** Segno, indice che lascia prevedere un pericolo. *Minaccia di guerra, di aborto.*

minacciàre v.tr. [5] **1.** Cercare di intimidire con minacce. **2.** Costituire un pericolo. *La guerra minaccia il paese.* **3.** *fig.* Sovrastare qlco. o qlcu.: SIN.: incombere. **4.** *fig.* Con soggetto non animato, annunciare qlco. di negativo mediante sintomi. *Il tempo minaccia una tempesta.* ~ Con soggetto umano, promettere qlco. di negativo a qlcu. *Minacciare una punizione alla scolaresca.*

minaccióso agg. **1.** Che rivela o contiene una minaccia. **2.** Che lascia prevedere una minaccia, un pericolo. *Nuvole minacciose.* **3.** *fig.* Di ciò che incute timore per la sua imponenza.

minàre v.tr. (fr. *miner*) **1.** Porre mine in un'area determinata. **2.** *fig.* Mettere in pericolo qlco. SIN.: insidiare.

minaréto s.m. (fr. *minaret*, ar. *manāra* "torre di moschea, faro") Torre di una moschea, dalla cima della quale il muezzin fa i cinque appelli alla preghiera quotidiana.

minàto agg. Cosparso di mine. ◇ *fig. Terreno, campo minato:* iniziativa, attività, spec. politica, economica, ecc., pericolosa.

minatóre s.m. [f. *-trice*] **1.** Persona che lavora nelle miniere. **2.** Operaio che si occupa di lavori di abbattimento usando mine. **3.** Militare appartenente all'arma del genio, addestrato per sistemare opportunamente le mine.

minatòrio agg. [pl.m. *-ri*] Che incute timore, che contiene minacce.

minchióne agg. *pop.* Stupido, balordo, credulone. ◆ s.m. [f. *-na*] Sciocco, ingenuo.

mindel s.m. (solo sing.) (dal nome del fiume bavarese *Mindel*) GEOL. Mindeliano.

mindeliàno s.m. (solo sing.) GEOL. Seconda fase glaciale del quaternario. ◆ agg. Di tale fase.

inflorescenza

fiore

sensitiva

comune
(*Acacia dealbata*)

■ **mimósa**

mineralcorticòide agg. BIOCHIM. Nome generico degli ormoni della corteccia surrenale che agiscono sui minerali del corpo.

mineràle agg. **1.** Che presenta caratteristiche di minerale, che si ottiene per estrazione da minerali o che contiene minerali. **2.** Relativo ai minerali, alle rocce. ◇ *Regno minerale:* insieme dei minerali (in oppos. a *regno animale* o *vegetale*). ◆ s.m. Denominazione generica di sostanze naturali per lo più inorganiche (elementi o composti), fisicamente e chimicamente omogenee, solide a temperatura ordinaria, costituenti la litosfera terrestre e componenti delle rocce.

mineralizzàre v.tr. (fr. *minéraliser*) **1.** Trasformare qlco. in minerale. **2.** Arricchire una sostanza organica di sali minerali. ◆ **mineralizzarsi** v.pron. Diventare minerale.

mineralizzatóre agg. (fr. *minéralisateur*) CHIM., GEOL. Di elemento chimico o fisico che causa o facilita la formazione di minerali. ◆ s.m. Nel sign. dell'agg.

mineralizzazióne s.f. (fr. *minéralisation*) GEOL. Processo di formazione di minerali.

mineralogìa s.f. (fr. *minéralogie*) GEOL. Studio della composizione chimica e delle proprietà fisiche dei minerali e della loro formazione.

mineralogìsta s.m. e f. [pl.m. –sti] (fr. *minéralogiste*) Specialista di mineralogia.

mineralurgìa s.f. Insieme delle tecniche d'estrazione e di raffinazione dei minerali a partire da minerali metalliferi grezzi estratti dalle miniere.

mineràrio agg. [pl.m. –ri] Relativo alle miniere e ai minerali ricavati da esse.

minerogènesi s.f. inv. GEOFIS. Formazione dei minerali e dei relativi giacimenti.

1. minèrva s.m. pl. (dal nome della dea *Minerva* rappresentata nel marchio di fabbrica) Nome commerciale di fiammiferi di sicurezza, che non contengono fosforo e si accendono solo se strofinati.

2. minèrva s.f. (dal nome della dea *Minerva* perché la statua di Atena Parthenos di Fidia sembra portare un collare) MED. Collare ortopedico rigido usato per immobilizzare il collo e la testa.

minèstra s.f. **1.** Piatto tipico della cucina italiana a base di pasta, riso, verdure, variamente preparato e condito. **2.** *estens.* Il primo piatto di un pasto. **3.** *fig.* Vitto, sostentamento. *Lavorare per la minestra.*

minestróne s.m. **1.** Minestra ricca e densa, composta da numerose verdure cotte in brodo, general. insaporita da un soffritto o da un battuto. **2.** *fig. fam.* Insieme confuso di elementi diversi.

mingere v.intr. [22] [manca del part. pass.] FISIOL. → orinare.

mingherlìno agg. (fr. *mingrelin*, deriv. di *mingre* "infelice") Che ha una costituzione fisica esile. SIN.: *gracile.*

mini agg. inv. Piccolo, corto, esiguo. ◆ s.f. inv. Minigonna.

mini- Primo elemento di composti nei quali significa "molto piccolo" (*miniappartamento*).

miniàbito s.m. Abito femminile che arriva sopra il ginocchio.

miniappartaménto s.m. Piccolo appartamento composto di uno o due locali e servizi.

miniàre v.tr. [6] (lat. *miniāre* "tingere di minio") **1.** Decorare con miniature. **2.** *estens.* Dipingere qlco. o qlcu., descriverlo con precisione ed eleganza. SIN.: **cesellare.**

miniasségno s.m. Assegno circolare al portatore, di dimensioni ridotte e di basso importo, emesso negli anni Settanta per sopperire alla carenza di moneta corrente.

miniàto agg. Decorato con miniature.

miniatóre s.m. [f. –*trice*] **1.** Artista che esegue miniature. **2.** *fig.* Pittore, scultore o scrittore che perfeziona la sua opera nei minimi dettagli.

miniatùra s.f. **1.** Arte, tipica principalmente dell'epoca medioevale, che consiste nel decorare e illustrare i codici manoscritti con capilettera colorati, cornici, immagini, ecc. **2.** Immagine dipinta con tale tecnica. **3.** Modellino in scala molto ridotta. ◇ *In miniatura:* in dimensioni ridotte.

miniaturìsta s.m. e f. [pl.m. –sti] Miniatore.

miniaturizzàre v.tr. (ingl. *to miniaturize*) TECN. Ridurre il più possibile le dimensioni di un oggetto, in partic. un meccanismo o un circuito elettronico.

miniaturizzazióne s.f. (ingl. *miniaturization*) **1.** TECN. Riduzione a dimensioni microscopiche. **2.** *estens.* Lavorazione di oggetti in dimensioni minime.

minibàsket s.m. (solo sing.) SPORT. Gioco simile alla pallacanestro ma con regole più semplici e il canestro collocato più in basso, in modo che possano giocare anche bambini e ragazzi.

mìnibus o **minibùs** s.m. inv. Autobus di piccole dimensioni.

minicalcolatóre s.m. INFORM. → minicomputer.

minicomputer [/minikom'piutər/] s.m. inv. INFORM. Computer di medie prestazioni, utilizzato in modo autonomo o come elemento periferico di un elaboratore centrale o di una rete informatica.

minidìsco s.m. [pl. –schi] INFORM. Dischetto di piccole dimensioni, a tecnologia magnetica o ottica, che contiene dati per computer o audio digitale.

minièra s.f. (fr. *minière*) **1.** Complesso costituito da un giacimento minerario sotterraneo e dalle attrezzature necessarie per il suo sfruttamento. **2.** *fig.* Fonte inesauribile di qlco. di positivo. *Una miniera di idee.* ◇ *Miniera d'oro:* fonte di guadagni e ricchezze.

minigòlf s.m. (solo sing.) (abbr. di ingl. *miniature golf*) Gioco, ispirato al golf, praticato su piccole superfici con ostacoli artificiali da superare o evitare.

minigònna s.f. (calco dell'ingl. *miniskirt*) **1.** Gonna molto corta. **2.** *scherz.* Struttura metallica che in passato si utilizzava per migliorare l'aerodinamicità delle automobili.

minima s.f. **1.** MUS. Valore di nota e di pausa che corrisponde, per durata, alla metà di una semibreve. **2.** METEOR. Temperatura più bassa registrata in un dato tempo e luogo. **3.** MED. Il valore più basso della pressione arteriosa di una persona. **4.** La soglia più bassa di qualsiasi trattamento pensionistico.

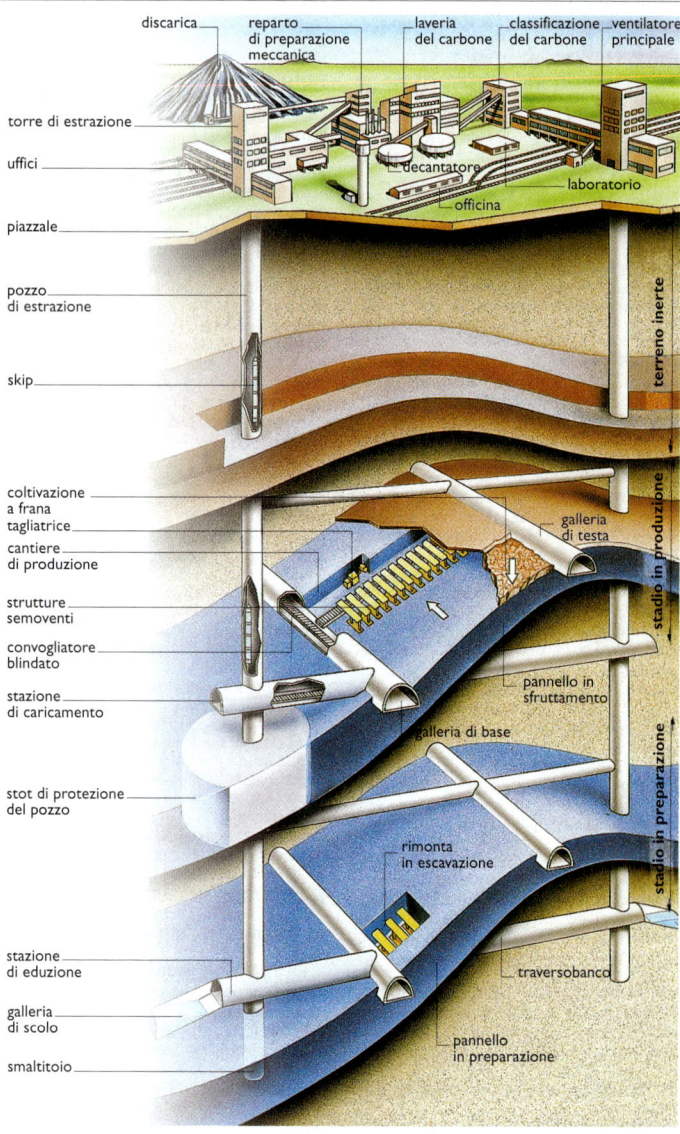

■ **minièra.** Sfruttamento sotterraneo di carbone in un giacimento in lieve pendenza.

discarica — reparto di preparazione meccanica — laveria del carbone — classificazione del carbone — ventilatore principale

torre di estrazione

uffici

piazzale

pozzo di estrazione

skip

decantatore

laboratorio

officina

terreno inerte

coltivazione

a frana

tagliatrice

cantiere di produzione

strutture semoventi

convogliatore blindato

stazione di caricamento

galleria di testa

stadio in produzione

galleria di base

pannello in sfruttamento

stot di protezione del pozzo

rimonta in escavazione

stadio in preparazione

stazione di eduzione

galleria di scolo

traversobanco

pannello in preparazione

smaltitoio

minimal art [/'mɪnɪməl ɑːt/] loc. sost. f. inv. (loc. ingl. d'America, "arte minimale") Corrente artistica caratterizzata da opere dai soggetti geometrici, lineari, semplici.
ENCICL. Nata negli Stati Uniti nel corso degli anni Sessanta, la minimal art si contrapponeva all'espressionismo astratto, sul modello di artisti come A. Reinhardt, Ellsworth Kelly (pittura *hard-edge*), B. Newman, D. Smith. Si esprime con opere tridimensionali (*strutture primarie*), geometriche, in cui la carica emotiva sprigionata è volutamente ridotta al minimo. Fra le opere più importanti si annoverano quelle di D. Judd, R. Morris, C. Andre, D. Falvin, S. LeWitt, volte non a manifestazioni di ordine estetico ma a una constatazione fisica dell'oggetto in sé e a una messa in gioco dello spazio in cui questo è integrato.

■ **minimal art.** Opera senza titolo (1979) di D. Judd. (MNAM, Parigi).

minimàle agg. (ingl. *minimal*) Che costituisce o determina il limite minimo. ◆ s.m. Limite, grado minimo.

minimalismo s.m. (ingl. *minimalism*) **1.** Ricerca delle soluzioni che richiedono il minimo dei mezzi, degli sforzi (in oppos. a *massimalismo*). **2.** Tendenza estetica, letteraria, teatrale e musicale contemporanea caratterizzata da un'estrema semplicità espressiva.

minimalista s.m. e f. [pl.m. –*sti*] Sostenitore del minimalismo. □ In funzione di agg., del minimalismo, di, da minimalista.

minimamènte avv. **1.** In minima quantità. **2.** Affatto, per niente.

minimàrket s.m. inv. Negozio, perlopiù di generi alimentari, costruito su uno spazio ridotto e con caratteristiche analoghe a quelle dei supermercati.

minimàssimo s.m. **1.** MAT. In una funzione di due variabili, il minimo, rispetto a una delle due variabili, dei massimi rispetto all'altra. **2.** MAT. Nella teoria dei giochi, metodo che consente, in una situazione incerta, di individuare la minima tra le perdite massime.

minimax s.m. inv. (lat. *mini-mum max-imum* "minimo massimo") MAT. → **minimassimo.**

minimizzàre v.tr. (fr. *minimiser*, ingl. *to minimize*) **1.** Ridurre al minimo. *Minimizzare i costi di produzione.* **2.** Attribuire un'importanza inferiore a qlco. *Minimizzare uno scandalo.* SIN.: **sdrammatizzare**

mìnimo agg. **1.** Nel sign. del superlativo di *piccolo*; che ha raggiunto il suo valore più basso. *Temperatura minima.* **2.** Che è molto piccolo, poco importante. ◆ s.m. **1.** Il più piccolo grado al quale qlco. può essere ridotto. ◇ DIR. *Minimo garantito:* salario minimo previsto per legge. **2.** MAT. Il più piccolo elemento di un insieme ordinato. **3.** Il minor numero possibile di giri di un motore a scoppio, al di sotto del quale si spegne. **4.** CATT. [f. –*ma*] Appartenente all'ordine religioso dei frati minimi o delle suore minime, istituito da san Francesco da Paola nel 1435.

minimòsca s.m. inv. BOXE Categoria di pugili leggeri il cui peso non supera i 48,988 chilogrammi. ~ Il pugile appartenente a tale categoria.

minimum s.m. inv. (voce lat.) Minimo.

minimum tax [/'mɪnɪməm 'tæks/] loc. sost. f. inv. (loc. ingl., "tassa minima") (solo sing.) Imposta minima dovuta al fisco dal lavoratore autonomo.

mìnio s.m. [pl. –*ni*] CHIM. Pigmento rosso arancione ottenuto per ossidazione del piombo fuso.

minipìllola s.f. MED. Pillola contraccettiva che contiene soltanto progestinico.

minirifórma s.f. Revisione legislativa attuata in un campo limitato del settore pubblico.

minisèrie s.f. inv. TV. Sceneggiato televisivo suddiviso in poche puntate.

ministeriàle agg. Di ministro o di un ministero. ◆ s.m. e f.**1.** Chi, nel Medioevo, aveva incarichi amministrativi alla corte di un grande signore. **2.** Chi lavora alle dipendenze di un ministero.

ministèro s.m. (lat. *ministērium* "servizio, incarico") **1.** Il complesso dei ministri formante un gabinetto. **2.** Settore della pubblica amministrazione diretto da un ministro e attività a esso relative. **3.** *Pubblico ministero:* magistrato che rappresenta e tutela gli interessi dello Stato nei processi penali. **4.** Missione, compito di elevato valore morale e sociale.

ministro s.m. (lat. *minīstrum* "servitore") **1.** Membro del governo che presiede un dicastero ◇ *Primo ministro:* *presidente del consiglio. – *Ministro ombra:* chi all'interno del partito di opposizione svolge funzioni direttive simili a quelle dei ministri del partito al potere. **2.** Agente diplomatico di grado inferiore a quello di ambasciatore. **3.** Curatore di un'amministrazione, amministratore di un ufficio per conto di un'autorità superiore. **4.** Chi svolge una missione in nome di un'entità superiore. ◇ CRIST. *Ministro del culto:* denominazione generica indicante chi esercita il ministero religioso.

minitower [/,mɪni'taʊə/] s.f. inv. (voce ingl., propr. "piccola torre") INFORM. Contenitore verticale di altezza ridotta dell'hardware di un personal computer.

minivàn s.m. inv. Pulmino per passeggeri.

minòico agg. [pl.m. –*ci*, f. –*che*] (calco dell'ingl. *minoan*) **1.** Relativo a Minosse, mitico re di Creta. **2.** Relativo alla civiltà pre-ellenica di Creta, sviluppatasi nel II millennio a.C.

minorànte agg. ALG. In un elemento *a* appartenente a un insieme *I* ordinato, di ogni elemento di *I* che precede *a*.

minorànza s.f. **1.** Insieme di persone, di cose inferiori in numero rispetto a un altro insieme. **2.** Insieme di coloro che si differenziano nell'ambito di uno stesso gruppo (in oppos. a *maggioranza*). *Le minoranze etniche.* **3.** Percentuale più bassa di votanti o di voti all'interno di un organo collegiale. ~ Insieme di persone che non raggiungono un numero sufficiente in elezioni, votazioni, ecc. per imporre così la propria volontà. ~ Il partito o l'insieme dei partiti che è all'opposizione per non aver ottenuto il maggior numero di voti. **4.** GRAMM. *Grado comparativo di minoranza:* il grado minore che un termine presenta nel paragone con un altro.

minoràsco s.m. [pl. –*schi*] DIR., ST. Istituto giuridico in base al quale i possedimenti e i beni familiari andavano per successione al figlio minore (in oppos. a *maggiorasco*).

minoràto agg. Di persona le cui facoltà fisiche o psichiche sono ridotte. ◆ s.m. [f. –*ta*] Nel sign. dell'agg.

minorazióne s.f. MED. Stato di menomazione. SIN.: **handicap.**

minóre agg. **1.** Più piccolo come quantità, estensione, altezza, durata. SIN.: **inferiore. 2.** Di importanza secondaria. *Un autore minore.* ◇ *Edizione minore:* quella di formato o di contenuto ridotto. – SPORT. *Campionato minore:* di serie inferiore a quella più importante. – ASTR. *Orsa minore:* costellazione boreale a cui appartiene la stella polare, detta anche *piccolo carro.* – *fig. Male minore:* soluzione non ottimale, ma che presenta i minori aspetti negativi. **3.** Più giovane. ◇ *Minore età:* in cui non è legalmente riconosciuta la capacità di disporre dei propri beni. (In oppos. alla *maggiore età*, 18 anni.) **4.** LOG. Del termine estremo del sillogismo che ha minore estensione della premessa che lo contiene. **5.** MUS. *Scala, modo minore:* quelli in cui c'è la differenza di un semitono tra la seconda e la terza nota. – *Intervallo minore:* tra due intervalli dello stesso nome, quello contenente un semitono cromatico in meno. **6.** Di numero o elemento che precede un altro numero o elemento in una serie, successione, ecc. ◆ s.m. e f.**1.** DIR. Minorenne. **2.** Il più giovane in relazione ad altri. **3.** Scrittore, artista, musicista, ecc. ritenuto meno importante.

minorènne agg. DIR. Che non ha ancora raggiunto la maggiore età, attualmente fissata a 18 anni. ◆ s.m. e f. Nel sign. dell'agg.

minorile agg. DIR., SOCIOL. Relativo al minore, ai minorenni. *Carcere minorile.*

minorìta s.m. [pl. –*ti*] RELIG. Appartenente all'ordine dei frati minori francescani.

minorità s.f. inv. DIR. Età minorile, condizione di minorenne.

minoritàrio agg. [pl.m. –*ri*] (fr. *minoritaire*) Della, di minoranza. ~ Che appartiene alla minoranza.

minuèndo s.m. (lat. *minuĕndum* "che deve essere diminuito") MAT. Il primo dei due termini di una sottrazione.

minuétto s.m. (fr. *menuet*, deriv. di *menu* "minuto" con allusione ai piccoli passi propri di tale danza) Antica danza francese di movimento moderato e ritmo ternario, che si affermò nei secc. XVI XVII o passò poi nella musica strumentale diventando più mossa e vivace.

minùscolo agg. PALEOG. Di scrittura idealmente contenuta entro due righe parallele, con le aste ascendenti e discendenti al di sopra e al di sotto di esse. ~ Delle lettere dell'alfabeto in caratteri ordinari espresse in tale scrittura (in oppos. alle *maiuscole*). ~ Molto piccolo. ◆ s.m. Carattere minuscolo.

minusvalènza s.f. ECON. Perdita dovuta alla diminuzione del valore effettivo di un bene o di un titolo in relazione alla sua valutazione in bilancio.

minùta s.f. (deriv. di *lettera minuta* per il carattere piccolo usato anticamente in certi tipi di lettere) Prima stesura di uno scritto. SIN.: **abbozzo.**

minutàggio s.m. [pl. –*gi*] Durata espressa in minuti, spec. di una ripresa o di una registrazione audiovisiva.

minutàglia s.f. [pl. –*glie*] **1.** (spec. pl.) Insieme di cose senza valore, senza importanza. **2.** Insieme di piccoli pesci usati per il fritto misto.

minutàrio s.m. [pl. –*ri*] Raccolta di minute (in partic. di quelle notarili), cucite in un volume o sistemate in un registro o raccoglitore.

1. minuteria s.f. Insieme di oggetti di piccole dimensioni usati per ornamento o arredo. ~ (spec. pl.) Elementi che compongono o comunque servono per macchine, strumenti, apparecchi.

2. minuteria s.f. Il sistema di ruote dentate degli orologi meccanici che dà movimento alle lancette.

minutière s.m. [f. –*ra*] Persona che fabbrica o vende minuterie.

1. minùto agg. **1.** Molto piccolo. ~ Costituito da parti minuscole. **2.** Gracile, sottile. **3.** *fig.* Poco importante. **4.** Di bassa condizione. **5.** Estremamente minuzioso, scrupoloso. ◆ s.m. **1.** (solo sing.) Quantità piccola, minima. ◇ *Al minuto:* in quantità esigua; di vendita che avviene direttamente tra commerciante e consumatore (in oppos. ad *all'ingrosso*). **2.** Minuzia.

2. minùto s.m. **1.** Unità di misura di tempo (simb. *min*) pari alla sessantesima parte dell'ora. ◇ *fig. Spaccare il minuto:* di persona, essere puntualissimo; di orologio, essere precisissimo. **2.** *fig.* Breve lasso di tempo. ◇ *In un minuto, tra un minuto:* molto presto, subito. **3.** GEOM. Unità di misura di angolo, pari a un sessantesimo di grado.

minùzia s.f. (lat. *minūtiam* "particella minuta") **1.** Attenzione, cura molto puntuale e precisa. **2.** (spec. pl.) Piccolezza, minima particolare.

minuziosamènte avv. In modo minuzioso.

minuziosità s.f. inv. Attenzione scrupolosa ai dettagli. ~ *spreg.* Pedanteria, pignoleria.

minuzióso agg. **1.** Che pone attenzione scrupolosa ai dettagli. ~ Che bada troppo alle minuzie. **2.** Fatto o eseguito con molta cura.

minzióne s.f. FISIOL. Azione di urinare.

mìo agg. poss. [f. *mia*, pl.m. *miei*, f. *mie*] **1.** Che appartiene a me. *La mia moto.* ~ Che mi riguarda, spec. riferito a luoghi e tempi. *La mia città.* ~ Che è prodotto, fatto da me. **2.** Che è parte di me. *Il mio corpo.* **3.** Di me, nel senso della parentela, dell'amicizia, ecc. **4.** A me abituale, familiare. *Se non dormo le mie otto ore sto male.*

mìo- Primo elemento di composti del l. scientifico, nei quali significa "muscolo" o indica attinenza con la muscolatura (*miologia*).

miocardia s.f. MED. Affezione cronica del muscolo cardiaco.

miocàrdico agg. [pl.m. *–ci*, f. *–che*] ANAT. Relativo al miocardio.

miocàrdio s.m. [pl. *–di*] ANAT. Parte muscolare del cuore compresa tra l'endocardio e l'epicardio.

miocardiopatìa s.f. MED. Denominazione generica delle patologie del miocardio.

miocardìte s.f. MED. Processo infiammatorio del miocardio.

miocèle s.m. MED. Ernia muscolare dovuta a un difetto della fascia di contenzione.

miocène s.m. (solo sing.) (ingl. *miocene*) GEOL. Primo sottoperiodo del neogene. [Compreso tra 23,5 e 5,3 milioni di anni fa, fu caratterizzato dalla comparsa dei mammiferi evoluti (scimmie, Ruminanti, mastodonti, Dinoteri).]

miofibrìlla s.f. BIOL. Elemento costitutivo della parte differenziata del citoplasma della fibra muscolare.

miògeno agg. ANAT. Che nasce o trae derivazione da un muscolo. ◆ s.m. (solo sing.) Proteina presente nei muscoli.

mioglobìna s.f. BIOCHIM. Proteina del muscolo la cui struttura somiglia a quella dell'emoglobina e che svolge un ruolo simile.

miologìa s.f. ANAT. Studio dei muscoli.

miòma s.m. [pl. *–mi*] MED. Tumore benigno costituito da tessuto muscolare.

miomectomìa s.f. MED. Asportazione chirurgica di un mioma.

miopatìa s.f. MED. Affezione dei muscoli. ~ In partic., affezione ereditaria dei muscoli che porta gradualmente all'atrofia.

mìope agg. (lat. *myòpem*, gr. *mýōps* comp. di *mýein* "chiudere" e *ōps* "occhio" perché i miopi hanno la tendenza a socchiudere gli occhi per guardare) **1.** MED. Affetto da miopia. **2.** *fig.* Che manca di lungimiranza. ◆ s.m. e f.MED. Persona miope.

miopìa s.f. **1.** MED. Difetto della vista consistente in una rifrazione dell'occhio per cui l'immagine viene messa a fuoco davanti alla retina. **2.** *fig.* Mancanza di perspicacia.

mioplàstica s.f. [pl. *–che*] MED. Operazione di chirurgia plastica muscolare.

miorilassànte agg. MED. Di farmaco che favorisce il rilassamento dei muscoli striati e allevia uno spasmo muscolare. ◆ s.m. Nel sign. dell'agg.

mioscleròsi s.f. inv. MED. Sclerosi dei muscoli.

miòsi s.f. inv. MED. Restringimento fisiologico o patologico della pupilla (in oppos. a *midriasi*).

miosìna s.f. BIOL. Proteina presente nelle miofibrille, che svolge un ruolo importante nella contrazione muscolare.

miosìte s.f. MED. Infiammazione del tessuto muscolare.

miosòtide s.m. o s.f. (lat. *Myosotis*, gr. *myosōtís* comp. di *mỹs* "topo" e *oûs* "orecchio" per la forma delle foglie simili all'orecchio di topo) Pianta erbacea a fiori blu, nota col nome di *nontiscordardimé*. (Genere *Myosotis*; famiglia delle Borraginacee.)

miotonìa s.f. MED. Patologia congenita caratterizzata da un ritardo del rilassamento di un muscolo dopo una contrazione.

mìra s.f. **1.** Nel puntare un'arma, linea ideale che unisce l'arma stessa al bersaglio da colpire. **2.** Congegno di puntamento che, nelle armi da fuoco portatili, consente di mirare esattamente il bersaglio. **3.** L'atto e il modo con cui si mira. *Avere una mira infallibile.* **4.** *estens.* Oggetto su cui si punta l'attenzione. ◇ *fig. Avere di mira ql-*

co.: fare in modo di ottenerla. **5.** *fig.* Scopo che si intende raggiungere. SIN.: **meta. 6.** Dispositivo che serve alla collimazione di punti nei rilievi topografici. **7.** FOTO. Schema grafico a tratti alternati che serve per misurare la capacità risolutiva degli obiettivi.

mirabèlla s.f. (fr. *mirabelle*) Nome di alcune qualità di susino a frutto piccolo e giallo. ~ Il frutto stesso.

miràbile agg. Che desta ammirazione o meraviglia. SIN.: **ammirevole**.

Miràbilis s.f. inv. (voce lat.) BOT. Genere di piante erbacee, originarie dell'Africa e dell' America, coltivate per i grandi fiori colorati che si aprono la notte, da cui il nome comune *bella di notte*. (Famiglia delle Nictaginacee.)

mirabolàno o **mirobolàno** s.m. (fr. *myrobolan*, gr. *myrobálanos* "ghianda unguentaria") **1.** Susino selvatico dai frutti rossi e aspri. (Famiglia delle Rosacee.) **2.** Frutto essiccato di tale albero, spesso utilizzato in conceria.

mirabolànte agg. (fr. *mirobolant* "meraviglioso") Che desta stupore, meraviglia. SIN.: **strabiliante**.

miracolàto agg. **1.** Che ha beneficiato di un miracolo. **2.** *fig.* Che ha ottenuto un risultato insperato. ◆ s.m. [f. *–ta*] Nei sign. dell'agg.

miràcolo s.m. (lat. *mirâculum* "cosa meravigliosa") **1.** Fenomeno interpretato come un intervento divino. ~ TEOL. CATT. Fatto sensibile compiuto da Dio. ◇ *fig. Conoscere vita, morte e miracoli di ql-cu.:* ogni particolare della sua esistenza. **2.** *per esag.* Fatto stupefacente, straordinario. ◇ *Miracolo economico:* in Italia, straordinario sviluppo economico verificatosi fra il 1955 e il 1965; *estens.* periodo di crescita dell'economia di un paese. – *Per miracolo:* stentatamente. **3.** Nella letteratura medievale, azione drammatica, incentrata sui miracoli compiuti dai santi.

miracolóso agg. **1.** Che è effetto di un miracolo. ~ Che fa miracoli. **2.** *per esag.* Di persona che ha doti, capacità straordinarie o cosa che opera effetti portentosi. SIN.: **fenomenale**. ◆ s.m. (solo sing.) Nell'accez. 2 dell'agg.

miràggio s.m. [pl. *–gi*] (fr. *mirage*) **1.** Fenomeno ottico consistente nella percezione visiva di immagini distorte di oggetti lontani. (Questo fenomeno è osservabile nelle regioni in cui si trovano sovrapposti strati d'aria di temperature diverse.) **2.** *fig.* Vana e ingannevole speranza. SIN.: **chimera**.

miràre v.intr. (aus. *avere*) (lat. *mirâri* "meravigliarsi") **1.** Puntare un'arma verso l'obiettivo da raggiungere. **2.** *fig.* Tendere a un obiettivo. ◇ *Mirare alto:* avere progetti ambiziosi. – *Mirare al proprio tornaconto:* agire per i propri interessi. ◆ **mirarsi** v.pron. Guardarsi con attenzione e compiacimento. *Mirarsi allo specchio.*

miràto agg. Volto a uno scopo, a una categoria precisa di persone.

mirbàna s.f. (fr. *mirbane*) CHIM. → **nitrobenzene**.

mirìade s.f. **1.** Diecimila, nell'antico sistema numerale greco. **2.** *estens.* Grande numero di cose o di persone. SIN.: **infinità**.

miriagràmmo s.m. FIS. Unità di misura di peso o di massa pari a diecimila grammi (simb. *Mg*).

miriàmetro s.m. Unità di misura di lunghezza equivalente a diecimila metri (simb. *Mm*).

Miriàpodi s.m. pl. [iniziale minusc. sing. *–de* per l'individuo] ZOOL. Classe di animali terrestri con corpo cilindrico diviso in metameri, ciascuno dotato di uno o più paia di zampe.

Miricàcee s.f. pl. [iniziale minusc. sing. *–a* per l'individuo] BOT. Famiglia di piante arbustacee o arboree con foglie semplici profumate, infiorescenze a spiga, frutti a drupa.

mirìno s.m. **1.** Nelle armi da fuoco, dispositivo posto in cima alla canna che deve essere allineato col bersaglio di mira. **2.** Dispositivo ottico per inquadrare ciò che si osserva. ◇ *fig. Essere nel mirino di qlcu.:* essere tenuto d'occhio.

Mirofìllo s.m. (comp. di gr. *mýrioi* "diecimila" e *phýllon* "foglie") BOT. Genere di piante acquatiche a foglie laciniate e verticillate. (Famiglia delle Alorragidacee.)

mirìstica s.f. [pl. *–che*] (lat. *Myristica*, deriv. di gr. *myristikós* "odoroso" da *myrízein* "profuma-

re") Albero sempreverde che fornisce la noce moscata. (Genere *Myristica*; famiglia delle Miristicacee.)

Miristicàcee s.f. pl. [iniziale minusc. sing. *–a* per l'individuo] BOT. Famiglia di piante dicotiledoni tropicali che comprende numerose specie legnose ricche di oli aromatici.

Mirmecofàgidi s.m. pl. [iniziale minusc. sing. *–de* per l'individuo] ZOOL. Famiglia di mammiferi a cui appartiene il formichiere. (Ordine degli Sdentati.)

mirmecòfago s.m. [pl. *–gi*] → **formichiere**.

mirmecòfilo agg. ZOOL. Di animali o piante in simbiosi con le formiche.

mirmillóne s.m. (lat. *mirmillōnem*, gr. *mormýros* "nome di un pesce" perché l'elmo di tali gladiatori era sormontato da una figura di pesce) ANT. ROM. Gladiatore armato di uno scudo e di una spada corta, che combatteva contro il trace o il reziario.

mirosìna s.f. (fr. *myrosine*) BIOCHIM. Enzima dei semi di senape e l'essenza che ne deriva.

mìrra s.f. Gommoresina balsamica fornita da alcuni alberi africani delle Burseracee, usata in profumeria e in farmacia.

Mirtàcee s.f. pl. [iniziale minusc. sing. *–a* per l'individuo] BOT. Famiglia di piante dicotiledoni delle regioni calde, dalle foglie spesso opposte, intere, fiori con numerosi stami e frutti spesso mangerecci (p. il mirto).

Mirtàli s.f. pl. [iniziale minusc. sing. *–le* per l'individuo] BOT. Ordine di piante dicotiledoni, con foglie semplici e intere e fiori actinomorfi.

mirtìllo s.m. (fr. *myrtille*) **1.** Pianta arbustiva con frutti a bacca blu scuri dal sapore dolce. (Altezza 20-50 cm; genere *Vaccinium*; famiglia delle Ericacee.) **2.** Frutto di tale pianta.

foglie e frutti

ramoscello fiorito

■ mirtillo

mìrto s.m. **1.** Arbusto sempreverde tipico delle zone mediterranee con fiori bianchi e bacche nerastre. (Famiglia delle Mirtacee.) **2.** BOT. (iniziale maiusc.) Genere di piante a cui appartiene il mirto. **3.** Secondo la tradizione letteraria, simbolo dell'amore, della poesia amorosa.

misandrìa s.f. PSICOL. Avversione per il sesso maschile.

misantropìa s.f. (fr. *misanthropie*) **1.** PSICOL. Avversione nei confronti degli altri caratterizzata dal rifiuto di rapporti sociali e dalla ricerca di solitudine. **2.** Mancanza di socievolezza e di cordialità.

misàntropo agg. **1.** PSICOL. Che soffre di misantropia. **2.** *estens.* Di carattere poco socievole, chiuso ai rapporti umani. ◆ s.m. [f. *–pa*] Nei sign. dell'agg.

miscèla s.f. **1.** CHIM., FIS. Sostanza formata da diversi componenti solidi, liquidi o gassosi. **2.** Nei motori a due tempi, la mescolanza di benzina e olio lubrificante usata come carburante. ~ Nei motori a combustione interna, il miscuglio di carburante (benzina, gasolio, nafta, ecc.) e di aria che si forma nel carburatore. **3.** Miscuglio di caffè di diverse qualità. **4.** *fig.* Commistione di elementi diversi.

miscelàre v.tr. **1.** Mescolare due o più sostanze. **2.** *estens.* Combinare insieme suoni, luci, segnali elettrici provenienti da sorgenti diverse.

miscelatóre s.m. [*–trice*] **1.** In diverse industrie, addetto alla preparazione di miscele. **2.** Strumento per preparare miscele. SIN.: **mescolatore**. **3.** Recipiente per mescolare gli ingredienti di bevande e cocktail. **4.** Rubinetto a una sola manopola che, negli impianti idrosanitari, permette di dosare il flusso e la temperatura d'acqua. **5.** ELETTRON. Dispositivo che convoglia su un'unica linea di trasmissione i segnali di canali differenti.

miscelazióne s.f. Il mescolare elementi diversi e il prodotto di tale operazione.

miscellànea s.f. (lat. *miscellànea* "intruglio" poi "raccolta di scritti diversi") **1.** Insieme di cose eterogenee. **2.** Titolo di volumi che contengono raccolte di scritti di vario genere di uno o più autori, perlopiù pubblicati con finalità celebrative. ~ In riviste, titolo di rubriche che accolgono contributi minori di vario argomento, notizie, rassegne, ecc. **3.** Nelle biblioteche, raccolta di opuscoli vari rilegati secondo l'argomento, il formato, ecc. o riuniti in apposite cartelle.

miscellàneo agg. (lat. *miscellàneum* "mescolato") Costituito da vari elementi eterogenei e, spec., di volume composto da opuscoli, saggi, articoli di diverso argomento o di vari autori.

mischia s.f. **1.** Combattimento tenace e confuso dove si lotta corpo a corpo. **2.** *fig.* Discussione accesa e animata tra due o più persone o gruppi di persone. *Essere al di sopra della mischia:* tenersi lontano da dispute e discussioni. **3.** SPORT. Fase del gioco del rugby sanzionata da un fallo, dove gli attaccanti di ogni squadra si serrano tra loro spalla a spalla, tentando di disputarsi coi piedi la palla gettata dall'arbitro nel corridoio tra gli opposti schieramenti. ~ Nel calcio, ammassamento di giocatori delle due squadre, spec. in area di rigore. **4.** IND. TESS. Miscuglio di fibre diverse, per natura, qualità o colore, prima di essere filate.

mischiàre v.tr. [6] **1.** Unire, mescolare o confondere insieme più elementi tra loro. **2.** Mettere insieme cose diverse. *Mischiare un po' d'acqua con vino.* ◆ **mischiarsi** v.pron. **1.** Detto di due o più elementi, mescolarsi. **2.** Unirsi, confondersi ad altri. **3.** *fig.* Immischiarsi, intromettersi inopportunamente in fatti altrui.

miscibile agg. **1.** Che può essere mescolato. **2.** CHIM. Di sostanze atte a dare origine a miscele omogenee.

miscibilità s.f. inv. Capacità di due o più sostanze di mescolarsi dando origine a un insieme omogeneo.

misconóscere v.tr. [39] Non riconoscere le qualità di qlcu. o qlco.

miscredènte agg. (calco del fr. *mescreant*) Che non crede nel divino o non accetta alcun principio religioso ~ Che aderisce a una dottrina religiosa non professandola nei modi prescritti e ufficialmente codificati. *estens.* Sacrilego, empio. ◆ s.m. Nel sign. dell'agg.

miscredènza s.f. (calco del fr. *mescreance*) **1.** Atteggiamento di rifiuto nei confronti di dottrine religiose. **2.** *estens.* Incredulità, cinismo.

miscùglio s.m. [pl. *–gli*] **1.** CHIM. Mescolanza di sostanze diverse che non dà luogo a un nuovo composto chimico. **2.** Mescolanza confusa e non omogenea di elementi diversi.

mise [/'miz/] s.f. inv. (voce fr., deriv. di *mettre* "mettere") **1.** Abbigliamento, tenuta, modo di vestire. **2.** *estens.* Vestito.

miseràbile agg. **1.** Degno di compassione per le sue condizioni, per la sua sorte, ecc. **2.** *estens.* Degno del massimo disprezzo. ~ Spregevole dal punto di vista morale. **3.** Insufficiente, scarso, del tutto inadeguato. ◆ s.m. e f. Persona moralmente spregevole o di animo gretto, meschino.

miserère s.m. inv. (voce lat., deriv. di *miserēri* "provare compassione", con cui inizia il salmo) RELIG. Il più noto dei sette salmi penitenziali, attribuito a David. ~ Parte di musica cantata, composta sulle parole di questo salmo. ~ *estens.* Rammarico lamentoso, lamentazione.

miserévole agg. Che suscita compassione.

misèria s.f. **1.** Stato di povertà estrema, di debolezza, d'impotenza. ~ *estens.* Infelicità o avvilimento dovuto alla mancanza del minimo necessario per vivere. ◇ *fig. Piangere miseria:* lamentarsi a torto o eccessivamente delle proprie condizioni, della propria vita, ecc. **2.** Ciò che denota povertà, concreta manifestazione della penuria di ogni cosa, dell'essenziale. **3.** *fig.* Cosa insignificante, di poco valore e, in partic., somma irrilevante di denaro. **4.** *fig.* Meschinità, grettezza morale. **5.** BOT. → tradescanzia.

misericòrdia s.f. **1.** Sentimento di pietà che spinge a perdonare, a graziare. ~ Qualità dell'animo, virtù che induce a tale sentimento. ◇ *fig.* Per *misericordia:* a stento, a malapena. **2.** Denominazione generica di confraternite, la cui istituzione risale al tardo Medioevo, che avevano scopi di assistenza di ammalati e pellegrini e che si occupavano della sepoltura dei morti. **3.** Nel Medioevo e nel Rinascimento, tipo di pugnale lungo e sottile con lama robusta, con cui il cavaliere penetrava l'armatura dell'avversario ferito a morte dandogli il colpo di grazia per abbreviarne le sofferenze.

misericordióso agg. **1.** Propenso alla misericordia, al perdono. **2.** Che agisce secondo misericordia. ◆ s.m. [f. *–sa*] Chi usa misericordia.

misero agg. **1.** Che si trova in condizioni di penuria, infelicità, povertà e, quindi, è degno di compassione, suscita pietà. **2.** Insufficiente, inadeguato, irrisorio. **3.** *fig.* Di poca importanza, insignificante. ◆ s.m. [f. *–ra*] Squallido. ~ Povero, degno di compassione.

misfàtto s.m. (fr. *mesfait*) Azione cattiva, nociva e, in partic., crimine o delitto.

misoginia s.f. Odio, disprezzo verso le donne.

misògino agg. Che manifesta un'ostilità sistematica nei confronti delle donne. ◆ s.m. [non com. f. *–na*] Chi è affetto da misoginia.

misoneismo s.m. Avversione per tutto ciò che è nuovo, per qualsiasi cambiamento.

misoneista s.m. e f. [pl.m. *–sti*] Chi ha in odio ogni cambiamento o novità.

mispickel s.m. inv. (voce ted.) MIN. Solfuro di ferro e d'arsenico.

miss [/'mɪs/] s.f. inv. (voce ingl. "signorina") **1.** Appellativo inglese per le donne non sposate. **2.** Titolo conferito alla vincitrice di un concorso di bellezza, di eleganza, ecc.

missàggio s.m. [pl. *–gi*] → mixaggio

missàre v.tr. → mixare.

missi dominici loc. sost. m. pl. (loc. lat., "inviati del signore") ST. Agenti nominati da Carlo Magno, che, inviati in coppia, un sacerdote e un laico, assicuravano il controllo e la sorveglianza degli enti locali.

missile s.m. (lat. *mīssilem* "proiettile, arma da getto") **1.** Veicolo mosso da uno o più motori a reazione che può spingersi al di fuori dell'atmo-

■ **mìssile.** Il missile giapponese H2.

sfera. **2.** Ordigno con testata classica o nucleare, dotato di un sistema di propulsione automatica e guidato, su tutta o parte della sua traiettoria, con sistema di autoguida o teleguida. ◇ *Missile da crociera:* missile spinto da un reattore, la cui traiettoria è determinata da un confronto tra il terreno sorvolato e i dati memorizzati forniti via satellite. **ENCICL.** Il tragitto dei missili balistici si suddivide nelle fasi *propulsiva, balistica* (in cui, comportandosi in maniera simile a un proiettile, il missile, raggiunta una certa velocità, percorre la propria traiettoria con moto inerziale) e di *rientro*. In base al punto di lancio e di arrivo, ossia all'obiettivo, i missili possono essere classificati in aria-aria, aria-superficie, superficie-superficie, superficie-aria, navali, ecc. Si distinguono inoltre i missili *tattici*, usati nel combattimento terrestre, navale o aereo (con portata inferiore a 1100 km), dai missili *strategici*, (con portata 1100-12.000 km), del tipo IRBM (portata intermedia) o ICBM (intercontinentali), lanciati da terra o da mare. Tutti i missili possono essere dotati di un carico nucleare.

missilìsta s.m. Soldato specializzato del reparto missilistico.

strategico M45 (Francia)
acqua-terra

testata multipla contenente la carica nucleare

terzo stadio

secondo stadio

primo stadio

CARATTERISTICHE
(lanciato da un sottomarino)
altezza: 11,05 m
diametro: 1,93 m
peso: 35 t
gittata: > 4.000 km

tattico Pershing 2 (USA)
terra-terra

testata contenente la carica nucleare o potente esplosivo

secondo stadio

primo stadio

CARATTERISTICHE
(lanciato da un mezzo su ruote)
altezza: 10,60 m
diameto: 1,00 m
peso: 4,6 t
gittata: 1.500 km

■ **mìssile** nucleare.

missilìstica s.f. [non com. pl. *-che*] Scienza e tecnica che riguardano i progetti, la struttura, la costruzione, il funzionamento e l'impiego dei missili.
missilìstico agg. [pl.m. *-ci*, f. *-che*] Relativo ai missili.
missing [/'mɪsɪŋ/] s.m. inv. (voce ingl., deriv. di *to miss* "perdere") Disperso, sparito.
missinòide s.m. Vertebrato marino tipico dei fondali fangosi, molto primitivo, senza mandibole, dal corpo anguiforme e pelle nuda molto viscosa, parassita dei pesci. (Lunghezza 60 cm; genere *Myxina*, classe degli Agnati.)
missionàrio agg. [pl.m. *-ri*] Relativo alle missioni. ~ Relativo ai religiosi o ai laici che animano le missioni. ◇ *fig. Spirito missionario:* a servizio di nobili principi e caratterizzato da dedizione e zelo. ◆ s.m. [f. *-ria*] **1.** Sacerdote, pastore, laico inviato in una missione. **2.** *fig.* Chi è impegnato a propagandare un ideale.
missióne s.f. (lat. *missiōnem* "spedizione") **1.** Incarico dato a qlcu. di eseguire un compito fuori dalla propria sede abituale. ~ Il compito, l'ufficio stesso. ~ Insieme delle persone incaricate di eseguire un compito determinato. **2.** *fig.* Funzione importante, alto compito, dovere morale che compete a qlcu. **3.** Trasferta di un dipendente di un ente, spec. pubblico. *Indennità di missione.* **4.** CRIST. Mandato di predicazione del Vangelo per la conversione degli infedeli o dei peccatori. ~ L'invio di religiosi in terre non cristiane per diffondervi la fede. ~ La sede dei missionari. ~ Organizzazione che mira alla propagazione della fede. **5.** ASTRONAUT. Attività specifica affidata a un vettore, a un satellite automatico o all'equipaggio di una navicella spaziale.
missìva s.f. Lettera, comunicazione scritta.
mistélla s.f. Mosto d'uva al quale si è aggiunto l'alcool per arrestare la fermentazione.
mister [/'mɪstə/] s.m. inv. (voce ingl., fr. *maistre* "maestro") **1.** Appellativo che in inglese è premesso al cognome. **2.** Appellativo conferito a chi detiene un primato. **3.** SPORT. Appellativo che designa l'allenatore di una squadra. ◇ *Mister x:* personaggio misterioso che agisce nell'ombra; nel l. del calcio, allenatore la cui squadra consegue perlopiù pareggi.
mistèrico agg. [pl.m. *-ci*, f. *-che*] Nel mondo greco-romano, relativo ai misteri.
misterióso agg. **1.** Che rappresenta un mistero difficile da comprendere. ~ *estens.* Di cui non si conosce la natura, che non si sa spiegare. ~ Che contiene un significato oscuro, di origine ignota o anonima. **2.** Che nasconde qlco., che desta sospetti. **3.** Di persona di cui si ignora l'identità o che si circonda di mistero. ~ Di atteggiamento poco chiaro, indecifrabile o di persona che vuol far credere di conoscere qualche segreto. ◆ s.m. **1.** [f. *-sa*] Nell'accez. 3 dell'agg. **2.** (solo sing.) Cosa strana, inspiegabile.
mistèro s.m. (lat. *mystērium*, gr. *mystḗrion* deriv. di *mýstēs* "iniziato" da *mýein* "chiudere" gli occhi o la bocca a indicare la segretezza dei riti) **1.** Ciò che è incomprensibile per l'uomo. ~ Elemento oscuro, sconosciuto. ~ Modo di agire coperto da riservatezza, segreto. ◇ *Fare, non fare mistero di qlco.:* tenerlo, non tenerlo segreto. **2.** (al pl.) In alcune religioni greche e orientali, insieme di riti iniziatici e segreti, legati al culto di una divinità, la cui rivelazione doveva recare la salvezza. **3.** RELIG. Verità di fede inaccessibile alla sola ragione umana e che può essere conosciuta soltanto da una rivelazione divina. **4.** Nel Medioevo, dramma religioso che metteva in scena episodi della vita dei santi o la passione di Cristo. (La rappresentazione durava molti giorni e si svolgeva general. in una piazza pubblica.)
mìstica s.f. [pl. *-che*] **1.** Esperienza spirituale attuata mediante la contemplazione e la conoscenza del divino. ~ Parte della teologia che tratta dell'approccio non razionale della realtà spirituale superiore. **2.** Insieme di pratiche, di conoscenze, di opere ispirate da correnti o esperienze mistiche. **3.** *estens.* Adesione profonda a un'ideologia, a un ideale, a un programma.
Misticèti s.m. pl. [iniziale minusc. sing. *-to* per l'individuo] (lat. *Mysticeti*, comp. di gr. *mýstaks* "baffi" e *kêtos* "cetaceo") ZOOL. Sottordine di mammiferi marini che si nutrono di plancton e sono dotati di fanoni al posto dei denti; ne fanno parte le balene.
misticìsmo s.m. **1.** Atteggiamento religioso o filosofico che afferma la possibilità di un'unione perfetta con Dio o l'Assoluto nella contemplazione o nell'estasi. **2.** *estens.* Tendenza a una fede assoluta, a una dedizione totale a un valore, un'ideologia.
mìstico agg. [pl.m. *-ci*, f. *-che*] **1.** RELIG. Che riguarda i misteri della religione. **2.** Che appartiene al misticismo. ~ *estens.* Caratterizzato da profonda e anche eccessiva fede. **3.** *fig.* Spirituale, ideale. ◆ s.m. [f. *-ca*] Chi pratica il misticismo.
mistificànte agg. Che mistifica, inganna. SIN.: **fuorviante**.
mistificàre v.tr. [4] (fr. *mystifier*) **1.** Fuorviare, dando della realtà un'idea seducente ma falsa. **2.** Approfittare della credulità di qlcu. per divertirsi a suo danno.
mistificatóre s.m. [f. *-trice*] (fr. *mystificateur*) Chi mistifica, inganna.
mistificazióne s.f. (fr. *mystification*) **1.** Inganno, raggiro. **2.** Alterazione della verità.
mistióne s.f. Miscela, mescolanza.
mìsto agg. (lat. *mĭxtum*, deriv. di *miscēre* "mescolare") **1.** Mescolato con uno o più diversi elementi. **2.** Composto di elementi di natura diversa. ◇ *Matrimonio misto:* tra due persone di nazionalità, di razza o di religione diversa. ◆ s.m. **1.** Miscela, insieme di elementi eterogenei. **2.** COSTR. Miscuglio di sabbia e pietrisco per impasti con cemento.
mistràl s.m. inv. (voce provenz. *maestral* "maestrale") Vento freddo, turbolento e secco, che soffia da nord-ovest nella Francia meridionale nella valle del Rodano e fra Sète e Tolone.
mistùra s.f. Miscuglio di sostanze eterogenee. ~ *spreg.* Intruglio dal gusto sgradevole.
misùra s.f. **1.** Rapporto tra una grandezza e un'altra omogenea scelta convenzionalmente come unità di riferimento. ~ Espressione numerica o quantitativa di tale rapporto. ◇ *loc. cong. Nella misura in cui:* solo nel caso in cui, se. **2.** *estens.* Insieme delle dimensioni di un oggetto o del corpo umano. ◇ *Su misura:* confezionato apposta per la persona che lo indossa. – *loc. prep. A misura di:* proporzionato a, adatto a. **3.** Campione dell'unità adottata come base di riferimento per la misurazione e ogni riproduzione di tale campione, autorizzata e controllata, in caso di usi pubblici, da uffici a ciò preposti. **4.** *estens.* Criterio di giudizio, metro. **5.** Limite giusto, non eccessivo. ◇ *fig. Passare la misura:* abusare della pazienza di qlcu. **6.** Mezzi posti in atto per prevenire in vista di un risultato determinato. *Misura cautelare.* ◇ DIR. *Misura di sicurezza:* provvedimento giudiziario che stabilisce limitazioni di natura personale o patrimoniale a carico di persone socialmente pericolose; *estens.* precauzione. **7.** MUS. Divisione del tempo musicale in unità uguali. SIN.: **battuta**. **8.** VERSIF. Quantità e modo in cui sono disposte le sillabe in un verso. **9.** SPORT. Distanza di combattimento nel pugilato e nella scherma.
misuràbile agg. Che si può misurare.
misuràre v.tr. **1.** Determinare una quantità con il mezzo di una misura e con strumenti adeguati. **2.** *fig.* Valutare qlco. che non è misurabile con strumenti. **3.** Indossare per prova un vestito o un altro capo d'abbigliamento. **4.** Limitare qlcu. per motivi di economia o di cautela. **5.** Dare con parsimonia. ◆ v.intr. (aus. *avere*) Risultare di una certa misura. *La torre misura cento metri.* ◆ **misurarsi** v.pron. **1.** Contenersi, porsi un limite in qlco. *Misurarsi nel mangiare.* **2.** Mettersi alla prova con qlco. o qlcu. *Misurarsi con avversari più forti.*
misuràto agg. **1.** Contenuto entro certi limiti. **2.** Riferito a persona, moderato, temperato.
misuratóre s.m. **1.** [f. *-trice*] Chi misura. **2.** Apparecchio o strumento che permette di effettuare diverse misure o analisi.
misurazióne s.f. Azione del misurare.
misurìno s.m. Recipiente di piccole dimensioni che serve a dosare liquidi, polveri, ecc.
mìta s.f. ST. Lavoro forzato al quale gli spagnoli costringevano gli indios nelle loro colonie americane.
mìte agg. **1.** Riferito a persona, bendisposto, paziente con gli altri. **2.** Riferito ad animale, mansueto, tranquillo. ~ Riferito al clima, temperato, dolce. ◆ s.m. e f. Persona mite.
mitézza s.f. Carattere di ciò che è mite.
mìtico agg. [pl.m. *-ci*, f. *-che*] **1.** Che riguarda il mito. **2.** *estens.* Leggendario. **3.** *fig.* Illusorio, chimerico.
mitigàbile agg. Che si può mitigare, attenuare.
mitigaménto s.m. Limitazione opportuna e cautelativa.
mitigàre v.tr. [5] **1.** Rendere meno rigoroso, meno intenso. **2.** Diminuire, ridurre. ◆ **mitigarsi** v.pron. Diventare più mite. *Il suo carattere si è mitigato con l'età.*
mitilicoltóre o **mitilicultóre** s.m. [f. *-trice*] Chi pratica l'allevamento di mitili.
mitilicoltùra o **mitilicultùra** s.f. Allevamento di ostriche, cozze, ecc. nelle acque lungo la costa.
Mitìlidi s.m. pl. [iniziale minusc. sing. *-de* per l'individuo] ZOOL. Famiglia di molluschi con conchiglia costituita da valve uguali allungate, cerniera con denti scarsi o assenti e piede snello.
mìtilo s.m. Mollusco di mare commestibile e coltivabile, con conchiglia oblunga, bivalve, nera all'esterno e madreperlacea all'interno, detto anche *cozza*. (Classe dei Lamellibranchi.)
mitizzàre v.tr. Rendere simile a un mito.
mitizzazióne s.f. Elevazione, assunzione a valore di mito.
mìto s.m. (lat. *mythum*, gr. *mŷthos* "parola, favola") **1.** Narrazione popolare o letteraria incentrata su esseri sovrumani e azioni eccelse. (Attraverso i miti leggendari si esprimono i principi e i valori alla base di una società e si spiegano simbolicamente le origini di fondazioni istituzionali e culturali.) **2.** Rappresentazione allegorica, di tipo filosofico o poetico, volta a illustrare un'idea, un concetto, ecc. *Il mito del fanciullino in Pascoli.* ~ Motivo che ispira un artista, uno scrittore, ecc. **3.** Idealizzazione di un evento, di un personaggio, di una situazione, ecc. che assume carattere leggendario esercitando una forte attrazione sulla fantasia di un popolo. **4.** *estens.* Rappresentazione ideologica della realtà che viene accolta quasi come una fede da un popolo, da un'epoca. *Il mito del progresso.* **5.** Fatto o opinione che non si basa sulla realtà.
mitocòndrio s.m. [pl. *-dri*] (comp. di gr. *mítos* "filo" e *khondríon* "piccolo chicco" per la sua struttura) BIOL. CELL. Ciascuno degli organuli presenti nelle cellule degli eucarioti, sede delle reazioni di respirazione cellulare con produzione di energia. (Lunghezza 2-5 μm; larghezza 0,5 μm.)
mitografìa s.f. Studio o raccolta di miti.
mitologìa s.f. **1.** Insieme dei miti e delle leggende proprie di un popolo, di una civiltà, di un luogo. **2.** Studio dei miti.
mitològico agg. [pl.m. *-ci*, f. *-che*] **1.** Relativo alla mitologia. **2.** *estens.* Che costituisce una leggenda, che esiste solo nella fantasia.
mitòlogo s.m. [f. *-ga*, pl.m. *-gi*, f. *-ghe*] Specialista di mitologia.
mitòmane agg. (fr. *mythomane*) **1.** PSICOL. Affetto da mitomania. **2.** *comun.* Millantatore, megalomane, illuso. ◆ s.m. e f. Nei sign. dell'agg.
mitomanìa s.f. (fr. *mythomanie*) PSICOL. Tendenza a stravolgere fantasticamente i fatti, in modo consapevole o inconsapevole, o a raccontare, come fossero veri, eventi immaginati o inventati.
mitopoièsi s.f. inv. Tendenza dello spirito umano a creare miti o a considerare miticamente fatti, eventi, ecc.
mitòsi s.f. inv. (ingl. *mitosis*, deriv. di gr. *mítos* "filo") BIOL. CELL. Negli organismi eucarioti, divisione cellulare con formazione di due cellule figlie aventi patrimonio genetico identico a quello della cellula originaria. (La mitosi comporta quattro fasi: profase, metafase, anafase e telofase.)
mitòtico agg. [pl.m. *-ci*, f. *-che*] BIOL. CELL. Relativo alla mitosi.
1. mìtra s.f. (gr. *mítra* "benda, fascia") Mitria.
2. mìtra s.m. inv. Pistola mitragliatrice.

mitràglia s.f. [pl. –glie] (fr. *mitraille* "moneta spicciola" poi "pezzetti di metallo") Munizione di pallettoni e schegge di ferro con cui in passato si caricavano i cannoni per il tiro contro il nemico a distanza ravvicinata.

mitragliaménto s.m. **1.** Azione di fuoco continuato da parte di una o più mitragliatrici. **2.** *fig.* Sequenza incessante. SIN.: **raffica**.

mitragliàre v.tr. [6] (fr. *mitrailler*) **1.** Colpire con raffiche di mitragliatrice. **2.** *fig.* Sottoporre qlcu. a una serie continua di pretese, domande. *Mi ha mitragliato di obiezioni.*

mitragliatóre agg. [f. –*trice*] Di arma a tiro rapido atta a mitragliare. ◆ s.m. **1.** Fucile a ripetizione, più leggero e semplice della mitragliatrice, ma di analogo impiego, di solito munito di un cavalletto per il tiro a terra. **2.** *estens.* Soldato armato di fucile mitragliatore o di moschetto automatico.

mitragliatrice s.f. Arma automatica a tiro rapido, di calibro compreso tra i 15 e 45 mm, con cadenza da 800 a 1400 colpi al minuto primo. (Messa a punto alla fine del sec. XIX, è dotata di una grande precisione.)

mitraglièra s.f. Mitragliatrice di grosso calibro, tra i 20 e i 60 mm, in grado di sparare da 50 a 1000 colpi al minuto, che viene montata su aerei, navi, sottomarini, carri armati.

mitraglière s.m. Soldato incaricato di sparare con mitragliatrici o mitragliere.

mitragliétta s.f. (fr. *mitraillette*) Nel l. gior., pistola mitragliatrice.

mitràico agg. [pl.m. –*ci*, f. –*che*] RELIG. Relativo al culto del dio Mitra.

mitraismo s.m. RELIG. Culto di Mitra, dio iranico della luce, diffuso nel mondo greco-romano in forma misterica nel I sec. d.C.

mitràle agg. **1.** Simile, nella forma, a una mitra. **2.** MED. *Valvola mitrale*: quella che collega l'atrio sinistro al ventricolo sinistro del cuore.

mitràlico agg. [pl.m. –*ci*, f. –*che*] MED. Relativo alla valvola mitrale.

mitràto agg. Che porta o è degno di portare la mitra. ◆ s.m. [f. –*ta*] Nel sign. dell'agg.

mitria s.f. **1.** Copricapo alto e rigido indossato dal papa, dai cardinali e dai vescovi nelle cerimonie solenni. **2.** Ant., sorta di nastro con cui i guerrieri si fasciavano il ventre per proteggersi. ~ Diadema, nastro proprio di certi sovrani orientali con cui si fissava la tiara. **3.** Dispositivo metallico che copre lo sbocco esterno di canne fumarie o di tubi di ventilazione.

mitridatismo s.m. (dal nome di *Mitridate*, re del Ponto che si premunì in tale modo contro eventuali tentativi di avvelenamento) MED. Assuefazione a sostanze tossiche data da una graduale e continua somministrazione di veleni in dosi sempre maggiori.

mitridatizzàre v.tr. MED. Assuefare gradualmente qlcu. a sostanze tossiche, in modo da renderle innocue. ◆ **mitridatizzarsi** v.pron. Rendersi immune nei confronti di sostanze tossiche.

mitteleuropèo agg. (ted. *mitteleuropäisch*) Dell'Europa centrale, spec. a fine Ottocento e seconda guerra mondiale.

mittènte s.m. e f.1. Chi fa una spedizione postale. **2.** Nella teoria della comunicazione, emittente del messaggio.

mix [ˈmɪks] s.m. inv. (voce ingl., abbr. di *mixture* "mistura") Combinazione, insieme omogeneo.

mixàggio s.m. [pl. –*gi*] (fr. *mixage*, deriv. di ingl. *to mix* "mischiare") **1.** CINE., TV. Procedimento con cui si registrano in un'unica volta rumori, musiche, dialoghi, suoni prima registrati singolarmente. **2.** MUS. Registrazione discografica su un'unica colonna sonora di pezzi musicali e vocali registrati in precedenza singolarmente.

mixàre v.tr. Trattare una registrazione sonora con tecnica di mixaggio.

mixedèma s.m. [pl. –*mi*] MED. Insieme di disturbi dovuti a insufficienza tiroidea grave.

mixer [ˈmiksə] s.m. inv. (voce ingl. "miscelatore") **1.** Recipiente graduato per miscelare bevande. **2.** Parte del frullatore in cui vengono miscelate le sostanze introdotte. **3.** CINE., TV. Strumento che attua il missaggio. **4.** TV. Apparecchio che controlla nello stesso momento due segnali auditivi o visivi. **5.** (anche f.) Tecnico addetto al missaggio di suoni, video, ecc.

mixomatòsi s.f. inv. VET. Malattia contagiosa del coniglio, dovuta a un virus.

Mixomicèti s.m. pl. [iniziale minusc. sing. –*te* per l'individuo] BOT. Divisione di organismi microscopici, eterotrofi, saprofiti, privi di clorofilla, il cui corpo è costituito da una massa ameboide.

mixosarcòma s.m. [pl. –*mi*] MED. Tumore maligno che colpisce il tessuto mucoso.

MMS s.m. inv. (sigla dell'ingl. *Multimedia Messaging System*) Messaggio che contiene immagini, clip audio e video in aggiunta al testo, inviato spec. tramite telefono cellulare.

mnemònica s.f. [pl. –*che*] L'insieme degli espedienti atti a esercitare e a aiutare la memoria. (Conosciuta e usata fin dall'antichità, acquistò lo status di campo filosofico-speculativo a partire dal sec. XVI.)

mnemònico agg. [pl.m. –*ci*, f. –*che*] (gr. *mnēmonikós* "riguardante la memoria") **1.** Relativo alla memoria. **2.** Che si fonda sulla memoria e, in senso pegg., meccanico, ripetitivo.

mnemotècnica s.f. [pl. –*che*] → **mnemonica**.

moabìta s.m. e f. [pl.m. –*ti*] (lat. *Moabitem*, gr. *Mōabítēs* deriv. di *Mōáb* nome del figlio di Loth, del suo popolo e della regione) Nativo, abitante della regione di Moab. ❑ In funzione di agg., relativo alla regione di Moab.

mobbing [ˈmɔbɪŋ] s.m. inv. (voce ingl., deriv. di *to mob* "aggredire") **1.** ETOL. I comportamenti di minaccia esibiti dagli uccelli di fronte all'attacco di un predatore. **2.** Molestie e mortificazioni inflitte a un lavoratore per emarginarlo, per ostacolarne la carriera, per screditarlo.

mòbile agg. **1.** Che può essere mosso, spostato. ◇ STAM. *Carattere mobile*: elemento di un insieme di caratteri tipografici in lega di piombo componibili. – *Feste mobili*: feste religiose, come la Pasqua, la cui data varia ogni anno. **2.** GEOL. Che si muove, che è in movimento. **3.** *fig.* Che si muove senza sosta, dando prova di prontezza, vivacità, versatilità. *Sguardo mobile.* ~ Incostante, volubile. ◆ s.m. **1.** FIS. Ente dotato di movimento. **2.** Ogni elemento mobile che costituisce l'arredamento di un luogo d'abitazione o di un ufficio. ◇ *Mobile bar*: quello in cui si ripongono i liquori.

mobilia s.f. [pl.f. –*lie*, m. –*li*] Insieme dei mobili e degli oggetti che arredano e decorano un'abitazione. SIN.: **mobilio**.

mobiliàre agg. (fr. *mobilier*) ECON. Che riguarda i beni mobili, che concerne obbligazioni e titoli azionari.

mobilière s.m. [f. –*ra*] Produttore, fabbricante, venditore di mobili.

mobilificio s.m. [pl. –*ci*] Fabbrica, esposizione di mobili.

mobilio s.m. → **mobilia**.

mobilità s.f. inv. **1.** Caratteristica, condizione di ciò che può essere mosso. ◇ *Lista di mobilità*: speciale lista di collocamento in cui sono iscritti i collaboratori licenziati per riduzione di personale, ai quali viene corrisposto un sussidio in attesa della nuova occupazione. – *Mobilità del lavoro*: trasferimento di forza-lavoro all'interno di un'azienda o da un'azienda a un'altra. – *Mobilità sociale*: cambiamento di posizione sociale, di un individuo o di un gruppo. **2.** Caratteristica di ciò che si muove facilmente. **3.** *fig.* Mancanza di stabilità emotiva, caratteristica di cose e persone incostanti. SIN.: **mutevolezza**. ~ Sveltezza e acutezza, vivacità.

mobilitàre v.tr. (lat. *mobilitāre* "mettere in moto") **1.** ECON. Rendere il denaro mobile e produttivo. **2.** MIL. *Chiamare alle armi. Mobilitare le truppe.* **3.** *fig.* Impegnare qlcu. a collaborare in modo attivo per un determinato obiettivo. *Mobilitare l'opinione pubblica.* ◆ **mobilitarsi** v.pron. Darsi da fare per un determinato scopo. SIN.: **attivarsi**.

mobilitazióne s.f. (fr. *mobilitation*) **1.** MIL. *Chiamata alle armi. **2.** *estens.* Partecipazione attiva a una causa importante.

mobilizzàre v.tr. (fr. *mobiliser*) **1.** MED. Rendere mobile un arto attraverso intervento chirurgico. **2.** CHIM. Conferire minore stabilità a un composto per favorirne la reattività.

Mobùlidi s.m. pl. [iniziale minusc. sing. –*de* per l'individuo] ZOOL. Famiglia di pesci cartilaginei di grandi dimensioni, con muso con due lunghe appendici e corpo a forma di rombo. (Ordine Raiformi.)

mòca s.m. o s.f. inv. → **moka**.

mocassìno s.m. (fr. *mocassin*, algonchino *mocasin*) **1.** Scarpa priva di tacco e di lacci, di cuoio molto morbido, indossata dagli indiani d'America. **2.** Calzatura di forma analoga fabbricata su scala industriale.

mòccio s.m. [pl. –*ci*] **1.** Secrezione delle mucose del naso. **2.** VET. → **morva**.

moccióso agg. Pieno di moccio, sporco di moccio. ◆ s.m. [f. –*sa*] **1.** Bambino che ha ancora il moccio al naso. **2.** *estens.* Ragazzo che si dà arie da adulto ed esperto.

mòccolo s.m. **1.** Candela ridotta a mozzicone. **2.** *scherz.* Moccio accumulato nel naso per incuria o raffreddore.

mod [ˈmɔd] s.m. inv. (voce ingl., abbr. di *modern* "moderno, alla moda") Negli anni Sessanta, giovane teppista dall'abbigliamento curato e dalla grande passione per le motociclette cromate.

mòda s.f. (fr. *mode*, lat. *mŏdum* "foggia") **1.** Modello di comportamento variabile nel tempo che riguarda i modi del vivere, le usanze, l'abbigliamento. ◇ *Alla moda*: secondo il gusto del momento, in voga. – *Fuori moda*: che non risponde più al gusto del momento. **2.** *estens.* L'insieme di tutto ciò che riguarda l'abbigliamento, dall'industria ai capi prodotti. ◇ *Alta moda*: la produzione dei grandi sarti da donna che creano modelli originali presentati ogni stagione. – *Casa di moda*: impresa di alta moda o di confezioni. **3.** STAT. Valore che è presente con frequenza maggiore rispetto a tutti quelli che una variabile discreta può assumere.

1. modàle agg. **1.** GRAMM. Che si riferisce ai modi del verbo. ◇ *Verbi modali*: quelli che si accompagnano ad altri verbi per conferire al predicato le specifiche modalità espresse dal loro significato; detti anche *verbi servili*. – *Frase modale*: frase dipendente che esprime la modalità con cui si svolge l'evento descritto nella reggente. **2.** FILOS. Relativo ai modi della sostanza. ~ Nella logica aristotelica, relativo al legame intercorrente tra un predicato e un soggetto. **3.** MUS. Concernente i modi della musica greca o quelli gregoriani. ◇ *Note modali*: quelle che distinguono il tono maggiore dal minore. **4.** DIR. Di un atto di liberalità gravato da un modo, cioè da un onere a carico del beneficiario.

2. modàle agg. STAT. Caratteristico della moda.

modalità s.f. inv. **1.** Forma di funzionare, di manifestarsi. ◇ *Modalità d'uso*: istruzioni allegate a uno strumento o a un prodotto per il suo corretto utilizzo. **2.** Iter giuridico o burocratico di una pratica. SIN.: **prassi**. **3.** FILOS., LOG. Carattere di un enunciato in termini di necessità, verità,

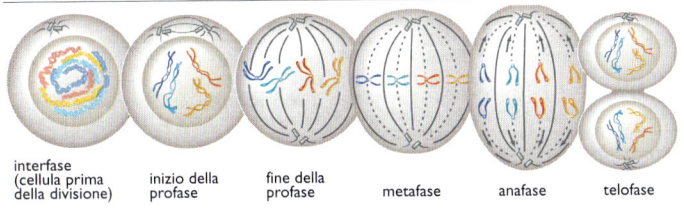

interfase
(cellula prima
della divisione)   inizio della
profase   fine della
profase   metafase   anafase   telofase

■ **mitòsi.** Fasi della mitosi.

certezza, possibilità, probabilità, obbligatorietà, liceità. **4.** MUS. Caratteristica della musica modale.

modanàre v.tr. Decorare con modanature.

modanàto agg. Sagomato, profilato.

modanatrìce s.f. FALEGN. Macchina con cui si costruiscono sagome e figure di ornamento.

modanatùra s.f. ARCH. Elemento ornamentale consistente in una fascia, in una cornice, ecc. aggettante e di forma varia.

modèlla s.f. Donna che, per professione, fa da modello per pittori, scultori o fotografi. ~ Indossatrice.

modellaménto s.m. GEOL. Complesso delle modificazioni operate sulla crosta terrestre dagli agenti esogeni.

modellàre v.tr. **1.** Plasmare un materiale conferendogli una forma. *Modellare la creta.* **2.** In riferimento a oggetti d'artigianato, sagomare qlco. dandogli una determinata forma. **3.** Dare risalto a una forma. **4.** *fig.* Elaborare qlco. in base a un modello. ◆ **modellarsi** v.pron. Conformarsi a un modello.

modellàto agg. Che ha una forma. ◆ s.m. **1.** Forma che la mano o lo strumento dell'artista conferisce alla materia plasmabile. **2.** Plasticità di una pittura o di una scultura.

modellatóre agg. [f. *-trice*] Che si usa per dare forma a qlco. ◆ s.m. **1.** (anche f.) Chi modella o fa modelli. **2.** Indumento intimo femminile formato da un bustino elastico che comprime il corpo dal seno all'inizio delle cosce. SIN.: **bustino**.

modellìno s.m. **1.** Nel sign. del dim. di *modello.* **2.** Riproduzione in scala ridotta e in conformità a un modello. ~ Plastico ridotto di un progetto. **3.** ABBIGL. Modello di abito.

modellìsmo s.m. **1.** Attività in cui si riproducono modelli in dimensioni ridotte (*modellini*), spec. navi, aerei, veicoli in genere. **2.** Collezionismo di modellini.

modellìsta s.m. e f. [pl.m. *-sti*] **1.** Chi disegna o costruisce modelli per professione. ~ Chi disegna modelli di capi di vestiario. **2.** Chi fa modelli per fonderie o per la fabbricazione di prototipi. **3.** Chi si dedica al modellismo o alla modellistica.

modellìstica s.f. [non com. pl. *-che*] La tecnica, lo studio, l'attività, l'arte di creare modelli.

modèllo s.m. **1.** Termine di riferimento degno di imitazione. SIN.: **esempio**. ~ Cosa o persona assunta come soggetto per un ritratto, un disegno, una costruzione. **2.** Ciò che è scelto per essere riprodotto, prototipo. ~ *estens.* Oggetto industriale che riproduce tale prototipo. ~ SART. Sagoma in carta delle parti da riportare su stoffa per ricavarne un vestito. ~ Il vestito ricavato da sagome originali. **3.** (f. *modella*) Chi per professione posa per artisti. ~ Chi indossa capi d'abbigliamento per fotografie, sfilate di moda, ecc. **4.** Riproduzione in scala ridotta di strutture edilizie, meccaniche, ecc. ~ Riproduzione a scopo didattico di organismi o parti di essi. **5.** Stampo per fusione o per altri tipi di lavorazione. ~ *fig.* Carattere, tipo a cui qlcu. si ispira. **6.** Nel l. bur., modulo a stampa. **7.** Schema teorico scelto come rappresentativo di una classe di fenomeni. ◇ *Modello matematico:* rappresentazione matematica delle relazioni che intercorrono fra un gruppo di fenomeni. ❑ In funzione di agg. inv., di persona, degno di ammirazione. *Studente modello.* ~ Di attività, struttura, che può essere presa come esemplare. *Un asilo modello.*

mòdem s.m. inv. (comp. di *mo-dulatore* e *dem-odulatore*) INFORM. Dispositivo che converte segnali digitali in segnali modulati. (Permette in partic. lo scambio di informazioni tra un elaboratore e la rete telefonica.)

moderàre v.tr. Ridurre qlco. *Moderare la velocità.* ◆ **moderarsi** v.pron. Contenersi nel fare qlco. *Moderarsi nel bere.* SIN.: **controllarsi**.

moderataménte avv. **1.** In misura media, abbastanza. **2.** Con moderazione, non molto.

moderatìsmo s.m. Orientamento politico moderato.

moderàto agg. **1.** Di cosa, che rientra nei limiti d'una giusta misura. ~ Di persona, lontano dagli eccessi, equilibrato. SIN.: **morigerato**. **2.** POLIT. Lontano da tendenze radicali. **3.** MUS. Di movimento intermedio tra l'andante e l'allegro. ◆ s.m. [f. *-ta*] **1.** Chi segue una linea politica lontana da estremismi. **2.** Movimento moderato.

moderatóre agg. [f. *-trice*] (lat. *moderatōrem* "che pone un freno") Che modera. ◆ s.m. [anche f. nelle accez. 1 e 2] **1.** Persona che tende a limitare gli eccessi. **2.** Chi dirige una discussione, un dibattito. **3.** CHIM. Sostanza che rallenta un processo chimico.

moderazióne s.f. **1.** Carattere, comportamento di chi è moderato. **2.** Limitazione suggerita da convenienza o opportunità.

modernariàto s.m. Commercio e collezione di oggetti tipici dell'arte e del gusto del sec. XX.

modern dance [/'mɔdən 'dɑ:ns/] loc. sost. f. inv. (loc. ingl., "danza moderna") Orientamento proprio della danza artistica contemporanea, sorto in America, basato sullo sperimentalismo e oppositore della tendenza accademica.
ENCICL. Fortemente influenzata dalle teorie sul movimento di François Delsarte, la modern dance si è diffusa negli anni Trenta proponendo nuovi linguaggi gestuali e imponendo tre grandi tecniche: quelle di Martha Graham, Doris Humphrey e Lester Horton. La modern dance è in continua evoluzione grazie alla diversità delle personalità che la rappresentano (J. Limón, A. Ailev, H. Holm, A. Nikolais), alla moltiplicazione degli scambi, soprattutto con la danza moderna di matrice europea, e alle modificazioni, a volte radicali, da parte di coreografi quali M. Cunningham.

modernìsmo s.m. **1.** Orientamento favorevole al rinnovamento di ideologie, metodi e strutture in base alle esigenze del mondo moderno. **2.** CATT. Tendenza al rinnovamento della Chiesa per conciliare la dottrina cattolica con le esigenze della cultura e della società moderna. (Le idee moderniste furono condannate nel 1907 da Pio X.)

modernità s.f. inv. **1.** Adesione alle tendenze e ai gusti del mondo moderno. **2.** Caratteristica di ciò che, pur appartenendo al passato, si conforma alle esigenze e alla mentalità del periodo moderno. **3.** Insieme dei fenomeni tipici dei tempi moderni.

modernizzàre v.tr. (ingl. *to modernize*) Rinnovare, dare a qlco. una forma più moderna. ◆ **modernizzarsi** v.pron. Conformarsi ai tempi moderni. SIN.: **rinnovarsi**.

modernizzazióne s.f. Conferimento di caratteristiche moderne.

modèrno agg. (lat. *modèrnum*, deriv. di *mŏdo* "ora, in questo istante") Che appartiene al presente. SIN.: **contemporaneo**. ~ Aggiornato, modernizzato. *Attrezzature moderne.* ◆ s.m. **1.** (solo sing.) Ciò che riflette il gusto e lo stile moderni. **2.** (al pl.) Gli uomini dell'età moderna (in oppos. agli *antichi*).
ENCICL. Ogni epoca designa con i termini *contemporaneo* e *moderno* ciò che, nelle proprie forme di espressione, cerca di contrapporsi alla tradizione. È così per la modernità, celebrata da Baudelaire, per il *modern style*, e per le avanguardie sviluppatesi nel mondo dell'arte (cubismo, dadaismo, costruttivismo, musica seriale, ecc.) e dell'architettura nel sec. XX (fino al postmodernismo).

modern style [/'mɔdən 'staɪl/] loc. sost. m. inv. (loc. ingl. "stile moderno") Denominazione di una corrente artistica inglese caratterizzata dallo stile più comunemente detto *liberty* in Italia, *art nouveau* in Francia e Belgio, *Jugendstil* in Germania.

modestaménte avv. **1.** In modo modesto. **2.** *iron.* In misura, maniera limitata. *Modestamente, credo di saperne più di te su tale argomento.*

modèstia s.f. **1.** Qualità di chi è moderato nella valutazione di sé. ◇ *scherz. Modestia a parte:* espressione di scusa per la valorizzazione dei propri meriti. **2.** *estens.* Moderazione, parsimonia. **3.** *fig.* Mediocrità, scarsità, esiguità.

modèsto agg. **1.** Di chi è consapevole dei propri limiti. SIN.: **umile**. **2.** Che denota riserbo, discrezione. **3.** Semplice, non vistoso. ~ Di livello sociale ed economico non elevato. **4.** Di portata limitata. *Una modesta rendita.* ~ Di poca importanza. *Ottenere risultati modesti.* SIN.: **mediocre**. ◆ s.m. [f. *-sta*] Nell'accez. 1 dell'agg.

mòdico agg. [pl.m. *-ci*, f. *-che*] Modesto, moderato, accessibile alle possibilità, spec. in rapporto al denaro. *Prezzi modici.* SIN.: **contenuto**.

modìfica s.f. [pl. *-che*] Parziale trasformazione, cambiamento, spec. se introdotto per ottenere un miglioramento.

modificàre v.tr. [4] Cambiare qlco. per migliorarlo. *Modificare un progetto.* ◆ **modificarsi** v.pron. Trasformarsi, subire un mutamento.

modificatóre agg. [f. *-trice*] (lat. *modificàtor* "regolatore") Atto a modificare. ◆ s.m. **1.** (anche f.) Chi tende a introdurre cambiamenti. **2.** LING. Elemento che modifica o specifica gli altri.

modificazióne s.f. (lat. *modificātio* "struttura") Cambiamento, trasformazione. SIN.: **variazione**.

modiglióne s.m. ARCH. Mensola ornamentale o di sostegno delle cornici degli ordini classici.

modìsta s.f. (fr. *modiste*) Addetta alla confezione o alla vendita di cappelli o acconciature da donna.

modisterìa s.f. **1.** Laboratorio e negozio artigianale di accessori per donne. **2.** La professione, la tecnica e l'arte di chi fabbrica o vende accessori femminili.

mòdo s.m. **1.** Caratteristica con cui una persona si presenta o agisce. ~ Modalità generale con cui un fenomeno si presenta, con cui un'azione si svolge. *Modo di parlare.* ◇ *Modo di dire:* parola, locuzione o frase tipica di una lingua, di un dialetto o di una singola persona. – *Modo di vedere:* parere, punto di vista. – *Modo di vivere:* tenore, stile di vita. – *Per modo di dire:* tanto per dire, a titolo di esempio. – *locc. cong. Di modo che, in modo che:* cosicché, sicché. *Ve lo dico in modo che possiate pensarci per tempo.* **2.** Contegno, comportamento, maniera di trattare. *Modi sbrigativi.* **3.** Espediente con cui si tenta di raggiungere un fine. **4.** GRAMM. Categoria della coniugazione del verbo che può marcare l'atteggiamento del parlante nei confronti dell'azione. (In italiano, ci sono sette modi: indicativo, congiuntivo, condizionale, imperativo, infinito, participio, gerundio.) **5.** FILOS. Determinazione di una sostanza, di un'essenza. **6.** MUS. Successione, secondo uno schema fisso, di toni e semitoni che dà origine a varie scale di note.
ENCICL. Ricerche recenti hanno portato al superamento delle teorie che applicavano alla musica greca e medievale la concezione del modo propria del moderno sistema tonale, in quanto i modi antichi sono in realtà delle scale-tipo inseparabili da certe strutture melodiche fisse, secondo una concezione ancora diffusa in alcuni tipi di musiche arcaiche o orientali (p.e. la musica bizantina primitiva) in cui le scale sono legate ad altezza, timbro, eco delle note. Gli otto *modi gregoriani*, derivati dagli otto modi bizantini e i cui nomi sono stati mutuati dai toni greci (*dorico, lidio, frigio, misolidio* e *ipodorico, ipolidio* e *ipofrigio*), sono distinti dalla nota finale e dalla posizione, sempre tra *mi* e *fa* e tra *si* e *do*, occupata dai semitoni. Inoltre, possono essere collocati in base alla nota iniziale: il modo frigio, p.e., che comincia per *mi*, è detto anche modo di *mi*. Nel sec. XVI, le regole codificate della tonalità classica distinguono tra *modo maggiore*, la cui struttura (1 tono, 1 tono, ½ tono, 1 tono, 1 tono, 1 tono ½ tono) è fissata a partire dal *do*, e *modo minore*, che utilizza la struttura del modo maggiore pur prevedendo un ½ tono al posto di 1 fra il quinto e il sesto grado. Nel sec. XX il jazz e alcune scuole di musica contemporanea tentarono sporadicamente di riutilizzare la risorsa dei modi.

1. modulàre v.tr. (lat. *modulāri* "regolare, disporre secondo misura") **1.** Variare un suono, un tono, un canto, per ottenere un certo effetto melodico. **2.** TECN. Effettuare una modulazione. **3.** Variare, adattare l'intensità di una grandezza fisica. *Modulare una sorgente luminosa.* **4.** FIS. Trasformare un'onda che trasmette un segnale in un'altra più efficace o più adatta alla trasmissione. *Modulare la frequenza della radio.* ◆ v.intr. (aus. *avere*) MUS. Passare da una tonalità a un'altra, nel corso di un brano.

2. modulàre agg. **1.** Costituito da un insieme di moduli. **2.** Che si conforma a un sistema dimensionale avente un modulo per unità di base. **3.** ASTRONAUT. Relativo al modulo lunare, a stazione orbitale a moduli. **4.** Relativo al modulo didattico.

modulatóre agg. [f. *-trice*] Che modula. ◆ s.m. **1.** (anche f.) Chi modula. **2.** TELECOM. Strumento che modula l'onda.

modulazióne s.f. **1.** Ogni cambiamento di tono, d'accento, d'intensità nell'emissione di un suono, in partic. nella flessione della voce. **2.** MUS. Passaggio da una tonalità a un'altra nel corso di un pezzo. **3.** FIS. Variazione nel tempo di una caratteristica di un fenomeno (p.e. ampiezza) in funzione dei valori di una caratteristica di un altro fenomeno. **4.** TECN. Processo per il quale una dimensione (ampiezza, frequenza, fase) caratteristica di un'oscillazione, detta *onda portante*, è obbligata a seguire le variazioni di un segnale, detto *onda modulante*. ◇ *Modulazione d'ampiezza:* in cui l'onda modulata ha ampiezza variabile nel tempo in proporzione all'onda modulante, mentre la frequenza è fissa e costante. – *Modulazione di frequenza (FM):* in cui si costringe la frequenza dell'onda portante a variare proporzionalmente ai valori istantanei dell'onda modulante; *comun.* sistemi e bande di trasmissione radiofonica corrispondenti a tali frequenze. – *Modulazione d'impulso:* modulazione che fa variare alcune caratteristiche degli impulsi che, in mancanza di modulazione, si seguono, identici, a intervalli regolari.

modulìstica s.f. [non com. pl. *-che*] **1.** La tecnica con cui si realizzano i moduli stampati uso ufficio. **2.** Il complesso di tali moduli.

mòdulo s.m. **1.** Unità funzionale da utilizzarsi congiuntamente ad altri elementi della stessa natura. *I moduli di una libreria.* ~ ASTRONAUT. Parte di un veicolo spaziale costituente un'unità allo stesso tempo strutturale e funzionale. ◇ *Modulo continuo:* striscia di carta per la stampa (su fogli separabili a strappo) dei dati in uscita da un calcolatore. **2.** Modello prestampato, general. d'ordine amministrativo, in cui sono formulate domande da compilarsi a cura dell'interessato. **3.** IDROL. Flusso medio annuale di un corso d'acqua. (Il modulo assoluto è dato in metri cubi per secondo; p.e. Senna, 500 m^3/s; Rio delle Amazzoni 200.000 m^3/s.) **4.** FIS. Coefficiente, parametro particolare. ~ TECNOL. Unità di coordinamento modulare che permette l'impiego di elementi standardizzati industriali. ~ Rapporto tra il diametro della circonferenza di un ingranaggio e il numero di denti dello stesso. **5.** MAT. *Modulo di un numero reale:* il suo valore assoluto. – *Modulo di un numero complesso:* $z = a + ib$ numero reale positivo avente per quadrato $a^2 + b^2$. **6.** NUMISM. Diametro di una moneta, di una medaglia. **7.** In un corso di studi, unità d'insegnamento che uno studente combina ad altre per personalizzare il proprio percorso formativo.

mòdus operàndi loc. sost. m. [pl. *modi operandi*] (loc. lat. "modo di operare") Maniera di fare, modo di agire.

mòdus vivèndi loc. sost. m. [pl. *modi vivendi*] (loc. lat. "modo di vivere") **1.** DIR. Accordo che permette a due parti in controversia di adattarsi a una situazione provvisoria e di compromesso. **2.** *estens.* Forma di accordo, di intesa tra due o più parti, caratterizzata da reciproche concessioni.

moféta s.f. GEOL. Uscita di biossido di carbonio, vapore acqueo e altri gas a temperatura ambiente, da fessure di terreni di origine vulcanica.

moffétta s.f. (deriv. di *mofeta* per il fetore che emana) **1.** Mammifero carnivoro dell'America, dalla pelliccia bianca e nera, che allontana i predatori spruzzando a molti metri un liquido irritante e nauseabondo secreto dalle ghiandole anali. (La moffetta è il principale vettore di rabbia negli Stati Uniti; genere *Mephitis*, famiglia dei Mustelidi.) **2.** La pelliccia trattata di tale animale.

mògano s.m. (da *mohogoni*, voce indigena dell'America Centrale) Legno di un albero tropicale delle Meliacee, molto pregiato, duro, venato e di colore rosso.

mòggio s.m. [pl.f. *moggia*] **1.** Misura di capacità per aridi e prodotti simili. (Il moggio di Milano conteneva 146 l ca.) ~ Misura di capacità di valore variabile a seconda dei paesi e delle merci. (A Milano, 225 l per il carbone.) **2.** Antica misura del terreno, ancora in uso, con diverso valore a seconda del luogo.

mògio agg. [pl.m. *-gi*, f. *-gie*, *-ge*] (etim. incerta, forse ven. *mògio* "bagnato, molle") Che è moralmente a terra e lo dimostra, mostrandosi privo di reazioni.

móglie s.f. [pl. *-gli*] (lat. *mŭlier* "donna") La donna sposata con un uomo.

mogòl s.m. inv. (persiano *moġūl* "mongolo") Titolo del sovrano dell'India orientale prima della conquista inglese.

mohair [/mɔ'ɛr/] s.m. inv. (voce fr., ingl. *mohair*, ar. *muhʾayyar*) Fibra tessile molto sottile e pelosa ottenuta dalla lana delle capre d'angora. ~ Il tessuto che si ricava da tale fibra.

mòho s.m. inv. GEOL. Discontinuità che definisce la separazione tra la crosta terrestre e il mantello, caratterizzata da un aumento brutale della velocità delle onde sismiche longitudinali.

moiétta s.f. (fr. *moyette*) Laminato piatto d'acciaio usato per imballaggi e lavori di carpenteria.

moìna s.f. (spec. pl.) Parole, modi affettuosi. ~ Gentilezza eccessiva, suadente e ipocrita.

mòira s.f. (gr. *Môira*, deriv. di *méiresthai* "avere come parte" perché preposta all'assegnazione dei destini individuali) MIT. Potenza occulta a cui non si può resistere, superiore anche agli dei.

moiré [/mwa're/] agg. inv. (voce fr., deriv. di *moirer* "screziare") Di tessuto cangiante, ottenuto schiacciando la grana del tessuto con una griglia speciale. ◆ s.f. [pl. *moirées*] Nel sign. dell'agg.

mòka o **mòca** s.m. inv. (dal nome della città di *Mokhā*) **1.** Qualità di caffè molto pregiata, ricca di caffeina. **2.** *estens.* Caffè *espresso. ◆ s.f. inv. Macchinetta a pressione per preparare il caffè espresso.

1. mòla s.f. **1.** La macina di pietra che si usava negli antichi mulini. **2.** Corpo solido di forma circolare costituito di materia abrasiva per affilare, lucidare.

2. Mòla s.f. ZOOL. Genere di grandi pesci dei mari dell'Europa occidentale, dal corpo quasi circolare, cui appartiene il pesce luna. (Lunghezza fino a 2 m; peso 1000 kg.)

molalità s.f. inv. CHIM. Misura della concentrazione di un soluto in un solvente, indicata in moli di soluto per chilogrammo di solvente puro.

1. molàre v.tr. Fare o lavorare alla mola. *Molare uno specchio.*

2. molàre agg. **1.** Di mola. *Pietra molare.* **2.** MED. Della mola vescicolare. *Gravidanza molare.* **3.** ANAT. Dei molari. ◆ s.m. Grosso dente posto nella parte posteriore della bocca, utile per masticare. (La forma dei molari, nei mammiferi, dipende dal regime alimentare.)

3. molàre agg. CHIM., FIS. Relativo alla mole.

molarità s.f. inv. CHIM. Misura della concentrazione di un soluto in un solvente, espressa in moli di soluto per litro di soluzione.

molàssa s.f. Formazione sedimentaria detritica, formata in partic. da arenarie calcaree, depositata nelle zone orogenetiche dopo la fase di corrugamento proveniente dall'erosione di giovani rilievi circostanti.

molatrice s.f. MECC. Arnese dotato di mola per affilare, levigare, lucidare, smussare.

molatùra s.f. Lavorazione effettuata con la mola o con la molatrice.

moldàvo agg. Della Moldavia. ◆ s.m. **1.** [f. *-va*] Nativo, abitante della Moldavia. **2.** (solo sing.) Variante di rumeno parlata in Moldavia.

1. mòle s.f. (lat. *mōlem* deriv. di *molīri* "smuovere con sforzo") **1.** Volume molto notevole, massa considerata nelle sue dimensioni e nella sua compattezza. **2.** *fig.* Quantità ingente, grandezza, massa. **3.** Edificio imponente. *La Mole Antonelliana.*

2. mòle s.f. CHIM., FIS. Unità di misura della quantità di materia (simb. *mol*) equivalente alla quantità di materia di un sistema contenente un numero di entità elementari identico al numero di atomi di 0,012 kg di carbonio 12. (Unità base del SI.)

molècola s.f. **1.** CHIM., FIS. Insieme di atomi in composizione fissa, di dimensione e geometria definite, identica per qualsiasi parte di un corpo puro. [Questo stato della materia (p.e. zucchero, clorofilla) si distingue dagli stati continui della materia, come il cristallo (p.e. cloruro di sodio, ferro).] **2.** *estens.* Minima parte di qlco.

molecolàre agg. CHIM., FIS. Relativo alle molecole.

molestàre v.tr. Procurare molestia, infastidire anche con gesti volgari.

molèstia s.f. **1.** Sensazione di disagio causa anche di reazioni stizzite o sofferenza. SIN.: **disturbo**. **2.** Atto, atteggiamento che provoca fastidio, imbarazzo. ◇ *Molestia sessuale:* fatto di approfittare dell'autorità conferita dalla propria funzione per tentare di ottenere un favore sessuale da qlcu. per costrizione, ordine o pressione.

molèsto agg. (lat. *molĕstum* "gravoso") Che importuna, disturba.

molibdenite s.f. MIN. Solfuro di molibdeno.

molibdèno s.m. (solo sing.) (fr. *molybdène*) **1.** Metallo bianco che si fonde con difficoltà e utilizzato per leghe e acciai speciali. **2.** Elemento chimico (*Mo*) di numero atomico 42 e peso atomico 95,94.

Mòlidi s.m. pl. [iniziale minusc. sing. *-de* per l'individuo] ZOOL. Famiglia di pesci teleostei, dalla testa molto grande e privi di vescica natatoria.

molinétto s.m. MAR. Argano ad asse orizzontale, in partic. usato per manovrare la catena dell'ancora.

molinìsmo s.m. Sistema teologico del gesuita Luis Molina, inteso a conciliare il libero arbitrio dell'uomo con l'azione della grazia divina.

molitóre s.m. **1.** [f. *-trice*] Addetto alla macinazione dei cereali. **2.** Macchina che effettua la molitura.

molitùra s.f. Operazione con cui si riducono in polvere i cereali e vari materiali in granuli. SIN.: **macinazione**.

mòlla s.f. **1.** Elemento meccanico che si deforma elasticamente sotto carico e torna alla posizione iniziale quando il carico viene meno. **2.** *fig.* Forza che spinge ad agire. SIN.: **stimolo**. **3.** (al pl.) Pinza di ferro per prendere i tizzoni ardenti. ◇ *fig. Prendere qlcu. con le molle:* trattarlo con delicatezza e riguardo, perché tipo difficile o pericoloso.

mollàre v.tr. **1.** Lasciare qlco. molle, lento. SIN.: **allentare**. ◇ *figg. Mollare la presa:* arrendersi, cedere. – *Mollare un ceffone a qlcu.:* darglielo. **2.** MAR. Dare la corda sciolta per una manovra. *Mollare le vele.* **3.** *fam.* Abbandonare qlco. o qlcu. *Mollare il lavoro, il fidanzato.* ◇ *Non mollare più qlcu.:* attaccarglisi, non lasciarlo andare. ◆ v.intr. (aus. *avere*) *fam.* Mancare di coraggio, di risoluzione al momento determinante. *Non è il momento di mollare.*

mòlle agg. **1.** Morbido al tatto. SIN.: **soffice**. **2.** *fig.* Che manca di severità. *Padre molle coi figli.* ~ Privo di energia. **3.** Intriso di liquido. SIN.: **inzuppato**. ◆ s.m. (solo sing.) **1.** Cosa morbida e cedevole. ~ Terreno intriso d'acqua. **2.** Liquido in cui si tengono immersi cibi o altro.

molleggiàto agg. Dotato di elasticità. *Passo molleggiato.*

mollèggio s.m. [pl. *-gi*] **1.** MECC. Sospensione elastica a molle applicata a oggetti, sistemi meccanici, veicoli. **2.** Il grado di elasticità ottenuto con adeguate sospensioni. **3.** SPORT. Esercizio ginnico in cui si flettono e distendono le gambe.

mollétta s.f. **1.** Piccolo arnese a molla per fermare p.e. il bucato. **2.** (al pl.) Piccole pinze per afferrare pezzetti di ghiaccio, zollette di zucchero. **3.** MUS. Chiave degli strumenti a fiato.

mollettièra s.f. (fr. *molletière*, deriv. di *mollet* "polpaccio") Striscia di cuoio o di tessuto che copriva la gamba dalla caviglia al ginocchio, usata in passato dai soldati.

mollettóne s.m. (fr. *molleton*, deriv. di *mollet* "soffice") Panno felpato usato spesso per proteggere un tavolo sotto la tovaglia oppure per coperte, imbottiture, tendaggi.

mollézza s.f. **1.** Assenza di rigidità. SIN.: **morbidezza**. **2.** *fig.* Mancanza di energia, di decisione. **3.** *fig.* (al pl.) Eccessivi piaceri.

mollica s.f. [pl. *-che*] (lat. *mollīca*, deriv. di *mŏllis* "molle" e di *mīca* "briciola") **1.** Parte interna del pane. **2.** (al pl.) Briciole.

Mollùschi s.m. pl. ZOOL. Tipo di invertebrati acquatici o terrestri, dal corpo molle, di cui la parte ventrale è general. costituita da una massa muscolare che serve da organo locomotore e quella dorsale presenta una piegatura cutanea che contiene la maggior parte dei visceri (*mantello*) e secerne una conchiglia protettiva. (Ne fanno parte le classi dei Gasteropodi, Lamellibranchi e Cefalopodi.)

mollùsco s.m. [pl. *-schi*] (lat. *mollŭscum*, deriv. di *mollŭsca nŭx* "noce dal guscio tenero") **1.** Invertebrato appartenente al tipo dei Molluschi. **2.** *fig. spreg.* Persona senza energia, senza volontà. SIN.: **smidollato**. **3.** Denominazione generica di piccoli tumori cutanei. ◇ MED. *Mollusco contagioso:* affezione della cute di natura infettiva e di origine virale che si manifesta con piccole formazioni a cratere. – *Mollusco pendulo:* fibroma cutaneo benigno molle e peduncolato.

mòlo s.m. (voce genov., lat. *mōles* "mole di pietra, diga") Opera muraria che protegge l'imboccatura di un porto o ha funzione di banchina per l'attracco.

mòloch o **mòloc** [/'mɔlok/] s.m. inv. **1.** Nella religione fenicio-cananea, la divinità a cui si sacrificavano vittime umane. **2.** *estens.* Persona, istituzione animata da insaziabile brama di distruzione. **3.** Piccolo rettile australiano con testa triangolare, tronco lungo e piatto, rivestito di squame e di sporgenze simili a spine a forma di cono. (Lunghezza 20 cm; genere *Moloch*, famiglia degli Agamidi.)

1. molòsso s.m. (lat. *Molŏssum*, gr. *Molossós* "del paese dei Molossi", antica popolazione dell'Epiro) Razza di grossi cani da guardia.

2. molòsso s.m. Nella metrica classica, piede di sei tempi formato da tre sillabe lunghe e usato soltanto in unione con altri metri.

mòlotov s.f. inv. (dal nome del politico sovietico V.M. *Molotov*) Bottiglia di vetro contenente benzina, a cui è stata applicata una miccia, utilizzata come bomba da lancio. SIN.: **bottiglia incendiaria**.

moltéplice agg. **1.** Formato da una pluralità di elementi. SIN.: **composito**. **2.** (spec. pl.) Molti, in gran quantità. SIN.: **numerosi**.

molteplicità s.f. inv. Varia o complessa pluralità.

moltiplica s.f. [pl. *-che*] Rapporto di trasmissione tra il pedale e il pignone di una bicicletta. ~ *estens.* Ruota dentata sulla quale scorre la catena.

moltiplicàndo s.m. MAT. Numero da moltiplicare con un altro chiamato *moltiplicatore*.

moltiplicàre v.tr. [4] **1.** Aumentare il numero, la quantità di qlco. *Moltiplicare gli sforzi.* **2.** MAT. Eseguire la moltiplicazione di un numero con un altro. ◆ **moltiplicarsi** v.pron. **1.** Aumentare in numero mediante riproduzione. *I funghi si moltiplicano con l'umidità.* **2.** Accrescersi nel numero. *Le spese si moltiplicano.*

moltiplicativo agg. MAT. Che riguarda la moltiplicazione.

moltiplicatóre agg. Che moltiplica. ◆ s.m. **1.** Congegno che moltiplica il numero di giri delle ruote, un impulso, ecc. **2.** MAT. Numero da moltiplicare con un altro chiamato *moltiplicando*. **3.** ECON. Rapporto che esprime l'incremento del reddito nazionale causato dall'incremento degli investimenti pubblici.

moltiplicazióne s.f. **1.** Accrescimento nel numero, nella quantità, nell'intensità. SIN.: **aumento**. **2.** MAT. Operazione (x o $\cdot$) con la quale si ottiene il prodotto di due numeri (*fattori*), cioè del moltiplicando e del moltiplicatore.

moltitùdine s.f. Grande numero. SIN.: **miriade**. ~ *assol.* Insieme di molte persone. *Parlare alle moltitudini.* SIN.: **folla**. ~ *spreg.* Massa, volgo.

mólto agg. indef. **1.** In gran numero. *Molti soldi.* SIN.: **tanto**. **2.** (al sing.) In grande quantità. *Molta gente.* ~ Forte, intenso. *Molto vento.* ~ Lungo nel tempo o nello spazio. *Molta strada, molto tempo.* ◆ avv. Grandemente, assai. ◆ s.m. (solo sing.) Quantità notevole. *Il molto e il poco.*

mòlva s.f. **1.** Pesce commestibile delle acque profonde dell'Atlantico orientale, spesso pescato con la sciabica. (Famiglia dei Gadidi.) **2.** ZOOL. (iniziale maiusc.) Genere di pesci cui appartengono varie specie di molva.

momentaneaménte avv. Al momento, temporaneamente.

momentàneo agg. **1.** Che dura un momento. SIN.: **istantaneo**. **2.** LING. Di azione verbale non duratura. ~ FON. Di consonanti caratterizzate da occlusione completa (in oppos. alle *fricative* o *continue*).

moménto s.m. (lat. *momĕntum*, orig. "impulso" e "brevissimo periodo di tempo") **1.** Breve lasso di tempo considerato nella sua durata. SIN.: **attimo**. **2.** Punto minimo di riferimento nella continuità temporale. *Fino a questo momento.* ◇ *Sul momento:* immediatamente. – *Al, per il momento:* per ora. – *loc. cong. Dal momento che:* poiché. **3.** Circostanza, situazione. ◇ *Momento magico:* situazione eccezionalmente positiva. ~ Opportunità, occasione. ◇ *Del momento:* attuale, di moda; *fig.* effimero. **4.** FIS. Grandezza vettoriale, relativa a una particella, corrispondente al prodotto tra la sua massa e la sua velocità. SIN.: **quantità di moto**. **5.** STAT. Ciascuno dei valori di una successione di numeri, detti *primo, secondo momento*, ecc. associati a una distribuzione di probabilità per caratterizzarne le proprietà. **6.** MUS. *Momento musicale:* breve composizione pianistica.

mònaca s.f. [pl. *-che*] **1.** Religiosa appartenente a un ordine monastico. ~ *comun.* Suora. **2.** ZOOL. Denominazione di diversi animali di colore simile a quello dell'abito monacale. ◇ *Monaca di mare:* foca dei mari caldi e del Mediterraneo, con pelo grigio chiazzato, in via di estinzione. (Genere *Monachus*; famiglia dei Focidi.) SIN.: **foca monaca**.

monacènse agg. Della città tedesca di Monaco di Baviera. ◆ s.m. e f. Nativo, abitante di Monaco di Baviera.

monachésimo s.m. **1.** Scelta di vita ispirata a radicale adesione ai principi di una religione e realizzata sia in eremitaggio sia in monastero. **2.** Insieme delle istituzioni e consuetudini monastiche.

ENCICL. Il monachesimo cristiano nasce in Oriente, sotto l'influenza di sant'Antonio (sec. IV), fautore di uno stile di vita individualistico, solitario, contemplativo, e del suo discepolo Pacomio, iniziatore di una forma collettiva di monachesimo, in cui i confratelli si sottomettono a una regola comune (*cenobiti*). In Occidente, il monachesimo si diffonde dal sec. IV grazie a san Basilio di Cesarea, che favorisce una struttura comune aperta anche verso l'esterno del chiostro. Grande sviluppo si ebbe dal sec. VI per l'impulso di san Benedetto da Norcia che promosse un monachesimo ispirato alla mentalità occidentale contemplativo-pratica (*Ora et labora*).

mònaco s.m. [pl. *-ci*, ant. *-chi*] (lat. *mònachum*, gr. *monakhós* "unico, solitario") **1.** RELIG. Chi prende i voti e fa vita ascetica da eremita o in comunità, in monastero. ~ *comun.* Frate. **2.** ZOOL. *Monaca di mare. ~ Scimmia del Brasile. (Famiglia dei Cebidi.) SIN.: **ciuffolotto**. **3.** ARCH. Elemento verticale situato nella parte centrale di una capriata. SIN.: **ometto**.

mònade s.f. (lat. *mònadem*, gr. *monás* "unità") FILOS. Per Pitagora, unità base da cui hanno avuto origine i numeri. ~ Per Leibniz, ogni elemento immateriale, indivisibile, centro generatore di energia, il cui numero è infinito e di cui è composto l'universo.

monadìsmo s.m. FILOS. Ogni dottrina che vede l'universo come insieme di monadi diverse.

monadologìa s.f. (ted. *Monadologie*) FILOS. Teoria delle monadi e, in partic., dottrina elaborata da Leibniz.

monàndro agg. (gr. *mónandros* "che ha un solo marito") BOT. Di fiore caratterizzato da uno stame unico e di pianta con tali fiori.

monàrca s.m. [pl. *-chi*] (lat. *monàrcham*, gr. *monárkhēs* propr. "che governa da solo") **1.** Chi ha il potere assoluto in una monarchia. SIN.: **re**. **2.** Chi ha un potere assoluto e incontrastato.

monarchìa s.f. **1.** Forma di stato in cui il potere è nelle mani di una sola persona general. a vita e per via ereditaria. *Instaurare la monarchia.* ◇ *Monarchia assoluta:* in cui il potere del monarca non è controllato da nessun altro. – *Monarchia costituzionale:* in cui l'autorità del sovrano è regolata da una costituzione. **2.** Stato così governato. *Monarchia britannica.*

monàrchico agg. [pl.m. *-ci*, f. *-che*] **1.** Della monarchia. **2.** Favorevole alla monarchia. SIN.: **realista**. **3.** Governato da una monarchia. ◆ s.m. [f. *-ca*] Chi sostiene la monarchia.

monarchìsmo s.m. (fr. *monarchisme*) Dottrina politica che sostiene l'assoluta superiorità dell'ordinamento monarchico.

monastèro s.m. (lat. *monastèrium*, gr. *monastḗrion* "dimora solitaria") **1.** Costruzione o insieme di edifici in cui abita una comunità di monaci o monache. SIN.: **chiostro**. ~ Impropriamente, convento. **2.** La comunità che vive in un monastero. SIN.: **cenobio**.

monàstico agg. [pl.m. *-ci*, f. *-che*] **1.** Di monaco o monaca. SIN.: **monacale**. ~ Di monastero, dei monasteri. **2.** *fig.* Austero, ritirato.

monàtto s.m. ST. Addetto al trasporto di malati e alla sepoltura dei morti durante le pestilenze dei secc. XVI-XVII.

monazite s.f. (deriv. di gr. *monázein* "vivere solo") MIN. Fosfato di cerio, lantanio, torio o altri metalli delle terre rare.

moncherìno s.m. **1.** Estremità restante di braccio amputato. **2.** *estens.* Parte troncata di un oggetto distrutto.

mónco agg. [pl.m. *-chi*, f. *-che*] **1.** Storpiato o privato di uno o ambedue gli arti superiori o inferiori. **2.** *fig.* Non completo. ◆ s.m. Nell'accez. 1 dell' agg.

moncóne s.m. **1.** Arto parzialmente amputato. **2.** *estens.* Parte residua di un oggetto o di una struttura. **3.** *fig.* Cosa incompiuta.

mónda s.f. Pulitura delle risaie dalle erbacce. SIN.: **mondatura**.

mondanità s.f. inv. **1.** Atteggiamento di vita di chi ama le ricercatezze e frequenta l'alta società. **2.** Carattere di ciò che dipende dalla vita terrena (in oppos. a *spiritualità*).

mondàno agg. **1.** Della vita sociale e in partic. dell'alta società. **2.** RELIG. Della vita terrena. **3.** Che riguarda il mondo in quanto luogo dell'uomo e dei suoi affetti, desideri, attese (in oppos. a *spirituale*). ◆ s.m. [f. *-na*] Chi conduce vita di società.

mondàre v.tr. **1.** Pulire un frutto togliendogli la buccia. ~ Togliere la membrana esterna da alcuni semi. *Mondare il grano.* **2.** *fig.* Purificare qlco. o qlcu. ◆ **mondarsi** v.pron. Liberarsi dalle colpe.

mondatùra s.f. **1.** Operazione con cui si pulisce un frutto eliminandone la buccia o la scorza. **2.** *estens.* Avanzi di tale operazione.

mondiàle agg. **1.** Che riguarda il mondo intero. ◇ *Campionato mondiale:* gara sportiva disputata tra atleti di ogni paese del mondo. **2.** *fam.* Eccezionale, stupefacente.

mondializzazióne s.f. Diffusione su scala mondiale di un problema.

mondìna s.f. AGR. Operaia che lavora stagionalmente alla mondatura del riso nelle risaie.

1. móndo agg. **1.** Senza peccato, caratterizzato da purezza. **2.** *fig.* Pulito, netto.

2. móndo s.m. (lat. *mŭndum* prob. deriv. di *mŭndus* "mondo, ordinato", calco del gr. *kósmos*) **1.** Insieme di tutto ciò che esiste, universo. ◇ *fig. La fine del mondo:* ciò che provoca confusione, disordine; *fam.* cosa straordinaria, eccezionale. **2.** La Terra, il globo terrestre o parti di esso. ◇ *Il vecchio mondo:* Europa, Asia e Africa. – *Il nuovo mondo:* l'America. – *Per nulla al mondo:* mai. **3.** La vita. ◇ *Mettere al mondo:* dare la vita. – *Venire al mondo:* nascere. – *Essere al mondo:* vivere. – *Andare all'altro mondo:* morire. **4.** L'andamento degli eventi umani. *Affrontare il mondo.* **5.** Insieme degli esseri umani. *Il mondo d'oggi.* **6.** Gli esseri di una determinata specie, la loro organizzazione. *Il mondo animale.* **7.** Il vivere in società, la vita terrena. ◇ *Di mondo:* che ha molta esperienza della società e degli uomini, che perlopiù è senza pregiudizi e sa sempre come comportarsi. **8.** Insieme di uomini appartenenti alla stessa epoca, civiltà, società, popolazione, religione. ~ L'insieme degli aspetti che caratterizzano una data civiltà, epoca, ecc. ~ Ambiente sociale, classe, ceto individuabile per gli elementi comuni. ◇ *Mondo del lavoro:* insieme delle attività lavorative e dei lavoratori. **9.** Insieme di valori che costituiscono la vita interiore umana e in partic. l'universo intellettuale di un personaggio, un autore. **10.** FILOS. *fig.* Ambito ideale comprensivo di realtà omogenee. *Il mondo morale.* **11.** *fam.* Grande quantità, moltissimo. *Un mondo di gente.* ◇ *Un mondo:* moltissimo. – *Mezzo mondo:* con valore iperbolico, tutti, tanti. **12.** Gioco infantile detto anche *settimana*.

mondovisióne s.f. Trasmissione televisiva effettuata su scala mondiale mediante satellite.

monegàsco agg. [pl.m. –*schi*, f. –*sche*] (voce locale *munegascu*) Del principato di Monaco. ◆ s.m. [f. –*sca*] Nativo, abitante del principato di Monaco.

monèl s.m. inv. (dal nome di A. *Monell*, presidente dell'azienda che per prima la produsse) Lega di rame e di nichel resistente alla corrosione.

monelleria s.f. Vivacità tipica di bambino molto irrequieto.

monèllo s.m. [f. –*la*] Bambino molto irrequieto.

monèma s.m. [pl. –*mi*] LING. Morfema nella terminologia della linguistica funzionale.

monergòlo s.m. Propellente contenente una parte comburente (ossidante) e una combustibile (riducente) usato per razzi e missili.

monéta s.f. (lat. *monētam* "zecca" poi "moneta", perché nell'antica Roma la zecca era situata presso il tempio di Giunone Moneta) **1.** Disco di metallo o pezzo di carta coniato dall'autorità sovrana per agevolare gli scambi commerciali. ~ Il singolo pezzo coniato. **2.** Strumento legale dei pagamenti garantito da uno stato e riferito a una data unità di misura e valore. **3.** ECON. Complesso del denaro circolante e dei depositi bancari su conto corrente. ◇ *Battere moneta:* coniarla. – *Moneta bancaria:* quella costituita dai depositi bancari a vista. – *Moneta forte:* quella che tende ad apprezzarsi nel tempo rispetto alle altre. **4.** Unità monetaria adottata da uno Stato. ◇ *Moneta unica:* l'euro. **5.** Denaro, in partic. spiccioli.

monetàbile agg. Che si può cambiare in moneta.

monetàle agg. Relativo alla moneta.

monetàre v.tr. Mutare un metallo in moneta.

monetàrio agg. [pl.m. –*ri*] ECON. Della moneta. ◇ *Sistema monetario internazionale:* insieme degli strumenti, dei mercati, delle istituzioni e degli accordi attraverso i quali vengono regolati gli scambi internazionali. – *Politica monetaria:* interventi adottati dalle autorità per regolare il livello della liquidità nel sistema.

monetarismo s.m. Teoria economica, rappresentata in partic. da Milton Friedman, basata sull'importanza della politica monetaria nella regolazione della vita economica per lottare contro l'inflazione.

monetarista s.m. e f. [pl.m. –*sti*] Relativo al monetarismo o favorevole a esso.

monetazióne s.f. Azione di trasformare metalli in valuta.

monètica s.f. [non com. pl. –*che*] (comp. di *mone-*ta e *informa-*tica) BANC. Insieme dei dispositivi che utilizzano l'informatica e l'elettronica nelle transazioni bancarie (carte di pagamento, terminali di punti di vendita, ecc.).

monetière s.m. Espositore o album in cui si colloca una collezione di monete.

monetina s.f. **1.** Nel sign. del dim. di *moneta*; in partic., spicciolo. **2.** Moneta che viene lanciata in aria dall'arbitro per stabilire il diritto di una squadra a scegliere la propria metà campo.

monetizzàre v.tr. (fr. *monétiser*) **1.** Valutare qlco. nell'equivalente in denaro. **2.** Convertire in denaro.

mongolfièra s.f. (dal nome dei suoi inventori, i fratelli *Montgolfier*) Aerostato costituito da un pallone che viene tenuto in volo dall'aria calda.

mongòlico agg. [pl.m. –*ci*, f. –*che*] **1.** Della Mongolia, dei mongoli. **2.** *estens.* Che presenta caratteristiche simili a quelle dei mongoli.

mongolismo s.m. (così chiamati perché i malati affetti da tale sindrome hanno tratti somatici simili a quelli dei mongoli) MED. Nome, in disuso in campo scientifico, che indica la sindrome di Down.

mòngolo agg. (voce indigena *Mongol*) Della Mongolia, mongolico. ◆ s.m. [f. –*la*] **1.** Appartenente alla popolazione mongolica. **2.** LING. (solo sing.) Famiglia di dialetti del ceppo altaico che vengono parlati in Mongolia.

mongolòide agg. **1.** MED. Denominazione comune, ma disusata in campo scientifico, di chi è affetto da sindrome di Down. **2.** ANTROP. Che ricorda la fisionomia mongola. ◆ s.m. e f. Nell'accez. 1 dell'agg.

monile s.m. **1.** GIOIELL. Collana d'oro o di pietre preziose. **2.** *estens.* Gioiello.

Monilia s.f. (lat. *Monilia*, deriv. di *monīle* "monile" perché i conidi sono disposti a catenella) BOT. Genere di funghi saprofiti e parassiti di alberi da frutta. (Classe degli Ascomiceti.)

moniliasi s.f. inv. MED. Micosi causata da funghi appartenenti al genere Monilia.

Monimiàcee s.f. pl. [iniziale minusc. sing. –*a* per l'individuo] BOT. Famiglia di piante tropicali arboree o arbustacee, sempreverdi, tipiche dell'emisfero meridionale.

monismo s.m. FILOS. Orientamento che riconduce a un unico principio, spirituale o materiale, la molteplicità del reale (in oppos. a *dualismo* e *pluralismo*).

mònito s.m. Rimprovero severo.

monitor [/'mɔnitɔr/] s.m. inv. (voce ingl., lat. *mŏnĭtor* "chi ricorda, chi avvisa") **1.** Congegno dotato di teleschermo ad alta fedeltà con cui si controlla il procedere di una trasmissione. **2.** *estens.* Apparecchio audio o video che permetta di seguire e controllare un dato processo. **3.** INFORM. Schermo di visualizzazione associato a un computer.

monitoràggio s.m. [pl. –*gi*] Rilevazione effettuata con l'uso di un monitor. ~ *estens.* Ogni controllo strumentale dell'andamento di un fenomeno.

monitoràre v.tr. Sottoporre a monitoraggio.

1. monitóre s.m. [f. –*trice*] Educatore, istruttore.

2. monitóre s.m. (ingl. *Monitor*, nome della prima corazzata di questo tipo) **1.** Bastimento bellico piuttosto leggero armato con due cannoni e attrezzato per incursioni sulla costa. **2.** IND. ESTR. Apparecchio ad acqua usato nelle cave per abbattere rocce poco compatte.

involucro in nylon rivestito di poliuretano

valvola

suture di rinforzo

pannello

cavi

cavo della valvola

bruciatore

quadro di carico

navicella

cavo guida

■ **mongolfièra**

monitòrio agg. [pl.m. –*ri*] DIR. CAN. Che ammonisce. ◆ s.m. Lettera di autorità ecclesiastica che chiede di rendere palese un fatto, pena la scomunica.

monizióne s.f. **1.** Nel l. eccl., le parole che precedono o commentano certe parti della messa, scelte dal sacerdote che la celebra. **2.** PARAPSIC. Percezione telepatica di un evento che avviene in un luogo lontano.

mon-khmer [/'mɔn'kmɛr/] agg. inv. (voce indocinese) LING. Di un gruppo di lingue parlate nel Sud-est asiatico continentale. ◆ s.m. inv. Nel sign. dell'agg.

mòno- Primo elemento di composti nei quali significa "uno, costituito da uno solo", ecc.

monoàlbero agg. inv. MECC. Del motore a scoppio a quattro tempi, in cui il meccanismo di distribuzione utilizza un solo albero a camme.

monoamminossidàsi s.f. inv. BIOCHIM. Enzima presente in molti tessuti animali, che catalizza la degradazione di molte ammine.

monoatòmico agg. [pl.m. –*ci*, f. –*che*] CHIM. Di sostanza la cui molecola è costituita da un solo atomo.

monoauràle agg. (ingl. *monoaural*) **1.** MED. Che riguarda un solo orecchio. **2.** ELETTROAC. Di apparecchio registratore o riproduttore non stereofonico. SIN.: **monofonico**.

monobàse s.f. Composto che possiede una sola funzione basica.

monobàsico agg. [pl.m. –*ci*] CHIM. Di composto che ha una sola funzione basica.

monoblòcco s.m. [pl. –*chi*] **1.** L'insieme dei cilindri di un motore a combustione interna ricavato da un solo pezzo di fusione. **2.** Complesso di elettrodomestici e di idraulica raccolti in un'unica struttura compatta. **3.** COSTR. Edificio (spec. ospedaliero) in cui tutti i servizi sono situati nella stessa sede e collegati verticalmente. ▢ In funzione di agg. inv., che è fatto di una sola parte, di un solo blocco.

monocàmera s.f. inv. → **monolocale**.

monocameràle agg. Di sistema parlamentare costituito da una sola camera di rappresentanti.

monocameralismo s.m. Sistema politico nel quale il Parlamento è composto da una sola camera.

monocarbossilico agg. [pl.m. –*ci*] CHIM. *Acido monocarbossilico:* quello costituito da una molecola avente un solo gruppo carbossilico.

monocàrpico agg. [pl.m. –*ci*, f. –*che*] **1.** BOT. Che dà fiori e frutti una sola volta. **2.** BOT. Costituito da un solo carpello.

monocèfalo agg. **1.** Provvisto di un'unica testa. **2.** BOT. Dei rami e del fusto delle piante della famiglia delle Composite che abbiano all'apice un unico capolino. ◆ s.m. EMBRIOL. Malformazione nel feto di due gemelli con formazione di un solo capo.

monocellulàre agg. BIOL. Costituito da un'unica cellula.

monociclico agg. CHIM. Di un composto la cui formula contiene un solo ciclo.

monocilindrico agg. [pl.m. –*ci*, f. –*che*] Si dice di un motore a un solo cilindro.

monocito o **monocita** s.m. [pl. –*ti*] BIOL. Globulo bianco del sangue dotato di attività fagocitaria.

monoclinàle agg. Di rilievo strutturale (cuesta, cresta, barra) o di serie sedimentaria i cui strati inclinati sono caratterizzati da debole inclinazione. ◆ s.m. Nel sign. dell'agg.

monoclino agg. **1.** CRISTALLOGR. Di uno dei sette sistemi di cristallizzazione, la cui simmetria è caratterizzata da un asse binario e i cristalli che fanno parte di tale sistema. **2.** BOT. Di fiore con stami e pistilli e di pianta che ha tali fiori.

monoclonàle agg. GENET. Che deriva da un singolo clone cellulare.

monòcolo agg. Dotato di un unico occhio, che ha perso un occhio o che vede da un solo occhio. ◆ s.m. **1.** Lente che si incastra nell'orbita di un occhio. **2.** Cannocchiale prismatico di piccole dimensioni a un'unica canna.

LE MONETE INTERNAZIONALI

paese	valuta	codice ISO	paese	valuta	codice ISO	paese	valuta	codice ISO
Afghanistan	afghani	AFN	Giamaica	dollaro giamaicano	JMD	Paraguay	guarani	PYG
Albania	lek	ALL	Giappone	yen	JPY	Perù	sol	PEN
Algeria	dinaro algerino	DZD	Gibuti	franco del Gibuti	DJF	Polonia	zloty	PLN
Andorra	euro	EUR	Giordania	dinaro giordano	JOD	Portogallo	euro	EUR
Angola	kwanza	AOA	Gran Bretagna	lira sterlina	GBP	Quatar	riyal del Qatar	QAR
Antigua e Barbuda	dollaro dei Caraibi orientali	XCD	Grecia	euro	EUR	Repubblica Ceca	corona (corona ceca)	CZK
Arabia Saudita	riyal saudita	SAR	Grenada	dollaro dei Caraibi orientali	XCD	Repubblica Dominicana	dollaro dei Caraibi orientali	XCD
Argentina	peso argentino	ARS	Guatemala	quetzal	GTQ	Romania	leu	ROL
Armenia	dram armeno	AMD	Guinea	franco della Guinea	GNF	Ruanda	franco ruandese	RWF
Australia	dollaro australiano	AUD	Guinea equatoriale	franco CFA	XAF	Russia	rublo russo	RUB
Austria	euro	EUR	Guinea-Bissau	franco CFA	XOF	Saint Kitts and Nevis	dollaro dei Caraibi orientali	XCD
Azerbaigian	manat	AZM	Guyana	dollaro della Guyana	GYD	Saint-Vincent-et-les Grenadines	dollaro dei Caraibi orientali	XCD
Bahama	dollaro delle Bahama	BSD	Haiti	gourde	HTG	Salomone (isole)	dollaro delle isole Salomone	SBD
Bahrein	dinaro di Bahrein	BHD	Honduras	lempira	HNL	Salvador	colon salvadoregno e dollaro degli Stati Uniti	SVC USD
Bangladesh	taka	BDT	India	rupia indiana	INR			
Barbados	dollaro delle Barbados	BBD	Indonesia	rupia indonesiana	IDR	Samoa	tala	WST
Belgio	euro	EUR	Iran	rial iraniano	IRR	San Marino	euro	EUR
Belize	dollaro del Belize	BZD	Iraq	dinar iracheno	IQD	Santa Lucia	dollaro dei Caraibi orientali	XCD
Benin	franco CFA	XOF	Irlanda	euro	EUR	São Tomé e Principe	dobra	STD
Bhutan	ngultrum e rupia indiana	BTN INR	Islanda	corona (corona islandese)	ISK	Senegal	franco CFA	XOF
Bielorussia	rublo bielorusso	BYR	Israele	sheqel	ILS	Serbia e Montenegro	dinaro	------
Birmania (Myanmar)	kyat	MMK	Italia	euro	EUR	Seychelles	rupia delle Seychelles	SCR
Bolivia	boliviano	BOB	Kazakistan	tenge	KZT	Sierra Leone	leone	SLL
Bosnia-Herzegovina	marco bosniaco	BAM	Kenya	scellino del Kenya	KES	Singapore	dollaro di Singapore	SGD
Botswana	pula	BWP	Kirghizistan	som	KGS	Siria	lira siriana	SYP
Brasile	real brasiliano	BRL	Kiribati	dollaro australiano	AUD	Slovacchia	corona (corona slovacca)	SKK
Brunei	dollaro del Brunei	BND	Kuwait	dinaro kuwaitiano	KWD	Slovenia	tolar	SIT
Bulgaria	lev bulgaro	BGN	Laos	kip	LAK	Somalia	scellino somalo	SOS
Burkina	franco CFA	XOF	Lesotho	loti	LSL	Spagna	euro	EUR
Burundi	franco del Burundi	BIF	Lettonia	lat lettone	LVL	Sri Lanka	rupia dello Sri Lanka	LKR
Cambogia	riel	KHR	Libano	lira libanese	LBP	Stati Uniti	dollaro degli Stati Uniti	USD
Camerun	franco CFA	XAF	Liberia	dollaro liberiano	LRD	Sud Africa	rand	ZAR
Canada	dollaro canadese	CAD	Libia	dinaro libico	LYD	Sudan	dinar sudanese	SDD
Capo-Verde	escudo di Capo Verde	CVE	Liechtenstein	franco svizzero	CHF	Suriname	fiorino di Suriname	SRG
Centrafrica (Repubblica)	franco CFA	XAF	Lituania	lita	LTL	Svezia	corona (corona svedese)	SEK
Ciad	franco CFA	XAF	Lussemburgo	euro	EUR	Svizzera	franco svizzero	CHF
Cile	peso cileno	CLP	Macedonia	denar	MKD	Swaziland	lilangeni	SZL
Cina	yuan	CNY	Madagascar	franco malgascio	MGF	Tagikistan	somoni	TJS
Cipro	lira cipriota	CYP	Malawi	kwacha	MWK	Tailandia	bath	THB
Colombia	peso colombiano	COP	Malaysia	ringgit (dollaro della Malaysia)	MYR	Taiwan	dollaro di Taiwan	TWD
Comore	franco delle Comore	KMF	Maldive	rupia delle Maldive	MVR	Tanzania	scellino della Tanzania	TZS
Congo	franco CFA	XAF	Mali	franco CFA	XOF	Timor Est	dollaro degli Stati Uniti	USD
Congo (Repubblica democratica del)	franco congolese	CDF	Malta	lira maltese	MTL	Togo	franco CFA	XOF
Corea del Nord	won nordcoreano	KPW	Marocco	dirham marocchino	MAD	Tonga	pa'anga	TOP
Corea del Sud	won sudcoreano	KRW	Marshall (isole)	dollaro degli Stati Uniti	USD	Trinità e Tobago	dollaro di Trinità e Tobago	TTD
Costa d'Avorio	franco CFA	XOF	Mauritania	ouguiya	MRO	Tunisia	dinaro tunisino	TND
Costa Rica	colon del Costarica	CRC	Maurizio	rupia di Maurizio	MUR	Turchia	lira turca	TRL
Croazia	kuna croata	HRK	Messico	peso messicano	MXN	Turkmenistan	manat	TMM
Cuba	peso cubano	CUP	Micronesia	dollaro degli Stati Uniti	USD	Tuvalu	dollaro australiano	AUD
Danimarca	corona danese	DKK	Moldavia	leu moldavo	MDL	Ucraina	hrivna	UAH
dominicana (Repubblica)	peso dominicano	DOP	Monaco	euro	EUR	Uganda	scellino ugandese	UGX
Ecuador	dollaro degli Stati Uniti	USD	Mongolia	tughrik	MNT	Ungheria	fiorino ungherese	HUF
Egitto	lira egiziana	EGP	Mozambico	metical	MZM	Uruguay	peso uruguayano	UYU
Emirati Arabi Uniti	dirham degli Emirati Arabi Uniti	AED	Namibia	dollaro namibiano	NAD	Uzbekistan	sum uzbeco	UZS
Eritrea	nakfa	ERN	Nauru	dollaro australiano	AUD	Vanuatu	vatu	VUV
Estonia	corona estone	EEK	Nepal	rupia nepalese	NPR	Vaticano	euro	EUR
Etiopia	birr	ETB	Nicaragua	cordoba oro	NIO	Venezuela	bolivar	VEB
Fiji	dollaro delle Fiji	FJD	Niger	franco CFA	XOF	Vietnam	dông	VND
Filippine	peso filippino	PHP	Nigeria	naira	NGN	Yemen	ryal yemenita	YER
Finlandia	euro	EUR	Norvegia	corona (corona norvegese)	NOK	Zambia	kwacha	ZMK
Francia	euro	EUR	Nuova Zelanda	dollaro neozelandese	NZD	Zimbawe	dollaro dello Zimbawe	ZWD
Gabon	franco CFA	XAF	Oman	riyal dell'Oman	OMR			
Gambia	dalasi	GMD	Paesi Bassi	euro	EUR			
Georgia	lari	GEL	Pakistan	rupia pakistana	PKR			
Germania	euro	EUR	Palau	dollaro degli Stati Uniti	USD			
Ghana	cedi	GHC	Panama	balboa	PAB			
			Papua-Nuova-Guinea	kina	PGK			

monocolóre agg. **1.** Che è di un solo colore. **2.** Di un governo che è costituito da ministri di un unico partito.

monocoltùra s.f. **1.** AGR. Coltivazione, su uno stesso campo e per molto tempo, di un'unica specie vegetale. **2.** AGR. *estens.* Il prodotto agricolo di una nazione basato su un'unica coltura.

monocòrde agg. inv. Composto da una sola nota, che non varia. SIN.: **monotono**.

monocoriale agg. BIOL. *Gemelli monocoriali:* quelli che hanno origine da un solo uovo e sono avvolti da una membrana coriale comune.

monocotilèdone agg. BOT. Di pianta o del suo embrione che ha seme con un unico cotiledone. ◆ s.f. Di pianta appartenente alle Monocotiledoni.

Monocotilèdoni s.f. pl. BOT. Classe di piante aventi l'embrione con un solo cotiledone; prevalentemente erbacee, hanno foglie parallelinervie, fiori spesso con perigonio, fusto e radici con struttura primaria. (Ne fanno parte le famiglie delle Graminacee, delle Gigliacee, delle Musacee, ecc.; sottodivisione delle Angiosperme.)

monocottùra s.f. inv. Tecnica con cui si fabbricano ceramiche per pavimentazioni e rivestimenti, consistente nel cuocere insieme il supporto e lo smalto, in modo da ottenere piastrelle molto resistenti.

monocràtico agg. [pl.m. –*ci*, f. –*che*] **1.** Relativo all'accentramento di poteri da parte di un'unica persona o un unico gruppo di persone. **2.** DIR. Di organo giudiziario formato da un solo giudice.

monocristàllo s.m. FIS. Cristallo omogeneo costituente un individuo cristallino le cui dimensioni, superiori a qualche decimo di millimetro, ne permettono la manipolazione.

monocromàtico agg. [pl.m. –*ci*, f. –*che*] **1.** Che ha un unico colore. **2.** Riferito a fascio di luce di un solo colore. **3.** FIS. Si dice di una radiazione elettromagnetica avente una frequenza unica. **4.** MED. Incapace di percepire la differenza di colore.

monocromatóre s.m. Dispositivo ottico che seleziona da una sorgente luminosa policromatica una particolare radiazione monocromatica.

monocromia s.f. ART. Tecnica consistente nell'uso di un unico colore.

monocròmo agg. Che è di un solo colore. ◆ s.m. Pittura a tinta unica, a chiaroscuro.

monoculàre agg. Relativo a un solo occhio.

monocultùra s.f. ANTROP. In un determinato gruppo sociale o ceppo etnico, cultura originata dalla convergenza e dall'assimilazione di atteggiamenti, ideologie, tradizioni.

monodia s.f. MUS. Canto a una voce.

monòdico agg. [pl.m. –*ci*, f. –*che*] Di un canto a una sola voce.

monodisco agg. inv. AUTOM. Provvisto di un unico disco.

monodónte s.m. → narvalo.

monodòse agg. inv. Di farmaco che contiene un'unica dose.

monòdromo agg. MAT. Di funzione di variabile complessa, che assume un solo valore in corrispondenza a ciascun punto del dominio.

monoèlica agg. inv. MECC. Che è fornito di un'unica elica.

monofamiliàre agg. → unifamiliare.

monofàse agg. inv. ELETTR. Di tensioni o correnti alternate semplici e impianti corrispondenti (in oppos. a *polifase*).

monofilàre agg. inv. ELETTROTEC. Di circuito composto da un solo filo. *Circuito monofilare.*

monofillo agg. BOT. Che ha una sola foglia.

monofisismo s.m. CRIST. Dottrina del sec. V che negava la duplice natura, divina e umana, di Gesù Cristo, riconoscendogli solo quella divina. (Condannato dal concilio di Calcedonia del 451, il monofisismo sopravvive in alcune chiese orientali.)

monofisita agg. [pl.m. –*ti*] CRIST. Relativo al monofisismo.

monòfito agg. AGR. Di coltivazione formata da un'unica specie vegetale.

monofonia s.f. TELECOM. Procedimento di riproduzione di suoni registrati o trasmessi per radio utilizzando un unico canale (in oppos. a *stereofonia*).

monofònico agg. [pl.m. –*ci*, f. –*che*] TELECOM. Di un sistema di trasmissione o di riproduzione del suono che utilizza un solo canale. SIN.: **monoaurale**.

monòfora agg. ARCH. Di finestra a una sola apertura. ◆ s.f. Nel sign. dell'agg.

monofùne agg. Di teleferica o altro impianto a fune realizzato mediante un unico cavo, che fa da traente e da portante.

monogamia s.f. (lat. *monogàmia*, gr. *monogamía* comp. di *mónos* "unico" e *gamêin* "sposare") **1.** ANTROP. Rapporto matrimoniale per il quale un uomo o una donna possono avere un solo coniuge per volta (in oppos. a *bigamia* e a *poligamia*). **2.** ETOL. L'abitudine dei maschi di certe specie animali ad accoppiarsi e a convivere con un'unica femmina.

monogàmico agg. [pl.m. –*ci*, f. –*che*] Relativo alla monogamia.

monògamo agg. **1.** Che osserva la monogamia. **2.** *estens.* Di uomo che resta assolutamente fedele a un'unica donna e viceversa. ◆ s.m. [f. –*ma*] Nell'accez. 2 dell'agg.

monogatari s.m. inv. Nella letteratura giapponese, componimento a carattere narrativo.

monogènesi s.f. inv. BIOL. Discendenza da una sola origine, da un'unica sostanza, forma. SIN.: **monofilia**. ~ Origine da uno stesso progenitore. ~ Origine unica di fenomeni che si manifestano in varie forme.

monogenètico agg. [pl.m. –*ci*, f. –*che*] Caratterizzato da un'unicità di discendenza.

monogenismo s.m. **1.** ANTROP. Teoria secondo la quale le diverse razze umane hanno avuto origine da un comune antenato (in oppos. a *poligenismo*). **2.** CATT. Teoria che, secondo il racconto delle Sacre Scritture, sostiene l'unità originaria del genere umano, in quanto discendente dal primo uomo Adamo.

monografia s.f. (ingl. *monography*) Saggio, opera specifica su un solo e determinato argomento.

monogràfico agg. [pl.m. –*ci*, f. –*che*] Relativo a una monografia, che ha le caratteristiche di una monografia.

monogràmma s.m. [pl. –*mi*] (lat. *monogràmma*, gr. *monográmmatos* "d'una sola lettera") Lettera o gruppo di lettere intrecciate o sovrapposte che, general., stanno a indicare un nome proprio.

monoicismo s.m. **1.** BIOL. Ermafroditismo. **2.** BOT. Compresenza, in una stessa pianta, di fiori maschili nettamente distinti da quelli femminili.

monòico agg. [pl.m. –*ci*, f. –*che*] BOT., BIOL. Di piante che hanno nel medesimo individuo fiori sia maschili sia femminili (come p.e. il granoturco, il nocciolo, ecc.). SIN.: **ermafrodito**.

monokini s.m. inv. (deriv. di *bikini*, in cui *bi-*, erroneamente inteso per "due", è stato sostituito con *mono-* "uno solo") Costume da bagno femminile costituito dallo slip. SIN.: **topless**.

monolatria s.f. RELIG. Adorazione di una sola divinità preferita alle altre.

monolingue agg. **1.** Che conosce, parla una sola lingua. **2.** Redatto in una sola lingua. *Dizionario monolingue.*

monolinguismo s.m. Stato di chi conosce o di chi si esprime in una sola lingua.

monolitico agg. [pl.m. –*ci*, f. –*che*] **1.** Formato da un solo blocco di pietra. **2.** *fig.* Che ha compattezza ma anche rigidità di comportamento. ~ Fermo, deciso.

monòlito s.m. **1.** Grosso blocco di pietra di un sol pezzo. **2.** ARCH. Struttura architettonica od ornamentale ricavata da un unico pezzo marmoreo o di pietra. **3.** ALP. Guglia di roccia isolata.

monolocàle s.m. Abitazione formata da un locale più servizi.

monologàre v.intr. [4] (aus. *avere*) **1.** Parlare da solo, mediante un soliloquio. **2.** Recitare un monologo.

monòlogo s.m. [pl. –*ghi*] (fr. *monologue*, gr. *monólogos* "che parla da solo") **1.** TEAT. Discorso che un personaggio, solo in scena, rivolge a se stesso. **2.** *estens.* Discorso che una persona rivolge a se stessa, o che immagina di indirizzare ad altri. ◊ *Monologo interiore:* tecnica narrativa tipica del romanzo moderno, in base a cui l'autore trascrive direttamente il succedersi, spesso illogico e rapido, dei pensieri, delle emozioni, degli stati d'animo.

monomandatàrio agg. [pl.m. –*ri*] Relativo a rappresentante di commercio che lavora per una sola azienda. CONTR.: **plurimandatario**.

monomania s.f. **1.** PSICH. Disturbo mentale in cui una sola idea sembra assorbire tutte le facoltà intellettuali. **2.** *estens.* Attaccamento morboso a un'idea.

monomaniaco agg. [pl.m. –*ci*, f. –*che*] **1.** Relativo alla monomania. **2.** Affetto da monomania. ~ *estens.* Fissato. ◆ s.m. [f. –*ca*] Nell'accez. 2 dell'agg.

monòmero s.m. (gr. *monomerḗs* "di una sola parte") CHIM. Molecola a basso peso molecolare in grado di concatenarsi ad altre, in modo da formare una molecola a peso molecolare più elevato (*polimero*).

monometallismo s.m. ECON. Sistema monetario basato sulla piena convertibilità della moneta in un unico metallo, p.e. solo oro o argento (in oppos. a *bimetallismo*).

monomètrico agg. [pl.m. –*ci*] CRISTALLOGR. *Sistema monometrico o cubico:* uno dei sistemi cristallografici avente la caratteristica, come elemento di simmetria, di essere costituito da quattro assi ternari.

monòmio s.m. [pl. –*mi*] MAT. Espressione algebrica di formula $a_n x^n$, il cui coefficiente a_n è un elemento non nullo di un anello commutativo unitario.

monomotóre agg. Fornito di un solo motore. ◆ s.m. Aereo dotato di un solo motore.

mononucleàto agg. BIOL. Che ha un solo nucleo. ◆ s.m. BIOL. Globulo bianco con un nucleo compatto.

mononucleòsi s.f. inv. MED. Affezione virale caratterizzata dall'aumento dei globuli bianchi costituiti da un solo nucleo. ◊ *Mononucleosi infettiva:* infezione virale caratterizzata dall'angina, tumefazione delle linfoghiandole e della milza, febbre e faringite.

monopartitismo s.m. Sistema politico in cui esiste un solo partito che governa. ~ Sistema a partito unico.

monopàttino s.m. Giocattolo-veicolo costituito da una pedana orizzontale, due ruote e un manubrio che consente di reggervisi con le mani, mentre si tiene un piede sulla pedana e ci si spinge con l'altro.

monopètto s.m. inv. ABBIGL. Giacca a un solo petto. ◆ agg. inv. ABBIGL. Di giacca a un solo petto, cioè avente una sola fila di bottoni (in oppos. a *doppiopetto*).

monopèzzo agg. inv. ABBIGL. Di costume da bagno femminile costituito da un unico pezzo intero (in oppos. a *due pezzi*). ◆ s.m. inv. ABBIGL. Nel sign. dell'agg.

Monoplacòfori s.m. pl. [iniziale minusc. sing. –*ro* per l'individuo] ZOOL. Classe di molluschi simili agli Anellidi.

monoplàno s.m. (fr. *monoplan*) Aeromobile dotato di una sola ala.

monoplegia s.f. MED. Paralisi di un solo arto o gruppo di muscoli.

monòpoli s.m. (solo sing.) Denominazione commerciale, che costituisce marchio registrato, di un gioco che prevede l'uso dei dadi e la funzione di compravendita di terreni e case.

monopòlio s.m. [pl. –*li*] (lat. *monopōlium*, gr. *monopṓlion* comp. di *mónos* "unico" e *pōlêin* "vendere") **1.** ECON. Forma di mercato in cui vi è l'accentramento, da parte di un unico venditore, dell'offerta di una merce o di un servizio. **2.** *estens.* L'impresa o il gruppo di imprese che produce o vende in regime monopolistico. **3.** *fig.* Situazione privilegiata. SIN.: **esclusiva**.

monopolìsta s.m. e f. [pl.m. –*sti*] ECON. Chi gode di una situazione di monopolio.

monopolìstico agg. [pl.m. –*ci*, f. –*che*] Di monopolio.

monopolizzàre v.tr. (fr. *monopoliser*) **1.** Sottoporre qlco. a regime di monopolio. **2.** *fig.* Porre qlco. sotto la propria sfera d'influenza. ~ Accaparrarsi qlco., riservare per sé. *Monopolizzare il telefono.*

monopolizzatóre agg. [f. –*trice*] (fr. *monopolisateur*) Che monopolizza. ◆ s.m. (anche f.) Nel sign. dell'agg.

monopòlo agg. inv. FIS. Che ha un solo polo. ◆ s.m. FIS. Entità ipotetica dotata di un solo polo magnetico o elettrico.

monopósto agg. Di veicolo a un solo posto. ◆ s.m. o s.f. inv. Macchina a un posto. ~ In partic., auto da corsa.

monopsichismo s.m. FILOS. Ogni orientamento di pensiero che afferma l'esistenza di una sola anima, superindividuale, di cui le anime individuali sono determinazioni o modificazioni.

monopsònio s.m. [pl. –*ni*] ECON. Mercato caratterizzato dalla presenza di un acquirente unico e di una pluralità di venditori.

monòptero agg. (gr. *monópteros*, propr. "a una sola ala") ARCH. Di monumento circolare circondato da una fila unica di colonne.

monoreattóre agg. Di velivolo fornito di un unico motore a getto. ◆ s.m. Nel sign. dell'agg.

monorecchino s.m. Orecchino che non viene portato in coppia, ma da solo.

monorèddito agg. inv. Che ha un solo reddito.

monorimo agg. METR. Di componimento poetico i cui versi terminano tutti con la stessa rima.

monorotàia agg. Dice di una ferrovia che utilizza una sola rotaia. ◆ s.f. Nel sign. dell'agg.

monosaccàride s.m. BIOCHIM. Denominazione generica di zuccheri semplici che non possono essere scissi ulteriormente e che presentano un gruppo aldeidico o chetonico.

monoscì s.m. inv. Sci sul quale si pongono i due piedi per scivolare sull'acqua o sulla neve.

monoscòcca agg. inv. Di autoveicolo, in partic. da competizione, in cui la scocca è una struttura unica e rigida con funzione portante.

monoscòpio s.m. [pl. –*pi*] TV. Immagine immobile di prova trasmessa dalle stazioni televisive per controllare il funzionamento della catena di trasmissione e degli apparecchi riceventi.

monosèmico agg. [pl.m. –*ci*, f. –*che*] LING. Di una parola che ha un solo significato.

monosillàbico agg. [pl.m. –*ci*, f. –*che*] Costituito da un'unica sillaba.

monosìllabo agg. Composto da un'unica sillaba. ◆ s.m. Parola costituita da una sola sillaba. ◇ *fig. Parlare a monosillabi*: in modo incerto, insufficiente, dicendo solo il minimo indispensabile.

monospèrmo agg. BOT. Di frutti che contengono solo un seme.

monòssido s.m. CHIM. Ossido che contiene un solo atomo d'ossigeno nella sua molecola. ◇ *Monossido di carbonio*: gas (CO) molto tossico, risultante da una combustione incompleta di prodotti contenenti carbone.

monostàbile agg. ELETTRON. Che ha un solo stato, un'unica configurazione stabile.

monoteismo s.m. Religione che ammette un solo dio.

monoteìsta s.m. e f. [pl.m. –*sti*] Chi professa il monoteismo. (Il giudaismo, il cristianesimo e l'islam sono religioni monoteiste.)

monotelismo o **monotelitismo** s.m. CRIST. Dottrina del sec. VII secondo la quale ci sarebbe stata in Cristo soltanto una volontà, la volontà divina. (Il monotelismo fu condannato nel 681 dal terzo concilio di Costantinopoli.)

monotemàtico agg. [pl.m. –*ci*, f. –*che*] MUS. Di brano musicale con un unico tema.

monotipìa s.f. [ingl. *monotype*] STAM. Composizione tipografica eseguita mediante la monotype.

monotipìsta s.m. e f. [pl.m. –*sti*] Operaio che lavora alla monotype.

1. monòtipo agg. Di stampa ottenuta a partire da una lastra su cui il disegno è stato dipinto a inchiostro e non inciso. ◆ s.m. Il procedimento usato per ottenere tale riproduzione. ~ La riproduzione stessa.

2. monòtipo agg. **1.** MAR. Di imbarcazione a vela, prodotta in serie, realizzata con dimensioni e attrezzature caratteristiche di una determinata categoria sportiva a cui deve essere omologata. **2.** BIOL. Di categoria sistematica comprendente una sola serie.

monotonìa s.f. Sgradevole insistenza e ripetizione di stessi fatti, situazioni.

1. monòtono agg. Che è costituito da un unico tono. ~ *estens.* Tedioso, noioso.

2. monòtono agg. MAT. Riferito a funzione o successione crescente o decrescente.

Monotrèmi s.m. pl. [iniziale minusc. sing. –*mo* per l'individuo] ZOOL. Ordine di mammiferi primitivi diffusi in Australia, Tasmania e Nuova Guinea che presentano un insieme di caratteri arcaici (riproduzione ovipara, scheletro simile a quello dei rettili) e molto specializzati (becco corneo, mancanza di denti), come l'ornitorinco e l'echidna.

monottòngo s.m. [pl. –*ghi*] (gr. *monóphthongos* "di un suono solo") LING. Presenza di una vocale unica in contesti dove può comparire anche un dittongo.

monotype [/ˈmɔnəˌtaɪp/] s.f. inv. (voce ingl.) STAM. Denominazione commerciale, che costituisce marchio registrato, di macchina tipografica a caratteri mobili.

monoùso agg. inv. Che è utilizzabile un'unica volta, e poi si getta.

monoutènte agg. inv. INFORM. Di sistema informatico che può essere utilizzato da un solo utente.

monovalènte agg. **1.** CHIM. Di ogni elemento che, in un dato composto, scambia un solo elettrone, forma cioè un solo legame. **2.** MED. Di farmaco che esercita la sua azione nei confronti di una sola malattia. **3.** LING. Con riferimento ai verbi, secondo il modello della grammatica valenziale di Lucien Tesnière, di ogni verbo che, in base al suo significato, per costituire una frase minima completa, richiede di essere accompagnato da un solo argomento.

monovolùme s.f. inv. AUTOM. Automobile in un unico corpo, senza vani anteriori o posteriori, in cui quasi tutto lo spazio è utilizzato per i passeggeri.

monovulàre agg. BIOL. Monozigote, monocoriale.

monozigòte agg. BIOL. Di ogni individuo, in partic. gemello, sviluppato dallo stesso ovulo fecondato.

monsignóre s.m. (fr. *monseigneur*, propr. "mio signore") Titolo dato a vescovi ed ecclesiastici insigniti di particolari meriti, in passato conferito anche a papi, principi, re e imperatori.

monsóne s.m. (spagn. *monzón*, port. *monção*, ar. *mawsim* "tempo, stagione") GEOGR. Corrente atmosferica della zona intertropicale, dovuta alla differenza di temperatura tra le zone oceaniche e quelle continentali e associata a piogge abbondanti. (Le piogge monsoniche portano più dell'80% delle precipitazioni su regioni abitate dalla metà della popolazione mondiale.)

monsònico agg. [pl.m. –*ci*, f. –*che*] Relativo ai monsoni.

Mònstera s.f. BOT. Genere di piante rampicanti originarie dell'America tropicale, con foglie grandi di forma irregolare e radici pendenti. (Famiglia delle Aracee.)

mónta s.f. **1.** Accoppiamento degli animali domestici. **2.** Metodo e modo di cavalcare. ~ *estens.* Fantino. **3.** ARCH. Distanza minima che intercorre tra la chiave di volta e la luce di una volta o di un arco.

montacàrichi s.m. inv. Apparecchiatura che consente il sollevamento meccanico in verticale di merci, carichi, ecc.

montàggio s.m. [pl. –*gi*] (fr. *montage*) **1.** Assemblaggio delle varie parti di un apparecchio, di un insieme meccanico, di un mobile. **2.** CINE. Fase conclusiva della produzione di un film o di un prodotto televisivo o radiofonico, in cui si uniscono e si montano tra loro le parti prescelte della pellicola girata. **3.** STAM. Operazione con cui tutti i testi e le illustrazioni di una pagina vengono assemblati e copiati su un'intelaiatura trasparente.

montàgna s.f. **1.** Rilievo montuoso di particolare imponenza. **2.** *estens.* Zona montuosa, in partic. in riferimento ai fattori climatici, alla flora, alla fauna. **3.** *fig.* Quantità notevole di cose. *Leggere una montagna di roba.* **4.** *Montagne russe:* attrazione del luna park costituita da salite e discese brusche sui cui binari scorrono molto velocemente dei carrelli a due, quattro o più posti.

Montagne: le cime principali	
Asia (Himalaya)	
Everest	8.848 m
K2	8.611 m
Kanchenjunga	8.586 m
Lhotse	8.545 m
Makalu	8.515 m
America (Ande)	
Aconcagua	6.959 m
Africa	
Kilimangiaro	5.895 m
Europa (Alpi)	
Monte Bianco	4.808 m

montagnàrdo s.m. [f. –*da*] (fr. *montagnard*) ST. Durante la rivoluzione francese, deputato dell'ala estremista dei giacobini che veniva denominata *la Montagna* perché occupava i seggi più elevati della sala delle assemblee (v. parte n.pr.).

montagnóso agg. Caratterizzato dalla presenza di molte montagne.

montanàro agg. **1.** Di montagna, caratteristico degli abitanti della montagna. **2.** *estens.* Essenziale, rozzo, aspro. ◆ s.m. [f. –*ra*] Nativo, abitante di un luogo in montagna.

montanismo s.m. (dal nome del fondatore, il prete frigio *Montano*) CRIST. Eresia cristiana del sec. II che sosteneva l'imminente ritorno di Cristo e la necessità, per ciò, di praticare un'ascesi, un'austerità e una penitenza molto rigide.

montanìsta agg. [pl.m. –*sti*] Relativo al montanismo. ◆ s.m. e f. Seguace, sostenitore del montanismo.

montàno agg. Relativo alla montagna, ai monti.

montànte s.m. **1.** Elemento verticale di un insieme, destinato a fungere da sostegno o da rinforzo. **2.** BOXE Colpo dato allo stomaco o al mento, dal basso verso l'alto e col braccio piegato ad angolo acuto. SIN.: **uppercut. 3.** SPORT. Ciascuno dei due pali verticali della porta nel gioco del calcio, della pallanuoto, ecc. **4.** In matematica finanziaria, la somma del capitale inizialmente investito e degli interessi maturati in un determinato lasso di tempo.

montàre v.intr. (aus. *essere*) (lat. *montàre*, propr. "salire su un monte") **1.** Detto di liquidi, aumentare di volume, gonfiarsi. ~ Detto di suoni, crescere di intensità, alzarsi. ~ Detto di sentimenti, crescere di forza. **2.** Salire su qlco. *Montare a cavallo.* **3.** Riferito a chi effettua un turno di lavoro, avere inizio a una data ora. *Il medico di turno monta alle sei.* ◆ v.tr. **1.** Percorrere un itinerario verso l'alto. **2.** Cavalcare un animale. *Montava un cavallo molto veloce.* **3.** Detto di animali di grandi dimensioni, avere un rapporto sessuale con la femmina. **4.** Far crescere di volume una sostanza. *Montare le chiare d'uovo.* **5.** *fig.* Esagerare l'importanza di qlco. ◇ *Montare la testa a qlcu., montarsi la testa:* esaltarlo o esaltarsi esageratamente. **6.** Unire le varie parti di un insieme. SIN.: **assemblare.** ~ Incastonare una pietra preziosa in un gioiello. ◆ **montarsi** v.pron. Insuperbirsi, esaltarsi. *Montarsi per il successo ottenuto.*

montàta s.f. FISIOL. *Montata lattea:* inizio della secrezione lattea, dopo il parto.

montàto agg. **1.** MIL. In passato, si diceva di unità di fanteria che usava il cavallo per spostarsi ma combatteva a piedi. **2.** Che è stato fatto crescere di volume frullandolo. *Panna montata.* **3.** *fig.* Esaltato, pieno di sé. ◆ s.m. [f. *-ta*] Nell'accez. 3 dell'agg.

montatóio s.m. [pl. *-toi*] Predellino su cui si appoggia il piede per salire su vetture e carrozze.

montatóre s.m. [f. *-trice*] Chi è addetto a operazioni di montaggio.

montatùra s.f. **1.** L'azione di montare. **2.** La struttura di supporto alle parti di un oggetto. **3.** *fig.* Esagerazione o mistificazione intenzionale di notizie o avvenimenti.

mónte s.m. **1.** Rilievo geomorfologico più alto della collina. SIN.: **montagna**. ◇ *fig. Promettere mari e monti:* cose straordinarie ma poco realizzabili. – *A monte:* in una zona più elevata; *fig.* per indicare precedenza in senso logico o cronologico. **2.** *fig.* Quantità enorme, ingente. **3.** Insieme, somma. *Monte premi.* ◇ *Monte ore:* somma delle ore retribuite di cui possono disporre i lavoratori. **4.** Istituzione che un tempo gestiva il debito pubblico e poteva esercitare funzioni bancarie o di assistenza pubblica. ◇ *Monte dei pegni, di pietà:* istituto che corrispondeva prestiti a chi ne aveva necessità, chiedendo un interesse molto basso o il deposito di un pegno. **5.** Nei giochi di carte, mucchio di carte scartate da un giocatore o rimaste a disposizione dopo la distribuzione. ◇ *Mandare a monte:* interrompere una partita; *fig.* impedire che si realizzi qlco. **6.** In chiromanzia, ogni lieve sporgenza del palmo della mano che rivelerebbe il possesso più o meno sviluppato di particolari qualità, attitudini, ecc. **7.** *Sacro monte:* tipo di santuario o cappella posto su collina o pendici montane.

montebiànco s.m. [pl. *-chi*] (fr. *montblanc*, così chiamato per la forma conica e per il colore) Dolce formato da una pasta di castagne cotte nel latte ricoperta di panna montata.

montenegrino agg. Del Montenegro. ◆ s.m. [f. *-na*] Nativo, abitante del Montenegro.

monteprèmi s.m. inv. La somma totale che viene ripartita tra coloro che hanno vinto una lotteria, un concorso, ecc.

montgomery [/mənt'gʌməri/] s.m. inv. (dal nome del generale britannico B.L. *Montgomery* che lo usò nella seconda guerra mondiale) Tipo di giaccone sportivo pesante, di lana, dotato di cappuccio e lungo fino alle ginocchia, con la chiusura costituita da alamari e bottoni ovali di legno o cuoio.

montmorillonite s.f. (dal nome della località francese di *Montmorillon*) MIN. Silicato idratato d'alluminio, contenente magnesio e ferro, che costituisce una varietà d'argilla.

montóne s.m. **1.** Il maschio adulto della pecora. ~ La pelliccia di questo animale, usata per confezionare capi d'abbigliamento. ~ La carne di questo animale. **2.** GEOL. Roccia la cui superficie è stata levigata dallo spostamento dei ghiacciai, che esercitano un'azione erosiva.

montuóso agg. Che è caratterizzato da rilievi, che ha natura montagnosa.

monumentàle agg. **1.** Relativo ai monumenti. **2.** Che è caratterizzato dalla presenza di monumenti. **3.** *estens.* Che ha la mole, l'imponenza, la solennità propri di un monumento.

monuménto s.m. **1.** Lavoro d'architettura o di scultura eretto a ricordo o commemorazione di un personaggio o di un evento. **2.** *estens.* Costruzione artisticamente e storicamente importante. **3.** *fig.* Documento importante per un determinato periodo, testimonianza della cultura di un artista, di uno scrittore, di un poeta, ecc. **ENCICL.** Lo Stato italiano, nella sua funzione di promotore della cultura, tutela i beni mobili e immobili dallo spiccato interesse artistico, storico, archeologico, etnografico, paleontologico; sono sottoposti a questa tutela oggetti di interesse numismatico, manoscritti, autografi, carteggi, documenti importanti, incunaboli, libri, stampe rare o di pregio, e anche ville, parchi, giardini, luoghi o particolari aspetti del paesaggio. La tutela dei monumenti viene formalizzata mediante notificazione del ministro della pubblica istruzione a proprietari o possessori di tali beni. A livello internazionale, i monumenti nazionali godono della protezione dell'Unesco.

moog [/'mu:g/] s.m. inv. (voce ingl., dal nome dell'ingegnere americano R.A. *Moog* che ne fu l'inventore) MUS. Denominazione commerciale, che costituisce marchio registrato, di uno strumento musicale elettronico a tastiera.

moon boot [/'mu:n 'bu:t/] loc. sost. m. inv. (loc. ingl., "stivale lunare") ABBIGL. Denominazione commerciale, che costituisce marchio registrato, di una sorta di stivale imbottito che si usa come doposcì o per camminare sulla neve, simile nella forma a quello degli astronauti.

moplèn s.m. (solo sing.) (deriv. di *Montecatini polipropilene*) CHIM. Denominazione commerciale, che costituisce marchio registrato, del polipropilene isotattico.

moquette [/mɔ'kɛt/] s.f. inv. (voce fr.) Tappeto con cui si rivestono i pavimenti di locali interni.

1. mòra s.f. (lat. *mōra*, deriv. di *mōrum* "frutto del gelso") Frutto composto del rovo, formato da piccole drupe.

2. mòra s.f. **1.** L'infruttescenza del gelso. **2.** DIR. Nel l. bur., ritardo ingiustificato nell'adempiere a un pagamento dovuto. **3.** Nella metrica latina, la minima unità di misura del verso, che corrisponde a una sillaba breve. ~ LING. Unità di misura fonologica, corrispondente a una sola vocale breve in sillaba libera.

Moràcee s.f. pl. [iniziale minusc. sing. *-a* per l'individuo] BOT. Famiglia di piante dicotiledoni delle regioni calde, come il gelso, il fico, l'albero del pane.

moràle agg. (lat. *morālem*, deriv. di *mōs* "costume") **1.** Che riguarda le regole di condotta in rapporto alle categorie del bene e del male. *Giudizio morale.* **2.** Che rispetta i principi di giustizia, onestà e pudore, in oppos. a *immorale*. **3.** Che non è quantificabile, che rientra nella sfera dell'interiore, del simbolico, dello spirituale. *Ricompensa morale.* ~ Relativo allo spirito, al pensiero (in oppos. a *materiale*, *fisico*). ◆ s.f. **1.** Il complesso delle norme accettate da una società che sono alla base del comportamento. SIN.: **etica**. ◇ *fig. Fare la morale a qlcu.:* criticare il suo comportamento con tono di superiorità. **2.** La scienza e la speculazione, filosofica o religiosa, relative al comportamento umano. **3.** Insegnamento pratico che si ricava da una storia, da un fatto. ◆ s.m. Stato d'animo, condizione dello spirito.

moral hazard [/'mɔrəl 'hæzəd/] loc. sost. m. inv. (loc. ingl., propr. "rischio morale") ECON. Espressione che indica la situazione in cui la probabilità che un evento assicurato si verifichi aumenta, a causa della minore attenzione prestata per cercare di evitarlo da parte di chi gode dell'assicurazione.

moralismo s.m. (ted. *Moralismus*) **1.** Orientamento filosofico che vede la morale come il principio che muove e che spiega eventi, comportamenti, ecc. **2.** *estens.* Atteggiamento che tende a dare un posto di primaria importanza ai valori morali. **3.** *spreg.* Attaccamento formale e rigido a determinati principi morali.

moralista s.m. e f. [pl.m. *-sti*] **1.** Pensatore, scrittore che si occupa di etica. ~ Autore che scrive dei costumi, dei comportamenti umani. **2.** *estens.* Chi dà lezioni di morale, in modo intransigente o ipocrita. ❑ In funzione di agg., del moralismo, da moralista.

moralistico agg. [pl.m. *-ci*, f. *-che*] Relativo al moralismo.

moralità s.f. inv. **1.** Conformità ai principi morali. **2.** Il complesso delle regole di vita e di comportamento basate su valori morali. SIN.: **etica**. **3.** Nella letteratura medievale, opera teatrale in versi che metteva in scena personaggi allegorici con intenti moralistici.

moralizzàre v.tr. Rendere conforme alla morale.

moralizzatóre agg. [f. *-trice*] Che induce a conformare atteggiamenti, comportamenti, ecc. ai principi morali. ◆ s.m. (anche f.) Educatore, censore.

moralménte avv. Secondo la morale.

moratòria s.f. **1.** DIR. Sospensione della scadenza di un'obbligazione. SIN.: **dilazione**. **2.** *estens.* Interruzione, a tempo determinato, di qualche attività. *Moratoria nucleare.*

moratòrio agg. [pl.m. *-ri*] (lat. *moratòrium* "che fa ritardare") **1.** DIR. Che sospende. **2.** Relativo alla mora. *Interessi moratori.*

mòravo agg. Della Moravia. ◆ s.m. [f. *-va*] Nativo, abitante della Moravia.

morbidézza s.f. **1.** Qualità peculiare di ciò che è morbido. ~ *fig.* Arrendevolezza, malleabilità. **2.** PITT. Delicatezza e armonia di toni, colori, linee. **3.** *fig.* (al pl.) raffinatezze.

mòrbido agg. (lat. *mŏrbidum* "malaticcio" quindi "cedevole") **1.** Delicato, soffice al tatto. ~ Molle in misura non eccessiva. *Letto morbido.* **2.** Liscio, vellutato. **3.** *fig.* Conciliante, che cede facilmente. **4.** FOTO., PITT., SCULT. Di cosa che presenta delicatezza e armonia di toni, di tinte, di linee, senza forti contrasti. **5.** Nel l. della crit. lett., caratterizzato da morbosa compiacenza di situazioni e atteggiamenti languidamente malinconici e voluttuosi.

morbilità s.f. inv. STAT. La frequenza percentuale di una malattia all'interno di una popolazione, di un gruppo, ecc. SIN.: **morbosità**.

morbillo s.m. MED. Malattia infettiva contagiosa, di origine virale, tipica dei bambini, caratterizzata da infiammazione delle vie respiratorie superiori, febbre ed eruzione di macchie rosse sulla pelle.

morbillóso agg. **1.** MED. Proprio del morbillo. **2.** Affetto da morbillo. ◆ s.m. [f. *-sa*] Nell'accez. 2 dell'agg.

mòrbo s.m. **1.** Alterazione degli organi o delle funzioni in un essere animale o vegetale, malattia grave di tipo epidemico. **2.** MED. Unito a specificazioni, dà origine al nome di varie malattie. ◇ *Morbo di Addison:* malattia provocata da una deficiente attività delle ghiandole surrenali, caratterizzata da una colorazione brunastra della lingua e della cute, detta perciò anche *morbo bronzino*. – *Morbo di Basedow:* malattia della tiroide, d'origine autoimmune, caratterizzata dalla presenza di gozzo, ipertiroidismo ed esoftalmo. – *Morbo di Gehrig:* malattia di una parte del sistema nervoso responsabile del movimento volontario dei muscoli, che causa paralisi e che conduce, nella maggior parte dei casi, dopo 3-5 anni dalla comparsa dei sintomi, alla morte per complicazioni respiratorie. (Cosiddetta perché il primo a morirne fu il giocatore di baseball Lou Gehrig, degli Yankees, nel 1941.) **3.** *fig.* Malanno, calamità, piaga.

morbosità s.f. inv. **1.** Esagerazione di un sentimento, di un'emozione che deforma un avvenimento, un fatto, ecc. ~ *fig.* Condizione psicologica caratterizzata da un eccessivo attaccamento a persone e mancanza di equilibrio nel comportamento. **2.** STAT. Morbilità.

morbóso agg. **1.** Che riguarda un morbo, una malattia. SIN.: **patologico**. **2.** *fig.* Esagerato, privo di equilibrio, di moderazione. SIN.: **ossessivo**.

Morchèlla s.f. BOT. Genere di funghi caratterizzati da gambo dritto e cappello a forma di cono o con alveoli di forma tondeggiante. (Famiglia delle Elvellacee.)

mòrchia s.f. **1.** Residuo dell'olio d'oliva, usato per preparare saponi, grasso, ecc. **2.** Residuo scuro di olio o grasso che è stato usato troppo a lungo in una macchina, in partic. in un motore.

mordàce agg. Che, nel parlare o nello scrivere, colpisce con aggressiva malignità, con critica sferzante. SIN.: **pungente**. ◆ s.m. Piastra di materiale malleabile che si inserisce tra la ganascia della morsa e la superficie di un pezzo lavorato, allo scopo di proteggerlo.

mordacità s.f. inv. Aggressività con cui si punge aspramente qlcu. o qlco. nel parlare o nello scrivere. SIN.: **sarcasmo**.

mordènte agg. Pungente, caustico. ◆ s.m. **1.** IND. TESS. Soluzione con cui vengono fissati i coloranti. **2.** TECN. Prodotto con cui si fanno aderire i metalli su superfici di materiale diverso. ~ Sostanza con cui si puliscono le superfici di materiale metallico. ~ Soluzione acida usata per incidere lastre metalliche, per produrre acqueforti o per preparare matrici per la stampa. ~ Liquido che consente di colorare materiali non cambiandone la consistenza e l'aspetto. **3.** *fig.* Risolutezza, carattere deciso. **4.** MUS. Abbellimento consistente nella rapida alternanza di una nota principale con una nota superiore o inferiore di grado vicino e nella conclusione con la nota principale.

mordenzàre v.tr. TECN. Sottoporre una sostanza all'azione di un mordente.

mordenzatùra s.f. **1.** Operazione con cui si applica il mordente a un materiale, in partic. nella tintura della lana, del cotone, delle pellicce, ecc. **2.** STAM. → morsura. **3.** FOTO. Tecnica che si usa nella selezione dei colori, consistente nella trasformazione dell'argento dello strato sensibile monocromo in un sale d'argento che può essere colorato.

mòrdere v.tr. [21] **1.** Stringere qlco. tra i denti con forza. *Mordere una mela.* **2.** *fam.* Detto di insetti, pungere qlcu. o una parte del corpo. *Mi ha morso una zanzara.* **3.** Corrodere, intaccare qlco. *L'acido morde il metallo.* **4.** Detto di utensili, stringere qlco. *Le tenaglie mordevano l'acciaio.* SIN. **serrare.** ◆ v.intr. (aus. *avere*) Provocare sensazioni pungenti, quasi dolorose. *Questo aceto morde.* ◆ **mordersi** v.pron. **1.** Stringere tra i denti una parte del proprio corpo. *Mordersi la lingua.* ◇ *fig. Mordersi le mani, le dita, le unghie:* provare rimorso o rabbia. **2.** Detto di due o più persone o animali, azzannarsi. *I due cani si morsero con rabbia.*

mordicchiàre v.tr. [6] Mordere qlco. con piccoli morsi ripetuti; anche pron. *Mordicchiare (mordicchiarsi) le unghie.*

mordigallina s.f. inv. → anagallide.

mordorè agg. inv. (fr. *mordoré*) Di colore bruno-violaceo con riflessi dorati.

morèlla s.f. (lat. *morĕllam*, deriv. di *maurus* "moro" per il colore delle bacche) Pianta erbacea a piccoli fiori bianchi e bacche nere. (Genere *Solanum*; famiglia delle Solanacee.)

morèllo agg. Di colore molto scuro, tendente al nero. ◆ s.m. [f. *–la*] Cavallo dal pelame nero.

morèna s.f. (fr. *moraine*) GEOMORF. Insieme di materiali detritici rocciosi-terrosi trasportati e depositati da un ghiacciaio.

morènico agg. [pl.m. *–ci*, f. *–che*] (fr. *moraïnique*) Relativo alle morene.

morènte agg. **1.** Sul punto di morire. **2.** *fig.* Vicino a scomparire. ~ Che sta cessando di essere tale. *Un movimento politico morente.* ◆ s.m. e f. Chi è vicino alla morte.

morésca s.f. [pl. *–sche*] Ballo arabo-spagnolo, di ritmo svelto, diffuso in Europa nel Rinascimento.

morésco agg. [pl.m. *–schi*, f. *–sche*] Relativo ai mori.

morétta s.f. **1.** Anatra tuffatrice diffusa in Europa, Asia e America settentrionale, con testa e collo neri e ventre bianco. (Genere *Bucephala*; famiglia degli Anatidi.) **2.** Nome di una varietà di ciliegie.

morétto s.m. **1.** Ragazzo dalla pelle nera o ragazzo di capelli e pelle scuri. **2.** *fig.* Suppellettile costituita da una statua che raffigura un paggetto nero. **3.** Gelato perlopiù alla crema ricoperto di uno strato di cioccolato solido.

morfèma s.m. [pl. *–mi*] LING. Unità minima di significato. [Si distinguono i *morfemi grammaticali*, che esprimono una o più funzioni grammaticali, (p.e. *-o* in *amico*) e i *morfemi lessicali* o *lessemi* (p.e. *amic-* in *amico*).]

morfina s.f. (fr. *morphine*, deriv. di gr. *Morphéus* "Morfeo", dio del sonno, per le proprietà narcotiche) CHIM. Principale alcaloide dell'oppio, usato per la sua potente azione analgesica.

morfinismo s.m. (fr. *morphinisme*) MED. Intossicazione cronica da morfina.

morfinòmane agg. (fr. *morphinomane*) Che è affetto da dipendenza dalla morfina. ◆ s.m. e f. Nel sign. dell'agg.

-morfismo Secondo elemento di composti derivati da agg. terminanti in *-morfo*, di cui costituiscono solitamente il significato astratto (*antropomorfismo*).

morfismo s.m. MAT. Funzione che nel trasformare l'insieme su cui è definita ne conserva la struttura e, più in generale, una delle due classi che definiscono una categoria.

morfogènesi s.f. inv. EMBRIOL. Sviluppo progressivo degli organi durante la vita embrionale.

morfògeno agg. EMBRIOL. Di agenti capaci di determinare o di modificare la forma e la struttura degli organismi viventi.

morfologia s.f. (ted. *Morphologie*) **1.** LING. Parte della grammatica che studia la formazione delle parole e le loro variazioni grammaticali. **2.** Studio della forma e della struttura esterna e interna degli organismi viventi e dei minerali.

morfològico agg. [pl.m. *–ci*, f. *–che*] Relativo alla morfologia.

morfòsi s.f. inv. (gr. *mórphōsis* "formazione") BIOL. Cambiamento della forma di un organismo provocato da agenti esterni.

morfosintàssi s.f. inv. LING. Studio delle relazioni intercorrenti tra morfologia e la sintassi.

morganàtico agg. [pl.m. *–ci*, f. *–che*] (ted. *morgangeba*, propr. "dono del mattino" per la donazione che il marito fa alla moglie in cambio della rinuncia a tutti i beni del marito) Relativo a unione matrimoniale di un regnante o di un nobile con una donna non nobile, in cui il coniuge e i figli nati non hanno diritto di successione dinastica.

morganite s.f. (dal nome del finanziere e filantropo statunitense J. P. *Morgan*) MIN. Varietà di berillo di colore rosa.

moria s.f. **1.** ZOOL. Altissima mortalità causata da malattie infettive epidemiche o da disastri ecologici. **2.** BOT. Morte di certe specie di piante provocata da parassiti.

moribóndo agg. Che è sul punto di morire. ~ *fig.* Che ricorda un morente. ◆ s.m. [f. *–da*] Nei sign. dell'agg.

morigeràto agg. Rispettoso della morale e della decenza.

moriglióne s.m. (fr. *morillon*) Anatra selvatica diffusa nelle zone temperate dell'Europa e dell'Asia che sverna in partic. nell'Europa occidentale. (Il maschio è grigio chiaro con il capo rosso e il petto nero, la femmina ha piumaggio bruno-grigiastro. Genere *Aythya*; famiglia degli Anatidi.)

morióne s.m. (spagn. *morrión*, deriv. di *morra* "sommità del capo") Elmo munito di cresta alta e con punte molto rialzate in uso in Spagna nei secc. XVI e XVII.

morire v.intr. [74] (aus. *essere*) **1.** Cessare di vivere, detto di uomini, animali, piante. ◇ *fig. Morire come un cane:* in solitudine e privo dei conforti religiosi: *Lasciarsi morire:* fare in modo di non evitare la morte, quasi desiderarla. ~ *fig.* Terminare in un luogo, riferito a corsi d'acqua, strade, linee ferroviarie. *Il torrente muore in valle.* **2.** *fig.* Consumarsi, affievolirsi, smorzarsi. *Senza legna il fuoco muore.* **3.** *per esager.* Provare una sensazione, un sentimento, ecc. con molta intensità. *Morire dal ridere.* ◇ *Da morire:* dà valore superlativo all'aggettivo a cui si riferisce. *Un film bello da morire.* – *fig. Morire dietro a qlcu.:* desiderarlo moltissimo, esserne innamorato. ◻ In funzione di s.m., fine, cessazione. *Sul morire del giorno.*

mormóne s.m. e f. (ingl. *Mormon*, dal nome del presunto profeta i cui scritti contengono il fondamento dottrinario della setta) Seguace della setta religioso-politica (Chiesa dei Santi dell'ultimo giorno) nata nel sec. XIX negli Stati Uniti, che professa una dottrina mista cristiano-biblica, predica il battesimo degli adulti e, un tempo, la poligamia.

mormoràre v.intr. (aus. *avere*) **1.** Produrre rumore attenuato e continuo, simile a un sussurro. *L'acqua del ruscello mormora.* **2.** Sussurrare, parlare a voce bassissima. ~ Esprimere a bassa voce malcontento. *Stanno mormorando sul tuo conto.* ◆ v.tr. **1.** Pronunciare qlco. a voce bassissima. *Mormorare una preghiera.* **2.** Insinuare qlco. *Mormorano che sia fuggito.*

mormorio s.m. [pl. *–rii*] **1.** Rumore incessante, sommesso e prolungato. ~ Suono indistinto di molte persone che bisbigliano. **2.** FON. Tipo di fonazione consistente in una particolare modalità di vibrazione delle corde vocali.

mórmoro s.m. Pesce somigliante al merluzzo. (Famiglia dei Gadidi.)

1. mòro agg. **1.** Originariamente riferito agli abitanti della Mauritania, poi ad altre popolazioni africane e in partic. ai musulmani provenienti dall'Africa. **2.** *estens.* Di persona, di colorito bruno. ~ Riferito anche ad animale dal pelame nero o scuro. ◇ *Arancia mora:* varietà di arancia avente la polpa di colore rosso scuro. ◆ s.m. **1.** [f. *–ra*] Abitante della Mauritania, dell'Etiopia o di altre regioni africane. **2.** *estens.* [f. *–ra*] Persona di carnagione e capelli scuri. **3.** Tipo di tabacco trinciato da pipa. **4.** Arancia moro.

2. mòro s.m. → gelso.

morosità s.f. inv. **1.** DIR. Ritardo nel pagamento di un debito di qualsiasi tipo e la condizione in cui si trova l'insolvente. **2.** Percentuale di persone morose. *Un tasso di morosità superiore al cinque per cento.*

moróso agg. (lat. *morósum* "lento") DIR. Che è in mora, insolvente. ◆ s.m. [f. *–sa*] DIR. Nel sign. dell'agg.

mòrra o **mòra** s.f. Gioco popolare in cui due persone mostrano rapidamente il pugno destro volto in basso distendendo velocemente le dita e dichiarando a voce alta un numero che dovrebbe corrispondere a quello della somma delle dita distese da entrambi. ◇ *Morra cinese:* gioco in cui ogni giocatore tiene il pugno chiuso (simbolo del sasso) o la mano aperta (simbolo della carta) o distende l'indice e il medio (simbolo delle forbici); il vincitore è chi neutralizza col proprio il simbolo dell'avversario (la carta avvolge il sasso, le forbici tagliano la carta, il sasso spunta le forbici).

mòrsa s.f. **1.** TECN. Attrezzo in legno o ferro costituito da due ganasce che si chiudono, che serve a stringere un pezzo in lavorazione. ~ Stretta energica, vigorosa. *Chiudere nella morsa del proprio abbraccio.* ~ *fig.* Stretta che blocca, imprigiona. *La nave era imprigionata nella morsa del ghiaccio.* **3.** *fig.* Situazione di profondo disagio, che impedisce le normali attività o influisce negativamente su di esse. *La morsa della siccità* ~ Imposizione soffocante, oppressiva, da cui è difficile liberarsi. *La morsa di un regime dittatoriale.* **4.** (al pl.) Mattoni o pietre che sporgono da una parete esterna e che costituiscono il collegamento e l'attacco per un'altra parete.

morse [/ˈmɔːs/] agg. inv. (voce ingl., dal nome dell'inventore americano S. *Morse*) Di un codice alfabetico che si basa sull'operazione di combinare i suoni brevi (punti) e i suoni lunghi (linee); si usava in passato per comunicare telegraficamente. ◆ s.m. inv. Alfabeto in codice morse.

alfabeto

a	·–	n	–·
b	–···	o	–––
c	–·–·	p	·––·
d	–··	q	––·–
e	·	r	·–·
f	··–·	s	···
g	––·	t	–
h	····	u	··–
i	··	v	···–
j	·–––	w	·––
k	–·–	x	–··–
l	·–··	y	–·––
m	––	z	––··

cifre

1	·––––	6	–····
2	··–––	7	––···
3	···––	8	–––··
4	····–	9	––––·
5	·····	0	–––––

segnali diversi

punto · – · – · –		errore ········	
inizio di trasmissione: –·–·–			
fine di trasmissione: ·–·–·			

■ **morse.** Il codice morse.

morsettièra s.f. **1.** ELETTR. Supporto isolato su cui sono montati diversi morsetti per collegamenti elettrici. **2.** FALEGN. Morsetto di legno dotato di quattro viti di pressione.

1. morsétto s.m. **1.** TECN. Nel sign. del dim. di *morsa*. ~ FALEGN. Attrezzo che comprime gli elementi di una giunzione per permettere alla colla di fare presa. **2.** ELETTR. Presa elettrica costituita da una piccola morsa morsa o da una vite.

2. morsétto s.m. Nel sign. del dim. di *morso*.

morsicàre v.tr. [4] **1.** Addentare qlco. o qlcu. con uno o più morsi. **2.** *fam.* Riferito a insetti, pungere, pizzicare.

morsicatùra s.f. **1.** L'azione di morsicare o di essere morsicato o il segno lasciato dai denti nel mordere. **2.** *fam.* Riferito a insetti, puntura.

mòrso s.m. **1.** L'atto dell'affondare i denti per mordere. ~ *estens.* Ciò che, fatto con la bocca, provoca dolore, come la puntura di un insetto. ~ il segno che rimane dopo aver addentato qlco. con i denti o dopo essere stati punti da un insetto o morsicati. **2.** Boccone, pezzo staccato coi denti. **3.** *fig.* Sensazione fisica molto intensa e acuta. *I morsi della fame.* ~ Patimento spirituale intenso, doloroso. **4.** Potere corrosivo o piccante di una sostanza o di un alimento. **5.** Parte della briglia, costituita da una barretta metallica che si mette in bocca al cavallo per guidarlo. ◇ *fig. Allentare, stringere, tirare il morso:* attenuare o intensificare la propria autorità o il proprio controllo nei confronti di qlcu. **6.** La parte delle tenaglie che afferra e serra il pezzo.

morsùra s.f. (fr. *morsure*) STAM. L'operazione con cui si applica il mordente su una lastra di metallo per preparare matrici da stampa e produrre acqueforti.

mortadèlla s.f. (deriv. di fr. *morterel*, lat. *mortàrium* "mortaio" dove si pestava la carne per l'impasto) Salume realizzato con carne di maiale o mista, finemente triturata, impastata con lardo, aromatizzata con spezie, insaccata e cotta lentamente in stufe a irradiazione.

mortàio s.m. [pl. *–tai*] **1.** CHIM., MED., CUC. Recipiente di vario materiale resistente, cavo all'interno, usato per triturare e polverizzare sostanze di varia natura mediante un apposito pestello. **2.** Pezzo di artiglieria caratterizzato da bocca da fuoco corta e utilizzato per effettuare tiri di breve gittata dalla traiettoria molto curva.

mortàle agg. **1.** Che dà o che può causare la morte. ◇ *Lotta, duello mortale:* la cui conclusione è data soltanto dalla morte di uno dei due sfidanti; *per esager.* caratterizzato da particolare accanimento. – *fig. Fare i salti mortali:* fare tutto il possibile, pur tra mille difficoltà. – *Offesa mortale:* in base a cui chi ha offeso merita di morire; sgarbo imperdonabile per la sua gravità. – *Nemico mortale:* che desidera che l'avversario muoia; nemico acerrimo. **2.** *per esager.* Che fa soffrire tantissimo, che non si può tollerare. **3.** *estens.* Proprio della morte, simile a essa e a chi è morto. **4.** Umano, e quindi soggetto alla morte. *La vita mortale.* ◇ *I beni mortali:* quelli terreni in oppos. ai *beni spirituali.* ◆ s.m. **1.** (anche f.) Uomo, come essere destinato a morire. **2.** La parte dell'uomo soggetta a morire, cioè il corpo umano in oppos. all'*anima*.

mortalità s.f. inv. La percentuale delle persone morte in rapporto al numero di quelle vive, in un determinato periodo e in una data popolazione. ◇ *Mortalità scolastica:* percentuale di alunni che abbandonano la scuola dell'obbligo prima di averla completata.

mortarétto s.m. Piccolo cilindro di cartone pieno di polvere da sparo, fatto esplodere nelle occasioni di festa.

mortàsa s.f. (fr. *mortaise*) TECN. Incavo eseguito nel legno per inserirvi il tenone in modo da ottenere un particolare incastro.

mòrte s.f. **1.** Cessazione irreversibile delle funzioni vitali negli organismi viventi. ◇ *Morte clinica, cerebrale:* cessazione delle funzioni cerebrali documentata dalla perdita di tutti i riflessi e dell'attività elettrica encefalica. – *Morte apparente:* cessazione non definitiva delle funzioni vitali. – DIR. *Morte presunta:* quella stabilita da un tribunale mediante sentenza che dichiara presumibilmente morta una persona di cui non si abbiano notizie per almeno dieci anni. – *Certificato di morte:* quello con cui il medico riconosce l'avvenuto decesso. – *Atto di morte:* rilasciato dall'ufficio di stato civile. – *Morte civile:* privazione dei diritti civili; *estens.* condizione di emarginazione, non partecipazione alla vita sociale. – *La morte del giusto:* in serenità. – *Morte violenta:* causata da incidente o da atti di violenza.

– *Essere in pericolo di morte:* in condizioni di salute molto gravi. – *In punto di morte:* sul punto di morire. – *In caso di morte:* nell'eventualità della morte di qlcu. – *Sino alla morte:* fino all'ultimo momento in cui si è in vita. – *Questione di vita o di morte:* di grandissima importanza. – *Essere tra la vita e la morte:* di persona gravemente malata – *fig. Aver visto la morte in faccia:* essersi trovato di fronte a una situazione molto rischiosa che avrebbe potuto essere fatale. – *per esager. Brutto come la morte:* straordinariamente brutto. – *A morte:* mortalmente, molto gravemente. *Colpire a morte;* *fig.* tantissimo, intensamente. *Odiare a morte.* **2.** Pena capitale, supplizio, patibolo. **3.** *fig.* Estrema angoscia, tormento. ◇ *fig. Avere la morte nel cuore:* provare un sentimento di angoscia, tristezza, afflizione. **4.** *fig.* Scomparsa, estinzione di qlco. **5.** (spec. con iniziale maiusc.) Rappresentazione figurata della morte. ◇ *Trionfo della morte:* nella letteratura e nell'iconografia medievale, composizione, opera che rappresenta la vittoria della morte sugli uomini. **6.** CUC. Termine usato per specificare il modo in cui vengono meglio cucinate carni o verdure. *La morte della lepre è il salmì.*

mortífero agg. Che causa la morte. ~ *fig.* Tremendo, insopportabile.

mortificànte agg. Che fa provare un senso di vergogna e di umiliazione.

mortificàre v.tr. [4] **1.** Umiliare, avvilire, far vergognare qlcu. con rimproveri, parole o atti. **2.** Reprimere qlco. sottoponendo il proprio corpo e i propri istinti a una rigorosa disciplina. **3.** *estens.* Rendere banale, mediocre. **4.** MED. Alterare un tessuto nella sua struttura anatomica. ◆ **mortificarsi** v.pron. **1.** Punirsi, reprimersi, sottoporre se stessi a rigida penitenza. **2.** Provare una sensazione di avvilimento.

mortificàto agg. **1.** Ferito nell'orgoglio e nell'amor proprio, profondamente dispiaciuto. ~ Anche in formule di scusa. *Sono veramente mortificato.* **2.** MED. Di tessuto che è stato alterato nella sua struttura anatomica a causa di traumi, lesioni, ecc.

mortificazióne s.f. **1.** Umiliazione che provoca vergogna e dispiacere. **2.** Repressione ascetica degli impulsi mediante pratiche di volontarie privazioni e afflizioni corporali.

mòrto agg. **1.** Di uomo o di animale che ha finito di vivere, privo di vita. ~ *fig.* Immobile, paralizzato. ◇ *figg. Essere un uomo morto:* non avere vie d'uscita. – *Più morto che vivo, mezzo morto:* ridotto molto male o intontito, spaventato da un intenso turbamento. – *Pagare, restituire a babbo morto:* con i denari ricevuti dall'eredità paterna. – *Mano morta:* manomorta. **2.** *fig.* Riferito a cosa, desueto, non più in vigore, sorpassato. ~ *fam.* Inerte, inattivo, spec. in varie locc. ◇ *Angolo morto:* settore laterale e posteriore della strada non visibile dal guidatore nello specchietto retrovisore. – *Legge morta:* non più in vigore. – *Stagione morta:* periodo dell'anno in cui non c'è molta attività. – *Acqua, aria morta:* stagnante. – *Capitale morto:* improduttivo. **3.** *comun. per esager.* Si usa insieme con il v. *essere* per esprimere una condi-

zione negativa. *Essere morto di paura.* ◆ s.m. **1.** Persona morta, defunto. ◇ *Il giorno dei morti:* il 2 novembre, giorno in cui la Chiesa cattolica commemora tutti i defunti. – *Piangere qlcu. per morto:* considerarlo spacciato, senza speranza. **2.** In certi giochi di carte, il giocatore fittizio a cui vengono distribuite ugualmente le carte coperte o scoperte. **3.** *fam.* Somma di denaro che viene tenuta nascosta. ~ *gerg.* Bottino, malloppo, refurtiva.

mortòrio s.m. [pl. *–ri*] Festa, riunione priva di vivacità e allegria.

mortuàrio agg. [pl.m. *–ri*] Relativo alle morti. ◇ *Camera mortuaria:* in cui si onorano le salme dei defunti.

mòrula s.f. BIOL. Fase con cui ha inizio il processo di sviluppo di un embrione, corrispondente al momento in cui esso è costituito da un insieme di cellule tondeggianti a forma di *mora*.

mòrva s.f. (fr. *morve*, deriv. di lat. *mòrbus* "morbo" o di francone *worm* "pus") VET. Affezione di natura infettiva che colpisce gli equini e si manifesta con noduli che vanno in suppurazione e si ulcerano. (Può anche essere trasmessa all'uomo.)

mosaicista s.m. e f. [pl.m. *–sti*] Chi esegue lavori di mosaico.

mosàico s.m. [pl. *–ci*] (lat. *musàicum opus* "opera della Musa") **1.** Arte decorativa di pareti o di pavimenti che consiste nell'unire, seguendo uno schema preciso, tasselli di pietra, vetro colorato o altro materiale, in modo da ottenere l'immagine dello schema stesso. ~ L'opera ottenuta con tale tecnica. **2.** *estens.* Genere di lavorazione o opera il cui effetto visivo è dato dall'accostamento di elementi diversi, non omogenei. ~ RILEG. Effetto ornamentale ottenuto con intagli di pelli di vari colori. **3.** *fig.* Composizione letteraria, musicale o di altro genere costituita da vari elementi diversi. **4.** *fig.* Commistione, gruppo di elementi eterogenei. *Un paese costituito da un mosaico di genti.* **5.** BOT. Malattia virale di diverse piante erbacee.

■ **mosàico** nella chiesa di Sant'Apollinare Nuovo a Ravenna; arte bizantina, sec. VI.

mosaismo s.m. Insieme delle dottrine e delle istituzioni del popolo di Israele ricevute da Dio tramite Mosè.

mósca s.f. [pl. *–sche*] **1.** Denominazione comune di vari insetti tra cui, in partic., la mosca domestica, che è diffusissima, presente ovunque, spec. quando il clima è caldo, e portatrice di germi di varie malattie. (Famiglia dei Muscidi; ordine dei Ditteri.) ◇ *figg. Non farebbe male a una mosca:* detto di una persona assolutamente innocua, dolce e remissiva. – *Mosca bianca:* persona straordinaria. – *Con un pugno di mosche:*

■ **mósca**

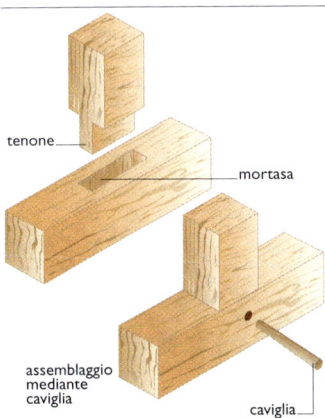

■ **mortàsa.** Assemblaggio a tenone e mortasa.

tenone

mortasa

assemblaggio mediante caviglia

caviglia

senza nulla. – *fam. Morire come le mosche:* in gran quantità. **2.** *fig.* Persona fastidiosa, tediosa, pesante, che si sopporta a stento. **3.** Finto neo che in passato le donne si mettevano sul viso o sulle spalle. **4.** Pizzetto di barba sotto il labbro inferiore. **5.** Chicco di caffè tostato che si aggiunge a certi liquori. **6.** Esca che imita un insetto. ◻ Anche in funzione di agg. inv., nel l. sport., con valore di minimo, piccolo. *Peso mosca.* ◇ *Uccello mosca:* colibrì.

moscacièca s.f. (solo sing.) Gioco da bambini in cui uno deve bendarsi gli occhi, cercarne e bloccarne un altro e poi, tastandolo, riconoscerlo.

moscaiòla s.f. Recipiente, di diverse dimensioni e forme, munito di una reticella metallica a maglie fitte tesa su un telaio in modo da proteggere i cibi dalle mosche.

moscardino s.m. **1.** Piccolo roditore dell'Europa e dell'Asia minore, simile al ghiro, dalla pelliccia giallo-rossastra. (Genere *Muscardinus*; famiglia dei Gliridi.) **2.** Mollusco commestibile somigliante a un polpo di piccole dimensioni. **3.** Composto a base di muschio e varie spezie, usato un tempo per profumare l'alito. **4.** *fig.* Giovanotto elegante, molto curato nella persona.

moscàto agg. **1.** Della varietà di uva moscato. **2.** Dall'aroma muschiato. ◆ s.m. Uva dal sapore muschiato e vino dolce caratteristico di molte zone italiane da essa ottenuto.

moscerino s.m. **1.** Nome comune di varie specie di minuscoli insetti alati che vivono in ambienti umidi e sono soliti volare a sciami. **2.** *spreg.* Persona piccola e minuta.

moschèa s.f. (spagn. *mezquita*, ar. *masǧid* propr. "luogo dove ci si prostra" quindi "luogo di culto") Edificio sacro dell'islam.

moschettière s.m. **1.** Guardia del re di Francia (secc. XVI-XVII). **2.** Nel passato, soldato armato di moschetto. **3.** SPORT. Calciatore della squadra nazionale.

moschétto s.m. (deriv. di *mosca* per il ronzio prodotto nel volo) Archibugio usato nei secc. XVI e XVII. ~ Arma da fuoco leggera simile al fucile, impiegata fino alla seconda guerra mondiale.

moschettóne s.m. (così chiamato perché indicava il gancio per fissare il *moschetto* alla bandoliera) Gancio metallico chiuso da una molla, usato in partic. per fissare un oggetto a un altro. ~ ALP. Anello agganciato ai chiodi per far scorrere la corda.

moschicida agg. Di sostanza o materiale tossico che si usa per uccidere le mosche. *Carta moschicida.* ◆ s.m. [pl.m. –*di*] Nel sign. dell'agg.

móscio agg. [pl.m. –*sci*, f. –*sce*] (lat. *mūsteum*, propr. "simile a mosto" quindi "fresco, tenero") **1.** Privo di consistenza. **2.** *fig.* Privo di vigore fisico e morale, di energie.

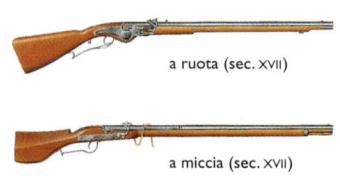

a ruota (sec. XVII)

a miccia (sec. XVII)

■ **moschétto**

mòsco s.m. [pl. –*schi*] (deriv. di gr. *móskhos* "muschio" di orig. iranica) Ruminante asiatico somigliante al cervo ma privo di corna. (Altezza al garrese 35 cm ca.; famiglia dei Cervidi.)

moscovita agg. [pl.m. –*ti*] Di Mosca. ◆ s.m. e f. Nativo, abitante di Mosca.

mosquito [/mos'kito/] s.m. [pl. *mosquitos*] (voce spagn., deriv. di *mosca* "mosca") **1.** Zanzara tropicale la cui puntura causa infiammazioni dolorose. (Ordine dei Ditteri.) **2.** Cacciabombardiere utilizzato dagli inglesi nella seconda guerra mondiale. **3.** Denominazione commerciale, che costituisce marchio registrato, di un motore applicabile alle biciclette.

mòssa s.f. **1.** Movimento, gesto. **2.** Nei varietà del passato, particolare movenza dei fianchi della ballerina. **3.** Azione, iniziativa volta a conseguire un determinato scopo. **4.** Partenza, avvio. **5.** Nel gioco degli scacchi e della dama, spostamento di un pezzo.

mòsso agg. **1.** Che è in movimento o ha subito un movimento. **2.** *estens.* Animato. ~ *fig.* Non piatto o uniforme. *Capelli mossi.* **3.** MUS. Di un movimento animato. *Andante mosso.*

mostàrda s.f. (prob. fr. *moustarde*, deriv. di lat. *mūstum* "mosto") **1.** CUC. Salsa fatta con senape mescolata a droghe e aromi vari e aceto, usata per condire vivande a base di carni e verdure. ◇ *Gas mostarda:* che ha un odore simile a quello della senape, detto anche *iprite.* **2.** CUC. Specialità di Cremona costituita da frutta candita immersa in uno sciroppo a base di senape. **3.** CUC. In Sicilia, dolce a base di mosto cotto.

mósto s.m. (lat. *mūstum*, deriv. di *mūstus* "giovane") **1.** Succo d'uva non fermentato dal quale si realizza la vinificazione. **2.** *estens.* Succo di frutti o vegetali fermentati con cui si preparano bevande alcoliche.

móstra s.f. **1.** Ostentazione, presentazione di qlco. che si vuole sfoggiare. **2.** Esposizione al pubblico di oggetti di vario tipo, spec. opere d'arte o prodotti industriali, agricoli, ecc. ◇ *Fare mostra di qlco.:* esibire qlco. – *Mostra mercato:* esposizione di prodotti a scopo commerciale. **3.** ABBIGL. Risvolto del bavero di cappotti, giacconi, ecc. **4.** COSTR. Guarnizione che copre la giunzione tra lo stipite della porta e il muro. SIN.: **coprifilo.**

mostràre v.tr. (lat. *monstrāre*, orig. "indicare il volere divino") **1.** Manifestare qlco. *Mostrare comprensione.* ~ Offrire qlco. alla vista altrui. *Mostrare la casa agli amici.* ◇ *fig. Mostrare i denti:* mostrare un comportamento aggressivo. **2.** Spiegare qlco. a qlcu. ~ Far constatare. *Mostrare che si ha ragione.* **3.** Indicare con un gesto. *Mostrare una scorciatoia.* **4.** Fingere, simulare qlco. ◆ **mostrarsi** v.pron. **1.** Apparire, farsi vedere. **2.** Apparire in un certo stato. *Mostrarsi stanchi.*

mostravènto s.m. inv. Indicatore della direzione del vento, posto sui tetti, sull'albero di un'imbarcazione, ecc.

mostrina s.f. MIL. Distintivo cucito al collo o sulla manica dell'uniforme per indicare arma, reparto e corpo.

móstro s.m. (lat. *mōnstrum* "prodigio") **1.** Essere mitico dalla forma innaturale, di aspetto orribile. **2.** Essere vivente deforme. (Lo studio dei mostri è la *teratologia.*) **3.** Persona di particolare bruttezza. **4.** Chi suscita orrore per la sua perfidia. **5.** Chi possiede in misura straordinaria o una qualità negativa o una dote. ◇ *Mostro sacro:* persona molto prestigiosa in un determinato settore.

mostruosità s.f. inv. **1.** Malformazione grave. ~ *estens.* Aspetto mostruoso. **2.** *fig.* Azione malvagia.

mostruóso agg. **1.** Di mostro. **2.** *fig.* Fuori dal comune, in positivo o in negativo.

mòta s.f. Fango, in partic. quello presente sul sterrato dopo un'abbondante pioggia.

Motacìllidi s.m. pl. [iniziale minusc. sing. –*de* per l'individuo] ZOOL. Famiglia di uccelli di piccole dimensioni, con corpo slanciato, ampie ali, becco sottile, piume di colori vivaci e cangianti. (Ordine dei Passeriformi.)

motèl s.m. inv. (ingl. d'America, comp. di *mo-tor* "automobile" e *ho-tel* "albergo") Hotel vicino ai grandi itinerari stradali, spec. adatto ad accogliere gli automobilisti.

motèlla s.f. (fr. *motelle*, lat. *mustēlam* "faina") Pesce marino commestibile, ricoperto di piccole squame rosso-brunastre con chiazze scure. (Ordine dei Gadiformi.)

motherboard [/'mʌðəbɔːd/] s.f. inv. (voce ingl., propr. "scheda madre") INFORM. Scheda logica principale di un elaboratore.

motilità s.f. inv. (ingl. *motility*) **1.** FISIOL. Capacità degli organismi viventi di muoversi. **2.** *estens.* Insieme dei movimenti di un organo.

motivàre v.tr. **1.** Fornire le ragioni per giustificare un atto. *Motivare una scelta.* **2.** Causare qlco. *La sfiducia motiva il suo atteggiamento.* **3.** Incentivare qlcu. a fare qlco. *Il successo la motiva a proseguire.*

motivàto agg. **1.** Fondato su ragioni. **2.** Indotto a ottenere uno scopo coltivando degli obiettivi. ◆ s.m. DIR. Parte di atto normativo o

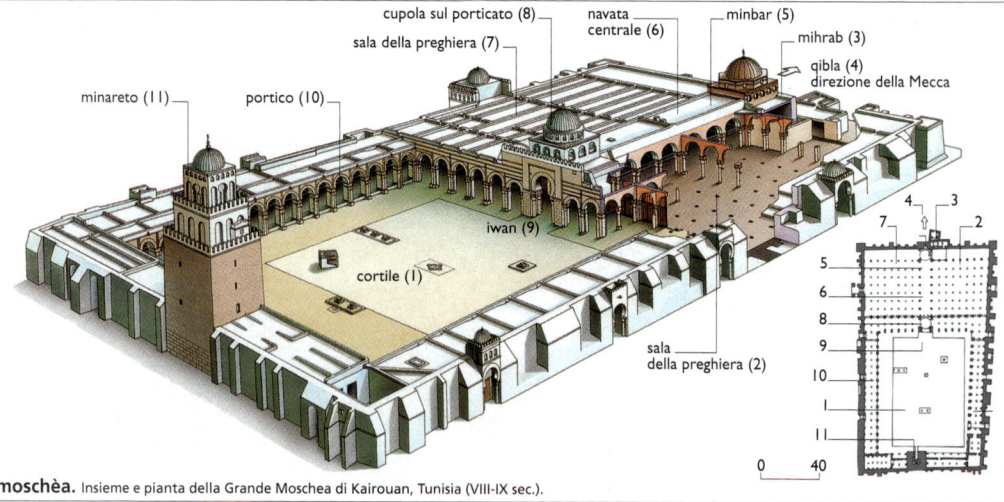

cupola sul porticato (8)
navata centrale (6)
minbar (5)
mihrab (3)
qibla (4) direzione della Mecca
sala della preghiera (7)
minareto (11)
portico (10)
iwan (9)
cortile (1)
sala della preghiera (2)

7 4 3 2
5
6
8
9
10
11

0 40

■ **moschèa.** Insieme e pianta della Grande Moschea di Kairouan, Tunisia (VIII-IX sec.).

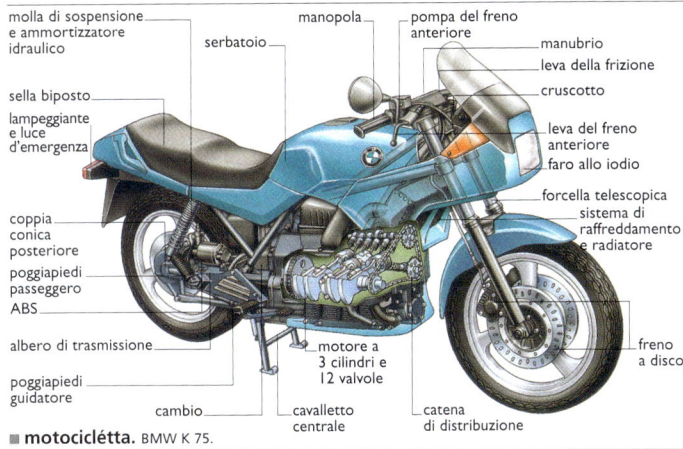

molla di sospensione
e ammortizzatore
idraulico

manopola

serbatoio

sella biposto

lampeggiante
e luce
d'emergenza

coppia
conica
posteriore

poggiapiedi
passeggero
ABS

albero di trasmissione

poggiapiedi
guidatore

cambio

cavalletto
centrale

pompa del freno
anteriore

manubrio

leva della frizione

cruscotto

leva del freno
anteriore

faro allo iodio

forcella telescopica
sistema di
raffreddamento
e radiatore

motore a
3 cilindri e
12 valvole

catena
di distribuzione

freno
a disco

■ **motociclétta.** BMW K 75.

giudiziario in cui sono esposte le motivazioni dell'atto stesso.

motivazionàle agg. Relativo ai motivi, alle cause che determinano un'azione, un modo di comportarsi.

motivazióne s.f. **1.** Formulazione delle ragioni addotte a giustificazione di un comportamento, di una scelta. ◇ DIR. *Motivazione della sentenza:* esposizione dei fatti rilevanti della causa, delle ragioni giuridiche della decisione e delle questioni discusse. **2.** PSICOL. L'insieme dei processi fisiologici e psicologici interni all'individuo che concorrono a indirizzare le sue azioni, i suoi comportamenti.

motivo s.m. **1.** Causa, ragione di un'azione, di una sensazione. ◇ *Avere motivo di ritenere:* avere le ragioni per credere qlco. – *Essere motivo di:* essere causa, fonte. **2.** ART. DEC. APPL. Tema, struttura decorativa che, general., si ripete. **3.** DIR. Scopo soggettivo che spinge le parti a stipulare un negozio. **4.** MUS. Disegno melodico o ritmico, più o meno lungo e che può, nello sviluppo dell'opera, subire modifiche e trasposizioni. ◇ *Motivo conduttore:* quello che si riferisce a un particolare personaggio o a una situazione drammatica in un'opera sinfonica o lirica; *estens.* il tema principale di un'opera cinematografica, teatrale, letteraria, ecc. **5.** Nelle arti figurative, nell'abbigliamento, nell'arredamento, elemento decorativo costante.

1. mòto s.m. **1.** Spec. nel l. sc., cambiamento di posizione di un corpo nello spazio. ◇ FIS. *Moto retto o rettilineo:* quello la cui traiettoria è una retta. – *Moto progressivo:* moto di un punto su una curva nel verso considerato positivo. – *Mettere in moto:* far partire; *fig.* mettere in movimento qlco. o qlcu. **2.** Dispendio di forza fisica, attività sportiva, spec. con l'implicazione del camminare. *Fare del moto.* **3.** Impulso, slancio che manifesta una sentimento. *Moto di stizza.* **4.** (spec. pl.) Sommossa rivoluzionaria, agitazione popolare. **5.** MUS. Andamento di una linea melodica.

2. mòto s.f. inv. Motocicletta.

mòto- Primo elemento di composti nei quali indica relazione con veicoli, macchine, strumenti, congegni azionati da un motore (*motocarro*), imbarcazioni dotate di apparato motore (*motoscafo*) oppure con operazioni eseguite meccanicamente (*motocoltura*) o con termini connessi a motocicletta (*motoraduno*).

motoaliànte s.m. Aliante dotato di un motore ausiliario di piccole dimensioni che ne permette il decollo autonomo e spec. il volo orizzontale se mancano le correnti ascensionali.

motoalpinismo s.m. Sport che si pratica con la motocicletta percorrendo lunghi tragitti per strade e piste di montagna.

motocàrro s.m. Veicolo a tre ruote fornito di una cassone per trasportare merci.

motociclétta s.f. (fr. *motocyclette*) Veicolo a due ruote, attivato da un motore a combustione interna a due o quattro tempi, di cilindrata minima di 125 cm³.

motociclismo s.m. (solo sing.) Insieme delle attività sportive disputate su motociclette e sidecar.

motociclista s.m. e f. [pl.m. *-sti*] Chi guida una motocicletta.

motociclistico agg. [pl.m. *-ci*, f. *-che*] Relativo alla moto, al motociclismo.

motociclo s.m. Veicolo a due ruote spinto da un motore.

motocistèrna s.f. Motonave adibita al trasporto di sostanze liquide.

motocoltivatóre s.m. AGR. Macchina automotrice a un solo asse, utilizzata per operazioni agricole.

motocoltùra s.f. AGR. Utilizzo di macchine a motore nell'agricoltura.

motocròss s.m. (solo sing.) (comp. di *moto* e ingl. *cross*, abbr. di *cross-country* "corsa campestre") SPORT. Gara motociclistica su un percorso fuori strada e molto accidentato.

■ **motocròss**

motòdromo s.m. SPORT. Impianto attrezzato per gare motociclistiche.

motoleggèra s.f. Motocicletta di cilindrata non superiore ai 125 cm³.

motomondiàle s.m. Campionato del mondo di motociclismo.

motonàuta s.m. e f. [pl.m. *-ti*] SPORT. Chi pratica l'attività della motonautica.

motonàutica s.f. [non com. pl. *-che*] **1.** SPORT. (solo sing.) Navigazione su veicoli acquatici a motore. **2.** Progettazione e costruzione di motoscafi.

motonàutico agg. [pl.m. *-ci*, f. *-che*] Della motonautica.

motonàve s.f. Nave mercantile azionata da motore a combustione interna.

motopescheréccio s.m. [pl. *-ci*] Imbarcazione di pesca a motore, di medie o grosse dimensioni e attrezzata per la conservazione e la lavorazione del pesce.

motopista s.f. Corsia stradale per soli motoveicoli.

motopómpa s.f. Pompa attivata da un motore.

motoradùno s.m. Raduno sportivo o turistico di motociclisti.

motorboat [/'məʊtə‚bəʊt/] s.m. inv. (voce ingl., comp. di *motor* "motore" e *boat* "imbarcazione") Imbarcazione a motore.

motorcaravan [/'məʊtə‚kærəvæn/] s.m. inv. (voce ingl.) → **autocaravan**.

motóre agg. [f. *-trice*] (lat. *motōrem* "che muove") Che produce un movimento, che lo trasmette. ◆ s.m. **1.** FILOS. Principio e causa del movimento. ~ Dio, in quanto causa del movimento dell'universo. **2.** Macchina che trasforma in energia meccanica altre forme d'energia. ◇ *Motore elettrico:* motore che trasforma l'energia elettrica in energia meccanica. – *Motore lineare:* motore elettrico, che serve ad azionare un veicolo, il cui statore e rotore sono in traslazione rettilinea uno rispetto all'altro. – INFORM. *Motore di ricerca:* software per l'interrogazione e l'estrazione di informazioni da una banca dati o dai siti Internet. **3.** *comun.* Il motore, di qualsiasi tipo sia, degli autoveicoli. (*v. immagine pag. succ.*) ◇ *Motore a combustione interna:* motore nel quale i gas di combustione forniscono, con la loro espansione, la forza che agisce sul meccanismo (p.e. motore a scoppio, motore diesel, a iniezione). – *Motore a combustione esterna:* motore nel quale l'energia termica fornita dal combustibile non agisce direttamente sulle parti meccaniche (p.e. turbine e macchine a vapore, a gas). **4.** *estens.* Veicolo a motore.

motorétta s.f. Motocicletta di piccola e media cilindrata.

motorhome [/'məʊtə‚həʊm/] s.m. inv. (voce ingl., comp. di *motor* "motore" e *home* "casa") Autocaravan di grosse dimensioni.

motorino s.m. **1.** Nel sign. del dim. di *motore.* ◇ AUTOM. *Motorino d'avviamento:* piccolo motore elettrico che serve ad accendere il motore a scoppio. **2.** *comun.* Motocicletta di piccola cilindrata che non supera un certo limite di velocità.

motòrio agg. [pl.m. *-ri*] Del moto, relativo al moto. ~ BIOL. Di organi che trasmettono o causano il movimento. ◇ *Educazione motoria:* quella finalizzata allo sviluppo delle capacità relative alle funzioni sensoriali e percettive.

motorista s.m. e f. [pl.m. *-sti*] Specialista nella riparazione e manutenzione dei motori dei veicoli.

motoristica s.f. [non com. pl. *-che*] Il complesso delle attività relative alla progettazione e alla costruzione di motori per veicoli usati in varie attività sportive.

motorizzàre v.tr. (fr. *motoriser*) **1.** Dotare di un motore. **2.** Fornire a qlcu. un mezzo di trasporto a motore. *Motorizzare una famiglia.* ◆ **motorizzarsi** v.pron. Munirsi di mezzo di trasporto a motore. ~ *fam.* Acquistare un'automobile o una motocicletta.

motorizzàto agg. **1.** Disporre di un veicolo a motore o essere munito di motore. **2.** Che dispone di un'automobile.

motorizzazióne s.f. (fr. *motorisation*) **1.** L'adozione di motori o di mezzi di trasporto a motore, soprattutto come tecnica organizzativa e amministrativa. **2.** Il complesso delle norme che regolano la proprietà e l'utilizzo degli automobili e l'ente che se ne occupa. *Motorizzazione civile.* **3.** Tipo di motore montato su un'automobile.

motorscooter [/'məʊtə‚skuːtə/] s.m. inv. (voce ingl., comp. di *motor* "motore" e *scooter* "monopattino") Motocicletta di piccola cilindrata e speciale telaio, ruote piccole, motore generale. a due tempi.

motoscàfo s.m. MAR. Leggera imbarcazione a motore in grado di raggiungere elevate velocità.

motoséga s.f. [pl. *-ghe*] Sega a motore usata soprattutto per tagliare il legname.

motoslìtta s.f. **1.** Slitta azionata da un motore a elica. **2.** Motociclo azionato da ruote motrici correnti su cingoli e con le ruote anteriori sostituite da un pattino da neve.

659

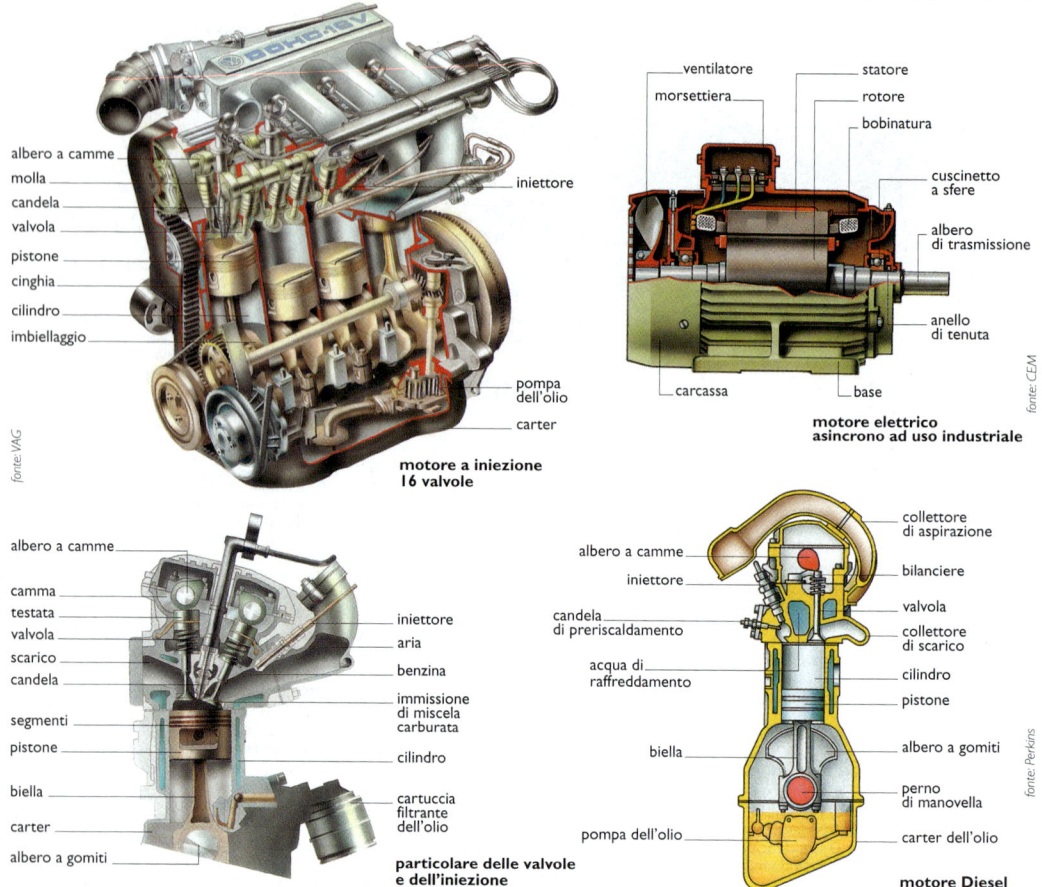

albero a camme
molla
candela
valvola
pistone
cinghia
cilindro
imbiellaggio

iniettore

pompa
dell'olio
carter

fonte: VAG

**motore a iniezione
16 valvole**

ventilatore
morsettiera

statore
rotore
bobinatura

cuscinetto
a sfere

albero
di trasmissione

anello
di tenuta

carcassa
base

fonte: CEM

**motore elettrico
asincrono ad uso industriale**

albero a camme

camma
testata
valvola
scarico
candela

segmenti
pistone

biella

carter

albero a gomiti

iniettore
aria
benzina
immissione
di miscela
carburata
cilindro

cartuccia
filtrante
dell'olio

**particolare delle valvole
e dell'iniezione**

albero a camme
iniettore

candela
di preriscaldamento

acqua di
raffreddamento

biella

pompa dell'olio

collettore
di aspirazione
bilanciere

valvola
collettore
di scarico
cilindro
pistone

albero a gomiti

perno
di manovella

carter dell'olio

fonte: Perkins

motore Diesel

■ **motóre**

---

motovedétta s.f. **1.** MAR. Leggera imbarcazione a motore usata dagli agenti della sorveglianza costiera. **2.** MAR. Unità marina da guerra dotata di un potente armamento.

motoveícolo s.m. Veicolo a due o tre ruote dotato di motore a scoppio. SIN.: **motomezzo**.

motrice s.f. **1.** Ogni macchina che utilizza l'energia meccanica prodotta al suo interno per la propulsione e la trazione di veicoli. **2.** FERR. Locomotiva o carrozza locomotrice che traina i vagoni ferroviari.

motricità s.f. inv. FISIOL. Insieme delle funzioni biologiche che garantiscono la funzione motoria, nell'uomo e gli animali.

motteggiàre v.intr. [5] (aus. *avere*) Parlare con spirito, in tono scherzoso, facendo dell'ironia. ◆ v.tr. Deridere, schernire con battute scherzose.

motteggiatóre agg. [f. *–trice*] Abile nello schernire con battute spiritose e anche maliziose. ◆ s.m. (anche f.) Nel sign. dell'agg.

mottéggio s.m. [pl. *–gi*] Serie di scherzi o battute spiritose. SIN.: **burla**.

mottétto s.m. **1.** Componimento poetico popolare, di carattere sentenzioso, che compendiava in pochi versi battute spiritose o sarcastiche. (Nel Novecento, fu riproposto con diversa finalità e concezione da Montale.) **2.** MUS. Composizione a una o a molte voci, con o senza accompagnamento. (Di carattere religioso, ebbe origine tra i trovatori del sec. XII e fu elaborata in diverse strutture fino all'Ottocento, raggiungendo il massimo splendore nello stile di Pierluigi da Palestrina.)

mòtto s.m. (lat. *mùttum* "borbottio") **1.** Battuta spiritosa e spesso maliziosa. *Motto di spirito*. **2.** LETT. Parola, verso.

motupròprio s.m. inv. (voce lat., propr. "di movimento proprio") L'atto, e il relativo documento, con cui un capo di stato procede a determinate concessioni senza che gliene sia giunta esplicita richiesta. *Un motuproprio del re, del papa.* ◇ *Di motuproprio*: spontaneamente, di propria iniziativa.

mou [/'mu/] s.f. inv. (voce fr., propr. "molle") Caramella gommosa a base di latte.

mouliné [/muli'ne/] s.m. inv. (voce fr., deriv. di *mouliner* "torcere") Filato di cotone a due o più capi ritorti e di colore diverso.

mountain bike [/'mauntin 'baik/] loc. sost. f. inv. (loc. ingl., "bicicletta da montagna") Bicicletta per strade sterrate, rocciose e sentieri di montagna, che ha telaio leggero ma solido e rinforzato, rapporti che agevolano la salita, ruote con battistrada largo e grossi tacchetti.

mouse [/'maus/] s.m. inv. (voce ingl., propr. "topo" per la forma e la rapidità con cui viene spostato) INFORM. Dispositivo per computer che, mosso su un piano orizzontale, sposta il cursore sullo schermo e, con la pressione di un pulsante, dà un input nel punto indicato.

mousse [/'mus/] s.f. inv. (voce fr., "schiuma" orig. "muschio") **1.** CUC. Vivanda fredda preparata impastando con besciamella un passato di carni, salumi vari o pesce che, versato in uno stampo e fatto raffreddare, viene servito con guarnizione di gelatina. **2.** CUC. Dolce semifreddo preparato mescolando uova, panna montata e altri ingredienti a scelta. *Mousse al cioccolato*.

movènte s.m. **1.** Ragione che spinge qlcu. ad agire, che determina alcuni dei suoi comportamenti. **2.** Ragione che spinge una persona a commettere un crimine, un'azione illegale.

movènza s.f. **1.** Modo di muoversi, di assumere determinate pose e atteggiamenti. **2.** *fig.* Cadenza musicale, andamento stilistico. *La movenza di una canzone, di un poema.*

movida [/mo'βiða/] s.f. [pl. *movidas*] (voce spagn., deriv. di *mover* "muovere") **1.** Termine con cui si indicano il risveglio, il fermento culturale e artistico manifestatisi nella Spagna del dopo Franco. **2.** *estens.* Vita notturna intensa e vivace tipica delle grandi città.

movie [/'mu:vi/] s.m. inv. (voce ingl.) Film. ◇ *Blu movie*: film pornografico.

movimentàre v.tr. (fr. *mouvementer*) **1.** Rendere qlco. più interessante e vivace, a volte anche caotico e chiassoso. ~ BANC. Sottoporre a un continuo movimento di operazioni, scambi, investimenti. **2.** Organizzare l'entrata e uscita di merci. ◆ **movimentarsi** v.pron. Darsi da fare, attivarsi.

movimentàto agg. (fr. *mouvementé*) Ricco di animazione, tutt'altro che monotono e ripetitivo. SIN.: **animato**.

movimentazióne s.f. Il complesso delle operazioni che regolano l'entrata e l'uscita delle merci da un magazzino. ~ COSTR. Spostamento di carichi con mezzi meccanici.

movimentismo s.m. Valorizzazione, enfatizzazione, nella lotta politica, dei movimenti spontanei nella società, nei luoghi di lavoro, delle aggregazioni non istituzionali, non organiche a un sindacato o a un partito.

moviménto s.m. **1.** Azione di muovere o di muoversi. ~ Insieme degli spostamenti di un gruppo. *Movimenti migratori.* ~ MIL. Spostamento di una formazione militare per uno scopo tattico. **2.** Traffico, animazione di persone o veicoli. *C'è molto movimento in giro.* **3.** Esercizio fisico.

4. COSTR. *Movimento terra*: il complesso delle operazioni di scavo per fondazioni, sbancamenti, riempimenti, ecc. effettuate da particolari macchine (ruspe, scavatrici, pale). **5.** estens. Vivacità di ritmo nelle opere narrative e forte impressione di dinamicità nelle arti figurative. *Romanzo ricco di movimento.* **6.** MUS. Grado di velocità della misura per l'esecuzione del brano e il brano stesso. **7.** Organizzazione politica, sindacale, culturale, artistica, ecc. **8.** Insurrezione, tumulto. **9.** Meccanismo che produce movimento in apparecchi, spec. negli orologi.

movìola s.f. (ingl. d'America *moviola*, orig. deriv. di *movie* "film, pellicola") **1.** CINE. Nella tecnica di montaggio dei film, apparecchio simile a un proiettore di piccole dimensioni che, consentendo la visione dei singoli fotogrammi della pellicola, rende possibili eventuali tagli o spostamenti. **2.** TV. Apparecchiatura per rivedere, anche al rallentatore, immagini registrate, spec. quelle di un incontro sportivo.

mozambicàno agg. Del Mozambico. ◆ s.m. [f. –*na*] Nativo, abitante del Mozambico.

mozaràbico agg. [pl.m. –*ci*, f. –*che*] Dei Mozarabi, cristiani spagnoli che conservarono la loro religione sotto la sovranità musulmana, ma adottarono la lingua e le abitudini arabe.

mozàrabo agg. Mozarabico, ◆ s.m. [f. –*ba*; al pl. anche iniziale maiusc.] Appartenente ai cristiani spagnoli arabizzati durante il Medioevo.

1. mozióne s.f. (fr. *motion*, ingl. *motion*) Testo presentato in un'assemblea per l'approvazione. ◇ *Mozione d'ordine*: richiesta di ordine procedurale presentata nel corso di un'assemblea. – POLIT. *Mozione di fiducia, di sfiducia*: l'atto con cui il Parlamento approva il programma, la linea politica e di condotta del governo o ne impone le dimissioni.

2. mozióne s.f. LING. Possibilità di attribuire più generi grammaticali, con cambio di suffissi e desinenze, a uno stesso tema nominale.

mozzarèlla s.f. (voce di orig. napol.) Formaggio a pasta filata, in forma rotonda o intrecciata, preparato con latte di bufala o di mucca. ◇ CUC. *Mozzarella in carrozza*: fette di pane senza crosta, passate nell'uovo, imbottite di mozzarella e fritte.

mozzétta s.f. Mantellina di seta o raso, abbottonata sul davanti, indossata dagli alti prelati.

mozzicóne s.m. Piccolo pezzo, parte residua di una cosa che è stata tagliata, spezzata o consumata in parte.

1. mózzo agg. (lat. *mŭtilum* "mutilo") Che è stato privato, con un taglio, di una parte. SIN.: **troncato.** ~ fig. Tronco, privo della parte finale. SIN.: **incompleto.**

2. mózzo s.m. (spagn. *mozo* "garzone") MAR. Su una nave mercantile, ragazzo minorenne con meno di due anni di navigazione, che svolge servizi di garzone, apprestandosi a diventare marinaio.

3. mòzzo s.m. (lat. *mŏdium* "cavità dove è fissato l'albero della nave") **1.** MECC. Parte centrale di una ruota o di un altro organo rotante, che collega i raggi con l'albero o con l'asse. **2.** MECC. Nelle campane, l'asse che regge la corona.

MP3 s.m. inv. (abbr. dell'ingl. d'America *MPEG-ī Audio Layer III*) Tipo di file audio in formato digitale.

MPEG s.m. inv. (sigla dell'ingl. d'America *Moving Picture Expert Group* "gruppo di esperti dell'immagine in movimento") **1.** Comitato che lavora alla definizione di uno standard per comprimere e memorizzare filmati e animazioni in formato digitale. **2.** Formato grafico sviluppato da tale gruppo.

mts s.m. (solo sing.) Sistema assoluto di misura che utilizza il metro, la tonnellata e il secondo.

mu s.m. o s.f. inv. **1.** → **mi. 2.** FIS. → **muone.**

mùcca s.f. [pl. –*che*] (etim. discussa, forse deriv. di *muggire* e *vacca*) Vacca da latte. ◇ *Morbo della mucca pazza*: nel l. gior., encefalopatia spongiforme bovina.

mùcchio s.m. [pl. –*chi*] (etim. discussa, forse deriv. di lat. *mŭtulum* "pietra sporgente") **1.** Ammasso di cose accumulate disordinatamente. SIN.: **cumulo. 2.** fig. fam. Grande quantità. *Un mucchio di gente.* ❑ Anche in funzione di avv., molto, moltissimo. *Desiderarlo un mucchio.*

mucillàgine o **mucillàggine** s.f. BOT. Sostanza liquida e viscosa ricca di glucidi, presente in numerose piante nelle quali trattiene l'acqua. (Le alghe ne sono molto ricche.)

mucina s.f. CHIM., BIOL. Glicoproteina contenuta nel muco, nella saliva e in altri prodotti ghiandolari.

muciparo agg. **1.** BIOL. Che secerne muco. *Ghiandola mucipara.* **2.** BOT. Che produce mucillagine. *Cellula mucipara.*

mùco s.m. [pl. –*chi*] BIOL., MED. Secrezione liquida biancastra e viscosa delle mucose e di alcune ghiandole, con funzione lubrificante e protettiva.

mucòsa s.f. ANAT. Membrana che ricopre alcuni organi e condotti comunicanti con l'esterno, costituita da tessuto connettivo e rivestita da epitelio.

mucosità s.f. inv. La consistenza e la natura delle sostanze ricche di muco.

mucóso agg. **1.** ANAT. Della mucosa. **2.** BIOL. Del muco. ~ Che secerne muco.

mucoviscidòsi s.f. inv. MED. Malattia di tipo ereditario che comporta un anormale funzionamento di alcune ghiandole.

mucróne s.m. **1.** Punta affilata di un'arma bianca. **2.** ANAT., BIOL. Estremità apicale di un organo animale o vegetale.

mùda s.f. **1.** ZOOL. Negli uccelli, rinnovamento annuale delle penne e periodo dell'anno in cui si verifica. SIN.: **muta. 2.** Stanza buia dove un tempo si chiudevano gli uccelli da richiamo nel periodo in cui cambiavano le penne. ~ estens. Carcere buio.

mudéjar [/muˈðexar/] agg. [pl. *mudéjares*] (voce spagn., ar. *mudaggian*) Dei musulmani che rimasero in Spagna ma non si convertirono alla religione dei cristiani (secc. XI-XV). ◆ s.m. Musulmano rimasto in territorio spagnolo dopo la riconquista cristiana.

muesli [/'myːsli/] s.m. inv. → **müsli.**

muezzin s.m. inv. (turco *müezzim*, ar. muˈaḏḏin "colui che pronuncia l'invito alla preghiera") Nelle moschee islamiche, la persona che, con un richiamo cantilenante, invita i fedeli a recitare le cinque preghiere giornaliere.

mùffa s.f. **1.** Formazione di funghi o parassiti microscopici appartenenti a diversi generi. [Alcune muffe sono parassite delle piante (*peronospora*) o di animali (*mughetto*), ma la maggior parte sono saprofite e possono deteriorare i prodotti alimentari o essere utilizzate per la fabbricazione di formaggi e di antibiotici (*penicillina*).] ◇ AGR. *Muffa grigia*: causata dal fungo *Botrytis cinerea*, detta anche *fermentazione nobile*, che permette l'elaborazione di alcuni vini liquorosi. – *Fare la muffa*: ammuffire; fig. rimanere inattivo, in condizioni di abbandono o di solitudine. **2.** fig. Idea antiquata, vecchiume.

muffin [/'mʌfɪn/] s.m. inv. (voce ingl.) Piccolo pane morbido e dolce, a base di latte, spesso ripieno di cioccolato o uvetta.

mùffola s.f. (fr. *mouffle* "guanto", poi "piccolo forno") **1.** Tipo di guanto a manopola, di lana o tessuto pesante, che lascia libero solo il pollice. **2.** TECN. Calotta refrattaria di alcuni tipi di forno nella quale sono posti i prodotti da trattare per proteggerli sia dall'azione diretta del riscaldamento sia dall'azione ossidante dell'aria.

muflóne s.m. Ruminante simile a una pecora, diffuso in Sardegna e in Corsica, caratterizzato dal pelame folto e rasato di colore bruno e, negli esemplari maschi, da lunghe corna ricurve all'indietro. (Genere *Ovis*; famiglia dei Bovidi.)

muftì s.m. inv. (ar. *mufti* "espositore della legge musulmana") Nel mondo musulmano, giurista autorizzato dalla legge islamica.

mugghiàre v.intr. [6] (aus. *avere*) **1.** Detto di buoi, muggire in modo prolungato. **2.** estens. Detto di persona, lamentarsi, piangere disperatamente, emettendo forti urla paurose. *Mugghiare dal dolore.* **3.** fig. Riferito a elementi naturali, emettere un rumore spaventoso. *Il mare mugghia.*

Mùggine s.m. ZOOL. Genere di pesci di mare o di laguna, di piccole e medie dimensioni, con corpo fusiforme e testa arrotondata; hanno carne pregiata e producono le uova con cui si prepara la bottarga. (famiglia dei Mugìlidi.)

muggire v.intr. [83] (aus. *avere*) Detto di bovini, emettere muggiti. ~ fig. Di elementi naturali, mandare rumori forti e spaventosi. SIN.: **rimbombare.**

muggìto s.m. **1.** Verso caratteristico dei bovini. **2.** fig. Fragore, rombo.

mughétto s.m. (fr. *muguet*) **1.** Pianta erbacea, spontanea o coltivata per ornamento, i cui piccoli fiori sono raccolti a grappolo e hanno un profumo molto intenso. (Genere *Convallaria*; famiglia delle Liliacee.) (*v. immagine pag. succ.*) **2.** MED. Infezione delle mucose della bocca caratterizzata dalla formazione di macchie biancastre.

mugic o **mugik** s.m. inv. (russo *muzéjk*, propr. "piccolo uomo" perché orig. indicava il minorenne) Contadino russo, detto anche *mugiko* o *mugicco.*

Mugìlidi s.m. pl. [iniziale minusc. sing. –*de* per l'individuo] ZOOL. Famiglia di pesci diffusi

sella
cannotto reggisella
freno posteriore
pneumatico
raggio
valvola
deragliatore
manubrio
campanello
attacco del manubrio
canna
pignone
fermapiede
pedale
leva del cambio
freno anteriore
forcella
mozzo
cerchio

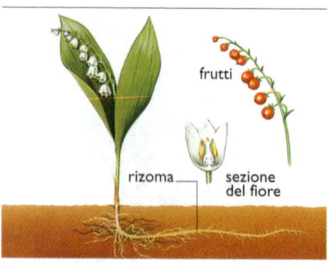

■ **mughétto**

sia in mare sia nelle acque dolci e salmastre, con corpo affusolato coperto da grosse squame.

mugnàio s.m. [f. –*gnaia*, pl.m. –*gnai*] Chi gestisce un mulino.

mùgo s.m. [pl. –*ghi*] (voce prelat.) Pianta arbustacea con fusto breve, rami contorti e foglie aghiformi. (Famiglia delle Pinacee.)

mugolàre v.intr. (aus. *avere*) **1.** Detto di animali, emettere versi lamentosi. **2.** Detto di persona, esprimere lamento o piacere con suoni sommessi e prolungati. **3.** *fig.* Riferito al vento, emettere rumori lievi ma continui. ◆ v.tr. Mormorare qlco. in modo indistinto.

1. mugòlio s.m. [pl. –*li*] Olio resinoso ricavato per distillazione dalle foglie e dai rami del mugo.

2. mugolio s.m. [pl. –*lii*] **1.** Il verso del mugolare. **2.** *estens.* Riferito a persona, suono indistinto simile al mugolare degli animali. **3.** *fig.* Riferito al vento, fischio lamentoso.

mugugnàre v.intr. (aus. *avere*) Brontolare a bassa voce.

mugùgno s.m. Brontolio, espressione prolungata, sommessa e fastidiosa, di scontento. SIN.: **borbottio**.

mujaheddin [/muʒaed'din/] s.m. inv. (ar. *muğāhidīn*, deriv. di *muğāhid* "colui che lotta") Combattente, partigiano islamico.

mulattièra s.f. Strada ciottolata di montagna tracciata per il passaggio di muli o altre bestie da soma.

mulattière s.m. [f. –*ra*] Chi conduce muli.

mulàtto s.m. [f. –*ta*] (spagn. *mulato*, deriv. di *mulo* "mulo" perché frutto di un incrocio di razze) Figlio di genitori di pelle diversa, uno bianco e l'altro nero.

muleta [/mu'leta/] s.f. [pl. *muletas*] (voce spagn. "stampella, bastone di appoggio" poi "panno rosso" sostenuto dal bastone) Bandiera di stoffa rossa che il torero sventola davanti al toro all'inizio della corrida.

mulétto s.m. **1.** Motoveicolo militare per trasporto su terreni impervi. **2.** Automobile di riserva, in una corsa automobilistica. **3.** Carrello elevatore per il trasporto di materiali all'interno di grandi strutture industriali.

muliebre agg. Della donna, considerata spec. per le sue più apprezzate qualità, per la dignità del suo ruolo.

mulinàre v.tr. **1.** Far girare qlco. in senso circolare. SIN.: **roteare**. **2.** *fig.* Insistere mentalmente su idee e pensieri. *Sto mulinando il proposito di parlare.* ◆ v.intr. (aus. *avere*) **1.** Girare velocemente in senso circolare. SIN.: **vorticare**. **2.** *fig.* Fantasticare, vagheggiare. **3.** *fig.* Detto di idee, pensieri, propositi, vorticare confusamente nella mente.

mulinèllo s.m. **1.** Vortice d'acqua o di vento. **2.** Movimento rotatorio eseguito con la spada o con altro strumento. **3.** Movimento elicoidale eseguito per acrobazia da un aereo. **4.** Qualsiasi congegno a elica. **5.** Giocattolo formato da un'elica di carta o plastica, fissata su un bastoncino, che gira al vento. SIN.: **girandola**. **6.** Apparecchio fissato all'impugnatura di una canna da pesca per raccogliere o lasciare il filo della lenza. **7.** MAR. Sulle imbarcazioni, argano per sollevare l'ancora. **8.** Gioco da tavola detto anche *filetto*.

mulino s.m. Edificio adibito alla macinazione dei cereali. ~ Macchina che esegue tale operazione. ◇ *Mulino a vento:* mulino con ampie pale che sfruttano la forza del vento. – *fig. Tirare l'acqua al proprio mulino:* agire per il proprio interesse. – *Combattere contro i mulini a vento:* lottare contro avversari immaginari.

mullah [/'mʌlə/] s.m. inv. (voce persiana, turco *mulla*, ar. *mawlāy* "signore") Nei paesi islamici, teologo, studioso di teologia musulmana.

Mùllidi s.m. pl. [iniziale minusc. sing. –*de* per l'individuo] ZOOL. Famiglia di pesci marini, dotati di due barbigli al di sotto della mandibola.

mùlo s.m. [f. *mula*] **1.** Ibrido degli equini nato dall'incrocio di un asino e di una cavalla. ◇ *fig. Essere un mulo:* essere un gran lavoratore oppure molto testardo. **2.** BOT. Vegetale bastardo sterile.

■ **mùlo**

mùlta s.f. (lat. *mŭltam* "ammenda") Pena pecuniaria prevista dalla legge per reati o per l'infrazione a un determinato regolamento, in partic. al codice stradale.

multàre v.tr. Condannare qlcu. al pagamento di una multa.

mùlti- Primo elemento di composti, nei quali indica "molteplicità" o "grande numero" (*multifocale*).

multicanàle agg. inv. Di apparecchio televisivo che può sintonizzarsi su diversi canali.

multicolóre agg. (calco del gr. *polýkhroos*) Di vari colori.

multiculturàle agg. Che riguarda più culture.

multiculturalismo s.m. **1.** Coesistenza di molte culture in una società. **2.** Difesa del pluralismo culturale dei diversi gruppi etnici di un paese.

multidimensionàle agg. Di uno spazio a più dimensioni.

multidisciplinàre agg. Che comprende diversi campi o materie di studio. SIN.: **interdisciplinare**.

multiètnico agg. [pl.m. –*ci*, f. –*che*] Costituito da varie etnie. SIN.: **multirazziale**.

multifocàle agg. Di dispositivi ottici che hanno più di un fuoco.

multifórme agg. Che ha varie forme. SIN.: **poliedrico**.

multifunzióne agg. Di apparecchio che svolge da solo molte funzioni.

multigrade [/'mʌlti'greid/] agg. inv. (voce ingl.) Di un olio lubrificante per autoveicoli che si adatta a temperature esterne differenti.

multilateràle agg. (fr. *multilatéral*) Che comprende più lati. ~ Di accordo economico o politico che interessa diversi paesi.

multilingue agg. inv. Di persona poliglotta o di luogo dove si parlano diverse lingue.

multimèdia agg. inv. Multimediale.

multimediàle agg. Di forma di comunicazione o strumento che utilizza più media contemporaneamente. *Enciclopedia multimediale.*

multimedialità s.f. inv. Utilizzazione contemporanea di più mezzi di comunicazione (scritture, immagini, audio) per scopi didattici, artistici o pubblicitari.

multimetro s.m. ELETTROTEC. Strumento di misura con più funzioni.

multimiliardàrio agg. [pl.m. –*ri*] Che ha molti miliardi. ◆ s.m. [f. –*ria*] Nel sign. dell'agg.

multimilionàrio agg. [pl.m. –*ri*] Che ha molti milioni. ◆ s.m. [f. –*ria*] Nel sign. dell'agg.

multinazionàle agg. (ingl. *multinational*) Che riguarda più nazioni. ◆ s.f. Gruppo industriale, commerciale o finanziario che opera sull'intero mercato mondiale con le proprie filiali.

multipara agg. (solo f.) Che ha avuto una gravidanza multipla o ha partorito più di una volta. ◆ s.f. Nel sign. dell'agg.

multipartitismo s.m. Situazione politica caratterizzata dalla presenza di partiti e dalla loro proliferazione.

multiplayer [/ˌmʌltiˈpleɪə/] s.m. inv. (voce ingl.) Videogioco per più partecipanti.

multiplétto s.m. (ingl. *multiplet*) FIS. Insieme di livelli di energia molto vicini.

mùltiplex s.m. inv. (voce lat., propr. "molteplice") **1.** TELECOM. Tecnica riguardante i collegamenti fra più operatori sulla stessa linea. **2.** INFORM. Sistema che riceve segnali da più ingressi e li trasmette in uscita lungo un'unica linea. **3.** Multisala

multiplexer [/'mʌltɪ'pleksə/] s.m. [pl. *multiplexers*] (voce ingl.) TELECOM. Dispositivo che permette di inviare più segnali contemporaneamente su uno stesso canale di trasmissione.

mùltiplo agg. **1.** Composto da più parti. **2.** MAT. Di numero che contiene più volte un numero intero. ◆ s.m. Nell'accez. 2 dell'agg. ◇ *Minimo comune multiplo:* il più piccolo tra i multipli comuni a due o più numeri.

multipolàre agg. **1.** FIS. Che ha più poli (in oppos. a *bipolare*). **2.** POLIT. Caratterizzato da più sfere d'influenza.

multipólo s.m. inv. FIS. Sistema dotato di più di due poli.

multiprocessòre agg. INFORM. Di sistema di elaborazione dotato di più processori dello stesso tipo, che operano in modo coordinato sotto la supervisione del sistema operativo. ◆ s.m. Elaboratore multiprocessore.

multiprogrammazióne s.f. Capacità di un computer di eseguire contemporaneamente più programmi. SIN.: **multitasking**.

multiproprietà s.f. inv. DIR. Forma di proprietà di immobili posseduti in comune da due o più proprietari che se ne spartiscono l'utilizzo in diversi periodi dell'anno.

multirazziàle agg. Di comunità in cui coesistono diverse razze.

multisàla agg. Di cinema che si compone di più sale in un unico stabile. ◆ s.f. Nel sign. dell'agg.

multiscàfo agg. inv. Di imbarcazione munita di due o più scafi. ◆ s.m. inv. Nel sign. dell'agg.

multistàdio agg. inv. Di missile spaziale munito di più stadi automaticamente sganciabili.

multistandard [/ˌmʌltiˈstændəd/] agg. inv. Di un ricevitore televisivo adatto per ricevere programmi provenienti da stazioni dotate di standard televisivi diversi.

multistràto agg. inv. Nell'industria del legno, di pezzo ottenuto dalla sovrapposizione di vari fogli di legno.

multitasking [/ˌmʌltiˈtaskiŋ/] s.m. inv. (voce ingl.) INFORM. → **multiprogrammazione**.

multitubolàre agg. Di una caldaia la cui superficie di riscaldamento è costituita essenzialmente da numerosi tubi.

multiùso o **multiùsi** agg. inv. Di oggetto, apparecchio, strumento utilizzabile per svolgere diverse funzioni, in quanto fornito di più dispositivi.

multivibratóre s.m. ELETTRON. Generatore di impulsi elettrici costituito da una coppia di amplificatori disposti in modo che l'ingresso di uno coincida con l'uscita dell'altro.

multivitaminico s.m. [pl. –*ci*] Integratore alimentare che contiene vitamine in quantità elevata.

Mulud s.f. inv. (ar. *mawlid* "natività") Festa religiosa musulmana che celebra il supposto anniversario della nascita del profeta Maometto.

mùmmia s.f. (ar. *mūmiyyāy*, nome della sostanza adoperata nell'imbalsamazione) **1.** Cadavere conservato mediante imbalsamazione o essiccamento. **2.** *fig.* Persona dall'aspetto rinsecchito e invecchiato o dalle idee antiquate e dalla mentalità poco duttile.

mummificàre v.tr. [4] (fr. *momifier*) Sottoporre un corpo a mummificazione imbalsamandolo o essiccandolo. ◆ **mummificarsi** v.pron. **1.** Subire il processo di mummificazione. **2.** *fig.* Inaridirsi spiritualmente, perdere ogni vivacità intellettuale.

mummificazióne s.f. (fr. *momification*) Procedimento attuato sui cadaveri per assicurarne una lunga conservazione.

mundial [/mun'djal/] s.m. [pl. *mundiales*] (voce spagn., propr. "mondiale") SPORT. Campionato *mondiale, spec. di calcio.

mùngere v.tr. [22] **1.** Sottoporre animali da latte alla mungitura. **2.** *fig.* Spillare soldi a qlcu. *Mungere i genitori.*

mungitóre s.m. [f. *–trice*] Chi esegue la mungitura degli animali da latte.

mungitrice s.f. Macchina azionata da un motore elettrico per eseguire meccanicamente la mungitura degli animali da latte.

mungitùra s.f. AGR., ALLEV. L'operazione del mungere animali lattiferi. ~ La quantità di latte che se ne ricava.

mùngo s.m. [pl. *–ghi*] (ingl. *mungose*, maratto *mangūs* "mangusta") Mammifero con pelo grigio striato di bianco, diffuso in Asia meridionale, che si nutre di insetti, uova, topi e serpenti. (Ordine dei Carnivori.)

municipàle agg. **1.** Del municipio, del comune. **2.** *spreg.* Limitato ai confini di una città e della sua circoscrizione, campanilistico.

municipalità s.f. inv. (fr. *municipalité*) L'insieme delle autorità e dei funzionari di un comune.

municipalizzàre v.tr. (fr. *municipaliser*) Rendere comunale la gestione di servizi di pubblica utilità.

municipio s.m. [pl. *–pi*] (lat. *municĭpium*, propr. "assunzione di doveri") **1.** Amministrazione comunale. ~ La sede che occupa. **2.** DIR. Concentrazione di piccoli comuni, consentita e incoraggiata dalla legge. **3.** Città assoggettata ai Romani che manteneva però una sua autonomia amministrativa.

munificènza s.f. Larghezza nel donare.

munifico agg. [pl.m. *–ci*, f. *–che*, superl. *munificentissimo*] (lat. *munifĭcum* "che fa doni") **1.** Di persona, molto generoso. **2.** Di cosa, che è segno di grande liberalità, di generosità.

munire v.tr. [83] (lat. *munīre* "costruire mura, fortificare") **1.** Fornire qlcu. o qlco. di mezzi di difesa o di offesa. **2.** *estens.* Fornire qlcu. o qlco. di ciò che è necessario per uno scopo. ◆ **munirsi** v.pron. Fornirsi di qlco. che si ritiene utile.

munito agg. **1.** Fornito di opere fortificate. **2.** *estens.* Dotato, provvisto.

munizióne s.f. [pl. *munitiōnem* "costruzione di mura"] MIL. (spec. pl.) Materiale bellico necessario ad alimentare le armi da fuoco. ~ In partic., cartucce, proiettili, bombe.

muntgiak s.m. inv. (da una lingua di Giava) Piccolo cervo del Sud-Est asiatico, con corna corte sostenute da un supporto osseo rivestito di pelle. (Genere *Muntiacus* e *Elaphodus*.)

muóne s.m. FIS. Particella subatomica (simb. μ) della famiglia dei leptoni, di carica positiva o negativa uguale a quella dell'elettrone, ma di massa 206 volte più grande. SIN.: **mu**.

muònio s.m. FIS. Sistema legato costituito da un protone e un muone negativo.

muòvere v.tr. [44] **1.** Mettere qlco. in movimento. *Muovere le braccia.* **2.** Iniziare un'azione contro qlcu. *Muovere guerra ai vicini.* **3.** Portare qlcu. a provare un sentimento. SIN.: **eccitare**. **4.** Suscitare, provocare un sentimento in qlcu. *La scena ha mosso in tutti il riso.* ~ *fig.* Commuovere l'animo, il cuore. *La sinfonia ha mosso gli animi di tutti i presenti.* ◆ v.intr. (aus. *essere* o *avere*) Avviarsi verso o contro qlcu. o qlco. SIN.: **procedere**. ◆ **muoversi** v.pron. **1.** Spostarsi da o verso un luogo. **2.** Girare attorno a qlco. o a qlcu. *La Terra si muove attorno al Sole.* ~ Detto di cose inanimate, essere in movimento. *La terra si muove.* **3.** Mettersi in movimento, funzionare. **4.** Sollevarsi contro qlcu. **5.** Darsi da fare per realizzare qlco. o per aiutare qlcu. *Muoversi in aiuto dell'amico.* **6.** *fam.* Agire in un certo modo. *Si muove bene da solo.*

mùra s.f. (spagn. *amura*) MAR. Ciascuna delle funi che servono a fissare le vele in basso, dal lato del vento.

muràglia s.f. [pl. *–glie*] **1.** Muro difensivo di notevole spessore, lunghezza e imponenza. **2.** *estens.* Muro, parete. **3.** Parte esterna cornea dello zoccolo del cavallo. SIN.: **parete**.

muraglióne s.m. **1.** COSTR. Muro alto e massiccio con funzioni di sostegno. **2.** MAR. Vela che si affianca alla vela maestra nelle imbarcazioni a vela latina.

muraiòlo agg. Di animale che vive in prossimità di muri e di pianta che si arrampica sui muri. ◆ s.m. *Picchio muraiolo.

muràle agg. Applicato, fatto su muro. *Manifesto murale.* ◆ s.m. **1.** Dipinto su parete. **2.** FALEGN. Formato del legno.

murales [/mu'rales/] s.m. pl. (voce spagn.) Dipinti di enormi proporzioni eseguiti sui muri esterni degli edifici.

muralismo s.m. Corrente pittorica del sec. XX spec. messicana, che trovò espressione nell'arte dei *murales* incentrata su temi popolari o di propaganda nazionale (I principali rappresentanti furono Rivera, Orozco, Siqueiros).

muràre v.tr. **1.** Chiudere un vano con un muro. **2.** Chiudere qlco. in un muro. **3.** SPORT. Nella pallavolo, ostacolare un giocatore avversario o una sua azione, mediante l'azione detta *muro*. ◆ v.intr. (aus. *avere*) Costruire in muratura. ◆ **murarsi** v.pron. *fig.* Serrarsi in un luogo, evitando ogni contatto con l'esterno.

muràrio agg. [pl.m. *–ri*] **1.** Del murare, della muratura. **2.** Delle mura.

muràto agg. Protetto da mura, cementato nel muro.

muratóre s.m. Chi realizza costruzioni in muratura (rivestimenti, intonaci, ecc.).

muratùra s.m. Operazione e tecnica del costruire strutture murarie usando laterizi, pietre, calce, cemento e altri agglomeranti.

murèna s.f. Pesce marino dei fondali rocciosi, diffuso nelle zone calde e temperate, privo di squame e di colore nerastro. (Lunghezza fino a 1,50 m; ordine degli Anguilliformi.)

Murènidi s.m. pl. [iniziale minusc. sing. *–de* per l'individuo] ZOOL. Famiglia di pesci con corpo lungo, sprovvisti di squame e di pinne pettorali, come le murene.

muriàtico agg. [pl.m. *–ci*] (deriv. di lat. *mūria* "acqua salata" perché tale acido può essere ricavato dal sale marino) *Acido muriatico*: acido *cloridrico.

murice s.m. **1.** ZOOL. Mollusco gasteropode con conchiglia coperta di spine, che attacca gli altri molluschi bucando il loro guscio; da una sua ghiandola gli antichi estraevano la porpora. (Famiglia dei Muricidi.) **2.** ZOOL. (iniziale maiusc.) Genere di molluschi a cui appartengono varie specie di murice.

■ **mùrice**

Muricidi s.m. pl. [iniziale minusc. sing. *–de* per l'individuo] ZOOL. Famiglia di molluschi gasteropodi con conchiglia a varici, irte di tubercoli e di spine molto lunghe.

Mùridi s.m. pl. [iniziale minusc. sing. *–de* per l'individuo] ZOOL. Famiglia di mammiferi caratterizzati da corpo tozzo ricoperto di un folto pelame grigiastro o marrone, muso appuntito, denti aguzzi e coda molto lunga. (Ordine dei Roditori.)

murìno agg. *non com.* Relativo ai topi.

mùro s.m. [pl.m. *muri*, f. *mura*] **1.** Struttura muraria di sviluppo verticale, costituita di pietre, mattoni e laterizi vari sovrapposti e tenuti insieme da calce, cemento e altri agglomeranti. ◇ *estens.* *Mura domestiche*: intimità della casa, della famiglia. – *Muro di Berlino*: quello che divideva in due la città tedesca di Berlino, abbattuto nel 1989 e a lungo simbolo della contrapposizione tra due grandi blocchi politico-militari (v. parte n.pr.). – *figg. Sbattere la testa contro il muro*: disperare di raggiungere una soluzione. – *Essere con le spalle al muro*: dover per forza affrontare un problema. – *Muro di gomma*: in riferimento a chi oppone indifferenza passiva, ostentato distacco nella difesa di decisioni prese o intralcia colposamente la ricerca della verità, il corso della giustizia. **2.** Qualsiasi elemento che, per solidità, spessore o altre caratteristiche, svolga le funzioni di ostacolo o protezione. **3.** SPORT. Nella pallavolo, azione difensiva con cui i giocatori di una squadra oppongono alle schiacciate di un avversario saltando sotto rete. ~ In equitazione, ostacolo costituito da scatole leggere sovrapposte, la cui cresta è arrotondata. ~ Parete naturale, pendenza brusca. **4.** TECN. *Muro del suono*: resi-

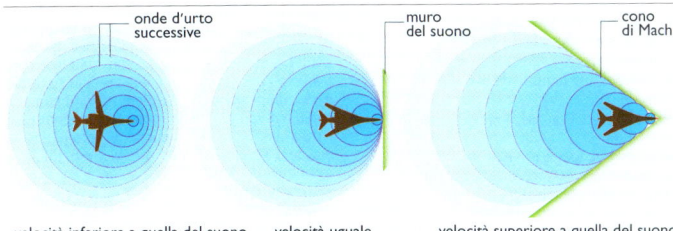

onde d'urto successive — muro del suono — cono di Mach

velocità inferiore a quella del suono (volo subsonico) — velocità uguale a quella del suono — velocità superiore a quella del suono (volo supersonico)

■ **mùro** del suono. Quando un oggetto in movimento raggiunge la velocità del suono, si sposta alla stessa velocità delle onde di pressione che genera. Crea allora un'onda d'urto sonora. Ad una velocità supersonica, le onde di pressione si inscrivono all'interno di un cono, il "cono di Mach".

■ **mùmmia** egizia, d'epoca tolemaica. (Louvre, Parigi.)

■ **murèna**

stenza incontrata da un mezzo quando si muove nell'atmosfera a una velocità vicina a quella del suono. **5.** GEOL. (solo sing.) Massa di roccia situata inferiormente al piano di faglia. **6.** (al pl.) Antiche strutture murarie difensive di una città o di un edificio.

murrìna s.f. Oggetto di pregio artistico di vetro di Murano.

mùsa s.f. **1.** MIT. GR. ROM. (con iniziale maiusc., spec. pl.) Ognuna delle nove figlie di Zeus e Mnemosine, protettrici del canto, della musica, della danza e della poesia e quindi spesso invocata dai poeti all'inizio delle loro opere (v. parte n.pr.). **2.** *fig.* La poesia e l'ispirazione artistica.

Musàcee s.f. pl. [iniziale minusc. sing. *-a* per l'individuo] BOT. Famiglia di piante monocotiledoni erbacee perenni, tipiche delle regioni tropicali, con enormi foglie, infiorescenze composte e frutti carnosi, a bacca o a capsula, tra cui il banano.

musagète agg. (lat. *musagètem*, gr. *mousēgétēs* comp. di *Moũsa* "Musa" e *hegēĩsthai* "condurre") MIT. GR. Di Apollo che era rappresentato come guida delle muse. ◆ s.m. Nel sign. dell'agg.

Mùscari s.m. (lat. *Muscari*, gr. *móskhari* di prob. orig. turca, deriv. di *móskhos* "muschio" per il profumo che emana) BOT. Genere di piante erbacee, diffuse nelle zone temperate, caratterizzate da bulbo sviluppato da cui si dipartono foglie lunghe e strette e fiori azzurri o viola raccolti in infiorescenze. (Famiglia delle Liliacee.)

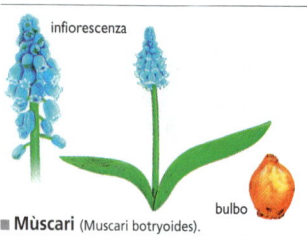

■ **Mùscari** (Muscari botryoides).

muscarina s.f. CHIM. ORG. Alcaloide tossico, contenuto in alcuni funghi, che provoca un senso di soffocamento e rallenta i battiti del cuore e può essere letale in dosi elevate.

muschiàto agg. **1.** Che contiene muschio o ne ha il caratteristico odore. **2.** Di animale che emette una secrezione dall'odore di muschio.

1. mùschio s.m. [pl. *-schi*] **1.** Sostanza odorosa utilizzata in profumeria e prodotta da alcuni mammiferi. **2.** CHIM. ORG. Composto artificiale di odore simile a quello del muschio naturale.

2. mùschio s.m. [pl. *-schi*] Musco.

Muscicapa s.f. (lat. *Muscicapa*, comp. di *mūsca* "mosca" e *căpere* "prendere") ZOOL. Genere di uccelli passeriformi di piccole dimensioni, con piumaggio colorato, becco corto e uncinato.

Muscicàpidi s.m. pl. [iniziale minusc. sing. *-de* per l'individuo] ZOOL. Famiglia di uccelli, diffusi nei boschi di tutto il mondo, che nidificano su alberi e cespugli e si nutrono preferibilmente di insetti. (Ordine dei Passeriformi.)

Mùscidi s.m. pl. [iniziale minusc. sing. *-de* per l'individuo] ZOOL. Famiglia di insetti di piccole o medie dimensioni, caratterizzati da corpo e zampe tozze, antenne brevi e apparato boccale succhiatore o succhiatore e pungente. (Ordine dei Ditteri.)

mùsco o **mùschio** s.m. [pl. *-schi*] Piantina con radici e fusto ridotti e foglioline strette le une contro le altre che formano un tappeto verde cupo. (Sottotipo delle Briofite.)

muscolàre agg. Proprio dei muscoli o che è formato da muscoli. ◇ *Tessuto muscolare*: il tessuto organico di cui si compongono i muscoli, molto ricco di fibre.

muscolatùra s.f. Insieme dei muscoli del corpo umano, di un animale, di un singolo organo o di una singola regione del corpo.

mùscolo s.m. (lat. *mūsculum*, propr. "piccolo topo" perché la contrazione ricorda il rapido movimento dei topi) **1.** ANAT. Organo dell'uomo e

degli animali capace di contrarsi e garantire il movimento. **2.** Taglio di carne bovina ed equina, magra, nervosa, costituita dai muscoli degli arti. **ENCICL.** I muscoli si dividono solitamente in *lisci* o *involontari* (provvedono alla motilità viscerale e si contraggono in maniera involontaria) e *striati* o *volontari* (permettono il movimento del corpo mediante la contrazione volontaria). Il *muscolo striato cardiaco* o *miocardio*, infine, è a contrazione involontaria e automatica.

muscolóso agg. Che ha i muscoli ben sviluppati.

muscóso agg. Rivestito di musco.

muscovite s.f. (ingl. *muscovite*, deriv. di *Muscovy* "Russia" dove venne trovato) MIN. Mica bianca, spesso presente nei graniti.

museàle agg. Dei musei.

musèllo s.m. (fr. *musel*) Nel muso dei ruminanti, la parte compresa tra il naso e il labbro superiore.

musèo s.m. (lat. *Musēum*, gr. *Mouseion* propr. "sede delle Muse" nome di un edificio e fondazione culturale ad Alessandria d'Egitto) **1.** Luogo, edificio dove è conservata ed esposta una raccolta di opere d'arte, di oggetti d'interesse culturale, scientifico o tecnico. **2.** *fig.* Ambiente gremito di oggetti oppure di forme e arredi vistosi.

museografìa s.f. Insieme delle nozioni tecniche necessarie alla presentazione e alla buona conservazione delle opere, degli oggetti nei musei.

museologìa s.f. Scienza dell'organizzazione dei musei, della loro conservazione e della valorizzazione delle loro raccolte.

museòlogo s.m. [f. *-ga*, pl.m. *-gi*, f. *-ghe*] Specialista di museologia.

museruòla s.f. **1.** Piccola gabbia di cuoio o di metallo a forma troncoconica che si applica, legata a un cinturino, al muso dei cani per impedire che mordano o al muso dei buoi o di altri animali per impedire che mangino. **2.** *estens.* Cinghia di cuoio fissata alle estremità delle briglie del cavallo.

musette [/myˈzɛt/] s.f. [pl. *musettes*] (voce fr., deriv. di *muse* "cornamusa") **1.** Strumento musicale ad aria diffusa in Francia nell'Ottocento. **2.** Composizione musicale di origine pastorale che richiama il suono di tale strumento.

musétto s.m. Nel sign. del dim. di *muso*; in partic., viso grazioso.

mùsica s.f. [pl. *-che*] (lat. *mūsicam*, gr. *mousikḗ tékhnē* propr. "arte delle Muse") **1.** Arte e tecnica della combinazione dei suoni quale espressione culturale. **2.** Ogni produzione ottenuta mediante tale arte e, in concreto, composizione, pezzo. **3.** Suono o voce armoniosi e

gradevoli. **4.** *fig.* Fatto che si ripete con frequenza monotona, immutato nel tempo. *È sempre la stessa musica.* **5.** *estens.* Gruppo orchestrale.

musical [/ˈmjuːzɪkəl/] s.m. inv. (voce ingl., deriv. di *musical comedy* "commedia musicale") TEAT., MUS. Spettacolo teatrale o cinematografico di origine statunitense, con tessuto narrativo affine all'operetta europea, in cui parti recitate si alternano a parti musicali cantate e/o danzate.

musicàle agg. **1.** Della musica. ~ Che comporta la presenza della musica come elemento fondamentale. *Film musicale.* **2.** *estens.* Armonioso come la musica.

musicalità s.f. inv. Caratteristica di ciò che è melodioso.

musicànte agg. Che suona. SIN.: musicista. ◆ s.m. e f. **1.** Chi suona in un gruppo orchestrale o in una banda, spec. se dilettante. **2.** *spreg.* Chi suona con scarse doti artistiche e tecniche e quindi con pessimi risultati.

musicàre v.tr. [4] MUS. Mettere in musica un testo, adattandolo al canto e all'accompagnamento.

musicassétta s.f. (ingl. *musicassette*) Cassetta di piccole dimensioni che contiene un nastro magnetico su cui è stesso o svolgibile, se inserito in apparecchi radioregistratori, per la riproduzione dei suoni.

musichière s.m. [f. *-ra*] MUS. *scherz.* Musico, canterino.

musicista s.m. e f. [pl.m. *-sti*] Chi compone o esegue brani di musica.

musicògrafo s.m. [f. *-fa*] Critico esperto di musica.

musicologìa s.f. Studio della musica effettuato con criteri storici e scientifici.

musicòlogo s.m. [f. *-ga*, pl.m. *-gi*, f. *-ghe*] Studioso di musicologia.

musicoterapìa s.f. MED. Terapia basata sulle proprietà attive della musica, capaci di risvegliare nel malato, in partic. se affetto da disturbi nervosi o psicosomatici, interessi e atteggiamenti positivi.

musivo agg. **1.** Di mosaico, eseguito con la tecnica del mosaico. *Tessera musiva.* **2.** CHIM. *Oro musivo*: bisolfuro di stagno, così denominato per la somiglianza d'aspetto e colore con il metallo prezioso e pertanto utilizzato nell'arte decorativa per dorare gli oggetti.

mùsli [/ˈmyːsli/] s.m. inv. (di orig. svizzero ted.) Miscela di cereali e di frutta secca che si consuma a colazione con latte o yogurt.

musmè s.f. inv. (fr. *mousmée*, giapp. *musume* "fanciulla") In Giappone, ragazza; in Europa, giovane donna che lavora in una casa di piacere.

mùso s.m. **1.** Parte anteriore della testa degli animali. **2.** *spreg.* o *scherz.* Viso, faccia dell'uomo. ◇ *Muso lungo*: persona imbronciata o corrucciata. – *Brutto muso*: persona arcigna, fredda, che non ispira simpatia. **3.** *estens.* Qualsiasi elemento che richiami la sagoma appuntita del muso di un animale, soprattutto in riferimento alla carrozzeria aerodinamica di un'automobile e alla parte anteriore della fusoliera di un aeroplano.

musóne s.m. **1.** Nel sign. dell'accr. di *muso*. **2.** *fig.* [f. *-na*] Scontroso, brontolone.

mussaka s.f. (voce turca) Piatto tipico di Balcani, Grecia e Turchia, composto da strati alternati di melanzane, montone tritato e besciamella compatta.

mùssola o **mussolìna** s.f. (fr. *mousseline*, ar. *mawṣilī* "di Mosul" dal nome della città irachena donde è originaria) Tessuto finissimo di cotone, ma anche di seta o di lana, per biancheria personale e da tavola e per eleganti e leggeri abiti femminili.

must [/ˈmʌst/] s.m. inv. (voce ingl., deriv. di *to must* "dovere") Ciò che occorre assolutamente fare o possedere per essere alla moda.

mustang [/ˈmʌstæŋ/] s.m. inv. (voce ingl., spagn. *mestengo* "di sangue misto") Cavallo dell'America del Nord, discendente dai cavalli spagnoli, che vive allo stato brado.

Mustèla s.f. ZOOL. Genere di mammiferi carnivori, di piccole o medie dimensioni, caratterizzati da corpo allungato e snello, folta e pregiata pelliccia, muso aguzzo e grande aggressività; le specie più note sono la donnola, l'ermellino, il

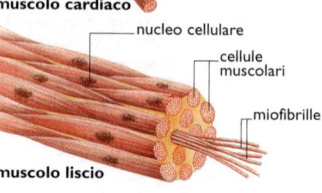

nucleo cellulare
cellule muscolari
miofibrille

strie
muscolo striato

strie
disco intercalare
cellule muscolari
miofibrille
nucleo cellulare
muscolo cardiaco

nucleo cellulare
cellule muscolari
miofibrille
muscolo liscio

■ **mùscolo.** I tre tipi di struttura muscolare.

visone, il furetto, la puzzola. (Si difendono dai nemici emettendo un liquido di odore sgradevole secreto dalle ghiandole anali; famiglia dei Mustelidi.)

Mustèlidi s.m. pl. [iniziale minusc. sing. –*de* per l'individuo] ZOOL. Famiglia di mammiferi aggressivi di piccole o medie dimensioni, provvisti di sensi molto sviluppati e dotati di grande agilità. (Ordine dei Carnivori.)

musteriàno s.m. (solo sing.) (dal nome della località francese di *Le Moustier* dove si sono avuti molti ritrovamenti) GEOL. Epoca della civiltà preistorica in cui visse l'uomo di Neandertal. (È databile al paleolitico medio.) ◆ agg. Nel sign. dell'agg.

mustiòlo s.m. Topo insettivoro molto vorace, diffuso nell'area mediterranea. (Famiglia dei Soricidi.)

musulmàno o **mussulmàno** agg. (turco *müslüman*, persiano deriv. di *muslim* "appartenente all'Islam") Dell'islamismo. ◆ s.m. [f. –*na*] Chi appartiene alla civiltà islamica e ne professa la religione.

1. mùta s.f. **1.** BIOL., ZOOL. Cambiamento delle piume, del pelo, della pelle, al quale gli animali vertebrati sono soggetti in alcuni periodi dell'anno e durante il quale possono verificarsi altri cambiamenti nella struttura morfologica degli organi. ~ Periodo in cui avviene tale cambiamento. **2.** Serie di oggetti, in partic. di capi di biancheria, il cui uso richiede una periodica sostituzione. **3.** Tuta subacquea.

2. mùta s.f. (fr. *muete*, lat. deriv. di *mòvita* "mossa") **1.** VENAT. Insieme di cani addestrati per le battute di caccia. **2.** Tiro di cavalli che trainano una vettura.

mutabilità s.f. inv. **1.** Possibilità di cambiare o di essere cambiato. **2.** *fig.* Volubilità, mutevolezza.

mutagènesi s.f. inv. BIOL. Mutazione genetica.

mutàgeno o **mutagènico** agg. GENET. Di agente o fattore che induce mutazioni genetiche.

mutaménto s.m. L'atto, il fatto di cambiare, di modificare o di modificarsi ma suo risultato.

mutànde s.f. pl. (lat. *mutàndae*, propr. "che devono essere cambiate") Capo di biancheria intima, indossato a nudo sulla pelle, per coprire la parte inferiore del corpo, di vari modelli e lunghezze.

mutànte agg. **1.** Che muta, è in corso di trasformazione. **2.** Che ha subito una mutazione. ◆ s.m. **1.** GENET. Gene o individuo che ha subito o è portatore di una mutazione. **2.** Nella fantascienza, extraterrestre che assume caratteristiche umane o umano che sta trasformandosi in alieno.

mutàre v.tr. **1.** Sostituire qlco. o qlcu., cambiarlo con altro o con altri. *Il ragazzo sta mutando voce.* ◇ *Mutare la pelle, le penne, le squame:* detto di rettili, uccelli e altri animali, rinnovarli periodicamente. **2.** Rendere qlco. o qlcu. diverso, operandovi una trasformazione. *La malattia l'ha mutato.* ◇ *Mutare colore:* detto di persona, impallidire o arrossire vistosamente. ◆ v.intr. (aus. *essere*) Diventare diverso. *Il tempo sta mutando.* ◆ **mutarsi** v.pron. Trasformarsi, cambiarsi. *La situazione si è mutata in peggio.*

mutàtis mutàndis loc. avv. (loc. lat., propr. "mutate le cose che devono essere mutate") Fatte le debite modificazioni, tenendo conto delle inevitabili differenze.

mutazilismo s.m. Scuola teologica musulmana, fondata a Bassora nel sec. VIII e scomparsa nel sec. XIII, la cui dottrina, strettamente monoteista, afferma che dio rispetta la libertà umana.

mutazióne s.f. **1.** Cambiamento duraturo, evoluzione. ~ *fig.* Cambiamento sociale dovuto all'evolversi della tecnologia. **2.** GENET. Alterazione, spontanea o indotta, del patrimonio genetico di un individuo animale o vegetale. **3.** METR. Nella ballata, ciascuna delle prime due parti, di uguale estensione e con uguali rime, di cui si compone la stanza.

mutazionismo s.m. BIOL. Teoria dell'evoluzione, proposta da H. De Vries nel 1901, che attribuisce ai cambiamenti un ruolo essenziale e alla selezione naturale un ruolo secondario nella comparsa delle nuove specie. (L'evoluzione è allora percepita come un processo discontinuo.)

mutazionista s.m. e f. [pl.m. –*sti*] BIOL. Sostenitore del mutazionismo.

mutévole agg. **1.** Che è soggetto a cambiamenti continui. **2.** *estens.* Volubile, incostante.

mùtico agg. [pl.m. –*ci*, f. –*che*] BOT. Di organo vegetale privo di punta.

mutilànte agg. Che comporta una mutilazione.

mutilàre v.tr. **1.** Privare qlcu. di uno o più membri. *La pressa gli ha mutilato una mano.* **2.** *fig.* Privare un'opera di una o più parti fondamentali, rendendola incompleta. *Mutilare un articolo.*

mutilàto agg. Che ha subito una mutilazione. ◆ s.m. [f. –*ta*] Persona che ha perduto un arto o un organo in guerra o in seguito a un grave incidente.

mutilazióne s.f. **1.** Perdita parziale o completa di un membro o di un organo esterno. ~ La condizione di chi ne rimane vistosamente mancante. **2.** *fig.* Privazione di parti importanti di un insieme organico, in partic. di un'opera d'arte.

mùtilo agg. (lat. *mūtilum* "mozzo, tronco") **1.** Che manca in modo evidente di una parte. *Statua mutila.* **2.** *estens.* Lacunoso, incompleto. *Codice, romanzo mutilo.*

mutismo s.m. (fr. *mutisme*) **1.** MED. Incapacità di parlare, in partic. d'origine psichiatrica. **2.** *estens.* Rifiuto di parlare, perlopiù come atteggiamento di risentimento.

mutizzàre v.tr. TECN. Arrestare la fermentazione alcolica nei mosti d'uva mediante l'aggiunta di alcool o sottoponendoli all'azione dell'anidride solforosa.

mutizzazióne s.m. TECN. Operazione che impedisce la fermentazione nei mosti d'uva.

mùto agg. (d'orig. onom. perché cerca di riprodurre i suoni inarticolati di animali e uomini) **1.** MED. Che non può parlare perché affetto da mutismo. **2.** Che è temporaneamente impedito a parlare a causa di una violenta emozione. *Essere muto d'ammirazione.* ~ Che si rifiuta di parlare, che si astiene volontariamente dal parlare. **3.** Riferito a cosa, che rimane senza suono o senza voce. ◇ LING. *Consonante muta:* consonante che, pur essendo rappresentata graficamente, non viene pronunciata. – *Scena muta:* particolare momento della rappresentazione in cui gli attori non parlano; *fig.* il non aprire bocca durante un esame o un colloquio. – *Cinema muto:* quello dei primi decenni del Novecento, privo di colonna sonora e non parlato (in oppos. a *cinema sonoro*). **4.** *Anatra muta:* razza di anatra di origine sudamericana che non emette alcun

verso, dal piumaggio nero e con la testa rossa. ◆ s.m. **1.** [f. –*ta*] Chi è affetto da mutismo. **2.** (solo sing.) Cinema muto.

mùtua s.f. **1.** Ente che, prima della riforma sanitaria, gestiva, in forma mutualistica, l'assistenza medica e ospedaliera dei lavoratori. ~ Ogni istituto che svolge servizi di previdenza e assistenza nei confronti degli associati. (Oggi sostituito sempre più frequentemente dalla ASL.) ◇ *Essere, mettersi in mutua:* assentarsi dal lavoro adducendo ragioni di salute. **2.** Ogni ente associativo che si prefigge di fornire ai propri membri determinate prestazioni (sociali, sanitarie, assistenziali, ecc.) in caso di particolari eventi (malattia, incidenti, ritiro dal lavoro, ecc.).

1. mutuàbile agg. Di farmaco o prestazione che può essere fornito da un ente mutualistico.

2. mutuàbile agg. ECON. Che può essere oggetto di mutuo bancario, di prestito.

mutualismo s.m. (fr. *mutualisme*) BIOL. Simbiosi in cui i due individui convivono traendone reciproco beneficio.

mutualìstico agg. [pl.m. –*ci*, f. –*che*] **1.** Relativo alla mutua, come servizio di assistenza sociale e sanitaria. **2.** BIOL. Relativo al mutualismo.

mutualità s.f. inv. (fr. *mutualité*) Forma di assistenza e aiuto reciproco, come principio su cui si basano enti di prevenzione e istituti di assicurazione. ~ Insieme di tali enti e istituti.

mutualizzàre v.tr. Far passare un rischio, una spesa a carico di una comunità.

mutuànte agg. DIR. Che concede un mutuo. ◆ s.m. e f. Nel sign. dell'agg.

mutuàre v.tr. (lat. *mutuāri* "prendere in prestito") **1.** DIR. Concedere o ricevere una somma di denaro in mutuo. **2.** *fig.* Derivare qlco. da altro. *L'italiano mutua molti vocaboli dall'inglese.*

mutuatàrio s.m. [f. –*ria*, pl.m. –*ri*] DIR. Persona o ente che trae beneficio da un mutuo.

1. mutuàto agg. **1.** DIR. Concesso o ricevuto in mutuo. **2.** *fig.* Preso in prestito, derivato, desunto da altri. *Parola mutuata dal dialetto.*

2. mutuàto s.m. [f. –*ta*] Chi beneficia dei servizi assistenziali di una mutua, spec. di quelli del Servizio sanitario nazionale. *Medico con pochi mutuati.* SIN. *assistito.*

mùtulo s.m. ARCH. Modiglione piatto, general. decorato con gocce, messo sotto il gocciolatoio, appena sopra il triglifo, nella trabeazione dorica.

1. mùtuo agg. (lat. *mūtuum*, propr. "dato in cambio") Che si scambia tra due o più persone, che implica un comportamento simultaneo e reciproco. *Mutuo soccorso.*

2. mùtuo s.m. DIR. Tipo di contratto che obbliga una parte (*mutuatario*) a restituire, con il pagamento degli interessi, una somma di denaro o altro bene fungibile a un'altra parte (*mutuante*) che ha concesso il prestito. ~ *estens.* Prestito con interesse a lunga scadenza. ◇ *Accendere, estinguere un mutuo:* chiederlo e ottenerlo, rimborsarlo. – *Mutuo ipotecario:* garantito da ipoteca. – *Mutuo fondiario:* per l'acquisto di una casa, che serve anche da garanzia del prestito.

Myroxylon s.m. inv. BOT. Genere di alberi sempreverdi dell'America tropicale e della Polinesia, che forniscono resine odorose (come il balsamo del tolù). (Famiglia delle Papilionacee.)

mystery [/'mɪstərɪ] s.m. inv. (voce ingl., propr. "mistero") LETT., CINE. Racconto, storia, film o romanzo a carattere poliziesco, giallo.

Carattere Novarese

n s.f. o s.m. inv. **1.** Lettera dell'alfabeto latino e delle lingue che lo adottano; in italiano rappresenta la consonante occlusiva nasale di tipo alveolare, labiodentale o velare. **2.** Semplice o puntata, maiuscola o minuscola, è usata in sigle o abbreviazioni con diversi valori. ◇ *NN:* detto di persona sconosciuta o che non si vuole nominare. **3.** Simbolo usato in settori specifici. ◇ CHIM. *N:* simbolo dell'azoto. – FIS. Simbolo del neutrone. – MAT. *n:* indica un numero relativo, di valore indefinito. – GEOGR. *N:* indica il nord. – BIOL. *n:* indica il numero aploide dei cromosomi di una specie animale o vegetale.

nabàbbo s.m. (fr. *nabab,* ingl. *nabob,* urdu *nawwāb*) **1.** Alto funzionario dell'impero mongolo e poi principe dell'India musulmana. **2.** *fam.* Chi dispone di enormi ricchezze.

nabatèo agg. Di antica popolazione di lingua semitica stanziata a sud del Mar Morto. ◆ s.m. [f. *–a*] Nel sign. dell'agg.

nàbla s.m. (ingl. *nabla,* gr. *nábla* "sorta di arpa" di orig. ebraica, per la forma del simbolo) MAT. Operatore che, agendo su una funzione di tre variabili, produce un vettore, detto *gradiente della funzione,* le cui componenti sono le derivate parziali della funzione (simb. *Ñ*).

nàbuk s.m. inv. Pelle di vitello molto morbida.

nàcchera s.f. (ar. *naqqāra* "timpano") **1.** (spec. pl.) Strumento musicale a percussione costituito da due piccole conchiglie di legno duro o di avorio. **2.** ZOOL. Mollusco con conchiglia triangolare di grandi dimensioni; detto anche *pinna.* (Classe dei Bivalvi.)

nadir s.m. (solo sing.) (ar. *naẓīr* "opposto allo zenit") ASTR. Punto del cielo opposto allo *zenit,* corrispondente all'intersezione con la sfera celeste della verticale passante per l'osservatore posto sulla superficie terrestre.

nàfta s.f. (gr. *náphtha* "bitume") CHIM. Combustibile liquido derivato dalla distillazione del petrolio greggio.

naftalène s.m. CHIM. Idrocarburo aromatico ($C_{10}H_8$) costituito da due anelli benzenici condensati, detto comunemente *naftalina.*

naftalina s.f. (fr. *naphtaline*) CHIM. Idrocarburo aromatico derivato dalla distillazione del catrame di carbon fossile, usato come insetticida contro le tarme.

naftène s.m. (ingl. *naphtene*) CHIM. Ciascuno degli idrocarburi ciclici saturi presenti in natura nei petroli, usati per la produzione di composti aromatici.

naftile s.m. CHIM. ORG. Radicale monovalente che si ricava sottraendo un atomo di idrogeno dalla naftalina.

naftogènesi s.f. inv. GEOL. Processo chimico-fisico di formazione dei giacimenti di idrocarburi.

naftòlo s.m. (fr. *naphtol*) CHIM. ORG. Fenolo ($C_{10}H_7OH$) ricavato dalla naftalina, usato nella sintesi di coloranti alimentari, solventi e cosmetici.

Nàhua s.m. pl. Popolazione azteca stanziata in epoca precolombiana nel Messico.

nàhuatl o **nahuàtl** agg. inv. Dei Nahua. ◆ s.m. inv. **1.** (anche f.) Membro della popolazione dei Nahua. **2.** Lingua parlata da tale popolazione.

1. Nàia s.f. ZOOL. Genere di serpenti aggressivi e velenosi, di cui fanno parte alcune specie dette *cobra.* (Famiglia degli Elapidi.)

2. nàia s.f. (solo sing.) (ven., deriv. di *sot la naia* "sotto la gentaglia", ossia sotto persone potenti che decidono del destino dei soldati) *gerg.* Servizio militare.

Naiadàcee s.f. pl. [iniziale minusc. sing. *–a* per l'individuo] BOT. Famiglia di piante acquatiche che vivono sommerse negli stagni ma anche nelle paludi marine.

1. nàiade s.f. MIT. GR. Ninfa di fiumi, laghi e sorgenti.

2. Nàiade s.f. **1.** BOT. Genere di piante acquatiche monocotiledoni con foglie lineari e frutto ad achenio. (Famiglia delle Naiadacee.) **2.** ZOOL. (iniziale minusc.) Stadio larvale acquatico di alcuni insetti a metamorfosi incompleta.

naïf [/na'if/] agg. inv. (voce fr., "ingenuo, spontaneo", lat. *nativum* nel sign. di "naturale, non artificiale") Di pittura non legata a una particolare scuola, che rappresenta la realtà in maniera ingenua, quasi primitiva e nel contempo suggestiva. ◆ s.m. e f. inv. Pittore naïf.

■ arte **naïf.** Carnevale (1952), del pittore haitiano Wilson Bigaud. (Art Center, New York.)

namibiàno agg. Della Namibia. ◆ s.m. [f. *–na*] Nativo, abitante della Namibia.

nanchino s.m. (dal nome dell'omonima città cinese) Tessuto di cotone leggero usato per abiti estivi.

nandrolóne s.m. Sostanza anabolizzante derivata dal testosterone, che stimola l'attività muscolare e mentale.

nandù s.m. inv. (fr. *nandou* da una voce guaranì) Uccello corridore dell'America centromeridionale a piumaggio grigio e piedi a tre dita. (Altezza 1,70 m; ordine degli Struzioniformi.)

nanismo s.m. MED., BIOL. Anomalia dello sviluppo corporeo consistente in un'evidente deficienza rispetto alla statura e alle proporzioni normali della specie. SIN.: **microsomia**.

nanizzàre v.tr. AGR. Limitare la crescita di una pianta.

nànna s.f. (voce onom.) Il sonno.

nàno agg. (gr. *nános* "di singolare piccolezza") **1.** Di persona, animale o pianta di dimensioni ridotte rispetto al normale. **2.** *estens.* Riferito a cosa, di dimensioni più piccole del consueto. ◇ ASTR. *Stelle nane:* dotate di massa uguale o inferiore a quella solare. – *Nane bianche:* stadio finale, comportante altissima densità, dell'evoluzione delle stelle nane. ◆ s.m. [f. *–na*] **1.** Persona affetta da nanismo. ~ *estens.* Persona molto bassa di statura. **2.** *fig. spreg.* Individuo poco intelligente. **3.** Nelle favole, piccolo personaggio che aiuta chi è in difficoltà.

nàno- o **nànno-** Prefisso utilizzato nel l. biologico per indicare proporzioni inferiori al normale e in metrologia per dividere un'unità di misura per un miliardo (simb. *n*).

nanocefalia s.f. MED. Anomalia fetale nello sviluppo del cranio e della faccia, che risultano di dimensioni molto più piccole del normale.

nanocurie [/nanoky'ri/] s.m. inv. FIS. Unità di misura della radioattività, pari a un miliardesimo di curie.

nanomètro s.m. Unità di misura di lunghezza equivalente a un miliardesimo di metro (simb. *nm*). SIN.: **millimicron**.

nanosecóndo s.m. Unità di misura di tempo corrispondente a un miliardesimo di secondo (simb. *ns*).

nanotecnologia s.f. TECN. Tecnologia che consente di costruire oggetti, dispositivi e materiali nella scala del nanometro.

nàos s.m. [pl. *naoi*] ARCHEOL. Parte interna del tempio greco, detta anche *cella,* che custodiva la statua della divinità.

nàpalm s.m. inv. (nome commerciale comp. di *na-ftene* e *palm-a* da cui viene ricavato un olio contenuto nella sostanza) CHIM. Sostanza incendiaria che, aggiunta a benzina, produce una gelatina usata nelle bombe.

napèllo s.m. Pianta erbacea perenne delle zone alpine, con fiori azzurri. (Nome sc. *Aconitum napellus.*)

napoleóne s.m. **1.** Moneta fatta coniare da Napoleone I nel 1803 e recante impressa la sua testa. **2.** Calice per il cognac. **3.** (solo sing.) Gioco d'azzardo e solitario con le carte. **4.** *fig.* Chi assume atteggiamenti dispotici.

napoleònico agg. [pl.m. *–ci*, f. *–che*] **1.** Di Napoleone I Bonaparte, della sua politica o della sua epoca. **2.** *fig.* Grandioso, straordinario. ◆ s.m. Soldato dell'esercito di Napoleone o sostenitore della sua politica.

napoletàno agg. Di Napoli. ◇ *Carte napoletane:* raccolte in mazzi da 40 e i cui semi sono bastoni, coppe, danari e spade. ◆ s.m. **1.** [f. *–na*] Nativo, abitante di Napoli. **2.** (solo sing.) Dialetto parlato a Napoli e nei dintorni. **3.** (iniziale maiusc.) Territorio circostante la città di Napoli. **4.** Cioccolatino rettangolare amaro e senza ripieno. **5.** (al pl.) Tipo di pasta per minestra simile ai vermicelli.

nàppa s.f. **1.** Fiocco formato da fili annodati a un capo, posto all'estremità di cordoni o per ornamento di tende. **2.** Il nastro che si ottiene dal fiocco di seta fatto passare in una stenditrice e che, assottigliato mediante pettinatura, è poi filato. **3.** BOT. Fiocco di vasi linfatici e polpa che resta attaccata al peduncolo dell'acino d'uva quando viene staccato. **4.** ZOOL. Ciuffo di peli posto all'estremità della coda dei ruminanti, detto anche *fiocco*. **5.** Pelle sottile e morbida.

nappina s.f. **1.** Nel sign. del dim. di *nappa*. **2.** Elemento decorativo dei copricapi militari.

narcisismo s.m. **1.** PSICOAN. Nel bambino, stadio primitivo dello sviluppo psicosessuale. ~ Nell'adulto, culto per il proprio corpo e la propria personalità. **2.** *comun.* Esagerata ammirazione di sé. SIN.: **vanità.**

narcisista s.m. e f. [pl.m. *–sti*] **1.** PSICOL. Chi è affetto da narcisismo. **2.** *comun.* Persona vanitosa.

1. narciso s.m. **1.** Pianta erbacea con grosso bulbo, foglie strette e fiori gialli o rossastri, detta anche *giunchiglia*. (Famiglia delle Amarillidacee.) **2.** BOT. (iniziale maiusc.) Genere di piante ornamentali a cui appartengono le varie specie di narciso.

2. narciso s.m. [f. *–sa*] (fr. *narcisse*, con riferimento al mito greco in cui il giovane *Narciso* si innamora della propria immagine riflessa nell'acqua) Persona vanesia innamorata di se stessa.

■ **narcìso.** Narciso dei poeti.

narcoanàlisi s.f. inv. PSICH. Tipo di indagine psichiatrica su pazienti la cui coscienza è stata addormentata mediante l'uso di narcotici.

narcodòllaro s.m. (spec. pl.) Denaro sporco frutto del traffico di droga.

narcolessìa s.f. MED. Disturbo caratterizzato da improvvise crisi di sonno.

narcòsi s.f. inv. (gr. *nárkōsis* "torpore") **1.** MED. Pratica anestetica effettuata su pazienti sottoposti a interventi chirurgici, detta anche *anestesia generale.* **2.** *fig.* Stato di sonnolenza, di insensibilità.

narcoterapìa s.f. MED. Terapia del sonno.

narcotèst s.m. inv. **1.** Test che verifica la presenza di droga in una sostanza o in un individuo. **2.** Apparecchio che misura la capacità narcotizzante dei gas usati nelle anestesie chirurgiche.

narcòtico agg. [pl.m. *–ci*, f. *–che*] (gr. *narkōtikós* "che intorpidisce") **1.** MED. Proprio della narcosi o che ne provoca gli effetti. **2.** *scherz.* Talmente noioso da fare addormentare. ◆ s.m. **1.** Sostanza che induce sonnolenza e sollievo dal dolore. ◇ *Squadra Narcotici:* sezione della Poli-

zia che si occupa della lotta al traffico di stupefacenti. **2.** *scherz.* Discorso che annoia.

narcotizzànte agg. Che provoca narcosi.

narcotizzàre v.tr. MED. Sottoporre qlcu. ad anestesia totale. ~ *fig.* Stordire, intontire.

narcotrafficànte s.m. e f. (spagn. d'America *narcotraficante*) Trafficante di droga.

narcotràffico s.m. [pl. *–ci*] (spagn. d'America *narcotráfico*) Traffico di droga.

nàrdo s.m. **1.** BOT. Nome comune di varie piante aromatiche, fra cui la lavanda. ◇ *Nardo selvatico:* renella. – *Nardo celtico:* erba perenne alpina, usata in farmacia e profumeria. **2.** BOT. (iniziale maiusc.) Genere di Graminacee formato da una sola specie, tipica dei pascoli montani, detta *cervino.* **3.** Essenza profumata originaria dell'oriente.

narghilè s.m. inv. (fr. *narguilé*, persiano deriv. di *narguîl* "noce di cocco" usato come recipiente per l'acqua) Nei paesi orientali, pipa con cui si fumano le foglie di tabacco profumate.

narìce s.f. ANAT. Ciascuna delle due aperture del naso.

narràbile agg. Che si presta al racconto.

narràre v.tr. **1.** Raccontare accuratamente a qlcu. un fatto o una storia. **2.** Detto di libri, film o racconti, raccontare qlco. *Il libro narra la vita di un mago.* ◆ v.intr. (aus. *avere*) Parlare o scrivere di qlcu. o qlco. ad altri. *Narraci del tuo ultimo viaggio.*

narrativa s.f. **1.** Genere letterario che mira all'esposizione di fatti reali o storie fantastiche. ~ Il complesso delle opere letterarie appartenenti a tale genere. **2.** DIR. In una sentenza o in un atto notarile, l'esposizione dei presupposti di fatto.

narrativo agg. Di opera letteraria che narra, racconta storie reali o inventate. **2.** Proprio del narrare, della letteratura narrativa. ◇ GRAMM. *Infinito narrativo:* infinito presente che, in narrazioni molto espressive, assume il valore di modo finito.

narratologìa s.f. (fr. *narratologie*) Metodologia semiotica che studia le forme e i modi della narrazione, allo scopo di individuarne gli elementi invarianti.

narratóre s.m. [f. *–trice*] Chi racconta.

narrazióne s.f. **1.** Esposizione di un racconto. **2.** La cosa narrata, il racconto in sé. **3.** Nella retorica classica, la parte dell'orazione che contiene l'esposizione dei fatti.

nartèce s.m. ARCH. Nelle chiese romaniche e paleocristiane, porticato esterno della facciata riservato a catecumeni e penitenti.

narvàlo s.m. (fr. *narval*, danese comp. di *når* "corpo" e *hvalr* "balena") Mammifero dei mari artici detto anche *monodonte.* (Lunghezza fino a 6 m; genere *Monodon*, ordine dei Cetacei.)

nasàle agg. **1.** Del naso. **2.** FON. Di fonema che si pronuncia abbassando il velo palatino per far defluire l'aria verso le fosse nasali. ◇ *Voce nasale:* che risuona notevolmente nelle cavità nasali. ◆ s.f. FON. Consonante o vocale nasale. ◆ s.m. Negli antichi elmi da guerra, la parte che proteggeva il naso.

nasalizzàre v.tr. **1.** FON. Articolare un suono in modo che l'aria defluisca dalle fosse nasali. **2.** Parlare con voce nasale. ◆ **nasalizzarsi** v.pron. Di suono linguistico, diventare nasale.

nascènte agg. Che nasce.

1. nàscere v.intr. [42] (aus. *essere*) **1.** Venire al *mondo. ◇ *figg.* Vedere nascere qlcu.:* conoscerlo fin da bambino. – *Essere nato per qlco.:* esservi predisposto. – *Essere nato ieri:* essere ingenuo. – *Essere nato con la camicia:* essere fortunato. **2.** Detto di vegetali, germogliare, germinare. ~ *fig.* Di corso d'acqua, avere origine. **3.** *estens.* Spuntare, sorgere. *Oggi il sole è nato alle sei.* ~ Di edifici, essere costruito. **4.** *fig.* Avere origine, formarsi. *È nato un nuovo partito.*

2. nàscere s.m. inv. Momento in cui qlco. comincia, origine, principio. *Stroncare qualcosa sul nascere.*

nàscita s.f. **1.** L'atto del venire al mondo, l'inizio della vita. ◇ *Dalla nascita:* in modo congenito. **2.** *estens.* Di organismi vegetali, il germogliare. **3.** Famiglia, lignaggio. ◇ *Per diritto di nascita:* ereditariamente. **4.** *fig.* Formazione, comparsa di qlco. SIN.: **inizio.**

nascitùro agg. Che sta per nascere. ◆ s.m. [f. *–ra*] Nel sign. dell'agg.

nascóndere v.tr. [37] **1.** Mettere qlco. in un luogo segreto per sottrarlo alla vista di altri. *Nascondere le caramelle.* **2.** Rendere impossibile o difficile la vista di qlco. *Nascondere le rughe con il trucco.* **3.** Dissimulare, tenere segreto qlco. *Nascondere la propria gioia.* ◆ **nascondersi** v.pron. **1.** Di soggetto animato, sottrarsi alla vista o alla ricerca altrui. *Nascondersi sotto il letto.* **2.** Di soggetto inanimato, scomparire. *Il sole si nasconde nelle nuvole.*

nascondiglio s.m. [pl. *–gli*] Luogo segreto per nascondere qlco. o nascondersi.

nascondino s.m. Gioco in cui tutti si nascondono a eccezione di uno che cerca di trovare gli altri.

nascósto agg. **1.** Sottratto alla vista. ~ *estens.* Isolato, lontano. **2.** *fig.* Non palese, poco spettabile all'apparenza. *Doti nascoste.* ◇ *Di nascosto:* in *segreto. **3.** BOT. Di gemma in riposo, detta anche *dormiente.*

1. nasèllo s.m. Pesce teleosteo dal corpo fusiforme, comune nell'Atlantico e nel Mediterraneo. (Lunghezza 1,3 m; genere *Polliachius*, famiglia dei Gadidi.)

2. nasèllo s.m. (deriv. di *naso*) **1.** MECC. In alcuni congegni di chiusura, l'elemento fisso in cui s'incastra temporaneamente l'elemento mobile. **2.** MUS. Bietta degli strumenti ad arco.

■ **nasèllo**

■ **nasìca**

nasica s.f. inv. Scimmia del Borneo che si nutre di germogli e di foglie, detta anche *scimmia nasuta* a causa del suo naso prominente. (Genere *Nasalis*; famiglia dei Colobidi.)

nasièra s.f. Arnese usato per tenere a freno i buoi e i tori, guidandoli nella direzione voluta. È simile a una tenaglia a due bracci, che si infilano nelle narici dell'animale, fissata e manovrata mediante funi; è detto anche *campanella.*

■ narvàlo

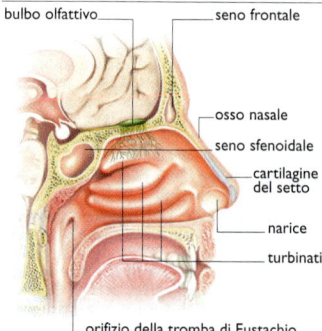

bulbo olfattivo — seno frontale

osso nasale

seno sfenoidale

cartilagine del setto

narice

turbinati

orifizio della tromba di Eustachio

■ **nàso.** L'interno di una cavità nasale.

nàso s.m. **1.** ANAT. Prominenza mediana del viso, compresa tra fronte e labbra, ossea nella parte superiore e cartilaginea in quella inferiore, che protegge l'organo della sensazione olfattiva ed è l'elemento esterno delle vie respiratorie. ◇ figg. *Farla sotto il naso a qlcu.*: combinare qlco. di poco piacevole senza che altri se ne accorgano. – *Ficcare, mettere il naso in qlco.*: impicciarsi di affari altrui. – *Avere la puzza sotto il naso*: giudicare gli altri con sufficienza. – *Lasciare qlcu. con un palmo di naso*: lasciarlo profondamente deluso. – *Non vedere più in là del proprio naso*: mancare di intuizione. **2.** per meton. Senso dell'olfatto. ◇ *A naso*: a tentoni, a intuito. **3.** per meton. L'intera faccia o l'intera persona. ◇ fig. *Mettere il naso fuori*: uscire. **4.** estens. Elemento appuntito di oggetti vari. **5.** ZOOL. (iniziale maiusc.) Genere di pesci d'acqua dolce provvisti di una lama affilata non retrattile, velenosa. (Lunghezza 50 cm; genere *Chondrostoma*, famiglia dei Ciprinidi.)

nasopalatino agg. ANAT. Del naso e del palato. ◇ *Canale nasopalatino*: quello che nel feto mette in comunicazione il naso con la bocca.

nàssa s.f. **1.** Attrezzo da pesca per raccogliere dal fondo marino crostacei, molluschi e pesci. **2.** ZOOL. (iniziale maiusc.) Genere di molluschi del Mediterraneo, che si nutrono della carne di animali morti. (Genere *Nassarius*; classe dei Gasteropodi.)

nastia s.f. (gr., deriv. di *nastós* "calcato") BOT. Movimento temporaneo di un organo vegetale che si curva, in reazione a uno stimolo, secondo una direzione determinata dalla struttura dell'organo stesso.

nastratrice s.f. Macchina che esegue meccanicamente la nastratura, soprattutto dei cavi elettrici.

nastrifórme agg. A forma di nastro, lungo, stretto e sottile come un nastro, detto soprattutto di organi vegetali.

nastrino s.m. **1.** Nel sign. del dim. di *nastro*. **2.** Distintivo di decorazioni militari o onorificenze pubbliche. **3.** (al pl.) Tipo di pasta per minestra.

nàstro s.m. (got. *nastilō* "cinghia") **1.** Striscia di tessuto usata per guarnizioni e orlature. ◇ *Nastro azzurro*: la fettuccia che sostiene la decorazione italiana al valor militare; per meton. la persona che la porta; riconoscimento accordato ai transatlantici che detengono il primato di velocità nella traversata senza scalo dell'Atlantico del Nord. – *Nastro di partenza*: nelle corse sportive, striscia di stoffa tesa tra due aste lungo la linea di partenza; estens. la partenza stessa. – *Nastro inaugurale*: quello che si taglia per inaugurare un'opera pubblica. **2.** Tutto ciò che si presenta in forma di nastro. ◇ *Nastro adesivo*: striscia di carta o plastica trasparente spalmata, su un lato, di sostanza adesiva e avvolta su se stessa, detta anche *scotch*. – *Nastro isolante*: striscia di tessuto o plastica spalmata di sostanza adesiva su un lato, che si usa per rivestire cavi elettrici. – *Nastro trasportatore*: macchina usata per trasportare materiale in fase di lavorazione. – *Nastro magnetico*: striscia di plastica trattata con ossidi magnetizzabili e protetta da speciali contenitori, sulla quale si registrano voci, suoni, immagini e dati. – MAT. *Nastro di Möbius*: parti-

colare superficie ottenuta ruotando di 180 gradi le due estremità di una striscia di carta e incollandole insieme. **3.** fig. Elemento lineare, lungo e stretto, dritto oppure serpeggiante. **4.** (al pl.) Tipo di pasta per minestra, di forma allungata, stretta e sottile.

nastrotèca s.f. [pl. *–che*] Raccolta di nastri magnetici su cui sono registrati suoni, immagini o dati.

nastùrzio s.m. [pl. *–zi*] (lat. *nastùrcium*, propr. "che fa storcere il naso" per il suo odore piccante) **1.** Pianta diffusa in ambienti acquatici o umidi, comune in Italia. (Famiglia delle Crocifere.) **2.** BOT. (iniziale maiusc.) Genere di piante a cui appartengono le varie specie di nasturzio. **3.** Denominazione comune di alcune piante erbacee delle Tropeolacee.

Nàsua s.f. ZOOL. Genere di mammiferi diffusi nell'America centromeridionale, di aspetto simile al procione, di medie dimensioni, con corpo snello ricoperto da una morbida pelliccia, coda molto lunga e spessa, perlopiù ad anelli chiari e scuri, corte zampe robuste e artigliate, occhi piccoli e vivaci, muso a proboscide e denti aguzzi. (Ordine dei Carnivori.)

natàle agg. (lat. *natàlem* "della nascita") Detto del luogo e del tempo in cui si è nati. SIN.: **nativo.** ◆ s.m. **1.** Giorno della nascita e anniversario di tale giorno. **2.** (al pl.) Nascita, origine. **3.** CRIST. per anton. (iniziale maiusc.) Ricorrenza della nascita di Cristo, festeggiata il 25 dicembre.

natalità s.f. inv. La quantità delle nascite come rilievo statistico, calcolata per un determinato periodo di tempo su un dato territorio e su una determinata popolazione.

natalizio agg. [pl.m. *–zi*] Relativo al Natale come festa.

natànte agg. Che galleggia o si sposta sulla superficie dell'acqua. ◆ s.m. **1.** MAR. Galleggiante o imbarcazione non dotati di motore o propulsione o con motore di piccola potenza. **2.** estens. Ogni tipo di imbarcazione di piccole dimensioni.

natatòrio agg. [pl.m. *–ri*] **1.** Del nuoto, che serve a nuotare. **2.** ZOOL. *Vescica natatoria*: in molti pesci, piccolo sacco pieno di ossigeno e altri gas posto sotto la colonna vertebrale che, assolvendo una funzione idrostatica, facilita lo spostamento nell'acqua.

nàtica s.f. [pl. *–che*] **1.** ANAT. Nell'uomo e in alcuni animali (p.e. cavallo) ciascuna delle due masse di carne muscolosa, di forma arrotondata, situate in corrispondenza dei glutei. **2.** ZOOL. (iniziale maiusc.) Genere di molluschi del Mediterraneo, il cui guscio ricorda quello della lumaca. (Classe dei Gasteropodi.)

natimortalità s.f. inv. Rapporto fra il numero dei bambini nati morti e quello delle nascite complessive in un dato periodo.

nativismo s.m. (fr. *nativisme*) FILOS. Concezione secondo la quale l'uomo possiede già dalla nascita l'intero patrimonio di idee e le qualità che svilupperà nel corso della sua vita. SIN.: **innatismo.**

natività s.f. inv. **1.** Festa della nascita di Cristo, della Vergine o di Giovanni Battista. **2.** Rappresentazione artistica della nascita di Gesù.

nativo agg. **1.** Della nascita, che riguarda il luogo di nascita. **2.** estens. Che si ha dalla nascita. SIN.: **innato. 3.** MIN. Di un metallo che si trova allo stato puro. **4.** INFORM. Di applicazione o programma, progettato appositamente per un dato sistema operativo e formulato nel linguaggio macchina di un dato tipo di computer. ◆ s.m. [f. *–va*] Persona originaria di un luogo.

nàto agg. Venuto al mondo, partorito. ~ estens. Di caratteristica congenita. *Sordo nato.* ◇ *Nato morto*: morto prima di vedere la luce; fig. di cosa destinata al fallimento perché non fondata su solide basi. ◆ s.m. [f. *–ta*] **1.** (spec. pl.) Persona nata in un certo periodo. **2.** Figlio. *Ultimo nato.*

nàtron s.m. inv. (ar. *naṭrūn* propr. "estratto dai sali del *Wadi Natrūm* ", nome di una località egiziana) Carbonato di sodio idratato. (Usato dagli Egiziani per conservare le mummie.)

1. nàtta s.f. (etim. incerta, forse gr. *áphtha* "ulcera") MED. Cisti del cuoio capelluto.

2. nàtta s.f. (fr. *natte*, lat. deriv. di *màttam* "stuoia") MAR. Fodera di stuoia o d'altro materiale usata per rivestire i locali della stiva e impedire la formazione di muffe.

natufiàno s.m. Cultura preistorica fiorita nell'VIII millennio a.C. in Palestina, a opera di popolazioni che iniziavano la pratica dell'agricoltura.

natùra s.f. (lat., deriv. di *nātus* "nato") **1.** L'insieme degli esseri viventi e delle cose inanimate che costituiscono l'universo come entità retta da un ordine proprio e governata da leggi costanti. ~ *Ambiente naturale*, paesaggio. ◇ *I tre regni della natura*: il minerale, il vegetale e l'animale. – *Il sentimento della natura*: il senso di piacere che l'uomo prova nel sentirsi partecipe della natura o nel contemplarne le meraviglie. – *In natura*: con prodotti naturali, merci o altri beni, senza ricorso a valori monetari. – *Peccare contro natura*: violare le leggi naturali, spec. con riferimento a comportamenti sessuali ritenuti devianti. – *Secondo natura*: in modo spontaneo, non sofisticato. **2.** (anche iniziale maiusc.) Personificazione, ant. divinizzata, della forza generatrice dell'universo, considerata come dotata di una propria volontà, spesso imperscrutabile. ◇ *Scherzo della natura*: detto di qlcu. o qlco. che presenta caratteristiche contrarie alle leggi naturali, anche in senso iron. **3.** Insieme delle caratteristiche che costituiscono la personalità fisica o morale di un essere. ~ L'insieme delle qualità e delle tendenze innate che caratterizzano l'umanità, una specie o un individuo. **4.** Qualità o complesso di qualità che costituiscono una proprietà naturale di una sostanza. ~ Qualità intrinseca o particolare di una cosa concreta o astratta. **4.** LING. *Sillabe lunghe per natura*: quelle che contengono una vocale lunga (in oppos. alle *sillabe lunghe per posizione*). **5.** PITT. *Natura morta*: rappresentazione di fiori, frutti, oggetti inanimati e animali morti; estens. il quadro che contiene tali soggetti.

naturàle agg. **1.** Che appartiene alla natura, è proprio del mondo fisico. ◇ *Scienze naturali*: riguardanti le diverse manifestazioni della natura, quali zoologia, botanica, geologia, ecc. – *Morte naturale*: avvenuta per vecchiaia o malattia. **2.** Conforme all'ordine normale delle cose, al buon senso, alla ragione. ◇ DIR. *Giudice naturale*: quello che ha competenza materiale e territoriale a giudicare. **3.** Riferito agli esseri viventi, istintivo, innato. **4.** Che non è artefatto, falsificato. ~ Spontaneo, schietto. ◇ *Fibre naturali*: le fibre tessili che si ricavano da animali (lana, seta) o da piante (cotone, canapa, lino). – *Al naturale*: come si trova in natura, non alterato né modificato. – *Acqua naturale*: non minerale o minerale non addizionata di anidride carbonica.

naturalézza s.f. **1.** Conformità alla natura. **2.** Atteggiamento o comportamento spontaneo, schietto. SIN.: **semplicità.**

naturalismo s.m. (fr. *naturalisme*, ingl. *naturalism*) **1.** FILOS. Dottrina che nega l'esistenza di un principio creatore trascendente la natura, ritenendo che questa abbia in se stessa la ragione del proprio essere. **2.** Scuola letteraria e artistica del sec. XIX che mirava a riprodurre, con perfetta obiettività, la realtà in tutti i suoi aspetti, anche i più volgari.

ENCICL. In letteratura, la scuola naturalista fiorì in Francia tra il 1860 e il 1880 per l'influenza del realismo di Flaubert e del positivismo di Taine. È Zola che incarna la nuova estetica, di cui diventa il teorico (*Il Romanzo sperimentale*, 1880), fondando la verità del romanzo sull'osservazione scrupolosa della realtà colta dal vivo, senza preoccupazioni di ordine morale, e sulla verifica sperimentale che avrebbe dimostrato come l'individuo e i fatti si sviluppino secondo leggi di determinismo ereditario e ambientale. Tra gli esponenti si ricordano anche Maupassant, Léon Hennique, Henry Céard, Paul Alexis e Huysmans. In Italia il naturalismo e l'opera di Zola ebbero favorevole accoglienza da parte di F. De Sanctis, ma il termine in senso rigoroso ebbe scarsa fortuna.

naturalista s.m. e f. [pl.m. *–sti*] (fr. *naturaliste*) **1.** BIOL. Chi studia le piante, i minerali, gli animali. **2.** Seguace del naturalismo. ❑ In funzione di agg., che si occupa dello studio e della protezione della natura.

naturalìstico agg. [pl.m. –*ci*, f. –*che*] **1.** Relativo alle scienze naturali. **2.** Relativo al naturalismo.

naturalizzàre v.tr. (fr. *naturaliser*) DIR. Concedere il diritto di cittadinanza a uno straniero, a un apolide. ◆ **naturalizzàrsi** v.pron. **1.** BIOL. Detto di specie animali e vegetali, adattarsi in luoghi diversi da quello d'origine, senza subire mutazioni o modificazioni nel ciclo biologico. **2.** Ottenere il diritto di cittadinanza.

naturalizzàto agg. **1.** DIR. Di persona che ha ottenuto il diritto di cittadinanza. **2.** BIOL. Di una specie vegetale ben ambientata in una regione diversa da quella d'origine.

naturalizzazióne s.f. (fr. *naturalisation*) **1.** DIR. Atto giuridico con cui si concede a uno straniero il diritto di cittadinanza. **2.** BIOL. Adattamento di specie animali o vegetali in ambienti diversi da quelli d'origine.

naturalménte avv. **1.** Per natura. **2.** Non artificialmente, con spontaneità. **3.** Ovviamente. *Naturalmente sei in ritardo!* **4.** Certamente, senz'altro.

nature [/na'tyr/] agg. inv. (voce fr., propr. "natura") Detto di ciò che si presenta allo stato naturale, che non ha subìto alterazioni o sofisticazioni.

naturìsmo s.m. (fr. *naturisme*) **1.** Tendenza sorta in reazione al fenomeno dell'urbanesimo a favore di una vita a contatto con la natura, della dieta vegetariana e a volte anche del rifiuto del vestiario. ~ Pratica del nudismo. **2.** MED. Corrente che fa risalire alla natura ogni azione risanatrice e basa perciò la terapia sul semplice supporto delle difese naturali. **3.** RELIG. Il culto di divinità identificate con le forze naturali. **4.** ETNOL. Indirizzo che ritiene che la vita dei popoli primitivi segua meccanicamente leggi naturali.

naturìsta s.m. e f. [pl.m. –*sti*] (fr. *naturiste*) Chi pratica il naturismo.

Naucòridi s.m. pl. [iniziale minusc. sing. –*de* per l'individuo] (comp. di gr. *nâus* "nave" e *kóris* "cimice") ZOOL. Famiglia di insetti dotati di una specie di pungiglione che vivono nelle acque dolci, stagnanti e salmastre e si nutrono di larve d'insetti e piccoli molluschi. (Lunghezza 15 cm; genere *Naucoris*, ordine degli Eterotteri.)

naufragàre v.intr. [4] (aus. *essere* o *avere*) **1.** Affondare in mare. **2.** *fig.* Non avere una conclusione positiva, non riuscire.

naufràgio s.m. [pl. –*gi*] (lat., comp. di *nāvis* "nave" e *frăngere* "spezzare") **1.** Disastro marittimo che si verifica quando per un qualsiasi motivo una nave affonda o va completamente distrutta. **2.** *fig.* Rovina completa, fallimento. *Naufragio di un'impresa.*

nàufrago s.m. [f. –*ga*, pl.m. –*ghi*, f. –*ghe*] Sopravvissuto a un naufragio.

naumachìa s.f. (gr., comp. di *nâus* "nave" e *mákhesthai* "combattere") ANT. ROM. Rappresentazione di una battaglia navale.

naupatìa s.f. (fr. *naupathie*) MED. Mal di *mare.

nàuplio s.m. [pl. –*pli*] (gr., dal nome di *Nàuplios* figlio di Poseidone) ZOOL. Prima forma larvale dei crostacei.

nàusea s.f. (lat. *nāuseam* "mal di mare") **1.** MED. Malessere che si accusa all'epigastrio e alla faringe caratterizzato da rigurgito, ripugnanza per il cibo, giramenti di testa, sudorazione e salivazione abbondanti. **2.** *comun.* Senso di disgusto spinto fino al desiderio di vomitare. **3.** *fig.* Repulsione morale. *Questi modi di fare danno la nausea.*

nauseabóndo agg. Che provoca nausea. SIN: disgustoso.

nauseànte agg. Che dà la nausea. ~ *fig.* Disgustoso, ripugnante.

nauseàre v.tr. **1.** Far venire la nausea. **2.** *fig.* Provocare disgusto, ripugnanza.

nauseàto agg. Colto da nausea.

-nàuta Secondo elemento di composti dotti in cui significa "navigante", "pilota" (*cosmonauta*).

nàutica s.f. [pl. –*che*] (gr., deriv. di *nautikè tékhnē* "arte della navigazione") La navigazione, come arte e tecnica. ◆ s.m. L'insieme degli sport nautici e il complesso delle imbarcazioni e delle attrezzature relative a tali sport.

nàutico agg. [pl.m. –*ci*, f. –*che*] Che è proprio della navigazione. *Carta nautica.*

Nàutilo s.m. ZOOL. Genere di molluschi cefalopodi dei mari caldi, con conchiglia a spirale, esistenti dall'era primaria. (Diametro 20 cm.)

■ **Nàutilo**

navaja [/na'βaxa/] s.f. [pl. *navajas*] (voce spagn., lat. *novàculam* "rasoio, coltello") Lungo coltello, a lama affilata, leggermente curva.

navajo [/na'βaxo/] agg. [pl. *navajos*] (voce spagn. d'America, tewa *navahú* "largo campo") Della popolazione nativa americana dei Navajo. ◆ s.m. (anche iniziale maiusc.) Appartenente a tale popolazione.

navàle agg. Che riguarda la navigazione.

navarrése agg. Della Navarra. ◆ s.m. e f. Nativo, abitante della Navarra.

navàta s.f. ARCH. Nelle chiese, spazio che si estende in senso longitudinale dall'ingresso al transetto diviso in più spazi laterali da pilastri o colonne.

nàve s.f. **1.** Imbarcazione di grandi dimensioni, destinata alla navigazione in mare aperto (in oppos. a *battello*, destinato alla navigazione interna). ◇ *Nave cisterna:* piccola nave per il rifornimento di acqua dolce e combustibili. **2.** Tipo di imbarcazione attrezzata con tre alberi a vele quadre e bompresso. **3.** ASTR. (iniziale maiusc.) Costellazione del cielo australe raffigurante la mitica nave Argo.

navétta s.f. **1.** Elemento di legno o metallo delle macchine per tessere e per cucire che contiene la spola. **2.** ASTRONAUT. *Navetta spaziale:* veicolo utilizzabile per più viaggi di andata e ritorno fra la terra e un'orbita terrestre. (*v. immagine pag. succ.*) **3.** Taglio di pietra preziosa in forma ovale appuntita alle estremità. **4.** Mezzo di trasporto che effettua collegamenti brevi e regolari tra due luoghi. □ In funzione di agg., nell'accez. 4 del s. *Treno navetta.*

navicèlla s.f. **1.** Piccolo recipiente che contiene l'incenso per gli uffici liturgici. **2.** La parte di una mongolfiera o di un dirigibile che alloggia l'equipaggio e le apparecchiature. **3.** *Navicella spaziale:* capsula di un veicolo spaziale che contiene gli strumenti e l'eventuale equi-

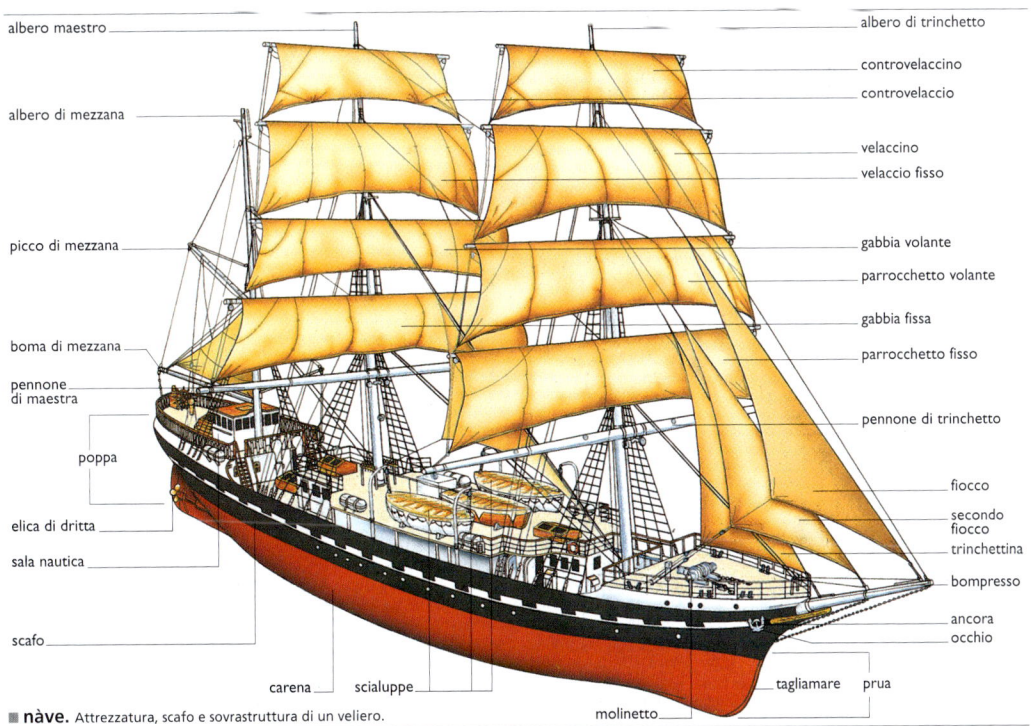

■ **nàve.** Attrezzatura, scafo e sovrastruttura di un veliero.

albero maestro
albero di mezzana
picco di mezzana
boma di mezzana
pennone di maestra
poppa
elica di dritta
sala nautica
scafo
carena
scialuppe
molinetto

albero di trinchetto
controvelaccino
controvelaccio
velaccino
velaccio fisso
gabbia volante
parrocchetto volante
gabbia fissa
parrocchetto fisso
pennone di trinchetto
fiocco
secondo fiocco
trinchettina
bompresso
ancora
occhio
tagliamare
prua

■ **navétta** spaziale. Atterraggio del veicolo orbitale Columbia al ritorno da una missione.

paggio. **4.** CHIM. Contenitore oblungo usato per la combustione di sostanze organiche.

Navìcula s.f. BOT. L'insieme delle alghe microscopiche verdi bluastre, diffuse nelle acque dolci e marine. (Classe delle Bacillarioficee.)

navigàbile agg. Che può essere percorso da navi.

navigabilità s.f. inv. **1.** Stato di un corso d'acqua o un canale navigabile. **2.** La capacità di una nave o di un aereo di navigare o di volare, seguendo le norme di sicurezza previste.

navigànte agg. **1.** Del personale che fa parte dell'equipaggio di una nave, in oppos. a *personale di terra*. **2.** Che naviga, imbarcato su una nave o su un aereo. ◆ s.m. e f. Nell'accez. 2 dell'agg.

navigàre v.intr. [4] (aus. *avere*) **1.** Detto di imbarcazioni e aerei, percorrere uno spazio d'acqua o di aria. **2.** Detto di persona, viaggiare su un'imbarcazione. **3.** INFORM. Leggere, consultare un ipertesto, in partic. le pagine di un sito Internet.

navigàto agg. **1.** Che ha avuto molte esperienze. SIN.: *vissuto*. **2.** Percorso da imbarcazioni.

navigatóre s.m. [f. *–trice*] **1.** Chi va per mare. **2.** Ufficiale di rotta su navi e aerei, spec. militari. **3.** SPORT. Nelle gare di rally, assistente del pilota. **4.** Chi fa ricerche su Internet. □ In funzione di agg., nell'accez. 1 del s.

navigazióne s.f. **1.** Arte e attività del navigare sull'acqua con imbarcazioni, nell'aria con aerei o nello spazio con veicoli spaziali. **2.** Traversata per mare o altro viaggio per nave. **3.** INFORM. *fig.* Percorso di lettura di un ipertesto. ENCICL. Praticata inizialmente tramite l'osservazione di riferimenti conosciuti o identificati su una mappa (*navigazione a vista*), la navigazione è divenuta via via più precisa grazie all'impiego di reti di emettitori radioelettrici (*radionavigazione*). Inizialmente collocati a terra (sistema Decca, Loran, ecc.), tali strumenti sono ora collocati a bordo di satelliti (sistema GPS, Navstar, Glonass). Le tecniche di navigazione astronomica, basate sull'osservazione dell'altezza degli astri, sono state sostituite a bordo di navi e aerei dalla *navigazione inerziale*, incentrata su un sistema giroscopico completamente autonomo.

1. naviglio s.m. [pl. *–gli*] Insieme di navi con caratteristiche comuni. *Naviglio da pesca*.

2. naviglio s.m. [pl. *–gli*] Canale navigabile o per irrigazione.

navisfèra s.f. MAR. Globo rappresentante la sfera celeste che permette al navigatore di identificare una stella osservata con il sestante.

navóne s.m. Pianta erbacea con tubero sotterraneo commestibile, usata come foraggio per il bestiame. (Famiglia delle Crocifere.)

navy [/'neɪvɪ/] agg. inv. (voce ingl., propr. "marina militare") Di un colore blu molto scuro. ◆ s.f. inv. MAR. Corpo militare della marina.

nazarèno agg. Di Nazareth. ◆ s.m. pl. Nome generico dato ant. ai cristiani e in tempi moderni ad alcune sette religiose. ENCICL. ART. I *Nazareni*, pittori tedeschi dal profondo spirito religioso, si stabilirono a Roma nel 1810 ca. e lì vissero in confraternite ispirandosi all'idealismo dei pittori primitivi italiani. I più conosciuti sono Friederich Overbeck (1789-1869), che visse tutta la vita a Roma, e Peter von Cornelius (1783-1869), che insegnò per lunghi anni a Monaco, Düsseldorf e Berlino.

nàzi agg. inv. (ted., contrazione di *Nationalsozialist* "nazionalsocialista") Nel l. gior., nazista. ◆ s.m. e f. inv. Nel sign. dell'agg.

nazifascismo s.m. L'insieme del nazionalsocialismo tedesco e del fascismo italiano, come forza politica basata su principi ideologici comuni.

nazifascista agg. [pl.m. *–sti*] Del nazifascismo. ◆ s.m. e f. Fautore dell'ideologia politica del nazifascismo.

nazionàle agg. **1.** Relativo a una nazione intesa come organismo unitario nei suoi aspetti culturali, economici, politici e territoriali. ◇ *Monumento nazionale*: edificio di particolare interesse storico-artistico posto sotto la tutela degli organi pubblici. **2.** SPORT. Relativo a tutta la nazione. ◆ s.f. **1.** SPORT. La squadra rappresentativa di una nazione in una determinata specialità. **2.** Strada nazionale, gestita dallo stato. SIN.: *statale*. ◆ s.m. e f. SPORT. Atleta che fa parte della squadra nazionale di una determinata specialità.

nazionalismo s.m. (fr. *nationalisme*, ingl. *nationalism*) Tendenza ideologica a esaltare il concetto di nazione esasperando il comune sentimento di attaccamento al proprio paese.

nazionalista agg. [pl.m. *–sti*] (fr. *nationaliste*, ingl. *nationalist*) Del nazionalismo. ◆ s.m. e f. Chi sostiene o applica il nazionalismo.

nazionalìstico agg. [pl.m. *–ci*, f. *–che*] Del nazionalismo.

nazionalità s.f. inv. (fr. *nationalité*) **1.** Appartenenza giuridica di una persona alla popolazione di uno Stato. ◇ ST. *Principio di nazionalità*: il diritto politico in base al quale nell'Ottocento una nazione poteva formare uno stato indipendente entro i suoi confini territoriali. **2.** Nel l. giur., comunità di individui accomunati da lingua, storia, tradizioni, che si è costituita in stato e che gode di diritti specifici. **3.** Nazione, stato.

nazionalizzàre v.tr. (fr. *nationaliser*) Rendere di proprietà dello stato servizi di pubblica utilità o imprese private.

nazionalizzazióne s.f. (fr. *nationalisation*) Trasferimento a enti pubblici della proprietà o del controllo di servizi e imprese prima gestiti da privati.

nazional-popolàre agg. **1.** Nel pensiero di Gramsci, detto di manifestazioni culturali che rappresentano i valori di un'intera nazione. **2.** *pegg.* Caratterizzato dall'appiattimento culturale provocato dai mass-media.

nazionalsocialismo s.m. (fr. *nationalsocialisme*, ted. *Nationalsozialismus*) Ideologia del partito nazionalsocialista tedesco. SIN.: *nazismo*. ENCICL. Fondato a Monaco nel 1920, il Partito nazionalsocialista tedesco dominò la Germania dal 1933, anno dell'ascesa al potere di Hitler, al 1945 (fine della seconda guerra mondiale), instaurandovi un regime fondato sulla dittatura del Führer, il reclutamento delle masse, l'espansione del Terzo Reich, il terrorismo di stato (di cui furono agenti le SS e la Gestapo) e lo sterminio degli ebrei.

nazionalsocialista agg. [pl.m. *–sti*] (fr. *nationalsocialiste*, ted. *Nationalsozialist*) Relativo al nazionalsocialismo. SIN.: *nazista*. ◆ s.m. e f. Seguace del nazionalsocialismo.

nazióne s.f. (lat. *natĭonem* "nascita, popolo") **1.** Collettività di individui che condivide una tradizione storica, linguistica, culturale, economica. SIN.: *popolo*. **2.** *estens.* Il territorio di essa occupato. ~ La sua organizzazione in stato.

naziskin [/'naːtsɪskɪn/] s.m. e f. inv. (voce pseudoingl., comp. di *Nazi* "nazista" e *skin-head* "testa rasata fino alla pelle") Neonazista appartenente a bande teppistiche di giovani (*skinheads*) con testa rasata, giubbotti di pelle con svastiche e stivaloni militari.

nazismo s.m. (fr. *nazisme*) → **nazionalsocialismo**

nazista agg. [pl.m. *–sti*] Del nazionalsocialismo. ◆ s.m. e f. **1.** Nazionalsocialista. **2.** *estens.* Chi approva e applica metodi crudeli e spietati.

NBC agg. inv. (Sigla di *Nucleare, Biologico, Chimico*) Che ha attinenza con l'impiego di ordigni nucleari, agenti batteriologici, aggressivi chimici.

'ndràngheta s.f. (solo sing.) (voce calabrese) Organizzazione mafiosa di origine calabrese.

né avv. **1.** Da lì, da qui, con valore di moto da luogo. *Entrò in ufficio e ne uscì poco dopo.* **2.** Si unisce a verbi che in costruzione riflessiva esprimono particolare coinvolgimento del soggetto. *Andarsene.*

né cong. **1.** Negazione che precede e coordina più termini in una frase negativa. *Non siamo andati né io né mia moglie.* ◇ *Né più né meno*: esattamente, proprio. **2.** E non, e neanche. *Non l'ho visto né desidero vederlo.*

neànche avv. Riprende o rafforza una negazione. *Non ci penso neanche.* SIN.: *nemmeno*. ◆ cong. **1.** Lega, in coordinazione con *e*, due frasi negative o due elementi in una frase negativa. *Non lo so e neanche mi interessa.* **2.** Anche se. *Non ti credo neanche se giuri.*

neandertaliàno agg. Dell'epoca paleozoica cui si fa risalire il cosiddetto uomo di Neandertal, proveniente dalla valle del fiume Neander. (Nome sc. *Homo sapiens neandertalensis*; a lungo considerato come una sottospecie dell'uomo moderno, se ne differenzia per i caratteri morfologici e anatomici che permettono di considerarlo una specie distinta.)

neàntropo s.m. ANTROP. → **neoantropo**.

nébbia s.f. **1.** Concentrazione vicino al suolo di goccioline fini d'acqua in sospensione che formano una nuvola riducendo la visibilità. ◇ *Nebbia che si taglia col coltello*: talmente fitta che sembra avere consistenza. **2.** *fig.* Quanto offusca la ragione o impedisce la lucidità mentale. **3.** BOT. Nome volgare di alcune piante erbacee delle Graminacee e delle Cariofillacee, coltivate a scopo ornamentale. **4.** MED. Offuscamento della vista dovuto a una macchia opaca sulla cornea o alla cataratta.

nebbióne s.m. Nel sign. dell'accr. di *nebbia*; in partic., nebbia molto fitta.

nebbióso agg. **1.** Pieno di nebbia. **2.** *fig.* Che manca di chiarezza. SIN.: *nebuloso*.

nébula s.f. ASTR. Nebulosa.

nebulàre agg. ASTR. Relativo a una nebulosa.

nebulizzàre v.tr. (ingl. *to nebulize*) **1.** Ridurre un liquido a massa nebbiosa. **2.** AGR. Cospargere piante e frutti di antiparassitari liquidi mediante nebulizzatore.

nebulizzatóre s.m. (ingl. *nebulizer*) Apparecchio che, mediante condensazione di vapore acqueo, riduce un liquido in gocce microscopiche e lo diffonde nell'aria.

nebulizzazióne s.f. (ingl. *nebulization*) Riduzione di un liquido in gocce microscopiche sospese nell'aria.

nebulósa s.f. **1.** ASTR. Formazione celeste costituita da un ammasso di stelle, sostanze gassose e pulviscolo cosmico. **2.** *fig.* Ammasso confuso di cose, di idee. ENCICL. Le nebulose presenti nella nostra galassia, dette *galattiche*, si dividono solitamente in nebulose *oscure* (non illuminate da stelle adiacenti) e nebulose *brillanti*, a loro volta classificabili come nebulose *a emissione* o *a riflessione*. Le nebulose a emissione sono composte principalmente da idrogeno ionizzato eccitato per azione delle radiazioni UVA di stelle calde vicine e hanno un caratteristico colore rosso; le nebulose a riflessione non riescono a brillare per l'azione delle stelle vicine, ma ne riflettono la luce assumendo un colore blu. Altri tipi di nebulose sono legate invece alla fase terminale della vita delle stelle: si tratta dei *resti di supernovae* (formati da un nucleo di neutroni e un guscio di

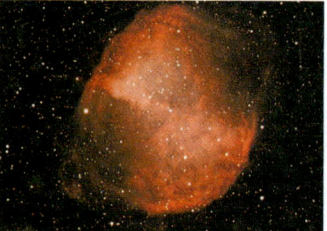

■ **nebulósa** planetaria NGC 6853 nella costellazione della Vulpecola.

materia in espansione lasciato dall'impatto di una supernova con un'onda d'urto) e delle *nebulose planetarie* (in cui le masse di gas sono disposte a formare un anello o un alone frangiato intorno a una stella e appaiono perciò simili a pianeti se osservate con strumenti di limitata potenza).

nebulosità s.f. inv. **1.** METEOR. Presenza di nuvole. **2.** ASTR. *estens.* Forma poco definita, non segnata da contorni netti. **3.** *fig.* Mancanza di chiarezza. SIN.: **imprecisione**.

nebulóso agg. **1.** Coperto di nubi o immerso nella nebbia. **2.** *fig.* Poco chiaro, poco definito.

nécessaire [/nese'sɛr/] s.m. inv. (voce fr., propr. "il necessario") Astuccio da toilette, valigetta da viaggio o altra borsetta contenente il necessario per determinati usi e operazioni.

necessàrio agg. [pl.m. –*ri*] **1.** Indispensabile o almeno estremamente utile. *L'acqua è necessaria alla vita.* **2.** LOG., FILOS., MAT. Che non può non esistere come è, poste determinate premesse, spec. in un rapporto di causa ed effetto. **3.** DIR. Che è disposto in modo inderogabile dalla legge. ◆ s.m. Ciò che è indispensabile per le necessità della vita. *Mancare del necessario.*

necessità s.f. inv. **1.** Cosa, condizione o mezzo necessari. *La necessità di dormire.* ◇ *Di prima necessità:* che consente ad una necessità fondamentale. □ DIR. *Stato di necessità:* situazione nella quale un privato o un governo compie un'azione che costituisce un'infrazione alle leggi ma che, a causa delle circostanze, gode legalmente dell'impunità. **2.** (spec. pl.) Quanto è indispensabile. *Le necessità della vita.* **3.** assol. Estrema miseria. **4.** Volontà superiore. **5.** FILOS. Proprietà di ciò che è e che non può essere diversamente da come è.

necessitàre v.intr. (aus. *essere*) Avere bisogno di qlcu. o qlco. *L'auto necessita di una revisione.* ~ Essere necessario. SIN.: **occorrere**. ◆ v.tr. Esigere, richiedere. *La faccenda necessita un chiarimento.*

neck [/'nɛk/] s.m. inv. (o pl. *necks*) (voce ingl., propr. "collo") GEOL. Ammasso di lava solidificato nella sezione alta di un condotto vulcanico e successivamente portato allo scoperto dall'erosione.

Necròbia s.f. ZOOL. Genere di coleotteri che infestano rifiuti, farine, cibi conservati. (Lunghezza 5 mm ca.; famiglia dei Cleridi.)

necrobiòsi s.f. inv. BIOL. Lento processo involutivo delle cellule, che porta a necrosi del tessuto.

necrofagia s.f. ZOOL. Caratteristica propria di alcuni animali, in partic. degli insetti, di nutrirsi di carogne.

necròfago agg. [pl.m. –*gi*, f. –*ghe*] Di animale che si nutre di carogne.

necrofilia s.f. PSICOL. Forma patologica di comportamento sessuale che si manifesta nell'attrazione verso cadaveri.

necròfilo agg. PSICOL. Di persona affetta da necrofilia. ~ *estens.* Che è patologicamente interessato da tutto ciò che riguarda la morte. ◆ s.m. [f. –*la*] Nel sign. dell'agg.

necrofobia s.f. PSICOL. Paura ossessiva dei cadaveri.

necròforo s.m. **1.** Chi è preposto al trasporto e al seppellimento dei cadaveri. **2.** ZOOL. (iniziale maiusc.) Genere di insetti che si nutrono di organismi animali in decomposizione. (Lunghezza 2 cm; famiglia dei Silfidi.)

necrològio s.m. [pl. –*gi*] (comp. di gr. *nekrós* "morto" e *lógion* "comunicazione sacra") **1.** Annuncio funebre pubblicato su giornali e riviste. ~ Breve discorso in commemorazione di un defunto. **2.** Registro parrocchiale delle morti avvenute nella comunità.

necròpoli s.f. inv. (gr., comp. di *nekrós* "morto" e *pólis* "città") **1.** ARCHEOL. In epoca precristiana, luogo di sepoltura dei defunti. **2.** *estens.* Cimitero monumentale.

necroscopia s.f. MED. Ispezione esterna e interna dei cadaveri per identificare le cause del decesso. SIN.: **autopsia**.

necròsi s.f. inv. (gr. *nékrōsis* "stato di morte") BIOL., MED. Processo di decomposizione delle cellule di un tessuto organico, di un organo o di parte di esso. SIN.: **cancrena**.

necròtico agg. [pl.m. –*ci*, f. –*che*] BIOL., MED. Relativo alla necrosi.

necrotizzàre v.tr. BIOL., MED. Mandare in cancrena una parte del corpo. ◆ **necrotizzarsi** v.pron. Andare in cancrena.

nècton o **nèkton** s.m. inv. (ingl. *necton*, gr. deriv. di *nēktós* "che nuota") BIOL. L'insieme degli animali capaci di muoversi attivamente nell'acqua (in oppos. a *plancton*).

neerlandése s.m. (fr. *néerlandais*) Lingua germanica dei Paesi Bassi che si divide in olandese e fiammingo.

nefandézza s.f. **1.** Natura di ciò o di chi è nefando. **2.** Atto scellerato. SIN.: **mostruosità**.

nefàndo agg. (lat. *nefándum* "esecrabile, da non dirsi") Riferito a persona che si è macchiata di colpe gravissime.

nefàsto agg. **1.** ANT. ROM. Di giorno segnato da cattivi presagi. **2.** *estens.* Che fa presagire danni, disgrazie. SIN.: **funesto**. ◆ s.m. (al pl.) Vicende sfavorevoli, imprese ingloriose.

nefelina s.f. (fr. *nepheline*, gr. deriv. di *nephélē* "nuvola") Minerale dei feldspati, contenente alluminio, sodio e potassio.

Nefèlio s.m. (spec. sing.) BOT. Genere di piante arboree con piccole foglie persistenti a orlo dentato, fiorellini bianchi e frutti eduli a drupa. (Famiglia delle Sapindacee.)

nefelometria s.f. (ingl. *nephelometry*) **1.** METEOR. Misurazione della velocità e della direzione di spostamento delle nuvole. **2.** CHIM., FIS. Studio delle sostanze in sospensione in un liquido tramite speciali strumenti ottici.

nefrectomia s.f. MED. Asportazione chirurgica di un rene.

nefridio s.m. [pl. –*di*] ZOOL. Organo escretore dei metazoi a simmetria bilaterale.

1. nefrite s.f. MED. Infiammazione renale acuta o cronica.

2. nefrite s.f. (gr., deriv. di *nephrós* "rene", perché usata un tempo come amuleto contro le malattie renali) MIN. Silicato di magnesio, ferro e calcio, varietà fibrosa d'anfibolo. (Nefrite e giadeite sono componenti della giada.)

nefròide agg. ANAT. Che ha forma o struttura simile a un rene. ◆ s.f. MAT. Particolare curva algebrica la cui forma ricorda quella di un rene.

nefròlito s.m. MED. Calcolo renale.

nefrologia s.f. MED. Studio dell'anatomia, della morfologia e delle patologie del rene.

nefròlogo s.m. [f. –*ga*, pl.m. –*gi*, f. –*ghe*] Specialista in malattie renali.

nefróne s.m. ANAT. L'unità costitutiva del rene formata dal glomerulo di Malpighi, dalla capsula di Browman e dai tre tubuli a funzione escretrice.

nefropatia s.f. MED. Qualsiasi malattia che colpisca un rene. SIN.: **nefrosi**.

nefròsi s.f. inv. MED. Qualsiasi malattia che causa una degenerazione dei reni.

negàre v.tr. [4] **1.** Non ammettere che un certo fatto sia vero. **2.** Dire, rispondere di no. SIN.: *estens.* Che fa presagire. *Gli fu chiesto se fosse uscito di casa alle nove e lui negò.* **3.** Non voler dare qlco. a qlcu. *Negare il proprio aiuto.* ◆ **negarsi** v.pron. **1.** Far finta di non esserci. *Negarsi al telefono.* **2.** Non concedersi qlco. *Si nega ogni piacere.*

negativa s.f. **1.** Atteggiamento persistente di negazione. **2.** FOTO. Immagine fotografica con i valori tonali inversi a quelli dello sviluppo positivo.

negativismo s.m. **1.** PSICOL. Disturbo nevrotico che si esprime in una caparbia opposizione alla volontà o ai suggerimenti altrui. **2.** *estens.* Scetticismo o rifiuto nei confronti di qlco.

negatività s.f. inv. **1.** Caratteristica di ciò che è negativo. **2.** FIS. Stato di un corpo con carica elettrica negativa.

negativo agg. **1.** Che esprime un rifiuto o una negazione (in oppos. ad *affermativo*). ◇ *Argomento negativo:* quello basato sulla negazione del contrario di ciò che si vuole dimostrare. **2.** Contrario, sfavorevole (in oppos. a *positivo*). ~ Che costituisce un fallimento, un danno. **3.** Di un'analisi, general. di carattere clinico, che ha provato la non presenza di un fenomeno (in oppos. a *positivo*). *L'esame istologico è risultato negativo.* **4.** Di fenomeni opposti a quelli designati come positivi. *Polo, ione negativo.* ◇ MAT. *Numero negativo:* numero inferiore a zero. **5.** FOTO. Detto dell'immagine da sviluppare che ha i valori tonali inversi rispetto a quelli positivi. □ In funzione di avv., nelle comunicazioni radio è usato al posto di *no* per evitare equivoci causati da disturbi sul canale. ◆ s.m. FOTO. Immagine negativa.

negàto agg. Che non ha alcuna inclinazione o attitudine per qlco.

negatoscòpio s.m. [pl. –*pi*] MED. Strumento che consente di vedere in trasparenza le immagini radiografiche.

negazióne s.f. **1.** L'atto e l'espressione del negare. SIN.: **rifiuto**. **2.** Di cosa o persona, l'esatto contrario di quanto dovrebbe essere. *Quel professore è la negazione della materia che insegna.* **3.** LING. Modalità grammaticale che nega un'intera frase o una sua parte. ~ Elemento grammaticale che serve a negare (non, né, nessuno, ecc.).

negazionismo s.m. Dottrina che nega l'evidenza di fatti storici conclamati, spec. riguardo allo sterminio nazista del popolo ebraico.

neglètto agg. **1.** Poco curato per negligenza. **2.** Trascurato, lasciato all'abbandono.

négligé [/negli'ʒe/] s.m. inv. (voce fr., propr. "negletto") Vestaglia femminile succinta.

negligènte agg. **1.** Che compie i propri compiti con scarsa diligenza. SIN.: **svogliato**. **2.** Trasandato, sciatto. ◆ s.m. e f. Nei sign. dell'agg.

negligènza s.f. **1.** Atteggiamento di chi adempie svogliatamente e con scarso impegno i propri doveri e compiti. **2.** Mancanza di cura, trascuratezza. SIN.: **disattenzione**. **3.** DIR. Il venir meno agli oneri previsti da un contratto o alle cautele comunemente richieste per un comportamento.

negoziàbile agg. Che può essere oggetto di negoziazione. SIN.: **trattabile**.

negoziabilità s.f. inv. Possibilità di essere negoziato.

negoziàle agg. **1.** Relativo a una trattativa. **2.** DIR. Che riguarda un negozio giuridico, un contratto.

negoziànte s.m. e f. Proprietario o gestore di un negozio.

negoziàre v.tr. [6] **1.** Trattare la compravendita di un bene, contrattarne il prezzo. *Negoziare titoli di banca.* **2.** *estens.* Condurre negoziati politici su argomenti di comune interesse. *Negoziare la pace con il nemico.* ◆ v.intr. (aus. *avere*) Esercitare un'attività commerciale. *Negoziare in vini.*

1. negoziàto agg. Risultato della contrattazione commerciale o politica.

2. negoziàto s.m. Serie di incontri precedente la conclusione di un'intesa commerciale o politica.

negoziatóre s.m. [f. –*trice*] Chi partecipa ai negoziati per la stipulazione di contratti commerciali o di accordi diplomatici, politici, sindacali.

negoziazióne s.f. **1.** COMM. Trattativa per un accordo sulla compravendita di qlco. **2.** In diplomazia, trattativa per la stipulazione di accordi, per lo più di politica internazionale.

negòzio s.m. [pl. –*zi*] (lat. *negōtium* "attività, affare") **1.** Locale dove si vendono merci al pubblico. **2.** Contratto commerciale. □ DIR. *Negozio giuridico:* atto mediante il quale uno o più parti regolano interessi individuali e che produce effetti riconosciuti e garantiti dall'ordinamento giuridico.

negrétto s.m. **1.** [f. –*ta*] Bambino di colore. **2.** Tipo di vitigno da cui si ricava un pregiato vino nero, detto anche *neretto*.

négride agg. ANTROP. Che appartiene al gruppo del ramo negroide costituito dai neri africani, caratterizzati dal colore scuro dell'epidermide e dal prognatismo.

negrièro agg. (fr. *négrier*) Che riguarda la tratta dei negri spec. dall'Africa all'America. ◆ s.m. [f. –*ra*] **1.** Chi trafficava schiavi. **2.** *fig.* Datore di lavoro che sfrutta i dipendenti, facendoli lavorare in condizioni sfavorevoli per tempi troppo lunghi.

negritùdine s.f. (fr. *négritude*, lat. *nigritūdo* "nerezza") L'insieme delle tradizioni storiche e dei valori culturali caratteristici dei neri. ~ *estens.* La difesa di tali tradizioni.

négro agg. Caratteristico della popolazione negroide. ◆ s.m. [f. *–gra*] Persona di pelle nera. ~ In passato, schiavo di colore. ◇ *fig. Lavorare come un negro:* molto duramente.

negròide agg. ANTROP. Di individuo che appartiene al ramo dei Melanodermi occidentali (comprendente i ceppi degli Steatopigidi e dei Negridi) o più general. avente i tratti caratteristici della popolazione di colore. ◆ s.m. e f. (al pl. anche iniziale maiusc.) Nel sign. dell'agg.

negromànte o **necromànte** s.m. e f. (gr., comp. di *nekrós* "morto" e *mántis* "indovino") Mago che pratica la profezia del futuro tramite l'evocazione dei morti.

negromanzìa o **necromanzìa** s.f. Arte divinatoria comprendente varie pratiche occulte di magia, spec. l'evocazione delle anime dei morti.

negùndo s.m. Pianta arborea, dioica, caratterizzata da foglie composte, detta anche *acero americano.* (Famiglia delle Aceracee.)

negus [/'nɛgus/] s.m. inv. (voce amarica, "re") Titolo dei sovrani dell'Etiopia.

Nelùmbo o **Nelùmbio** s.m. BOT. Genere di piante ornamentali acquatiche, a foglie peltate, tipiche delle zone tropicali americane e asiatiche; comprende due specie, tra cui quella asiatica detta *loto indiano* o *egiziano.* (Famiglia delle Ninfeacee.)

Nematelminti s.m. pl. [iniziale minusc. sing. *–to* per l'individuo] ZOOL. Sottotipo di vermi dei Metazoi dal corpo allungato, perlopiù acquatici o parassiti di animali e piante.

Nematòceri s.m. pl. [iniziale minusc. sing. *–ro* per l'individuo] ZOOL. Sottordine di insetti perlopiù parassiti, con corpo filiforme, antenne e zampe molto lunghe e apparato masticatore molto sviluppato; ne fanno parte zanzare, pappataci, ecc. (Ordine dei Ditteri.)

nematocìsti s.f. inv. ZOOL. Organo urticante racchiuso in alcune cellule dei Celenterati, dette *nematoblasti,* che serve all'animale per difendersi e per paralizzare la preda.

Nematòdi s.m. pl. [iniziale minusc. sing. *–de* per l'individuo] ZOOL. Invertebrati vermiformi, con corpo tubolare di lunghezza variabile, privi di apparato circolatorio e respiratorio. (Classe dei Nematelminti.)

némbo s.m. **1.** METEOR. Grande nuvola molto compatta che si sposta rapidamente. **2.** *fig.* Addensamento di cose, animali o persone che si muovono contemporaneamente in una direzione.

nembostràto s.m. METEOR. Grossa nube scura estesa orizzontalmente che si forma a 500-1000 m d'altezza dal suolo e si sposta rapidamente portando pioggia, neve o grandine.

Nemertini s.m. pl. [iniziale minusc. sing. *–no* per l'individuo] ZOOL. Tipo di invertebrati vermiformi, diffusi in mare, con corpo a sezione circolare o appiattito.

nèmesi s.f. inv. (dal nome della dea della giustizia *Némesis*) Vendetta che ripara i torti mediante la punizione dei colpevoli. ◇ *Nemesi storica:* la forza che garantirebbe la giustizia attraverso le generazioni, assicurando che le colpe non restino impunite ma vengano inesorabilmente scontate dal colpevole o almeno dai suoi discendenti.

nemico agg. [pl.m. *–ci,* f. *–che*] **1.** Che nutre ostilità nei confronti di qlcu. o qlco. SIN.: **avversario. 2.** Detto di cosa, avversa, sfavorevole. **3.** Del paese o dell'esercito con cui si è in guerra. **4.** *fig.* Che detesta qlco. ◆ s.m. [f. *–ca*] **1.** Chi cerca di nuocere a qlcu. ◇ *Nemico pubblico:* chi minaccia l'ordine sociale. **2.** Chi fa parte dello stato o dell'esercito contro cui si è in guerra. **3.** *fig.* Ciò che costituisce un danno per qlco. o qlcu. **4.** RELIG. (solo m., spec. iniziale maiusc.) Il diavolo.

nemméno avv. Neanche. ◆ cong. Nel sign. dell'avv.

nènia s.f. **1.** ANT. GR. ROM. Canto funebre. **2.** Canto reso monotono dal ritorno ossessivo

sulla stessa frase melodica e sul medesimo grado tonale. **3.** *fig.* Voce monotona e triste.

nèo s.m. **1.** MED. Malformazione circoscritta della pelle che forma una macchia scura appiattita o sporgente. **2.** Nel sec. XVIII, macchiolina scura che le donne si dipingevano o si applicavano per vezzo sulla pelle del viso e delle spalle. **3.** *fig.* Piccolo errore, difetto quasi impercettibile.

nèo- (gr. *neo-,* deriv. di *néos* "nuovo") Primo elemento di composti usati nel l. contemporaneo col significato di "nuovo, recente" (*neonato*); riferito a movimenti culturali e politici indica ripresa di presupposti teorici e ideologici variamente modificati (*neorealismo*). ~ GEOL. Indica la parte più recente di un periodo geologico (*neogene*).

neoacquisto s.m. SPORT. Giocatore comprato durante l'ultima campagna acquisti.

neoàntropo o **neàntropo** s.m. ANTROP. Ominide di forma attuale, sia fossile sia vivente.

neoassùnto agg. Che ha appena ottenuto un posto di lavoro come dipendente. ◆ s.m. [f. *–ta*] Nel sign. dell'agg.

neoàttico agg. [pl.m. *–ci,* f. *–che*] Dell'ultima fase della corrente artistica dell'ellenismo (*neoatticismo*), sviluppatasi ad Atene nel II sec. a.C. e diffusasi poi a Roma, che proponeva una ripresa dei temi del periodo classico e arcaico.

neoavanguàrdia s.f. Corrente letteraria e artistica (del 1960 ca.) ispirata alle avanguardie storiche del Novecento, promotrice di un rinnovamento basato sul potere scardinante del linguaggio nei confronti della tradizione.

neocapitalismo s.m. ECON. La fase più recente del capitalismo, caratterizzata dalla concentrazione del potere economico in grandi società, dal crescente intervento dello stato nell'economia e dalla dilatazione dei consumi e della massa dei consumatori.

neoclassicismo s.m. **1.** Tendenza culturale e soprattutto artistica della seconda metà del Settecento ispirata ai temi della letteratura e dell'arte classica, considerate modelli ideali di

■ Il neoclassicismo

Alla base di questo movimento vi sono l'influenza della filosofia illuminista, la riscoperta dell'Antichità tramite l'archeologia (studi condotti a Roma, Pompei, Paestum, Atene; incisioni del Piranesi), l'insegnamento di teorici come Winckelmann e un approfondimento generale della riflessione sull'arte. Le prese di posizione contro il barocco e il rococò riflettono una reazione morale contro la società aristocratica.

Jacques Louis David. *I littori riportano a Bruto i corpi dei suoi figli,* grande tela esposta al Salone di Parigi nell'agosto del 1789. Secondo la leggenda, Bruto (Lucio Giunio) instaurò la repubblica romana dopo aver cacciato i Tarquini; avendo poi i suoi figli cospirato contro lo stato, li aveva fatti giustiziare. Per David, lo studio su modelli viventi è tanto importante quanto il richiamo all'Antichità (architettura, arte statuaria, composizione in fregi di bassorilievi). Da qui la qualità plastica delle sue figure, unita alla lezione morale (qui molto forte) contenuta nel soggetto storico. (Louvre, Parigi.)

Antonio Canova. *Amore e Psiche* (1793), dettaglio del gruppo marmoreo. Ricercando la forma ideale sotto l'influenza del Winckelmann, lo scultore italiano attinge tanto a fonti antiche severe, quanto alla grazia alessandrina. (Louvre, Parigi.)

perfezione. **2.** *estens.* Nella critica contemporanea, ogni tendenza a misure stilistiche ispirate alla compostezza classica.
ENCICL. Fiorì nel sec. XVIII spinto in primo luogo dalle scoperte archeologiche (in partic. quella di Pompei) e dalla reazione al barocco e al rococò. Si diffuse quindi in tutta Europa, investendo ogni ambito culturale, dall'architettura (con Soufflot e Ledoux in Francia, R. Adam e John Soane in Gran Bretagna, Schinkel in Germania) alla pittura (spec. in Francia con David e Ingres) e alla letteratura (Goethe, Schiller, Keats). In Italia si ricordano A. Canova per la scultura e V. Monti, G. Parini e I. Pindemonte per la poesia, caratterizzata spec. dall'impiego di un linguaggio classicheggiante.

neoclàssico agg. [pl.m. *–ci*, f. *–che*] **1.** Che appartiene al neoclassicismo. **2.** ECON. Corrente di pensiero della fine del sec. XIX, secondo cui il valore di un bene è determinato dalla sua utilità marginale. (Fu rappresentata in partic. da L. Walras e A. Marshall.) ◆ s.m. **1.** [f. *–ca*] Seguace del neoclassicismo. **2.** Stile neoclassico.

neocolonialismo s.m. (fr. *néocolonialisme*) Politica che mira a ristabilire, sotto forme nuove, la sovranità economica e indirettamente politica sui paesi ex-coloniali diventati indipendenti.

neocolonialista s.m. e f. [pl.m. *–sti*] Chi sostiene o attua la politica del neocolonialismo. □ Anche in funzione di agg., del neocolonialismo, come politica di controllo economico.

neocortéccia s.f. [pl. *–ce*] ANAT. La parte più complessa della corteccia cerebrale, che nell'uomo occupa quasi totalmente la superficie degli emisferi, detta anche *neopallio*.

neodìmio s.m. (solo sing.) **1.** Metallo del gruppo delle terre rare. **2.** Elemento chimico (Nd) di numero atomico 60 e peso atomico 144,24.

neodiplomàto s.m. [f. *–ta*] Studente che ha appena conseguito il diploma.

neoelètto agg. Di candidato che è stato da poco eletto a una certa carica. ◆ s.m. [f. *–ta*] Nel sign. dell'agg.

neoellènico agg. [pl.m. *–ci*, f. *–che*] Della lingua e della letteratura greca moderna. ◆ s.m. La lingua parlata attualmente in Grecia.

neoellenismo s.m. Corrente dell'arte bizantina affermatasi negli ultimi decenni del sec. XIII, ispirata all'antica civiltà ellenica.

neofascismo s.m. Ogni tendenza ideologica di ispirazione fascista. ~ Ogni organizzazione politica che miri alla ristrutturazione, vietata dalla legge, del partito fascista.

neofascista s.m. e f. [pl.m. *–sti*] Chi si ispira ai principi del fascismo.

neòfita s.m. e f. [pl.m. *–ti*] (comp. di *neo-* e *-fito*, già gr. *neóphytos* "piantato di recente" poi "da poco convertito") **1.** Fedele di recente convertito a una nuova religione; detto anche *neofito*. **2.** *estens.* Chi è appena entrato a far parte di un partito, di una società, ecc. **3.** *spreg.* Nell'impero bizantino, il laico innalzato direttamente al patriarcato.

neòfito s.m. [pl.m. *–ti*] (gr. *neóphytos* "piantato di recente" poi "da poco convertito") Neofita.

neoformazióne s.f. **1.** LING. Composto o derivato di recente introduzione in una lingua. **2.** MED. Crescita patologica di nuovi tessuti, perlopiù in riferimento allo sviluppo di tumori. **3.** BOT. Formazione di un organo con caratteristiche morfologiche differenti rispetto a quello da cui si origina.

neògene s.m. (ingl. *neogene*, gr. *neogenḗs* "nato da poco") GEOL. La seconda fase dell'era cenozoica. (Compreso tra 23,5 e 1,64 milioni di anni fa, è ulteriormente suddiviso in: pliocene e miocene.)

neogòtico agg. [pl.m. *–ci*, f. *–che*] Della corrente artistica che nel sec. XIX mirava alla ripresa di temi e stili dell'arte gotica. ◆ s.m. Nel sign. dell'agg.

neogrammàtico agg. [pl.m. *–ci*, f. *–che*] (calco del ted. *Junggrammatiker*) Della scuola linguistica tedesca (*neogrammatica*) della seconda metà dell'Ottocento interessata allo stu-

dio diacronico delle lingue. ◆ s.m. [f. *–ca*] Esponente di tale scuola.

neogrèco agg. [pl.m. *–ci*, f. *–che*] Della Grecia moderna, spec. riguardo alla lingua e alla cultura. ◆ s.m. (solo sing.) Il greco moderno attualmente parlato in Grecia.

neoimpressionismo s.m. Corrente pittorica sorta in Francia alla fine del sec. XIX che riproponeva teorie e tecniche del primo impressionismo. SIN.: **divisionismo**.

neokantismo s.m. FILOS. Corrente sorta in Germania verso la fine del sec. XIX a sostegno di una ripresa del criticismo di Kant e in oppos. alle tendenze positivistiche e idealistiche. SIN.: **neocriticismo**.

neolatino agg. (fr. *néolatin*) Di ogni lingua derivata dal latino parlato nelle diverse regioni dell'impero romano. SIN.: **romanzo**. ~ Delle letterature in tali lingue, delle popolazioni che le parlano e delle regioni geografiche in cui sono usate.

neolaureàto agg. Di studente universitario che si è appena laureato. ◆ s.m. [f. *–ta*] Nel sign. dell'agg.

neoliberalismo s.m. ECON. Tendenza politica ispirata al liberalismo ottocentesco e inserita nell'area progressista e riformatrice in campo sociale ed economico.

neoliberismo s.m. ECON. Teoria economica avversa agli interventi statali che limitano la libertà di mercato.

neolitico s.m. (solo sing.) (ingl. *neolithic*) GEOL. Ultimo periodo dell'età della pietra durante il quale l'uomo iniziò a costruire capanne e palafitte, a coltivare la terra e ad allevare animali. ◆ agg. [pl.m. *–ci*, f. *–che*] Relativo a tale periodo.

neologia s.f. LING. Formazione di nuove parole o nuovi costrutti.

neologismo s.m. (fr. *néologisme*) LING. Parola o espressione di poco entrata nell'uso di una lingua. ◊ *Neologismo lessicale, semantico, sintattico*: l'introduzione rispettivamente di un nuovo vocabolo, di un nuovo significato per un vocabolo già in uso, un nuovo sintagma.

neomercantilismo s.m. ECON. Teoria politico-economica che ripropone in chiave moderna i principi del mercantilismo.

nèon s.m. inv. **1.** (solo sing.) Elemento chimico (Ne) del gruppo dei gas nobili di numero atomico 10 e peso atomico 20,183. (È usato nella fabbricazione di lampade a fluorescenza e tubi per insegne luminose.) **2.** Piccolo pesce di origine tropicale dalla livrea blu elettrico e rossa. (Lunghezza 4 cm; genere *Paracheirodon* o *Hyphessobrycon*, famiglia dei Caracidi.)

neonatàle agg. (fr. *néonatal*) Relativo al neonato.

neonàto agg. **1.** Che è appena nato. **2.** *fig.* Riferito a cosa, di recente costituzione, appena formato. ◆ s.m. [f. *–ta*] Il bambino nelle prime settimane di vita.

neonatologia s.f. MED. Studio dei problemi e delle malattie dei neonati.

neonazismo s.m. Movimento di estrema destra ispirato al partito nazionalsocialista tedesco.

neopàllio s.m. [pl. *–li*] ANAT. La corteccia degli emisferi cerebrali dei mammiferi.

neopilina s.f. Mollusco diffuso nelle profondità del Pacifico meridionale. (È l'unico appartenente alla classe dei Monoplacofori, estinta nel periodo carbonifero.)

neoplasia s.f. **1.** MED. Formazione patologica di nuove cellule, perlopiù tumorali. ◊ *Neoplasia endocrina multipla*: rara sindrome caratterizzata da tumori maligni o benigni, a carico di una o più ghiandole endocrine. **2.** BOT. Anormale proliferazione cellulare causata da alcuni batteri.

neoplàsma s.m. [pl. *–smi*] MED. Tumore, cancro, neoplasia.

neoplasticismo s.m. (fr. *néo-plasticisme*, ol. *nieuwe beelding* "nuova rappresentazione") Movimento artistico sorto all'inizio del sec. XIX in Olanda ispirato ai criteri della pura plasticità, della geometria razionale, della tonalità elementare.

neoplàstico o **neoplàsico** agg. [pl.m. *–ci*, f. *–che*] MED. Che ha natura di o è causato da neoplasia. SIN.: **tumorale**.

neoplatònico agg. [pl.m. *–ci*, f. *–che*] FILOS. Del neoplatonismo. ◆ s.m. Filosofo seguace del neoplatonismo.

neoplatonismo s.m. Indirizzo filosofico greco (II-VII secc. d.C.) ispirato alla metafisica di Platone e alla numerologia pitagorica. (Il principale rappresentante fu Plotino.)

neopositivismo s.m. FILOS. *Positivismo logico.

neopositivista s.m. e f. [pl.m. *–sti*] FILOS. Seguace del neopositivismo.

neoprène s.m. Denominazione commerciale, che costituisce marchio registrato, di una gomma prodotta sinteticamente utilizzata come rivestimento per cavi elettrici. ~ *estens.* Qualunque materiale con caratteristiche simili benché di altra provenienza.

neorealismo s.m. **1.** Corrente letteraria, artistica e cinematografica sorta in Italia dopo la seconda Guerra Mondiale. **2.** Corrente filosofica del primo Novecento che, in oppos. all'*idealismo*, sostiene l'oggettività della realtà.
ENCICL. Usato per la prima volta in riferimento al film *Ossessione* (L. Visconti, 1943), il termine *neorealismo* finì per indicare una corrente letteraria e cinematografica caratterizzata soprattutto da una radicale presa di coscienza della realtà umana e sociale e dei problemi collettivi. Alla sua origine c'è una spinta morale, più che un orientamento estetico, che si manifesta in partic. nella preferenza per le ambientazioni naturali e nell'uso di attori non professionisti. Sviluppatasi molto rapidamente dopo il 1945, grazie a personalità artistiche molto diverse (R. Rossellini, *Roma città aperta, Paisà*, V. De Sica, *Sciuscià, Ladri di biciclette*, A. Lattuada e lo sceneggiatore C. Zavattini), l'esperienza neorealista cominciò a esaurirsi già dalla metà degli anni Cinquanta.

neorealista s.m. e f. [pl.m. *–sti*] Letterato, artista o filosofo seguace del neorealismo. □ In funzione di agg., neorealistico.

neorealistico agg. [pl.m. *–ci*, f. *–che*] Che si ispira al neorealismo.

neoscolàstica s.f. [non com. pl. *–che*] FILOS. Corrente che rielabora la filosofia scolastica, in partic. quella di S. Tommaso d'Aquino, riproponendone il realismo e il trascendentalismo (in oppos. a *idealismo* e *immanentismo*), per ricollegare la speculazione filosofica ai valori spirituali della fede.

neotenia s.f. **1.** ZOOL. Fenomeno per cui alcune larve raggiungono la maturità sessuale e la capacità di riprodursi prima di trasformarsi in individui adulti. **2.** BIOL. Permanenza di caratteri giovanili nell'individuo adulto. **3.** BOT. Maturazione sessuale precoce, detta anche *pedocarpia* o *pedogenesi*.

neotomismo s.m. FILOS. → **neoscolastica**.

neozelandése agg. Della Nuova Zelanda. ◆ s.m. e f. Nativo, abitante della Nuova Zelanda.

neozòico s.m. GEOL. → **quaternario** ◆ agg. [pl.m. *–ci*, f. *–che*] Relativo a tale periodo.

Nèpa s.f. ZOOL. Genere di insetti diffusi nelle acque stagnanti, caratterizzati da zampe anteriori lunghe e munite di pinze con le quali catturano le prede. (Ordine degli Eterotteri.)

nepalése agg. Del Nepal. ◆ s.m. e f. Nativo, abitante del Nepal.

Nepentàcee s.f. pl. [iniziale minusc. sing. *–a* per l'individuo] BOT. Famiglia di piante erbacee dicotiledoni, carnivore, diffuse nelle zone tropicali. (Ordine delle Policarpiche.)

1. Nepènte s.f. BOT. Genere di piante erbacee che include numerose specie carnivore, diffuse nelle zone tropicali, coltivate a scopo ornamentale. (Famiglia delle Nepentacee.) (*v. immagine pag. succ.*)

2. nepènte s.m. (gr. *nēpenthḗs* "che allontana il dolore") **1.** MIT. GR. Bevanda che attenuava i dolori fisici e leniva le sofferenze spirituali. **2.** Preparato con proprietà ipnotiche e sedative composto dal cloridrato di morfina e acido citrico sciolti in vino marsala diluito.

nèper s.m. inv. (dal nome del matematico scozzese J. Neper) FIS. Unità di misura dell'attenuazione tra due grandezze, pari alla metà del

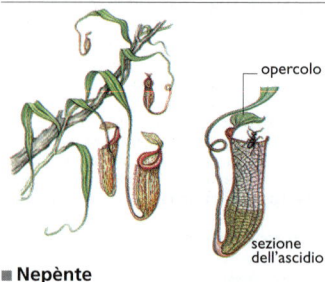

opercolo

sezione
dell'ascidio

■ **Nepènte**

logaritmo naturale del rapporto tra le grandezze (simb. *Np*).

Nèpidi s.m. pl. [iniziale minusc. sing. *-e* per l'individuo] ZOOL. Famiglia di insetti che vivono nelle acque nutrendosi di insetti più piccoli e di crostacei. (Ordine degli Eterotteri.)

nepitèlla o **nipitèlla** s.f. → calaminta.

nepotismo s.m. **1.** Atteggiamento di alcuni papi che accordavano favori particolari ai loro parenti. **2.** *estens.* Tendenza da parte di persone autorevoli a favorire parenti, amici, conoscenti, spec. nel lavoro.

neppùre avv. Neanche, nemmeno. ◆ cong. Nel sign. dell'avv.

neràstro agg. Che tende al nero.

nerazzùrro agg. **1.** Di colore nero con sfumature azzurre. **2.** SPORT. Nel calcio, riferito alle strisce alternate nere e azzurre che caratterizzano la maglia di alcune squadre, tra cui l'Inter. ◆ s.m. [f. *-ra*] SPORT. Giocatore o tifoso di una squadra nerazzurra.

nèrbo s.m. **1.** Sferza composta di tendini secchi di bue intrecciati insieme. **2.** *fig.* (solo sing.) L'elemento di maggior forza, il nucleo vitale di un organismo, di un'istituzione, ecc. *Il nerbo della squadra.* **3.** *fig.* Vitalità, energia. ~ Efficacia, vigore espressivo.

nerborùto agg. Dotato di potente muscolatura.

nerèide s.f. **1.** MIT. GR. Ciascuna delle ninfe marine figlie di Nereo, considerate dai marinai divinità benefiche. **2.** Pianta acquatica per lo più marina, che vive aggrappata ai fondali rocciosi. **3.** ZOOL. (iniziale maiusc.) Genere di Anellidi marini che vivono lungo le scogliere delle coste dell'Europa occidentale. (Lunghezza 20-30 cm; classe dei Polichèti.)

nerétto s.m. **1.** STAM. Carattere il cui segno grafico presenta uno spessore maggiore del carattere normale. **2.** Nel l. gior., breve articolo di particolare rilievo stampato con tale carattere tipografico.

nerìtico agg. [pl.m. *-ci*, f. *-che*] (deriv. di gr. *nērítēs* "conchiglia marina") GEOL., BIOL. Della zona marina di profondità non superiore ai 200 m, della flora e della fauna tipica di tale ambiente.

1. néro agg. **1.** FIS. Di corpo o superficie che assorbe tutte le radiazioni senza rimandarne alcuna (in oppos. a *bianco*). **2.** *comun.* Che ha il colore più scuro che esiste. ~ *estens.* Di colore scuro (in oppos. a *chiaro*). ◇ *Oro nero*: il petrolio. **3.** Sporco, lurido. **4.** Relativo al colore simbolo di lutto e di morte. **5.** Di partiti politici e tendenze ideologiche perlopiù reazionarie, in partic., pertinente al fascismo e alla destra terroristica. **6.** *fig.* Malvagio, perverso. ◇ *Messa nera*: rito satanico, parodia della messa cristiana, durante il quale si effettuano pratiche sessuali. – *Mano nera*: denominazione di sette segrete con finalità politiche o criminali diffuse in Europa fra Ottocento e Novecento. **7.** *fig.* Pieno di contrarietà spiacevoli, denso di dolori e sciagure. ~ *estens.* Cupo, improntato al pessimismo. *Avere una giornata nera.* – *Vedere nero*: considerare solo l'aspetto negativo delle cose. – *Umore nero*: nella medicina antica, uno dei quattro liquidi biologici dell'organismo umano (sangue, flemma, bile gialla e bile nera), considerato causa dell'insorgenza della malinconia e del malumore. – LETT. *Romanzo nero*: genere di narrativa che predilige le storie macabre, spaventose. **8.** *fig.* Losco, clandestino. ◇ *Mercato*

nero: quello in cui si effettua la compravendita di prodotti illegali o soggetti a restrizioni di quantità e di prezzo.

2. néro s.m. **1.** Il colore nero (spesso considerato in oppos. al *bianco* o al *rosso*). ◇ *fig. Nero su bianco*: per iscritto. **2.** Materiale, perlopiù organico, usato come colorante, in partic. nella tintura dei tessuti. ◇ ZOOL. *Nero di seppia*: liquido nero che le seppie e altri Cefalopodi secernono per difesa, usato per la preparazione di inchiostri, colori da disegno e, in cucina, per conferire una colorazione scura alle vivande. – MIN. *Nero del Carso, di Lucignano, di Valencia*: varietà di calcare usate come coloranti. **3.** Individuo appartenente a popolazione dalla pelle nera. **4.** Appartenente a un partito politico o a una fazione simboleggiati dal colore nero. **5.** ECON. Usato nella loc. *in nero*, con riferimento a operazioni occulte, non registrate in contabilità al fine di evadere le imposte. ◇ *Chiudere i conti in nero*: rilevare dalla chiusura delle operazioni contabili un utile di gestione. **6.** STAM. Neretto, grassetto. **7.** BOT. *Mal del nero*: malattia che colpisce determinate piante, detta anche *fumaggine*.

nerofùmo s.m. Sostanza in polvere finissima di colore nero, residuo della combustione parziale di sostanze organiche.

nèroli s.m. inv. (dal nome di Anna Maria de la Tremoille, principessa di *Nerola*, che ne introdusse l'uso in Francia) Essenza distillata dai fiori d'arancio usata spec. nell'industria dei profumi; detta anche *nerola*.

neroniàno agg. Dell'imperatore romano Nerone. ~ *estens.* Degno di Nerone, con riferimento alla sua spietatezza.

nervatùra s.f. **1.** L'insieme dei nervi di un organismo vivente. ~ *estens.* Qualsiasi struttura ramificata. **2.** BOT. L'insieme dei piccoli canali conduttori di linfa (*fasci vascolari*) delle foglie. **3.** ZOOL. Il complesso di nervi o di vene delle ali degli insetti. **4.** ARCH. Elemento di rinforzo (anche con funzione estetica) di una struttura architettonica.

nervino agg. (lat. *nervīnum* "relativo ai nervi") Di sostanza che altera le normali funzioni del sistema nervoso. ◇ *Gas nervino*: gas letale usato come arma chimica.

nèrvo s.m. **1.** ANAT. Unità costitutiva del sistema nervoso periferico preposta alla trasmissione degli impulsi nervosi, formata da un fascio di fibre avvolte ciascuna in una guaina e collegate all'encefalo o al midollo spinale. **2.** *comun.* (al pl.) Si usa in varie locc. riferite al momentaneo stato psichico di un individuo o alle sue reazioni emotive. ◇ *Soffrire di nervi*: essere affetto da disturbi nervosi. – *Avere i nervi*: essere irritato, di cattivo umore. – *Avere i nervi scoperti, a fior di pelle*: essere in preda a una violenta tensione emotiva. – *Avere i nervi saldi, d'acciaio* (essere *forte, saldo di nervi*): sapersi dominare in ogni situazione. – *Avere i nervi a pezzi*: essere così esaurito da non riuscire più a sopportare la minima tensione. – *Far venire i nervi, dare sui nervi, urtare i nervi*: far perdere la pazienza a qlcu., stizzirlo. **3.** *fam.* Tendine, muscolo. *Carne piena di nervi.* **4.** BOT. Filamento, vena, nervatura della foglia.

nervosismo s.m. Stato di grande agitazione e irritabilità.

nervóso agg. **1.** ANAT. Relativo ai nervi. ◇ *Sistema nervoso*: il complesso degli organi di percezione periferici e dei centri di elaborazione e trasmissione degli impulsi sull'asse cerebrospinale, che mette l'organismo in grado di ricevere stimoli dal mondo esterno e reagire. – *Sistema nervoso centrale*: parte del sistema nervoso comprendente il cervello e il midollo spinale. – *Sistema nervoso periferico*: insieme dei nervi e delle terminazioni nervose. **2.** MED. Riferito a patologie che alterano il normale funzionamento del sistema nervoso. ◇ *Tensione nervosa*: stato di grande agitazione psichica. **3.** Che ha un carattere facilmente irritabile o che è preso da inquietudine, agitazione e ansia in determinate situazioni. ~ Che manifesta nervosismo, agitazione. **4.** Muscoloso, magro e insieme energico. **5.** BOT. Di organo o tessuto vegetale dotato di una nervatura in rilievo.

nèspola s.f. **1.** Frutto sia del nespolo comune o germanico sia del nespolo del Giappone. **2.** *fig.* Schiaffo, botta violenta.

nèspolo s.m. Pianta sempreverde, perlopiù arborea, con foglie lanceolate e coriacee, pelose e bianche nella parte inferiore e frutti ovoidali, aspri e gustosi, come il nespolo comune e il nespolo del Giappone. (Genere *Mespilus*; famiglia delle Rosacee.)

nèsso s.m. **1.** Connessione logica o sintattica, rapporto tra due o più elementi. ◇ *Nesso causale*: rapporto di causa ed effetto tra due eventi. – *Nesso di causalità*: rapporto diretto e univoco tra un'azione illecita e un evento dannoso. **2.** LING. Successione di suoni considerati in modo unitario. ◇ *Nesso grafico*: gruppo di segni alfabetici che indicano un unico suono (p.e. *gn* per la nasale palatale). – *Nesso sintattico*: sintagma lessicalizzato (p.e. la loc. *tutt'a un tratto*).

nessùno agg. (lat. *nĕ ĭpse ūnus* "neppure uno solo") **1.** Nemmeno uno. *Non c'è più nessuna speranza.* ~ Alcuno, anche con termini che indicano cose non numerabili. *Non c'è nessun bisogno di gridare.* **2.** Qualche, con valore positivo. *Nessuna domanda?* ◆ s.m. Persona che non vale nulla.

nestorianésimo o **nestorianismo** s.m. Dottrina formulata dal teologo africano Nestorio e condannata come eretica dalla Chiesa nel 431 d.C.

ENCICL. Invece che attribuire alla persona di Gesù Cristo le due nature umana e divina, Nestorio predicava che in Gesù convivessero due persone, una umana, l'altra divina. Tale pensiero è sopravvissuto nella chiesa nestoriana che, prospera nel sec. XIII, è oggi ridotta ad alcune comunità diffuse se soprattutto nel Medio Oriente.

net [/'net/] s.m. inv. (voce ingl., propr. "rete") Nel tennis e nel ping-pong, battuta di servizio nulla perché la palla sfiora la rete.

nettaménte avv. **1.** In modo nitido e preciso. **2.** Decisamente, fortemente. *Vincere nettamente.*

nettapièdi s.m. inv. Tappetino che si pone davanti alla porta d'ingresso su cui si puliscono le suole delle scarpe.

1. nèttare s.m. **1.** Nella mitologia classica, la bevanda degli dei. **2.** BOT. Sostanza zuccherina contenuta nei fiori come richiamo per gli insetti impollinatori.

2. nettàre v.tr. **1.** Mondare, eliminare le parti marce, troppo dure o superflue degli ortaggi. **2.** Pulire qlco., eliminare il sudiciume. *Nettare gli stivali.* ◆ **nettarsi** v.pron. Pulire parte del proprio corpo o un proprio indumento. *Nettarsi il viso.*

nettarina s.f. Pesca molto dolce, dalla buccia liscia e dalla polpa facilmente staccabile dal nocciolo.

nettàrio s.m. [pl.m. *-ri*] BOT. *Ghiandola nettaria*: ghiandola presente nei fiori o sui fusti di alcune piante delle Angiosperme in grado di secernere nettare.

nettézza s.f. **1.** Condizione di assoluta pulizia. ◇ *Nettezza urbana*: servizio di raccolta dei rifiuti domestici e di pulizia delle vie. **2.** *fig.* Purezza morale. **3.** Nitidezza, precisione. ~ *fig.* Estrema chiarezza. *Nettezza di stile.*

nétto agg. **1.** Perfettamente mondo da ogni sporcizia. **2.** *fig.* Innocente, senza colpa. **3.** Delineato in modo preciso. ~ Evidente e inequivocabile. ◇ EQUIT. *Percorso netto*: compiuto senza errori. – *Di netto*: con un colpo secco e preciso; bruscamente. *Troncò di netto la relazione.* – *fig. Dare un taglio netto*: troncare definitivamente qlco. **4.** ECON. Detto di valore la cui entità sia calcolata dopo aver detratto le imposte, le spese o altri oneri a cui è soggetto. ◇ *Reddito netto*: al netto delle ritenute fiscali e dei contributi assicurativi. – *Peso netto*: quello senza la tara. – *loc. prep. Al netto di*: fatte le debite deduzioni. *L'ammontare dell'incasso è di mezzo milione al netto dell'imposta.* – In funzione di avv., nettamente. *Tagliare netto il discorso.* ◆ s.m. ECON. Cifra netta.

nettùnio s.m. (solo sing.) [pl.m. *-ni*] (lat., dal nome di *Neptūnus* "Nettuno") CHIM. Elemento transuranico (Np) ottenuto per bombardamento di un isotopo dell'uranio.

nettunismo s.m. (dal nome del dio del mare *Nettuno*) GEOL. Teoria ormai superata che attribuisce la genesi delle rocce alla sedimentazione marina in un grande oceano primitivo (in oppos. a *plutonismo*).

netturbino s.m. [f. –*na*] (deriv. di *nett-ezza urb-ana*) Operaio addetto alla pulizia delle vie cittadine e alla rimozione dei rifiuti urbani.

network [/ˈnetwɔːk/] s.m. inv. (voce ingl., propr. "rete") **1.** Rete di stazioni emittenti radiotelevisive che operano in collaborazione. **2.** *estens.* Insieme di entità o persone che operano in modo coordinato ma in sedi geografiche differenti. **3.** INFORM. Rete di calcolatori.

nèuma s.m. [pl. –*mi*] (gr. *nêuma* "segno, cenno") MUS. Nella notazione medievale, segno grafico che suggeriva una flessione della linea melodica e ne indicava il modo d'esecuzione.

neuràle agg. **1.** ANAT. Proprio del sistema nervoso centrale o situato nelle sue vicinanze. **2.** INFORM. *Rete neurale:* circuito o programma che simula il comportamento di un insieme di neuroni, per riprodurre alcune caratteristiche del ragionamento umano.

neuràsse s.m. ANAT. L'insieme della massa encefalica e della spina spinale.

neurectomia s.f. MED. Asportazione chirurgica di un nervo o di una parte di esso.

neurilèmma o **nevrilèmma** s.m. [pl. –*mi*] ANAT. Membrana che avvolge le fibre nervose al di fuori della guaina costituita da mielina.

neurinòma s.m. [pl. –*mi*] MED. Tumore benigno che colpisce il tessuto nervoso.

1. neurite o **nevrite** s.f. MED. Infiammazione di un nervo.

2. neurite s.m. BIOL. CELL. Prolungamento della cellula nervosa. SIN. **assone**.

nèuro- (gr. *nêuron* "nervo") Primo elemento di composti, in partic. nel l. med., nei quali indica relazione con i nervi o con il sistema nervoso (*neurochirurgia*); frequente anche la forma *neuri-*/*nevri-*.

neurobiologia s.f. BIOL. Studio della struttura e del funzionamento del sistema nervoso.

neuroblàsto s.m. BIOL. Cellula embrionale, che ha origine dall'epitelio del canale midollare, da cui si sviluppano i neuroni.

neuroblastòma s.m. [pl. –*mi*] MED. Tumore maligno del tessuto nervoso, che si sviluppa spec. nella prima infanzia, quando le cellule nervose sono ancora immature.

neurochirurgia s.f. MED. Settore della microchirurgia specializzato negli interventi sul sistema nervoso.

neurochirùrgo s.m. [f. –*ga*, pl.m. –*ghi*, –*gi*, f. –*ghe*] Chirurgo specializzato in interventi sul sistema nervoso.

neuroendòcrino agg. FISIOL. Relativo al sistema nervoso e all'insieme delle ghiandole endocrine.

neuroendocrinologia s.f. FISIOL. Studio delle interazioni tra il sistema nervoso e l'apparato delle ghiandole a secrezione interna.

neurofibromatòsi s.f. inv. MED. Malattia ereditaria caratterizzata da tumori benigni, che colpiscono spec. cute e nervi.

neurofisiologia s.f. Fisiologia del sistema nervoso.

neurolàbile agg. Di persona soggetta a disturbi nevrotici. ◆ s.m. e f. Nel sign. dell'agg.

neurolèttico agg. [pl.m. –*ci*, f. –*che*] Di farmaco utilizzato nel trattamento delle psicosi, della schizofrenia e delle sindromi allucinatorie. ◆ s.m. Nel sign. dell'agg.

neurolinguìstica s.f. [non com. pl. –*che*] Studio delle relazioni tra i disturbi del linguaggio e le alterazioni delle funzioni del sistema nervoso che presiedono alla parola.

neurologia s.f. MED. Studio del sistema nervoso dal punto di vista patologico.

neurològico agg. [pl.m. –*ci*, f. –*che*] MED. Di neurologia.

neuròlogo s.m. [f. –*ga*, pl.m. –*gi*, f. –*ghe*] Medico specializzato nelle patologie del sistema nervoso.

neuròma s.m. [pl. –*mi*] MED. Tumore benigno che colpisce i nervi recisi ed è costituito da un'anomala crescita di fibre di rigenerazione.

neuromediatóre s.m. FISIOL. Sostanza presente a livello delle sinapsi e che svolge funzione di mediatore chimico dell'impulso nervoso.

neuromuscolàre agg. MED. Che riguarda allo stesso tempo i muscoli e il sistema nervoso.

neuronàle agg. ANAT. Del neurone.

neuróne s.m. (ingl. *neuron*) ANAT. Unità elementare del tessuto nervoso che è in grado di ricevere, analizzare e produrre informazioni. (Il corpo cellulare di un neurone è costituito dal nucleo e dalle sue terminazioni, *assone* e *dendriti*.)

neuropatia o **nevropatia** s.f. MED. Qualsiasi affezione del sistema nervoso.

neuropàtico o **nevropàtico** agg [pl.m. –*ci*, f. –*che*] **1.** MED. Riferito a neuropatia. **2.** *estens.* Affetto da una qualunque malattia del sistema nervoso. ◆ s.m. [f. –*ca*] Nell'accez. 2 dell'agg.

neuropatologia s.f. MED. Studio delle patologie del sistema nervoso, in partic. dei disturbi di sensibilità, motilità, equilibrio e linguaggio.

neuropèptide s.m. BIOL. Peptide neurotrasmettitore presente nel sistema nervoso.

neuroplègico agg. Di sostanza che deprime il sistema nervoso centrale agendo selettivamente su date formazioni nervose ◆ s.m. Nel sign. dell'agg.

neuropsichiàtra s.m. e f. [pl.m. –*tri*] Medico specializzato in neuropsichiatria.

neuropsichiatria s.f. MED. Studio delle malattie nervose e dei disturbi psichici a livello neurologico e psichiatrico.

neuropsicologia s.f. PSICOL. Studio delle relazioni tra le funzioni psicologiche superiori e le strutture cerebrali.

neurormóne s.m. BIOL. Sostanza chimica organica elaborata dal sistema nervoso vegetativo che agisce da neurotrasmettitore.

neurotomia s.f. MED. Incisione chirurgica di un nervo al fine di far cessare le contrazioni del muscolo corrispondente o di sconfiggere una nevralgia.

neurotonia s.f. MED. Costituzione morbosa, caratterizzata da esagerata eccitabilità psicomotoria.

neurotònico agg. [pl.m. –*ci*, f. –*che*] MED. Di farmaco o altra sostanza che agisce come eccitante sul sistema nervoso. ◆ s.m. Nel sign. dell'agg.

neurotossina s.f. BIOL. Tossina che esercita la sua azione sui tessuti nervosi.

neurotrasmettitóre s.m. FISIOL. Sostanza chimica che agisce con funzione mediatrice tra le cellule nervose, a livello sinaptico, trasmettendo gli impulsi tra i neuroni.

neurotrasmissióne s.f. FISIOL. Trasmissione degli impulsi nervosi da un neurone a un altro, operata da diverse sostanze chimiche.

neuròtropo agg. MED. Di virus o agente patogeno che colpisce il tessuto nervoso.

Neuròtteri o **Nevròtteri** s.m. pl. [iniziale minusc. sing. –*ro* per l'individuo] ZOOL. Superordine di insetti comprendente diverse specie presenti in tutto il globo terrestre; si suddividono nei sottordini dei Megalotteri, Rafidiotteri e Planipenni. (Sottoclasse degli Pterigoti.)

neurovegetativo agg. ANAT. Della parte del sistema nervoso che presiede alle funzioni vegetative dell'organismo, quelle vitali che si esplicano involontariamente.

nèurula s.f. BIOL. Stadio embrionale dei vertebrati, successivo alla gastrula, durante il quale si forma il primo abbozzo del sistema nervoso.

nèuston s.m. inv. (gr. *neustós* "che galleggia") BIOL. L'insieme degli organismi, general. microscopici, che vivono appena sopra o sotto la superficie delle acque ferme.

neutràle agg. **1.** Riferito a nazione, non coinvolta e non schierata in conflitti internazionali. **2.** *estens.* Riferito a individuo o a comportamento, che si astiene da prese di posizione in liti o discussioni. **3.** BIOL. Riferito a caratteri genetici, che non alterano la riproduttività degli organismi. **4.** FIS. Neutro. ◆ s.m. Nell'accez. 1 dell'agg.

neutralismo s.m. (fr. *neutralisme*) Dottrina che tende a mantenere una posizione neutrale nei conflitti internazionali o nelle contrapposizioni tra blocchi politico-militari.

neutralista s.m. e f. [pl.m. –*sti*] Chi è favorevole alla neutralità del proprio paese in conflitti internazionali.

neutralità s.f. inv. (fr. *neutralité*) **1.** La condizione giuridica di uno stato che allo scoppio di una guerra non si impegna militarmente con le parti belligeranti. **2.** *estens.* Stato di chi resta neutrale, di ciò che è neutrale. **3.** CHIM. *Punto di neutralità:* condizione di una soluzione acquosa che presenta pari concentrazione di ioni ossidrile e ioni idrogeno (simb. *pH* 7). **4.** FISIOL. *Neutralità termica:* insensibilità nei confronti della temperatura, dovuta a favorevoli condizioni ambientali. **5.** ECON. *Neutralità della moneta:* nella teoria economica marginalista, l'assenza di effetti sui livelli di occupazione e produzione e su altre grandezze reali, della variazione della quantità di moneta in circolazione.

neutralizzànte agg. Che annulla gli effetti di qlco.

neutralizzàre v.tr. (fr. *neutraliser*) **1.** DIR. Dichiarare neutrale un territorio o uno stato. **2.** Ridurre, attenuare la forza, l'effetto di qlco. *Neutralizzare gli attacchi del nemico.* **3.** CHIM. Raggiungere una condizione di neutralità in una soluzione acquosa. **4.** SPORT. Nelle gare a tempo, non calcolare un certo lasso di tempo, uguale per tutti i concorrenti e corrispondente alle sospensioni intervenute per motivi tecnici. ◆ **neutralizzarsi** v.pron. **1.** Perdere ogni influenza, ogni effetto. **2.** Di due o più soggetti, vanificarsi, annullarsi a vicenda.

neutralizzazióne s.f. (fr. *neutralisation*) **1.** Annullamento degli effetti negativi di un'azione mediante un'azione contraria. **2.** CHIM. Reazione di un acido con una base, che porta una soluzione acquosa a raggiungere l'equilibrio tra gli ioni idrogeno e gli ioni ossidrile con formazione di acqua. **3.** FIS. L'operazione del rendere un corpo elettricamente o magneticamente neutro. ~ ELETTROTEC. L'operazione eseguita per annullare il fenomeno delle oscillazioni negli amplificatori elettronici. **4.** LING. Annullamento dell'opposizione funzionale tra due unità linguistiche in determinate posizioni (p.e. in italiano fra *e* chiusa ed *e* aperta in sillaba atona). **5.** SPORT. Nelle gare a cronometro, mancato conteggio ai fini della classifica di alcuni lassi di tempo identici per tutti i concorrenti, perlopiù per compensare sospensioni intercorse. **6.** DIR. La dichiarazione di neutralità e la condizione assunta da uno stato che si impegna a non intervenire militarmente in qualsiasi conflitto internazionale. ~ *estens.* Esclusione di un territorio dagli armamenti nucleari.

neutrino s.m. FIS. Particella subatomica di massa e carica nulle, della famiglia dei leptoni, emessa dal nucleo nei processi di disintegrazione.

nèutro agg. (lat. *neutrum* "nessuno dei due") **1.** Non identificabile né con l'una né con l'altra di due parti contrapposte. ◇ *Stato, paese neutro:* neutrale rispetto ai conflitti internazionali. **2.** *estens.* Riferito a qualità, non ben definibile, privo di caratteristiche nette. ~ *fig. pegg.* Sbiadito, scialbo. **3.** LING. *Genere neutro:* in una classificazione a tre generi, genere morfologico che si oppone al genere maschile e femminile, spec. in riferimento agli oggetti inanimati. **4.** ZOOL. Di animale, in partic. insetto, non in grado di assolvere la funzione riproduttiva. **5.** BOT. Di fiore, sterile. **6.** CHIM. Di sostanza che non è né acida né basica, il cui pH è uguale a 7. ◇ *Soluzione neutra:* in cui la concentrazione degli ioni ossidrile è uguale a quella degli ioni idrogeno. **7.** FIS. Di corpo che non è elettrizzato né magnetizzato. ~ Di atomo in cui il numero dei protoni è uguale al numero degli elettroni. **8.** ELETTROTEC. Riferito a un conduttore di un circuito collegato a terra o a potenziale nullo. **9.** ALG. *Elemento neutrale:* elemento di un gruppo tale che, composto con un altro elemento, fornisce l'elemento stesso. ◆ s.m. **1.** Stato neutrale. ~ SPORT. *estens.* Campo di gioco neutro. **2.** LING. Genere neutro. **3.** ELETTROTEC. Nell'accez. 8 dell'agg.

neutròfilo agg. **1.** ISTOL. Di cellula, elemento o tessuto, con un'affinità per i coloranti a reazione neutra. **2.** ZOOL., BOT. Relativo a organismi animali o vegetali che hanno un buono sviluppo in ambienti a reazione neutra.

neutróne s.m. FIS. NUCL. Particella subatomica di numero di massa pari a 1 e di carica elettrica nulla, costituente fondamentale, con il protone, del nucleo dell'atomo. [L'impatto dei neutroni sui nuclei atomici (uranio, plutonio) produce le reazioni di fissione nucleare.]

neutrònica s.f. FIS. Studio dei fasci di neutroni e delle loro interazioni.

neutronigrafìa s.f. FIS. Analisi della struttura di un corpo solido effettuata con un fascio di neutroni. (Tecnica utilizzata per effettuare controlli non distruttivi.)

neutropenìa s.f. MED. Diminuzione di granulociti neutrofili nel sangue che provoca un calo delle difese immunitarie dell'organismo.

néve s.f. Precipitazione di cristalli di ghiaccio agglomerati in fiocchi, general. ramificati e stellati. (Si forma a temperature inferiori a 0 °C per la presenza, in una nuvola, di nuclei di condensazione che fanno cessare il fenomeno di sopraffusione.) ◇ *Nevi perenni*: in alta montagna, gli strati di neve che coprono perennemente le cime più alte. – *Neve artificiale*: quella prodotta con speciali apparecchiature che spruzzano acqua nebulizzata per rendere agibili le piste di sci in caso di neve insufficiente. – *Bollettino della neve*: notiziario meteorologico che fornisce i dati relativi alla quantità di neve caduta e alle condizioni di sciabilità delle piste. ❏ In funzione di agg. inv., nella loc. *effetto neve*, disturbo nella ricezione delle immagini televisive, che si presenta sullo schermo come una massa di puntini bianchi e neri.

ago   stella   lamella

proiettile   tsuzumi   prisma con lamelle

stella dendritica   lamina dendritica

■ **néve.** Alcune forme caratteristiche di cristalli di neve.

nevicàre v.impers. [4] (aus. *essere* o *avere*) Cadere neve. *È* (*ha*) *nevicato tutto ieri*.

nevicàta s.f. Precipitazione nevosa. ~ *La neve depositata al suolo*.

nevischiàre v.impers. [6] (aus. *essere* o *avere*) Cadere nevischio.

nevischio s.m. [pl. *–schi*] Precipitazione atmosferica costituita da piccoli cristalli di ghiaccio piatti e allungati che cadono fitti insieme a pioggia.

nèvo s.m. MED. Alterazione congenita dei tessuti interni o esterni, spesso pigmentata e rilevata.

nevocarcinòma s.m. MED. Melanoma maligno sviluppatosi da un neo.

1. nevóso agg. Coperto di neve.

2. nevóso s.m. (fr. *nivôse*) ST. Nel calendario in vigore nella Francia rivoluzionaria, il quarto mese (dal 21-23 dicembre al 19-21 gennaio).

nevralgìa s.f. MED. Forte dolore causato dall'irritazione improvvisa di uno o più nervi.

nevràlgico agg. [pl.m. *–ci*, f. *–che*] **1.** MED. Di nevralgia. ◇ *Punto nevralgico*: in cui si avverte in maniera più acuta il dolore; *fig.* momento decisivo. **2.** *fig.* Delicato, da affrontare con cautela perché importante, decisivo.

nevràsse s.m. ANAT. → neurasse.

nevrastenìa o **neurastenìa** s.f. MED. Debolezza di nervi, come condizione patologica di eccitabilità estrema, ansia continua e prostrazione morale e fisica, accompagnata da insonnia e cefalea.

nevrastènico o **neurastènico** agg. [pl.m. *–ci*, f. *–che*] **1.** MED. Relativo alla nevrastenia. **2.** *estens.* Facilmente irritabile, dall'umore incostante. ◆ s.m. [f. *–ca*] Nel sign. 2 dell'agg.

nevrite s.f. MED. → neurite.

nevro- → neuro-.

nevroglìa o **neuroglìa** s.f. (ted. *Nevroglia*) ANAT. Insieme di cellule associate al sistema nervoso centrale, che svolgono funzioni di sostegno strutturale del cervello e del midollo spinale.

nevròsi o **neuròsi** s.f. inv. (ingl. *neurose*) PSICH., PSICOAN. Affezione psichica che turba lievemente la personalità e la vita sociale.

ENCICL. Le nevrosi non sono psicosi, ma disturbi di carattere psicologico o biochimico, solitamente divise in *nevrosi d'angoscia, ossessive, fobiche* e *isteriche*. Sebbene i sintomi mentali (p.e. l'ansia) possano essere anche associati a manifestazioni somatiche (spasmi) e a disordini comportamentali (agitazione), il confine che separa lo stato di normalità dallo stato di nevrosi non è mai ben definito.

nevròtico o **neuròtico** agg. [pl.m. *–ci*, f. *–che*] **1.** MED. Di nevrosi. **2.** Che soffre di nevrosi. ~ *estens.* Ansioso, fragile di nervi. ◆ s.m. [f. *–ca*] Chi è affetto da nevrosi. ~ *estens.* Persona nervosa, irritabile.

new age [/'nju: eɪdʒ/] loc. sost. f. inv. (loc. ingl., propr. "nuova era") Movimento culturale basato su teorie olistiche e mistiche.

new deal [/'nju: 'di:l/] loc. sost. m. inv. (loc. ingl., propr. "nuovo accordo") **1.** Negli USA, programma di politica economica adottato dal governo Roosevelt per fronteggiare la depressione seguita alla crisi del 1929. **2.** *estens.* Rinnovamento radicale, nuovo corso.

new economy [/'nju 'ikɔnəmi/] loc. sost. f. inv. (loc. ingl., propr. "nuova economia") Il complesso delle aziende e delle attività ad alta tecnologia informatica, in partic. nell'ambito delle telecomunicazioni.

new entry [/'nju: 'ɛntri/] loc. sost. f. inv. (loc. ingl., propr. "nuova entrata") **1.** Canzone o album che entra per la prima volta nella classifica di vendite. **2.** *estens.* Nuovo acquisto di una compagnia, di una società.

new look [/'nju: 'lʊk/] loc. sost. m. inv. (loc. ingl., "nuovo aspetto", coniata dal sarto parigino Christian Dior per indicare la sua moda) Nuova immagine, nuovo stile, con riferimento a nuovi modi di vestire o di presentarsi. ~ Di ciò che si presenta sotto un nuovo aspetto, sul piano politico, economico, sociale, ecc.

news [/'nju:z/] s.f. pl. (voce ingl., propr. "notizie, nuove") Le ultime notizie. ~ *estens.* Notiziario, spec. televisivo.

newsgroup [/'nju:z,gru:p/] s.m. inv. (voce ingl., comp. di *news* "notizie" e *group* "gruppo") INFORM. Su Internet, gruppo di discussione al quale ogni utente interessato può partecipare inviando articoli, interventi, quesiti e confrontarsi con altri.

newsletter [/'nju:z'lɛtə/] s.f. inv. (voce ingl., comp. di *news* "notizie" e *letter* "lettera") Notiziario con frequenza brevi informazioni e aggiornamenti, perlopiù in campo finanziario.

newsmagazine [/'nju:z'mægə'zi:n/] s.m. inv. (voce ingl., propr. "rivista di notizie") Settimanale di politica, economia, cultura.

newton [/'nju:tən/] s.m. inv. (voce ingl., dal nome del fisico inglese I. *Newton*) FIS. Unità di misura della forza (simb. *N*) pari alla forza che applicata alla massa di 1 kg imprime un'accelerazione di 1 m/s².

new wave [/'nju: 'weɪv/] loc. sost. f. inv. (loc. ingl., propr. "nuova ondata") Corrente della musica pop apparsa in Gran Bretagna alla fine degli anni Settanta come evoluzione del punk. ~ Tipo di movimento artistico e culturale anticonformista che sperimenta nuove forme e propone nuovi modelli. *La new wave cinematografica*.

newyorkése agg. Di New York. ◆ s.m. e f. Nativo, abitante di New York.

ni s.m. o s.f. inv. Tredicesima lettera dell'alfabeto greco (N,ν) corrispondente alla *n* dell'alfabeto latino.

niacina s.f. (comp. di *ni-cot-ina* e *ac-ido*) CHIM. Acido *nicotinico.

niàuli s.m. inv. Albero tipico dell'Australia, che fornisce un'essenza usata in profumeria e farmacia. (Genere *Melaleuca*; famiglia delle Mirtacee.)

1. nìbbio s.m. [pl. *–bi*] Uccello rapace delle regioni calde e temperate, a coda lunga e forcuta, becco ritorto. (Apertura alare fino a 1,50 m; genere *Milvus*, famiglia degli Accipitridi.)

2. nìbbio s.m. [pl. *–bi*] Pianta erbacea, detta *ebbio*. (Famiglia delle Caprifogliacee.)

nibelùngo s.m. [f. *–ga*, pl.m. *–ghi*, *–gi*, f. *–ghe*] (ted. *Nibelunge*) Secondo l'antica mitologia germanica, denominazione di un'antica stirpe reale del gruppo germanico-orientale (*Burgundi*).

nicaraguènse o **nicaraguése** agg. (spagn. *nicaragüense*) Del Nicaragua. ◆ s.m. e f. Nativo, abitante del Nicaragua.

nìcchia s.f. **1.** Cavità ricavata nello spessore di un muro, spesso predisposta per ospitare una statua, ma anche per dare ricovero a persone o cose. ~ *estens.* Piccolo ripostiglio. **2.** *fig.* Impiego poco faticoso, sistemazione stabile. **3.** BIOL. *Nicchia ecologica*: all'interno di un ecosistema, luogo in cui i fattori ambientali sono adatti alla sopravvivenza di una specie. SIN.: **biotipo**. **4.** ECON. *Nicchia di mercato*: piccolo settore di mercato, determinato in termini di clientela o di prodotto. ~ *Di nicchia*: per pochi. **5.** (al pl.) Pasta corta da minestra a forma di conchiglia.

nicchiàre v.intr. [6] (aus. *avere*) (etim. incerta, forse lat. *nidiculàre* "stare nel nido") Esitare di fronte a decisioni, schermirsi di fronte a promesse da mantenere. *Nicchiare prima di decidersi.* SIN.: **tergiversare**.

nichel o **nichèlio** s.m. (solo sing.) **1.** Metallo bianco lucente, di densità 8,9 e che fonde a 1453 °C. **2.** Elemento chimico (Ni) di numero atomico 28 e peso atomico 58,71.

nichelàre v.tr. Coprire oggetti di uno strato di nichel.

nichelatùra s.f. Operazione con cui oggetti metallici sono rivestiti di nichel per proteggerli dalla corrosione o renderli lucenti.

nichelcròmo o **nichel-cròmo** s.m. inv. METALL. Denominazione di diverse leghe di nichel, cromo e ferro, usate per la fabbricazione di resistenze elettriche o per coperture inossidabili.

nichilismo s.m. (fr. *nihilisme*, ted. *Nihilismus*, lat. deriv. di *nĭhil* "nulla") **1.** FILOS. Tendenza a negare in modo assoluto l'esistenza della realtà o di alcuni valori di essa. (È usato più spesso in riferimento a Nietzsche per indicare l'inevitabile decadenza della cultura occidentale e dei suoi valori.) **2.** Tendenza rivoluzionaria dell'intelligenzia russa della fine dell'Ottocento che, fidando ciecamente nella scienza, rifiutava tutti i valori tradizionali. **3.** *estens.* Ogni atteggiamento genericamente rinunciatario e negativo nei confronti del mondo.

nichilista s.m. e f. [pl.m. *–sti*] (fr. *nihiliste*, ted. *Nihilist*) Seguace del nichilismo o anarchico russo fautore dell'omonimo movimento. ❏ In funzione di agg., relativo al nichilismo.

nickel [/'nɪkəl/] s.m. (solo sing.) CHIM. Nichel.

nicol s.m. inv. (dal nome dell'inventore scozzese W. *Nicol*) FIS. Dispositivo cristallino che permette di polarizzare la luce o analizzare la luce polarizzata.

nicolaismo s.m. RELIG. Dottrina gnostica di una setta cristiana del I sec. d.C. che ammetteva il matrimonio dei sacerdoti. ~ *estens.* Durante la riforma gregoriana (sec. XI), atteggiamento eretico di chi si opponeva al celibato ecclesiastico.

nicolaìta s.m. e f. [pl.m. *–ti*] (dal nome del diacono *Nikólas*) RELIG. Seguace del nicolaismo.

nicotìna s.f. (dal nome del medico francese J. *Nicot* che diffuse l'uso del tabacco in Francia) Principale alcaloide del tabacco, il cui tasso varia dall'1 all'8% secondo il tipo di foglie delle specie coltivate, che funge da eccitante del sistema nervoso vegetativo.

nicotinammìde s.f. CHIM. Ammide dell'acido nicotinico o vitamina PP, che svolge funzioni fondamentali nei processi ossido-riduttivi, nel metabolismo dell'emoglobina e delle proteine vegetali.

nicotìnico agg. [pl.m. –ci] CHIM. *Acido nicotinico:* acido monocarbossilico usato nella cura della pellagra per le sue proprietà vitaminiche.

nicotinìsmo s.m. (fr. *nicotinisme*) **1.** MED. Intossicazione cronica da nicotina dovuta ad assunzione eccessiva per inalazione o ingestione. **2.** MED. → **tabagismo**.

Nicoziàna s.f. BOT. Genere di piante erbacee tipiche dell'America Meridionale. (Famiglia delle Solanacee.)

Nictaginàcee o **Nittaginàcee** s.f. pl. [sing. –a per l'individuo] BOT. Famiglia di piante dicotiledoni ornamentali comprendente la buganvillea e la bella di notte.

nictàlope o **nittàlope** agg. (fr. *nyktalope*, gr. comp. di *nýks* "notte", *al* "cieco" e *óps* "vista") MED. Affetto o dotato di nictalopia. ◆ s.m. e f. Nel sign. dell'agg.

nictalopìa o **nittalopìa** s.f. (fr. *nyktalopie*) MED. Capacità visiva notturna superiore alla norma di natura sia fisiologica sia patologica.

nictemeràle o **nittemeràle** agg **1.** Relativo alla successione del giorno e della notte. **2.** MED. Di fenomeni fisiologici e patologici che variano in rapporto all'alternarsi di notte e giorno e che presentano aspetti diversi nell'arco delle 24 ore.

nictofobìa s.f. MED. Paura ossessiva dell'oscurità notturna.

nictùria s.f. MED. Frequente stimolo a urinare durante la notte, causato da disfunzioni della vescica o della prostata, disturbi renali o cardiaci.

nidiàceo s.m. Giovane uccello che sta ancora nel nido e non sa volare.

nidiàta s.f. **1.** Insieme degli uccelli di una stessa covata. ~ *estens.* I cuccioli di altri animali nati da uno stesso parto. **2.** *fig.* Folto numero di bambini o più genericamente di persone.

nidificàre v.intr. [4] (aus. *avere*) (lat., comp. di *nĭdus* "nido" e *făcere* "fare") Fare il proprio nido per deporvi le uova e allevarvi i piccoli.

nidificazióne s.f. L'insieme delle operazioni compiute per costruire il nido e il periodo in cui sono fatte.

nìdo s.m. **1.** Riparo costruito da diversi animali (uccelli, pesci, insetti, ecc.) per depositarvi le uova. ~ *estens.* Cavità naturale che serve come rifugio ad altri animali. **2.** *fig.* Casa, come rifugio intimo e nucleo d'affetti. *Nido d'amore.* ~ Spazio dove ci si sente protetti, rassicurati. **3.** Luogo dove si radunano individui pericolosi. **4.** Qualità di pasta lunga e sottile avvolta e intrecciata quasi a forma di nido. **5.** *Nido d'ape:* tessuto di cotone con una trama che ricorda le cellette esagonali dei favi; struttura metallica usata nelle costruzioni meccaniche e aeronautiche; punto di ricamo e di maglia a piccoli rombi che richiama la stessa struttura. **6.** *Nido di uccello:* pianta erbacea annua, saprofita, diffusa nelle zone montane, caratterizzata da rizoma che richiama, nella forma, i nidi degli uccelli. (Famiglia delle Orchidacee.) **7.** *Nido (d'infanzia):* scuola per bambini da zero a tre anni. **8.** MIL. *Ni-*

do di mitragliatrici: postazione di mitragliatrici collocate in un luogo strategico e ben protetto.

niellàre v.tr. OREFIC. Decorare oggetti artistici con la tecnica del niello.

niellatùra s.f. OREFIC. Decorazione a niello di oggetti d'oro e d'argento.

nièllo s.m. **1.** OREFIC. Miscela liquida decorativa di colore nero (a base di solfuri metallici) versata nelle parti incise di oggetti d'oro e d'argento. **2.** Oggetto lavorato con tale tecnica.

niènte s.m. inv. (etim. incerta, forse lat. *nec èntem* "nemmeno una cosa") **1.** Ciò che non esiste, condizione negativa, nulla. **2.** Cosa senza importanza. *Costare un niente.* ◆ avv. **1.** In nessuna quantità, neanche un poco. *Non mi fido niente delle sue parole.* **2.** Come segnale discorsivo, spec. ad apertura di discorso, con valore attenuativo rispetto a quello che segue. *"Perché hai deciso di partire?" "Niente, ho bisogno di isolarmi".*

nientediméno o **nienteméno** avv. Usato in espressioni esclamative o interrogative per sottolineare enfaticamente un elemento. *Il primo premio è nientedimeno che due miliardi!* SIN.: **addirittura**.

nife s.m. (comp. di *Ni* e *Fe*, simboli chimici di nichel e ferro) GEOL. La parte centrale della Terra (*barisfera*), ipoteticamente costituita da nichel e ferro.

Nigèlla s.f. BOT. Genere di piante erbacee tipiche delle regioni mediterranee e asiatiche, caratterizzate da foglie piccole e carnose, fiori bianchi, gialli o azzurri, e piccoli semi neri usati anche come condimento. (Famiglia delle Ranuncolacee.)

nigeriàno agg. Della Nigeria. ◆ s.m. **1.** [f. *na*] Nativo, abitante della Nigeria. **2.** (solo sing.) Lingua del ceppo camitico parlata in Nigeria.

nigerìno agg. [f. *–na*] Del Niger. ◆ s.m. Nativo, abitante del Niger.

night [/naɪt/] s.m. inv. (voce ingl.) *comun.* Nightclub.

nightclub [/ˈnaɪtˌklʌb/] s.m. inv. (voce ingl., propr. "club della notte") Locale notturno aperto fino a tarda notte dove si possono bere alcolici, ascoltare musica, general. dal vivo, e ballare.

Nigritèlla s.f. BOT. Genere di piante a cui appartengono parecchie specie erbacee, tuberose, con fusto eretto, foglie lineari carnose e piccoli fiori profumati rosa o rossi raccolti in spighe. (Famiglia delle Orchidacee.)

nilgàu o **nilgài** s.m. inv. (indostano *nīlgāy,* propr. "blu azzurro") Mammifero ruminante dell'India, simile all'antilope, di cui solo il maschio porta corna molto corte. (Altezza al garrese 1,40 m; genere *Boselaphus,* famiglia dei Bovidi.)

nilo-saharìano agg. Di famiglia di lingue diffuse in una zona fra la regione del Nilo e quella del Sahara.

nilòtico agg. [pl.m. –ci, f. –che] Di un gruppo di lingue parlate nella regione dell'alto Nilo.

nìmbo s.m. (lat. *nĭmbum* "nembo") Cerchio luminoso che nell'iconografia pagana incoronava il capo di divinità e in quella cristiana divenne elemento caratterizzante Cristo, la Vergine e i santi. SIN.: **aureola**.

nìnfa s.f. (gr. *nýmphē* "fanciulla, sposa") **1.** MIT. GR. ROM. Divinità femminile abitatrice di boschi e acque. **2.** ZOOL. Stadio di sviluppo in cui

gli insetti si trasformano da larva a insetto adulto; detto anche *pupa* o, nelle farfalle, *crisalide*. **3.** ANAT. (al pl.) Le piccole labbra della vulva.

ninfàle agg. **1.** Che riguarda le ninfe. ~ *estens.* Di giovani donne belle e leggiadre. **2.** ZOOL. Di ninfa, come fase della metamorfosi degli insetti. ◆ s.m. Opera letteraria a carattere mitologico.

Ninfàlidi s.m. pl. [sing. –de per l'individuo] ZOOL. Famiglia di insetti con zampe pelose e grosse ali dai colori vivaci. (Ordine dei Lepidotteri.)

ninfèa s.f. (gr. *nymphàia* "pianta delle ninfe") **1.** Pianta acquatica diffusa nei laghi e nelle acque a lento decorso, con larghe foglie coriacee e grossi fiori emersi. (Famiglia delle Ninfeacee.) **2.** BOT. (iniziale maiusc.) Genere di piante a cui appartengono le varie specie di ninfee.

■ **ninfèa**

Ninfeàcee s.f. pl. [iniziale minusc. sing. –a per l'individuo] BOT. Famiglia di piante acquatiche, dicotiledoni, rizomatose, diffuse nelle regioni calde e temperate.

ninfèo s.m. **1.** Luogo sacro alle ninfe. **2.** Nell'architettura ellenistica e romana, edificio con molte absidi, nicchie e portici a colonne, utilizzato per la celebrazione dei matrimoni. ~ *estens.* Nelle ville rinascimentali e barocche, complesso ornamentale costituito da grandiose fontane, nicchie e colonne.

ninfòmane s.f. (fr. *nymphomane*) **1.** MED. Donna affetta da ninfomania. **2.** *estens. comun.* Donna sessualmente insaziabile.

ninfomanìa s.f. (fr. *nymphomanie*) MED. Anomalia del comportamento sessuale delle donne che si manifesta in un desiderio continuo e mai completamente soddisfatto.

ninfòsi s.f. inv. ENTOM. Trasformazione di una larva d'insetto in ninfa.

ninja [/ˈnindʒa/] s.m. inv. (voce giapp.) Chi pratica un'arte marziale (*ninjatsu*) consistente di tecniche di acrobazia, occultamento e combattimento con armi leggere.

ninjatsu [/ˈninʤatzu/] s.m. inv. (voce giapp.) Antica arte marziale giapponese basata su tecniche di acrobazia, di occultamento e di combattimento con armi leggere.

ninnanànna s.f. [pl. *ninnenanne*] (voce onom.) **1.** Cantilena che si canta sottovoce per fare addormentare i bambini. **2.** MUS. Canzone dal ritmo molto lento.

nìnnolo s.m. **1.** Giocattolo per bambini. **2.** Piccolo oggetto decorativo. SIN.: **gingillo**. **3.** *fig.* Cosa senza importanza.

niòbio s.m. (solo sing.) (dal nome del personaggio mitologico *Niobe*, figlia di Tantalo, perché orig. l'elemento non venne distinto dal tantalio) **1.** Metallo grigio con l'argento presente in alcuni minerali (p.e. tantalito), usato in metallurgia; detto anche *columbio*. **2.** Elemento chimico (Nb) di numero atomico 41 e peso atomico 92,906.

nipóte s.m. e f. Figlio del fratello o della sorella oppure del figlio o della figlia. ~ *estens.* Il coniuge dei nipoti o il figlio (o la figlia) dei cugini di primo grado.

nippònico agg. [pl.m. –ci, f. –che] (deriv. di *Nippon,* lettura giapponese di cin. *Jihpûn,* deriv. di *Jihpûnkuo* "paese del sol levante") Del Giappone. SIN.: **giapponese**. ◆ s.m. [f. –ca] Nativo, abitante del Giappone.

nirvàna s.m. inv. (sanscr. *nirvāna*-, propr. "estinzione") **1.** Nel buddismo, condizione di perfetta pace e serenità, raggiungibile con l'ascesi, cioè con l'annullamento di desideri e passioni. **2.** *fig. comun.* Stato di beatitudine spirituale. **3.** PSICOL. *Principio del nirvana:* tenden-

di gazza, *fatto di rami intrecciati* di calabrone, *in fibre di legno* di svasso, *galleggiante, fatto di erbe* di spinarello, *sott'acqua, fatto di erbe*

■ **nìdo**

za a ridurre a zero la tensione provocata dai vari stimoli.

nistàgmo s.m. (gr. *nystagmós* "sopore") MED. Movimento oscillatorio in orizzontale o verticale, o rotatorio. ~ Successione di piccoli movimenti involontari di organi mobili come l'occhio, il capo o il velo pendulo.

nit s.m. inv. FIS. Unità di misura della brillanza pari a quella di una sorgente che ha l'intensità luminosa di 1 candela per m² (simb. *nt*).

nitidézza s.f. **1.** Caratteristica di ciò che è luminoso, limpido. **2.** *estens.* Estrema precisione e sicurezza, chiarezza.

nitido agg. **1.** Dai contorni netti, ben definito. **2.** *fig.* Privo di imperfezioni o ambiguità.

niton o **nito** s.m. (solo sing.) → **radon**.

nitràre v.tr. CHIM. Sottoporre un composto organico a nitrazione.

nitratàre v.tr. AGR. Concimare il terreno con nitrati.

nitratazióne s.f. **1.** BIOL. Ultima fase del processo di nitrificazione. **2.** AGR. Concimazione di un terreno mediante fertilizzanti nitrici.

nitratina s.f. Minerale a base di nitrato di sodio, noto come *nitro del Cile* o *sodanitro*.

nitràto agg. CHIM. Trattato con acido nitrico. ◆ s.m. **1.** Sale dell'acido nitrico. **2.** CHIM. ORG. Denominazione di alcuni esteri dell'acido nitrico.

nitrazióne s.f. CHIM. Sostituzione, in un composto organico, di uno o più atomi di idrogeno con uno o più gruppi nitrici. (Nel suolo, tale sostituzione è spontanea in presenza di nitrobatteri.)

nitrico agg. [pl.m. *–ci*, f. *–che*] **1.** CHIM. Di composto dell'azoto pentavalente. ◇ *Acido nitrico:* liquido incolore ottenuto per ossidazione catalitica dell'ammoniaca, dotato di alto potere ossidante e corrosivo; detto anche *acquaforte*. **2.** BIOL. Di batterio che interviene nella nitrificazione.

nitrificànte agg. BIOL. Di batterio attivo nel processo di nitrificazione (*nitrobatterio*).

nitrificazióne s.f. BIOCHIM. Processo naturale di fertilizzazione del terreno che consiste nella trasformazione dei composti ammoniacali in nitrati, general. sotto l'azione di specifici batteri.

nitrile s.m. **1.** CHIM. Radicale monovalente derivato dall'acido cianico. **2.** Composto organico contenente un gruppo alchilico legato a un gruppo costituito da un atomo di carbonio e uno di azoto.

nitrire v.intr. [83] (aus. *avere*) Di cavallo, emettere uno o più nitriti.

1. nitrito s.m. Verso del cavallo e del mulo.

2. nitrito s.m. CHIM. Sale dell'acido nitroso.

nitrobattèrio s.m. [pl. *–ri*] BIOL. Batterio aerobio del suolo che opera il processo di nitrificazione.

nitrobenzène s.m. CHIM. Liquido derivante dalla nitrazione del benzene, usato nella produzione di coloranti, profumi, esplosivi; detto anche *nitrobenzolo*.

nitrobenzòlo s.m. CHIM. Nitrobenzene.

nitrocellulósa s.f. CHIM. Qualsiasi prodotto ottenuto per nitratazione totale o parziale della cellulosa.

nitroderivàto s.m. CHIM. Ogni composto organico che contenga nella sua molecola uno o più gruppi nitrici. SIN.: **nitrocomposto**.

nitroglicerina s.f. CHIM. Estere nitrico della glicerina, denso, incolore, inodore, detto anche *trinitrina*. (È un potente esplosivo usato nella preparazione della dinamite.)

nitrogrùppo s.m. CHIM. Radicale monovalente composto da un atomo di azoto e due di ossigeno.

nitrosile s.m. CHIM. Radicale monovalente positivo composto da un atomo di azoto e uno di ossigeno.

nitróso agg. CHIM. Dell'acido HNO₂ e dell'anidride corrispondente N₂O₃. ◇ *Ossido nitroso:* gas *esilarante.

nitrurazióne s.f. CHIM. Trattamento dei metalli con azoto o ammoniaca per indurirne la superficie.

nitrùro s.m. CHIM. Combinazione dell'azoto con un altro elemento.

nitticora o **nicticora** s.f. (gr. *nyktikórax* "gufo") **1.** Uccello notturno, abitante le paludi delle zone temperate e tropicali, caratterizzato da piumaggio bianco inferiormente e scuro su ali, dorso e capo, su cui c'è un ciuffo di penne chiare; detto anche *corvo di notte*. (Lunghezza 60 cm ca.; famiglia degli Ardeidi.) **2.** ZOOL. (iniziale maiusc.) Genere di animali a cui appartiene la nitticora.

■ **nitticora**

nittitànte o **nictitànte** agg. Di una membrana sottilissima sottostante le palpebre, mossa da speciali muscoli, che protegge il globo oculare. (È presente in alcuni anfibi anuri, uccelli, rettili e in altri vertebrati; nei mammiferi è rudimentale.)

nittitazióne o **nictitazióne** s.f. FISIOL. L'atto involontario dell'abbassare e alzare continuamente le palpebre, per mantenere umide congiuntiva e cornea. SIN.: **ammiccamento**.

nivàle agg. GEOGR. Relativo alle nevi.

nivòmetro o **nevòmetro** s.m. METEOR. Strumento usato per misurare l'entità delle precipitazioni nevose.

nizzàrdo agg. Di Nizza. ◆ s.m. [f. *–da*] Nativo, abitante di Nizza.

nò avv. **1.** Costituisce (in coppia con il suo contrario *sì*) il termine fondamentale con cui si forniscono risposte o altri giudizi negativi. **2.** In frasi assertive, esprime contrasto tra due situazioni. *Io ero d'accordo, mentre lei no.* ~ In frasi interrogative disgiuntive esprime contrasto tra due possibilità. *Fammi sapere se vieni o no.* ~ In frasi dichiarative, equivale a una risposta negativa. *Mi ha risposto di no.* **3.** Con intonazione interrogativa, esprime attesa di una conferma, di un assenso. *Sei nato a Bologna, no?* **4.** In frasi esclamative e in risposte sotto forma di domande, sottolinea l'indignazione o, al contrario, manifesta entusiasmo o sorpresa. *Ma no! "Verresti al cinema?" "Perché no?"* ◆ s.m. inv. **1.** Risposta negativa, rifiuto. *Un no deciso.* **2.** Voto contrario. **3.** Dramma lirico giapponese, che combina musica, danza e poesia. ◻ In funzione di agg. inv., sfavorevole, infausto. *È stata una serata no.*

nòbel o **Nòbel** s.m. inv. (dal nome del chimico svedese A.B. *Nobel* che istituì tale premio) Premio prestigioso assegnato ogni anno a chi si è distinto in un determinato campo, artistico o scientifico. ~ Persona insignita del premio Nobel.

nobèlio s.m. (solo sing.) (dal nome del chimico svedese A.B. *Nobel*) Elemento radioattivo che si ottiene artificialmente (No) di numero atomico 102.

nobildònna s.f. Donna appartenente per nascita a famiglia aristocratica.

nòbile agg. (lat. *nōbilem*, propr. "noto") **1.** Che appartiene, per nascita o per privilegio acquisito, a una classe sociale che gode di determinati privilegi. SIN.: **aristocratico**. **2.** *fig.* Che possiede o dimostra elevatezza morale e di sentimenti, generosità d'animo. **3.** *estens.* Che si distingue per caratteristiche di eccellenza. *Città nobile.* **4.** Che reagisce o si combina con difficoltà. ◆ s.m. e f. Chi appartiene alla nobiltà.

nobiliàre agg. (fr. *nobiliaire*) Della nobiltà, spec. dal punto di vista sociale e giuridico. SIN.: **aristocratico**.

nobiliàrio s.m. [pl. *–ri*] (fr. *nobiliaire*) Antico registro delle famiglie nobili.

nobilitàre v.tr. Elevare spiritualmente o moralmente qlcu., conferendogli dignità, prestigio. *Il lavoro nobilita l'uomo.* ◆ **nobilitarsi** v.pron. Acquisire dignità morale, elevarsi spiritualmente attraverso nobili azioni.

nobilitàto agg. **1.** Di persona, elevato spiritualmente. **2.** Di cosa, migliorato nella qualità.

◇ TECN. *Pannello nobilitato:* nell'industria mobiliera, truciolare o compensato rivestito con particolari legni o resine. ◆ s.m. Pannello nobilitato.

nobilitazióne s.f. **1.** Conferimento di titoli nobiliari. **2.** *fig.* Elevazione spirituale. **3.** *fig.* Qualsiasi procedimento inteso ad accrescere il valore o la qualità di un prodotto.

nobiltà s.f. inv. **1.** Condizione di chi è di nobile stirpe. **2.** La classe nobiliare, il ceto aristocratico. SIN.: **aristocrazia**. **3.** *estens.* Eccellenza, superiorità di natura e di origini. **4.** *fig.* Elevatezza morale, spirituale, intellettuale.

nobiluòmo s.m. [pl. *nobiluomini*] Uomo privo di un particolare titolo nobiliare ma appartenente per nascita a famiglia aristocratica.

nòcca s.f. [pl. *–che*] (long. *knohha* "giuntura") **1.** Nelle dita di mani e piedi, ognuna delle sporgenze che corrispondono alle articolazioni. **2.** ZOOL. Il nodello delle zampe dei quadrupedi. **3.** MECC. Tipo di articolazione snodata.

nocchière o **nocchièro** s.m. (gr. *náuklēros* "padrone della nave") **1.** [f. *–ra*] Chi governa una nave o altra imbarcazione. **2.** MAR. Il sottufficiale che sovrintende ai servizi marinareschi di bordo.

nòcchio s.m. [pl. *–chi*] **1.** BOT. Nodosità che si forma sul tronco di un albero. **2.** *estens.* Nodosità di varia natura.

nocciòla s.f. Il frutto e il seme del nocciolo. ◆ s.m. inv. Colore marrone chiaro caratteristico del guscio della nocciola. ◻ Anche in funzione di agg. inv., color nocciola. *Un abito nocciola.*

noccioléto s.m. Terreno, bosco di noccioli.

nocciolìna s.f. (spec. pl.) Arachide tostata. *Nocciolina americana.*

1. nòcciolo s.m. **1.** BOT. Nei frutti a drupa, il rivestimento legnoso che avvolge il seme. **2.** TECN. La parte più interna di varie strutture meccaniche, in partic. dei reattori nucleari. **3.** *fig.* Punto principale, essenza di qlco. SIN.: **fulcro**. ◇ *Nocciolo duro:* società le cui azioni sono concentrate nelle mani di pochi azionisti che controllano l'impresa e scelgono direttamente gli amministratori.

2. nocciòlo s.m. **1.** Pianta arbustiva diffusa nei boschi, con fusto nodoso e foglie ovali, il cui frutto è la nocciola. (Altezza fino a 7 m; genere *Corylus*, famiglia delle Betulacee.) **2.** Il legno bianco-rosato di tale arbusto, largamente impiegato in falegnameria.

fiore femminile

frutto

sezione del frutto

inflorescenza maschile

cupola

foglie e frutti

■ **nocciòlo**

1. nóce s.m. **1.** Grande albero delle regioni temperate, con fusto dritto, tronco liscio, chioma ampia e folta, che produce frutti a drupa detti *noci*. (Altezza 10-25 m; longevità 300-400 anni; genere *Juglans*, famiglia delle Juglandacee.) **2.** Il legno di tale albero, compatto, pesante ed elastico, molto usato in falegnameria. **3.** Il colore marrone chiaro o scuro nelle tonalità caratteristiche del legno del noce.

2. nóce s.f. **1.** Frutto a drupa dell'albero del noce, costituito da un rivestimento esterno (*mallo*) che racchiude un guscio legnoso e rugoso, contenente a sua volta il seme oleoso commestibile (*gheriglio*). **2.** Il seme commestibile del

fiore
femminile

amento
maschile

frutto

sezione
del
frutto

■ nóce

frutto a drupa, molto apprezzato come frutta secca e usato nell'industria dolciaria. **3.** BOT. Frutto secco indeiscente, contenente un solo seme. **4.** Ogni frutto o seme che ricorda in qualche modo la noce. ◇ *Noce moscata:* seme dell'omonima pianta delle Miristicacee, la cui polpa dal sapore aromatico e piccante costituisce una delle più comuni spezie. – *Noce di cola:* seme delle piante del genere Cola, di origine orientale. – *Noce di pecan:* frutto di un albero di origine americana delle Iuglandacee. – *Noce vomica:* frutto di un albero delle Loganiacee, diffuso in India, da cui si estrae la stricnina. **5.** Oggetto o parte di esso che, per forma o dimensione, ricorda una noce. ~ MECC. IND. Nelle macchine per filatura, parte del fuso. ~ Piccola quantità di una sostanza, della dimensione di una noce. *Una noce di burro.* ◇ *Noce di vitello:* taglio di carne del vitello ricavato dalla parte interna della coscia, utilizzato per gli arrosti.

nocèlla s.f. **1.** ANAT. Nel polso, la protuberanza ossea corrispondente alla testa dell'ulna. **2.** Parte centrale del compasso, nella quale si innestano i due bracci. **3.** BOT. Parte principale dell'ovulo delle Angiosperme, che scompare quando l'ovulo si trasforma in seme.

nocepèsca s.f. [pl. –*sche*] Frutto dell'albero del nocepesco, di dimensioni inferiori alla pesca comune e dalla buccia liscia.

nocepèsco s.m. [pl. –*schi*] Varietà d'origine cinese dell'albero del pesco.

nocéto s.m. Terreno, bosco di noci.

nocìno s.m. Liquore ottenuto per infusione in alcol di noci fresche complete di mallo.

nocivo agg. Che nuoce, dannoso.

no comment [/nəʊ ˈkɔment/] loc. avv. (loc. ingl., propr. "nessun commento") Niente da dire o da dichiarare.

nodàle agg. **1.** Di un nodo, spec. nel l. sc. e tecn. **2.** *fig.* Di primaria importanza. SIN.: **essenziale.**

nodèllo s.m. **1.** BOT. Nel fusto delle canne, ciascuno degli anelli che ne interrompono la linearità. **2.** ZOOL. Negli arti dei quadrupedi, la parte sopra lo zoccolo.

nòdo s.m. **1.** Intreccio che riunisce strettamente due elementi allungati e flessibili. ~ *estens.* Legatura di un elemento su se stesso. **2.** *estens.* Groviglio, garbuglio. ~ *fig.* Intreccio, trama di un'opera. ◇ *Avere un nodo in gola:* provare una sensazione di costrizione che ostacola la deglutizione, perlopiù per cause emotive. **3.** *fig.* Legame tra persone. SIN.: **vincolo. 4.** *fig.* Punto cruciale, difficoltoso e complicato. **5.** BOT. Ingrossamento del fusto o dei rami corrispondente all'attaccatura delle foglie. **6.** Luogo dove si

incrociano molte vie di comunicazione. *Nodo ferroviario.* **7.** Nel l. sc., è molto usato col valore basilare di "punto di contatto". ~ FIS. Punto di un'onda stazionaria in cui l'oscillazione è nulla. ~ ELETTROTEC. Punto di un circuito in cui convergono più conduttori. **8.** MED. Formazione che si sviluppa in un tessuto e che si presenta come ispessimento o indurimento rispetto alla normale consistenza del tessuto stesso. **9.** BIOL. *Nodo embrionale:* nei mammiferi, il gruppo di cellule che dà origine all'embrione. **10.** MAR. Unità di misura della velocità in navigazione marittima o aerea, equivalente a 1 miglio nautico/h. **11.** ASTR. Ognuno dei due punti d'intersezione dell'orbita di un pianeta con l'eclittica.

nodosità s.f. inv. **1.** Aspetto o consistenza nodosa. **2.** BOT. Rigonfiamento, ispessimento.

nodóso agg. Che presenta molti nodi. ~ *fig.* Riferito a persona, ossuto.

nodulàre agg. MED. Costituito da noduli.

nòdulo s.m. **1.** MED. Piccola formazione tondeggiante cutanea o dei tessuti più profondi. **2.** MIN. Concrezione sferica cristallina costituita da un solo minerale all'interno di rocce di diversa natura.

noèma s.m. [pl. –*mi*] (gr. *nóēma* "percezione, pensiero") **1.** FILOS. L'oggetto della percezione intellettuale (*noesi*) o il suo contenuto. **2.** LING. Unità minima di significato.

noèsi s.f. inv. (gr. *nóēsis* "percezione, intelligenza") FILOS. Nel pensiero di Aristotele, l'attività conoscitiva intuitiva, come base e presupposto della conoscenza discorsiva.

no frost [/nəʊ ˈfrɔst/] loc. agg. inv. (loc. ingl., propr. "nessuna brina") Senza brina, riferito a frigorifero o congelatore in cui viene evitata la formazione di brina. ◆ loc. sost. inv. Nel sign. della loc. agg. inv.

no global [/nəʊglˈəʊbl/] loc. agg. inv. (loc. ingl.) Che è contrario alla globalizzazione. ◆ loc. sost. m. e f. inv. Nel sign. dell'agg.

nói pron. personale **1.** Prima persona plurale, usata da due o più persone in riferimento a se stesse. **2.** Pluralis maiestatis.

nòia s.f. **1.** Inerzia malinconica dovuta perlopiù a insoddisfazione per la monotonia e la mancanza d'interesse della situazione in cui ci si trova. **2.** Molestia, disturbo. **3.** Persona o cosa che annoia o infastidisce.

noióso agg. (provenz. *enojos*, lat. *inodiósum* "odioso") **1.** Che procura un senso di noia. SIN.: **monotono. 2.** Che provoca fastidio. ◆ s.m. [f. –*sa*] Persona tediosa, che insiste in maniera eccessiva.

noir [/ˈnwar/] agg. inv. (voce fr., propr. "nero") Di genere letterario o cinematografico poliziesco che racconta storie violente ambientate in atmosfere tenebrose. *Film noir.* ◆ s.m. inv. Nel sign. dell'agg.

noleggiànte s.m. e f. Chi cede a nolo un mezzo di trasporto.

noleggiàre v.tr. **1.** Prendere a noleggio un mezzo di trasporto. **2.** Dare a noleggio. *Qui noleggiano biciclette.*

noleggiatóre s.m. [f. –*trice*] **1.** Chi prende a noleggio qlco. **2.** *comun.* Chi gestisce un servizio di noleggio.

noléggio s.m. [pl. –*gi*] **1.** DIR. Contratto con cui si cede in uso provvisorio un mezzo di trasporto o più general. qualsiasi bene, dietro corresponsione di una certa somma. **2.** Prezzo pattuito per tale genere di uso. **3.** L'impresa dove si noleggiano veicoli.

nolènte agg. Che non vuole.

nòlo s.m. (gr. *nãulon* "nolo, prezzo del passaggio") **1.** Prezzo pagato per il trasporto di merci per nave o per aereo. **2.** Compenso dovuto da chi prende in uso temporaneo un mezzo di trasporto o un bene di altro tipo. **3.** *comun.* Contratto che prevede l'uso temporaneo di un bene.

nòmade agg. (gr. *nomás*, propr. "che erra per mutare pascoli") **1.** Di popolazione che non ha dimora stabile in un luogo ma cambia continuamente sede. **2.** *estens.* Che rifiuta l'insediamento stabile. ◆ s.m. e f. **1.** Chi pratica il nomadismo. **2.** *estens.* Chi cambia spesso residenza.

nomadismo s.m. **1.** Forma di vita caratteristica di popolazioni che cambiano continuamente dimora. **2.** *estens.* Abitudine di vita adottata da chi per vari motivi cambia spesso residenza.

nóme s.m. **1.** Segno verbale che permette di designare esseri viventi, oggetti, fatti, concetti, sentimenti, ecc. appartenenti alla realtà concreta o astratta. SIN.: **denominazione.** ◇ *Nome commerciale:* designazione ufficiale di un prodotto o di una ditta. – *Nome brevettato, depositato:* marchio registrato di un prodotto esclusivo. – *loc. prep. A nome di:* per conto di, da parte di. **2.** GRAMM. Parte del discorso variabile in cui da un punto di vista generale sono compresi *sostantivo, aggettivo* e *forme nominali del verbo* e in senso più specifico il solo *sostantivo*, cioè parola che designa un individuo o una classe di persone, animali o cose, che indica un concetto o una serie di caratteristiche. In questo senso si distinguono dunque nomi *comuni* che designano insiemi (cane) e *propri* che designano individui e richiedono perlopiù l'iniziale maiuscola (Mario, Roma), *astratti* (virtù) o *concreti* (tavolo), *collettivi* (gregge) o *singolativi* (pecora). **3.** Appellativo che designa individualmente una persona oppure l'insieme del nome e del cognome. ◇ *Nome d'arte:* pseudonimo che molti artisti adottano per questioni di notorietà. **4.** *fig.* Reputazione, onore. **5.** *fig.* Personaggio prestigioso in un determinato ambiente. ◇ *fig. Farsi un nome:* diventare famoso.

noméa s.f. Fama, perlopiù cattiva. SIN.: **reputazione.**

nomenclatùra s.f. (lat., comp. di *nōmen* "nome" e *calăre* "chiamare") Il complesso dei nomi degli elementi di una serie classificati con criterio sistematico.

nomenklatùra s.f. [pl. *nomenklature*] (voce russa, ted. *Nomenklatur* "nomenclatura") **1.** ST. In Unione Sovietica e nei paesi a regime comunista, l'elenco delle varie cariche direttive e dei loro responsabili. **2.** *spreg.* Nel l. gior., la dirigenza di partiti, enti, istituzioni.

-nomia (gr. *-nomia*, deriv. di *nómos* "legge") Secondo elemento di composti nei quali significa "amministrazione, governo" (*economia, eteronomia*) o "distribuzione ordinata" (*tassonomia*).

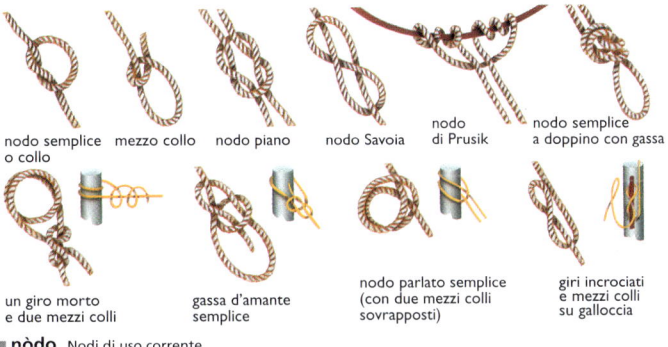

nodo semplice o collo   mezzo collo   nodo piano   nodo Savoia   nodo di Prusik   nodo semplice a doppino con gassa

un giro morto e due mezzi colli   gassa d'amante semplice   nodo parlato semplice (con due mezzi colli sovrapposti)   giri incrociati e mezzi colli su galloccia

■ **nòdo.** Nodi di uso corrente.

nomìgnolo s.m. **1.** Nel sign. del dim. di *nome*. **2.** Soprannome scherzoso attribuito in base a qualità fisiche o morali.

nòmina s.f. Atto con cui un'autorità competente assegna a qlcu. un incarico, un mandato o gli conferisce un grado.

nominàle agg. **1.** GRAMM. Relativo al nome. **2.** Che si riferisce a nomi di persona. **3.** Esistente solo di nome ma in realtà privo di consistenza o dell'effettiva capacità di farsi valere. *Carica nominale.* **4.** ECON. Fissato convenzionalmente e non necessariamente corrispondente alla realtà. ◇ *Valore nominale di una moneta:* quello che l'autorità statale le attribuisce al momento dell'emissione e che non tiene conto della variazione del suo potere d'acquisto. **5.** ELETTR. *Corrente, potenza, tensione nominale di un apparecchio:* valore di riferimento stabilito dalla casa costruttrice e valido ai fini della garanzia. **6.** FIS. Riferito ad alcune grandezze al fine di distinguerle da altre omonime che hanno però diverso significato.

nominalismo s.m. **1.** FILOS. Concezione, opposta al *realismo*, che nega l'esistenza reale degli universali, riconoscendo loro unicamente lo statuto di nomi che gli individui assegnano convenzionalmente. (Tale concezione, in auge dal Medioevo al sec. XX, fu propria di Guglielmo di Occam, W. Quine, T. Hobbes, J. Locke, ecc.) **2.** *comun.* Atteggiamento formalistico, privo di concretezza e realismo.

nominalista agg. [pl.m. –sti] Del nominalismo. ◆ s.m. e f. Seguace del nominalismo.

nominalizzàre v.tr. (ingl. *to nominalize*) LING. Trasformare in un sostantivo una parola di categoria diversa mediante l'aggiunta di un suffisso.

nominàre v.tr. **1.** Citare il nome di qlcu., chiamarlo per nome. SIN.: **menzionare. 2.** Eleggere o insediare qlcu. in una carica o in un ufficio. SIN.: **designare.**

nomination [/ˌnɒmɪˈneɪʃən/] s.f. inv. (voce ingl., lat. *nominatiōnem* "nomina") Designazione ufficiale, spec. con riferimento a quella del candidato alla carica politica di presidente degli Stati Uniti d'America.

nominativo agg. **1.** Che contiene nomi. **2.** GRAMM. Del caso che esprime il soggetto grammaticale della frase nelle lingue con declinazione dei nomi (p.e. latino). ◆ s.m. **1.** Nel l. bur., nome e cognome. **2.** GRAMM. Caso nominativo. **3.** Sigla o insieme di cifre, lettere, segni assunti convenzionalmente per riconoscere aerei, navi e stazioni radiotrasmittenti.

1. nòmo s.m. ANT. GR. Componimento musicale grave e solenne.

2. nòmo s.m. Nelle colonie della Magna Grecia, unità base del sistema monetario, detta anche *nummo.*

3. nòmo s.m. Ciascuna delle unità amministrative in cui era suddiviso il territorio dell'Egitto (dall'epoca dei faraoni fino all'impero romano) e, oggi, le circoscrizioni amministrative della Grecia moderna.

nomografia s.f. **1.** MAT. Studio dei sistemi di rappresentazione grafica delle funzioni di più variabili attraverso nomogrammi. **2.** FILOS. Nella terminologia di R. Ardigò, descrizione dello stato presente delle idealità morali dell'uomo così come sono concepite nelle varie religioni.

nomogràmma s.m. [pl. –mi] MAT. Rappresentazione grafica di una funzione a più variabili.

nomotèta s.m. [pl. –ti] (gr. *nomothétēs* "legislatore") ANT. GR. Membro di una commissione incaricata di revisionare le leggi.

nón avv. **1.** Collegato al verbo che costituisce il predicato, nega, esclude o capovolge il contenuto dell'intera frase. *Non ho capito il senso del suo discorso.* ◇ *Non solo...ma anche:* per correlare due concetti messi nella stessa prospettiva di giudizio e con un crescendo sul secondo. *Non solo mi ha chiesto di te, ma è anche pronto ad aiutarti.* – *Non posso non:* devo, sono obbligato. **2.** Collegato a un avverbio o a un aggettivo, esprime il concetto opposto in una maniera tuttavia attenuata. *Ci verrò, ma non volentieri.* **3.** Collegato a un nome, esprime il suo contrario. *Non vedenti.* **4.** Seguito dall'articolo indeterminativo, equivale a neppure uno, neppu-

re una. *Non una parola.* **5.** Si usa nelle interrogative dirette e indirette retoriche o che aspettano risposta affermativa. *Non dovevi telefonarmi?*

nòna s.f. **1.** ANT. ROM. La nona ora del giorno, che cadeva più o meno fra le tre e le quattro del pomeriggio. **2.** CATT. La quarta delle ore canoniche, compresa tra mezzogiorno e le tre del pomeriggio. ~ *estens.* L'uffizio recitato in tale ora. **3.** MUS. Intervallo di nove gradi sulla scala diatonica e accordo di cinque suoni (4 terze congiunte) compreso in un intervallo di questo tipo.

nonagenàrio agg. Che ha novant'anni. SIN.: **novantenne.** ◆ s.m. [f. –aria] Persona di novant'anni.

non allineaménto loc. sost. m. Politica di neutralità adottata da quegli stati che preferiscono non schierarsi nel confronto tra le grandi potenze.

non belligerànza loc. sost. f. DIR. INTERN. Politica di temporanea astensione da un conflitto bellico.

nonchalance [/ˈnɔ̃ʃaˈlãs/] s.f. inv. (voce fr., comp. di *non* "non" e *chaloir* "importare") Ostentata indifferenza, disinvoltura.

nonconformismo s.m. Atteggiamento adottato da chi non si adegua ai valori sociali e culturali della maggioranza.

nonconformista agg. [pl.m. –sti] (ingl. *nonconformist*) Che non si adegua ai valori sociali e culturali adottati dalla maggioranza. ◆ s.m. **1.** (anche f.) Nel sign. dell'agg. **2.** (al pl.) In Inghilterra, inizialmente i puritani, poi anche gli altri gruppi religiosi in dissenso con la chiesa anglicana.

non contraddizione loc. sost. f. inv. LOG. *Principio di non contraddizione:* uno dei tre principi fondamentali per cui una cosa non è il contrario di se stessa (A non è non-A).

non credènte loc. sost. m. e f. Chi si rifiuta di credere nell'esistenza divina rimanendo estraneo a ogni religione.

noncurànte agg. Che non si dà cura o pensiero di qlco. SIN.: **indifferente.**

noncurànza s.f. Mancanza di attenzione, di rispetto. ~ Atteggiamento di ostentata indifferenza o disinvoltura.

nondiméno cong. Ciò nonostante, tuttavia.

nòne s.f. pl. ANT. ROM. Nell'antico calendario romano, settimo giorno di marzo, maggio, luglio e ottobre e quinto degli altri mesi.

non èssere loc. sost. m. (solo sing.) FILOS. Ciò che non è, il nulla.

non figurativo loc. agg. ART. MOD. CONT. Di opera o artista che rappresenta soggetti astratti.

non interferènza loc. sost. f. Posizione di neutralità, politica di non intervento o decisione di non intromettersi in affari altrui.

non intervènto loc. sost. m. DIR. INTERN. Principio secondo il quale una nazione non deve operare alcuna intromissione negli affari interni di altri stati.

non io loc. sost. m. inv. FILOS. Il mondo extrasoggettivo.

nònio s.m. [pl. –ni] (da P. *Nonius*, nome latinizzato dell'inventore portoghese Pedro *Nuñes*) FIS. Strumento di precisione per rilevare le minime frazioni in cui è divisa una scala graduata; detto anche *verniero.*

nònna s.f. (lat. *nǒnnam* "balia", col sign. di "monaca" in relazione all'anzianità) **1.** Madre del padre o della madre. ◇ *fig. Della nonna:* antiquato, superato. **2.** *estens.* Appellativo affettuoso rivolto a persona anziana.

nonnismo s.m. *gerg.* Fenomeno per cui i soldati prossimi al congedo, detti *nonni*, si comportano in maniera autoritaria e prepotente verso le reclute.

nònno s.m. [f. nonna] (lat. *nǒnnum* "balio", col sign. di "monaco" in relazione all'anzianità) **1.** Padre del padre o della madre. **2.** *estens.* Appellativo affettuoso rivolto a persona anziana. **3.** *gerg.* Soldato prossimo al congedo.

nonnùlla s.m. inv. (lat. *nonnùlla* "alcune cose") Ciò che ha pochissima importanza.

nòno agg. num. ord. **1.** Che, in una successione ordinata, occupa il posto corrispondente al

numero 9. **2.** Con valore frazionario relativo a ciascuna delle parti di un intero diviso per nove. ◆ s.m. [f. –na] Nei sign. dell'agg.

nonostànte prep. (propr. "non costituendo ostacolo") Malgrado, senza tener conto di. *Nonostante i rischi si sottoporrà alla prova.* ◆ cong. Sebbene, benché, malgrado che. *La festa si è tenuta, nonostante ci fosse poca gente.*

nòn plus ùltra loc. sost. m. inv. (loc. lat., propr. "non più oltre", parole che la tradizione vuole iscritte sulle colonne d'Ercole) Il massimo, il limite estremo che si possa raggiungere.

non profit o **no profit** [/nɒn ˈprɒfɪt/ o /nɔ ˈprɒfɪt/] loc. agg. inv. (loc. ingl., deriv. di *non-profit-making* "che non fa guadagno") Senza fini di lucro.

non proliferazióne loc. sost. f. (ingl. *non-proliferation*) Principio di politica internazionale che prevede la limitazione degli armamenti, in partic. nucleari.

non ritórno loc. sost. m. inv. Stadio finale, non più reversibile, di un processo.

nonsense [/ˈnɒnsəns/] s.m. inv. (voce ingl., propr. "senza senso") Frase o breve testo che esprime un umorismo paradossale e fantastico.

nonsènso s.m. (ingl. *nonsense*) Cosa contraria alla logica comune. SIN.: **controsenso.**

non-stop [/ˈnɒnˈstɒp/] agg. inv. (voce ingl., propr. "senza interruzione") Senza interruzioni. ◆ s.f. inv. Lunga trasmissione televisiva, senza pause.

nontiscordardimé s.m. inv. (calco del ted. *Vergissmeinnicht*) BOT. Pianta erbacea annua o biennale diffusa in Europa e in Asia perlopiù in luoghi umidi e montani, con fusto sottile, piccole foglie a spatola e fiorellini azzurri. SIN.: **miosotide.**

non valóre loc. sost. m. FILOS. Entità priva di valore. ~ *comun.* Mancanza di valore.

non violènto agg. Che sostiene la politica della non violenza.

non violènza loc. sost. f. Atteggiamento di resistenza passiva adottato come forma di lotta per ottenere la soluzione di problemi sociali e per il riconoscimento di diritti civili o politici.

noradrenalina s.f. BIOL. Ormone secreto dall'organismo con funzione di neurotrasmettitore.

norcìno agg. Di Norcia. ◆ s.m. [f. –na] Nativo, abitante di Norcia.

nòrd s.m. (spec. sing.) (spagn. e port. *norte*, ingl. *north*) **1.** Uno dei quattro punti cardinali, individuato in base alla posizione della Stella Polare. SIN.: **settentrione. 2.** La parte settentrionale di un paese. **3.** (iniziale maiusc.) Nel l. gior. e pol., l'insieme dei paesi industrializzati. ❑ In funzione di agg. inv., settentrionale, rivolto a nord. *Emisfero nord.*

nordafricàno agg. Della parte settentrionale del continente africano. ◆ s.m. [f. –na] Nativo, abitante dell'Africa del nord.

nordamericàno agg. Della parte settentrionale del continente americano, spec. degli Stati Uniti. ◆ s.m. [f. –na] Nativo, abitante del Nord America, spec. degli Stati Uniti.

nord-èst s.m. (spec. sing.) **1.** Punto dell'orizzonte situato a uguale distanza tra il nord e l'est. **2.** Parte nordorientale di un paese.

nordeuropèo agg. Della parte settentrionale del continente europeo. *Popoli nordeuropei.* ◆ s.m. [f. –a] Nativo, abitante dell'Europa settentrionale.

nòrdico agg. [pl.m. –ci, f. –che] Del nord, spec. in riferimento al continente europeo. ◇ *Lingue nordiche:* danese, svedese, norvegese e islandese, appartenenti al ceppo germanico settentrionale. ◆ s.m. [f. –ca] **1.** Nativo, abitante del nord, spec. del Nord Europa. **2.** (solo sing.) Il complesso delle lingue nordiche.

nordista agg. [pl.m. –sti] **1.** Durante la guerra di secessione americana, degli stati del nord. **2.** Della parte settentrionale di un paese. ◆ s.m. e f. **1.** Durante la guerra di secessione americana, chi militava nell'esercito del nord. ~ *estens.* Chiunque, in una guerra civile, militi nella fazione settentrionale. **2.** Nativo, abitante della parte settentrionale di un paese.

nord-òvest s.m. (spec. sing.) **1.** Punto dell'orizzonte situato tra il nord e l'ovest. **2.** Parte nord-occidentale di un paese. **3.** Cappello impermeabile a falda larga usato da marinai e ferrovieri.

nòria s.f. (spagn. *noria*, ar. *nā'ūra* "tornio") **1.** Macchina costituita di una serie di tazze poste su un nastro rotante intorno a due pulegge, usata per sollevare acqua o altri materiali. **2.** Elevatore a moto continuo utilizzato sulle navi da guerra per trasportare le munizioni.

1. norite s.f. (ingl. *norite* deriv. di *Norway* "Norvegia") MIN. Roccia intrusiva basica verde, granulare, della famiglia dei gabbri, diffusa in Norvegia.

2. norite s.f. Denominazione commerciale di un tipo di carbone di betulla molto usato come decolorante.

nòrma s.f. (lat. *nŏrmam* "squadra" e "regola") **1.** Regola di comportamento. ~ DIR. Regola di condotta imperativa, definita dall'ordinamento giuridico. ◇ *loc. prep. A norma di:* nel 1. bur., in conformità a. **2.** Consuetudine o comportamento medio, uso abituale. **3.** Modello, tipo standard. *Norma ortografica.* **4.** Indicazione, avvertenza. **5.** STAM. Indicazione del titolo di un'opera all'inizio di ogni fascicolo nella riga della segnatura. **6.** GEOM. Lunghezza di un vettore. (È la radice quadrata della somma dei quadrati delle componenti del vettore.) **7.** STAT. Valore di una seriazione che compare il massimo numero di volte.

normàle agg. (fr. *normal*, lat. *normālem* "perpendicolare") **1.** Conforme alla norma. **2.** Che detta una norma, che disciplina uno standard da seguire. SIN.: **normativo. 3.** GEOM. Perpendicolare, ortogonale. **4.** Di valore, elemento, strumento che si assume come modello di riferimento. ◆ s.f. **1.** GEOM. Retta perpendicolare. **2.** Nel 1. bur., documento normativo utilizzato dall'amministrazione centrale per dirigere gli organi periferici. **3.** ALP. La via percorsa per eseguire un'ascensione.

normalità s.f. inv. (fr. *normalité*) **1.** Carattere di ciò che è normale. **2.** CHIM. Concentrazione normale.

normalizzàre v.tr. (fr. *normaliser* "conformare a una norma") **1.** Ricondurre qlco. alla normalità. **2.** Organizzare la produzione uniformando tecniche, procedimenti e strumenti. ◆ normalizzarsi v.pron. Tornare alla normalità.

normalizzàto agg. Portato o ricondotto alla norma. ~ Adeguato a uno standard. SIN.: **uniformato.**

normalizzatóre agg. [f. *–trice*] Che riporta allo stato normale. ◆ s.m. (anche f.) Autore di una normalizzazione.

normalizzazióne s.f. (fr. *normalisation*) **1.** L'operazione del ricondurre alla norma. **2.** Insieme di norme tecniche derivanti dall'accordo di produttori e utenti che mirano alla standardizzazione dell'organizzazione industriale, per un migliore rendimento in tutti i settori dell'attività umana. **3.** Nella lavorazione degli acciai, trattamento termico per ottenere prodotti a grana fine effettuato mediante rapido riscaldamento e successivo raffreddamento all'aria. **4.** MAT. Moltiplicazione di un determinato ente per un fattore scalare, in modo da rientrare entro certi limiti prefissati.

normalménte avv. **1.** Secondo la norma comune. **2.** Abitualmente, di solito. **3.** GEOM. Perpendicolarmente.

normànno agg. (lat. *Northmànnum* "uomo del nord") **1.** Delle popolazioni germaniche stanziate nella Scandinavia che, a partire dall'VIII sec. d.C., occuparono Francia settentrionale, Inghilterra e Italia meridionale. **2.** Della Normandia, regione della Francia o delle Isole Normanne, arcipelago della Manica appartenente alla Gran Bretagna. ◆ s.m. [f. *–na*] **1.** (al pl. con iniziale maiusc.) Nell'accez. 1 dell'agg. **2.** Nativo, abitante della Normandia. **3.** (solo sing.) Il dialetto neolatino degli antichi Normanni, sviluppatosi poi in quello parlato oggi in Normandia.

normativa s.f. Complesso ordinato di disposizioni e principi che regolano un determinato settore.

normatività s.f. inv. (fr. *normativité*) Carattere di ciò che è normativo, consistente nell'avere valore prescrittivo.

normativo agg. (fr. *normatif*) Che prescrive norme. ~ Che è costituito da norme o ha valore di legge.

normoblàsto s.m. BIOL. Cellula ematica immatura presente nel midollo osseo.

normocito o **normocita** s.m. [pl. *–ti*] BIOL. Globulo rosso di forma e dimensione normali.

normògrafo s.m. Strumento per tracciare lettere, numeri e segni uniformi, costituito da un righello di celluloide trasparente su cui sono intagliati i vari caratteri.

normopéso agg. MED. Di persona il cui peso è considerato normale. ◆ s.m. e f. inv. Nel sign. dell'agg.

normotipo agg. MED. Di tipo di costituzione fisica con proporzioni che rientrano nella media. ◆ s.m. Nel sign. dell'agg.

norrèno s.m. (solo sing.) (nordico *norrön* "settentrionale") L'antico norvegese, lingua nordica diffusa, nel Medioevo, in Norvegia e Islanda. ◆ agg. Di tale lingua.

norvegése agg. Della Norvegia. ◆ s.m. **1.** (anche f.) Nativo, abitante della Norvegia. **2.** (solo sing.) Lingua germanica parlata in Norvegia. ◆ s.f. Imbarcazione a vela o a remi che presenta prua alta e arrotondata.

nosofobia s.f. PSICH. Paura morbosa di contrarre malattie. SIN.: **patofobia.**

nosografia s.f. MED. Descrizione, classificazione delle malattie.

nosologia s.f. **1.** MED. Nosografia. ~ Patologia umana. **2.** BOT. Patologia vegetale.

nosoterapia s.f. MED. Cura delle malattie che si attua inoculando nell'organismo malato germi patogeni che disturbano il processo morboso in atto.

nostalgia s.f. (voce che in orig. indicava lo stato patologico degli svizzeri durante il servizio militare in eserciti stranieri) Sentimento malinconico di desiderio intenso di cose, luoghi e persone lontane.

nostalgico agg. [pl.m. *–ci*, f. *–che*] **1.** Che soffre di nostalgia. **2.** Che suscita nostalgia. ◆ s.m. Nell'accez. 1 dell'agg.

nostràno agg. Non importato. SIN.: **locale.** ~ Genuino, non artificiale.

nòstro agg. poss. [f. *nostra*, pl.m. *nostri*, f *nostre*] **1.** Che appartiene a noi. *Le nostre cose.* ~ Che ci riguarda, spec. riferito a luoghi e tempi. *La nostra spiaggia.* ~ Che è prodotto, fatto da noi. **2.** Che è parte di noi. *La nostra lingua.* **3.** Di noi, nel senso della parentela, dell'amicizia, ecc. A noi abituale, familiare. *Facciamoci la nostra passeggiata.*

nostròmo s.m. (etim. discussa, forse spagn. *nostramo* "nostro padrone") MAR. Sottufficiale che dirige i servizi marinareschi di bordo.

nòta s.f. **1.** Annotazione in forma sintetica e provvisoria per ricordare qlco. SIN.: **appunto.** ◇ *fig. Degno di nota:* meritevole di considerazione. **2.** In un testo, annotazione a lato recante un commento, una spiegazione. **3.** Segno distintivo. **4.** Comunicazione, informazione, spec. di carattere ufficiale. **5.** Documento con valore legale di natura variabile a seconda dell'ambito. ◇ *Nota di vendita:* fattura commerciale. – *Nota di consegna:* prova dell'avvenuta consegna della merce al compratore. **6.** Giudizio espresso in forma scritta, da un superiore su un dipendente o da un insegnante su un allievo. ◇ *Nota informativa:* quella sul rendimento di un dipendente. **7.** Lista di spese da fare o pagamenti da effettuare o riscuotere. **8.** MUS. Segno convenzionale che, con la sua posizione sulla scala musicale, indica l'altezza di un suono e, con la sua forma, ne definisce la durata. **9.** FILOS. Ciascuno degli elementi che costituiscono il contenuto di un concetto o che servono a formare un giudizio.

ENCICL. MUS. Le sillabe che designano le sette note sono state stabilite da un monaco del sec. X, Guido d'Arezzo. Si tratta delle sillabe iniziali dei versi della prima strofa di un inno a San Giovanni Battista: *Ut* queant laxis / *Re*sonare fibris / *Mi*ra gestorum / *Fa*muli tuorum / *Sol*ve polluti / *La*bii reatum / *Sancte Iohannes.* Nel sec. XVII, *Ut* fu sostituito da *Do.* Così disposte le note formano una serie di suoni che va dal grave all'acuto, facendo in modo che i suoni possano essere ripetuti ottava per ottava teoricamente all'infinito. Questa denominazione è tuttora utilizzata in tutti i paesi di lingua latina.

nòta bène loc. sost. m. inv. Breve richiamo o nota di chiarimento a un testo scritto.

notàbile agg. Degno di essere preso in considerazione. SIN.: **considerevole.** ◆ s.m. e f. Persona di rilievo, che ha grande influenza in una collettività. SIN.: **potente.**

notàio s.m. e f. [non com. f. *–taia*] (lat. *notārium* "che annota" quindi "segretario, scrivano") Professionista che, con funzioni di pubblico ufficiale, si occupa di ricevere, redigere, autenticare, copiare, riprodurre e conservare atti giuridici o testamentari e assicura la legalità di svariate operazioni.

notàre v.tr. **1.** Considerare attentamente qlco. *Notate la cura dei particolari.* **2.** Enunciare qlco. con una particolare sottolineatura. *Il giornalista ha notato che l'imputato aveva mentito.* SIN.: **sottolineare. 3.** Registrare qlco. in una lista. *Notare le spese.* **4.** MUS. Cantare leggendo le note musicali.

notariàto s.m. Esercizio della professione di notaio nonché l'intera categoria.

notarile agg. **1.** Di o da notaio. ◇ *Atto, documento notarile:* redatti da un notaio. **2.** *fig.* Impeccabile nella forma, ma disinteressato alla sostanza.

notazióne s.f. **1.** Apposizione di contrassegni o numeri su qlco. ~ L'aggiunta di note di varia natura. **2.** *fig.* Osservazione critica. **3.** La simbologia in uso nelle varie discipline, come complesso di segni grafici assunti per convenzione. **4.** MUS. Scrittura e disposizione delle note musicali.

notebook [/'nəʊtˌbʊk/] s.m. inv. (voce ingl., propr. "libro per gli appunti") INFORM. Computer portatile di peso contenuto e di piccole dimensioni.

nòtes s.m. inv. (voce di orig. sett., propr. "note") Blocco per appunti e annotazioni.

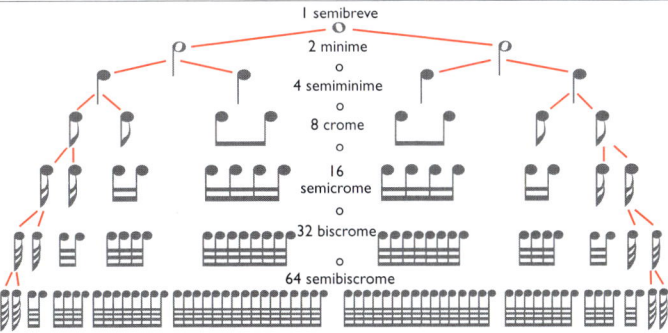

■ **nòta.** Rappresentazione grafica delle note e loro valore relativo.

I semibreve
2 minime
4 semiminime
8 crome
16 semicrome
32 biscrome
64 semibiscrome

notévole agg. Riferito a persona, cosa o qualità, degno d'attenzione. SIN.: **importante**. ~ Degno di essere notato perché di misura o valore superiori al normale. SIN.: **consistente**.

notevolménte avv. In modo considerevole.

notìfica s.f. [pl. *-che*] Nel l. bur., comunicazione, notificazione scritta.

notificàre v.tr. [4] (lat., comp. di *nōtus* "noto" e *făcere* "fare") **1.** Nel l. bur., far pervenire in forma ufficiale un atto, un provvedimento. *Notificare all'imputato la sentenza.* **2.** Dichiarare, denunciare qlco. *Notificare le entrate.*

notificazióne s.f. Nel l. bur., atto ufficiale con cui si comunica a qlcu. un determinato provvedimento.

notìzia s.f. **1.** Informazione relativa a una persona o a un evento recente. ◇ DIR. *Notizia di reato:* comunicazione trasmessa a un magistrato, riguardante un fatto criminoso. ~ (spec. pl.) Informazioni di interesse generale diffuse dai mass media. **2.** Informazione su fatti del passato tramite tracce tangibili o memoria. *Un popolo di cui si hanno scarse notizie.*

notiziàrio s.m. [pl. *-ri*] Rubrica di notizie, bollettino d'informazione a carattere specifico, pubblicato o trasmesso.

1. nòto agg. **1.** Ben conosciuto. SIN.: **risaputo**. ~ Di pubblico dominio. **2.** Molto conosciuto. SIN.: **celebre**. **3.** Di cui si ha notizia. **4.** Determinato, convenuto. ◆ s.m. (solo sing.) **1.** Ciò che è conosciuto. **2.** LING. Con riferimento alle informazioni contenute in un enunciato, l'elemento o la serie di elementi portatori dell'informazione già posseduta, rispetto a quella espressa da altri elementi dello stesso enunciato.

2. nòto s.m. Vento proveniente da sud, detto anche *austro* oppure *ostro*. ~ (iniziale maiusc.) Personificazione mitologica di tale vento.

Notodòntidi s.m. pl. ZOOL. Famiglia di farfalle notturne le cui larve possono recare danni gravi alle piante. (Ordine dei Lepidotteri.)

Notonètta s.f. (comp. di gr. *nôton* "dorso" e *nḗktēs* "nuotatore") ZOOL. Genere di insetti delle acque stagnanti dell'Europa, del Vicino-Oriente e dell'Africa del Nord, che nuotano tenendo il ventre rivolto verso l'alto e si nutrono di avanzi animali e vegetali. (Lunghezza 15 mm; ordine degli Eterotteri.)

notorietà s.f. inv. (fr. *notorieté*) Carattere di una persona o di un fatto pubblicamente conosciuto. ◇ DIR. *Atto di notorietà:* atto ufficiale di giuramento con cui alla presenza di testimoni si dichiara di essere a conoscenza di un fatto.

notòrio agg. [pl.m. *-ri*] Conosciuto da un gran numero di persone.

nottambulismo s.m. Tendenza a vivere di notte.

nottàmbulo s.m. [f. *-la*] (fr. *noctambule*) Chi ama divertirsi e stare sveglio fino a notte inoltrata.

nottàta s.f. La durata di una notte.

nòtte s.f. **1.** Lo spazio di tempo compreso fra il tramonto e il sorgere del sole. ◇ *Notte brava:* trascorsa compiendo bravate o addirittura atti criminosi. – *Fare notte:* rientrare tardi la sera. ~ Oscurità che regna durante la notte. ◇ *La notte dei tempi:* i tempi più antichi della storia. **2.** *fig.* Condizione di cecità fisica o spirituale, di miopia intellettuale o morale.

nottetèmpo avv. Durante la notte.

nottiluca o **noctiluca** s.f. [pl. *-che*] (lat. *noctilūca*, propr. "che risplende di notte") Protozoo marino luminescente che vive in enormi colonie. (Diametro 1 mm; ordine dei Dinoflagellati.)

nòttola s.f. Pipistrello comune in Europa, Asia e Marocco. (Lunghezza 9 cm senza la coda; apertura alare 40 cm; genere *Nyctalus*, famiglia dei Vespertilionidi.)

nottolino s.m. **1.** Stanghetta di legno per la chiusura di usci e portoni. **2.** MECC. Piccola leva che impedisce a una ruota dentata di girare nel senso contrario al suo movimento normale.

nòttua s.f. (lat. *nŏctua* "pipistrello") Farfalla notturna le cui larve sono spesso nocive per le coltivazioni. (Famiglia dei Nottuidi.)

Nottùidi o **Noctùidi** s.m. pl. [iniziale minusc. sing. *-de* per l'individuo] ZOOL. Famiglia di insetti comprendente numerose specie; allo stato larvale possono causare danni alle colture. (Ordine dei Lepidotteri.)

nottùrna s.f. SPORT. Gara che si disputa di notte su campi illuminati da luce artificiale.

nottùrno agg. Della notte, che avviene di notte. ~ Di specie o animale attivo spec. durante la notte. ◆ s.m. **1.** MUS. Pezzo strumentale dal carattere romantico-sentimentale. **2.** *estens.* Scena che rappresenta l'atmosfera della notte. **3.** Ufficio canonico in tre parti, detto anche *mattutino*, un tempo recitato di notte.

nòtula s.f. Elenco delle prestazioni di un professionista con i relativi compensi. SIN.: **onorario**.

noùmeno s.m. (gr. *nooúmenon*, propr. "ciò che è pensato") FILOS. Per Platone, l'oggetto dell'attività intellettiva, del puro pensiero. ~ Per Kant, cosa in sé, al di là di ogni esperienza sensibile (in oppos. a *fenomeno*).

nouveau roman [/nu'vo rɔ'mã/] loc. sost. m. inv. (loc. fr., propr. "nuovo romanzo") Corrente letteraria francese degli anni Cinquanta, rappresentata da N. Sarraute, A. Robbe-Grillet e M. Butor, basata sulla sperimentazione nel romanzo della tecnica della descrizione puramente oggettiva e scientifica, rifiutando i canoni tradizionali del racconto (v. parte n.pr.).

nouvelle cuisine [/nu'vɛl kɥi'zin/] loc. sost. f. inv. (loc. fr., propr. "nuova cucina") CUC. Tipo di cucina ideato in Francia negli anni Settanta che offre vivande leggere, poco elaborate, che esaltano fantasia e creatività.

nouvelle vague [/nu'vɛl 'vag/] loc. sost. f. inv. (loc. fr., propr. "nuova onda") **1.** Corrente cinematografica francese (1950-60 ca.), rappresentata da registi come Chabrol, Godard, Malle e Truffaut, che mirava in partic. a rappresentare il disagio delle nuove generazioni della società moderna, con tecniche sperimentali e a basso costo, rivendicando il distacco del cinema d'autore dalla produzione industriale (v. parte n.pr.). **2.** *estens.* Nuovo indirizzo artistico, nuova moda.

nòva s.f. [pl. *novae*] (voce lat., "nuova") ASTR. Stella che diventa molto più luminosa a causa di un'esplosione per poi tornare alla sua lucentezza primitiva. (Nelle nane bianche gli strati superficiali esplodono a causa dell'emissione di reazioni nucleari consecutive all'accrescimento della materia di una stella gigante vicina.)

novànta agg. num. card. **1.** Numero naturale equivalente a nove decine. **2.** Numero indeterminato. *Ripetere novanta volte la stessa cosa.* ◆ s.m. inv. **1.** Il numero novanta. **2.** La forma grafica del numero novanta. **3.** La quantità equivalente a novanta unità. ◇ *Pezzo da novanta:* pezzo d'artiglieria da 90 millimetri; *fig.* persona di grande autorità e potere.

novantèsimo agg. num. ord. Che, in una successione ordinata, occupa il posto corrispondente al numero 90. ~ Con valore frazionario, relativo al risultato di una divisione per novanta. ◇ *Novantesimo minuto:* in una partita di calcio, l'ultimo minuto. ◆ s.m. [f. *-ma*] Nel sign. dell'agg.

novazióne s.f. DIR. Estinzione di una vecchia obbligazione e sostituzione della stessa con una nuova.

nòve agg. num. card. Numero naturale successore di otto. ◆ s.m. inv. **1.** Il numero nove. **2.** La forma grafica del numero nove. ◇ *Prova del nove:* metodo di verifica delle moltiplicazioni basato sulla proprietà di un numero di avere lo stesso resto delle cifre che lo compongono quando diviso per nove; *estens.* riprova di qualcosa. **3.** La forma grafica del numero nove. **4.** La quantità equivalente a nove unità ogni cento, mille o più. **5.** Voto scolastico che, in una scala di valutazione da zero a dieci, indica un'altissima preparazione.

novecentismo s.m. L'insieme delle correnti letterarie o artistiche e culturali che caratterizzano il sec. XX. ~ In partic., il movimento artistico-letterario sorto intorno alla rivista *900* fondata da M. Bontempelli.

novèlla s.f. **1.** LETT. Racconto breve, con una trama semplice e pochi personaggi. **2.** Notizia, annuncio di avvenimenti nuovi, recenti e spesso insoliti. SIN.: **novità**.

novellino agg. **1.** Nel sign. del dim. di *novello*, riferito in partic. a vegetale appena spuntato o appena raccolto. **2.** Principiante, che è impacciato e insicuro. ◆ s.m. [f. *-na*] Nell'acccez. 2 dell'agg. SIN.: **novizio**.

novellìstica s.f. [pl. *-che*] LETT. Il genere narrativo della novella.

novèllo agg. **1.** Nato o iniziato o fatto da poco. **2.** Entrato da poco in un ruolo. **3.** Di cosa o persona, che rinnova le caratteristiche di cosa o persona del passato. *Una novella Sparta.* ◆ s.m. **1.** Il pollone di una pianta. **2.** (al pl.) Pesci giovani.

novèmbre s.m. Undicesimo mese dell'anno.

novèna s.f. CATT. Pratica di devozione ai santi o alla Madonna, di invocazione o di preparazione a una festività.

nòvero s.m. Gruppo, complesso di cose o persone.

novilùnio s.m. [pl. *-ni*] (lat., comp. di *nŏvus* "nuovo" e *lūna* "luna") ASTR. Prima fase della lunazione in cui la Luna si viene a trovare in congiunzione con il Sole, con la faccia oscurata rivolta verso la Terra e perciò non visibile da lì; detta anche *luna nuova*.

novità s.f. inv. **1.** Caratteristica di ciò che è nuovo o diverso rispetto al passato. **2.** Cambiamento, innovazione. **3.** (spec. pl.) Cosa, avvenimento nuovo. **4.** COMM. Prodotto o linea di prodotti nuovi.

noviziàto s.m. **1.** CRIST. Periodo di prova (1-3 anni), imposto a coloro che si preparano alla vita religiosa, che si conclude con la pronuncia dei voti. ~ Insieme dei locali riservati ai novizi in un monastero. **2.** *estens.* Periodo di addestramento che prepara a un'attività, una professione.

novìzio agg. [pl.m. *-zi*] **1.** CRIST. Che si prepara a prendere i voti religiosi. **2.** *estens.* Persona poco esperta che comincia un'attività. ◆ s.m. [f. *-zia*] Nei sign. dell'agg.

novocaìna s.f. (ingl. *novocaine*, comp. di lat. *nŏvus* "nuovo" e ingl. *cocaine* "cocaina") FARM. Denominazione commerciale, che costituisce marchio registrato, di un composto chimico (*cloridrato di procaina*) di natura cristallina e di colore bianco usato in medicina come anestetico locale.

nozionàle agg. Che riguarda una nozione o un complesso di nozioni.

nozióne s.f. (lat. *notiōnem*, propr. "il prendere conoscenza") **1.** Conoscenza intuitiva, cognizione elementare. **2.** (spec. pl.) Il complesso di informazioni generali che si hanno di una determinata disciplina o situazione. **3.** FILOS. Concetto, idea, come oggetto dell'attività della mente.

nozionismo s.m. Conoscenza di una disciplina basata su uno studio privo di organicità e sistematicità.

nozionìstico agg. [pl.m. *-ci*, f. *-che*] Che si limita al puro nozionismo, che si basa su un disorganico accumulo di nozioni.

nòzze s.f. pl. Cerimonia nuziale. SIN.: **matrimonio**. ◇ *Nozze d'argento, d'oro, di diamante:* celebrate al termine di 25, 50, 60 anni di matrimonio.

nuance [/nɥɑ̃s/] s.f. [pl. *nuances*] (voce fr., deriv. di *nue* "nube" per le sfumature delle nuvole) Gradazione, sfumatura.

nùbe s.f. **1.** METEOR. Massa di particelle liquide o raggelate in sospensione nell'aria, che si forma negli strati alti dell'atmosfera, riducendo il periodo di insolazione. **2.** *estens.* Addensamento di particelle di varia natura e comunque composto di elementi di piccolissime dimensioni sospesi nell'aria. SIN.: **nuvola**. **3.** *fig.* Fatto che rattrista, che turba la serenità. SIN.: **ombra**.

nubècola o **nubìcola** s.f. **1.** ASTR. Nebulosa di piccola estensione. **2.** CHIM. Piccola nube che si forma in una soluzione liquida quando vi si disperde un precipitato solido. **3.** MED. Piccola cicatrice opaca che si forma sulla superficie della cornea in seguito a trauma o infezione.

nubiàno agg. Della Nubia. ◆ s.m. [f. *-na*] Nativo, abitante della Nubia.

nubifràgio s.m. [pl. *-gi*] METEOR. Violenta e abbondante precipitazione a carattere temporalesco con forte vento.

nubilàto s.m. Condizione della donna non sposata. ◇ *Addio al nubilato:* festa organizzata per una futura sposa.

nùbile agg. (lat. *nūbilem*, propr. "che si deve sposare") Di donna che non è sposata. ◆ s.f. Nel sign. dell'agg.

nùca s.f. [pl. *–che*] (ar., deriv. di *nuh¹ā'* "midollo spinale" e *nuqra* "fossa della nuca") ANAT. La regione cervicale posteriore, situata tra la base e la volta del cranio, corrispondente all'estremità superiore della colonna vertebrale.

nucleàre agg. **1.** CHIM., FIS. Relativo al nucleo dell'atomo. **2.** *estens.* Che produce, usa, sviluppa energia nucleare. *Centrale nucleare.* ◇ *Potenza nucleare:* stato dotato di armi nucleari. **3.** BIOL. CELL. Che riguarda il nucleo della cellula. ◆ s.m. L'energia nucleare, la sua produzione e il suo utilizzo.

nuclearizzazióne s.f. (ingl. *nuclearization*) Impiego di energia nucleare a scopo industriale e in sostituzione di altre forme di energia.

nucleàsi s.f. inv. BIOCHIM. Gruppo di enzimi in grado di provocare la scissione degli acidi nucleici che sono contenuti nella cellula. SIN.: **nucleoacidasi**.

nucleàto agg. BIOL. CELL. Di una cellula che possiede uno o più nuclei.

nuclèico agg. [pl m *–ci*] (fr. *nucléique*) BIOL. CELL. *Acido nucleico:* acido organico contenuto nelle cellule. (Si distinguono l'acido desossiribonucleico o DNA, e l'acido ribonucleico o RNA.)

nucleìna s.f. BIOCHIM. Sostanza organica cellulare composta di acidi nucleici e peptoni.

nuclèo s.m. (lat. *nūcleum*, propr. "la parte più interna") **1.** La porzione centrale, più interna di qlco. ~ FIS. Parte centrale dell'atomo, formata da protoni e neutroni, attorno alla quale ruotano gli elettroni e dove è concentrata quasi tutta la massa. ~ GEOFIS. Il nucleo centrale della terra (*barisfera*), costituito da ferro e nichel. ~ BIOL. Porzione di protoplasma cellulare che contiene i cromosomi. (La presenza di un nucleo caratterizza le cellule dette *eucarioti*.) ~ ASTR. Parte più luminosa di una cometa oppure la stella posta al centro di una nebulosa. ◇ ANAT. *Nucleo polposo:* porzione centrale dei dischi intervertebrali. (Lo spostamento del nucleo polposo determina l'ernia del disco.) ~ METEOR. *Nucleo di condensazione:* particella molto fine in sospensione nell'atmosfera attorno alla quale l'umidità dell'atmosfera si condensa dando origine a nebbia, pioggia, ecc. **2.** *estens.* La parte costitutiva, essenziale, generativa, quella intorno alla quale si è andato formando il resto. **3.** *fig.* Gruppo di persone all'origine di un gruppo più vasto o costituito per particolari mansioni o finalità. **4.** LING. Nell'analisi funzionale delle strutture della frase, la parte costituita dal predicato e dai suoi argomenti. **5.** MIN. Campione di roccia di forma cilindrica prelevato da una sonda. **6.** ELETTRON. *Nucleo magnetico:* elemento ferromagnetico che negli apparecchi elettromagnetici convoglia il flusso di induzione magnetica. **7.** INFORM. Anellino di materiale ferromagnetico utilizzato per la costruzione della memoria di alcuni calcolatori elettronici.

nuclèolo s.m. **1.** BIOL. Nel nucleo cellulare, piccolo corpuscolo sferico che contiene l'informazione per la sintesi proteica e per l'elaborazione dell'RNA. **2.** GEOL. La parte più interna del nucleo terrestre.

nucleóne s.m. FIS. NUCL. Protone o neutrone.

nucleoplàsma s.m. [pl. *–smi*] BIOL. Succo contenuto nel nucleo della cellula; detto anche *cariolinfa* o *protoplasma*.

nucleoproteìna s.f. BIOL. Sostanza contenuta nel nucleo della cellula derivante dalla combinazione di una proteina con un acido nucleico, in partic. il DNA.

nucleoside s.m. BIOCHIM. Glucoside costituente delle nucleoproteine, composto da pentosio legato a una base azotata.

nucleosintesi s.f. inv. ASTR. Insieme dei processi e dei meccanismi di formazione degli elementi chimici.

ENCICL. Per formare gran parte degli elementi a partire da protoni e neutroni sono necessarie temperature di 10 miliardi di K, che si sarebbero registrate circa 1 secondo dopo il big bang e che si registrano tuttora all'interno delle stelle. Nel primo istante si ritiene che abbia avuto luogo la formazione di gran parte dell'elio 3 e dell'elio 4, del deuterio e del litio 7. La maggioranza degli altri elementi fu sintetizzata all'interno delle stelle dove la densità è sufficiente per permettere a tre nuclei dell'elio 4 di combinarsi per formare carbonio 12. Gli elementi più pesanti si formano infine nelle fasi esplosive di supernova.

nucleosòma s.m. BIOL. Ognuno dei grani di cromatina presenti in quasi tutti gli organismi eucariotici, posti a distanza regolare sulla catena del DNA.

nucleotide s.m. BIOCHIM. Composto formato da pentosio legato a una base azotata e ad acido fosforico, che interviene nel metabolismo della cellula.

nuclide s.m. FIS. NUCL. Tipo di nucleo atomico, individuato con riferimento al suo numero atomico e di massa.

Nudibrànchi s.m. pl. [iniziale minusc. sing. *–chio* per l'individuo] ZOOL. Ordine di molluschi marini sprovvisti di conchiglia, con branchie esterne dorsali e livrea dai colori vivaci. (Classe dei Gasteropodi.)

nudìsmo s.m. Movimento sorto negli anni Trenta che, nel quadro di una vita vissuta a diretto contatto con la natura, si dichiara favorevole all'abolizione del vestiario, imposto all'uomo dall'etica moralistica della civiltà moderna.

nudìsta s.m. e f. [pl.m. *–sti*] Chi sostiene o mette in pratica le idee del nudismo. ◻ In funzione di agg., del nudismo o dei suoi seguaci. SIN.: **naturista**.

nudità s.f. inv. **1.** Lo stato di chi è nudo. **2.** (al pl.) Le parti del corpo che di solito si tengono

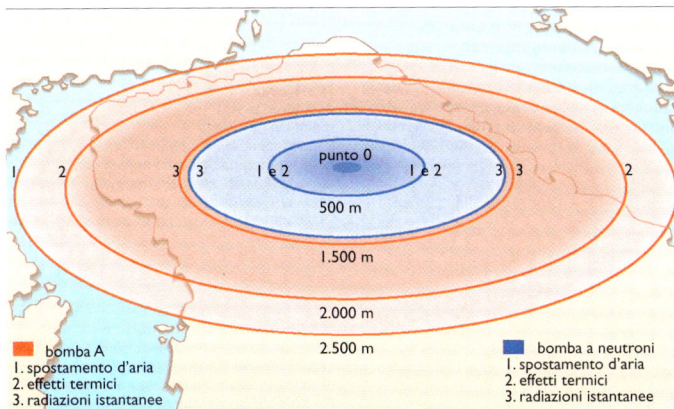

■ **nucleàre.** Arma nucleare. Esplosione di una bomba A: forte effetto di spostamento d'aria, forte effetto termico, e poche radiazioni. Esplosione di una bomba a neutroni: debole spostamento d'aria, debole effetto termico, numerose e intense radiazioni.

punto 0
500 m
1.500 m
2.000 m
2.500 m

bomba A
1. spostamento d'aria
2. effetti termici
3. radiazioni istantanee

bomba a neutroni
1. spostamento d'aria
2. effetti termici
3. radiazioni istantanee

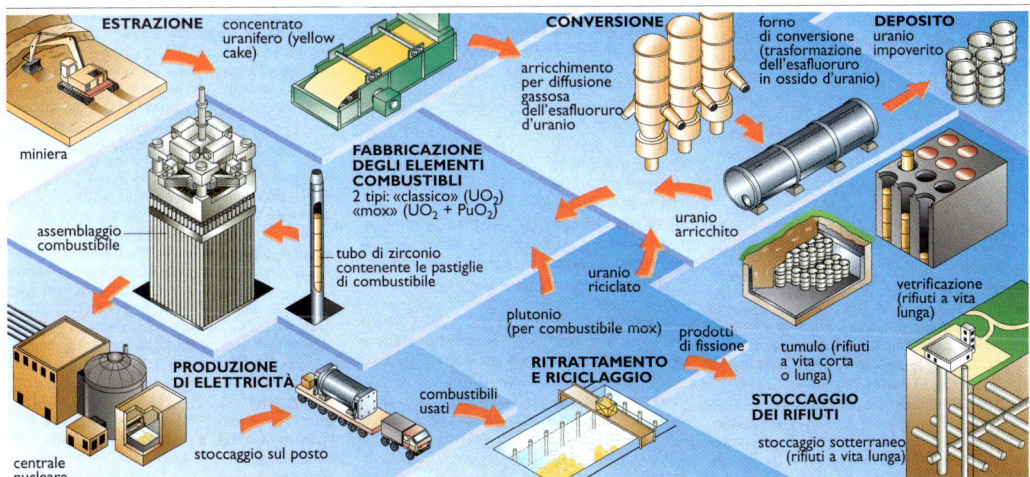

ESTRAZIONE — concentrato uranifero (yellow cake)
miniera
assemblaggio combustibile
FABBRICAZIONE DEGLI ELEMENTI COMBUSTIBILI
2 tipi: «classico» (UO₂) «mox» (UO₂ + PuO₂)
tubo di zirconio contenente le pastiglie di combustibile
CONVERSIONE
arricchimento per diffusione gassosa dell'esafluoruro d'uranio
forno di conversione (trasformazione dell'esafluoruro in ossido d'uranio)
DEPOSITO — uranio impoverito
uranio arricchito
uranio riciclato
plutonio (per combustibile mox)
vetrificazione (rifiuti a vita lunga)
PRODUZIONE DI ELETTRICITÀ
centrale nucleare
stoccaggio sul posto
combustibili usati
RITRATTAMENTO E RICICLAGGIO
prodotti di fissione
tumulo (rifiuti a vita corta o lunga)
STOCCAGGIO DEI RIFIUTI
stoccaggio sotterraneo (rifiuti a vita lunga)

■ **nucleàre.** Produzione, uso e destinazione dei combustibili nucleari.

coperte, lasciate scoperte, in partic. con riferimento agli organi sessuali. **3.** *estens.* Mancanza di vegetazione. **4.** *fig.* Assenza di ornamenti. SIN.: **semplicità**.

nùdo agg. **1.** Riferito al corpo umano, non coperto da indumenti. **2.** *estens.* Riferito a cosa, privo di rivestimento, di copertura, di ornamenti. ~ Senza vegetazione. **3.** *fig.* Non travisato né alterato nella sua realtà, privo di qualsiasi aggiunta o abbellimento. SIN.: **schietto**. ◇ *Nuda proprietà:* quella consistente nella semplice titolarità del diritto, poiché sul bene grava un usufrutto altrui. ◆ s.m. ART. Corpo umano rappresentato nudo.

nùgolo s.m. Fitto addensamento, folto numero.

nùlla s.m. inv. **1.** Ciò che non esiste. ◇ *Nulla di fatto:* risultato insoddisfacente, che non sblocca la situazione; nel l. sport., pareggio a reti inviolate. **2.** Poca cosa, quantità minima. **3.** FILOS. Il non essere. ❑ In funzione di avv., nella loc. *per nulla*, in nessun modo.

nullaòsta s.m. inv. (dalla loc. *nulla osta*, sul modello della loc. lat. *nĭhil ŏbstat* "niente si oppone") Nel l. bur., autorizzazione scritta con la quale l'autorità concede un permesso.

nullatenènte agg. Che non possiede alcun bene. ◆ s.m. e f. Nel sign. dell'agg.

nullificàre v.tr. (lat., comp. di *nūllum* "niente" e *făcere* "fare") Far scomparire, ridurre a nulla. SIN.: **annientare**. ◆ **nullificarsi** v.pron. Ridursi a nulla.

nullìpara agg. (comp. di lat. *nūllus* "nessuno" e *părere* "partorire") MED. Di una donna adulta che non ha mai partorito (in oppos. a *primipara*, *multipara*). ◆ s.f. Nel sign. dell'agg.

nullità s.f. inv. **1.** Mancanza di validità. **2.** Riferito a persona, mancanza di valore, di capacità. SIN.: **inettitudine**. ~ Persona che non merita stima.

nùllo agg. **1.** Che non ha alcun valore, che manca di un requisito essenziale. **2.** SPORT. Non valido. *Salto nullo.* **3.** MAT. Che ha valore zero.

nùme s.m. (lat. *nūmen* "cenno del capo" che esprime volontà, quindi "comando, potenza divina") **1.** Divinità mitologica e religiosa pagana. **2.** *fig.* Chi è dotato di grande autorità e carisma.

numeràbile agg. **1.** Che può essere distinto con numeri o calcolato. **2.** ALG. Di un insieme infinito che può essere messo in corrispondenza biunivoca con l'insieme dei numeri naturali.

numeràle agg. **1.** Dei numeri. **2.** LING. Di aggettivi, pronomi o altri elementi lessicali che indicano i numeri. [Si distinguono i *cardinali* (uno, due, ecc.) e gli *ordinali* (primo, secondo, ecc.).] ◆ s.m. LING. Termine o locuzione che si riferisce ai numeri.

numeràre v.tr. Contraddistinguere più persone o cose con un numero in serie progressiva. *Numerare le pagine di un quaderno.*

1. numeràrio agg. [pl.m. *-ri*] Che rientra in un numero prefissato, in oppos. a *soprannumerario*. ◆ s.m. Funzionario dell'amministrazione romana del basso impero con mansioni di contabile civile e militare.

2. numeràrio agg. [pl.m. *-ri*] (fr. *numéraire*) Espresso in numeri, spec. nel l. bancario. ◆ s.m. Qualunque bene assunto come unità di misura del valore di tutti gli altri beni, tipicamente la moneta. ~ BANC. La moneta, metallica o cartacea, che ha corso legale nello stato. ~ *estens.* Denaro *liquido.

numeràto agg. Contraddistinto da un numero secondo una serie progressiva. ◆ s.m. Posto numerato.

numeratóre s.m. **1.** [anche f. *-trice*] Chi numera, cioè conta. **2.** STAM. Apparecchio per stampare a mano o meccanicamente una serie progressiva di numeri, usato perlopiù in tipografia per segnare le pagine. **3.** ARITM. Termine di una frazione al di sopra della linea.

numerazióne s.f. **1.** L'operazione del contrassegnare con numeri in serie progressiva. **2.** MAT. Sistema dei numeri e sua rappresentazione grafica. ◇ *Numerazione romana:* quella che si basa sull'uso di alcune lettere scritte con l'iniziale maiuscola. – *Numerazione araba:* quella che si basa sull'uso di nove cifre, da 0 a 9.

numèrico agg. [pl.m. *-ci*, f. *-che*] Dei numeri. ~ Fatto coi numeri. ◇ INFORM. *Calcolatore, controllo numerico:* dispositivo o sistema che tratta grandezze rappresentate in forma digitale.

nùmero s.m. **1.** MAT. Ente astratto concepito per essere messo in corrispondenza con gli elementi di un insieme e che permette di stabilire la quantità di tali elementi (*numero cardinale*), di misurare quantitativamente le grandezze (*numero razionale o numero irrazionale*) e di indicare la posizione di un elemento in una successione ordinata (*numero ordinale*). ◇ *Numeri naturali:* i numeri 0, 1, 2, ecc. costituenti un insieme nel quale per assioma ogni elemento possiede il proprio successore e nel quale è presente un elemento privilegiato (lo *zero*) che non è successore di alcun elemento. – *Numeri razionali:* i numeri interi o frazionari che esprimono un rapporto tra due numeri interi (di cui il secondo diverso da zero), esprimibile mediante un numero decimale limitato o illimitato periodico (0,5; 3,333…) o mediante una frazione (1/2; 3/10). – *Numeri periodici:* numeri razionali la cui rappresentazione decimale presenta, dopo la virgola, un gruppo di cifre che si ripete all'infinito nello stesso ordine. – *Teoria dei numeri:* studio delle proprietà dei numeri naturali. **2.** FIS. *Numero caratteristico:* quello che rappresenta il rapporto adimensionale di un gruppo di grandezze fisiche (*numero di Mach*, p.e.). – *Numero di Abbe:* indica il potere dispersivo di una sostanza e la relativa aberrazione cromatica. **3.** CHIM. *Numero di Avogadro:* numero di molecole contenute in una grammomolecola e di conseguenza numero di atomi contenuti in un grammoatomo. (Una quindicina di metodi differenti hanno permesso la valutazione di questo numero, il cui valore è pari a ca. $6{,}0221367 \times 10^{23}$ mol^{-1}.) **4.** STAT. *Numero indice:* numero che esprime l'entità attuale di un dato rispetto a quello di un'epoca di riferimento. – *Legge dei grandi numeri:* nel calcolo delle probabilità è il teorema per cui, su un numero di prove sufficientemente grande, la frequenza relativa di un evento tende a coincidere col valore numerico calcolato per la probabilità dell'evento stesso. **5.** Ogni parola, segno che designa gli enti numerici. SIN.: **cifra**. **6.** Cifra che indica il posto di una cosa o di una persona in una serie. ◇ *fig. Essere il numero uno:* il primo o il migliore in assoluto. **7.** *estens.* Quantità non definita di persone o di cose. ◇ *Numero chiuso:* in alcuni istituti scolastici, il limite massimo per le immatricolazioni. – *Fare numero:* accrescere una quantità; *fig.* contare solo come presenza, non essere determinante. **8.** *Numero legale:* la soglia minima di presenze perché la riunione di un organo collegiale abbia validità. **9.** Ognuno dei numeri del lotto e della tombola. *Estrarre un numero.* **10.** Esibizione particolare all'interno di uno spettacolo. **11.** Giornale o rivista nella cadenza delle sue pubblicazioni. SIN.: **fascicolo**. ◇ *Numero unico:* giornale pubblicato una sola volta. **12.** (al pl.) Qualità pregevole. SIN.: **dote**. **13.** LING. Categoria grammaticale che classifica secondo la quantità numerica del singolo (*singolare*) o del molteplice (*plurale*) le parti variabili del discorso.

numerologìa s.f. Interpretazione del significato magico dei numeri.

numeróso agg. **1.** Composto di molte unità, perlopiù riferito a nomi collettivi. *Famiglia numerosa.* **2.** (al pl.) In grande numero. *C'erano numerosi studenti.*

1. nùmida agg. [pl.m. *-di*] Della Numidia, regione storica corrispondente all'attuale Algeria. ◆ s.m. e f. Abitante, nativo della Numidia.

2. Nùmida s.f. (così chiamata per l'origine africana) ZOOL. Genere di uccelli originari del continente africano ma ora allevati in tutto il mondo come animali domestici da cortile; la specie più nota è la *gallina faraona*. (Famiglia dei Fasianidi, ordine dei Galliformi.)

numismàtica s.f. [non com. pl. *-che*] Scienza che si occupa dello studio delle monete e delle medaglie. ~ Il collezionismo e il commercio delle stesse.

numismàtico agg. [pl.m. *-ci*, f. *-che*] Della numismatica. ◆ s.m. [f. *-ca*] Studioso o cultore di numismatica.

nummolària o **nummulària** s.f. Pianta erbacea perenne dell'Europa e del Caucaso, comune anche in Italia, con radici superficiali, fusto disteso lungo il terreno, piccole foglie rotonde simili a monete, fiori gialli a campana e frutti a capsula deiscente. (Famiglia delle Primulacee.)

Nummulìte s.f. ZOOL. Genere di protozoi fossili tipici del terziario i cui gusci calcarei, rotondi e nell'interno a spirale appiattita divisa in molte sezioni, hanno partecipato alla costituzione sottomarina delle rocce calcaree. (Ordine dei Foraminiferi.)

nummulìtico s.m. (solo sing.) GEOL. → **paleogene**. ◆ agg. [pl.m. *-ci*, f. *-che*] Composto o caratterizzato da nummuliti.

nunziatùra s.f. Dignità e ufficio del nunzio apostolico. ~ La durata e la sede di tale carica.

nùnzio s.m. [pl. *-zi*] **1.** CATT. *Nunzio apostolico:* prelato inviato dalla Santa Sede all'estero a rappresentare il pontefice. **2.** DIR. Nella stipulazione di contratti, la persona incaricata di fare conoscere alla controparte i termini per la conclusione dell'atto.

nuòcere v.intr. [41] (aus. *avere*) Arrecare danno a qlcu. o a qlco. *Fumo e alcol nuocciono alla salute.*

nuòra s.f. Moglie del figlio rispetto ai genitori di questo.

nuotàre v.intr. (aus. *avere*) **1.** Detto di soggetti animati, spostarsi in acqua con un coordinato movimento degli arti, mantenendo il corpo galleggiante o, in immersione, avanzando sott'acqua. **2.** *estens.* Detto di oggetti inanimati, galleggiare, essere immerso in un liquido o, più raramente, librarsi nell'aria. *In cielo nuotano nuvole leggere.* ◆ v.tr. SPORT. Disputare una gara di nuoto. *Nuotare i 100 m in un minuto.* ~ Praticare un certo stile. *Nuotare la rana.*

nuotàta s.f. **1.** Il modo di nuotare, lo stile con cui si nuota. **2.** Il nuotare, in riferimento al tempo e al percorso. *Una lunga nuotata.*

nuotatóre s.m. [f. *-trice*] Chi nuota. ~ Atleta che pratica il nuoto a livello sportivo e agonistico.

nuòto s.m. Coordinata serie di movimenti compiuti dall'uomo o dagli animali per galleggiare e spostarsi sull'acqua o sott'acqua. ~ La pratica sportiva del nuotare. ◇ *Nuoto sincronizzato:* specialità del nuoto femminile consistente nell'esecuzione di figure a tempo di musica.

nuòva s.f. Notizia fresca, che riguarda avvenimenti recenti.

nuovaménte avv. Di nuovo, ancora una volta.

nuòvo agg. **1.** Di cosa appena fatta o accaduta o comparsa o di cui si è appena venuti a conoscenza (in oppos. a *vecchio*, *antico*, *usato*). ◇ *Essere come nuovo:* di cosa già usata ma che si presenta ancora come era originariamente. – *fig. Nuovo di zecca:* di cosa non ancora usata o appena comprata o della novità più recente, ancora sconosciuta. **2.** Che si vede, si sente o si prova per la prima volta. SIN.: **inedito**. **3.** Che comincerà tra poco. SIN.: **imminente**. **4.** Sottoposto a cambiamenti che ne hanno mutato l'aspetto e la funzionalità. **5.** Che ripete, rinnova caratteristiche altrui, di personaggi del passato. *Credersi un nuovo Galileo.* **6.** Che è entrato da poco nelle sue funzioni ed è quindi attualmente in carica. *Il nuovo governo.* **7.** Che si aggiunge al precedente e se ne differenzia, oppure che lo sostituisce. **8.** Nato da poco, entrato da poco nella società. ◆ s.m. (solo sing.) **1.** Ciò che è nuovo o si presenta come tale. SIN.: **novità**. ◇ *Di nuovo:* ancora una volta. **2.** COMM. L'insieme dei prodotti messi in vendita per la prima volta (in oppos. a *usato*). **3.** LING. L'elemento o la serie di elementi che forniscono l'informazione attesa, aggiuntiva rispetto a quelle già note espresse dagli altri elementi dello stesso enunciato.

nuràghe s.m. inv. (sardo, deriv. di *nurra* "mucchio di sassi") Costruzione fortificata della civiltà sarda del II e I millennio a.C., usata forse come abitazione.

nurse [/ˈnəːs/] s.f. inv. (voce ingl., lat. *nutrīcem* "nutrice") Donna che, a pagamento, accudisce o educa i bambini.

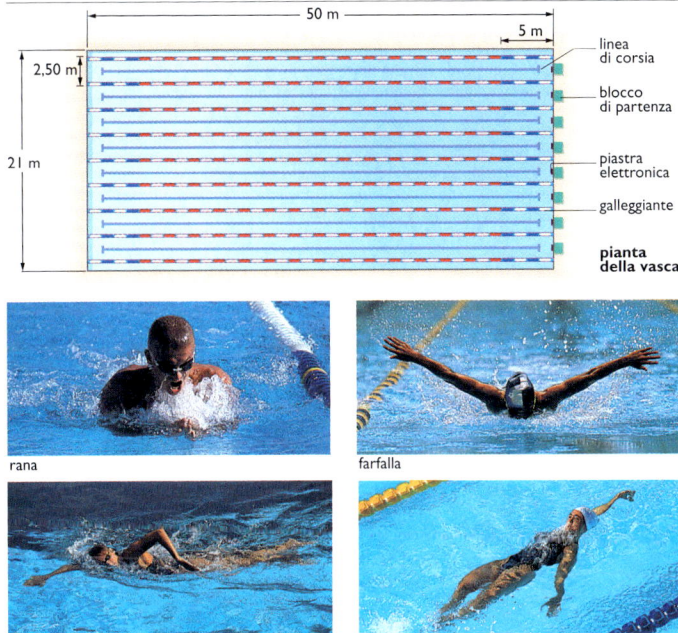

50 m
5 m
2,50 m
21 m

linea
di corsia
blocco
di partenza
piastra
elettronica
galleggiante

**pianta
della vasca**

rana

farfalla

stile libero

dorso

■ **nuòto**

■ **nuràghe** presso Alghero; II millennio a.C.

nell'animo un sentimento, una disposizione. *Nutrire una passione per la musica.* ◆ **nutrirsi** v.pron. Assumere cibo. *Gli uccelli si nutrono prevalentemente di insetti.* ~ *fig.* Arricchirsi spiritualmente. *Nutrirsi di buone letture.*

nutritivo agg. Atto a nutrire l'organismo. SIN.: **nutriente.** ◇ *Potere nutritivo:* l'insieme dei principi alimentari che un cibo contiene. – *Valore nutritivo:* rapporto tra il peso dell'alimento e la quantità di sostanze nutritive che contiene. ~ *fig.* Che arricchisce spiritualmente.

nutritizio agg. [pl.m. –*zi*] BIOL. Che nutre. SIN.: *nutritivo.*

nutrito agg. *fig.* Fitto, intenso. ~ Caloroso, vivace. ~ Ricco di materia, di idee. *Un discorso nutrito.*

nutrizionàle agg. BIOL. Relativo alla nutrizione.

nutrizióne s.f. 1. BIOL. Il complesso delle funzioni dell'organismo che gli consentono di trarre dagli alimenti le sostanze necessarie alla sua crescita e al suo normale funzionamento. 2. Somministrazione o assunzione di alimenti e loro utilizzazione da parte dell'organismo. SIN.: **alimentazione.**

nutrizionista s.m. e f. [pl.m. –*sti*] Medico che studia i problemi generali della nutrizione umana.

nursery [/'nɔːsri/] s.f. inv. (voce ingl.) Locale dotato di speciali strutture per la custodia di neonati o bambini molto piccoli. ~ *Nido d'infanzia.

nutazióne s.f. 1. Oscillazione, spostamento. ◇ ASTR. *Nutazione terrestre:* lieve oscillazione dell'asse terrestre rispetto alla sua posizione media, dovuta agli effetti dell'attrazione lunare. 2. BOT. Leggero incurvamento di fiori, foglie o altri organi vegetali originato dal diverso accrescimento delle cellule nelle varie regioni dell'organo stesso. 3. MED. Oscillazione continua e involontaria del capo.

nùtria s.f. Mammifero roditore originario dell'America meridionale, ma diffuso in tutto il mondo, vive nelle vicinanze di corsi d'acqua, paludi e laghi. (Lunghezza 50 cm; famiglia dei Capromidi.)

nutrice s.f. 1. Donna che allatta il proprio bambino o, più comunemente, donna che, a pagamento, allatta i figli altrui. SIN.: **balia. 2.** *fig.* Madre, culla. □ Anche in funzione di agg., usato in alcune locc. ◇ BOT. *Pianta nutrice:* quella che ospita parassiti. – BIOL. CELL. *Cellula nutrice:* quella che ne alimenta altre.

nutriènte agg. Che apporta nutrimento. ◇ *Crema nutriente:* quella che nutre i tessuti della pelle. ◆ s.m. FISIOL. (spec. pl.) elemento chimico nutritivo.

nutriménto s.m. Somministrazione o assunzione di elementi nutritivi. ~ Ciò che serve a nutrire l'organismo. SIN.: **alimento** ~ *fig.* Ciò che arricchisce il cuore, lo spirito.

nutrire v.tr. 1. Fornire di cibo un essere vivente. *Nutrire un bambino.* ~ Alimentare, arricchire qlco. di sostanze nutritive. 2. *fig.* Coltivare

nùvola s.f. 1. comun. Nube. ◇ figg. *Cascare o cadere dalle nuvole:* essere molto sorpreso. – *Avere la testa tra le nuvole:* essere sempre distratto. 2. estens. Quanto richiama una nube nell'aspetto, nella forma, nella consistenza. *Nuvola di fumo.* 3. *fig.* Circostanza incerta, motivo di preoccupazione.

nuvolétta s.f. Nei fumetti, piccola nuvola che contiene le parole pronunciate dai personaggi.

nuvolóso agg. 1. Fatto di nuvole. ◇ METEOR. *Sistema nuvoloso:* insieme delle nuvole, con di-

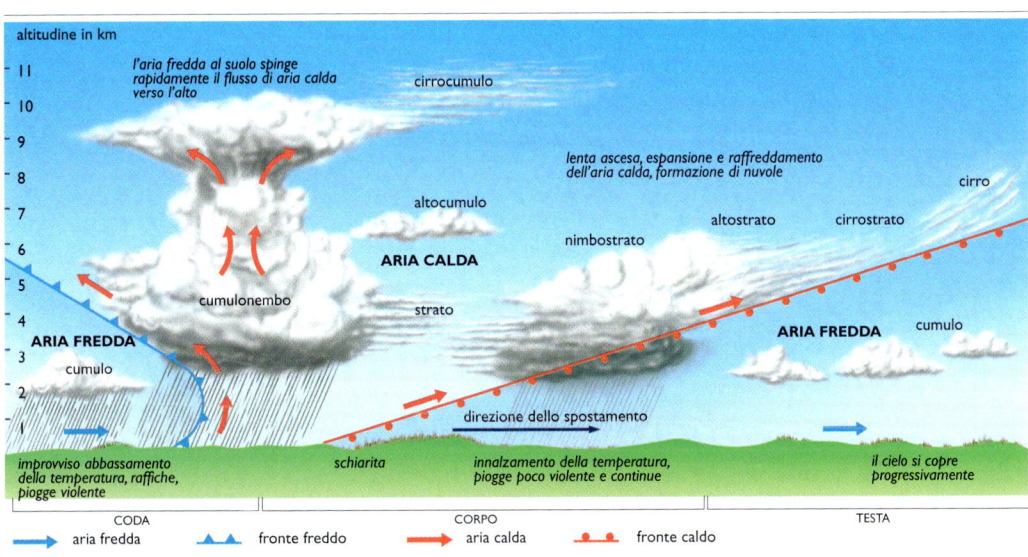

altitudine in km
11
10
9
8
7
6
5
4
3
2
1

l'aria fredda al suolo spinge rapidamente il flusso di aria calda verso l'alto

cirrocumulo

lenta ascesa, espansione e raffreddamento dell'aria calda, formazione di nuvole

cirro

altocumulo

cumulonembo

ARIA CALDA

nimbostrato

altostrato

cirrostrato

strato

ARIA FREDDA

ARIA FREDDA

cumulo

cumulo

cumulo

direzione dello spostamento

improvviso abbassamento della temperatura, raffiche, piogge violente

schiarita

innalzamento della temperatura, piogge poco violente e continue

il cielo si copre progressivamente

CODA

CORPO

TESTA

aria fredda   fronte freddo   aria calda   fronte caldo

■ **sistema nuvolóso.** Insieme di formazioni nuvolose che accompagnano una perturbazione tipica in movimento da ovest verso est delle zone temperate.

verse forme e caratteristiche. **2.** Coperto da nuvole.

Nùxia sf. BOT. Genere di piante arboree tropicali e subtropicali a foglie opposte e con fiori raccolti in cime; il legname viene utilizzato per lavori d'intaglio. (Una decina di specie; famiglia delle Loganiacee.)

nuziàle agg. Che riguarda le nozze.

nyala s.m. inv. Nome indigeno del *Tragelaphus angasi*, antilope diffusa nelle boscaglie umide o presso acquitrini dell'Africa sudorientale; i maschi hanno lunghe corna, spiralate alla base, il matello è grigio scuro nei maschi, rossic-cio macchettato di bianco nelle femmine. (Altezza al garrese poco più di 1 m; famiglia ei Bovidi.)

nyanza s.m. (voce bantu) Lago, talvolta usato unito al nome dei laghi artificiali Alberto, Vittoria, ecc.

nyctàlus s.m. ZOOL. Genere di mammiferi chirotteri microchirotteri; sono pipistrelli a cui appartiene la nottola. (Famiglia dei Vespertilionidi.)

nÿssa s.f. BOT. Genere di piante arboree proprie dei terreni paludosi dell'America settentrionale o dell'Asia. (Altezza fino a 30 m, otto specie; ordine delle Mirtali.)

ENCICL. Le *Nyssa*, dette anche *tupelo*, hanno foglie alterne, intere o dentate, e fiori piccoli, unisessuali o poligami. Il loro legname è bianco e tenero, e viene usato in talune applicazioni, come sostituto del sughero, di cui tuttavia non uguaglia la resistenza in acqua.

nylon [/ˈnailən/] s.m. inv. (voce ingl. di etim. discussa, forse comp. di *nitrogen* "azoto" e un secondo elemento ispirato ai nomi di altri tessuti artificiali quali *rayon* e *orlon*) Denominazione commerciale, che costituisce marchio registrato, di fibra sintetica e del tessuto che se ne ricava, di largo impiego nell'industria.

Carattere Optima

1. O s.f. o s.m. inv. **1.** Lettera dell'alfabeto latino e delle lingue che lo adottano; in italiano rappresenta la vocale velare media, che quando è tonica può essere di timbro aperto (*òca*) oppure chiuso (*vólo*), quando è atona è sempre di timbro chiuso (*mano*). **2.** Semplice o puntata, maiuscola o minuscola, è usata in sigle o abbreviazioni con diversi valori. **3.** Simbolo usato in settori specifici. ◇ CHIM. *O*: simbolo dell'ossigeno. – GEOGR. Indica l'ovest. – ASTR. Designa una classe spettrale di stelle ad altissima temperatura. – GEOM. Il punto d'origine di un sistema di coordinate. – MAT. *o*: in esponente a un numero e in corpo minore, indica il grado o dà al numero il significato di ordinale maschile singolare. **4.** *fig.* Cerchio. *L'o di Giotto.*

2. Ó cong. **1.** Con valore disgiuntivo-esclusivo, coordina due o più frasi o due o più elementi di una stessa frase. *Resti o parti?* ~ Spesso anteposto per enfasi. *O la borsa o la vita!* ~ Nelle interrogative indirette che esprimono un'alternativa, introduce il secondo termine (il primo è sempre introdotto da *se*). *Non so se andare via o rimanere.* **2.** Con valore disgiuntivo-inclusivo, coordina due o più frasi o due elementi di una stessa frase. *Ti scriverò o ti telefonerò.* **3.** Con valore esplicativo, introduce un termine equivalente. *Il Lago Maggiore o Verbano.* **4.** Con significato di *altrimenti, sennò. Telefoniamogli; o aspettiamo e vediamo cosa succede.* **5.** Con significato di *in caso contrario. Affrettiamoci, o non troviamo più posto.*

3. Ó inter. Si usa, preposto a nomi, pronomi o espressioni indicanti il destinatario, per rafforzare enfaticamente il vocativo. *O Signore, aiutaci tu.*

òasi s.f. inv. (gr. *óasis* dal nome di una località egiziana) **1.** In un deserto, piccola zona dotata di sorgenti o pozzi e quindi fertile e abitata. **2.** *fig.* Luogo, ambiente, situazione piacevole e tranquilla. *Un'oasi di silenzio.* ◇ *Oasi ecologica*: zona in cui l'ambiente naturale è protetto dalla legge per consentirvi la riproduzione di particolari specie animali e vegetali.

obbediènte agg. → **ubbidiente.**

obbediènza s.f. CATT. Sottomissione dei religiosi ai loro legittimi superiori. ~ *estens.* Fedeltà, adesione a un modello spirituale, politico o filosofico.

obbedire v.intr. [84] (aus. *avere*) → **ubbidire.**

obbligànte agg. **1.** Che crea un obbligo, impone un impegno. **2.** Gentile e cortese (anche se sgradevole) al punto da richiedere negli altri un comportamento analogo. *Un gesto obbligante.*

obbligàre v.tr. [4] **1.** Costringere qlcu. a fare qlco. *I banditi hanno obbligato il cassiere ad aprire la cassaforte.* ~ Impegnare qlcu. ad agire in un certo modo. *La coscienza mi obbliga a rinunciare all'offerta.* **2.** Vincolare giuridicamente qlcu. a un certo comportamento. *Nessuna legge mi obbliga alle dimissioni.* **3.** Far sentire qlcu. debitore. *I regali troppo costosi obbligano chi li riceve.* ◆ **obbligarsi** v.pron. **1.** Impegnarsi a fare qlco. *Mi sono obbligato alla restituzione del bene.* **2.** Vincolarsi economicamente per un certo importo. **3.** Vincolarsi nei confronti di qlcu. per dovere di riconoscenza. *Se accetti troppi favori da quella persona ti obblighi con lei.*

obbligàto agg. **1.** Costretto da un obbligo. **2.** Legato da un vincolo di riconoscenza, di gratitudine. **3.** Che è l'unico possibile, che non si può evitare, che non è facoltativo né discrezionale. *Passaggio obbligato.* **4.** BIOL. Riferito a organismo, vincolato a un determinato regime di vita o di alimentazione. **5.** TECN. Riferito al pezzo di un meccanismo che è strettamente connesso a un altro. **6.** MUS. Nel Sei-Settecento si poneva l'annotazione "obbligato" alla parte strumentale che non poteva essere omessa durante l'esecuzione (in oppos. a quella *ad libitum*).

obbligatorietà s.f. inv. Caratteristica di ciò che è obbligatorio, non discrezionale.

obbligatòrio agg. [pl.m. *–ri*] **1.** Imposto dalla legge o da circostanze particolari. **2.** DIR. Che concerne un'obbligazione.

obbligazionàrio agg. [pl.m. *–ri*] ECON. Costituito da obbligazioni come titoli di credito. ~ Relativo a esse.

obbligazióne s.f. **1.** Vincolo per il quale si è obbligati a fare o non fare qlco. **2.** ECON. Titolo negoziabile emesso da una società privata o dallo Stato in occasione dell'emissione di un prestito di cui rappresenta un'aliquota. ◇ *Obbligazioni indicizzate*: con interesse rapportato al costo della vita o ad altro parametro. **3.** DIR. Rapporto giuridico che intercorre tra almeno due soggetti che costringe uno di essi (*debitore*) a effettuare una determinata prestazione a favore dell'altro soggetto (*creditore*), che a sua volta ha il diritto di esigerla. ◇ *Obbligazione naturale*: quella consistente nell'adempimento di una norma etica ma non giuridica (p.e. il pagamento di un debito prescritto o da una scommessa).

obbligazionista s.m. e f. [pl.m. *–sti*] ECON. Proprietario, sottoscrittore di titoli obbligazionari.

òbbligo s.m. [pl. *–ghi*] Costrizione, dovere imposto dalla legge, dalla morale, dalle convenzioni sociali, dalle circostanze.

obbròbrio s.m. [pl. *–bri*] **1.** Causa di disonore, di vergogna, di riprovazione. **2.** *estens.* Cosa molto brutta che offende il buon gusto.

obelisco s.m. [pl. *–schi*] **1.** Monumento costituito da un pilastro a pianta quadrata rastremato verso l'alto fino a terminare in una piccola piramide. (Nell'Egitto faraonico, l'obelisco, inciso di geroglifici, era un simbolo del Sole.) **2.** PALEOG. Obelo.

òbelo s.m. (gr. *obelós*, propr. "spiedo") PALEOG. Segno costituito da una linea orizzontale posta a margine di un testo per richiami o annotazioni.

oberàre v.tr. Gravare qlcu. con carichi pesanti, spec. fig. *Sono oberato dalle tasse.* SIN.: **sovraccaricare.**

oberàto agg. (lat. *oberātum* "indebitato") **1.** DIR. Nella Roma antica si diceva del debitore che, per insolvenza, diveniva schiavo del creditore. **2.** *estens.* Oppresso da debiti, da impegni economici. **3.** *fig.* Eccessivamente impegnato.

obesità s.f. inv. MED. Patologico aumento del peso corporeo.

obèso agg. MED. Affetto da obesità. ◆ s.m. [f. *–sa*] Nel sign. dell'agg.

obi [/'ɔbi/] s.m. inv. (voce giapp., "fascia") Ampia e lunga fascia di seta portata sul kimono.

òbice s.m. (ted. *Haubitze*, ceco *houfnice* "fionda") Pezzo di artiglieria intermedio fra il cannone e il mortaio.

obiettàre o **obbiettàre** v.tr. (lat. *obiectāre* "opporre") Dire qlco. contro quanto detto, proposto di un argomento. *Non ha obiettato nulla alle mie argomentazioni.* SIN.: **contestare.**

obiettivaménte avv. **1.** Senza faziosità, con equità. **2.** Con riferimento ai dati di fatto. **3.** Per la verità, davvero.

obiettività o **obbiettività** s.f. inv. Qualità di chi esprime un giudizio oggettivo, denotando imparzialità (in oppos. a *soggettività*).

obiettivo o **obbiettivo** agg. (lat. *obiectīvum* "che riguarda l'oggetto") Che non si fa influenzare da pregiudizi, passioni, interessi soggettivi. SIN.: **imparziale.** ◆ s.m. **1.** OTT. Sistema ottico a una o più lenti costruito per fornire un'immagine reale degli oggetti, a scopo fotografico o di osservazione diretta. (*v. immagine pag. succ.*) **2.** MIL. Lo scopo di un'operazione militare. **3.** *estens.* Lo scopo di un'azione, di un'iniziativa. ~ Il risultato che ci si propone di ottenere, il fine cui si tende.

obiettóre o **obbiettóre** s.m. [f. *–trice*] Chi muove obiezioni. ◇ *Obiettore di coscienza*: chi, per ragioni morali o ideologiche, chiede di essere esentato da obblighi di legge incompatibili con le proprie convinzioni.

obiezióne o **obbiezióne** s.f. Argomentazione che contesta una dichiarazione.

òbito s.m. CATT. Lascito per messe di suffragio.

obitòrio s.m. [pl. *–ri*] (lat., deriv. di *obīre* "morire") Locale in cui sono conservati i cadaveri in attesa del riconoscimento o dell'autopsia. ~ *estens.* Camera mortuaria.

obituàrio s.m. [pl. *–ri*] **1.** CATT. Antico registro su cui venivano annotati i nomi dei defunti per i quali celebrare il rito funebre. **2.** Rubrica di una rivista in cui sono elencati i nomi delle persone illustri defunte.

oblàta s.f. Nell'antica liturgia cristiana, offerta di pani per la consacrazione eucaristica.

687

oblatìvo agg. **1.** PSICOL. Detto del più alto livello di maturazione psichica e affettiva, caratterizzato dalla capacità di amare e offrire senza attendersi alcun contraccambio. **2.** estens. Disinteressato, altruistico, molto generoso.

oblàto agg. Che offre i propri servizi presso alcune opere religiose. ◆ s.m. [f. –ta] (anche con iniziale maiusc.) Laico che si unisce a una congregazione religiosa senza pronunciare i voti.

oblatóre s.m. [f. –trice] **1.** Chi fa un'offerta per opere di beneficenza. **2.** DIR. Chi estingue una contravvenzione per mezzo di un'oblazione.

oblazióne s.f. **1.** Offerta per opere di beneficenza. **2.** DIR. Pagamento di una data somma che estingue ogni effetto di una contravvenzione. **3.** CATT. Offerta del pane e del vino durante la messa.

oblìo s.m. [pl. oblii] Dimenticanza prolungata, completa.

oblìquo agg. **1.** GEOM. Di un ente geometrico inclinato rispetto a un piano. Che è in pendenza, inclinato. **2.** fig. Indiretto, traverso. ~ Sleale, ambiguo. **3.** ANAT. Di muscolo caratterizzato dalla posizione obliqua rispetto all'asse dell'organo che comanda, cui impone un movimento di rotazione.

obliteràre v.tr. (lat. oblitterāre, propr. "cancellare le lettere") **1.** Nel l. bur., annullare un francobollo, un biglietto, ecc. con un timbro, una scritta o un foro. **2.** MED. Occludere la cavità di un condotto organico.

obliteratrìce s.f. Nel l. bur., apparecchio che convalida biglietti, francobolli, documenti.

oblò s.m. inv. (fr. hublot, deriv. di ant. huve "berretto" di orig. germ.) Finestrino di forma circolare nella murata delle navi e nella fusoliera degli aerei. (Nelle navi, alcuni oblò possono aprirsi, mentre negli aerei e nei veicoli spaziali sono sempre ermeticamente chiusi.) ~ Lo sportello delle lavatrici.

oblùngo agg. [pl.m. –ghi, f. –ghe] Di forma allungata.

obnubilàre v.tr. (lat., comp. di ŏb "davanti" e nubilāre "annuvolare") Offuscare le facoltà mentali, distorcere il giudizio. ◆ **obnubilarsi** v.pron. Offuscarsi, annebbiarsi.

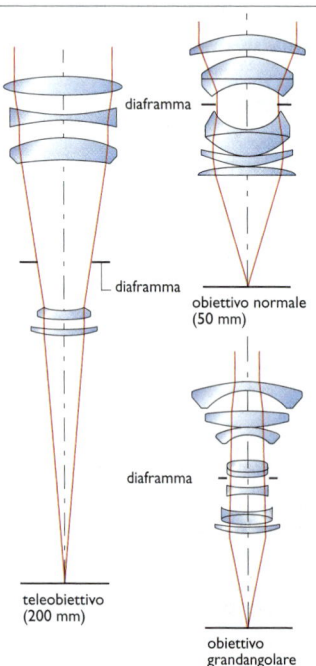

■ **obiettivo** fotografico. Organizzazione delle lenti e percorso del fascio luminoso.

obnubilazióne o **onnubilazióne** s.f. PSICH. Offuscamento, annebbiamento della coscienza.

òboe s.m. (fr., comp. di haut "alto, che dà note alte" e bois "legno") Strumento musicale a fiato ad ancia doppia, formato da un tubo di legno forato munito di chiavi e imboccatura.

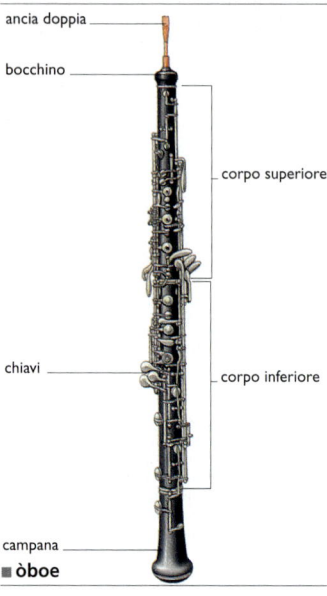

ancia doppia
bocchino
corpo superiore
chiavi
corpo inferiore
campana

■ **òboe**

oboìsta s.m. e f. [pl.m. –sti] Suonatore di oboe.

òbolo s.m. **1.** Moneta della Grecia antica, che valeva un sesto della dracma. **2.** Piccola offerta in denaro.

obsolescènte agg. Che sta cadendo in disuso.

obsolescènza s.f. Progressiva perdita d'efficienza, di funzionalità, di valore. ~ Invecchiamento dei mezzi produttivi, superamento di certe attrezzature e impianti, causato dal progresso tecnologico.

obsolèto agg. Antiquato, caduto in disuso.

oc [/'ɔk/] s.m. inv. (voce provenz. propr. "sì", lat. hŏc "questo, ciò") Usato solo nella loc. lingua d'oc, lingua della letteratura cortese provenzale e ogni dialetto della Provenza (in oppos. a lingua d'oïl).

òca s.f. [pl. oche] **1.** Grosso uccello palmipede, con lungo collo e becco robusto, di cui si conoscono varie specie selvatiche e una domestica, allevata per le carni, il fegato e le piume. (Genere Anser; famiglia delle Anatidi.) ◇ Gioco dell'oca: gioco in cui, a seconda del punteggio ottenuto tirando due dadi, si sposta la propria pedina lungo le caselle numerate di un circuito. – A becco d'oca: dell'imboccatura ricurva di strumenti o contenitori. **2.** fig. Donna di scarsa intelligenza, piuttosto svampita.

ocarìna s.f. (emil. ucarénna) Strumento musicale popolare, a fiato, in terracotta, di forma ovoidale con fori e imboccatura a becco d'oca.

occamìsmo s.m. FILOS. Indirizzo di pensiero iniziato dal filosofo Guglielmo d'Occam e dif-

■ **òca** domestica.

fuso in Europa nei secc. XIV e XV, caratterizzato da empirismo e nominalismo.

occasionàle agg. **1.** Che avviene per caso. ~ Che accade in modo saltuario (in oppos. ad abituale). **2.** Che dà il pretesto. Causa occasionale.

occasionalìsmo s.m. **1.** FILOS. Dottrina che nega all'uomo ogni effettivo potere nel mondo e considera Dio unica vera causa dei fenomeni intesi come occasioni per mezzo delle quali il potere divino si realizza. **2.** LING. Neologismo che si presume non sia destinato a rimanere nell'uso.

occasionalménte avv. **1.** In modo casuale. **2.** Saltuariamente, di tanto in tanto.

occasióne s.f. **1.** Circostanza propizia. SIN.: opportunità. **2.** Caso, avvenimento. **3.** Motivo, pretesto. **4.** Oggetto o bene offerto a un prezzo vantaggioso. SIN.: **affare**.

occhiàia s.f. **1.** Cavità oculare del cranio. **2.** (spec. pl.) Lividure che si formano sotto gli occhi per stanchezza o malattia.

occhiàli s.m. pl. Coppia di lenti inserita in una montatura che poggia sul naso e sulle orecchie, per la protezione degli occhi o la correzione di difetti della vista.

1. occhiàta s.f. **1.** Sguardo furtivo, ricco di significato. **2.** Controllo superficiale.

2. occhiàta s.f. Pesce marino commestibile di colore grigio argenteo, con una grande macchia nera sul peduncolo codale e con grandi occhi. (Famiglia degli Sparidi.)

occhieggiàre v.tr. [5] Guardare qlcu. o qlco. di tanto in tanto, con ammirazione e desiderio. Occhieggiare le vetrine. ◆ v.intr. (aus. avere) Spuntare in mezzo a qlco. I frutti occhieggiano tra le foglie.

occhièllo s.m. **1.** Foro di varia forma e finitura usato per farvi passare lacci, legature. ~ In partic., asola. ~ assol. Foro che si trova sul risvolto sinistro di una giacca. **2.** Frase sopra il titolo di un articolo di giornale, stampata in corpo e giustezza inferiori. **3.** STAM. In un libro, pagina con il titolo o i capitoli, che precede la pagina di inizio.

occhièra s.f. Coppetta per bagni oculari terapeutici. SIN.: **occhino**.

òcchio s.m. [pl. –chi] **1.** Organo della vista che percepisce gli stimoli luminosi e li rimanda ai centri nervosi che li traducono in immagini. ◇ figg. Dentro fino agli occhi: completamente impegolati in una faccenda. – Con la coda dell'occhio: senza farsi notare. – A occhio (a occhio e croce): approssimativamente. – A quattr'occhi: a tu per tu. – A occhi chiusi: senza precauzioni, con piena fiducia. – Chiudere un occhio: sorvolare su un errore. – Non chiudere occhio: non dormire. – Un pugno in un occhio: cosa sgradevole, sgraziata, di cattivo gusto. – Avere gli occhi fuori dalle orbite: essere fuori di sé per la rabbia, l'ira. – Avere gli occhi foderati di prosciutto: non notare neppure l'evidenza. – Aprire gli occhi a qlcu.: esporgli con franchezza la verità, invitarlo alla vigilanza. – Occhi da pesce lesso: sguardo insignificante, che non esprime sentimenti. – Occhi iniettati di sangue: arrossati; fig. accesi d'ira. **2.** Sguardo, capacità visiva, vista. Aguzzare gli occhi. ◇ Sott'occhio: a portata di *mano. – Occhio clinico: capacità di intuizione, di diagnosi pronta. – Saltare, balzare agli occhi: essere evidente. – Dare nell'occhio: attirare l'attenzione. **3.** Stato d'animo che si esprime negli occhi, attraverso lo sguardo. ~ fig. Intelligenza, capacità. **4.** Foro, apertura circolare. Occhio del formaggio. ◇ Occhio di bue: proiettore per illuminazione dall'alto. – figg. Occhio del ciclone: parte centrale di un ciclone dove la pressione è più bassa. – Nell'occhio del ciclone: al centro di una vicenda burrascosa, di un intrigo. – Occhio di pernice: callosità tra due dita del piede. ~ Farfalla con macchie sulle ali, detta anche Vanessa Io. **5.** BOT. Gemma, bottone. La patata ha messo gli occhi. **6.** STAM. La parte del carattere con il segno grafico in rilievo. **7.** MIN. Pietra dura di prima qualità, varietà del quarzo, usata come ornamento per la diversità dei colori e i riflessi cangianti. SIN.: **cimofane**. **8.** FOTO. Occhio di pesce: obiettivo che consente una ripresa semicircolare superiore a quella grandangolare. **ENCICL.** L'occhio umano è una sfera delimitata da tre membrane. La *sclera*, con funzioni protettive, da cui anteriormente ha luogo la *cornea*; la *coroide*, pigmentata, che si prolunga davanti in un diaframma (*iride*) che ha colore variabile ed è attraversato da un foro (*pupilla*) la cui apertura cambia secondo l'intensità della luce; la *retina*, formata dalle terminazioni del nervo ottico e sensibile agli stimoli luminosi, sulla quale prendono forma le immagini fornite dai mezzi anteriori rifrangenti dell'occhio (*cornea, umor acqueo, cristallino, corpo o umor vitreo*). Il *corpo ciliare*, a livello di cornea e iride, fa variare la convergenza del cristallino, la cui ampiezza diminuisce con l'età (*presbiopia*). I *muscoli oculomotori*, sulla parte esterna della sclera, determinano i movimenti del globo oculare nell'orbita. L'occhio può presentare difetti di rifrazione (*miopia, ipermetropia, astigmatismo*) e anomalie, spesso ereditarie, nella percezione dei colori (*daltonismo, acromatopsia*).

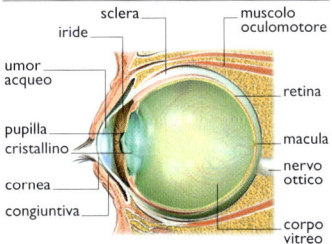

iride
sclera
muscolo oculomotore
umor acqueo
retina
pupilla
cristallino
macula
cornea
nervo ottico
congiuntiva
corpo vitreo

■ **òcchio** (sezione).

occhiolino s.m. Usato nella loc. *fare l'occhiolino*, ammiccare, strizzare l'occhio.

occidentàle agg. **1.** Situato a ovest. **2.** Caratteristica della cultura europea e nordamericana. ◇ *Blocco occidentale:* patto politico-militare dei paesi dell'Europa occidentale e del Nordamerica. ◆ s.m. e f. Abitante dell'Europa o dell'America del Nord.

occidentalizzàre v.tr. Conformare ai modelli economici, politici e culturali dell'Occidente. ◆ **occidentalizzarsi** v.pron. Uniformarsi ai modelli di vita occidentali.

occidentalizzazióne s.f. Assimilazione di modelli occidentali da parte di popoli estranei alla civiltà occidentale.

occidènte s.m. **1.** (solo sing.) La parte dell'orizzonte dove tramonta il sole. ~ ASTR. Il punto del tramonto nei giorni degli equinozi. SIN.: **ovest. 2.** *estens.* Regioni che si trovano a ovest rispetto ad altre. **3.** *per anton.* L'Occidente: i paesi europei rispetto a quelli asiatici; in passato, l'insieme dei paesi dell'Europa occidentale e dell'America settentrionale, a economia capitalistica, rispetto a quelli dell'Europa orientale, a regime comunista.

occipitàle agg. ANAT. Dell'occipite. *Lobo occipitale.*

occipite s.m. (lat., comp. di *ōb* "contro" e *căput* "testa") ANAT. Parte inferiore e posteriore del cranio. SIN.: **nuca.**

occlùdere v.tr. [21] Ostruire, intasare un condotto. *Occludere una vena.* ~ Chiudere qlco.

occlusióne s.f. **1.** Ostruzione. ~ MED. Chiusura patologica di un condotto, interruzione di un flusso. *Occlusione intestinale.* **2.** CHIM. Fenomeno per cui il gas disciolto in un metallo fuso resta nel solido. **3.** METEOR. Perturbazione provocata dalla fusione di un fronte freddo con uno caldo. **4.** LING. Chiusura completa e momentanea in un punto del canale fonatorio.

occlusiva s.f. FON. Consonante la cui articolazione comporta un'occlusione (p.e. *p, b, t, d; c* e *g* velari).

occlusivo agg. MED. Che si riferisce a un'occlusione. ~ LING. Causato da un'occlusione. *Consonante occlusiva.*

occlùso agg. Ostruito, chiuso, impedito. ◆ s.m. Nel sign. dell'agg.

occorrènte agg. Che serve per un determinato scopo. ◆ s.m. Nel sign. dell'agg.

1. occorrènza s.f. **1.** Circostanza in cui si manifesta una necessità. ~ (al pl.) Evenienze, imprevisti. *Cavarsela in tutte le occorrenze.* **2.** Esigenza, bisogno. ◇ *All'occorrenza:* in caso di bisogno.

2. occorrènza s.f. (ingl., deriv. di *to occur* "ricorrere") Ricorrenza di qualsiasi fatto o fenomeno. ~ LING. Ogni comparsa di uno stesso elemento linguistico in un testo.

occórrere v.intr. [21] (aus. *essere*) (lat. *occŭrrere* "andare incontro" quindi "venire in aiuto") **1.** Essere necessario a qlcu. *Mi occorre tempo.* **2.** Essere necessario per fare qlco. *Occorrono due mesi per ricostruire la casa.* ◆ v.impers. Essere necessario. *Occorre fare presto.*

occultaménto s.m. L'atto di nascondere qlco. o qlcu., perlopiù a scopi militari o a fini illegali. ◇ DIR. *Occultamento di cadavere:* delitto commesso da chi nasconde un cadavere.

occultàre v.tr. **1.** Nascondere qlco., sottrarlo alla vista, soprattutto con fini illeciti. **2.** *fig.* Fare in modo che qlco. non venga a conoscenza di altri, cancellandolo, tenendolo nascosto, non rivelandolo. **3.** ASTR. Eclissare.

occultazióne s.f. ASTR. Scomparsa momentanea di un astro dietro un altro astro.

occultismo s.m. (ted. *Okkultismus*) Complesso di discipline e pratiche che studiano i fenomeni e le forze misteriose che si presume esistano in natura, ma che si sottraggono all'indagine scientifica consueta.

occùlto agg. Che non è visibile o non è percepibile intellettualmente e quindi non è chiaro, ma segreto, misterioso. SIN.: **arcano.** ◇ *Scienze occulte:* le dottrine e le pratiche inerenti all'occultismo. ◆ s.m. (solo sing.) Quanto è invisibile, misterioso per l'uomo ed è in partic. oggetto delle ricerche e delle pratiche degli occultisti.

occupànte agg. Che occupa, detto di esercito straniero che ha invaso altri paesi e di chi per protesta si impadronisce di un luogo pubblico impedendone l'uso comune. ◆ s.m. e f. **1.** (spec. pl.) Chi si è impadronito abusivamente di un edificio. ~ Chi per protesta blocca una strada, un luogo pubblico e ne impedisce l'uso agli altri. **2.** Chi occupa un posto. ◇ DIR. *Primo occupante:* chi prende possesso di un bene che non appartiene a nessuno.

occupàre v.tr. **1.** Prendere possesso di un luogo. *Occupare l'appartamento.* **2.** Esercitare il controllo di una zona in seguito a un'azione militare. **3.** *fig.* Rivestire un ruolo, esercitare una funzione. *Occupare un posto di grande responsabilità.* **4.** Dare lavoro. *Le industrie conserviere occupano molte persone.* ~ Collocare qlcu. in un ufficio. **5.** Riempire uno spazio. *Il letto occupa tutta la camera.* ~ *fig.* Impiegare del tempo con qualche attività. *Occupare le settimane con lo studio.* SIN.: **trascorrere. 6.** *fig.* Tenere impegnato. *Il lavoro mi occupa totalmente.* ◆ **occuparsi** v.pron. **1.** Interessarsi in modo continuativo di ql-

co. o di qlcu. *Occuparsi di politica, dei bambini.* **2.** Ottenere un posto di lavoro in un ente, in un'industria, in un negozio. *Si è occupato nella scuola.*

occupàto agg. **1.** Che non è disponibile. ~ Che è preso, usato da qlcu. *Linea telefonica occupata.* **2.** Invaso, accaparrato con la forza o senza titolo legale, per ragioni militari o di protesta e rivendicazione. ◇ *I territori occupati:* quelli di cui lo stato di Israele ha preso possesso nel 1967 durante il conflitto con i paesi arabi vicini e che ha poi colonizzato. **3.** Che ha un lavoro stabile, che non è disponibile. ◆ s.m. [f. *-ta*] Chi ha un lavoro regolare, un'attività, specie se come dipendente (in oppos. a *disoccupato*).

occupazionàle agg. Che riguarda i lavoratori in partic. dipendenti.

occupazióne s.f. **1.** Presa di possesso, più spesso temporanea, di un posto, con mezzi legittimi o con la forza. **2.** Impiego, lavoro, attività retribuita. ~ Attività cui ci si dedica, in partic. svago. *La musica è la sua occupazione preferita.* **3.** DIR. Modo di acquisire la proprietà, che consiste nell'impossessarsi di beni mobili di cui non si conosce più il proprietario.

oceaniàno agg. Dell'Oceania. ◆ s.m. [f. *-na*] Nativo, abitante dell'Oceania.

oceànico agg. [pl.m. *-ci*, f. *-che*] **1.** Relativo all'oceano. ◇ *Clima oceanico:* quello delle regioni bagnate dall'oceano. **2.** *fig.* Di incalcolabile grandezza, molto esteso. *Una folla oceanica.*

oceàno s.m. (gr. *Okeanós*, nome del dio mitologico delle acque) **1.** La massa delle acque salate che circonda le terre emerse. (Oceano Indiano, Atlantico e Pacifico.) **2.** *per esager.* Quantità enorme, smisurata distesa. *Un oceano di lacrime.*

oceanografia s.f. Studio dei fenomeni fisici, chimici, biologici e dinamici delle acque marine.

ocèllo s.m. **1.** ZOOL. Occhio semplice presente in numerosi Artropodi (Insetti, Aracnidi, ecc.). **2.** ZOOL. Macchia rotonda circondata da anello di altro colore, caratteristica del manto o del piumaggio di alcuni animali.

ocelòt s.m. inv. → ozelot.

ochétta s.f. **1.** Nel sign. del dim. di *oca*. ~ *fig.* Donna o ragazza sciocca, stupida. **2.** Recipiente provvisto di beccuccio usato per far assumere bevande o cibi liquidi ad ammalati o invalidi costretti a stare sdraiati.

oclocrazia s.f. (gr., comp. di *óklhlos* "folla" e *kratêin* "dominare") POLIT. Governo della plebe o di un dittatore sostenuto dal popolo.

Ocotòna s.m. inv. ZOOL. Genere di mammiferi roditori simili al coniglio con orecchie e coda corte. (Famiglia degli Ocotonidi.)

Ocotònidi s.m. pl. [iniziale minusc. sing. *-de* per l'individuo] ZOOL. Famiglia di mammiferi presente con molte varietà nel miocene, comprendente ora l'unico genere Ocotona.

òcra s.f. Varietà terrosa di ematite gialla o rossa usata come pigmento per la preparazione di

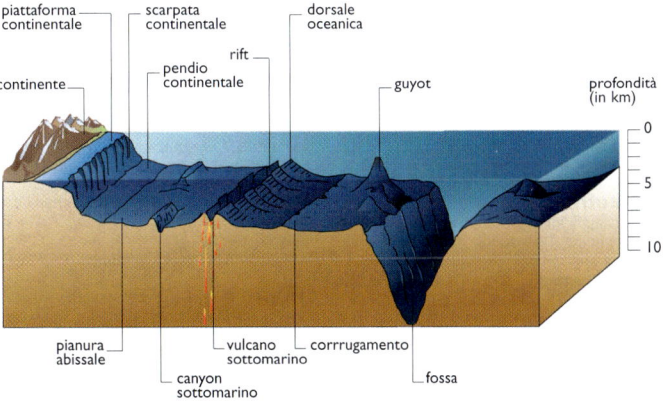

piattaforma continentale
scarpata continentale
dorsale oceanica
rift
pendio continentale
continente
guyot
profondità (in km)
0
5
10
pianura abissale
vulcano sottomarino
corrrugamento
canyon sottomarino
fossa

■ **oceànico.** Geomorfologia dei fondali oceanici.

sostanze coloranti. ◆ s.m. inv. Colore giallo rossiccio. ▫ In funzione di agg. inv., che è di colore giallo-bruno come il materiale omonimo.

Òctopus s.m. inv. (gr. *októpous*, propr. "che ha otto piedi") ZOOL. Genere di molluschi con otto tentacoli provvisti di ventose, corpo sacciforme privo di pinne, testa grande, occhi molto sviluppati. (Classe dei Cefalopodi.)

oculàre agg. Dell'occhio. *Bulbo oculare*. ◇ *Bagno oculare*: applicazione medicamentosa agli occhi. – *Testimone oculare*: chi riferisce ciò di cui ha conoscenza visiva diretta. ◆ s.m. In un sistema ottico (cannocchiale, microscopio, ecc.), lente a cui si accosta l'occhio per esaminare l'immagine data dall'obiettivo.

oculatézza s.f. L'essere oculato, scrupoloso, avveduto.

oculàto agg. (lat. *oculātum*, propr. "fornito di occhi") 1. Che si comporta con attenzione, cautela, avvedutezza. 2. Che è fatto con prudenza e discernimento. SIN.: **ponderato**.

oculista s.m. e f. [pl.m. –*sti*] (fr. *oculiste*) Medico specializzato nelle malattie dell'occhio e della vista.

oculistica s.f. [non com. pl. –*che*] (fr. *oculistique*) MED. Studio e cura delle malattie dell'apparato visivo. SIN.: **oftalmologia**.

oculistico agg. [pl.m. –*ci*, f. –*che*] (deriv. di *oculistica*) Riferito alle patologie dell'occhio e alle loro cure. ~ Che riguarda l'oculista.

òculo s.m. ARCH. Piccola finestra rotonda.

oculomotóre agg. ANAT. Del nervo o di muscolo cranico che consente i movimenti dell'occhio.

oculorinite s.f. MED. Infiammazione catarrale che colpisce la congiuntiva e la mucosa delle fosse nasali.

odalisca s.f. [pl. –*sche*] (fr. *odalisque*, turco *ōdalıq* "cameriera") Nei paesi musulmani, schiava addetta al servizio delle signore. – *estens.* Bella concubina di un sultano o di un pascià.

òde s.f. Componimento di vario metro che, fin dalle origini greche, era legato a tematiche civili o morali.

odèon o **òdeon** s.m. inv. ANT. GR. ROM. Piccolo teatro coperto, general. a pianta semicircolare, destinato a concerti musicali.

O.d.G. Abbreviazione di *Ordine del Giorno*.

odiàre v.tr. [6] Provare odio per qlco. o qlcu. *Odiare i sotterfugi*. SIN.: **detestare**. ◆ **odiarsi** v.pron. Riferito a due o più persone, provare un vicendevole sentimento di odio. *Si sono tanto amati e ora si odiano*.

odièrno agg. 1. Relativo alla giornata corrente. 2. Relativo all'epoca attuale.

òdio s.m. [pl. *odi*] Forte ostilità che porta ad augurare o a fare male a qlcu. ◇ *Odio di classe*: nel marxismo, l'inconciliabilità di interessi, l'ostilità oggettiva tra gli appartenenti a diverse categorie sociali e a ruoli opposti (capitalisti e lavoratori) nel processo produttivo.

odióso agg. Che merita di essere odiato, che suscita avversione. ~ *estens.* Estremamente sgradevole, antipatico.

odissèa s.f. (gr. *Odýsseia*, titolo del poema omerico che narra l'avventuroso ritorno in patria di Ulisse) Serie di fatti o di avvenimenti infausti e dolorosi, seguito di avventure, di traversie, di calamità.

odògrafo agg. MECC. *Curva odografa*: quella descritta dal vertice di un vettore, uguale alle velocità di questo vettore, tracciata a partire da un punto fisso. ◆ s.m. Strumento che, se installato su un veicolo, ne registra il percorso compiuto.

odòmetro s.m. (gr., comp. di *hodós* "strada" e *métron* "misura") Strumento che serve a misurare un tragitto percorso da una ruota a cui è applicato un contagiri.

Odonàti s.m. pl. [–*to* per l'individuo] ZOOL. Ordine di insetti predatori, con testa mobile, occhi composti in genere molto sviluppati, tre ocelli, antenne molto corte e quattro lunghe ali trasversali, come p.e. la libellula.

odonomàstica s.f. [non com. pl. –*che*] LING. L'insieme dei nomi delle strade e il loro studio storico-linguistico.

odontalgia s.f. MED. comun. Mal di denti.

Odontocèti s.m. pl. [iniziale minusc. sing. –*to* per l'individuo] ZOOL. Sottordine di cetacei forniti di molti denti conici, come p.e. il capodoglio, il delfino, l'orca.

odontogènesi s.f. inv. MED. Processo di formazione dei denti nell'embrione.

odontoiàtra s.m. e f. [pl.m. –*tri*] MED. → **dentista**.

odontoiatria s.f. MED. Studio delle patologie dentarie e della bocca e della loro cura. ~ Corso di laurea che ne insegna le basi.

odontòide s.m. ANAT. Formazione ossea della parte superiore della seconda vertebra cervicale.

odontologia s.f. MED. Studio dei denti e delle loro malattie.

odontòmetro s.m. FILAT. Strumento usato per misurare la dentellatura dei francobolli.

odontopatia s.f. MED. Affezione dei denti.

odontostomatologia s.f. MED. Studio delle malattie della bocca e dei denti. ~ *Chirurgia dentaria*.

odontotècnica s.f. [non com. pl. –*che*] MED. Branca dell'odontoiatria che si occupa della costruzione di protesi dentarie.

odontotècnico agg. [pl.m. –*ci*, f. –*che*] Che riguarda, che si occupa di odontotecnica. ◆ s.m. [f. –*ca*] Specialista nella costruzione di protesi dentarie sotto la guida di un dentista.

odorànte agg. Che esala odore. ◆ s.m. CHIM. Sostanza capace di determinare la sensazione di un odore.

odoràre v.tr. 1. Percepire con l'olfatto. SIN.: **annusare**. 2. *fig.* Avere un'intuizione spec. riguardo a qlco. di spiacevole. *Odorare qualche tranello*. 3. Rendere qlco. odoroso. SIN.: **profumare**. ◆ v.intr. (aus. avere) 1. Mandare odore di qlco. *Il bucato odora di lavanda*. 2. *fig.* Dare sentore di qlco. *Odorare di falso*.

odoràto s.m. Senso dell'olfatto, di cui è organo il naso.

odóre s.m. 1. Sensazione general. sgradevole trasmessa dall'olfatto quando viene a contatto con sostanze che disperdono molecole nell'aria. 2. (al pl.) Erbe aromatiche usate per insaporire i cibi. 3. *fig.* Traccia, segno, sentore. *Sentire odore di truffa*.

odoróso agg. Che profuma.

oersted [/ˈœrsted/] s.m. inv. (dal nome del fisico danese H.Ch. *Oersted*) FIS. Unità di misura del campo magnetico (simb. *Oe*).

ofelimità s.f. inv. (fr. *ophélimité*, deriv. di gr. *ophéllimos* "vantaggioso") ECON. Valore di un bene determinato in base alla soddisfazione che un individuo pensa di trarre dal suo uso o semplicemente dal suo possesso.

off [/ˈɔːf/] agg. inv. (voce ingl., propr. "fuori") 1. Nelle apparecchiature elettriche, spento (in oppos. a *on*). 2. Di spettacolo organizzato fuori dai circuiti ufficiali. ◆ s.m. inv. In vari strumenti, posizione di spento.

òffa s.f. 1. ANT. ROM. Piccola focaccia di farro. 2. *fig.* Compenso, dono o promessa che si fa a qlcu. per ammansirlo o per acquistarne la benevolenza.

offèndere v.tr. [33] (lat., comp. di *ŏb* "contro" e *fĕndere* "battere, colpire") 1. Ferire qlcu. moralmente. *Le tue parole mi offendono*. ~ Urtare la suscettibilità di qlcu. *Se non accetti il mio invito, mi offendi!* 3. Infrangere un principio, una norma. *Un ragionamento che offende il buon senso*. 4. Provocare un danno fisico. *Il proiettile non ha offeso centri vitali*. 5. Causare una sensazione sgradevole, insopportabile. *La luce troppo violenta mi offende la vista*. ◆ **offendersi** v.pron. 1. Scambiarsi ingiurie, oltraggi. 2. Aversene a male. *Si è offeso per le mie parole*.

offensiva s.f. 1. Azione militare volta a imporre la propria iniziativa al nemico. 2. *estens.* Azione intesa all'ottenimento di uno scopo.

offensivo agg. 1. Relativo a iniziative d'attacco. 2. Che costituisce un insulto.

offerènte agg. Che offre, fa un'offerta. ◆ s.m. e f. 1. Chi fa un'offerta. 2. Chi, in una vendita pubblica, propone un prezzo.

offèrta s.f. 1. L'atto di dare qlco., la cosa donata. ◇ *In offerta*: di merce in vendita a prezzi molto vantaggiosi. 2. Proposta di prezzo da parte dell'acquirente in una vendita o da parte di un concorrente in una gara d'appalto. 3. ECON. Quantità di beni o servizi messi in vendita a un determinato prezzo (in oppos. a *domanda*). 4. DIR. L'atto formale con cui il debitore può liberarsi dall'obbligazione, quando il creditore non voglia accettare la cosa o la somma dovutagli. ◇ *Offerta pubblica di acquisto (OPA)*: offerta di acquisto di azioni per acquisire il controllo di una società o comunque una quota rilevante del patrimonio azionario. – *Offerta pubblica di vendita (OPV)*: offerta lanciata da uno o più azionisti di una società per cedere al pubblico una parte delle azioni a un dato prezzo.

offertòrio s.m. [pl. –*ri*] (lat. *offertòrium*, propr. "luogo dove si fa un'offerta") CRIST. Parte della messa in cui il sacerdote offre il pane e il vino a Dio.

offésa s.f. 1. Danno morale che si arreca a una persona con atti o con parole. 2. *estens.* Trasgressione di un valore, violazione di una norma riconosciuta. 3. Attacco, aggressione.

offéso agg. 1. Risentito per aver ricevuto un'offesa. 2. Di organo o arto, leso nella sua funzionalità. ◆ s.m. [f. –*sa*] Chi ha ricevuto un'offesa.

office [/ˈɔfis/] s.m. inv. (voce ingl., propr. "ufficio") Locale di servizio in alberghi o grandi comunità in cui si ripongono le provviste.

officiànte s.m. e f. RELIG. Chi celebra una funzione.

officiàre v.intr. [5] (aus. *avere*) RELIG. Celebrare una funzione religiosa.

officina s.f. (lat., comp. di *ŏpus* "lavoro" e *fàcere* "fare") 1. Locale o insieme di locali attrezzati in modo artigianale per la produzione, manutenzione e riparazione di oggetti e attrezzi. 2. Laboratorio di un artista. ~ *fig.* Scuola che ha prodotto un certo tipo di opere. ▫ In funzione di agg. inv., di ambiente attrezzato per riparazioni.

officinàle agg. (deriv. di *officina* nel sign. di "laboratorio farmaceutico") Che serve a scopi farmaceutici.

off limits [/ɔːf ˈlimits/] loc. agg. inv. (loc. ingl., propr. "fuori dei limiti") 1. Di luogo in cui è vietato l'accesso. 2. *estens.* Non permesso, proibito.

off line [/ɔːf ˈlain/] loc. agg. inv. (loc. ingl., propr. "fuori della linea") INFORM. Non accessibile o non collegato. ~ Consultabile solo su disco laser e non attraverso la rete.

offrire v.tr. [77] (lat., comp. di *ŏb* "verso" e *fèrre* "portare") 1. Regalare qlco. a qlcu. *Offrire un anello di fidanzamento*. 2. Mettere a disposizione di qlcu. *Offrire ospitalità agli amici*. 3. Mettere in vendita o proporre qlco. per l'acquisto a un certo prezzo. *Il negozio offre articoli a metà prezzo*. 4. Pagare qlco. a qlcu. *Ti offro il caffè*. 5. Fornire qlco. *Una casa che offre molte comodità*. 6. Produrre qlco. *Questo terreno offre frutti in abbondanza*. ◆ **offrirsi** v.pron. 1. Mettersi a disposizione per un'attività. *Si è offerto di aiutarmi*. 2. Riferito a situazioni vantaggiose, capitare. *Mi si è offerta una grande occasione*. 3. Esporsi a una situazione difficile. *Si offrì senza paura al sacrificio*. 4. Presentarsi alla vista. *Il panorama che si offre è stupendo*.

offset [/ˈɔːfset/] agg. inv. (voce ingl., propr. "trasportato fuori") STAM. Di procedimento industriale di stampa indiretta, in cui l'immagine viene trasferita dalla matrice su un cilindro di gomma e da questo impressa sulla carta. ◆ s.m. inv. Nel sign. dell'agg.

offshore [/ˈɔːfʃɔː/] agg. inv. (voce ingl., propr. "in alto mare") 1. Di gara di motonautica che si svolge in alto mare a velocità elevate e dei potenti motoscafi che la disputano. 2. Di giacimento petrolifero in mare aperto e degli impianti per il suo sfruttamento. 3. FIN. Di società costituita in stati, detti *paradisi fiscali*, la cui legislazione consente un trattamento fiscale favorevole degli utili prodotti. ◆ s.m. inv. Motoscafo di alto mare.

offside [/ˈɔːfsaid/] s.m. inv. (voce ingl., propr. "fuori lato") SPORT. Nel calcio, posizione irregolare in cui si viene a trovare un giocatore che riceve la palla da un compagno nella metà campo avversaria e non ha tra sé e la linea di fondo almeno due giocatori (compreso il portiere) dell'altra squadra.

offuscàre v.tr. [4] (lat. *offuscàre* "annerire") **1.** Rendere qlco. fosco. *Offuscare la luce del sole.* **2.** fig. Rendere confuso. *Il tempo offusca i ricordi.* ◆ **offuscarsi** v.pron. **1.** Diventare fosco. *Il cielo si offuscò improvvisamente.* **2.** fig. Indebolirsi, perdere lucidità. *La memoria si offusca con l'età.*

oficàlce s.f. MIN. Roccia serpentina di vari colori, cementata da prodotti calcarei, usata come materiale da decorazione.

Ofidi s.m. pl. [iniziale minusc. sing. *–dio* per l'individuo] (deriv. di gr. *óphis* "serpe") ZOOL. Sottordine di rettili sprovvisti di arti, che si muovono strisciando e uccidono le prede per strangolamento o con iniezione di veleno. (Comprende tutti i serpenti.)

ofidismo s.m. MED. Avvelenamento causato da morso di serpente.

ofiolite s.f. GEOL. Nome di rocce basiche effusive, intrusive e metamorfiche, di varia composizione, general. di colore verde. (Le ofioliti comprendono gabbri, peridotiti, diabasi, anfiboliti.)

ofiologia s.f. ZOOL. Studio dei serpenti.

ofite s.f. MIN. Varietà di marmo verde. SIN.: **serpentino.**

Ofiùra s.f. ZOOL. Genere di echinodermi marini con corpo a disco tondo o pentagonale e cinque lunghe e sottili braccia serpentine con aculei. (Classe degli Ofiuroidei.)

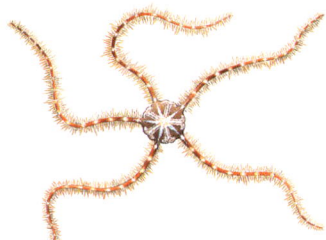

■ **Ofiùra.** Echinoderma marino.

Ofiuroidèi s.m. pl. [iniziale minusc. sing. *–deo* per l'individuo] ZOOL. Classe di animali marini, simili alle stelle di mare, a cui appartengono le Ofiure. (Tipo Echinodermi.)

oftalmìa s.f. MED. Infiammazione degli occhi.

oftàlmico agg. [pl.m. *–ci*, f. *–che*] MED. Relativo agli occhi o alle malattie degli occhi.

oftalmologia s.f. MED. Studio dell'occhio, delle sue funzioni e delle sue malattie.

oftalmòlogo s.m. [f. *–ga*, pl.m. *–gi*, f. *–ghe*] Studioso, specialista di oftalmologia.

oftalmometria s.f. MED. Misura della curvatura della cornea, quindi del grado di astigmatismo.

oftalmòmetro s.m. MED. Strumento usato per misurare l'astigmatismo.

oftalmoscopia s.f. MED. Osservazione interna dell'occhio mediante l'oftalmoscopio.

oftalmoscòpio s.m. [pl. *–pi*] MED. Strumento usato per esaminare il fondo dell'occhio.

oggettìstica s.f. [pl. *–che*] Insieme di oggetti da regalo o arredamento.

oggettivaménte avv. **1.** Nella realtà, in base ai dati di fatto. **2.** In modo obiettivo. **3.** In verità.

oggettivàre v.tr. Rendere qlco. oggettivo, concreto. *Oggettivare paure, idee.* ◆ **oggettivarsi** v.pron. Assumere concretezza, diventare evidente, percepibile. *Il suo malessere si è oggettivato in una febbre costante.*

oggettivazióne s.f. **1.** Espressione, in forma concreta o in immagini, di pensieri, ricordi, fantasie. **2.** FILOS. Attribuzione della caratteristica di oggetto reale a un elemento determinato.

oggettivismo o **obbiettivismo** s.m. FILOS. Concezione che ammette l'esistenza di una realtà oggettiva indipendente dall'attività conoscitiva del soggetto.

oggettività s.f. inv. **1.** L'esistenza concreta, autonoma di qlco. **2.** Qualità di ciò che è conforme alla realtà. SIN.: **obiettività.**

oggettìvo agg. **1.** Che riguarda la realtà. ~ Che si fonda sui dati, sulla concretezza. **2.** GRAMM. Che ha funzione di complemento oggetto. **3.** Che si attiene ai fatti senza intervento del soggetto (in oppos. a *soggettivo*).

oggètto s.m. (lat. *obièctum*, propr. "ciò che è messo davanti") **1.** Ogni cosa concreta, materiale, che può essere percepita dai sensi. **2.** Materia, argomento, contenuto. ◇ GRAMM. *Complemento oggetto:* l'elemento nominale (nome, pronome o altro elemento sostantivato) che ha funzione di argomento diretto dipendente dal verbo di forma attiva. **3.** estens. La cosa o la persona cui è diretto un interesse, un'azione, una ricerca, un sentimento. SIN.: **scopo. 4.** PSICOAN. Ciò con cui il soggetto entra in relazione. □ In funzione di agg. inv., ridotto alla dimensione di cosa, privato di soggettività. *Donna oggetto.*

oggettuàle agg. Relativo all'oggetto, alla realtà oggettiva.

òggi avv. **1.** In questo giorno. **2.** Al momento presente, nell'epoca attuale. ◆ s.m. inv. **1.** Il giorno corrente. **2.** L'epoca presente.

oggigiórno avv. Al giorno d'oggi. ◆ s.m. (solo sing.) Il tempo presente.

ogiva s.f. (fr. *ogive*, forse spagn. *aljibe* "cisterna", ar. *al-ğubb* "il pozzo") **1.** ARCH. Nervatura a rilievo delle volte romaniche e gotiche a crociera e, in generale, arco o volta a sesto acuto. **2.** ARM. Parte anteriore di un proiettile o di un missile. **3.** Oggetto appuntito.

OGM s.m. inv. Sigla di *Organismo Geneticamente Modificato.*

ógni agg.indef. inv. **1.** Ciascuno, tutti i singoli nell'ambito di una collettività, di un insieme. *Ogni alunno ha il suo libro.* **2.** Qualsiasi, qualunque, l'uno o l'altro. *Si accettano pagamenti in ogni forma.* **3.** Tutti o tutte, in quanto serie o totalità di singole unità. *Mi telefona ogni giorno.* **4.** Con valore distributivo. *Ogni due giorni.*

Ognissànti s.m. inv. (lat. *omnes Sancti* "tutti i santi") CATT. Festa in onore di tutti i santi, che si celebra il 1° novembre.

ohm [/'ɔːm/] s.m. inv. (voce ted., dal nome del fisico G.S. *Ohm*) FIS. Unità di misura della resistenza elettrica (simb. *Ω*) pari alla resistenza di un conduttore che, soggetto alla differenza di potenziale di 1 volt, è attraversato dalla corrente di intensità di 1 ampère.

òhmico agg. [pl.m. *–ci*, f. *–che*] FIS. Di conduttore o circuito che si comporta come una resistenza elettrica.

òhmmetro o **òhmetro** s.m. FIS. Strumento per la misurazione di resistenze elettriche.

oìdio s.m. [pl. *–di*] BOT. Fungo parassita di numerose piante.

oïl s.m. inv. (voce fr. propr. "sì", lat. *hōc ille* "questo egli" usato come risposta affermativa) Usato solo nella loc. *lingua d'oïl*, l'insieme dei dialetti romanzi parlati ant. nella Francia settentrionale e centrale (piccardo, vallone, normanno, ecc.; in oppos. a *lingua d'oc*).

ok o **O.K.** [/əʊ'kei/] avv. (ingl. d'America forse deriv. di *oll korrect*, alter. di *all correct* "tutto giusto", oppure dalle iniziali di *Old Kinderhook Club*, associazione costituita nel 1840 per peggiorare la rielezione del presidente M. von Buren nativo di Old Kinderhook) Nelle risposte, va bene, d'accordo. ◆ agg. inv. Che va bene, secondo le regole. ◆ s.m. inv. Benestare, permesso. *Ho ricevuto l'ok.*

okàpi s.m. inv. (voce bantu) Mammifero ruminante africano con muso allungato, arti lunghi e zebrati e pelame raso bruno-rossastro. (Altezza al garrese 1 m; genere *Okapia*, famiglia dei Giraffidi.)

okay [/əʊ'kei/] avv. (voce ingl. d'America, lettura della sigla *OK* secondo la pronuncia inglese delle singole lettere) → **ok.**

ola [/'ɔla/] s.f. inv. (voce spagn., propr. "onda") Negli stadi, movimento degli spettatori che imitano l'effetto dell'onda alzandosi e risedendosi a turno per settori a partire da un'ala.

olandése agg. Dell'Olanda. ◆ s.m. **1.** (anche f.) Nativo, abitante dell'Olanda. **2.** (solo sing.) Lingua del gruppo germanico parlata dagli olandesi, varietà principale del neerlandese. **3.** Formaggio a pasta compatta di forma rotonda colorata di rosso all'esterno, originario dell'Olanda. ◆ s.f. Nell'industria della carta, vasca per il lavaggio e l'ammorbidimento della carta da macero.

olé s.m. inv. (voce spagn.) Danza e canto popolari dell'Andalusia, accompagnati dal battito delle mani o delle nacchere.

Oleàcee s.f. pl. [iniziale minusc. sing. *–a* per l'individuo] (lat., dal nome del genere *Olea* "olivo") BOT. Famiglia di piante dicotiledoni con foglie intere e opposte e frutti perlopiù a bacca o a drupa.

oleaginóso agg. (lat. *oleagīneus* "d'olivo") Che contiene olio. SIN.: **oleoso.**

oleàndro s.m. (lat., forse deriv. di *rhododèndrum* "rododendro" ed *ólea* "olivo") Arbusto con foglie sempreverdi lanceolate, fiori vistosi di vari colori, frutti con molti semi anche tossici. (Genere *Nerium*; famiglia delle Apocinacee.)

oleàrio agg. [pl.m. *–ri*] Che riguarda l'olio.

oleàto agg. Cosparso d'olio, unto, lubrificato. ◇ *Carta oleata:* impermeabilizzata con paraffina o cera. ◆ s.m. CHIM. Sale ottenuto dall'acido oleico.

olecràno s.m. (gr. *ōlékranon* "estremità del gomito") ANAT. Apofisi dorsale dell'estremità prossimale dell'ulna che, ad avambraccio flesso sull'omero, costituisce la sporgenza del gomito.

olefina s.f. (ingl. *olefine*, fr. deriv. di *oléfiant* "che produce olio") CHIM. Nome comune di qualsiasi idrocarburo insaturo che contiene nella molecola un doppio legame fra due atomi di carbonio.

olèico agg. [pl.m. *–ci*, f. *–che*] CHIM. Di un acido organico insaturo, prodotto dall'idrolisi dell'oleina, usato per la fabbricazione di saponi, lubrificanti e resine.

oleìfero agg. Che contiene o produce olio.

oleificio s.m. [pl. *–ci*] Stabilimento per l'estrazione, la raffinazione e l'imbottigliamento dell'olio commestibile.

oleìna s.f. **1.** CHIM. ORG. Estere oleico della glicerina, presente nella composizione dei grassi animali e vegetali. **2.** Denominazione commerciale dell'acido oleico greggio.

oleochìmica s.f. [non com. pl. *–che*] CHIM. Fabbricazione industriale dei prodotti intermedi come le glicerine, usando oli o grassi naturali.

oleodinàmica s.f. [non com. pl. *–che*] Insieme degli studi sulla trasmissione di energia mediante fluidi teoricamente incomprimibili, effettuata per mezzo di macchine di tipo volumetrico.

oleodinàmico agg. [pl.m. *–ci*, f. *–che*] TECN. Di dispositivo o impianto azionato da olio in pressione.

oleodótto s.m. Conduttura che serve al trasporto del petrolio greggio.

oleografia s.f. **1.** Sistema di stampa, molto diffuso nel sec. XIX, che imita e riproduce la pittura a olio. **2.** estens. Dipinto o scritto privo di originalità e di gusto, spesso stucchevolmente idilliaco.

oleogràfico agg. [pl.m. *–ci*, f. *–che*] **1.** Relativo all'oleografia. **2.** fig. spreg. Privo di originalità, convenzionale, banale, stereotipato.

oleografismo s.m. spreg. Nel l. crit. art., mancanza di originalità, di forza espressiva.

oleòmetro s.m. Strumento che misura la densità di un olio.

■ **okàpi**

oleopneumàtico agg. [pl.m. –ci, f. –che] Di una apparecchiatura che funziona tramite olio e aria in pressione.

oleorèsina s.f. BIOL. Prodotto viscoso e insolubile che trasuda da diverse piante. (La trementina del pino è un'oleoresina.)

oleosità s.f. inv. Caratteristica di ciò che è oleoso.

oleóso agg. **1.** Contenente olio. **2.** Che sembra olio per l'aspetto e la consistenza.

òleum s.m. inv. (voce lat. "olio") CHIM. Miscela di acido solforico e anidride solforica.

olezzàre v.intr. (aus. *avere*) Spargere un odore sgradevole.

olfattivo agg. Relativo all'olfatto.

olfàtto s.m. FISIOL. Senso che permette di percepire e distinguere gli odori.

oliàre v.tr. [6] Cospargere qlco. con olio.

oliàto agg. **1.** Unto, lubrificato. ~ *fig.* Efficiente, funzionale. ~ Reso disponibile, ben disposto dietro compenso, con la corruzione. **2.** Condito con olio.

olièra s.f. Accessorio da tavola che riunisce le ampolle dell'olio e dell'aceto.

olifànte s.m. (fr. *olifant* "avorio") Piccolo corno da caccia in avorio usato dai cavalieri del Medioevo.

oligàrca s.m. e f. [pl.m. –chi] Membro di un'oligarchia.

oligarchia s.f. (gr., comp. di *olígoi* "pochi" e *árkhein* "comandare") Regime politico in cui il governo è nelle mani di pochi potenti. ~ *estens.* Gruppo ristretto di persone che detiene poteri in vari e importanti settori.

oligàrchico agg. [pl.m. –ci, f. –che] Che riguarda l'oligarchia. ◆ s.m. [f. –ca] Sostenitore dell'oligarchia.

oligisto s.m. MIN. Ematite cristallizzata nera lucente.

oligocène s.m. (solo sing.) GEOL. Terzo sottoperiodo del paleogene. (Compreso tra 34 e 23,5 milioni di anni fa, fu caratterizzato dal sollevamento di catene montuose e clima caldo, ma tendente a raffreddarsi.)

Oligochèti s.m. pl. [iniziale minusc. sing. –to per l'individuo] ZOOL. Ordine di vermi con setole, corpo allungato e cilindrico, come p.e. i lombrichi. (Tipo degli Anellidi.)

oligocitemìa s.f. MED. Diminuzione dei globuli rossi. SIN.: **anemia**.

oligoclàsio s.m. [pl. –si] MIN. Feldspato dei plagioclasi che si presenta sotto forma di cristalli trasparenti verdi o grigiastri.

oligodendrocìto s.m. ISTOL. Cellula responsabile della formazione della guaina, costituita da mielina, che circonda le fibre nervose.

oligoelemento s.m. BIOCHIM. Elemento che agisce sul metabolismo anche se presente in quantità minima. SIN.: **microelemento**.

oligofrenìa s.f. PSICH. Deficienza mentale di grado molto alto congenita o ereditaria. SIN.: **frenastenia**.

oligofrènico agg. [pl.m. –ci, f. –che] **1.** MED. Relativo all'oligofrenia. **2.** MED. Affetto da oligofrenia. ◆ s.m. MED. [f. –ca] Nell'accez. 2 dell'agg.

oligòmero s.m. CHIM. Ogni polimero che ha un basso peso molecolare.

oligomineràle agg. Di acqua minerale che contiene sostanze minerali in percentuale non superiore a 0,2 g/l.

oligopòlio s.m. [pl. –li] ECON. Forma di mercato caratterizzata dalla presenza, a fronte di un'elevata domanda, di un numero ristretto di produttori e venditori di un determinato bene (in oppos. a *oligopsonio*).

oligopsònio s.m. [pl. –ni] ECON. Forma di mercato caratterizzata dalla presenza di un basso numero di potenziali acquirenti di un dato bene o servizio a fronte di una perfetta concorrenza nell'offerta (in oppos. a *oligopolio*).

oligoterapìa s.f. MED. Cura che si basa sugli elementi inorganici presenti negli esseri viventi.

oligurìa s.f. MED. Diminuzione della quantità d'urina emessa giornalmente.

olimpiade s.f. **1.** Feste e giochi che, nella Grecia antica, si svolgevano a Olimpia ogni quattro anni. ~ Il periodo di quattro anni intercorrente tra una celebrazione e l'altra, adottato talvolta come unità di computo cronologico. **2.** (spec. pl.) La maggiore manifestazione sportiva del mondo, che si svolge ogni quattro anni in località sempre diverse e raccoglie quasi tutti gli sport. ◇ *Olimpiadi invernali:* quelle riservate agli sport praticati sulla neve e sul ghiaccio, come lo sci, il bob, il pattinaggio, ecc.

1. olimpico agg. [pl.m. –ci, f. –che] **1.** Che si riferisce all'Olimpo, il monte ritenuto ant. sede degli dei. **2.** *fig.* Impassibile, sereno.

2. olimpico agg. [pl.m. –ci, f. –che] Di Olimpia, delle olimpiadi.

olimpiònico agg. [pl.m. –ci, f. –che] (gr., comp. di *Olympía* "Olimpia" e *nīkē* "vittoria") **1.** Delle olimpiadi. ~ Conforme alle regole dei giochi olimpici. *Piscina olimpionica.* **2.** Che ha vinto uno o più gare alle olimpiadi. ◆ s.m. [f. –ca] Nell'accez. 2 dell'agg.

olimpo s.m. **1.** (iniziale maiusc.) Monte della Grecia che il mito definiva sede degli dei. ~ *estens.* Cielo, paradiso, condizione di ostentata superiorità. **2.** *fig.* L'élite che è al vertice di un gruppo, di una categoria.

òlio s.m. [pl. *oli*] **1.** Sostanza fluida e untuosa, insolubile nell'acqua, di origine vegetale, animale o minerale. ◇ *Olio essenziale:* sostanza aromatica ricavata per distillazione da varie piante. (Gli oli essenziali sono utilizzati soprattutto in cosmesi.) – *Olio di oliva:* è l'olio con acidità superiore all'olio extra vergine di oliva, che ne ha pochissima (1% ca.). – *Colori a olio:* preparati utilizzando oli vegetali. – *figg. Olio di gomito:* energia. – *A macchia d'olio:* con espansione rapida e considerevole. **2.** Quadro, dipinto a olio.

olismo s.m. (deriv. di gr. *hólos* "tutto, intero") FILOS. Teoria biologica secondo la quale l'organismo può essere considerato solo nella sua totalità e completezza e non come somma di parti irrelate.

oliva o **uliva** s.f. **1.** Piccolo frutto dell'ulivo costituito da una drupa ovale con nocciolo e polpa ricca di olio. **2.** ANAT. Ciascuna delle formazioni anatomiche di forma ellittica del sistema nervoso. ▢ In funzione di agg. inv., *color oliva, verde oliva,* colore verde pallido tipico dell'oliva non ancora matura.

1. olivàstro agg. Di colore bruno tendente al verde come quello delle olive.

2. olivàstro s.m. (lat. *oleástrum* "oleastro") Ulivo selvatico.

olivetàno s.m. Membro della congregazione benedettina del Monte Oliveto, fondata dal beato Bernardo Tolomei.

olivéto o **ulivéto** s.m. Terreno coltivato a ulivi.

olivicoltùra s.f. Coltivazione dell'ulivo.

olivina s.f. MIN. Silicato di ferro e magnesio, di colore verde, costituente di rocce eruttive e metamorfiche.

olivo s.m. → ulivo.

òlla s.f. (lat., deriv. da *aūla* "pentola") ARCHEOL. Vaso romano panciuto usato per custodire le ceneri di un defunto.

Olmàcee o **Ulmàcee** s.f. pl. [iniziale minusc. sing. –a per l'individuo] BOT. Famiglia di piante dicotiledoni a cui appartiene l'olmo. (Ordine delle Urticali.)

olmàia s.f. Terreno piantato a olmi.

òlmio o **holmio** s.m. (solo sing.) **1.** Metallo del gruppo delle terre rare. **2.** Elemento chimico (Ho) di numero atomico 67 e peso atomico 164,9303.

ólmo s.m. Albero d'alto fusto con foglie seghettate e scure, coltivato per il legno assai pregiato. (La specie è attualmente minacciata da una malattia, la *grafiosi*. Altezza fino a 30m; famiglia delle Olmacee.)

olocàusto s.m. (gr., comp. di *hólos* "tutto" e *káien* "bruciare") **1.** Antico sacrificio religioso nel quale la vittima veniva bruciata sull'altare. **2.** *estens.* Sacrificio totale in nome di valori sacri. – *per anton.* Lo sterminio degli ebrei compiuto dal nazismo (v. parte n.pr.).

Olocèfali s.m. pl. [iniziale minusc. sing. –lo per l'individuo] ZOOL. Sottoclasse di pesci cartilaginei caratterizzati da sola fessura branchiale, capo piuttosto grande, corpo cilindrico appiattito ai lati, ghiandole velenose alla base della pinna dorsale, spiccato dimorfismo sessuale.

olocène s.m. (solo sing.) GEOL. Secondo sottoperiodo del quaternario. (Iniziò 10.000 anni fa e fu caratterizzato dal ritiro dei ghiacciai.)

olocristallino agg. MIN. Di struttura di rocce interamente allo stato cristallino.

olofràstico agg. [pl.m. –ci, f. –che] LING. Di una parola che, da sola, corrisponde a un'intera frase (p.e. *sì, no* nelle risposte).

ologènesi s.f. inv. BIOL. Teoria evoluzionistica secondo la quale ogni specie vivente si evolve indipendentemente da ogni fattore esterno, trasformandosi continuamente fino a scindersi in due specie figlie.

olografìa s.f. (ingl. *holography*) Tecnica fotografica per la produzione di immagini tridimensionali, ottenuta mediante l'uso del laser.

ològrafo agg. DIR. Scritto di proprio pugno dal firmatario. *Testamento olografo.*

ologràmma s.m. [pl. –mi] (ingl. *hologram*) Registrazione su lastra o pellicola fotografica delle figure ottenute mediante olografia.

olometàbolo agg. ZOOL. Di insetto a metamorfosi completa, attraverso le fasi di larva, ninfa e adulto (in oppos. a *eterometabolo*). ◆ s.m. Nel sign. dell'agg.

olóna s.f. (dal nome di *Olonne*, città della Vandea in cui si fabbricava) Tessuto pesante di cotone, adatto per tendoni, vele, ecc.

Olòstei s.m. pl. [iniziale minusc. sing. –o per l'individuo] ZOOL. Ordine di pesci, spec. fossili, dal corpo ossificato.

olotipo s.m. BIOL. Individuo di riferimento per un'intera specie animale o vegetale.

oloturìa s.f. (gr., comp. di *hólos* "tutto" e *thoúrios* "impetuoso" perché l'animale, se molestato, può espellere i visceri) **1.** Animale marino dal corpo cilindrico allungato munito di piccoli pedicelli, detto anche *cetriolo di mare.* (Sottotipo degli Echinodermi; classe degli Oloturoidi.) **2.** ZOOL. (iniziale maiusc.) Genere di Echinodermi a cui appartengono le varie specie di oloturia.

Oloturòidi s.m. pl. [iniziale minusc. sing. –de per l'individuo] ZOOL. Classe di animali marini dal corpo allungato, tentacoli retrattili, pedicelli con ventose, scheletro di piastre piccolissime.

oltraggiàre v.tr. [5] Offendere qlcu. *Le tue parole mi hanno oltraggiato.*

oltràggio s.m. [pl. –gi] (fr. *oltrage*, propr. "cosa che va oltre il tollerabile") **1.** Grave affronto all'onore, alla dignità di qlcu. ~ Nel l. giur., vilipendio. **2.** *estens.* Violazione di una norma, di un principio. *Oltraggio al pudore.* **3.** *fig.* Danno, devastazione.

oltraggióso agg. (fr. *oltrageux*) Che costituisce oltraggio. SIN.: **diffamatorio**.

oltràlpe avv. Al di là delle Alpi (rispetto all'Italia). ◆ s.m. (solo sing.) Regione posta al di là delle Alpi.

oltramontàno o **oltremontàno** agg. Che è al di là dei monti, in partic. delle Alpi. ~ *estens.* Straniero, forestiero.

oltrànza s.f. (fr. *outrance*, deriv. di *outrer* "andare oltre") Esagerazione, eccesso. ◇ *A oltranza.*

sezione del frutto

rametto fruttifero

■ **ólmo**

senza limite, fino alle estreme conseguenze. *Sciopero a oltranza.*

oltranzismo s.m. Atteggiamento di chi sostiene le proprie posizioni e idee in modo intransigente.

oltranzista s.m. e f. [pl.m. *–sti*] Sostenitore intransigente di opinioni, spec. politiche.

óltre prep. **1.** Al di là di. *Passare oltre il posto di blocco. ~ fig.* Può indicare il superamento di una condizione o tradizione. *L'arte tende ad andare oltre il realismo.* ◇ *loc. cong. Oltre che:* oltreché. **2.** Più di. *Il maltempo durò oltre una settimana.* ◇ *loc. prep. e cong. Oltre a:* in più di, in aggiunta a. *Oltre a non pagare, fa anche il prepotente.* **3.** A parte, all'infuori di, prescindendo da. *Nessun altro lo sa, oltre te.* ◆ avv. **1.** Più in là. *Andiamo oltre.* ◇ *Passare oltre:* passare ad altro argomento. **2.** Più a lungo, più in là. *Non posso aspettare oltre.* **3.** Al di là di limiti accettabili.

oltreconfine avv. Al di là del confine. ◆ s.m. (solo sing.) Territorio che si trova al di là del confine nazionale.

oltrecortina avv. Al di là del confine politico-militare e ideologico, detto *cortina di ferro*, che in Europa separava gli stati comunisti da quelli liberisti. ◆ s.m. (solo sing.) L'insieme dei paesi del blocco comunista dell'Europa orientale prima della caduta del muro di Berlino.

oltrefrontièra avv. Al di là della frontiera. ◆ s.m. (solo sing.) Territorio che si trova al di là della frontiera.

oltremànica avv. Al di là della Manica. ◆ s.m. (solo sing.) Regione posta al di là del canale della Manica e in partic. la Gran Bretagna.

oltremàre avv. Al di là del mare. ◆ s.m. (solo sing.) **1.** L'insieme dei paesi al di là del mare. **2.** Colore azzurro intenso, tipico del lapislazzuli.

oltremisùra avv. Più del normale, in modo esagerato.

oltremòdo avv. Oltre la misura normale, estremamente, moltissimo.

oltremondàno agg. Che è al di là di questo mondo, che si riferisce all'altro mondo. SIN.: **ultraterreno.**

oltreocèano avv. Al di là dell'oceano. ◆ s.m. (solo sing.) L'insieme dei paesi situati al di là dell'oceano. *La politica d'oltreoceano.*

oltrepassàre v.tr. Passare oltre un certo limite. ◇ *fig. Oltrepassare ogni limite:* eccedere, esagerare.

oltretómba s.m. inv. Il mondo che, secondo le più diverse credenze religiose, si ritiene vi sia oltre la morte, sede delle anime dei defunti.

oltretùtto cong. In aggiunta a tutto il resto.

omaggiàre v.tr. [5] Riverire qlcu. ~ Ossequiare qlcu. con regali, fargliene omaggio. *Omaggiare la direttrice con un mazzo di fiori.*

omàggio s.m. [pl. *–gi*] (fr. ant. *omage,* deriv. di *ome* "uomo" che nel Medioevo significava "vassallo") **1.** Professione o atto di deferenza. **2.** Regalo, dono. **3.** (al pl.) Espressione di cortesia. *Tanti saluti e omaggi alla signora!* ❑ In funzione di agg. inv., nell'accez. 2 del s., spec. in loc. come *confezione omaggio, pacco omaggio.*

òmaro s.m. (fr. *homard,* dan. *hummer*) Gambero di mare, scampo.

omàso o **òmaso** s.m. (lat. *omāsum,* propr. "grasso di bue" di orig. celtica) ZOOL. La terza delle quattro cavità dello stomaco dei ruminanti. SIN.: **centopelli.**

ombelicàle agg. ANAT., EMBRIOL. Dell'ombelico.

ombelicàto agg. MED., BOT. Che presenta una piccola cavità o una sporgenza simile per forma a un ombelico.

ombelìco s.m. [pl. *–chi*] **1.** ANAT. Depressione tondeggiante situata al centro della parete addominale anteriore, dovuta alla cicatrizzazione del residuo del cordone ombelicale tagliato alla nascita. **2.** fig. Parte centrale, punto nevralgico. *Per gli antichi, Delfi era l'ombelico del mondo.* **3.** BOT. *Ombelico di Venere:* pianta con foglie carnose circolari e fiori giallastri a grappoli. (Genere *Umbilicus;* famiglia delle Crassulacee.)

ómbra s.f. **1.** Zona scura dovuta all'assenza di luce o all'intercettazione della luce da parte di un corpo opaco. ◇ *Ombre cinesi:* quelle che rappresentano figure umane o animali realizzate disponendo opportunamente le mani tra una parete e una sorgente luminosa. **2.** *estens.* Oscurità, buio, tenebre. *Le ombre della sera.* **3.** *estens.* Sagoma, figura confusa, indistinta. *Dileguarsi come un'ombra.* **4.** Spirito, fantasma. **5.** Il fantoccio, la sagoma che simula un avversario negli allenamenti dei pugili. **6.** Traccia più scura su una superficie. *C'è un'ombra di unto.* **7.** *fig.* Barlume, traccia. *Non c'è ombra di dubbio.* **8.** *fig.* Condizione di segretezza, di mistero. ◇ *Vivere, restare nell'ombra:* nascosto, appartato. **9.** *fig.* Riparo, protezione, schermo. ◇ *Vivere all'ombra di qlcu., qlco.:* sotto la tutela, la protezione. **10.** *fig.* Segno esteriore, appena accennato, di uno stato d'animo, di un sentimento. ~ Elemento, aspetto poco chiaro che genera fraintendimenti, sospetti, diffidenza. **11.** Dalla paura dei cavalli per le ombre si sono sviluppate alcune locc. ◇ *Dare ombra:* dare motivo di invidia, di dispetto, di fastidio. **12.** ART. Zona oscura di un disegno, di un dipinto o di una fotografia. ❑ In funzione di agg. inv., usato in alcune loc. ◇ *Governo ombra:* gruppo di politici di un partito d'opposizione che, all'interno del partito, si occupano delle stesse materie che sono oggetto dell'attività di governo.

ombreggiàre v.tr. [5] **1.** Fare ombra, riparare dal sole. *I vecchi pioppi ombreggiano il cortile.* **2.** Eseguire, completare un disegno o disegno con i chiaroscuri. **3.** Dare l'ombretto alle palpebre. ◆ v.intr. (aus. *avere*) Fare ombra.

ombreggiàto agg. **1.** Coperto di ombra, riparato dal sole o dalla luce. **2.** Che ha ombreggiature, chiaroscuri.

ombreggiatùra s.f. ART. Distribuzione delle ombre e dei toni scuri mediante il chiaroscuro o il tratteggio, allo scopo di suggerire il rilievo e la profondità.

ombrèlla s.f. **1.** BOT. Infiorescenza in cui tutti i peduncoli o raggi partono da uno stesso punto e hanno la medesima lunghezza. **2.** ZOOL. Nelle meduse, la parte centrale del corpo, a forma di campana, dai cui margini partono i tentacoli.

ombrellàio s.m. [f. *–laia,* pl.m. *–lai*] Chi fabbrica, vende o ripara ombrelli (specie artigiano ambulante).

Ombrellìfere s.f. pl. [iniziale minusc. *–ra* per l'individuo] BOT. Ampia famiglia di piante dicotiledoni erbacee, con piccoli fiori disposti a ombrella, commestibili (carota, prezzemolo, sedano) o tossiche (cicuta).

ombrellifórme agg. Nel 1 sc., che ha forma di ombrello.

ombrellino s.m. **1.** Nel sign. del dim. di *ombrello,* in partic., piccolo ombrellino parasole da donna. **2.** CATT. Piccolo baldacchino che è tenuto aperto sul sacerdote quando porta in processione il santo Sacramento.

ombrèllo s.m. **1.** Arnese apribile e chiudibile per riparasi dalla pioggia o dal sole, formato da un'asta verticale che sostiene una raggiera di stecche flessibili, su cui è tesa una copertura. **2.** *estens.* Qualsiasi cosa che per forma o funzione ricordi un ombrello. **3.** MIL. Apparato difensivo, protezione armata. ◇ *Ombrello nucleare:* protezione con armi nucleari garantita da una grande potenza ai suoi alleati.

ombrellóne s.m. **1.** Grosso ombrello, da piantare in terra o da fissare in un apposito piedistallo, che serve a riparare dal sole, usato spec. sulle spiagge, nei bar, nei giardini e nei mercati. **2.** Insegna di alcune taglie romane.

ombrétto s.m. Cosmetico di vario colore usato per ombreggiare le palpebre.

ombrìna s.f. Pesce dell'Atlantico tropicale e del Mediterraneo, di colore argenteo con strisce dorate, muso ottuso e pinne con molti raggi. (Lunghezza 30-60 cm; genere *Umbrinus,* famiglia degli Scienidi.)

ombrinàle s.m. (gr. *ombrinós* "pluviale") MAR. Bocca che, nelle murate delle navi, serve per lo scarico in mare dell'acqua di coperta.

ombróso agg. **1.** Che è in ombra, riparato dal sole. **2.** *fig.* Di animale, spec. di cavallo o mulo, che si spaventa facilmente. ~ *estens.* Riferito a persona, che è di carattere diffidente.

3. Che cresce meglio nell'ombra, spec. riferito alle piante.

ombudsman [/'ɔmbydsman/] s.m. inv. (voce svedese, propr. "rappresentante") DIR. Ufficiale governativo che, nei paesi nordici, ha funzioni di controllo sull'operato della pubblica amministrazione e spesso interviene su chiamata di cittadini privati che lamentano qualche abuso; in italiano è detto *difensore civico.*

omèga o **òmega** s.m. o s.f. inv. Ultima lettera dell'alfabeto greco (Ω ω) corrispondente alla *o* lunga latina.

omelette [/ɔm(ə)'lɛt/] s.f. inv. (voce fr., lat. *lamĕllam* "piccola lama") Frittata ripiegata a rotolo, spesso ripiena.

omelìa s.f. (gr. *homilía* "conversazione") **1.** Spiegazione e commento delle Sacre Scritture durante la celebrazione liturgica. **2.** *fig. scherz.* Lungo discorso esortativo o di ammonizione.

omènto s.m. ANAT. Parte sierosa del peritoneo costituita da due foglietti membranosi tesi rispettivamente dallo stomaco al colon e dal fegato al duodeno (grande omento e piccolo omento).

omeomerìa s.f. (gr., comp. di *hómoios* "simile" e *méros* "parte") FILOS. In Anassagora, principio della somiglianza delle particelle elementari al tutto che da esse è costituito.

omeomòrfismo s.m. **1.** Somiglianza di forma o di struttura. **2.** MIN. In cristallografia, fenomeno per cui sostanze diverse possono cristallizzare in forme simili, presentando strette analogie tra i loro reticoli cristallini. **3.** MAT. Funzione biunivoca e bicontinua tra due spazi topologici.

omeomòrfo agg. **1.** Caratterizzato da forma o struttura simile. **2.** MAT. Di spazi topologicamente equivalenti.

omeòpata s.m. e f. [pl.m. *–ti*] Medico che pratica l'omeopatia.

omeopatia s.f. (ted. *Homöopathie*) MED. Teoria medica che cura le malattie somministrando in piccolissime dosi quelle stesse sostanze che le causano (in oppos. ad *allopatia*).

omeopàtico agg. [pl.m. *–ci,* f. *–che*] MED. Relativo all'omeopatia. ◆ s.m. [f.*–ca*] Omeopata.

omeostàsi s.f. inv. BIOL. La capacità degli organismi viventi di mantenere un equilibrio interno pur nel variare delle condizioni esterne.

omeostàto s.m. **1.** BIOL. Organismo capace di omeostasi. **2.** TECN. Meccanismo capace di autoregolamentazione.

omeotelèuto o **omoiotelèuto** agg. (gr., comp. di *hómoios* "simile" e *teleutḗ* "fine, desinenza") LING. Che ha desinenza uguale o simile. ◆ s.m. Procedimento della retorica greca e latina che consisteva nel far terminare nello stesso modo, nel suono o nel ritmo, i membri di un periodo simmetricamente opposti. ~ LING. *estens.* Terminazione uguale o simile di parole o frasi.

omeotermia s.f. BIOL. Condizione di stabilità termica del corpo, tipica degli animali a sangue caldo (uccelli e mammiferi) che mantengono costante la temperatura interna indipendentemente dalle variazioni di quella dell'ambiente esterno.

omeotèrmo agg. BIOL. Di animale capace di mantenere costante la temperatura corporea nonostante le variazioni termiche dell'ambiente esterno. (Sono omeotermi i mammiferi e gli uccelli, detti anche *animali a sangue caldo.*) ◆ s.m. BIOL. Nel sign. della def.

omeràle agg. Dell'omero. ◆ s.m. CATT. Drappo che il sacerdote indossa per evitare di toccare direttamente l'ostensorio o il calice.

omèrico agg. [pl.m. *–ci,* f. *–che*] **1.** Relativo a Omero. **2.** *fig.* Degno dei personaggi omerici e quindi grandioso.

òmero s.m. ANAT. Osso che va dalla spalla al gomito.

omertà s.f. inv. (etim. discussa, forse napol. *um'rtà* "umiltà" per il rispetto delle regole della camorra) **1.** Regola della malavita organizzata e consuetudine culturale dei luoghi da essa dominati, che obbligano al silenzio sull'autore di un delitto e sulle circostanze di esso. **2.** *estens.* Solidarietà interessata fra membri di uno stesso gruppo o ceto sociale.

omertóso agg. Che si basa sull'omertà.

omettere v.tr. [50] (lat., comp. di *ŏb* "via da" e *mittere* "mandare") Dimenticare o trascurare di dire qlco. *Omettere un particolare.* SIN.: **sorvolare.**

ométto s.m. **1.** Nel sign. del dim. di *uomo*; in partic., uomo piccolo e minuto. ~ *fig.* Persona meschina, pusillanime. **2.** Birillo del biliardo. **3.** ARCH. Pezzo di legno interposto tra i due spuntoni alla sommità di una capriata. **4.** ALP. Piramide di sassi che indica un sentiero.

omicida s.m. e f. [pl.m. –*di*] Chi ha commesso un omicidio. ☐ In funzione di agg., che ha causato la morte di qlcu. o ha intenzione di uccidere. *Mano omicida, intenti omicidi.*

omicìdio s.m. [pl. –*di*] (lat., comp. di *hŏmo* "uomo" e *caedere* "tagliare") Crimine commesso da chi uccide una o più persone. SIN.: **assassinio.** ◇ DIR. *Omicidio colposo:* commesso involontariamente, ma con colpa, cioè per imprudenza, inosservanza di norme di legge. – *Omicidio volontario o doloso:* commesso con coscienza e volontà di uccidere. – *Omicidio premeditato:* commesso dopo averne predisposto i mezzi e le modalità. – *Omicidio preterintenzionale:* quello commesso involontariamente, ma a causa di atti volti a ledere o a percuotere la vittima. – *Omicidio bianco:* morte dovuta alla mancanza di adeguate misure di sicurezza nel luogo di lavoro.

òmicron s.m. o s.f. inv. (gr. *ō mikrón* "o piccolo") Quindicesima lettera dell'alfabeto greco (O, o), corrispondente alla *o* breve latina.

omilètica s.f. [non com. pl. –*che*] Arte dello scrivere e pronunciare omelie.

ominazióne s.f. BIOL. L'insieme dei processi evolutivi che, a partire dal terziario, hanno portato a una differenziazione tra antropoide e forma umana (*preominidi*), per arrivare infine alla formazione dell'*Homo sapiens.*

Ominìdi s.m. pl. [iniziale minusc. sing –*de* per l'individuo] Famiglia di mammiferi bipedi, a posizione eretta, che comprende l'uomo attuale e le forme fossili che ne rappresentano i progenitori. (Ordine dei Primati.)

omissìbile agg. Che può essere omesso, tralasciato.

omissióne s.f. Comportamento proprio di chi trascura, tralascia qlco. di necessario, doveroso da fare. ~ *La cosa omessa.* ◇ DIR. *Omissione di atti d'ufficio:* reato di un pubblico ufficiale che non compie un atto dovuto. – *Omissione di soccorso:* reato compiuto da chi non presta aiuto a chi è rimasto coinvolto in un incidente. – *Peccato di omissione:* quello che si commette con il non fare qlco. prescritto da una legge morale o religiosa.

omissis s.m. inv. (voce lat., deriv. di *ceteris rebus omissis* "omesse le altre cose") **1.** Nella riproduzione spec. di un documento legale, avverte che una parte dell'originale è stata tralasciata. **2.** *estens.* Le parti tralasciate.

omissivo agg. DIR. Che riguarda l'omissione, che costituisce omissione.

ommatìdio s.m. [pl. –*di*] ZOOL. Ciascuno dei singoli elementi che costituiscono l'occhio composto dei crostacei e degli insetti.

òmnibus s.m. inv. (fr., deriv. di *voiture omnibus* "vettura per tutti") Nell'Ottocento, grande carrozza che svolgeva servizio pubblico nelle città più importanti.

omnidirezionàle o **onnidirezionàle** agg. Che va, si propaga in tutte le direzioni.

omocèntrico agg. [pl.m. –*ci*, f. –*che*] **1.** MAT. *Cerchi, sfere omocentriche:* aventi lo stesso centro. **2.** FIS. *Fascio omocentrico:* fascio di raggi luminosi passanti tutti per uno stesso punto.

omocèrco agg. [pl.m. –*chi*, f. –*che*] ZOOL. Della coda di quasi tutti i pesci teleostei e di alcuni olostei, che si presenta divisa in due lobi simmetricamente uguali (in oppos. a *eterocerco*).

omocinètico agg. [pl.m. –*ci*] **1.** MECC. IND. *Giunto omocinetico:* giunto di collegamento fra due alberi non paralleli, che consente la trasmissione del moto da uno all'altro senza variazioni notevoli di velocità angolare. **2.** FIS. Di particelle aventi tutta la stessa velocità.

omocromìa s.f. ZOOL. Attitudine di alcune specie animali ad armonizzare la loro colorazione con l'ambiente circostante. SIN.: **mimetismo.**

omodónte agg. ZOOL. Di animale che ha tutti i denti uguali. (Il coccodrillo e il delfino, p.e.)

omofobìa s.f. Paura ossessiva, odio per l'omosessualità e gli omosessuali.

omofonìa s.f. (gr., comp. di *homós* "uguale" e *phōnē* "suono") **1.** LING. Uguaglianza di suono tra due parole con grafia o significato diverso. **2.** MUS. Caratteristica di una composizione eseguita da più voci o da voci e strumenti all'unisono o a intervalli di ottava.

omòfono agg. **1.** LING. Di parole con suono uguale ma etimo e significato diversi (p.e. *il bollo* e *io bollo*) oppure diversa grafia (p.e. *hanno* e *anno*). **2.** MUS. Di composizione musicale eseguita all'unisono. ◆ s.m. LING. Parola omofona.

omogamìa s.f. BOT. Maturazione contemporanea degli organi sessuali maschile e femminile di un organismo ermafrodito, per cui è possibile l'autofecondazione.

omogeneità s.f. inv. Qualità di ciò che è omogeneo, uniforme.

omogeneizzàre o **omogenizzàre** v.tr. (fr. *homogénéiser*) Rendere omogeneo.

omogeneizzàto agg. Di alimento reso omogeneo e quindi più uniforme e digeribile. *Latte omogeneizzato.* ◆ s.m. Prodotto dietetico, sottoposto a omogeneizzazione e confezionato in barattoli sterili, somministrato a bambini, anziani e a chi ha problemi di masticazione e digestione.

omogeneizzazióne s.f. (fr. *homogénéisation*) Operazione per rendere uniforme un alimento.

omogèneo agg. (gr. *homogenḗs*, propr. "della stessa razza") **1.** Della stessa natura, della stessa origine. **2.** Di un insieme uniforme. SIN.: **organico. 3.** CHIM. Di sostanza che in ogni sua parte ha le stesse qualità fisico-chimiche.

omografìa s.f. **1.** LING. Caratteristica delle parole omografe. **2.** MAT. Corrispondenza biunivoca tra gli elementi che costituiscono due spazi proiettivi aventi tre dimensioni.

omògrafo agg. (gr., comp. di *homós* "uguale" e *gráphein* "scrivere") **1.** LING. Di suoni diversi rappresentati con lo stesso segno grafico (*g* in *gara* e *gira*) o di parole che hanno la stessa grafia ma origine, significato e a volte pronuncia differenti (p.e. *pèsca* e *pésca*, *bisbìglio* e *bisbiglìo*). **2.** MAT. Di forme geometriche che presentano omografia.

omologàre v.tr. [4] **1.** Approvare, attraverso apposito provvedimento, un oggetto ritenuto conforme a quanto previsto per legge. *Omologare un'autovettura.* **2.** Approvare ufficialmente un atto o un fatto. SIN.: **ratificare. 3.** Rendere qlco. conforme a un modello dominante. *Omologare il proprio dialetto a quello della città.* ◆ **omologarsi** v.pron. Rendersi simili, omogenei ad altri. *Si è omologato a tutti gli altri studenti.*

omologàto agg. **1.** Accertato e riconosciuto ufficialmente dall'autorità competente. **2.** *fig.* Adeguato al costume, ai modi prevalenti. SIN.: **uniformato.**

omologazióne s.f. **1.** Riconoscimento ufficiale da parte dell'autorità competente della conformità di un atto, di un fatto o di un oggetto alle regole che lo disciplinano. **2.** Adeguamento a un modello.

omologìa s.f. **1.** Somiglianza, affinità. **2.** MAT. Trasformazione del piano proiettivo in se stesso, che lascia invariata una retta determinata e tutte le rette passanti per un punto fisso. **3.** BIOL. Comunanza di origine e di storia evolutiva tra strutture di aspetto diverso.

omòlogo agg. [pl.m. –*ghi*, f. –*ghe*] **1.** Simile a un altro con proprietà, caratteristiche identiche. SIN.: **analogo. 2.** *estens.* Armonico, integrato, adeguato. ◆ s.m. [f. –*ga*] Chi o ciò che corrisponde ad altro.

omomorfismo s.m. ALG. Corrispondenza univoca tra due insiemi dello stesso tipo (due gruppi, due anelli, ecc.) che conserva le operazioni definite negli insiemi stessi.

omonimìa s.f. **1.** Condizione di due persone o due cose che hanno lo stesso nome. **2.** LING. Fenomeno per cui due parole hanno uguale suono e grafia, ma etimo e significato diversi.

omònimo agg. (gr., comp. di *homós* "uguale" e *ónyma* "nome") **1.** Che ha nome identico. **2.** LING. Di parola che ha lo stesso suono o la stessa grafia di un'altra, ma significato diverso (p.e. *amare*, che è sia agg. sia v.). ◆ s.m. **1.** [f. –*ma*] Persona che porta lo stesso nome o cognome di un'altra. **2.** LING. Parola che presenta il fenomeno dell'omonimia.

omoplasìa s.f. BIOL. Produzione di nuovi tessuti con cellule simili a quelle dei tessuti originari.

omoplàta o **omòplata** s.f. (gr., comp. di *ōmos* "spalla" e *platýs* "largo") ANAT. → **scapola.**

omoritmìa s.f. MUS. Stile polifonico in cui il ritmo è uguale per tutte le parti, ma varia l'intonazione.

omosessuàle agg. (ingl. *homosexual*) Attratto da persone dello stesso sesso. ◆ s.m. e f. Chi prova attrazione sessuale per individui del suo stesso sesso (in oppos. a *eterosessuale*).

omosessualità s.f. inv. (ingl. *homosexuality*) Inclinazione amorosa e attrazione sessuale verso un individuo dello stesso sesso.

omosfèra s.f. (solo sing.) GEOFIS. Strato dell'atmosfera terrestre, situato fra il suolo e un'altezza di 100 km nel quale i costituenti principali (azoto e ossigeno) rimangono in proporzione costante.

omotetìa s.f. GEOM. Trasformazione del piano in sé che, lasciando fisso un dato punto (*centro di omotetia*), porta ogni altro punto lungo la retta che lo congiunge a quello fisso a una distanza da quest'ultimo, che ha un rapporto determinato con quella del punto di trasformazione.

omotonìa s.f. **1.** MUS. Identità di suono. **2.** METR. Uguale disposizione dell'accento sulle sillabe di differenti versi poetici.

omotopìa s.f. **1.** CHIM. Appartenenza di due o più elementi alla medesima serie verticale del sistema periodico. **2.** MAT. Funzione generata tra due catene di un complesso quando la prima può variare con continuità nella seconda.

omotrapiànto s.m. BIOL. Trapianto di una parte più o meno cospicua di tessuto o di organo da un individuo a un altro della stessa specie.

Omòtteri s.m. pl. [iniziale minusc. sing –*ro* per l'individuo] ZOOL. Ordine di insetti caratterizzati da ali minute e da un apparato boccale munito di rostro per succhiare la linfa delle piante.

omousìa s.f. TEOL. CRIST. Identità di sostanza e di natura tra il Padre e il Figlio nella Trinità, sostenuta dai cattolici contro gli ariani al concilio di Nicea.

omozigòte agg. **1.** GENET. Di una coppia di cromosomi aventi, nei punti corrispondenti, due geni identici (in oppos. a *eterozigote*). **2.** Di individuo che ha ereditato lo stesso carattere da entrambi i genitori per l'unione di gameti a patrimonio ereditario uguale. ◆ s.m. e f. Nei sign. dell'agg.

omùncolo s.m. **1.** Nel sign. del pegg. di *uomo*. **2.** Secondo gli antichi alchimisti, essere magico prodotto della manipolazione umana in laboratorio.

on [/ɔn/] agg. inv. (voce ingl., propr. "su, sopra") TECN. Nelle apparecchiature elettriche, acceso (in oppos. a *off*). ◆ s.m. inv. In vari strumenti, posizione di acceso.

ònagro o **onàgro** s.m. (gr., comp. di *ónos* "asino" e *ágrios* "selvatico") **1.** [f. –*gra*] Asino selvatico di piccole dimensioni, molto diffuso in Asia. (Genere *Equus*; famiglia degli Equidi.) **2.** Antica macchina da guerra che lanciava sassi.

onanismo s.m. (fr. *onanisme*, dal nome del personaggio biblico Onan, punito a morte da Dio per avere sparso a terra il proprio seme) **1.** TEOL. CATT. Ogni pratica sessuale antifecondativa. **2.** Masturbazione. **3.** *fig.* Tendenza a nutrire desideri e progetti ambiziosi senza riuscire a realizzarli.

óncia s.f. [pl. –*ce*] (lat. *ŭnciam*, propr. "dodicesima parte di un tutto") **1.** Unità di peso romana pari a un dodicesimo di libbra. **2.** Unità di peso anglosassone (simb. *oz*) pari a 30 g ca. **3.** Moneta d'oro coniata a Napoli nel sec. XVIII. **4.** *fig.* Quantità minima. *Un'oncia di giudizio.*

onciàle agg. PALEOG. Di antica scrittura in uso tra i secc. IV e IX. ◆ s.f. Nel sign. dell'agg.

oncocercòsi s.f. inv. MED. Malattia causata da alcuni tipi di parassiti, caratterizzata da noduli sottocutanei e manifestazioni dermiche e oculari.

oncogène s.m. BIOL. Gene virale da cui può dipendere la formazione e lo sviluppo di un tumore.

oncogènesi s.f. inv. MED. Processo di formazione dei tumori.

oncologìa s.f. MED. Studio e cura dei tumori.

oncològico agg. [pl.m. *–ci*, f. *–che*] Che riguarda l'oncologia.

oncòlogo s.m. [f. *–ga*, pl.m. *–gi*, f. *–ghe*] Medico specialista in oncologia.

ónda s.f. **1.** Oscillazione di una massa d'acqua che si alza e si abbassa al di sopra e al di sotto del livello di quiete per azione di agenti esterni, spec. del vento. ◇ *fig. Onda lunga:* fenomeno di lunga durata. MAR. *Onda anomala:* di dimensioni eccezionali; *fig.* Ripercussione, conseguenza di qlco. **2.** *fig.* Grande quantità che irrompe nell'intimo, slancio, impeto. *Un'onda di gioia.* **3.** *estens.* Movimento o aspetto simile a quello di un'onda o di una superficie mossa dalle onde. **4.** FIS. Movimento oscillatorio o vibratorio che si propaga in un mezzo, senza trasporto del mezzo stesso. [Si distinguono le onde meccaniche (onde sonore, onde in un liquido, ecc.), che si propagano per vibrazione della materia, e le onde elettromagnetiche (onde radiofoniche, luce, ecc.), che si propagano nel vuoto.] ◇ *Lunghezza d'onda:* nei fenomeni di propagazione per onde, la distanza che un'onda percorre in un determinato periodo. – *fig. Essere sulla stessa lunghezza d'onda:* comprendersi facilmente, armonizzarsi. – *Onde corte:* la cui lunghezza nel vuoto è compresa tra 1 e 10 decametri (frequenze a 3-30 mHz, dette *alte frequenze*). – *Onde medie:* la cui lunghezza nel vuoto è compresa tra 1 e 10 ettometri (frequenze a 300-3000 kHz, dette *frequenze medie*). – *Onde lunghe:* la cui lunghezza nel vuoto è compresa tra 1 e 10 km (frequenze a 30-300 kHz, dette *frequenze basse*). – *Onda d'urto:* caratterizzata da una forte e rapida compressione del mezzo, come p.e. quella generata nell'aria da un'esplosione. – *Andare in onda:* essere trasmesso, trasmettere via radio o televisione.

ondàmetro s.m. FIS. Strumento che serve a misurare la lunghezza delle onde elettromagnetiche.

ondàta s.f. **1.** Onda del mare grossa e violenta. **2.** *fig.* Afflusso, spesso improvviso, di una grande quantità di cose o persone. *Un'ondata di fumo si riversò nella stanza.* – Manifestazione improvvisa e forte di un fenomeno atmosferico o di un sentimento collettivo. *Un'ondata di caldo, di entusiasmo.* – *estens.* Serie ripetuta di eventi clamorosi. *Un'ondata di arresti.*

ondàtra s.f. **1.** Roditore originario dell'America settentrionale, detto anche *topo muschiato*, simile a un grosso topo, dotato di testa grossa, membrana natatoria tra le dita dei piedi, ghiandole che emettono un forte odore di muschio. (Lunghezza 60 cm; famiglia dei Cricetidi.) **2.** ZOOL. (iniziale maiusc.) Genere di animali a cui appartengono le varie specie di ondatra.

ondeggiaménto s.m. Movimento provocato dalle onde o simile a questo.

ondeggiànte agg. **1.** Che si muove a onde, che oscilla ritmicamente. **2.** *fig.* Che cambia secondo le circostanze, volubile, incerto. **3.** *estens.* Che presenta ondulazioni più o meno regolari.

ondeggiàre v.intr. [5] (aus. *avere*) **1.** Muoversi per la spinta delle onde. *La barca ondeggiava lievemente.* **2.** Muoversi come le onde, con moto ritmato. *Le cime degli alberi ondeggiano al vento.* SIN.: **oscillare**. **3.** Riferito a massa, agitarsi, muoversi in blocco. *La folla dei tifosi ondeggiò paurosamente.* **4.** Barcollare, ancheggiare, vacillare. *Camminava ondeggiando.* ~ *fig.* Essere incerti tra due cose diverse.

ondina s.f. **1.** Personaggio fiabesco del folclore germanico, rappresentato come una graziosa fanciulla dalla chioma di colore tra il verde e l'azzurro, talvolta metà donna e metà pesce, che abita fiumi e laghi e che col suo canto seduce i marinai. **2.** Ragazza che pratica gli sport acquatici a livello agonistico.

ondóso agg. **1.** Delle onde del mare. **2.** Agitato, mosso dalle onde. **3.** *estens.* Ondulato.

ondulàre v.tr. Incurvare qlco. dandogli forma ondulata.

ondulàto agg. Fatto a onde, di aspetto simile alla superficie del mare quando è mosso dalle onde.

ondulatòrio agg. [pl.m. *–ri*] Relativo alle onde. ~ FIS. Che si propaga sotto forma di onda (in oppos. a *corpuscolare*). *Moto ondulatorio.* ◇ *Teoria ondulatoria:* particolare versione della teoria quantistica che utilizza un formalismo proprio della teoria delle onde.

ondurégno agg. (spagn. *hondureño*) Dell'Honduras. ◆ s.m. [f. *–gna*] Abitante, nativo dell'Honduras.

1. -óne (orig. indicante qualità caratteristiche o abitudini di una persona) Suffisso per la formazione di accrescitivi derivati da basi sostantivali maschili e femminili (*libro / librone*); può definire anche un individuo mediante una sua qualità (*nasone*) e in questo caso può anche unirsi a un tema aggettivale (*elegantone*); nella derivazione da temi verbali indica una spiccata caratteristica (*spendaccione*) o una propensione a esagerare in determinati comportamenti (*mangione*).

2. -óne Suffisso della terminologia chimica che indica presenza di uno o più gruppi carbonilici (*silicone*).

3. -óne Suffisso della terminologia scientifica; in fisica forma i termini che designano le particelle elementari (*neutrone*); in biologia concorre a designare unità funzionali (*neurone*).

ònere s.m. (lat. *ŏnus* "carico", "peso") **1.** Obbligo, carico che si deve sostenere necessariamente in quanto previsto o disciplinato dalla legge. ◇ *Oneri sociali:* i contributi previdenziali e assistenziali. – *Oneri fiscali:* il complesso dei tributi di cui è gravato un contribuente. **2.** *estens.* Impegno, compito gravoso.

oneróso agg. **1.** Che costituisce un onere, un impegno, un peso. SIN.: **gravoso**. **2.** DIR. Non gratuito, che prevede un costo economico.

onestà s.f. inv. **1.** Qualità morale di chi rispetta gli altri e agisce lealmente verso il prossimo. **2.** Ineccepibilità, coscienziosità, correttezza.

onestaménte avv. **1.** In modo onesto. **2.** In coscienza, in tutta sincerità.

one-step [/'wʌnstɛp/] s.m. inv. (voce ingl., propr. "un passo") Ballo americano, in voga dopo la prima guerra mondiale.

onèsto agg. (lat. *honēstum*, propr. "degno di onore") **1.** Che si attiene a principi di integrità morale, di giustizia, di rettitudine. **2.** Riferito a cosa, che esprime, denota onestà. *Un prezzo onesto.* ◆ s.m. **1.** [f. *–sta*] Chi si comporta in modo onesto. **2.** (solo sing.) Ciò che è conforme all'onestà, al giusto.

ONG s.f. inv. Sigla di *Organizzazione Non Governativa.*

ònice s.f. (gr. *ónyks* "unghia") MIN. Varietà pregiata di calcedonio-agata, traslucida, a strati sovrapposti con zone o striature caratterizzate da forti distacchi di tinta, usata come pietra ornamentale.

onicofagia s.f. MED. Abitudine di rosicchiarsi le unghie.

Onicòfori s.m. pl. [iniziale minusc. sing *–ro* per l'individuo] ZOOL. Classe di invertebrati vermiformi, diffusi negli ambienti umidi delle foreste tropicali, con ghiandole secernenti una bava che solidifica rapidamente usata come mezzo di difesa.

■ onicòforo

-onimia Secondo elemento di sostantivi composti astratti, spesso formatisi in epoca classica, col valore di "nome" (*iperonimia*).

onirico agg. [pl.m. *–ci*, f. *–che*] **1.** Relativo al sogno. ◇ PSICOAN. *Lavoro onirico:* rielaborazione del contenuto latente dei sogni in un contenuto manifesto che si può ricordare. **2.** *estens.* Che è simile a un sogno, che sembra irreale.

onirismo s.m. PSICOL., PSICH. Tendenza a sognare con allucinazioni visive, vissute dal soggetto come reali.

oniromanzia s.f. OCCULT. Divinazione basata sull'interpretazione dei sogni.

Oniscidi s.m. pl. [iniziale minusc. sing *–de* per l'individuo] ZOOL. Famiglia di crostacei isopodi terrestri.

onìsco s.m. [pl. *–schi*] Crostaceo terrestre che vive nei luoghi umidi sotto le pietre e si avvolge a palla quando è toccato. (Lunghezza 2 cm; ordine degli Isopodi.)

■ onìsco

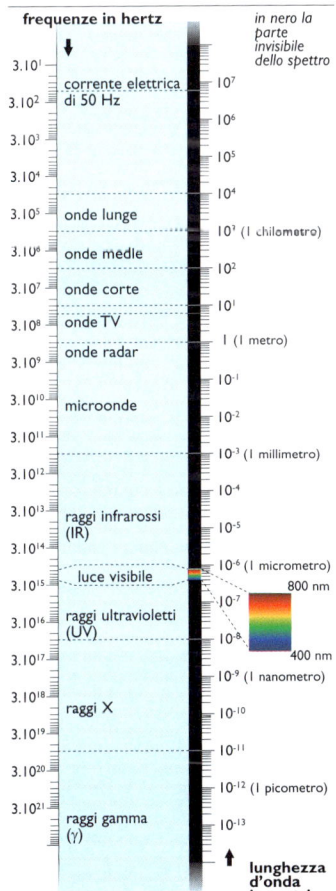

frequenze in hertz		in nero la parte invisibile dello spettro
3.10^1		10^7
3.10^2	corrente elettrica di 50 Hz	10^6
3.10^3		10^5
3.10^4		10^4
3.10^5	onde lunghe	10^3 (1 chilometro)
3.10^6	onde medie	10^2
3.10^7	onde corte	10^1
3.10^8	onde TV	1 (1 metro)
3.10^9	onde radar	10^{-1}
3.10^{10}	microonde	10^{-2}
3.10^{11}		10^{-3} (1 millimetro)
3.10^{12}		10^{-4}
3.10^{13}	raggi infrarossi (IR)	10^{-5}
3.10^{14}		10^{-6} (1 micrometro)
3.10^{15}	luce visibile	800 nm
3.10^{16}	raggi ultravioletti (UV)	10^{-7}
3.10^{17}		10^{-8} 400 nm
3.10^{18}	raggi X	10^{-9} (1 nanometro)
3.10^{19}		10^{-10}
3.10^{20}		10^{-11}
3.10^{21}	raggi gamma (γ)	10^{-12} (1 picometro)
		10^{-13}

lunghezza d'onda in metri

■ **ónde** elettromagnetiche. Rappresentazione in scala logaritmica delle fequenze e delle lunghezze d'onda dello spettro elettromagnetico.

onìssi s.f. inv. (gr. *ónyks* "unghia") MED. Infiammazione dell'unghia.

on line [/'ɔn'lain/] loc. agg. inv. (loc. ingl., propr. "in linea") INFORM. Accessibile, collegato. ~ Consultabile attraverso la rete.

ONLUS s.f. inv. (sigla di *Organizzazione Non Lucrativa di Utilità Sociale*) Società, ente, fondazione il cui scopo primario è la solidarietà sociale.

onnicomprensivo agg. Che comprende tutto spec. sul piano concettuale.

onnipotènte agg. **1.** Che può tutto, spec. riferito a Dio o alla sua volontà. **2.** *estens.* Che ha molto potere. ◆ s.m. (iniziale maiusc.) Dio.

onnipotènza s.f. **1.** TEOL. CATT. L'attributo che esprime il potere assoluto di Dio. **2.** *estens.* Potere grandissimo, senza ostacoli. *Delirio di onnipotenza.*

onnipresènte agg. **1.** Presente ovunque. **2.** *scherz.* Che va dappertutto per farsi notare. **3.** *estens.* Che è presente in tutti gli uomini, in ogni tempo.

onnipresènza s.f. **1.** Il trovarsi o il potersi trovare contemporaneamente in ogni luogo, attributo di Dio nella teologia cristiana. **2.** *scherz.* Caratteristica di chi è o si fa notare ovunque.

onnisciènte agg. Che sa tutto, come attributo di Dio.

onnisciènza s.f. Il sapere tutto, spec. come attributo di Dio.

onniveggènza s.f. Capacità di vedere tutto, attribuita a Dio.

onnivoro agg. (lat., comp. di *ŏmnis* "tutto" e *vorāre* "divorare") **1.** Che si nutre indifferentemente di alimenti di diversa origine, vegetale o animale. (I mammiferi onnivori hanno spesso molari arrotondati.) **2.** *fig.* Che accetta tutto ciò che gli si offre.

onomasiologia s.f. (ted. *Onomasiologie*) LING. Studio delle diverse realizzazioni lessicali (*significanti*) del medesimo concetto (*significato*) in una o più lingue (in oppos. a *semasiologia*).

onomàstica s.f. [non com. pl. *–che*] LING. Studio dell'origine dei nomi propri di persona (*antroponimi*) o dei nomi di luogo (*toponimi*). ~ Insieme dei nomi propri di un dato popolo o lingua o area etnica o geografica.

onomàstico s.m. [pl.m. *–ci*, f. *–che*] (gr. *onomastikós* "atto a denominare") Giorno dell'anno in cui si festeggia il santo del quale si porta il nome. ◆ agg. **1.** LING. Relativo all'onomastica, ai nomi propri. **2.** Riferito al giorno del santo del quale si porta il nome.

onomatopèa s.f. (gr., comp. di *ónoma* "nome" e *poiẽin* "fare") LING. Formazione linguistica o parola che imita, con i suoni da cui è composta, rumori naturali o artificiali o versi di animali.

onomatopèico agg. [pl.m. *–ci*, f. *–che*] Formato per onomatopea.

onònide s.f. Pianta perenne, spinosa, con fiori rosa e radici dotate di proprietà diuretiche e depurative. (Famiglia delle Papilionacee.)

onoràbile agg. Degno di considerazione, di stima.

onorànza s.f. (spec. pl.) Manifestazione pubblica di ossequio, di omaggio. ◇ *Onoranze funebri o estreme onoranze:* funerali.

onoràre v.tr. **1.** Tributare omaggio, rispetto, venerazione a persone o cose che ne sono degne. *Onorare il talento di un poeta.* **2.** Adorare, venerare Dio, la Madonna, i santi. **3.** Rendere onorato, illustre qlco., dargli motivo di vanto, di prestigio. *Un'impresa che onora lo sport italiano.* **4.** Adempiere un obbligo, un impegno. *Onorare la promessa.* ◆ **onorarsi** v.pron. Ritenersi onorato di qlco. *Mi onoro di esserti stato maestro.*

1. onoràrio agg. [pl.m. *–ri*] **1.** Destinato a onorare qlcu. **2.** Che detiene una carica solo onorifica, che non determina obblighi o diritti. *Membro onorario.*

2. onoràrio s.m. [pl.m. *–ri*] Remunerazione corrisposta a un libero professionista per l'attività svolta. SIN.: **parcella**.

onoràto agg. **1.** Giudicato degno di stima. SIN.: **rispettabile**. **2.** Che dà onore. SIN.: **onorevole**.

onóre s.m. **1.** Senso della propria dignità che impone di comportarsi con onestà e coerenza

morale. ◇ *Parola d'onore:* affermazione o promessa fatta sul proprio onore. **2.** Merito che procura orgoglio, stima, prestigio. **3.** Manifestazione di stima e trattamento di riguardo con cui si esprime riconoscimento per il valore e per i meriti di qlco. o qlco. ◇ *Posto d'onore:* quello riservato all'ospite di maggior riguardo o a chi è festeggiato. – *Onori militari:* ogni cerimonia svolta dalle forze militari, seguendo determinati regolamenti, per rendere ossequio a un'autorità, a un defunto, alla bandiera, ecc. – *Fare gli onori di casa:* ricevere e intrattenere gli ospiti in modo gentile e accogliente. – *loc. cong. A onore del vero:* a dire il *vero. **4.** Privilegio, motivo di orgoglio. ◇ *Fare l'onore di:* concedere una grazia, un privilegio, un favore eccezionale. – *Onore delle armi:* concesso dal vincitore ai nemici che hanno combattuto eroicamente. **5.** (spec. pl.) Titolo onorifico. **6.** Culto, venerazione. **7.** (al pl.) Le carte più alte in alcuni giochi, in partic. nel bridge.

onorévole agg. **1.** Di persona, che è degno di onore, stima, rispetto. **2.** Di cosa, che è dignitoso, che fa, procura onore. ◆ s.m. e f. In Italia, titolo usato per i membri della Camera dei deputati.

onorificènza s.f. Riconoscimento di onore concesso per particolari benemerenze.

onorìfico agg. [pl.m. *–ci*, f. *–che*] Che rende degno di stima e onore, ma che non comporta alcuna forma di retribuzione.

ónta s.f. (fr. *honte*, francone *haunitha* "disprezzo") Disonore conseguente a un'offesa ricevuta. ~ Motivo di vergogna.

ontanéto s.m. Bosco di ontani.

ontàno s.m. Albero con chioma larga, foglie ovate e legno tenero molto usato per torniture. (Altezza 30 m; famiglia delle Betulacee.)

òntico agg. [pl.m. *–ci*, f. *–che*] (ted. *Ontisch*) FILOS. Per Heidegger, che si riferisce all'essere (in oppos. a *ontologico*).

ontogènesi s.f. inv. (ted. *Ontogenesis*) EMBRIOL. L'insieme degli stadi di sviluppo attraverso i quali un organismo passa dallo stato iniziale di ovo-cellula a quello di individuo completo.

ontologìa s.f. FILOS. Studio delle strutture fondamentali e necessarie dell'essere in generale, a prescindere dalle sue concrete e individuali manifestazioni.

ontològico agg. [pl.m. *–ci*, f. *–che*] FILOS. Dell'essere, della sua natura immutabile, oggettiva e reale (in oppos. ad *accidentale*). ~ Dell'ontologia. ◇ *Prova ontologica o tesi ontologica:* tesi secondo la quale l'esistenza di Dio è provata a priori e necessariamente dal concetto che Dio è ciò di cui non si può pensare nulla di maggiore e che, in quanto tale, non può esistere solo

amento
femminile

amento
maschile

foglia e frutti

■ ontàno

nell'intelletto, ma anche nella realtà. (È stata formulata da Sant'Anselmo, ripresa da Cartesio e criticata da Kant.)

ontologismo s.m. FILOS. Teoria della conoscenza che pone a suo fondamento l'intuizione stessa di Dio e dell'essere.

ooblàsto s.m. BIOL. Cellula dalla quale derivano gli ovociti.

oocita o **ovocita** s.m. [pl. *–ti*] BIOL. Gamete o cellula germinale femminile.

ooforite s.f. MED. → ovarite.

oogamia o **ovogamia** s.f. BIOL. Riproduzione sessuale che avviene tramite unione fra un gamete maschile mobile (*spermatozoo*) e un gamete femminile fisso (*uovo*). (L'oogamia è una forma di eterogamia.)

oogènesi o **ovogènesi** s.f. inv. BIOL. Formazione e maturazione delle cellule germinali femminili nell'ovaio.

oogònio o **ovogònio** s.m. [pl.*–ni*] **1.** BOT. Organo unicellulare sessuale femminile, caratteristico di alghe e funghi, al cui interno è collocata l'oosfera. **2.** BIOL. Cellula germinale femminile immatura da cui deriveranno gli oociti e quindi la cellula uovo.

oolite s.f. GEOL. Piccolo aggregato sferico (0,5-2 mm) formato da strati concentrici (detriti, granelli di sabbia, ecc.) general. calcarei.

oosfèra s.f. BOT. Gamete femminile vegetale immobile, di dimensioni più grandi di quello maschile mobile.

oospòra s.f. BOT. Cellula femminile fecondata di alcune alghe.

ootèca s.f. [pl. *–che*] ZOOL. Involucro con cui alcuni insetti proteggono le uova.

OPA s.f. inv. ECON. Sigla di *Offerta Pubblica di Acquisto*.

opacità s.f. inv. **1.** Caratteristica di ciò che è opaco, non trasparente. **2.** *estens.* Perdita o diminuzione della lucentezza. **3.** *fig.* Ottusità, inespressività, mancanza di vivacità.

opacizzànte agg. Di sostanza usata nell'industria della ceramica, degli smalti e delle vernici per ottenere rivestimenti opachi o in coloreria per opacizzare le vernici brillanti. ~ Di cosmetico che rende la pelle opaca. ◆ s.m. Nei sign. dell'agg.

opacizzazióne s.f. L'insieme delle operazioni con cui si rende opaco qlco. ◇ MED. *Opacizzazione di un organo:* procedimento con cui un organo viene reso opaco ai raggi X, per evidenziarlo.

opàco agg. [pl.m. *–chi*, f. *–che*] **1.** Che non è attraversato da radiazioni luminose o d'altro tipo, che ha coefficiente di trasparenza nullo. **2.** *estens.* Non lucido. **3.** *fig.* Ottuso, inespressivo. *Sguardo opaco.*

opàle s.m. (fr. *opale*, sanscr. *úpala-* "pietra") Minerale costituito da silice idrata, incolore o bianca, con lucentezza vitrea. (L'iridescenza, che è dovuta alla rifrazione della luce nelle piccole sfere microscopiche costituenti il minerale, fa dell'opale una gemma molto stimata in gioielleria.)

opalescènte agg. Di aspetto lattiginoso e a volte iridescente.

opalescènza s.f. Aspetto lattiginoso e a volte iridescente che hanno alcuni solidi, liquidi e gas.

■ opàle

opalina s.f. (fr. *opaline*) **1.** Vetro traslucido e opalescente, bianco o colorato. **2.** Tipo di cartoncino semilucido. **3.** Tessuto di cotone leggero a trama rada e quasi trasparente. **4.** Opacizzante per ceramiche. **5.** ZOOL. Protozoo parassita.

opalino agg. (fr. *opalin*) Che ha il colore latteo-bluastro dell'opale, i suoi riflessi iridati.

op art [/ɔp 'ɑ:t/] loc. sost. f. inv. (loc. ingl., deriv. di *optical art* "arte ottica") ART. MOD. CONT. Tendenza artistica della fine degli anni Cinquanta che sfrutta i principi dell'ottica e della percezione visiva per creare immagini illusorie.

OPAS s.f. inv. (sigla di *Offerta pubblica di acquisto e scambio*) ECON. Opa in cui la società, che lancia un'offerta pubblica d'acquisto delle azioni di un'altra, propone anche ai possessori di titoli di quest'ultima uno scambio con le proprie azioni.

open [/'əʊpən/] agg. inv. (voce ingl.) **1.** Aperto, senza limitazioni preventive. ~ SPORT. Di una gara che riunisce dilettanti e professionisti. **2.** Di biglietto aereo, in cui non è precisata la data di utilizzo. ◇ *Open space:* sistemazione di ambienti interni, spec. uffici, con grandi locali aperti, distinti in zone da armadietti o scaffali. – BORS. *Open interest:* nei mercati di opzioni e di futures, il numero di posizioni aperte al termine di una seduta di contrattazione. ◆ s.m. inv. SPORT. Gara, torneo open.

open-end [/'əʊpənɛnd/] loc. agg. inv. (voce ingl., propr. "fine aperta") **1.** FIN. Di fondo di investimento aperto o a capitale variabile in base agli acquisti o ai riscatti delle quote del fondo da parte del sottoscrittore. **2.** IND. TESS. Di un sistema moderno e veloce di filatura e del macchinario usato per tale lavorazione.

òpera s.f. **1.** Attività diretta a un fine o che comunque produce un determinato effetto. ◇ *Mettersi all'opera:* iniziare a lavorare. – *Messa in opera:* il complesso delle operazioni con cui si installa qlco. – *locc. prep. Per opera di:* per mezzo di, grazie a. – *A opera di:* per effetto di, grazie all'intervento di. *Aiuti a opera della Croce rossa.* **2.** Risultato, effetto, prodotto di un'attività, di un'azione. ◇ DIR. *Opere pubbliche:* promosse da enti pubblici a uso e servizio della comunità. – COSTR. *Grandi opere:* lavori edilizi di grande portata finanziaria, tecnologica e organizzativa. – TEOL. CRIST. *Opera dello Spirito Santo:* il mistero dell'incarnazione in Maria Vergine per opera dello Spirito Santo; *fig.* miracolo, cosa inspiegabile. **3.** Prodotto, frutto del lavoro artistico o intellettuale. ◇ *Opera prima:* opera di esordio di un autore. ~ Insieme delle realizzazioni di un autore, di un artista. *L'opera di Sartre.* **4.** Rappresentazione teatrale di un testo musicale composto da una parte orchestrale (apertura, interludi, intervalli) e da una parte cantata (recitazione, arie, parti di insieme, cori). ~ Il genere musicale a cui appartiene l'opera. (Si sviluppa all'inizio del sec. XVII ed è rappresentato in partic. dalle opere di C. Monteverdi, H. Purcell, G. F. Haendel, W. A. Mozart, G. Verdi, R. Wagner, C. Debussy, G. Puccini, A. Berg.) ~ Teatro in cui si mette in scena un'opera musicale. **5.** Organizzazione a scopo religioso, umanitario o filantropico. ◇ *Opere di carità:* insieme di azioni di beneficenza compiute in ambito religioso. **6.** MAR. *Opera morta:* parte emersa di una nave. – *Opera viva:* parte di una nave situata sotto alla linea di galleggiamento.

operàio s.m. [f. *-raia*, pl.m. *-rai*, f. *-raie*] **1.** Chi presta un'attività lavorativa manuale alle dipendenze di qlcu. **2.** *estens.* Lavoratore in genere. ❑ In funzione di agg. **1.** Che riguarda gli operai, i lavoratori. **2.** Che svolge funzioni di operaio.

operaismo s.m. Concezione caratterizzata dalla centralità della classe operaia nelle rivendicazioni sindacali, nell'attività e nell'ideologia politica.

òpera òmnia loc. sost. f. inv. (loc. lat., propr. "tutte le opere") Raccolta di tutte le opere di un autore.

operàre v.tr. **1.** Compiere un'azione, effettuare una serie di atti per ottenere qlco. *Operare una riconversione.* **2.** Praticare un intervento chirurgico. *Operare il malato al cuore.* **3.** Lavorare un tessuto con disegni. SIN.: **damascare**. ◆ v.intr. (aus. *avere*) **1.** Lavorare per ottenere qlco., spec. per realizzare qlco. di importante. *Operare nell'interesse altrui.* ~ Di imprese, lavorare in un determinato territorio o settore. *Operare nell'edilizia.* **2.** Produrre effetto. *Questo farmaco opera sullo stomaco.* SIN.: **agire**. **3.** Agire in un certo modo. *Operare da sciocco.* **4.** Eseguire operazioni militari. **5.** MAT. Eseguire operazioni con numeri. *Operare con le frazioni.* ◆ **operarsi** v.pron. **1.** Verificarsi, avvenire, compiersi. *Si è operato un grosso cambiamento in mio fratello.* **2.** MED. Sottoporsi a un'operazione chirurgica. *Operarsi di tonsille.*

operatività s.f. inv. Efficacia, validità, funzionamento.

operativo agg. **1.** Capace, adatto a operare. **2.** Che serve a operare in concreto, a svolgere una determinata attività, a interessarsi dell'attuazione pratica. ◇ *Settore operativo:* quello che si occupa di operazioni militari. – *Ricerca operativa:* complesso di tecniche statistico-matematiche finalizzate alla costruzione e all'analisi di modelli matematici per l'ottimizzazione di decisioni. – ECON. *Risultato operativo:* perdita d'esercizio o utile di gestione di un'azienda. – *Ciclo operativo:* periodo che trascorre tra la messa in moto di un processo di produzione e la realizzazione del prodotto finito. – INFORM. *Sistema operativo:* insieme dei programmi che gestiscono le componenti hardware e software di un computer, offrono servizi di base ai programmi applicativi e permettono all'utente di interagire con il sistema. **3.** Nel l. bur., operante, esecutivo. *Clausola operativa.*

operàto agg. **1.** Che ha subìto un intervento chirurgico. **2.** Lavorato a disegni o in rilievo, detto spec. di stoffe, cuoio, ecc. (Broccati e damascati, p.e.) ◆ s.m. **1.** [f. *-ta*] Chi ha subito un'operazione chirurgica. **2.** (solo sing.) Comportamento, ciò che è stato fatto. SIN.: **condotta**.

operatóre s.m. [f. *-trice*] **1.** Chi si occupa in modo concreto di un determinato settore, chi vi lavora. ◇ *Operatore turistico:* impresa che propone viaggi tutto compreso, direttamente o tramite rivenditori; detto anche *tour operator.* – *Operatore ecologico:* netturbino. **2.** Addetto a una macchina o a un impianto. ~ In partic., tecnico addetto a un computer. ◇ CINE. *Operatore cinematografico, televisivo:* cameraman. **3.** ECON. Chi svolge delle operazioni sul mercato, sia come acquirente sia come venditore di beni o di servizi. ◇ *Operatore di borsa:* chi tratta affari in borsa per conto proprio o di altri. **4.** INFORM., MAT. (solo m.) Simbolo che rappresenta un'operazione logica o matematica. *L'operatore di divisione.* ◇ *Operatore logico:* booleano.

operatòrio agg. [pl.m. *-ri*] **1.** Relativo a un intervento chirurgico. *Sala operatoria.* **2.** MAT. Che concerne le operazioni.

operazióne s.f. **1.** Azione concreta e metodica, individuale o collettiva, che mira a un dato risultato. *Operazione di salvataggio.* **2.** Insieme di azioni coordinate alla realizzazione di un piano. *Operazione di polizia.* ~ MIL. L'insieme delle manovre effettuate in una regione per ottenere un preciso obiettivo. **3.** *Intervento chirurgico. **4.** ARITM. Calcolo di una somma, una differenza, un prodotto o una divisione. **5.** INFORM. Azione specificata da un'opportuna istruzione in un programma.

opercolàto agg. ZOOL. Provvisto di opercoli.

opèrcolo s.m. (lat. *opĕrculum* "coperchio") **1.** ZOOL. Formazione cornea che chiude la conchiglia dei molluschi gasteropodi prosobranchi. ~ Coperchio sottile di cera che chiude le celle delle api. **2.** *estens.* Copertura, rivestimento, coperchio. **3.** FARM. Piccola capsula di gelatina rigida, solubile nello stomaco, contenente medicinali polivalenti in polvere o liquidi.

operétta s.f. **1.** Genere teatrale tra il melodramma e la commedia, con parti musicate, cantate o danzate, e altre recitate. **2.** Componimento letterario in prosa o in versi piuttosto breve o di scarso valore. ◇ *fig. Da operetta:* ridicolo, superficiale, poco serio.

operista s.m. e f. [pl.m. *-sti*] Autore di melodrammi.

operìstico agg. [pl.m. *-ci*, f. *-che*] MUS. Relativo al melodramma, all'opera.

operóne s.m. (ingl. *operon*) GENET. Unità funzionale deputata al controllo della sintesi dell'RNA messaggero, costituita da più geni funzionalmente correlati e sotto il controllo di un gene promotore.

operosità s.f. inv. Laboriosità, industriosità.

operóso agg. **1.** Laborioso, dinamico. **2.** Fecondo di opere, denso di lavoro.

opificio s.m. [pl. *-ci*] (lat. *opifĭcium* "lavoro") Fabbrica, stabilimento.

Opiliònidi s.m. pl. [iniziale minusc. sing *-de* per l'individuo] ZOOL. Ordine di artropodi dotati di zampe esili e lunghissime, occhi semplici, molto simili ai ragni. (Sottoclasse degli Aracnidi.)

opinàbile agg. Suscettibile di essere variamente interpretato, discutibile.

opinel s.m. inv. Tipo di coltello a serramanico con impugnatura in legno.

opinióne s.f. **1.** Giudizio individuale, punto di vista soggettivo. ◇ *L'opinione pubblica:* il modo di pensare più diffuso in una società, quello della maggioranza del corpo sociale. ~ *estens.* Tale maggioranza. ◇ *Partito d'opinione:* forza politica che non segue un'ideologia ma di volta in volta elabora i propri atteggiamenti e può contare su un consenso qualificato (in oppos. a *partito di massa*). **2.** Considerazione, stima, concetto.

opinionista s.m. e f. [pl.m. *-sti*] Giornalista che scrive articoli di opinione, di commento.

opinion leader [/ə'pɪnjən 'li:də/] loc. sost. m. e f. inv. (loc. ingl., propr. "chi guida l'opinione") Chi gode del prestigio o detiene i mezzi per influenzare l'opinione pubblica.

opinion maker [/ə'pɪnjən 'meɪkə/] loc. sost. m. e f. inv. (loc. ingl., propr. "chi fa l'opinione") Opinion leader, con riferimento spec. a giornalisti, pubblicitari, ecc.

Opistobrànchi s.m. pl. [iniziale minusc. sing *-chio* per l'individuo] ZOOL. Sottoclasse di molluschi gasteropodi, dotati di una sola branchia dietro il cuore e conchiglia ridotta o mancante. (Si dividono in Nudibranchi e Tettibranchi.)

opistòdomo s.m. (gr., comp. di *ópisthen* "dietro" e *dómos* "casa, stanza") ANT. Portico posteriore del tempio greco.

opistòtono s.m. (gr. *opisthótonos* "teso all'indietro") MED. Contrazione tonica dei muscoli della nuca e del dorso, con incurvamento posteriore del corpo, caratteristica del tetano e di altre affezioni del sistema nervoso, quando i muscoli estensori prevalgono sui flessori.

oplita o **oplite** s.m. [pl. *-ti*] ANT. GR. Soldato di fanteria con armatura pesante.

opopònaco o **opopànaco** s.m. **1.** Denominazione di due gommoresine di origine diversa da cui si ottiene un olio essenziale usato in profumeria. **2.** Pianta arbustiva perenne che fornisce una gommoresina usata in profumeria. (Famiglia delle Ombrellifere.)

opòssum s.m. inv. (ingl. *opossum*, algonchino *āpāsūm* "animale bianco") **1.** Denominazione di alcuni marsupiali americani dal muso aguzzo e con una lunga coda priva di pelo. (Famiglia dei Didelfidi.) **2.** La pelliccia di tale animale.

■ **opòssum** lanoso.

oppiàceo agg. Di sostanza che contiene oppio o suoi derivati. ◆ s.m. Nel sign. dell'agg.

1. òppio s.m. [pl. *-pi*] (gr. *ópion* "succo di papavero") **1.** Miscela di alcaloidi con proprietà narcotiche, analgesiche ed effetti stupefacenti, estratta incidendo le capsule di alcune specie di piante delle Papaveracee. (Dall'oppio si estraggono la morfina, la codeina e l'eroina.) **2.** *fig.* Ciò che provoca illusioni, ottenebramento mentale, oblio.

2. òppio s.m. [pl. *-pi*] Acero campestre.

oppiòmane agg. Affetto da oppiomania. ◆ s.m. e f. Tossicomane che fa uso di oppiacei.

oppiomania s.f. Tossicodipendenza dovuta all'uso di oppio.

opponènte agg. Che oppone o che si oppone. ◆ s.m. e f. Chi fa un'opposizione e, spec. nel l. giur., chi presenta un'opposizione in un atto giudiziario o amministrativo.

opponìbile agg. **1.** Che può essere opposto. ~ Detto in partic. del pollice perché si può opporre alle altre dita della mano consentendo la presa. **2.** DIR. Di atto giuridico che si può contrastare o impugnare.

oppórre v.tr. [25] **1.** Porre, presentare qlcu. o qlco. contro altri. *Opporre un rifiuto al direttore.* **2.** Ergere una costruzione contro qlcu. *Opporre barricate contro i nemici.* ◆ **opporsi** v.pron. **1.** Fare opposizione, essere di ostacolo a qlcu. o qlco. *I genitori si oppongono al matrimonio della figlia.* **2.** Porsi contro, di fronte a qlco. *Il pollice si oppone alle altre dita.* **3.** LING. Riferito a più elementi, essere in opposizione reciproca.

opportunismo s.m. (fr. *opportunisme*) **1.** Atteggiamento di chi si adegua alle circostanze per trarne profitto. **2.** SPORT. Capacità di sfruttare con prontezza gli errori o le distrazioni degli avversari.

opportunista s.m. e f. [pl.m. *-sti*] (fr. *opportuniste*) **1.** Chi privilegia il proprio tornaconto sui principi che professa. **2.** SPORT. Atleta capace di cogliere le occasioni favorevoli.

opportunistico agg. [pl.m. *-ci*, f. *-che*] Caratterizzato da opportunismo.

opportunità s.f. inv. **1.** Caratteristica di ciò che è opportuno, favorevole o necessario. SIN.: **appropriatezza**. **2.** Occasione, circostanza favorevole, possibilità.

opportùno agg. (lat., comp. di *ŏb* "verso" e *pŏrtus* "porto", orig. detto del vento che spinge la nave in porto) **1.** Adeguato al tempo, al luogo, alle circostanze. **2.** Riferito a persona, che arriva a proposito in una data circostanza, che si comporta con senso della convenienza. *Un visitatore poco opportuno.*

oppositóre s.m. [f. *-trice*] Chi si oppone, chi assume una posizione contraria.

opposizióne s.f. **1.** L'assunzione di un atteggiamento contrario a qlco. e i mezzi che lo esprimono. **2.** *estens.* L'insieme dei partiti che non fanno parte della maggioranza di governo. **3.** Condizione di contrasto reciproco fra cose, idee, ecc. **4.** FILOS. Relazione che implica esclusione reciproca, antitesi. **5.** DIR. Ricorso giudiziale per la revoca di un provvedimento. **6.** ASTR. Posizione diametralmente opposta di due astri rispetto a un terzo. **7.** ASTROL. Aspetto planetario che, nell'oroscopo, esercita un influsso negativo. **8.** LING. Distinzione tra due suoni che permette la differenziazione di due parole (p.e. *m* e *p* in *madre* e *padre*).

oppósto agg. **1.** Che è situato di fronte, rispetto a un punto di riferimento. ~ Che va nella direzione contraria. ◇ GEOM. *Angoli opposti al vertice:* tali che i lati dell'uno sono il prolungamento di quelli dell'altro. **2.** *fig.* Che è in contrasto, in opposizione. SIN.: **contrario**. **3.** FILOS. Di un termine, di un enunciato che si trova in rapporto di opposizione con un altro. **4.** ARITM. *Numeri opposti:* numeri di uguale valore assoluto ma di segno contrario, la cui somma è zero. ◆ s.m. Il contrario, l'inverso. *È l'opposto di suo fratello.* ◇ *All'opposto di:* diversamente da.

oppressióne s.f. **1.** Sopraffazione da parte di un potere incurante dei diritti, delle aspettative dell'oppresso. SIN.: **tirannia**. **2.** Sensazione di essere oppresso. SIN.: **angoscia**.

oppressìvo agg. Che tende a opprimere.

opprèsso agg. **1.** Che subisce un'oppressione. **2.** *fig.* Affranto, prostrato. ◆ s.m. [f. *-sa*] Chi è vittima di prepotenze, di abusi.

oppressóre agg. [non com. f. *oppressora*] Che esercita soprusi. ◆ s.m. (anche f.) Chi sottopone a vessazioni e soprusi. SIN.: **despota**.

opprimènte agg. Che dà oppressione, in senso sia fisico sia psicologico e spirituale.

opprìmere v.tr. [38] (lat. *opprĭmere*, propr. "premere contro") **1.** Gravare, appesantire, schiacciare. *Il peso dello zaino mi opprime.* ~ Detto anche del caldo, dell'afa. *Questo caldo umido mi opprime.* **2.** *fig.* Preoccupare qlcu. *Sono oppresso dall'angoscia.* **3.** Tenere qlcu. in soggezione. SIN.: **vessare**. **4.** Infastidire qlcu., dargli noia. *Non opprimermi con le tue lamentele!* ~ Deprimere, mettere a disagio. *Questo ambiente mi opprime.*

oppùre cong. **1.** O, ovvero, o anche, con valore disgiuntivo-inclusivo, che non esclude l'alternativa. **2.** O, ovvero, o invece, con valore disgiuntivo-esclusivo, che esclude vicendevolmente i termini di un'alternativa. **3.** Altrimenti, sennò. **4.** In caso contrario.

opsonìna s.f. BIOL. Gruppo di sostanze presenti nel siero del sangue, capaci di legarsi alla superficie dei batteri o di altre cellule attivandone la fagocitosi da parte dei leucociti.

optàre v.intr. (aus. *avere*) Scegliere tra due o più cose. *Optare per una soluzione.* SIN.: **preferire**.

option [/ˈɔpʃən/] s.f. inv. (voce ingl.) FIN. → **opzione**.

optional [/ˈɔpʃənəl/] s.m. inv. (voce ingl., propr. "facoltativo") **1.** Accessorio o attrezzatura aggiunta al modello di serie di un'automobile. **2.** *estens.* Possibilità di una scelta diversa.

optoelettrònica s.f. [non com. pl. *-che*] Branca dell'ottica che si avvale delle tecnologie e degli strumenti elettronici.

optometrìa s.f. MED. Misurazione dell'acutezza visiva effettuata a scopo terapeutico e correttivo. ~ *estens.* Scelta delle lenti correttive.

optòmetro s.m. Strumento usato per misurare la vista.

opulènto agg. **1.** Molto ricco, prospero. ~ Fiorente, prosperoso. *Donna opulenta.* **2.** *fig. spreg.* Troppo ornato, enfatico.

opulènza s.f. **1.** Grande ricchezza, abbondanza. **2.** *fig.* Ridondanza, ampollosità.

Opùnzia s.f. BOT. Genere di piante grasse originarie dell'America, con ramoscelli spinosi e frutti a bacca; ne fa parte il fico d'India. (Famiglia delle Cactacee.)

■ **Opùnzia.** Fico d'India.

òpus s.m. inv. [pl. *opera* nell'accez. 1] (voce lat., propr. "lavoro, opera") **1.** ARCHEOL. Ciascuno dei diversi tipi di opere murarie che erano in uso nella Roma antica. **2.** MUS. Termine che, seguito da un numero, serve a indicare ciascuna composizione nel catalogo ufficiale delle opere di un autore.

opùscolo s.m. Libretto di poche pagine, spesso proposto come materiale pubblicitario.

OPV s.f. inv. ECON. Sigla di *Offerta Pubblica di Vendita*.

opzionàle agg. (ingl. *optional*) **1.** Che si può scegliere, facoltativo. **2.** Che non fa parte del modello di serie, che è un optional.

opzionàre v.tr. FIN. Sottoporre dei titoli a opzione.

opzióne s.f. **1.** Possibilità di scelta tra due o più soluzioni. **2.** Diritto di preferenza e precedenza nell'acquisto concesso a particolari figure. **3.** FIN. Contratto con cui il venditore cede al compratore, in cambio di un corrispettivo (*premio*), la facoltà di acquistare o vendere un determinato quantitativo di titoli a un prezzo prestabilito e a una certa data futura.

1. óra s.f. (gr. *hṓra*, indica una divisione determinata di tempo "anno, stagione, ora") **1.** Unità di tempo corrispondente alla ventiquattresima parte del giorno, cioè a sessanta minuti. ◇ *Ora solare:* calcolata in base al passaggio del sole dal meridiano centrale del fuso orario. – *Ora legale:* anticipata per disposizione di legge allo scopo di ridurre i consumi energetici. – *Ora locale:* calcolata in base all'esatta posizione del Sole sul meridiano di una data località. – *Fare le ore piccole:* stare svegli fino a tardi. – *A tarda ora:* a notte inoltrata. – *Le centocinquanta ore:* quelle che spettano di diritto a ciascun lavoratore dipendente che voglia frequentare corsi di studio. **2.** Spazio di tempo non precisamente determinato. ~ (al pl.) Periodo. *Trascorrere ore liete.* **3.** Momento particolare, preciso. *Ora di pranzo.* ◇ *Ora di punta:* momento della giornata in cui il traffico è molto intenso. – *Ora X:* momento in cui scatta un'operazione importante. – *L'ultima ora:* parte finale di un periodo delimitato da un termine, da una scadenza. *Aspettare l'ultima ora per pagare la bolletta.* – *Non vedere l'ora di fare qlco.:* attendere con trepidazione. – *Di buon ora:* al mattino presto. **4.** *fig.* Momento destinato a una certa consuetudine. ◇ *Libro d'ore:* raccolta di preghiere per i laici. **5.** (al pl. iniziale maiusc.) Figure femminili della mitologia greca.

2. óra avv. **1.** Adesso, in questo momento, per indicare il preciso istante dell'enunciazione. *Ora non posso portarti il pacco.* ~ Per indicare un periodo di tempo più ampio. *Finalmente ora sto bene.* ◇ *D'ora in poi:* da questo momento in poi. – *Fino a ora:* fino a questo momento. – *loc. cong. Ora che:* dal momento che. *Ora che sei qui mi sento più tranquillo.* **2.** Nell'epoca in cui si vive, nel presente. *Ora i cappelli da donna non sono più di moda.* **3.** A questo punto, con riferimento allo svolgersi di un discorso. **4.** Poco fa, fra poco, con riferimento a un momento molto vicino a quello dell'enunciazione o nel passato o nel futuro. *È arrivato ora. Aspettami, ora vengo.* **5.** In correlazione con se stesso, indica l'alternarsi di situazioni. *Ora piove, ora esce il sole.* ❑ In funzione di cong. **1.** Dunque, ebbene. *Ora, se queste sono le sue richieste, è facile prevedere che saranno respinte.* **2.** D'altra parte. *Ora, io la responsabilità non me la prendo!*

oràcolo s.m. **1.** ANT. Responso profetico dato da una divinità opportunamente interrogata. ~ Il luogo in cui veniva dato e interpretato il responso e la divinità stessa. *Oracolo di Delfi.* **2.** *iron.* Sentenza, parere di una persona autorevole che si atteggia a infallibile.

òrafo agg. [f. *-fa*] Dell'oreficeria. *Arte orafa.* ◆ s.m. Chi lavora l'oro e altri metalli preziosi. SIN.: **orefice**.

oràle agg. **1.** Relativo alla bocca. ◇ PSICOAN. *Fase orale:* la prima delle tre fasi dell'evoluzione della libido, caratterizzata dal piacere che il bambino trova nell'alimentazione, nella stimolazione della bocca e delle labbra. **2.** Comunicato, espresso a voce (in oppos. a *scritto*). *Tradizione orale.* **3.** FON. Di suono prodotto nella cavità orale (in oppos. a *nasale*). ◆ s.m. Esame, prova orale, non scritta.

oralità s.f. inv. **1.** Il carattere della comunicazione non scritta. **2.** PSICOAN. Livello della sessualità alla prima fase dello sviluppo (*fase orale*). **3.** Capacità di usare la bocca come mezzo di conoscenza e di rapporto, tipica dei bambini. **4.** DIR. *Principio di oralità:* quello secondo cui, in un processo penale, le prove dovrebbero essere preferibilmente acquisite durante il dibattimento.

oralménte avv. **1.** Per bocca. **2.** A voce.

orangìsta agg. In Inghilterra, dei sostenitori della casa d'Orange, in oppos. al *partito cattolico*, sostenuto da Giacomo II. ◆ s.m. e f. Protestante dell'Irlanda del Nord.

oràngo s.m. [pl. *-ghi*] (ingl., deriv. di *orang-outang* "orangutan") Orangutan.

orangutàn s.m. inv. (ingl. *orang-outang*, propr. "uomo della foresta" da una voce malese) **1.** Grande scimmia antropomorfa vegetariana tipica di Sumatra e del Borneo, con braccia lunghe, faccia piatta, pelame lungo, non molto fitto. (Altezza 1,60 m; genere *Pongo*, famiglia dei Pongidi.) SIN.: **orango**. **2.** *fig.* Persona grossa e sgraziata.

orànte agg. Che prega. ◆ s.m. e f. Nell'iconografia religiosa, personaggio rappresentato nell'atteggiamento della preghiera.

1. oràrio agg. [pl.m. *-ri*] **1.** Che riguarda l'ora. **2.** Che si compie, vale, dura un'ora.

2. oràrio s.m. [pl.m. *-ri*] **1.** Ripartizione delle ore di lavoro. ◇ *Orario continuato:* quello in turni di lavoro continuati, senza pause (in opps. a *spezzato*). – *Orario flessibile:* quello che permette ai dipendenti di un'impresa di scegliere l'ora di entrata e di uscita. – *In orario:* all'ora prevista, puntualmente. **2.** Pubblicazione informativa, in forma di opuscolo o tabella, relativa alle ore di certe attività o ai tempi e alla frequenza di pubblici servizi di trasporto. *L'orario estivo delle ferrovie.*

oràta s.f. Pesce dell'Atlantico e del Mediterraneo, molto apprezzato per le carni, dal corpo piuttosto grosso dotato di dorso azzurrino e fianchi argentei. (Famiglia degli Sparidi.)

■ **oràta** reale.

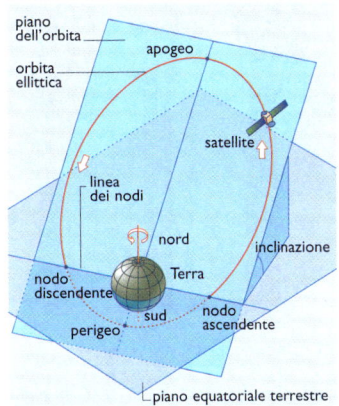
■ **òrbita** di un satellite intorno alla Terra.

■ **orchidèa** (oncidium).

oratóre s.m. [f. *–trice*] Persona esperta nell'arte del parlare in pubblico. ~ Chi parla in pubblico.

oratòria s.f. **1.** Arte e tecnica del parlare in pubblico. SIN.: **eloquenza**. **2.** Il genere letterario dei discorsi. ~ Il corpus degli oratori e delle orazioni di un dato periodo, cultura, civiltà. *L'oratoria greca, barocca.*

oratoriàno s.m. Religioso appartenente all'ordine dell'Oratorio fondato da san Filippo Neri.

1. oratòrio agg. [pl.m. *–ri*] Che riguarda l'oratore, l'arte del parlare in pubblico.

2. oratòrio s.m. [pl.m. *–ri*] **1.** Luogo sacro di culto riservato a persone particolari o a comunità religiose. ~ (iniziale maiusc.) Nome di alcune congregazioni religiose (v. parte n.pr.). **2.** Luogo di ritrovo annesso a una parrocchia riservato a ragazzi e giovani. **3.** MUS. Composizione drammatica e musicale di argomento religioso per voci e orchestra, priva di scenografia, nella quale si alternano recitativi e cantate.

orazióne s.f. Discorso solenne tenuto in pubblico ◇ *Orazione funebre:* discorso pubblico pronunciato in lode e a onore di un defunto.

orbàce s.m. (sardo *orbaci*, ar. *al-bazz* "stoffa") Tessuto di lana grezza, impermeabile, lavorato a mano, nero o rosso, tipico dei costumi locali sardi. ~ L'uniforme fascista.

orbettino s.m. (per la credenza pop. che sia cieco) Piccolo rettile terrestre non velenoso, dotato di corpo serpentiforme, privo di piedi, di colore grigio o nocciola. (Lunghezza 30-50 cm; genere *Anguis*, famiglia degli Anguidi.)

orbicolàre s.m. ANAT. Ciascuno dei muscoli facciali che circondano la bocca e le palpebre.

òrbita s.f. (lat. *ŏrbitam* "traccia della ruota, impronta circolare") **1.** Traiettoria nello spazio di un corpo naturale o artificiale che si muove attorno a un altro corpo di massa maggiore. **2.** *fig.* Ambito, sfera di influenza. **3.** ANAT. Cavità cranica che contiene i globi oculari.

orbitàle agg. **1.** ASTR. Relativo all'orbita di un pianeta, di un satellite, ecc. **2.** ANAT. Delle orbite oculari. ◆ s.m. FIS. Funzione d'onda che descrive la posizione degli elettroni nel nucleo atomico di una molecola in corrispondenza a un determinato livello energetico.

orbitànte agg. Che ruota su un'orbita, posto in orbita. ~ *fig.* Che gravita attorno a qlcu., è nella sua sfera di influenza.

orbitàre v.intr. (aus. *avere*) **1.** ASTR. Descrivere un'orbita attorno a un corpo. **2.** *fig.* Essere nella sfera di influenza di qlcu. o qlco.

orbitàrio agg. [pl.m. *–ri*] ANAT. Relativo all'orbita dell'occhio.

orbiter [/'ɔːbɪtə/] s.m. inv. (voce ingl., deriv. di *to orbit* "orbitare") Nelle navette spaziali, la parte che alloggia gli astronauti e i comandi, che si stacca dal vettore propulsore e orbita attorno alla Terra.

òrbo agg. (lat. *ŏrbum* "privo" poi "cieco") Che è privo della vista, che ci vede poco. ◆ s.m. [f. *–ba*] Nel sign. dell'agg.

òrca s.f. [pl. *–che*] **1.** Grande cetaceo, nero nella parte superiore e bianco in quella inferiore, con muso corto, denti appuntiti e pinna dorsale grossa e arcuata. (L'orca caccia in branco, attacca foche, pesci e anche cetacei; Lunghezza fino a 10 m; genere *Orcinus*, famiglia dei Delfinidi.) **2.** Mitico mostro marino che, secondo la leggenda, divorava gli uomini.

orchèstra s.f. (gr. *orkhḗstra*, deriv. di *orkhêïsthai* "danzare" perché nel teatro class. indicava il luogo riservato alle danze e ai movimenti del coro) **1.** Complesso di suonatori costituito in base al tipo di musica da eseguire. **2.** Nell'antico teatro greco, la parte antistante la scena. ~ Oggi, lo spazio davanti al palcoscenico riservato agli orchestrali.

ENCICL. Abbastanza ridotta nel sec. XVIII prevalevano gli archi nel corso del sec. XIX, con Beethoven, Berlioz e Wagner, l'orchestra fu ampliata con numerose sezioni e guadagnò in ampiezza e intensità. Durante il sec. XX si arricchì in modo considerevole, in particolare di percussioni e strumenti elettronici. Oggi, la ricerca di ripartizioni differenti delle masse sonore e dei timbri conduce spesso a variare la sua disposizione tradizionale, a volte separando completamente le varie sezioni di strumenti all'interno del luogo d'esecuzione.

orchestràle agg. Dell'orchestra. ◆ s.m. e f. Chi suona in un'orchestra.

orchestràre v.tr. **1.** Scrivere le parti per i vari strumenti o gruppi di strumenti dell'orchestra. **2.** *fig.* Organizzare un'azione, predisponendo le varie fasi e i diversi elementi. *Orchestrare una campagna pubblicitaria.* SIN.: **coordinare**.

orchestratóre s.m. [f. *–trice*] **1.** Musicista che sceglie e combina gli strumenti adatti a eseguire una composizione per orchestra. **2.** *fig.* Chi promuove, organizza, coordina un'azione, un'attività.

orchestrazióne s.f. **1.** Distribuzione delle parti ai diversi strumenti in una partitura musicale. **2.** *fig.* Organizzazione delle parti, dei ruoli di un tutto.

orchestrìna s.f. Nel sign. del dim. di *orchestra:* in partic., piccola orchestra di musica leggera.

Orchidàcee s.f. pl. [iniziale minusc. sing. *–a* per l'individuo] BOT. Vasta famiglia di piante diffuse nelle regioni temperate e tropicali, come l'orchidea e la vaniglia. (Classe delle Monocotiledoni.)

orchidèa s.f. (deriv. di gr. *órkhis* "testicolo" per la forma delle sue radici) Nome generico dato a ogni pianta delle Orchidacee coltivata in serre per i grandi e variopinti fiori ornamentali.

orchiectomìa s.f. MED. Asportazione chirurgica di uno o di entrambi i testicoli.

orchìte s.f. MED. Infiammazione di uno o entrambi i testicoli in seguito a infezione da tbc, parotite, vaiolo, sifilide.

órcio s.m. [pl. *–ci*] **1.** Recipiente panciuto di terracotta con due manici e bocca ristretta, che

■ **orangutàn**

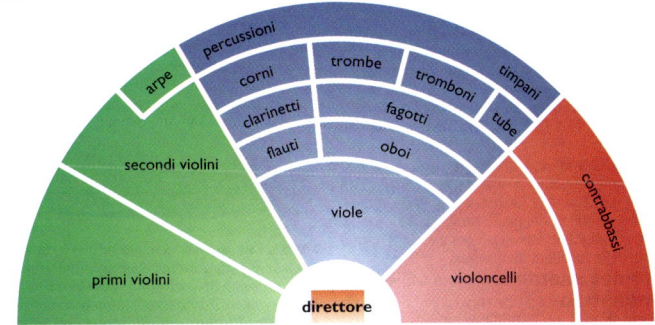
■ **orchèstra.** Disposizione abituale di un'orchestra sinfonica classica.

un tempo serviva per conservare olio, vino, ecc. **2.** *estens.* Antica unità di misura equivalente alla quantità di liquido contenuta in un recipiente di circa 38 l.

orciòlo s.m. **1.** Nel sign. del dim. di *orcio*. **2.** Brocca o boccale.

òrco s.m. [f. *orchessa*, pl.m. *–chi*] (lat. *Ŏrcum* indica sia l'oltretomba, sia la divinità degli inferi) **1.** Nelle fiabe, personaggio fantastico, gigantesco e malvagio, divoratore di uomini e bambini. **2.** *estens.* Persona molto severa, dall'aspetto spaventoso. **3.** MIT. GR. ROM., LETT. (spesso con iniziale maiusc.) Il dio degli inferi, il simbolo della morte. **4.** *Orco marino*: uccello nuotatore dal piumaggio nero nei maschi e bruno nelle femmine. (Ordine degli Anseriformi.)

òrda s.f. (tartaro *orda* propr. "tenda di un Khan", turco *ordu* "esercito") **1.** Tribù nomade di predatori. **2.** *estens.* Massa di persone portatrici di violenza. *Orde barbariche*. ~ *fig.* Massa disordinata e indisciplinata. *Un'orda di bambini*.

ordàlia o **ordalìa** s.f. (fr. *ordalie*, ingl. *ordāl* "giudizio") ST. Prova fisica cruenta a cui, presso i popoli germanici, si sottoponeva un accusato e il cui esito veniva considerato come un responso divino e decideva della sua innocenza o colpevolezza. (Le ordalie erano in uso nel Medioevo.)

ordigno s.m. (lat. *ordĭnium* "suppellettile") **1.** Strumento o congegno meccanico complicato e, in partic., congegno esplosivo. **2.** *scherz.* Aggeggio strano, complicato.

ordinàle agg. Che indica la posizione in una successione ordinata. ◇ *Aggettivi numerali ordinali*: gli agg. che individuano tale posizione. *Primo, secondo, terzo*. ◆ s.m. **1.** Numero ordinale. **2.** Libro delle cerimonie della Chiesa anglicana.

ordinaménto s.m. **1.** Operazione o complesso di operazioni con cui si dà ordine a qlco. SIN.: **sistemazione**. ~ Modo con cui qlco. è ordinato, regolato, organizzato nel suo funzionamento. **2.** L'insieme delle norme disciplinanti un'istituzione o un'attività. SIN.: **legislazione**.

ordinàndo s.m. CRIST. Chi sta per ricevere gli ordini sacri.

ordinànza s.f. (calco del fr. *ordonnance*) **1.** Disposizione ordinata. ◇ MIL. *D'ordinanza*: conforme al regolamento (in oppos. a *fuori ordinanza*, non conforme al regolamento militare o eccezionale). **2.** DIR. Provvedimento normativo o amministrativo emanato da un sindaco, da un prefetto, da un ministro. ~ Ordine emesso da un giudice durante un procedimento per regolarne lo svolgimento.

ordinàre v.tr. **1.** Disporre in ordine. *Ordinare un cassetto*. SIN.: **sistemare**. ~ Classificare secondo un preciso criterio. *Ordinare i libri in ordine alfabetico*. **2.** Dare un ordine, comandare. *Al malato fu ordinato riposo*. ~ Commissionare, richiedere qlco. *Ordinare da bere*. **3.** MAT. Conferire a un insieme una relazione d'ordine. **4.** RELIG. Consacrare qlcu. a un certo incarico. *Ordinare il signor Rossi prefetto*. ◆ **ordinarsi** v.pron. Disporsi in un luogo o secondo un certo ordine. *Ordinarsi in due file*.

ordinàrio agg. [pl.m. *–ri*] **1.** Che è conforme alla norma. ◇ *fig. Di ordinaria amministrazione*: di scarso interesse, di poca importanza. **2.** Di scarsa qualità e valore, mediocre. **3.** Detto di professore di scuola media entrato in ruolo e di professore universitario cattedratico della fascia più alta. **4.** RELIG. *Tempo ordinario*: quello che va dall'Epifania alla Quaresima e dalla Pentecoste all'Avvento. ◆ s.m. **1.** Quanto rientra nella normalità, consueto, banale. **2.** Vescovo a capo di una diocesi. **3.** [f. *–ria*] Nell'università, professore di ruolo al massimo grado della carriera.

ordinàta s.f. **1.** MAT. In un sistema di assi cartesiani nel piano, misura della distanza di un punto dall'asse delle ascisse. ◇ *Asse delle ordinate*: l'asse verticale del piano cartesiano. **2.** Ciascuno degli elementi trasversali della carena di una nave, della fusoliera di un aereo.

ordinataménte avv. Con, in ordine.

ordinativo agg. Che serve a ordinare, a disporre. ◆ s.m. **1.** COMM. Ordinazione di merce, richiesta di acquisto. *Spedire gli ordinativi*. **2.** BANC. Ordine di pagamento o di riscossione.

dorico — ionico — corinzio — toscano — dorico romano — composito

■ **órdine.** Gli ordini greci e romani.

ordinàto agg. **1.** Tenuto in ordine. **2.** Che ama l'ordine e il metodo. *Allievo ordinato*. **3.** MAT. *Insieme ordinato*: insieme su cui è definita una relazione d'ordine. *Criterio ordinatore*. ◆ TEOL. CATT. Di sacerdote che ha ricevuto gli ordini sacri.

ordinatóre agg. [f. *–trice*] Che ordina, governa, guida. *Criterio ordinatore*. ◆ s.m. (anche f.) Nel sign. dell'agg.

ordinazióne s.f. **1.** Richiesta a ditte o a persone di una merce, di un lavoro, di un servizio. **2.** RELIG. Conferimento del sacramento dell'ordine.

órdine s.m. (lat. *ōrdinem*, propr. "disposizione ordinata, fila") **1.** Disposizione, sistemazione di qlco. secondo un criterio razionale o pratico, funzionale o estetico. ~ Successione di elementi secondo un criterio determinato. *Ordine alfabetico, cronologico*. ◇ *Ordine del giorno*: elenco delle questioni che in una riunione devono essere esaminate; testo emanato da un comando militare, che notifica tutti gli ordini per il giorno. – *fig. Essere all'ordine del giorno*: essere comune, diffuso, attuale. **2.** Regolare e ordinato funzionamento di una collettività, di un'istituzione, fondato sul rispetto delle leggi e delle norme stabilite al suo interno. ~ L'insieme di tali norme. ◇ *Ordine pubblico*: sintesi dei valori su cui si fonda la sicurezza dei cittadini. – *Servizio d'ordine*: insieme di persone incaricate di sorvegliare una manifestazione pubblica. – *Forze dell'ordine*: corpi preposti al mantenimento dell'ordine pubblico, della pubblica sicurezza. **3.** Categoria nella quale si classificano cose, persone. *Scuole di ogni ordine e grado*. ◇ FIS. *Ordine di grandezza*: valutazione della qualità di una grandezza fisica; MAT. tipo di grandezza di una cifra (p.e. unità, decina, ecc.). – *Ordine d'arrivo*: nelle gare, successione secondo la quale i concorrenti giungono all'arrivo. ◇ *Di prim'ordine*: eccellente, di buona qualità. **4.** ARCH. Nell'antichità, sistema architettonico caratterizzato dall'uso di un certo tipo di colonna e di trabeazione. **5.** Classe di persone. SIN.: **ceto**. ◇ *Ordine professionale*: associazione, riconosciuta giuridicamente, che raccoglie, organizza e disciplina tutte le persone che esercitano o vogliono esercitare una stessa professione. – RELIG. *Ordine religioso*: comunità, organizzazione di religiosi (chierici e laici) uniti da uno stesso voto di obbedienza e da comuni regolamenti. **6.** RELIG. Il sacramento che conferisce il carattere sacerdotale. ~ Ogni diverso grado della gerarchia cattolica. **7.** BOT., ZOOL. Categoria di classificazione che sta tra la classe e la famiglia. (L'uomo appartiene all'ordine dei Primati.) **8.** Atto con il quale una persona, un'autorità richiede a qlcu. di fare qlco. **9.** *comun.* Richiesta di una merce o di un servizio. ~ CONTAB., BANC. Disposizione data dal titolare di un diritto concernente l'effettuazione di una data operazione. *Ordine di pagamento, di accreditamento*.

ENCICL. Nell'antica architettura greca, si distinguono tre ordini aventi ciascuno uno stile proprio: il dorico, lo ionico e il corinzio. I Romani hanno creato il toscano, il dorico romano e il composto. La riscoperta di monumenti antichi e l'interpretazione del trattato di Vitruvio hanno generato fin dal sec. XV, con il Rinascimento italia-

no, un'architettura che si avvale più o meno liberamente di questi ordini, dei loro moduli, della loro modanatura e dei loro ornamenti specifici.

ordìre v.tr. [83] (lat. *ordīri* "cominciare a tessere") **1.** IND. TESS. Disporre longitudinalmente i fili sul telaio, in modo da formare l'ordito per la tessitura. **2.** *fig.* Abbozzare qlco., preparare la trama. *Ordire una commedia*. **3.** *fig.* Tramare in segreto. *Ordire inganni*.

ordìto agg. Tramato, architettato. ◆ s.m. **1.** L'insieme dei fili, tesi in senso longitudinale sul telaio, che costituisce la parte iniziale della tessitura, poi completata con la trama. **2.** *fig.* Disposizione ordinata di qlco. *L'ordito del romanzo*.

orditóio s.m. [pl. *–toi*] IND. TESS. Macchina sulla quale si prepara l'ordito.

orditóre s.m. [f. *–trice*] **1.** Operaio addetto all'operazione dell'orditura, che lavora all'orditoio. **2.** *fig.* Chi organizza, trama segretamente.

orditura s.f. **1.** IND. TESS. Operazione del disporre in bande parallele e vicine i fili necessari a formare l'ordito di un tessuto. **2.** *estens.* La struttura portante di un tetto, di un solaio, ecc. **3.** *fig.* Trama, intreccio di un romanzo, di una narrazione. **4.** *fig.* Macchinazione, organizzazione di qlco. di losco.

ordoviciàno s.m. (solo sing.) (ingl. *ordovician*, lat. deriv. di *Ordŏvices*, nome di una popolazione celtica che abitava nel Galles sett. dove c'erano rocce di tale periodo) GEOL. Secondo periodo dell'era paleozoica. (Durato da 500 a 435 milioni di anni fa, fu caratterizzato dalla seconda fase dell'orogenesi caledoniana e dalla presenza dei Graptoliti.) ◆ agg. Relativo a tale periodo.

öre [/'øːrə/] s.m. o s.f. inv. (voce dei paesi scandinavi, lat. *āureum* "aureo") Valuta divisionale di Norvegia (øre), Danimarca e Svezia (öre).

orèade s.f. MIT. GR. Ninfa dei monti.

orécchia s.f. **1.** Piega, riferimento fatto all'angolo di una pagina, di un biglietto da visita. **2.** *Orecchia marina*: mollusco marino con conchiglia dotata di fori laterali da cui escono i tentacoli. (Famiglia degli Aliotidi). **3.** *region.* Orecchio.

orecchiàbile agg. Che si canta e si ricorda facilmente.

orecchiàre v.tr. [6] Conoscere qlco. superficialmente. ~ Ripetere a orecchio.

orecchiétta s.f. **1.** ANAT. Cavità cardiaca dove arriva il sangue delle vene. **2.** (spec. pl.) Tipo di pasta alimentare di grano duro, a forma di piccoli gnocchi schiacciati e concavi, tipica della cucina pugliese.

orecchino s.m. Gioiello che si fissa al lobo dell'orecchio.

orécchio s.m. [pl.m. *orecchi*, f. *orecchie*] **1.** Organo dell'udito. ~ *comun.* La parte esterna dell'organo, il padiglione auricolare. ◇ *figg. Tirare le orecchie a qlcu.*: punirlo, rimproverarlo. – *Venire agli orecchi di qlcu.*: essere portato casualmente a sua conoscenza. – *Tendere l'orecchio*: ascoltare con attenzione. **2.** Udito. ◇ *Essere deboli, duri d'orecchio*: sentire poco; *fig.* non capire. **3.** Attitudine a riconoscere e ripetere un suono, istintiva sensibilità musicale. ◇ *Avere, non avere orecchio*: essere, non essere intonato. **4.** *estens.*

Oggetto a forma di orecchio e, in partic., piegatura fatta all'angolo di una pagina.

ENCICL. L'orecchio dell'uomo e dei mammiferi, situato nell'osso temporale, si compone di tre parti: esterna, media e interna. L'*orecchio esterno* comprende il padiglione e il condotto auditivo esterno chiuso dal timpano. L'*orecchio medio* contiene la cassa del timpano collegata alla faringe attraverso la tromba di Eustachio nella quale si trova una catena di tre ossicini (*martello, incudine, staffa*) che serve a trasmettere all'orecchio interno le vibrazioni del timpano. L'*orecchio interno*, o *labirinto*, ha una parte posteriore formata dal vestibolo e dai canali semicircolari, che serve all'equilibrio, e una parte anteriore, chiamata *chiocciola* o *coclea*, che serve all'udito.

orecchióne s.m. **1.** Pipistrello di piccole dimensioni, con padiglioni auricolari molto lunghi. (Famiglia dei Vespertilionidi.) **2.** MIL. Ciascuno dei due perni sporgenti ai lati di una bocca da fuoco con i quali essa poggia sull'affusto. **3.** *pop.* (al pl.) *Parotite epidemica.

orecchiùto agg. Che ha orecchi lunghi e grandi. ~ *fig.* Ignorante.

oréfice s.m. e f. (lat., comp. di *aūrum* "oro" e *făcere* "fare") Chi fa o vende oggetti preziosi.

oreficeria s.f. **1.** Arte, lavoro dell'orafo. **2.** Negozio o laboratorio d'orefice.

orellàna s.f. (dal nome dell'esploratore spagnolo F. de *Orellana*) Arbusto dell'America tropicale il cui seme fornisce l'oriana. (Genere *Bixa*; famiglia delle Bixacee.)

orèmus s.m. inv. (voce lat., propr. "preghiamo") Il momento della messa della liturgia latina in cui il sacerdote invita i fedeli a recitare l'orazione che segue. ~ Ogni orazione che inizi con l'esortazione *preghiamo*.

oreopitèco s.m. Grande primate fossile della fine dell'era terziaria, scoperto in Toscana, dotato di lunghe braccia (come il gibbone), ma in nessuna relazione con le grandi scimmie attuali.

oreòtrago s.m. [pl. *–ghi*] (comp. di gr. *óros* "monte" e *trágos* "capro") **1.** Piccola antilope delle regioni aride e rocciose del continente africano, con corna brevi, dritte sul capo nell'individuo maschio, molto agile. (Famiglia dei Bovidi.) **2.** ZOOL. (iniziale maiusc.) Genere di animali a cui appartiene l'oreotrago.

òrfano agg. **1.** Di bambino o ragazzo senza uno o entrambi i genitori. **2.** *estens.* Che è rimasto privo di una persona amata, di un sostegno, di un riferimento. *Sentirsi orfano di un amico.* ◆ s.m. [f. *–na*] Nell'accez. 1 dell'agg. ◇ *Orfano di guerra*: chi ha perduto i genitori in guerra.

orfanotròfio s.m. [pl. *–fi*] Istituto per l'accoglienza e l'assistenza ai bambini orfani.

òrfico agg. [pl.m. *–ci*, f. *–che*] **1.** Di Orfeo, dell'orfismo. **2.** *estens.* Misterioso, iniziatico. ◆ s.m. [f. *–ca*] Seguace dell'orfismo.

orfìsmo s.m. **1.** Movimento religioso e filosofico a carattere iniziatico dell'antica Grecia, di cui era ritenuto fondatore il mitico poeta Orfeo, contraddistinto dalla dottrina della metempsicosi. (L'orfismo, che ha dato origine a una ricca produzione letteraria tra il VI sec. a.C. e la fine del paganesimo, insegnava la necessità, per il cuore, di liberarsi dalla prigione del corpo attraverso l'ascesi e l'iniziazione.) **2.** LETT. Concezione dell'arte come atto magicamente creativo. **3.** PITT. Corrente francese d'ispirazione cubista, che disegnava l'immagine attraverso sensazioni coloristiche e di cui R. Delaunay rappresenta il principale esponente. (Fu Apollinaire, nel 1913, ad attribuire il nome alla corrente.)

orgàndi o **orgàndis** s.m. inv. (deriv. di *Organzi*, nome mediev. della città di Urgenč nel Turkestan dove si svolgeva un famoso mercato di sete) → **organza**.

organèllo s.m. BIOL. Qualsiasi struttura costitutiva del protoplasma, differenziata e provvista di una sua funzione specifica.

organétto s.m. **1.** Nel sign. del dim. di *organo*; in partic., strumento portatile simile a un piccolo piano, montato su un carretto con due ruote, che si suona girando una manovella. ~ Nome popolare di vari strumenti a tastiera anche piccola, come l'organino, l'armonica, ecc. **2.** Piccolo uccello delle foreste temperate, simile al fanello, con piume marroni rossastre, detto così per il canto melodioso. (Genere *Acanthis*; famiglia dei Fringillidi.)

orgànica s.f. [non com. pl. *–che*] MIL. Studio e disciplina delle forze armate di uno stato.

organicismo s.m. **1.** SOCIOL. Dottrina del sec. XIX che riconosce un'analogia tra mondo naturale, mondo umano e sociale. **2.** PSICOL. Indirizzo di studi che considera le malattie mentali come il prodotto di fattori organici (anatomici, fisiologici, ecc.). **3.** MED. Teoria che interpreta le malattie come alterazione di elementi interni del mondo organico.

organicista s.m. e f. [pl.m. *–sti*] Fautore, sostenitore dell'organicismo.

organicità s.f. inv. Connessione ordinata, armonica e razionale delle parti di un tutto.

orgànico agg. [pl.m. *–ci*, f. *–che*] **1.** BIOL. Che riguarda gli esseri viventi animali e vegetali. ◇ *Chimica organica*: settore della chimica che studia i composti del carbonio. **2.** MED. Dell'organismo umano o di un'unità funzionale del corpo. **3.** Che costituisce una struttura ben coordinata. *Insieme organico di leggi.* SIN.: **coerente**. **4.** Nel l. bur., relativo alla struttura di un'amministrazione. **5.** GRAMM. Di forma verbale o nominale che esprime valori ulteriori rispetto a quelli di base; p.e. in italiano le forme dell'agg. che racchiudono in sé il grado comparativo o superlativo (*migliore*, *ottimo*). ◆ s.m. Il complesso dei ruoli e del personale di un ufficio, di un'amministrazione, di un'azienda, ecc.

organigràmma s.m. [pl. *–mi*] (fr. *organigramme*) Rappresentazione grafica, descrizione articolata della struttura dei vari organi di un ufficio, delle responsabilità e delle fasi di svolgimento delle diverse procedure. ~ *estens.* L'insieme degli addetti e dei ruoli di un'azienda, di un ente.

organìno s.m. **1.** Nel sign. del dim. di *organo*; in partic., piccolo strumento a fiato dotato di una minuscola tastiera. **2.** Piano a manovella che viene suonato per le strade. SIN.: **organetto**.

organìsmo s.m. (fr. *organisme*) **1.** Essere vivente, animale o vegetale. ◇ *Organismo geneticamente modificato*: essere vivente nel cui patrimonio genetico sono stati introdotti dei cambiamenti mediante le biotecnologie. ~ Il corpo umano inteso come insieme di diversi organi e apparati. **2.** *fig.* Organizzazione destinata a uno scopo.

organìsta s.m. e f. [pl.m. *–sti*] Suonatore di organo.

organìstico agg. [pl.m. *–ci*, f. *–che*] MUS. Che riguarda l'organo, come strumento musicale, o gli organisti.

organizer [/ˈɔːɡəˌnaɪzə/] s.m. inv. (voce ingl.) **1.** Agenda a fogli mobili, divisa in sezioni, concepita per migliorare la pianificazione degli impegni professionali. **2.** INFORM. Programma che riproduce le funzioni di un'agenda. **3.** *Agenda elettronica.

organizzàre v.tr. **1.** Disporre, coordinare qlco. in modo funzionale. *Organizzare il lavoro.* ~ Preparare un'azione nei dettagli e coordinarne lo svolgimento. *Organizzare una conferenza stampa.* **2.** BIOL. Indurre la formazione di organi negli esseri viventi. ◆ **organizzarsi** v.pron. **1.** Preparare, ordinare il necessario per l'esecuzione di qlco. *Organizzarsi per un'escursione.* **2.** Unirsi in un'istituzione stabile. *Organizzarsi in comunità.* **3.** BIOL. Di organo, formarsi, svilupparsi.

organizzatìvo agg. Che riguarda l'organizzazione, proprio di un'organizzazione.

organizzàto agg. [f. *–ta*] **1.** Sistemato in modo ordinato e razionale. ~ Capace di organizzarsi funzionalmente. *È meticoloso e organizzato.* **2.** BIOL. Munito di organi.

organizzatóre agg. [f. *–trice*] Che organizza, coordina. ◆ s.m. **1.** (anche f.) Nel sign. dell'agg. **2.** BIOL. Zona dell'embrione che, nella fase iniziale dello sviluppo, determina la differenziazione cellulare.

organizzazióne s.f. **1.** L'attività volta a organizzare e il modo in cui si organizza o è organizzato qlco. **2.** Complesso di persone organizzate per uno scopo. *Organizzazioni sindacali.* ◇ *Organizzazione internazionale*: associazione di stati a livello mondiale, continentale o regionale, il cui obiettivo è generale, la cooperazione in diversi ambiti per il benessere della comunità. ~ *Organizzazione non governativa*: organizzazione, il cui finanziamento è garantito attraverso donazioni private, che si dedica all'aiuto umanitario sotto diverse forme (assistenza medica o tecnica nei paesi non industrializzati, aiuto ai più poveri nei paesi sviluppati, soccorsi in caso di catastrofe o guerra, ecc.). **3.** Capacità di organizzarsi. **4.** BIOL. Processo di formazione di un organismo.

òrgano s.m. (gr. *órganon*, propr. "strumento") **1.** Unità funzionale di un corpo biologico che adempie a compiti specifici. ◇ ANAT. *Organo di Corti*: formazione cellulare dell'orecchio interno preposta alla ricezione degli stimoli acustici. **2.** *estens.* Dispositivo meccanico con funzioni particolari. **3.** Ente o persona destinata a compiti particolari all'interno di un insieme. *Organo esecutivo.* **4.** Pubblicazione che esprime l'opinione ufficiale di un'istituzione o di un partito. **5.** FILOS. (iniziale maiusc.) Nome con cui gli antichi commentatori designarono l'insieme delle opere di logica di Aristotele. **6.** Strumento musicale a tastiera e pedaliera, in uso spec. nelle chiese, che funziona per immissione di aria in una serie più o meno grande di canne metalliche. (*v. immagine pag. succ.*) ◇ *Organo elettronico*: che produce i suoni corrispondenti alle note attraverso oscillatori elettronici.

organogènesi s.f. inv. EMBRIOL. Insieme dei processi che determinano il differenziamento e la formazione degli organi durante lo sviluppo embrionale.

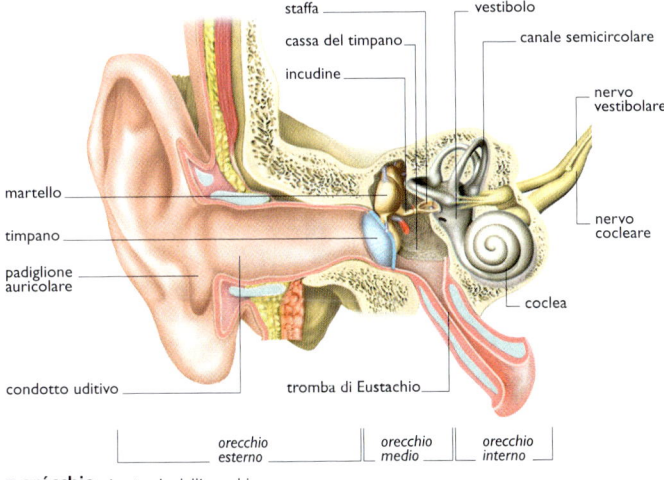

staffa · vestibolo · cassa del timpano · canale semicircolare · incudine · nervo vestibolare · martello · timpano · padiglione auricolare · coclea · nervo cocleare · condotto uditivo · tromba di Eustachio

orecchio esterno · orecchio medio · orecchio interno

■ **orécchio.** Anatomia dell'orecchio.

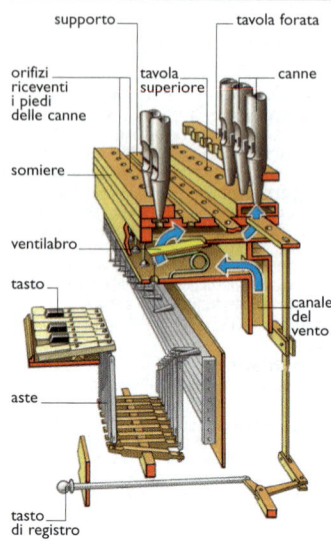

supporto
tavola forata
orifizi riceventi i piedi delle canne
tavola superiore
canne
somiere
ventilabro
tasto
canale del vento
aste
tasto di registro

■ **òrgano.** Meccanismo di un organo classico.

organògeno agg. GEOL. Riferito a roccia sedimentaria che nasce dall'accumulo di resti di organismi animali e vegetali.

organografia s.f. **1.** BIOL. Studio e descrizione morfologica e funzionale degli organi animali e vegetali, anche in relazione agli stimoli esercitati da fattori esterni. **2.** MUS. Studio degli strumenti musicali.

organolèttico agg. [pl.m. –ci, f. –che] (gr., comp. di *órganon* "organo di senso" e *lēptós* "che si può prendere") Di ciò che può essere percepito dai sensi. ◇ *Esame organolettico*: quello compiuto attraverso le impressioni dei sensi.

organologia s.f. **1.** ANAT. Studio della struttura del funzionamento degli organi animali o vegetali. **2.** MUS. Studio degli strumenti musicali.

organometàllico agg. CHIM. Di composti organici in cui un metallo è legato a un atomo di carbonio. SIN.: **metallorganico**.

organulo s.m. BIOL. Microstruttura funzionale all'interno di una cellula.

òrganum s.m. [pl. *organa*] (voce lat., "organo") **1.** MUS. Forma originaria di composizione polifonica, a due voci, creata nel sec. IX. **2.** FILOS. Complesso di opere filosofiche. ~ In partic. (iniziale maiusc.) Denominazione delle opere logiche aristoteliche.

organza s.f. Mussola di seta leggera, lucida, adatta per abiti femminili estivi.

organzino s.m. (fr. *organsin*) Filato di seta composto di più fili ritorti assieme, usato per la produzione dell'ordito di diversi tessuti (taffettà, organza, ecc.). ~ Il tessuto ottenuto con tale filato.

orgàsmico agg. [pl.m. –ci, f. –che] Relativo all'orgasmo.

orgàsmo s.m. (gr. *orgasmós*, deriv. di *organ* "desiderare ardentemente") **1.** Momento di massima eccitazione sessuale. **2.** *estens.* Agitazione estrema.

òrgia s.f. [pl. –ge, –gie] (gr. *órgia* "riti misterici") **1.** Festa dell'antichità, in onore di Dioniso o Bacco, caratterizzata da sfrenatezza. ~ *estens.* Festa sfrenata. ~ Gozzoviglia, licenziosità sessuale esercitata in gruppo. **2.** Eccesso, profusione straordinaria di qlco. *Un'orgia di sensazioni*.

orgòglio s.m. [pl. –gli] **1.** Stima eccessiva di sé. SIN.: **presunzione**. **2.** Fierezza, senso della propria dignità. **3.** Oggetto o persona di cui si può essere fieri. SIN.: **vanto**.

orgoglióso agg. **1.** Pieno d'orgoglio, superbo. ~ Che ha un carattere fiero. **2.** Soddisfatto.

oriàna s.f. (dal nome dell'esploratore spagnolo F. de *Orellana*) Pigmento arancione, estratto dal frutto di un albero tropicale (*Bixa Orellana*), usato come colorante.

òribi s.m. inv. (ingl. *oribi*, da una voce africana) Piccola antilope della savana africana, simile alla gazzella, con mantello rossastro. (Altezza al garrese 60 cm; genere *Ourebia*, famiglia dei Bovidi.)

oricàlco s.m. [pl. –chi] (gr. *oréikhalkos*, propr. "rame di monte") Lega di rame e zinco usata ant. per la fabbricazione di strumenti musicali.

Òrice o **Òrige** s.m. ZOOL. Genere di antilopi diffuse in Africa con corna lunghe e sottili a sezione rotonda. (Famiglia dei Bovidi.)

oricèllo s.m. (etim. incerta, forse lat. *urceolāris* "parietale") Lichene che cresce sulle scogliere del Mediterraneo, con tallo e rami cilindrici. ~ La sostanza colorante violacea che se ne estrae.

orientàbile agg. Che si può orientare.

orientàle agg. **1.** Che si trova a oriente. ◇ *Blocco orientale*: l'insieme delle nazioni dell'Europa orientale a regime comunista legate dal patto di Varsavia e sottoposte all'influenza dell'Unione Sovietica. **2.** Che sta a est dell'Europa, asiatico. **3.** Che si riferisce ai territori che appartenevano all'impero romano d'oriente. **4.** *fig.* Esotico, raffinato. ◆ s.m. e f. Nativo, abitante dell'Oriente asiatico.

orientaleggiànte agg. Che presenta caratteristiche tipiche della civiltà dell'Oriente asiatico.

orientalismo s.m. Nelle arti figurative e nell'architettura, tendenza a riprodurre stili, modi, figure e soggetti dell'Oriente asiatico.

orientalista s.m. e f. [pl.m. –sti] **1.** Specialista di lingue e culture dell'Oriente. **2.** Nelle arti figurative e nell'architettura, fautore dell'orientalismo.

orientalizzànte agg. Di gusto che tende a simulare, riprodurre stili orientali.

orientaménto s.m. **1.** Determinazione del luogo in cui ci si trova rispetto ai punti cardinali o altro sistema di riferimento. ◇ *Senso dell'orientamento*: facoltà istintiva di orientarsi, di trovare la giusta direzione. ~ ETOL. *Reazione di orientamento*: movimenti dell'animale provocati dall'apparizione, scomparsa o modificazione di elementi fisico-chimici o figurati dell'ambiente esterno, che provocano nell'animale una stimolazione direzionale. **2.** *fig.* Disposizione di un oggetto, di un edificio, ecc. rispetto ai punti cardinali o a un altro sistema di riferimento. **3.** *fig.* Indirizzo culturale, politico. ~ Posizione ideologica. ◇ *Orientamento scolastico e professionale*: attività che ha lo scopo di indirizzare lo studente verso il tipo di studi o il genere di occupazione più in linea con le sue attitudini e con il mercato del lavoro.

orientàre v.tr. **1.** Disporre qlco. rispetto a un punto cardinale. ~ Collocare qlco. verso una certa direzione. *Orientare i fari verso l'alto.* ~ MAR. Disporre le vele secondo il vento. **2.** *fig.* Indirizzare qlcu. verso un fine, un obiettivo. **3.** *fig.* Indirizzare una ricerca verso una determinata direzione o secondo determinati criteri. **4.** MAT. Dotare di un verso o di un senso una direzione in un ente geometrico. *Orientare una retta.* **5.** Disporre le vele secondo il vento. ◆ **orientarsi** v.pron. **1.** Stabilire la propria posizione rispetto ai punti cardinali o ad altri punti di riferimento. **2.** *fig.* Indirizzarsi verso qlco. *I miei figli si sono orientati verso le facoltà scientifiche.*

orientativo agg. Che serve a fornire un orientamento, un indirizzo.

orientàto agg. **1.** Rivolto, collocato nella direzione di un punto cardinale o di un altro punto di riferimento. **2.** *fig.* Impostato, indirizzato. **3.** GEOM. Di ente dotato di un senso di rotazione o di una direzione o di un verso.

orientatóre s.m. [f. –*trice*] Persona incaricata dell'orientamento scolastico e professionale nelle scuole dell'obbligo, negli istituti professionali, nei centri sociali, ecc.

oriènte s.m. (spec. sing.) **1.** Il punto dell'orizzonte in cui sorge il sole nei giorni degli equinozi. SIN.: **est, levante.** ~ *estens.* Parte orientale del mondo. **2.** Insieme di regioni che si trovano a est rispetto ad altre. ◇ *per anton.* L'*Oriente*: l'insieme dei paesi asiatici rispetto a quelli europei. **3.** Nella massoneria, il luogo dove opera una loggia. **4.** OREFIC. Carattere di trasparenza delle perle.

orifiàmma s.f. (fr. *oriflamme*, propr. "fiamma d'oro") Bandiera rossa con stelle e fiamme d'oro, usata come insegna dai re di Francia nel Medioevo.

orifizio s.m. [pl. –zi] (lat., comp. di *ōs* "bocca" e *fácere* "fare") **1.** Piccola apertura all'estremità di un condotto per il passaggio dei fluidi. **2.** ANAT. Apertura di un organo, che lo mette in comunicazione con un altro organo o con l'esterno.

origami [/ori'gami/] s.m. inv. (voce giapp., propr. "carta da piegare") Arte tradizionale giapponese di ottenere varie figure piegando più volte e in modo diverso un foglio di carta.

òrigano s.m. **1.** Erba aromatica perenne con piccolissime foglie ovate, tipica del clima mediterraneo, usata in cucina. (Famiglia delle Labiate.) **2.** BOT. (iniziale maiusc.) Genere di piante a cui appartengono varie specie di origano.

originàle agg. **1.** Relativo alle origini, che esiste dalle origini. **2.** Di testo o documento, che è di mano dell'autore. SIN.: **autografo**. ◇ *Edizione originale*: prima stampa di un'opera. **3.** Innovativo, che non si rifà a modelli precedenti. SIN.: **inedito**. **4.** Riferito a un oggetto, un prodotto, che proviene realmente da un dato luogo d'origine, da un data epoca o casa produttrice. SIN.: **autentico**. ◇ *s.m.* **1.** Nell'accez. 2 dell'agg. *L'originale del contratto*. **2.** (anche f.) Persona eccentrica, stravagante.

originalità s.f. inv. **1.** Carattere di chi o di ciò che è originale. **2.** *estens.* Bizzarria, stravaganza. **3.** Qualità di ciò che è autentico, non contraffatto.

originalménte avv. **1.** All'inizio, al principio. **2.** Con originalità.

originàre v.tr. Dare origine. ◆ **originarsi** v.pron. Avere origine.

originàrio agg. [pl.m. –ri] **1.** Che proviene da un luogo determinato. ~ Che ha dato le origini a qlcu. o a qlco. **2.** Delle origini, proprio dell'epoca d'origine.

origine s.f. (lat. *originem*, deriv. di *orīri* "nascere") **1.** Momento iniziale, nascita, inizio. ◇ *In, all'origine*: dal principio, in un primo momento. **2.** Provenienza, punto in cui inizia qlco. ~ Genealogia e luogo da cui viene un casato, una famiglia, una persona. **3.** Causa, motivo. *L'origine di una malattia.* **4.** GEOM. In un sistema di coordinate, punto di incontro degli assi coordinati. **5.** FIS. In una scala di grandezze, il punto corrispondente allo zero.

origliàre v.intr. [6] (aus. *avere*) Stare in ascolto di nascosto. *Origliare dietro la porta.* ◆ v.tr. Ascoltare di nascosto qlco. *Origliare i discorsi altrui.*

orinàle s.m. Recipiente per contenere l'urina o le feci.

orinàre v.intr. (aus. *avere*) FISIOL. Eliminare l'urina e altre sostanze secrete dal rene.

orinatóio s.m. [pl. –toi] Luogo pubblico fornito di apparecchiature igieniche per orinare, general. per soli uomini. SIN.: **vespasiano**.

Orìolidi s.m. pl. [iniziale minusc. sing. –*de* per l'individuo] ZOOL. Famiglia di uccelli caratterizzati, nelle femmine, da piumaggio molto vistoso. (Ordine dei Passeriformi.)

Orìolo s.m. ZOOL. Genere di uccelli diffusi in Europa e Asia; il maschio ha piumaggio giallo splendente, le femmine sono verdastre. (Famiglia degli Oriolidi.)

orittèropo s.m. (comp. di gr. *oryktḗr* "scavatore" e *poús* "piede") **1.** Mammifero delle savane africane, con orecchie grosse, muso stretto e lungo, che vive di giorno in tane profonde ed esce verso sera alla ricerca di termiti e formiche che cattura per mezzo della lunga lingua vischiosa. (Lunghezza 1,2 m esclusa la coda; peso 70 kg. È il solo rappresentante dell'ordine dei Tubulidentati.) **2.** ZOOL. (iniziale maiusc.) Genere di animali a cui appartiene l'orittèropo.

oriùndo agg. Proveniente, nativo. ◆ s.m. [f. –*da*] Chi è originario di un luogo diverso da quello in cui vive.

orizzontàle agg. **1.** Parallelo al piano dell'orizzonte sulla superficie del mare (in oppos. a *verticale*). ~ Che si estende in larghezza. **2.** Nel l. sind. ed economico, che avviene fra persone o gruppi dello stesso tipo o livello. ◆ s.f. (al pl.) Nei cruciverba, le parole collocate orizzontalmente. ~ SPORT. Posizione del ginnasta con il corpo in posizione orizzontale.

orizzontàre v.tr. Mettere qlco. in una certa posizione rispetto all'orizzonte e ai punti cardinali. ◆ **orizzontàrsi** v.pron. **1.** Riconoscere il luogo in cui ci si trova rispetto ai punti cardinali o ad altri punti di riferimento. **2.** *fig.* Raccapezzarsi.

orizzónte s.m. **1.** La linea apparente, circolare, che segna i confini della visibilità a partire da un luogo d'osservazione e che corrisponde ai punti in cui il cielo sembra toccare la terra. ◇ *fig. Affacciarsi, apparire, profilarsi all'orizzonte:* presentarsi in un prossimo futuro. **2.** ASTR. Circolo massimo, appartenente al piano perpendicolare alla verticale passante per l'osservatore, che divide la sfera celeste in due emisferi. ◇ *Orizzonte terrestre:* relativo a un osservatore esterno alla Terra, cerchio che separa la parte visibile della Terra da quella non visibile. – *Orizzonte astronomico:* piano passante per il punto dell'osservatore e perpendicolare alla verticale del punto stesso. **3.** *fig.* Campo d'azione, ambito di conoscenze. *I nuovi orizzonti della medicina.* ~ Ciò che si prepara, futuro prossimo. **4.** *Orizzonte artificiale:* strumento che controlla l'assetto di un aereo rispetto all'orizzonte in condizioni di non visibilità.

orlàre v.tr. Fornire qlco. di orlo.

orleanista agg. [pl.m. –*sti*] (fr. *orléaniste*) **1.** Del casato degli Orléans. **2.** Sostenitore della dinastia degli Orléans. ◆ s.m. e f. Nell'accez. 2 dell'agg.

órlo s.m. **1.** Lembo estremo di un tessuto, ripiegato e variamente rifinito per impedire le sfilacciature. **2.** Margine estremo di una superficie, il suo limite ultimo. *Orlo del burrone.* ◇ *fig. Sull'orlo di:* vicino, prossimo a. *Siamo sull'orlo della disperazione.*

òrlon s.m. inv. Denominazione commerciale, che costituisce marchio registrato, di una fibra tessile sintetica ottenuta dal nitrile acrilico mediante polimerizzazione usata per la fabbricazione di filati resistenti di lana.

órma s.f. (etim. incerta, forse gr. *osmḗ* "odore") **1.** Segno lasciato sul terreno dalla zampa di un animale o dal piede dell'uomo. **2.** *fig.* Traccia di qlco. di importante. *Le orme delle antiche civiltà.* ~ Esempio, modello, impronta spirituale.

ormài avv. (comp. di *ora* e *mai*) A questo o a quel punto. SIN. **già.**

ormeggiàre v.tr. [5] **1.** MAR. Fissare un'imbarcazione a uno o a più punti fermi. **2.** Fissare un velivolo al suolo in modo che il vento non lo sposti. ◆ **ormeggiàrsi** v.pron. Detto di natanti, assicurarsi con ormeggi.

orméggio s.m. [pl. –*gi*] **1.** L'insieme delle operazioni necessarie ad ormeggiare un'imbarcazione. **2.** Luogo in cui si ormeggia. **3.** (al pl.) Gli attrezzi, ancore, catene o cavi, con cui si ormeggia.

ormonàle agg. (ingl. *hormonal*) BIOL. Che riguarda gli ormoni. ~ Che contiene o utilizza ormoni. ◇ *Dosaggio ormonale:* misurazione degli ormoni contenuti nell'urina delle ventiquattrore.

ormóne s.m. (ingl. *hormone*, gr. *hormôn* deriv. di *hormân* "muovere, eccitare") BIOL. Ciascuna delle sostanze organiche, prodotte dalle ghiandole endocrine o da determinati tessuti, capaci di stimolare a distanza l'attività fisiologica e regolare l'equilibrio di cellule o organi. ca e regolare l'equilibrio di cellule o organi. ◇ *Ormo-*

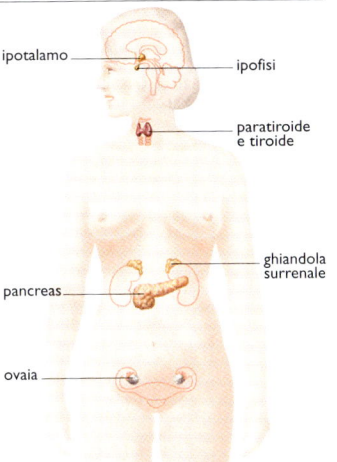

■ **ormóne.** Localizzazione delle principali ghiandole endocrine nella donna.

ne della crescita: → **somatotropina.** – BOT. *Ormoni vegetali:* quelli che regolano il processo di crescita nelle piante, detti anche *fitormoni.*
ENCICL. Gli ormoni garantiscono la regolazione del funzionamento dell'organismo parallelamente al sistema nervoso. La tiroide, le ghiandole surrenali, le gonadi dipendono dall'ipofisi e dall'ipotalamo. Le paratiroidi e il pancreas sono autonomi. Alcuni organi o tessuti (rene, placenta, ecc.) hanno una funzione di ghiandola endocrina più o meno secondaria. L'insufficienza di secrezione di un ormone può essere compensata da un ormone naturale o di sintesi.

ornamentàle agg. Che ha funzione di ornamento, di decorazione.

ornaménto s.m. **1.** Abbellimento ottenuto con l'aggiunta di elementi decorativi. **2.** Applicazione di motivi ornamentali. **3.** *fig.* Qualità morale, dote. *Gli ornamenti dell'animo.* **4.** Eleganza formale di un testo, ricercatezza stilistica.

ornàre v.tr. Rendere più attraente, più piacevole. ◆ **ornàrsi** v.pron. Abbellirsi con ornamenti. *Si ornava la testa di una corona.*

ornatista s.m. e f. [pl.m. –*sti*] Chi esegue ornati. ~ In partic., pittore specializzato in decorazioni.

ornàto s.m. **1.** Complesso di elementi decorativi e ornamentali, variamente stilizzati. ~ ARCH.

■ **ornitorìnco**

Gli elementi strutturali usati decorativamente in una costruzione. **2.** DIS. ART. La parte che riguarda l'esecuzione di elementi decorativi. ~ Anche, disegno non geometrico, a mano libera.

orneblènda s.f. (ted. *Hornblende*) MIN. Alluminosilicato di calcio, del gruppo degli anfiboli monoclini, di colore verde o nero, molto diffuso nelle rocce eruttive.

ornèllo o **ornièllo** s.m. Albero simile al frassino, coltivato per il legno e per la manna che si ricava dal fusto inciso. (Nome sc. *Fraxinus ornus;* famiglia delle Oleacee.)

Ornitischi s.m.pl. [iniziale minusc. sing. –*schio* per l'individuo] ZOOL. Ordine di rettili fossili di dimensioni gigantesche, comprendente una parte dei dinosauri, il cui bacino è strutturato come quello degli uccelli; ne fanno parte l'iguanodonte, lo stegosauro, ecc.

ornitofilia s.f. BOT. Particolare tipo di impollinazione operata da uccelli piccolissimi.

Ornitògalo s.m. (gr., comp. di *órnis* "uccello" e *gála* "latte") BOT. Genere di piante erbacee infestanti, molto diffuse, con bulbi tunicati di cui si nutrono gli uccelli e fiori bianchi riuniti in corimbi. (Nome sc. *Ornithogalum;* famiglia delle Liliacee.)

ornitologia s.f. ZOOL. Studio degli uccelli.

ornitòlogo s.m. e f. [f. –*ga*, pl.m. –*gi*, f. –*ghe*] Specialista di ornitologia.

ornitomanzia s.f. (gr., comp. di *órnis* "uccello" e *mantéia* "divinazione") Divinazione che si basa sul comportamento degli uccelli, spec. sul volo e sul canto.

ornitorìnco s.m. [pl. –*chi*] **1.** Mammifero oviparo fornito di muso corneo, largo e appiattito, corpo allungato con zampe corte dotate di membrana natatoria e pelliccia bruna; vive lungo i fiumi dell'Australia e della Tasmania. (Lunghezza 40 cm ca.; sottoclasse dei Monotremi.) **2.** ZOOL. (iniziale maiusc.) Genere di animali a cui appartiene l'ornitorinco.

■ **orittèropo**

bastoni spezzati	arabesco	punte di diamante
bisanti	greca	voluta
bullette	meandri	foglia cuoriforme
filza (olive e monetine)	olive	fogliame
scaglioni	ovoli e lance	nastro
scacchiera	palmette e spire	tortiglione
dentelli	perle	treccia

■ **ornaménto.** Motivi ornamentali correnti.

ornitòsi s.f. inv. MED. Malattia infettiva virale degli uccelli che può essere trasmessa agli altri animali e all'uomo.

òro s.m. **1.** Metallo prezioso giallo brillante, di densità 19,3 e che fonde a 1064 °C, ritenuto il principale dei metalli nobili; difficilmente attaccabile dagli agenti chimici e atmosferici, molto duttile e malleabile, è presente nei giacimenti allo stato nativo ed è usato da sempre come riferimento di ogni valore, per oggetti preziosi, per coniare moneta. **2.** (solo sing.) Elemento chimico (Au) di numero atomico 79 e peso atomico 196,9665. ◇ *Oro bianco, rosso, verde:* leghe d'oro e altri metalli. – *Oro a 24 carati:* zecchino, puro. – *Oro a 18 carati:* con 18 parti di oro su 24. – *Medaglia d'oro:* quella assegnata al vincitore di una gara; *estens.* il vincitore stesso. – *figg. Prendere per oro colato:* credere a tutto con ingenuità. – *A peso d'oro:* di prezzo molto elevato. – *Valere tanto oro quanto si pesa:* essere una persona piena di qualità. **3.** *fig.* Simbolo di benessere, successo, utilità. ◇ *Età dell'oro:* periodo ideale della storia dell'umanità caratterizzato dallo stato di innocenza e di felicità naturale. – *Avere un cuore d'oro, essere un uomo d'oro:* essere buono, generoso. ~ Usato nel l. gior. in locc. come *carceri d'oro, lenzuola d'oro,* per indicare affari sui quali si è molto e illecitamente lucrato. **4.** Colore giallo lucente. **5.** (al pl.) Oggetti d'oro. *Gli ori di casa.* **6.** (al pl.) Uno dei quattro semi delle carte da gioco napoletane. SIN.: **denari.**

Orobancàcee s.f. pl. [iniziale minusc. sing. *–a* per l'individuo] BOT. Famiglia di piante dicotiledoni parassite, con fusto carnoso, foglie ridotte a squame, frutti a capsula e prive di clorofilla.

Orobànche s.f. inv. (gr., comp. di *órobos,* nome di una leguminosa e *ánkhein* "soffocare") BOT. Genere di piante parassite, prive di foglie, con fiori bianco-violacei raccolti a spiga. (Famiglia delle Orobancacee.)

orofaringe s.f. ANAT. Parte della faringe in corrispondenza con la cavità orale.

orogènesi s.f. inv. GEOL. Insieme dei processi che determinano la formazione delle catene montuose e dei rilievi.

orogenètico agg. [pl.m. *–ci,* f. *–che*] GEOL. Che riguarda l'orogenesi.

orografia s.f. **1.** GEOGR. Studio dei rilievi del terreno (colline, montagne, ecc.). **2.** GEOGR. Insieme di rilievi montuosi in una determinata zona terrestre e, anche, la relativa descrizione e rappresentazione cartografica.

orogràfico agg. [pl.m. *–ci,* f. *–che*] GEOGR. Che riguarda l'orografia.

orologeria s.f. (fr. *horlogerie*) **1.** La fabbricazione degli orologi. **2.** Negozio di orologi. **3.** Meccanismo a tempo programmato per ottenere determinati effetti. ◇ *Bomba a orologeria:* congegnata in modo da esplodere in un preciso momento.

orologiàio s.m. [f. *orologiaia,* pl.m. *orologiai*] Chi fabbrica, vende o ripara orologi.

orologièro agg. (fr. *horloger*) Che si riferisce alla fabbricazione o alla vendita di orologi.

orologìo s.m. [pl. *–gi*] (gr., comp. di *hora* "ora" e *légein* "dire") **1.** Strumento adoperato per la misura del tempo. ◇ *Orologio di precisione:* cronometro. **2.** *fig.* Riferito a persona, puntualità, precisione. ~ Riferito a congegno, perfezione di funzionamento. *La mia nuova auto va come un orologio.* ◇ FISIOL. *Orologio biologico:* meccanismo che consente agli esseri viventi di regolare funzioni e attività indipendentemente dalle condizioni esterne.

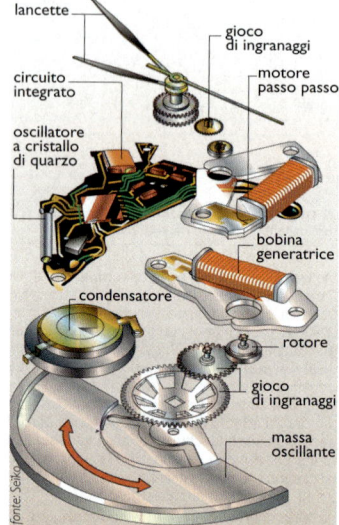

lancette – gioco di ingranaggi – circuito integrato – motore passo passo – oscillatore a cristallo di quarzo – bobina generatrice – condensatore – rotore – gioco di ingranaggi – massa oscillante

Fonte: Seiko

Il movimento del polso fa ruotare la massa oscillante su se stessa. Un gioco di ingranaggi amplifica la rotazione e la trasforma, grazie al rotore, in carica magnetica. La bobina generatrice produce corrente la cui energia viene accumulata nel condensatore. L'oscillatore al cristallo di quarzo oscilla e il circuito integrato produce un segnale elettrico esatto che il motore passo passo converte in movimento rotatorio e lo trasmette alle lancette mediante ingranaggi.

■ **orologìo.** Funzionamento di un orologio al quarzo a lancette.

oròscopo s.m. (gr. *horoskópos* "che osserva l'ora della nascita") **1.** ASTROL. Predizione del futuro di una persona, basata sul calcolo della posizione degli astri in rapporto con l'ora della sua nascita. **2.** *estens.* Previsione. **3.** Libro, pagina di giornale che riporta le previsioni riguardanti i nati sotto i vari segni zodiacali.

orpèllo s.m. (provenz. *auripel,* fr. *oripel,* lat. *auri pèllis* "pelle d'oro") **1.** Lega di rame, zinco e stagno simile per colore all'oro. **2.** *fig.* Ornamento inutile ed eccessivo, vistoso e spesso ingannevole.

orpiménto s.m. (fr. *orpiment,* lat. comp. di *aurum* "oro" e *pigmëntum* "pigmento") MIN. Minerale monoclino costituito da trisolfuro di arsenico in masse lamellari giallastre, usato in conceria come colorante.

orrèndo agg. (lat., deriv. di *horrère* "provare orrore") **1.** Che suscita raccapriccio per le sue caratteristiche crudeli, atroci o perché repellente, spaventoso. **2.** *per esager.* Molto brutto. *Un programma orrendo.*

orribile agg. **1.** Che desta orrore, spavento. **2.** *per esager.* Bruttissimo, sgradevole, disgustoso. *Un odore orribile.*

òrrido agg. Che suscita orrore, terrore o ribrezzo. ◆ s.m. **1.** Ciò che desta orrore. **2.** Forra o burrone profondo e stretto.

orripilànte agg. **1.** Che fa drizzare i peli, i capelli per il ribrezzo e il terrore. SIN.: **raccapricciante. 2.** *per esager.* Brutto, sgradevole, repellente.

orripilazióne s.f. FISIOL. Fenomeno per cui avviene l'erezione dei peli sia negli animali sia negli uomini in seguito a freddo o paura.

orróre s.m. **1.** Forte sensazione di spavento o repulsione causata dall'idea o dalla vista di una cosa spaventosa. **2.** Cosa abominevole, raccapricciante. *Gli orrori della guerra.*

órsa s.f. **1.** La femmina dell'orso. **2.** ASTR. (iniziale maiusc.) Nome di due costellazioni dell'emisfero boreale (*Orsa Maggiore, Orsa Minore*).

orsacchiòtto s.m. **1.** [f. *–ta*] Nel sign. del dim. di *orso;* in partic., cucciolo d'orso. **2.** Giocattolo spec. di peluche, a forma di orsetto.

orsétto s.m. **1.** Nel sign. del dim. di *orso;* in partic., cucciolo d'orso. **2.** Pelliccia poco pregiata o stoffa che la imita.

órso s.m. [f. *–sa*] **1.** Grande mammifero plantigrado, carnivoro, con mantello lungo e folto, muso allungato, occhi piccoli, tronco robusto e coda corta. (Famiglia degli Ursidi.) **2.** *fig.* Persona scontrosa, poco socievole. **3.** BORS. *gerg.* Speculatore al ribasso. ~ Mercato borsistico tendente al ribasso.

ENCICL. L'orso è il più grande carnivoro terrestre. Raggiunge infatti i 3 m di lunghezza e ha un peso variabile dai 450 kg (orso bruno) ai 600 kg (orso polare). Tra le sette specie di orso, quello *bruno* d'Europa e del Nord dell'Asia (genere *Ursus*) e quello *grigio* d'America (*grizzly*) si nutrono di frutta, miele, salmoni e piccoli animali; l'*orso nero,* o *baribal,* è più piccolo e vive soltanto nell'America settentrionale; l'*orso bianco,*

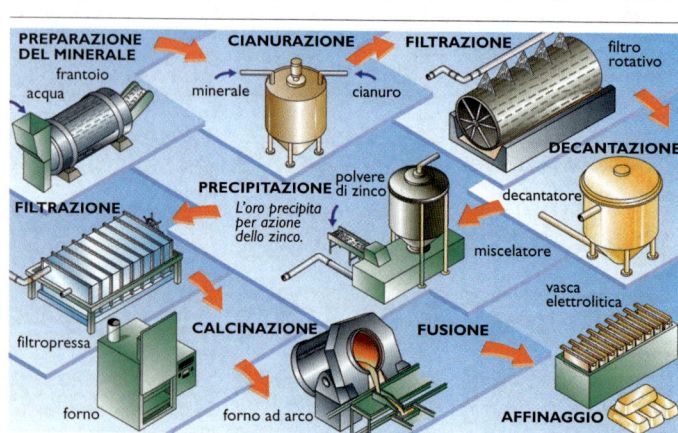

PREPARAZIONE DEL MINERALE – frantoio – acqua – CIANURAZIONE – minerale – cianuro – FILTRAZIONE – filtro rotativo – DECANTAZIONE – PRECIPITAZIONE – polvere di zinco – decantatore – *L'oro precipita per azione dello zinco.* – FILTRAZIONE – miscelatore – vasca elettrolitica – filtropressa – CALCINAZIONE – FUSIONE – forno – forno ad arco – AFFINAGGIO

■ **òro** (fasi della lavorazione dell'oro).

bruno

polare

■ **órso**

o *orso polare* (genere *Thalarctos*) è il più grande, popola le regioni artiche, vive perennemente a contatto con l'acqua, è un ottimo nuotatore nonostante la sua mole e si nutre di foche e pesci; l'*orso malese* (genere *Helarctos*), delle foreste tropicali del Sud-Est asiatico, è invece il più piccolo. La specie fossile europea più famosa è quella dell'*orso delle caverne* (*Ursus spelaeus*), cacciata e venerata dai neandertaliani.

orsolìna s.f. CATT. Religiosa dell'ordine di Sant'Orsola, fondato nel 1535 a Brescia da sant'Angela Merici per l'educazione delle fanciulle.

ortàggio s.m. [pl. –*gi*] Nome generico di ogni pianta erbacea commestibile coltivata negli orti. SIN.: **verdura**.

ortènsia s.f. (forse dal nome della signora francese *Hortense* Barré Lepante a cui il botanico F. Commerson dedicò il fiore) Pianta originaria dell'Estremo Oriente, coltivata a scopo ornamentale per le sue grandi infiorescenze globose rosa, bianche o blu. (Genere *Hydrangea*; famiglia delle Sassifragacee.)

■ **ortènsia**

ortèsi s.f. inv. MED. Protesi che corregge una funzione meccanica difettosa degli arti.

ortìca s.f. [pl. –*che*] **1.** Pianta erbacea perenne a piccoli fiori verdastri, con ampie foglie dentate ricche di peli che contengono un liquido urticante contenente acido formico. (Famiglia delle Urticacee.) ◇ *fig.* Gettare qlco. alle ortiche: disfarsene, abbandonarlo per sempre. **2.** BOT. (iniziale minusc.) Genere di piante a cui appartengono varie specie di ortica. **3.** *Ortica di mare*: nome comune di diverse meduse urticanti. SIN.: **acalefa**.

■ **ortìca**

orticària s.f. MED. Affezione cutanea transitoria caratterizzata da piccole macchie rosse pruriginose, general. di origine allergica o determinata da esposizione ad agenti atmosferici.

orticolo agg. Che riguarda gli orti e l'orticoltura.

orticoltóre o **orticultóre** s.m. [f. –*trice*] Chi pratica l'orticoltura.

orticoltùra o **orticultùra** s.f. Coltivazione degli orti.

1. ortìvo agg. **1.** Coltivato a orto. **2.** Che cresce negli orti, adatto agli orti.

2. ortìvo agg. ASTR. Relativo al sorgere di un astro. ◇ *Punto ortivo*: quello in cui un astro sorge all'orizzonte.

òrto s.m. (lat. *hŏrtum*, propr. "luogo recintato") Piccolo appezzamento di terreno, spesso recintato da un muro o da una siepe, coltivato a ortaggi, fiori e alberi da frutto. ◇ *Orto botanico*: terreno in cui sono coltivate numerose qualità di piante, anche esotiche, a scopo di studio o ricerca. – *fig.* Coltivare il proprio orto: occuparsi solo dei propri problemi, disinteressandosi di quelli altrui.

ortocèntro s.m. GEOM. Punto di intersezione delle tre altezze di un triangolo.

ortoclàsio s.m. [pl. –*si*] MIN. Silicato di alluminio e potassio bianco o rosato, del gruppo dei *feldspati* [K(Si₃AlO₈)], componente di rocce eruttive e metamorfiche, usato nell'industria della porcellana.

ortocromàtico agg. [pl.m. –*ci*, f. –*che*] FOTO. Di emulsione fotografica in cui la sensibilità è estesa dall'ultravioletto al blu, al verde e al giallo, ma non arriva a toccare il rosso.

ortodontìsta s.m. e f. [pl.m. –*sti*] Odontoiatra specializzato nella correzione delle malformazioni dei denti e delle mascelle.

ortodonzìa o **ortodontìa** s.f. MED. Studio e cura delle malformazioni dentarie.

ortodossìa s.f. **1.** Rigorosa fedeltà ai principi di una religione, di un'ideologia, di una dottrina, di una politica (in oppos. a *eterodossia*). **2.** Insieme delle dottrine delle Chiese cristiane d'oriente dette *ortodosse*.

ortodòsso agg. (gr., comp. di *orthós* "diritto" e *dorsa* "opinione") **1.** Conforme ai principi di una dottrina ideologica, politica o religiosa, agli usi, alla tradizione consolidata. ~ Comunemente accettato, convenzionale. *Uno scritto poco ortodosso*. **2.** Che riguarda la religione cristiana orientale. ◇ *Chiese ortodosse*: chiese cristiane orientali separate da Roma dal 1054, ma rimaste fedeli alla dottrina definita dal concilio di Calcedonia nel 451. ◆ s.m. [f. –*sa*] **1.** RELIG. Appartenente alla Chiesa ortodossa. **2.** Fedele a una dottrina.

ENCICL. Raccolte sotto la supremazia onoraria del patriarca ecumenico di Costantinopoli, le chiese ortodosse (180 milioni di fedeli ca.) comprendono in particolare i tre vecchi patriarcati di Alessandria, di Antiochia e di Gerusalemme, insieme ai patriarcati più recenti di Georgia, Bulgaria, Serbia, Russia e Romania, come pure le Chiese autocefale di Cipro, della Grecia, della Polonia, dell'Albania, della Repubblica Ceca e della Slovacchia.

ortodromìa s.f. GEOGR. Linea che segna la distanza più breve fra due punti della superficie terrestre. (Corrisponde all'arco di circolo massimo che li congiunge.)

ortoepìa s.f. (gr., comp. di *orthós* "corretto" ed *épos* "parola") LING. Studio della corretta pronuncia dei suoni e delle parole di una lingua.

ortofonìa s.f. **1.** MED. Correzione dei difetti di pronuncia legati a qualche patologia. **2.** LING. Pronuncia corretta.

ortofonìsta s.m. e f. [pl.m. –*sti*] Specialista in ortofonia.

ortofosfòrico agg. [pl.m. –*ci*] CHIM. *Acido ortofosforico*: la forma idratata più stabile dell'acido fosforico.

ortofrenìa s.f. PSICOL. Studio degli oligofrenici e dei metodi didattici appropriati per la loro educazione.

ortofrùtta s.f. (solo sing.) Insieme di frutta e verdura.

ortofrutticolo agg. Relativo all'ortofrutticoltura e ai suoi prodotti.

ortofrutticoltùra s.f. AGR. Coltivazione e commercializzazione di ortaggi e frutta.

ortogènesi s.f. inv. BIOL. Teoria evolutiva secondo la quale certi caratteri o organi di una specie si evolvono o regrediscono con continuità e in una determinata direzione. **2.** MED. Studio dello sviluppo dell'uomo dalla vita intrauterina alla maturità.

ortogonàle agg. GEOM. Che forma un angolo retto con un altro elemento. SIN.: **perpendicolare**. ◇ *Proiezione ortogonale*: proiezione la cui direzione è perpendicolare all'asse al piano di proiezione. – *Simmetria ortogonale*: simmetria *assiale.

ortografìa s.f. (gr., comp. di *orthós* "corretto" e *gráphein* "scrivere") Insieme delle norme che disciplinano il modo di scrivere di una lingua. ~ Modo corretto di scrivere.

1. ortogràfico agg. [pl.m. –*ci*, f. –*che*] Che riguarda l'ortografia.

2. ortogràfico agg. [pl.m. –*ci*, f. –*che*] CARTOGR. *Proiezione ortografica*: quella il cui centro è all'infinito e in cui piano è ortogonale alle direzioni prospettiche, tutte parallele.

ortolàno s.m. **1.** [f. –*na*] Chi coltiva un orto. ~ Chi vende ortaggi. **2.** Piccolo uccello dell'Europa e dell'Asia occidentale, con piumaggio variopinto e becco a cono. (Famiglia degli Emberizidi.)

ortopedìa s.f. (gr., comp. di *orthós* "dritto" e *pâis* "bambino" perché inizialmente si occupava soprattutto della cura dei bambini) **1.** MED. Studio e cura delle patologie di ossa e articolazioni. **2.** Tecnica per la costruzione di apparecchi utili per correggere difetti degli arti o della colonna vertebrale.

ortopèdico agg. [pl.m. –*ci*, f. –*che*] Dell'ortopedia. ◇ *Scarpe ortopediche*: fabbricate per correggere difetti ai piedi. ◆ s.m. [f. –*ca*] Medico specializzato in ortopedia. **2.** Chi costruisce o vende apparecchi ortopedici.

ortopnèa s.f. (gr., comp. di *orthós* "dritto" e *pnēin* "respirare") MED. Difficoltà respiratoria in posizione distesa.

ortorómbico agg. [pl.m. –*ci*, f. –*che*] MIN. Di sistema cristallografico rombico.

ortoscopìa s.f. **1.** MED. Esame radiologico effettuato mantenendo il soggetto in posizione eretta. **2.** Proprietà di un sistema ottico di fornire immagini prive di aberrazione geometrica. **3.** MIN. Osservazione di minerali con uno strumento di ingrandimento che permette l'osservazione con luce parallela (*ortoscopio*).

ortoscòpio s.m. [pl. –*pi*] **1.** MED. Apparecchio radiologico per l'esame di soggetti posti in posizione eretta. **2.** MIN. Strumento di ingrandimento che permette l'osservazione con luce parallela.

ortosimpàtico agg. [pl.m. –*ci*] MED. *Sistema ortosimpatico*: una delle parti del sistema nervoso vegetativo. ◆ s.m. Nel sign. dell'agg.

ortostàtico agg. [pl.m. –*ci*, f. –*che*] (fr. *orthostatique*) MED. Di fenomeno o patologia che si manifesta quando il corpo è in posizione eretta.

ortostatìsmo s.m. (fr. *orthostatisme*) MED. Condizione del corpo in posizione eretta.

Ortòtteri s.m. pl. [iniziale minusc. sing. –*o* per l'individuo]. ZOOL. Ordine di insetti fitofagi, volatori e saltatori, a metamorfosi incompleta, con lunghe ali membranose; ne fanno parte il grillo e la cavalletta. **2.** (iniziale minusc.) Denominazione generica di insetti appartenenti all'ordine degli Ortotteri.

ortòttica s.f. [non com. pl. –*che*] MED. Disciplina oculistica che studia i difetti binoculari, in partic. lo strabismo.

ortottìsta s.m. e f. [pl.m. –*sti*] Specialista in ortottica.

òrza s.f. (etim. incerta, forse gr. *orthías* "parte dell'albero della nave") MAR. Cavo che serve a portare la vela dal lato di sopravento. ◇ *Andare all'orza*: portare la prua verso la direzione del vento.

orzaiòlo s.m. MED. Piccolo ascesso che si sviluppa sul bordo della palpebra.

orzàre v.intr. (aus. *avere*) MAR. Portare la prua verso la direzione del vento.

1. orzàta s.f. (deriv. di *orzo*, con cui era orig. preparata la bevanda) **1.** Bevanda fatta con mandorle tritate finissime, zucchero e acqua. **2.** Bevanda preparata con farina d'orzo sciolta nell'acqua.

2. orzàta s.f. MAR. Manovra di andare all'orza.

orzièro agg. MAR. Di imbarcazione che tende a mettere la prora all'orza.

òrzo s.m. Pianta erbacea con spighe munite di lunghe ariste, coltivata per le cariossidi utilizzate nell'alimentazione umana e nella fabbricazione della birra. (Genere *Hordeum*; famiglia delle Graminacee.) (v. immagine pag. succ.)

osànna s.m. inv. (aramaico *hōša' nāŷ* "salvaci!") Grido di esultanza.

osannàre v.intr. **1.** Tributare lodi pubbliche a qlcu. *Osannare al sovrano*. **2.** Cantare osan-

■ **òrzo**

na. ~ Elevare inni di gioia. ◆ v.tr. Ammirare, esaltare qlco.

osàre v.tr. **1.** Avere l'audacia, il coraggio di fare qlco. *Osare una difficile scalata.* **2.** Avere l'impudenza di fare qlco. *Non oso sperare tanto.* **3.** Azzardare di dire o fare qlco.

òscar s.m. inv. (voce ingl. d'America deriv. da un aneddoto: il segretario dell'Accademia, vedendo l'uomo che portava il campione della statuetta, lo scambiò per suo zio Oscar e un giornalista, che lo sentì dire "ecco Oscar", pensò che i premi si chiamassero così) **1.** Statuetta simbolo e premio dell'annuale concorso cinematografico americano. ~ *estens.* Il film, l'attore, il regista, ecc. che riceve tale premio. **2.** *per anton.* Premio o primato in talune manifestazioni e in certi campi.

oscenità s.f. inv. **1.** Mancanza di pudore, comportamento che offende la morale sessuale. SIN.: **indecenza.** **2.** *per esager.* Cosa di cattivo gusto.

oscèno agg. (lat. *obscēnum,* propr. "infausto") **1.** Che offende la moralità in campo sessuale. SIN.: **sconcio. 2.** *estens. per esager.* Che offende l'estetica, molto brutto.

oscillànte agg. Che oscilla. **2.** *fig.* Sottoposto a variazioni. *Prezzi oscillanti.* ~ *estens.* Indeciso, incerto.

oscillàre v.intr. (aus. *avere*) **1.** Muoversi alternativamente in due direzioni opposte. *Il pendolo oscilla.* **2.** *fig.* Non avere stabilità. *Da tempo il dollaro oscilla sui mercati finanziari mondiali.* **3.** Variare tra un valore massimo e uno minimo. *La temperatura oscilla sui trenta gradi.* **4.** Essere indecisi. *Oscillò a lungo tra il sì e il no.*

oscillatóre s.m. FIS. Apparecchio che produce oscillazioni meccaniche o elettriche.

Oscillatòria s.f. inv. BOT. Genere di alghe unicellulari che vivono in acqua dolce e si muovono con movimenti oscillatori.

oscillatòrio agg. [pl.m. –*ri*] Che si manifesta con oscillazioni.

oscillazióne s.f. **1.** Movimento con il quale un corpo tende alternativamente da un lato e dall'altro. **2.** *fig.* Variazione, sbalzo, instabilità. **3.** In ginnastica, esercizio al cavallo.

oscillògrafo s.m. **1.** ELETTR. Apparecchio per registrare le oscillazioni meccaniche o elettriche. **2.** MED. Strumento utilizzato per la misurazione dell'espansibilità delle pareti arteriose di un arto (*oscillometro*) dotato di apparecchio di registrazione.

oscillogràmma s.m. [pl. –*mi*] **1.** TECN. Registrazione di oscillazioni tramite oscillografo. **2.** MED. Tracciato delle oscillazioni delle pareti arteriose di un arto.

oscillòmetro s.m. **1.** MED. Strumento utilizzato per la misurazione dell'espansibilità delle pareti arteriose di un arto. **2.** Nell'ingegneria navale, strumento per misurare l'ampiezza delle oscillazioni di rollio di una nave.

oscilloscòpio s.m. [pl. –*pi*] FIS. Apparecchio per visualizzare le variazioni di una grandezza elettrica nel tempo. (È costituito da un tubo a raggi catodici.)

òsco agg. [pl.m. –*schi,* f. –*sche*] Di antica popolazione italica stanziata in un vasto territorio,

dall'Abruzzo meridionale alla Lucania e alla Calabria settentrionale, con esclusione della Puglia e di fasce costiere della Campania. ◆ s.m. **1.** [f. –*sca;* al pl. anche iniziale maiusc.] Chi apparteneva alla popolazione osca. **2.** (solo sing.) Lingua osca.

osculatóre agg. [f. –*trice*] GEOM. Riferito a elemento che ha con una curva un contatto di ordine non inferiore a due.

òsculo s.m. (lat. *ōsculum* "bacio") **1.** ZOOL. Apertura del corpo delle spugne. **2.** BOT. Poro germinativo dei granuli di polline.

oscuraménto s.m. **1.** Scomparsa parziale o totale della luce. ~ In partic., spegnimento di tutte le sorgenti di luce in un centro abitato nelle ore notturne. **2.** Nel l. gior., interruzione di comunicazione, blackout.

oscurantìsmo s.m. (fr. *obscurantisme*) **1.** Atteggiamento di opposizione al progresso. **2.** Complesso delle ideologie che, a partire dal sec. XVIII, si opposero all'illuminismo e allo scientismo.

oscuràre v.tr. **1.** Rendere o fare apparire più scuro qlco. *Oscurare una stanza.* ~ *fig.* Rendere poco chiaro l'intelletto, la mente, il ricordo. **2.** Impedire a un segnale radiotelevisivo di giungere alle antenne di ricezione. ◆ **oscurarsi** v.pron. Diventare oscuro. *Il cielo si sta oscurando.*

oscuratóre s.m. **1.** [f. –*trice*] Chi oscura. **2.** MAR. Portellino interno dell'oblò che impedisce il passaggio della luce. ◻ In funzione di agg., nell'accez. 1 del s.

oscurità s.f. inv. **1.** Mancanza di luce. **2.** *fig.* Scarsa chiarezza. **3.** *fig.* Mancanza di notorietà.

oscùro agg. **1.** Non chiaro o scarsamente illuminato. SIN.: **buio. 2.** *fig.* Confuso, difficile da capire. SIN.: **astruso. 3.** *fig.* Poco noto, di cui si hanno poche notizie. ◇ *Secolo oscuro:* periodo buio, disonorevole. ◆ s.m. (solo sing.) Ciò che è oscuro. ◇ *Essere all'oscuro di qlco.:* non esserne informato.

osé [/o'ze/] agg. inv. Che può scandalizzare.

osmànli agg. inv. (voce turca, dal nome del fondatore dell'impero ottomano *Osman* I) Ottomano, turco dell'Anatolia. ◆ s.m. inv. **1.** [anche f.; al pl. anche iniziale maiusc.] Chi apparteneva alla dinastia ottomana. **2.** (solo sing.) Lingua ottomana.

osmidròsi s.f. inv. (gr., comp. di *osmḗ* "odore" e *hidrós* "sudore") MED. Sudorazione di odore sgradevole.

òsmio s.m. (solo sing.) **1.** Metallo del gruppo del platino, di colore bianco azzurro, che fonde verso 3040 °C. **2.** Elemento chimico (Os) di numero atomico 76 e peso atomico 190,23.

osmòmetro s.m. (fr. *osmomètre*) CHIM., FIS. Strumento per misurare la pressione osmotica.

osmòsi s.f. inv. (fr. *osmose,* gr. deriv. di *ōsmós* "spinta") **1.** FIS. Trasferimento del solvente di una soluzione diluita verso una soluzione concentrata attraverso una membrana semipermeabile. (Negli organismi viventi, trasferimento d'acqua con osmosi si effettuano in modo permanente attraverso la membrana delle cellule.) ◇ *Osmosi elettrica:* fenomeno di osmosi ottenuto artificialmente utilizzando il passaggio di corrente elettrica. **2.** *fig.* Influenza reciproca, compenetrazione. *Osmosi tra due culture.*

osmotattìsmo s.m. BIOL. Movimento di organismi causato dalla concentrazione molecolare della soluzione in cui si trovano.

osmòtico agg. [pl.m. –*ci,* f. –*che*] (fr. *osmotique*) Relativo all'osmosi. ◇ *Pressione osmotica:* pressione che deve esercitarsi in una soluzione per impedirle di attirare l'acqua mediante osmosi.

Osmùnda s.f. (fr. *osmonde*) BOT. Genere di felci con grandi foglie coriacee, fertili in alcune specie.

ospedàle s.m. (lat. *hospitàle,* propr. "alloggio destinato ai forestieri") Istituto, pubblico o privato, dove sono effettuate cure mediche o chirurgiche. ◇ *Ospedale da campo:* ospedale di soccorso medico allestito in tende o baracche in caso di guerra o calamità naturali. ◻ Anche in funzione di agg. inv., nelle locc. *nave, treno ospedale,* quelli attrezzati per l'assistenza e il trasporto di feriti, malati.

ospedalièro agg. Relativo agli ospedali. ◆ s.m. [f. –*ra*] Chi lavora in un ospedale.

ospedalìsmo s.m. (fr. *hospitalisme*) PSICOL. Insieme dei disordini psichici e somatici che colpiscono un neonato (general. con meno di 15 mesi) a seguito di un lungo ricovero, che lo ha privato delle relazioni emozionali con la madre. (Il fenomeno fu studiato da R. Spitz.)

ospedalizzàre v.tr. (fr. *hospitaliser*) Ricoverare qlcu. in un ospedale.

ospedalizzazióne s.f. (fr. *hospitalisation*) Degenza, ricovero in ospedale.

ospitàle agg. Che accoglie volentieri, con cortesia gli ospiti.

ospitalità s.f. inv. **1.** Cordialità nel modo di accogliere e trattare i propri ospiti. ~ Fatto di ricevere e alloggiare qlcu. per carità, generosità, amicizia. ~ Asilo accordato a qlcu., a un gruppo da parte di una nazione. **2.** Accoglienza di uno scritto, di un intervento in una sede, su un giornale.

ospitànte agg. Che ospita spec. nel l. sport. ◆ s.m. e f. Nel sign. dell'agg.

ospitàre v.tr. **1.** Alloggiare qlcu. temporaneamente. **2.** *estens.* Accogliere qlco., contenerlo. *Questa rivista ha ospitato il mio articolo.*

òspite agg. (lat. *hóspitem,* propr. "colui che riceve lo straniero") **1.** Che ospita. **2.** Che viene ospitato. ◆ s.m. e f. **1.** Chi ospita in casa propria altre persone. **2.** Chi è ospitato in casa d'altri. ◇ *Ospite d'onore:* noto personaggio che interviene a uno spettacolo, a una trasmissione televisiva o radiofonica. **3.** BIOL. Organismo a spese del quale vive un parassita.

ospìzio s.m. [pl. –*zi*] Casa d'assistenza dove si ricoverano gli anziani.

ospodàro s.m. (romeno *hospodar,* slavo deriv. di *gospodi* "padrone, signore") Governatore degli antichi principati danubiani.

ossalàto s.m. (fr. *oxalate*) CHIM. Sale o estere dell'acido ossalico.

ossàlico agg. [pl.m. –*ci*] (fr. *oxalique*) CHIM. ORG. *Acido ossalico:* acido ($H_2C_2O_4$) che dà all'acetosa il suo gusto particolare.

Ossalidàcee s.f. pl. [iniziale minusc. sing. –*a* per l'individuo] BOT. Famiglia di piante erbacee o arbustive dicotiledoni.

ossàme s.m. Ammasso di ossa di uomini o animali morti.

ossàrio s.m. [pl. –*ri*] **1.** Nei cimiteri, edificio o scavo dove sono raccolte ossa umane. **2.** Monumento funebre che raccoglie le spoglie dei caduti in guerra o delle vittime di grandi calamità.

ossatùra s.f. **1.** L'insieme delle ossa del corpo o di una parte di esso. **2.** *fig.* Struttura portante. SIN.: **intelaiatura.** ~ Base di un progetto, di un'organizzazione.

osseìna s.f. BIOL. Sostanza proteica contenuta nel tessuto osseo.

òsseo agg. **1.** Dell'osso, delle ossa. **2.** *estens.* Simile a osso, duro come un osso.

ossequiàre v.tr. [6] Omaggiare, riverire qlcu.

ossèquio s.m. [pl. –*qui*] (lat. *obsèquium,* deriv. di *òbsequi* "assecondare") **1.** Profondo rispetto. ~ Atto di devozione. **2.** (spec. pl.) Formula di saluto.

ossequiosità s.f. inv. Qualità di una persona ossequiosa.

■ **Osmùnda** regale.

ossequióso agg. Che manifesta rispetto verso qlcu. o qlco., spesso con atteggiamento servile.

osservàbile agg. Che può essere osservato.

osservànte agg. **1.** Che osserva una norma o una legge. **2.** RELIG. Relativo al movimento dell'Osservanza francescana. ◆ s.m. **1.** (anche f.) Chi si attiene rigorosamente alle norme o osserva fedelmente i precetti di una religione. **2.** Frate appartenente al movimento dell'Osservanza.

osservànza s.f. **1.** Obbedienza scrupolosa a una prescrizione, un'abitudine. ~ Conformarsi a una norma di comportamento. Osservanza scrupolosa di una norma religiosa. **2.** RELIG. (iniziale maiusc.) Movimento rigorista interno a vari ordini religiosi; in partic., famiglia dell'ordine francescano, riconosciuta ufficialmente nel 1517, che persegue (in polemica con quella dei conventuali) ideali di povertà molto vicini a quelli del francescanesimo originario.

osservàre v.tr. (lat., comp. di *ŏb* "verso" e *servāre* "custodire") **1.** Esaminare attentamente qlco. o qlcu. Osservare le cellule al microscopio. **2.** Notare, rilevare qlco. di particolare, obiettare. Sulla sua proposta non ho nulla da osservare. **3.** Rispettare una legge, un impegno preso, mantenere una parola data.

osservatóre agg. [f. –trice] Che osserva con uno spirito critico. ◆ s.m. (anche f.) **1.** Chi possiede particolari doti di attenzione. **2.** Persona con o senza funzioni di controllo, presente in un dibattito, in una commissione, ma che non può intervenire né votare. **3.** Emissario dell'ONU con compiti di ispezione durante manifestazioni elettorali in paesi turbolenti o in caso di tregua tra contendenti.

osservatòrio s.m. [pl. –ri] **1.** Costruzione, luogo attrezzato per le osservazioni a distanza di tipo scientifico (astronomiche, meteorologiche o vulcanologiche) o militari. **2.** estens. Posizione privilegiata, istituzione apposita per l'osservazione di fenomeni di vario tipo.

■ **osservatòrio** astronomico di Mauna Kea (Hawaii).

osservazióne s.f. **1.** L'atto di osservare attentamente determinati esseri, cose, eventi o fenomeni per studiarli e trarne giudizi. – Spirito d'osservazione: capacità di notare le cose, i particolari e le differenze. – Essere in, sotto osservazione: detto di paziente sottoposto in ospedale ad accertamenti diagnostici. **2.** Resoconto, insieme di osservazioni, di riflessioni di qlcu. che ha osservato, studiato qlco. ~ Osservazione personale, a volte critica. ~ Rimprovero.

ossessionànte agg. Che ossessiona, esaspera.

ossessionàre v.tr. **1.** Turbare lo stato psichico di qlcu. I traumi infantili lo ossessionano ancora. **2.** estens. Importunare qlcu. incessantemente. SIN.: **esasperare**.

ossessióne s.f. (lat. obsessiōnem "assedio") **1.** Pensiero che ritorna continuamente. ~ In concreto, cosa o persona che ossessiona, che infastidisce. **2.** Forma psicopatologica caratterizzata da pensieri e comportamenti coatti.

ossessìvo agg. **1.** Che costituisce un'ossessione, un tormento, che dà grande molestia. **2.** PSICH. Relativo alla forma psicopatologica della nevrosi coatta.

ossèsso agg. **1.** Posseduto dal demonio. **2.** estens. Molto agitato e frenetico. ◆ s.m. [f. –sa] Nei sign. dell'agg.

ossìa cong. Cioè, vale a dire.

ossiacetilènico agg. [pl.m. –ci, f. –che] CHIM. Composto da ossigeno e acetilene.

ossiàcido s.m. **1.** CHIM. In chimica organica, acido contenente il gruppo ossidrilico insieme al gruppo carbossilico. **2.** CHIM. In chimica inorganica, ogni acido contenente ossigeno nella propria molecola.

ossicino s.m. **1.** Nel sign. del dim. di osso. **2.** ANAT. Catena degli ossicini: piccole ossa situate nell'orecchio medio, che trasmettono le vibrazioni sonore del timpano all'orecchio interno. (Nei mammiferi, esistono tre ossicini: il martello, l'incudine e la staffa.)

ossidàbile agg. (fr. oxydable) Che si può ossidare.

ossidànte agg. CHIM. Di sostanza o elemento capace di ossidarne altri. ◆ s.m. Nel sign. dell'agg.

ossidàre v.tr. (fr. oxyder) **1.** CHIM. Provocare ossidazione a un elemento. **2.** Privare i metalli della lucentezza, per contatto con l'ossigeno dell'aria. ◆ ossidarsi v.pron. Combinarsi con l'ossigeno, subire ossidazione.

ossidàsi s.f. inv. BIOL. Categoria di enzimi che utilizzano direttamente l'ossigeno molecolare come accettore di idrogeno.

ossidàto agg. **1.** Di elemento o composto chimico che ha subito un processo di ossidazione. **2.** Di metallo che si è ossidato e quindi presenta una superficie non più lucida o addirittura arrugginita.

ossidazióne s.f. (fr. oxydation) **1.** CHIM. Reazione chimica che avviene quando una sostanza o un elemento si combinano con l'ossigeno. **2.** estens. Aumento di valenza positiva di un elemento in seguito alla perdita di elettroni. **3.** comun. Patina di ossido che ricopre i metalli esposti all'aria.

ossiderivàto s.m. CHIM. Composto derivato da un altro per introduzione di uno o più atomi di ossigeno.

ossidiàna s.f. (fr. obsidienne, lat. deriv. di Obsius "Obsio" che secondo la tradizione scoprì tale roccia) GEOL. Roccia vulcanica nera a pasta vetrosa.

òssido s.m. (fr. oxyde, deriv. di oxygène "ossigeno") CHIM. In chimica inorganica, composto risultante dalla combinazione dell'ossigeno con un altro elemento. ~ In chimica organica, composto dell'ossigeno con radicali vari. ◊ Ossido di carbonio: gas inodore, prodotto nella combustione incompleta del carbone, velenosissimo.

ossidoriduttàsi s.f. inv. BIOCHIM. Classe di enzimi che catalizzano le reazioni di ossidoriduzione.

ossidoriduzióne o **ossido-riduzióne** s.f. CHIM. Insieme delle reazioni per cui alla perdita di elettroni da parte di una sostanza corrisponde l'acquisto di elettroni da parte di un'altra sostanza.

ossidrico agg. [pl.m. –ci, f. –che] Composto da ossigeno e idrogeno. ◊ Cannello ossidrico: attrezzo che miscela idrogeno e ossigeno per produrre la fiamma ossidrica.

ossidrile s.m. CHIM. Radicale –OH presente nell'acqua, negli idrossidi, negli alcoli, ecc. SIN.: **idrossile**.

ossiemoglobina s.f. MED. Combinazione instabile di emoglobina e ossigeno, che conferisce al sangue arterioso il colore rosso vivo.

ossificàre v.tr. [4] BIOL. Rendere una sostanza ossea, trasformarla in tessuto osseo. ◆ ossificarsi v.pron. Trasformarsi in tessuto osseo.

ossificazióne s.f. **1.** BIOL. Formazione di tessuto osseo a partire da un tessuto connettivo o cartilagineo. **2.** fig. Riduzione a una forma semplificata e immutabile.

ossìfraga s.f. [pl. –ghe] (lat., comp. di ŏs "osso" e frăngere "rompere") Grosso uccello carnivoro tipico dei mari antartici, di forma tozza, con piedi palmati e forte becco uncinato. (Famiglia dei Procellaridi.)

ossigenàre v.tr. (fr. oxygéner) **1.** Trattare, arricchire qlco. con ossigeno. ~ CHIM. Operare la combinazione di una sostanza con l'ossigeno. **2.** fig. Sollevare qlcu. o qlco. da una situazione difficile. ◆ ossigenarsi v.pron. **1.** Farsi biondi i capelli con acqua ossigenata. **2.** estens. Ritemprarsi respirando aria buona, ricca di ossigeno.

ossigenàto agg. **1.** CHIM. Che contiene ossigeno. ◊ Composti ossigenati: quelli che contengono nella propria molecola un atomo o più di ossigeno. **2.** Schiarito con acqua ossigenata. Capelli ossigenati.

ossigenazióne s.f. (fr. oxygénation) **1.** Aggiunta di ossigeno a una sostanza. **2.** Decolorazione dei capelli con acqua ossigenata.

ossigeno s.m. (solo sing.) (fr. oxygène) **1.** Gas incolore e inodore, di densità 1,429 e che liquefà a -182,96 °C. **2.** Elemento chimico (O) di numero atomico 8 e peso atomico 15,9994. ◊ fig. Dare ossigeno: dare sollievo, aiutare.
ENCICL. L'ossigeno è l'elemento più abbondante del globo terrestre. Fu scoperto da Scheele e Priestley fra il 1771 e il 1774; dal 1775 Lavoisier iniziò a studiarne le proprietà, dimostrandone la presenza nell'aria e nell'acqua e mettendone in evidenza il ruolo fondamentale nei processi di combustione e nella respirazione. Esiste allo stato libero nell'atmosfera, costituisce 8/9 della massa dell'acqua e rappresenta la metà della crosta terrestre. È presente nei silicati, nei carbonati e nelle sostanze organiche in genere. La fissazione dell'ossigeno, detta combustione, propaga calore e può essere veloce o lenta. A eccezione degli alogeni e dell'azoto, tutti i non metalli possono bruciare in presenza di ossigeno, producendo gli ossidi più stabili. Anche I metalli possono bruciare in sua presenza, a esclusione dell'oro e del platino. Anche se molti metalli si ossidano a freddo, la loro corrosione è tuttavia spesso influenzata dalla presenza di vapore acqueo o di biossido di carbonio (la respirazione stessa produce un'ossidazione di sostanze organiche nei tessuti). A livello industriale, l'ossigeno viene preparato, come l'azoto, per distillazione frazionata dell'aria liquida. È impiegato in siderurgia, nell'industria chimica, nella creazione di atmosfere artificiali e in medicina.

ossigenoterapìa s.f. MED. Somministrazione di ossigeno all'organismo per combattere la deficienza di ossigenazione dei tessuti.

ossìmetro s.m. MED. Strumento fotoelettrico che misura la quantità di ossigeno fissato dall'emoglobina dei globuli rossi.

ossìmoro s.m. (gr., comp. di oksýs "acuto" e mōrós "sciocco" come modello di concetti discordanti) RET. Figura che consiste nell'accostare in una stessa espressione termini di significato contraddittorio.

ossitàglio s.m. [pl. –gli] Taglio delle lamiere effettuato mediante la fiamma ossiacetilenica.

ossitocìna o **oxitocìna** s.f. (gr., comp. di oksýs "veloce" e tókos "parto") BIOL. Ormone del lobo posteriore dell'ipofisi che agisce sulla muscolatura uterina stimolandone le contrazioni durante e dopo il parto.

ossìtono agg. LING. Di parola di due o più sillabe, che ha tonica l'ultima sillaba. ❑ In funzione di s.m. o s.f., parola ossitona.

ossiuriàsi s.f. inv. Infezione dovuta a ossiuri nell'intestino, frequente nei bambini.

ossiùro s.m. Piccolissimo verme filiforme, responsabile dell'ossiuriasi, che vive come parassita nell'intestino dell'uomo (genere Enterobius) e nell'intestino crasso di vari animali (genere Oxyuris). (Classe dei Nematodi.)

òsso s.m. [pl.f. ossa nelle accez. 1, 2 e 4, m. ossi nelle accez. 3 e 5] **1.** Elemento costitutivo dello scheletro dell'uomo e dei vertebrati, di sostanza dura formata da tessuto connettivo e sali di calcio. ~ Il materiale dello scheletro di vari animali con cui sono fabbricati alcuni oggetti. ◊ Osso sacro: parte terminale della colonna vertebrale formata dalla saldatura delle cinque vertebre sacre, che si articolano con le due ossa iliache per formare il bacino osseo. **2.** In varie locc. acquista il valore di costituente primario della vita, di vitalità essenziale, di corpo; anche, di minimo necessario alla sopravvivenza. ◊ Osso duro: persona decisa, dura. – Farsi le ossa: far pratica, esperienza. **3.** Ciò che ha funzioni di osso in animali non vertebrati. Osso di seppia. **4.** (al pl.) Spoglie, resti mortali. **5.** Nocciolo di frutta.
ENCICL. Le ossa si dividono in ossa corte (verte-

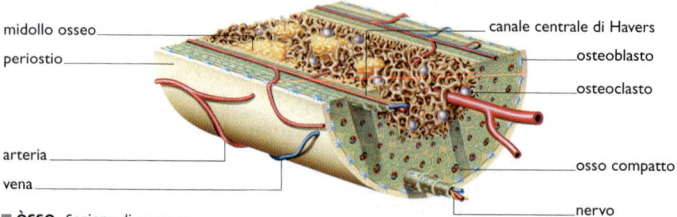

■ ÒSSO. Sezione di un osso.

midollo osseo

periostio

arteria

vena

canale centrale di Havers

osteoblasto

osteoclasto

osso compatto

nervo

---

bre, ossa del carpo e del tarso), *ossa piatte* (omoplata, osso iliaco, volta cranica) e *ossa lunghe* (femore, omero, tibia, radio, ecc.). Sono composte da una parte tubolare, detta *diafisi*, costituita da osso compatto e attraversata dal canale midollare, le cui estremità, dette *epifisi*, sono costituite da tessuto grasso e spugnoso e contengono midollo rosso ematopoietico che produce le cellule del sangue. Sono rivestite di una solida membrana connettivale, il *periostio*, e di cartilagine articolare.

ossobùco s.m. [pl. *ossibuchi*] (milan. *òs büs* "osso bucato") **1.** MACELL. Taglio di carne bovina corrispondente alla parte media dell'osso di tibia del vitello, col midollo e con i lembi di muscoli attaccati intorno. **2.** CUC. Zampa del vitello tagliata a tranci trasversali cucinati con cipolle, pomodori e vino bianco. (Tradizionale specialità milanese.)

ossùto agg. Che ha ossa grandi o prominenti. SIN.: **scarno.**

ostacolàre v.tr. Intralciare qlcu. o qlco. ◆ **ostacolarsi** v.pron. Detto di due o più persone, intralciarsi.

ostacolista s.m. e f. [pl.m. *–sti*] **1.** SPORT. Atleta specialista nelle corse a ostacoli. **2.** Cavallo che gareggia nelle corse a ostacoli.

ostàcolo s.m. **1.** Ciò che si oppone al cammino, che impedisce di passare. ~ Qualsiasi cosa o persona che impedisce lo svolgimento di un'azione, di una procedura o di un'iniziativa. **2.** SPORT. Barriera artificiale posta lungo il percorso di una corsa sia in atletica sia nell'equitazione. ◇ *Corsa a ostacoli:* specialità olimpica sui 110 e 400 m e gli 80 m (femminili), che prevede il superamento di una serie di ostacoli.

■ ostàcolo. Corsa dei 110 metri a ostacoli.

ostàggio s.m. [pl. *–gi*] (fr. *hostage*, lat. deriv. di *hōspes* "ospite") Persona presa come garanzia dell'esecuzione di certi accordi, convenzioni, promesse in campo politico e militare.

òste s.m. [f. *ostessa*] (fr. *oste*, lat. *hōspitem* "che dà o riceve ospitalità, ospite") Proprietario o gestore di un'osteria, una locanda. ◇ fig. *Fare i conti senza l'oste:* fare piani senza tenere conto di eventuali difficoltà o impedimenti.

osteggiàre v.tr. [5] Ostacolare, contrastare qlcu. o qlco.

osteite s.f. MED. Qualsiasi infiammazione del tessuto osseo.

Osteitti s.m. pl. [iniziale minusc. sing. *–to* per l'individuo] ZOOL. Classe di pesci ossei, comprendente la maggior parte dei pesci viventi (20.000 specie ca.), caratterizzati dalla presenza di uno scheletro osseo diviso in capo, tronco e coda.

ostèllo s.m. Albergo in cui si praticano prezzi molto modici.

---

ostensibile agg. Riferito a lettera o a documento, che si può mostrare, far vedere.

ostensióne s.f. **1.** *non com.* Esposizione ai fedeli, in partic. dell'ostia consacrata. **2.** *non com.* Spiegazione, insegnamento. **3.** FILOS. Dimostrazione basata sulla sperimentazione.

ostensòrio s.m. [pl. *–ri*] Arredo sacro con il quale il sacerdote fa l'esposizione solenne dell'ostia consacrata ai fedeli.

ostentàre v.tr. Esporre qlco. con insistenza e vanto. SIN.: **esibire.** ~ Affettare, simulare. *Ostentare indifferenza.*

ostentazióne s.f. Esibizione compiaciuta di qlco.

osteoalgìa o **ostealgìa** s.f. MED. Dolore osseo.

osteoblàsto s.m. BIOL. Cellula che genera le sostanze fondamentali del tessuto osseo.

osteocìta o **osteocìto** s.m. [pl. *–ti*] MED. Cellula del tessuto osseo.

osteoclàsto o **osteoclàsta** s.m. [pl. *–sti*] BIOL. Cellula del tessuto osseo che opera il riassorbimento e la distruzione del tessuto stesso.

osteocondròsi s.f. inv. MED. Affezione dell'osso in fase di crescita.

osteòfita o **osteòfito** s.m. [pl. *–ti*] MED. Piccola escrescenza ossea che si forma in un'articolazione.

osteogènesi s.f. inv. BIOL. Processo di formazione del tessuto osseo.

osteolìsi s.f. inv. MED. Distruzione del tessuto osseo in una regione circoscritta del corpo.

osteologìa s.f. ANAT. Studio delle ossa.

---

osteòma s.m. [pl. *–mi*] MED. Tumore benigno del tessuto osseo.

osteomalacìa s.f. MED. Deformazione delle ossa dovuta a una carenza di vitamina D.

osteomielite s.f. MED. Infezione che colpisce le ossa e il loro midollo.

osteopatìa s.f. MED. Denominazione generica di qualsiasi processo morboso localizzato nelle ossa.

osteoplàstica s.f. [pl. *–che*] MED. Intervento chirurgico per la ricostruzione di un osso.

osteoporòsi s.f. inv. MED. Processo di indebolimento delle ossa dovuto a una riduzione del contenuto minerale e proteico. (È molto diffusa nelle donne in menopausa.)

osteosarcòma s.m. [pl. *–mi*] MED. Tumore maligno dell'osso.

osteoscleròsi s.f. inv. MED. Ispessimento del tessuto osseo.

osteòsi s.f. inv. MED. Qualsiasi affezione caratterizzata da neoformazione o riassorbimento osseo.

osteosìntesi s.f. inv. MED. Intervento chirurgico con cui si rinsaldano i frammenti di un osso fratturato.

osteotomìa s.f. MED. Sezione chirurgica di un osso.

osterìa s.f. Locale pubblico dove si servono vino e altre bevande.

ostètrica s.f. [pl. *–che*] (lat. *obstetrīcem*, propr. "che sta davanti") Infermiera che assiste le donne durante la gestazione e il parto e il neonato nei primi giorni di vita.

ostetrìcia s.f. [non com. pl. *–cie*] MED. Studio della fisiologia e della patologia della gravidanza e del parto.

ostètrico agg. [pl.m. *–ci*, f. *–che*] Relativo all'ostetricia. ◆ s.m. [f. *–ca*] Medico specializzato in ostetricia.

òstia s.f. (lat. *hŏstiam* "vittima") **1.** TEOL. CRIST. Particola di farina azzima che diventa il corpo di Cristo nel momento della consacrazione durante la messa. **2.** estens. Sottile involucro di farina azzima per confezionare medicinali.

òstico agg. [pl.m. *–ci*, f. *–che*] (lat. *hŏsticum* "ostile") Sgradevole, difficile, impervio. *Una materia ostica.*

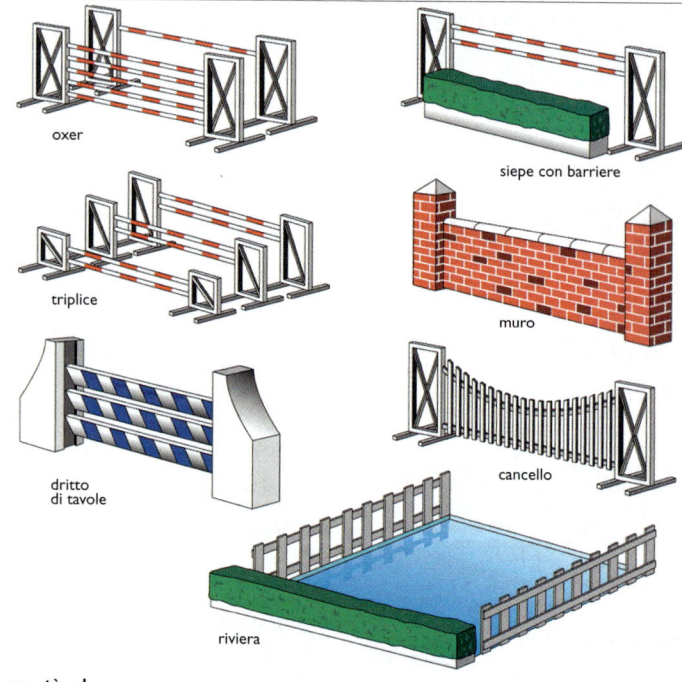

oxer

triplice

dritto di tavole

riviera

siepe con barriere

muro

cancello

■ ostàcolo. Ostacoli utilizzati in un concorso ippico.

ostile agg. **1.** Che manifesta avversione, inimicizia. *Atteggiamento ostile.* **2.** Del nemico in guerra. **3.** Riferito a luogo, inospitale.

ostilità s.f. inv. **1.** Sentimento d'inimicizia o avversione verso qlcu. o qlco. **2.** (spec. pl.) Atti che rivelano tale sentimento. ~ In partic., azioni di guerra.

ostinàrsi v.pron. (lat. *obstināre* "volere a ogni costo") Persistere in un'opinione o in un atteggiamento con tenacia irragionevole o inopportuna. *Ostinarsi a negare l'evidenza.* SIN.: **impuntarsi.**

ostinataménte avv. Con ostinazione.

ostinàto agg. **1.** Di persona, che persiste in un atteggiamento o in un proposito. ~ Di cosa, che rivela determinazione e fermezza. **2.** Persistente, duraturo. *Tosse ostinata.* **3.** MUS. Di tema che si ripete continuamente.

ostinazióne s.f. **1.** Carattere di chi persevera in un atteggiamento nonostante le difficoltà o il buon senso. **2.** Persistenza fastidiosa di qlco.

ostracismo s.m. (gr. *ostrakismós*, deriv. di *ostrakízo* "bandire con l'ostracismo" da *óstrakon* "conchiglia" e "coccio" sul quale nell'antica Atene ogni cittadino nell'assemblea popolare segnava il nome di chi voleva condannare all'esilio) ANT. GR. Esilio comminato ai cittadini ritenuti pericolosi per la sicurezza dello stato. ~ *estens.* Bando, condanna.

ostracizzàre v.tr. Nell'antica Atene, condannare all'ostracismo.

Ostracòdi s.m. pl. [iniziale minusc. sing –*de* per l'individuo] ZOOL. Sottoclasse di crostacei molto piccoli con carapace bivalve e zampe ridotte a filamenti.

òstrica s.f. [pl. –*che*] Mollusco marino commestibile con conchiglia divisa in due valve disuguali, che vive attaccato alle rocce. (Classe dei Bivalvi.) ◇ *Ostrica perlifera:* che produce perle.

ostricàio s.m. [pl. –*cai*] **1.** [f. –*caia*] Venditore di ostriche. **2.** Allevamento di ostriche.

ostricoltùra s.f. Allevamento di ostriche commestibili o perlifere.

òstro s.m. (solo sing.) Vento che spira da sud.

ostrogòto agg. (comp. di germ. *oster* "orientale" e lat. *Gōthus* "goto") Relativo agli Ostrogoti, popolazione germanica originaria dell'attuale Ucraina, che fondò in Italia un regno abbattuto dai Bizantini nel 553 ◆ s.m. **1.** [f. –*ta*; al pl. anche iniziale maiusc.] Nel sign. dell'agg. **2.** (solo sing.) Lingua del gruppo germanico parlata dagli Ostrogoti. **3.** *fig.* Lingua, modo di parlare difficile da capire.

ostruire v.tr. [83] (lat., comp. di *ŏb* "contro" e *strŭere* "costruire") Chiudere un passaggio con un ostacolo. *Ostruire una via.*

ostruzióne s.f. **1.** Occlusione, chiusura, intasamento. *L'ostruzione della strada.* ◇ SPORT. *Fallo d'ostruzione:* fallo di chi irregolarmente taglia la strada all'avversario. – *fig.* *Fare ostruzione:* cercare di impedire la realizzazione di qlco. **2.** Ostacolo materiale che impedisce il passaggio. **3.** MED. Occlusione di un canale anatomico. *Ostruzione delle vie urinarie.*

ostruzionismo s.m. (ingl. *obstructionism*) **1.** Serie di azioni volte a intralciare la realizzazione di qlco., spec. in campo politico e sindacale. **2.** SPORT. Comportamento falloso di una squadra, che ha lo scopo di impedire agli avversari di continuare l'azione.

otalgia s.f. MED. Dolore all'orecchio.

otàrda o **ottàrda** s.f. (fr. *outarde*, lat. *ăvem tărdam* "uccello lento") Uccello trampoliere diffuso in Africa, Asia occidentale e in alcune regioni dell'Europa, con zampe lunghe e robuste e piume di colore bruno. (Ordine dei Gruiformi.)

otària s.f. **1.** Mammifero marino simile alla foca, da cui si differenzia per i padiglioni auricolari molto piccoli e per la possibilità di usare le zampe posteriori per la locomozione. (Ordine dei Pinnipedi.) **2.** ZOOL. (iniziale maiusc.) Genere di animali a cui appartiene il leone marino americano.

Otàridi s.m. pl. [iniziale minusc. sing. –*de* per l'individuo] ZOOL. Famiglia di mammiferi carnivori caratterizzati da corpo affusolato, testa piccola e muso aguzzo, arti ridotti a robuste pinne

natatorie; sono diffusi sia nei mari artici sia nelle acque temperate degli oceani. (Sottordine dei Pinnipedi.)

òtico agg. [pl.m. –*ci*, f. –*che*] MED. Relativo all'orecchio.

otite s.f. MED. Infiammazione dell'orecchio.

otocióne s.m. **1.** Mammifero carnivoro africano con orecchie molto sviluppate e aguzze, muso volpino con mascherina nera sugli occhi. (Lunghezza 60 cm; famiglia dei Canidi.) **2.** ZOOL. (iniziale maiusc.) Genere di animali a cui appartiene l'otocione.

otoiatria s.f. MED. Studio delle malattie dell'orecchio.

otolite s.m. ANAT. Particella cristallina sospesa in una massa gelatinosa interna all'orecchio che controlla il senso dell'equilibrio.

otorinolaringoiàtra s.m. e f. [pl.m. –*tri*] Medico specialista in otorinolaringoiatria, detto anche *otorino*.

otorinolaringoiatria s.f. MED. Studio delle malattie dell'orecchio, del naso e della gola.

otorragia s.f. MED. Fuoriuscita di sangue dall'orecchio.

otorrèa s.f. MED. Otite con fuoriuscita di pus dall'orecchio.

otoscopia s.f. MED. Esame clinico del timpano e del condotto uditivo esterno.

otoscòpio s.m. [pl. –*pi*] MED. Strumento utilizzato per l'otoscopia, costituito da un piccolo specchio concavo e da una sorgente luminosa.

ótre s.m. **1.** Recipiente di pelle animale utilizzato per trasportare e conservare i liquidi. ~ La quantità di liquido che contiene. *Essere pieno come un otre.* ~ Simbolo di pienezza per troppo cibo. *Essere pieno come un otre.* ~ Simbolo di vanità, di boria. *Gonfio come un otre per la superbia.*

otricolo s.m. BOT. → **utricolo.**

ottaèdrico agg. [pl.m. –*ci*, f. –*che*] GEOM. Che ha forma di ottaedro.

ottaedrite s.f. MIN. Ossido di titanio, presente in cristalli di colore giallastro o bruno. SIN.: **anastasio.**

ottaèdro s.m. GEOM. Poliedro con otto facce. (Le facce dell'ottaedro regolare sono triangoli equilateri con la stessa area.)

ottagonàle agg. GEOM. Che ha forma di ottagono.

ottàgono s.m. GEOM. Poligono con otto angoli e otto lati.

ottàno s.m. (per il numero degli atomi di carbonio) CHIM. Idrocarburo saturo (C_8H_{18}) presente nel petrolio. ◇ *Numero di ottani:* indice che misura il potere antidetonante di un carburante per motori a scoppio.

ottànta agg. num. card. Numero naturale equivalente a otto decine. ◆ s.m. inv. **1.** Il numero ottanta. **2.** La forma grafica del numero ottanta. **3.** La quantità equivalente a otto unità ogni cento, mille o più.

ottànte s.m. (lat. *octāntem* "ottava parte") **1.** Antico strumento dell'astronomia nautica simile al sestante, ma con arco graduato di 45° anziché di 60° **2.** GEOM. Angolo di 45°

ottàstilo o **octàstilo** agg. ARCH. Di tempio con otto colonne sulla facciata.

ottatìvo agg. GRAMM. Riferito a modo del verbo che esprime desiderio o potenzialità. ◆ s.m. Nel sign. dell'agg.

ottàva s.f. **1.** MUS. Intervallo di otto gradi nella scala diatonica. **2.** CATT. L'ottavo giorno successivo a una festa religiosa. *Il capodanno cade*

■ **otària.** Otaria della California.

nell'ottava di Natale. **3.** METR. Strofa di otto endecasillabi.

ottavino s.m. **1.** Piccolo flauto con suoni di un'ottava superiore a quelli del flauto comune. **2.** BANC. Commissione pari a un ottavo dell'1%.

ottàvo agg. num. ord. **1.** Che, in una successione ordinata occupa il posto corrispondente al numero 8. **2.** Con valore frazionario, relativo a ciascuna delle parti di un intero diviso per otto. ◆ s.m. [f. –*va*] Nei sign. dell'agg. ◇ SPORT. *Ottavi di finale:* nelle gare a eliminazione, quartultima fase della competizione.

ottemperàre v.intr. (aus. *avere*) (lat. *obtemperāre,* propr. "moderarsi davanti a...") Obbedire a una legge, a una prescrizione, a una norma, a una richiesta. *Ottemperare agli ordini.* SIN.: **adempiere.**

ottenebràre v.tr. (lat. *obtenebrāre,* propr. "oscurare davanti") **1.** Rendere buio, oscuro. **2.** *fig.* Offuscare la mente. ◆ **ottenebrarsi** v.pron. **1.** Diventare scuro. **2.** *fig.* Della mente o di un senso, diventare scuro.

ottenére v.tr. [61] (lat. *obtinēre,* propr. "avere fermo davanti") **1.** Riuscire ad avere ciò che si desidera o che spetta di diritto. *Ottenere un premio.* SIN.: **conquistare.** **2.** Raggiungere, ricavare un risultato. *Se dividi cento per dieci ottieni venti.* **3.** Ricavare una sostanza da un'altra mediante una specifica lavorazione. *Ottenere l'idrogeno dall'acqua.* SIN.: **estrarre.**

otteniménto s.m. Conseguimento di un risultato.

ottentòtto agg. (afrikaans *hottentot,* voce prob. di orig. onom. che vuole riprodurre un balbettio incomprensibile) Degli Ottentotti, popolazione indigena dell'Africa meridionale. ◆ s.m. **1.** (f. –*ta*; al pl. anche iniziale maiusc.) Appartenente agli Ottentotti. **2.** (solo sing.) Lingua parlata da tale popolazione. **3.** *fig.* Persona rozza e incivile.

ottétto s.m. **1.** MUS. Composizione da camera per otto strumenti solisti. **2.** CHIM. Complesso di otto elettroni che costituiscono lo strato esterno completo di un atomo.

òttica s.f. [non com. pl. –*che*] **1.** FIS. Studio delle radiazioni elettromagnetiche. **2.** Fabbricazione e commercio degli strumenti e degli apparecchi che utilizzano le proprietà delle lenti e degli specchi. **3.** Negozio che vende strumenti ottici e in partic. occhiali. **4.** *fig.* Punto di vista, modo di vedere qlco. *Valutare secondo una certa ottica.*

òttico agg. [pl.m. –*ci*, f. –*che*] (gr. *optikós* "che concerne la vista") **1.** Relativo alla vista e all'apparato visivo dell'uomo. *Nervo ottico.* **2.** FIS. Che riguarda l'ottica. ◆ s.m. [f. –*ca*] Chi costruisce o vende strumenti ottici.

ottimàle agg. (ingl. *optimal*) Che costituisce il miglior risultato possibile da un particolare punto di vista, in un dato ambito. SIN.: **ideale.**

ottimaménte avv. Molto bene, nel migliore dei modi.

ottimàte s.m. Nelle antiche città-stato e nei comuni medievali, cittadino autorevole e preminente.

ottimismo s.m. (fr. *optimisme*) **1.** Disposizione a considerare le cose in una prospettiva positiva, a confidare nel futuro. ~ Tendenza a prevedere, in casi dubbi, la soluzione migliore o più favorevole. ◇ *Cauto ottimismo:* quello contenuto, che si manifesta quando si apre uno spiraglio, si comincia a intravedere un possibile esito favorevole. **2.** FILOS. Insieme delle dottrine che affermano che la somma dei fattori positivi prevale su quella dei fattori negativi, o anche (tesi di Leibniz) che il nostro è il migliore dei mondi possibili.

ottimista s.m. e f. [pl.m. –*sti*] (fr. *optimiste*) Chi dà prova d'ottimismo. ❏ Anche in funzione di agg., incline all'ottimismo. ~ *estens.* Superficiale, facilone.

ottimizzàre v.tr. (ingl. *to optimize*) Portare qlco. alle condizioni ottimali, al massimo rendimento.

ottimizzazióne s.f. (ingl. *optimization*) **1.** Attuazione delle condizioni ottimali in un'attività o in un'azienda. **2.** MAT. Procedimento con cui si determina la soluzione di un problema, nel rispetto di determinati vincoli, in modo da rendere massima o minima una particolare grandezza.

òttimo agg. Nel sign. del superl. di 1. *buono*. ~ Molto buono, eccellente con riferimento alle qualità materiali o morali di qlco. o qlcu. ◆ s.m. **1.** Il meglio relativamente a un ambito dato. **2.** Massimo risultato ottenibile nelle qualifiche di merito scolastiche o d'altro tipo.

òtto agg. num. card. Numero naturale successore di sette. ◆ s.m. inv. **1.** Il numero otto. **2.** La forma grafica del numero otto. **3.** La quantità equivalente a otto unità ogni cento, mille o più. **4.** Voto scolastico che, in una scala di valutazione da zero a dieci, indica un alto livello di preparazione. **5.** Percorso a forma di otto. ~ Ottovolante.

ottóbre s.m. Decimo mese dell'anno.

ottomàna s.f. Divano con o senza spalliera mobile che si può trasformare in letto.

ottomàno agg. (ar. *'uṭmānī* deriv. dal nome di *'Uṭmān* "Othman I") **1.** Che appartiene o fa riferimento alla dinastia turca fondata da Othman I nel sec. XIV. **2.** Di tessuto con armatura derivata dalla tela. ◆ s.m. [f. *–na*] Turco ottomano.

ottonàio s.m. [f. *–naia*, pl.m. *–nai*] Chi lavora l'ottone. ~ Venditore di oggetti d'ottone.

ottonàme s.m. Insieme di oggetti d'ottone.

ottonàre v.tr. Ricoprire una superficie metallica con uno strato d'ottone.

ottonàrio agg. [pl.m. *–ri*] METR. Verso di otto sillabe.

ottonatùra s.f. Procedimento mediante il quale si ricopre un metallo con uno strato d'ottone. ~ *estens.* Strato di rivestimento in ottone.

ottóne s.m. (ar. *lāṭūn* "rame") **1.** Lega di rame e di zinco (fino al 46%), di colore giallo, duttile e malleabile, impiegata per la costruzione e la copertura di oggetti e nell'industria per la sua elevata resistenza alla corrosione atmosferica e all'acqua marina. **2.** MUS. (al pl.) Famiglia di strumenti a fiato con tubo e bocchino di ottone (tromba, trombone, corno, ecc.). **3.** (spec. pl.) Oggetti d'ottone.

ottoniàno agg. Della dinastia sassone degli Ottoni, re di Germania e imperatori (secc. X-XI).

Ottopòdi s.m. pl. [iniziale minusc. sing *–de* per l'individuo] ZOOL. Ordine di molluschi con otto tentacoli, perlopiù senza conchiglia (p.e. polpo, moscardino, argonauta).

ottòtipo o **optòtipo** s.m. In oculistica, tavola o lavagna luminosa su cui sono segnate, in righe diverse, lettere, cifre o altri simboli di grandezza decrescente a partire dall'alto verso il basso, usata per determinare il grado di acutezza visiva del paziente.

ottovolànte s.m. Gioco del luna park costituito da un'impalcatura di metallo su cui piani a forma di otto su cui vengono fatti correre dei vagoncini.

ottuagenàrio agg. [pl.m. *–ri*] Che ha l'età di ottant'anni. ◆ s.m. [f. *–ria*] Persona di ottanta anni.

ottundiménto s.m. Riduzione progressiva della vivacità intellettiva e sensoriale.

ottuplicàre v.tr. [4] Moltiplicare per otto.

òttuplo agg. Maggiore di otto volte. ◆ s.m. Grandezza otto volte maggiore di un'altra.

otturàre v.tr. (lat., comp. di *öb* "contro" e *turāre* "ostruire") Tappare qlco. ◆ **otturarsi** v.pron. Rimanere ostruito. *Col raffreddore si ottura il naso.*

otturatóre agg. [f. *–trice*] Che ottura. ◆ s.m. **1.** Dispositivo che nelle armi da fuoco a retrocarica consente la chiusura della culatta. **2.** FOTO. Dispositivo che permette di regolare la durata dell'esposizione di una pellicola.

otturazióne s.f. (lat. *obturàtio* "chiusura") Chiusura di una cavità, spec. di un dente cariato. ~ *estens.* La sostanza impiegata nel farla.

ottusàngolo agg. GEOM. Di triangolo che ha un angolo ottuso.

ottusità s.f. inv. Scarsa acutezza e prontezza di mente.

ottùso agg. **1.** Non acuminato. **2.** *fig.* Che manca di perspicacia. **3.** GEOM. Di angolo la cui misura è compresa tra 90° e 180°.

out [/'aut/] avv. (voce ingl., propr. "fuori") Fuori moda. ◆ agg. inv. Che non è più di moda. ◆ s.m. inv. SPORT. Nel tennis, lo spazio immediatamente

---

fuori dalle linee che delimitano il campo di gioco. ~ Nella boxe, dichiarazione dell'arbitro al pugile fuori combattimento. ~ Nel calcio, posizione di fuori gioco.

outdoor [/'autdɔ:/] agg. inv. (voce ingl., propr. "fuori dalla porta") SPORT. Di gara sportiva che si svolge all'aperto.

outgoing [/'autgəuiŋ/] s.m. inv. (voce ingl., propr. "uscita") La massa dei turisti che va in vacanza all'estero (in oppos. a *incoming*).

output [/'autput/] s.m. inv. (voce ingl., propr. "produzione") **1.** ECON. Risultato di un processo produttivo. **2.** INFORM. Dati che risultano da un'elaborazione a computer, trasmessi dalla memoria principale alle unità periferiche.

outrigger [/,əutrigə/] s.m. inv. (voce ingl., propr. "che ha fuori le attrezzature") SPORT. Nel canottaggio, imbarcazione da corsa con scalmieri sporgenti, con numero pari di vogatori che manovrano un solo remo.

outsider [/,əut'saidə/] s. inv. (voce ingl., propr. "della parte fuori") **1.** Chi sta fuori, ai margini, chi è atipico. **2.** SPORT. Atleta o cavallo non dato per favorito che vince a sorpresa. **3.** *estens.* Chi ha discrete possibilità di vittoria in un dato ambito, anche se non è uno dei favoriti dal pronostico.

outsourcing [/,aut'sɔːsiŋ/] s.m. inv. ECON. Gestione aziendale in base alla quale si privilegia l'acquisto di beni materiali o di servizi da un fornitore esterno piuttosto che la loro produzione o fornitura interna.

ouverture [/uver'tyr/] s.f. inv. (voce fr., lat. *apertûram* "apertura") **1.** MUS. Composizione musicale che precede un'opera, un balletto, una cantata o costituisce il primo tempo di una suite. **2.** *estens.* Inizio di una stagione mondana o sportiva. ~ Portata di apertura di un pranzo.

ovàia s.f. ANAT. Organo genitale interno femminile che produce gli ovuli, gli ormoni estrogeni e il progesterone.

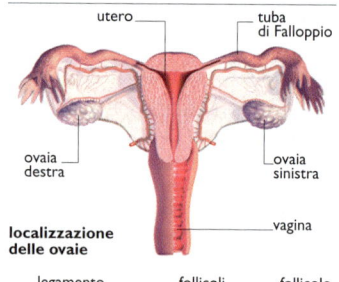

localizzazione delle ovaie

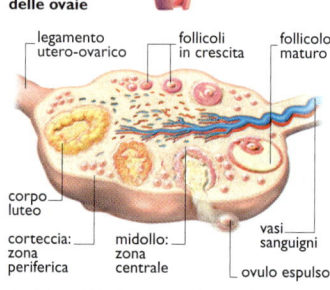

struttura di un'ovaia e ciclo ovarico

■ **ovàia**

1. ovàle agg. Che ha la forma di un uovo. ◊ *La palla ovale:* quella da rugby (e quindi il gioco stesso). ◆ s.m. Oggetto di forma ovale, in partic. forma regolare del volto umano.

2. ovàle s.f. GEOM. Curva piana chiusa incontrata nel suo piano da una retta in due punti. ~ Circonferenza, ellissi o general. contorno di una figura piana che abbia per ogni punto una tangente variabile con continuità.

ovalizzàre v.tr. Rendere ovale. ◆ **ovalizzarsi** v.pron. Diventare ovale, usato spec. in riferimento a organi meccanici o a cavità con sezione circolare che si deformano.

ovalizzazióne s.f. MECC. IND. Difetto dei cilindri dei motori che fa assumere loro una forma ovale.

---

ovàrico agg. [pl.m. *–ci*, f. *–che*] **1.** BOT. Dell'ovario. **2.** ANAT. Dell'ovaia.

ovariectomìa s.f. MED. Asportazione di una o entrambe le ovaie.

ovàrio s.m. [pl. *–ri*] BOT. Parte inferiore del pistillo che contiene gli ovuli e si trasforma in frutto dopo la fecondazione.

ovarite s.f. MED. Affezione infiammatoria o distrofica di una o di entrambe le ovaie. SIN.: **ooforite.**

ovàto agg. BOT. Di foglia o petalo ovale, leggermente più arrotondato alla base.

ovàtta s.f. (fr. *ouate*) **1.** Sorta di lanugine, spec. di cotone, utilizzata per imbottiture. **2.** Cotone idrofilo per medicazioni.

ovattàre v.tr. **1.** Imbottire qlco. con ovatta. **2.** *fig.* Attenuare, ammorbidire qlco. *La neve ovattava i rumori.*

ovattàto agg. **1.** Imbottito con ovatta. **2.** *fig.* Di rumore soffocato, smorzato. ~ Sospeso in modo irreale da ciò che sta intorno. *Atmosfera ovattata.*

ovazióne s.f. **1.** ANT. ROM. Tributo di onore ai generali vittoriosi, inferiore al trionfo. **2.** *estens.* Manifestazione pubblica di consenso e di ammirazione da parte di una folla o di un gruppo di persone.

over [/'əuvə/] s.m. inv. (voce ingl., deriv. di *over arm* propr. "braccio sopra") SPORT. Stile di nuoto che si eseguiva in passato, tenendo il corpo su un fianco, la testa a pelo d'acqua, un braccio disteso in avanti sott'acqua e muovendo l'altro a pagaia e le gambe a rana.

overbooking [/,əuvə'bukiŋ/] s.m. inv. (voce ingl.) Vendita di un numero di prenotazioni superiore alla reale disponibilità di posti da parte di un'agenzia di viaggi, una compagnia aerea, ecc.

overcoat [/'əuvəkəut/] s.m. inv. (voce ingl., "sopra abito") Lungo soprabito.

overdose [/'əuvədəus/] s.f. inv. (voce ingl., comp. di *over* "troppo" e *dose* "dose") **1.** Dose eccessiva di un farmaco o spec. di una droga. **2.** *fig.* Quantità eccessiva.

overdrive [/'əuvə'draiv/] s.m. inv. (voce ingl., comp. di *over* "superiore" e *drive* "movimento di propulsione") Dispositivo che si inseriva sulla trasmissione di un autoveicolo per demoltiplicare i giri del motore, allo scopo di diminuire consumi e usure. (Oggi, general. svolge questa funzione la quinta marcia.)

overfishing [/'əuvə'fiʃiŋ/] s.m. inv. (voce ingl., deriv. di *to overfish* propr. "pescare troppo") Pesca fuori di ogni controllo, che minaccia di alterare un ecosistema.

overflow [/'əuvə,fləu/] s.m. inv. (voce ingl., propr. "straripamento") INFORM. Errore che si verifica quando il risultato di un'operazione matematica eccede il registro o la variabile cui è destinato.

overlay [/'əuvəl,ei/] s.m. inv. (voce ingl., propr. "sovrapposizione") INFORM. Modalità di gestione della memoria di un elaboratore, nella quale i moduli di programma e di dati vengono caricati in memoria solo nel momento in cui siano effettivamente necessari, sostituendo eventualmente parti non più in uso.

overnight [/'əuvə'nait/] agg. inv. (voce ingl., deriv. di *money over-night* "denaro per una notte") FIN. Di deposito bancario effettuato nel giorno stesso di negoziazione ed estinto il primo giorno lavorativo.

oversize [/'əuvə'saiz/] agg. inv. (voce ingl., propr. "oltre la misura") ABBIGL. Di indumento di taglia più grande del normale e del necessario.

overtime [/'əuvə'taim/] s.m. inv. (voce ingl., propr. "oltre il tempo") Lavoro straordinario fatto al di fuori del normale orario d'ufficio.

òvest s.m. (solo sing.) (fr. *ouest*, ingl. *west*) **1.** Uno dei quattro punti cardinali, in corrispondenza del punto in cui sta il sole tramonta. **2.** Parte della sfera terrestre o insieme delle regioni di un paese situate verso questo punto. □ In funzione di agg. inv., occidentale. *Il lato ovest della villa.*

ovidótto o **ovidùtto** s.m. ANAT. Condotto che trasporta gli ovuli dall'ovaia all'utero (animali vivipari) o fuori dal corpo (animali ovipari);

nei mammiferi si chiama *tromba di Fallopio* o *tuba ovarica*.

ovile s.m. **1.** Edificio in cui sono custodite le pecore. **2.** *fig.* Casa paterna, luogo in cui si è nati o vissuti a lungo, visto come simbolo di protezione.

ovino agg. **1.** Che riguarda le pecore, le capre. **2.** *fig.* Supino, ebete. *Aspetto ovino*. ◆ s.m. Animale appartenente al gruppo degli Ovini.

oviparo agg. (lat., comp. di *ōvum* "uovo" e *părere* "partorire") Di animale che si riproduce deponendo le uova. ◆ s.m. [f. *–ra*] Animale oviparo.

ovocèllula s.f. **1.** BOT. → oosfera. **2.** BIOL. Ovulo, gamete femminile.

ovocita s.m. BIOL. → oocita.

ovogènesi s.f. inv. BIOL. Formazione dei gameti femminili.

ovoidàle agg. A forma di uovo. SIN.: **ovale**.

ovolàccio s.m. [pl. *–ci*] BOT. Fungo velenoso con gambo giallo pallido e cappello rosso a macchie bianche. (Famiglia delle Agaricacee.)

òvolo o **òvulo** s.m. **1.** BOT. Fungo commestibile molto pregiato, con gambo sottile e volva e cappello liscio di colore arancio. (Famiglia delle Agaricacee.) ◇ *Ovolo malefico:* ovolaccio. **2.** BOT. Gemma che si trova alla base del tronco dell'olivo e che può essere piantata per riprodurre un'altra pianta. **3.** ARCH. Elemento ornamentale di forma ovoidale presente in una modanatura aggettante e convessa verso il basso.

ovolo buono (commestibile)
ovolo malefico (velenoso)

■ **òvolo**

ovopositóre s.m. ZOOL. Appendice addominale presente nelle femmine di alcuni insetti che permette la deposizione delle uova nel suolo, nelle piante, ecc.

ovovia s.f. TRASP. Funivia monofune con cabine a due posti di forma ovoidale.

ovovivìparo agg. ZOOL. Di animale che si riproduce per mezzo di uova, che si schiudono non all'esterno ma all'interno del corpo della madre, che quindi partorisce piccoli già formati. ◆ s.m. [f. *–ra*] Nel sign. dell'agg.

1. ovulàre agg. **1.** BIOL. Dell'ovulo. **2.** Che ha forma di ovulo.

2. ovulàre v.intr. (aus. *avere*) Detto di persone o animali di sesso femminile, avere l'ovulazione.

ovulazióne s.f. BIOL. Processo di maturazione della cellula germinativa femminile da parte dell'ovaia. ~ Il distacco mensile dell'ovulo maturo dall'ovaia.

òvulo s.m. **1.** ISTOL. Cellula riproduttrice femminile contenuta nell'ovaia o nell'ovario che, a fecondazione avvenuta, si trasformerà in embrione negli animali e in seme nelle piante. **2.** Piccolo oggetto a forma di uovo. ~ FARM. Specie di supposta di forma ovale per uso vaginale.

ovùnque avv. (lat., comp. di *ŭbi* "ove" e *ūnquam* "qualsiasi") In qualsiasi luogo, dappertutto. ◆ cong. In ogni luogo, dovunque.

ovvéro cong. **1.** O, oppure, o anche, con valore disgiuntivo-inclusivo, che presenta l'alternativa come un'altra possibilità. **2.** O, oppure, o invece, con valore disgiuntivo-esclusivo, che esclude vicendevolmente i termini dell'alternativa. **3.** Ossia, cioè. *I partenopei, ovvero napoletani*.

ovviàre v.intr. (aus. *avere*) Porre rimedio a qlco. di spiacevole.

ovvietà s.f. inv. Evidenza scontata.

òvvio agg. [pl.m. *–vi*] Di immediata evidenza per la propria chiarezza, che non desta meraviglia. SIN.: **scontato**.

oxer [/'ɔksər/] s.m. inv. (voce ingl., propr. "staccionata di un recinto per buoi") IPP. Tipo di ostacolo costituito da due barriere, general. siepi, separate da un fossato.

oxford [/'ɔksfəd/] s.m. inv. (voce ingl., dal nome della città di Oxford nella cui regione si avviò la lavorazione di tale tessuto) Tessuto di cotone utilizzato in partic. nella camiceria.

oxocompósto o **ossicompósto** s.m. CHIM. ORG. Composto in cui il carbonio è legato direttamente a un atomo di ossigeno.

ozelòt o **ocelòt** s.m. inv. (spagn. *ocelot* da una voce azteca) **1.** Animale carnivoro con pelame grigio-rossiccio a macchie e striature longitudinali, predatore notturno, che vive nelle foreste dell'America. (Famiglia dei Felidi.) **2.** La pelliccia di tale animale.

ozèna s.f. (gr., deriv. di *ózein* "emettere odore") MED. Rinite cronica caratterizzata da atrofia e dalla formazione di una secrezione maleodorante che genera delle croste.

oziàre v.intr. [6] (aus. *avere*) Passare il tempo nell'ozio. ~ Non fare nulla.

òzio s.m. [pl. *ozi*] Il non far nulla per pigrizia, per abitudine, per malattia o per altri impedimenti.

oziosità s.f. inv. **1.** Inclinazione all'ozio. ~ Situazione di inoperosità, inattività. **2.** *fig.* Banalità, superfluità.

ozióso agg. **1.** Che vive nell'ozio. **2.** *fig.* Inutile, superfluo, futile. *Domande oziose*. ◆ s.m. [f. *–sa*] Nell'accez. 1 dell'agg.

ozonizzàre v.tr. (fr. *ozoniser*) **1.** Fare agire l'ozono su un corpo per sterilizzarlo o trasformarlo. *Ozonizzare il vino*. **2.** Trasformare un elemento in ozono.

ozonizzatóre s.m. Apparecchio che, tramite scariche elettriche sull'aria o sull'ossigeno puro, trasforma l'ossigeno in ozono.

ozonizzazióne s.f. (fr. *ozonisation*) Processo di depurazione che consiste nel trattamento con ozono e che si avvale delle sue proprietà battericide.

ozòno s.m. (solo sing.) (fr. *ozone*, gr. deriv. di *ózein* "emettere odore") CHIM. Gas (O_3) dall'odore acre, con forte potere ossidante, in quanto la sua molecola è formata da tre atomi di ossigeno. ◇ *Buco nell'ozono:* assottigliamento dello spessore dello strato di ozono nella stratosfera e riduzione dei suoi effetti protettivi.

ENCICL. L'ozono è un costituente naturale dell'alta atmosfera (*ozono stratosferico*) e una sostanza inquinante nell'atmosfera bassa (*ozono troposferico*). Più instabile dell'ossigeno a basse temperature, può essere ottenuto a partire da quest'ultimo a 1500 °C ca. Lo si usa, nell'industria, per lo sbiancamento dei tessuti e per la sintesi di alcune benzine vegetali. È anche prodotto in modo naturale mediante reazione fotochimica nella stratosfera (*ozonosfera*), dove funge da schermo dell'irradiazione ultravioletta.

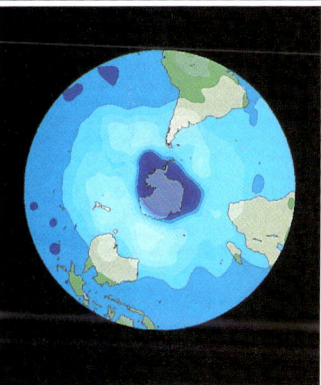

■ **ozòno.** Carta della concentrazione atmosferica totale di ozono nell'emisfero Sud, dell'8 ottobre 1995, ottenuta a partire dai dati del satellite meteorologico americano TIROS. La concentrazione decresce passando dall'azzurro chiaro al blu scuro, cosa che permette di osservare il buco nell'ozono sopra l'Antartide.

ozonosfèra s.f. Regione della stratosfera situata tra 20 e 50 km d'altitudine, che contiene la quasi totalità dell'ozono atmosferico.

ozonoterapìa s.f. MED. Terapia basata sulla somministrazione di ossigeno ozonizzato.

Carattere Palatino

p s.f. o s.m. inv. **1.** Lettera dell'alfabeto latino e delle lingue che lo adottano; in italiano rappresenta la consonante occlusiva bilabiale sorda. **2.** Semplice o puntata, maiuscola o minuscola, è usata in sigle o abbreviazioni con diversi valori. **3.** Simbolo usato in settori specifici. ◇ CHIM. *P:* simbolo del fosforo. – FIS. Simbolo del poise, della potenza elettrica, dell'impulso o della quantità di moto. – *p:* simbolo della pressione, del protone o del peso. – GEOM. *P:* simbolo del punto. – *p:* simbolo del perimetro. – MUS. *p, pp o ppp:* piano, pianissimo. – *P:* nella segnaletica stradale, indica un parcheggio. ❑ In funzione di agg. inv., usato in alcune locc. ◇ BIOCHIM. *Vitamina P:* la vitamina detta anche *citrina.* – *Vitamina PP:* la niacina o acido nicotinico, dalla funzione antipellagra e vasodilatatrice.

pàca s.m. inv. (voce tupí) Mammifero roditore dell'America meridionale, con pelo ispido bruno a macchie bianche, privo di coda, cacciato per le carni pregiate. (Famiglia dei Dasiprottidi.)

pacàto agg. Che mostra o dimostra calma, serenità.

pàcca s.f. [pl. *–che*] (voce onom.) *fam.* Colpo dato a mano aperta, senza intenzioni ostili. SIN.: **manata.** ~ *estens.* Sberla, schiaffo.

1. pacchétto s.m. (fr. *paquet,* deriv. di ol. *pak* "balla di lana") **1.** Nel sign. del dim. di *pacco.* **2.** Confezione di piccole dimensioni. ~ *estens.* Contenuto di tale confezione. *Mangiarsi un pacchetto di caramelle.* **3.** Insieme organico di proposte. *L'agenzia offre un pacchetto conveniente.* **4.** SPORT. Gruppo di giocatori che svolgono una stessa funzione, in partic. nel rugby. *Pacchetto di mischia.* **5.** INFORM. Insieme di programmi. SIN.: **package. 6.** INFORM. Blocco di dati preparato per la trasmissione in rete secondo un certo protocollo.

2. pacchétto s.m. (ingl., deriv. di *packetboat* "pacchebotto") MAR. Piroscafo che svolge servizio postale. SIN.: **pacchebotto.**

pàcchia s.f. *fam.* Modo di vivere facile, senza problemi. ~ *estens.* Situazione particolarmente fortunata.

pacchiàno agg. Privo di buon gusto, poco fine. SIN.: **volgare.** ~ Provinciale, vistoso. ◆ s.m. [f. *–na*] Persona rozza.

pacciamatùra s.f. AGR. Copertura del terreno dopo il periodo di semina o di trapianto, per proteggere le colture o per accelerarne la crescita. ~ Lo strato di materiale con cui si effettua.

pàcco s.m. [pl. *–chi*] (ol. *pak* "balla di lana") **1.** Confezione di uno o più oggetti avvolti nella carta o in altro materiale. ◇ *Pacco bomba:* ordigno nascosto in un pacco, che esplode quando viene aperto. **2.** Equipaggiamento destinato a un particolare impiego. *Pacco di medicazione.* **3.** *fig. fam.* Fregatura, delusione. *Il concerto è stato un vero pacco.* ◇ *Tirare un pacco:* venire meno a un impegno, mancare a un appuntamento. **4.** TECN. Complesso di fogli metallici. **5.** OREFIC. Nell'arte

del battiloro, insieme di lamine auree che vengono tagliate e messe tra fogli di pergamena per la seconda battitura. **6.** COMM. Unità di peso dei filati di cotone pari a 4,5 kg ca.

paccottiglia s.f. [pl. *–glie*] (fr. *pacotille,* spagn. *pacotilla,* deriv. di ol. *pak* "balla di lana") **1.** MAR. Merce che un tempo i componenti dell'equipaggio di una nave potevano portare con sé e commerciare in proprio. **2.** *estens.* Merce di poco valore, insieme di cose dozzinali. SIN.: **ciarpame.**

pàce s.f. **1.** Situazione di non belligeranza, in partic., tra nazioni diverse o all'interno di uno Stato. ◇ *Pace armata:* patto poco credibile, intesa di breve durata. – *Trattato di pace:* che sancisce la fine di una guerra. **2.** Concordia tra persone e nella vita pubblica. SIN.: **armonia.** ◇ *Fare pace:* riconciliarsi. **3.** Tranquillità spirituale o materiale. *La pace del cuore.* SIN.: **serenità.** ~ *estens.* Sospensione di qlco. di negativo. *Il dolore non dà pace.* SIN.: **tregua.** ~ Assenza di rumori. SIN.: **quiete.** ◇ *Lasciare in pace qlcu.:* non importunarlo, non infastidirlo. **4.** Nel l. religioso, stato di sereno abbandono a Dio e di amore per gli uomini.

pacemaker [/'peis,meikə/] s.m. inv. (voce ingl., propr. "che regola il passo") **1.** ANAT. Sede anatomica da cui si origina il ritmo cardiaco. **2.** MED. Dispositivo elettronico per la regolazione del ritmo cardiaco di persone con patologie cardiache. **3.** IPP. Nelle corse al galoppo, cavallo che precede gli altri per regolarne l'andatura.

pachidèrma s.m. [pl. *–mi*] (gr. *pakhýdermos* "dalla pelle grossa") **1.** Mammifero ungulato, erbivoro non ruminante, con pelle spessa, come l'elefante, l'ippopotamo, il rinoceronte. **2.** *fig.* Persona grossa e impacciata. ~ *estens.* Persona a cui mancano garbo e delicatezza.

pachidermìa s.f. MED. Ispessimento abnorme e patologico dello strato corneo della cute.

pacière s.m. [f. *–ra*] Chi cerca di mettere pace, accordo.

pacificàre v.tr. [4] **1.** Riconciliare due o più persone. SIN.: **rappacificare.** ~ Ristabilire la pace in un luogo. *Pacificare il paese.* **2.** Placare, calmare. *Pacificare gli animi.* ◆ **pacificarsi** v.pron. **1.** Detto di due o più persone, fare pace. **2.** Trovare la pace. *I rapporti si sono pacificati.* SIN.: **calmarsi. 3.** Fare pace con qlcu. *Pacificarsi con la famiglia.*

pacificatóre agg. [f. *–trice*] Che ristabilisce la pace. SIN.: **conciliatore.** ◆ s.m. (anche f.) Chi pacifica. SIN.: **paciere.**

pacificazióne s.f. Azione che conduce al raggiungimento di uno stato di pace e armonia. ~ Effetto di tale azione.

pacifico agg. [pl.m. *–ci,* f. *–che*] **1.** Caratterizzato da spirito di pace. ~ Che ama la pace. *Popolo pacifico.* ~ Che ha scopi pacifici. *Mezzi pacifici.* **2.** Tipico di una condizione di pace. ~ Riferito al mare, calmo, non tempestoso. **3.** Di

indole tranquilla. SIN.: **mite. 4.** *fig.* Comunemente accettato. SIN.: **ovvio.** ◆ s.m. [f. *–ca*] Chi ama la pace.

2. pacifico agg. [pl.m. *–ci,* f. *–che*] (dal nome che gli diede Magellano vedendolo in condizioni di calma) Dell'Oceano Pacifico e dei paesi che bagna.

pacifismo s.m. (fr. *pacifisme*) **1.** Teoria politica che rifiuta la guerra come mezzo per la soluzione delle controversie tra gli Stati. **2.** *estens.* Generico amore per la pace e la vita tranquilla.

pacifista s.m. e f. [pl.m. *–sti*] (fr. *pacifiste*) Seguace del pacifismo. ❑ In funzione di agg., del pacifismo, dei pacifisti.

pacioccóne s.m. [f. *–na*] Persona grassa di carattere bonario e gioviale, che ama vivere pacificamente. ❑ Anche in funzione di agg.

pack [/'pæk/] s.m. (solo sing.) (voce ingl., deriv. di *pack-ice* "ghiaccio in blocchi") GEOGR. Insieme di ghiacci fluttuanti staccatisi dalla banchisa polare con le correnti marine e i venti.

package [/'pækidʒ/] s.m. inv. (voce ingl., propr. "imballaggio") **1.** INFORM. Programma o insieme di programmi messi a punto per la soluzione di determinati problemi. SIN.: **pacchetto. 2.** Confezione che racchiude e accompagna un prodotto, spec. un programma informatico. **3.** Nel l. pol. e sind., pacchetto comprendente una serie di rivendicazioni o proposte, oppure di opportunità e clausole.

packaging [/'pækidʒiŋ/] s.m. inv. (voce ingl., deriv. di *to package* "imballare") Nel l. del marketing, la confezione di un prodotto che lo rende più invitante e ne facilita il trasporto e l'impiego.

packfong [/pak'fɔŋ/] s.m. inv. (voce ingl., cin. *paktong* "rame bianco") Denominazione comune di una serie di leghe bianche composte principalmente da rame, zinco e nichel; hanno colore argenteo e sono comunemente note come *alpacca, argentana* e *argentone.*

padàno agg. (lat. *Padānum,* deriv. dal nome di *Pădus* "Po") Del Po o della valle del Po.

paddock [/'pædək/] s.m. inv. (voce ingl., "recinto") **1.** Recinto annesso alle stalle, in partic. per suini. **2.** Box con annesso recinto erboso per cavalle fattrici e puledri. **3.** Negli ippodromi, recinto erboso dove si sellano i cavalli e i fantini li fanno riscaldare prima della corsa. **4.** *estens.* Negli autodromi, recinto utilizzato per lo stazionamento dei camper delle scuderie motoristiche.

padèlla s.f. **1.** Utensile da cucina in metallo, tondo e basso, con manico lungo, usato in partic. per friggere. ~ Il contenuto di una padella. SIN.: **padellata. 2.** Recipiente basso con manico, per far evacuare gli ammalati a letto. **3.** *gerg.* Colpo mancato da parte di un cacciatore. ~ *estens.* Fallimento, cilecca. **4.** Recipiente di rame usato come scaldino del letto. **5.** Vaso di terracotta riempito di sego, ant. usato per l'illuminazione. **6.** Crogiolo di terra refrattaria usato dai vetrai per la fusione dei materiali della pasta.

padellàre v.tr. **1.** CUC. Ripassare velocemente un cibo in padella. **2.** CACC. *gerg.* Mancare un bersaglio. *Padellare la lepre.*

padellàta s.f. **1.** Contenuto di una padella. **2.** Colpo dato o ricevuto con una padella.

padellìna s.f. **1.** Nel sign. del dim. di *padella.* **2.** Disco concavo di cristallo o metallo applicato ai candelieri per farvi sgocciolare la cera. **3.** Recipiente in cui sputare in caso di necessità. SIN.: **sputacchiera**.

padiglióne s.m. (lat. *papiliōnem* "farfalla" e "tenda militare") **1.** ARCH. Ant., costruzione a strutture leggere in parchi e giardini. *Padiglione di caccia.* ~ Oggi, costruzione modulare compresa in un insieme più vasto. SIN.: **stand**. ~ Corpo di fabbrica o di altra struttura con caratteristiche di autonomia. *Padiglione di montaggio.* **2.** Antica tenda da campo grande e ricca per i capi militari. ~ *estens.* Baldacchino in tessuto. *Volta a padiglione.* **3.** ANAT. Parte di un organo che ha la forma di un imbuto svasato. ◇ *Padiglione auricolare:* parte esterna dell'orecchio nell'uomo e nei mammiferi. **4.** Tetto di un'automobile. **5.** MAR. Insieme delle sartie e degli stralli di ciascun albero di un veliero. **6.** MIL. Nelle antiche armature, parte della goletta che si allarga sul collo scendendo su petto, spalle e schiena. ~ Nelle lance da giostra, la protezione metallica imbutiforme dell'impugnatura. SIN.: **paramano**. **7.** TECN. Nella cuffia telefonica, auricolare. **8.** MUS. Parte allargata di uno strumento; in partic., estremità a forma di cono di uno strumento a fiato. SIN.: **campana**.

padìna s.f. **1.** Alga scura dal tallo a ventaglio tipica del Mediterraneo. (Classe delle Feoficee.) **2.** BOT. (iniziale maiusc.) Genere cui appartiene la padina.

padiscià s.m. inv. (fr. *padischah*, persiano *pādišāh* "re protettore") ST. Titolo del sultano ottomano.

pàdo s.m. *Ciliegio a grappoli.

pàdre s.m. **1.** Uomo che ha generato uno o più figli. ◇ *Di padre in figlio:* di generazione in generazione. **2.** *estens.* Uomo con funzione di guida morale e spirituale. ◇ *Padre spirituale:* sacerdote che guida la vita spirituale di qlcu; chi ha un ruolo guida nell'evoluzione personale e intellettuale di qlcu. – *Padri della Chiesa:* scrittori cristiani dei primi secoli, autorità in materia di fede. **3.** *fig.* Il fondatore di una disciplina o di un'arte. *Padre della scienza moderna.* SIN.: **iniziatore**. ~ Riferito a nomi maschili astratti, causa prima. *L'ozio è il padre dei vizi.* SIN.: **fonte**. **4.** *estens.* (spec. pl.) Chi è all'origine di una discendenza; nel l. lett., fondatore di una stirpe. *Il padre Enea.* SIN.: **antenato**. **5.** Titolo dato ai sacerdoti spec. quelli appartenenti al clero regolare. *Padri benedettini.* ~ (al pl.) Denominazione di congregazioni religiose. *Padri della Fede.* **6.** ANT. ROM. Appellativo dei patrizi. **7.** TEAT. *Padre nobile:* ant., ruolo di uomo maturo e di rango elevato; oggi solo nel senso fig. di consigliere superiore e distaccato. **8.** RELIG. Divinità creatrice del mondo e dell'uomo. ~ TEOL. CATT. (anche iniziale maiusc.) Dio, la prima persona della Trinità. ◻ Anche in funzione di agg. **1.** *fam. Ragazzo padre:* giovane padre che alleva figli senza la madre. **2.** *Dio padre o Dio Padre:* la prima persona della Trinità.

padretèrno s.m. **1.** (iniziale maiusc., solo sing.) La prima persona della Trinità. **2.** *fig. fam.* [pl. *padreterni*] Persona che è o si crede importante.

padrìno s.m. **1.** CRIST. Chi presenta un bambino al battesimo o alla cresima, diventandone il responsabile spirituale. **2.** Testimone che assiste il duellante. SIN.: **secondo**. **3.** *gerg.* Capo mafioso. ~ *estens.* Personaggio influente che fornisce protezione, in partic. in politica.

padronàle agg. **1.** Del padrone. **2.** Dei datori di lavoro. *Sindacato padronale.* SIN.: **imprenditoriale**.

padronànza s.f. **1.** Dominio di sé. SIN.: **sicurezza**. **2.** Conoscenza perfetta. *Padronanza di una materia.*

padronàto s.m. **1.** Categoria dei padroni, dei datori di lavoro. **2.** Condizione e qualità del padrone.

padróne s.m. [f. *-na*] (lat. *patrōnum* "patrono") **1.** Proprietario di qlco. **2.** Proprietario di un'impresa artigianale o industriale con dipendenti. SIN.: **principale**. **3.** Dominatore assoluto. *Padrone del mondo.* **4.** Chi ha buona padronanza, conoscenza e piena coscienza di qlco. *Essere padrone dell'argomento.* ~ Essere libero di decidere. *Sei padrone di andartene.*

padroneggiàre v.tr. [5] **1.** Usare qlco. con padronanza; conoscere qlco. molto bene. **2.** *fig.* Controllare le passioni, gli istinti. ◆ **padroneggiarsi** v.pron. *fig.* Controllarsi, trattenersi.

paella [/pa'eʎʎa/] s.f. [pl. *paellas*] (voce catalana, propr. "padella") CUC. Piatto spagnolo a base di riso allo zafferano, cotto in padella con verdure, legumi, carne, frutti di mare, ecc.

paesàggio s.m. [pl. *-gi*] (fr., deriv. di *pays* "paese") **1.** Porzione di territorio che si offre alla vista. **2.** *estens.* Rappresentazione artistica di un paesaggio. SIN.: **veduta**. **3.** GEOGR. Territorio contraddistinto da particolari caratteristiche. *Paesaggio urbano.*

paesaggìsta s.m. e f. [pl.m. *-sti*] (fr. *paysagiste*) **1.** Pittore o fotografo di paesaggi. SIN.: **paesista**. **2.** *estens.* Scrittore che descrive paesaggi.

paesaggìstico agg. [pl.m. *-ci*, f. *-che*] Relativo al paesaggio, alla sua rappresentazione artistica o alla sua tutela. SIN.: **paesistico**.

paesàno agg. Di paese inteso come centro rurale. SIN.: **campagnolo**. ~ *estens.* Semplice, spontaneo. ~ Rozzo. *Modi paesani.* ◆ s.m. [f. *-na*] Nativo, abitante di un paese.

paése s.m. **1.** Centro abitato di piccole dimensioni. SIN.: **borgo**. **2.** Il territorio di una nazione. SIN.: **stato**. ◇ *Paese legale:* nel l. gior., quello rappresentato dalla maggioranza parlamentare e dalle istituzioni che ne derivano e che è contrapposto al paese reale, l'insieme dei cittadini, la loro volontà e i loro bisogni reali. **3.** Regione caratterizzata da omogeneità geografica o di altro tipo. SIN.: **terra**.

paesìstico agg. [pl.m. *-ci*, f. *-che*] Riguardante il paesaggio o la sua descrizione artistica. SIN.: **paesaggistico**.

paff o **pàffete** s.m. inv. (voce onom.) Il rumore di uno schiaffo o della caduta di un oggetto per terra.

paffùto agg. Florido, grassoccio e tondo.

pàga s.f. [pl. *-ghe*] **1.** Retribuzione in denaro corrisposta periodicamente come compenso per una prestazione di lavoro continuativa. ◇ *Paga base:* compenso minimo previsto per una certa prestazione. – *Mettere qlcu. a paga:* assumerlo. **2.** *fig.* Ricompensa, gratitudine, ringraziamento, premio. ◇ *Prendere la paga:* essere sconfitti, soprattutto al gioco. – *Dar la paga a qlcu.:* picchiarlo o batterlo in una competizione. **3.** Persona, per lo più soldato, che riceve il suo compenso. *Assumere una paga.*

pagàbile agg. Che può o che deve essere pagato.

pagàia s.f. (fr. *pagaie* da una voce malese) Remo a pala larga, semplice o doppia, che si manovra di punta.

pagaiàre v.intr. [6] (aus. *avere*) Remare con la pagaia.

pagaménto s.m. Versamento di una somma di denaro o di un bene in cambio di una prestazione o di un altro bene, oppure per estinguere un'obbligazione. ~ La somma stessa. ◇ BANC. *Pagamento a vista:* quello di titoli di credito che devono essere pagati alla presentazione. – *Pagamento all'ordine:* trasferibile per girata. – *A pagamento:* che si ottiene dietro esborso di una somma di denaro, non gratuitamente.

paganésimo s.m. Secondo la morale cristiana, insieme dei culti politeistici, tipici del mondo classico, contrapposti al monoteismo giudaico-cristiano. ~ *estens.* Ogni religione diversa dal cristianesimo.

pagàno agg. (lat. *pagānum* "abitante di villaggio", perché nelle campagne il culto tradizionale resistette più a lungo che nelle città) **1.** Del paganesimo o a esso riferito. **2.** Che segue una religione pagana. ~ Non cristiano. **3.** *estens.* Che non accetta i valori del cristianesimo e si riferisce piuttosto alla cultura del mondo classico. ◆ s.m. [f. *-na*] **1.** Chi è seguace del paganesimo. ~ *estens.* Chi non è cristiano. **2.** Chi propende per una concezione dell'esistenza ispirata ai valori tipici della civiltà classica, in quanto contrapposti a quelli cristiani.

pagànte agg. Che paga. ◇ *Socio pagante:* quello che, diversamente dal socio onorario, paga regolarmente la quota d'iscrizione. ◆ s.m. e f. Nel sign. dell'agg.

pagàre v.tr. [4] (aus.) (lat. *pacāre* "pacificare") **1.** Remunerare qlcu. per la fornitura di una merce, per una prestazione o un servizio. ~ Stipendiare qlcu. ◇ *Pagare in natura:* con prodotti naturali, non con denaro. **2.** Versare denaro in cambio di una merce o di un servizio. ~ Saldare un conto, soddisfare un obbligo finanziario. *Pagare la bolletta.* ~ Ottenere qlco. versando del denaro. *Pagare il silenzio di qlcu.* ◇ *Pagare qlco. un occhio (della testa):* pagarlo molto. – *Pagare qlco. caro, salato:* pagarlo molto rispetto al suo valore. – *Non so cosa, quanto pagherei per questo!:* esprime un desiderio molto intenso o difficilmente realizzabile. **3.** Corrompere qlcu. **4.** *fig.* Scontare, espiare. *Pagare un'offesa.* ◇ *Pagare di persona:* rispondere personalmente dei propri atti. – *Farla pagare a qlcu.:* vendicarsi. **5.** Ricambiare, ripagare qlco. con altro. *Pagare la disponibilità con l'ingratitudine.* ◇ *Pagare qlcu. o qlco. con la stessa moneta:* contraccambiare un torto con un altro torto. **6.** Offrire qlco. a qlcu. assumendosene la spesa. ◆ **pagarsi** v.pron. **1.** Trattenere per sé la somma dovuta. *Si paghi con questo assegno.* **2.** Permettersi, offrire a se stessi qlco. con il proprio denaro. *Lavora per pagarsi un viaggio.*

pagatóre agg. [f. *-trice*] Che paga. ◆ s.m. (anche f.) Chi paga.

pagèlla s.f. **1.** Documento personale rilasciato dalle scuole su cui si riportano le assenze fatte e le valutazioni conseguite dagli alunni nelle varie materie. ~ *estens.* Insieme delle valutazioni stesse. **2.** Nel l. gior., valutazione complessiva e analitica del rendimento di persone o prodotti. *Le pagelle dei calciatori.* **3.** COMM. *Pagella di deposito:* bollettino di entrata.

pagèllo s.m. **1.** Denominazione comune di diversi pesci del genere omonimo. **2.** ZOOL. (iniziale maiusc.) Genere di pesci teleostei commestibili, le cui specie, di medie dimensioni, sono diffuse nel Mediterraneo e negli oceani Atlantico e Indiano. (Genere *Pagellus*; famiglia degli Sparidi, ordine dei Perciformi.)

paggétto s.m. **1.** Nel sign. del dim. di *paggio.* **2.** Ciascuno dei bambini che reggono lo strascico del vestito di una sposa.

pàggio s.m. [pl. *-gi*] (fr. *page*) **1.** Giovane di famiglia nobile che veniva educato per i servizi di corte e poi avviato alla cavalleria. **2.** Giovane servitore di un nobile o di un cavaliere, incaricato di assisterlo in casa o sul campo di battaglia.

pagherò s.m. inv. (dalla formula stampata sul titolo) Documento o titolo di credito al portatore contenente la promessa di pagare una determinata somma entro una certa data. SIN.: **cambiale**.

pàgina s.f. (lat. *pāginam*, orig. "filare di viti" poi "colonna di scrittura") **1.** Ognuna delle due facce (dette *retto* e *verso*) di un foglio. ~ *estens.* Foglio con entrambe le facciate. ◇ *Pagine gialle:* denominazione, che costituisce marchio registrato, dell'elenco telefonico riservato a professionisti e a operatori economici divisi per categoria. – *Pagine sportive, di cronaca:* in un giornale, quelle che trattano tali argomenti specifici. – *Prima pagina:* in un quotidiano, quella d'apertura, in cui vengono pubblicate le notizie più importanti. – *Fuori pagina:* pezzo pubblicato in posizione diversa dal solito. – *Girare, voltare pagina:* dare, fare una svolta, cambiare completamente. **2.** *estens. per meton.* Contenuto di scrittura di una pagina. ~ Nel l. della crit. lett., stile di un autore. ~ (spec. pl.) Brano, passo di un testo che merita particolare attenzione. **3.** *fig.* Avvenimento importante, evento da ricordare. *È stata una pagina lieta della sua vita.* **4.** STAM. Composizione in piombo da cui si tira una pagina a stampa. **5.** BOT. Parte superficiale di un organo piatto, in partic. ciascuno dei due lati di una foglia. **6.** INFORM. Blocco di memoria di dimensioni prefissate e provvisto di indirizzo virtuale che può essere trasferito come singola entità dalla memoria reale a quella ausiliaria e viceversa. ◇ *Pagina video:* complesso dei dati che appaiono. **7.** INFORM. *Pagina web:* in un sito Internet, ciascuno dei documenti interconnessi in ipertesto che il sito contiene e che l'utente può consultare a video.

paginatùra s.f. Numerazione progressiva delle pagine di un libro, di un giornale, ecc.

paginazióne s.f. **1.** Paginatura. ~ In biblioteconomia, indicazione sulla scheda del numero di pagine di un libro. **2.** INFORM. Tecnica di implementazione della memoria virtuale che consiste nella suddivisione della memoria virtuale in blocchi, detti *pagine*, che sono caricati nella memoria reale solo quando occorre.

pàglia s.f. [pl. *–glie*] **1.** Insieme degli steli secchi dei cereali dopo la trebbiatura, o di altre piante erbacee. ~ Singolo fuscello secco o cannuccia per sorbire bibite. ◇ CUC. *Tagliatelle paglia e fieno:* mescolanza di tagliatelle gialle e verdi. **2.** *fig.* Simbolo di leggerezza, instabilità, infiammabilità. ◇ figg. *Fuoco di paglia:* passione o entusiasmo passeggero. ~ *Uomo di paglia:* prestanome, fantoccio. **3.** Manufatto di paglia, in partic. cappello o borsa. **4.** METALL. Difetto di lavorazione consistente in striature sulla superficie dovuto alla cattiva cottura. ◇ *Paglia di ferro:* insieme di trucioli metallici, come avanzo di lavorazione o come matassa per pulire stoviglie. **5.** *gerg.* Sigaretta. ◻ In funzione di agg., per specificare una tonalità di giallo spento.

pagliaccétto s.m. **1.** [f. *–ta*] Nel sign. del dim. di *pagliaccio.* **2.** Indumento intimo femminile che in un pezzo unico comprende mutandine e corpetto. **3.** Indumento per bambini piccoli, con calzoncini e maglietta uniti.

pagliacciàta s.f. **1.** Azione o comportamento da pagliaccio, quindi poco serio. **2.** *estens.* Cosa che non va presa sul serio.

pagliàccio s.m. [f. *–cia,* pl.m. *–ci,* f. *–ce*] (deriv. di *paglia* perché anticamente i buffoni indossavano una veste di tela usata per i paglierici) **1.** Nel circo, personaggio del buffone, con volto pesantemente truccato e abiti ridicoli, caratterizzato da una comicità grottesca e assurda. **2.** *estens.* Persona che si comporta in modo buffo. ~ *fig.* Persona che manca di serietà e coerenza.

pagliàio s.m. [pl. *–gliai*] **1.** Mucchio di paglia impilata a formare un cono attorno a un palo di sostegno. ◇ *fig. Cercare un ago nel pagliaio:* tentare una ricerca molto difficile. **2.** In senso generico, mucchio di paglia di forma non specificata. ~ Portico sotto cui si ammassano la paglia o il fieno.

paglieríccio s.m. [pl. *–ci*] Grosso sacco riempito di paglia, foglie secche e cartocci di granturco, usato come materasso. ~ *estens.* Letto povero, disagevole.

paglierìno agg. Che ha il colore della paglia.

pagliétta s.f. **1.** Nel sign. del dim. di *paglia.* **2.** Cappello di paglia da uomo con tesa stretta e rigida e cupola piatta e dura. **3.** Matassa di fili metallici che serve per pulire stoviglie o altro. **4.** Lamina metallica su cui vengono saldati due o più fili per facilitare all'occorrenza variazioni di connessioni, in partic. negli impianti telefonici. **5.** Lustrino, paillette. **6.** BOT. Brattea a forma di piccola squama posta alla base delle infiorescenze a capolino.

pagliolàto s.m. MAR. Pavimentazione che, applicata sui madieri o sul cielo del doppio fondo, permette il passaggio del personale.

pagliùzza s.f. **1.** Nel sign. del dim. di *paglia,* in partic. singolo fuscello. **2.** *estens.* Scaglietta d'oro nativo o altro minerale lucente. **3.** Lustrino.

pagnòtta s.f. (provenz. *panhota,* lat. deriv. di *pānis* "pane") **1.** Forma di pane generalmente tondeggiante e di grandezza variabile. **2.** *fig. pop.* Ciò che è necessario al sostentamento.

1. pàgo agg. [pl.m. *–ghi,* f. *–ghe*] Appagato, contento, soddisfatto.

2. pàgo s.m. [pl. *–gi*] Nel territorio dell'antica Roma, distretto rurale.

pagobàncomat s.m. inv. Denominazione di un sistema di pagamento tramite tessera magnetica che consente l'addebito immediato sul conto corrente dell'intestatario. ~ La tessera stessa.

---

pagòda s.f. (port. *pagode,* sanscr. *bhagavatī-* "beata") **1.** Costruzione sacra buddista a forma di torre piramidale. **2.** NUMISM. Moneta d'oro dell'India, coniata tra i secc. XVII e XIX.

pàgro s.m. **1.** Denominazione comune di diversi pesci del genere omonimo. **2.** ZOOL. (iniziale maiusc.) Genere di pesci che comprende varie specie marine commestibili, diffuse nelle zone costiere dell'Atlantico e del Mediterraneo. (Genere *Sparus;* famiglia degli Sparidi.)

Paguridèi s.m. pl. [iniziale minusc. sing. *–o* per l'individuo] ZOOL. Sottordine di crostacei, detti comunemente eremiti, dall'addome tenero, piuttosto grosso e con il segmento toracico finale rostrato; vivono sfruttando gusci vuoti di gasteropodi. (Ordine dei Decapodi.)

pagùro s.m. (lat. *pagūrum,* gr. *págouros* propr. "dalla coda di roccia") **1.** Denominazione comune di vari crostacei marini dell'ordine Decapodi che proteggono l'addome privo di esoscheletro inserendolo nella conchiglia vuota di un gasteropode; sono noti come *eremiti* e *bernardi eremiti.* **2.** ZOOL. (iniziale maiusc.) Genere di animali a cui appartengono alcuni paguri.

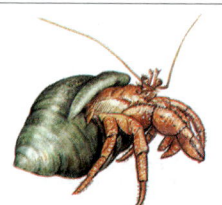

■ **pagùro** o bernardo eremita.

---

paillard [/pa'jar/] s.f. inv. (voce fr., dal nome del ristorante parigino dove fu ideata) CUC. Lombata sottile di vitello cotta alla griglia o in padella.

paillette [/pa'jɛt/] s.f. inv. (voce fr., deriv. di *paille* "paglia") Lustrino, paglietta, pagliuzza.

pàio s.m. [pl. *paia* f.] **1.** Insieme di due cose tra loro funzionalmente complementari. ~ Due persone o animali della stessa specie. ◇ *fig. È un altro paio di maniche:* è una cosa completamente diversa. **2.** Oggetto unico formato da due parti uguali e indivisibili. **3.** Circa due (per indicare general. un numero limitato) *Bere un paio di bicchieri.*

paiòlo s.m. **1.** Contenitore da cucina in rame o alluminio, largo e profondo. **2.** Contenuto di un paiolo.

pakistàno o **pachistàno** agg. Del Pakistan. ◆ s.m. [f. *–na*] Nativo, abitante del Pakistan.

PAL s.f. inv. Sigla di *Phase Alternating Line,* linea a fase alternata.

1. pàla s.f. **1.** Attrezzo formato da una lama ricurva, in legno o in metallo, collegata a un lungo manico, che serve per rimuovere terra o altri materiali. ◇ *fig. Con la pala:* in grande quantità. **2.** *estens.* Ogni arnese rigido, piatto e largo, che, immerso in un fluido in moto relativo nei suoi confronti, sia utilizzabile per ottenere effetti di vario genere. **3.** *Pala meccanica o caricatrice:* macchina semovente per la rimozione di terra o di altri materiali. SIN.: *ruspa.* **4.** *Pala d'altare:* tavola dipinta, o a bassorilievo in marmo, o cesellata in metallo, posta dietro l'altare. **5.** Sezione terminale del bastone da cricket e da hockey. **6.** ZOOL. Parte delle corna dei Cervidi.

2. pàla s.f. Tipo di rete da pesca usata nei laghi per la cattura di trote e coregoni.

■ **pàla** meccanica.

---

3. pàla o **pàlla** s.m. inv. (ingl. *pallah,* da una voce bantu) → **impala.**

paladìno s.m. (lat., deriv. di *palatīnum còmitem* "conte del palazzo imperiale") **1.** Nella tradizione cavalleresca, cavaliere al seguito di Carlo Magno. **2.** *fig.* [f. *–na*] Difensore, protettore.

palafìtta s.f. **1.** Tipo di fondazione eseguita conficcando pali di legno o cemento armato in terreni invasi dalle acque o con scarsa portanza superficiale. **2.** ETNOL. Costruzioni abitative eseguite su un tavolato, retto da pali conficcati sul fondo di acque piuttosto basse.

palafrenière s.m. **1.** Chi, nel Medioevo, aveva il compito di governare i cavalli da parata. **2.** Nelle scuole militari, istruttore d'equitazione. **3.** IPP. [f. *–ra*] Addetto alla cura dei cavalli da corsa.

palaghiàccio s.m. inv. Impianto coperto in cui si crea artificialmente il ghiaccio, per pattinare o giocare a hockey.

palamìta s.f. Pesce di mare, simile al tonno, diffuso nel Mediterraneo e nell'Atlantico. (Genere *Euthynnus;* famiglia degli Scombridi.)

palàmite s.m. (gr. *polýmitos,* propr. "che ha molti fili") **1.** Arnese da pesca formato da un lungo cavetto di canapa o nylon a cui sono legate delle cordicelle fornite di ami. **2.** Barca che si usa per pescare con tale attrezzo.

1. palàmito s.m. Palamita.

2. palàmito s.m. Palamite.

palànca s.f. [pl. *–che*] **1.** Grossa trave, in partic. quella usata per formare il piano di ponteggi e impalcature. **2.** *estens.* Antica opera fortificata costituita da grossi pali conficcati nel terreno. **3.** MAR. Ponticello mobile che si appoggia tra il bordo di un galleggiante e la banchina.

1. palanchìno s.m. Sbarra d'acciaio usata come leva per spostare blocchi di pietra o altri carichi pesanti.

2. palanchìno s.m. (port. *palanquim,* indostano *pâlaki*) Portantina usata in passato in alcuni paesi orientali per trasportare personaggi importanti.

palàncola s.f. **1.** Trave usata come passerella tra la banchina e un'imbarcazione. **2.** COSTR. Profilato metallico che, piantato nel terreno e agganciato ad altri, forma delle pareti.

palandràna s.f. **1.** Ampia e lunga veste da camera per uomo, in uso nei secc. XVI-XVIII. SIN.: *palamidone.* **2.** *scherz.* Qualsiasi abito ampio e lungo, sformato e inelegante.

palaspòrt s.m. inv. *Palazzo dello sport.

palàta s.f. **1.** Quantità di materiale che può essere contenuta in una pala. ◇ *fig. A palate:* in grande quantità. **2.** Movimento eseguito con la pala. **3.** Colpo inferto con una pala. **4.** Colpo di remo dato nell'acqua per spingere avanti l'imbarcazione.

palatàle agg. (fr. *palatal*) **1.** ANAT. Del palato. **2.** LING. Di suono articolato appoggiando la lingua al palato duro. ◇ *Consonante palatale:* quella articolata in modo occlusivo, semiocclusivo o restrittivo, nell'area del palato duro. – *Vocale palatale:* quella articolata nella parte anteriore della cavità orale. (In italiano sono è, é, i.) ◆ s.f. LING. Consonante o vocale palatale.

palatalizzàre v.tr. (fr. *palataliser*) LING. Rendere un suono palatale. ◆ palatalizzàrsi v.pron. LING. Detto di un suono, diventare palatale.

palatinàto s.m. Territorio posto sotto il governo di un conte palatino. ~ La dignità stessa di conte palatino.

1. palatìno agg. ANAT. Del palato.

2. palatìno agg. (lat., deriv. di *palātium* "palazzo imperiale" da *Palātium* "colle Palatino", ove sorgeva la dimora romana dei Cesari) **1.** Che si riferisce al palazzo, in partic. quello regio. **2.** Che è addetto a vario titolo al palazzo regio, imperiale o pontificio. ◇ *Guardia palatina:* quella addetta alla protezione del pontefice. **3.** Nella denominazione di luoghi, società accademiche, istituzioni culturali o scientifiche con sede in palazzi reali, indica una loro originaria destinazione ai soli sovrani. *Biblioteca palatina.*

3. palatìno agg. Del colle Palatino in Roma, sul quale, secondo la leggenda, Romolo avrebbe edificato la primitiva città quadrata.

palàto s.m. **1.** ANAT. Parte superiore della cavità orale. ◇ *Palato duro:* parte anteriore del palato, di natura ossea; detto anche *volta palatina*. − *Palato molle:* parte posteriore fibro-membranosa e mobile; detto anche *velo palatino* o *velopendulo*. **2.** fig. Senso del gusto. *Avere un palato fine.* ∼ *estens.* persona capace di esprimere giudizi e valutazioni. **3.** BOT. Nella corolla di certi fiori, sporgenza del labbro inferiore che chiude il tubo della corolla impedendo l'ingresso degli insetti.

palazzétto s.m. Edificio destinato ad attività sportive.

palazzina s.f. **1.** Nel sign. del dim. di *palazzo*. **2.** In passato, casa signorile non molto grande, in genere a due piani e con giardino. ∼ Attualmente, elegante casa plurifamiliare a più piani e più appartamenti per ogni piano.

palàzzo s.m. (lat. *Palātium*, orig. "colle Palatino" quindi il "palazzo imperiale" che vi fu eretto) **1.** Edificio di pregio architettonico riservato a famiglie nobiliari e principesche. **2.** *per anton.* Corte del re o dell'imperatore. **3.** fig. Nel l. gior., governo, potere politico e decisionale. ∼ (al pl.) Luoghi in cui si esercita e gestisce il potere. **4.** Grande edificio moderno d'abitazione. SIN.: **condominio. 5.** Edificio destinato a usi pubblici. ◇ *Palazzo dello sport:* impianto coperto per manifestazioni sportive. − *Palazzo di giustizia,* dove hanno sede gli uffici giudiziari di una città. − *Palazzo Madama:* sede del Senato e, estens., il Senato stesso. − *Palazzo di vetro:* sede dell'ONU.

pàlco s.m. [pl. −*chi*] (long. *balk* "trave") **1.** Ripiano generalmente formato da travi e assi. **2.** Tribuna sopraelevata provvisoria. **3.** Impalcatura per lavori murari o decorativi. **4.** Struttura sopraelevata per i cacciatori di selvaggina migratoria. **5.** Ciascuno dei vani nelle pareti perimetrali di un teatro in cui sono accolti piccoli gruppi di spettatori. ◇ *Palco di proscenio:* quello più vicino al proscenio. **6.** Ramificazioni dello

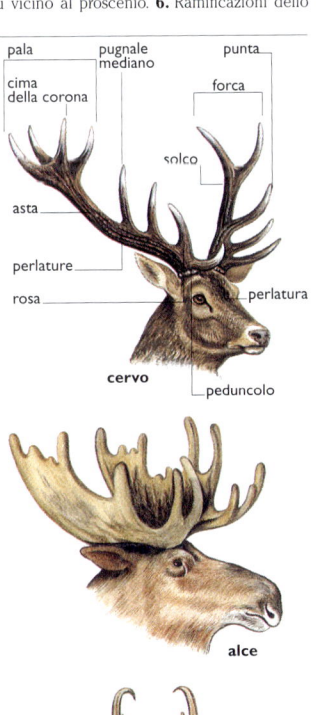

pala — pugnale mediano — punta
cima della corona — forca
solco
asta
perlature
rosa — perlatura
cervo — peduncolo

alce

muntjak

■ **pàlco.** Palchi di alcuni cervidi.

■ arte **paleocristiàna.** Il Buon Pastore, statuetta in avorio scoperta vicino Roma, fine del III sec. d.C. (Louvre, Parigi.)

stesso livello d'altezza, negli alberi da frutta coltivati. ∼ Anche, ramificazione nelle corna dei cervi e di animali simili. **7.** Banco dei rematori nelle navi antiche.

palcoscènico s.m. [pl. *palcoscenici*] **1.** Palco sul quale recitano gli attori. ∼ *estens.* Ogni struttura o spazio utilizzati per rappresentare spettacoli teatrali. **2.** fig. Arte teatrale, recitazione. *Avere la passione del palcoscenico.*

paleàntropo s.m. ANTROP. Ominide fossile vissuto nel pleistocene medio, corrispondente all'uomo di Neandertal.

Palèmone s.m. (gr. *Paláimōn*, nome di una divinità marina) ZOOL. Genere di crostacei che comprende varie specie di gamberi, marini e d'acqua dolce, detti anche *gamberetti*. (Ordine dei Decapodi.)

1. paleò s.m. Nell'hockey su ghiaccio, disco che si colpisce con l'apposita mazza.

2. paleò s.m. BOT. Denominazione generica di varie erbe. (Genere *Anthoxanthum*; famiglia delle Graminacee.)

pàleo- Primo elemento di composti dotti o del l. scientifico, nei quali significa "antico", "originario", "appartenente a ere geologiche passate".

paleoantropologia s.f. Studio degli stadi dell'evoluzione dell'uomo attraverso i reperti fossili

paleobiogeografia s.f. Studio della ripartizione geografica degli organismi preistorici.

paleobiologia s.f. Studio delle condizioni di vita delle piante e degli animali fossili.

paleobotànica s.f. [non com. pl. −*che*] Branca della paleontologia che studia i reperti fossili di vegetali per ricostruire la storia evolutiva delle piante e dei loro habitat nelle ere geologiche passate.

paleocène s.m. (solo sing.) GEOL. Primo sottoperiodo del paleogene, inizio dell'era cenozoica. (Si estende per 10 milioni di anni ca.)

paleocènico agg. Relativo a tale periodo. ◆ s.m. (solo sing.) Paleocene.

paleoclimatologia s.f. Studio e ricostituzione dei climi nelle diverse ere geologiche.

paleocristiàno agg. Relativo ai primi cristiani.

paleoecologia s.f. Studio delle condizioni ambientali delle ere passate.

paleofitologia s.f. Paleobotanica.

paleogène s.m. (solo sing.) GEOL. Primo periodo dell'era cenozoica. (Compreso tra 65 e 23,5 milioni di anni fa, è ulteriormente suddiviso in paleocene, eocene e oligocene.)

paleogeografia s.f. Branca della geografia che studia le condizioni geografiche della Terra nelle diverse ere geologiche.

paleografia s.f. (comp. di gr. *palaiós* "antico" e *gráphein* "scrivere") Studio dell'evoluzione delle scritture antiche. (La paleografia illustra la storia delle scritture e consente di decifrare e datare i testi antichi.)

paleolitico s.m. (solo sing.) (ingl. *paleolithic*) GEOL. Periodo dell'era preistorica caratterizzato dalla presenza di manufatti litici sempre più perfezionati e da un'economia basata sulla

caccia. ◆ agg. [pl.m. −*ci*, f. −*che*] Relativo a tale periodo.
ENCICL. Il paleolitico è il periodo più antico della preistoria e si estende fino all'epoca del riscaldamento postglaciale. Si divide in tre periodi: inferiore, medio e superiore. In Europa, il paleolitico inferiore si estende fino a 150.000 anni fa, il medio fino a 40.000 anni fa, il superiore fino a 9.000 anni fa. Il paleolitico superiore comprende, inoltre, varie culture, diffuse soprattutto in Europa: il perigordiano inferiore (o castelperroniano), l'aurignaziano, il perigordiano superiore (o gravettiano), il solutreano, e il magdaleniano. È caratterizzato dalla comparsa dell'antenato dell'uomo moderno, l'*Homo Sapiens*, e dalla produzione di oggetti artistici.

paleomagnetismo s.m. **1.** Studio del campo magnetico nella sua intensità e nel suo orientamento durante le diverse fasi geologiche. **2.** Magnetismo delle rocce o di altri elementi delle ere trascorse.

paleontologia s.f. (fr. *paléontologie*) Studio dei resti fossili di organismi vegetali e animali. ◇ *Paleontologia umana:* paleoantropologia.

paleontològico agg. [pl.m. −*ci*, f. −*che*] (fr. *paléontologique*) Relativo alla paleontologia o ai paleontologi.

paleontòlogo s.m. [f. −*ga*, pl.f. −*ghe*] (fr. *paléontologue*) Studioso di paleontologia.

paleopatologia s.f. Studio delle malattie riscontrabili nei reperti preistorici e fossili.

paleopitèco s.m. [pl. −*chi*] → sivapiteco.

paleozòico s.m. (solo sing.) GEOL. Seconda era geologica divisa in sei periodi, compresa tra l'archeozoica e la mesozoica. (Durata da 540 a 245 milioni di anni fa, fu caratterizzata dal notevole sviluppo delle forme di vita vegetale e animale.) ◆ agg. [pl.m. −*ci*, f. −*che*] Relativo a tale era.

paleozoologia s.f. (fr. *paléozoologie*) Branca della paleontologia che studia i reperti fossili animali.

palése agg. (deriv. di lat. *pălam* "apertamente") Che appare chiaro, indubitabile.

palestinése agg. Della Palestina, regione storica del Medio Oriente. ∼ In partic., della popolazione araba di tale regione. ◆ s.m. e f. Nativo, abitante della Palestina.

palèstra s.f. (lat. *palaēstram*, deriv. di gr. *palaístra* da *paláiein* "lottare") **1.** Locale chiuso e coperto, per lo più di grandi dimensioni, fornito di attrezzi ginnici fissi e mobili. **2.** *estens.* Ginnastica fatta in palestra. **3.** ALP. *per anal. Palestra di roccia:* parete rocciosa facilmente raggiungibile o ricostruita artificialmente anche al coperto, dov'è possibile allenarsi all'arrampicata. **4.**

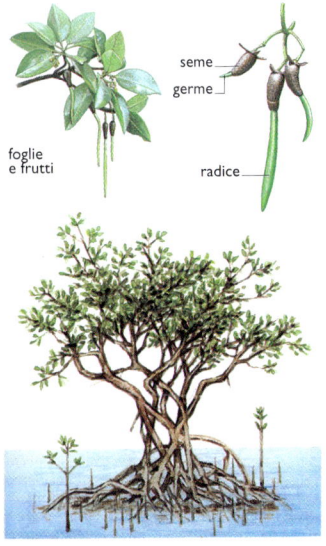

seme
germe
foglie e frutti
radice

■ **paletuvière**

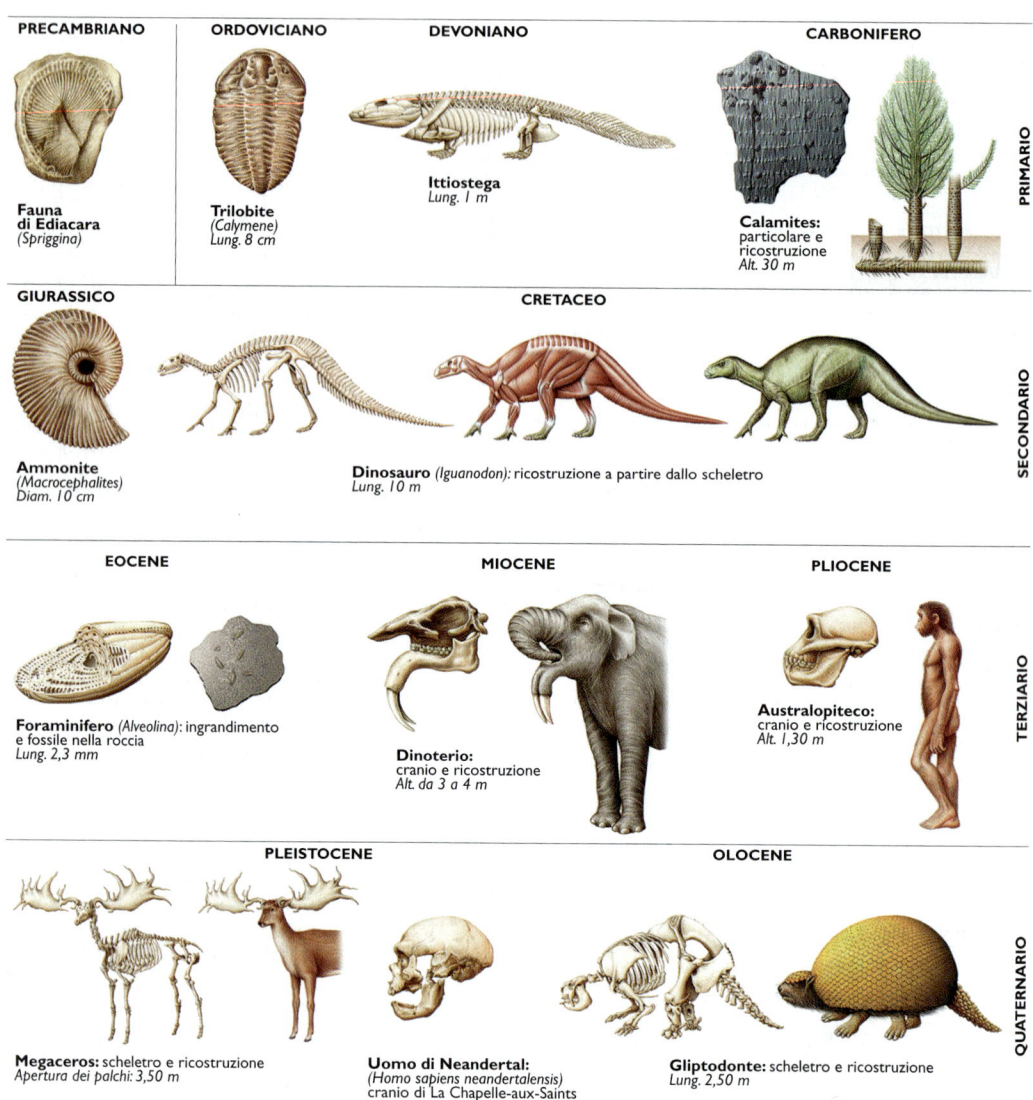

PRECAMBRIANO

Fauna
di Ediacara
(Spriggina)

ORDOVICIANO

Trilobite
(Calymene)
Lung. 8 cm

DEVONIANO

Ittiostega
Lung. I m

CARBONIFERO

Calamites:
particolare e
ricostruzione
Alt. 30 m

PRIMARIO

GIURASSICO

Ammonite
(Macrocephalites)
Diam. 10 cm

CRETACEO

Dinosauro (Iguanodon): ricostruzione a partire dallo scheletro
Lung. 10 m

SECONDARIO

EOCENE

Foraminifero (Alveolina): ingrandimento
e fossile nella roccia
Lung. 2,3 mm

MIOCENE

Dinoterio:
cranio e ricostruzione
Alt. da 3 a 4 m

PLIOCENE

Australopiteco:
cranio e ricostruzione
Alt. 1,30 m

TERZIARIO

PLEISTOCENE

Megaceros: scheletro e ricostruzione
Apertura dei palchi: 3,50 m

Uomo di Neandertal:
(Homo sapiens neandertalensis)
cranio di La Chapelle-aux-Saints

OLOCENE

Gliptodonte: scheletro e ricostruzione
Lung. 2,50 m

QUATERNARIO

■ **paleontologìa.** Scheletri o fossili di esseri viventi che hanno popolato la Terra nelle differenti ere geologiche.

Piazzale annesso al ginnasio, nell'antica Grecia, o cortile annesso alle terme, nell'antica Roma, dove si praticavano gli esercizi fisici, in partic., la lotta e il pugilato. **5.** *fig.* Ciò che è utile come esercizio intellettuale o morale. *Palestra di vita*.

paletnologìa o **paleoetnologìa** s.f. Disciplina che, utilizzando i reperti archeologici e alcune scienze ausiliarie, studia la preistoria negli aspetti culturali delle società umane anteriori alla comparsa della scrittura. *(v. immagine pag. succ.)*

paletot [/pal'to/] s.m. inv. (voce fr., ingl. *paltok* "giacca") Cappotto, soprabito.

1. palétta s.f. **1.** Nel sign. del dim. di 1. *pala*; in partic., piccola pala usata spec. come giocattolo. **2.** Disco metallico, colorato su un lato di verde e sull'altro di rosso, munito di manico, usato per segnalazioni stradali e ferroviarie. **3.** MECC. Negli organi rotanti o fissi di turbine, piccolo elemento a forma di pala, con la funzione di ricevere la spinta del fluido per generare un moto o per deviare il fluido stesso. **4.** Estremità del gambo dell'amo, allargata per facilitare la legatura della lenza. **5.** MUS. Parte terminale del manico della chitarra. **6.** ETNOL. *Paletta da getto*: clava appiattita e ricurva simile al boomerang diffusa nell'Africa nordorientale. **7.** MECC. Elemento mobile dell'ago automatico usato per fabbricare tessuti a maglia. **8.** *Paletta di carico:* piattaforma, per lo più di legno, usata per facilitare il sollevamento dei colli coi carrelli elevatori. SIN.: **pallet**. **9.** ZOOL. Sezione appiattita e dentata del palco di alcuni cervidi. **10.** BOT. Ramo del fico d'India, che ha forma appiattita.

2. palétta s.f. Bosco con tronchi tagliati.

palettizzàbile o **pallettizzàbile** agg. Detto di imballaggio di merci che ha dimensioni tali da poter essere sistemato su palette di carico.

palettizzazióne o **pallettizzazióne** s.f. (fr. *palettisation*) Impilaggio di merci imballate su palette di carico.

palétto s.m. **1.** Nel sign. del dim. di *palo*; in partic., palo di piccole dimensioni, per recinzioni o per fissaggio al terreno di elementi mobili. SIN.: **cavicchio**. ◇ *fig. Mettere i (dei) paletti*: fissare limiti invalicabili, spec. in trattative, rapporti, ecc. **2.** Chiavistello per fermare porte e finestre. **3.** Incudine che fa parte dell'attrezzatura del calderaio. **4.** SPORT. Ognuno dei pali che, accoppiati e contrassegnati da bandierine alternativamente rosse e blu, costituiscono le porte nelle prove di sci alpino.

paletuvière s.m. (fr. *palétuvier*, dal tupi *apareiba* "albero curvo") Nome di varie piante arboree delle foci dei fiumi equatoriali (formazioni delle *mangrovie*). *(v. immagine pag. prec.)*

pàli s.m. (solo sing.) (sanscr. *pāli*- "linea, serie") Lingua antica del periodo medio-indiano, usata nel canone del buddismo meridionale.

palilalìa s.f. Disturbo del linguaggio che consiste nella ripetizione di sillabe, parole o frasi, presente in soggetti affetti da parkinsonismo o da lesioni cerebrali a focolaio.

palindromo agg. (gr. *palíndromos* "che corre indietro") **1.** Di parola, frase, verso o cifra che possono essere letti da sinistra a destra e anche viceversa. **2.** MED. *Reumatismo palindromo:* malattia rara caratterizzata dalla frequente ripetizione di episodi infiammatori, brevi ma acuti. ◆ s.m. **1.** Nell'accez. 1 dell'agg. **2.** Gioco enigmistico consistente nel trovare parole leggibili in entrambi i sensi (p.e. anilina) o che letta alla rovescia assume un significato differente (p.e. organo/onagro).

palingènesi s.f. inv. (gr. *palingenesía* "ritorno alla vita") **1.** Secondo alcuni sistemi filosofico-religiosi antichi, periodico rinnovamento dell'individuo o del cosmo. ~ Nella concezione del Nuovo Testamento, rinascita dell'uomo dopo la morte o rinnovamento del mondo dopo la sua distruzione finale. **2.** *fig.* Mutamento radicale. **3.** GEOL.

Formazione di magmi secondari in zone profonde della litosfera, in seguito a fusione di rocce eruttive precedentemente solidificate. **4.** BIOL. Legge fondamentale della biogenetica formulata da E. Haeckel, per cui la vita biologica dell'individuo (*ontogenesi*) ripete lo sviluppo della specie (*filogenesi*).

palinodìa s.f. (gr., comp. di *pálin* "di nuovo" e *ōidḗ* "canto") **1.** Componimento poetico che smentisce quanto affermato in un'opera precedente. **2.** *estens.* Sconfessione di quanto si è detto o sostenuto in precedenza.

palinologìa s.f. (gr., deriv. di *pálē* "farina, polvere sottile") Branca della botanica che studia i pollini e le spore, fossili o attuali.

palinsèsto s.m. (gr. *palímpsēstos* "raschiato di nuovo") **1.** Manoscritto su pergamena, in cui una precedente scrittura è stata cancellata con raschiamento o lavaggio della superficie per scrivervi sopra un altro testo. **2.** *estens.* Dipinto o affresco sul quale sono stati sovrapposti successivi strati di colore. **3.** *scherz.* Scritto vecchio che le molte correzioni e cancellature rendono difficilmente leggibile. **4.** TV. Schema che riassume la programmazione delle trasmissioni radiofoniche o televisive previste in un certo periodo.

pàlio s.m. [pl. –*li*] (lat. *pàllium* "mantello") Drappo o stendardo che in epoca medievale si dava in premio al vincitore di una gara.

paliòtto s.m. Paramento di stoffa, legno, marmo, avorio o altro materiale prezioso, che si pone sopra la parte anteriore dell'altare. SIN.: **dossale**.

palissàndro s.m. (fr. *palissandre*, ol. *palissander* da una voce della Guyana) Legno pesante e duro, rosso-violaceo o brunastro, con venature scure, proveniente da diverse specie di alberi dell'America tropicale e del Madagascar, utilizzato in ebanisteria.

palizzàta s.f. Serie di pali infissi nel terreno uno vicino all'altro, per sostegno, riparo o recinzione.

1. pàlla s.f. (long. *palla*) **1.** Oggetto sferico o tondeggiante, in materiale vario. **2.** Sfera cava o piena, di vari materiali, che serve in giochi e sport. ◇ *Palla basca*: pelota. – *A palla*: di forma tondeggiante. – *Occhi a palla*: sgranati. – *Cogliere la palla al balzo*: cogliere immediatamente l'occasione. **3.** Proiettile di pietra o di ferro usato dalle antiche artiglierie. **4.** Peso di metallo di forma sferica fissato a una catena che si attaccava al piede dei condannati. ◇ *figg. Essere una palla*: di persona dare fastidio, ostacolare. – *Essere una palla al piede per o di qlcu.*: essere di peso, dare fastidio. **5.** Recipiente di forma sferica, di vetro o di altro materiale. **6.** *pop.* (spec. pl.) Testicolo. **7.** *pop.* Bugia, balla. **8.** Piccola sfera di legno, usata un tempo per esprimere il voto, bianca se favorevole, nera se contrario. **9.** BOT. Pianta con grandi foglie, fiori rossi e profumati disposti in racemi eretti, frutti a capsula sferica; è tipica dell'America tropicale. (Famiglia delle Mirtacee.) **10.** MED. *Cuore a palla*: particolare tipo di immagine radiologica del cuore, caratteristica di alcune affezioni cardiache.

2. pàlla s.f. Ampia veste consistente in un telo rettangolare, usata dalle matrone romane, dalle divinità e da attori e musicisti greci.

3. pàlla s.f. Piccolo quadrato di tela inamidata che copre il calice durante la messa.

4. pàlla o **pàla** s.f. → impala.

pallabàse s.f. (solo sing.) (calco dell'ingl. *baseball*) SPORT. → **baseball**.

pallacanèstro s.f. (solo sing.) (calco dell'ingl. *basketball*) SPORT. Gioco tra due squadre di cinque elementi ciascuna, il cui obiettivo consiste nell'inviare il pallone nel canestro del campo avversario il maggior numero di volte possibile. SIN.: **basket**.

pallacòrda s.f. (solo sing.) Antico gioco di origine italiana che consisteva nel lanciare una palla nella metà campo avversaria facendole superare una corda tesa, con le mani o con una racchetta.

palladiàna s.f. (così chiamata perché frequente nei lavori del Palladio) Tipo di pavimentazione con lastre di marmo o pietra disposte irregolarmente. ~ Pavimento alla palladiana.

1. pallàdio s.m. [pl.m. –*di*] Raffigurazione pittorica o scultorea di Pallade Atena. ◇ *Palladio di Troia*: statua che Zeus donò a Dardano quale pegno della salvezza di Troia.

2. pallàdio s.m. (solo sing.) (così chiamato dall'inglese Wollaston per celebrare la scoperta dell'asteroide *Pallas*) **1.** Metallo bianco prezioso, duttile e lucente, di densità 11,4 e che fonde a 1549 °C. **2.** Elemento chimico (*Pd*) di numero atomico 46 e peso atomico 106,42.

pallamàglio s.f. (solo sing.) Antico gioco di origine italiana e francese che ha dato origine agli attuali cricket, croquet e golf.

pallamàno s.f. (solo sing.) (calco dell'ingl. *handball*) SPORT. Gioco tra due squadre composte ognuna da sette giocatori che devono far entrare il pallone nella porta avversaria usando solo le mani. (*v. immagine pag. succ.*)

pallanuòto s.f. (solo sing.) (calco dell'ingl. *water-polo*) SPORT. Gioco praticato in piscina, attrezzata con due porte sui lati corti, da due squadre di sette giocatori ciascuna, che cercano di lanciare con le mani la palla nella rete avversaria.

■ **pallanuòto**. Azione della partita Australia-Stati Uniti disputata durante i campionati mondiali di pallanuoto del 1986.

pallavolista s.m. e f. [pl.m. –*sti*] Chi pratica la pallavolo.

pallavólo s.f. (solo sing.) (calco dell'ingl. *volleyball*) SPORT. Gioco che oppone due squadre di sei giocatori, che si affrontano rinviandosi con le mani una palla sopra la rete di metà campo.

palleàle o **palliàle** agg. (fr. *palléal*) ZOOL. Che riguarda il mantello dei molluschi.

palleggiàre v.intr. [5] (aus. *avere*) Lanciare la palla per terra, in aria o contro un muro. ◆ v.tr. Far saltellare, passare ripetutamente qlco. da una mano all'altra. ◆ **palleggiarsi** v.pron. *fig.* Detto di due o più persone, scambiarsi, attribuirsi vicendevolmente responsabilità o colpe.

pallèggio s.m. [pl. –*gi*] **1.** L'azione e l'effetto del palleggiare. **2.** *fig.* Scambio ripetuto.

pallet [/'pælɪt/] s.m. inv. (voce ingl., propr. "piatto") Piattaforma di carico destinata alla movimentazione delle merci tramite carrelli elevatori a forchetta.

pallétta s.f. **1.** Nel sign. del dim. di 1. *palla*. **2.** Sferetta di piombo e antimonio proiettata dallo scoppio delle granate a pallette.

pallettóne s.m. **1.** Nel sign. dell'accr. di *palletta*. **2.** Palla di fucile piuttosto grossa e, in partic., grosso pallino sferico per la caccia.

palliàta s.f. Commedia dell'antica letteratura latina che riprendeva temi e personaggi di quella greca.

palliativo s.m. (fr. *palliatif*) **1.** Farmaco, cura che attenua i sintomi di una malattia, ma non ne rimuove la causa. **2.** *fig.* Espediente non risolutivo, usato per fronteggiare un problema.

pàllido agg. **1.** Privo in volto del colorito naturale. **2.** *estens.* Di colore chiaro con tonalità attenuate. ~ Di luce, poco luminosa. **3.** MED. *Febbre pallida*: quella subacuta di origine batterica, accompagnata da forte pallore. **4.** ANAT. *Globo pallido*: formazione appartenente al corpo striato, costituita dal segmento interno o mediale del nucleo lenticolare. **5.** *fig.* Non ben definito. SIN.: **debole**.

pallìna s.f. Nel sign. del dim. di 1. *palla*; in partic. piccola sfera di carta appallottolata, vetro, terracotta o altro materiale usata in vari giochi e sport.

pallìno s.m. **1.** Boccino usato nelle bocce e nel biliardo. ◇ *Andare a pallino*: avvicinarsi al pallino; *fig.* andare a genio a qlcu. o raggiungere il risultato voluto; avere un esito sfavorevole. *Il mio programma è andato a pallino*. **2.** *fig.* Inclinazione naturale. ~ Idea fissa, mania. *Avere il pallino di qlco.* **3.** (spec. pl.) Motivo decorativo. SIN.: **pois**. **4.** (spec. pl.) Ciascuno dei piombini con cui si caricano le cartucce da caccia.

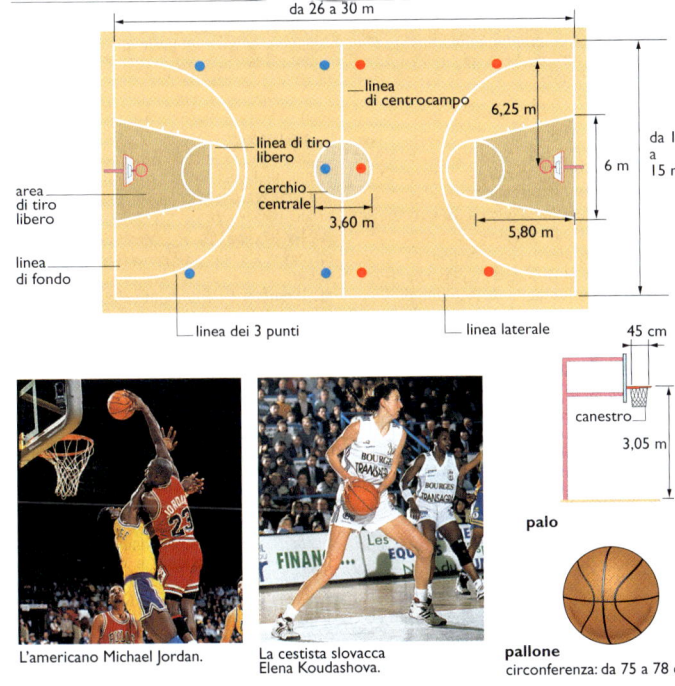

L'americano Michael Jordan.

La cestista slovacca Elena Koudashova.

da 26 a 30 m

linea di centrocampo

6,25 m

linea di tiro libero

cerchio centrale

3,60 m

5,80 m

area di tiro libero

linea di fondo

da 13 a 15 m

6 m

linea dei 3 punti

linea laterale

45 cm

canestro

3,05 m

palo

pallone
circonferenza: da 75 a 78 cm

■ **pallacanèstro**

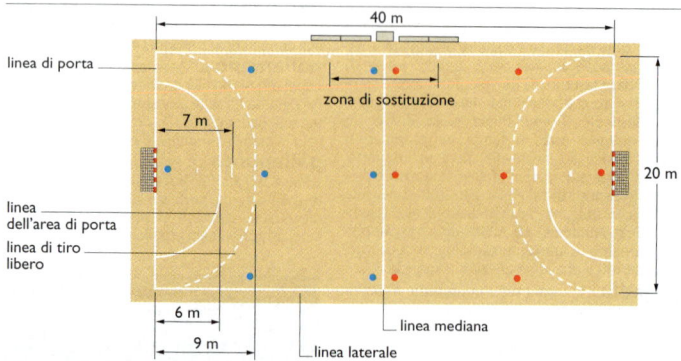

Tiro del francese Jackson Richardson.

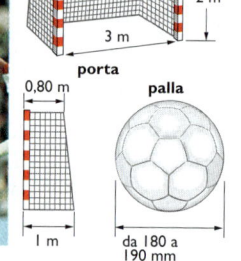

porta

palla

da 180 a
190 mm

■ **pallamàno**

■ **pallòne.** Lancio di un pallone stratosferico a Kiruna (Svezia).

~ Munizione, per lo più di plastica, di armi ad aria compressa.

pàllio s.m. [pl. –*li*] **1.** Nella Roma e nella Grecia antica, mantello di lana di forma rettangolare. **2.** *estens.* Nel l. lett., mantello, drappo di stoffa pregiata. **3.** *fig.* Maschera, falsa apparenza. **4.** Piccola stola di lana bianca decorata con croci nere, indossata da alcuni dignitari della Chiesa. **5.** ANAT. Parete dorsale del telencefalo, particolarmente sviluppata e differenziata nei Mammiferi, nei quali è la sede più evoluta del sistema nervoso centrale. **6.** ZOOL. Ripiegatura cutanea che riveste il corpo dei molluschi e secerne la conchiglia.

pallonàta s.f. **1.** Colpo dato o ricevuto con un pallone. **2.** *fig.* Esagerazione, spacconata.

palloncino s.m. **1.** Nel sign. del dim. di *pallone*. **2.** Involucro di materiale elastico e sottile, riempito di gas più leggero dell'aria, colorato vivacemente e legato a un filo perché sia possibile trattenerlo. **3.** Lampioncino di carta usato in occasione di feste, luminarie e processioni. **4.** AER. Camera d'aria degli aerostati. **5.** Piccolo recipiente di vetro. **6.** Denominazione comune dello strumento usato per controllare i guidatori sospettati di aver bevuto una quantità eccessiva di alcolici.

pallóne s.m. **1.** Sfera cava gonfiata d'aria, di forma, dimensioni e materiali diversi a seconda dei giochi in cui viene usata. ◇ *Pallone d'oro:* premio per il miglior calciatore del mondo. – *figg. Pallone gonfiato:* persona tronfia e superba. – *Avere, sentirsi la testa come un pallone:* essere frastornato avere un forte mal di testa. **2.** AER. Aerostato di dimensione variabile, utilizzato per fini scientifici, sportivi o militari. ◇ *Pallone sonda:* pallone libero munito di apparecchiature destinate allo studio meteorologico dell'alta atmosfera. **3.** CHIM. Contenitore di forma sferica, con collo cilindrico, per usi di laboratorio. **4.** Copertura pneumatica per campi da tennis o altre superfici, per renderli praticabili anche d'inverno. **5.** MAR. Segnale sferico di lontananza o parabordo tondeggiante. ◇ *Salire a pallone:* detto di palombaro o sommergibile che risalga troppo velocemente in superficie. **6.** BOT. *Pallone di neve:* arbusto che deve il suo nome ai suoi fiori bianchi o verdastri raggruppati in infiorescenze sferiche; è detto anche *pallone di maggio.* (Altezza: 2-4 m; genere *Viburnum*.) **7.** *pop.* Ernia scrotale.

pallonétto s.m. **1.** SPORT. In vari giochi con la palla, tiro spiovente che scavalca un avversario. **2.** MAR. Tipo di vela simile allo spinnaker, ma più piccola. **3.** AER. Nei dirigibili, elemento d'involucro interno che suddivide, per ogni scompartimento, il gas di sostentamento.

pallóre s.m. Colore chiaro o pallido del viso. ~ *estens.* Colore o luce tenue.

pallóso agg. *pop.* Pesante, noioso.

pallòttola s.f. **1.** Piccola palla di vario materiale, solida e compatta. **2.** Proiettile da arma da fuoco. **3.** *Pallottola di neve:* macchia sulla fronte del cavallo, di colore bianco e di forma rotonda.

pallottolière s.m. Oggetto utilizzato per calcoli elementari, formato da un telaio in cui sono tesi fili metallici paralleli, lungo i quali scorrono pallottole di vario colore. SIN.: **abaco**.

1. pàlma s.f. (lat., deriv. di *plānus* "piano, aperto") **1.** Superficie interna della mano, tra il carpo e l'articolazione delle prime falangi. **2.** ZOOL. Membrana posta tra le dita degli uccelli nuotatori, detti perciò *palmipedi*.

2. pàlma s.f. **1.** Albero dei paesi caldi, con fiori monosessuati, il cui gambo termina con un mazzo di foglie (*palme*) spesso pennate e le cui numerose specie forniscono prodotti alimentari (datteri, noci di cocco, olio di palma) o industriali (rafia, canna, avorio vegetale). (Famiglia delle Palme.) ◇ *Palma da cocco:* palma delle regioni tropicali, che raggiunge i 25 m di altezza e il cui frutto è la *noce di cocco*. (Nome sc. *Cocos nucifera*.) – *Vino di palma:* bevanda alcolica ottenuta dal succo ricavato incidendo lo spadice o il cono gemmario di alcune palme. **2.** RELIG. Ramo di palma o d'olivo che viene benedetto e distribuito nella domenica precedente la Pasqua, per commemorare l'ingresso di Gesù a Gerusalemme. **3.** Ramo o corona di palma, assegnato come segno di vittoria nell'antica Grecia o a Roma. ~ *fig.* Premio, successo. ◇ *Palma d'oro:* premio cinematografico in palio al Festival di Cannes. **4.** MAR. Nell'ancora, parte piana delle alette delle marre, più nota come *patta*.

polpa (albume)

nocciolo legnoso

acqua di cocco (albume liquido)

fibra

guscio

frutto intero e in sezione

■ **pàlma**

palmàre agg. **1.** ANAT. Del palmo della mano. **2.** Che sta nel palmo della mano. ~ *estens.* Piccolo, portatile. **3.** *fig.* Che è incontestabile, evidente. SIN.: **lampante**. ◆ s.m. Calcolatore che sta nel palmo di una mano.

palmarès [/palma'rɛs/] s.m. inv. (voce fr., lat. *palmāris* "degno della palma") **1.** Elenco dei vincitori di una gara o di un concorso. **2.** *estens.* Elenco di successi di un atleta, una squadra, ecc. **3.** *fig.* Insieme di persone celebri nella loro professione, attività.

palmatifido agg. BOT. Di foglia palmata che presenta una divisione fino a metà della distanza tra il margine e il picciolo.

1. palmàto agg. Che ha la forma del palmo della mano o delle foglie di alcune palme. ◇ ZOOL. *Piede palmato:* le cui dita sono collegate da una membrana interdigitale. – MED. *Mano palmata:* malformazione di alcune dita, che si presentano fuse insieme; è detta anche *sindattilia*.

2. palmàto agg. Ornato con disegni che raffigurano palme. ◇ *Tunica palmata:* nell'antica Roma, quella dei trionfatori.

palmatolobàto agg. BOT. Di foglia palmata suddivisa in lobi.

palmatosètto agg. BOT. *Foglia palmatosetta:* foglia palmata con il lembo diviso fino al picciolo.

palmatùra s.f. ZOOL. Membrana interdigitale di alcuni vertebrati acquatici.

Pàlme s.f. pl. BOT. Famiglia di piante, monoiche o dioiche, anemofile, con fusto legnoso non ramificato, ciuffo di foglie picciolate di varia grandezza, palmate o pennate, disposte a ventaglio, infiorescenze a spadice e frutti monospermi a bacca, a drupa o a noce; sono coltivate sia a scopo ornamentale sia per il valore commerciale e alimentare dei frutti e delle sostanze che se ne ricavano. (Altezza fino a 60 m; classe delle Monocotiledoni.)

palménto s.m. (etim. incerta, forse lat. *pavimĕntum* "aia in terra battuta, pavimento") **1.** Macina o attrezzatura di un mulino. ◇ *fig. Mangiare a quattro palmenti:* mangiare molto e, in senso metaforico, trarre profitti illeciti da una situazione. **2.** Vasca usata per la pigiatura dell'uva e per la fermentazione del mosto.

1. pàlmer s.m. inv. (dal nome di J.L. Palmer che lo inventò) Strumento di precisione a tamburo micrometrico per la misurazione degli spessori e dei diametri esterni.

2. pàlmer s.m. inv. (dal nome di J.F. Palmer che ne fu l'inventore) Pneumatico per biciclette da corsa.

3. pàlmer s.m. inv. Macchinario usato nell'industria tessile per la rifinitura, l'asciugatura e la calandratura di tessuti lucidi.

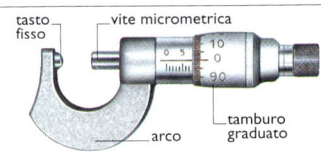

tasto fisso
vite micrometrica
arco
tamburo graduato

■ **pàlmer**

palméto s.m. Terreno su cui crescono palme.

palmétta s.f. **1.** Nel sign. del dim. di 2. *palma*; in partic., rametto di palma. **2.** AGR. Forma particolare di potatura degli alberi da frutto coltivati a spalliera, che lascia sviluppare i rami disposti a destra e a sinistra del fusto. **3.** ARCH. Decorazione a forma di palma stilizzata. **4.** Disegno ornamentale ormai raro, che raffigurava sulla pagina una foglia di palma disposta a ventaglio. **5.** MAR. Estremità della prora o della poppa di una galea. **6.** Asta di legno galleggiante che segnala la presenza di una tonnara.

palmipede agg. ZOOL. Di uccello nuotatore con i piedi palmati. ◆ s.m. Nel sign. dell'agg.

palmisti s.m. pl. **1.** Denominazione commerciale dei semi della palma da olio. **2.** *Olio di palmisti*: quello estratto per spremitura dai semi della palma da olio, usato soprattutto nell'industria alimentare e in quella dei saponi.

palmitico agg.m. [pl.m. *–ci*, f. *–che*] CHIM. *Acido palmitico*: acido grasso saturato, presente nei grassi naturali del gruppo dei gliceridi.

palmitina s.f. (fr. *palmitine*, deriv. di *palmite* "midollo della palma") Estere della glicerina e dell'acido palmitico.

palmito s.m. (spagn. *palmito*) Denominazione commerciale dell'apice vegetativo della palma nana, detto comunemente *cuore di palma*.

pàlmo s.m. **1.** Antica misura corrispondente a 25 cm ca., cioè quella che pressappoco intercorre tra le due estremità del pollice e del mignolo di una mano distesa. SIN.: **spanna**. **2.** Interno, cavità della mano, tra il polso e le dita. **3.** fig. Piccolo tratto, estensione ridotta. ◊ *A palmo a palmo*: poco alla volta.

palmtop [/'pɑːmtɔp/] s.m. inv. (voce ingl., propr. "che sta sopra il palmo della mano") INFORM. Elaboratore di piccole dimensioni, studiato per essere usato tenendolo nel palmo di una mano.

pàlo s.m. **1.** Asta lunga, cilindrica o prismatica, in legno o altro materiale, che si inserisce o si conficca nel suolo. ~ Parte di struttura innalzata verticalmente e che serve in partic. a reggere o mantenere dei cavi, una struttura, ecc. ◊ *Supplizio del palo*: tortura che consisteva nell'infilzare con un palo il corpo del condannato. – fig. *Saltare di palo in frasca*: passare da un argomento all'altro senza logica. – *Fare il palo*: vigilare che non arrivi qlcu., mentre i complici compiono un furto o una rapina. **2.** SPORT. Ognuno dei due elementi verticali che reggono la traversa di una porta di calcio, di hockey, di rugby o di altri sport. ~ estens. Tiro che rimbalza su uno dei pali della porta. **3.** MAR. Albero di legno o di metallo, innalzato verticalmente o obliquamente sul ponte di un veliero, mantenuto da tiranti e destinato a portare le vele. **4.** Nel bridge e in altri giochi di carte, numero di carte di un seme possedute da un giocatore. ~ estens. Il seme stesso.

palombàro s.m. Chi lavora sott'acqua utilizzando uno scafandro.

palómbo s.m. (lat. *palūmbum* "colombo") **1.** Pesce cartilagineo commestibile, comune nell'Atlantico e nel Mediterraneo, simile a un piccolo squalo. (Lunghezza 1,60 m; genere *Mustelus*; famiglia degli Elasmobranchi.) **2.** Colombo nostrano o selvatico.

palpàbile agg. **1.** Che si può toccare con mano. **2.** fig. Incontestabilmente evidente. *Progressi palpabili*. SIN.: **chiaro**.

palpàre v.tr. (lat. *palpāre* "accarezzare") **1.** Toccare qlco. con la mano, accarezzare qlcu. **2.** MED. Esaminare una parte del corpo del paziente, esercitando lievi pressioni col palmo della mano.

palpazióne s.f. **1.** MED. Parte dell'esame clinico nella quale il medico cerca un'anomalia percettibile al contatto o alla pressione delle dita. **2.** Leggera pressione che si fa, più volte e di seguito, con il palmo della mano aperta.

pàlpebra s.f. (lat., deriv. di *pălpere* "battere" di orig. onom.) ANAT. Ciascuno dei due ripiegamenti membranosi e muscolari posti anteriormente al globo oculare, con la funzione di proteggerlo dai corpi estranei e dalla luce. ◊ *Sentirsi le palpebre pesanti*: avere sonno. – ZOOL. *Terza palpebra*: membrana nittitante.

palpebràle agg. Di una o delle palpebre.

palpebràre v.intr. (aus. *avere*) *non com.* Aprire e chiudere le palpebre ripetutamente.

palpebrazióne s.f. *non com.* Movimento incessante e involontario delle palpebre.

palpeggiaménto s.m. Pressione leggera, ma ripetuta e insistente fatta con il palmo della mano aperta.

palpeggiàre v.tr. [5] Toccare, palpare ripetutamente qlco.

palpitànte agg. **1.** Detto del corpo o di sue parti, che palpita. ~ estens. Nel l. poetico, anche di oggetti, aspetti della natura, sentimenti, ecc. *Cielo palpitante di stelle*. **2.** fig. In preda a una viva emozione. ~ Di qlco. che suscita un'emozione forte.

palpitàre v.intr. (aus. *avere*) **1.** Pulsare, spec. con un ritmo più frequente del normale. **2.** fig. Detto di persona, avere il batticuore per un'emozione molto forte.

palpitazióne s.f. **1.** MED. Aumento della frequenza dei battiti cardiaci. **2.** fig. (spec. pl.) Forte emozione. SIN.: **affanno**.

pàlpito s.m. **1.** Pulsazione, battito del cuore. **2.** Agitazione provocata da forti emozioni.

pàlpo s.m. ZOOL. Piccola appendice mobile con funzione sensoriale posta nei pressi dell'apparato boccale di anellidi e artropodi.

paltò s.m. inv. (fr. *paletot*) Soprabito invernale per uomo o donna.

paludàto agg. (lat. *paludātum*, da *Palūda* epiteto di Minerva prob. connesso con *pălla* "palla") **1.** Che indossa abiti vistosi e inadatti all'occasione. **2.** fig. Molto sostenuto, eccessivamente ricercato. *Stile paludato*.

palùde s.f. **1.** Regione pianeggiante invasa da acque stagnanti non profonde e caratterizzata da una vegetazione e una fauna particolari. ~ (spec. pl.) Accompagnato dal toponimo, indica un'intera regione paludosa. **2.** fig. Ambiente sociale caratterizzato da inerzia morale e spirituale.

paludicolo agg. Di organismo animale o vegetale che vive nelle paludi.

paludina s.f. Mollusco viviparo tipico dei corsi d'acqua e degli stagni. (Lunghezza 3-4 cm; classe dei Gasteropodi.)

paludóso agg. **1.** Che ha le caratteristiche di una palude. **2.** fig. Stagnante, privo di vitalità.

palùstre agg. Di palude.

pampa [/'pampa/] s.f. [pl. *pampas*] (voce spagn. d'America, quechua *pampa* "pianura") Prateria molto estesa dell'America meridionale e, in partic., dell'Argentina.

pamphlet [/'pãflɛ/] s.m. inv. (voce fr., ingl. *pamphlet* "opuscolo") Scritto satirico o polemico, general. breve, diretto contro qlcu.

pàmpino s.m. **1.** Foglia o germoglio della vite. ◊ fig. *Assai pampini e poca uva*: molte promesse e pochi fatti. **2.** estens. La vite stessa.

pànace s.m. (lat. *pānacem*, gr. *pánaks* "panacea") **1.** Pianta con foglie a cinque lobi da cui si estrae una gomma resinosa, nota come *opoponaco*. (Famiglia delle Ombrellifere.) **2.** Arbusto dell'America settentrionale e dell'Asia orientale dalle cui radici si estrae il *ginseng*. (Famiglia delle Araliacee.)

panacèa s.f. (lat. *panacēam*, gr. *panákeia*, propr. "che guarisce tutti i mali") **1.** Denominazione data ant. a varie piante con proprietà terapeutiche e medicinali. **2.** estens. Medicinale che pretenderebbe di guarire tutte le malattie. **3.** fig. Rimedio capace di risolvere tutti i problemi.

panachage [/pana'ʃaʒ/] s.m. inv. (voce fr., deriv. di *panache* "pennacchio variopinto") Sistema elettorale in cui un elettore può votare candidati di liste diverse.

panafricanismo s.m. Atteggiamento di solidarietà tra i popoli dell'Africa; in partic., dottrina politica tendente all'unione di tutti gli stati e popoli dell'Africa.

panafricàno agg. Che riguarda tutti gli stati e i popoli dell'Africa.

pànama s.m. inv. (ingl., deriv. di *Panama hat* "cappello di Panama") **1.** Cappello maschile chiaro e leggero, a larghe falde, prodotto nell'America meridionale intrecciando fibre di foglie di palma. **2.** Armatura tessile che deriva dalla tela ed è uguale al tessuto di tela privo di rovescio; anche il tessuto di cotone o di lana prodotto con tale tipo di intreccio. ❑ In funzione di agg., nell'accez. 1 del s. *Cappello panama*.

panaménse agg. Di Panama, città e stato dell'America centrale. ◆ s.m. e f. Nativo, abitante di Panama.

panamericanismo s.m. Orientamento politico, nato nel sec. XIX, che tende a stabilire una cooperazione attiva fra tutti gli stati del continente americano.

panamericàno agg. Che riguarda tutti gli stati delle Americhe.

panarabismo s.m. Orientamento politico che tende a promuovere una maggiore unione culturale e politica di tutti i popoli arabi.

panàrio agg. [pl.m. *–ri*] Del pane o relativo alla panificazione.

pànca s.f. [pl. *–che*] (long. *panka*) **1.** Sedile con o senza schienale, dove possono sedersi molte persone. **2.** MAR. Sedile pieghevole usato dai marinai. **3.** Parte della staffa su cui poggia il piede.

pancake [/'pænkeɪk/] s.m. inv. (voce ingl., propr. "frittella") Frittella dolce o salata, tipica della cucina anglosassone.

pancarrè s.m. inv. (fr. *pain carré*) Tipo di pane a forma di parallelepipedo, usato per la preparazione di toast e tramezzini.

■ **pàmpa.** La pampa umida dell'Argentina.

pancétta s.f. **1.** Nel sign. del dim. di *pancia*; in partic., ventre prominente. ◇ *Mettere su la pancetta:* ingrassare. **2.** Salume fatto con petto di maiale salato e conservato in varie forme. *Pancetta affumicata.* **3.** Taglio di carne bovina. **4.** Piastrone ventrale della tartaruga, da cui si ricavano scaglie trasparenti e dorate.

panchétto s.m. Nel sign. del dim. di *panca*; in partic., piccolo sgabello, usato come sedile o per appoggiarvi i piedi.

panchina s.f. **1.** Sedile per più persone, di legno, di ferro, di pietra o di cemento, con o senza schienale, posto all'aperto e fissato al terreno. **2.** *per anton.* Sedili ai bordi di un campo da gioco, riservati all'allenatore, alle riserve e ai tecnici delle squadre in gara. ~ *estens.* L'allenatore, le riserve e i tecnici di una squadra. ◇ *Fare (o rimanere in) panchina:* fare la riserva. **3.** GEOL. Roccia calcarea arenacea, per lo più con caratteri di conglomerato, in cui si trovano fossili marini, originata lungo i litorali dalla sedimentazione di acque ricche di calcare.

pància s.f. [pl. *–ce*] **1.** Addome, ventre umano o animale. **2.** Ventre gonfio per l'obesità o la gravidanza. ◇ *Avere la pancia:* essere grasso o anche, se riferito a una donna, essere incinta. **3.** Taglio di carne bovina. **4.** Parte tondeggiante di un oggetto o di un recipiente. ~ MAR. Rigonfiamento della vela tesa dal vento. ~ Parte di forma tondeggiante di alcune lettere dell'alfabeto. *Le due pance della "B".*

pancièra o **pancèra** s.f. **1.** Fascia di lana elasticizzata per tenere caldo e sostenere l'addome. **2.** Parte dell'armatura che difendeva il basso ventre.

panciòlle avv. Usato solo nella loc. *in panciolle*, in ozio.

pancióne s.m. **1.** Nel sign. dell'accr. di *pancia.* ~ *fam.* Ventre gonfio e vistoso, spec. di donna incinta. **2.** [f. *–na*] Persona con una grossa pancia. **3.** ZOOL. Rumine.

panciòtto s.m. Corpetto da uomo senza maniche, da portare sotto la giacca e sopra la camicia.

panciùto agg. **1.** Che ha una pancia prominente. SIN.: *grasso.* **2.** *estens.* Di oggetto tondeggiante, rigonfio al centro.

panclastite s.f. Esplosivo costituito di un composto di diossido d'azoto e di un combustibile liquido.

pancòtto s.m. Zuppa di pane bollito nell'acqua o nel latte.

1. pancràzio s.m. (solo sing.) (gr., comp. di *pân* "tutto" e *krátos* "forza") ANT. GR. Combattimento ginnico che combina lotta e pugilato.

2. Pancràzio s.m. BOT. Genere di piante erbacee diffuse in India e nella regione mediterranea, con bulbi tunicati, foglie strette, grandi fiori bianchi profumati e frutti a capsula trivalve. (Famiglia delle Amarillidacee.)

pàncreas s.m. inv. (gr. *pánkreas*, comp. di *pân* "tutto" e *kréas* "carne") ANAT. Ghiandola addominale che secerne succo pancreatico e insulina.

pancreàtico agg. [pl.m. *–ci*, f. *–che*] (fr. *pancréatique*) Del pancreas. ◇ *Succo pancreatico:* *succo digestivo.

pancreatina s.f. **1.** CHIM., BIOL. Ormone che, secreto dal duodeno, promuove la secrezione del pancreas. **2.** CHIM., FARM. Miscela di enzimi estratti dal pancreas fresco del maiale o del bue, dotata di proprietà digestive.

pancreatite s.f. MED. Infiammazione del pancreas.

pancromàtico agg. [pl.m. *–ci*, f. *–che*] (fr. *pancromatique*) **1.** FOTO. Si dice di una pellicola o lastra sensibile a tutti i colori. **2.** MED. *Colorazione pancromatica:* che evidenzia i vari componenti, nel sangue o in altre sostanze.

pancrònico agg. [pl.m. *–ci*, f. *–che*] Che ha valore universale.

pànda s.m. inv. (da una voce nepalese) Mammifero carnivoro plantigrado di cui esistono due specie, il *panda gigante* (genere *Ailuropoda*), simile a un piccolo orso, dal mantello bianco e nero, che vive nelle foreste della Cina e si nutre di foglie e germogli di bambù, e il *panda minore* (genere *Ailurus*), simile a un procione, dal pelo fulvo, che vive nelle foreste dell'Himalaya e si nutre di foglie, di frutta e di insetti. (Famiglia degli Ursidi.)

■ **pànda.** Panda minore e panda gigante.

Pandanàcee s.f. pl. [iniziale minusc. sing. *–a* per l'individuo] BOT. Famiglia di piante monocotiledoni arboree o arbustacee diffuse dall'Africa alla Polinesia, hanno foglie spinose, frutti a drupa o a bacca, riuniti in infruttescenze.

Pandàno s.m. BOT. Genere di piante con centinaia di specie arboree e arbustive, originarie della Malesia, dell'Africa tropicale e dell'Australia. (Famiglia delle Pandanacee.)

pandemìa s.f. Epidemia molto estesa che si diffonde rapidamente.

pandemònio s.m. [pl. *–ni*] (ingl. *pandemonium*, comp. di gr. *pân* "tutto" e *daimónion* "demonio", voce creata da J. Milton nell'opera "Il Paradiso perduto" per indicare la capitale dell'inferno) Grande disordine, confusione unita a fracasso assordante.

pandispàgna s.m. inv. (così chiamato per il luogo di provenienza) Impasto a base di farina, zucchero e uova amalgamate, fatto lievitare e cotto al forno.

pandit [/'pandit/] s.m. inv. (voce hindi, sanscr. *paṇḍita*- "dotto, maestro") In India, titolo di erudito.

pandólce s.m. CUC. Dolce natalizio di farina, vino liquoroso, lievito di birra, zucchero, burro, canditi, uva passa e pinoli, cotto al forno.

pandòro s.m. (deriv. di *pane d'oro* per il colore) CUC. Dolce natalizio tipico della tradizione veronese, dalla forma di un tronco di cono con base a forma di stella a otto punte.

1. pàne s.m. (lat. *pānem*, deriv. di *pāscere* "pascere") **1.** Alimento che si ottiene cuocendo al forno un impasto di acqua e farina di frumento o di altri cereali, addizionato di sale e lievito. ◇ *Pane integrale:* fatto con farina integrale, che contiene anche la crusca. – *Pane nero:* pane fatto con una miscela di farina di grano saraceno, di segale e di frumento. – *Crosta del pane:* parte esterna, più cotta e dura. **2.** Forma di pane. ◇ *Pane in cassetta:* pancarrè. **3.** *fig.* (solo sing.) Mezzo di sostentamento in generale. *Guadagnarsi il pane.* ◇ *Togliere il pane di bocca a qlcu.:* privarlo del necessario. **4.** *fig.* (solo sing.) Abitudine, attività abituale, capacità. *Lo studio è il suo pane.* **5.** *fig.* (solo sing.) Alimento, nutrimento spirituale. *Il pane dell'anima.* **6.** Massa di forma tondeggiante o a parallelepipedo. *Un pane di cera.* **7.** BOT. Denominazione comune a diverse piante. **8.** CUC. Denominazione di dolci o altri preparati a base di farina, variamente elaborati e aromatizzati. *Pan forte.* **9.** VET. Piccolo corpo solido presente nel liquido amniotico del cavallo.

2. pàne s.m. (lat. *pānum* "filo") MECC. Filetto della vite.

panegìrico s.m. [pl. *–ci*] (gr., deriv. di *panēgyrikós lógos* "discorso per tutto il popolo riunito in assemblea") **1.** Nella letteratura greca e latina, orazione elogiativa o celebrativa. SIN.: **apologia. 2.** *fig.* Elogio esagerato, apprezzamento eccessivo.

panel [/'pænəl/] s.m. inv. (voce ingl., propr. "pannello") **1.** STAT. Campione rappresentativo che resta immutato nel corso di sondaggi successivi. **2.** TELECOM. In telefonia, sistema di commutazione automatica a registro i cui selettori hanno un pannello verticale piano come banco di contatto. **3.** Riunione di esperti o di dirigenti d'azienda. ~ Tavola rotonda di studiosi che esaminano un problema specifico.

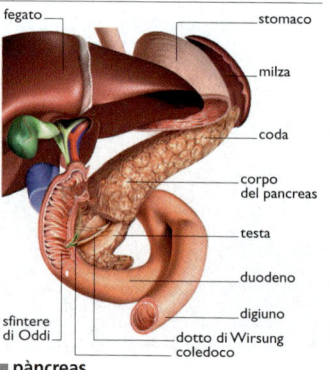

■ **pàncreas**

fegato
stomaco
milza
coda
corpo del pancreas
testa
duodeno
digiuno
sfintere di Oddi
dotto di Wirsung
coledoco

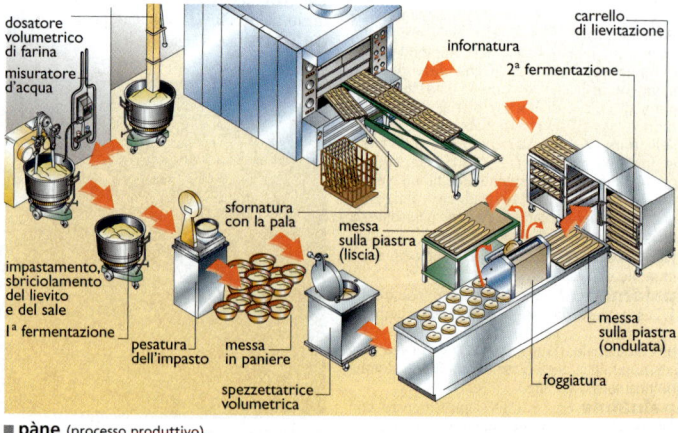

■ **pàne** (processo produttivo).

dosatore volumetrico di farina
misuratore d'acqua
impastamento, sbriciolamento del lievito e del sale
I° fermentazione
pesatura dell'impasto
messa in paniere
spezzettatrice volumetrica
sfornatura con la pala
messa sulla piastra (liscia)
foggiatura
messa sulla piastra (ondulata)
infornatura
2° fermentazione
carrello di lievitazione

panellènico agg. [pl.m. –ci, f. –che] (fr. *panhellénique*) Che riguarda la Grecia classica nel suo insieme.

panèllo s.m. Blocco formato per compressione dei residui solidi della spremitura di semi oleosi. (I panelli, ricchi di proteine, sono utilizzati principalmente per l'alimentazione degli animali domestici.)

panetteria s.f. Negozio dove si vendono pane e affini. SIN.: forno.

panettière s.m. [f. –ra] (fr. *panetier*) Chi fa o vende il pane.

panétto s.m. **1.** Nel sign. del dim. di 1. *pane*. **2.** Piccola porzione di una sostanza compatta, spec. alimentare. *Panetto di burro*. **3.** TEAT. *scherz.* Applauso a scena aperta o battuta che l'attore pronuncia per ottenerlo.

panettóne s.m. (milan. *panatton*) CUC. Dolce natalizio tipico della tradizione milanese, dalla caratteristica forma rigonfia nella parte superiore.

pànfilo s.m. **1.** MAR. Grossa imbarcazione da diporto a vela o a motore, general. pontata. SIN.: yacht. **2.** Nave militare a remi o a vela molto simile alla galera, in uso nel Mediterraneo nei secc. XIV-XV.

panflettista s.m. e f. [pl.m. –sti] (fr., deriv. di *pamphlet*) Autore di pamphlet o scritti satirici.

panfòrte s.m. CUC. Dolce tipico di Siena, di forma tonda e schiacciata, a base di miele, mandorle, nocciole, canditi, zucchero e spezie, amalgamati con poca farina.

pangermanésimo o **pangermanismo** s.m. (fr. *pangermanisme*) Orientamento politico e culturale nato nel sec. XIX, che aspirava all'unificazione nazionale di tutti i popoli di lingua tedesca.

pangolino s.m. (ingl. *pangolin*, malese *panggoling* "colui che si arrotola") Mammifero dell'Africa e dell'Asia, con corpo allungato coperto di scaglie, arti brevi e robusti, coda molto lunga; si nutre di termiti e di formiche. (Lunghezza 1 m ca.; genere *Manis*, ordine dei Folidoti.)

■ pangolino

pangrattàto s.m. Pane raffermo grattugiato, usato nella preparazione di alcune vivande.

1. pània s.f. (lat. *pāginam* "pergolato") **1.** Materia appiccicosa estratta dalle bacche del vischio, usata per catturare piccoli uccelli. **2.** *fig.* Lusinga finalizzata all'inganno.

2. pània s.f. Nelle reti per la pesca a mezz'acqua del pesce azzurro, ognuno dei dischetti di sughero forati che, collegati alla cordicelle al margine superiore della rete stessa, permettono di tenerla sospesa alla profondità voluta.

panicatùra s.f. VET. Infezione delle carni suine e bovine da parte di larve di tenie, visibili a occhio nudo.

1. pànico agg. [pl.m. –ci, f. –che] (fr. *panique*, gr. *panikós* "del dio Pan", per il timore che il dio incuteva ai viandanti) **1.** Che si riferisce al dio Pan. ◇ *Errore, timor panico*: timore improvviso, oscuro e irrefrenabile, che gli antichi ritenevano suscitato dalla comparsa del dio Pan. **2.** Di un sentimento della natura intesa come forza vitale e creatrice, capace di causare ammirazione e sgomento. ◆ s.m. Paura improvvisa e violenta, incontrollabile e di carattere spesso collettivo.

2. pànico s.m. [pl. –chi] (lat., deriv. di *pānus* "spiga del miglio") **1.** Pianta erbacea, di origine asiatica e coltivata anche in Europa, con foglie brevi e strette e pannocchie compatte. (Famiglia delle Graminacee.) **2.** Piccola cariosside della pianta, usata come becchime. **3.** BOT. (iniziale maiusc.) Genere di piante a cui appartengono varie specie di panico.

panicolàto agg. BOT. Che ha forma di o è disposto a pannocchia.

panièra s.f. Grande canestro di vimini che serviva al trasporto delle merci.

panière s.m. (fr. *panier*) **1.** Cesto di vimini di forma variabile con ampio manico arcuato. SIN.: canestro. ~ Contenuto di tale canestro. *Un paniere di uova*. **2.** ECON. Insieme di beni di consumo e di servizi essenziali, le cui variazioni di prezzo sono presi a riferimento per stabilire il costo della vita e il tasso di inflazione. ~ BORS. Portafoglio di titoli differenziati per settore per ridurre i rischi dell'investimento, detto anche *giardinetto*. **3.** AGR. Stuoia di canne usata per proteggere le piante nei periodi invernali. **4.** *Paniere d'argento*: erba perenne tipica dell'Eurasia e dell'Africa boreale, con foglie a rosetta e fiori bianchi in racemi. (Famiglia delle Crocifere.) – *Paniere d'oro*: suffrutice originario dell'Europa centro meridionale ha la forma di un cespo, da cui si alzano rami che finiscono in una pannocchia di fiori gialli. (Famiglia delle Crocifere.)

panificàbile agg. Predisposto per la panificazione.

panificàre v.tr. [4] (fr. *panifier*) Usare qlco. per fare il pane. *Panificare acqua e farina*. ◆ v.intr. (aus. *avere*) Fare il pane.

panificazióne s.f. (fr. *panification*) Processo di produzione del pane.

panifìcio s.m. [pl. –ci] (lat. *panificium* "fabbricazione del pane") **1.** Forno o stabilimento industriale dove si fa il pane. **2.** Negozio dove si vende il pane prodotto in proprio o da altri. SIN.: panetteria.

paninàro s.m. [f. –ra] gerg. Appartenente a gruppi giovanili nati negli anni Ottanta, così detti perché assidui frequentatori delle paninoteche; il loro modo di vestire era tendenzialmente uniforme, con capi costosi e di marca, per lo più derivanti dalla moda sportiva statunitense.

panineria s.f. Paninoteca.

panino s.m. Nel sign. del dim. di 1. *pane*. *Panino al latte*. ~ Pane tagliato orizzontalmente e farcito. *Panino al prosciutto*.

paninotèca s.f. [pl. –che] Locale, dotato di tavolini e sedie, dove si possono gustare molte varietà di panini, tramezzini, toast e simili. SIN.: panineria.

panislàmico agg. [pl.m. –ci, f. –che] Che riguarda tutti i popoli e gli stati islamici. ~ Del panislamismo.

panislamismo s.m. Movimento politico e religioso, in partic. attivo nel sec. XIX, che mirava a collegare sotto una stessa autorità tutti i popoli di religione musulmana.

panismo s.m. Senso di comunione, di compenetrazione gioiosa dell'uomo con la natura, spec. come atteggiamento artistico o letterario. SIN.: panicità.

paniùzza s.f. Piccolo ramo impastato di vischio, per catturare gli uccelli. (Questo tipo di caccia è vietato dalla legge.)

panlogismo s.m. (ted. *Panlogismus*, comp. di gr. *pân* "tutto" e *lógos* "principio razionale") FILOS. Termine introdotto nel l. filos. da J.E. Erdmann per definire il sistema hegeliano che afferma la razionalità assoluta del reale. ~ *estens.* Qualsiasi filos. in cui prevalga il momento razionale.

1. pànna s.f. (deriv. di *panno*, poiché è come un velo che copre la superficie del latte) **1.** Parte più grassa del latte. ◇ *Panna cotta*: tipo di budino a base di panna. **2.** Impropriamente, pellicola che si forma sulla superficie del latte bollito.

2. pànna s.f. (fr. *panne* "fianco di un pennone") **1.** MAR. Manovra con cui si dispongono le vele in modo da arrestare la nave. **2.** *estens.* Stato di un veliero, fermo per una particolare posizione delle vele o per assenza di vento.

3. pànna s.f. MAR. Ostruzione galleggiante, formata da travi, pannelli o nastri continui, usata per chiudere l'accesso a un bacino.

panne [/'pan/] s.f. inv. (voce fr., propr. "ostruzione", gr. *páthnē* "mangiatoia") Arresto, guasto di un meccanismo o di un motore. *Avere l'auto in panne*.

pannéggio s.m. [pl. –gi] Disposizione delle pieghe di un tessuto, in partic., la sua rappresentazione artistica. *Il panneggio delle vesti*. SIN.: drappeggio.

pannèllo s.m. **1.** Elemento piano di materiale vario, usato con funzioni decorative, isolanti, di rivestimento, ecc. ◇ *Pannello di comando*: quadro contenente i comandi di un congegno. **2.** COSTR. Elemento in cemento armato o lamiera d'acciaio, usato per la costruzione di pareti di edifici prefabbricati. **3.** COSTR. Lastra di materiale opportuno, usata come isolante termico o acustico. **4.** TECN. Piastra per assorbire energia o per erogarla in forma di calore. ◇ *Pannello solare*: che utilizza le radiazioni solari per il riscaldamento di acqua per usi domestici o industriali. – *Pannello radiante*: radiatore, componente del sistema di riscaldamento con circolazione di acqua calda. **5.** Singola parte, in lamina metallica o legno compensato, del rivestimento esterno di un aereo. **6.** INFORM. *Pannello di controllo*: accessorio dei sistemi operativi con interfaccia grafica e iconica, attraverso il quale si possono impostare facilmente alcuni parametri di funzionamento dei programmi e dei dispositivi presenti nel computer.

pannicolo s.m. ANAT. Strato di tessuto connettivo o di membrana che avvolge un organo o riveste una cavità dell'organismo.

pànno s.m. **1.** Tessuto di lana lavorato in modo che la superficie, infeltrita, non lasci più vedere la trama. ~ In passato denominazione generica per ogni tipo di tessuto. **2.** Pezzo di stoffa, di tessuto. **3.** (al pl.) Indumenti, abiti e biancheria. ~ *fig.* Mettersi nei panni di qlcu.: immedesimarsi nella sua condizione. – *Non essere, non sentirsi nei propri panni*: essere a disagio. – *Vestire i panni*: detto di chi, in teatro o nella realtà, recita una parte. **4.** MAR. Tipo di rete quadra di piccole dimensioni, che si manovra a mano per pescare nei corsi d'acqua minori.

pannòcchia s.f. BOT. Infiorescenza racemosa sul cui asse s'inseriscono piccoli rami di lunghezza decrescente verso l'apice; in partic., infiorescenza femminile del mais. ~ Denominazione impropria di infiorescenze simili.

pannolènci s.m. inv. (dal nome della fabbrica torinese *Lenci* che per prima lo adoperò per vestire le bambole) Denominazione commerciale, ora costituisce marchio registrato, di un panno leggero, molto morbido e compatto, in colori vivaci. *Bambola di pannolenci*.

pannolino s.m. Piccola pezza di stoffa, oggi di ovatta, cellulosa o altro materiale assorbente, usata per l'igiene dei neonati.

pannolóne s.m. Assorbente igienico adatto per gli adulti incontinenti.

panoftalmite s.f. MED. Infiammazione dell'intero globo oculare.

panòplia s.f. (fr. *panoplie*, gr. comp. di *pân* "tutto" e *hóplon* "arma") **1.** ANT. GR. Armatura completa di un cavaliere. **2.** Raccolta di armi disposte su un pannello a scopo ornamentale. ~ La sua raffigurazione pittorica.

panoràma s.m. [pl. –mi] (ingl. *panorama*, comp. di gr. *pân* "tutto" e *hórama* "vista") **1.** Veduta complessiva di un paesaggio che si ha general. da un punto di vista sopraelevato. **2.** *fig.* Resoconto anche sommario, volto a rendere il quadro generale di un ambiente, di una situazione. ~ Veduta d'insieme. *Panorama della letteratura contemporanea*. **3.** TEAT. Grande fondale semicircolare dipinto usato per dare l'impressione del cielo, o anche telone che si fa scorrere per dare l'idea del movimento.

panoràmica s.f. [pl. –che] **1.** CINE., TV. Ripresa cinematografica o televisiva ottenuta facendo ruotare con ampio angolo la macchina da presa o la telecamera. – Fotografia, scattata perlopiù con obiettivo grandangolare, che ha come soggetto un paesaggio visto d'insieme. **2.** Veduta d'insieme. ~ *fig.* Rassegna, resoconto. **3.** Strada con ampia vista sul paesaggio circostante. **4.** MED. Radiografia dell'intera arcata dentaria. **5.** TEAT. Panorama.

panoràmico agg. [pl.m. –ci, f. –che] (ingl. *panoramic*) **1.** Che permette di vedere un ampio panorama, che offre una gradevole vista. ◇ CINE. *Schermo panoramico*: schermo molto largo. – OTT. *Lente panoramica*: quella che permette un grande angolo di campo. – *Ricevitore panora-*

mico: in radiotecnica, quello in grado di rivelare radioemissioni in una gamma di radiofrequenze estesa. **2.** *fig.* Che abbraccia un argomento in maniera complessiva, ma per sommi capi.

panòrpa s.f. **1.** Insetto carnivoro con ali trasparenti macchiate di scuro; il maschio ha l'estremità dell'addome rialzata e acuminata, a uncino. (Lunghezza 3 cm ca.; ordine dei Mecotteri.) **2.** ZOOL. (iniziale maiusc.) Genere di insetti a cui appartiene la panorpa.

1. panòttico agg. [pl.m. *–ci*, f. *–che*] In ematologia, di colorazione che, nel sangue o in altra sostanza, riesce a evidenziare i vari componenti delle cellule ematiche.

2. panòttico s.m. [pl.m. *–ci*] (ingl. *panopticon*) ARCH. Costruzione ideata come prigione, di forma tonda, con celle lungo la circonferenza che vengono controllate dall'alto grazie al tetto in vetro.

panpepàto o **pampepàto** s.m. CUC. Dolce confezionato con farina, zucchero, miele e vari aromi.

panpsichismo o **pampsichismo** s.m. FILOS. Ogni dottrina che riduce la realtà, compresa la materia, all'anima e all'azione di forze e componenti psichiche, e che quindi concepisce il mondo come un'unica entità spirituale.

panslavismo s.m. Orientamento politico, sorto nel sec. XIX, che aspira all'unità di tutti i popoli slavi. (Il panslavismo è stato sviluppato in partic. da N. I. Danilevski.)

pantacàlze s.f. pl. ABBIGL. Pantaloni da donna attillati e general. con il sottopiede da inserire dentro la scarpa. SIN.: **fuseaux**.

pantacollànt s.m. inv. ABBIGL. Pantaloni simili a una calzamaglia.

pantagruèlico agg. [pl.m. *–ci*, f. *–che*] (dal nome di *Pantagruel*, gigante gran mangiatore e bevitore delle opere di Rabelais) **1.** Che beve e mangia smisuratamente. **2.** *estens.* Di dimensioni enormi, gigantesco.

pantalàssico agg. [pl.m. *–ci*, f. *–che*] BIOL. Di organismo marino che è in grado di vivere tanto vicino alla costa quanto in alto mare.

pantaloncino s.m. (spec. pl.) Nel sign. del dim. di *pantalone*; in partic. pantaloni corti, da bambino o da adulto, spec. per l'abbigliamento estivo o sportivo.

1. pantalóne s.m. (spec. pl.) (fr. *pantalons*, dal nome della maschera veneziana *Pantalone* che li indossava) Indumento unisex che copre dalla vita in giù, avvolgendo le gambe separatamente. ◇ *figg. Portare i pantaloni:* soprattutto riferito a donna, dominare in famiglia. – *Farsela nei pantaloni:* avere paura.

2. pantalóne s.m. (venez. *Pantalón*) **1.** (spec. con iniziale maiusc.) Nome di una famosa maschera veneziana della commedia dell'arte, che impersonava il vecchio mercante ricco e avaro, burbero e tradizionalista, ma in fin dei conti benevolo. (La maschera che indossava era nera col naso adunco.) **2.** *fig.* Persona ricca, avara e scorbutica.

pantàno s.m. **1.** Luogo con acqua bassa e stagnante, fango e melma. ~ *estens.* Palude di piccole dimensioni. **2.** *fig.* Ambiente dominato dalla corruzione. ~ Situazione intricata ed equivoca. *Finire in un pantano di guai.*

panteismo s.m. (ingl. *pantheism*) FILOS. Dottrina per cui l'intera realtà si identifica con Dio, esiste cioè un'unica sostanza, della quale tutte le cose sono parte o manifestazioni oggettive.

panteista s.m. e f. [pl.m. *–sti*] (ingl. *pantheist*, comp. di gr. *pân* "tutto" e *theós* "dio") Sostenitore, fautore del panteismo. ◻ In funzione di agg., che concerne il panteismo o i panteisti.

1. pantèra s.f. **1.** Denominazione comune di alcuni Felidi tipici dell'Asia, comprendenti anche forme melaniche del leopardo. ~ Simbolo di agilità e snellezza e, riferito a donna, di bellezza, astuzia e aggressività. *Avere un corpo da pantera.* **2.** ZOOL. (iniziale maiusc.) Genere di mammiferi dei Felidi a cui appartengono varie specie di pantera. **3.** *fig.* Nome delle pattuglie volanti della polizia italiana. **4.** *fig.* Nome di movimenti di contestazione. ◇ *Pantere nere:* movimento dei neri americani fondato nel 1966, rivendicava i diritti dei neri ricorrendo anche alla violenza.

2. pantèra o **pantièra** s.f. (gr., comp. di *pân* "tutto" e *théra* "caccia") Grande rete distesa verticalmente, per prendere uccelli o altri animali, in partic. anitre selvatiche.

pàntheon o **pànteon** s.m. inv. (gr., deriv. di *pántheon hierón* "tempio di tutti gli dei") **1.** ANT. ROM. Tempio dedicato a tutti gli dei. ~ In una religione politeistica, insieme di tutti gli dei. **2.** *estens.* Monumento che accoglie le spoglie degli uomini illustri di una nazione.

pantofobia s.f. PSICH. Paura morbosa di qualsiasi cosa, grave ansia caratteristica di stati depressivi e malattie psichiche.

pantòfola s.f. Comoda calzatura da casa, con o senza calcagno, di pelle morbida o tessuto. ◇ *fig. Essere, mettersi, stare in pantofole:* stare in ozio, riposare. – *Pantofola di Venere:* cipripedio.

pantofolàio agg. [pl.m. *–lai*] **1.** Scarsamente attivo. **2.** *estens.* Conservatore, provinciale. ◆ s.m. [f. *–laia*] **1.** Chi produce o vende pantofole. **2.** *fig. scherz.* o *spreg.* Persona amante del quieto vivere.

pantògrafo s.m. **1.** Dispositivo per riprodurre disegni o altro in vari ordini di grandezza; ha forma di parallelogramma con due lati prolungati oltre i vertici. ◇ STAM. *Pantografo fotoelettrico:* usato per incidere i cilindri di stampa, comanda i bulini incisori mediante una cellula fotoelettrica. – *Pantografo utensile:* usato per incidere stampi e modelli per fonderia. **2.** FERR. Dispositivo di presa di corrente elettrica dalla linea aerea, posto sul tetto dei locomotori ferroviari.

pantòmetro s.m. Strumento che serve, in topografia, a misurare angoli e altre perpendicolari; è detto anche *squadro graduato.*

pantomima s.f. (fr. *pantomime*) **1.** Rappresentazione scenica muta, affidata esclusivamente all'azione gestuale. **2.** *estens.* Azione gestuale finalizzata alla comunicazione. **3.** *fig.* Messinscena, comportamento teatrale e artificioso per commuovere o ingannare qlcu.

pantomimo s.m. (lat. *pantomīmum* "attore", "azione scenica", gr. *pantómimos* comp. di *pâs* "tutto" e *mīmos* "mimo") Attore specializzato nella rappresentazione di pantomime. SIN.: **mimo. 2.** Pantomima.

pantotènico agg. [pl.m. *–ci*] (gr., deriv. di *pántothen* "dappertutto") CHIM., BIOL. *Acido pantotenico:* vitamina presente nella maggior parte degli alimenti e che fa parte dell'acetilcoenzima.

panzàna s.f. Grossa bugia. SIN.: **frottola.**

panzaròtto o **panzeròtto** s.m. (voce merid., deriv. di *panza* "pancia" per l'aspetto rigonfio) CUC. Grosso raviolo di pasta lievitata a forma di mezzaluna, tipico dell'Italia meridionale, ripieno di ricotta, prosciutto crudo, mozzarella, fritto in olio e strutto. ~ Nel nord Italia, pasta fresca ripiena a forma di mezzaluna.

panzer [/ˈpantsər/] s.m. inv. (voce ted., deriv. di *Panzerwagen* "carro armato") **1.** MIL. Carro armato tedesco, utilizzato durante la seconda guerra mondiale. ~ General., mezzo corazzato. **2.** *fig. scherz.* Persona che va dritta allo scopo, eliminando qualsiasi ostacolo che incontra.

1. paolino agg. Relativo a San Paolo e alla sua dottrina.

2. paolino s.m. Scudo d'oro fatto coniare nel 1535 da papa Paolo III, raffigurante al diritto lo stemma della famiglia Farnese, al rovescio san Paolo. (Il conio è opera del Cellini.)

paolista s.m. Membro della congregazione cattolica missionaria, fondata nel 1858 a New York, e dedicata a san Paolo.

paonàzzo agg. (lat. *pavonāceum* "simile alla coda del pavone") Di colore rosso-violaceo, in partic. riferito a una parte del corpo. ◆ s.m. Colore violaceo.

pàpa s.m. [pl. *–pi*] (lat. *pàpam*, gr. *pápas* "padre") **1.** Capo della Chiesa cattolica romana. SIN.: **pontefice.** ◇ *figg. A ogni morte di papa:* raramente. – *Stare da papa:* condurre una vita comoda e agiata. **2.** *fig. scherz.* Persona che usufruisce di un'autorità indiscussa all'interno di un gruppo. **3.** Una delle carte nel gioco dei tarocchi. **4.** In oriente, presso la Chiesa ortodossa, appellativo con cui ci si rivolge ai semplici sacerdoti. **5.** ZOOL. Uccello rapace dei Catartidi, simile al condor, diffu-

so nell'America centro-meridionale, che vive in gruppo e si nutre di carogne.

papà s.m. inv. (fr. *papa*) → **padre.**

papàbile agg. **1.** Di cardinale che ha molte probabilità di essere eletto papa. **2.** *estens.* Che ha molte probabilità di essere nominato a una carica. ◆ s.m. (anche f. nell'accez. 2) Nei sign. dell'agg.

papàia o **papàya** s.f. (spagn. *papaya* di orig. caraibica) **1.** Albero coltivato nelle regioni calde, con alto fusto non ramificato terminante in un ciuffo di foglie di grandi dimensioni; è coltivato per i suoi frutti commestibili. (Nome sc. *Carica papaya*; famiglia delle Caricaceae.) **2.** Frutto della papaia, simile al melone, da cui si estrae la papaina, un enzima.

papaina s.f. CHIM. Enzima estratto dal latice contenuto nelle parti verdi della papaia e usato come farmaco dell'apparato digerente.

papàle agg. Del papa. ◻ In funzione di avv., in modo chiaro, esplicito, spesso ripetuto. *Dire qualcosa papale (papale)*

papalina s.f. ABBIGL. Berretto di lana tondo e senza tesa, in genere decorato da una nappa; in passato gli anziani usavano portarlo in casa.

paparàzzo s.m. (dal cognome del personaggio di un fotografo nel film "La dolce vita" di F. Fellini) Fotoreporter sempre a caccia di foto sensazionali, soprattutto per giornali di cronaca rosa e scandalistici.

papàs s.m. inv. (gr. *papâs* "padre") Sacerdote di una chiesa cristiana ortodossa, detto anche *papasso.*

papàto s.m. **1.** Carica di pontefice della Chiesa cattolica. ~ Periodo di tempo in cui ogni papa resta in carica. **2.** Governo della Chiesa come istituzione storica. SIN.: **Santa Sede.**

Papaveràcee s.f. pl. [iniziale minusc. sing. *–a* per l'individuo] BOT. Famiglia di piante dicotiledoni a foglie alterne e fiori ermafroditi con quattro o sei petali e numerosi stami, come il papavero, il rosolaccio, la celidonia. (Ordine delle Readali.)

papaverina s.f. CHIM. Alcaloide dell'oppio, utilizzato in medicina come antispasmodico, narcotico o vasodilatatore.

papàvero s.m. **1.** Pianta erbacea, con fiori rossi e sepali caduchi, comune nei campi di cereali. (Famiglia delle Papaveracee.) ◇ *Olio di papavero:* miscela di gliceridi di acidi grassi estratta da una varietà di papavero e usata nell'industria dei colori e dei saponi. **2.** BOT. (iniziale maiusc.) Genere di piante a cui appartengono varie specie di papavero. **3.** *fig.* Con riferimento alle proprietà soporifere del papavero, cosa o persona noiosa. **4.** *fig.* Persona autorevole all'interno di una gerarchia. *I grossi papaveri dell'industria.*

frutto

■ **papàvero**

pàpera s.f. **1.** Femmina del papero. **2.** *fig.* Errore involontario nel parlare in pubblico.

paperback [/ˈpeɪpəːˌbæk/] s.m. inv. (voce ingl., propr. "dorso di carta") EDIT. Libro economico, in brossura, spesso in vendita anche nelle edicole.

pàpero s.m. Maschio giovane dell'oca; talvolta anche oca adulta.

papéssa s.f. **1.** Titolo della donna che nel sec. IX, secondo la leggenda, si sarebbe travestita da uomo e sarebbe stata elevata al pontificato col nome di Giovanni VIII, venendo poi smascherata da una gravidanza. **2.** Tra le carte del gioco dei tarocchi, quella contrassegnata dal numero romano II.

Papilionàcee o **Papiglionàcee** s.f. pl. [iniziale minusc. sing. –a per l'individuo] (lat., deriv. di *papílio* "farfalla" perché la disposizione dei petali ricorda le ali di una farfalla) BOT. Famiglia di piante dicotiledoni perlopiù erbacee, diffuse soprattutto nei paesi tropicali; hanno foglie spesso stipolate o a viticcio e frutto a legume; ne fanno parte piante utilizzate per l'alimentazione dell'uomo come le arachidi, i ceci, i fagioli e le lenticchie, o per quella degli animali come l'erba medica, la lupinella, il lupino e il trifoglio.

Papiliònidi s.m. pl. [iniziale minusc. sing. –de per l'individuo] (lat., deriv. dal nome del genere *papílio* "farfalla") ZOOL. Famiglia di insetti comprendente varie specie di farfalle diurne colorate e caratterizzate da accentuato dimorfismo sessuale; hanno antenne brevi e grandi ali. (Ordine dei Lepidotteri.)

papìlla s.f. (lat. *papíllam* "capezzolo") **1.** ANAT. Piccola escrescenza più o meno arrotondata situata sulla pelle o sulle mucose. ◇ *Papilla gustativa, tattile*: formazioni sensitive della lingua e dell'epidermide che recepiscono rispettivamente le sensazioni del gusto e dell'olfatto. **2.** BOT. Ciascuna delle piccole prominenze sull'epidermide dei petali di alcuni fiori, ai quali conferiscono un aspetto vellutato.

papillàre agg. Che si riferisce alla papilla, che è costituito da papille.

papillòma s.m. [pl. –mi] MED. Tumore epiteliale benigno a struttura papillare.

papillon [/papi'jõ/] s.m. inv. (voce fr., propr. "farfalla") ABBIGL. Cravatta con nodo a farfalla.

papìro s.m. **1.** Pianta erbacea perenne delle rive dei fiumi dell'Africa e in partic. del Nilo. (Altezza fino a 3 m; famiglia delle Ciperacee.) **2.** Supporto scrittorio sovrapponendo a intreccio e pressando sottili strisce di midollo macerato di papiro. ~ *estens.* Testo scritto su un papiro. **3.** *estens. fam.* Scritto prolisso e complicato. ~ Documento legale di una certa importanza, anche con valore ironico. **4.** Scritto burlesco in latino maccheronico che un tempo gli universitari anziani rilasciavano alle matricole dietro pagamento.

papirografìa s.f. **1.** DIS. ART. Tecnica di esecuzione di disegni che utilizza carta nera ritagliata e applicata su uno sfondo bianco. **2.** STAM. In Francia, stampa litografica eseguita con una specie di cartone particolarmente robusto.

papirologìa s.f. Scienza filologica che studia i testi antichi scritti su papiro.

papiròlogo s.m. [f. –ga, pl.m. –gi, f. –ghe] Studioso di papirologia.

papismo s.m. (ingl. *papism*) Nella polemica protestante e anticattolica, principio dell'autorità assoluta del papa all'interno della Chiesa cattolica nonché la difesa di tale principio.

papìsta s.m. e f. [pl.m. –sti] (ted. *Papist*) Sostenitore, fautore del papismo. ~ *estens.* Cattolico.

1. pàppa s.f. **1.** Alimento tipico della cucina toscana, preparato con pane o farina di cereali, cotti nel brodo a formare una specie di minestra, con l'aggiunta di pomodoro. **2.** *estens.* Cibo molto molle per l'eccessiva cottura. **3.** *Pappa reale*: alimento prodotto dalle api, destinato a nutrire le api regine e le loro larve.

2. pàppa s.m. inv. (voce roman.) *gerg.* Sfruttatore di prostitute.

pappagàllo s.m. (ar. deriv. di *babagā* e di *gallo*) **1.** Uccello delle regioni tropicali, con piume colorate e becco potente, si nutre di frutta o semi. [Il pappagallo cenerino (genere *Psittacus*), originario dall'Africa occidentale, è capace di imitare la voce umana; famiglia degli Psittacidi.] **2.** *fig.* Chi ripete in modo meccanico quanto detto o scritto da altri. ◇ *Ripetere qlco. a pappagallo*: senza comprendere ciò che si dice. **3.** *fig.* Uomo che per strada rivolge complimenti

alle donne, molestandole. **4.** Recipiente usato per orinare da persone di sesso maschile costrette a letto. **5.** *Chiave a pappagallo*: specie di chiave inglese a becco lungo usata soprattutto dagli idraulici. ❏ In funzione di agg. inv., *tulipano pappagallo*, varietà di tulipano che presenta grandi fiori con tepali frangiati e vivacemente colorati.

pappagòrgia s.f. [pl. –ge] Piega di tessuto adiposo che si forma sotto il mento di persone molto grasse. SIN.: **doppio mento**.

pappamòlle s.m. inv. *spreg.* Uomo debole, senza carattere.

pappardèlla s.f. (etim. incerta, forse provenz. deriv. di *papard* "pappa") **1.** CUC. (spec. pl.) Pasta tagliata a strisce larghe da prepararsi preferibilmente asciutta. **2.** *fig.* Discorso o scritto lungo e noioso. SIN.: **tiritera**.

pappàre v.tr. **1.** *fam.* Mangiare qlco. in abbondanza e con ingordigia; anche pron. **2.** *fig.* Accaparrare, prendere qlco., spec. in maniera illecita e con rapacità.

pappatàci s.m. inv. (deriv. di *pappare* e *tacere*, quindi "mangia e taci") **1.** Piccolo insetto simile a un moscerino, diffuso nelle zone umide delle regioni temperate; ha apparato boccale pungente con cui si nutre del sangue di molti vertebrati, compreso l'uomo. (Famiglia degli Psicodidi, ordine dei Ditteri.) **2.** *fig.* (anche f.) Persona che per amore del quieto vivere, per viltà o anche per tornaconto, sopporta in silenzio umiliazioni e offese.

pàppo s.m. BOT. Appendice leggera e piumosa tipica dei frutti delle Composite, che favorisce la disseminazione anemofila.

pàprica o **pàprika** s.f. [pl. –che, –ke] (serbo-croato e ungherese *paprika* "peperone") Polvere rossa usata in gastronomia, ottenuta mediante l'essiccazione e la macinazione di alcune varietà di peperoncini rossi piccanti.

pap-tèst s.m. inv. (voce ingl., deriv. di *Papanikolaou test*, dal nome del medico greco-statunitense che ne fu l'ideatore) MED. Test ideato per lo studio morfologico delle cellule e la diagnosi precoce dei tumori della cervice uterina e di altre malattie dell'apparato genitale femminile.

papuàno o **papuàso** agg. Della Papuasia o Nuova Guinea, stato dell'Oceania. ◆ s.m. [f. –na] Nativo, abitante della Papuasia.

pàpula s.f. (lat. *pápulam* "pustola") **1.** MED. Lesione cutanea elementare che ha l'aspetto di una piccola sporgenza circoscritta di colore variabile. **2.** ZOOL. Ognuna delle estroflessioni cutanee delle stelle di mare, preposte alla funzione respiratoria.

pàra s.f. (dal nome della città brasiliana di *Parà*) Gomma grezza estratta dal latice di piante selvatiche brasiliane. ~ *estens.* Gomma elastica.

parà s.m. inv. (fr. *para*) → **paracadutista**.

paràbasi s.f. inv. (gr. *parábasis* propr. "l'avanzare", deriv. di *parabáinein* "camminare a fianco") Nell'antica commedia attica, intermezzo in cui il coro, avanzando sulla scena e rivolgendosi al pubblico, manifestava le concezioni politiche ed estetiche del poeta.

parabèllum s.m. inv. (voce ted., tratta dal motto lat. *si vis pacem para bellum* "se vuoi la pace prepara la guerra") **1.** Pistola automatica calibro 9 in dotazione all'esercito tedesco nel primo Novecento. ~ *estens.* Pallottola di questo calibro. **2.** Fucile mitragliatore sovietico con caricatore circolare. ~ *estens.* Relativa cartuccia.

■ **pappagàllo** cenerino.

parabiòsi s.f. inv. **1.** BIOL. Vita di due organismi che si ottiene collegando i loro sistemi di circolazione. **2.** MED. Condizione biologica in cui vivono i fratelli siamesi. **3.** BOT. Simbiosi tra marza e soggetto dopo un innesto. **4.** ZOOL. Convivenza di animali di specie diversa.

1. paràbola s.f. (gr. *parabolé* "sezione conica", deriv. di *parabállein* "mettere in parallelo" un piano con quello di una generatrice) **1.** GEOM. Curva conica luogo dei punti del piano equidistanti da un punto fisso, detto *fuoco*, e da una retta fissa, detta *direttrice*. **2.** *estens.* Traiettoria descritta da un corpo in movimento con andamento iniziale in ascesa e poi, raggiunto il culmine, in discesa. **3.** TELECOM. *comun.* Antenna per la ricezione di segnali satellitari. **4.** *fig.* Sviluppo, andamento di un fenomeno.

2. paràbola s.f. Breve racconto allegorico da cui si desume un insegnamento morale o religioso. ~ *per anton.* Narrazioni caratteristiche della predicazione di Gesù.

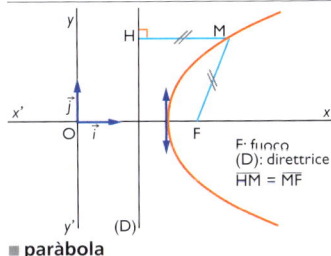

F: fuoco
(D): direttrice
$\overline{HM} = \overline{MF}$

■ **paràbola**

parabòlico agg. [pl.m. –ci, f. –che] **1.** MAT. Relativo alla parabola o che ha forma, andamento o proprietà di parabola. **2.** TELECOM. Che ha forma, andamento e proprietà simili a quelle di un paraboloide. *Antenna parabolica*.

paraboloìde s.m. **1.** GEOM. Superficie quadratica le cui sezioni rispetto a un asse sono parabole, mentre quelle relative agli altri assi sono ellissi o iperboli. **2.** TELECOM. Particolare antenna radio che permette la trasmissione a distanza di onde elettromagnetiche.

parabòrdo s.m. inv. MAR. Protezione di forma sferica o cilindrica attaccata alle murate delle imbarcazioni per ammortizzare gli urti tra la nave e la banchina.

parabrèzza s.m. inv. (fr. *pare-brise*) Nei mezzi di trasporto, lastra trasparente di vetro o altro materiale che protegge il conducente e i passeggeri.

paracadutàre v.tr. (calco del fr. *parachuter*) Lanciare qlcu. o qlco. con il paracadute. ◆ **paracadutarsi** v.pron. Lanciarsi con il paracadute.

paracadùte s.m. inv. (calco del fr. *parachute*) **1.** Dispositivo per rallentare la caduta di un corpo da una grande altezza, costituito da una o più calotte di tessuto leggero collegate al carico con una serie di funi. **2.** TECN. Apparecchio simile al precedente utilizzato per frenare veicoli veloci o ascensori speciali. (*v. immagine pag. succ.*)

paracadutismo s.m. (calco del fr. *parachutisme*) Tecnica e attività militare o sportiva del lancio con il paracadute.

paracadutista s.m. e f. [pl.m. –sti] (calco del fr. *parachutiste*) Chi pratica il paracadutismo. ❏ In funzione di agg., nel l. militare, addestrato al lancio con il paracadute. *Brigata paracadutisti*.

paracàrro s.m. Elemento di protezione posto a intervalli regolari lungo i lati della strada.

paracentèsi s.f. inv. MED. Prelievo di liquidi dalle cavità naturali dell'organismo, a scopo diagnostico o terapeutico.

paraclèto o **paràclito** agg. (gr. *paráklētos* "invocato") TEOL. CATT. Epiteto proprio dello Spirito Santo in quanto mandato dal Padre in aiuto degli uomini. ◆ s.m. (iniziale maiusc.) *Spirito Santo*.

paracólpi s.m. inv. Elemento di protezione fissato al battente di una porta o di una finestra per evitare urti contro le pareti o i mobili.

paradènti s.m. inv. Apparecchio di gomma usato dagli atleti di alcuni sport per proteggere i denti dai colpi.

paradènzio s.m. [pl. –zi] ANAT. → periodonto.

paradìgma s.m. [pl. –mi] (fr. paradigme, gr. parádeigma "modello") **1.** Modello di riferimento di valore fondamentale. **2.** GRAMM. Modello per la declinazione di un nome o la coniugazione di un verbo. ~ Elenco delle forme fondamentali di un verbo, dalle quali sono derivabili tutti i tempi.

paradigmàtico agg. [pl.m. –ci, f. –che] **1.** Che ha valore di paradigma, di modello. **2.** GRAMM. Relativo al paradigma o che lo costituisce.

paradisèa s.f. (così chiamato per la sua bellezza) **1.** Uccello tropicale dai colori variopinti; il maschio è caratterizzato da due ciuffi di penne laterali lunghissime; detto anche uccello del paradiso. (Ordine dei Passeriformi.) **2.** ZOOL. (iniziale maiusc.) Genere di animali a cui appartengono varie specie di paradisea.

paradisìaco agg. [pl.m. –ci, f. –che] **1.** Proprio del paradiso. SIN.: **celestiale.** ~ Che evoca il paradiso. **2.** fig. Degno del paradiso. ~ Ameno e incantevole.

1. paradìso s.m. (gr. parádeisos "giardino", avestico pairi-daēza "luogo recintato") **1.** RELIG. (anche con iniziale maiusc.) In molte religioni, luogo raggiunto dalle anime dei giusti dopo la morte. ~ La sua concezione, descrizione o raffigurazione da parte di un autore. Il paradiso di Dante. ◇ Andare in paradiso: morire nella grazia di Dio. **2.** fig. Luogo ameno e incantevole. ~ Stato di completa felicità. ◇ Paradiso fiscale: nel l. gior., stato in cui si gode di particolari agevolazioni fiscali. – Paradiso artificiale: stato di incoscienza prodotto dall'assunzione di droghe. **3.** Paradiso terrestre: nella Bibbia, luogo dove vissero Adamo ed Eva. SIN.: **eden. 4.** Nelle chiese paleocristiane e romaniche, cortile scoperto situato davanti alla chiesa. **5.** Nelle navi a vela dei secc. XVI e XVII, la sala sopra coperta che era adibita ad alloggio.

2. paradìso agg. inv. Di alcune varietà di alberi o frutti, con allusione al loro sapore gradevole. Uva paradiso.

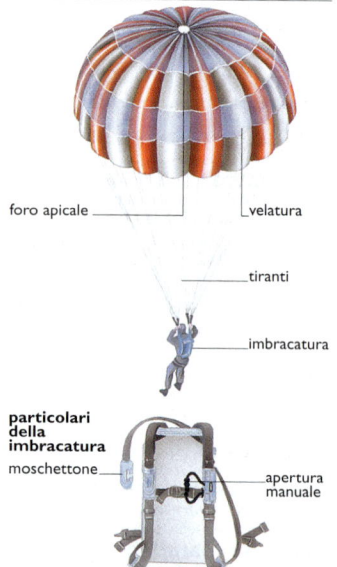

foro apicale — velatura

— tiranti

— imbracatura

particolari della imbracatura

moschettone —

— apertura manuale

cinghia —

— cosciale

■ **paracadùte** e imbracatura.

paradossàle agg. **1.** Che sembra o è assurdo, illogico. SIN.: **inverosimile. 2.** estens. Di persona, bizzarro, stravagante.

paradossalménte avv. In modo paradossale.

1. paradòsso s.m. (gr. parádokson, deriv. di parádoksos propr. "lontano dalla comune opinione") **1.** Proposizione contraria all'opinione comune o all'esperienza quotidiana, che risulta perciò sorprendente, bizzarra. **2.** FILOS. Dimostrazione che, partendo da presupposti riconosciuti come validi, giunge a conclusioni contrastanti con l'esperienza oppure intrinsecamente contraddittorie. ~ Proposizione filosofica logicamente coerente ma che parte da premesse false. **3.** estens. Fatto, comportamento o circostanza privi di logica. **4.** LETT. Componimento letterario tipico della letteratura greco-ellenistica, consistente in brevi narrazioni di fatti straordinari. ❑ In funzione di agg. inv., in medicina, di fenomeno che si sviluppa in modo contrario alle aspettative.

2. paradòsso o **paradòrso** s.m. **1.** MIL. Rilievo murario o in terra costruito alle spalle di una trincea. **2.** COSTR. Trave principale di un ponteggio provvisorio o dell'ordinatura di un tetto.

paràfa o **paràffa** s.f. (fr. paraphe, lat. deriv. di paràgraphum "paragrafo") **1.** Firma spesso illeggibile, sigla abbreviata apposta in calce a un documento. ~ Nel l. diplomatico, periodo che intercorre tra la conclusione di un accordo e la firma del testo a esso relativo. **2.** Ghirigoro che si aggiunge alla firma per renderla difficilmente falsificabile.

parafàngo s.m. [pl. –ghi] Parte della carrozzeria che avvolge parzialmente le ruote dei veicoli per proteggere dagli schizzi di acqua o fango.

parafàre o **paraffàre** v.tr. (fr. parapher) Siglare, convalidare qlco. mediante parafa. Parafare un documento.

parafarmacìa s.f. Produzione, vendita o gamma di prodotti non medicinali, ma con effetti benefici (parafarmaci) venduti in farmacia.

parafasìa s.f. MED. Disturbo del linguaggio caratterizzato dall'uso di parole storpiate.

parafernàle agg. DIR. Beni parafernali: dei beni di proprietà esclusiva di una donna sposata, non oggetto di convenzioni matrimoniali. SIN.: **extradotale.**

paraffìna s.f. (ted. Paraffin, lat. pàrum affinis "poco affine" perché possiede scarsa reattività chimica) **1.** PETR. Miscela di idrocarburi saturi utilizzata nella produzione di candele, fiammiferi e detersivi. ◇ Prova del guanto di paraffina: mezzo di accertamento usato dalla polizia per rilevare eventuali tracce di polvere di sparo sulle mani degli indiziati. – Olio di paraffina: miscela di idrocarburi utilizzata come lubrificante, riscaldante e per la preparazione di unguenti e vaseline. **2.** CHIM. Ogni idrocarburo saturo della serie del metano. SIN.: **alcano.**

paraffinàre v.tr. Cospargere o impregnare qlco. di paraffina.

parafiàmma agg. inv. Che impedisce il propagarsi delle fiamme. ◆ s.m. inv. **1.** Paratia di amianto o di altro materiale non infiammabile usata per isolare locali dove vi sia il pericolo di incendi o di esplosioni. **2.** Protezione posta all'estremità della canna di alcune armi da fuoco per smorzare la fiammata dello sparo.

parafimòsi s.f. inv. MED. Malformazione per cui il prepuzio, una volta ritirato alla base del glande, non può più essere riportato nella posizione naturale, provocando dolore.

parafiscalità s.f. inv. Insieme di tasse e contributi, riscossi sotto l'autorità dello Stato, da enti pubblici non territoriali.

paràfisi s.f. inv. (gr. paráphysis "germoglio") **1.** Nei funghi, ifa sterile frammista alle ife sporigene. **2.** Nei muschi, ciascuno dei corpi lunghi sterili che hanno funzione protettiva degli apparati riproduttivi (gametangi) tra cui si collocano.

parafrasàre v.tr. **1.** Esporre il contenuto di un testo facendone la parafrasi. **2.** estens. Ripetere con parole diverse qlco. detto da altri.

paràfrasi s.f. inv. (gr. paráphrasis, propr. "frase accanto") **1.** Esposizione esplicativa del contenuto di un testo con parole proprie. ~ In partic.

esercizio scolastico che consiste nella versione in prosa di un testo poetico. **2.** MUS. Componimento, perlopiù strumentale, in cui si esegue, con variazioni, un originale.

parafràstico agg. [pl.m. –ci, f. –che] (gr. deriv. di paraphrázein "dire con altre parole") Che contiene o che costituisce una parafrasi.

parafrenìa s.f. PSICH. Psicosi caratterizzata da alienazione delirante della personalità alternata a stati di lucidità.

parafùlmine s.m. (calco del fr. parafoudre) Dispositivo di protezione dalle scariche elettriche dell'atmosfera.

parafuòco s.m. inv. **1.** Griglia di metallo che, posta davanti a un camino, ripara dal calore eccessivo. **2.** Nelle gare di tiro al piattello, lamiera che protegge l'addetto al lancio.

paràggio s.m. [spec. pl. –gi] (etim. discussa, forse gr. paráplous "navigazione costiera") **1.** MAR. Tratto di mare nei pressi della costa. **2.** estens. (al pl.) Luoghi circonvicini. SIN.: **dintorni.**

paragòge s.f. (gr., deriv. di parágein "aggiungere") LING. → **epitesi.**

paragonàbile agg. Che si può paragonare ad altro.

paragonàre v.tr. (gr. parakonān "affilare, sfregare contro") **1.** Mettere a confronto due o più persone o cose, per verificarne somiglianze e differenze. SIN.: **confrontare. 2.** Stabilire una similitudine tra una cosa e un'altra. SIN.: **equiparare.** ◆ **paragonarsi** v.pron. Porre se stessi a confronto con altro. Non puoi paragonarti a un atleta.

paragóne s.m. **1.** Confronto fra due o più termini per stabilirne affinità e differenze. ◇ Mettersi a paragone: mettersi a confronto, paragonarsi. **2.** Esempio che si considera simile o paragonabile a ciò di cui si sta parlando. Fare un paragone. **3.** Somiglianza, possibilità di confronto. ◇ Non c'è paragone: per indicare che una cosa è indiscutibilmente superiore a un'altra e quindi non paragonabile. **4.** MIN. Antico nome di una varietà di diaspro nero che serviva per saggiare l'oro, oggi detta pietra di paragone o lidite. **5.** Piano di paragone: piattaforma di ghisa o di pietra dura, usata nelle lavorazioni meccaniche per controllare la planarità delle superfici lavorate o come appoggio per la tracciatura.

paragrafàre v.tr. Dividere un testo in paragrafi.

paràgrafo s.m. (lat. paràgraphum, gr. parágraphos "scritto accanto") **1.** Unità di testo scritto di una certa ampiezza, ma di rango inferiore al capitolo, di norma individuata da un numero. **2.** Segno tipografico (§) che indica il paragrafo. **3.** Esercizio obbligatorio del pattinaggio artistico eseguito descrivendo sul ghiaccio una figura che ricorda il segno grafico del paragrafo.

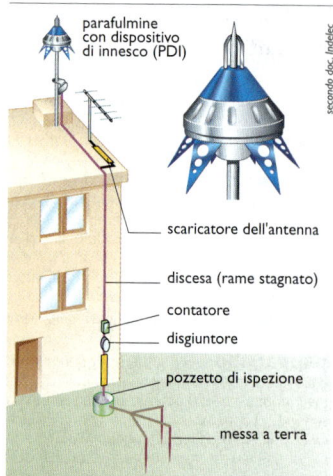

parafulmine con dispositivo di innesco (PDI)

scaricatore dell'antenna

discesa (rame stagnato)

contatore

disgiuntore

pozzetto di ispezione

messa a terra

secondo doc. Indelec

■ **parafùlmine.** La zona di protezione di un PDI è più estesa di quella di un parafulmine ad asta semplice.

paraguaiàno o **paraguayàno** agg. Del Paraguay. ◆ s.m. [f. *–na*] Abitante, nativo del Paraguay.

paraletteràrio agg. [pl.m. *–ri*] Relativo alla paraletteratura.

paraletteratùra s.f. Letteratura che non si pone intenzionalmente fini artistici, che segue essenzialmente le esigenze di consumo della massa.

paralipòmeni s.m. pl. (gr. *paraleipómena*, propr. "cose tralasciate") Testo, opera che costituisce o si immagina che costituisca la continuazione o l'integrazione di un'opera precedente. ~ In partic., con iniziale maiusc., i due libri che integrano i "Libri dei Re" nella Bibbia.

paràlisi s.f. inv. (lat. *parălysin*, gr. *parálysis* "rilassamento") **1.** MED. Perdita della capacità di compiere movimenti volontari attivi, della sensibilità e della mobilità di uno o più arti. SIN.: **paresi. 2.** fig. Arresto della normale attività o funzionalità di qlco.

paralitico agg. [pl.m. *–ci*, f. *–che*] **1.** Che è proprio della paralisi. **2.** Affetto da paralisi. ◆ s.m. [f. *–ca*] Persona affetta da paralisi.

paralizzàre v.tr. (fr. *paralyser*) **1.** MED. Rendere qlcu. paralitico. **2.** fig. Arrestare, bloccare qlcu. o qlco.

paralizzàto agg. **1.** MED. Colpito da paralisi. **2.** fig. Bloccato, impedito, interrotto.

parallàsse s.f. (fr. *parallaxe*, gr. *parállaksis* propr. "deviazione") **1.** FIS. Spostamento angolare apparente di un oggetto rispetto a un punto di riferimento, allorché lo si osserva da due punti di vista diversi. ◇ *Errore di parallasse:* errore accidentale nella lettura della misura segnata dall'indice di una scala graduata, che si verifica quando l'indice non si proietta ortogonalmente su di essa. **2.** ASTR. Angolo sotto il quale è vista una data lunghezza (raggio terrestre, raggio dell'orbita terrestre) da un corpo celeste.

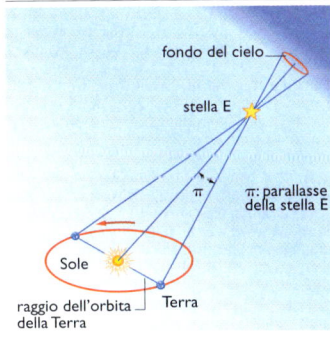

■ **parallàsse** annuale di una stella.

parallàttico agg. [pl.m. *–ci*, f. *–che*] **1.** FIS., ASTR. Relativo al parallasse. ◇ *Angolo parallattico (annuo o diurno):* quello formato dai piani del cerchio orario e di quello verticale passanti per un astro. **2.** CINE. *Sistema parallattico:* metodo di ripresa e proiezione che offre una percezione del filmato a tre dimensioni.

parallèla s.f. **1.** GEOM. Retta parallela a un'altra retta o a un piano. **2.** (al pl.) Strumento usato in marina per tracciare rette parallele sulle carte. **3.** (al pl.) Strumento per ginnastica costituito da due barre parallele, sorrette da montanti e distanti tra loro circa mezzo metro. ~ Gli esercizi che vi si eseguono. **4.** MIL. (spec. pl.) Linea fortificata parallela al fronte d'attacco, usata soprattutto nelle operazioni di assedio per collegare tra di loro i camminamenti.

parallelaménte avv. **1.** In modo parallelo. **2.** fig. Contemporaneamente, di pari passo.

parallelepipedo s.m. (gr., comp. di *parállelos* "parallelo" ed *epípedon* "superficie piana") GEOM. Poliedro a sei facce, parallele due a due. (Le facce sono dei parallelogrammi.) ◇ *Parallelepipedo rettangolo:* quello che ha le facce contigue tra loro ortogonali e rettangolari. ▢ In funzione di agg., che ha forma di parallelepipedo.

■ **parallèle.** Esercizio alle parallele asimmetriche.

parallelinèrvio agg. BOT. *Foglie parallelinervie:* quelle che hanno le nervature principali parallele fra loro.

parallelismo s.m. **1.** GEOM. Relazione reciproca esistente fra due o più enti paralleli. **2.** estens. Posizione parallela assunta da due o più oggetti rispetto a una linea o a un piano di riferimento. **3.** fig. Rapporto di corrispondenza basato sull'analogia o la simmetria, tra due o più fatti, fenomeni, ecc. **4.** BIOL. *Parallelismo morfologico:* somiglianza di strutture appartenenti a organismi senza rapporti filogenetici. – *Parallelismo filogenetico:* evoluzione simile, ma indipendente di forme derivanti da antenati appartenenti a gruppi più o meno diversi. **5.** RET. Procedimento stilistico che consiste nella disposizione simmetrica dei concetti. **6.** *Parallelismo psicofisico:* teoria psicologica ideata da G.Th. Fechner, che prevede costanti corrispondenze tra i fenomeni psichici e quelli fisiologici e fisici.

parallèlo agg. (lat. *parallēlum*, gr. *parállēlos* comp. di *pará* "accanto" e *allḗlōn* "l'un l'altro") **1.** GEOM. *Rette parallele:* rette complanari che non hanno punti in comune. – *Piani paralleli:* piani che non hanno punti in comune. **2.** estens. Di ciò che procede alla stessa distanza rispetto ad altro. **3.** fig. Di due fenomeni, circostanze, avvenimenti o situazioni che presentano corrispondenze reciproche o che avvengono contemporaneamente, ma in cui non si verificano interferenze ◇ INFORM. *Interfaccia, porta parallela:* quella attraverso cui i dati viaggiano in parallelo su più fili di collegamento, trasferendo più bit (di solito 8) contemporaneamente. – SPORT. *Slalom parallelo:* nello sci, gara di slalom speciale in cui due atleti scendono contemporaneamente su due piste affiancate e di uguale traccia. ◆ s.m. **1.** GEOM. Cerchio che si ottiene secando una qualsiasi superficie di rotazione con un piano perpendicolare all'asse di rotazione. **2.** GEOGR. Ognuno dei circoli ideali tracciati sulla superficie terrestre in modo che essa sia tagliata da piani perpendicolari al suo asse. **3.** *In parallelo:* in modo simultaneo e

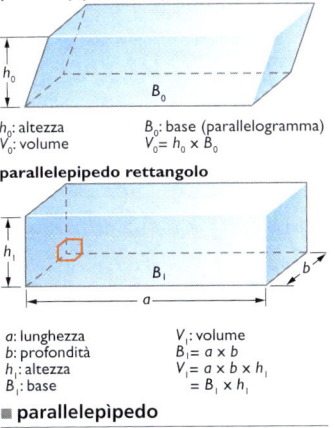

parallelepipedo obliquo

h_0: altezza
V_0: volume
B_0: base (parallelogramma)
$V_0 = h_0 \times B_0$

parallelepipedo rettangolo

a: lunghezza
b: profondità
h_1: altezza
B_1: base
V_1: volume
$B_1 = a \times b$
$V_1 = a \times b \times h_1$
$\quad = B_1 \times h_1$

■ **parallelepìpedo**

complementare, ma indipendente. – INFORM. *Elaborazione in parallelo:* trattamento che prevede l'esecuzione simultanea di più operazioni. – ELETTR. *Collegamento in parallelo:* in un circuito elettrico, collegamento di tutti i poli positivi da un lato e di quelli negativi dall'altro (in oppos. a *collegamento in serie*). **4.** fig. Comparazione, confronto.

parallelogràmma o **parallelogràmmo** s.m. [pl. *–mi*] (lat. *parallelogràmmum*, gr. *parallēlógrammon* comp. di *parállēlos* "parallelo" e *grammḗ* "linea") GEOM. Quadrilatero che ha i lati opposti paralleli e uguali. ◇ MECC. *Parallelogramma articolato:* quello deformabile in cui, fissato un lato delimitato da due vertici, gli altri due possono solo descrivere circonferenze uguali.

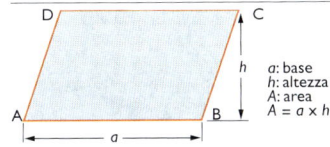

a: base
h: altezza
A: area
A = a × h

■ **parallelogràmma**

paralogismo s.m. (gr., comp. di *pará* "contro" e *logismós* "ragionamento") FILOS. Ragionamento logicamente non valido, ma che sembra veritiero in apparenza (distinto dal *sofisma*).

paralùce s.m. inv. FOTO., CINE. Schermo nero opaco a forma conica o di piramide tronca, che protegge l'obiettivo da luci molto violente.

paralùme s.m. Schermo di tessuto o di altro materiale che impedisce o attenua la propagazione della luce di una lampada.

paramagnetismo s.m. FIS. Proprietà, posseduta da alcune sostanze, di magnetizzarsi debolmente quando sono poste in un campo magnetico.

Paramècio s.m. (lat. *Paramecium*, deriv. di gr. *paramḗkēs* "oblungo") ZOOL. Genere di protozoi di grandi dimensioni (150 μm) comune nelle acque stagnanti. (Classe dei Ciliati.)

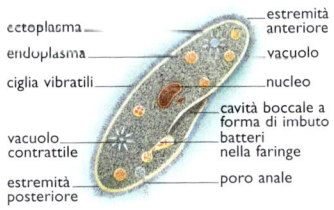

ectoplasma
endoplasma
ciglia vibratili
vacuolo contrattile
estremità posteriore
estremità anteriore
vacuolo
nucleo
cavità boccale a forma di imbuto
batteri nella faringe
poro anale

■ **Paramècio**

paramèdico agg. [pl.m. *–ci*, f. *–che*] Che esercita professioni sanitarie che coadiuvano quella dei medici. ◆ s.m. [anche f. *–ca*] Nel sign. dell'agg.

paraménto s.m. (lat. *paraméntum*, deriv. di *parāre* "preparare") **1.** Ogni indumento che indossa il ministro del culto durante la messa. ~ (al pl.) Arredi sacri dell'altare e drappi collocati sulle pareti della chiesa. **2.** COSTR. Nelle strutture murarie, ogni superficie laterale. ~ In una costruzione, facciata priva di intonaco su cui sono visibili i mattoni.

paramètrico agg. [pl.m. *–ci*, f. *–che*] MAT. Che riguarda un parametro; che contiene uno o più parametri. ◇ *Rappresentazione parametrica di una curva nel piano:* insieme di due equazioni x(t) e y(t) che esprimono per ogni valore di *t* le coordinate *x* e *y* di un punto della curva.

paramètrio s.m. [pl. *–tri*] ANAT. Tessuto connettivo che circonda il collo dell'utero, anche noto come legamento largo dell'utero.

parametrizzàre v.tr. Rappresentare qlco. per mezzo di parametri.

paràmetro s.m. **1.** MAT. Costante arbitrariamente fissata, da cui dipende l'andamento di una funzione. **2.** *estens.* Grandezza nota cui si fa ricorso, in statistica o in altri campi, per avere un criterio di valutazione per altre grandezze. **3.** *fig.* Elemento cui ci si può riferire per valutare una situazione. **4.** Nel l. sind., indice corrispondente alle varie qualifiche, utilizzato al fine di determinare i diversi livelli salariali del pubblico impiego e, in generale, il livello salariale stesso.

paramezzàle s.m. (forse gr. *parámesos* "presso il mezzo") MAR. Trave longitudinale posta nel fondo di una nave parallela alla chiglia, per rinforzare la struttura.

paramilitàre agg. Organizzato secondo principi e criteri simili a quelli militari.

parancàre v.intr. [4] (aus. *avere*) Lavorare con paranchi.

parànco s.m. [pl. *-chi*] Dispositivo di sollevamento costituito da due o più carrucole collegate da un cavo usato per il sollevamento di carichi pesanti.

manuale, a catena · elettrico, a cavo
■ **paranco**

paraneoplàstico agg. MED. Di manifestazioni patologiche che si evolvono parallelamente e hanno un rapporto di causalità con un tumore.

paraninfo s.m. (lat. *paranýmphum*, gr. *paranýmphos*, comp. di *pará* "accanto" e *nýmphē* "sposa") **1.** Nella cerimonia nuziale dell'antica Grecia, colui che accompagnava la sposa a casa dello sposo. **2.** *estens.* [f. *-fa*] Chi combina matrimoni. ~ *spreg.* Chi combina incontri amorosi.

paranòia s.f. (ted. *Paranoia*, gr. *paránoia* "follia") **1.** PSICH. Psicosi caratterizzata dallo svilupparsi graduale di forme di delirio cronico, ma lucido e che non coinvolge le restanti funzioni psichiche. **2.** *comun.* Crisi dell'equilibrio mentale e caratteriale.

paranòico agg. [pl.m. *-ci*, f. *-che*] **1.** Relativo alla paranoia. ◆ s.m. [f. *-ca*] Nell'accez. 2 dell'agg.

paranòide agg. **1.** PSICH. Che è affine alla paranoia. **2.** Affetto da sindrome paranoide. ◆ s.m. e f. Nell'accez. 2 dell'agg.

paranormàle agg. (ingl. *paranormal*) **1.** MED. Che non rientra completamente nella normalità psichica. **2.** Di fenomeni i cui meccanismi e le cause, inesplicabili allo stato attuale delle conoscenze, sono imputati a forze naturali sconosciute, spec. di origine psichica (psicocinesi, percezione extrasensoriale, ecc.). ◆ s.m. (solo sing.) Tutto ciò che non è completamente normale, che non rientra nei fenomeni fisici e psichici normali, scientificamente spiegabili.

paràntropo s.m. Ominide il cui cranio è stato trovato nel 1938 in Sudafrica, che risalirebbe al pliocene o all'inizio del pleistocene.

parànza s.f. (voce merid., deriv. di *paro* "paio" perché queste imbarcazioni si muovono in coppia) **1.** Grossa barca con albero a vela latina e bompresso con fiocco, usata fino agli anni Cinquanta per la pesca a strascico. ~ Oggi anche motopeschereccio che opera in coppia con un altro. ~ Equipaggio di tale imbarcazione. ◇ *Capo paranza*: comandante dell'imbarcazione. **2.** *estens.* Grande rete da strascico.

paraòcchi s.m. inv. Parte del finimento che si applica lateralmente alla testiera del cavallo per impedirgli la visuale. ◇ *fig. Avere, mettere i paraocchi*: ignorare o volere ignorare l'evidenza, la realtà.

paraorécchie o **paraorécchi** s.m. inv. **1.** Nel gioco del rugby, casco imbottito usato per proteggere la testa e le orecchie nelle mischie. **2.** Berretto di lana che si prolunga ai lati del capo fino a coprire le orecchie per proteggerle dal freddo.

parapàlle s.m. inv. Nei poligoni di tiro, terrapieno naturale o artificiale situato dietro i bersagli per impedire i rimbalzi o la dispersione dei proiettili.

parapendìo s.m. inv. SPORT. Paracadute orientabile di forma rettangolare che permette di praticare il volo libero lanciandosi da pendii ripidi. ~ Lo sport che si pratica con questo paracadute.

■ **parapendìo**

parapètto s.m. **1.** Riparo di varia altezza formato da una struttura rigida di pietra, legno, muratura o metallo. **2.** MAR. Prolungamento della fiancata di un'imbarcazione al di sopra del livello del ponte di coperta. **3.** MIL. Opera di fortificazione, a volte murata, che protegge i soldati dal fuoco nemico.

parapìglia s.m. inv. Improvvisa e grande confusione di cose e di persone riunite e vociánti. SIN.: **trambusto**. ~ Tafferuglio, zuffa di molte persone. SIN.: **rissa**.

paraplegìa s.f. MED. Paralisi organica o funzionale degli arti inferiori. ~ *estens.* Paralisi degli arti superiori.

paraplègico agg. [pl.m. *-ci*, f. *-che*] **1.** MED. Che riguarda la paraplegia. **2.** Affetto da paraplegia. ◆ s.m. [f. *-ca*] Nell'accez. 2 dell'agg.

parapòdio s.m. [pl. *-di*] **1.** ZOOL. Nei segmenti del corpo degli anellidi, appendice muscolare con setole e cirri che serve per il movimento. **2.** ZOOL. Ogni espansione alare presente in certi molluschi gasteropodi.

parapsicologìa s.f. (ted. *Parapsychologie*) Studio dei fenomeni paranormali aventi un'origine psichica o supposta tale.

paràre v.tr. **1.** Addobbare qlco. con i paramenti. *Parare la chiesa a festa.* SIN.: **ornare**. **2.** Bloccare, schivare, neutralizzare un colpo, un attacco. *Parare un colpo.* ~ Nel calcio e in altri sport, bloccare la palla tirata da un avversario evitando che entri in rete. ◆ v.intr. (aus. *avere*) *fam.* Puntare, mirare. *Dove vuoi andare a parare?* ◆ v.pron. **1.** Farsi avanti, presentarsi in modo improvviso davanti a qlcu. *All'uscita mi si è parato davanti un vigile.* **2.** Con soggetto astratto, presentarsi all'improvviso davanti a qlcu. *Grosse difficoltà mi si sono parate davanti.* **3.** Schermare e proteggere una parte del proprio corpo. *Pararsi la vista con gli occhiali da sole.* **4.** Detto di sacerdote, indossare i paramenti sacri.

parasànga s.f. [pl. *-ghe*] ST. Nell'antica Persia, unità di misura pari a 6 km ca.

parascènio s.m. [pl. *-ni*] (gr. *paraskēnion*, comp. di *pará* "accanto" e *skēnē* "scena") TEAT., ST. Nell'antico teatro greco, ciascuna delle due

pareti che limitavano lateralmente il palcoscenico, sulle quali erano posti gli ingressi in scena.

parascève s.f. (lat. *paràsceuam*, gr. *paraskeuē* "preparazione") **1.** Nella religione ebraica, il venerdì di ogni settimana. **2.** Nella tradizione cristiana, venerdì santo.

paraschégge s.m. inv. **1.** MIL. Riparo per proteggere dall'esplosione di bombe. **2.** Sulle navi, schermo utilizzato per difendersi dalle schegge dei proiettili. □ In funzione di agg., in partic. nell'accez. 2 del s.

parascolàstico agg. [pl.m. *-ci*, f. *-che*] Che è in relazione con l'insegnamento scolastico, che lo affianca e lo integra. ◆ s.m. [anche f. *-ca*] Chi lavora nelle istituzioni parascolastiche.

parasessualità s.f. inv. MICROBIOL. Termine usato per indicare le modalità di riproduzione sessuata di microrganismi senza fecondazione né meiosi.

parasimpàtico agg. [pl.m. *-ci*, f. *-che*] ANAT. Di una delle due sezioni del sistema nervoso vegetativo, contrapposta al sistema *simpatico*. ◆ s.m. Nel sign. dell'agg.

parasimpaticolitico agg. [pl.m. *-ci*, f. *-che*] FARM. Di sostanze capaci di bloccare gli effetti della stimolazione parasimpatica, inibendo l'azione dell'acetilcolina. ◆ s.m. Tale farmaco o sostanza.

parasimpaticomimètico agg. Di sostanze che esercitano nell'organismo effetti corrispondenti a quelli dell'eccitazione parasimpatica.

parasintètico agg. [pl.m. *-ci*, f. *-che*] LING. Di parola formata mediante unione alla radice di un prefisso e di un suffisso.

parasóle s.m. inv. **1.** Oggetto pieghevole a forma di ombrello per ripararsi dai raggi del sole. **2.** Tenda che, posta su ponti e murate delle navi, protegge dal sole. **3.** FOTO. Paraluce usato per gli obiettivi delle macchine fotografiche professionali. □ In funzione di agg., di qualsiasi dispositivo che protegge dai raggi del sole. *Tenda parasole.*

parassita agg. [pl.m. *-ti*] (lat. *parasìtam*, gr. *parásitos* "commensale") **1.** BIOL. Di organismo animale o vegetale che vive parzialmente o totalmente a spese di un altro individuo, detto *ospite*. *Insetto parassita.* **2.** *fig.* Che è socialmente inutile, improduttivo. *Enti parassiti.* ◇ FIS. *Correnti parassita, di Foucault*: che si generano nei conduttori per variazioni del campo magnetico che li investe. ◆ s.m. **1.** BIOL. Organismo parassita. **2.** *fig.* (anche f.) Persona che vive a spese altrui. **3.** *fig.* (anche f.) Nell'antica Atene, funzionario adibito al culto di alcune divinità e ammesso dai sacerdoti alla spartizione delle vittime sacrificate. **4.** TELECOM. Disturbo nelle radiocomunicazioni.

parassitàrio agg. [pl.m. *-ri*] (fr. *parasitaire*) **1.** BIOL. Proprio o relativo ai parassiti. **2.** *fig.* Socialmente improduttivo, inutile.

parassitologìa s.f. Studio degli organismi parassiti.

parassitòsi s.f. inv. MED. Malattia dovuta a un parassita.

parastatàle agg. Di organizzazioni che operano affiancando l'amministrazione diretta dello Stato. ◆ s.m. e f. Dipendente di tale ente.

parastàto s.m. Insieme degli enti parastatali, delle loro funzioni, dei loro dipendenti.

parastinchi s.m. inv. Protezione per gli stinchi usata dagli atleti di vari sport.

1. paràta s.f. **1.** SPORT. Movimento col quale, nel pugilato e nella scherma, si riesce a evitare un colpo dell'avversario. ~ Nel calcio, movimento con cui il portiere ferma o devia un tiro diretto in rete. **2.** Sbarramento posto sulle strade per lavori in corso o altro.

2. paràta s.f. (fr. *parade*, spagn. deriv. di *parar* propr. "fermare un cavallo") **1.** Rassegna, sfilata solenne, festosa, in occasione di ricorrenze o celebrazioni. ~ *estens.* Esibizione, sfoggio, mostra. ◇ *Di o da parata*: da cerimonia, solenne, di gala. **2.** *Mala parata*: situazione o prospettiva negativa. *Vista la mala parata siamo scappati.*

paratàssi s.f. inv. LING. Costruzione del periodo basata sulla coordinazione di frasi indipendenti per mezzo di congiunzioni o per semplice accostamento (in oppos. a *ipotassi*).

paratèsto s.m. (fr. *paratexte*) Insieme degli elementi testuali d'accompagnamento di un'opera scritta (titolo, dedica, prefazione, note, ecc.).

paratia s.f. **1.** COSTR. Elemento verticale di materiale vario, che serve a impedire infiltrazioni d'acqua. **2.** MAR. Parete che separa i vari locali di una nave.

paratiròide s.f. ANAT. Ciascuna delle ghiandole a secrezione interna situate accanto alla tiroide.

paratóia s.f. Sbarramento mobile che impedisce o regola il deflusso delle acque in un canale.

paratormóne s.m. BIOL. Ormone elaborato dalle paratiroidi.

parauniversitàrio agg. Di livello equivalente a quello universitario.

paraùrti s.m. inv. **1.** Elemento di metallo o plastica, elastico e deformabile, posto nella parte anteriore e posteriore degli autoveicoli per proteggere la carrozzeria dagli urti lievi. **2.** Installazione posta all'estremità dei binari ferroviari tronchi, per arrestare eventuali movimenti indesiderati dei vagoni.

paravalànghe s.m. inv. Struttura di sostegno o galleria artificiale che serve per proteggere strade o ferrovie da valanghe.

paravènto s.m. **1.** Mobile composto da pannelli verticali articolati tra loro, usato come divisorio o riparo. **2.** *fig.* Copertura o pretesto.

par avion [/par a'vjõ/] loc. avv. (loc. fr., propr. "per aereo") Per via aerea, riferito a spedizioni.

parboiled [/'pɑ:bɔild] agg. inv. (voce ingl., propr. "bollito parzialmente") CUC. *Riso parboiled:* qualità di riso trattato con una lieve precottura in modo che poi non scuocia.

parcèlla s.f. (fr. *parcelle*, propr. "particella") **1.** Nota alle spese e agli onorari, presentata da un libero professionista ai propri clienti. **2.** Piccola parte di qlco.

parcellizzàre v.tr. (fr. *parcelliser*) **1.** Dividere qlco. in piccole parti. **2.** Scomporre un compito complesso in operazioni elementari.

parcellizzazióne s.f. (fr., deriv. di *parcelliser* "parcellizzare") Suddivisione e delimitazione dei compiti e delle mansioni di ogni singolo individuo, all'interno di un processo produttivo.

parcheggiàre v.tr. [5] **1.** Collocare un veicolo in un apposito spazio di sosta per un periodo di tempo determinato. **2.** *fig.* Sistemare provvisoriamente qlcu. o qlco. in un luogo, spec. per liberarsene. *Parcheggiare il figlio dalla nonna.*

parchéggio s.m. [pl. *-gi*] **1.** Area riservata alla sosta dei veicoli. **2.** Sosta di un veicolo in un'area apposita. **3.** *fig.* Condizione transitoria e insoddisfacente, in cui si resta in attesa che la situazione migliori. **4.** ASTR. *Orbita di parcheggio:* quella stabile in cui si muove una nave spaziale in attesa di compiere manovre particolari.

parchettatùra s.f. **1.** Copertura di un pavimento con parquet. **2.** Restauro di pitture su tavola, impedendone l'incurvamento con dei regoli scorrevoli sul retro.

parchettista o **palchettista** s.m. e f. [pl.m. *-sti*] Chi fabbrica, pone o ripara i parquet.

parchimetro o **parcòmetro** s.m. Dispositivo funzionante a monetine, installato nei parcheggi pubblici per registrare e far pagare il tempo di sosta di un veicolo.

1. pàrco s.m. [pl. *-chi*] (fr. *parc*, lat. deriv. di *parra* "recinto") **1.** Terreno boscoso recintato, abbastanza vasto, adatto allo svago, alle passeggiate, o che funge da riserva di selvaggina. (È spesso adiacente a ville signorili o a castelli.) ~ Grande giardino pubblico, spec. inserito in aree urbane. ◇ *Parco divertimenti o parco giochi:* vasta area attrezzata spec. per lo svago e contenente diversi impianti destinati al divertimento in partic. dei bambini (giostre, attrazioni varie, attrezzature sportive, ecc.). – ECOL. *Parco nazionale:* vasta porzione di territorio all'interno della quale l'ambiente naturale e protetto da interventi antiecologici. – *Parco marino:* riserva ecologica ricavata in un tratto di mare. **3.** *estens.* Insieme di attrezzature, di materiali, di impianti della stessa natura a disposizione di un paese, di un'impresa. ◇ *Parco macchine:* insieme dei veicoli di cui dispone una ditta, una società, ecc. **4.** Recinto per la custodia degli animali, in partic. ovini. **5.** BORS. *Parco buoi:* zona riservata al pubblico; il pubblico stesso, inteso come insieme dei piccoli risparmiatori.

2. pàrco agg. [pl.m. *-chi*, f. *-che*] (lat., deriv. di *părcere* "risparmiare") **1.** Di persona non eccessiva, sobria. ~ Riferito a un pasto, non abbondante. **2.** Parsimonioso, avaro.

par condìcio loc. sost. f. inv. (loc. lat.) Nel l. pol., parità di condizioni.

parécchio agg. indef. [f. *-chia*, pl.m. *-chi*, f. *-chie*] **1.** (al pl. con nomi di cose numerabili) In buon numero. **2.** (al sing., con nomi di cose non numerabili) In notevole quantità. ◆ avv. Con un verbo, esprime la quantità, l'intensità.

pareggiàre v.tr. [5] **1.** Rendere piano qlco., eliminando dislivelli e sporgenze. *Pareggiare il terreno.* **2.** *estens.* Portare, chiudere in pareggio conti o bilanci, in modo che entrate e uscite coincidano. **3.** *fig.* Rendere uguale due o più cose o persone. **4.** SPORT. Detto di due o più soggetti, chiudere in parità una gara. ◆ v.intr. (aus. *avere*) **1.** Detto di conti e bilanci, essere in pareggio. **2.** SPORT. Raggiungere un risultato di parità in una gara con un avversario. ◆ **pareggiarsi** v.pron. Detto di più elementi, risultare equivalenti, di pari valore.

paréggio s.m. [pl. *-gi*] **1.** Perfetto equilibrio contabile tra entrate e uscite. **2.** SPORT. Risultato di parità in una gara.

1. parèlio o **parèlico** agg. [pl.m. *-li* o *-ci*, f. *-lie* o *-che*] (gr., comp. di *pará* "accanto" ed *hḗlios* "sole") ASTR. Che appare nelle vicinanze del Sole.

2. parèlio s.m. [pl.m. *-li*] ASTROL. Fenomeno atmosferico provocato dalla rifrazione dei raggi solari attraverso nubi ad alta quota, formate da cristalli di ghiaccio, per cui intorno al disco del Sole appaiono altri dischi meno luminosi.

parènchima s.m. [pl. *-mi*] (gr., deriv. di *parenkhêin* "infondere, versare dentro") **1.** ANAT. Cellule di un organo dotate di una determinata funzione (in oppos. a *stroma*). **2.** BOT. Tessuto fondamentale delle piante, dalle pareti sottili, formato di cellule vive. **3.** ZOOL. Tessuto embrionale presente in individui adulti del tipo Platelminti.

parenchimatóso agg. **1.** ANAT. Che ha le caratteristiche del parenchima. ~ Formato di parenchima. **2.** ZOOL. *Vermi parenchimatosi:* Platelminti.

parentàdo s.m. (voce sett.) Insieme dei parenti.

parentàle agg. **1.** Dei genitori o dei parenti, spec. nel l. giur. **2.** ANT. ROM. *Riti parentali:* si celebravano in onore dei defunti.

parènte s.m. e f. (lat. *parĕntem* "genitore") **1.** Persona con cui si ha un legame di parentela di sangue o acquisita. **2.** *fig.* Cosa molto simile a un'altra.

parentèla s.f. **1.** Relazione di consanguineità che collega persone tra loro. ~ Detto anche di persone non consanguinee legate da vincoli derivanti dal matrimonio. ◇ *Parentela spirituale:* quella che si instaura tra padrino di battesimo e figlioccio. – DIR. *Parentela giuridica:* quella che si determina per legge attraverso l'istituto dell'adozione. **2.** Insieme dei parenti. **3.** *fig.* Rapporto di affinità, di comunanza spirituale o culturale tra persone o cose. ◇ *Parentela linguistica:* rapporto tra due o più lingue che derivano da una stessa lingua madre.

parenteràle agg. (ingl. *parenteral*) MED. Della somministrazione di farmaci che si fa con una via diversa da quella orale (intramuscolare, endovenosa, ecc.).

parèntesi s.f. inv. (lat. *parĕnthesim*, gr. *parénthesis* "inserzione") **1.** Elemento (frase, parte di frase, parola) che interrompe la continuità sintattica di un discorso, di un testo, e fornisce un'informazione secondaria. ~ Osservazione incidentale, digressione secondaria. ◇ *Tra parentesi:* incidentalmente o in maniera confidenziale. **2.** I due segni tipografici che racchiudono una parentesi, in partic. le tonde *( )* e le quadre *[ ]*. **3.** MAT. Segni grafici utilizzati come simbolo d'associazione o per indicare calcoli prioritari. **4.** *fig.* Intervallo, pausa. ~ Lasso di tempo considerato a parte rispetto ai periodi vicini.

parèo s.m. inv. (fr. *paréo*, propr. "perizoma" di orig. tahitiana) Abito tradizionale tahitiano fatto con una striscia di tessuto che copre le gambe, legata sopra il petto o alla cintura. ~ Nella moda femminile occidentale è usato come copricostume.

1. parére v.impers. [63] (lat. *parēre* "apparire") **1.** Sembrare. *Mi pare di averti già incontrato.* **2.** Credere, pensare sembrare giusto, corretto a qlcu. *Io esco, tu fa quello che ti pare.* ~ Sembrare possibile a qlcu. *Ti pare che avrei potuto fare ciò?* ◆ v.modale (aus. *essere*) Dare a qlcu. una certa impressione. *Gianni mi pare divertirsi.* ~ Sembrare, avere l'apparenza di fare qlco. *Maria parve cadere dalle nuvole.* ◆ v.cop. Dare l'impressione a qlcu. *Mi pare una persona onesta.*

2. parére s.m. **1.** Ciò che si pensa di un argomento, che si esprime in una discussione o su richiesta di qlcu. **2.** DIR. AMM. Valutazione resa da un organo collegiale diverso da quello competente a decidere il provvedimento. **3.** Apparenza. *L'essere si oppone al parere.* **4.** Giudizio, consiglio, spec. di un competente o di un tecnico.

parèsi s.f. inv. (gr. *páresis* "rilassamento") MED. Paralisi parziale della muscolatura volontaria.

parestesia s.f. MED. Disturbo della sensibilità caratterizzato da alterazione qualitativa delle reazioni a determinati stimoli, ritardi nella percezione, formicolii e crampi.

paréte s.f. **1.** Struttura verticale che delimita spazi contigui. **2.** *estens.* Superficie materiale che delimita internamente o esternamente uno spazio, un oggetto cavo, un organo del corpo. **3.** Ripida pendenza rocciosa di una montagna o superficie laterale di una cavità naturale o di una grotta. **4.** *estens.* Ostacolo che si frappone fra due soggetti o fra un soggetto e il raggiungimento di un suo obiettivo. ~ *fig.* Difficoltà insormontabile. **5.** ZOOL. Parte dello zoccolo del cavallo. SIN.: **muraglia**.

paretimologìa o **paraetimologìa** s.f. LING. Spiegazione etimologica arbitraria, non basata su tesi storiche o scientifiche, ma su assonanze e associazioni, spesso di origine popolare.

1. pàri agg. inv. **1.** Uguale, identico a qlcu. o qlco. ◇ *Pari opportunità:* uguali possibilità, occasioni, riferito spec. a organismi che presiedono a una equa ripartizione delle possibilità di carriera, impiego, ecc. tra uomini e donne. **2.** Corrispondente a qlco. *Ricevere un premio pari al merito.* **3.** MAT. Di numero intero, divisibile per due. ◇ *Funzione pari:* che rimane inalterata cambiando segno alla variabile indipendente, per cui il grafico risulta simmetrico rispetto all'asse delle ordinate. **4.** Di conto che pareggia nel dare e nell'avere. ~ Di gioco che termina con lo stesso punteggio per gli opposti partecipanti o di giocatori che non risultano né vincitori né vinti. ◇ *Pari e patta:* in parità, senza vincitori. **5.** Che non ha dislivelli o sporgenze. **6.** ANAT. Di organo che ha un omologo nell'altra metà laterale del corpo (p.e., i polmoni e i reni). ◆ s.m. inv. **1.** Numero pari, insieme dei numeri pari. **2.** Perfetta corrispondenza. ◇ *In pari:* sullo stesso piano, allo stesso livello; *fig.* in regola. *Mettersi in pari con qlco.* **3.** (anche f.) Persona dello stesso livello o condizione sociale. ◇ *Da pari a pari:* alle stesse condizioni. – *Lavoro alla pari:* lavoro svolto spec. da giovani all'estero che consiste in piccoli servizi domestici presso famiglie general. in cambio di vitto e alloggio.

2. pàri s.m. inv. (ingl. *peer*, fr. *pair*) **1.** Persona che può essere giudicata soltanto da persone dello stesso rango. **2.** Nel regno longobardo, servo del re. ~ Nella società feudale, nobile, in partic. paladino di Carlo Magno. ~ In Inghilterra, nobile che fa parte della Camera alta del parlamento, detta appunto *dei Pari* o *dei Lords*.

1. pària s.m. e f. inv. (anglo-indiano *pariah*, tamil *parayan* propr. "suonatore di tamburo", poi "persona priva di valore sociale") **1.** Individuo appartenente alla classe sociale più bassa dell'India. **2.** ST. *estens.* Persona emarginata dalla società. ❑ In funzione di agg., *cani paria*, quelli randagi, selvatici, che vivono per lo più in Asia e in Africa.

2. parìa s.f. inv. In Inghilterra e in Francia, condizione e grado di pari.

paridigitàto agg. Di mammifero che ha un numero pari di dita.

parietàle agg. **1.** Fatto su parete. ◇ *Arte parietale:* quella, perlopiù preistorica, eseguita sulle pareti delle caverne. **2.** ANAT. Di organo (parte d'organo, membrana, ecc.) vicino alla parete di una cavità (toracica, addominale, ecc.). ◇ *Lobo parietale:* lobo cerebrale situato dietro il lobo frontale, svolge un ruolo nella sensibilità della pelle, nella percezione dello spazio e nel linguaggio. – *Osso parietale:* ciascuno dei due ossi piatti, pari e quadrilateri, che costituiscono la parte superiore e laterale della volta cranica. **3.** BOT. Della parete cellulare o di quella dell'ovario. *Placentazione parietale.*

parietària s.f. (lat., deriv. di *herba parietària* "erba che cresce sulle pareti") **1.** Pianta erbacea che cresce sulle rocce o sui muri, con piccole infiorescenze verdastre alla base delle foglie. (Famiglia delle Urticacee.) **2.** BOT. (iniziale maiusc.) Genere di piante a cui appartiene la parietaria.

parificàre v.tr. [4] **1.** Rendere o riconoscere più cose o persone pari, uguali. **2.** Nel l. bur., concedere riconoscimento legale a una scuola privata.

parificàto agg. Reso di pari valore, spec. in senso giuridico-amministrativo.

parigìna s.f. **1.** TECN. Sella di lancio per lo smistamento dei vagoni negli scali ferroviari. **2.** Tipo di gioco del biliardo che si svolge fra un numero illimitato di giocatori ma usando due sole palle, il pallino e i birilli.

parigìno agg. Di Parigi, capitale della Francia. ◆ s.m. [f. *-na*] Abitante, nativo di Parigi.

pariglia s.f. [pl. *-glie*] (fr. *pareille*) **1.** Coppia di cose uguali. **2.** *fig.* Trattamento uguale. ◇ *Rendere la pariglia a qlcu.:* fargli subire il trattamento che si è ricevuto da lui.

paripennàto agg. BOT. Di foglia composta pennata con numero pari di foglioline (p.e., quella del pisello).

parisìllabo agg. **1.** GRAMM. Di parole che hanno lo stesso numero di sillabe al nominativo e al genitivo singolare, in partic. nella declinazione latina. **2.** METR. Di verso che ha un numero pari di sillabe. ◆ s.m. GRAMM. Sostantivo o aggettivo parisillabo.

parità s.f. inv. **1.** Uguaglianza perfetta. ◇ *Parità scolastica:* equiparazione di scuola pubblica e privata. **2.** ECON. Corrispondenza tra valori. ◇ *Parità monetaria:* rapporto tra i valori di due unità monetarie diverse, cioè quello di una moneta espresso nell'unità dell'altra, presa come riferimento. – *Parità centrale:* in regime di cambi fissi, valore centrale della fascia in cui il tasso di cambio con altre valute può fluttuare liberamente. **3.** MAT. Proprietà di un numero o di una funzione di essere pari o dispari. **4.** SPORT. Risultato pari conseguito da due contendenti. **5.** FIS. Proprietà delle particelle elementari che consente di distinguere tra sistemi di coordinate destrorsi e sinistrorsi.

paritàrio agg. [pl.m. *-ri*] (fr. *paritaire*) Fondato su un criterio di parità, di uguaglianza. SIN.: **egualitario**.

paritètico agg. [pl.m. *-ci*, f. *-che*] (ted., deriv. di *Parität* "parità") Fondato su un criterio di uguaglianza, su condizioni di parità.

pàrka s.m. inv. (voce eschimese) Giaccone caratteristico degli eschimesi, perlopiù in pelle, rivestito internamente di pelliccia e dotato di cappuccio. ~ *estens.* Giacca a vento, di tessuto o di stoffa impermeabile, perlopiù foderata di pelliccia.

parkerizzazióne s.f. (dal nome della ditta inglese *Parker* che usò per prima tale tecnica) METALL. Trattamento termochimico a cui vengono sottoposti certi acciai per ottenere la formazione di un rivestimento che protegge dalla corrosione.

parkinsoniàno agg. (dal nome di J. *Parkinson*, medico inglese che per primo descrisse la malattia) **1.** Del morbo di Parkinson. **2.** Affetto da morbo di Parkinson. ◆ s.m. [f. *-na*] Nell'accez. 2 del agg.

parkinsonìsmo s.m. MED. Morbo di Parkinson.

Parkinson (morbo di) [/pa:kɪnsən/] s.m. (solo sing.) Malattia del sistema nervoso che colpisce soprattutto le persone anziane, con tremolii e rigidità dei muscoli.

1. parlamentàre agg. Del parlamento o dei parlamentari. ◇ *Regime parlamentare:* in cui il governo è responsabile dinanzi al parlamento. – *Crisi parlamentare:* causa di cessazione del governo determinata dall'approvazione di una mozione di sfiducia da parte delle Camere. ◆ s.m. e f. **1.** Membro del Parlamento. **2.** Chi, in tempo di guerra, è incaricato di negoziare con il nemico.

2. parlamentàre v.intr. (aus. *avere*) **1.** Detto di due o più parti, trattare a voce i termini di un accordo militare. **2.** *estens.* Detto di due o più parti, dibattere una questione, spec. di carattere politico. **3.** Trattare con qlcu. per raggiungere un accordo militare. **4.** *estens.* Discutere con qlcu. per raggiungere un accordo.

parlamentarìsmo s.m. (fr. *parlementarisme*) **1.** Sistema parlamentare e in partic. quello in cui il parlamento gode costituzionalmente di un ampio potere di intervento sul governo e sulla vita politica, oltre che dei poteri legislativi. **2.** *spreg.* Per gli avversari di tale sistema, regime inefficiente e spesso anche corrotto.

parlaménto s.m. **1.** Assemblea o insieme di assemblee dei rappresentanti liberamente eletti dal popolo che esercitano il potere legislativo. ~ Insieme delle due camere, nei paesi in cui esiste il bicameralismo. **2.** *estens.* Edificio che ospita l'assemblea parlamentare. **3.** Nel mondo antico e nel Medioevo, assemblea cittadina. ~ Anche, convegno militare tra potenze belligeranti, per intavolare trattative.

parlànte agg. **1.** Che parla o che è dotato di parola. *Pappagallo parlante.* **2.** *fig.* Che è tanto espressivo da far capire le intenzioni, i sentimenti, da sembrare in grado di parlare. *Occhi parlanti.* **3.** *fig.* Lampante, evidente, irrefutabile. **4.** Che esprime qlco. per mezzo di scritte e/o disegni, spec. in araldica e topografia. ◆ s.m. e f. **1.** Chi parla. **2.** LING. Il soggetto dell'enunciazione orale. ~ Chi fa uso di una determinata lingua o dialetto.

parlantìna s.f. *fam.* Capacità di esprimersi e di parlare molto, con rapidità e a lungo.

1. parlàre v.intr. (aus. *avere*) (lat., deriv. di *paràbola* "similitudine" e "parabola, esempio" quindi "parola") **1.** Esprimersi attraverso un linguaggio articolato. ◇ *figg. Parlare come un libro stampato:* con correttezza, ma senza inventiva personale. – *Parlare senza mezzi termini:* dicendo le cose come stanno. – *Senti chi parla!:* proprio tu dici queste cose! – *Parlare a vanvera:* senza riflettere. **2.** Conversare, intrattenersi dialogando. ◇ *Con rispetto parlando:* senza voler offendere nessuno. – *Non me ne parli!, non parlarmene!:* espressione usata quando si vuole evitare un argomento spiacevole. **3.** Rivolgersi a un pubblico con un discorso, una lezione, una predica. ~ Fare un discorso attraverso un mezzo di diffusione o in un luogo pubblico. *Parlare in piazza.* ◇ *figg. Parlare a braccio:* improvvisando. – *Parlare al muro:* al vento, con chi non ascolta. **4.** Rivelare cose segrete, confessare. **5.** *fig.* Esprimere eloquentemente dei concetti, delle sensazioni. *Il paesaggio parlava.* ◇ *figg. I fatti parlano da soli:* dimostrano da soli l'evidenza. – *Parlare al cuore:* toccare i sentimenti più profondi. **6.** *fam.* Avere rapporti amichevoli, spec. in espressioni negative. *Con mia suocera non parlo più.* **7.** Pensare, progettare, ipotizzare. *Parlare di andarsene.* **8.** *estens.* Di soggetto inanimato, trattare di qlco. con strumenti diversi dalla voce. *Tutti i giornali parlano del tuo libro.* ◆ v.tr. Usare una determinata lingua o un dialetto per esprimersi abitualmente. *Parlo solo italiano.* ~ Conoscere e saper usare una determinata lingua, usare un determinato linguaggio. *Parlare un italiano stentato.* ◇ *fig. Parlare arabo, turco:* esprimersi malamente, senza farsi capire. ◆ **parlarsi** v.pron. **1.** Detto di due o più persone, colloquiare, discutere. *Ci siamo parlati pochi minuti.* ◇ *fig. Parlarsi addosso:* di continuo e con compiacimento. **2.** Detto di due o più persone, intrattenere buoni rapporti reciproci. *I fratelli non si parlano più da tempo.*

2. parlàre s.m. **1.** Il fatto, l'atto di parlare. **2.** Parlata, lingua, idioma. **3.** Modo di parlare per quanto riguarda sia la pronuncia delle parole sia la loro forma, tono o contenuto. **4.** Discorso, anche scritto.

parlàta s.f. Modo di parlare proprio di una persona o di una comunità, caratterizzato da particolari fatti di pronuncia, di accento, di lessico. *La parlata toscana.*

1. parlàto agg. **1.** Che si usa comunemente parlando. ~ Che riguarda o è costituito dal linguaggio orale spontaneo e quotidiano, di uso corrente. **2.** *Cinema o film parlato:* dotato di colonna sonora che registra anche i dialoghi, in contrapposizione al vecchio cinema muto. ◆ s.m. **1.** La forma orale della comunicazione linguistica. ~ La lingua usata nel parlare, diversa da quella usata nella scrittura. **2.** Insieme delle parti dialogate di un film. **3.** MUS. L'insieme delle parti di una rappresentazione scenica musicale che vengono recitate anziché cantate. ~ Anche, modo di cantare che si avvicina alla recitazione trascurando l'aspetto musicale. ~ Recitazione sommessa e non enfatica.

2. parlàto agg. (forse lat. deriv. di *pār* "pari" perché doppio) MAR. *Nodo parlato:* quello doppio utilizzato per legare una corda sottile a un'asta o a un cavo più grosso. ◆ s.m. Nel sign. dell'agg.

parlatóre s.m. [f. *-trice*] Chi parla bene, esprimendosi con scioltezza e competenza.

parlatòrio s.m. [pl. *-ri*] Locale in cui i visitatori esterni possono incontrare e avere dei colloqui con gli ospiti di conventi, ospedali, carceri, collegi e caserme.

parlottàre v.intr. (aus. *avere*) **1.** Chiacchierare, conversare a voce bassa e con circospezione. **2.** Borbottare, mormorare.

parlottìo s.m. [pl. *-tii*] Chiacchiericcio fra due o più persone, a bassa voce.

parmènse agg. Di Parma. ◆ s.m. **1.** (anche f.) Abitante, nativo di Parma. **2.** (iniziale maiusc., solo sing.) Territorio intorno a Parma.

parmigiàna s.f. Preparazione gastronomica a base di formaggio parmigiano.

parmigiàno agg. Di Parma. ◆ s.m. **1.** [f. *-na*] Abitante, nativo di Parma. **2.** Tipo di formaggio grana prodotto nelle province di Parma e di Reggio Emilia.

parnassiàno agg. (fr. *parnassien*, dal titolo della raccolta poetica *Parnasse contemporain, recueil de vers nouveaux*) Del parnassianismo, che riguarda il parnassianismo. ◆ s.m. [f. *-na*] Seguace del parnassianismo, corrente poetica francese della seconda metà del sec. XIX, che proponeva una poesia formalmente pura e scevra dalle passioni.

parodìa s.f. (gr., comp. di *pará* "quasi" e *ōidḗ* "canto") **1.** Versione comica, caricaturale di un'opera letteraria, di una canzone, di un film. ~ Travestimento burlesco. **2.** *fig.* Riproduzione scadente e ridicola di ciò che una cosa, una persona o un'istituzione dovrebbe essere in realtà. **3.** MUS. Brano o composizione ottenuta rielaborando un testo preesistente.

parodiàre v.tr. [6] Fare la parodia di qlcu. o qlco.

pàrodo s.m. e f. [pl.m. *-di*, e f. *-doi*] (gr., comp. di *pará* "accanto" e *hodós* "via") **1.** Nell'antico teatro greco, in origine, accesso laterale al luogo in cui si svolgeva la rappresentazione. ~ In seguito, ciascuno dei due accessi laterali che immettevano nell'orchestra. **2.** Nell'antica tragedia greca, canto di entrata del coro oppure la parte del dramma recitata dal coro dopo il prologo.

parodónto s.m. ANAT. Tessuto che circonda la radice dentaria.

paròla s.f. (lat. *paràbolam* "esempio" quindi "parola", gr. *parabolḗ* "paragone") **1.** LING. Minima unità isolabile con significato autonomo o funzione sintattica all'interno della frase. ~ Col termine si indicano soprattutto le unità semanticamente piene (sostantivo, aggettivo, verbo e avverbio) e la rispettiva rappresentazione grafica. **2.** (spec. pl.) Insieme, sequenza linguistica considerata dal punto di vista del significato come parte costitutiva e caratterizzante di un discorso. ◇ *figg. Venire a parole, avere uno scambio di parole:* litigare. – *Cavare le parole di bocca:* costringere a parlare. – *Parola per parola:* alla lettera, fedelmente. ~ Contenuto di un discorso, ragionamento. ◇ *fig. Avere la parola sulla punta della lingua:* saperla, ma non riuscire momentaneamente a ricordarla. – *Parola chiave:* parola significativa che dà la soluzione di un problema; nel l. inf., parola che viene estratta dal contesto e utilizzata come descrittore del documento. – *Parola d'ordine:* parola o frase di riconoscimento. – *Essere di parola:* mantenere i propri impegni. **3.** *estens.* Ammaestramento, dottrina, lezione. ~ Consiglio, esortazione, suggerimento. ◇ *fig. Dire una buona parola:* confortare. **4.** Nel cristianesimo, Cristo. ~ Anche, i testi di ispirazione divina nonché il commento di questi testi. **5.** Espressione verbale di una promessa, di un impegno, di una garanzia. ~ Accordo, intesa. ◇ *figg. Dare la propria parola:* promettere sul proprio onore. – *Essere di parola:* mantenere i propri impegni. **6.** Linguaggio, facoltà d'espressione. ~ Facoltà di parlare, diritto di intervenire in un'adunanza o in un'assemblea. ~ *fig.* Facoltà di decisione, iniziativa. ◇ *Libertà di parola:* diritto costituzionale garantito a manifestare il proprio pensiero attraverso scritti e discorsi; in partic., tutela del dissenso politico tipica degli ordinamenti democratici. – *Sulla parola:* fare affidamento su una promessa o affermazione verbale. **7.** Modo di parlare, forma espressiva. ◇ *Parole sante!:* ben detto! – *loc. cong. In altre parole:* vale a dire, cioè. **8.** (al pl.) Pura espressione verbale contrapposta all'azione e alla realtà. ~ Frasi vuote, prive di contenuto concettuale. ◇ *È una parola!:* è facile a dirsi, meno facile a farsi. **9.** Cenno, menzione. *Non fare parola con nessuno.* **10.** INFORM. Unità base d'informazione per gli elaboratori elettronici; è costituita da un certo numero di bit, general. multiplo di 8, che solitamente corrisponde alla dimensione massima dei numeri che l'unità di calcolo può elaborare direttamente. **11.** MUS. (al pl.) In una canzone, testo poetico.

parolàccia s.f. [pl. *–ce*] Nel sign. del pegg. di *parola*; in partic. parola volgare, sconcia, offensiva.

parolàio s.m. [f. *–laia*, pl.m. *–lai*] Chi parla molto senza sapere esattamente ciò che dice. ◻ In funzione di agg., che si dilunga in discorsi senza costrutto. ~ Che è fatto solo di parole vuote, privo di sostanza o contenuto.

parolière s.m. [f. *–ra*] (fr. *parolier*) Persona che scrive testi destinati a essere messi in musica, in partic. chi adatta i versi a una musica già scritta.

parolóne s.m. Parola lunga o difficile (anche al f. *parolona*). ~ Parola enfatica ma vuota o povera di significato.

paronichia s.f. MED. Patereccio superficiale, infiammazione o infezione situata nelle vicinanze di un'unghia.

paronimia s.f. LING. Rapporto esistente tra due o più paronimi.

parònimo s.m. LING. Parola di significato diverso da un'altra, ma simile per forma per cui si può supporre erroneamente un rapporto di derivazione etimologica (p.e., collusione e collisione).

paronomàsia s.f. (lat. *paronomàsiam*, gr. *paronomasía* comp. di *pará* "accanto" e *onomasía* "denominazione") Figura retorica che consiste nell'accostare parole di suono simile o uguale ma di significato differente (p.e., chi dice donna dice danno).

parossismo s.m. (gr. *paroksysmós* "eccitazione") **1.** MED. Momento di massima intensità dei sintomi di un processo morboso. ~ Scarica elettrica improvvisa nel ritmo di base di un elettroencefalogramma. **2.** *fig.* In una situazione affettiva o di tensione psichica, momento culminante. **3.** GEOL. *Parossismo vulcanico:* in un'eruzione, insieme dei fenomeni esplosivi che si accompagnano all'entrata in attività e che costituiscono la fase più violenta e pericolosa. – *Parossismo tettonico:* nella formazione di una catena montuosa, fase in cui le deformazioni sono maggiori.

parossistico agg. [pl.m. *–ci*, f. *–che*] **1.** MED. Di parossismo. **2.** *fig.* Molto agitato, esasperato. **3.** GEOL. Proprio del parossismo vulcanico.

paròtide s.f. (lat. *parōtidem*, gr. *parōtís* comp. di *pará* "accanto" e *oûs* "orecchio") ANAT. Ciascuna delle due più importanti ghiandole salivari, poste nella guancia vicino all'orecchio. ~ Parte di collo corrispondente a tali ghiandole.

parotite s.f. MED. Infiammazione di una o di entrambe le parotidi. ◇ *Parotite epidemica:* malattia infettiva, perlopiù infantile, contagiosa e di

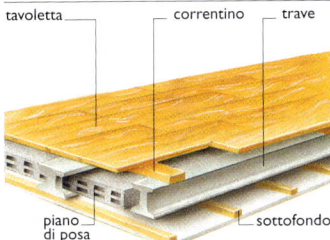

all'inglese, posa tradizionale

a mosaico, incollato su rivestimento di cemento

a spina di pesce

a punto d'ungheria

■ **parquet**

origine virale, che porta alla tumefazione delle parotidi è detta anche *orecchioni*.

parquet [/par'kɛ/] s.m. inv. (voce fr., propr. "piccolo recinto con tavolato") **1.** Pavimento a listelli o tasselli di legno, variamente disposti. **2.** Nella pallacanestro, campo da gioco **3.** BORS. Nella sala della borsa valori, settore in cui si svolgono le contrattazioni ufficiali e in cui sono ammessi solo gli intermediari autorizzati; è detto anche *recinto delle grida*.

parricida s.m. e f. [pl.m. *–di*] Uccisore di un ascendente, in partic. del proprio padre.

parricidio s.m. [pl. *–di*] **1.** Uccisione volontaria di un ascendente, in partic. del padre. **2.** *estens.* Uccisione del sovrano. ~ Delitto contro la comunità. ~ Tradimento della patria.

parrocchétto s.m. (fr. *perroquet* "pappagallo" poi anche "vela") **1.** Denominazione comune di alcune specie di uccelli di piccole dimensioni e simili ai pappagalli. (Ordine degli Psittaciformi.) **2.** MAR. Vela intermedia dell'albero di trinchetto e, estens., il pennone relativo e la parte corrispondente dell'albero.

parròcchia s.f. (gr. *paroikía*, propr. "insieme di case vicine") **1.** Nell'organizzazione ecclesiastica e pastorale della cristianità, ciascuna delle circoscrizioni territoriali in cui è suddivisa una diocesi. **2.** Chiesa in cui un parroco esercita il suo ministero. ~ Edificio dove si svolgono le attività parrocchiali. **3.** *estens.* Insieme di tutti i fedeli di una parrocchia. **4.** *fig.* Gruppo di persone, accomunate da affinità o interessi, che si tutelano e si appoggiano a vicenda, frequentemente in senso spreg. SIN.: **congrega**.

parrocchiàle agg. Della parrocchia, del parroco.

parrocchiàno s.m. [f. *–na*] Fedele di una parrocchia.

pàrroco s.m. [pl. *–ci*, non com. *–chi*] (gr. *parókhos* "fornitore pubblico") Sacerdote che, per nomina vescovile, viene posto a capo di una parrocchia con cura di anime e giurisdizione ordinaria propria.

parrùcca s.f. [pl. *–che*] (fr. *perruque*) **1.** Capigliatura posticcia di capelli veri o finti. **2.** *fig. spreg.* Individuo, per lo più anziano, antiquato, retrogrado, reazionario. **3.** *scherz.* Capigliatura lunga e folta. SIN.: **zazzera**.

parrucchière s.m. [f. *–ra*] (fr. *perruquier*) Chi taglia e acconcia i capelli. ~ *estens.* Il suo negozio.

parrucchino s.m. Piccola parrucca usata dagli uomini per nascondere la calvizie. SIN.: **toupet**.

pàrsec s.m. inv. (voce ingl., comp. di *par-allax* "parallasse" e *sec-ond* "minuto secondo") ASTR. Unità di misura di distanze astronomiche (simb. *pc*), corrispondente alla distanza di un astro con parallasse annua di 1" d'arco, pari a 30.840 miliardi di chilometri, ovvero a 3,258 anni luce.

parser [/ˈpɑːsə/] s.m. inv. (voce ingl., deriv. di *to parse* "fare l'analisi grammaticale") INFORM. Programma o sottoprogramma che analizza un file, verificandone la correttezza sintattica in riferimento a una data grammatica, utilizzato dai compilatori e dagli interpreti di un linguaggio di programmazione.

pàrsi agg. inv. (persiano *pārsi* "persiano") Relativo o appartenente a una comunità di origine persiana, emigrata in India nel sec. VIII in seguito alle persecuzioni musulmane. ◆ s.m. e f.inv. Chi appartiene a tale comunità.

parsimònia s.f. (lat. *parsimōniam*, deriv. di *pārcere* "risparmiare") **1.** Moderazione nello spendere, tendenza a evitare gli sprechi. SIN.: **economia**. **2.** *fig.* Uso moderato di qlco.

parsimonióso agg. **1.** Di persona, che dà prova di parsimonia. ~ Di cosa, che è fatto con parsimonia. **2.** *fig.* Sobrio, moderato nell'uso dei mezzi espressivi.

pàrte s.f. (lat., deriv. di *pārere* "generare") **1.** Quanto deriva dalla divisione materiale o concettuale di un intero omogeneo e che costituisce una certa quantità, una porzione. *Dividere in parti uguali.* ~ Frazione numerica. *La quarta parte di cento.* ◇ *In minima parte:* in misura scarsa. – *In buona parte:* in misura notevole. – *In parte:* parzialmente, non del tutto. **2.** Elemento costitutivo di un oggetto. ~ Elemento costitutivo o organo di uomo, animale o pianta. ◇ *Parti intime:* parti del corpo che per pudore restano coperte dagli indumenti. – *Prendere parte a qlco.:* parteciparvi – *Fare parte di qlco.:* esserne un elemento o, detto di persona, un membro. ~ *Mettere qlcu. a parte di qlco.:* comunicarglielo, informarlo. **3.** Relativamente allo spazio, zona, luogo, territorio, posto. ~ *La parte alta della città.* ~ Direzione, verso. *Da che parte è andato?* ~ Lato, banda. *Voltarsi dall'altra parte.* ◇ *Dalle parti di:* nei paraggi di. – *Da parte:* in serbo. – *figg. Per parte di padre, di madre:* appartenente alla famiglia del padre o della madre. – *Per parte mia:* per quanto riguarda me. – *Da una parte...dall'altra...:* per un verso, ... per un altro. *Da una parte sono contento, dall'altra sono preoccupato.* – *Prendere qlco. in buona o in mala parte:* considerarlo un atto di cortesia oppure un'offesa. – *A parte:* separatamente; con valore di prep., escludendo, non considerando. *Spese a parte.* – *loc. prep. Da parte di:* per conto, a nome di. *Saluti da parte di mio fratello.* – *loc. cong. D'altra parte:* d'altronde, del resto. **4.** Periodo, lasso di tempo. **5.** Fazione, partito politico. ◇ *Di parte:* parziale, interessato. – *Stare dalla parte di qlcu.:* parteggiare per lui. – *Prendere le parti di qlcu.:* difenderlo. **6.** DIR. Soggetto o gruppo di soggetti in una procedura giudiziaria, in un contratto. *Convocare le parti.* ~ Ciascuno dei due contendenti. ◇ *Parte civile:* in un processo penale, chi è stato danneggiato da un reato e si costituisce in giudizio per ottenere un risarcimento. – *Parte lesa:* quella che, in una controversia giuridica, è stata danneggiata materialmente o moralmente da un reato altrui. – *Parti sociali:* categorie sociali organizzate nella rappresentanza dei propri interessi. – *fig. Parte in causa:* direttamente interessato, coinvolto. **7.** Partizione di un'opera letteraria o d'altro tipo. SIN.: **sezione**. ~ Anche, capitolo, atto, movimento. **8.** Ruolo, personaggio, interpretato da un attore nelle rappresentazioni teatrali, cinematografiche e radiotelevisive. *Interpretare una parte.* ~ Ruolo di un cantante o di uno strumento in un'esecuzione musicale. *La parte del tenore.* **9.** *fig.* Dovere, compito, ufficio. *Ognuno deve fare la propria parte.* ~ Comportamento, perlopiù sleale e scorretto, nei confronti di qlcu. ◆ avv. Parzialmente. *Il suo successo lo deve parte alla bravura e parte alla fortuna.*

partecipànte agg. **1.** Che partecipa a qlco. SIN.: **concorrente**. **2.** COMM. Che concorre insieme con altri ai risultati di un'attività. ◆ s.m. e f. Nell'accez. 1 dell'agg.

partecipàre v.intr. (aus. *avere*) **1.** Prendere parte a qlco. *Partecipare a una manifestazione.* ~ Collaborare, contribuire a qlco. *Partecipare alle spese.* **2.** *estens.* Condividere un sentimento altrui. **3.** Essere partecipe di qlco. *Partecipare della condizione umana.* ◆ v.tr. Comunicare qlco. a qlcu.

partecipazióne s.f. **1.** Intervento o adesione a un'attività. **2.** *fig.* Coinvolgimento passionale, interessamento di origine emotiva. **3.** FIN. Concorso al possesso o al godimento di un bene. ~ In partic., quota di capitale sociale di una società detenuta da un soggetto. ◇ *Partecipazione agli utili o ai profitti:* sistema di remunerazione che prevede la distribuzione di parte degli utili d'impresa ai dipendenti o agli amministratori. – *Partecipazioni statali:* quote che lo stato detiene in società per azioni. **4.** Comunicazione di una notizia o di un fatto. ~ Biglietto con cui si comunica un matrimonio, una nascita, un lutto.

partécipe agg. (lat., comp. di *părs* "parte" e *căpere* "prendere") Che prende parte a qlco.

parteggiàre v.intr. [5] (aus. *avere*) Dare il proprio appoggio per qlcu. o qlco. *Parteggiare per una squadra.*

1. partènio s.m. [pl. *-ni*] Nell'antica letteratura greca, componimento lirico che veniva cantato da un coro di vergini per onorare una divinità femminile.

2. partènio s.m. [pl. *-ni*] (gr., deriv. di *parthénos* "vergine" perché pianta sacra a Minerva e impiegata nelle malattie femminili) Pianta erbacea o arbustiva con foglie dentate o pennate, di colore biancastro, fiori bianchi o giallastri e frutti ad achenio. (Famiglia delle Composite.)

partenogènesi s.f. inv. **1.** BIOL. Tipo di riproduzione in cui l'uovo si sviluppa senza fecondazione. (I pidocchi e gli Imenotteri si riproducono per partenogenesi.) **2.** *fig.* Origine autonoma, indipendente da influenze esterne.

partenopèo agg. [f. *-a*] (lat. *Parthenopēium*, gr. *Parthenópē* "Partenope" dal nome di una sirena che sarebbe stata sepolta nel luogo dove sorge la città) Della città di Napoli. ◆ s.m. **1.** Abitante, nativo di Napoli. **2.** SPORT. Giocatore della squadra del Napoli.

partènza s.f. **1.** Fase iniziale del movimento di allontanamento da un luogo. ◇ *In partenza:* sul punto di partire. **2.** SPORT. Fase d'inizio di una gara. ~ *estens.* Luogo in cui ha inizio una gara. **3.** CINE. Inizio di una ripresa. ~ Fotogramma iniziale.

parterre [/par'tɛr/] s.m. inv. (voce fr., propr. "per terra") **1.** Insieme delle aiuole in un giardino alla francese. **2.** Platea di un teatro o di una sala cinematografica.

particèlla s.f. **1.** Nel sign. del dim. di *parte*. **2.** GRAMM. Elemento non autonomo che forma unità con la parola a cui si appoggia. **3.** FIS. *Particella elementare:* componente fondamentale della materia. **4.** Porzione di terreno. ◇ DIR. *Particella catastale:* unità immobiliare minima e omogenea originata dal frazionamento del territorio ai fini della formazione del catasto.

ENCICL. FIS. Il concetto di "particella" è di fondamentale importanza nella descrizione fisica dell'universo, in quanto permette di spiegare tanto le proprietà della materia quanto le forze che si esercitano fra i suoi componenti. L'atomo è, infatti, formato da un nucleo circondato da una nube di *elettroni*. Il nucleo stesso è costituito di protoni e di neutroni che sono, a loro volta, formati da *quark*. Come gli elettroni, i quark, di cui si conoscono sei varietà con numero quantico diverso (si dice che i quark abbiano "sapore" diverso), sembrano privi di struttura interna e non possono essere isolati, ma si raggruppano in *adroni*. Si contano diverse centinaia di adroni, divisi in *barioni*, composti da tre quark come i nucleoni, e *mesoni*, composti da quark e antiquark. Esistono anche, oltre all'elettrone, due particelle analoghe, ma più pesanti e instabili: *muoni* e *tau*. A ciascuna di queste particelle è associato un *neutrino*, elettricamente neutro, che compare nella radioattività β. Queste sei particelle (elettroni, muoni, tau e i loro rispettivi neutrini) insensibili all'interazione nucleare detta "forte" costituiscono il gruppo dei *leptoni*. Un altro tipo di classificazione delle particelle si basa sul valore del loro *spin*. Lo spin può essere intero o semintero. I *fermioni* sono particelle a spin semintero, mentre i *bosoni* sono particelle a spin intero. Questi ultimi svolgono un'azione di mediazione fra le varie particelle e, tramite lo scambio con i fermioni, assicurano la trasmissione delle interazioni. Ad ogni interazione è associato un bosone specifico. Fra questi, il *gravitone* è ancora poco conosciuto e studiato, mentre il *fotone*, responsabile della forza elettromagnetica, i tre bosoni detti intermedi (W^+, W^-, Z^0), portatori di interazioni deboli e gli otto *gluoni*, responsabili delle interazioni forti, sono già noti.

participiàle agg. GRAMM. Del participio.

participio s.m. [pl. *-pi*] (lat. *particĭpium* "che partecipa", calco del gr. *metokhikós*) GRAMM. Forma nominale del verbo, che può assumere il valore di sostantivo o di aggettivo.

particola s.f. (lat., deriv. di *părs* "parte") Ogni parte in cui viene suddivisa l'ostia consacrata.

particolàre agg. **1.** Caratteristico, peculiare di qlcu. o di qlco. SIN.: **tipico**. ◇ *Segni particolari:* quelli che rendono più facile il riconoscimento di una persona. – *In particolare:* specialmente. **2.** Fuori dal comune, inconsueto. *Una bellezza particolare.* SIN.: **eccezionale**. **3.** Al servizio esclusivo di una persona. ◆ s.m. Elemento di un tutto, parte o circostanza specifica. *Ricordare il fatto nei minimi particolari.* ~ Aspetto, particolarità. *Curare i particolari.*

particolareggiàto agg. Ricco di particolari. SIN.: **dettagliato**.

particolarismo s.m. **1.** Difesa degli interessi particolari a danno di quelli generali. **2.** Ricerca di autonomia da parte di gruppi etnici, religiosi, ecc. rispetto al potere centrale. **3.** Favoritismo, preferenza.

particolarità s.f. inv. **1.** Carattere particolare di qlcu. o qlco. SIN.: **caratteristica**. **2.** Elemento secondario. SIN.: **dettaglio**.

particolarizzazióne s.f. FILOS. Applicazione di un concetto universale a una circostanza particolare.

particolarménte avv. **1.** In modo dettagliato. **2.** Specialmente. **3.** In misura notevole.

partigiàna o **partesàna** s.f. (voce sett., forse così chiamata perché usata da bande armate) Arma da punta e taglio, usata tra il sec. XV e il XVII, costituita da una lama triangolare infissa in una lunga asta di legno.

partigianerìa s.f. Adesione in modo fazioso e talvolta fanatico a un gruppo o movimento, spec. politico. ~ In senso più generico, mancanza di obiettività.

partigiàno agg. **1.** Che parteggia, che manca di equilibrio e obiettività. SIN.: **fazioso**. **2.** Dei partigiani, gruppi armati irregolari che combattono contro un governo dittatoriale. ~ In partic., della resistenza italiana e dei combattenti contro il nazifascismo nella seconda guerra mondiale. ◆ s.m. [f. *-na*] **1.** Sostenitore di un'idea, di un partito o di un gruppo. **2.** Nell'accez. 2 dell'agg.

partire v.intr. (aus. *essere*) **1.** Iniziare un viaggio, un percorso. *Partire per le vacanze.* ~ Andare via, allontanarsi da un luogo per raggiungerne un altro. ◇ *A partire da:* iniziando da. **2.** Detto di un motore o di un meccanismo, mettersi in moto, iniziare a funzionare. *La macchina non parte.* **3.** *fam.* Detto di persona, perdere il controllo di sé. ~ Detto di un meccanismo, rompersi. **4.** *fam.* Uscire, scappare. *Il colpo di pistola è partito incidentalmente.* **5.** Avere origine, inizio da qlco. *Il disturbo parte dalla schiena.*

1. partita s.f. **1.** Quantità notevole di merce trattata all'ingrosso. **2.** CONTAB. Operazione consistente nell'attribuire un importo a un dato conto. ◇ *Partita doppia:* metodo contabile consistente nella registrazione di ogni operazione sia sotto l'aspetto finanziario sia sotto quello economico. – *Partite correnti:* nella bilancia dei pagamenti, il registro delle transazioni con l'estero non attinenti ad attività finanziarie. – *Partita IVA:* numero attribuito dall'ufficio IVA a ogni contribuente che esercita un'attività imprenditoriale, professionale o artistica nel territorio dello stato. – *Partita catastale:* numero che individua un'unità immobiliare all'ufficio del catasto. **3.** Ciascuno degli elementi o sezioni in cui si possono dividere una porta, una finestra, un mobile. ◇ *Partita di giro:* operazione che dà luogo contemporaneamente e per lo stesso ammontare a una registrazione in bilancio sia in entrata che in uscita, senza avere alcun effetto economico. **4.** MUS. Composizione strumentale barocca basata su una serie di variazioni dello stesso tema.

2. partita s.f. **1.** Sfida, scommessa, impegno, contesa. ~ Competizione sportiva, in partic. incontro di calcio. **2.** Azione collettiva di una compagnia che si riunisce per scopi vari. *Partita di caccia.*

partitàrio s.m. [pl. *-ri*] Schedario su cui sono annotate singolarmente e analiticamente le operazioni finanziarie di un'azienda.

partitèlla s.f. Incontro, gara spec. di calcio disputata a basso livello.

partitismo s.m. Indirizzo politico che attribuisce ai partiti una funzione fondamentale nella vita politica di uno stato.

partitìssima s.f. Incontro sportivo di grande importanza, spec. di calcio.

partitivo agg. GRAMM. Che esprime l'idea di una parte rispetto alla totalità. ◇ *Complemento partitivo:* espressione che indica la totalità rispetto alla parte considerata. – *Genitivo partitivo:* forma del genitivo dei nomi, che nelle lingue con flessione casuale esprime il valore di complemento partitivo. – *Articolo partitivo:* le prep. articolate *del*, *dello*, *della*, ecc., con il significato di una parte di, un po' di (p.e. *vorrei del latte*). ◆ s.m. GRAMM. Complemento o genitivo partitivo.

1. partito agg. **1.** BOT. Di foglia lobata le cui incisioni raggiungono quasi la linea mediana. **2.** *fam.* Che ha superato ogni limite, che non ragiona più.

2. partito s.m. **1.** Associazione di persone che perseguono finalità politiche comuni. ◇ *Partito unico:* il solo ammesso in regimi dittatoriali. **2.** *estens.* Insieme di persone con opinioni o progetti comuni. SIN.: **sostenitori**. **3.** Condizione in cui ci si può trovare, spec. nella loc. *ridurre qlcu. a mal partito.* **4.** Mezzo atto a superare una difficoltà o un ostacolo. SIN.: **soluzione**. ◇ *Prendere un partito:* prendere una decisione. – *Per partito preso:* in modo preconcetto. **5.** Giovamento, profitto. ◇ *Mettere la testa a partito:* fare giudizio. **6.** Possibilità di matrimonio. ~ *estens.* Soggetto matrimoniale, con riferimento soprattutto alla posizione economica. *Essere un buon partito.* **7.** ARCH. Elemento decorativo strutturalmente definito che si ripete in un ambiente.

partitocràtico agg. [pl.m. *-ci*, f. *-che*] Della partitocrazia o relativo a essa.

partitocrazìa s.f. *spreg.* Regime politico basato sullo strapotere dei partiti.

partitóre s.m. FIS. Apparecchio o impianto con cui si possono ripartire grandezze fisiche, energia, materia. ◇ *Partitore idraulico:* apparecchio per distribuire l'acqua di un canale secondo rapporti determinati. ❑ In funzione di agg., che divide. *Canale partitore.*

partitùra s.f. MUS. Rappresentazione grafica di una composizione vocale o strumentale. SIN.: **spartito**. ~ La composizione stessa.

partizióne s.f. **1.** Divisione in più parti. SIN.: **suddivisione**. ~ Ciascuna delle parti in cui una cosa è divisa. **2.** BOT. Divisione, unica o multipla, della lamina delle foglie o di altro organo. **3.** ALG. *Partizione di un insieme:* suddivisione di un insieme in sottoinsiemi disgiunti, la cui unione sia l'insieme stesso.

partner [/'pɑːtnə/] s.m. e f.inv. [o pl. *partners*] (voce ingl., lat. deriv. di *părs* "parte") **1.** Chi è in coppia con un'altra persona in una gara, in uno spettacolo, negli affari. **2.** Ognuna delle due persone legate fra loro da un rapporto sessuale, affettivo. ❑ In funzione di agg. inv., alleato. *Società partner.*

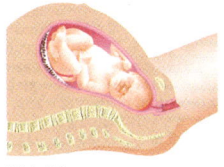
inizio del parto

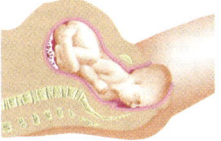
disimpegno della testa

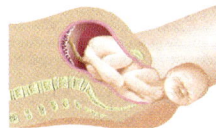
disimpegno delle spalle

■ pàrto

partnership [/'pɑːtnəʃip/] s.f. inv. (voce ingl.) Sodalizio, collaborazione stretta.

1. pàrto s.m. [f. –ta] (lat. pārtum, deriv. di pārere "generare") **1.** Nei mammiferi e in partic. nell'uomo, insieme dei processi naturali e delle operazioni ostetriche per l'espulsione del feto. ◇ Parto a termine: che avviene allo scadere del normale periodo di gestazione. – Parto podalico: quando il feto si presenta di piedi o di natica. **2.** Creatura partorita, neonato. **3.** fig. Prodotto della mente, dell'ingegno umano. SIN. **creazione**. **ENCICL.** Il parto si verifica dopo 280 giorni ca. di gestazione. Comincia con il travaglio che si manifesta con delle contrazioni uterine che comportano un restringimento e una successiva dilatazione del collo dell'utero e termina con l'espulsione del feto e della placenta.

2. pàrto s.m. [f. –ta] (lat. pārtum, deriv. di pārere "generare") Appartenente a un'antica popolazione di origine scita stanziatasi in Persia nel sec. III a.C. ◇ fig. Freccia del parto: colpo inferto a tradimento. (L'espressione fa riferimento alla tattica usata dai Parti i quali, fuggendo a cavallo, si voltavano per scagliare frecce sui loro inseguitori.)

partoriènte agg. Di femmina di mammifero, in partic. di donna, che sta per partorire. ◆ s.f. Nel sign. dell'agg.

partorire v.tr. [84] **1.** Dare alla luce un figlio. **2.** fig. Creare qlco. con la fantasia e l'ingegno. **3.** fig. Produrre, causare qlco. ◆ v.intr. (aus. avere) Dare alla luce un figlio.

part-time [/'pɑːt,taɪm/] agg. inv. (voce ingl., propr. "tempo parziale") **1.** Di lavoro che non impegna tutta la giornata. **2.** Di lavoratore a mezza giornata, con orario ridotto. Lavorare part time. ◆ s.m. inv. **1.** Lavoro a orario ridotto. **2.** (anche f.) Lavoratore a mezza giornata.

party [/'pɑːti/] s.m. inv. [o pl. parties] (voce ingl., fr. partie "partita") Festa, ricevimento. ◇ Cocktail party: quello in cui vengono serviti cocktail.

parure [/pa'ryr/] s.f. (voce fr., deriv. di parer "adornare") Insieme di vari oggetti da arredo, corredo, abbigliamento od ornamento, accomunati dallo stesso disegno o stile. Parure di gioielli.

parusia s.f. (gr. parousía "presenza") **1.** FILOS. Nella speculazione platonica, principio secondo il quale le idee sono presenti nel mondo della realtà sensibile. ◆ TEOL. CRIST. Secondo il Nuovo Testamento, ritorno di Cristo in terra, alla fine del mondo, per giudicare i vivi e i morti e instaurare il Regno di Dio.

parvenu [/parvə'ny/] s.m. inv. (voce fr., deriv. di parvenir "arrivare") Persona che si è arricchita rapidamente, senza aver acquisito le maniere, la cultura e la mentalità del suo nuovo ceto.

parvènza Vaga somiglianza, accenno, traccia di qlco.

parziàle agg. **1.** Relativo a una parte, che rappresenta solo una parte. ◇ SPORT. Tempo parziale: tempo fatto registrare da un atleta a circa metà del percorso di una gara a cronometro. **2.** Di chi, mosso da interesse o simpatia, favorisce una delle parti coinvolte in un litigio o scontro. ~ Ingiusto. **3.** BOT. Frutti parziali: quelli che costituiscono un frutto multiplo. – Velo parziale: membrana che nel ricettacolo dei funghi ricopre la faccia inferiore del cappello. **4.** MAT. Derivata parziale: derivata di una funzione f(x,y,...z) di più variabili, eseguita considerando fisse tutte le variabili tranne quella rispetto alla

quale si vuole derivare, rappresentata come f'(x)

o $\dfrac{\delta f}{\delta x}$ e detta derivata di x. ◆ s.m. SPORT. Tempo parziale.

parzialità s.f. inv. Tendenza a favorire una delle parti in gare, contese e simili. ~ Mancanza di obiettività di giudizio. ~ Atto, comportamento che favorisce qlcu. a scapito di altri.

parzialménte avv. **1.** Solo in parte. **2.** In modo non equo.

parziàrio agg. [pl.m. –ri] DIR. Distribuito in una o più parti. ◇ Obbligazione parziaria, contratto parziario: quelli in cui sia coinvolto più di un soggetto (attivo o passivo), il quale può pretendere una parte della prestazione globale o può essere costretto a eseguirne una parte.

pascàl s.m. inv. (dal nome dello scienziato e filosofo francese B. Pascal) **1.** FIS. Unità di misura della pressione (simb. Pa) pari alla pressione esercitata dalla forza di 1 newton che agisce perpendicolarmente a una superficie di 1 m, equivalente a 9,869 x 10⁻⁶ atmosfere. **2.** INFORM. Lingua di programmazione utilizzata per scopi didattici e applicazioni scientifiche.

pàscere v.tr. [15] **1.** Portare animali al pascolo. **2.** fig. Alimentare, nutrire qlcu. o qlco., spesso con specificazione dell'alimento spirituale. Le buone letture pascono lo spirito. **3.** Detto di animali, mangiare l'erba brucando. ◆ v.intr. (aus. avere) Brucare, pascolare. ◆ pascersi v.pron. **1.** Detto spec. di animali, nutrirsi, cibarsi. **2.** fig. Nutrire il proprio spirito, appagarsi di qlco. Pascersi di illusioni.

pasciùto s.m. inv. (turco paša, prob. persiano pādišāh "sovrano") Nell'impero ottomano, titolo onorifico attribuito ai figli maggiori dei sultani o ad alti dignitari civili o militari ◇ fig. Stare, vivere da pascià o come un pascià: vivere nell'ozio e nelle comodità, godersela.

pascialàto s.m. inv. (turco pašalyk "carica e prerogativa del pascià") ST. Titolo di pascià e durata di tale carica. ~ estens. Territorio sottoposto all'autorità di un pascià.

pascolàre v.tr. Condurre il bestiame al pascolo e sorvegliarlo mentre mangia. ◆ v.intr. (aus. avere) Stare al pascolo, cibarsi dell'erba dei pascoli. Le pecore pascolavano sui prati.

pascolativo agg. Adatto al pascolo o tenuto a pascolo.

pàscolo s.m. **1.** Terreno in cui l'erba viene fatta brucare dal bestiame. ~ Erba, foraggio di tal terreno. **2.** estens. Assunzione del cibo da parte degli animali erbivori, brucando l'erba. ◇ Diritto, servitù di pascolo: facoltà di mandare le bestie a pascolare sulle terre demaniali incolte, terre di pagamento di un canone annuo. – Pascolo abusivo: reato consistente nell'introduzione o nell'abbandono di animali su terreni altrui al fine di farli pascolare.

pashto s.m. inv. Lingua indoeuropea del gruppo iraniano, parlata in Afghanistan. (Si scrive in caratteri arabi.)

pasionaria [/pasjo'naria/] s.f. [pl. pasionarias] (voce spagn., deriv. di pasión "passione", dal soprannome di Dolores Ibarruri, attivista del partito comunista spagnolo) Donna che difende attivamente una causa.

paso doble [/'paso 'doble/] loc. sost. m. [pl. pasos dobles] (loc. spagn., propr. "passo doppio") Danza spagnola d'origine sudamericana in voga in Europa nei primi anni del '900, effettuata in coppia e caratterizzata da passi ravvicinati e veloci, con posizioni ispirate alla corrida.

pàsqua s.f. (lat. Pàscham, gr. páskha, aram. pišḥāy "passaggio") **1.** Festa ebraica che commemora il passaggio del Mar Rosso, dopo la liberazione dalla schiavitù d'Egitto. **2.** (iniziale maiusc.) Festa cristiana che commemora la resurrezione di Cristo. ◇ Uovo di Pasqua: dolce di cioccolato a forma di uovo, tipico di questa festività, commemorativo della benedizione delle uova operata da Cristo. **3.** pop. (iniziale maiusc.) Ogni festa religiosa di una qualche importanza. ◇ Pasqua fiorita: *domenica delle palme. **4.** pop. Festa, occasione di gioia. ◇ Contento come una pasqua: estremamente felice.
ENCICL. In seguito al Consiglio di Nicea (325) la festa di Pasqua è stata fissata nella prima domenica seguente al plenilunio successivo all'equinozio di primavera (21 marzo). Pasqua può essere dunque al più presto il 22 marzo: se il plenilunio è il 20 marzo, il successivo sarà il 18 aprile (29 giorni dopo). Se questo giorno è una domenica, Pasqua sarà il 25 aprile. In ogni caso, la festa di Pasqua oscilla fra il 22 marzo e il 25 aprile.

pasquàle agg. Che riguarda la festa di Pasqua, cristiana o ebraica. ◇ Pulizie pasquali: pulizie scrupolose, un tempo eseguite in occasione del rito della benedizione pasquale della casa.

pasquétta s.f. Il lunedì dopo Pasqua, tradizionalmente festeggiato con una scampagnata.

pasquinàta s.f. (deriv. di Pasquino, nome dato a una statua di Roma su cui venivano affisse satire anonime) Componimento satirico anonimo di contenuto anticlericale, antipapale o rivolto contro personaggi ritenuti degni di biasimo. ~ estens. Breve satira ingiuriosa e mordace, per lo più di contenuto politico.

pass [/'pɑːs/] s.m. inv. (voce ingl., deriv. di to pass "passare") Permesso, in forma di tessera spesso corredata da fotografia, per ottenere libero accesso o circolazione in aree sorvegliate.

passàbile agg. (fr. passable) Che è di qualità accettabile. ~ Che non è completamente soddisfacente, ma di cui ci si può accontentare.

passàglia s.f. [pl. –glie] (spagn., comp. di pasar "passare" e calle "strada" perché si usava danzarla per le strade) MUS. Antica danza di origine spagnola. ~ Composizione di ritmo ternario e andamento moderato, costituita da una serie di variazioni su un basso ostinato.

passacàrte s.m. e f. inv. spreg. Impiegato con mansioni molto modeste.

passacàvo s.m. **1.** Legatura per chiudere l'estremità di un filo o di un cavo metallico mediante un altro filo metallico piegato a occhio. **2.** MAR. Ogni rullo, guida o condotto su cui scorre un cavo.

passàggio s.m. [pl. –gi] (fr. passage) **1.** Transito attraverso un luogo o spostamento da un luogo all'altro. ◇ Diritto di passaggio: nel l. giur., diritto che chiunque ha di transitare sul terreno altrui, senza arrecare danni, nel caso che costituisca l'unica o la più conveniente possibilità per raggiungere il suolo pubblico o la pubblica via. – DIR. Passaggio inoffensivo: regola consuetudinaria secondo cui, in tempo di pace, le navi straniere possono attraversare le acque territoriali di uno stato costiero. – Di passaggio: in transito, che resta poco tempo in un posto; riferito a un luogo, per cui passa molta gente, che si usa solo per andare in altri ambienti; incidentalmente, di sfuggita. **2.** Luogo attraverso il quale si passa. ~ Stretta zona di mare che permette il transito di imbarcazioni. ◇ Passaggio pedonale: superficie contrassegnata da una serie di righe bianche nei cui limiti i pedoni devono tenersi per attraversare una strada. – FERR. Passaggio a livello: incrocio, opportunamente segnalato, tra una strada e una ferrovia. – Passaggio obbligato: condizione, azione necessaria per la realizzazione di un progetto. – fig. Impegno che non si può evitare. **3.** Viaggio, in partic. marittimo o fluviale, e relativo costo. ~ estens. Breve tragitto offerto gratuitamente sul proprio mezzo di trasporto. ◇ Passaggio ponte: tariffa per viaggi in mare, che non dà diritto all'uso della cabina. **4.** fig. Mutamento da uno stato o condizione. ~ estens. Trasferimento. ~ In partic., trasferimento di un bene ad altra persona mediante cessione, vendita, ecc. ◇ Passaggio di consegne: trasmissione degli atti riguardanti il lavoro da svolgere a chi subentra in un incarico. **5.** SPORT. In giochi di squadra (calcio, rugby, hockey, pallanuoto, ecc.), invio della palla a un compagno. ~ Nelle gare di corsa (anche con animali e veicoli), fase intermedia corrispondente a un certo numero di giri di pista. ~ Nell'atletica, ultimo atto della prova di salto con l'asta, subito prima della caduta. ~ Nell'alpinismo, ciascuno dei tratti dell'ascensione. ◇ *Passaggio chiave:* tratto della scalata di particolare difficoltà, dal cui superamento dipende l'esito dell'impresa; *fig.* *punto critico. – *Passaggio in avanti:* nei tuffi, rotazione in aria compiuta dall'atleta tuffatosi dalla piattaforma. **6.** *fig.* Frammento di un testo letterario, di un'opera musicale. **7.** ASTR. *Passaggio al meridiano:* momento in cui un corpo celeste si trova al di sopra del meridiano di una determinata località. **8.** Stadio, tappa intermedia. **9.** Breve apparizione di un personaggio dello spettacolo o della politica in una trasmissione televisiva. ~ CINE. Ogni proiezione di un film.

passamanerìa s.f. (fr. *passementerie*) **1.** Insieme dei vari tipi di tessuti e intrecci (p.e. trecce, frange, ecc.) utilizzati per guarnizione sia nell'arredamento sia nell'abbigliamento. **2.** Fabbrica o negozio di questi articoli.

1. passamàno s.m. inv. **1.** Passaggio di un oggetto di mano in mano, fra più persone disposte a catena. **2.** MAR. Qualsiasi ringhiera o qualsiasi cordone sistemati ai lati delle scale di bordo, perché vi si possano appoggiare coloro che salgono o che scendono, detto anche *guardamano.*

2. passamàno s.m. inv. Cordoncino, fiocco, nastro, e simili, usati per nascondere le cuciture interne o per guarnire abiti, tendaggi, tappezzerie, ecc.

passamontàgna s.m. inv. (calco del fr. *passemontagne*) Berretto di lana a forma di cappuccio che copre la testa e il collo, lasciando scoperti gli occhi e talora il naso e la bocca.

passanàstro s.m. inv. Pizzo con occhielli in cui si può infilare un nastro, usato per decorare abiti e biancheria.

passànte agg. **1.** Che passa, oltrepassa, cammina. **2.** SPORT. *Colpo passante:* nel tennis, tiro che sorpassa a destra o a sinistra il giocatore sceso a rete. **3.** ELETTR. *Condensatore passante:* quello che viene utilizzato per consentire collegamenti che passano attraverso il telaio. ◆ s.m. **1.** (anche f.) Persona che cammina in un luogo. **2.** ABBIGL. Occhiello di tessuto attraverso cui passa la cintura su pantaloni, gonne o la cintura stessa. **3.** *Passante ferroviario:* tronco, generalmente sotterraneo, che collega stazioni di linee diverse facenti capo alla stessa città. **4.** AER. *Passante dell'elica:* ognuno dei pezzetti di filo metallico dalle estremità ribadite, usato per fissare sulla pala di un'elica di legno la lamiera della blindatura. **5.** SPORT. Colpo passante.

passaparòla s.m. inv. (calco del fr. *passe-parole*) **1.** MIL. Trasmissione veloce di un ordine verbale da un capo all'altro di una fila di soldati. **2.** *estens.* Gioco che consiste nel trasmettere sottovoce e rapidamente una parola da un capo all'altro di una fila o di un cerchio di persone.

passapiède s.m. inv. MUS. Danza d'origine bretone, effettuata in coppia, molto vivace e rapida, tipica dei secc. XVI-XVIII.

passapòrto s.m. (calco del fr. *passeport*) Documento personale di riconoscimento, valido per l'espatrio.

passàre v.intr. (aus. *essere*) **1.** Andare attraverso. *Passare per una città.* **2.** Spostarsi, muoversi da un luogo a un altro o da una persona a un'altra. *Passare dal salotto alla cucina.* ~ *estens.* Fare tappa da qlcu. o in un certo luogo. **3.** Scorrere, colare attraverso qlco. *Il fiume passa per la città.* **4.** Detto di strade, fiumi, ecc., toccare, attraversare un luogo in un tratto del suo percorso. *Il confine di stato passa proprio qui.* **5.** *estens.* Introdursi, penetrare attraverso un luogo limitato o angusto. *Passare dalla finestra.* **6.** Detto del tempo, trascorrere, fluire. *Il tempo non passa mai se ci si annoia.* ~ Intercorrere tra due eventi o a partire da un momento che funge da punto di riferimento. *Sono passati due giorni dall'ultimo incontro.* **7.** Con soggetto non animato, cessare di essere, venir meno, andare via. *Il peggio è passato.* ◇ *fig. Passare di mente:* essere scordato. **8.** Introdotto dalla prep. *per* riferito al soggetto, essere considerato in un certo modo. *Far passare l'amico per stupido.* **9.** Detto di frutta, ortaggi e fiori, andare oltre la maturazione o la fioritura, perdendo la freschezza. *I kiwi stanno passando.* **10.** Andare oltre, procedere. **11.** Essere approvato. *È passata una nuova legge elettorale.* **12.** *fig.* Cambiare stato, condizione, attività. *Passare a temi più semplici.* ◇ *fig. Passare alla storia:* essere tramandato ai posteri, diventare celebre. **13.** Detto di una sensazione o di uno stato fisico, cessare, venir meno a qlcu. **14.** *fig.* Detto di un rapporto, intercorrere, essere presente tra due o più elementi. *Tra i due fratelli passa una grossa differenza.* ❑ In funzione di s.m., decorso. *Il lento passare della vita.* ◆ v.tr. **1.** Dare, tendere, comunicare qlco. a qlcu. *Passami il sale.* ~ Fornire. *Lo stato ci passa la divisa.* **2.** Trasferire, spostare qlco. da un luogo a un altro. *Passare le tende dal salotto alla cucina.* **3.** Attraversare qlco. *Passare il fiume.* **4.** Superare qlco. *L'acqua passava i due metri.* ◇ *fig. Passare il segno, la misura:* esagerare. **5.** Scorrere qlcu. o qlco. con lo sguardo, esaminarlo velocemente. *Passare tutto il giornale.* **6.** Trapassare, attraversare qlco. da parte a parte. *Il rumore passa anche i muri.* **7.** Setacciare, filtrare qlco. *Passare le patate.* **8.** *fam.* Promuovere qlcu., dichiararlo idoneo. *Gli esaminatori hanno passato tutti i candidati.* ◇ *Passare la visita:* sostenere l'esame medico effettuato per dichiarare l'idoneità al servizio militare o ad attività lavorativa; riferito al medico di un ospedale, visitare tutti i pazienti del proprio reparto. **9.** Trascorrere, impiegare un certo periodo di tempo. *Passare una giovinezza felice.* **10.** *fam.* Patire, sopportare, dover affrontare qlco. *Passare molti guai.* **11.** Mettere in comunicazione telefonica qlcu. con altri. *Passami la mamma, per favore.* **12.** Far entrare o uscire qlco. attraverso un'apertura. *Passare il filo nell'ago.* **13.** Far scorrere qlco. su una superficie. *Passare lo straccio sui pavimenti.* ~ Far scorrere qlco. su una parte del proprio corpo o su qlco. che si indossa; anche pron. *Passare (passarsi) la mano sulla barba.* ~ Spalmare, distribuire qlco. su una superficie. *Passare uno strato di vernice su un mobile.* ~ CUC. Immergere, bagnare un cibo in una sostanza o rosolarlo in padella. *Passare la carne in padella.* **14.** Accettare, tollerare, perdonare, qlco. a qlcu. *Questa offesa non te la passo.* **15.** Trascorrere un periodo di tempo in un luogo o in compagnia di qlcu. *Passare l'estate con gli amici.* ◆ v.cop. Assumere un nuovo incarico, con la promozione a un livello superiore. *Fra poco passerà direttore.*

passàta s.f. **1.** Rapido trattamento o applicazione di qlco. su una superficie. **2.** Manifestazione di breve durata, fenomeno passeggero. *Una passata di pioggia.* **3.** Breve sguardo, rapida lettura. **4.** Passaggio di selvaggina. ~ Luogo in cui l'animale è passato. ~ *estens.* Sistema di reti che consentono di uccellare nei luoghi di passaggio dei volatili. **5.** Nella lavorazione dei metalli, passaggio dell'attrezzo sulla superficie da trattare. **6.** CUC. Salsa o sugo di pomodoro. ~ Anche, minestra di verdura o legumi passati al setaccio. **7.** SPORT. Nel gioco dei birilli, lancio della palla che passa a lato dei birilli esterni; nella scherma, schivata. ◇ *Passata sotto:* nella scherma, schivata al di sotto della lama dell'avversario; nell'equitazione, esibizione di alta scuola consistente nel percorrere al galoppo tanto la linea retta quanto le due mezze volte che si descrivono all'estremità della linea; nel canottaggio, fase della voga in cui il remo è sommerso.

passatèmpo s.m. (calco del fr. *passe-temps*) **1.** Occupazione o attività piacevole con cui si trascorre il tempo libero. **2.** Cappuccio in uso nel Medioevo, confezionato con panno di lana rosso e foderato di pelliccia.

passatismo s.m. Modo di pensare di chi rifiuta ogni innovazione culturale e ideologica ed è particolarmente legato alle tradizioni del passato.

passatista s.m. e f. [pl.m. *-sti*] Chi è attaccato al passato, alle tradizioni.

passàto agg. **1.** Che è avvenuto in un tempo antecedente a quello presente. ~ Che si riferisce a un momento precedente. ~ Lontano, perduto, remoto. ~ *estens.* Che non si usa più, che non è più di attualità. ◇ *fig. Acqua passata:* avvenimento, condizione già trascorsa e non più attuale. **2.** *estens.* Che è andato oltre il limite ottimale. ~ In partic., troppo maturo, andato a male. **3.** GRAMM. Di tempo verbale che indica un'azione compiuta in un momento precedente a quello dell'enunciazione. ◆ s.m. **1.** (solo sing.) Tempo trascorso. ~ Ciò che in questo tempo è successo. ~ La vita precedente di una persona. **2.** GRAMM. Tempo verbale che indica un'azione già compiuta rispetto al momento in cui se ne parla. ◇ *Passato prossimo:* tempo verbale con cui si indica un evento passato, ma i cui effetti sono ancora attuali. – *Passato remoto:* tempo verbale con cui si indica un evento passato, i cui effetti non sono più avvertibili. **3.** CUC. Verdura o altro alimento ridotto in poltiglia e usato come minestra.

passatóia s.f. **1.** Striscia di tappeto stretta e lunga, stesa nei corridoi o sulle scale. **2.** Nelle stazioni ferroviarie, passaggio posto a livello del piano delle rotaie, che facilita l'accesso ai vari marciapiedi di partenza.

passavànti s.m. inv. MAR. La parte verso prora di ciascuno dei due lati del ponte di coperta.

passaverdùra s.m. inv. [o pl. *-re*] Utensile da cucina usato per passare verdure, legumi, ecc.

passavivànde s.m. inv. Apertura praticata in una parete, per passare direttamente i cibi dalla cucina al luogo in cui verranno cucinati.

passe [/'pas/] s.m. inv. (voce fr., propr. "che passa la metà") Nel gioco della roulette, la combinazione che si articola con i numeri tra il 19 e il 36.

passeggèro agg. (fr. *passager*) Che è di passaggio. ~ Di breve durata. ◆ s.m. [f. *-ra*] Persona che viaggia su un mezzo di trasporto.

passeggiàre v.intr. [5] (aus. *avere*) Camminare lentamente, per lo più senza una meta e per svago. ~ *estens.* Camminare avanti e indietro in un luogo.

passeggiàta s.f. **1.** Camminata agevole fatta per svago e passatempo. ~ *fig.* Impresa facile. *L'esame non sarà una passeggiata.* **2.** *estens.* Strada o serie di strade pedonali.

passeggiatrìce s.f. *eufem.* Prostituta da strada.

passeggìno s.m. Seggiolino montato su ruote, usato per portare a passeggio i bambini piccoli.

passéggio s.m. [pl. *-gi*] **1.** Movimento di persone che camminano per svago, perlopiù in luoghi non isolati. **2.** Insieme della gente che passeggia, spec. nelle vie del centro cittadino. **3.** *estens.* Luogo dove solitamente si passeggia.

passe-partout [/'pas par'tu/] s.m. inv. (voce fr., comp. di *passer* "passare" e *partout* "dappertutto") **1.** Chiave che può aprire vari tipi di serratura. **2.** *fig.* Soluzione valida per ogni tipo di problema. **3.** Bordo di cartone che racchiude il soggetto raffigurato in un quadro e lo separa dalla cornice.

Passeràcei s.m. pl. [iniziale minusc. sing. *-o* per l'individuo] ZOOL. Passeriformi.

passerèlla s.f. (fr. *passerelle*) **1.** Ponte stretto riservato ai pedoni. **2.** TEAT. Nei teatri, sorta di ballatoio che permette il passaggio da una parte all'altra del palcoscenico, a uso dei tecnici. **3.** Pedana per sfilate di moda. ~ *estens.* Sfilata.

Passerifórmi s.m. pl. [iniziale minusc. sing. *-me* per l'individuo] ZOOL. Ordine di uccelli cosmopoliti, canori, migratori o stanziali, di dimensioni piccole o medie e con l'alluce rivolto all'indietro non reversibile. [Quest'ordine comprende ca. la metà di tutte le specie viventi (p.e. allodole, rondini, merli, passeri, ecc.); gruppo dei Carenati.]

1. Passerìna s.f. ZOOL. Genere di piccoli uccelli, con piumaggio di tinte varie e vivaci, diffusi nel Sud America. (Famiglia degli Emberizidi.)

2. Passerìna s.f. BOT. Genere di piante arbustacee, sempreverdi, con fiori raccolti in spighe apicali, originarie dell'Africa australe. (Famiglia delle Timeleacee.)

pàssero s.m. **1.** [f. *passera*] Uccello di piccole dimensioni che si nutre di insetti e cereali, originario dell'Eurasia. (Famiglia dei Ploceidi.)

■ pàssero

2. ZOOL. (iniziale maiusc.) Genere di uccelli di cui fanno parte varie specie di passeri diffuse anche in Italia.

pàssi s.m. inv. Documento d'identificazione che consente il libero accesso in un'area sorvegliata.

passìbile agg. (fr. *passible*, lat. deriv. di *păti* "soffrire") Che può subire qlco. *Un reddito passibile di tassazione.*

passiflòra s.f. (lat. *Passiflora*, propr. "fiore della passione" per la somiglianza di alcune sue parti con gli strumenti della passione di Cristo) **1.** Pianta tropicale erbacea o legnosa, per lo più rampicante. (Il frutto della *Passiflora edulis* è il frutto della passione; famiglia delle Passifloracee.) **2.** BOT. (iniziale maiusc.) Genere di Angiosperme a cui appartengono varie specie di passiflora.

Passifloràcee s.f. pl. [iniziale minusc. sing. *-a* per l'individuo] BOT. Famiglia di piante dicotiledoni erbacee, arbustive o arboree, spesso rampicanti, a foglie alterne general. lobate, fiori solitari o riuniti in grappoli o cime, frutti commestibili a capsula o a bacca.

pàssim avv. (voce lat., propr. "qua e là") Qua e là; si usa nelle citazioni di parole o frasi, per indicare che si trovano sparse ovunque nella fonte in questione. *Pagina dodici e passim.*

passionàle agg. **1.** Relativo alla passione. ~ Dominato, provocato dalla passione. *Delitto passionale.* **2.** Di persona, che prova forti passioni, che vive in modo irrazionale e violento le emozioni e gli istinti.

passióne s.f. (lat., deriv. di *păti* "sopportare, patire") **1.** *per anton.* L'insieme delle sofferenze subite da Cristo nel periodo che va dalla notte passata nell'orto del Getsemani fino alla crocifissione, secondo il racconto evangelico. **2.** CRIST. *estens.* (iniziale maiusc.) Racconto evangelico della passione di Cristo. ~ TEAT. Nel Medioevo e nel Rinascimento, opera che ha per tema la passione di Cristo. ~ MUS. Brano musicale ispirato al racconto evangelico della passione. **3.** Grande sofferenza spirituale, morale. **4.** Sentimento di grande violenza e intensità, che domina la ragione. *La passione dell'odio.* **5.** Trasporto amoroso violento, travolgente. **6.** *estens.* Inclinazione, interesse molto vivo. ~ Oggetto di questo interesse. **7.** *Fiore della passione:* passiflora.

passionìsta s.m. [pl. *-sti*] Membro della confraternita religiosa fondata nel sec. XVIII da san Paolo della Croce, con lo scopo di diffondere il culto della passione di Cristo.

passìsta s.m. e f. [pl.m. *-sti*] SPORT. Ciclista specializzato in corse su lunghi percorsi pianeggianti.

passìto agg. *Vino passito:* vino bianco liquoroso, ottenuto lasciando appassire l'uva. ◆ s.m. Nel sign. dell'agg.

passivaménte avv. Senza partecipare in modo attivo, con inerzia e apatia.

passivànte agg. GRAMM. Di forma che contribuisce alla costruzione passiva. ◇ *Si passivante:* particella pronominale che rende passivo il verbo a cui si premette; si utilizza per la terza persona singolare o plurale.

passivazióne s.f. CHIM. Processo di ossidazione mediante il quale si rende un metallo resistente alla corrosione.

passività s.f. inv. **1.** Atteggiamento di chi pensa o agisce sotto l'influenza o la guida di altri. ~ FILOS. Caratteristica di ciò che non possiede attività. *La passività della materia.* **2.** ECON. (spec. pl.) Insieme dei debiti contratti da un'impresa per finanziare la propria attività. **3.** CHIM. Condizione di un metallo che ha subito passivazione.

passìvo agg. (lat. *passìvum*, deriv. di *păti* "patire") **1.** Che pensa o agisce senza iniziative proprie ma subisce l'influenza e l'operato degli altri. **2.** COMM. Di gestione, bilancio, ecc. i cui costi superano i ricavi. **3.** DIR. Che riguarda il debitore in un rapporto obbligatorio o chi ha subito danni da un'azione penalmente illecita. **4.** GRAMM. Di forma del verbo e di costruzione sintattica che indicano che il soggetto subisce l'azione compiuta dall'agente, mentre chi esercita l'azione è segnalato dal complemento d'agente. **5.** CHIM. Di metallo che ha subito la passivazione. ◆ s.m. **1.** ECON. Sezione dello stato patrimoniale in cui sono registrate le passività. ~ *estens.* Insieme dei debiti di una persona fisica o giuridica. **2.** SPORT. Complesso dei gol o dei punti subiti da una squadra. **3.** GRAMM. Nell'accez. 4 dell'agg.

1. pàsso s.m. **1.** Passaggio, transito di un territorio. ~ Se di uccelli, migrazione. **2.** Luogo attraverso il quale si passa. ◇ *Passo carraio o carrabile:* varco sul marciapiede che consente il transito dei veicoli tra la pubblica via e un garage, un cortile, ecc. **3.** GEOGR. Insellatura tra i monti che permette l'attraversamento da una valle all'altra. SIN.: **valico**.

2. pàsso s.m. (lat., deriv. di *păndere* "stendere, aprire", quindi "apertura delle gambe nell'atto del camminare") **1.** Ciascuno dei movimenti ritmici e alternati che vengono compiuti dagli arti inferiori dell'uomo o dell'animale per camminare. ◇ *figg. Passo a passo:* gradualmente. – *Non arretrare di un passo:* restare sulle proprie posizioni. – *Tenere il passo:* riuscire a mantenere un certo ritmo. – *Passi da gigante:* lunghi, grandi passi; *fig.* grandi progressi. – *A grandi passi:* con passi lunghi; *fig.* rapidamente. – **2.** Maniera di camminare. ~ Modo di camminare di un animale. ~ In partic. l'andatura naturale del cavallo, di spinta dal trotto al galoppo. *Mettere il cavallo al passo.* ◇ *Procedere a passo d'uomo:* di veicolo, muoversi molto lentamente. – *Tenere il passo:* riuscire a mantenere un certo ritmo. – *Stare al passo:* camminare contemporaneamente ad altri. – *fig.* Essere aggiornati, all'altezza. *Essere al passo con i tempi.* **3.** *fig.* Azione, iniziativa diretta a raggiungere uno scopo. ~ Avanzamento, progresso. *Un grande passo verso la pace.* ◇ *Fare il primo passo:* prendere l'iniziativa. – *Fare un passo falso:* commettere un errore. **4.** Orma, impronta lasciata sul terreno da un piede o da una zampa. *Passi nella neve.* **5.** Spazio che si può percorrere con un passo. *Avanzate di tre passi.* ◇ *Essere a un passo:* essere molto vicino. – *fig.* Stare per raggiungere un obiettivo. **6.** Movimento dei piedi nella danza. **7.** SPORT. Modo di procedere o di eseguire movimenti, in partic., nel ciclismo, andatura. **8.** TECN. Distanza costante tra due elementi consecutivi. **9.** CINE. Larghezza della pellicola cinematografica. **10.** *fig.* Brano di un testo.

3. pàsso agg. (lat., deriv. di *păndere* "stendere" perché l'uva o la frutta vengono stese al suolo a seccare) Appassito, avvizzito, secco.

password [/ˈpɑːsˌwɜːd/] s.f. inv. (voce ingl., propr. "parola d'ordine") INFORM. Serie di caratteri alfanumerici che costituisce il codice d'accesso a un computer, un programma, una banca dati.

pàsta s.f. (lat. *pàstam*, gr. *pastá* "specie di farinata") **1.** Composto di farina e acqua trattato fino a renderlo sodo; se fatto lievitare, viene utilizzato per la produzione del pane o di altre vivande. ◇ *Pasta sfoglia:* pasta a base di farina e burro, che una volta cotta risulta divisa in strati sottili e friabili. – *Pasta frolla:* pasta di burro, farina, zucchero e uova, ideale come base per dolci. **2.** Impasto di farina di semola di grano duro e acqua, tagliato in varie forme e cotto in acqua o brodo. *Pasta all'uovo.* ◇ *Pasta fresca:* non seccata, fatta al momento. **3.** Piccolo dolce tondo a base di farina, lievito, burro e uova, guarnito in modo vario. SIN.: **pasticcino**. **4.** *fig.* Carattere, indole, temperamento di una persona. ◇ *Una pasta d'uomo:* una persona di buon carattere. **5.** Sostanza, impasto di consistenza tenera. **6.** Negli accumulatori elettrici, composto a base di ossido di piombo che costituisce il materiale attivo. **7.** Polpa, parte tenera dei frutti commestibili.

pastafròlla s.f. [pl. *pastafrolle* o *pastefrolle*] CUC. Pasta per dolci ottenuta con un impasto di uova, farina, burro e zucchero.

pastasciùtta s.f. [pl. *pastasciutte*] CUC. Piatto tipico della cucina italiana preparato con pasta di grano duro bollita, scolata e variamente condita.

pasteggiàre v.intr. [5] (aus. *avere*) Consumare un pasto.

pastèlla s.f. CUC. Impasto semiliquido a base di farina, acqua, olio e sale o zucchero, usato per fare frittelle o fritture di carne, verdure, ecc.

pastellìsta s.m. e f. [pl.m. *-sti*] Pittore che lavora con i pastelli.

pastèllo s.m. (lat. *pastĭllum* "piccolo pane, focaccia") **1.** Cilindretto ottenuto da un impasto solidificato di pigmenti colorati che serve per disegnare e dipingere. **2.** Disegno eseguito a pastello. ❑ In funzione di agg. inv., di tonalità tenue e sfumata. *Rosa pastello.*

Pasteurèlla s.f. (dal nome del biologo e chimico francese L. *Pasteur*) BIOL. Genere di batteri parassiti degli animali e dell'uomo, responsabili della *pasteurellosi*. (Ordine degli Eubatteriali.)

pasteurellòsi s.f. inv. VET. Infezione causata da batteri del genere *Pasteurella* (p.e. peste, setticemia emorragica).

pastìcca s.f. [pl. *-che*] → **pastiglia**.

pasticcerìa s.f. (fr. *pâtisserie*) **1.** Tecnica e industria della fabbricazione dei dolci. **2.** Assortimento di dolci e paste. **3.** Negozio di dolci, biscotti e pasticcini.

pasticciàre v.tr. [5] **1.** Eseguire un lavoro in modo disordinato e confuso. **2.** Scrivere o disegnare maldestramente. *Pasticciare un libro.* ◆ v.intr. (aus. *avere*) Agire in modo disordinato e inconcludente.

pasticciàto agg. **1.** Eseguito male, in modo confuso e disordinato. *Un compito pasticciato.* **2.** CUC. Di cibi conditi con sugo e besciamella e passati al forno. *Maccheroni pasticciati.*

pasticcière o **pasticcère** s.m. [f. *-ra*] (fr. *pâtissier*) Chi prepara o vende dolci. ❑ In funzione di agg., nella loc. *crema pasticciera*, crema densa a base di latte, rossi d'uovo, farina e zucchero.

pasticcìno s.m. Piccolo dolce servito in partic. con il tè.

pastìccio s.m. [pl. *-ci*] **1.** CUC. Preparazione composta da una base di pasta ripiena di vari ingredienti e cotta al forno. **2.** *fig.* Lavoro male eseguito, confuso. **3.** *fig.* Situazione difficilmente risolvibile. *Essere nei pasticci.* **4.** MUS. Opera composta da pezzi di diversi autori.

pasticcióne s.m. [f. *-na*] Chi esegue dei lavori in modo disordinato e confuso, senza metodo.

pastiche [/pasˈtiʃ/] s.m. inv. (voce fr.) **1.** ART., LETT., MUS. Opera di stile volutamente simile a quello di qualcun altro. **2.** LETT., MUS. Composizione messa insieme giustapponendo brani di altre opere che utilizzano stili e linguaggi anche molto diversi tra loro.

pastièra s.f. (voce napol.) CUC. Specialità pasquale napoletana a base di pastafrolla ripiena di ricotta, grano macerato nel latte, canditi e cioccolata.

pastifìcio s.m. [pl. *-ci*] **1.** Stabilimento attrezzato con macchinari industriali adatti alla produzione di paste alimentari. **2.** *estens.* Negozio che vende paste alimentari.

pastìglia s.f. [pl. *-glie*] (spagn. *pastilla*) **1.** Preparato farmaceutico in forma di piccola compressa per lo più discoidale. **2.** Piccola caramella general. rotonda e piatta. *Pastiglia alla menta.* **3.** AUTOM. Elemento del freno a disco costituente la parte frenante per attrito. **4.** Impasto di gesso e colla che serviva un tempo a fabbricare cornici di mobili, specchi e altro. **5.** Preparato di salnitro e sostanze profumate, un tempo bruciato per profumare le stanze.

pastigliatrìce s.f. Macchina per confezionare pastiglie.

pastìna s.f. **1.** Pasta per brodo di piccolo formato. **2.** Dolcetto di piccole dimensioni. SIN.: **pasticcino**.

pastinàca s.f. [pl. *-che*] **1.** Pianta erbacea diffusa in Europa, con fiori gialli o rossi e grosse radici commestibili simili alle carote. (Famiglia delle Ombrellifere). **2.** BOT. (iniziale maiusc.) Genere di piante a cui appartiene la pastinaca. **3.** ZOOL. Denominazione comune di vari pesci di mare, il più comune dei quali è una sorta di razza con coda sottile munita di aculeo velenoso. (Lunghezza massima 1,50 m; genere *Dasyatis*, famiglia dei Dasiatidi).

pàsto s.m. (lat. *pāstum*, deriv. di *pāscere* "pascolare") **1.** Assunzione di cibo che si effettua ogni giorno a determinate ore. ◊ fig. *Dare in pasto al pubblico*: rendere di pubblico dominio. **2.** estens. Insieme dei prodotti alimentari quotidiani. SIN.: **cibo. 3.** *Pasto opaco o radiologico*: sospensione di sali di bario ingerita come sostanza di contrasto per gli esami al tubo digerente.

pastóia s.f. (lat. *pastóriam*, deriv. di *pāstus* "pascolo") **1.** Fune che blocca le zampe anteriori del bestiame al pascolo impedendogli di allontanarsi. ~ Fune che si fissa ai piedi di un cavallo, per insegnargli l'ambio. ~ Cordicella che si lega alle zampe degli uccelli da caccia per impedirgli il volo. **2.** fig. Qualsiasi ostacolo che impedisca lo svolgimento di un'attività. SIN.: **impedimento. 3.** ZOOL. Nell'arto degli ungulati, regione compresa tra il nodello e la corona.

pastóne s.m. **1.** Miscuglio di diversi ingredienti con prevalenza di crusca usato come pasto per gli animali d'allevamento. ~ estens. Vivanda troppo cotta e collosa. **2.** fig. Accozzaglia di cose male assortite. **3.** Massa della pasta lievitata che viene poi divisa per fare i pani. **4.** gerg. Servizio giornalistico messo assieme rielaborando notizie d'agenzia e commenti di altri giornali.

1. pastorale agg. **1.** Relativo ai pastori. ~ Riferito a opere letterarie e musicali che si ispirano a un'immagine idealizzata della vita campestre. ~ Di genere letterario fiorito in epoca classica e poi ripreso in tutte le letterature europee tra i secc. XVII e XVIII. **2.** CRIST. Riferibile al vescovo o al sacerdote in quanto pastore di anime. ◆ s.f. **1.** RELIG. Lettera pastorale. ~ Insieme dei mezzi necessari per porre in atto gli insegnamenti di Cristo. **2.** Dramma pastorale o altra composizione letteraria del genere. **3.** Composizione di musica di natura vocale e/o strumentale, ispirata al mondo bucolico e naturale.

2. pastorale s.m. **1.** Lungo bastone ricurvo, portato dal vescovo durante le cerimonie solenni.

3. pastorale s.m. Prima falange dell'arto degli equini.

pastóre s.m. [f. *pastora*] (lat. *pastōrem*, deriv. di *pāscere* "pascere") **1.** Addetto a pascolare e custodire mucche, pecore, capre, ecc. ◊ *Cane pastore*: cane addestrato ad adunare e sorvegliare il gregge. **2.** fig. Guida di prestigio, spec. spirituale. ~ estens. Sacerdote, vescovo. ~ Ministro del culto protestante. ◊ *Il Buon Pastore*: Gesù Cristo. **3.** Nome dei membri dell'Accademia dell'Arcadia, i cui ideali di vita si ispiravano a quelli dei pastori idealizzati dalla loro poesia. **4.** Denominazione generica di cani appartenenti a varie razze, tutti adatti alla sorveglianza del gregge.

pastorèlla s.f. **1.** Nella letteratura romanza, componimento lirico di origine provenzale che rappresentava il dialogo amoroso fra un cavaliere e una giovane pastora. **2.** Canto popolare suonato dalla zampogna e cantato per lo più da fanciulli davanti al presepe.

pastorèllo s.m. [f. *–la*] **1.** Nel sign. del dim. di *pastore*; in partic. giovane che ha il compito di custodire il gregge al pascolo. **2.** RELIG. (al pl.) Chi sosteneva l'ideologia eretica della povertà evangelica della seconda metà del sec. XIII in Francia.

pastorizia s.f. Attività di allevamento del bestiame e di sfruttamento dei prodotti che se ne ricavano.

pastorizzàre v.tr. (dal nome del biologo francese L. *Pasteur* che ideò tale procedimento) Operare la pastorizzazione di un alimento.

pastorizzàto agg. Sottoposto a pastorizzazione. *Latte pastorizzato.*

pastorizzazióne s.f. (fr. *pasteurisation*) Processo che consente la conservazione di prodotti alimentari liquidi o semiliquidi (latte, birra, succo di frutta, ecc.) sottoponendoli più volte all'azione del calore e raffreddandoli in assenza

di aria; in questo modo si distruggono gli agenti che ne provocherebbero l'alterazione.

pastóso agg. **1.** Che ha la consistenza di una pasta. **2.** fig. Che è ben amalgamato, che non presenta forti contrasti. ~ Abboccato, amabile. *Vino pastoso.* **3.** Nel l. della crit. lett., piacevolmente scorrevole, elegante. **4.** Impastato. *Avere la bocca pastosa.*

pastràno s.m. (prob. dal nome di un duca di *Pastrana*) ABBIGL. Cappotto pesante da uomo, spec. quello indossato dai militari. SIN.: **soprabito.**

pastròcchio s.m. [pl. *–chi*] **1.** fam. Intruglio, mistura. **2.** fam. Imbroglio, situazione complicata.

pastùra s.f. (lat. *pastūram*, deriv. di *pāscere* "pascolare") **1.** Il pascolare all'aperto degli animali. ~ Luogo del pascolo. **2.** fig. Nutrimento, materiale o spirituale. **3.** Esche gettate in acqua per attirare il pesce. **4.** Mangime della selvaggina.

pasturàre v.tr. **1.** Portare e tenere animali al pascolo. **2.** estens. Alimentare qlcu. **3.** Nutrire i pesci con la pastura.

patàcca s.f. [pl. *–che*] **1.** Nome di antiche monete, perlopiù non italiane, passato poi a indicare monete di poco valore. ~ estens. Oggetto falso che si vuole spacciare come prezioso. **2.** scherz. o spreg. Decorazione, distintivo di forma rotonda. ~ Vecchio orologio da tasca. **3.** fig. fam. Grossa macchia d'unto.

patafisica s.f. [non com. pl. *–che*] (fr. *pataphysique*) Scienza immaginaria e grottesca che fa la parodia del sapere scientifico e della riflessione metafisica.

patafisico agg. [pl.m. *–ci*, f. *–che*] (fr. *pataphysique*) Della patafisica, dei suoi seguaci.

patàgio s.m. [pl. *–gi*] (lat. *patăgium* "frangia") **1.** Duplicatura cutanea tra collo, arti e coda, presente in varie specie di mammiferi e rettili, che rende possibile il volo planato. **2.** Ciascuna delle strutture aliformi che si trovano talvolta sul torace delle farfalle.

pataria s.f. ST. Movimento politico e religioso basato sulla povertà evangelica, nato a Milano nel sec. XI, con lo scopo di opporsi alla corruzione e agli abusi delle alte sfere del clero.

patarino o **paterino** agg. Che riguarda la pataria. ◆ s.m. [f. *–na*] **1.** Nel Medioevo, membro, fautore o sostenitore della pataria. ~ estens. Sostenitore di altre correnti ereticali come quella degli umiliati o dei catari. **2.** estens. Eretico. ~ spreg. Briccone, furfante, imbroglione.

patàta s.f. (spagn. *patata*, da una voce quechua) **1.** Pianta erbacea annuale coltivata per i tuberi ricchi di amido. (Originaria dell'America Meridionale, la patata fu importata in Europa agli inizi del sec. XVI; nome sc. *Solanum tuberosum*, famiglia delle Solanacee.) **2.** Tubero commestibile di questa pianta, molto utilizzato nell'alimentazione umana e per la fabbricazione di fecola. ◊ *Naso a patata*: corto e con la punta arrotondata. – fig. *Patata bollente*: problema difficile, scottante. **3.** *Patata dolce*: batata. **4.** fig. pop. Callosità del piede.

patatina s.f. **1.** Nel sign. del dim. di *patata*; in partic. patata novella. **2.** Fettina di patata fritta. **3.** fam. Bambina carina e paffuta.

patchouli [/patʃuˈli/] s.m. inv. (voce fr., ingl. *patchouli*) Pianta originaria dell'India e della Malesia da cui si ottiene l'olio di patchouli, molto usato in profumeria. (Genere *Pogostemon* e *Microtoena*; famiglia delle Labiate.)

patchwork [/ˈpætʃˌwɔːk/] s.m. inv. (voce ingl., comp. di *patch* "pezza" e *work* "lavoro")

Lavoro di cucito composto da quadrati di stoffa o di maglia di vario colore e qualità, uniti insieme.

pâté [/paˈte/] s.m. inv. (voce fr., deriv. di *pâte* "pasta") CUC. Pasticcio cremoso di carne, pesce o altro tritati e mischiati con spezie diverse e vino liquoroso, spesso servito all'interno di una crosta di pasta cotta al forno. ~ Pasticcio di carne, pesce o altro tritati molto finemente, cotti a bagnomaria dentro una terrina rivestita di lardo posta in forno.

patèlla s.f. (lat. *patēllam* "piatto" per somiglianza di forma) **1.** Mollusco gasteropode commestibile con conchiglia conica, che vive attaccato agli scogli a pelo d'acqua. (Dimensione 5 cm ca.; sottoclasse dei Prosobranchi.) **2.** ZOOL. (iniziale maiusc.) Genere di molluschi a cui appartengono varie specie di patella. **3.** ANAT. Rotula.

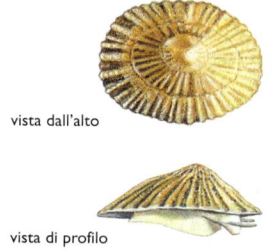

vista dall'alto

vista di profilo

■ **patèlla**

patèma s.m. [pl. *–mi*] (gr. *páthēma* "sofferenza") Forte preoccupazione. ◊ *Patema d'animo*: ansia, apprensione.

patèna s.f. CRIST. Piccolo piatto rotondo di metallo usato nella messa per contenervi l'ostia sia prima sia dopo la consacrazione.

patentaménto s.m. METALL. Speciale trattamento di tempra cui vengono sottoposti i fili d'acciaio che devono essere dotati di alta resistenza, essere sottoposti a torsioni o piegamenti e lavorare in condizioni particolari.

patentàre v.tr. **1.** Munire qlcu. di patente. **2.** fig. Riconoscere ufficialmente qlco.

patentàto agg. **1.** Munito di autorizzazione che abilita ufficialmente allo svolgimento di un'attività. ~ In partic., munito della patente di guida. **2.** estens. Che ha ufficialmente diritto alla qualifica che gli viene attribuita. ~ scherz. Famigerato, autentico, ben noto per le sue qualità negative. *Un imbecille patentato.*

1. patènte agg. (lat. *patēntem*, deriv. di *patēre* "essere aperto") **1.** Che è assolutamente chiaro, ovvio. *Una patente ingiustizia.* **2.** BOT. Di organo che, sviluppandosi da un altro, forma con esso un angolo di 90°.

2. patènte s.f. **1.** Licenza rilasciata dall'autorità competente, che autorizza l'esercizio di una certa attività o professione, l'espletamento di una certa mansione. ~ Il relativo attestato. ~ In partic. l'autorizzazione alla guida di veicoli a

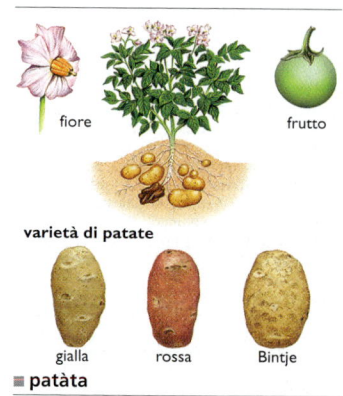

fiore

frutto

varietà di patate

gialla   rossa   Bintje

■ **patàta**

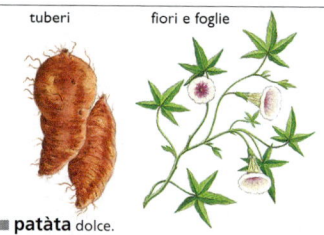

tuberi

fiori e foglie

■ **patàta** dolce.

motore che si ottiene mediante il superamento di una prova teorica e pratica. ◇ MAR. *Patente sanitaria:* certificato sanitario rilasciato a una nave in partenza. – *Patente nautica:* rilasciata dalle autorità marittime. **2.** *fig. scherz.* Qualifica, pubblica fama di qualità negative. *Dare la patente di bugiardo.*

patentino s.m. **1.** Autorizzazione temporanea rilasciata per attività di breve durata. **2.** Licenza per la vendita di generi di monopolio rilasciata a esercizi pubblici.

pàter s.m. inv. → **paternostro**.

pàtera s.f. (lat. *pàteram* "tazza, coppa" partic. per sacrifici) ANT. GR. ROM. Scodella molto bassa, general. in metallo prezioso.

pateràzzo o **pateràsso** s.m. (fr. *pataras*) MAR. Cavo metallico fisso che, assieme alle sartie, rinforza e trattiene gli alberi lateralmente e verso poppa.

pateréccio s.m. [pl. *-ci*] MED. Infiammazione acuta dei tessuti vicini alle unghie. SIN.: **giradito**.

pàter familias loc. sost. m. [pl. *patres familias*] (loc. lat., "padre di famiglia") ANT. ROM. Capofamiglia, cioè colui che non avendo ascendenti vivi in linea maschile, acquisiva il diritto al comando sugli altri membri della famiglia, compresi i servi. ~ Oggi indica un capofamiglia autoritario.

paternàle s.f. Discorso severo e solenne di rimprovero.

paternalismo s.m. (ingl. *paternalism*) **1.** Comportamento dei sovrani illuminati del sec. XIX che promuovevano una politica di aiuto e assistenza sociale, senza riconoscere libertà e diritti ai sudditi. **2.** *estens.* Atteggiamento di benevola ma esibita superiorità tenuto da un superiore verso i propri sottoposti. ~ Atteggiamento di eccessiva commiserazione.

paternalista s.m. e f. [pl.m. *-sti*] (ingl. *paternalist*) Chi agisce con eccessiva commiserazione.

paternalistico agg. [pl.m. *-ci*, f. *-che*] (ingl. *paternalistic*) Che ha i caratteri del paternalismo.

paternità s.f. inv. **1.** Condizione di padre. ~ Legame giuridico e affettivo tra padre e figlio. ◇ *Disconoscimento della paternità:* azione legale mirata a negare la paternità, presumendo che il nato sia frutto di una relazione extraconiugale della moglie. **2.** Nel l. bur., nome del padre in documenti anagrafici. **3.** *fig.* Condizione di autore, di ideatore di un'opera artistica, di un concetto, di un sistema di pensiero. ~ *estens.* Responsabilità di azioni. *La paternità di un attentato.* **4.** (spec. iniziale maiusc.) Titolo reverenziale, ant. dato ai religiosi.

patèrno agg. **1.** Del padre. **2.** Che deriva dal padre. **3.** *estens.* Che evoca un padre per la sollecitudine affettuosa. *Consiglio paterno.*

paternòstro o **padrenòstro** s.m. [pl. *paternostri* o *padrenostri*] **1.** CRIST. Preghiera a Dio Padre insegnata da Gesù stesso, che comincia con le parole latine *Pater noster.* **2.** Ognuno dei cinque grani più grossi del rosario che indicano la recita di un paternostro. **3.** *fig.* (spec. pl.) Pasta corta usata per minestra. **4.** BOT. *Albero dei paternostri:* pianta così chiamata poiché i suoi semi vengono utilizzati per la fabbricazione dei rosari. SIN.: **melia**. **5.** MAR. Nell'attrezzatura navale, ognuna delle pallottole di legno molto resistenti e bucate all'interno che vengono infilate in serie nelle corde sottoposte ad attrito (*bertoccio*). **6.** IND. ESTR. Impianto di sollevamento.

pateticità s.f. inv. Tono patetico e commovente, soprattutto in un'opera letteraria. SIN.: **patetismo**.

patètico agg. [pl.m. *-ci*, f. *-che*] (gr., deriv. di *páthos* "passione, dolore") **1.** Che suscita compassione e commozione o tristezza. **2.** *estens.* Che tende a commuovere artificiosamente. **3.** Sgradevolmente penoso e imbarazzante. **4.** ANAT. *Nervo patetico:* riferito al quarto paio di nervi del cranio che interessa il muscolo obliquo superiore dell'occhio, detto anche *trocleare.* ◆ s.m. **1.** (solo sing.) Ciò che tende a commuovere; ciò che è troppo sdolcinato. **2.** [f. *-ca*] Chi tende a farsi commiserare o ad assumere atteggiamenti leziosi.

pàthos s.m. inv. (gr. *páthos*, propr. "affezione dell'animo" quindi "sofferenza, passione") **1.** Nella retorica greca, carattere di drammaticità e passionalità tipico della tragedia. **2.** Potenza drammatica, tensione passionale espresse o suscitate da un personaggio o da un'opera d'arte.

patibolàre agg. Che si riferisce al patibolo. ~ Degno del patibolo. SIN.: **losco**.

patìbolo s.m. (lat. *patĭbulum*, propr. "luogo in cui si esponeva al pubblico il condannato") **1.** Qualsiasi strumento o apparato per l'esecuzione di condanne a morte. ~ *estens.* Palco sul quale si procedeva alle esecuzioni. ~ L'esecuzione stessa. **2.** *fig.* Sofferenza, tormento.

pàtina s.f. (lat. *pătinam* "scodella") **1.** Velatura che si forma sulla superficie degli oggetti, dovuta al tempo e all'azione degli agenti atmosferici. **2.** Strato di qualsiasi materia coprente che viene steso intenzionalmente su una superficie. **3.** *fig.* Velatura, inflessione, impronta di un certo tipo. **4.** MED. *Patina linguale:* strato biancastro che si deposita sulla lingua in seguito a cattiva digestione o ad altri disturbi gastroenterici.

patinàre v.tr. Ricoprire qlco. con una patina, spec. la carta.

patinàto agg. **1.** Ricoperto da una patina. **2.** *fig. spreg.* Lezioso, manierato.

patinatùra s.f. **1.** Procedimento con cui si attribuisce artificialmente un aspetto antico a oggetti per lo più metallici. **2.** Trattamento che conferisce alla carta un aspetto più opaco e più impermeabile e la rende più adatta alla stampa.

patio [/'patjo/] s.m. inv. (voce spagn.) Ampio cortile interno, spesso circondato da un loggiato, caratteristico dell'architettura spagnola.

patìre v.tr. [83] **1.** Subire un danno, soffrire. *Patire la fame.* **2.** Sopportare qlcu. o qlco. ◆ v.intr. (aus. *avere*) **1.** Provare dolore, fisico o morale. *Ha patito molto nella sua vita.* **2.** Soffrire di un particolare disturbo. **3.** Provare contrarietà, dispiacere per qlcu. o qlco. *Patire per un'ingiustizia.* **4.** Detto di un oggetto, ricevere danno, guastarsi per qlco. *La campagna patisce per la siccità.*

patìto agg. **1.** Che denota sofferenza o privazione. **2.** Che prova una passione assoluta e fanatica per qlco. ◆ s.m. [f. *-ta*] Appassionato, fanatico, maniaco di qlco.

patofobìa s.f. PSICOL. → **nosofobia**.

patogènesi s.f. inv. MED. Meccanismo con cui si origina e sviluppa una malattia.

patògeno agg. MED. Che può causare una malattia.

patognomònico agg. MED. Di un segno o di un sintomo peculiare di una malattia, atto a caratterizzarla inequivocabilmente.

patois [/pa'twa/] s.m. inv. (voce fr., deriv. di *patte* "zampa", per la scarsa eleganza del mezzo espressivo) Idioma locale francese, privo di tradizione letteraria. ◆ s.m. Gruppo di dialetti franco-provenzali parlati in Val d'Aosta e in alcune valli del Piemonte.

patologìa s.f. (fr. *pathologie*) **1.** Studio delle malattie di animali e piante. ~ MED. Studio delle malattie, delle loro cause e dei loro sintomi. **2.** *estens.* Malattia, disfunzione. **3.** *fig.* Insieme di condizioni anomale nel funzionamento di enti o società, in realtà politico-sociali, rapporti interpersonali, ecc. *Rilevare una patologia sociale.*

patològico agg. [pl.m. *-ci*, f. *-che*] (fr. *pathologique*) **1.** Riguardante la patologia. **2.** Che si può considerare anomalo sotto il profilo medico. SIN.: **morboso**. **3.** *fig.* Che costituisce un'anomalia radicata e non episodica. ~ Anormale, morboso.

patòlogo s.m. [f. *-ga*, pl.m. *-gi*, f. *-ghe*] Medico specializzato in patologia. ◇ *Anatomo-patologo:* specializzato nel diagnosticare la patologia a partire dall'analisi dei reperti anatomici.

patomimìa s.f. PSICH. Imitazione dei sintomi di una malattia, dovuta a un disordine psicologico.

pàtria s.f. (lat., deriv. di *pătriam tĕrram* "terra dei padri") **1.** Territorio e popolo che vi risiede, unito da una lingua e dall'uniformità di cultura e tradizioni. ◇ *Padre della patria:* titolo onorifico concesso nella latinità a cittadini che si prodigavano per il bene comune. **2.** Città o paese natale di qlcu. **3.** *estens.* Luogo originario di animali, piante e cose in genere. **4.** *fig.* Paese, luogo da cui si sviluppa un'idea, una corrente politica o filosofica, ecc.

patriàrca s.m. [pl. *-chi*] (gr., comp. di *patriá* "stirpe" e *árkhein* "comandare") **1.** ETNOL. Nelle antiche società, capo di un vasto gruppo familiare, con piena autorità sui discendenti diretti e indiretti. ~ *estens.* Persona che in un gruppo gode di maggiore autorità in virtù dell'anzianità. ~ Persona molto anziana con discendenza numerosa. **2.** Antichi capostipiti delle tribù ebraiche. **3.** RELIG. Capi delle chiese orientali non unite a quella cattolica. ~ Nella nomenclatura cattolica, titolo attribuito ad alcuni vescovi. **4.** *estens.* Fondatore di un ordine religioso.

patriarcàle agg. **1.** Relativo al patriarca, come capo famiglia. **2.** ETNOL. Relativo al sistema sociale che si basa sull'autorità del più anziano dei discendenti maschili. ~ *estens.* Relativo a un sistema economico elementare. **3.** Che riguarda la dignità religiosa del patriarca.

patriarcàto s.m. **1.** RELIG. Dignità del patriarca. ~ Territorio sul quale si esercita la giurisdizione di un patriarca. **2.** ETNOL. Sistema sociale caratterizzato dalla posizione di assoluto predominio del più anziano discendente maschile.

patriàrchio s.m. [pl. *-chii*] ST. Residenza di un patriarca.

patricìdio s.m. DIR. PEN. → **parricidio**.

patrìgno o **padrìgno** s.m. Uomo che, sposando una donna, assume le veci del padre naturale nei confronti dei figli che lei già ha.

patrilineàre agg. ETNOL. Che segue, che riguarda la discendenza e la successione per parte di padre (in oppos. a *matrilineare*).

patrilocàle agg. ETNOL. Detto dell'istituzione o abitudine di carattere patriarcale per cui la coppia che si sposa si stabilisce nel territorio del gruppo sociale a cui appartiene lo sposo o presso i genitori di questo. SIN.: **virilocale**.

patrimoniàle agg. DIR. Relativo al patrimonio. ◇ *Fondo patrimoniale:* istituto che comprende i beni di ogni genere di entrambi i coniugi, utilizzati per provvedere alle necessità familiari. ◆ s.f. Imposta sul patrimonio, spec. quello immobiliare.

patrimònio s.m. [pl. *-ni*] **1.** DIR. L'insieme dei beni che una persona possiede. ~ Complesso dei valori che, contabilmente, sono attribuiti ai beni e alle utilità di un'azienda. ◇ *Delitto contro il patrimonio:* ciò che arreca danno ai beni, ai diritti e agli interessi economici privati (come il furto, la truffa, ecc.). **2.** Somma rilevante, cospicua; notevole quantità di beni. **3.** *fig.* Complesso di risorse culturali, artistiche, ambientali, ecc. che sono proprie di una persona, di una collettività, di un ambiente. **4.** BIOL. *Patrimonio genetico o cromosomico:* insieme dei cromosomi che ogni individuo eredita dai propri ascendenti.

pàtrio agg. [pl.m. *-tri*] **1.** Che si riferisce al padre, agli avi. ◇ DIR. *Patria potestà:* autorità sui figli minorenni, un tempo attribuita solo al padre, oggi *potestà dei genitori.* **2.** Che si riferisce alla patria.

patriòta s.m. e f. [pl.m. *-ti*] (gr., deriv. di *pátrios* "dei padri") Chi ama la patria ed è disposto a servirla. ~ Durante la Seconda Guerra Mondiale, combattente della Resistenza. SIN.: **partigiano**.

patriottàrdo s.m. [f. *-da*] (fr. *patriotard*) *spreg.* Chi dimostra un patriottismo esagerato.

patriòttico agg. [pl.m. *-ci*, f. *-che*] (fr. *patriotique*) Di o da patriota.

patriottìsmo s.m. (fr. *patriotisme*) Sentimento di forte devozione, amore e fedeltà per la propria patria.

patrìstica s.f. [non com. pl. *-che*] **1.** Pensiero e opere dottrinali dei Padri della Chiesa. ~ *estens.* Periodo storico in cui essi vissero e operarono. **2.** Studio della vita e della dottrina dei Padri della Chiesa. SIN.: **patrologia**.

patrìstico agg. [pl.m. *-ci*, f. *-che*] Relativo ai Padri della Chiesa.

patriziàto s.m. **1.** ANT. ROM. Dignità dei patrizi e, più in generale, della classe nobiliare. **2.** *estens.* Nobiltà, aristocrazia di ogni epoca.

patrìzio agg. [pl.m. –*zi*] (lat. *patrìcium*, deriv. di *pàtres* "senatori", propr. "padri") Appartenente al patriziato. ◆ s.m. [f. –*zia*] **1.** ANT. ROM. Cittadino appartenente alla classe dominante. **2.** *estens.* Membro della nobiltà.

patrocinànte agg. DIR. Che sostiene la difesa in un giudizio. ◆ s.m. e f. Nel sign. dell'agg.

patrocinàre v.tr. **1.** DIR. Difendere qlcu. o una causa in un processo. **2.** *estens.* Sostenere qlcu. o qlco., farsi promotore. ◆ v.intr. (aus. *avere*) DIR. Esercitare la professione di avvocato.

patrocinatóre s.m. [f. –*trice*] **1.** DIR. Chi è abilitato dalla legge a esercitare il patrocinio in un giudizio. **2.** *estens.* Chi sostiene, propugna o difende qlcu. o qlco.

patrocìnio s.m. [pl. –*ni*] **1.** ANT. ROM. Protezione che il patrono accordava al cliente o al liberto. **2.** DIR. Assistenza legale che un avvocato assicura al cliente durante un giudizio. SIN.: **difesa**. **3.** *estens.* Appoggio, sostegno.

patrologìa s.f. **1.** RELIG. Studio delle opere dei Padri della Chiesa, sia dal punto di vista storico-letterario sia da quelli filologico, filosofico e teologico. **2.** RELIG. Raccolta degli scritti dei Padri della Chiesa.

patron /pa'trɔ̃/ s.m. inv. (voce fr., propr. "patrono") Organizzatore di grandi manifestazioni pubbliche.

patronàto s.m. **1.** Protezione, assistenza offerta da personalità o istituzioni per l'organizzazione di manifestazioni culturali o di beneficenza. **2.** Nome di diversi enti assistenziali. ◇ *Patronato scolastico*: ente che si occupa di assicurare una corretta assistenza agli allievi meno abbienti delle scuole dell'obbligo. **3.** Nell'antica Roma, rapporto che legava con reciproci obblighi padrone e liberto.

patronimìa s.f. Norma o istituzione sociale per cui i figli derivano il nome da quello del padre.

patronìmico agg. [pl.m. –*ci*, f. –*che*] Nome patronimico: quello proprio di o famiglia, quando è derivato da quello del padre. ◆ s.m. Nel sign. dell'agg.

patróno s.m. [f. *patrona*] **1.** Santo protettore che una comunità di fedeli fa oggetto di particolare culto nella convinzione che egli possa intercedere presso Dio in favore di una categoria di persone o di una comunità. **2.** [f. –*nessa*] Membro di un patronato, patrocinatore, organizzatore di manifestazioni culturali o di beneficenza. **3.** ANT. ROM. Ricco cittadino che, una volta affrancato uno schiavo, continuava a essergli legato da diritti e doveri. **4.** DIR. Legale che rappresenta la difesa in un giudizio.

1. pàtta s.f. (etim. incerta, forse long. *paita* "veste") **1.** Risvolto esterno che copre le tasche di un abito. **2.** Tela di canapa utilizzata per avvolgervi la cagliata del gorgonzola.

2. pàtta s.f. (solo sing.) (etim. incerta, forse lat. deriv. di *pàctum* "patto") Punteggio di parità negli incontri sportivi o in giochi.

3. pàtta s.f. (fr. *patte*, propr. "zampa") **1.** MAR. Estremità triangolare della marra dell'ancora. **2.** COSTR. Piccola piastra di metallo che serve a fissare il telaio degli infissi alle murature.

pattàre v.tr. Concludere una partita in parità.

patteggiaménto s.m. **1.** Trattativa mirata al raggiungimento di un accordo o di un contratto fra due o più parti. **2.** DIR. Accordo tra il difensore e la pubblica accusa teso a procurare all'imputato una riduzione di pena o un'imputazione meno grave in cambio della sua ammissione di colpevolezza.

patteggiàre v.tr. [5] Trattare, stipulare un patto e stabilirne le condizioni. *Patteggiare la resa.* ◆ v.intr. (aus. *avere*) **1.** Detto di due o più persone, condurre trattative per stipulare un accordo, un patto. *Le parti stanno patteggiando.* **2.** Cercare un accordo, un compromesso con qlcu. *Patteggiare con il nemico.*

pattern /'pætən/ s.m. inv. (voce ingl. "modello") Configurazione, modello di riferimento, schema. ~ Nel l. sc., lo schema di un circuito integrato o la configurazione assunta da determinati esperimenti. ◇ INFORM. *Pattern recognition*: riconoscimento e classificazione automatica di oggetti sulla base della loro somiglianza a modelli dati. – ETNOL. *Pattern culturale*: sistema consolidato di valori e comportamenti comuni a un determinato gruppo.

pattìna s.f. **1.** Nel sign. del dim. di 1. *patta*; in partic., bordo ripiegato fuori della tasca. – Striscia che copre una chiusura (a bottoni o a cerniera). **2.** (spec. pl.) Rettangolo di tessuto morbido da mettere in casa sotto le scarpe in modo da non sporcare i pavimenti.

pattinàggio s.m. (solo sing.) (fr. *patinage*) Sport che si pratica calzando ai piedi dei pattini, a rotelle per piste in cemento (in questo caso è detto più propriamente *schettinaggio*), con lame per il ghiaccio.

■ **pattinàggio.** Una figura di pattinaggio artistico.

pattinàre v.intr. (aus. *avere*) (fr. *patiner*) **1.** Correre o scivolare con pattini ai piedi. ~ Praticare il pattinaggio. **2.** *estens.* Muoversi con gli sci scivolando ora su un attrezzo, ora sull'altro, come si fa pattinando. **3.** *estens.* Slittare con l'automobile sul terreno, per le sue cattive condizioni o per una manovra troppo brusca.

pattinatóre s.m. [f. –*trice*] Chi pratica il pattinaggio.

1. pàttino s.m. (fr. *patin*, orig. "calzatura") **1.** Supporto metallico o scarponcino fornito di ruote che si indossa ai piedi per pattinare su piste in cemento. ◇ *Pattini in linea*: quelli in cui le ruote sono allineate in senso longitudinale rispetto alla scarpa. ~ Scarponcino fornito di una lama d'acciaio, che consente di pattinare su ghiaccio. **2.** TECN. Attrezzo, utilizzato generalmente a coppie, che viene montato su diversi tipi di veicoli per consentire lo scivolamento sul ghiaccio o sull'acqua, o usato come sostegno negli impatti morbidi con il terreno.

2. pàttino o **patìno** s.m. (così chiamato perché i galleggianti assomigliano a due pattini) MAR. Natante da diporto, a remi o a pedali e di dimensioni ridotte, usato per brevi uscite in mare; è formato da due grossi galleggianti dalla forma allungata, sormontati da una piccola piattaforma trasversale sui cui sono montati i sedili. SIN.: **moscone**.

pàtto s.m. (lat. *pàctum*, deriv. di *pacìsci* "stipulare un accordo") **1.** Accordo fra due o più individui o parti. ~ Anche, particolare convenzione contenuta in un contratto. ~ Nel l. giur., intesa internazionale bilaterale o plurilaterale di importanza politica, firmata da capi di Stato, personalità di governo. ◇ *Patto sociale*: secondo alcune filosofie, accordo raggiunto dagli uomini per creare la società civile; oggi anche accordo tra sindacati e imprenditori. – *Patto di coalizione*: intesa fra i partiti della maggioranza circa la composizione, il programma o la durata del governo. – *Patti in deroga*: nella disciplina degli affitti, contratto che può derogare alla legge dell'equo canone. – *Patto di stabilità*: accordo per il rafforzamento della disciplina di bilancio dell'Unione Economica Monetaria. – *Patti lateranensi*: trattato, concordato e convenzione finanziaria stipulati tra lo Stato italiano e la Santa Sede l'11 febbraio 1929 (e modificati nel 1984) per disciplinare i loro rapporti. – *Patto di sangue*: in antichi riti tribali o in sette e organizzazioni segrete, alleanza, affiliazione o iniziazione suggellata mescolando alcune gocce di sangue del novizio con quelle di un rappresentante autorevole della comunità. **2.** *estens.* Condizione. *Sta-*

bilire un patto. ◇ loc. cong. A patto che, di, a: condizione che, di, purché. *Accetto, a patto di partire subito.* **3.** *Patto di sindacato*: nel l. bancario, attestazione degli accordi tra i membri di un sindacato, fondato sugli accordi di voto e la speculazione sui titoli. **4.** *Patto antico*: intesa tra Dio, Abramo, Isacco e Giacobbe secondo cui il popolo d'Israele avrebbe conquistato la terra promessa in cambio dell'obbedienza alle leggi del Signore.

pattùglia s.f. [pl. –*glie*] (fr. *patrouille*) **1.** Piccola formazione di militari ed eventuali mezzi con il compito di sorvegliare, perlustrare, fare ricognizione, riferire o, nel caso, intervenire. ◇ *Pattuglia acrobatica*: formazione di aerei specializzata in acrobazie a scopo spettacolare. **2.** *estens.* Gruppo formato da poche persone che hanno interesse comune. *Una pattuglia di tifosi.*

pattugliaménto s.m. Servizio di sorveglianza da parte di pattuglie.

pattugliàre v.tr. [6] Perlustrare, sorvegliare un luogo con pattuglie. ◆ v.intr. (aus. *avere*) Svolgere un servizio di pattuglia.

pattugliatóre s.m. [f. –*trice*] Chi appartiene a una pattuglia.

pattuìre v.tr. [83] Stabilire, concordare, decidere qlco. sulla base di un accordo.

pattùme s.m. (lat. *pàctus* "compatto") **1.** Ammasso di rifiuti. **2.** *fig.* Abiezione, corruzione, immoralità.

pattumièra s.f. Contenitore in cui si raccolgono i rifiuti domestici.

Paulònia s.f. (dal nome di Anna *Pavlovna*, figlia dello zar Paolo I) BOT. Genere di piante originarie della Cina, comprendente specie arboree di grandi dimensioni, con foglie caduche, fiori bianchi o violacei riuniti in pannocchie, frutti a capsula. (Altezza fino a 15 m; famiglia delle Scrofulariacee.)

pauperìsmo s.m. (ingl. *pauperism*) **1.** Povertà dilagante, endemica, in vasti strati di una popolazione o di popolazioni intere. **2.** Ideale di vita ispirato alla povertà evangelica, proprio di alcuni movimenti religiosi medievali.

paùra s.f. **1.** Sensazione di forte preoccupazione, di insicurezza, di angoscia, che si avverte in presenza o al pensiero di pericoli reali o immaginari. ◇ *Farsela sotto dalla paura*: avere un terrore incontrollabile. – *Morire di paura*: essere spaventatissimo. – *Avere paura della propria ombra*: spaventarsi per un nonnulla. **2.** *estens.* Condizione abituale di timore, preoccupazione, sospetto. ~ Timore, preoccupazione, dubbio, presentimento riguardo a qlco. *Ho paura di non fare in tempo.*

pauróso agg. **1.** Che si spaventa facilmente, anche senza motivo. ~ Impaurito, spaventato. *Se ne stava tutto pauroso in un angolo.* **2.** Che incute spavento, che impressiona per la gravità e le proporzioni. **3.** *fam. per esager.* Sbalorditivo, prodigioso, straordinario. *Ha una cultura paurosa.* ◆ s.m. [f. –*sa*] Persona priva di ogni coraggio.

pàusa s.f. (gr. *pàusis* "cessazione") **1.** Interruzione, sospensione temporanea di un'attività o di un fenomeno. **2.** *estens.* Intervallo di silenzio che si fa nel parlare, leggere, recitare. **3.** MUS. Interruzione del suono di durata variabile. **4.** LING. Interruzione dell'attività fonatoria nel fluire delle diverse sequenze di fonemi. ~ Suddivisione logica o emotiva di un'espressione, indicata, nella scrittura, con la punteggiatura.

pause /'pɔːz/ s.m. inv. (voce ingl., "pausa") INFORM. Tasto o comando di pausa.

pavàna s.f. (propr. "danza padovana") Danza lenta e cerimoniosa in tempo binario, in voga fra i secc. XVI e XVII.

pavé /pa've/ s.m. inv. (voce fr., deriv. di *paver* "lastricare") Tipo di pavimentazione stradale costituita da cubetti di porfido o pietra.

paventàre v.tr. Temere qlcu. o qlco.

pavesàre v.tr. **1.** Ornare una nave con pavesi. **2.** *estens.* Ornare a festa una strada, un edificio o altro.

1. pavése agg. Di Pavia e della sua provincia. ◆ s.m. **1.** (anche f.) Nativo, abitante di Pavia. **2.** (iniziale maiusc., solo sing.) Territorio che circonda Pavia. **3.** Moneta coniata a Pavia nel Medioevo. ◆ s.f. CUC. Zuppa alla pavese.

pause						
pausa di semibreve	pausa di minima	pausa di semiminima	pausa di croma	pausa di semicroma	pausa di biscroma	pausa di semibiscroma

note						
semibreve	minima	semiminima	croma	semicroma	biscroma	semibiscroma

■ **pàusa.** Figure di pausa in musica.

2. pavése s.m. **1.** Grande scudo rettangolare largo circa un metro e alto il doppio usato nel Medioevo dal combattente per proteggersi. **2.** MAR. Nelle navi da guerra medievali, ognuno degli scudi di legno disposti lungo le murate. ~ Oggi, tipo di addobbo costituito da bandierine disposte in fila sugli alberi e sugli stragli delle navi.

paviàno s.m. (ol. *baviaan* "babbuino") Denominazione generica di scimmie della famiglia dei Cercopitecidi, dette anche *babbuini*.

pàvido agg. Timido o pieno di paura. ◆ s.m. [f. *–da*] Nel sign. dell'agg.

pavimentàre v.tr. (lat. *pavimentāre* "spianare") Ricoprire una superficie con il pavimento.

pavimentatóre s.m. [f. *–trice*] Operaio che esegue la messa in opera di pavimenti.

pavimentazióne s.f. **1.** Lavoro col quale si pavimentano strade, stanze, ecc. **2.** Pavimento, spec. come lastricato o manto d'asfalto di strade, piazze e cortili.

pavimentista s.m. e f. [pl.m. *–sti*] Addetto a lavori di pavimentazione. SIN.: **pavimentatore**.

paviménto s.m. (lat. *pavimĕntum*, deriv. di *pavīre* "battere") **1.** Strato di rivestimento che ricopre il piano di sostegno e di passaggio di ambienti interni di edifici o anche di mezzi di trasporto. **2.** GEOGR. *Pavimento abissale*: fondo degli oceani a una profondità fra i 3000 e i 5000 metri. **3.** ANAT. Superficie inferiore di alcuni organi. *Pavimento orale*.

pavimentóso agg. **1.** In petrografia, di struttura i cui elementi costitutivi presentano, in sezione, contorni poligonali simili alle piastrelle di un pavimento. **2.** ANAT., ISTOL. Di tessuto costituito da cellule piatte.

pavoncèlla s.f. **1.** Uccello insettivoro delle praterie e delle paludi dell'Europa settentrionale; ha un piumaggio di colore verde e un ciuffo di sottili penne lunghe sulla testa. (Famiglia dei Caradridi.) **2.** Seguito da varie specificazioni, è denominazione di altri uccelli. *Pavoncella armata*.

pavóne s.m. **1.** [f. *–na* o *–nessa*] Uccello originario dell'Asia con piumaggio bianco o variopinto e il capo ornato da un ciuffo di penne filiformi; il maschio si distingue per la presenza sul dorso e sulla coda di bellissime penne, terminanti ciascuna in un vistoso ocello multicolore, che formano uno strascico che può alzare e allargare a ventaglio (*ruota*) nella parata. (Lunghezza totale oltre 2,50 m; ordine dei Galliformi, famiglia dei Fasianidi.) ◇ *fig. Fare il pavone*: mettere esageratamente in mostra le proprie doti. **2.** *Pavone diurno, notturno*: denominazione

■ **pavóne** maschio.

comune di farfalle dei generi Vanessa e Saturnidi. **3.** BOT. *Coda o penna di pavone*: specie di alghe neofite. **4.** ASTR. (iniziale maiusc.) Costellazione del cielo australe. ❑ In funzione di agg. inv., di colore blu o verde scuro con riflessi cangianti, come le penne del pavone.

pavoneggiàrsi v.pron. [5] Compiacersi eccessivamente di se stesso, gonfiarsi d'orgoglio.

pavònia s.f. (lat. *Pavonia*, deriv. di *pāvo* "pavone" per la somiglianza nei colori delle ali) Denominazione comune di due farfalle dei Saturnidi, ordine dei Lepidotteri, meglio note come *pavonia maggiore* o *notturna*, e *pavonia minore*.

pax s.f. [pl. *paces*] (voce lat.) Cessazione coatta delle ostilità. ~ Pace, accordo imposto da chi è più forte.

payoff [/'perɔf/] s.m. inv. (voce ingl., deriv. di *to pay off* "saldare, liquidare") **1.** Frase conclusiva di un messaggio pubblicitario. **2.** ECON. Risultato economico di un'operazione. **3.** SPORT. Risultato a cui si tende mettendo in pratica un determinato comportamento, una propria strategia di gioco.

pay-tv [/'peitti'vi/] s.f. inv. (voce ingl.) TV. Rete televisiva che trasmette programmi criptati che possono essere visti soltanto da chi, dietro pagamento di un canone, possiede un particolare apparecchio decodificatore.

pazientàre v.intr. (aus. *avere*) Portare pazienza, attendere pazientemente.

paziènte agg. (lat. *patiĕntem*, deriv. di *pāti* "sopportare") **1.** Che sopporta con rassegnazione avversità, dolori, difficoltà, ecc. SIN.: **tollerante**. **2.** Che ha o richiede pazienza. SIN.: **attento**. ◆ s.m. **1.** (anche f.) Chi è affetto da una malattia e si sottopone alle cure di un medico. **2.** LING. Ruolo semantico espresso dall'elemento nominale che in una frase indica chi subisce un'azione (in oppos. ad *agente*); nelle lingue come l'italiano si identifica con l'oggetto diretto nelle frasi attive e con il soggetto nelle frasi passive.

paziènza s.f. **1.** Disposizione interiore di chi sopporta avversità, difficoltà, ecc. con rassegnazione e serenità. ◇ *Armarsi di pazienza*: prepararsi a sopportare serenamente le avversità o a fronteggiare la noia di una lunga attesa. – *Perdere la pazienza*: arrabbiarsi. – *La pazienza di Giobbe*: la massima pazienza di cui un essere umano è capace. **2.** *estens.* Attenzione, precisione, scrupolosità. **3.** Riferito ad animali, docilità, mansuetudine. **4.** Sopravveste senza maniche e aperta sui lati, che i membri di alcuni ordini religiosi indossano sopra la tonaca. ~ Cordone con cui si cingono i frati. **5.** BOT. Erba perenne, un tempo coltivata anche in Italia per la sua radice dalle proprietà medicamentose, detta anche *lapazio*. (Genere *Rumex*; famiglia delle Poligonacee.) **6.** MAR. In una nave a vela, cavigliera.

pazzerèllo agg. [f. *–la*] **1.** Nel sign. del dim. di *pazzo*; in partic., che si comporta in modo capriccioso e bizzarro oppure avventato. **2.** *estens.* Riferito al clima, imprevedibile, mutevole. ◆ s.m. Persona un po' pazza. SIN.: **stravagante**.

pazzésco agg. [pl.m. *–schi*, f. *–sche*] Nel l. com., enorme, straordinario. ~ Assurdo, incredibile, irragionevole.

pazzìa s.f. **1.** Nel l. comune, ogni tipo di alterazione delle facoltà psichiche e mentali. **2.** (spec. pl.) Azione o discorso da pazzo o da persona irragionevole e sconsiderata. ~ *estens.* Stravaganza.

pàzzo agg. [f. *–za*] **1.** Che ha perso la ragione, che è malato di mente. **2.** *estens.* Che denota completa sconsideratezza. **3.** Bizzarro, scriteriato.

4. Che è o sembra fuori di sé. ◇ *Andare pazzo per qlco.*: esserne molto appassionato, goloso. ◆ s.m. Chi ha perso la ragione, malato di mente.

pazzòide agg. Che sorprende per il suo aspetto insolito, stravagante. ~ Bizzarramente geniale e originale. ◆ s.m. e f. Nel sign. dell'agg.

PC [/ pit'tʃi/] s.m. inv. Sigla di *Personal Computer*.

peak season [/'pik 'sizən/] loc. sost. f. inv. (loc. ingl., propr. "stagione di punta") Nel l. turistico, alta stagione.

peak time [/'pik 'taim/] loc. sost. m. inv. (loc. ingl., propr. "periodo di punta") *Ora di punta.* ~ Nel l. televisivo, orario di massimo ascolto.

peàna s.m. inv. (gr. *Paián* "soccorritore", epiteto di Apollo) **1.** ANT. GR. Canto corale in onore di Apollo o di altre divinità o di uomini illustri. ~ *estens.* Componimento celebrativo di una vittoria o scritto che esalta il valore, la gloria militare. **2.** *fig.* Scritto o discorso encomiastico, anche in senso ironico. *Intonare un peana al direttore*. **3.** METR. Metro della poesia greca classica, detto anche *peone*.

pebrina s.f. (fr. *pébrine*, deriv. di *pebre* "pepe") VET. Malattia del baco da seta, provocata dalle spore di un protozoo parassita, che si manifesta con piccole macchie simili a granellini di pepe sulle larve infette.

1. pecàn s.m. inv. (voce di orig. algonchina) Albero di origine americana, simile all'hickory, che produce noci di forma allungata, con guscio fragile e gheriglio gustoso; fornisce legno pregiato. (Nome sc. *Carya illinoinensis*; famiglia delle Iuglandacee.) ~ Frutto di tale albero.

2. pecàn s.m. inv. (voce di orig. algonchina) Martora del Canada (*Martes pennanti*), con pelliccia giallastra, bruna o grigia, molto lucida e pregiata.

pécari s.m. inv. (fr. *pécari* di orig. caraibica) Maiale selvatico dell'America centrale e meridionale, simile al cinghiale, con pelame ispido, rossiccio, collare bianco, denti canini sporgenti rivolti verso il basso, apprezzato per le carni e la pelle. (Genere *Tayassu*; famiglia dei Taiassuidi.)

■ **pècari**

pècca s.f. [pl. *–che*] Difetto, vizio di una persona. ~ Errore, imperfezione di un oggetto o di un lavoro.

peccaminóso agg. Che induce al peccato. ~ Pieno di peccati, in partic., contrario al pudore.

peccàre v.intr. [4] (aus. *avere*) (lat. *peccāre*, forse deriv. di *pĕccus* "dal piede difettoso") **1.** RELIG. Commettere infrazioni più o meno gravi nei confronti della morale a cui ci si riferisce. *Peccare di avarizia*. **2.** *estens.* Commettere un errore. ~ Avere un difetto di un certo tipo. *Peccare di disattenzione*. **3.** Di soggetto astratto, avere dei difetti. *Il discorso pecca un po' nelle idee di partenza*.

peccàto s.m. **1.** RELIG. Trasgressione cosciente e volontaria di una legge considerata divina. ◇ TEOL. CATT. *Peccato originale*: stato di colpa trasmesso a ogni essere umano fin dalla nascita, come retaggio della disobbedienza commessa da Adamo ed Eva. – *Peccato mortale*: quello che rende l'anima degna dell'inferno togliendole la grazia divina; *estens.* grave sbaglio, errore imperdonabile. – *Peccato veniale*: peccato non grave (in oppos. a *peccato mortale*). **2.** *estens.* Azione o esperienza più o meno riprovevole. SIN.: **errore**. ◇ *Peccato di gioventù*: errore dovuto all'inesperienza e all'impulsività caratteristiche di questa età. **3.** Cosa spiacevole, incresciosa. *Che pecca-to essere arrivati in ritardo!*

peccatóre agg. [f. *–trice*] Che ha commesso o commette peccati. ~ Che pecca abitualmente. ◆ s.m. (anche f.) Nel sign. dell'agg.

pecchiaiòlo o **pecchiaiuòlo** s.m. Poiana dal dorso scuro, ventre biancastro maculato e coda lunga che si nutre soprattutto di api e vespe. (Genere *Pernis*; famiglia degli Accipitridi.)

péce s.f. Residuo pastoso della distillazione del carbone o del petrolio, usato come materiale protettivo e isolante e nella produzione di vernici, asfalti, ecc. ◇ *Pece nera o navale:* residuo della distillazione del catrame di legno, usato per calafatare le navi; è detto anche *catrame vegetale.*

pechblènda s.f. (ted., comp. di *Pech* "pece" e *Blende* "blenda" per il suo colore) MIN. Varietà di uraninite, costituita da una miscela di ossidi di uranio, da cui si estrae l'uranio.

pechinése agg. **1.** Di Pechino. **2.** *Cane pechinese:* appartenente alla razza cinese di spaniel. ◆ s.m. **1.** (anche f.) Nativo, abitante di Pechino. **2.** (solo sing.) Dialetto di Pechino. **3.** Piccolo cane da compagnia, basso e tarchiato, con il naso cortissimo, il muso rugoso e largo, il pelame lungo e liscio.

Pecìlidi s.m. pl. [iniziale minusc. sing. *–de* per l'individuo] (lat. *Poeciliidae*, gr. deriv. di *poikílos* "variopinto") ZOOL. Famiglia di pesci d'acqua dolce delle zone tropicali e subtropicali d'America; sono allevati per la bellezza dei colori o perché distruggono le larve delle zanzare. (Ordine degli Ateriniformi.)

peck [/pɛk/] s.m. inv. (voce ingl.) Unità di misura di capacità, usata dagli inglesi per aridi e liquidi, pari a 9,09 l (2 galloni imperiali); gli statunitensi la usano solo per gli aridi e vale 8,81 l.

pècora s.f. **1.** (m. *ariete* o *montone*) Mammifero ruminante diffuso in tutto il mondo, allevato per il latte, la carne e la lana. (Peso 40-150 kg. Genere *Ovis*; famiglia dei Bovidi, sottofamiglia dei Caprini.) ◇ *fig. Pecora nera:* in un gruppo, chi si distingue per le sue caratteristiche negative. **2.** *fig.* Persona sciocca, stupida, senza intelligenza. ~ Persona vile, paurosa. ~ Persona sottomessa e servile. ~ Chi fa parte di una massa indifferente e amorfa. *Non sei altro che una pecora del branco.* **3.** RELIG. (spec. pl.) I fedeli in relazione al pastore spirituale.

■ **pècora**

pecoràggine s.f. **1.** Scarsezza di intelligenza, stupidità. **2.** Comportamento passivamente servile e conformistico.

pecorèlla s.f. **1.** Nel sign. del dim. di *pecora*. **2.** *fig.* (spec. pl.) Fedeli cristiani in quanto guidati da un pastore di anime. ◇ *Pecorella smarrita:* cristiano che si è allontanato dalla fede e vive nel peccato. **3.** *fig.* (spec. pl.) Piccole nuvole la cui forma ricorda un gregge di pecore.

pecorìno agg. Di o della pecora. ◆ s.m. Formaggio di pasta dura prodotto col latte intero di pecora.

pecoróne s.m. **1.** Nel sign. dell'accr. di *pecora*; in partic., grossa pecora, montone. **2.** *fig.* [f. *–na*] Persona vile che si lascia sottomettere. ~ Ignorante, sciocco che segue acriticamente quello che dicono o fanno gli altri. *Siete tutti una massa di pecoroni!*

pèctico agg. [pl.m. *–ci*, f. *–che*] BIOCHIM. Che deriva dalla pectina o che la contiene.

pectìna s.f. (gr., deriv. di *pēktós* "condensato") BIOCHIM. Sostanza contenuta in numerose piante, usata come gelatinizzante nell'industria

alimentare (marmellate) e come addensante in quella farmaceutica.

pectizzazióne s.f. CHIM. Processo di formazione di un gel.

peculàto s.m. (lat. *peculātum*, deriv. di *pe-culāri* "rubare il denaro pubblico") DIR. PEN. Reato commesso da un pubblico ufficiale o dall'incaricato di un pubblico servizio, che si appropria di denaro o di altro bene mobile altrui, affidatogli in ragione delle sue funzioni.

peculiàre agg. (lat. *peculiārem* "relativo al peculio") **1.** Proprio di qlcu. o qlco. **2.** ASTR. *Moto peculiare:* quello reale delle stelle. **3.** DIR. Relativo al peculio.

peculiarità s.f. inv. Qualità propria o tipica, caratteristica intrinseca e distintiva.

pecùlio s.m. [pl. *–li*] (lat. *peculium* "patrimonio", deriv. di *pěcus* "bestiame" considerato la prima forma di ricchezza nell'antica Roma) **1.** Somma di denaro accumulata risparmiando. **2.** Somma di denaro che, secondo il diritto romano, il capofamiglia attribuiva a un figlio o a un servo perché l'amministrasse o ne usufruisse liberamente, senza peraltro che ne divenisse proprietario. **3.** DIR. Quantità di denaro spettante al detenuto, p.e. per remunerare il lavoro che ha svolto durante la sua carcerazione.

pecùnia s.f. *scherz.* Denaro, quattrini.

pecuniàrio agg. [pl.m. *–ri*] Che riguarda il denaro. ~ Che consiste in denaro.

pedàggio s.m. [pl. *–gi*] (fr. *péage* "diritto di porre il piede") **1.** Diritto di transito pagato dagli utenti delle autostrade e somma di denaro versata a tale proposito agli appositi caselli. **2.** *fig.* Somma di denaro o corrispettivo di altra natura pagata forzosamente, e per lo più illecitamente, per ottenere qlco. ~ Sacrificio, rinuncia, atto di sottomissione compiuto per ottenere qlco. *Il pedaggio per ottenere il successo.*

pedagogìa s.f. **1.** Disciplina che studia le finalità, i metodi, gli strumenti e i problemi inerenti all'educazione dell'uomo in generale e in partic. dei fanciulli, dei giovani, nonché al formarsi della loro personalità. ~ (anche con iniziale maiusc.) Materia d'insegnamento scolastico e universitario. **2.** *estens.* Metodo d'insegnamento.

pedagògico agg. [pl.m. *–ci*, f. *–che*] Che riguarda la pedagogia, l'educazione, spec. dei giovani.

pedagogìsta s.m. e f. [pl.m. *–sti*] Studioso, esperto di pedagogia.

pedagògo s.m. [f. *–ga*, pl.m. *–ghi*, f. *–ghe*] (gr. *paidagōgós*, propr. "che guida i fanciulli") **1.** Chi un tempo era incaricato dell'educazione dei fanciulli. **2.** ANT. GR. ROM. Schiavo, general. anziano, che accompagnava e sorvegliava i fanciulli durante la giornata e a volte aveva anche il compito di maestro.

pedalàre v.intr. (aus. *avere*) **1.** Azionare, far muovere i pedali di un veicolo, con la pressione dei piedi. *Se non pedali più in fretta non arriveremo in tempo a casa.* **2.** *estens.* Andare in bicicletta. **3.** *fig. fam.* Muoversi velocemente. *È un tipo che pedala, quando va in montagna.* ~ Darsi da fare.

pedalàta s.f. Ogni singola spinta impressa col piede a un pedale. ~ Modo, stile di pedalare.

1. pedàle s.m. **1.** Organo azionato dal piede per la trasmissione meccanica di energia o per la regolazione di un comando. **2.** MUS. Leva, tasto di uno strumento musicale che si attiva con il piede (p.e., nel piano, per regolare l'intensità e la tenuta di un suono, nell'organo, per emettere le note basse e nell'arpa, per cambiare la tonalità). ~ Nota grave e prolungata sotto una serie di accordi. **3.** CALZ. Striscia di cuoio con le estremità cucite insieme, usata per tenere fermo il lavoro. **4.** Parte basale di un tronco d'albero.

2. pedàle agg. **1.** ZOOL. Relativo al piede, in partic. di animali dei Molluschi e dei Celenterati. **2.** BOT. Relativo alla parte basale di un albero.

3. pedàle s.f. GEOM. *Pedale di una curva piana:* rispetto a un punto *P* del suo piano, luogo dei piedi delle perpendicolari condotte da *P* alle tangenti alla curva.

Pedaliàcee s.f. pl. [iniziale minusc. sing. *–a* per l'individuo] BOT. Famiglia di piante erbacee dicotiledoni, diffuse nelle zone tropicali e su-

btropicali; hanno foglie opposte, fiori ermafroditi e frutti a noce o a capsula; ne fa parte il sesamo.

pedalièra s.f. **1.** Parte di una macchina o di un dispositivo costituita da una serie di pedali. ◇ AVIAZ. *Pedaliera dell'aeroplano:* barra orizzontale che il pilota aziona con i piedi, o coppia di pedali che comandano il timone di direzione. – *Pedaliera della bicicletta:* insieme dei pedali e della ruota dentata. **2.** MUS. Nell'organo, tastiera attivata dai piedi dell'organista; nel piano, insieme dei tre pedali e del loro sostegno.

pedalò s.m. inv. (fr. *pédalo*) Pattino o moscone a pedali.

pedàna s.f. **1.** Elemento rialzato, perlopiù in legno, che isola o innalza dal pavimento. **2.** SPORT. Piano inclinato di legno, general. elastico, su cui l'atleta batte il piede per prendere lo slancio negli esercizi di volteggio. ~ Anche, ripiano sopraelevato per le gare di scherma. ◇ *Pedana di lancio:* piazzola circolare per i lanci del disco, del peso e del martello. – *Pedana elettrica:* nella scherma, ripiano metallico attrezzato per l'osservazione delle stoccate valide. **3.** SART. Rinforzo di panno cucito nella parte interna di un orlo per rafforzarlo.

pedànte agg. **1.** Che ostenta con presunzione il proprio sapere. **2.** *spreg.* Eccessivamente scrupoloso nell'osservanza di regole o regolamenti. ~ In partic., che rispetta le regole, la tradizione grammaticale con rigore eccessivo. ◆ s.m. e f. *spreg.* Persona meticolosa e osservante di ogni minima regola.

pedanterìa s.f. **1.** Atteggiamento di chi ostenta la propria erudizione. **2.** Eccessiva meticolosità.

pedantésco agg. [pl.m. *–schi*, f. *–sche*] Da pedante, eccessivamente rigido nell'osservanza di regole o regolamenti. SIN.: **formalistico**. ◇ *Letteratura, poesia pedantesca:* filone letterario dell'inizio del sec. XVI, in cui la satira nei confronti del linguaggio pomposo e apparentemente colto dei maestri di scuola e degli umanisti era attuata attraverso l'uso di una lingua sovraccarica di latinismi (*lingua pedantesca*) e l'individuazione di un personaggio caricaturale presuntuoso, falsamente erudito e grossolano (il *pedante*). ◆ s.m. Lingua pedantesca.

pedàta s.f. **1.** Impronta lasciata dal piede. SIN.: **orma**. **2.** Colpo inferto col piede. SIN.: **calcio**. **3.** COSTR. Larghezza dei gradini di una scala, calcolata in rapporto all'alzata del gradino.

-pède Secondo elemento di composti, particolarmente attivo nel l. zoologico, nei quali significa "zampa, piede" (*bipede*, *palmipede*).

pedemontàno agg. Situato ai piedi di un monte o di una catena montuosa.

pederàsta s.m. [pl. *–sti*] (fr. *pédéraste*, gr. comp. di *pâis* "fanciullo" ed *erastēs* "amatore") Chi pratica la pederastia. ~ *estens.* Omosessuale.

pederastìa s.f. (fr. *pédérastie*) Omosessualità maschile, spec. se rivolta verso adolescenti.

pediàtra s.m. e f. [pl.m. *–tri*] Medico specializzato in pediatria.

pediatrìa s.f. Settore della medicina che si occupa della fisiologia del bambino e del giovane adolescente e delle loro patologie.

pediàtrico agg. [pl.m. *–ci*, f. *–che*] Che riguarda la pediatria.

pèdice s.f. Cifra o lettera posta in basso rispetto a un'altra.

pedicellària s.f. ZOOL. Ciascuna delle formazioni peduncolate del corpo di animali delle classi degli Asteroidei ed Echinoidi, terminante in una pinza, utilizzata per afferrare il cibo.

pedicèllo s.m. **1.** BOT. Peduncolo di un organo vegetale. SIN.: **gambo**. **2.** ZOOL. *Pedicello ambulacrale:* ventosa di locomozione degli echinodermi.

1. Pedicolàre s.f. BOT. Genere di piante erbacee che annovera numerose specie tipiche delle regioni alpine e subalpine. (Famiglia delle Scrofulariacee.)

2. pedicolàre agg. MED. Di pidocchio. ~ Causato dai pidocchi.

Pedicùlidi s.m. pl. [iniziale minusc. sing. *–de* per l'individuo] (lat., dal nome del genere *Pediculus* "pidocchio") ZOOL. Famiglia di insetti con peli e setole lungo il torace; le specie più conosciute sono dette general. *pidocchi*. (Sottordine degli Anopluri.)

pediculòsi s.f. inv. MED. Infezione cutanea del cuoio capelluto e della regione pubica causata da pidocchi. SIN.: **ftiriasi**.

pedicure [/pedi'kyr/] s.m. (anche f.) (fr. *pédicure*) Addetto alla cura e al trattamento estetico dei piedi. ◆ s.f. inv. *fam.* Igiene e cura dei piedi.

pedìdio agg. [pl.m. *-di*] ANAT. Del piede.

pedigree [/'pɛdigri:/] s.m. inv. (voce ingl., fr. *pié de grue* "piede di gru" perché tali orme hanno la forma simile alle linee di un albero genealogico) Albero genealogico e relativo certificato di un animale di razza. ~ *fig.* Talvolta, riferito anche all'uomo.

pedilùvio s.m. [pl. *-vi*] (fr. *pédiluve*) Immersione dei piedi per un periodo prolungato in acqua, in cui sono disciolti sali o altre sostanze, a scopo terapeutico o rilassante.

1. pedina s.f. **1.** Ogni dischetto del gioco della dama. **2.** *fig.* Persona di poca importanza all'interno di un'organizzazione. ◇ *Essere una pedina nelle mani di qlcu.:* essere un suo docile strumento, consapevolmente o meno.

2. pedina s.f. CACC. *Andare, fuggire di pedina:* detto di uccelli, spostarsi con passi piccoli e rapidi, per sfuggire ai cani e cacciatori.

pedinaménto s.m. Sorveglianza circospetta e discreta sugli spostamenti di qlcu.

pedinàre v.tr. Seguire qlcu. senza farsi scorgere, per spiarlo. *Pedinare una persona sospetta.* ~ *estens.* Seguire qlcu. per strada, anche importunandolo. *Pedinare una ragazza.* ◆ v.intr. (aus. *avere*) CACC. Di uccelli, avanzare a piccoli e rapidi passi per sfuggire ai cacciatori.

Pedipàlpi s.m. pl. [iniziale minusc. sing. *-o* per l'individuo] ZOOL. Ordine di animali terrestri di grosse e medie dimensioni, tipici delle zone calde. (Classe degli Aracnidi.)

pedipàlpo s.m. **1.** Denominazione corrente di animale dell'ordine dei Pedipalpi. **2.** ZOOL. Negli Aracnidi, ognuna delle due appendici sviluppate in varie terminazioni a seconda della funzione svolta (p.e. a pinza, a chela, a tentacolo).

pedìssequo agg. (lat. *pedĭsequum*, propr. "che segue i passi") **1.** Che segue passivamente un modello. **2.** ANT. ROM. *Servo pedissequo:* schiavo che doveva scortare a piedi il padrone; durante l'impero, sottoposto a un funzionario. ◆ s.m. [f. *-qua*] Servo pedissequo.

pedivèlla s.f. Barra d'acciaio che unisce il pedale della bicicletta, o del ciclomotore, al perno di movimento.

pèdo s.m. (lat. *pĕdum*, forse deriv. di *pēs* "piede" perché serviva a bloccare il passo al bestiame) **1.** Grosso bastone ricurvo nella parte superiore, usato dai pastori per guidare le pecore. **2.** CATT. Verga argentea sormontata da un crocifisso, che costituisce una delle insegne del papa.

pedofilìa s.f. Attrazione sessuale di un adulto per soggetti impuberi.

pedòfilo agg. Che manifesta pedofilia. ◆ s.m. [f. *-la*] Chi è sessualmente attratto dai bambini.

1. pedogènesi s.f. inv. **1.** ZOOL. Tipo di partenogenesi che avviene nello stadio larvale anziché in quello adulto. **2.** BOT. Precocità di riproduzione in un organismo non ancora adulto.

2. pedogènesi s.f. inv. GEOL. Processo di formazione ed evoluzione del suolo.

1. pedologìa s.f. Scienza che studia la vita del bambino nei suoi aspetti fisiologici, psicologici e sociali, normali o patologici.

2. pedologìa s.f. GEOL. Scienza che studia il terreno nelle sue caratteristiche chimiche, fisiche e biologiche e la sua evoluzione, soprattutto in vista di uno sfruttamento agricolo; detta anche *geologia agraria*.

pedòlogo s.m. [f. *-ga*, pl.m. *-gi*, f. *-ghe*] Specialista di pedologia agraria.

pedonàle agg. Riservato ai pedoni.

pedonalizzàre v.tr. URBAN. Riservare una zona cittadina al transito pedonale, escludendo i mezzi a motore.

pedóne s.m. **1.** Chi circola a piedi, spec. nel traffico urbano. **2.** Nel gioco degli scacchi, ciascuna delle otto pedine più piccole e di minor valore, schierate inizialmente nella penultima traversa.

pedùccio s.m. [pl. *-ci*] ARCH., ARRED. Elemento di appoggio costituito da un capitello pensile o da una mensola, che sostiene l'imposta di un arco o di una volta.

pedùla s.f. (spec. pl.) (voce sett.) Scarponcini comodi per piccole escursioni, passeggiate oppure per arrampicarsi sulla roccia.

peduncolàre agg. Relativo ai peduncoli delle piante e a quelli anatomici.

peduncolàto agg. ANAT., BOT. Fornito di peduncoli.

pedùncolo s.m. **1.** BOT. Porzione terminale e più sottile del ramo, che porta il fiore. **2.** ZOOL. Organo sottile e allungato, che fa da sostegno o da connessione tra due parti del corpo. **3.** ANAT. Formazione allungata che collega un organo interno con un altro. ~ Formazione patologica con cui una neoplasia s'impianta sui tessuti. ◇ *Peduncoli cerebrali:* formazioni nervose attraverso le quali i fasci nervosi vanno dal cervello al bulbo e al midollo spinale, e viceversa.

peeling [/'pilɪn(g)/] s.m. inv. (voce ingl., deriv. di *to peel* "spellare") **1.** Trattamento cosmetico che permette di asportare lo strato superficiale dell'epidermide mediante l'applicazione di sostanze specifiche, per rimuovere imperfezioni e impurità del viso. **2.** Intervento di chirurgia estetica che consiste nell'asportazione chirurgica degli strati più superficiali dell'epidermide del viso.

Pegàsidi s.m. pl. [iniziale minusc. sing. *-de* per l'individuo] ZOOL. Famiglia di pesci teleostei, ricoperti da scaglie ossee, con pinne pettorali molto grandi, simili ad ali.

1. Pègaso s.m. (solo sing.) **1.** Mitico cavallo alato figlio di Poseidone e Medusa. **2.** ASTR. Costellazione boreale posta a nord dei Pesci e dell'Acquario.

2. Pègaso s.m. ZOOL. Genere di pesci teleostei dell'Oceano Indiano con pinne pettorali molto sviluppate, a forma di ali. (Lunghezza 15 cm ca.; ordine dei Pegasidi.)

pèggio avv. **1.** In maniera meno soddisfacente, meno adeguata. ◇ *Andare di male in peggio:* peggiorare progressivamente. **2.** Davanti a un participio passato forma un comparativo di minoranza; se preceduto da un s. con l'art. determ., forma un superlativo relativo. *Mi sono rivolto alla persona peggio informata dell'ufficio. È il lavoro peggio riuscito.* ◆ agg. inv. **1.** Peggiore, general. col verbo *essere* o altro verbo copulativo. *Oggi il tempo è peggio di ieri.* **2.** Cosa peggiore, meno opportuna. *Poteva capitarti di peggio.* ◆ s.m. (solo sing.) La cosa peggiore. ◆ s.f. Usato solo in alcune locc. ◇ *Alla peggio:* nella *peggiore delle ipotesi. – *Avere la peggio:* soccombere, essere sconfitto.

peggioraménto s.m. Mutamento in peggio, passaggio a una condizione più difficile, più critica.

peggioràre v.tr. Rendere qlco. peggiore. ◆ v.intr. (aus. *essere* ; con soggetto umano anche avere) **1.** Con soggetto astratto, diventare peggiore. **2.** Con soggetto umano, presentare un aggravamento delle condizioni di salute.

peggiorativo agg. **1.** Che comporta un peggioramento. **2.** GRAMM. Di affisso che conferisce sfumatura negativa. ◆ s.m. GRAMM. Forma alterata con un affisso peggiorativo.

peggióre agg. (lat., compar. di *mălus* "cattivo") **1.** Di persona, più cattivo d'animo, meno abile, meno stimato. **2.** Di cosa, di minor valore, meno comodo, opportuno, utile. ◇ *Nella peggiore delle ipotesi:* anche nel caso meno favorevole. ◆ s.m. (anche f.) La persona più cattiva o di minor valore.

pegmatite s.f. (gr., deriv. di *pēgma* "condensazione") MIN. Roccia eruttiva intrusiva a grana molto grossa, contenente anche svariati minerali poco comuni, come topazio, tormalina, ecc.

pégno s.m. (lat. *pĭgnus*, deriv. di *pĭngere* "dipingere", perché orig. si trattava di un segno per ricordare l'assunzione di un impegno) **1.** DIR. Diritto reale di garanzia che il debitore riconosce al creditore sotto forma di un bene mobile, più o meno equivalente al prestito ottenuto. **2.** *estens.* Bene mobile che costituisce l'oggetto del pegno. **3.** *fig.* Garanzia di impegno morale. **4.** LUD. In alcuni giochi, oggetto depositato da chi ha perso, fino al momento in cui non ha eseguito la penitenza. ~ Anche, la penitenza stessa.

pelagianésimo o **pelagianismo** s.m. Eresia promossa dal monaco irlandese Pelagio e diffusa soprattutto in Africa nel sec. V, che negava la trasmissione del peccato originale e la necessità della grazia, affermando che l'uomo può salvarsi con le sue sole forze. (Fu condannato dal concilio di Efeso, nel 431.)

pelàgico agg. [pl.m. *-ci*, f. *-che*] Del mare aperto.

pelàme s.m. Insieme dei peli di un animale.

pelàre v.tr. (lat. *pilāre* "coprirsi di peli" e anche "depilare") **1.** Privare un animale morto della pelle o delle penne. **2.** *estens.* Togliere la buccia, la parte non commestibile o meno buona di un ortaggio, di un frutto. **3.** *estens.* Spogliare un terreno della vegetazione. **4.** *fig. fam.* Impoverire qlcu. con continue richieste di denaro o richiedendo prezzi troppo elevati. SIN.: **spennare, salassare**.

Pelargònio s.m. (lat. *Pelargonium*, gr. deriv. di *pelargós* "cicogna" per la forma del frutto a becco di cicogna) BOT. Genere di piante ornamentali dai fiori profumati, originarie delle regioni calde, general. note come *gerani*. (Famiglia delle Geraniacee.)

pelàta s.f. **1.** Operazione del pelare. **2.** Testa o parte di essa priva di capelli. **3.** *fig.* Pesante salasso economico, forte perdita al gioco.

pelàto agg. Privo di peli e in partic. di capelli. ◆ s.m. *estens.* Spoglio, brullo. ◆ agg. Senza buccia. ◆ s.m. **1.** [f. *-ta*] Persona calva. **2.** (spec. pl.) Pomodori da sugo sbucciati e conservati interi in scatola.

pelatóre s.m. [f. *-trice*] **1.** Operaio di conceria che asporta i peli rimasti sulle pelli, dopo il trattamento a calce. **2.** Nell'industria alimentare, chi sbuccia verdura, frutta o altro.

pelatrìce s.f. Apparecchio elettrico per pelare le verdure.

pelatùra s.f. **1.** Eliminazione dei peli dalle pelli di animali. **2.** Sbucciatura di frutti o verdure. **3.** *fig.* Fregatura.

Pelecanifórmi o **Pellicanifórmi** s.m. pl. [iniziale minusc. sing. *-me* per l'individuo] ZOOL. Ordine di uccelli acquatici con grandi piedi palmati, tra cui i pellicani e i cormorani. (Gruppo dei Carenati.)

pellàgra s.f. (voce lomb.) MED. Malattia dovuta alla carenza di vitamina PP, che si manifesta con lesioni cutanee, disordini digestivi, psichici e neurologici.

pellàio s.m. [f. *-laia*, pl.m. *-lai*] Conciatore o commerciante di pelli.

pellàme s.m. **1.** Quantità, assortimento di pelli conciate. **2.** *spreg.* Pelle umana o animale cascante, floscia, vizza.

pèlle s.f. **1.** Membrana che riveste esternamente il corpo umano o animale. ◇ *figg. Avere la pelle dura:* resistere alle fatiche, alle sofferenze, alle malattie. – *Non stare più nella pelle:* provare gioia o impazienza tanto intense da non riuscire a contenerle. – *Avere la pelle d'oca:* rabbrividire per il freddo o la paura. – *Pelle e ossa:* molto magro. **2.** *fig. fam.* Esistenza fisica, vita. ◇ *Rischiare la pelle:* rischiare la vita. – *Vendere cara la pelle:* difendersi strenuamente prima di soccombere. – *Fare la pelle a qlcu.:* ucciderlo. **3.** Rivestimento del corpo di molti animali, conciato e adibito a diversi usi. **4.** Rivestimento esterno di frutti o verdure. SIN.: **buccia**. **5.** Superficie esterna, strato superficiale, in partic. di pietra da costruzione. **6.** In alcune locc. indica vari tipi di tessuto. ◇ *Pelle di seta:* tessuto di seta grezza. – *Pelle del diavolo:* tela grezza di cotone. **7.** *Pelle d'angelo:* varietà di corallo. **8.** ELETTROMAGN. *Effetto di pelle:* fenomeno fisico per cui una corrente elettrica alternata tende a concentrarsi vicino alla superficie del conduttore in cui scorre.
ENCICL. La pelle è costituita da tre tessuti sovrapposti (*epidermide*, ricca di cheratina, *derma* e *ipoderma*) e dagli annessi cutanei (*peli*, *capelli*, *unghie*, *ghiandole*). Nel derma si trovano sia i *recettori sensoriali*, sensibili a pressione e tem-

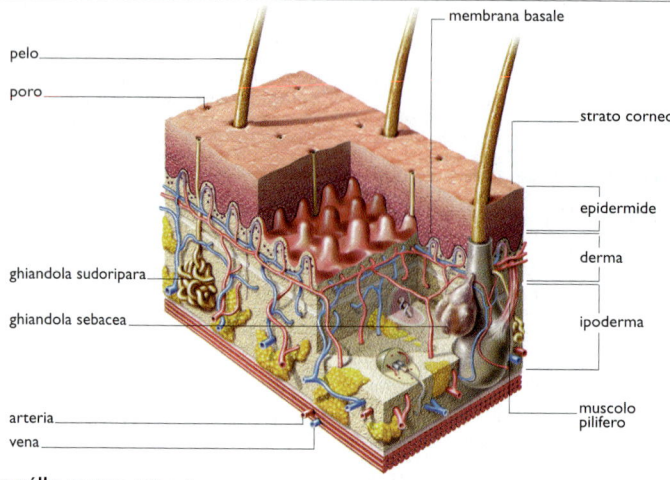

■ **pélle.** Struttura della pelle.

peratura, sia le *fibre nervose* che, attivate, innescano la percezione del dolore.

pellegrìna s.f. (calco del fr. *pèlerine*) **1.** Indumento femminile che copre spalle e petto. **2.** Formato di carta per scrivere che misura 42 x 62 cm oppure 30 x 41 cm.

pellegrinàggio s.m. [pl. *–gi*] **1.** Viaggio verso un luogo sacro, fatto per devozione, penitenza, preghiera. *Andare in pellegrinaggio in Terra santa.* **2.** Comitiva di pellegrini.

pellegrìno agg. (lat. *peregrīnum* "straniero") **1.** Di un altro paese. SIN.: **forestiero**. **2.** *Falco pellegrino:* rapace diurno, con capo nero, parti superiori del corpo grigio-azzurre e inferiori bianche con macchie nere. (Nome sc. *Falco peregrinus*, ordine dei Falconiformi.) ◆ s.m. **1.** [f. *–na*] Chi compie un pellegrinaggio. **2.** ZOOL. Nome di alcuni molluschi bivalvi marini. (Famiglia dei Pettinidi.)

pelleróssa o **pelliróssa** s.m. e f. inv. (calco del fr. *peau-rouge*) Indigeno delle tribù indiane nordamericane.

pellet [ˈpɛlɪt] s.m. inv. (voce ingl., propr. "pallina, pillola") METALL. Prodotto di consistenza granulare ottenuto per agglomerazione di materiale polverulento.

pelletterìa s.f. (fr. *pelleterie*) **1.** Articoli in pelle lavorata. **2.** Laboratorio, negozio di oggetti in pelle. **3.** Tecnica di lavorazione, fabbricazione e commercio di oggetti in pelle lavorata.

pellettizzazióne s.m. Agglomerazione in palline di un minerale metallifero polverizzato.

pellicàno s.m. (lat. *pelecànum*, gr. *pelekán* deriv. di *pélekys* "ascia" per la forma del becco) Grande uccello palmipede diffuso nelle zone tropicali e temperate, dal lungo becco dotato di tasca estensibile dove conserva i pesci per i suoi piccoli. (Apertura alare fino a 3 m; genere *Pelecanus*, famiglia dei Pelecaniformi.)

pelliccerìa s.f. **1.** Laboratorio, negozio di pellicce. **2.** Tecnica e attività della lavorazione delle pellicce. **3.** Quantità, assortimento di pellicce.

pellìccia s.f. [pl. *–ce*] (lat. *indumènta pellìccia* "vestiti di pelle") **1.** Mantello di pelo folto e più o meno lungo che copre la pelle di molti animali. **2.** Indumento confezionato con queste pellicce.

pellicciàio s.m. [pl. *–ciai*] **1.** Chi concia pelli per pellicce. ~ Chi confeziona, vende o ripara pellicce. **2.** ZOOL. Piccolo insetto coleottero che allo stadio larvale si insedia su lane e pellicce, danneggiandole. (Famiglia dei Dermestidi.) ◻ Anche in funzione di agg., nella loc. del l. anatomico *muscoli pellicciai*, lamine di tessuto muscolare striato sottocutaneo che provocano contrazioni e corrugamenti della pelle.

pellìcola s.f. **1.** Sottile strato di rivestimento, naturale o artificiale. **2.** FOTO., CINE. Nastro di celluloide, di acetato di cellulosa o di altro materiale analogo, ricoperto di emulsione sensibile alla luce per registrare le immagini colte dalla macchina fotografica o cinematografica. **3.** CINE. *estens.* Opera cinematografica.

pellicolàre agg. **1.** Di pellicola o che ha le caratteristiche di una pellicola. **2.** FIS. *Effetto pellicolare:* fenomeno elettrico detto anche *effetto di pelle.*

pellùcido agg. (lat., comp. di *pěr* "attraverso" e *lūcidus* "trasparente") Di corpo semitrasparente attraverso il quale passa la luce, ma in modo tale che gli oggetti posti al di là di esso non si possano scorgere distintamente. ◇ ANAT. *Setto pellucido:* membrana di sostanza nervosa che nel cervello separa i corni anteriori del ventricolo laterale. – BIOL. *Membrana o zona pellucida:* spessa membrana che ricopre l'ovulo.

pélo s.m. **1.** Appendice epidermica flessibile e filiforme, costituita da sostanza cornea e tessuto connettivale, che si sviluppa sulla pelle dell'uomo e di molti mammiferi, con varia distribuzione e colorazione. ◇ *figg. Non avere peli sulla lingua:* essere schietto e sincero nel parlare. – *Avere del pelo sullo stomaco:* essere insensibile, privo di scrupoli. **2.** *fig.* Cosa minuscola, piccolissima. ◇ *Per un pelo:* per poco, per un nonnulla. **3.** Insieme di peli, pelame, pelliccia di animale, anche conciata e lavorata. SIN.: **pelliccia**. **4.** *estens.* Insieme dei fili che sporgono dalla superficie di filati e tessuti. **5.** BOT. Appendice epidermica di fusti, foglie, radici o fiori, con struttura e funzioni diverse. **6.** Crepa profonda ma non ampia in un muro. **7.** Superficie di un liquido. *A pelo d'acqua.*

pelòbate s.m. Anfibio notturno simile al rospo, con corpo tozzo, di colore general. bruno olivastro a macchie scure, provvisto di forti zampe posteriori che gli consentono di nascondersi velocemente in buche scavate nel terreno morbido. (Famiglia dei Pelobatidi.)

Pelobàtidi s.m. pl. [iniziale minusc. sing. *–de* per l'individuo] ZOOL. Famiglia di anfibi, di cui fanno parte specie simili a rospi e rane, privi di costole e con vertebra sacrale fusa con l'osso del coc-

■ **pellicàno**

cige o articolata mediante un solo condilo. (Ordine degli Anuri.)

peloponnesìaco agg. [pl.m. *–ci*, f. *–che*] Del Peloponneso. ◆ s.m. [f. *–ca*] Nativo, abitante del Peloponneso.

pelóso agg. **1.** Coperto di peli. **2.** Di filati caratterizzati da folta peluria. **3.** BOT. Di organo vegetale provvisto di peluria. **4.** ZOOL. *Sogliola pelosa:* denominazione comune di pesce del genere dei Soleidi. **5.** *fig.* Che mira al proprio tornaconto.

pelòta s.m. (solo sing.) (spagn. *pelota* "palla") Sport singolo o di squadra, di origine basca, giocato su un campo rettangolare delimitato da un solo muro contro il quale viene lanciata una palla, che gli avversari devono a loro volta rilanciare al volo o subito dopo il primo rimbalzo a terra.

■ **pelòta** basca.

pèlta s.f. ANT. GR. Piccolo e leggero scudo di forma ellittica, con due incavi nella parte superiore, costituito da un'intelaiatura in legno e un rivestimento di vimini o cuoio. ~ ANT. ROM. Scudo di piccole dimensioni di forma rettangolare, usato anche dai gladiatori.

peltàsta o **peltàste** s.m. [pl. *–sti*] ANT. GR. Fante con armamento leggero e munito di pelta.

peltàto agg. **1.** Armato di pelta. **2.** BOT. Di organo vegetale che ha forma di scudo. ◇ *Foglia peltata:* che ha il picciolo posto al centro della lamina.

péltro s.m. Lega metallica a base di stagno, piombo, antimonio, con aggiunta di argento o rame in piccole quantità.

peluche [pəˈluʃ] s.f. o s.m. inv. (voce fr., deriv. di *peluchier* "togliere i peli") Stoffa tessuta con fibre naturali o sintetiche, a pelo lungo e morbido, usata soprattutto per confezionare animali finti e pupazzi. ◆ s.m. inv. Pupazzo confezionato con tale tessuto.

pelùria s.f. **1.** Insieme di peli corti e morbidi. SIN.: **lanugine**. **2.** Insieme delle piume dei pulcini e degli uccelli appena nati. **3.** Filamenti che ricoprono le foglie o la buccia di alcuni frutti.

pèlvi s.f. inv. (lat. *pēlvim* "catino") ANAT. → **bacino**.

pèlvico agg. [pl.m. *–ci*, f. *–che*] ANAT. Riferito alla pelvi. ◇ *Regione pelvica:* parte inferiore del tronco posta sotto la cavità addominale, costituita dalla struttura ossea del bacino, dalle parti molli che lo rivestono esternamente e dai muscoli interni.

pelvimetrìa s.f. MED. Misurazione delle dimensioni del bacino.

pèmfigo o **pènfigo** s.m. [pl. *–ghi*] (gr. *pémphiks* "pustola") MED. Nome di diverse affezioni caratterizzate dalla formazione, sulla pelle e sulle mucose, di bolle.

pemmican [ˈpɛmɪkən] s.m. inv. (voce ingl., algonchino deriv. di *pime* "grasso") Cibo tipico degli indiani delle Praterie, nell'America del Nord, consistente in carne essiccata usata come riserva alimentare.

péna s.f. (gr. *poinḗ*, orig. "prezzo del riscatto per un reato di sangue" quindi "punizione") **1.** DIR. Sanzione applicata a chi viola la legge. **2.** RELIG. Castigo inflitto all'anima di un defunto per i peccati commessi in vita. **3.** Dolore fisico e, soprattutto, morale. SIN.: **patimento**. **4.** Compassione per le sofferenze altrui. ◇ *Essere, stare in pena:* preoccuparsi. **5.** Sforzo, fatica. ◇ *Valere la pena:* meritare, essere utile. ▫ In funzione di prep., spec. nel l. giur., nel sign. di *"sotto la pena di". È stato ammonito a non rifarlo, pena il licenziamento.*

ENCICL. Nell'ordinamento penale italiano le pene sono distinte in *principali* (quelle comminate dal giudice con la sentenza di condanna) e *accessorie* (quelle connesse alla pena principale, cui consegue di diritto come suo effetto penale), a loro volta classificate in pene *per i delitti* e *per le contravvenzioni*. Esistono perciò pene principali per i delitti (ergastolo, reclusione, multa) e per le contravvenzioni (arresto e ammenda); pene accessorie per i delitti (p.e. interdizione dai pubblici uffici o interdizione legale) e per le contravvenzioni (sospensione dall'esercizio di una professione o dall'esercizio degli uffici direttivi). Pena accessoria comune ai delitti e alle contravvenzioni è la pubblicazione della sentenza penale di condanna. Ergastolo, reclusione e arresto sono anche detti pene *detentive*; multa e ammenda pene *pecuniarie*.

penàle agg. **1.** DIR. Che definisce l'accertamento e il giudizio dei reati, e fissa le pene da infliggere a chi li ha commessi. ◇ *Codice di procedura penale:* insieme di norme che regolano lo svolgimento dei processi per reati penali. – *Clausola penale:* quella che stabilisce preventivamente la somma da pagare in caso di inadempienza contrattuale. **2.** Di luogo in cui si sconta una pena. *Colonia penale.* ◆ s.f. DIR. Pena, sanzione, in partic. pena pecuniaria che deve pagare chi violi le clausole di un contratto.

penalìsta s.m. e f. [pl.m. *-sti*] Avvocato di diritto e procedura penale.

penalità s.f. inv. **1.** Multa, sanzione pecuniaria inflitta in conseguenza della trasgressione a un codice di regolamentazione o a un rapporto contrattuale. **2.** SPORT. Svantaggio inflitto, nel punteggio o nella classifica, a un concorrente o a una squadra che ha commesso qualche irregolarità.

penalizzànte agg. **1.** Che arreca uno svantaggio, che non provoca alcun successo o frutto. **2.** SPORT. Che punisce un atleta con una penalità.

penalizzàre v.tr. (ingl. *to penalize*) **1.** SPORT. Punire qlcu. con una penalità. **2.** *fig.* Danneggiare, indebolire.

penalizzazióne s.f. (ingl. *penalization*) **1.** SPORT. Assegnazione di una penalità. **2.** *fig.* Decisione che danneggia, indebolisce.

penalty [/'pɛnəlti/] s.f. inv. (voce ingl., propr. "penalità") SPORT. Nel calcio, rigore.

penàre v.intr. (aus. *avere*) **1.** Sopportare pene, fisiche o interiori. **2.** *estens.* Darsi da fare per ottenere qlco. ◆ v.tr. Patire. *Penare le pene dell'inferno.*

penàti s.m. pl. **1.** MIT. ROM. (anche iniziale maiusc.) Divinità protettrici della famiglia, del focolare domestico e dello Stato. **2.** *fig.* Gli antenati, la casa, gli affetti familiari.

pendàglio s.m. [pl. *-gli*] **1.** Oggetto che pende da qlco. cui è appeso; in partic., piccolo oggetto decorativo portato a una catena, a un bracciale. ◇ *fig. Pendaglio da forca:* individuo che meriterebbe di essere impiccato. **2.** Doppia cinghia di cuoio usata per appendere al cinturone il fodero della spada o della sciabola.

pendant [/pɑ̃'dɑ̃/] s.m. inv. (voce fr., propr. "pendente") **1.** Complementarità, simmetria, spec. di coppie di oggetti. **2.** OREFIC. Orecchino con pendaglio.

pendènte agg. **1.** Attaccato in modo da pendere dall'alto. **2.** *estens.* Che è in pendenza. *Un muro pendente.* **3.** DIR. *fig.* Non ancora passato in giudicato. SIN.: **aperto**. ◆ s.m. **1.** Ciondolo oppure orecchino con pendaglio a forma di goccia. **2.** ZOOL. Appendice cutanea che si trova su entrambi i lati del collo delle capre. **3.** Tipo di rete impiegata per la pesca dell'agone.

pendènza s.f. **1.** Inclinazione rispetto all'asse verticale o a un altro asse. ◇ *Pendenza (longitudinale) di una strada, di un canale:* rapporto, espresso in percentuale, fra il dislivello di due suoi punti e la lunghezza della proiezione orizzontale del tratto. **2.** GEOL. Declivio, pendio. **3.** *fig.* Controversia legale, economica o politica, non ancora risolta. SIN.: **vertenza**. **4.** *fig.* Conto non ancora liquidato, debito da saldare. **5.** MAT. *Pendenza di una retta:* nel piano cartesiano, tangente trigonometrica dell'angolo che la retta crea con l'asse delle ascisse. – *Retta di massima pendenza di un piano o retta di pendio:* ciascuna retta di un piano che formi con il piano orizzontale l'angolo massimo.

pèndere v.intr. (aus. *avere*) **1.** Essere inclinato rispetto alla verticale o a un altro asse. **2.** Essere sospeso a un punto di sostegno messo in alto. *Il lampadario pende.* ◇ *fig. Pendere dalle labbra di qlcu.:* ascoltarlo attentamente; essere condizionato e dipendere da qlcu. **3.** *fig.* Tendere verso qlco. *Un colore che pende al verde.* **4.** *estens.* Incombere minacciosamente su qlco. *Un masso pendeva sulla strada.* ~ *fig.* Gravare, incombere su qlcu. o qlco. *La punizione pende su di noi.* **5.** *fig.* Detto di una causa giudiziaria o di una vertenza, essere in corso di definizione.

pendìce s.f. (spec. pl.) Parte in pendenza di un monte.

pendìo s.m. [pl. *-dii*] **1.** Inclinazione, pendenza rispetto a un asse orizzontale o verticale. ~ Terreno in pendenza. **2.** MIL. Nelle fortificazioni, spiovente del parapetto. **3.** GEOM. *Scala di pendio:* proiezione graduata della linea di massima pendenza di un piano rispetto al piano stesso. **4.** METEOR. Forma isobarica fondamentale, nella quale le isobare si susseguono parallele, rettilinee, senza inflessioni.

pèndola s.f. (fr. *pendule*) Orologio a pendolo.

1. pendolàre v.intr. (aus. *avere*) **1.** Oscillare con un movimento ritmico simile a quello del pendolo. SIN.: **dondolare**. **2.** MAR. Detto di nave, muoversi avanti e indietro. **3.** *estens.* Viaggiare periodicamente da un luogo a un altro.

2. pendolàre agg. **1.** Che è simile al movimento del pendolo. **2.** *estens.* Di chi deve viaggiare quotidianamente per raggiungere il luogo di lavoro. *Studente pendolare.* **3.** MED. *Andatura pendolare:* deambulazione tipica dei pazienti afflitti da paralisi bilaterale, costretti a gettare gli arti inferiori in avanti, facendo interamente forza sulle grucce e oscillando ritmicamente. **4.** *fig.* Dell'atteggiamento di chi propende alternativamente verso posizioni contrastanti. ◆ s.m. e f. Nell'accez. 2 del s.

pendolarìsmo s.m. **1.** Caratteristica di ciò che è pendolare. **2.** *estens.* Fenomeno dei pendolari, che risiedendo lontano dal luogo di lavoro o studio, devono compiere quotidianamente un viaggio più o meno lungo di andata e ritorno.

pendolarità s.f. inv. Pendolarismo.

1. pendolìno s.m. **1.** Nel sign. del dim. di 1. *pendolo*. **2.** Pendolo di piccole dimensioni usato da radioestesisti e rabdomanti in cerca d'acqua. **3.** *Pendolino elettrico:* piccolo pendolo usato negli esperimenti di elettrostatica.

2. pendolìno s.m. (voce sett., deriv. di *pendolo* per la posizione del nido sull'albero) Piccolo uccello diffuso nell' Europa centrale e meridionale; costruisce un nido a forma di fiasco appeso ai rami. (Famiglia dei Passeriformi.)

3. pendolìno s.m. (così chiamato per la possibilità di assumere una forte inclinazione) FERR. Elettrotreno veloce delle FS italiane, con dispositivo che permette alle carrozze di inclinarsi in curva, compensando la forza centrifuga.

1. pèndolo s.m. **1.** Massa solida oscillante attorno a un asse orizzontale, in virtù del suo stesso peso. ◇ *Pendolo semplice o piano o circolare o matematico:* modello fisico rappresentato abitualmente da una pallina appesa a un filo, la quale, in virtù della sola legge di gravità, può muoversi senza attrito lungo una circonferenza su un piano verticale. **2.** Orologio il cui movimento viene regolato dalle oscillazioni di un'asta che termina in basso con un peso. **3.** ALP. Manovra di corda che si compie per superare un tratto non percorribile in arrampicata libera. **4.** *Pendolo del siluro:* in balistica, meccanismo che consente al siluro di mantenere la profondità stabilita durante la sua corsa. **5.** COSTR. Speciale appoggio in cemento armato utilizzato per strutture pesanti. **6.** → **archipendolo**. **7.** Pendolino per radioestesia o rabdomanzia.

2. pèndolo agg. Pendulo.

pèndulo agg. (lat. *pĕndulum* "pendente") **1.** Che pende. **2.** ANAT. *Velo pendulo:* formazione muscolo-membranosa posta tra la cavità orale e quella faringea. SIN.: **velo palatino**.

pène s.m. (lat. *pēnem* "coda") ANAT. Organo esterno dell'apparato urogenitale maschile. SIN.: **fallo**. ◇ PSICOAN. *Invidia del pene:* stadio dello sviluppo psicosessuale delle bambine.

penepiàno s.m. (ingl. *peneplain*) GEOL. Regione leggermente ondulata o quasi pianeggiante, percorsa da incisioni fluviali, risultato della fine di un ciclo di erosione.

penetràbile agg. **1.** Che può essere penetrato. **2.** *fig.* Che può essere compreso.

penetrabilità s.f. inv. Possibilità di essere penetrato.

penetrànte agg. **1.** Che ha la forza di penetrare. **2.** *estens.* Acuto, pungente. *Freddo penetrante.* **3.** *fig.* Che penetra nell'intimo. *Occhi penetranti.* **4.** FIS. *Radiazione penetrante:* componente mesonica della radiazione cosmica, chiamata così per la sua capacità di attraversare strati assai spessi di materia.

penetràre v.intr. (aus. *essere*) **1.** Entrare, spingersi in qlco. che oppone resistenza. ~ Introdursi in un luogo. *Penetrare nella foresta.* **2.** *fig.* Insinuarsi in qlco. *Le sue parole mi penetrarono nell'animo.* **3.** *fig.* Arrivare alla conoscenza di qlco. ◆ v.tr. **1.** Attraversare qlco. superando un ostacolo. *L'umidità penetra i muri.* **2.** *fig.* Arrivare a conoscere e capire qlco. in maniera approfondita. *Penetrare l'animo umano.*

penetrazióne s.f. **1.** Introduzione in qlco. che oppone resistenza. ◇ *Penetrazione sessuale:* inserimento del pene nella vagina durante l'atto sessuale. **2.** *fig.* Con riferimento a questioni economiche o culturali, espansione. *La penetrazione della cultura occidentale.* **3.** *fig.* Capacità di capire a fondo qlco. SIN.: **perspicacia**.

penetròmetro s.m. **1.** In geotecnica, strumento usato per stabilire la resistenza che un terreno oppone alla penetrazione. **2.** Strumento usato per misurare la consistenza di materiali a elevata viscosità posti a temperature elevate.

penicillàsi s.f. inv. Enzima presente in alcuni batteri, che distrugge la penicillina.

penicillìna s.f. (ingl. *penicillin*) FARM. Denominazione generica di diversi antibiotici. (La prima penicillina, prodotta a partire da un fungo del Penicillio, il *Penicillium notatum*, fu identificata nel 1928 da Fleming.)

Penicìllio s.m. [pl. *-li*] BIOL. Genere di funghi ascomiceti che si sviluppa sotto forma di muffa verde su certi formaggi (gorgonzola, roquefort), bianca su altri (camembert), sulla frutta (agrumi), sulle confetture.

penièno agg. (fr. *pénien*) ANAT. Che riguarda il pene.

peninsulàre agg. Di penisola.

penìsola s.f. (lat. *paenīnsulam*, propr. "quasi isola") **1.** GEOGR. Parte di terraferma che si protende nelle acque. ◇ *Penisola di confluenza:* nella morfologia fluviale, cumulo di detriti alluvionali che si forma alla confluenza di due corsi d'acqua. **2.** *per anton.* (anche con iniziale maiusc.) L'Italia.

penitènte agg. **1.** Che si pente delle proprie colpe, che fa penitenza. **2.** Che appartiene a comunità o confraternite religiose dedite a forme pubbliche di penitenza. **3.** GEOGR. *Neve penitente:* formazione nevosa tipica delle Ande che ricorda la forma del cappuccio di un frate. ◆ s.m. e f. **1.** Chi si pente, chi fa penitenza. ~ *estens.* Chi si accosta al sacramento della confessione. **2.** Membro di una comunità religiosa dedita alla penitenza.

penitènza s.f. **1.** Sentimento di contrizione per aver commesso delle colpe e sacrificio per espiarle. **2.** *fig.* Rinuncia, sofferenza. *Questa lunga attesa è una penitenza.* **3.** TEOL. CRIST. Sacramento della confessione. ◇ *Penitenza sacramentale:* imposta al penitente dal confessore. **4.** *estens.* In alcuni giochi, prova imposta al perdente. **5.** Punizione. SIN.: **castigo**. **6.** Nel biliardo, punti segnati nella zona compresa tra i birilli e la sponda opposta a quella da cui si effettua la giocata.

penitenziàle agg. **1.** RELIG. Relativo alla penitenza. **2.** DIR. *Multa penitenziale:* da pagare in caso di recessione da un contratto. – *Caparra penitenziale:* versata alla stipula di un contratto.

penitenziàrio agg. [pl.m. –*ri*] (fr. *pénitentiaire*) Relativo alle carceri, alla carcerazione, ai detenuti. ◆ s.m. Edificio per condannati a pene detentive. SIN.: **carcere**.

penitenzieria s.f. **1.** CATT. *Sacra penitenzieria apostolica:* tribunale della Santa Sede che giudica i casi riservati, la concessione delle indulgenze e scioglie dubbi di coscienza. **2.** Collegio dei sacerdoti di una cattedrale. **3.** In alcune chiese, locale attiguo alla sacrestia riservato alle confessioni degli uomini.

pénna s.f. **1.** Ognuna delle formazioni cornee che ricoprono il corpo dei volatili. **2.** Strumento per scrivere, ant. ricavato da una piuma d'oca tagliata alla punta; oggi, ogni strumento per la scrittura a mano. ◇ *Uomo di penna:* letterato. – *Penna ottica o luminosa:* *lettore ottico. – *Penna a sfera, penna biro:* dotata di un serbatoio contenente un inchiostro che giunge al foglio trasportato da una sfera metallica in grado di ruotare su se stessa. – *Penna stilografica:* dotata di serbatoio per l'inchiostro, che alimenta direttamente il pennino. **3.** *fig.* Chi usa la penna come strumento per la propria professione. SIN.: **scrittore**. **4.** MUS. Piccola lamina per suonare gli strumenti a corde. **5.** Parte stretta e biforcata del martello, opposta a quella piatta. **6.** (spec. pl.) Pasta corta, liscia o rigata, dalla forma di un cannello vuoto e tagliata obliquamente alle due estremità. **7.** MAR. Estremità superiore dell'antenna di una vela latina. **8.** BOT. *Penna d'acqua:* denominazione comune di alcune piante delle Primulacee e delle Convolvulacee. – *Penna di pavone:* alga delle Feoficee. **9.** Aculeo dell'istrice.

pennàcchio s.m. [pl. –*chi*] **1.** Ornamento di piume ant. usato per gli elmi, oggi per finimenti di cavalli o cappelli. **2.** *estens.* Oggetto la cui forma ricorda un pennacchio. *Pennacchio di fumo.* **3.** Passamaneria usata sui carri funebri. **4.** ARCH. Superficie di raccordo tra la struttura portante di un edificio poligonale e la cupola che lo sormonta. **5.** MAR. Sorta di mostravento che reca un mazzo di penne al posto della banderuola. **6.** BOT. Infiorescenza maschile che guarnisce il fusto del mais.

pennarèllo s.m. (nome commerciale) Penna con pennino in feltro o in nylon, che utilizza un inchiostro ad alcol a essiccazione rapida, usata per colorare.

pennatìfido agg. Di foglia pennata divisa fino a metà dalla distanza dal margine al nervo mediano.

pennàto agg. BOT. *Foglia pennata:* formata da foglioline disposte sui due lati della nervatura mediana.

pennellàre v.tr. **1.** Colorare una superficie stendendo una sostanza liquida col pennello. **2.** *fig.* Descrivere qlco. in modo rapido, ma vivace ed esauriente. **3.** *estens.* Coprire qlco. con una sostanza liquida, distribuendola con un pennello.

pennellàta s.f. **1.** Tratto o colpo di pennello intinto in un liquido e passato su una superficie. **2.** *fig.* Tratto descrittivo di notevole efficacia e intensità.

pennelléssa s.f. Grosso pennello largo e piatto.

pennellificio s.m. [pl. –*ci*] Fabbrica di pennelli.

1. pennèllo s.m. (lat. *penèllu*, deriv. di *pēnis* "coda") **1.** Attrezzo formato da un ciuffo di peli naturali o sintetici, fissato a un manico, usato per dipingere, verniciare, spalmare sostanze, ecc. ◇ *Pennello da barba:* quello con cui ci si insapona il viso prima di radersi. – *fig. Arte del pennello:* pittura. – *A pennello:* alla perfezione. **2.** BOT. Nell'acino dell'uva, insieme di fasci fibrovascolari e di particelle di polpa che restano attaccati al peduncolo quando l'acino viene staccato. **3.** FIS. *Pennello di luce:* fascio di luce ristretto. – *Pennello elettronico:* nei tubi a raggi catodici, fascio di elettroni emessi dal catodo e focalizzati. **4.** Argine perpendicolare a un litorale fluviale o marino, che ha la funzione di frenare l'erosione delle acque. SIN.: **sperone**.

2. pennèllo s.m. MAR. Piccola bandiera triangolare per le segnalazioni.

pennichèlla s.f. (voce roman., lat. *pendicèlla* deriv. di *pendēre* "pendere") Sonnellino, spec. dopo pranzo.

pennifórme agg. A forma di penna.

penninèrvio agg. [pl.m. –*vi*] BOT. Detto di foglia, con la nervatura principale robusta, dalla quale si dipartono su entrambi i lati nervature secondarie simili alle barbe di una penna.

pennino s.m. Piccola lamina di metallo fissata al cannello della penna per scrivere.

pennóne s.m. (fr. *penon*) **1.** MAR. Antenna orizzontale posta sull'albero di un veliero per sostenere le vele quadre. **2.** Antenna dove si issa la bandiera. **3.** Stendardo di grandi dimensioni in uso nella cavalleria italiana e francese fino al sec. XVIII. ~ *estens.* Gruppo di soldati che si riunisce sotto uno stendardo.

pennùto agg. Coperto, fornito di penne. ◆ s.m. Uccello, volatile.

penny [/'pɛni/] s.m. inv. (voce ingl., ted. *Pfenning*) Moneta divisionaria britannica corrispondente alla centesima parte della sterlina.

penologia s.f. Studio dei metodi per il recupero psicologico e sociale del criminale.

penómbra s.f. (fr. *pénombre*) **1.** Luce filtrata, semioscurità. **2.** *fig. Restare in penombra:* stare in disparte. **3.** FIS. Zona di graduale passaggio dalla luce all'ombra, che si forma su uno schermo quando fra esso e una sorgente luminosa non puntiforme si interpone un corpo opaco. **4.** ASTR. Riferita all'eclissi, la regione circostante il cono d'ombra, dalla quale è possibile osservare un'eclissi parziale.

penosaménte avv. A fatica, a stento.

penóso agg. **1.** Che suscita pena, pietà. **2.** Che causa sofferenza. ~ Che porta disagio. ~ Che provoca repulsione, sconcerto. SIN.: **imbarazzante**.

pensàbile agg. **1.** Che si può immaginare. SIN.: **concepibile**. **2.** FILOS. Che può essere oggetto di pensiero. ◆ s.m. Ciò che può essere concepito con la mente. *Oltre il pensabile.*

pensànte agg. Che possiede la facoltà di pensare. ◇ FILOS. *Soggetto pensante:* individuo che esercita la facoltà di pensare. – *Testa pensante:* esponente di spicco del mondo culturale e intellettuale.

pensàre v.intr. (aus. *avere*) (lat. *pensāre* "pesare con cura" quindi "ponderare") **1.** Riflettere, meditare. *Agire senza pensare.* ~ Volgere la mente a qlco. *Pensare ad altro.* **2.** Prendere in considerazione. *Pensare alla proposta ricevuta.* ◇ *Pensarci due volte:* rifletterre bene. **3.** *estens.* Occuparsi di qlco. o qlcu. *Pensare alla famiglia.* ~ Provvedere a qlco. *Penso io a pagare.* ◇ *Pensare ai fatti propri:* non impicciarsi di questioni altrui. **4.** Immaginare con la fantasia. *Pensare al futuro.* **5.** Aspirare a qlco. ◆ v.tr. **1.** Esaminare con il pensiero. *Cosa pensi?* **2.** Rappresentare qlco. nella mente. ~ *Pensarla in un certo modo:* avere un'opinione. **3.** Escogitare, architettare qlco. *Pensare uno scherzo.* **4.** Ritenere vero. *Penso che abbia ragione.* SIN.: **credere.** ◇ *Pensare di:* avere intenzione di. *Pensiamo di partire presto.* ◆ **pensàrsi** v.pron. **1.** Di due o più persone, rivolgersi reciprocamente il pensiero. **2.** Considerare se stessi in un certo modo. *Si pensa un uomo furbo.*

pensatóre s.m. [f. –*trice*] Chi pensa, in partic. chi riflette su questioni filosofiche. ~ *estens.* Filosofo.

pensée [/pā'se/] s.f. inv. (voce fr., propr. "pensiero" perché simbolo del ricordo) Viola del *pensiero.

pensierino s.m. **1.** Riflessione su qlco. che si desidera. *Fare un pensierino su una moto.* **2.** *fam.* Dimostrazione d'affetto. ~ *estens.* Piccolo dono. **3.** Frase composta per esercizio dagli allievi delle scuole elementari.

pensièro s.m. (provenz. *pensier*) **1.** Capacità di pensare. ~ *estens.* Mente. *Avere il pensiero altrove.* ◇ *Libertà di pensiero:* forma primaria del libero agire ed essere dell'uomo. **2.** Contenuto della coscienza. SIN.: **idea**. **3.** Opinione, convincimento. ~ In partic. attività speculativa dei filosofi. SIN.: **dottrina**. ◇ *Pensiero debole:* tendenza filosofica contemporanea che rinuncia alla pretesa di poter attingere la verità assoluta e propone un'interpretazione provvisoria e aperta della realtà. **4.** Proponimento, intenzione. **5.** Frase con la quale si esprime un concetto o una riflessione. SIN.: **considerazione**. **6.** *fam.* Dimostrazione d'affetto e gentilezza. ~ *estens.* Piccolo dono. **7.** Ansia, apprensione. *Stare in pensiero.* ~ (al pl.) Problemi. **8.** BOT. *Viola del pensiero:* piccola pianta ornamentale, simile alla viola, con fiori vellutati e inodori di colore rosa, giallo o viola. (Famiglia delle Violacee.)

selvatica coltivata

■ viola del **pensièro**.

pensieróso agg. Assorto nei propri pensieri.

pènsile agg. **1.** Sospeso a mezz'aria tramite vari tipi di appoggio. **2.** DIR. Pendente, in sospeso. ◆ s.m. Mobile che si appende alla parete.

pensilìna s.f. Tettoia per proteggere dalle intemperie persone che attendono. *Pensilina della stazione.*

pensionaménto s.m. Provvedimento che autorizza o impone la cessazione dell'attività di un lavoratore e la sua messa in pensione. ◇ *Pensionamento anticipato:* che avviene prima del termine normale. SIN.: **prepensionamento**.

pensionànte s.m. e f. Ospite pagante di una pensione, di una casa privata.

pensionàre v.tr. (fr. *pensionner*) **1.** Mettere in pensione un lavoratore. **2.** *fig.* Accantonare qlco. o qlcu. perché superato. *Pensionare un sistema di organizzazione.*

pensionàto agg. Che è andato in pensione. **1.** [f. –*ta*] Chi è in pensione. ~ *estens.* Chi ha oltrepassato i limiti dell'età lavorativa, persona anziana. **2.** Istituto che, dietro pagamento di una retta, ospita varie categorie di persone. **3.** Borsa di studio che consente di essere ospitati gratuitamente in un istituto.

pensióne s.f. (lat. *pensiōnem* "pesatura" poi "pagamento") **1.** Somma di denaro versata da enti pubblici o privati a chi ha cessato la propria attività lavorativa. ~ estens. Condizione di chi riceve tale somma. *Mandare in pensione.* ◇ *Pensione sociale:* spettante agli anziani che non percepiscono alcun reddito o ne percepiscono uno inferiore al minimo previsto. – *Pensione di invalidità:* concessa a chi non può procurarsi un reddito per ragioni di salute. – *Pensione d'annata:* quella liquidata molto tempo fa e quindi con valore inferiore a pensioni calcolate in anni più recenti. – *Pensione di anzianità:* quella che matura dopo un certo numero di anni di lavoro. **2.** Vitto e alloggio offerto a un prezzo pattuito. ~ estens. Somma corrisposta per tali prestazioni. ◇ *Pensione completa:* che comprende alloggio, colazione e due pasti. **3.** estens. Piccolo albergo a conduzione familiare. **4.** *Pensione di titoli:* anticipazione ottenuta su titoli. **5.** *Pensione integrativa:* assicurazione basata su un fondo pensionistico integrativo.

pensionìstico agg. [pl.m. –*ci*, f. –*che*] Relativo alla pensione riscossa dai lavoratori.

pènso s.m. (lat. *pēnsum*, deriv. di *pèndere* "pesare") **1.** ANT. ROM. Quantità di lana che una schiava doveva filare quotidianamente. **2.** Compito scolastico supplementare imposto come punizione.

pensóso agg. Assorto nei pensieri.

pènta- Primo elemento di composti dotti nei quali significa "cinque" (*pentagono, pentagramma*). – CHIM. Indica la presenza di cinque gruppi atomici uguali (*pentano*) o, anche, il succedersi per cinque volte della stessa proprietà (*pentavalenza*).

pentàcolo o **pentàculo** s.m. (fr. *penta-col*) OCCULT. Antico amuleto, con segni magici racchiusi in una stella a cinque punte, usato un tempo nei incantesimi oppure portato al collo per allontanare i malefici.

pentacòrdo s.m. **1.** STR. MUS. Nome generico di antichi strumenti a cinque corde. **2.** MUS. Scala di cinque toni graduati o accordo di cinque suoni, cioè di nona.

pentadàttilo agg. ZOOL. Che ha cinque dita.

pentadecàgono s.m. GEOM. Poligono con quindici lati e angoli.

pentaèdro s.m. GEOM. Poliedro a cinque facce.

pentagonàle agg. Del pentagono, che ha la forma di pentagono.

pentàgono s.m. **1.** GEOM. Poligono con cinque lati. **2.** (iniziale maiusc.) Edificio, a pianta pentagonale, che ospita il dipartimento della Difesa degli Stati Uniti. ~ *estens.* Il dipartimento stesso.

pentagràmma s.m. [pl. *−mi*] **1.** MUS. Serie di cinque linee orizzontali equidistanti e parallele, su cui si scrivono le note. **2.** Pentagono regolare stellato dei pitagorici, con significato mistico di perfezione. SIN.: **pentalfa**.

pentàmero agg. BOT. Che ha cinque petali o cinque fiori. ◆ s.m. CHIM. Polimero formato da cinque molecole di monomero.

pentàmetro s.m. METR. Verso classico costituito non da cinque ma da sei piedi.

pentàno s.m. CHIM. Idrocarburo saturo (C_5H_{12}) con cinque atomi di carbonio.

pentàpoli s.f. inv. **1.** ANT. Unione economica, politica o religiosa di cinque città. **2.** (iniziale maiusc.) Provincia dell'Italia bizantina comprendente le cinque città episcopali di Rimini, Pesaro, Fano, Senigallia e Ancona.

pentarchìa s.f. (gr., comp. di *pénte* "cinque" e *árkhein* "comandare") Organo di governo composto da cinque membri.

Pentatèuco s.m. (solo sing.) (gr., comp. di *pénte* "cinque" e *tèukhos* "borsa" poi "volume") Insieme dei primi cinque libri dell'Antico Testamento (Genesi, Esodo, Levitico, Numeri, Deuteronomio).

pèntathlon o **pèntatlon** s.m. inv. (gr., comp. di *pénte* "cinque" e *âthlon* "gara") SPORT. Ant., gara di atletica leggera che comprendeva cinque esercizi (lotta, corsa, salto, disco e giavellotto) oggi praticata sulla categoria degli allievi. ~ Disciplina olimpica che comprende cinque prove (equitazione, nuoto, scherma, tiro con pistola e corsa campestre).

pentatòmico agg. [pl.m. *−ci*, f. *−che*] CHIM., FIS. Di molecola formata da cinque atomi, o di composto ciclico contenente un anello di cinque atomi.

Pentatòmidi s.m. pl. [iniziale minusc. sing. *−de* per l'individuo] (comp. di gr. *pénte* "cinque" e *tomé* "taglio") ZOOL. Famiglia di insetti eterotteri, comprendente diverse specie, dal corpo corto e largo, colori vivaci e metallici, dotati di ghiandole che secernono una sostanza odorosa. (Lunghezza fino a 3 cm.)

pentatònico agg. [pl.m. *−ci*, f. *−che*] MUS. Di scala musicale costituita da cinque suoni.

pentavalènte agg. CHIM. Di atomo o raggruppamento atomico con valenza cinque.

pentecostàle agg. **1.** Relativo alla Pentecoste. **2.** Appartenente al pentecostalismo. ◆ s.m. e f. Nell'accez. 2 dell'agg.

pentecostalismo s.m. (ingl. *Pentecostalism*) Movimento religioso protestante sorto negli Stati Uniti verso la fine del sec. XIX caratterizzato dalla fiducia nella possibilità di rivivere l'esperienza mistica data dalla presenza dello Spirito Santo durante la prima Pentecoste.

Pentecòste s.f. (spec. sing.) **1.** Festa ebraica che cade sette settimane dopo la Pasqua, in ricordo della consegna delle tavole della legge a Mosè. **2.** Festa cristiana celebrata la settima domenica dopo la Pasqua, in memoria della discesa dello Spirito Santo sugli apostoli.

penthatlèta o **pentatlèta** s.m. e f. [pl.m. *−ti*, *−sti*] Chi pratica il pentathlon.

penthouse [/pɛnt'haus/] s.m. inv. (voce ingl., comp. di *pentice* "tettoia" e *house* "casa") Piccolo attico.

pentiménto s.m. **1.** Dolore, rimorso. **2.** *estens.* Cambiamento di opinione, ripensamento. ~ ART. Variazione all'opera già ultimata. **3.** Nel l. gior., decisione di collaborare con la giustizia da parte di criminali comuni o politici.

pentìrsi v.pron. **1.** Provare rimorso. *Pentirsi dei propri peccati*. **2.** *estens.* Rammaricarsi di un'azione fatta o non fatta.

pentitìsmo s.m. DIR. Nel l. gior., fenomeno consistente nella pratica, sancita da un'apposita legge, per cui i criminali che decidono di collaborare con la giustizia possono ottenere in cambio una riduzione di pena.

pentìto agg. **1.** Che si pente. **2.** Di criminale che collabora con la giustizia. ◆ s.m. [f. *−ta*] Terrorista o mafioso che si ravvede e accetta di collaborare con le autorità in cambio di una riduzione della pena.

pentium [/'pɛntjum/] s.m. inv. (marchio registrato) INFORM. Denominazione commerciale, che costituisce marchio registrato, di un diffuso microprocessore per personal computer.

pèntodo s.m. ELETTRON. Tubo elettronico con cinque elettrodi, usato in passato come amplificatore di potenza o di tensione nei radioricevitori e nei trasmettitori.

péntola s.f. (lat. *pīcta*, propr. "vaso dipinto") **1.** Recipiente da cucina munito di due manici, utilizzato per cuocere le vivande. ◊ *Pentola a pressione*: recipiente metallico a chiusura ermetica, per la cottura rapida dei cibi. **2.** Contenuto di questo recipiente.

pentolàme s.m. Assortimento di pentole.

pentòsio o **pentòso** s.m. [pl. *−si*] BIOCHIM. Denominazione generica di monosaccaridi o zuccheri semplici a cinque atomi di carbonio.

pentotàl o **pentothàl** s.m. inv. FARM. Nome depositato di un derivato barbiturico largamente usato come anestetico. SIN.: **siero della verità**.

pentrìte s.f. Esplosivo costituito da un estere nitrico cristallizzato, dal forte potere detonante.

penùltimo agg. Situato immediatamente prima dell'ultimo. ◆ s.m. [f. *−ma*] Nel sign. dell'agg.

penùria s.f. **1.** Scarsità di cose materiali indispensabili o necessarie. *Penuria d'acqua*. **2.** Carestia.

penzolàre v.intr. (aus. *avere*) Essere sospeso oscillando nell'aria.

penzolóni avv. In modo da pendere dondolando verso il basso.

peón s.m. [pl. *peones*] **1.** Nell'America Centromeridionale, bracciante giornaliero di povera condizione. **2.** (spec. pl.) Nel l. gior., parlamentari o politici senza rilievo e senza cariche importanti, utili solo per esprimere passivamente il voto deciso dagli organi dirigenti del partito di cui fanno parte.

peònia s.f. (lat. *Paeonia*, gr. *paiónía* deriv. di *paiónios* "salutare" perché anticamente era considerata pianta medicinale) **1.** Pianta perenne delle regioni temperate, coltivata per i grandi fiori rossi, rosa, gialli o bianchi. (Famiglia delle Ranuncolacee.) **2.** BOT. (iniziale maiusc.) Genere di piante a cui appartiene la peonia.

pepàre v.tr. **1.** Aromatizzare con il pepe. **2.** *fig.* Rendere pungente un discorso. *Pepare la conversazione*.

pepàto agg. **1.** Condito col pepe. **2.** *fig.* Caustico, sferzante.

■ **peònia**.

coltivata

selvatica

pépe s.m. **1.** Denominazione comune di varie piante erbacee, arbustive, arboree o lianose con foglie alterne, fiori in spighe, frutti a drupa. (Genere *Piper*; famiglia delle Piperacee.) **2.** Spezia dal sapore forte e piccante, costituita dai semi (*grani*) del pepe. ◊ *Pepe nero*: ottenuto dai grani essiccati. – *Pepe bianco*: ottenuto dai grani maturi. – *Pepe verde*: composto da grani freschi. **3.** BOT. (iniziale maiusc.) Genere di piante a cui appartengono vari tipi di pepe. **4.** Denominazione comune di piante di altri generi e famiglie. ◊ *Pepe di Caienna (o pepe rosso)*: paprica. – *Pepe selvatico*: agnocasto.

peperonàta s.f. CUC. Pietanza a base di peperoni tagliati a fette sottili, soffritti nell'olio con cipolla, prezzemolo e pezzi di pomodoro.

peperoncìno s.m. Denominazione di alcune varietà di peperone e del suo frutto a bacca, piccolo e molto piccante, usato come condimento per cibi.

peperoncino
o peperone
piccante

frutti

peperoncino

peperone
verde

■ **peperóne** e **peperoncìno**.

peperóne s.m. **1.** Pianta erbacea con fusto eretto e foglie ovali, produce un grande frutto verde, giallo o rosso, dal sapore intenso e spesso piccante. (Nome sc. *Capsicum annuum*; famiglia delle Solanacee.) **2.** *estens.* Frutto di tale pianta, molto usato in cucina.

pepièra s.f. Piccolo contenitore con tappo bucherellato per il pepe macinato.

pepìta s.f. (spagn. *pepita*, propr. "seme") Piccola massa di metallo prezioso che si stacca dal giacimento primitivo e rotola in sabbie alluvionali.

pèplo s.m. ANT. GR. Veste femminile costituita da un rettangolo di tessuto passato sotto il braccio destro, fissato con una fibbia sulla spalla sinistra e tenuto aderente al corpo da una cintura.

pepònide s.f. BOT. Frutto delle Cucurbitacee.

peppermint [/'pɛpəmint/] s.m. inv. (voce ingl., comp. di *pepper* "pepe" e *mint* "menta" per l'aroma piccante) Menta piperita e, in partic., essenza di menta.

pèppola s.f. (voce onom.) Uccello dei Fringillidi, simile al fringuello, ma con testa e dorso nero e di un fulvo, molto diffuso nell'Eurasia e in Africa occidentale dove sverna; in Italia è di doppio passo e nidifica nella zona alpina. (*v. immagine pag. succ.*)

pèpsi s.f. inv. FISIOL. → **digestione**.

pepsìna s.f. FISIOL. Enzima del succo gastrico, che avvia la digestione delle proteine.

peptidàsi s.f. inv. BIOCHIM. Gruppo di enzimi che catalizzano la scissione in amminoacidi dei polipeptidi delle proteine. SIN.: **proteasi**.

peptìde s.m. BIOL. Composto organico che deriva dalla scomposizione delle proteine e che contiene due o più molecole di amminoacidi.

peptìdico agg. [pl.m. *−ci*, f. *−che*] CHIM. Relativo ai peptidi. ◊ BIOCHIM. *Legame peptidico*: legame O=C–NH formato tra un acido carbossilico e un'ammina con eliminazione di una molecola d'acqua. (Questa struttura collega gli aminoacidi consecutivi nelle catene polipeptidiche presenti nelle proteine.)

peptóne s.m. (ted. *Pepton*) BIOL. Prodotto della demolizione naturale delle sostanze proteiche, dall'aspetto di una polvere giallastra o di una massa friabile, usato per preparare sostanze nutrienti in batteriologia.

pér prep. Esprime il significato di "attraversamento, tramite" e introduce diversi complementi. ~ Moto entro luogo circoscritto. *Aggirarsi per i boschi.* ~ Stato in luogo. *Incontrare qlcu. per strada.* ~ Moto verso luogo. *Il treno per Palermo.* ~ Tempo continuato. *Aspettare per un anno.* ~ Tempo determinato. *Si prevede bel tempo per domani.* ~ Vantaggio o svantaggio. *Sacrificarsi per i figli.* ~ Fine o scopo. *Prepararsi per l'esame.* ~ Mezzo. *Parlare per telefono.* ~ Agente o causa efficiente. *Redatto per mano del notaio.* ~ Modo, spec. in alcune locc. *Per iscritto; per gioco.* ~ Causa. *Agire per interesse.* ~ Misura o estensione. *Camminare per quattro chilometri.* ~ Limitazione o relazione. *Per intelligenza li supera tutti.* ~ Distribuzione. *Uno per volta.* ~ Sostituzione o scambio. *Usare una parola per un'altra.* ~ Prezzo o stima. *Comprare un appartamento per mezzo milione.* ~ Predicativo. *Dare per disperso.* ~ Introduce frasi indipendenti implicite finali. *Ti scriverò per informarti.* ~ Consecutive. *La valigia è troppo piccola per contenere tutto.* ~ Causali. *Ti ringrazio per aver preso le mie difese.* ~ Limitative. *Per essere di seconda mano costa troppo.* ~ Introduce frasi dipendenti esplicite concessive-ipotetiche. *Per male che vada, sarà un'esperienza.* ◇ *Per caso:* casualmente, per combinazione. – *loc. prep. Per mezzo di:* mediante, tramite. – *loc. cong. Per il fatto che:* poiché, siccome.

1. pér- Prefisso che in composti, general. di origine latina, esprime il significato di "attraverso", compimento di un'azione (*perforare, percutaneo*).

2. pér- Primo elemento di composti, in partic. attivo nel l. chimico, nei quali indica una qualità o una caratteristica spinta al massimo grado, p.e. un composto contenente un elemento al massimo grado di ossidazione (*perclorico, permanganico*). ~ In alcuni casi ha generico valore rafforzativo (*pertosse*).

péra s.f. **1.** Frutto del pero, di forma oblunga, carnoso e zuccherino. **2.** *estens.* Qualsiasi oggetto di forma oblunga e con una parte a punta. **3.** *gergo.* Iniezione di eroina.

peràcido s.m. (calco del ted. *Persäure*) CHIM. Ossiacido che contiene due atomi di ossigeno collegati direttamente fra loro.

perbène agg. inv. Che si comporta onestamente. ~ Anche, di buona condizione sociale. *Gente perbene.*

perbenismo s.m. *spreg.* Atteggiamento ipocrita di chi desidera apparire persona perbene secondo la morale borghese.

perbenista s.m. e f. [pl.m. –*sti*] *spreg.* Chi ha un atteggiamento che denota perbenismo.

perboràto s.m. CHIM. Sale dell'acido perborico, ossidante, usato come detersivo.

perbòrico agg. [pl.m. –*ci*] CHIM. *Acido perborico:* peracido del boro, i cui sali sono detti *perborati*.

Pèrca s.f. (gr. *pérkē* "pesce d'acqua dolce") ZOOL. Genere di pesci che comprende le specie del pesce persico europeo e del persico giallo americano, entrambi dalle carni molto apprezzate. (Ordine dei Perciformi, famiglia dei Percidi.)

percàlle s.m. (fr. *percale*, persiano *pargāla* "pezzo di stoffa") Tessuto di cotone raso.

percallina s.f. Tela di cotone liscia e leggera.

■ **pèppola**

percentile s.m. STAT. Ciascuno dei cento punti in corrispondenza dei quali una funzione di distribuzione assume i valori 1/100, 2/100, ecc.

percentuàle agg. Stabilito in misura di un tanto per cento. ◆ s.f. **1.** MAT. Valore che indica quanti elementi vengono presi in considerazione su un totale di cento (simb.%). SIN.: **tasso**. **2.** COMM. Compenso dato o ricevuto in base a una frazione centesimale del totale dell'affare.

percepibile agg. **1.** Che può essere percepito con i sensi o intuitivamente. **2.** Che si può riscuotere.

percepire v.tr. [83] **1.** Avvertire per mezzo dei sensi o attraverso l'intuito. *Percepire un suono, un pericolo.* **2.** Ricevere, riscuotere, incassare una somma di denaro. *Percepire lo stipendio.*

percettibile agg. Che può essere distinto con i sensi o con l'intuito.

percettibilità s.f. inv. Qualità di ciò che può essere riconosciuto per mezzo dei sensi o dell'intuito.

percettibilménte avv. In modo percettibile.

percettivo agg. (fr. *perceptif*) **1.** PSICOL. Che riguarda la percezione. **2.** Intuitivo. ◆ s.m. [f. –*va*] Persona intuitiva.

percettóre agg. [f. –*trice*] Che percepisce, che riscuote qlco. ◆ s.m. (anche f.) Nel sign. dell'agg. *Percettore d'imposta.*

percezióne s.f. **1.** Atto con cui si acquisisce consapevolezza e conoscenza mediante i sensi. **2.** PSICOL. *estens.* Conoscenza intuitiva, immediata di qlco. *La percezione del tempo.* SIN.: **nozione**. **3.** Esazione, riscossione di qlco. *La percezione d'un'imposta.*

perché avv. Introduce frasi interrogative con il significato di "per quale ragione". *Perché sei così preoccupato?* ◇ *Perché no?:* domanda retorica, usata come risposta affermativa attenuata o come intercalare nell'esporre una propria tesi. ◆ cong. **1.** Introduce frasi causali e finali con il valore di "per cui, per il quale". *Non c'è ragione perché tu debba preoccuparti tanto.* **2.** Conferisce valore di commento o di dimostrazione aggiuntiva con il significato di "infatti". *Fa caldo, perché si sta sciogliendo la neve.* ◆ s.m. inv. **1.** Causa, ragione. *Se ha rifiutato deve esserci un perché.* **2.** Domanda, dubbio, interrogativo. *Certi perché sono senza risposta.*

Pèrcidi s.m. pl. [iniziale minusc. sing. –*de* per l'individuo] ZOOL. Famiglia di pesci di medie dimensioni, di acqua dolce e salmastra, hanno una pinna dorsale divisa in due, o due pinne distinte e pinna anale munita di aculei. (Ordine dei Perciformi.)

Perciformi s.m. pl. [iniziale minusc. sing. –*me* per l'individuo] ZOOL. Vasto ordine di pesci teleostei con pinne dotate di raggi spiniformi; ne fanno parte il pesce persico, lo sgombro, la cernia.

perciò cong. Conferisce valore deduttivo-conclusivo con il significato di "per questa ragione", "di conseguenza". *Ognuno fa il proprio interesse e perciò non c'è da stupirsi.*

percipiènte agg. **1.** FILOS. Relativo al soggetto che percepisce, in contrapposizione all'oggetto percepito. **2.** Che riscuote, incassa. ◆ s.m. e f. Nell'accez. 2 dell'agg.

percloràto s.m. CHIM. MINER. Sale dell'acido perclorico.

perclòrico agg. [pl.m. –*ci*] CHIM. *Acido perclorico:* il più ossigenato degli acidi del cloro, HClO₄, impiegato in galvanoplastica, nella lavorazione dell'alluminio o come agente ossidante.

perclorùro s.m. CHIM. Cloruro che contiene un metallo o un metalloide al grado massimo di ossidazione.

percnòttero s.m. Piccolo avvoltoio con piume chiare, tipico delle regioni mediterranee e mediorientali. (Famiglia degli Accipitridi.)

percolàto s.m. CHIM. Prodotto del processo di percolazione.

percolatóre agg. [f. –*trice*] CHIM. Che effettua la percolazione. ◇ *Filtro o letto percolatore:* impianto di depurazione per acque inquinate. ◆ s.m. Recipiente usato per la percolazione.

percolazióne s.f. **1.** CHIM. Circolazione di un fluido attraverso una sostanza solida porosa, per sciogliere ed estrarre sostanze contenute in

essa. **2.** IDROL. Penetrazione lenta delle acque pluviali nelle rocce calcaree.

percorrènza s.f. Tragitto, distanza percorsa da un mezzo di trasporto in un periodo di tempo.

percórrere v.tr. [21] (lat. *percùrrere*, propr. "correre attraverso") **1.** Muoversi e attraversare un luogo in lungo e in largo. *Percorrere 100 km.* ~ *fig.* Con soggetto astratto, attraversare qlcu. o qlco. *Un brivido mi percorse la schiena.* **2.** *fig.* Ricoprire diversi uffici o cariche. *Percorrere tutti i gradi di una carriera.*

percorribile agg. Che può essere percorso.

percórso s.m. **1.** Tragitto seguito per andare da un punto a un altro. ~ *estens.* Tempo impiegato per tale spostamento. *Un percorso di tre ore.* **2.** Tratto di strada o di mare che si percorre. SIN.: **itinerario**. ◇ *Percorso di guerra:* tracciato disseminato di ostacoli simili a quelli che si possono presentare durante un'azione di guerra. **3.** SPORT. Tracciato che i concorrenti di una gara devono seguire. ◇ *Percorso misto:* nello sci nordico, quello che nelle prove di staffetta comprende parti sia in piano sia in salita o discesa. **4.** *fig.* Insieme delle tappe, delle fasi attraverso le quali passa qlcu., spec. nel corso della propria carriera.

percòssa s.f. **1.** Colpo violento. **2.** *Sostegno di percussa:* in balistica, struttura in legno e acciaio che serve ad attutire il rinculo del pezzo di artiglieria.

percòsso agg. **1.** Malmenato, picchiato. **2.** DIR. *Contribuente percosso:* che è tenuto per legge a pagare un'imposta al fisco.

percuòtere v.tr. [43] **1.** Colpire qlcu. violentemente. **2.** Urtare, agitare qlco. con violenza. *Un tuono percosse l'aria.* **3.** *fig.* Detto di un suono o di una luce, colpire un organo sensoriale. *Un raggio di sole gli percosse la vista.* ◆ **percuotersi** v.pron. Picchiarsi, malmenarsi. *I due fratelli si sono percossi.*

percussióne s.f. **1.** Scossa risultante dall'urto di un oggetto contro un altro. ◇ MUS. *Strumenti a percussione:* il cui suono è prodotto da colpi o urti vibrati con le mani o con altri mezzi su membrane, lamine o tubi metallici (campane, xilofono, nacchere, tamburo, ecc.). ~ MIL. *Congegni di sparo a percussione:* azionati dall'urto del percussore contro l'innesco, che causa la detonazione. **2.** MED. Tecnica di accertamento diagnostico che consiste nel battere colpi leggeri sull'addome, sul torace. **3.** DIR. *Percussione dell'imposta:* momento in cui il contribuente di un'imposta è tenuto per legge a versarne l'importo all'erario.

percussionista s.m. e f. [pl.m. –*sti*] MUS. Strumentista che suona uno strumento a percussione.

percussivo agg. Che serve per percuotere.

percussóre s.m. Parte metallica di un'arma da fuoco, la cui punta colpisce l'innesco di un proiettile (cartuccia, granata, ecc.) e lo fa esplodere; detto anche *cane*.

percutàneo agg. MED. Di fenomeno che si manifesta o si attua mediante la pelle o attraverso la cute.

perdènte agg. Che viene sconfitto. ~ Che fa perdere. ◆ s.m. e f. Chi è stato sconfitto, chi subisce sesso sconfitte.

pèrdere v.tr. [51] (lat. *pèrdere* "mandare in rovina, perdere") **1.** Cessare di avere ciò che si possedeva. *Perdere i capelli.* ~ Essere separato da qlcu. a causa della sua morte. *Perdere i genitori.* ◇ *fig. Perdere di vista:* cessare di essere in relazione con qlcu. **2.** Smarrire qlco. *Perdere i documenti.* **3.** Subire un danno. *Perdere molti soldi.* ◇ *Perdere terreno:* essere distanziati da chi precede; detto di truppe militari, retrocedere; *fig.* non progredire. **4.** Non fare in tempo a prendere qlco. *Perdere il treno.* ~ Farsi sfuggire una buona occasione. **5.** Sprecare un periodo di tempo lasciandolo trascorrere vanamente. **6.** Lasciare fuoriuscire qlco. *Perdere acqua.* **7.** Essere sconfitto. *Perdere la partita.* **8.** *fig.* Causare la rovina di qlcu. *Le cattive abitudini hanno perduto quell'uomo.* ◆ v.intr. (aus. avere) **1.** Subire una diminuzione di un certo elemento. *Perdere di prestigio.* **2.** Subire una perdita finanziaria. *La ditta sta perdendo.* ◆ **perdersi** v.pron. **1.** Non ritrovare più la strada. *Stai attento a non perderti.*

~ *fig.* Smarrirsi, trovarsi in difficoltà. *Perdersi in un problema.* ◇ *Perdersi in un bicchiere d'acqua:* confondersi per un niente, arrendersi di fronte alla minima difficoltà. **2.** Abbandonarsi a qlco., estraniandosi dalla realtà. *Perdersi in cose inutili.* **3.** Dileguarsi, scomparire. *Il sentiero si perde all'improvviso.* **4.** Lasciarsi sfuggire qlco. di importante, non partecipare ad avvenimenti, spettacoli, ecc.

perdìbile agg. Che può essere perso.

perdifiàto s.m. inv. Usato solo nella loc. *a perdifiato*, senza fermarsi, a più non posso.

perdigiórno s.m. e f.inv. Chi passa il proprio tempo nell'ozio.

perdilégno s.m. inv. [o pl. *–gni*] Denominazione comune di alcuni insetti dei Lepidotteri.

pèrdita s.f. **1.** Sottrazione o smarrimento di qlco. ◇ *fig. A perdita d'occhio:* fin dove arriva lo sguardo. **2.** Allontanamento, scomparsa di una persona per una separazione o a causa di morte. **3.** Ridotta efficienza di qlco. *Perdita di produttività.* **4.** Spreco. **5.** Sconfitta. *La perdita della causa civile gli è costata un patrimonio.* **6.** MED. Uscita di un liquido fisiologico. ◇ *Perdite rosse:* fuoriuscita dalla vagina di liquido ematico in periodo non mestruale. – *Perdite bianche:* leucorrea. – *Perdita seminale:* spermatorrea. **7.** Fuoriuscita di un liquido o di un gas dal suo contenitore. SIN.: **fuga**. ◇ *Perdita di carico:* diminuzione della pressione del fluido che circola in una conduttura. **8.** ECON. Non avvenuta reintegrazione dei costi sostenuti per un'attività o, anche, diminuzione del valore di un bene. SIN.: **disavanzo**. ◇ *Chiudere in perdita:* chiudere il bilancio senza utili. **9.** FIS. Diminuzione del valore di una grandezza data, legata al funzionamento di uno strumento. ◇ AVIAZ. *Perdita di portanza:* diminuzione della portanza di un'ala di un velivolo. – *Perdita di quota:* variazione di quota durante la picchiata di un velivolo.

perditèmpo s.m. inv. **1.** Ciò che causa ingiustificato ritardo, che fa perdere tempo. **2.** (anche f.) Individuo che perde tempo, che non ha voglia di lavorare.

perdizióne s.f. **1.** Depravazione, vita oziosa e dissoluta. **2.** TEOL. CRIST. Dannazione eterna.

perdonàbile agg. Che può essere perdonato. SIN.: **giustificabile**.

perdonàre v.tr. **1.** Scusare qlcu. **2.** Rinunciare a punire un errore, a vendicarsi di un'offesa. *Ti perdono la mancanza.* **3.** Mostrare indulgenza e comprensione. *Perdono il tuo carattere scontroso.* SIN.: **compatire**. ◆ v.intr. (aus. *avere*) Rinunciare alla vendetta. *Una persona che non perdona.* ◆ **perdonarsi** v.pron. Assolversi l'un l'altro, dimenticare gli sgarbi. *I due fratelli si perdonarono.*

perdóno s.m. **1.** Rinuncia alla vendetta. **2.** RELIG. *Remissione dei peccati. ~ Indulgenza offerta dalla Chiesa a chi si reca in pellegrinaggio in taluni luoghi santi. **3.** DIR. *Perdono giudiziale:* beneficio giudiziale che estingue il reato commesso dai minorenni, purché la pena applicabile non sia superiore ai due anni e il reo non abbia altri precedenti penali. **4.** Scusa, in formule di cortesia, per fatti non gravi. *Chiedo perdono per il ritardo.* SIN.: **venia**.

perduràre v.intr. (aus. *avere* o *essere*) **1.** Durare a lungo. *La febbre perdura.* **2.** Perseverare in qlco.

perdutaménte avv. Con straordinaria intensità.

perdùto agg. **1.** Riferito a cosa concreta, che non è più in possesso di qlcu. perché smarrito, scomparso o sottratto, conquistato da altri. ~ Riferito a organo o parte del corpo, che non può più svolgere le proprie funzioni. ~ *fig.* Riferito a cose astratte, venuto definitivamente meno, immediatamente trascorso, di cui non si potrà più godere. ~ Sciupato, sprecato. *Un'occasione perduta.* **2.** Riferito a persona, mancato, morto. **3.** Che è in preda allo smarrimento, all'angoscia, che si sente senza via di scampo. **4.** *fig.* Corrotto, dissoluto. **5.** *fig.* Assorto, assorbito, immerso in qlco.

peregrinàre v.intr. (aus. *avere*) (lat. *peregrināri* "viaggiare in paese straniero") → **vagabondare**.

peregrinazióne s.f. **1.** Spostamento continuo da un luogo all'altro. **2.** *fig.* Vita terrena considerata come esilio dell'anima.

peregrìno agg. (lat. *peregrīnum* "straniero") **1.** Eccezionale, nuovo. **2.** Bislacco, strano. **3.** Forestiero, straniero. ◆ s.m. Cosa strana, singolare.

perènne agg. (lat. *perĕnnem* "che dura tutto l'anno") **1.** Destinato a una durata infinita. ~ Che non viene mai meno, senza interruzione. **2.** BOT. Di pianta il cui ciclo vitale è superiore ai due anni.

perenneménte avv. Sempre, continuamente.

perentòrio agg. [pl.m. *–ri*] (lat. *peremptōrium* "mortifero" quindi "decisivo") **1.** Che non ammette obiezioni o discussioni. **2.** *estens.* Che denota una personalità o un carattere autoritario, imperioso. **3.** DIR. Che non consente dilazioni.

perenzióne s.f. (lat. *peremptiōnem*, deriv. di *perĭmere* "rovinare, annullare") **1.** DIR. Estinzione di un giudizio a causa dell'inattività delle parti interessate, protrattasi oltre i termini previsti dalla legge. **2.** Nel l. bur., decadenza, prescrizione di un diritto, di una facoltà o di un potere non fatti valere entro un dato termine.

perequazióne s.f. **1.** ECON. Suddivisione in maniera più equa di risorse e oneri, nonché effetto di tale azione. ◇ *Perequazione fiscale o tributaria:* azione tesa a ripartire le imposte tra le diverse categorie di persone, secondo principi di giustizia. **2.** STAT. Procedimento con il quale viene modificata una successione di dati, in modo da ottenere un andamento più regolare.

perestròika s.f. (solo sing.) (voce russa, propr. "ricostruzione") Volontà di riorganizzazione e riforma dell'assetto politico-economico dell'Unione Sovietica, mostrata da M. Gorbaciov a partire dal 1985.

perétta s.f. **1.** Piccolo strumento di gomma a forma di pera terminante con una cannula, usato a scopo sanitario per fare clisteri e irrigazioni. **2.** Interruttore elettrico, di forma allungata, pendente all'estremità di un filo. **3.** Sferetta in metallo dotata di aculei usata un tempo per stimolare i cavalli berberi alla corsa, oggi usata su quelli che corrono il palio.

perfettaménte avv. **1.** In modo perfetto. **2.** Completamente, del tutto.

perfettìvo agg. **1.** Che è atto a perfezionare, che ha lo scopo di rendere perfetto. **2.** LING. *Aspetto perfettivo:* forma del verbo che esprime un'azione o uno stato compiuti nella loro globalità (p.e. *bevve, mangiò*), contrapposto all'aspetto imperfettivo che non focalizza il punto finale dell'azione o dello stato (p.e. *beveva, mangiava*). ◆ s.m. Nell'accez. 2 dell'agg.

perfètto agg. (lat. *perfĕctum* "compiuto") **1.** Completo, compiuto in tutte le sue parti. ~ Totale, assoluto. *Pace perfetta.* **2.** Che non presenta imperfezioni, di alto livello qualitativo. ~ Che è al massimo grado di compiutezza, anche con valore iron. *Comportarsi da perfetto cretino.* **3.** MAT. *Numero perfetto:* numero intero uguale alla somma dei propri divisori escluso se stesso (p.e. 6 = 1 + 2 + 3). **4.** ECON. *Mercato perfetto:* quello in cui domanda e offerta variano liberamente e con la massima trasparenza. – *Moneta perfetta:* quella per cui valore legale e intrinseco sono coincidenti. **5.** GRAMM. *Tempo perfetto:* tempo verbale che indica un'azione compiuta nel passato.

perfezionaménto s.m. Progresso, innovazione, miglioramento. ◇ *Scuola, corso di perfezionamento:* scuola o corso a carattere postuniversitario in cui i laureati approfondiscono la loro preparazione.

perfezionàre v.tr. **1.** Rendere perfetto qlco. portandolo a totale compimento. *Perfezionare un accordo.* **2.** Correggere, mettere a punto in modo da eliminare i difetti. ◆ **perfezionarsi** v.pron. Diventare migliore, progredire. *Perfezionarsi nello studio delle lingue.*

perfezióne s.f. (lat. *perfectiōnem*, deriv. di *perfĭcere* "compiere") **1.** Caratteristica di ciò che è perfetto, senza difetti. *Aspirare alla perfezione.* ~ *estens.* Condizione di relativa compiutezza, elevato grado di qualità. ◇ *A perfezione, alla perfezione:* benissimo, in maniera impeccabile. **2.** Irreprensibilità, abbondanza di doti e qualità morali. **3.** FILOS. Caratteristica di una totalità che non manca di nulla e che è perfettamente conforme alla propria natura.

perfezionìsmo s.m. (ingl. *perfectionism*) **1.** Aspirazione al raggiungimento di un elevato grado di perfezione. **2.** PSICOL. Tendenza nevrotica di tipo ossessivo che consiste nel cercare una perfezione irraggiungibile e nella conseguente scontentezza di ogni cosa.

perfezionìsta agg. [pl.m. *–sti*] (ingl. *perfectionist*) **1.** Che tenta di raggiungere la perfezione. **2.** PSICOL. Di persona, affetto da perfezionismo. ◆ s.m. e f. Nei sign. dell'agg.

perfìdia s.f. Inclinazione ad agire in modo malvagio e sleale senza alcuno scrupolo, per il gusto di fare del male.

pèrfido agg. (lat. *pĕrfidum*, propr. "che viene meno alla fede data") **1.** Che agisce con subdola malvagità, che si compiace di fare del male. **2.** *fig. per esager.* o *scherz.* Disgustoso, cattivo, pessimo. *Un tempo perfido.*

perfìno avv. Finanche, addirittura.

perfogliàto agg. BOT. Di foglia sessile che circonda lo stelo con la propria lamina.

perforànte agg. **1.** Che è capace di penetrare una data superficie. ◇ *Proiettili perforanti:* atti a perforare corazze di mezzi blindati. **2.** *fig.* Acuto, pungente. *Sguardo perforante.* **3.** ANAT., MED. *Arterie perforanti:* quelle che si originano dall'arteria femorale e irrorano i muscoli della coscia.

perforàre v.tr. Bucare, forare, praticare dei fori in profondità. ◆ **perforarsi** v.pron. Bucarsi, forarsi.

Perforàti s.m. pl. [iniziale minusc. sing. *–to* per l'individuo] ZOOL. → **Foraminiferi**.

perforatóre agg. [f. *–trice*] Che perfora o che serve per perforare. ◆ s.m. **1.** (anche f.) Chi perfora. **2.** Attrezzo per eseguire fori, utilizzato in varie attività. **3.** ZOOL. Animale che, grazie a secrezioni chimiche o altri mezzi, è in grado di perforare strati di roccia o conchiglie.

perforatrìce s.f. **1.** Macchina impiegata per la perforazione e la punzonatura di schede, pellicole cinematografiche, ecc. **2.** TECN. Macchinario pesante usato in miniera per praticare piccoli fori nelle gallerie allo scopo di piazzare mine.

perforazióne s.f. **1.** Operazione con cui si praticano fori in una materia compatta. **2.** MED. Rottura della parete di un organo o di formazioni anatomiche sovrapposte. *(v. immagine pag. succ.)*

performance [/pə'fɔːməns/] s.f. inv. (voce ingl.) **1.** Prestazione, rendimento di un atleta, di una squadra o di un animale da gara. *Quel cavallo ha offerto una performance eccezionale.* ~ Spettacolare esibizione in pubblico di un artista. *Le sue performance dal vivo sono davvero entusiasmanti.* **2.** *estens.* Risultato ottenuto da qlcu. o da qlco. **3.** Forma di produzione artistica nata negli anni Settanta, basata sull'improvvisazione e sull'impiego di tecniche multimediali. **4.** LING. Atto linguistico concreto di un parlante. **5.** BORS. Rendimento. *Titoli azionari con una buona performance.*

performatìvo agg. (ingl. *performative*) LING. Di enunciato non soltanto descrittivo, ma che realizza di per se stesso l'azione descritta (p.e. "io battezzo").

performer [/ pə'fɔːmə/] s.m. inv. (voce ingl., deriv. di *to perform* "eseguire") **1.** SPORT. Atleta o cavallo che abbia ottenuto buoni risultati in gara. **2.** Artista, esecutore che si esibisce in pubblico.

perfosfàto s.m. Nome commerciale di un gruppo di fertilizzanti fosfatici a base di fosfato monocalcico, molto solubile e quindi di pronto utilizzo per le piante.

perfusióne s.f. (lat. *perfusiōnem*, deriv. di *perfūndere* "versare sopra") MED. Passaggio di sangue o di fluidi attraverso il sistema vascolare o linfatico.

pergamèna s.f. (così chiamata perché l'uso fu introdotto da Eumene II di *Pergamo*) **1.** Pelle d'animale (soprattutto di pecora e capra) trattata per essere utilizzata come superficie scrittoria o in legatoria. SIN.: **cartapecora**. ◇ *(Carta) pergamena:* trattata in modo particolare, con acido solforico e senza colla, allo scopo di conferirle la consistenza della pergamena; è detta anche *carta pergamenata*. **2.** *estens.* Documento scrit-

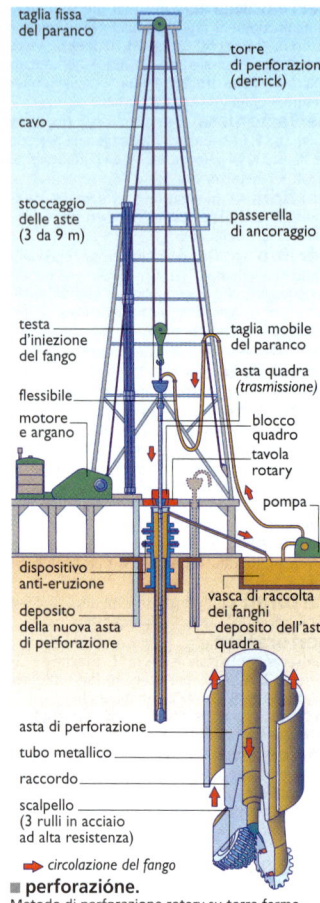

taglia fissa
del paranco

torre
di perforazione
(derrick)

cavo

stoccaggio
delle aste
(3 da 9 m)

passerella
di ancoraggio

testa
d'iniezione
del fango

taglia mobile
del paranco

asta quadra
(trasmissione)

flessibile

motore
e argano

blocco
quadro

tavola
rotary

pompa

dispositivo
anti-eruzione

deposito
della nuova asta
di perforazione

vasca di raccolta
dei fanghi

deposito dell'asta
quadra

asta di perforazione

tubo metallico

raccordo

scalpello
(3 rulli in acciaio
ad alta resistenza)

➡ circolazione del fango

■ **perforazióne.**
Metodo di perforazione rotary su terra ferma.

to su tale supporto. **3.** Copertura per il lino della conocchia.

pèrgola s.f. (lat. *pĕrgulam* "piccola loggia, ballatoio") **1.** Impalcatura di sostegno per piante rampicanti e viti, con intelaiatura di legno o di ferro a forma di volta o tettoia. **2.** Qualità d'uva.

1. pergolàto agg. Fornito di pergola o costruito come una pergola.

2. pergolàto s.m. **1.** Serie di pergole impiegate per l'allevamento della vite e di altre piante rampicanti. **2.** Tecnica di coltivazione della vite in cui i tralci sono stesi su impalcature fatte di pali tra i quali sono tirati dei fili di ferro.

3. pergolàto s.m. Erba dal fusto debole, foglie verde-chiaro e fiori bianchi, general. presente nelle siepi e nei boschi di Eurasia e Africa boreale. (Famiglia delle Rubiacee).

pèri s.f. pl. (fr. *péri*, persiano *parī*) Esseri appartenenti all'antica cultura persiana che, anche se considerati demoniaci dai testi sacri, nel folklore moderno sono rappresentati come gentili e innocui.

periadenite s.f. MED. Infiammazione dei tessuti molli che circondano le ghiandole linfatiche.

perianàle agg.. MED. Che è vicino o intorno all'orifizio anale.

periànzio s.m. [pl. *-zí*] (gr., comp. di *perí* "intorno" e *ánthos* "fiore") Involucro protettivo degli organi sessuali del fiore, costituito dalle foglie fiorali sterili (petali e sepali).

periartrite s.f. MED. Infiammazione che colpisce i tendini, le borse sierose e il tessuto che circonda le articolazioni.

periàstro s.m. ASTR. Nell'orbita ellittica descritta da un astro minore attorno a uno maggiore, punto di minor distanza tra i due corpi.

perìbolo s.m. (lat. *perìbolum*, gr. deriv. di *períbállein* "gettare intorno") ARCHEOL. Cortile sacro che nell'architettura classica circondava il tempio ed era delimitato da ceppi con iscrizioni o da un muro.

pericàrdico agg. [pl.m. *-ci*, f. *-che*] ANAT. Del pericardio. ◇ *Arterie pericardiche:* quelle che portano sangue al cuore.

pericàrdio s.m. [pl. *-di*] ANAT. Membrana sierosa che avvolge il cuore.

pericardite s.f. MED. Infiammazione del pericardio.

pericàrpo o **pericàrpio** s.m. [pl. *-pi*] BOT. Parte del frutto derivata dall'ovario, che circonda e protegge il seme. (Il pericarpo è costituito da epicarpo, mesocarpo ed endocarpo.)

periciclo s.m. BOT. Strato di cellule che, nella struttura primaria del caule e della radice, è situato tra l'endoderma e i fasci conduttori.

periclàsio s.m. (solo sing.) MIN. Ossido di magnesio in cristalli trasparenti.

pericolànte agg. **1.** Che minaccia di crollare. **2.** *fig.* Che si trova in gravi difficoltà.

pericolo s.m. (lat. *perìculum*, propr. "tentativo" quindi "rischio") **1.** Probabilità di danno, possibilità di evento rischioso. ◇ *Essere fuori pericolo:* detto di persona, non rischiare più la vita. – *A proprio rischio e pericolo:* assumendosi ogni responsabilità. **2.** *estens.* Ciò che costituisce una minaccia o comporta un rischio. ◇ *Pericolo pubblico:* persona estremamente pericolosa.

pericolosità s.f. inv. Capacità o possibilità di costituire un pericolo.

pericolóso agg. **1.** Che comporta un pericolo. SIN.: **rischioso.** ◇ SPORT. *Gioco pericoloso:* nel calcio, azione fallosa di chi entra a gamba tesa o a piedi uniti sull'avversario. **2.** Di individuo che agisce in modo rischioso o di animale il cui attacco può avere esito letale. **3.** *estens.* Che può essere fonte di problemi, di dispiaceri.

pericòndrio s.m. [pl. *-dri*] ANAT. Membrana che riveste le cartilagini.

perìcope s.f. **1.** FILOL. Breve passo estratto da un testo. **2.** CATT. Brano della Sacra Scrittura letto durante la messa. **3.** RET. Definizione precisa.

peridotite s.f. MIN. Roccia magmatica granulosa costituita principalmente da olivina.

peridòto s.m. (fr. *péridot*) MIN. → **olivina.**

periduràle agg. MED. → **epidurale.**

periegèsi s.f. inv. (gr. *periēgēsis*, deriv. di *periēgēisthai* "guidare intorno") Nella letteratura greca, in origine, descrizione dettagliata di una regione o di un paese, dal punto di vista topografico e da quello storico-etnologico. ~ Più tardi, scritto che descriveva e catalogava edifici, monumenti e opere d'arte di una regione.

perièlio s.m. [pl. *-li*] ASTR. Punto dell'orbita di un pianeta o di una cometa più vicino al sole (in oppos. ad *afelio*).

periferia s.f. (fr. *périphérie*, gr. *periphéreia* "circonferenza") **1.** Zona situata al limite di una città. ~ *estens.* Insieme degli abitanti di tale zona. **2.** *estens.* Zona o territorio marginali, posti a estrema distanza rispetto a un centro. **3.** *estens.* Ciò che si definisce rispetto a un centro. ~ Nelle istituzioni o in gruppi organizzati, organo locale, definito rispetto a un vertice.

perifèrica s.f. [pl. *-che*] INFORM. Ciascuno dei dispositivi attraverso cui l'unità centrale di elaborazione su un computer realizza le funzioni di input e output dei dati.

perifèrico agg. [pl.m. *-ci*, f. *-che*] **1.** Situato in periferia. **2.** *fig.* Marginale, trascurabile.

perifrasi s.f. inv. (fr. *périphrase*, lat. *perìphrasis*, gr. *perìphrasis* deriv. di *periphrázein* "parlare mediante circonlocuzioni") Espressione costituita da un insieme di parole che sostituisce un unico termine.

perifràstico agg. [pl.m. *-ci*, f. *-che*] (fr. *périphrastique*) **1.** Che forma una perifrasi. **2.** LING. Costituito da più elementi linguistici autonomi.

perigèo s.m. (fr. *périgée*, gr. *perígeos* "che sta intorno alla terra") ASTR. Punto più vicino alla Terra nell'orbita di un corpo celeste (in oppos. ad *apogeo*).

perigònio s.m. [pl. *-ni*] **1.** BOT. Perianzio di fiore, non differenziato in calice e corolla e co-

stituito da tepali. **2.** BOT. Guaina che avvolge gli anteridi di alcuni muschi.

perilùnio s.m. [pl. *-ni*] ASTRONAUT. Punto più vicino alla Luna nell'orbita descritta da un corpo intorno a essa.

perimetràle agg. (fr. *périmétral*) Relativo al perimetro, che si trova lungo il perimetro.

perimetro s.m. (fr. *périmètre*, gr. comp. di *perí* "intorno" e *métron* "misura") **1.** GEOM. Somma delle misure dei lati di un poligono. **2.** Misura del contorno di una superficie. ~ *estens.* Limite, confine.

perinatàle agg. MED. Del periodo tra la fine della gravidanza e i primi giorni di vita.

perinatologìa s.f. MED. Studio delle patologie del periodo perinatale.

perineàle agg. ANAT., MED. Della regione del perineo.

perinèo s.m. (fr. *perinée*, gr. comp. di *perí* "intorno" e *inân* "evacuare") ANAT. Area costituita dall'insieme dei tessuti molli, muscolari e fibrosi, che chiudono l'apertura inferiore del bacino.

periodàre v.intr. (aus. *avere*) Parlare o scrivere suddividendo e organizzando il discorso in periodi.

periodicaménte avv. In modo periodico, regolare.

periodicità s.f. inv. **1.** Ciclicità, ripetizione a intervalli costanti di un evento o di un fenomeno. **2.** Periodo di tempo che intercorre tra due manifestazioni dello stesso fenomeno.

1. perìodico agg. [pl.m. *-ci*, f. *-che*] **1.** Che si ripete a intervalli regolari. *Pubblicazione periodica.* **2.** Di ente o grandezza che varia, ripetendosi con regolarità rispetto al variare di altro ente o grandezza. ◇ MAT. *Funzione periodica di una variabile reale:* che assume lo stesso valore se alla variabile si aggiunge o si sottrae una data costante. – FIS. *Moto periodico:* quello di un sistema che torna nello stesso stato dopo un tempo dato, detto *periodo*. **3.** *estens.* Disposto a distanze regolari.

2. perìodico s.m. [pl. *-ci*] Pubblicazione che esce a intervalli regolari.

periodo s.m. (gr. *períodos* "movimento circolare") **1.** Spazio di tempo caratterizzato da particolari condizioni o avvenimenti. SIN.: **momento.** ◇ *Andare a periodi:* essere incostante. – ECON. *Breve periodo:* quello durante il quale l'impresa può modificare la capacità produttiva variando solo il grado di utilizzo degli impianti. – *Lungo periodo:* quello durante il quale l'impresa può variare la capacità produttiva modificando le quantità di tutti i fattori di produzione. **2.** FIS. Intervallo di tempo costante che separa due manifestazioni dello stesso fenomeno. **3.** ASTR. Tempo che un astro impiega a compiere un movimento di rotazione o di rivoluzione. **4.** GEOL. Suddivisione delle ere. (L'equivalente stratigrafico del periodo è il sistema.) **5.** MED. Fase di una malattia. *Periodo d'incubazione.* ◇ *Periodo fertile:* fase del ciclo mestruale in cui è possibile la fecondazione. **6.** MAT. Gruppo di cifre che, nella rappresentazione decimale di un numero periodico, si ripete indefinidamente. **7.** GRAMM. Unità sintattica di struttura complessa, costituita da unità minori collegate per coordinazione o subordinazione. **8.** CHIM. Ciascun gruppo di elementi, incluso nella classificazione periodica, con numero atomico crescente, compreso tra due elementi chimicamente simili. **9.** MUS. Insieme di frasi musicali che costituiscono un gruppo organico. **10.** PALEOG. Segno d'interpunzione che, nei documenti antichi, indica la fine del periodo.

periodontite s.f. MED. Infiammazione acuta o cronica del periodonto, che si manifesta con la formazione di un ascesso attorno al dente colpito.

periodònto s.m. ANAT. Tessuto costituito di fasci connettivali e fibrosi che avvolge le radici del dente e le unisce alla parete dell'alveolo; è detto anche *paradenzio* o *parodonto*.

periòstio s.m. [pl. *-sti*] (gr. comp. di *perí* "intorno" e *ostéon* "osso") ANAT. Membrana connettivale che circonda le ossa.

periostite s.f. MED. Infiammazione del periostio.

peripatètico agg. [pl.m. –*ci*, f. –*che*] (lat. *peripatēticum*, gr. deriv. di *peripatèin* "camminare intorno") **1.** Appartenente alla scuola filosofica di Aristotele, che soleva tenere lezioni e discussioni passeggiando nel viale del liceo di Atene, detto *Peripato*. ~ *estens*. Aristotelico. **2.** Di ciò che si fa o che accade mentre si passeggia. ◆ s.m. Seguace di Aristotele.

peripezìa s.f. (gr. *peripèteia* "avvenimento imprevisto") **1.** (spec. pl.) Vicenda rischiosa o disavventura imprevista. **2.** Ribaltamento improvviso della situazione causato da eventi fortuiti e imprevedibili (spec. nella tragedia greca).

pèriplo s.m. (fr. *périple*, lat. *pēriplum*, gr. *périplous* deriv. di *periplèin* "navigare attorno") **1.** Circumnavigazione di un continente o di un'isola. ~ *estens*. Itinerario circolare. **2.** Nella letteratura greco-latina, descrizione di un viaggio marittimo, con dati geografici, tecnici e commerciali su mari, porti e città.

periptero o **perìttero** agg. (gr. *perìpteros*, propr. "con le ali attorno" quindi "circondato da colonne") ARCH. Di tempio greco o romano con cella a pianta circolare o rettangolare circondata da colonne. ◆ s.m. Nel sign. dell'agg.

perìre v.intr. [83] (aus. *essere*) (lat. *perīre*, propr. "andare al di là") **1.** Perdere la vita, spec. per cause accidentali. *Perire in un incendio*. **2.** *fig*. Andare distrutto, consumarsi. *Le nostre sostanze periranno*.

periscòpico agg. [pl.m. –*ci*, f. –*che*] **1.** Del periscopio o che ne ha le caratteristiche e le modalità di funzionamento di tale strumento. **2.** OTT. Di lente o struttura di lenti avente un angolo di campo di oltre 60°. **3.** ZOOL. *Occhio periscopico*: proprio di alcuni crostacei, caratterizzato da un peduncolo, per lo più mobile.

periscòpio s.m. [pl. –*pi*] (ingl. *periscope*) Strumento ottico usato soprattutto in campo militare, formato da lenti e prismi riflettenti che permette la visione dell'intero orizzonte senza che l'osservatore debba cambiare posizione.

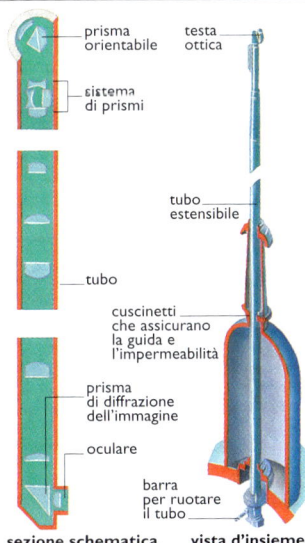

prisma orientabile

testa ottica

sistema di prismi

tubo estensibile

tubo

cuscinetti che assicurano la guida e l'impermeabilità

prisma di diffrazione dell'immagine

oculare

barra per ruotare il tubo

sezione schematica   vista d'insieme

■ **periscòpio** di un sottomarino.

perispèrma o **perispèrmio** s.m. [pl. –*mi*] BOT. Sostanza nutritiva di riserva presente nei semi di certe Angiosperme.

perispòmeno agg. FON. Di parola greca antica che, secondo le regole grammaticali, ha l'accento circonflesso sull'ultima sillaba.

Perissodàttili s.m. pl. [iniziale minusc. sing. –*lo* per l'individuo] ZOOL. Ordine di mammiferi erbivori di taglia medio-grossa; hanno arti con tre dita, di cui quello centrale assai sviluppato, adatto a sostenere il peso del corpo. (Com-

prende le famiglie di Equidi, Tapiridi e Rinocerontidi.)

peristàlsi s.f. inv. **1.** FISIOL. Insieme dei movimenti compiuti dalle pareti di alcuni organi cavi, in modo da spingere in avanti il contenuto. **2.** ZOOL. Contrazioni muscolari che permettono il movimento ad alcune specie di animali.

peristàltico agg. [pl.m. –*ci*, f. –*che*] (gr. *peristaltikós*, deriv. di *perìstéllein* "contrarre") FISIOL. Nella loc. *movimenti peristaltici*, movimenti che fanno progredire il materiale alimentare nel tubo digerente.

peristasi s.f. inv. ARCHEOL. Colonnato del tempio periptero.

peristilio s.m. [pl. –*li*] (gr., comp. di *perí* "intorno" e *stýlos* "colonna") **1.** ARCHEOL. Cortile interno con un porticato. **2.** *estens*. Portico, colonnato che circonda un edificio.

peristòma s.m. [pl. –*mi*] **1.** ZOOL. Margine dell'apertura orale di diversi invertebrati. **2.** BOT. In alcuni muschi, ognuno dei prolungamenti disposti intorno all'urna, che hanno la funzione di regolare l'uscita delle spore.

peritècio s.m. [pl. –*ci*] BOT. Corpo fruttifero a forma di fiasco, tipico di alcune varietà di funghi ascomiceti.

perìto s.m. (lat. *perītum*, deriv. di *perīri* "fare esperienza") **1.** Persona competente in un determinato campo e perciò chiamata a fornire valutazioni, stime tecnicamente attendibili. **2.** Diplomato in istituti superiori d'indirizzo tecnico-professionale.

peritoneàle agg. ANAT. Del peritoneo.

peritonèo s.m. (lat. *peritonaèum*, gr. *peritónaion* deriv. di *peritèinein* "tendere intorno") **1.** ANAT. Membrana sierosa che riveste le pareti dell'addome e vi avvolge su se stessa per avvolgere i visceri. **2.** ZOOL. Membrana che nei metazoi avvolge la cavità del celoma.

peritonite s.f. MED. Infiammazione del peritoneo.

perìzia s.f. **1.** Profonda conoscenza in un dato campo, acquisita con lo studio e la pratica. SIN.: **competenza**. **2.** Valutazione formulata da un esperto, spesso richiesta dal giudice in un processo.

perizòma s.m. [pl. –*mi*] (lat. *perizòma*, gr. *perízōma* deriv. di *perizōnnýnai* "cingere intorno") **1.** ETNOL. Indumento in uso fra le popolazioni primitive, indossato come copertura e protezione dei genitali. **2.** *estens*. Indumento intimo che copre l'inguine lasciando scoperti i glutei.

pèrla s.f. (etim. discussa, forse lat. *pèrna* "prosciutto" poi per somiglianza di forma "tipo di conchiglia") **1.** Concrezione madreperlacea di forma sferica che i molluschi bivalvi creano attorno a un corpo estraneo penetrato nel loro mantello per difendersene; è utilizzata in oreficeria. **2.** *estens*. Oggetto che per forma o colore ricorda una perla. ~ Capsula cilindrica di gelatina contenente prodotti cosmetici o medicinali. **3.** *fig. scherz*. Errore macroscopico. **4.** ARCH. Elemento decorativo di forma sferica. **5.** CHIM. Globulo in vetro ottenuto dalla fusione di borace o fosfato sodico ammonico, impiegato per la rilevazione di alcuni elementi. □ In funzione di agg. inv., di tonalità lattiginosa e iridescente, che va dal grigio chiaro al bianco, al rosato e all'azzurro.

ENCICL. Le *perle naturali*, provenienti dall'Oceano Indiano e dal Pacifico, sono formate essenzialmente da carbonato di calcio e da materia organica. Di minor pregio sono le *perle coltivate*, prodotte in Giappone e Australia in allevamenti di molluschi in cui è stata inserita una sferetta di madreperla lasciata poi maturare naturalmente per vari anni.

perlàceo agg. Relativo alla perla o alla madreperla.

perlàto agg. Che ricorda le perle per la forma, il colore o la lucentezza.

perlìfero agg. Che contiene o produce perle.

perlina s.f. **1.** Nel sign. del dim. di *perla*. ~ In partic., sferetta forata, di vetro o di cristallo colorato, usata per ornamento. **2.** COSTR. Tavoletta di legno che, incastrata con altre, serve da rivestimento. **3.** *Cerchio di perline*: corona composta da piccole semisfere a rilievo, disposte lungo il

margine di certe monete; è detta anche *perlinato*. **4.** ELETTRON. Guaina in ceramica o materiale plastico, usata per isolare conduttori o i reofori. **5.** ZOOL. Cinciallegra.

perlinàto agg. CINE. Di schermo da proiezione sottoposto a perlinatura. ◆ s.m. **1.** COSTR. Rivestimento per soffitti o pareti formato da perline. **2.** NUMISM. Corona di minute sfere in rilievo che orna il bordo di alcune monete.

perlinatùra s.f. **1.** Rivestimento di pareti e soffitti con tavole di legno. **2.** CINE. Copertura di uno schermo con uno strato di minuscole perline di uno speciale vetro, per aumentarne la resa luminosa. **3.** Motivo ornamentale formato da perline.

perlinguàle agg. FARM. Relativo all'assorbimento di alcuni farmaci attraverso la mucosa linguale e il pavimento della bocca.

perlite s.f. **1.** MIN. Roccia vulcanica vetrosa di costituzione chimica non definita, ma caratterizzata da fessurazioni sferoidali. **2.** METALL. Miscela di ferrite e cementite, presente negli acciai raffreddati lentamente.

perloméno o **per lo méno** avv. Almeno, come minimo. □ In funzione di cong., se non altro, in ogni caso, comunque.

perlopiù o **per lo più** avv. Preferibilmente, specialmente. □ In funzione di avv., in genere, nella maggior parte dei casi.

perlustràre v.tr. (lat. *perlustrāre* "percorrere con lo sguardo") **1.** MIL. Attraversare o percorrere un luogo ispezionandolo sistematicamente. *Perlustrare uno spazio aereo*. **2.** *estens*. Ispezionare meticolosamente. *Perlustrare un quartiere*.

perlustrazióne s.f. Ispezione, ricognizione, sopralluogo.

permafrost [/'pɔːmə₁frɔst/] s.m. inv. (voce ingl., propr. "gelo permanente") GEOL. Permagelo.

permagèlo s.m. (calco dell'ingl. *permafrost*) GEOL. Suolo tipico dei climi freddi, perennemente gelato anche in profondità.

permalóso agg. Di persona che si risente per cose futili. ◆ s.m. [f. –*sa*] Nel sign. dell'agg.

permanènte agg. Che resta, che dura nel tempo. *Divieto permanente*. SIN.: **continuo**. ◇ *Esercito permanente*: insieme delle forze armate in servizio anche in tempo di pace. ◆ s.f. Ondulazione artificiale e duratura dei capelli, eseguita mediante trattamenti termici o chimici.

permanènza s.f. **1.** Presenza continua e durevole di qlco. **2.** Soggiorno in un luogo.

permanére v.intr. [58] (aus. *essere*) Rimanere, conservarsi immutato nel tempo. *Permane una situazione di instabilità*. ◆ v.cop. Continuare a trovarsi in un certo stato o condizione. *Le sue condizioni permangono gravi*.

permanganàto s.m. CHIM. Sale dell'acido permanganico. ◇ *Permanganato di potassio*: energico ossidante usato come antisettico.

permangànico agg. [pl.m. –*ci*, f. –*che*] CHIM. Di composto in cui il manganese esplica il suo massimo grado di ossidazione (anidride Mn_2O_7 e acido corrispondente $HMnO_4$).

permeàbile agg. Che si lascia attraversare da liquidi o gas.

permeabilità s.f. inv. Proprietà di un corpo di farsi attraversare da una sostanza liquida o gassosa. ◇ FIS. *Permeabilità magnetica*: caratteristica di un materiale che ne misura l'inclinazione a essere sede di induzione magnetica.

permeànza s.f. FIS. Grandezza che misura la capacità di un corpo di magnetizzarsi quando inserito in un campo magnetico (in oppos. a *riluttanza*).

permeàre v.tr. (lat. *permeāre*, propr. "passare attraverso") **1.** Detto di liquidi o gas, attraversare un corpo e impregnarlo. **2.** *fig*. Pervadere, influenzare qlco. o qlcu. in modo determinante.

permésso agg. Ammesso, non proibito. SIN.: **lecito**. ◆ s.m. Autorizzazione verbale o scritta. ◇ *Permesso di soggiorno*: autorizzazione concessa a uno straniero per un periodo di permanenza in uno Stato.

perméttere v.tr. [50] **1.** Consentire, lasciare che qlcu. faccia qlco. *Mi hanno permesso di venire*. SIN.: **concedere**. **2.** Usato in formule di cortesia per chiedere il permesso di fare qlco. *Mi* *permette una domanda?* ◆ **permettersi** v.pron. **1.** Avere la possibilità, spec. economica, di fare qlco. *Si è permesso una lunga vacanza.* **2.** Osare, prendersi la libertà di fare qlco. *Si permise una risposta offensiva.*

permiàno s.m. (solo sing.) (ingl. *permian*, dal nome della provincia russa di *Perm'*) GEOL. Ultimo periodo dell'era paleozoica. (Compreso tra 295 e 245 milioni di anni, fu caratterizzato dal ritirarsi dei mari, da forte attività vulcanica e da un clima caldo arido nell'emisfero boreale, mentre i ghiacci ricoprivano l'emisfero australe.) ◆ agg. **1.** Relativo a tale periodo. **2.** Che appartiene, è relativo alla popolazione finnica dei permiani.

permissivìsmo s.m. Atteggiamento eccessivamente indulgente, in partic. con riferimento a una concezione pedagogica diffusasi prima negli Stati Uniti e poi in Europa intorno al 1960. SIN.: **lassismo.**

permissìvo agg. **1.** Incline a concedere molta libertà, a essere tollerante nei riguardi di atteggiamenti tradizionali biasimati. **2.** DIR. Che concede un'autorizzazione.

pèrmuta s.f. DIR. Contratto che regolamenta il trasferimento reciproco della proprietà di beni o di altri diritti tra i contraenti.

permutàre v.tr. (lat. *permutāre* "cambiare completamente") **1.** Barattare, scambiare due oggetti. **2.** MAT. Cambiare l'ordine di successione di due o più elementi di una serie. *Permutare i fattori di una moltiplicazione.*

permutazióne s.f. **1.** TELECOM. Collegamento tra due linee che fanno capo a un dispositivo (*permutatore*) che collega i cavi della rete esterna ai cavi delle apparecchiature della centrale stessa. **2.** MAT. Operazione che consiste nel cambiare l'ordine degli elementi in un insieme ordinato. **3.** LING. Commutazione.

pernàcchia s.f. (voce merid., lat. *vernāculum* "servile" poi "scurrile") Rumore volgare prodotto facendo uscire un forte soffio d'aria attraverso le labbra serrate, per disprezzo o derisione.

pernìce s.f. (lat. *perdīcem*, gr. *pérdiks* deriv. di *pérdesthai* "emettere rumori" per il frullo che l'animale produce nell'alzarsi in volo) **1.** Denominazione comune di vari uccelli di taglia media, con piumaggio bruno poco vivace, zampe rosse, ali e coda arrotondate e corte, che sono cacciati per le carni prelibate. (Ordine dei Galliformi; famiglia dei Fasianidi.) ◇ *Pernice delle nevi:* dal piumaggio bianco d'inverno e bruno d'estate, vive sulle Alpi oltre i 2000 m. – *Pernice di mare:* glareola. **2.** Tessuto di lana per abiti da uomo che presenta sull'ordito punti chiari su fondo scuro.

rossa
grigia (maschio)

■ **pernìce**

pernicióso agg. **1.** Che provoca o comporta danni gravi, effetti nocivi. **2.** MED. Riferito a malattia, che presenta un decorso grave e può condurre anche alla morte.

pèrno s.m. (lat., deriv. di *pèrna* "coscia" dell'uomo e dell'animale, quindi "prosciutto") **1.** MECC. Organo di supporto, di forma per lo più cilindrica, che consente la rotazione di un elemento mobile. **2.** *fig.* Elemento principale. SIN.: **cardine. 3.** SPORT. Nel pattinaggio artistico, serie di piroette a corpo flesso o eretto, eseguite con un piede sollevato mentre l'altro fa da perno. **4.** Asticciola di legno o metallo che viene conficcata in due blocchi di marmo o di creta per tenerli uniti. **5.** MAR. Agugliotto del timone.

pernottaménto s.m. Sosta in un luogo per passarvi la notte. ~ Anche, somma che si deve pagare per pernottare in un albergo.

pernottàre v.intr. (aus. *avere*) Trascorrere la notte in un luogo diverso da quello abituale.

péro s.m. **1.** Pianta originaria delle regioni temperate dell'Asia occidentale, con fiori bianchi e foglie ovali, coltivata per i frutti commestibili. (Lunghezza del tronco fino a 12 m; Genere *Pyrus*; famiglia delle Rosacee.) ◇ *Pero cervino o corvino:* diffuso nelle zone calcaree e boschive dell'Europa centro-meridionale. **2.** Legno di tale pianta, di colore rossiccio e inattaccabile dai tarli, usato in falegnameria e nella costruzione di strumenti musicali.

foglie e fiori

frutto   sezione del frutto

■ **péro**

però cong. **1.** Con valore avversativo-limitativo, nel significato di *ma, tuttavia. Questo lavoro rende bene, però è molto rischioso.* **2.** Isolata, spec. all'inizio di frase, esprime meraviglia o disappunto. *Però, che tipo quel Marco!*

peróne o **pèrone** s.m. (gr. *perónē*, propr. "fibbia" poi "perone" per la forma) ANAT. Osso lungo laterale esterno della gamba al di sotto del ginocchio. SIN.: **fibula.**

peronìsmo s.m. Movimento politico-sociale di tipo populista promosso da J.D. Perón, presidente dell'Argentina tra il 1946 e il 1955. SIN.: **giustizialismo.**

peronòspora s.f. **1.** Fungo microscopico, general. parassita delle piante, alle quali procura una sorta di muffa biancastra o grigia sulla pagina inferiore delle foglie. (Famiglia delle Peronosporacee.) **2.** Nome di varie malattie causate alle piante da detti funghi. **3.** BOT. (iniziale maiusc.) Genere di funghi a cui appartiene la peronospora.

Peronosporàcee s.f. pl. [iniziale minusc. sing. *–a* per l'individuo] BOT. Famiglia di funghi ficomiceti, parassiti di piante coltivate.

peroràre v.tr. Sostenere o difendere qlco. con entusiasmo e convinzione.

perorazióne s.f. **1.** Discorso fatto con calore in difesa, a sostegno di una causa. **2.** RET. Parte conclusiva dell'orazione classica, nella quale venivano riassunti i punti essenziali del discorso e si tentava di suscitare la commozione dell'uditorio.

peròssido s.m. CHIM. Composto contenente due atomi di ossigeno combinati con altri elementi (RO–OR'), che general. ha un elevato potere ossidante, sbiancante e disinfettante. ◇ *Perossido di idrogeno:* *acqua ossigenata.

perpendicolàre agg. **1.** Di linea o piano verticale che segue la direzione del filo a piombo. **2.** GEOM. Riferito a due elementi che intersecandosi formano angoli di 90°. **3.** ANAT. *Scissura perpendicolare:* situata presso il polo posteriore degli emisferi cerebrali nei primati, sale perpendicolarmente sul lato mediale verso il margine superiore e si prolunga sulla faccia laterale. ◆ s.f. Retta che incontrandone un'altra forma con essa un angolo retto, o che incontrando un piano forma un angolo retto con tutte le rette del piano passanti per il punto di intersezione.

perpendicolarità s.f. inv. GEOM. → **ortogonalità.**

perpetràre v.tr. (lat. *perpetrāre* "eseguire") Commettere, portare a compimento un'azione illecita, disonesta. *Perpetrare un delitto.*

perpètua s.f. (dal nome della governante di don Abbondio nei "Promessi Sposi" di A. Manzoni) Domestica al servizio di un sacerdote.

perpetuàre v.tr. Rendere eterno, far durare nel tempo. ◆ **perpetuàrsi** v.pron. Esistere, durare in eterno senza variazioni. *Il ricordo dei grandi poeti si perpetua.*

perpètuo agg. (lat. *perpètuum*, propr. "che procede in modo continuo") **1.** Destinato a durare per sempre o a prolungarsi indefinitamente nel tempo. **2.** *estens.* Continuo, costante, ininterrotto, incessante. *Perpetuo stato di crisi.* **3.** FIS. *Moto perpetuo:* quello di un'ipotetica macchina che produca lavoro senza ricevere energia dall'esterno o che trasformi totalmente energia termica in energia meccanica. **4.** MECC. *Vite perpetua:* vite senza fine. – *Leva perpetua:* puleggia.

perplessità s.f. inv. (lat. *perplēxitas* "tortuosità, oscurità") **1.** Mancanza di decisione. **2.** (spec. pl.) Dubbio, incertezza.

perplèsso agg. (lat. *perplēxum* "intricato") Che mostra incertezze o dubbi. ~ Sconcertato, interdetto. *Sono perplesso dopo ciò che ho visto.*

perquisìre v.tr. Frugare con cura e attenzione, spec. in cerca di oggetti attinenti a un reato.

perquisizióne s.f. (lat. *perquisitiōnem*, deriv. di *perquīrere* "ricercare") Operazione ordinata dall'autorità giudiziaria e condotta dalla polizia allo scopo di ritrovare indizi e prove di un reato addosso a sospettati o nelle loro abitazioni.

persàle s.m. CHIM. Composto salino in cui l'elemento che forma l'anione si trova allo stato di valenza più elevato.

persecutóre s.m. [f. *–trice*] Chi perseguita, opprime. ~ *estens. scherz.* Persona ossessiva, che avanza continue richieste.

persecutòrio agg. [pl.m. *–ri*] Caratteristico di chi perseguita. ~ Tipico di chi si sente perseguitato. *Mania persecutoria.*

persecuzióne s.f. (lat. *persecutiōnem* "inseguimento") **1.** Sistematica e violenta forma di repressione condotta ai danni di qlcu., in partic. di una minoranza etnica, sociale o religiosa. ◇ PSICH. *Mania di persecuzione:* alterazione psichica che consiste nel credersi vittima di persecuzioni. **2.** *fig. per esager.* Evento o persona che rappresenta un assillo, un fastidio continuo, una molestia esasperante.

perseguìbile agg. **1.** Che può essere perseguito. **2.** DIR. Di reato che può essere sanzionato penalmente.

perseguiménto s.m. Atto o comportamento che tende a conseguire qlco.

perseguìre v.tr. **1.** Adoperarsi per conseguire qlco. *Perseguire uno scopo.* **2.** Agire penalmente contro qlcu. per un reato commesso. *Perseguire i malviventi.* ~ Punire penalmente un reato. *Perseguire il traffico di droga.*

perseguitàre v.tr. **1.** Sottoporre ripetutamente qlcu. ad azioni dannose, violente e repressive. *Perseguitare gli innocenti.* **2.** *fig.* Tormentare, angustiare qlcu. *Il rimorso mi perseguita.* ~ Infastidire, disturbare. *Le tue assurde pretese mi perseguitano.*

perseguitàto agg. Che è o è stato vittima di una persecuzione. ◆ s.m. [f. *–ta*] Nel sign. dell'agg.

Persèidi s.f. pl. ASTR. Sciame di meteoriti radianti dalla costellazione del Perseo, visibili come pioggia di stelle cadenti tra il 9 e l'11 agosto di ogni anno, note con il nome popolare di *lacrime di san Lorenzo.*

perseverànte agg. Costante, fermo, tenace nei propositi.

perseverànza s.f. Costanza e fermezza nel perseguire i propri propositi, nell'insistere in un atteggiamento o nel continuare un'attività.

perseveràre v.intr. (aus. *avere*) Mantenersi deciso e costante. ~ Continuare a fare qlco. *Perseverare nell'impresa.*

perseverazióne s.f. MED. Difetto del linguaggio per cui si tende alla ripetizione monotona della medesima parola o frase, anche per semplice suggestione fonica delle precedenti.

persiàna s.f. (fr. *persienne* per la sua supposta origine persiana) Serramento esterno di finestra costituito da una serie di stecche orizzontali inclinate verso l'esterno, di legno o altro materiale, inserite in un'intelaiatura incernierata lateralmente e scorrevole.

persiàno agg. Della Persia. ◆ s.m. [f. *-na* nelle accez. 1 e 3] **1.** Nativo, abitante della Persia. **2.** (solo sing.) Lingua oggi parlata in Iran e in Afghanistan discendente dall'antica lingua indoeuropea parlata nell'impero achemenide. **3.** Gatto a pelo lungo e morbido, con muso appiattito. **4.** Varietà di pelliccia di astrakan, derivata dagli agnelli di razza persiana.

persicària s.f. (lat. *Persicaria*, deriv. di *pērsicum* "pesco" per la somiglianza delle foglie) Pianta erbacea annua coltivata per i suoi fiori rosa o bianchi. (Nome sc. *Polygonum persicaria*; famiglia delle Poligonacee.)

1. pèrsico agg. [pl.m. *-ci*, f. *-che*] Della Persia, persiano, in partic. in termini geografici.

2. pèrsico s.m. [pl.m. *-ci*] (etim. incerta, forse long. *parsik*) Pesce commestibile originario dell'America settentrionale e della Russia asiatica, ormai acclimatato anche nelle acque dolci. (Lunghezza fino a 50 cm; genere *Perca*, ordine dei Percidi.)

3. pèrsico s.m. [pl. *-ci*] (lat., deriv. di *pērsicum mālum* "melo persiano") Pesco o, anche, pesca.

■ **pèrsico**

persino → perfino.

persistènte agg. **1.** Che perdura nel tempo. SIN.: **continuo**. **2.** BOT. Di organo vegetale che rimane sulla pianta per un periodo molto lungo.

persistènza s.f. Continuità nel tempo. ◇ Costanza, ostinazione in qlco. ◇ FISIOL. *Persistenza delle immagini retiniche*: proprietà delle impressioni sensoriali, in partic. quelle visive, di persistere dopo la cessazione dello stimolo.

persistere v.intr. (aus. *avere*) **1.** Durare a lungo. *La crisi politica persiste.* **2.** Mostrare caparbietà e ostinazione. *Persistere nelle proprie idee.*

pèrso agg. Perduto, sciupato, sprecato, svanito. ◇ *figg. Darsi per perso*: per sconfitto, dichiararsi senza via d'uscita. – *A tempo perso*: per hobby, nei ritagli di tempo. – *Perso per perso*: indica l'intenzione di fare un ultimo tentativo per uscire da una situazione critica, nella quale non si ha più nulla da perdere. *Perso per perso, vado avanti fino in fondo.*

persolfùro s.m. CHIM. MINER. Composto avente un gruppo S–S.

persóna s.f. (etrusco *phersu* "maschera teatrale" poi "individuo") **1.** Essere umano considerato in sé o nelle sue funzioni sociali, prescindendo dalle differenze di etnia, sesso, età, cultura, ecc. ~ (al pl.) Gente. *Al convegno sono intervenute molte persone.* **2.** Individuo come presenza e aspetto fisico, come corpo e figura. *Aver cura della propria persona.* **3.** DIR. Soggetto di diritto con diritti e obblighi. ◇ *Persona giuridica*: collettività che la legge riconosce come soggetto di diritto (in oppos. a *persona fisica*, il singolo individuo). **4.** GRAMM. Categoria verbale e pronominale che identifica i protagonisti dell'atto comunicativo (sia diretti sia indiretti). ~ *estens.* Forma verbale corrispondente. ◇ *Nomi propri di persona*: quelli che indicano un individuo determinato (p.e. *Margherita*). – *Nomi comuni di persona*: quelli che indicano una categoria precisa (p.e. *dottore*). – *fig. In prima persona*: dal punto di vista di chi parla, personalmente. **5.** FILOS. Individuo quale essere pensante che, attraverso la

sua volontà, i suoi sentimenti e l'autocoscienza, rappresenta l'essenza dell'uomo. **6.** TEOL. CRIST. Ognuno degli enti divini formanti la Trinità (il Padre, il Figlio e lo Spirito Santo). **7.** PSICOL. Secondo la dottrina di C.G. Jung, la parte della personalità che ogni individuo rivela nel suo quotidiano.

personàggio s.m. [pl. *-gi*] (fr. *personnage* "persona importante" poi "persona rappresentata in un'opera") **1.** Persona in vista, influente. **2.** Chi ha un ruolo, una parte più o meno importante all'interno di una rappresentazione teatrale o cinematografica o di un'opera letteraria. **3.** *fam.* Tipo bizzarro, originale.

personal computer [/'pəːsnəl kəm'pjuːtə/] loc. sost. m. inv. (loc. ingl.) Computer di piccole dimensioni usato in uffici o case private per tenere la contabilità, scrivere, immagazzinare ed elaborare dati.

1. personàle agg. **1.** Proprio, tipico di un singolo individuo. **2.** GRAMM. *Pronome personale*: quello che si riferisce alla prima, seconda o terza persona sing. o pl. (p.e. io, tu, lui, ci, ecc.). – *Costruzione personale del verbo*: costruzione verbale dipendente da un soggetto, espresso o sottinteso (in oppos. alla *costruzione impersonale*). **3.** DIR. *Diritti personali*: quelli inalienabili, intimamente connessi alla persona. – *Libertà personale*: garanzia costituzionale consistente nella facoltà di disporre del proprio corpo, senza subire coercizioni se non nei casi previsti dalla legge e dietro mandato dell'autorità giudiziaria. **4.** ECON. *Imposta personale*: quella che tassa la ricchezza non in quanto tale, ma in quanto appartenente a una persona in particolare, e che tiene conto delle condizioni particolari dell'individuo soggetto a imposta.

2. personàle s.m. **1.** Aspetto fisico di una persona. **2.** Insieme dei dipendenti di una ditta, persone addette a un determinato servizio. *Il personale dell'ufficio.* **3.** Tutto quanto riguarda la vita privata di un individuo. *Il personale di ciascuno va salvaguardato.* **4.** SPORT. Nella pallacanestro, il fallo commesso ai danni di un avversario.

3. personàle s.f. Esposizione delle opere di un artista vivente.

personalismo s.m. (fr. *personnalisme*) **1.** Tendenza ad assumere un eccessivo, a volte morboso e nevrotico, interesse per la propria persona o per questioni personali. **2.** FILOS. Dottrina che riafferma il valore essenziale dell'individuo nella costituzione della realtà e nella valutazione del pensiero filosofico. (Tale dottrina fu sostenuta da Renouvier, Scheler e soprattutto Mounier.)

personalità s.f. inv. **1.** Ciò che è peculiare, caratteristico, tipico di una persona nella sua singolarità e quindi è soggettivo, individuale. **2.** Complesso delle caratteristiche psicologiche e intellettuali di un individuo. *Disturbi della personalità.* **3.** Persona di rilievo per autorità, importanza sociale, prestigio. **4.** DIR. Condizione di ciò

che è soggetto di diritto. **5.** *Culto della personalità*: espressione coniata nel corso del 20° congresso del partito comunista sovietico per definire e stigmatizzare l'esaltazione della classe dirigente, dei massimi esponenti del partito e dello stato. **6.** FILOS. Individualità della singola coscienza.

personalizzàre v.tr. (fr. *personnaliser*) Adattare qlco. alle esigenze di un singolo. *Personalizzare l'appartamento.*

personalizzàto agg. Adattato ai gusti, alle esigenze o alle necessità di una o più persone.

personalizzazióne s.f. Modifica di oggetti o servizi in modo che risultino adatti alle specifiche esigenze dei fruitori.

personalménte avv. **1.** Direttamente, di persona. **2.** Per esprimere il punto di vista, una valutazione personale del parlante. *Personalmente, non lo credo.*

personificàre v.tr. [4] (fr. *personnifier*) **1.** Raffigurare un concetto astratto o una cosa inanimata in forma di persona o con caratteristiche e attributi umani. *Personificare il giorno e la notte.* **2.** Essere la rappresentazione allegorica di qlco. *Il direttore personifica la sua ditta.* SIN.: **simboleggiare**.

personificàto agg. Fatto persona. *La bontà personificata.*

personificazióne s.f. (fr. *personnification*) **1.** Attribuzione a esseri animati e inanimati della natura, di modi, forme, fattezze umane. **2.** Rappresentazione allegorica di un concetto o di una cosa inanimata in forma di persona, spec. nell'arte e nella letteratura. *Su questa moneta la donna è la personificazione della giustizia.* **3.** *per esager.* Persona o cosa che dimostra di possedere in sommo grado una certa qualità. *Essere la personificazione della bontà.* **4.** RET. Prosopopea.

perspicàce agg. (lat. *perspicācem* "che ha lo sguardo acuto") Caratterizzato da acutezza di ingegno.

perspicàcia s.f. [non com. pl. *-cie*] Intelligenza acuta e pronta.

perspìcuo agg. (lat. *perspìcuum*, deriv. di *perspìcere* "guardare attraverso") Facile da capire perché chiaro e preciso.

persuadére v.tr. [21] Suscitare l'approvazione, soddisfare pienamente. *Il film non mi ha persuaso del tutto.* ~ Convincere qlco. a credere, a fare qlco. *Persuadere il figlio a restare in casa.* ◆ **persuadersi** v.pron. Convincersi, rendersi conto pienamente di qlco. *Mi persuasi che aveva ragione.*

persuasióne s.f. **1.** Opera di convinzione esercitata su qlcu. mediante ragionamento, per ottenerne la fiducia o l'approvazione. ◇ *Persuasione occulta*: la pubblicità, la propaganda in quanto operano attraverso messaggi impliciti, indiretti, che agiscono sull'inconscio. **2.** PSICOL. Terapia adottata nelle forme meno gravi di nevrosi, consistente in una conversazione razionale tra medico e paziente in stato di veglia.

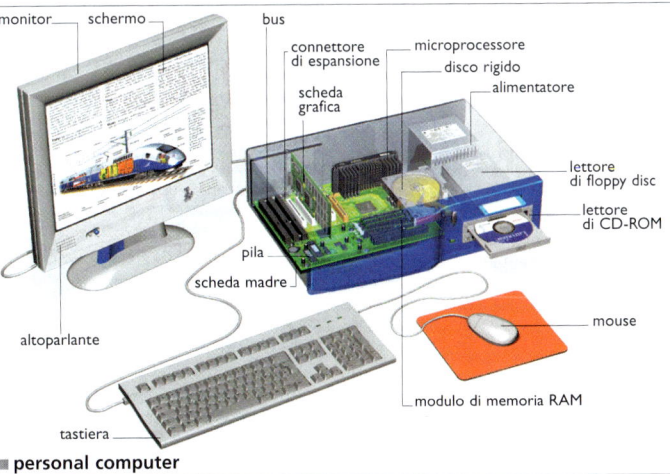

■ **personal computer**

3. Certezza radicata. **4.** FILOS. Concetto affine a quello di certezza, ma dotato di minor obiettività in quanto non fondato sulla verità ma sull'opinione.

persuasìvo agg. **1.** Che ha la capacità di convincere. SIN.: **convincente. 2.** Capace di suscitare approvazione.

pertànto cong. Perciò, di conseguenza. *È un edificio di valore storico, pertanto sottoposto a vincolo.*

pèrtica s.f. [pl. *–che*] (lat. *pĕrticam*, propr. "lungo bastone" poi "pertica per misurare") **1.** Bastone lungo e piuttosto sottile. **2.** *fig. fam.* Persona altissima e magra. **3.** Lunga asta verticale fissata al pavimento usata per esercizi di ginnastica. **4.** Antica unità di misura. (Di lunghezza per gli antichi romani, di superficie in vari paesi prima dell'adozione del sistema metrico decimale.) **5.** Supporto utilizzato per addestrare i falconi da caccia.

perticàia s.m. Giovane fustaia le cui piante cominciano a perdere i rami più bassi per mancanza di luce.

pertinènte agg. **1.** Che si riferisce esattamente a qlco. o a qlcu. ~ Che si addice alla situazione. **2.** LING. *Tratto pertinente:* caratteristica che, in una lingua determinata, permette da sola di distinguere un'unità dall'altra.

pertinènza s.f. **1.** Carattere di ciò che è pertinente, in connessione con qlco. **2.** DIR. (spec. pl.) Beni accessori collegati a un immobile.

pertósse s.f. Malattia infettiva delle vie respiratorie, contagiosa ed epidemica, caratterizzata da violenti accessi di tosse; particolarmente frequente in bambini tra i 2 e i 6 anni.

pertùgio s.m. [pl. *–gi*] Passaggio stretto, angusto.

perturbàre v.tr. **1.** Turbare, scompigliare, sconvolgere profondamente. *Il dolore perturbò la sua mente.* **2.** Nel l. sc., provocare una perturbazione fisica. *Le macchie solari possono perturbare il campo magnetico.* ◆ **perturbarsi** v.pron. **1.** Di condizioni atmosferiche, peggiorare. *Il tempo si sta perturbando.* **2.** *fig.* Provare un forte sconvolgimento interiore. *Il suo animo si perturbò dopo la brutta esperienza.*

perturbazióne s.f. **1.** Sconvolgimento dell'ordine esistente, situazione di confusione. **2.** FIS. Leggera variazione, indotta dall'esterno, dello stato di un sistema. ◇ METEOR. *Perturbazione atmosferica:* variazione dello stato dell'atmosfera che causa venti violenti e precipitazioni. **3.** ASTR. Deviazione di un pianeta dalla propria orbita attorno al Sole, provocata dall'influsso dei campi gravitazionali di altri pianeti.

peruviàno agg. (fr. *péruvien*) Del Perù. ◆ s.m. [f. *–na*] Nativo, abitante del Perù.

pervàdere v.tr. [21] (lat. *pervādere*, propr. "andare attraverso") **1.** Di odori o sostanze aeriformi, permeare un ambiente. *Il fumo pervade tutto l'appartamento.* **2.** *fig.* Di un sentimento, invadere l'animo di qlcu. *La tristezza mi pervade.* ~ Detto di un concetto astratto, permeare di sé.

pervasìvo agg. (ingl. *pervasive*) **1.** Che tende a diffondersi ovunque in modo omogeneo. **2.** *fig.* Che pervade l'animo o la mente in modo completo.

pervenire v.intr. [81] (aus. *essere*) (lat. *pervenīre*, propr. "venire attraverso") **1.** Giungere, arrivare in un luogo. *La lettera è pervenuta.* **2.** Nel l. bur., essere presentato a un determinato ufficio. *La domanda deve pervenire all'ufficio personale.* **3.** *fig.* Raggiungere, arrivare a una meta. *Pervenire a un alto incarico.*

perversióne s.f. (lat. *perversiōnem*, orig. "inversione, anastrofe" poi "depravazione") **1.** Allontanamento, deviazione dalle norme generali, riconosciute, in partic. in ambito morale e sociale. **2.** *estens.* Deviazione o alterazione in senso deteriore di un comportamento, di una tendenza istintiva. ◇ PSICH. *Perversione sessuale:* distorsione del comportamento psicosessuale caratterizzata dal suo indirizzarsi verso un oggetto anomalo o dal trovare il proprio soddisfacimento in pratiche erotiche diverse dall'amplesso (esibizionismo, feticismo, ecc.).

perversità s.f. inv. Caratteristica di ciò che è perverso. ~ Tendenza a operare il male intenzionalmente. ~ *estens.* Azione malvagia o crudele.

pervèrso agg. **1.** Fortemente incline al male, che trae piacere dal male compiuto. **2.** Che devia dalla norma naturale, spec. in campo sessuale. ◇ *fig. Avere un effetto perverso:* dannoso, negativo. ◆ s.m. [f. *–sa*] Persona perversa.

pervertiménto s.m. Capovolgimento, degenerazione di ciò che è ritenuto normale.

pervertire v.tr. (lat. *pervĕrtere*, propr. "volgere oltre") Corrompere, rendere depravato. *Pervertire la morale.*

pervertito agg. Che è cambiato in peggio. ~ Che è stravolto rispetto alle norme correnti. ◆ s.m. [f. *–ta*] *spreg.* Chi è affetto da perversione sessuale.

pervicàce agg. (lat. *pervicācem*, deriv. di *pervĭncere* "vincere completamente") Ostinatamente attaccato alle sue idee e ai suoi propositi, specie se errati.

pervìnca s.f. BOT. [pl. *–che*] Pianta erbacea che cresce nei luoghi ombreggiati, con fiori blu chiaro o color malva e petali incurvati. (Genere *Vinca;* famiglia delle Apocinacee.) ◆ s.m. inv. Colore azzurro-violetto.

foglie
e fiore

■ **pervìnca**

pésa s.f. **1.** Operazione di pesatura, in partic. quella che precede la consegna delle merci o il pagamento del dazio. **2.** Luogo o edificio in cui si effettua la pesatura. ~ Bilancia pubblica.

pesalèttere s.m. inv. Piccola bilancia per pesare le lettere.

pesànte agg. **1.** Che ha un peso notevole. ~ Che ha un dato peso specifico. *L'acqua è più pesante dell'olio.* ◇ *Trasporto pesante:* trasporto di merci su camion e autotreni, in grado di portare carichi pesanti o ingombranti. **2.** *estens.* Riferito a indumenti e capi di biancheria, di tessuto alquanto spesso e piuttosto caldo, adatto alla stagione fredda. **3.** *estens.* Che dà una sensazione di pesantezza, di malessere, di oppressione. *Avere la testa pesante.* ~ Di odore sgradevole. *Avere l'alito pesante.* **4.** *fig.* Che richiede notevole fatica e resistenza. SIN.: **impegnativo.** ~ Difficile da sostenere, da sopportare. *Avere responsabilità pesanti.* **5.** *fig.* Relativo a comportamento, azione o parola, che fa male, offende, ferisce. *Parole pesanti.* **6.** *fig.* Che è causa di noia, di fastidio. *Persona pesante.* **7.** *fig.* Che manca di agilità, in partic. a causa dell'eccessivo peso. SIN.: **sgraziato. 8.** *Moneta pesante:* nuova unità monetaria il cui valore nominale è pari a un multiplo del precedente. **9.** *Acqua pesante:* acqua costituita soltanto da ossido di deuterio (D₂O), utilizzata come rallentatore di neutroni in alcuni reattori nucleari. ❑ In funzione di avv. **1.** Con indumenti molto caldi. *Vestirsi pesante.* **2.** *estens.* Con cibi indigesti. *Ho mangiato pesante.* **3.** *fig.* Con durezza, nella loc. *andarci pesante con qlcu.,* trattare qlcu. duramente.

pesanteménte avv. **1.** In modo pesante. **2.** Profondamente, molto. *Dormire pesantemente.*

pesantézza s.f. **1.** Proprietà di ciò che è pesante. **2.** *estens.* Sensazione di oppressione, di peso. *Pesantezza di stomaco.* **3.** *fig.* Caratteristica di ciò che provoca disagio o richiede sforzo. **4.** *fig.* Con riferimento alla figura umana o animale, difetto di agilità, mancanza di scioltezza nei movimenti. ~ Con riferimento all'espressione, spec. artistica, ampollosità, scarsa spontaneità. **5.** *fig.* Con riferimento a comportamenti,

azioni, parole, durezza, gravità. ~ Volgarità, grossolanità.

pesapersóne s.m. e f.inv. Bilancia da terra adatta a determinare il peso di una persona.

pesàre v.tr. **1.** Misurare qlco. o qlcu. calcolandone il peso. *Pesare la frutta.* **2.** *fig.* Esaminare attentamente, valutare con cura. *Pesare la situazione.* ◇ *Pesare le parole:* essere prudente nel parlare, nell'esprimere giudizi. ◆ v.intr. (aus. *avere o essere*) **1.** Essere molto pesante. *Questa cassa pesa.* ~ Avere un certo peso. *La cassa pesa cinque chili.* **2.** Gravare, esercitare un peso su qlco. *La cupola pesa sulle colonne.* ◇ *fig. Pesare sullo stomaco a qlcu.:* procurargli fastidio. **3.** *fig.* Essere molto importante, avere un certo valore. *Questi sono argomenti che pesano.* ~ Essere determinante, incidere su qlco. *Il tuo giudizio pesa sulla mia decisione.* **4.** *fig.* Sovrastare, incombere pericolosamente su qlco. *Un pericolo imminente pesa sulla città.* **5.** Risultare fastidioso, opprimente. *Gli anni cominciano a pesarmi.* ◇ *Pesare sullo stomaco a qlcu.:* risultare poco digeribile; *Fare pesare qlco. a qlcu.:* sottolineare in modo eccessivo un proprio merito, oppure mettere in evidenza una mancanza dell'altra persona. ◆ **pesarsi** v.pron. Determinare il proprio peso sottoponendosi alle necessarie misurazioni. *Mi peso tutti i giorni.*

pesasciròppi s.m. inv. Densimetro per misurare il tasso di zucchero degli sciroppi.

pesatrice s.f. Apparecchio automatico di pesatura, utilizzata in partic. per confezionare prodotti alimentari.

pesatùra s.f. Misurazione o controllo del peso. ◇ *Pesatura automatica:* procedimento utilizzato in molte industrie per il dosaggio di componenti da miscelare.

1. pésca s.f. [pl. *–sche*] (lat. *pĕrsica*, deriv. di *Pĕrsicum* "frutto della Persia") **1.** Frutto del pesco, di forma sferica, con buccia vellutata, polpa bianca o gialla, succosa e dolce, e nocciolo contenente un seme. **2.** *fig.* Ematoma, causato da una percossa. ❑ Anche in funzione di agg. inv. *Color rosa pesca.*

2. pésca s.f. [non com. pl. *–sche*] **1.** Attività economica o sportiva e ricreativa diretta alla cattura, con varie tecniche, degli animali che vivono in ambiente acquatico (pesci, crostacei, molluschi, ecc.). ◇ *Pesca di frodo:* ciascuno dei vari tipi di pesca esercitati in violazione della legge (p.e., in acque vietate, in un periodo vietato o con strumenti e modalità vietate). **2.** *estens.* Quanto si è pescato. *Fare una pesca abbondante.* **3.** *fig.* Lotteria, per lo più a scopo benefico, in cui vengono estratti da un'urna i biglietti vincenti.

pescàggio s.m. [pl. *–gi*] **1.** MAR. Distanza verticale tra il piano di galleggiamento e il punto più basso di una nave. **2.** *fig.* L'atto di pescare una carta in un mazzo.

pescàia s.f. (lat. *piscāriam* "pescheria") Sbarramento di un corso d'acqua fatto con pietre o travi, o anche in muratura, per catturare i pesci oppure per contenere o deviare le acque.

pescanóce s.f. [pl. *peschenoci*] Frutto di una varietà di pesco (*pesconoce*), con buccia liscia e polpa dolce; detto anche *nocepesca* o *nettarina.*

pescàre v.tr. [4] **1.** Prendere o catturare pesci o altri animali acquatici o marini con appositi strumenti. **2.** *estens.* Prendere, recuperare qlco. che si trova nell'acqua. *Pescare un relitto.* **3.** *fig.* Prendere, scegliere qlco. a caso tra tante. *Pescare una carta dal mazzo.* **4.** *fig. fam.* Sorprendere, cogliere qlcu. mentre sta compiendo un errore o un reato. *Pescare gli evasori fiscali.* ~ Andare a cercare, trovare qlco. di insolito, di stupefacente. *Dove hai pescato queste notizie?* ◆ v.intr. (aus. *avere*) **1.** Praticare la pesca. ◇ *Pescare a mosca:* usando un'esca artificiale che imita un insetto. **2.** MAR. Detto di natante, essere immerso nell'acqua fino a una determinata profondità, avere un determinato pescaggio.

pescàto s.m. Quantità di pesce catturato in un determinato periodo di tempo.

pescatóra agg. Solo nella loc. *alla pescatora*, nel modo tipico dei pescatori, spec. riferito a una preparazione gastronomica, a uno stile di abbigliamento o a un modo di vogare stando in piedi.

pescatóre s.m. **1.** [f. *–trice*] Chi pratica la pesca per lavoro o per piacere. ◇ *fig. Pescatore di anime, di uomini*: chi svolge opera di apostolato religioso. **2.** *per anton.* San Pietro, a cui Gesù affidò l'apostolato quando costui era ancora un umile pescatore. ◇ *Anello del pescatore*: sigillo personale del pontefice o anche del vescovo, recante l'immagine di san Pietro. **3.** MECC. Attrezzatura che permette di recuperare oggetti caduti in un foro di sonda. **4.** MAR. Gancio di paranco con cui viene issata l'àncora a coppia. ❏ In funzione di agg., di animale che si nutre prevalentemente di pesce. *Martin pescatore.*

pésce s.m. **1.** Denominazione generica di animali che appartengono alla superclasse dei Pesci. ◇ *Pesce azzurro*: nome comune di alcuni pesci pescati nel Mediterraneo, come acciughe, sarde, sgombri. – *Pesce gatto*: con testa grossa e provvista di lunghi barbigli. – *Pesce istrice*: con corpo munito di aculei. – *Pesce rosso*: pesce d'acqua dolce di colore rosso o dorato. (Famiglia dei Ciprinidi.) – *Pesce volante*: con pinne pettorali così larghe da consentirgli di saltare fuori dall'acqua e planare per decine di metri. (Famiglia degli Esocetidi.) – *Pesce cappone*: pesce marino dalla carne pregiata che vive nei fondali fangosi atlantici e mediterranei. (Le specie o varietà rosse o porporine sono i *capponi rossi*; lunghezza 20-60 cm; diversi generi della famiglia dei Triglidi.) – *Pesce luna*: pesce marino a forma di disco con occhi e bocca molto piccoli e squame multicolori. (Famiglia dei Molidi.) – *Pesce martello*: squalo dei mari caldi, con testa appiattita a forma di martello ai cui lati si trovano gli occhi. (Genere *Sphyrna*; famiglia degli Sfirnidi.) – *Pesce palla*: tetraodonte. – *Pesce pappagallo*: pesce marino con un caratteristico becco a pappagallo, dal corpo rosso porpora sfumato lateralmente in viola e variamente macchiato sulle pinne e sulla coda. (Famiglia degli Sparidi.) – *Pesce San Pietro*: (nome sc. *Zeus faber*) pesce dalla carne pregiata, diffuso nell'Atlantico e nel Mediterraneo, con corpo argenteo compresso, bocca molto ampia e protrattile, piccoli denti. (Chiamato così perché, secondo la leggenda, la caratteristica macchia nera bordata di un alone giallastro su ogni fianco sarebbe l'impronta delle dita di san Pietro, il quale avrebbe afferrato il pesce per ritrarne la moneta destinata al censo.) – *Pesce sega*: pesce dei mari caldi e temperati, tra la razza e lo squalo, con un lungo rostro cartilagineo munito ai lati di robusti denti. (Lunghezza fino a 7 m; genere *Pristis*; famiglia dei Pristidi.) – *Pesce spada*: pesce così chiamato per la mascella superiore allungata a forma di spada, diffuso nei mari caldi e temperati. (Lunghezza fino a 6 m; Genere *Xiphias*, ordine dei Perciformi.) **2.** È usato in molte similitudini e locc. che fanno riferimento alle più diverse caratteristiche dei pesci. ◇ *figg. Essere sano come un*

■ **pésce** spada.

■ **pésce** cappone. Capone coccio.

pesce: godere di ottima salute. – *Muto come un pesce*: capace di mantenere un segreto. **3.** *estens.* Carne del pesce, piatto a base di pesce. ◇ *Olio di pesce*: quello che si ottiene bollendo in acqua alcuni pesci e si usa nella concia delle pelli, nella fabbricazione dei saponi e nella preparazione di oli idrogenati. – *Farina o polvere di pesce*: quella che si ottiene sbriciolando pesci non commestibili fatti prima seccare; è usata come concime o mangime per animali. **4.** STAMP. Errore di stampa che consiste nel saltare, durante la composizione, una parola, una breve frase o un'intera riga del testo originale.

pescecàne s.m. [pl. *pescicani* o *pescecani*] **1.** Denominazione comune a varie specie di pesci, altrimenti detti *squali*, diffusi in tutti i mari del mondo, in partic. in quelli caldi; il loro corpo può raggiungere vari metri di lunghezza e la loro bocca è fornita di denti aguzzi, assai pericolosi anche per l'uomo. (Ordine dei Selaci.) **2.** *fig.* Persona che si è rapidamente arricchita con affari non sempre leciti.

pescheréccio agg. [pl.m. *–ci*, f. *–ce*] Che riguarda la pesca o è attrezzato per essa. ◆ s.m. Imbarcazione attrezzata per la pesca.

pescherìa s.f. Mercato o negozio dove si vende pesce, frutti di mare o crostacei.

peschièra s.f. **1.** Bacino alimentato da acqua corrente in cui vengono allevati i pesci, marini o d'acqua dolce. **2.** Nelle valli da pesca, fossa riparata in cui i pesci appena nati o giovani possono svilupparsi. **3.** Nome delle piccole baie e anse della costa istriana, che costituiscono un rifugio sicuro in cui i pesci vanno a riprodursi.

Pésci s.m. pl. [sing. *–sce* per l'individuo] **1.** ZOOL. Superclasse di vertebrati acquatici eterotermi, con scheletro osseo o cartilagineo, respirazione branchiale, circolazione semplice, corpo perlopiù rivestito da scaglie, dotati di pinne per il nuoto. **2.** ASTR. Costellazione zodiacale dell'emisfero australe, nella quale il Sole transita tra il 20 febbraio e il 20 marzo. **3.** ASTROL. Dodicesimo segno dello zodiaco dominante il periodo anzidetto. ~ *estens.* Persona nata sotto tale segno.

ENCICL. La superclasse dei Pesci, comprendente 20.000 specie, pur essendo alquanto eterogenea, si può suddividere nelle due classi dei *Condritti* (pesci a scheletro cartilagineo, come razza e squalo) e degli *Osteitti* (pesci ossei), la più numerosa. In quest'ultima si possono distinguere il superordine dei *Teleostei* (carpa, anguilla, salmone, pesce persico) e diversi piccoli ordini, quali *Condrostei* (storione), *Olostei* (lepisosteo), *Crossopterigi* (celacanto) e *Dipnoi.*

pescièra o **pescèra** s.f. **1.** Casseruola per lessare e scolare il pesce. **2.** Vassoio per servire il pesce. **3.** Vaso di vetro di forma sferica in cui si tengono a scopo ornamentale piccoli pesci vivi, spec. rossi.

pesciolino s.m. **1.** Nel sign. del dim. di *pesce*. **2.** ZOOL. *Pesciolino d'argento*: insetto color argento che mangia la carta, detto anche *acciughina*. (Sottoclasse dei Tisanuri.)

pescivéndolo s.m. [f. *–la*] Chi vende pesce al minuto.

pèsco s.m. [pl. *–schi*] (lat. *Pèrsicum*, deriv. di *Pèrsica màlus* "melo persiano") Albero originario dell'Asia orientale, coltivato nelle regioni temperate, con frutto dalla polpa dolce e succosa (*pe-*

sca). (Nome sc. *Prunus persica*; famiglia delle Rosacee.)

pesconóce s.m. [pl. *peschinoce*] Tipo di pesco che produce frutti dalla pelle liscia e lucida, detto anche *nocepesco*.

pescosità s.f. inv. Quantità di pesce presente in determinate zone di mare o in bacini lacustri o fluviali.

pescóso agg. Ricco di pesci.

peseta [/pe'seta/] s.f. [pl. *pesetas*] (voce spagn.) Vecchia unità monetaria spagnola, che ha cessato di esistere dall'introduzione della moneta unica europea, nel 2002.

pesista s.m. e f. [pl.m. *–sti*] SPORT. Atleta che pratica il sollevamento pesi.

pesistica s.f. (solo sing.) SPORT. Disciplina dell'atletica pesante, detta anche *sollevamento pesi.*

1. péso s.m. (lat. *pènsum*, propr. "quantità giornaliera di lana che la schiava deve filare") **1.** Forza di attrazione esercitata dalla Terra sui corpi che si trovano in prossimità della superficie, proporzionale alla loro massa e in rapporto con l'altitudine e con la latitudine. (Il peso è uguale al prodotto della massa del corpo per l'intensità della gravità.) ◇ *Peso molecolare*: numero che indica il peso di una molecola come multiplo di 1/12 del peso di un atomo di carbonio 12. – *Peso specifico*: rapporto tra il peso e il volume di un corpo oppure tra il peso di un corpo e il peso di un uguale volume di acqua distillata a 4 gradi centigradi. **2.** Misura del peso determinata numericamente con l'impiego di diversi tipi di bilancia. *Calcolare il peso di un oggetto.* ◇ *Peso forma*: quello ritenuto ideale per una persona, secondo determinati parametri. **3.** Oggetto che pesa. SIN. *fardello*. ◇ *Peso morto*: corpo di un animale o di una persona il cui peso, a causa dell'immobilità, sembra ancora maggiore a chi deve trasportarlo; *fig.* di ciò che è inadeguato, superfluo, o di persona che non dà alcun contributo e si appoggia totalmente sugli altri. **4.** *fig.* Ciò che pesa fisicamente o moralmente su una persona. *Il peso degli anni.* ◇ *Avere un peso sulla coscienza*: provare rimorso, senso di colpa. **5.** *fig.* Importanza, valore, influenza, autorità. ~ Anche, condizione sociale, prestigio. **6.** Operazione di pesatura. ◇ *Peso campione*: massa di metallo di peso controllato, usata come unità di misura. – *fig. Usare due pesi, due misure*: valutare in modo iniquo, non essere imparziale. **7.** SPORT. Sfera di metallo (7,257 kg per gli uomini, 4 kg per le donne) usata nel lancio del peso. ~ Ciascuna delle categorie in cui sono distribuiti i pugili, i lottatori, ecc., a seconda del loro peso corporeo. **8.** STAT. Nel calcolo di una media o nella costruzione di un indice, ciascuno dei coefficienti per i quali sono moltiplicati i termini della somma.

2. peso [/'peso/] s.m. [pl. *pesos*] (voce spagn.) Unità monetaria principale di molti paesi dell'America latina e delle Filippine.

pessàrio s.m. [pl. *–ri*] (lat. *pessàrium*, gr. *pessós* "supposta") MED. Strumento di forma

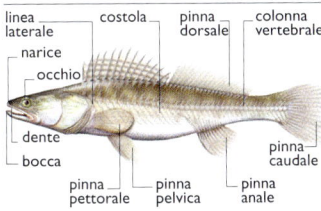

linea laterale — costola — pinna dorsale — colonna vertebrale — narice — occhio — dente — bocca — pinna caudale — pinna pettorale — pinna pelvica — pinna anale

morfologia generale e scheletro

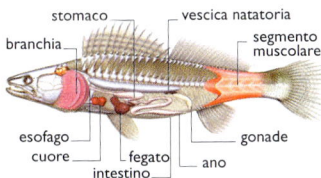

stomaco — vescica natatoria — branchia — segmento muscolare — esofago — gonade — cuore — fegato — ano — intestino

anatomia interna
■ **pésce.** Anatomia di un lucioperca.

fiori — nocciolo — foglie e frutto
■ **pèsco**

anulare che, introdotto nella vagina, serve a correggere deviazioni o prolassi dell'utero.

pessimìsmo s.m. (fr. *pessimisme*) **1.** Tendenza a cogliere e a sottolineare e ingigantire gli aspetti negativi e sfavorevoli della vita e della realtà (in oppos. a *ottimismo*). **2.** FILOS. Corrente di pensiero che tende a credere alla prevalenza del male sul bene. ~ In senso più spec., dottrina secondo cui la vita umana è dominata dal dolore, dall'infelicità e dal male e il mondo nella sua totalità non è che la manifestazione di una forza irrazionale e incomprensibile.

pessimìsta s.m. e f. [pl.m. *-sti*] (fr. *pessimiste*) **1.** Persona incline a considerare soprattutto gli aspetti più negativi e sfavorevoli della vita e della realtà. **2.** Seguace, propugnatore delle concezioni filosofiche che si rifanno al pessimismo. ❑ In funzione di agg., incline al pessimismo. ~ Che prevede in senso negativo l'esito, lo sviluppo di qlco.

pessimìstico agg. [pl.m. *-ci*, f. *-che*] **1.** Ispirato al pessimismo. **2.** Proprio della dottrina filosofica del pessimismo.

pèssimo agg. **1.** Molto cattivo. *Un pessimo carattere.* **2.** Di persona, che svolge molto male i propri compiti. **3.** Di cosa, molto scadente.

pésta s.f. (spec. pl.) **1.** Orma lasciata sul terreno da un uomo o da un animale. **2.** IPP. Orme lasciate sul terreno da un cavallo, dalla disposizione delle quali si può desumere l'andatura dell'animale. **3.** *fig.* (al pl.) Solo in alcune locc., difficoltà, guaio.

pestàggio s.m. [pl. *-gi*] (calco del fr. *pilage*) Serie violenta, furiosa, di percosse, di colpi. ~ *estens.* Rissa, zuffa.

pestàre v.tr. **1.** Battere qlco. con un pestello o altro per ridurlo in polvere, in poltiglia o in strati più sottili. *Pestare il pepe.* **2.** Calpestare, schiacciare qlco. col piede. *Pestare un insetto.* ◇ *Pestare i piedi:* batterli ripetutamente per terra in segno di stizza o per capriccio; *fig.* intestardirsi. **3.** *estens.* Picchiare violentemente. *Gli hanno pestato il viso.* ◆ **pestarsi** v.pron. Detto di due o più persone, prendersi a botte reciprocamente.

pestàta s.f. **1.** Frantumazione di qlco. eseguita pestandolo con un pestello o con un altro strumento adatto. **2.** Colpo dato col piede sul piede altrui. **3.** Serie di percosse.

pestatùra s.f. Frantumazione di una sostanza per polverizzarla, sminuzzarla o triturarla.

pèste s.f. (lat. *pĕstem* "malattia contagiosa, calamità") **1.** Malattia contagiosa, endemica ed epidemica, dovuta al bacillo di Yersin e contratta tramite il morso dei topi e le punture delle pulci. (Si distinguono la *peste bubbonica*, direttamente trasmessa da topi o pulci, e la *peste polmonare*, trasmessa per inalazione.) ~ VET. Malattia virale che colpisce gli animali da cortile, i bovini, i suini, gli equini. **2.** *fig.* Bambino vivace e turbolento. **3.** *fig.* Fenomeno negativo, nefasto. SIN.: **flagello**. **4.** *Peste d'acqua:* pianta acquatica con rami sottili ricoperti da molte foglioline, originaria dell'America settentrionale. (Genere *Elodea*; famiglia delle Idrocaritacee.)

pestèllo s.m. Strumento usato per pestare nel mortaio o per battere la carne.

pesticìda s.m. [pl. *-di*] (ingl. *pesticide*) Sostanza naturale o chimica che distrugge insetti, parassiti, topi, piante infestanti o altro che possa danneggiare le coltivazioni.

pestìfero agg. (lat., comp. di *pĕstis* "pestilenza" e *fĕrre* "portare") **1.** Che trasmette, diffonde o provoca la peste. **2.** *fig.* Pessimo, malsano. **3.** *fig.* Di odore sgradevole. **4.** *fig.* Di persona, malvagio o insopportabile. ~ *scherz.* Spec. di bambino, che provoca continui guai.

pestilènza s.f. **1.** Epidemia di peste, o di altra malattia infettiva, che provoca un'elevata mortalità. **2.** *fig.* Evento a rapida e ampia diffusione che è, o è giudicato, causa di danni e corruzione morale. SIN.: **calamità**. **3.** *fig.* Odore ripugnante.

pestilenziàle agg. **1.** Che presenta le caratteristiche, i sintomi della peste. **2.** *fig.* Fastidioso, insopportabile. *Un caldo pestilenziale.* SIN.: **insalubre**. **3.** Che emana un odore ripugnante.

pésto agg. Ridotto in poltiglia o in polvere usando un pestello. ~ *estens.* Ammaccato, contuso, gonfio, tumefatto. ◇ *Occhi pesti:* lividi e gonfi per i colpi ricevuti; *fig.* circondati da occhiaie per la stanchezza, il sonno. ◆ s.m. **1.** CUC. Ogni battuto composto da diversi elementi triturati. ◇ *Pesto alla genovese:* condimento per pasta o minestrone a base di basilico, pinoli, aglio tritati e pestati, con aggiunta di pecorino, parmigiano e olio. **2.** Impasto ricavato dalla macerazione e dalla pestatura di stracci e acqua, impiegato nella fabbricazione della carta.

PET s.m. inv. (Sigla di *polietilenetereftalato*) CHIM. Poliestere ottenuto per policondensazione di glicol etilenico con acido teraftalico, utilizzato per la produzione di fibre tessili artificiali, imballaggi, recipienti, ecc.

pètalo s.m. (gr. *pétalon* "foglia") BOT. Ciascuno degli elementi che formano la corolla del fiore, derivati da foglie modificate.

petàrdo s.m. (fr. *pétard*, deriv. di *pet* "peto") **1.** Piccolo fuoco d'artificio usato in occasione di feste, manifestazioni, ecc. **2.** Dispositivo che viene posto sulle rotaie specialmente in caso di nebbia, affinché scoppi al passaggio del treno fungendo da segnalazione sussidiaria. **3.** Carica esplosiva di piccola potenza utilizzata per propagare l'accensione ad altri ordigni esplosivi o, nelle miniere, per fare esplodere i blocchi più grossi. **4.** Mina che una volta veniva applicata ai portoni delle fortificazioni assediate per farli saltare. **5.** MIL. Nome di vari tipi di bomba a mano in dotazione all'esercito italiano durante la I Guerra Mondiale.

petaurìsta s.m. [pl. *-sti*] **1.** Scoiattolo volante di grandi dimensioni, tipico delle foreste dell'Asia centrale e meridionale, compie planate lunghe più di 100 m. (Famiglia degli Sciuridi.) **2.** ZOOL. (iniziale maiusc.) Genere di animali a cui appartengono varie specie di petaurista.

Petàuro s.m. (lat. *Petaurus*, gr. *petauristḗs* "acrobata") ZOOL. Genere di mammiferi marsupiali volanti dell'Australia, comprendente tre specie arboricole notturne. (Generi *Petaurus* e *Schoinobates*; famiglia dei Falangeridi.)

petécchia s.f. **1.** MED. Piccola emorragia cutanea puntiforme che si manifesta in varie malattie infettive, come nel tifo esantematico. **2.** VET. *Mal delle petecchie:* malattia del baco da seta, altrimenti detta *pebrina*. **3.** BOT. Forma patologica vegetale che colpisce i limoni alterandone la buccia, che si copre di macchie brune infossate.

petizióne s.f. **1.** Richiesta scritta volta a portare all'attenzione delle autorità una necessità di ordine generale. ◇ *Diritto di petizione:* possibilità, riconosciuta dalla costituzione italiana a tutti i cittadini, di rivolgersi alle autorità parlamentari o pubbliche per proporre provvedimenti legislativi. – DIR. *Petizione dell'eredità:* azione esercitata per ottenere il riconoscimento della qualità di erede contro chiunque possieda in tutto o in parte i beni ereditari. **2.** FILOS. *Petizione di principio:* sofisma che prende come presupposto implicito la stessa tesi che si vuole dimostrare.

-péto Secondo elemento atono di aggettivi composti, nei quali indica "movimento" o sviluppo nella direzione specificata dal primo termine, contrapponendosi spesso a *-fugo* (*centripeto*, *centrifugo*).

péto s.m. **1.** Emissione di gas intestinale. **2.** BOT. *Peto di lupo:* altro nome della vescia di lupo, fungo delle Licoperdacee.

petrarchìsmo s.m. LETT. Imitazione dei temi e delle forme poetiche del Petrarca.

petrèllo s.m. (fr. *pétrel*, ingl. *pitteral*) Uccello marino delle regioni fredde o temperate, si nutre di plancton sulla superficie dell'acqua e si posa a terra soltanto a nidificare. (Lunghezza 20 cm ca.; ordine dei Procellariformi, famiglia dei Procellaridi.).

petrodòllari s.m. pl. Depositi in dollari statunitensi, costituiti presso banche situate al di fuori degli Stati Uniti, venutisi ad accumulare a fronte degli avanzi della bilancia dei pagamenti dei paesi esportatori di petrolio, in partic. negli anni Settanta.

petrògale s.m. Piccolo canguro delle regioni rocciose dell'Australia, chiamato anche *wallaby delle rocce*. (Famiglia dei Macropodidi.)

petrogènesi s.f. inv. GEOL. Processo di formazione delle rocce.

petròglifo s.m. ARCHEOL. Incisione rupestre, manifestazione artistica di popoli preistorici o di alcune popolazioni primitive.

petrografìa s.f. Studio delle rocce dal punto di vista chimico, fisico e mineralogico. SIN.: **litologia**.

petrògrafo s.m. [f. *-fa*] Studioso di petrografia.

petrolchìmica s.f. [non com. pl. *-che*] Settore della chimica industriale che si occupa della lavorazione del petrolio e dei gas naturali, allo scopo di ottenerne prodotti diversi (bitumi, carburanti, combustibili, lubrificanti).

petrolchìmico agg. [pl.m. *-ci*, f. *-che*] Della petrolchimica. ◆ s.m. Stabilimento in cui si lavorano e producono i derivati del petrolio.

petrolièra s.f. Nave cisterna per il trasporto di petrolio o altri combustibili liquidi.

petrolière s.m. [f. *-ra*] Magnate del petrolio, proprietario di giacimenti petroliferi.

petrolièro agg. Relativo all'estrazione e alla lavorazione del petrolio.

petrolìfero agg. (fr. *pétrolifère*) Ricco di petrolio. ~ Relativo alle varie fasi di lavorazione e di estrazione del petrolio.

petròlio s.m. [pl. *-li*] (fr. *pétrole*, lat. *petròleum* propr. "olio di pietra") Miscela oleosa infiammabile, composta in partic. da idrocarburi solidi o gassosi, di colore scuro e di densità variabile da 0,8 a 0,95.

ENCICL. Il petrolio, la principale fonte mondiale d'energia, ha origine dalla lenta degradazione batteriologica di organismi acquatici animali o vegetali che per decine o centinaia di milioni di anni hanno proliferato nei mari e si sono accumulati in strati sedimentari. L'insieme dei prodotti derivati da questa degradazione, idrocarburi e composti volatili, misto a sedimenti e residui organici, è contenuto nella roccia-madre. È da qui che il petrolio, espulso per effetto della pressione esercitata dagli strati sedimentari, si muove per impregnare sabbie o rocce porose e permeabili, come l'arenaria o il calcare. I giacimenti si localizzano sempre in punti particolari o in cavità anomale delle rocce, dette *rocce serbatoio* o *rocce magazzino*. Uno strato impermeabile, p.e. di marna o argilla, forma una sorta di trappola e permette l'accumulo degli idrocarburi impedendo loro di liberarsi. Il petrolio si presenta frequentemente sovrastato da uno strato di idrocarburi gassosi e si colloca al di sopra dell'acqua salata perché meno denso. Lo spessore di un giacimento varia da pochi a diverse centinaia di metri, mentre la sua lunghezza può raggiungere diversi chilometri, soprattutto in Medio Oriente. Oltre ai principali tipi di idrocarburi (paraffina, alcheni, composti aromatici) che si trovano in proporzioni variabili nei diversi giacimenti, il petrolio contiene altre sostanze (zolfo, acqua salata, tracce di metalli, ecc.) che lo rendono praticamente inutilizzabile allo stato puro. La raffinazione è l'insieme delle procedure industriali effettuate per trattare e trasformare il petrolio grezzo nei suoi vari prodotti, come carburante, essenze speciali, combustibile.

petrologìa s.f. → **petrografia**.

petróso agg. ANAT. *Cavità petrose:* quelle ossee intercomunicanti, poste in una parte dell'osso temporale del cranio, detta *rocca*.

pettégola s.f. Uccello trampoliere diffuso nelle zone paludose e marine dell'Europa, dell'Asia centrale e dell'Africa del nord-est. (Famiglia degli Scolopacidi.)

pettegolézzo s.m. Chiacchiera inopportuna e indiscreta. ~ Commento malizioso sulla condotta di qlcu. ~ Articolo di giornale caratterizzato da insinuazioni malevole.

pettégolo agg. (ven., prob. deriv. di *peto* per l'incontinenza verbale) Che ama malignare sul conto degli altri. ~ Che chiacchiera molto e fa continue domande. ◆ s.m. [f. *-la*] Chi riporta per malizia o curiosità, notizie sulla vita altrui.

pettinàre v.tr. **1.** Accomodare i capelli di qlcu. con il pettine o acconciarli in altro modo. **2.** Ravvivare il pelo di animali domestici. **3.** *fig.* Rimproverare duramente. **4.** IND. TESS. Fare la pettinatura delle fibre tessili. **5.** *fig. fam.* Passare al vaglio qlco. ◆ **pettinarsi** v.pron. Sistemarsi i capelli, i baffi, la barba, ecc. con il pettine.

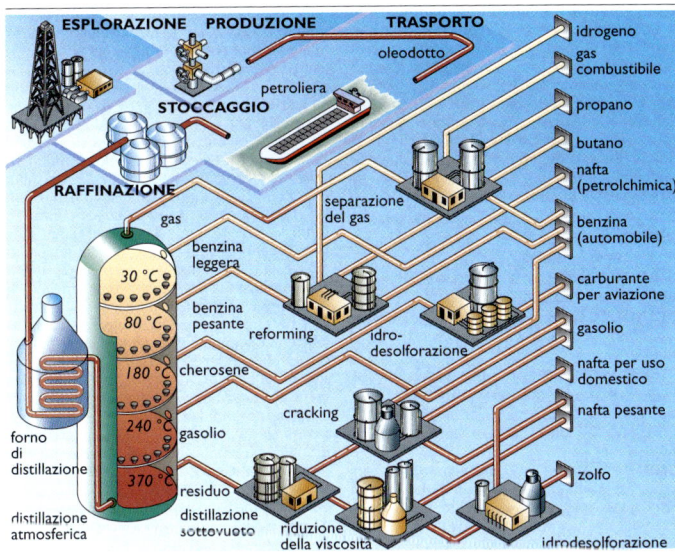

■ **petròlio.** Il ciclo petrolifero, dall'estrazione alla raffinazione.

■ **pettoràle** egizio a forma di pilone (Saqqara, XIX dinastia).

1. pettinàto agg. **1.** Che ha i capelli in ordine. **2.** Di tessuto sottoposto a pettinatura. ◆ s.m. IND. TESS. Nell'accez. 2 dell'agg.

2. pettinàto agg. Nel l. sc., che ha la forma di un pettine. *Foglia pettinata.*

pettinatrice s.f. **1.** Parrucchiera e, estens., il suo negozio. **2.** IND. TESS. Macchina per la pettinatura delle fibre tessili.

pettinatùra s.f. **1.** Atto ed effetto del pettinare. ~ Acconciatura. **2.** IND. TESS. Operazione che consiste nel pettinare le fibre tessili prima della filatura.

pèttine s.m. **1.** Strumento in materiale rigido a dentelli sottili e fitti usato per pettinare i capelli. **2.** IND. TESS. Dispositivo per pettinare le fibre tessili. ~ Accessorio dei telai che serve a raddrizzare e pulire le fibre. **3.** TELECOM. Particolare terminazione di un cavo. ~ MECC. Dispositivo delle dentatrici a profilo trapezoidale, usato per tagliare le viti. **4.** SPORT. Nello slalom speciale, serie di cinque porte chiuse consecutive. **5.** AER. Manovra acrobatica durante la quale due file di velivoli si avvicinano frontalmente per poi incrociarsi. **6.** MAR. In determinate barche a vela, sbarra di ferro munita di due denti che si inseriscono in appositi fori della mastra dell'albero, per tenerlo fermo. ~ Ornamento metallico a sei denti, simbolo dei sestieri della città di Venezia, che è fissato a prora sulle gondole. **7.** ELETTR. *Contatto a pettine:* tipo di connessione elettrica multipla. **8.** ZOOL. Denominazione comune dei molluschi bivalvi della famiglia dei Pettinidi. **9.** BOT. *Pettine di Venere:* pianta erbacea annua, con frutti terminanti a punta disposti a forma di pettine. (Famiglia delle Ombrellifere.)

petting [/'pɛtɪŋ/] s.m. inv. (voce ingl., deriv. di *to pet* "accarezzare") Serie prolungata di effusioni amorose e toccamenti, che stimolano l'eccitazione sessuale.

Pettinidi o **Pectinidi** s.m. pl. [iniziale minusc. sing. *-de* per l'individuo] ZOOL. Famiglia di molluschi a cui appartengono molte specie che hanno conchiglie le cui valve sono uguali o molto simili. (Classe dei Bivalvi.)

pettino s.m. **1.** Pettorina di un grembiule. **2.** Parte anteriore della camicia da uomo o di un abito femminile, che si porta staccata dal resto in sostituzione dell'indumento completo, sotto alla giacca.

pettiròsso s.m. Uccello passeriforme insettivoro diffuso in Europa, in Asia e nell'area mediterranea, con piumaggio bruno nelle parti superiori e rosso arancio sulla gola e sul petto. (Genere *Erithacus;* famiglia dei Turdidi.)

pètto s.m. (lat. *pĕctus* "petto, animo") **1.** Parte anteriore del torace. ◊ *Stringere qlcu. al*

petto: abbracciarlo. – *figg. Prendere di petto qlco.:* dedicarsi con tutto l'impegno possibile; – *Prendere di petto qlcu.:* affrontarlo con decisione; *fig.* metterlo alle strette. **2.** Seno femminile. **3.** *estens.* Organi contenuti nella cavità toracica, in partic. polmoni e cuore. ◊ *Voce di petto:* voce con registro grave. **4.** *fig.* Sede dei sentimenti. SIN.: **animo. 5.** Parte anteriore del corpo di animali. ~ MACELL. Carne per alimentazione tratta da queste parti. *Petto di pollo.* **6.** Parte anteriore di un indumento. ◊ *Giacca a doppio petto:* aperta sul davanti in modo tale che le due metà si sovrappongano l'una all'altra sul petto. **7.** *Petto dell'argine:* nelle costruzioni idrauliche, scarpata rivolta verso il letto del fiume.

1. pettoràle agg. Relativo al petto. ◊ ANAT. *Muscoli pettorali:* quelli posti nella parete anteriore e superiore del torace. – ZOOL. *Pinne pettorali:* nei pesci, quelle pari, che corrispondono agli arti anteriori.

2. pettoràle s.m. (lat. *pectorāle* "corazza") **1.** Finimento in cuoio posto sotto la pancia degli animali da tiro e attaccato alle tirelle per il traino dei veicoli. **2.** SPORT. Pezzo di stoffa numerato che gli atleti portano sul petto in una gara. **3.** Parte di abito che copre il petto. ~ Ornamento che si porta appuntato al petto. **4.** ANAT. (al pl.) Muscoli pettorali. **5.** Parte delle antiche corazze che proteggeva il petto. **6.** Parte del telaio da tessitura.

pettorina s.f. **1.** Pezzo di stoffa che copre il petto, sotto la scollatura di un vestito femminile. **2.** Davantino, pettorale.

petulànte agg. (lat. *petulāntem*, deriv. di *petulāre* "chiedere insistentemente") **1.** Che pone con insistenza domande fastidiose e inopportune. **2.** *estens.* Di parola o comportamento, noioso, fastidioso. ◆ s.m. e f. Persona invadente o fastidiosa.

petulànza s.f. Insistenza fastidiosa.

petùnia s.f. (fr. *petunia*, tupi *pétyma* "pianta di tabacco") Pianta erbacea ornamentale, con fusto ramificato, foglie ovali e fiori viola, rosa o bianchi. (Famiglia delle Solanacee.)

peucèdano s.m. Pianta erbacea perenne con fiori bianchi o gialli. (Altezza 1,5 m; famiglia delle Ombrellifere.)

pévera s.f. Grande imbuto di legno usato per imbottare il vino.

peyote [/peˈjɔte/] s.m. [pl. *peyotes*] (voce spagn. d'America) BOT. Pianta non spinosa originaria del Messico, da cui si estraggono diversi alcaloidi allucinogeni molto potenti. (Famiglia delle Cactacee.)

Peziza s.f. BOT. Genere di funghi ascomiceti commestibili, diffusi nelle regioni temperate, simili a coppe prive di gambo di colore bruno, rosso o arancio. (Ordine delle Pezizali.)

Pezizàli s.f. pl. BOT. Ordine di funghi ascomiceti per lo più saprofiti sul legno o su sterco.

pèzza s.f. **1.** Ritaglio di stoffa adibito a vari usi. ◊ *Pezza da piedi:* quella che i soldati utilizzavano per avvolgersi i piedi in mancanza di calze; *fig.* persona insignificante. **2.** Pezzo di stoffa o altro che si usa come rattoppo o come rinforzo. **3.** Striscia di stoffa di alcune decine di metri avvolta attorno a un'anima di cartone, che corrisponde a un'unità di fabbricazione e che i commercianti mettono in vendita a metraggio. ~ *estens.* Tessuto in generale. **4.** Chiazza di colore, in riferimento al manto di animali. **5.** Nel l. bur., carta, documento. ◊ *Pezza giustificativa:* documento che comprova un'affermazione, che attesta o giustifica una spesa. **6.** Denominazione generica di varie monete coniate dopo il sec. XVI.

pezzàto agg. Di mantello di animale che presenta larghe macchie di colore diverso da quello del fondo. ◆ s.m. Cavallo pezzato.

1. pezzàtura s.f. Caratteristica del mantello pezzato di un animale.

2. pezzàtura s.f. Suddivisione in pezzi di un materiale o di una merce in vendita. ~ Le dimensioni dei pezzi stessi.

pezzènte s.m. e f. (voce di orig. merid., lat. *petiĕnte* deriv. di *pĕtere* "chiedere") **1.** Individuo estremamente povero. **2.** *per esager.* Persona meschina, sordida.

pezzétto s.m. Nel sign. del dim. di *pezzo.*

pèzzo s.m. **1.** Porzione di dimensioni variabili di un dato materiale solido. ◊ *Fare a pezzi qlco.:* distruggerlo. – *fig. Fare a pezzi qlcu.:* picchiarlo duramente. – *Cadere a pezzi:* crollare, andare in rovina; *fig.* di persona, lasciarsi andare, abbattersi, sentirsi molto stanco. – *figg. Essere tutto d'un pezzo:* di persona, coerente, integerrimo. – *A pezzi e bocconi:* disordinatamente, in modo frammentario. **2.** Elemento di una serie omogenea, di una categoria ben individuata, di un complesso funzionale. ~ Elemento con cui si sviluppano diver-

■ **pettiròsso**

■ **petùnia**

si giochi da tavola. *Pezzo degli scacchi.* ◇ *Due pezzi:* bikini o abito femminile composto da giacca e gonna. **3.** *Un pezzo da collezione, da museo:* oggetto di grande pregio degno di essere esposto al pubblico; *fig.* oggetto tanto vecchio da non poter più essere utilizzato. **4.** *estens.* Tratto più o meno esteso di spazio o di tempo. **5.** Articolo di giornale o periodico. **6.** Brano di un'opera musicale o letteraria. SIN.: **passo.** ◇ *Pezzo forte:* canzone, passo che l'attore o il cantante interpreta meglio; *estens.* argomento, materia che si conosce meglio. **7.** In riferimento a persona, esemplare di un certo tipo. *Un bel pezzo di ragazza.* ◇ *Un pezzo grosso:* persona importante, influente.

pfennig [/'pfɛnix/] s.m. inv. (voce ted.) Moneta divisionale tedesca del valore di un centesimo di marco.

pH s.m. inv. (sigla del ted. *P-otenz* "potenza" e *H-ydrogen* "idrogeno") CHIM. Notazione che esprime il tasso di acidità o basicità di una soluzione acquosa.

phaéton [/fae'tɔ̃/] s.m. inv. (voce fr., gr. deriv. di *Phaétōn* "Fetonte", nella mitologia figlio di Elios che volle guidare il carro fiammeggiante del padre) Carrozza di lusso a due sedili, alta, scoperta, tipica dell'Ottocento.

phlox [/'flɔks/] s.f. inv. (lat. *Phlox*, deriv. di gr. *phlóks* "fiamma" per il colore vivace dei fiori) BOT. Pianta ornamentale con fiori vivaci. (Famiglia delle Polemoniacee.)

photo finish [/foʊtə 'finiʃ/] loc. sost. m. inv. (loc. ingl., comp. di *photo* "fotografia" e *finish* "conclusione") SPORT. Fotografia dell'ordine d'arrivo dei concorrenti di una gara.

photofit [/'foʊtoufit/] s.m. inv. (voce ingl., comp. di *photo* "fotografia" e *to fit* "adattare") Nelle indagini di polizia, sistema per ricostruire la fisionomia di una persona mediante la combinazione di ritagli fotografici scelti secondo le indicazioni dei testimoni.

phylum s.m. inv. (voce lat., deriv. di gr. *phylḗ* "tribù") **1.** BIOL. Categoria sistematica sottostante al regno e raggruppante, in zoologia, più classi affini tra loro, in botanica, più divisioni. **2.** ETNOL., LING. Ampio raggruppamento di lingue imparentate tra loro.

pi [/'ppi/] s.f. o s.m. inv. (spec. m.) Sedicesima lettera dell'alfabeto greco (*Π π*) detta anche *pi greco*.

piaccàmetro o **piaccòmetro** s.m. (trascrizione della lettura di *pH*) CHIM. Apparecchio per la misurazione del pH.

1. piacére v.intr. [55] (aus. *essere*) **1.** Risultare gradito a qlcu. *Mi piace la panna.* ~ Incontrare il consenso di qlcu. *Il cantante è piaciuto al pubblico.* **2.** Sembrare opportuno o necessario a qlcu. *A casa mia faccio quello che mi pare e piace.* ◆ **piacersi** v.pron. Detto di due o più persone, provare attrazione reciproca. *Ci siamo piaciuti subito.*

2. piacére s.m. **1.** Sensazione di appagamento fisico, estetico o intellettuale. ◇ *Con piacere!:* formula di cortesia con cui si accetta qlco. **2.** Cosa che procura diletto, godimento. ~ *estens.* Occupazione piacevole, svago. **3.** Atto di cortesia o addirittura di carità. SIN.: **favore.** ◇ *Mi faccia il piacere:* espressione di formale cortesia, usata per chiedere o pretendere qlco.; assol. invito a smetterla. **4.** Libera scelta, criterio personale di decisione. SIN.: **volontà.** ◇ *A piacere:* a volontà, senza limiti. **5.** PSICOAN. *Principio del piacere:* insieme delle attività fisiche volte a procurare sensazioni di piacere e a evitare quelle dolorose, angoscianti; è uno dei fondamenti della dinamica psichica, insieme al *principio di realtà*.

piacévole agg. **1.** Che piace, che procura soddisfazione. SIN.: **gradevole. 2.** Di persona, che attrae per il suo aspetto e affascina con la sua simpatia. SIN.: **attraente.**

piacevolménte avv. *fam.* In modo gradevole.

piaciménto s.m. Gradimento, soddisfazione. ◇ *A piacimento:* a *piacere.

piadina s.f. (romagnolo *piadena* "schiacciatina") Focaccia piatta e senza lievito tipica della Romagna.

piàga s.f. [pl. *–ghe*] (gr. *plēgḗ* "colpo") **1.** Lesione della pelle e delle mucose, con perdita di

pus o di siero e difficoltà di cicatrizzazione. ~ *estens.* Ferita, ulcerazione. **2.** *fig.* Dolore dell'animo. SIN.: **pena.** ◇ *Mettere il dito nella piaga:* toccare un argomento delicato, causa di dolore; mostrare con chiarezza il nocciolo di un problema. **3.** *fig.* Problema sociale grave e diffuso. SIN.: **flagello.** ◇ *Le piaghe d'Egitto:* le dieci calamità con cui Dio colpì gli Egizi che tenevano in schiavitù gli Ebrei. **4.** *fig. iron.* Persona noiosa e piagnucolosa.

piaggeria s.f. Adulazione, servilismo.

piaggiàre v.tr. [5] Adulare in modo eccessivo.

piagnistèo s.m. (milan. *piangisteri*) Pianto lungo e molesto, lamentoso.

piagnucolàre v.intr. (aus. *avere*) Piangere, lamentarsi a lungo e sommessamente.

piagnucolio s.m. [pl. *–lii*] Pianto, lamento sommesso, insistente e fastidioso, spec. dei bambini.

piagnucolóne agg. Che piagnucola, si lamenta. ◆ s.m. [f. *–na*] Nel sign. dell'agg.

piagnucolóso agg. **1.** Che si lagna in continuazione. **2.** Proprio di chi piagnucola. SIN.: **lamentoso.**

piàlla s.f. Attrezzo da falegname composto da un ceppo di legno con una feritoia centrale dalla quale sporge un largo ferro a scalpello, usato per spianare e levigare il legno.

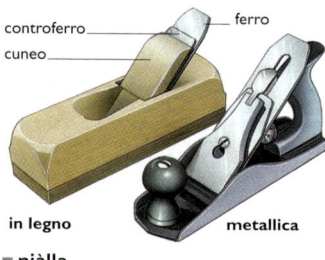

controferro — ferro
cuneo
in legno — metallica

■ **piàlla**

piallàre v.tr. TECN. Assottigliare, levigare con la pialla o la piallatrice. *Piallare una tavola.*

piallatóre agg. [f. *–trice*] Che pialla. ◆ s.m. (anche f.) Addetto alla piallatrice.

piallatrice s.f. Utensile per la lavorazione del metallo o del legno, usata per piallare e talvolta per scanalare delle superfici.

piallatùra s.m. Lisciatura del legno o del metallo con la pialla.

piallóne s.m. Nel sign. dell'accr. di *pialla*; in partic., pialla a mano con lungo ceppo, usata dopo lo sgrossamento del legno.

pia màdre loc. sost. f. [pl. *pie madri*] (calco dell'ar. *umm ad-dimāğ-ar-raqīqa* "la madre tenue, pia del cervello", detta così perché protegge il cervello come una madre protegge il figlio) ISTOL. La più interna delle meningi aderente all'encefalo e al midollo spinale.

piàn s.m. inv. MED. → **framboesia.**

1. piàna s.f. **1.** Zona limitata di terreno pianeggiante. ◇ GEOL. *Piana abissale:* fondo oceanico.

2. piàna s.f. Pietra squadrata usata per gli stipiti delle porte o delle finestre.

pianàle s.m. **1.** Superficie piana delimitata, adibita a una specifica funzione tecnica. ◇ *Pianale di carico:* in una vettura o un vagone, quello su cui viene poggiato il carico. **2.** FERR. *estens.* Vagone a sponde basse.

pianatóio s.m. [pl. *–toi*] Cesello a cima piatta. SIN.: **pianatore.**

pianeggiànte agg. Che non presenta dislivelli sensibili. *Strada pianeggiante.*

pianèlla s.f. **1.** Calzatura da casa, priva di tacco. **2.** Mattonella sottile, usata per pavimentazione o per coprire tetti.

pianeròttolo s.m. **1.** Ripiano di collegamento tra due rampe di scale o tra gli ambienti di uno stesso piano. **2.** Piccolo spazio piano che interrompe una parete di roccia. SIN.: **terrazzino.**

1. pianéta s.m. [pl. *–ti*] (gr. *planḗtēs* "errante") **1.** ASTR. Corpo celeste che brilla della luce

riflessa dal Sole e che compie un'orbita ellittica intorno a esso. **2.** *fig.* Nel l. gior., tutto ciò che è relativo o ruota attorno a un argomento, a un'attività. *Il pianeta della moda.*
ENCICL. I pianeti noti del sistema solare sono Mercurio, Venere, Terra, Marte, Giove, Saturno, Urano, Nettuno e Plutone, nell'ordine dal più vicino al più lontano dal Sole. Possono essere suddivisi in *pianeti tellurici* (Mercurio, Venere, Terra e Marte; piccoli ma densi, dotati di una solida crosta e molto sviluppati sin dal momento della loro formazione) e in *grandi pianeti* (Giove, Saturno, Urano e Nettuno; di massa e volume maggiori rispetto ai primi, ma di densità minore, di atmosfera molto densa e in cui sono presenti in alte proporzioni i gas leggeri, come idrogeno ed elio, sfuggiti invece dall'atmosfera dei tellurici). Plutone, ancora poco conosciuto, sembra appartenere ai pianeti tellurici per le dimensioni e ai grandi pianeti per la densità. Classificandoli rispetto alla distanza tra Terra e Sole, si distinguono invece in pianeti *inferiori* o *interni* (Mercurio e Venere, più vicini al Sole) e pianeti *superiori* o *esterni* (da Marte a Plutone, più lontani). Lo studio dei pianeti ha ricevuto grande impulso dall'utilizzo delle sonde interplanetarie, che hanno permesso di analizzare la loro morfologia e composizione e il comportamento dei satelliti.

2. pianéta s.f. (lat. *planḗtam* "veste da viaggio") Paramento religioso a forma di scapolare tagliato sui fianchi, mantello indossato dal sacerdote per celebrare la messa.

pianetino s.m. ASTR. Nel sign. del dim. di *pianeta*; in partic., ognuno dei numerosissimi corpi celesti di dimensioni ridotte, con orbita compresa tra quelle di Marte e Giove. SIN.: **asteroide.**

piangènte agg. **1.** Che piange, in lacrime. **2.** BOT. *Salice piangente:* nome popolare di una specie di salice con rami lunghi pendenti fino a terra.

piàngere v.intr. [22] (aus. *avere*) (lat. *plāngere*, propr. "percuotere") **1.** Versare lacrime. *Piangere di rabbia.* ~ Lamentarsi, rammaricarsi di qlco. *Piangere sui propri errori.* **2.** Commuovere. *Un film che fa piangere.* ~ Suscitare compassione, indignazione. *Una situazione che fa piangere.* **3.** Gemere, emettere lamenti e suoni simili. *I cuccioli piangono per l'abbandono.* **4.** *estens.* Soffrire. *Anche i ricchi piangono.* ❑ In funzione di s.m., pianto. ◆ v.tr. **1.** Versare, emettere lacrime. *Piangere lacrime di gioia.* **2.** Soffrire per la scomparsa, la morte di qlcu. o la perdita di qlco. *Piangere un parente.* **3.** Lamentare una situazione penosa o una colpa commessa. *Piangere i propri errori.* ◆ **piangersi** v.pron. Nella loc. *piangersi addosso*, lamentarsi.

pianificàbile agg. Che può essere progettato.

pianificàre v.tr. [4] (calco del fr. *planifier*) Organizzare, regolare secondo un piano lo sviluppo di qlco. *Pianificare l'economia.*

pianificàto agg. Svolto secondo un progetto determinato.

pianificatóre agg. [f. *–trice*] Che pianifica, che attua una pianificazione. *Riforma pianificatrice.* ◆ s.m. (anche f.) Chi si occupa di pianificazione.

pianificazióne s.f. (calco del fr. *planification*) Programmazione di un'attività da attuare secondo piani prestabiliti. ◇ *Pianificazione territoriale:* politica che mira a ottenere la migliore ripartizione geografica delle attività economiche in funzione delle risorse naturali e umane. – *Pianificazione economica:* accentramento delle decisioni sulla programmazione della vita economica nazionale in strutture di governativa appositamente costituita. – *Pianificazione familiare:* insieme dei metodi coi quali i genitori possono decidere il numero delle nascite e gli intervalli intercorrenti, e in partic. dei metodi per evitare le gravidanze.

pianissimo s.m. inv. MUS. Didascalia musicale (simb. *pp*), che indica all'esecutore di mantenere una sonorità molto tenue.

pianista s.m. e f. [pl.m. *–sti*] Musicista che suona il piano. ◇ *Dita da pianista:* lunghe e affusolate.

pianistico agg. [pl.m. *–ci*, f. *–che*] Relativo al pianoforte, alla musica per pianoforte.

1. piàno agg. **1.** Che ha un andamento orizzontale uniforme, che non presenta dislivelli. ~ Anche, piatto, in oppos. a *concavo* o *convesso*. ◇ SPORT. *100, 200, … metri piani*: corsa su pista senza ostacoli. **2.** *fig.* Privo di ostacoli e quindi agevole, facile. **3.** Chiaro, comprensibile, non astruso, scorrevole. *Un'esposizione piana*. **4.** GRAMM. Di parola accentata sulla penultima sillaba. SIN.: **parossitono. 5.** MAR. *Navigazione piana*: sulla carta nautica con bussola, log e compasso, in oppos. a *navigazione astronomica*, con sestante. ◆ avv. **1.** Adagio, lentamente, a poco a poco, con calma. *Mangiare piano*. **2.** Con cautela, con delicatezza. ◇ *fam. Andarci piano*: moderarsi, agire con prudenza. **3.** Senza fare rumore. ~ MUS. Come notazione che invita a moderare la sonorità (anche con valore di s. m. inv: *suonare il piano della sinfonia*).

2. piàno s.m. **1.** Elemento orizzontale costituito da una superficie piana, general. con funzioni di sostegno. ◇ *Piano di cottura*: su cui sono disposti fornelli e piastre. **2.** Distesa di terreno orizzontale e uniforme. ◇ *In piano*: in senso orizzontale. **3.** GEOM. Superficie che contiene interamente una retta passante per due qualsiasi dei suoi punti. ◇ *Piano cartesiano*: quello dotato di un sistema di assi cartesiani. – FIS. *Piano inclinato*: superficie piana che forma un angolo con il piano dell'orizzonte. **4.** AER. Corpo piuttosto sottile ed esteso, assai aerodinamico. **5.** Nella prospettiva, e poi in fotografia, cinema e televisione, ciascuna delle potenziali zone in cui si può suddividere una rappresentazione visiva rispetto alla distanza dell'osservatore. – CINE. *Mezzo primo piano, primo piano, primissimo piano*: inquadratura di un personaggio dalla cintola in su (detto anche *piano medio*), dalle spalle in su o comprendente solo il volto. – *Piano americano*: inquadratura dalle ginocchia alla testa. – *Piano sequenza*: ripresa cinematografica senza stacchi. **6.** *estens.* Livello. *Disporre su piani diversi*. ~ Linea di misurazione e valutazione di un fenomeno. *Il piano delle acque*. ◇ *fig. Mettere sullo stesso piano*: attribuire lo stesso valore, la stessa importanza. – *Di primo, secondo piano*: importante, preminente, ragguardevole oppure di minore importanza, secondario, trascurabile. – *Sul piano politico, economico, ecc.*: sotto il profilo politico, economico, ecc. **7.** Ciascuno degli ordini in cui un edificio è suddiviso in senso verticale. ◇ *Piano terra*: pianterreno. – *Piano nobile*: negli edifici e nei palazzi signorili, il primo piano, situato sopra il mezzanino. **8.** GEOL. Ciascuno dei vari strati in cui si suddivide la serie dei terreni depositatisi in una determinata era geologica. ◇ *Piano di faglia*: quello lungo il quale due lembi rocciosi si spostano negli assestamenti geologici. – *Piano di Benioff*: zona tettonica, inclinata tra i 15° e i 75°, definita dagli ipocentri dei sismi e che si inserisce sotto un margine continentale o un arco di isole. [Questo piano si manifesta come la zona di sprofondamento (*zona di subduzione*) della litosfera nel mantello.]

3. piàno s.m. [pl. *–pianora*] (fr. *plan*, deriv. di *planter* "piantare") **1.** Complesso programmatico di suggerimenti, con lo scopo di regolare lo svolgimento di un'azione o di un'attività e di ottenere quindi un determinato risultato. ◇ *Piano di studi*: nelle università, documento su cui sono registrate le materie da seguire e gli esami da sostenere. – AER. *Piano di volo*: insieme degli elementi (itinerario, quota, orari) che il pilota deve fornire alle autorità competenti per ottenere il permesso di volo. – URBAN. *Piano regolatore*: ciascuno dei vari strumenti normativi che regolano l'attività edilizia. – ECON. *Piano (economico)*: programma che indica la quantità di beni da produrre e le risorse da impiegare per il conseguimento di determinati obiettivi. – *Piano di ammortamento*: prospetto in cui è riportata la successione delle rate dovute da chi ha contratto un prestito. **2.** Proposito, intento.

4. piàno s.m. Pianoforte.

5. piàno agg. Che riguarda un pontefice di nome Pio.

piano-bàr o **pianobàr** s.m. inv. Locale notturno in cui si suona musica di sottofondo.

piano-còncavo o **pianocòncavo** agg. OTT. Di lente a una faccia piana e una concava.

piano-convèsso o **pianoconvèsso** agg. OTT. Di lente a una faccia piana e una convessa.

pianofòrte s.m. (dall'espressione "gravicembalo col piano e forte" usata da Maffei nel 1711 per parlare della nuova invenzione) **1.** Strumento musicale costituito da un certo numero di corde, inserite entro una cassa di risonanza in legno, che vibrano perché percosse da martelletti azionati da tasti. (Fabbricato dalla fine del sec. XVII.) ◇ *Pianoforte verticale*: in cui le corde e la tavola armonica sono verticali. – *Pianoforte a coda*: in cui le corde e la tavola armonica sono orizzontali e la cui lunghezza è di 2,50-2,75 m. – *Pianoforte a mezza coda*: pianoforte a coda di lunghezza di 2,10 m ca. **2.** MAR. *estens.* Nei sommergibili, insieme dei comandi a mano per le manovre dell'aria compressa e dell'acqua.

pianòla s.f. (voce commerciale creata dalla fabbrica statunitense che per prima la produsse) Strumento brevettato alla fine del sec. XIX, simile a un pianoforte verticale, dotato di un dispositivo meccanico a pedali (poi elettrico) che tramite lo svolgimento di un rotolo di carta perforata metteva in moto i tasti corrispondenti alle note. SIN.: **autopiano**.

pianòro s.m. Zona di terreno pianeggiante situata a media altitudine.

pianosequènza s.m. inv. CINE. Lunga inquadratura senza stacchi effettuata con un costante movimento della telecamera o della cinepresa.

pianotèrra s.m. inv. → **pianterreno**.

piànta s.f. **1.** Denominazione comune a ogni organismo vegetale, erbaceo, arbustivo o arboreo. ◇ *Pianta carnivora, insettivora*: che cattura piccoli insetti di cui si nutre. – *Pianta grassa*: tipica dei climi aridi. – *Pianta officinale*: usata per la produzione di medicamenti. – *fig. Di sana pianta*: completamente, da cima a fondo. **2.** Rappresentazione grafica in scala di una città, di una superficie. SIN.: **mappa**. ~ Particolare configurazione di una costruzione. *Un edificio a pianta centrale*. **3.** Nel l. bur., ruolo organico del personale di un ufficio. ◇ *Pianta organica*: mappa dei posti e del personale di un dato ufficio. **4.** ANAT. Superficie inferiore del piede. ~ *estens.* Parte della scarpa che è a contatto con la parte inferiore del piede. SIN.: **suola**.

piantàggine s.f. Pianta a foglie ovali a rosetta, a minuscoli fiori raccolti in spighe cilindriche, i cui semi servono a nutrire gli uccelli in gabbia. (Famiglia delle Plantaginacee.)

piantagióne s.f. **1.** Terreno coltivato con piante dello stesso tipo. ~ Insieme delle piante coltivate in un terreno. **2.** Azienda agricola dove si pratica la coltivazione di piante.

piantagràne s.m. e f.inv. Persona pedante e polemica.

piantàna s.f. **1.** Elemento verticale, tubolare, in metallo o legno, usato come sostegno per impalcature, scaffalature, cartelli di segnalazione. **2.** MECC. Albero a cui è fissato il volante dei veicoli. SIN.: **piantone**.

piantàre v.tr. **1.** Porre semi, talee o piantine a dimora nella terra perché germoglino. *Piantare fave*. ◇ *fig. Piantar grane*: procurare guai o sollevare obiezioni noiose, spiacevoli. **2.** *fig.* Lasciare, abbandonare qlcu. o qlco. *Piantare tutti*. **3.** *fig. fam.* Finire, smettere di fare qlco. *Vuoi*

■ **pianofòrte.** Pianoforte a mezza coda.

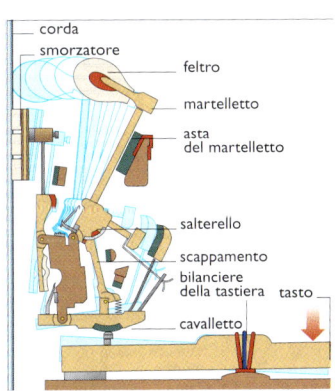

corda
smorzatore
feltro
martelletto
asta del martelletto
salterello
scappamento
bilanciere della tastiera — tasto
cavalletto

■ **pianofòrte.** Meccanismo di percussione di un pianoforte verticale.

campo lungo
primo piano
piano medio
piano americano
campo medio

SHERIFF'S OFFICE

■ **piàno.** Scala di piani: possibili inquadrature della scena di un film (Rio Lobo, H. Hawks, 1970).

infiorescenza

■ **piantàggine**

piantarla di gridare? **4.** *estens.* Conficcare, infiggere qlco. in un oggetto duro. *Piantare un palo nel terreno.* **5.** Collocare, mettere saldamente qlco. in un luogo. *Piantare l'accamparnento.* ◇ *Piantare le tende in un luogo:* accamparsi; *fig.* stabilirsi in un luogo. ◆ **piantarsi** v.pron. **1.** Fermarsi in un luogo con l'intenzione di rimanervi. *Si piantò in casa mia per due giorni.* ~ Fermarsi di fronte a qlcu. con aria decisa. *Mi si è piantato di fronte.* **2.** Con soggetto non animato, conficcarsi in qlco. *La freccia si piantò nel tronco dell'albero.* ◇ *fig. Piantarsi sullo stomaco:* detto di un alimento difficile da digerire.

piantàta s.f. **1.** Operazione con cui si pianta. **2.** Insieme di piante coltivate. **3.** AER. Improvviso arresto di uno dei motori di un velivolo.

piantàto agg. **1.** Di terreno coltivato con determinate piante. **2.** Conficcato, confitto in qlco. *Un chiodo piantato nel muro.* ~ Appoggiato saldamente. *Avere i piedi ben piantati per terra.* ◇ *fig. Ben piantato:* di costituzione robusta, forte.

piantatóio s.m. [pl. *-toi*] Attrezzo agricolo a forma di punteruolo, usato per praticare nel terreno fori in cui vengono collocati semi, polloni o pianticelle.

piantatóre s.m. [f. *-trice*] Proprietario di una piantagione, spec. nei paesi tropicali.

pianterréno s.m. inv. [o pl. *-ni*] In un edificio, piano al livello del suolo o appena più elevato. SIN.: **pianoterra**.

piantina s.f. Cartina geografica, mappa stradale.

piànto s.m. **1.** Lamento espresso con lacrime, spesso accompagnate da gemiti e singhiozzi. ~ *estens.* Lacrime. *Occhi pieni di pianto.* ◇ *figg. Sciogliersi in pianto:* piangere molto. – *Pianto greco:* piagnisteo, lamento continuo. – *Muro del pianto:* a Gerusalemme, muro dove gli Ebrei pregano e lamentano l'antica distruzione della città e del tempio; *fig.* persona con cui tutti si lamentano, o persona lamentosa. **2.** Angoscia, dolore. ~ *estens.* Avvenimento che è causa di pianto. ~ Anche, lutto. *La sua morte è stata un pianto per tutti.* **3.** *fig.* Ogni verso animale o fenomeno naturale che ricordi in qualche modo il pianto umano. **4.** BOT. Fuoriuscita di linfa dalle piante attraverso un'incisione su una radice o sul fusto.

1. piantonàre v.tr. AGR. Mettere a dimora i ramoscelli o i polloni.

2. piantonàre v.tr. Detto spec. di forze di polizia, sorvegliare qlcu. *Piantonare un prigioniero.*

1. piantóne s.m. **1.** AGR. Arboscello proveniente dal semenzaio. ~ Ramoscello staccato da una pianta che viene interrato per dar vita a un'altra pianta. **2.** MECC. Negli autoveicoli, elemento che collega il volante allo sterzo.

2. piantóne s.m. (fr. *planton*, deriv. di *planter* "piantare" per il fatto di non potersi allontanare) **1.** Militare addetto alla vigilanza. ~ Militare incaricato di svolgere un servizio di vigilanza e pulizia di determinati locali. ~ Il servizio che svolge. *Essere di piantone alle camerate.* **2.** *estens.* Chiunque stia fermo a vigilare.

pianùra s.f. Estesa zona pianeggiante. ◇ *Pianura alluvionale:* costituitasi dall'accumulo di depositi fluviali. – *Alta pianura:* terreno pianeggiante di natura alluvionale, molto permeabile. – *Bassa pianura:* terreno pianeggiante a pochi metri sul livello del mare che la costituzione argillosa rende poco permeabile.

piassàva s.f. (port. brasiliano *piaçaba* di orig. tupi) Fibra, estratta da una palma, impiegata negli spazzolifici.

1. piàstra s.f. **1.** Lastra di materiale rigido. ~ Nelle cucine, disco di ghisa su cui si appoggiano le pentole. **2.** Nelle serrature, parte piana ed esterna. **3.** BIOL. Formazione il cui aspetto ricorda una piastra. ◇ BOT. *Piastra o placca cribrosa:* particolare zona delle pareti cellulari del tessuto cribroso. – EMBRIOL. *Piastra laterale:* parte laterale del foglietto mesodermico dell'embrione dei cordati. **4.** Versoio dell'aratro. **5.** *Piastra di registrazione:* in un impianto stereofonico, apparecchio che, unito all'amplificatore e agli altoparlanti, permette la registrazione e l'ascolto. **6.** MUS. Ciascuno dei corpi vibranti di alcuni strumenti a percussione (p.e. lo xilofono). **7.** Negli orologi, parte in cui sono collocati i meccanismi. SIN.: **cassa**.

2. piàstra s.f. Nome di antiche monete italiane e di unità monetarie di alcuni stati moderni.

piastrèlla s.f. **1.** Manufatto poligonale di piccole dimensioni e di limitato spessore, in materiali diversi usato per rivestire pavimenti o pareti. **2.** LUD. Pietra piatta, o discoide di altro materiale, che si lancia per gioco sul pelo dell'acqua per farla rimbalzare più volte.

piastrellaménto s.m. Rivestimento con piastrelle di una parete o di un pavimento.

piastrellàre v.tr. Rivestire una superficie con piastrelle. ◆ v.intr. (aus. *avere*) Detto di un idrovolante, di un motoscafo o di un aereo in fase di atterraggio, rimbalzare sulla superficie dell'acqua o sul suolo come una piastrella lanciata di striscio, a causa dell'eccessiva velocità o di un errore di manovra.

piastrellista s.m. e f. [pl.m. *-sti*] Operaio specializzato nella posa delle piastrelle.

piastrìna s.f. **1.** Sottile lamina metallica di forma variabile e forata centralmente, che serve per assicurare il fermo di una vite o di un dado. **2.** MIL. *Piastrina di riconoscimento:* targhetta metallica recante le generalità e i dati matricolari del soldato che la porta. **3.** ISTOL. Elemento corpuscolare del sangue, importante nei processi di emostasi e di coagulazione. SIN.: **trombocito**.

piastrìnico agg. ISTOL. Relativo alle piastrine del sangue.

piastrinòsi s.f. inv. MED. Aumento del numero delle piastrine nel sangue.

piastróne s.m. **1.** Nel sign. dell'accr. di 1. *piastra.* **2.** Nelle antiche corazze, piastra di protezione del petto. ~ Giubba protettiva indossata dagli atleti che praticano la scherma. **3.** ZOOL. Zona inferiore della corazza ossea dei Cheloni (tartarughe e testuggini).

piattabànda s.f. (calco del fr. *plate-bande*) **1.** ARCH. Elemento strutturale a forma di arco ribassato che delimita la parte superiore dei vani di porte e finestre. **2.** Lamiera saldata o inchiodata lungo le ali delle travi per accrescerne la resistenza.

piattafórma s.f. (calco del fr. *plate-forme* "superficie piana") **1.** Tratto di terreno livellato posto a un livello uguale o superiore rispetto al terreno circostante. **2.** Basamento di appoggio o di manovra in vari tipi di operazione. ◇ *Piattaforma girevole:* attrezzatura che serve a spostare una locomotiva o un vagone da un binario all'altro o a invertirne il senso di marcia. – *Piattaforma di lancio:* rampa di lancio dei missili. – *Piattaforma di estrazione:* ove sono posizionate le trivellatrici e gli altri macchinari necessari all'estrazione di idrocarburi dai fondali marini. **3.** Parte anteriore o posteriore di una vettura ferroviaria, tranviaria o d'altro tipo, dove non ci sono sedili. **4.** SPORT. Pedana. ~ In partic. nelle gare di tuffi, incastellatura a vari ripiani a struttura rigida, a differenza del trampolino che è elastico. **5.** GEOGR. *Piattaforma continentale:* fondale marino di scarsa pendenza e di estensione limitata e discontinua che circonda le terre emerse fino a una profondità di 200 m. **6.** INFORM. Sistema operativo ed eventuale altro software di base per cui un programma applicativo è progettato e che sono necessari al suo funzionamento. **7.** *fig.* Programma proposto come base di azioni e trattazioni politiche, economiche o sindacali.

piattàia s.f. Scaffale di una credenza o di un pensile su cui vengono esposti piatti e vasellame.

piattèllo s.m. **1.** Piccolo piatto o dischetto di forme e materiali diversi, variamente utilizzato. *Piattello del candeliere.* **2.** SPORT. Nelle gare di tiro, bersaglio a cui si spara, costituito da un disco di materiale leggero lanciato automaticamente in aria da uno speciale dispositivo. **3.** ETNOL. *Piattello labiale:* dischetto di legno che alcune tribù dell'Africa e dell'America meridionale sono solite inserire a scopo ornamentale nelle labbra, che ne restano deformate. **4.** Gioco d'azzardo che si gioca in quattro con un mazzo di quaranta carte.

piattézza s.f. **1.** Caratteristica di ciò che è piano o sottile. **2.** *fig.* Mancanza di vivacità, noiosità.

piattìna s.f. **1.** Cavo elettrico piatto i cui fili isolati sono contenuti in un'unica guaina. **2.** Carrello piatto utilizzato in miniera per il trasporto di materiali. **3.** Nastro metallico per rinforzo e imballo.

piattìno s.m. **1.** Nel sign. del dim. di 2. *piatto*; in partic., piccolo piatto per portate o per tazze e bicchieri. **2.** *estens.* Manicaretto. **3.** Gioco di carte detto anche *piattello* o *pitocchetto*.

1. piàtto agg. **1.** Che ha una superficie piana. ~ Di spessore minimo rispetto all'ampiezza. ◇ *Piede piatto:* privo dell'usuale curvatura sulla pianta. **2.** *estens.* Che ha andamento lineare, senza variazioni. **3.** *fig.* Privo di originalità, scialbo. **4.** MAT. *Angolo piatto:* di ampiezza pari a 180°.

2. piàtto s.m. **1.** Stoviglia da tavola di forma circolare, di vari materiali, che si usa per servire e mangiare le vivande. ~ Il cibo contenuto in un piatto. ◇ *Piatto piano:* per cibi solidi, con il bordo piano. – *Piatto fondo:* con il bordo rialzato per cibi liquidi. – *fig. Servire qlco. su un piatto d'argento:* a condizioni vantaggiose. **2.** *estens.* Vivanda preparata. ~ Portata. *Primo, secondo piatto.* ◇ *Piatto unico:* composto di cibi diversi serviti in un'unica portata. – *Piatto forte:* quello più sostanzioso di tutto il pranzo; *fig.* la cosa più interessante fra quelle presentate. – *Piatto del giorno:* al ristorante vivanda già pronta o consigliata dal cuoco. **3.** *estens.* Oggetto di forma circolare. ◇ *Piatto della bilancia:* disco leggermente concavo su cui si appoggiano gli oggetti da pesare. ~ MUS. (al pl.) Strumento a percussione costituito da una coppia di dischi d'ottone concavi e muniti di manici che vengono battuti l'uno contro l'altro. **4.** Ognuna delle due parti piatte e larghe di una lama delimitate dal taglio e dalla costola. ~ RILEG. Le due parti che costituiscono la legatura di un libro. ◇ *Di piatto:* dalla parte più piana, più estesa (in oppos. a *di taglio* o *di costa*); spec. detto di lame, oggetti affilati. ~ SPORT. Nel calcio, detto di tiro eseguito colpendo il pallone con l'interno del piede. **5.** Posta nei giochi d'azzardo. ◇ *fig. scherz. Il piatto piange:* detto quando uno dei giocatori non ha versato la posta. **6.** SPORT. Nel baseball, superficie di forma pentagonale che indica il punto in cui si colloca il battitore. **7.** MECC. *Piatto vibrante:* dispositivo che consente la trasmissione di vibrazioni regolate alle casseforme dei getti in calcestruzzo, al fine di ottenere strutture più compatte, grazie a un maggiore assestamento dell'impasto. **8.** MAR. *Piatto idrostatico:* apparecchio che regola automaticamente la profondità d'immersione di siluri e torpedini subacquee. **9.** *Piatto cardinalizio:* somma di denaro pagata annualmente dall'amministrazione vaticana ai cardinali residenti a Roma, siano essi in servizio o in pensione.

piàttola s.f. **1.** Insetto parassita della regione pubica dell'uomo. (Famiglia dei Pediculidi.) **2.** *fig.* Persona noiosa, molesta.

piàzza s.f. (lat. *plăteam*, propr. "strada ampia") **1.** Spazio urbano ampio e libero di solito posto all'incrocio di più strade. ◇ *figg. Mettere in piazza qlco.:* renderlo pubblico. – *Fare piazza pulita di qlco.:* toglierlo di mezzo. **2.** *estens.* Gente che si ritrova in piazza e, spec. nel l. gior., popolo, massa, cittadini in quanto soggetti ad azione politica. **3.** COMM. Luogo in cui si svolgono attività economiche o finanziarie. ◇ *Assegno su piazza, fuori piazza:* emesso da una banca che ha sede nella piazza in cui è presentato all'incasso o che ha sede altrove. **4.** MIL. Centro fortificato. ◇ *Piazza d'armi:* spazio di grandi dimensioni alla periferia delle città, usato per le esercitazioni militari. **5.** *estens.* Centro abitato che dispone di un teatro o di uno spazio per spettacoli. ~ Posto, in partic. con riferimento alla misura del letto e alla biancheria relativa. *Letto a due piazze.* ◇ SPORT. *Piazza d'onore:* il secondo, il terzo e talvolta il quarto posto.

piazzafòrte s.f. [pl. *piazzeforti*] (calco del fr. *place forte*) **1.** MIL. Località fortificata in modo permanente. **2.** *fig.* Sede del nucleo più attivo di una corrente, di un movimento. *La piazzaforte del partito.*

piazzàle s.m. **1.** Vasta area non completamente circondata da edifici. **2.** Area recintata destinata a impianti, servizi, parcheggi, ecc.

piazzaménto s.m. **1.** Posizionamento, collocazione secondo un criterio specifico. **2.** Posizione in graduatoria ottenuta dopo un concorso. **3.** SPORT. Posizione, ruolo affidato ai giocatori di una squadra.

piazzàre v.tr. (fr. *placer*) Vendere, collocare un prodotto sul mercato. ~ Mettere qlco. in un luogo. *Piazzare la macchina davanti al portone.* ◇ SPORT. *Piazzare un pugno*: nel pugilato, colpire l'avversario nel punto voluto. ◆ **piazzarsi** v.pron. Prendere posto in una posizione comoda o favorevole. ~ Sistemarsi in un luogo, risultando d'ingombro. *Piazzarsi in mezzo alla strada.* ~ *fig.* Raggiungere una buona posizione professionale. *Con la sua laurea si piazzerà sicuramente.* ~ SPORT. Riuscire a ottenere un buon posto in classifica.

piazzàta s.f. Scenata volgare e clamorosa, fatta in un luogo pubblico o davanti a più persone.

piazzàto agg. **1.** Che ha ottenuto una buona posizione lavorativa o sociale. **2.** Di persona piuttosto robusta. **3.** SPORT. Di concorrente che si è qualificato fra i primi in classifica. ◇ IPP. *Cavallo piazzato*: quello che si è qualificato secondo o terzo. – *Essere ben, mal piazzato*: essere in posizione favorevole o sfavorevole.

piazzétta s.f. Nel sign. del dim. di *piazza*.

piazzista s.m. e f. [pl.m. –*sti*] *Rappresentante di commercio.

1. pica s.f. **1.** ZOOL. (iniziale maiusc.) Genere di uccelli diffusi in Eurasia e in Africa settentrionale. (Famiglia dei Corvidi.) **2.** MED. Picacismo.

2. pica s.f. inv. (ingl. *pica*, lat. *Pica* antico libro liturgico medievale) Unità tipografica che regola la grandezza dei caratteri, in uso nei paesi anglosassoni.

3. pica o **pika** s.m. inv. (ingl. *pika* da una voce tungusa) ZOOL. Denominazione comune di varie specie di mammiferi, note anche come *lepri fischiatrici*. (Famiglia degli Ocotonidi.)

picacismo s.m. (deriv. di *pica* perché anche la gazza assaggia spesso sostanze non commestibili) MED. Alterazione del senso del gusto dovuta ad anomalie nervose o ad anemie causate da carenze di ferro, per cui si desidera mangiare sostanze non commestibili o di cattivo sapore.

picador [/pika'ðor/] s.m. [pl. *picadores*] (voce spagn., deriv. di *picar* "pungere") Cavaliere che apre la corrida attaccando il toro con una speciale picca, detta *puya*.

picarésco agg. [pl.m. –*schi*, f. –*sche*] (spagn. *picaresco*) Del genere letterario, tipico della letteratura spagnola del sec. XVI e diffusosi poi in tutta Europa, caratterizzato dalla descrizione delle avventure dei picari.

picaro s.m. (voce spagn. "imbroglione") Popolano astuto e imbroglione, che vive di espedienti.

1. picca s.f. [pl. –*che*] (fr. *pique*, deriv. di *piquer* "pungere") **1.** Antica arma, in dotazione alla fanteria dalla seconda metà del sec. XIV, costituita da una lunga asta munita di una punta metallica di varia forma. **2.** (al pl.) Uno dei quattro semi delle carte da gioco francesi. ◇ *Rispondere picche*: rifiutare decisamente.

2. picca s.f. [pl. –*che*] (fr. *pique*, prob. ol. *pike*) Ostinazione caparbia.

piccànte agg. **1.** Che ha sapore forte, pungente. **2.** *fig.* Ricco di arguzia e mordente. ~ Audace. *Commedia piccante.*

piccàrdo agg. (fr. *picard*) Della Piccardia, regione del sud della Francia. ◆ s.m. [f. –*da*] **1.** Nativo, abitante della Piccardia. **2.** (solo sing.) Dialetto francese parlato in Piccardia.

piccàre v.tr. [4] (fr. *piquer*) Irritare, offendere. ◆ v.intr. (aus. *avere*) Di vino, essere frizzante; di cibo, essere piccante. *Un formaggio che picca.*

1. picchettàggio s.m. [pl. –*gi*] Attività degli scioperanti che presidiano l'ingresso di un posto di lavoro o di studio.

2. picchettàggio s.m. [pl. –*gi*] TECN. Nei gasogeni a griglia fissa, operazione di rimescolamento del carbone.

picchettàre v.tr. **1.** Delimitare qlco. con paletti infissi nel terreno. *Picchettare un sentiero.* **2.** Sorvegliare un luogo di lavoro e di studio per impedirne l'attività.

picchettatóre s.m. [f. –*trice*] Chi è preposto alla picchettatura di un terreno.

picchettatùra s.f. Disposizione di picchetti nel terreno.

picchettazióne s.f. Operazione topografica di picchettatura.

1. picchétto s.m. (fr. *piquet*) Paletto che si pianta nel terreno.

2. picchétto s.m. (in riferimento al paletto cui i soldati tengono attaccati i cavalli) **1.** Drappello di militari addetto a servizi di ordine pubblico o di rappresentanza. ◇ *Picchetto d'onore*: drappello di soldati che ha il compito di rendere onore ad autorità e personalità di spicco, alle quali spetta per etichetta o rango una guardia d'onore. **2.** Gruppo di scioperanti che sorveglia il luogo di lavoro o di studio per impedire l'accesso a chi non sciopera.

3. picchétto s.m. (solo sing.) (fr. *piquet*) Gioco che si pratica in due con un mazzo di trentadue carte.

picchiàre v.tr. [6] (voce di orig. onom.) **1.** Percuotere qlcu. *Non picchiare tuo fratello.* **2.** Battere, urtare. *Picchiare il martello sul ferro.* ◆ v.intr. (aus. *avere*) **1.** Bussare, dare colpi. *La pioggia picchia sui tetti.* ~ *fig.* Detto del sole, essere cocente. *Oggi il sole picchia.* **2.** AVIAZ. Detto di un aeroplano, abbassarsi velocemente seguendo una traiettoria molto inclinata. ◆ **picchiarsi** v.pron. Detto di due o più persone, malmenarsi.

1. picchiàta s.f. Colpo, percossa.

2. picchiàta s.f. Discesa di un aeroplano in velocità e con forte inclinazione.

picchiatèllo agg. (termine coniato per tradurre l'americano *pixilated* "pazzerello", presente nei dialoghi del film "È arrivata la felicità" di F. Capra) Imprevedibile, svitato. ◆ s.m. [f. –*la*] Nel sign. dell'agg.

picchiàto agg. **1.** Battuto, percosso. **2.** Sciocco e stravagante, ma simpatico e buffo. ◆ s.m. [f. –*ta*] Nell'accez. 3 dell'agg.

picchiatóre s.m. [f. –*trice*] **1.** Chi ha l'abitudine di picchiare, di usare violenza. **2.** Persona che aggredisce a scopo intimidatorio i suoi avversari. **3.** SPORT. Pugile dal pugno molto potente.

picchiettàre v.tr. Trattare una superficie con un picchietto, punteggiare, tingere. ◆ v.intr. (aus. *avere*) **1.** Dare colpi frequenti e leggeri su una superficie. *Picchiettare con le dita sul tavolo.* **2.** MUS. Eseguire sul violino o altro strumento affine una serie di note staccate con lo stesso colpo di archetto.

picchiettàto agg. **1.** Cosparso di macchioline di colore diverso. **2.** MUS. Di frase musicale che si esegue picchiettando. ◆ s.m. MUS. Nella tecnica violinistica, serie di note staccate e rapide eseguite in una sola arcata; nella tecnica del canto, esecuzione di un brano con l'emissione veloce di note staccate.

1. picchio s.m. [pl. –*chi*] Denominazione comune di vari uccelli di piccola o media grandezza, con becco duro e appuntito che consente loro di forare la corteccia degli alberi e catturare così insetti e larve. (Ordine dei Piciformi; famiglia dei Picidi.) ◇ *Picchio muraiolo*: uccello passeriforme con becco sottile ricurvo, ali rosse e nere, che nidifica nelle regioni montuose. (Genere *Tichodroma*; famiglia dei Sittidi.) – *Picchio rosso maggiore*: picchio diffuso in Europa e in Asia, con penne bianche e nere sul dorso, rosse sul ventre. (Lunghezza 25 cm ca.; genere *Dendrocopos*, famiglia dei Picidi.) – *Picchio rosso minore*: piccolo picchio con penne nere e bian-

■ **pìcchio** rosso maggiore.

che e una macchia rossa sul capo. (Lunghezza 15 cm.) – *Picchio verde*: diffuso in Europa e in Asia occidentale, ha un piumaggio verde e giallo, con addome nero e macchia rossa sul capo. (Lunghezza 32 cm; nome sc. *Picus viridis*, famiglia dei Picidi.) – *Picchio muratore*: uccello di piccole dimensioni, che vive nelle cavità dei tronchi d'albero e per proteggere le uova chiude gran parte del foro di accesso. (Famiglia dei Sittidi.)

2. picchio s.m. [pl. –*chi*] Colpo contro qlco. e rumore così prodotto.

1. picchiòtto s.m. → battiporta.

2. picchiòtto s.m. ZOOL. *Picchio muratore.

piccino agg. **1.** Piccolo, ancora in tenera età. **2.** Con significato vezzeggiativo, di dimensioni modeste. **3.** *spreg.* Caratterizzato da meschinità e grettezza d'animo. ◆ s.m. [f. –*na*] Bambino piccolo.

picciolàto agg. BOT. Di foglia provvista di picciolo.

picciòlo s.m. **1.** BOT. Nella foglia, parte allungata che la collega e unisce al fusto. **2.** *estens.* Gambo di alcuni frutti.

piccionàia s.f. **1.** Locale dove si allevano i piccioni. **2.** *estens.* Locale sottotetto. **3.** *scherz.* Galleria, loggione.

piccioncino s.m. [f. –*na*] Appellativo usato reciprocamente e in senso affettuoso dagli innamorati.

piccióne s.m. [f. –*na*] (lat. *pipiónem*, deriv. di *pipiāre* "pigolare") **1.** Nome comune del colombo domestico o selvatico, di medie dimensioni, dal piumaggio grigio-azzurro con iridescenze sul collo, fasce nere sulle ali e una macchia bianca sul dorso. (Genere *Columba*; famiglia dei Colombidi.) ◇ *Piccione viaggiatore*: addomesticato e usato per portare messaggi o piccoli oggetti da una località all'altra. **2.** *fig.* Persona semplice e ingenua.

selvatico   colombella

■ **piccióne**

1. picco s.m. [pl. –*chi*] (fr. *pic*) **1.** Cima montuosa molto aguzza. ◇ *A picco*: in maniera verticale. **2.** MAR. Antenna a sezione circolare che funge da sostegno superiore per le randa. ◇ *Picco di carico*: asta fissata all'albero di carico e incernierata alla base del ponte, impiegata per l'imbarco e lo sbarco dei pesi. **3.** In un diagramma, rappresentazione grafica del massimo valore raggiunto da una grandezza variabile. ~ *fig.* Massima intensità raggiunta da un fenomeno. *Un picco dell'economia.* ◇ ELETTR., ELETTRON. *Valore di picco*: massimo valore di intensità di corrente o tensione in un periodo.

2. picco s.m. [pl. –*chi*] ETNOL. Strumento in pietra lavorata, con una delle due estremità appuntite.

piccolézza s.f. **1.** Caratteristica di ciò che è piccolo. **2.** *fig.* Meschinità. **3.** Sciocchezza, inezia.

piccolo agg. **1.** Di dimensioni ridotte. ~ Di bassa statura. **2.** Molto giovane. *Un bambino piccolo.* **3.** *fig.* Irrilevante, modesto. *Un piccolo guaio.* **4.** *fig.* Gretto, limitato. *Mentalità piccola.* **5.** *fig.* Di basso livello socioeconomico. SIN.: modesto. ◆ s.m. [f. –*la*] **1.** Bambino ~ Cucciolo. **2.** Persona di bassa statura. ◆ s.m. (solo sing.) *In piccolo*: in proporzioni ridotte.

piccoloborghése agg. (calco del fr. *petit-bourgeois*) Che manifesta conformismo, mentalità ristretta e comportamenti considerati caratteristici della piccola borghesia. ◆ s.m. e f. Nel sign. dell'agg.

picconàre v.tr. **1.** Colpire, rompere qlco. a colpi di piccone. **2.** *fig.* Nel l. pol., attaccare polemicamente.

piccóne s.m. Attrezzo a mano costituito da un elemento di acciaio appuntito montato trasversalmente su un manico di legno, usato per lavori di scavo.

piccòzza s.f. (voce sett.) Attrezzo, simile a un piccone ma di dimensioni ridotte, usato spec. dagli alpinisti.

Picea s.f. BOT. Genere di conifere sempreverdi dell'emisfero settentrionale; forniscono resina e legname pregiato e sono coltivate come piante ornamentali. (L'abete rosso, diffuso in Italia, raggiunge un'altezza fino a 50 m; famiglia delle Pinacee.)

pigna

scaglia con i semi

ramo d'aghi

■ **Picea**

Pìcidi s.m. pl. [iniziale minusc. sing. –de per l'individuo] (lat., dal nome del genere *Picus* "picchio") ZOOL. Famiglia di uccelli con il corpo massiccio, il becco acuminato, la lingua lunga e vischiosa; vivono nelle aree tropicali e a clima temperato. (Ordine dei Piciformi.)

Picifórmi s.m. pl. [iniziale minusc. sing. –me per l'individuo] ZOOL. Ordine di uccelli arboricoli, insettivori, solitamente sedentari e nidificanti nelle cavità dei tronchi; uno tra i più noti è il cuculo. (Gruppo dei Carenati.)

pick-up [/'pɪˌkʌp/] s.m. inv. (voce ingl., propr. "raccoglitore") **1.** Nei giradischi, testina elettrica che percorre i solchi incisi nei dischi, trasformando le ondulazioni in impulsi elettrici che vengono quindi convertiti in suoni. **2.** Dispositivo che trasforma i segnali meccanici, luminosi o sonori in impulsi elettrici. **3.** AUTOM. Veicolo con cassone scoperto, sponde laterali fisse e posteriore ribaltabile. **4.** FIS. NUCL. *Reazione di pick-up:* reazione in cui una particella veloce interagisce con un nucleo catturando uno o più nucleoni.

picnic s.m. inv. (ingl. *picnic*, fr. comp. di *piquer* "spizzicare" e *nique* "cosa di poco valore") Pasto consumato all'aria aperta.

Picnogònidi s.m. pl. [iniziale minusc. sing. –de per l'individuo] ZOOL. Classe di artropodi chelicerati marini. (Lunghezza massima 30 cm.)

picnòmetro s.m. CHIM. Apparecchio costituito da una boccetta di vetro terminante in un tubicino graduato, che viene usato per misurare la densità di liquidi e solidi.

picnòsi s.f. inv. BIOL. Processo di contrazione e degenerazione del nucleo cellulare, che porta alla morte della cellula stessa.

picofàrad s.m. inv. ELETTROTEC. Unità di misura della capacità elettrica (simb. *pF*), pari a 10⁻¹² farad. [10^{-12} farad]

picosecóndo s.m. FIS. Un trilionesimo di secondo, corrispondente a una misura micrometrica della velocità della luce.

picòzzo o **piccòzzo** s.m. Ognuno dei due denti incisivi centrali, superiori e inferiori, del cavallo e di altri animali domestici.

picràto s.m. Sale dell'acido picrico.

picrico agg. [pl.m. –ci] CHIM. *Acido picrico:* composto organico ottenuto per demolizione con acido nitrico di sostanze a base di fenolo.

pìcride s.f. Pianta erbacea a fiori gialli, molto comune e simile al dente di leone. (Genere *Picris*; famiglia delle Composite.)

pidgin [/'pɪdʒɪn/] s.m. inv. (voce ingl., deriv. di *business* "affari" secondo la pronuncia cinese) **1.** Nome dato alle lingue sorte dal contatto dell'inglese con diverse lingue dell'Asia o dell'Oceania. (Il *pidgin english* con il cinese e il *pidgin melanesiano* con le lingue melanesiane.) **2.** *estens.* Qualsiasi lingua nata dal contatto tra popolazioni di lingua diversa, usata nelle relazioni tra popoli e fondata sulla semplificazione di una delle due lingue. [Il *pidgin*, anche se molto più completo del *sabir*, non è una lingua madre (a differenza del *creolo*).]

pidòcchio s.m. [pl. –*chi*] **1.** Insetto senza ali, parassita esterno dei mammiferi, di cui succhia il sangue. [Due specie sono parassite dell'uomo: il *pidocchio del capo* (genere *Pediculus*) e il *pidocchio del pube* (genere *Phthirus*); lunghezza 2 mm; ordine degli Anopluri.] **2.** *estens.* Denominazione generica di insetti parassiti di animali e piante. **3.** *fig.* Individuo meschinamente attaccato al denaro e al proprio tornaconto. SIN.: **spilorcio.**

■ **pidòcchio** del capo

pidocchióso agg. **1.** Di persona, ambiente o indumento, infestato dai pidocchi. **2.** *fig.* Di persona, avaro e gretto. ◆ s.m. [f. –*sa*] Nell'accez. 2 dell'agg.

piduìsta agg. [pl.m. –*sti*] (deriv. dalla lettura di *P2*, sigla di *Propaganda* 2) Che appartiene alla loggia massonica segreta P2, disciolta per legge nel 1981. ◆ s.m. e f. Membro della P2.

piè s.m. inv. Piede. ◇ *figg. Nota a piè di pagina:* che si trova in fondo alla pagina. – *A ogni piè sospinto:* continuamente, spesso.

pièce [/'pjɛs/] s.f. inv. (voce fr. di orig. celtica, propr. "pezzo") Opera teatrale.

pied-à-terre [/pjɛtaˈtɛr/] s.m. inv. (voce fr., propr. "piede a terra") Alloggio occupato solo occasionalmente.

pied-de-poule [/pjedˈpul/] s.m. inv. (voce fr., propr. "zampa di gallina") Tipo di tessuto con disegno a quadretti irregolari di due o più colori, che ricordano l'impronta della zampa di una gallina.

pìede s.m. **1.** Parte terminale degli arti inferiori dell'uomo, che permette la deambulazione e la posizione eretta. ◇ *Piede talo:* deformità del piede, che risulta insolitamente rivolto verso la faccia anteriore della gamba. – *Piede cavo:* con arco insolitamente pronunciato. – *Piede valgo:* deformazione che costringe a poggiare solo il bordo interno del piede. – *Piede torto:* deformazione permanente sia congenita sia acquisita.

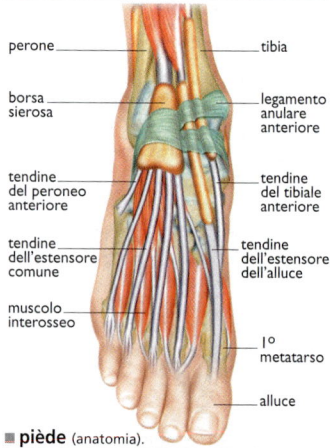

perone — tibia

borsa sierosa

legamento anulare anteriore

tendine del peroneo anteriore

tendine del tibiale anteriore

tendine dell'estensore comune

tendine dell'estensore dell'alluce

muscolo interosseo

1° metatarso

alluce

■ **pìede** (anatomia).

– *Andare a piedi:* camminare. – *Stare in piedi:* in posizione eretta. – *figg. Non stare in piedi:* non avere consistenza, mancare di logica. – *Mettere in piedi:* allestire qlco. – *Mettere qlcu. in posto:* entrarvi. – *Pestare i piedi a qlcu.:* dargli fastidio, essere suo rivale. – *Togliersi dai piedi:* allontanarsi, non dare fastidio. – *Andarci coi piedi di piombo:* con cautela. – *Darsi la zappa sui piedi:* fare qlco. che si ritorce a proprio sfavore. – *Tenere il piede in due scarpe:* fare il doppio gioco. – *Partire col piede sbagliato:* intraprendere qlco. nel modo sbagliato. – *Prendere piede:* diffondersi. – *Essere sul piede di guerra:* pronti alla lotta. – *Su due piedi:* immediatamente. – DIR. *A piede libero:* di imputato non arrestato. ~ Nei molluschi, massa muscolare con funzione locomotoria o di scavo. **2.** ZOOL. Negli animali, parte estrema di ogni zampa. **3.** *estens.* Oggetto o parte di qlco. con funzioni di sostegno. ◇ BOT. *Piede di un albero:* base del tronco. – *Piede del letto:* sponda inferiore (in oppos. a *testa*). – *Piede di porco:* leva di ferro piegata a zampa per sollevare oggetti molto pesanti. – MAR. *Piede di pollo:* tipo di nodo che si fa all'estremità di una fune. – *Piede di ruota:* pezzo che raccorda la ruota di prora alla chiglia. **4.** Base di un carattere tipografico. **5.** Unità di misura lineare usata ant. e tuttora nei paesi anglosassoni. **6.** METR. Nelle lingue classiche, minima unità ritmica.

piedìno s.m. **1.** Nel sign. del dim. di *piede*. ◇ *Fare piedino a qlcu.:* toccargli il piede sotto il tavolo in segno di intesa. **2.** Elemento della macchina da cucire che si abbassa per tenere ferma la stoffa durante la cucitura. **3.** ELETTRON. Contatto elettrico di un chip.

piedistàllo s.m. Base di una colonna, di una statua. ◇ *figg. Mettere qlcu. sul piedistallo:* idealizzarlo. – *Scendere dal piedistallo:* smettere di vantarsi.

piedrìtto s.m. ARCH. Struttura o elemento verticale con funzione di sostegno.

pièga s.f. [pl. –*ghe*] **1.** Punto in cui qlco. si piega. ~ Ondulazione naturale o segno lasciato da una piegatura su un tessuto o su un indumento. ◇ *fig. Non fare una piega:* essere chiaro, scorrevole, coerente; di persona, restare impassibile. **2.** Ruga della pelle. **3.** *fig.* (spec. pl.) Ciò che non è esplicitamente detto, confessato; anche, punto più interno, intimo, profondo. *Le pieghe della coscienza.* **4.** GEOL. Ondulazione degli strati rocciosi provocata da fenomeni orogenetici. **5.** *fig.* Andamento. ◇ *Prendere una brutta piega:* di cosa, mettersi male, volgere al peggio; di persona, mostrare tendenze negative.

piegaménto s.m. Azione di piegare qlco. o di piegarsi. ~ In partic., esercizio ginnico che consiste nel piegarsi sulle gambe, sulle braccia in posizione prona.

piegàre v.tr. [4] (voce sett., gr. *plékein* "intrecciare") **1.** Curvare, flettere qlco. *Piegare le gambe.* ◇ *fig. Piegare la testa:* cedere, sottomettersi. **2.** Ripiegare qlco., facendo coincidere un lembo con un altro. *Piegare un lenzuolo.* **3.** *fig.* Convincere, persuadere. *Non riuscirai a piegarmi.* ~ Domare, indurre qlco. a qlco. *Piegare il dipendente ai propri voleri.* ◆ v.intr. (aus. *avere*) Cambiare direzione, curvare. *La strada piega bruscamente.* ◆ **piegarsi** v.pron. **1.** Abbassarsi, incurvarsi. **2.** *fig.* Sottomettersi, arrendersi. *Piegarsi alla violenza.*

piegatóre s.m. [f. –*trice*] INDUS. Addetto a mansioni di piegatura delle lamiere o dei fogli stampati.

piegatrìce s.f. METALL. Macchina che piega lamiere e profilati. ~ STAM. Macchinario che opera la piegatura dei fogli stampati.

piegatùra s.f. **1.** Azione consistente nel piegare qlco. o nell'essere piegato. **2.** Punto in cui un arto si flette. *La piegatura del ginocchio.*

pieghettàre v.tr. Fare una serie di pieghe piccole e ravvicinate. *Pieghettare una gonna.*

pieghettàto agg. Che presenta pieghe e ondulazioni. ◆ s.m. Parte pieghettata di un tessuto.

pieghettatrìce s.f. **1.** IND. TESS. Macchina per pieghettare i tessuti. **2.** Macchinario impiegato per stabilire la resistenza della carta allo sgualcimento.

pieghettatùra s.f. **1.** Esecuzione di piccole pieghe. **2.** Insieme delle pieghe di un tessuto.

pieghévole agg. (calco del fr. *dépliant*) **1.** Che si piega facilmente. **2.** Che può essere ripiegato su se stesso. *Sedia pieghevole.* ◆ s.m. Stampato pubblicitario formato da due o più facciate. SIN.: **dépliant**.

pielite s.f. MED. Affezione infiammatoria o infettiva acuta della pelvi renale.

pielografia s.f. MED. Esame radiologico delle vie urinarie e della pelvi renale.

pielonefrite s.f. MED. Infezione del rene e della pelvi renale, caratterizzata dalla formazione di pus che affluisce nella vescica.

pièmme s.m. e f.inv. Pubblico *ministero.

piemontése agg. Del Piemonte. ◆ s.m. **1.** (anche f.) Nativo o abitante del Piemonte. **2.** (solo sing.) Dialetto parlato in Piemonte.

pièna s.f. **1.** Aumento del livello di un corso d'acqua, dovuto allo scioglimento delle nevi e dei ghiacci o a piogge abbondanti. ~ *estens.* Inondazione, alluvione. **2.** *fig.* Folla che si accalca. SIN.: **calca**. **3.** *fig.* Momento di massima intensità di un sentimento. *La piena degli affetti.*

pienaménte avv. Interamente, completamente.

pienézza s.f. Interezza, totalità. *Agire nella pienezza dei propri poteri.* ~ Grado più elevato di qlco.

pièno agg. **1.** Che è stato completamente riempito. SIN.: **colmo**. ~ Affollato, colmo di gente. *Un autobus pieno.* ◇ *Parlare con la bocca piena:* mentre si mangia. – *fig. A piene mani:* abbondantemente. **2.** Che contiene qlco. in grande quantità. *Un cielo pieno di stelle.* ~ *fig.* Ricolmo, carico. ~ Dominato, pervaso da un sentimento. *Con l'animo pieno di gioia.* ◇ *Giornata piena:* con molti impegni. – *Essere pieno di sé:* essere presuntuoso. **3.** Che è costituito da una materia compatta, senza vuoti. *Mattoni pieni.* ~ Di persona, paffuto. **4.** Che è al suo culmine o nella fase centrale. *Pieno inverno.* ~ Completo, totale, assoluto. *Avere pieni poteri.* ◇ *Pieno impiego:* completa utilizzazione della forza lavoro disponibile in un dato momento. – *Tempo pieno:* regime scolastico o lavorativo con orario corrispondente a un'intera giornata lavorativa. **5.** Di vino che possiede una certa corposità. ◆ s.m **1.** Ciò che non presenta spazi vuoti e appare compatto. **2.** (solo sing.) Punto culminante, momento centrale. ◇ *In pieno:* completamente. **3.** Rifornimento completo di un serbatoio, di un deposito. **4.** (solo sing.) Affollamento, tutto esaurito. *A teatro c'era il pieno.*

pienóne s.m. Nel sign. dell'accr. di *piena* e di *pieno*; spec. nel sign. di grande folla di spettatori. *Fare il pienone.*

piercing [/'piəsiŋ/] s.m. inv. (voce ingl., deriv. di *to pierce* "perforare") Foro nella pelle per introdurvi come ornamento anellini, pietre, brillanti, ecc.

1. Pièridi s.f. pl. [iniziale minusc. sing –*de* per l'individuo] ZOOL. Famiglia di insetti con ali bianche o gialle, macchiate o striate di nero; alcune specie sono dannose alle colture. (Ordine dei Lepidotteri.)

2. Pièridi s.f. pl. Nella mitologia greca, appellativo con cui si indicavano le Muse.

pierrot [/pjɛ'ro/] s.m. inv. (voce fr., propr. "Pierino") Maschera francese che indossa un costume bianco con bottoni neri e colletto pieghettato, con il viso completamente truccato di bianco. (Rappresentava il servo sciocco o l'innamorato triste.)

pietà s.f. inv. **1.** Sentimento di chi ha compassione e partecipa al dolore altrui. SIN.: **misericordia**. ◇ *Senza pietà:* in modo spietato. **2.** TEOL. CRIST. Uno dei sette doni dello Spirito Santo. ~ *estens.* Devozione, religiosità. **3.** Nell'iconografia cristiana, opera figurativa che rappresenta Cristo morto sulle ginocchia della Madonna.

pietànza s.f. (provenz. *pietansa* "pietanza" e poi "elemosina", perché orig. indicava il vitto dato ai poveri) Vivanda servita in tavola.

pietismo s.m. **1.** Movimento religioso sorto nel sec. XVII nella chiesa luterana tedesca, che tendeva a sottolineare gli aspetti non razionali e soggettivi della religiosità. **2.** *spreg.*

Atteggiamento di compassione e indulgenza eccessiva.

pietista s.m. e f. [pl.m. –*sti*] **1.** Seguace del pietismo. **2.** *spreg.* Chi ha un atteggiamento compassionevole ingiustificato ed eccessivo.

pietistico agg. [pl.m. –*ci*, f. –*che*] **1.** Proprio del pietismo storico e dei suoi seguaci. **2.** *spreg.* Improntato a una devozione bigotta.

pietosaménte avv. Con misericordia.

pietóso agg. **1.** Che prova pietà per le sofferenze altrui. SIN.: **caritatevole**. **2.** Che suscita pietà. ~ *estens. fam.* Brutto, pessimo. *Fare una figura pietosa.*

piètra s.f. **1.** Massa di roccia solida, di formazione naturale. (Designa impropriamente ciò che in geologia si definisce *roccia*.) ◇ *Pietra focaia:* varietà di calcedonio, un tempo strofinata con l'acciarino per produrre scintille. – *Pietra pomice:* minerale a base di silicati di alluminio, sodio e potassio, usato per pulire oggetti vari. – *Pietra molare:* di arenaria silicea usata per la costruzione di macine da mulino. – *Età della pietra:* periodo preistorico in cui l'uomo costruiva utensili e attrezzi solo con questo materiale. – *Pietra fitta:* menhir. – *Pietra di paragone:* varietà di diaspro nero usata per saggiare l'oro. – *fig.* Termine di confronto. *fig. Restare di pietra:* restare immobili per lo stupore. – *Avere un cuore di pietra:* essere insensibile. – **2.** Frammento di roccia; ◇ *Pietra miliare:* quella posta ai margini della strada per indicare le distanze; *fig.* fatto d'importanza storica. – *Pietra sepolcrale, tombale:* quella che chiude il sepolcro, detta anche *lapide, stele.* – *Pietra preziosa:* scaglia di minerale pregiato di elevata durezza, usata nella fabbricazione di gioielli. – *Pietra dura:* minerale molto duro, levigato e usato come ornamento. – *fig. Metterci una pietra sopra:* dimenticare, non parlare più di qlco. **3.** MED. *Pietre cerebrali:* calcoli che colpiscono il cervello. **4.** In toponomastica, primo elemento di toponimi, in cui significa "monte, roccia, rupe".

pietràia s.f. **1.** Accumulo di pietre. ~ *estens.* Luogo sassoso. **2.** Cava di pietra.

pietràme s.m. Mucchio di pietre, spec. quelle destinate alla costruzione.

pietrificànte agg. Che impressiona, paralizza per lo sconcerto.

pietrificàre v.tr. [4] **1.** Trasformare in pietra. *Il mago pietrificò il principe.* ~ Rendere simile alla pietra. **2.** *fig.* Lasciare qlcu. attonito per lo stupore. ◆ **pietrifcarsi** v.pron. **1.** Diventare di pietra o simile alla pietra. **2.** *fig.* Rimanere sbalordito.

pietrificàto agg. **1.** Che ha subito un processo di pietrificazione. **2.** *fig.* Stupito, attonito.

pietrificazióne s.f. Processo di fossilizzazione per cui resti di organismi viventi del passato si trasformano in minerali. (Un fossile spesso è il risultato di una pietrificazione.) ◇ VET. *Pietrificazione della covata:* malattia causata da un fungo ascomicete che colpisce le larve delle api, rendendole simili a piccole mummie.

pietrisco s.m. [pl. –*schi*] Insieme di frammenti di roccia naturale utilizzati per la costruzione di massicciate o terrapieni, o come materiale inerte nel processo di preparazione del calcestruzzo.

pietróso agg. **1.** Di pietra, simile alla pietra. **2.** *fig.* Duro come la pietra. **3.** Coperto di pietre. SIN.: **sassoso**.

pievàno s.m. Prete titolare di una pieve.

pième s.f. (lat. *plēbem* "plebe" poi "gruppo di fedeli" quindi "parrocchia di campagna") Nel Medioevo, circoscrizione ecclesiastica minore dell'Italia del centro-nord. ~ Comunità dei fedeli della circoscrizione. ~ Edifici componenti la chiesa stessa.

piezoelettricità s.f. inv. (ted. *Pi'zoelektricität*) FIS. Proprietà di alcuni cristalli di polarizzarsi elettricamente quando vengono deformati elasticamente e, viceversa, di manifestare deformazioni se soggetti a polarizzazione elettrica.

■ Le pietre preziose

I quattro minerali considerati pietre preziose sono il diamante, lo smeraldo, lo zaffiro e il rubino. Il primo è una delle forme allotropiche del carbonio; il secondo, della famiglia dei silicati, è un tipo di berillo; gli ultimi due sono varietà di corindone.

Diamante. Diamante grezzo nella sua ganga di kimberlite (Sudafrica).

Smeraldo. Smeraldo grezzo nella sua ganga di quarzo e pirite (Colombia).

Zaffiro. Zaffiri appiattiti e arrotondati provenienti da un giacimento alluvionale.

Rubino. Rubini di forma smussata estratti da sabbie alluvionali.

piezoelèttrico agg. [pl.m. –*ci*, f. –*che*] FIS. Che sfrutta o manifesta piezoelettricità.

piezògrafo s.m. FIS. Strumento per misurare le pressioni.

piezomètrico agg. [pl.m. –*ci*, f. –*che*] **1.** FIS. Relativo alla pressione in un punto generico di una massa fluida. ◇ *Quota piezometrica*: altezza che una colonna liquida dovrebbe raggiungere per esercitare una pressione pari a quella esistente nel punto del fluido considerato. **2.** FIS. Relativo al piezometro.

piezòmetro s.m. FIS. Strumento per misurare la compressibilità dei liquidi e dei solidi.

pifferàio s.m. [f. –*raia*, pl.m. –*rai*] Suonatore di piffero.

piffero s.m. **1.** Strumento a fiato simile al flauto diritto. **2.** *estens.* Suonatore di piffero.

pigiàma s.m. (ingl. *pyjamas*, persiano *pāy jāma* "vestito da gamba") Indumento che s'indossa spec. per dormire, costituito da giacca e pantaloni.

pigiàre v.tr. [5] (voce sett., lat. *pīnsere* "pestare") Premere, schiacciare qlco. *Pigiare l'uva.* ◆ v.intr. (aus. *avere*) Detto di più persone, accalcarsi; anche pron. *Tutti (si) pigiavano per uscire.*

pigiatrice s.f. Apparecchio per premere l'uva, costituito da cilindri rotanti in senso contrario, la cui distanza può essere regolata.

pigiatùra s.f. Pressione, schiacciamento. ~ In partic., compressione dell'uva per la produzione del vino.

pigióne s.f. (lat. *pensiōnem* "pesatura" poi "pagamento") **1.** Uso abitativo di un locale non di proprietà, ottenuto pagando una somma pattuita precedentemente. SIN.: **locazione. 2.** Prezzo dell'affitto di un alloggio.

pigliamósche s.m. inv. **1.** Arnese per catturare le mosche. **2.** ZOOL. Denominazione comune di alcuni uccelli dei Passeriformi, così detti perché si nutrono di mosche. **3.** BOT. (anche f.) Denominazione comune di varie piante insettivore. (Famiglia delle Droseracee.)

pigliàre v.tr. [6] (lat. *pilāre* "rubare") *fam.* Prendere, afferrare qlco. o qlco. ◆ v.intr. (aus. *avere*) Detto di piante, attecchire.

piglio s.m. [pl. –*gli*] Atteggiamento del volto che esprime severità, sdegno.

pigmalióne s.m. (dal titolo di una commedia di G.B. Shaw, deriv. dal mito greco secondo cui il re *Pigmalione*, innamorato della statua di marmo da lui stesso scolpita, ottenne da Afrodite che fosse trasformata in donna) Chi si assume il compito di istruire e valorizzare le doti di una persona incolta.

pigmentàre v.tr. CHIM. Colorare con un pigmento. ◆ **pigmentàrsi** v.pron. BIOL. Assumere una determinata colorazione per effetto di un pigmento.

pigmentàrio agg. Relativo a un pigmento.

pigmentazióne s.f. BIOL. Presenza e distribuzione di pigmenti nei tessuti degli animali o dei vegetali. ~ Colorazione che ne deriva.

pigménto s.m. (lat. *pigmĕntum* "tinta") **1.** BIOL. Sostanza organica che determina la colorazione dei tessuti animali e vegetali. **2.** CHIM. Sostanza colorata, non solubile in acqua, componente di vernici e pitture.

pigmèo s.m. [f. –*a*] (gr. *Pygmâios* "alto un cubito") **1.** Appartenente a gruppi etnici dell'Africa equatoriale, di statura molto piccola (meno di 150 cm), e con tratti somatici diversi da quelli degli altri popoli africani, dediti alla caccia e alla raccolta. ~ *estens.* Individuo assai piccolo di statura. **2.** *fig.* Nullità, persona che ha poca importanza. **3.** ANT. GR. Individuo appartenente a un favoloso popolo di nani. ❏ In funzione di agg., nell'accez. 1 del s.

pigna s.f. (lat., deriv. di *nŭcem pīneam* "noce di pino") **1.** Infiorescenza lignificata a forma di cono in cui sono contenuti i frutti del pino (*pinoli*). **2.** *estens.* Oggetto decorativo fatto a forma di pigna. **3.** Attrezzo impiegato dai funaioli per girare e raccogliere i legnoli o i cordoni durante la torcitura dei canapi. **4.** MAR. Placca metallica perforata che si mette all'estremità di un tubo aspirante per evitare l'accumulo di rifiuti solidi.

pignolerìa s.f. Comportamento pedante e meticoloso. ~ Pedanteria, scrupolosità eccessiva.

pignòlo agg. Troppo preciso e meticoloso. ◆ s.m. [f. –*la*] Nel sign. dell'agg.

1. pignóne s.m. (fr. *pignon*) Ruota dentata di un ingranaggio cilindrico o conico che s'innesta su una ruota d'accoppiamento più grande.

2. pignóne s.m. (lat. *pinnióne*, deriv. di *pīnna* "pinnacolo") **1.** COSTR. Base prolungata a forma di cono degli argini trasversali e dei piloni dei ponti. **2.** Parte della facciata di un edificio che sorregge gli spioventi del tetto.

pignoraménto s.m. DIR. Atto con cui l'ufficiale giudiziario, per ordine del giudice, ingiunge al debitore di mettere a disposizione determinati beni mobili o immobili come garanzia per il creditore.

pignorànte s.m. e f. DIR. Creditore che a al giudice istanza di pignoramento.

pignoràre v.tr. (lat. *pignorāre* "dare in pegno") **1.** DIR. Sottoporre qlco. a pignoramento. *Pignorare i beni immobili.* **2.** *estens.* Dare qlco. in pegno, in cambio di un prestito.

pignoratìzio agg. [pl.m. –*zi*] (lat. *pignoratīcium* "di ipoteca") DIR. Di chi o di ciò che è garantito da un pegno.

pigolàre v.intr. (aus. *avere*) (di orig. onom.) **1.** Emettere pigolii, detto di pulcini e uccelli da nido. **2.** *fig.* Detto di persona, lamentarsi, piagnucolare.

pigolìo s.m. [pl. –*lii*] **1.** Verso di pulcini e uccellini. **2.** *fig.* Lamentela, piagnucolio. ~ Chiacchiericcio, parlottio continuo.

pigraménte avv. → **lentamente**.

pi grèco loc. sost. m. inv. MAT. Numero irrazionale, approssimativamente 3,142871, rappresentato dalla lettera π, che esprime il rapporto fra la lunghezza della circonferenza e il suo diametro.

pigrizia s.f. Caratteristica di chi è pigro, inoperoso, svogliato. SIN.: **accidia**.

pigro agg. **1.** Che non ha voglia di fare fatica, che evita gli impegni e agisce con lentezza. **2.** *estens.* Detto di chi si muove lentamente. *Fiume pigro.* ◇ *Intestino pigro*: di scarsa motilità, quindi stitico. **3.** Che denota o induce pigrizia. **4.** *fig.* Riferito a facoltà intellettuali, poco agile, non pronto. *Mente pigra.* **5.** FILOS. *Pigro sofisma*: argomentazione tesa a dimostrare l'inutilità di ogni azione umana, data l'esistenza del fato. ◆ s.m. [f. –*gra*] Nell'accez. 1 dell'agg.

PIL s.m. inv. ECON. Sigla di *Prodotto Interno Lordo.*

1. pila s.f. **1.** Accatastamento, mucchio di oggetti. **2.** Generatore di corrente elettrica continua, che converte energia chimica in energia elettrica. ◇ *Pila a combustibile*: apparecchio che trasforma direttamente in energia elettrica l'energia chimica sfruttando processi elettrochimici. – *Pila solare*: generatore che converte l'energia solare in energia elettrica. **3.** *fam.* Lampada portatile alimentata a pila. **4.** Struttura di sostegno delle travate di un ponte.

2. pila s.f. (lat. *pilam* "mortaio") Vasca, general. in pietra, contenente acqua, adibita a usi diversi.

pilaf s.m. inv. (fr. *pilaf*, turco *pilau*, persiano *pilāu*) CUC. Piatto tipico della cucina orientale, costituito da riso cotto in forno o in casseruola coperto col doppio del suo peso di acqua bollente o brodo, in modo che i chicchi rimangano

ben separati, condito con carni e salse varie. ❏ Anche in funzione di agg. *Riso pilaf.*

pilàstro s.m. (lat. *pilăstrum*, deriv. di *pila* "colonna") **1.** Elemento portante verticale a base poligonale e di forma prismatica, che sorregge le volte degli edifici. **2.** *fig.* Persona che ha un ruolo di sostegno, di guida. ~ Anche, idea, principio che fonda una cultura, un'ideologia, ecc. *L'amore è il pilastro del cristianesimo.* **3.** GEOL. Formazione rocciosa di origine tettonica, molto elevata rispetto al terreno circostante.

pilatùra s.f. Insieme delle operazioni industriali che si attuano per trasformare il risone in riso pronto per il consumo, spogliandolo del pericarpo e del tegumento.

pile [/paɪl/] s.m. inv. (voce ingl.) Tessuto sintetico molto caldo per capi sportivi.

pileo s.m. **1.** ANT. ROM., MIT. Copricapo di forma conica, tipico di molte divinità. **2.** ORNIT. Parte superiore della testa degli uccelli, dal becco alla nuca. **3.** BOT. Cappella dei funghi.

pilìfero agg. ANAT. Relativo ai peli, che produce peli.

pilling [/'pɪlɪŋ/] s.m. inv. (voce ingl., deriv. di *to pill* "pelare") Fenomeno per cui sulla superficie di certi tessuti, specie di lana, si forma una peluria che si annoda in pallottoline.

pillola s.f. Preparato farmaceutico da assumere per bocca, di forma sferoidale, a base di sostanze medicinali ed eccipienti. SIN.: **compressa**. ◇ *Pillola anticoncezionale*: quella che si prende a scopo contraccettivo. – *Pillola del giorno dopo*: pillola anticoncezionale utilizzabile dopo un rapporto sessuale (entro 72 ore). – *fig. Ingoiare la pillola*: sopportare senza protestare.

pillolàre agg. A forma di pillola.

pillolièra s.f. **1.** Macchinario impiegato dalle industrie farmaceutiche per dividere l'impasto medicinale in piccole porzioni, poi trasformate in pillole. **2.** Scatolina per pillole.

1. pilo s.m. **1.** ANT. Arma da getto tipica della fanteria romana. **2.** Pennone o antenna per bandiere e stendardi.

2. pilo s.m. Vasca di pietra che si riempie d'acqua per la lavatura dei panni, o di altri liquidi in varie operazioni industriali.

pilocarpìna s.f. FARM. Alcaloide estratto dalla *iaborandi*, usato in partic. nel trattamento del glaucoma.

Pilocàrpo s.m. BOT. Genere di piante arbustive e arboree tipiche dell'America meridionale, coltivate a scopo medicinale (da alcune varietà si estrae la *pilocarpina*) o come ornamento. (Famiglia delle Rutacee.)

1. pilóne s.m. **1.** Struttura d'appoggio per arcate, ponti, ecc. **2.** Struttura di sostegno per cavi in metallo. ◇ *Pilone d'ormeggio*: struttura usata un tempo negli aeroporti per ancorarvi i dirigibili; oggi è utilizzata nei porti per l'ormeggio delle navi. **3.** SPORT. Nel rugby, ognuno dei due giocatori della prima linea di mischia. **4.** GEOL. → **pilastro**.

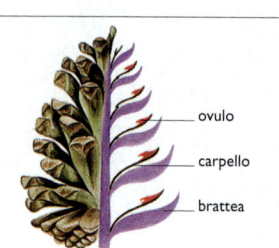

■ **pigna.** Pigna femmina del pino.

ovulo

carpello

brattea

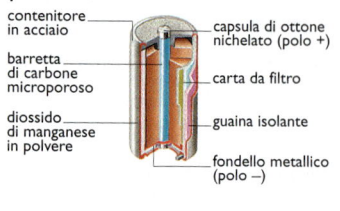

pila a secco

contenitore in acciaio

barretta di carbone microporoso

diossido di manganese in polvere

capsula di ottone nichelato (polo +)

carta da filtro

guaina isolante

fondello metallico (polo –)

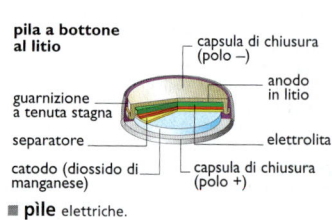

pila a bottone al litio

guarnizione a tenuta stagna

separatore

catodo (diossido di manganese)

capsula di chiusura (polo –)

anodo in litio

elettrolita

capsula di chiusura (polo +)

■ **pìle** elettriche.

2. pilóne s.m. (gr. *pylṓn*, deriv. di *pýlē* "porta") ARCHEOL. Grande portale tipico dei templi egizi.

pilòrico agg. [pl.m. –*ci*, f. –*che*] Relativo al piloro. ◇ *Canale pilorico:* tratto terminale dello stomaco.

pilòro s.m. (gr. *pylōrós*, propr. "guardiano della porta") ANAT. Orifizio che collega lo stomaco al duodeno.

pilosebàceo agg. ISTOL. Relativo al bulbo pilifero e alla ghiandola sebacea.

pilòta s.m. e f. [pl.m. –*ti*] **1.** Chi guida un mezzo per il quale occorre una preparazione speciale. ~ Autista, manovratore. ◇ *Pilota collaudatore:* pilota incaricato di effettuare voli sperimentali e di prova per controllare le caratteristiche di volo e la robustezza di un velivolo nuovo. – *Pilota di linea:* pilota dell'aviazione commerciale incaricato di pilotare un aeroplano di linea. – *Pilota automatico:* sistema strumentale capace di sostituire parzialmente l'uomo al governo di un aeromobile o di una nave. **2.** MAR. Esperto che assiste il comandante di una nave nelle manovre di ingresso e uscita dai porti e dai canali. **3.** FERR. Manovratore che coadiuva i macchinisti nelle manovre all'interno delle stazioni. ❑ In funzione di agg. inv. **1.** Che ha funzione di guida. ◇ *Pesce pilota:* pesce osseo diffuso nei mari caldi e temperati che segue le navi e precede gli squali quasi li guidasse. (Lunghezza 70 cm; genere *Naucrates*, famiglia dei Carangidi.) **2.** *fig.* Di tutto ciò che può essere preso a modello, che è un prototipo. *Scuola pilota.*

pilotàggio s.m. [pl. –*gi*] (fr. *pilotage*) Esecuzione di tutte le manovre necessarie per pilotare un aereo, una vettura, una nave. ~ Direzione delle manovre in entrata e in uscita dai porti.

pilotàre v.tr. (fr. *piloter*) **1.** Guidare un aereo, un'auto, una moto. **2.** *fig.* Manovrare qlco. in modo da conseguire i propri scopi. *Pilotare le elezioni.* **3.** MAR. Manovrare una nave e portarla in un luogo.

pilotàto agg. **1.** Guidato. **2.** *fig.* Non spontaneo, manipolato.

pilotina s.f. **1.** Piccola imbarcazione usata per trasbordare il pilota sulla nave che deve entrare in porto o per dirigere le manovre delle navi nei tratti di navigazione difficoltosa. **2.** *estens.* Piccola imbarcazione da diporto.

piluccàre v.tr. [4] (etim. incerta, forse lat. deriv. di *pilāre* "pelare") **1.** Mangiare l'uva staccando a uno a uno i chicchi dal grappolo. ~ *estens.* Mangiare qlco. a piccoli bocconi. **2.** *fig.* Portare via denaro scroccandolo a qlcu.

Pilulària s.f. BOT. Genere di felci acquatiche a foglie filiformi, i cui sporangi sono racchiusi in un ricettacolo sferico. (Famiglia delle Marsiliacee.)

pimento s.m. (spagn. *pimienta* "pepe" e *pimiento* "peperone", lat. *pigmĕntum* "materia colorante" e "spezie") **1.** CUC. Droga alimentare ricavata dalle bacche essiccate di alcune specie di piante tropicali delle Mirtacee. **2.** *estens.* Denominazione comune di altre spezie piccanti. *Pimento rosso.*

pimpànte agg. (fr. *pimpant*, deriv. di *piper* "sedurre") **1.** *fam.* Che si fa notare per la sua vivacità. **2.** *fam.* Di persona, esuberante, vivace.

pimpinèlla s.f. (lat. *Pimpinella*, forse deriv. di *pĕpo* "popone" per la forma dei frutti) **1.** Denominazione comune di alcune piante erbacee a piccoli fiori rossi. (Genere *Sanguisorba*; famiglia delle Rosacee.) **2.** BOT. (iniziale maiusc.) Genere di piante erbacee dicotiledoni diffuse nelle zone temperate, con fusto angoloso e liscio e fiori rossi o gialli. (Famiglia delle Ombrellifere.)

1. pin [/'pɪn/] s.m. inv. (voce ingl., propr. "spillo") ELETTRON. Piedino di un chip, contatto elettrico con cui il chip si innesta nell'alloggiamento su una scheda.

2. pin [/'pɪn/] s.m. inv. (sigla dell'ingl. *Personal Identification Number*) Numero di codice personale che consente l'accesso a un servizio telematico e l'effettuazione di operazioni riservate.

pinàccia s.f. [pl. –*ce*] (fr. *pinace*, spagn. *pinaza* deriv. di *pin* "pino" perché orig. costruita con tale legno) MAR. Grande imbarcazione a remi o

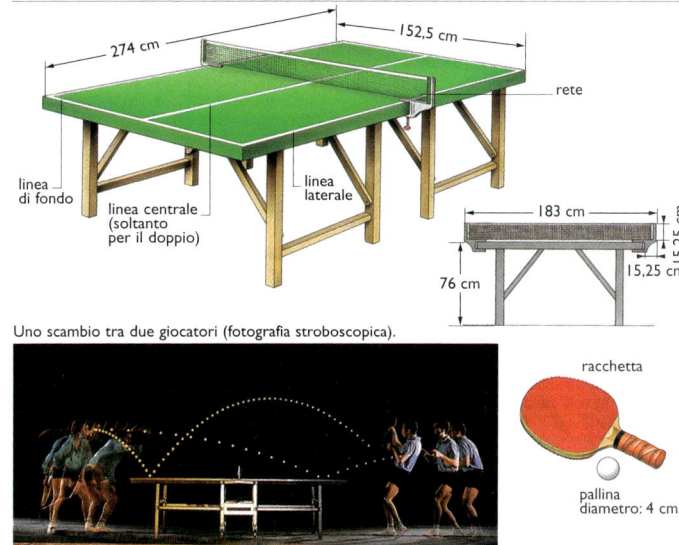

Uno scambio tra due giocatori (fotografia stroboscopica).

■ ping-pong

a vela, usata ant. per servizi di sorveglianza o per trainare un veliero in caso di bonaccia.

Pinàcee s.f. pl. [iniziale minusc. sing. –*a* per l'individuo] BOT. Famiglia di piante resinose e sempreverdi diffuse nelle zone temperate dell'emisfero settentrionale; ne fanno parte il pino, l'abete, il cedro e il larice. (Ordine delle Conifere.)

pinacotèca s.f. [pl. –*che*] (gr., comp. di *pínaks* "tavola, quadro" e *thḗkē* "deposito") Locale o sezione di museo adibita all'esposizione di quadri.

pince [/'pɛ̃s/] s.f. inv. (voce fr., deriv. di *pincer* "pizzicare, stringere") SART. Piccola piega a cucitura interna, fatta per modellare o restringere un capo d'abbigliamento.

pince-nez [/pɛ̃s'ne/] s.m. inv. (voce fr., propr. "pizzica naso") Occhiali senza stanghette e fissati al naso da una molla, di moda nell'Ottocento e nei primi del Novecento.

1. pinco s.m. *fam. Pinco Pallino:* nome che si usa per indicare una persona qualsiasi, sconosciuta o insignificante.

2. pinco s.m. [pl. –*chi*] Veliero dotato di tre alberi a calcese, usato dai pirati barbareschi.

pindàrico agg. [pl.m. –*ci*, f. –*che*] Del poeta greco Pindaro. ◇ *Volo pindarico:* passaggio improvviso da un argomento all'altro, che ricorda gli improvvisi mutamenti di tono e di ispirazione in Pindaro. ◆ s.m. METR. Tipo di verso dell'antica metrica greca.

pineàle agg. (fr. *pinéal*) ANAT. *Ghiandola (o corpo) pineale* → epifisi.

pineau [/pino/] s.m. inv. (voce fr.) Varietà di vino rosso secco.

pinène s.m. CHIM. ORG. Famiglia di quattro idrocarburi terpenici. (L'*α* - pinene, che ha 10 atomi di carbonio, è il costituente principale di alcuni oli essenziali.)

pinéta s.f. Bosco di pini.

ping-pong [/'pɪŋ'pɔŋ/] s.m. (solo sing.) (voce ingl. di orig. onom.) Gioco per due o quattro giocatori, con regole assai simili a quelle del tennis, giocato con una racchetta di legno rivestita di gomma o sughero, su un tavolo verde, rettangolare, diviso a metà da una rete. SIN.: **tennis da tavolo**.

pingue agg. **1.** Ricco di grasso. ~ Di animale, ben pasciuto. **2.** *estens.* Ricco di vegetazione. ~ Di zona dove la terra è fertile. **3.** *fig.* Ricco. *Pingui guadagni.*

pinguèdine s.f. Adiposità in eccesso.

pinguino s.m. (fr. *pingouin*, ol. *pinguin*) **1.** Nome di vari uccelli marini diffusi nelle regioni antartiche, adatti alla vita acquatica e incapaci

di volare; di taglia media o grande, presentano ali trasformate in vere pinne natatorie e piedi palmati. (Esistono una ventina di specie, tra cui il pinguino imperatore, il pinguino reale e il pinguino crestato; famiglia degli Sfeniscidi.) **2.** Nome comune di uccelli appartenenti ad altri generi. **3.** *fig.* Gelato alla crema ricoperto di cioccolato, fissato a un bastoncino.

■ pinguìno imperatore.

1. pìnna s.f. **1.** Ogni appendice membranosa, sostenuta da scheletro cartilagineo o osseo, caratteristica dei pesci o di animali con adattamento alla vita acquatica, impiegata per il movimento e la stabilizzazione della posizione. **2.** SPORT. Attrezzo di gomma da calzare ai piedi, che agevola i movimenti in acqua. **3.** Elemento stabilizzatore di navi e motoscafi. **4.** ANAT. Parte inferiore laterale del naso. **5.** ZOOL. Parte visibile dell'orecchio esterno dei mammiferi, sorretta da cartilagini e mossa da muscoli direzionali. **6.** BOT. Fogliolina.

2. pìnna s.f. **1.** Mollusco bivalve con conchiglia triangolare, che vive nei fondali bassi e sabbiosi. (Famiglia dei Pinnidi.) SIN.: **nacchera**.

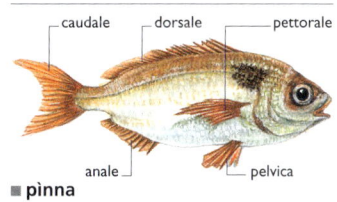

■ pìnna

2. ZOOL. (iniziale maiusc.) Genere di animali a cui appartiene la pinna, comprendente specie diffuse nei mari caldi e temperati.

1. pinnàcolo s.m. (lat. *pinnàculum*, deriv. di *pĭnna* "ala") **1.** ARCH. Sottile guglia terminante a forma di cono o piramide, tipica dello stile gotico. **2.** *estens.* Cima montuosa molto slanciata con pareti in roccia viva.

2. pinnàcolo s.m. (ingl. *pinocle*) Gioco di carte simile al ramino.

pinnàto agg. **1.** ZOOL. Di animale acquatico dotato di pinne. **2.** SPORT. *Nuoto pinnato:* specialità in cui i nuotatori calzano pinne di gomma.

Pìnnidi s.m. pl. [iniziale minusc. sing. *–a* per l'individuo] (lat. scient. *Pinnidae*, deriv. dal nome del genere *Pinna*) ZOOL. Famiglia di molluschi bivalvi, di cui alcuni dotati di conchiglia coperta di scaglie. (Classe dei Lamellibranchi.)

Pinnipedi s.m. pl. [iniziale minusc. sing. *–de* per l'individuo] ZOOL. Sottordine di mammiferi carnivori adattati alla vita acquatica, con arti modificati in pinne e corpo fusiforme, come la foca, il tricheco, l'otaria.

Pinnotère s.m. ZOOL. Genere di crostacei con carapace biancastro che vivono all'interno della conchiglia di molluschi bivalvi.

pinnula s.f. **1.** ZOOL. Piccola pinna che si trova dietro la pinna dorsale e anale di certi pesci. **2.** BOT. Fogliolina composta di due o tre ordini. ~ Estrema suddivisione delle fronde delle felci. **3.** Piccola penna che ant. veniva applicata alla fessura degli strumenti astronomici o geodetici per collimare gli astri.

pino s.m. **1.** Denominazione comune di varie piante con foglie aghiformi e infiorescenze a forma di cono legnoso (*pigna*), che, se femminile, racchiude i semi (*pinoli*). [Numerose specie forniscono legname pregiato (*pino silvestre, pino cembro*), altre vengono usate per il rimboschimento (*pino austriaco*), per fissare le dune sabbiose (*pino marittimo*), ecc.; altezza massima 50 m; genere *Pinus*; ordine delle Conifere, famiglia delle Pinacee.] ◇ *Pino domestico* (o da *pinoli* o *italico*): tipico delle regioni mediterranee, con chioma a ombrello e pigne contenenti pinoli commestibili. – *Pino silvestre* (o di Scozia o rosso): diffuso sulle montagne europee, con chioma sviluppata in altezza e pigne coniche. – *Olio di pino:* quello estratto dalle foglie, usato come antisettico e in profumeria; quello estratto dal legno, impiegato per la produzione di solventi. **2.** *estens.* Legno resistente e resinoso che si ricava da tali piante, impiegato per diversi usi. **3.** BOT. (iniziale maiusc.) Genere di piante a cui appartengono varie specie di pino. **4.** *fig. Pino vulcanico:* nube di gas, ceneri e vapore, prodotta da un'eruzione vulcanica o da un'esplosione nucleare, che assume la forma di un pino a ombrello.

frutto (pigna)
e aghi

■ **pìno** silvestre.

pinocitòsi s.f. inv. BIOL. Processo cellulare di assunzione di un liquido, simile alla fagocitosi.

1. pinòlo s.m. Seme di pino domestico, racchiuso nella pigna. ~ Mandorla del seme; per il sapore gradevole è impiegata in cucina.

2. pinòlo s.m. CHIM. Derivato del pinene.

pinot [/pi'no/] s.m. inv. (voce fr., deriv. di *pin* "pino" per la forma del grappolo simile a una pi-

---

gna) Celebre vitigno francese, probabilmente originario della Borgogna. ~ Varietà di vino prodotta utilizzando tali vitigni.

pinscher [/'pɪnʃɛr/] s.m. inv. (voce ted.) Nome generico designante un gruppo di razze di cani da guardia (media mole) e da compagnia (forme nane) aventi caratteristiche affini.

1. pinta s.f. (fr. *pinte* di etim. incerta, forse "dipinta" per l'indicazione della misura sul contenitore) Misura di capacità per liquidi in uso ancora oggi in alcuni paesi, p.e. in Gran Bretagna (dove equivale a 0,568 l) e negli Stati Uniti (0,47 l).

2. pinta s.f. (spagn. *pinta* "macchia") MED. Malattia infettiva causata da una spirocheta, che si manifesta con eruzioni cutanee.

pin-up girl [/'pɪn,ʌp 'gə:l/] loc. sost .f. inv. (voce ingl., propr. "da appuntare su" per la sua bellezza vistosa) Ragazza seducente, la cui foto viene pubblicata su riviste, calendari, ecc.

pinyin [/'pinjin/] s.m. inv. (voce cin.) Sistema di trascrizione del cinese in alfabeto latino adottato dal 1958 nella Repubblica Popolare Cinese. (Si basa sulla pronuncia della regione di Pechino.)

pinza s.f. (fr. *pince*, deriv. di *pincer* "pizzicare") **1.** (spec. pl.) Attrezzo, general. di metallo, costituito da due elementi di presa uniti da una cerniera, che si usa per afferrare, stringere e tagliare. ◇ *Pinze universali:* pinze multiuso in grado sia di fare presa sia di tagliare. **2.** (spec. pl.) Utensile di piccole o medie dimensioni fornito di branche, non incernierate, ma unite a un'estremità da una molla. **3.** ELETTRON. *Pinza termoelettrica:* coppia termoelettrica, così detta per la sua forma simile a quella della pinza. **4.** Nel tornio a revolver, elemento meccanico che va posto nella cavità del mandrino, impiegato per inserire nella morsa le barre da lavorare. **5.** Tipo di riflettore scenico a luce diffusa che viene fissato mediante una pinza. **6.** Appendice prensile di alcuni crostacei e degli scorpioni.

pinzàre v.tr. (prob. fr. *pincer* "pizzicare") Unire con punti metallici. *Pinzare due fogli.*

pinzatrice s.f. **1.** Attrezzo usato per unire più fogli con punti metallici. SIN.: **cucitrice, spillatrice. 2.** IND. TESS. Operaia che esegue la pinzatura manuale.

pinzatùra s.f. IND. TESS. Operazione di rifinitura dei tessuti.

pinzétta s.f. (spec. pl.) Piccola pinza usata per strappare e modellare le sopracciglia.

pinzimònio s.m. [pl. *–ni*] Olio amalgamato con sale, pepe e aceto, usato come condimento di verdure crude.

1. pìo agg. [pl.m. *pii*] **1.** Che manifesta carità religiosa e devozione. ◇ *scherz. Pia illusione, pio desiderio:* desiderio o speranza che non ha alcuna effettiva possibilità di realizzazione. **2.** *estens.* Che prova compassione per il prossimo. **3.** Che mostra devozione e affetto verso i genitori e la patria. **4.** Che risponde a fini di edificazione o carità religiosa. *Opera pia.* ◆ s.m. Pigolio.

2. pìo agg. [pl.m. *pii*] Relativo a un papa di nome Pio.

piociànico agg. MED. Di batterio (*Pseudomonas*) presente nell'ambiente, responsabile di molte infezioni.

piodermite s.f. MED. Infezione cutanea caratterizzata dalla formazione di croste e bolle.

piògeno agg. MED. Che causa la formazione di pus. ◆ s.m. Nel sign. dell'agg.

pioggerèlla s.f. Nel sign. del dim. di *pioggia*; in partic. pioggia molto fine e uniforme.

piòggia s.f. [pl. *–ge*] **1.** Precipitazione atmosferica originata dalla condensazione in goccioline del vapore acqueo contenuto nell'aria che si raffredda durante l'ascendenza negli strati medio-bassi dell'atmosfera; la nuvola che si forma dà luogo alla pioggia quando le goccioline, aumentate nelle dimensioni, non riescono più a rimanere in sospensione. **2.** *estens.* Caduta abbondante di oggetti dall'alto. *Pioggia di sabbia.* **3.** *fig.* Grande quantità, sequenza ininterrotta di qlco. *Pioggia di applausi.* **4.** CINE. Effetto ottico fastidioso che si verifica durante la proiezione di un film ed è prodotto dai graffi sulla pellicola.

---

pìolo s.m. (gr. *epíouros* "custode" poi "cuneo") **1.** Pezzo di legno o di metallo piantato per terra o in una parete, con funzione di sostegno o di appoggio. ◇ *Scala a pioli:* scala portatile in legno o acciaio, costituita da due staggi che fissano una serie di pioli orizzontali, i quali fungono da scalini. **2.** AGR. Paletto con un'estremità appuntita usato per fare i buchi per le piantine.

piombàggine s.f. **1.** MIN. Grafite impura. **2.** Pianta erbacea delle regioni mediterranee, a fiori viola. (Genere *Plumbago*; famiglia delle Plumbaginacee.)

piombàre v.tr. (lat. *plumbāre* "saldare con piombo") **1.** Ricoprire qlco. di piombo. *Piombare i denti cariati.* ~ Chiudere qlco. con del piombo. *Piombare un pacco postale.* **2.** *fig.* Far cadere qlco. in una situazione. *La notizia lo piombò nello sconforto.* ◆ v.intr. (aus. *essere*) **1.** Cadere a piombo, essere perfettamente perpendicolare. **2.** Precipitare, cadere in modo violento e improvviso da un luogo più alto a uno sottostante. *Piombano sassi sulla strada.* **2.** Precipitarsi su qlco. o qlcu. *Il falco piomba sulla preda.* ~ *estens.* Giungere in un luogo inaspettatamente. *Piombare in casa di qlcu.* ◇ *Piombare addosso a qlcu.:* capitare improvvisamente, spec. di eventi negativi. *Gli è piombata addosso una disgrazia.* **3.** *fig.* Sprofondare, cadere in una condizione negativa. *Piombare nella disperazione.*

piombàto agg. **1.** Sigillato col piombo. **2.** Ricoperto, riempito di piombo. ◇ *Cristallo, vetro piombato:* antica definizione dello specchio, la cui superficie posteriore è ricoperta di piombo.

piombatùra s.f. **1.** Riempimento, sigillatura col piombo. **2.** AGR. Malattia dell'olivo che rende la faccia inferiore delle sue foglie del colore del piombo e le fa seccare lentamente.

piombìfero agg. Ricco di piombo.

piombìno s.m. **1.** Nel sign. del dim. di *piombo*; in partic., pezzo di piombo legato all'estremità di una fune usata per verificare la perpendicolarità o la profondità. **2.** Piccolo pezzo di piombo usato per appesantire, in partic. quello cucito in fondo ai tessuti perché cadano bene. **3.** Sigillo per pacchi postali o altro costituito da un dischetto di piombo. **4.** Piccolo proiettile cavo per fucili ad aria compressa. **5.** Attrezzo costituito da una palla di piombo appesa a una catena, usato per liberare condutture ostruite. **6.** Peso scorrevole della stadera. **7.** ZOOL. Martin pescatore.

piómbo s.m. **1.** (solo sing.) Metallo grigio bluastro di densità 11,35, che fonde a 327,5 °C e bolle a 1740 °C. **2.** (solo sing.) Elemento chimico (*Pb*) di numero atomico 82 e peso atomico 207,2. **3.** Oggetto di piombo, in partic. nella pesca, ciascuno dei pezzi di piombo che serve a tenere le reti sott'acqua. ◇ *A piombo:* perpendicolarmente. **4.** *fig.* In similitudini indica pesantezza. *Pesare come il piombo.* ◇ *Andare con i piedi di piombo:* procedere con estrema cautela. **5.** Lastra usata per la copertura dei tetti. **6.** (solo sing.) Proiettili delle armi da fuoco. *Cadere sotto il piombo nemico.* ◇ *Anni di piombo:* nel l. gior., il decennio 1970-80, caratterizzato soprattutto in Italia e Germania, da numerosi atti di terrorismo. **7.** I caratteri per la stampa, che sono fatti con una lega di piombo, stagno e antimonio. **8.** MED. *Malattie da piombo:* forme varie di intossicazione. SIN.: **saturnismo. 9.** BOT. *Mal del piombo:* malattia di varie piante prodotta dall'azione di un fungo, caratterizzata dalla progressiva colorazione grigio plumbeo della faccia inferiore delle foglie.

ENCICL. Il piombo si trova in natura soprattutto allo stato di solfuro (*galena*), spesso combinato con l'argento (*piombo argentifero*). Si usa in fogli o in lastre per il rivestimento di tetti e grondaie, come anticorrosivo, come isolante delle pareti nelle camere di piombo, nella fabbricazione dell'acido solforico e anche come protettivo contro le radiazioni. Rientra anche nella composizione di leghe a punto di fusione basso e di leghe antifrizione. I suoi principali sali solubili, nitrato e acetato, sono molto tossici e possono causare avvelenamenti acuti o cronici.

piombóso agg. Che contiene piombo, in partic. quello bivalente.

pióne s.m. FIS. Particella elementare (π), vettore essenziale delle interazioni forti, la cui massa è circa 273 volte quella dell'elettrone.

pionière s.m. [f. *–ra*] (fr. *pionnier*, deriv. di *pion* "pedone", propr. "fante" poi "chi dissoda la terra nei paesi coloniali") **1.** Chi parte per esplorare terre sconosciute e vi si insedia, in partic. i primi coloni dell'America del Nord che si spinsero verso l'Ovest. **2.** *fig.* Chi introduce un'innovazione. SIN.: **antesignano.** ❑ In funzione di agg., nell'accez. 2 del s. *Industria pioniera nell'informatica*.

pionierismo s.m. **1.** Atteggiamento mentale dei pionieri. **2.** *fig.* Spirito di iniziativa per nuove imprese.

pionierìstico agg. [pl.m. *–ci*, f. *–che*] **1.** Tipico di un pioniere. **2.** *fig.* Che denota intraprendenza.

pioppéto s.m. Bosco di pioppi.

pioppicoltùra s.f. Coltivazione estensiva di pioppi.

pióppo s.m. **1.** Pianta tipica delle regioni umide e temperate, con foglie alterne picciolate, fiori in amenti penduli e frutti a capsula, il cui legno è molto usato in falegnameria e nell'industria cartaria. (Altezza fino a 30 m; genere *Populus*, famiglia delle Salicacee.) ◇ *Pioppo del Canada*: il più usato per la fabbricazione di pasta di cellulosa. – *Pioppo tremolo (o pioppo alpino)*: diffuso nelle zone montane, alto fino a 20 m, è caratterizzato da chioma oscillante. – *Pioppo bianco*: così detto per la sua corteccia bianca o grigia. (Nome sc. *Populus alba*.) – *Pioppo piramidale o italico*: con chioma a piramide. (Nome sc. *Populus nigra italica*.) **2.** *estens.* Legno che si ricava dal pioppo.

foglie

amento femminile   amento maschile

■ pióppo

piorrèa s.f. MED. Formazione di pus sulla cute o sulla mucosa, causata da agenti piogeni.

piovanèllo s.m. Piccolo uccello migratore, diffuso nelle zone paludose o lungo i litorali marini. (Lunghezza 20-35 cm; genere *Calidris*, famiglia degli Scolopacidi.)

1. piovàno agg. *Acqua piovana*: quella raccolta durante la pioggia.

2. piovàno s.m. → pievano.

piòvere v.impers. [18] (aus. *essere* o *avere*) Cadere giù, detto della pioggia. *Piove a dirotto*. ◇ *fig. Su questo non ci piove*: non ci sono dubbi. ◆ v.intr. (aus. *essere*) Riversarsi in grande abbondanza. *Piovono auguri*. ◇ *Piovere dal cielo*: giungere inaspettatamente. ~ *fig.* Capitare improvvisamente a qlcu. *Mi è piovuta addosso una fortuna*.

piovigginàre v.impers. (aus. *essere* o *avere*) Piovere leggermente.

piovigginóso agg. Caratterizzato da acquerugiola.

piovosità s.f. inv. Caratteristica meteorologica di una zona o di un periodo in cui si hanno abbondanti piogge e, in partic., quantità media di pioggia caduta in un luogo durante un periodo determinato.

piovóso agg. **1.** Che reca o minaccia pioggia. **2.** Caratterizzato da pioggia. ◆ s.m. ST. Quinto mese del calendario rivoluzionario francese. (Tra il 20-22 gennaio e il 18-20 febbraio.)

piòvra s.f. (fr. *pieuvre*, lat. *pōlypum* "polpo") **1.** Mollusco con otto tentacoli muniti di ventose, che vive nelle cavità delle rocce vicino alle coste e si nutre di crostacei e molluschi. (Genere principale *Octopus*; ordine degli Ottopodi.) SIN.: **polpo.** **2.** *fig.* Persona o istituzione avida, sfruttatrice. **3.** Nel l. gior., organizzazione criminale ramificata, molto diffusa nella società.

■ piòvra

1. pipa s.f. (fr. *pipe*, orig. "cannuccia") **1.** Arnese per fumatori formato da un piccolo recipiente dove brucia il tabacco, unita a un cannello con bocchino, che serve per aspirare il fumo. **2.** Cannello di ferro con cui il vetraio preleva la pasta vetrosa e la modella col soffio in uno stampo. **3.** MECC. Elemento metallico usato per raccordare due tubi ad assi convergenti. **4.** LING. Segno diacritico che si sovrappone a una lettera per indicarne l'articolazione palatale. **5.** (spec. pl.) Tipo di pasta alimentare. **6.** BOT. Pianta rampicante perenne con foglie rotonde e fiori ascellari. (Altezza fino a 20 m; famiglia delle Aristolochiacee.)

2. pipa s.f. (spagn. *pipá* da una voce indigena dell'America Merid.) **1.** Anfibio dell'America tropicale, simile alla rana, dal corpo molto appiattito; la femmina depone le uova in vescichette situate lungo il suo dorso. (Famiglia dei Pipidi.) **2.** ZOOL. (iniziale maiusc.) Genere di animali a cui appartiene la pipa.

3. pipa s.f. (spagn. *pipa*, fr. *pipe*) **1.** Botte allungata usata un tempo sulle navi per conservare i liquidi. **2.** Antica unità di misura di capacità per liquidi.

pipàio s.m. [f. *–paia*, pl.m. *–pai*] Chi fabbrica o vende pipe.

pipeline [/'paɪplaɪn/] s.f. inv. (voce ingl., comp. di *pipe* "tubo" e *line* "linea") → oleodotto.

Piperàcee s.f. pl. [iniziale minusc. sing. *–a* per l'individuo] BOT. Famiglia di piante dicotiledoni che comprende 12 generi divisi in numerose specie erbacee o arbustive, diffuse nelle regioni tropicali; hanno fusto articolato, foglie intere, fiori piccoli riuniti in spighe o grappoli, frutti a bacca; ne fa parte il pepe.

piperita o **peperita** agg. (solo f.) (lat. *piperita*, deriv. di *pīpe* "pepe" per il suo sapore) *Menta piperita*: varietà di menta.

piperonàlio s.m. [non com. pl. *–li*] (ingl. *piperonal*) CHIM. → eliotropina.

pipétta s.f. **1.** Nel sign. del dim. di 1. *pipa*. **2.** LING. Segno *diacritico. **3.** CHIM. Strumento costituito da un piccolo tubo di vetro, usato per aspirare o misurare liquidi.

pipì s.f. inv. *fam.* → urina.

Pipidi s.m. pl. [iniziale minusc. sing. *–de* per l'individuo] ZOOL. Famiglia di anfibi anuri, cui appartengono specie sudamericane e africane, con vertebra sacrale fusa col coccige e caratterizzati dalla mancanza di lingua.

pipistrèllo s.m. (lat. *vespertīlio*, deriv. di *vĕsper* "sera") Denominazione comune di varie specie di mammiferi notturni volanti, general. insettivori, capaci di emettere e ricevere ultrasuoni che permettono loro di individuare gli ostacoli anche nell'oscurità; in Italia ne sono presenti solo tre specie: *comune, alpestre, nano*. (Ordine dei Chirotteri.)

pipita s.f. (lat. *pituītam* "muco, resina" per l'aspetto filamentoso) **1.** Malattia infettiva degli uccelli, in partic. dei gallinacei, che provoca la formazione di una pellicola biancastra sul dorso della lingua. **2.** *fam.* Pellicola di pelle che si forma vicino alle unghie delle mani.

piqué [/pi'ke/] s.m. inv. (voce fr., deriv. di *piquer* "trapuntare") Tessuto di cotone con effetti di rilievo.

pira s.f. (lat. *pȳram*, gr. *pyrá* deriv. di *pỹr* "fuoco") Catasta di legna per cremare i cadaveri.

piralène s.m. Olio sintetico usato per l'isolamento e il raffreddamento di trasformatori elettrici e la cui decomposizione, sotto effetto del calore, causa emissioni tossiche di diossina.

piràlide s.f. (gr. *pyrallís* "tipo di colombo" attratto dalla luce) Farfalla notturna i cui bachi sono spesso nocivi per le colture. (Famiglia dei Piralidi.)

Piràlidi s.m. pl. [iniziale minusc. sing. *–de* per l'individuo] ZOOL. Famiglia di insetti a cui appartengono molte specie notturne, con zampe e antenne piuttosto lunghe. (Ordine dei Lepidotteri.)

piramidàle agg. **1.** Che ha forma di piramide. **2.** *fig.* Di sistema organizzativo a vertice decisionale ristretto e ampia base operativa. **3.** *fig.* Colossale, enorme. *Errore piramidale*. **4.** ANAT. Di organi e formazioni, che per forma ricordano una piramide. ◇ *Sistema piramidale*: sistema nervoso che presiede gli impulsi volontari.

piràmide s.f. (lat. *pyrămidem*, gr. *pyramís* "torta" poi "piramide" per la forma, deriv. di *pyrós* "grano" ingrediente base della torta) **1.** GEOM. Poliedro formato da un poligono piano (*base*) e da triangoli aventi per base i vari lati di tale poligono e un vertice comune (*vertice della piramide*). ◇ *Piramide regolare*: quella con un poligono regolare per base. – *Tronco di piramide*: poliedro che si ottiene tagliando una piramide secondo un piano parallelo alla base. **2.** ARCHEOL. Monumento a forma piramidale tipico dell'antico Egitto, adibito a sepolcro per i faraoni. (*v. immagine pag. succ.*) ◇ Costruzione analoga presente in alcune civiltà precolombiane. **3.** *estens.* Oggetto o insieme di oggetti a forma di piramide. ◇ GEOGR., ANTROP *Piramide delle età*: rappresentazione grafica della distribuzione della popolazione per età e per sesso – STAT. *Piramide sociale*: tipo di società raffigurato mediante l'immagine di una piramide, il cui vertice rappresenta il ceto meno numeroso e più ricco e la base quello più numeroso e meno abbiente. – *Piramide alimentare*: rappresentazione grafica della struttura nutrizionale di una catena alimentare. – ANAT. *Piramidi di Malpighi*: masse coniche formano la sostanza midollare dei reni. – *Piramide (o fungo) di erosione*: rilievo che si forma sui versanti dei monti a causa dell'erosione dovuta alle acque meteoriche. **4.** MAR. Segnale di lontananza formato da due armature metalliche di forma triangolare rivestite di tela nera.

ENCICL. La piramide egiziana costituisce l'elemento principale del complesso funerario faraonico e simboleggia la scala che consente l'ascesa verso il dio Ra. Le piramidi più antiche sono quelle dell'Antico Impero a Saqqarah e Ghizeh.

piramidóne s.m. FARM. Nome commerciale di un derivato del pirazolone, dalle proprietà antipiretiche e analgesiche.

piranha [/pi'rana/] s.m. [pl. *piranhas*] (voce port., tupi *piraya* propr. "forbici") Pesce carnivoro

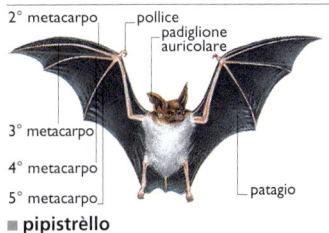

2° metacarpo — pollice
padiglione auricolare

3° metacarpo

4° metacarpo

5° metacarpo — patagio

■ pipistrèllo

molto vorace che vive in branchi nelle acque dolci del Sud America. (Lunghezza fino a 40 cm; genere *Serrasalmus*; famiglia dei Caracidi.)

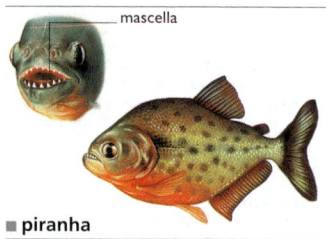

mascella

■ **piranha**

piràno s.m. CHIM. Composto eterociclico (C_5H_6O).

piràta s.m. [pl. *-ti*] (lat. *pirātam*, gr. *peiratḗs* deriv. di *peirān* "assalire") **1.** Bandito che percorreva i mari per saccheggiare le navi. ◇ *figg. Pirata della strada:* chi guida in modo pericoloso o non soccorre una vittima dopo averla investita. ~ *Pirata dell'aria:* dirottatore di un aereo. **2.** *fig.* Persona avida e priva di scrupoli nel derubare o sfruttare gli altri. ◇ *Pirata informatico* → **cracker.** ❑ In funzione di agg. inv. **1.** Dei pirati. *Nave pirata.* **2.** Di edizione o editore abusivi di libri, dischi, cassette, ecc., oppure di emittente radiofonica o televisiva non autorizzata. *Edizione pirata.*

piratàre v.tr. Utilizzare abusivamente ignorando il copyright.

pirateggiàre v.intr. [5] (aus. *avere*) **1.** Praticare la pirateria. **2.** Comportarsi da truffatore.

pirateria s.f. **1.** Brigantaggio marittimo esercitato dai pirati. ◇ *Pirateria aerea:* dirottamento di un aereo. **2.** *fig.* Ruberia, sfruttamento. **3.** *fig.* Attività editoriale abusiva, consistente nel riprodurre e nel vendere oggetti coperti dal diritto d'autore all'insaputa dell'autore e dell'editore. ~ Attività di emittente radiofonica o televisiva che trasmette abusivamente. ◇ *Pirateria informatica:* copia o alterazione illecita di dati e programmi informatici.

pirazolóne s.m. Ogni composto organico eterociclico pentatomico, derivato dalla pirazolina con un gruppo chetonico.

pireliòmetro o **piroeliòmetro** s.m. FIS. Apparecchio per la misurazione dell'intensità delle radiazioni solari al livello del suolo.

pirenàico agg. [pl.m. *-ci*, f. *-che*] Dei Pirenei.

pirène s.m. CHIM. Idrocarburo policiclico aromatico ($C_{16}H_{10}$) estratto dal catrame di carbone.

Pirenomicèti s.m. pl. [iniziale minusc. sing. *-te* per l'individuo] BOT. Gruppo di funghi della sottodivisione degli Ascomiceti, con corpo fruttifero a forma di fiasco.

piressia s.f. (gr., deriv. di *pyréssein* "avere la febbre") MED. Temperatura corporea più alta della norma, stato febbrile. SIN.: **febbre.**

piretrina s.f. CHIM. Sostanza vermifuga e insetticida presente nella composizione della polvere di piretro.

pirètro s.m. (lat. *pȳrethron*, gr. *pýrethron* deriv. di *pŷr* "fuoco" per la sua azione riscaldante) Pianta erbacea perenne i cui fiori contengono la piretrina. (Genere *Pyrethrum*; famiglia delle Composite.)

pirico agg. [pl.m. *-ci*, f. *-che*] (fr. *pyrique*) Relativo al fuoco o che lo produce. ◇ *Polvere pirica:* polvere da sparo.

piridina s.f. (fr. *pyridine*) CHIM. Composto eterociclico aromatico (C_5H_5N), presente nel catrame del carbone e utilizzato come solvente.

piridossina o **piridoxina** s.f. CHIM. Ossiderivato della piridina, più noto come *vitamina B6*, che agisce sul metabolismo proteico, la formazione del sangue e la nutrizione della pelle.

pirifórme agg. A forma di pera.

pirimidìna s.f. CHIM. Composto eterociclico ($C_4H_4N_2$), che partecipa alla struttura di base di molti composti, come gli acidi barbiturici, quelli nucleici e l'acido urico.

pirimidìnico agg. Di sostanza derivata dalla pirimidina.

pirite s.f. (fr. *pyrite*, gr. *pyrítēs* "pietra focaia") MIN. Solfuro di ferro (FeS_2) a cristalli dai riflessi dorati.

piritico agg. [pl.m. *-ci*, f. *-che*] Che ha le caratteristiche della pirite o contiene pirite. ◇ METALL. *Fusione piritica:* processo di fusione della pirite che sfrutta il potere di generare calore proprio dello zolfo presente nel materiale usato.

pirioclàsi s.f. inv. Nell'industria petrolifera, processo di piroscissione.

piroclàstico agg. [pl.m. *-ci*, f. *-che*] GEOL. Relativo all'emissione di materiale che si verifica durante un'eruzione vulcanica. *Roccia piroclastica.*

piroelettricità s.f. inv. Polarizzazione elettrica di alcuni cristalli sotto l'azione di una variazione di temperatura.

piroétta s.f. (fr. *pirouette*, prob. deriv. di *pirouelle* "trottola") **1.** Nella danza e nel pattinaggio, figura consistente in un giro del corpo facendo perno su una gamba sola. **2.** *estens.* Capriola, giro su se stesso. **3.** *fig.* Cambiamento brusco d'opinione.

piroettàre v.intr. (aus. *avere*) Fare piroette, girare su se stessi. ~ *estens.* Muoversi con velocità e agilità.

piròfila s.f. Pentola o tegame di materiale pirofilo.

piròfilo agg. Che resiste al fuoco.

piròfita agg. ECOL., BOT. Di pianta che sopravvive all'azione del fuoco.

pirofobia s.f. PSICOL. Paura morbosa del fuoco e di tutti i materiali incendiari o esplosivi.

piròforo s.m. (gr. *pyrophóros*, propr. "che porta il fuoco") **1.** Insetto tipico delle regioni tropicali americane e asiatiche che emana una luce brillante rossa e bluastra. (Ordine dei Coleotteri.) **2.** CHIM. Sostanza che si incendia spontaneamente nell'aria.

pirofosfòrico agg. CHIM. *Acido pirofosforico:* acido ($H_4P_2O_7$) derivato dall'acido ortofosforico per perdita di una molecola d'acqua.

piròga s.f. [pl. *-ghe*] (fr. *pirogue*, spagn. *piragua* di orig. caraibica) Piccola imbarcazione primitiva a remi o a vela, costituita da un tronco d'albero scavato o da corteccia d'albero e pelli cucite assieme.

pirogàllico agg. CHIM. *Acido pirogallico:* pirogallolo.

pirogallòlo s.m. CHIM. Fenolo derivato dal benzene, usato in fotografia come sviluppatore.

pirogenazióne s.f. (fr. *pyrogénation*) CHIM. Reazione prodotta per opera del calore. SIN.: **piroscissione.**

1. pirògeno agg. (fr. *pyrogène*) **1.** CHIM. Prodotto da pirogenazione. **2.** GEOL. Di composto che cristallizza durante la solidificazione magmatica in ambiente molto degassato.

2. pirògeno agg. MED. Che provoca la febbre. SIN.: piretogeno. ◆ s.m. Nel sign. dell'agg.

pirografia s.f. **1.** Metodo di decorazione di legno, cuoio, ecc. mediante punta metallica arroventata. **2.** *estens.* Disegno ottenuto con tale tecnica.

pirògrafo s.m. Apparecchio elettrico utilizzato in pirografia.

Piròla s.f. BOT. Genere di erbe perenni ornamentali con fiori bianchi o verdastri. (Famiglia delle Pirolacee.)

Pirolàcee s.f. pl. [iniziale minusc. sing. *-a* per l'individuo] Ciclo delle Pirolacee. BOT. Famiglia di piante erbacee perenni, sempreverdi, con fiori singoli o in grappolo, foglie dentate o a scaglie giallognole per la mancanza di clorofilla. (Classe delle Dicotiledoni.)

pirolegnóso agg. CHIM. Che si ottiene per distillazione del legno. ◇ *Acido pirolegnoso:* liquido ricavato distillando a secco il legno, contenente acetone, metanolo e acido acetico.

pirolisi s.f. inv. CHIM. Decomposizione ottenuta per riscaldamento, senza catalizzatore.

pirolusite s.f. MIN. Diossido di manganese (MnO_2) di colore nero.

piròmane s.m. e f. (fr. *pyromane*) PSICH. Affetto da piromania.

piromania s.f. PSICH. Impulso patologico ad appiccare incendi.

piromanzia s.f. (gr., comp. di *pŷr* "fuoco" e *mantéia* "arte divinatoria") Pratica divinatoria basata sullo studio dei movimenti e della colorazione della fiamma di un fuoco.

pirometria s.f. FIS. Misurazione delle alte temperature.

piromètrico agg. [pl.m. *-ci*, f. *-che*] FIS. Relativo alla pirometria.

piròmetro s.m. FIS. Termometro per la misurazione di temperature elevate.

piro-piro s.m. inv. (voce onom., dal verso che emette) Nome comune di alcuni uccelli migratori, diffusi sulle rive dei fiumi e delle paludi, con corpo allungato e becco sottile, piumaggio grigio o bruno a macchie nere sul dorso e bianco sul petto. (Genere *Calidris*; famiglia degli Scolopacidi.)

Piroplàsmidi s.m. pl. [iniziale minusc. sing. *-de* per l'individuo] (lat., comp. di *pīrum* "pera" e *plasma*, così detti per la forma allungata) ZOOL. Gruppo di protozoi, parassiti del sangue di parecchi animali domestici.

piroplasmòsi s.f. inv. VET. Affezione parassitaria causata da protozoi e trasmessa ad alcuni animali (cani, cavalli, pecore, bovini) dalle zecche.

piròscafo s.m. (fr. *pyroscaphe*) Nave con propulsione a vapore.

piroscissióne s.f. CHIM. Scissione, mediante riscaldamento, di un composto chimico complesso in una serie di prodotti più semplici. SIN.: pirolisi.

pirosfèra s.f. GEOL. Involucro terrestre costituito da uno strato magmatico sottostante alla litosfera.

piròsi s.f. inv. (gr. *pýrosis* "bruciore") Sensazione di bruciore nella parte posteriore dello

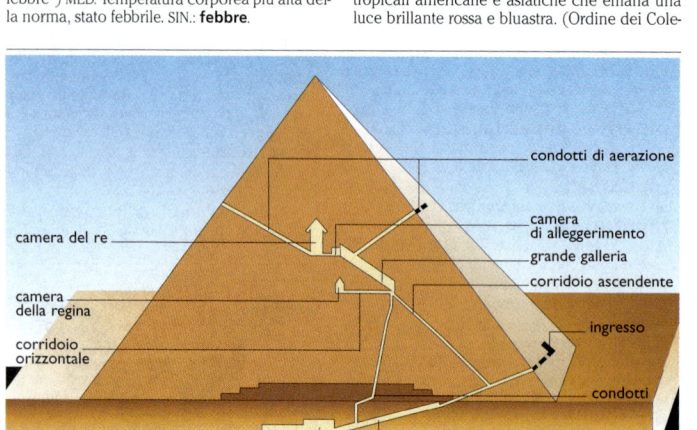

condotti di aerazione

camera di alleggerimento

grande galleria

camera del re

corridoio ascendente

camera della regina

ingresso

corridoio orizzontale

condotti

camera sotterranea incompiuta

corridoio discendente

■ **piràmide.** Sezione della piramide di Cheope a Giza (Egitto), III millennio a.C.

sterno, che dallo stomaco risale l'esofago fino alla faringe.

pirosolfòrico agg.m. CHIM. *Acido pirosolforico:* acido ($H_2S_2O_7$) ottenuto riscaldando l'acido solforico.

piròsseno s.m. Silicato di ferro, di magnesio, di calcio, a volte d'alluminio, presente nelle rocce magmatiche e metamorfiche.

pirotècnica s.f. [pl. –*che*] Tecnica di preparazione dei fuochi artificiali.

pirotècnico agg. [pl.m. –*ci*, f. –*che*] **1.** Che riguarda i fuochi d'artificio. **2.** *fig.* Molto brillante, vivace. ◆ s.m. **1.** [f. –*ca*] Chi prepara fuochi d'artificio. **2.** MIL. Stabilimento pirotecnico.

pirrica s.f. [pl. –*che*] (lat. *pỳrrhicham*, gr. *pyrrhíkhē órkhēsis* "danza di Pirrico" ritenuto l'inventore di tale danza) ANT. GR. Danza guerriera che imita le fasi del combattimento.

pirrìchio s.m. [pl. –*chi*] Nella metrica greca e latina, piede di due sillabe brevi.

pirrocòride s.m. ENTOM. Insetto a colori variegati, con le ali anteriori percorse da venature. (Ordine degli Eterotteri.)

pirròlico agg. [pl.m. –*ci*, f. –*che*] CHIM. Del pirrolo.

pirròlo s.m. (ted. *Pyrrol*, gr. *pyrrhós* "rosso fuoco" per la proprietà dei suoi vapori di colorare) CHIM. Composto eterociclico aromatico (C_4H_5N), che contiene un atomo di azoto e quattro di carbonio, estratto dal catrame di carbone. (Numerosi composti, come la clorofilla e l'emoglobina, contengono anelli pirrolici.)

pirroniàno agg. **1.** Che appartiene al pirronismo. **2.** *estens.* Indifferente, incredulo.

pirronìsmo s.m. (fr. *pyrrhonisme*) FILOS. Forma di scetticismo radicale teorizzata da Pirrone di Elide, che negava la possibilità di cogliere la verità assoluta.

pirrotite s.f. (gr. *pyrrhótēs* "rosso") MIN. Solfuro di ferro (*FeS*), con piccole percentuali di cobalto, manganese, rame e platino.

pisàno agg. Di Pisa. ◆ s.m. **1.** (f. –*na*) Nativo, abitante di Pisa. **2.** (iniziale maiusc., solo sing.) Territorio intorno a Pisa.

piscia s.f. [pl. –*sce*] *pop.* → urina.

pisciàre v.intr. [5] (aus. *avere*) *pop.* → orinare.

pisciatóio s.m. [pl. –*toi*] *pop.* Orinatoio, vespasiano.

piscicolo agg. Relativo alla piscicoltura.

piscicoltóre s.m. [f. –*trice*] Chi alleva pesci.

piscicoltùra s.f. Allevamento di pesci perlopiù in vasche.

piscifórme agg. Che ha forma simile a quella di un pesce.

piscina s.f. (lat. *piscīnam*, propr. "peschiera") Vasca di dimensioni tali da consentire il nuoto, dotata di impianto di depurazione. ~ *estens.* Complesso edilizio che, oltre alla piscina, comprende i locali accessori (docce, spogliatoi, ecc.). ◇ *Piscina olimpionica:* con vasca lunga 50 m. per le gare ufficiali.

piscio s.m. [pl. –*sci*] *pop.* Urina emessa, spec. di alcuni animali.

pisciòso agg. *pop.* Impregnato d'urina.

piscivoro agg. Che si nutre di pesce.

pisèllo s.m. **1.** Pianta annuale coltivata nelle regioni temperate per i suoi semi commestibili. (Nome sc. *Pisum sativum*; famiglia delle Papilionacee.) ◇ *Pisello odoroso:* pianta erbacea rampicante con fiori simili a quelli del pisello coltivata a scopi ornamentali. (Genere *Lathyrus*; famiglia delle Leguminose.) **2.** BOT. (iniziale maiusc.) Genere di piante a cui appartiene il pisello. **3.** Il legume di questa pianta e il seme che contiene, molto usato in cucina. **4.** *fam.* Pene, spec. nel l. infantile. ◻ In funzione di agg. inv., di colore verde chiaro.

pisifórme s.m. ANAT. Osso del carpo che, nell'uomo, si articola con quello piramidale.

pisolàre v.intr. (aus. *avere*) (etim. incerta, forse deriv. di *pesolo* "penzolante" per il movimento dondolante della testa) *fam.* Dormire di un sonno leggero.

pisolino s.m. Riposino, sonnellino.

pisolite s.f. MIN. Piccola sfera minerale della dimensione di un pisello, con nucleo calcareo e rivestimento di carbonato di calcio o minerali silicei.

pisolìtico agg. [pl.m. –*ci*, f. –*che*] MIN. Che contiene pisoliti.

pìsolo s.m. *fam.* Sonno breve e leggero.

pìspola s.f. Uccello migratore, simile all'allodola, con piume giallastre striate di marrone, cacciato per le sue carni pregiate. (Lunghezza 15 cm; nome sc. *Anthus pratensis*, famiglia dei Motacillidi.)

pisside s.f. (lat. *pỳxidem* "vasetto", gr. *pyksís* deriv. di *pýksos* "bosso" perché in origine era fatto di questo materiale) **1.** CATT. Vaso liturgico a forma di coppa, normalmente di metallo prezioso e internamente rivestito d'oro, munito di coperchio, in cui si conservano le ostie consacrate. **2.** BOT. Frutto a capsula la cui parte superiore è come un piccolo coperchio che si può staccare.

pista s.f. **1.** Orma, traccia di un passaggio. ~ *fig.* Insieme di indizi. ◇ *Essere sulla pista giusta:* vicini alla soluzione di un problema. **2.** *estens.* Percorso segnato dai continui passaggi. SIN.: **sentiero**. **3.** SPORT. Tracciato di neve battuta per lo sci. ~ Circuito su cui si disputano corse sportive (atletica, cavalli, automobilismo, ecc.). **4.** Spazio delimitato e differenziato pavimentato a seconda degli usi. ◇ CIRC. *Pista del circo:* spazio circolare al centro del tendone dove si svolgono le esibizioni. ~ *Pista ciclabile:* spazio ai lati della strada riservato alle biciclette. **5.** TECN. Linea di registrazione su nastro magnetico o pellicola cinematografica.

pistàcchio s.m. [pl. –*chi*] **1.** Pianta coltivata anche in Europa per i semi commestibili contenuti nelle sue drupe (Lunghezza fino a 6 m; famiglia delle Anacardiacee). **2.** Seme di questa pianta, di colore verde pallido, usato in cucina, in partic. in pasticceria. ◻ In funzione di agg. inv., che ha il colore del pistacchio, cioè verde pallido.

pistàgna s.f. (spagn. *pestaña* "orlo" di orig. incerta) Striscia di tessuto applicata al collo o ai polsini degli abiti per rinforzo.

pistard [/pis'tar/] s.m. inv. (voce fr.) SPORT. Ciclista specializzato nelle gare su pista.

pistillo s.m. (fr. *pistil*, lat. *pistīllum* "pestello" così detto per la forma) BOT. Organo sessuale femminile del fiore delle Angiosperme, formato da una base (*ovario*), una parte assiale (*stilo*) e una terminale (*stigma*).

pistòla s.f. (tr. *pistole* "piccolo archibugio", ted. *Pistole* "corta arma da fuoco", ceco *píšťal* "canna") **1.** Arma da fuoco di dimensioni ridotte, adatta a colpire bersagli a breve distanza. ◇ *Pistola lanciarazzi:* usata per il lancio di razzi segnaletici. **2.** *estens.* Attrezzo con forma o funzionamento simile a quello della pistola. *Pistola saldatrice.* ◇ *Pistola a spruzzo:* aerografo ad aria compressa. ◆ s.m. inv. Uomo stupido, sciocco.

pistolèro s.m. (spagn. *pistolero*) Persona abile nel tirare di pistola.

pistolettàta s.f. (fr. *pistoletade*) Colpo di pistola.

pistóne s.m. (fr. *piston*) **1.** MECC. Stantuffo di una pompa idraulica o dell'organo di motori a combustione interna. **2.** MUS. Meccanismo di alcuni strumenti a fiato, che rende eseguibile tutti i suoni della scala cromatica. **3.** ZOOL. Nei Ciclostomi, la cartilagine più lunga tra quelle che sostengono i muscoli della lingua.

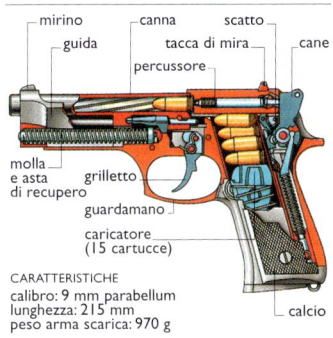

mirino — canna — scatto
guida — tacca di mira — cane
percussore

molla e asta di recupero — grilletto
guardamano
caricatore (15 cartucce)
calcio

CARATTERISTICHE
calibro: 9 mm parabellum
lunghezza: 215 mm
peso arma scarica: 970 g

■ **pistòla** automatica Beretta.

pita s.f. **1.** Materia tessile estratta dalle fibre dell'agave. **2.** Pane bianco non lievitato, di forma rotonda. (Specialità della cucina araba.)

pitagòrico agg. [pl.m. –*ci*, f. –*che*] **1.** FILOS. Che riguarda Pitagora. **2.** MAT. *Tavola pitagorica:* tabella che, su un reticolato quadrato di cento caselle, contiene tutti i prodotti tra i primi dieci numeri naturali. ◆ s.m. **1.** FILOS. [f. –*ca*] Seguace del pitagorismo **2.** Negli scritti di Galileo, sostenitore della teoria eliocentrica.

ENCICL. In filosofia la scuola pitagorica ebbe il carattere di un gruppo esoterico la cui dottrina prevedeva la credenza, mutuata dall'orfismo, nella trasmigrazione delle anime (metempsicosi) e una fedeltà al segreto iniziatico e alla difesa di visioni teocratiche, aristocratiche e conservatrici. In aritmetica Pitagora e i pitagorici vedevano nel numero lo strumento di conoscenza di tutte le cose. Così ogni triangolo con lati proporzionali ai numeri 3, 4 e 5 è un triangolo rettangolo; conosciuto come il *teorema di Pitagora*, questo assunto era già noto ai babilonesi un millennio prima. A Pitagora e alla sua scuola si ascrivono anche il teorema della somma degli angoli interni del triangolo, la costruzione di alcuni poliedri regolari e i primi calcoli delle proporzioni legati alla scoperta dell'incommensurabilità della diagonale rispetto al lato del quadrato.

pitagorismo s.m. FILOS. Insieme delle dottrine filosofiche e scientifiche professate da Pitagora e dai suoi successori, basate essenzialmente sulla concezione dei numeri come elementi costitutivi delle cose e fondamento dell'armonia del reale.

pit bull [/'pɪt 'bul/] loc. sost. m. inv. (loc. ingl., propr. "recinto per il combattimento dei cani") Cane da combattimento, molto aggressivo, selezionato in laboratorio incrociando terrier e bulldog.

pitch [/'pɪtʃ/] s.m. inv. (voce ingl.) Nel golf, palla che rimane dove cade.

pitcher [/'pɪtʃə/] s.m. inv. (voce ingl., deriv. di *to pitch* "lanciare") SPORT. Nel baseball, lanciatore.

pitecàntropo s.m. (comp. di gr. *píthēkos* "scimmia" e *ánthrōpos* "uomo") PALEONT. Ominide superiore o protoantropo, caratterizzato dalla posizione eretta, vissuto circa 700.000 anni fa.

Pitècia s.f. (lat. *Pithecia*, gr. deriv. di *píthēkos* "scimmia") ZOOL. Genere di scimmie sudamericane caratterizzate da pelame ispido e folto e lunga coda pelosa non prensile. (Lunghezza 40 cm ca.; generi *Chiropotes* e *Pithecia*, famiglia dei Cebidi.)

pitiatismo s.m. MED. → isteria.

pitiriasi s.f. inv. (gr. *pityríasis*, deriv. di *píțyron* "crusca" per il suo aspetto) MED. Dermatosi caratterizzata da desquamazione.

pitòmetro s.m. (dal nome dell'inventore, il fisico francese H. *Pitot*) FIS. Strumento per misurare la velocità di flusso di un liquido o di un gas in un tubo.

pitonàto agg. Che imita il disegno della pelle del pitóne.

1. pitóne s.m. (gr. *Pýthōn*, nome di un mitico serpente che risiedeva a *Pito*, ant. nome di Delfi) **1.** Serpente dell'Asia e dell'Africa, non velenoso, che soffoca le prede tra le spire. (Il pito-

fiore
baccello aperto

■ **pisèllo**

ne asiatico reticolato, che raggiunge 9 m di lunghezza per un peso di 100 kg, è il più grande serpente esistente; ordine degli Ofidi.) **2.** ZOOL. (iniziale maiusc.) Genere di rettili cui appartengono varie specie di pitone. **3.** La pelle conciata di questo serpente, usata in pelletteria.

2. pitóne s.m. (fr. *piton* "chiodo con occhiello") MECC. Piccolo prisma che serve da elemento di fissaggio per alcuni tipi di molla.

3. pitóne s.m. [f. *pitonessa*] (lat. *pythónem* "indovino", perché ispirato da Apollo Pizio) Sacerdote di Apollo.

■ **pitóne** reticolato.

pitonéssa s.f. **1.** Sacerdotessa di Apollo. SIN.: **pizia. 2.** Donna con presunte capacità profetiche.

pit stop [/ˈpɪt ˈstɔp/] loc. sost. m. inv. (loc. ingl., comp. di *pit* "zona vicino al box" e *stop* "fermata") Fermata che, durante una gara, le auto fanno ai box per rifornimento carburante, cambio delle gomme, ecc.

1. pittima s.f. Uccello trampoliere con becco lungo e sottile, zampe esili, ali a punta. (Lunghezza 40 cm ca.; genere *Limosa*, famiglia degli Scolopacidi.)

2. pittima s.f. (gr. *epíthēma* "cataplasma") Persona noiosa, petulante.

pittografia s.f. (ingl. *pictography*) Sistema primitivo di scrittura basato su pittogrammi.

pittogràfico agg. [pl.m. *–ci*, f. *–che*] Di una scrittura nella quale i concetti sono rappresentati da disegni o simboli.

pittogràmma s.m. [pl. *–mi*] (ingl. *pictogram*) Disegno di una scrittura pittografica. ~ *special.* Disegno schematico convenzionale che fornisce indicazioni (p.e. direzione d'uscita, divieto di fumare, toilette, ecc.).

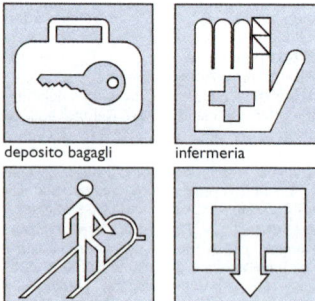

deposito bagagli   infermeria

scala mobile   uscita

■ **pittogràmma**

pittóre s.m. [f. *–trice*] **1.** Chi si dedica alla pittura. **2.** Imbianchino, tinteggiatore. **3.** *fig.* Chi descrive cose, persone, paesaggi o situazioni con notevole efficacia rappresentativa.

pittorésco agg. [pl.m. *–schi*, f. *–sche*] **1.** Suggestivo e caratteristico per armonia di linee e di colori. **2.** *fig.* Vivace, espressivo. **3.** *fig.* Bizzarro, originale. **4.** Nel l. della crit. art., di opera pittorica che ha per soggetto paesaggi solitari, rovine, ecc. ◆ s.m. (solo sing.) Ciò che è pittoresco, caratteristico.

pittoricìsmo s.m. Nel l. critico, ricerca di effetti pittorici o pittoreschi nella musica, nella letteratura, nella poesia.

pittòrico agg. [pl.m. *–ci*, f. *–che*] **1.** Che è proprio della pittura, dei pittori. **2.** *fig.* In letteratura e in musica, di opera o componente di essa che raggiunge alti livelli di espressività e di vivacità.

Pittosporàcee s.f. pl. [iniziale minusc. sing. *–a* per l'individuo] BOT. Famiglia di piante arbustacee o arboree, talora rampicanti, diffuse in Australia, Europa e nelle isole dell'Oceano Pacifico. (Ordine delle Rosali.)

pittòsporo o **pitòsforo** s.m. (comp. di gr. *pítta* "resina" e *spóros* "seme", perché i suoi semi sono racchiusi nella resina) **1.** Pianta arbustiva dicotiledone diffusa in Cina e in Giappone, ornamentale, sempreverde, con foglie lucide e fiori profumati. (Famiglia delle Pittosporacee.) **2.** BOT. (iniziale maiusc.) Genere di piante arbustive o arboree, originarie dell'Australia, della Nuova Zelanda, dell'Africa, dell'Asia e di alcune isole del Pacifico.

pittùra s.f. **1.** Arte e tecnica del dipingere. ~ Singola opera pittorica. ~ Insieme delle opere di un pittore, di un paese, di un'epoca. *La pittura medievale.* **2.** *fig.* Descrizione, evocazione della realtà. **3.** Nel l. commerciale, vernice.

pitturàre v.tr. Tinteggiare, verniciare qlco. ◆ **pitturarsi** v.pron. Truccarsi, imbellettarsi.

pituitàrio agg. ANAT. *Membrana pituitaria:* rivestimento mucoso delle fosse nasali.

più avv. **1.** Si contrappone a *meno*. **2.** In unione con agg., avv., v. e s. forma i comparativi di maggioranza col significato di "in misura maggiore", "maggiormente". *Questa lana è più soffice dell'altra.* ~ È usato anche con avv. e loc. avv. temporali o spaziali per istituire un confronto con stadi precedenti in una progressione. *Francesca diventa sempre più bella.* **3.** Nel superl. relativo e in altre espressioni, esprime il grado massimo di qualità, condizioni, ecc. *Questo è il giorno più bello della mia vita.* **4.** Si usa in locc. superlative o comparative di vario genere. ◇ *Più che, più che mai:* in grado molto alto. – *Più che altro:* essenzialmente, soprattutto. *Più che altro, per quanto ne so ascoltare.* **5.** Si usa in correlazione con se stesso, con *meno* e con *peggio. Più studi, più impari.* ◇ *Più o meno:* quasi. **6.** Ulteriormente, oltre. *Non devi farlo mai più.* ◇ *A più non posso:* al massimo grado, al limite delle forze. ❑ In funzione di prep., indica il sommarsi di una qualsiasi entità a un'altra. ~ Nei voti scolastici, indica una valutazione leggermente superiore a quel valore. ◆ agg. inv. **1.** Maggiore. *Alcuni, svariati, parecchi. L'ho avvertito più e più volte.* ◆ s.m. inv. **1.** La cosa principale, ciò che è più importante o difficile. *Il più è fatto.* ~ Anche, la maggior parte. ◇ *Il più possibile:* nella misura massima. – *Tutt'al più:* male che vada. **2.** Simbolo (+) indicante in matematica l'addizione, in algebra e nelle sue applicazioni i numeri relativi positivi e le misure positive, in fisica e in chimica le cariche elettrostatiche e i poli positivi.

piuccheperfètto s.m. (calco di lat. *plus quam perfectum* "più che compiuto") GRAMM. Tempo del verbo che esprime un'azione compiuta nel passato prima di un'altra anch'essa passata; in italiano è chiamato *trapassato prossimo*.

piùma s.f. **1.** Negli uccelli, tipo di penna piccola, morbida, priva di rachide. **2.** Piumaggio, livrea. **3.** *fig. estens.* Ala. *Le piume del desiderio.* ❑ In funzione di agg. inv., nella loc. *peso piuma*, nel pugilato, nella lotta e nel sollevamento pesi, una delle categorie di peso più leggere in cui sono divisi gli atleti.

piumàggio s.m. [pl. *–gi*] (fr. *plumage*) Insieme dei vari tipi di penne e piume che ricoprono il corpo di un uccello.

piumàio s.m. [f. *–maia*, pl.m. *–mai*] Addetto al trattamento e alla lavorazione delle piume da imbottitura o da ornamento.

piumàto agg. Adorno di piume.

piumìno s.m. **1.** ZOOL. Piuma d'uccello. **2.** Cuscino o coperta da letto imbottita di piume d'oca o altro materiale, anche sintetico. ~ Giacca o giubbotto impermeabile imbottito di piume

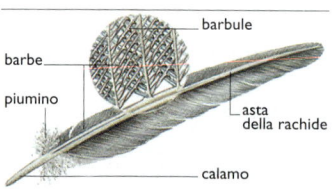

■ **piùma** d'oca.

d'oca. **3.** Ciuffetto di piume o di altro materiale. ~ Ciuffo di piume fissato a un manico e usato per spolverare. **4.** Proiettile per armi ad aria compressa. **5.** BOT. Erba annua o biennale delle Graminacee con infiorescenza a pannocchia.

piumóne s.m. Coperta da letto imbottita di piume o altro materiale molto leggero.

piumóso agg. **1.** Coperto, ricco di piume. **2.** BOT. Di organo vegetale fornito di peli in modo da sembrare una piuma.

piùria s.f. MED. Presenza di pus nell'urina.

piuttòsto avv. **1.** Abbastanza, alquanto. **2.** Anziché, al posto di. **3.** Magari, perfino. ❑ In funzione di cong., col significato di "invece", "o meglio", conferisce valore avversativo. *Non stare lì senza far niente, piuttosto vieni ad aiutarmi.*

piva s.f. (lat. *pìpa* "fischietto") **1.** Piffero o gruppo di pifferi e bordoni della cornamusa. **2.** *fig. Con le pive nel sacco:* senza aver concluso nulla, scontento.

pivèllo s.m. [non com. f. *–la*] (deriv. di *piva* "membro virile") *fam.* Ragazzo pretenzioso. ~ *estens.* Giovane inesperto.

piviàle s.m. (lat. *pluviàle*, propr. "mantello da pioggia") **1.** CATT. Abito liturgico costituito da un ampio mantello. **2.** *estens.* Ampio e lungo mantello.

pivière s.m. (fr. *pluvier*, lat. deriv. di *plūvia* "pioggia") Uccello migratore di piccole dimensioni, con becco corto, zampe lunghe, piumaggio nerastro a macchie gialle, diffuso nelle zone paludose e umide. (Genere *Pluvialis*; famiglia dei Caradridi.)

pivot [/piˈvo/] s.m. inv. (voce fr., propr. "perno" perché attorno a lui ruota il gioco della squadra) SPORT. Nella pallacanestro, giocatore che si muove nelle vicinanze del canestro pronto ad andare al tiro o a recuperare i rimbalzi.

pixel [/ˈpɪksəl/] s.m. inv. [o pl. *pixels*] (voce ingl., comp. di *pix*, deriv. di *picture* "immagine", ed *el·ement* "elemento") TECN. Il più piccolo elemento grafico di un'immagine digitale.

pizia s.f. ANT. GR. Sacerdotessa dell'oracolo di Apollo, a Delfi. ~ *estens.* Profetessa.

pizza s.f. (lat. *pizzam*, ted. deriv. di *bizzo/pìzzo* "boccone, pezzo di pane" quindi "focaccia") **1.** Focaccia fatta con un impasto di farina, acqua e lievito, condita in diversi modi e cotta nel forno. **2.** CINE. Contenitore basso e circolare per pellicole. ~ *estens.* La pellicola stessa. **3.** *fig. fam.* Cosa o persona molto noiosa.

pizzaiòlo s.m. [f. *–la*] Chi fa o vende pizze.

pizzerìa s.f. Luogo dove si cucina e si serve la pizza.

pizzétto s.m. Barba tagliata a triangolo sul mento e rasata sulle guance.

pizzicaménto s.m. **1.** Atto di pizzicare. **2.** Prurito.

pizzicàre v.tr. [4] **1.** Stringere una porzione di pelle tra il pollice e l'indice. **2.** *estens.* Beccare, pungere qlcu. o qlco. *Una zanzara mi ha pizzicato.* ~ *fig.* Stuzzicare, punzecchiare. **3.** Detto di un cibo o di una bevanda, provocare una sensazione di qlco. di piccante o di molto frizzante. **4.** *fig. pop.* Cogliere qlcu. sul fatto. *Pizzicare un ladro.* **5.** MUS. Suonare uno strumento facendone vibrare le corde con le dita. ◆ v.intr. (aus. *avere*) Provocare prurito. ◆ **stuzzicarsi** v.pron. Detto di due o più persone, stuzzicarsi. *I colleghi si pizzicano tutto il giorno.*

pizzicàto agg. *Strumenti a corde pizzicate:* quelli che si suonano pizzicando le corde con le dita (p.e. la chitarra). ◆ s.m. MUS. Didascalia che prescrive un particolare modo di suonare gli strumenti ad arco.

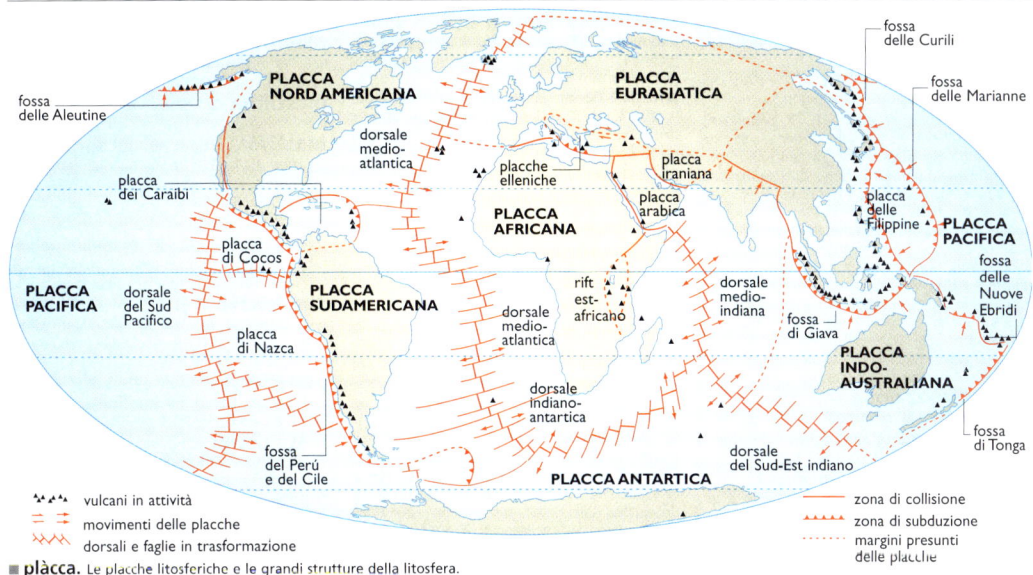

PLACCA NORD AMERICANA
PLACCA EURASIATICA
fossa delle Curili
fossa delle Marianne
fossa delle Aleutine
dorsale medio-atlantica
placche elleniche
placca iraniana
placca delle Filippine
PLACCA PACIFICA
placca dei Caraibi
placca arabica
PLACCA AFRICANA
placca di Cocos
PLACCA PACIFICA
dorsale del Sud Pacifico
PLACCA SUDAMERICANA
rift est-africano
dorsale medio-indiana
fossa delle Nuove Ebridi
placca di Nazca
dorsale medio-atlantica
dorsale indiano-antartica
fossa di Giava
PLACCA INDO-AUSTRALIANA
fossa del Perú e del Cile
dorsale del Sud-Est indiano
fossa di Tonga
PLACCA ANTARTICA

vulcani in attività
movimenti delle placche
dorsali e faglie in trasformazione
zona di collisione
zona di subduzione
margini presunti delle placche

■ plàcca. Le placche litosferiche e le grandi strutture della litosfera.

pizzico s.m. [pl. –*chi*] **1.** Piccola quantità di una sostanza granulosa che si può stringere tra la punta di due dita. *Un pizzico di sale.* ~ Piccola quantità di qlco. *Un pizzico di fortuna.* SIN.: **briciolo. 2.** Bruciore, pizzicore. **3.** Puntura o morso d'insetto. **4.** Pizzicotto.

pizzicóre s.m. **1.** Prurito o bruciore, spec. dovuto a cibo piccante o bevanda frizzante. **2.** *fig.* Desiderio improvviso. SIN.: **smania.**

pizzicòtto s.m. Stretta data a una parte molle del corpo con il pollice e l'indice.

pizzo s.m. **1.** Merletto, trina. **2.** Barba tagliata in modo da coprire solo il mento. **3.** Estremità appuntita. **4.** Tangente estorta da organizzazioni criminali.

pizzòcchero s.m. (al pl.) Tagliatelle rustiche a base di farina di grano saraceno, condite con ortaggi, burro e formaggio.

placàre v.tr. [4] **1.** Tranquillizzare. *Placare il principale adirato.* **2.** Calmare, acquietare sensazioni, sentimenti, ecc. *Placare la sete.* ◆ **placarsi** v.pron. **1.** Tranquillizzarsi, diventare calmi. **2.** Con soggetto inanimato o astratto, attenuarsi, perdere forza. *Il vento si è placato.*

plàcca s.f. [pl. –*che*] (fr. *plaque*) **1.** Lamina usata come rivestimento o rinforzo. **2.** Targa d'ottone applicata alle porte d'ingresso degli appartamenti con incisi nome e titoli di chi vi abita. **3.** Tratto di parete rocciosa o di ghiaccio totalmente privo di appigli. **4.** In varie tecnologie, indica oggetti diversi, aventi in comune un aspetto piatto e sottile. ~ ELETTROTEC. Piastra di un accumulatore; anche, l'elettrodo positivo di un tubo termoelettronico. ◊ METALL. *Placca modello:* piastra usata per ottenere formature in serie. – *Placca refrigerante:* negli impianti frigoriferi, il pannello in cui scorre il gas refrigerante. **5.** MED. Nome di diverse formazioni che si producono sulla pelle o sulle mucose. ~ In partic., formazione biancastra e purulenta che si forma sulle tonsille infiammate. ◊ *Placca batterica o dentaria:* accumulo di saliva, avanzi alimentari e batteri, che si forma alla superficie dei denti e favorisce la carie. – *Placca motrice:* giunzione tra le fibre nervose e quelle muscolari. **6.** GEOL. Zolla continentale.

placcàggio s.m. [pl. –*gi*] (fr. *placage*) SPORT. Nel rugby, azione compiuta da un giocatore che blocca l'avversario afferrandolo per le gambe o per la vita.

placcàre v.tr. [4] (fr. *plaquer*, ol. *placken* "rattoppare") **1.** SPORT. Nel rugby, bloccare un avversario afferrandolo per le gambe o per la vita. ~ Lo stesso nel calcio, commettendo però un'azione fallosa. **2.** Coprire qlco. con uno strato di me-

tallo o altro materiale. *Placcare una cornice d'oro.*

placcàto agg. Di oggetto, per lo più metallico, rivestito con uno strato di materiale diverso.

placcatùra s.f. Rivestimento di una superficie con uno strato di un altro materiale.

placèbo s.m. inv. MED. Sostanza somministrata in alternativa a farmaci attivi, il cui effetto è basato sulla sola suggestione psicologica. ❑ In funzione di agg., *effetto placebo*, risultato ottenuto con la somministrazione di un tale farmaco.

placènta s.f. (lat. *placénta* "focaccia", gr. *plakoûs* "largo") **1.** ANAT. Organo che collega l'embrione all'utero materno durante la gestazione. ◊ *Placenta previa:* patologia della gravidanza che consiste nell'impianto della placenta nel segmento inferiore dell'utero, con l'effetto di ricoprirne l'orifizio. **2.** BOT. Parete interna dell'ovario, che porta il nutrimento agli ovuli.

placentàre agg. ANAT. Della placenta.

Placentàti s.m. pl. [iniziale minusc. sing. –*to* per l'individuo] ZOOL. Sottoclasse di mammiferi dotati di placenta.

placentazióne s.f. **1.** ANAT. Formazione della placenta. **2.** BOT. Disposizione degli ovuli sulla placenta.

placer /'pleisə/ s.m. inv. (voce ingl., spagn. d'America deriv. di *plaza* "piazza") MIN. Terreno alluvionale contenente minerali utili o preziosi in granuli.

plàcet s.m. inv. (voce lat., propr. "piace") **1.** Approvazione, consenso. **2.** DIR. Formula giuridica che, prima del Concordato del 1929, attestava l'assenso dato dall'autorità civile a una deliberazione ecclesiastica.

placidità s.f. inv. L'essere calmo e tranquillo.

plàcido agg. Pacifico, tranquillo. ~ Pigro, lento.

plàcito s.m. (lat. *plácitum* "ciò che piace" poi "opinione") **1.** Arbitrio, libera scelta, spec. nella loc. *a placito*, a piacere. **2.** Nel Medioevo, sentenza giudiziale e documento su cui era registrata. ◊ *Placiti cassinesi:* documenti del sec. X contenenti alcuni tra i più antichi testi in volgare italiano. **3.** Nei regni romano-germanici, assemblea generale del popolo libero. **4.** Tributo che, in epoca feudale, il signore esigeva in cambio del suo impegno nell'amministrazione della giustizia.

Placodèrmi s.m. pl. [iniziale minusc. sing. –*ma* per l'individuo] ZOOL. Gruppo di pesci fossili del paleozoico, con testa e parte anteriore del tronco protette da placche ossee. (Lunghezza fino a 6 m.)

plafond /pla'fɔ̃/ s.m. inv. (voce fr., "soffitto") **1.** Limite massimo, in partic. quantità, prezzo, importo massimo. **2.** AER. Quota massima che un aereo può raggiungere.

plafonièra s.f. (fr. *plafonnier*) Apparato d'illuminazione applicato al soffitto o al muro.

plagiàre v.tr. [5] (lat. *plagiàre* "rubare") **1.** Copiare un'opera attribuendola al proprio ingegno. **2.** Assoggettare qlcu. intellettualmente e psicologicamente. *Plagiare il vecchio zio per averne l'eredità.*

plagiàrio agg. [pl.m. –*ri*] (fr. *plagiaire*, lat. *plagiàrium* "ladro di persone") Che compie un plagio. ◆ s.m. [f. –*ria*] Nel sign. dell'agg.

plàgio s.m. [pl. –*gi*] (gr. *plágion* "sotterfugio") **1.** Attribuzione al proprio ingegno di un'opera altrui. **2.** DIR. Assoggettamento di una persona al proprio volere.

plagioclàsio s.m. [pl. –*si*] MIN. Nome generico di una serie di cristalli misti del gruppo dei feldspati, diffusi in tutte le rocce eruttive acide e neutre.

plaid /plæd/ s.m. inv. (voce ingl., scozzese *plaide*) Coperta di lana.

1. planàre agg. (ingl. *planar*) Che ha struttura piana o piatta.

2. planàre v.intr. (aus. *avere*) (fr. *planer* "restare levato in aria") **1.** AER. Detto di un velivolo, volare in discesa, con il solo sostentamento dei piani alari. ~ estens. Detto di volatili, volare senza muovere le ali. **2.** MAR. Detto di un'imbarcazione a motore, procedere a forte velocità sfiorando la superficie dell'acqua.

planària s.f. ZOOL. Denominazione di vari vermi, acquatici o terrestri, dal corpo piatto e bocca ventrale, con elevate capacità di rigenerazione. (Le forme acquatiche sono spesso molto colorate; classe dei Turbellari.)

planarità s.f. inv. Nel l. tecn., omogeneità di un piano.

planàta s.f. Il planare di un aeromobile, di un uccello o di un'imbarcazione sull'acqua. ~ Tratto di volo planato.

plància s.f. [pl. –*ce*] (fr. *planche*, lat. *plàncam* "tavola") **1.** MAR. Ponte di comando di una nave, e in partic. la zona da dove si dirigono le operazioni di manovra. ~ estens. Nelle imbarcazioni da diporto, pannello di controllo. **2.** estens. Negli autoveicoli, l'elemento dove sono alloggiati i vari indicatori, le bocchette d'aerazione, ecc. **3.** MAR. Passerella d'imbarco e sbarco.

plànck s.m. inv. FIS. Unità di misura dell'azione e del momento angolare pari a 1 joule per secondo.

planctologìa s.f. Branca della biologia che studia i vari tipi di plancton.

plàncton s.m. inv. (fr. *plancton*, gr. *planktón* deriv. di *planktós* "errante") BIOL. Complesso di organismi animali (*zooplancton*) e vegetali (fi-

toplancton) piccolissimi che vivono sospesi nelle acque lasciandosi trasportare dalle correnti e che costituiscono il nutrimento di molti animali (in oppos. a *necton*).

planctònico agg. [pl.m. *–ci*, f. *–che*] Del plancton, che costituisce il plancton.

planetàrio agg. [pl.m. *–ri*] (fr. *planétaire*) **1.** ASTR. Relativo ai pianeti. ⋄ *Sistema planetario:* insieme dei pianeti che gravitano attorno a una stella, in partic. al Sole. **2.** Relativo alla Terra. ~ estens. Cosmico, universale. **3.** FIS. Del moto di rotazione di un corpo attorno al proprio asse e contemporaneamente attorno a un altro asse parallelo. ~ Di un meccanismo che funziona con tale movimento. ◆ s.m. **1.** Strumento che permette di proiettare su una volta, rappresentante il cielo, il moto degli astri e in partic. quello dei pianeti. ~ Il locale in cui si effettua tale proiezione. **2.** MECC. Negli autoveicoli, l'ingranaggio del differenziale che funziona secondo il principio del rotismo planetario.

planetarizzazióne s.f. Propagazione nel mondo intero di un problema.

planetologia s.f. ASTR. Scienza che studia i pianeti.

planimetria s.f. (fr. *planimétrie*) **1.** TOPOGR. Rilevamento del terreno in rapporto a un piano orizzontale. **2.** Pianta di porzioni di terreno, edifici, ecc. **3.** GEOM. Studio delle figure piane.

planimètrico agg. [pl.m. *–ci*, f. *–che*] Relativo alla planimetria.

planimetro s.m. (fr. *planimètre*) Strumento che consente di misurare l'area di una figura disegnata in scala, percorrendone il perimetro.

Planipènni s.m. pl. [iniziale minusc. sing *–ne* per l'individuo] ZOOL. Sottordine di Neurotteri.

planisfèro s.m. GEOGR., ASTR. Rappresentazione cartografica in un piano di tutta la superficie terrestre o dell'intera volta celeste.

planning [/'plænɪŋ/] s.m. inv. (voce ingl., deriv. di *to plan* "progettare") Piano di lavoro particolareggiato, spec. in economia e urbanistica. ~ estens. Pianificazione, programmazione. ~ *per meton.* Il documento che contiene tale piano.

plansichter s.m. inv. (voce ted.) Macchina dell'industria molitoria utilizzata per separare i vari prodotti della molitura in base alle dimensioni delle particelle.

Plantaginàcee s.f. pl. [iniziale minusc. sing. *–a* per l'individuo] BOT. Famiglia di piante erbacee dicotiledoni a foglie basali alterne prive di picciolo, fiori a spiga, frutti a capsula o a noce.

plantàre agg. Relativo alla pianta del piede. ◆ s.m. Soletta ortopedica che si interpone fra il piede e la scarpa, modellata in modo tale da favorire una corretta posizione della pianta del piede.

plantigrado s.m. [f. *–da*] (fr. *plantigrade*) **1.** Mammifero che cammina appoggiando tutta la pianta del piede e non solo le dita. (L'orso è un plantigrado.) **2.** *fig. spreg.* Persona lenta e poco intelligente. □ In funzione di agg., nell'accez. 1 del s.

plàntula s.f. BOT. Piantina germinata dal seme solo da poco.

plaquette [/pla'kɛt/] s.f. inv. (voce fr., deriv. di *plaque* "placca") EDIT. Opuscoletto tirato in poche copie, spesso stampato con cura e non messo in commercio.

1. plàsma s.m. [pl. *–smi*] (gr. *plásma* "cosa foggiata, immagine") **1.** BIOL. Parte liquida del sangue, nella quale sono sospesi gli elementi corpuscolati (globuli rossi, globuli bianchi, piastrine). **2.** FIS. Stato di elevata ionizzazione del gas, ottenuto aumentandone la temperatura o sottoponendoli a scariche elettriche. **3.** PEDOL. *Plasma del terreno:* il complesso dei costituenti del terreno in grado di passare nella sua soluzione.

2. plàsma s.m. [pl. *–smi*] MIN. Varietà di calcedonio di colore verde scuro.

plasmàbile agg. **1.** Che può essere plasmato. **2.** *fig.* Che può essere modellato con l'insegnamento.

plasmacèllula s.f. (calco del ted. *Plasmazelle*) BIOL. Grossa cellula che partecipa alla produzione degli anticorpi. SIN.: **plasmocito.**

plasmafèresi s.f. inv. MED. Procedimento di centrifugazione mediante il quale si separa il plasma dagli altri elementi del sangue, per scopi terapeutici e per preparare il plasma necessario per le trasfusioni.

plasmàre v.tr. (lat. *plasmàre*, deriv. di *plàsma* "creatura") **1.** Modellare una materia informe e malleabile dandole la forma voluta. *Plasmare la cera.* **2.** *fig.* Formare, educare qlcu. *Plasmare i figli.* ~ Formare la personalità, il carattere, ecc. *Plasmare l'animo.*

plasmàtico agg. [pl.m. *–ci*, f. *–che*] BIOCHIM. Relativo al plasma sanguigno.

plasmidio s.m. [pl. *–di*] GENET. Frammento del DNA presente in molti microrganismi (spec. batteri) capace di riprodursi autonomamente nel citoplasma.

plasmocitàrio agg. BIOL. Relativo al plasmocito.

plasmocito o **plasmocita** s.m. [pl. *–ti*] BIOL. Cellula tessutale reticolo-endoteliale, presente nel midollo osseo e talvolta nel sangue periferico, che ha la funzione di produrre anticorpi. SIN.: **plasmacellula.**

plasmòdio s.m. (lat. *Plasmodium*, deriv. di *plàsma* "cosa plasmata") **1.** BIOL. [pl. *–di*] Massa cellulare che ha origine dalla ripetuta divisione del nucleo della cellula iniziale non seguita dalla divisione del citoplasma. **2.** ZOOL. (iniziale maiusc.) Genere di organismi unicellulari comprendente varie specie di plasmodio. ⋄ MED. *Plasmodio della malaria:* quello che provoca la malaria. **3.** BOT. Massa protoplasmatica plurinucleata che rappresenta lo stato vegetativo dei funghi della divisione dei Mixomiceti e si forma sia per fusione sia per aggregazione di zigoti ameboidi.

plasmolìsi s.f. inv. BIOL. CELL. Raggrinzimento e distruzione del protoplasma cellulare per perdita di acqua dovuta ad azione osmotica.

plàstica s.f. [pl. *–che*] **1.** Composto sintetico organico con molecole molto grandi, pastoso ad alta temperatura e in grado di ricevere e conservare qualsiasi forma. ~ Insieme delle materie plastiche. **2.** Arte e tecnica di modellare una sostanza malleabile come per la creta o la cera. **3.** MED. Operazione di chirurgia plastica. **4.** GEOGR. Insieme delle caratteristiche altimetriche che concorrono a determinare la fisionomia di una regione.

plasticità s.f. inv. (fr. *plasticité*) **1.** Caratteristica di un materiale di poter essere deformato in modo permanente. **2.** *fig.* Malleabilità del carattere. **3.** Effetto del rilievo, del volume che un'opera d'arte riesce a trasmettere. ~ estens. Effetto espressivo di un'opera letteraria. **4.** PSICOL. Capacità di adattamento all'ambiente esterno da parte di una struttura psichica. **5.** BIOL. Capacità dell'uovo o dell'embrione sottoposto a nuove condizioni sperimentali di evolversi allontanandosi dal proprio destino naturale.

1. plàstico agg. [pl.m. *–ci*, f. *–che*] (lat. *plasticum*, gr. *plastikós* deriv. di *plássein* "formare") **1.** Che ha la capacità di plasmare, dare a una forma. ⋄ *Arti plastiche:* la scultura, la ceramica, quelle figurative in genere. **2.** Che può essere plasmato, modellato. *Argilla plastica.* SIN.: **malleabile.** ⋄ CHIM. *Materie plastiche:* materiali sintetici costituiti essenzialmente di macromolecole, che possono essere facilmente modellati a caldo e sotto pressione. **3.** Riferito a prodotto delle arti figurative, ben modellato, messo in rilievo.

2. plàstico s.m. [pl.m. *–ci*] **1.** Riproduzione tridimensionale in scala di una porzione di territorio. **2.** Modello che riproduce in scala complessi architettonici. **3.** Riproduzione di porzioni di territorio con relativi insediamenti urbani.

3. plàstico s.m. [pl.m. *–ci*] (fr. *plastic*) **1.** Esplosivo di consistenza simile allo stucco dei vetrai a base di pentrite e di un plastificante, che detona attraverso un dispositivo d'innesco. **2.** CHIM. Materia plastica rinforzata.

plastidio s.m. [pl. *–di*] BOT. Corpuscolo presente nel citoplasma di varie cellule vegetali contenente clorofilla o sostanze di riserva.

plastificànte s.m. MATER. Sostanza aggiunta a un materiale per aumentarne la plasticità.

plastificàre v.tr. [4] (aus.) (fr. *plastifier*) **1.** Rivestire qlco. di uno strato di plastica. **2.** Ren-

dere plastico un materiale, incorporandovi sostanze adatte.

plastificazióne s.f. **1.** Procedimento adottato per rendere plastica una sostanza. **2.** Applicazione di uno strato di materia plastica.

plastilina s.f. Nome commerciale di un materiale plastico usato per modellare.

plastisòl s.m. inv. CHIM., FIS. Sol costituito da polimeri dispersi in un plastificante liquido oleoso e poco volatile che funge da diluente, impiegato per lo stampaggio o per il rivestimento di materiali.

plastòmero s.m. Materia plastica.

plasturgia s.f. L'insieme dei metodi e delle tecniche di trasformazione delle materie plastiche.

Platanàcee s.f. pl. [iniziale minusc. sing. *–a* per l'individuo] BOT. Famiglia di piante arboree comprendente diverse specie. (Genere *Platano*; classe delle Dicotiledoni.)

platanista s.f. Mammifero simile al delfino che vive nei grandi fiumi dell'India. (Lunghezza 2,5 m; genere *Platanista*, famiglia dei Platanistidi.)

Platanistidi s.m. pl. [iniziale minusc. sing. *–de* per l'individuo] ZOOL. Famiglia di mammiferi cetacei odontoceti, diffusi nelle acque dolci di India, Cina e America Meridionale.

plàtano s.m. (lat. *platănum*, gr. *plátanos* forse deriv. di *platýs* "largo" per l'ampiezza di foglie e chioma) **1.** Albero d'alto fusto diffuso nell'emisfero settentrionale temperato, con foglie larghe palmate e corteccia che si stacca a placche. (Altezza 35 m; famiglia delle Platanacee.) **2.** BOT. (iniziale maiusc.) Genere di piante che include poche specie diffuse soprattutto nell'emisfero settentrionale.

■ **plàtano**

platèa s.f. (lat. *platĕam*, deriv. di *platĕam* "via ampia, piazza pubblica") **1.** Nei teatri e nelle sale cinematografiche, spazio posto di fronte al palcoscenico organizzato in file parallele di tronchine. **2.** estens. *per meton.* Gli spettatori che siedono in platea. ~ Insieme di persone che ascoltano qlcu. o guardano qlco. **3.** GEOL. *Platea continentale:* rialto sottomarino assai vasto e pianeggiante. **4.** MAR. Nei bacini di carenaggio, struttura su cui poggiano le taccate che sorreggono la nave in secca.

plateàle agg. Ostentato, palese.

plateau [/pla'to/] s.m. inv. (voce fr., deriv. di *plat* "piatto") **1.** Vassoio, ripiano. **2.** Cassetta bassa, aperta, usata per l'imballaggio e il trasporto della frutta o della verdura. **3.** GEOGR. Rialto sottomarino. ~ Altopiano o massiccio. **4.** Ogni tratto di un diagramma che abbia andamento all'incirca parallelo all'asse delle ascisse. **5.** MECC. Grosso piano di paragone.

Platelminti s.m. pl. [iniziale minusc. sing. *–ta* per l'individuo] ZOOL. Tipo di invertebrati vermiformi a corpo piatto, privi di ano e di apparato respiratorio, che vivono in acqua (planaria) oppure sono parassiti dei vertebrati (distoma, tenia). SIN.: **vermi piatti.**

platerésco agg. [pl.m. *-schi*, f. *-sche*] (voce spagn., deriv. di *platero* "argentiere") ARCH. Si dice dello stile architettonico spagnolo, ricco di motivi ornamentali, sviluppatosi nel sec. XVI.

platéssa s.f. ITTIOL. Pesce dal corpo ovale appiattito, simile alla sogliola. (Ordine dei Pleuronettiformi.) SIN.: **passera di mare**.

platinàre v.tr. **1.** Rivestire di platino. **2.** Decolorare i capelli facendogli assumere il colore del platino.

platinàto agg. **1.** Placcato di platino. ◇ *Amianto platinato:* spugna di platino il cui supporto poroso è di amianto. **2.** Del colore e della lucentezza del platino.

platinatùra s.f. Applicazione di uno strato sottile di platino su un metallo.

platinìfero agg. Che contiene platino.

1. platinìte s.f. MIN. Minerale dal colore grigio acciaio e nero, contenente zolfo.

2. platinìte s.f. ELETTR. Lega di ferro e nichel che ha lo stesso coefficiente di dilatazione del platino.

plàtino s.m. (solo sing.) (spagn. *platina*, deriv. di *plata* "argento" per la sua lucentezza) **1.** Metallo nobile grigio-lucente, di densità 21,4, che fonde a 1772 °C. ◇ *Spugna di platino:* massa spugnosa di colore grigiastro, impiegata come catalizzatore. **2.** Elemento chimico (*Pt*) di numero atomico 78 e peso atomico 195,08. ◇ *Gruppo del platino:* serie di elementi appartenenti all'ottavo gruppo del sistema periodico, contraddistinti da proprietà fisiche e chimiche simili.
ENCICL. Il platino si trova in natura nella sabbia mescolato a oro e altri metalli, come rutenio, rodio, palladio; è raffinato e prodotto principalmente da Repubblica Sudafricana, Russia e Canada. Poiché non si ossida ed è resistente all'azione di numerosi acidi, si usa, spesso in leghe, nella fabbricazione di attrezzature da laboratorio, nelle industrie a più alta densità tecnologica, in oreficeria, elettronica, in chirurgia, nella protesica dentaria e anche nelle apparecchiature fisiche di precisione (metro campione in platino al 10% di iridio).

Platirrine s.f. pl. [iniziale minusc. sing. *-na* per l'individuo] (lat. *Platyrrhina*, gr. deriv. di *platýrrhinos* "dalle larghe narici") ZOOL. Sottordine di scimmie arboricole dell'America Meridionale, caratterizzate da naso largo e schiacciato, pollice non opponibile, coda prensile.

platonicaménte avv. **1.** Secondo la filosofia di Platone. **2.** In modo casto. **3.** *estens.* In modo puramente teorico.

platònico agg. [pl.m. *-ci*, f. *-che*] **1.** Relativo alla filosofia di Platone e ai suoi seguaci. **2.** *estens.* Ideale, irraggiungibile, chimerico. *Desiderio platonico.* ◆ s.m. [f. *-ca*] Seguace della filosofia di Platone.

platonìsmo s.m. **1.** FILOS. Filosofia di Platone basata sulle idee universali ed eterne imitate dalla sfera del sensibile. **2.** *estens.* Atteggiamento filosofico che assume come propria base l'esistenza di un ordine ideale di valori universali trascendenti dalla realtà storica.

plausìbile agg. Accettabile, credibile.

plausibilità s.f. inv. Qualità di ciò che è coerente e non lascia spazio a obiezioni.

plàuso s.m. **1.** Applauso, battito di mani. **2.** *estens.* Approvazione incondizionata.

play [/'pleɪ/] s.m. inv. (voce ingl., deriv. di *to play* "giocare") **1.** Tasto di avvio di apparecchi elettrici. **2.** SPORT. (anche f.) Playmaker.

playback [/'pleɪˌbæk/] s.m. inv. (voce ingl., propr. "recitare di nuovo") CINE. Tecnica che prevede la registrazione in studio della colonna sonora e della recitazione degli attori e la successiva sincronizzazione con le immagini. ~ TV. Esecuzione simulata su base musicale o canora preregistrata.

playboy [/'pleɪˌbɔi/] s.m. inv. (voce ingl., comp. di *to play* "giocare" e *boy* "ragazzo") Uomo che conduce vita mondana, accompagnandosi con donne belle e sempre diverse. ~ *estens.* Grande amatore.

playmaker [/'pleɪˌmeikə/] s.m. e f. inv. (voce ingl., propr. "creatore del gioco") SPORT. Nei giochi di squadra, giocatore al quale è affidato il compito di organizzare l'azione.

playoff [/'pleɪˌɔf/] s.m. inv. (voce ingl., comp. di *play* "gioco" e *off* "fuori" per lo spareggio) SPORT. Momento conclusivo di alcuni campionati in cui le prime squadre classificate si incontrano in partite a eliminazione diretta per l'assegnazione del titolo finale.

playout [/'pleɪˌaut/] s.m. inv. (voce ingl., deriv. di *to play out* "giocare fino in fondo") SPORT. Momento conclusivo di certi campionati, in cui le squadre ultime classificate si affrontano in scontri diretti per salvare il loro posto nella serie maggiore.

PlayStation [/'pleɪ'steɪʃən/] s.f. inv. (voce ingl., propr. "postazione di gioco") Denominazione commerciale, che costituisce marchio registrato, di un dispositivo che legge elettronicamente e proietta su schermo videogiochi e ne consente lo svolgimento da parte dei giocatori.

plazer [/pla'tser/] s.m. [pl. *plazers*] (voce provenz.) LETT. Componimento poetico di origine provenzale, diffusosi anche in Italia nella poesia dei secc. XII-XIII, in cui l'autore elenca le cose per lui più piacevoli.

plebàglia s.f. [pl. *-glie*] Massa di persone, vista nei suoi aspetti deteriori. SIN.: **gentaglia**.

plèbe s.f. **1.** Il popolo, contrapposto ai nobili, ai colti. **2.** *spreg.* Strato sociale economicamente e culturalmente meno sviluppato. SIN.: **popolino**. **3.** ANT. ROM. Parte della popolazione esclusa dai diritti politici e civili (in oppos. a *patrizio*).

plebèo agg. **1.** Appartenente al ceto più umile e disagiato. **2.** *spreg.* Senza istruzione, volgare. **3.** ANT. ROM. Della plebe (in oppos. a *patrizio*). ◆ s.m. [f. *-a*] Nei sign. dell'agg.

plebiscitàrio agg. [pl.m. *-ri*] (fr. *plébiscitaire*) **1.** Fondato su un plebiscito. **2.** *estens.* Che gode del consenso generale. SIN.: **unanime**.

plebiscìto s.m. (lat. *plebiscītum* "decreto del popolo") **1.** Manifestazione diretta della volontà del popolo su questioni istituzionali, espressa mediante consultazione elettorale. **2.** Accettazione unanime. **3.** ANT. ROM. Deliberazione votata dall'assemblea della plebe.

Plecòtteri s.m. pl. [iniziale minusc. sing. *-ro* per l'individuo] ZOOL. Ordine di insetti dal corpo molle, con lunghe antenne; allo stato larvale vivono nell'acqua. (Sottoclasse degli Pterigoti.)

plèiade s.f. **1.** (iniziale maiusc., al pl.) Gruppo di stelle appartenenti alla costellazione del Toro, nelle quali, secondo il mito greco, sarebbero state trasformate le figlie di Atlante e Pleione. **2.** ANT. GR. *Pleiade alessandrina:* gruppo di sette poeti tragici del III sec. a.C. ~ Nella Francia del sec. XVI, gruppo di poeti classicisti radunatosi intorno a P. de Ronsard. **3.** *estens.* Gruppo elitario di persone, in partic. di artisti e letterati. **4.** CHIM. Insieme di isotopi radioattivi aventi stesso numero e stesso peso atomico, non separabili con mezzi chimici. **5.** MED. *Pleiade gangliare:* gruppo di ghiandole linfatiche tumefatte.

pleistocène s.m. (solo sing.) (ingl. *pleistocene*) GEOL. Primo sottoperiodo del quaternario. (Iniziato 1,64 milioni di anni fa, fu caratterizzato dalla comparsa dell'uomo e da imponenti glaciazioni che si susseguirono, causando rilevanti mutamenti nella flora e nella fauna.)

plenàrio agg. [pl.m. *-ri*] **1.** Di organi collegiali a cui sono convocati tutti i membri. **2.** Non sottoposto a vincoli o restrizioni. *Mandato plenario.*

plenilùnio s.m. [pl. *-ni*] ASTR. Fase lunare che si ripete ogni 29 giorni ca., durante la quale la Luna si trova opposta al Sole e la faccia da esso illuminata è totalmente visibile dalla Terra.

plenipotenziàrio agg. [pl.m. *-ri*] DIR. Di persona che ha un mandato con pieni poteri per negoziare un particolare accordo. ◇ *Ministro plenipotenziario:* diplomatico di grado inferiore a quello di ambasciatore, autorizzato a negoziare e firmare trattati che devono essere successivamente ratificati. ◆ s.m. [f. *-ria*] Rappresentante diplomatico investito dallo stato di pieni poteri.

plènum s.m. inv. (voce lat.) Riunione plenaria di un organo dirigente di uno stato o di un partito.

pleocroìsmo s.m. (gr., comp. di *pléon* "più" e *khróa* "colore") Diversa colorazione assunta da un cristallo col variare del punto di osservazione.

pleonàsmo s.m. (gr. *pleonasmós* "eccesso") LING. Espressione caratterizzata dalla presenza di parole o locuzioni superflue.

pleonàstico agg. [pl.m. *-ci*, f. *-che*] **1.** LING. Che costituisce un pleonasmo. **2.** *estens.* Superfluo, inutile.

1. pleròma s.m. [pl. *-mi*] (lat. *pleròma*, gr. *plḗrōma* "pienezza") FILOS. Secondo le teorie gnostiche, perfezione, pienezza dell'essere della divinità, opposta alla vuotezza e all'irrealtà del mondo materiale.

2. pleròma s.m. [pl. *-mi*] (gr., deriv. di *plḗrēs* "pieno") BOT. Parte centrale del tessuto cellulare all'apice della radice e del fusto, da cui ha origine la stele.

Plesiosàuri s.m. pl. [iniziale minusc. sing. *-ro* per l'individuo] ZOOL. Sottordine di grandi rettili marini, vissuti nel periodo mesozoico, caratterizzati da grande mole, collo lungo e arti a pinna, adatti alla vita marina. (Ordine dei Sauropterigi.)

Plesiosàuro s.m. PALEONT. Genere di rettili marini del giurassico e del cretaceo, dal corpo massiccio e dal lungo collo flessibile.

plessìmetro s.m. **1.** MED. Strumento diagnostico costituito da una piastrina general. in avorio o metallo, impiegata per la percussione indiretta. **2.** MUS. Metronomo.

plèsso s.m. (lat. *plĕxum*, deriv. di *plĕctere* "intrecciare") **1.** ANAT. Formazione reticolare, in partic. di nervi o vene. ◇ *Plesso solare o celiaco:* costituito dai nervi cardiaci del simpatico e da fibre del vago dirette ai visceri addominali. **2.** Nel l. bur., insieme di elementi che cooperano alla stessa attività. *Plesso di leggi.*

plètora s.f. (gr. *plēthṓra* "pienezza") **1.** MED. Eccesso patologico di sangue. ~ *estens.* Aspetto florido. **2.** BOT. Anomala abbondanza di succhi in una pianta. **3.** *fig.* Quantità eccessiva. *Pletora di laureati.*

pletòrico agg. [pl.m. *-ci*, f. *-che*] (gr. *plēthōrikós*, deriv. di *plḗthein* "essere pieno") **1.** MED. Affetto da pletora sanguigna o a essa inerente. **2.** *fig.* Sovrabbondante. ~ Anche prolisso, retorico.

plèttro s.m. (lat. *plēctrum*, gr. *plēktron* deriv. di *plḗssein* "battere") **1.** Piccolo attrezzo usato dai Greci per fare vibrare le corde della lira. ~ *fig.* Ispirazione poetica. *Il plettro di Orazio.* ~ Oggi, piccola lamina usata per fare vibrare le corde di uno strumento musicale. SIN.: **penna**. **2.** ZOOL. Negli anfibi dell'ordine degli Anuri, ossicino dell'orecchio medio.

plèura s.f. (gr. *pleurá* "fianco") ANAT. Membrana sierosa che riveste i polmoni (*pleura viscerale*).

plèurico agg. [pl.m. *-ci*, f. *-che*] ANAT. Della pleura. ◇ *Cavità pleurica:* spazio tra i due foglietti che costituiscono la pleura, contenente il siero che consente ai polmoni di scorrere sulla cavità toracica. – MED. *Versamento pleurico:* liquido che si forma nella cavità pleurica perlopiù a causa di processi infiammatori.

pleurìte s.f. MED. Infiammazione della pleura.

pleurìtico agg. [pl.m. *-ci*, f. *-che*] **1.** MED. Relativo alla pleurite. **2.** Affetto da pleurite. ◆ s.m. [f. *-ca*] Nell'accez. 2 dell'agg.

pleurodinìa s.f. MED. Dolore intenso al torace provocato soprattutto da pleurite.

Pleuronèttidi s.m. pl. [iniziale minusc. sing. *-de* per l'individuo] ZOOL. Famiglia di pesci diffusi spec. nei mari caldi e temperati; presentano corpo appiattito ed entrambi gli occhi sul lato destro pigmentato. (Ordine dei Pleuronettiformi.)

Pleuronettifórmi s.m. pl. [iniziale minusc. sing. *-me* per l'individuo] ZOOL. Ordine di pesci teleostei, caratterizzati da corpo ellittico, pigmentato da un solo lato dove si trovano entrambi gli occhi, vivono sul fondo marino; ne fanno parte la sogliola, il rombo, la passera di mare.

Pleuròto s.m. BOT. Genere di funghi basidiomiceti per lo più commestibili, con cappello a imbuto, gambo corto, che vivono sul tronco degli alberi.

plèuston s.m. inv. (gr., deriv. di *plêin* "navigare") BOT. Insieme di organismi vegetali macroscopici che vivono sommersi o galleggianti sull'acqua.

plèxiglas s.m. inv. (voce ingl., propr. "vetro intrecciato") Denominazione commerciale, che costituisce marchio registrato, di resine sintetiche (*polimetilmetacrilato*) infrangibili, leggere, trasparenti e termoindurenti, usate al posto del vetro.

plica s.f. [pl. *–che*] (lat. *plîcam*, deriv. di *plicâre* "piegare") **1.** ANAT. Ripiegamento, sollevamento o ispessimento di un tessuto. **2.** In diplomatica, la piega fatta su un documento in corrispondenza del sigillo.

plico s.m. [pl. *–chi*] Busta contenente documenti, lettere, stampati.

plié s.m. inv. (voce fr.) BALL. Leggera flessione delle ginocchia.

plinto s.m. (gr. *plínthos* "mattone") **1.** ARCHEOL., COSTR. Struttura quadrangolare o poligonale con funzione di basamento. ~ Zoccolo che corre ai piedi delle pareti. **2.** Attrezzo ginnico composto di una serie di elementi sovrapponibili che formano un tronco di piramide rettangolare, per esercizi di salto e volteggio.

pliocène s.m. (solo sing.) (ingl. *pliocene*) GEOL. Secondo sottoperiodo del neogene. (Compreso tra 5,3 e 1,64 milioni di anni fa, fu caratterizzato dall'emersione di nuove terre.)

pliocènico agg. [pl.m. *–ci*, f. *–che*] GEOL. Relativo al pliocene.

plissé [/pli'se/] agg. inv. (voce fr., deriv. di *plisser* "pieghettare") Di tessuto pieghettato. *Gonna plissé.* ◆ s.m. inv. Nel sign. dell'agg.

plissettàre v.tr. Trattare un tessuto in modo da formare una serie di pieghe piccole e ben marcate. *Plissettare una gonna.*

plissettatùra s.f. Operazione di plissettare a macchina o a mano. ~ L'effetto ottenuto.

Plocèidi s.m. pl. [iniziale minusc. sing. *– de* per l'individuo] (lat. *Ploceidae*, gr. deriv. di *plokéus* "che intreccia") ZOOL. Famiglia di uccelli comunemente detti *tessitori* perché costruiscono nidi complessi, sospesi a rami degli alberi. (Ordine dei Passeriformi.)

plot [/'plɔt/] s.m. inv. (voce ingl.) Trama di un romanzo, di un film, ecc.

plotòne s.m. (fr. *peloton* "gruppo di soldati") **1.** MIL. Unità costitutiva di una compagnia. ◇ *Plotone d'esecuzione:* gruppo di soldati incaricati di eseguire fucilazioni. **2.** SPORT. Nel ciclismo, il gruppo compatto dei corridori.

plotter [/'plɔtə/] s.m. inv. (voce ingl., deriv. di *plot* "disegnare") INFORM. Unità periferica di un computer che esegue grafici o disegni.

plug-in [/plʌg'ɪn/] agg. (voce ingl., deriv. *to plugin* "infilare la spina in una presa") INFORM. Di dispositivo che può essere collegato a un sistema mediante semplice inserimento in un connettore o installazione di un software. ◆ s.m. Nel sign. dell'agg.

plùgo s.m. [pl. *–ghi*] (ingl. *plug* "tappo") Esca metallica a forma di pesce.

Plumbaginàcee s.f. pl. [iniziale minusc. sing. *–a* per l'individuo] (lat., dal nome del genere *Plumbago* "piombaggine") BOT. Famiglia di piante erbacee o arbustacee diffuse nell'area mediterranea e in Asia, caratterizzate da foglie alterne, fiori ermafroditi e frutto a capsula. (Comprende ca. 200 specie; classe delle Dicotiledoni.)

plùmbeo agg. **1.** Del colore del piombo. **2.** *fig.* Opprimente, tedioso. ~ Senza speranza, tetro. *Destino plumbeo.*

plum cake [/'plʌm keik/] loc. sost. m. inv. (loc. ingl., comp. di *plum* "prugna, uva passa" e *cake* "dolce") Dolce tipico anglosassone preparato con farina, uova, burro, zucchero, uva passa e candita, cotto in forno in stampi rettangolari.

plum-pudding [/'plʌm 'pudiɲ/] s.m. inv. (voce ingl., comp. di *plum* "prugna" e *pudding* "dolce") Pudding in cui è presente anche grasso di rognone. (Specialità britannica preparata per Natale.)

plùmula s.f. ZOOL. → piuma.

pluràle agg. Di elemento linguistico che esprime la molteplicità. ◆ s.m. Categoria grammaticale del numero impiegata per indicare più cose o persone (in oppos. a *singolare*). ◇ *Plurale di maestà o maiestatico:* pluralis maiestatis.

pluràlis maiestàtis loc. sost. m. inv. (loc. lat., propr. "plurale di maestà") Uso della prima persona plurale usato da autorità politiche o religiose.

pluralismo s.m. (ted. *Pluralismus*) **1.** FILOS. Concezione secondo la quale la realtà è formata da una pluralità di principi non riconducibili gli uni agli altri. **2.** Concezione che ammette pluralità di opinioni e tendenze politiche, sociali, economiche, sindacali, ecc. (in oppos. a *totalitarismo*).

pluralista s.m. e f. [pl.m. *–sti*] Favorevole al pluralismo.

pluralità s.f. inv. Condizione di ciò che è molteplice.

plùri- Primo elemento di composti in cui indica molteplicità numerica (*plurilingue, plurifamiliare*).

pluriaggravàto agg. DIR. Di reato aggravato da più circostanze.

pluricellulàre agg. BIOL. Formato da più cellule.

pluridimensionàle agg. **1.** Che ha più dimensioni. **2.** *fig.* Che riguarda diversi settori, livelli.

pluridirezionàle agg. Che si estende in più direzioni.

pluridisciplinàre agg. Attinente a più discipline.

pluriennàle agg. Che dura molti anni.

pluriètnico agg. Formato da più etnie.

plurifamiliàre agg. Composto da o predisposto per più famiglie.

plurifàse agg. inv. Costituito da più fasi.

plurigemellàre agg. MED. Che conduce alla nascita di gemelli. *Parto plurigemellare.*

plurilateràle agg. Che interessa tre o più parti.

plurilìngue agg. inv. Di ambiente in cui si parlano più lingue. ~ Che parla più lingue.

plurilinguismo s.m. Uso di più lingue o dialetti. ~ Uso di più registri linguistici ed espressivi.

plurimandatàrio agg. [pl.m. *–ri*] COMM. Di agente che lavora per ditte diverse. ◆ s.m. [f. *–na*] Nel sign. dell'agg.

plùrimo agg. **1.** Costituito da più elementi. **2.** DIR. *Voto plurimo:* sistema di voto che consentiva agli elettori abbienti di votare più volte.

plurinominàle agg. Relativo a sistema elettorale basato su collegi che eleggono più di un candidato (in oppos. a *uninominale*).

plurinucleàto agg. BIOL. CELL. Di cellula con più nuclei. SIN.: polinucleato.

pluripartitismo s.m. Sistema politico democratico, caratterizzato dall'esistenza di più partiti.

plurisecolàre agg. Che dura più secoli.

pluristàdio agg. inv. TECN. Che ha più stadi. ◇ *Missile pluristadio:* composto da stadi che si staccano una volta esaurita la propria carica di propellente.

plurìvoco agg. [pl.m. *–ci*, f. *–che*] LING. Che ha più valori, significati.

1. plus s.m. inv. (voce lat., propr. "più") → incremento.

2. plus s.m. inv. ECON. Saldo attivo.

plusvalènza s.f. (calco del fr. *plus-value*) ECON. Aumento di valore di un bene rispetto al suo costo o al suo valore precedente.

plusvalóre s.m. (calco del ted. *Mehrwert*) Differenza, di cui si appropria il capitalista, tra il valore della merce e il salario pagato al lavoratore. (Il plusvalore secondo Marx è alla base dello sfruttamento.)

plùteo s.m. (lat. *plûteum* "riparo, parete di difesa" poi anche "scrittoio, leggio") **1.** ARCH. Paravento che divideva l'altare e il coro dal resto della basilica. **2.** Armadio basso da biblioteca, con piano inclinato per la lettura. **3.** ZOOL. Larva degli Echinoidi e degli Ofiuroidei, di forma conica, dotata di quattro coppie di appendici laterali.

plutòcrate s.m. e f. (ingl. *plutocrat*) spreg. Personaggio influente. ~ estens. Capitalista.

plutocrazìa s.f. (ingl. *plutocracy*, gr. comp. di *ploûtos* "ricchezza" e *krátos* "forza") spreg. Predominio politico dei ricchi.

plutóne s.m. **1.** GEOL. Massa di magma che solidifica lentamente e in profondità. **2.** MIT. GR. (iniziale maiusc.) Il Dio degli Inferi. **3.** ASTR. (iniziale maiusc.) Pianeta del sistema solare.

plutònico agg. [pl.m. *–ci*, f. *–che*] GEOL. Di rocce magmatiche che si sono formate in profondità e che presentano una struttura granulosa.

plutònio s.m. (solo sing.) (dal nome del pianeta Plutone) **1.** Metallo transuranico del gruppo degli attinidi, che fonde a 639,5 °C. **2.** Elemento chimico (*Pu*) di numero atomico 94 e peso atomico 239,0522.

ENCICL. Il plutonio, prodotto durante l'irradiazione dell'uranio, è l'elemento transuranico più importante per il funzionamento delle centrali nucleari e la produzione di bombe atomiche e reattori. È molto tossico, anche un solo microgrammo può infatti avere effetti letali.

1. plutonismo s.m. GEOL. Teoria che attribuisce la genesi delle rocce plutoniche a fenomeni eruttivi (in oppos. a *nettunismo*).

2. plutonismo s.m. MED. Insieme di alterazioni causate dall'esposizione alle radiazioni del plutonio.

pluviàle agg. Relativo alla pioggia. ◇ *Fiume a regime pluviale:* alimentato in prevalenza dalle piogge. ~ *Foreste pluviali:* quelle tropicali ed equatoriali, ad alto tasso di umidità. ◆ s.m. Sezione verticale della grondaia.

pluviometrìa s.f. Studio delle precipitazioni atmosferiche.

pluviomètrico agg. [pl.m. *–ci*, f. *–che*] Relativo alla pluviometria o effettuato con pluviometro.

pluviòmetro s.m. Strumento che misura la quantità di pioggia precipitata in un luogo in un determinato periodo.

p.m. Abbreviazione di *post meridiem*, pomeridiano.

pmi s.f. inv. ECON. Sigla di *piccola media impresa*.

pnèuma s.m. [pl. *–mi*] (gr. *pnêuma* "soffio" poi "anima") FILOS. Principio vitale, in partic., per gli stoici, è lo spirito divino che anima e informa di sé il mondo. ~ Nella teologia cristiana è l'anima razionale, ispirata direttamente dalla divinità e, anche, lo Spirito Santo.

1. pneumàtico agg. [pl.m. *–ci*, f. *–che*] FILOS. Relativo al pneuma.

2. pneumàtico agg. [pl.m. *–ci*, f. *–che*] Relativo all'aria o ai gas. ~ Che funziona per mezzo d'aria compressa. *Martello pneumatico.*

3. pneumàtico s.m. [pl.m. *–ci*] (ingl. *pneumatic*) Rivestimento delle ruote degli auto-

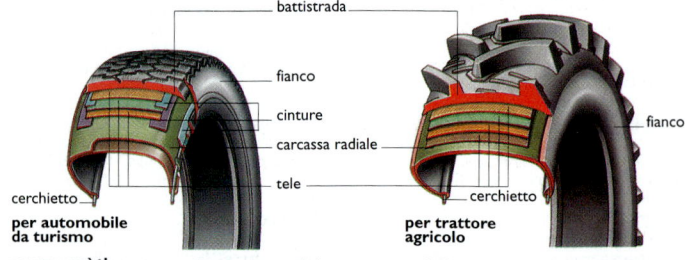

battistrada

fianco

cinture

carcassa radiale

tele

cerchietto

per automobile da turismo

fianco

cerchietto

per trattore agricolo

■ **pneumàtico.** Pneumatici a carcassa radiale senza camera d'aria.

veicoli, costituito da un copertone elastico, su cui è scolpito un battistrada e che è rinforzato da un'anima di tela e fili d'acciaio, al cui interno si trova aria in pressione o compressa.

pneumatòforo s.m. **1.** BOT. Radice aerea che emerge dal terreno per assicurare l'ossigeno. **2.** ZOOL. Polipo a forma di vescica piena di gas che serve come galleggiante per le colonie pelagiche di alcuni celenterati. (Classe degli Idrozoi.)

pneumatologia s.f. FILOS. Studio riguardante il principio vitale.

pneumectomia s.f. MED. Asportazione del polmone.

pneumoallergène s.m. BIOL. Allergene che penetra nell'organismo per via respiratoria.

pneumocòcco s.m. [pl. –chi] BIOL. Microrganismo responsabile della polmonite.

pneumoconiòsi s.f. inv. (fr. pneumoconiose) MED. Malattia polmonare dovuta all'inalazione prolungata di polveri lesive.

pneumogàstrico agg. [pl.m. –ci] ANAT. Di nervo cranico che scende sino all'addome, detto anche nervo vago.

pneumografia s.f. MED. Registrazione grafica dei movimenti respiratori.

pneumologia s.f. MED. Studio dei polmoni e delle loro malattie.

pneumòlogo s.m. MED. Specialista in pneumologia.

pneumonectomia s.f. MED. Pneumectomia.

pneumopatìa s.f. MED. Qualsiasi affezione del polmone.

pneumoperitonèo s.m. MED. Presenza di aria nel peritoneo.

pneumorragia s.f. MED. Emorragia polmonare. SIN.: **emottisi**.

pneumotoràce o **pneumatoràce** s.m. MED. Presenza di aria o di gas nella cavità pleurica.

PNL s.m. inv. ECON. Sigla di Prodotto Nazionale Lordo.

po' s.m. inv. Forma tronca di poco.

pòa s.f. (gr. póa "erba") **1.** Pianta erbacea molto comune usata come foraggio. (Famiglia delle Graminacee.) **2.** BOT. Genere di monocotiledoni a cui appartengono molte specie di poa.

pochade [/pɔˈʃad/] s.f. inv. (voce fr., propr. "abbozzo") **1.** Commedia dai toni farseschi, in cui prevalgono gli intrighi, gli equivoci, le situazioni paradossali e piccanti. ~ estens. Buffonata, farsa. **2.** Pittura eseguita con pochi colpi di pennello.

pochette [/pɔˈʃɛt/] s.f. inv. (voce fr., deriv. di poche "tasca") **1.** Borsetta piatta e senza impugnatura. **2.** MUS. Violino di piccole dimensioni. **3.** Fazzoletto usato per decorare il taschino di una giacca.

pocket [/ˈpɔkɪt/] agg. (voce ingl., propr. "tasca") Tascabile. ◆ s.m. e f. Oggetto tascabile.

pòco agg. indef. [f. –ca, pl.m. –chi, f. –che] **1.** In numero esiguo. A teatro c'erano pochi spettatori. **2.** Insufficiente, scarso. C' è poca luce. ~ Di scarsa consistenza o intensità, debole. ~ Corto, breve. ◆ avv. In piccola misura o quantità. Lavorare poco. ~ estens. gradualmente. ◆ s.m. (solo sing.) **1.** Piccola quantità. Lo farò un poco per volta. ◇ Un poco di buono: persona poco raccomandabile. **2.** Discreta quantità. Prendi un poco di torta.

podàgra s.f. (gr. podágra, propr. "laccio per catturare un animale ai piedi") MED. Gotta, con dolori localizzati all'alluce.

podagróso agg. [f. –sa] **1.** MED. Di o causato da podagra. **2.** Affetto da podagra.

podàlico agg. [pl.m. –ci, f. –che] (fr. podalique, gr. deriv. di poús "piede") MED. Della posizione del feto, quando si presenta nel collo dell'utero con la parte inferiore (piedi o natiche) rivolta verso l'esterno.

podària s.f. GEOM. Luogo dei piedi delle perpendicolari alle tangenti di una curva piana condotte da un punto del piano di quest'ultima.

podére s.m. (deriv. di potere nel sign. di "ciò che si possiede") Fondo agricolo coltivato adiacente a una casa colonica.

poderóso agg. Caratterizzato da grande forza fisica.

1. podestà s.f. inv. → **1. potestà**.

2. podestà s.m. inv. (lat. potestātem "potenza, autorità") **1.** ST. Nell'età comunale, massimo magistrato del comune cittadino. **2.** Durante il fascismo, capo dell'amministrazione comunale nominato dal governo, che riuniva in sé le funzioni del sindaco, della giunta e del consiglio comunale.

Podicipèdidi s.m. pl. [iniziale minusc. sing. –de per l'individuo] (lat., comp. di pŏdex "deretano" e pēs "piede" perché le zampe sono assai arretrate) ZOOL. Famiglia di uccelli carenati, comprendente specie quasi cosmopolite, dal becco diritto, collo allungato ed esile, zampe arretrate e poco adatte alla deambulazione; sono detti tuffetti perché buoni nuotatori.

pòdio s.m. [pl. –di] (lat. pŏdium, gr. pódion deriv. di poús "piede") **1.** Palco sopraelevato su cui prende posto l'oratore per rivolgersi al pubblico. **2.** Piedistallo a tre livelli usato nelle premiazioni di gare sportive. **3.** ARCH. Nell'architettura classica, basamento di un edificio.

podismo s.m. SPORT. Settore dell'atletica leggera che comprende la corsa di fondo e la marcia su pista o su terreno.

podista s.m. e f. [pl.m. –sti] SPORT. Atleta che pratica la marcia o la corsa di fondo. ◆ s.m. o s.f. estens. Chi è abituato a lunghi percorsi a piedi.

podistico agg. [pl.m. –ci, f. –che] Del podismo.

podologia s.f. **1.** MED. Studio del piede e delle sue patologie. **2.** VET. Studio dell'anatomia e delle patologie del piede degli animali domestici, in partic. del cavallo.

podòlogo s.m. [f. –ga, pl.m. –gi, f. –ghe] Specialista nell'igiene e nella cura dei piedi.

podòmetro s.m. Strumento che conta il numero di passi fatti da un pedone in modo da indicare, approssimativamente, la distanza percorsa.

poèma s.m. [pl. –mi] (lat. poēma, gr. póiēma deriv. di poiên "fare, creare") **1.** Composizione in versi divisa general. in canti o libri. ◇ Poema in prosa: componimento lirico in prosa. **2.** MUS. Composizione per orchestra ispirata spec. a temi letterari. **3.** fig. scherz. o iron. Scritto o discorso esageratamente lungo.

poemétto s.m. Nel sign. del dim. di poema; in partic., poema di intreccio semplice e di tono minore.

poesia s.f. (gr. póiēsis "creazione") **1.** Arte di combinare sonorità, ritmi e parole di una lingua evocando immagini e suscitando emozioni e sensazioni. **2.** Breve componimento in versi. **3.** Produzione poetica caratteristica di un'epoca, di un movimento, di un autore. **4.** Carattere poetico e suggestivo di un'opera. La poesia di un quadro. **5.** fig. Capacità di provare emozioni e sentimenti elevati.

poèta s.m. [f. poetessa, pl.m. –ti] (gr. poiētḗs "che fa, creatore") **1.** Autore di poesie. ◇ Poeta laureato: che è stato insignito della corona d'alloro a riconoscimento della sua opera. **2.** estens. Artista che è riuscito a trasfigurare poeticamente il contenuto della sua opera. **3.** estens. Chi possiede gusto e sensibilità. ~ Chi ha poco senso pratico.

poetàre v.intr. (aus. avere) Scrivere poesie.

poetàstro s.m. [f. –stra] spreg. Autore di second'ordine, di scarsissimo valore.

poetéssa s.f. → **poeta**.

poètica s.f. [pl. –che] **1.** Teoria della creazione letteraria. ~ Insieme dei principi relativi alla scrittura e alla composizione di un'opera. **2.** Concezione riguardante la poesia elaborata da un autore, un movimento poetico, ecc.

poètico agg. [pl.m. –ci, f. –che] **1.** Della poesia intesa sia come generica capacità creativa sia come arte letteraria. ~ Di quanto è ispiratore di poesia o degno di essere trattato in versi. **2.** Del poeta. **3.** estens. Che ispira fantasie e sentimenti. **4.** fig. sentimentale. ~ iron. Di persona, che usa toni molto sentimentali. ◆ s.m. (solo sing.) Ciò che esprime o ispira poesia.

poetismo s.m. LETT. Corrente letteraria e culturale cecoslovacca.

poetizzàre v.tr. → **idealizzare**.

poetizzazióne s.f. Il poetizzare.

poggiapièdi s.m. inv. Sgabello per i piedi.

poggiàre v.tr. [5] Appoggiare. Poggiare il pacco sulla sedia. ◆ v.intr. (aus. avere) **1.** Avere un punto d'appoggio. I pilastri dell'edificio poggiano su basamenti di calcestruzzo. **2.** fig. Fondarsi, basarsi. L'accusa poggia su prove sicure.

poggiatèsta s.m. inv. Parte superiore di sedile che serve per poggiarvi la testa.

pòggio s.m. [pl. –gi] Altura tondeggiante simile alla collina.

Pogonòfori s.m. pl. [iniziale minusc. sing. –ro per l'individuo] ZOOL. Tipo di animali vermiformi sprovvisti di sistema respiratorio e digestivo, che vivono fissati sui fondali marini in un tubo chitinoso.

pogrom [/pa'grɔm/] s.m. inv. (voce russa, propr. "distruzione") **1.** ST. Sommosse popolari ai danni delle comunità ebraiche. (Inizialmente nell'impero russo, in partic. in Polonia, in Ucraina e in Bessarabia tra il 1881 e il 1921.) **2.** estens. Atti persecutori diretti contro una comunità etnica o religiosa.

pòi avv. **1.** Con valore temporale, dopo, successivamente. ◇ Prima o poi: una volta o l'altra. – No e poi no!: ripetuto e quindi assoluto diniego. **2.** Con valore spaziale, più oltre, più avanti. **3.** estens. Per indicare ordine di importanza. In un amico viene prima la sincerità, poi l'intelligenza. ◻ In funzione di cong. **1.** Conferisce valore aggiuntivo con il significato di "inoltre", "in secondo luogo". Bisogna poi tener conto del tuo parere. **2.** Esprime valore conclusivo-avversativo con il significato di "insomma", "alla fine" oppure "d'altra parte". Così si dice, se poi sia vero non lo so. ◆ s.m. inv. Ciò che viene dopo, l'avvenire, il futuro.

poiàna s.f. (voce sett., prob. lat. pulliàna, deriv. di pŭllus "animale giovane") Rapace diurno con becco breve e uncinato, che si nutre di roditori, rettili e piccoli uccelli. (Lunghezza 50-60 cm; apertura alare 1,35 m; genere Buteo, famiglia degli Accipitridi.)

■ **poiàna**

poiché cong. Introduce una frase causale con il significato di "siccome", "dal momento che". Poiché non sei più un bambino, devi ragionare.

Poinsèttia s.f. (dal nome dell'ambasciatore statunitense in Messico J.R. Poinsett, che per primo la importò nel suo paese) BOT. Genere di piante originarie del Messico, i cui fiori sono circondati da ampie brattee colorate. (Famiglia delle Euforbiacee.)

pointer [/ˈpɔɪntə/] s.m. inv. (voce ingl., deriv. di to point "puntare") Cane da ferma d'origine inglese.

pois [/ˈpwa/] s.m. inv. (voce fr., lat. pīsum "pisello") Pallino, solo nella loc. a pois, a pallini.

poise [/ˈpwaz/] s.m. [pl. poises] (dal nome del fisiologo francese J.L.M. Poiseuille) FIS. Unità di misura del coefficiente di viscosità dinamica.

poker [/ˈpəʊkər/] s.m. inv. (voce ingl., forse deriv. di ted. Poch nome di un gioco simile) **1.** (solo sing.) Gioco d'azzardo di origine americana, giocato con un mazzo di carte francesi, basato su una particolare gerarchia di valore delle combinazioni ottenibili da ciascun giocatore. **2.** Combinazione di quattro carte uguali nel gioco del poker. **3.** fig. Nel l. gior. sportivo, combinazione di quattro elementi simili.

1. polàcca s.f. [pl. –*che*] (calco del fr. *polonaise*) **1.** MUS. Danza popolare originaria della Polonia, in partic. nel sec. XIX. **2.** Stivaletto femminile a punta, allacciato fino alla caviglia.

2. polàcca s.f. [pl. –*che*] (etim. incerta, forse lat. deriv. di *pelăgicam năvem* "nave da alto mare") MAR. Veliero mercantile in uso nel Mediterraneo fino al sec. XIX.

polacchìna s.m. Scarpa con tacco basso e gambale allacciato.

polàcco agg. [pl.m. –*chi*, f. –*che*] (polacco *polak*, slavo *pole* "pianura") Della Polonia. ◆ s.m. **1.** [f. –*ca*] Nativo, abitante della Polonia. **2.** (solo sing.) Lingua del gruppo slavo parlata in Polonia.

polar agg. IND. TESS. Si dice di una fibra coperta di polvere di smeriglio, a base di poliestere, usata negli abiti come isolante.

polàre agg. **1.** ASTR., GEOGR. Relativo al polo come punto (terrestre o celeste) o come regione. ◇ *Stella polare*: stella dell'Orsa Minore visibile a occhio nudo, molto vicina al polo Nord celeste. **2.** Di un punto che è in rapporto di simmetria e opposizione rispetto a un altro punto. ◇ MAR., AER. *Rilevamento polare*: angolo con vertice al centro della nave o dell'aereo, formato dalla direzione della prora con la visuale inviata a un oggetto. **3.** CHIM. *Gruppo polare*: radicale con momento elettrico dipolare. – *Legame polare*: ionico o eteropolare. ◆ s.f. MAT. *Polare di un punto rispetto a una conica*: retta individuata dai punti di contatto delle tangenti alla conica tracciate a partire dal punto.

polarimetrìa s.f. FIS. Misurazione del grado di polarizzazione di una luce.

polarìmetro s.m. FIS. Strumento che serve a misurare la rotazione del piano di polarizzazione della luce.

polarità s.f. inv. **1.** FIS. Proprietà di ciò che presenta cariche elettriche contrapposte di segno contrario in punti opposti tra loro. **2.** GEOM. Correlazione biunivoca tra i punti del piano e le relative rette polari. **3.** BIOL. Presenza di un gradiente chimico-fisico in una struttura biologica. **4.** *fig.* Contrapposizione, antitesi.

polarizzàre v.tr. (fr. *polariser*) **1.** *fig.* Sottoporre qlco. a polarizzazione. *Polarizzare la luce*. **2.** *fig.* Attirare qlcu., orientare qlco. ◆ **polarizzarsi** v.pron. **1.** Subire un processo di polarizzazione. **2.** Orientarsi, concentrarsi su qlcu. o qlco. *I suoi interessi si polarizzano sulla musica*.

polarizzàto agg. FIS. Che ha subito una polarizzazione.

polarizzatóre agg. [f. –*trice*] (fr. *polarisateur*) Che provoca la polarizzazione della luce o di radiazioni elettromagnetiche. ◆ s.m. Dispositivo atto a polarizzare.

polarizzazióne s.f. (fr. *polarisation*) FIS. Processo che determina una concentrazione di effetti, forze, ecc. normalmente contrapposti, in punti particolari, detti poli, tipico soprattutto dei fenomeni elettrici e magnetici. – *estens.* Processo che determina polarità. ◇ *Polarizzazione magnetica*: fenomeno per cui una sostanza immersa in un campo magnetico presenta due poli. – *Polarizzazione elettrica*: spostamento relativo di cariche positive e negative mediante applicazione di un campo elettrico. – *Polarizzazione dielettrica*: insieme dei fenomeni per cui gli elementi di una sostanza dielettrica posta in un campo elettrico diventano dipoli. – *Polarizzazione ottica, della luce, della radiazione*: fenomeno per cui, in determinate circostanze, le vibrazioni di un'onda elettromagnetica, in partic. di un'onda luminosa, avvengono sempre in un determinato piano. – *Polarizzazione della pila*: insieme dei fenomeni elettrochimici che si verificano all'interno di una pila chimica durante il passaggio di corrente continua. – *Polarizzazione litica*: variazione di potenziale di un elettrodo rispetto all'elettrolito, dovuta al depositarsi su di esso dei prodotti della dissociazione liberati dalla corrente.

polarografìa s.f. CHIM. Metodo di analisi dei metalli in soluzioni saline basato sulla misura della tensione di polarizzazione nell'elettrolisi.

polaròid s.f. inv. (ingl. *polaroid*, dal nome di un'industria ottica statunitense) Denominazione, che costituisce marchio registrato, di apparecchio fotografico con sviluppo istantaneo. ~ La fotografia stessa.

pólca o **pòlka** s.f. [pl. –*che*, –*ke*] (ceco *polka*, propr. "mezzo passo") Danza paesana di origine boema, in voga dal sec. XX.

polder [ˈpɔldər/] s.m. inv. (voce ol.) GEOGR. Nei Paesi Bassi, terreno costiero pianeggiante, sito al di sotto del livello dell'alta marea, protetto da dighe e percorso da canali di drenaggio, allo scopo di renderlo fertile e coltivabile.

polderizzazióne s.f. Trasformazione di una regione in polder.

polemàrco s.m. [pl. –*chi*] (gr., comp. di *pólemos* "guerra" e *árkhein* "essere a capo") ANT. GR. Capo militare. (Nell'antica Atene, il polemarco, che era uno dei nove arconti, aveva poteri religiosi e giudiziari.)

polèmica s.f. [pl. –*che*] (fr. *polémique*) **1.** Controversia tesa e risentita. **2.** Discussione dettata da animosità.

polèmico agg. [pl.m. –*ci*, f. –*che*] (fr. *polémique*, gr. *polemikós* deriv. di *pólemos* "guerra") **1.** Che ha carattere di polemica. **2.** Che combatte per le proprie opinioni. **3.** *estens.* Che rivela intransigenza.

polemista s.m. e f. [pl.m. –*sti*] (fr. *polémiste*, gr. *polemistḗs* "lottatore") **1.** Autore di opere polemiche. **2.** Chi si batte per difendere le proprie opinioni. ~ Chi ama la polemica e il contrasto fini a se stessi.

polemizzàre v.intr. (aus. *avere*) (fr. *polémiser*) **1.** Avere l'abitudine di contestare qualsiasi cosa. **2.** Disputare, discutere. *Polemizzare con il vicino*.

polemologìa s.f. **1.** Trattatistica bellica. **2.** Studio della guerra considerata come fenomeno d'ordine sociale e psicologico.

polèna s.f. (fr. *poulaine*, deriv. di *souliers à la poulaine* "scarpe alla polacca" che presentavano una punta ricurva simile a prua di nave) Scultura lignea, rappresentante spec. una donna o un mostro fantastico, che si poneva come ornamento sulla prua delle navi.

polènta s.f. (lat. *polĕntam* "farinata d'orzo") **1.** Pietanza rustica tipica delle regioni nordorientali d'Italia, preparata con farina di granoturco cotta a lungo dentro un paiolo e continuamente rimestata. **2.** *estens. spreg.* Pietanza, in partic. minestra, molle e appiccicosa. **3.** *fig.* Persona lenta, pigra.

polésine s.m. (voce ven., gr. *polýkenos* "che ha molti vuoti") **1.** Tratto di terreno pianeggiante dall'aspetto insulare staccato dalle rive a causa di fenomeni erosivi. **2.** *per anton.* (iniziale maiusc., solo sing.) Zona della pianura padana compresa tra l'Adige e il Po.

1. -pòli Secondo elemento atono di composti che significa "città" (*megalopoli*, *metropoli*, *tendopoli*).

2. -pòli (deriv. da *tangentopoli*, per indicare la corruzione nella vita politica) Secondo elemento di composti frequenti nel l. gior. contemporaneo, col valore di "corruzione", "malaffare" (*affittopoli*, *sanitopoli*, ecc.).

poliachènio s.m. [pl. –*ni*] BOT. Frutto composto da molti acheni.

poliàcido s.m. CHIM. Corpo che possiede molte funzioni acide.

poliacrilàto s.m. CHIM. Resina sintetica ottenuta per polimerizzazione dell'acido acrilico o dei suoi esteri.

poliacrìlico agg. [pl.m. –*ci*, f. –*che*] CHIM. Di prodotto ottenuto attraverso la polimerizzazione dei composti acrilici.

poliaddizióne s.f. CHIM. Formazione di un polimero senza liberazione di alcun composto.

poliambulatòrio s.m. [pl. –*ri*] Ambulatorio dotato di attrezzature per visite diagnostiche e terapie relative a più specialità mediche.

poliammìde s.f. CHIM. Polimero la cui molecola contiene gruppi ammidici, impiegato nella fabbricazione di fibre sintetiche. (La poliammide più nota è il nylon.)

poliammìna o **poliamìna** s.f. CHIM. Composto organico che presenta una molecola con due o più gruppi amminici.

poliandrìa s.f. ETNOL. Unione matrimoniale, socialmente riconosciuta, di una donna con più uomini.

poliàndro agg. **1.** BOT. Di fiore che presenta numerosi stami. **2.** ARCHEOL. Di sepolcro in cui si trovano resti di più individui.

poliarchìa s.f. (gr., comp. di *polýs* "molto" e *árkhein* "essere a capo") Regime politico in cui il potere viene esercitato da più persone.

poliartrìte s.f. MED. Artrite a carico di più articolazioni.

polibutadiène s.m. CHIM. Polimero del butadiene, usato nella fabbricazione delle gomme sintetiche.

policarbonàto s.m. CHIM. Resina sintetica molto resistente agli urti.

Policàrpiche s.f. pl. [iniziale minusc. sing. –*ca* per l'individuo] BOT. Ordine di piante dicotiledoni, arboree o erbacee, dal sistema riproduttivo molto elementare.

policàrpico agg. [pl.m. –*ci*, f. –*che*] BOT. *Pianta policarpica*: che fiorisce e fruttifica per più annate consecutive.

policèntrico agg. [pl.m. –*ci*, f. –*che*] **1.** Dotato di più centri. **2.** ARCH. Di arco con intradosso costituito da più archi di cerchio. **3.** GEOM. *Linea policentrica*: linea costituita da diversi archi di circonferenza, con raggi general. diversi, che nei punti di connessione hanno la stessa tangente.

Polichèti s.m. pl. [iniziale minusc. sing. –*te* per l'individuo] (comp. di gr. *polýs* "molto" e *khaítē* "criniera") ZOOL. Classe di vermi marini caratterizzati da corpo cilindrico allungato e segmentato, provvisto di numerose setole.

policìclico agg. [pl.m. –*ci*, f. –*che*] CHIM. Di composto organico che presenta una struttura con più anelli.

policitemìa s.f. MED. Aumento stabile del numero dei globuli rossi nel sangue. SIN.: **poliglobulìa**.

policlìnico s.m. [pl. –*ci*] (fr. *policlinique*, propr. "clinica della città") Ospedale con diversi reparti.

policoltùra s.f. AGR. Coltivazione diversificata su uno stesso appezzamento.

policondensazióne s.f. CHIM. Fenomeno che si manifesta in più condensazioni e che comporta l'eliminazione di molecole di acqua o di idracidi.

policromàtico agg. [pl.m. –*ci*, f. –*che*] **1.** Che ha più colori. SIN.: **multicolore**. **2.** FIS. Di luce costituita da un certo numero di componenti monocromatici.

policromìa s.f. **1.** Varietà e abbondanza di colori. **2.** Tecnica di decorazione che impiega molti colori opportunamente accostati o contrastanti.

policromo agg. **1.** Di più colori. **2.** *fig.* Eterogeneo.

polidattilìa s.f. MED. Malformazione caratterizzata dalla presenza di più di cinque dita.

polidìpsia s.f. MED. Sensazione continua e intensa di sete.

polidromìa s.f. MAT. Proprietà di una funzione polidroma.

polidromo agg. MAT. *Funzione polidroma*: quella che assume più valori in corrispondenza di ciascun punto del dominio.

polièdrico agg. [pl.m. –*ci*, f. –*che*] **1.** GEOM. Relativo al poliedro. **2.** *fig.* Che ha molteplici capacità.

polièdro s.m. GEOM. Solido limitato da facce poligonali piane.

polielettròlito s.m. CHIM. Polimero solubile in acqua, usato per la preparazione di vernici, cosmetici e per il consolidamento dei terreni.

poliembrionìa s.f. **1.** BOT. Sviluppo, da uno stesso ovulo fecondato, di due o più em-

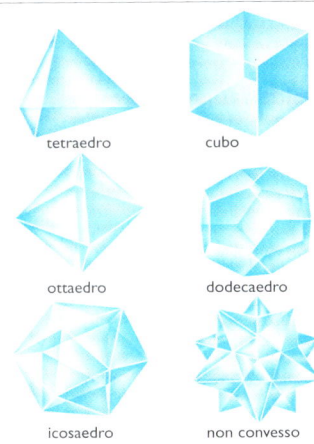

tetraedro   cubo

ottaedro   dodecaedro

icosaedro   non convesso

■ **polièdro.** I cinque poliedri regolari convessi e un poliedro regolare non convesso.

brioni. **2.** ZOOL. Sviluppo di più di un individuo dal medesimo uovo.

poliennàle agg. Che ha una durata superiore a un anno. SIN.: **pluriennale**.

polièstere s.m. (ingl. *polyester*) CHIM. Ogni sostanza costituita da macromolecole derivanti dalla policondensazione di un alcol e di un acido bivalenti.

polietilène s.m. (ingl. *polyethylene*) CHIM. Materia plastica che deriva dalla polimerizzazione dell'etilene.

polifàse agg. inv. ELETTROTEC. Riferito a sistema di grandezze alternate della stessa frequenza e ampiezza ma con fasi diverse (in oppos. a *monofase*).

polifonìa s.f. **1.** Molteplicità simultanea di suoni. **2.** MUS. Insieme di più suoni vocali o strumentali eseguiti simultaneamente.

ENCICL. La polifonia si sviluppa secondo la tecnica del contrappunto nei secc. XII-XIII grazie alla scuola di Notre-Dame di Parigi (Léonin), nella forma del mottetto, e raggiunge livelli altissimi già nel sec. XV con Josquin Desprez, che riuscirà a dare a tale forma coerenza tra testo poetico e invenzione musicale. Con G.P. Palestrina (sec. XV) la musica polifonica perde l'accompagnamento musicale per trasformarsi in canto a cappella. Nel sec. XVIII, J.S. Bach sarà il più famoso esponente della polifonia trasposta nel settore strumentale (*fuga*).

polifònico agg. [pl.m. *–ci*, f. *–che*] MUS. Strutturato secondo le regole della polifonia.

polifonista s.m. e f. [pl.m. *–sti*] Autore di musica polifonica.

polifosfàto s.m. CHIM. Insieme di prodotti inorganici di polimerizzazione dei fosfati, usati per trattare le acque industriali, nella preparazione di detergenti sintetici o come conservanti alimentari.

polifunzionàle agg. **1.** Che può essere impiegato per scopi diversi. SIN.: **polivalente**. **2.** CHIM. Di composto che contiene due o più gruppi funzionali.

Poligàla s.f. (gr., comp. di *polýs* "molto" e *gála* "latte", perché si pensava che stimolasse la produzione del latte) **1.** BOT. Genere di piante erbacee, annue o perenni, suffruticose o arbustive, con foglie lanceolate e fiori azzurri, rosa o violetti. (Famiglia delle Poligalacee.) **2.** (iniziale minusc.) Droga estratta dalle radici della poligala virginiana, che la medicina popolare impiega come espettorante o emetico.

Poligalàcee s.f. pl. [iniziale minusc. sing. *–a* per l'individuo] BOT. Famiglia di piante erbacee o arbustive dicotiledoni, con fiori a cinque sepali e frutti a capsula, a noce, a samara; sono coltivate a scopo ornamentale o usate in farmacia.

poligamìa s.f. (gr., comp. di *polýs* "molto" e *gámos* "nozze") **1.** ETNOL. Unione matrimoniale di un uomo con più donne (*poliginia*), o di una donna con più uomini (*poliandria*), Intesa sia come istituzione sociale sia come infrazione alla monogamia. **2.** ETOL. Abitudine di certi animali ad assicurare la riproduzione accoppiandosi con più individui di sesso opposto. **3.** BOT. Presenza di fiori ermafroditi e fiori unisessuali sullo stesso individuo o su individui diversi della stessa specie.

poligamo agg. **1.** Che ha più di una moglie o di un marito contemporaneamente. **2.** ETOL. Relativo a individuo che tende ad accoppiarsi con più individui di sesso opposto. **3.** BOT. Di pianta che presenta poligamia. ◆ s.m. **1.** [f. *–ma*] Chi pratica la poligamia. **2.** BOT. Nell'accez. 3 dell'agg.

poligène s.m. GENET. Gene che insieme ad altri concorre alla determinazione di un solo carattere quantitativo.

poligènesi s.f. inv. Formazione da origini diverse. *Poligenesi del linguaggio*. ~ BIOL. In partic., origine di un organismo da più forme primitive diverse fra loro, o comparsa di un'unica forma di vita in località differenti o ripetutamente nel tempo.

poligenètico agg. [pl.m. *–ci*, f. *–che*] **1.** Concernente la poligenesi. **2.** CHIM. Che dà origine a due effetti.

poligenìsmo s.m. ANTROP. Teoria biologica secondo la quale la razza umana trarrebbe origine da molti ceppi diversi (in oppos. a *monogenismo*).

poliginìa s.f. **1.** ANTROP. Unione matrimoniale, socialmente riconosciuta e legittimata, di un uomo con più donne. **2.** ETOL. Abitudine del maschio di accoppiarsi con più di una femmina durante lo stesso periodo riproduttivo.

poliglobulìa s.f. MED. Aumento patologico della massa totale dei globuli rossi.

poliglòtta agg. [pl.m. *–ti*] (gr. *polýglottos* "dalle molte lingue") Che parla molte lingue. SIN.: **multilingue**. ~ Di territorio su cui si parlano diverse lingue. ◆ s.m. e f. Persona che parla più lingue.

Poligonàcee s.f. pl. [iniziale minusc. sing. *–a* per l'individuo] BOT. Famiglia di piante dicotiledoni dell'emisfero boreale, con foglie munite di una guaina carnosa, piccoli fiori riuniti in racemi e frutti ad achenio; le diverse varietà (p.e. il rabarbaro) sono usate in farmacia o nella produzione dei liquori.

poligonàle agg. **1.** Di un poligono. **2.** ARCH. *Opera poligonale:* tecnica di costruzione basata sulla semplice sovrapposizione di grossi massi grezzi. ◆ s.f. **1.** GEOM. Linea spezzata composta da segmenti consecutivi. **2.** GEOGR. Linea che congiunge i punti-stazione di un rilevamento topografico.

poligonazióne s.f. TOPOGR. Insieme di operazioni che consentono di tracciare la poligonale in un rilevamento sul terreno o su una carta.

poligono s.m. (gr. *polýgonon* "dai molti angoli") **1.** GEOM. Figura piana delimitata da una poligonale chiusa. **2.** MIL. *Poligono di tiro:* spazio di terreno in cui si fanno esercitazioni con armi da fuoco, suddiviso in diverse corsie dotate di bersagli. **3.** *Poligono di lancio:* attrezzatura atta al lancio di missili o veicoli spaziali. **4.** Pianta di una fortificazione muraria tipica dell'antichità, caratterizzata da andamento poligonale. **5.** ANAT. *Poligono arterioso di Willis:* circolo arterioso impari e mediano, sulla faccia inferiore dell'encefalo.

poligrafìa s.f. Metodo di riproduzione di un originale (testo, disegno) per mezzo del poligrafo o di altri strumenti.

1. poligràfico agg. [pl.m. *–ci*, f. *–che*] Riprodotto con l'utilizzazione di un poligrafo.

2. poligràfico agg. [pl.m. *–ci*, f. *–che*] Che esegue lavori a stampa con qualsiasi tipo di tecnica. ◇ *Istituto poligrafico dello Stato:* quello che produce le carte, le carte valori e gli stampati necessari alle amministrazioni dello Stato. ◆ s.m. [f. *–ca*] Operaio, tecnico che lavora in uno stabilimento tipografico.

1. poligrafo s.m. Apparecchio che riproduce testi o disegni mediante una lastra ricoperta di gelatina che trattiene l'inchiostro dell'originale e lo imprime su altri fogli.

2. poligrafo s.m. [f. *–fa*] (gr., comp. di *polýs* "molto" e *gráphein* "scrivere") Autore che scrive su argomenti diversi.

polimatèrico agg. [pl.m. *–ci*, f. *–che*] Di opera pittorica o scultorea eseguita con materiali eterogenei.

polimerìa s.f. **1.** CHIM. Fenomeno per cui molecole monomere si uniscono tra loro, andando a formare molecole complesse, dotate di proprietà diverse e diverso comportamento chimico. **2.** GENET. Intervento di numerosi geni nel determinare un solo carattere quantitativo. **3.** BIOL. Condizione di un organismo animale o vegetale costituito da più elementi analoghi.

polimèrico agg. [pl.m. *–ci*, f. *–che*] **1.** CHIM. Che riguarda un polimero o ne ha la struttura. **2.** GENET. Concernente un sistema di poligeni.

polimerizzàre v.tr. Sottoporre più molecole a polimerizzazione. ◆ **polimerizzarsi** v.pron. CHIM. Trasformarsi in un polimero.

polimerizzazióne s.f. CHIM. Reazione fra un certo numero di monomeri che si addizionano formando polimeri.

polìmero s.m. (gr. *polymerḗs* "di molte parti") **1.** CHIM. Di composto organico derivante dalla polimerizzazione di due o più monomeri, il cui peso molecolare è multiplo di quello del composto originario. **2.** BIOL. Di struttura animale o vegetale formata da più elementi simili tra loro. ◆ s.m. Nell'accez. 1 dell'agg.

polìmetro agg. METR. Di componimento scritto alternando versi o strofe di metri vari. ◆ s.m. Nel sign. dell'agg.

polimorfìa s.f. BIOL. Molteplicità di forme.

polimorfìsmo s.m. **1.** Proprietà di ciò che assume forme diverse a seconda delle circostanze. **2.** BIOL. Compresenza, in una popolazione animale o vegetale, di individui diversi morfologicamente o funzionalmente. **3.** MIN. Proprietà di alcune sostanze di cristallizzare, originando reticoli cristallini con proprietà fisiche e chimiche completamente diverse. (La calcite e l'aragonite sono due forme del carbonato di calcio $CaCO_3$.)

polimòrfo agg. **1.** Che può assumere aspetti diversi. **2.** BIOL. Che presenta un polimorfismo. **3.** MIN. Relativo a elemento o composto chimico che cristallizzando può assumere strutture differenti.

polinesiàno agg. Della Polinesia. ◆ s.m. **1.** [f. *–na*] Nativo, abitante della Polinesia. **2.** (solo sing.) Gruppo di lingue parlate in Polinesia.

polinevrìte o **polineurìte** s.f. MED. Danno simultaneo, bilaterale, di molti tronchi nervosi, di natura infiammatoria, causata da tossine batteriche, carenze vitaminiche o intossicazioni.

polinomiàle agg. MAT. Relativo ai polinomi.

polinòmio s.m. [pl. *–mi*] (fr. *polynôme*) MAT. Somma algebrica di due o più monomi.

polinucleàto agg. BIOL. Fornito di più nuclei. ◆ s.m. Granulocito.

1. pòlio s.f. inv. *fam.* Poliomielite; usato anche in composizione nel composto *antipolio*.

---

poligono
irregolare convesso

poligono
irregolare concavo

poligono
regolare
(esagono)

a

a: apotema
P: perimetro
A: area
$A = P \times \dfrac{a}{2}$

■ **poligono**

2. pòlio s.m. [pl. *–lii*] Erba perenne, tipica dei luoghi aridi della regione mediterranea, dalle cui foglie si ottiene un infuso ad azione antispastica, diuretica, anticongestionante. (Famiglia delle Labiate.)

poliolefina s.f. CHIM. ORG. Polimero ottenuto dalla polimerizzazione delle olefine (p.e. polietilene e polipropilene).

poliomielite s.f. (comp. di gr. *poliós* "biancastro, grigio" e ingl. *myelitis* "mielite") MED. Grave processo infiammatorio contagioso, di origine virale, a carico della sostanza grigia del midollo spinale.

poliomielìtico agg. [pl.m. *–ci*, f. *–che*] **1.** Relativo alla poliomielite. **2.** Che ha contratto la poliomielite. ◆ s.m. [f. *–ca*] Nell'accez. 2 dell'agg.

polipàio s.m. [pl. *–pai*] **1.** ZOOL. Struttura calcarea che costituisce lo scheletro di molte colonie di celenterati, secreta dagli stessi individui che contiene. **2.** Colonia di polipi marini.

polipeptidàsi s.f. inv. CHIM., BIOL. Gruppo di peptidasi.

polipeptide s.m. CHIM., BIOL. Molecola composta da due o più amminoacidi.

polipètalo agg. BOT. Di fiore o corolla con più petali liberi.

poliplòide agg. BIOL. Di cellula o organismo che ha più di due genotipi di cromosomi. (Nell'uomo, le cellule cancerose sono spesso poliploidi.)

poliploidìa s.f. BIOL. Esistenza, all'interno del nucleo cellulare, di un corredo cromosomico superiore al normale.

polipnèa s.f. MED. Accelerazione del ritmo respiratorio.

pòlipo s.m. (gr. *polýpous* "dai molti piedi") **1.** → polpo. **2.** ZOOL. Una delle due fasi del ciclo vitale dei Celenterati (l'altra è quella della *medusa*), caratterizzata dalla riproduzione per gemmazione; in questa fase il corpo, la cui forma è quella di un cilindro fissato per la base, ha la bocca, circondata da tentacoli, all'estremità superiore. **3.** MED. Piccola formazione patologica, di forma benigna, propria delle mucose. *Polipo intestinale.*

Polipodiàcee s.f. pl. [iniziale minusc. sing. *–a* per l'individuo] BOT. La più numerosa famiglia di felci, diffuse in tutto il mondo; sono piante erbacee, a volte arbustive, con rizomi ramificati.

Polipòdio s.m. (gr., comp. di *polýs* "molto" e *poús* "piede", così detto per la radice ramificata) BOT. Genere di felci delle zone tropicali o subtropicali, coltivate come piante ornamentali. (Ordine delle Filicali, famiglia delle Polipodiacee.)

gruppo di sporangi o soro

■ **Polipòdio**

polipòide agg. BIOL. Simile a un polipo.

polipòlio s.m. [pl. *–li*] ECON. *non com.* Forma e sistema di mercato in cui un bene o un servizio vengono prodotti e offerti da più soggetti (in oppos. a *monopolio* e *oligopolio*).

Poliporàcee s.f. pl. [iniziale minusc. sing. *–a* per l'individuo] BOT. Famiglia di funghi che si sviluppano sia sul terreno che sul legno, caratterizzati da corpi fruttiferi a cappello, crostosi o a lingua; comprende funghi commestibili pregiati e altri velenosi o dannosi. (Divisione dei Basidiomiceti.)

Poliporo s.m. (comp. di gr. *polýs* "molto" e *póros* "poro", perché l'imenio presenta fitti pori) BOT. Fungo parassita o saprofita con cappello a forma di ventaglio; vive in colonie sui tronchi d'albero. (Classe dei Basidiomiceti.)

polipòsi s.f. inv. MED. Presenza di numerosi polipi, sviluppatisi su una mucosa.

polipropilène s.m. CHIM. Materiale plastico con proprietà chimiche e fisiche differenti a seconda delle condizioni in cui si è svolto il processo di polimerizzazione del propilene.

poliptòto o **polittòto** s.m. (gr. *polýptōtos* "di molti casi") RET. Figura retorica che consiste nel ripetere a breve distanza una parola, cambiandone le funzioni morfosintattiche.

poliràdicolonevrite s.f. MED. Affezione caratterizzata da un interessamento dei neuroni periferici predominante a livello dalle radici dei nervi.

poliremàtico agg. [pl.f. *–che*] LING. *Unità polirematica:* sequenza non modificabile di parole che costituisce un insieme semanticamente non scomponibile (p.e. *anno luce*).

polirème s.f. MAR. Antica nave, in partic. militare, munita di più ordini di remi.

poliritmia s.f. MUS. Uso simultaneo di diverse combinazioni ritmiche all'interno dello stesso brano vocale o strumentale.

pòlis s.f. inv. (gr. *pólis* "città") Struttura politica propria della Grecia classica, tipo di città-Stato indipendente e autonoma.

polisaccàride s.m. BIOCHIM. Composto chimico che risulta dalla condensazione di due o più monosaccaridi.

polisemia s.f. (fr. *polysémie*) LING. Pluralità di significati di un'unità linguistica.

polisèmico agg. [pl.m. *–ci*, f. *–che*] LING. Che ha più significati.

polisènso agg. [pl.m. *–si*, *–al f.*] Che ha o può assumere più significati. ◆ s.m. Gioco enigmistico in cui si deve indovinare una parola con più significati in base a un indovinello.

polisìllabo s.m. LING. Parola composta da più sillabe.

polisindeto s.m. (gr., comp. di *polýs* "molto" e *syndêin* "legare insieme") RET. Figura sintattica caratterizzata dalla frequente ripetizione della stessa congiunzione (in oppos. ad *asindeto*).

polisinodia s.f. ST. Governo in cui ogni ministro è sostituito da un consiglio.

polisolfùro s.m. CHIM. Composto che possiede una catena di atomi di zolfo. (Contro i funghi parassiti si utilizzano i polisolfuri di calcio, di bario o di sodio.)

polisomia s.f. GENET. Presenza nel corredo cromosomico di una o più unità soprannumerarie in seguito a non disgiunzione durante la mitosi.

polisportiva s.f. Associazione che si occupa di diverse attività sportive.

polisportivo agg. Che è attrezzato per la pratica di molti sport.

polista s.m. e f. [pl.m. *–sti*] SPORT. Chi pratica lo sport del polo.

poliste s.f. (gr. *polistḗs* "costruttore di città") **1.** Insetto con abitudini sociali, che fabbrica nidi a forma di coppa rovesciata. (Famiglia dei Vespidi.) **2.** ZOOL. (iniziale maiusc.) Genere di insetti a cui appartiene la poliste.

polistilo agg. (gr., comp. di *polýs* "molto" e *stýlos* "colonna") ARCH. Di pilastro formato da un'anima centrale a cui vengono addossate più colonne o lesene, spec. in uso nello stile gotico.

polistirène s.m. CHIM. Resina termoplastica prodotta per polimerizzazione dello stirene.

polistirolo s.m. CHIM. Polistirene.

politeàma s.m. [pl. *–mi*] Edificio adibito alla rappresentazione di spettacoli.

politècnico agg. [pl.m. *–ci*, f. *–che*] (fr. *polytechnique*, gr. deriv. di *polýtekhnos* "dalle molte arti") Che riguarda diverse discipline tecniche e scientifiche. ◆ s.m. Istituto universitario autonomo dove si insegnano le varie scienze nelle loro applicazioni pratiche (v. parte n.pr.).

politeismo s.m. (fr. *polythéisme*) Religione che ammette l'esistenza di più divinità.

politeista s.m. e f. [pl.m. *–sti*] Chi segue una religione politeistica.

politeìstico agg. [pl.m. *–ci*, f. *–che*] Che riguarda il politeismo o i politeisti.

politemàtico agg. [pl.m. *–ci*, f. *–che*] MUS. Che si struttura, si sviluppa su diversi temi. *Composizione politematica.* ~ LETT., TEAT. *estens.* Di opera letteraria o teatrale che affronta temi diversi.

politetrafluoroetilène s.m. CHIM. Polimero di formula $(CF_2\text{–}CF_2)_n$, molto resistente agli agenti chimici e alla temperatura.

politica s.f. [pl. *–che*] **1.** Arte, scienza del governo e dell'amministrazione dello Stato, considerata nei suoi aspetti teorici e pratici. **2.** Insieme di decisioni e provvedimenti con cui i governanti amministrano lo Stato nei vari settori e secondo diverse prospettive ideologiche. ~ *estens.* Attività esercitata in qualunque campo pubblico in vista del raggiungimento di determinati fini. *Politica aziendale.* **3.** Modo di esercitare l'autorità in uno Stato o in una società. *Politica progressista.* **4.** *fig.* Accortezza, diplomazia. **5.** (al pl.) Elezioni politiche.

politically correct [/pə'lɪtɪkəli kə'rɛkt/] loc. agg. (loc. ingl. d'America, "politicamente corretto") Di discorsi o comportamenti che tendono a bandire tutto ciò che potrebbe risultare offensivo nei confronti delle categorie considerate come vittime dell'ideologia. ◆ loc. sost. m. (solo sing.) Movimento politico sorto alla fine degli anni 1980-1990 nelle università degli Stati Uniti per rivendicare maggiore giustizia sociale e soprattutto parità di diritti per le minoranze etniche e sociali. ~ *estens.* Rivendicazione, da parte di minoranze, di identità e diritti o atteggiamento di apertura verso tali istanze.

politicaménte avv. **1.** Dal punto di vista politico. ◇ *Politicamente corretto:* politically correct. **2.** *fig.* Con astuzia.

politicànte s.m. e f. *spreg.* Chi si occupa di politica pur avendo scarse capacità e attitudini. ~ Persona priva di scrupoli e di ideali, che si occupa della cosa pubblica esclusivamente per ottenere vantaggi personali.

politichése s.m. Linguaggio usato da uomini e da commentatori politici, contorto e involuto, ricco di termini settoriali ed espressioni stereotipate.

politicizzàre v.tr. (ingl. *to politicize*) **1.** Dare una formazione, una coscienza politica. *Politicizzare le masse.* **2.** Conferire carattere politico a qlco. *Politicizzare la scuola.* ◆ **politicizzarsi** v.pron. **1.** Sensibilizzarsi, partecipare alla politica. **2.** Assumere un carattere o un valore politico.

politicizzàto agg. **1.** Che ha un contenuto, un significato politico. **2.** Sensibile, partecipe alla vita politica.

politicizzazióne s.f. **1.** Attribuzione di un carattere o valore politico a qlco. **2.** Partecipazione ai problemi politici del proprio tempo.

politico agg. [pl.m. *–ci*, f. *–che*] (lat. *politicum*, gr. *politikós* deriv. di *polítēs* "cittadino") **1.** Che riguarda la politica. ◇ *Diritti politici:* diritti in virtù dei quali un cittadino può partecipare all'esercizio del potere, direttamente o con il suo voto. – *Elezioni politiche:* svolte per eleggere i deputati del parlamento nazionale. – *Prigioniero politico:* incarcerato per ragioni politiche. **2.** *fig.* Tatticamente diplomatico, abile. SIN.: **scaltro. 3.** Che tende per natura ad avere una vita sociale e civile. ◆ s.m. [f. *–ca* nelle accez. 1 e 2] **1.** Uomo politico, che partecipa attivamente alla vita pubblica. **2.** *fig.* Persona che sa parlare e agire con astuzia e diplomazia in ogni occasione. **3.** (solo sing.) Insieme delle istituzioni, dei costumi e dei principi che costituiscono e regolano la vita sociale.

politologia s.f. Studio delle realtà politiche e delle istituzioni che le incarnano.

politologo s.m. [f. *–ga*, pl.m. *–gi*, f. *–ghe*] Esperto di problemi e sistemi politici.

politonàle agg. **1.** MUS. Di brano o composizione che presenta tonalità diverse. **2.** LING. *Lingue politonali:* quelle in cui la diversità di tono o d'intonazione serve a distinguere il significato di alcuni termini. **3.** Di opera letteraria o poetica che comprende registri stilistici diversi.

politrasfuso s.m. [pl. *–si*] Chi ha ricevuto ripetute trasfusioni di sangue.

politrico s.m. [pl. *–chi*] (gr. *polýtrikhon* "dai molti capelli") **1.** Muschio con foglioline sottili, appuntite e seghettate, che si sviluppa nei luoghi con humus molto acido. (Altezza fino a 10 cm; famiglia delle Politricacee.) **2.** BOT. (iniziale maiusc.) Genere di vegetali, comprendente un centinaio di specie cosmopolite, a cui appartiene il politrico.

polittico s.m. [pl. –*ci*] (gr. *polýptykhos* "che ha molte pieghe") **1.** ART. Pala d'altare costituita da diversi pannelli collegati tra di loro in un insieme unitario. **2.** *fig.* Opera letteraria, teatrale o musicale consistente di varie parti relativamente autonome ma in qualche modo collegate tra loro.

■ **polittico** della Resurrezione, scuola senese, sec. XIV. (Cattedrale di Sansepolcro, Arezzo.)

poliuretàno s.m. CHIM. Materia plastica usata nell'industria delle vernici, degli adesivi e dei rivestimenti protettivi.

poliùria s.f. MED. Emissione di una quantità d'urina superiore al normale.

polivalènte agg. **1.** CHIM. Che può avere più di una valenza. **2.** *estens.* Che può assumere più valori, più forme. ~ Che è efficace in casi diversi. *Vaccino polivalente.* ~ Che offre molti possibili impieghi. *Sala polivalente.* **3.** Che ha più significati o si presta a differenti interpretazioni. **4.** FILOS. *Logica polivalente:* quella che, oltre alla veridicità e alla falsità di una proposizione, ammette anche il fatto che essa sia indecidibile.

polivalènza s.f. **1.** CHIM. Proprietà di quegli elementi che presentano più di una valenza e dei composti polivalenti. **2.** *estens.* Caratteristica di ciò che è polivalente.

polivinilcloruro s.m. CHIM. Polimero del cloruro di vinile (meglio noto con la sigla *PVC*), importante materia plastica impiegata per la fabbricazione di tubi, valvole, giocattoli, ecc.

polivinile s.m. CHIM. Ogni prodotto di polimerizzazione del vinile o dei composti con un radicale vinilico.

polivinilico agg. [pl.m. –*ci*, f. –*che*] CHIM. Di resine ottenute con polimerizzazione di monomeri derivati dal vinile. ◇ *Alcol polivinilico:* prodotto della polimerizzazione dell'alcol vinilico, inattaccabile da tutti i solventi organici, eccetto l'acqua, general. impiegato per il trattamento dei filati, la fabbricazione di rivestimenti, tubazioni, ecc.

polivitaminico agg. Di medicina che contiene più vitamine.

polivòmere agg. Di aratro con più vomeri.

polizìa s.f. (fr. *police*, lat. *politīam* "organizzazione politica, governo") **1.** (solo sing.) Opera svolta da corpi militari e civili dello Stato o di enti locali volta al mantenimento della sicurezza pubblica. **2.** Insieme degli agenti che svolgono tale compito. ◇ *Polizia amministrativa:* incaricata di tutelare gli interessi riguardanti le attività amministrative di uno Stato. – *Polizia giudiziaria:* quella che collabora con l'autorità giudiziaria nella ricerca dei colpevoli e nell'assunzione delle prove. – *Polizia penitenziaria:* agenti di custodia, guardie carcerarie. – *Polizia scientifica:* settore della polizia giudiziaria che si avvale di metodi scientifici per individuare eventuali prove di un crimine; detta anche *la scientifica*. – *Polizia stradale:* incaricata di disciplinare il traffico e punire le infrazioni al codice della strada; detta anche *la stradale*. – *Polizia municipale:* il corpo dei vigili urbani.

poliziésco agg. [pl.m. –*schi*, f. –*sche*] **1.** Della polizia, relativo agli organi di polizia. ~ In senso politico, di forme di potere dittatoriali che si sostengono sulla polizia, quindi repressive. *Stato poliziesco.* **2.** *estens.* Di atteggiamento o metodo vessatorio, violento. SIN.: **autoritario**. **3.** Di romanzo, film, basato su storie di investigazione. ◆ s.m. Nell'accez. 3 dell'agg.

poliziòtto s.m. [f. –*ta*] **1.** Agente di polizia. ◇ *Poliziotto privato:* chi svolge per professione investigazioni o vigilanza per conto di privati. – *Poliziotto di quartiere:* poliziotto che, spec. nelle grandi città, pattuglia determinati quartieri per garantire sicurezza e tranquillità ai residenti. **2.** *fig.* Chi ha modi violenti e prevaricatori. ❏ In funzione di agg. inv., usato in alcune locc. ◇ *Cane poliziotto:* addestrato per svolgere attività poliziesche di supporto.

pòlizza s.f. (gr. *apódeixis* "dimostrazione") Documento comprovante un contratto, un'obbligazione o l'avvenuto ricevimento di merce o denaro. ◇ *Polizza d'assicurazione:* documento scritto riportante le clausole di un contratto d'assicurazione. – *Polizza di carico:* nel trasporto aereo o marittimo, titolo rappresentativo di merci, emesso dal vettore, comprovante l'avvenuto caricamento delle stesse.

polje [/pɔlje/] s.m. inv. (voce serbo-croata, "pianura") GEOMORF. Vasta depressione chiusa nelle regioni carsiche.

pólla s.f. **1.** Sorgente d'acqua che scaturisce dal terreno. **2.** *fig.* Limpidezza. ~ Ispirazione poetica.

pollachiùria s.f. MED. Disturbo caratterizzato da minzioni frequenti e poco abbondanti.

pollàio s.m. [pl. –*lai*] **1.** Recinto e riparo per il pollame. ~ *estens.* Insieme degli animali da cortile di un pollaio. **2.** *fig. fam.* Luogo disordinato, gruppo di persone chiassose.

pollàme s.m. Insieme dei gallinacei da allevamento (galli, galline, oche, capponi, tacchini, ecc.).

pollàstra s.f. Gallina giovane.

polleria s.f. Negozio in cui si vendono pollame e uova.

pòllice s.m. (calco del fr. *pouce*) **1.** Nell'uomo e nei Primati, il più grosso e il più corto dito della mano, opposto alle altre dita, essenziale per ogni tipo di presa. ~ Impropriamente, alluce. **2.** METROL. Unità di lunghezza in uso nei paesi anglosassoni, pari a 25,4 mm.

pollina s.f. Concime ricco di azoto e fosforo, costituito da sterco di pollame adatto per gli orti.

pòlline s.m. (lat. *pŏllinem* "fior di farina" poi "polvere") BOT. Complesso di granuli prodotto dalle piante che si deposita in forma di pulviscolo giallo o arancione sulle antere dei fiori e contiene le microspore capaci di fecondare gli ovuli.

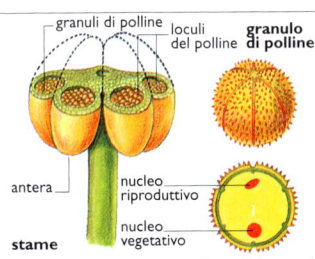

granuli di polline — loculi del polline — **granulo di polline**

antera — nucleo riproduttivo — nucleo vegetativo

stame — **sezione del granulo**

■ **pòlline.** Stame e polline della menta.

pollìnico agg. [pl.m. –*ci*, f. –*che*] BOT. Di polline. ◇ *Sacca pollinica:* parte fertile dell'antera contenente il polline.

pollinòsi s.f. inv. MED. Allergia provocata dai pollini di varie piante.

pollivéndolo s.m. [f. –*la*] Chi vende pollame e uova.

póllo s.m. (lat. *pŭllum* "piccolo di animale") **1.** Nome generico del gallinaceo domestico, con cresta carnosa e due coppie di bargigli mandibolari e auricolari. ~ *special.* Gallina o gallo non ancora adulti, allevati per la loro carne. ~ *Carne di pollo.* **2.** *fig.* Chi si può facilmente ingannare o raggirare. **3.** *Pollo d'India:* tacchino. – *Pollo sultano:* uccello di medie dimensioni, dal piumaggio azzurro, con becco alto e forte, piedi molto lunghi e ali brevi, detto anche *porfirione* o *gallinella d'acqua*. (Famiglia dei Rallidi.)

pollóne s.m. (lat., deriv. di *pŭllus* "germoglio") **1.** BOT. Germoglio che nasce da una gemma avventizia di pianta perlopiù legnosa. SIN.: **getto**. **2.** *fig.* Rampollo, discendente.

polluzióne s.f. (lat. *pollutiónem*, deriv. di *pollŭere* "macchiare") MED. Emissione involontaria di sperma, in partic. durante il sonno.

polmonàre agg. ANAT., MED. Del polmone.

polmonària s.f. (lat. *Pulmonaria*, deriv. di *pulmonārius* "che soffre di polmone" perché ant. si riteneva utile nelle malattie del polmone) **1.** Pianta erbacea boschiva con foglie pelose, fiori rossicci o blu. (Famiglia delle Borraginacee.) **2.** BOT. (iniziale maiusc.) Genere di piante a cui appartiene la polmonaria.

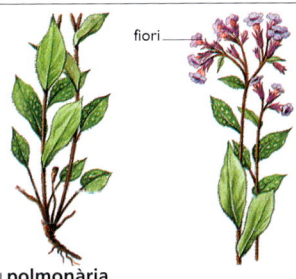

fiori

■ **polmonària**

Polmonàti s.m. pl. [iniziale minusc. sing. –*to* per l'individuo] ZOOL. Sottoclasse di molluschi gasteropodi di terra o d'acqua dolce che respirano mediante la cavità del mantello.

polmóne s.m. **1.** Ciascuno dei due organi pari della respirazione, situati nel torace e circondati dalla pleura. ◇ *Respirare a pieni polmoni:* inspirando ed espirando profondamente. **2.** Polmone degli animali da macelleria usato in gastronomia. **3.** Nome di apparecchi che funzionano in modo simile ai polmoni e servono per agire su fluidi gassosi. ◇ *Polmone d'acciaio:* apparecchio per la respirazione artificiale che provoca movimenti passivi della cassa toracica. **4.** TECN. Elemento elastico a tenuta usato per misurare o regolare la pressione oppure come giunto di dilatazione, organo di tenuta, ecc. **5.** *fig.* Elemento propulsore, centro vitale che fornisce continue risorse. *L'industria dell'auto è un polmone della nostra economia.* ~ Ciò che fornisce l'ossigeno. *Il parco è il polmone della città.* **6.** ZOOL. *Polmone di mare* → **rizostoma**.
ENCICL. Ogni polmone è composto da lobi (due a sinistra, tre a destra) che, insieme con i bronchioli (la parte terminale dei bronchi), formano i lobuli polmonari. L'aria giunge ai polmoni attraverso il grosso bronco, mentre il sangue si carica di anidride carbonica in un ramo dell'arteria polmonare, la perde e quindi si carica di ossigeno all'altezza degli alveoli. Il sangue ossigenato viene poi espulso dai polmoni attraverso due vene polmonari. L'insieme degli scambi gassosi a livello alveolare costituisce il fenomeno dell'*ematosi*.

polmonite s.f. MED. Infiammazione acuta o cronica dei polmoni che comporta febbre alta, dolori nella zona toracica, dispnea, tosse, escreato rugginoso. ◇ *Polmonite atipica* → **SARS**.

1. pòlo s.m. (gr. *polós* "asse della Terra") **1.** ASTR. Ciascuno dei due punti in cui l'asse di rotazione di un corpo celeste interseca la superficie del corpo stesso. ◇ *Polo celeste:* punto d'intersezione della sfera celeste con l'estensione dell'asse di rotazione della Terra. – *Polo nord:* quello nell'emisfero artico o boreale. – *Polo sud:* quello nell'emisfero antartico o australe. **2.** *estens.* Ciascuna delle regioni situate nei pressi dei due poli. – assol. Il Polo nord. **3.** *fig.* Aggregazione di forze diverse unite da un comune denominatore. *Polo politico.* ◇ *Polo di sviluppo:* regione o settore d'attività che esercita un ruolo motore nello sviluppo dell'economia. **4.** Insieme di attività omogenee, luogo in cui si svolgono. *Polo alimentare.* **5.** FIS. Punto o elemento in cui si concentrano cariche elettriche o magnetiche di valore positivo o negativo, in simmetria e opposizione di polarità rispetto a un altro. ◇ *Poli nord, sud:* in un magnete, le estremità che si dirigono verso i poli geografici opposti. – *fig. Polo d'attrazione:* ciò che attira l'attenzione, l'interesse. **6.** MAT. Nome di alcuni punti dello spazio utili per definire trasformazioni come similarità, rotazioni, ecc. ~ Punto di un piano che funge da riferimento, in un sistema di coordinate polari. **7.** GEOM. Ogni estremità del diametro di una sfera che sia perpendicolare al suo circolo massimo. **8.** AER. Nell'involucro dei palloni aerostatici sferici, la zona circolare posta all'estremità superiore. **9.** BIOL. Ogni estremità dell'asse di simmetria di alcuni organi e cellule.

2. pòlo s.m. (solo sing.) Sport dei paesi anglosassoni che oppone due squadre di quattro cavalieri dotati ciascuno di una lunga mazza con cui fare entrare una palla di legno nella porta avversaria; si suddivide in otto tempi da sette minuti ciascuno.

3. pòlo s.f. inv. Maglia sportiva con collo piccolo e allacciatura a due bottoni.

■ **pòlo.** Fase di un incontro.

polònio s.m. (solo sing.) (deriv. di *Polonia,* patria della scopritrice M. Curie) **1.** Metallo radioattivo spesso associato al radio nei suoi minerali metalliferi, che fonde a 254 °C. **2.** Elemento chimico (*Po*) di numero atomico 84 e peso atomico 209.

pólpa s.f. **1.** Parte tenera e carnosa della frutta. SIN.: **mesocarpo. 2.** Parte carnosa del corpo degli animali e dell'uomo. ~ In partic., la carne per uso alimentare priva di ossa, tendini e grasso. ◇ *Polpa dentaria, dentale:* tessuto connettivo della cavità dentaria, ricco di vasi sanguigni e di terminazioni nervose. **3.** *fig.* Parte essenziale di un discorso. **4.** (al pl.) Residuo della lavorazione della barbabietola da zucchero, usata come cibo per animali.

polpàccio s.m. [pl. *–ci*] Massa muscolare della parte posteriore della gamba, tra la caviglia e la piega del ginocchio.

polpastrèllo s.m. Estremità carnosa delle dita.

polpétta s.f. **1.** Preparazione culinaria con carne, uova, aromi, lavorata a forma di piccola palla e poi fritta o cotta in umido. **2.** Boccone av-

velenato per uccidere animali domestici. **3.** *fig.* Persona o cosa molto noiosa.

polpettóne s.m. **1.** Impasto di carne o verdure, a forma di cilindro, fritto, lessato o cotto in umido o al forno. **2.** *fig.* Opera, discorso pesante e noioso.

pólpo s.m. Mollusco marino tipico del Mediterraneo, privo di conchiglia, con corpo sacciforme, testa larga e lunghi tentacoli forniti di due serie di ventose; detto anche *polipo.* (Classe dei Cefalopodi.)

polpóso agg. **1.** Ricco di polpa. **2.** Simile alla polpa.

polsìno s.m. Striscia di stoffa che chiude la manica di una camicia o un abito, chiusa da bottoni o gemelli.

pólso s.m. (lat. *pŭlsum* "battito") **1.** Regione dell'arto superiore situata tra la mano e l'avambraccio, contenente il carpo. **2.** *estens.* Parte terminale delle maniche di un indumento. **3.** *fig.* Energia, forza vitale, autorità. ◇ *Polso di ferro:* esercizio rigoroso e intransigente del potere. **4.** FISIOL. Battito di un'arteria superficiale, dovuto alle contrazioni cardiache, che si può percepire con la palpazione del polso.

polstràda s.f. inv. *Polizia stradale.

poltìglia s.f. [pl. *–glie*] (fr. *poltile,* lat. *pultĭculam* deriv. di *pŭls* "polenta") **1.** Composto semiliquido, molliccio e colloso, di sostanze varie, spec. alimentari. ◇ *Ridurre qlcu. in poltiglia:* malmenarlo. **2.** Fanghiglia, melma.

poltrìre v.intr. [83] (aus. *avere*) Starsene pigramente nel letto, senza dormire. ~ *estens.* Oziare.

poltróna s.f. **1.** Sedile ampio e comodo, munito di schienale e braccioli. **2.** Posto a teatro nelle prime file della platea. ~ *estens.* Abbonamento o biglietto per tale posto. **3.** *fig.* Carica di prestigio, posto di potere. *Ambire alla poltrona di presidente.

poltroncìna s.f. **1.** Nel sign. del dim. di *poltrona.* **2.** A teatro, posto in platea situato dopo le prime file.

poltróne s.m. [f. *–na*] **1.** Persona pigra. **2.** ZOOL. → **bradipo.

poltronerìa s.f. Pigrizia, indolenza.

polveratrìce s.f. Macchina agricola usata per spargere insetticidi, antiparassitari.

pólvere s.f. **1.** Insieme di finissimi e impalpabili minuzzoli di terra secca, sollevato dal vento e depositato ovunque. ◇ *figg. Gettare polvere negli occhi:* illudere, ingannare. – *Far mangiare la polvere:* superare qlcu. in velocità, in punteggio, in rendimento. **2.** *fig.* Abbandono, dimenticanza, oblio. **3.** *estens.* Sostanza composta da grani molto fini e omogenei. *Polvere di marmo, di vetro.* **4.** Denominazione generica di sostanze esplosive. ◇ *fig. Dar fuoco alle polveri:* iniziare le ostilità, fare scoppiare un conflitto.

polverièra s.f. (calco del fr. *poudrière*) **1.** Deposito di esplosivi. **2.** *fig.* Situazione di imminente e gravissimo pericolo. *Siamo seduti su una polveriera.* **3.** Polverificio.

polverifìcio s.m. [pl. *–ci*] Fabbrica di polveri da sparo o esplosivi.

polverìno s.m. **1.** Polvere di ferro usata un tempo per asciugare l'inchiostro sugli scritti. ~ *per meton.* Il vasetto che la conteneva. **2.** Polvere pirica molto fine usata ant. per innescare le armi da fuoco ad avancarica e oggi nei miscugli pirotecnici. **3.** Polvere di carbone molto fine. **4.** *Orologio a polverino* → **clessidra.

polverìo s.m. [pl. *–rii*] **1.** Quantità di polvere che si alza a causa del vento o per altro motivo. **2.** *fig.* Disordine creato ad arte.

polverizzàbile agg. Che si può ridurre in polvere.

polverizzàre v.tr. **1.** Ridurre in polvere. *Polverizzare il caffè.* ~ Ridurre in frantumi. *L'esplosione polverizzò l'edificio.* ~ *estens.* Nebulizzare un liquido. **2.** *fig.* Dividere in parti minuscole. **3.** *fig.* Annientare, vincere. *Polverizzare gli avversari.* ◆ **polverizzarsi** v.pron. **1.** Ridursi in polvere, sgretolarsi. *La mummia si può polverizzare.* **2.** *fig.* Sparire, andare distrutto o perso.

polverizzatóre s.m. **1.** Apparecchio agricolo utilizzato per rompere i cumuli di terra. ~ Nebulizzatore per liquidi. ~ Nei motori diesel, iniettore. **2.** Mulino, macina che produce polveri finissime. **3.** [f. *–trice*] Addetto alla polverizzazione.

polverizzazióne s.f. **1.** Azione di polverizzare una sostanza solida. **2.** ECON. Frazionamento che rende difficile lo sfruttamento economico di qlco. *Polverizzazione della domanda.* ◇ *Polverizzazione della proprietà terriera:* frazionamento in appezzamenti così piccoli da non consentire al coltivatore il sostentamento della propria famiglia. **3.** Spargimento di sostanze polverizzate, spec. in agraria.

polveróne s.m. **1.** Nel sign. dell'accr. di *polvere,* in partic.; grande quantità di polvere che si alza spec. a causa del vento. **2.** *fig.* Confusione, disordine.

polveróso agg. **1.** Che ha la consistenza della polvere. **2.** Coperto di polvere. **3.** *fig.* Dimenticato, stantio. *Idee polverose.

polverulènto o **pulverulènto** agg. Che ha la consistenza della polvere.

Pomàcee s.f. pl. [iniziale minusc. sing. *–a* per l'individuo] BOT. Nome desueto di una famiglia di piante dicotiledoni, ora ascritte alla sottofamiglia delle Pomoideae.

pomàta s.f. (deriv. di *pomo,* per l'uso antico di profumare gli unguenti con succo di mela) Preparazione di consistenza cremosa usata come medicinale e cosmetico.

pomellàto agg. **1.** Di mantello equino di colore grigio o bianco con macchie tondeggianti più chiare o più scure rispetto al fondo. **2.** *estens.* Chiazzato. *Marmo pomellato.* ◆ s.m. Cavallo dal mantello pomellato.

pomèllo s.m. **1.** Parte tondeggiante e in rilievo della gota. **2.** Oggetto di forma sferica che serve come maniglia o per ornamento.

pomèlo s.m. (ingl. *pomelo*) BOT. Varietà di pompelmo (nome sc. *Citrus maxima*). ~ Il frutto che se ne ricava.

pomeràno agg. Della Pomerania, regione storica dell'Europa centro-settentrionale, oggi divisa tra Germania e Polonia. ◆ s.m. **1.** [f. *–na*] Nativo, abitante della Pomerania. **2.** (solo sing.) Antico dialetto di tale regione.

pomeridiàno agg. (lat. *pomeridiānum,* deriv. di *pŏst merīdiem* "dopo mezzogiorno") Del pomeriggio, che si svolge nel pomeriggio.

pomerìggio s.m. [pl. *–gi*] Parte del giorno compresa tra mezzogiorno e la sera.

pomèrio s.m. [pl. *–ri*] (lat. *pomērium,* deriv. di *pŏst mūrum* "dietro il muro") ANT. ROM. Area circostante le mura dell'agglomerato urbano dove era vietato costruire, coltivare e seppellire i morti.

pométo s.m. → **frutteto.

pómice s.f. PETROL. Roccia eruttiva, leggera, porosa e friabile, che viene usata per levigare e lucidare.

pomiciàre v.intr. [5] (aus. *avere*) *pop.* Detto di due persone, scambiarsi baci e carezze intime, spec. in pubblico.

pomiciatùra s.f. **1.** TECN. Levigatura, spec. eseguita con pomice in polvere. **2.** TECN. Nella

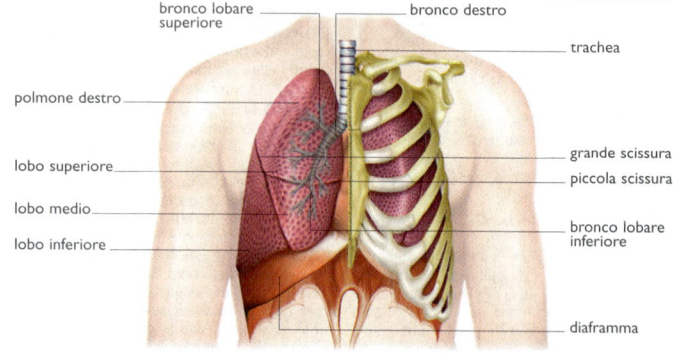

■ **polmóne** (anatomia).

bronco lobare superiore
bronco destro
trachea
polmone destro
grande scissura
lobo superiore
piccola scissura
lobo medio
bronco lobare inferiore
lobo inferiore
diaframma

lavorazione dei feltri, rasatura con materiale abrasivo.

pomicoltóre o **pomicultóre** s.m. [f. -*trice*] → frutticoltore.

pómo s.m. (lat. *pōmum* "frutto, albero da frutto") **1.** Mela o frutto a essa simile per forma e dimensioni. **2.** BOT. Falso frutto la cui polpa è costituita dal ricettacolo ingrossato e cresciuto attorno al vero frutto e ai semi di alcune Rosacee (melo, pero, nespolo, il cui vero frutto è il torsolo). **3.** *estens.* Oggetto la cui forma evoca una mela. SIN.: **pomello**. **4.** ANAT. *Pomo d'Adamo:* prominenza rotondeggiante, più accentuata nei maschi, formata dalla laringe nella parte anteriore del collo.

pomodòro s.m. [pl. *pomodori, pomidoro, pomidori*] **1.** Pianta erbacea annuale, originaria delle Ande e dell'America centrale e oggi diffusa in tutte le zone a clima temperato, con fusto rampicante, fiori gialli e frutto polposo. (Genere *Lycopersicum;* famiglia delle Solanacee.) **2.** Frutto di questa pianta, di colore rosso con semi gialli, di dimensione e di forma diverse secondo la varietà; è molto apprezzato come vivanda, sia crudo sia cotto o come condimento. **3.** BOT. *Pomodoro arboreo:* Artocarpo. **4.** ZOOL. *Pomodoro di mare:* attinia. □ In funzione di agg., del colore (rosso) del pomodoro.

2 varietà di pomodoro

Marmande   Roma

■ **pomodòro**

Pomoidèe s.f. pl. [iniziale minusc. sing. -*a* per l'individuo] BOT. Sottofamiglia di piante che producono un falso frutto carnoso detto *pomo;* ne fanno parte molte piante da frutto (melo, pero, nespolo ecc.). (Famiglia delle Rosacee.)

pomologìa s.f. Studio degli alberi fruttiferi e della loro coltivazione.

pomòlogo s.m. [f. -*ga*, pl.m. -*gi*, f. -*ghe*] Specialista di pomologia.

1. pómpa s.f. (gr. *pompē* "processione, corteo solenne") **1.** Allestimento solenne e fastoso per cerimonie, feste, matrimoni, ecc. **2.** *estens.* Esibizione di lusso e ricchezza, spec. nel vestire. ◇ *scherz. In pompa magna:* con eleganza e lusso eccessivi. – *Pompe funebri:* impresa che si occupa dell'organizzazione del funerale e della sepoltura dei defunti. **3.** *fig.* Ostentazione, sfoggio. ~ Superbia, vanità. *Fare pompa della propria cultura.* **4.** ANT. ROM. Processione solenne.

2. pómpa s.f. (fr. *pompe*, ol. *pompe*) **1.** Macchinario impiegato per sollevare o spostare spec. liquidi e gas. ◇ *Pompa antincendio:* quella con getto d'acqua continuo e potente usata per spegnere incendi. – *Pompa della bicicletta:* attrezzo usato per comprimere aria nei pneumatici di bicicletta. – *Pompa d'iniezione:* in un motore a combustione interna, quella che introduce il combustibile nei cilindri. – *Pompa di benzina:* distributore di carburante al dettaglio. – *Pompa di calore:* circuito frigorifero a ciclo invertito, che

riscalda anziché raffreddare. **2.** BIOL. *Pompa ionica:* complesso di proteine enzimatiche della membrana cellulare, che garantisce il trasporto attivo di alcuni ioni. **3.** METALL. Asta usata per rimescolare le colate.

pompàggio s.m. [pl. -*gi*] (fr. *pompage*) **1.** Atto dell'aspirare seguito o accompagnato dall'emissione di un fluido. **2.** FIS. *Pompaggio ottico:* metodo che consente di modificare la ripartizione degli atomi mediante radiazioni luminose.

pompàre v.tr. (fr. *pomper*) **1.** Gonfiare una gomma immettendo aria nella camera d'aria con una pompa. **2.** *fig. fam.* Ingigantire un fatto accaduto, riportandolo in maniera distorta. **3.** Aspirare un fluido con una pompa.

pompeiàno agg. Di Pompei. ◇ *Stile pompeiano:* stile neoclassico, ispirato al vecchio stile di Pompei. ◆ s.m. [f. -*na*] Nativo di Pompei.

pompèlmo s.m. (ol. *pompelmoes*, pr.-pr. "grosso limone") **1.** Albero sempreverde con fiori bianchi profumati. (Genere *Citrus;* famiglia delle Rutacee.) **2.** Frutto del pompelmo, giallo o rosato, commestibile, dal gusto acidulo e leggermente amaro.

pompière s.m. (fr. *pompier*) Chi fa parte di un corpo addestrato per spegnere gli incendi, intervenire in caso di sinistri ed effettuare operazioni di salvataggio. Nel l. com., **vigile del fuoco.*

pompieristico agg. [pl.m. -*ci*, f. -*che*] Di opera artistica o letteraria grossolana, caratterizzata dall'uso di uno stile pretenzioso teso alla ricerca del grande effetto.

pòmpilo s.m. Insetto arancione e nero, che depone le sue uova sui ragni dopo averli paralizzati con il suo pungiglione. (Ordine degli Imenotteri.)

pompon [/pɔ̃'pɔ̃/] s.m. inv. (voce fr.) Nappa usata come guarnizione nell'abbigliamento, nell'arredamento e nella frutta maneria. □ In funzione di agg., nella loc. *ragazze pompon*, quelle che sostengono la propria squadra durante gli incontri sportivi ballando e agitando vistosi pompon.

pomposità s.f. inv. **1.** Lusso, sfarzo, a volte anche eccessivi. **2.** *fig.* Boria nell'atteggiamento. ~ Ampollosità.

pompóso agg. **1.** Eccessivamente sfarzoso e solenne. **2.** Superbo, arrogante. **3.** MUS. Didascalia che consiglia un'esecuzione lenta e solenne.

pònce s.m. inv. → punch.

poncho o **poncio** [/'pontʃo/] s.m. [pl. *ponchos*] (voce spagn.) Mantello tipico dell'abbigliamento dei popoli dell'America centro-meridionale (usato spesso anche come coperta), con apertura centrale attraverso la quale passa la testa.

ponderàle agg. (ingl. *ponderal*) Relativo al peso e alla sua misura. ◇ MED. *Indice ponderale di accrescimento:* controllo della crescita attraverso la periodica misurazione del peso.

ponderàre v.tr. (lat. *ponderāre*, deriv. di *pōndus* "peso") **1.** Valutare con attenzione. Pon-

derare una situazione. **2.** STAT. Nel calcolo dei valori medi, attribuire ai singoli valori un coefficiente che esprime la frequenza con la quale si presentano.

ponderatézza s.f. Qualità di chi tende a riflettere prima di prendere una qualsiasi decisione.

ponderàto agg. **1.** Abituato a riflettere e agire in modo non avventato. **2.** Frutto di profonda riflessione. **3.** MAT. *Media ponderata:* quella ottenuta attribuendo un peso ai singoli termini.

ponderazióne s.f. **1.** Attenta considerazione, valutazione. ◇ DIR. *Ponderazione dei voti:* attribuzione di un peso differenziato agli Stati membri di talune organizzazioni internazionali, in deroga al principio di eguaglianza. **2.** Nella statuaria, equilibrio del corpo ottenuto mediante la posizione bilanciata degli arti inferiori. **3.** STAT. Attribuzione di pesi ai termini di un insieme di dati.

ponènte s.m. (lat. *ponèntem*, deriv. di *pōnere* "porre") Direzione dell'orizzonte dove tramonta il sole. ◇ *Vento di ponente (o ponente):* vento fresco proveniente da occidente.

Pòngidi s.m. pl. [iniziale minusc. sing. -*de* per l'individuo] ZOOL. Famiglia di mammiferi diffusi in Africa e Asia, alla quale appartengono gorilla, oranghi, scimpanzé e gibboni. (Ordine dei Primati.)

1. póngo s.m. sing. Nome commerciale di un materiale plastico facilmente modellabile usato da bambini e ragazzi per giocare.

2. Pòngo s.m. (congolese *mpungu* "scimmia") ZOOL. Genere di scimmie a cui appartengono varie specie di orango. (Famiglia dei Pongidi.)

pontàto agg. MAR. Di imbarcazione dotata di scafo con ponte di coperta.

pónte s.m. **1.** Struttura che consente l'attraversamento di un corso d'acqua o il superamento di altri ostacoli naturali o artificiali. (v. immagine pag. succ.) ◇ *Ponte girevole:* che ruota in modo da poter consentire il passaggio alle imbarcazioni. – *Ponte levatoio:* costruito in modo da sollevarsi e abbassarsi per consentire o vietare l'accesso. – *Ponte provvisorio:* poggiato su barche, chiatte o elementi smontabili. – GEOL. *Ponti naturali:* strutture naturali in roccia che si estendono a cavallo di un fiume o torrente, originate dall'azione erosiva dell'acqua. – *A ponte:* a forma di ponte, sospeso. *Armadio a ponte.* – *fig. Tagliare i ponti:* interrompere i rapporti con qlcu., cambiare il modo di vivere. **2.** *fig.* Quanto può servire per mettere in contatto due realtà non comunicanti per vie normali. ◇ *Ponte radio:* collegamento tra due zone tramite un fascio di radioonde dirette. **3.** Protesi dentaria fissa che inserisce nella bocca denti finti appoggiandosi su due denti naturali che fanno da pilastri. **4.** AUTOM. Ognuno dei piani che dividono orizzontalmente l'interno di una nave. ◇ *Ponte di volo:* proprio delle portaerei, dal quale decollano e sul quale atterrano elicotteri e aerei. **5.** Struttura portante. *Ponte di cavalletti.* **6.** Sostegno degli alberi nel sistema di ruote degli orologi. **7.** AUTOM. Parte posteriore del telaio dove sono alloggiati differenziale e semiassi. ◇ *Ponte motore:* assale motore, anteriore o posteriore. **8.** ANAT. *Ponte di Varolio:* parte dell'encefalo dei vertebrati localizzato tra i peduncoli cerebrali e il midollo allungato. **9.** MUS. Nelle sonate, passaggio che collega due temi. **10.** SPORT. Posizione dell'atleta di lotta libera che s'inarca appoggiando piedi e testa a terra per evitare di toccare il tappeto con le spalle ed essere quindi battuto. ◇ *Fare (il) ponte:* figura della ginnastica col corpo completamente arcuato all'indietro. **11.** *fig.* Vacanza di durata superiore a due giorni consecutivi che si ottiene collegando, con uno o più giorni di ferie, una festa infrasettimanale con la domenica successiva o precedente. □ In funzione di agg. inv., di ciò che è messo in atto per un periodo limitato di tempo, in attesa di una soluzione definitiva. *Soluzione ponte.*

pontéfice s.m. (lat. *pontíficem*, propr. "colui che faceva costruire il ponte sul fiume") **1.** Titolo attribuito a ciascun vescovo della Chiesa cattolica a partire dal sec. V. **2.** ANT. ROM. Membro del collegio sacerdotale (*collegio dei pontefici*), incaricato di presiedere le varie forme del culto

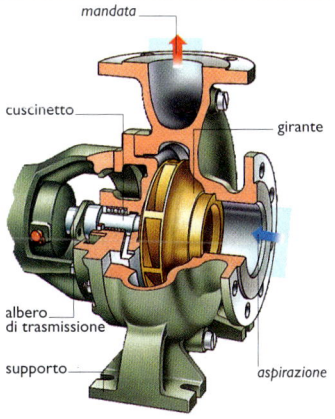

mandata

cuscinetto

girante

albero di trasmissione

supporto

aspirazione

■ **pómpa** centrifuga a ruota.

e preservare il tradizionale patrimonio religioso e giuridico della città. ◊ *Pontefice massimo:* il membro del collegio sacerdotale con maggior autorità e potere.

pontéggio s.m. [pl. *–gi*] COSTR. L'insieme dei ponti provvisori in legno o metallo tubolare usati dagli operai durante la costruzione o la ristrutturazione di un edificio. SIN.: **impalcatura**.

ponticèllo s.m. **1.** Nel sign. del dim. di *ponte.* **2.** Tavoletta di legno munita di apposite intaccature che negli strumenti ad arco tiene sollevate le corde. **3.** Il tratto curvo della montatura degli occhiali che collega i due cerchi con le lenti. **4.** Parte incurvata dell'impugnatura della spada. **5.** ELETTR. Elemento mobile che collega due punti di un circuito elettrico. **6.** Copertura metallica posta a protezione del grilletto nelle armi portatili.

pontière s.m. **1.** MIL. Soldato del genio addetto alla costruzione e alla riparazione dei ponti. **2.** Tecnico addetto al controllo del ponte radio. **3.** *fig.* [f. *–ra*] Politico favorevole alla trattativa, alla mediazione tra gruppi opposti.

pontificàre v.intr. [4] (aus. *avere*) (fr. *pontifier*) **1.** Detto del papa o di un vescovo, celebrare la messa o altra funzione religiosa. **2.** *fig.* Assumere un tono autoritario e saccente nel parlare.

pontificàto s.m. **1.** Dignità pontificia. ~ Periodo di tempo durante il quale il papa svolge il suo ufficio. **2.** ANT. ROM. Dignità di pontefice massimo.

pontificio agg. [pl.m. *–ci*, f. *–cie*] **1.** Del papa. **2.** ANT. ROM. Di ciascuno dei pontefici.

pontile s.m. **1.** Struttura portuale che si protende verso il mare o il lago, predisposta per l'attracco di imbarcazioni di piccolo tonnellaggio e per consentire l'imbarco e lo sbarco di merci e passeggeri. **2.** ARCH. Elemento caratteristico delle chiese in stile gotico, specie di balconata con due scalinate, in posizione tale da dividere il presbiterio dalle navate della chiesa.

pontóne s.m. MAR. Galleggiante di grosse dimensioni impiegato per il trasporto di carichi pesanti o come sostegno di ponti provvisori.

pony /'pɔuni/ s.m. inv. (voce ingl., scozzese *powney*) **1.** Ogni razza di cavalli di piccola statura, impiegati nel tiro leggero o come cavalli da sella per bambini. **2.** Pony express.

pony express /'pɔuni iks'prɛs/ loc. sost. m. inv. (loc. ingl. d'America, "corriere rapido" dal nome di una compagnia che all'inizio degli anni Ottanta cominciò a operare a Milano) **1.** Servizio privato di ritiro e recapito postale. **2.** Fattorino, spec. giovane e munito di ciclomotore.

pool /'puːl/ s.m. inv. (voce ingl. d'America, fr. *poule* "posta in gioco, montepremi") **1.** ECON. Accordo stipulato da aziende che operano nello stesso settore o in settori economici complementari al fine di limitare la concorrenza. ◊ FIN. *Pool bancario:* accordo tra un gruppo di banche per ripartirsi l'impegno di finanziare operazioni che richiedono ingenti capitali. **2.** Organismo di gestione internazionale di materie prime o servizi. **3.** Gruppo di persone che si occupa dello stesso lavoro. ◊ *Pool antimafia:* il gruppo di giudici impegnati nelle inchieste contro la mafia. **4.** BIOL. *Pool genetico:* l'insieme dei geni che caratterizzano tutti gli individui di una popolazione.

pop /'pɔp/ agg. inv. (voce ingl., abbr. di *popular* "popolare") **1.** Di qualsiasi manifestazione artistico-culturale rivolta alla massa. **2.** Relativo alla pop art. ◆ s.m. inv. Genere artistico culturale degli anni Sessanta rivolto alla massa.

pop art /'pɔp 'aːt/ loc. sost. f. inv. (loc. ingl. d'America) Corrente artistica sorta negli USA durante gli anni Sessanta, caratterizzata dall'interesse per la comunicazione di massa e da una forma peculiare di realismo che accosta al segno pittorico tradizionale una serie di elementi recuperati dalla società dei consumi.

popcorn /'pɔp,kɔːn/ s.m. inv. (voce ingl. d'America, comp. di *pop-ped* "scoppiato" e *corn* "grano") Granoturco riscaldato a fuoco vivace in un recipiente chiuso con poco olio, fino a determinare lo scoppio dei singoli chicchi.

pòpe s.m. inv. (russo *pop*, gr. *pápas* "padre") Nella Chiesa greco-ortodossa, sacerdote del clero secolare.

popeline /pɔpə'lin/ s.m. o s.f. inv. (voce fr., forse dal nome della città fiamminga di *Poperinghe* celebre per i suoi tessuti) Tessuto in lana, cotone o seta, al quale la trama, più fitta dell'orditura, conferisce una caratteristica rigatura.

popolaménto s.m. Insediamento sistematico di gruppi umani (anche faunistici, floristici, ecc.) in un territorio. ◊ *Indice di popolamento:* l'espressione del rapporto tra il numero di abitanti di una zona e le reali risorse di sostentamento che questa offre.

popolàno agg. Proprio, tipico del popolo. SIN.: **popolare.** ~ Che fa parte di ceti economicamente modesti. ◆ s.m. [f. *–na*] **1.** Persona del popolo. **2.** Nei comuni del Medioevo, esponente del ceto medio, iscritto a una corporazione.

1. popolàre v.tr. **1.** Rendere abitato un luogo, viverci. *L'oasi è popolata dai beduini.* **2.** Andare ad abitare una zona prima disabitata. **3.** Gremire un luogo. *La folla popolò la piazza.* ◆ **popolarsi** v.pron. Detto di un luogo, diventare abitato o affollato.

2. popolàre agg. **1.** Che riguarda il popolo inteso come insieme di tutti i cittadini. ~ *estens.* Democratico. ◊ *Repubblica popolare:* denominazione di stati retti da un regime socialista. **2.** Riferito al popolo inteso come insieme dei più deboli. ~ Abitato o frequentato da chi appartiene agli strati sociali più deboli. ~ Fatto per i ceti meno abbienti. ~ Che è diffuso in mezzo al popolo, anche con riferimento a condizioni di arretratezza culturale. *Letteratura popolare.* ~ Che trae origine dalla cultura e dalle tradizioni del popolo. ~ Caratteristico di un determinato popolo, in senso etnico-culturale. ◊ *Tradizione popolare:* quella orale, fatta di fiabe, usanze, costumi, ecc. **3.** Largamente noto, diffuso, praticato. ~ Che gode delle simpatie della maggioranza. ◆ v.tr. *Casa, alloggio popolare:* immobile, costruito da enti appositi, destinato ad alloggio di famiglie a basso reddito.

popolarésco agg. [pl.m. *–schi*, f. *–sche*] Che appartiene alle classi sociali più modeste e ne rispecchia la mentalità.

popolarità s.f. inv. Grande diffusione o notorietà tra le masse popolari.

popolàto agg. **1.** Densamente abitato. ~ *estens.* Frequentato da molte persone. **2.** *fig.* Pieno, disseminato.

popolazióne s.f. **1.** L'insieme degli abitanti di un territorio, di una nazione, di una qualsiasi località, ecc. ◊ *Popolazione assoluta:* quella totale degli abitanti di un determinato territorio. **2.** L'insieme di individui che popolano una stessa zona, contraddistinti da alcune caratteristiche comuni, ma non necessariamente appartenenti a una stessa etnia. **3.** ANTROP. Gruppo umano con caratteristiche comuni. **4.** Gruppo di individui aventi alcuni elementi in comune. *Popolazione scolastica.* ◊ *Popolazione attiva:* costituita da individui che svolgono una qualche attività, o hanno comunque l'età e la capacità per svolgerla. **5.** BIOL. L'insieme di animali e piante che vivono in un ambiente determinato. **6.** ASTR. *Popolazione stellare:* insieme delle stelle di una galassia che possiedono alcune proprietà comuni.

ENCICL. Nel 2000 la popolazione mondiale ha superato i 6 miliardi di persone e aumenta ogni anno di circa 100 milioni di unità. Nella sola Asia se ne trova circa la metà (Cina e India insieme raggruppano più di 2 miliardi di persone). L'Europa conta invece meno del 15% della popolazione mondiale ed è da anni a "crescita zero".

■ **pony** Pottock.

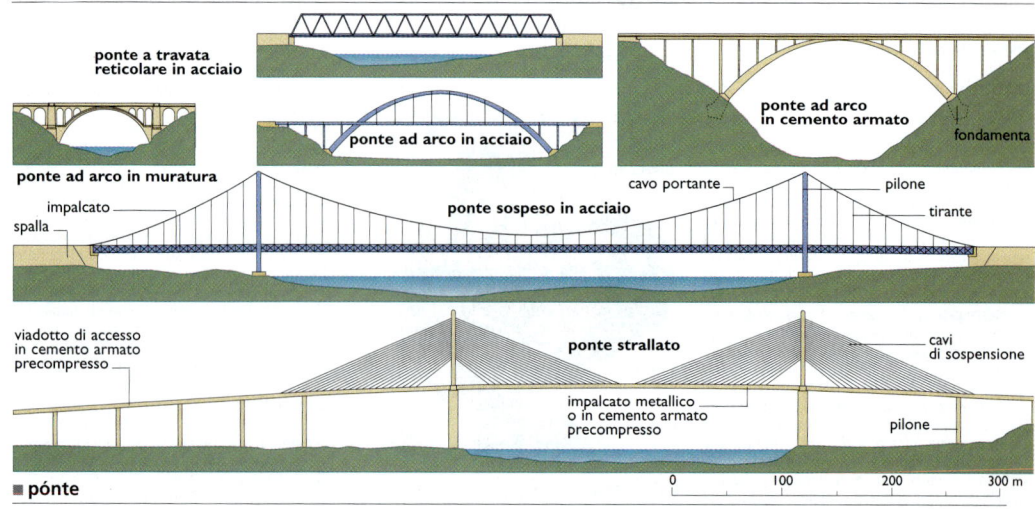

ponte a travata reticolare in acciaio

ponte ad arco in acciaio

ponte ad arco in cemento armato

fondamenta

ponte ad arco in muratura

cavo portante — pilone

ponte sospeso in acciaio

impalcato

spalla

tirante

viadotto di accesso in cemento armato precompresso

ponte strallato

cavi di sospensione

impalcato metallico o in cemento armato precompresso

pilone

■ **pónte**

0   100   200   300 m

■ La pop art

In reazione alla soggettività dell'espressionismo astratto, i "pop artist" britannici e poi americani hanno rivolto la loro attenzione alla cultura popolare delle immagini della vita moderna e dei media: pubblicità, foto di giornale, star del cinema, fumetti, oggetti di uso quotidiano. Di conseguenza, la pop art ha ispirato a sua volta un nuovo stile di immagini pubblicitarie e di design in tutto il mondo.

Claes Oldenburg. *Due hamburger* (1962), gesso dipinto. L'oggetto è fortemente ingrandito e questa dilatazione di una realtà triviale costituisce una sorta di realismo espressionista, opposto all'espressionismo astratto di Pollock o di Franz Kline. (MOMA, New York.)

Tom Wesselmann. *Grande Nudo americano n. 98* (1967), pittura acrilica su metallo. Secondo il principio del collage, si instaura un dialogo fra il corpo femminile e gli elementi della vita quotidiana: le labbra luccicanti, il seno e il frutto gonfi, il posacenere con la nuvoletta di fumo, come pure il Kleenex, costituiscono una sorta di emblema vivente del "glamour". (Museo Wallraf-Richartz-Ludwig, Colonia.)

David Hockney. *Due ragazzi in piscina* (1965). Freddezza impersonale e schematismo caratterizzano l'immagine, così come il gusto per l'aneddoto e la ricerca decorativa: siamo a un passo dal ritorno alla tradizione dell'arte figurativa, che l'artista supererà in altre opere, a partire da questo periodo. (Galleria Felicity Samuel, Londra.)

pòpolo s.m. **1.** Grande complesso di uomini che avendo in comune lingua, cultura, origini, tradizioni costituiscono una collettività indipendentemente dal fatto che vivano in uno stesso o unico stato. SIN.: **etnia.** ~ Complesso di uomini considerati collettivamente in base a elementi comuni. *Popoli preistorici.* **2.** L'insieme degli abitanti di uno stato, di una regione, di una città. SIN.: **popolazione. 3.** L'insieme dei cittadini di uno stato. ◇ *A furor di popolo:* per unanime volontà del popolo. **4.** Il complesso dei cittadini che costituiscono la parte più numerosa, meno agiata di uno stato. **5.** Nell'età dei Comuni, governo democratico. **6.** La comunità dei fedeli appartenenti a una parrocchia. **7.** Folla, moltitudine di persone. ~ *estens.* Moltitudine di animali, cose, ecc. *Un popolo d'api.*

popolóso agg. **1.** Molto popolato. **2.** Numeroso.

1. póppa s.f. **1.** MAR. Parte posteriore di una nave (in oppos. a *prua*). ◇ *Specchio, quadro di poppa:* parte emersa della poppa di una nave, su cui general. è collocato il nome. – *Navigare con il vento in poppa:* procedere con il vento favorevole, quindi con più spinta; *fig.* essere in un periodo favorevole. **2.** *estens.* Parte posteriore di un aereo o di altro aeromobile di forma allungata.

2. póppa s.f. (lat. *pùppa*, deriv. di *pūpam* "fanciulla") **1.** Mammella. **2.** BOT. *Poppa di Venere:* varietà di pesco che produce grandi frutti con buccia spessa e polpa bianca e dolce.

poppànte s.m. e f. Bambino non ancora svezzato. ~ *iron.* Giovane inesperto che assume atteggiamenti da adulto.

poppàre v.tr. Succhiare il latte dalla mammella o da un biberon. ◆ v.intr. (aus. *avere*) Succhiare latte. *Dopo avere poppato il bimbo si addormenta.*

poppàta s.f. L'atto del poppare. ~ Il pasto del lattante. ~ Quantità di latte poppato o da poppare.

poppatóio s.m. [pl. *-toi*] → **biberon.**

poppùto agg. *scherz.* Che ha mammelle molto grandi.

populismo s.m. (ingl. *populism*, calco del russo *narodnicěestvo*) **1.** Atteggiamento o movimento politico tendente a esaltare il ruolo e i valori delle classi popolari medio-basse. **2.** *spreg.* Atteggiamento volto ad assecondare le aspettative del popolo, indipendentemente da ogni valutazione del loro contenuto. SIN.: **demagogia. 3.** Movimento politico russo sviluppatosi alla fine del sec. XIX che proponeva la realizzazione di un socialismo di stampo rurale per l'emancipazione delle classi contadine e dei servi della gleba. **4.** In ambito artistico, raffigurazione idealizzata del popolo, presentato come modello etico positivo.

populista s.m. e f. [pl.m. *-sti*] (ingl. *populist*, calco del russo *narodnik*) **1.** Seguace del populismo. **2.** Chi sostiene e pratica una politica che coltiva e sfrutta a proprio vantaggio gli umori, le aspettative più popolari e diffuse.

1. pòrca s.f. [pl. *-che*] AGR. Nei terreni coltivati, striscia di terra rilevata, compresa tra due solchi paralleli, che ha lo scopo di smaltire l'acqua piovana.

2. pòrca s.f. [pl. *-che*] **1.** La femmina del maiale, detta anche *scrofa.* **2.** *fig.* Donna sudicia o dissoluta.

3. pòrca s.f. [pl. *-che*] MAR. Nelle imbarcazioni in legno, ciascuna delle coste interne di rinforzo.

1. porcàio s.m. [pl. *-cai*] **1.** Luogo molto sporco e in disordine. **2.** *fig.* Ambiente equivoco, immorale.

2. porcàio s.m. [f. *-caia*, pl.m. *-cai*] Guardiano di porci.

porcàta s.f. **1.** Atto disgustoso, oscenità. **2.** Azione sleale. **3.** *fam.* Prodotto scadente.

1. porcellàna s.f. (così chiamata perché ricorda la lucentezza del mollusco dallo stesso nome) Materiale ceramico a pasta dura, vetrosa, traslucida e a grana finissima. ~ Oggetto di questo materiale. □ In funzione di agg., usata in alcune locc. ◇ *Carta porcellana:* particolare cartoncino utilizzato per biglietti da visita. – *Bianco porcellana:* mantello equino bianco, caratterizzato da riflessi bluastri.

ENCICL. La porcellana *dura*, di fabbricazione molto antica in Estremo Oriente, è composta da una miscela di caolino, feldspato, acqua e quarzo. Con una prima cottura (800-900 °C) si ottiene il biscotto che, coperto di feldspato e quarzo, viene nuovamente cotto ad alte temperature (1200-1400 °C). Dopo la decorazione si procede a una terza cottura a temperature più basse. La porcellana *tenera* è cotta due volte a temperature più basse. In Europa, la fabbricazione della porcellana inizia a Meissen nel 1710 e a Sèvres nel 1770.

2. porcellàna s.f. (lat. deriv. di *porcĕllus* "porcello", calco del gr. *khoirínē* "specie di conchiglia") **1.** Mollusco, apprezzato dai collezionisti per la conchiglia lucida dai colori vivaci, molto comune nei mari caldi. (Lunghezza 15 cm ca.; genere *Cypraea*, classe dei Gasteropodi.) **2.** ZOOL. (iniziale maiusc.) Genere di crostacei, che comprende alcune specie di granchi di scogliera. (Ordine dei Decapodi.) **3.** ZOOL. Uccello nuotatore diffuso nelle paludi. (Famiglia dei Rallidi.) **4.** BOT. *Porcellana di mare:* pianta arbustacea detta anche *alimo.* (Famiglia delle Chenopodiacee.) □ In funzione di agg., *razza porcellana*, varietà di colombi campagnoli dal manto grigio e dalle ali reticolate in bianco e nero.

3. porcellàna s.f. (lat. *porcillācam* "portulaca") Pianta erbacea commestibile, spesso infestante delle colture, contraddistinta da foglie carnose e piccoli fiori gialli. (Famiglia delle Portulacacee.) SIN.: **porcacchia.**

porcellanàto agg. Rivestito di uno strato di materiale bianco traslucido, con aspetto simile a quello della porcellana.

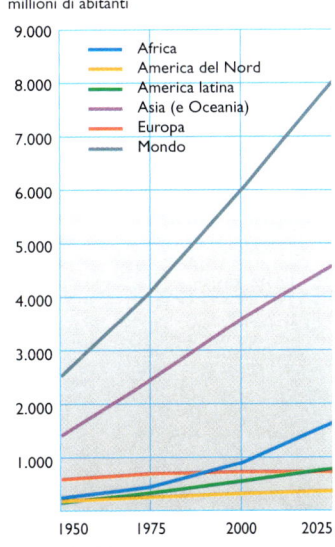

millioni di abitanti

Africa	
America del Nord	
America latina	
Asia (e Oceania)	
Europa	
Mondo	

■ popolazióne. La popolazione mondiale.

■ porcellàna a pasta dura. Piccolo suonatore di biniou, statuetta della metà del sec. XVIII, manifattura di Meissen. (Museo Cognacq-Jay, Parigi.)

porcellìno s.m. [f. –*na* nelle accez. 1 e 2] **1.** Giovane maiale. **2.** *fig. scherz.* Bambino sporco, insudiciato. **3.** ZOOL. *Porcellino d'India:* cavia domestica. – *Porcellino di terra:* nome comune a varie specie di crostacei grigiastri, che per difesa si arrotolano a palla. (Ordine degli Isopodi.)

porcherìa s.f. **1.** Sudiciume, lordura. ~ (spec. pl.) escremento. **2.** *fig. fam.* Azione sleale. **3.** *fig.* Cosa mal fatta, opera priva di valore. **4.** *fig. fam.* Cibo o bevanda disgustosi. **5.** *fig. fam.* Espressione scurrile, atto osceno.

porchétta s.f. CUC. Maiale da latte insaporito con aromi e cotto intero allo spiedo o al forno.

porcilàia s.f. Porcile.

porcìle s.m. **1.** Ricovero, stalla per maiali. **2.** *fig.* Luogo sporco, disordinato.

porcinèllo s.m. BOT. Fungo commestibile, con cappello carnoso di colore marrone-rossastro e gambo a squamette nerastre; è comunemente diffuso nei boschi europei. (Famiglia delle Poliporacee.)

porcìno agg. (calco del lat. *suīllus*) **1.** Di porco. ~ *fig.* Simile a porco. ◇ *Occhi porcini:* occhi rotondi e piccoli, simili a quelli del maiale. **2.** BOT. *Pan porcino:* ciclamino. **3.** MIN. *Pietra porcina:* calcare arenario estratto in alcune località delle Marche, impiegato come materiale da costruzione. – *Terra porcina:* denominazione, tipica dell'Italia centrale, di alcune varietà di tufo terroso e incoerente. ◆ s.m. Denominazione comune di numerose specie di funghi commestibili. (Genere *boleto*; Classe dei Basidiomiceti.)

pòrco s.m. [f. *porca*, pl.m. –*ci*, f. –*che*] **1.** Maiale. ~ La carne della bestia macellata. **2.** *fig.* Persona ingorda, sudicia o che si comporta in modo disonesto o osceno. □ In funzione di agg., improbo, massacrante. *Una fatica porca.* ◇ *Pesce porco:* pesce carnivoro presente nel Mediterraneo, poco pericoloso per l'uomo. (Famiglia degli Squalidi.)

porcospìno s.m. [pl. *porcospini*] (calco del gr. *akanthókhoiros*) **1.** ZOOL. → istrice. **2.** *fig.* Persona scontrosa, diffidente. **3.** MIL. Arma subacquea che riesce a lanciare simultaneamente numerose bombe antisommergibile. **4.** IND. TESS. Macchina impiegata nella filatura del cotone.

■ **porcospìno** africano.

pòrfido s.m. GEOL. Roccia magmatica costituita da grandi cristalli di feldspato, di colore violetto o verde o rosso o grigio, utilizzata per pavimentazioni stradali, pavimenti, scale, monumenti, ecc.

porfirìa s.f. MED. Malattia causata da un'alterazione del metabolismo delle porfirine, dovuta a cause genetiche o tossiche.

porfìrico agg. [pl.m. –*ci*, f. –*che*] (con riferimento al colore purpureo delle prime rocce in cui fu rilevata tale struttura) MIN. Che è formato da porfido o ha la struttura del porfido.

porfirìna s.f. BIOL. Composto organico costituito da quattro anelli pirrolici presente nell'emoglobina e nella clorofilla.

Porfirióne s.m. (lat. *Porphyrio*, gr. *porphyríōn* deriv. di *porphýra* "porpora" per il colore di fronte, becco e zampe) ZOOL. Genere di uccelli diffusi nell'Europa meridionale, con zampe potenti e dita dei piedi lunghissime. (Famiglia dei Rallidi.)

porfirìte s.f. (lat. *porphyrītem*, gr. *porphyrítēs líthos* "pietra purpurea") GEOL. Roccia eruttiva o effusiva a struttura porfirica, derivata da magmi di diorite.

porfirizzàre v.tr. (così chiamato perché si usavano mortai di porfido) FARM. Ridurre una sostanza in polvere finissima.

porfirogènito agg. (gr. *porphyrogénnētos*, propr. "generato nella porpora", colore delle ve-

sti imperiali) ST. Denominazione di principi bizantini figli di sovrani.

porfiròide agg. GEOL. Di roccia simile al porfido per struttura o aspetto. ◆ s.m. GEOL. Roccia metamorfica scistosa, di colore grigio verdognolo, derivante dai porfidi quarziferi e ricca di sericite.

pòrgere v.tr. [22] (lat. *pŏrgere*, propr. "dirigere in linea retta") **1.** Dare qlco. a qlcu. con cortesia. *Porgere la penna al compagno.* **2.** *fig.* Offrire. *Porgere gli auguri agli sposi.* ◆ v.intr. (aus. *avere*) Parlare in pubblico o recitare, con le dovute pause, le intonazioni e i gesti appropriati. □ In funzione di s.m., spec. nella loc. *l'arte del porgere,* capacità, abilità oratoria.

Porìferi s.m.pl. [iniziale minusc. sing. –*ro* per l'individuo] ZOOL. → Spugne.

pòrno agg. Pornografico. ◆ s.m. Pornografia.

pornodìvo s.m. [f. –*na*] Attore di spettacoli pornografici, di film erotici.

pornografìa s.f. (fr. *pornographie*) Raffigurazione, rappresentazione o descrizione di immagini o temi esplicitamente sessuali.

pornogràfico agg. [pl.m. –*ci*, f. –*che*] (fr. *pornographique*) **1.** Relativo alla pornografia. **2.** Offensivo per il comune senso del pudore.

pornògrafo s.m. [f. –*fa*] (fr. *pornographe*) Autore di fotografie, scritti, disegni, ecc. di contenuto pornografico.

pornostar [/porno'star/] s.m. e f.inv. (voce semiingl.) Pornodivo.

pòro s.m. (gr. *póros* "passaggio") **1.** ANAT. Ciascuno degli orifizi, in genere microscopici, che, presenti sulla superficie di un organo, gli consentono la comunicazione con l'esterno. ◇ *Pori sudoriferi:* i microscopici fori presenti sulla pelle, che devono lo sbocco delle ghiandole sudorifere e sebacee. – *fig. Da tutti i pori:* con vistosa intensità. *Sprizzare energia da tutti i pori.* **2.** BOT. *Poro germinativo:* microscopico punto vagamente ispessito della membrana, attraverso il quale il tubetto pollinico germina. **3.** Foro, cavità minima nella struttura di un materiale compatto o solido. **4.** ASTR. *Poro solare:* macchia scura di piccole dimensioni presente sulla fotosfera.

poròforo agg. CHIM. Di sostanza che, mescolata a un materiale solido, vi produce porosità. ◆ s.m. Nel sign. dell'agg.

porosità s.f. inv. Caratteristica di un corpo che presenta pori nella sua struttura. ◇ *Coefficiente di porosità:* rapporto tra il volume delle cavità e il volume di un materiale in cui esse si trovano.

poróso agg. Che presenta pori o cavità.

pórpora s.f. **1.** Sostanza colorante ricavata ant. da particolari molluschi, oggi prodotta industrialmente. **2.** Colore rosso violaceo. **3.** Stoffa o indumento tinti di porpora. ◇ *Indossare la porpora:* diventare cardinale. **4.** MED. Alterazione della pelle con formazione di macchie rossoviolacee di natura emorragica. □ In funzione di agg. inv., di colore rosso-violaceo intenso.

porporìna s.f. **1.** Sostanza organica usata per tingere di rosso filati e tessuti. **2.** Polvere metallica molto fine usata per ottenere un colore oro o bronzo.

porporìno agg. Che ricorda il colore della porpora. SIN.: **purpureo.**

pórre v.tr. [25] **1.** Appoggiare, collocare. *Porre i fiori nel vaso.* ~ Collocare qlco. o qlcu. in un certo modo o in una certa condizione. *Porre in ordine gli abiti.* ◇ *Porre in atto:* realizzare. – *Porre fine:* terminare. – *Porre una candidatura:* presentarla. **2.** Fissare, stabilire. *Porre le basi.* **3.** Supporre, ipotizzare. *Poniamo di avere la soluzione.* **4.** Formulare ciò che richiede una risposta. *Porre una domanda.* ◆ **porsi** v.pron. **1.** Mettersi, disporsi in un luogo o in una certa posizione o condizione. **2.** Presentarsi, risultare evidente. *Si pone un ...*

porridge [/'pɔridʒ/] s.m. inv. (voce ingl., fr. deriv. di *potage* "minestra") Farinata di avena cotta a cui si aggiunge latte, tipica dei paesi anglosassoni.

pòrro s.m. **1.** Pianta erbacea affine all'aglio e alla cipolla, usata come ortaggio per il gradevole bulbo. (Nome sc. *Allium porrum*; famiglia delle

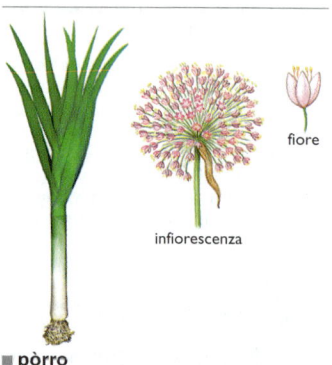

fiore

infiorescenza

■ **pòrro**

Liliacee.) **2.** MED. Piccola escrescenza della pelle, dura, tondeggiante e indolore.

pòrta s.f. (lat., deriv di *pŏrtus* "porto") **1.** Apertura che mette in comunicazione due ambienti separati da un muro, da una parete, da una recinzione, ecc. ◇ *Alle porte di:* molto vicino a. **2.** *fig.* Ciò che è considerato come mezzo d'accesso, un'introduzione a qlco. *Porta del successo.* **3.** Il serramento applicato all'apertura che mette in comunicazione ambienti interni, o un interno con l'esterno, costituito da uno o due battenti girevoli, inseriti su cardini, che serve ad aprire e chiudere il passaggio. ◇ *figg. Chiudere la porta in faccia a qlcu.:* respingerlo, negargli aiuto. – *Di porta in porta:* di casa in casa, a domicilio. – *Prendere la porta:* uscire. – *Mettere alla porta:* cacciare. – *Bussare a tutte le porte:* chiedere aiuto a chiunque. – *Della porta accanto:* normale, quotidiano. – *A porte chiuse:* in privato, non pubblicamente. **5.** Sportello, portello o portiera di ambienti speciali, di contenitori, di veicoli. *Automobile a cinque porte.* **6.** SPORT. In alcuni giochi (calcio, pallamano, pallanuoto e hockey) ciascuna delle due intelaiature rettangolari munite di rete alle estremità opposte del campo di gioco, una per ciascuna delle squadre contendenti, in cui i giocatori dell'altra squadra cercano di mandare la palla o il disco per segnare un punto. ◇ *A porta vuota:* senza il portiere. ~ Nello sci, spazio compreso tra due pali segnati da bandiere, il cui varco è obbligatorio nelle prove di slalom. **7.** Passo, valico di montagna. **8.** ELETTRON. Circuito logico elementare che possiede un'uscita e molte entrate, concepito in modo da fornire un segnale d'uscita. **9.** INFORM. Ciascuno degli accessi fisici per il passaggio dei dati dentro, da e verso un sistema di elaborazione. ◇ *Porta seriale:* dispositivo che gestisce e sincronizza gli scambi di dati tra l'unità centrale di un computer e le sue unità periferiche esterne, in cui i dati vengono trasmessi un bit alla volta. – *Porta parallela:* quella che trasmette in parallelo più bit contemporaneamente.

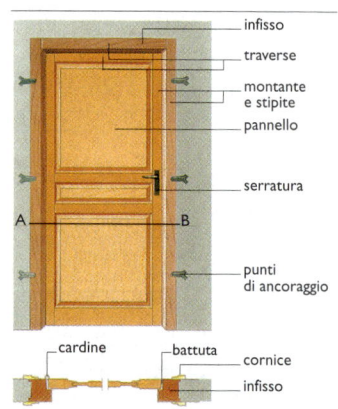

infisso
traverse
montante e stipite
pannello
serratura
punti di ancoraggio
cardine   battuta
cornice
infisso

sezione A-B ingrandita

■ **pòrta.** Elementi di una porta.

❑ In funzione di agg. inv., nella loc. *vena porta*, vena che porta al fegato il sangue proveniente dallo stomaco, dall'intestino e dalla milza.

portaàghi s.m. inv. **1.** Astuccio per aghi da cucire. **2.** CHIR. Pinza che serve a tenere l'ago da sutura.

portabagàgli s.m. inv. (calco del fr. *porte-bagages*) **1.** Chi, negli scali ferroviari, marittimi e aeroportuali, assicura il servizio di trasporto dei bagagli. **2.** Vano, baule atto ad accogliere, in un mezzo di trasporto, i bagagli a mano dei viaggiatori. ~ Quadro metallico fissato sul tetto di un'auto per il trasporto dei bagagli. SIN.: **portapacchi** ❑ In funzione di agg. inv., che porta, contiene i bagagli.

portabandièra s.m. e f.inv. (calco del fr. *porte-bannière*) **1.** Chi sorregge l'asta con la bandiera. **2.** *fig.* Capo di un movimento.

portàbile agg. **1.** Che si può trasportare manualmente. **2.** Di un capo di abbigliamento adatto alle circostanze. **3.** INFORM. Di un programma capace di funzionare, senza grandi modifiche, su computer diversi.

portàbiti s.m. inv. Sostegno a cui si appendono gli abiti perché stiano in piega.

portabórse s.m. e f.inv.spreg. Assistente di un politico, di un potente, nei cui confronti ha un atteggiamento servile e troppo ossequioso.

portabottiglie s.m. inv. **1.** Scaffale per sistemare le bottiglie. ~ Cestello a scomparti per trasportare le bottiglie.

portacàrta s.m. inv. Contenitore per carta in rotoli o in risme e, in partic., supporto per carta igienica.

portacàrte s.m. inv. (calco del fr. *porte-cartes*) Custodia per carte, documenti e lettere.

portacénere s.m. inv. Recipiente usato dai fumatori per deporvi la cenere.

portachiàtte s.f. inv. Nave mercantile che traina chiatte per il trasporto di merci.

portachiàvi s.m. inv. (calco del fr. *porte-clés*) Anello o custodia munita di moschettoni per tenere le chiavi.

portacipria s.m. inv. Piccola scatola che contiene cipria, un piumino e uno specchietto.

portacontainer o **portacontainers** [/ˈportakonˈtɛiner/] s.m. e f.inv. Mezzo per il trasporto dei container.

portacróce s.m. e f.inv. Chi porta la croce, spec. in una cerimonia religiosa.

portadischi s.m. inv. Mobile o custodia portatile per dischi.

portadocuménti s.m. inv. Custodia per documenti, tessere, patenti ed effetti personali, general. a forma di piccola busta impermeabile.

portaelicòtteri s.f. inv. (calco del fr. *porte-hélicoptères*) Nave militare attrezzata per il trasporto di elicotteri.

portaèrei s.f. inv. Nave militare di grande tonnellaggio attrezzata per il trasporto, il decollo e l'atterraggio di aerei da caccia e da ricognizione. ◆ s.m. inv. Grosso aeroplano in grado di trasportare e sganciare in volo uno o più velivoli di mole inferiore.

portafilo o **portafili** s.m. inv. IND. TESS. Dispositivo del telaio che mantiene l'ordito nella posizione e nella tensione voluta.

portafinèstra o **porta-finèstra** s.f. [pl. *portefinestre*] (fr. *porte-fenêtre*) Porta di infissi a vetri che da una casa permette l'accesso a terrazze, balconi o giardini.

portafiòri s.m. inv. Recipiente o sostegno per esporre fiori recisi.

portafógli s.m. inv. Portafoglio.

portafòglio s.m. [pl. *–gli*] (calco del fr. *porte-feuille*) **1.** Custodia tascabile, ripiegabile e munita di scomparti per banconote, documenti, ecc. **2.** *estens.* Borsa per documenti. **3.** Carica o funzione di ministro. ⬥ *Ministro senza portafoglio*: quello responsabile di un dicastero, ma senza autonomia di spesa. **4.** FIN. Combinazione di investimenti in valori mobiliari appartenenti a un privato o a un'impresa, selezionati per offrire il massimo rendimento e il minimo rischio possibile. ~ BANC. Il complesso dei cambiali e dei titoli di credito posseduti da una banca. ⬥ *Portafoglio clienti*: insieme dei clienti

di un agente o di un'impresa. – *Portafoglio ordini*: insieme degli ordinativi.

portafortùna s.m. inv. (calco del fr. *porte-bonheur*) Oggetto, gioiello, ma anche persona o animale che si pensa porti fortuna.

portafotografie s.m. inv. Custodia, album o cornice per conservare le fotografie.

portagiòie s.m. inv. Piccola scatola per riporre gioielli.

portainnèsto o **portinnèsto** s.m. inv. AGR. Pianta su cui viene operato l'innesto.

portalàmpada o **portalàmpade** s.m. inv. Elemento cilindrico cavo in cui si avvita o si innesta la lampadina in un apparecchio elettrico.

1. portàle s.m. (fr. *portail*) **1.** Porta principale di una chiesa o di un palazzo. **2.** MECC. Struttura statica formata da una trave orizzontale che collega due piedritti verticali. **3.** INFORM. Sito concepito per essere una guida per la navigazione su Internet e che propone agli utenti servizi tematici e personalizzati.

2. portàle agg. ANAT. Relativo alla vena porta.

portalèttere s.m. e f.inv. Addetto alla consegna di lettere a domicilio. SIN.: **postino**.

portamatite s.m. inv. Astuccio per riporre le matite e le penne.

portaménto s.m. **1.** Modo di atteggiarsi e presentarsi. ⬥ *Avere un bel portamento*: avere eleganza. **2.** MUS. Nella tecnica del canto e dell'esecuzione strumentale, il passaggio da una nota all'altra con accenno a tutti i suoni intermedi. **3.** BIOL. Habitus. **4.** BOT. La forma in cui si sviluppa una pianta, con riferimento all'altezza e alla ramificazione.

portamina o **portamine** s.m. inv. Matita costituita da un cannello metallico contenente una mina di grafite che sporge per pressione.

portamonéte s.m. inv. (calco del fr. *porte-monnaie*) Contenitore tascabile di materiale morbido (cuoio, pelle, tessuto) con uno o più scomparti per monete e banconote.

portamòrso s.m. inv. Ognuna delle strisce di cuoio che reggono il morso dei cavalli.

portànte agg. **1.** Che sostiene un carico. *Muro portante*. **2.** AVIAZ. Che assicura il volo. *Ali portanti*. **3.** *fig.* Principale, essenziale. ◆ s.m. Andatura del cavallo. ◆ s.f. TELECOM. Onda elettromagnetica sinusoidale che viene modulata, in ampiezza, frequenza o fase, secondo la legge del segnale da trasmettere.

portantina s.f. **1.** Sedile portatile, a volte coperto da un baldacchino, trasportato a mano da due o più uomini per mezzo di due stanghe laterali e parallele. **2.** Barella, lettiga.

portànza s.f. (fr. *portance*) **1.** Capacità di sostegno di un carico. **2.** FIS. Spinta verso l'alto esercitata da un fluido su un corpo in movimento. (Il sollevamento di un aereo è garantito dalla portanza che genera spinta sulla superficie inferiore delle ali.)

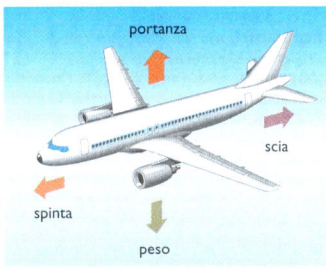

■ **portànza**

portaoggètti agg. inv. (calco del fr. *porte-objet*) Di contenitore o supporto per oggetti. ◆ s.m. inv. Supporto per oggetti. ~ In partic. nelle auto, piccolo cassetto per oggetti.

portaombrèlli o **portombrèlli** s.m. inv. (calco del fr. *porte-parapluie*) **1.** Grande contenitore in cui si depositano gli ombrelli all'ingresso di un locale. **2.** Custodia a sacchetto per riporre l'ombrello quando non viene utilizzato.

portapàcchi s.m. inv. **1.** (anche f.) Fattorino addetto al recapito di pacchi a domicilio. **2.** Dispositivo applicato a un mezzo di trasporto (in partic. automobile) per assicurare pacchi o bagagli.

portapènne s.m. inv. (calco del fr. *porte-plume*) **1.** Cannello in cui si inserisce il pennino per scrivere. **2.** Scanalatura nella scrivania per riporre le penne. **3.** Astuccio o contenitore usato per riporre l'occorrente per scrivere.

portàre v.tr. **1.** Trasportare, spesso accompagnato da *via*, che indica distacco, separazione. *Portare via le valigie.* ~ Far giungere qlco. in un luogo. *L'impianto porta l'acqua in tutta la città.* ~ Accompagnare, condurre con sé. *Ha portato l'amica alla festa.* ~ Dirigere, muovere in una direzione. ⬥ *fig.* Portare un'opera in scena, sullo schermo: adattarla per il teatro, per il cinema. **2.** *fig.* Condurre a una certa situazione. *Una malattia che porta alla cecità.* ⬥ *Portare a compimento, a termine qlco.*: terminarlo, concluderlo. – *Portare avanti qlco.*: farlo progredire. ~ *fig.* Indurre, spingere, qlcu. a qlco. *La morte del figlio lo portò alla pazzia.* **3.** *estens.* Addurre, presentare qlco. a sostegno delle proprie idee o contro le idee altrui. *Portare testimonianze.* **4.** Dare qlco. a qlcu. *Ti porto un regalo.* **5.** Sostenere un peso, un carico. *Quante persone porta l'ascensore?* SIN.: **reggere**. **6.** *fig.* Appoggiare, sostenere qlco., con il proprio interessamento. *Portare un amico come candidato.* ~ Nutrire un sentimento verso qlcu. e dimostrarlo. *Portare rancore.* **7.** Indossare. *Portare il cappello.* **8.** Avere, possedere determinate caratteristiche. *Portare barba e baffi.* ~ Essere designato da un nome, soprannome, ecc. *Porta il cognome della madre.* ⬥ *fig. Portare bene, male gli anni*: dimostrare meno, più degli anni che si hanno. **9.** *fig.* Comportare, determinare qlco. *La grandine porta molti danni.* **10.** Manovrare, guidare un mezzo di trasporto. **11.** Strappare qlco. con violenza e trascinarlo con sé. *La corrente del fiume porta i detriti.* **12.** MAR. Detto di vele, prendere bene il vento. **13.** Produrre, parlando di una pianta. *Un albero che porta molti frutti.* **14.** Presentare, avere su di sé. *Questo documento porta la data di ieri.* ◆ v.intr. (aus. *avere*) Detto di strade, condurre, andare in un luogo. *Questa via porta in piazza Garibaldi.* ◆ **portarsi** v.pron. **1.** Recarsi, andare in un luogo. **2.** Prendere qlco. con sé andando in un luogo. *Portarsi il pranzo in ufficio.*

portariviste s.m. inv. (calco del fr. *porte-revues*) Piccolo mobile nel quale si sistemano riviste e giornali. SIN.: **portagiornali**.

portasapóne s.m. inv. Supporto o contenitore per riporre il sapone.

portasci s.m. inv. Dispositivo metallico applicato sul tetto o sul retro di un autoveicolo per fissarvi gli sci durante il trasporto.

portascopino s.m. inv. Recipiente in cui viene riposto lo scopino che serve per pulire il water.

portasigarétte s.m. inv. Astuccio tascabile o scatola per le sigarette.

portasigari s.m. inv. (calco del fr. *porte-cigars*) Astuccio tascabile o scatola per i sigari.

portaspàda s.m. inv. Custodia di cuoio o di stoffa appesa alla cintura come sostegno per la spada.

portaspèzie s.m. inv. Contenitore per le spezie.

portastànghe s.m. inv. Ciascuno dei due finimenti che fissano ai fianchi di un animale da tiro le stanghe del carro trainato.

portastendàrdo s.m. inv. **1.** (anche f.) Chi porta lo stendardo. **2.** Sul muro degli antichi palazzi, anello o sostegno di ferro battuto a cui si fissava lo stendardo.

portàta s.f. **1.** Ciascuna delle vivande che vengono servite durante un pasto. **2.** Capacità di carico di una struttura oppure di un mezzo di trasporto, o capacità di sollevamento. ⬥ MAR. *Portata di una nave*: il massimo carico trasportabile. **3.** Il valore di una grandezza misurabile. ~ FIS. Peso o volume di un fluido che passa in una sezione trasversale nell'unità di tempo. ⬥ *Portata di un cannone*: gittata. **4.** *fig.* Importanza, valore. *La portata di un avvenimento.* **5.** Possibilità, capacità di arrivare a qlco. ⬥ *figg.*

Alla portata: che rientra nelle possibilità, nelle capacità di qlcu. – *Fuori portata:* irraggiungibile.

portàtile agg. Che può essere trasportato agevolmente da una persona. ◆ s.m. **1.** Computer di peso e volume ridotti, funzionante anche a batteria. **2.** Telefono *cellulare.

portàto agg. **1.** Manifestato, dimostrato. *Anni ben portati.* **2.** *fig.* Incline, propenso, disposto. *Essere portati per la matematica.* ◆ s.m. **1.** Conseguenza, frutto. **2.** MUS. Colpo d'arco che si esegue con uno stesso movimento continuo, facendo passare il suono tra una nota e l'altra senza però legarlo.

portatóre s.m. [f. *–trice*] **1.** Chi porta qlco. **2.** Chi porta pesi, carichi. **3.** Chi recapita lettere, messaggi. **4.** Chi introduce, apporta nuove idee. **5.** MED. *Portatore sano:* chi ospita germi patogeni e infettivi senza esserne al momento contagiato. **6.** BANC. *Al portatore:* che si riferisce a chi riscuote un titolo di credito semplicemente presentandolo.

portauòvo s.m. inv. Piccolo contenitore a forma di calice in cui si pone l'uovo alla coque.

portautensìli s.m. inv. (calco del fr. *porte-outil*) INDUS. Supporto al quale vengono fissati gli utensili utili per la lavorazione del pezzo.

portavalóri s.m. e f.inv. Chi ha il compito di trasportare denaro, assegni e simili per conto di una banca o di un'agenzia di credito. ❑ In funzione di agg. inv., che trasporta denaro. *Furgone portavalori.*

portavóce s.m. inv. (calco del fr. *porte-voix*) (anche f.) Chi parla a nome di altre persone, di un gruppo.

portèllo s.m. **1.** Piccola porta che si apre in un portone. **2.** MAR. Sportello di aerei, navi, caldaie e altre costruzioni meccaniche. **3.** Anta di un armadio.

portellóne s.m. **1.** Grosso portello di una nave o di un aereo per l'imbarco di merci e passeggeri. **2.** Nelle autovetture familiari portello posteriore da cui si può accedere al bagagliaio e all'abitacolo.

portènto s.m. **1.** Prodigio, miracolo. **2.** *fig.* Persona dotata di qualità straordinarie in un certo campo di attività.

portentóso agg. **1.** Che oltrepassa i limiti dei fenomeni naturali. **2.** *estens.* Che ha qualità, doti fuori del comune. ◆ s.m. (solo sing.) Cosa straordinaria, eccezionale nella loc. *avere del portentoso.*

portfolio [/ˈpɔːtfəuljou/] s.m. inv. (voce ingl.) **1.** PUBBL. Cartella in cui sono raccolti i materiali che illustrano una campagna promozionale a favore di un nuovo prodotto. **2.** *estens.* Inserto illustrato di un quotidiano o di una rivista. **3.** Insieme dei documenti che descrivono la carriera di un artista, un attore, ecc.

porticàto agg. Dotato di portici. *Viale porticato.* ◆ s.m. Complesso di portici.

pòrtico s.m. [pl. *–ci*] **1.** ARCH. Struttura formata da una serie di colonne o pilastri che sorreggono una copertura, talora ad archi. **2.** Fabbricato rustico aperto da uno o più lati.

portièra s.f. **1.** Porta d'accesso agli autoveicoli. **2.** Portinaia. **3.** Pesante tenda collocata davanti a una porta interna.

portieràto s.m. Servizio di portiere di un edificio.

portière s.m. (fr. *portier*) **1.** [f. *portiera*] Addetto alla custodia e alla vigilanza dell'ingresso di edifici privati e pubblici. SIN.: **portinaio. 2.** SPORT. Il giocatore di calcio e di altre discipline che ha il ruolo di difendere la porta della propria squadra.

portinàio s.m. [f. *portinaia,* pl.m. *–nai*] Chi sorveglia l'ingresso di edifici privati o pubblici. ❑ In funzione di agg., *frate portinaio,* custode della porta di un convento o di un monastero.

portinerìa s.f. **1.** Locale posto nell'ingresso di edifici privati o pubblici dove sta di guardia il portiere. **2.** Il servizio prestato dal portinaio o dalla portinaia.

portland [/ˈpɔːtlənd/] s.m. inv. (voce ingl. deriv. di *Cemento Portland,* dal nome della penisola inglese ricca di marne naturali da cui si ricava il cemento) COSTR. Cemento idraulico a presa lenta ottenuto cuocendo ad alta tempera-

---

tura marne di particolare composizione o facendo un miscuglio di calcare, argilla e altri materiali.

1. pòrto s.m. (lat. *pŏrtum,* propr. "entrata") **1.** Specchio d'acqua riparato e attrezzato per l'attracco, la sosta, la riparazione delle navi, l'imbarco e lo sbarco delle merci. ◇ *Porto naturale:* naturalmente riparato grazie alla particolare conformazione della costa. – figg. *Porto di mare:* luogo molto frequentato, pieno di gente che va e che viene. – *Condurre, andare in porto:* concludersi senza difficoltà. **2.** *fig.* Luogo di pace, di sicurezza.

2. pòrto s.m. **1.** *Porto d'armi:* permesso di portare con sé armi, rilasciato dal questore. **2.** Trasporto. – Prezzo da pagare per esso. ◇ *Porto assegnato:* peculiarità della merce il cui trasporto viene pagato dal destinatario.

3. pòrto s.m. inv. (dal nome di *Oporto*) Vino liquoroso prodotto nella zona settentrionale del Portogallo.

portoghése agg. Del Portogallo. ◆ s.m. **1.** (anche f.) Nativo, abitante del Portogallo. **2.** (solo sing.) Lingua romanza di Portogallo, Brasile, Azzorre e Madeira. **3.** *fig.* (anche f.) Chi riesce a entrare in un teatro, in un cinema o in uno stadio senza pagare il biglietto. *Fare il portoghese.*

portolàno s.m. Libro utilizzato per la navigazione marittima e aerea, in cui sono descritti coste, porti, condizioni idrografiche, norme legali, ecc.

portóne s.m. Porta molto grande, entrata principale di un palazzo.

portoricàno agg. Di Portorico. ◆ s.m. [f. *–na*] Nativo, abitante di Portorico.

portuàle agg. Del porto, che riguarda il porto. SIN.: **portuario.** ◆ s.m. [non com. f.] Chi lavora nel porto.

portuènse agg. Dell'antica città di Porto, alle foci del Tevere.

portulàca s.f. **1.** [pl. *–che*] Pianta erbacea con foglie carnose e grandi fiori ornamentali. (Famiglia delle Portulacacee.) **2.** BOT. (iniziale maiusc.) Genere di angiosperme cui appartengono le portulache.

fiore

■ **portulàca**

Portulacàcee s.f. pl. [iniziale minusc. sing *–a* per l'individuo] BOT. Famiglia di piante erbacee dicotiledoni con fiori ciclici e frutto a capsula cui appartiene la portulaca.

Portùnidi s.m. pl. ZOOL. Famiglia di crostacei decapodi brachiuri.

porzióne s.f. **1.** Parte di qlco. **2.** Quantità di cibo in partic. servita a un commensale.

POS s.m. inv. Sigla di *Point of Sale,* punto vendita.

pòsa s.f. **1.** Azione di posare, installare qlco. *Posa di cavi.* **2.** Deposito di un liquido in decantazione che rimane sul fondo di un recipiente. *Posa del vino.* **3.** Posizione del corpo. **4.** Posizione immobile che si assume per un artista o un fotografo. *Stare in posa.* **5.** CINE. Giornata di lavoro di un attore o di una comparsa. **6.** FOTO. Esposizione alla luce della pellicola. *Tempo di posa.* ~ Anche, fotografia. **7.** *fig.* Atteggiamento studiato, innaturale. *Pose da intellettuale.*

posacàvi s.m. inv. Mezzo di trasporto terrestre o marittimo attrezzato per la posa e la riparazione di cavi.

posacénere s.m. inv. Recipiente per depositare cenere e mozziconi di sigaretta. SIN.: **portacenere.**

posamìne s.f. inv. Nave da guerra attrezzata per la posa in mare di mine.

---

1. posàre v.tr. (lat. *pausāre* "cessare") **1.** Deporre, appoggiare qlco. in un luogo, spec. con attenzione. ◆ *fig. Posare gli occhi su qlcu. o qlco.:* desiderarlo intensamente e fare di tutto per averlo. **2.** Detto di un liquido, deporre sul fondo le scorie. *Il vino deve posare.* ◆ v.intr. (aus. *avere*) Poggiare su qlco. *La libreria posa sul pavimento.* ~ *fig.* Basarsi su qlco. *Le tue accuse posano su prove discutibili.* ◆ **posarsi** v.pron. Fermarsi cadendo o scendendo dall'alto. *La neve si posa sui tetti.*

2. posàre v.intr. **1.** Mettersi e stare in posa per essere ritratti o fotografati. **2.** *fig.* Comportarsi in modo affettato.

1. posàta s.f. Posatura, sedimento.

2. posàta s.f. Ciascuno degli utensili (cucchiaio, coltello e forchetta) che si usano a tavola per mangiare.

posaterìa s.f. Servizio di posate; assortimento di posate.

posàto agg. **1.** Che pensa e agisce con calma, con equilibrio. **2.** Che denota compostezza, serenità.

posatóio s.m. [pl. *–toi*] Bastone o altro appoggio per uccelli.

posatóre s.m. [f. *–trice*] **1.** Operaio addetto alla posa di tubi, cavi, ecc. **2.** *fig.* Persona che si atteggia.

poscritto s.m. (lat. *pŏst scrīptum* "dopo quanto è già stato scritto") Aggiunta che segue al testo di una lettera, dopo la firma (si abbrevia P.S.); detto anche *poscritta.*

Posidònia s.f. (lat. *Posidonia,* gr. *Poseidṓnios* da *Poseidṓn* "Poseidone", dio del mare) BOT. Genere di piante marine delle regioni costiere mediterranee e australiane. (Famiglia delle Potamogetonacee.)

positìva s.f. (ingl. *positive*) FOTO. Riproduzione fotografica su stampa in cui i colori, le ombre e le luci corrispondono a quelli reali (in oppos. a *negativa*).

positivìsmo s.m. (fr. *positivisme*) **1.** Sistema filosofico di Auguste Comte, che rifiuta ogni tipo d'indagine metafisica e pone la scienza a fondamento della conoscenza. ◇ *Positivismo logico:* corrente filosofica che sostiene l'insostituibilità dell'esperienza e del metodo scientifico come strumenti di conoscenza della realtà, e della logica formale come fondamentale interprete del linguaggio. – *Positivismo giuridico:* corrente di pensiero che riduce i fenomeni giuridici al diritto posto dalle leggi statali. **2.** *estens.* Spirito pratico.

positività s.f. inv. **1.** Carattere positivo di qlco. **2.** Esito positivo. **3.** Atteggiamento realistico, concretezza.

positìvo agg. (lat. *positīvum* "che viene posto") **1.** Che ha un carattere di realtà oggettiva. ~ *estens.* Che è certo. *Dato positivo.* SIN.: **reale. 2.** Che viene stabilito, in oppos. a *naturale. Diritto positivo.* **3.** Che si basa su fatti sensibili, che applica i metodi delle scienze sperimentali. ~ Caratterizzato dal prevalere della cultura scientifica. *Età positiva.* ◇ *Filosofia positiva:* positivismo. **4.** *estens.* Che si attiene alla realtà. SIN.: **pratico. 5.** Che esprime consenso a una domanda o a una proposta (in oppos. a *negativo*). ~ Che esprime approvazione, che afferma la validità di qlco. ◇ *Voto positivo:* favorevole (in oppos. a *negativo*). *Lato positivo di una questione.* **7.** Nel l. med., che conferma la presenza della patologia o della sostanza che si cercava (in oppos. a *negativo*). **8.** Nel l. sc. e tecn., in oppos. a *negativo.* ◇ ARITM. *Numero positivo:* numero reale superiore allo zero. **9.** GRAMM. *Grado positivo:* dell'aggettivo e dell'avverbio, non comparativo né superlativo. ◆ s.m. **1.** (solo sing.) Ciò che concretamente è reale. ~ *estens.* Ciò che è certo. **2.** In modo ottimistico. *Pensare positivo.* **3.** MUS. Tipo di organo trasportabile.

positróne o **positóne** s.m. (ingl. *positron*) FIS. Antiparticella dell'elettrone, di carica positiva. SIN.: **antielettrone.**

positrònio o **positònio** s.m. [pl. *–ni*] FIS. Sistema instabile, formato da un elettrone e un positrone.

posizionàle agg. Relativo alla posizione, che dipende dalla posizione.

posizionaménto s.m. **1.** Azione di disporre qlco. nella giusta posizione. **2.** Disposizione di un prodotto in un segmento di mercato.

posizionàre v.tr. **1.** Determinare la posizione di qlco. **2.** Disporre un prodotto in un segmento di mercato. ~ Nel l. tecn., mettere nella posizione più opportuna.

posizionatóre s.m. Meccanismo che permette di mettere un oggetto nella posizione desiderata.

posizióne s.f. **1.** Luogo in cui qlcu. o qlco. è posto o si trova. ~ Collocazione nello spazio, in partic. di qlco. individuato tramite altri punti di riferimento. *Segnalare la posizione di una nave.* **2.** MIL. Zona occupata da una formazione militare. *Posizione forte.* **3.** Posto occupato da qlcu. o qlco. in un insieme, secondo un determinato ordine. *Prima posizione in classifica.* **4.** LING. Posto in cui si trova un fonema nel corpo di una parola. *Posizione intervocalica.* **5.** *fig.* Condizione di una persona in una data circostanza. **6.** Modo in cui qlco. è messo o si trova. ~ Modo di stare del corpo. *Posizione scomoda.* **7.** *fig.* Opinione espressa su un argomento. ◇ *fig. Restare sulle proprie posizioni:* non cambiare parere. **8.** BANC. Situazione debitoria o creditoria di un conto, di un cliente verso un'azienda. **9.** BORS. Il saldo di titoli, a credito o a debito, derivante da operazioni di acquisto o di vendita.

posolino s.m. Sottocoda nel finimento dei cavalli.

posologia s.f. FARM. Insieme delle indicazioni sulla quantità e sulle modalità di assunzione di un farmaco.

pospórre v.tr. [25] **1.** Mettere qlco. di seguito, dopo qlco. d'altro. ~ *fig.* Subordinare. *Posporre gli interessi agli affetti.* **2.** Posticipare qlco., spostandolo ad altra data.

posposizióne s.f. Il fatto di posporre qlco. ~ In alcune lingue (latino, turco, giapponese, ecc.), elemento funzionale corrispondente alle preposizioni, ma collocato dopo il sostantivo.

pospósto agg. Messo dopo altro o altri.

posse [/'posi/] s.f. inv. (voce ingl., lat. deriv. di *posse comitatus* propr. "forza della contea", gruppo di armati convocati in caso di necessità) MUS. Gruppo che suona e canta musica rap.

possedére v.tr. [19] (lat., comp. di *pŏtis* "che può" e *sedēre* "starc seduto") **1.** Avere qlco. in proprietà, in possesso. *Possedere una casa.* ◇ *fig. Possedere una donna:* avere un rapporto sessuale con lei. **2.** *estens.* Avere doti fisiche o caratteristiche psicologiche. *Possedere molte virtù.* **3.** Conoscere una disciplina perfettamente. *Possedere un'arte.* **4.** Detto di un vizio o di un sentimento negativo, dominare. *La gelosia lo possiede.* **5.** Occupare un luogo ed esercitarvi il potere. *Gli spagnoli possedevano il Sud d'Italia.* ◆ v.intr. (aus. *avere*) Essere ricco, spec. avendo beni immobili.

possediménto s.m. **1.** (spec. pl.) Ciò che si possiede, spec. proprietà fondiaria. **2.** Territorio soggetto a uno stato straniero.

possedùto agg. In preda a possessione demoniaca. ◆ s.m. [f. –ta] Chi è ritenuto indemoniato.

possènte agg. (fr. *poissant*) Dotato di potenza, di forza.

possessióne s.f. Stato di una persona posseduta da una forza occulta, in partic. demoniaca.

possessivo agg. **1.** Che pretende e ha un attaccamento morboso nei confronti delle persone care. **2.** GRAMM. Di elemento linguistico che esprime l'idea di possesso. ❑ In funzione di s.m., pronome possessivo.

possèsso s.m. **1.** Detenzione di qlco. ◇ *Essere in possesso:* possedere. – *Rientrare, entrare in possesso:* riappropriarsi. **2.** DIR. Uso o usufrutto di qlco. indipendentemente dall'averne la proprietà. ◇ *Prendere possesso di qlco.:* diventarne proprietario. **3.** *fig.* Padronanza di qlco. **4.** (spec. pl.) Beni immobili detenuti. *Perdere i propri possessi.* **5.** Rapporto sessuale connotato come appropriazione della donna da parte dell'uomo.

possessóre s.m [f *posseditrice*] Chi ha il possesso di qlco.

possessòrio agg. [pl.m. –*ri*] DIR. Relativo al possesso.

possibile agg. **1.** Che può esistere, accadere. *Cose possibili.* ~ In frasi interrogative esprime incredulità. *È possibile essere così egoisti?* ~ In risposte interlocutorie ha il valore di *probabile.* "*Accetterà?" "Possibile".* **2.** Che può essere fatto. *È possibile chiedere una proroga.* ~ Serve a rafforzare comparativi e superlativi relativi. *Nel miglior modo possibile.* **3.** *fam.* Accettabile sul piano della qualità. *Non trovo un alloggio possibile.* SIN. **passabile. 4.** FILOS. *Intelletto possibile:* in potenza, secondo l'aristotelismo scolastico. **5.** MAT. *Equazione, problema possibile:* che ammette soluzione. ◆ s.m. (solo sing.) **1.** Ciò che può esistere. *I limiti del possibile.* **2.** Ciò che è realizzabile. *Fare il possibile.*

possibilista agg. [pl.m. –*sti*] (fr. *possibiliste*) Che ha disponibilità a venire a patti con ciò che è realisticamente possibile. *Mentalità possibilista.*

possibilità s.f. inv. **1.** Eventualità che qlco. possa accadere. **2.** Opportunità di fare qlco., occasione. **3.** (spec. pl.) Forze, mezzi di cui si dispone. ~ In partic. risorse finanziarie. **4.** Nel pensiero di Kant, una delle categorie della modalità, insieme a realtà e necessità.

possibilménte avv. Forse, se possibile.

possidènte s.m. e f. Chi possiede beni fondiari.

possidènza s.f. DIR. Condizione giuridica che deriva dal possedere un bene.

pòst- (lat. *pŏst* "dopo") **1.** Con valore temporale, prefisso che in combinazione con agg. e con alcuni v. indica posteriorità a un evento, e quindi una sua conseguenza, effetto o una reazione a esso (*postbellico, postoperatorio, postdatare*); in combinazione con s. (e negli agg. che ne derivano) e con agg. da nomi propri indica il prolungarsi, in nuove forme, di un fenomeno preesistente (*postcomunismo, postkantiano*). **2.** Con valore spaziale, prefisso che in combinazione con agg. indica, rispetto a un punto di riferimento, collocazione posteriore in una determinata direzione (*postpalatale, postdentale, postonico*); in questi valori costituisce una lista aperta, fatta anche di elementi estemporanei, dal significato sempre chiaramente deducibile da quello della base.

pòsta s.f. **1.** Servizio pubblico, incaricato della raccolta, dell'inoltro e della distribuzione della corrispondenza. ~ (spec. pl.) Ufficio dove si effettuano le operazioni postali. ◇ *Posta elettronica:* comunicazione e scambio di messaggi via computer attraverso apposito software di comunicazione. **2.** Corrispondenza smistata attraverso il servizio postale. **3.** *estens.* Titolo di rubriche di corrispondenza, reale o immaginaria, istituite da giornali, riviste, trasmissioni radio-televisive. **4.** in passato, luogo in cui sostavano le diligenze e si effettuava il cambio dei cavalli. ~ *estens.* Il servizio di trasporto svolto dalle diligenze e la vettura stessa. **5.** Luogo in cui il cacciatore attende la selvaggina. ◇ *fig. Fare la posta a qlcu.:* attenderlo al varco. **6.** Somma scommessa da ogni giocatore in un gioco d'azzardo. SIN. **giocata.** ~ *fig.* Ciò che si rischia in un'impresa, in un progetto. *La posta in gioco.* **7.** CONTAB. Importo registrato in dare o in avere.

postacèlere s.m. [non com. pl. *postcelere*] Servizio postale di consegna rapida, che prevede il recapito di un plico entro le 24 ore.

postagiro s.m. inv. [pl.m. –*ri*] Operazione di trasferimento di fondi dal conto corrente postale dell'ordinante a quello di un altro correntista.

postàle agg. Della posta. *Ufficio postale.* ~ Emesso o inviato per mezzo della posta. *Vaglia postale.* ◆ s.m. Mezzo di trasporto di qualsiasi tipo che fa regolare servizio di posta.

postappèllo s.m. Nel l. uni., appello straordinario fissato dopo gli appelli normali, di cui costituisce un prolungamento.

postatòmico agg. [pl.m. –*ci*, f. –*che*] Successivo alla scoperta e all'uso dell'energia nucleare. *Periodo postatomico.*

postazióne s.f. **1.** MIL. Collocazione, disposizione di uomini e di artiglierie in un dato luogo. **2.** *estens.* Posto di osservazione e di trasmissione radio-televisiva.

postbèllico agg. [pl.m. –*ci*, f. –*che*] Successivo a una guerra, proprio di tale periodo. *Posteriore all'età classica.*

postclàssico agg. [pl.m. –*ci*, f. –*che*] Posteriore all'età classica.

postcombustióne s.f. Combustione supplementare dei gas di scappamento di un turboreattore.

postcomunismo s.m. Situazione successiva alla caduta dei regimi comunisti.

postcomunista s.m. e f. [pl.m. –*sti*] Chi milita in un partito che costituisce l'evoluzione di quello comunista. ❑ In funzione di agg., che si è verificato dopo il fallimento dei regimi comunisti dell'Europa orientale.

postconsonàntico agg. [pl.m. –*ci*, f. –*che*] FON. Di suono che si articola dopo una consonante.

postdatàre v.tr. **1.** Datare un documento con una data posteriore a quella reale. *Postdatare un assegno.* **2.** Attribuire a qlco. una data posteriore a quella accettata in precedenza. *Postdatare un manoscritto.*

posteggiàre v.tr. [5] Disporre un veicolo in sosta in un luogo. *Posteggiare l'auto sul marciapiede.* SIN. **parcheggiare.**

posteggiatóre s.m. [f. –*trice*] Custode di un posteggio per autoveicoli.

postéggio s.m. [pl. –*gi*] **1.** Occupazione del suolo pubblico con veicoli in sosta o con banchi di vendita. **2.** Spazio adibito alla sosta dei veicoli. **3.** Porzione di suolo pubblico destinata alla sosta di venditori ambulanti.

postelegrafònico agg. [pl.m. –*ci*, f. –*che*] Si riferisce al servizio postale, telegrafico e telefonico. ◆ s.m. [f. –*ca*] Addetto ai servizi postelegrafonici.

poster [/'pɔustə/] s.m. inv. [o pl. *posters*] (voce ingl., deriv. di *to post* "affiggere") Manifesto illustrato di grandi dimensioni da appendere alle pareti.

posterióre agg. **1.** Che sta dietro a qlco. **2.** Che viene in seguito a qlco. nel tempo. **3.** FON. *Articolazione posteriore:* suono articolato nella parte posteriore della cavità orale. ◆ s.m. *eufem.* Il sedere, il deretano.

posteriorità s.f. inv. Situazione successiva a un'altra, spec. nel tempo.

porteriorménte avv. **1.** Nella parte posteriore di qlco. **2.** In un tempo successivo a qlco.

posterità s.f. inv. **1.** Discendenza, eredi. **2.** Generazioni future, posteri.

pòstero s.m. (spec. pl.) Chi vivrà dopo di noi, umanità futura. *Tramandare ai posteri.*

postfazióne s.f. (fr. *postface*) Commento posto alla fine di un libro.

postglaciàle agg. GEOL. Successivo all'ultima glaciazione dell'era quaternaria.

posticcio agg. [pl.m. –*ci*, f. –*ce*] Applicato per sostituire la cosa naturale che non c'è o non c'è più. *Barba posticcia.* ◆ s.m. **1.** Acconciatura di capelli finti. **2.** Terreno in cui si coltivano le piante giovani prima di trapiantarle.

posticino s.m. **1.** Nel sign. del dim. di *posto;* spec. col valore di posto gradevole. **2.** *scherz.* Nel l. familiare, gabinetto.

posticipàre v.tr. Rinviare qlco. *Posticipare la partenza.*

posticipàto agg. Che non è fatto al momento stabilito, ma in un tempo successivo. ~ In partic., riferito a pagamento, effettuato dopo la prestazione.

posticipo s.m. **1.** Il rinvio di qlco. a un momento futuro. **2.** SPORT. Disputa differita di una partita.

postièrla o **postèrla** s.f. (lat. *postèrulam* "porticina situata dietro") **1.** Porta segreta nelle mura di città antiche, fortezze o castelli. **2.** *estens.* Nelle abitazioni moderne, porta secondaria.

postiglióne s.m. In passato, conducente di un veicolo postale o di una diligenza.

postilla s.f. (lat., prob. deriv. di *post illa verba* "dopo quelle parole") **1.** Breve annotazione a margine di un testo. **2.** *fig.* Osservazione aggiuntiva. **3.** DIR. Aggiunta che modifica o integra le disposizioni di un atto.

postimpressionismo s.m. Insieme delle correnti artistiche che, fra il 1885 e il 1905, costituirono il superamento dell'impressionismo.

postindustriàle agg. Successivo allo sviluppo della grande industria e caratterizzato dall'incremento del terziario e dall'affermazione della tecnologia informatica.

postino s.m. [f. –na] Portalettere. ~ estens. Chi porta a destinazione messaggi, comunicati, ecc.

postipòfisi s.f. ANAT. Lobo posteriore dell'ipofisi.

post-it /ˈpəʊstɪt/ s.m. inv. (nome commerciale ingl., propr. "attaccalo") Biglietto adesivo che può essere attaccato varie volte su diverse superfici, per messaggi, note, ecc.

postite s.f. (gr., deriv. di pósthē "prepuzio") MED. Infiammazione del prepuzio.

postmodernismo s.m. ARCH. Movimento culturale sorto intorno al 1980 in polemica con le tendenze sistematiche e funzionalistiche dell'arte moderna.

postmodèrno agg. (ingl. post-modern) 1. ARCH. Che si oppone ai principi razionalistici e funzionalistici del periodo moderno in nome di una più ampia libertà di soluzioni stilistiche. 2. FILOS., LETT. Che sottolinea il carattere utopico dei principi di razionalità e di progresso illimitato sui quali si regge la società moderna. ◆ s.m. 1. (solo sing.) Stile e pensiero sorti agli inizi degli anni Ottanta del Novecento. 2. [f. –na] Chi si riconosce nella cultura postmoderna.

1. pósto s.m. 1. Con riferimento a cosa, spazio che qlco. occupa abitualmente. SIN.: posizione. ◇ Posto macchina, barca: spazio riservato alla sosta di un'auto, all'ormeggio di una barca. – A posto: in ordine; fig. rimesso nella forma dovuta. – figg. Fuori posto: in disordine. – Avere la testa a posto: essere equilibrato. – Tenere le mani a posto: non toccare ciò che non si deve, non essere manesco. 2. Con riferimento a persona, porzione di spazio, luogo o posizione in cui qlco. si pone, sta di fatto o idealmente. Non muoverai dal proprio posto. ~ In partic., posizione in una successione di persone. ~ Spazio libero in cui persone o cose potrebbero porsi. C'è posto per tutti. ◇ fig. A posto: soddisfatto, in salute; perbene, onesto; – fig. Mettere a posto qlcu.: dargli una lezione. – Al posto di: in luogo, in sostituzione di un'altra persona; fig. nella sua situazione, nelle sue condizioni. Al mio posto cosa avresti fatto? 3. Luogo in cui una persona svolge il proprio lavoro. ~ estens. Lavoro, impiego. Perdere il posto. ◇ fig. Saper stare al proprio posto: comportarsi come si deve, con consapevolezza della propria posizione. 4. Spazio riservato a ogni singola persona, in partic. in locali, alberghi, ecc. ~ In partic., sedia, poltrona. Teatro con mille posti. ◇ Posti letto: numero di letti disponibili. 5. Luogo attrezzato per fornire un particolare servizio. ◇ Posto di blocco: punto di una strada in cui le forze dell'ordine istituiscono un controllo sui veicoli in transito. 6. Luogo in generale, località. ~ Anche, parte, punto del corpo.

2. pósto agg. 1. Situato in un luogo. 2. Convenuto, fissato.

postònico agg. [pl.m. –ci, f. –che] FON. Di vocale o sillaba che seguono la sillaba tonica di una parola.

postoperatòrio agg. [pl.m. –ri] CHIR. Che segue a un'operazione chirurgica. Decorso postoperatorio.

postprandiàle agg. (lat., deriv. di post prandium "dopo pranzo") MED. Che si verifica durante la digestione.

postribolo s.m. (lat., deriv. di prostibulum orig. "prostituta" poi "bordello") Casa di piacere, bordello.

pòst scríptum loc. sost. m. inv. (loc. lat., propr. "dopo ciò che è stato scritto") Formula usata (anche nell'abbreviazione P.S.) per aggiungere, specificandolo meglio con una lettera già conclusa.

postsincronizzazióne s.f. CINE. Registrazione di suoni e dialoghi di un film in sincronismo con l'immagine in fase di doppiaggio.

postulànte s.m. e f. 1. Chi chiede qlco. con insistenza. ~ In partic. chi fa istanza per ottenere un beneficio, una carica, ecc. 2. CATT. Chi chiede di essere ammesso a un ordine religioso.

postulàre v.tr. 1. Chiedere qlco. insistentemente. 2. FILOS., MAT. Dare come vero un presupposto. ~ estens. Implicare, presupporre qlco. 3. CATT. Fare domanda di ammissione a un ordine religioso. – Promuovere una causa di canonizzazione o beatificazione.

1. postulàto s.m. 1. Proposizione non dimostrata su cui si fonda una dimostrazione. 2. estens. Presupposto di un ragionamento.

2. postulàto s.m. CATT. Tempo che precede il noviziato.

pòstumo agg. 1. Nato dopo la morte del padre. 2. Pubblicato dopo la morte dell'autore. Scritto postumo. – Che si verifica dopo la morte. Riconoscimento postumo. 3. estens. Che avviene in ritardo. ~ Anche, s.m. (spec. pl.) 1. Alterazione o disturbo che permane come conseguenza di un fatto morboso o traumatico. 2. estens. Conseguenza, strascico di qlco.

postuniversitàrio agg. [pl.m. –ri] Successivo agli studi universitari.

postùra s.f. 1. Posizione assunta dal corpo umano. 2. FISIOL., ZOOL. Atteggiamento abituale di un animale, dovuto allo stato di contrazione dei muscoli scheletrici.

posturàle agg. FISIOL. Relativo alla posizione del corpo.

postvocàlico agg. [pl.m. –ci, f. –che] FON. Che viene dopo una vocale.

potàbile agg. (lat. potàbilem, deriv. di potàre "bere") 1. Che può essere bevuto senza danno per la salute. 2. fig. fam. Discreto, accettabile.

potabilizzazióne s.f. Trattamento a cui si sottopone l'acqua per renderla potabile.

potage /pɔˈtaʒ/ s.m. inv. (voce fr., deriv. di pot "pentola") Minestra, zuppa, passato di verdura.

potamochèro o **potamocèro** s.m. 1. Mammifero africano simile al cinghiale con pelame bruno e due ciuffi di setole bianche ai lati del muso. (Altezza al garrese 65 cm; ordine degli Artiodattili.) 2. ZOOL. (iniziale maiusc.) Genere di animali a cui appartengono le varie specie di potamochero.

Potamogetonàcee s.f. pl. [iniziale minusc. sing –a per l'individuo] (lat. Potamogetonaceae, gr. potamogéiton "vicino al fiume") BOT. Famiglia di piante erbacee d'acqua dolce, con foglie alterne o opposte, fiori in spighe, frutto a drupa o ad achenio. (Genere Potamogeton, classe delle Monocotiledoni.)

potamologia s.f. Idrologia fluviale.

potàre v.tr. (lat. putàre "ripulire") 1. Tagliare parte dei rami o delle radici di una pianta per favorirne la crescita o darle la forma desiderata. 2. fig. Eliminare qlco. ~ Abbreviare, tagliare, spec. uno scritto.

potàssa s.f. (fr. potasse, ol. potasch "cenere di vaso" perché facendo bollire della cenere in un vaso si otteneva la potassa) Carbonato di potassio utilizzato nella fabbricazione di vetri, ceramiche, saponi, ecc. ◇ Potassa caustica: idrato di potassio (KOH) usato spec. in saponeria e nell'industria tessile.

potàssico agg. [pl.m. –ci, f. –che] Di potassio.

potassiemia s.f. MED. Concentrazione di potassio nel sangue.

potàssio s.m. (solo sing.) 1. Metallo alcalino, tenero e facilmente ossidabile, di densità 0,86 e che fonde a 63,65 °C. 2. Elemento chimico (K) di numero atomico 19 e peso atomico 39,0983.

potatóio s.m. [pl. –toi] Attrezzo affilato per potare.

potatùra s.f. Taglio di parte dei rami di alberi e di arbusti per migliorarne la resa o l'aspetto.

pot-au-feu /pɔtoˈfø/ s.m. inv. (voce fr., propr. "pentola al fuoco") Lesso di manzo con verdure.

potentàto s.m. 1. Stato sovrano, spec. se ha una posizione di predominio. 2. Sovrano, principe, signore potente. 3. *Gruppo di potere.

potènte agg. 1. Che ha molto potere e autorità. ~ Riferito a entità collettive, che ha grandi possibilità d'azione. Una nazione potente. ~ Militarmente molto forte. 2. Dotato di grande forza fisica, spirituale, intellettuale. SIN.: possente. ~ Di straordinaria efficacia espressiva. ~ Di grande importanza. 3. Che ha prestazioni o effetti assai notevoli. Un motore potente. ◆ s.m. e f. Persona che dispone di un grande potere o ha grandi responsabilità di governo.

potentilla s.f. (lat. Potentilla, deriv. di pŏtens "potente" perché si riteneva avesse proprietà medicinali) 1. Pianta erbacea delle regioni temperate a fiori gialli o bianchi e foglie pennate. (Famiglia delle Rosacee.) 2. BOT. (iniziale maiusc.) Genere di piante a cui appartengono le varie specie di potentilla.

■ **potentilla**

potentino agg. Di Potenza. ◆ s.m. [f. –na] 1. Nativo, abitante di Potenza. 2. (iniziale maiusc., solo sing.) Territorio intorno a Potenza.

potènza s.f. 1. Possibilità di influire su qlcu. o qlco., di esercitare un ruolo egemone. SIN.: potere. 2. Persona che può molto. ~ Entità soprannaturale dotata di particolari poteri. ~ Stato, spec. se ha un ruolo preminente. Le potenze occidentali. 3. Forza fisica. ~ Anche, veemenza, violenza. 4. Forza spirituale, morale o materiale capace di influenzare l'animo e il comportamento umano. Potenza dell'amore. ~ Profondità intellettuale, efficacia artistica. 5. Capacità di produrre il massimo effetto. SIN.: efficacia. 6. FILOS. Possibilità di produrre o subire un mutamento; nella filosofia aristotelica, predisposizione a essere, a esistere (in oppos. ad atto). ~ estens. Facoltà, capacità. ◇ In potenza: allo stato virtuale. 7. MAT. Prodotto ottenuto moltiplicando una base per se stessa tante volte quante sono indicate nell'esponente. Elevare un numero a potenza. ◇ Potenza di un insieme: numero di elementi dell'insieme. – All'ennesima potenza: a una potenza indeterminata; fig. al massimo livello. 8. FIS. Lavoro compiuto da una forza nell'unità di tempo. ◇ Potenza fiscale: potenza di un motore, definita ai fini fiscali in base ai cavalli vapore. – Potenza specifica: potenza del motore in rapporto alla cilindrata. 9. GEOL. Spessore di uno strato roccioso. 10. MIL. Potenza di fuoco: potenziale offensivo delle armi in dotazione a una unità militare.

potenziàle agg. 1. Che ha la possibilità di realizzarsi in quanto sussiste in potenza. 2. GRAMM. Modo, tempo verbale che esprime l'idea della possibilità. ◆ s.m. 1. GRAMM. Modo, tempo, funzione potenziale. 2. FIS. Lavoro necessario per spostare l'unità di massa o di carica da un punto all'infinito. ◇ ELETTR. Differenza di potenziale elettrico: lavoro necessario per spostare l'unità di carica da un punto all'altro in un circuito o di un campo elettrico. 3. fig. Insieme delle risorse disponibili per una determinata attività o finalità. Il potenziale industriale di un paese.

potenzialità s.f. inv. 1. Carattere di ciò che è ancora in potenza e non in atto. 2. estens. Disponibilità di forze e mezzi. SIN.: capacità. 3. MECC., TECN. Capacità di una macchina di produrre una determinata quantità di lavoro in un'unità di tempo.

potenziaménto s.m. Rafforzamento, incremento di qlco.

potenziàre v.tr. [6] Rendere più potente, sviluppare qlco. Potenziare il commercio.

potenziàto agg. Incrementato, sviluppato.

potenziòmetro s.m. ELETTR. Resistenza variabile. ~ Strumento per misurare la forza elettromotrice.

1. potére v.modale [64] 1. Essere in grado di fare qlco. Posso leggere ancora senza occhiali. ◇ Non poterne più di qlcu. o qlco.: non riuscire più a sopportarlo. 2. Avere il permesso, l'autorizzazione per fare qlco. Gli allievi possono uscire un'ora prima. **3.** Essere possibile. ~ Avere la probabilità, l'opportunità di fare qlco. *Tutti possono sbagliare.* **4.** Avere motivo, diritto di fare qlco. *Non posso certo lamentarmi.*

2. potére s.m. **1.** Possibilità oggettiva, capacità concreta di fare qlco. *Avere il potere di cambiare le cose.* **2.** Capacità di imporre il proprio volere ad altri, di influenzarne il comportamento, le opinioni. *Subire il potere di qualcuno.* **3.** Esercizio dell'autorità in un determinato campo, in partic. la direzione e il controllo della vita di un paese, l'esercizio del governo. ◇ *Separazione dei poteri:* principio dello Stato di diritto per cui i settori esecutivo, legislativo e giudiziario sono indipendenti gli uni dagli altri. – *Potere spirituale:* autorità della Chiesa in materia religiosa. **4.** Insieme di persone o organismo che esercita l'autorità di governo. **5.** Autorità specifica attribuita a persone o a organi particolari. *Potere decisionale.* ◇ *Potere disciplinare:* competenza ad applicare sanzioni di natura non penale a persone che hanno trasgredito ai loro doveri professionali. **6.** Capacità di una persona o di una cosa di produrre un determinato effetto. **7.** Proprietà, qualità particolare di qlco. ◇ *Potere calorifico:* quantità di calore di un corpo, di una sostanza, in condizioni standardizzate, sviluppato al momento della combustione. – *Potere d'acquisto:* valore di scambio della moneta, cioè quantità di merce o di altra moneta con cui può essere scambiata.

1. potestà s.f. inv. **1.** Facoltà, giuridicamente riconosciuta, di esercitare un potere. **2.** DIR. Situazione giuridica soggettiva che conferisce a chi ne sia titolare la facoltà di agire per la tutela di interessi che non gli sono direttamente propri. ◇ *Potestà dei genitori:* autorità sui figli minorenni che va a loro tutela e che la legge riconosce ai genitori (un tempo detta *patria potestà* perché attribuita al solo padre). **3.** Potere, facoltà di compiere qlco. **4.** (iniziale maiusc. al pl.) Terzo coro della seconda gerarchia angelica.

2. potestà s.m. inv. → **2. podestà.**

potestativo agg. (fr. *potestatif*) DIR. Che deriva dall'esercizio di un potere che può essere esercitato nei confronti di un'altra persona.

potòmetro s.m. BOT. Apparecchio che misura la quantità d'acqua assorbita da una pianta.

pot-pourri /'popu'ri/ s.m. inv. (voce fr., propr. "pentola putrida", calco dello spagn. *olla podrida*) **1.** Stufato di carni e verdure. **2.** Miscuglio di fiori secchi e foglie aromatiche trattato con oli essenziali, usato per profumare la biancheria. **3.** Selezione di brani musicali o di passi letterari tratti da opere diverse. **4.** General., miscuglio di cose diverse.

pouf /'puf/ s.m. inv. (voce fr. di orig. onom.) Sgabello basso, rotondo e imbottito.

poujadismo o **pugiadismo** s.m. (dal nome del cartolaio P. Poujade che ne fu l'ispiratore) Movimento politico francese che rappresentava, intorno al 1950, la protesta della piccola borghesia contro la politica fiscale del governo. ~ *estens.* Ogni tipo di protesta corporativa e antifiscale.

poujadista o **pugiadista** agg. [pl.m. –sti] (fr. *poujadiste*) **1.** Del poujadismo. **2.** Che sostiene il poujadismo. ◆ s.m. e f. Chi sostiene il poujadismo.

pourparler /purpar'le/ s.m. inv. (voce fr., propr. "per parlare") Colloquio preliminare per discutere i termini di un possibile accordo.

poverétto s.m. [f. –ta] Nel sign. del dim. di *povero*, anche in senso fig. ~ Chi è sfortunato, sofferente.

pòvero agg. (lat. *pāuperem*, propr. "che produce poco") **1.** Sprovvisto di beni, di ricchezze, di risorse. ~ Riferito a uno stato, a un paese i cui abitanti, i cui membri, per la gran parte, vivono in condizione d'indigenza. ◇ *Povero diavolo, povero cristo:* persona disgraziata, sfortunata, poveraccio. **2.** Che denota mancanza di denaro, miseria. *Pasto povero.* SIN. **umile. 3.** Che manca di elementi, di qualità che dovrebbe avere. *Terreno povero.* ~ Privo di complessità o di ricercatezza formale. SIN. **spoglio.** ◇ ART. MOD. CONT. *Arte povera:* movimento artistico italiano degli anni intorno al 1970, caratterizzato da semplificazione del segno e ricerca di materiali naturali

e di poco costo. **4.** *fig.* (Anteposto al s.) Attributo affettivo che suscita la pietà, la commiserazione. ~ Attributo di defunti che esprime affetto e rimpianto per essi. *Il povero nonno aveva ragione.* ◆ s.m. [f. –ra] **1.** Chi non ha i mezzi indispensabili per vivere. ~ Mendicante.

ENCICL. Apparsa intorno al 1966, l'*arte povera* fa ricorso, per i suoi assemblaggi e i suoi impianti, a materiali "poveri" non artistici quali terra, piombo, ferro, sassi, paglia e all'impiego di scritte, luci al neon, sonorizzazioni. Il nome del movimento si deve al critico G. Celant che lo usò per le opere di un gruppo di artisti torinesi tra cui M. Merz, Anselmo, Zorio; in seguito fu usato anche per artisti affini, quali Penone o M. Pistoletto.

■ arte **pòvera.** Scultura che mangia (1968), di G. Anselmo; granito, lattuga fresca, rifiuti. (MNAM, Parigi.)

povertà s.f. inv. **1.** Condizione di chi è privo di sufficienti mezzi di sussistenza o ne ha in maniera inadeguata. ◇ *Povertà assoluta:* secondo la definizione della Banca Mondiale, condizione di vita talmente misera da intaccare la piena realizzazione del potenziale insito nel patrimonio genetico della persona. **2.** *estens.* Mancanza di risorse o qualità. *Povertà di un terreno. Povertà di mente.*

pozióne s.f. (lat. *potiōnem,* deriv. di *potāre* "bere") **1.** Bevanda medicinale, più general. infuso, tisana. **2.** *scherz.* Bevanda.

pózza s.f. **1.** Cavità del terreno piena d'acqua. **2.** *estens.* Quantità di liquido sparso a terra. *Il ferito giaceva in una pozza di sangue.*

pozzànghera s.f. Pozza d'acqua piovana sporca, fangosa.

pozzétto s.m. **1.** Nel sign. del dim. di *pozzo.* **2.** Opera edile variamente strutturata a seconda della funzione che assolve, connessa alla caduta delle acque pluviali nelle fognature stradali o volta a consentire il controllo delle tubazioni sotterranee. **3.** MAR. Nelle imbarcazioni pontate, spec. da diporto, spazio a poppa in cui si siedono i passeggeri e il timoniere.

pózzo s.m. (lat. *pūteum* "fossa") **1.** Scavo verticale praticato nel suolo per raggiungere gli strati acquiferi sotterranei. **2.** *estens.* Qualunque cavità o foro presente naturalmente nel terreno o praticato in esso. ◇ *Pozzo petrolifero:* foro per l'estrazione di idrocarburi liquidi o per l'esplorazione di un terreno. – *Pozzo di miniera:* quello che consente di raggiungere e ventilare i vari livelli di estrazione. – *Pozzo nero:* serbatoio coperto in cui vengono raccolti i liquami provenienti da edifici non allacciati alle fognature. – *Pozzo artesiano:* quello che raggiunge una falda acquifera in pressione per cui l'acqua risale spontaneamente in superficie. **3.** *fig. fam.* Con valore iperbolico, grandissima quantità di qlco., spec. di denaro o di conoscenza. ◇ *Essere un pozzo di scienza, di erudizione, ecc.:* avere conoscenze vaste. **4.** MAR. Nelle costruzioni navali, alloggiamento che interrompe la continuità del ponte o delle sovrastrutture.

pozzolàna s.f. (lat., deriv. di *Puteolānum pūlverem* "polvere di Pozzuoli") MIN. Roccia vul-

canica scura a struttura alveolare usata, mescolata con la calce, per la preparazione di malte idrauliche.

PRA s.m. inv. Sigla di *Pubblico Registro Automobilistico.*

pràcrito s.m. (sanscr. *prākrta-* "naturale, volgare") LING. Ciascuno dei dialetti indoari sviluppatisi parallelamente al sanscrito. □ Anche in funzione di agg.

praghése agg. Di Praga. ◆ s.m. e f. Nativo, abitante di Praga.

pragmàtica s.f. [non com. pl. –*che*] (ingl. *pragmatics*) In semiotica, studio delle relazioni tra i segni e coloro che se ne servono. ~ Studio delle condizioni di riuscita dell'atto linguistico, delle modalità dell'interazione comunicativa.

pragmàtico agg. [pl.m. –*ci,* f. –*che*] **1.** Relativo all'attività pratica. *Pensiero ricco di contenuti pragmatici.* **2.** *estens.* Improntato a senso pratico, a concretezza. **3.** Che non agisce in base a motivazioni ideali o ideologiche ma in base alle concrete possibilità di riuscita. *Politico pragmatico.* **4.** Nella filosofia e nella linguistica, che attiene alla pragmatica. ◆ s.m. [f. –*ca*] Persona dotata di forte senso pratico.

pragmatismo s.m. (ingl. *pragmatism*) **1.** FILOS. Corrente filosofica sviluppatasi negli Stati Uniti tra la fine dell'Ottocento e gli inizi del Novecento, secondo la quale la validità di una teoria è affidata alla sua verifica pratica. (Formulato da C.S. Peirce nel 1879, sviluppato da W. James e J. Dewey, il pragmatismo ha esercitato la sua influenza principale negli Stati Uniti.) **2.** Atteggiamento mentale e comportamento propri di chi privilegia la pratica sulla teoria e le concrete possibilità di riuscita sugli schemi astratti. **3.** *estens.* Comportamento spregiudicato proprio di chi non bada ai mezzi pur di raggiungere lo scopo.

praho /'pr'ao/ s.m. inv. (voce di orig. malese) Imbarcazione molto veloce a vela o a remi, tipica della Malesia e della Cina.

■ praho

pralina s.f. (dal nome del maresciallo francese du Plessis *Praslin,* il cui cuoco inventò tale dolce) **1.** Mandorla o nocciola tostata rivestita di zucchero caramellato o cioccolato. **2.** Grosso cioccolatino ripieno.

pralinàre v.tr. Ricoprire un dolce con uno strato di zucchero caramellato o di cioccolato.

prammàtica s.f. [pl. –*che*] **1.** DIR. Legge, editto che costituiscono una particolare applicazione della norma giuridica generale. **2.** *estens.* Regola, determinata dalle consuetudini, da seguire in determinate circostanze, spec. nella loc. *di prammatica. Per la cerimonia è di prammatica l'abito blu.*

prammàtico agg. [pl.m. –ci, f. –che] DIR. Con riferimento a leggi, editti, decreti, ecc., che regola l'applicazione della norma giuridica generale a casi concreti. ⋄ *Prammatica sanzione*: nel Medioevo e nell'Età moderna, editto regio o imperiale riguardante un aspetto fondamentale dell'organizzazione statuale (v. parte n.pr.).

pràna s.m. RELIG. Nelle antiche religioni indiane, la forza vitale dell'universo, più tardi identificata col dio Vayu.

prandiàle agg. MED. Relativo ai pasti.

pranoterapèuta s.m. e f. [pl.m. –ti] Chi pratica la pranoterapia. SIN.: **pranoterapista**.

pranoterapia s.f. Pratica terapeutica che consiste nel porre le mani sulla parte malata di una persona, ritenendo che da esse si sprigioni un fluido benefico.

pranoterapista s.m. e f. [pl.m. –sti] Pranoterapeuta.

pranzàre v.intr. (aus. *avere*) Consumare il pasto di mezzogiorno.

prànzo s.m. 1. Pasto che viene consumato intorno a mezzogiorno. ~ Nell'uso sorvegliato della lingua, pasto serale che segue alla prima e alla seconda colazione. 2. General., banchetto, convito, simposio. *Pranzo di nozze.* 3. Momento della giornata, ora in cui si pranza. *Vedersi a pranzo.*

praseodimio s.m. (solo sing.) (comp. di gr. *prásios* "verdastro", per il colore dei suoi sali, e *dídymos* "doppio") 1. Metallo giallo pallido, del gruppo delle terre rare, che fonde a 935 °C. 2. Elemento chimico (*Pr*) di numero atomico 59 e peso atomico 140,907.

pràssi s.f. inv. (gr. *práksis* "azione") 1. FILOS. Azione diretta al raggiungimento di uno scopo (in oppos. a *teoria*). 2. *estens.* Modo di procedere adottato per consuetudine.

prataiòlo agg. Dei prati. ◆ s.m. Fungo commestibile dal cappello bianco e rosa-violaceo. (Nome sc. *Psalliota campestris*; ordine delle Agaricacee.)

prateria s.f. Vasta pianura erbosa. ~ In partic., associazione vegetale, formata soprattutto da piante erbacee annue o perenni, a riposo invernale, tipica delle zone climatiche in cui si alternano stagioni umide e secche.

pràtica s.f. [pl. –che nelle accez. 4, 5, 6] 1. Attività rivolta alla realizzazione concreta di qlco. ⋄ *In pratica*: in *atto; nell'uso. *Strumento tanto raffinato da essere in pratica inutilizzabile;* effettivamente, in realtà. *In pratica si è rivelato un successo.* 2. Applicazione, attuazione dei principi di una scienza, di una tecnica nello svolgimento concreto di un'attività che fa acquisire esperienza e costituisce il completamento del sapere teorico. ⋄ *Fare pratica*: fare tirocinio. 3. Comportamento abituale. 4. Azione attraverso cui qlco. si concretizza. 5. (spec. pl.) Atti e procedure attraverso i quali si esplica il rapporto del cittadino con lo Stato o con altre autorità. ~ Ogni caso oggetto di un iter burocratico. 6. MAR. Comunicazione tra una nave in porto e la terraferma.

praticàbile agg. 1. Che può essere messo in pratica, che è realizzabile. 2. Dove si può circolare o passare. ◆ s.m. 1. TEAT. Piano mobile o fisso, sopraelevato rispetto al palcoscenico, sul quale gli attori possono recitare. 2. Passerella munita di scaletta disposta intorno a grandi macchinari per consentirne l'accesso e l'esecuzione di lavori di manutenzione.

praticaménte avv. 1. Con procedimenti pratici. 2. Stando alla pratica. 3. Pressoché, quasi del tutto.

praticantàto s.m. *non com.* Tirocinio, apprendistato.

praticànte agg. Che osserva le pratiche della propria religione. ◆ s.m. e f.1. Chi fa pratica in un lavoro, in una professione. 2. *spreg.* Chi conosce le cose per pratica, senza avere una preparazione teorica.

praticàre v.tr. [4] 1. Realizzare concretamente, mettere in pratica qlco. ~ Esercitare, professare. *Praticare una religione.* 2. Eseguire qlco. *Praticare la respirazione artificiale.* 3. Frequentare persone o ambienti. *Praticare locali notturni.* ◆ v.intr. (aus. *avere*) 1. Esercitare una

professione. *Alcuni laureati in medicina non hanno mai praticato.* 2. Avere rapporti abituali con qlcu. *Praticare con persone simpatiche.*

praticità s.f. inv. 1. Facilità, comodità nell'uso di qlco. 2. *Senso pratico.

pràtico agg. [pl.m. –ci, f. –che] (gr. *praktikós* "attivo") 1. Che mira ai fatti, all'azione (in oppos. a *teorico*). 2. Che tiene conto della possibilità concreta di realizzare le cose. 3. Facilmente applicabile, utilizzabile. 4. Che ha larga esperienza di qlco. 5. FILOS. Che riguarda l'azione, le norme di condotta. ⋄ *Ragion pratica*: che regola la vita morale dell'uomo.

pratile s.m. (calco del fr. *prairial*) ST. Nono mese del calendario rivoluzionario francese, che comincia il 20 maggio e finisce il 18 giugno.

prativo agg. 1. Tenuto, messo a prato. *Pianura prativa.* 2. Che cresce nei prati. *Fiori prativi.*

pràto s m. 1. Terreno coperto d'erbe, spontanee o coltivate per foraggio. 2. Terreno erboso che costituisce un campo di gioco.

pré- (lat. *præ* "avanti, prima") Prefisso che esprime il significato di anteriorità nel tempo, dando luogo a una lista aperta, fatta anche di elementi estemporanei, il cui significato è immediatamente percepibile da quello della base (*preadottivo, preallarme, predefinito*); minore ma non scarsa vitalità, spec. nel l. geografico, ha la sequenza derivazionale in cui il prefisso significa anteriorità nello spazio (*prealpino, predesertico*); il concetto di anteriorità può essere anche di tipo figurato (*prerazionale*); in parole dotte derivate dal latino il prefisso esprime superiorità, preminenza (*preclaro*).

preaccensióne s.f. AUTOM. Accensione anticipata della miscela nei cilindri di un motore a combustione interna, causata da surriscaldamento.

preaccòrdo s.m. DIR. Documento giuridico che lega due o più parti prima di un accordo definitivo.

preadolescènte s.m. e f. Giovane nel periodo evolutivo della preadolescenza.

preadolescènza s.f. Periodo evolutivo tra infanzia e adolescenza.

preagònico agg. [pl.m. –ci, f. –che] MED. Che precede o preannuncia l'agonia.

preallàrme s.m. Segnale che precede quello di allarme. ~ *estens.* Primo avvertimento, segno premonitore. ⋄ *Stato di preallarme*: quello durante il quale si approntano le prime difese e ci si prepara operativamente ad affrontare il pericolo.

prealpìno agg. Delle Prealpi.

preàmbolo s.m. (lat. *præàmbulum* "che cammina davanti") 1. Introduzione a un discorso, a una relazione. 2. (spec. pl.) Giri di parole con cui si prende un argomento alla lontana. 3. RELIG. *Preamboli della fede*: verità a cui la ragione giunge prima ancora di abbracciare le verità rivelate. 4. DIR. Parte preliminare di un documento legislativo che enuncia principi fondamentali (p.e. una costituzione, un trattato). 5. Nel l. pol., protocollo d'intesa preliminare agli accordi.

preamplificatóre s.m. ELETTRON. Amplificatore aggiuntivo posto fra la sorgente dei segnali e l'amplificatore vero e proprio, che migliora il rapporto segnale-rumore.

preanestesia s.f. MED. Somministrazione di farmaci sedativi praticata prima dell'anestesia generale. SIN.: **prenarcosi**.

preannunciàre v.tr. [5] Annunciare o far conoscere qlco. in anticipo. ◆ **preannunciarsi** v.pron. Dare i primi segni lasciando prevedere di essere o di presentarsi in un certo modo. *L'incontro si preannuncia interessante.*

preannùncio s.m. [pl. –ci] Annuncio anticipato di qlco. spec. di negativo.

preavvisàre v.tr. Informare qlcu. in anticipo.

preavvìso s.m. 1. Notizia in anticipo di ciò che verrà fatto. 2. DIR. Notizia anticipata dell'annullamento di un contratto d'affitto o di lavoro e periodo che intercorre fra tale comunicazione e la data di cessazione effettiva. ⋄ *Indennità di preavviso*: quella corrisposta al dipendente quando sia stato licenziato senza preavviso.

prebèllico agg. [pl.m. –ci, f. –che] Che precede una guerra.

prebènda s.f. (lat. *praebènda* "cose da offrire") 1. CATT. Beneficio ecclesiastico e rendita che ne deriva. 2. *estens.* Guadagno ottenuto senza troppa fatica.

prebiòtico agg. [pl.m. –ci, f. –che] BIOL. Delle molecole (spec. gli acidi amminici) e delle reazioni chimiche che rendono o hanno reso possibile la vita su un pianeta o sulla Terra.

precambriàno s.m. (solo sing.) GEOL. Periodo compreso tra la costituzione della Terra e l'inizio dell'era paleozoica, la cui durata si valuta intorno ai 4 miliardi di anni. SIN.: **archeozoico**. ◆ agg. Relativo a tale periodo.

precàmera s.f. Camera ausiliaria di un motore diesel, tra l'iniettore e il cilindro, nella quale il combustibile brucia parzialmente provocando un aumento di pressione e proiettando il combustibile non ancora bruciato nella camera di combustione principale.

precampionàto s.m. SPORT. Serie di partite amichevoli che le squadre disputano prima dell'inizio di un campionato come allenamento.

precanceróso agg. MED. Di lesione benigna che può trasformarsi in cancro.

precariàto s.m. 1. Condizione del lavoratore precario. 2. Categoria dei lavoratori precari.

precarietà s.f. inv. Caratteristica e condizione di ciò che è precario. SIN.: **instabilità**.

precàrio agg. [pl. –ri] (lat. *precàrium* "ottenuto con preghiere") 1. Che è instabile, provvisorio. ~ Che rischia di volgere al peggio, malsicuro. *Situazione precaria.* 2. In ambito lavorativo, privo di garanzie, destituibile. 3. DIR. Di ciò che può essere richiesto indietro dal concedente in ogni momento. ◆ s.m. [f. –ria] 1. Chi ha un rapporto di lavoro provvisorio e non garantito. 2. DIR. Contratto di comodato consistente nella concessione gratuita di qlco. di cui il concedente può chiedere la restituzione in ogni momento.

precauzionàle agg. Fatto per precauzione.

precauzióne s.f. (lat. *praecautiónem*, deriv. di *praecavère* "usare cautela") 1. Prudenza nell'agire. ~ Particolare attenzione nell'adoperare cose pericolose o fragili. 2. Specifica cautela adottata per evitare un danno o limitarne le conseguenze.

precedènte agg. Che precede qlco. o qlcu., che viene prima nel tempo o nello spazio. ◆ s.m. 1. Fatto verificatosi prima che diviene modello per analoghi casi successivi. ⋄ *Senza precedenti*: mai prima verificatosi, unico. 2. (al pl.) Comportamenti pregressi di una persona. 3. (al pl.) Nel l. bur., atti di un caso già trattato consultati in relazione a una pratica attuale e analoga.

precedenteménte avv. In precedenza.

precedènza s.f. 1. Fatto, sancito dall'uso, di venire prima di altri, di passare avanti agli altri. 2. Diritto di un veicolo di passare prima degli altri, assegnato dal codice che regola la circolazione stradale o ferroviaria. 3. *fig.* Priorità assoluta.

precèdere v.tr. [12] 1. Stare davanti. *La famiglia reale precede il corteo.* ~ Trovarsi prima di qlco. *La presentazione precede il testo.* 2. Venire, accadere prima di qlco. in ordine di tempo. *La partenza delle rondini precede l'arrivo dell'autunno.* ⋄ *Precedere qlcu.*: anticiparlo in un'azione. *Volevo chiamarti ma lui mi hai preceduto.* 3. *fig.* Essere superiore in autorità. *Il cardinale precede il vescovo.*

precessióne s.f. 1. FIS. *Moto di precessione*: quello che si verifica quando l'asse di rotazione di un corpo ruota, a sua volta, intorno a un asse che lo interseca sotto un angolo costante. 2. ASTR. Moto conico molto lento dell'asse di rotazione della Terra dovuto all'attrazione gravitazionale del Sole e della Luna sul rigonfiamento equatoriale del pianeta che provoca una regressione continua della linea degli equinozi. [Si completa in ca. 26.000 anni e causa un piccolo anticipo annuale degli equinozi (*precessione degli equinozi*).]

precettàre v.tr. (lat. *praeceptàre* "raccomandare") 1. DIR. Notificare un precetto, un'ingiunzione, invitando formalmente qlcu. all'adempimento di un obbligo. 2. MIL. Richiamare alle armi qlcu. già in congedo. ~ Ordinare per iscritto la requisizione di beni per necessità di guerra. *Precettare i viveri.* **3.** *estens.* Invitare formalmente le persone in sciopero in settori di pubblica utilità a presentarsi al lavoro, pena sanzioni di legge. *Precettare i ferrovieri in sciopero.*

precettazióne s.f. **1.** DIR. Intimazione di obbedire a una legge, in partic. di presentarsi al lavoro, pena l'applicazione di sanzioni penali, rivolta ad addetti a pubblici servizi in sciopero. **2.** MIL. Richiamo alle armi di un militare in congedo. ~ Requisizione di beni per necessità di guerra.

precettìstica s.f. [pl. *–che*] **1.** Insieme di regole e convenzioni proprie di ogni disciplina. **2.** Insegnamento basato solo sulle regole e sulle convenzioni.

precètto s.m. **1.** Norma, insegnamento in un settore particolare. **2.** DIR. Ordine di adempiere a determinati obblighi entro un dato termine, emanato da un'autorità (giudiziaria, militare, ecc.). **3.** Consiglio, insegnamento che viene da persona autorevole.

precettóre s.m. [f. *–trice*] In passato, insegnante privato in collegio, presso famiglie nobili o molto facoltose.

precipitàndo s.m. inv. MUS. Indicazione dinamica che prescrive un passaggio molto accelerato da un movimento lento o moderato a uno veloce.

precipitàre v.intr. (aus. *essere*) **1.** Cadere in maniera rovinosa dall'alto verso un punto più basso. *L'alpinista precipitò dalla parete nel crepaccio.* ~ *fig.* Cadere improvvisamente in un grave stato morale o materiale. *Precipitare in miseria.* **2.** CHIM. Detto di sostanza solida, depositarsi sul fondo per separazione in una soluzione. SIN.: **sedimentarsi. 3.** *fig.* Evolversi verso una situazione negativa. *La situazione sta precipitando.* ◆ v.tr. **1.** CHIM. Fare depositare una sostanza solida in soluzione, mediante l'aggiunta di un reagente. **2.** *fig.* Accelerare qlco. ◆ **precipitarsi** v.pron. **1.** Gettarsi giù da un luogo verso un punto più basso. *Precipitarsi dal ponte.* **2.** Andare con impeto verso qlcu. o qlco. *Mi sono precipitato da te.* ~ Lanciarsi, piombare su qlcu. *Il leone si precipitò sulla preda.*

1. precipitàto agg. Riferito a decisioni che risentono di un'eccessiva fretta. *Giudizio precipitato.* SIN.: **affrettato.**

2. precipitato s.m. CHIM. Sostanza solida, insolubile che si separa da una soluzione nel processo di precipitazione.

precipitatóre s.m. **1.** CHIM. Reattivo usato per ottenere la precipitazione di una sostanza in soluzione. **2.** CHIM. Apparecchio per effettuare la precipitazione o per filtrare fumi e polveri in sospensione gassosa.

precipitazióne s.f. **1.** METEOR. Fenomeno di caduta al suolo dell'acqua in varie forme (pioggia, neve, grandine). **2.** CHIM. Separazione dalla soluzione di una sostanza solida; la sostanza stessa che precipita. **3.** *fig.* Eccessiva rapidità nel formulare giudizi e decisioni.

precipitóso agg. **1.** Che cade, scorre, procede con velocità e impeto. SIN.: **impetuoso. 2.** *fig.* Che agisce con eccessiva fretta. SIN.: **impulsivo. 3.** *fig.* Compiuto di fretta. SIN.: **avventato.**

precipìzio s.m. [pl. *–zi*] **1.** Luogo ripido, scosceso, a strapiombo. SIN.: **baratro. 2.** *fig.* Situazione catastrofica, rovina.

precisaménte avv. **1.** In modo netto e chiaro. **2.** Con esattezza. **3.** Per l'appunto.

precisàre v.tr. (fr. *préciser*) Determinare, fissare qlco. con esattezza. *Dobbiamo precisare gli orari delle partenze.* SIN.: **definire.** ~ Spiegare qlco. con precisione. *Precisare i termini del contratto.*

precisazióne s.f. **1.** Determinazione di qlco. in modo preciso. **2.** Discorso, testo scritto con cui si espone qlco. in maniera particolareggiata e inequivocabile.

precisìno s.m. [f. *–na*] *iron.* Tipo preciso, persona meticolosamente attenta.

precisióne s.f. **1.** Esattezza assoluta. ~ Qualità di una persona meticolosa, diligente. **2.** *estens.* Chiarezza rigorosa nel pensiero, nell'espressione. *La precisione dello stile.*

preciso agg. (lat. *praecīsum*, propr. "sfrondato di ogni elemento superfluo") **1.** Ben determinato, stabilito con esattezza. **2.** Corrispondente al vero, al reale, all'originale o a un termine di confronto. ~ Di strumenti di misura o entità numeriche, che presentano un margine d'errore minimo. *Una bilancia precisa.* ~ Nel l. com., di misura, di stretta misura. **3.** Uguale a qlcu. o qlco. **4.** Fatto con cura e meticolosità, con precisione. **5.** Di persona meticolosa, ordinata, in partic., puntuale.

preclùdere v.tr. [21] **1.** Vietare il passaggio, l'accesso a qlco. *Precludere l'entrata ai minori.* SIN.: **interdire. 2.** *fig.* Impedire qlco. a qlcu. *La malattia gli ha precluso una sfolgorante carriera.* ◆ **precludersi** v.pron. Rendere impossibile qlco. a se stessi. *Precludersi ogni via di uscita.*

preclusióne s.f. (lat. *praeclusiónem* "chiusura") **1.** Esclusione. *Tutti possono partecipare, senza preclusione.* **2.** *fig.* (spec. pl.) Preconcetto, pregiudizio. **3.** DIR. Perdita della possibilità di esercitare una facoltà, un diritto o un potere, per decorrenza dei termini o per incompatibilità sopravvenuta.

precòce agg. (lat. *prăecocem* "che cuoce, matura prima") **1.** Di pianta o frutto, che giunge a maturazione prima del tempo normale. ~ *estens.* Che manifesta anzitempo uno sviluppo fisico o intellettuale proprio dell'età adulta. **2.** Che avviene prima del tempo.

precocità s.f. inv. Raggiungimento anticipato del pieno sviluppo, della maturità.

precolombiàno agg. Delle civiltà presenti nel continente americano prima all'arrivo di Cristoforo Colombo (1492).

precompressióne s.f. TECN. Compressione preventiva di un materiale per aumentarne la resistenza.

preconcètto agg. (calco del fr. *préconçu*) Concepito sulla base di luoghi comuni. ◆ s.m. Ciò che è basato su uno stereotipo.

preconciliàre agg. Anteriore a un concilio, in partic. al concilio Vaticano II (1959-1965).

preconfezionàre v.tr. Confezionare un prodotto, spec. alimentare, prima della vendita.

preconfezionàto agg. **1.** Di prodotto, spec. alimentare, messo in vendita in confezioni e già pronto all'uso. **2.** *fig.* Studiato appositamente per piacere a un certo tipo di pubblico, anche a scapito della qualità culturale. ◆ s.m. Prodotto messo in vendita pronto per l'uso.

precònscio agg. [pl.m. *–sci*] PSICOL., PSICOAN. Che può tornare facilmente alla coscienza, che si trova a un livello vicino a quello della coscienza. ◆ s.m. Sistema psichico su cui non opera un'istanza di rimozione e che, quindi, è più vicino alla coscienza di quanto non lo sia l'inconscio.

preconsonàntico agg. [pl.m. *–ci*, f. *–che*] LING. Di suono che si articola davanti a una consonante.

precordiàle agg. ANAT. Relativo al precordio.

precordialgìa s.f. MED. Dolore localizzato alla regione precordiale.

precòrdio s.m. [pl. *–di*] ANAT. Porzione anteriore sinistra del torace, in corrispondenza del cuore.

precórrere v.tr. [21] Precedere qlcu. o qlco. temporalmente.

precostituìto agg. Costituito, formato in precedenza.

precòtto agg. Sottoposto a parziale o a completa cottura con metodi industriali e venduto in confezioni. ◆ s.m. Nel sign. dell'agg.

precristiàno agg. Anteriore, precedente al sorgere e al diffondersi del cristianesimo. *Cultura precristiana.*

precursóre agg. [f. *precorritrice*] **1.** Che precorre, preannuncia, fa presagire qlco. SIN.: **anticipatore. 2.** CHIM., BIOL. Che si forma nello stadio iniziale di un processo o di una reazione, trasformandosi successivamente in un'altra sostanza. ◆ s.m. (anche f.) Chi anticipa idee, teorie, concezioni che avranno pieno sviluppo in un tempo a venire.

prèda s.f. **1.** Ciò di cui ci si appropria con la violenza. **2.** Essere vivente catturato e ucciso da animali che se ne cibano. ~ Animale cacciato

dall'uomo. **3.** *fig.* Balia, potere. *Essere preda dei creditori.*

predatóre s.m. [f. *–trice*] **1.** Animale che caccia altri animali. **2.** Chi compie saccheggi e razzie. ~ *fig.* Chi spregiudicatamente si accaparra quanto può.

predatòrio agg. [pl.m. *–rì*] Relativo al predare, al predatore. *Attività predatoria.*

predazióne s.f. Processo biologico per cui individui di una specie, per nutrirsi, catturano individui di un'altra specie.

predecessóre s.m. [non com. f. *–ra*] **1.** Chi ha preceduto qlcu. in una attività, in una carica. **2.** (al pl.) Antenati, ascendenti.

predèlla s.f. (long. *pretel* "assicella") **1.** Piano sopraelevato in legno su cui poggia una cattedra, un banco, un letto. **2.** Parte inferiore, divisa in scomparti, di un polittico o di una pala d'altare. **3.** Rinforzo posto nella parte inferiore esterna dei portoni.

predellìno s.m. **1.** Nel sign. del dim. di 1. *predella.* **2.** Gradino su cui si appoggia il piede per salire sui mezzi di trasporto.

predestinàre v.tr. Destinare qlcu. o qlco. a un fine particolare, decidendolo molto tempo prima.

predestinàto agg. Destinato a qlco. ◆ s.m. [f. *–ta*] Chi è destinato a un fine particolare, importante.

predestinazióne s.f. **1.** Destino misteriosamente assegnato. **2.** RELIG. Nel cattolicesimo, piano provvidenziale di Dio per condurre tutti gli uomini alla salvezza. ~ Nel cristianesimo riformato, designazione degli eletti effettuata da Dio al principio dei tempi. **3.** Determinazione anticipata di qlco.

predeterminàre v.tr. Determinare, stabilire in anticipo.

predétto agg. Di cui si è già parlato prima.

prediàle agg. DIR. Relativo a un fondo rustico. SIN.: **fondiario.** ◇ *Servitù prediale:* ogni diritto reale che limita il godimento di un fondo a favore di un altro. ◆ s.f. Imposta fondiaria.

prèdica s.f. [pl. *–che*] **1.** Discorso di spiegazione dei testi sacri e di edificazione morale, rivolto dal sacerdote ai fedeli durante una funzione religiosa. SIN.: **omelia. 2.** *fam.* Discorso moralistico e noioso.

predicàbile agg. FILOS. Che può essere applicato a un argomento. ◆ s.m. FILOS. Ciò che può essere detto a proposito di un soggetto.

predicàre v.tr. [4] **1.** Insegnare a qlcu. i principi di un'ideologia e soprattutto di una religione. *Predicare il Vangelo.* **2.** *estens.* Raccomandare qlco., soprattutto insegnamenti morali, raccomandazioni, ecc., ripetutamente e con stile oratorio. *Predicare la moderazione.* **3.** FILOS., GRAMM. Attribuire una qualità o un predicato a un soggetto. ◆ v.intr. (aus. *avere*) **1.** Annunciare la parola divina in pubblico. *Un prete che sa predicare.* **2.** *estens.* Fornire consigli.

predicatìvo agg. LOG., GRAMM. Del predicato, che costituisce un predicato. ◇ *Verbo predicativo:* verbo che ha un significato specifico per cui può costituire un predicato verbale (in oppos. a *verbo copulativo*). – LING. *Frase predicativa:* espressione linguistica che, enunciata in una determinata situazione, seppur priva di verbo o di altri costituenti essenziali, esprime la parte più significativa del predicato (spesso è un'espressione esclamativa: *pazienza!*).

predicàto s.m. **1.** LOG., GRAMM. Ciò che viene detto intorno al soggetto. **2.** Nella struttura della frase il sintagma imperniato sul verbo. ◇ *Predicato verbale:* quello costituito da un verbo predicativo, il quale essendo dotato di un significato specifico, può predicare informazioni anche da solo o insieme con i suoi argomenti. – *Predicato nominale:* quello costituito da un verbo copulativo o con valore copulativo, il quale può predicare informazioni solo in unione con elementi nominali (p.e. *Paola è simpatica*). **3.** Titolo onorifico o nobiliare. **4.** *Essere in predicato:* avere buone probabilità di assumere una carica, un ufficio.

predicatóre s.m. [f. *–trice*] (lat. *praedicatórem* "chi loda o proclama") **1.** Chi annuncia la parola di Dio, chi esorta al bene servendosi della predica. **2.** *estens.* Divulgatore, sostenitore di un'idea o un'ideologia. □ In funzione di agg., nella loc. *frati predicatori*, i domenicani, religiosi dediti alla predicazione.

predicatòrio agg. [pl.m. *–ri*] (lat. *praedicatòrius* "elogiativo") *spreg.* Noioso e moralistico, da predicatore, da predica. *Tono predicatorio.*

predicazióne s.f. **1.** Annuncio di un messaggio religioso. **2.** Attività d'istruzione ed edificazione religiosa svolta tramite prediche. **3.** LOG., GRAMM. Attribuzione di un predicato a un soggetto.

predicòzzo s.m. *scherz.* Discorso di ammonimento e di rimprovero fatto alla buona. SIN.: **ramanzina.**

predigerito agg. Sottoposto a un processo di trasformazione degli amidi e delle proteine complesse in sostanze più semplici e più digeribili.

prediletto agg. Amato più di altri o di altre cose. SIN.: **preferito.** ◆ s.m. [f. *–ta*] Persona preferita.

predilezióne s.f. Preferenza rivolta a qlcu. o qlco. *Ha una predilezione per la letteratura.*

prediligere v.tr. [27] (lat., comp. di *praē* "prima" e *diligere* "amare") Amare qlcu. o qlco. più di ogni altro; preferirlo. *Prediligere l'arte moderna.*

predire v.tr. [80] (lat. *praedìcere*, propr. "dire prima") Dire, prevedere ciò che avverrà nel futuro.

predisponènte agg. Che predispone qlco. ◇ MED. *Fattore predisponente*: quello, interno ed esterno all'organismo, che determina un abbassamento delle difese immunitarie.

predispórre v.tr. [25] **1.** Preparare con cura o con prudenza per una finalità precisa. *Predisporre il necessario.* **2.** Preparare qlco. a subire delle modifiche. *Predisporre l'organismo all'intervento.* ~ Nel l. med., creare le premesse per lo sviluppo di condizioni morbose. *Il fumo può predisporre al cancro.* **3.** Creare in qlcu. le condizioni psicologiche per un determinato stato d'animo o per una reazione emotiva. ~ Preparare qlcu. a qlco. *Predisporre i parenti alla notizia.* ◆ **predisporsi** v.pron. Prepararsi psicologicamente a qlco. *Predisporsi al peggio.*

predisposizióne s.f. **1.** Approntamento, organizzazione preventiva di qlco. **2.** *estens.* Disposizione innata per qlco. **3.** MED. Tendenza a sviluppare un determinato quadro morboso a causa di fattori intrinseci all'organismo o esterni. SIN.: **diatesi.**

predispósto agg. **1.** Disposto, organizzato in precedenza. **2.** Costruito in modo da essere adattato per qualche altra prestazione. **3.** Che manifesta una tendenza a qlco.

predizióne s.f. **1.** Annuncio di eventi futuri. **2.** Ciò che è stato predetto. *Predizione infausta.*

predominànte agg. Che si impone per la maggior forza o frequenza. SIN.: **prevalente.**

predominànza s.f. Maggior risalto, maggiore presenza e diffusione di qlcu. o qlco. in un ambiente.

predominàre v.intr. (aus. *avere*) **1.** Avere ed esercitare un dominio in un ambito, in un luogo o su qlcu. o qlco. ~ Essere superiore. *In lui predomina la saggezza.* **2.** Essere preponderante in quantità o frequenza. *In autunno predominano le piogge.*

predominio s.m. [pl. *–ni*] **1.** Superiorità in un dato ambito, su qlcu. o qlco. *Il predominio militare.* **2.** Prevalenza di qlco. su altro, maggior forza, maggior risalto. *Predominio dell'essere sull'avere.*

predóne s.m. [f. non com. *–na*] Chi vive di rapine, di saccheggi. SIN.: **razziatore.** ◇ *Predoni del mare*: pirati.

preellènico agg. [pl.m. *–ci*, f. *–che*] ARCHEOL. Della Grecia prima dell'insediamento degli elleni (sec. XII a.C.).

preesàme s.m. Nel l. uni., colloquio, prova scritta, in cui viene anticipata una parte del programma d'esame.

preesistènte agg. Che esisteva prima di ciò che attualmente esiste. *Situazione preesistente.*

preesistere v.intr. [14] (aus. *essere*) Esistere prima, risultare precedente a qlco.

prefabbricàre v.tr. [4] (ingl. *to prefabricate*) **1.** Fabbricare industrialmente vari elementi standardizzati che si assembleranno in seguito per formare un edificio o una struttura. *Prefabbricare un ponte.* **2.** *fig.* Preparare qlco. in precedenza, per servirsene al momento giusto; anche pron. *Prefabbricare (prefabbricarsi) un alibi.*

prefabbricàto agg. **1.** Fabbricato in appositi luoghi di produzione, prima del momento dell'installazione. ~ Che risulta dal montaggio di elementi così prodotti. *Casa prefabbricata.* **2.** *fig.* Preparato in precedenza, precostituito. ◆ s.m. Edificio prefabbricato.

prefabbricazióne s.f. (ingl. *prefabrication*) Produzione di elementi pronti per essere montati nel luogo voluto.

prefatóre s.m. [f. *–trice*] Autore di una prefazione.

prefàzio s.m. [pl. *–zi*] RELIG. Parte della messa che precede il canone eucaristico.

prefazióne s.f. (lat. *praefatiōnem* "preambolo") Introduzione che, premessa a un'opera, ne esplica genesi, intendimenti e criteri metodologici.

preferènza s.f. **1.** Anteposizione di una persona o di una cosa ad altre in ambiti concreti o nell'affetto personale. SIN.: **predilezione. 2.** (spec. pl.) Favoritismi, parzialità. *Non fare preferenze.* **3.** INFORM. (spec. pl.) Impostazione accessibile dall'utente di un aspetto del funzionamento del computer o di un programma, che viene registrata e rispettata anche nelle sessioni di lavoro future.

preferenziàle agg. (fr. *préférentiel*) Che manifesta o costituisce preferenza.

preferibile agg. Che può o deve essere preferito.

preferire v.tr. [83] (lat. *praefèrre*, propr. "portare avanti") Considerare qlcu. o qlco. con maggior favore rispetto a un altro; scegliere una cosa rispetto a un'altra. *Preferisco il teatro al cinema.*

preferito agg. Che è oggetto di preferenza. ◆ s.m. **1.** [f. *–ta*] Persona prediletta. **2.** (al pl.) Cioccolatini al liquore con ciliegia. **3.** INFORM. Collegamento al sito web più consultato dall'utente; spec. al pl., lista di tali collegamenti.

prefestivo agg. Precedente a un giorno di festa. *Giorno prefestivo.* ◇ *Messa prefestiva*: messa vespertina celebrata alla vigilia di un giorno festivo e valida come messa di precetto.

prefettizio agg. [pl.m. *–zi*] Del prefetto.

prefètto s.m. (lat. *praefēctum* "sovrintendente") **1.** (anche con riferimento a donna) Funzionario che rappresenta il governo centrale nelle singole province, con compiti di controllo sugli organi amministrativi locali e di tutela dell'ordine pubblico. **2.** Nell'antica Roma, funzionario che aveva giurisdizione su un territorio o su particolari settori dell'amministrazione civile e militare. **3.** Titolo attribuito ai cardinali di curia che presiedono alle sacre congregazioni. **4.** Chi è preposto alla sorveglianza di una camerata di collegiali o di seminaristi.

prefettùra s.f. **1.** Titolo e ufficio di prefetto. ~ Uffici che dipendono dal prefetto. **2.** Nell'antica Roma, carica di prefetto e territorio da lui governato. ~ In età imperiale, ognuna delle quattro parti in cui Diocleziano divise l'impero. **3.** Denominazione di vari uffici vaticani.

prèfica s.f. [pl. *–che*] **1.** Nell'antica Roma, donna che, dietro richiesta, piangeva un defunto e ne cantava l'elogio. **2.** *estens. scherz.* Persona che lamenta sempre disgrazie. SIN.: **piagnone.**

prefiggere v.tr. [32] (lat., comp. di *praē* "prima" e *figere* "piantare, fissare") **1.** Fissare, stabilire. **2.** LING. Porre qlco. davanti ad altro. ◆ **prefiggersi** v.pron. Assumersi un impegno.

prefiguràre v.tr. (lat., comp. di *praē* "prima" e *figurāre* "dare forma") **1.** Rappresentare qlcu. o qlco. che esisterà o accadrà in futuro, attraverso immagini simboliche, costituire un'anticipazione. **2.** *estens.* Anticipare, precorrere qlco.

prefinanziaménto s.m. FIN. Finanziamento a breve termine concesso da una banca a un'impresa in attesa che venga erogato un mutuo.

prefissàre v.tr. **1.** Fissare in anticipo qlco., anche pron. *Prefissare (prefissarsi) una meta.* **2.** LING. Apporre un prefisso a una parola.

1. prefissàto agg. **1.** Stabilito in precedenza. **2.** LING. Detto di parola a cui è stato apposto un prefisso.

2. prefissàto s.m. Nel sign. dell'agg.

1. prefisso agg. Fissato, stabilito in precedenza.

2. prefisso s.m. **1.** LING. Elemento morfologico aggiuntivo, anteposto a una parola esistente e atto a ricavarne derivati. **2.** TELECOM. Cifra o serie di cifre proprie di un dato distretto da comporre prima del numero telefonico di un abbonato.

prefissòide s.m. LING. Primo elemento di parole composte, dotato di un significato autonomo ma usato con funzioni analoghe a quelle del prefissi (p.e. *auto-, foto-*).

preflorazióne s.f. BOT. Disposizione degli elementi del fiore prima della fioritura.

prefórma s.f. Nell'industria delle materie plastiche, prodotto che ha approssimativamente la forma dell'oggetto finito e da cui quest'ultimo si ottiene per compressione nello stampo definitivo.

preformazióne s.f. **1.** Formazione di qlco. realizzata in precedenza. **2.** BIOL. Secondo un'antica e ormai abbandonata teoria embriologica, presenza nelle cellule germinali maschili o femminili di tutte le caratteristiche del nascituro già prima che avvenga la fecondazione.

pregàre v.tr. [4] **1.** Rivolgersi a Dio o ad altre figure sacre con la mente o con parole al fine di implorarne l'aiuto. **2.** Chiedere a qlcu. in modo supplice di fare qlco. *Vi prego di stare attenti.* **3.** Chiedere qlco. a qlcu. con cortesia. *Ti prego di rispondere il più presto possibile.* ◇ *Farsi pregare*: non concedere facilmente ciò che viene richiesto. ◆ v.intr. (aus. *avere*) Rivolgersi abitualmente a Dio, con il pensiero o le parole. *Non prego mai.*

pregévole agg. Di pregio, degno di essere apprezzato.

preghièra s.f. **1.** Pensiero rivolto a Dio, alla Madonna, ai santi, il cui contenuto può consistere in un'intenzione, in un'implorazione, in un rendimento di grazie. ~ Parole, spontanee o codificate, usate da chi prega. **2.** Richiesta dal tono umile e supplichevole. ~ Invito, sollecitazione misurati e rispettosi. ◇ *Dietro, su preghiera di qlcu.*: su sua richiesta, per sua intercessione.

pregiàto agg. **1.** Di pregio, di valore. **2.** Stimato, spec. come appellativo di cortesia nell'intestazione di lettere.

prègio s.m. [pl. *–gi*] **1.** Qualità, valore. ~ Considerazione, stima verso qlcu. **2.** Dote, merito, virtù su cui si fonda la stima. ~ (spec. pl.) Ciò che rende pregevole qlcu. o qlco.

pregiudicàre v.tr. [4] Compromettere la risoluzione positiva di qlco. ~ Danneggiare qlco.

pregiudicàto agg. Compromesso, danneggiato, deteriorato. ◆ s.m. [f. *–ta*] DIR. Chi ha già riportato condanne penali o ha espiato pene detentive.

pregiudiziàle agg. Che deve essere fatto oggetto di giudizio, di esame prima che si affrontino altri argomenti, questioni, ecc. ◇ DIR. *Questione pregiudiziale*: quella da cui dipendono i successivi atti nonché la competenza dello stesso organo giudicante, e che, dunque, va affrontata preliminarmente. ◆ s.f. Condizione da cui dipendono decisioni e azioni successive e che ha, perciò, valore preliminare.

pregiudizio s.m. [pl. *–zi*] **1.** Giudizio basato su opinioni precostituite e su stati d'animo irrazionali, anziché sull'esperienza e sulla conoscenza diretta. **2.** Credenza errata, superstizione. **3.** *estens.* Danno, detrimento.

pregnànte agg. (lat. *praegnāntem* "gravida") **1.** Pregno, gravido. **2.** *fig.* Riferito a parola, frase o discorso, denso, ricco di significato. ~ Proprio, specifico, pieno.

prégno agg. **1.** Gravido. **2.** *estens.* Pieno di qlco.

prègo escl. Si usa in formule di cortesia rispondendo a chi ringrazia o chiede scusa, oppure invitando qlcu. a fare qlco. o a ripetere quanto ha detto.

pregrèsso agg. **1.** Che si è già svolto, si è già sviluppato. **2.** Prodotto, maturato nel passato, spec. nel l. med. e bur.

pregustàre v.tr. Gustare qlco. prima di averlo provato, immaginando il piacere che procurerà.

preindustriàle agg. Anteriore all'industrializzazione e ai suoi riflessi nella società e nella cultura.

preiscrizióne s.f. Iscrizione provvisoria.

preistòria s.f. (ingl. *prehistory*) **1.** Epoca precedente a ogni attestazione scritta e quindi documentata solo da reperti paleontologici e paletnologici. **2.** *estens.* Condizioni di vita primitive. **3.** *fig.* Lontana origine di una situazione, di un fatto, di una disciplina, ecc.

preistòrico agg. [pl.m. *–ci*, f. *–che*] (ingl. *prehistoric*) **1.** Della preistoria. **2.** *fig. scherz.* Molto vecchio, ampiamente sorpassato.

prelatino agg. **1.** Precedente all'insediamento dei Latini o alla conquista romana. **2.** Precedente alla formazione o alla diffusione della lingua latina.

prelàto s.m. Ecclesiastico secolare o regolare che ha funzioni giurisdizionali.

prelatùra s.f. **1.** Dignità, ufficio, titolo di prelato. **2.** Territorio su cui un prelato ha giurisdizione. **3.** L'insieme dei prelati.

prelavàggio s.m. [pl. *–gi*] Primo ciclo di lavaggio nelle lavatrici e nelle lavastoviglie.

prelazióne s.f. DIR. Priorità rispetto ad altri soggetti, a parità di condizioni, concessa dalla legge o da norme particolari in un acquisto o nel recupero di un credito.

prelevaménto s.m. Atto di prelevare qlco. *Prelevamento di un campione d'acqua.* ~ BANC. In partic. ritiro di denaro depositato in banca. SIN.: **prelievo**.

prelevàre v.tr. **1.** Prendere, portare via qlco. da un luogo. *Prelevare la merce dal magazzino.* ~ Nel l. med. asportare qlco. a scopo diagnostico o terapeutico. *Prelevare il sangue.* **2.** Portare via qlcu. con la forza. *I rapitori lo prelevarono da casa.*

prelibatézza s.f. **1.** Bontà e raffinatezza di sapore. SIN.: **squisitezza**. **2.** *estens.* Cibo, bevanda prelibati. SIN.: **leccornia, ghiottoneria**.

prelibàto agg. Di sapore eccellente e raffinato. SIN.: **squisito**.

prelièvo s.m. **1.** Asportazione di una piccola parte di qlco. **2.** Ritiro di una parte del denaro depositato in banca.

preliminàre agg. (lat. *praeliminàrem*, propr. "ciò che sta davanti alla soglia") Che ha carattere o funzione di premessa o di preparazione. ◆ s.m. Ciò che prepara, introduce qlco. di successivo.

prelògico agg. [pl.m. *–ci*, f. *–che*] ANTROP., PSICOL. Che non utilizza o non ha ancora acquisito gli strumenti del pensiero logico.

prelùdere v.intr. [21] (aus. *avere*) (lat. *praelūdere* "esercitarsi") Costituire una premessa a qlco. che seguirà di conseguenza.

preludiàre v.intr. [6] (aus. *avere*) MUS. Detto di un pezzo musicale, costituire un preludio.

prelùdio s.m. [pl. *–di*] **1.** MUS. Brano strumentale che introduce una composizione. ~ In epoca romantica, componimento strumentale autonomo a schema libero, breve e intensamente lirico. **2.** *estens.* Scritto o discorso introduttivo. **3.** *fig.* Ciò che precede, annuncia, lascia presagire qlco.

prémaman [/prema'mã/] agg. (voce fr.) ABBIGL. Di abito, ampio, adatto alle donne in gravidanza.

prematrimoniàle agg. Che avviene prima del matrimonio.

prematùro agg. **1.** Che avviene prima del tempo, troppo presto. ~ MED. Di neonato partorito prima del nono mese di gravidanza. **2.** *estens.* Fatto o detto prima del momento opportuno. ◆ s.m. [f. *–ra*] Neonato prematuro.

premeditàre v.tr. Progettare un'azione, spec. illecita prima di compierla. *L'azione è stata premeditata.*

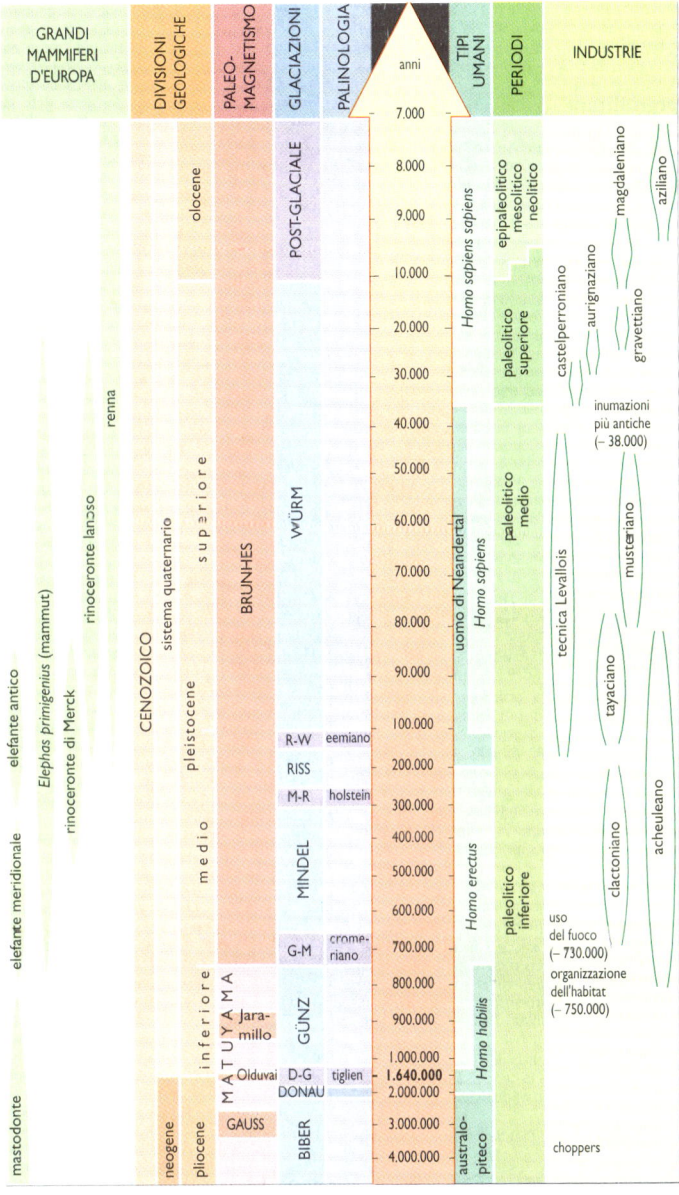

preistòria (tavola sinottica).

premeditàto agg. Pensato anticipatamente e quindi intenzionale, volontario. *Gesto premeditato.* ~ DIR. Effettuato con premeditazione. *Delitto premeditato.*

premeditazióne s.f. Calcolo, preparazione accurata di ciò che si è deciso di fare. ~ DIR. Intenzionalità che costituisce una circostanza aggravante del crimine.

premènte agg. **1.** Che esercita una pressione. ◇ TECN. *Pompa premente:* che solleva a un livello superiore il liquido aspirato al proprio livello. **2.** *fig.* Pressante, urgente.

prèmere v.tr. [12] Esercitare una pressione, una spinta su qlcu. o qlco. *Premere un pulsante.* SIN.: **schiacciare**. ◆ v.intr. (aus. *avere*) **1.** Fare forza, esercitare una spinta, una pressione su qlco. *Premere sul pedale.* **2.** *fig.* Importare, interessare, stare a cuore a qlcu. *Mi preme solo la tua felicità.* **3.** *fig.* Esercitare una pressione psicologica su qlcu. per ottenere qlco.

premèssa s.f. (dalla loc. lat. *praemìssam sentèntiam* "frase messa prima") **1.** Considerazione preliminare che introduce un argomento. **2.** Presupposto, base. **3.** LOG. Ciascuna delle due proposizioni del sillogismo da cui viene dedotta la conclusione. **4.** GRAMM. Proposizione condizionante di un periodo ipotetico, detta più comunemente *protasi*.

premestruàle agg. MED. Che precede la mestruazione. *Sindrome premestruale.*

preméttere v.tr. [50] Far precedere qlco. a un discorso o a uno scritto.

premiàre v.tr. [6] Conferire un premio, una ricompensa.

premiàto agg. Che ha ricevuto un premio. ◆ s.m. [f. *–ta*] Nel sign. dell'agg.

premiazióne s.f. Assegnazione di un premio. ~ Relativa cerimonia.

premier [/'prəmjə/] s.m. inv. (voce ingl., fr. *premier* "primo") Primo ministro.

premieràto s.m. Forma di governo che prevede l'elezione diretta del capo del governo, il quale viene così dotato di particolari poteri.

première [/prə'mjɛr/] s.f. inv. (voce fr.) Prima rappresentazione di uno spettacolo teatrale o cinematografico.

premilitàre agg. Che precede il servizio militare.

preminènte agg. Che sovrasta gli altri, che ha più importanza di altre cose.

preminènza s.f. Superiorità in un determinato campo. SIN.: **supremazia**.

prèmio s.m. [pl. *-mi*] (lat. *praēmium*, propr. "ciò che viene preso prima") **1.** Somma di denaro o oggetto simbolico che costituisce un riconoscimento di meriti e di risultati ottenuti. **2.** *estens.* Competizione o concorso in cui è in palio un premio. ~ L'opera e la stessa persona premiata. **3.** *fig.* Ricompensa morale. **4.** Indennità che costituisce un incentivo o una ricompensa. SIN.: **gratifica**. ◇ *Premio di produzione, di produttività:* maggiorazione dello stipendio di un lavoratore dipendente in relazione al suo rendimento. – *Premio di maggioranza:* numero di seggi attribuiti, per legge, al partito, alla coalizione, ecc. che vincono le elezioni. **5.** Somma che l'assicurato deve pagare alla compagnia assicuratrice. ◻ In funzione di agg. inv., che costituisce un premio. *Licenza premio.*

premistòffa s.m. inv. Piedino della macchina per cucire che mantiene teso il tessuto sul piano di cucitura.

premistóppa s.m. inv. MECC. Elemento che comprime e assicura la guarnizione di tenuta per tubi o alberi rotanti.

prèmito s.m. MED. Contrazione violenta dei muscoli dell'addome, dell'intestino o dell'utero.

premium rate [/'pri:miəm 'reit/] loc. sost. m. inv. (loc. ingl., comp. di *premium* "ricompensa" e *rate* "percentuale, tasso") Nel l. aziendale, supplemento al salario minimo.

premolàre agg. ANAT. *Dente premolare:* ciascuno dei denti dei mammiferi posti prima dei molari. ◆ s.m. Dente premolare.

premonitóre agg. [f. *-trice*] Che mette sull'avviso di qlco. ◆ s.m. (anche f.) Chi preannuncia qlco.

premonizióne s.f. Percezione istintiva di ciò che avverrà. ~ Presentimento, presagio.

premunire v.tr. [83] **1.** Proteggere, fortificare qlco. in vista di un attacco. *Premunire la città.* **2.** *estens.* Mettere qlco. o qlcu. nelle condizioni di difendersi. *Premunire l'organismo contro l'influenza.* ◆ **premunirsi** v.pron. Prepararsi in modo da poter affrontare rischi e pericoli. *Premunirsi contro le delusioni.*

premùra s.f. **1.** Sollecitudine, cura, attenzione. ~ (spec. pl.) atto che la denota. *Essere pieno di premure nei confronti di qualcuno.* **2.** Fretta, urgenza.

premuróso agg. Pieno di attenzioni, di gentilezza.

prenarcòsi s.f. inv. MED. → **preanestesia**.

prenatàle agg. **1.** Che precede la nascita. **2.** Che ha per oggetto di studio il feto e la vita intrauterina. ◇ MED. *Diagnosi prenatale:* diagnosi eseguita sul feto durante la gravidanza mediante ecografia, amniocentesi, ecc.

prèndere v.tr. **1.** Afferrare qlco. con le mani per darlo a qlcu. *Prendimi il libro.* ~ Stringere qlcu. o qlco. ◇ *Prendere in braccio qlcu.:* alzarlo e sorreggerlo con le braccia. ~ Conquistare qlco. *Prendere una città.* ~ Utilizzare un mezzo di trasporto. *Prendere il treno.* ◇ *Prendere le armi:* armarsi per difendersi o attaccare. **2.** Portare via qlco. da un luogo. *Prendere il cibo dalla pentola.* ~ *estens.* Rubare, portare via. *Il ladro ha preso i gioielli.* **3.** *fig.* Reagire a qlco. in un certo modo. ◇ *Prendere gusto a, per qlco.:* provare piacere per qlco. ~ Trattare qlcu. in un determinato modo. *Prendere un bambino con le buone.* ◇ *Prendere di petto qlcu. o qlco.:* affrontarlo in modo deciso. – *Prendere di mira qlcu.:* farne l'oggetto del proprio interessamento oppure sottoporlo a critiche o a maltrattamenti, perseguitarlo. – *Prendere a modello qlcu.:* considerarlo come esempio da imitare. – *Prendere in castagna, in fallo qlcu.:* sorprendere qlcu. mentre sta facendo qlco. che non dovrebbe fare. – *Prendere in considerazione, in esame:* considerare, esaminare. **4.** *fig.* Conquistare, sedurre, affascinare qlcu. ~ Detto di stati d'animo o sensazioni fisiche, assalire, cogliere qlcu. *Con questo freddo mi prendono i brividi.* **5.** Comperare, acquistare qlco. *Prendere una casa al mare.* ~ Scegliere qlco. *Ha preso il vestito più bello.* ~ Assumere qlcu. *Prendere un collaboratore.* **6.** Mangiare o bere qlco. *Prendo una pizza.* ~ Assumere qlco. *Prendere un'aspirina.* **7.** *fig.* Assumere una certa forma o aspetto. *Prendere colore.* ~ Assumere un titolo, un nome, un ruolo. *Prendere il comando.* **8.** Colpire qlcu. o qlco. con un colpo. *Mi hai preso al braccio.* ◇ *Prendere a calci, a schiaffi, a pugni qlcu.:* tirargli calci, schiaffi, pugni. **9.** Imboccare una strada. *Prendere la prima a sinistra.* ◇ *Prendere il mare:* imbarcarsi, salpare. **10.** *fig.* Stabilire una decisione, adottare una risoluzione, assumersi un obbligo. *Prendere un provvedimento.* **11.** Ritirare qlco. *Prendo i vestiti in lavanderia.* ~ Portare qlco. o qlcu. con sé, farsi accompagnare. *Nel mio viaggio ho preso con me anche mia figlia.* **12.** Ricevere colpi. *Prendere un pugno.* ~ *fig.* Ricevere qlco. *Ha preso i complimenti di tutti.* **13.** Contrarre una malattia. *Prendere l'influenza.* ~ *estens.* Acquisire un'abitudine, un atteggiamento. *Prendere il vizio di fumare.* **14.** Ricevere, ottenere, stabilire qlco. *Prendere lo stipendio.* ~ Ricevere una somma in cambio di qlco. *Quanto prende il tuo parrucchiere?* ~ Detto di un apparecchio radio o televisivo, captare, ricevere. *Qui la radio non prende.* ◇ *Prendere o lasciare:* indica un'offerta definitiva, che si può solo accettare o rifiutare. **15.** *fam.* Occupare un certo spazio o periodo di tempo. *Questo lavoro mi ha preso una settimana.* ~ *fig.* Inquadrare qlcu. o qlco. fotografando o riprendendo. *In questa foto ho preso le montagne.* **16.** Interpretare in un determinato modo un'opinione, un evento. *Lo prendo come un complimento.* ◇ *Prendere alla lettera qlco.:* intendere qlco. letteralmente. ~ Scambiare qlcu. con un altro. *L'ho preso per suo fratello.* ◆ v.intr. (aus. *avere*) **1.** Dirigersi, andare verso una direzione. *Prendere a sinistra.* **2.** (aus. essere o avere) Capitare, accadere. *A quella vista mi prese il panico.* **3.** (aus. avere) Incominciare, dare inizio a qlco. *Prendere a parlare.* **4.** (aus. avere) Detto di piante, attecchire. ~ Detto di sostanze collose, far presa, solidificarsi. *Questa colla prende subito.* ~ Detto del fuoco, appiccarsi. ◆ **prendersi** v.pron. **1.** Afferrarsi con le mani a qlco. ◇ *Prendersela con qlcu.:* sfogare su di lui la propria ira. **2.** Afferrare qlco. e portarlo via. *Mi sono preso il cucchiaio.* ~ Acquistare, procurarsi qlco. *Mi sono preso un bel gelato.* ~ Ricevere, buscarsi qlco. *Si prese un colpo alla testa.* ~ Contrarre una malattia o essere preda di particolari stati psicofisici. *Prendersi una bella paura.* ~ *fig.* Assumersi una responsabilità, un impegno. **3.** Detto di due o più persone, afferrarsi reciprocamente a una parte del corpo o a qlco. *Prendersi per i capelli.* ~ *fam.* Andare d'accordo l'uno con l'altro. *Quei due non si prendono per niente.*

prendìbile agg. **1.** Che si può prendere. *Un tiro difficilmente prendibile.* **2.** Che si può conquistare. SIN.: **espugnabile**.

prendisóle s.m. inv. Abito femminile estivo molto scollato.

prenóme s.m. Nell'antica Roma, nome personale che precedeva il nome gentilizio.

prenotàre v.tr. (lat. *praenotàre* "prendere nota di") Fissare in precedenza, riservare qlco. *Prenotare un tavolo.* ◆ **prenotarsi** v.pron. Mettersi in nota per garantirsi qlco. *Prenotarsi per lo spettacolo.*

prenotàto agg. **1.** Fissato con una prenotazione. **2.** Che possiede una prenotazione.

prenotazióne s.f. (lat. *praenotàtio* "annotazione") Impegno a occupare e diritto a riservare un posto in una struttura ricettiva, su un mezzo di trasporto, ecc. ~ Documento che comprova tale impegno.

prènsile agg. Che ha la funzione di afferrare, di trattenere, di stringere. *Coda prensile.*

preoccupànte agg. Che preoccupa.

preoccupàre v.tr. (lat. *praeoccupāre*, propr. "occupare prima") Mettere qlcu. in ansia, in apprensione. *Questo ritardo mi preoccupa.* ◆ **preoccuparsi** v.pron. Stare in ansia, in pensiero. *Preoccuparsi delle conseguenze.*

preoccupàto agg. Che ha preoccupazione per qlco. o qlcu. SIN.: **inquieto**.

preoccupazióne s.f. (fr. *préoccupation*) **1.** Stato d'animo caratterizzato da timore, ansia, inquietudine. ~ Ragione di timore, inquietudine, ecc. *La loro preoccupazione è il figlio.* **2.** Pensiero che assorbe. *La sua unica preoccupazione è divertirsi.*

preolìmpico agg. [pl.m. *-ci*, f. *-che*] Che ha luogo prima dei giochi olimpici o in previsione di questi. *Gara preolimpica.*

preomìnide s.m. PALEONT. Primate dell'era terziaria appartenente alla linea evolutiva umana.

preoràle agg. ZOOL. Che è situato davanti all'apertura della bocca.

preordinàre v.tr. Organizzare, programmare anticipatamente o predisporre qlco. in vista di uno scopo futuro. SIN.: **prestabilire**.

prepagàre v.tr. [4] Pagare in anticipo.

prepagàto agg. Pagato in precedenza.

preparàre v.tr. **1.** Sistemare, disporre qlco. con cura. ~ Cucinare o predisporre vivande. **2.** Fare tutto ciò che è necessario per consentire l'attuarsi di qlco. nel migliore dei modi. **3.** Addestrare qlcu. a qlco. *Preparare un allievo a un esame.* **4.** *fig.* Rendere qlcu. psicologicamente pronto ad affrontare qlco. *Preparare qualcuno a cattive notizie.* **5.** *fig.* Riservare qlco. a qlcu. *Non possiamo sapere cosa ci prepara il futuro.* ◆ **prepararsi** v.pron. **1.** Predisporsi a qlco., tenersi pronto. *Prepararsi al pericolo.* **2.** Essere imminente. *Si prepara una crisi di governo.*

preparativo s.m. (spec. pl.) Ciò che si fa per preparare qlco.

preparàto agg. **1.** Fatto, disposto, sistemato per essere pronto al momento opportuno. **2.** Riferito a persona, che si è messo in grado di affrontare qlco. *Essere preparato a tutto.* ~ assol. In grado di fare bene ciò che deve. ◆ s.m. Prodotto farmaceutico pronto per l'uso. ◇ MED. *Preparato anatomico:* pezzo anatomico opportunamente trattato e usato a fini didattici o di ricerca.

preparatóre s.m. [f. *-trice*] Chi ha il compito di preparare qlco. o qlcu. ◇ *Preparatore atletico:* chi cura la preparazione fisica di un singolo atleta o di una squadra.

preparatòrio agg. [pl.m. *-ri*] Che prepara, che serve a preparare qlco.

preparazióne s.f. **1.** Attività, azione diretta a preparare e a rendere possibile qlco. SIN.: **organizzazione**. ~ *estens.* Attività spirituale, intellettuale con cui il soggetto si dispone a qlco. ~ Addestramento a svolgere un'attività o in vista di una prova. *Corso di preparazione professionale.* **2.** Complesso di cognizioni o abilità acquisite in un determinato campo. *Preparazione artistica.* **3.** FARM., MED. Preparato. **4.** MUS. Impiego di una stessa nota prima in un accordo consonante e poi in uno dissonante in modo da attenuare l'effetto di quest'ultimo.

prepensionaménto s.m. Pensionamento anticipato rispetto alle scadenze normalmente previste.

preponderànte agg. Maggiore di altri o di altre cose per peso morale, forza, numero. SIN.: **prevalente**.

preponderànza s.f. Maggiore forza, importanza o prevalenza numerica di qlcu. o di qlco. rispetto ad altri.

prepórre v.tr. [25] **1.** Anteporre qlco. ad altro. ~ *fig.* Privilegiare qlco. rispetto ad altro. **2.** Mettere qlcu. a capo di qlco. *Preporre una persona competente alla direzione dell'azienda.*

prepositivo agg. **1.** GRAMM. Preposto a una parte del discorso. *Articolo prepositivo.* **2.** GRAMM. Relativo alla preposizione.

prepòsito s.m. Nella Roma imperiale, magistrato che dirigeva un servizio speciale.

preposizionàle agg. GRAMM. Che riguarda la preposizione, che ha funzione di preposizione.

preposizióne s.f. GRAMM. Parte invariabile del discorso che, preposta a elementi lessicali, mette in relazione i diversi costituenti della frase. [In italiano si considerano tali *di*, *a*, *da*, *in*, con, su, per, tra, fra (dette *preposizioni proprie*) e *sotto, sopra, davanti, lungo, presso, dopo* (dette *preposizioni improprie*, perché hanno anche altre funzioni, general. avv.).]

prepósto s.m. **1.** Incaricato di un ufficio con compiti di governo, di amministrazione. **2.** Parroco, in partic. responsabile di un vicariato.

prepotènte agg. (lat. *praepotèntem* "potentissimo") **1.** Che vuole imporsi sugli altri. **2.** *fig.* Difficilmente contenibile. *Impulso prepotente.* ◆ s.m. Nell'accez. 1 dell'agg.

prepotènza s.f. (lat. *praepotèntiam* "onnipotenza") **1.** Tendenza a imporsi sugli altri con la forza. **2.** Azione da prepotente. *Subire una prepotenza.* **3.** *fig.* Forza irresistibile di qlco.

prepùzio s.m. [pl. *–zi*] ANAT. Piega cutanea che copre il glande.

preraffaellismo s.m. (ingl. *preraphaelism*) Gruppo di pittori inglesi dell'era vittoriana che, in partic. sotto l'influenza di Ruskin, si diedero come modello ideale le opere dei predecessori di Raffaello. (L'ispirazione letteraria, simbolica, biblica e storica caratterizza i principali membri della "confraternita preraffaellita": Rossetti, Hunt, Millais, Burne-Jones.)

preraffaellita agg. [pl.m. *–ti*] (ingl. *preraphaelite*) Del preraffaellismo. ◆ s.m. e f. Artista seguace del preraffaellismo.

■ confraternita **preraffaellita**. La ruota della fortuna, 1875-1883, pittura di E. Burne-Jones. (Museo d'Orsay, Parigi.)

preregistràto agg. Che ha già avuto registrazione.

preriscaldaménto s.m. TECN. Riscaldamento anticipato a cui vengono sottoposte sostanze solide o fluide.

preriscaldàre v.tr. TECN. Procedere al preriscaldamento di qlco.

prerivoluzionàrio agg. [pl.m. *–ri*] Che precede, anticipa, preannuncia una rivoluzione.

prerogativa s.f. (lat. *praerogatìvam*, orig. "centuria che nei comizi centuriati votava prima delle altre" poi "preferenza") **1.** Caratteristica, proprietà, qualità specifica di qlcu. o di qlco. **2.** Vantaggi, privilegi particolari riconosciuti ai titolari di alcune cariche pubbliche e istituzionali.

preromàno agg. Che precede la conquista romana e la diffusione della lingua latina.

preromanticismo s.m. Corrente artistica e letteraria diffusasi in Europa nella seconda metà del Settecento che anticipa alcuni temi tipici del romanticismo.

preromàntico agg. [pl.m. *–ci*, f. *–che*] Del preromanticismo. ◆ s.m. [f. *–ca*] Artista preromantico.

présa s.f. **1.** Azione di afferrare, tenere stretto. *Lasciare la presa.* ~ SPORT. Mossa con cui si afferra l'avversario contro cui si lotta o con cui si

trattiene il pallone. ◇ *figg. Essere alle prese con:* essere impegnato in qlco. di difficile, di problematico. – *Presa di coscienza:* acquisita consapevolezza di sé e delle cose. – *Presa di distanza:* distacco volontario da persone, luoghi, situazioni. – *Presa di posizione:* esplicitazione a chiare lettere della propria opinione in merito a qlco. – *Presa di possesso:* atto con il quale si entra in possesso di un bene. – *Presa di servizio:* inizio di attività di lavoro nel posto in cui si è stati assunti. – *fig. Presa in giro:* canzonatura o raggiro. **2.** Tenuta, adesione, attecchimento. *Cemento a presa rapida.* ◇ AUTOM. *Presa diretta:* posizione del cambio di velocità (corrispondente alla quarta o alla quinta marcia) in cui tra l'albero di trasmissione e l'albero motore vi è connessione senza moltiplicazione o demoltiplicazione. – *Far presa:* aderire, attaccare. – *fig. Fare presa su qlcu.:* lasciare in lui una stabile e favorevole impressione. **3.** Conquista, espugnazione di una città, di un luogo, di una posizione. *Presa della Bastiglia.* **4.** Quantità di sostanza che si può prendere tra il pollice e l'indice. **5.** Elemento che serve per prendere qlco. o per tenersi saldi. SIN.: **appiglio.** ~ Oggetto che serve per prenderne un altro, in partic. ritaglio di stoffa doppia o imbottita con cui si maneggiano pentole, teglie, ecc. calde (spec. in forma di diminutivo). **6.** Apertura regolabile da cui affluisce un fluido. *Presa d'aria.* ◇ *Presa di corrente:* elemento a cui fanno capo i terminali di una rete di alimentazione e in cui si può inserire una spina elettrica. – *Presa di terra:* conduttore che collega a terra un dispositivo elettrico. **7.** CINE., TV. Ripresa. *Macchina da presa.* ◇ *In presa diretta:* riferito a trasmissione mandata in onda mentre si sta svolgendo; nella tecnica cinematografica, riferito alla registrazione del sonoro direttamente sul set.

presàgio s.m. [pl. *–gi*] **1.** Previsione del futuro basata su segni premonitori. **2.** *estens.* Sensazione interiore riguardante gli eventi futuri. **3.** Indizio di avvenimenti a venire. *Si potevano cogliere sui giornali tristi presagi di guerra.*

presagire v.tr. [83] **1.** Prevedere ciò che accadrà in futuro. **2.** *estens.* Avere un presentimento, prevedere qlco. *Ho presagito ciò che sarebbe successo.*

presalàrio s.m. [pl. *–ri*] Assegno di studio erogato dallo Stato a studenti universitari meritevoli e in condizioni economiche disagiate, oggi sostituito da borse di studio erogate dalle Regioni.

presàme s.m. → caglio.

presbiofrenia s.f. MED. Demenza senile che inizia a manifestarsi con disturbi della memoria.

presbiopia s.f. MED. Difetto senile della vista consistente nella difficoltà di vedere distintamente da vicino, a causa della diminuita elasticità del cristallino. ◇ *estens. Presbiopia della memoria:* smemoratezza degli avvenimenti recenti accompagnata da ottima memoria di quelli lontani, propria dell'età senile.

presbite agg. (gr. *presbýtēs* "vecchio" perché affezione tipica dell'età avanzata) Affetto da presbiopia. ◆ s.m. e f. Nel sign. dell'agg.

presbiteràle agg. RELIG. Che concerne il presbitero, il presbiterato.

presbiteràto s.m. RELIG. Grado dell'ordine sacro corrispondente al sacerdozio, intermedio tra il diaconato e l'episcopato.

presbiterianésimo o **presbiterianismo** s.m. (ingl. *presbyterianism*) Confessione di origine calvinista, sviluppatasi soprattutto nei paesi anglosassoni, caratterizzata dal fatto che l'autorità non risiede nella gerarchia ecclesiastica bensì in un consiglio di laici anziani e di ministri del culto (*presbiterio*).

presbiteriàno agg. (ingl. *presbyterian*) Del presbiterianesimo, a esso relativo. ◆ s.m. [f. *–na*] Membro di una Chiesa presbiteriana.

presbitèrio s.m. [pl. *–ri*] (gr. *presbytérion* "consiglio degli anziani") **1.** ARCH. Nelle basiliche cristiane, parte riservata al clero, compresa tra l'abside e la navata centrale da cui può essere separata da balaustre e plutei. **2.** Consiglio di ministri del culto e di laici proprio delle Chiese presbiteriane.

presbitero s.m. (gr. *presbýteros* "più vecchio") CRIST. Nella Chiesa delle origini, ciascuno

degli anziani incaricati di governare la comunità cristiana; in seguito, sacerdote, prete.

presbitismo s.m. MED. Presbiopia.

prescégliere v.tr. [62] Scegliere, preferire qlcu. o qlco.

prescélto agg. Scelto tra altri. ◆ s.m. [f. *–ta*] Persona scelta tra le altre per uno scopo.

presciènte agg. (lat. *praesciēntem*, deriv. di *praescìre* "sapere prima") *non com.* Che conosce il futuro, spec. come attributo di Dio.

presciènza s.f. Conoscenza, propria di Dio, di ciò che ancora non è. ~ Facoltà di conoscere il futuro.

presciìstica s.f. [non com. pl. *–che*] Ginnastica con cui ci si prepara allo sport dello sci.

prescìndere v.intr. [53] (aus. *avere*) (lat. *praescīndere*, propr. "tagliare davanti" poi "separare") Non considerare, non tenere in considerazione. *Non si può prescindere dai risultati.*

prescolàre agg. Relativo al periodo che precede quello in cui si frequenta la scuola.

prescolàstico agg. [pl.m. *–ci*, f. *–che*] → prescolare.

prescrittibile agg. DIR. Soggetto alla prescrizione.

prescritto agg. **1.** Disposto, stabilito in precedenza, ordinato. **2.** DIR. Caduto in prescrizione. ◆ s.m. Disposizione di legge, norma.

prescrivere v.tr. [30] (lat. *praescrìbere*, pro pr. "scrivere davanti" quindi "ordinare") **1.** Dettare di disposizioni di legge, disporre, ordinare qlco. **2.** DIR. Mandare in prescrizione un diritto o un reato. *Il condono ha prescritto molti reati finanziari.* **3.** *estens.* Assegnare medicinali o cure a qlcu. *Il medico mi ha prescritto una settimana di riposo.* ■ Imporre qlco. a qlcu. ◆ **prescriversi** v.pron. DIR. Cadere in prescrizione.

prescrizióne s.f. (lat. *praescriptiōnem* "prefazione" poi "estinzione di un diritto") **1.** Ordine formale e dettagliato che stabilisce ciò che occorre fare. ◇ *Prescrizione medica:* indicazione terapeutica. **2.** DIR. Estinzione di un diritto, di un reato o di una pena per trascorsi limiti temporali. ◇ *Prescrizione acquisitiva* → usucapione.

presegnàle s.m. Segnale che ne precede un altro.

preselettóre s.m. TECNOL. Dispositivo elettromagnetico che compie una preselezione.

preselezionàre v.tr. Sottoporre più persone a una preselezione.

preselezióne s.f. **1.** Selezione preliminare. **2.** Distribuzione del flusso del traffico automobilistico in varie corsie di marcia prima di una deviazione o di un incrocio. **3.** ELETTRON., TELECOM. Regolazione di un apparecchio o di un circuito su molte frequenze o canali distinti.

presèlla s.f. **1.** Attrezzo simile a uno scalpello sul quale si batte con il martello, usato per ribattere i chiodi o per far giungere i colpi dove altrimenti non arriverebbero. **2.** Grappa che viene usata per tenere assieme due elementi, due pezzi di legno. **3.** Piastrina con due scanalature che, in coppia con un'altra alla quale viene serrata, tiene uniti due cavi metallici. **4.** Parte delle briglie che si tiene in pugno nel cavalcare. **5.** Ciascuno degli appezzamenti in cui si suddivide un terreno quando lo si mette a coltura.

presenile agg. Proprio dell'età che precede la senilità, che si manifesta in tale periodo.

presentàbile agg. Che può essere mostrato in pubblico. ~ Che si può mostrare senza secondi fini, senza sfigurare.

presentàre v.tr. **1.** Offrire qlco. alla vista, all'attenzione di qlcu. *Presentare i documenti alla polizia.* ◇ MIL. *Presentare le armi:* mettersi nella posizione di attenti e portare l'arma verticalmente davanti al corpo, in segno d'onore. **2.** Inoltrare, far pervenire qlco. per farlo conoscere a qlcu. *Presentare una proposta.* ■ Illustrare qlco. a un pubblico. **3.** Fare conoscere qlcu. ad altri. *Ti presento mia moglie.* **4.** In alcune espressioni tipiche, porgere, comunicare qlco. a qlcu. ◇ *Presenterò:* formula di risposta di chi riceve i saluti da portare a una terza persona. **5.** Avere o assumere una determinata forma o caratteristica fisica. *La facciata presenta delle crepe.* ~ Esporre, offrire qlco. *Il supermercato presenta una varietà enorme di prodotti.* ~ *fig.*

Implicare, ammettere, comportare qlco. *Il problema presenta varie soluzioni.* **6.** Fare il presentatore e condurre una manifestazione o uno spettacolo. *Presentare il festival.* ◆ **presentarsi** v.pron. **1.** Farsi conoscere comparendo dinanzi a qlcu. o dicendo il proprio nome. *Presentarsi ai nuovi colleghi.* **2.** Andare in un luogo di persona. *Le reclute devono presentarsi al reparto.* ◇ *Presentarsi alla mente:* detto di un pensiero, capitare, venire all'improvviso. – MIL. *Presentarsi al fuoco:* detto di una nave, mettersi nella posizione migliore per fare uso delle proprie armi. **3.** Proporsi, candidarsi in un certo ruolo. *Presentarsi come candidato alle elezioni.* ~ Comparire, mostrarsi in un certo modo. *Presentarsi in abito da sera.* ~ Detto anche di cosa. *La questione si presentava molto seria.* ◇ *Presentarsi bene, male:* dare una buona o cattiva impressione con il proprio comportamento. **4.** Capitare, succedere a qlcu. *Mi si presentò una grande occasione.*

presentatàrm o **presentat'àrm** s.m. inv. **1.** Comando militare di presentare le armi per rendere gli onori, disponendole in posizione verticale di fronte al corpo. **2.** Il movimento eseguito e la posizione assunta dopo tale ordine.

presentatóre s.m. [f. *-trice*] Chi presenta qlcu. o qlco., in partic. spettacoli o manifestazioni varie.

presentazióne s.f. **1.** Consegna di carte, di documenti, ecc. a chi dovrà esaminarli. **2.** Esposizione al pubblico delle caratteristiche di qlcu. o qlco. che si vuol fare conoscere, che si vuole promuovere. ~ Discorso, scritto, sequenza di immagini che presentano un'opera al pubblico. **3.** Breve illustrazione della personalità o della carriera di una persona, che vale come introduzione presso qlcu. o in un dato ambiente. **4.** Atto con cui ci si presenta a qlcu. pubblicamente. ~ (al pl.) Reciproca dichiarazione del proprio nome tra due o più persone che vogliono conoscersi. **5.** Modo di presentare qlco. alla vista di qlcu. **6.** RELIG. Atto della religione ebraica ricordato da alcune festività cristiane. ◇ *Presentazione di Maria Vergine:* festa cattolica celebrata il 21 novembre in commemorazione della presentazione della Vergine nel tempio di Gerusalemme.

1. presènte agg. **1.** Che è qui, nel momento in cui si parla. ~ Che si trova in un luogo, anche casualmente, quando accade qlco. ~ Che assiste, che prende parte a qlco. **2.** Con riferimento a cosa, questo, vicino a chi parla. *Il presente scritto.* ◇ *figg. Essere presente a se stesso:* essere perfettamente cosciente. – *Avere presente qlcu. o qlco.:* ricordarlo bene, averlo chiaro. – *Fare presente qlco. a qlcu.:* sottoporla alla sua attenzione, fargliela notare. **3.** Che esiste ora, nel momento in cui si parla (in oppos. a *passato* e *futuro*). *Nelle circostanze presenti.* **4.** GRAMM. *Tempo presente:* tempo del verbo che indica contemporaneità tra l'evento e la sua enunciazione. ◆ s.m. **1.** (anche f., spec. pl.) Chi è presente. **2.** (solo sing.) Tempo attuale, in cui si vive e complesso di eventi che si verificano in esso. **3.** GRAMM. Tempo verbale. ◇ *Presente storico o narrativo:* tempo presente usato per descrivere eventi o stati del passato in modo da conferire maggiore evidenza e vigore drammatico alla narrazione.

2. presènte s.m. (fr. *présent*) Regalo, dono.

presentiménto s.m. (calco del fr. *pressentiment*) Sensazione vaga, istintiva di ciò che sta per accadere.

presentìre v.tr. (lat. *praesentīre*, propr. "percepire prima") Prevedere, intuire qlco. che accadrà in futuro. *Presentire una disgrazia.*

presènza s.f. **1.** Il fatto che una persona si trovi in un luogo o assista, intervenga, partecipi a qlco. ◇ *Atto di presenza:* essere presente in un luogo solo per breve tempo senza partecipare a ciò che si sta facendo. – *Presenza di spirito:* prontezza nel risolvere una situazione difficile o incresciosa che si è venuta a creare. – *loc. prep. In (alla) presenza di:* davanti a, al cospetto di; spec. nel l. sc., a contatto con. *In presenza di un catalizzatore.* **2.** (spec. pl.) Persone, esseri presenti in luogo. **3.** Esistenza. **4.** Impressione che fa una persona esteriormente. ~ Riferito ad attore, avere, non avere capacità di imporsi sulla scena.

presenzialismo s.m. Assidua partecipazione a manifestazioni pubbliche o mondane, per mettersi in mostra.

presenziàre v.tr. [6] **1.** Partecipare, intervenire a qlco. **2.** Controllare, sorvegliare un impianto. ◆ v.intr. (aus. *avere*) Partecipare, prendere parte a qlco.

presèpio o **presèpe** s.m. [pl. *-pi*] (lat. *praesaēpe* "greppia") Rappresentazione della nascita di Gesù e della venuta dei Magi per mezzo di statue collocate in un paesaggio che allude a quello originale.

presèrie s.f. inv. Fabbricazione industriale di una piccola quantità di un oggetto, che precede la produzione in serie.

preservàre v.tr. Mettere al riparo, proteggere qlco. o qlcu. da danni fisici o morali. *Preservare le piante dal gelo.*

preservativo s.m. Guaina di gomma con funzione anticoncezionale usata per ricoprire il pene durante il coito.

ENCICL. Il preservativo maschile, oltre a essere un metodo contraccettivo, è l'unico mezzo di protezione dall'AIDS e dalle altre malattie sessualmente trasmissibili. È necessario usarlo per l'intero rapporto e può essere utilizzato solo una volta.

preservazióne s.f. Conservazione da mali, da danni, ecc.

prèside s.m. (lat. *praesidem* "protettore, guida") **1.** (anche f.) Chi dirige un istituto scolastico di istruzione secondaria. ~ Nell'ordinamento dell'università, professore ordinario a cui fa capo una facoltà. **2.** Nell'impero romano, governatore di una provincia.

presidènte s.m. e f. [il m. si usa anche con riferimento a donna; *non com.* f. *presidentessa*] Chi, per elezione o per nomina da parte di un'autorità superiore, sovrintende a un organo collegiale e ne coordina i lavori. ◇ *Presidente della repubblica:* capo di uno stato ordinato a repubblica. – *Presidente del consiglio:* la persona incaricata di promuovere e coordinare l'attività dei ministri.

presidènza s.f. **1.** Funzione del presidente. **2.** Tempo durante il quale tale carica è esercitata. **3.** Gruppo di persone composto dal presidente e dai suoi collaboratori. **4.** Luogo in cui è situato l'ufficio del preside o del presidente.

presidenziàle agg. (fr. *présidentiel*) Che riguarda il presidente, la presidenza. *Elezioni presidenziali.* ◇ *Repubblica presidenziale:* quella in cui il presidente della repubblica è contemporaneamente capo dello stato e capo del governo.

presidenzialismo s.m. **1.** Ordinamento costituzionale proprio di una repubblica in cui il presidente ha ampi poteri. ~ Posizione politica favorevole alla repubblica presidenziale. **2.** *estens.* Decisionismo, autoritarismo connessi alla concentrazione del potere nella sola persona del presidente.

presidiàre v.tr. [6] **1.** Munire qlco. di presidio. **2.** *estens.* Difendere e controllare qlco. con un presidio.

presìdio s.m. [pl. *-di* o *-dii*] **1.** Contingente militare o paramilitare di stanza in un luogo di cui vengono garantiti il controllo e la difesa. ~ Luogo in cui si trova un presidio. **2.** MIL. Circoscrizione territoriale sottoposta a un'unica autorità. **3.** *fig.* Protezione, tutela, difesa di qlco. da salvaguardare. **4.** Sussidio di cui si dispone nello svolgimento di un'attività.

presìdium s.m. inv. (russo *prezidium*, ted. *Praesidium*) Organo direttivo del partito comunista nell'Unione Sovietica.

presièdere v.tr. [12] (lat. *praesidēre*, propr. "sedere davanti" quindi "sorvegliare, proteggere") Dirigere qlco. con funzioni di presidente. ~ Stare a capo. *Presiedere un'azienda.* ◆ v.intr. (aus. *avere*) **1.** Dirigere, coordinare qlco. *Presiedere ai lavori.* **2.** *fig.* Svolgere un ruolo preminente in un ambito. *Il cuore presiede alla circolazione.*

presina s.f. **1.** Nel sign. del dim. di *presa*; in partic. quantità determinata di sostanza farmaceutica in polvere. **2.** Sorta di cuscinetto imbottito usato in cucina per afferrare i manici delle pentole molto calde.

presocràtico agg. [pl.m. *-ci*, f. *-che*] Anteriore a Socrate. ◆ s.m. Filosofo greco vissuto prima di Socrate.

prèssa s.f. TECN. Macchina che esercita una pressione tale da indurre in un materiale una deformazione plastica. ◇ *Pressa idraulica, meccanica:* a seconda che l'elemento (la slitta) che agisce direttamente sul materiale sia mosso da un fluido in pressione o da organi meccanici.

press agent [/'prɛseˌidʒənt/] loc. sost. m. e f. inv. (loc. ingl., comp. di *press* "stampa" e *agent* "agente") Chi cura le relazioni con la stampa per conto di aziende o di persone.

pressànte agg. Urgente, incalzante.

pressappochismo s.m. Tendenza a fare le cose con approssimazione, senza precisione.

pressàre v.tr. **1.** Comprimere, schiacciare qlco. con forza. ~ Nel l. tecn., comprimere qlco. con una pressa. **2.** *fig.* Assillare, sollecitare, incalzare qlcu. con insistenza, spec. per ottenere qlco. **3.** SPORT. Esercitare un'azione di pressing sugli avversari.

pressatùra s.f. TECN. Operazione compiuta con la pressa.

prèssing [/'prɛssin(g)/] s.m. inv. (voce ingl., deriv. di *to press* "incalzare") SPORT. Azione insistente e pressante con cui si contrasta l'avversario.

pressióne s.f. **1.** Forza esercitata sulla superficie di un corpo. ◇ *A pressione:* che esplica la propria funzione dietro applicazione di una forza di pressione. **2.** FIS. Grandezza definita come il rapporto tra la forza esercitata su una superficie e l'area della superficie stessa. ◇ METEOR. *Pressione atmosferica:* forza esercitata sull'unità di superficie dalla colonna d'aria sovrastante. – MED. *Pressione sanguigna:* forza esercitata dal sangue sulle pareti dei vasi. – *Essere sotto pressione:* si dice di macchine in cui la pressione del vapore ha raggiunto il livello necessario al loro funzionamento; *fig.* essere assillati da un'attività che non concede pausa. **3.** ECON. *Pressione fiscale (o tributaria):* rapporto tra il reddito prelevato attraverso le imposte e le tasse e il reddito nazionale. **4.** MIL. Azione offensiva di lunga durata o esercitata su un fronte esteso. **5.** *fig.* Stringente, pressante intervento su qlcu. volto a orientarne il giudizio e il comportamento.

prèsso prep. (lat. *prĕsse* "strettamente") **1.** Con riferimento a luoghi, indica vicinanza a un punto dato. **2.** Con riferimento a persone o ad ambienti frequentati da persone, significa "in casa di", "nella sede di", ecc. ~ Negli indirizzi indica le persone, la ditta, l'ufficio che costituiscono il recapito. **3.** *estens.* Indica attribuzione di un'opinione, un atteggiamento, un'usanza a persone o collettività. *Una moda che furoreggia presso i giovani.* ◆ s.m. (al pl.) Solo nella loc. prep. *nei pressi di*, vicino, nei dintorni, nei paraggi.

pressoflessióne s.f. FIS. Sollecitazione composta da una pressione assiale e da un momento flettente o dalla conseguenza di un carico di punta.

pressòrio agg. [pl.m. *-ri*] Di, della pressione sanguigna.

pressòstato s.m. TECN. Apparecchio automatico che regola e mantiene costante la pressione di un fluido all'interno di un condotto o di un ambiente.

pressurizzàre v.tr. (ingl. *to pressurize*) TECN. Rendere e mantenere la pressione interna di un ambiente superiore a quella dell'ambiente esterno. *Pressurizzare le cabine degli aerei.*

pressurizzàto agg. Sottoposto a pressurizzazione.

pressurizzazióne s.f. (ingl. *pressurization*) Operazione con cui si ottiene che la pressione interna di un ambiente sia maggiore di quella esterna.

prestabilìre v.tr. [83] Stabilire qlco. in precedenza.

prestabilìto agg. Stabilito, deciso in precedenza.

prestampàto agg. **1.** Dotato delle indicazioni o dei dati di stampa necessari a un determinato uso. **2.** Che ha subito l'effetto di una o più operazioni di stampa in precedenza. ◆ s.m.

1. Bobina stampata a colori e preparata per sovrimporvi le ultime notizie di un quotidiano. 2. Modulo predisposto per la compilazione.

prestanóme s.m. e f. inv. (calco del fr. *prête-nom*) Chi accetta che il proprio nome compaia in luogo di quello di un'altra persona che non vuole apparire.

prestànte agg. (lat. *praestăntem* "insigne") Di bell'aspetto, vigoroso.

prestànza s.f. (lat. *praestăntiam* "eccellenza") Bella presenza, gagliardia.

prestàre v.tr. (lat. *praestāre*, propr. "stare davanti" quindi "eccellere" e "garantire") 1. Dare qlco. in prestito a qlcu. 2. *estens.* Concedere, dare, offrire qlco., spec. aiuto, a qlcu. *Prestare assistenza.* ◇ *fig. Prestare il fianco alle critiche:* esporsi a esse. – *Prestare orecchio a qlcu. o qlco.:* ascoltarlo; *fig.* dare retta a qlcu. ◆ **prestarsi** v.pron. 1. Con soggetto animato, dare, offrire il proprio aiuto e la propria disponibilità. *Prestarsi a tutto.* ~ Accondiscendere a qlco. *Non mi presterei mai a queste cose.* 2. Con soggetto astratto, essere adatto, confarsi a qlco. *La plastica si presta a innumerevoli lavorazioni.*

prestatóre s.m. [f. *-trice*] (lat. *praestàtor* "garante") *Prestatore di lavoro, d'opera:* chi presta la propria opera all'interno di un rapporto di lavoro subordinato.

prestazióne s.f. (lat. *praestātio* "garanzia") 1. Messa a disposizione della propria opera, della propria competenza, delle proprie capacità. ◇ *Prestazione d'opera:* attività svolta in un rapporto di lavoro dipendente. – *Prestazioni amorose:* abilità, resistenza nell'atto sessuale, spesso con riferimento a rapporti mercenari. 2. Risultato ottenuto, rendimento fornito da una persona in un'attività. 3. Rendimento di una macchina, di un dispositivo, ecc. 4. DIR. Oggetto e contenuto di un'obbligazione.

prestidigitatóre s.m. [f. *-trice*] (fr. *prestidigitateur*) Prestigiatore.

prestigiatóre s.m. [f. *-trice*] (lat. *praestigiatōrem* "ciarlatano") 1. Chi esegue giochi di prestigio. SIN.: **illusionista**. 2. *fig.* Abile ingannatore.

prestìgio s.m. [pl. *-gi*] (lat. *praestigiam* "inganno") Considerazione, stima di cui si gode e che rende autorevoli.

prestigióso agg. (lat. *praestigiōsus* "illusorio") Che gode di grande prestigio, che eccelle per le sue doti. ~ Che dà prestigio, straordinario, eccezionale. ~ Nel l. degli annunci pubblicitari, lussuoso, esclusivo.

prèstito s.m. 1. Cessione di un bene o di un quantitativo di denaro per un periodo di tempo. ~ Ciò che viene prestato. ◇ *Prestito (a titolo) gratuito:* che comporta la restituzione di un bene equivalente a quello ricevuto. – *Prestito d'onore:* prestito agevolato in favore dell'imprenditoria giovanile. 2. LING. Accoglimento in una lingua di un elemento di un'altra lingua o di un dialetto, che può essere accettato nella sua forma originale o sottoposto ad adattamenti. ~ L'elemento assimilato. 3. ETNOL. Accoglimento e assimilazione di una caratteristica culturale propria di un popolo, da parte di un popolo confinante.

prèsto avv. 1. Entro breve tempo, tra poco, dopo poco tempo. ◇ *Presto o tardi:* prima o *poi. 2. Senza por tempo in mezzo, in fretta. ◇ *Si fa presto a dire, a fare!:* è facile. 3. Prima del tempo, in anticipo. 4. In ora non tarda. ◆ s.m. inv. MUS. Didascalia che indica movimento molto veloce; il pezzo da eseguire in tale movimento.

prèsule s.m. (lat. *prāesulem*, propr. "chi danza davanti", partic. "il capo dei sacerdoti Salii" che guidava le danze a Roma durante le feste in onore di Marte) Prelato, vescovo.

presùmere v.tr. [24] (lat. *praesūmere*, propr. "prendere prima") 1. Credere, ritenere, supporre qlco. come vero. 2. Nutrire eccessiva fiducia nelle proprie capacità.

presumìbile agg. Che si può supporre.

presuntìvo agg. 1. Che si può presumere, ipotizzare. 2. ECON. Preventivo.

presùnto agg. Considerato, ritenuto in base a congetture, a supposizioni.

presuntuóso agg. Che si crede più di quanto non sia, che ritiene di saperne più degli altri. ~ Che manifesta tale modo di essere. ◆ s.m. [f. *-sa*] Tale persona.

presunzióne s.f. 1. Alta opinione di sé e delle proprie capacità rispetto a fatti particolari o come costante del carattere. ~ *estens.* Pretesa esagerata che deriva da presunzione. 2. Congettura, supposizione di qlco., ipotesi che qlco. sia successo. 3. DIR. Conseguenza che il giudice o la legge ricava da un fatto noto, per ottenere la conoscenza di uno ignoto. ◇ *Presunzione di paternità:* quella per cui il figlio della donna sposata si considera generato dal marito, salvo azione di disconoscimento.

presuppórre v.tr. [25] 1. Pensare, ammettere qlco. come vero, in via ipotetica. 2. Comportare, richiedere qlco. come necessario. ◇ *Dare qlco. per presupposto:* darlo per scontato, per acquisito, per certo.

presuppósto s.m. Ciò che è fondamento e condizione di cose successive.

pretàglia s.f. [pl. *-glie*] *spreg.* Molteplicità di preti.

prêt-à-porter [/'prɛtapɔr'te/] s.m. inv. (voce fr., propr. "pronto a essere portato") 1. Insieme degli abiti confezionati secondo misure standardizzate (in oppos. a *abiti su misura*). 2. *estens.* Settore dell'industria della moda.

pretàttica s.f. [pl. *-che*] SPORT. Tattica di disorientamento dell'avversario, attraverso dichiarazioni o silenzi stampa della squadra nei giorni precedenti la partita.

prète s.m. (gr. *presbýteros* "più vecchio") 1. CATT. Ministro del culto appartenente al clero secolare. 2. *estens.* Ministro di altri culti e religioni. 3. *pop.* Intelaiatura di legno usata per tenere lo scaldino sospeso tra le lenzuola. SIN.: **trabiccolo**. ❑ In funzione di agg. inv., nella loc. *pesce prete*, uranoscopo.

pretendènte s.m. 1. (anche f.) Chi aspira a qlco. e, in partic., al trono. 2. Chi fa la corte a una donna per sposarla. SIN.: **spasimante**.

pretèndere v.tr. [33] (lat. *praetĕndere*, propr. "stendere innanzi" quindi "addurre") 1. Esigere, chiedere con decisione qlco., anche di eccessivo o non giusto. *Pretendere l'impossibile.* 2. *estens.* Avere la pretesa di, volere qlco. in modo arrogante e presuntuoso. *Pretendere di imparare il lavoro subito.* 3. Affermare, sostenere qlco. spesso erroneamente. *Pretendere di sapere le lingue.* 4. TECN. Mettere in tensione un elemento prima della messa in opera. ◆ v.intr. (aus. *avere*) Ambire, aspirare a qlco. *Pretendere al trono.*

pretensionatóre s.m. AUTOM. Dispositivo di sicurezza che, in caso d'urto, tende immediatamente la cintura di sicurezza, aumentandone l'efficacia.

pretenzióso o **pretensióso** agg. (fr. *prétentieux*) 1. Che nutre un'eccessiva stima di sé e delle proprie capacità. SIN.: **spocchioso**. 2. Che manifesta delle ambizioni, un desiderio di mettersi in vista per qualità che non ha.

preterintenzionàle agg. (deriv. dalla loc. lat. *praeter intentionem* "al di là dell'intenzione") DIR. Che va oltre l'intenzione di chi agisce; in partic. di azione che provoca conseguenze più gravi del previsto. *Omicidio preterintenzionale.*

preterizióne s.f. Figura retorica con la quale si dichiara di non volere dire una cosa nel mentre la si dice.

preternaturàle agg. Che si pone fuori dell'ordine naturale delle cose.

pretésa s.f. 1. Il fatto di esigere qlco., di chiederlo con insistenza; in partic. richiesta economica eccessiva. 2. assol. (spec. pl.) Ambizione, presunzione. *Persona di troppe pretese.*

pretéso agg. Che altri pretende, rivendica a sé o vanta per sé. *Pretesa innocenza.*

pretèsta s.f. 1. ANT. ROM. Toga bianca orlata di porpora indossata a Roma dai magistrati, dai massimi sacerdoti e dai giovani patrizi (dalla pubertà ai sedici anni). 2. Tragedia latina di argomento patrio, storico o leggendario, recitata da attori in pretesta; detta anche *pretestata*.

pretèsto s.m. (lat. *praetĕxtum* "ornamento" quindi "argomento ornamentale, pretesto") 1. Motivazione plausibile ma non vera, addotta per nascondere la vera ragione di un comportamento. SIN.: **scusa**. 2. Occasione che dà modo di conseguire uno scopo nascosto. *Un pretesto per vederci.*

pretestuóso agg. Che costituisce un pretesto, senza motivazioni plausibili. *Motivi pretestuosi.*

pretóre s.m. (lat. *praetōrem*, propr. "chi precede") 1. (anche riferito a donna) Magistrato monocratico competente a giudicare le cause di minore entità nel campo del diritto civile e penale. (Dopo la riforma del 1998 è stato sostituito dal *giudice unico*.) 2. ANT. ROM. Titolo dei magistrati dotati di potere giurisdizionale.

pretoriàno agg. ANT. ROM. Del pretore. ◇ *Soldati pretoriani:* truppe adibite alla guardia del pretore e, più tardi, a quella dell'imperatore. ◆ s.m. 1. Soldato pretoriano. 2. *estens. spreg.* In un regime autoritario, guardia del corpo di un dittatore, di un capo di Stato.

1. pretòrio agg. [pl.m. *-ri* o *-rii*] 1. Dell'odierno pretore. 2. Attinente ai pubblici poteri. 3. Dell'antico pretore romano. ◇ *Corte pretoria:* che costituiva la guardia del corpo dell'imperatore. – *Castro pretorio:* caserma dei pretoriani; ora (con iniziale maiusc.), toponimo di una zona della città di Roma. – *Porta pretoria:* nell'accampamento romano, quella davanti al pretorio e opposta alla porta decumana.

2. pretòrio s.m. [pl.m. *-ri* o *-rii*] 1. ANT. ROM. Nell'accampamento romano, tenda del pretore o del comandante militare. ~ Luogo in cui sorgeva. 2. ANT. ROM. Sede dei governatori delle province, dei comandanti delle fortezze di confine, delle ville dei grandi proprietari. 3. ANT. ROM. Sede dei pretoriani addetti alla guardia degli imperatori. 4. Parte dell'aula giudiziaria posta davanti al banco dei giudici, riservata al magistrato e ai difensori.

prettaménte agg. → **tipicamente**.

pretùra s.f. 1. ANT. ROM. Carica, funzione di pretore. 2. Organo giudiziario retto dal pretore (prima della sostituzione di questa figura con quella del *giudice unico*); uffici e sede di tale magistratura. *Andare in pretura.*

preunitàrio agg. [pl.m. *-ri*] Precedente all'unità d'Italia (1861).

prevalènte agg. Che prevale per numero, quantità, forza, importanza.

prevalenteménte avv. Per la maggior parte, perlopiù.

prevalènza s.f. 1. Superiorità numerica o di altro genere su altri o su altre cose. SIN.: **maggioranza**. 2. FIS. In idraulica, resistenza che una pompa deve superare per sollevare un liquido da un serbatoio a un altro, posto più in alto.

prevalére v.intr. [69] (aus. *essere o avere*) 1. Avere maggiore importanza, potere o valore; imporsi. *Prevalere sul nemico.* 2. Predominare numericamente su altri. *Nel referendum hanno prevalso i no.*

prevaricàre v.intr. [4] (aus. *avere*) (lat. *praevaricāri*, propr. "passare oltre divaricando le gambe" quindi "sconfinare, trasgredire") 1. Compiere abusi valendosi illecitamente della propria forza o superiorità. 2. DIR. Commettere un reato di prevaricazione.

prevaricatóre agg. [f. *-trice*] Che prevarica, che perpetra abusi. ◆ s.m. (anche f.) Chi si comporta in modo disonesto, commette abusi.

prevaricazióne s.f. 1. *Abuso di potere. 2. DIR. Reato perpetrato dal difensore di una parte in causa che danneggia la propria parte accordandosi fraudolentemente con la parte avversa.

prevedére v.tr. [56] 1. Presagire o calcolare in anticipo ciò che accadrà. *Prevedere una disgrazia.* 2. Prendere in considerazione qlco. *La gita prevede una visita allo zoo.*

prevedìbile agg. 1. Che si può o si poteva prevedere. 2. *estens.* Facilmente immaginabile e quindi ovvio.

prevedibilità s.f. inv. Possibilità di essere previsto.

preveggènza s.f. Capacità di prevedere e prevenire il futuro. SIN.: **lungimiranza**.

prevelàre s.f. LING. Consonante articolata nella parte anteriore del velo del palato.

prevéndita s.f. Vendita anticipata di qlco.; in partic. dei biglietti di uno spettacolo, di un avvenimento sportivo, effettuata giorni prima e presso punti vendita autorizzati.

prevenire v.tr. [81] **1.** Anticipare qlcu. con le parole o con i fatti, rendendo superfluo il suo intervento. *Volevo telefonarti, ma mi hai prevenuto.* ◇ *Prevenire un desiderio:* soddisfarlo in anticipo. **2.** Anticipare qlco. per impedire che si presenti, prendendo le debite precauzioni. *Prevenire una disgrazia.* **3.** Predisporre qlcu. in modo sfavorevole nei confronti di altri. *Mi avevano prevenuto nei tuoi confronti.* **4.** Avvertire qlcu. di qlco. in anticipo; in partic. per evitare qlco. di negativo. *Prevenire gli amici del ritardo.*

preventivàre v.tr. **1.** Calcolare in anticipo una spesa, metterla nel bilancio. *Preventivare l'acquisto di un'auto.* ~ Fare un preventivo. **2.** estens. Prevedere qlco. *Preventivare un ritardo.*

preventivo agg. **1.** Che previene un evento dannoso. *Medicina preventiva.* ◇ *A titolo preventivo:* come misura di prevenzione. **2.** Che viene fatto in vista di ciò che seguirà; che prevede ciò che accadrà. SIN.: **previsionale.** ◆ s.m. Calcolo preventivo dei costi di un lavoro, di una prestazione, di un servizio. ~ Bilancio preventivo di un'azienda, di un ente.

prevenùto agg. Che nutre delle prevenzioni, dei pregiudizi nei confronti di qlcu. o qlco.

prevenzióne s.f. **1.** Insieme delle misure adottate per prevenire un pericolo, un rischio, un male, e impedirgli di verificarsi. **2.** (spec. pl.) Opinione sfavorevole formatasi senza riscontro reale. **3.** Insieme di misure mediche e medico-sociali adottate per impedire la comparsa, l'aggravarsi o l'estensione di malattie, o le loro conseguenze a lungo termine.

ENCICL. La *prevenzione primaria* è volta a impedire il contagio di una malattia tramite innanzitutto la vaccinazione. La *prevenzione secondaria* serve a evitare la diffusione di una malattia grave, soprattutto attraverso misure di contenimento e trattamento. La *prevenzione terziaria*, infine, si occupa di evitare ricadute o di contenere i postumi di una malattia, in modo da favorire il completo reinserimento del malato nella sua sfera sociale e professionale.

prevèrbio o **prevèrbo** s.m. [pl. *–bi*] (lat. *praevèrbium* "prefisso") GRAMM. Prefisso di un verbo (p.e. *pre-venire*).

previdènte agg. Che si prepara per tempo a fronteggiare possibili problemi futuri.

previdènza s.f. **1.** Qualità di chi, consapevole di possibili future difficoltà, si premunisce per tempo. **2.** Insieme di istituzioni e norme volte ad assicurare ai cittadini sostentamento e assistenza in caso di infortunio, malattia, disoccupazione o vecchiaia ◇ *Previdenza integrativa:* quella che si aggiunge alla previdenza sociale tramite contratti collettivi o individuali.

previdenziàle agg. Relativo alla previdenza sociale. *Sistema previdenziale.*

prèvio agg. [pl.m. *–vi*] (lat. *praèvium,* propr. "che va davanti") Che è fatto in precedenza. *Secondo un previo accordo.*

previsionàle agg. Che comporta dei calcoli di previsione.

previsióne s.f. Ipotesi su ciò che accadrà in futuro fondata su indizi e segnali attuali. ◇ *loc. prep. In previsione di:* prevedendo. *I controlli sono stati intensificati in previsione di disordini.*

previsto agg. **1.** Supposto, immaginato, messo in conto. **2.** Contemplato, ritenuto possibile. ◆ s.m. (solo sing.) Ciò che è stato previsto, ipotizzato.

prevocàlico agg. [pl.m. *–ci,* f. *–che*] LING. Che precede una vocale.

prevòsto s.m. (fr. *prevost*) **1.** Titolo ecclesiastico di membri autorevoli di capitoli canonici o di monasteri. **2.** In Francia, dal Medioevo al sec. XVIII, denominazione di alti funzionari del regno aventi poteri giudiziari.

prevostùra s.f. **1.** Dignità ecclesiastica di prevosto. **2.** In Francia, dal Medioevo alla metà del sec. XVIII, carica di prevosto.

preziosìsmo s.m. **1.** Insistita ricercatezza formale. ~ Costrutto, locuzione, espressione letteraria e rara. ~ Tratto stilistico raffinato, elegan-

te. **2.** Corrente letteraria francese del Seicento, caratterizzata dall'uso di un linguaggio artificioso, peregrino, affettato.

preziosità s.f. inv. **1.** Alto e raro pregio di qlco. **2.** fig. Raffinata eleganza, spesso con esiti di artificiosità.

prezióso agg. (lat. *pretiòsum,* deriv. di *prètium* "prezzo, pregio") **1.** Che ha un grande valore commerciale. *Merci preziose.* **2.** fig. Che ha o a cui si dà grande valore e importanza materiale o morale. **3.** fig. Caratterizzato da ricercatezza e raffinatezza formali. **4.** fam. Riferito a persona, che si fa vedere di rado. ◆ s.m. **1.** (al pl.) Gioielli, ori. **2.** [f. *–sa*] Seguace del preziosismo francese. **3.** fam. [f. *–sa*] Chi si fa desiderare.

prezzàre v.tr. Stabilire il prezzo di vendita di una merce. ~ Applicare il cartellino del prezzo sulla merce.

prezzàrio s.m. [pl. *–ri*] Catalogo degli articoli in vendita con l'indicazione dei relativi prezzi. SIN.: **listino.**

prezzatùra s.f. Applicazione dell'etichetta, del cartellino del prezzo alle merci in vendita.

prezzèmolo s.m. (gr. *petrosèlinon,* propr. "sedano che cresce tra le pietre") (spec. sing.) Piccola pianta erbacea ortiva, annuale o biennale, utilizzata come condimento. (Nome sc. *Petroselinum sativum;* famiglia delle Ombrellifere.) ◇ *Essere come il prezzemolo:* si dice di persona che è ovunque, che riesce a intrufolarsi ovunque.

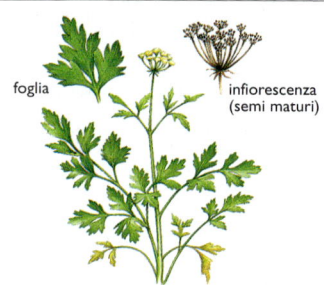

foglia / infiorescenza (semi maturi)

■ **prezzèmolo** comune.

prèzzo s.m. **1.** Valore di una cosa espresso in moneta. ◇ *Prezzo di costo:* quello equivalente al costo che l'imprenditore sostiene per la produzione di un bene o servizio. – *Prezzo di mercato:* quello determinato dall'incontro della domanda e dell'offerta. – *Prezzo sorvegliato:* quello praticato su prodotti di prima necessità e di largo consumo, su cui la pubblica amministrazione esercita un controllo, pur non determinandolo. **2.** estens. Cartellino indicante il prezzo di una merce. SIN.: **costo. 3.** fig. Ciò che bisogna dare o fare per ottenere qlco. SIN.: **costo.** ◆ figg. *Non avere prezzo:* essere di valore inestimabile. – *A nessun prezzo:* a nessuna condizione. – *loc. prep. A prezzo di:* a *costo di.*

prezzolàre v.tr. Pagare qlcu. in cambio dell'esecuzione di atti delittuosi o di lavori rituali vili. *Prezzolare un killer, la stampa.* SIN.: **assoldare.**

prezzolàto agg. pegg. Che si è fatto comprare, che ha venduto la propria coscienza.

priapèo agg. Che ha relazione con Priapo, antica divinità greca, protettrice dei campi e simbolo della fecondità maschile. SIN.: **fallico.** ◆ s.m. **1.** Nella letteratura greca e latina, componimento poetico in origine dedicato al dio Priapo, poi soltanto di argomento osceno. **2.** Verso priapeo.

priapismo s.m. MED. Erezione patologica del pene, prolungata e dolorosa, non legata a eccitazione sessuale.

prigióne s.f. (fr. *prison,* lat. *prehensiònem* "cattura") **1.** Carcere. ~ Edificio adibito a carcere. **2.** fig. Luogo o situazione in cui si soffre la mancanza di libertà. *Più che una casa può dirsi una prigione.* **3.** Nel gioco dell'oca e nel monopoli, casella dove si deve sostare perdendo qualche turno di gioco; in alcuni giochi infantili, il

luogo dove i partecipanti fatti prigionieri devono sostare.

prigionìa s.f. **1.** Condizione di chi è fatto prigioniero o subisce una carcerazione. **2.** fig. Vincolo oppressivo, soggezione.

prigionièro agg. (fr. *prisonnier*) **1.** Privato della libertà dai nemici, dagli avversari politici o da banditi. **2.** Rinchiuso in un ambiente, impedito nei movimenti, limitato nella libertà personale. **3.** fig. Incapace di liberarsi di qlco. *Essere prigioniero di un vizio.* **4.** MECC. *Vite prigioniera:* quella senza testa, filettata alle due estremità, una delle quali viene avvitata in un foro, mentre l'altra viene chiusa nel dado. **5.** *Palla prigioniera:* gioco di ragazzi che si effettua tra due squadre e in cui chi raccoglie un lancio fa prigioniero il lanciatore. ◆ s.m. **1.** [f. *–ra*] Persona detenuta in prigione. **2.** MECC. Vite prigioniera.

1. prima avv. **1.** Con valore temporale, anteriormente. *Il giorno prima avevamo firmato il contratto.* **2.** Con valore temporale, in un tempo più breve. *Con questi treni si arriva molto prima a Milano.* **3.** Con valore spaziale, in un luogo che precede un altro. *Prima c'è il tabaccaio e poi la farmacia.* **4.** Come indicazione di importanza, in primo luogo. *Prima viene la libertà, poi il benessere.* ◇ *locc. prep. Prima di:* si usa per indicare un termine di tempo; per esprimere posizione e distanza rispetto a un punto di riferimento; estens. per indicare maggiore importanza rispetto ad altro. *La salute viene prima dei divertimenti.* – *Prima di tutto:* in primo luogo. – *loc. cong. Prima di, prima che:* introduce una frase con valore temporale; esprime preferibilità. *Prima di parlare male di te mi farei tagliare la lingua.* ◆ s.m. (solo sing.) Nella loc. *il prima e il dopo,* per indicare l'ordine di successione di avvenimenti.

2. prima s.f. **1.** Prima classe di una scuola. **2.** Prima classe in mezzi di trasporto. **3.** Prima rappresentazione di uno spettacolo teatrale o cinematografico. SIN.: **première. 4.** Marcia più corta in un autoveicolo o motoveicolo. **5.** SPORT. Nell'alpinismo, prima scalata di una parete, apertura di una nuova via. ~ Nella scherma, posizione con braccio proteso e dorso della mano a sinistra. ~ Nella ginnastica, posizione di attenti. ◇ *Tiro, punizione di prima:* nel calcio, rispettivamente, colpo al volo e calcio di punizione effettuato direttamente. **6.** MUS. *Intervallo di prima:* intervallo tra due note di egual nome nella stessa ottava. **7.** RELIG. Ora canonica corrispondente alla prima ora del giorno (sei del mattino).

primadònna s.f. [pl. *primedonne*] **1.** Attrice o cantante protagonista. **2.** Chi ha un ruolo di primo piano, spec. dal punto di vista della mondanità.

primàrio agg. [pl.m. *–ri*] **1.** Che viene per primo in un ordine, in una successione. ◇ GEOL. *Era primaria:* quella paleozoica, successiva all'archeozoica. **2.** Che viene per primo in una gerarchia o in una scala di valori. ◇ FILOS. *Qualità primaria:* qualità fondamentale delle cose (come la forma, l'estensione, il movimento, ecc.) non suscettibile di modificazioni da parte del soggetto conoscitore. ◇ INSEGN. *Scuola, istruzione primaria:* primo *ciclo dell'istruzione obbligatoria in Italia. **3.** MED. Che rappresenta la prima fase di una malattia. **4.** CHIM. *Composto primario:* ogni composto organico ottenuto introducendo un gruppo funzionale nel gruppo contenente l'atomo di carbonio primario, cioè un carbonio legato a un solo altro atomo di carbonio. – *Atomo primario:* in una molecola organica, atomo di carbonio legato a un solo altro atomo dello stesso elemento. **5.** FIS. *Circuito primario:* circuito di un trasformatore che riceve energia dalla linea di alimentazione e la trasferisce al secondario. **6.** BOT. Di organo che si sviluppa direttamente dai tessuti embrionali. ◆ s.m. **1.** (anche riferito a donna) Medico che dirige un reparto ospedaliero. **2.** ECON. Settore produttivo rappresentato dall'agricoltura, dall'allevamento e dall'industria estrattiva. **3.** FIS. Circuito primario.

primàte s.m. (lat. *primàtem* "appartenente alle prime famiglie") Titolo di vescovi la cui autorità si estende a intere regioni o a tutta la nazione.

Primàti s.m. pl. [iniziale minusc. sing. –*te* per l'individuo] ZOOL. Ordine di mammiferi con mani general. prensili, unghie spesso piatte, dentatura completa ed encefalo molto sviluppato, come i Lemuridi, le scimmie e l'uomo.

primaticcio agg. [pl.m. –*ci*, f. –*ce*] BOT. Che matura prima di altre varietà della stessa specie o prima del tempo.

primatista s.m. e f. [pl.m. –*sti*] Atleta che detiene un primato in una specialità sportiva.

primàto s.m. **1.** Supremazia in qlco. ◇ *Primato papale*: autorità suprema del papa sugli altri vescovi, negata dalla Chiesa protestante e riconosciuta come puro titolo onorifico dalle Chiese Orientali. **2.** SPORT. Migliore risultato ottenuto in una disciplina, in una specialità. SIN.: **record**.

primatologìa s.f. (ingl. *primatology*) Parte della zoologia che studia i Primati.

primatòlogo s.m. e f. [f. –*ga*, pl.m. –*gi*, f. –*ghe*] Studioso di primatologia.

primattòre s.m. [f. –*trice*] Attore che in un cast teatrale o cinematografico o in uno spettacolo fa la parte del protagonista. ~ *estens.* Personaggio di spicco, mattatore.

primavèra s.f. **1.** Una delle quattro stagioni, compresa, nell'emisfero boreale, tra il 21 marzo e il 21 giugno e nell'emisfero australe, tra il 23 settembre e il 21 dicembre. **2.** *estens.* Condizioni climatiche miti, simili a quelle della primavera. **3.** *fam.* (al pl.) Anni di età. **4.** *lett.* Giovinezza. **5.** *fig.* Periodo in cui qlco. inizia, nella speranza e nel fervore generali. **6.** BOT. Primula. □ In funzione di agg. inv. **1.** SPORT. *Squadra primavera*: formazione giovanile di un club che non possiede altre, con giocatori più anziani. **2.** CUC. A base di verdure primaverili.

primaverile agg. Di primavera.

primaziàle agg. Del primate, che a lui fa capo.

primeggiàre v.intr. [5] (aus. *avere*) Distinguersi, emergere.

prime rate [/praɪm ˈreɪt/] loc. sost. m. inv. (loc. ingl., propr. "tasso primario") BANC. Tasso minimo d'interesse praticato dalle banche ai clienti migliori.

prime time [/ˈpraɪm taɪm/] loc. sost. m. inv. (loc. ingl., propr. "orario primario") TV. Orario di maggior ascolto delle trasmissioni televisive; in italiano anche *prima serata*.

primièra s.f. (spagn. *primera*) **1.** Gioco d'azzardo giocato da otto giocatori con un mazzo da 40 carte, in cui vince chi totalizza il punteggio più alto con la combinazione di quattro carte tutte di seme diverso. **2.** *estens.* Nel gioco della scopa e dello scopone, combinazione di quattro carte che totalizza il punteggio più alto e permette di guadagnare un punto.

primigènio agg. [pl.m. –*ni*] (lat., comp. di *prīmus* "primo" e *gĭgnere* "generare") Che è stato il primo a comparire, a manifestarsi. ~ Che risale ai tempi più antichi, alle origini del mondo. SIN.: **primordiale, primitivo, originario**.

primipara agg. (lat., comp. di *prīmus* "primo" e *părere* "generare") (solo f.) Che partorisce per la prima volta (in oppos. a *multipara*). ◆ s.f. Nel sign. dell'agg.

primipilo s.m. (lat. *primipīlum*, comp. di *prīmus* "primo" e *pilus* "manipolo") Nell'esercito romano, centurione di grado più elevato.

primitiva s.f. **1.** MAT. Funzione primitiva. **2.** INFORM. In un linguaggio di programmazione, i comandi che fanno parte della definizione standard del linguaggio. ~ Funzione propria del sistema operativo, che può essere chiamata dall'interno di un programma.

primitivismo s.m. **1.** Tendenza culturale ed estetica a rivolgersi alle culture primitive e a trarne ispirazione. **2.** Carattere primitivo.

primitivo agg. (lat. *primitivum* "il primo in ordine di tempo") **1.** Proprio del periodo iniziale, delle origini. **2.** Risalente alle origini, appartenente alle popolazioni della preistoria. ~ Riferito anche a popolazioni dell'epoca moderna le cui forme di vita sono state ritenute simili a quelle preistoriche. **3.** *estens.* Arretrato, rudimentale, rozzo. **4.** Nel l. sc. e tecn., non derivato. ◇ MAT. *Concetto primitivo*: non riducibi-

le a un concetto più semplice e, quindi, non definibile e di natura intuitiva (p.e. il punto, la retta, il piano, il concetto di insieme). ◆ s.m. **1.** (spec. pl.) [f. –*va*] Persona che appartiene a una società primitiva. ~ *estens.* Persona semplice, rozza. **2.** [f. –*va*] Artista prerinascimentale la cui arte appare portatrice di valori di purezza e di spiritualità. **3.** LING. *Primitivo semantico*: ciascuno dei concetti non ulteriormente riducibili che costituiscono il significato di una parola.

primizia s.f. **1.** Frutto o ortaggio che matura per primo o innanzi tempo. **2.** *fig.* Testo letterario, teatrale, musicale fatto conoscere prima della pubblicazione. ~ Opera giovanile di un autore. ~ Notizia non ancora divulgata.

primo agg. num. ord. **1.** Che, in una successione ordinata, indica il posto corrispondente al numero 1. *Arrivare al primo posto*. ~ Posposto a un re, un principe, un papa e in un numero romano, indica l'ordine di successione al trono o al soglio. ◇ *Prima linea*: fronte di combattimento. – GRAMM. *Prima persona*: nella flessione dei verbi e dei pronomi, quella che indica chi parla o scrive. **2.** Che segna l'inizio di qlco. ◇ *Prima visione*: prima proiezione di una pellicola cinematografica. – *Primo impiego*: inizio dell'attività lavorativa, spec. di giovani. – *Della prima ora*: che fa parte dei primi aderenti a qlco. **3.** Che s'incontra prima di altre cose analoghe. *Prendere il primo autobus che passa*. ◇ *Primo piano*: nella prospettiva, quello più vicino a chi guarda; in fotografia, inquadratura ravvicinata. **4.** In una graduatoria o in una gerarchia di valori, che è in testa ed è quindi superiore ad altri, o ad altre cose. **5.** ARITM. *Numero primo*: numero intero divisibile soltanto per se stesso o per l'unità. **6.** *Minuto primo*: sessantesima parte di un'ora. □ In funzione di avv., in primo luogo, per prima cosa. ◆ s.m. **1.** [f. –*ma*] Nell'accez. 1 dell'agg. ~ Chi, con il proprio agire, precede tutti gli altri. ◇ *fig. Il primo che capita*: una persona qualsiasi, uno sconosciuto. **2.** Primo giorno del mese, dell'anno. ~ (al pl.) Primi giorni, anche di un secolo. *I primi del Novecento*. **3.** *Minuto primo.* ~ Unità di misura degli angoli corrispondente alla sessantesima parte di un grado. **4.** In un pasto, portata che segue all'antipasto.

primogènito agg. (lat., comp. di *prīmus* "primo" e *gĭgnere* "generare") **1.** Primo nato tra più figli. **2.** *fig.* Primo a esistere, a manifestarsi. ◆ s.m. [f. –*ta*] Il figlio nato prima degli altri.

primogenitùra s.f. Condizione di primogenito. ~ Insieme di diritti, di beni, ecc. spettanti, in alcune civiltà e in alcuni periodi storici, al primogenito.

primordiàle agg. **1.** Dei primordi, delle origini. ~ Originario, primitivo. **2.** *estens.* Non ancora sviluppato, rudimentale.

primòrdio s.m. [pl. –*di*] (lat., comp. di *prīmus* "primo" e *ordīri* "iniziare") **1.** (spec. pl.) Prima manifestazione, fase iniziale di un'epoca, di un processo, di un fenomeno. SIN.: **albori. 2.** BOT. Fase iniziale dello sviluppo di un organo.

primula s.f. (voce coniata da Linneo, lat. *Primula*, deriv. di *prīmus* "primo" per la fioritura primaverile) **1.** Pianta erbacea a fiori gialli, rosa o violacei riuniti in ombrelle. (Famiglia delle Primulacee.) ~ *estens.* Fiore di tale pianta. ◇ *fig. Primula rossa*: persona inafferrabile, dal nome del protagonista dell'omonimo romanzo di E. Orczy (1905). **2.** BOT. (iniziale maiusc.) Genere

odorosa (*Primula officinalis*)   coltivata

■ **prìmula**

di piante a cui appartengono varie specie di primula.

Primulàcee s.f. pl. [iniziale minusc. sing –*a* per l'individuo] BOT. Famiglia di piante erbacee dicotiledoni con foglie opposte, fiori solitari o in ombrelle e frutto a capsula; ne fa parte la primula.

principàle agg. (lat. *principālem* "originario, fondamentale") Di maggiore importanza o valore rispetto ad altri. SIN.: **primario**. ~ Di maggior autorevolezza, di maggior prestigio. ~ Maggiore, più ampio. *Strada principale*. ◇ GRAMM. *Frase o proposizione principale*: frase grammaticalmente indipendente. – MUS. *Registro principale*: registro fondamentale dell'organo. ◆ s.m. **1.** (anche con riferimento a donna) Datore di lavoro, dirigente di un ufficio o di un'impresa. SIN.: **capo. 2.** MUS. Registro principale. **3.** Nella scenografia teatrale del Settecento e dell'Ottocento, telone dipinto raffigurante una parte della scena.

principalménte avv. → soprattutto.

principàto s.m. (lat. *principātum* "primo posto" poi "dignità imperiale") **1.** Dignità di un principe. ~ Durata del suo governo. **2.** Territorio sotto la giurisdizione di un principe. **3.** TEOL. CATT. (al pl.; anche con iniziale maiusc.) I nove cori angelici.

principe s.m. [f. *principessa* nelle accez. 2 e 3] (lat. *princĭpem*, propr. "chi prende il posto") **1.** Nel Medioevo, titolo attribuito ai maggiori feudatari. ~ *estens.* Appellativo di sovrani e imperatori. **2.** Il più elevato titolo di nobiltà. ◇ *Principe ereditario*: che succederà al trono. – *Principe azzurro*: nelle fiabe, principe valoroso che sposa la protagonista e, estens., sposo ideale. **3.** *estens.* Chi detiene una grande autorità o eccelle per i suoi meriti. ◇ *Principi della Chiesa*: i cardinali. **4.** Soldato di fanteria pesante della legione romana. **5.** *Principe di Galles*: tipo di disegno a quadri composti da linee incrociate di colore o di tonalità diverse. ~ *estens.* Tessuto così disegnato e abito con esso confezionato. □ In funzione di agg. inv. **1.** Più importante, principale. **2.** Primo cronologicamente o in una scala di valori. ◇ FILOL. *Edizione principe*: prima edizione di un'opera.

principésco agg. [pl.m. –*schi*, f. –*sche*] Del principe. ~ Degno di un principe.

principéssa s.f. Titolo spettante alla sovrana di un principato, alla moglie e alla figlia di un principe e alla figlia di un re.

principiànte agg. Che ha poca esperienza. SIN.: **esordiente**. ◆ s.m. e f. Chi inizia un'attività senza esperienza.

principio s.m. [pl. –*pi*] **1.** Momento iniziale di qlco. ◇ *Al, in, dal, da, sul principio*: all'inizio. **2.** Concetto fondamentale di una scienza o di un ragionamento. *I principi della fisica*. SIN.: **assioma**. ~ Nozione fondamentale. *Principi generali del diritto*. ~ In partic., proposizione che esprime quanto è stato osservato empiricamente. *Principio di Archimede*. ◇ *In linea di principio*: teoricamente. **3.** (spec. pl.) Valore etico o morale che guida il comportamento di una persona. *Un uomo di sani principi*. **4.** Causa prima di qlco. **5.** Nel l. sc., elemento costitutivo di una sostanza. *Principio attivo*.

princisbécco s.m. [non com. pl. –*chi*] (dal nome di C. *Pinchbeck*, l'orologiaio londinese che ne fu l'inventore) Lega di rame, zinco e stagno, simile all'oro.

prióne s.m. BIOL., MED. Piccolissimo agente infettivo dotato di attività replicativa, causa dell'encefalopatia spongiforme.

prioràto s.m. (lat. *priorātus* "preminenza") Carica di priore nel comune medievale o in un convento.

prióre s.m. (lat. *priōrem* "che sta innanzi") **1.** Superiore di un convento. **2.** Nei comuni medievali, titolare di cariche pubbliche amministrative, politiche, giudiziarie. **3.** In alcuni ordini cavallereschi, alto dignitario.

prioria s.f. **1.** Dignità di priore. **2.** Territorio sottoposto all'autorità di un priore.

priorità s.f. inv. **1.** Precedenza nel tempo rispetto ad altro. **2.** Il fatto di venire prima in ordine di importanza.

prioritàrio agg. [pl.m. –*ri*] Che viene prima di altre cose per importanza. SIN.: **primario**. ◇ *Po-*

sta prioritaria: spedizione postale che assicura la consegna entro 24 ore dall'invio.

prisma s.m. [pl. *–smi*] **1.** GEOM. Poliedro con due facce poligonali uguali e parallele (basi) e con le rimanenti facce costituite da parallelogrammi. **2.** OTT. Cristallo o solido trasparente, che devia un raggio luminoso incidente secondo l'indice di rifrazione del materiale. **3.** GEOL., GEOGR. *Prisma di deiezione*: conoide di deiezione. **4.** ANAT. (al pl.) Formazioni proprie dello smalto dei denti. **5.** *fig.* Ciò che deforma la realtà.

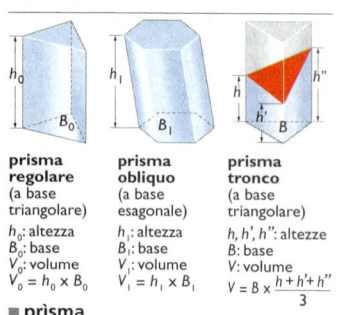

prisma regolare (a base triangolare)	prisma obliquo (a base esagonale)	prisma tronco (a base triangolare)
h_0: altezza	h_1: altezza	h, h', h'': altezze
B_0: base	B_1: base	B: base
V_0: volume	V_1: volume	V: volume
$V_0 = h_0 \times B_0$	$V_1 = h_1 \times B_1$	$V = B \times \dfrac{h + h' + h''}{3}$

■ **prìsma**

prismàtico agg. [pl.m. *–ci*, f. *–che*] **1.** Riferito a prisma. ~ A forma di prisma. **2.** Relativo al prisma ottico.

Pristidi s.m. pl. [iniziale minusc. sing. *–de* per l'individuo] ZOOL. Famiglia di pesci diffusi soprattutto nei mari caldi e temperati, con il cranio allungato in un lungo rostro appiattito, dai margini dentati. (Ordine degli Squaliformi).

pritanèo s.m. ANT. GR. Edificio pubblico riservato a magistrati e pubblici amministratori, in cui era custodito il fuoco sacro.

pritano o **pritane** s.m. (gr. *prýtanis*, propr. "signore, capo") Nell'antica Atene, membro dell'assemblea popolare.

privacy [/'praivəsi/] s.f. inv. (voce ingl., deriv. di *private* "privato") Vita privata, personale e familiare.

privàre v.tr. Rendere qlcu. o qlco. sprovvisto di altro. *Privare i figli dell'affetto*. ~ Togliere, levare. ◆ **privarsi** v.pron. Rinunciare a qlco. *Privarsi del necessario*.

privataménte avv. **1.** Da, come privato. **2.** Dal punto di vista della vita privata.

privatista s.m. e f. [pl.m. *–sti*] **1.** Chi studia privatamente sostenendo poi gli esami in una scuola pubblica. **2.** Studioso di diritto privato. ☐ In funzione di agg., nell'accez. 1 del s. *Candidati privatisti*.

privatistico agg. [pl.m. *–ci*, f. *–che*] **1.** ECON. Che attiene all'iniziativa privata. **2.** DIR. Relativo agli studi di diritto privato.

privativo agg. **1.** Che priva di qlco. **2.** LING. Di elemento che indica assenza o negazione.

privatizzàre v.tr. Rendere privato qlco., spec. un'impresa o un settore economico in precedenza pubblici. *Privatizzare le Ferrovie dello Stato.*

privatizzazióne s.f. Trasferimento di beni pubblici al settore privato. ~ In partic., trasferimento di quote azionarie di imprese pubbliche a investitori privati.

privàto agg. (lat. *privātum*, deriv. di *privus* "proprio, particolare") **1.** Di persona, considerata al di fuori del suo ruolo sociale o delle sue funzioni pubbliche. *Privato cittadino*. **2.** Che appartiene a singoli cittadini o è da essi gestito (in oppos. a *pubblico*). ~ Non aperto al pubblico. **3.** Riservato a una sola o a poche persone. *Colloquio privato*. **4.** Che è strettamente personale, intimo. ◆ s.m. **1.** [f. *–ta*] Cittadino che non ha cariche civili o politiche. **2.** (solo sing.) Sfera personale, familiare. ◇ *In privato*: non pubblicamente.

privazióne s.f. **1.** Sottrazione o perdita di qlco. **2.** (spec. pl.) Stenti, rinunce, sacrifici.

privilegiàre v.tr. [5] **1.** Accordare un privilegio a qlcu. **2.** Attribuire un maggior valore a ql-

co. rispetto ad altro. *Ha privilegiato la carriera trascurando la famiglia.*

privilegiàto agg. **1.** Che gode di privilegi particolari. **2.** Di situazione particolarmente favorevole. **3.** Che gode di un privilegio morale, intellettuale, ecc. *Con un'intelligenza così può ben dirsi privilegiato!* ◆ s.m. [f. *–ta*] Chi gode di particolari vantaggi, spec. sociali.

privilègio s.m. [pl. *–gi*] (lat. *privilēgium*, propr. "legge occasionale che riguarda una singola persona" poi "favore concesso a un singolo") **1.** Diritto, vantaggio particolare di qlcu. rispetto ad altri. **2.** *estens.* Onore speciale. ~ Pregio, merito, dote di qlcu. o qlco. **3.** DIR. Diritto di prelazione conferito, in casi particolari, a un creditore rispetto ad altri.

privo agg. (lat. *privum*, propr. "che sta da sé, che sta davanti") Sprovvisto di qlco. SIN.: **mancante**.

1. prò prep. A favore, a vantaggio di. *Sottoscrizione pro terremotati*. ~ In locc. latine ancora in uso in espressioni italiane e in denominazioni di enti e società che operano a favore di qlcu. o qlco. *Pro loco*.

2. prò s.m. inv. Giovamento, beneficio, utilità. ◇ *Pro e contro*: argomenti a favore e contrari a una tesi.

1. prò- Prefisso che in composti, per lo più di origine latina, esprime sia il significato di "davanti" o "fuori" e quindi espansione, estensione, reale o ideale, nello spazio e nel tempo (*proclamare, pronunciare, procedere, propagare, procrastinare, proavo, pronipote*), sia il significato di "sostituzione", "vece" (*prorettore, proconsole*).

2. prò- Prefisso che, in composti della terminologia scientifica, esprime il significato di anteriorità, precedenza, priorità (*procima, proscimmie*).

probàbile agg. (lat. *probābilem*, propr. "degno di approvazione") **1.** Che ha molte possibilità di verificarsi. *Successo probabile*. ~ Che si ritiene fortemente verosimile, pur non avendo la sicurezza che sia vero. **2.** MAT. Riferito a evento, che è previsto dalla teoria della probabilità. **3.** Che può essere ragionevolmente congetturato, supposto, creduto.

probabilismo s.m. (fr. *probabilisme*) **1.** TEOL. CATT. Dottrina, elaborata intorno alla metà del sec. XVII, secondo la quale, nei casi morali dubbi, è lecito attenersi a un'opinione favorevole alla libertà anche se non è la più probabile. **2.** FILOS. Dottrina secondo la quale non esistono certezze assolute. [Al probabilismo antico (Carneade) fa eco un probabilismo moderno d'ispirazione logica e matematica (Cournot).]

probabilista s.m. e f. [pl.m. *–sti*] (fr. *probabiliste*) **1.** FILOS., TEOL. CATT. Fautore, sostenitore del probabilismo. **2.** Studioso di calcolo delle probabilità.

probabilistico agg. [pl.m. *–ci*, f. *–che*] **1.** FILOS., TEOL. CATT. Relativo al probabilismo. **2.** Relativo al calcolo delle probabilità. ◇ *Legge, connessione probabilistica*: nel l. sc., che stabilisce la probabilità che in seguito a un evento ne accada un altro.

probabilità s.f. inv. (fr. *probabilité*) **1.** MAT. In riferimento a un evento, il rapporto tra il numero dei casi in cui l'evento può verificarsi e il numero dei casi possibili. ◇ *Calcolo delle probabilità*: teoria, derivata da quella classica e da altre elaborate recentemente, che formalizza i concetti relativi alla probabilità. **2.** *estens.* Possibilità che si ritiene possa tramutarsi in realtà.

probabilménte avv. Con una certa probabilità, verosimilmente.

probandàto s.m. RELIG. Periodo di prova che precede il noviziato.

probànte agg. Che ha valore di prova. SIN.: **persuasivo, dimostrativo**.

probativo agg. Che ha lo scopo di dimostrare, di provare qlco. SIN.: **probante**.

probatòrio agg. [pl.m. *–ri*] DIR. Che concerne le prove o che ha valore di prova.

probità s.f. inv. Onestà, rettitudine.

problèma s.m. [pl. *–mi*] (gr. *próblēma* "questione proposta") **1.** In matematica e in altre scienze, domanda con cui si chiede di trovare, sulla base di dati noti ed enunciati, dati non noti, logicamente deducibili dai primi. ~ *estens.*

Questione su cui si ragiona, di cui si cerca la soluzione. **2.** *fig.* Questione, situazione, caso difficile da risolvere, che genera preoccupazione. ~ *estens.* Complicazione, difficoltà, ostacolo.

problemàtica s.f. [pl. *–che*] Insieme di problemi, di questioni relativi a una scienza, a un argomento ecc. ~ Insieme di problemi filosofici, culturali ecc. che un autore o un movimento si pongono e ai quali tentano di dare risposta.

problemàtico agg. [pl.m. *–ci*, f. *–che*] (fr. *problématique*) **1.** Che pone dei problemi, che costituisce qlco. di non facile soluzione. **2.** Il cui esito, la cui realizzazione sono incerti. **3.** Che si pone degli interrogativi, che privilegia il dubbio sulla certezza.

pròbo agg. Di un'onestà rigorosa, scrupolosa.

Proboscidàti s.m. pl. [iniziale minusc. sing. *–to* per l'individuo] ZOOL. Ordine di mammiferi di grandi dimensioni muniti di proboscide prensile e di incisivi superiori molto sviluppati e a crescita continua (zanne); le sole specie viventi sono l'elefante africano e l'elefante asiatico.

proboscidàto agg. Fornito di proboscide.

probòscide s.f. (gr., comp. di *pró* "davanti" e *bóskein* "nutrire") **1.** Appendice labionasale degli elefanti, di forma tubolare e prensile, con funzioni tattili, olfattive e di presa del cibo e dell'acqua e di conduzione dell'aria. **2.** Organo allungato dell'apparato boccale di vari insetti. **3.** *fig. scherz.* Naso particolarmente pronunciato.

procacciàre v.tr. [5] Cercare di ottenere qlco., spesso con fatica (anche pron.). *Procacciare (procacciarsi) voti.*

procacciatóre agg. [f. *–trice*] Che procura qlco. di utile. ◆ s.m. (anche f.) Chi procura qlco. di vantaggioso. *Procacciatore di affari*.

procàce agg. (lat. *procācem* "sfrontato") Provocante per l'appariscenza delle forme e la sensualità.

procaina s.f. CHIM., FARM. Denominazione, che costituisce marchio registrato, di un alcaloide sintetico, usato come anestetico locale o antidolorifico.

prò càpite loc. agg. inv. (loc. lat., propr. "per testa") Individuale, che tocca al singolo. *Reddito pro capite*. ◆ loc. avv. Per persona, a testa.

procariòte s.m. BIOL. Organismo unicellulare la cui cellula è sprovvista di nucleo e con citoplasma morfologicamente indistinto (in oppos. a *eucariote*). (Sono di tale tipo i virus, i batteri e le alghe azzurre.)

procèdere v.intr. [12] (lat. *procēdere*, propr. "andare avanti") **1.** (aus. essere o avere) Avanzare, muoversi in avanti, proseguire nel cammino, a piedi o con un mezzo. *La via è aperta: procediamo*. ~ *estens.* (aus. avere) Andare avanti, continuare in qlco. che si è intrapreso. **2.** (aus. avere) Dare inizio e svolgimento a qlco. *Procedere alla votazione*. **3.** *fig.* (aus. essere) Riferito a soggetto inanimato, andare avanti, svolgersi. *Le cose procedono lente*. **4.** *fig.* (aus. avere) Agire, comportarsi in un certo modo. *Procedere con cautela*. **5.** (aus. essere) Derivare da qlco. *Ciò procede dalla sua incompetenza*. ~ TEOL. CATT. Si dice dello Spirito Santo, che deriva dal Padre e dal Figlio, o che è generato dal Padre. ☐ In funzione di s.m., trascorrere del tempo. *Col procedere degli anni si calmò.*

procedibile agg. DIR. Con riferimento ad azione giudiziaria, che può avere corso.

procediménto s.m. **1.** Modo di procedere. ~ Metodo seguito per ottenere un risultato. **2.** DIR. Serie di atti, tra loro formalmente o necessariamente connessi, finalizzati a un dato scopo.

procedùra s.f. (fr. *procédure*) **1.** DIR. Complesso di norme da osservare in un procedimento giudiziario. *Procedura fallimentare*. **2.** Serie di norme di legge o di regole consuetudinarie da osservare in campo amministrativo, burocratico. **3.** INFORM. Serie di operazioni da compiere per ottenere un determinato scopo. ~ Nella programmazione, blocco di istruzioni a cui viene assegnato un nome e che può essere richiamato più volte dal programma e riutilizzato in altri.

procedurale agg. (fr. *procédural*) **1.** DIR. Che riguarda la procedura. **2.** INFORM. *Linguag-*

gio procedurale: classe di linguaggi di programmazione che permettono la scrittura di programmi in forma di sequenze esplicite di istruzioni, dette *procedure.*

procellària s.f. **1.** Denominazione di varie specie di uccelli marini dei Procellariformi. **2.** ZOOL. (iniziale maiusc.) Genere di uccelli marini dei Procellariformi con specie diffuse nell'emisfero australe.

Procellàridi s.m. pl. [iniziale minusc. sing. -de per l'individuo] ZOOL. Famiglia di uccelli marini simili ai gabbiani; si nutrono di plancton. (Ordine dei Procellariformi.)

Procellarifórmi s.m. pl. [iniziale minusc. sing. -me per l'individuo] ZOOL. Ordine di uccelli che vivono in alto mare, potenti volatori e buoni nuotatori, con zampe palmate, corpo compatto, ali lunghe, becco dritto ricurvo in punta, narici poste all'estremità di due tubercoli cornei sulla superficie superiore del becco.

1. processàre v.tr. DIR. Sottoporre qlco. a processo.

2. processàre v.tr. INFORM. Sottoporre ad analisi, a elaborazione informatica dei dati.

processing [/'prəʊsesɪŋ/] s.m. inv. (voce ingl.) INFORM. L'insieme delle operazioni con cui vengono elaborati i dati.

processionària s.f. Denominazione comune di farfalle notturne che, allo stato di bruco, hanno il corpo peloso e procedono in lunghe file sugli alberi per brucarne le foglie. (Genere *Thaumatopoea;* famiglia dei Notodontidi.)

processióne s.f. (lat. *processiōnem* "avanzata" e "corteo solenne, processione religiosa") **1.** Rito in cui sacerdoti e fedeli, disposti in fila e pregando e intonando inni, accompagnano, lungo un determinato percorso, immagini sacre, reliquie, ecc. **2.** *estens.* Lunga fila di persone, di veicoli o di animali. **3.** TEOL. CATT. Relazione che intercorre tra le prime due persone della Trinità (Padre e Figlio) e lo Spirito Santo.

procèsso s.m. **1.** DIR. Insieme di attività attraverso le quali un organo giurisdizionale accerta la verità o giunge alla soluzione di una controversia in base alle disposizioni della legge. ~ *fig. Fare il processo alle intenzioni:* giudicare una persona non per quanto ha detto o fatto realmente, ma in base a ciò che si presume possa dire o fare. **2.** Successione di fatti e fenomeni, organicamente legati tra loro, che determinano e costituiscono un fenomeno naturale o storico. ◇ *Processo mentale:* serie di connessioni operate dalla mente. **3.** Serie di operazioni tecniche attraverso le quali viene svolta un'attività produttiva. **4.** INFORM. La singola esecuzione di un programma. ~ L'insieme dei dati e delle risorse che l'elaboratore gestisce durante l'esecuzione di un programma. **5.** ANAT. Sporgenza di alcuni organi. *Processo ciliare.*

processóre s.m. (ingl. *processor,* deriv. di *to process* "sottoporre a un processo, esaminare") INFORM. Unità centrale di elaborazione di un calcolatore.

processuàle agg. DIR. Relativo al processo. ◇ *Diritto processuale:* insieme di norme che regolano il processo.

procidènza s.f. (lat. *procidĕntiam,* deriv. di *procidĕre* "cadere in avanti") MED. Abbassamento o fuoriuscita di organi o strutture interne dalla sede naturale. SIN.: *prolasso.* ~ *p. durante il parto,* prematura fuoriuscita di un arto del feto, o del cordone ombelicale.

procióne s.m. (gr. *prokyōn* "cagnolino latrante") **1.** Denominazione comune di vari Procionidi, mammiferi di modeste dimensioni, con corpo tozzo e zampe corte, pelame grigio, lunga coda folta anellata di nero e mascherina nera

■ **procióne** o orsetto lavatore.

sugli occhi. La specie più nota è il procione (o orsetto) lavatore, così chiamato perché inzuppa il cibo nell'acqua prima di mangiarlo. **2.** ZOOL. (iniziale minusc.) Genere di animali a cui appartengono le varie specie di procione. **3.** ASTR. Denominazione classica della costellazione del Cane minore.

Prociònidi s.m. pl. [iniziale minusc. sing. -de per l'individuo] ZOOL. Famiglia di mammiferi di piccola dimensione che vivono in America e nelle Antille; ne fanno parte il procione e il coati. (Ordine dei Carnivori.)

proclàma s.m. [pl. -mi] Discorso ufficiale e solenne contenente una dichiarazione o un'esortazione a qlcu.

proclamàre v.tr. (lat. *proclamāre* "gridare ad alta voce") **1.** Annunciare qlco. in modo ufficiale e solenne. *Proclamare un verdetto.* ~ Promulgare qlco. *Proclamare una nuova legge.* **2.** Esprimere qlco. con decisione o enfasi. *Proclamare la propria innocenza.* **3.** Dichiarare formalmente qlcu. titolare di una carica o di un titolo. *Proclamare qualcuno presidente.* ◆ **proclamarsi** v.pron. Dichiarare pubblicamente qlco. di se stessi. *Proclamarsi innocente.*

proclamazióne s.f. **1.** Annuncio ufficiale e solenne di qlco. **2.** *estens.* Dichiarazione pubblica di qlco.

pròclisi s.f. inv. LING. Fenomeno per cui una parola atona (spec. un monosillabo) nella pronuncia si appoggia alla parola seguente, formando con essa un'unità prosodica (p.e. l'articolo, alcune forme pronominali: la mamma; ti dico). (Il fenomeno contrario è l'*enclisi.*)

proclìtico agg. [pl.m. -ci, f. -che] LING. Di parola atona che si appoggia alla parola seguente nella pronuncia. (In italiano l'articolo è proclitico.)

proclive agg. (lat. *proclīvem* "inclinato in avanti") *lett.* Incline, disposto naturalmente a fare qlco. o a essere in un certo modo. *Proclive all'indulgenza.*

proconsolàre agg. Del proconsole. ~ Che appartiene al proconsole.

proconsolàto s.m. Carica di proconsole. ~ Durata di questa funzione.

procònsole s.m. (lat. *proconsulem,* propr. "nelle veci di console") ANT. ROM. Console non più in carica che ottiene dal senato la proroga dei suoi poteri per governare una provincia o condurre fino al termine una campagna militare intrapresa.

procrastinàre v.tr. Nel l. bur., rimandare, rinviare per un certo periodo o a tempo indeterminato.

procreàre v.tr. Generare, mettere al mondo un figlio. ◆ v.intr. (aus. *avere*) Dare vita a dei figli.

procreazióne s.f. Generazione della prole. ◇ *Procreazione (medicalmente) assistita:* insieme di metodi che permettono la fusione di un ovulo e di uno spermatozoo umani senza rapporto sessuale, con un intervento medico (con eliminazione artificiale o fecondazione in vitro con trasferimento dell'embrione nell'utero materno).

proctalgìa s.f. MED. Dolore localizzato nell'intestino retto.

proctìte s.f. MED. Infiammazione della mucosa dell'intestino retto.

proctologìa s.f. MED. Ramo della gastroenterologia che ha per oggetto le malattie dell'intestino retto.

procùra s.f. **1.** Potere di rappresentare una persona in atti e negozi giuridici. ~ Documento che attesta l'esistenza di tale negozio giuridico. ◇ *Per procura:* attraverso procuratori. **2.** *Procura (della Repubblica):* ufficio incaricato di promuovere le indagini e attivare l'azione penale e che in giudizio sostiene l'accusa e propone la pena. ~ L'insieme dei magistrati e del personale che fa capo a tale ufficio. ~ Sede di tale ufficio.

procuràre v.tr. **1.** Fornire, fare in modo di fare avere qlco. a qlcu. *Procurare un impiego.* **2.** Causare, provocare qlco. di negativo. *Procurare guai alla famiglia.* **3.** Cercare di fare qlco. *Procurare che tutto sia pronto.* **4.** DIR. Provocare qlco. deliberatamente. *Procurare un aborto.* ◆ **procurarsi** v.pron. **1.** Fare in modo di avere qlco. *Si*

procurò una pistola. **2.** Causare, produrre qlco. su di sé. *Si è procurato una frattura.*

procuratóre s.m. [anche con riferimento a donna; ma diffuso il f. -*trice*] (lat. *procuratōrem,* deriv. di *procurāre* "amministrare") **1.** DIR. Chi rappresenta una persona fisica o giuridica, grazie alla procura che da essa ha ricevuto. ~ SPORT. Chi cura gli aspetti contrattuali e finanziari della carriera di un atleta. ~ CATT. Rappresentante di un ordine religioso, di una congregazione, ecc. presso la Santa Sede. ~ Anche, patrocinatore di una causa di beatificazione. ◇ *Procuratore legale:* laureato in legge che ha conseguito l'abilitazione e che rappresenta una parte in cause civili e penali. **2.** DIR. *Procuratore della Repubblica:* magistrato, detto anche *pubblico ministero,* titolare dell'ufficio della procura della Repubblica presso un tribunale. ~ *Sostituto procuratore:* magistrato che, in una procura della Repubblica, svolge le funzioni su delega e sotto il controllo del procuratore della Repubblica. – *Procuratore generale (della Repubblica):* magistrato, detto anche pubblico ministero, titolare dell'ufficio della procura della Repubblica presso le Corti d'Appello e la Corte di Cassazione. **3.** ANT. ROM. (solo m.) Funzionario che amministrava il patrimonio e le province in nome dell'imperatore. ◇ *Procuratori di San Marco:* nella repubblica di Venezia, i nove magistrati a cui era affidata l'amministrazione delle entrate dello stato e dei beni della basilica di San Marco.

pròde agg. Di grande coraggio. ◆ s.m. (anche f.) Chi mostra grande coraggio e valore.

prodézza s.f. **1.** Valore, coraggio, ardimento. **2.** Atto di valore o di bravura. **3.** *fam. iron.* o *scherz.* Comportamento arrischiato, bravata.

prodièro agg. MAR. Di prua.

prodigalità s.f. inv. **1.** Inclinazione a spendere con eccessiva generosità e in modo avventato. **2.** Spesa eccessiva.

prodigàre v.tr. [4] (fr. prodiguer) **1.** Donare con eccessiva generosità. ~ Spendere in modo sconsiderato. **2.** *fig.* Elargire con generosità. *Prodigare consigli.* ◆ **prodigarsi** v.pron. Impegnarsi a fondo, darsi da fare. *Prodigarsi negli aiuti.*

prodìgio s.m. [pl. -gi] **1.** Evento, fenomeno che non rientra, o non sembra rientrare, nell'ordine naturale delle cose e che, pertanto, appare magico, soprannaturale. **2.** *estens. per esager.* Fatto, opera o cosa che riempie di stupore e ammirazione per il suo carattere eccezionale, incredibile. **3.** *estens. per esager.* Chi appare fuori dell'ordinario per doti o virtù. ◻ In funzione di agg. inv., nelle locc. *bambino, ragazzo prodigio,* eccezionalmente precoce e dotato.

prodigióso agg. **1.** Che costituisce un prodigio. **2.** *per esager.* Incredibile, straordinario. ◆ s.m. (solo sing.) Carattere di prodigio.

pròdigo agg. [pl.m. -ghi, f. -ghe] (lat. *prōdigum,* deriv. di *prodĭgere* "spingere innanzi" poi "dissipare") **1.** Che dona o spende con eccessiva facilità, che sperpera. ◇ *Figliol prodigo:* chi ritorna pentito sulla retta via (con riferimento alla parabola evangelica). **2.** *fig.* Generoso. *Prodigo di consigli.*

proditòrio agg. [pl.m. -ri] (lat. *proditòrium,* deriv. di *prōditor* "traditore") Commesso a tradimento.

prodótto s.m. **1.** Ciò che viene a esistere in seguito a un processo di formazione, di produzione, in ambito concreto o astratto. ~ Frutto di qlco. che lo ha generato. ~ In partic. bene materiale fruibile, creato in un processo di lavorazione. **2.** *estens.* Conseguenza, effetto di qlco. **3.** ECON. Risultato di un'attività economica. ◇ *Prodotto interno lordo (PIL):* nella contabilità nazionale, il valore monetario di tutti i beni e i servizi finali prodotti in un anno sul territorio nazionale al lordo degli ammortamenti. – *Prodotto nazionale lordo (PNL):* quello ottenuto sommando al prodotto interno lordo il reddito dei cittadini che deriva da investimenti all'estero e sottraendo il reddito prodotto all'interno, ma spettante a operatori esteri. **4.** MAT. Risultato dell'operazione di moltiplicazione. ~ *estens.* L'operazione stessa. ◇ *Prodotto notevole:* quello tra due espressioni algebriche che, sviluppato, assume una forma particolarmente semplice. – *Prodotto cartesiano di due insiemi:* l'insieme formato da tutte le coppie ordinate di elementi appartenenti agli insiemi dati.

pròdromo s.m. (gr. *pródromos* "che corre avanti") **1.** Fatto, fenomeno che costituisce il segno premonitore di qlco. **2.** MED. Sintomatologia, per lo più aspecifica, che precede il manifestarsi dei sintomi specifici di una malattia.

producer [/prə'dju:sə/] s.m. e f.inv. (voce ingl., propr. "produttore") Responsabile dell'andamento finanziario e artistico di un film.

prodùrre v.tr. [26] (lat. *prodūcere* "condurre avanti" quindi "far crescere") **1.** Far nascere qlco. ~ Dare qlco. come proprio frutto, prodotto naturale o come risultato di un'attività lavorativa. *Una miniera che produce ferro.* ~ *fig.* Generare qlcu., dare i natali. ~ Essere luogo di nascita. *L'Italia ha prodotto innumerevoli artisti.* **2.** Secernere sostanze organiche. *L'organismo produce anticorpi.* ~ Generare sostanze o energie. *Le centrali nucleari producono energia.* **3.** Fabbricare qlco. mediante processi artigianali o industriali su materie prime. *La fabbrica produce utensili in ferro.* **4.** *estens.* Realizzare opere dell'ingegno. *Produrre opere poetiche.* **5.** Causare, determinare un qualche effetto; anche pron. **6.** Nel l. bur., presentare, esibire qlco. *Produrre un documento.* ◇ *Produrre un testimone:* farlo comparire in tribunale. ◆ **prodursi** v.pron. Generarsi, avere origine. *Si sono prodotte spaccature nella roccia.* ~ Presentarsi di fronte a un pubblico ed esibirsi in qlco. *I giocolieri si sono prodotti in numeri di abilità.*

produttivìsmo s.m. ECON., POLIT. Indirizzo volto al miglioramento e all'incremento della produzione nazionale.

produttività s.f. inv. **1.** Capacità di dare frutto, attitudine a produrre. ~ ECON. Rapporto quantitativo tra il prodotto e i fattori che hanno concorso alla sua produzione. ◇ *Produttività marginale (di un fattore di produzione):* incremento del prodotto ottenuto quando a una certa combinazione di fattori produttivi si somma una ulteriore dose del fattore considerato. **2.** ECOL. Velocità con cui, nell'unità di tempo, gli organismi autotrofi producono sostanza organica a partire da sostanze inorganiche. **3.** LING. Caratteristica di un sistema linguistico che offre regole applicabili ripetutamente.

produttìvo agg. (lat. *productīvus* "che va condotto oltre, allungato") **1.** Che produce, che dà frutto. **2.** Che lavora e produce beni materiali. **3.** *fig.* Di autore che produce molte opere. **4.** LING. Elemento o fenomeno linguistico applicato con particolare frequenza nel sistema di una data lingua. **5.** Della produzione industriale o agricola.

produttóre agg. [pl. *-trice*] **1.** Che è alla nascita, all'origine di qlco., che le dà forma, la crea. **2.** Che si caratterizza per la produzione di un bene, di un servizio. ◆ s.m. (anche f.) **1.** Chi produce, chi crea, anche in senso fig. **2.** Chi opera, come lavoratore o come imprenditore, nel settore della produzione di beni o di servizi. **3.** CINE. Chi finanzia e organizza la produzione di un film. **4.** Chi tratta la vendita di merci o servizi in qualità di agente di aziende o di società (in partic. assicurative).

produzióne s.f. (lat. *prodūctio* "allungamento") **1.** Operazione, processo grazie ai quali qlco. prende forma, viene generato. ~ In partic. attività economica diretta alla soddisfazione di bisogni umani attraverso la creazione e la trasformazione di beni o la prestazione di servizi. **2.** L'insieme dei beni prodotti. **3.** Insieme delle opere create da un letterato, da un artista, ecc. o che costituiscono il risultato dell'attività intellettuale di un paese, di un'epoca. **4.** CINE. Attività comprensiva di aspetti tecnici, finanziari, organizzativi e artistici volta alla realizzazione di un film o più in generale di un programma televisivo, radiofonico, teatrale, ecc. ~ L'opera realizzata. **5.** DIR. In un giudizio, presentazione di prove o di testimonianze.

proèmio s.m. [pl. *-mi*] (gr., comp. di *pró* "avanti" e *ôimos* "strada" poi "canto") Parte introduttiva di un'opera letteraria, di un discorso. SIN.: **introduzione**.

proenzìma s.m. [pl. *-mi*] BIOL., CHIM. Precursore inattivo di un enzima in grado di trasformarsi nel corrispondente enzima attivo.

pròf s.m. e f.inv. Nel gergo studentesco, professore o professoressa.

profanàre v.tr. **1.** Compiere atti sacrileghi e violare oggetti o luoghi sacri. **2.** *estens.* Violare, offendere qlco., non portargli rispetto. *Profanare la memoria di un defunto.*

profanazióne s.f. **1.** Azione che infrange la sacralità di persone o cose. **2.** *estens.* Mancanza di rispetto verso qlcu. o qlco. che merita venerazione, riguardo.

profàno agg. (lat. *profānum*, propr. "che deve stare fuori del tempio") **1.** Che si pone fuori dall'ambito spirituale e religioso. ~ Di soggetto, di argomento non religioso. **2.** Indegno di avvicinarsi a ciò che è sacro. **3.** Che infrange la sacralità di persone o cose. **4.** *estens.* Non addentro a una scienza, a una disciplina, a un'arte e quindi inesperto di essa, incompetente. ◆ s.m. **1.** (solo sing.) Ciò che non ha carattere spirituale, sacro, religioso. **2.** *estens.* [f. *-na*] Persona digiuna di conoscenze in un dato campo del sapere.

profàse s.f. BIOL. Nella mitosi e nella meiosi, fase iniziale della divisione cellulare.

proferire v.tr. [83] (lat. *profĕrre* "portare avanti, esporre") Dire, pronunciare qlco., spec. in maniera solenne. ◆ **proferirsi** v.pron. Offrirsi, rendersi disponibile per qlco.

professàre v.tr. **1.** Manifestare e seguire apertamente una religione, un credo filosofico o politico. *Professare l'ateismo.* **2.** Esercitare una professione. *Professare l'insegnamento.* **3.** Dichiarare, manifestare esplicitamente i propri sentimenti verso qlcu. ◆ **professarsi** v.pron. Dichiarare apertamente la propria ideologia o la propria condizione. *Professarsi innocente.*

professionàle agg. (fr. *professionnel*) **1.** Che costituisce una professione. ~ Attinente all'esercizio di una professione, che deriva da esso. ~ Che prepara all'esercizio di una professione, di un mestiere. ~ Che raggruppa chi esercita una data professione. ◇ *Segreto professionale:* dovere, a cui sono tenute alcune categorie di professionisti, di non divulgare ciò di cui si viene a conoscenza nell'esercizio della professione e che riguarda la persona del cliente. **2.** Da professionista, con riferimento ad apparecchi, strumenti, ecc. che richiedono una specifica competenza nell'uso. **3.** *estens.* Che non ha nulla di dilettantesco. ~ Che manifesta tale modo di essere. *Tono professionale.*

professionalità s.f. inv. Qualità di qlcu. che esercita una professione con una grande competenza.

professionalizzàre v.tr. Conferire professionalità. *Professionalizzare la politica.* ◆ **professionalizzarsi** v.pron. Acquisire professionalità.

professióne s.f. (lat. *professiōnem*, deriv. di *profitēri* "dichiarare apertamente") **1.** Aperta dichiarazione delle proprie convinzioni, dei propri sentimenti, ecc. **2.** Attività lavorativa abituale. ~ *estens.* Lavoro, mestiere che richiede una specifica abilità. ◇ *eufem. La professione più antica del mondo:* con perifrasi, la prostituzione. ~ Anche in usi estens., iron., scherz. o spreg. *Essere un bugiardo di professione.*

professionìsmo s.m. Esercizio di una attività come professione. ~ In partic. pratica continuativa, esclusiva e retribuita di una disciplina sportiva.

professionìsta s.m. e f. [pl.m. *-sti*] **1.** Chi esercita una professione intellettuale, liberale o comunque un'attività per cui occorre un titolo di studio qualificato. **2.** Chi pratica un'attività sportiva in modo esclusivo e continuativo per la quale viene retribuito, in oppos. a *dilettante*. **3.** *estens.* Chi trasforma un'attività disinteressata, un'occupazione oziosa o un'attività criminosa in un mestiere e in una fonte di reddito. *Professionista dello scasso.* **4.** Chi lavora con particolare competenza e bravura. ❑ In funzione di agg., nelle accez. 1 e 2 del s.

professionìstico agg. [pl.m. *-ci*, f. *-che*] **1.** Del libero professionista. **2.** Si dice di uno sport praticato professionalmente.

profèsso agg. [f. *-sa*] Che ha fatto la solenne professione dei voti. ◆ s.m. Tale persona.

professoràle agg. **1.** Relativo ai professori. **2.** *spreg.* Da professore, ossia saccente.

professóre s.m. [f. *-ressa*] **1.** Chi insegna nella scuola media, inferiore e superiore, e all'università. **2.** Insegnante di conservatorio. ~ Componente di un'orchestra sinfonica. ~ *estens.* Anche componente di orchestre non sinfoniche. **3.** Medico primario ospedaliero, spec. se con libera docenza. ~ Medico che, oltre a esercitare la professione, è anche titolare di un insegnamento universitario.

profèta s.m. [f. *-profetessa*, pl.m. *-ti*] (lat. *prophētam*, gr. *prophḗtēs* deriv. di *prophánai* "predire, dire prima") **1.** Persona per bocca della quale parla la divinità, comunicando agli uomini il proprio volere e i propri disegni. ◇ *per anton. Il profeta:* Maometto che parlò in nome di Allah. **2.** *estens.* Persona che preannuncia un evento futuro. ◇ *Cattivo profeta:* chi sbaglia nelle proprie previsioni.

profetàre v.tr. Predire qlco. per ispirazione di Dio. ◆ v.intr. (aus. *avere*) Fare profezie dietro ispirazione divina.

profetéssa s.f. **1.** Donna dotata di virtù profetiche. **2.** *estens.* Donna che prevede il futuro.

profètico agg. [pl.m. *-ci*, f. *-che*] **1.** Del profeta, dei profeti. **2.** Dotato di virtù divinatoria. ~ *estens.* Che preannuncia il futuro.

profetìsmo s.m. (ingl. *prophetism*) **1.** Rivelazione dei disegni divini attraverso la parola dei profeti. **2.** *estens.* Visione ispirata del futuro.

profetizzàre v.tr. Prevedere qlco. ◆ v.intr. (aus. *avere*) Fare profezie, prevedere il futuro.

profezìa s.f. **1.** Rivelazione di un messaggio divino per bocca umana, spesso riguardante il futuro. **2.** *estens.* Previsione di un evento futuro, spec. basata su una pretesa ispirazione o su osservazioni astrologiche o su una personale visione del futuro.

proficuo agg. (lat. *proficuum*, deriv. di *proficere* "giovare") Che reca profitto, sia dal punto di vista morale e intellettuale, sia da quello economico.

profilàre v.tr. **1.** Abbozzare un ritratto. *Profilare un volto di donna.* ~ *fig.* Descrivere qlco. mettendone in rilievo i tratti fondamentali. *Profilare i personaggi del romanzo.* **2.** Bordare un indumento con un orlo. *Profilare le maniche.* **3.** TECN. Tagliare al laminatoio una lastra o una sbarra metallica secondo un certo profilo. ◆ **profilarsi** v.pron. **1.** Spiccare, con le linee di contorno in risalto. *Si profila la sagoma del monte Rosa.* **2.** *fig.* Apparire imminente. *Si profila un pericolo.*

profilàssi s.f. inv. (gr. *prophýlaksis*, deriv. di *prophylássein* "custodire") Insieme di mezzi medici atti a impedire la comparsa, l'aggravarsi o l'estensione delle malattie.

profilàto agg. **1.** Di cui viene delineato il profilo. **2.** Che presenta una guarnizione di contorno. ◆ s.m. Semilavorato metallico o plastico, di sezione costante e di forma determinata.

profilàttico agg. [pl.m. *-ci*, f. *-che*] (gr. *prophylaktikós*, deriv. di *prophýlaksis* "profilassi") Relativo alla profilassi. ◆ s.m. Preservativo.

profilatùra s.f. **1.** Conferimento di un dato profilo a qlco. **2.** SART. Applicazione di un profilo lungo i bordi di giacche e abiti.

profilo s.m. **1.** Aspetto generale di qlcu. o qlco. visto di lato. ~ Linea di contorno di un viso, disegno di tale linea. ◇ *Di profilo:* con la testa o l'intera persona messa di fianco rispetto all'osservatore. **2.** *fig.* Descrizione concisa delle caratteristiche intellettuali e delle attitudini di una persona. ◇ *fig. Profilo psicologico:* rappresentazione ottenuta annotando i risultati di diverse prove sostenute da un soggetto. ~ Saggio sintetico, ma esauriente su un autore, un periodo, un argomento. ◇ *Di basso profilo:* di scarso valore, insignificante. **3.** GEOM. Sezione di un oggetto tracciata su un piano perpendicolare dalle rette passanti per il centro di vista e tangenti alla superficie dell'oggetto stesso. **4.** GEOL. Rappresentazione grafica della sezione verticale di un terreno, che riporta l'andamento del rilievo e la costituzione geologica della zona considerata. ◇ *Profilo fluviale:* diagramma della lunghezza di un fiume con le quote dei luoghi attraversati. **5.** SART. Guarnizione di un indumento consistente in una piccola striscia di stoffa applicata lungo i bordi. **6.** OREFIC. Cesello a bordo arrotondato.

profilògrafo s.m. Apparecchio che permette di ottenere il disegno, a scala ridotta, delle irregolarità del profilo di una superficie metallica.

profiterole [/prɔfit(ə)'rɔl/] s.m. inv. (voce fr., orig. "piccolo compenso per i domestici") (spec. pl.) Dolce formato da piccoli bignè farciti con panna o crema pasticcera ricoperti di crema al cioccolato.

profitto s.m. (fr. *profit*, lat. *profĕctum* "progresso, vantaggio") **1.** Vantaggio che si trae da qlco. ◇ *Mettere a profitto:* usare in modo utile. – *Profitto (scolastico):* risultato raggiunto nelle varie materie da uno studente. **2.** ECON. Differenza tra ricavi e costi di un'impresa. SIN.: **utile**. ◇ *Saggio di profitto:* rapporto tra il totale dei profitti ottenuti in un dato periodo e il capitale investito nella produzione.

profondaménte avv. **1.** In profondità, a fondo. **2.** In modo profondo. **3.** Assolutamente, molto.

profóndere v.tr. [47] (lat. *profŭndere* "versare") Sperperare qlco. donandolo con generosità a volte eccessiva. ~ Spendere denaro senza misura. ~ *fig.* Distribuire qlco. ◆ **profondersi** v.pron. Esprimere i propri sentimenti con grande calore, lasciandosi andare a effusioni, talvolta ipocrite. *Profondersi in ossequi.*

profondità s.f. inv. **1.** Distanza tra la sommità e il fondo di un corpo cavo. ~ Distanza tra il fondo e il livello superficiale di una massa d'acqua. **2.** (spec. pl.) Sito profondo di qlco., situato sotto la superficie del suolo o in un livello inferiore. **3.** *estens.* Caratteristica di qlco. che si addentra. ◇ SPORT. *Lancio in profondità:* nel calcio, passaggio lungo del pallone che penetra nella metà campo avversaria. **4.** Valore connesso alla prospettiva. ◇ FOTO., CINE. *Profondità di campo:* distanza tra il punto più vicino e il punto più lontano della scena inquadrata. **5.** *fig.* Intimità di una persona. **6.** *fig.* Di persona, grande acutezza di spirito, che permette di andare oltre l'apparenza.

profóndo agg. (lat. *profŭndum*, propr. "che ha il fondo più in là") **1.** Il cui fondo è distante dalla superficie o dall'estremità superiore. **2.** Lontano dalla superficie. **3.** *estens.* Che si sviluppa verso l'interno. **4.** Che ha una determinata misura di profondità. **5.** *estens.* Della parte più interna di una regione, spec. riferito a zone più lontane dagli scambi economici e culturali. **6.** Che va verso il basso, o che sale dal basso. *Respiro profondo.* **7.** *estens.* Di colore carico, molto intenso. *Rosso profondo.* ~ Privo di ogni luminosità. *Profonda oscurità.* ~ Totale, completo. *Silenzio profondo.* **8.** *fig.* Riferito a sentimento, affetto o stato d'animo, molto intenso, vivamente sentito. *Profondo dolore.* **9.** *fig.* Riferito a persona e ad attività intellettuale, che studia a fondo gli argomenti di cui tratta. **10.** *fig.* Riferito a idee, parole e pensieri densi di significato. ~ Che sta dietro la superficie, l'apparenza. *Ragioni profonde di un comportamento.* ◆ s.m. (solo sing.) **1.** Ciò che vi è di più nascosto in qlco. o qlcu. *Il profondo della memoria.* **2.** *fig.* Parte più intima dell'animo. **3.** PSICOAN. Inconscio.

prò fòrma loc. agg. inv. (loc. lat., propr. "per la forma") Fatto solo per forma. *Fattura pro forma.* ◆ loc. avv. Per pura formalità. ◆ loc. sost. m. inv. Formalità.

profórma s.f. (ingl. *pro-form*) LING. Elemento pronominale (p.e., in italiano, i pronomi tonici *me*, *te*, ecc. e quelli atoni *mi*, *ti*, ecc.).

pròfugo agg. [pl.m. *-ghi*, f. *-ghe*] (lat. *prŏfugum*, deriv. di *profŭgere* "cercare scampo" propr. "fuggire avanti") Che è costretto a lasciare la propria patria in seguito a calamità naturali, a guerre, ecc. ◆ s.m. [f. *-ga*] Nel sign. dell'agg. ◇ *Campo profughi:* accampamento attrezzato per accogliere profughi.

profumàre v.tr. Riempire di un odore piacevole. ~ Impregnare di profumo. ◆ v.intr. (aus. *avere*) Emanare un odore gradevole. ◆ **profumarsi** v.pron. Spruzzarsi profumo.

profumataménte avv. A un prezzo notevole.

profumàto agg. **1.** Che emana un odore gradevole. ~ Che profuma perché asperso di particolari sostanze. **2.** *fig. fam.* Molto costoso, molto caro. *Dare una mancia profumata.*

profumazióne s.f. Odore gradevole. *Il prodotto è disponibile in varie profumazioni.*

profumerìa s.f. **1.** Fabbrica, laboratorio in cui si producono profumi. ~ Negozio dove si vendono profumi e prodotti di bellezza. **2.** Produzione di profumi. **3.** (al pl.) Insieme dei profumi e dei prodotti di bellezza a base di profumo.

profumière s.m. [f. *profumiera*] Chi crea profumi. ~ Chi vende profumi e prodotti di bellezza.

profùmo s.m. **1.** Aroma piacevole emanato da sostanze naturali, prodotti artificiali o da pietanze appetitose. **2.** Sostanza aromatica o miscela di differenti sostanze, d'origine naturale o sintetica, utilizzata per dare alla pelle, al corpo, agli abiti, un odore piacevole. **3.** *fig.* Sensazione che ricorda o anticipa qlco. *Sentire profumo di soldi.*

profusióne s.f. **1.** Abbondante spargimento di un liquido. **2.** *fig.* Sperpero di beni. ~ Grande quantità di qlco. ◇ *A profusione:* in abbondanza.

profùso agg. Elargito con eccessiva prodigalità. SIN.: **dissipato**.

progenitóre s.m. [f. *-trice*] **1.** Chi ha dato origine a una stirpe. SIN.: **capostipite**. **2.** (al pl.) Avi.

progestatìvo agg. Di preparato farmaceutico che favorisce la gravidanza.

progesteróne s.m. (ted. *Progesteron*) CHIM. Ormone steroideo secreto dall'ovaia durante la seconda fase del ciclo mestruale e che agisce sulla mucosa uterina preparandola a un'eventuale gravidanza.

progestìnico agg. BIOCHIM. Di gruppo di composti che hanno attinenza con la struttura o con la funzione dell'ormone progesterone. ◆ s.m. Nel sign. dell'agg.

progettàre v.tr. (fr. *projeter*, lat. *proiectāre* propr. "gettare avanti") **1.** Avere in mente di fare qlco. **2.** Ideare un'opera, disegnarne il progetto. *Progettare una villa.*

progettazióne s.m. Piano di produzione, di fabbricazione. ◆ s.f. *estens.* Ideazione di qlco.

progettìsta s.m. e f. [pl.m. *-sti*] Chi realizza un modello secondo piani, disegni, dati specifici.

progètto s.m. (fr. *projet*) **1.** Piano di un'opera, di un'impresa, comprensivo di aspetti ideativi ed esecutivi. ◇ *Progetto di legge:* testo di legge da presentare al voto del parlamento per l'approvazione. **2.** In partic., studio preparatorio di una costruzione con disegni e stime. **3.** *estens.* Ciò che si ha, si pensa di fare in futuro.

progettuàle agg. Di progettazione; volto alla progettazione.

proglòttide s.f. ZOOL. Ciascuno dei segmenti in cui è diviso il corpo di alcuni vermi della classe dei Cestodi.

prognatìsmo s.m. (fr. *prognathisme*) ANAT. Conformazione prominente della mandibola.

prognàto agg. (ingl. *prognathous*) Che presenta prognatismo.

prògnosi s.f. inv. (gr. *prógnōsis* "previsione") MED. Previsione circa il decorso e l'esito di una malattia.

progràmma s.m. [pl. *-mi*] (gr. *prógramma* "pubblico avviso") **1.** Relazione, dichiarazione degli intenti, dei progetti di una persona, di un gruppo, ecc. (in partic. in politica). ◇ *In programma:* inserito nel programma previsto, preventivato. **2.** Piano didattico di una disciplina. **3.** Elenco degli spettacoli, delle manifestazioni che si terranno in un dato periodo. ~ Ogni singolo spettacolo, spec. radiotelevisivo. ~ Opuscolo che contiene le informazioni riguardanti uno spettacolo o un evento. ◇ *Fuori programma:* (anche con grafia unita) non inserito nel programma, non previsto; *fig.* straordinario. **4.** INFORM. Sequenza di istruzioni codificate in un particolare linguaggio, che permette a un elaboratore di compiere determinate operazioni. **5.** Ciclo di operazioni eseguito da una macchina automatica. *Programma di lavaggio.*

programmàre v.tr. **1.** Organizzare, preparare qlco. **2.** Avere in programma di proiettare, trasmettere. *Programmare un film d'avventura.* **3.** TECN. Impostare una macchina e predisporla a determinate operazioni. *Programmare il videoregistratore.* ~ INFORM. Fornire a un elaboratore i dati e le istruzioni per svolgere un determinato compito.

programmàtico agg. [pl.m. *-ci*, f. *-che*] **1.** Di, del programma. ~ Che costituisce un programma. *Documento programmatico.* ~ Deciso sulla base di un programma. **2.** *estens.* Assunto a programma, eretto a sistema. SIN.: **schematico**.

programmàto agg. **1.** Stabilito in base a un programma. SIN.: **prestabilito**. ◇ *Istruzione programmata:* che intende facilitare l'apprendimento attraverso spiegazioni in forma di domanda e risposta, attraverso l'uso di questionari. **2.** *estens.* Preordinato, già organizzato.

programmatóre s.m. [f. *-trice* nelle accez. 1 e 2] **1.** Chi prepara un programma. **2.** INFORM. Tecnico che prepara programmi per computer. **3.** Dispositivo che regola i tempi delle operazioni di una macchina automatica. ❑ In funzione di agg., che ha il compito di elaborare un programma. *Governo programmatore.*

programmazióne s.f. **1.** Organizzazione di un'attività secondo un programma. **2.** Organizzazione e presentazione di spettacoli, di manifestazioni, ecc. secondo un programma. **3.** INFORM. Insieme delle attività che portano un computer a svolgere un determinato compito; in partic. preparazione e stesura di un programma. **4.** MAT. *Programmazione lineare:* nell'ambito della ricerca operativa, metodo per la ricerca della soluzione ottimale di problemi lineari.

programmìsta s.m. e f. [pl.m. *-sti*] Chi crea, organizza e conduce un programma radiotelevisivo.

progredìre v.intr. [83] (aus. *avere* o *essere* con sogg. animato; essere con sogg. non animato) (lat. *prōgredi*, propr. "camminare avanti") Fare progressi, migliorare.

progredìto agg. **1.** Che costituisce un progresso, un'evoluzione. **2.** Che si ritiene abbia raggiunto un alto livello di civiltà e di sviluppo sociale, economico e culturale. *Popoli progrediti.* **3.** Di alto livello tecnologico. SIN.: **avanzato**.

progressióne s.f. **1.** Avanzamento ideale e graduale accompagnato da un incremento. **2.** MED., SPORT. Con riferimento a persona, avanzamento connesso al camminare. **3.** RET. Progressiva intensificazione di un concetto. SIN.: **climax ascendente**. **4.** MAT. Successione numerica che si sviluppa secondo una determinata legge. ◇ *Progressione aritmetica:* successione di numeri tale che la differenza tra due numeri consecutivi sia costante. – *Progressione geometrica:* successione numerica tale che il rapporto tra ogni numero e l'antecedente sia costante.

progressìsmo s.m. (fr. *progressisme*) Posizione ideologica propria della sinistra moderata, che propone il cambiamento della società attraverso una politica di riforme (in oppos. al *conservatorismo*).

progressìsta s.m. e f. [pl.m. *-sti*] (fr. *progressiste*) Fautore, sostenitore del progressismo. ❑ In funzione di agg., volto al progresso democratico della società.

progressìvo agg. **1.** Che avanza per gradi. ~ Che si sviluppa regolarmente, secondo una progressione. *Miglioramento progressivo.* **2.** GRAMM. Di forma del verbo che indica un'azione in corso. **3.** FON. *Assimilazione, dissimilazione progressiva:* assimilazione, o dissimilazione, esercitata da un fonema su quello seguente.

progrèsso s.m. **1.** Processo di avanzamento di qlco. **2.** Positivo avanzamento in un determinato campo. *Progresso scientifico.* SIN.: **miglioramento**. ~ assol. Il sempre maggiore sviluppo della società, spec. sotto l'aspetto economico e tecnico-scientifico, interpretato come un valore. *Credere nel progresso.*

proibìre v.tr. [83] (lat. *prohibēre*, propr. "tenere davanti" quindi "tenere lontano, impedire") **1.** Non consentire, vietare qlco. a qlcu. **2.** *estens.* Impedire, rendere impossibile qlco. o qlcu.

proibitìvo agg. **1.** Volto a proibire qlco. **2.** *estens.* Che risulta d'impedimento, che scoraggia dal fare qlco. ◇ *Prezzo proibitivo:* così alto da scoraggiare l'acquisto.

proibìto agg. Non consentito dalla legge o da un regolamento. ◇ *Libri proibiti:* ant. messi all'indice dalla Chiesa. ◆ s.m. (solo sing.) Ciò che è proibito.

proibitòrio agg. [pl.m. *–ri*] DIR. Che si riferisce a un divieto legale. *Legge proibitoria.*

proibizióne s.f. Divieto relativo a qlco. *Proibizione di detenere armi.*

proibizionìsmo s.m. (ingl. *prohibitionism*) **1.** Negli Stati Uniti, tra il 1919 e il 1933, politica di divieto di fabbricazione e vendita di bevande alcoliche. ~ Periodo contraddistinto da tale politica. **2.** *estens.* Ogni politica che combatte l'uso di sostanze dannose, proibendone la produzione, il commercio e il consumo.

proibizionìsta s.m. e f. [pl.m. *–sti*] (ingl. *prohibitionist*) Fautore del proibizionismo.

proiettàre v.tr. **1.** Emettere un fascio di raggi luminosi o di altra energia. *I fari proiettano una luce intensa.* ~ Creare una zona non illuminata. *Il sole proietta lunghe ombre.* **2.** FOTO., CINE. Inviare immagini impresse su pellicole su uno schermo, per mezzo di una sorgente luminosa. *Proiettare un film.* **3.** Gettare, scagliare con forza qlco. *Il vulcano proietta lapilli.* ~ *fig.* Trasferire un pensiero o un sentimento fuori da sé. *Proiettare le angosce nel lavoro.* **4.** GEOM. Rappresentare una figura solida sul piano, mediante proiezione. ◆ **proiettàrsi** v.pron. **1.** Gettarsi, lanciarsi in un luogo. *Proiettarsi nel vuoto.* **2.** Detto di luce o ombra, riflettersi in un luogo. *L'ombra dell'albero di proietta sul prato.*

proièttile s.m. Corpo lanciato con forza verso un bersaglio. ~ Corpo lanciato da un'arma da fuoco.

proiettività s.f. inv. **1.** GEOM. Trasformazione dalle proprietà invarianti, ottenuta con operazioni di proiezione e di sezione. **2.** Corrispondenza biunivoca tra due entità geometriche proiettive.

proiettìvo agg. **1.** MAT., GEOM. Attinente alla proiezione. **2.** PSICOL. Con riferimento a meccanismi psichici, che attiene alle altre persone elementi del proprio io inconsciamente rifiutati.

proiètto s.m. (lat. *proiēctum,* deriv. di *proīcere* "gettare avanti") Corpo che è stato lanciato nello spazio.

proiettóre s.m. (fr. *projecteur*) **1.** Apparecchio che, mediante specchi parabolici e lenti, trasforma una sorgente luminosa in un potente fascio di luce. **2.** Apparecchio per proiettare su uno schermo immagini fisse o in movimento impresse su una pellicola. *Proiettore di diapositive.* **3.** *estens.* Apparecchio che proietta verso una certa direzione onde sonore o ultrasonore, o fasci di elettroni.

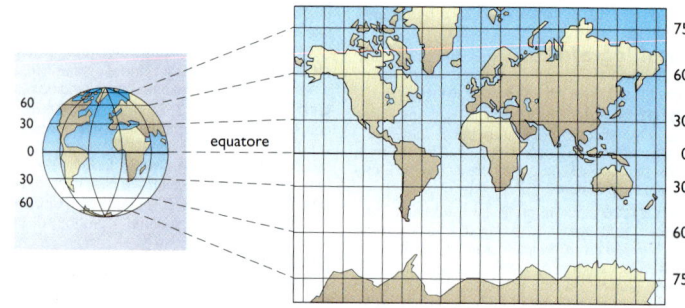

■ **proiezióne** cartografica: principio del sistema di proiezione di Mercatore.

proiezióne s.f. (lat. *proiectiōnem* "atto del distendere") **1.** Lancio, getto di qlco. **2.** Invio di onde luminose. ~ CINE. Visualizzazione su uno schermo di immagini impresse su una pellicola cinematografica o su una diapositiva. **3.** GEOM. Rappresentazione su piano di una figura tridimensionale. ◇ *Piano di proiezione:* su cui si proiettano ortogonalmente le figure dello spazio. **4.** GEOGR. Tecnica di rappresentazione in scala della superficie terrestre su una superficie piana. **5.** STAT. Previsione ottenuta elaborando statisticamente dati parziali ma significativi. **6.** PSICOAN. Meccanismo psichico che consiste nel trasferire su altri elementi desideri o pensieri inconsciamente rifiutati (in oppos. a *introiezione*).

proiezionìsta s.m. e f. [pl.m. *–sti*] Tecnico addetto alla proiezione di film.

prolàsso s.m. (lat. *prolāpsum* "passo falso") MED. Abbassamento o fuoriuscita di un organo dalla cavità in cui è contenuto.

prolattìna s.f. Ormone ipofisario che stimola e mantiene la secrezione lattea delle ghiandole mammarie.

pròle s.f. [pl. *–li*] **1.** (solo sing.) Con valore collettivo e spec. in senso ironico, i figli generati o, anche, un solo figlio. SIN.: **figliolanza. 2.** I piccoli di un animale.

prolèssi s.f. inv. (lat. *prolēpsin,* gr. *prólēpsis* deriv. di *prolambánein* "anticipare, prendere prima") **1.** RET. Procedimento retorico con il quale si controbatte a un'obiezione possibile, ma non ancora mossa. ~ Figura che consiste nella creazione di un nesso di contemporaneità tra la causa e l'effetto. **2.** LING. Anticipazione, mediante pronome, di uno o più costituenti frasali che verranno ripresi in seguito. **3.** FILOS. Nella logica stoica ed epicurea, il concetto, in quanto considerato antecedente all'esperienza o anticipatore di essa.

proletariàto s.m. (fr. *prolétariat*) **1.** Classe sociale dei proletari, classe operaia. **2.** *estens.* Condizione proletaria.

proletàrio agg. [pl.m. *–ri*] (lat. *proletārium,* deriv. di *prōles* "prole") Dei proletari, dei lavoratori, con accezione politica, legata alla loro coscienza di classe. ◆ s.m. [f. *–ria*] **1.** Chi non possiede alcun mezzo di produzione e, in cambio di un salario general. non elevato, fornisce la propria forza-lavoro. **2.** ANT. ROM. Cittadino libero sprovvisto di averi.

proletarizzàre v.tr. (fr. *prolétariser*) Ridurre qlco. alla condizione di proletario. ◆ **proletarizzàrsi** v.pron. Diventare proletario.

prolèttico agg. [pl.m. *–ci,* f. *–che*] LING. Di prolessi, che costituisce una prolessi. *Pronome in posizione prolettica.*

proliferàre v.intr. (aus. *avere*) (fr. *proliférer*) **1.** BIOL. Riprodursi per proliferazione. **2.** *fig.* Moltiplicarsi, diffondersi.

proliferazióne s.f. (fr. *prolifération*) **1.** BIOL. Processo, normale o patologico, di rapida moltiplicazione cellulare. **2.** *fig.* Rapido aumento di qlco., diffusione.

prolificàre v.intr. [4] (aus. *avere*) **1.** Generare figli o altri organismi della propria specie. *I conigli prolificano più volte in un anno.* ~ Detto di piante, germogliare. **2.** *fig.* Moltiplicarsi, espandersi, proliferare. *Queste idee prolificano rapidamente.*

prolìfico agg. [pl.m. *–ci,* f. *–che*] **1.** Che ha generato o che può generare molti figli. SIN.: **fecondo. 2.** *fig.* Di artista o autore che produce o ha prodotto molte opere.

prolissità s.f. inv. Eccessiva lunghezza di un discorso, uno scritto.

prolìsso agg. (lat. *prolīxum,* propr. "che scorre avanti") Che si dilunga in dettagli inutili, in digressioni superflue.

prò lòco loc. sost. f. inv. (loc. lat., propr. "in favore del luogo") Ente di promozione culturale e turistica a favore di una località.

prolog [/ˈprɔlog/] s.m. inv. INFORM. Linguaggio di programmazione logica specifica per l'intelligenza artificiale.

pròlogo s.m. [pl. *–ghi*] (gr., comp. di *pró* "avanti" e *lógos* "discorso") **1.** ANT. Parte di un'opera teatrale, precedente l'entrata del coro, in cui si espone il argomento. ~ Parte iniziale di un'opera letteraria o teatrale in cui si riferiscono gli eventi precedenti a quelli in corso. **2.** *estens.* Introduzione a un'opera in genere; preambolo di un discorso.

prolùnga s.f. [pl. *–ghe*] (fr. *prolonge*) Elemento che, collegato a un altro, ne aumenta la lunghezza. ~ *special.* Cavo elettrico fornito di prese maschio e femmina, usato per collegare un apparecchio elettrico a una presa di corrente distante. ◇ MAR. *Prolunga della barra:* nelle barche a vela, asta che si articola sulla barra del timone consentendo al timoniere di governare la barca anche se sporto fuori bordo. SIN.: **stick.**

prolungaménto s.m. **1.** Tempo aggiunto alla normale durata di qlco. **2.** Parte aggiunta, prosecuzione di qlco. nello spazio o nel tempo.

prolungàre v.tr. [4] **1.** Aumentare la lunghezza di qlco., estenderlo nello spazio. *Prolungare una strada.* **2.** Aumentare la durata di qlco.

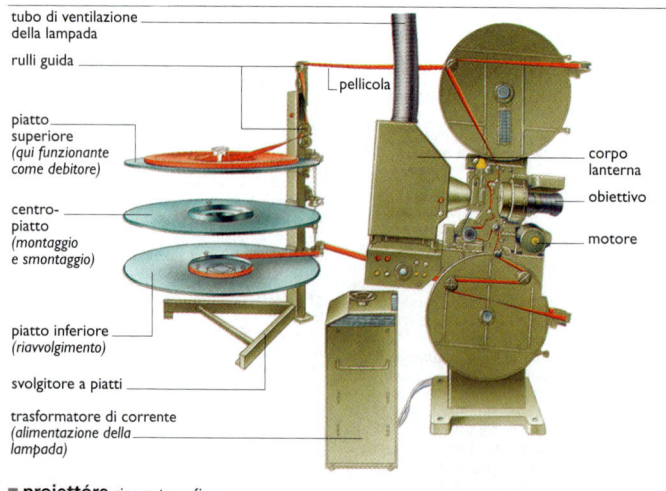

tubo di ventilazione della lampada

rulli guida

pellicola

piatto superiore (qui funzionante come debitore)

centro-piatto (montaggio e smontaggio)

piatto inferiore (riavvolgimento)

svolgitore a piatti

trasformatore di corrente (alimentazione della lampada)

corpo lanterna

obiettivo

motore

■ **proiettóre** cinematografico.

Prolungare l'attesa. ◆ **prolungarsi** v.pron. **1.** Estendersi, allungarsi nello spazio o nel tempo. *L'attesa si prolungò per ore.* **2.** Dilungarsi, indugiare, parlando o scrivendo. *Prolungarsi troppo in una descrizione.*

prolusióne s.f. (lat. *prolusiōnem* "preambolo") Lezione, discorso introduttivi a un corso di studi, un ciclo di conferenze; in partic. lezione inaugurale dell'anno accademico.

promemòria s.m. inv. (loc. lat., propr. "a favore della memoria") Breve annotazione, appunto, che serve per ricordare qlco. SIN.: **appunto**.

promenade [/prɔˈnad/] s.f. inv. (voce fr., deriv. di *promener* "portare a spasso") Passeggiata, gita.

proméssa s.f. **1.** Dichiarazione a impegnarsi a fare, dire o fornire qlco. ◇ *fam. Promessa da marinaio:* che non sarà mantenuta, come quella del marinaio che nel pericolo fa voti di cui poi si dimentica. **2.** DIR. Impegno assunto mediante un apposito atto negoziale, col quale ci si obbliga a dare o a fare qlco. **3.** *fig.* Giovane che promette bene perché si distingue in un qualche campo. SIN.: **speranza**.

promésso agg. **1.** Oggetto di una promessa. **2.** Che ha fatto una promessa. ◆ s.m. **1.** [f. *–sa*] Futuro sposo o futura sposa. **2.** (solo sing.) Ciò che è stato promesso.

promettènte agg. Che promette bene, che fa sperare in una buona riuscita. *Attore promettente.*

prométtere v.tr. [50] (lat. *promīttere,* propr. "mandare avanti" quindi "preannunciare, assicurare") **1.** Fare sperare qlco. per il futuro. *I vigneti promettono una buona vendemmia.* ~ Minacciare, lasciar prevedere qlco. *Il cielo promette pioggia.* **2.** Impegnarsi oralmente o per iscritto a fare, dire, fornire qlco. a qlcu. *Promettere una ricompensa.* ◆ **promettersi** v.pron. Impegnarsi, offrire la propria persona a qlcu. *Promettersi sposa a un uomo.*

promèzio o **promètio** s.m. (solo sing.) **1.** Metallo del gruppo delle terre rare che fonde a 1042 °C. **2.** Elemento chimico instabile (*Pm*) di numero atomico 61 e peso atomico 145.

prominènte agg. (lat. *prominēntem,* deriv. di *prominēre* "sporgere") In rilievo rispetto a ciò che è intorno. *Mandibola prominente.* SIN.: **sporgente**. ~ Con riferimento a elemento architettonico, sporgente; che si eleva su ciò che lo circonda.

prominènza s.f. **1.** Risalto di qlco. sulla superficie di fondo. **2.** Elemento prominente, sporgente. SIN.: **sporgenza**.

promiscuità s.f. inv. **1.** Compresenza di elementi eterogenei. SIN.: **commistione**. **2.** assol. Convivenza, sentita come disdicevole, di persone di sesso diverso.

pròmo s.m. inv. Breve film promozionale.

promontòrio s.m. [pl. *–ri*] **1.** Tratto di costa alta che si protende nel mare o in un lago. **2.** METEOR. Stretta zona di alta pressione che si diparte da un anticiclone. **3.** ANAT. Sporgenza ossea. *Promontorio del sacro.*

promòsso agg. Che ha ricevuto una promozione, a scuola o nel lavoro. ◆ s.m. [f. *–sa*] Chi ha avuto un avanzamento nel lavoro o una promozione negli studi.

promoter [/prɔˈməʊtə/] s.m. e f.inv. (voce ingl., deriv. di *to promote* "promuovere") Chi svolge un'attività di promozione di prodotti commerciali o beni culturali; in partic. chi cura l'organizzazione e la promozione di grandi spettacoli. SIN.: **promotore**.

promòtion [/prɔˈməʊʃən/] s.f. inv. (voce ingl., fr. *promotion* "promozione") Promozione commerciale; attività di promozione di un prodotto (commerciale o culturale) attraverso interventi collaterali alla pubblicità, quali distribuzione di prodotti omaggio o di buoni sconto, sponsorizzazioni, ecc.

promotóre agg. [f. *–trice*] Che si assume il compito di avviare qlco., di diffonderne la conoscenza, di favorirne lo sviluppo. SIN.: **fautore**. ◆ s.m. **1.** (anche *f.*) Chi, con le sue raccomandazioni o i suoi consigli, esercita un'influenza sulla scelta, l'acquisto di un prodotto. ~ Chi dà il primo impulso a qlco. *Il promotore di una rifor-*

ma. SIN.: **precursore**. **2.** CHIM. Sostanza che rende più attivo un catalizzatore.

promozionàle agg. (ingl. *promotional*) Che si riferisce alla promozione commerciale di un prodotto.

promozióne s.f. **1.** Nomina, accesso a una categoria o un rango più elevato, a una funzione o a una posizione gerarchica più importante. ~ Nella scuola, passaggio a una classe superiore o superamento di un esame (in oppos. a *bocciatura*). **2.** SPORT. Passaggio di una squadra o di un atleta a una serie o categoria superiore, grazie al punteggio riportato in classifica (in oppos. a *retrocessione*). **3.** Avvio, impulso dato a qlco. *Promozione di una campagna di alfabetizzazione.* **4.** ECON. Attività volta a incentivare le vendite, mediante la pubblicità e altre tecniche. SIN.: **promotion**. ◇ *Articolo in promozione:* oggetto di una campagna promozionale, gener venduto a prezzo ribassato. **5.** Nel gioco degli scacchi, sostituzione del pedone che ha raggiunto l'ultima fila del campo avversario con un pezzo di maggior valore.

prompt [/ˈprɔmpt/] s.m. inv. (voce ingl., propr. "pronto") INFORM. Messaggio o simbolo sul video che segnala all'utente che il programma è pronto ad accettare input.

promulgàre v.tr. [4] (lat. *promulgāre* "pubblicare, portare davanti al popolo") **1.** Dichiarare operante una legge. **2.** *estens.* Divulgare, diffondere qlco. *Promulgare una teoria matematica.*

promulgazióne s.f. Atto con cui il capo dello Stato constata che una legge è stata regolarmente approvata dal Parlamento, la sottoscrive e la rende applicabile.

promuòvere v.tr. [44] (lat. *promovēre,* propr. "muovere avanti") **1.** Impegnarsi perché venga messo in moto e realizzato qlco. *Promuovere un convegno.* ~ Favorire lo sviluppo di qlco., darvi impulso. *Promuovere una politica di progresso.* ~ Nel l. giur. intentare un'azione legale. **2.** Innalzare qlco. a un rango o una categoria superiori. ~ Far pervenire qlcu. a una carica superiore. *Promuovere un professore alla presidenza.* ~ Nella scuola, ammettere qlcu. a una classe superiore o decretare l'esito positivo di un esame.

prònao s.m. (gr. *prónaos,* propr. "posto davanti al tempio") ARCH. Nei templi greci e romani, atrio con colonne antistante la cella della divinità. ~ *estens.* Analogo spazio in edifici moderni.

pronatóre s.m. ANAT. Ciascuno dei due muscoli dell'avambraccio la cui contrazione determina il movimento di pronazione.

pronazióne s.f. FISIOL., MED. Movimento di rotazione dell'avambraccio che porta il palmo della mano verso il basso (in oppos. a *supinazione*).

pronipóte s.m. e f. **1.** Figlio o figlia di nipote. **2.** *estens.* (al pl.) Discendenti di una famiglia, di una stirpe, di una dinastia.

pròno agg. **1.** Chinato verso terra; disteso sul ventre (in oppos. a *supino*). *Corpo prono.* **2.** *fig.* Sottomesso a qlcu. o a qlco. SIN.: **remissivo**.

pronóme s.m. (calco del gr. *autónymos*) GRAMM. Elemento linguistico che sostituisce un nome, una frase e con funzioni sintattiche identiche a quelle del nome. (I pronomi possono essere personali, possessivi, dimostrativi, interrogativi, relativi, indefiniti.)

pronominàle agg. Di pronome. ◇ *Particella pronominale:* la forma atona del paradigma dei pronomi. – *Verbo pronominale:* il verbo che si coniuga accompagnato da una particella pronominale come indicatore di una riflessività interna.

pronosticàre v.tr. [4] **1.** Fare una previsione. *Pronosticare una vittoria.* SIN.: **predire**. **2.** Con soggetto non animato, far presagire, preannunciare un avvenimento. *Le nuvole pronosticano pioggia.* SIN.: **promettere**.

pronòstico s.m. [pl. *–ci*] Ipotesi su ciò che deve accadere, fondata sui segni premonitori o su personali impressioni e valutazioni.

prontézza s.f. **1.** Qualità di una persona rapida nello svolgere una funzione o compiere un'azione. **2.** Rapidità con cui uno strumento di

misura rileva e indica le variazioni della grandezza misurata.

prónto agg. (lat. *prōmptum,* propr. "tratto fuori") **1.** Riferito a cosa, che è preparato per essere consumato, utilizzato immediatamente. *Il pasto è pronto.* ~ Riferito a persona o collettività, che è in condizione di poter fare, affrontare, subire subito qlco. **2.** Riferito a persona, che è disposto, deciso. *Essere pronto a tutto.* **3.** Rapido, sollecito, immediato. *Pronta guarigione.* **4.** TECN. Riferito a strumento di misura, che rileva subito le variazioni della grandezza da misurare. **5.** Si usa come risposta convenzionale per aprire una conversazione telefonica. *Pronto? Chi parla?*

prontuàrio s.m. [pl. *–ri*] (lat. *promptuārium* "magazzino") **1.** Manuale di pronta e agevole consultazione contenente le informazioni e i dati principali su un argomento, una materia, una professione. *Prontuario dell'architetto.* **2.** FARM. *Prontuario farmaceutico:* elenco dei farmaci in commercio approvati dal ministero della sanità, in partic. dei farmaci forniti agli assistiti dal Servizio Sanitario Nazionale.

pronùncia o **pronùnzia** s.f. [pl. *–ce, –zie*] **1.** Modo di articolare i suoni di una lingua. ~ *estens.* Modo di parlare, dizione. *Pronuncia nasale.* **2.** DIR. Decisione contenuta nella sentenza di un organo giudicante.

pronunciaménto s.m. **1.** Colpo di stato militare. SIN.: **putsch**. **2.** Presa di posizione pubblica, espressione della volontà politica di un gruppo di persone; spec. attraverso il voto.

pronunciàre o **pronunziàre** v.tr. [5] **1.** Produrre, articolandoli, i suoni di una lingua. *Pronunciare le lettere.* **2.** *estens.* Dire ad alta voce con sfumatura di solennità o ufficialità. *Pronunciare un discorso.* ◆ **pronunciarsi** v.pron. Manifestare la propria opinione, esprimere il proprio giudizio. *Non mi pronuncio sull'accaduto.* ~ Detto di un organo giudicante, emettere una sentenza. *La commissione non si è ancora pronunciata.*

pronunciàto o **pronunziàto** agg. **1.** Che ha un notevole risalto, una certa evidenza su una superficie. SIN.: **prominente**. **2.** *fig.* Fortemente segnato, accentuato. *Un'inclinazione pronunciata.* ◆ s.m. DIR. Lettura di una decisione di un organo giudicante.

propagànda s.f. (fr. *propagande,* dalla loc. lat. *De propaganda fide* "Per la propagazione della fede") Attività sistematica volta a persuadere un vasto pubblico della bontà di idee, dottrine, ideologie.

propagandàre v.tr. PUBBL. Reclamizzare qlco. *Propagandare un prodotto.* ~ *estens.* Diffondere qlco., farlo conoscere. *Propagandare un'idea.*

propagandista s.m. e f. [pl.m. *–sti*] (fr. *propagandiste*) **1.** Chi fa propaganda. **2.** Chi, per professione, informa sui prodotti che escono sul mercato.

propagandìstico agg. [pl.m. *–ci,* f. *–che*] Relativo alla propaganda.

propagàre v.tr. [4] Diffondere qlco. *Propagare notizie.* ◆ **propagarsi** v.pron. **1.** Moltiplicarsi, riprodursi. *Le erbacce si propagano.* **2.** *fig.* Trasmettersi a più persone. *Il panico si propagò.* ~ Diffondersi intorno. *Il fuoco si è propagato.*

propagazióne s.f. **1.** Trasmissione a un ambito via via più ampio. **2.** BIOL. Moltiplicazione degli individui di specie animali e vegetali mediante riproduzione. ~ Conseguente occupazione di territori sempre nuovi. **3.** BOT. Riproduzione asessuata che porta alla formazione di nuovi individui per frammentazione del corpo del genitore. **4.** FIS. Passaggio di energia attraverso un mezzo.

propagginàre v.tr. **1.** AGR. Far riprodurre una pianta mediante propagginazione. *Propagginare la vite.* **2.** Sottoporre al supplizio della propagginazione.

propagginazióne s.f. **1.** AGR. Tecnica di riproduzione per cui un ramo, ancora unito alla pianta madre, solo dopo l'attecchimento verrà reciso. **2.** Supplizio medievale per assassini e traditori, consistente nel calare il colpevole, a testa in giù, in una buca, poi colmata di terra.

propàggine s.f. 1. AGR. Ramo di una pianta usato per la propagginazione. ~ Anche, propagginazione. 2. *fig.* Parte di qlco. che si dilunga da un corpo centrale. ~ (solo al pl.) Ultime manifestazioni, strascico di un evento.
propàgolo o **propàgulo** s.m. BOT. Organo unicellulare o pluricellulare responsabile della riproduzione agamica di alcune piante.
propàno s.m. (solo sing.) (ingl. *propane*) CHIM. Idrocarburo saturo a tre atomi di carbonio (C_3H_8) usato come combustibile.
proparossitono agg. LING. Nella grammatica greca, che ha l'accento acuto sulla terzultima sillaba. SIN.: **sdrucciolo**. ~ *estens.* In altre lingue, che ha l'accento tonico sulla terzultima sillaba.
propedèutica s.f. [non com. pl. *-che*] Insieme di nozioni la cui conoscenza è necessaria per poter affrontare lo studio di una disciplina.
propedèutico agg. [pl.m. *-ci*, f. *-che*] Che avvia allo studio di una disciplina. SIN.: **preparatorio**.
propellènte agg. Che spinge in avanti. ◇ *Carica propellente:* che esplodendo fornisce la spinta iniziale a un proiettile. ◆ s.m. 1. Materiale combustibile che produce una spinta propulsiva. 2. Carica propellente.
propèndere v.intr. [33] [manca del part. pass.] (lat. *propendĕre*, propr. "pendere in avanti") Essere favorevole, incline a qlco. *Propendere per una soluzione immediata del problema.*
propène s.m. CHIM. Idrocarburo alifatico insaturo. SIN.: **propilene**.
propensióne s.f. 1. Inclinazione naturale verso qlco. *Propensione allo studio.* ~ Simpatia. *Propensione per qualcuno.* 2. ECON. *Propensione al consumo, al risparmio, alle importazioni:* secondo la teoria di Keynes, economista inglese, rapporto tra il reddito nazionale e il consumo, il risparmio, il valore delle importazioni globali.
propènso agg. Incline, favorevole a qlco.
properispòmeno agg. LING. Nella grammatica greca, che ha l'accento circonflesso sulla penultima sillaba.
propilène s.m. (solo sing.) CHIM. Idrocarburo alifatico insaturo, gassoso (C_3H_6) prodotto durante la raffinazione del petrolio, detto anche *propene*.
propilèo s.m. (spec. pl.) ARCH. Colonnato alla sommità di una gradinata, che costituisce l'ingresso monumentale a un tempio, a un santuario o a una piazza.
propinàre v.tr. (lat. *propināre* "bere alla salute, offrire da bere") 1. Far bere qlco. di nocivo o sgradevole. 2. *estens.* Rifilare qlco. di sgradevole. *Propinare un film.* ~ Dare a credere. *Ci ha propinato un mucchio di bugie.*
Propitèco s.m. ZOOL. Genere di proscimmie delle foreste del Madagascar, arboricole e vegetariane. (Famiglia degli Indridi.)
propiziàre v.tr. [6] Rendere qlcu. propizio, alleato; anche pron.
propiziatòrio agg. [pl.m. *-ri*] Volto a rendere propizia la divinità. ◆ s.m. Lastra d'oro posta sul coperchio dell'arca ebraica dell'alleanza, che veniva spruzzata con il sangue delle vittime sacrificali.
propiziazióne s.f. Ricerca del perdono e della benevolenza della divinità attraverso apposite cerimonie. ~ La cerimonia stessa.
propìzio agg. [pl.m. *-zi*] 1. Ben disposto, favorevole. *Sorte propizia.* 2. Opportuno, adatto. *Momento propizio.*
pròpoli s.m. e f.inv. (gr. *própolis* "sobborghi", perché le api la pongono attorno alle arnie e ai favi) Sostanza resinosa che le api raccolgono sui germogli e utilizzano per fissare i favi e chiudere le fessure dell'alveare; per le sue proprietà è usata farmacologia e in cosmetica.
proponiménto s.m. Impegno preso con se stessi.
propórre v.tr. [25] (lat. *propōnere*, propr. "porre davanti") 1. Sottoporre all'attenzione o all'esame di qlcu. *Proporre un argomento.* ~ Offrire qlco. a qlcu. *Proporre un affare.* 2. *estens.* Suggerire qlco. a qlcu. *Proporre una tregua.* 3. Candidare qlcu. a una carica, per un riconoscimento. *Proporre qlcu. come direttore.* ◆ **proporsi** v.pron. 1. Prefiggersi qlco. *Proporsi di non fumare.* 2. Presentarsi, candidarsi per un determinato ruolo. *Proporsi alla carica di direttore.*
proporzionàle agg. 1. Che può essere espresso da una proporzione. ◇ MAT. *Grandezze direttamente o inversamente proporzionali:* quelle che variano l'una in funzione dell'altra in modo che il loro rapporto o, rispettivamente, il loro prodotto si mantenga costante; *comun.*, di ciò che aumenta o decresce all'aumentare di un termine di riferimento. ◇ *Imposta proporzionale:* che aumenta in proporzione all'aumento del reddito del contribuente. – *Sistema, rappresentanza proporzionale:* sistema elettorale che accorda a ciascuna lista un numero di rappresentanti proporzionale al numero di voti ottenuti (in oppos. a *maggioritario*). 2. Adeguato a qlco. *Successo proporzionale all'impegno.* ◆ s.m. e f. Sistema elettorale proporzionale.
proporzionalismo s.m. 1. Teorizzazione e sostegno del sistema elettorale proporzionale. 2. MUS. Nel Medioevo, teoria musicale fondata su una proporzione delle note.
proporzionalità s.f. inv. 1. Corrispondenza di misura di due o più elementi tra loro. 2. MAT. *Proporzionalità diretta, inversa:* relazione che intercorre tra grandezze che variano l'una in funzione dell'altra in modo che il loro rapporto o, rispettivamente, il loro prodotto si mantenga costante.
proporzionàre v.tr. Rendere qlco. proporzionale ad altro in dimensioni o valore. *Proporzionare le spese alle entrate.*
proporzionàto agg. 1. Commisurato a qlco. SIN.: **adeguato**. 2. assol. Le cui misure, tra loro rapportate, sono armoniose.
proporzióne s.f. (calco del gr. *analogía*) 1. Reciproca corrispondenza di misura tra elementi collegati. *Proporzione lavoro e profitto.* ~ In partic. con riferimento all'effetto di armonia che ne deriva (spesso al pl.). *Criteri di proporzione.* ◇ *In proporzione:* in corrispondenza. – *In proporzione a:* in rapporto a. 2. *fig.* Conformità tra due o più cose. *Proporzione tra i mezzi e il fine.* 3. *estens.* (solo pl. con agg. di misura) Dimensioni. *Di vaste proporzioni.* 4. ARITM. Relazione tra quattro termini tale per cui il rapporto tra i primi due è uguale a quello tra i secondi due; il primo e il quarto numero sono detti *estremi*, il secondo e il terzo *medi* della proporzione. 5. MUS. Nella notazione mensurale, modificazione dei valori di durata secondo proporzioni aritmetiche.
propositivo agg. Che intende proporre positivamente qlco.
propòsito s.m. 1. Ciò che ci si propone di fare. SIN.: **intenzione**. ◇ *Di proposito:* deliberatamente. 2. Finalità perseguita. SIN.: **obiettivo**. 3. Argomento del discorso. ◇ *A proposito:* in modo pertinente, nel merito. *Parlare a proposito;* al momento giusto. – *Capitare a proposito.* *A proposito di:* riguardo a. *A proposito di lavoro;* in usi ellittici, per introdurre un argomento. *A proposito di figli, come sta Lucia?*
proposizionàle agg. LOG., MAT. Che attiene alle proposizioni.
proposizióne s.f. (lat. *propositiōnem*, propr. "il porre innanzi") 1. Enunciato, affermazione. 2. GRAMM. Unità minima di discorso dotata di significato compiuto senza l'apporto del contesto situazionale o di altro contesto verbale. SIN.: **frase**. 3. LOG., MAT. Enunciato con valore dichiarativo e non ambiguo. 4. RET. Dichiarazione iniziale dell'argomento trattato, propria dell'orazione e del poema. 5. Azione di proporre.
propósta s.f. 1. Ciò che viene portato all'attenzione di qlcu. affinché se ne deliberi. *Presentare una proposta.* ◇ *Proposta di legge:* progetto di legge presentato alla camera dei deputati su iniziativa di parlamentari, di un consiglio regionale, del CNEL o di almeno 50.000 elettori. 2. Offerta di un prezzo durante una contrattazione.
propretóre s.m. ANT. ROM. Pretore che, terminato il suo mandato, veniva delegato al governo di una provincia o al comando di un esercito.
propretùra s.f. Dignità, funzione di propretore.
propriaménte avv. 1. Precisamente, esattamente. 2. In senso proprio.
proprietà s.f. inv. 1. Qualità specifica di qlco. *Le proprietà della materia.* 2. Adeguatezza di una parola, di un'espressione all'idea, alla situazione, ecc. *Proprietà di linguaggio.* SIN.: **correttezza**. 3. Diritto di godere e di disporre di un bene in modo esclusivo. ~ Anche, il bene stesso. ◇ *Proprietà artistica e letteraria:* diritto d'*autore. – DIR. *Passaggio di proprietà:* atto formale con cui si registra il trasferimento della proprietà di un bene o di un diritto da una persona a un'altra. – *Di proprietà:* che appartiene di diritto. 4. Detentore di una proprietà, i proprietari in quanto categoria sociale. *La grande proprietà si allea con la piccola.*
proprietàrio s.m. [f. *-ria*, pl.m. *-ri*] Persona che possiede qlco. ~ *estens.* Chi ha la proprietà di terreni o di immobili. *Grande proprietario.* ❑ In funzione di agg. 1. Nel sign. del s. *Quota proprietaria.* 2. INFORM. Di prodotto sviluppato secondo tecnologie di esclusiva proprietà del fabbricante, non basato su standard.
pròprio agg. [pl.m. *-pri*] (lat., prob. dalla loc. *pro privo* "a titolo personale") 1. Che è di una persona, che le appartiene. *Vivere con i propri mezzi.* ◇ *Fare proprio un progetto, un pensiero:* diventarne sostenitore. 2. Che appartiene a qlcu., a qlco., che lo qualifica e lo distingue in modo specifico. *La fedeltà è propria del cane.* 3. Appropriato, conveniente, opportuno. *Non è il momento proprio per simili discorsi.* ◇ *Senso proprio:* senso primo di una parola, di un'espressione, più vicino al senso etimologico (in oppos. ai *significati estensivi e figurati*). 4. GRAMM. *Nome proprio:* che indica e identifica entità individuali, si tratti di persone o famiglie, luoghi o territori, ecc. (in oppos. a *nome comune*). 5. MAT. *Divisore proprio:* divisore diverso dal numero da dividere e dall'unità. ◆ avv. 1. Esattamente, per l'appunto. 2. Davvero, veramente. *Sei stato proprio bravo.* 3. Con valore puramente rafforzativo. *Fai proprio bene!* ◆ s.m. (solo sing.) 1. Ciò che è di proprietà o di pertinenza di qlcu. ◇ *In proprio:* a nome proprio, di proprietà; di persona; da solo, non insieme ad altri o alle dipendenze di qlcu. 2. Qualità particolare, specifica di qlcu., o di qlco. *Evidenziare il proprio rispetto al generico.* ~ Nella filosofia aristotelica, carattere peculiare di una sola specie, ma comune a tutti gli individui che a essa appartengono. 3. (al pl.) Parenti prossimi. 4. CATT. Parte del testo liturgico specifica di ogni ricorrenza, di contro alle parti ordinarie uguali per ogni celebrazione.
propriocettivo agg. Riferito alla sensibilità propria degli organi, in partic. a quella dei muscoli, dei legamenti e delle ossa.
propugnàre v.tr. (lat. *propugnāre*, propr. "combattere in difesa, davanti") Sostenere qlco. con impegno ed energia. *Propugnare la pace.*
propugnatóre agg. [f. *-trice*] Che lotta per qlco. ◆ s.m. (anche f.) Nel sign. dell'agg.
propulsióne s.f. (fr. *propulsion*) 1. FIS. Azione che conferisce a un corpo, in partic. che si muove nell'aria o sull'acqua, l'energia necessaria a metterlo e a mantenerlo in moto. 2. *estens.* Sistema, organo che conferisce tale energia.
propulsìvo agg. (fr. *propulsif*) Che imprime una propulsione. *Spinta propulsiva.*
propulsóre s.m. (fr. *propulseur*, deriv. di lat. *propĕllere* "spingere avanti") 1. Organo, apparato, ecc. destinato a imprimere un movimento di propulsione a un corpo. 2. ETNOL. Strumento che aumenta la forza di propulsione di un'arma (freccia, lancia, ecc.) rispetto alla sola mano.
pròra s.f. (lat. *prōram*, gr. *prōira* deriv. di *pró* "davanti") 1. Parte anteriore di una nave (in oppos. a *poppa*). 2. *estens.* Parte anteriore di un aeromobile. 3. MAR. Direzione dell'asse longitudinale di una nave o di un aeromobile che, in assenza di deviazioni rispetto alla rotta, corrisponde al senso di avanzamento.
prorettóre s.m. [f. *-trice*] Chi fa le veci del rettore.
pròroga s.f. [pl. *-ghe*] 1. Spostamento di un termine a un tempo successivo, rinvio di una scadenza. SIN.: **dilazione**. 2. BANC. Anticipazio-

ne su titoli a brevissima scadenza attuata fra banche. **3.** DIR. Permanenza in carica del titolare di un ufficio pubblico fino all'insediamento del successore.

prorogàbile agg. Che può essere oggetto di proroga. ~ Che può essere rinviato.

prorogàre v.tr. [4] (lat. *prorogāre*, orig. "chiedere al popolo una proroga di poteri in favore di qualcuno") Rinviare a una data successiva.

prorompènte agg. Incontenibile, irrefrenabile, prepotente, irruente. *Vitalità prorompente.*

prorómpere v.intr. [45] **1.** (aus. avere o essere) Uscire fuori da qlco. con violenza e impeto, spec. di grandi masse d'acqua. *L'acqua prorompe dalla roccia.* **2.** (aus. avere o essere) Detto di persone, abbandonarsi improvvisamente a sfoghi emotivi o a gesti inconsulti. *Prorompere in lacrime.* ~ (aus. avere) Detto di sentimenti, manifestarsi improvvisamente e con veemenza. **3.** *fig.* (aus. avere) Esclamare qlco. con energia, spec. interrompendo un discorso altrui. *Proruppe in un no deciso.*

pròsa s.f. (lat., deriv. di *prōsam oratiōnem* "discorso che prosegue diritto") **1.** Forma di espressione che non obbedisce a regole metriche ed è propria della sfera pratica e dei generi letterari a essa connessi (trattatistica, storiografia, ecc.). **2.** Scritto, opera in prosa. ◇ *Prosa d'arte:* scritto letterario di misura breve in cui vengono privilegiati i valori formali **3.** *fig.* La vita nel suo aspetto concreto, pratico, e quindi anche angusto. *Sollevare l'animo dalla prosa quotidiana.*

prosaicità s.f. inv. **1.** Tono piano e dimesso, medietà stilistica e contenutistica. *Prosaicità di alcuni versi.* **2.** Aspetto materiale e pratico, privo di idealità e poesia. *Prosaicità della vita quotidiana.* ~ Incapacità di elevarsi al di sopra della sfera pratica e materiale. *Con la prosaicità che lo contraddistingue.*

prosàico agg. [pl.m. *–ci*, f. *–che*] **1.** Proprio del l. comune. SIN.: **volgare.** ~ Con valore negativo, che ha il tono, il carattere della prosa. **2.** *fig.* Incapace di cogliere e apprezzare quanto oltrepassi la sfera pratica e materiale.

prosàstico agg. [pl.m. *–ci*, f. *–che*] **1.** Di prosa. *Opere prosastiche.* **2.** Che ha le caratteristiche della prosa. *Stile prosastico.*

prosatóre s.m. [f. *–trice*] Autore di opere in prosa.

proscènio s.m. [pl. *–ni*] (gr., comp. di *pró* "prima" e *skēnḗ* "tenda, scena") In un teatro antico, palco posto tra l'orchestra e la scena. ~ Nei teatri moderni, parte anteriore della scena che sporge verso la sala.

Proscimmie s.f. pl. [iniziale minusc. sing *–mia* per l'individuo] ZOOL. Sottordine di scimmie arboricole con pelliccia lanosa, muso appuntito, occhi grandi e coda non prensile; hanno abitudini notturne, vivono quasi esclusivamente in Madagascar e comprendono, p.e., le Tupaie. (Ordine dei Primati.)

prosciògliere v.tr. [62] **1.** Liberare, sciogliere qlcu. da un impegno o da una responsabilità. *Prosciogliere una persona da un obbligo.* **2.** DIR. Dichiarare non colpevole. *Prosciogliere un imputato.*

prosciogliménto s.m. Liberazione da un obbligo, da un vincolo, ecc. ~ DIR. Assoluzione in istruttoria.

prosciugaménto s.m. **1.** Operazione con cui si rende asciutto un terreno coperto dalle acque. ~ Il risultato di tale operazione. **2.** Progressivo disseccamento.

prosciugàre v.tr. [4] **1.** Togliere l'acqua da un luogo. *Prosciugare un lago.* **2.** *fig.* Svuotare del tutto qlco. ~ Esaurire completamente qlco. ~ *fig.* Dar fondo. *Prosciugare i risparmi.* ◆ v.intr. (aus. essere) Diventare asciutto, asciugare; anche pron.

prosciùtto s.m. **1.** Coscia posteriore di maiale salata e fatta asciugare (prosciutto crudo), oppure immersa in salamoia e cotta a pressione (prosciutto cotto). ~ Affettato di prosciutto. **2.** Analoga preparazione culinaria della coscia di altri animali. *Prosciutto di cinghiale, di capriolo.* **3.** *fig.* Tipo di manica, propria di abiti e camicie femminili, larga in alto e stretta al polso. ~ *fam.*

(al pl.) Braccia, gambe femminili adipose. *Che prosciutti ha quella signora!*

proscritto agg. **1.** Colpito da proscrizione. **2.** Vietato, proibito. ◆ s.m. [f. *–ta*] Persona condannata all'esilio.

proscrittóre s.m. Persona che effettua una condanna di proscrizione.

proscrivere v.tr. [30] (lat. *proscrībere* "notificare") **1.** ANT. ROM. Condannare qlcu. alla confisca dei beni e all'esilio. **2.** *estens.* Mandare qlcu. in esilio. **3.** *fig.* Proibire qlco.

proscrizióne s.f. **1.** ANT. ROM. Condanna all'esilio o a morte accompagnata dalla confisca dei beni. **2.** *estens.* Esilio, bando. **3.** *fig.* Messa al bando di qlco.

prosécco s.m. [pl. *–chi*] (dal nome della località da cui proviene tale vitigno) Vitigno coltivato nel Trevigiano, che produce un vino bianco, o uno spumante, dal gusto asciutto o amabile.

prosecuzióne s.f. (lat. *prosecutiónem* "accompagnatore") Ulteriore svolgimento di qlco. che ha già avuto inizio. ~ Ulteriore sviluppo di qlco. nello spazio. *La prosecuzione di una strada.*

proseguiménto s.m. Ulteriore sviluppo di un'attività. SIN.: **prosecuzione, continuazione.**

proseguire v.tr. Continuare, seguitare. *Proseguire il lavoro.* ◆ v.intr. (aus. *avere* o *essere*) **1.** Andare avanti, procedere nel movimento. *Ho proseguito per ore.* ~ *fig.* Continuare. *Il rumore prosegui tutta la notte.* **2.** Persistere in qlco. *Proseguire negli studi.*

proselitismo s.m. (fr. *prosélytisme*) Opera volta a reclutare seguaci.

proselitista s.m. e f. [pl.m. *–sti*] *non com.* Persona che contribuisce alla propagazione di causa, una dottrina, ecc.

prosèlito s.m. [f. *–ta*] (gr. *prosélytos* "nuovo venuto" poi "convertito") **1.** Nuovo adepto di fede religiosa, di un partito, ecc. **2.** RELIG. Nell'antico Israele, straniero. ~ Poi, chi si convertiva dal paganesimo al giudaismo.

prosencèfalo s.m. ANAT. Nei vertebrati, la prima delle tre piccole vesciche che caratterizzano la crescita dell'encefalo.

prosènchima s.m. [pl. *–mi*] BOT. Tessuto fibroso di sostegno.

prosièguo s.m. Prosecuzione. ◇ *In prosieguo di tempo:* successivamente, poi.

pròsit escl. (voce lat.) Formula augurale usata in occasione di brindisi.

Prosobrànchi s.m. pl. [iniziale minusc. sing *–chio* per l'individuo] ZOOL. Sottoclasse di molluschi acquatici, con branchie situate anteriormente al cuore, come il murice, la littorina, la patella. (Comprende la maggior parte dei Gasteropodi marini con conchiglia; classe dei Gasteropodi.)

prosodia s.f. (gr., comp. di *prós* "verso" e *ōidḗ* "canto") **1.** Nella grammatica classica, assetto quantitativo delle sillabe e dottrina relativa. ~ Nella grammatica delle lingue moderne, assetto degli accenti ritmici e dottrina relativa. **2.** LING. Studio dei fenomeni fonetici riferibili a un dominio più grande del singolo fonema (p.e. l'accento, il tono, la quantità, ecc.).

prosòdico agg. [pl.m. *–ci*, f. *–che*] Relativo alla prosodia.

prosopografia s.f. **1.** Descrizione del volto o dell'aspetto esteriore di una persona. **2.** Raccolta iconografica di personaggi del passato. **3.** Raccolta di notizie sui personaggi di un dato periodo o ambiente.

prosopopèa s.f. (gr. *prosōpopoiía* "personificazione") **1.** RET. Figura consistente nel fare parlare persone morte o assenti o nel personificare cose inanimate. **2.** *fig. spreg.* Solennità, gravità eccessiva. SIN.: **boria.**

prosperàre v.intr. (aus. *avere*) Crescere bene, in modo florido. *La vigna quest'anno prospera.* ~ *fig.* Svilupparsi, diffondersi. *Il turismo prospera.*

prosperità s.f. inv. Stato di benessere economico. SIN.: **agiatezza.**

pròspero agg. **1.** Che è in condizioni favorevoli, soddisfacenti. SIN.: **florido. 2.** Che reca prosperità.

prosperóso agg. **1.** Pieno di salute, florido. **2.** Che gode di una florida condizione economica.

prospettàre v.tr. (lat. *prospectāre* "guardare avanti") Presentare, esporre qlco. a qlcu. *Mi prospettò una soluzione.* ◆ v.intr. (aus. *essere*) Essere orientato, affacciarsi su qlco. *Un palazzo che prospetta sulla strada.* ◆ v.pron. Presentarsi, mostrarsi in un dato modo. *La situazione si prospetta complessa.*

prospèttico agg. [pl.m. *–ci*, f. *–cha*] Di prospettiva. ~ Caratterizzato dalla prospettiva.

prospettiva s.f. **1.** Parte della geometria che definisce le regole per la rappresentazione di corpi tridimensionali su un piano. ~ Effetto di profondità creato dalla prospettiva. ◇ *Prospettiva lineare o centrale:* quella che rende la profondità spaziale attraverso il decrescere della grandezza dei corpi verso un punto di fuga centrale. – *Prospettiva aerea:* in cui l'effetto di profondità è dato dall'opportuna gradazione dei colori e dei toni. – *In prospettiva:* secondo le regole della prospettiva; *fig.* in futuro. **2.** Disegno che dà il senso della profondità di oggetti e paesaggi. ~ Scenografia teatrale che rappresenta l'interno o l'esterno in cui si svolge l'azione scenica. **3.** *estens.* Disposizione di elementi del paesaggio reale analoga alla disposizione prospettica. **4.** *fig.* Punto di vista. **5.** *fig.* Immagine mentale di eventi futuri. ~ (spec. al pl.) Possibili, futuri sviluppi. *Prospettive di lavoro.*

prospettivismo s.m. PITT. Considerazione dello spazio in modo esclusivamente collegato alla prospettiva.

prospètto s.m. **1.** Vista di ciò che sta davanti. ~ Ciò che si mostra alla vista. ~ In partic., facciata di un edificio. ◇ *Di prospetto:* di fronte. – *Prospetto scenico:* parte dell'edificio teatrale compresa tra l'arco scenico e la sala e in cui si apre il proscenio. **2.** Finestra, apertura da cui è possibile affacciarsi e vedere fuori. **3.** GEOM. Rappresentazione grafica, ortogonale, di una struttura. **4.** Presentazione schematica di qlco. ~ In partic., volantino, dépliant. ◇ FIN. *Prospetto informativo:* documento contenente informazioni sulla società emittente valori mobiliari e sulle caratteristiche dei valori mobiliari stessi.

prospettóre s.m. [f. *–trice*] (ingl. *prospector*, lat. *prospéctor* "colui che prevede") Tecnico che esegue ricerche minerarie sul terreno.

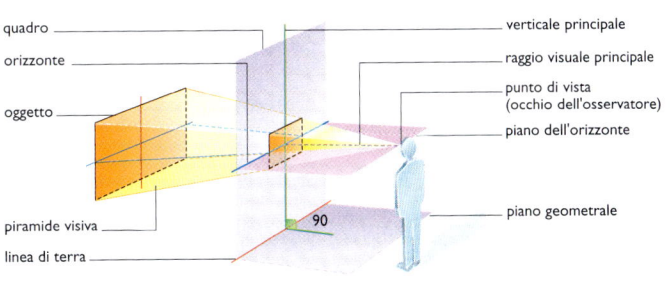

quadro
orizzonte
oggetto
piramide visiva
linea di terra
90
verticale principale
raggio visuale principale
punto di vista (occhio dell'osservatore)
piano dell'orizzonte
piano geometrale

■ **prospettiva**

prospezióne s.f. (ingl. *prospection*, deriv. di lat. *prospĭcere* "guardare avanti") **1.** GEOL. Esplorazione del sottosuolo. ~ Rappresentazione grafica dei risultati di tale esplorazione. **2.** Previsione dei risultati di una consultazione elettorale.

prospiciènte agg. (lat. *prospiciĕntem*, deriv. di *prospĭcere* "guardare avanti") Che ha la vista su un luogo. *Finestra prospiciente la valle.*

prossèmica s.f. [pl. *-che*] (ingl. *proxemics*, deriv. di *proximity* "prossimità") Parte della semiotica che studia il significato dello spazio e delle distanze nei rapporti comunicativi interpersonali.

prossenetismo s.m. Sfruttamento della prostituzione.

pròsseno s.m. (gr. *próksenos* "che ospita") ANT. GR. Personalità eminente incaricata di tutelare gli interessi degli stranieri.

prossimàle agg. (ingl. *proximal*) ANAT. Della parte di un organo più vicina al punto d'origine o alla linea mediana del corpo.

prossimaménte avv. In un tempo imminente, fra breve.

prossimità s.f. inv. Vicinanza a qlco. o a qlcu., spec. nello spazio. SIN.: **contiguità**. ◇ *In prossimità di:* nelle immediate vicinanze di.

pròssimo agg. **1.** Molto vicino a qlcu. o a qlco. nello spazio. SIN.: **attiguo**. ~ Che segue immediatamente qlco. **2.** Molto vicino nel tempo. ~ Successivo. *L'anno prossimo.* ~ Appena trascorso. *Passato prossimo.* ◇ *Essere prossimo a:* stare per compiere una data azione. **3.** Che ha un nesso stretto, diretto con qlco. ◆ s.m. (solo sing.) L'insieme dei propri simili, spec. in relazione a vincoli religiosi o morali.

prostaglandina s.f. BIOL. Sostanza derivata dalla prostata dei mammiferi con funzioni specifiche sull'appartato genitale, muscolare e respiratorio.

pròstata s.f. (fr. *prostate*, gr. *prostátēs* propr. "che sta davanti") ANAT. Ghiandola dell'apparato urogenitale maschile, situata sotto la vescica.

prostatectomia s.f. (fr. *prostatectomie*) MED. Asportazione chirurgica della prostata.

prostatite s.f. MED. Infiammazione della prostata.

prosternàre v.tr. (lat. *prostĕrnere* "stendere avanti") Stendere a terra, abbattere qlcu. o qlco. ◆ **prosternarsi** v.pron. Piegarsi fino a terra in segno d'adorazione, di rispetto. *Prosternarsi ai piedi del re.* SIN.: **prostrarsi**.

pròstesi s.f. inv. (gr. *prósthesis* "aggiunta") LING. Apposizione di un suono all'inizio di parola per motivi eufonici.

prostètico agg. [pl.m. *-ci*, f. *-che*] **1.** LING. Della prostesi, che costituisce prostesi. **2.** BIOCHIM. *Gruppo prostetico:* parte non proteica di una proteina coniugata.

pròstilo s.m. (gr. *próstylos* "con colonne davanti") ARCHEOL. Tempio greco a pianta rettangolare, avente anteriormente 4 o 6 colonne.

prostituire v.tr. [83] (lat. *prostitŭere* "mettere in vendita") **1.** Vendere ciò che non è ammesso dai valori morali perché strettamente legato alla libertà e alla dignità umana. *Prostituire il proprio corpo.* **2.** Indurre alla prostituzione. ◆ **prostituirsi** v.pron. Vendere il proprio corpo o il proprio ingegno.

prostitùta s.f. Donna che esercita la prostituzione.

prostituzióne s.f. **1.** Commercio di prestazioni sessuali. ~ Insieme delle persone che esercitano o che sfruttano tale commercio. **2.** *estens.* Svilimento di valori, di attività intellettuali.

prostràre v.tr. **1.** Infiacchire, indebolire qlcu. SIN.: **debilitare**. **2.** *fig.* Umiliare, mortificare, abbattere qlcu. *La sconfitta subita lo ha prostrato.* ◆ **prostrarsi** v.pron. **1.** Gettarsi a terra in segno di venerazione o sottomissione. **2.** Umiliarsi, arrendersi. *Prostrarsi davanti ai potenti.*

prostràto agg. **1.** Molto debole fisicamente o moralmente. SIN.: **sfinito**. **2.** Chino in ginocchio o prosternato. **3.** BOT. Adagiato al suolo. *Pianta prostrata.*

prostrazióne s.f. **1.** Stato di una persona stanca, debole, avvilita. **2.** Profonda genuflessione.

protagonismo s.m. Ruolo primario, posizione di spicco. ~ *spreg.* Smania di essere sempre al centro dell'attenzione.

protagonista s.m. e f. [pl.m. *-sti*] (gr., comp. di *prôtos* "primo" e *agōnistḗs* "combattente" poi "attore") **1.** Chi svolge il ruolo principale in un'opera teatrale, cinematografica, televisiva. **2.** *estens.* Personaggio principale di un romanzo o di un'opera teatrale, cinematografica. **3.** *estens.* Chi ha un ruolo di primo piano in un'attività.

protàllo s.m. BOT. → **gametofito**.

protammina s.f. CHIM. Proteina utilizzata come antidoto dell'eparina.

pròtasi s.f. inv. (lat. *pròtasin*, gr. *prótasis* deriv. di *protéinein* "tendere avanti") **1.** Proemio dei poemi classici comprendente la proposizione dell'argomento, l'invocazione alla divinità ispiratrice e l'eventuale dedica. **2.** GRAMM. Frase subordinata condizionale collegata a una principale detta *apodosi*. **3.** FILOS. Premessa del sillogismo.

proteàsi s.f. inv. BIOCHIM. Ogni enzima delle idrolasi che agisce sulle molecole proteiche.

protèggere v.tr. [35] (aus.) **1.** Difendere qlcu. o qlco. da pericoli o danni. SIN.: **tutelare**. **2.** Appoggiare, favorire qlcu. o qlco. *Proteggere i bisognosi.* **3.** INFORM. Applicare a programmi e dati un meccanismo che ne impedisce l'uso, la duplicazione o la modifica. ◆ **proteggersi** v.pron. Riparārsi da qlco. *Proteggersi dal freddo.*

protèggi-slip s.m. inv. Piccolo assorbente usato come protezione giornaliera per l'igiene intima femminile.

protèico agg. [pl.m. *-ci*, f. *-che*] Di, delle proteine. ~ Che contiene proteine.

Protèidi s.m. pl. ZOOL. Famiglia di anfibi urodeli, che mantengono, da adulti, l'aspetto e gran parte dei caratteri embrionali.

proteifórme agg. (dal nome di *Proteo*, dio greco capace di assumere diversi aspetti mediante metamorfosi) **1.** *lett.* Che può assumere i più diversi aspetti. **2.** *estens.* Versato in molteplici discipline o arti.

proteina s.f. (fr. *protéine*, deriv. di gr. *prôtos* "primo" perché costituente fondamentale della materia vivente) CHIM., BIOL. Sostanza organica di struttura complessa costituita da lunghe catene di amminoacidi.

pròtele s.m. (gr., comp. di *pró* "davanti" e *teléeis* "perfetto", perché ha cinque dita negli arti anteriori e solo quattro nei posteriori) **1.** Mammifero africano, simile alla iena, dal pelame grigio striato di nero e irsuto sul dorso; ha abitudini notturne e si nutre di vari insetti. (Ordine dei Carnivori, famiglia degli Ienidi.) **2.** ZOOL. (iniziale maiusc.) Genere di animali a cui appartiene il protele.

prò tèmpore loc. avv. (loc. lat., propr. "per un certo tempo") Provvisoriamente.

protèndere v.tr. [33] Tendere, stendere qlco. in avanti, verso qlcu. o qlco. *Protendere le braccia alla mamma.* ◆ **protendersi** v.pron. Tendersi, sporgersi in avanti verso qlcu. o qlco. *Protendersi verso il mare.*

pròteo s.m. **1.** Anfibio a respirazione branchiale che vive esclusivamente nelle acque sotterranee delle grotte dell'Istria e della Dalmazia. (Lunghezza 20-30 cm ca.; ordine degli Urodeli, famiglia dei Proteidi.) **2.** ZOOL. (iniziale maiusc.) Genere di anfibi a cui appartiene il proteo.

proteolìsi s.f. inv. CHIM., BIOL. Scomposizione delle proteine in sostanze più semplici sotto l'azione di enzimi o per idrolisi.

proteolìtico agg. [pl.m. *-ci*, f. *-che*] **1.** CHIM. Relativo alla proteolisi. **2.** CHIM. Che opera una proteolisi.

proterandrìa s.f. **1.** BIOL. Caratteristica degli individui ermafroditi in cui i gameti maschili maturano prima dei gameti femminili. **2.** BOT. Maturazione dell'androceo prima del gineceo.

proteranzìa s.f. BOT. Caratteristica delle piante che fioriscono prima di mettere le foglie.

proteroginìa s.f. BIOL. Caratteristica degli individui ermafroditi in cui i gameti femminili maturano prima di quelli maschili.

proterozòico s.m. (solo sing.) GEOL. Periodo dell'era precambriana. (Compreso tra 2500 e 540 milioni di anni fa, si suddivide nei sottoperiodi paleoproterozoico, mesoproterozoico e neoproterozoico.) ◆ agg. Relativo a tale periodo.

protèrvia s.f. Arroganza unita a sfacciataggine.

pròtesi s.f. inv. (gr. *próthesis* "esposizione") **1.** Sostituzione di un organo mancante o asportato, o di una sua parte, con un elemento artificiale. ~ L'elemento artificiale stesso. **2.** ARCH. In alcune basiliche paleocristiane, piccolo ambiente di forma quadrata general. sul lato sinistro dell'abside.

protèsta s.f. **1.** Risentita presa di posizione contro chi o contro ciò che appare iniquo, dannoso. **2.** Recesso dal contratto di un impresario che giudichi inadeguata la prestazione di un attore, di un cantante, ecc.

protestànte agg. (fr. *protestant*, così chiamato per la protesta dei Luterani alla Dieta di Spira del 1529) Che si fonda sulla dottrina elaborata dalla Riforma luterana e dalle altre confessioni a questa collegate. ◆ s.m. e f. Seguace della Riforma protestante.

protestantésimo s.m. (fr. *protestantisme*) Insieme di confessioni religiose sviluppatesi dalla Riforma luterana (luteranesimo, calvinismo, ecc.). ~ Concezione religiosa propria dei protestanti.

ENCICL. Il protestantesimo riunisce quattro confessioni principali (luterani, calvinisti, anglicani, zwingliani) e numerose sette minori riformate. I punti cardine della dottrina sono la negazione dell'autorità della Chiesa di Roma, il riconoscimento della Sacra Scrittura come unica regola di fede e il valore dell'interpretazione personale di essa grazie all'illuminazione dello Spirito Santo. Rispetto alla Chiesa cattolica, il protestantesimo nega, tra l'altro, il culto della Madonna e dei Santi e accetta come sacramenti solo il battesimo e l'eucaristia nella forma della santa cena.

protestàre v.intr. (aus. *avere*) (lat. *protestāri* "dichiarare pubblicamente") Esprimere, manifestare più o meno rumorosamente la propria disapprovazione o il proprio scontento. *Gli studenti stanno protestando.* ◆ v.tr. **1.** Sostenere, dichiarare qlco. con fermezza. *Protestare la propria innocenza.* **2.** Constatare il mancato pagamento di un titolo di credito. ~ Levare un protesto. *Protestare una cambiale.* **3.** COMM. Non accettare una fornitura perché non corrispondente a quanto ordinato. *Protestare una partita di merce.* ◆ **protestarsi** v.pron. Dichiararsi, professarsi in un certo modo. *Protestarsi estraneo alla vicenda.*

protestàto agg. **1.** Di cambiale o altro titolo di credito mandato in protesto. ~ Di persona che ha subito un protesto. **2.** Di attore o cantante il cui contratto viene disdetto.

protèsto s.m. DIR. Atto con cui un pubblico ufficiale a ciò autorizzato constata e dichiara che non è avvenuto il pagamento di una cambiale o di altro titolo di credito.

protettivo agg. Che protegge.

protètto agg. **1.** Difeso da chi o da ciò che può recare danno. **2.** Riferito a persona, tenuto al riparo dalle asprezze, dai dolori della vita. **3.** Che gode della protezione, dell'appoggio di qlcu. **4.** Riferito a regione, territorio, paese, posto sotto il protettorato di uno Stato. ◆ s.m. [f. *-ta*] Nell'accez. 3 dell'agg.

protettoràto s.m. (ingl. *protectorate*) **1.** DIR. Rapporto che un tempo poteva esistere tra due Stati per cui uno si impegnava a tutelare nei rapporti internazionali l'altro in cambio di determinati diritti e privilegi. ~ Lo Stato protetto. **2.** Carica di Lord Protettore.

protettóre agg. [f. *-trice*] **1.** Che protegge, che soccorre qlcu. o qlco. **2.** Che evita danni, che mette al riparo da essi. **3.** Che esercita un protettorato. ◆ s.m. **1.** (anche f.) Chi protegge qlco. o qlcu. **2.** Elemento che evita danni a qlco. **3.** Chi mantiene una donna come amante. ~ Chi sfrutta una prostituta. SIN.: **pappone**.

protezióne s.f. **1.** Azione protettiva che ha la funzione di difendere e riparare cose o persone da ciò che potrebbe danneggiarle. **2.** Elemento che si interpone tra qlco. che può subire un danno e ciò che lo può causare. **3.** Attività, opera protettrice di difesa, di assistenza nei confronti di chi è in condizione di inferiorità, di debolezza o di ciò che è minacciato nella propria integrità. ~ Con valore negativo, appoggio, favore, favoritismo. *Godere della protezione di persone importanti.* ~ Garanzia di incolumità, vera o millantata, fornita da organizzazioni criminali a singoli cittadini o imprese in cambio di denaro. *Pagare la protezione.* ◇ *Protezione civile:* l'apparato amministrativo e l'attività che esso svolge per la prevenzione e il soccorso delle popolazioni colpite da calamità naturali o da altre catastrofi. **4.** INFORM. Applicazione a programmi e dati di accorgimenti e meccanismi che ne impediscono l'uso, la duplicazione o la modifica.

protezionismo s.m. (fr. *protectionnisme*) **1.** Politica economica che si propone di proteggere la produzione nazionale dalla concorrenza straniera, spec. con l'imposizione di alti tassi doganali alle merci importate. **2.** ECOL. Insieme delle attività dirette alla protezione della natura e delle specie animali o vegetali minacciate, alla salvaguardia dell'ambiente, ecc.

protezionistico agg. [pl.m. –*ci*, f. –*che*] **1.** Fondato sul protezionismo. SIN.: **protezionista**. **2.** ECOL. Volto alla protezione dell'ambiente.

protide s.m. (fr. *protide*, deriv. di *protéine* "proteina") CHIM., BIOL. → **proteina**.

pròtiro s.m. (gr. *próthyron* "vestibolo, portico") **1.** ARCHEOL. Nella casa romana, passaggio che collegava l'ingresso all'atrio. **2.** ARCH. Nelle chiese paleocristiane e romaniche, piccolo atrio, antistante la porta d'ingresso, chiuso a volta e sorretto anteriormente da due colonne.

protista s.m. Organismo unicellulare eucariote.

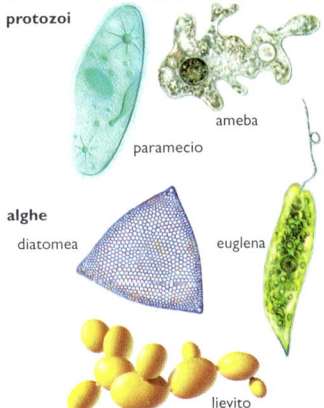

protozoi

ameba

paramecio

alghe

diatomea

euglena

lievito

■ **protista.** Alcune specie di protisti.

pròto s.m. In una tipografia, capotecnico che si occupa del reparto impostazione e composizione del lavoro. ~ *estens.* Tipografo.

pròto- (gr. *prōto-*, da *prōtos* "primo") Primo elemento di composti nei quali indica anteriorità nel tempo o nello spazio (*protovangelo*), oppure primazia (*protomedico*); in partic. in biologia, botanica, zoologia, astronomia, ecc. indica la struttura più semplice di un organismo (*Protozoi*), la sua prima fase di sviluppo (*protoplasma*), oppure il fenomeno da cui qlco. ha avuto origine (*protomateria*). In antropologia, paleontologia e paletnologia indica appartenenza al periodo preistorico (*protolingua*); nell'antica terminologia chimica indica i composti in cui un elemento compare con la valenza più bassa (*protossido*); in linguistica, infine, indica lo stadio più antico e unitario di una lingua, non attestato, ma ricostruito per via comparativa (*protolingua*, *protoslavo*); in senso figurato, vale "che rivela i primi segni di qlco." (*protoromantico*).

protoattinio o **protoattinio** s.m. (solo sing.) (ted. *Protoaktinium*) **1.** Metallo radioattivo del gruppo degli attinidi, di cui si conoscono vari isotopi, che fonde a 1600 °C ca. **2.** Elemento chimico (*Pa*) di numero atomico 91 e peso atomico 231,039.

1. protocollàre v.tr. Nel l. bur., registrare qlco. in un protocollo.

2. protocollàre agg. **1.** Di, del protocollo. **2.** Conforme alle regole del protocollo.

protocòllo s.m. (gr. *prōtókollon* "primo foglio incollato") **1.** Nella pubblica amministrazione e in aziende private, registro su cui si annotano in ordine cronologico i documenti e la corrispondenza in arrivo e in partenza. **2.** Formato di carta da scrivere o da stampa di uso amministrativo. **3.** Documento diplomatico riguardante un accordo tra Stati. ~ *estens.* Testo di accordi sindacali. **4.** Complesso di regole e procedure cui ci si deve attenere in determinate attività. **5.** *estens.* Cerimoniale che regola le modalità di svolgimento di visite di Stato, ricevimenti ufficiali, ecc. **6.** INFORM. Insieme di regole convenzionali che disciplinano il funzionamento di un sistema di comunicazione. **7.** FILOS. Proposizione protocollare. □ In funzione di agg. inv., nell'accez. 2 del s. ◇ *Foglio protocollo:* nel l. com., foglio di carta ripiegato in due, di dimensioni fisse, a righe o a quadretti.

protolingua s.f. LING. Antica fase di una lingua non attestata, ma ricostruita con il metodo comparativo.

protomàrtire s.m. (gr. *prōtomártyr*, propr. "primo testimone" poi "testimone della fede") Primo martire cristiano, in partic. appellativo di santo Stefano.

protomatèria s.f. FIS. Secondo la teoria del big-bang, materia fluida ad altissima temperatura e di densità quasi uniforme da cui, per espansione e successivo raffreddamento, avrebbe avuto origine l'universo.

pròtome s.f. (gr. *protomé* "busto") Elemento decorativo costituito da un busto di uomo o di animale.

protomotèca s.f. [pl. –*che*] Raccolta, galleria di busti scolpiti.

protóne s.m. (ingl. *proton*, deriv. di gr. *prōtos* "primo") FIS. Particella elementare di carica positiva della famiglia degli adroni che costituisce, con il neutrone, un componente di base dei nuclei atomici. (In un atomo il numero dei protoni è uguale al numero degli elettroni. Il protone è costituito da tre quark; la sua stabilità, messa in discussione da alcune teorie, è attualmente oggetto di studio.)

protonèma s.m. [pl. –*mi*] BOT. Filamento verde che si forma per germinazione dalle spore dei muschi, e sul quale si svilupperà la piantina.

1. protònico agg. [pl.m. –*ci*, f. –*che*] FIS. Del protone, formato da protoni.

2. protònico agg. [pl.m. –*ci*, f. –*che*] LING. Di vocale o sillaba che precede la sillaba tonica di una parola. SIN.: **pretonico**.

protonotàrio o **protonotàro** s.m. [pl. –*ri*] (lat. *protonotàrium*, propr. "primo notaio") **1.** Nella curia romana, ciascuno dei sette prelati, riuniti in un collegio, che ricevono e registrano gli atti dei concistori e dei processi di beatificazione. **2.** Nell'impero bizantino, segretario del governatore di una provincia. ~ Nel regno di Sicilia al tempo dei normanni, degli svevi e degli angioini, capo della cancelleria regia.

protoplàsma s.m. [pl. –*smi*] BIOL. Sostanza colloidale, di composizione chimica complessa e diversa a seconda dell'individuo e del tipo di cellula, che costituisce le cellule animali e vegetali.

protoràce s.m. ZOOL. Primo segmento del torace degli insetti.

protoromàntico agg. [pl.m. –*ci*, f. –*che*] Che costituisce una prima manifestazione del romanticismo. ◆ s.m. [f. –*ca*] Autore che anticipa il romanticismo.

protoromànzo agg. LING. Relativo a una ipotizzata fase, nell'evoluzione dal latino parlato alle lingue romanze, di avanzata ma ancora unitaria trasformazione del latino, prima che si manifestassero le differenziazioni regionali. ◆ s.m. (solo sing.) Il sistema linguistico formatosi in tale fase.

protosincrotróne s.m. FIS. Acceleratore circolare di protoni.

protossido s.m. CHIM. Ossido nel quale un elemento compare con la valenza più bassa. ◇ *Protossido di azoto:* composto costituito da un atomo di ossigeno e due atomi di azoto, detto anche *gas esilarante*.

protostélla s.f. FIS., ASTR. Massa gassosa a bassa temperatura che si suppone costituisca l'origine di una stella.

protostòria s.f. Fase più antica della storia di un popolo. ~ In paletnologia, fase storica di cui restano reperti archeologici precedenti l'uso della scrittura.

protostòrico agg. [pl.m. –*ci*, f. –*che*] Della protostoria, che a essa risale.

prototèri s.m. pl. ZOOL. Sottoclasse di mammiferi che comprende il solo ordine dei Monotremi.

protòtipo s.m. (gr. *prōtótypos*, propr. "primo modello") **1.** Modello su cui si basano i successivi prodotti, realizzato a grandezza naturale e modificabile in base ai risultati del collaudo. **2.** *estens.* Primo esempio di una serie di opere successive, modello di un genere. **3.** *fig.* Chi manifesta in più alto grado i caratteri tipici di una categoria di persone.

protòttero s.m. **1.** Pesce diffuso nelle zone paludose dell'Africa tropicale che respira allo stesso tempo con branchie e polmoni e trascorre la stagione secca racchiuso in un bozzolo di muco immerso nel fango. (Lunghezza 60 cm ca.; sottoclasse dei Dipnoi.) **2.** ZOOL. (iniziale maiusc.) Genere di animali a cui appartiene il protòttero.

Protozòi s.m. pl. ZOOL. Raggruppamento di organismi unicellulari in grado di esplicare tutte le funzioni della vita vegetativa e di relazione. (I Protozoi comprendono Flagellati, Ciliati, Sporozoi, Rizopodi, Cnidosporidi.)

protràrre v.tr. [11] (lat. *protràhere*, propr. "trarre avanti") Prolungare qlco. nel tempo. *Protrarre la vacanza.* ~ Rinviare, prorogare qlco. *Protrarre la scadenza del concorso.* ◆ **protrarsi** v.pron. Prolungarsi nel tempo. *L'attesa si protrasse.*

protràttile agg. Che può essere sporto, spinto in avanti, in fuori.

protrombina s.f. CHIM., BIOL. Proteina del plasma sanguigno da cui trae origine la trombina.

protrusióne s.f. (ingl. *protrusion*) **1.** ANAT. Posizione sporgente di un organo, fisiologica o patologica. *Protrusione del mento.* ◇ *Protrusione labiale:* avanzamento e arrotondamento delle labbra nell'articolare vocali come *u*, o. SIN.: **procheilia**. **2.** GEOL. Protrusione solida: massa di lava che fuoriesce dal camino vulcanico già solidificata e in forma di cupola o guglia per la pressione del gas e del magma sottostante.

protuberànte agg. (lat. *protuberàntem*, deriv. di *protuberàre* "gonfiarsi") Che forma una protuberanza.

protuberànza s.f. **1.** Rigonfiamento o escrescenza che si forma sulla superficie di un corpo. ◇ ANAT. *Protuberanza anulare:* *ponte di Varolio. **2.** ASTR. *Protuberanza solare:* massa gassosa che si osserva frequentemente intorno al disco solare.

Protùri s.m. pl. [iniziale minusc. sing. –*ro* per l'individuo] ZOOL. Ordine di insetti primitivi, piccoli, privi di ali, occhi e antenne, che si nutrono della materia in decomposizione del terriccio umido. (Lunghezza massima meno di 2 mm.)

pròva s.f. **1.** Accertamento, attraverso specifiche operazioni, delle proprietà, della qualità, del funzionamento, della resistenza di qlco. SIN.: **controllo**. ~ MAT. Procedimento con cui si verifica l'esattezza di un'operazione. (Per le quattro operazioni aritmetiche si utilizza la prova del *nove.) ~ MED. Indagine volta a individuare l'insufficiente funzionalità di un organo. ◇ *Prova su strada:* impiego di una vettura su un percorso significativo, general. a cura di riviste specializzate, per verificare se corrisponde alle caratteristiche dichiarate dalla casa produttrice. **2.** Accertamento delle qualità, delle capacità, della competenza di una persona. ~ Situazione, caso da modo di effettuare tale accertamento. ~ Saggio d'esame. ~ Competizione, gara. *Periodo di prova.* ◇ *Dare buona, cattiva prova di sé:* dimostrare di valere o di non valere. – *Dare prova di qlco.:* dimostrare di saper fare qlco. – *Prova di forza:* il prendere un atteggiamento fermo e deciso nei confronti dell'avversario, in modo da saggiare la resistenza e da indurlo a piegarsi. – *Mettere alla, a dura prova:* fare in modo che una persona o una cosa debba dimostrare determinate qualità o attitudini. **3.** Ciascuna delle parziali verifiche che si effettuano nel corso di un lavoro per essere certi di giungere al miglior risultato possibile. *Mettere un abito in prova.* ~ Ogni parziale esecuzione attraverso cui si prepara una rappresentazione teatrale, uno spettacolo in genere. ◇ *Prova generale:* l'ultima prima della rappresentazione, condotta nell'allestimento definitivo e spesso in presenza del pubblico. – *Prova di stampa:* prima stampa di un testo su cui si possono effettuare correzioni. **4.** Ciò che dimostra la verità di qlco. ~ Dimostrazione concreta di qlco. ~ DIR. Dimostrazione della sussistenza di un fatto di rilievo giuridico. ◇ *Prova d'acquisto:* talloncino che si trova nella confezione di un prodotto e consente all'acquirente di partecipare a concorsi a premi indetti dall'azienda produttrice. **5.** Esperienza esistenziale difficile, circostanza dolorosa. **6.** Tentativo.

provàre v.tr. (lat. *probāre*, propr. "riconoscere qlco. come buono o cattivo" quindi "sperimentare") **1.** Mettere alla prova, verificare le qualità o il valore di qlco. ~ Indossare un abito per vedere se va bene. ~ Assaggiare un cibo. **2.** Fare un tentativo per raggiungere uno scopo, cercare di eseguire qlco. **3.** Eseguire le prove di uno spettacolo. **4.** Sottoporre qlcu. a un grande sforzo. *La lunga fatica lo ha provato.* **5.** Sperimentare qlco. personalmente. ~ Avvertire una certa sensazione. *Provare rabbia, dolore.* **6.** Dimostrare con debite prove la verità, la realtà di qlco. ◆ **provarsi** v.pron. Mettersi alla prova cimentandosi con qlcu. o in qlco. SIN.: **misurarsi**.

provàto agg. **1.** Dimostrato con prove. **2.** Sperimentato. **3.** Passato attraverso prove che hanno lasciato il segno nel fisico e nel morale.

proveniènza s.f. Luogo da cui qlcu. o qlco. arriva.

provenìre v.intr. [81] (aus. *essere*) (lat. *provenīre*, propr. "venire davanti") **1.** Venire da un determinato luogo. *Questi rumori provengono dalla cantina.* **2.** *fig.* Avere origine da qlco.

provènto s.m. (spec. pl.) (lat. *provĕntum* "prodotto") Profitto, reddito ricavato dallo sfruttamento di un bene.

provenzàle agg. (fr. *provençal*, lat. *provĭncia* "provincia" perché i Romani consideravano la Gallia Narbonese, l'odierna *Provenza*, la provincia per eccellenza) Della Provenza, regione della Francia sud-orientale. ◆ s.m. **1.** (anche f.) Nativo, abitante della Provenza. **2.** (solo sing.) Lingua romanza parlata in Provenza e in altre regioni della Francia meridionale, detta anche *lingua d'oc*.

proverbiàle agg. **1.** Che ha carattere di proverbio. *Espressione proverbiale.* **2.** *estens.* Passato in proverbio, risaputo.

provèrbio s.m. [pl. *-bi*] Breve detto popolare che, generalmente, racchiude un insegnamento desunto dall'esperienza.

provétta s.f. (calco del fr. *éprouvette*) **1.** Tubetto di vetro, chiuso a un'estremità, usato in laboratorio. ◇ *Figlio in provetta:* concepito con un metodo di fecondazione artificiale. **2.** Piccola quantità di materiale da sottoporre ad analisi, da saggiare.

provètto agg. (lat. *provĕctum*, deriv. di *provĕhere* "portare avanti") Che ha esperienza, abile.

provider [/prə'vaɪdə/] s.m. inv. (voce ingl., propr. "fornitore") INFORM. Azienda che fornisce il collegamento a Internet.

provìncia s.f. [pl. *-ce*] **1.** Circoscrizione territoriale amministrativa in cui si suddividono le regioni dello Stato italiano e che raggruppa insieme più comuni limitrofi. ~ (anche con iniziale maiusc.) Ente amministrativo con competenza su tale territorio. **2.** In contrapposizione alla capitale o ai grandi centri urbani, il complesso delle città e dei paesi minori. ◇ *fig. Di provincia:* tranquillo, monotono. ~ Chiuso, retrogrado, ristretto. *Mentalità di provincia.* **3.** Nell'antica Roma, territorio posto sotto l'autorità di un magistrato romano. ~ Poi, territorio conquistato su cui aveva giurisdizione un proconsole o un propretore. **4.** RELIG. Suddivisione territoriale ecclesiastica comprendente più diocesi dipendenti da un arcivescovo. ~ Suddivisione territoriale di un ordine religioso dipendente da un padre provinciale.

provinciàle agg. **1.** Di una provincia, della provincia. **2.** Proprio della provincia e, in partic., caratterizzato da arretratezza culturale, da subalternità rispetto ai centri maggiori. **3.** Della provincia ecclesiastica. ◆ s.m. e f. **1.** Chi è nato o vive in provincia. ~ Chi, anche senza tale caratteristica oggettiva, rivela una mentalità ristretta, una cultura tradizionalistica, una certa chiusura mentale nel modo di comportarsi. **2.** Chi è a capo di una provincia ecclesiastica o di un ordine. ◆ s.f. Strada provinciale.

provincialìsmo s.m. **1.** *spreg.* Arretratezza culturale. ~ Ristrettezza mentale. **2.** LING. Parola o espressione propria di una zona circoscritta.

provìno s.m. **1.** Prova sostenuta da un attore o aspirante attore o ballerino per verificarne le attitudini di interprete. **2.** FOTO. Stampa per contatto di più fotogrammi per scegliere quello, o quelli, da ingrandire. **3.** Strumento per provare campioni merceologici o di materiali vari.

provitamìna s.f. CHIM., BIOL. Ogni sostanza presente nei prodotti alimentari che l'organismo trasforma in vitamina.

provocànte agg. Che desta il desiderio sessuale.

provocàre v.tr. [4] (lat. *provocāre*, propr. "chiamare fuori") **1.** Essere la causa di qlco. *Provocare una disgrazia.* **2.** Stimolare qlcu. a un comportamento aggressivo, incitarlo a reazioni violente. *Provocare i dimostranti.* SIN.: **sfidare**. ~ Stimolare il desiderio erotico. *Una ragazza che provoca gli uomini.*

provocatóre agg. [f. *-trice*] Che causa, suscita il disordine, la violenza. *Gesto provocatore.* ◇ *Agente provocatore:* chi si infiltra in un gruppo e incita ad atti sediziosi o punibili tali da giustificare rappresaglie contro gli autori. ◆ s.m. (anche f.) Chi si comporta in modo tale da indurre negli altri reazioni violente.

provocatòrio agg. [pl.m. *-ri*] Che cerca di produrre reazioni violente. ~ Con valore attenuato, che stimola risposte, prese di posizione.

provocazióne s.f. **1.** Comportamento, parola, sguardo destinati a causare una reazione. ~ Con attenuazione, stimolo intellettuale, invito a riflettere. *Il pubblico ha gradito le lucide provocazioni dell'oratore.* **2.** DIR. PEN. Circostanza attenuante riconosciuta a chi ha commesso un reato in reazione a un'offesa o a un'ingiustizia subita. **3.** Atto, comportamento che tende a suscitare il desiderio sessuale.

pròvola s.f. Formaggio di latte di mucca o di bufala, a pasta filata semidura, di forma sferica o oblunga, tipico dell'Italia centromeridionale.

provolóne s.m. Formaggio a pasta filata dura, dolce o piccante, prodotto con latte intero di mucca.

provvedére v.intr. [57] (aus. *avere*) (lat. *providēre*, propr. "vedere avanti") Dare, fornire a qlcu. ciò di cui ha bisogno. *Provvedere alle necessità di un figlio.* ~ Impegnarsi in modo che non manchi qlco. o che si faccia una prestazione o un servizio; occuparsi di svolgere un compito. *Provvedere alla manutenzione di una strada.* ◆ v.tr. **1.** Procurare, disporre. *Provvedere la legna per l'inverno.* **2.** Dotare qlcu. di qlco. *Provvedere la nave delle armi.* ◆ **provvedersi** v.pron. Munirsi, fornirsi di qlco. *Provvedersi dei documenti.*

provvediménto s.m. Misura, atto o disposizione con cui si intende far fronte a una situazione, a una necessità. ~ (spec. pl.) Misura disciplinare. *Prendere provvedimenti.* ◇ DIR. *Provvedimento legge o legislativo:* atto legislativo che reca un contenuto individuale e concreto.

provveditoràto s.m. **1.** (anche con iniziale maiusc.) Organo amministrativo statale cui spettano determinati compiti; sede di tale organo. **2.** Carica, titolo di provveditore.

provveditóre s.m. [f. *-trice*] Funzionario che ha il mandato amministrativo su una zona o in un particolare settore. *Provveditore agli studi.*

provvidènza s.f. (lat. *providĕntiam*, propr. "previdenza, prescienza") **1.** TEOL. CRIST. (freq. con iniziale maiusc.) Saggezza suprema che si attribuisce a Dio e che governa tutte le cose. **2.** *fig.* Persona o evento che arriva al momento giusto per risolvere una situazione difficile. **3.** (spec. pl.) Provvedimento economico preso dallo Stato, o da un ente locale, a favore di categorie di cittadini in condizioni di necessità. *Provvidenze a favore dei pensionati.*

provvidenziàle agg. (fr. *providentiel*) **1.** Relativo alla provvidenza divina. **2.** Così opportuno e favorevole che sembra voluto dalla stessa provvidenza divina.

pròvvido agg. (lat. *prōvidum*, deriv. di *providēre* "prevedere, provvedere") **1.** Di persona, che sa come provvedere. SIN.: **previdente**. **2.** Di attività, previdente e prudente. **3.** Che è a fin di bene, che ha per fine il bene.

provvigióne s.f. (lat. *provisiōnem* "previsione, approvvigionamento") Compenso calcolato in proporzione dei risultati raggiunti e del profitto ricavato dal datore di lavoro; in partic., compenso percentuale corrisposto al mediatore o all'intermediario per la conclusione di un affare.

provvisionàle s.f. (fr. *provisionel*) DIR. Somma che un tribunale attribuisce temporaneamente prima di una liquidazione definitiva.

provvisòrio agg. [pl.m. *-ri*] (fr. *provisoire*) Che ha luogo, si svolge, esiste in attesa di una situazione definitiva. SIN.: **temporaneo**. ◇ DIR. *Libertà provvisoria:* concessa all'imputato prima della sentenza.

provvìsta s.f. **1.** Accumulo di cose necessarie in attesa di un impiego futuro. ~ Ciò che è stato accantonato. *Fare provvista di caffè.* **2.** *fig.* Quantità di cose che si sanno. ~ Possesso di una qualità in grado superiore al comune. *Una bella provvista di pazienza.* **3.** BANC. Complesso delle operazioni con le quali una banca raccoglie i fondi per poter erogare i crediti. **4.** DIR. Rapporto tra tre parti in cui un debitore fornisce a un debitore delegato i mezzi per soddisfare il creditore.

provvìsto agg. Fornito di qlco. *Provvisto di ogni comodità.*

1. pròzio o **pròtio** s.m. (solo sing.) (lat. *protium*, deriv. di gr. *prôtos* "primo") CHIM. Isotopo dell'idrogeno con nucleo costituito dal solo protone.

2. prozìo s.m. [f. *-zia*, pl.m. *-zii*] Zio del padre o della madre.

prùa s.f. (lat. *prōram*, gr. *prôira*, deriv. di *pró* "davanti") Estremità anteriore di un'imbarcazione, di una nave. ~ Parte anteriore di un dirigibile, di un aereo, ecc.

prudènte agg. (lat. *prudĕntem*, deriv. di *providēre* "prevedere, provvedere") **1.** Che agisce con precauzione, accorto. SIN.: **cauto**. **2.** Che manifesta tale modo di essere; ispirato a prudenza. *Discorso prudente.*

prudènza s.f. **1.** Atteggiamento che consiste nel valutare in anticipo i propri atti, nello scorgere i pericoli connessi e nell'agire in modo da evitare errori e rischi inutili. ◇ *Segnale di prudenza:* nella segnaletica stradale, cartello triangolare bianco a bordo rosso e barra verticale nera che impone prudenza per il motivo indicato nel cartello di accompagnamento. **2.** Nella teologia, virtù cardinale consistente nel saper discernere il bene così da poter operare secondo la retta ragione.

prudenziàle agg. Consigliato, dettato dalla prudenza.

prùdere v.intr. [12] [usato solo alla terza sing. e pl. tempi semplici] Detto di una parte del corpo, arrecare prurito a qlcu. ◇ *fig. Sentirsi prudere le mani, la lingua:* avere una gran voglia di picchiare, di parlare.

pruderie [/prydə'ri/] s.f. inv. (voce fr.) Pudore, castigatezza esagerati, senso esasperato e vistoso della decenza.

prueggiàre v.intr. [5] (aus. *avere*) **1.** MAR. Bordeggiare. **2.** Governare un'imbarcazione cercando di tenere la prua contro vento, per far frangere le onde ai lati della prua. ~ Di nave, procedere in tale modo.

prùgna s.f. Frutto del prugno, drupa commestibile dalla polpa morbida, succosa e zuccherina con cui si fanno confetture, brandy, e che si consuma anche essiccato. ◆ s.m. inv. Colore violaceo proprio di alcune varietà del frutto. ❑ In funzione di agg. inv. *Color prugna.*

prùgno s.m. Albero dai fiori bianchi e foglie ovali, coltivato spec. per il suo frutto a drupa,

foglie
e fiori

frutti

sezione del
frutto

■ prùgno

commestibile, detto *prugna*. (Genere *Prunus*; famiglia delle Rosacee.) SIN.: **susino**.

prugnola s.f. Frutto del pruno selvatico, di colore bluastro e di sapore aspro.

1. prùgnolo s.m. Piccolo prugno selvatico tipico delle siepi, dai ramoscelli spinosi e con frutti molto aspri. (Nome sc. *Clitopilus prunulus*.)

2. prugnòlo s.m. Nome di diversi funghi commestibili, come p.e. prugnolo di san Giorgio e il prugnolo bastardo. (Genere *Tricoloma*.)

pruina s.f. (lat. *pruīnam* "brina") **1.** Brina. **2.** BOT. Strato ceroso che ricopre frutti, funghi, foglie di alcune piante rendendoli impermeabili.

1. prunèlla s.f. (fr. *prunelle*) **1.** Liquore ricavato dalle prugne. **2.** Tipo di tessuto lucido e scuro.

2. prunèlla s.f. (lat. *Prunella*, deriv. di *prūnum* "susina" per il suo colore) Pianta erbacea con fiori violacei raccolti in spighe. (Famiglia delle Labiate.) SIN.: **brunella**.

prùno s.m. **1.** Qualsiasi arbusto spinoso. **2.** BOT. (iniziale maiusc.) Genere di piante arboree e arbustive con foglie alterne, fiori bianchi, rosa o rossi in grappoli o in infiorescenze ombrelliformi, frutto a drupa quali, p.e., il ciliegio, l'albicocco, il pesco e il susino. (Famiglia delle Rosacee.)

pruriginóso agg. **1.** Che causa prurito. **2.** *fig.* Che solletica l'appetito o gli appetiti carnali. SIN.: **eccitante**.

prurigo s.m. [pl. *–ghi*] **1.** MED. Prurito. **2.** Patologia cutanea caratterizzata da lesioni di vario tipo e prurito.

prurito s.m. **1.** Sensazione cutanea che induce a grattarsi. **2.** Desiderio insistente di fare qlco. SIN.: **smania**.

prussiàno agg. **1.** Della Prussia. *Famiglia reale prussiana*. **2.** *fig.* Caratterizzato da severità, da rigore, da ferreo ordine tipici del militarismo del regno di Prussia. *Autoritarismo di stampo prussiano.* ◆ s.m. **1.** [f. *–na*] Nativo, abitante della Prussia. **2.** (solo sing.) Antica lingua del gruppo baltico parlata in Prussia fino alla fine del sec. XVII.

prùssico agg. [pl.m. *–ci*] (fr. *prussique*, con riferimento al blu di *Prussia* dal quale fu orig. ricavato) CHIM. *Acido prussico*: acido *cianidrico.

P.S. loc. avv. Abbreviazione di *Post Scriptum*, dopo lo scritto.

Psalliòta s.f. Genere di funghi commestibili ad anello con lamelle rosa o violacee. (Classe dei Basidiomiceti; famiglia delle Agaricacee.)

psammòfilo agg. BIOL. Che vive, che si sviluppa nella sabbia bagnata. *Organismo psammofilo.* SIN.: **ammofilo**.

psammografia s.f. Branca della petrografia che studia la composizione chimico-fisica delle sabbie.

psàmmon s.m. inv. BIOL. Complesso di organismi acquatici che vivono nella sabbia bagnata dei litorali.

pseudo- (gr. *pseudo*, da *pseudḗs* "falso") Primo elemento di composti dotti e del l. sc. nei quali significa general. "falso", o indica una somiglianza apparente dando origine a una lista aperta, fatta anche di elementi estemporanei dal significato chiaramente deducibile da quello della base (*pseudoconcetto, pseudogravidanza, pseudostorico*).

pseudoartròsi s.f. inv. MED. Falsa articolazione creata dal mancato consolidamento di due frammenti di un osso fratturato.

pseudocàrpo s.m. BOT. Corpo globoso che sembra un frutto. SIN.: **pseudofrutto**.

pseudocultùra s.f. Il complesso delle azioni, delle opinioni, dei comportamenti che rivelano una cultura superficiale, senza solide basi.

pseudoermafroditismo s.m. BIOL. Anomalia consistente nella presenza, in uno stesso individuo, di gonadi di un sesso e di alcune o di tutte le strutture sessuali dell'altro sesso.

pseudogravidànza s.f. MED. Stato di amenorrea accompagnato da sintomi soggettivi della gravidanza, che può riscontrarsi in soggetti nevrotici in assenza di concepimento.

pseudointellettuàle s.m. e f. Che si atteggia a intellettuale.

pseudomembràna s.f. MED. Formazione essudatizia o mucosa che sembra una membrana ma non ne ha la struttura.

pseudomembranóso agg. Relativo a una pseudomembrana.

pseudònimo s.m. (gr. *pseudṓnymos*, propr. "falso nome") Nome di fantasia scelto da qlcu. (in partic. un autore o un artista) per dissimulare la propria identità, nome d'arte.

pseudopòdio s.m. [pl. *–di*] BIOL. Estroflessione transitoria del citoplasma, con funzione locomotoria e alimentare, propria di organismi unicellulari e di protozoi.

pseudotumóre s.m. Formazione patologica simile a un tumore, di cui non ha le caratteristiche peculiari.

psi s.m. e f. Ventitreesima lettera dell'alfabeto greco (Ψ, ψ).

psicagogìa s.f. **1.** RELIG. Antica pratica magico-religiosa finalizzata a placare o a evocare le anime dei defunti. **2.** PSICOL. Attività intesa ad aiutare lo sviluppo della personalità e ad accrescere le capacità di riflessione e di analisi.

1. psiche s.f. inv. (gr. *psykhḗ*, propr. "soffio vitale") **1.** PSICOL. Insieme dei processi psichici sul quale si fonda la personalità dell'individuo. **2.** Presso i greci, anima.

2. psiche s.f. inv. (fr. *psyché*, dal nome di *Psiche*, personaggio mitologico amato da Amore nella favola di Apuleio) Grande specchio fissato a due sostegni laterali con perni che consentono di modificarne l'inclinazione.

3. psiche s.f. inv. (gr. *psykhḗ* "farfalla") Farfalla le cui larve vivono in astucci serici costituiti da svariati materiali di rinforzo; la femmina ha zampe rudimentali ed è priva di ali; vive nelle zone palustri.

psichedèlico agg. [pl.m. *–ci*, f. *–che*] (ingl. *psychedelic*, propr. "che mostra l'anima") Detto di stato psichico causato da allucinogeni (p.e. LSD), caratterizzato da alterazione della coscienza. ~ *estens.* Di cose che per aspetto, colore, suoni, ecc. richiamano l'effetto di tali allucinogeni. ◇ *Musica psichedelica*: stile di musica pop, derivato dal movimento hippy, nato negli Stati Uniti alla fine degli anni 1960 e concepito come la traduzione musicale dello stato psichedelico. – *Luci psichedeliche*: fasci luminosi colorati e lampeggianti, prodotti in collegamento con un impianto di amplificazione del suono, per offrire un corrispettivo visivo alla

musica. ◆ s.m. Sostanza, farmaco che altera la percezione, potenziandola fino all'allucinazione.

psichiàtra s.m. e f. [pl.m. *–tri*] (fr. *psychiatre*) Medico specialista in psichiatria.

psichiatria s.f. (fr. *psychiatrie*) Ramo della medicina il cui oggetto è lo studio e il trattamento delle malattie mentali, emozionali o del comportamento. ◇ *Psichiatria sociale*: quella che studia le relazioni tra la salute mentale e il contesto sociale. – *Psichiatria legale*: quella che si occupa dei soggetti mentalmente infermi colpevoli di delitti. – *Psichiatria alternativa*: quella che, sulla base di supporti teorici, persegue il reinserimento del malato di mente nella società. – *Psichiatria infantile*: ramo della psichiatria che si occupa dei problemi mentali e dei disordini psicologici nei bambini.
ENCICL. Solo nel sec. XIX la psichiatria è entrata definitivamente a far parte della medicina generale. L'applicazione di diverse discipline mediche (anatomia, fisiologia, biochimica, endocrinologia, genetica) allo studio dei deficit mentali ha permesso di trovare nuovi ed efficaci metodi di trattamento delle malattie mentali (quali personalità psicopatiche, nevrosi e psicosi), ora considerate, al pari delle fisiche, come aventi un inizio, un decorso e una fine caratteristici.

psichiàtrico agg. [pl.m. *–ci*, f. *–che*] Che è oggetto della psichiatria. ~ Che ha relazione con le malattie mentali, con il loro studio e la loro cura.

psichiatrizzàre v.tr. Sottoporre qlcu. a trattamento psichiatrico. ~ Interpretare qlco. in termini psichiatrici.

psichiatrizzazióne s.f. Annessione al dominio della psichiatria di fenomeni di allontanamento dalla norma sociale e morale.

psichico agg. [pl.m. *–ci*, f. *–che*] Della psiche. *Disturbo psichico*.

psichismo s.m. **1.** PSICOL. Attività psichica poco differenziata, propria degli animali o di particolari malati di mente. **2.** FILOS. Concezione della natura come viva, animata. ~ Anche, la sfera dei processi psichici.

psico- (gr. *psykho-*, da *psykhḗ* "anima") Primo elemento di composti del l. sc. nei quali indica attinenza con la psiche o con i processi mentali (*psicoanalettico, psicofarmaco*).

psicoanalèttico agg. [pl.m. *–ci*, f. *–che*] FARM. Di farmaco che stimola i processi mentali. ◆ s.m. Nel sign. dell'agg.

psicoanàlisi o **psicanàlisi** s.f. inv. (ted. *Psychoanalyse*) Teoria generale e indagine psicologica basata sull'interpretazione dei contenuti psichici profondi al campo della coscienza, e sull'analisi della loro azione nei confronti del comportamento normale o patologico.
ENCICL. La psicoanalisi, pur collocandosi nel periodo immediatamente successivo alle prime scoperte sui fenomeni psichici, segna una netta rottura rispetto alle teorie psicologiche classiche. Secondo Freud, la personalità si forma sulla base della repressione, a livello incosciente, di situazioni vissute durante l'infanzia e che sono fonte d'angoscia e di colpa (in partic. il complesso di Edipo). Un ruolo molto importante è giocato in questo contesto dalla sessualità. Il procedimento terapeutico analitico introdotto da Freud dura almeno 2-3 anni e prevede l'esposizione all'analista dei propri pensieri secondo una libera associazione di idee. La conoscenza dell'inconscio viene poi integrata dall'esame dei sogni, dei lapsus, degli atti mancati. Il metodo terapeutico è basato inoltre sull'analisi del *transfert*, ossia degli atteggiamenti del malato in origine diretti verso altre persone e che, nel corso del trattamento, vengono trasferiti sullo psicoanalista. Lo sviluppo della psicoanalisi è andato di pari passo da un lato con la sua strutturazione istituzionale (creazione dell'Associazione Psicoanalitica Internazionale nel 1910) e, dall'altro, con una presa di distanza da parte di alcuni studiosi (A. Adler, C. G. Jung, O. Rank, S. Ferenczi, W. Reich).

psicoanalista o **psicanalista** s.m. e f. [pl.m. *–sti*] Persona qualificata per praticare la psicoanalisi.

■ **Psalliòta.** Fungo prataiolo.

psicoanalìtico o **psicanalìtico** agg. [pl.m. *–ci*, f. *–che*] Di psicanalisi. ~ Basato sulla psicoanalisi.

psicoanalizzàre o **psicanalizzàre** v.tr. (fr. *psychanaliser*) Sottoporre qlcu. a un trattamento psicanalitico. ~ Esaminare qlco. dal punto di vista psicoanalitico.

psicoastenìa o **psicastenìa** s.f. (fr. *psychasthénie*) MED. Stato nevrotico caratterizzato da fobie, ossessioni, angoscia, depressione, stanchezza, indecisione, tendenza al dubbio.

psicoastènico o **psicastènico** agg. [pl.m. *–ci*, f. *–che*] (fr. *psychasthénique*) **1.** Di psicoastenia. **2.** Affetto da psicoastenia. ◆ s.m. [f. *–ca*] Nell'accez. 2 dell'agg.

psicobiologìa s.f. Branca della biologia che studia gli elementi organici del comportamento umano e animale.

psicochirurgìa s.f. Insieme delle operazioni chirurgiche un tempo praticate sull'encefalo per trattare i disordini mentali e oggi sostituite da terapie farmacologiche.

psicocinèsi s.f. inv. PARAPSIC. La possibilità che certe persone hanno di muovere oggetti, anche molto distanti, grazie soltanto alla forza del pensiero.

psicocrìtica s.f. [non com. pl. *–che*] Metodo di studio proposto da Charles Mauron che consiste nell'individuare, nei testi delle opere letterarie, elementi riconducibili alla personalità inconscia dell'autore.

Psicòdidi s.m. pl. [iniziale minusc. sing. *–de* per l'individuo] ZOOL. Famiglia di insetti ditteri, caratterizzati dalla fitta villosità; ne fanno parte i pappataci.

psicodinàmica s.f. [non com. pl. *–che*] PSICOL. Studio dell'origine e della dinamica dei processi mentali e dei fattori che li provocano.

psicodislèttico agg. [pl.m. *–ci*, f. *–che*] FARM. Di sostanza psicotropa (LSD, mescalina, ecc.) che produce alterazioni psichiche non definitive. ◆ s.m. Nel sign. dell'agg.

psicodràmma s.m. [pl. *–mi*] (ingl. *psychodrama*) **1.** Tecnica psicoterapeutica che consiste nel far realizzare ai pazienti un'improvvisazione drammatica. **2.** *estens.* Situazione di conflittualità esasperata, teatrale tra persone.

psicofàrmaco s.m. [pl. *–ci*] Farmaco che agisce sull'attività psichica.

psicofarmacologìa s.f. Ramo della farmacologia che studia gli psicofarmaci.

psicofìsica s.f. [non com. pl. *–che*] (ted. *Psychophysik*) Ricerca dei rapporti che intercorrono tra l'intensità degli stimoli e quella delle sensazioni a essi corrispondenti. (Il fondatore di questo ramo della psicologia sperimentale fu il filosofo tedesco G. T. Fechner.)

psicofìsico agg. [pl.m. *–ci*, f. *–che*] **1.** Che riguarda la psiche, il corpo e il loro rapporto. **2.** Relativo alla psicofisica.

psicofisiologìa s.f. Studio delle relazioni tra attività psichica e funzioni fisiologiche.

psicogènesi s.f. inv. **1.** Branca della psicologia che studia l'origine e lo sviluppo delle funzioni psichiche. **2.** Origine e evoluzione di uno stato mentale, normale o patologico.

psicogenètico agg. [pl.m. *–ci*, f. *–che*] Relativo alla psicogenesi.

psicògeno agg. Di origine psichica.

psicolàbile agg. PSICOL. Psicologicamente instabile. ◆ s.m. e f. Nel sign. dell'agg.

psicolèttico agg. [pl.m. *–ci*, f. *–che*] MED., FARM. Di farmaco (ansiolitico, ipnotico o neurolettico) che calma le tensioni psichiche. ◆ s.m. Nel sign. dell'agg.

psicolinguìsta s.m. e f. [pl.m. *–sti*] Studioso di psicolinguistica.

psicolinguìstica s.f. [non com. pl. *–che*] Studio dei comportamenti verbali in rapporto ai processi psichici che li determinano.

psicolinguìstico agg. [pl.m. *–ci*, f. *–che*] Relativo alla psicolinguistica.

psicologìa s.f. **1.** Studio scientifico e filosofico della psiche. **2.** Insieme dei modi di pensare, sentire, agire caratteristici di un individuo o di una categoria di persone. **3.** Capacità di penetrazione e di comprensione dell'animo altrui. ENCICL. La psicologia si affermò come scienza autonoma nella seconda metà del sec. XIX, in epoca positivista. Artefice principale fu W. Wundt, che negò l'interazione di anima e corpo e sostenne il principio di una causalità psichica dotata di proprie leggi. In Inghilterra si diffuse fin dagli inizi la teoria dell'*associazionismo*, soprattutto grazie a D. Hartley che riteneva ogni processo psichico una somma scomponibile di elementi semplici in associazione meccanica. Negli Stati Uniti ebbe fortuna invece il *behaviorismo*, tuttora dominante nella cultura nordamericana, fondato sulla rinuncia all'introspezione e sull'analisi sperimentale del comportamento umano e animale. Importante fu anche la psicologia della forma (*Gestalt*), che, contrariamente all'associazionismo, nega la scomponibilità dei processi percettivi in nome di un'originaria struttura sintetica dei contenuti della percezione. La psicologia può essere suddivisa, in base all'oggetto dei propri studi, in psicologia *generale* (interessata agli individui in generale e alle leggi che regolano l'attività umana) e psicologia *individuale* o *differenziale* (centrata sulle differenze individuali e quindi sulle interazioni tra i singoli o i gruppi e i vari ambienti circostanti).

psicològico agg. [pl.m. *–ci*, f. *–che*] **1.** Relativo alla psicologia, alla psiche. *Indagine psicologica.* **2.** Delle strutture psichiche di una persona, di un gruppo.

psicologìsmo s.m. **1.** FILOS. Tendenza a spiegare tutti i comportamenti umani attraverso fattori di natura psicologica, prendendo come fondamento la coscienza individuale. **2.** Nel l. della crit. lett. tendenza di un autore o di un critico a dare forte rilievo all'elemento psicologico.

psicòlogo s.m. [f. *–ga*, pl.m. *–gi*, f. *–ghe*] **1.** Specialista, studioso di psicologia. **2.** *estens.* Chi comprende intuitivamente le sensazioni, il carattere delle persone.

psicometrìa s.f. **1.** Nella psicologia sperimentale, insieme dei metodi di misura (intensità, durata, frequenza) dei fenomeni psichici. **2.** Facoltà paranormale grazie alla quale, toccando un oggetto, si è in grado di ricostruire la sua storia e la storia della persona che lo possedeva.

psicomotòrio agg. [pl.m. *–ri*] MED. Che riguarda la componente psichica dell'attività motoria.

psicomotricìsta s.m. e f. [pl.m. *–sti*] Specialista nella rieducazione psicomotoria.

psicomotricità s.f. inv. Studio della relazione reciproca che intercorre tra le funzioni motorie e quelle psichiche.

psicopatìa s.f. **1.** PSICH. Ogni forma di alterazione del comportamento che però non costituisce una vera e propria malattia mentale. **2.** Nel l. com., malattia mentale.

psicopàtico agg. [pl.m. *–ci*, f. *–che*] **1.** PSICH. Caratterizzato da psicopatia. **2.** PSICH. Affetto da psicopatia. ◆ s.m. [f. *–ca*] Nell'accez. 2 dell'agg.

psicopatologìa s.f. Studio della possibile origine psichica delle patologie mentali.

psicopedagogìa s.f. Settore della psicologia che studia i fenomeni psicologici per elaborare più adeguati metodi didattici e pedagogici.

psicopedagogìsta s.m. e f. [pl.m. *–sti*] Specialista di psicopedagogia.

psicopòmpo agg. (gr., comp. di *psykhé* "anima" e *pompós* "che guida") RELIG. Attributo delle divinità che conducono le anime dei morti nell'oltretomba (Caronte, Ermes, Orfeo, nella mitologia greco-latina; San Michele, nell'iconografia cristiana). ◆ s.m. *per anton.* Il dio Ermes.

psicoprofilàssi s.f. inv. Profilassi basata su interventi di natura psichica.

psicoprofilàttico agg. [pl.m. *–ci*, f. *–che*] Di profilassi basata su interventi di natura psicologica.

psicosensoriàle agg. Di fenomeno avvertito come sensoriale, ma che ha origine puramente psichica.

psicòsi s.f. inv. (ted. *Psychose*) **1.** PSICH. Malattia mentale determinata da un disturbo organico o da cause esterne. **2.** *estens.* Idea fissa di qlco. ~ Stato di panico collettivo causato da un evento o una calamità vissuta come una minaccia permanente.
ENCICL. Le psicosi si differenziano solitamente in *esogene*, causate da agenti patogeni esterni, come malattie infettive o intossicazioni, ed *endogene*, dovute a fattori costituzionali non chiariti (tra queste la schizofrenia, la paranoia, la psicosi maniaco-depressiva). Possono assumere forma acuta o cronica, e in tutte l'Io rifiuta la realtà e rifugge dal mondo esterno (nelle nevrosi invece, vi si rapporta).

psicosociàle agg. Che riguarda la psicologia di un individuo o di un gruppo nella sua relazione con l'ambiente sociale.

psicosociologìa s.f. Studio psicologico dei fenomeni sociali.

psicosociòlogo s.m. [f. *–ga*, pl.m. *–gi*, f. *–ghe*] Specialista di psicosociologia.

psicosomàtica s.f. [non com. pl. *–che*] Branca della medicina che studia le interferenze dei fenomeni psichici con la normale funzionalità dell'organismo.

psicosomàtico agg. [pl.m. *–ci*, f. *–che*] Che riguarda contemporaneamente le attività psichiche e quelle somatiche dell'organismo.

psicostimolànte agg. Che ha effetti eccitanti sulla psiche. ◆ s.m. Psicofarmaco eccitante.

psicotècnica s.f. [non com. pl. *–che*] (ted. *Psychotechnik*) Psicologia applicata ai problemi e all'ambiente di lavoro.

psicotècnico agg. [pl.m. *–ci*, f. *–che*] Relativo alla psicotecnica. ◆ s.m. [f. *–ca*, pl.m. *–ci*, f. *–che*] Specialista di psicotecnica.

psicoterapèuta s.m. e f. [pl.m. *–ti*] (fr. *psychothérapeute*) Specialista di psicoterapia.

psicoterapìa s.f. (fr. *psychothérapie*) Cura dei disturbi mentali con metodi psicologici.

psicoteràpico agg. [pl.m. *–ci*, f. *–che*] Di psicoterapia.

psicòtico o **psicòsico** agg. [pl.m. *–ci*, f. *–che*] (fr. *psychotique*) **1.** Relativo alla psicosi. **2.** Affetto da psicosi. ◆ s.m. [f. *–ca*] Nell'accez. 2 dell'agg.

psicotònico agg. [pl.m. *–ci*] Che stimola le attività psichiche. ◆ s.m. Nel sign. dell'agg.

psicòtropo agg. (fr. *psychotrope*) FARM. *Farmaco psicotropo:* che agisce sulle funzioni psichiche, in partic. normalizzando gli stati ansiosi. ◆ s.m. Nel sign. dell'agg.

psicrometrìa s.f. Determinazione dello stato igrometrico dell'aria mediante uno psicrometro.

psicròmetro s.m. Apparecchio che serve a determinare l'umidità dell'aria, attraverso il confronto tra due termometri, uno a bulbo bagnato, l'altro a bulbo asciutto.

Psilla s.f. (gr. *psýlla* "pulce") ZOOL. Genere di piccoli insetti simili alla cicala che vivono sulle foglie di alcuni alberi (betulla, melo), dove causano a volte la comparsa di escrescenze. (Ordine degli Omotteri.)

psìllio s.m. BOT. Erba annuale i cui semi vengono utilizzati in medicina per le proprietà lassative.

Psilotàcee s.f. pl. BOT. Famiglia di pteridofite prive di foglie e radici e con gametofito sotterraneo.

Psittàcidi s.m. pl. [iniziale minusc. sing. *–de* per l'individuo] ZOOL. Famiglia di uccelli arboricoli delle regioni tropicali, con becco adunco e poderoso e piume molto colorate, come l'ara, il pappagallo, il cacatua, la cocorita. (Ordine degli Psittaciformi.)

Psittacifórmi s.m. pl. [iniziale minusc. sing. *–me* per l'individuo] ZOOL. Ordine di uccelli delle foreste tropicali, di dimensioni variabili, con ali robuste, zampe corte, becco ricurvo e lingua carnosa.

psittacìsmo s.m. Ripetizione meccanica di frasi altrui senza comprenderne il significato.

psittacòsi s.f. inv. VET., MED. Malattia contagiosa dei Psittacidi, trasmissibile all'uomo in forme molto gravi.

psòas s.m. inv. ANAT. Muscolo della zona lombare. ~ Nei bovini e in macelleria corrisponde al filetto.

psòco s.m. [pl. –chi] (lat. *Psocus*, deriv. di gr. *psṓkhein* "sminuzzare" perché rode i corpi legnosi) Piccolo insetto con lunghe antenne e ali trasparenti, che vive nei tronchi degli alberi, sotto le pietre o nelle vecchie carte. (Ordine degli Psocotteri.)

Psocòtteri s.m. pl. [iniziale minusc. sing. –ro per l'individuo] ZOOL. Ordine di piccoli insetti a metamorfosi incompleta, dotati di lunghe antenne e ali spesso atrofizzate o ridotte.

psoralène s.m. Sostanza dotata di azione fotosensibilizzante usata nel trattamento di alcune dermatosi (vitiligine, psoriasi).

psoriasi s.f. inv. (gr. *psōríasis*, deriv. di *psṓra* "scabbia" da *psãn* "grattare") MED. Dermatosi cronica a eziologia sconosciuta, caratterizzata da chiazze rosse coperte di squame bianche.

pteranodónte s.m. PALEONT. Grande rettile volante fossile del cretaceo sprovvisto di denti. (Apertura alare 7 m; ordine degli Pterosauri.)

Pteridòfite s.f. pl. [iniziale minusc. sing. –ta per l'individuo] BOT. Divisione del regno vegetale comprendente piante con radici, fusto e foglie ma prive di fiori e semi; ne fanno parte le felci e gli equiseti. (Le Pteridofite si dividono in quattro classi che alcuni considerano come altrettanti sottotipi distinti.)

pterigoidèo agg. ANAT. Di una parte anatomica che ricorda la forma di un'ala.

Pterigòti s.m. pl. [iniziale minusc. sing. –to per l'individuo] ZOOL. Sottoclasse di insetti che comprende la maggior parte degli ordini provvisti di ali o che hanno perduto le ali per riduzione secondaria.

Pterobrànchi s.m. pl. [iniziale minusc. sing. –chio per l'individuo] ZOOL. Classe di piccoli animali invertebrati marini che vivono in colonie ramificate. (Classe degli Emicordati.)

Pterodàttili s.m. pl. [iniziale minusc. sing. –lo per l'individuo] ZOOL. Sottordine di rettili atti al volo vissuti nel giurassico. (Ordine degli Pterosauri.)

■ **pterodàttilo** (ricostruzione).

Pterosàuri s.m. pl. [iniziale minusc. sing. –ro per l'individuo] ZOOL. Ordine di rettili fossili in grado di volare vissuti nell'era mesozoica.

ptialina s.f. (gr., deriv. di *ptýalon* "saliva") BIOL. Enzima digestivo contenuto nella saliva, che trasforma i polisaccaridi complessi in polisaccaridi più semplici.

ptialismo s.m. MED. Eccessiva secrezione di saliva.

ptomaìna s.f. (gr., deriv. di *ptôma* "cadavere") CHIM. Diammina tossica che si forma nei processi di putrefazione delle proteine animali.

pub [/pʌb/] s.m. inv. (voce ingl., abbr. di *public house* "locale pubblico") Tipico locale pubblico inglese in cui è consentito, in fasce orarie particolari, consumare bevande alcoliche. ~ Locale arredato come i pub inglesi.

pubalgìa s.f. MED. Dolore alla regione pubica, provocato dallo stiramento dei muscoli che si inscrivono sul pube.

pubblicàno s.m. (lat. *publicānum*, deriv. di *pūblicum* "tesoro pubblico") **1.** Nell'antica Roma, chi prendeva in appalto la riscossione delle imposte. **2.** *spreg.* Persona avida, esosa.

pubblicàre v.tr. [4] Diffondere, rendere qlco. di pubblica conoscenza. ~ Divulgare qlco. per mezzo della stampa o *Pubblicare un articolo*.

pubblicazióne s.f. (lat. *publicatiōnem* "confisca") **1.** Atto con cui si porta qlco. a conoscenza di tutti, spec. attraverso la stampa o l'affissione in luogo pubblico. ◇ *Pubblicazioni di matrimonio* (o *pubblicazioni*): avviso dell'imminente celebrazione di un matrimonio tramite affissione in municipio o in chiesa di fogli recanti i dati anagrafici dei futuri sposi. **2.** Riproduzione attraverso la stampa di scritti, di immagini, general. destinate alla vendita, in modo che raggiungano il maggior numero di persone. **3.** Libro o periodico pubblicato.

pubblicìsta s.m. e f. [pl.m. –sti] (fr. *publiciste*) **1.** Collaboratore di giornali e periodici, iscritto in un apposito albo, che non intrattiene con la proprietà un rapporto di lavoro dipendente. **2.** Studioso, docente di diritto pubblico.

pubblicìstica s.f. [pl. –che] **1.** Attività di chi collabora a un giornale come pubblicista. **2.** Complesso di scritti giornalistici o d'attualità su un dato argomento. **3.** Branca degli studi giuridici comprendente il diritto pubblico.

pubblicità s.f. inv. (fr. *publicité*) **1.** Pubblica conoscenza di qlco. come conseguenza della sua divulgazione, della sua diffusione. ~ Risonanza, eco. *Evento che ha avuto una larghissima pubblicità*. ◇ *fam.* *Fare pubblicità*: far diventare una notizia di pubblico dominio. **2.** Insieme di attività e di mezzi attraverso cui si richiama l'attenzione del pubblico, a fini promozionali, su prodotti, servizi, prestazioni di vario tipo. ◇ *Pubblicità comparativa*: quella che promuove un prodotto comparandolo ai prodotti concorrenti. – *Piccola pubblicità*: brevi annunci economici, raggruppati per categorie. **3.** Carattere di ciò che è pubblico. *Pubblicità delle sedute parlamentari*.

pubblicitàrio agg. [pl.m. –ri] (fr. *publicitaire*) Che ha lo scopo di fare pubblicità. ◆ s.m. [f. –ria] Chi lavora nella pubblicità.

pubblicizzàre v.tr. Promuovere la vendita di un prodotto o un servizio per mezzo della pubblicità. SIN. **reclamizzare**.

pubblicizzazióne s.f. **1.** Lancio pubblicitario. **2.** Passaggio di un bene o di un servizio dalla proprietà privata alla gestione dello stato o di un ente pubblico (in oppos. a *privatizzazione*).

1. pùbblico agg. [pl.m. –ci, f. –che] **1.** Che riguarda, interessa tutti i cittadini, l'intera collettività di un paese. ~ In partic. di proprietà, finanziato, gestito dallo Stato. ~ Che rientra nell'ambito dello Stato, dei suoi organi e delle sue funzioni (in oppos. a *privato*). ◇ *Pubblica amministrazione*: l'attività esercitata per realizzare i fini istituzionali dello Stato; il complesso degli organi che svolgono tale attività. – *Servizi pubblici*: quelli ritenuti indispensabili per la collettività e pertanto forniti e gestiti dallo Stato o da enti statali senza scopo di lucro. – ECON. *Bene pubblico*: quello di cui possono usufruire simultaneamente più individui e per il quale non è sempre possibile imporre un prezzo al momento del consumo; sono quindi finanziati indirettamente, p.e. attraverso le imposte. – *Pubblico ufficiale*: chi è investito di cariche pubbliche con funzioni legislative, amministrative o giudiziarie. **2.** Condiviso da tutti i membri di una comunità, a essi comune. ~ Noto a tutti, risaputo, palese. **3.** Che può essere frequentato, utilizzato da qualsiasi persona, senza preclusioni. ~ A cui qualsiasi persona può partecipare. ~ Che avviene, di fatto o idealmente, alla presenza di tutti. ◇ *Pubblici esercizi*: negozi, bar, ristoranti, ecc.

2. pùbblico s.m. [non com. pl. –ci] **1.** La gente, come insieme indefinito di persone o complesso della popolazione. ~ In partic. insieme di persone che assistono a una manifestazione o sono considerate possibili spettatori. ~ Generalità di persone destinatarie di un'opera. ~ Insieme di persone unite da qualche condizione o interesse comune. ◇ *In pubblico*: in un luogo pubblico, in mezzo o davanti alla gente. – *Mettere in pubblico qlco.*: divulgarlo. **2.** Ciò che è pubblico.

pùbe s.m. (lat. *pūbem* "peluria") ANAT. Porzione dell'osso iliaco che forma la sezione inferiore del bacino. – *estens.* Regione anatomica a esso corrispondente. ◇ *Monte del pube*: *monte di Venere*.

puberàle agg. Della pubertà.

pubertà s.f. inv. FISIOL. Periodo della vita, compreso tra i 10 e i 15 anni, in cui hanno inizio le funzioni sessuali e si sviluppano i caratteri sessuali secondari.

pubescènza s.f. BOT., ZOOL. Peluria che ricopre gli organi vegetali di talune piante o il corpo di alcuni insetti.

pùbico agg. [pl.m. –ci, f. –che] ANAT. Del pube.

public company [/ˈpʌblik ˈkʌmpəni/] loc. sost. f. inv. (loc. ingl., propr. "società pubblica") ECON. Società per azioni quotata in borsa, caratterizzata da azionariato diffuso.

public relations [/ˈpʌblik riˈleiʃənz/] loc. sost. f. pl. (loc. ingl., "pubbliche relazioni") Complesso di attività per mezzo delle quali un'azienda cura i propri rapporti col pubblico, usato spec. nella forma abbreviata P.R. per indicare la persona che si occupa di tale ambito.

Pucciniàcee s.f. pl. [iniziale minusc. sing. –a per l'individuo] (dal nome dell'anatomista T. *Puccini*) BOT. Famiglia di funghi parassiti di piante e agenti della ruggine. (Sottodivisione dei Basidiomiceti; ordine delle Uredinali.)

pudding [/ˈpudiŋ/] s.m. inv. (voce ingl., "budino") Dolce cotto a bagnomaria, a base di riso o farina e uova; in it. budino.

pudibóndo agg. *scherz.* Che prova pudore, usato nel l. com. con valore enfatico. SIN. **verecondo**.

pudicìzia s.f. Qualità consistente nel rifuggire da tutto ciò che appare indecente.

pudìco agg. [pl.m. –chi, f. –che] (lat., deriv. di *pudēre* "vergognarsi") Che nutre sentimenti di pudore. – Che non oltrepassa i limiti della decenza, del decoro.

pudóre s.m. (lat. *pudōrem*, deriv. di *pudēre* "vergognarsi") **1.** Sentimento di vergogna, d'imbarazzo e atteggiamento di naturale riserbo nei confronti di ciò che riguarda la sfera sessuale. *Comune senso del pudore*. **2.** *estens.* Sentimento d'imbarazzo che si prova nell'esibire la propria interiorità. **3.** Senso di rispetto di sé e degli altri che dovrebbe far vergognare dall'agire in modo non corretto o insincero.

pueblo [/ˈpweblo/] s.m. [pl. *pueblos*] (voce spagn., "villaggio" e "popolo") ETNOL. Villaggio precolombiano ancora oggi tipico delle popolazioni amerindie dell'Arizona e del Nuovo Messico, situato, per ragioni difensive, su creste rocciose.

puericultóre o **puericoltóre** s.m. [f. *puericultrice*] Medico specializzato in puericultura.

puericultùra o **puericoltùra** s.f. MED. Branca della pediatria che si occupa della salute del bambino prima e dopo la nascita.

puerìle agg. (lat. *puerīlem*, deriv. di *pŭer* "fanciullo") **1.** Proprio dell'infanzia. **2.** Ingenuo, infantile.

puerilismo s.m. PSICOL. Disordine della personalità che consiste nella persistenza negli adulti di caratteri immaturi tipici della seconda infanzia.

puerilità s.f. inv. Con valore negativo, immaturità, infantilismo. ~ Comportamento o discorso che pecca in tal senso.

puerìzia s.f. Età puerile, fanciullezza.

puèrpera s.f. (lat., comp. di *pŭer* "fanciullo" e *parĕre* "generare") Donna che ha appena partorito.

puerperàle agg. (fr. *puerpéral*) MED. Del puerperio.

puerpèrio s.m. [pl. –ri] Periodo di alcune settimane che intercorre tra il parto e il ritorno alla normalità degli organi genitali femminili.

puffino s.m. (fr. *puffin*, ingl. *puffin*) ZOOL. → **berta**.

puggièro o **poggièro** agg. MAR. Di imbarcazione, che tende spontaneamente a venire alla poggia, cioè con la prora in senso opposto a quello da cui spira il vento.

pugilàto s.m. **1.** SPORT. Disciplina sportiva consistente nel combattimento con i pugni di due atleti. **2.** *estens.* Zuffa con scambio di pugni.

pùgile s.m. e f. Atleta che pratica il pugilato.

pugilìstico agg. [pl.m. –ci, f. –che] Di, del pugilato.

pugliése agg. Della Puglia. ◆ s.m. **1.** (anche f.) Nativo, abitante della Puglia. **2.** (solo sing.) Dialetto parlato in Puglia.

pugnalàre v.tr. Colpire qlcu. con un pugnale. ◇ *fig. Pugnalare qlcu. alle spalle:* colpire a tradimento.

pugnàle s.m. **1.** Arma composta da un'impugnatura e da una lama corta e aguzza. **2.** ZOOL. Ciascuna ramificazione del tronco principale del palco dei cervi.

pùgno s.m. **1.** Mano chiusa con le dita raccolte contro la palma. ◇ *Battere i pugni sulla tavola:* in segno di collera e di autoritarismo. – *fig. Pugno di ferro:* fermezza, per indicare un atteggiamento severo e inflessibile. **2.** Colpo sferrato con il pugno. ◇ *Fare a pugni:* battersi nel corso di una rissa; *fig.* creare uno sgradevole effetto di disarmonia. **3.** Quantità contenuta in una mano chiusa. **4.** *fig.* Piccola quantità, numero limitato.

puja s.f. inv. (voce sanscrita, "omaggio") Nell'induismo, adorazione di un'immagine sacra, accompagnata da offerte di fiori, di prodotti alimentari, ecc.

1. pùla s.f. Residuo della trebbiatura dei cereali utilizzato nell'alimentazione del bestiame e per imballaggi.

2. pùla s.f. (solo sing.) *gerg.* → **polizia**.

pùlce s.f. **1.** Insetto saltatore con il corpo appiattito lateralmente, parassita dell'uomo e dei mammiferi, dei quali succhia il sangue. (Lunghezza 1-4 mm; genere *Pulex;* ordine degli Afanitteri.) ◇ *figg. Avere, mettere la pulce all'orecchio:* avere, insinuare un sospetto. – *Mercato delle pulci:* in cui si vendono oggetti vecchi o usati. **2.** *fig.* Animale molto piccolo e, sempre con riferimento alle dimensioni, appellativo affettuoso di bambini o persone molto giovani e di bassa statura. **3.** *Pulce d'acqua:* denominazione comune della dafnia.

di mare o talitro   dell'uomo

■ **pùlce**

pulcinàio s.m. [pl. *–nai*] Luogo in cui si allevano pulcini. SIN.: **pulcinaia**.

pulcinèlla s.m. inv. (etim. discussa, prob. deriv. di napol. "pulcino" per l'uso dei giullari di parlare con la voce chioccia mediante la pivetta, strumento che mettevano in bocca a tale scopo) **1.** (iniziale maiusc.) Maschera napoletana della commedia dell'arte, che rappresenta il tipo del popolano scansafatiche ma furbo, capace di mille espedienti per sfuggire alla miseria. ◇ *Segreto di Pulcinella:* quello in realtà conosciuto da tutti. **2.** *fig.* Persona poco seria e coerente. SIN.: **buffone**. **3.** ZOOL. *Pulcinella di mare:* uccello artico marino, con corpo tozzo, becco grande rosso, piumaggio nero e bianco e zampe palmate; è detto anche *fraticella*. (Lunghezza 30 cm, genere *Fratercula;* ordine dei Caradriformi.)

■ **pulcinèlla** di mare.

pulcino s.m. **1.** Piccolo della gallina e di altri gallinacei. **2.** *fig. fam.* Bambino molto piccolo. **3.** SPORT. Bambino che gioca al calcio e fa parte del vivaio di una società.

pulcióso agg. Coperto di pulci. ◆ s.m. [f. *–sa*] *estens.* Persona sporca.

puledro s.m. [f. *–dra*] Giovane cavallo non ancora sessualmente maturo. ~ *estens.* Individuo giovane di altri animali.

puléggia s.f. [pl. *–ge*] (lat. *polìdia,* deriv. di gr. *pólos* "perno") **1.** MECC. Organo usato per trasmettere a qlco. un moto attraverso cinghie, catene, funi, ecc., costituito da un albero ruotante munito di una ruota sagomata a cui aderisce la cinghia o altro organo flessibile. **2.** MECC. Carrucola.

pulégio o **puléggio** s.m. [pl. *–gi*] Varietà di menta dal sapore molto forte. (Nome sc. *Mentha pulegium.*)

pulicària s.f. Pianta erbacea diffusa nelle zone pietrose delle regioni costiere a clima temperato; ha foglie lineari e vischiose, piccoli fiori bianchi raccolti in spighe e semi della dimensione e del colore bruno delle pulci, usati per le loro proprietà medicinali. (Genere *Pulicaria;* famiglia delle Plantaginacee.)

pulire v.tr. [83] **1.** Liberare qlco. dallo sporco lavandolo, spazzandolo o smacchiandolo. **2.** *fig.* Perfezionare, limare uno scritto. *Pulire l'articolo prima della stampa.* **3.** Liberare qlco. da parti inutili. *Pulire la vigna dalle erbacce.* ◆ **pulirsi** v.pron. Rendere netto, pulito qlco. che si indossa o una parte del proprio corpo. *Pulirsi le scarpe.*

pulisciorécchi s.m. inv. Bastoncino dalle estremità avvolte in ovatta o cotone idrofilo, che si usa per pulire le orecchie.

pulito agg. **1.** Senza tracce di sporco. ◇ *fig. Avere le mani pulite, la coscienza pulita:* essere moralmente irreprensibile. **2.** *estens.* Privo di macchie, di correzioni o di elementi di disturbo. ~ Privo di errori, di eventuali difetti. ~ Privo di elementi esornativi, di inutili orpelli. **3.** *fig.* Di un'onestà irreprensibile. ~ Che non offende il senso morale, il pudore. *Barzelletta pulita.* **4.** Che non inquina. *Benzina pulita.* ❑ In funzione di avv., in modo onesto, corretto, decoroso. *Giocare pulito.* ◆ s.m. Ambiente, luogo pulito, anche con valore collettivo. *Vivere nel pulito.*

pulitrice s.f. **1.** Macchina agricola per mondare grano, tuberi mangerecci, ecc. **2.** Macchina usata nella rifinitura e nella lucidatura di pezzi metallici.

pulitùra s.f. **1.** Eliminazione dello sporco. ~ Risultato ottenuto. **2.** Eliminazione delle scabrosità da una superficie metallica.

pulizìa s.f. **1.** Assenza di sporco unita al rispetto di elementari norme igieniche e a un certo ordine. **2.** Detersione del corpo, lavoro di pulire qlco., comprensivo di numerose e varie operazioni specifiche. *Uomo delle pulizie.* ◇ *Fare pulizia:* pulire; *fig.* rimuovere dall'ufficio, dall'incarico chi non si comporta onestamente.

pull [/pul/] s.m. inv. (voce ingl.) Pullover, spec. nel l. della moda.

pullman [/'pulman/] s.m. inv. (voce ingl. d'America orig. "carrozza ferroviaria", dal nome dell'ideatore statunitense G. M. *Pullmann*) Autobus particolarmente confortevole adibito spec. a servizi turistici.

pulloròsi s.f. inv. Malattia contagiosa del pollame, spesso mortale, che colpisce soprattutto i pulcini, chiamata anche *diarrea bianca dei pulcini*.

pullover [/pul'ouvə/] s.m. inv. (ingl. *pullover,* propr. "maglione che si toglie da sopra") Maglia di lana o di cotone, generalmente con maniche, con davanti a pezzo unico e con scollatura a V o a giro collo.

pullulàre v.intr. (aus. *avere*) **1.** Essere invaso, pieno di più elementi. *La pianura pullula di insetti.* **2.** Venire fuori in gran numero, abbondare, moltiplicarsi. *Pullulano le iniziative.* **3.** Detto di piante, germogliare, spuntare. ~ Detto dell'acqua, gorgogliare. ~ *estens.* Sgorgare, zampillare.

pulmino s.m. Piccolo pullman, utilizzato su brevi percorsi, per il trasporto di poche persone.

pulp [/'pʌlp/] s.m. inv. (voce ingl., propr. "pasta di cellulosa") Tendenza letteraria e cinematografica che rappresenta con realismo e ironia la violenza e il degrado della società moderna.

pulpàre agg. ANAT., MED. Della polpa dentaria.

pulpectomia s.f. → **devitalizzazione**

pulpite s.f. MED. Infiammazione della polpa dentaria.

pùlpito s.m. **1.** Nell'antica Roma, palcoscenico del teatro o palco degli oratori e dei magistrati che consentiva a tutti di vedere e di sentire. **2.** Nelle chiese cristiane, tribuna circolare o poligonale, addossata a una parete o a un pilastro e munita di una scaletta d'accesso, da cui il predicatore si rivolgeva ai fedeli. **3.** SPORT. Nell'alpinismo, terrazzino a picco sul vuoto su cui si può fare sosta.

pulque [/'pulke/] s.m. inv. (voce spagn. del Messico) Bevanda alcolica messicana ottenuta dalla fermentazione del frutto e della linfa di alcune specie di agave domestica.

1. pulsànte agg. **1.** MED. Che pulsa con battiti arteriosi. **2.** FIS., TECN. *Grandezza pulsante:* grandezza periodica sempre dello stesso segno.

2. pulsànte s.m. **1.** Tasto, bottone che si spinge per azionare un meccanismo, un congegno. **2.** INFORM. Elemento di un'interfaccia grafica sul quale l'utente può cliccare per avviare un'operazione.

pulsantièra s.f. Pannello con più pulsanti.

pùlsar s.f. inv. (sigla dell'ingl. *pulsating radio source* "radiosorgente pulsante") ASTR. Ognuna delle stelle che compongono le braccia a spirale della nostra galassia, in grado di emettere radionde sotto forma di impulsi brevi e regolari.

ENCICL. Le pulsar sono state scoperte nel 1967. Il loro irraggiamento proverrebbe da particelle cariche, la cui velocità aumenta man mano che la stella ingloba materia. Si ritiene che le pulsar abbiano origine all'interno di un sistema binario di stelle e che si sviluppino sottraendo materia alla stella compagna.

pulsàre v.intr. (aus. *avere*) **1.** Battere ritmicamente. *Il sangue pulsa nelle vene.* **2.** *fig.* Essere pieno di vita, di operosità. *La vita pulsa nelle vie del centro.*

pulsazióne s.f. **1.** FISIOL. Ritmica dilatazione e contrazione del cuore e conseguentemente delle arterie. SIN.: **battito**. **2.** FIS. Velocità angolare nel moto circolare uniforme, calcolata in radianti al secondo [*rad/s*]. **3.** ASTR. Variazione periodica del volume di alcune stelle, che causa fluttuazioni regolari della loro luminosità.

pulsionàle agg. PSICOAN. Della pulsione.

pulsióne s.f. (ingl. *pulsion*) **1.** Impulso, spinta. **2.** PSICOAN. Impulso simile all'istinto, ma privo di una rigida finalità.

pulsoreattóre s.m. AER. Motore a reazione, a combustione intermittente, le cui sole parti mobili sono le valvole; di largo impiego durante la seconda guerra mondiale, è ormai in disuso.

pulvinàre s.m. ANT. ROM. Letto su cui si ponevano le immagini delle divinità perché assistessero a cerimonie, feste sacre, ecc. ~ *estens.* Negli anfiteatri, palco da cui gli imperatori assistevano agli spettacoli; anche letto imperiale.

pulvino s.m. (lat. *pulvīnum* "cuscino" per la sua forma) **1.** ARCH. Nell'architettura bizantina, blocco di pietra a forma di piramide tronca rovesciata o di parallelepipedo a base quadrata, semplice o lavorato a traforo, posto tra il capitello e l'imposta dell'arco. **2.** ARCH., COSTR. Denominazione di elementi atti a ripartire il carico da una struttura sovrastante di maggiore resistenza a una sottostante.

pulviscolo s.m. Polvere minutissima, impalpabile. ◇ *Pulviscolo atmosferico:* nel l. sc., addensamento di particelle solide o liquide in sospensione nell'atmosfera terrestre e spec. nei suoi bassi strati. – *Pulviscolo radioattivo:* insieme di particelle radioattive che cadono sulla terra a seguito di un'esplosione nucleare.

pùma s.m. inv. (voce quechua) **1.** Mammifero carnivoro delle foreste, dal corpo snello ricoperto di pelo raso nelle tonalità del fulvo, del bruno e del grigio, ottimo corridore e saltatore. (Lunghezza ca. 2,5 m; nome sc. *Felis concolor,* famiglia dei Felidi.) **2.** ZOOL. (iniziale maiusc.) Genere di mammiferi a cui appartiene il puma.

pùna s.f. GEOGR. Zona pietrosa e semiarida delle Ande, tra i 3000 e i 5000 m.

1. punch [/pʌntʃ/] s.m. inv. (voce ingl., prob. deriv. di hindi *pānc* "cinque" perché orig. com-

■ **pùma**

posto di cinque ingredienti) Bevanda a base di acqua calda zuccherata, scorza di limone e liquore.

2. punch [/pʌntʃ/] s.m. inv. (voce ingl., "pugno") SPORT. Nel pugilato, pugno tirato con particolare potenza.

punching-ball [/ˈpʌntʃiŋbɔːl/] s.m. inv. (voce ingl., propr. "palla da pugni") SPORT. Palla di gomma rivestita di cuoio usata dai pugili durante gli allenamenti.

pungènte agg. **1.** Che punge perché acuminato, aguzzo. **2.** *estens.* Che penetra profondamente. *Freddo pungente.* **3.** *fig.* Che trapassa. *Sguardo pungente.* SIN.: **penetrante**. **4.** *fig.* Che colpisce l'animo con sottile cattiveria. *Critica pungente.* **5.** *fig.* Che produce un acuto dolore morale.

pùngere v.tr. [22] **1.** Bucare qlco., qlcu. o una parte del corpo con qlco. di acuminato. **2.** *estens.* Produrre una sensazione di irritazione. *Il freddo le pungeva le guance.* SIN.: **pizzicare**. **3.** *fig.* Offendere qlcu. provocando turbamento, risentimento, rimorso. *Una colpa che punge la coscienza.* ◇ *Pungere qlcu. sul vivo:* offenderlo urtando la sua sensibilità. **4.** Detto di un sentimento, stimolare, spronare. ◆ v.intr. (aus. *avere*) Essere appuntito e trafiggere chi lo tocchi. *Il cactus punge.* ◆ **pungersi** v.pron. Produrre una puntura su una parte del proprio corpo, volontariamente o meno. *Pungersi le mani con le ortiche.*

pungiglióne s.m. **1.** Organo utilizzato da vari artropodi e vertebrati per inoculare sostanze irritanti per difesa o offesa. SIN.: **aculeo**. **2.** *fig.* Pungolo, stimolo.

pungitòpo s.m. Pianta sempreverde con fusto eretto, rametti a forma di foglia, fiori verdi e frutti a bacca rossi, largamente usata per addobbi natalizi. (Famiglia delle Liliacee.) SIN.: **rusco**.

pungolàre v.tr. **1.** Incitare, colpire con il pungolo le bestie da lavoro per spronarle. **2.** *fig.* Sollecitare qlcu. con insistenza.

pùngolo s.m. **1.** Bastone munito di una punta di ferro, un tempo utilizzato per incitare le bestie da lavoro. **2.** *fig.* Stimolo, sprone.

punìbile agg. Che merita una punizione.

punibilità s.f. inv. Possibilità di essere punito. ~ DIR. Condizione che rende lecita l'applicazione di sanzioni penali nei confronti di chi ha commesso un reato.

Punicàcee s.f. pl. [iniziale minusc. sing. *-a* per l'individuo] BOT. Famiglia di piante dicotiledoni, arboree e arbustive,diffuse nelle regioni a clima temperato; ne fa parte il melograno. (Ordine delle Mirtali.)

pùnico agg. [pl.m. *-ci*, f. *-che*] (gr. *Phôiniks* "fenicio") Cartaginese. ◇ *Guerre puniche:* le tre guerre che Roma combatté contro Cartagine tra il 264 a.C. e il 146 a.C. (v. parte n.pr.). ◆ s.m. (solo sing.) Lingua semitica parlata a Cartagine.

punìre v.tr. [83] **1.** Condannare, castigare qlcu. ~ Perseguire un reato. **2.** Penalizzare, danneggiare.

punitìvo agg. **1.** Che ha per scopo la punizione del colpevole. **2.** *estens.* Vessatorio per qlcu., anche al di là delle intenzioni. *Provvedimenti che risultano punitivi per tutti i dipendenti.*

punizióne s.f. **1.** Atto che provoca sofferenza, inflitto a una persona per farle espiare il male commesso. **2.** SPORT. Sanzione inflitta dall'arbitro alla squadra i cui giocatori si sono resi responsabili di falli o di infrazioni.

punk [/pʌŋk/] s.m. inv. (voce ingl. di orig. ignota) **1.** Movimento di contestazione sviluppatosi in Gran Bretagna attorno al 1975, caratterizzato dall'adozione di un look anticonformista e stravagante e dal rifiuto dei valori della società consumistica. ~ (anche f.) Membro di tale movimento. **2.** Genere musicale caratterizzato da una sonorità aggressiva e provocatoria.

punkah s.m. Grande ventaglio appeso al soffitto e messo in moto per mezzo di funicelle, usato in India per aerare gli ambienti.

1. pùnta s.f. (lat. *pùnctam*, propr. "colpo dato con un oggetto appuntito") **1.** Estremità acuminata di un'arma bianca o di un oggetto. ◇ *Armi da punta:* con cui si colpisce di punta. *– fig. Prendere qlcu. di punta:* rivolgersi a lui in modo aggressivo. **2.** *estens.* Parte terminale di qlco. che va assottigliandosi. *Punta di un campanile.* ◇ *In punta di piedi:* sulla parte anteriore del piede. **3.** Formazione a punta. ~ GEOGR. Lingua di terra che si protende nel mare. ~ MACELL. Taglio di carne bovina del quarto anteriore. **4.** Nelle rappresentazioni grafiche di fenomeni statistici, in partic. periodici, innalzamento del tracciato che rappresenta la massima intensità del fenomeno. **5.** *fig.* Parte avanzata di un gruppo, di uno schieramento. *Pattuglia di punta.* SIN.: **avanguardia**. ◇ *Uomo di punta:* persona che, per le proprie capacità, ha una posizione di prestigio. *– Mezza punta:* nel calcio, giocatore che oltre al suo ruolo abituale funge anche da attaccante. **6.** Piccolissima quantità. *Una punta di sale.* SIN.: **pizzico**. **7.** *fig.* Lieve stumatura di qlco. *Una punta di sarcasmo.* SIN.: **venatura**.

2. pùnta s.f. Atteggiamento del cane da caccia quando individua la selvaggina e si ferma col muso teso verso di essa, avanzando poi lentamente pancia a terra. *Cane da punta.*

puntàle s.m. **1.** Elemento appuntito di metallo o di altro materiale che riveste o costituisce l'estremità di alcuni oggetti. **2.** MECC. Asta di rinvio posta tra la punteria e il bilanciere nella distribuzione di alcuni motori a combustione interna. **3.** MAR. Nelle navi di legno, puntello verticale tra la chiglia e il baglio o tra i bagli di due successivi ponti. ~ Asta graduata con cui si misurava l'altezza dello scafo a metà lunghezza tra la poppa e la prora e a metà larghezza tra fianco e fianco. ~ *estens.* Altezza stessa della nave così misurata.

puntaménto s.m. **1.** Posizionamento di un'arma in modo tale che il proietto colpisca il bersaglio. **2.** Posizionamento di un fascio di luce in modo da illuminare un'area precisa.

1. puntàre v.tr. **1.** Poggiare un oggetto su qlco., premendo con forza. *Puntare i gomiti sul tavolo.* ◇ *Puntare i piedi:* fare forza sulle gambe; *fig.* ostinarsi in un atteggiamento fermo e risoluto. **2.** Dirigere qlco. in un determinato punto. *Puntare il cannocchiale.* ◇ *figg. Puntare in alto:* aspirare a grandi obiettivi. *– Puntare il dito:* accusare. ~ Mettere un'arma da fuoco e d'artiglieria in posizione di tiro o di lancio, mirando a qlcu. o qlco. *Puntare i missili.* **3.** In un gioco d'azzardo, scommettere una certa somma su qlco. *Puntare tutto sul rosso.* **4.** *fam.* Appuntare qlco. *Puntare una rosa sull'abito.* **5.** Detto del cane da caccia, rivolgere il muso in direzione della selvaggina, strisciando verso di essa. **6.** *fig.* Fissare qlcu. senza distogliere gli occhi un istante, perlopiù con desiderio. ◆ v.intr. (aus. *avere*) **1.** Dirigersi, muoversi, avanzare verso un punto, una meta. *Puntare alla cima.* **2.** *fig.* Mirare a un obiettivo proponendosi di raggiungerlo con ogni mezzo. *Puntare alla vittoria.* **3.** *fig.* Fare affidamento su qlcu. o qlco. per raggiungere uno scopo. *La ditta punta sulle vendite.* ◆ **puntarsi** v.pron. Appoggiarsi con tutto il peso a qlco.

2. puntàre v.tr. **1.** Contraddistinguere, marcare qlco. con uno o più punti grafici. **2.** MUS. Nella scrittura musicale, segnare una nota con un punto grafico per indicarne la maggiore durata.

puntasécca s.f. [pl. *puntesecche*] (calco del fr. *pointe sèche*) **1.** Incisione su lastra di rame o di zinco, eseguita con una punta di acciaio o di diamante. **2.** Tecnica di stampa consistente nell'inchiostrare la lastra incisa e nel passarla al torchio. ~ Riproduzione così ottenuta.

puntaspìlli s.m. inv. Piccolo cuscinetto di stoffa per appuntare aghi e spilli.

1. puntàta s.f. **1.** Colpo dato con un'arma o con un oggetto a punta. ~ Nella scherma, colpo di sciabola dato di punta, in affondo. ~ Nel calcio, colpo dato al pallone con la punta del piede. **2.** MIL. Incursione, attacco improvviso. **3.** *estens.* In giochi di squadra, rapida azione verso la porta avversaria. SIN.: **incursione**. **4.** Diversione dal percorso principale e sosta nella località raggiunta. *Una puntata al mare.* SIN.: **salto**. **5.** Azione di puntare una somma in una scommessa o in un gioco d'azzardo. SIN.: **giocata**.

2. puntàta s.f. Ciascuna delle parti di un'opera che vengono pubblicate o, se si tratta di trasmissione televisiva, radiofonica ecc., trasmesse separatamente e a distanza di un certo tempo l'una dall'altra.

puntàto agg. Accompagnato da uno o più punti grafici. ◇ *Lettera puntata:* seguita da punto fermo che ne indica l'abbreviazione o da un punto segnato sopra o sotto in funzione diacritica. – MUS. *Nota puntata:* seguita da un punto che ne indica la maggiore durata. ◆ s.m. MED. Materiale che si estrae con una puntura. *Puntato amniotico.*

puntatóre s.m. [f. *-trice* nelle accezioni 2 e 3] **1.** MIL. Servente di un pezzo d'artiglieria addetto al puntamento. ~ Congegno automatico o semiautomatico di puntamento. **2.** Chi scommette al gioco. **3.** Nel gioco delle bocce, chi accosta la boccia al pallino. **4.** INFORM. Cursore, generalm., sotto forma di freccia, che viene mosso sullo schermo del computer per selezionare e attivare una specifica funzione. **5.** INFORM. In un programma, tipo di variabile che contiene l'indirizzo di una casella di memoria e che permette di leggerne il valore.

punteggiaménto s.m. **1.** Scrittura dei segni d'interpunzione. **2.** Esecuzione di punti o di piccoli fori. **3.** Serie di punti disseminati su uno sfondo di diverso colore.

punteggiàre v.tr. [5] **1.** Segnare qlco. con una serie di puntini. **2.** Mettere la punteggiatura in uno scritto. **3.** Traforare qlco. con una serie di piccoli fori. **4.** *fig.* Interrompere un discorso in più punti.

punteggiàto agg. **1.** Costituito da punti. *Linea punteggiata.* **2.** Cosparso da un grande numero di piccoli punti colorati. **3.** *estens.* Su cui si trovano cose che appaiono come punti di stacco, come punti di colore. SIN.: **costellato**. **4.** *fig.* Intercalato, inframmezzato da qlco. **5.** Fornito di punteggiatura.

punteggiatùra s.f. **1.** Sistema di segni convenzionali che segnala sia le articolazioni sintattiche del periodo, sia gli aspetti ritmici e sonori. **2.** Insieme di punti o di piccoli disegni assimilabili ai segni di interpunzione. *Tagliare il modulo lungo la punteggiatura.* **3.** BOT. Ciascuno dei punti di minore ispessimento della parete cellulare, da cui si formano i canalicoli tubolari.

1. puntéggio s.m. [pl. *-gi*] Numero di punti ottenuti in una o più gare sportive o in concorsi, graduatorie, classifiche.

2. puntéggio s.m. [pl. *-gi*] Segnatura o esecuzione di piccoli fori; in partic., in calzoleria, esecuzione dei fori della cucitura.

puntellàre v.tr. **1.** Sostenere, fissare con puntelli. **2.** *fig.* Rafforzare, rendere più convincente un'argomentazione. *Puntellare una tesi con varie argomentazioni.* ◆ **puntellarsi** v.pron. Appoggiarsi a un sostegno per non perdere la stabilità.

puntellatùra s.f. Insieme di elementi di sostegno.

puntèllo s.m. **1.** Elemento verticale, generalmente in legno o in metallo, che sostiene una struttura. SIN.: **sostegno**. **2.** MAR. Trave di legno che regge lo scafo di una nave in costruzione, in riparazione o in secco. **3.** *estens.* Appoggio, sostegno. **4.** *fig.* Aiuto, sostegno materiale e morale.

punterìa s.f. **1.** MIL. Insieme di strumenti grazie ai quali si effettua il puntamento dei mezzi d'artiglieria. **2.** MECC. Cilindro o asta di metallo che, muovendosi di moto rettilineo alternativo, comanda l'apertura e la chiusura delle valvole nei motori a scoppio.

punteruòlo s.m. **1.** Utensile manuale costituito da una punta infissa in un manico atto a praticare o allargare fori in materiali non troppo resistenti. **2.** Insetto coleottero con testa allungata e lungo rostro, con cui scava negli organi delle piante di cui è parassita. (Famiglia dei Curculionidi.)

■ **punteruòlo.** Punteruolo delle nocciole.

puntifórme agg. Che ha la forma o le dimensioni di un punto.

puntiglio s.m. [pl. *-gli*] (spagn. *puntillo*) **1.** Cocciuta difesa del proprio punto di vista, per orgoglio e a dispetto dell'evidenza. **2.** Grande tenacia nel perseguire un obiettivo, nel fare qlco.

puntigliosità s.f. inv. **1.** Accanita perseveranza nel mantenere il proprio punto di vista anche contro l'evidenza. **2.** Scrupolosità, tenacia.

puntiglióso agg. **1.** Incline a fare, o a non fare, le cose solo per puntiglio, per partito preso. **2.** Molto scrupoloso, preciso e tenace. **3.** Esigente nei dettagli; eccessivamente minuzioso. ◆ s.m. [f. *-sa*] Nell'accez. 1 dell'agg.

puntillismo s.m. (fr. *pointillisme*, deriv. di *pointiller* "punteggiare") MUS. Corrente di musica contemporanea, che concepisce i suoni come eventi autonomi con una conseguente sottovalutazione del tessuto musicale.

puntina s.f. **1.** Nel sign. del dim. di 1. *punta*. **2.** Piccola punta metallica con testa rotonda e piatta usata per fissare fogli di carta a supporti di legno. ~ Piccolo chiodo a punta conica, con o senza testa, usato dai calzolai. **3.** Piccola punta di zaffiro o di diamante della testina dei giradischi per la lettura dei dischi in vinile. **4.** MECC. (spec. pl.) Ciascuno dei due contatti del ruttore dello spinterogeno in un motore a scoppio. **5.** Tipo di passamaneria con smerlo a punte usata per bordure. **6.** (al pl.) Tipo di pasta minuta per minestra.

puntinàto agg. Ricoperto di molti piccoli punti. ◆ s.m. DIS. ART. Tipo di chiaroscuro ottenuto disegnando piccoli punti di cui si possono variare densità e dimensioni.

puntinìsmo s.m. (calco del fr. *pointillisme*) PITT. → **divisionismo**.

puntinìsta s.m. e f. [pl.m. *-sti*] Seguace del divisionismo. ◻ In funzione di agg., relativo al divisionismo.

puntìno s.m. Nel sign. del dim. di 1. *punto*. ~ Segno ortografico e diacritico, in partic. segno superiore della i. ◇ *fig. A puntino:* in modo ineccepibile, con estrema precisione.

pùnto s.m. (lat. *pŭnctum* "puntura, forellino") **1.** MAT. Ente geometrico fondamentale non definibile, ma intuitivamente concepito come privo di dimensioni e non scomponibile. *Punto di tangenza.* ◇ *Punto di vista:* in geometria descrittiva, punto da cui si immagina di guardare un oggetto; *fig.* interpretazione soggettiva. **2.** Segno grafico assunto per rappresentare diversi concetti e valori. ~ MUS. Posto a destra di una nota o di una pausa ne aumenta di metà la durata. ◇ GRAMM. *Punto fermo:* segno di punteggiatura (.) che indica la fine di un periodo e impone l'uso della maiuscola per la lettera iniziale della parola con cui comincia un nuovo periodo; *fig.* principio irrinunciabile, non soggetto a discussioni; – *Punto e virgola:* segno di punteggiatura (;) che indica una pausa intermedia tra la virgola e il punto; – *Due punti:* segno di punteggiatura (:) rappresentato da due punti sovrapposti, messo prima di una lista, di un discorso diretto o di una spiegazione; – *Punto esclamativo:* segno di punteggiatura (!) che conclude una frase esclamativa. – *Punto interrogativo:* segno di punteggiatura (?) che conclude una frase interrogativa; *fig.* persona o cosa di difficile decifrazione, di cui non si ha una piena intelligenza. *Quell'uomo resta per me un punto interrogativo.* – *fam. Punto e basta:* formula con cui si pone perentoriamente fine a qlco. **3.** Qualsiasi cosa che ricordi il segno grafico del punto. ◇ *Punto nero:* nome dato ad alcuni comedoni della pelle; *fig.* cosa negativa. **4.** Posto preciso e delimitato. ◇ *Punto debole:* quello in cui una struttura presenta minore resistenza; *fig.* ciò che rende una persona più vulnerabile. – *Punto di ritrovo, d'incontro:* luogo in cui un gruppo di persone s'incontra abitualmente. – *figg. Punto di forza:* di maggiore efficacia, vincente. – *Punto dolente:* aspetto doloroso, delicato. **5.** Passaggio, brano, argomento di uno scritto o di un discorso. ~ Argomento, tema considerato. ~ *estens.* Grado. *È vero fino a un certo punto.* ◇ *Punto d'onore:* questione che riguarda l'onore di una persona e, più in generale, cosa su cui non si transige. **6.** Momento in cui qlco. si verifica. ◇ *Essere sul punto di:* essere in procinto di. – *figg. Punto di partenza:* momento iniziale di qlco. – *In punto:* senza ritardo o in anticipo. **7.** Nel l. sc. e tecn., identifica una posizione. – ◇ TERMODIN. *Punto critico:* punto del diagramma pressione-volume di un gas reale, segnato sull'isoterma che rappresenta il valore della temperatura, al di sopra del quale il gas non può più passare allo stato liquido; *fig.* momento cruciale in cui si decide la sorte di qlco. o di qlcu; – ASTR., GEOGR. *Punto cardinale:* ognuno dei quattro punti fondamentali dati dall'incontro dell'orizzonte con il meridiano e con il primo verticale (*nord, sud, est, ovest*). – *Fare il punto:* determinare l'esatta posizione di una nave o di un aereo; *fig.* analizzare una situazione per decidere il da farsi. – MECC. IND. *Punto morto:* momento in cui un organo non riceve più impulsi da parte del motore; *fig.* situazione di stasi. – FIS. *Punto di fusione, d'ebollizione, di liquefazione:* temperatura alla quale un corpo entra in fusione, in ebollizione o si liquefà. **8.** Unità con cui si quantifica una valutazione in gare, concorsi, ecc. ◇ *Segnare un punto:* guadagnare vantaggio in una competizione. – *Dare dei punti a qlcu.:* concedere alcuni punti di vantaggio; *fig.* essere superiore a qlcu. **9.** STAM. Unità di misura che determina l'altezza dei caratteri. **10.** Passaggio di ago e filo attraverso un tessuto. ◇ *Punto a croce:* punto di ricamo formato da due punti che si incrociano nel mezzo. – MED. *Punto di sutura:* filo che chiude una ferita.

puntóne s.m. **1.** ARCH. Trave di legno di un'armatura fissata nel muro; foro lasciato da questa parte dopo che la si è fissata. **2.** Ramo o bastone con cui si punta o si fa forza su una superficie piana per sostenersi o allontanarsi.

puntuàle agg. **1.** Che arriva in orario, che rispetta le scadenze. **2.** Attento al particolare, capace di cogliere le specificità. **3.** GEOM. I cui elementi sono punti. **4.** LING. *Azione puntuale:* carattere non durevole dell'azione espressa da un verbo (p.e. *cadere* è un'azione puntuale).

puntualità s.f. inv. **1.** Qualità di una persona precisa, che arriva all'ora esatta, che rispetta le scadenze. **2.** Attenzione per i dettagli di cui qlco. si compone.

puntualizzàre v.tr. Chiarire qlco. punto per punto. *Puntualizzare i termini contrattuali.* SIN.: **precisare**. ◆ v.intr. (aus. *avere*) Specificare con precisione e in modo anche eccessivo, eccedendo nei dettagli. *A forza di puntualizzare la discussione non va avanti.*

puntualizzazióne s.f. Precisazione che si ritiene opportuno fare.

puntualménte avv. **1.** Con puntualità, in perfetto orario. **2.** Punto per punto. *Rispondere puntualmente alle critiche.*

puntùra s.f. **1.** Perforazione della pelle o di una mucosa fatta da uno strumento, un insetto, una pianta, ecc. ~ La ferita così prodotta. **2.** MED. Perforazione della pelle con un ago cavo, nel corso di un'iniezione per introdurre sostanze o prelevare tessuti e materiali a scopo diagnostico e terapeutico. **3.** Dolore localizzato, di tipo acuto, non violento ma penetrante. **4.** *fig.* Stretta al cuore. **5.** *fig.* Battuta pungente, offensiva.

punzecchiàre v.tr. [6] **1.** Pungere in modo lieve qlco., qlcu. o una parte del corpo, provocando fastidio. **2.** *fig.* Infastidire qlcu. in modo dispettoso. ◆ **punzecchiarsi** v.pron. Detto di due o più persone, provocarsi, molestarsi a vicenda. *I due fratelli passarono il giorno a punzecchiarsi.*

punzecchiatùra s.f. **1.** Azione di punzecchiare. **2.** Ferita, segno prodotto dal punzecchiare. **3.** *fig.* Battuta provocatoria.

punzonàre v.tr. **1.** Marchiare qlco. con un punzone. **2.** SPORT. Marcare i veicoli di una gara con un sigillo piombato che garantisca contro le manomissioni. **3.** CINE. Contrassegnare nel negativo del suono il punto iniziale delle riprese in modo che, in fase di montaggio, si possano facilmente fare corrispondere sonoro e immagini.

punzonatóre s.m. [f. *-trice*] Operaio addetto a operazioni di punzonatura.

punzonatrice s.f. Macchina per perforare le lamiere, ritagliandovi rondelle di varie dimensioni.

punzonatùra s.f. **1.** Operazione di foratura o di impressione a freddo di caratteri su lamiere; foratura a caldo di masselli. **2.** STAM. Incisione di un punzone da usare nella preparazione di matrici per i caratteri tipografici. **3.** SPORT. Applicazione di sigilli piombati ai veicoli usati in una gara per evitare manomissioni. **4.** CINE. Marcaggio.

punzóne s.m. (lat. *punctiōnem*, propr. "puntura") **1.** Elemento d'acciaio inciso in rilievo, che serve a formare le matrici di monete e medaglie. ~ STAM. Elemento recante in rilievo una lettera dell'alfabeto o un altro segno tipografico, usato per preparare una matrice a incavo in cui vengono fusi i caratteri tipografici. **2.** Attrezzo aguzzo di metallo che serve a bucare o incidere. **3.** Bolzone.

1. pùpa s.f. (voce roman.) **1.** Bambola. **2.** *scherz.* Giovane donna graziosa e ben fatta.

2. pùpa s.f. (lat. *pūpa* "bambola" per l'aspetto) ZOOL. Stadio di sviluppo degli insetti a metamorfosi completa, intermedio tra la larva e l'adulto, durante il quale l'insetto, spesso chiuso in un bozzolo, non si nutre, non si muove e subisce fondamentali trasformazioni.

pupàttola s.f. **1.** Bambola. **2.** *spreg.* Donna graziosa, ma insignificante.

pupàzzo s.m. **1.** Figura umana stilizzata realizzata con materiali diversi o disegnata. **2.** *fig.* Persona senza carattere, facile da manovrare.

pupìlla s.f. (lat. *pupĭllam*, dim. di *pūpa* "bambola", così chiamata per le piccole immagini riflesse dall'occhio) **1.** Apertura centrale dell'iride dell'occhio, variabile a seconda dell'intensità della luce. ◇ *Amare qlcu. come la pupilla dei propri occhi:* tenere a qlcu. come se fosse il bene più prezioso. **2.** Foro di un diaframma ottico.

pupìllo s.m. [f. *-la*] (lat. *pupĭllum*, dim. di *pūpus* "fanciullo") **1.** DIR. Minorenne soggetto a tutela perché orfano o perché i genitori sono stati privati della patria potestà. **2.** *fig.* Beniamino, favorito, protetto da qlcu.

pupinizzazióne s.f. TELECOM. Introduzione, nelle linee telefoniche, di bobine di induttanza per migliorare i segnali delle comunicazioni a grande distanza.

pùpo s.m. **1.** *fam.* [f. *-pa*] Bambino piccolo. **2.** Marionetta che rappresenta i paladini di Francia o i mori loro antagonisti, caratteristica della tradizione popolare siciliana.

puraménte avv. **1.** Esclusivamente e completamente. **2.** Con purezza.

purché cong. **1.** Introduce una frase condizionale, col significato di "a patto che", "a condizione che". *Verremo domenica prossima, purché sia bel tempo.* **2.** Può conferire valore finale, col significato di "al fine di". *Faccia quel che vuole, purché mi lasci in pace!*

pùre avv. **1.** Allo stesso modo, ugualmente. *Io ho accettato e pure lei.* **2.** Anche, perfino. *Pure tu non vieni?* ◻ In funzione di cong. **1.** Conferisce valore aggiuntivo al discorso, col significato di "inoltre", "per di più". *Era lui il responsabile e faceva pure il moralista.* **2.** Introduce una frase avversativa, col significato di "tuttavia". *Non sono condizioni ideali; pure, bisogna accettarle.*

purè s.m. inv. (fr. *purée*, deriv. di *purer* "spremere legumi") Piatto a base di patate, legumi o verdure lessati, passati e arricchiti con latte e burro. *Purè di patate, di piselli.* SIN.: **purea**.

purézza s.f. **1.** Qualità di ciò che è puro, senza elementi estranei né difetti. ◇ CHIM. *Grado di purezza:* in un composto, rapporto in percentuale tra la quantità della sostanza esaminata e la quantità totale delle sostanze presenti. – ZOOL. *Purezza di una razza:* in una razza animale selezionata dall'uomo, possibilità di trasmettere per incrocio determinati caratteri morfologici e comportamentali. **2.** *estens.* Condizione di ciò che non subisce contaminazioni linguistiche, culturali, ecc. *Purezza della lingua.* **3.** *fig.* Qualità di una persona moralmente pura.

pùrga s.f. [pl. *-ghe*] **1.** Eliminazione di impurità da un materiale. **2.** Medicinale lassativo atto a liberare l'intestino. **3.** *fig.* (spec. pl.) Eliminazione in massa di oppositori politici.

purgànte agg. Atto a purgare, a depurare. ◆ s.m. FARM. Medicina atta a depurare l'intestino. SIN.: **lassativo**.

purgàre v.tr. [4] (lat. *purgāre* "pulire") **1.** Depurare qlco. *Purgare le pelli.* **2.** Somministrare una purga per liberare l'intestino. *Purgare il bambino dopo l'indigestione.* **3.** *fig.* Espiare colpe. *Purgare i peccati.* **4.** *fig.* Eliminare le imperfezioni e gli errori da un'opera. *Purgare il linguaggio di un testo.* ◆ **purgarsi** v.pron. **1.** Prendere una purga. **2.** *fig.* Liberarsi dei propri peccati con la penitenza.

purgativo agg. Di sostanza dotata di proprietà lassative.

purgatòrio s.m. [pl.m. *-ri*] **1.** CATT. (Anche con iniziale maiusc.) Luogo dell'aldilà in cui si trovano le anime dei defunti che si sono pentiti dei peccati commessi e che devono espiarli per diventare degni di entrare in paradiso. – La condizione di tali anime. **2.** *fig.* Periodo transitorio di difficoltà in attesa di una condizione migliore.

purgazióne s.f. DIR. *Purgazione canonica:* ant., prova d'innocenza che l'imputato offriva attraverso un giuramento solenne e la partecipazione a riti religiosi. – *Purgazione dalle ipoteche:* liberazione di un immobile dalle ipoteche a cura dell'acquirente.

purificàre v.tr. [4] **1.** Depurare una sostanza. **2.** *fig.* Depurare dalle colpe, da ciò che è fonte di angoscia. *La confessione purifica l'anima.* ◆ **purificarsi** v.pron. **1.** Diventare o ritornare puro. *L'aria si purifica.* **2.** *fig.* Liberarsi dalle colpe con la penitenza o con riti particolari. *Le anime del purgatorio si devono purificare.*

purificatóio s.m. [pl. *-toi*] CATT. Piccolo tovagliolo di lino con cui il sacerdote si asciuga le labbra e pulisce il calice e la patena dopo la comunione.

purificatóre agg. [f. *-trice*] Che purifica. ◆ s.m. (anche f.) Chi esegue processi di depurazione o chi compie un rito di purificazione.

purificazióne s.f. **1.** Liberazione di una sostanza da impurità. **2.** *fig.* Liberazione da ciò che è immondo. ◇ CATT. *Purificazione della Beata Vergine:* festa in onore della santa Vergine e della sua purificazione al tempio dopo la nascita di Gesù. (La si celebra con la presentazione di Gesù al tempio, il 2 febbraio, giorno della Candelora.)

purìna s.f. (ted. *Purin*) BIOCHIM. Composto organico eterociclico a cinque atomi di carbonio e quattro di azoto ($C_5H_4N_4$) che entra nella costituzione degli acidi nucleici e di vari alcaloidi presenti nel caffè, nel tè, nel cacao.

purismo s.m. (fr. *purisme*) **1.** Corrente linguistico-letteraria, propria in partic. dei primi decenni dell'Ottocento, che riaffermava il primato dell'italiano del Trecento. – Scelta linguistica, teorica e pratica, basata sul rifiuto di tutto ciò (forestierismi, dialettalismi, neologismi, ecc.) che può alterare la fisionomia di una lingua così come si è configurata in un determinato momento storico o nei grandi scrittori assunti come modello. **2.** Movimento artistico della prima metà dell'Ottocento che propugnava un ritorno all'arte, religiosamente ispirata, del Trecento e del Quattrocento.

ENCICL. Le origini del *purismo* in Italia stanno nella dottrina linguistica di P. Bembo, il quale, volendo dettare le norme dell'italiano letterario, elesse come modelli quasi esclusivi per la poesia il Petrarca e per la prosa il Boccaccio. Più tardi con Leonardo Salviati e l'Accademia della Crusca si riconobbe valore esemplare a tutto il Trecento fiorentino come età aurea della lingua, e si sancì l'autorità non solo dei grandi autori di quel secolo, ma anche dei minori e addirittura dei testi non letterari, quali memorie private, libri di banchieri e mercanti, ecc. La denominazione di *purismo* in senso stretto spetta tuttavia all'intransigente difesa del toscano trecentesco sostenuta da letterati del principio dell'Ottocento, quali A. Cesari e B. Puoti. Costoro arrivavano a concedere che, se per il lessico facevano testo i trecentisti, per la sintassi potevano dettare norme anche i toscani del Cinquecento e gli scrittori che, pur essendo nativi di altre regioni, si erano uniformati nella loro scelta linguistica all'uso fiorentino o, in senso lato, toscano. Le ragioni di questa concezione anacronistica sono da vedere nel tentativo di correggere l'imbarbarimento della prosa verificatosi nel Settecento, quando sotto l'influsso delle lingue straniere e in particolare del francese, la lingua italiana si era profondamente rinnovata nel lessico e nella sintassi. Sebbene si diano alcune coincidenze tra la dottrina dei puristi e il superstizioso culto della lingua di classicisti loro contemporanei (C. Botta, P. Giordani), la corrente classicistica non può essere identificata con quella puristica, e basterebbe considerare che da un autorevolissimo classicista quale fu Vincenzo Monti vennero le obiezioni più stringenti all'arcaismo dei puristi e dei cruscanti. Sul problema del *purismo* era ritornato nel Novecento B. Migliorini che in *Lingua contemporanea* (1938) aveva parlato di un "neopurismo". Ma il punto sull'argomento, data l'ampiezza della prospettiva e le implicazioni critiche, è stato fatto da M. Vitale in *L'oro della lingua. Contributi per una storia del tradizionalismo e del purismo italiano* (1986).

purista s.m. e f. [pl.m. *-sti*] (fr. *puriste*) **1.** Chi difende il purismo nelle scelte linguistiche. **2.** Pittore seguace del purismo.

purìstico agg. [pl.m. *-ci*, f. *-che*] Del purismo, spec. linguistico, o dei puristi. *Teorie puristiche.*

puritanésimo s.m. (ingl. *puritanism*) **1.** Movimento religioso di ispirazione calvinista, sorto nel sec. XVI in seno alla chiesa anglicana, che predicava la stretta osservanza delle Sacre Scritture e una condotta di vita austera e castigata. **2.** *estens.* Grande austerità di principi, rigorismo morale.

puritàno agg. (ingl. *puritan*, lat. deriv. di *pūritas* "purezza", perché affermavano di professare la religione cristiana pura) **1.** Del puritanesimo, dei puritani. **2.** *estens.* Improntato a grande rigore morale. ◆ s.m. [f. *-na*] **1.** Seguace del puritanesimo. **2.** Chi mostra una grande rigidità di principi, talvolta più a parole che a fatti.

pùro agg. **1.** Che non è mischiato ad altre sostanze. – Che non è alterato, viziato o inquinato. – *estens.* Limpido, terso. – Che non ha accolto elementi di altre lingue o di altri stili. *Lingua pura.* **2.** *estens.* Che presenta un'armonia priva di elementi superflui e senza difetto. *Linee pure.* **3.** Che è senza corruzione, senza difetto morale. SIN.: **immacolato**. **4.** Nell'ambito delle scienze, che ha per oggetto la conoscenza in sé e non le sue applicazioni pratiche. – Riferito a persona, che si occupa di una disciplina a livello teorico e, con una sfumatura spreg., aristocraticamente avulso dalla sfera pratica. **5.** *fig.* (premesso al s.) Senza altra cosa che non sia quella indicata. *Dire la pura verità.* ◆ s.m. [f. *-ra*] Persona di grande rigore morale, che conforma rigorosamente la sua azione ai suoi principi.

purosàngue agg. inv. (calco del fr. *pur-sang*) **1.** Con riferimento ad animali e spec. a cavalli, di razza pura, non ibrido. **2.** *estens.* Riferito a persona, e spec. con valore scherzoso, che appartiene a una famiglia originaria del luogo. ◆ s.m. e f.inv. Cavallo purosangue.

purpùreo agg. Di un rosso violaceo. *Manto purpureo.*

purtròppo avv. Esprime un punto di vista del parlante, nel sign. di "è una sfortuna che".

purulènto agg. Che contiene del pus. *Flogosi purulenta.*

purulènza s.f. Carattere purulento di qlco.

pus s.m. inv. Liquido viscoso di colore giallastro, costituito da leucociti degenerati, batteri e frammenti di tessuto necrotizzato, che si forma a seguito di un'infiammazione, di un'infezione. *Sacca di pus.*

pusher [/ˈpuʃʃer/] s.m. inv. (voce ingl. d'America, deriv. di *to push* "vendere droga") Nel gergo della droga, spacciatore.

push up [/ˈpuʃ ʌp/] loc. agg. inv. (loc. ingl.) Di reggiseno che mette in evidenza il seno.

pusillànime agg. **1.** Di animo timido, timoroso. SIN.: **vile**. **2.** Che manifesta tale modo di essere. ◆ s.m. e f. Chi manca d'audacia, di coraggio.

pusillanimità s.f. inv. → **viltà**.

pùstola s.f. (lat. *pūstulam*, deriv. di gr. *physân* "gonfiare") MED. Piccolo rigonfiamento della pelle o del bulbo pilifero a causa di una sottostante, modesta raccolta di pus.

pustolóso agg. Che comporta la formazione di pustole. – Che presenta pustole.

puszta [/ˈpusta/] s.f. inv. (voce ungherese, deriv. di *pust* "zona desolata") Pianura stepposa ungherese, ricca di graminacee e adatta al pascolo.

ENCICL. Quando, nel sec. XVII, i Turchi si ritirarono verso la penisola balcanica e i Carpazi, praticamente tutta la pianura ungherese era una *puszta*. Via via che, a opera degli Ungheresi rifugiati nell'alta Ungheria e nella Slovacchia, venne attuata la riconquista agricola e la colonizzazione, la *puszta* si ridusse per lasciare il posto alla "campagna" coltivata. Il paesaggio tradizionale della *puszta* si conservò più a lungo nelle regioni più aride, in cui l'introduzione delle colture presentava maggiori difficoltà, in particolare nell'Ungheria nordorientale, dove, alla vigilia della seconda guerra mondiale, si incontravano ancora grandi branchi di pecore e bovini, sorvegliati da pastori a cavallo. Ma anche se il clima qui è decisamente arido, soprattutto alla fine dell'estate, l'acqua si trova non troppo lontano, là dove il Tibisco scorre più in basso della pianura, snodandosi in mille meandri. Così lavori di irrigazione hanno permesso di trasformare rapidamente tutta gli ultimi lembi della *puszta*, spec. nella zona a ovest di Debrecen, dove sono state sistemate grandi aree risicole. Ormai, tranne in poche zone adibite a riserve naturali, la *puszta* non è più che un ricordo di quello che fu la steppa all'epoca delle grandi migrazioni pastorali che portarono all'insediamento umano in questa parte dell'Europa. La campagna, costellata di boschi creati artificialmente per fissare i terreni mobili sotto il vento, prende il posto della "terra di nessuno" che un tempo separava l'Occidente cristiano dall'Impero turco.

put [/ˈput/] s.m. inv. (voce ingl., deriv. di *to put* "mettere") BORS. Contratto a premio nel quale il compratore acquista, dietro versamento del premio, la facoltà di consegnare, alla scadenza, un quantitativo di titoli a un prezzo stabilito alla stipula del contratto.

putativo agg. (lat. *putatīvum* "supposto") DIR. Che si suppone legale, legittimo, nonostante l'assenza di una base giuridica reale. *Padre putativo.* ◇ *Reato putativo:* azione ritenuta reato da chi la commette, ma che tale non è.

puteàle s.m. (lat. *pūteal*, deriv. di *pūteus* "pozzo") ARCH. Nell'antica Roma, recinzione di una fonte o dell'area, considerata sacra, in cui era caduto un fulmine. – Nell'architettura e nell'arte italiana, parapetto circolare o poligonale di un pozzo, spesso artisticamente decorato.

putifèrio s.m. [pl. *-ri*] (der. di *vituperio* e di *Putifarre*, nome del personaggio biblico la cui moglie era nota per i costumi dissoluti) **1.** Scenata, finimondo. **2.** *fig.* Grande disordine accompagnato da baccano.

putipù s.m. inv. (voce napol.) STR. MUS. Strumento musicale della tradizione popolare napoletana, costituito da una cassa armonica cilindrica la cui apertura superiore è chiusa da una membrana di pelle forata al centro, dove è infilata una canna che produce il suono per sfregamento contro la mano, detto anche *caccavella*.

putrefàre v.intr. [9] (aus. *essere*) Detto di sostanze organiche, decomporsi, guastarsi, marcire; anche pron.

putrefàtto agg. **1.** Che ha subito un processo di putrefazione. **2.** *fig.* Moralmente corrotto.

putrefazióne s.f. **1.** Decomposizione, disfacimento. – Stato di un corpo in decomposizione. **2.** *fig.* Irreversibile processo di degenerazione morale.

putrèlla s.f. (fr. *poutrelle*, deriv. di *poutre* propr. "puledra" poi "trave") Piccola trave di metallo con sezione a doppio T.

pùtrido agg. (lat. *pŭtridum*, deriv. di *putrēre* "essere in dissoluzione") **1.** In avanzato stato di decomposizione o completamente putrefatto. ~ Che è prodotto dalla putrefazione. ~ Che presenta le caratteristiche della putrefazione. **2.** *fig.* Moralmente degenerato, irrimediabilmente corrotto. ◆ s.m. (solo sing.) Corruzione, marciume morale.

putsch [/'putʃ/] s.m. inv. (voce ted.) Insurrezione o colpo di stato organizzato da un gruppo armato per prendere il potere.

putt [/'pʌt/] s.m. inv. (voce ingl.) Nel golf, colpo giocato sul green, per fare rotolare delicatamente la palla verso la buca.

puttàna s.f. **1.** *volg.* Donna che si prostituisce. **2.** Donna infedele. ~ Persona senza principi che subordina sentimenti e valori al tornaconto.

putter [/'pʌtə/] s.m. inv. (voce ingl., deriv. di *to putt* "tirare in buca") SPORT. Nel golf, bastone di ferro utilizzato per spingere la pallina in buca. ~ Giocatore che la usa.

pùtto s.m. ART. Nella pittura e nella scultura, figura di bambino nudo che rappresenta un amorino o un angioletto.

puvaterapìa s.f. Trattamento di alcune dermatosi con assorbimento di uno psoralene seguito da un'esposizione ai raggi ultravioletti A.

puy [/'pʌi/] s.m. (voce fr.) Cratere o promontorio vulcanico.

puyyut o **piyyut** s.m. Genere poetico della letteratura ebraica postbiblica.

ENCICL. Il termine *puyyut*, che deriva dal gr. *poietes* ("poeta"), indica un genere letterario sviluppatosi a partire dal V sec. d.C. in Palestina sotto l'influsso della poesia siriaca e più tardi araba, e diffusosi poi con grande fortuna in tutta la diaspora. Rispetto alla poesia biblica è caratterizzato fra l'altro dalla presenza della rima e del canto. Il *puyyut* ha carattere prevalentemente liturgico; la materia è tratta dai salmi, dalla *halakhah* e dalla *haggadà*.

pùzza s.f. Odore forte e nauseabondo.

puzzàre v.intr. (aus. *avere*) **1.** Emanare un odore sgradevole. **2.** *fig.* Dare preoccupazioni; dare l'impressione di essere poco chiaro. **3.** *fam.* Detto di cose strane o inusuali, creare motivo di preoccupazione a qlcu. *Il silenzio del capo mi puzza*. **4.** Non stare particolarmente a cuore a qlcu., non essere tenuto nella giusta considerazione; dare noia a qlcu. *Pare che tutti quei soldi gli puzzino*.

puzzle [/'pʌzəl/] s.m. inv. (voce ingl., propr. "imbarazzo" per la difficoltà del gioco) **1.** Gioco di pazienza fatto di pezzi di cartone da far combaciare per ricostituire un'immagine. **2.** *estens.* Questione, faccenda in cui entrano in gioco numerosi fattori difficili da armonizzare.

pùzzo s.m. **1.** Cattivo odore. **2.** Sentore, indizio. *Puzzo di imbroglio.*

pùzzola s.f. **1.** Mammifero carnivoro diffuso in Europa, simile alla faina, con pelliccia dal colore bruno scuro molto ricercata; caratteristico l'odore del secreto emesso da alcune ghiandole anali. (Lunghezza 40 cm ca.; famiglia dei Mustelidi.) **2.** *estens.* Pelliccia di tale animale.

■ **pùzzola**

puzzolènte agg. Che ha, che emana un odore forte e fetido. ~ In cui è diffuso un cattivo odore. *Vicoli puzzolenti.*

PVC s.m. inv. → **polivinilcloruro.**

Pycnogonum s.m. ZOOL. Genere di picnogonidi, di piccole dimensioni, con zampe brevi e tozze e addome atrofizzato, privi di chelìceri e palpi. (Lunghezza 3 mm; vi appartiene il *Pycnogonum littorale*, dei mari europei.)

pyinkado s.m. Nome commerciale del legname fornito dalla *Xylia xylocarpa*, specie arborea di grandi dimensioni, spontanea in Birmania; questo legname, marrone-rossastro scuro, trova impiego nella preparazione di traversine ferroviarie e per lavori edili, la sua corteccia dà tannini per la concia delle pelli. (Famiglia delle Mimosacee.)

Pyracantha s.f. BOT. Genere di piante arbustacee sempreverdi spontanee in un areale che va dall'Europa meridionale all'Asia orientale. (Una decina di specie; famiglia delle Rosacee.)

ENCICL. Le *Pyracantha* hanno foglie semplici intere, alterne, e fiori portati in grappoli o in cime fogliose. Quasi tutte le specie sono adatte alla coltivazione ornamentale; molto comune è la *Pyracantha coccinea*, dell'Europa meridionale e dell'Asia Minore, conosciuta come *cespuglio ardente* e particolarmente decorativa per i frutti rossi.

pýrex o **pìrex** s.m. inv. (gr. *pÿr* "fuoco" per la resistenza al calore) Denominazione commerciale, che costituisce marchio registrato, di un vetro molto resistente al calore, usato per la fabbricazione di pentole e casseruole da cucina e apparecchiature da laboratorio.

Carattere Quick

q s.f. o s.m. inv. **1.** Lettera dell'alfabeto latino e delle lingue che lo adottano; in italiano rappresenta la consonante occlusiva velare sorda quando è seguita dalla *u* semivocalica, con la quale forma il nesso labiovelare sordo *qu*, possibile solo davanti ad altra vocale diversa da u (*quadro*, *qui*); tale nesso può essere di grado tenue o medio o di grado forte (quest'ultimo reso sempre con la grafia *cqu*, tranne che in *soqquadro*). **2.** Semplice o puntata, maiuscola o minuscola, è usata in sigle o abbreviazioni con diversi valori. ◇ *Q*: la donna, la dama nelle carte francesi. **3.** Simbolo usato in settori specifici. ◇ *q*: quota. – ASTR. *Q*: simbolo di una classe spettrale di stelle. – METROL. *q*: simbolo di quintale e di quadro o quadrato nelle misure di superficie. – FIS. *Q*, *q*: simbolo di quantità di varie grandezze (calore, moto, carica elettrica, portata). – MAT. *q*: simbolo del quoziente. ❑ In funzione di agg., usata in diverse locc. ◇ *Febbre Q*: in medicina, malattia infettiva acuta anche detta *febbre del Queensland*. – TELECOM. *Codice Q*: ognuno dei codici di tre lettere inizianti con la Q, dal preciso significato convenzionale.

qua avv. (lat. *ēccum hāc* "ecco per di qua") **1.** In questo luogo (in oppos. a *là*). *Sièditi qua*. **2.** Con valore rafforzativo di altri elementi. *Dammi qua*. **3.** In questo momento, a questo punto. *Fin qua ho capito*.

quàcchero s.m. [f. –ra] (ingl. *quaker* "tremante" per l'ammonimento del fondatore della setta a "tremare di fronte alla parola del Signore") **1.** Membro di un movimento religioso protestante (*quaccherismo*) fondato nel 1652 da un giovane ciabattino inglese, George Fox, in reazione al formalismo e al conformismo della chiesa anglicana. (Si diffuse spec. negli Stati Uniti a partire dal 1681.) **2.** *fig.* Rigoroso moralista o chi ostenta una vita semplice.

quad [/'kwɔd/] s.m. inv. (voce ingl., abbr. di *quadrillion* "quadrilione") Unità di misura dell'energia pari a 10^{15} unità termiche britanniche, cioè a $1,055 \times 10^{18}$ joule.

quadèrno s.m. (lat., deriv. di *quatērni* "a quattro a quattro") **1.** Insieme di fogli di carta rilegati e fasciati da una copertina, usati per scrivere, disegnare, ecc. **2.** *estens.* (spec. pl.) Titolo per fascicoli e riviste a stampa di carattere letterario e culturale. **3.** Ciascun riquadro di terreno segnato negli orti e nei campi e coltivato in vario modo.

quàdra s.f. (lat. *quădram* "quadrato" e "fetta") **1.** Quadrante, come quarta parte del cerchio. **2.** MAR. (→ vela *quadra).

quadrangolàre agg. **1.** Che ha forma di quadrangolo. **2.** SPORT. Di torneo a cui partecipano quattro squadre. ◆ s m Nell'accez. 2 dell'agg.

quadràngolo agg. Che ha quattro angoli. SIN.: quadrangolare. ◆ s.m. GEOM. Poligono avente quattro lati e quattro angoli. SIN.: quadrilatero.

S_1, S_2, S_3, S_4: vertici
$S_1S_2S_3S_4$: quadrangolo

■ **quadràngolo.** Costruzione del quadrangolo $S_1S_2S_3S_4$.

quadrànte s.m. (lat. *quadrāntem* "quarta parte") **1.** MAT. Ognuna delle quattro regioni in cui è diviso un cerchio da due diametri tra loro perpendicolari, o un piano da due assi cartesiani. ~ *special.* Ognuno dei settori angolari che misura 90° in cui è suddivisa la rosa della bussola compresi tra i quattro punti cardinali. ◇ *Primo, secondo, terzo, quarto quadrante della bussola*: in senso orario, rispettivamente i settori di nord-est, sud-est, sud-ovest, nord-ovest. **2.** Strumento di misura, o la sua facciata che ne espone le scale, le gradazioni, ecc. su cui le misure vengono lette. *Quadrante di un orologio*. ◇ *Quadrante solare*: meridiana. **3.** In legatoria, ognuno dei due cartoni della copertina di un libro.

quadràre v.tr. **1.** Dare forma quadrata, rendere quadrato. *Quadrare un foglio*. **2.** GEOM. Costruire un quadrato che abbia la stessa area di quella di una figura data. *Quadrare un rombo*. ◆ v.intr. (aus. *essere o avere*) **1.** Detto di conti o calcoli, essere esatti. *I conti non quadrano*. **2.** CONTAB. Corrispondere in maniera corretta con altri valori. SIN.: collimare. **3.** *fig.* Essere adeguato, corrispondere perfettamente a qlco. SIN.: addirsi. ~ Essere adatto a qlco. *La nuova attività gli quadra perfettamente*. **4.** *fig. fam.* Andare a *genio. *Il tuo amico non mi quadra*.

quadràtico agg. [pl.m. –*ci*, f. –*che*] MAT. Di secondo grado, relativo a operazioni al quadrato. *Equazione quadratica*.

quadratino s.m. **1.** Nel sign. del dim. di 2. *quadrato*. **2.** STAM. Spazio bianco di spessore pari alla metà del corpo tipografico.

1. quadràto agg. **1.** Che ha la forma di un quadrato. **2.** *fig.* Robusto, solido. **3.** *fig.* Che ha idee chiare, decide e opera con ponderazione e senso della concretezza. **4.** GEOM., MAT. Di misura di superficie corrispondente al quadrato dell'unità di misura lineare. ◇ *Metro, chilometro, centimetro quadrato*: metro, chilometro, centimetro *quadro. **5.** Di formazione anatomica, ampio, dagli angoli ben marcati. *Osso quadrato*.

2. quadràto s.m. **1.** GEOM. Quadrilatero piano con quattro lati e quattro angoli uguali. **2.** Elemento, oggetto o superficie identica o simile al quadrato geometrico. *Quadrato di terreno*. **3.** ARITM. Numero moltiplicato per se stesso, alla seconda. **4.** BOXE → **1. ring**. **5.** MAR. Sulle navi, la sala da pranzo e gli altri ambienti di ritrovo per gli ufficiali e i sottufficiali. **6.** STAM. Spazio bianco spesso come il corpo tipografico.

a: lato
A: area
P: perimetro
$A = a^2$
$P = 4a$

■ **quadràto**

quadratóne s.m. **1.** Nel sign. dell'accr. di 2. *quadrato*. **2.** STAM. Spazio vuoto di composizione dello stesso spessore del carattere che serve a staccare due parole.

quadratrice s.f. Curva che consente di rettificare una circonferenza.

quadratùra s.f. **1.** L'operazione del ridurre qlco. a forma di quadrato. ~ Il riquadro ottenuto. *La quadratura dei vetri per finestre*. **2.** CONTAB. L'operazione di far quadrare un conto, in partic. un bilancio. **3.** *fig.* Equilibrio mentale, fermezza e chiarezza di principi morali. **4.** MAT. Costruzione di un quadrato di superficie equivalente a una figura data, con riga e compasso. ~ Calcolo di un integrale. ◇ *fig. Quadratura del cerchio*: cosa impossibile da realizzare. **5.** MAT. Prodotto di un numero per se stesso. **6.** ASTR. Posizione della Luna o di un pianeta, quando la sua distanza angolare dal Sole, vista della Terra, è di 90°. ~ Fase del primo e dell'ultimo quarto della Luna. **7.** ART. Tecnica di rappresentare in prospettiva illusionistica le strutture architettoniche.

quadraturismo s.m. PITT. Tecnica consistente nel rappresentare in prospettiva illusionistica strutture architettoniche; usata spec. nella pittura settecentesca.

quadrellatùra s.f. Nel disegno tecnico, quadrettatura tracciata su un modello in modo da poterlo riprodurre in scala diversa.

quadrèllo s.m. [pl.m. –*li*] **1.** Mattonella, gener. quadrata, di ceramica, marmo, ecc. utilizzata per la pavimentazione e il rivestimento delle pareti. **2.** Antico pugnale a sezione quadrata. ~ Lima a sezione quadrangolare. **3.** Pezzetto di stoffa cucito come rinforzo all'interno dei guanti. **4.** Righello da disegno.

quadrétta s.f. (fr. *quadrette*) Nel gioco delle bocce, squadra di quattro giocatori ognuno con due bocce.

quadrettàre v.tr. Dividere una superficie o altro in quadretti, tracciando righe tra di loro perpendicolari.

quadrettàto agg. A piccoli quadri, a quadretti. ◆ s.m. Tessuto quadrettato.

quadrettatùra s.f. Operazione del ridurre qlco. a quadretti e il risultato così ottenuto.

quadrétto s.m. **1.** Nel sign. del dim. di 2. *quadro*. **2.** Figura o oggetto quadrato di piccole dimensioni. *Quaderno a quadretti*. **3.** PITT. Piccolo dipinto. **4.** fig. Graziosa scenetta, spec. di situazioni tipiche della vita affettiva o ambientazioni di opere letterarie. **5.** (spec. pl.) Pasta minuta da minestra in brodo, tagliata in piccoli quadrati.

quàdrica s.f. [pl. *–che*] In un sistema cartesiano, superficie o curva associata a un'equazione di secondo grado.

quadricìpite s.m. ANAT. Muscolo anteriore della coscia che permette l'estensione della gamba.

quadricromìa s.f. STAM. Tecnica di riproduzione fotomeccanica in quattro colori (giallo, rosso, blu e nero). ~ La stampa che se ne ottiene.

quadridimensionàle agg. A quattro dimensioni. *Figura quadridimensionale*.

quadriennàle agg. **1.** Che dura quattro anni. **2.** Che ricorre ogni quattro anni. ◆ s.f. Esposizione d'arte ripetuta ogni quattro anni.

quadriènnio s.m. [pl. *–ni*] Periodo di quattro anni.

quadrìfido agg. BOT. Di organo vegetale suddiviso in quattro parti.

quadrifòglio s.m. [pl. *–gli*] BOT. Pianta anomala del trifoglio che presenta una foglia in più.

quadrifonìa s.f. (fr. *quadrifonie*) Metodo di registrazione e di riproduzione dei suoni basato sull'utilizzazione di quattro canali per ottenere effetti speciali.

quadrìfora s.f. ARCH. Finestra a quattro luci distinte tra di loro da colonnine o regoli.

quadrìga s.f. [pl. *–ghe*] **1.** ANT. Carrozza a due ruote, tirata da quattro cavalli. **2.** Attacco di quattro cavalli o altri animali da tiro.

quadrigèmino agg. **1.** Di parto multiplo di quattro gemelli. **2.** ANAT. Nei mammiferi, di ciascuna delle quattro sporgenze rotondeggianti simmetriche situate sul lato dorsale del mesencefalo.

quadrigètto s.m. AER. Aereo con sistema di propulsione a quattro motori a reazione. SIN. quadrireattore.

quadrìglia s.f. [pl. *–glie*] (spagn. *cuadrilla*) **1.** Danza effettuata da quattro coppie, in voga nel sec. XIX in Europa. ~ La musica per tale danza. **2.** Gruppo formato da quattro persone impegnate in attività militari o sportive.

quadrilàtero agg. Che presenta quattro lati. ◆ s.m. **1.** GEOM. Poligono a quattro lati. **2.** MIL. Sistema di difesa basato su quattro punti fortificati. **3.** SPORT. Nel calcio, blocco formato dai due mediani e due mezze ali.

quadrilióne s.m. In Italia, Francia e Stati Uniti, un milione di miliardi; in Inghilterra, un milione di trilioni.

quadrilòbo s.m. Nell'arte medioevale, motivo ornamentale costituito da quattro petali identici inscritti in un quadrato.

quadrimèstre s.m. **1.** Spazio di tempo della durata di quattro mesi. ~ In partic., ognuno dei due periodi di quattro mesi in cui si suddivide l'anno scolastico. **2.** Rata, somma di denaro che si paga ogni quattro mesi. *Il quadrimestre d'affitto*.

quadrimotóre s.m. Aereo con sistema di propulsione a quattro motori a elica.

quadrinòmio s.m. [pl. *–mi*] MAT. Polinomio composto da quattro monomi.

1. quadripartìto agg. **1.** Diviso in quattro parti. **2.** Composto di quattro parti o elementi.

2. quadripartìto agg. Formato da quattro partiti. ◆ s.m. Governo sostenuto da una coalizione di quattro partiti.

quadriplegìa s.f. MED. → **tetraplegia**.

quadripolàre agg. ELETTR. Relativo a un quadripolo.

quadripòlo s.m. FIS. Distribuzione di cariche o di magneti equivalente a due dipoli paralleli e opposti. ~ ELETTR. Circuito o dispositivo munito di quattro morsetti, due di entrata e due di uscita.

quadripòrtico s.m. [pl. *–ci*] ARCH. Portico che circonda un cortile quadrato e che si svolge su tutto il perimetro. ~ Il cortile stesso chiuso da tale porticato, tipico soprattutto dell'architettura paleocristiana.

quadrireattóre s.m. AER. → **quadrigetto**.

quadrirème s.f. Nell'antichità classica, grossa nave da guerra a quattro ordini di rematori.

quadrisìllabo agg. Che si compone di quattro sillabe. ◆ s.m. **1.** Parola di quattro sillabe. **2.** METR. → **quaternario**.

quadrittòngo s.m. [pl. *–ghi*] LING. Successione di quattro suoni, vocalici e semivocalici, costituente un'unica sillaba.

quadrivalènte agg. CHIM. → **tetravalente**.

quadrivettóre s.m. FIS. Nella teoria della relatività, vettore a quattro componenti che rappresenta una grandezza fisica relativistica.

1. quàdro agg. (lat. *quădrum*, deriv. di *quăttuor* "quattro") Di forma quadrata, squadrato. ◇ *Vela quadra*: sulle imbarcazioni, ogni vela di forma più o meno quadrata fissata al pennone. – MAT. *Numero quadro (o quadrato)*: numero moltiplicato per se stesso o elevato alla seconda. – *Metro, chilometro, centimetro quadro*: corrispondenti alle rispettive unità di superficie elevate al quadrato; anche abbreviate in m^2, km^2, cm^2. – fig. *Spalle quadre*: larghe e robuste, atte a sopportare fatiche fisiche e a superare le difficoltà.

2. quàdro s.m. **1.** Elemento o superficie di forma quadrata. **2.** Opera di pittura su tela o altro, di forma perlopiù quadrangolare. **3.** fig. Scena, spettacolo che suscita sentimenti o reazioni, spec. negative, di orrore. **4.** fig. Veduta d'insieme, spesso sommaria, ma efficace. **5.** fig. Situazione, condizione, ambito. ◇ *Quadro politico*: situazione politica generale, nazionale o internazionale. – *Quadro clinico*: situazione di un paziente ai fini della diagnosi. **6.** Tabella, prospetto rappresentante dati raccolti secondo un certo schema. **7.** TECN. Pannello di comando e di controllo di una macchina o di un'apparecchiatura. **8.** Suddivisione di un'opera teatrale, a seconda dei cambiamenti di scena. **9.** CINE. Ogni ripresa senza interruzioni di una stessa azione o di una stessa immagine. ~ Il rettangolo dell'immagine proiettata sullo schermo. **10.** SPORT. *Quadro svedese*: attrezzo da palestra, costituito da un reticolato di aste di legno fissate al pavimento e al soffitto. **11.** (spec. pl.) Insieme degli ufficiali e di tutti i graduati di un'unità militare o, più spesso, dei soli ufficiali. ~ estens. Complesso dei responsabili o dei dirigenti di un'organizzazione. ~ Nella gerarchia aziendale o di un'organizzazione, il livello intermedio, il complesso degli impiegati direttivi e dei tecnici. **12.** (al pl.) Nelle carte da gioco francesi, uno dei quattro semi, disegnato con un rombo rosso, detto anche *ori* o *denari*. ❑ Anche in funzione di agg. inv., nel l. pol. e giur., che serve da inquadramento, che pone le linee generali. *Legge quadro*.

quadrùmane agg. (fr. *quadrumane*) Dotato, oltre che delle mani, di un paio di organi prensili simili e con le stesse funzioni delle mani, detto in partic. della scimmia. ◆ s.m. Denominazione antiquata della scimmia.

quadrùpede agg. Di animale a quattro zampe (in oppos. a *bipede*). ◆ s.m. ZOOL. Ogni animale vertebrato dotato di quattro zampe (mammiferi, anfibi e rettili). ~ Nel l. com., ogni mammifero che cammina su quattro zampe.

quàdruplex s.m. inv. TELECOM. Sistema di trasmissione telegrafica che permette di inviare simultaneamente quattro messaggi distinti.

quadruplicàre v.tr. [4] **1.** Moltiplicare per quattro un numero. **2.** Accrescere qlco. di quattro volte. **3.** estens. Aumentare qlco. di molto, renderlo molto più intenso. *Quadruplicare gli sforzi*. ◆ v.intr. (aus. *essere*) **1.** Aumentare numericamente di quattro volte, anche pron. *Il capitale (si) quadruplica*. **2.** estens. Aumentare notevolmente,

intensificarsi, anche pron. *Le iniziative benefiche (si) sono quadruplicate*.

quadruplicazióne s.f. Operazione del moltiplicare per quattro. ~ Il risultato che si ottiene.

quàdruplo agg. Maggiore di quattro volte. ◆ s.m. Grandezza quattro volte maggiore di un'altra.

quaggiù avv. **1.** Qui in basso, situato in posizione più bassa rispetto a un altro luogo. **2.** fig. Su questa terra, in oppos. a *lassù*, in cielo.

quàglia s.f. [pl. *–glie*] Uccello simile alla pernice, migratore, diffuso nei boschi delle regioni a clima temperato. (Lunghezza 18 cm ca.; genere *Coturnix*; famiglia dei Fasianidi.)

■ **quàglia**

quàlche agg. indef. (solo sing.) **1.** Alcuni, in riferimento a persone o cose in numero indeterminato e piuttosto esiguo. *Resterò solo qualche giorno*. **2.** Un certo, per indicare un elemento indefinito tra i vari possibili o una quantità indefinita (ma non grande) di una cosa astratta. *Ho accettato solo dopo qualche esitazione*. **3.** Uno, in riferimento a una sola persona o cosa. *Sarà stato qualche gatto a fare quel rumore*. ~ *Qualche volta*: una volta o l'altra, prima o poi. – *Da qualche parte*: in un posto o nell'altro. – *In qualche modo*: in un modo o nell'altro.

qualcòsa pron.indef. m. (solo sing.) Qualche cosa, con valore indefinito di neutro. *Posso fare qualcosa per voi? ◇ Sapere qlco.*: averne esperienza, conoscere. ❑ In funzione di s.m. **1.** Persona importante, personalità. *Le tre sorelle sono qualcosa nell'alta moda*. **2.** Elemento vago. *C'è un qualcosa dentro di me che mi dice di non andare*.

qualcùno s.m. Persona di successo nel proprio campo professionale. ~ Persona importante. *Sognare di diventare qualcuno*.

quàle agg. [pl. *quali*] **1.** Che, in frasi interrogative, dubitative o esclamative. *Quale sorpresa trovarti qui!* **2.** Come quello che. ~ In **qualità* in. *Quale preside, prenderò provvedimenti*. ~ Negli elenchi, come, per esempio. *Certe specie, quali faina e donnola, sono comuni anche in Italia*. **3.** Relativo a *un certo* o a *un tale*. *Provo con una certa qual nostalgia*. **4.** Assume valore indef. nella loc. *quale che*, qualunque, seguita dal v. al congiuntivo. *Quale che sia la tua opinione, farò quello che ho detto*.

qualìfica s.f. [pl. *–che*] **1.** Termine, titolo o anche epiteto che esprime un giudizio sulle qualità, sulle caratteristiche di una persona. **2.** DIR. Denominazione del ruolo specifico di un lavoratore dipendente, stabilito da un contratto. ◇ *Qualifica funzionale*: uno dei livelli in cui è distribuito il pubblico impiego. **3.** Titolo professionale. *Qualifica di avvocato*.

qualificàbile agg. **1.** Che può essere caratterizzato da una qualifica specifica. **2.** Definibile e quindi accettabile.

qualificànte agg. **1.** Che attribuisce una qualifica. **2.** estens. Che caratterizza in modo particolare, che rende qlco. importante e significativo.

qualificàre v.tr. [4] **1.** Caratterizzare, distinguere qlcu. o qlco. ~ Esserne una qualità o un aspetto specifico. *Il linguaggio qualifica l'uomo*. **2.** Preparare qlcu. professionalmente, attribuirgli una qualifica. *Qualificare gli operai*. **3.** Giudicare, distinguere qlcu. o qlco. con una particolare qualifica. *Qualificare l'amico un curioso*. **4.** SPORT. Selezionare i concorrenti che accederanno alle fasi successive di una competizione. *Le semifinali qualificheranno le due squadre finaliste*. ◆ **qualificarsi** v.pron. **1.** Fornire gli elementi della propria identificazione. *Entrò in ufficio e si qualificò*. **2.** Conseguire una qualifica attraverso una prova. *Qualificarsi idoneo*. **3.** SPORT. Passare la selezione per accedere alle fasi successive di una competizione. *L'atleta si è qualificato per le finali.* **4.** Entrare in una classifica in una certa posizione. *Nella gara si è qualificato primo.*

qualificativo agg. Che serve a distinguere con una qualifica. ◇ GRAMM. *Aggettivo qualificativo:* che appartiene al gruppo di aggettivi che indicano qualità della cosa indicata dal nome a cui si collegano (p.e. *dolce, silenzioso*). – *Avverbio qualificativo:* che appartiene al gruppo di avverbi che indicano le modalità con cui si svolge un'azione o si presenta un evento (*dolcemente, silenziosamente*).

qualificàto agg. **1.** Che ha la qualificazione specifica, i requisiti necessari per svolgere un determinato compito. ◇ *Operaio qualificato:* dotato di una specifica preparazione professionale. – *Fonti qualificate:* bene informate, autorevoli. **2.** DIR. Nel diritto penale, di reato per cui esistono circostanze aggravanti.

qualificazióne s.f. **1.** Caratterizzazione in base a precise qualità. ~ In partic., acquisizione o possesso di capacità e competenze professionali. ◇ *Corsi di qualificazione professionale:* corsi per la preparazione tecnica dei lavoratori che opereranno in uno specifico settore. – DIR. *Qualificazione giuridica:* operazione interpretativa tendente a ricondurre un caso della vita nella categoria astratta prevista da una norma. **2.** SPORT. Prova o serie di prove da superare per partecipare alla fase successiva di una competizione. **3.** DIR. Rilevanza giuridica. ~ Aggravante di un reato.

qualità s.f. inv. (lat. *qualitātem*, deriv. di *quālis* "quale", calco del gr. *poiótēs*) **1.** Caratteristica che contraddistingue una persona, un animale, una cosa, una situazione o un loro insieme, denotando valori che assicurano a chi li possiede un requisito, una proprietà unici. ◇ COMM. *Certificazione (o certificato) di qualità:* l'attestazione della validità di un prodotto, basata su controlli effettuati su campioni. – *Controllo di qualità:* test su un campione di prodotti per verificarne la rispondenza allo standard di qualità prefissato. – *Qualità totale:* sistema di gestione industriale rivolto a migliorare la qualità dei prodotti attraverso un loro costante controllo. – *Qualità della vita:* l'insieme delle condizioni socioeconomiche e culturali di una popolazione o anche di un singolo individuo. – GRAMM. *Complemento di qualità:* quello che indica le caratteristiche di una qualsiasi cosa. – *loc. prep. In qualità di:* come, nelle vesti di. **2.** Genere, sorta.

qualitativo agg. Di qualità, che concerne la qualità. ◇ CHIM. *Analisi qualitativa:* esame effettuato sui composti allo scopo di determinare le caratteristiche dei componenti, senza calcolarne la quantità. ◆ s.m. COMM. La qualità della merce.

qualóra cong. Nell'eventualità, se mai. *Qualora non si raggiungesse il numero legale, la seduta sarebbe rinviata.*

qualsìasi agg. indef. m. e f. inv (dalla loc. *qual siasi* "quale che si sia") **1.** Qualunque, ogni. *Farei qualsiasi cosa per vederti contenta.* **2.** Qualunque, per introdurre frasi concessive. *Qualsiasi scusa inventi, non lo perdonerò.*

qualùnque agg. indef. m. e f. inv **1.** Qualsiasi, l'uno o l'altro indifferentemente. *Telefonami in qualunque momento.* ~ Mediocre, uguale a tanti altri. *Il nostro non è un prodotto qualunque.* **2.** Si usa anche per introdurre una frase concessiva. *Qualunque persona chieda di me, io non ci sono.*

qualunquismo s.m. **1.** Movimento di opinione pubblica che sosteneva la capacità di giudizio e l'autonomia di pensiero del cittadino medio nei confronti delle ideologie dei partiti politici. (Ebbe origine in Italia nel secondo dopoguerra e derivò il nome dalla rivista "L'uomo qualunque".) **2.** *estens.* Atteggiamento di scarso impegno e interesse verso la politica.

qualunquista s.m. e f. [pl.m. *-sti*] **1.** Sostenitore del movimento del qualunquismo. **2.** *estens.* Chi mostra un atteggiamento di prevenuta indifferenza e sfiducia nei confronti di ideologie politiche e istituzioni pubbliche. ❑ In funzione di agg., del qualunquismo, dei qualunquisti.

quàndo avv. **1.** In quale momento o tempo. *Quando sei tornato?* ◇ *Chissà quando, Dio solo sa quando:* in un'epoca o in un tempo indeterminati. **2.** In usi correlativi, ora... ora..., una volta... un'altra volta.... *Quando con una scusa, quando con un'altra, non vieni mai.* ◇ *Di quando in quando:* di tanto in tanto, a periodi. *Di quando in quando mi piace fare un viaggio.* ◆ cong. **1.** Mentre, invece. *Ti lamenti in continuazione, quando, in realtà, la vera vittima sono io.* **2.** Col significato di ma, ma in quel momento. *Ero uscito a fare due passi, quando mi capita lei davanti.*

quàntico agg. [pl.m. *-ci*, f. *-che*] (ingl. *quantic*) FIS. Relativo alla teoria dei quanti. SIN.: **quantistico**. ◇ *Numero quantico:* numero intero o semintero, che nella teoria quantistica individua i valori delle grandezze che caratterizzano lo stato di un sistema fisico. – *Stato quantico:* ogni stato che l'elettrone può assumere nell'atomo. – *Salto quantico:* passaggio dell'elettrone da uno stato quantico a un altro.

quantificàbile agg. Che può essere espresso in cifre. ~ Che può essere quantificato.

quantificàre v.tr. [4] (ingl. *to quantify*) Stabilire esattamente la quantità, la consistenza, l'ammontare di qlco.

quantificatóre s.m. **1.** LOG., MAT. Simbolo che indica che una proprietà è applicata a tutti gli elementi di un insieme (quantificatore universale ∃) o soltanto ad alcuni di loro (quantificatore esistenziale ∀). **2.** LING. Il determinante che, riferito al sostantivo, ne esprime la quantità (*uno, ogni, tutti*).

quantificazióne s.f. (ingl. *quantification*) LOG., MAT. Interpretazione delle proposizioni mediante quantificatori.

quantile s.m. STAT. Il valore che ordina e raggruppa i dati aventi la stessa percentuale. SIN.: **percentile**.

quantìstico agg. [pl.m. *-ci*, f. *-che*] FIS. Relativo alla teoria dei quanti.

ENCICL. La teoria quantistica ha origine dagli studi di Planck (1900), basati sull'ipotesi della quantificazione dell'energia luminosa, da un articolo di Einstein (1905) sull'effetto fotoelettrico e i quanti d'energia, e dal modello atomico di Bohr (1913), che descrive le righe spettrali d'emissione degli atomi supponendo che l'energia degli elettroni nell'atomo sia quantificabile. L'articolo di Einstein, introducendo un elemento ancora sconosciuto, il *quanto*, segnò a tutti gli effetti l'origine della teoria quantistica. In effetti il quanto, definito *fotone* nel 1929, non era riconducibile a nessuno dei due elementi fondamentali della fisica classica (*onde* e *particelle*). La discontinuità fra le teorie classiche e la teoria quantistica segue una definizione proposta da Planck: $E = h\nu$ (un concetto di natura corpuscolare – l'energia E – è legato a un concetto di natura ondulatoria – la frequenza ν – attraverso la costante di Planck h, il cui valore numerico delimita il dominio quantico). Gli oggetti quantici possono essere classificati in due grandi categorie, *bosoni* e *fermioni*, differenti per il comportamento assunto quando sono numerosi (ossia per il loro comportamento statistico) (→ *particella elementare).

quantità s.f. inv. **1.** Proprietà di tutto ciò che può essere misurato, contato. **2.** Gran numero di cose e persone. ◇ *In quantità:* in grande numero. **3.** MAT., FIS. Numero, grandezza numerabile. **4.** LING. Durata relativa di un fonema o di una sillaba.

quantitativo agg. **1.** Relativo alla quantità (in oppos. a *qualitativo*). ◇ CHIM. *Analisi quantitativa:* l'esame effettuato sui composti allo scopo di determinare la quantità dei singoli elementi. – ECON. *Teoria quantitativa della moneta:* teoria secondo la quale il livello generale dei prezzi dipende dalla quantità di moneta in circolazione. **2.** LING. Relativo alla durata dell'articolazione dei suoni. ~ Basato sulla quantità delle vocali o delle sillabe. ◆ s.m. COMM. Quantità di merci.

quantizzàre v.tr. **1.** Quantificare qlco. **2.** FIS. Spiegare, descrivere qlco. secondo i principi della meccanica quantistica.

quantizzazióne s.f. FIS. Formalizzazione di un problema o di una teoria secondo i principi della meccanica quantistica. ~ Traduzione di un problema formulato nell'ambito della meccanica classica nel corrispondente quantistico, mediante il principio di corrispondenza.

1. quànto agg. [f. *quanta*, pl.m. *quanti*, f. *quante*] **1.** Con valore interrogativo, per chiedere la quantità o il numero di cose o persone. **2.** Con valore esclamativo, è usato per enfatizzare quantità, grandezza o numero di cose o persone. *Quanti bei capelli biondi!* **3.** Tutto quello che. *Prendi quanta frutta vuoi.* ◆ s.m. (solo sing.) La quantità, il numero, spesso usato in riferimento al prezzo da pagare. *Voglio conoscere il come e il quanto.*

2. quànto avv. **1.** In quale misura. *Quanto mi ami?* **2.** Come rafforzativo del superl. relat. *Ho studiato quanto più possibile.* ◇ *Quanto prima:* il più presto possibile. **3.** Come, nella misura in cui. ◇ *Quanto mai:* come non mai, oltremodo, moltissimo.

3. quànto s.m. (ted. *Quantum*) FIS. Il valore minimo, finito e indivisibile, di grandezze variabili solo in modo discontinuo, secondo i propri multipli. ◇ *Teoria dei quanti o quantistica:* la teoria formulata da M. Planck secondo cui le grandezze fisiche possono assumere un numero discreto di valori. – *Quanto di luce:* fotone.

quàntum s.m. [pl. *quanta*] (voce lat.) FIS. → **3. quanto**.

quarànta agg. num. card. Numero naturale equivalente a quattro decine. ◆ s.m. inv. **1.** Il numero quaranta. **2.** La forma grafica del numero quaranta. **3.** La quantità equivalente a quaranta unità ogni cento, mille o più. *Sconto del 40%.*

quarantèna s.f. (voce venez., "quarantina") Periodo di isolamento di durata variabile, originariamente di quaranta giorni, prescritto per persone affette da malattie contagiose o per cose e persone portatrici di germi patogeni.

quarantòtto agg. num. card. Numero naturale equivalente a quattro decine e otto unità. ◆ s.m. inv. **1.** Il numero quarantotto. **2.** La forma grafica del numero quarantotto. **3.** La quantità equivalente a quarantotto unità. **4.** *Il Quarantotto:* per anton. l'anno 1848, caratterizzato dai moti insurrezionali per l'indipendenza italiana; *fig. fam.* grande confusione, baccano, putiferio.

quarésima s.f. (lat., deriv. di *quadragésimam diem* "quarantesimo giorno" prima della Pasqua) Nella liturgia cattolica, periodo di quaranta giorni precedente la Pasqua, esteso dal mercoledì delle Ceneri al Sabato santo, durante il quale la chiesa prescrive la penitenza e la preghiera. ◇ *fig. Lungo come la quaresima:* di persona lenta nei movimenti o di cosa noiosa, interminabile.

quaresimàle agg. Della quaresima. ◆ s.m. **1.** Nella liturgia cattolica, serie di prediche prescritte per il periodo quaresimale. **2.** *fig.* Noiosa paternale, monotona ramanzina. **3.** Dolce tradizionale della quaresima tipico della pasticceria romana, a base di miele, pinoli e zibibbo.

1. quàrk s.m. inv. (voce ingl. che il fisico statunitense M. Gell-Mann introdusse nel 1964 desumendola dal romanzo di Joyce "Finnegans Wake") FIS. Nella fisica delle particelle elementari, costituente primo degli adroni, mai osservato singolarmente, la cui carica è una frazione della carica elementare.

ENCICL. I quark vennero introdotti nel 1963 unicamente come ipotesi di lavoro da M. Gell-Mann; sono dotati di carica elettrica frazionaria e costituiscono un doppietto e un singoletto di *spin* isotopico. R. Feynman in seguito li utilizzò per spiegare la copiosa produzione di adroni nei processi di collisione fra positoni ed elettroni. Le conoscenze sui quark si sono poi estese e approfondite: oggi si pensa che il modello a quark degli adroni e la cromodinamica quantistica siano un'adeguata, anche se non completa, descrizione degli adroni stessi e delle loro interazioni.

2. quark [/kvark/] s.m. inv. (voce ted.) Formaggio fresco, di pasta molle, ottenuto privando il latte vaccino del latticello.

quàrta s.f. **1.** Quarta parte di un tutto sottinteso, spec. come unità di misura. **2.** Posizione corrispondente al numero quattro in una sequenza. **3.** Quarta marcia nei cambi di velocità di un autoveicolo, la più lunga nei cambi a quattro marce. ◇ *fig. Partire in quarta:* intraprendere qlco. con grande entusiasmo e buona volontà o scagliarsi impulsivamente contro qlcu. **4.** MAR. Ognuna delle 32 parti in cui è suddivisa la rosa della bussola, come unità di misura angolare della navigazione a vela, cioè 11 gradi e 15′ **5.** MUS. Intervallo di quattro note nella scala diatonica.

quartàna s.f. MED. Tipo di malaria che si manifesta con accessi di febbre a intervalli di quattro giorni.

quarter /'kwɔːtə/ s.m. inv. (voce ingl.) Unità di misura di peso inglese (simb. *qr*), pari a 28 libbre, cioè 12,700 kg ca.

quartétto s.m. **1.** MUS. Composizione per quattro esecutori. ~ Il complesso di quattro musicisti o cantanti. **2.** Gruppo di quattro persone affiatate tra loro. *Un quartetto di ladruncoli.*

quàrtica s.f. [pl. –*che*] MAT. Curva algebrica piana o sghemba di quarto grado.

quartière s.m. (fr. *quartier*, lat. *quartārium* "quarta parte") **1.** Ognuno dei quattro rioni in cui si dividevano nel medioevo alcune città. ~ Ai giorni nostri, zona di una città distinta per particolari caratteristiche topografiche, economiche, funzionali, storiche, ecc. ◇ *Quartiere satellite:* centro abitato alla periferia di una grande area urbana. **2.** MIL. Alloggiamento per le truppe. ◇ *Quartier generale:* comando e complesso dei relativi servizi logistici e amministrativi di una grande unità militare o delle intere forze armate; sede degli uffici di comando; *fig.* base operativa, sede della direzione di varie organizzazioni, luogo di riunione e decisione di gruppi. – *fig. Lotta senza quartiere:* spietata, combattuta fino alla distruzione totale dell'avversario. **3.** Quanto costituisce il quarto di un tutto.

quartile s.m. STAT. Ognuno dei valori che divide in quattro un insieme di dati in ordine non decrescente.

quartina s.f. **1.** In poesia, strofa di quattro versi. **2.** MUS. Gruppo di quattro note uguali eseguite, in un ritmo ternario, nello stesso tempo richiesto per un gruppo di tre o di sei. **3.** Formato di carta di grandi dimensioni, per lo più da lettera.

quartino s.m. **1.** Misura di capacità di un quarto di litro. ~ Il recipiente bollato che contiene tale misura. ~ Il contenuto, spec. di vino, della misura stessa. **2.** La serie di quattro pagine a stampa di un foglio piegato in due. **3.** MUS. Strumento di suono più acuto del clarino.

quàrto agg. num. ord. **1.** Che, in una successione ordinata, occupa il posto corrispondente al numero 4. ◇ *Quarto stato:* proletariato che, nella gerarchia della società francese in epoca rivoluzionaria, veniva dopo il clero, la nobiltà e la borghesia. – *Quarto potere:* il giornalismo, considerato come forma di potere in quanto strumento di formazione dell'opinione pubblica. – *Quarto mondo:* il complesso dei paesi caratterizzati da povertà e da mancanza di risorse principali. – ALP. *Quarto grado:* uno dei gradi di difficoltà di ascensione, in una scala da 1 a 6. **2.** Con valore frazionario, relativo a ciascuna delle parti di un intero diviso per quattro. ◆ s.m. **1.** [f. -*ta*] Nei sign. dell'agg. ◇ *Tre quarti:* in sartoria, giacca più lunga del normale, soprabito più corto di un quarto rispetto alla normale lunghezza. – *Quarto d'ora:* periodo di quindici minuti corrispondente alla quarta parte di un'ora; *fig.* momento, breve periodo. *Passare un brutto quarto d'ora.* **2.** Misura di capacità corrispondente alla quarta parte del litro. ~ Recipiente bollato che contiene tale misura. ~ Contenuto, spec. di vino, della misura stessa. **3.** ASTR. Ognuna delle fasi lunari che vengono dopo il novilunio e il plenilunio. **4.** SPORT. *Quarti di finale:* in campionati e tornei a eliminazione, prove che vengono dopo gli ottavi di finale e qualificano per le semifinali. **5.** MAR. Turno di guardia di quattro ore a bordo delle navi.

quarzifero agg. Che è costituito di quarzo, che produce quarzo.

quarzite s.f. MIN. Roccia silicea costituita in prevalenza di quarzo.

quàrzo s.m. (ted. *Quarz*) Minerale molto diffuso costituito da biossido di silicio, presente in natura sia come cristallo allo stato puro sia in diverse aggregazioni di varia colorazione causata dalla presenza di impurità. (Il quarzo, di solito incolore, può essere rosa, affumicato, ametista, rubino.)

quasar /'kweizaːr/ s.m. o s.f. inv. (sigla dell'ingl. *quasi stellar radio source* "sorgente di onde ra-

■ **quàrzo.** Cristallo di quarzo ialino con inclusioni di rutilo, detti "capelli di Venere".

dio quasi stellare") ASTR. Radiosorgente che si presenta come una stella situata a enorme distanza dalla Terra.

ENCICL. La prima quasar (3C48) fu scoperta nel 1960 da Mathhwes e Sandage. Le quasar sono caratterizzate da uno spostamento verso il rosso dello spettro di emissione (*redshift*), che ha fatto ipotizzare la loro collocazione a grande distanza (miliardi di anni luce) dalla Terra. Dall'emissione anche nella banda delle onde radio deriva invece il loro nome. Pur essendo molto più piccole delle galassie (il rapporto tra diametri è di 1/100 ca.), sono densissime e possiedono più luminosità ed energia di qualunque altra categoria stellare (100-1000 volte superiori alle galassie). Appaiono come oggetti simili alle stelle in quanto all'osservazione ne sarebbero visibili solo i nuclei mentre le braccia a spirale, meno brillanti intrinsecamente, passerebbero inosservate. Riguardo alla loro formazione, l'ipotesi più probabile sembra essere che all'interno del nucleo si trovi un buco nero di grandi dimensioni: le forti emissioni registrate in tutto lo spettro elettromagnetico fino ai raggi X e gamma sarebbero il risultato del movimento della materia attirata dal buco nero.

quàsi avv. (lat. *quàm sī* "come se") **1.** Circa, pressappoco, poco meno di. *Pesa quasi dieci chili.* **2.** Pressoché. *Mi sono addormentato quasi subito.* **3.** Poco meno che. *Questo vino è quasi aceto.* **4.** A momenti. *Quel camionista mi ha quasi investito.* ◇ *fam. Quasi quasi:* introduce un'affermazione o dichiarazione d'intenzione ancora incerta o fatta più per paradosso che per seria convinzione. *Quasi quasi ci vado subito.* **5.** Come segnale di risposta o di replica positiva, ma attenuata, a domande che presuppongono solo la risposta *sì* o *no*. *"Sei pronto per partire?" "Quasi".* **6.** È usato come primo elemento di composti (in grafia staccata o unita) col valore di "simile", "vicino" (*quasi flagranza*). ◆ cong. *Come se. Urlava quasi lo volessero ammazzare.*

quasimòdo s.m. inv. (lat. *quasi modo geniti infantis* "come bambini appena nati", parole con cui iniziava la messa della domenica *in albis*) Nella liturgia cattolica, la prima domenica dopo la Pasqua, detta anche *domenica in albis*.

quàsi monéta loc. sost. f. inv. FIN. Ogni bene diverso dalla moneta avente un elevato grado di liquidità che lo rende simile a essa.

Quàssia s.f. (dal nome dell'indigeno del Suriname Graman *Quassi* che ne fece conoscere le virtù terapeutiche) BOT. Genere di piante arbustive e arboree con foglie composte e fiori rossi solitari o a grappoli; dal legno di tali piante si estrae la quassina. (Famiglia delle Simarubacee.)

quassina s.f. Sostanza amara che si estrae dal legno delle piante del genere Quassia, usata in medicina come tonico e stimolante.

quatèrna s.f. **1.** Nel gioco del lotto, combinazione di quattro numeri usciti sulla stessa ruota; nella tombola, serie successiva di quattro numeri usciti sulla stessa fila di una cartella.

2. Gruppo di quattro persone tra cui si dovrà operare una selezione.

quaternàrio s.m. (lat. *quaternārium* "di quattro elementi") **1.** GEOL. (solo sing.) Terzo periodo dell'era cenozoica. (Iniziato 1,64 milioni di anni fa, è il periodo geologico più recente, caratterizzato dalle grandi glaciazioni e dalla comparsa dell'uomo.) **2.** METR. Verso composto di quattro sillabe. **3.** ECON. Il complesso delle attività (*attività quaternarie*), al confine tra il settore dei servizi e quello industriale, caratterizzate dall'uso di tecnologie avanzate, tra cui l'informatica, le telecomunicazioni, ecc. ◆ agg. [pl.m. –*ri*] **1.** CHIM. Di composto avente un atomo portatore di quattro raggruppamenti alchile o arile (p.e.: idrocarburo, RR′R″R‴C; sale d'ammonio RR′R″R‴N⁺X). **2.** CHIM. Di atomo che si lega a quattro atomi di carbonio. **3.** Relativo al periodo quaternario. **4.** Relativo al verso quaternario. **5.** Relativo alle attività quaternarie. **6.** Composto da quattro elementi.

quàtto agg. (lat. *coāctum*, deriv. di *cōgere* "raccogliere") Accucciato e in silenzio per non farsi vedere e sentire da altri.

quattordicèsima s.f. **1.** MUS. Nella scala diatonica, intervallo di quattordici gradi. **2.** Indennità mensile pagata ai dipendenti da certe aziende, secondo le stesse modalità con cui viene corrisposta la tredicesima.

quattrino s.m. (così chiamato per il valore di quattro denari) **1.** Monetina di rame del valore di quattro denari che molte zecche italiane coniarono nei secc. XIII-XIX. **2.** Monetina di modesto valore, minima somma di denaro. **3.** (al pl.) Denaro, soldi, ricchezze. *Spendere fior di quattrini.*

quàttro agg. num. card. **1.** Numero naturale successore di tre. ◇ *Quattro porte:* auto con quattro portiere. – *fig. Mangiare a quattro palmenti, ganasce:* moltissimo. **2.** Indicazione generica di una quantità esigua. *Fare quattro passi.* ◇ *fig. Quattro gatti:* pochissime persone. ◆ s.m. inv. **1.** Il numero quattro. **2.** La forma grafica del numero quattro. **3.** La quantità equivalente a quattro unità ogni cento, mille o più. **4.** Voto scolastico che, in una scala di valutazione da zero a dieci, indica una grave insufficienza. **5.** Carta da gioco con quattro segni. ~ La facciata del dado con quattro punti. **6.** SPORT. Nel canottaggio, imbarcazione da gara per quattro vogatori, guidati o meno da un timoniere. *Un quattro con.* **7.** *Quattro per quattro (4x4):* (m. o f.) vettura a quattro ruote motrici. SIN.: **fuoristrada.**

quattrocénto agg. num. card. Numero naturale equivalente a quattro centinaia. ◆ s.m. inv. **1.** Il numero quattrocento. **2.** La forma grafica del numero quattrocento. **3.** La quantità equivalente a quattrocento unità ogni cento. **4.** (iniziale maiusc.) Il secolo quindicesimo.

quebracho /ke'bratʃo/ s.m. [pl. *quebrachos*] (voce spagn., propr. "spezza ascia") Nome di varie piante arboree diffuse nel continente americano e coltivate per l'ottima qualità e resistenza del legno. (Famiglia delle Apocinacee.) ~ Il legno di tali piante.

quechua /'ketʃwa/ agg. inv. (voce spagn. da una voce indigena che significa "razziatore") Del gruppo etnolinguistico stanziato in Perù, Bolivia ed Ecuador, da cui derivò la civiltà degli Incas. ◆ s.m. inv. Nel sign. dell'agg.

quéllo agg. dimostr. [f. –*la*, pl.m. –*li*, f. –*le*] **1.** Indica persona, animale o cosa assenti o lontani, nello spazio o nel tempo, rispetto a chi parla e ascolta; lontani anche da chi ascolta (in oppos. a *questo* e *codesto*). *Arrivò in quel momento.* **2.** Si riferisce a persona, animale o cosa di cui si è già parlato. *Com'è finita quella storia?* **3.** Si usa come rafforzativo di aggettivi o sostantivi. *Quel cretino di tuo fratello.*

quercéto s.m. Bosco di querce.

quèrcia s.m. [pl. –*ce*, –*ci*] **1.** Denominazione comune di diversi alberi ad alto fusto, con foglie lobate e frutti a ghianda con cupola, come il rovere, la roverella e il sughero. (Altezza fino a 45 m, longevità 600 anni; famiglia delle Fagacee.) **2.** Legno di tale pianta usato comunemente da costruzione o per mobili. **3.** BOT. (iniziale maiusc.) Genere di piante a cui appartengono le varie specie di quercia. **4.** *fig.* Persona forte, resistente alla fatica fisica e agli sforzi mentali.

quercitróne s.m. (fr. *quercitron*, ingl. *quercitron* comp. di lat. *quércus* "quercia" e ingl. *citron* "limone") Quercia dell'America settentrionale con foglie ovali, dalla cui corteccia si ricava una sostanza per tingere di giallo i tessuti. (Famiglia delle Fagacee.)

querèla s.f. (lat. *querèlam*, deriv. di *quèri* "lamentarsi") DIR. Azione per mezzo della quale una persona che si ritiene offesa o danneggiata da reati non perseguibili d'ufficio chiede agli organi giudiziari di procedere contro chi è ritenuto colpevole.

querelànte agg. DIR. Di persona che sporge querela contro qlcu. ◆ s.m. e f. Nel sign. dell'agg.

querelàre v.tr. Denunciare qlcu. presentando querela contro di lui agli organi giudiziari. ◆ **querelarsi** v.pron. Presentare querela contro qlcu. *Querelarsi contro il datore di lavoro.*

querelle [/kə'rɛl/] s.f. inv. (voce fr., lat. *querèlam* "querela") Controversia tra intellettuali che sostengono opinioni contrapposte. SIN.: **polemica**.

querulomanìa s.f. PSICH. Tendenza paranoica a lamentarsi continuamente di torti subiti o presunti.

query [/'kwiəri/] s.f. o s.m. inv. (voce ingl., propr. "interrogazione") INFORM. Interrogazione di una base di dati che specifica i criteri della ricerca.

1. quesìto s.m. (lat. *quaesìtum*, deriv. di *quaèrere* "chiedere") **1.** Domanda relativa a una questione di particolare rilievo e complessità. **2.** DIR. Domanda in forma scritta agli organi amministrativi dello Stato perché si pronuncino sull'applicazione di regolamenti di interpretazione dubbia.

2. quesìto agg. (lat. *quaesìtum*, deriv. di *quaèrere* nel sign. di "procurarsi") DIR. Usato solo nella loc. *diritti quesiti*, che non possono essere revocati da leggi sopravvenute.

questionàre v.intr. (aus. *avere*) **1.** Discutere animatamente, polemizzare. *I due fratelli questionano di continuo.* **2.** Fare una discussione su argomenti di particolare complessità. *Questionare di politica.*

questionàrio s.m. [pl. *–ri*] (fr. *questionnaire*, lat. *questionàrium* deriv. di *quaèstio* "ricerca, inchiesta") Serie di domande scritte su un argomento o a scopo di ricerca. ~ Il modulo su cui tali domande sono formulate.

questióne s.f. **1.** Caso da esaminare e risolvere. *Sollevare una questione.* ◇ *Questione di principio:* fondata su profonde convinzioni morali e intellettuali. – *È questione di:* si tratta di. **2.** Problema di grande rilievo che ha dato luogo a intensi dibattiti. ◇ *Questione meridionale:* dibattito circa le cause del sottosviluppo economico e sociale del Sud d'Italia, nato dopo la formazione dello Stato unitario. **3.** Discussione intorno a un dato argomento. ◇ *Questione di fiducia:* quella posta dal Governo su un argomento oggetto di votazione parlamentare, per rinsaldare la propria maggioranza. – *In questione:* in discussione. – *Essere fuori questione:* essere indiscutibile. – *fig. Questione di lana caprina:* oziosa, che si sviluppa su argomenti futili. **4.** Controversia animata.

quésto agg. dimostr. [f. *–sta*, pl.m. *–sti*, f. *–ste*] **1.** Indica persona, animale o cosa presenti o vicini, nello spazio o nel tempo, rispetto a chi parla (in oppos. a *quello* o *codesto*). *Guarda questo quadro.* ~ Riferito a cose personali, equivale a "mio", "nostro". *L'ho fatto con queste mani.* **2.** Si riferisce a persona, animale o cosa nota. *Tratterò questo argomento domani.* **3.** Siffatto, di tale genere. *Basta con queste scemenze.* **4.** Si usa con valore rafforzativo di aggettivi o sostantivi. *Questo sciocco di mio nipote.*

questóre s.m. (lat. *quaestòrem*, deriv. di *quaèrere* "ricercare, chiedere") **1.** (anche f.) Funzionario dipendente dal Ministero degli Interni e preposto a una questura. **2.** (anche f.) Ognuno dei tre parlamentari della Camera e del Senato che collabora con il presidente al mantenimento dell'ordine e al funzionamento e al cerimoniale dell'assemblea. **3.** ANT. ROM. Magistrato preposto a funzioni finanziarie e di polizia.

questòrio agg. [pl.m. *–ri*] ANT. ROM. Proprio del questore.

quèstua s.f. Richiesta di elemosina, raccolta di offerte.

questuànte agg. Che chiede l'elemosina. ~ In partic. di frati appartenenti a ordini mendicanti. ◆ s.m. e f. Nel sign. dell'agg., più spesso nel senso fig. di *postulante*.

questuàre v.intr. (aus. *avere*) (lat. *quaèstus* "ricerca, guadagno", deriv. di *quaèrere* "ricercare, chiedere") Chiedere l'elemosina, raccogliere offerte. *Questuare per strada.* ◆ v.tr. Elemosinare qlco. *Questuare il pane.*

questùra s.f. **1.** Organo del Ministero degli Interni, dislocato in ogni capoluogo di provincia, che svolge compiti di polizia e pubblica sicurezza. ~ La sede di tale organo e il complesso dei suoi funzionari. **2.** ANT. ROM. Ufficio e carica di questore.

questurìno s.m. [f. *–na*] pop. *Agente di pubblica sicurezza.

quetzal [/'ketsal/] s.m. [pl. *quetzales*] (voce spagn. d'America, azteco *quetzalli* "coda dalle penne splendenti") **1.** Uccello delle foreste del Messico e dell'America centrale, venerato dagli aztechi, con piumaggio rosso sul petto e verde sul dorso, coda lunga e quadrata. (Genere *Pharomachrus*, ordine dei Trogoniformi.) **2.** Unità monetaria del Guatemala.

qui avv. (lat. *èccu hìc* "ecco qui") **1.** In questo luogo (in oppos. a *là*). ◇ *Di qui o da qui:* da questa parte (moto da e per luogo). – *Essere di qui:* originario di questo paese, di queste parti. **2.** Si usa come rafforzativo di altri elementi. *Dammi qui.* **3.** In questo momento, a questo punto. *Fin qui ci siamo?* ◇ *Da qui a:* tra (indica l'inizio di un lasso di tempo). *Da qui a una settimana.*

quiche [/kiʃ/] s.f. inv. (voce fr., ted. *Kuche* "torta") CUC. Crostata salata di pasta frolla, con uova, latte e panna, a cui si aggiungono salumi o formaggi o verdure.

quid s.m. inv. (voce lat., propr. "qualche cosa") Un certo che. *Un quid che lascia perplessi.*

quiddità s.f. inv. (lat. *quidditàtem*, deriv. di *quid* "qualche cosa") FILOS. Nella scolastica medievale, la sostanza di una cosa.

quiescènte agg. Nel l. sc., in stato di inattività temporanea.

quiescènza s.f. **1.** Nel l. sc., stato di quiete temporanea. – GEOL. Stato di inattività temporanea di un vulcano. – BOT. Rallentamento o sospensione delle funzioni vitali di una pianta. **2.** Nel l. bur., condizione dei dipendenti di ruolo collocati a riposo. SIN.: **pensione**. **3.** DIR. Sospensione temporanea di un diritto.

quietànza s.f. (fr. *quittance*, deriv. di *quitter* "liberare da un obbligo") Ricevuta di un pagamento.

quiète s.f. **1.** Assenza di movimento, stato di riposo. **2.** Assenza di ogni disturbo e rumore. ~ Assenza di turbamenti interiori.

quietìsmo s.m. (fr. *quiétisme*) **1.** CATT. Dottrina mistica sviluppatasi nel Seicento, basata sulle opere dello spagnolo Molinos, per cui la perfezione cristiana è passiva contemplazione di Dio. **2.** estens. Amore del quieto vivere, comportamento passivo.

quièto agg. **1.** Che è in stato di quiete, privo di moto. **2.** Non turbato da rumori o da altra causa di disturbo. **3.** Riferito a persona, non agitato da turbamenti interiori. SIN.: **sereno**.

quinàrio s.m. [pl. *–ri*] (lat. *quinàrium*, deriv. di *quini* "cinque per volta") **1.** METR. Verso di cinque sillabe. **2.** ANT. ROM. Moneta argentea dell'età repubblicana. ❏ In funzione di agg., composto da cinque elementi.

quinàto agg. BOT. Di organo disposto in gruppi di cinque.

quindecèmviro o **quindecènviro** s.m. ANT. ROM. Ciascuno dei quindici sacerdoti del collegio (*quindecemvirato*) che custodiva e interpretava i Libri sibillini e controllava i culti stranieri.

quindi cong. (lat. *èccu ìnde* "ecco di là") **1.** Perciò, di conseguenza, per questo fatto o motivo. *Sono nervoso, quindi evito le discussioni.* SIN.: **pertanto**. **2.** Poi, successivamente. *Arriva in fondo, quindi gira a destra.* ❏ In funzione di s.m. inv., solo nelle locc. *stare sul quinci e sul*

quindi, parlare in quinci e quindi, ostentare superiorità e affettazione nei modi e nel parlare.

quindicènnio s.m. [pl. *–ni*] Periodo di quindici anni.

quindicèsima s.f. **1.** MUS. Nella scala diatonica, intervallo di quindici gradi. **2.** Mensilità corrisposta ai dipendenti di alcune aziende secondo le modalità della tredicesima e della quattordicesima.

quìndici agg. num. card. (lat. *quìndecim*, comp. di *quìnque* "cinque" e *dècem* "dieci") Numero naturale successore di quattordici. ◆ s.m. inv. **1.** Il numero quindici. **2.** La forma grafica del numero quindici. **3.** La quantità equivalente a quindici unità ogni cento, mille o più. *Uno sconto del 15%.* **4.** SPORT. La formazione di una squadra di rugby formata da quindici giocatori. ~ Nel tennis, primo punto che si può segnare in un game.

quindicìna s.f. **1.** Insieme di quindici o ca. quindici unità. *Una quindicina di alunni.* **2.** Prima o seconda metà di un mese. *La prima quindicina di agosto.* **3.** Salario di quindici giorni.

quinòa s.f. (voce quechua) Pianta commestibile simile agli spinaci, coltivata in Sudamerica. (Genere *Chenopodium*; famiglia delle Chenopodiacee.)

quinquagèsima s.f. CATT. Domenica che precede la quaresima e che cade cinquanta giorni prima della Pasqua.

quinquennàle agg. **1.** Che ha durata di cinque anni. *Piano quinquennale.* **2.** Che ricorre ogni cinque anni. *Elezione quinquennale.* ◆ s.m. Il quinto anniversario di un avvenimento.

quinquènnio s.m. [pl. *–ni*] Periodo di cinque anni.

quinta s.f. **1.** (spec. pl.) Parte di un teatro situata ai lati e dietro la scenografia, che delimita la scena. ◇ *fig. Dietro le quinte:* di nascosto, clandestinamente. *Manovrare dietro le quinte.* **2.** SPORT. Una delle posizioni di guardia nella sciabola. **3.** La quinta classe della scuola elementare o della media superiore. **4.** La quinta marcia nei cambi di velocità degli autoveicoli. **5.** MUS. Intervallo che comprende cinque note nella scala diatonica.

quintàle s.m. (spagn. *quintal*, ar. *quintār*, gr. *kentēnárion* "peso di cento libbre") Nel sistema metrico decimale, unità di peso e di massa (simb. q) pari a 100 kg.

1. quintàna s.f. **1.** Via che, nello schema dell'accampamento romano, correva parallela alla via principale, separando il quinto manipolo di legionari dal sesto. **2.** In epoca medievale, giostra di cavalieri in cui i partecipanti, cercando di rimanere in sella, dovevano colpire con la lancia un fantoccio vestito da saraceno, girevole su se stesso e armato di una mazza.

2. quintàna s.f. MED. Febbre che si manifesta con accessi acuti a intervalli di cinque giorni.

quintèrno s.m. Fascicolo di cinque fogli di carta piegati in modo da formare dieci carte e venti facciate.

quintessènza s.f. (calco del gr. *pémptē ousía*) **1.** FILOS. Quinto elemento (etere) aggiunto da alcuni pensatori dell'antichità ai quattro elementi di Empedocle (terra, acqua, aria, fuoco). **2.** Essenza ottenuta dopo cinque distillazioni, che nel pensiero medioevale e in partic. in alchimia era considerata l'anima stessa di una sostanza. **3.** *fig.* Caratteristica costitutiva, essenziale di qlco. – Grado massimo, perfetto della manifestazione di qlco. *Essere la quintessenza della generosità.*

quintétto s.m. **1.** Gruppo di cinque persone riunite da funzioni comuni o da altre affinità, spesso con connotazioni negative. **2.** MUS. Composizione vocale o strumentale a cinque esecutori, strumenti o voci. ~ Complesso di cinque strumentisti o di cinque cantanti. **3.** SPORT. Il gruppo dei cinque giocatori che formano una squadra di pallacanestro. ~ Nel calcio, la prima linea d'attacco, formata dalle due ali, dalle due mezze e dal centravanti.

quintilióne s.m. Nel sistema di numerazione decimale, 10 elevato alla diciottesima potenza.

quintìna s.f. MUS. Gruppo di cinque note che ha lo stesso valore di quattro o sei note.

quìnto agg. num. ord. **1.** Che in una successione ordinata, occupa una posizione corrispondente al numero cinque. ◇ *Quinto potere:* la radio, il cinema e spec. la televisione, come importanti veicoli di informazione e di influenza sulla massa. – MED. *Quinta malattia:* malattia infettiva dell'infanzia di breve durata e modesta intensità. **2.** Con valore frazionario, relativo a ciascuna delle parti di un intero diviso per cinque. ◆ s.m. **1.** [f. –ta] Nei sign. dell'agg. *Sono il quinto della fila.* **2.** Misura di capacità corrispondente alla quinta parte di un litro. ~ Il recipiente bollato che contiene tale misura e il contenuto, spec. di vino, della stessa.

quintuplicàre v.tr. [4] Moltiplicare qlco. per cinque. ◆ **quintuplicarsi** v.pron. Diventare cinque volte più grande. *I guadagni si sono quintuplicati.*

quintuplo agg. Maggiore di cinque volte. ◆ s.m. Grandezza cinque volte maggiore di un'altra. *Pagare il quintuplo.*

quipo [/ˈkipo/] s.m. (pl. *quipos*) (voce spagn., dal quechua *quipu* "nodo") Gruppo di cordicelle in cotone colorate, intrecciate e legate, usate dagli Incas come unità di calcolo.

quì prò quò loc. sost. m. inv. (etim. discussa, forse lat. *qui pro quo* "qualcosa al posto di qualcos'altro") Equivoco ed errore che ne consegue.

quirite agg. Romano antico. ~ *scherz.* Romano attuale. ◆ s.m. e f. DIR. Cittadino dell'antica Roma.

quisling [/ˈkvislɪŋ/] s.m. inv. (voce norv., dal nome di V. *Quisling,* capo del governo fantoccio che i nazisti insediarono in Norvegia) ST. Durante la seconda guerra mondiale, capo di governo asservito al nazionalsocialismo tedesco. ~ *estens.* Statista, uomo politico che collabora con lo straniero, contro gli interessi del proprio Paese.

quisquilia s.f. (lat. *quisquília,* propr. "rifiuti") Cosa poco importante, su cui non è necessario soffermarsi. SIN. **inezia.**

quiz [/kwiz/] s.m. inv. (voce ingl. d'America) Domanda che si pone ai partecipanti a un gioco, a un programma televisivo o radiofonico o, anche, quesito che si pone ai candidati di un esame. ~ Gioco costituito da domande e risposte.

quòrum s.m. inv. (voce lat., propr. "di quelli che") Numero minimo indispensabile di membri che un'assemblea deve riunire per la validità giuridica della deliberazione. ~ Numero minimo di elettori necessario perché una votazione sia valida.

quòta s.f. (lat., deriv. di *quòtam pàrtem* "quanta parte") **1.** Somma versata o riscossa da chi partecipa a un'operazione economica. ~ Parte spettante. **2.** BANC. Livello di valutazione. ~ BORS. Valore di un titolo o del complesso dei titoli. **3.** IPP. La cifra che esprime la probabilità di vittoria di un cavallo che partecipa alle corse, in rapporto alle scommesse. **4.** Altitudine di un punto rispetto a una superficie di riferimento, che generalmente, in topografia, aeronautica e marina è il mare. **5.** *estens.* Posizione in una classifica, vista idealmente come un grafico a sviluppo verticale. **6.** Numero riportato su un disegno, un piano, una mappa, che indica una dimensione, un livello, una coordinata, ecc. **7.** DIR. Parte d'imposta che ciascuno deve pagare. **8.** Percentuale, contingente determinato, imposto o autorizzato. *Il governo ha ridotto le quote d'importazione.*

quotàre v.tr. **1.** Fissare la quota da pagare per ogni persona di un gruppo. ~ FIN. Fissare il prezzo in Borsa e nel mercato dei cambi di un titolo, di una valuta, di una merce. **2.** IPP. Attribuire la quota per le scommesse a un concorrente o a un cavallo in gara. **3.** Valutare un bene, farne la stima in termini economici. **4.** Riportare le quote di un luogo o di elementi rappresentati (p.e. le curve di livello) su una mappa, un piano, un disegno. ◆ **quotarsi** v.pron. Stabilire la propria quota di contribuzione. *Quotarsi per 5 euro.*

quotàto agg. **1.** Di cosa di cui è segnata, calcolata la quota. **2.** Dotato di una quotazione in Borsa. ~ IPP. Di cavallo, che ha una buona quotazione, cioè con buone probabilità di vincere la gara. **3.** *estens.* Apprezzato, stimato da molti.

quotazióne s.f. **1.** Attribuzione di un valore; livello di valutazione. ~ BORS. Corso di un titolo. ~ FIN. Nel mercato dei cambi, il valore di una moneta estera, espresso in unità della moneta nazionale. **2.** *fig.* Stima che si gode presso il pubblico in merito alle proprie doti professionali.

quotidianaménte avv. Tutti i giorni.

quotidianità s.f. inv. **1.** Carattere quotidiano di qlco. **2.** La vita di tutti i giorni, spec. nel suo monotono ripetersi.

quotidiàno agg. Che avviene o si ripete ogni giorno. ~ *estens.* Ordinario, solito. ◆ s.m. **1.** Giornale che esce tutti i giorni. **2.** (solo sing.) La vita e i bisogni di tutti i giorni, ciò che è ordinario e normale.

quotista s.m. e f.[pl.m. –sti] Chi possiede una quota di una società a responsabilità limitata.

quòto s.m. (lat. *quòtum* "quanto") MAT. Il quoziente perfetto di una divisione senza resto.

quoziènte s.m. (lat. *quòtiens* "quante volte") **1.** ARITM. Risultato dell'operazione della divisione. ◇ *Insieme quoziente:* di un insieme *E* di cui sia fissata una relazione di equivalenza *I,* insieme delle classi di equivalenza. **2.** Numero o indice esprimente un valore o un rapporto. ◇ PSICOL. *Quoziente d'intelligenza:* rapporto tra l'età reale di una persona e la sua età mentale, misurato tramite specifiche prove, anche abbreviato *QI.* – SPORT. *Quoziente reti:* nel calcio, rapporto fra il numero di goal segnati e il numero di quelli subiti da una squadra, preso in considerazione in certi casi di parità. – FISIOL. *Quoziente respiratorio:* relazione del volume di gas carbonico emesso al volume d'ossigeno consumato durante lo stesso tempo.

qwerty [/ˈkwɛrti/] agg. inv. *Tastiera qwerty:* la tastiera del computer e, nei paesi anglosassoni, anche della macchina da scrivere, in cui le lettere *q, w, e, r, t, y* sono poste sui sei tasti iniziali della seconda riga a partire da sinistra.

qzerty [/ˈktsɛrti/] agg. inv. *Tastiera qzerty:* la tastiera della macchina da scrivere in uso in Italia, in cui le lettere *q, z, e, r, t, y* sono poste sui sei tasti iniziali della seconda riga a partire da sinistra; è detta anche *tastiera italiana.*

Carattere Rockwell

r s.f. o s.m. inv. **1.** Lettera dell'alfabeto latino e delle lingue che lo adottano; in italiano rappresenta la consonante costrittiva alveolare vibrante. **2.** Semplice o puntata, maiuscola o minuscola, è usata in sigle o abbreviazioni con diversi valori. **3.** Simbolo usato in settori specifici. ◇ FIS. *R:* la *resistenza elettrica. – I gradi Réaumur. – I raggi X. – MAT. r:* il raggio di un cerchio. – ECON. Azione a risparmio. – *R:* treno regionale. ❑ In funzione di agg., *acido R,* in chimica, acido impiegato nella preparazione di coloranti.

rabab s.m. inv. Strumento musicale arabo costituito da una cassa armonica lunga e stretta fornita di due o tre corde.

rabàrbaro s.m. (gr. *rhēon bárbaron*, pianta d'orig. straniera proveniente dal fiume Volga) **1.** Pianta erbacea con foglie larghe, infiorescenza gialla, rizoma molto sviluppato da cui si ricava un estratto medicinale. (Genere *Rheum*; famiglia delle Poligonacee.) **2.** *estens.* Liquore preparato con l'estratto di tale pianta.

fiore

gambi commestibili

■ **rabàrbaro**

rabberciàre v.tr. [5] (etim. incerta, forse lat. deriv. di *ĭmbrices* "travicelli che sostengono le tegole") **1.** Riparare qlco. alla meglio. **2.** *fig.* Mettere insieme le parti di un testo, correggerlo in modo approssimativo.

ràbbi s.m. inv. (aramaico *rabbī* "mio maestro") Nella religione ebraica, titolo onorifico di maestro, attribuito ai dottori della legge.

ràbbia s.f. **1.** VET., MED. Malattia infettiva virale trasmessa dall'uomo dal morso di alcuni animali, caratterizzata da una grave meningoencefalite. **2.** *fig.* Condizione psichica caratterizzata da irritazione, spesso accompagnata da parole o da azioni incontrollate. **3.** *fig.* Stizza, disappunto. **4.** *fig.* Accanimento nel fare, nel volere qlco. **5.** *fig.* Violenza degli elementi naturali. SIN: **furia.**

ràbbico o **ràbico** agg. [pl.m. *–ci,* f. *–che*] MED. Che concerne la rabbia. ~ Affetto da rabbia.

rabbinàto s.m. **1.** Carica di rabbino. **2.** Insieme dei rabbini di una regione.

rabbinico agg. [pl.m. *–ci,* f. *–che*] (fr. *rabbinique*) Relativo ai rabbini.

rabbinismo s.m. Insieme delle dottrine insegnate dai rabbini e concernenti l'interpretazione della Bibbia e la tradizione rituale e giuridica dell'ebraismo.

rabbino s.m. (aramaico *rabbī* "mio maestro") **1.** Ministro del culto ebraico. **2.** Rabbi.

rabbióso agg. **1.** VET., MED. Che è malato di rabbia. **2.** *fig.* Di persona, in preda alla collera, all'ira. SIN: **furioso.** ~ Di atto, che denota uno stato di collera. **3.** *fig.* Accanito, violento. *Odio rabbioso.* **4.** *fig.* Eccessivo, smodato. **5.** *fig.* Impetuoso, furioso.

rabboccàre v.tr. [4] **1.** Riempire un contenitore fino all'orlo. **2.** *estens.* Ripristinare il livello iniziale di un liquido in parte consumato. *Rabboccare l'olio del motore.* **3.** Pareggiare la superficie di un muro con l'intonaco.

rabbonire v.tr. [83] Calmare qlcu. che è arrabbiato. ◆ **rabbonirsi** v.pron. Calmarsi.

rabbrividire v.intr. [83] (aus. *essere*) **1.** Avere i brividi per il freddo. **2.** *fig.* Provare un senso di paura, di orrore.

rabbuiàre v.intr. [6] (aus. *essere*) Diventare buio. ◆ **rabbuiarsi** v.pron. **1.** Oscurarsi. **2.** *fig.* Diventare cupo, triste.

rabdomànte s.m. e f. Chi è capace di scoprire vene sotterranee di acqua o metallifere utilizzando una bacchetta biforcuta.

rabdomanzia s.f. (gr. *rhabdomantéia,* comp. di *rhábdos* "bacchetta" e *mantéia* "divinazione") Tecnica divinatoria utilizzata per localizzare sorgenti d'acqua o giacimenti minerari interpretando le vibrazioni di una bacchetta.

rabelesiàno o **rabelaisiàno** agg. **1.** Relativo allo scrittore francese F. Rabelais. **2.** *estens.* Di una comicità esuberante, irriverente, secondo lo stile di Rabelais.

rabicàno agg. (spagn. *rabicano,* comp. di *rabo* "coda" e *cano* "bianco") Detto del mantello di cavallo dal colore variato con chiazze di pelo bianco. ◆ s.m. Il cavallo con tale tipo di mantello.

racahout s.m. inv. (voce ar.) Polvere a base di cacao, farina e spezie, usata nella cucina araba e turca.

raccapezzàre v.tr. Mettere insieme qlco. con fatica. ◆ **raccapezzarsi** v.pron. Orientarsi, anche in senso fig. *Non mi raccapezzo più in mezzo a tante novità.*

raccapricciànte agg. Che provoca raccapriccio, orrore. SIN: **spaventoso.**

raccapriccio s.m. [non com. pl. *–ci*] Profondo senso di orrore, di ribrezzo.

raccattapàlle s.m. e f. inv. SPORT. Chi raccoglie le palle uscite dai limiti del terreno di gioco per restituirle ai giocatori.

raccattàre v.tr. **1.** Raccogliere qlco. da terra. **2.** *fig.* Mettere insieme con fatica.

1. racchétta s.f. (fr. *raquette,* orig. "palmo della mano" poi "strumento di tale forma") **1.** Attrezzo formato da un telaio di forma ovale al quale sono fissate cordicelle intrecciate a rete, e da un lungo manico, usato nel tennis per colpire la palla. ◇ *Racchetta da ping-pong:* attrezzo più piccolo, in legno ricoperto di gomma, con manico corto, usato nel tennis da tavolo. **2.** *estens.* Tennista. *Essere una formidabile racchetta.* **3.** *Racchetta da neve:* telaio allungato su cui è teso un intreccio di fibre naturali o artificiali, che si fissa allo scarpone per camminare sulla neve fresca senza affondare.

2. racchétta s.f. MIL. Razzo per segnalazioni luminose usato nel sec. XIX.

racchiùdere v.tr. [21] Contenere in sé, anche in senso fig. *Il suo animo racchiude un segreto.*

raccoglibriciole s.m. inv. Utensile che serve a raccogliere le briciole, composto da una spazzola e da una paletta o da un contenitore con spazzola ruotante.

raccògliere v.tr. [62] **1.** Prendere, sollevare qlco. da terra. *Raccogliere pietre.* **2.** Prendere dalle piante o dal suolo i prodotti della terra. SIN: **cogliere. 3.** *fig.* Ottenere, conseguire qlco. *Raccogliere consensi.* **4.** Accogliere, ricoverare persone o animali bisognosi di aiuto. **5.** Mettere insieme più cose o persone. *Raccogliere ricchezze.* SIN: **accumulare.** ◇ *fig. Raccogliere le forze:* trovare l'energia per raggiungere un determinato scopo. **6.** Sistemare insieme più parti di uno stesso elemento. *Raccogliere i capelli.* **7.** Collezionare oggetti. *Raccogliere francobolli.* **8.** *fig.* Prestare ascolto a qlco. *Raccogliere un invito.* ◆ **raccogliersi** v.pron. **1.** Concentrarsi, evitare ogni distrazione. *Raccogliersi in meditazione.* **2.** Ripiegare, contrarre le membra. *La tigre si raccolse per spiccare il salto.* **3.** Radunarsi in un luogo. *Raccogliersi in piazza.* **4.** Di elementi naturali, come l'acqua o i vapori, ammassarsi in un unico luogo, accumularsi. **5.** Rannicchiarsi. *Si raccolse nella poltrona.*

raccoglimento s.m. Atteggiamento di concentrazione spirituale.

raccoglitóre s.m. **1.** [f. *–trice*] Lavoratore agricolo addetto alla raccolta di particolari prodotti. **2.** Cartella usata negli uffici per archiviare documenti e simili. ❑ In funzione di agg., che raccoglie.

raccòlta s.f. **1.** Insieme delle operazioni volte a raccogliere i prodotti della terra. ~ Il complesso dei prodotti raccolti. **2.** Azione di riunire elementi simili per certe finalità. *Raccolta di* firme. ◇ *Raccolta differenziata dei rifiuti:* attuata separando le sostanze riciclabili. **3.** Insieme di cose omogenee radunate e disposte secondo criteri funzionali ~ Compendio, scelta. *Raccolta di poesie.* **4.** Insieme di più persone riunite per uno scopo specifico. ◇ *Chiamare a raccolta:* radunare, anche fig. *Chiamare a raccolta le proprie forze.* **5.** MED. Accumulo di materiali organici. **6.** SPORT. Particolare posizione delle gambe flesse prima del tuffo o di certi esercizi ginnici.

1. raccòlto agg. **1.** Ripiegato su se stesso. SIN.: **rannicchiato. 2.** Tenuto insieme. *Capelli raccolti.* SIN.: **stretto. 3.** *fig.* Di persona, che ha la mente completamente concentrata in un pensiero. SIN.: **assorto.** ◇ Controllato nell'atteggiamento. SIN.: **composto. 4.** *fig.* Di luogo o ambiente, tranquillo, appartato.

2. raccòlto s.m. **1.** L'insieme dei frutti di una singola coltivazione. ~ assol. L'insieme dei prodotti di tutte le principali colture nel corso dell'annata. ~ L'epoca in cui si raccoglie un determinato prodotto. **2.** *estens.* Somma o insieme di oggetti raccolti a scopo di beneficenza.

raccomandàbile agg. Degno di essere raccomandato. SIN.: **consigliabile.** ◇ *Poco raccomandabile:* di scarso affidamento.

raccomandàre v.tr. **1.** Affidare qlcu. o qlco. alla protezione, all'attenzione, all'aiuto di qlcu. **2.** Segnalare qlcu. all'attenzione di chi può ottenergli un favore. *Raccomandare un candidato.* **3.** Consigliare a qlcu. qlco. che si ritiene utile o necessario. *Raccomandare prudenza.* ◆ **raccomandarsi** v.pron. Affidarsi a qlcu., mettersi nelle sue mani. *Raccomandarsi a Dio.*

raccomandàta s.f. Nell'amministrazione postale, lettera o plico spediti con una particolare procedura che prevede il pagamento di una tassa supplementare da parte del mittente, il rilascio di una ricevuta e la consegna diretta al destinatario che la comprova con la sua firma. ◇ *Raccomandata espressa:* lettera raccomandata che viaggia come un espresso. – *Raccomandata con ricevuta di ritorno:* con allegata una cartolina che, una volta firmata dal destinatario, viene a sua volta rispedita al mittente come ricevuta.

raccomandàto agg. **1.** Spedito per raccomandata. **2.** Che è appoggiato, protetto da una persona influente. ◆ s.m. [f. *–ta*] Nell'accez. 2 dell'agg.

raccomandazióne s.f. **1.** Atto dell'affidare e dell'affidarsi alla protezione e all'aiuto di qlcu. **2.** Richiesta di favorire una persona, rivolta a chi si ritiene possa farlo. ~ *estens.* (al pl.) Appoggi da parte di persone influenti. **3.** Consiglio, esortazione, suggerimento autorevole. **4.** DIR. Atto normativo tipico delle organizzazioni internazionali, che non vincola gli stati membri, ma rende leciti i comportamenti che vi si conformano, anche se difformi da un impegno precedente. **5.** Spedizione postale per raccomandata.

raccontàre v.tr. Riferire a qlcu. fatti reali o immaginari. ◇ *Raccontarne delle belle:* riferire cose straordinarie, incredibili. ~ Di libri, film, spettacoli, raccontare una storia. *Il romanzo racconta la vita di Galileo.* ◆ v.intr. (aus. *avere*) Riportare a qlcu. notizie relative a una persona o a un avvenimento. *Raccontare di un'avventura.*

raccónto s.m. **1.** Resoconto di vicende vere o frutto di invenzione. ~ La cosa raccontata. **2.** Breve componimento letterario in prosa in cui si narrano avvenimenti di fantasia o reali liberamente reinterpretati. SIN.: **novella.**

raccorciaménto s.m. Riduzione di lunghezza o di durata.

raccorciàre o **riaccorciàre** v.tr. [5] **1.** Accorciare qlco. **2.** Rendere più breve, più corto. ◆ **raccorciarsi** v.pron. Diventare più corto o più breve. *La maglia si è raccorciata.*

1. raccordàre v.tr. (fr. *raccorder*) Collegare tramite un raccordo due o più strade, canali, tubi, ecc.

2. raccordàre v.tr. Munire di corde il telaio di una racchetta da tennis.

raccòrdo s.m. (fr. *raccord*) **1.** Collegamento fra due cose. ~ In partic., elemento di giunzione che unisce due o più tubi, o, estens., due parti di un dispositivo. **2.** Nelle costruzioni stradali e ferroviarie, tronco di strada o di binario che collega due tratti non allineati fra loro. ◇ *Raccordo*

anulare: collegamento autostradale di circonvallazione intorno a una grande città che ne evita l'attraversamento. **3.** CINE. Collegamento di due inquadrature successive o di due sequenze consecutive in una pellicola.

racehorse [/reɪs'hɔːs/] s.m. inv. (voce ingl., "cavallo da corsa") Cavallo addestrato per correre nelle gare.

racèmico agg. [pl.m. *–ci*] (deriv. di *racemo* perché orig. derivato dal mosto) CHIM. *Composto racemico:* racemo.

racèmo s.m. (lat. *racēmum* "raspo, grappolo") **1.** BOT. Formazione fiorale con un asse principale dominante. **2.** ARCH. Motivo decorativo a forma di tralci intrecciati. **3.** CHIM. Miscela in parti uguali di due isomeri che sono l'uno l'immagine speculare dell'altro e che risulta pertanto otticamente inattiva.

racer [/'reɪsə/] s.m. inv. (voce ingl., propr. "corridore") Motoscafo entrobordo da competizione.

ràchi s.m. inv. (serbo-croato *rakija*, turco *raki*) Liquore simile alla grappa tipico di alcune zone della penisola balcanica.

rachialgìa s.f. MED. Dolore localizzato alla colonna vertebrale causato da infiammazione o da alterazioni delle vertebre.

rachianestesìa s.f. MED. Anestesia spinale mediante iniezione di sostanze anestetiche nel canale midollare.

rachicentèsi s.f. inv. MED. Prelievo di liquido cefalorachidiano effettuato con un ago apposito.

ràchide s.m. e f. (gr. *rhákhis* "spina dorsale") **1.** ANAT. *Colonna vertebrale. **2.** ZOOL. Asse di una piuma d'uccello da cui partono le barbe. **3.** BOT. L'asse principale di un'infiorescenza. ~ Nelle foglie composte, il prolungamento del picciolo su cui sono inserite le foglioline o altre rachidi secondarie.

rachidèo agg. ANAT. Relativo alla colonna vertebrale.

rachidiàno agg. **1.** ANAT. Rachideo. **2.** BOT. Relativo alla rachide.

rachitico agg. [pl.m. *–ci*, f. *–che*] (deriv. di gr. *rhakhītēs* "che riguarda la spina dorsale") **1.** MED. Affetto da rachitismo. **2.** *fig.* Poco sviluppato. SIN.: **gracile.** ◆ s.m. [f. *–ca*] Nell'accez. 1 dell'agg.

rachitismo s.m. **1.** MED. Malattia dell'uomo e degli animali che consiste nell'alterazione dei processi di ossificazione per carenza di vitamina D. **2.** BOT. Sviluppo irregolare di una pianta dovuto alla presenza di parassiti o a carenza di elementi nutritivi.

racimolàre v.tr. Raccogliere qlco. qua e là con fatica. *Racimolare un po' di soldi.*

racimolatùra s.f. **1.** Raccolta dei racimoli rimasti sulla vite dopo la vendemmia. **2.** *fig.* Raccolta paziente, faticosa. **3.** Ciò che si è raccolto racimolando qua e là.

racimolo s.m. **1.** Ciascun rametto di un grappolo d'uva. **2.** *estens.* Grappolo d'uva di piccole dimensioni.

racing [/'reɪsɪŋ/] s.m. inv. (voce ingl., propr. "il correre") Gara di corsa, regata sportiva.

rack [/'ræk/] s.m. [pl. *raks*] (voce ingl., propr. "rastrelliera") Mobiletto a più ripiani di varie dimensioni in cui vengono collocati gli impianti hi-fi.

racket [/'rækɪt/] s.m. inv. (voce ingl., propr. "frastuono, schiamazzo") Organizzazione illegale della malavita che controlla determinati settori dell'attività economica estorcendo denaro o altri beni con la violenza.

raclette [/ʀaklɛt/] s.f. inv. (voce fr., deriv. di *racler* "raschiare") CUC. Preparazione che si ottiene mettendo a contatto con la fiamma un formaggio da cui si toglie la parte sciolta per mangiarla man mano che fonde.

ràda s.f. (fr. *rade*) Insenatura naturale o artificiale dove le navi possono ormeggiare.

ràdar s.m. inv. (sigla dell'ingl. *radio detection and ranging* "rilevamento e localizzazione per mezzo di onde radio") Strumento radio usato per localizzare oggetti. ▫ In funzione di agg. inv.,

relativo al radar, ottenuto mediante il radar. *Segnale radar.*

ENCICL. Il principio del radar è fondato sull'emissione, tramite impulsi di breve durata, di fasci di onde radioelettriche che, dopo riflessione contro un ostacolo, tornano verso un ricevitore. Un radar si compone di un generatore di impulsi, un'antenna direttrice, un ricevitore sulla stessa antenna e di un indicatore per la lettura dei risultati. La distanza dell'ostacolo è calcolata in base alla durata del percorso di andata e ritorno delle onde, che si propagano alla velocità della luce (300.000 km/s ca.); la direzione del moto è indicata dall'orientamento dell'antenna, utile per l'emissione e la ricezione delle onde. In campo militare il radar ha trovato diverse applicazioni: *radar di bordo* negli aerei, *radar di autoguida* nei missili, *radar di sorveglianza* al suolo per le forze terrestri e *radar di tiro* per le forze navali.

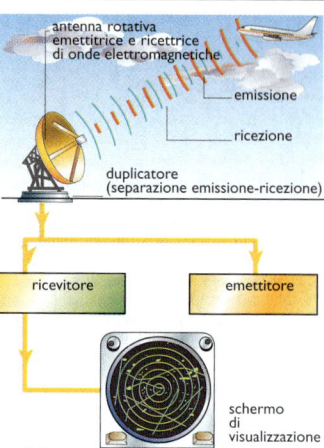

■ **ràdar** (funzionamento).

radarastronomìa s.f. Ramo dell'astronomia che usa il radar per lo studio delle stelle.

radarista s.m. e f. [pl.m. *–sti*] Operatore addetto al funzionamento o alla manutenzione dei radar.

raddobbàre v.tr. (fr. *radouber*) MAR. Riparare una nave.

raddòbbo s.m. (fr. *radoub*) MAR. Riparazione, manutenzione di una nave.

raddolciménto s.m. METALL. Procedimento che rende un metallo più duttile.

raddolcire v.tr. [83] **1.** Rendere più dolce qlco. **2.** Addolcire qlco., mitigarlo. *Raddolcire una pena.* SIN.: **lenire. 3.** METALL. Diminuire la durezza e la fragilità di un acciaio o di una lega mediante trattamento termico. ◆ **raddolcirsi** v.pron. Riferito al carattere o al tempo, diventare meno aspro, più dolce, spec. in senso fig. *I suoi atteggiamenti si sono raddolciti.*

raddoppiaménto s.m. **1.** Accrescimento di qlco. del doppio. ~ *estens.* Intensificazione. **2.** LING. Ripetizione di una parola per intensificarne il significato. *Zitto zitto.* **3.** In enigmistica, gioco che consiste nell'ottenere da una parola un'altra di diverso significato raddoppiando una consonante interna (p.e. *palla* da *pala*).

raddoppiàre v.tr. [6] **1.** Rendere doppio. **2.** *estens.* Aumentare la forza, l'intensità di qlco. *Raddoppiare gli sforzi.* ◆ v.intr. **1.** (aus. *essere*) Diventare doppio. ~ *estens.* Aumentare. *La forza del vento raddoppiava.* **2.** (aus. *avere*) Nel calcio, segnare un secondo goal. **3.** (aus. *avere*) Di cavallo, andare di raddoppio. **4.** (aus. *avere*) Nel biliardo, eseguire il raddoppio.

raddoppiàto agg. **1.** Aumentato del doppio. **2.** *estens.* Aumentato di molto. **3.** Formato da due strati ripiegato su se stesso.

raddóppio s.m. [pl. *–pi*] **1.** Operazione che consiste nell'aggiungere a qlco. una quantità o misura uguale a quella originaria. **2.** SPORT. Nell'equitazione, andatura del cavallo quando

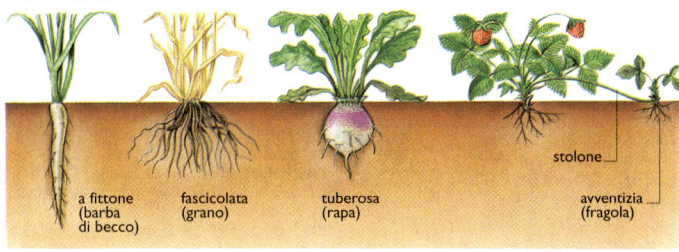

■ **radice.** Tipi di radici.

a fittone (barba di becco) · fascicolata (grano) · tuberosa (rapa) · stolone · avventizia (fragola)

muove insieme prima i piedi anteriori e poi quelli posteriori. ~ Nella scherma, secondo attacco eseguito sulla stessa linea del primo e subito dopo questo, approfittando di un'esitazione dell'avversario. ~ Nel calcio, la seconda rete messa a segno. **3.** Nel biliardo, colpo per cui la palla tocca consecutivamente due sponde opposte, percorrendo due volte la stessa linea. **4.** MUS. Ripetizione di uno o più suoni con altre voci o strumenti. **5.** TEAT. → **doppione.**

raddrizzaménto s.m. **1.** Operazione del posizionare qlco. in modo che risulti diritto, non pendente o storto. **2.** *fig.* Correzione. **3.** FIS. *Raddrizzamento della corrente:* trasformazione di una corrente alternata in una corrente continua.

raddrizzàre v.tr. **1.** Mettere di nuovo qlco. in posizione regolare. **2.** *fig.* Mettere in ordine, correggere. *Raddrizzare la situazione.* **3.** FIS. Trasformare una corrente alternata in corrente continua. ◆ **raddrizzarsi** v.pron. **1.** Rimettersi in posizione diritta. **2.** *fig.* Del tempo, rimettersi al bello. ~ Di situazione, riprendere un andamento positivo. **3.** *fig.* Di persona, rimettersi sulla buona strada.

raddrizzatóre s.m. **1.** [f. *–trice*] Persona che raddrizza. **2.** ELETTR. Apparecchio che converte la corrente alternata in corrente continua, detto anche *rettificatore.*

radènte agg. Che si muove passando rasente o sfiorando una superficie. ◇ *Luce radente:* quasi parallela alla superficie degli oggetti illuminati. – *Tiro radente:* che descrive una traiettoria molto vicina al terreno.

ràdere v.tr. [21] **1.** Tagliare i peli con un rasoio. **2.** Passare molto vicino a qlco. **3.** Buttare a terra, abbattere. *Radere al suolo una costruzione.* ◆ **radersi** v.pron. Farsi la barba. ~ Tagliarsi i peli di una parte del corpo.

1. radiàle agg. Del raggio. ~ Che si trova o si muove nella direzione del raggio di un cerchio, spec. dal centro verso la circonferenza. *Forza radiale.* ◆ s.f. Linea di trasporti pubblici che collega il centro della città con la periferia.

2. radiàle agg. ANAT. Del radio.

1. radiànte agg. **1.** Luminoso, splendente. **2.** Nel l. sc. e tecnologico, che emette energia luminosa, calorifica, ecc. per irradiamento. ◇ MED. *Terapia radiante:* che usa radiazioni ionizzanti. ◆ s.m. ASTR. Punto del cielo da cui sembrano divergere le traiettorie degli sciami meteoritici.

2. radiànte s.m. GEOM. Unità di misura (simb. *rad*) degli angoli piani pari all'angolo che ha il vertice nel centro di una circonferenza e sottende un arco di lunghezza uguale al raggio.

radiànza s.f. FIS. Flusso di energia emesso per unità di superficie radiante.

radiàre v.tr. [6] (fr. *radier,* lat. *radiàre* deriv. erroneamente da fr. *raïer* "tirare una riga") **1.** Cancellare da un elenco, da un ruolo. **2.** MAR. Togliere una nave dal servizio attivo e mandarla in demolizione.

radiativo agg. FIS. Relativo all'irraggiamento.

1. radiàto agg. **1.** BOT., ZOOL. Disposto a raggi. **2.** Circondato da raggi. *Corona radiata.*

2. radiàto agg. Cancellato da un elenco.

radiatóre s.m. (fr. *radiateur*) **1.** Apparecchio per il riscaldamento degli ambienti che cede all'aria il calore del liquido che circola al suo interno. **2.** Nei motori a combustione interna, dispositivo di raffreddamento che assorbe e disperde il calore eccessivo dei cilindri.

1. radiazióne s.f. (fr. *radiation,* lat. *radiatiōnem* "irradiazione") FIS. Emissione e propagazione di energia sotto forma di onde elettromagnetiche o di particelle che si propagano lungo traiettorie ad andamento rettilineo. ~ L'insieme degli elementi irradiati. *L'incidente al reattore nucleare ha aumentato i rischi di radiazione.* ◇ *Radiazione ondulatoria:* energia irradiata secondo onde. – *Radiazione corpuscolare:* quella in cui gli elementi emessi si considerano particelle solide. – *Radiazione ionizzante:* quella di energia sufficiente a ionizzare la materia che attraversa. – ASTR. *Radiazione fossile:* onda di energia che continua ad arrivare sulla Terra come residuo del Big Bang originario.

2. radiazióne s.f. (fr. *radiation*) Cancellazione da un ruolo, da un albo professionale, ecc., general. come conseguenza di una sanzione disciplinare o di una condanna penale. *Radiazione dall'esercito. È stata disposta la radiazione dall'albo dei medici corrotti.* SIN.: **esclusione.**

ràdica s.f. [pl. *–che*] (lat. *rādicem* "radice") Legno pregiato ricavato dalla radice molto compatta e dura di alcune piante.

radicàle agg. **1.** BOT. Relativo alla radice. ◇ *Assorbimento radicale:* quello che avviene per mezzo dell'apparato radicale. **2.** *fig.* Che agisce in profondità, che va alla base di qlco. senza mediazione e compromessi, spec. in funzione di rinnovamento o modifica. ◇ *Partito radicale:* che sostiene i principi del radicalismo. ◆ s.m. **1.** (anche f.) Chi aderisce a un partito radicale o ne sostiene la politica. **2.** MAT. Simbolo di estrazione della radice di un numero o di un'espressione. **3.** CHIM. *Radicale libero:* gruppo di atomi con un elettrone non appaiato. **4.** LING. Radice di una parola o famiglia di parole.

radicàlico agg. CHIM. Relativo ai radicali.

radicalismo s.m. (ingl. *radicalism*) **1.** Dottrina filosofica di ispirazione laica sorta in Inghilterra (secc. XVIII-XIX), che propugnava una maggiore partecipazione popolare alla vita politica e un riequilibrio delle ricchezze pur all'interno del liberalismo. **2.** Programma estremistico in campo politico e sociale. **3.** *estens.* Atteggiamento di chi vuole risolvere i problemi senza scendere a compromessi.

radicalizzàre v.tr. Portare una polemica, una situazione alle posizioni estreme. ◆ **radicalizzarsi** v.pron. **1.** Di persona, assumere posizioni estreme. **2.** Della lotta politica, diventare più aspra.

radicalizzazióne s.f. POLIT. Spostamento verso posizioni estreme, che respingono compromessi o accordi.

radicalménte avv. Completamente, in profondità.

radicaménto s.m. **1.** Di una pianta, il mettere fuori le radici. **2.** *fig.* Insediamento stabile in un luogo, inserimento in un ambiente. ~ Penetrazione profonda nell'animo di qlcu.

radicàndo s.m. MAT. Espressione che compare sotto il simbolo di radice.

radicàre v.intr. [4] (aus. *essere*) Di piante, mettere le radici. ◆ **radicarsi** v.pron. **1.** *fig.* Inserirsi in una persona, in un ambiente, penetrarvi profondamente. **2.** Stabilirsi in un posto riuscendo ad ambientarvisi. *Si è radicato in città.*

radicàto agg. **1.** Penetrato profondamente con le radici nel terreno. **2.** *fig.* Penetrato saldamente.

radìcchio s.m. [pl. *–chi*] (lat. *radīculu,* deriv. di *rādix* "radice") Pianta erbacea coltivata in diverse varietà a scopo alimentare, nota con il nome di *cicoria.* (Famiglia delle Composite.) ◇ *Radicchio trevigiano:* cicoria rossa che general. si consuma in insalata.

radìce s.f. **1.** BOT. Apparato sotterraneo di una pianta superiore, che ha la funzione di sostenerla e di alimentarla assorbendo dal terreno le sostanze necessarie. ◇ *Radici avventizie:* che si sviluppano sul fusto o sui rami di certe piante, con funzioni di sostegno o di nutrimento. – *Mettere le radici:* attecchire; *fig.* riferito a usi, idee, ecc., diffondersi; riferito a persona, stabilirsi definitivamente in un luogo. **2.** *estens.* La parte basale di qlco., spec. in campo anatomico. *Radice delle unghie.* **3.** *fig.* Ciò da cui ha origine qlco. **4.** GEOL. Zona di origine delle falde di ricoprimento. **5.** MAT. *Radice di un numero:* il numero che, elevato alla potenza espressa dall'indice, riproduce il numero dato. **6.** LING. Elemento formato da uno o più fonemi, non ulteriormente riducibile, che costituisce il nucleo concettuale di tutte le parole appartenenti alla stessa famiglia etimologica di una lingua o di più lingue imparentate fra loro.
ENCICL. L'insieme delle radici è detto *palco radicale* e può assumere diverse strutture: se una radice principale verticale spicca tra le altre è detta *fittone* (carota), se la principale e le laterali sono simili tra loro sono dette *fascicolate* (porro); si definiscono invece radici *avventizie* quelle sviluppatesi da una radice principale che poi è quasi scomparsa (edera, rizoma).

radichétta s.f. BOT. Abbozzo della radice come il ritrova nell'embrione.

radicolalgìa s.f. MED. Dolore nevralgico di tipo radicolare.

radicolàre agg. MED. Relativo alla radice di un organo anatomico.

radicolìte s.f. MED. Infiammazione o irritazione a carico di una o più radici spinali.

radicotomìa s.f. CHIR. Sezione chirurgica delle radici posteriori del midollo spinale.

1. ràdio s.m. [pl. *–dii* o *–di*] (lat. *rādium* "bastoncino" poi "osso dell'avambraccio") ANAT. Osso lungo che forma lo scheletro dell'avambraccio assieme all'ulna.

2. ràdio s.m. (solo sing.) (lat. *rādius* "raggio") **1.** Metallo radioattivo presente in piccole quantità in alcuni minerali di uranio che fonde a 700 °C. **2.** Elemento chimico (*Ra*) di numero atomico 88 e peso atomico 226,0254.

3. ràdio s.f. inv. **1.** Radiofonia, radiotelegrafia. **2.** Organizzazione pubblica o privata attrezzata per la trasmissione di programmi radiofonici di vario genere. **3.** Apparecchio radiofonico. ❑ In funzione di agg. inv., radiofonico, relativo al collegamento via radio.

radioaltìmetro s.m. Strumento che, mediante un radar, indica ai piloti degli aerei a quale altezza dal suolo stanno volando.

radioamatóre s.m. [f. *–trice*] Chi costruisce apparecchi radioriceventi o radiotrasmittenti. ~ Chi possiede apparecchi radio ricetrasmittenti e li usa per svago collegandosi con altre persone in possesso di analoghe attrezzature.

radioamatoriàle agg. Di, da radioamatore, relativo ai radioamatori.

radioascoltatore s.m. [f. *–trice*] Chi ascolta le trasmissioni radiofoniche.

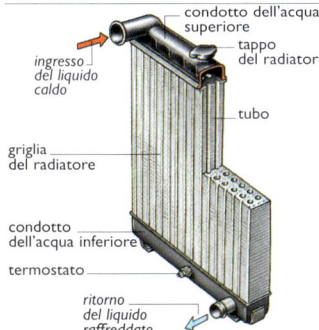

condotto dell'acqua superiore · tappo del radiatore · ingresso del liquido caldo · tubo · griglia del radiatore · condotto dell'acqua inferiore · termostato · ritorno del liquido raffreddato

■ **radiatóre** di un'automobile.

radioassistènza s.f. **1.** Studio dell'uso delle radioonde per agevolare la navigazione aerea e marittima. **2.** L'insieme degli strumenti adoperati a tale scopo.

radioastronomìa s.f. ASTR. Studio della proprietà dei corpi celesti di emettere radiazioni elettromagnetiche.

radioastronòmico agg. [pl.m. –ci, f. –che] Relativo alla radioastronomia.

radioastrònomo s.m. [f. –ma] Studioso di radioastronomia.

radioattivàre v.tr. Rendere radioattivo.

radioattivazióne s.f. Operazione che rende radioattiva una sostanza che non lo era.

radioattività s.f. inv. (fr. radio-activité) FIS. Emissione di radiazioni da parte dei nuclei atomici. ~ Proprietà di alcune sostanze di emettere radiazioni. ~ estens. Nel l. com., la quantità di radiazioni presente nell'aria, nell'acqua e general. in un corpo che ha subito contaminazione radioattiva.

ENCICL. Nel 1896, nel corso delle sue ricerche sulla fluorescenza H. *Becquerel, scoprì accidentalmente il fenomeno della radioattività: il fisico osservò che un sale di uranio, esposto alla luce solare, emetteva una radiazione capace di impressionare una lastra fotografica protetta da uno schermo opaco ai raggi luminosi. In seguito anche Marie *Curie confermò la presenza del fenomeno radioattivo anche sul torio. Il decadimento di un atomo radioattivo comporta la trasformazione di un nucleo (Z, A), detto nucleo padre, in un altro nucleo (Z', A'), detto nucleo figlio, e si manifesta attraverso l'emissione di radiazioni di tipo ed energia caratteristici per ogni radionuclide, che possono essere di tre tipi: radiazioni α: emissione di nuclei di elio (Z=2, A=4); radiazioni β: emissione di elettroni oppure positroni; radiazioni γ: emissione di fotoni, ovvero quanti del campo elettromagnetico. Vi sono altri tipi di radioattività derivanti ad esempio dal processo di fissione spontanea che consiste nella rottura di un nucleo pesante in due nuclei leggeri, oppure la radioattività legata all'emissione di protoni. Ogni radionuclide (atomo che emette spontaneamente radiazioni) si disintegra a una velocità specifica e costante che viene espressa come periodo di semitrasformazione o tempo di dimezzamento ($t_{1/2}$). Il tempo di dimezzamento è il tempo necessario perché si disintegri la metà dei nuclei contenuti in un campione radioattivo. I valori ($t_{1/2}$) vanno da una frazione di secondo a miliardi di anni; ad esempio, per l'uranio-238 è $4,5 \times 10^9$ anni, per il radon-226 è 1620 anni. Lo iodio-131 ha un tempo di dimezzamento di 8 giorni. Questo significa che iniziando con 1 grammo di iodio, dopo 8 giorni ne rimangono 0,5 g, dopo altri 8 giorni 0,25 e così via.

radioattivo agg. (fr. radio-actif) Che presenta radioattività.

radiobiologìa s.f. FIS., BIOL. Studio degli effetti delle irradiazioni ionizzanti sui tessuti dell'organismo.

radiobùssola s.f. AER., MAR. Radiogoniometro di bordo che fornisce automaticamente la posizione della stazione ricercata.

radiocanàle s.m. Banda di frequenza assegnata a una stazione trasmittente.

radiocarbònio s.m. (solo sing.) CHIM. Isotopo radioattivo del carbonio, avente numero di massa 14 e presente anche negli organismi vegetali, usato per la datazione dei fossili vegetali in base alla proprietà per cui la sua radioattività diminuisce con il passare del tempo in modo costante (si dimezza in 5568 anni).

radiocobàlto s.m. (solo sing.) CHIM. Isotopo radioattivo del cobalto che viene usato in medicina per la terapia dei tumori.

radiocomandàre v.tr. Comandare a distanza, per mezzo di onde radio, un'apparecchiatura elettrica o meccanica.

radiocomandàto agg. Di veicolo azionato e guidato a distanza mediante radiocomando.

radiocomàndo s.m. Dispositivo che permette di comandare a distanza, per mezzo di onde radio, un'apparecchiatura elettrica o meccanica.

radiocomunicazióne s.f. Sistema di comunicazione a distanza per mezzo di onde hertziane o radioonde.

radiocrònaca s.f. [pl. –che] Cronaca di un avvenimento trasmessa in diretta attraverso la radio.

radiocronista s.m. e f. [pl.m. –sti] Giornalista specializzato in radiocronache.

radiocronologìa s.f. Metodo di datazione geologica basato sul progressivo decadimento degli elementi radioattivi nei loro derivati.

radiodermìte o **radiodermatìte** s.f. MED. Lesioni cutanee causate dall'eccessiva esposizione a radiazioni ionizzanti.

radiodiagnòstica s.f. [non com. pl. –che] (fr. radiodiagnostic) MED. Branca della radiologia che, attraverso l'uso dei raggi X, individua le alterazioni morfologiche e funzionali degli apparati e degli organi.

radiodiffóndere v.tr. [47] Diffondere attraverso impianti radiofonici. SIN.: **radiotrasmettere.**

radiodiffusióne s.f. Diffusione di programmi radiofonici o televisivi da appositi centri di radiotrasmissione.

radiodràmma s.m. [pl. –mi] Opera drammatica scritta per essere trasmessa dalla radio.

radioelemènto s.m. CHIM. Elemento radioattivo.

radioelettricità s.f. inv. Studio e utilizzo delle onde elettromagnetiche per trasmettere segnali a distanza.

radioelèttrico agg. [pl.m. –ci, f. –che] Che riguarda comunicazioni effettuate per mezzo di radioonde.

radioemissióne s.f. **1.** RAD.DIFF Emissione di onde radio. **2.** Emissione di radiazioni.

radioestesìa o **radiestesìa** s.f. Facoltà di captare anche a distanza radiazioni provenienti da oggetti o da esseri viventi attraverso le oscillazioni di un pendolino o di una bacchetta tenuti in mano.

radioestesista o **radiestesìsta** s.m. e f. [pl.m. –sti] Chi pratica la radioestesia.

radiofàro s.m. Stazione radiotrasmittente automatica, con posizione geografica determinata, che consente a navi o aerei in transito di determinare la loro posizione.

radiofonìa s.f. **1.** Sistema di comunicazione tramite radioonde. **2.** Trasmissione di programmi da parte di stazioni radiofoniche.

radiofònico agg. [pl.m. –ci, f. –che] Relativo alla radiofonia. ~ Effettuato mediante radiofonia.

radiofonìsta s.m. [pl. –sti] Militare appartenente al corpo del genio specializzato in collegamenti radiofonici.

radiofrequènza s.f. Frequenza utilizzata nelle trasmissioni per mezzo di radioonde.

radiogalàssia s.f. ASTR. Galassia la cui emissione di energia sotto forma di radioonde è molto maggiore dell'emissione di energia nel campo delle radiazioni visibili.

radiogiornàle s.m. Notiziario trasmesso per radio.

radiogoniometrìa s.f. Settore della radiotecnica che studia la costruzione e l'utilizzo dei radiogoniometri.

radiogoniòmetro s.m. Apparecchiatura basata sull'impiego delle radioonde, che consente a un aereo o a una nave di determinare la propria posizione.

radiografàre v.tr. Sottoporre qlco. a radiografia. ~ fig. Analizzare in profondità. Radiografare la società.

radiografìa s.f. **1.** MED. Esame diagnostico consistente nella riproduzione su particolare pellicola fotografica di una parte interna del corpo illuminata dai raggi X. ~ Pellicola in negativo che registra l'esame radiografico. **2.** estens. Tecnica di analisi di oggetti, spec. artistici, per verificarne l'autenticità, programmarne il restauro. **3.** fig. Analisi molto dettagliata e approfondita. Quel saggio è la radiografia della società italiana.

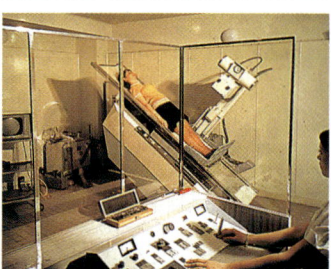

■ **radiografia.** Tavolo telecomandato, quadro di comandi a distanza.

radiogràfico agg. [pl.m. –ci, f. –che] Che si riferisce alla radiografia, ottenuto per mezzo della radiografia.

1. radiogràmma s.m. [pl. –mi] Telegramma trasmesso via radio.

2. radiogràmma s.m. [pl. –mi] Pellicola radiografica impressa in negativo. SIN.: **lastra.**

radiogrammòfono s.m. Radioricevitore munito di un giradischi.

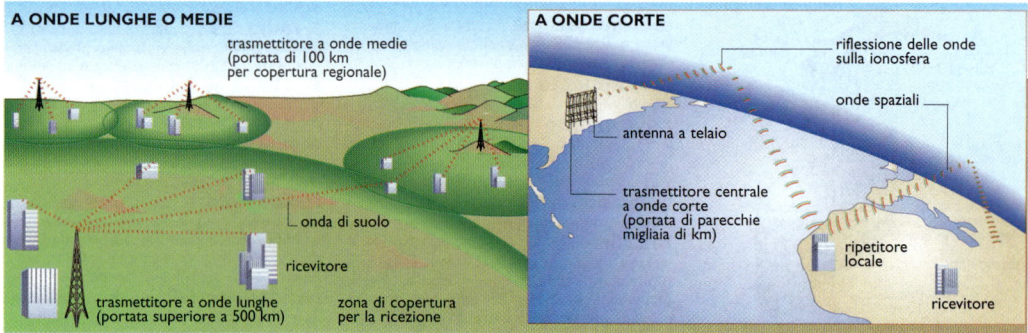

A ONDE LUNGHE O MEDIE

trasmettitore a onde medie (portata di 100 km per copertura regionale)

onda di suolo

ricevitore

trasmettitore a onde lunghe (portata superiore a 500 km)

zona di copertura per la ricezione

A ONDE CORTE

riflessione delle onde sulla ionosfera

onde spaziali

antenna a telaio

trasmettitore centrale a onde corte (portata di parecchie migliaia di km)

ripetitore locale

ricevitore

■ **radiodiffusióne.** Emissione e propagazione di onde lunghe e medie (a sinistra) e di onde corte (a destra).

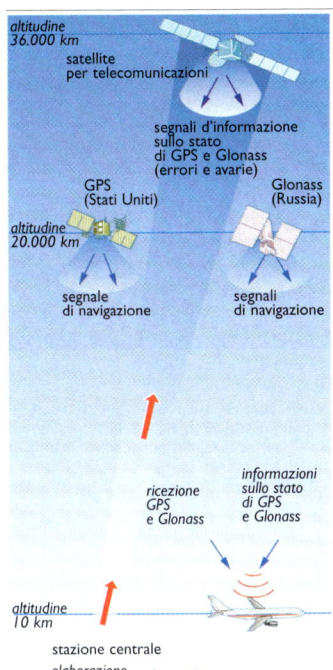

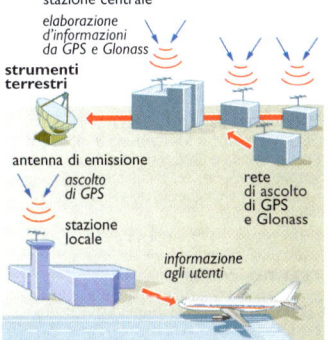

La navigazione satellitare è un'applicazione delle radiocomunicazioni. Realtà locali o regionali possono sfruttarla per aumentare la sicurezza dei mezzi di trasporto informando istantaneamente gli utenti di errori e avarie.

■ **radiocomunicazióne**

radioimmunologìa s.f. MED. Tecnica di ricerca e dosaggio di sostanze chimiche che si basa sulle reazioni che avvengono tra l'antigene e l'anticorpo, reazioni che vengono quantificate con una misura di radioattività.

radioisòtopo s.m. CHIM. Isotopo radioattivo che, spontaneamente o in modo indotto, decade in un nuclide più leggero fino a trasformarsi in uno stabile. SIN.: **radionuclide**.

Radiolàri s.m. pl. [iniziale minusc. sing. –*rio* per l'individuo] ZOOL. Ordine di protozoi marini con scheletro siliceo e sottili pseudopodi. (Classe dei Rizopodi.)

radiolarite s.f. GEOL. Roccia sedimentaria silicea formata principalmente da scheletri fossili di Radiolari.

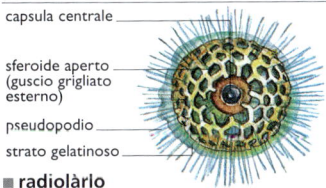

■ **radiolàrio**

radiolesióne s.f. MED. Processo patologico provocato dalle radiazioni nucleari sull'epidermide e sugli altri tessuti esterni.

radiolina s.f. Piccolo apparecchio radioricevente portatile.

radiòlisi s.f. inv. CHIM. Dissociazione ottenuta per mezzo di radiazioni.

radiolocalizzazióne s.f. Determinazione della posizione di un oggetto tramite onde radio.

radiologìa s.f. **1.** FIS. Disciplina che studia le radiazioni elettromagnetiche e corpuscolari. **2.** MED. Studio e tecnica dell'applicazione a fini diagnostici e terapeutici dei raggi X e delle radiazioni da isotopi radioattivi.

radiològico agg. [pl.m. –*ci*, f. –*che*] Relativo alla radiologia. ~ Effettuato con apparecchiature che emettono raggi X.

radiòlogo s.m. [f. –*ga*, pl.m. –*gi*, f. –*ghe*] Medico specializzato in radiologia.

radioluminescènza s.f. Emanazione di luce provocata da radiazioni elettromagnetiche o corpuscolari.

radiomessàggio s.m. [pl. –*gi*] TELECOM. Messaggio trasmesso attraverso la radio oppure per radiotelegrafo o radiotelefono.

radiometrìa s.f. FIS. Studio della misurazione dell'energia delle radiazioni.

radiòmetro s.m. FIS. Strumento per il rilevamento di radiazioni, in partic. di microonde. (Grazie a radiometri sensibili ai raggi infrarossi, le sonde spaziali misurano la temperatura sulla superficie e nell'atmosfera dei pianeti.)

radiomòbile s.f. Veicolo dotato di una radio ricetrasmittente. SIN.: **autoradio**. ◆ s.m. TELECOM. Sistema di telecomunicazione basato su canali audio che consente la mobilità dei terminali dell'utente. ~ I sistemi per telefonia mobile utilizzanti tecnologie cellulari.

radionavigazióne s.f. Navigazione marittima e aerea che si avvale dell'ausilio di apparecchiature radioelettriche.

radionecròsi s.f. inv. BIOL. Lesione gravissima dovuta a radiazioni.

radionuclide s.m. FIS. Nuclide radioattivo.

radioónda s.f. FIS. Onda elettromagnetica con frequenza compresa fra 10 Chilohertz e 300 Megahertz usata per le radiotrasmissioni; è detta anche *onda hertziana.*

radiooperatóre s.m. [f. –*trice*] Tecnico che lavora su apparecchiature radioelettriche.

radiopacità o **radioopacità** s.f. inv. Caratteristica di una sostanza che non viene attraversata dai raggi X.

radiopàco o **radioopàco** agg. [pl.m. –*chi*, f. –*che*] Che risulta opaco ai raggi X.

radioprotezióne s.f. Disciplina che studia le misure per ridurre o evitare i danni biologici prodotti da radiazioni, spec. quelle ionizzanti.

radioregistratóre s.m. Apparecchio costituito da una radio e un registratore magnetico a cassette, che permette la registrazione dei programmi radiofonici.

radioresistènza s.f. MED. Insensibilità di cellule e tessuti alla radioterapia.

radioricevènte agg. Predisposto a ricevere segnali trasmessi mediante onde radio. ◆ s.f. Radioricevitore.

radioricevitóre s.m. Apparecchio che riceve e rende utilizzabili i segnali a radiofrequenza in arrivo. ~ *comun.* Apparecchio che riceve i segnali radio.

radioscopìa s.f. MED. Esame di un oggetto o di un organo ai raggi X, effettuato con l'ausilio di uno schermo fluorescente.

radiosegnalatóre s.m. Apparecchio che permette il collegamento radio fra le navi.

radiosensibilità s.f. inv. BIOL. Sensibilità dei tessuti viventi all'azione delle radiazioni ionizzanti.

radiosentièro s.m. In aeronautica, spazio caratterizzato dalla presenza di una serie continua di segnali radioelettrici che permettono di mantenere la rotta.

radióso agg. **1.** Che emana un'intensa luce. SIN.: **luminoso. 2.** *fig.* Che esprime gioia, felicità. *Viso radioso.* **3.** *fig. per esager.* Accompagnato dalla felicità, dal successo. *Un radioso avvenire*

radiosónda s.f. Apparecchio usato per effettuare rilevamenti spec. meteorologici nell'atmosfera.

radiosondàggio s.m. [pl. –*gi*] Esplorazione dell'atmosfera a mezzo di radiosonde.

radiosorgènte s.f. **1.** Sorgente che emette radioonde. **2.** ASTR. Zona del cielo in cui è rilevabile una più intensa emissione di radioonde.

radiospìa s.f. Radiotrasmittente miniaturizzata per intercettazioni telefoniche e simili.

radiostazióne s.f. Stazione radiotrasmittente, stazione radio.

radiostélla s.f. ASTR. Centro localizzato di emissione elettromagnetica a radiofrequenze, detto anche *radiosorgente discreta.*

radiosvéglia s.f. [pl. –*glie*] Apparecchio radiofonico associato a una sveglia elettronica. ~ Il centralino che smista le chiamate. ~ La vettura che è collegata con la centrale.

radiotàxi o **radiotassì** s.m. inv. Servizio di auto pubbliche collegato alla centrale operativa per mezzo di un apparecchio radio ricetrasmittente. ~ Il centralino che smista le chiamate. ~ La vettura che è collegata con la centrale.

radiotècnica s.f. [non com. pl. –*che*] Insieme delle tecniche d'utilizzo delle radioonde per trasmissione e comunicazione.

radiotècnico agg. [pl.m. –*ci*, f. –*che*] Che riguarda la radiotecnica. ◆ s.m. [f. –*ca*] Chi costruisce, ripara apparecchi radioelettrici.

radiotelefonìa s.f. Comunicazione telefonica realizzata tramite onde radio.

radiotelèfono s.m. Apparecchio portatile o montato su mezzi mobili che permette le comunicazioni telefoniche usando onde a radiofrequenza; è detto anche *telefono senza fili, telefono cellulare* o *telefonino.*

radiotelegrafìa s.f. Sistema di comunicazione telegrafica basato sulle onde radio.

radiotelegrafìsta s.m. e f. [pl.m. –*sti*] Tecnico specializzato nell'uso di apparecchiature radiotelegrafiche.

radiotelègrafo s.m. Apparecchio per la trasmissione e la ricezione di segnali telegrafici per mezzo di onde radio.

radiotelescòpio s.m. [pl. –*pi*] ASTR. Strumento per raccogliere e registrare l'emissione di onde radio da sorgenti celesti.

■ **radiotelescòpio.** Antenne del radiotelescopio di Narrabri, in Australia.

radiotelevisióne s.f. **1.** Sistema di trasmissione dell'immagine che si realizza utilizzando le onde radio. **2.** L'ente pubblico (in Italia la RAI) o l'organizzazione privata che si occupa delle trasmissioni radiofoniche e televisive. ~ *estens.* L'insieme di questi servizi.

radioterapìa s.f. MED. Branca della radiologia medica che si occupa della cura delle malattie (spec. neoplastiche) per mezzo di raggi X, alfa, gamma, beta.

radioterapìsta s.m. e f. [pl.m. –*sti*] MED. Specialista di radioterapia.

radiotrasméttere v.tr. [50] Trasmettere un messaggio utilizzando onde radio.

radiotrasmettitóre s.m. TELECOM. Apparecchio in grado di trasmettere segnali per mezzo di radioonde.

radiotrasmissióne s.f. **1.** Trasmissione di segnali o messaggi tramite onde elettromagnetiche. **2.** Programma trasmesso da una stazione radiofonica.

radiotrasmittènte agg. Che trasmette attraverso onde radio. ◆ s.f. Stazione, apparecchio per effettuare radiotrasmissioni.

1. ràdo agg. **1.** Che presenta ampi spazi fra le sue parti componenti, che non ha compattezza, densità. **2.** (spec. pl.) Collocato a intervalli di spazio piuttosto grandi. *Alberi radi.* **3.** Che succede a intervalli distanziati nel tempo, non frequente. SIN.: **raro**.

2. ràdo s.m. (solo sing.) Radon.

radome [/'reɪdəʊm/] s.m. inv. (voce ingl., propr. "cupola del radar") TELECOM. Struttura protettiva per antenne, radar, ecc., in materiale resistente che non ostacola le onde radio.

ràdon o **ràdo** s.m. (solo sing.) **1.** Gas nobile radioattivo appartenente al gruppo dei gas nobili, che si forma per decomposizione naturale del radio e usa spec. in medicina. **2.** Elemento chimico radioattivo (*Rn*) di numero atomico 86 e peso atomico 222.

ràdula s.f. (lat. *rādulam*, deriv. al *rādere* "raschiare") ZOOL. Organo mobile sito nella bocca di vari molluschi, costituito da una massa muscolare ricoperta da dentelli rivestiti di chitina, che serve per triturare il cibo.

radunàre v.tr. **1.** Riunire nello stesso luogo elementi sparsi. *Radunare gli studenti.* SIN.: **raccogliere**. **2.** Accumulare più cose. ◆ **radunarsi** v.pron. Raccogliersi in unico luogo. SIN.: **riunirsi**.

radunàta s.f. Afflusso di più persone in un luogo per uno scopo preciso. ~ L'insieme delle persone radunate.

radùno s.m. Riunione di più persone in uno stesso luogo per partecipare a manifestazioni di vario genere.

radùra s.f. Spazio di terreno privo o quasi di alberi che si apre in mezzo a un bosco.

ràfano s.m. **1.** Pianta erbacea coltivata per la radice carnosa dal sapore piccante, usata come condimento. (Genere *Armoracia*; famiglia delle Crocifere.) **2.** BOT. (iniziale maiusc.) Genere di Angiosperme a cui appartengono varie specie di rafano.

ràfe s.m. (gr. *rhaphē̃* "cucitura") **1.** BOT. Sutura in senso longitudinale che attraversa il corpo di varie Diatomee. **2.** ANAT. Linea di giunzione o di sutura tra due organi, o due parti di un organo, formata dall'intersezione di fibre (p.e. muscolari, nervose, ecc.).

raffazzonaménto s.m. Raffazzonatura.

raffazzonàre v.tr. Fare qlco. di fretta e senza cura. *Raffazzonare una cena.*

raffazzonatùra s.f. Riparazione approssimativa, montaggio frettoloso e impreciso di elementi disparati.

rafférma s.f. **1.** Riconferma di un incarico. **2.** MIL. Impegno volontario di un militare a prolungare il servizio oltre quello di leva.

raffèrmo agg. Non più fresco. *Pane raffermo.* SIN.: **stantio**.

ràffica s.f. [pl. *–che*] **1.** Colpo di vento forte e di breve durata. **2.** Scarica simultanea di colpi di arma da fuoco. *Raffica di mitra.* **3.** *fig.* Rapida sequenza. *Raffica di domande.* ◇ *A raffica*: in veloce e ininterrotta successione.

raffiguràre v.tr. **1.** Rappresentare attraverso immagini. **2.** Rappresentare simbolicamente. ◆ **raffigurarsi** v.pron. Immaginare, figurarsi.

raffigurazióne s.f. **1.** Rappresentazione grafica di qlco. e il soggetto di tale rappresentazione. **2.** Immagine simbolica.

raffinàre v.tr. **1.** Trattare sostanze grezze per purificarle. *Raffinare lo zucchero.* **2.** *fig.* Perfezionare, ingentilire qlco. *Raffinare i gusti.* ◆ **raffinarsi** v.pron. **1.** Purificarsi. **2.** *fig.* Ingentilirsi. *Raffinarsi nel parlare.*

raffinatézza s.f. **1.** Squisitezza di gusti e di modi. **2.** Cosa di gusto raffinato.

raffinàto agg. **1.** Liberato dalle impurità, dalle imperfezioni. **2.** *fig.* Che è caratterizzato da grande ricercatezza, che raggiunge un alto livello di perfezione. ◆ s.m. [f. *–ta*] Persona dai gusti sofisticati.

■ **raffinerìa** di petrolio nel porto di Yokohama, in Giappone.

raffinatóre s.m. **1.** [f. *–trice*] Chi lavora in una raffineria o è addetto a lavori di raffinazione. **2.** Tipo di vasca usata per raffinare la pasta per la carta.

raffinazióne s.f. Insieme di processi tecnologici che rendono più puro un prodotto naturale o artificiale liberandolo da sostanze inquinanti o inutili.

raffineria s.f. (fr. *raffinerie*) Impianto industriale in cui viene eseguita la raffinazione.

Rafflèsia s.f. (dal nome di sir T. S. *Raffles*) BOT. Genere di piante erbacee originarie dell'Indonesia, parassite delle radici di altre specie arboree. (Diametro 1 m, peso 7 kg; famiglia delle Rafflesiacee.)

Rafflesiàcee s.f. pl. [iniziale minusc. sing. *–a* per l'individuo] BOT. Famiglia di piante erbacee, con apparati vegetativi ridotti, prive di clorofilla, parassite di alberi e radici. (Ordine delle Policarpiche.)

rafforzaménto s.m. **1.** Processo inteso ad aumentare la forza, la resistenza o l'intensità di qlco. **2.** LING. Aumento di intensità di una consonante.

rafforzàre v.tr. Rendere qlco. o qlcu. più forte. ~ *fig.* Rinsaldare, avvalorare qlco. *Rafforzare un'amicizia.* ◆ **rafforzarsi** v.pron. Diventare più forte. SIN.: **irrobustirsi**.

rafforzativo agg. **1.** Che rafforza, che serve per rafforzare. **2.** LING. Di elemento che rafforza l'intensità espressiva di una frase, una locuzione, una parola.

rafforzàto agg. Che è stato reso più forte, più intenso, più efficiente.

raffreddaménto s.m. **1.** Abbassamento della temperatura di un corpo. ◇ TECN. *Impianto di raffreddamento*: nei motori a combustione interna, sistema che provvede a diminuire il calore eccessivo e a mantenere i componenti entro determinati limiti di temperatura. **2.** MED. *estens.* Indisposizione causata dall'esposizione al freddo. **3.** *fig.* Diminuzione dell'intensità di sentimenti, affetti, ecc. **4.** ECON. Rallentamento di un processo o di un fattore.

raffreddàre v.tr. **1.** Rendere qlco. freddo. **2.** *fig.* Smorzare, attenuare. ◆ v.intr. (aus. *avere*) Diventare freddo, più freddo. ◆ **raffreddarsi** v.pron. **1.** Diventare freddo o più freddo. **2.** *fig.* Diventare meno intenso. *La nostra amicizia si è raffreddata.* **3.** *fam.* Prendere un raffreddore.

raffreddàto agg. **1.** Che è diventato freddo. **2.** Che ha preso il raffreddore. **3.** *fig.* Che ha perso d'intensità.

raffreddatóre s.m. **1.** [f. *–trice*] Chi raffredda. **2.** Nome generico di apparecchi o locali che hanno il compito di raffreddare materiali in lavorazione.

raffreddóre s.m. Infiammazione acuta delle prime vie respiratorie. ◇ *Raffreddore da fieno*: denominazione comune dell'*oculorinite allergica*.

raffrónto s.m. **1.** Confronto, paragone. **2.** Atto del mettere a confronto, spec. da un punto di vista filologico, più oggetti letterari o artistici.

ràfia o **ràffia** s.f. (da una voce malgascia) **1.** Pianta tropicale che fornisce una fibra molto solida usata per lavori d'intreccio e per corde. (Nome sc. *Raphia ruffia.*) **2.** BOT. (iniziale maiusc.) Genere di piante monocotiledoni a cui appartiene la rafia.

raficero s.m. **1.** Piccolo animale simile all'antilope dell'Africa australe, con coda e corna brevi. (Altezza 55 cm al garrese; famiglia dei Bovidi.) **2.** ZOOL. (iniziale maiusc.) Genere di ruminanti a cui appartiene il raficero.

Ràfidi s.m. pl. [iniziale minusc. sing. *–de* per l'individuo] (lat. *Raphidae*, deriv. al gr. *raphís* "ago" per la forma uncinata del becco) ZOOL. Famiglia di uccelli estinti di grosse dimensioni, con corpo tozzo, ali e arti ridotti, becco robusto e uncinato. (Ordine dei Columbiformi.)

rafidio s.m. [pl. *–di*] (gr., deriv. di *rhaphís* "ago") BOT. Cristallo aghiforme a base di calcio presente nelle cellule epidermiche di numerose piante.

Rafidiòtteri s.m.pl. [iniziale minusc. sing. *–ro* per l'individuo] ZOOL. Sottordine di insetti con testa prognata e appiattita, grandi occhi composti globosi e sporgenti, ali membranose, antenne sottilissime. (Lunghezza massima 2 cm; ordine dei Neurotteri.)

raft [/'rɑft/] s.m. inv. (voce ingl.) Gommone usato per il rafting.

rafting [/'rɑftɪŋ/] s.m. (solo sing.) (voce ingl., deriv. di *to raft* "navigare su una zattera") Sport che consiste nel discendere su raft le rapide dei fiumi.

ràgade s.f. (lat. *rhàgadem*, gr. *rhagás* "fessura, screpolatura") MED. Ulcerazione dell'epidermide o delle mucose in forma di fessura.

ragamuffin [/'ræɡə,mʌfɪn/] s.m. inv. (voce ingl.) Stile musicale collegato al movimento hip-hop, che associa rap e reggae.

raganèlla s.f. **1.** Piccola rana arboricola, tipica delle regioni umide e temperate, di colore verde brillante sul dorso e bianco sul ventre, con zampe dotate di piccoli cuscinetti a ventosa che servono a far presa sugli alberi dove vive abitualmente; il maschio emette un suono forte e ripetuto. (Genere *Hyla*; famiglia degli Ilidi.) **2.** MUS. Strumento di legno dotato di una ruota a denti che, strisciando su una lamina, produce un suono simile a quello della raganella.

■ **raganèlla** verde.

ragàzzo s.m. [f. *ragazza*] (ar. *raqqāṣ* "guida, messaggero") **1.** Giovane di età compresa fra l'adolescenza e la giovinezza. **2.** Adulto di scarsa maturità o di animo giovanile. **3.** Figlio maschio (al pl. può indicare maschi e femmine). **4.** *fam.* Fidanzato, compagno abituale. **5.** Garzone di bottega.

raggelàre v.tr. Rendere qlco. gelato, gelido, spec. in senso fig. *Mi ha raggelato con le sue parole.* ◆ v.intr. (aus. *essere*) **1.** Gelare, diventare completamente freddo; anche pron. **2.** *fig.* Essere preso da improvviso sgomento, anche pron. *Alla notizia (si) raggelò.*

raggiànte agg. **1.** Che emana raggi di luce. **2.** *fig.* Che manifesta gioia e serenità. **3.** FIS. Che emana o viene irradiato da un corpo.

raggiàre v.intr. [5] (aus. *avere*) **1.** Mandare raggi. **2.** *fig.* Essere raggianti. **3.** FIS. Propagarsi per irradiazione.

raggiàto agg. **1.** Munito di raggi o di elementi disposti a raggiera. **2.** BIOL. Di organismo animale o vegetale, che ha una struttura a raggi perpendicolari rispetto all'asse principale.

raggièra s.f. Fascio di raggi che hanno origine in un solo punto. ◇ *A raggiera:* dipartendosi da un unico punto.

ràggio s.m. [pl. –*gi*] (lat. *rădium* "bacchetta appuntita" poi "raggio luminoso") **1.** Emissione o emanazione di luce da una fonte luminosa. ~ Segmento rettilineo di luce che si propaga dalla sorgente. *Raggio di sole.* ◇ ASTR. *Raggio verde:* luce verde che si scorge, in un'atmosfera molto pura, sulla linea dell'orizzonte dove il sole sorge o tramonta. ~ *assol.* La luce del sole o del giorno. **2.** *fig.* Illuminazione improvvisa e rapida di natura spirituale o sentimentale. *Un raggio di speranza.* **3.** FIS. Radiazione ondulatoria o corpuscolare. *Raggi infrarossi, ultravioletti.* ◇ *Raggi X (o röntgen):* radiazioni elettromagnetiche ottenute bombardando un metallo con raggi catodici; hanno elevato potere di attraversare corpi opachi di bassa densità. – *fig. Sottoporre ai raggi X:* controllare accuratamente, analizzare a fondo. **4.** GEOM. Segmento che congiunge il centro di un cerchio o di una sfera rispettivamente con un punto della circonferenza o della superficie. **5.** *estens.* Zona attraversata da un ideale raggio geometrico. ◇ *Raggio d'azione:* distanza massima percorribile da un mezzo a propulsione meccanica con possibilità di ritorno senza rifornimento di combustibile o carburante; *fig.* zona d'influenza, d'attività. – *fig. A largo raggio:* di vasta portata. **6.** Ciascun elemento che, partendo da un centro comune, si allontana da esso a raggiera. ◇ *Raggio di una ruota:* ciascun elemento che unisce il mozzo al cerchione. **7.** BOT. L'insieme dei fiori ligulati, periferici, nell'infiorescenza delle Composite. **8.** ZOOL. Negli animali a simmetria raggiata, ciascuno degli assi perpendicolari all'asse principale bipolare.

raggiràre v.tr. Imbrogliare qlcu. ◆ **raggirarsi** v.pron. Aggirarsi per un luogo.

raggiro s.m. Giro di parole con cui si trae in inganno qlcu.

raggiùngere v.tr. [22] **1.** Arrivare in un luogo. **2.** Toccare un certo livello. *La temperatura ha raggiunto i venti sotto zero.* **3.** Giungere a riunirsi con persone o veicoli. *Raggiungere una persona, una motocicletta.* ~ *estens.* Contattare qlcu. *L'ho raggiunto per telefono.* **4.** Di messaggi, notizie, arrivare a qlcu. *L'amministratore è stato raggiunto da una comunicazione giudiziaria.* **5.** *fig.* Ottenere un risultato. *Raggiungere il successo.* **6.** Arrivare a toccare, a colpire qlcu. in un punto preciso. *I colpi di proiettile l'hanno raggiunto al fianco.*

raggiungìbile agg. Che si può raggiungere, che si può conseguire. SIN.: **accessibile.** ~ *fig.* Attuabile. *Obiettivo facilmente raggiungibile.*

raggiungiménto s.m. Conseguimento di qlco., realizzazione.

raggranellàre v.tr. Mettere assieme qlco., spec. riferito al denaro.

raggrinziménto s.m. Il diventare pieno di grinze.

raggrinzìre v.tr. [83] Riempire di grinze. ◆ v.intr. (aus. *essere*) Diventare grinzoso, anche pron.

raggrumàre v.tr. Condensare in grumi. ◆ **raggrumarsi** v.pron. Condensarsi in grumi.

raggruppaménto s.m. **1.** Formazione di un gruppo di cose o persone. **2.** *estens.* Insieme di persone o cose con caratteristiche comuni.

raggruppàre v.tr. Riunire più persone o cose in gruppo o in gruppi. ◆ **raggrupparsi** v.pron. Riunirsi in gruppo.

ragguagliàre v.tr. [6] **1.** Confrontare tra loro più cose. **2.** Informare, aggiornare su qlco. *Ragguagliatemi sull'esito delle vostre trattative.*

ragguàglio s.m. [pl. –*gli*] **1.** Informazione dettagliata su qlco. **2.** Paragone, spec. di dati numerici.

ragguardévole agg. **1.** Di persona, degno di grande considerazione. **2.** Di cosa, di grossa entità. ~ Degno di essere preso in considerazione.

ragià s.m. inv. (hindi *rājā* "re") Titolo onorifico indiano attribuito a principi e dignitari.

ragionaménto s.m. **1.** Procedimento mentale volto a dimostrare una verità, a risolvere un problema. **2.** LOG. Processo discorsivo che partendo da certe premesse arriva a una conclusione.

ragionàre v.intr. (aus. *avere*) **1.** Fare uso della ragione, condurre un ragionamento logico. SIN.: **pensare. 2.** Discutere, parlare di un argomento. *Ragionare di politica.*

ragionàto agg. Fondato sul ragionamento. SIN.: **logico.**

ragióne s.f. (lat. *ratiōnem* "conto, calcolo" poi "facoltà di calcolare e ragionare") **1.** Facoltà, propria dell'uomo, di pensare. ◇ *Perdere la ragione:* uscire di senno. – *Età della ragione:* quella successiva all'infanzia, caratterizzata dalla capacità di ragionare autonomamente. – ST. *Culto della Ragione:* durante la Rivoluzione francese, il tentativo di sostituire alla religione cristiana la fede illuministica nella ragione umana. **2.** Argomentazione volta a convincere qlcu. o a dimostrare, spiegare o confutare qlco. ◇ *Non sentire, non intendere ragione:* non lasciarsi persuadere. – *Farsi una ragione di qlco.:* rassegnarsi ad accettarlo. – *A ragion veduta:* dopo aver esaminato accuratamente il pro e il contro. **3.** Fondamento oggettivo di qlco. *Le ragioni di un conflitto.* ◇ *A maggior ragione:* con consapevolezza, tanto più. **4.** Diritto, buon diritto. *Avere ragione.* ◇ *Dare ragione a qlcu.:* riconoscere che è nel giusto. – *Ragion di Stato:* prevalenza degli interessi dello Stato su ogni altra considerazione, indipendentemente da valori etici o religiosi. **5.** DIR. COMM. *Ragione sociale:* denominazione di una ditta, di un'impresa, di un'azienda così come viene ufficialmente registrata. **6.** Rapporto proporzionale. ◇ MAT. *In ragione diretta (o inversa):* in modo direttamente (o inversamente) proporzionale. – *loc. prep. In ragione di:* nella misura di.

ragioneria s.f. **1.** CONTAB. Disciplina che studia i sistemi di rilevazione e registrazione delle operazioni di gestione d'impresa. ~ L'istituto tecnico in cui si studia questa disciplina e che conferisce il diploma di ragioniere. **2.** Ufficio a cui compete la gestione contabile di un ente o di un'azienda.

ragionévole agg. **1.** Dotato di ragione. SIN.: **razionale. 2.** Che agisce lasciandosi guidare dalla ragione. SIN.: **equilibrato. 3.** Conforme alla ragione o al buon senso. *Proposta ragionevole.* **4.** Di giusta quantità o misura. *Prezzo ragionevole.*

ragionevolézza s.f. Qualità dell'agire con equilibrio. ~ Sensatezza, fondatezza.

ragionevolménte avv. **1.** In modo conforme alla ragione. **2.** Con fondatezza. **3.** In misura conveniente.

ragionière s.m. [f. –*ra*] (deriv. di *ragione* nel sign. di "conto, calcolo") **1.** Diplomato dell'istituto tecnico commerciale, abilitato a esercitare la professione. **2.** *scherz.* Chi è pignolo e pedante.

raglan s.m. inv. (voce fr., dal nome del generale britannico S. *Raglan* che per primo utilizzò questo tipo di soprabito) Nel l. della moda, abito con maniche attaccate con cuciture disposte a raggio partendo dal collo.

ragliàre v.intr. [6] (aus. *avere*) **1.** Emettere il verso dell'asino. **2.** *fig.* Parlare, gridare, cantare in modo sgradevole.

ràglio s.m. [pl. –*gli*] **1.** Verso tipico dell'asino. **2.** *fig. spreg.* Canto stonato, voce sgradevole.

ragnatéla s.f. **1.** Tela di fili sottili che i ragni tessono per catturare la preda. **2.** *fig.* Intreccio di manovre nascoste tese a ingannare qlcu.

ràgno s.m. **1.** Nome generico di alcuni artropodi con corpo separato nettamente in due parti (addome e cefalotorace), quattro paia di zampe e ghiandole addominali che secernono un filo viscoso per tessere la ragnatela. (Ordine degli Aracnidi). **2.** CINE., TV. Treppiede su cui si fissa la macchina da presa o la telecamera.

ENCICL. Diffusi in tutto il mondo e in ogni ambiente, i ragni vivono soprattutto nei luoghi bui e umidi. Si distinguono dagli altri Aracnidi per la presenza di un organo copulatore, di cui sono provvisti i pedipalpi dei maschi (solitamente più piccoli di quelli delle femmine), e di quattro paia di occhi. La maggior parte dei ragni caccia le proprie prede tessendo delle ragnatele grazie alle filiere poste sull'addome. Delle 35.000 specie conosciute, solo il 30% sono velenose e poche costituiscono un vero pericolo per l'uomo.

■ **ràgno.** Tomiside.

ragtime [/'rægtaim/] s.m. inv. (voce ingl., prob. deriv. di *ragged time* "tempo imperfetto") Particolare genere musicale spec. per pianoforte diffuso negli ultimi decenni del sec. XIX, che unisce elementi del folclore afro-americano ed europei, caratterizzato da ritmi molto sincopati. (Il ragtime è considerato il precursore del jazz ed è rappresentato in particolare da Scott Joplin.)

ragù s.m. inv. (fr. *ragoût*, deriv. di *ragoûter* "risvegliare il gusto, l'appetito") CUC. Condimento per pasta asciutta e altri primi piatti, a base di carne cotta a lungo a fuoco lento con vari odori e polpa o salsa di pomodoro.

rài o **raï** s.m. inv. (fr. *raï*, ar. deriv. di *rāyi'* propr. "impressionante") MUS. Genere musicale di origine marocchina e algerina, apparso verso il 1975, caratterizzato dalla sintesi tra improvvisazione in arabo dialettale, rock, blues, e da testi dal contenuto satirico e spesso contestatario.

raid [/'reid/] s.m. inv. (voce scozzese "incursione") **1.** SPORT. Lunga prova motoristica su un percorso accidentato e difficoltoso, tale da mettere a dura prova le capacità dei concorrenti. **2.** MIL. Spedizione militare condotta a sorpresa e in modo rapido, con successivo rientro alla base. SIN.: **incursione. 3.** *estens.* Operazione rapida e a sorpresa delle forze dell'ordine. ◇ Scorreria compiuta da bande criminali a scopo di rappresaglia o devastazione.

raider [/'reidə/] s.m. e f.inv. (voce ingl., propr. "razziatore") FIN. Finanziere che compie spregiudicate speculazioni di borsa.

Raifórmi s.m. pl. [iniziale minusc. sing. –*me* per l'individuo] ZOOL. Ordine di pesci cartilaginei dal corpo appiattito a forma di disco o romboidale, bocca ventrale e grandi pinne pettorali.

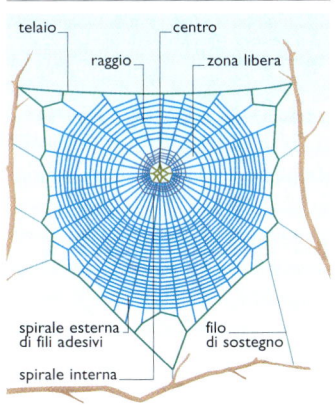

■ **ragnatéla.** Organizzazione di una ragnatela.

Labels: telaio, centro, raggio, zona libera, spirale esterna di fili adesivi, filo di sostegno, spirale interna

ràis s.m. inv. (ar. *ra'īs* "capo") **1.** Nei paesi arabi, capo, condottiero. **2.** In Sicilia e Sardegna, nelle tonnare, colui che dirige le operazioni tecniche e comanda gli addetti alla pesca.

ralenti [/ralã'ti/] s.m. inv. (voce fr., deriv. di *ralentir* "rallentare") CINE. Rallentatore, spec. nella loc. *al ralenti*, al rallentatore.

ralinga s.f. [pl. *-ghe*] (fr. *ralingue*, ol. *raljik*) MAR. Cavo che viene cucito sui lati delle vele per rinforzarne gli orli. SIN.: **gratile**.

ralingàre v.tr. [4] MAR. Cucire un cavo di rinforzo agli orli di una vela, oppure tendere una vela in modo da diminuirne al massimo la curvatura.

1. ràlla s.f. (forse lat. *rānulam* "piccola rana") **1.** MECC. Supporto metallico su cui va innestata la parte inferiore di un perno verticale. **2.** Materia grassa nera che si forma intorno ai mozzi delle ruote.

2. ràlla s.f. (lat. *rāllum* "raschietto" con cui si pulisce il vomere) Taglio obliquo dello scalpello.

rallegraménto s.m. **1.** Senso di gioia. **2.** (spec. pl.) Partecipazione alla gioia altrui.

rallegràre v.tr. Diffondere allegria. SIN.: **allietare**. ◆ **rallegrarsi** v.pron. Provare contentezza. SIN.: **gioire**. ~ Esprimere a qlcu. la propria contentezza per un evento positivo che lo riguarda. SIN.: **congratularsi**.

rallentaménto s.m. **1.** Riduzione della velocità. **2.** *fig.* Diminuzione di intensità, di quantità e di ritmo. SIN.: **calo**. **3.** CINE. Tecnica cinematografica consistente nel rallentare i movimenti normali, ottenuta abbassando la frequenza delle immagini.

rallentàre v.tr. **1.** Rendere qlco. meno veloce. *Rallentare il passo.* **2.** *fig.* Diminuire qlco. d'intensità, di frequenza. SIN.: **attenuare**. ◆ v.intr. (aus. *avere*) Andare più adagio. SIN.: **decelerare**. ◆ **rallentarsi** v.pron. *fig.* Calare d'intensità. *Il vento si è rallentato.*

rallentatóre s.m. **1.** [f. *-trice*] Chi rallenta. **2.** CINE., TV. Dispositivo con il quale si rallentano le immagini.

Ràllidi s.m. pl. [iniziale minusc. sing. *-de* per l'individuo] ZOOL. Famiglia di uccelli trampolieri con collo lungo, becco e zampe robusti, ali ridotte; ne fanno parte la folaga, la gallinella d'acqua, il rallo. (Ordine dei Gruiformi.)

Rallifòrmi s.m. pl. [iniziale minusc. sing. *-me* per l'individuo] ZOOL. → **Gruiformi**.

ràllo s.m. (lat. *rāllus* "rasato") Uccello trampoliere con becco lungo e piumaggio folto, detto anche *porciglione*. (Ordine dei Gruiformi; famiglia dei Rallidi.)

rally [/'ræli/] s.m. inv. (voce ingl., propr. "raduno") Corsa automobilistica su percorsi lunghi e impervi, che prevede tappe di avvicinamento e prove speciali di velocità, abilità e regolarità.

RAM s.f. inv. (sigla dell'ingl. *Random Access Memory*, "memoria ad accesso casuale") Memoria di lavoro del computer in cui vengono memorizzati i dati per il tempo della loro elaborazione.

ramadàn s.m. inv. (ar. *ramaḍān*, propr. "torrido" perché orig. cadeva durante l'estate) Nono mese del calendario islamico durante il quale vige l'obbligo di astinenza, nelle ore diurne, da cibo, bevande e pratiche sessuali.

ramàglia s.f. [pl. *-glie*] **1.** Mucchio di rami secchi, frasche, ecc. tagliati o caduti da un albero. **2.** Chioma intricata di una pianta bassa.

ramanzìna s.f. (deriv. di *romanzo* nel sign. di "racconto lungo e noioso") Lungo rimprovero. SIN.: **paternale**.

ramàre v.tr. **1.** AGR. Irrorare le piante con una soluzione di solfato di rame. **2.** Ricoprire un oggetto metallico con un sottile strato di rame.

ramàrro s.m. ZOOL. Tipo di lucertola con il dorso verde smeraldo (nel maschio a macchie blu sulla gola) e addome giallo-verde. (Famiglia dei Lacertidi; ordine degli Squamati.)

ramàto agg. **1.** Che ha il colore del rame. **2.** Rivestito di rame. **3.** Contenente rame. ◆ s.m. Soluzione di solfato di rame usato come anticrittogamico per le viti.

ramatùra s.f. **1.** Rivestimento di una superficie con uno strato di rame. **2.** Irrorazione delle viti e di altre piante con una soluzione di solfato di rame o di altri anticrittogamici.

ramàzza s.f. (voce di orig. piem.) Scopa costituita da tanti rami sottili messi assieme, usata per grandi ambienti.

ràme s.m. **1.** (solo sing.) Metallo rosso chiaro, di densità 8,9 e che fonde a 1083,4 °C. ◇ *Rame sbalzato:* lavorato a sbalzo. – *Età del rame:* la terza era della preistoria. **2.** Elemento chimico (*Cu*) di numero atomico 29 e peso atomico 63,546. **3.** (spec. pl.) Oggetti e utensili di rame. **4.** Incisione su rame. ❑ In funzione di agg. inv., di colore biondo che tende al rossiccio. *Biondo rame.* **ENCICL.** Il rame, che esiste in natura allo stato libero o combinato con altri materiali (in partic. lo zolfo), è il miglior conduttore di elettricità e calore dopo l'argento. Ha scarsa durezza, è malleabile, duttile, inalterabile all'aria secca e, in presenza di umidità, si ricopre di uno strato di carbonato basico (*verderame*). Impiegato nella fabbricazione di numerosi oggetti (fili, tubi, caldaie, ecc.), forma numerose e importanti leghe con diversi metalli: il bronzo (con lo stagno), l'ottone (con lo zinco), il metallo delta (con ferro, piombo e manganese), la lega di Devarda (con alluminio e zinco).

rameggiàre v.tr. [5] Sostenere le piante con rami o bastoni. ◆ v.intr. (aus. *avere*) Detto delle piante e delle corna dei cervi, estendersi.

rameóso agg. CHIM. Che contiene rame allo stato monovalente.

ramiè s.m. inv. (fr. *ramie*, malese *rami*) Pianta arbustiva dell'Asia orientale che fornisce una fibra tessile bianca e resistente usata per tessuti fini e nella fabbricazione di carte valori. (Genere *Boehmeria*; famiglia delle Urticacee.)

ramificàre v.intr. [4] (aus. *avere*) Produrre rami. ◆ **ramificarsi** v.pron. Suddividersi in varie direzioni. *Le vene si ramificano.* ~ Espandersi in più punti di un luogo. *L'organizzazione si è ramificata in tutto il paese.*

ramificàto agg. **1.** Che ha molti rami. **2.** *estens.* Che si dirama in molte direzioni.

ramificazióne s.f. **1.** BOT. Produzione di rami e loro disposizione. **2.** *estens.* Suddivisione, diramazione, anche in senso fig. *La società ha ramificazioni in tutto il mondo.*

ramìngo agg. [pl.m. *-ghi*, f. *-ghe*] (provenz. *ramenc* "che va di ramo in ramo, che vive sui rami") Che vaga senza meta precisa e senza sosta.

1. ramìno s.m. Pentolino di rame con manico e lungo beccuccio usato per scaldare l'acqua.

2. ramìno s.m. Gioco di carte fra più giocatori in cui vengono utilizzati due mazzi da 52 carte e due matte ciascuno.

rammagliatrìce s.f. Donna che per mestiere ripara calze, reti, ecc.

rammagliatùra s.f. Riparazione dei tessuti a maglia.

rammaricàre v.tr. [4] Amareggiare qlcu. ◆ **rammaricarsi** v.pron. Esprimere o provare dispiacere per qlco.

rammàrico s.m. [pl. *-chi*] Sentimento di amarezza, dispiacere o contrarietà.

rammendàre v.tr. Riparare un tessuto logoro con fili passati a intreccio.

rammendatóre s.m. [f. *-trice*] **1.** Chi esegue lavori di rammendo. **2.** IND. TESS. Operaio addetto alla rammendatura.

rammendatùra s.f. **1.** Rammendo. **2.** IND. TESS. Riparazione dei difetti di orditura o tessitura.

rammèndo s.m. Lavoro per rinforzare o accomodare la trama di un tessuto strappato o consumato. ~ *estens.* La parte rammendata.

rammentàre v.tr. **1.** Ricordare, menzionare. *Rammentare un fatto.* ~ Far presente qlco. a qlcu. *Ti rammento il tuo dovere.* **2.** Richiamare alla mente. *Non rammento dove lo ho incontrato.* **3.** Assomigliare a qlcu. *Rammenta suo padre.* ◆ **rammentarsi** v.pron. Ricordarsi. *Mi rammento di voi.*

rammolliménto s.m. **1.** Il diventare di consistenza molle. **2.** *fig.* Indebolimento. **3.** MED. *Rammollimento cerebrale:* malattia che colpisce il cervello; *comun.* rimbambimento.

rammollìre v.tr. [83] **1.** Rendere molle. *Rammollire la cera.* **2.** *fig.* Indebolire, rendere fiacco. ◆ v.intr. (aus. *essere*) **1.** Diventare molle. *L'asfalto è rammollito per il caldo.* **2.** *fig.* Diventare debole, anche pron. *(Si) è rammollito con gli anni.*

rammollìto agg. **1.** Diventato o reso molle. **2.** *fig.* Senza carattere, senza energia. SIN.: **smidollato**. ◆ s.m. [f. *-ta*] Nell'accez. 2 dell'agg.

Ramnàcee s.f. pl. [iniziale minusc. sing. *-a* per l'individuo] BOT. Famiglia di piante general. legnose e rampicanti, con frutti a drupa o capsula; ne fanno parte il giuggiolo, il ramno e la frangola.

Ramnàli s.f. pl. [iniziale minusc. sing. *-le* per l'individuo] BOT. Ordine di piante legnose delle regioni temperate e tropicali. (Classe delle Dicotiledoni.)

ràmno s.m. (gr. *rhámnos* "tipo di arbusto") **1.** Pianta arbustiva talvolta spinosa con foglie alterne, fiori piccoli, frutti a drupa contenenti principi purgativi. (Famiglia delle Ramnacee.) **2.** BOT. (iniziale maiusc.) Genere di piante a cui appartengono varie specie di ramno.

ràmo s.m. **1.** Ognuno degli assi secondari legnosi che si diramano dal fusto di un albero. ◇ *fig. Ramo secco:* persona, cosa o settore d'attività improduttivi. **2.** *estens.* Ogni elemento secondario che si diparte in varie direzioni da un corpo principale. *I rami delle vene.* SIN.: **diramazione**. **3.** *fig.* Nell'albero genealogico, linea di discendenza da un unico capostipite. **4.** *fig.* Suddivisione di una scienza, di una disciplina, di un'attività. SIN.: **settore**.

ramoscèllo s.m. Ramo giovane e sottile.

ràmpa s.f. **1.** Tratto di scala compreso tra due pianerottoli. **2.** Breve tratto in forte pendenza. ◇ *Rampa d'accesso:* piano inclinato che permette di superare un dislivello. **3.** *Rampa di lancio:* struttura che sostiene un missile fino al lancio. **4.** ANAT. Nell'orecchio interno, ciascuna delle due parti del canale della chiocciola.

rampànte agg. **1.** Di animale, che si arrampica. **2.** *fig.* Di persona, fortemente ambizioso. ◆ s.m. **1.** Rampa di scala. **2.** (al pl.) Lame dentate applicate ai lati degli sci per aumentare l'aderenza in salita.

rampicànte agg. BOT. Di pianta che si sviluppa avvolgendosi attorno a sostegni o attaccandovisi con organi particolari. ◆ s.m. **1.** Nel sign. dell'agg. **2.** ZOOL. Animali, spec. uccelli, con i piedi composti da due dita rivolte in avanti e due rivolte indietro (p.e. pappagallo).

rampichìno s.m. [f. *-na* nelle accez. 3 e 4] **1.** Piccolo uccello delle regioni centrali e settentrionali dell'Eurasia, che si arrampica sui tronchi in cerca di insetti e larve. (Lunghezza 12 cm; genere *Certhia*, ordine dei Passeriformi.) **2.** BOT. Pianta rampicante. **3.** *scherz.* Ragazzo vivace che si arrampica dappertutto. **4.** *fig.* Persona che cerca di farsi avanti in ogni modo. **5.** Nella mountain bike, denominazione commerciale, che costituisce marchio registrato, del rapporto che si inserisce nei percorsi di maggior pendenza. ❑ In funzione di agg., nell'accez. 2 del s. *Melone rampichino.*

rampinìsmo s.m. VET. Difetto del piede del cavallo, consistente nell'appoggiarsi a terra solo sulla punta e sulla faccia anteriore dello zoccolo.

rampìno s.m. **1.** Uncino di ferro utilizzato per afferrare o sostenere qlco. **2.** *fig.* Pretesto, appiglio. ❑ In funzione di agg., nella loc. *piede rampino*, in veterinaria, affetto da rampinismo.

rampóllo s.m. (prob. lat. *rāmi pŭllum* "pollone del ramo") **1.** BOT. Germoglio delle piante. SIN.: **pollone**. **2.** *fig.* Discendente in linea retta di una famiglia.

ramponàre v.tr. Colpire con un rampone. SIN.: **arpionare**.

rampóne s.m. **1.** Ferro uncinato usato come rinforzo di strutture murarie o di legno. **2.** ALP. Attrezzo di acciaio snodabile con punte acuminate, da applicare sotto gli scarponi per far presa sul ghiaccio. **3.** Fiocina d'acciaio usata per la cattura dei cetacei. **4.** Attrezzo a forma di falce dentata applicato sotto le scarpe dagli addetti alla manutenzione di linee telegrafiche ed elettriche, per salire sui pali di legno. **5.** Ripiegatura nella parte posteriore del ferro di cavallo che serve a migliorare la presa sul terreno.

ramponière s.m. Pescatore che lancia l'arpione nella caccia alla balena.

ràmulo s.m. AGR. Ramo che produce foglie e frutti.

ràna s.f. **1.** Anfibio saltatore verdastro e giallognolo, dal verso gracidante, che vive in prossimità degli stagni; allo stato di larva (*girino*) vive nell'acqua. (Ordine degli Anuri; famiglia dei Ranidi.) ◇ *Rana toro:* rana gigante dell'America settentrionale. – SPORT. *(Nuoto a) rana:* stile di nuoto in cui braccia e gambe si muovono simmetricamente con moto simile a quello della rana. **2.** ZOOL. (iniziale maiusc.) Genere di animali cui appartengono varie specie di rana. **3.** *Rana pescatrice:* pesce diffuso nell'Atlantico e nel Mediterraneo dall'enorme testa coperta di aculei, ricercato per la sua carne squisita, spec. nella parte posteriore del corpo (*coda di rospo*). (Lunghezza fino a 1,50 m; genere *Lophius*, famiglia dei Lofidi.)

■ **ràna** toro.

■ **ràna** pescatrice.

ranàtra s.f. (lat. *ràna àtra* "rana scura" perché riproduce il verso delle rane) **1.** Grande insetto carnivoro, dotato di sifone respiratorio a livello dell'addome, che vive nel fango delle paludi. (Lunghezza 5 cm; famiglia dei Nepidi.) **2.** ZOOL. (iniziale maiusc.) Genere di insetti cui appartiene la ranatra.

ranch [/rɑːntʃ/] s.m. inv. (voce ingl. d'America, deriv. di spagn. *rancho*) Nella parte occidentale degli Stati Uniti d'America e nel Canada, fattoria destinata all'allevamento del bestiame.

ràncido agg. **1.** Di olio o altra sostanza grassa, che ha assunto odore e sapore aspri e disgustosi a causa di un processo di ossidazione. **2.** *fig.* Non più valido in quanto superato. *Idee rancide.* SIN.: **antiquato.** ◆ s.m. Odore o sapore forte e sgradevole.

ràncio s.m. [pl. –*ci*] (spagn. *rancho* "riunione di persone che alloggiano e mangiano insieme" poi "pasto dei militari") **1.** Pasto distribuito ai militari. **2.** MAR. Parte dell'equipaggio di una nave che, a turno, consuma i pasti.

rancóre s.m. (lat. *rancórem* "sapore di rancido") Odio a lungo covato e nascosto nei confronti di qlcu., per un'offesa o un torto subìto. SIN.: **astio.**

rand [/rænd/] s.m. inv. (voce afrikaans, abbr. di *Witwatersrand* propr. "sponda dell'acqua bianca" indicante il distretto aurifero del Transvaal in Sud Africa) Unità monetaria del Sudafrica.

rànda s.f. (got. *randa* "orlo") **1.** MAR. Vela trapezoidale o più spesso triangolare, collegata in alto al picco e in basso al boma. **2.** Compasso rudimentale usato dagli artigiani.

randàgio agg. [pl.m. –*gi*, f –*gie*, –*ge*] Di animale, senza padrone o fuori da un branco.

randellàre v.tr. Percuotere qlcu. con un randello.

randèllo s.m. (etim. incerta, lat. deriv. di *harènda* "ciò che deve stare attaccato") Bastone grosso e pesante usato per percuotere.

random [/'rændəm/] agg. inv. (voce ingl. di orig. germ., propr. "casuale") Nel l. sc., spec. nel calcolo delle probabilità, casuale, fortuito. ◇ INFORM. *Accesso random o casuale:* negli elaboratori elettronici, memoria ad accesso casuale.

randomizzàre v.tr. (ingl. *to randomize*) INFORM. Disporre gli elementi di un insieme o di una lista in una sequenza che simula una distribuzione casuale.

randomizzazióne s.f. (calco dell'ingl. *randomizing*) STAT. Formulazione probabilistica di un modello deterministico.

Ranfàstidi s.m. pl. [iniziale minusc. sing. –*de* per l'individuo] (lat. *Rhamphastidae*, dal gr. *rhámphos* "becco adunco") ZOOL. Famiglia di uccelli tropicali, caratterizzati da piumaggio colorato e becco molto lungo e robusto, detti comunemente *tucani*. (Ordine dei Piciformi.)

range [/'reindʒ/] s.m. inv. (voce ingl., propr. "fila") FIS. Percorso che una particella subatomica è in grado di compiere all'interno di una sostanza fino a quando la sua energia cinetica si riduce tanto da non produrre più effetti di ionizzazione. **2.** Nel l. sc. e tecn., intervallo, raggio d'azione.

ranger [/'reindʒə/] s.m. inv. (voce ingl., deriv. di *to range* "vagare") **1.** Nei paesi anglosassoni, esploratore, guardia forestale. **2.** Durante la guerra d'indipendenza americana, nome dei cavalleggeri volontari. – Soldato dei reparti d'assalto dell'esercito americano.

ràngo s.m. [pl. –*ghi*] (fr. *rang*, orig. "fila di soldati" poi "posizione sociale") **1.** Posizione occupata da un individuo nella società. ~ assol. Grado, qualità elevata. **2.** MIL. (spec. pl.) Fila, riga di soldati allineati, schierati. ~ *estens.* Schiera o, anche, insieme delle persone che appartengono a un'organizzazione o che costituiscono l'organico di un'azienda. ◇ *Rientrare nei ranghi:* riprendere il proprio posto; *fig.* tornare ad accettare le regole, a rispettare la disciplina. – *Serrare i ranghi:* avvicinare tra loro i componenti di una schiera; *fig.* impegnarsi a fondo con convinzione e in modo unanime per ottenere qlco. **3.** MAR. Termine con cui si classificavano le navi da guerra dell'epoca velica in relazione al numero dei ponti armati e delle batterie. **4.** Numero, novero. **5.** LING. Ciascuno dei livelli ordinati gerarchicamente in cui risulta strutturata una lingua. ~ Il posto occupato da un elemento linguistico in una serie gerarchica – Il posto di un'unità lessicale in una lista di frequenza che elenchi le parole in ordine decrescente di frequenza.

Rànidi s.m. pl. [iniziale minusc. sing. –*de* per l'individuo] ZOOL. Famiglia di anfibi che comprende numerose specie. (Ordine degli Anuri.)

ranista s.m. e f.[pl.m. –*sti*] SPORT. Nuotatore specializzato nello stile a rana.

rannicchiàre v.tr. [6] Ripiegare una parte del corpo come se si trovasse in una nicchia. ◆ **rannicchiarsi** v.pron. Ripiegarsi in un piccolo spazio. *Rannicchiarsi in un cantuccio.*

rannicchiàto agg. **1.** Raccolto, ripiegato su di sé. **2.** *fig.* Relegato, quasi dimenticato in un posto.

rannuvolaménto s.m. **1.** Ammassamento di nubi. **2.** *fig.* Espressione di cruccio, di turbamento.

rannuvolàre v.tr. **1.** Ricoprire il cielo di nuvole. **2.** *fig.* Offuscare la mente. ◆ **rannuvolarsi** v.pron. **1.** Del cielo, coprirsi di nuvole. **2.** *fig.* Di persona, oscurarsi in volto, rattristarsi. ◆ v.impers. (aus. *essere*) Riferito al tempo, diventare nuvoloso. *Sta rannuvolando.*

ranòcchio s.m. [pl. –*chi*] **1.** *fam.* Rana verde, comune. **2.** *fig. spreg.* Persona di aspetto sgraziato.

rantolàre v.intr. (aus. *avere*) **1.** Emettere rantoli. **2.** *estens.* Agonizzare.

rantolìo s.m. [pl. –*lii*] Emissione continua e prolungata di rantoli.

ràntolo s.m. **1.** Respiro affannoso degli agonizzanti. **2.** MED. Rumore più o meno forte prodotto dal passaggio dell'aria in cavità bronchiali o polmonari contenenti materiale di secrezione.

rànula s.f. (lat. *rànulam*, deriv. di *rana* "rana" per la sua forma) MED. Cisti della ghiandola salivale, che si forma di fianco al frenulo linguale, sul pavimento della cavità orale.

Ranuncolàcee s.f. pl. [iniziale minusc. sing. –*a* per l'individuo] BOT. Famiglia di piante dicotiledoni con foglie alterne, fiori solitari o in racemi, frutto ad achenio.

ranùncolo s.m. (lat. *ranùnculum*, deriv. di *rana* "rana" prob. perché cresce in luoghi palustri) **1.** Pianta erbacea a piccoli fiori, general. gialli, bianchi o rosa di cui esistono numerose specie. (Famiglia delle Ranuncolacee.) **2.** BOT. (iniziale maiusc.) Genere di Angiosperme a cui appartengono varie specie di ranuncolo.

■ **ranùncolo**

rap [/'ræp/] s.m. inv. (voce ingl. d'America, propr. "chiacchierata") Genere musicale sorto nei ghetti neri americani verso il 1970, basato su un ritmo molto veloce e spezzato, ripetuto ossessivamente, a cui si accompagna la voce del cantante, cadenzata in una cantilena parlata.

ràpa s.f. **1.** Pianta erbacea con piccoli fiori dorati, foglie che vengono utilizzate come foraggio e grossa radice carnosa commestibile. (Nome sc. *Brassica napus*; famiglia delle Crocifere.) ~ *comun.* La radice della pianta commercializzata a scopo alimentare. ◇ *Cime di rapa:* foglie giovani e infiorescenze commestibili della rapa. – *fig. Testa di rapa:* persona ottusa, sciocca. **2.** *fig.* Persona sciocca o dotata di scarsa capacità di apprendimento. **3.** *fig.* Testa rapata o calva. ~ *estens.* Testa, cervello.

rapàce agg. (lat. *rapàcem*, deriv. di *ràpere* "rapire") **1.** Riferito ad animali selvatici, spec. uccelli, predatore. **2.** Pronto a impadronirsi della roba altrui ricorrendo a qualsiasi mezzo. ~ Divorato da una avidità insaziabile.

rapacità s.f. inv. Avidità insaziabile nell'appropriarsi delle cose altrui.

rapanèllo s.m. → **ravanello.**

rapàre v.tr. Tagliare a zero i capelli. ◆ **raparsi** v.pron. Tagliarsi o farsi tagliare i capelli a zero.

rapè s.m. inv. (fr. *râpé*, deriv. di *râper* "raspare") Varietà di tabacco nero, da fiuto, di gusto forte, ottenuta grattugiando le foglie del tabacco.

raperónzolo o **rapónzolo** s.m. Pianta erbacea di cui si mangiano i germogli giovani e le radici. (Famiglia delle Campanulacee.)

ràpida s.f. (fr. *rapide*) **1.** Tratto di corso d'acqua con fondo molto inclinato dove l'acqua scorre impetuosa. **2.** FERR. Freno di emergenza.

rapidità s.f. inv. Caratteristica di chi o di ciò che si muove, avviene, agisce in modo rapido.

ràpido agg. (lat. *ràpidum*, propr. "che trascina") **1.** Che percorre molto spazio in poco tempo. SIN.: **veloce. 2.** Che si compie in breve tempo. *Cottura rapida.* **3.** Di persona, che agisce molto velocemente. SIN.: **svelto.** ◆ s.m. Treno rapido.

rapiménto s.m. **1.** Atto di forza nei confronti di una persona che viene trascinata via contro la sua volontà. **2.** *fig.* Stato di completo abbandono della mente o dello spirito a un pensiero, a un'emozione. ~ RELIG. Estasi mistica.

rapìna s.f. **1.** Azione violenta e delittuosa che consiste nell'impossessarsi attraverso la minaccia di beni altrui. **2.** *estens.* Sottrazione indebita di beni altrui. ~ Richiesta eccessiva di denaro. **3.** Riferito ad animali, cattura di prede vive per procurarsi il cibo.

rapinàre v.tr. Portare via qlco. con una rapina. ~ Derubare qlcu. di un suo bene con una rapina.

rapinatóre s.m. [f. *-trice*] Chi commette una rapina, chi deruba qlcu. a mano armata.

rapìre v.tr. [83] **1.** Portare via qlcu. o qlco. con la violenza o con l'inganno. **2.** *fig.* Avvincere qlcu. **3.** Trascinare qlco. con forza.

rapitóre s.m. [f. *-trice*] Chi rapisce o ha rapito qlcu.

rappacificàre o **riappacificàre** v.tr. [4] **1.** Riconciliare due o più persone dopo un disaccordo. **2.** Far tornare qlcu. in pace con altri. ◆ **rappacificarsi** v.pron. **1.** Riferito a due o più persone, riconciliarsi. **2.** Ritornare in pace con qlcu. o qlco.

rappacificazióne s.f. Ristabilimento della pace tra due o più persone.

rapper [/'ræpə/] s.m. e f.inv. (voce ingl., deriv. di *to rap* "chiacchierare") Chi suona o canta il rap. SIN.: **rappista**.

rappezzaménto s.m. Accomodamento di qlco. eseguito alla meglio.

rappezzàre v.tr. **1.** Accomodare qlco., sostituendo un pezzo logoro con uno nuovo. **2.** *fig.* Aggiustare qlco. in modo sommario.

rappezzatùra s.f. **1.** Aggiustatura fatta mettendo dei rappezzi. **2.** Pezza, toppa.

rapportàre v.tr. **1.** Riprodurre un disegno su scala diversa. **2.** Correlare qlco. a un certo parametro. **3.** Detto di elementi meccanici, collegarli l'uno all'altro. ◆ **rapportarsi** v.pron. **1.** Rimettersi al giudizio di un altro. **2.** Confrontarsi costruttivamente con qlcu. *Rapportarsi con i colleghi.* **3.** Riferirsi a qlco.

rapportatóre agg. TECN. *Compasso rapportatore:* strumento da disegno usato per misurare e costruire angoli, o anche per riportare e misurare la distanza tra due punti. ◆ s.m. Nel sign. dell'agg.

rappòrto s.m. **1.** Resoconto di fatti o circostanze a cui si è assistito o su cui si è indagato. ~ Relazione inoltrata da un funzionario agli organi superiori o competenti su cose riguardanti le proprie funzioni e responsabilità. ◇ MIL. *Rapporto ufficiali:* riunione degli ufficiali convocata dal comandante per comunicare disposizioni, ordini, ecc. **2.** Legame o relazione tra due o più persone o cose. ◇ *Rapporto epistolare:* quello che si instaura attraverso la corrispondenza. – *Rapporto sessuale:* → **coito**. **3.** DIR. Relazione tra individui o enti, organismi, ecc. regolata dal diritto. ◇ *Rapporto di lavoro:* relazione esistente tra lavoratore e datore di lavoro. **4.** Connessione reciproca tra cose, fatti o situazioni. ◇ *loc. prep. In rapporto a:* in *relazione a. **5.** *fig.* Possibilità di raffronto, confronto. **6.** ARITM. Quoziente tra due numeri o tra due grandezze geometriche omogenee. **7.** FIS., TECN. Proporzione tra due grandezze. **8.** MECC. *Rapporto di trasmissione:* rapporto tra le velocità di rotazione di due alberi rotanti collegati fra loro. **9.** Nelle biciclette, ogni corona a diverso numero di denti di cui è fornito il rocchetto del mozzo della ruota posteriore. ◇ *Rapporto corto:* quello che imprime alla ruota un movimento minimo per ogni pedalata, diminuendo in tal modo lo sforzo richiesto, usato nei percorsi in salita e per brevi scatti. – *Rapporto lungo:* quello che sviluppa una lunga estensione per ogni pedalata ed è adatto alle velocità su percorsi piani.

rapprèndere v.tr. [33] Far rassodare una sostanza. ◆ v.intr. (aus. *essere*) Coagulare, anche pron. *La gelatina (si) rapprende in fretta.*

rappresàglia s.f. [pl. *-glie*] (lat. *represàlia*, deriv. di *représa* "usurpazione in risposta") **1.** DIR. Azione ostile di uno stato nei confronti di un altro per rivalersi di un danno subito. **2.** Azione di ritorsione violenta compiuta da una potenza occupante nei confronti della popolazione del territorio occupato ritenuta in qualche modo responsabile di danni subiti da propri militari o cittadini. **3.** *estens.* Reazione personale a un torto subito o presunto. **4.** Nel Medioevo, istituto giuridico che permetteva a un cittadino di rivalersi sui beni di uno straniero inadempiente o sui beni del comune a cui quest'ultimo apparteneva.

rappresentàbile agg. **1.** Che può essere raffigurato. **2.** TEAT. Che può essere messo in scena.

rappresentànte s.m. e f. **1.** Chi svolge una funzione in nome di altri. ◇ *Rappresentante di commercio:* *agente di commercio. – *Rappresentante di lista:* nei seggi elettorali, chi controlla lo svolgersi delle operazioni tutelando l'interesse di un partito. **2.** DIR. Chi agisce in nome e nell'interesse di un'altra persona. **3.** Figura, persona in cui può essere riconosciuto e simboleggiato un movimento di pensiero, culturale o artistico, o anche un popolo o un'intera epoca.

rappresentànza s.f. **1.** DIR. Sostituzione di un soggetto (*rappresentante*) a un altro (*rappresentato*) nel cui interesse il primo è autorizzato a stipulare atti e negozi giuridici. ◇ *Rappresentanza diplomatica:* l'organo (ambasciata, consolato, ecc.) che svolge le funzioni diplomatiche del proprio stato di appartenenza. **2.** Persona o più spesso delegazione che svolge funzioni in nome di altri. ◇ *In rappresentanza di:* al posto di, per conto di.

rappresentàre v.tr. (lat. *repraesentāre* "mettere davanti agli occhi, riprodurre") **1.** Riprodurre la realtà esterna attraverso figure disegnate, dipinte o scolpite. SIN.: **raffigurare**. **2.** *estens.* Descrivere qlco. **3.** Simboleggiare qlco., esserne esempio. *La colomba rappresenta la pace.* **4.** Essere, costituire, equivalere a qlco. *Quell'orologio rappresenta l'unico ricordo che ho del nonno.* **5.** Mettere in scena uno spettacolo. **6.** Recitare una parte. **7.** Svolgere le proprie funzioni in nome e per conto di altri. ~ Sostituire qlcu. nelle sue funzioni, farne le veci. ◆ **rappresentarsi** v.pron. Figurarsi qlco., immaginarselo.

rappresentativa s.f. **1.** SPORT. Squadra che rappresenta i colori di una nazione, di una regione, di una città. **2.** Gruppo di persone designate a rappresentare enti, partiti, ecc.

rappresentatività s.f. inv. Carattere, capacità rappresentativa.

rappresentativo agg. **1.** Idoneo a significare qlco. per mezzo di segni, simboli, ecc. **2.** Che ha la funzione di rappresentare una o più persone, un'istituzione o l'intera collettività. ◇ *Sistema rappresentativo:* la democrazia, in quanto basata sulla sovranità popolare esercitata per mezzo di rappresentanti liberamente eletti. – STAT. *Campione rappresentativo:* gruppo di persone che riflette le caratteristiche dell'intera popolazione da cui è stato tratto. **3.** Che sintetizza i caratteri e i valori di una cultura o di un'epoca. **4.** PSICOL. Che riguarda i processi mentali della conoscenza.

rappresentazióne s.f. **1.** Raffigurazione attraverso segni, simboli o parole di entità concrete o astratte. **2.** Allestimento e presentazione al pubblico di uno spettacolo teatrale o cinematografico. **3.** FILOS., PSICOL. Processo attraverso cui un oggetto esterno o uno stato d'animo si presenta alla coscienza. **4.** MAT. Corrispondenza istituita fra due enti matematici secondo determinate convenzioni. **5.** DIR. Nel diritto successorio, istituto per cui uno o più discendenti subentrano al posto di un altro che non ha potuto o voluto accettare un'eredità o un legato.

rapsodìa s.f. **1.** ANT. GR. Componimento epico recitato con accompagnamento musicale. **2.** *estens.* Componimento poetico a carattere epico di varie culture ed età cantato pubblicamente. **3.** *estens.* Raccolta di passi di autori diversi. **4.** MUS. Composizione che liberamente interpreta temi popolari.

rapsòdico agg. [pl.m. *-ci*, f. *-che*] **1.** Proprio dei rapsodi. **2.** *fig.* Discontinuo, frammentario.

rapsòdo s.m. (gr. *rhapsōidós*, propr. "colui che cuce insieme i canti") **1.** ANT. GR. Cantore che recitava accompagnandosi con la cetra. **2.** *estens.* Chi recita o canta opere poetiche di carattere popolaresco. **3.** *fig.* Autore di frammenti.

raptatòrio agg. [pl.m. *-ri*] (lat., deriv. di *răpere* "rapire, ghermire") ZOOL. Riferito all'appendice di certi insetti, adatto ad afferrare e trattenere la preda.

ràptus s.m. inv. (voce lat., propr. "ratto, rapimento") **1.** Impulso improvviso perlopiù violento. **2.** Momento di ispirazione improvvisa, di rapimento artistico.

ràra àvis loc. sost. f. [pl. *rarae aves*] (loc. lat., propr. "uccello raro") Persona o cosa che possiede una qualche caratteristica fuori dal comune.

raraménte avv. Non frequentemente, non spesso.

rarefàre v.tr. [9] **1.** Far diminuire la densità di un elemento gassoso. *Rarefare la nebbia.* **2.** *estens.* Rendere qlco. meno frequente. *Rarefare le visite.* ◆ **rarefarsi** v.pron. **1.** Di gas, diventare meno denso. **2.** *estens.* Diventare meno frequente.

rarefàtto agg. **1.** Che ha ridotta densità. ◇ *Gas rarefatto:* che ha pressione minore di quella atmosferica. **2.** *fig.* Estremamente sottile, raffinato. *Umorismo rarefatto.*

rarefazióne s.f. **1.** Aumento di volume di elementi gassosi a parità di peso. **2.** *fig.* Diminuzione di frequenza o di intensità.

rarità s.f. inv. **1.** Scarsa frequenza. **2.** Basso numero, scarsa quantità. **3.** Condizione di ciò che non si trova facilmente ed è quindi molto ricercato e pregiato.

ràro agg. **1.** Poco frequente. SIN.: **sporadico**. **2.** Che non è comune, che non si trova facilmente. *La pazienza è una virtù rara.* **3.** *estens.* Prezioso, pregiato.

ras s.m. inv. (voce amarica di orig. ar., propr. "testa" quindi "capo") **1.** Alto dignitario etiopico. **2.** *fig. scherz.* Chi gode di una certa autorità e la esercita con prepotenza e arroganza.

rasaménto s.m. COSTR. Operazione con cui si assicura regolarità e stabilità a una costruzione realizzando una superficie su cui viene tracciato lo spiccato dei muri di sostegno del piano sovrastante.

rasàre v.tr. **1.** Tagliare i peli col rasoio. **2.** *estens.* Rendere liscia e uniforme una superficie. ◆ **rasarsi** v.pron. Farsi la barba.

rasatèllo s.m. Tessuto simile al raso.

rasatrìce s.f. IND. TESS. Macchina per asportare la peluria naturale del tessuto.

rasatùra s.f. **1.** Asportazione di pelo mediante un rasoio. **2.** Pareggiamento di una superficie. **3.** COSTR. Spianamento dell'intonaco grezzo prima dell'applicazione di vernici o di carta da parati. **4.** IND. TESS. Eliminazione dei peli da tessuti, feltri, pelli, ecc.

raschiaménto s.m. **1.** Asportazione di materiale da una superficie effettuata sfregando con appositi attrezzi. **2.** MED. Intervento chirurgico consistente nell'asportazione di tessuto.

raschiàre v.tr. [6] (lat. *rasclāre*, deriv. di *rāstrum* "rastrello") **1.** Levigare una superficie eliminando le sporgenze. *Raschiare il piano.* SIN.: **grattare**. ~ In unione con *via*, togliere lo sporco da un oggetto. *Raschiare via il grasso dalla pentola.* **2.** MED. Pulire chirurgicamente tessuti o ossa per analisi o per cura. *Raschiare l'utero.*

raschiatóio s.m. [pl. *-toi*] Qualsiasi strumento per raschiare.

raschiatùra s.f. **1.** Asportazione di materiale da una superficie per pulirla o levigarla. ~ In partic., finitura della parte esterna della pergamena. **2.** *estens.* Traccia lasciata raschiando. ~ Il materiale asportato.

raschiétto s.m. **1.** Lametta fissata a un manico, usata un tempo per cancellare. **2.** Attrezzo a lama quadrangolare o triangolare per finiture di grande precisione. **3.** Lama di ferro usata per pulire dal fango o dalla neve le scarpe, infissa nel muro o nel terreno vicino agli ingressi delle case.

rasentàre v.tr. **1.** Passare molto vicino a qlco. *Rasentare il muro.* **2.** *fig.* Avvicinarsi molto a una certa misura. *Rasentare i cento kg.* **3.** *fig.* Arrivare molto vicino a una certa situazione, a un certo risultato. *Rasentare il ridicolo.*

rasènte prep. Molto vicino, spec. nella loc. prep. *rasente a.*

rash [/'ræʃ/] s.m. inv. (voce ingl., propr. "sfogo, eruzione") MED. Eruzione cutanea transitoria.

1. ràso agg. **1.** Che è stato sottoposto a rasatura. **2.** Privo di sporgenze. **3.** Detto di contenitore, il cui contenuto è a livello dell'orlo. ◇ *A raso:* a livello del piano stradale. *Raso terra:* con valore di prep., rasente il terreno; *fig.* di basso *livello.

2. ràso s.m. Una delle tre armature tessili fondamentali che, a causa dei punti di legatura distanziati, produce un effetto liscio e lucente su una delle facce. ~ Tessuto fabbricato in questo modo.

rasóio s.m. [pl. *–soi*] Strumento usato per radere la barba o i capelli. ◊ *Rasoio di sicurezza:* rasoio con lametta a doppio taglio o a taglio singolo protetto, per evitare ferite. – *Rasoio elettrico:* quello che permette di effettuare la rasatura senz'acqua e senza sapone, grazie a numerose piccole lame mobili disposte in modo particolare e innestate su una testina che viene a contatto con la pelle. – *fig. Sul filo del rasoio:* in una situazione di pericolo, di rischio.

rasotèrra agg. inv. **1.** SPORT. Nel calcio, detto di tiro in cui il pallone corre rasente al terreno. **2.** *fig.* Mediocre, di basso livello. ❏ In funzione di avv., nell'accez. 1 dell'agg. ◆ s.m. Nell'accez. 1 dell'agg. *Ha sparato il goal con un forte rasoterra.*

1. ràspa s.f. **1.** Lima piatta utilizzata per levigare legno o altri materiali duri. **2.** SPORT. Nello sci di fondo, particolare sistema di frenaggio sulla neve fresca.

2. ràspa s.f. (voce spagn. d'America) Ballo di origine messicana dal ritmo molto vivace diffuso in Europa nel secondo dopoguerra.

raspàre v.tr. (germ. *raspôn* "grattare") **1.** Rendere qlco. pulito o levigato, usando una raspa o un altro arnese idoneo. **2.** Di animali, grattare il terreno. **3.** Riferito a bevanda, irritare, pizzicare la gola. ◆ v.intr. (aus. *avere*) **1.** Riferito ad animali, smuovere, grattare con le zampe. **2.** Riferito a qlco. di ruvido, fregare fastidiosamente la pelle. *Questa lana raspa.* **3.** Riferito a bevanda, produrre bruciore, irritazione. **4.** Produrre un rumore come di raspa che gratta. **5.** *estens.* Rovistare in un posto per trovare qlco. *I ladri hanno raspato nei cassetti.*

ràspo s.m. Ciò che resta del grappolo d'uva dopo che sono stati tolti gli acini.

raspollàre v.tr. Raccogliere i raspolli o i grappoli d'uva rimasti attaccati alla vite dopo la vendemmia.

raspóllo s.m. Piccolo grappolo d'uva con pochi acini.

raspóso agg. **1.** Ruvido al tatto. **2.** *fig.* Aspro, acre. *Vino rasposo.*

rasségna s.f. **1.** MIL. Ispezione a uomini o cose per controllarne il numero, lo stato, l'efficienza. **2.** *estens.* Controllo della consistenza numerica, dello stato, delli stato o delle cose o persone. **3.** Valutazione accurata di situazioni e avvenimenti. ~ Recensione organica e commentata di libri e articoli relativi a un particolare argomento. ◊ *Rassegna (della) stampa:* rubrica radiofonica o televisiva in cui si presentano i titoli e i principali articoli dei giornali, spec. di prima pagina. **4.** Esposizione, mostra, festival. *Rassegna cinematografica.*

rassegnàre v.tr. (lat. *resignāre* "dissuggellare, sciogliere") Nel 1. bur., rinunciare a un incarico. ◊ *Rassegnare le dimissioni:* presentarle. ◆ **rassegnarsi** v.pron. Arrendersi senza più opporsi alla volontà di qlcu. o accettare con sopportazione qlco. ormai ritenuto inevitabile.

rassegnàto agg. Che accetta senza reagire qlco. ritenuto inevitabile.

rassegnazióne s.f. Accettazione di ciò che è ritenuto inevitabile.

rasserenàre v.tr. **1.** Rischiarare il cielo. *Il vento ha rasserenato l'orizzonte.* **2.** *fig.* Rendere qlcu. più tranquillo. ◆ **rasserenarsi** v.pron. **1.** Riferito al cielo e al tempo, ritornare sereno. **2.** *fig.* Calmarsi, rinfrancarsi. *Mi sono finalmente rasserenato dopo tanta apprensione.*

rassettàre v.tr. **1.** Rimettere in ordine qlco. *Rassettare la stanza.* SIN.: **sistemare. 2.** Di capi di vestiario, riparare, aggiustare. **3.** *fig.* Riaggiustare una situazione. ◆ **rassettarsi** v.pron. Assumere un atteggiamento più composto.

rassicurànte agg. Che suscita tranquillità e infonde fiducia.

rassicuràre v.tr. Rendere sicuro qlcu., togliergli timori e preoccupazioni. *Le tue parole mi*

hanno rassicurato. SIN.: **tranquillizzare.** ◆ **rassicurarsi** v.pron. Ritrovare sicurezza e tranquillità.

rassicurazióne s.f. Atto del rassicurare. ~ Azione, discorso o scritto che ha lo scopo di rassicurare.

rassodànte agg. Che conferisce elasticità e compattezza, spec. ai muscoli o ai tessuti cutanei. *Crema rassodante.*

rassodàre v.tr. **1.** Far diventare più solido. **2.** *fig.* Consolidare. ◆ **rassodarsi** v.pron. **1.** Diventare sodo o più solido. **2.** *fig.* Consolidarsi, rafforzarsi.

rassomigliànte agg. Simile a qlco. o a qlcu.

rassomigliànza s.f. Corrispondenza tra due o più persone o cose simili tra loro.

rassomigliàre v.intr. [6] (aus. *essere* o *avere*) Presentare una somiglianza con qlcu. o qlco. *Rassomiglia alla madre.* ◆ **rassomigliarsi** v.pron. Di due o più persone, essere simili l'una all'altra.

ràsta agg. inv. Di movimento religioso, politico e culturale proprio della popolazione nera giamaicana. (La musica reggae ne è una manifestazione.) ◆ s.m. e f.inv. Seguace di tale culto.

rastrellamènto s.m. **1.** Operazione di raccolta con il rastrello. **2.** Perlustrazione accurata eseguita da corpi militari in una certa zona per individuare, eliminare o catturare forze nemiche. **3.** Operazione eseguita da squadre specializzate per disinnescare gli ordigni in un terreno minato. **4.** BORS. *fig.* Attività di chi, con acquisti discreti ma sistematici, cerca di accrescere la propria partecipazione al capitale sociale di una società, anche al fine di assumere il controllo.

rastrellàre v.tr. **1.** Pulire, ammassare foglie, fieno, ecc. con un rastrello. **2.** *fig.* Sottoporre un'area a controlli per catturare forze nemiche, recuperare refurtiva, armi, ecc. **3.** MAR. Trascinare sul fondo del mare reti o rampini per recuperare un oggetto.

rastrellàta s.f. **1.** Pulizia di un terreno effettuata con il rastrello in modo rapido. **2.** Quantità raccolta con un colpo di rastrello. *Una rastrellata di fieno.* **3.** Colpo dato con un rastrello.

rastrellatùra s.f. Raccolta di vegetali tagliati o ripulitura del terreno effettuata col rastrello.

rastrellièra s.f. **1.** Intelaiatura attaccata al muro della stalla o appoggiata a terra, atta a contenere il fieno per il pasto del bestiame. **2.** Struttura di forma analoga studiata per riporre o appendere, entro appositi elementi di separazione e di sostegno, oggetti vari.

rastrèllo s.m. **1.** Attrezzo agricolo formato da un elemento trasversale in legno o in ferro munito di denti e collegato a un lungo manico. **2.** Macchina agricola che serve ad ammassare fieno e paglia, detta anche *ranghinatore.* **3.** *estens.* Qualsiasi arnese simile per forma o funzioni al rastrello. **4.** MAR. Sulle navi militari, sistema di cordicelle su cui si mettono ad asciugare gli indumenti lavati.

rastremàre v.tr. ARCH. Ridurre gradualmente verso l'alto il diametro di una colonna o di un pilastro o di altra struttura portante. ◆ **rastremarsi** v.pron. Detto di pilastri, di colonne ecc., farsi più sottili verso l'alto.

rastremàto agg. ARCH. Che si assottiglia andando dal basso verso l'alto.

ràta s.f. (lat., deriv. di *rătam părtem* "parte stabilita") **1.** Ciascuna delle quote che si devono versare a scadenze fisse per un acquisto non pagato in contanti o per rimborsare un prestito. ◊ *A rate:* con pagamento rateizzato e, *estens.*, in più volte, in successive scadenze. **2.** Quantitativo prefissato di merci o altri oggetti.

ratafià s.m. inv. (fr. *ratafia*, forse deriv. di *rata fiat* "l'accordo sia confermato", poi espressione augurale "alla salute") Liquore ottenuto dalla distillazione del succo fermentato di alcuni frutti, con alcol e zucchero.

ratatouille [/rata'tuj/] s.f. inv. (voce fr., deriv. di *ratouiller* "mescolare") Piatto composto da melanzane, zucchine, peperoni, cipolle, ecc. cucinate in un sugo di pomodoro.

rateàle agg. Eseguito a rate.

rateàre v.tr. **1.** Suddividere un pagamento in rate. **2.** *estens.* Suddividere qlco. nel tempo. *Rateare le consegne.*

rateazióne s.f. Suddivisione di un pagamento in rate. ~ La scadenza di ciascuna rata.

rateizzàre v.tr. Dividere in rate una somma da pagare. *Rateizzare un pagamento.* SIN.: **rateare.**

rateizzazióne s.f. Suddivisione di un importo da pagare in rate.

ràteo s.m. **1.** ECON. Rateazione. **2.** ECON., CONTAB. Costo o ricavo maturato in un esercizio finanziario ma rilevato in quello successivo. **3.** ECON. L'ammontare degli interessi maturati in un periodo più breve di quello in cui gli stessi vengono normalmente liquidati.

ratìfica s.f. [pl. *–che*] **1.** DIR. CIV. Atto giuridico con il quale una persona approva il negozio stipulato in suo nome da un'altra persona che non era autorizzata a farlo. **2.** DIR. Riconoscimento da parte dell'organo competente della piena validità di un provvedimento adottato dagli organi esecutivi. **3.** *estens.* Conferma, approvazione.

ratificàre v.tr. [4] (lat. *ratificăre*, deriv. di *ratum facere* "rendere valido") **1.** DIR. Procedere a una ratifica. ~ Riconoscere la validità di un impegno assunto da un mandatario non autorizzato. **2.** Confermare qlco. *Ratificare un progetto.*

ratinàre v.tr. (fr. *ratiner*) IND. TESS. Sottoporre un tessuto a ratinatura.

ratinatrice s.f. IND. TESS. Macchina usata per ratinare i tessuti.

ratinatùra s.f. IND. TESS. Operazione di finitura che si esegue su tessuti a pelo lungo per produrre speciali effetti decorativi.

rating [/'reitin/] s.m. inv. (voce ingl., deriv. di *to rate* "valutare") **1.** BANC. Valutazione della qualità dei titoli obbligazionari emessi da un soggetto privato o pubblico, espressa, in funzione della solvibilità e solidità patrimoniale dell'emittente, da agenzie internazionali specializzate. **2.** Indice statistico di gradimento di determinati programmi televisivi o radiofonici. **3.** SPORT. Classificazione delle imbarcazioni da diporto, detta anche *stazza di regata.*

ratio [/'rattsjo/] s.f. [pl. *rationes*] (voce lat.) **1.** FILOS. Ragione, discorso. **2.** *comun.* Modo, metodo o causa, motivo.

Ratìti s.m. pl. [iniziale minusc. sing *–te* per l'individuo] (lat., deriv. di *rătis* "zattera" per la forma dello sterno) ZOOL. Sottoclasse di uccelli corridori con ali ridotte e sterno senza carena, come p.e. lo struzzo.

1. ràtto s.m. Rapimento di una persona, spec. di donna. *Ratto delle Sabine.*

2. ràtto s.m. **1.** Mammifero roditore originario dell'Asia, di dimensioni notevolmente superiori a quelle del topo comune, con muso appuntito e coda rivestita di squame. (Il ratto nero ha invaso l'Europa nel sec. XIII, diffondendo la peste e ha soppiantato nel sec. XVII il topo di fogna. Famiglia dei Muridi.) ◊ *Ratto di chiavica:* ratto comune, chiamato anche *ratto di fogna* o *ratto grigio.* **2.** ZOOL. (iniziale maiusc.) Genere di animali a cui appartiene il ratto.

■ **ràtto** nero.

■ **ràtto.** Ratto delle chiaviche.

rattoppàre v.tr. **1.** Raccomodare un oggetto, aggiustarlo mettendo delle toppe. **2.** *fig.* Rimediare un errore, cercare di salvare qlco. di non ben riuscito.

rattòppo s.m. **1.** Applicazione di una o più toppe a un indumento per accomodare uno strappo. **2.** *fig.* Rimedio sommario, imperfetto.

rattrappire v.tr. [83] Contrarre le membra rendendone difficile il movimento. SIN. **anchilosare**. ◆ **rattrappirsi** v.pron. Contrarsi, irrigidirsi. *Per il freddo mi si sono rattrappite le mani.*

rattrappìto agg. **1.** Riferito a un arto o ad altra parte del corpo, irrigidito, contratto. **2.** Di persona, che ha le membra contratte.

rattristànte agg. Che rende triste.

rattristàre v.tr. Rendere triste qlcu. ◆ **rattristarsi** v.pron. Diventare triste, affliggersi. *Non rattristarmi con brutte notizie.*

raucèdine s.f. Abbassamento di voce dovuto a faringite, a laringite o ad affaticamento della voce.

ràuco agg. [pl.m. –chi, f. –che] **1.** Che ha subito un abbassamento di voce dovuto a raucedine o ad altre cause. **2.** Di tono basso e insieme sordo o aspro. *Suono rauco.*

rauwòlfia o **rauvòlfia** s.f. (dal nome del medico tedesco L. *Rauwolf*) **1.** Arbusto dell'India da cui si ricavano medicine con potere sedativo e ipotensivo. (Nome sc. *Rauwolfia serpentina*; famiglia delle Apocinacee.) **2.** BOT. (iniziale maiusc.) Genere di piante dicotiledoni cui appartiene la rauwolfia.

ravanèllo s.m. Ortaggio con radice polposa commestibile. (Genere *Raphanus*; famiglia delle Crocifere.)

ravanello rosa

foglie e fiori

ravanello nero

■ **ravanèllo**

rave [/reɪv/] s.m. inv. (voce ingl., propr. "delirio") Festa notturna organizzata in luoghi molto vasti, in estate perlopiù all'aperto, in cui si ascolta e si balla musica house e rap fino al mattino; detto anche *rave party*.

Ravenàla s.f. Genere di piante originarie del Madagascar, dette anche *alberi del viandante* perché la base delle loro foglie raccoglie l'acqua pluviale. (Famiglia delle Musacee.).

seme

fiore

■ **Ravenàla**

ravièra s.f. (fr. *ravier* "piatto di rape") Piccolo piatto oblungo nel quale si servono gli antipasti.

raviòlo s.m. (etim. discussa, forse genov. *ravieu* "smerlo" per i bordi sfrangiati) **1.** (spec. pl.) Piccolo quadrato di pasta fresca ripieno di car-

ne, di erbe tritate, ecc. **2.** *estens.* In pasticceria, rettangolo di pasta dolce ripieno di marmellata, canditi, crema, ecc.

ravizzóne s.m. Pianta coltivata simile alla colza, i cui semi forniscono un olio. (nome sc. *Brassica rapa*; famiglia delle Crocifere.)

ravvedérsi v.pron. [56] Riconoscere di aver agito male e correggersi.

ravvediménto s.m. Cambiamento di vita in seguito a pentimento. ◇ DIR. PEN. *Ravvedimento operoso*: comportamento di chi desiste dal compiere un reato e si adopera per impedire che altri lo compiano.

ravviàre v.tr. [6] **1.** Rimettere qlco. in ordine. **2.** *fig.* Rimettere in sesto una situazione. ◆ **ravviarsi** v.pron. Rimettersi in ordine, pettinarsi. ~ Rimettersi a posto i capelli o un indumento.

ravvicinaménto s.m. **1.** Diminuzione della distanza fra cose o persone. **2.** *fig.* Ristabilimento di buoni rapporti, riconciliazione.

ravvicinàre v.tr. **1.** Avvicinare. *Ravvicinare la scrivania alla finestra.* **2.** Mettere a confronto. *Ravvicinare la tua ipotesi a quella precedente.* **3.** Riconciliare due o più persone. *Ravvicinare gli amici.* ◆ **ravvicinarsi** v.pron. **1.** Avvicinarsi di più o di nuovo a un luogo o a una persona. *Ravvicinarsi a casa.* **2.** *fig.* Riconciliarsi con qlcu. ~ Detto di due più persone, tornare in reciproco accordo. *I due coniugi si sono ravvicinati.*

ravvisàre v.tr. **1.** Riconoscere qlcu. dall'aspetto. *Dopo tanti anni ho stentato a ravvisarlo.* **2.** *estens.* Distinguere particolari caratteristiche. **3.** *fig.* Riconoscere come importante, utile. *Ravvisare l'urgenza di intervenire.*

ravvivaménto s.m. Conferimento o acquisizione di una maggiore vitalità o intensità.

ravvivàre v.tr. Ridare forza e vivacità a qlco. *Ravvivare un colore.* ◇ *Ravvivare il fuoco*: riattizzarlo. ◆ **ravvivarsi** v.pron. **1.** Riprendere vita, vigore, vivacità. *Con il restauro i colori dell'affresco si sono ravvivati.* **2.** *fig.* Accendersi, rianimarsi.

rayon o **raion** [/ˈrajon/] s.m. inv. (voce ingl. d'America, propr. "raggio" poi "seta artificiale") Nome commerciale di una fibra tessile artificiale che si ottiene dalla cellulosa e che imita la seta.

raziocinànte agg. **1.** Dotato della facoltà di ragionare. **2.** Razionalmente fondato.

raziocìnio s.m. [pl. –ni] (lat. *ratiocìnium*, propr. "calcolo, valutazione") Capacità di ragionare. ~ *estens.* Buon senso.

razionàbile agg. Che può essere sottoposto a razionamento. *Beni razionabili in caso di guerra.*

1. razionàle agg. **1.** Dotato di ragione e capace di usarla. ◇ FILOS. *Anima razionale*: in Platone, parte dell'anima in cui ha sede la facoltà raziocinante. **2.** Che è fondato sulla ragione. ~ Che è dedito al ragionamento e non ha nulla di empirico. **3.** Rispondente a criteri di funzionalità. **4.** MAT. Fondato sul ragionamento dimostrativo. ◇ *Funzione razionale*: il quoziente di due polinomi in una o più variabili. ◆ s.m. (solo sing.) Ciò che è razionale, spiegabile con la ragione.

2. razionàle s.m. (calco di gr. *logéion* "parola sacra, oracolo") **1.** RELIG. Nell'Antico Testamento, drappo quadrangolare, costellato di dodici pietre preziose rappresentanti le tribù d'Israele, che il sommo sacerdote metteva sul petto quando entrava nel santuario o in caso di decisioni importanti. **2.** RELIG. Nel Medioevo, ornamento indossato dai vescovi sopra la pianeta durante i riti liturgici.

razionalismo s.m. **1.** FILOS. Dottrina tendente a fondare la conoscenza e l'azione umana soltanto sulla ragione. ~ Teoria secondo la quale la conoscenza umana deriva da principi indipendenti a priori dall'esperienza. [In questo caso, il razionalismo, che può essere assoluto (Platone, Cartesio) o critico (Kant), si oppone all'*empirismo*.] ~ Concezione che ammette nei dogmi religiosi soltanto ciò che è compatibile con la ragione. **2.** ARCH. Movimento francese del sec. XIX che privilegia la funzionalità delle costruzioni a scapito di elementi formali e decorativi (Labrouste, Viollet-le-Duc, ecc.).

razionalista s.m. e f.[pl.m. –sti] **1.** Seguace del razionalismo filosofico o artistico. **2.** *estens.*

Chi attribuisce grande importanza al potere della ragione e la antepone all'intuizione e ai sentimenti. ☐ In funzione di agg. **1.** FILOS., ARCH. Che segue il razionalismo. **2.** Che ha a proprio fondamento il razionalismo.

razionalìstico agg. [pl.m. –ci, f. –che] Che concerne il razionalismo o razionalisti. ~ In cui prevale la ragione, il ragionamento.

razionalità s.f. inv. **1.** Facoltà di ragionare che distingue l'uomo dagli animali. **2.** Carattere razionale.

razionalizzàre v.tr. **1.** Rendere qlco. conforme a criteri di razionalità e di funzionalità. *Razionalizzare lo studio.* **2.** PSICOAN. Sostituire motivazioni non accettabili con altre tollerabili a livello cosciente. ~ *estens.* Cercare di giustificare e spiegare con motivazioni razionali determinati sentimenti o impulsi. **3.** MAT. Rendere razionale il denominatore di una frazione che contenga degli irrazionali.

razionalizzazióne s.f. **1.** Introduzione di criteri di razionalità e di funzionalità. **2.** ALG. Operazione che consente di trasformare un'espressione non razionale in una razionale. **3.** PSICOAN. Giustificazione razionale, data a sé e agli altri, di comportamenti e intenzioni dettati da impulsi inconsci.

razionalménte avv. Secondo criteri razionali.

razionaménto s.m. Provvedimento cui si ricorre in caso di emergenza, volto a limitare il consumo di beni di prima necessità, che vengono assegnati a ciascuno in quantità determinata.

razionàre v.tr. Ridurre, con una ripartizione in quantità limitate, il consumo di qlco. ~ *estens.* Limitare a qlcu. l'uso di qlco. *Gli razionano il vino.*

razióne s.f. (calco di spagn. *ración* "conto, parte spettante a ciascuno") Quantità di un genere alimentare o di consumo che spetta ogni volta a ciascun membro di una comunità o che è stata assegnata a ciascun cittadino in caso di razionamento. ◇ *Razione alimentare*: nella scienza dell'alimentazione, la quantità di cibo necessaria quotidianamente a un individuo per un regolare aumento di peso durante lo sviluppo o per mantenere il peso normale.

1. ràzza s.f. (fr. *haraz* "allevamento di cavalli") **1.** BIOL. Insieme di individui, animali o vegetali, che presentano caratteri morfologici, fisiologici e genetici differenti da quelli di tutti gli altri individui della stessa specie. ◇ *Bestia da razza*: destinata alla riproduzione. *Di razza*: detto di animale, che presenta al massimo grado di purezza tutte le caratteristiche della razza cui appartiene; detto di persona, che ha le notevoli e genuine doti spec. in campo professionale, artistico o politico. **2.** Insieme di persone che presentano caratteri comuni e che si riuniscono in una stessa categoria. **3.** *estens.* Insieme degli avi o dei discendenti di una famiglia. ◇ *fig. Far razza a sé*: avere una personalità del tutto particolare, essere una persona diversa, spesso introversa e isolata. **4.** Specie, sorta, perlopiù con connotazione polemica o spregiativa.

ENCICL. La diversità umana ha determinato una classificazione razziale su criteri evidenti: Leucodermi (Bianchi), Melanodermi (Neri), Xantodermi (Gialli). Questa classificazione è prevalsa, con diversi tentativi di perfezionamento dovuti all'influenza delle idee di Linneo, nel corso del sec. XIX. I progressi della genetica portano oggi a respingere qualsiasi tentativo di classificazione razziale.

2. ràzza s.f. (ven. *raza*) Pesce cartilaginoso con corpo appiattito e pinne pettorali triangolari

■ **ràzza.** Razza chiodata (circa 1 m).

molto sviluppate e saldate sulla testa, che vive general. nei fondali marini e di cui alcune specie, come la razza chiodata (genere *Raja*) e la pastinaca (genere *Dasyatis*) hanno carne pregiata. (Sottoclasse dei Selaci; ordine dei Raiformi.)

3. ràzza s.f. TECN. Elemento radiale di una ruota.

razzìa s.f. (fr. *razzia*, ar. magrebino *ġāzīya* "incursione") **1.** Incursione in territorio ostile a scopo di saccheggio. **2.** *estens.* Ruberia. ◇ *fig. Fare razzia di qlco.:* prendere in gran quantità tutto ciò che si può.

razziàle agg. (ingl. *racial*) **1.** Della razza, nell'ambito della specie umana. **2.** Basato sulla razza. ◇ *Leggi razziali:* nei regimi nazista e fascista, disposizioni emanate contro gli ebrei. – *Integrazione razziale:* abolizione della segregazione razziale nei paesi in cui vigeva e agevolazione della mescolanza tra etnie diverse.

razziàre v.tr. [6] (fr. *razzier*) **1.** DIR. Rubare qlco. con scorrerie. **2.** *estens.* Saccheggiare.

razziatóre agg. [f. *-trice*] Che fa razzie, che compie scorrerie. ◆ s.m. (anche f.) DIR. Nel sign. dell'agg.

razzìsmo s.m. (fr. *racisme*) **1.** Ideologia fondata su un'arbitraria distinzione dell'uomo in razze. (Attribuendo a una razza una superiorità biologica e culturale, si promuovono e legittimano forme di tutela che si traducono in politiche discriminatorie e persecutorie nei confronti delle etnie ritenute inferiori.) **2.** *estens.* Atteggiamento d'ostilità sistematica verso una categoria determinata di persone.

razzìsta s.m. e f. [pl.m. *-sti*] Sostenitore delle teorie del razzismo. ❑ In funzione di agg., improntato al razzismo.

razzìstico agg. [pl.m. *-ci*, f. *-che*] Proprio del razzismo, dei razzisti.

ràzzo s.m. (lat. *rădium* "raggio" che in orig. indicava il modo di dipartirsi dei fuochi d'artificio) **1.** Fuoco d'artificio che si innalza grazie alla reazione dovuta alla combustione della polvere pirica in esso contenuta. ◇ *fig. Partire a razzo:* molto rapidamente. **2.** AER. Propulsore di veicoli spaziali o di ordigni da guerra, detto anche *missile*. ◇ *Razzo vettore:* utilizzato per portare in orbita un veicolo spaziale. – *Razzo sonda:* razzo suborbitale non abitato, che permette di effettuare misurazioni ed esperimenti scientifici.

razzolàre v.intr. (aus. *avere*) (deriv. di *razzare* "raspare il terreno con le zampe") Detto spec. di polli, raspare, grattare il terreno con le zampe per trovare semi o vermi. ◇ *fig. Predicare bene e razzolare male:* comportarsi bene solo a parole. ~ *estens.* Frugare, rovistare mettendo in disordine.

RCA s.f. inv. Sigla di *Responsabilità Civile Autoveicoli*.

RDS s.m. inv. Sigla di *Radio Data System*, sistema di radiotrasmissione di dati.

1. ré s.m. inv. [f. *regina*] **1.** Chi regge legittimamente uno Stato monarchico. **2.** Persona o, in generale, essere vivente che domina nel suo genere o in un settore particolare. **3.** Negli scacchi, il pezzo più importante. **4.** Ciascuna delle quattro carte da gioco con l'immagine di un re. **5.** ZOOL. Con varie specificazioni costituisce il nome comune di diverse specie. ◇ *Re delle aringhe:* pesce marino noto col nome di *chimera*. – *Re di triglie:* piccolo pesce marino rosso, dalla grossa testa, diffuso nel Mediterraneo. (Famiglia dei Perciformi.) – *Re di macchia:* uccello passeriforme dal canto melodioso, caratterizzato da piccole dimensioni, becco molto appuntito, coda corta e fitto piumaggio bruno-rossiccio; è detto anche *scricciolo*. (Famiglia dei Trogloditidi.)

2. rè s.m. inv. (dalla sillaba iniziale di *Resonare*, parola con cui inizia il secondo versetto dell'"Inno a San Giovanni" di Paolo Diacono da cui Guido d'Arezzo trasse i nomi delle note) Seconda nota della scala musicale di *do*.

ré- Prefisso di verbi che indica ripetizione nello stesso senso o in senso contrario (*replicare*, *reagire*); forma liste aperte dal significato desumibile da quello di base (*reimmergere*); si alterna con *ri-*, formando in alcuni casi coppie di varianti (*recusare*/*ricusare*).

Readàli s.f. pl. [iniziale minusc. sing. *-le* per l'individuo] BOT. Ordine di piante erbacee angiosperme, con foglie alterne, fiori perlopiù ermafroditi, costituiti da due o quattro o raramente cinque verticilli di elementi e stami general. in numero pari a quello dei petali. (Classe delle Dicotiledoni.)

ready-made [/ˈrɛdimeɪd/] s.m. inv. (voce ingl., propr. "già pronto") ART. MOD. CONT. Oggetto comune presentato da un artista come opera d'arte, senza che sia stato operato su di esso alcun intervento estetico.

reagènte agg. Che reagisce, reattivo. ◆ s.m. **1.** CHIM. Ogni sostanza che partecipa a una reazione chimica trasformandosi in prodotti. **2.** CHIM. Prodotto di composizione e purezza definite, impiegato nell'analisi chimica.

reagìre v.intr. [83] (aus. *avere*) **1.** Compiere un'azione in risposta a un'azione di altri, per contrastarla. ~ *estens.* Opporre resistenza a una situazione difficile. *Reagire alla depressione.* **2.** Riferito a organo o organismo, rispondere a uno stimolo, attivando una reazione. *Reagire bene agli antibiotici.* **3.** CHIM. Detto di elemento o composto, subire una reazione a contatto con altre sostanze.

1. reàle agg. (lat. *reàlem*, propr. "che riguarda le cose") **1.** Che esiste o è esistito veramente. **2.** In alcune locc., assume significati particolari, determinati dall'opposizione ad altri termini e concetti. ◇ ECON. *Salario reale:* quello misurato in termini di effettivo potere d'acquisto e non in relazione all'ammontare monetario, al fine di escludere gli effetti dell'inflazione (in oppos. a *salario nominale*). – FIN. *Imposta reale:* che colpisce la ricchezza o il reddito in sé, senza tener conto delle condizioni familiari, sociali, ecc. del contribuente (in oppos. a *personale*). **3.** MAT. *Numeri reali:* elementi dell'insieme *R*, che si ottengono per estensione dei numeri razionali completandoli con gli irrazionali. **4.** Relativo a una cosa. ◇ DIR. *Diritto reale:* che conferisce a chi ne è titolare pieno potere sulla cosa cui quel diritto inerisce. (L'ipoteca conferisce un *diritto reale* sulla costruzione ipotecata; il prestito di una somma di denaro conferisce soltanto un *diritto personale* sul mutuatario.) ◆ s.m. (solo sing.) Ciò che esiste realmente.

2. reàle agg. (fr. ant. *reial*) **1.** Che è proprio del re, della sua funzione. **2.** *fig.* Degno di un re. ~ *estens.* Che eccelle per grandezza, importanza o qualità. ◆ s.m. (al pl.) **1.** Il re e la regina e, talvolta, l'intera famiglia reale. **2.** ZOOL. Coppia di individui fecondi negli insetti che vivono in comunità.

3. reàle s.m. **1.** Moneta d'oro fatta coniare da Carlo I d'Angiò a Barletta nel sec. XIII. **2.** Antica valuta di origine spagnola, in argento.

realgàr s.m. inv. (fr. *réalgar*, ar. *rahğ al-ğār* "polvere della caverna") MIN. Solfuro d'arsenico (*AsS*), di colore rosso.

realìsmo s.m. (calco del fr. *royalisme*) **1.** Disposizione mentale che permette di vedere la realtà così com'è e agire di conseguenza. **2.** FILOS. Nella Scolastica, concezione che sostiene la realtà oggettiva dei concetti universali. ~ Corrente letteraria e artistica della seconda metà del sec. XIX che privilegia la rappresentazione esatta, non idealizzata, della realtà umana e sociale. *(v. immagine pag. succ.)* ◇ *Realismo socialista:* dottrina estetica, proclamata in Unione Sovietica nel 1934 sotto l'influenza determinante di Danov, che considerava la letteratura e l'arte come mezzi per rappresentare la realtà sociale nella sua integrità. **3.** DIR. Concezione dell'effettività del diritto, in oppos. sia al *giusnaturalismo* sia al *positivismo*. **4.** Corrente cinematografica caratterizzata dalla rappresentazione filmica di un evento immaginario o autentico e non dalla sua ricostruzione.

ENCICL. ART. Sebbene si sia parlato di realismo anche a proposito di correnti che si sono manifestate fin dal sec. XVII in reazione al Manierismo (Caravaggio, i Carracci in Italia; Murillo, Ribera, Velazquez in Spagna; Hals, Vermeer, alcuni pittori di genere e di paesaggi in Olanda; i Le Nain e altri "pittori della realtà" in Francia, ecc.), il termine ha tuttavia finito per designare in particolare una corrente artistica apparsa in Francia attorno alla metà del sec. XIX. Manifestando una doppia reazione contro il classicismo accademico e le aspirazioni romantiche, tale corrente è segnata da diverse influenze: la pittura all'aperto della scuola di Barbizon, le idee positiviste, il socialismo nascente e il vissuto quotidiano (Courbet), la vita e il lavoro dei contadini (Milliet), la semplicità del popolo parigino in opposizione a giudici e notabili (Daumier). Nel clima del naturalismo di Zola, s'inserì infine l'opera di Manet prima di raggiungere, con Degas, una via pittorica realista divergente: l'impressionismo. In Europa, il realismo toccò diversi paesi, sia con i pittori della scuola dell'Aia (J. Israëls, J. Maris), sia con il tedesco Menzel e il belga C. Meunier, sia con i Macchiaioli italiani, il russo Repine, ecc. Nel sec. XX, il realismo è divenuto una corrente di reazione alle forze dominanti dell'arte plastica pura e dell'astrazione, acquisendo spesso una nuova sfumatura di violenza (la *nuova obiettività* dei tedeschi Beckmann, Dix, Grosz) o di precisione fotografica sconcertante (*iperrealismo* della fine degli anni Sessanta, preparato fin dal periodo tra le due guerre dall'opera di pittori americani come Hopper). Quanto al *nuovo realismo* europeo (Arman, César, Christo, Y. Klein, Raysse, N. de Saint Phalle, Spoerri, Tinguely, Raymond Hains, Mimmo Rotella, ecc.), contemporaneo della *pop art* e mirante a captare il mondo attuale nella sua realtà sociologica soprattutto urbana, si è espresso in particolare con l'arte dell'assemblaggio (Raysse, Spoerri) e dell'accumulo di oggetti (Arman). CINE. Il realismo ha assunto vari aspetti nel cinema a seconda dei tempi e dei luoghi: in Germania vi fu il realismo *psicologico*, nutrito di componenti sociali (F. Lang, Pabst e altri; 1925-40); in URSS il realismo *epico* (Eisenstein e Pudovkin); in Inghilterra quello *documentaristico* e in Francia il *naturalismo* (Duvivier, Carné; 1930-40). Nel secondo dopoguerra si sviluppò il *neorealismo* italiano (Rossellini, De Sica, Visconti) che influenzò tutto il cinema mondiale compreso quello americano (Dassin, Kazan, Huston, ecc.), con il suo realismo drammatico e brutale. Recentemente si è diffuso dalla Francia il *cinéma-vérité*, che, grazie a strumenti quali cineprese leggerissime e apparecchi di registrazione sonora in sincrono, si avvicina sempre più alla realtà visibile quotidiana. LETT. Il primo teorico del realismo, il francese Champfleury (*Le Réalisme*, 1857), giudicò il termine vago ed "equivoco". Sebbene un certo realismo si fosse già affermato all'interno del romanticismo (Balzac, Stendhal, Manzoni), fu solo con Duranty e soprattutto con Flaubert e Maupassant che il realismo, inteso come corrente letteraria basata sull'importanza dell'impersonalità e dell'esposizione obiettiva dei fatti senza implicazioni morali, trionfò, conducendo al naturalismo e diffondendosi anche in altri paesi (si pensi al verismo in Italia).

1. realìsta s.m. e f. [pl.m. *-sti*] **1.** Chi ha senso della realtà e spirito pratico. **2.** Chi segue le dottrine del realismo. ❑ In funzione di agg., realistico.

2. realìsta s.m. e f. [pl.m. *-sti*] Chi sostiene il sistema monarchico o i diritti di un sovrano, spec. quando non siano riconosciuti.

realìstico agg. [pl.m. *-ci*, f. *-che*] **1.** Che rispecchia fedelmente la realtà. **2.** Che si fonda sulle cose reali, concrete. **3.** Del realismo filosofico, letterario e artistico.

reality show [/rɪˈælətɪʃəʊ/] loc. sost. m. inv. (loc. ingl.) Programma televisivo che riprende i protagonisti in una situazione di vita reale.

realizzàbile agg. **1.** Che può essere realizzato. **2.** ECON. Che può essere convertito in denaro liquido.

realizzàre v.tr. (fr. *réaliser*) **1.** Rendere reale, tradurre qlco. in realtà. **2.** ECON. Convertire un bene in denaro liquido. **3.** SPORT. Segnare uno o più punti. **4.** Capire bene qlco., rendersene conto. *Realizzare la gravità della situazione.* ◆ **realizzarsi** v.pron. **1.** Detto di persona, riuscire a esprimere compiutamente se stesso, la propria personalità. **2.** Detto di progetti, idee, fantasie, diventare reale.

realizzatóre agg. [f. *-trice*] Che crea, mette in atto. ◆ s.m. (anche f.) **1.** Persona che realizza ciò che ha concepito. **2.** SPORT. Chi fa goal, chi va a canestro, ecc.

realizzazióne s.f. (fr. *réalisation*) **1.** Concretizzazione di qlco. ~ Ciò che trova pratica at-

■ Il realismo

Nel realismo del sec. XIX l'artista guarda alla realtà in maniera oggettiva e restituisce dignità a soggetti, come i contadini e la gente del popolo, che da tempo non apparivano nella produzione artistica, se non in versioni idilliache o moraliste. "Tutto ciò che non si imprime sulla retina è al di fuori dell'ambito pittorico", proclama Courbet, il cui monumentale Atelier, esposto nel 1855, esprime teorie largamente ispirate a quelle di Proudhon.

Honoré Daumier. *La Rue Transnonain* (1834 circa; parte centrale), litografia. In piena epoca romantica, le vicende politiche (repressione sanguinosa dell'insurrezione seguita all'arresto dei membri della Società dei diritti dell'uomo, nell'aprile del 1834) condussero il giovane artista alla cruda rappresentazione di una realtà drammatica. (BNF, Parigi.)

△

Gustave Courbet. *Fanciulle in riva alla Senna* (1856), grande tela di Courbet che fece scandalo al Salon del 1857: la libertà dei costumi, fonte di ispirazione pittorica, sconfina nella volgarità. (Petit Palais, Parigi.)

Jean-François Millet. *La Zangolatrice* (1866-1868 circa), matita e pastello. L'artista descrive la scena con precisione naturalistica (una cucina rurale a Barbizon), nobilitandola con un raffinato gioco di luci. (Louvre, Parigi.)

Il "nouveau réalisme": Jean Tinguely. *Baluba* (1961-1962), assemblaggio di oggetti diversi, con motore. Uno degli esempi più ironici dello sfruttamento del nostro universo quotidiano da parte dei "nouveaux réalistes". (MNAM, Parigi.)

tuazione. **2.** Creazione, produzione di un'opera; in partic. rappresentazione, messa in scena di uno spettacolo teatrale. **3.** SPORT. Segnatura di un punto. ◇ *Fase di realizzazione*: momento conclusivo dell'azione di gioco in cui è possibile segnare un punto. **4.** ECON. Realizzo.

realìzzo s.f. ECON. Vendita di beni al fine della loro trasformazione in denaro. ~ Ricavato in termini monetari di una vendita.

realménte avv. In verità, effettivamente, davvero.

realpolitik [/realpoli'tik/] s.f. [pl. *realpolitiken*] (voce ted.) Politica che mira all'efficacia, senza considerazione di dottrina né di principi, in partic. nelle relazioni internazionali.

realtà s.f. inv. **1.** Carattere di ciò che è reale, di ciò che esiste effettivamente. ◇ PSICOAN. *Principio di realtà*: quello successivo e concorrente al principio del piacere, secondo il quale l'individuo rinvia la soddisfazione dei propri bisogni in base alle esigenze dell'ambiente esterno. – *loc. cong. In realtà*: secondo i contesti, conferisce valore di conferma, col significato di "infatti", "difatti" o avversativo-limitativo, col significato di "però". **2.** L'insieme di ciò che esiste realmente e concretamente. ◇ INFORM. *Realtà virtuale*: situazioni, esperienze simulate al computer e in tutto simili a quelle reali. – *Essere, vivere fuori dalla realtà*: non tener conto di ciò che accade. – *Guardare in faccia la realtà*: affrontare le cose come effettivamente stanno. **3.** Cosa, fatto reale, in oppos. a ciò che è immaginato, sognato, fittizio. **4.** *estens.* La vita considerata nella sua concretezza quotidiana e nei suoi vari aspetti.

real time [/'rɪːəl 'taɪm/] loc. sost. m. inv. (loc. ingl., "tempo reale") INFORM. Detto di sistema di elaborazione in grado di processare i dati in ingresso e reagire agli eventi esterni man mano che si presentano, senza mai doverli accumulare. ☐ Anche in funzione di agg. inv.

reàme s.m. (fr. *reame*, lat. *règimen* "governo, paese") *lett.* Regno, usato spec. nelle fiabe.

reàto s.m. (lat. *reàtum* "condizione di reo" poi "crimine") DIR. Atto o comportamento che viola la legge penale e contro il quale è prevista una sanzione. ◇ *Reati di opinione*: quelli compiuti attraverso la manifestazione di un'opinione, come il vilipendio o l'apologia di reato. – *Reato perseguibile d'ufficio*: anche senza denuncia della parte lesa. – *Corpo del reato*: oggetto sul quale o con il quale è stato commesso un reato, ovvero il frutto del reato stesso. – *Avviso di reato*: comunicazione del magistrato alla persona nei cui confronti è stato aperto un procedimento. (È stato successivamente sostituito dalla *comunicazione giudiziaria* e più recentemente dall'*avviso di garanzia*.) – *Figura di reato*: ogni tipologia di reato descritta dal codice.

reattànza s.f. (ingl. *reactance*, deriv. di *to react* "reagire") **1.** ELETTR. Parametro che, insieme all'induttanza, valuta il comportamento di un circuito percorso da corrente alternata. **2.** PSICOL. Tendenza emozionale a recuperare la libertà in soggetti che ne siano stati privati.

reattività s.f. inv. **1.** Proprietà, capacità di reagire. **2.** CHIM. Attitudine di una sostanza a reagire chimicamente con un'altra in dipendenza delle condizioni del sistema reagente.

reattìvo agg. (fr. *réactif*) **1.** Che reagisce. **2.** ELETTR. Che presenta reattanza. ◆ s.m. **1.** PSICOL. *Reattivi mentali*: serie di prove cui viene sottoposto un soggetto per valutarne il carattere, la personalità, ecc. **2.** CHIM. Reagente.

reattóre s.m. (fr. *réacteur*) **1.** ELETTRON. Dispositivo utilizzato nei circuiti a corrente alternata per la sua proprietà di possedere reattanza. **2.** AER. Propulsore a getto che fornisce una spinta tramite reazione diretta senza uso di elica. ~ Aeroplano fornito di tale sistema di propulsione. **3.** Impianto per attivare e controllare la fissione nucleare producendo energia. **4.** CHIM. *Reattore chimico*: apparecchio o ambiente in cui vengono effettuate le reazioni chimiche.

ENCICL. Nei *reattori a neutroni lenti*, si introduce fra i costituenti del nucleo un moderatore che, rallentando i neutroni, facilita l'innesco di una reazione a catena. Il rallentamento dei neutroni è ottenuto per urto sui nuclei del moderatore che può essere acqua pesante, grafite o acqua naturale. Quest'ultima è quella che cattura maggiormente i neutroni ma ha bisogno dell'uranio arricchito come combustibile. Nei *reattori a neutroni rapidi* non ci sono moderatori e per realizzare una reazione a catena si deve utilizzare un combustibile che contenga una forte proporzione di nuclei fissili. Questi reattori hanno il vantaggio di produrre più sostanza fissile di quanta ne consumino, da cui il nome di *surgeneratori*. Indipendentemente dal reattore usato, è poi necessario estrarre dal nucleo il calore prodotto e ciò avviene tramite la circolazione di un fluido refrigerante che lo assorbe. I fluidi refrigeranti più usati per i reattori a neutroni lenti sono il gas carbonico sotto pressione, l'acqua pesante sotto pressione o l'acqua naturale, a seconda che il moderatore sia, rispettivamente, la grafite, l'acqua pesante o l'acqua naturale; per i reattori a neutroni rapidi è invece usato il sodio liquido.

reazionàrio agg. [pl.m. *–ri*] (fr. *réactionnaire*) POLIT. Perlopiù con valore negativo e polemico, che è favorevole a regimi e metodi autoritari e si oppone con intransigenza a ogni innovazione e riforma. ◆ s.m. [f. *–ria*] Nel sign. dell'agg.

reazióne s.f. **1.** Azione o comportamento di risposta a un'azione altrui o a un fatto, una situazione. **2.** POLIT. Tendenza che si oppone alle evoluzioni sociali e cerca di ristabilire condizioni superate da una rivoluzione. **3.** Nel l. med., biol. e psic., risposta a particolari stimoli esterni. **4.** CHIM. Trasformazione che si produce in una o più sostanze a contatto di altre. **5.** FIS. Forza uguale e opposta a quella che si applica e che si produce nel momento dell'applicazione. ◇ *Reazione nucleare*: processo di trasformazione del nucleo o di una particella nucleare, spontaneo o provocato, con sviluppo di energia.

rèbbio s.m. [pl. *–bi*] (francone *ripil* "pettine dai denti di ferro") **1.** Dente di una forchetta o attrezzo forcuto. **2.** Ciascuno dei due bracci del diapason.

reboànte o **roboànte** agg. (gr., deriv. di *boàn* "gridare, risuonare") **1.** Che risuona fortemente. SIN. **fragoroso**. **2.** *fig.* Altisonante, ma povero di contenuto. *Discorso, stile reboante*.

rèbus s.m. inv. (voce lat., prob. col significato di "indovinello con le cose") **1.** Gioco enigmistico che consiste nel comporre una parola o una frase a partire da figure o da lettere poste su figure. **2.** *fig.* Situazione, persona enigmatica.

recapitàre v.tr. Consegnare qlco. a qlcu. o in qualche luogo.

recàpito s.m. **1.** Luogo in cui è possibile rintracciare qlcu. o fargli pervenire corrispondenza o altro. **2.** Consegna di qlco. al destinatario.

recàre v.tr. [4] (got. *rikan* "ammucchiare") **1.** Portare qlco. a qlcu. **2.** Arrecare di negativo a qlcu. *Recare danni al raccolto*. **3.** Portare qlco. su di sé, presentarlo alla vista. *Il libro non reca la data di redazione*. ◆ **recarsi** v.pron. Andare in un luogo.

recèdere v.intr. [49] (aus. *avere*) (lat. *recēdĕre*, comp. di *re̅*- "indietro" e *cēdĕre* "andare") **1.** Ritirarsi da un luogo. *Recedere da una posizione*. **2.** *fig.* Desistere da qlco. SIN.: **rinunciare**. **3.** DIR. Svincolarsi da un obbligo in base a una clausola preventivamente stabilita. **4.** Di malattia, regredire.

recensióne s.f. (ted. *Rezension*, lat. *recensiōnem* "censimento") **1.** Esame critico, in forma di articolo, di un'opera letteraria o scientifica di recente pubblicazione. ~ *estens.* Breve commento su uno spettacolo, a un concerto, a una mostra. **2.** FILOL. Preparazione di un'edizione critica attraverso l'esame della tradizione manoscritta e, in partic., scelta delle lezioni esatte o migliori.

recensìre v.tr. [83] (ted. *rezensieren*, lat. *recensēre* "esaminare a fondo") **1.** Esaminare e valutare criticamente un'opera, uno spettacolo, ecc. **2.** FILOL. Esaminare un libro nella sua tradizione manoscritta e a stampa, per la pubblicazione critica.

recensóre s.m. [non com. f. recensitrice, recensora] Autore di recensioni critiche su giornali o riviste.

recènte agg. (lat. *recēntem* "fresco, giovane") **1.** Che appartiene a un passato vicino. **2.** Cronologicamente più vicino rispetto a chi parla o scrive. ~ Nella periodizzazione dei fenomeni storico-culturali, che risale a un'epoca a noi più vicina.

recenteménte avv. Poco tempo fa.

recepìre v.tr. [83] **1.** Accogliere, far proprio qlco. *La commissione ha recepito lo scontento generale*. **2.** DIR. Accogliere norme o atti stilati da altri soggetti.

reception [/riˈsɛpʃən/] s.f. inv. (voce ingl., propr. "ricevimento, accoglienza") Ufficio che, all'interno di un albergo, di un'azienda o in occasione di mostre, convegni, ecc., accoglie i clienti o i visitatori e dà le informazioni richieste.

receptionist [/riˈsɛpʃənɪst/] s.m. e f.inv. (voce ingl.) In un albergo, in un'azienda, in un'esposizione, ecc., persona addetta a ricevere i clienti o i visitatori, e a fornire loro informazioni e assistenza.

recessióne s.f. (lat. *recessiōnem* "ritiro") **1.** Rinuncia a ciò che era stato convenuto in precedenza. **2.** ECON. Depressione transitoria dell'attività economica, flessione nello sviluppo. **3.** ASTR. *Recessione delle galassie*: processo di allontanamento reciproco delle nebulose extragalattiche con velocità proporzionale alla loro distanza.

recessività s.f. inv. BIOL. Condizione dei caratteri ereditari di tipo recessivo.

recessìvo agg. (ingl. *recessive*) **1.** Che riguarda la possibilità di rinunciare a qlco. **2.** ECON. Relativo alla recessione economica. **3.** BIOL. *Carattere recessivo*: carattere ereditario che si manifesta solo nei discendenti omozigoti.

recèsso s.m. **1.** (al pl.) La parte più intima, più segreta della sfera interiore. *I recessi*

dell'anima. **2.** ANAT. Cavità ossea o di altro tipo a fondo cieco che di solito ospita un organo. *Recesso pleurico*. **3.** DIR. Atto con cui il soggetto di un negozio giuridico rinuncia a prendervi parte.

recettóre agg. [f. *–trice*] Che riceve o può ricevere. ◆ s.m. **1.** (anche f.) Persona o strumento che riceve. ~ Nella teoria della comunicazione, il destinatario di una comunicazione. **2.** FISIOL. Ciascuna terminazione nervosa in grado di reagire a determinati stimoli.

recìdere v.tr. [21] **1.** Tagliare con un colpo netto. *Recidere un ramo*. **2.** Amputare un arto. ◆ **recidersi** v.pron. Tagliarsi un arto.

recidìva s.f. **1.** DIR. Circostanza aggravante che consiste nella ripetizione di un reato per il quale si è già stati condannati. **2.** MED. Riacutizzazione di una malattia che era già in via di guarigione o ricomparsa di una malattia da cui si era già stati colpiti.

recidivànte agg. MED. Di processo morboso che si riacutizza.

recidìvo agg. [f. *–va*] (lat. *recidīvum*, deriv. di *recìdere* "cadere di nuovo") **1.** DIR. Che commette un reato per il quale è già stato condannato. **2.** *estens.* Che ricade nello stesso errore. **3.** MED. Colpito da una malattia già avuta precedentemente. ◆ s.m. Nell'accez. 1 dell'agg.

recintàre v.tr. Cingere un luogo con un recinto.

recìnto s.m. **1.** Spazio scoperto circondato da uno steccato, da una palizzata, da un muro, ecc. ◇ *Recinto delle grida*: nei locali della Borsa, lo spazio riservato alle negoziazioni e in cui sono ammessi solo gli intermediari autorizzati. **2.** Struttura di materiale vario che delimita e chiude uno spazio.

recinzióne s.f. **1.** Operazione di recintare uno spazio. **2.** Struttura utilizzata per recintare.

recipiènte s.m. Qualsiasi oggetto atto a contenere qlco., in partic. liquidi.

reciprocaménte avv. In modo reciproco, l'un l'altro.

reciprocità s.f. inv. **1.** Carattere di ciò che è reciproco. ◇ DIR. INTERN. *Clausola di reciprocità*: clausola con cui la concessione di un contratto favorevole a uno Stato viene subordinata alla concessione, da parte di questo, di analoghe o diverse agevolazioni. **2.** GEOM. Corrispondenza biunivoca tra i punti di un piano e le rette di un altro.

recìproco agg [pl m. *–ci*, f. *–che*] (lat. *recìprocum*, propr. "che va avanti e indietro") **1.** Che sussiste, si manifesta in modo analogo e con pari conseguenza tra due soggetti o elementi, che riguarda a pari titolo due soggetti. **2.** MAT. *Numeri reciproci*: due numeri che, moltiplicati l'uno per l'altro, danno 1 come prodotto. **3.** GRAMM. *Verbo reciproco*: verbo che esprime una relazione di reciprocità tra due o più soggetti.

recisióne s.f. Taglio netto di qlco.

recìso agg. **1.** Tagliato in modo netto. **2.** *fig.* Risoluto e netto. *Rifiuto reciso*.

rècita s.f. **1.** Rappresentazione di un'opera teatrale. ~ Presentazione in pubblico di poesie o altri testi letterari. **2.** *fig.* Manifestazione di sentimenti non veri.

recital [/riˈsaital/] s.m. inv. (voce ingl.) Programma di canzoni o brani letterari eseguiti da un solista.

recitàre v.tr. (lat. *recitāre*, propr. "chiamare di nuovo le persone citate in giudizio" poi "leggere ad alta voce") **1.** Interpretare una parte in uno spettacolo. ~ Interpretare le opere di un autore. *Recitare Goldoni*. **2.** Simulare una condizione, un ruolo non corrispondente alla realtà. ◇ *fig. Recitare la commedia*: fingere. **3.** Leggere o riportare a voce alta un testo imparato a memoria. ~ *fig. iron.* Ripetere qlco. pedissequamente. **4.** DIR. Riferito a leggi o a norme, affermare qlco. *L'articolo recita: la giuria è composta da cinque membri*. ◆ v.intr. (aus. *avere*) **1.** Esercitare il mestiere di attore, interpretare una parte in uno spettacolo. ◇ *Recitare a soggetto*: improvvisare le battute. **2.** Assumere atteggiamenti caratterizzati da simulazione e ipocrisia.

recitatìvo agg. Che riguarda la recitazione. ◆ s.m. MUS. Brano eseguito in modo da riprodur-

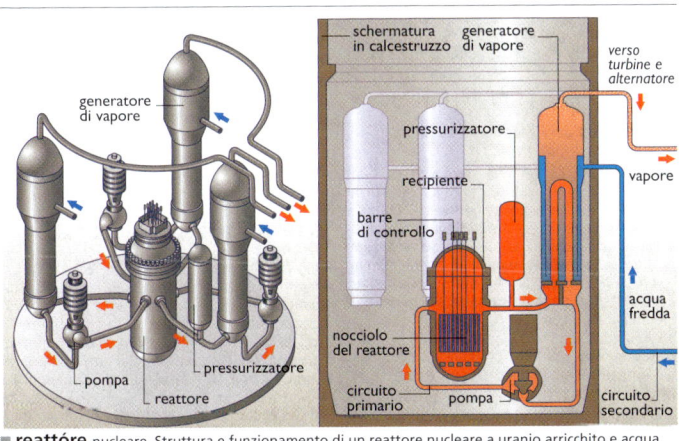

■ **reattóre** nucleare. Struttura e funzionamento di un reattore nucleare a uranio arricchito e acqua pressurizzata.

(labels in figure:)
schermatura in calcestruzzo — generatore di vapore — verso turbine e alternatore — generatore di vapore — pressurizzatore — recipiente — vapore — barre di controllo — acqua fredda — nocciolo del reattore — pompa — reattore — pressurizzatore — circuito primario — pompa — circuito secondario

re la naturalezza del parlato; in partic., parte dialogata di un melodramma. ◇ *Recitativo semplice o secco:* parte dialogata accompagnata dal solo basso continuo. – *Recitativo accompagnato o obbligato:* parte dialogata sostenuta dal suono di più strumenti dell'orchestra.

recitazióne s.f. (lat. *recitatiōnem* "lettura ad alta voce di documenti giudiziari nei processi" poi "lettura in pubblico di un'opera propria") **1.** Lettura a voce alta e con particolare espressione. **2.** Modo di recitare, come interpretazione di un'opera o di un personaggio teatrale, cinematografico, ecc. **3.** Disciplina che insegna il mestiere dell'attore. *Scuola di recitazione.*

reclamànte s.m. e f.DIR. Chi presenta un reclamo.

reclamàre v.intr. (aus. *avere*) Lamentarsi, protestare. ◆ v.tr. **1.** Esigere qlco. che spetta di diritto. **2.** *estens.* Avere urgente bisogno di qlco. *Il giardino reclama più cura.*

réclame [/re'klam/] s.f. inv. (voce fr., propr. "richiamo") **1.** Propaganda commerciale, pubblicità. ◇ *Fare réclame a qlco.:* esaltarne le qualità. **2.** Ogni forma di messaggio pubblicitario.

reclamizzàre v.tr. Diffondere un prodotto per mezzo della pubblicità.

reclàmo s.m. **1.** Protesta formale che si avanza verbalmente o per iscritto quando si ritiene di essere stati vittime di un'ingiustizia o di un danno. **2.** DIR. Richiesta di riesaminare e modificare un provvedimento o un decreto lesivo dei propri interessi.

reclinàbile agg. Che si può abbassare, reclinare. *Sedile reclinabile.*

reclinàre v.tr. (lat. *reclināre*, comp. di *rĕ-* "indietro" e *clināre* "piegare") Piegare il capo verso il basso. ~ Appoggiare il capo su qlco. ◆ v.intr. (aus. *avere*) Piegarsi in senso contrario al precedente.

reclusióne s.f. **1.** Permanenza in prigione per scontare una pena. ~ Dimora in un luogo chiuso o appartato, avvertita come una carcerazione. **2.** DIR. Pena detentiva (da un minimo di 15 giorni a un massimo di 24 anni) inflitta per i delitti.

reclùso s.m. [f. *-sa*] Chi sta scontando una pena carceraria. ◇ *fig. Fare una vita da reclusi:* solitaria, con pochi rapporti.

rècluta s.f. (spagn. *recluta*, fr. *recrue* "accrescimento") **1.** Soldato che ha appena cominciato il servizio militare. **2.** *estens.* Persona che è agli inizi in un'attività o è appena entrata a far parte di un partito, di un gruppo, di un ambiente.

reclutaménto s.m. **1.** Chiamata, selezione e avviamento alle varie armi dei cittadini dichiarati idonei al servizio militare. **2.** *estens.* Assunzione di personale per determinate attività.

reclutàre v.tr. (spagn. *reclutar*) **1.** Raccogliere soldati per formare un esercito. ~ Chiamare sotto le armi i giovani idonei al servizio militare. **2.** *estens.* Assumere personale per un'attività, un lavoro, o giocatori per un'attività sportiva.

reclutatóre s.m. Negli antichi eserciti, chi provvedeva al reclutamento.

recòndito agg. **1.** Riferito a luogo, che si trova fuori dei percorsi più frequentati. **2.** *fig.* Inaccessibile perché molto intimo o profondo.

rècord s.m. inv. (voce ingl., propr. "registrazione") **1.** SPORT. Prestazione migliore di tutte quelli precedenti, ottenuta da un atleta in una specialità. ~ *estens.* Risultato superiore a quelli ottenuti anteriormente in un determinato settore. *Record di produzione.* **2.** INFORM. Unità base di un archivio, che raggruppa un certo numero di dati detti *campi*. ❑ In funzione di agg. inv., che costituisce un primato. *Incasso record.*

recordista s.m. e f. [pl.m. *-sti*] (ingl. *recordist*) CINE., TV. Principale aiutante del tecnico del suono.

recordman [/'rɛkɔːdmən/] s.m. inv. (pseudoanglicismo coniato in Francia) Detentore di un record, primatista.

recriminàre v.intr. (aus. *avere*) (lat. *recrimināri*, deriv. di *crīmen* "accusa") Provare ed esprimere rammarico o dispetto.

recriminatòrio agg. [pl.m. *-ri*] Di recriminazione. *Tono recriminatorio.*

recriminazióne s.f. **1.** Rimprovero, critica amara. **2.** DIR. Atto con cui un'accusa viene ritorta contro l'accusatore.

recrudescènza s.f. (fr. *recrudescence*, lat. deriv. di *recrudēscere* "rincrudire, inasprirsi") Riapparizione brusca, con aumento d'intensità, di un fenomeno negativo, spec. sociale. *Recrudescenza della criminalità.* ~ Aumento d'intensità dei sintomi di una malattia dopo una breve fase di stasi o di regressione.

rècto s.m. inv. (voce lat., deriv. di *rĕcto fŏlio* "sulla parte diritta del foglio") Pagina anteriore di un foglio (in oppos. a *verso*). ~ NUMISM. Faccia anteriore di una moneta o di una medaglia.

recuperàbile o **ricuperàbile** agg. **1.** Che può essere recuperato. **2.** Riferito a persona, riconducibile a una condizione o a un comportamento normale.

recuperàre o **ricuperàre** v.tr. **1.** Rientrare in possesso di qlco. *Recuperare la vista.* **2.** Ritrovare, riportare in salvo. *Recuperare il relitto.* **3.** *fig.* Inserire o reinserire nella società persone disadattate. **4.** Colmare una perdita, un deficit, un ritardo. **5.** Riutilizzare, riciclare. *Recuperare il vetro, la carta.* ~ Ricavare qlco. da altro.

recuperatóre o **ricuperatóre** s.m. **1.** [f. *-trice*] Chi è addetto a operazioni di recupero. **2.** Dispositivo per il recupero di energia.

recùpero o **ricùpero** s.m. **1.** Ritrovamento di ciò che era stato perduto o rubato. **2.** Riduzione di uno svantaggio. **3.** Raccolta e riutilizzazione di qlco. ~ Restauro di un'opera d'arte che ne ripristina la forma originaria. **4.** Reinserimento nella società di persone disabili o socialmente disadattate. **5.** SPORT. Gara supplementare che permette di riammettere alla prova successiva atleti o squadre già eliminate, detta anche *ripescaggio.* ◇ *Minuti di recupero:* quelli concessi dall'arbitro in aggiunta al tempo regolamentare, per recuperare il tempo perso per interruzioni.

Recurviròstridi s.m. pl. [iniziale minusc. sing. *-de* per l'individuo] (lat. *Recurvirostridae*, comp. di *recūrvus* "ricurvo" e *rōstrum* "becco") ZOOL. Famiglia di uccelli a zampe e collo lunghi, becco sottile, lungo e flessibile cui appartiene l'avocetta. (Ordine dei Caradriformi.)

redarguìre v.tr. [83] (lat. *redargŭere* "confutare mediante prove contrarie") Biasimare, rimproverare, richiamare all'ordine.

redattóre s.m. [f. *-trice*] (fr. *redacteur*) **1.** Chi partecipa alla redazione di un giornale, di una rivista. **2.** Chi stende un testo scritto.

redazionàle agg. Relativo alla redazione, al redattore. ◇ *Pubblicità redazionale:* redatta come un normale articolo.

redazióne s.f. (fr. *redaction*) **1.** Stesura di un testo. **2.** FILOL. Ciascuna delle diverse stesure di un'opera letteraria. **3.** L'insieme dei redattori di un giornale, di una pubblicazione, di una casa editrice o insieme dei locali dove i redattori lavorano.

redàzza o **radàzza** s.f. MAR. Spazzola di filacce di canapa, usata per pulire il ponte della nave.

redditière s.m. [f. *-ra*] ECON., STAT. Chi gode di un reddito. ~ *estens. comun.* Chi vive di rendita.

redditività s.f. inv. Capacità di produrre un reddito, un utile economico.

redditìzio agg. [pl.m. *-zi*] Che produce reddito, profitto.

rèddito s.m. **1.** Rendita, provento di beni percepiti da un individuo, da un'impresa o da uno Stato in un determinato periodo di tempo, e che trae origine da un'attività finanziaria, industriale, commerciale. ◇ *Imposta sul reddito:* calcolata in base al reddito annuale del contribuente. – *Politica dei redditi:* azione dei pubblici poteri per distribuire equamente tra le categorie sociali i redditi che provengono dall'attività economica nazionale. **2.** *estens.* Guadagno, entrata, utile. ◇ *Reddito fisso:* reddito costante come quello dei lavoratori dipendenti e dei pensionati.

redditòmetro s.m. FIN. Insieme di indici e di coefficienti relativi al possesso di beni e al tenore di vita, usati dal fisco per determinare induttivamente il reddito presunto dei contribuenti. SIN.: **riccometro**.

redènto agg. **1.** Ritornato o riportato alla condizione libera, alla piena dignità morale. ~ RELIG. Liberato dal peccato. **2.** Reso salubre con opere di bonifica. ◆ s.m. [f. *-ta*] Persona liberata dal peccato.

redentóre agg. [f. *-trice*] (lat. *redemptōrem*, orig. "appaltatore" poi "colui che riscatta dalla prigionia") Che redime, riabilita. ◆ s.m. (anche f.) Nel sign. dell'agg. ◇ *Il Redentore:* Gesù, che con la sua morte ha redento l'umanità.

redentorista s.m. [pl. *-sti*] CATT. Missionario della congregazione del Santissimo Redentore fondata da Alfonso Maria de' Liguori nel 1732.

redenzióne s.f. (lat. *redemptiōnem*, orig. "appalto" poi "riscatto") **1.** Liberazione dalla dominazione straniera, dalla tirannide, dallo sfruttamento o da una condizione di degradazione morale. ~ Rigenerazione spirituale. **2.** TEOL. CRIST. Liberazione dal peccato originale a opera di Gesù.

rèdia s.f. Larva di alcuni vermi dei Trematodi, che si sviluppa come parassita di un mollusco d'acqua dolce.

redibitòrio agg. [pl.m. *-ri*] (lat. *redhibitòrium*, deriv. di *redhibēre* "restituire") DIR. Che può determinare l'annullamento di un contratto di compravendita. *Vizio redibitorio.*

redìgere v.tr. [52] (fr. *rediger* "mettere per iscritto") **1.** Scrivere un testo. *Redigere un articolo.* SIN.: **stilare**. **2.** Curare la redazione di un giornale, una rivista, un'opera. *Redigere un settimanale.*

redìmere v.tr. [36] (lat. *redĭmere* "ricomperare, riscattare") **1.** RELIG. Riscattare, salvare qlcu. *Redimere il popolo dalla schiavitù.* **2.** Nel l. giur., liberare un bene da un vincolo gravante su di esso. ◆ **redimersi** v.pron. Liberarsi da una colpa, da un peso, da un dolore.

redimìbile agg. **1.** Che può essere redento. **2.** ECON. Che può essere rimborsato o riscattato.

rèdine s.f. (spec. pl.) (lat. *rètinam*, deriv. di *retinēre* "trattenere") Ciascuna delle due strisce di cuoio attaccate al morso del cavallo e tenute in mano per guidarlo. ◆ s.f. *fig.* Direzione, guida. ◇ *Tenere le redini di qlco.:* averne la direzione.

redingote [/rədẽ'gɔt/] s.f. inv. (voce fr., deriv. di ingl. *riding-coat* "abito per cavalcare") **1.** Giacca maschile elegante lunga fino al ginocchio a falde aperte, di moda dal Settecento fino agli inizi del Novecento. **2.** *estens.* Cappotto o abito femminile con maniche a giro, vita segnata e parte inferiore svasata.

redivìvo agg. (lat. *redivīvum*, propr. "restaurato") **1.** Tornato in vita. *Antenato redivivo.* **2.** *scherz.* Che si rifà vivo dopo un lungo silenzio. **3.** *fig.* Spiritualmente, moralmente rinnovato. ◆ s.m. [f. *-va*] Nell'accez. 3 dell'agg.

rèdova s.f. (ceco *rejdowak*) Danza di origine boema simile alla mazurca, introdotta in Francia nel sec. XIX.

redòx agg. inv. (abbr. dell'ingl. *reduction-oxidation* "ossidoriduzione") CHIM. Di indicatore di reazioni di ossidoriduzione. ◇ *Coppia redox:* quella formata da un atomo e da uno ione dello stesso elemento o da due ioni derivanti da atomi della stessa specie, uno dei quali è l'ossidante e l'altro il riducente, e che si trasformano reversibilmente l'uno nell'altro per scambio di elettroni.

rèduce agg. (lat. *rĕducem*, deriv. di *redūcere* "condurre indietro") **1.** Che ritorna nei propri luoghi dopo un periodo trascorso lontano, spec. per una guerra o un'impresa. **2.** *estens.* Uscito da un'esperienza sgradevole o difficile. ◆ s.m. e f. Nell'accez. 1 dell'agg. ~ *assol.* Reduce di guerra.

réfe s.m. Filato ritorto, molto robusto, ottenuto dall'intreccio di più capi.

referendàrio agg. [pl.m. *-ri*] (lat. *referendàrium*, propr. "chi comunica le cose da riferire") **1.** Relativo a un referendum. **2.** Di uomo, di partito politico, che sostiene la pratica dei referendum. ◆ s.m. **1.** Nel tardo impero romano, funzionario che comunicava all'imperatore le suppliche dei cittadini e informava i giudici sulla volontà dell'imperatore. **2.** Funzionario della Curia romana. **3.** [f. *-ria*] Nell'ordinamento giudiziario italiano, magistrato del Consiglio di Stato o della Corte dei Conti all'inizio della carriera. **4.** [f. *-ria*] Membro di un organo collegiale che ha il compito di studiare una questione e riferirne agli organi competenti.

referèndum s.m. inv. (voce lat., deriv. di *convocatio ad referendum* "convocazione per riferire") **1.** Istituto giuridico in virtù del quale il popolo viene chiamato alle urne per esprimersi su questioni istituzionali e politiche essenziali. **2.** *estens.* Consultazione dei membri di un gruppo, di una collettività su una questione che li riguarda specificamente. **3.** Indagine volta a rilevare l'opinione delle persone intorno a qlco.

1. referènte agg. Che ha il compito di riferire su una qualche questione mediante una relazione. *Commissione referente.*

2. referènte s.m. (ingl. *referent*) **1.** LING. Entità extralinguistica (ossia elemento del mondo reale o pensato) cui un segno linguistico fa riferimento, contesto a cui rinvia un messaggio. **2.** *estens.* (anche f.) Persona cui fa capo un'organizzazione in un certo ambito geografico, politico, ecc. ~ Punto di riferimento di qlcu.

referènza s.f. (spec. pl.) (fr. *référence*) **1.** Informazione sulle qualità morali e sulle capacità professionali di qlcu. o sulla consistenza commerciale di un'impresa, rilasciata da chi ha avuto rapporti con esse. ~ *estens.* Persona che può fornire tali informazioni. *Avere referenze in alto loco.* **2.** LING. Funzione con la quale un segno linguistico rinvia a un oggetto del mondo reale.

referenziàle agg. (ingl. *referential*) LING. Relativo al referente, alla referenza.

referenziàre v.tr. [6] Fornire qlcu. di buone referenze.

referenziàto agg. Fornito di buone referenze.

refèrto s.m. (lat. *refĕrtum*, deriv. di *rĕfert* "riferisce", formula con cui aveva inizio la relazione dell'estensore del documento) **1.** Relazione scritta da un medico che illustra i risultati degli esami clinici e strumentali effettuati. **2.** DIR. Denuncia che deve essere presentata all'autorità giudiziaria da un medico o da un paramedico quando, nell'esercizio della professione, riscontri che la patologia rilevata è conseguente a un comportamento delittuoso perseguibile d'ufficio.

refettòrio s.m. [pl. *-ri*] (lat. *refectòrium*, deriv. di *refectòrius* "che serve a ristorare") Negli edifici che ospitano una comunità, ampio locale in cui si consumano i pasti.

refezióne s.f. (lat. *refectiōnem*, orig. "ristoro") Pasto piuttosto sobrio. *Refezione mattutina.* ~ Pasto distribuito in comunità, collettività.

refill [/'ri:fɪl/] s.m. inv. (voce ingl., deriv. di *to refill* "riempire di nuovo") Serbatoio di ricambio pieno del materiale occorrente per ricaricare penne stilografiche, accendini, vaporizzatori.

reflazióne s.f. ECON. Espansione della domanda e relativi effetti inflativi che accompagnano normalmente una fase di ripresa economica.

reflex [/'rifleks/] s.m. o s.f. inv. (voce ingl., "riflesso") FOTO. Sistema che, grazie a uno specchio, consente di proiettare l'immagine del soggetto inquadrato dall'obiettivo su un vetro smerigliato, dove è visibile direttamente o attraverso il mirino.

rèfluo agg. Nel l. sc., che rifluisce. ◇ FISIOL. *Sangue refluo:* che ritorna al cuore. – *Acqua reflua:* di ritorno da lavorazioni industriali o da scarichi domestici.

reflùsso s.m. MED. Passaggio di un liquido da un organo cavo a un altro in direzione contraria a quella fisiologicamente normale.

rèfolo s.m. (voce venez.) MAR. Soffio di vento improvviso, di intensità variabile e di direzione costante.

reforming [/ri'fɔ:mɪŋ/] s.m. inv. (voce ingl., propr. "trasformazione") CHIM. Processo catalitico industriale per mezzo del quale una miscela di idrocarburi di una frazione petrolifera viene trasformata in una miscela di idrocarburi diversi.

refrain [/rə'frẽ/] s.m. inv. (voce fr., deriv. di lat. *refrĭngere* "rifrangere" perché si presenta a intervalli regolari) **1.** MUS. Ripetizione di una sequenza musicale identica tra un periodo e l'altro di una composizione. SIN.: **ritornello**. **2.** METR. Nella ballata, ritornello composto da pochi versi la cui ultima rima si ripete nell'ultimo verso delle strofe.

refrattàrio agg. [pl.m. *-ri*] (fr. *réfractaire*) **1.** Che resiste alle alte temperature. **2.** MED. Insensibile o poco sensibile all'azione di germi patogeni o di altri agenti di malattie. **3.** *fig. scherz.* Che non si lascia andare, che oppone un'interiore resistenza a qlco. ◆ s.m. Materiale refrattario.

refrigerànte agg. **1.** Atto ad abbassare la temperatura. ◇ *Fluido refrigerante:* impiegato in dispositivi e apparecchi per ottenere una sottrazione di calore. **2.** Che arreca una piacevole sensazione di fresco. ◆ s.m. Fluido refrigerante.

refrigeràre v.tr. **1.** Rinfrescare una parte del corpo, apportargli refrigerio. **2.** Portare qlco. a una temperatura di poco superiore allo zero. ◆ **refrigerarsi** v.pron. Rinfrescarsi.

refrigeratóre agg. [f. *-trice*] (lat. *refrigeràtor* "recipiente per tenere in fresco") Che refrigera. ◆ s.m. **1.** Negli apparecchi refrigeranti, fluido che sottrae calore. **2.** Nei frigoriferi, comparto dove si raggiunge la temperatura più bassa, detto anche *freezer.*

refrigerazióne s.f. Sottrazione di calore ottenuta, nel caso più comune, con l'impiego di un fluido refrigerante. ~ In partic., raffreddamento delle derrate alimentari per conservarle più a lungo.

refrigèrio s.m. [pl. *-ri*] **1.** Sensazione piacevole di fresco. ~ Effetto rinfrescante di un medicamento. **2.** *fig.* Conforto fisico o morale. *Le sue parole sono state un refrigerio per la mia anima.*

refùgium peccatòrum loc. sost. m. inv. (loc. lat., propr. "rifugio dei peccatori") **1.** Una delle definizioni della Madonna nelle litanie. **2.** *fig. scherz.* Chi o ciò che offre indulgenza e disponibilità.

refurtìva s.f. (lat. *rĕm furtīvam* "cosa rubata") Bottino di un furto.

refùso s.m. STAM. Errore consistente nello scambio di lettere o di segni. ~ *estens.* Errore tipografico.

reg [/rɛg/] s.m. inv. (ar. *rĕg*, deriv. di *rāq* propr. "strato, livello") GEOGR., GEOL. Deserto costituito da pietre e ghiaie di natura alluvionale anziché da sabbia.

regalàre v.tr. (spagn. *regalar* "fare doni al re") **1.** Dare in regalo. **2.** *fig.* Dedicare energie, tempo, o sentimenti. *Le regala il suo tempo.* ◆ **regalarsi** v.pron. Concedersi, comprarsi qlco. di bello, di piacevole.

1. regale agg. **1.** Del re o della regina. **2.** Degno di un re, di una regina. ~ In partic., dotato dello splendore proprio dei re.

2. regàle s.m. MUS. Piccolo organo portatile in uso nei secc. XV e XVI.

regalia s.f. (lat. *regàlia* "le cose del re") **1.** Nel Medioevo, ciascuno dei diritti spettanti al sovrano, in partic. quello di riscuotere imposte. **2.** (spec. pl.) Prodotto in natura che il mezzadro o il colono doveva dare per contratto, in determinate occasioni, al proprietario del fondo. **3.** Regalo che si fa come compenso di servizi resi.

regalità s.f. inv. **1.** Dignità di re. **2.** Qualità di ciò che è nobile, magnifico.

regàlo s.m. (spagn. *regalo* "dono al re") **1.** Ciò che viene donato a una persona in segno di affetto, cortesia, riconoscenza, ecc. **2.** *fig.* Cosa gradita, favore. **3.** *per esager.* Ciò che ha un prezzo molto conveniente, tanto da essere considerato come un dono. ❑ In funzione di agg. inv. **1.** Adatto a un dono. *Pacco regalo.* **2.** *per esager.* Che costituisce quasi un regalo per la sua convenienza. *Offerta regalo.*

regàta s.f. Gara di velocità fra imbarcazioni, spec. a vela. ◇ *Regata storica:* effettuata con imbarcazioni riproducenti quelle d'epoca e con equipaggi in costume.

regatànte s.m. e f. Concorrente che partecipa a una regata.

reggae [/'rɛgeɪ/] s.m. inv. (voce ingl. di orig. giamaicana) Musica giamaicana di origine popolare il cui ritmo è una fusione di echi africani ed elementi del rhythm and blues e del rock, diffusasi in Europa negli anni Settanta del Novecento. (Fra i principali rappresentanti del reggae si può citare Bob Marley.)

reggènte agg. **1.** Che regge, governa uno Stato, che tiene un'alta carica. **2.** Che esercita provvisoriamente il potere sovrano. **3.** GRAMM. Di elemento linguistico da cui dipende un altro elemento o una costruzione sintattica. ◆ s.m. e f. **1.** Chi dirige, governa. **2.** Chi esercita il potere, spec. quello sovrano, in assenza del titolare. ◆ s.f. GRAMM. Proposizione principale.

reggènza s.f. **1.** Esercizio del potere sovrano come istituto provvisorio o stabile. ~ Ufficio e carica di reggente. **2.** Periodo di governo di un reggente. **3.** Governo costituito da uno o più reggenti. **4.** GRAMM. Costruzione sintattica richiesta da un elemento lessicale per l'elemento da esso direttamente dipendente.

règgere v.tr. [35] (lat. *rĕgere* "governare") **1.** Sostenere qlco. o qlcu. in modo che non cada o vacilli o stia sollevato da terra. *Reggere un bambino.* ~ Sostenere, facendo da appoggio. *I pilastri reggono il peso del ponte.* ◇ *fig. Reggere il moccolo, la candela:* assistere alle effusioni di due innamorati. **2.** Sopportare qlco. *Reggere una dura prova.* ◇ *Reggere il vino, l'alcol:* poter bere molto senza ubriacarsi. **3.** Tenere saldamente qlco., controllarlo, trattenerlo. *Reggere il volante.* **4.** *fig.* Dirigere qlco., governarlo. *Reggere uno stato.* **5.** LING. Riferito a verbi o altre categorie grammaticali, esigere dopo di sé un particolare tipo di costruzione sintattica. ◆ v.intr. (aus. *avere*) Durare, mantenersi costante. *Se il tempo regge, partiremo domani.* ~ Resistere a qlco. *Reggere al freddo.* ◇ *Non reggere al confronto, alle prove:* sfigurare al confronto con altre cose o persone. ~ *Il ragionamento, l'accusa non regge:* non ha consistenza, non resiste alle obiezioni. ◆ **reggersi** v.pron. **1.** Padroneggiarsi, controllarsi. *A sentire queste offese non ho più saputo reggermi.* ◇ *fig. Reggersi la pancia (dalle risa):* ridere tantissimo. **2.** Mantenersi saldo, stare in piedi. *La casa si regge a malapena.* **3.** Tenersi ritto, sostenersi, aggrapparsi. **4.** Darsi un governo in una determinata forma. *Reggersi a repubblica.*

reggétta s.f. (lat. *rēgulam* "regolo, asticella") Nastro di ferro piuttosto sottile utilizzato per chiudere casse e imballaggi, per tenere unite due travi o per rinforzare i cerchi di legno delle ruote.

règgia s.f. [pl. *-ge*] **1.** Dimora del re. **2.** Corte reale. **3.** *fig.* Dimora vasta, lussuosa.

reggicàlze s.m. inv. Indumento femminile che serve per sostenere le calze, costituito da una fascia elastica o di pizzo che si porta attorno ai fianchi, alla quale sono fissate quattro giarrettiere.

reggilìbro s.m. [pl. *-ri*] Elemento a forma di *L* usato per sostenere da una parte o dall'altra o da entrambe una fila di libri collocati su un tavolo o su uno scaffale non completamente pieno.

reggiménto s.m. (lat. *regiméntum* "governo, condotta") **1.** MIL. Unità militare costituita da tre o più battaglioni della stessa arma sotto il comando di un colonnello. **2.** *fig. fam. per esager.* Gran numero, moltitudine.

reggipètto s.m. **1.** Reggiseno. **2.** Nei finimenti del cavallo, cinghia che sostiene il pettorale.

reggiséno s.m. Indumento intimo femminile per sostenere il seno formato da una fascia con due coppe.

reggitèsta s.m. inv. Cuscinetto mobile su cui appoggiare il capo, applicato allo schienale delle poltrone di barbieri e di dentisti, ai sedili delle automobili, ecc. SIN.: **poggiatesta**.

regia s.f. (fr. *régie*, deriv. di *régir* "reggere") **1.** Direzione di una rappresentazione teatrale, cinematografica, radiofonica, televisiva, ecc. ~ Attività professionale del regista. **2.** *estens.* Organizzazione di una manifestazione, di una cerimonia, conduzione di un dibattito, ecc. **3.** *fig.* Ideazione e conduzione di un piano articolato, di una manovra. ~ SPORT. Impostazione e organizzazione delle azioni di gioco di una squadra.

regicida agg. [pl.m. *-di*] (ingl. *regicide*) **1.** Che ha perpetrato un regicidio, con riferimento allo strumento del delitto. *Spada regicida.* **2.** Favorevole al regicidio. ◆ s.m. e f. Chi ha commesso un regicidio.

regicidio s.m. [pl. *-di*] (ingl. *regicide*) Uccisione di un re o di una regina.

regimazióne s.f. **1.** MECC. L'operazione di portare a regime una macchina. **2.** Regolazione della portata di un corso d'acqua.

regime s.m. **1.** Assetto istituzionale di uno Stato. ~ *assol.* Ordinamento illiberale, con tendenze autoritarie o, anche, sistema politico democratico ma che non garantisce un reale ricambio di uomini e di idee, che si perpetua stancamente. ~ *per anton.* La dittatura fascista. **2.** *estens.* Assetto di un settore d'attività o d'intervento, insieme di norme che lo regolano. **3.** Insieme di regole con cui si disciplina il proprio fisico, spec. con riferimento alla dieta e all'igiene. ◇ *Regime alimentare:* tipo di alimentazione. – *Essere a regime:* seguire una dieta. **4.** Andamento di un fenomeno in un dato periodo di tempo e in determinate condizioni. ◇ *Regime di piena, di magra di un corso d'acqua:* portata. – *A regime:* a velocità costante; *fig.* in modo completo, ottimale, nel momento migliore. **5.** MECC. Fase di funzionamento di un meccanismo o di una macchina. ◇ *A pieno regime:* alla velocità massima; *fig.* senza posa, instancabilmente. – *Regime di crociera:* la velocità con cui procede una nave o un aeroplano.

regimental [/redʒi'mental/] agg. inv. (voce ingl., propr. "reggimentale") ABBIGL. Di uno stile inglese ispirato ai reggimenti militari; in partic., di un tipo di cravatta maschile a strisce diagonali colorate. ◆ s.f. inv. Cravatta a strisce colorate.

regina s.f. **1.** (iniziale maiusc. quando indica il titolo e non è seguito da nome proprio) Colei che è a capo di uno Stato monarchico o è consorte del re. ◇ *Regina madre:* la madre del sovrano regnante. – *Da regina:* degno di una regina, in partic. caratterizzato da ricchezza, sfarzo, comodità. **2.** *fig.* Donna che primeggia su altre per virtù o qualità. ~ *estens.* Città o cosa che si distingue tra le altre. *Venezia è la regina dell'Adriatico.* **3.** ZOOL. Femmina di insetti sociali con funzione di riproduttrice. **4.** Il pezzo più potente del gioco degli scacchi. ~ Carta da gioco che raffigura una regina, detta anche *donna.* **5.** Carpa. **6.** Denominazione di varietà pregiate di frutta. ◇ *Regina Claudia:* varietà di susine bianche piuttosto grosse. ❑ In funzione di agg., usato in alcune locc. ◇ *Pesce regina:* carpa. – *Uva regina:* uva bianca da tavola con acini ovali.

reginétta s.f. **1.** Nel sign. del dim. di *regina.* **2.** Titolo attribuito alla vincitrice di un concorso, spec. di bellezza.

règio agg. [pl.m. –gi, f. –gie] **1.** Del re o della regina. **2.** *fig.* Che si distingue per la sua grandezza o eccellenza. **3.** CHIM. *Acqua regia:* miscela costituita da tre parti di acido cloridrico, in grado di sciogliere l'oro e gli altri metalli nobili.

regionàle agg. **1.** Che riguarda una regione. **2.** DIR. INTERN. Relativo a una determinata area geopolitica. **3.** GEOL. Relativo a un fenomeno che riguarda una vasta zona della terra. ◆ s.m. Treno regionale.

regionalismo s.m. **1.** Movimento politico favorevole alle autonomie regionali. **2.** Attaccamento e interesse per la propria regione che può degenerare in miope particolarismo. **3.** LING. Voce, locuzione o costruzione sintattica tipica della varietà regionale di una lingua.

regionalista s.m. e f.[pl.m. –stí] **1.** Sostenitore del regionalismo. **2.** Chi è particolarmente, e anche eccessivamente, attaccato alla propria regione.

regionalìstico agg. [pl.m. –ci, f. –che] Relativo al regionalismo e ai regionalisti.

regionalizzàre v.tr. Nel l. bur., rendere qlco. di proprietà o attribuirlo alla competenza dell'amministrazione regionale.

regionalizzazióne s.f. **1.** Nel l. bur., trasferimento alle regioni di competenze e poteri dello Stato. **2.** Delimitazione e cronicizzazione di un fenomeno a livello regionale.

regióne s.f. (lat. *regiōnem*, orig. "direzione" quindi "linea di confine") **1.** Ampia porzione della superficie terrestre caratterizzata da tratti geografici, climatici e biologici omogenei. SIN.: **area. 2.** Parte di territorio compresa in un'entità politica maggiore e individuabile sulla base di alcuni aspetti. **3.** (anche con iniziale maiusc.) Ente territoriale autonomo che in Italia è dotato di poteri legislativi e amministrativi. **4.** Ognuna delle sei circoscrizioni militari in cui è suddiviso

il territorio italiano. **5.** ANAT. Suddivisione del corpo umano. *Regione lombare.* **6.** *fig.* Campo, dominio. *Le regioni della scienza.*

regista s.m. e f.[pl.m. –stí] **1.** Chi dirige una rappresentazione drammatica, lirica, cinematografica, radiofonica, televisiva, ecc. e ne è responsabile sul piano tecnico e artistico. **2.** *estens.* Chi organizza, dirige, coordina, apertamente o rimanendo dietro le quinte, l'attività di più persone. ~ SPORT. Giocatore che dirige e organizza il gioco della squadra.

registico agg. [pl.m. –ci, f. –che] Della regia, del regista.

registràbile agg. **1.** Che può essere registrato. **2.** Che può essere inserito in un registro, in un elenco, in un vocabolario. **3.** Che può essere regolato, messo a punto.

registràre v.tr. **1.** Annotare qlco. su apposito registro per documentazione commerciale, amministrativa o giuridica. *Registrare le presenze.* **2.** Prendere nota di qlco. *Registrare i nomi degli allievi.* **3.** Osservare e segnalare qlco. SIN.: **rilevare. 4.** Fissare suoni, immagini, dati su un supporto materiale sensibile (disco, pellicola, nastro magnetico, ecc.) allo scopo di conservarli e riprodurli. **5.** INFORM. Riportare dati su un dispositivo di memorizzazione permanente. SIN.: **salvare. 6.** Detto di speciali apparecchiature, rilevare e memorizzare fenomeni fisici. *Registrare la temperatura.* **7.** TECN. Mettere a punto un apparecchio o un meccanismo. *Registrare la frizione.* **8.** MUS. Accordare i registri di un organo.

registràto agg. **1.** Nel l. bur., iscritto in un pubblico registro. **2.** Inserito, accolto in un elenco, in un vocabolario. **3.** TV., RAD.DIFF. Filmato o inciso per venir trasmesso in differita.

registratóre s.m. Apparecchio per la registrazione e la memorizzazione di fenomeni, perlopiù attraverso tracciati grafici. *Registratore ottico.* ◇ *Registratore di cassa:* macchina che registra gli incassi giornalieri rilasciando uno scontrino che vale come ricevuta fiscale. ~ Apparecchio che registra e riproduce suoni. ❑ In funzione di agg., che registra.

registrazióne s.f. **1.** Rilevamento e visualizzazione delle caratteristiche di un fenomeno. *Registrazione delle scosse sismiche.* ~ Riproduzione di suoni. ~ INFORM. Insieme di suoni, immagini, dati registrati. **2.** Annotazione su un registro di atti, documenti, ecc. ~ Procedura fiscale che consiste nell'iscrizione di alcuni atti o dichiarazioni su registri ufficiali. **3.** Programma radiofonico o televisivo trasmesso in forma differita. **4.** MECC. Messa a punto di apparati tecnici. *Registrazione dei freni.* **5.** MUS. Arte della scelta e della combinazione dei diversi registri dell'organo. **ENCICL.** Nella *registrazione meccanica* i segnali

da registrare sono conservati tramite una deformazione permanente imposta a un materiale; nella *registrazione ottica* la loro conservazione è assicurata dalla variazione della trasparenza di un supporto comprendente uno strato fotosensibile; nella *registrazione magnetica,* invece, sono conservati grazie alla magnetizzazione variabile di uno strato magnetico. Nel processo di *registrazione digitale* o *numerica,* le informazioni (suoni, immagini, dati) da registrare sono convertite in forma digitale, cioè campionate e quantizzate, tramite un apposito dispositivo detto *ADC* o *convertitore analogico-digitale;* il risultato della conversione è memorizzato come sequenza numerica e la lettura dei dati si effettua attraverso un sistema ottico che utilizza un raggio laser. Per ottenere la restituzione dei segnali in forma analogica (p.e. per ascoltare musica da un compact disc), le sequenze numeriche vengono riconvertite in segnali analogici mediante *DAC* o *convertitore digitale-analogico.* In informatica, il disco ottico è utilizzato per l'archiviazione di banche dati e il trattamento delle immagini.

registro s.m. **1.** Libro, pubblico o privato, in cui si scrive ciò di cui si vuole aver un'attestazione valida anche giuridicamente. *Registro anagrafico.* ◇ *Registro delle imprese:* quello al quale si devono iscrivere gli imprenditori. – *Pubblico registro automobilistico (PRA):* quello ch raccoglie i dati riguardanti la proprietà e l'uso dei veicoli a motore. – *Imposta di registro:* imposta indiretta sui trasferimenti e sugli affari che colpisce tutti gli atti che debbono essere annotati in pubblici registri. **2.** Ufficio che compie una registrazione e sua sede. ◇ *Ufficio del registro:* organo locale del Ministero delle Finanze che si occupa dell'accertamento e della riscossione delle imposte indirette sugli affari e della registrazione dei contratti. **3.** MUS. Estensione, sulla scala musicale, di una voce o di uno strumento. *Registro di soprano.* ◇ *Registro dell'organo:* serie di canne in grado di dare una scala completa di un determinato timbro. – *fig. Cambiare registro:* parlare o comportarsi in modo diverso. **4.** LING. Modalità di utilizzazione delle diverse possibilità stilistiche offerte da un sistema linguistico in rapporto a una data situazione o necessità comunicativa. *Registro formale.* ~ Tono della voce, modo di comportarsi, di agire. **5.** Dispositivo che regola il funzionamento di un meccanismo. *Registro del carburatore.* **6.** IND. GRAF. Crocetta che nei fogli a stampa segna la linea di piegatura o fa da guida per la perfetta sovrapposizione dei colori nella stampa cromatica. **7.** INFORM. Zona di memoria interna al processore, usata durante tutte le elaborazioni o riservata a funzioni specifiche.

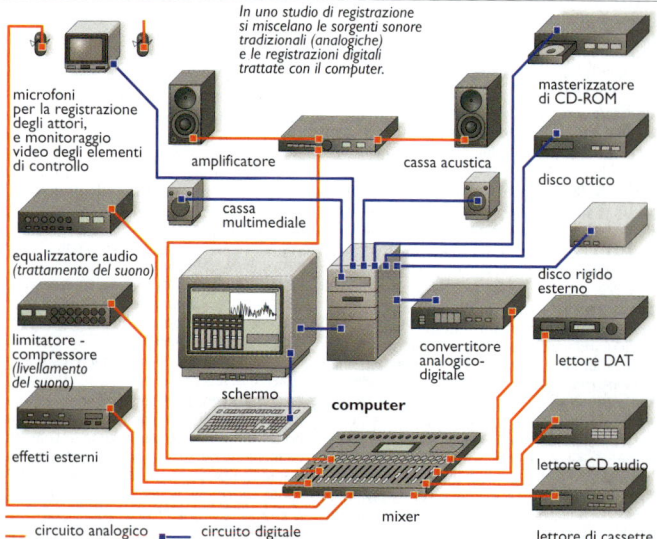

In uno studio di registrazione si mescolano le sorgenti sonore tradizionali (analogiche) e le registrazioni digitali trattate con il computer.

microfoni per la registrazione degli attori, e monitoraggio video degli elementi di controllo

amplificatore

cassa acustica

masterizzatore di CD-ROM

disco ottico

cassa multimediale

equalizzatore audio (trattamento del suono)

disco rigido esterno

limitatore - compressore (livellamento del suono)

schermo

computer

convertitore analogico-digitale

lettore DAT

effetti esterni

mixer

lettore CD audio

—— circuito analogico   ▪——▪ circuito digitale

lettore di cassette

■ **registrazióne.** Elementi costituenti uno studio di registrazione del suono.

regnànte agg. **1.** Che regna. **2.** Dominante, predominante. *Opinione regnante.* ◆ s.m. e f. (spec. pl.) nell'accez. 1 dell'agg. *I regnanti di Svezia.* SIN.: **sovrano**.

regnàre v.intr. (aus. *avere*) **1.** Essere a capo di uno stato monarchico. *All'epoca regnava Francesco Giuseppe d'Austria.* **2.** estens. Dominare, comandare, prevalere. **3.** fig. Manifestarsi, essere presente, diffuso in un luogo. *Il silenzio regnava nella sala.* SIN.: **dominare**.

régno s.m. **1.** (anche con iniziale maiusc.) Stato a regime monarchico. **2.** estens. Autorità, dignità e carica di re. *Abdicare al regno.* **3.** estens. Potere di una divinità e il luogo o l'ambito su cui si esercita. *Il regno di Giove.* ◇ *Il regno dei morti:* l'aldilà. **4.** fig. Ambito, luogo o situazione in cui qlcu. o qlco. domina, prevale. *Questa stanza è il regno del disordine.* **5.** SC. VIT. Ciascuna delle parti in cui viene suddiviso il mondo vivente. (Ai due regni tradizionali, animale e vegetale, si sostituisce attualmente una ripartizione in cinque regni: batteri, protisti, funghi, vegetali e animali. L'espressione *regno minerale* non è più in uso.)

règola s.f. (lat. *regŭlam*, propr. "lista di legno, regolo" quindi "norma") **1.** Ordine delle cose verificato e sentito come stabile, normale. *Fare eccezione alla regola.* SIN.: **norma**. ◇ *Di regola:* nella maggior parte dei casi. **2.** Norma di comportamento dettata dalla consuetudine, dall'esperienza. SIN.: **principio**. ◇ *In regola:* conforme alla condizione prescritta. *Documento in regola.* – *Mettere in regola:* regolarizzare una situazione. **3.** estens. Misura, moderazione. **4.** Modalità convenzionale secondo la quale si svolge un'attività. *Le regole del calcio.* ◇ *Regole del gioco:* insieme delle convenzioni proprie di un gioco, di uno sport; fig. insieme di convenzioni implicite. – SPORT. *Regola del vantaggio:* norma secondo la quale l'arbitro non fischia un fallo nel caso in cui l'azione prosegua a favore della squadra che l'ha subito. **5.** Complesso di norme stabilite dal fondatore di un ordine religioso. *La regola francescana.* **6.** LING. Norma che prescrive un certo comportamento linguistico basato sul modello standard della lingua. *Regole di concordanza.* **7.** Procedimento per l'effettuazione di calcoli o per la soluzione di problemi.

regolàbile agg. Che può essere regolato. ~ Che può essere risolto. *Questione facilmente regolabile.*

1. regolamentàre v.tr. (calco del fr. *réglementaire*) Sottoporre a un regolamento. *Regolamentare il traffico.* SIN.: **disciplinare**.

2. regolamentàre agg. Previsto dal regolamento. *Divisa regolamentare.*

regolamentazióne s.f. (calco del fr. *réglementation*) Applicazione di una normativa.

regolaménto s.m. **1.** Azione intesa a disciplinare una materia. ◇ DIR. *Regolamento di competenza:* strumento con cui si risolve un conflitto tra due giudici che si dichiarano competenti in ordine alla medesima controversia. **2.** Insieme di norme fissate da organi pubblici o da enti privati allo scopo di disciplinare settori di attività. *Regolamento scolastico.* SIN.: **ordinamento**. **3.** COMM. Estinzione di un debito. *Regolamento per assegno.* SIN.: **pagamento**. ◇ fig. *Regolamento di conti:* nella malavita, battaglia fra bande rivali per la risoluzione di problemi interni o per vendetta.

1. regolàre v.tr. **1.** Determinare l'organizzazione, lo svolgimento, la natura di qlco. *Regolare il cambio tra le monete europee.* **2.** Comandare, governare. *Regolare gli istinti.* **3.** Ridurre qlco., limitarlo. *Regolare le spese.* SIN.: **moderare**. ~ Rendere regolare. *Regolare la portata d'acqua.* **4.** Mettere a punto un meccanismo. *Regolare il carburatore.* **5.** Sistemare un debito, una faccenda finanziaria. ◆ **regolarsi** v.pron. **1.** Contenersi nel fare qlco. *Regolarsi nel bere.* SIN.: **controllarsi**. **2.** Comportarsi secondo certe regole di convenienza.

2. regolàre agg. **1.** Conforme a una norma, a un regolamento. *Un processo regolare.* SIN.: **legale**. ◇ *Truppe regolari:* previste dall'ordinamento dello Stato. **2.** Che rientra nella norma o nella media. ~ Che ha proporzioni armoniose, equilibrate. *Viso regolare.* **3.** Costante, uniforme. ◇ *Traffico regolare:* scorrevole. ~ Che avviene a

intervalli fissi. *Visite regolari.* **4.** GRAMM. Riferito a parte del discorso, che segue le regole previste. **5.** GEOM. *Poliedro regolare:* le cui facce sono poligoni regolari. (Esistono soltanto 5 poliedri regolari convessi: il tetraedro, il cubo, l'ottaedro, il dodecaedro e l'icosaedro.) – *Poligono regolare:* i cui lati hanno la stessa lunghezza e i cui angoli hanno la stessa misura. ◆ s.m. (al pl.) Truppe regolari. *Attaccare le postazioni dei regolari.*

regolarità s.f. inv. **1.** Conformità alle regole o a un regolamento. **2.** Proporzione armonica delle parti, disposizione ordinata di una serie. **3.** Osservanza di un ordine, spec. temporale, di un ritmo naturale.

regolarizzàre v.tr. (fr. *régulariser*) Rendere conforme ai regolamenti, alla legge. *Regolarizzare il passaporto.*

regolarizzazióne s.f. (fr. *régularisation*) Conferimento di regolarità, di ufficialità a qlco. **2.** Con regolarità. ~ Come sempre.

regolàto agg. **1.** Organizzato secondo opportune regole. SIN.: **disciplinato**. **2.** Che segue una regola, un ordine, privo di eccessi. *Un uomo regolato nel bere.*

regolatóre agg. [f. *–trice*] Che ha la funzione di regolare. *Principio regolatore.* ◆ s.m. Dispositivo che regola il funzionamento di una macchina, di un impianto. *Regolatore di pressione.*

regolazióne s.f. Operazione mirata a disciplinare lo svolgimento di un processo. SIN.: **controllo**. ~ Azione, modo di regolare un meccanismo. *Regolazione della sintonia.* ~ Conferimento a un corso d'acqua di una portata unica e ben delimitata. SIN.: **regimazione**.

regolite s.m. Materiale incoerente che ricopre uniformemente la superficie lunare.

1. règolo s.m. **1.** Asticciola di materiale rigido a sezione quadrata o rettangolare usata per tracciare linee diritte. **2.** MAT. *Regolo calcolatore:* strumento di calcolo costituito da due scale logaritmiche scorrevoli l'una sull'altra. **3.** Negli scacchi, filare di otto caselle.

2. règolo s.m. (lat., deriv. di *rēx* "re") Piccolo uccello con becco fine e coda divisa in due parti, che si nutre spec. di insetti. (Genere *Regulus*; famiglia dei Silvidi.)

■ **règolo**

regredire v.intr. [83] (aus. *essere*) (lat. *regrĕdi*, comp. di *rĕ-* "indietro" e *grădi* "camminare") **1.** Retrocedere, arretrare. *Le truppe regredirono.* **2.** fig. Tornare indietro. *Regredire negli studi.* SIN.: **peggiorare**. **3.** fig. Diventare meno intenso, diminuire. *Il male è regredito.* **4.** PSICOL. Tornare a uno stadio più arretrato dello sviluppo psichico.

regressióne s.f. **1.** Azione di arretrare, di ritirarsi, di retrocedere. ~ GEOL. Lento ritiro delle acque marine da aree precedentemente occupate. **2.** ASTR. → **retrogradazione**. **3.** MED. Nel decorso di una malattia, graduale attenuazione dei sintomi e ritorno alla normalità. **4.** PSICOAN. Ritorno temporaneo a fasi più arretrate dello sviluppo psichico come difesa da un'angoscia attuale. **5.** FILOS. Procedimento logico che muove dal particolare all'universale, compiendo un cammino inverso rispetto alla dimostrazione che parte dall'universale per giungere al particolare. **6.** BIOL. ◇ *Regressione filiale:* ipotesi secondo la quale le variazioni dalla media si presentano, nei figli, meno accentuate che nei genitori. **7.** STAT. Dipendenza di una variabile da altre variabili.

regressivo agg. **1.** Che retrocede, che tende a tornare indietro. *Moto regressivo.* **2.** fig.

Che si oppone al progresso sociale, culturale, civile. SIN.: **reazionario**. **3.** PSICOAN. Che concerne la regressione psichica. **4.** FILOS. Relativo al metodo analitico e induttivo.

regrèsso s.m. **1.** Movimento all'indietro, in partic. del treno. **2.** fig. Attenuazione di un fenomeno. ~ Processo involutivo (in oppos. a *progresso*). **3.** DIR. Azione di rimborso nei confronti del condebitore che ha pagato da solo l'intero ammontare del debito.

regulation [/'rɛgjʊ'leɪʃn/] s.f. inv. (voce ingl., propr. "regolazione") Disciplina, misura in un determinato settore.

règur s.m. inv. Suolo nero dell'India, ricco in calcare e in humus, molto argilloso e fertile.

reichsmark [/'raiçsmark/] s.m. inv. Unità monetaria della Germania dal 1924 al 1948.

reidratàre v.tr. **1.** Idratare di nuovo ciò che è disidratato. **2.** MED. Somministrare soluzioni fisiologiche a organismi disidratati.

reiètto agg. Ripudiato, respinto dalla società. SIN.: **emarginato**. ◆ s.m. [f. *–ta*] Nel sign. dell'agg.

reiezióne s.f. **1.** MED. → **rigetto**. **2.** DIR. Atto con cui si respinge una domanda, un ricorso, ecc. perché non regolare. ◇ *Reiezione di una proposta di legge:* il suo rigetto da parte del Parlamento.

reificàre v.tr. [4] (ingl. to *reify,* fr. *réifier*) **1.** PSICOL. Considerare concreto ciò che è astratto. **2.** FILOS. Ridurre a cosa materiale una persona umana, un rapporto sociale, un valore spirituale.

reificazióne s.f. (ingl. *reification*) **1.** PSICOL. Processo mentale mediante il quale si dà concretezza all'oggetto di un'esperienza astratta. **2.** FILOS. In Marx, processo per cui nell'economia capitalistica l'uomo e il suo lavoro sono ridotti al valore della cosa, della merce che producono. ~ estens. Ogni processo in cui un valore, un'attività spirituale o intellettuale sono trattati come cose materiali.

rèiki s.m. inv. (voce giapp.) Tecnica terapeutica giapponese.

reimbarcàre v.tr. [4] Imbarcare nuovamente. ◆ **reimbarcarsi** v.pron. **1.** Imbarcarsi di nuovo. **2.** Riprendere il servizio di marinaio.

reimbàrco s.m. [pl. *–chi*] **1.** Nuovo imbarco dopo uno sbarco. **2.** Riassunzione in uno dei servizi di bordo.

reimpiantàre v.tr. **1.** Impiantare nuovamente qlco. **2.** Ricongiungere chirurgicamente un arto o un organo al corpo.

reimpiànto s.m. **1.** Nuovo impianto. **2.** MED. Intervento chirurgico consistente nel ricongiungimento di una parte di organo o di un tessuto all'organo da cui si erano distaccati in seguito a trauma.

reimpiegàre v.tr. [4] Impiegare nuovamente qlco. o qlcu.

reimpiègo s.m. [pl. *–ghi*] **1.** Nuovo impiego di qlco. *Reimpiego del capitale.* **2.** ARCH. *Parti di reimpiego:* parti di vecchi edifici utilizzate in costruzioni più recenti.

reimpostàre v.tr. Impostare qlco. di nuovo o in modo diverso. *Reimpostare la ricerca.*

reincarnàre v.tr. Far rivivere qlcu. o qlco. riproducendone esattamente le fattezze, il carattere. ◆ **reincarnarsi** v.pron. Rivivere in un nuovo corpo.

reincarnazióne s.f. **1.** In alcune religioni, migrazione dell'anima in un altro corpo dopo la morte. **2.** fig. Persona molto somigliante a un defunto.

reinnestàre v.tr. **1.** AGR. Innestare nuovamente una pianta in un'altra. **2.** Reinserire qlco. da qualche parte.

reinseriménto s.m. Nuovo inserimento di qlcu. o di qlco. in un'organizzazione, in una classe, in un ordine, in un sistema da cui era stato escluso precedentemente o al quale era divenuto estraneo.

reinserire v.tr. [83] Inserire di nuovo qlco. da qualche parte o reintrodurre qlcu. in un ambito, in partic. in un gruppo sociale. ◆ **reinserirsi** v.pron. Tornare a far parte di un gruppo.

reinstallàre v.tr. Installare nuovamente qlcu. in una carica, in una sede, ecc.

reinstallazióne s.f. → **reimpianto**.

reintegràbile agg. Che può essere reintegrato.
reintegràre v.tr. **1.** Far ritornare qlco. allo stato in cui si trovava. SIN.: **ripristinare**. **2.** DIR. Rimettere qlcu. nella carica, nella posizione o nel possesso di cui era stato privato perlopiù indebitamente. *Reintegrare un dipendente licenziato.* ◆ **reintegrarsi** v.pron. Reinserirsi in un ambiente.
reintegrazióne s.f. **1.** Ricostituzione di una condizione di integrità. *Procedere alla reintegrazione delle scorte.* **2.** Ricollocazione di qlcu. in una posizione precedentemente già occupata. ◇ DIR. *Azione di reintegrazione:* atto con cui il possessore di un bene, spogliato in modo occulto o violento del bene stesso, chiede al giudice che sia ripristinata la precedente situazione.
reintrodùrre v.tr. [26] Introdurre nuovamente. *Hanno reintrodotto il bollo sui certificati.* ◆ **reintrodursi** v.pron. Introdursi di nuovo in un luogo, in un ambiente.
reinventàre v.tr. Rivivere con spirito nuovo, rinnovare qlco. che già è stato sperimentato. *Reinventare la propria personalità.*
reinvestiménto s.m. FIN. Nuovo investimento.
reinvestire v.tr. **1.** Investire di nuovo denaro in beni, in un'impresa o in un'attività. **2.** Investire qlcu. con un veicolo per la seconda volta, urtarlo di nuovo.
reiteràre v.tr. (lat. *reiteràre*, propr. "ripetere di nuovo") Fare nuovamente qlco. *Reiterare una domanda.*
reiteràto agg. Ripetuto più volte.
reiterazióne s.f. **1.** Ripetizione. **2.** Figura retorica consistente nel ripetere uno stesso concetto con altre parole.
relais [/rə'lɛ/] s.m. inv. (voce fr., deriv. di *relayer* "dare il cambio" orig. per l'avvicendamento dei cavalli nelle stazioni di posta) ELETTROTEC. Interruttore o commutatore comandato elettricamente che permette l'apertura e la chiusura di un circuito.
relàpso o **relàsso** agg. [f. *-psa*] (lat. *relăpsum*, deriv. di *relābi* "ricadere") Tornato al paganesimo dopo la conversione al cristianesimo, o tornato all'eresia dopo l'abiura. ◆ s.m. [*-psa*, *-ssa*] Nel sign. dell'agg.
relativaménte avv. **1.** Fino a un certo punto, parzialmente. **2.** Abbastanza. **3.** *loc. prep. Relativamente a:* per quanto riguarda, in relazione a.
relativismo s.m. FILOS. Dottrina secondo la quale qualsiasi conoscenza è relativa, poiché dipende da un'altra conoscenza o è legata al punto di vista del soggetto.
relativista s.m. e f. [pl.m. *-sti*] Chi segue il relativismo.
relativìstico agg. [pl.m. *-ci*, f. *-che*] **1.** Che riguarda il relativismo. **2.** FIS. Che riguarda la teoria della relatività di Einstein.
relatività s.f. inv. **1.** Carattere, valore non assoluto di qlco. **2.** FIS. *Teoria della relatività:* teoria di Einstein secondo la quale la velocità della luce non dipende dal riferimento inerziale assunto per osservare i fenomeni; ne discende che la misura di grandezze quali spazio, tempo e massa cambia al variare del riferimento stesso.
ENCICL. Albert Einstein espose la teoria della Relatività ristretta nel 1905, e quella sulla Relatività generale nel 1916. La Relatività ristretta si presenta come una generalizzazione del principio della relatività galileiana capace però di scardinare il concetto intuitivo di tempo e di abolire la radicata distinzione tra massa ed energia. Secondo Galilieo tutti i sistemi inerziali sono equivalenti ovvero le leggi della fisica sono invarianti se le si osserva in sistemi di riferimento diversi a patto che questi sistemi si muovano uniformemente l'uno rispetto all'altro (famosa l'osservazione di Galileo che immagina uno sperimentatore, rinchiuso nella stiva di una nave, che esegue una serie di osservazioni sulla caduta dei gravi. Lo scienziato spiega come non sia possibile per l'osservatore trarre indicazioni sulla velocità del moto uniforme della nave con esperimenti che si svolgano esclusivamente al suo interno). La teoria galileaiana tuttavia fallisce se si considerano non un oggetto o un'onda sonora ma la velocità della luce. Le onde luminose infatti non si propagano come le onde sonore perché la velocità della luce nel vuoto è costante in qualsiasi riferimento inerziale ed è pari a circa 300.000 Km/sec. Il concetto di invarianza della luce, mutuato dalle equazioni di Maxwell, è una *costante naturale* che non varia se i fenomeni sono descritti in sistemi di riferimento diversi. Una delle conseguenze più straordinarie derivanti da questa osservazione è che il tempo su un riferimento che viaggia con una velocità prossima a quella della luce scorre più lentamente (da qui il paradosso einsteniano dei gemelli). Ma la Relatività ristretta afferma anche che la velocità della luce nel vuoto (*c*) è il limite massimo per la velocità di qualsiasi corpo o segnale, da cui si deriva che la massa di un corpo non è più una caratteristica intrinseca e definita ma dipende dalla velocità del corpo stesso. Se, infatti, per accelerare un corpo è necessario applicare una forza (e non c'è limite alla grandezza della forza applicabile) e allo stesso tempo la velocità del corpo non può superare *c*, la massa del corpo aumenterà indefinitamente quando la velocità cresce e si avvicina a quella della luce. Non è infatti altrimenti spiegabile che un corpo non può essere accelerato a una velocità superiore a *c*. Einstein così rifiuta la distinzione tra massa ed energia affermando che un corpo a riposo sia dotato di energia per il solo fatto di possedere una massa. La celebre formula $E=mc^2$ uguaglia infatti l'energia a riposo (E) di un corpo alla velocità della luce al quadrato (c^2) moltiplicata per la massa (m). La Relatività generale risolve gli apparenti contrasti esistenti tra la legge della relatività e la legge di gravitazione anche se rimane difficilmente dimostrabile in via sperimentale. Con la relatività generale le forze associate alla gravità sono del tutto equivalenti a quelle prodotte da un'accelerazione. Un soggetto all'interno di un macchina che si muove in modo accelerato, decelerato o curvilineo non può in alcun modo affermare se le forze che determinano il moto sono gravitazionali o e si tratta di forze originate da altri meccanismi.
relativizzàre v.tr. Considerare o rendere qlco. relativo.
relativizzazióne s.f. Operazione concettuale di riconoscimento del carattere relativo di qlco.
relativo agg. **1.** Che si riferisce a qlco. o qlcu. **2.** Che si definisce in rapporto ad altro. ◇ FIS. *Moto relativo:* moto di un corpo considerato da un sistema di riferimento anch'esso in moto rispetto a un altro in cui si compiono le osservazioni. – MAT. *Numeri relativi:* numeri interi, comprendenti i positivi (maggiori di zero: +1, +2, ...) e i negativi (minori di zero: -1, -2, ...). **3.** Che non ha un valore assoluto, ma dipende da altre cose, circostanze, ecc. **4.** Incompleto, approssimativo. *Vivere in condizioni di relativo benessere.* **5.** GRAMM. Si dice di elemento della struttura linguistica che mette in relazione un elemento antecedente (nome, pronome, intera frase o altro) con una frase subordinata. **6.** MUS. Riferito a tonalità o a scale che hanno tra loro rapporti prestabiliti.
relatóre agg. [f. *-trice*] (lat. *relatōrem*, deriv. di *refĕrre* "riferire") Che ha l'incarico di presentare una relazione. ◆ s.m. (anche f.) Nel sign. dell'agg. ~ Professore universitario che segue la preparazione della tesi di un laureando e la presenta alla commissione di laurea.
relax [/rɪ'læks/] s.m. inv. (voce ingl.) Rilassamento fisico e psichico, stato di riposo.
relazionàle agg. Attinente a una relazione.
relazionàre v.tr. **1.** Informare qlcu. di qlco. mediante relazione, presentargli un resoconto. **2.** Mettere in relazione tra loro due o più cose.
relazióne s.f. **1.** Esposizione orale o scritta di un dato argomento. ~ Resoconto di fatti. **2.** Legame esistente tra due o più elementi. ◇ *Mettere in relazione:* collegare. – GRAMM. *Complemento di relazione:* quello che indica un rapporto (di collaborazione, amicizia, rivalità, ecc.) che si istituisce tra esseri o cose. – *loc. prep. In relazione a:* con riferimento a. **3.** Rapporto, vincolo tra due o più persone, gruppi, organizzazioni, Stati. ◇ *Avere una relazione:* avere un legame sentimentale, amoroso. **4.** (al pl.) Amicizie, conoscenze. ◇ *Relazioni sociali:* l'insieme dei rapporti di un individuo con gli altri. – *Pubbliche relazioni:* le attività e le iniziative verso l'esterno intraprese da un'azienda, un ente, un'associazione o anche un singolo individuo per migliorare la propria immagine e favorire i rapporti d'affari. – DIR. INTERN. *Relazioni diplomatiche:* i rapporti ufficiali fra due Stati attuati attraverso gli organi a essi preposti. **5.** LOG. Legame fra due o più grandezze. [p.e. l'uguaglianza (=) è una *relazione a due variabili* o *relazione binaria*.]
relè s.m. inv. → **relais**.
release [/rɪ'li:s/] s.f. inv. (voce ingl., deriv. di *to release* "rilasciare") INFORM. Licenza di vendita, rilascio dell'autorizzazione alla vendita della nuova edizione, di un'altra versione di un software. ~ L'applicazione stessa.
releasing factor [/rɪ'li:sɪŋ 'fæktə/] loc. sost. m. inv. (loc. ingl., propr. "fattore di rilascio") MED., BIOCHIM. Ciascuno degli ormoni prodotti dall'ipotalamo che agiscono sull'ipofisi stimolandola a secernere ormoni propri.
relegàre v.tr. [4] (lat. *relegāre* "mandare via") **1.** Condannare all'esilio, alla relegazione in un luogo. **2.** *estens.* Allontanare, isolare qlcu. ~ *fig.* Mettere qlcu. in disparte. *Mi hanno relegato in fondo alla sala.* **3.** Mettere qlco. che non serve più in un luogo isolato.
relegazióne s.f. **1.** DIR. Pena consistente nell'obbligo di risiedere in un luogo lontano dalla propria dimora abituale. **2.** *estens.* Condizione di chi risiede, più o meno volontariamente, in un luogo isolato.
religióne s.f. (lat. *religiōnem*, deriv. di *religāre* "vincolare, legare insieme" o di *relĕgere* "raccogliere in maniera ordinata") **1.** Insieme di credenze e di dogmi che definiscono la relazione dell'uomo con il sacro e il soprannaturale. ~ Le pratiche e i riti propri di ciascuna di queste credenze. **2.** Ognuna delle varie forme storiche in cui la fede nella o nelle divinità si è incarnata. ~ Adesione a una dottrina religiosa. ◇ *Religione di Stato:* riconosciuta ufficialmente e tutelata giuridicamente da uno Stato. **3.** Materia scolastica oggetto di insegnamento. **4.** DIR. CAN. Società di persone sottoposte a una regola approvata dalla Chiesa, detta anche *congregazione ecclesiastica*. **5.** *estens.* Sentimento di rispetto profondo verso qlcu. o qlco.
religiosità s.f. inv. **1.** Sentimento del sacro, del soprannaturale, del divino. **2.** Qualità di ciò che ispira sentimenti religiosi. **3.** *fig.* Scrupolosa cura e diligenza.
religióso agg. **1.** Che riguarda la religione o un particolare culto. ~ Conforme ai riti della religione. **2.** Che crede fermamente in una religione e ne osserva i precetti. **3.** Che si riferisce a una comunità riconosciuta dall'autorità ecclesiastica. **4.** *fig.* Pieno di rispetto e devozione. **5.** *fig.* Caratterizzato da grande coscienziosità. ◇ *Ascoltare in religioso silenzio:* con la massima attenzione, quindi in silenzio assoluto. ◆ s.m. [f. *-sa*] Chi appartiene a una congregazione o a un ordine religioso o, più in generale, chi fa parte della gerarchia ecclesiastica.
reliquia s.f. (lat. *relĭquiae* "ciò che rimane") **1.** RELIG. Ciò che resta delle spoglie o degli oggetti appartenuti a una persona dichiarata santa dalla chiesa. **2.** *fig.* Oggetto che si conserva con grande venerazione.
reliquiàrio s.m. [pl. *-ri*] RELIG. Custodia preziosa dentro la quale si conservano una o più reliquie di santi o martiri della fede.
relitto s.m. (lat. *relĭctum*, deriv. di *relĭnquere* "lasciare indietro") **1.** DIR. Terreno, di solito di limitata estensione, che avanza dalla suddivisione di un'area in appezzamenti. **2.** Ciò che resta di una nave naufragata o di un aeromobile precipitato. **3.** *fig.* Persona ridotta in una condizione di degrado economico, sociale, psicologico. **4.** LING. Elemento di una lingua scomparsa, o di una fase precedente della stessa lingua. ❑ In funzione di agg., nel l. sc., che sopravvive in forme isolate mentre prima aveva una maggiore estensione. *Flora relitta.*
REM [/rɛm/] agg. inv. (sigla dell'ingl. *Rapid Eye Movements*, "rapidi movimenti oculari") FISIOL. *Fase REM:* seconda fase del sonno caratterizzata da intensa attività onirica.

remainder [/rɪˈmeɪndər/] s.m. inv. (voce ingl., propr. "rimanenza") EDIT. Volume che fa parte della giacenza di magazzino e viene messo in vendita a prezzo ridotto. ~ *estens.* Libreria specializzata nella vendita di tali libri.

remake [/ˈriːmeɪk/] s.m. inv. (voce ingl., deriv. di *to remake* "rifare") Nuova versione o nuovo allestimento di uno spettacolo teatrale o di un film di successo.

remàre v.intr. (aus. *avere*) **1.** Muovere i remi nell'acqua in modo da far avanzare un'imbarcazione. **2.** *fig.* Riferito alle mani, muoversi nell'aria alla ricerca di un punto di appoggio.

rematóre s.m. [f. *–trice*] Chi manovra i remi. SIN.: **vogatore**.

remigànte agg. Che si muove nell'aria con movimento simile a quello dei remi. ◇ *Penne remiganti:* penne robuste con funzione portante, inserite a ventaglio sul margine posteriore delle ali degli uccelli. ◆ s.f. ZOOL. (al pl.) Penne remiganti.

reminiscènza s.f. **1.** Ricordo vago e impreciso di qlco. **2.** In un'opera letteraria, teatrale, musicale, ecc., ripresa, più o meno consapevole, di motivi propri di autori o opere precedenti. **3.** FILOS. In Platone, tutti quei ricordi che l'anima ha accumulato nelle sue vite anteriori e che riaffiorano alla memoria nel momento della conoscenza. SIN.: **anamnesi**.

remissibile agg. Che può essere condonato, perdonato.

remissióne s.f. **1.** Rinuncia a perseguire o a punire una colpa, una mancanza. ◇ TEOL. CATT. *Remissione dei peccati:* l'effetto del sacramento della penitenza. **2.** *fig.* Rimedio, scampo. **3.** Accondiscendenza, abbandono alla volontà altrui. **4.** MED. Scomparsa temporanea dei sintomi di una malattia.

remissività s.f. inv. Disposizione d'animo e atteggiamento propri di chi accondiscende alla volontà altrui. SIN.: **docilità**.

remissivo agg. **1.** Che accondiscende alla volontà altrui. **2.** DIR. Che ha il potere di condonare parte di un obbligo giuridico o morale. *Clausola remissiva.*

remittènte agg. (fr. *rémittente*) MED. *Febbre remittente:* che nel corso della giornata diminuisce notevolmente, senza però che il malato raggiunga la temperatura corporea normale.

remix [/ˈriːmɪks/] s.m. inv. MUS. Nuovo mixaggio di un brano musicale.

rèmo s.m. **1.** Asta lunga e dritta di legno terminante in pala che serve per far avanzare un'imbarcazione nell'acqua. **2.** *estens.* Azione di remare.

1. rèmora s.f. (lat. *rĕmoram*, deriv. di *mŏra* "indugio") **1.** Tutto ciò che ritarda, che ostacola l'accadere di qlco. *Agire senza remore.* SIN.: **indugio, impedimento, scrupolo. 2.** MAR. Zona d'acqua tranquilla e quasi oleosa che si forma a lato o nella scia di poppa di una nave.

2. rèmora s.f. (lat. *rĕmoram* "remora", perché si credeva che questi pesci fossero in grado di fermare le navi) **1.** Pesce marino che presenta sulla testa un disco adesivo con cui si attacca ad altri pesci più grossi o addirittura a navi per farsi trasportare. (Lunghezza 40 cm; famiglia degli

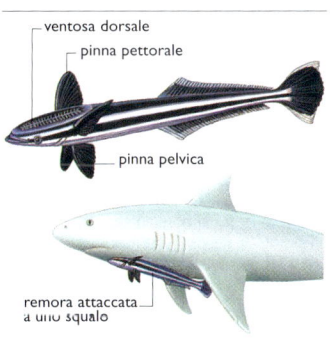
- ventosa dorsale
- pinna pettorale
- pinna pelvica
- remora attaccata a uno squalo
■ **rèmora**

Echeneidi.) **2.** ZOOL. (iniziale maiusc.) Genere di animali cui appartiene la remora.

remòto agg. (lat. *remōtum*, deriv. di *removēre* "allontanare, muovere via") **1.** Molto lontano nel tempo. **2.** Molto lontano nello spazio. **3.** INFORM. Di calcolatore o altro dispositivo che fa parte di un sistema posto in luogo diverso dall'unità centrale a cui è collegato. *Accesso remoto.*

remuage [/rəmyˈaʒ/] s.m. inv. (voce fr., propr. "rimozione") Operazione mediante la quale si rimuovono dall'interno delle bottiglie i residui di lavorazione.

réna s.f. **1.** *lett.* Sabbia. **2.** CERAM. Terra silicea usata nella preparazione delle ceramiche.

renàle agg. ANAT., MED. Relativo ai reni. ◇ *Blocco renale:* arresto della funzione dei reni.

renàno agg. **1.** Del fiume Reno. **2.** GEOL. Di un sottoperiodo del devoniano.

rèndere v.tr. [33] (lat. *rĕddere*, propr. "dare di nuovo") **1.** Restituire qlco. a qlcu. che l'ha perso o al quale è stato tolto o che l'ha prestato. SIN.: **ridare. 2.** Tributare, offrire, presentare qlco. a qlcu. ◇ *Rendere lode.* ◇ *Rendere giustizia a qlcu.:* riconoscere e far valere i suoi diritti. **3.** Dare qlco. in cambio a qlcu. SIN.: **ricambiare.** ◇ *fig. Rendere pan per focaccia:* vendicarsi di qlcu., arrecandogli lo stesso danno ricevuto. **4.** Ricreare qlco. espressivamente. *Le parole non rendono quest'immagine.* **5.** Procurare un profitto. SIN.: **fruttare. 6.** Mettere qlcu. o qlco. in una certa condizione. *Rendere l'amico infelice.* ◆ v.intr. (aus. *avere*) Avere un buon rendimento. ◆ **rendersi** v.pron. Acquistare una certa proprietà, un certo ruolo. *Rendersi utile.*

rendez-vous [/rãdeˈvu/] s.m. inv. (voce fr., propr. "recatevi") Appuntamento, incontro. ◇ *Rendez-vous spaziale:* incontro programmato, sulla medesima orbita, di due veicoli spaziali ed eventuale aggancio.

rendicónto s.m. **1.** Presentazione dei conti, in partic. di quelli relativi alla gestione di beni e affari per conto di qlcu. **2.** ECON. Consuntivo effettuato periodicamente per determinare i risultati della gestione di un'azienda in un determinato periodo di tempo. **3.** (al pl., iniziale maiusc.) In alcune accademie, denominazione dei verbali delle sedute o pubblicazione periodica in cui questi vengono stampati.

rendiménto s.m. **1.** ECON. Produttività, reddito. ~ Il provento, espresso in termini percentuali, di un capitale investito. **2.** FIS., TECN. Rapporto tra due grandezze omogenee con cui si esprime il grado di efficienza e di utilità di una macchina, di un processo. **3.** Con riferimento a persone o ad animali da competizione, capacità di svolgere un lavoro con profitto. **4.** LING. *Rendimento funzionale:* frequenza nell'utilizzazione di un fonema a fini distintivi.

rèndita s.f. Reddito derivante dalla pura proprietà di un bene. ◇ *Rendita fondiaria:* quella derivata dalla proprietà terriera. – *Rendita perpetua:* contratto col quale una parte conferisce all'altra il diritto di esigere in perpetuo una prestazione

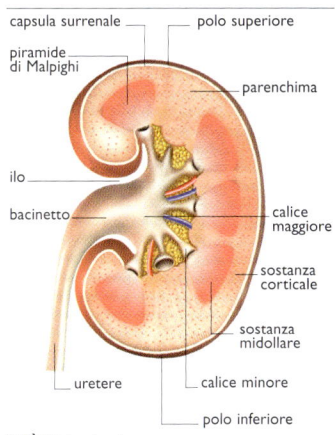
- capsula surrenale
- polo superiore
- piramide di Malpighi
- parenchima
- ilo
- bacinetto
- calice maggiore
- sostanza corticale
- sostanza midollare
- uretere
- calice minore
- polo inferiore
■ **rène** (sezione).

periodica di una somma di danaro o di una certa quantità di cose fungibili, come corrispettivo dell'alienazione di un immobile o della cessione di un capitale. – *Rendita di posizione:* guadagno aggiuntivo che si ricava da un bene che ha una posizione di particolare vantaggio rispetto al mercato; *fig.* godimento di una condizione favorevole dovuta alla tradizione o al posto occupato in un ambiente sociale o al ruolo politico. – *Rendita catastale:* reddito imponibile di terreni e fabbricati accertato in base al catasto.

rène s.m. ANAT. Nell'uomo e nei mammiferi, ciascuno dei due organi ghiandolari posti nella zona lombare, ai lati della colonna vertebrale, che hanno il compito di filtrare il sangue depurandolo dalle sostanze in eccesso o nocive, che vengono eliminate con l'urina. ◇ *Rene artificiale:* apparecchio che consente una circolazione sanguigna extracorporea e depura dalle scorie azotate il sangue di pazienti affetti da insufficienza renale.

1. renèlla s.f. MED. Fini concrezioni dall'aspetto di granelli di sabbia che si accumulano nelle urine.

2. renèlla s.f. BOT. Erba perenne a rizoma strisciante, con due foglie reniformi dal picciolo lungo e con piccolo fiore violaceo; in Italia è diffusa nei boschi montani.

renétta o **ranétta** s.f. (fr. *reinette*, deriv. di *pomme de renette* "mela di reginetta" perché frutto di ottima qualità) Varietà di mela con buccia gialla chiara. ◻ Anche in funzione di agg.

réni s.f. pl. Regione lombare.

renifórme agg. BOT. A forma di rene.

renina s.f. BIOCHIM. Enzima prodotto dal rene che regola la secrezione dell'aldosterone.

rènio s.m. (solo sing.) (lat. *Rhenium*, deriv. di *Rhēnus*, nome lat. del fiume Reno in Germania) **1.** Metallo bianco simile al platino che fonde a 3180 °C. **2.** Elemento chimico (*Re*) di numero atomico 75 e peso atomico 186,207.

renitènte agg. Che oppone resistenza alla volontà altrui. ◆ s.m. e f. Chi è renitente, in partic. alla leva.

renitènza s.f. Tendenza a resistere, a non accondiscendere alla volontà, agli ordini, ai consigli altrui. ◇ *Renitenza alla leva:* reato commesso dal cittadino che, senza addurre motivi legittimi, non si presenta per compiere il servizio militare nel giorno indicato dalla chiamata alle armi.

rènna s.f. (fr. *renne*, norreno *hreinn* propr. "animale cornuto") **1.** Mammifero ruminante simile al cervo, diffuso nelle regioni nordiche dell'Eurasia e nel Canada settentrionale, che si nutre di licheni e viene allevato in modo intensivo dai lapponi, dagli eschimesi e da diverse popolazioni siberiane, che lo utilizzano come animale da tiro, ma anche da carne, da latte e pelle. (La renna è l'unico cervide la cui femmina ha le corna. Genere *Rangifer*; famiglia dei Cervidi.) **2.** Pelle conciata di tale animale.

■ **rènna**

rennìna s.f. (ingl. *rennin*, deriv. di *rennet* "caglio") BIOCHIM. Enzima prodotto dalla mucosa dell'abomaso dei ruminanti, usato nella produzione dei formaggi per la sua proprietà di far coagulare il latte; detto anche *chimasi* o *chimosina*.

rentier [/rɑ̃'tje/] s.m. e f.inv. (voce fr., propr. "chi vive di rendita") ECON. Chi percepisce interessi o rendite su titoli.

renting [/'rɛntɪŋ/] s.m. inv. (voce ingl., deriv. di *to rent* "affittare") ECON. Contratto di affitto di un bene, spec. di uno strumento di lavoro.

rèo agg. Colpevole. ◆ s.m. [f. *-a*] Chi ha commesso uno o più reati. ◇ *Reo confesso:* chi ha confessato il proprio delitto.

reologìa s.f. (ingl. *rheology*) FIS. Scienza che studia la deformazione dei corpi sotto l'azione di forze esterne.

reòstato s.m. ELETTR. Resistenza variabile che, messa in un circuito, permette di modificare l'intensità della corrente.

reotropismo s.m. BOT. Movimento di curvatura di un organo in accrescimento a causa di correnti d'acqua.

repàrto s.m. **1.** Sezione di un'industria, di un ufficio, di una ditta, di un'amministrazione. ~ Insieme di alcuni scaffali di un negozio destinati a uno stesso tipo di merce. **2.** MIL. Unità organica di truppa che, assieme ad altre, costituisce un'unità superiore. ~ Qualsiasi contingente di forze armate. *La zona era presidiata da un reparto di carabinieri.* **3.** SPORT. Gruppo di giocatori di una squadra con funzioni omogenee. *Reparto d'attacco.*

repêchage [/rəpɛ'ʃaʒ/] s.m. [pl. *repêchages*] (voce fr., deriv. di *repêcher* "ripescare") **1.** Recupero di ciò che era stato accantonato o eliminato o interrotto. SIN.: **ripescaggio**. **2.** SPORT. Gara supplementare che si disputa tra i concorrenti eliminati nelle precedenti batterie, in modo da far passare al turno successivo il vincitore o chi ha ottenuto i migliori piazzamenti. ~ Riammissione a un torneo di una squadra eliminata, resa possibile dalla penalizzazione inflitta a un'altra squadra.

repellènte agg. **1.** Che respinge, che ha la proprietà di respingere. **2.** *fig.* Che suscita ripugnanza. SIN.: **disgustoso**.

repentàglio s.m. (solo sing.) (etim. incerta, forse lat. *repentàlia* "pericoli improvvisi") Solo nella loc. *mettere a repentaglio*, mettere in pericolo.

repentìno agg. Che si verifica improvvisamente e con grande rapidità.

reperìbile agg. Che si può rintracciare.

reperibilità s.f. inv. Condizione di chi o di ciò che è reperibile, che può essere rinvenuto. ~ *estens.* Periodo di tempo durante il quale si deve essere pronti e disponibili se si viene cercati.

reperiménto s.m. Nel l. bur., ritrovamento.

reperire v.tr. [83] (lat. *reperīre* "procurare di nuovo") Trovare qlco. *Reperire prove.* SIN.: **rinvenire**.

repertàre v.tr. DIR. Produrre qlco. come reperto. ◇ MED. *Repertare una malattia:* riscontrarla.

repèrto s.m. **1.** Oggetto rinvenuto durante una ricerca sistematica. *Reperto fossile.* **2.** MED. Ogni dato emerso da esami clinici. **3.** DIR. Oggetto ritrovato nel corso di un'indagine giudiziaria e salvaguardato da manomissioni.

repertòrio s.m. [pl. *-ri*] (lat. *repertòrium* "inventario") **1.** Raccolta di dati sistemati in un ordine che li rende facili da trovare. *Repertorio alfabetico.* **2.** *estens.* Collezione, antologia, anche con valore iron. *Il suo discorso è stato un repertorio di banalità.* **3.** Insieme delle opere che costituiscono il programma di un teatro, di una compagnia di ballo. ~ Complesso delle opere interpretate di solito da un attore, un cantante o un musicista. **4.** *fig.* Insieme delle risorse di cui una persona dispone in un determinato campo. *Un vasto repertorio di barzellette.* **5.** CINE., TV. *Pezzi di repertorio:* pezzi di pellicola con scene generiche che vengono venduti alle società di produzione che non intendono far girare tali scene in presa diretta. – *Immagini di repertorio:* sequenze d'archivio utilizzate come commento a una notizia, per illustrare un argomento, per ricordare un personaggio, ecc.

replay [/'riːplei/] s.m. inv. (voce ingl., deriv. di *to replay* "giocare di nuovo") **1.** TV. Nella trasmissione in diretta di un avvenimento, spec. sportivo, ripetizione, spesso al rallentatore, di un momento interessante. **2.** *fig.* Nel l. gior., ripetizione di qlco. già visto. *Un replay della formula di governo.*

replezióne s.f. MED. Riempimento, pienezza. *Replezione della vescica.*

rèplica s.f. [pl. *-che*] **1.** Ripetizione di qlco. **2.** Ogni esecuzione di uno spettacolo successiva alla prima. **3.** Copia di un'opera d'arte eseguita dall'autore stesso. **4.** Risposta. ~ *estens.* Obiezione, contraddittorio.

replicànte s.m. e f. Nel l. della fantascienza, creatura artificiale che riproduce perfettamente fattezze e comportamenti umani. ◆ agg. BIOL. Che subisce un processo di replicazione. ~ *estens.* Riprodotto per clonazione.

replicàre v.tr. [4] **1.** Ripetere qlco., eseguirlo un'altra volta. ~ Rappresentare o trasmettere un'altra o altre volte uno spettacolo. **2.** Rispondere qlco. a qlcu. o a quanto egli afferma, spec. adducendo obiezioni. ◆ v.intr. (aus. *avere*) Rispondere con vivacità, opponendosi. *Replicare a una lettera.*

replicazióne s.f. **1.** Ripetizione, replica. **2.** RET. Figura consistente nel ripetere una parola, una frase, uno schema metrico. **3.** BIOL., GENET. Duplicazione della totalità del materiale genetico di una cellula, prima che questa si divida.

rèplo s.m. (lat. *rĕplum* "telaio" di una porta) BOT. Falso setto divisore della siliqua, di origine placentare.

report [/rɪ'pɔːt/] s.m. inv. (voce ingl., propr. "rapporto") Relazione amministrativa.

reportage [/rəpɔr'taʒ/] s.m. inv. (voce fr., deriv. di *reporter* "riportare, riferire") Insieme delle informazioni scritte, fotografate, registrate o filmate raccolte da un giornalista sul luogo di un evento.

reporter [/rɪ'pɔːtə/] s.m. e f.inv. (voce ingl., deriv. di *to report* "riportare, riferire") Inviato speciale di un giornale o di un'emittente radiotelevisiva che effettua un servizio su un avvenimento di particolare importanza.

repositòrio s.m. [pl. *-ri*] (lat. *repositòrium* "deposito, magazzino") CATT. Altare o custodia in cui si depositano le ostie consacrate.

repressióne s.f. **1.** Controllo imposto a emozioni, affetti, ecc. ~ PSICOAN. Rifiuto, allontanamento dalla coscienza di un contenuto rappresentato come sgradevole o inaccettabile. **2.** Azione di forza, politica persecutoria messa in atto dal potere costituito contro gli oppositori o contro chi arreca danno alla convivenza civile.

repressivo agg. Che reprime, che ha lo scopo di reprimere. *Legge repressiva.*

reprèsso agg. **1.** Che è tenuto a freno, che non è lasciato libero di manifestarsi. **2.** PSICOAN. Che è stato oggetto di un processo di repressione. ~ Che ha operato una repressione su di sé. ◆ s.m. [f. *-sa*] Persona che reprime i propri impulsi e desideri.

repressóre agg. [non com. f. *reprimitrice*] **1.** Che attua una repressione, spec. in senso morale e politico. **2.** BIOL. *Gene repressore:* che rallenta la produzione di enzimi. ◆ s.m. (anche f.) Nell'accez. 1 dell'agg.

reprimere v.tr. [38] **1.** Non manifestare un moto affettivo o un atteggiamento istintivo. **2.** Impedire con la forza lo sviluppo di un'azione giudicata pericolosa. *Reprimere una sommossa.* ◆ **reprimersi** v.pron. Trattenersi, dominare i propri istinti e impulsi.

reprint [/'riprɪnt/] s.m. inv. (voce ingl., deriv. di *to reprint* "ristampare") Ristampa anastatica di un libro, una rivista, ecc.

rèprobo agg. (lat. *rèprobum*, propr. "falso") Malvagio, empio. ◆ s.m. [f. *-ba*] Nel sign. dell'agg.

reps [/rɛps/] s.m. inv. (voce fr.) Tessuto d'arredamento a coste, detto anche *cordonato* o *cannetè.*

Reptànti s.m. pl. (lat. *Reptantia*, deriv. di *reptāre* "strisciare") ZOOL. Sottordine di crostacei che vivono general. sul fondo marino; ne fanno parte specie commestibili pregiate come l'aragosta. (Ordine dei Decapodi.)

reptazióne s.f. ZOOL. Locomozione strisciante caratteristica dei serpenti, dei gasteropodi, di alcuni vermi e larve di insetti.

repùbblica s.f. [pl. *-che*] (lat. *rĕm pūblicam*, propr. "cosa pubblica") **1.** Forma di governo dello stato caratterizzata dalla elettività e dalla temporaneità delle magistrature, oltre che da una limitazione del loro potere. ~ Stato, paese avente tale forma di governo. **2.** *estens.* Comunità organizzata secondo il principio della parità fra i suoi membri. ◇ *Repubblica delle lettere:* l'insieme dei letterati e degli uomini di cultura.
ENCICL. Apparso nel VI sec. a.C. a Roma, il termine *repubblica* venne applicato nel Medioevo ad alcuni regimi aristocratici (Venezia, in particolare). La repubblica costituita nel 1792 con la Rivoluzione francese tese a realizzare i principi più apertamente democratici dell'Illuminismo, affidando il potere a un parlamento, espressione dei cittadini: è da questo modello che si svilupparono quasi tutte le repubbliche moderne. Dopo la formazione dell'Unità d'Italia, la prima forma repubblicana che si presenta nella storia del nostro paese è quella della Repubblica Sociale Italiana, sorta sotto il protettorato degli occupanti tedeschi e caduta alla Liberazione (aprile 1945). Successivamente, con il referendum istituzionale del 2 giugno 1946, l'Italia ha assunto, definitivamente, la forma repubblicana parlamentare.

repubblicanésimo s.m. (fr. *républicanisme*) Tendenza o aspirazione a forme repubblicane di governo.

repubblicàno agg. **1.** Che appartiene a una repubblica. **2.** Favorevole alla forma statuale della repubblica. **3.** Che riguarda un partito che si denomina repubblicano (v. parte n.pr.). ◆ s.m. [f. *-na*] **1.** Fautore della repubblica. **2.** Aderente a un partito repubblicano.

repulisti s.m. inv. (voce lat., tratto da un versetto del Salmo 42 *Quare me repulisti?* "Perché mi hai respinto?") *scherz.* Solo nella loc. *fare, procedere a un repulisti*, portare via tutto, eliminare ogni cosa.

repulsióne s.f. **1.** Avversione, disgusto. **2.** CHIM., FIS. Allontanamento reciproco che si verifica tra due corpi a causa di forze repulsive.

repulsìvo agg. **1.** Che provoca repulsione. **2.** CHIM., FIS. Che determina la tendenza di due o più corpi a respingersi reciprocamente.

reputàre v.tr. Giudicare qlcu. o qlco. in un certo modo. ◆ **reputarsi** v.pron. Considerarsi in un certo modo.

reputàto agg. Tenuto in alta considerazione.

reputazióne s.f. Considerazione, positiva o negativa, in cui si è tenuti dagli altri.

rèquie s.f. sing. Momento di riposo, cessazione della fatica o del dolore.

rèquiem s.f. o s.m. inv. (voce lat., dalla preghiera *Requiem aeternam* "Eterno riposo") **1.** CATT. Preghiera per i morti. ~ *scherz.* Usato in riferimento a cose o persone da dimenticare. **2.** *estens.* Composizione musicale e corale di accompagnamento sul testo della preghiera.

requisire v.tr. [83] DIR. Sottrarre, sequestrare d'autorità a qlcu. un bene privato per farne un uso pubblico.

requisito s.m. (lat. *requisītum*, deriv. di *requīrere* "richiedere, domandare di nuovo") Qualità necessaria o condizione richiesta per un determinato scopo. SIN.: **capacità, titolo**. ~ *estens.* Buona qualità, pregio.

requisitòria s.f. **1.** DIR. Atto con cui il pubblico ministero formula al giudice le proprie richieste. ~ L'arringa del pubblico ministero. **2.** *estens.* Denuncia fatta pubblicamente con richiesta di provvedimenti.

requisizióne s.f. (lat. *requisītio* "indagine") DIR. Procedura che autorizza le autorità a costringere un privato a cedere un bene. ~ In caso di guerra, è spesso forma di ritorsione, di punizione da parte di truppe occupanti, di militari, di bande armate.

résa s.f. **1.** Restituzione di qlco. che si è avuto in prestito, in deposito, in consegna, ecc. ◇ *Resa dei conti:* atto con il quale un mandatario, un ragioniere, ecc., presenta i conti della sua gestione; *fig.* il rendere conto ad altri del proprio operato. **2.** Atto con cui ci si arrende al nemico. **3.** *estens.* Rinuncia a proseguire in un atteggiamento di resistenza. ~ SPORT. Abbandono di una competizione. **4.** Utile che si ricava da qlco.

~ Risultato, servizio che qlco. dà in rapporto alla quantità che se ne impiega. *Buona resa di un raccolto.* ~ Prestazione. *La resa di un motore.*

rescìndere v.tr. [32] DIR. Invalidare un accordo, un contratto.

rescindìbile agg. DIR. Che può essere annullato.

rescissióne s.f. DIR. Annullamento giudiziario di un atto stipulato a condizioni manifestamente sfavorevoli per una delle parti contraenti, che vi è stata costretta da uno stato di pericolo o di bisogno.

rescissòrio agg. [pl.m. –*ri*] DIR. Che ha la capacità giuridica di rescindere. ~ Che mira a rescindere. *Azione rescissoria.*

rescrìtto s.m. **1.** ANT. ROM. Risposta scritta dell'imperatore su quesiti posti da magistrati, funzionari o cittadini privati. **2.** DIR. CAN. Disposizione dell'autorità ecclesiastica con cui si concede una grazia o si risolve una controversia. **3.** *estens.* Ordinanza emanata da un sovrano.

resèda s.f. (lat. *Reseda,* deriv. di *sedāre* "calmare", perché ant. si riteneva avesse il potere di placare i dolori) **1.** Pianta erbacea coltivata per i fiori odorosi. (Famiglia delle Resedacee.) **2.** BOT. (iniziale maiusc.) Genere cui appartengono varie specie di reseda.

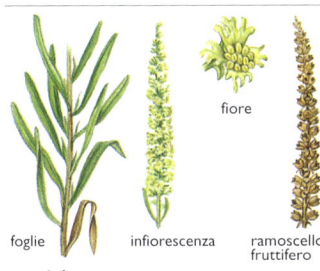

fiore

foglie   infiorescenza   ramoscello fruttifero

■ resèda

Resedàcee s.f. pl. [iniziale minusc. sing. –*a* per l'individuo] BOT. Famiglia di piante dicotiledoni, delle zone temperate e calde, con foglie stipolate, fiori irregolari a grappolo, frutto a capsula.

resède s.f. DIR. Nel l. notarile, edificio accessorio di altro edificio, fabbricato o terreno, compreso tra il muro di un edificio e il confine.

reserpina s.f. CHIM. Alcaloide ricavato dalla rauwolfia.

reset [/'riːsɛt/] s.m. inv. (voce ingl., deriv. di *to reset* "azzerare") INFORM. Operazione che riporta allo stato iniziale di avvio un computer, interrompendo i programmi in funzione e azzerando la memoria di lavoro.

resettàre v.tr. INFORM. Dare il comando di reset, interrompere il funzionamento del computer e riavviarlo.

reseziòne s.f. MED. Asportazione chirurgica parziale o totale di un organo o un tessuto.

residence [/'rɛzidns/] s.m. inv. (voce ingl., propr. "abitazione") Complesso alberghiero costituito da piccoli appartamenti in cui alcuni servizi sono centralizzati. ~ *estens.* Complesso di tipo residenziale costituito da villette.

residènte agg. Che ha dimora anagrafica o sede giuridicamente riconosciuta in un dato luogo. *Lavoratori residenti all'estero.* ◆ s.m. e f. Nel sign. dell'agg.

residènza s.f. **1.** L'aver sede in un determinato luogo. ~ Luogo in cui si risiede. **1.** Nel l. amministrativo, luogo di abitazione di una persona o sede di una ditta registrati ufficialmente all'anagrafe. ◇ *Obbligo di residenza:* disposizione per cui alcune categorie di funzionari debbono risiedere nel comune in cui esercitano le proprie funzioni. **3.** *estens.* Luogo in cui risiede un'autorità. *La residenza del governo italiano è a Roma.* SIN.: **sede. 4.** *estens.* Edificio, appartamento assegnato a un funzionario, in partic. un diplomatico. **5.** Deposito ferroviario. **6.** Baldacchino sotto cui si espone il Santissimo Sacramento.

residenziàle agg. **1.** Adibito a residenza. **2.** URBAN. Destinato a usi abitativi civili. ◇ *Zona, quartiere residenziale:* di un certo pregio per collocazione e qualità degli edifici.

residuàle agg. Di residuo, che forma residuo. SIN.: **rimanente.**

residuàre v.intr. (aus. *essere*) Nel l. bur., restare come residuo. *Dopo il pagamento residuano 24 euro.*

residuàto agg. Che è rimasto. ◆ s.m. Ciò che resta di qlco. ◇ *Residuato bellico, di guerra:* materiale bellico che si può recuperare e utilizzare in altra forma.

residuo s.m. **1.** Ciò che resta di qlco. SIN.: rimanenza. ◇ *Residuo di bilancio:* nella contabilità dello Stato, entrate o spese preventivate ma non riscosse o non pagate entro l'anno finanziario cui si riferiscono. – *Residui passivi:* in un bilancio, somme stanziate e impegnate ma non spese o non liquidate. **2.** CHIM. Ciò che rimane al termine di un trattamento. ~ Gruppo atomico incapace di esistenza libera.

resiliènte agg. (lat. *resiliēntem* "che rimbalza") FIS. Di materiale, che ha resilienza.

resiliènza s.f. FIS. Indice di resistenza dei materiali alla deformazione e alla rottura per sollecitazione dinamica, determinato con una prova d'urto.

rèsina s.f. **1.** Sostanza solida o vischiosa, traslucida e insolubile, secreta da varie piante, in partic. dalle conifere. **2.** Composto macromolecolare costituito da polimeri organici sintetici, utilizzato nella fabbricazione delle materie plastiche. ◇ CHIM. *Olio di resina:* retinolo.

resinàre v.tr. **1.** Estrarre la resina da una pianta. **2.** Apprettare un tessuto con resine artificiali.

1. resinàto agg. **1.** Preparato o profumato con resina. ◇ *Vino resinato:* vino bianco aromatizzato con resina di pino. (Specialità greca.) **2.** IND. TESS. Sottoposto a resinatura.

2. resinàto s.m. CHIM. Sale degli acidi resinici.

resinatùra s.f. **1.** Estrazione e raccolta delle resine dagli alberi. SIN.: **resinazione. 2.** IND. TESS. Trattamento di un tessuto con resine artificiali.

resìnico agg. CHIM. *Acido resinico:* quello estratto dalla gemma di pino.

resinìfero agg. BOT. Che contiene o produce resina.

resinóso agg. Che contiene, produce resina o ne ha le caratteristiche.

resipiscènza s.f. Riconoscimento di un errore e conseguente ravvedimento. (In diritto costituisce un'attenuante.)

resistènte agg. **1.** Riferito a cosa, che resiste alle sollecitazioni, all'usura. SIN.: **inalterabile. 2.** Riferito a persona o organismo vivente, che sopporta la fatica, il dolore. SIN.: **forte.** ~ BIOL. Che resiste all'azione di farmaci e insetticidi. ◆ s.m. e f.DIR. Chi si oppone al ricorso in Cassazione.

resistènza s.f. **1.** Azione di opporsi a qlcu. o qlco. ~ *comun.* Opposizione interiore alla volontà altrui. *Vincere le resistenze di qlcu.* ◇ *Resistenza passiva:* atteggiamento di non collaborazione, forma di opposizione non violenta alle imposizioni di un'autorità. ~ Capacità di resistere a sforzi e disagi. *Resistenza al sonno.* ~ SPORT. Capacità di sostenere uno sforzo prolungato. ◇ DIR. *Resistenza a pubblico ufficiale:* azione tesa a impedire a un pubblico ufficiale l'esercizio della sua funzione. **2.** Capacità di resistere agli effetti di agenti esterni. *Stoffa di grande resistenza.* ~ COSTR. Capacità di un materiale o di una struttura di sopportare sollecitazioni. *Resistenza al carico.* **3.** FIS. Forza che si oppone al moto del punto o del corpo cui è applicata. ◇ *Resistenza elettrica:* grandezza fisica R che misura l'opposizione che un conduttore I oppone al passaggio della corrente elettrica U. ($R = U/I$ rappresenta l'espressione della legge di Ohm.) **4.** ELETTR. *comun.* Denominazione impropria di resistore. **5.** BIOL. Capacità di alcuni batteri di sopravvivere a batteriofagi o antibiotici. **6.** (più freq. con iniziale maiusc.) Lotta contro il nazifascismo in Italia e in Europa, du-

rante la seconda guerra mondiale (v. parte n.pr.). ~ *estens.* Ogni opposizione armata contro un esercito occupante o un regime politico.

resìstere v.intr. [14] (aus. *avere*) **1.** Opporsi a un'azione o a una forza avversa. *Resistere a un'aggressione.* ~ *fig.* Dominare un sentimento, un impulso. *Resistere a un desiderio.* **2.** Sopportare l'azione di una forza. *Resistere agli urti.* ~ *fig.* Non lasciarsi piegare da situazioni avverse. *Resistere alla tortura.* **3.** Durare nel tempo senza perdere valore. *I capolavori resistono nei secoli.*

resistività s.f. inv. (ingl. *resistivity*) ELETTR. Resistenza specifica di un conduttore al passaggio della corrente elettrica, ovvero resistenza posseduta da un conduttore per unità di lunghezza e unità di sezione.

resistóre s.m. (ingl. *resistor*) ELETTR. Elemento di circuito che fornisce una resistenza elettrica di valore definito al passaggio della corrente; è detto impropriamente *resistenza*.

1. rèso s.m. (lat. *Rhesus,* deriv. di gr. *Rhêsos* "Reso" nome di un eroe della mitologia greca) **1.** Scimmia diffusa in Asia, impiegata come cavia nelle ricerche mediche che hanno portato alla scoperta del fattore Rh del sangue umano. (Famiglia dei Cercopitecidi.) **2.** ZOOL. (iniziale maiusc.) Sottogenere di primati cui appartiene il reso.

2. réso agg. Restituito. ◆ s.m. Ciò che è stato restituito.

resocónto s.m. (calco del fr. *compte-rendu*) **1.** Relazione particolareggiata a scopo informativo. **2.** *estens.* Racconto di esperienze e fatti personali. **3.** AMM. Rendiconto.

resorcina s.f. CHIM. ORG. Composto aromatico impiegato nella fabbricazione di esplosivi, coloranti e medicinali.

respingènte agg. Che respinge. ◆ s.m. FERR. Dispositivo costituito da un piatto e da un'asta che preme su una molla, montato sulla testata dei veicoli ferroviari per ammortizzare gli urti.

respìngere v.tr. [22] **1.** Fare arretrare, ricacciare indietro. *Respingere il nemico.* ~ Rinviare, rimandare. *Respingere il pallone.* **2.** *fig.* Rifiutare qlco. *Respingere un pretendente.* ~ Non accettare qlco. *Respingere un aiuto.* ~ Rimandare indietro qlco. a qlcu. **3.** Bocciare qlcu. *Respingere un candidato.*

respìnta s.f. SPORT. Rilancio del pallone da parte di un difensore verso la zona di campo degli avversari.

respiràre v.intr. (aus. *avere*) (lat. *respirāre,* propr. "soffiare di nuovo") Immettere aria nei polmoni ed emetterla grazie ai movimenti della gabbia toracica. ~ *fig.* Avere un momento di tranquillità. *Finalmente si respira!* ◆ v.tr. Immettere nei polmoni aria o altro gas. *Respirare aria pura.*

respiratóre s.m. Apparecchio che permette la respirazione in condizioni ambientali diverse da quelle normali. ~ MED. *Respiratore artificiale:* quello che mantiene meccanicamente i movimenti respiratori. (Il respiratore ha sostituito il polmone d'acciaio.)

respiratòrio agg. [pl.m. –*ri*] Proprio della respirazione.

respirazióne s.f. BIOL., MED. Processo attraverso il quale un organismo vivente assume ossigeno ed elimina anidride carbonica. ◇ *Respirazione artificiale:* tecnica con cui, mediante particolari movimenti o dispositivi, si mantiene la ventilazione in caso di suo indebolimento o arresto. ENCICL. Negli animali si distinguono quattro tipi di respirazione, definiti in base all'organo preposto: la respirazione *cutanea* (l'ossigeno è introdotto attraverso la cute; tipica di celenterati e anfibi), *polmonare* (l'ossigeno è assunto attraverso i polmoni; propria dei vertebrati), *tracheale* (l'ossigeno entra attraverso le trachee; propria degli artropodi), *branchiale* (le branchie assicurano gli scambi respiratori con l'acqua; è tipica dei pesci). Nell'uomo, il ricambio dell'aria nei polmoni è assicurato dalla ventilazione, processo ciclico di entrata (inspirazione) e uscita (espirazione) di aria attraverso la trachea, che avviene grazie alle ritmiche contrazioni e dilatazioni della gabbia toracica. I movimenti respiratori sono ottenuti mediante le contrazioni del diaframma e dei muscoli costali, con un ritmo di sedici-diciotto atti respiratori al minuto, regolati dal centro respiratorio situato nel bulbo cefalorachidiano. Gli scambi gassosi avvengono tra alveoli e capillari polmonari: l'ossigeno entra nel sangue per differenza di pressione, e il biossido di carbonio viene liberato negli alveoli.

respìro s.m. **1.** Movimento ritmico di assunzione e di emissione dell'aria. *Respiro regolare.* ~ Ogni singolo atto della respirazione. *Trattenere il respiro.* ◇ *fig. Di ampio respiro:* contraddistinto da profondità o complessità di struttura e contenuti. **2.** *fig.* Momento di tranquillità. *Lavorare senza respiro.* **3.** MUS. Segno a forma di apostrofo che in uno spartito segnala al cantante o al musicista il momento in cui può respirare senza interrompere la continuità di una frase musicale. SIN.: **pausa**.

responsàbile agg. (fr. *responsable*) **1.** Che ha la responsabilità giuridica o morale di un atto. **2.** DIR. Che è chiamato a rispondere di un reato o di una violazione. **3.** assol. Che valuta le conseguenze delle proprie azioni, riflessivo. **4.** Che causa un processo negativo. ◆ s.m. e f. **1.** Persona o ente che ha la responsabilità di qlco. **2.** Chi è causa o è colpevole di qlco. *Il responsabile del furto.* **3.** DIR. Soggetto giuridico che risponde di un atto illecito.

responsabilità s.f. inv. (fr. *responsabilité*, ingl. *responsibility*) **1.** La condizione di essere responsabile di qlco. ~ Incarico di cui si è responsabili. *La responsabilità del settore vendite.* ~ Impegno che deriva dalla propria posizione o dal proprio incarico. **2.** DIR. Situazione per cui un soggetto giuridico è tenuto a rispondere della violazione di un obbligo o comunque di un atto illecito. ◇ *Responsabilità civile autoveicoli (o rc auto o RCA):* quella relativa ai danni provocati dalla circolazione di autoveicoli a motore, per i quali è obbligatoria l'assicurazione. **3.** Consapevolezza delle conseguenze delle proprie azioni e modo di agire che ne deriva. *Dimostrare grande responsabilità.*

responsabilizzàre v.tr. Rendere qlcu. responsabile, indurlo ad assumere degli impegni. *Responsabilizzare i figli.* ◆ **responsabilizzarsi** v.pron. Prendere coscienza delle proprie responsabilità.

responsabilizzazióne s.f. Assegnazione di responsabilità a qlcu.

respònso s.m. (lat. *respōnsum*, deriv. di *respondēre* "impegnarsi in risposta") **1.** Risposta data da un oracolo. **2.** *estens.* Risposta, perlopiù ufficiale, che comunica un risultato, una diagnosi, un giudizio.

responsoriàle agg. RELIG. Riferito a canto liturgico, che ha carattere di responsorio. ◆ s.m. Libro che contiene i responsori.

responsòrio s.m. [pl. *-ri*] (lat. *responsòrium*, deriv. di *càntum responsòrium* "canto di risposta") RELIG. Canto liturgico in cui, ai versetti intonati dal celebrante, si alterna un ritornello di risposta cantato dal coro o dai fedeli.

rèssa s.f. Folla tumultuosa e disordinata. SIN.: **calca**.

1. rèsta s.f. BOT. Ciascuno dei filamenti rigidi propri delle spighe delle Graminacee.

2. rèsta s.f. Nelle antiche armature da cavaliere, ferro applicato sulla parte destra della corazza che veniva utilizzato durante il combattimento per appoggiarvi la lancia.

3. rèsta s.f. (lat. *rĕstem* "fune, corda") Filza di cipolle o di agli riuniti in una treccia.

restànte agg. Che resta. ◆ s.m. Ciò che resta.

restàre v.intr. (aus. *essere*) **1.** Trattenersi in un luogo o presso qlcu. *Restare a casa.* **2.** Essere d'avanzo. *A mio fratello restano pochi soldi.* ◇ *Non resta che:* non si può far altro che. **3.** Mancare per raggiungere una certa data o un certo luogo. *Quanti giorni restano a Natale?* **4.** Essere situato in un certo posto. ◆ v.cop. Permanere o venirsi a trovare in uno stato, in una certa condizione. *Restare giovane, seduto, vedovo.* ◇ *fig. Restare a bocca aperta, di sasso:* rimanere stupefatto per la meraviglia.

restauràre v.tr. **1.** Restituire un oggetto all'integrità primitiva. *Restaurare un palazzo.* **2.** Ripristinare qlco. che era decaduto o era stato soppresso.

restauratóre agg. [f. *-trice*] **1.** Di restauro. **2.** *fig.* Che ripristina, reintroduce qlco. ◆ s.m. (anche f.) **1.** Artigiano specializzato nel restauro di opere d'arte, mobili antichi, ecc. **2.** Nell'accez. 2 dell'agg.

restaurazióne s.f. Rimessa in vigore. ~ Ristabilimento di una vecchia condizione politica dopo il suo sovvertimento. ◇ *La Restaurazione:* periodo della storia europea successivo al congresso di Vienna (v. parte n.pr.).

restàuro s.m. **1.** Insieme dei lavori destinati a riportare o a mantenere in buono stato un'opera d'arte, un mobile, ecc. **2.** *estens.* Intervento di ripristino e di risistemazione di un edificio o di una sua parte.

restìo agg. [pl.m. *-stii*] **1.** Che si ferma o arretra anziché avanzare. *Asino restio.* **2.** *estens.* Riferito a persona, che si rifiuta di accondiscendere alla volontà altrui.

restituìre v.tr. [83] **1.** Dare indietro a qlcu. ciò che ci aveva prestato o gli si aveva sottratto. **2.** *fig.* Dare di nuovo qlco. a qlcu. come contraccambio. **3.** Dare a qlcu. qlco. che possedeva e aveva perduto. **4.** Ristabilire qlcu. in un certo ufficio o ruolo.

restituzióne s.f. **1.** Azione di rendere ciò che si era ricevuto in prestito o in consegna. **2.** FILOL. Ricostruzione della lezione originaria.

rèsto s.m. **1.** Ciò che rimane di un insieme quando se ne tolga una parte. **2.** Ciò che resta da fare o da dire per completare qlco. ◇ *loc. cong. Del resto:* peraltro, d'altra parte. **3.** Differenza in danaro che deve ricevere chi ha dato in pagamento una somma superiore alla spesa sostenuta. **4.** (spec. pl.) Ciò che resta di qlco. dopo che ne è stata consumata o distrutta una parte. ◇ *Resti mortali:* spoglie, cadavere. **5.** (al pl.) Nelle consultazioni elettorali a sistema proporzionale, voti eccedenti rispetto a quelli necessari per eleggere uno o più parlamentari, conteggiati a parte per l'attribuzione dei seggi del collegio unico nazionale. **6.** ARITM. Nella divisione, numero che, aggiunto al prodotto del quoziente per il divisore, dà il dividendo.

restrìngere v.tr. [20] **1.** Ridurre qlco. in larghezza, estensione, ampiezza o volume. **2.** *fig.* Limitare qlco. *Restringere le spese.* ◆ **restringersi** v.pron. **1.** Diventare più stretto. *La strada qui si restringe.* **2.** Riferito a due o più persone, accostarsi strettamente l'una all'altra per occupare meno spazio. **3.** *fig.* Contenersi, limitarsi. *Restringiti nelle spese.*

restringiménto s.m. **1.** Riduzione delle dimensioni di qlco. ~ Punto in cui qlco. si restringe. **2.** MED. Diminuzione, normale o patologica, del diametro di un organo cavo o tubolare. SIN.: **stenosi**.

restrittìvo agg. Che limita, riduce. ◇ DIR. *Clausola restrittiva:* clausola di un contratto che prevede limitazioni per uno dei contraenti.

restrizióne s.f. (lat. *restrictiónem* "moderazione") Limitazione, contenimento, riduzione. ◇ DIR. *Restrizione mentale:* limitazione fatta mentalmente a una data dichiarazione per cui esiste discordanza tra volontà del soggetto e manifestazione o dichiarazione della volontà medesima; è detta anche *riserva mentale.*

restyling [/rɪ:'stailɪŋ/] s.m. inv. (voce ingl.) Riprogettazione di un prodotto commerciale, per migliorarne le caratteristiche estetiche e tecniche.

retablo [/re'tablo/] s.m. [pl. *retablos*] (voce spagn., lat. deriv. di *tăbula* "tavola") Grande pala d'altare con molti scomparti dipinti o scolpiti, tipica dell'arte spagnola.

retàggio s.m. [pl. *-gi*] (fr. *héritage*, deriv. di *hériter* "ereditare") Patrimonio spirituale ereditato dal passato.

retard [/ri'tɑ:d/] agg. inv. (voce ingl., deriv. di *to retard* "rallentare") MED. Di preparato farmaceutico ad assorbimento graduale e diversificato.

retàta s.f. **1.** Quantità di pesce o di volatili che si prende o che può essere presa con un lancio di rete. **2.** *fig.* Operazione di polizia durante la quale vengono fermate, controllate ed eventualmente arrestate tutte le persone sospette presenti in un dato luogo.

réte s.f. **1.** Attrezzo costituito da un intreccio di fili di fibre naturali o artificiali, usato spec. per pescare o per catturare uccelli. **2.** *estens.* Qualsiasi manufatto a maglie, di fibra o di metallo. ◇ *Rete del letto:* su cui posa il materasso. – *Rete da circo:* maglia di corda elastica tesa sulla scena che raccoglie gli acrobati in caso di caduta, evitando che riportino danni. – *fig. Senza rete:* senza protezione. **3.** SPORT. Manufatto di fili di canapa o di nailon, a maglie larghe, collocato dietro la porta per raccogliere il pallone, in sport come il calcio, l'hockey, la pallanuoto; è messo a metà del terreno di gioco, per dividere le due parti del campo, nel tennis, nella pallavolo, ecc. **4.** MED. Intreccio di vasi sanguigni o di nervi. *Rete venosa.* **5.** INFORM. Insieme di calcolatori collegati tra loro per lo scambio di messaggi e per condividere risorse di memoria e calcolo. ◇ *per anton. La Rete* → **Internet**. **6.** *fig.* Inganno, tranello. **7.** *fig.* Insieme di linee reali o ideali che si intersecano formando un intreccio. ◇ *Rete idrografica:* l'insieme dei corsi d'acqua di una regione. **8.** *fig.* Complesso di vie e linee di comunicazione, di trasporto o di distribuzione. **9.** TELECOM. *fig.* Complesso di impianti per mezzo del quale viene svolto il servizio. **10.** *fig.* Insieme di persone o cose collegate a un centro direzionale. ◇ *Rete commerciale:* sistema di uffici periferici, di funzionari, agenti e rappresentanti che curano la promozione, la distribuzione e la vendita dei prodotti di un'azienda.

reticèlla s.f. **1.** Nel sign. del dim. di *rete.* **2.** Manufatto di tessuto a rete sottile in cui si dispongono i capelli per trattenerli o per ornarli. **3.** Struttura costituita da un telaio metallico e da una rete robusta, montata sopra i sedili delle carrozze ferroviarie e delle corriere per riporvi bagagli e indumenti. **4.** Riquadro o cerchio di rete metallica molto fitta usata per impedire il contatto diretto tra la fiamma del fornello e una pentola postavi sopra. **5.** Elemento di rete metallica fitta e sottile che, posto a protezione di un condotto, impedisce il passaggio di corpi ostruenti. *Reticella per lavandini.*

reticènte agg. Che tace su ciò che sa o è restio a parlarne. ◇ DIR. *Testimone reticente:* che non informa l'autorità giudiziaria su fatti, circostanze, ecc. di cui è a conoscenza.

reticènza s.f. **1.** Il fatto di tacere ciò che si sa o si dovrebbe dire. ~ Omissione deliberata, lacuna voluta. **2.** Figura retorica consistente nell'interrompere il discorso lasciando che sia l'ascoltatore a immaginare il seguito.

rètico agg. [pl.m. *-ci*, f. *-che*] Della Rezia o dei reti, antica popolazione stanziata in età romana nelle Alpi Centrali. ◆ s.m. (solo sing.) Lingua parlata dai reti.

reticolàre agg. **1.** BIOL. Che ha forma di reticolo. **2.** MECC. *Sistema reticolare:* complesso di aste collegate tra loro in modo da formare un traliccio.

reticolàto agg. Tracciato, fatto in forma di reticolo. ◆ s.m. **1.** Elemento, struttura a forma di rete, in partic. nella tecnica militare, struttura difensiva costituita da una rete o da grovigli di filo spinato, usata come recinzione. **2.** Tracciato grafico in forma di rete. ◇ *Reticolato geografico:* rappresentazione grafica dei meridiani e dei paralleli su una carta geografica. **3.** CHIM. Tipo di polimero lineare con struttura a maglie di rete ottenuta in seguito a reticolazione.

reticolazióne s.f. **1.** Disegno di un reticolo, formazione di un reticolo. **2.** CHIM. Nel processo di produzione dei polimeri, reazione che, creando legami tra molecole vicine nelle tre direzioni dello spazio, dà luogo a strutture molto resistenti.

retìcolo s.m. **1.** Struttura, tracciato o disegno costituito da linee che si intersecano a forma di rete e, in partic., quello che si traccia su un'immagine per riprodurla. **2.** OTT. Sistema di tratti o segni disegnati sopra una lastra di vetro, o insieme di fili sottilissimi che vengono posti sul piano del diaframma di uno strumento ottico per ottenere punti di riferimento. *Reticolo del cannocchiale.* **3.** MIN. *Reticolo cristallino:* sistema equilibrato di atomi e molecole in una sostanza cristallina. **4.** MAT. Insieme parzialmente ordinato in cui, di ogni coppia di elementi, esistono l'estremo inferiore e quello superiore.

5. ZOOL. Seconda cavità dello stomaco dei ruminanti. **6.** ANAT. Intreccio di fibre o di vasi.

reticolocìto s.m. ISTOL. Globulo rosso giovane.

reticoloendoteliàle agg. ISTOL. *Sistema reticoloendoteliale:* formato da fibre reticolari e istiociti diffusi nell'organismo e aventi particolare importanza nella determinazione della risposta immunitaria.

1. rètina s.f. (lat., deriv. di *tūnicam retìnam* "tunica retiforme") ANAT. Tunica interna dell'occhio, costituita da cellule nervose, che ha la funzione di convertire le radiazioni luminose in impulsi nervosi che, trasmessi alla corteccia cerebrale, determinano la formazione dell'immagine.

2. retìna s.f. **1.** Nel sign. del dim. di *rete*. **2.** Rete sottile per tenere a posto i capelli. **3.** Struttura reticolare a maglie fitte, usata per proteggere qlco. da una fonte di calore.

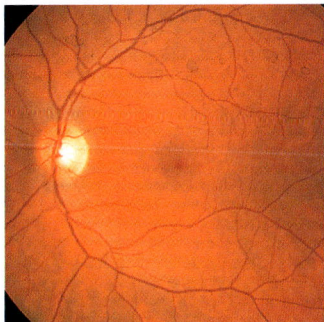

■ **rètina** vista all'esame del fondo oculare.

retinàre v.tr. **1.** TECN. Rafforzare con un retino una struttura soggetta a rotture. **2.** STAM. Riprodurre un'immagine per la stampa in bianco e nero mediante un retino di punti.

retinatùra s.f. STAM. Procedimento di riproduzione delle immagini mediante l'applicazione di un retino.

retìnico agg. [pl.m. –ci, f. –che] ANAT. Relativo alla retina.

retinìte s.f. MED. Infiammazione della retina.

retìno s.m. **1.** Reticella a sacco con un lungo manico, usata per la cattura di piccoli animali. ~ Contenitore a rete in cui si tengono, immersi nell'acqua, i pesci pescati che si vogliono conservare vivi. **2.** STAM. Pellicola con impresso un reticolo, usata nella riproduzione in stampa di fotografie e disegni in quanto, interposta tra un originale e l'emulsione, consente di ottenere riproduzioni a tono discontinuo da originali a tono continuo.

retinòide s.m. BIOCHIM. Derivato della vitamina A, impiegato in dermatologia.

retinòlo s.m. **1.** CHIM. Miscela liquida di idrocarburi detta anche *olio di resina*. **2.** BIOCHIM. Vitamina *A.

retinopatìa s.f. MED. Qualsiasi affezione della retina.

rètore s.m. (lat. *rhētorem*, gr. *rhḗtōr* da *éirein* "parlare") **1.** ANT. GR. ROM. Maestro di eloquenza. **2.** spreg. Chi si esprime in modo enfatico e artificioso.

retòrica s.f. [pl. –che] **1.** In passato, arte del parlare e dello scrivere in modo persuasivo, efficace ed esteticamente pregevole. ~ LING. Studio dell'espressività, teoria dell'argomentazione. **2.** pegg. Linguaggio ricco di orpelli e povero di contenuti. ~ estens. Esaltazione superficiale di qlco. che viene intonata a stereotipo.

ENCICL. La retorica è nata dai dibattiti politici e dalle discussioni giudiziarie orali della democrazia greca antica. Distingue quattro fasi essenziali nell'elaborazione del discorso: l'*inventio*, la ricerca delle idee e degli argomenti; la *dispositio*, l'arte del disporre la materia; l'*elocutio*, la ma-

niera di esprimersi secondo uno stile e un ritmo; l'*actio*, il modo di gestire e intonare la voce.

retòrico agg. [pl.m. –ci, f. –che] **1.** Della retorica, conforme ai suoi principi. **2.** spreg. Caratterizzato da magniloquenza ma privo di contenuti. ~ estens. Di atteggiamento o comportamento, esagerato, artificioso.

retoromànzo agg. LING. Del gruppo delle lingue e dei dialetti neolatini parlati nel territorio alpino centrale e orientale, in parte ant. abitato dai reti. SIN.: **ladino.** ◆ s.m. (solo sing.) Nel sign. dell'agg.

retraìbile agg. Che può ritirarsi o restringersi.

retràttile agg. Che può essere ritirato in un apposito alloggiamento.

retribuìre v.tr. [83] (lat. *retribŭere* "restituire") **1.** Compensare qlcu. con una retribuzione. ~ fig. Ricompensare qlcu. per i suoi meriti. **2.** Pagare un lavoro. *Retribuire la prestazione dell'avvocato.*

retributìvo agg. Relativo alla retribuzione. ◇ *Metodo retributivo:* calcolo della pensione basato sull'ultima retribuzione percepita dal lavoratore (in oppos. al *metodo contributivo*).

retribuzióne s.f. **1.** Ciò che viene dato come riconoscimento di quanto è stato fatto. **2.** ECON., DIR. Compenso, perlopiù in denaro, corrisposto a un lavoratore dipendente, proporzionato alla quantità e alla qualità del lavoro svolto. ◇ *Retribuzione reale:* commisurata all'effettivo potere d'acquisto.

retriever [/rɪ'triːvə/] s.m. inv. (voce ingl.) Cane da caccia addestrato a riportare la selvaggina abbattuta.

retrìvo agg. Che ripropone modelli del passato. ◆ s.m. [f. –va] Nel sign. dell'agg.

rètro s.m. inv. (voce lat.) Parte posteriore di qlco. ~ Parte posteriore, inversa di un foglio.

rétro [/'retro/] agg. inv. (voce fr.) **1.** Retrospettivo. **2.** Ispirato al recente passato. *Stile rétro.* **3.** estens. Sorpassato, arretrato, d'altri tempi.

retroattività s.f. inv. (fr. *rétroactivité*) DIR. Validità in atto giuridico, di una legge, ecc. anche per il passato.

retroattìvo agg. (fr. *rétroactif*) DIR. Di norma, che ha valore anche per il passato. ◇ *Legge retroattiva:* che disciplina anche situazioni insorte prima della sua promulgazione.

retroazióne s.f. (fr. *rétroaction*) TECN. Processo per cui l'effetto che risulta dall'azione di un sistema agisce sul funzionamento del sistema stesso. SIN.: **feedback.**

retrobécco s.m. [pl. –chi] COSTR. Sporgenza del pilone di un ponte con funzione di regolare il deflusso dell'acqua.

retrobottéga s.f. [pl. –ghe] (calco del fr. *arrière-boutique*) Locale situato dietro a un negozio.

retrocàrica s.f. [pl. –che] Sistema di caricamento delle armi da fuoco dalla parte posteriore (*culatta*).

retrocèdere v.intr. [49] (aus. *essere*) **1.** Tornare indietro. ~ Arretrare a una posizione inferiore. *Retrocedere in serie B.* **2.** fig. Desistere da un atteggiamento. ◆ v.tr. **1.** Far tornare indietro qlcu. **2.** DIR. Restituire un bene o un diritto a chi lo aveva ceduto ad altri.

retrocessióne s.f. **1.** Movimento all'indietro. **2.** SPORT. Passaggio di una squadra a una serie inferiore. ◇ *Zona retrocessione:* la parte bassa della classifica. **3.** In una gerarchia, punizione consistente nell'abbassare qlcu. al grado inferiore. **4.** DIR. Restituzione di qlco. che era stato ceduto o espropriato.

retrocèsso agg. **1.** SPORT. Arretrato a una posizione inferiore, riportato più indietro in classifica. *Squadra retrocessa.* **2.** MIL. Restituito o tornato a un grado inferiore.

retrocucìna s.f. [pl. –ne] Piccolo locale di servizio, in comunicazione con la cucina, adibito a dispensa o a ripostiglio.

retrodatàre v.tr. **1.** Datare uno scritto con una data anteriore a quella reale. *Retrodatare un assegno.* **2.** Attribuire a un'opera letteraria o artistica, a un fenomeno linguistico, ecc. una datazione anteriore a quella fino ad allora ritenuta vera. *Retrodatare un reperto.*

rètrofit s.m. inv. (voce ingl. d'America, propr. "adattamento retroattivo") AUTOM. Tipo di catalizzatore applicabile alle automobili sprovviste di marmitta catalitica, contro l'inquinamento dell'aria prodotto dai gas di scarico.

retroflessióne s.f. **1.** Ripiegamento all'indietro. ~ MED. In partic., posizione anomala dell'utero il cui corpo forma con il collo un angolo aperto all'indietro. SIN.: **retroversione. 2.** FON. Articolazione di un suono con la parte anteriore della lingua rivolta all'indietro e l'apice sollevato verso il palato.

retroflèsso agg. **1.** MED. Che presenta retroflessione. *Utero retroflesso.* **2.** FON. Articolato mediante retroflessione.

retrogradazióne s.f. **1.** Retrocessione. **2.** ASTR. Movimento retrogrado di un corpo celeste.

retrògrado agg. (lat. *retrōgradum*, propr. "che cammina all'indietro") **1.** Che procede all'indietro. **2.** fig. Contrario al progresso. SIN.: **reazionario.** ◆ s.m. [f. –da] Nell'accez. 2 dell'agg.

retroguàrdia s.f. **1.** MIL. Reparto che segue truppe in marcia o in ripiegamento, destinato a proteggerle da attacchi alle spalle. **2.** SPORT. estens. Reparto difensivo di una squadra. **3.** fig. Posizione caratterizzata da arretratezza politica, culturale, ecc., oppure dal timore di esporsi.

retrogùsto s.m. (calco del fr. *arrière-goût*) Gusto che rimane in bocca dopo aver ingerito un cibo o una bevanda e che è diverso da quello percepito inizialmente.

retromàrcia s.f. [pl. –ce] Movimento all'indietro di un veicolo. ◇ *Fare retromarcia:* eseguire una manovra di retromarcia; fig. desistere da qlco., ricredersi.

retroràzzo s.m. Nei veicoli spaziali, razzo con funzione frenante.

retroscèna s.f. TEAT. Parte del palcoscenico che gli spettatori non vedono. ◆ s.m. inv. fig. Aspetto segreto, dissimulato di qlco.

retrospettìva s.f. Rassegna che illustra i momenti significativi dello sviluppo di un movimento culturale, artistico, ecc. o della maturazione di un artista.

retrospettìvo agg. (fr. *rétrospectif*) Che riguarda il passato.

retrostànte agg. Riferito a luogo o ad ambiente, che sta dietro a un altro, posteriore.

retrotèrra s.m. inv. (calco del ted. *Hinterland*) **1.** Regione, territorio che si trova alle spalle di un porto o di una zona costiera e che ha in questi uno sbocco economico. **2.** fig. Insieme di circostanze, idee, interessi che stanno alla base della mentalità e della formazione di una persona o di un gruppo. SIN.: **background.**

retrotrèno s.m. **1.** Parte posteriore di un veicolo. **2.** Nei quadrupedi, parte posteriore.

retroversióne s.f. **1.** Inversione di marcia. **2.** MED. Inclinazione anomala di un organo (in partic. dell'utero). **3.** Ritraduzione nella lingua d'origine di un testo già tradotto da quella lingua in altra.

retrovìa s.f. MIL. (spec. pl.) Zona alle spalle della linea di combattimento, in cui vengono organizzate le operazioni logistiche di appoggio alle unità operanti al fronte.

retrovìrus s.m. inv. MED. Virus a RNA responsabile di gravi patologie, tra cui l'AIDS (in oppos. all'*adenovirus*).

retrovisóre s.m. Negli autoveicoli, specchietto orientabile che serve al guidatore per guardare dietro. □ Anche in funzione di agg. *Specchietto retrovisore.*

1. rètta s.f. Solo nella loc. *dare retta*, prestare ascolto, credere.

2. rètta s.f. Somma da versare periodicamente per il pagamento di un servizio.

3. rètta s.f. GEOM. La linea più breve che unisce due punti, considerata nel suo prolungarsi infinito nei due sensi.

rettàle agg. ANAT., MED. Relativo all'intestino retto.

rettangolàre agg. Che ha la forma di un rettangolo.

rettàngolo s.m. **1.** GEOM. Quadrilatero convesso con quattro angoli retti. **2.** SPORT. Campo da gioco, di forma rettangolare. □ Anche in fun-

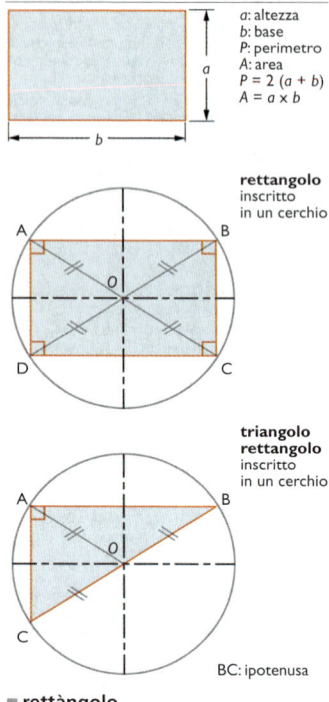

a: altezza
b: base
P: perimetro
A: area
$P = 2 \, (a + b)$
$A = a \times b$

rettàngolo
inscritto
in un cerchio

**triangolo
rettàngolo**
inscritto
in un cerchio

BC: ipotenusa

■ **rettàngolo**

zione di agg., di ogni figura geometrica piana dotata di uno o più angoli retti. ◇ *Triangolo rettangolo:* con due lati perpendicolari.

rettìfica s.f. [pl. –*che*] **1.** Modifica volta all'eliminazione di errori. **2.** Nel l. gior., correzione di una notizia inesatta. **3.** CHIM. Distillazione frazionata. **4.** MECC. IND. Finitura di un pezzo meccanico tramite molatura.

rettificàbile agg. Che può essere rettificato.

rettificàre v.tr. [4] **1.** Raddrizzare qlco., renderlo più prossimo alla retta. **2.** *fig.* Correggere o precisare qlco. di inesatto. *Rettificare una data.* **3.** CHIM. Purificare un liquido mediante distillazione frazionata. **4.** MECC. IND. Rifinire una superficie metallica con apposito strumento (*rettificatrice*).

rettificatóre agg. [f. –*trice*] Che effettua una rettifica. ◆ s.m. **1.** (anche f.) Addetto alla rettifica. **2.** ELETTR. Raddrizzatore. **3.** CHIM. Distillatore per la rettificazione.

rettificatrice s.f. MECC. IND. Macchina utensile che serve a rettificare i pezzi metallici.

rettificazióne s.f. **1.** Cambiamento inteso a far assumere a qlco. un andamento rettilineo. SIN.: **raddrizzamento. 2.** *fig.* Mutamento di ciò che presenta errori. **3.** GEOM. *Rettificazione di una curva:* determinazione di un segmento di lunghezza uguale a quella dell'arco di curva o della circonferenza. **4.** CHIM. Purificazione di una sostanza mediante distillazione frazionata.

rettìfilo s.m. Tratto di strada o di ferrovia diritto. SIN.: **rettilineo.**

rettilàrio s.m. [pl. –*ri*] Sezione di uno zoo attrezzata con padiglioni in vetro in cui sono custoditi i rettili. ~ *estens.* Mostra di rettili vivi.

1. rèttile agg. (lat. *rèptilem*, deriv. di *rèpere* "strisciare") BOT. Di organo vegetale che striscia al suolo.

2. rèttile s.m. (lat. *rèptile*, deriv. di *rèpere* "strisciare") **1.** Denominazione generica di animale che appartiene alla classe dei Rettili. **2.** *fig.* spreg. Persona infida, disgustosa per la sua ipocrisia e malignità.

Rèttili s.m. pl. **1.** ZOOL. Classe di vertebrati eterotermi a respirazione polmonare, sessualmente distinti, privi di arti (e allora procedono strisciando) oppure con quattro zampe corte. ENCICL. La classe dei Rettili, che nell'era mesozoica comprendeva sia esemplari terrestri (dino-

sauri) sia aerei (Pterosauri) sia marini (Ittiosauri, Plesiosauri), attualmente è rappresentata da cinque gruppi: i Cheloni (tartarughe), i Lacertidi (lucertole), gli Ofidi (serpenti), i Rincocefali (rappresentati solo dallo sfenodonte) e i Coccodrilli. Si tratta di animali general. ovipari, con respirazione aerea fin dalla nascita, dotati di pelle rafforzata da placche dermiche a volte molto resistenti (carapace delle tartarughe, corazza di scaglie dei coccodrilli).

rettiliàno agg. ZOOL. Caratteristico, relativo ai rettili.

rettilìneo agg. Disposto secondo una linea retta. ◆ s.m. Tratto di strada o di ferrovia completamente diritto.

rettìte s.f. MED. → **proctite.**

rettitùdine s.f. (lat. *rectitùdinem* "direzione in linea retta" quindi "esattezza") Virtù di chi non si discosta dalla retta via.

rètto agg. (lat. *rèctum*, deriv. di *règere* "dirigere") **1.** Diritto. *Strada retta.* ◇ *In linea retta:* senza deviare o curvare. – *fig. La retta via:* la via dell'onestà e della giustizia. **2.** In diverse discipline assume sign. specifici. ◇ GEOM. *Linea retta:* retta. – *Angolo retto:* ciascuno dei quattro angoli formati da due rette perpendicolari. – ANAT. *Intestino retto:* parte terminale dell'intestino crasso. – *Muscoli retti:* denominazione di vari muscoli di forma allungata, nastriforme. **3.** *fig.* Conforme alla regola. **4.** *fig.* Che si attiene a giusti principi. ~ *Che* denota rettitudine. ◆ s.m. **1.** (solo sing.) Ciò che è onesto. **2.** ANAT. Intestino retto.

rettocolìte s.f. MED. Infiammazione contemporanea del retto e del colon.

rettoràto s.m. **1.** Ufficio, dignità di rettore. ~ Durata della carica di rettore. **2.** Edificio in cui hanno sede il rettore e i suoi uffici.

rettóre s.m. **1.** Chi dirige un istituto o una comunità. ~ Professore eletto alla carica di responsabile di un'università. **2.** Sacerdote responsabile di una chiesa non parrocchiale. ❏ In funzione di agg., nella loc. *penne rettrici,* quelle della coda degli uccelli.

rettoscopìa s.f. MED. Esame endoscopico del retto.

reùccio s.m. [pl. –*ci*] **1.** Nel sign. del dim. di 1. *re.* **2.** Principe delle fiabe e dei racconti per bambini. **3.** *fig. iron.* Chi primeggia in un campo, in un ambiente, in una categoria, se pure di poco conto. ❏ *Il reuccio della comicità.*

rèuma s.m. [pl. –*mi*] (gr. *rhêuma* "corrente") MED. Dolore di tipo reumatico. SIN.: **reumatismo.** ~ Infezione delle vie aeree superiori.

reumàtico agg. [pl.m. –*ci*, f. –*che*] (lat. *rheumàticum* "catarroso") **1.** MED. Relativo a reumatismo, che provoca reumatismo. **2.** MED. Che soffre di reumatismi. ◆ s.m. [f. –*ca*] Nell'accez. 2 dell'agg.

reumatìsmo s.m. MED. (spec. pl.) Termine generico con cui si indica un gruppo di affezioni a danno degli organi dell'apparato locomotore e dei nervi. ENCICL. I reumatismi si possono distinguere in *reumatismi primari* (infiammatori, come il reumatismo articolare acuto, e degenerativi, come l'artrosi primaria generalizzata), *abarticolari* o *distrofici* (p.e. periartriti, fibrosi), *dismetabolici* (come gotta acuta e cronica), *secondari* (malattie non reumatiche clinicamente simili al reumatismo, come i reumatismi infettivi) e *parareumatismi* (malattie del collagene in senso stretto, p.e. dermatomiositi).

reumatòide agg. MED. Di tipo reumatico. ◇ *Artrite reumatoide:* sindrome infiammatoria cronica che si localizza spec. nelle articolazioni.

reumatologìa s.f. MED. Branca che tratta le malattie reumatiche e certe affezioni dei muscoli e dei nervi.

reumatòlogo s.m. [f. –*ga*, pl.m. –*gi*, f. –*ghe*] Specialista in reumatologia.

revanscìsmo s.m. (fr. *revanchisme*) Atteggiamento collettivo di rivincita, spec. da parte di un paese sconfitto in guerra, improntato a uno spirito di rivalsa o di vendetta.

reverèndo agg. (lat. *reverèndum* "che deve essere riverito") Titolo onorifico attribuito agli appartenenti al clero e agli ordini religiosi. ◆ s.m. *fam.* Sacerdote.

reverenziàle agg. Improntato a riverenza.

rêverie [/rɛv'ri/] s.f. inv. (voce fr., deriv. di *rêve* "sogno") **1.** Sogno, fantasticheria. **2.** Opera artistica a carattere fantastico.

revers [/rə'vɛr/] s.m. inv. (voce fr., propr. "rovesci") Nel l. della moda, risvolto di giacca o di capo.

reversìbile agg. (lat. *reversìbilem*, deriv. di *revèrtere* "ritornare") Che può andare in direzione opposta, che si può invertire. ◇ TERMODIN. *Processo reversibile:* che può svolgersi dallo stato iniziale a quello finale o viceversa. – CHIM. *Reazione reversibile:* che può essere condotta, in opportune condizioni, nei due sensi. – MED. *Malattia, lesione, coma reversibile:* che può regredire. – DIR. *Pensione reversibile:* di cui possono usufruire i familiari dopo la morte del titolare. – *Cappotto, impermeabile reversibile:* nel l. della moda, che può essere indossato anche rovesciato.

reversibilità s.f. inv. Caratteristica di ciò che è reversibile. ◇ *Pensione di reversibilità:* percepita dalla vedova o dai figli alla morte del titolare.

reversìno s.m. (fr. *reversi,* deriv. di *revers* "rovescio") Gioco di carte in cui vince chi totalizza il numero più basso di punti.

reversióne s.f. **1.** DIR. Restituzione dei beni di un ente ecclesiastico agli eredi del fondatore in caso di soppressione dell'ente. **2.** BIOL. Ricomparsa, dopo varie generazioni, di alcuni caratteri propri delle forme originali della specie; detta anche *atavismo.*

revisionàre v.tr. Sottoporre qlco. a revisione. SIN.: **controllare.**

revisióne s.f. **1.** Esame accurato inteso a correggere errori e difetti o a completare le parti mancanti. **2.** Controllo periodico dell'efficienza o della funzionalità di un meccanismo. **3.** DIR. Riesame completo di un atto ufficiale per modificarlo alla luce di nuovi elementi o necessità. ◇ *Revisione di un processo:* procedura straordinaria di riesame, di fronte a nuovi giudici, di una causa già giudicata. **4.** ECON. Controllo della regolarità dell'attività di organi e uffici. ◇ *Revisione contabile:* verifica delle procedure contabili e della regolarità delle relative registrazioni, obbligatoria per le società quotate in borsa. **5.** MUS. Insieme degli interventi che risultano necessari per aggiornare la partitura di un testo musicale antico.

revisionìsmo s.m. **1.** In politica internazionale, atteggiamento tendente a rivedere o a modificare l'assetto territoriale o politico sancito dai trattati precedenti. **2.** Corrente moderata sorta nel movimento di ispirazione marxista alla fine del sec. XIX tendente ad attenuarne la rigidità ideologica e la prassi rivoluzionaria. **3.** In storiografia, tendenza a riconsiderare e modificare le interpretazioni correnti di fatti storici di notevole rilievo, spec. della storia moderna e contemporanea.

revisionìsta s.m. e f.[pl.m. –*sti*] Sostenitore del revisionismo. ❏ In funzione di agg., del revisionismo, dei revisionisti.

revisóre s.m. Persona addetta a un'opera di revisione. ◇ *Revisore di bozze:* nelle case editrici, chi si occupa della correzione delle bozze di stampa, perlopiù di opere enciclopediche. – *Revisore dei conti:* nell'organizzazione aziendale, agente esterno alla ditta cui spetta il compito di controllare la contabilità e il bilancio definitivo.

revival [/rɪ'vaɪvəl/] s.m. inv. (voce ingl., deriv. di *to revive* "rivivere") Ritorno di interesse per costumi o tendenze della moda e dell'arte di un passato non remoto.

revivalìsmo s.m. (ingl. *revivalism*) **1.** Tendenza alla ripresa di motivi del passato nella moda, nell'arte, nel costume. **2.** RELIG. Movimento sviluppatosi all'interno del protestantesimo nei secc. XVIII e XIX mirante a un rinnovamento spirituale e a un'accentuazione della dimensione mistica.

reviviscènte agg. **1.** BIOL. Che presenta il fenomeno della reviviscenza. **2.** *fig.* Che riprende di vigore.

reviviscènza s.f. (fr. *reviviscence*) **1.** BIOL. In alcuni organismi animali e vegetali, ripresa delle funzioni vitali temporaneamente sospese per l'azione di fattori ambientali. ~ MED. Ritorno in vita dopo una fase di morte apparente. **2.** *fig.* Recupero, ritorno all'attualità di situazioni, mode o fenomeni appartenenti al passato. **3.** DIR. Riacquisto di efficacia di una legge abrogata, per effetto dell'annullamento o della successiva abrogazione della legge abrogante.

rèvoca s.f. [pl. *–che*] Abrogazione di un atto ufficiale giuridico, amministrativo, ecc. ◇ *Revoca della fiducia*: ritiro della fiducia al governo da parte di un gruppo della maggioranza.

revocàbile agg. Che può essere annullato.

revocàre v.tr. [4] **1.** Annullare quanto disposto in precedenza. **2.** Nel l. bur., destituire qlcu. da un ufficio che gli era stato affidato.

revocazióne s.f. DIR. Impugnazione straordinaria di sentenze civili, anche inappellabili, quando sopraggiunge la conoscenza di fatti che avrebbero determinato una decisione diversa.

revolver [/ri'vɔlver/] s.m. inv. (voce ingl. coniata nel 1835 dallo statunitense S. Colt, deriv. di *to revolve* "girare" per il moto rotatorio del tamburo) Pistola semiautomatica con un caricatore a tamburo che pone i proiettili in posizione di sparo.

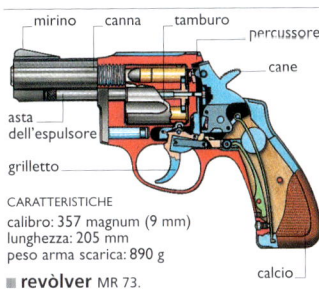

mirino — canna — tamburo — percussore — cane — asta dell'espulsore — grilletto — calcio

CARATTERISTICHE
calibro: 357 magnum (9 mm)
lunghezza: 205 mm
peso arma scarica: 890 g

■ **revòlver** MR 73.

revulsióne o **rivulsióne** s.f. (lat. *revulsiōnem*, deriv. di *revèllere* "strappare via") MED. Aumento dell'afflusso sanguigno ai tessuti superficiali di una regione del corpo, provocato con un mezzo irritante per decongestionare tessuti profondi.

revulsivo o **rivulsivo** agg. MED. Di farmaco irritante che provoca vasodilatazione e revulsione.

rewriter [/ri'raitə/] s.m. inv. (voce ingl., deriv. di *to rewriter* "riscrivere") Persona incaricata dall'editore di rivedere i testi destinati alla pubblicazione, curando l'aspetto formale e correggendo eventuali imperfezioni.

rexìsmo s.m. (fr. *rexisme*, lat. deriv. di *Christus Rex* "Cristo Re") Movimento politico cattolico di tendenza fascista sorto in Belgio negli anni Trenta, distintosi durante l'occupazione tedesca per il suo atteggiamento collaborazionista.

rexìsta agg. [pl.m. *–sti*] Relativo al rexismo. ◆ s.m. e f. Seguace, sostenitore del rexismo.

reziàrio s.m. [pl. *–ri*] (lat. *retiārium*, deriv. di *rēte* "rete") ANT. ROM. Gladiatore che combatteva senza corazza, armato di un tridente e di una rete con cui doveva immobilizzare l'avversario.

RGB agg. inv. (sigla dell'ingl. *Red-Green-Blue*, "rosso-verde-blu") Di un sistema di composizione cromatica a partire dai tre colori principali, tipico della generazione elettronica delle immagini.

Rh [/erre'akka/] s.m. inv. (da *Rhesus*, la specie di macaco nel cui sangue venne scoperto l'antigene) BIOL. Antigene ereditario di cui si può riscontrare la presenza (*Rh+* o *Rh positivo*) o l'assenza (*Rh–* o *Rh negativo*) sulla membrana dei globuli rossi. (Può provocare incompatibilità materno-fetale dopo il primo parto.)

Rhizopus s.m. inv. Genere di funghi microscopici saprofiti che invadono spec. la frutta.

rho o **ro** [/rɔ/] s.m. o s.f. inv. Diciassettesima lettera dell'alfabeto greco (*P,ρ*) corrispondente alla *r* dell'alfabeto latino.

rhodesiàno o **rodesiàno** agg. Della Rhodesia, oggi divisa tra Zambia e Zimbabwe. ◆ s.m. [f. *–na*] Nativo, abitante della Rhodesia.

rhodoid s.m. inv. Denominazione commerciale, che costituisce marchio registrato, dell'acetato di cellulosa in polvere.

rhythm and blues [/'riðəm ən(d) 'blu:z/] loc. sost. m. inv. (loc. ingl., propr. "ritmo e blues") Musica popolare afroamericana derivata dal blues, dal jazz e dal gospel, cantata e accompagnata in partic. dal sassofono e dalla chitarra elettrica; ha raggiunto la massima popolarità tra il 1950 e il 1960. (I suoi principali rappresentanti sono Fats Domino, Otis Redding e Aretha Franklin.)

ri- [seguito da *a* può ridursi in ra-, sempre con radd. sint.; seguito da *i* o dal pref. *in-* è frequente la riduzione, rispettivamente, a r- e rin- o la sua sostituzione con re-, cfr. *reimbarcare*] Prefisso che, in composizione con verbi e loro derivati, indica iterazione (*richiamare*), ritorno a una fase precedente (*risollevare*); in questo valore di luogo o liste aperte, costituite anche da formazioni estemporanee (dal significato, comunque, sempre chiaramente desumibile da quello di base (*ridefinire*, *riformulazione*, *riequilibratore*); può avere anche valore intensivo (*riscaldare*) o dare un significato diverso al verbo originario (*rilegare*); in unione con *a* e *in* indica valore derivativo e di avvicinamento (*raggiungere*) oppure valore iterativo-intensivo (*raddolcire*); in certi usi è equivalente a re-, con cui può alternarsi formando coppie di varianti (*recuperare/ricuperare*).

ria [/'ria/] s.f. [pl. *rias*] (voce spagn., lat. deriv. di *rivum* "fiume") GEOGR. Valle fluviale invasa dal mare, che forma un estuario profondo e frastagliato.

riabbassàre v.tr. Abbassare di nuovo o di più. ◆ **riabbassarsi** v.pron. **1.** Spostarsi ancora verso il basso. **2.** Diminuire nuovamente d'altezza, di livello, d'intensità.

riabbonàre v.tr. Abbonare di nuovo qlcu. a qlco. ◆ **riabbonarsi** v.pron. Rifare un abbonamento. *Riabbonarsi a una rivista.*

riabbottonàre v.tr. Abbottonare di nuovo qlco. ◆ **riabbottonarsi** v.pron. Tornare ad abbottonarsi qlco. che si indossa. *Riabbottonarsi il cappotto.*

riabilitàre v.tr. **1.** MED. Riportare una parte del corpo alla capacità di movimento. *Riabilitare un arto.* **2.** DIR. Restituire a una persona i diritti, la condizione giuridica che aveva perso. **3.** *fig.* Restituire a qlcu. l'onore che aveva perduto in seguito ad accuse o condanne ingiuste. *Riabilitare un uomo politico.* ~ Operare il reinserimento sociale di qlcu. *Riabilitare un tossicodipendente.* **4.** Ricostruire qlco., rimetterlo in funzione. *Riabilitare un impianto.* SIN.: **ripristinare.** ~ Restaurare e modernizzare una costruzione, una zona abbandonata. ◆ **riabilitarsi** v.pron. Riacquistare la pubblica stima. *Si è riabilitato agli occhi di tutti.* SIN.: **redimersi.**

riabilitazióne s.f. **1.** MED. Branca specialistica volta al ripristino di una funzione compromessa. ~ Trattamento medico e fisioterapico. **2.** *estens.* Rimessa in funzione di una struttura disattivata. **3.** DIR. Reintegrazione di una persona nei diritti perduti in seguito a una condanna. **4.** *fig.* Reintegrazione di una persona nella stima sociale, perduta per azioni disdicevoli.

riabituàre v.tr. Abituare nuovamente qlcu. a qlco. *L'insegnante ha riabituato gli allievi allo studio.* ◆ **riabituarsi** v.pron. Abituarsi nuovamente a qlco. *Riabituarsi al lavoro.*

riaccèndere v.tr. [33] **1.** Accendere qlco. un'altra volta. *Riaccendere il fuoco.* **2.** *fig.* Ridare forza, intensità a un sentimento. *Riaccendere un antico rancore.* ◆ **riaccendersi** v.pron. Accendersi, infiammarsi di nuovo.

riacchiappàre v.tr. Acchiappare di nuovo qlcu. o qlco. *Riacchiappare il ladro.*

riacciuffàre v.tr. Acciuffare di nuovo qlcu.

riaccomodàre v.tr. Accomodare di nuovo. ◆ **riaccomodarsi** v.pron. **1.** Detto di due o più persone, tornare reciprocamente in buoni rapporti. SIN.: **riappacificarsi.** **2.** Accomodarsi di nuovo in un posto. *Si riaccomodò sulla poltrona.*

riaccompagnàre v.tr. Accompagnare nuovamente qlcu. in un luogo.

riaccoppiàre v.tr. [6] Accoppiare di nuovo più cose o persone. *Riaccoppiare i guanti.* ◆ **riaccoppiarsi** v.pron. Unirsi di nuovo sessualmente.

riaccordàre v.tr. Accordare di nuovo, spec. uno strumento musicale. *Riaccordare il piano.* ◆ **riaccordarsi** v.pron. Detto di due o più persone, ritrovare l'accordo reciproco. *Si sono finalmente riaccordati.* SIN.: **riconciliarsi.**

riacquistàre v.tr. **1.** Acquistare di nuovo. **2.** Recuperare qlco. che si era perduto. *Riacquistare le forze.*

riacutizzazióne s.f. Nuova manifestazione in forma acuta di un fenomeno o di un processo morboso dopo un periodo di attenuazione o di calma.

riadattaménto s.m. **1.** Ripresa di familiarità con qlco., dopo inattività o assenza. **2.** Ristrutturazione di un edificio, di un locale per adattarlo a nuove esigenze.

riadattàre v.tr. Adattare qlco. a nuove esigenze. *Riadattare un vestito.* ◆ **riadattarsi** v.pron. Adattarsi nuovamente a qlco. *Riadattarsi a un ambiente.*

riaddormentàre v.tr. Addormentare di nuovo qlcu. *Riaddormentare il bambino.* ◆ **riaddormentarsi** v.pron. Addormentarsi nuovamente dopo un risveglio.

riaffermàre v.tr. Affermare di nuovo e in modo più categorico. *Riaffermare un rifiuto.* SIN.: **ribadire.** ◆ **riaffermarsi** v.pron. Affermarsi nuovamente. *Lo studente si è riaffermato al concorso.* ~ Dare nuovamente prova delle proprie capacità.

riafferràre v.tr. Afferrare nuovamente qlco. o qlcu. ~ Riconquistare qlco. *Riafferrare la vittoria.* ◆ **riafferrarsi** v.pron. Afferrarsi, attaccarsi di nuovo a qlco. *Riafferrarsi alla scala.* SIN.: **riaggrapparsi.**

riaffioràre v.intr. (aus. *essere*) **1.** Affiorare di nuovo alla superficie. **2.** *fig.* Riapparire in un punto. *Il sorriso riaffiorò sulle sue labbra.* ~ Ripresentarsi alla coscienza. *Riaffiorare alla memoria.*

riaffittàre v.tr. **1.** Prendere di nuovo in affitto. *Riaffittare l'appartamento al mare.* **2.** Affittare di nuovo qlco. a qlcu.

riagganciàre v.tr. [5] **1.** Agganciare di nuovo. *Riagganciare il traino.* **2.** *fig.* Collegare nuovamente. *Riagganciare gli stipendi al costo della vita.* **3.** Appendere la cornetta del telefono, interrompendo la comunicazione. ◆ **riagganciarsi** v.pron. Agganciarsi, collegarsi di nuovo, anche in senso fig. *Questa tesi si riaggancia a quanto illustrato in precedenza.*

rial s.m. inv. Unità monetaria principale dell'Iran, della repubblica dello Yemen e del sultanato di Oman.

riallacciàre v.tr. [5] **1.** *fig.* Ristabilire una relazione con qlco. **2.** Allacciare di nuovo più cose tra di loro. *Riallacciare le cinture di sicurezza.* ◆ **riallacciarsi** v.pron. *fig.* Ricollegarsi a qlcu. o a qlco. *Il discorso di riallaccia al tema già affrontato.* SIN.: **rifarsi.**

riallineaménto s.m. **1.** Azione ed effetto del riallineare. **2.** ECON. In un regime di cambi fissi, definizione delle nuove parità tra le monete, causata dal mutamento del valore di una di esse rispetto alla moneta base.

riallineàre v.tr. **1.** Rimettere sulla stessa linea. *Riallineare gli scolari, le sedie.* **2.** ECON. Intraprendere una politica economica di equilibrio tra svalutazione e rivalutazione.

rialto s.m. Luogo più elevato rispetto a ciò che sta intorno.

rialzàre v.tr. **1.** Rimettere in verticale qlco. che è caduto o si è abbassato. *Rialzare il finestrino.* SIN.: **risollevare. 2.** Aumentare l'altezza di qlco. *Rialzare la casa.* **3.** Aumentare il, il valore di qlco. *Rialzare i prezzi.* ◆ v.intr. (aus. *essere*) Aumentare di prezzo, di valore, di quantità. *Il prezzo dell'oro è rialzato.* ◆ **rialzarsi** v.pron. **1.** Salire a valori più alti. SIN.: **crescere. 2.** Alzarsi di nuovo da terra. SIN.: **risollevarsi.**

rialzàto agg. Posto più in alto rispetto al livello del suolo. SIN.: **sopraelevato.** ◇ *Piano rialzato*: in un edificio, situato tra il livello del terreno e il primo piano.

rialzìsta s.m. e f.[pl.m. *–sti*] **1.** BORS. Chi opera con l'aspettativa di un rialzo delle quotazioni dei titoli. **2.** Chi espone programmi irrealistici o formula proposte irrealizzabili in campo politico o sindacale. □ In funzione di agg., nell'accez. 1 del s. *Logica rialzista*.

riàlzo s.m. **1.** Aumento di valore, di prezzo. *Il rialzo delle temperature, dei titoli*. **2.** Oggetto che serve a tenere qlco. sollevato o a renderlo più alto. *Elemento in rilievo o che sporge. Un rialzo del terreno*.

riammalàre v.intr. (aus. *essere*) MED. Avere una ricaduta, perlopiù in forma pron. *Il bambino si è riammalato*.

riamméttere v.tr. [50] Ammettere nuovamente qlcu. in qualche luogo. *Riammettere uno studente alle lezioni*.

riammissióne s.f. Nuova ammissione dopo un periodo di esclusione.

riammobiliàre v.tr. [6] Fornire di nuovi mobili.

rianimàre v.tr. Far riprendere i sensi a qlcu. ~ *fig*. Infondere forza, coraggio. ◆ **rianimarsi** v.pron. **1.** Riaversi, rinvigorirsi. *Rianimarsi respirando i sali ammoniacali*. **2.** *fig*. Riprendere coraggio. **3.** *fig*. Riferito a luoghi, riprendere vita e movimento.

rianimatóre s.m. [f. *-trice*] Specialista di tecniche e terapie di rianimazione.

rianimazióne s.f. **1.** Ripresa di vitalità, di animazione. **2.** MED. Insieme dei mezzi e delle cure attuate da un medico per ristabilire o sorvegliare una funzione vitale. ~ Reparto di un ospedale in cui si pratica la rianimazione.

riannessióne s.f. Nuova annessione di un territorio, una città. ~ Annessione di una parte che era stata perduta.

riannodàre o **rannodàre** v.tr. **1.** Legare, annodare di nuovo. **2.** *fig*. Ristabilire una relazione con qlcu.

riapertùra s.f. **1.** Nuova apertura. *Riapertura di una strada*. **2.** Ripresa di un'attività.

riapparìre v.intr. [87] (aus. *essere*) Apparire, manifestarsi nuovamente.

riapparizióne s.f. Nuova apparizione dopo un periodo di assenza.

riappéndere v.tr. [33] Appendere di nuovo.

riaprìre v.tr. [77] **1.** Aprire qlco. che era stato chiuso. *Riaprire una strada*. ~ *fig*. *Riaprire una piaga*: rinnovare un dolore. **2.** Aprire di nuovo qlco. al pubblico dopo un periodo di chiusura. **3.** Riprendere un'attività dopo un periodo di interruzione. *Riaprire le indagini*. ◆ v.intr. (aus. *avere*) Detto di un servizio o di un esercizio commerciale, riprendere l'attività consueta dopo un periodo di chiusura. ◆ **riaprirsi** v.pron. **1.** Aprirsi di nuovo. **2.** Riprendersi, attivarsi di nuovo dopo un periodo di chiusura.

riarmaménto s.m. **1.** Riarmo. **2.** TECN. Ripristino delle strutture necessarie al funzionamento di qlco. *Riarmamento di una nave*.

riarmàre v.tr. Armare nuovamente. ◆ v.intr. (aus. *avere*) Armarsi di nuovo, anche pron. *Il paese (si) riarmava*.

riàrmo s.m. **1.** Ricostituzione o potenziamento dell'apparato bellico di uno Stato. **2.** TECN. Riarmamento.

riàrso agg. Arido, bruciato.

riasciugàre v.tr. [4] Asciugare nuovamente. ◆ **riasciugarsi** v.pron. Asciugarsi nuovamente. *Il telo si è riasciugato al sole*. ~ Asciugare di nuovo una parte del proprio corpo. *Si riasciugò le mani*.

riascoltàre v.tr. Ascoltare qlco. due o più volte.

riassaggiàre v.tr. [5] Assaggiare di nuovo.

riassaporàre v.tr. Assaporare un'altra volta, anche in senso fig. *Riassaporare il successo*.

riassegnàre v.tr. Assegnare nuovamente qlco. a qlcu.

riassestàre v.tr. **1.** Rimettere a posto, in ordine. **2.** Riferito a percossa, ridarla a qlcu. ◆ **riassestarsi** v.pron. **1.** Rimettersi in *sesto. **2.** Trovare un nuovo assestamento. *Dopo la frana il terreno si sta gradualmente riassestando*.

riassètto s.m. **1.** Rimessa in ordine di qlco. **2.** *fig*. Riordino, riorganizzazione. *Il riassetto della pubblica amministrazione*.

riassicuràre v.tr. **1.** Assicurare, fissare con sicurezza di nuovo qlco. **2.** DIR. Assicurare di nuovo qlco. rinnovando la polizza di assicurazione.

3. Garantire con un contratto di riassicurazione. ◆ **riassicurarsi** v.pron. **1.** Assicurarsi di nuovo. **2.** DIR. Detto di impresa assicuratrice, stipulare un contratto di riassicurazione.

riassicuratóre s.m. [f. *-trice*] DIR. Chi stipula un contratto di riassicurazione.

riassicurazióne s.f. DIR. Contratto di un assicuratore stipulato con un'altra compagnia di assicurazione per garantirsi, in tutto o in parte, contro i rischi inerenti all'esercizio della propria funzione.

riassorbìbile agg. Che si può riassorbire.

riassorbiménto s.m. **1.** Assorbimento completo. ~ Nuovo assorbimento. **2.** MED. Processo di assorbimento nelle vie sanguigne o linfatiche di una massa liquida formatasi in una cavità organica o fra i tessuti. *Riassorbimento di un ematoma*.

riassorbìre v.tr. [85] **1.** Assorbire nuovamente. **2.** *fig*. Inserire nuovamente in un'attività produttiva chi ha perso il lavoro. **3.** SPORT. Nel ciclismo, raggiungere uno o più corridori in fuga. ◆ **riassorbirsi** v.pron. Asciugarsi. *L'umidità si è riassorbita*.

riassùmere v.tr. [24] **1.** Assumere nuovamente qlco. *Riassumere il potere*. **2.** Riprendere un certo atteggiamento. *Sta riassumendo un modo di fare antipatico*. **3.** Riprendere qlcu. alle proprie dipendenze. **4.** Esporre o riferire sinteticamente il contenuto di discorsi, scritti, opere.

riassumìbile agg. **1.** Che può essere nuovamente assunto. **2.** Che può essere sintetizzato.

riassuntìvo agg. Che sintetizza. *Tavola riassuntiva*.

riassùnto agg. Nuovamente inserito in un impiego, in un'attività. ◆ s.m. Esposizione sintetica del contenuto di un discorso, di uno scritto, di un avvenimento, ecc.

riassunzióne s.f. Ripresa o restituzione di una condizione precedente che era stata sospesa. ◇ DIR. *Riassunzione di un processo*: ripresa di un processo interrotto per impedimenti di vario genere.

riattaccàre v.tr. [4] **1.** Appendere nuovamente, rimettere a posto ciò che era stato staccato. ◇ *fam*. *Riattaccare (il telefono)*: interrompere la comunicazione telefonica. **2.** *fam*. Riprendere dopo un'interruzione. *Riattaccare con il lavoro*. **3.** Trasmettere di nuovo a qlcu. una malattia o un vizio. *Mi ha riattaccato il raffreddore*. ◆ **riattaccarsi** v.pron. **1.** Detto di due o più cose, aderire nuovamente a vicenda. *I due pezzi non si riattaccano facilmente*. **2.** Attaccarsi di nuovo a qlco. o riavvicinarsi affettivamente a qlcu.

riattàre v.tr. Rimettere qlco. fuori uso in condizione di essere usato.

riattivàre v.tr. Attivare nuovamente qlco., rimettere in funzione.

riattivazióne s.f. Ripristino di un normale funzionamento.

riattraversàre v.tr. Attraversare di nuovo qlco.

riavére v.tr. [2] **1.** Avere di nuovo qlco. **2.** Riacquistare, recuperare qlco. *Riavere il lavoro*. ~ Avere indietro, in restituzione qlco. ◆ **riaversi** v.pron. **1.** Riprendere i sensi. **2.** Riacquistare la salute, le forze.

riavviàre v.tr. [6] Avviare di nuovo.

riavvòlgere v.tr. [5] Tornare ad avvolgere un filo, una corda, ecc.

ribadìre v.tr. [83] **1.** Ribattere la punta di un chiodo e ripiegarla dopo averla fatta passare attraverso una tavola o un altro oggetto, per renderla più sicura. **2.** *fig*. Ripetere, riaffermare con decisione qlco.

ribaditrice s.f. TECN. Macchina per ribadire chiodi, perni, ecc.

ribaditùra s.f. **1.** Compressione forzata di un chiodo o di un altro elemento di fissaggio, per serrare più saldamente delle lamine. **2.** La parte del chiodo che viene ripiegata e ribadita.

ribàldo s.m. (fr. *ribaud*, germ. *hrîba* "prostituta") Persona disonesta, violenta e senza scrupoli. □ Anche in funzione di agg.

ribàlta s.f. **1.** Piano di legno di un mobile che si può abbassare o alzare. **2.** TEAT. Parte an-

teriore e più avanzata del palcoscenico. ◇ *fig*. *Venire, salire alla ribalta*: diventare noto, ottenere successo.

ribaltàbile agg. Che si può ribaltare. ◆ s.m. Cassone di autocarro che può essere ribaltato. ~ L'autocarro dotato di tale cassone.

ribaltaménto s.m. **1.** Rovesciamento di qlco., anche in senso fig. *Ribaltamento della situazione*. **2.** GEOM. Rotazione di un piano di 180 gradi intorno a una sua retta.

ribaltàre v.tr. Capovolgere qlco. *Ribaltare un tavolo*. ~ *fig*. Modificare radicalmente. *Ribaltare la situazione*. ◆ v.intr. (aus. *essere*) Capovolgersi, anche pron. *L'auto (si) è ribaltata*.

ribaltatóre s.m. **1.** Negli autocarri e motocarri, comando che aziona il ribaltamento del piano inclinato o del cassone per consentire lo scarico del materiale trasportato. **2.** Nelle acciaierie, cassone ribaltabile che consente ai lingotti in esso contenuti di essere facilmente scaricati sul laminatoio.

ribaltìna s.f. **1.** Scrivania o stipo dotato di piano ribaltabile. **2.** STAMP. Parte della sovracoperta di un libro che viene ripiegata all'interno.

ribaltóne s.m. **1.** Scossa violenta e improvvisa. **2.** *fig*. Improvviso mutamento di una situazione, spec. in ambito economico, sociale. ~ Cambio di alleanze politiche.

ribassàre v.tr. Ridurre il valore di qlco. *Ribassare l'affitto*. ◆ v.intr. (aus. *essere*) Diminuire di prezzo, di valore. *L'oro tende a ribassare*.

ribassàto agg. **1.** Diminuito, ridotto. **2.** ARCH. *Arco (a sesto) ribassato*: con altezza inferiore al raggio.

ribassìsta s.m. e f.[pl.m. *-sti*] BORS. Operatore che agisce sperando nel ribasso dei titoli. ~ Chi vende allo scoperto.

ribàsso s.m. Diminuzione di valore fatta sul prezzo di una merce, l'importo di una fattura. ◇ BORS. *Giocare al ribasso*: vendere titoli senza possederli, contando di acquistarli a un prezzo più basso prima dei termini della consegna. ~ *Essere in ribasso*: calare di prezzo, di valore; *fig*. riferito a persone, perdere prestigio.

ribàttere v.tr. **1.** Battere qlco. ripetutamente. *Ribattere un tappeto*. **2.** Riscrivere a macchina un testo. **3.** Respingere qlco. *Ribattere la palla*. **4.** *fig*. Replicare a un'affermazione, contraddirla. *Ribattere le accuse dell'avversario*. ◆ v.intr. (aus. *avere*) **1.** Battere di nuovo su qlco. *Hanno ribattuto alla porta*. **2.** *fig*. Insistere su qlco. *Continuava a ribattere sullo stesso punto*.

ribattezzàre v.tr. **1.** Battezzare qlcu. di nuovo. **2.** Chiamare con un nuovo nome. *Hanno ribattezzato la nave Poseidon*.

ribattìno s.m. Chiodo utilizzato per unire fra loro lamiere o altri elementi metallici, ribadito a freddo.

ribèca s.f. [pl. *-che*] (fr. *rebec*, ar. *rabāb* "piffero") MUS. Strumento ad arco a tre o quattro corde, usato nel Medioevo per accompagnare le danze.

ribellàrsi v.pron. (lat. *rebellāre* "riprendere a guerreggiare") Rivoltarsi contro chi ha il potere, contro un'autorità. ~ Opporsi con decisione a qlco. che non si tollera. *Ribellarsi alle ingiustizie*.

ribèlle agg. **1.** Che è in lotta aperta contro l'autorità costituita. ~ *estens*. Che rifiuta ogni forma di autorità e di sottomissione. **3.** *fig*. Resistente a ogni trattamento, a ogni cura. *Malattia ribelle*. ◆ s.m. e f. **1.** (spec. pl.) Nell'accez. 1 dell'agg. *I ribelli sono stati catturati*. **2.** Nell'accez. 2 dell'agg.

ribellióne s.f. **1.** Rivolta contro l'autorità costituita. SIN. *insurrezione*. ~ *estens*. Rifiuto di adeguarsi alle convenzioni imposte da qlcu. o dalla società. ~ Atteggiamento di protesta. *Ribellione allo sfruttamento*.

ribellìsmo s.m. Tendenza a ribellarsi.

ribes s.m. inv. (ar. *rîbās* di orig. iranica) **1.** Arbusto che cresce spontaneo nei boschi e ha infiorescenza a grappolo (Famiglia delle Sassifragacee). ~ Il frutto a bacca, commestibile, di tale pianta. **2.** BOT. (iniziale maiusc.) Genere di piante dicotiledoni cui appartengono varie specie di ribes.

ribòbolo s.m. Parola, frase o modo di dire di grande efficacia espressiva.

riboflavìna s.f. CHIM., BIOL. Composto organico presente nella retina e nelle cellule animali e vegetali, meglio conosciuto come *vitamina B*.

ribolliménto s.m. **1.** Agitazione di un liquido alla superficie con formazione di bolle per effetto del calore. **2.** *estens.* Fermentazione. **3.** *fig.* Sommovimento interiore dovuto a passioni. SIN.: **fermento**.

ribollìre v.intr. (aus. *avere*) **1.** Bollire un'altra volta. **2.** Agitarsi in superficie, formando bolle e schiuma. *Il mare ribolle fra gli scogli.* ~ *fig.* Essere in preda a un sentimento violento. ◇ *fig. Sentirsi ribollire il sangue:* essere in preda all'ira. **3.** *fig.* Di sentimenti, manifestarsi in modo tumultuoso.

ribollìta s.f. CUC. Minestra di legumi e verdure che viene bollita due volte e servita su fette di pane.

ribonucleàsi s.f. inv. BIOCHIM. Enzima che catalizza l'idrolisi degli acidi ribonucleici.

ribonuclèico agg. [pl.m. *-ci*] (ingl. *ribonucleic acid*) CHIM., BIOL. *Acido ribonucleico:* acido nucleico contenente ribosio (sigla RNA).

ribòsio s.m. (ted. *Ribose*) CHIM., BIOL. Monosaccaride a cinque atomi di carbonio, presente nell'acido ribonucleico.

ribosòma s.m. [pl. *-mi*] BIOL. Corpuscolo citoplasmico presente nelle cellule, che garantisce la sintesi delle proteine.

ribrézzo s.m. Moto di repulsione causato da una sensazione sgradevole, da rifiuto morale.

ributtàre v.tr. **1.** Rilanciare un oggetto verso il luogo da dove è stato gettato. **2.** Buttare fuori qlco. *Il tombino ributta acqua.* ~ Vomitare. **3.** Respingere con forza. *Ributtare i nemici.* ◆ v.intr. (aus. *avere*) **1.** Di pianta, rimettere i germogli. **2.** MED. Di ferita, riprendere a secernere pus. **3.** *fig.* Ispirare ribrezzo. *La sua sola vista mi ributta.* ◆ **ributtarsi** v.pron. **1.** Buttarsi di nuovo da un luogo a un altro. **2.** *fig.* Lanciarsi nuovamente in un'attività, dedicarsi di nuovo con passione a qlco.

ricacciàre v.tr. [5] **1.** Mandare nuovamente via qlcu. da un luogo. *Ricacciare il nemico.* **2.** Inserire di nuovo qlco. o qlcu. in un posto, anche in senso fig. *Ricacciare il naso negli affari altrui.* ◆ v.intr. (aus. *avere*) Detto di pianta, rimettere i germogli. ◆ **ricacciarsi** v.pron. Tornare a cacciarsi da qualche parte oppure in una certa situazione. *Ricacciarsi in un guaio.*

ricadére v.intr. [54] (aus. *essere*) **1.** Cadere nuovamente su qlco. *Ricadere dalla sedia sul pavimento.* ~ Cadere a terra dopo essere stato lanciato in alto. *Il pallone è ricaduto oltre le tribune.* **2.** Scendere in verticale sopra qlco. *I capelli le ricadevano sulle spalle.* **3.** *fig.* Riversarsi, pesare su qlcu. *Il peso della famiglia ricade sulle mie spalle.* **4.** *fig.* Trovarsi di nuovo in un certo stato, in partic. in una situazione negativa. *Ricadere in miseria.*

ricadùta s.f. **1.** Nuova caduta. ~ *fig.* Ripetizione di un comportamento negativo. *Ricaduta nella droga.* **2.** Discesa verso terra di qlco. che era in aria. ◇ *Ricaduta radioattiva:* caduta al suolo di particelle radioattive presenti nell'aria in seguito a un'esplosione nucleare, detta anche *fallout*. **3.** *fig. estens.* Conseguenza indiretta di fatti, spec. di scoperte scientifiche o tecnologiche. **4.** MED. Riacutizzazione o reinsorgenza di una malattia che sembrava ormai superata.

ricalcàre v.tr. [4] (lat. *recalcàre*, propr. "premere di nuovo") **1.** Calcare nuovamente il suolo. *Ricalcare la terra natia, le scene.* ~ Premere nuovamente qlco. *Ricalcare il cappello in testa.* ◇ *fig. Ricalcare le orme di qlcu.:* seguirne l'esempio. **2.** Riprodurre un disegno calcandone i contorni. **3.** *fig.* Seguire qlco. o qlcu. come modello. *Il film ricalca la trama del romanzo da cui è tratto.* **4.** TECN. Battere un metallo.

ricalcatùra s.f. **1.** Riproduzione grafica ottenuta ricalcando. ~ La copia così ottenuta. **2.** *fig.* Imitazione. **3.** TECN. Operazione con la quale si preme un pezzo di metallo nel senso della lunghezza per ripiegarlo e ottenere un rigonfiamento.

ricalcificàre v.tr. [4] Arricchire di calcio. ◆ **ricalcificarsi** v.pron. Ritornare ad avere una normale quantità di calcio. *L'osso si è ricalcificato.*

ricalcificazióne s.f. **1.** MED. Nuova calcificazione. **2.** MED. Somministrazione, a scopo terapeutico, di liquidi contenenti sali di calcio.

ricalcitrànte o **recalcitrànte** agg. **1.** Riferito ad animale, che oppone ostinata resistenza a lasciarsi guidare. **2.** *fig.* Riferito a persona, ostinato. SIN.: **riluttante**.

ricalcitràre o **recalcitràre** v.intr. (aus. *avere*) **1.** Detto di cavalli o asini, impuntarsi tirando calci o indietreggiando. **2.** *fig.* Detto di persone, fare resistenza, opporsi.

ricàlco s.m. [pl. *-chi*] Riproduzione di un disegno o di uno scritto ottenuta calcandone i contorni.

ricamàre v.tr. (ar. *raqama*) **1.** Decorare un tessuto con disegni in rilievo eseguiti ad ago o a macchina. **2.** *fig.* Arricchire di particolari eccessivi un testo. *Ricamare una frase.* ◆ v.intr. (aus. *avere*) Fare ricami. *Ricamare a mano.*

ricamàto agg. **1.** Ricco di ricami. **2.** *fig.* Curato eccessivamente nella forma. **3.** Di racconto o notizia riferiti in toni pittoreschi e ricchi di dettagli coloriti, spesso frutto di invenzione.

ricamatóre s.m. [f. *-trice*] **1.** Chi esegue lavori di ricamo. **2.** *fig.* Chi compie un lavoro badando soprattutto alla forma, alle rifiniture.

ricambiàre v.tr. [6] **1.** Cambiare un'altra volta, sostituire. *Ricambiare l'automobile.* **2.** Mutare nuovamente d'abito. **3.** Contraccambiare qlco. *Ricambiare gli auguri.* ◆ v.intr. (aus. *essere*) Cambiare, mutare di nuovo.

ricàmbio s.m. [pl. *-bi*] **1.** Scambio vicendevole di qlco. ~ Il pezzo stesso che funge da sostituto. **2.** Sostituzione di elementi o pezzi consumati. ◇ *Di ricambio:* sostitutivo. *Pezzo di ricambio.* **3.** Avvicendamento di persone in determinati ruoli. *Ricambio generazionale.* **4.** FISIOL. Complesso delle trasformazioni chimiche e dei fenomeni energetici che si verificano nell'organismo.

ricàmo s.m. **1.** Esecuzione di punti con ago e filo su un tessuto a scopo ornamentale. **2.** Il disegno così ottenuto. **3.** *fig.* Lavoro artistico eseguito con raffinatezza ed eleganza di linee. *Un ricamo di note musicali.* **4.** (spec. pl.) Insieme di particolari e considerazioni che si aggiungono a una descrizione, un racconto, ecc. per renderli più interessanti.

ricantàre v.tr. Cantare di nuovo.

ricapitalizzàre v.tr. ECON. Incrementare, ricostituire il capitale di una società.

ricapitalizzazióne s.f. ECON. Reinvestimento degli interessi bancari maturati. ~ Incremento del capitale con gli interessi maturati.

ricapitolazióne s.f. Ripetizione in forma abbreviata di un discorso, di un testo. SIN.: **compendio**.

ricarburazióne s.f. METALL. Aumento del tenore di carbonio in un acciaio.

ricàrica s.f. [pl. *-che*] **1.** Operazione del ricaricare. ~ Congegno che serve a ricaricare. **2.** Contenitore con il liquido di ricambio per penne, accendini.

ricaricàbile agg. Che si può ricaricare. ❑ In funzione di s.f., scheda telefonica ricaricabile per cellulari.

ricaricàre v.tr. [4] **1.** Fornire qlco. di una nuova carica. *Ricaricare il fucile.* ~ *fig.* Fornire di nuova forza, di nuova energia. *La notizia lo ha ricaricato.* **2.** Caricare di nuovo qlco. su un mezzo di trasporto. ◆ **ricaricarsi** v.pron. *fig.* Riprendere forza, coraggio.

ricascàre v.intr. [4] (aus. *essere*) **1.** Cascare di nuovo da un luogo a un altro. *Ricascare sul tappeto.* **2.** *fig.* Ripiombare in una situazione negativa.

ricattàre v.tr. (lat. *recaptàre* "prendere con forza") Costringere qlcu. a fare qlco., general. a versare del denaro, dietro minacce. *Ricattare un commerciante.*

ricattatóre s.m. [f. *-trice*] Chi mette in opera un ricatto.

ricàtto s.m. Intimidazione morale o materiale con cui si costringe una persona a pagare una somma di denaro, a tenere comportamenti o a compiere atti contrari alla sua volontà. ~ *scherz.* Richiesta cui è impossibile opporre un rifiuto.

ricavàre v.tr. **1.** Ottenere qlco. come risultato di un'operazione o di una lavorazione. *Ricavare una nicchia nel muro.* ~ Produrre. *Ricavare diversi quintali di grano dal campo.* **2.** Ottenere un utile da un'operazione economica. *Ricavare un guadagno da un investimento.* SIN.: **guadagnare**. ~ Ottenere un vantaggio, un profitto. *Ricavare giovamento dalle cure.* **3.** Trarre qlco. come conseguenza. *Ricavare una regola dagli esempi.* SIN.: **dedurre**.

ricavàto s.m. **1.** Denaro che si ottiene da attività commerciali, vendite, ecc. **2.** *fig.* Frutto, risultato, vantaggio.

ricàvo s.m. **1.** COMM. Importo dell'entrata che deriva dalla cessione di beni o servizi. **2.** *estens.* Guadagno, provento.

ricchézza s.f. **1.** Condizione di chi ha grande disponibilità di beni materiali. SIN.: **agiatezza**. ~ Valore di carattere intellettuale, spirituale, estetico. *La ricchezza di un'opera musicale.* **2.** (spec. pl.) Insieme dei beni e delle risorse economiche possedute da chi è ricco. SIN.: **patrimonio**. **3.** ECON. L'insieme dei prodotti dell'attività economica di una comunità. **4.** *estens.* Riferito a territorio o nazione, ampia disponibilità di risorse, prodotti o altri elementi materiali. **5.** Grande quantità di qlco. *La ricchezza dei verbi di una lingua.* **6.** *fig.* Bene o risorsa di grande importanza agli occhi del possessore. *La salute è la sua ricchezza.*

1. rìccio agg. [pl.m. *-ci*, f. *-ce*] **1.** Di capello, pelo o filo, avvolto su se stesso. **2.** *estens.* Che ha forma di anello o di spirale. ◇ *Insalata riccia:* varietà di indivia a foglie crespe. ◆ s.m. **1.** Ciocca di capelli inanellati. SIN.: **boccolo**. **2.** *estens.* Tutto ciò che per la forma richiama un ricciolo. *Un riccio di burro.*

2. rìccio s.m. [pl.m. *-ci*] **1.** Mammifero con la pelle del dorso coperta di aculei, che si avvolge a palla in caso di pericolo. (Lunghezza 20 cm; genere *Erinaceus*, ordine degli Insettivori.) SIN.: **porcospino**. ◇ *figg. Essere un riccio:* di persona schiva e introversa. – *Chiudersi a riccio:* assumere un atteggiamento difensivo. **2.** *Riccio di mare:* animale marino dallo scheletro calcareo ricoperto di aculei. (Classe degli Echinoidi.) **3.** Scorza esterna spinosa delle castagne. **4.** FORTIF. Antico ordigno difensivo formato da una trave munita di punte di ferro, che veniva posto nelle brecce delle mura per ostacolare l'avanzata del nemico.

■ riccio

rìcciolo s.m. Nel sign. del dim. di 1. *riccio*; in partic. ciocca di capelli arricciata.

ricciolùto agg. **1.** Riccio. *Capelli riccioluti.* ~ *estens.* Crespo, increspato. **2.** Che ha i capelli ricci.

ricciùto agg. **1.** Riccio. *Barba ricciuta.* ~ *estens.* Crespo, increspato. **2.** Che ha i capelli ricci.

rìcco agg. [pl.m. *-chi*, f. *-che*] (long. *rîhhi* "potente") **1.** Che dispone di beni e mezzi economici in abbondanza. SIN.: **facoltoso**. **2.** Costituito da una grande quantità di denaro o di beni. SIN.: **cospicuo**. **3.** *estens.* Che denota grande ricchezza. **4.** Che ha grande abbondanza di qlco. *Un paese ricco di materie prime.* ◆ s.m. [f. *-ca*] Persona ricca.

riccóne s.m. [f. *-na*] Persona molto ricca.

ricèdere v.tr. [12] **1.** Cedere nuovamente qlco. a qlcu. **2.** Cedere a qlcu. quello che ci era stato ceduto da altri. ◆ v.intr. (aus. *avere*) **1.** Detto di strutture portanti, non reggere più. *Il soffitto ha riceduto.* **2.** Detto di persone, arrendersi di nuovo. *Ricedere alle minacce.*

ricérca s.f. [pl. *-che*] **1.** Attività finalizzata a trovare o scoprire qlcu. o qlco. **2.** Indagine condotta con criteri di sistematicità per scoprire o approfondire fatti, fenomeni o processi, ricostruire eventi, individuare documenti, ecc. ◇ *fig. Ricerca sul campo:* svolta raccogliendo i dati direttamente nella realtà su cui si vuole indagare. **3.** Attività che consiste nel selezionare materiali su un tema. ◇ ECON. *Ricerca e sviluppo:* insieme delle procedure che permettono di migliorare un processo produttivo o di ideare e mettere a punto un prodotto innovativo.

ricercàre v.tr. [4] **1.** Cercare nuovamente. **2.** Cercare qlcu. o qlco. con impegno, perseveranza. *Ricercare un libro raro.* ~ Tentare di scoprire. *Ricercare le cause di un delitto.* SIN.: **indagare**.

ricercatézza s.f. **1.** Cura particolare riservata all'immagine esteriore, al comportamento, al modo di esprimersi e di comunicare. SIN.: **raffinatezza**. **2.** (spec. pl.) Le forme concrete con cui si manifesta tale atteggiamento. *Un discorso pieno di ricercatezze formali.*

ricercàto agg. [f. *-ta*] **1.** Di persona accusata di un reato che le forze dell'ordine non sono ancora riuscite a individuare o arrestare. **2.** Molto richiesto per le sue doti, per le sue qualità. *Un vino molto ricercato.* ~ Raffinato, originale. *Una decorazione ricercata.* **3.** Eccessivamente studiato o elegante. *Stile troppo ricercato.* SIN.: **lezioso**. ◆ s.m. Nell'accez. 1 dell'agg. *Sono stati arrestati due ricercati.*

ricercatóre s.m. [f. *-trice*] **1.** Chi effettua una ricerca. **2.** Chi si dedica per professione alla ricerca scientifica. ◇ *Ricercatore universitario:* laureato in servizio presso un'università, con compiti di ricerca e di attività didattica.

ricetrasmettitóre s.m. TELECOM. Apparecchio per telecomunicazioni costituito da un trasmettitore e da un ricevitore.

ricetrasmittènte agg. TELECOM. Che riceve e trasmette segnali. ◆ s.f. TELECOM. Ricetrasmettitore.

ricètta s.f. (lat., deriv. di *fōrmulam recĕptam* "prescrizione medica ricevuta") **1.** Prescrizione scritta di medicinali da parte di un medico. **2.** *estens.* Metodo empirico per raggiungere uno scopo. *La ricetta del successo.* **3.** Descrizione dettagliata del modo di preparare una pietanza. *La ricetta di una torta.*

ricettàcolo s.m. **1.** Ambiente od oggetto che facilita il raccogliersi o l'annidarsi di qlco. **2.** Luogo di raccolta di persone general. poco raccomandabili. **3.** BOT. Parte finale dilatata dell'asse del fiore, su cui si inseriscono gli organi costitutivi, detta anche *talamo.*

ricettàre v.tr. (lat. *receptāre*, deriv. di *recĭpere* "ricevere") DIR. Conservare oggetti rubati da altri.

ricettàrio s.m. [pl. *-ri*] **1.** Raccolta di ricette. **2.** MED. Carta intestata su cui i medici scrivono le ricette.

ricettatóre s.m. [f. *-trice*] (lat. *receptatōrem* "chi riceve per proteggere") DIR. Chi si rende colpevole di ricettazione.

ricettazióne s.f. DIR. Reato consistente nell'acquistare, detenere o occultare volontariamente a scopo di lucro merci o denaro provenienti da un qualsiasi delitto.

ricettività o **recettività** s.f. inv. **1.** Attitudine a ricevere e assimilare stimoli esterni. **2.** MED. Vulnerabilità di un individuo all'azione degli agenti patogeni. **3.** TELECOM. Capacità di ricezione di onde elettromagnetiche da parte di un apparecchio. **4.** Capacità di accogliere ospiti da parte delle strutture turistico-alberghiere di una località, di una regione, ecc.

ricettivo o **recettivo** agg. **1.** Che ha la facoltà di recepire facilmente concetti e nozioni. **2.** BIOL. Sensibile agli agenti patogeni. **3.** TELECOM. Di apparecchio ricevente, sensibile alla ricezione delle onde elettromagnetiche. **4.** Attrezzato per accogliere ospiti, visitatori e turisti.

ricètto s.m. Nel Medioevo, insieme di abitazioni circondate da mura, dove si raccoglievano gli abitanti delle campagne in caso di pericolo.

ricevènte agg. **1.** Che riceve. **2.** TELECOM. Predisposto per ricevere e rilevare segnali elettromagnetici. ◆ s.m. e f. **1.** Chi riceve qlco., destinatario. **2.** LING. Chi riceve e decodifica un messaggio formulato da un emittente.

ricévere v.tr. [12] **1.** Prendere, accogliere qlco. che viene dato, trasmesso, fatto da altri. ~ Riscuotere, incassare. *Ricevere lo stipendio.* ~ Ottenere risultati, effetti. *Ricevere giovamento da una cura.* **2.** Subire qlco. di negativo o essere destinatario di qlco. di positivo; anche pron. **3.** Accogliere qlcu. *Ricevere l'amico.* **4.** Concedere udienza a qlcu. **5.** Detto di apparecchi, raccogliere segnali radiofonici, televisivi, telefonici, ecc. **6.** Recepire, accogliere in sé qlco. di materiale, spec. acqua, aria, luce, proveniente dall'esterno. *La stanza riceve poca luce.*

riceviménto s.m. **1.** L'atto di ricevere qlco. che è stato spedito. **2.** Accoglienza di una persona, spec. di riguardo. ~ Cerimonia che sancisce l'entrata ufficiale in una comunità. *Il ricevimento dei nuovi soci nell'accademia.* **3.** Trattenimento, rinfresco offerto a più persone invitate in un luogo pubblico o privato in occasione di feste, ricorrenze, cerimonie. **4.** Nel l. bur., disponibilità di un ufficio pubblico, di un funzionario, di un insegnante, ecc. a intrattenere rapporti ufficiali con l'utenza.

ricevitóre s.m. [f. *-trice* nelle accez. 1 e 2] **1.** Chi riceve, accoglie. **2.** Nel l. bur., chi è incaricato di riscuotere somme per conto dello Stato ed enti pubblici o privati. **3.** Apparecchio in grado di ricevere un segnale di telecomunicazione e di trasformarlo in suoni, immagini. ~ *estens. comun.* Cornetta dell'apparecchio telefonico. ~ Apparecchio stereofonico che comprende, oltre alla radio, l'amplificatore. **4.** SPORT. Nel baseball e nel softball, giocatore che prende la palla mancata dal battitore; detto anche *catcher.*

ricevitoria s.f. Ufficio destinato a ricevere i versamenti in denaro. *Ricevitoria delle imposte.* ◇ *Ricevitoria del lotto:* botteghino dove si accettano le giocate.

ricevùta s.f. **1.** Dichiarazione scritta e firmata con cui si attesta di aver ricevuto un oggetto o una somma di denaro. ◇ *Ricevuta fiscale:* documento rilasciato da determinate categorie di operatori commerciali, artigianali e professionali, che descrive dettagliatamente il bene venduto o la prestazione effettuata e il corrispettivo in denaro ricevuto. – *Ricevuta di ritorno:* quella firmata dal destinatario di una raccomandata e rinviata al mittente per attestare l'avvenuta consegna. **2.** AMM. Azione del ricevere.

ricezióne s.f. **1.** TELECOM. Ricevimento di un segnale elettromagnetico emanato da un emittente. **2.** Assimilazione, fortuna di un elemento culturale, di un'opera, ecc. **3.** SPORT. Nella pallavolo, il tocco di palla con cui si riceve la battuta della squadra avversaria. **4.** Ufficio dove in alberghi, campeggi, ecc. si ricevono i clienti.

richiamàre v.tr. **1.** Chiamare qlcu. di nuovo. *Richiami il professore all'ora di pranzo.* ◇ *Richiamare qlcu. sotto le armi:* reclutare nuovamente chi ha già compiuto il servizio di leva. – *Richiamare qlcu. in vita:* fargli riprendere conoscenza. – *fig. Richiamare alla mente:* ricordare. **2.** Attirare a sé persone o animali. *La luce richiama molte farfalline.* **3.** Citare, menzionare. *Richiamerò qui una nota dello stesso autore.* **4.** AER. Far passare un aeromobile dal movimento di discesa al movimento orizzontale. **5.** Non permettere a un assegno, a una cambiale, ecc. di passare all'incasso. **6.** Sollecitare qlcu. a un certo comportamento, a tener conto di qlco. ◆ **richiamarsi** v.pron. Fare riferimento a qlco. SIN.: **riferirsi**.

richiamàta s.f. AER. Manovra con cui il pilota rimette l'aeroplano in linea di volo dopo una picchiata. ~ AVIAZ. Manovra finale dell'atterraggio che permette di portare l'aereo parallelo al suolo.

richiamàto agg. Convocato nuovamente sotto le armi. ◆ s.m. **1.** Nel sign. dell'agg. **2.** (al pl.) Riporto di capelli con cui si nasconde una calvizie circoscritta.

richiàmo s.m. **1.** Ordine o invito a tornare indietro, a riportarsi nella posizione o condizione precedente. *Richiamo in servizio.* ◇ TECN. *Dispositivo di richiamo:* che consente di riportare un qualunque congegno o meccanismo nella condizione iniziale. – COMM. *Richiamo di un prodotto:* invito agli acquirenti a restituire un prodotto difettoso perché sia gratuitamente modificato. – BANC. *Richiamo di un assegno:* richiesta di restituzione. **2.** Sollecitazione a tenere un certo comportamento. ~ *estens.* Ammonizione, rimprovero. ◇ *Richiamo alla realtà:* invito ad abbandonare sogni o illusioni. **3.** Il suono, la voce, il gesto, ecc. con cui si chiama a sé qlcu., spec. per un intervento di aiuto. **4.** *fig.* Capacità di attrarre, sedurre. *Il richiamo del mare.* ◇ *Uccelli da richiamo:* quelli usati nell'uccellagione per attirare uccelli della stessa specie. **5.** In uno scritto, segno convenzionale che rimanda a una nota o ad altre parti del testo. ~ Nelle bozze di stampa, segno di correzione che si ripete anche in margine. ~ Menzione che in un contesto qualsiasi si fa di una parola, un argomento, ecc. rinviando al luogo della stessa opera o ad altra opera in cui questi si trovano. **6.** MED. Vaccinazione o iniezione che viene ripetuta, dopo un certo periodo, su un paziente già immunizzato, allo scopo di potenziare gli effetti del farmaco e stabilizzare la condizione di immunità.

richiedènte agg. Che richiede qlco. ◆ s.m. e f. Nel l. bur., chi si rivolge con una domanda scritta a un ente o ufficio pubblico per avere un documento, presentare un'istanza, ecc.

richièdere v.tr. [23] (lat. *requīrere* "chiedere con insistenza") **1.** Avere bisogno di qlco. *Un lavoro che richiede molta cura.* **2.** Desiderare un certo prodotto, cercarlo. *I clienti richiedono spesso questo piatto.* **3.** Tornare a chiedere qlco. a qlcu. **4.** Chiedere qlco. a qlcu. per ottenerlo o per saperlo. **5.** Chiedere in restituzione. **6.** Pretendere. *Il maestro richiede troppo alla classe.* **7.** Nel l. bur., avanzare una richiesta all'amministrazione.

richièsta s.f. **1.** Atto del chiedere per sapere o per ottenere qlco. ~ Nel l. bur., domanda rivolta a un'autorità competente per ottenere un documento, un provvedimento. ◇ *A, dietro, su richiesta:* in seguito a domanda di qlcu. **2.** Ciò che si chiede in cambio di un servizio o di una prestazione, o per la vendita di una merce. **3.** ECON. Domanda sul mercato di determinate merci, prestazioni lavorative, ecc.

richièsto agg. Molto ricercato per le sue qualità o il suo valore. SIN.: **apprezzato**.

richiùdere v.tr. [21] Tornare a chiudere qlco. ◆ **richiudersi** v.pron. Chiudersi di nuovo. *La porta si richiuse.* ~ Chiudersi di nuovo in un luogo, anche in senso fig. *Si è richiuso in camera, in se stesso.*

Richter (scala) [/'rɪçtɐ/] s.f. (solo sing.) Scala che misura l'intensità di un sisma. **ENCICL.** Elaborata dal geofisico americano Charles F. Richter, è una scala logaritmica basata sull'energia liberata dal sisma. I terremoti possono essere valutati da 1 a 9, anche se sino a ora non è mai stata superata la magnitudo 8.8.

riciclàbile agg. Che si può riciclare. *Vetro riciclabile.*

riciclàggio s.m. [pl. *-gi*] (fr. *recyclage*) **1.** Riutilizzazione di prodotti, materiali di scarto, rifiuti, ecc. **2.** *estens.* Reimpiego di risorse provenienti da altre attività o destinazioni. ◇ *fig. Riciclaggio di denaro sporco:* immissione sul mercato di denaro derivante da attività criminose o comunque illecite. – *Riciclaggio dei petrodollari:* nella seconda metà degli anni Settanta, immissione sul mercato valutario internazionale dei dollari eccedenti accumulati dai paesi produttori di petrolio. **3.** TECN. Riciclo.

riciclàre v.tr. **1.** Recuperare e riutilizzare materiali di scarto e di rifiuto sottoponendoli a un particolare trattamento. *Riciclare la carta.* ~ *fig. scherz.* Riproporre qlco. con qualche ritocco e aggiustamento. **2.** *fig.* Rimettere in circolazione denaro e beni, spec. di provenienza illegale, occultandone la provenienza. **3.** *fig.* Riqualificare e reimpiegare con mansioni differenti il personale di un'azienda. ◆ **riciclarsi** v.pron. *fig.* Trovare una nuova collocazione professionale o politica adattandosi a condizioni mutate e cercando di mantenere la posizione e i vantaggi acquisiti.

riciclàto agg. **1.** Di materiale sottoposto a riciclaggio in modo da essere riutilizzato. **2.** Di oggetti provenienti da furto o da attività criminose rimessi in circolazione. **3.** *fig.* Di politico che si ripresenta in un partito diverso da quello cui apparteneva. ◆ s.m. [f. *-ta*] Nell'accez. 3 del s.

ricìclo s.m. TECN. Reinserimento nel ciclo produttivo di materiale non ancora trasformato o parzialmente trasformato nel ciclo di lavorazione precedente.

ricino s.m. (lat. *rìcinum* "zecca, pidocchio") Arbusto originario dell'America meridionale, simile alla manioca, con frutti globosi verdi contenenti semi da cui si ricava un olio un tempo usato come purgante e che oggi trova impiego in molte lavorazioni industriali. (Genere *Jatropha*; famiglia delle Euforbiacee.)

seme

■ **rìcino**

Rickettsia [/rik'ketsja/] s.f. (dal nome del patologo americano H.T. *Ricketts* che osservò per primo questi germi) BIOL. Denominazione di un gruppo di microrganismi considerati forme intermedie tra i batteri e i virus, agenti di diverse malattie.

rickettsiosi [/rikket'sjɔzi/] s.f. inv. MED. Gruppo di malattie infettive trasmesse all'uomo da Artropodi ematofagi del genere Rickettsia.

riclassificazióne s.f. Nuova classificazione, diverso ordinamento rispetto a quelli precedenti.

ricognitivo agg. 1. Di ricognizione. 2. DIR. Che serve a riconoscere, ad accertare qlco. ◇ *Atto ricognitivo*: atto con cui si riconosce l'esistenza di una precedente obbligazione.

ricognitóre s.m. 1. MAR. Mezzo navale usato dalla Marina militare con compiti di ricognizione. 2. AER. Aeromobile militare specializzato nella ricognizione aerea.

ricognizióne s.f. 1. Accertamento dell'esistenza di un atto o di un fatto, dell'identità di persone o cose, ecc. 2. MIL. Azione esplorativa con mezzi aerei, navali o terrestri, volta a controllare dislocazione e movimenti delle forze nemiche. ~ *comun.* Attività di indagine, accertamento, controllo.

ricollegàre v.tr. [4] 1. Collegare nuovamente. *Finalmente hanno ricollegato le due strade.* 2. fig. Mettere in relazione qlco. con altro. ◆ **ricollegarsi** v.pron. 1. Detto di più cose, avere legami vicendevoli. *I due fatti si ricollegano.* ~ Detto di più persone, ristabilire un contatto. *I due finalmente si sono ricollegati.* 2. Nel l. gior. radiotel., collegarsi di nuovo con qlco. 3. fig. Collegarsi idealmente, fare riferimento. ~ Avere dei legami, essere in relazione con qlco. *Un delitto che si ricollega ad altri avvenuti nella zona.*

ricollocàre v.tr. [4] Collocare di nuovo qlcu. o qlco. in un luogo.

ricolmàre v.tr. 1. Tornare a colmare un contenitore di una sostanza. 2. Colmare in abbondanza qlcu. di qlco. *Ricolmare l'amico di affetto.* 3. Rialzare un terreno, sopraelevarlo, in modo da formare un cumulo.

ricombinàre v.tr. Combinare di nuovo qlco. ◆ **ricombinarsi** v.pron. Combinarsi insieme di nuovo.

ricombinazióne s.f. 1. Atto ed effetto del ricombinare. 2. FIS. Processo per cui due particelle o due corpi di carica opposta si combinano neutralizzandosi. 3. GENET. Processo di rottura e di ricongiungimento di filamenti di DNA, con conseguente scambio di materiale genetico tra cromosomi diversi. 4. CHIM. Processo nel quale due atomi o due radicali liberi appaiano gli elettroni spaiati dando origine a una molecola.

ricominciàre v.tr. [5] Cominciare nuovamente qlco. che era stato sospeso. *Ricominciare un discorso.* ◆ v.intr. (aus. *essere*) Riprendere dopo un'interruzione. *Il lavoro è ricominciato.*

ricompàrsa s.f. Nuova apparizione dopo un periodo di assenza.

ricompattaménto s.m. Riavvicinamento di persone o di posizioni precedentemente lontane o in disaccordo.

ricompènsa s.f. Regalo o premio in contraccambio di favori, meriti, lavori, ecc.

ricompensàre v.tr. 1. Accordare una ricompensa a qlcu. ~ Contraccambiare con una ricompensa ciò che qualcuno ha fatto per noi o per altri. *I risultati mi ricompensano della fatica.* 2. Riparare un danno, risarcire qlcu. di una perdita o di un danno subiti.

ricompórre v.tr. [25] 1. Comporre nuovamente. *Ricomporre una poesia.* 2. Rimettere insieme i pezzi separati o andati in frantumi di qlco. 3. Rimettere in ordine qlco. *Ricomporre i capelli.* ◆ **ricomporsi** v.pron. Riprendere un'espressione normale dopo una forte emozione, riacquistare l'autocontrollo.

ricomposizióne s.f. 1. Ricostituzione di qlco. nella sua integrità. ~ fig. Reintegrazione, completamento. *Il primo ministro ha provveduto alla ricomposizione del gabinetto.* 2. fig. Rappacificazione. 3. LING. Restituzione della forma originaria a uno degli elementi di un composto che l'aveva perduta a causa di una modificazione fonetica.

ricompràre o **ricomperàre** v.tr. Comperare nuovamente. *Ricomprare il pane.*

riconciliàre v.tr. [6] 1. Rimettere d'accordo. *Riconciliare il padre con il figlio.* ◇ CATT. *Riconciliare qlcu. con Dio*: assolverlo dai peccati. 2. Procurare di nuovo stima, favore, simpatia a qlcu. ◆ **riconciliarsi** v.pron. Detto di due o più persone, tornare in reciproco accordo, rappacificarsi.

riconciliazióne s.f. 1. Ripresa di rapporti buoni o corretti dopo un litigio, un distacco. 2. CATT. Cerimonia con cui si riconsacra un luogo sacro profanato. ◇ *Sacramento della riconciliazione*: quello con il quale un peccatore è perdonato e riammesso alla comunione con Dio e i fratelli.

riconducìbile agg. Che si può ricondurre. ~ fig. Attribuibile a qlcu. o a qlco.

ricondùrre v.tr. [26] 1. Condurre di nuovo qlcu. o qlco. in un luogo. 2. Riportare qlco. o qlcu. al punto d'origine o di partenza. 3. fig. Riportare qlco. alla condizione precedente. 4. fig. Mettere qlco. in relazione con altro, farlo risalire a ciò che lo ha determinato. ◆ **ricondursi** v.pron. Ridursi a qlco. *Tutte le controversie si riconducono a un solo problema.*

riconduzióne s.f. 1. Atto del ricondurre. 2. DIR. Rinnovo di un contratto di affitto o di locazione. ◇ *Tacita riconduzione*: rinnovo di un affitto, di un contratto oltre il termine previsto, senza che vi sia necessità di compiere una formalità.

riconférma s.f. Nuova conferma, ulteriore conferma.

riconfermàre v.tr. 1. Confermare qlcu. in un incarico. *Riconfermare il preside nella sua carica.* 2. Dare nuovamente conferma a qlcu. *È stato riconfermato direttore.* ◆ v.pron. Confermarsi di nuovo in un certo ruolo, con determinate proprietà. *Si è riconfermato il migliore.*

riconfortàre v.tr. Ridare coraggio, speranza a qlcu. *Le tue parole mi riconfortano.* ◆ **riconfortarsi** v.pron. Confortarsi di nuovo o di più, risollevarsi.

ricongiùngere v.tr. [22] Avvicinare, riunire ciò che era separato. *Ricongiungere il pezzo mancante alla fotografia.* ◆ **ricongiungersi** v.pron. Congiungersi di nuovo reciprocamente. ~ Tornare a unirsi a qlco. *Ricongiungersi alla famiglia.*

ricongiungiménto s.m. Riunione di più persone o cose che erano separate.

riconoscènte agg. Che mostra riconoscenza, riconoscimento.

riconoscènza s.f. Sentimento di gratitudine nei confronti di chi ha fatto del bene.

riconóscere v.tr. [39] 1. Identificare qlco. o qlco. già noto. *Riconoscere la scrittura dell'amico.* 2. Distinguere qlco. *So riconoscere un piatto ben cucinato.* 3. Ammettere. *Riconosco il mio torto.* 4. DIR. Attribuire a qlco. una personalità giuridica. ◇ *Riconoscere un figlio*: dichiararsi il padre o la madre naturale di un bambino. ~ DIR. INTERN. Dichiarare di accettare la legittimità di qlco. *Riconoscere una nazione.* 5. Accettare pubblicamente. *Riconoscere l'autorità di una persona.* ◆ **riconoscersi** v.pron. 1. Detto di due persone, identificarsi a vicenda. 2. Avere consapevolezza di sé, delle proprie caratteristiche. ~ Ammettere di avere certe caratteristiche o di essere in una certa condizione. *Mi riconosco pigro.* 3. Identificarsi, ritrovarsi in sintonia con qlco. o qlco.

riconoscìbile agg. Facile da riconoscere, da individuare.

riconosciménto s.m. 1. Identificazione di qlcu. o qlco. che si già si conosce. ~ Accertamento dell'identità di persone o di cose, o del susseguirsi di qlco. 2. Presa d'atto dell'esistenza o della validità di qlco. *Riconoscimento di una colpa.* ~ DIR. Atto con il quale si ammette l'esistenza di un obbligo. ◇ *Riconoscimento di un figlio*: atto con cui uno o entrambi i genitori riconoscono formalmente come proprio un figlio nato fuori dal matrimonio. 3. Pubblica attestazione dei meriti di una persona. ~ Mezzo concreto, p.e. denaro, con cui viene dimostrato l'apprezzamento di tali meriti. ~ *estens.* Attestato di merito con cui si riconosce il pregio di qlco. 4. TEAT. Rivelazione dell'identità di un personaggio, detta anche *agnizione*. 5. INFORM. Procedimento di identificazione dei dati di input e loro conversione in codici comprensibili dal computer. ◇ *Riconoscimento ottico dei caratteri*: scansione di pagine di testo e loro trasformazione in un file di testo modificabile.

riconosciùto agg. 1. Che ha validità ed efficacia in forza di una dichiarazione legale, di una sanzione giuridica. 2. Che ha ottenuto un'approvazione unanime grazie ai propri meriti e occupa, quindi, una posizione di rilievo.

riconquìsta s.f. Conquista di qlco. che era stato perduto.

riconquistàre v.tr. Conquistare nuovamente un territorio, una città, ecc. ~ fig. Conquistare di nuovo qlcu. o qlco. che si era perduto.

riconségna s.f. Restituzione di qlco. che si era avuto in consegna o di cui ci si era appropriati casualmente o illegalmente.

riconsegnàre v.tr. Restituire, ridare a qlcu. cose o persone affidate in custodia ad altri o smarrite o sottratte.

riconsideràre v.tr. Riprendere in esame una questione in vista di una nuova decisione.

ricontàre v.tr. Contare nuovamente qlco.

riconvenzionàle agg. DIR. Di riconvenzione. ◇ *Domanda riconvenzionale*: opposta dal convenuto al richiedente per ottenere un vantaggio diverso dal semplice rifiuto della pretesa del suo avversario.

riconvenzióne s.f. DIR. Azione promossa dal convenuto contro chi ha promosso la causa.

riconversióne s.f. (ingl. *reconversion*) ECON. Riorganizzazione di un'attività economica per adattarla a nuovi tipi di produzione.

riconvertìre v.tr. [89] 1. Convertire, convincere di nuovo qlcu. a una fede, un'idea, un atteggiamento che aveva abbandonato. 2. ECON. Adeguare gli apparati, l'organizzazione, i processi produttivi per indirizzarli verso altri tipi di produzione. ◆ **riconvertirsi** v.pron. Convertirsi di nuovo a qlco.

riconvocazióne s.f. Nuova convocazione.

ricopertùra s.f. 1. Operazione di copertura o nuova copertura. ~ La cosa, la parte che ricopre. 2. BORS. Acquisto di titoli precedentemente venduti allo scoperto.

ricopiàre v.tr. [6] Copiare un testo già scritto, scriverlo in bella copia.

ricopiatùra s.f. 1. Nuova copiatura di un testo. ~ *estens.* Trascrizione. 2. La copia ottenuta.

ricoprènte agg. CHIM. Di pigmenti e vernici che ricoprono in modo da formare un rivestimento protettivo continuo. ◆ s.m. Vernice ricoprente.

ricoprìre v.tr. [77] 1. Coprire interamente. ~ Rivestire. *Ricoprire il cassetto.* 2. Tornare a coprire con qlco. una cosa o una persona rimasta scoperta. 3. fig. Colmare qlcu. di qlco. *Ricoprire* *di carezze.* ◆ **ricoprìrsi** v.pron. **1.** ECON. Assicurare i propri crediti, rifarsi di una spesa. **2.** Coprirsi di nuovo con qlco. **3.** Coprirsi, essere cosparso di qlco. *Il cielo si ricoprì di nuvole.*

ricordàre v.tr. (lat. *recordāri* propr. "richiamare alla memoria", deriv. di *cŏr* "cuore" ritenuto dagli antichi sede della memoria). **1.** Avere presente nella memoria. *Ricordare una poesia.* **2.** Far ritornare in mente a qlcu. *Ti ricordo di andare via presto.* **3.** Menzionare. o qlco. **4.** Commemorare qlco. *Ricordare i caduti nella grande guerra.* **5.** estens. Somigliare a qlco. *Questo ragazzo ricorda il nonno paterno.* ◆ **ricordàrsi** v.pron. Serbare la memoria di qlco. o qlcu., tenerlo presente. *Mi ricordai che avevo un appuntamento.*

ricòrdo s.m. **1.** L'azione di ricordare. ~ Ciò che si ricorda, p.e. una sensazione, un'impressione, un'idea legata a un evento passato. **2.** Oggetto che mantiene o dimostra la memoria di una persona, di un avvenimento, ecc. *Questa collana è un ricordo della mamma.* **3.** estens. Segno rimasto come conseguenza di un evento, di solito negativo. *Portare sulla pelle il ricordo di una grave ustione.* **4.** (spec. pl.) Testimonianza materiale (di solito monumentale) del passato. *I ricordi della grandezza di Atene.* ❏ In funzione di agg. inv., che serve a far ricordare. *Foto ricordo.*

ricoricàre v.tr. [4] **1.** Coricare di nuovo. **2.** In arboricoltura, coricare sul terreno un ramo o un tralcio per propaginarlo. ◆ **ricoricàrsi** v.pron. Tornare a coricarsi. *Mi ricoricai su una panca.*

ricorrèggere v.tr. [35] Correggere nuovamente qlco.

ricorrènte agg. **1.** Che si ripete periodicamente. ◇ ANAT. *Nervo ricorrente:* quello che si origina nella parte alta del torace e risale fino alla laringe con andamento retrogrado. – MED. *Malattia ricorrente:* che si manifesta a intervalli regolari. **2.** DIR. Che ha presentato ricorso. ◆ s.m. e f. Nell'accez. 2 dell'agg. *Ascoltare le motivazioni del ricorrente.*

ricorrènza s.f. **1.** Ripetizione periodica di un fenomeno. ◇ MED. *Ricorrenza di una malattia:* nuova apparizione di una malattia contagiosa dovuta alla persistenza dello stesso germe nell'organismo. **2.** In partic., festa, festività, celebrazione che ricorre ogni anno. ~ Giorno che costituisce l'anniversario di un importante avvenimento. *La solenne ricorrenza del Natale.*

ricórrere v.intr. [21] (aus. *avere*) **1.** Ritornare velocemente al luogo da cui si era partiti. **2.** fig. Ripensare a qlco. *Ricorrere con la memoria all'infanzia.* **3.** Servirsi di qualche mezzo. *Ricorrere alla forza.* **4.** Rivolgersi a qlcu. per avere un aiuto. **5.** DIR. Presentare un ricorso. ◇ *Ricorrere in cassazione:* impugnare una sentenza che si ritiene viziata da errore di diritto. **6.** Ripetersi con una certa frequenza o in un certo luogo. *Nel discorso ricorrono molti spunti polemici.* **7.** Detto di festività o celebrazioni, cadere in un dato giorno.

ricorsività s.f. inv. LING. Proprietà di ciò che è ricorsivo. ◇ LOG., MAT. *Teoria della ricorsività:* studio di procedimenti di risoluzione o calcolo effettivo nell'ambito dei numeri naturali.

ricorsìvo agg. (ingl. *recursive*) Che si ripete con regolarità.

ricórso s.m. (lat. *recŭrsum* "ritorno" poi "ricorso") **1.** Richiesta. ◇ *Fare ricorso:* reclamare; usare. *Fare ricorso a un ufficio. Ha fatto ricorso a tutte le sue risorse.* **2.** DIR. Scritto, richiesta rivolta a un organo amministrativo o giudiziario per chiedere l'annullamento, la revoca o la modifica di un determinato provvedimento lesivo dei propri diritti o interessi. **3.** Ripetizione periodica di un fatto o di un fenomeno. **4.** Motivo decorativo che viene ripetuto con regolarità su elementi architettonici o su pagine di stampa.

ricostituènte agg. Che rinvigorisce, che dà nuova forza. ◆ s.m. Farmaco che ridà forza ed efficienza all'organismo.

ricostituìre v.tr. [83] **1.** Costituire, formare nuovamente una organizzazione, un gruppo. *Ricostituire una società.* ~ Ristabilire nella sua forma precedente. **2.** Rinvigorire dal punto di vista fisico o psichico. *Ricostituire l'organismo.* ◆ **ricostituìrsi** v.pron. **1.** Costituirsi nuovamente, riformarsi. *Il governo si è ricostituito.* **2.** Rinvigorirsi, rimettersi in forze.

ricostituzióne s.f. Nuova costituzione o ripristino su nuove basi. *Ricostituzione di un'azienda.* SIN.: **riorganizzazione**.

ricostruìre v.tr. [83] **1.** Costruire di nuovo strutture edilizie demolite o distrutte. SIN.: **riedificare**. ~ estens. Riorganizzare, rimettere in sesto qlco. che è in cattive condizioni. *Ricostruire l'economia di un paese.* **2.** Riportare un testo alla forma originaria. **3.** fig. Stabilire, capire o descrivere il modo in cui si è svolto un fatto servendosi di dati, testimonianze e ipotesi. *Ricostruire un fatto storico.* **4.** fig. Rappresentare ambienti del passato cercando di ricrearne le forme e le atmosfere.

ricostruttìvo agg. Che ha lo scopo di ricostruire, che è fondato sulla ricostruzione. ◇ CHIR. *Intervento ricostruttivo:* operazione di chirurgia ortopedica o plastica.

ricostruzióne s.f. **1.** Riedificazione o ripristino di una struttura. SIN.: **rifacimento**. ~ Il risultato che si ottiene. **2.** estens. Insieme degli interventi volti a riparare i danni economici, sociali o morali causati da una guerra o da una grave calamità. **3.** fig. Descrizione o spiegazione di un evento. *Ricostruzione di un incidente.* **4.** LING. Procedimento della linguistica storica che, mediante la comparazione tra lingue affini, ricostruisce le fasi più antiche non attestate delle medesime.

ricòtta s.f. Latticino molle ricavato dal siero del latte ovino o bovino che rimane dopo la cottura del formaggio. ◇ fig. *Di ricotta:* molle, che non ha vigore.

ricottùra s.f. **1.** Nuova cottura. **2.** METALL. Riscaldamento di un metallo o di una lega a una temperatura sufficiente per garantirne l'equilibrio fisico-chimico e strutturale, seguito da un lento raffreddamento. ~ Lento raffreddamento del vetro per evitare la formazione di tensioni.

ricoveràre v.tr. (lat. *recuperāre* "rientrare in possesso") **1.** Accogliere qlcu. in un luogo adatto. **2.** Dare asilo a qlcu. **3.** Mettere al riparo in un luogo. ◆ **ricoveràrsi** v.pron. **1.** Entrare in un istituto di cura o di assistenza. **2.** Trovare riparo, rifugio in un luogo.

ricoveràto agg. Ospite in un luogo di cura o di assistenza. ◆ s.m. [f. *–ta*] Nel sign. dell'agg.

ricóvero s.m. **1.** Trasferimento di una persona in un luogo di cura o di assistenza. *Ricovero in ospedale.* **2.** Luogo dove è possibile ripararsi, spec. da intemperie o pericoli. ~ Casa dove i religiosi danno ospitalità a pellegrini e viaggiatori. **3.** estens. Deposito. *Ricovero per locomotive.* **4.** Edificio o istituto attrezzato per accogliere e assistere persone anziane e indigenti. SIN.: **ospizio**.

ricreàre v.tr. **1.** Creare di nuovo. **2.** Ristorare il corpo o lo spirito, rigenerare. *Questa musica mi ha ricreato.* ◆ **ricreàrsi** v.pron. Svagarsi, distrarsi.

ricreatìvo agg. Che offre svago e divertimento.

ricreazióne s.f. Pausa dallo studio o dal lavoro, attività ricreativa. ~ Nelle scuole, intervallo di riposo e svago tra le lezioni.

ricrédersi v.pron. [12] Cambiare opinione, convincersi di aver sbagliato. *Mi sono ricreduto sul suo conto.*

ricréscere v.intr. [39] (aus. *essere*) Crescere di nuovo.

ricréscita s.f. Nuova o ulteriore crescita. *La ricrescita dei capelli.*

ricristallizzàre v.intr. (aus. *essere*) CHIM. Subire un altro processo di cristallizzazione. ◆ v.tr. CHIM. Sottoporre una sostanza a un nuovo processo di cristallizzazione.

ricristallizzazióne s.f. **1.** CHIM. Ulteriore cristallizzazione di una sostanza, fatta allo scopo di ottenere condizioni di maggiore purezza. **2.** METALL. Operazione di ricostruzione della struttura cristallina di un metallo tramite riscaldamento. **3.** GEOL. Modifica delle rocce originali con dissoluzione più o meno completa dei minerali primari e formazione di nuovi minerali.

rìctus s.m. inv. (voce lat., "apertura della bocca") MED. Contrazione spasmodica dei muscoli del volto che provoca l'apertura della bocca in un sorriso forzato. *Rictus cadaverico.* **2.** estens. Smorfia.

ricucìre v.tr. [76] **1.** Cucire qlco. che si è strappato. ~ MED. Unire i margini di una ferita. SIN.: **suturare**. **2.** fig. Ricostituire una situazione difficile, ricostituire un'armonia. *Ricucire i rapporti familiari.* **3.** fig. Mettere insieme parti di testo in modo approssimativo.

ricucitùra s.f. **1.** Atto del ricucire. ~ La parte ricucita – I punti dati nel ricucire. **2.** fig. Riavvicinamento fra parti in disaccordo. **3.** fig. spreg. Opera letteraria composta mettendo insieme parti diverse di opere proprie o altrui.

ricuòcere v.tr. [40] **1.** Cuocere di nuovo un cibo. **2.** METALL. Sottoporre un metallo alla ricottura.

ricurvàre v.tr. Curvare nuovamente qlco. ◆ **ricurvàrsi** v.pron. Curvarsi di nuovo o di più.

ricùrvo agg. Curvo in modo accentuato. ~ Piegato verso il basso.

ricusàbile agg. Che si può rifiutare.

ricusàre v.tr. (lat. *recusāre*, propr. "opporsi a una causa" quindi "rifiutare") Non accettare qlco., rifiutarlo; anche pron. ~ Non ammettere l'autorità di qlcu., il valore di qlco. ◇ DIR. *Ricusare un giudice:* chiedere l'esclusione di un procedimento in base a fondate motivazioni. ◆ v.intr. (aus. *avere*) MAR. Ricompore una situazione; detto di nave, non riuscire a virare a causa del vento contrario.

ricusazióne s.f. DIR. Richiesta di sostituzione di un giudice, avanzata da una delle parti in un processo penale.

ridacchiàre v.intr. [6] (aus. *avere*) Ridere con risatine brevi e ripetute, spesso con intenzione ironica.

ridàre v.tr. [8] **1.** Dare nuovamente. *Dovresti ridarmi il tuo indirizzo.* **2.** Rendere, restituire. *Ridare all'amico i soldi prestati.* **3.** Ripresentarsi per sostenere nuovamente un esame.

ridefinìre v.tr. [83] **1.** Definire nuovamente. **2.** estens. Dare un nuovo e diverso assetto a qlco. *Ridefinire le responsabilità nell'ambito di un gruppo.* SIN.: **modificare**.

ridefinizióne s.f. Modifica di ciò che era stabilito, fissato in un certo modo.

ridènte agg. **1.** Che ride, che esprime gioia. **2.** estens. Che rallegra lo sguardo e rasserena l'animo. *Un paesaggio ridente.*

rider [/'rai̯da/] s.m. inv. (voce ingl., deriv. di *to ride* "cavalcare") **1.** IPP. Fantino. **2.** SPORT. Corridore motociclistico.

rìdere v.intr. [21] (aus. *avere*) **1.** Atteggiare il viso ed emettere un suono caratteristico per esprimere allegria o scherno. ◇ *Ridere a denti stretti:* contro voglia. – *Ridere di qlcu.:* canzonarlo. **2.** fig. Risplendere, brillare. *Occhi che ridono.* ❏ In funzione di s.m., spec. nelle locc. *crepare dal ridere, morire dal ridere.* ◆ **rìdersela** v.pron. Non preoccuparsene, infischiarsene. *Quel ragazzo se la ride di tutto e di tutti.*

ridestàre v.tr. **1.** Destare di nuovo qlcu. **2.** Far rinascere qlco. ◆ **ridestàrsi** v.pron. **1.** Destarsi di nuovo, risvegliarsi. **2.** fig. Ravvivarsi in qlcu. *L'attenzione si ridestò tra il pubblico.*

ridicolizzàre v.tr. Prendere in giro qlcu. o qlco., renderlo ridicolo.

ridìcolo agg. **1.** Che suscita il riso per la sua comicità o assurdità. **2.** estens. Irragionevole, assurdo. *Pretese ridicole.* ~ Di scarso rilievo o valore. *Un compenso ridicolo.* ◆ s.m. (solo sing.) Aspetto o condizione che suscita ilarità e provoca derisione. *Coprirsi di ridicolo.*

ridimensionaménto s.m. **1.** Riduzione dell'attività, delle dimensioni o dell'importanza di qlco. **2.** fig. Riconsiderazione di qlco. secondo una valutazione più riduttiva.

ridimensionàre v.tr. **1.** Riorganizzare un'attività produttiva o amministrativa riducendone le dimensioni. **2.** fig. Ridurre a dimensioni più modeste e realistiche. ◆ **ridimensionàrsi** v.pron. Ridursi a proporzioni più modeste.

ridipìngere v.tr. [22] Dipingere nuovamente qlco. *Ridipingere lo steccato.*

ridìre v.tr. [80] **1.** Ripetere qlco. **2.** Riferire a qlcu. cose dette da altri. **3.** Esporre, recitare qlco. che si è appreso. *Ridire la lezione.* **4.** Esprimere la propria disapprovazione. *Trovare sempre da ridire.* SIN.: **obiettare**.

ridiscéndere v.tr. [33] Discendere di nuovo un percorso, una scala, ecc. ◆ v.intr. (aus. *essere*) **1.** Scendere nuovamente. *La temperatura è ridiscesa.* **2.** Scendere verso il basso. *Ridiscendere dall'albero.* ~ Smontare di nuovo da un mezzo di trasporto.

ridiscùtere v.tr. [28] Sottoporre qlco. a una nuova discussione. *Ridiscutere una proposta.* ◆ v.intr. (aus. *avere*) Tornare a discutere di qlco. *Ridiscutere del lavoro.*

ridisegnàre v.tr. Disegnare, delineare un'altra volta.

ridistribuìre v.tr. [83] **1.** Distribuire nuovamente o con criteri diversi qlco. *Ridistribuire le mansioni tra i dipendenti.* **2.** Distribuire a propria volta ad altri ciò che si è raccolto, ricevuto. *Ridistribuire gli aiuti.*

ridistribuzióne s.f. Nuova distribuzione secondo criteri diversi da quelli precedenti.

ridivenire v.cop. [81] (aus. *essere*) Divenire di nuovo, riacquistare determinate proprietà, un certo ruolo. *Ridivenire presidente.*

ridivìdere v.tr. [21] Dividere nuovamente qlco. in più parti o tra più persone. SIN.: **ripartire**. ◆ **ridividersi** v.pron. **1.** Detto di più persone, separarsi nuovamente l'una dall'altra. **2.** Dividersi nuovamente tra più occupazioni o interessi o tra più persone.

ridomandàre v.tr. **1.** Chiedere di nuovo. **2.** Chiedere in restituzione qlco. a qlcu.

ridondànte agg. **1.** Eccessivamente ricco, sovrabbondante. *Architettura ridondante di ornamenti.* **2.** LING. Superfluo, pleonastico.

ridondànza s.f. **1.** Quantità eccessiva di qlco. **2.** LING. Presenza in un testo di elementi che non contengono novità informative e possono essere eliminati senza danno per la comprensione. **3.** TECN. Caratteristica di un impianto in cui più elementi sono in grado di svolgere la medesima funzione al fine di evitare inconvenienti in caso di guasti. **4.** INFORM., TELECOM. Duplicazione di informazioni o elementi di un sistema per garantire la sicurezza in caso di guasti.

ridòsso s.m. Elemento elevato che funge da riparo. ◇ *A ridosso:* vicino. – *loc. prep. A ridosso da:* al riparo. *Portarsi a ridosso dal vento.*

ridótta s.f. (fr. *redoute*) **1.** MIL. Opera di fortificazione di piccole dimensioni, secondaria. **2.** AUTOM. Rapporto di trasmissione speciale che permette di superare forti dislivelli.

ridótto agg. **1.** Trasformato in uno stato peggiore del precedente. *Una casa ridotta in cenere.* **2.** Che ha subito una riduzione. ◇ *Edizione ridotta:* mancante di alcune parti. – *Biglietto ridotto:* di prezzo inferiore al normale. **3.** CHIM. Che ha subito un processo di riduzione. **4.** LING. *Vocale ridotta:* che presenta una durata o un grado di sonorità inferiore rispetto alle altre vocali del sistema. **5.** MAT. Semplificato. ◆ s.m. Nei teatri, salone nel quale possono trattenersi gli spettatori durante gli intervalli tra un atto e l'altro. SIN.: **foyer**.

riducènte agg. **1.** Che riduce. **2.** CHIM. Che produce una reazione di riduzione.

riducìbile agg. **1.** Che può essere portato a una determinata condizione. **2.** Che può essere ridotto. SIN.: **accorciabile**. **3.** CHIM. Che può subire una riduzione. **4.** MAT. Di un'equazione il cui grado può essere semplificato. **5.** MED. Che può essere ricollocato nella posizione normale. *Ernia riducibile.*

riducibilità s.f. inv. Caratteristica di ciò che è riducibile.

ridùrre v.tr. [26] **1.** Rendere più piccolo, minore. ~ *fig.* Fare abbassare di livello, limitare. *Ridurre le spese.* **2.** Far diventare in un certo modo. *Ridurre la casa un porcile.* **3.** Far finire in cattive condizioni, condurre a una situazione peggiore. ◇ *fig. Ridurre qlcu. in pezzi:* stremarlo. **4.** Costringere a un dato comportamento. *Ridurre il figlio a ribellarsi.* **5.** Trasformare un'opera per una destinazione diversa da quella originaria. *Ridurre un romanzo per il cinema.* SIN.: **adattare**. **6.** MAT. Operare una riduzione di termini correlati. ◇ *Ridurre un'equazione:* abbassarne il grado. – *fig. Ridurre ai minimi termini:* all'essenziale, alla forma più semplice. **7.** MED. Rimettere a posto un organo o un osso fratturato. **8.** CHIM. Effettuare la riduzione di una sostanza. *Ridurre un ossido.* **9.** FIS. Trasformare una misura da un'unità in un'altra. *Ridurre da miglia in chilometri.* ◆ **ridursi** v.pron. **1.** Diminuire, rimpicciolire. *La velocità si è ridotta.* **2.** Consistere in ultima analisi in qlco. *La questione si riduce a due soli punti.* **3.** Diminuire fino a giungere a un certo numero o grado. *Le sue speranze si sono ridotte a zero.* **4.** Precipitare in una situazione peggiore della precedente. *Ridursi in miseria.* ◇ *Ridursi all'ultimo momento:* fare tutte le cose all'ultimo momento, in fretta.

riduttìvo agg. **1.** Che provoca o tende a provocare una riduzione di qlco. *Analisi troppo riduttiva della situazione.* ◇ CHIM. *Reazione riduttiva:* accompagnata da riduzione di qlco. **2.** Che tende a limitare l'importanza o la riuscita di qlco.

riduttóre s.m. **1.** [f. *-trice*] Chi riduce. ~ Chi adatta un'opera letteraria alla rappresentazione teatrale o cinematografica. **2.** MECC. IND. Congegno che, nel trasmettere un movimento rotatorio, opera una riduzione del numero dei giri. **3.** TECN. *Riduttore di pressione:* dispositivo che riduce e mantiene costante la pressione di un fluido all'uscita di un condotto o di un contenitore. **4.** ELETTR. Dispositivo che riduce il valore di una grandezza elettrica, spec. intensità o tensione di corrente. ~ Elemento di connessione tra una spina e una presa di passo diverso. **5.** MIL. *Riduttore di vampa:* congegno applicato alla bocca delle armi da fuoco automatiche per diminuire la vampa al momento dello sparo. **6.** CHIM. Riducente.

riduzióne s.f. **1.** Diminuzione di numero o quantità. **2.** Mutamento della condizione di qlcu. o qlco., spec. in senso restrittivo. *Riduzione di un popolo in schiavitù.* ~ Riferito a cosa, trasferimento a una forma o a un uso diverso. *Riduzione di una poesia in prosa.* ◇ DIR. CAN. *Riduzione allo stato laicale:* provvedimento che fa cessare definitivamente i diritti e i doveri propri della condizione di religioso, decretato come suprema sanzione disciplinare o su richiesta dell'interessato in particolari casi. **3.** MUS. Adattamento di un brano per un numero ristretto di esecutori o per un solista. **4.** MED. Operazione chirurgica per ricollocare nella sua sede naturale un organo spostato o un osso fratturato. **5.** FILOS. Sostituzione di una proposizione con un'altra equivalente ma più semplice e schematica, in grado di dimostrare la verità o falsità di quella originaria. **6.** CHIM. Processo nel quale un elemento acquista uno o più elettroni diminuendo il suo grado di ossidazione. **7.** MAT. Procedimento di semplificazione. ◇ *Riduzione di una frazione ai minimi termini:* semplificazione della frazione fino a che numeratore e denominatore sono primi fra di loro. **8.** TECN. Elemento di raccordo fra due tubazioni di diametro diverso.

riduzionìsmo s.m. (ingl. *reductionism*) FILOS. Tendenza che consiste nel ridurre i fenomeni complessi ai loro componenti più semplici, considerati come fondamentali.

riecheggiàre v.intr. [5] (aus. *essere*) **1.** Echeggiare a lungo o ripetutamente in un luogo. **2.** *fig.* Comparire in uno o più testi. ◆ v.tr. **1** Rendere un suono come un'eco. **2.** *fig.* Imitare o far venire in mente un modello. *La sua musica riecheggia motivi di jazz.*

riedificàre v.tr. [4] → **ricostruire**.

riedizióne s.f. **1.** Nuova edizione di un'opera, con modifiche più o meno rilevanti. **2.** Rilancio di un vecchio film cui sono stati apportati miglioramenti tecnici. **3.** *fig.* Riproposta di situazioni, ideologie del passato a cui sono state apportate solo modifiche superficiali.

rieducàre v.tr. [4] **1.** Riabilitare socialmente qlcu. *Rieducare i detenuti.* **2.** MED. Riportare alla normale funzionalità organi, arti o funzioni menomate.

rieducatìvo agg. Che ha come scopo la rieducazione. ~ MED. Riabilitativo. *Esercizi fisici rieducativi.*

rieducazióne s.f. **1.** Intervento educativo nei confronti di individui, spec. minorenni, che presentano devianza sociale o non hanno ricevuto un'adeguata formazione nell'ambiente familiare. **2.** *estens.* Nei regimi totalitari, il complesso degli interventi psicologici, di solito coatti, volti a modificare le idee dei dissidenti. **3.** MED. Trattamento terapeutico per ripristinare la funzionalità in campo fisico o psichico.

rièl s.m. inv. Unità monetaria della Cambogia.

rielaborazióne s.f. Nuova elaborazione di qlco. con criteri diversi o in forma diversa. *Rielaborazione di un'opera letteraria.* SIN.: **rifacimento**.

rielèggere v.tr. [35] Eleggere nuovamente qlcu. a una data carica.

rielezióne s.f. Nuova elezione di chi riveste già la stessa carica.

riemèrgere v.intr. [21] (aus. *essere*) **1.** Risalire nuovamente alla superficie. **2.** *fig.* Emergere, manifestarsi di nuovo derivando da qlco.

riemersióne s.f. **1.** Ritorno in superficie dopo un'immersione. **2.** *fig.* Nuova apparizione, ritorno. *La riemersione dell'antisemitismo.*

riempiménto s.m. Atto ed effetto del riempire. ◇ *Riempimento di un modulo, di una scheda:* compilazione. – *Materiali di riempimento:* nelle costruzioni civili, materiali che vengono utilizzati per livellare un terreno o per riempire uno scavo. – CHIM. *Corpi di riempimento:* forme cilindriche o sferiche che vengono introdotte nelle torri di assorbimento o di distillazione per aumentare la superficie di scambio tra il vapore o il gas e il liquido.

riempìre v.tr. [70] **1.** Colmare qlco. che è vuoto o libero. *Riempire una bottiglia.* ◇ *Riempire la pancia, lo stomaco:* mangiare in modo abbondante. ~ *fig.* Colmare di un sentimento o di una sensazione. *Queste notizie lo riempiono di gioia.* ~ Arricchire con qlco. *Riempire un discorso di citazioni.* **2.** Compilare gli spazi appositi in un modulo, una scheda, ecc. ◆ **riempirsi** v.pron. Diventare pieno, anche in senso fig. *La piazza si è riempita di gente.*

riempìta s.f. *fam.* Riempimento veloce e sommario di un contenitore.

riempitìvo agg. **1.** Che serve a riempire un vuoto. **2.** *estens.* Riferito allo stile, di ciò che ha solo una funzione esornativa. ◆ s.m. Ciò che serve a riempire un vuoto ed è perciò di scarso valore.

rientrànte agg. **1.** Che presenta rientranza. **2.** *fig.* Incavato. *Guance rientranti per il digiuno.* ◆ s.m. MIL. In una linea difensiva, l'angolo il cui vertice è rivolto verso l'interno.

rientrànza s.f. **1.** Concavità di una superficie. **2.** STAM. Riga portata in dentro rispetto al margine normale che segna l'inizio di un capoverso.

rientràre v.intr. (aus. *essere*) **1.** Entrare di nuovo, ritornare da dove si era usciti o da dove ci si era allontanati. **2.** *fig.* Ritornare in una condizione in cui già ci si trovava. *Rientrare in gara.* ◇ *Rientrare nelle grazie di qlcu.:* ottenerne la fiducia, la simpatia. – *Rientrare in servizio:* riprendere la propria attività dopo un'interruzione. – *Rientrare in possesso di qlco.:* recuperare. – *Rientrare in sé:* riacquistare l'autocontrollo. **3.** Fare parte di qlco., essere compreso in un gruppo, una lista, ecc. *Questa faccenda non rientra nelle mie competenze.* **4.** Presentare una deviazione verso l'interno. **5.** *fig.* Essere annullato. *Il progetto è rientrato.* **6.** Recuperare il denaro speso. *Non è riuscito a rientrare ed è fallito.* ◆ v.tr. MAR. Ritirare i remi in barca, serrare le vele.

riéntro s.m. Ritorno. *Rientro dalle vacanze.* ~ Restituzione di soldi, beni. *Favorire il rientro dei capitali dall'estero.* ◇ ASTRONAUT. *Rientro nell'atmosfera:* la prima fase del ritorno sulla Terra di un veicolo spaziale.

riepilogàre v.tr. [4] → **riassumere**.

riepilogatìvo agg. Che serve come riepilogo.

riepìlogo s.m. [pl. *-ghi*] Esposizione riassuntiva degli argomenti di un discorso, di un testo, ecc.

riequilibràre v.tr. Ristabilire l'equilibrio di qlco., anche in senso fig. *Riequilibrare il bilancio.* ◆ **riequilibrarsi** v.pron. Ritornare in equilibrio.

riequilìbrio s.m. [pl. *-bri*] Ristabilimento di un equilibrio.

riesàme s.m. Nuovo esame, più attento e approfondito del precedente. ◇ *Tribunale del riesame:* organo collegiale che riesamina i casi di restituzione della libertà personale e di sequestro penale.

riesaminàre v.tr. Esaminare qlco. nuovamente o su nuove basi.

riesling [/'rizlin(g)/] s.m. inv. (voce ted.) Vitigno e vino da esso prodotto, tipico del Trentino Alto Adige.

riesportàre v.tr. Esportare in un altro paese merci precedentemente importate.

riesportazióne s.f. Esportazione, sotto forma di prodotti lavorati, di merci o materie prime che erano state precedentemente importate.

riesumàre v.tr. **1.** Disseppellire. *Riesumare una salma.* **2.** *fig.* Rimettere qlco. in uso, renderlo di nuovo attuale. *Riesumare vecchie storie.*

riesumazióne s.f. **1.** Disseppellimento di un cadavere. **2.** *fig.* Recupero di motivi o idee abbandonate da tempo.

rievocàre v.tr. [4] **1.** Tornare a evocare qlcu. *Rievocare uno spirito.* **2.** Riportare alla memoria. *Rievocare il passato.* **3.** *estens.* Commemorare. *Rievocare la figura dello scrittore scomparso.*

rievocazióne s.f. **1.** Ritorno con la mente e con la parola a persone o avvenimenti del passato. *Rievocazione di un amico scomparso.* SIN.: **ricordo. 2.** Commemorazione, celebrazione.

rifaciménto s.m. **1.** Ricostruzione o restauro di un edificio. **2.** Nuova esecuzione di un'opera, con modifiche più o meno significative.

rifàre v.tr. [9] **1.** Fare un'altra volta ciò che non è stato eseguito in modo soddisfacente. **2.** Sostituire, rimettere in sesto ciò che si era distrutto, deteriorato. *Rifare un tetto.* **3.** Ripetere qlco. *Rifare un gesto.* **4.** Imitare un verso, una voce. **5.** Mettere in ordine. *Rifare il letto.* **6.** Restituire a una determinata condizione. *Rifare nuovo l'appartamento.* **7.** Di persone, rieleggere. *L'hanno rifatto sindaco.* ◆ **rifarsi** v.pron. **1.** Rimettersi in salute. *Dopo il soggiorno al mare, si è rifatto.* **2.** Riprendersi economicamente. *Rifarsi delle perdite.* **3.** Prendersi la rivincita su qlcu. *Si è rifatto con l'avversario più debole.* **4.** Fare riferimento a qlco. **5.** *fig.* Recuperare una condizione che era stata compromessa. *Rifarsi una vita.* ~ Ricorrere a chirurgia estetica per correggere difetti fisici. *Si è rifatta il seno.* **6.** Tornare a essere in un certo modo. *Il cielo si è rifatto grigio.*

riferiménto s.m. **1.** Istituzione di una relazione di pertinenza fra due o più elementi. ◇ *loc. prep.* Con, in riferimento a: nel 1. bur. e comm., per quel che si riferisce a. *In riferimento alla vostra offerta.* **2.** Ciò che si assume come elemento di orientamento o come termine di un rapporto, di un confronto, di una misurazione. *Punto di riferimento.* ◇ MAT. *Riferimento cartesiano:* quello costituito da un sistema di assi ortogonali. **3.** Allusione, richiamo a qlco. o qlcu. ~ Rimando, rinvio. **4.** LING. Il rapporto che si istituisce tra espressione linguistica e dato della realtà (*referente*) cui essa rimanda. **5.** MECC. Nelle lavorazioni tecnologiche, dispositivo che permette di fissare il pezzo in lavorazione in una determinata posizione rispetto alle macchine che operano su di esso.

riferire v.tr. [83] **1.** Riportare ad altri quanto si è venuti a conoscere. **2.** Mettere in relazione qlco. ad altro. **3.** Riferire il fatto a motivi di tipo diverso. ◆ *v.intr.* (aus. *avere*) Presentare a qlcu. una relazione o un rapporto scritto su qlco. *La commissione riferirà al consiglio sui propri lavori.* ◆ **riferirsi** v.pron. **1.** Fare riferimento a qlco. o qlcu. *Mi riferisco a quanto precedente-*

mente affermato. **2.** Essere in rapporto con qlco. *Il filmato si riferisce a un fatto accaduto.*

riff [/'rif/] s.m. inv. (voce ingl.) Nel jazz e poi nel pop, breve motivo melodico utilizzato in modo ripetitivo e ritmico per tutta la lunghezza di un pezzo.

riffa s.f. (spagn. *rifa*, deriv. di *rifar* "sorteggiare") Lotteria privata i cui premi sono degli oggetti.

rifilàre v.tr. **1.** Tagliare qlco. a filo. *Rifilare una risma di fogli.* **2.** Dare a qlcu. qlco. di sgradito o che costituisce un danno. *Rifilare un nomignolo al maestro.*

rifilatrice s.f. TECN. Macchina che esegue lavori di rifilatura di lamiere e parti metalliche.

rifilatùra s.f. TECN. Operazione di finitura, di pareggiamento dei margini di qlco.

rifinanziaménto s.m. Operazione con cui vengono erogati nuovi fondi per finanziare un investimento o un ente pubblico per il quale i fondi precedentemente stanziati sono stati esauriti.

rifinire v.tr. [83] **1.** Completare con cura, perfezionare. **2.** Finire di nuovo qlco., terminarlo un'altra volta. *Ho già rifinito i soldi.*

rifinitóre s.m. [f. *-trice*] **1.** INDUS. Addetto a lavori di rifinitura di un prodotto. **2.** Chi apporta gli ultimi ritocchi a un'opera, perfezionandola nei minimi dettagli.

rifinitùra s.f. **1.** Operazione finale mediante cui si apportano gli ultimi ritocchi a un lavoro, curandone i particolari e perfezionandolo nei minimi dettagli. **2.** IND. TESS. Nome con cui si indicano diverse operazioni volte a migliorare le caratteristiche specifiche del tessuto. **3.** (spec. pl.) Ogni elemento concreto aggiunto a completamento e perfezionamento di un'opera. *Mobile da bagno con rifiniture di lusso.*

rifiorire v.intr. [83] (aus. *essere*) **1.** Fiorire nuovamente. **2.** *fig.* Di persona, rinvigorirsi, rimettersi in forma. ~ Di cosa, tornare fiorente, prospero. ◆ *v.tr.* Far fiorire nuovamente qlco.

rifiutàbile agg. Che può o deve essere rifiutato.

rifiutàre v.tr. **1.** Non accettare. *Rifiutare un consiglio.* **2.** Non accettare di fare qlco., non acconsentire; anche pron. **3.** Non concedere qlco. *Rifiutare un assenso.*

rifiùto s.m. **1.** Non accettazione di un invito, una proposta, un'offerta, ecc. **2.** IPP. *estens.* Arresto del cavallo che non obbedisce ai comandi del cavaliere di fronte all'ostacolo. ~ Nei giochi di carte, il non fornire il colore richiesto dal compagno. **3.** Eliminazione di qlco. perché inutilizzabile o dannoso. SIN.: **scarto.** ~ (spec. pl.) Ciò che viene scartato o si presenta come residuo inutilizzabile di lavorazioni, processi organici, ecc. ◇ *Rifiuti speciali:* che devono essere trattati e smaltiti secondo determinate procedure. – *Rifiuti urbani:* materiali di scarto di un centro urbano, spec. di provenienza domestica. **4.** *fig.* Delinquente, emarginato.

riflessànte agg. Di prodotto cosmetico che dà riflessi colorati ai capelli. ◆ s.m. Nel sign. dell'agg.

riflessióne s.f. **1.** Attenta considerazione e valutazione. ~ (spec. pl.) Osservazione che è frutto dell'aver riflettuto su qlco. **2.** FIS. Fenomeno per cui un raggio di luce viene rinviato o deviato da una superficie riflettente. ~ *estens.* Lo stesso fenomeno riferito a onde e particelle di altra natura. **3.** FILOS. Atto, operazione con cui il pensiero si ripiega su se stesso per esaminare la

propria attività e conseguirne una conoscenza critica.

riflessività s.f. inv. GRAMM. Con riferimento ai verbi di forma riflessiva, il doppio coinvolgimento del soggetto come punto di partenza e punto di arrivo dell'evento.

riflessìvo agg. **1.** Che concerne la riflessione. **2.** Incline alla riflessione. **3.** GRAMM. Si dice del pronome personale che, usato in funzione di oggetto diretto o indiretto, indica lo stesso soggetto della frase. ◇ *Verbo riflessivo, costruzione riflessiva:* la forma dei verbi quando è accompagnata, encliticamente o procliticamente, da un pronome atono (*mi, ti, si, ci, vi*) riferito al soggetto stesso. **4.** MAT. *Proprietà riflessiva:* quella per cui una grandezza è uguale a se stessa. ◆ s.m. GRAMM. Verbo nella forma riflessiva.

1. riflèsso s.m. **1.** FIS. Luce rinviata da una superficie riflettente. ~ Immagine riflessa. ~ Sfumatura colorata che varia secondo l'illuminazione. **2.** *fig.* Effetto, conseguenza diretta, ripercussione. *I risultati delle elezioni hanno avuto riflessi in borsa.* ◇ *Di, per riflesso:* indirettamente, di conseguenza. **3.** FISIOL. Reazione involontaria in risposta a uno stimolo su un organo periferico di senso. ◇ *Riflesso condizionato:* ottenuto associando stabilmente uno stimolo specifico a una determinata risposta. **4.** *estens.* (spec. pl.) Capacità di reazione appropriata.

2. riflèsso agg. **1.** Che è rinviato dalla superficie che ha appena colpito. ◇ *Immagine riflessa:* quella rinviata da uno specchio o da una superficie riflettente; *fig. spreg.* copia, imitazione. – *Brillare di luce riflessa:* detto di corpi celesti, non emettere luce propria ma riflettere la luce proveniente da un altro astro; detto di persona, usufruire della fama o della notorietà di un'altra. **2.** *fig.* Che ritorna su chi agisce. **3.** FISIOL. *Atto riflesso:* movimento stereotipato compiuto involontariamente, come risposta a uno stimolo. **4.** Che è frutto di riflessione, non spontaneo. ◇ *Arte riflessa:* che non nasce dall'ispirazione immediata, ma dalla convenzionale rielaborazione di fonti.

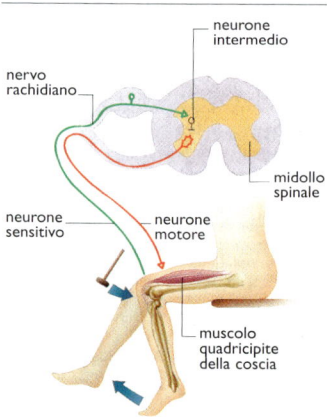

■ **riflèsso** rotuleo.

riflessògeno agg. FISIOL. Che provoca un riflesso.

riflessogràmma s.m. Registrazione grafica di un riflesso.

riflettènte agg. **1.** Che riflette. **2.** FILOS. *Giudizio riflettente:* nella dottrina di Kant, quello in cui la conoscenza viene riferita solo al soggetto.

riflèttere v.tr. (lat. *reflèctere*, comp. di *rĕ* "indietro" e *flèctere* "piegare, volgere") **1.** FIS. Rimandare indietro, da parte di una superficie riflettente, un flusso di energia. *Riflettere i raggi luminosi.* **2.** Rimandare un'immagine. *Le acque del lago riflettono gli alberi.* **3.** *fig.* Manifestare un sentimento, uno stato d'animo. *I suoi occhi riflettono la sorpresa.* ◆ *v.intr.* (aus. *avere*) Essere riflessivi, considerare con calma e ponderatezza. *Ho riflettuto a lungo su quanto mi hai detto.* ◆ **riflettersi** v.pron. **1.** Rispecchiarsi su qlco. *La luna si riflette nelle acque.* **2.** *fig.* Influire direttamente. SIN.: **ripercuotersi.**

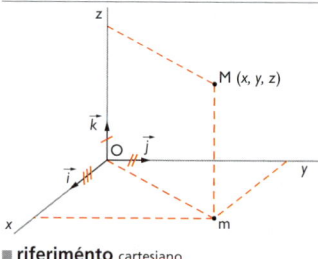

■ **riferiménto** cartesiano.

■ **riflessióne** di un raggio luminoso.

i: angolo d'incidenza *i* = *i'*
i': angolo di riflessione

neurone intermedio
nervo rachidiano
midollo spinale
neurone sensitivo
neurone motore
muscolo quadricipite della coscia

riflettóre s.m. (fr. *réflecteur*) **1.** Dispositivo che permette di riflettere e concentrare energia radiante. ~ Apparecchio d'illuminazione che riflette con una superficie concava un forte fascio di luce prodotto da una o più fonti luminose. ◊ *fig. Essere sotto i riflettori*: al centro dell'attenzione. **2.** ASTR. Telescopio dotato di specchio parabolico (in oppos. a *rifrattore*). **3.** TELECOM. Dispositivo che indirizza l'irradiazione dell'antenna in una determinata direzione. **4.** FIS. Parte di un reattore nucleare, collocata intorno al nocciolo, che rinvia i neutroni verso il nucleo, diminuendone la perdita. □ In funzione di agg., nella loc. *schermo riflettore*, quello che in fotografia indirizza sul soggetto i raggi della sorgente luminosa, allo scopo di schiarirne le ombre.

riflettorizzàto agg. Di oggetto o materiale concepito per riflettere la luce.

rifluìre v.intr. [83] (aus. *essere, non com. avere*) **1.** Scorrere di nuovo. *Il gas ha cominciato a rifluire nelle condutture.* **2.** Defluire da un luogo. *L'acqua rifluisce dalle zone colpite dall'alluvione.* **3.** Tornare ad affluire in un luogo, anche in senso fig. *La gente rifluisce nelle piazze.*

riflùsso s.m. **1.** Scorrimento di un liquido in senso contrario. ~ Marea discendente (in oppos. a *flusso*). ~ La corrente che ne consegue. **2.** estens. Movimento di persone che tornano indietro dal luogo in cui si erano dirette. *Il riflusso dei manifestanti.* **3.** fig. Calo, diminuzione. **4.** fig. Ritorno a valori del passato o ritenuti superati.

rifondàre v.tr. **1.** Gettare nuovamente le basi per una costruzione. **2.** fig. Ricostruire su basi o valori nuovi, in partic. nel settore politico.

rifondazióne s.f. **1.** Nuova fondazione. **2.** estens. Rinnovamento di organizzazioni o istituzioni politiche e sociali.

rifóndere v.tr. [47] **1.** Fondere nuovamente un materiale. *L'orefice ha dovuto rifondere i gioielli difettosi.* **2.** fig. Ricomporre qlco. modificandolo, riorganizzandolo. *Rifondere uno scritto.* **3.** Rimborsare a qlcu. una spesa, risarcirgli un danno. *L'assicurazione mi ha rifuso il danno.*

riforestazióne s.f. → rimboschimento.

rifórma s.f. **1.** Trasformazione migliorativa di una realtà esistente. ~ POLIT. Cambiamento importante, radicale e migliorativo di qlco., in partic. di un'istituzione. *Riforma della costituzione.* ◊ *Riforma protestante (o la Riforma)*: movimento religioso di opposizione alla Chiesa cattolica, avviato da Martin Lutero nel sec. XVI, che si diffuse soprattutto nell'Europa centro-settentrionale e diede origine alle Chiese protestanti (v. parte n.pr.). – *Riforma cattolica*: movimento di rinnovamento che si sviluppò all'interno della Chiesa cattolica già prima del concilio di Trento, e che proseguì in modo parallelo al concilio stesso. (Il termine è usato in storiografia in sostituzione o parallelamente a quello di *controriforma*.) **2.** DIR. Modifica parziale o totale di una decisione giurisdizionale tramite la giurisdizione superiore. **3.** MIL. Esonero permanente dal servizio militare.

riformàbile agg. **1.** Che può o deve essere riformato. **2.** Che può essere esonerato dal servizio militare.

riformàre v.tr. **1.** Formare di nuovo qlco. *Riformare un partito disciolto.* **2.** Trasformare qlco. attraverso modifiche e innovazioni. *Riformare un ordinamento.* **3.** Esonerare dal servizio militare in seguito a dichiarazione di inabilità. *Lo hanno riformato.* ◆ **riformàrsi** v.pron. Formarsi nuovamente. *Si è riformato del ghiaccio sulla strada.*

1. riformàto agg. **1.** Modificato mediante una riforma. ◊ *Congregazioni, frati, ordini riformati*: che seguono una regola modificata rispetto a quella originaria. **2.** MIL. Che ha avuto l'esonero permanente dal servizio militare. ◆ s.m. **1.** [f. –*ta*] Seguace della Riforma, della Chiesa protestante. **2.** Chi è stato esonerato dal servizio militare.

2. riformàto agg. TECN. Che è stato sottoposto a processo di reforming.

riformatóre agg. [f. –*trice*] Che propone o attua riforme. ◆ s.m. (anche f.) Nel sign. dell'agg.

riformatòrio s.m. [pl. –*ri*] DIR. Istituto per la rieducazione dei minorenni condannati a scontare una pena detentiva.

riformìsmo s.m. **1.** Movimento e metodo di prassi politica che si propone di modificare gradualmente l'ordinamento della società e dello Stato con mezzi legali, attraverso una serie di riforme. **2.** estens. Atteggiamento di chi vuole modificare una situazione attraverso delle riforme.

riformìsta s.m. e f.[pl.m. –*sti*] (ingl. *reformist*, orig. "seguace della riforma protestante") Esponente, fautore del riformismo. □ In funzione di agg., riformistico.

riformìstico agg. [pl.m. –*ci*, f. –*che*] Relativo al riformismo o ai riformisti.

riformulàre v.tr. **1.** Esprimere nuovamente e, spesso, in modo più corretto e comprensibile. **2.** CHIM. INDU. Stabilire una nuova formula di composizione.

riforniménto s.m. **1.** Attività volta a procurare ciò che è necessario per l'efficienza o il funzionamento di qlco. ◊ SPORT. *Posto di rifornimento*: punto, lungo il percorso di una gara, in cui vengono distribuiti viveri e bevande ai concorrenti. **2.** (spec. pl.) Generi di cui ci si rifornisce o si è riforniti.

rifornìre v.tr. [83] Fornire qlcu. di qlco., provvedere qlcu. o una persona di cose che necessitano. *Rifornire una città di acqua.* ◆ **rifornìrsi** v.pron. Provvedersi di qlco. *Rifornirsi di viveri.*

rifrangènte agg. FIS. Che è in grado di rifrangere.

rifrangènza s.f. FIS. Proprietà di rifrangere onde elettromagnetiche, suoni o altre radiazioni.

rifràngere v.tr. [22] FIS. Far subire una rifrazione a un raggio luminoso, a una radiazione, ecc. ◆ **rifrangersi** v.pron. **1.** Spezzarsi, infrangersi. **2.** FIS. Subire una rifrazione.

rifrangìbile agg. OTT. *non com.* Che può subire la rifrazione.

rifrattìvo agg. Che ha la proprietà della rifrangenza.

rifràtto agg. FIS. Che ha subito rifrazione.

rifrattòmetro o **refrattòmetro** s.m. OTT. Strumento per misurare l'indice di rifrazione. ~ MED. Strumento per misurare la vista.

rifrattóre agg. [f. –*trice*] Che produce rifrazione. ◆ s.m. **1.** Dispositivo di illuminazione funzionante con raggi rifratti. **2.** ASTR. Strumento ottico che capta i raggi luminosi di un corpo posto a grande distanza per mezzo di lenti rifrangenti (in oppos. a *riflettore*).

rifrazióne s.f. FIS. Deviazione subita da una radiazione elettromagnetica o da un'onda sonora nell'attraversare la superficie di separazione fra due mezzi. (La rifrazione di un raggio in un ambiente *A* in un ambiente *B* obbedisce a due leggi, dette *di Snell-Descartes*: il raggio incidente, il raggio rifratto e la perpendicolare alla superficie di separazione giacciono su uno stesso piano; l'indice di rifrazione dell'ambiente *B* rispetto all'ambiente *A* è costante). ◊ *Rifrazione atmosferica*: incurvamento subito dai raggi luminosi che attraversano strati atmosferici non omogenei.

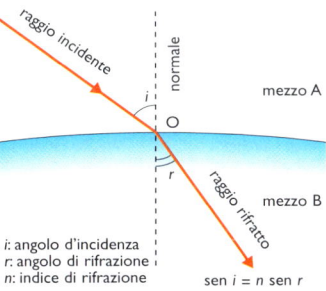

i: angolo d'incidenza
r: angolo di rifrazione
n: indice di rifrazione
$sen\ i = n\ sen\ r$

■ **rifrazióne** di un raggio luminoso.

rifrìggere v.tr. [35] **1.** Friggere nuovamente qlco. **2.** fig. Ripetere continuamente le stesse cose, facendole credere nuove.

rift /rɪft/ s.m. inv. (voce ingl.) GEOL. Frattura profonda nella superficie terrestre.

■ **rift.** La Rift Valley, in Kenya (vista dal satellite), regione dalle numerose fratture orientate Nord-Sud, che fa parte del rift est-africano.

rifugiàrsi v.pron. [5] Cercare, trovare rifugio in un luogo. ~ fig. Ricercare conforto, aiuto in qlco. *Rifugiarsi nella fede.*

rifugiàto s.m. [f. –*ta*] Chi, per motivi politici o per mutamenti di confine, è costretto a cercare rifugio in un paese straniero.

rifùgio s.m. [pl. –*gi*] **1.** Aiuto, difesa contro pericoli di natura materiale o spirituale. ◊ ECON. fig. *Beni (di) rifugio*: quelli che, nei periodi di inflazione, sono meno soggetti a svalutazione. **2.** Luogo che offre protezione e aiuto. ◊ *Rifugio alpino*: costruzione in legno o muratura in cui sono offerti riparo e ristoro. – *Rifugio antiaereo, antiatomico*: costruzione, di solito sotterranea, attrezzata per proteggere le persone dai bombardamenti aerei o dagli effetti delle esplosioni nucleari. **3.** estens. Luogo di ritrovo abituale. **4.** fig. Persona a cui si ricorre per avere aiuto, protezione o conforto.

rifusióne s.f. **1.** Nuova fusione. **2.** fig. Rimaneggiamento, rifacimento. **3.** Rimborso, risarcimento.

rìga s.f. [pl. –*ghe*] **1.** Linea diritta tracciata o impressa su una superficie. ~ Graffio, scalfittura. ~ Scriminatura dei capelli. ◊ FIS. *Riga spettrale*: quella che appartiene allo spettro di una sorgente luminosa. **2.** Sequenza di parole scritte su una stessa linea orizzontale. ~ Insieme dei caratteri che in una composizione tipografica occupano una determinata giustezza. **3.** estens. Testo scritto di poche parole, spesso redatto in modo sbrigativo. **4.** Serie di persone o di cose allineate una a fianco dell'altra, spec. nel l. sport. o mil. ◊ *Stare in, (ri)mettersi in riga*: comportarsi con rispetto e disciplina. – *Sopra le righe*: riferito a tono o atteggiamento eccessivo, enfatico, retorico. **5.** Asticciola di legno o di altro materiale, general. millimetrata, usata per tracciare o misurare linee rette. **6.** INFORM. *Riga di programma*: quella che in ogni programma contiene una o più istruzioni.

rigàglia s.f. [pl. –*glie*] (lat. *regàlia*, propr. "le cose spettanti al re" poi "le interiora dei polli" che spettavano alla servitù) **1.** (al pl.) Interiora e cresta di volatili commestibili. **2.** estens. Cascame di seta.

rigàgnolo s.m. **1.** Piccolo ruscello. **2.** estens. Rivolo d'acqua che scorre ai lati delle strade quando piove.

rigàre v.tr. [4] **1.** Segnare una superficie con righe. **2.** Eseguire la rigatura di un'arma da fuoco. ◆ v.intr. (aus. *avere*) *Rigare dritto*: fare il proprio dovere.

rigàto agg. Che ha delle linee o delle righe disegnate o incise sulla superficie.

rigattière s.m. [f. –*ra*] (lat. *recaptàre* "comprare e vendere di nuovo") Chi compra e vende roba usata.

rigatùra s.f. **1.** Operazione di disegnare o stampare righe su una superficie. ~ L'insieme delle righe che sono state tracciate. ~ In balistica, insieme delle scanalature all'interno della canna di un'arma da fuoco che servono per imprimere un moto rotatorio ai proiettili. **3.** Graffio, scalfittura.

rigaudon [/rigo'dɔ̃/] s.m. inv. (voce fr., dal nome del maestro di danza *Rigaud*) Danza provenzale, dal ritmo molto vivace (secc. XVII-XVIII).

rigèlo s.m. FIS. Fenomeno per cui il ghiaccio fonde se sottoposto a pressione e torna allo stato solido quando la pressione viene meno; è alla base del fenomeno dello scorrimento dei ghiacciai.

rigenerànte agg. Che dà nuova vita, forza.

rigeneràre v.tr. **1.** Formare nuovamente, da parte di un organismo, parti cadute o amputate. *Le lucertole rigenerano la coda perduta.* **2.** Far ritornare in efficienza. *Questa bevanda mi ha rigenerato.* **3.** Recuperare un prodotto restituendogli le sue proprietà originali. *Rigenerare le gomme.* ◆ **rigenerarsi** v.pron. **1.** BIOL. Detto di tessuti, riprodursi, ricostituirsi nuovamente. **2.** *fig.* Rinascere a nuova vita, rinnovarsi.

rigenerativo agg. BIOL. Relativo alla rigenerazione.

rigeneràto agg. **1.** BIOL. Che si è ricostituito. **2.** *fig.* Che ha ritrovato il benessere. **3.** Che ha subito un processo di rigenerazione. ◇ *Pneumatico rigenerato:* pneumatico a cui è stato rinnovato il battistrada. ◆ s.m. Prodotto ottenuto per mezzo della rigenerazione.

rigenerazióne s.f. **1.** BIOL. Ricostituzione naturale di un organo leso. **2.** *fig.* Rinnovamento spirituale o morale. **3.** Ricostituzione delle qualità originarie di un materiale già usato. **4.** FIS. Processo che consente il recupero del calore.

rigettàre v.tr. **1.** Tornare a gettare qlco. da un luogo a un altro. **2.** Gettare fuori da un luogo o all'indietro. **3.** *fig.* Rifiutare, respingere. **4.** *fam.* Vomitare. ◆ v.intr. (aus. *avere*) Di piante, germogliare di nuovo. ◆ **rigettarsi** v.pron. Gettarsi di nuovo da qualche parte. *Rigettarsi nella mischia.*

rigètto s.m. **1.** Rifiuto, non accettazione di qlco., spec. nel l. bur. e giur. **2.** MED. Reazione immunitaria acuta o cronica dell'organismo nei confronti di un organo trapiantato incompatibile. **3.** *fig.* Reazione negativa nei confronti di un'idea, una persona, ecc. **4.** BOT. Nuovo germoglio. SIN.: **pollone**.

righèllo s.m. Asticella millimetrata usata per tracciare linee diritte.

rigidaménte avv. Con severità, con rigore.

rigidézza s.f. **1.** Mancanza di flessibilità, di elasticità. **2.** FIS. Nella scienza delle costruzioni, proprietà di un corpo di non deformarsi quando è sottoposto a sollecitazioni esterne. **3.** *fig.* Rigore, severità. ~ Mancanza di flessibilità intellettuale. **4.** *fig.* Inclemenza delle condizioni climatiche, spec. in riferimento alla temperatura.

rigidità s.f. inv. **1.** Proprietà di un corpo o di un materiale di resistere alle sollecitazioni di agenti esterni. **2.** MED. Perdita parziale o totale della motilità. ◇ *Rigidità cadaverica:* quella delle membra dopo due o tre ore dalla morte. **3.** *fig.* Inclemenza delle condizioni ambientali. **4.** *fig.* Riferito a idee, comportamenti, ecc., mancanza di flessibilità. **5.** ECON. La proprietà di una variabile economica che non reagisce o reagisce in misura meno che proporzionale alle variazioni di un'altra variabile. *La rigidità della domanda.*

rìgido agg. **1.** Che non si lascia deformare dall'azione di forze esterne, privo di elasticità. **2.** Riferito al corpo umano o ad alcune sue parti, privo o incapace di movimento. **3.** *estens.* Riferito al clima o alla stagione, molto freddo. **4.** *fig.* Non incline a cedimenti, compromessi, indulgenze. ~ Ispirato a rigore morale. ~ Che denota scarsa flessibilità. ◇ ECON. *Domanda, offerta rigida:* poco sensibile alle variazioni dei prezzi.

rigiràre v.tr. **1.** Girare ripetutamente qlco. in una direzione o in un luogo. *Rigirare la chiave nella toppa.* **2.** Filmare qlco. di nuovo o più volte. **3.** *fig.* Volgere qlco. a proprio vantaggio. *Rigirare il discorso.* **4.** *fig.* Ingannare, raggirare. ◆ v.intr. (aus. *avere*) Andare in giro in un luogo. *Ha rigirato per il centro storico tutto il pomeriggio.* ◆ **rigirarsi** v.pron. Girare su se stesso, rivoltarsi. *Mi sono rigirato nel letto tutta la notte.*

rigiudicàre v.tr. [4] Sottoporre a un nuovo giudizio.

rìgo s.m. [pl. *-ghi*] **1.** Riga di scrittura a mano o a stampa. **2.** MUS. *Rigo musicale* → **pentagramma**.

rigóglio s.m. [pl. *-gli*] **1.** Sviluppo lussureggiante delle piante. **2.** *fig.* Momento di massima floridezza, di esuberante vigore e grande sviluppo.

rigoglióso agg. **1.** Di pianta, che cresce vigorosa. **2.** *fig.* Di cosa o persona, pieno di vigore.

rigògolo s.m. (lat. *aurigàlgulu* "uccello giallo come l'oro") Uccello con piume gialle, ali e coda nera, che si nutre di insetti e frutta. (Lunghezza 23 cm ca.; famiglia degli Oriolidi.)

rigonfiaménto s.m. **1.** Nuova immissione di aria in un contenitore che si era sgonfiato. **2.** Parte rigonfia di qlco. SIN.: **ingrossamento, gonfiore**.

rigónfio agg. [pl.m. *-fi*] Molto gonfio, tumido. ~ Stipato, zeppo di qlco. ~ *fig.* Traboccante.

rigóre s.m. **1.** Rigidezza climatica. **2.** *fig.* Inflessibilità nell'esigere l'osservanza di una norma e nel punirne le violazioni. ~ Austerità morale. ◇ *Di rigore:* obbligatorio; nel regolamento di disciplina militare, si dice di punizione particolarmente grave. *Cella di rigore.* – *Area di rigore:* nel gioco del calcio, il rettangolo antistante la porta all'interno del quale i falli della squadra che si difende sono sanzionati con la massima punizione. **3.** Grande coerenza e scrupolosità. ◇ *A rigor di logica:* secondo logica.

rigorismo s.m. (fr. *rigorisme*) **1.** Tendenza a un estremo rigore e precisione. SIN.: **intransigenza**. **2.** FILOS. Ogni dottrina che sostiene l'assoluta preminenza della legge morale nei confronti della debolezza della natura umana. **3.** In teologia, adesione assoluta ai principi dottrinali e disciplinari.

rigor mòrtis loc. sost. m. [pl. *rigores mortis*] (loc. lat., propr. "rigidità della morte") MED. Rigidità del cadavere poco dopo la cessazione delle funzioni vitali.

rigorosità s.f. inv. **1.** Carattere di ciò che è inflitto con rigore. SIN.: **severità**. **2.** Caratteristica di ciò che è fatto con precisione.

rigoróso agg. **1.** Caratterizzato da rigore e severità nel comportamento. **2.** Che non ammette deroghe, che va applicato rigidamente. **3.** Caratterizzato da grande coerenza logica. **4.** Condotto con grande meticolosità.

rigovernatùra s.f. **1.** Lavaggio e sistemazione delle stoviglie. **2.** *estens.* L'acqua in cui si sono lavati i piatti. **3.** *fig.* Minestra troppo liquida e di cattivo sapore.

riguardànte agg. Che si riferisce a qlco. o a qlcu.

riguardàre v.tr. **1.** Guardare di nuovo qlco. o qlcu. **2.** Controllare accuratamente. **3.** Essere di competenza di qlcu., concernere qlco. *Questa cosa non mi riguarda.* ◆ **riguardarsi** v.pron. Avere cura della propria salute.

riguàrdo s.m. **1.** Particolare cura nel trattare qlco. SIN.: **cautela**. **2.** Atteggiamento premuroso e cortese nei confronti degli altri. ◇ *Di riguardo:* che si deve trattare con particolare considerazione. **3.** Rapporto, attinenza. ◇ *A questo riguardo:* a questo proposito. – *locc. prep. Riguardo a:* in relazione a, in quanto a. – *Nei riguardi di:* nei confronti di, per ciò che riguarda.

rigurgitàre v.intr. (aus. *essere* o *avere*) **1.** Uscire da un recipiente troppo pieno, parlando di un liquido. *L'acqua rigurgitava dai tombini.* **2.** *fig.* Essere pieno di qlco., esserne eccessivamente affollato. *La piazza rigurgita gente.* SIN.: **traboccare**. ◆ v.tr. **1.** Mandare fuori un liquido dalla bocca. *I neonati rigurgitano spesso un po' di latte.* **2.** Detto di contenitore, rigettare fuori un liquido.

rigùrgito s.m. **1.** Riflusso impetuoso di un liquido. **2.** MED. Emissione dalla bocca di cibo non digerito. **3.** *fig.* Manifestazione improvvisa e violenta di sentimenti. *Un rigurgito di rabbia.*

rilanciàre v.tr. [5] **1.** Lanciare qlco. un'altra volta da un punto a un altro. **2.** Lanciare qlco. di rimando. *Rilanciare la palla.* **3.** *fig.* Ridare importanza, attualità a qlco. *Rilanciare uno spettacolo.* ◆ v.intr. (aus. *avere*) **1.** Nel gioco del poker, aumentare la posta. **2.** Nelle aste, fare un'offerta superiore. **3.** Formulare una controproposta. ◆ **rilanciarsi** v.pron. **1.** Lanciarsi nuovamente da un luogo. *Rilanciarsi verso il nemico.* **2.** Ricominciare con impeto a fare qlco. *Rilanciarsi all'attacco.*

rilàncio s.m. [pl. *-ci*] **1.** Lancio di un oggetto in direzione contraria a quella da cui è stato lanciato. **2.** Nel poker, puntata più alta della precedente. **3.** *fig.* Nuova proposta fatta a distanza di tempo dalla prima. ~ Rinnovato tentativo di affermazione, ritrovata importanza di qlco. o di qlcu.

rilasciàre v.tr. [5] **1.** Rimettere in libertà. *Rilasciare un prigioniero.* **2.** Lasciare nuovamente qlco. in un posto. *Rilasciare le chiavi di casa in ufficio.* **3.** Consegnare, concedere. *Rilasciare un'intervista alla stampa.* **4.** Allentare la tensione. *Rilasciare i muscoli.* SIN.: **rilassare**. ◆ v.intr. (aus. *avere*) MAR. Detto di imbarcazioni, interrompere il viaggio a causa di un'avaria. ◆ **rilasciarsi** v.pron. **1.** Allentarsi, perdere di tono. *La muscolatura si è rilasciata.* **2.** Distendersi, diminuire di tensione. SIN.: **rilassarsi**. **3.** Detto di due o più persone, abbandonarsi, separarsi un'altra volta.

rilàscio s.m. [pl. *-sci*] **1.** Restituzione di qlcu. alla libertà. *Il rilascio del sequestrato.* SIN.: **liberazione**. **2.** Nel l. bur., concessione, consegna di qlco. **3.** MAR. *Porto di rilascio:* quello in cui una nave fa scalo solo per rifornimento o per far riposare l'equipaggio. **4.** INFORM. Versione di un programma e sua introduzione sul mercato. SIN.: **release**.

rilassaménto s.m. **1.** Allentamento della tensione muscolare o nervosa. **2.** *fig.* Decadenza morale, diminuzione di rigore. *Rilassamento dei costumi.* SIN.: **infiacchimento**.

rilassànte agg. Che serve ad attenuare la tensione fisica o a distendere i nervi.

rilassàre v.tr. **1.** Distendere i nervi, il corpo, i muscoli. **2.** *fig.* Rendere qlco. meno rigido, meno severo. ◆ **rilassarsi** v.pron. **1.** Diventare meno teso, distendersi, riposarsi. **2.** *fig.* Infiacchirsi, indebolirsi moralmente.

rilassatézza s.f. Perdita di tensione, spec. in senso morale.

rilassàto agg. **1.** Che si trova in una condizione di rilassamento fisico o psichico. **2.** *fig.* Infiacchito moralmente, decaduto. **3.** FON. Di suono prodotto con bassa energia articolatoria.

rilastricàre v.tr. [4] Tornare a lastricare il suolo.

rilavàre v.tr. Lavare di nuovo o meglio. ◆ **rilavarsi** v.pron. Tornare a lavarsi, in riferimento anche a indumenti o parti del corpo.

rilavoràre v.tr. Lavorare di nuovo qlco., anche facendo modifiche.

rilegàre v.tr. [4] **1.** Legare nuovamente qlco. **2.** Piegare, riunire o cucire insieme le pagine di un volume, aggiungendo una copertina. **3.** Incastonare una pietra preziosa in un metallo. *Rilegare un rubino in oro.*

rilegàto agg. **1.** Di libro i cui fascicoli sono stati raccolti e muniti di una robusta e spesso elegante copertina. **2.** Di un insieme di fogli dotato di copertina che li unisce e ferma. **3.** Di pietra preziosa incastonata in oro, argento, ecc.

rilegatóre s.m. [f. *-trice*] Artigiano che esegue lavori di rilegatura.

rilegatùra s.f. **1.** Attività industriale o artigianale che consiste nel rilegare i libri. **2.** La materia con cui un libro è stato rilegato. *Rilegatura in pelle.* ◇ *Rilegatura alla Bradel:* procedimento di rilegatura grazie al quale una scanalatura longitudinale separa il dorso dai cartoni. **3.** Riferito a pietre preziose, incastonatura.

rilèggere v.tr. [35] Leggere nuovamente e più attentamente un testo.

rilènto Solo nella loc. *a rilento*, con grande lentezza. ~ *fig.* Con cautela e scrupolo.

rilettùra s.f. **1.** Nuova lettura di un testo. **2.** *fig.* Nuova interpretazione di opere letterarie, musicali, artistiche.

rilevaménto s.m. **1.** Insieme delle operazioni con cui si determina una grandezza, un fenomeno fisico, ecc. ~ TOPOGR. Individuazione delle caratteristiche di un terreno al fine di rappresentarle su una carta. ◇ MAR. *Rilevamento di un oggetto:* nella navigazione aerea e marittima, angolo orizzontale compreso fra una direzione fissa di riferimento e la visuale secondo cui si vede l'oggetto stesso da bordo. **2.** Acquisizione da altri di un contratto, di una gestione, di una proprietà. *Rilevamento di una licenza.* SIN.: **acquisto**. **3.** Ottenimento di una rappresentazione piana o in rilievo. *Rilevamento delle impronte digitali.*

rilevànte agg. Che ha un certo rilievo per quantità o importanza.

rilevànza s.f. Importanza, valore.

rilevàre v.tr. **1.** Mettere in rilievo qlco., individuarlo. *Rilevare un difetto.* **2.** Constatare, accertare. **3.** Compiere un rilevamento topografico. **4.** Sollevare qlcu. da un impegno, sostituirlo. **5.** Acquistare un'attività commerciale. **6.** Alzare di nuovo qlco. verso un punto. *Rilevare gli occhi al cielo.* **7.** Ricavare qlco. da altro. *Rilevare un disegno da uno schizzo.* SIN.: **trarre**.

rilevatóre s.m. **1.** Strumento che effettua un rilevamento. **2.** [f. *-trice*] Chi effettua rilevamenti, misurazioni, indagini.

rilevazióne s.f. (lat. *relevàtio* "alleggerimento") Raccolta di dati. *Rilevazione statistica.*

rilièvo s.m. **1.** Sporgenza rispetto a una superficie. *Decorazione in rilievo.* **2.** GEOMORF. Luogo sopraelevato rispetto a quelli circostanti. *I rilievi appenninici.* SIN.: **altura**. **3.** Scultura i cui elementi emergono rispetto al fondo. **4.** *estens.* Rilevamento, rilevazione. *Rilievo topografico.* **5.** *fig.* Risalto, importanza. ◇ *Di rilievo:* importante. – *Mettere in rilievo:* fare emergere, mettere in evidenza. **6.** *fig.* Osservazione critica, spec. in senso negativo. SIN.: **appunto**. **7.** Subentro in un contratto di locazione o nel possesso di qlco. SIN.: **acquisto**.

rilievografia s.f. Procedimento di stampa che consente di ottenere un'immagine in rilievo.

rilùcere v.intr. [soprattutto alla terza pers. sing. e pl.] Risplendere, brillare.

riluttànte agg. Poco propenso o contrario a fare qlco.

riluttànza s.f. **1.** Scarsa propensione o contrarietà a fare qlco. **2.** FIS. Resistenza opposta da un circuito magnetico al flusso d'induzione che lo attraversa.

1. rìma s.f. (fr. *rime*, lat. *rhȳthmum* "ritmo" poi "verso") **1.** Identità fonetica delle sillabe finali di due o più versi. **2.** *estens.* (spec. pl.) Versi rimati.

2. rìma s.f. ANAT. Orifizio lineare tra due parti omologhe adiacenti. *Rima labiale, palpebrale.*

rimacinàre v.tr. Macinare nuovamente.

rimagliatrice s.f. IND. TESS. Macchina che elimina le smagliature ripristinando l'esatta successione delle maglie in un tessuto.

rimalmèzzo s.f. inv. METR. Rima tra una parola all'interno di un verso e la parola finale di un altro verso, general. quello precedente.

rimandàre v.tr. **1.** Rinviare una scadenza nel tempo. *Rimandare un appuntamento.* **2.** Mandare di nuovo qlco. a qlcu. *Rimandami il libro che ti ho prestato.* **3.** Mandare qlco. nella direzione opposta a quella da cui proviene. *Rimandare un pallone nell'area avversaria.* ~ Fare tornare qlcu. in un luogo. **4.** *fig.* Nel vecchio ordinamento scolastico, rinviare uno studente agli esami di settembre per riparare una o più materie. ◆ v.intr. (aus. *avere*) Fare riferimento a un testo, a un autore, a una citazione. *Rimandare a un saggio sull'argomento.*

rimandàto agg. Nella scuola, si diceva di studente che doveva sostenere esami di riparazione a settembre. ◆ s.m. [f. *-ta*] Nel sign. dell'agg.

rimàndo s.m. **1.** SPORT. Rilancio della palla verso il campo avversario. SIN.: **rinvio**. **2.** In un testo scritto, rinvio del lettore ad altra parte o ad altro scritto. SIN.: **richiamo**.

rimaneggiaménto s.m. **1.** Modificazione di qlco. senza alterarne la struttura. **2.** STAM. Nuova composizione.

rimaneggiàre v.tr. [5] **1.** Tornare a maneggiare qlco. **2.** Modificare la composizione o la struttura di qlco. **3.** STAM. Ricomporre un testo per correggere errori di composizione.

rimanènte agg. Che avanza. ◆ s.m. **1.** Ciò che avanza. **2.** (spec. pl.) Coloro che rimangono, tutti gli altri.

rimanènza s.f. **1.** Quantità che rimane. **2.** FIS. Magnetizzazione o induzione magnetica residua.

rimanére v.intr. [58] (aus. *essere*) **1.** Restare, trattenersi in un luogo. *Rimanere a Roma.* **2.** *fig.* Persistere nel tempo. SIN.: **durare**. **3.** Avanzare a qlcu. *Mi rimangono pochi soldi.* **4.** Mancare a qlcu. per raggiungere un traguardo. *Ti rimangono solo pochi metri.* **5.** Riferito a parenti o persone care, restare in vita. *Gli rimane solo il fratello.* **6.** Toccare a qlcu., spettargli. *La casa rimane al figlio.* **7.** Essere situato in un luogo. *Dove rimane piazza Duomo?* ◆ v.cop. Ritrovarsi o continuare a essere in una certa condizione. *Rimanere incredulo.*

rimangiàre v.tr. [5] Mangiare di nuovo. ◆ v.intr. (aus. *avere*) Nutrirsi di nuovo, consumare un altro pasto. ◆ **rimangiarsi** v.pron. *fig.* Non mantenere un impegno preso. *Rimangiarsi la parola data.*

rimarcàre v.tr. [4] (fr. *remarquer*) Notare qlco. SIN.: **osservare**.

rimarchévole agg. (fr. *remarquable*) Degno di essere notato.

rimàre v.intr. (aus. *avere*) Detto di parola, far rima con altra parola. ◆ v.tr. Mettere una parola in rima con un'altra.

rimarginàre v.tr. **1.** Riunire i margini di una ferita. **2.** *fig.* Lenire un dolore. ◆ v.intr. (aus. *essere*) **1.** Riferito a ferita, cicatrizzarsi; anche pron. *La ferita (si) è rimarginata.* **2.** *fig.* Detto di un dolore, mitigarsi, passare.

rimàrio s.m. [pl. *-ri*] Repertorio che raccoglie in ordine alfabetico le parole di una lingua, di un autore, di un'opera poetica che rimano tra di loro.

rimasterizzàre v.tr. Trasformare il master originale di materiali audiovisivi in un master nuovo.

rimasùglio s.m. [pl. *-gli*] Scarto, resto di poco valore. SIN.: **avanzo**.

rimatóre s.m. [f. *-trice*] Chi compone versi in rima. ~ In partic., poeta in volgare delle origini. *I rimatori del Dolce Stil Novo.*

rimbalzàre v.intr. (aus. *avere* o *essere*) **1.** Fare uno o più salti dopo avere urtato contro il suolo o un ostacolo. **2.** *estens.* Detto di suoni o raggi luminosi, riflettersi in altra direzione dopo aver incontrato un ostacolo. **3.** *fig.* Detto di notizie, trasmettersi velocemente in un luogo, da un punto a un altro. *La notizia rimbalzò di bocca in bocca.*

rimbàlzo s.m. **1.** Atto ed effetto del rimbalzare. **2.** SPORT. Nella pallacanestro, recupero del pallone dopo che questo ha colpito il tabellone mancando il canestro.

rimbambiménto s.m. Notevole diminuzione dell'efficienza mentale, tipica spec. delle persone in età molto avanzata.

rimbambire v.intr. [83] (aus. *essere*) (deriv. di *bambo* "sciocco") Perdere la capacità di ragionare, anche pron. ◆ v.tr. Stordire qlcu. rimediare. *Mi ha rimbambito con le sue chiacchiere.* SIN.: **intontire**.

rimbambito agg. Che ha perso la capacità di ragionare. ◆ s.m. [f. *-ta*] Nel sign. dell'agg.

rimbiancàre v.tr. [4] Imbiancare nuovamente qlco. ◆ v.intr. (aus. *essere*) Diventare bianco, anche pron. *Dopo la nevicata, la cima dei monti (si) è rimbiancata.*

rimboccàre v.tr. [4] **1.** Ripiegare la parte estrema, l'orlo di qlco. *Rimboccare le coperte.* **2.** Ripiegare il lembo di un tessuto per fare un orlo. **3.** Imboccare nuovamente una strada, un passaggio.

rimbombànte agg. **1.** Che produce un suono sordo e continuo. **2.** *fig.* Di facile effetto, ma povero di contenuto. SIN.: **altisonante**.

rimbombàre v.intr. (aus. *avere* o *essere*) Detto di suono o rumore, diffondersi riecheggiando in un luogo con fragore. ~ Detto di luogo, echeggiare di suoni cupi e fragorosi.

rimbómbo s.m. **1.** Fenomeno per il quale un suono, prodotto all'interno di un luogo chiuso, persiste per un certo periodo di tempo in seguito al riverbero sulle pareti. **2.** *estens.* Suono echeggiante in modo cupo e fragoroso.

rimborsàbile agg. Che si può rimborsare.

rimborsàre v.tr. Restituire a qlcu. del denaro che ha speso per conto d'altri o che ha prestato o che ha pagato per merci e servizi di cui non ha usufruito.

rimbórso s.m. Restituzione di denaro speso per interesse di altri o per un servizio non utilizzato. ~ La somma rimborsata. ~ Risarcimento di un danno.

rimboschiménto o **rimboscaménto** s.m. Piantagione di alberi su un terreno che ne è privo o su un suolo in passato boscoso.

rimboschire v.tr. [83] Rendere un terreno di nuovo ricco di alberi.

rimediàbile agg. Che si può rimediare.

rimediàre v.intr. [6] (aus. *avere*) Porre rimedio a qlco. ~ Riparare a una situazione imprevista e sgradevole. *Rimediare a un imprevisto.* ◆ v.tr. **1.** Correggere un errore, riparare qlco. **2.** *fam.* Procacciarsi in qualche modo qlco. ~ *iron.* Riferito a qlco. di dannoso o spiacevole; anche pron. *Rimediare un ceffone.*

rimèdio s.m. [pl. *-di*] (lat. *remēdium*, deriv. di *medēri* "curare") **1.** Tutto ciò che può servire ad alleviare o a combattere una malattia. **2.** *estens.* Qualunque mezzo che fa cessare un danno, un inconveniente o che serve per risolvere una situazione difficile.

rimescolàre v.tr. **1.** Mescolare qlco. nuovamente. **2.** Mettere sottosopra un insieme di cose rovistando e frugando. **3.** *fig.* Agitare, sconvolgere, turbare profondamente qlcu. ◇ *Rimescolare il sangue a qlcu.:* causare una forte emozione o turbamento. **4.** *fig.* Rivangare un fatto passato, spec. poco piacevole, richiamarlo alla memoria. ◆ **rimescolarsi** v.pron. **1.** Confondersi in mezzo ad altra gente. *Rimescolarsi tra la folla.* **2.** Detto di acqua o altro liquido, agitarsi. **3.** *fig.* Detto di persona, agitarsi, sconvolgersi.

riméssa s.f. **1.** Riconduzione, ritorno a una situazione precedente. *Rimessa a nuovo di un abito.* **2.** SPORT. Lancio del pallone in campo. *Rimessa laterale.* **3.** Collocazione di prodotti agricoli, animali, attrezzi, ecc. in un magazzino o in un luogo riparato. **4.** *estens.* Locale per il deposito e la custodia di materiali. SIN.: **magazzino**. **5.** ECON. Spedizione di merci o di denaro al destinatario. **6.** Nelle piante, emissione di nuovi germogli. ~ Il germoglio stesso.

rimessiticcio agg. [pl.m. *-ci*, f. *-ce*] **1.** BOT. Che cresce, dopo la potatura degli alberi, nel posto in cui sono stati tagliati i rami più vecchi. **2.** *spreg.* Posticcio. ◆ s.m. Nell'accez. 1 dell'agg.

riméttere v.tr. [50] (lat. *remĭttere* "restituire, perdonare") **1.** Rimettere qlco. nel posto o nello stato in cui era. *Rimettere la maglia nell'armadio.* ◇ *Rimettere in discussione qlco. o qlcu.:* tornare a discuterne, a giudicarlo. – *figg.* *Rimettere in salute:* ristabilire la salute di qlcu., riportarlo in buone condizioni fisiche. – *Rimettere mano a qlco.:* ricominciare a farlo. – *Rimettere piede in un luogo:* ritornarvi. – *Rimettere in piedi qlco.:* ricominciare, ricostruire qlco. – *Rimettere in piedi qlcu.:* ridargli forza, vigore. **2.** Riprodurre qlco. *I rami hanno rimesso le gemme.* **3.** Vomitare. **4.** Trasferire qlco. a qlcu., spec. denaro o valori. *Rimettere un assegno alla banca.* **5.** Trasmettere un incarico a qlcu. *Rimettere ogni decisione al presidente.* **6.** Condonare una colpa. *Rimettere ai colpevoli i peccati.* **7.** Differire, rinviare ad altra data. *Rimettere la gita alla fine dell'estate.* **8.** Indossare di nuovo un abito. **9.** SPORT. Rilanciare, fare una rimessa. *Rimettere la palla.* **10.** Accompagnato dalla particella *ci*, subire un danno o una perdita. *Ci ha rimesso la vita.* ◆ **rimettersi** v.pron. **1.** Tornare a indossare uno stesso capo di vestiario. **2.** Ricominciare a fare una certa azione o tornare in una certa posizione o condizione. *Rimettersi in viaggio.* **3.** Rimettersi in buona salute, ristabilirsi. **4.** Rivolgersi, affidarsi a qlcu. *Rimettersi alla clemenza dei giudici.* **5.** Detto del tempo, ritornare in una certa condizione. *Il tempo si è rimesso al bello.* **6.** Detto di selvaggina inseguita, tornare a celarsi in un luogo.

rìmmel s.m. inv. Denominazione commerciale, che costituisce marchio registrato, di un cosmetico per le ciglia.

rimodellàre v.tr. Modificare la forma o l'aspetto di qlco.

rimodernàre v.tr. Far diventare qlco. moderno o più moderno, modificandolo almeno in parte. *Rimodernare la casa. ~ fig.* Aggiornare, rivedere qlco. *Rimodernare le proprie idee.* ◆ **rimodernarsi** v.pron. Accogliere usi e mentalità moderni.

rimónda s.f. AGR. Potatura dei rami.

1. rimónta s.f. **1.** Risalita. **2.** SPORT. Recupero progressivo di uno svantaggio. **3.** ZOOL. Ritorno degli uccelli migratori. **4.** MIN. Scavo inclinato che collega due diversi livelli di una miniera.

2. rimónta s.f. (fr. *remonte*) **1.** MIL. Sostituzione dei quadrupedi riformati in dotazione all'esercito con altri sani. *Cavalli di rimonta.* **2.** Sostituzione della parte anteriore della tomaia delle scarpe.

rimontàre v.tr. **1.** Mettere di nuovo insieme le parti che compongono un congegno. *Rimontare un orologio.* **2.** NAV. Risalire un corso d'acqua, navigare contro corrente. **3.** SPORT. Recuperare uno svantaggio, dei punti. **4.** MIL. Tornare a dotare le truppe dell'esercito di cavalli. **5.** Riparare la tomaia delle scarpe. ◆ v.intr. (aus. *essere*) **1.** Salire nuovamente su qlco. che sta più in alto rispetto al punto in cui il soggetto si trova. **2.** Salire di nuovo su un mezzo di locomozione. *Rimontare in macchina.* **3.** *fig.* Avere origine in un certo periodo. *Il vaso trovato rimonta al periodo miceneo.*

rimontatùra s.f. Ricomposizione delle parti smontate di un meccanismo o di una macchina.

rimorchiàre v.tr. [6] **1.** Trascinare un veicolo agganciandolo a un altro con cavi o catene. **2.** *fig.* Portare qlco. con sé. ◇ *Rimorchiare qlcu.:* abbordarlo, tentare di sedurlo.

rimorchiatóre s.m. **1.** MAR. Speciale tipo di nave predisposta per trainarne altre in avaria o in manovra all'entrata e all'uscita dei porti. **2.** AER. Piccolo aeroplano adibito al traino degli alianti.

rimòrchio s.m. [pl. *–chi*] (lat. *remùrculu*, dal gr. *rhymoulkēin* "tirare con una fune") **1.** Manovra di traino di un veicolo in avaria o privo di propulsione. ◇ *fig. Essere, andare a rimorchio di qlcu.:* seguire passivamente i voleri. **2.** Il veicolo trainato e, in partic., veicolo privo di motore da agganciare a una motrice. *Camion con rimorchio.* **3.** Il complesso dei cavi e delle catene che servono per trainare un natante.

rimòrdere v.tr. [21] **1.** Mordere nuovamente. **2.** *fig.* Tormentare qlcu., dargli rimorso con il ricordo di una colpa commessa. *La coscienza la rimorde.*

rimòrso s.m. Dolore, tormento causato dalla consapevolezza di avere agito male. SIN.: **rammarico**.

rimòsso agg. **1.** Spostato dal luogo in cui si trovava. **2.** PSICOAN. Che è oggetto di un processo di rimozione. ◆ s.m. PSICOAN. L'oggetto e il contenuto di un processo di rimozione.

rimostrànza s.f. (spec. pl.) (calco del fr. *remontrance*) Rimprovero indirizzato a qlcu. a causa di un torto subìto o per un disservizio.

rimostràre v.tr. Mostrare di nuovo. ◆ v.intr. (aus. *avere*) Fare le proprie rimostranze davanti a chi ha autorità. SIN.: **protestare**.

rimozióne s.f. **1.** Spostamento di qlco. dal luogo in cui si trova. *~ fig.* Eliminazione, superamento. ◇ *Rimozione forzata:* di vetture lasciate in divieto di sosta e in luogo di intralcio al traffico. **2.** Riferito a persona, allontanamento da un ufficio, da un incarico. **3.** Nel l. giur., ritiro di un atto da parte della pubblica amministrazione, essendone cessati i presupposti di fatto o di diritto. **4.** PSICOAN. Processo inconscio di esclusione dalla coscienza degli impulsi, dei sentimenti, dei contenuti angosciosi che possono essere fonte di sensi di colpa.

rimpàllo s.m. **1.** Nel biliardo, secondo urto di una palla contro quella che l'aveva precedentemente colpita. **2.** SPORT. Rimbalzo del pallone dopo aver colpito un ostacolo.

rimpannucciàre v.tr. [5] Riportare in migliori condizioni economiche. ◆ **rimpannucciarsi** v.pron. *fig.* Migliorare la propria situazione finanziaria.

rimpàsto s.m. **1.** Nuovo impasto, spesso con una diversa aggregazione degli elementi. **2.** *fig.* Rimaneggiamento.

rimpatriàre v.intr. [6] (aus. *essere*) Tornare in patria. ◆ v.tr. Fare ritornare delle persone, dei beni, dei capitali nel loro paese d'origine.

rimpatriàta s.f. *fam.* Riunione di amici che non si vedevano da molto tempo.

rimpàtrio s.m. [pl. *–tri*] Ritorno volontario o forzato in patria.

rimpegnàre v.tr. Impegnare nuovamente. ◆ **rimpegnarsi** v.pron. Impegnarsi di nuovo in qlco. *Si è rimpegnato nello studio.*

rimpiàngere v.tr. [22] Ricordare con rammarico o nostalgia qlco. o qlcu. che si è perduto. *Rimpiangere la giovinezza.*

rimpiànto agg. Ricordato con nostalgia. ◆ s.m. Ricordo nostalgico e doloroso. *~* Dispiacere dovuto a desideri non realizzati.

rimpiazzàre v.tr. (fr. *remplacer*) Sostituire qlco. o qlcu., metterlo al posto di un altro.

rimpiccioliménto s.m. Riduzione delle dimensioni.

rimpicciolire v.tr. [83] Rendere più piccolo. ◆ v.intr. (aus. *essere*) Diventare, sembrare più piccolo; anche pron. *Con la distanza la figura (si) rimpiccioliva sempre più.*

rimpinzàre v.tr. (lat. *impinctiàre*, deriv. di *impīngere* "spingere dentro") Far mangiare abbondantemente. *Rimpinzare un bambino di cioccolato.* ◆ **rimpinzarsi** v.pron. Riempirsi di cibo in modo eccessivo.

rimpiumàre v.intr. (aus. *essere*) Mettere di nuovo le piume, anche pron.

rimpolpàre v.tr. **1.** Ingrassare qlcu. *La vacanza lo ha rimpolpato.* **2.** *fig.* Rendere qlco. più ricco, più abbondante. ◆ **rimpolparsi** v.pron. Riprendere le forze, ingrassare.

rimproveràre v.tr. **1.** Sgridare, biasimare. *Rimproverare gli studenti.* **2.** Rinfacciare qlco. a qlcu. *Rimproverare a qlcu. la sua pigrizia.* ◆ **rimproverarsi** v.pron. Imputare a se stessi una colpa e provarne rammarico. *Si rimproverava di non averlo ascoltato.*

rimpròvero s.m. Manifestazione di biasimo, di disapprovazione. SIN.: **sgridata**.

rimuginàre v.tr. Pensare insistentemente a qlco. *Rimuginare il passato.* ◆ v.intr. (aus. *avere*) *fig.* Tornare insistentemente sugli stessi pensieri. *Rimuginò tutto il giorno su quel che gli era capitato.*

rimuneràre v.tr. Ricompensare qlcu. di un beneficio o un servizio ricevuto. ◆ v.intr. (aus. *avere*) Con riferimento a un'industria, a un commercio, dare utili, profitto. *È un'attività che rimunera bene.*

rimunerativo o **remunerativo** agg. Che garantisce un compenso o un profitto adeguato.

rimunerazióne s.f. Ciò che viene dato o si riceve come ricompensa.

rimuòvere v.tr. [44] **1.** Spostare di nuovo qlco. **2.** Levare, togliere qlco. dal posto in cui si trova. *~* Allontanare qlcu. dalle sue funzioni, da un'attività. *Rimuovere l'ufficiale dal suo incarico.* **3.** *fig.* Allontanare da sé idee, sentimenti. **4.** PSICOAN. Cancellare impulsi o sentimenti. **5.** *fig.* Distogliere. *Lo rimossi dal suo convincimento.*

rinascènte agg. Che risorge, si rinnova.

rinàscere v.intr. [42] (aus. *essere*) **1.** Nascere di nuovo. *La Fenice rinasce dalle sue ceneri.* **2.** *fig.* Ricominciare a esistere, riacquistando vigore, serenità. **3.** Detto di piante, germogliare, fiorire nuovamente. **4.** *fig.* Riferito a sentimenti, recuperare vigore.

rinascimentàle agg. Del Rinascimento.

rinasciménto s.m. **1.** In riferimento a fenomeni artistici e culturali, il rifiorire di opere e attività. **2.** (iniziale maiusc., solo sing.) *Il Rinascimento:* v. parte n. pr.

rinàscita s.f. **1.** Ripresa di vitalità da parte di un organismo, anche in senso fig. *Rinascita di una passione.* **2.** Riferito ad attività umane, rinnovamento.

rincalzàre v.tr. Rinforzare con dei sostegni. *Rincalzare un albero.*

rincalzatóre s.m. AGR. Aratro a doppio versoio, utilizzato per la rincalzatura.

rincalzatùra s.f. AGR. Operazione con cui si conferisce stabilità, spec. a una pianta, tramite sostegni o accumuli di terra.

rincàlzo s.m. **1.** Quanto viene utilizzato per rincalzare. *Mettere un rincalzo sotto la gamba del tavolo.* **2.** *fig.* Appoggio, sostegno. **3.** SPORT. (spec. pl.) Giocatore di riserva.

rincantucciàrsi v.pron. [5] Nascondersi in un angolo.

rincaràre v.tr. Aumentare il prezzo. *Rincarare il prezzo dei biglietti ferroviari.* ◇ *fig. Rincarare la dose:* aumentare un dispiacere, un rimpianto. ◆ v.intr. (aus. *essere*) Diventare più costoso.

rincàro s.m. Aumento di prezzo.

rincasàre v.intr. (aus. *essere*) Tornare a casa.

rinchìte s.m. (lat. *Rhynchites*, deriv. di gr. *rhýnkhos* "becco") Coleottero provvisto di un caratteristico prolungamento boccale che gli consente di recidere la lamina delle foglie che poi arrotola per deporvi le uova. (Famiglia dei Curculionidi.)

rinchiùdere v.tr. [21] **1.** Mettere qlco. in un posto chiuso e protetto. *Rinchiudere i soldi in cassaforte.* **2.** Chiudere una persona o un animale in modo che non possa fuggire. *Rinchiudere i prigionieri.* ◆ **rinchiudersi** v.pron. **1.** Chiudersi dentro un luogo. **2.** *fig.* Isolarsi in un atteggiamento di rifiuto degli altri. *Rinchiudersi in se stessi.*

rinchiùso agg. Chiuso in un luogo ristretto. *~* Che vive ritirato. ◆ s.m. **1.** Recinto, luogo chiuso. **2.** Odore caratteristico, proprio dei luoghi non ben aerati.

rincitrullire v.tr. [83] Rendere citrullo. ◆ v.intr. (aus. *essere*) Diventare citrullo, anche pron. *(Si) È completamente rincitrullito.*

Rincocèfali s.m. pl. [iniziale minusc. sing. *–lo* per l'individuo] ZOOL. Ordine di rettili primitivi, simili alla lucertola, rappresentati attualmente solo dallo sfenodonte e dal tuatara. **2.** ZOOL. Ordine di rettili primitivi, simili alla lucertola, rappresentati attualmente solo dallo sfenodonte e dal tuatara.

rincóntri s.m. pl. Segni simmetrici fatti sui pezzi che devono combaciare.

rincórrere v.tr. [21] **1.** Inseguire correndo. *Rincorrere un ladro.* **2.** *fig.* Inseguire qlco. con ansia e affanno. *Rincorrere la gloria.* ◆ **rincorrersi** v.pron. Detto di due o più persone, inseguirsi a vicenda.

rincórsa s.f. Breve corsa con cui si prende lo slancio necessario a compiere salti, tuffi, superare ostacoli.

rincréscere v.intr. [39] (aus. *essere*) Dispiacere a qlcu.

rincretinire v.tr. [83] Rendere qlcu. cretino. *~ estens.* Confonderlo, stordirlo. ◆ v.intr. (aus. *essere*) Diventare cretino, rimbecillire, anche pron. *(Si) È rincretinito per il troppo lavoro.*

rinculàre v.intr. (aus. *avere* o *essere*) **1.** Indietreggiare, arretrare senza voltarsi. **2.** Riferito ad armi da fuoco, spostarsi bruscamente all'indietro per effetto dello sparo.

rincùlo s.m. **1.** Movimento con cui si indietreggia senza voltarsi, spec. con riferimento ad animali da tiro. **2.** Brusco spostamento all'indietro che subisce un'arma da fuoco al momento dello sparo.

rincuoràre v.tr. Incoraggiare qlcu., dare coraggio a chi è sfiduciato o depresso. ◆ **rincuorarsi** v.pron. Riprendere fiducia, coraggio.

rinegoziàre v.tr. [6] Negoziare nuovamente qlco. *Il contratto è stato rinegoziato dai sindacati.*

rinencèfalo s.m. ANAT. Parte del telencefalo in cui si trovano i centri nervosi che presiedono all'olfatto.

rinfacciàre v.tr. [5] **1.** Ricordare a qlcu., con l'intenzione di umiliarlo, qlco. che si è fatto per lui. *Rinfacciare all'amico un favore.* **2.** Rimproverare apertamente errori, mancanze. *Ogni giorno rinfacciava al ragazzo le sue colpe.*

rinfilàre v.tr. **1.** Infilare di nuovo qlco. **2.** *fig.* Ripetere più volte la stessa cosa.

rinfoderàre v.tr. **1.** Rimettere di nuovo nel fodero qlco. *Rinfoderare la spada.* **2.** fig. Rinunciare a dire o a sostenere qlco. *Rinfoderare le proprie idee.*

rinforzàndo s.m. inv. MUS. Annotazione che indica un breve crescendo, una maggiore intensità nell'esecuzione.

rinforzàre v.tr. Rimettere qlcu. o qlco. in forza, renderlo più forte. ◆ v.intr. (aus. *essere*) Diventare più forte, riprendere vigore, anche pron. *Al mare i bimbi (si) rinforzano.*

rinfòrzo s.m. **1.** Opera volta a dare robustezza, resistenza, saldezza a qlco. ~ Ciò che serve per rinforzare. **2.** MIL. (al pl.) Truppe e mezzi militari inviati a sostegno di contingenti già in azione. **3.** FOTO. Trattamento chimico a cui vengono sottoposti negativi e diapositive e grazie al quale immagini sbiadite assumono evidenza. **4.** PSICOL. Ciò che incentiva un comportamento, che induce a ripeterlo.

rinfrescànte agg. **1.** Che rinfresca, che disseta. **2.** Che ha un'azione blandamente lassativa.

rinfrescàre v.tr. [4] **1.** Rendere qlco. fresco o più fresco. *Il temporale ha rinfrescato l'aria.* **2.** Rendere meno infiammata una parte del corpo. **3.** estens. Rendere come nuovo ridandogli la freschezza perduta. *Rinfrescare le pareti di una stanza* ~ *Rinfrescare un abito:* lavarlo, smacchiarlo e stirarlo. **4.** Ravvivare. ◇ fig. *Rinfrescare la memoria a qlcu.:* fare in modo che ricordi qlco. ◆ v.intr. (aus. *essere* o *avere*). **1.** Riferito al tempo, diventare fresco (anche con uso impers.). *Entriamo in casa, comincia a rinfrescare.* **2.** MAR. Detto del vento, aumentare di forza, di intensità. ◆ **rinfrescarsi** v.pron. **1.** Lavarsi, bagnarsi con acqua fresca. **2.** Bere qlco. di fresco.

rinfrésco s.m. [pl. *–schi*] Assortimento di bevande e di cibi che vengono offerti in occasione di ricevimenti, intrattenimenti, ecc. ~ estens. Il ricevimento stesso.

rinfùsa s.f. **1.** Usato nella loc. *alla rinfusa,* a casaccio, disordinatamente. **2.** (al pl.) Merci trasportate senza essere sistemate in contenitori.

1. ring [/riŋ/ anche s.m. (voce ingl. "cerchio") **1.** SPORT. Piattaforma quadrata sulla quale si svolgono i combattimenti di lotta o di pugilato. ~ estens. Il pugilato stesso. *È un campione del ring.* **2.** Recinto all'interno di un ippodromo in cui sfilano i cavalli che hanno partecipato a una corsa. **3.** IND. TESS. Filatoio ad anelli in cui l'organo che determina l'avvolgimento del filo sul fuso ha forma di anello. **4.** ECON. Accordo tra imprese per accaparrarsi un prodotto o una materia prima facendone aumentare il prezzo tramite una repentina riduzione dell'offerta.

2. ring [/'riŋ/] s.m. inv. (voce ted., propr. "anello") Grande viale che in alcune città austriache e tedesche cinge l'antico centro urbano. ~ URBAN. Ampia strada che contorna il centro cittadino e smista il traffico proveniente dai quartieri periferici.

ringalluzzire v.intr. [83] (aus. *essere*) Diventare più sicuro di sé, più baldanzoso; anche pron. ◆ v.tr. Far diventare qlcu. vivace, allegro, baldanzoso.

ringgit s.m. inv. Unità monetaria principale della Malesia, detto anche *dollaro della Malesia.*

ringhiàre v.intr. [6] (aus. *avere*) (lat. ringulàre, deriv. di *ringi* "digrignare i denti") Detto di cane, emettere un brontolio minaccioso e digrignare i denti. ~ fig. Detto di persona, parlare con voce rabbiosa, irritata, ostile.

ringhièra s.f. (germ. *hring* "cerchio") Parapetto di balconi, scale, terrazze, ecc.

ringhio s.m. [pl. *–ghi*] Atto del ringhiare proprio del cane. ~ Suono sordo e rauco emesso dall'animale che ringhia.

ringiovaniménto s.m. **1.** Ritorno di forza, di freschezza giovanile. **2.** GEOL. Ripresa di fenomeni dinamici in faglie e sistemi montuosi. **3.** ARBOR. Potatura che viene eseguita per rinnovare piante vecchie o deperite.

ringiovanire v.intr. [83] (aus. *essere*) Ritornare giovane, riprendere il vigore o l'aspetto giovanile. ◆ v.tr. Rendere, far sembrare qlcu. più giovane. *Questo taglio di capelli ti ringiovanisce.*

ringoiàre v.tr [6] **1.** Tornare a ingoiare qlco. **2.** fig. Rimangiarsi, ritrattare quanto si è detto.

1. ringranàre v.tr. AGR. Tornare a seminare grano o altro cereale dove si era seminato l'anno precedente, senza lasciar riposare il terreno.

2. ringranàre v.intr. (aus. *avere*) Detto delle ruote dentate di un ingranaggio, combinarsi di nuovo reciprocamente. ~ fig. Riprendere il ritmo abituale in un'attività. *Dopo le vacanze, stenta a ringranare nel lavoro.* ◆ v.tr. **1.** MECC. Tornare a fare ingranare tra loro le ruote dentate di un ingranaggio. **2.** TECN. Chiudere un foro nel metallo con un perno incastrato a caldo.

ringraziaménto s.m. Manifestazione di gratitudine, rendimento di grazie. ~ (al pl.) Parole, modi con cui si ringrazia. ◇ *Giorno del ringraziamento:* festa celebrata il quarto giovedì di novembre negli Stati Uniti, istituita in origine dai Padri Pellegrini per ringraziare Dio del raccolto.

ringraziàre v.tr. [6] **1.** Esprimere la propria gratitudine verso qlcu. **2.** estens. Attribuire a qlco. il merito di aver avuto una buona fortuna o di aver evitato una disgrazia. *Ringrazia il cespuglio che ha attutito la caduta.*

rinite s.f. MED. Infiammazione della mucosa nasale che causa spec. raffreddore.

rinnegaménto s.m. Ripudio, sconfessione della fede prima professata.

rinnegàre v.tr. [4] **1.** Abbandonare una dottrina, una fede che prima si era professata. **2.** Negare, sostenere il falso, di avere conosciuto qlcu. ~ Non riconoscere più come proprio qlcu. o qlco. a cui si era legati da un vincolo di sangue, di affetto, di fedeltà. *Rinnegare un figlio.*

rinnegàto agg. Che ha sconfessato o tradito la propria patria, la propria fede, il proprio partito, ecc. ◆ s.m. [f. *–ta*] Nel sign. dell'agg.

rinnestàre v.tr. → reinnestare.

rinnovàbile agg. Che si può rinnovare.

rinnovaménto s.m. **1.** Sostituzione o ammodernamento di ciò che è vecchio, non più valido. **2.** fig. Cambiamento che costituisce un progresso, nel quale si affermano idee, valori, istituti nuovi e più rispondenti ai tempi. **3.** fig. Trasformazione interiore, spirituale. **4.** Reiterazione, ripetizione di qlco.

rinnovàre v.tr. **1.** Fare di nuovo qlco. *Rinnovare una promessa.* ◇ *Rinnovare una cambiale:* sostituirla con un'altra a scadenza prorogata. **2.** Sostituire qlco. di vecchio con elementi nuovi. *Rinnovare la tappezzeria.* **3.** Trasformare qlco. per renderlo nuovo, più moderno. *Rinnovare il codice.* ◆ **rinnovarsi** v.pron. **1.** Diventare più moderno e aggiornato. **2.** Ripetersi. **3.** fig. Riacquistare vigore fisico, rinascere a nuova vita spirituale. *Il paese si è rinnovato culturalmente.*

rinnovàto agg. **1.** Ripetuto, reiterato. ~ Reso di nuovo valido, prolungato nella sua validità. **2.** Modificato, aggiornato, riformato. **3.** Riferito a persona, che ha subìto un cambiamento, un miglioramento.

rinnovatóre agg. [f. *–trice*] Che rinnova, che rigenera. ◆ s.m. (anche f.) Nel sign. dell'agg.

rinnòvo s.m. **1.** Sostituzione di qlcu. o qlco. con persone o cose nuove. **2.** Proroga della validità di qlco. *Rinnovo di un trattato.* **3.** AGR. Lavorazione del terreno in profondità in modo da muovere solo lo strato arabile.

rinocerónte s.m. (gr. *rhinókēros,* propr. "con un corno sul naso") Grande mammifero delle regioni calde dell'Asia e dell'Africa caratterizzato dalla presenza di uno o due corni mediani sul muso. [Si distinguono cinque specie di rinoceronte: due in Africa, il *rinoceronte bianco* (lunghezza 5 m, peso 4 t; genere *Ceratotherium*) e il *rinoceronte nero* (genere *Diceros*) e tre in Asia, il *rinoceronti unicorni dell'India* e della *Sonda* (genere *Rhinoceros*) e il *piccolo rinoceronte di Sumatra* (genere *Didermocerus*). Tutte queste specie sono minacciate a causa delle presunte virtù afrodisiache dei corni; famiglia dei Rinoceròntidi, ordine dei Perissodattili.]

Rinoceròntidi o **Rinoceròtidi** s.m. pl. [iniziale minusc. sing. *–de* per l'individuo] ZOOL. Famiglia di mammiferi comprendente solo alcune specie, tra cui il rinoceronte. (Ordine dei Perissodattili.)

rinofaringe s.f. ANAT. Parte superiore del canale della faringe comunicante con le fosse nasali.

rinofaringèo agg. ANAT. Relativo alla rinofaringe.

rinofaringite s.f. MED. Infiammazione della mucosa nasale e della faringe.

rinolalia s.f. MED. Alterazione del timbro della voce che assume una risonanza nasale. SIN.: rinofonia.

rinòlofo s.m. **1.** Mammifero simile al pipistrello, dal pelo folto di colore fulvo, diffuso nelle regioni tropicali e temperate dell'Europa e dell'Asia, con caratteristica appendice membranosa all'estremità del muso. (Ordine dei Chirotteri.) **2.** ZOOL. (iniziale maiusc.) Genere a cui appartengono varie specie di rinolofo.

rinologia s.f. MED. Studio dell'anatomia e della fisiopatologia del naso.

rinomàto agg. Che ha buona reputazione.

rinopitèco s.m. **1.** ZOOL. [pl. *–chi* o *–ci*] Grossa scimmia asiatica dal corpo robusto con caratteristico naso corto all'insù. (Famiglia dei Colobidi; ordine dei Primati.) **2.** ZOOL. (iniziale maiusc.) Genere a cui appartiene il rinopiteco.

rinoplàstica s.f. [pl. *–che*] MED. Operazione chirurgica con cui si correggono difetti funzionali o estetici del naso.

rinorragia s.f. MED. Emorragia nasale. SIN.: epistassi.

rinorrèa s.f. MED. Abbondante secrezione di muco dal naso.

rinoscopia s.f. MED. Esame delle cavità nasali con il rinoscopio o il rinoscopio.

rinovirus s.m. inv. BIOL. Ogni virus che provoca nell'essere umano le affezioni delle prime vie respiratorie.

rinsaldàre v.tr. Rafforzare, rendere più saldo. *Rinsaldare un legame.* ◆ **rinsaldarsi** v.pron. **1.** Consolidarsi. *La nostra amicizia si è rinsaldata col tempo.* **2.** Essere sempre più convinto nel sostenere un'idea. *Rinsaldarsi nelle proprie convinzioni.*

rintanàrsi v.pron. Detto di animale, rifugiarsi nella propria tana. *La volpe si rintanò all'arrivo dei cani.* ~ fig. Detto, di persona, evitare di mostrarsi rifugiandosi in un luogo appartato. *Rintanarsi in casa.*

rintelàre v.tr. Rinforzare la tela di un dipinto con una tela di supporto.

rintoccàre v.intr. [4] (aus. *avere* o *essere*) Produrre suoni ripetuti e staccati tra loro. *La campana rintocca.*

rintócco s.m. [pl. *–chi*] Ciascun colpo battuto dal batacchio della campana. ~ Ciascuna delle ore, o parte di esse, battute da un orologio.

rintracciàre v.tr. [5] **1.** Scoprire al termine di un'indagine. *Rintracciare una persona.* **2.** Di cani, scovare un animale seguendone la traccia.

rintronàre v.tr. [5] **1.** (aus. *avere* o *essere*) Di un rumore, risuonare cupo e fragoroso in un luogo. *L'esplosione rintronò nella valle.* ~ Di luogo, rimbombare. *La sala rintronò di applausi.* ◆ v.tr. **1.** Stordire con un grande rumore, frastornare.

bianco (Africa)

indiano

■ **rinocerónte**

Mi ha rintronato con le sue chiacchiere. **2.** Scuotere con un potente rimbombo.

rinùncia o **rinùnzia** s.f. [pl. *-ce, -zie*] **1.** Atto con cui si cede ciò che si possiede. ~ Rifiuto di esercitare un diritto soggettivo, una funzione, un potere legittimo. **2.** *estens.* Disponibilità a privarsi di qlco. ~ (al pl.) Sacrifici, privazioni. **3.** Nel l. religioso, distacco da beni e desideri terreni in favore dell'ascesi spirituale.

rinunciàre o **rinunziàre** v.intr. [5] (aus. *avere*) (lat. *renuntiāre*, propr. "annunciare in risposta") Fare a meno di qlco., desistere da un desiderio, da un diritto. *Rinunciare al dolce, a un'idea.*

rinunciatàrio agg. [pl.m. *-ri*] **1.** Di rinuncia. *Atto rinunciatario.* ~ Che ha fatto una rinuncia. **2.** Che non si fa valere. ◆ s.m. [f. *-ria*] Nei sign. dell'agg. riferiti a persona.

rinvasàre v.tr. Trasferire una pianta in un vaso più grande.

1. rinveniménto s.m. Ritrovamento di qlcu. o qlco.

2. rinveniménto s.m. **1.** Di persona, ritorno allo stato cosciente dopo uno svenimento. **2.** Di cosa, recupero di caratteri e proprietà perdute. **3.** METALL. Trattamento termico con cui si restituiscono a una lega determinate caratteristiche e proprietà annullate da un precedente trattamento ad alte temperature.

1. rinvenìre v.tr. [81] Trovare qlco. o qlcu. *Rinvenire una statua romana.*

2. rinvenìre v.intr. [81] (aus. *essere*) **1.** Riprendere coscienza. *È rinvenuto in ospedale.* **2.** Detto di alimenti o di altra cosa secca, riacquistare, assorbendo acqua, freschezza, volume. *I funghi rinvengono in acqua tiepida.* ◆ v.tr. METALL. Sottoporre l'acciaio o una lega a rinvenimento.

rinverdìre v.tr. [83] **1.** Rendere nuovamente verde. *La pioggia ha rinverdito i prati.* **2.** *fig.* Ridare vigore. *Rinverdire le speranze.* **3.** In conceria, ridare la necessaria morbidezza ed elasticità alle pelli seccate. ◆ v.intr. (aus. *essere*) **1.** Ridiventare verde, anche pron. *I prati (si) sono rinverditi.* **2.** *fig.* Riprendere vigore, anche pron. *La sua volontà (si) è rinverdita.*

rinviàre v.tr. [6] **1.** Mandare indietro. *Rinviare una lettera al mittente.* SIN.: **respingere**. **2.** Mandare qlcu. da un luogo all'altro. **3.** Differire nel tempo. *Rinviare un incontro.* **4.** Rimandare a una citazione, a un autore, a uno scritto. **5.** TECN. Modificare la direzione di un movimento mediante un dispositivo.

rinvigorìre v.tr. [83] Dare più vigore, anche in senso morale. *Una buona lettura rinvigorisce lo spirito.* SIN.: **rafforzare**. ◆ v.intr. (aus. *essere*) Diventare più vigoroso, riacquistare vigore; anche pron. *(Si) È rinvigorito con lo sport.*

rinvìo s.m. [pl. *-vii*] **1.** Azione di rimandare al luogo di provenienza. ~ In partic. nel l. sport., rilancio della palla verso la metà campo avversaria. **2.** Invio di qlco. in altro e più idoneo luogo. ~ In partic., indicazione con cui si rimanda il lettore ad altra parte del testo o ad altro testo, ed eventuale segno usato. **3.** Posticipazione ad altra data. **4.** DIR. Invio di una causa ad altro giudice, riferimento ad altro ordinamento giudiziario. ◇ *Rinvio a giudizio:* decisione di sottoporre un imputato a giudizio, presa al termine della fase istruttoria. **5.** TECN. Dispositivo che cambia la direzione di un moto.

rinzaffàre v.tr. COSTR. Colmare con malta o altro materiale fessure, buchi, vuoti di una superficie.

rinzàffo s.m. **1.** COSTR. Operazione con cui si getta uno strato di malta su un muro in pietra per pareggiarlo e consentirne l'intonacatura. **2.** COSTR. Strato di malta steso su un muro.

rìo s.m. [pl. *rii*] → **ruscello**.

rioccupàre v.tr. Occupare nuovamente qlco., anche fig. *Rioccupare il posto di direttore.* ◆ **rioccuparsi** v.pron. Tornare a interessarsi di qlco.

riolite s.f. MIN. Roccia vulcanica ricca di silicio a struttura vetrosa che contiene feldspato, quarzo e biotite; è detta anche *liparite*.

rionàle agg. Di, del rione.

rióne s.m. (lat. *regiōnem* "regione") Quartiere urbano e, in partic., ciascuna delle ventidue partizioni di origine storica in cui è suddivisa la città di Roma.

rioperàre v.tr. CHIR. Sottoporre qlcu. a un nuovo intervento chirurgico.

riordinaménto s.m. Nuovo e migliore ordine dato a qlco. ~ Ripristino dell'ordine consueto.

riordinàre v.tr. **1.** Rimettere in ordine. **2.** Riorganizzare dando un nuovo assetto. **3.** COMM. Richiedere nuovamente una merce. ◆ v.intr. (aus. *avere*) Tornare a ordinare. ◆ **riordinarsi** v.pron. Rimettersi in ordine.

riorganizzàre v.tr. **1.** Organizzare su nuove basi. **2.** Organizzare qlco. in modo nuovo e più adeguato. ◆ **riorganizzarsi** v.pron. Organizzarsi di nuovo.

ripagàre v.tr. [4] **1.** Pagare di nuovo qlco. **2.** Ricompensare qlcu. di qlco. *Gli ho ripagato tutti i suoi servizi.* **3.** Risarcire un danno a qlcu.

1. riparàre v.tr. (lat. *reparāre*, propr. "procurare di nuovo") **1.** Porre rimedio a un male, a un danno o a un errore. **2.** Aggiustare qlco. di rotto. **3.** Mettere al riparo. SIN.: **difendere**. ◆ v.intr. (aus. *avere*) Porre rimedio a qlco. di negativo. *Riparare a un danno.* ◆ **ripararsi** v.pron. Mettersi al riparo, difendersi da qlco. o da qlcu.

2. riparàre v.intr. (aus. *essere*) (provenz. *repairar*, lat. *repatriāre* "rimpatriare") Rifugiarsi, nascondersi in un luogo, per fuggire a persecuzioni o sottrarsi alla legge.

riparatóre agg. [f. *-trice*] **1.** Che serve a correggere qlco., a riparare un danno o un'offesa subita. **2.** TEOL. CATT. Che cancella il peccato reintegrando nello stato d'innocenza. ◆ s.m. (anche f.) Chi accomoda, rimette in funzione strumenti, apparecchi, ecc.

riparazióne s.f. **1.** Azione, opera volta a compensare, a risarcire un danno materiale o morale. ◇ *Riparazioni di guerra:* risarcimento che uno Stato con apposite leggi prevede per i cittadini che abbiano subito danni materiali in conseguenza di un conflitto. – DIR. *Riparazione degli errori giudiziari:* risarcimento dato dallo Stato a chi sia rimasto vittima di un errore giudiziario. **2.** Intervento volto a riparare ciò che è rotto, logoro, in cattivo stato. **3.** TEOL. CATT. Cancellazione, a opera di Cristo, dell'offesa fatta dall'uomo a Dio con il peccato originale. **4.** BIOL., MED. Processo ricostruttivo naturale o chirurgico. **5.** BOT. Rigenerazione della parte di un organo lacerata o asportata.

riparlàre v.intr. (aus. *avere*) Parlare nuovamente con qlcu. o di qlco. ◆ **riparlarsi** v.pron. Riferito a due persone in disaccordo reciproco, riprendere i contatti.

ripàro s.m. **1.** Mezzo, modo, cosa con cui ci si protegge. SIN.: **protezione**. ~ Luogo in cui si è riparati, al sicuro. *Mettere l'auto al riparo dalla grandine.* **2.** Opera intesa a scongiurare un danno o a rimediarvi. ~ Rimedio di fronte a un'urgenza, a una necessità. ◇ *Correre ai ripari:* provvedere d'urgenza.

1. ripartìre v.intr. (aus. *essere*) **1.** Partire nuovamente da un luogo. ~ Lasciare un luogo per raggiungerne un altro. **2.** *fig.* Funzionare nuovamente. *La macchina è ripartita.*

2. ripartìre v.tr. [83] **1.** Dividere un insieme in più parti in base a determinati criteri. *Ripartire il terreno in cinque aree.* **2.** Distribuire qlco. fra più persone. ◆ **ripartirsi** v.pron. Detto di due o più persone, dividersi qlco.

ripartitóre s.m. **1.** [f. *-trice*] Negli uffici postali, impiegato che suddivide la corrispondenza secondo le diverse destinazioni. **2.** TECN. Dispositivo per la distribuzione fra più utenti di acqua, gas, elettricità, ecc.

ripartizióne s.f. **1.** Suddivisione in più parti e loro distribuzione. **2.** Ciascuno dei settori in cui si articola un'amministrazione pubblica.

ripàrto s.m. FIN. Ripartizione proporzionale dei titoli disponibili fra quanti hanno aderito all'operazione nel caso in cui il quantitativo di titoli richiesto superi quello offerto.

ripassàre v.tr. **1.** Attraversare di nuovo un luogo. **2.** Mettere a posto qlco., percorrendolo di nuovo con la mano, con uno strumento, o con gli occhi. ◇ *Ripassare la lezione:* ristudiarla, rileggerla con attenzione. **3.** Passare nuovamente qlco. su una superficie, su un oggetto. *Ripassare il lucido sulle scarpe.* **4.** Porgere di nuovo qlco. a qlcu. ◆ v.intr. (aus. *essere*) **1.** Passare un'altra volta da qualche parte. *Passare e ripassare davanti alla scuola.* **2.** Ritornare. *Ripasserò questa sera.*

ripàsso s.m. **1.** Migrazione degli uccelli dai luoghi di svernamento a quelli di riproduzione. **2.** Rilettura di un testo già studiato.

ripensaménto s.m. **1.** Rinnovata riflessione, meditazione su qlco., spec. alla luce di nuovi fatti, di nuove conoscenze. **2.** Cambiamento di idea, di opinione.

ripensàre v.intr. (aus. *avere*) **1.** Pensare nuovamente a qlco. SIN.: **meditare**. **2.** Riandare con il pensiero a qlco. o a qlcu. *Ripensare ai vecchi amici.* ◆ v.tr. Riconsiderare, riesaminare qlco. *Tutto il progetto va ripensato.*

ripercórrere v.tr. [21] Percorrere nuovamente un sentiero, un tracciato, ecc. ~ *fig.* Passare in rassegna avvenimenti del passato. *Ripercorrere con la mente la propria vita.*

ripercuòtere v.tr. [43] **1.** Tornare a percuotere qlcu. o qlco. **2.** Rinviare un suono o una luce. SIN.: **riflettere**. **3.** MUS. Ribattere note. ◆ **ripercuotersi** v.pron. **1.** Detto di raggi luminosi od onde sonore, tornare indietro in un luogo. SIN.: **rimbalzare**. **2.** Causare una scossa o contraccolpo su qlco. o qlcu. *L'urto si ripercosse nella carrozza.* ~ *fig.* Avere conseguenze negative su qlco.

ripercussióne s.f. **1.** Contraccolpo o riflessione. *Ripercussione dei raggi solari.* **2.** *fig.* Effetto indiretto di un'azione, di un fatto.

ripescàggio s.m. [pl. *-gi*] Recupero di persona o di cosa già eliminata, già scartata.

ripescàre v.tr. [4] **1.** Tornare a tirare fuori dall'acqua qlcu. o qlco. **2.** *fig.* Estrarre da un contenitore la stessa cosa più volte. **3.** *fig.* Ritrovare qlco. perduto da tempo e quasi dimenticato. *Ripescare una notizia in un archivio.* **4.** *fig.* Recuperare dal passato qlco. o qlcu. SIN.: **riproporre**.

ripetènte agg. Che ripete l'anno scolastico essendo stato bocciato. ◆ s.m. e f. Nel sign. dell'agg.

ripètere v.tr. **1.** Fare un'altra volta. ◇ *Ripetere l'anno:* nel l. scolastico, frequentare la stessa classe per due anni consecutivi a causa di una bocciatura. **2.** Dire un'altra volta quanto si era detto o è stato detto da altri. *Mi ripeti le sue parole?* **3.** DIR. Esigere qlco. come restituzione dovuta. ◇ *Ripetere l'indebito:* chiedere la restituzione di una somma versata senza che ne sussista l'obbligo. ◆ **ripetersi** v.pron. **1.** Esprimersi imitando se stessi per mancanza di ispirazione. *Uno scrittore che si ripete.* **2.** Verificarsi di nuovo.

ripetitività s.f. inv. Caratteristica di ciò che è ripetitivo.

ripetitivo agg. **1.** Che si ripresenta in modo monotono, che si ripete sempre uguale. **2.** Che ripete più volte le stesse cose.

ripetitóre agg. [f. *-trice*] Che ripete. ◆ s.m. **1.** (anche f.) Chi dice ciò che è già stato detto. **2.** TEAT. (anche f.) Suggeritore. **3.** TELECOM. Dispositivo, apparecchio per la ripetizione di segnali, segni, suoni, ecc.

ripetizióne s.f. **1.** Nuova effettuazione, con o senza variazioni, di ciò che è già stato fatto. ◇ *A ripetizione:* con riferimento a meccanismo, che è in grado di ripetere un movimento in modo continuativo. *Arma a ripetizione.* **2.** SPORT. In alpinismo, scalata lungo una via già aperta. ~ Nella scherma, nuova azione d'attacco identica alla precedente. **3.** CINE. *Quadro di ripetizione:* inquadratura eseguita più volte durante la realizzazione di un film. **4.** Ripresa di ciò che è già stato detto dal soggetto stesso o da altri. ~ LING. Iterazione di una parola per rafforzarla. **5.** Nel l. scolastico, rilettura di ciò che è già stato studiato per imprimerlo meglio nella memoria. ~ Lezione privata finalizzata alla migliore comprensione delle lezioni scolastiche. **6.** DIR. *Ripetizione dell'indebito:* richiesta di restituzione di quanto pagato e non dovuto.

ripetùto agg. **1.** Fatto, detto più volte. **2.** *estens.* Numeroso. *Subire ripetuti assalti.*

ripianàre v.tr. ECON. Pareggiare un bilancio.

1. ripiàno s.m. **1.** Breve tratto pianeggiante in un terreno in pendenza. **2.** Mensola di uno scaffale, di un mobile.

2. ripiàno s.m. ECON. Raggiungimento del pareggio in un bilancio.

ripicca s.f. [pl. *-che*] (etim. discussa, forse spagn. *repique* deriv. di *repicar* "pungere di nuovo") Sgarbo fatto per dispetto, puntiglio o rivalsa.

ripidézza s.f. Forte pendenza.

ripido agg. Che ha una forte pendenza.

ripiegaménto s.m. **1.** Azione di piegare di nuovo ciò che era stato dispiegato. **2.** MIL. Ritirata di uomini e mezzi che si attestano su una linea o su una posizione più arretrata. **3.** *fig.* Rinuncia ai propri propositi iniziali e accettazione di soluzioni più praticabili. ~ Ritorno a posizioni e atteggiamenti culturali tradizionali rinunciando a quelli innovativi precedentemente assunti. ◇ *fig. Ripiegamento interiore:* riflessione, meditazione di chi è tutto chiuso in se stesso. **4.** GEOL. Fenomeno di piegamento di strati rocciosi a causa di spinte orogenetiche orizzontali.

ripiegàre v.tr. [4] **1.** Piegare di nuovo qlco. o piegarlo più volte. **2.** Piegare su se stesso, verso l'interno qlco. che è disteso, aperto. *Ripiegare le ali.* ◆ v.intr. (aus. *avere*) **1.** MIL. Indietreggiare, ritirarsi. **2.** *fig.* Indirizzarsi verso una scelta, una soluzione meno soddisfacente di quella che si desiderava ma che non era realizzabile. ◆ **ripiegarsi** v.pron. Piegarsi su se stesso.

ripiègo s.m. [pl. *-ghi*] Soluzione provvisoria e insoddisfacente di un problema. ~ Espediente per cavarsela in qualche modo. *Soluzione di ripiego.*

ripienatrice s.f. Nella tecnica mineraria, macchina usata per riempire i vuoti.

ripièno agg. **1.** Completamente pieno. SIN.: **ricolmo**. **2.** *fig.* Colmo di un sentimento. *Cuore ripieno di gioia.* **3.** Farcito, imbottito. *Pomodori ripieni.* ◆ s.m. **1.** Ciò che riempie un contenitore. **2.** Impasto di ingredienti diversi con cui si riempie qlco. *Il ripieno del tacchino.* **3.** COSTR. Pezzo di muro tra un vuoto e l'altro, tra un arco e un altro.

ripiòvere v.impers. [18] (aus. *essere* o *avere*) Detto della pioggia, cadere nuovamente. ◆ v.intr. (aus. *essere*) Cadere di nuovo in abbondanza. *Ripiovono insulti sull'arbitro.*

ripopolaménto s.m. Processo grazie al quale un territorio torna a essere popolato da specie animali e vegetali.

ripopolàre v.tr. Popolare di nuovo un luogo. ◆ **ripopolarsi** v.pron. Tornare a popolarsi. *La città si è ripopolata.*

ripórre v.tr. [25] (lat. *repōnere*, propr. "porre di nuovo") **1.** Mettere di nuovo qlco. nel posto dove solitamente si trova. *Riporre la biancheria nei cassetti.* **2.** Mettere qlco. al riparo. *Riporre il denaro in cassaforte.* **3.** *fig.* Concentrare un sentimento in qlcu. *Riporre l'affetto nei figli.* **4.** Tornare a presentare qlco. SIN.: **riproporre**. ◆ **riporsi** v.pron. Porsi di nuovo, ripresentarsi.

riportàre v.tr. **1.** Portare nuovamente qlcu. o qlco. in un luogo. *Riportare i bambini a scuola.* **2.** Restituire qlco. a qlcu. **3.** Trasportare qlco. da qualche parte. *Riportare la terra in cortile.* **4.** Riprodurre un disegno in un formato diverso, un'opera d'arte in un materiale diverso, ecc. **5.** Riferire quanto si è venuti a sapere. *Riportare i fatti agli amici.* **6.** Attribuire qlco. a qlcu. *Gli vanno riportati molti meriti.* **7.** Nei mezzi di comunicazione, dare notizia di qlco., comunicarlo. *La notizia è riportata in prima pagina.* **8.** Citare un testo o una parte di testo. **9.** Ottenere. *Riportare una vittoria.* **10.** Subire qlco. *Riportare ferite.* **11.** MAT. Nei calcoli numerici, fare il riporto di un numero. **12.** BANC. Cedere titoli a riporto. ◆ **riportarsi** v.pron. **1.** Riferirsi a qlcu. **2.** Tornare da qualche parte. *Si sono riportati sulla strada principale.*

1. riportàto agg. Che è stato portato, trasportato, trasferito in un luogo.

2. riportàto s.m. [f. *-ta*] ECON. Nel contratto di riporto, chi vende a pronti e acquista a termine determinati titoli.

ripòrto s.m. **1.** Azione di portare indietro o di trasportare, di trasferire qlco. da un luogo a un altro. **2.** Riproduzione. ◇ *Segni di riporto:* segni, fatti sul testo e riprodotti identici sul margine, usati nella correzione delle bozze. **3.** RIC. Applicazione su un tessuto di un pizzo, di un ritaglio di stoffa di diverso tipo o colore. **4.** Pettinatura per nascondere la calvizie, fatta in modo che i capelli rimasti vadano a coprire la parte calva del capo. **5.** METALL. Applicazione di metallo nei punti difettosi di un manufatto. **6.** MAT. In un'addizione, cifra che si aggiunge all'ordine superiore quando la somma supera la base del sistema di misurazione. **7.** CONTAB. Scrittura del numero che rappresenta il totale degli importi di una pagina di registro in testa agli importi della pagina successiva. **8.** FIN. Operazione di borsa che consiste nel comperare o vendere titoli, con l'impegno reciproco del compratore e del venditore di trasferirli alla data convenuta al prezzo aumentato o diminuito che era stato fissato. **9.** SPORT. Nella scherma, ritorno alla posizione iniziale dopo un legamento con avvolgimento intorno alla lama dell'avversario.

riposànte agg. Che toglie la sensazione di stanchezza. SIN.: **rilassante**.

1. riposàre v.tr. Tornare a posare qlco. *Riposare la valigia a terra.* ◆ **riposarsi** v.pron. Posarsi di nuovo da qualche parte.

2. riposàre v.intr. (aus. *avere*) **1.** Interrompere un'attività per ridurre la stanchezza e recuperare le energie. **2.** *estens.* Dormire. **3.** *eufem.* Riferito ai defunti, giacere. **4.** Detto di un terreno, rimanere per qualche tempo non coltivato. **5.** Detto di un liquido, rimanere in quiete per consentire ai sedimenti di depositarsi sul fondo del contenitore. ◆ v.tr. Concedere riposo a una parte del corpo o a una facoltà fisica o psichica. *Riposare la vista.* ◆ **riposarsi** v.pron. Prendere riposo. *Mi sono riposato per alcune ore.*

riposàto agg. Ristorato dalla stanchezza con il riposo.

riposizionàre v.tr. Rimettere qlco. nella posizione usuale.

ripòso s.m. **1.** Interruzione di un'attività per recuperare le energie. ~ *estens.* Periodo di tempo in cui si dorme. ◇ *Posizione di riposo:* in educazione fisica e negli esercizi militari, posizione in cui la gamba sinistra viene portata avanti e le mani vengono tenute dietro la schiena. – *Riposo!:* comando rivolto a militari e atleti di assumere la posizione di riposo. **2.** SPORT. Intervallo tra due tempi di una gara, di un incontro. **3.** Condizione di chi cessa il servizio attivo per raggiunti limiti di età o altre cause e viene retribuito con la pensione. **4.** Stato di quiete di un corpo, spec. di un liquido. **5.** AGR. Sospensione della coltivazione di un terreno per consentire il recupero della fertilità naturale. **6.** ARCH. Parte superiore di un pilastro su cui poggia l'arco.

ripostiglio s.m. [pl. *-gli*] Piccolo locale in cui si tengono gli oggetti d'uso domestico.

riprèndere v.tr. [33] (lat. *reprehĕndere* "trattenere afferrando" poi "biasimare") **1.** Prendere, afferrare nuovamente. *Riprendere il cappotto.* **2.** Riconquistare una posizione, rioccupare un territorio. **3.** Detto di sensazioni o stati fisici e psicologici, tornare ad assalire qlcu. **4.** Ricominciare un'attività dopo un'interruzione. *Riprendere un discorso.* **5.** Accettare una merce di ritorno. *Il negozio non riprende la merce in saldo.* **6.** Rimproverare. *Riprendere l'alunno.* SIN.: **criticare**. **7.** SART. Ritoccare una cucitura. SIN.: **stringere**. **8.** Ritrarre qlcu. o qlco. in un film o in fotografia. *Riprendere un paesaggio con la cinepresa.* **9.** Soggiungere, continuare. *Riprese: ero in campagna e...* **10.** Detto di decorazioni e pitture, ripetere un motivo. SIN.: **richiamare**. **11.** SPORT. Raggiungere. *Riprendere il gruppo.* ◆ v.intr. (aus. *avere*) **1.** Riacquistare vigore, forza. *La piantina appassita sta riprendendo.* **2.** Ricominciare a una certa ora, avere nuovamente inizio in un certo periodo. ◆ **riprendersi** v.pron. **1.** Recuperare forze, energie, risollevarsi. *Riprendersi dopo la crisi economica.* **2.** Correggersi, ravvedersi. **3.** Prendersi indietro qlco. che si era prestato, affidato. ~ Essere di nuovo soggetto a qlco. *Riprendersi la febbre.*

riprésa s.f. **1.** Nuovo avvio di un'azione o di un'attività precedentemente interrotta, sospesa. *La ripresa dei negoziati.* ◇ *A più riprese:* più volte, in più occasioni. **2.** Recupero di energia, forza, vitalità. ~ AUTOM. Attitudine di una macchina a riacquistare rapidamente velocità senza scalare la marcia. ◇ *Essere in ripresa:* andare migliorando. **3.** SPORT. Secondo tempo di un incontro. ~ BOXE Ciascuna delle frazioni in cui è diviso un combattimento. **4.** MUS., METR. Ripetizione di parte di una composizione musicale o di un componimento poetico destinato al canto. **5.** COSTR. Quanto viene edificato successivamente, in aggiunta a una struttura preesistente. **6.** FOTO., TV. Azione di filmare immagini con la macchina da presa. *Sono iniziate le riprese del film.* **7.** SART. Piccola piega cucita.

ripresentàre v.tr. Tornare a presentare. *Ripresentare una legge.* SIN.: **riproporre**. ◆ **ripresentarsi** v.pron. **1.** Presentarsi nuovamente. **2.** Detto di avvenimenti e occasioni, capitare un'altra volta a qlcu.

ripristinàre v.tr. **1.** Riportare qlco. al funzionamento normale. SIN.: **riattivare**. **2.** Rimettere qlco. in vigore. *Ripristinare un'usanza.* SIN.: **ristabilire**. **3.** Riportare edifici o parti di edifici allo stato originario.

ripristino s.m. **1.** Restituzione all'integrità e funzionalità originarie. ~ Rimessa in funzione. ~ In partic., restauro volto a recuperare la forma originaria di un'opera. **2.** *fig.* Rimessa in vigore di qlco. che era venuto meno. *Ripristino di un'usanza.*

riproducibilità s.f. inv. Caratteristica di ciò che può essere riprodotto o può riprodursi.

riprodùrre v.tr. [26] **1.** Produrre di nuovo qlco. SIN.: **ripetere**. **2.** Duplicare un originale. *Riprodurre una scultura.* ~ *estens.* Stampare, pubblicare qlco. in molte copie. **3.** Presentare un testo di altri in una pubblicazione. *Riprodurre un passo di Dante.* **4.** *fig.* Descrivere, rappresentare fedelmente qlco. *Il romanzo riesce a riprodurre l'atmosfera dell'epoca.* ◆ **riprodursi** v.pron. **1.** Generare altri organismi della stessa specie. **2.** Riformarsi. *Si è riprodotta della ruggine.* **3.** Verificarsi di nuovo. SIN.: **ripetersi**.

riproduttività s.f. inv. Predisposizione alla riproduzione.

riproduttivo agg. **1.** Atto a riprodurre qlco. *Procedimento riproduttivo.* **2.** Relativo alla riproduzione degli esseri viventi. *Facoltà riproduttiva.*

riproduttóre agg. [f. *-trice*] Che riguarda la riproduzione di esseri viventi. *Organo riproduttore.* ◆ s.m. **1.** (anche f.) Animale selezionato per la riproduzione. **2.** TECN. Apparecchio, dispositivo per la riproduzione di suoni o di immagini.

riproduttrice s.f. Macchina che esegue riproduzioni in serie.

riproduzióne s.f. **1.** Esecuzione di una o più copie di un originale. **2.** BIOL. Processo con il quale gli esseri viventi generano altri individui della stessa specie. **3.** Ulteriore produzione di ciò che è già stato prodotto.

riprografia o **reprografia** s.f. Qualsiasi tecnica che consente la duplicazione rapida di documenti mediante procedimenti automatici.

ripromèttere v.tr. [50] Promettere di nuovo qlco. a qlcu. *Mi ha ripromesso il suo aiuto.* ◆ **ripromettersi** v.pron. **1.** Essere fermamente deciso a fare qlco. *Si ripromise di diventare migliore.* SIN.: **prefiggersi**. **2.** Aspettarsi qlco. di buono. *Riprometersi un successo immediato.* SIN.: **sperare**.

ripròva s.f. **1.** Prova nuova e diversa che ne conferma altre. SIN.: **conferma**. **2.** Ripetizione di una prova per maggiore sicurezza. **3.** DIR. Prova testimoniale opposta a quella presentata dalla controparte.

1. riprovàre v.tr. **1.** Provare di nuovo indumenti, scarpe. **2.** Sentire ancora una volta un sentimento. *Riprovare gioia.* **3.** Confermare, dimostrare. *Questo comportamento riprova la sua colpa.* ◆ v.intr. (aus. *avere*) Tentare un'altra volta di fare qlco.

2. riprovàre v.tr. Disapprovare, criticare decisamente qlco. SIN.: **biasimare**.

riprovazióne s.f. **1.** Disapprovazione, biasimo. **2.** DIR. Secondo la legge canonica, diritto di impugnare una testimonianza pubblica.

riprovévole agg. Che merita disapprovazione, biasimo, condanna.

ripuàrio agg. [pl.m. *-ri*] (lat. *ripārium* "che si trova sulle rive") Con riferimento a popolazione, che abita sulle rive di un fiume o di un lago. ~ Con riferimento a territorio, che è bagnato da un fiume o da un lago.

ripudiàre v.tr. [6] **1.** Disconoscere qlcu. o qlco. a cui si è legati da vincoli giuridici, affettivi o di parentela. **2.** *estens.* Respingere un'ideologia, un credo, un'ipotesi, un comportamento.

ripùdio s.m. [pl. *-di*] (lat. *repŭdium* "ripulsa" poi "rottura della promessa di matrimonio") **1.** Presso alcuni popoli, istituto secondo il quale il marito può sciogliere unilateralmente il vincolo matrimoniale. **2.** *estens.* Rinnegamento di legami affettivi, idee, azioni, opere. **3.** Netta opposizione, rigetto.

ripugnànte agg. Che suscita disgusto.

ripugnànza s.f. (lat. *repugnăntiam* "disaccordo") Sensazione di disgusto, di ribrezzo.

ripugnàre v.intr. (aus. *avere*) **1.** Suscitare ripugnanza, avversione. *Ci ripugna ricorrere alla violenza.* **2.** Essere in contrasto con un pensiero, un'opinione, un costume.

ripulìre v.tr. [83] **1.** Pulire qlcu. o qlco. un'altra volta. **2.** Pulire qlco. a fondo. *Ripulire il cortile.* ◇ *figg. Ripulire la casa a qlcu.:* rubargli tutto. – *Ripulire la città dai malviventi:* arrestarli. **3.** *fig.* Correggere qlco., perfezionarlo. **4.** Ingentilire. ◆ **ripulirsi** v.pron. **1.** Rimettersi in ordine. **2.** *fig.* Incivilirsi, affinarsi.

ripulìta s.f. **1.** Rapida pulizia di un luogo. ~ Sistemata data alla propria persona o agli abiti. **2.** *fig.* Allontanamento di persone considerate causa di disordine, di turbativa, di inefficienza.

ripulitùra s.f. **1.** Lavoro di pulizia, di asportazione di parti deteriori. **2.** *estens.* Ciò che si toglie nel ripulire. **3.** *fig.* Correzione, revisione finale, spec. di lavori letterari, di scritti.

ripùlsa s.f. (lat. *repŭlsam*, deriv. di *repĕllere* "respingere") Dura, decisa risposta negativa, rifiuto netto.

riputatóre s.m. AGR. Aratro concepito per lavorare in profondità.

riputatùra s.f. AGR. Aratura per frammentare le parti profonde senza riportare in superficie il terreno smosso.

riquàdro s.m. **1.** Porzione quadrangolare di superficie. **2.** Spazio compreso tra elementi lineari che si intersecano ad angolo retto.

riqualificàre v.tr. [4] Rendere qlco. qualitativamente migliore. ~ Dare a un lavoratore una diversa o migliore qualifica professionale. ◆ **riqualificarsi** v.pron. **1.** Acquisire una diversa o migliore qualifica professionale. **2.** SPORT. Qualificarsi di nuovo per una gara.

riqualificazióne s.f. Acquisizione di una qualifica superiore grazie a una maggiore preparazione professionale.

risàcca s.f. [pl. *-che*] (spagn. *resaca*, deriv. di *resacar* "tirare indietro") Movimento di ritorno di un'onda che, dopo aver urtato contro un ostacolo, rifluisce.

risàia s.f. Terreno dove si coltiva il riso.

risaldàre v.tr. Riattaccare tra loro due pezzi staccati. ◆ **risaldarsi** v.pron. Detto di ferite, chiudersi, rimarginarsi.

risalìre v.intr. [88] (aus. *essere*) **1.** Ripensare a qlco., spesso a fatti lontani nel tempo. SIN.: **rievocare**. **2.** Essere avvenuto in un certo periodo. ~ Essere datato, ascendere. *A quale epoca risale questo manoscritto?* **3.** Rincarare, aumentare di valore. *I prezzi della carne sono risaliti.* **4.** Tornare a salire. *Risalire in macchina.* ◆ v.tr. Percorrere nuovamente un sentiero, una via, una scala dal basso verso l'alto.

risalìta s.f. Ritorno al luogo da cui si è discesi. ◇ *Impianti di risalita:* quelli che riportano gli sciatori in cima alle piste.

risaltàre v.tr. Saltare nuovamente qlco. ◆ v.intr. (aus. *avere* o *essere*) **1.** Saltare di nuovo. **2.** Sporgere da una superficie, staccarsene. *Le figure in rilievo risaltano sulla superficie.* **3.** Spiccare per contrasto su uno sfondo. *Il nero risalta sui colori chiari.* **4.** Apparire evidente in qlco. *La verità risalta in quello che hai detto.* **5.** Distinguersi per una dote, una qualità. *Risaltare per la bellezza.*

risàlto s.m. **1.** COSTR. Sporgenza e in partic., in architettura, elemento, profilo aggettante. **2.** ALP. Gradino su una parete rocciosa ripida. **3.** Rilievo, spicco, evidenza per cui qlco. o qlcu. si stacca, si distingue dal fondo, da tutto il resto o da tutti gli altri.

risanaménto s.m. **1.** Ritorno in buona salute, recupero del benessere interiore. **2.** Ripristino o conferimento di condizioni ottimali in vari ambiti. ◇ *Risanamento economico:* serie di provvedimenti volti a ristabilire le condizioni di equilibrio economico e finanziario di un'impresa, di un ente, di uno Stato.

risanàre v.tr. **1.** Far tornare sano. ~ *fig.* Guarire da mali spirituali, da torture mentali. **2.** *estens.* Rendere abitabile un luogo malsano. **3.** *fig.* Rimettere economicamente in sesto.

risanatóre agg. [f. *-trice*] **1.** Che guarisce il corpo o che salva l'anima. **2.** Volto al risanamento economico, ambientale, ecc.

risarciménto s.m. Compensazione di un danno da parte della persona che ne è responsabile.

risarcìre v.tr. [83] Compensare qlcu. di un danno subito.

risàta s.f. Atto di ridere in modo aperto, sonoro e prolungato, come manifestazione di ilarità, allegria o derisione.

riscaldaménto s.m. **1.** Apporto di calore a un materiale, a un corpo, a un ambiente. ~ Impianto che fornisce calore. *Riscaldamento elettrico.* **2.** Aumento di temperatura in un corpo. **3.** SPORT. Insieme di esercizi per scaldare i muscoli. **4.** *fam.* Leggera infiammazione. **5.** *fig.* Stato d'animo alterato a causa dell'ira, della collera.

riscaldàre v.tr. **1.** Scaldare di nuovo ciò che si era raffreddato. *Riscaldare la minestra.* **2.** Rendere caldo qlco. *Il Sole riscalda la Terra.* **3.** *fig.* Eccitare. *La discussione ha riscaldato i presenti.* ◆ v.intr. (aus. *avere*) **1.** Produrre calore. *I termosifoni riscaldano più in fretta delle stufe.* **2.** TECN. Surriscaldarsi. ◆ **riscaldarsi** v.pron. **1.** Diventare caldo, riacquistare calore, aumentare di temperatura. **2.** *fig.* Eccitarsi, infervorarsi, accalorarsi. **3.** Eseguire degli esercizi fisici prima di una gara o di un allenamento sportivo.

riscaldàto agg. **1.** Che gode di un apporto di calore. **2.** Scaldato dopo essersi raffreddato. ◇ *fig. Minestra riscaldata:* ciò che è vecchio, noto, ma che si propone come nuovo.

riscaldatóre s.m. Qualsiasi apparecchio per riscaldare.

riscattàre v.tr. **1.** Liberare qlcu. pagando un riscatto. ~ Liberare più persone da qlco. che le opprime. *Riscattare un popolo dalla tirannide.* **2.** DIR. Liberare un bene da vincoli di natura economica. **3.** *fig.* Compensare qlco. di negativo. *Con questa azione ha riscattato la sua vita.* ◆ **riscattarsi** v.pron. Liberarsi, redimersi da una condizione indegna o negativa.

riscàtto s.m. **1.** Liberazione dalla prigionia dietro pagamento di un prezzo. ~ Il prezzo stesso. **2.** DIR. Liberazione da un obbligo mediante il pagamento di una somma o la rinuncia a diritti. **3.** *fig.* Liberazione di qlcu. da ciò che opprime spiritualmente, emancipazione dall'asservimento morale, politico.

rischiaràre v.tr. **1.** Far diventare chiaro o più chiaro ciò che è oscuro. **2.** *fig.* Rendere perspicace qlcu. o la mente di qlcu. ◆ v.impers. (aus. *essere*) Parlando del tempo, albeggiare, diventare più chiaro. ◆ **rischiararsi** v.pron. Diventare più chiaro, più limpido o più sereno, anche in senso fig. *Le mie idee si sono rischiarate.*

rischiàre v.tr. [6] **1.** Mettere a repentaglio qlco., correre il pericolo di perderlo. *Rischiare la vita.* **2.** Esporsi a un determinato pericolo. *Rischiare la morte.* ◆ v.intr. (aus. *avere*) Correre dei rischi.

rìschio s.m. [pl. *-schi*] **1.** Pericolo, inconveniente più o meno probabile. ◇ *Correre il rischio:* rischiare. – *A rischio e pericolo di:* sotto la responsabilità di qlcu. – *Mettere a rischio:* rischiare. **2.** DIR. Elemento costitutivo di alcuni contratti, p.e. quello di assicurazione. **3.** ECON. La probabilità, più o meno misurabile, con cui gli effetti di una decisione o di una scelta possono produrre un danno o comunque essere diversi da quelli attesi. **4.** MAT. Nella matematica attuariale, scarto tra la possibilità di verificarsi di un certo evento e la frequenza con cui l'evento si verifica.

rischióso agg. Che comporta rischi.

risciacquàre v.tr. Sciacquare qlco., ripassarlo con l'acqua per togliere lo sporco o il sapone. *Risciacquare i piatti.* ◆ **risciacquarsi** v.pron. Lavarsi con acqua dopo essersi insaponati. *Risciacquarsi la faccia.*

risciàcquo s.m. Fase del lavaggio in cui si passa in acqua pulita ciò che è stato insaponato o trattato con detersivi.

risciò s.m. inv. (ingl. *rickshaw*, giapp. *jinrikisha* "veicolo mosso dalla forza di un uomo") Carrozzella leggera a due ruote tirata da un uomo, molto diffusa in Estremo Oriente come mezzo di trasporto urbano.

riscónto s.m. **1.** BANC. Operazione grazie alla quale una banca sconta presso la banca centrale il proprio portafoglio di cambiali al fine di procurarsi fondi liquidi. **2.** CONTAB. Rettifica di bilancio con la quale si rinviano per competenza all'esercizio futuro quote di costi o di ricavi le cui uscite o entrate monetarie sono state interamente pagate o incassate nell'esercizio in corso.

riscontràre v.tr. **1.** Mettere a confronto più elementi per controllarne la corrispondenza. **2.** Rilevare qlco., spec. di negativo. **3.** Verificare qlco. *Riscontrare tutti i conti.* ◆ v.intr. (aus. *avere*) Detto di più cose, corrispondere, risultare uguali. *Le due dichiarazioni non riscontrano.*

riscóntro s.m. **1.** Verifica della corrispondenza tra più cose. ~ Corrispondenza simmetrica di due cose, di due elementi. **2.** Riprova, convalida. **3.** Nel l. bur., risposta scritta a una comunicazione. **4.** Ufficio bancario che si occupa dei versamenti e dei prelievi di denaro sui conti dei clienti. **5.** STAM. *Riscontro di macchina, foglio di riscontro:* prova definitiva di stampa che viene passata al correttore prima della tiratura. **6.** Parte di un congegno fatta in modo da combaciare con un'altra.

riscopèrta s.f. Rivalutazione di autori, opere, aspetti della cultura sottovalutati o dimenticati.

riscoprìre v.tr. [77] **1.** Scoprire nuovamente. **2.** Rivalutare l'opera o la figura di qlcu. *Riscoprire un poeta dimenticato.* ◆ v.pron. Scoprire di avere una determinata qualità, di essere in una certa condizione, di provare un certo sentimento. *Si riscoprì poeta.*

riscòssa s.f. Recupero di iniziativa, di spirito battagliero, spec. per riconquistare un proprio diritto.

riscossióne s.f. Azione di riscuotere denaro e relativa operazione contabile.

riscrittùra s.f. **1.** Nuova stesura di qlco. **2.** LING. Nella grammatica generativa, conversione di un elemento sintagmatico generale in uno o più elementi da esso generabili.

riscrìvere v.tr. [30] (lat. *rescrībere*, propr. "scrivere in risposta") Scrivere o redigere nuovamente un testo allo scopo di cambiarlo, migliorarlo o adattarlo per una destinazione diversa. *Riscrivere un testo per la televisione.* ◆ v.intr. (aus. *avere*) Rispondere a qlcu. *Ti ho riscritto appena ricevuta la tua lettera.*

riscrivìbile agg. Si dice di un supporto per la registrazione di dati il cui contenuto può essere modificato più volte dall'utente.

riscuòtere v.tr. [43] **1.** Tornare a scuotere qlco. *Scuotere e riscuotere un albero.* **2.** Risvegliare qlcu. in modo brusco e improvviso. *Il rumore lo riscosse dal sonno.* **3.** Incassare una somma di denaro che è dovuta. *Riscuotere lo stipendio.* **4.** *fig.* Ottenere qlco. di positivo. *Riscuotere consensi.* **5.** *fig.* Togliere qlcu. dall'inerzia. *Riscuotere l'amico dall'indifferenza.* ◆ **riscuotersi** v.pron. **1.** Scuotersi dal torpore. **2.** Ritornare in sé. **3.** Reagire contro qlco. o qlcu.

riscuotìbile o **riscotìbile** agg. Che si può riscuotere.

risedére v.intr. [19] (aus. *essere*) Rimettersi a sedere, anche pron.

riséga s.f. [pl. *-ghe*] **1.** COSTR. Brusca riduzione dello spessore di una struttura muraria. **2.** Rientranza di un monte.

risémina s.f. AGR. Seconda semina effettuata se la prima non ha avuto buon esito.

risentiménto s.m. **1.** Avversione che cova nell'animo contro qlcu. da cui si è ricevuta un'offesa, a cui si imputa un'ingiustizia. **2.** Sensazione di dolore conseguente a una malattia. ~ MED. Stato di sofferenza di un organo dovuto a malattia di un altro. *Risentimento muscolare*.

risentire v.tr. **1.** Riascoltare qlco. *Risentire lo stesso discorso*. **2.** Provare nuovamente la stessa sensazione. *Risentire un dolore forte*. **3.** Avvertire le conseguenze di qlco. *Risentire la mancanza di qlcu*. ◆ v.intr. (aus. *avere*) **1.** Essere soggetto alle conseguenze di qlco. *Risentire di uno sforzo*. **2.** Subire l'influenza di qlco. *Questo scrittore risente del romanticismo*. **3.** Detto di cibi, avere odore o sapore di qlco. di sgradevole. *Risentire di muffa*. ◆ **risentirsi** v.pron. **1.** Offendersi. *Mi sono risentito per le tue parole*. **2.** Sentirsi nuovamente al telefono. *Ci risentiamo domani*.

risentito agg. **1.** Sentito di nuovo. **2.** Che prova o denota risentimento.

risèrbo s.m. Riservatezza dettata da modestia o discrezione.

riserìa s.f. Stabilimento dove si lavora il riso.

risèrva s.f. **1.** Opera di accantonamento, quantità accantonata. - ENOL. Quantità di vino destinata all'invecchiamento e relativa dicitura apposta sulla bottiglia. *Riserva 1980*. ~ SILV. Numero di fusti che non vengono tagliati, per mantenere il bosco. ~ FISIOL. Sostanze depositate in un organismo in previsione del loro utilizzo. ~ Quantità identificate ed economicamente sfruttabili di una materia prima minerale o energetica. *Riserve di petrolio*. ◇ *Di riserva*: di scorta, supplementare, di ricambio. ~ MAR. *Riserva di spinta*: dislocamento corrispondente alla parte emersa di una nave. **2.** Nei veicoli a motore, serbatoio supplementare o scomparto del serbatoio unico che contiene una piccola quantità di carburante da utilizzare quando la scorta normale è finita. ~ Spia luminosa che si accende quando viene prelevato il carburante supplementare. **3.** CONTAB. Accantonamento di una quota di utile effettuato da una società, per far fronte a futuri investimenti o al rischio di perdite. ◇ *Riserva obbligatoria*: quota di depositi che le banche sono obbligate a depositare a loro volta presso la banca centrale a garanzia della loro capacità di rimborsare le somme dovute ai loro clienti. – *Riserva valutaria*: ammontare di oro, di valute estere, di crediti internazionali di cui dispone la banca centrale di un paese per saldare il deficit della bilancia dei pagamenti con l'estero. **4.** MIL. L'insieme dei militari in congedo richiamabili in caso di guerra oppure il complesso delle forze in servizio non impiegate in combattimento, ma tenute a disposizione del comando. **5.** SPORT. Atleta o giocatore che sostituisce un titolare indisponibile. **6.** Esclusiva di un diritto. ~ estens. Territorio su cui si esercita un diritto esclusivo. ◇ *Riserva di caccia, di pesca*: zona in cui la caccia o la pesca sono consentite solo a chi ha il permesso di accedervi. – *Riserva naturale*: territorio delimitato e regolamentato per la salvaguardia delle specie vegetali e animali che lo popolano. **7.** fig. Considerazione limitativa, restrizione che impedisce il pieno consenso. ~ estens. Con valore eufemistico, considerazione critica, dubbio, dissenso. *Formulare qualche riserva*. ◇ *Con riserva*: a determinate condizioni. – *Riserva mentale*: restrizione mentale; limitazione posta mentalmente a ciò che si dichiara, si promette, si giura. – DIR. *Riserva di legge*: istituto che ricorre quando la costituzione afferma che una materia può essere regolata solo con legge o con atti aventi forza di legge. **8.** IND. TESS. Sostanza grassa o cerosa che impedisce l'assorbimento delle sostanze coloranti da parte del tessuto.

riservàre v.tr. **1.** Mettere da parte qlco. per qlcu. o per una certa occasione. *Riservare una buona bottiglia per gli amici*. **2.** Tenere qlco. solo per sé o destinarlo solo a determinate persone. *Ha riservato per sé gli incarichi più importanti*. **3.** Prenotare qlco. *Riservare i posti a teatro*. ◆ **riservarsi** v.pron. Tenersi la facoltà di fare in seguito una cosa che al momento si rimanda. *Mi riservo di rispondere più tardi*.

riservatézza s.f. **1.** Ritegno nel palesare sentimenti, intenzioni, informazioni. **2.** Carattere confidenziale di qlco. ◇ DIR. *Diritto alla riservatezza*: garanzia costituzionale dell'inviolabilità della sfera privata degli individui.

riservàto agg. **1.** Destinato esclusivamente ad alcune persone o ad alcuni usi. **2.** estens. Che non deve essere divulgato. SIN.: **confidenziale**. **3.** MED. *Prognosi riservata*: formula con cui il medico si rifiuta di formulare la prognosi data la gravità delle condizioni del malato. **4.** Che tiene per sé i propri sentimenti, le proprie idee, ecc.

riservista s.m. e f.[pl.m. *–sti*] **1.** Militare in congedo che può essere richiamato in caso di necessità. **2.** Atleta, giocatore che funge da riserva. **3.** Titolare del diritto riservato di caccia o di pesca.

risguàrdo s.m. STAM. Foglio bianco messo all'inizio e alla fine di un libro.

risibile agg. Che suscita il riso, la derisione.

risìcolo agg. Relativo al riso, alla risicoltura.

risicoltóre o **risicultóre** s.m. [f. *–trice*] Chi coltiva il riso.

risicoltùra o **risicultùra** s.f. Coltivazione del riso.

risièdere v.intr. [12] (aus. *avere*) **1.** Abitare abitualmente in un determinato luogo. **2.** Trovarsi in un determinato posto. **3.** fig. Consistere in qlco. *Il buon esito di un affare risiede nella rapidità di decisione*.

risiko s.m. inv. **1.** Denominazione commerciale, che costituisce marchio registrato, di un gioco da tavolo in cui i giocatori simulano una guerra. **2.** fig. Conflitto di interessi, scontro di opinioni e di parti condotto fino all'eliminazione dell'altro.

1. risina s.f. Riso spezzato che viene dato come cibo agli animali domestici o utilizzato per l'estrazione dell'amido e del glutine.

2. risina s.f. (ted., deriv. di *rieseln* "scorrere") Canalone fatto di tronchi d'albero, usato per far scendere a valle del legname.

risma s.f. (ar. *rizma* "balla di carta") **1.** Unità di computo della carta consistente in cinquecento fogli. **2.** Pacco di carta di 400 fogli per uso di cancelleria. **3.** fig. spreg. Genere, razza. *Gente della peggior risma*.

1. riso s.m. **1.** Pianta annuale che vegeta nell'acqua, molto coltivata in tutte le parti del mondo, con foglie lineari ruvide, fiori a spighette e frutti a cariosside. (Genere *Oryza*; famiglia delle Graminacee.) **2.** Cariosside della pianta, rivestita di glumelle allo stato greggio, bianca dopo la pulitura, la sbramatura, la pilatura e la brillatura; il riso è ampiamente usato nell'alimentazione umana. ◇ *Acqua di riso*: acqua di bollitura del riso con aggiunta di cremore tartaro. **3.** *Riso degli indiani*: riso selvatico presente in Nord-America. ❑ In funzione di agg. inv., nella loc. *punto riso*, in maglieria, tipo di punto in cui si alternano e si scambiano punti dritti e rovesci creando un effetto di grani di riso.

2. riso s.m. [pl. f. *risa*] **1.** Espressione di ilarità consistente in una particolare mimica facciale e in una caratteristica emissione di suoni. **2.** Predisposizione naturale a ridere. **3.** estens. Sorriso.

risollevàre v.tr. **1.** Sollevare di nuovo. ~ fig. Riproporre qlco. *Risollevare una questione*. **2.** Confortare qlcu., rianimare l'animo, la mente, lo spirito. ~ fig. Togliere qlcu. da una situazione difficile. *Risollevare dalla miseria*. ◆ **risollevarsi** v.pron. **1.** Sollevarsi di nuovo da terra. **2.** fig. Riprendersi.

risolùbile agg. **1.** Che può essere risolto. **2.** DIR. Che può essere annullato, sciolto.

risolutézza s.f. Determinazione propria di chi sa ciò che vuole e sa come raggiungerlo. SIN.: **decisione**.

risolutivo agg. **1.** Che risolve. **2.** Che determina la conclusione di qlco. **3.** Che ha il potere di sciogliere qlco. ◇ DIR. *Clausola risolutiva espressa*: clausola per la quale un contratto può essere sciolto qualora una delle due parti risulti inadempiente. **4.** FIS. *Potere risolutivo di uno strumento*: indice di misurazione della precisione di uno strumento ottico.

risolùto agg. Sicuro di sé.

risoluzióne s.f. **1.** Trasformazione di ciò che è complesso, oscuro in qlco. di semplice, chiaro. ~ Superamento di una difficoltà, di una crisi. ~ estens. Il risultato raggiunto. *Risoluzione che ha accontentato tutti*. **2.** MUS. Passaggio da un accordo dissonante a uno consonante. **3.** Decisione, deliberazione. ~ DIR. Testo emesso da assemblee, organizzazioni, ecc. in cui sono espressi i pareri dei singoli membri. *Risoluzione ONU*. **4.** DIR. Scioglimento, recessione da un contratto. **5.** MED. Scomparsa di qualsiasi fenomeno patologico, superamento della fase acuta di una malattia. **6.** CHIM. Scomposizione di una sostanza nei suoi elementi costitutivi. **7.** TECN. Potere risolutivo di uno strumento. **8.** FOTO. Grado ottico di nettezza dei dettagli di un'immagine, espresso in linee per millimetro. ~ **definizione**. **9.** INFORM. Livello di accuratezza nella riproduzione in forma digitale di un'immagine, espresso come numero di pixel che la rappresentano in totale o per unità di lunghezza lineare.

risolvènte agg. Che risolve, atto a risolvere. ◇ MED. *Farmaco risolvente*: in grado di porre fine a uno stato morboso. – ALG. *Equazione risolvente*: con cui si rende possibile la soluzione di un problema.

risòlvere v.intr. [22] (aus. *avere*) (lat. *resòlvere* "sciogliere di nuovo") Riuscire a concludere. ◆ v.tr. **1.** Sciogliere un solido facendolo divenire liquido. **2.** Scomporre un composto nelle sue parti costituenti. **3.** Eliminare qlco. ◇ DIR. *Risolvere un contratto*: scioglierlo, invalidarlo. **4.** Dare una soluzione a qlco. **5.** Decidere qlco. *Risolse che sarebbe partito*. ◆ **risolversi** v.pron. **1.** Concludersi. *Tutto si risolse per il meglio*. **2.** Decidersi a fare qlco. *Mi sono risolto ad andare dal medico*.

risolvibile agg. **1.** Che può essere risolto. **2.** DIR. Che può essere sciolto, annullato.

risonànte agg. **1.** Che risuona. **2.** FIS. Che si trova in condizioni di risonanza.

risonànza s.f. (lat. *resonàntia* "eco") **1.** FIS. Fenomeno per il quale, in un sistema oscillante, si producono oscillazioni di grande ampiezza, a causa di una vibrazione esterna, periodica, di

albume

pannocchia

chicco

■ **rìso**

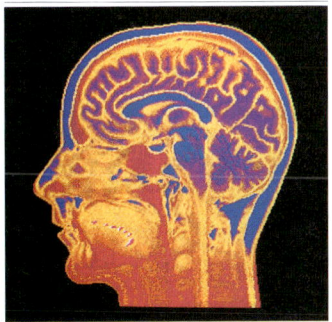

■ **risonànza** magnetica nucleare. Immagine in sezione della testa.

frequenza vicina a quella naturale del sistema stesso. ◇ *Risonanza magnetica nucleare:* fenomeno connesso alla proprietà di alcune specie nucleari di assorbire energia da un campo di radiofrequenza particolare, quando sono immerse in un campo magnetostatico; è sfruttato in radiologia a scopo diagnostico. **2.** Aumento della durata o dell'intensità di un suono che sfrutta la risonanza. **3.** *fig.* Notevole effetto suscitato da qlco. **4.** CHIM. Fenomeno per cui una molecola può essere rappresentata da due o più strutture aventi la stessa disposizione atomica, ma diversa disposizione di elettroni. SIN.: **mesomeria**.

risonatóre s.m. FIS. Corpo o sistema che può vibrare ed entrare quindi in risonanza, quando è sottoposto a una forza periodica, di frequenza opportuna.

risóne s.m. (voce orig. lomb.) Riso greggio, con i grani ancora avvolti nelle glumelle, detto anche *riso vestito* o *in paglia*.

risórgere v.intr. [22] (aus. *essere*) **1.** Sorgere di nuovo, anche in senso fig. *Sono risorte le solite perplessità.* **2.** Tornare in vita. *Cristo è risorto.* **3.** *fig.* Rifiorire, riprendere vigore. *La città è risorta dalle rovine della guerra.*

risorgìva s.f. GEOGR. Sorgente di pianura alimentata da una falda freatica. ◇ *Linea delle risorgive:* fascia di affioramento delle risorgive assunta come linea di separazione tra bassa e alta pianura padana.

risórsa s.f. (spec. pl.) (fr. *ressource*, deriv. di. *resourdre* "risorgere") **1.** Mezzo materiale o morale che consente di operare e di fronteggiare necessità, difficoltà. ~ Capacità, dote di carattere. **2.** INFORM. Ogni componente di un sistema di elaborazione.

risórto agg. **1.** Tornato in vita. **2.** Risollevato dalla decadenza. ◆ s.m. *Il Risorto:* Cristo risuscitato.

risòtto s.m. (voce orig. lomb.) CUC. Piatto di riso asciutto, cotto con ingredienti diversi.

risparmiàre v.tr. [6] (deriv. di long. *sparōn* "risparmiare" e francone *waidanjan* "guadagnare") **1.** Mettere da parte qlco. riducendone il consumo all'indispensabile. *Risparmiare il gas.* **2.** Non affaticare qlcu. o una parte del corpo. *Risparmiare la vista.* ◇ *Risparmiare il fiato, la voce:* parlare il minimo indispensabile. **3.** Accantonare riserve spendendo meno di quanto si guadagna. *Risparmiare cinquanta euro ogni mese.* ~ assol. Spendere meno. **4.** Astenersi da una fatica, anche pron. **5.** Non colpire qlcu. *La malattia ha risparmiato poche persone.* ~ Concedere la vita a qlcu. *Risparmiare i prigionieri.* ◆ **risparmiarsi** v.pron. Evitare di affaticarsi, non stancarsi.

risparmiatóre s.m. [f. *-trice*] Chi contiene le spese, i consumi in modo da poter accantonare una parte del proprio reddito. ❑ Anche in funzione di agg., economo, parsimonioso.

rispàrmio s.m. [pl. *-mi*] **1.** Limitazione del consumo, dell'uso di qlco., impiego limitato, dispendio minimo di qlco. SIN.: **economia**. ~ Parte che non viene consumata, che resta accantonata. ~ (spec. pl.) Modeste somme di denaro messe da parte. ◇ *Senza risparmio:* largamente, generosamente. **2.** ECON. Quota di reddito non spesa in consumi. ◇ *Cassa di risparmio:* istituto di credito pubblico fondato con lo scopo di promuovere il risparmio. – *Azioni di risparmio o privilegiate:* azioni senza diritto di voto, privilegiate nella ripartizione degli utili e nel rimborso del capitale, emesse solo da società quotate in borsa.

rispecchiàre v.tr. [6] **1.** Specchiare di nuovo. **2.** Riflettere un'immagine. *Le acque rispecchiano le nuvole.* **3.** *fig.* Esprimere, denotare, riflettere. *Questo comportamento rispecchia la tua generosità.* ◆ **rispecchiarsi** v.pron. Specchiarsi, riflettersi.

rispedire v.tr. [83] **1.** Spedire di nuovo. **2.** Rimandare qlco. indietro a qlcu. o in qualche luogo. **3.** Mandare di nuovo qlcu. in un luogo o rimandarlo là da dove è venuto.

rispettàbile agg. (forse ingl. *respectable*) **1.** Che merita di essere rispettato. ~ In partic. perbene, corretto. **2.** Notevole, considerevole e perciò tale da suscitare un certo rispetto.

rispettabilità s.f. inv. (forse ingl. *respectability*) Qualità di chi o di ciò che è degno di rispetto, di stima.

rispettàre v.tr. (lat. *respectāre*, deriv. di *respĭcere* "guardare indietro") **1.** Trattare, considerare con rispetto. *Rispettare i bambini.* ◇ *Farsi rispettare:* saper imporre la propria volontà, farsi obbedire. – *Persona che si rispetti:* meritevole di stima. **2.** Astenersi dal maltrattare animali, dal rovinare o sciupare cose materiali. **3.** Osservare un impegno, un costume, una regola, una tradizione.

rispettàto agg. Che gode del rispetto altrui.

rispettivaménte avv. Relativamente ai singoli elementi di una successione.

rispettìvo agg. Che si riferisce o appartiene a ciascuna delle persone o delle cose nominate.

rispètto s.m. (lat. *respĕctum*, orig. "il guardarsi indietro" poi "considerazione, riguardo") **1.** Sentimento e comportamento informati alla consapevolezza dei diritti e dei meriti altrui, dell'importanza e del valore morale, culturale di qlco. ~ (al pl.) Formula di deferente saluto. *Porgere i propri rispetti a qlcu.* ◇ *Rispetto di, per se stesso:* senso della dignità della propria persona. – *Mancare di rispetto:* trattare con poco riguardo, con scarsa considerazione. – *Con rispetto parlando, con tutto il rispetto:* formule di scusa che si premettono a espressioni ritenute poco decenti o poco garbate. – *Di tutto rispetto:* che merita considerazione. – *Distanza di rispetto:* in progetti, costruzioni, ecc., distanza che va rispettata. **2.** Componimento poetico a carattere popolare in cui si rende omaggio alla donna. **3.** STAM. *Foglio di rispetto:* nei libri, foglio interposto tra la copertina o il foglio di risguardo e il frontespizio. **4.** Osservanza puntuale di una norma, adempimento scrupoloso di un obbligo. **5.** Considerazione, attenzione per qlco. **6.** Modo di vedere le cose, punto di vista, aspetto sotto cui si presenta qlco. ◇ *Rispetto a:* in relazione, in confronto a, in rapporto a. *Rispetto a noi, loro sono dei campioni!* **7.** MAR. *Materiali, vele di rispetto:* di riserva.

rispettóso agg. **1.** Che prova un sentimento di rispetto e tiene quindi un comportamento corretto e riguardoso. ~ Improntato a un sentimento di rispetto. **2.** Che agisce in conformità alla norma.

risplèndere v.intr. [12] (aus. *essere* o *avere*) **1.** Mandare una luce forte o viva, anche riflessa. **2.** Essere illuminato da una luce forte e viva. *Il cielo risplendette per un lampo.* **3.** *fig.* Distinguersi per qualche dote. *Risplendere di bellezza.*

rispondènza s.f. **1.** Corrispondenza, consonanza tra cose e persone diverse. **2.** Ripercussione, riflesso.

rispóndere v.intr. [37] (aus. *avere*) **1.** Replicare, dare una risposta. *Rispondere per scritto.* ~ Reagire a un'azione con un certo comportamento. *Rispondere agli insulti con le minacce.* ◇ *Rispondere a tono:* a proposito, oppure ribattere. – *fig. Rispondere per le rime:* replicare in modo critico. **2.** Obiettare a un superiore o a qlcu. che ha autorità. *Ha risposto a suo padre.* **3.** Soddisfare a qlco. *Questo paesaggio risponde alle mie attese.* **4.** Adattarsi a qlco., corrispondervi. *Quest'uomo risponde al caso nostro.* **5.** Detto di dolori, ripercuotersi in un punto. *Il dolore mi risponde nella mano.* **6.** Nel l. sc., reagire in modo adeguato a una sollecitazione, a una stimolazione. *Il motore risponde male ai comandi.* **7.** DIR. Essere responsabili di fronte a qlcu. di beni o di persone. *Rispondere all'assicurazione di un danno.* ~ *estens.* Garantire qlco. a qlcu. *Rispondere alla famiglia della serietà della ragazza.* ◆ v.tr. Replicare qlco. a qlcu. o a una domanda, a una richiesta. *Rispondere due parole al cliente.*

risponditóre s.m. ELETTRON. Apparecchio che emette determinati segnali in risposta a segnali ricevuti.

rispósta s.f. **1.** L'atto di rispondere a domande, comunicazioni, richieste. ~ Ciò che si risponde. ~ Il modo, il tono in cui si risponde. *Risposta gentile.* ◇ *Risposta telegrafica:* data per mezzo del telegrafo; *estens.* estremamente sintetica. **2.** *estens.* Ciò che si fa o si dice in rapporto a quanto altri fanno o dicono. **3.** MUS. Nella fuga, imitazione di una voce fatta da un'altra voce. **4.** SPORT. Azione che prende spunto da quella dell'avversario; in partic. nella scherma, stoccata che segue a una parata. **5.** Nel l. sc., reazione a uno stimolo, a una sollecitazione. ◇ FIS. *Risposta in frequenza:* con riferimento a un quadrupolo o a un trasduttore, rapporto tra l'intensità del segnale d'uscita e d'ingresso. **6.** BORS. Operazione che riguarda i contratti a premio e che precede la liquidazione mensile.

riss [/ˈris/] s.m. (solo sing.) (dal nome del fiume bavarese *Riss*) GEOL. La quarta glaciazione avvenuta nel pleistocene, periodo dell'era neozoica.

rìssa s.f. **1.** Lite violenta, con scambio di insulti e percosse, tra più persone. **2.** *estens.* Contesa, polemica accanita.

ristabiliménto s.m. **1.** Azione volta a riportare in vigore, a restaurare ciò che è venuto meno o è stato sovvertito. **2.** Ritorno in salute.

ristabilìre v.tr. [83] **1.** Portare, stabilire nuovamente qlco. in un luogo o tra più persone. *Ristabilire la pace tra i due popoli.* **2.** Rimettere in forze, ridare vigore. *La cura lo ha ristabilito.* ◆ **ristabilirsi** v.pron. **1.** Guarire, riacquistare la salute. *Dopo l'incidente si è completamente ristabilito.* **2.** Stabilirsi di nuovo in un luogo. *Ristabilirsi al mare.*

1. ristagnàre v.tr. Stagnare di nuovo qlco.

2. ristagnàre v.intr. (aus. *avere*) **1.** Detto di liquidi, smettere di scorrere, di fluire, fermandosi in un punto. **2.** *fig.* Detto di attività, spec. economica, rallentare fino quasi a fermarsi. *Le vendite ristagnano.*

ristàgno s.m. **1.** Arresto di liquidi fluenti. **2.** *fig.* Immobilità nei rapporti socioeconomici o in altri campi.

ristàmpa s.f. **1.** Nuova stampa di un'opera effettuata senza introdurre cambiamenti rilevanti rispetto alla precedente. ~ L'insieme delle copie ristampate e anche ciascuna di esse. ◇ *Ristampa anastatica:* ristampa identica all'originale ottenuta con particolari procedimenti fotografici. **2.** FILAT. Nuova impressione tipografica che utilizza le stesse matrici della precedente.

ristampàre v.tr. Stampare di nuovo un'opera senza cambiamenti rispetto all'edizione precedente.

ristorànte s.m. (fr. *restaurant*) Esercizio pubblico in cui vengono serviti al tavolo pasti completi.

ristoràre v.tr. (lat. *restaurāre* "rinnovare") Dare ristoro, rinvigorire, far riacquistare energia. *Ristorare il corpo.* ◆ **ristorarsi** v.pron. Rimettersi in forze, riacquistare vigore.

ristoratóre agg. [f. *-trice*] Che ridà vigore al corpo o alla mente, che dà sollievo. ◆ s.m. (anche f.) Proprietario, gestore di un ristorante.

ristorazióne s.f. Attività che ha come oggetto la preparazione e la distribuzione dei pasti in esercizi pubblici o in collettività.

ristórno s.m. ECON. Riduzione di prezzo effettuata dal venditore a chi acquista un dato volume di merce entro un tempo stabilito.

ristòro s.m. **1.** Apporto di nuovo vigore, di benessere. ~ Ciò che rinvigorisce. **2.** *fig.* Consolazione, sollievo spirituale.

ristrettézza s.f. **1.** Scarsità, pochezza di spazio, di tempo, ecc. ~ (al pl.) Scarsità di mezzi economici, condizione di indigenza. **2.** *fig.* Limitatezza dell'orizzonte mentale, povertà interiore.

ristrétto agg. **1.** Limitato, inferiore al necessario come spazio. ~ Costretto in uno spazio insufficiente. **2.** Limitato, ridotto come quantità, numero, ambito. ◇ *Mezzi ristretti:* scarsi, inadeguati. – ECON. *Mercato ristretto:* nel l. di borsa, insieme delle contrattazioni, autorizzate e regolamentate, che si svolgono, in orari diversi da quelli della borsa, sui titoli non ammessi alla quotazione ufficiale. **3.** Ridotto di volume, condensato, concentrato. **4.** *fig.* Che non va oltre ciò che è ovvio, scontato, banale. *Visione ristretta delle cose.* **5.** *fig.* Riassunto, compendiato. *Una verità ristretta in un proverbio.* ◆ s.m. ECON. Mercato borsistico ristretto.

ristrutturàre v.tr. **1.** Dare una nuova struttura. SIN.: **riorganizzare**. **2.** COSTR. Restaurare una costruzione modificandone la struttura.

ristrutturàto agg. **1.** Riorganizzato in modo nuovo o diverso. **2.** COSTR. Che presenta una nuova struttura in seguito a restauro.

ristrutturazióne s.f. Trasformazione, modifica di una struttura edilizia, produttiva, organizzativa, ecc.

ristuccàre v.tr. [4] **1.** Stuccare nuovamente. **2.** *fig.* Saziare fino alla nausea o annoiare qlcu.

risucchiàre v.tr. [6] **1.** Succhiare di nuovo. **2.** Attirare, trascinare in un risucchio. *Essere risucchiati dal lavoro.*

risùcchio s.m. [pl. *-chi*] Aspirazione che si verifica in un fluido in corrispondenza di un abbassamento localizzato di pressione. ~ Il fluido aspirato che può creare un vortice, un mulinello. ◇ *Onda di risucchio:* onda, successiva a quella di andata, con cui l'acqua si ritira dalla terra.

risultànte s.m. e f.FIS., MAT. Vettore che risulta dalla somma di due o più vettori. ◆ s.f. Risultato dell'azione combinata di molti fattori.

risultàre v.intr. (aus. *essere*) (lat. *resultāre*, propr. "saltare indietro" poi "derivare come conseguente") **1.** Derivare da qlco. come effetto, come conseguenza. *Dalla vostra azione non risulterà niente di buono.* **2.** Emergere come conclusione, scaturire da un'indagine, da una ricerca. *Dalle testimonianze raccolte risulta che hai commesso il delitto.* **3.** Essere noto. *Non mi risulta che qualcuno lo abbia visto.* ◆ v.cop. **1.** Dimostrarsi in un certo modo, apparire con certe caratteristiche. *Le tue accuse risultano solo calunnie.* **2.** Riuscire in un certo modo, con un certo grado o titolo. *È risultato promosso all'esame di maturità.*

risultàto s.m. **1.** Effetto, conseguenza, esito di fatti, di comportamenti. **2.** MAT. Formula, numero, figura ottenuti al termine della risoluzione di un'operazione o di un problema.

risuolàre o **risolàre** v.tr. Rifare le suole alle calzature.

risuolatùra o **risolatùra** s.f. Riparazione delle scarpe a cui si mette una suola nuova.

risuonàre v.intr. (aus. *essere* o *avere*) **1.** Suonare di nuovo. *È risuonato il campanello.* **2.** Detto di corpi percossi, mandare un suono lungo e cupo. *Risuonano i tamburi.* **3.** Detto di suoni, diffondersi con particolare intensità in un determinato luogo. *Le tue parole risuonano nella sala vuota.* ◇ *Risuonare nella mente:* detto di parole o pensieri, ritornare alla memoria con grande evidenza o insistenza. **4.** Detto di luoghi, riecheggiare di suoni, esserne riempiti. *Il cortile risuonava delle voci dei bambini.* **5.** FIS. Entrare in risonanza. ◆ v.tr. Tornare a suonare qlco. *Risuonare il campanello.*

risurrezióne o **resurrezióne** s.f. **1.** Ritorno in vita dopo la morte. ~ *per anton.* (spesso con iniziale maiusc.) Tale evento nella vicenda terrena di Cristo. ~ ART. Opera che rappresenta la risurrezione di Cristo. ◇ *Risurrezione dei morti, della carne:* dogma cristiano secondo il quale nel giorno del giudizio universale le anime riprenderanno il corpo per partecipare con esso alla beatitudine o al castigo eterni. **2.** Redenzione dell'anima dal peccato, salvezza spirituale. **3.** *fig.* Rinascita culturale, civile. ~ Ricostituzione, ripresa d'attività.

risurriscaldatóre s.m. Apparecchio che serve a surriscaldare il vapore.

risuscitàre o **resuscitàre** v.tr. (lat. *resuscitāre* "ridestare") **1.** Richiamare dalla morte alla vita. **2.** *fig.* Ridare tranquillità e serenità a qlco. *La tua notizia ci ha risuscitati.* **3.** *fig.* Rinnovare, rimettere in uso qlco. *Risuscitare una moda.* ~ Suscitare di nuovo un sentimento. *Risuscitare odi.* ◆ v.intr. (aus. *essere*) **1.** Ritornare in vita. **2.** *fig.* Tornare in salute, riprendere vigore. *Quella cura mi ha fatto risuscitare.*

risvegliàre v.tr. [6] **1.** Ridestare qlcu., svegliarlo. **2.** *fig.* Scuotere qlcu., stimolare la mente, ridestare un sentimento. ◆ **risvegliarsi** v.pron. **1.** Destarsi di nuovo dal sonno. **2.** *fig.* Rimuoversi da uno stato di abbandono, di torpore.

risvéglio s.m. [pl. *-gli*] **1.** Ritorno allo stato di piena coscienza dopo il sonno. **2.** *fig.* Rinnovata vitalità dopo un periodo di torpore, di immobilismo, di apatia. ~ Ritorno alla realtà e alla sua crudezza. *Risveglio dalle illusioni.*

risvòlto s.m. **1.** Parte ripiegata di un oggetto. ~ In partic., parte di tessuto ripiegata verso l'esterno che accompagna gli scolli o le estremità dei pantaloni, delle giacche. **2.** STAM. Parte della sovraccoperta di un libro ripiegata verso l'interno. **3.** Lembo di una busta che funge da chiusura. **4.** ARCH. In un edificio, parte delle facciate laterali che fa angolo con la facciata principale. **5.** *fig.* Aspetto secondario, implicazione, riflesso. *Faccenda che ha un risvolto politico.*

ritagliàre v.tr. [6] **1.** Tagliare qlco. seguendo i contorni di un disegno. *Ritagliare una stella in carta.* **2.** Tagliare di nuovo qlco.

ritàglio s.m. [pl. *-gli*] Parte di un tutto che viene tagliata e conservata. ~ (spec. pl.) Ciò che resta di una materia (carta, tessuto, legno, ecc.) dopo un taglio.

ritardàndo s.m. inv. MUS. Didascalia usata per indicare un'esecuzione rallentata. ~ Il brano musicale eseguito in tal modo.

ritardàre v.intr. (aus. *avere*) Essere in ritardo sui tempi previsti o abituali. *Se mi trattieni ancora mi farai ritardare.* ◆ v.tr. **1.** Rendere più lenta un'azione. *Ritardare l'avanzata nemica.* **2.** Differire, dilazionare. *Ritardare la consegna di un pacco.*

ritardatàrio agg. [pl.m. *-ri*] (fr. *retardataire*) Che è in ritardo. ◆ s.m. [f. *-ria*] Nel sign. dell'agg.

ritardàto agg. **1.** Che avviene in ritardo, che subisce un rallentamento. **2.** PSICOL. Che è affetto da ritardo mentale, intellettivo. ◆ s.m. [f. *-ta*] PSICOL. Chi presenta un ritardo mentale.

ritardatóre agg. [f. *-trice*] Che rimanda a un tempo a venire. ~ Che rallenta. ◆ s.m. **1.** TECN. Qualsiasi dispositivo o circuito che produce un ritardo. ~ In partic. nella tecnica mineraria, dispositivo che si sistema tra la capsula elettrica e il detonatore di una mina e che consente di far avvenire lo scoppio con il ritardo voluto. **2.** FOTO. Sostanza che, aggiunta al bagno di sviluppo, ne rallenta l'azione, consentendo una migliore penetrazione negli strati di emulsione.

ritàrdo s.m. **1.** Differimento di un'azione che doveva essere compiuta in un momento precedente (in oppos. ad *anticipo*). **2.** Rallentamento. **3.** MUS. Prolungamento delle note di un accordo oltre l'inizio di un nuovo accordo. **4.** PSICOL. *Ritardo mentale:* sviluppo delle facoltà intellettive inferiore a quello che l'età comporta. ❑ In funzione di agg. inv., *preparato ritardo*, nel l. farm., quello il cui effetto viene prolungato grazie a un assorbimento graduale.

ritégno s.m. Qualità di una persona che controlla emozioni, impulsi.

ritempràre v.tr. **1.** Ridare la tempra a vetri o metalli. **2.** *fig.* Ridare forza. *La cura mi ha ritemprato.* ◆ **ritemprarsi** v.pron. *fig.* Rinvigorirsi, rimettersi in forze.

ritenére v.tr. [61] **1.** Trattenere, contenere, frenare qlco. *Ritenere una massa d'acqua.* **2.** *fig.* Tenere qlco. nella memoria, ricordarlo. *Ritenere un volto.* **3.** Trattenere una parte di una somma dovuta. *Ritenere una percentuale dello stipendio.* **4.** Pensare. *Ritengo che tu stia sbagliando.* **5.** Considerare in un certo modo, con determinate proprietà. *Ritenere una cosa giusta.* ◆ **ritenersi** v.pron. Credersi in un certo modo, con determinate proprietà. *Si ritiene un genio.*

ritentàre v.tr. **1.** Tentare nuovamente qlco. *Ritentare la sorte.* **2.** Indurre nuovamente qlcu. in tentazione.

ritenùta s.f. **1.** Azione di trattenere o di contenere qlco. ◇ TECN. *Capacità di ritenuta:* attitudine di un terreno a trattenere acqua. – *Sistemi di ritenuta:* seggiolini di sicurezza per bambini montati sulle automobili. **2.** Ciò che serve a trattenere. ~ MAR. Cavo che mantiene in posizione fissa parti dell'attrezzatura o guida il movimento di oggetti pesanti. **3.** FIN. Operazione di trattenere, di detrarre parte di una somma dovuta. ◇ *Ritenuta d'acconto:* quella effettuata dal sostituto di imposta (ente, azienda, datore di lavoro, ecc.) a titolo di acconto sull'ammontare definitivo dell'imposta che il contribuente dovrà versare e che verrà determinato in sede di dichiarazione dei redditi. – *Ritenuta alla fonte:* quella operata, ai fini delle imposte dirette, dal datore di lavoro, in qualità di sostituto di imposta, sul salario dei dipendenti.

ritenzióne s.f. **1.** MED. Mancata espulsione di sostanze destinate all'eliminazione o mancata discesa di organi o di loro parti. *Ritenzione della placenta.* **2.** DIR. *Diritto di ritenzione:* diritto di trattenere presso di sé un bene altrui finché il legittimo proprietario non abbia adempiuto a determinati obblighi relativi al bene stesso. **3.** IDROL. Fenomeno per cui l'acqua delle precipitazioni non raggiunge immediatamente i corsi d'acqua.

ritèssere v.tr. **1.** Tessere di nuovo qlco., anche in senso fig. *Ritessere intrighi.* **2.** *fig.* Rielaborare uno scritto o un discorso, cambiare l'ordine delle sue parti. *Ritessere una storia.*

ritidòma s.m. [pl. *-mi*] (gr. *rhytídōma* "increspamento") BOT. Corteccia esterna delle radici e del fusto delle piante legnose. SIN.: **scorza**.

ritìna s.f. Grande mammifero marino che viveva nelle fredde acque dei litorali del Pacifico del Nord, sterminato nel sec. XIX, dopo solo alcuni decenni dalla sua scoperta. (Lunghezza 7-8 m; genere *Rhytinus*, ordine dei Sirenii.)

ritiràre v.tr. **1.** Tirare di nuovo. *Ritirare i dadi.* ◇ *fig. Ritirare in ballo qlcu.:* fare di nuovo il suo nome, coinvolgerlo di nuovo in qlco. **2.** Tirare dentro, riportare indietro qlco. *Ritirare gli artigli.* ~ Richiamare qlcu. da dove si trova, farlo tornare indietro da un luogo. *Ritirare le truppe dal fronte.* ~ Togliere qlco. da dove lo si era messo. *Ritirare la biancheria stesa.* ◇ *fig. Lanciare un sasso e ritirare la mano:* prendere un'iniziativa senza assumersi la responsabilità di eventuali conseguenze negative. **3.** Farsi dare qlco. di cui si è proprietari o che spetta di diritto. *Ritirare un pacco alla posta.* **4.** Togliere qlco. dal commercio o dalla circolazione. **5.** Annullare qlco. *Ritirare le dimissioni.* ~ Ritrattare una dichiarazione, un impegno. **6.** Togliere a qlcu. qlco. che gli era stato concesso. *Ritirare la patente all'automobilista.* ◆ **ritirarsi** v.pron. **1.** Tirarsi *indietro. ~ Indietreggiare, ripiegare. *Le nostre truppe furono costrette a ritirarsi.* **2.** Rincasare o andare a letto. **3.** Ritirarsi per vivere in disparte. ◇ *La corte si ritira:* formula che si pronuncia nel momento in cui la corte esce dall'aula del tribunale per deliberare. **4.** Abbandonare volontariamente un'attività. *Ritirarsi dalla politica.* **5.** Rinunciare a partecipare o a portare a termine una prova, una competizione. *Ritirarsi da un concorso.* **6.** Detto dell'acqua del mare, andare indietro. ~ Detto dell'acqua del fiume, tornare nel proprio letto. **7.** Detto di tessuti o indumenti, accorciarsi o restringersi. *La lana si ritira facilmente.*

ritiràta s.f. **1.** MIL. Ripiegamento di un esercito che non può mantenere la propria posizione. ◇ *Battere in ritirata:* sganciarsi velocemente e precipitosamente dal nemico; *fig.* recedere frettolosamente da pretese, da iniziative, ecc. – *Ritirata strategica:* operata a ragion veduta e non imposta dalla superiorità del nemico; *fig.* tentativo di mascherare un errore o un insuccesso. **2.** MIL. Ritorno della truppa in caserma dopo la libera uscita e relativo segnale. **3.** Gabinetto, spec. quello dei treni o delle stazioni ferroviarie.

ritiràto agg. **1.** Che vive appartato. **2.** Tirato indietro. **3.** Che ha abbandonato una competizione, un concorso, ecc. ◆ s.m. [f. *-ta*] Nell'accez. 3 dell'agg. *Alto numero di ritirati.*

ritìro s.m. **1.** Azione di togliere qlco., di far andar via qlcu. dal luogo in cui si trova, prendendo, richiamando, revocando. **2.** Allontanamento dalla vita attiva. ~ SPORT. Periodo che una squadra trascorre in un luogo tranquillo allenandosi e preparandosi psicologicamente ad affrontare una gara. ◇ RELIG. *Ritiro spirituale:* periodo trascorso lontano dal lavoro e dalla mondanità e dedicato a pratiche e meditazioni religiose. ~ Luogo dove ci si ritira. **3.** Abbandono di un'attività, di una competizione, di un concorso. **4.** Restringimento di un tessuto. ~ Nei metalli, contrazione che avviene nella fase di raffreddamento.

ritmàre v.tr. Scandire qlco. con un certo ritmo.

ritmàto agg. Il cui ritmo è chiaramente percepibile. SIN.: **cadenzato**.

ritmica s.f. [pl. *–che*] **1.** MUS. Studio delle relazioni tra i suoni. **2.** Ritmo che caratterizza un testo letterario o l'insieme di testi di un autore.

ritmicità s.f. inv. Carattere ritmico, intensità di ritmo.

ritmico agg. [pl.m. *–ci*, f. *–che*] **1.** Che presenta uno svolgimento temporale ordinato secondo intervalli regolari. ◇ *Musica ritmica*: in cui il ritmo prevale sulla melodia come p.e. nel jazz. **2.** estens. Caratterizzato da un regolare ripetersi o da una successione ordinata di elementi. *Il ritmico ripresentarsi delle stagioni*. **3.** Relativo al ritmo del verso.

ritmo s.m. **1.** Ordine con cui un fenomeno si ripete nel tempo. ◇ *Ritmo biologico*: bioritmo. **2.** Frequenza di un fenomeno. ~ Velocità con cui le azioni si susseguono. *Ritmo di gioco*. ◇ *A pieno ritmo*: al massimo della capacità. **3.** MUS. Valore musicale relativo alla durata dei suoni nel tempo. ~ *comun.* Composizione in cui lo scandire del tempo prevale sulla melodia. **4.** METR. Alternanza di sillabe toniche e di sillabe atone all'interno del verso; nella metrica classica, alternanza di sillabe lunghe e di sillabe brevi. ~ Denominazione di componimenti poetici medievali in volgare, caratterizzati da assenza di schema metrico fisso e dalla distribuzione dei versi in lasse diseguali assonanzate o monorime. **5.** fig. Successione regolare e armoniosa di elementi nello spazio. *Ritmo di un colonnato*. **6.** GEOL. Alternanza ripetuta e costante di due o più tipi litologici.

rito s.m. (lat. *rītum* "cerimonia religiosa", sanscr. *ṛta-* "ordine fissato dagli dei") **1.** Forma codificata del culto o della divinità. ~ Cerimonia sacra. **2.** estens. Solenne cerimonia civile o d'iniziazione a società segrete. **3.** ANTROP. Cerimonia, festa a carattere ripetitivo, destinata a salvare determinati valori. *Rito funerario*. ~ estens. Abitudine, comportamento consolidato. **4.** DIR. Procedura. ◇ *Rito abbreviato*: procedimento speciale che consiste nel giudicare allo stato degli atti senza attività istruttoria dibattimentale.

ritoccàre v.tr. [4] **1.** Toccare nuovamente qlco. o qlcu. **2.** Modificare leggermente qlco., apportare piccole modifiche. *Ritoccare un quadro*. ◆ v.intr. (aus. *essere*) Spettare, toccare di nuovo a qlcu. *Mi ritocca ascoltare le sue prediche*.

ritoccatóre s.m. [f. *–trice*] Chi modifica fotografie o matrici di stampa.

ritócco s.m. [pl. *–chi*] **1.** Intervento a lavoro ultimato con cui si eliminano residue imperfezioni. ~ In partic. nei laboratori fotografici, intervento sui negativi o sui positivi con cui si correggono difetti dell'immagine o si abbellisce il soggetto ritratto. **2.** eufem. Modifica di un prezzo che viene aumentato.

ritóne s.m. ARCHEOL. Antico vaso greco a forma di corno, detto anche *rhyton*.

ritòrcere v.tr. [22] **1.** Torcere nuovamente qlco. **2.** IND. TESS. Avvolgere insieme due o più fili. **3.** Volgere qlco. in senso opposto. *Ritorcere gli occhi*. **4.** fig. Rivolgere a danno di altri quanto era stato fatto o detto a proprio danno. *Ritorcere l'accusa contro chi l'aveva formulata*. ◆ **ritorcersi**

v.pron. **1.** Torcersi di nuovo, con forza. **2.** fig. Rivolgersi a danno di qlcu.

ritorcitùra s.f. **1.** Azione di ritorcere. **2.** IND. TESS. Il lavoro di attorcere su se stesso un filato o di attorcere insieme due o più fili per ottenere un filato più consistente.

ritornàre v.intr. (aus. *essere*) **1.** Tornare di nuovo da un luogo o da una situazione a un altro luogo o ad altra situazione. **2.** Ricominciare a fare qlcosa. *Ritornare a lavorare*. **3.** fig. Ripensare a qlco., esaminarlo nuovamente. *Ritornare su un argomento*. **4.** Ricomparire, ripresentarsi a qlcu. *Gli è ritornata la febbre*. ◆ v.tr. Restituire qlco. a qlcu. *Ritornare l'ombrello all'amico*. ◆ v.cop. Tornare a essere come si era. *Ritornare sano*. ~ Risultare in un certo modo. *Ritornare utile, dannoso*. ◆ **ritornarsene** v.pron. Tornare da dove si proviene. *Ritornarsene a casa*.

ritornèllo s.m. **1.** Strofa poetica o brano musicale che si ripetono identici nel corso di una composizione. **2.** MUS. Segno diacritico che prescrive la ripetizione del brano al suo termine è posto. ~ Intermezzo strumentale tra le strofe di una composizione vocale. SIN.: **refrain**. **3.** fig. Discorso ripetuto più volte.

ritórno s.m. **1.** Azione di raggiungere il luogo da cui si era partiti. ~ L'andare un'altra volta dove si è già stati. ~ In un moto ciclico o continuo, ripetizione di una fase, riattivazione di una funzione. *Il ritorno della primavera*. ◇ *Essere di ritorno*: essere tornato, tornare. **2.** TECN. Fenomeno di inversione della normale o della prevista direzione di moto. ◇ *Ritorno di fiamma*: nei motori a benzina, quello che si verifica quando la fiamma dell'accensione va in direzione inversa; fig. riaccendersi di una passione. **3.** Restituzione. **4.** PUBBL. fig. *Ritorno di immagine*: aumento della considerazione del pubblico o dei consumatori nei confronti di un personaggio, di un'azienda, ecc. che hanno promosso una campagna pubblicitaria di successo. – *Ritorno economico*: vantaggio economico derivato.

ritorsióne s.f. **1.** Reazione ostile a un atto ostile. **2.** Replica con cui un'affermazione, un'argomentazione vengono rivolte contro chi le formulate.

ritòrto agg. **1.** Attorcigliato. **2.** Contorto. *Ramo ritorto*. ◆ s.m. **1.** Filato ottenuto con la ritorcitura di più fili uguali o diversi. **2.** MUS. (al pl.) Tubi ricurvi che, inseriti nel corpo della tromba, rendono il suono più grave.

ritradùrre v.tr. [26] **1.** Tradurre nuovamente qlco. da una lingua a un'altra. **2.** Tradurre un testo che è già una traduzione.

ritràrre v.tr. [11] **1.** Tirare indietro qlco. dal luogo o dall'oggetto dove si trova. **2.** Riprodurre fedelmente un'immagine con disegni, fotografie, riprese cinematografiche e televisive. ~ Fare il ritratto di qlco. **3.** estens. Descrivere qlco. a parole. **4.** DIR. Riscattare una quota venduta a un coerede. ◆ **ritrarsi** v.pron. **1.** Rappresentarsi, raffigurarsi, farsi un autoritratto. **2.** Ritirarsi, recedere da qlco., non parteciparvi. *Ritrarsi da un incarico*. **3.** Tirarsi indietro da qlcu. o qlco. SIN.: **indietreggiare**.

ritrasméttere v.tr. [50] **1.** Trasmettere di nuovo ad altri. *Ritrasmettere un messaggio*. **2.** Detto di mezzi radiotelevisivi, trasmettere di nuovo qlco.

ritrattaménto s.m. TECN. Nuovo trattamento a cui si sottopone un materiale, una sostanza. ◇ *Ritrattamento del combustibile nucleare*: sua separazione dai prodotti di fissione.

1. ritrattàre v.tr. Trattare di nuovo una sostanza. ◆ v.pron. Discutere, affrontare, esaminare di nuovo qlco.

2. ritrattàre v.tr. (lat. *retractāre*, deriv. di *retrāhere* "ritirare") Rinnegare ciò che era stato affermato in precedenza. ◆ **ritrattarsi** v.pron. Smentirsi.

ritrattazióne s.f. Negazione di quanto è stato precedentemente affermato.

ritrattista s.m. e f. [pl.m. *–sti*] **1.** Pittore, scultore, fotografo che si dedica spec. al ritratto. **2.** estens. Scrittore che delinea i personaggi con efficacia e incisività.

ritrattistica s.f. [pl. *–che*] Arte del ritratto e il ritratto come genere figurativo. ~ Il complesso

dei ritratti prodotti in una data epoca o da un dato autore.

ritràtto s.m. **1.** Raffigurazione di una persona mediante vari mezzi espressivi (pittura, scultura, ecc.) o sua immagine fotografica. ◇ fig. *Essere il ritratto di qlcu.*: somigliargli in modo sorprendente. **2.** estens. Descrizione precisa, esposizione accurata.

ritrazióne o **retrazióne** s.f. **1.** Movimento di ritrarsi o di ritrarre qlco. **2.** Accorciamento, restringimento. ◇ MED. *Ritrazione di un muscolo, di un tendine*: accorciamento irreversibile e patologico.

ritrosia s.f. **1.** Modo di essere proprio di chi è restio a fare qlco., è trattenuto dalla scontrosità o dalla timidezza. **2.** Atto ritroso. *Smetterla con le ritrosie*.

ritróso agg. (lat. *retrōrsum*, deriv. di *rētro vēr-sum* "rivolto all'indietro") **1.** Che, davanti a persone o a situazioni, tende a ritrarsi, a chiudersi in se stesso. **2.** Che conduce indietro. ◇ *Andare a ritroso*: all'indietro.

ritrovaménto s.m. **1.** Il fatto di ritrovare. ~ Ciò che viene ritrovato. **2.** In ambito concettuale, individuazione, invenzione. *Ritrovamento di nuove tecnologie*. ~ Ciò che è stato inventato, scoperto.

ritrovàre v.tr. **1.** Trovare qlco. o qlcu. che si era smarrito, era nascosto o scomparso. **2.** Trovare qlco. a conclusione di un'indagine intellettuale o scientifica. **3.** fig. Riavere qlco., riottenerlo. *Ritrovare la pace*. ◆ **ritrovarsi** v.pron. **1.** Orientarsi, raccapezzarsi. **2.** Incontrarsi, vedersi di nuovo. **3.** Riconoscersi in qlco. *Non mi ritrovo in questo ritratto*. **4.** Trovarsi di nuovo inaspettatamente in un certo luogo o in una certa condizione. **5.** fam. Ottenere inaspettatamente qlco. *Ritrovarsi una fortuna*. **6.** Acquistare improvvisamente certe proprietà e caratteristiche. *Si ritrovò ricco*.

ritròvo s.m. Luogo dove si ha l'abitudine di riunirsi.

ritto agg. (lat. *rēctum*, deriv. di *rēgere* "dirigere, guidare") Messo, disposto in posizione verticale. ◆ s.m. **1.** Elemento verticale che ha funzione di appoggio, di sostegno. **2.** SPORT. Ognuna delle due aste verticali graduate che nel salto in alto e nel salto con l'asta servono a posizionare orizzontalmente l'asticella. **3.** Faccia, parte principale di un tessuto, di un foglio di carta, ecc.

rituàle agg. **1.** Proprio del rito, conforme al rito. **2.** D'uso, di prammatica. SIN.: **consueto**. ◆ s.m. Insieme di norme che regolano lo svolgimento dei riti sacri. ~ Insieme di atti, di preghiere, ecc. che compongono ogni specifico rito sacro. ~ estens. Libro che raccoglie le norme relative a un rito. ~ Complesso di abitudini e di usi fedelmente osservati.

ritualismo s.m. **1.** Preminenza dei riti e delle cerimonie in un culto religioso. **2.** RELIG. Corrente interna alla Chiesa anglicana, favorevole al ripristino di alcune pratiche e cerimonie religiose proprie del cattolicesimo.

ritualista s.m. e f. [pl.m. *–sti*] **1.** Studioso, conoscitore di rituali. **2.** Chi dà eccessiva importanza agli aspetti formali del culto. **3.** Seguace del ritualismo. ❑ In funzione di agg., fedele a usi e norme tradizionali.

ritualità s.f. inv. **1.** Carattere, forma rituale. **2.** estens. Complesso di riti. **3.** estens. Complesso di comportamenti abituali e codificati.

ritualizzàre v.tr. **1.** Definire l'insieme delle norme secondo cui deve svolgere un rito. **2.** Rendere rigido e rituale un aspetto della vita religiosa. **3.** estens. Regolare, codificare qlco. come un rito.

riunificàre v.tr. [4] Far tornare unito ciò che era stato diviso.

riunificazióne s.f. Unione di ciò che, dopo essere stato unito, era stato diviso, smembrato. *La riunificazione delle Germanie*.

riunióne s.f. (fr. *réunion*) Incontro tra più persone determinato da ragioni affettive, culturali, di lavoro, ecc.

riunire v.tr. [83] **1.** Unire di nuovo tra di loro due o più cose. *Riunire i labbri di una ferita*. ~ Rimettere insieme qlcu. con altri o i membri di un

■ **ritóne** a testa di leone; Iran, arte achemenide. (Metropolitan Museum, New York.)

gruppo che si erano disuniti. *Riunire il padre ai figli, la famiglia.* **2.** Mettere insieme in un solo luogo più persone o cose. SIN.: **radunare**. **3.** Riappacificare, far tornare unite due o più persone. *Riunire le diverse fazioni.* ◆ **riunirsi** v.pron. **1.** Detto di due o più persone in relazione reciproca, tornare a stare insieme. *La moglie e il marito si sono riuniti.* **2.** Detto di più persone in relazione reciproca, adunarsi, incontrarsi. *Riunirsi in pizzeria.* **3.** Tornare a unirsi a qlcu. *Si riunirono al resto della compagnia.*

riuscìre v.intr. [82] (aus. *essere*) **1.** Avere esito favorevole. *L'impresa è riuscita.* **2.** Uscire di nuovo. *Riuscire in strada.* **3.** Essere in grado di fare qlco., averne le capacità, la possibilità. *Riuscire nel lavoro.* ◆ v.cop. **1.** Risultare, dimostrarsi in un certo modo. *Riuscire antipatico.* **2.** Avere esito in un certo modo (in questo caso il v. è accompagnato da un avv.). *Riuscire bene, male.* ◆ **riuscirsene** v.pron. Introdurre qlco. di improvviso o di poco apprezzato nel discorso. *Riuscirsene con i soliti discorsi.*

riuscita s.f. Esito, risultato. ~ Riscontro pratico. *Sperare nella riuscita di un tentativo.* ~ Resa di un prodotto. *Tessuto che ha avuto una pessima riuscita.* ~ Prova che una persona dà di sé, successo che ottiene. *Un bravo ragazzo che però non ha fatto una grande riuscita.*

riuscìto agg. Che è stato condotto a termine, spec. positivamente. ~ Che ha avuto successo.

riùso s.m. **1.** Nuovo utilizzo. **2.** COSTR. Restauro di edifici a scopo urbanistico o recupero di case mal conservate.

riutilizzàre v.tr. Utilizzare di nuovo.

riutilìzzo s.m. Nuova utilizzazione di qlco.

1. rìva s.f. **1.** Striscia di terra che delimita le acque del mare, di un lago o di un fiume, ecc. ~ In alcune città, lungomare oppure strada, piazza costruita sulla sponda di canali lagunari. SIN.: **ripa**. **2.** (spec. pl.) Fascia costiera comprendente l'immediato entroterra.

2. rìva s.f. (spagn. *arriba* "in alto") MAR. Parte più alta della nave che comprende l'alberatura e le vele.

rivaccinazióne s.f. Seconda vaccinazione per rinforzare l'immunità contro la stessa malattia infettiva.

1. rivàle s.m. e f. (lat. *rivālem*, propr. "chi ha in comune con altri l'uso di un corso d'acqua nei campi" quindi "competitore") Chi compete con qlcu. per conseguire qlco. a cui entrambi ambiscono. ◇ *Non avere, temere rivali:* essere o ritenersi superiore a tutti gli altri. ▫ In funzione di agg., nemico, concorrente.

2. rivàle s.m. Rete da pesca mobile che viene calata vicino alla riva.

rivaleggiàre v.intr. [5] (aus. *avere*) (fr. *rivaliser*) Comportarsi da rivale verso qlcu.

rivalità s.f. inv. Antagonismo tra persone che mirano al raggiungimento dello stesso obiettivo.

rivàlsa s.f. **1.** Compenso con cui ci si ripaga di un danno o di un torto. **2.** DIR. *Cambiale di rivalsa:* tratta che il possessore di una cambiale non pagata alla scadenza può emettere nei confronti di un obbligato precedente per recuperare il suo credito.

rivalutàre v.tr. **1.** Valutare nuovamente qlco. **2.** Dare a un bene una valutazione superiore a quella precedente. *Questo terreno è stato recentemente rivalutato.* **3.** *fig.* Esprimere un giudizio positivo su qlco. o qlcu. che non aveva ricevuto apprezzamento. ◆ **rivalutarsi** v.pron. **1.** Ottenere nuovamente riconoscimento. *Con questa decisione si è rivalutato agli occhi di tutti.* **2.** Aumentare il proprio valore.

rivalutazióne s.f. **1.** Aumento del valore di qlco., in partic. di una moneta in rapporto alle altre (in oppos. a *svalutazione*). **2.** *estens.* Attribuzione ad autori, a opere, a sistemi di pensiero, ecc. di meriti e pregi prima non riconosciuti.

rivangàre v.tr. [4] **1.** Vangare di nuovo un terreno. **2.** *fig.* Ricordare cose passate, spiacevoli, dolorose o inopportune. *Rivangare un litigio, un ricordo triste.*

rivascolarizzàre v.tr. MED. Ripristinare la vascolarizzazione di un organo.

rivascolarizzazióne s.f. MED. Ripresa della funzionalità vascolare di un organo.

rivedére v.tr. [56] **1.** Vedere qlcu. o qlco. nuovamente. **2.** Rileggere uno scritto. SIN.: **ripassare**. **3.** Controllare qlco. per correggerlo, modificarlo, migliorarlo. *Rivedere un contratto, una lettera.* ◆ **rivedersi** v.pron. Detto di due o più persone, incontrarsi nuovamente.

rivedìbile agg. MIL. Che, alla visita di leva, risulta temporaneamente inabile al servizio militare e viene perciò rinviato a una visita successiva.

rivelàre v.tr. (lat. *revelāre*, propr. "togliere il velo") **1.** Portare a conoscenza una cosa non nota e segreta. SIN.: **svelare**. **2.** Mostrare qlco. in modo evidente. *Rivelare un'ottima preparazione.* **3.** Nel l. sc., rendere osservabile attraverso apposite apparecchiature un fenomeno non percepibile con i sensi. ◆ **rivelarsi** v.pron. **1.** Mostrarsi, manifestarsi con evidenza. *Le sue doti si rivelarono in quell'occasione.* **2.** RELIG. Detto della divinità, farsi conoscere all'essere umano. **3.** Dimostrare concretamente ciò che si è, ciò che si vale. *Quel ragazzo si è rivelato maleducato.*

rivelàto agg. TEOL. CATT. Di verità appresa attraverso la rivelazione divina.

rivelatóre agg. [f. *-trice*] (lat. *revelatōrem*, deriv. di *revelāre* "scoprire") Che palesa, che esprime ciò che non appare, ciò che è implicito. ◆ s.m. **1.** (anche f.) Chi rivela ciò che è sconosciuto arricchendo la conoscenza umana. **2.** TECN. Apparecchio, strumento, ecc. che segnala un fenomeno. ~ FOTO. Soluzione che sviluppa una pellicola impressionata. ~ ELETTRON. Apparecchio o dispositivo segnalatore di radioonde.

rivelazióne s.f. **1.** Palesamento di ciò che è nascosto, segreto. ~ Ciò che è rivelato. ~ RELIG. Manifestazione della divinità e comunicazione all'uomo di un messaggio spirituale. ◇ *per anton. La Rivelazione:* la venuta di Cristo, il suo insegnamento e i testi sacri che lo tramandano. **2.** *per esager.* Scoperta che sorprende e illumina sulla vera natura di qlcu. o di qlco.

rivellìno o **revellìno** s.m. FORTIF. Opera fortificata eretta davanti alle porte delle fortificazioni medievali per proteggerle dagli attacchi nemici.

rivéndere v.tr. [12] **1.** Vendere nuovamente. **2.** Vendere ciò che si è comperato. *Rivendere l'appartamento.*

rivendicàre v.tr. [4] **1.** Vendicare qlcu. un'altra volta. **2.** DIR. Esigere il riconoscimento di un diritto, l'attribuzione di un bene. *Rivendicare un immobile.* SIN.: **reclamare**. **3.** Lottare per un diritto o per un beneficio o per un valore. *Rivendicare un aumento salariale.* **4.** Attribuire a sé qlco. che è successo. *Rivendicare un attentato.*

rivendicatìvo agg. Volto a esigere il riconoscimento di diritti.

rivendicatóre agg. Che reclama beni o diritti. ◆ s.m. [f. *-trice*] Nel sign. dell'agg.

rivendicazióne s.f. (fr. *revendication*, lat. *rei vendicatiōnem* "reclamo di una cosa") **1.** Energica richiesta di riconoscimento di un proprio diritto, di un bene. ◇ DIR. *Azione di rivendicazione:* la principale tra le azioni petitorie, con cui il proprietario chiede al giudice di rientrare in possesso del bene che altri detengono senza titolo. **2.** Riconoscimento della paternità di un atto e conseguente assunzione di responsabilità.

rivéndita s.f. **1.** Vendita di ciò che si è comperato. **2.** Locale adibito alla vendita al minuto di merci e, in partic., di generi di monopolio.

rivenditóre s.m. [f. *-trice*] Chi rivende al minuto. ~ Chi vende roba usata.

rivendùgliolo s.m. [f. *-la*] *spreg.* Rivenditore al minuto, spesso ambulante, di merci di poco valore o di roba vecchia.

riverberàre v.tr. Riflettere luci, suoni o calore. ◆ **riverberarsi** v.pron. **1.** Detto di onde sonore o luminose, riflettersi su qlco. **2.** *fig.* Detto di cose astratte, ripercuotersi su qlcu.

riverberazióne s.f. FIS. Riflessione di energia raggiante. ~ ACUST. Persistenza di energia sonora in un ambiente, dopo la fine dell'emissione da parte della sorgente.

rivèrbero s.m. **1.** Riflessione di energia raggiante. SIN.: **bagliore**. ~ Calore riflesso, luce riflessa. ◇ *Forno a riverbero:* in cui il materiale contenutovi viene riscaldato dal calore riflesso dalla volta e dalle pareti del forno. – *Lampada a riverbero:* munita di un disco concavo che concentra e riflette la luce della lampadina. **2.** TECN. Dispositivo per il controllo della riverberazione nell'uso degli strumenti elettronici. **3.** *fig.* Ripercussione, contraccolpo, effetto che un atto o un evento ha sulla realtà circostante.

riverènte o **reverènte** agg. Che manifesta molto rispetto per qlcu. SIN.: **riguardoso**.

riverènza o **reverènza** s.f. **1.** Rispetto profondo, venerazione. **2.** Inchino fatto in segno di deferente saluto. **3.** (spec. iniziale maiusc.) Titolo d'onore di ecclesiastici.

riverìre v.tr. [83] **1.** Avere e dimostrare profondo rispetto per qlcu. *Riverire i genitori.* **2.** Salutare qlcu. con rispetto deferente.

riversaménto s.m. INFORM. Operazione consistente nel portare da un supporto a un altro quanto registrato in precedenza.

riversàre v.tr. **1.** Versare nuovamente un liquido in un contenitore. **2.** Lasciare cadere qlco. da qualche parte. SIN.: **rovesciare**. **3.** *fig.* Dare energia a un'attività. **4.** *fig.* Far ricadere qlco. su altri. **5.** INFORM. Nella registrazione, trasferire qlco. di registrato su un nuovo supporto. ◆ **riversarsi** v.pron. **1.** Rovesciarsi da qualche parte, spandervisi. **2.** *fig.* Affluire in un luogo, detto spec. della folla. *Molti turisti si sono riversati in piazza.*

rivèrso agg. Rovesciato, capovolto. ~ In partic., supino o con il corpo accasciato in avanti o all'indietro. ◆ s.m. Il rovescio di qlco. o il suo contrario. ◇ *Di riverso:* di rovescio, da sinistra verso destra, a rovescio.

rivestiménto s.m. **1.** COSTR. Lavoro di copertura di superfici con materiali protettivi, isolanti o ornamentali. **2.** La copertura eseguita.

rivestìre v.tr. **1.** Vestire nuovamente qlcu. **2.** Comprare abiti a qlcu. **3.** Indossare un abito che simboleggia una condizione, una carica. *Rivestire la toga.* **4.** *estens.* Coprire qlco. come un vestito. *Una coltre di neve rivestiva la montagna.* **5.** *fig.* Ricoprire una carica, tenere un ufficio. *Rivestire l'incarico di presidente.* **6.** *fig.* Essere caratterizzato da una certa proprietà. *L'affare riveste un carattere di segretezza.* **7.** Foderare qlco. con del materiale di rivestimento. **8.** *fig.* Mascherare qlco. con altro. ◆ **rivestirsi** v.pron. **1.** Vestirsi nuovamente. **2.** Provvedersi di abiti nuovi. **3.** Ricoprirsi con qualche indumento. *Rivestirsi della tonaca.* ~ *estens.* Detto di cose, ricoprirsi di qlco. *In primavera gli alberi si rivestono di foglie.*

rivettàre v.tr. Unire due parti con rivetti.

rivettatrìce s.f. TECN. Macchina utensile a forma di pinza usata per ribadire i rivetti nell'unione di due lamiere metalliche.

rivétto s.m. (fr. *rivet*, deriv. di *river* "piegare la punta di un chiodo") Chiodo a doppia testa, forato nel centro, usato per unire elementi metallici. SIN.: **ribattino**.

rivièra s.f. (fr. *rivière* "pendio lungo un rivo") **1.** Riva di un fiume, di un lago, territorio prospiciente il mare. ~ *per anton.* (iniziale maiusc.) La riviera ligure. **2.** SPORT. Ostacolo dei concorsi ippici costituito da una fossa piena d'acqua preceduta da una o due siepi. (In atletica, nelle corse a ostacoli di 3000 m, l'ostacolo costituito da una buca piena d'acqua.)

rivieràsco agg. [pl.m. *-schi*, f. *-sche*] Della riviera. ◆ s.m. [f. *-sca*] Nativo, abitante di una riviera.

rivìncita s.f. **1.** Nel gioco e nello sport, nuova partita o gara che il vincitore accetta di giocare per dare a chi ha perso una nuova possibilità di vincere. ~ L'incontro, la partita stessi. **2.** *estens.* Vittoria, successo con cui ci si rifà di una precedente sconfitta, di un precedente insuccesso.

rivisitàre v.tr. **1.** Visitare nuovamente un luogo o una persona. **2.** *fig.* Riesaminare con nuovi e diversi criteri o ai fini di una nuova interpretazione critica, spec. in riferimento a fenomeni storici, culturali o artistici. *Rivisitare i classici.*

rivisitazióne s.f. Nuova analisi critica compiuta con diversi criteri ai fini di una più attuale interpretazione. *Rivisitazione della storia greca.*

■ **rivìsta.** La rivista Folies de Paris messa in scena nel marzo del 1982 alle Folies-Bergère (regia, scenografia e costumi di Michel Gyarmathy).

rivìsta s.f. **1.** Pubblicazione periodica, general. illustrata, dedicata a un argomento specifico. *Rivista medica. ~ estens.* Qualsiasi pubblicazione periodica e spec. rotocalco. **2.** Genere di spettacolo leggero che consiste in una serie di numeri comici e coreografici. SIN.: **varietà. 3.** MIL. Rassegna, ispezione militare. *Passare in rivista le truppe.*

rivitalizzàre v.tr. (fr. *revitaliser*) Dare una nuova vitalità a qlco. ◆ **rivitalizzarsi** v.pron. Riprendere vitalità, energia.

rivìvere v.intr. [31] (aus. *essere* o *avere*) **1.** Ritornare in vita. **2.** *fig.* Riprendere forza. **3.** *fig.* Ritornare attuale. *Fare rivivere le tradizioni.* **4.** *fig.* Continuare a vivere, ripresentarsi. *La speranza rivive nei cuori.* ◆ v.tr. Vivere nuovamente qlco. nella realtà o nel ricordo. *Rivivere un'emozione.*

rivolàre v.intr. (aus. *essere* o *avere*) **1.** Volare di nuovo. **2.** *fig.* Ritornare con il pensiero a un luogo o a un periodo della vita.

rivòlgere v.tr. [22] **1.** Volgere qlco. verso una direzione. SIN.: **dirigere. 2.** Indirizzare un pensiero, una parola, un discorso a qlco. o qlco. *Rivolgere una critica a un collega, il pensiero al passato. ~* Rovesciare qlco. *Rivolgere la barca.* ◆ v.pron. **1.** Voltarsi indietro o in una certa direzione. *Rivolgersi da un'altra parte.* **2.** Detto degli astri, ruotare nel cielo. **3.** Indirizzarsi a qlcu. *Si è rivolto a noi.* **4.** Applicarsi a qlco. *Rivolgersi allo studio della medicina.*

rìvolo s.m. **1.** Ruscello, rigagnolo. **2.** *estens.* Flusso di un qualsiasi liquido. *Rivolo di sangue.*

rivòlta s.f. **1.** Ribellione contro il potere costituito. *Sedare una rivolta.* SIN.: **insurrezione. 2.** Volontà di rottura, rifiuto di un assetto morale, di un sistema culturale. *Spirito di rivolta.*

rivoltànte agg. Che suscita una reazione di sdegno, di disgusto, di rifiuto. SIN.: **ripugnante.**

rivoltàre v.tr. **1.** Voltare di nuovo qlco. SIN.: **girare. 2.** Voltare qlco. dalla parte opposta. SIN.: **rovesciare. 3.** Causare una sensazione di disgusto. SIN.: **nauseare. 4.** Far ribellare qlcu. contro altri o contro un'autorità. **5.** Cambiare qlco. ◆ **rivoltarsi** v.pron. **1.** Ribaltarsi, capovolgersi. **2.** Voltarsi indietro. **3.** Turbarsi, sconvolgersi, nausearsi. *A questo spettacolo lo stomaco si rivolta.* **4.** Ribellarsi contro qlcu. o qlco. SIN.: **insorgere.**

rivoltèlla s.f. (calco dell'ingl. *revolver*) Pistola a tamburo e, più genericamente, pistola automatica. SIN.: **revolver.**

rivòlto agg. Girato, volto. *Essere rivolto indietro.* ◆ s.m. MUS. Inversione dell'ordine dei suoni che costituiscono un accordo o un intervallo.

rivoltóso s.m. [f. *-sa*] Chi promuove una rivolta o vi partecipa.

rivoluzionàre v.tr. (fr. *révolutionner*) **1.** Sconvolgere un ordine preesistente. **2.** *estens.* Trasformare, cambiare qlco. radicalmente. *Rivoluzionare la circolazione.*

rivoluzionàrio agg. [pl.m. *-ri*] (fr. *révolutionnaire*) **1.** Relativo alla rivoluzione. *Moti rivoluzionari.* **2.** *estens.* Che porta grandi cambiamenti, che è radicalmente nuovo. *Una scoperta rivoluzionaria.* ◆ s.m. [f. *-ria*] Chi fa una rivoluzione o vi partecipa. ~ FILOS., SCIENT., ART. *fig.* Chi porta avanti posizioni radicalmente innovative rispetto alla tradizione.

rivoluzionarìsmo s.m. Ideologia rivoluzionaria estremista.

rivoluzióne s.f. **1.** Rovesciamento radicale di un ordine politico-istituzionale costituito. **2.** *estens.* Cambiamento brusco di ordine economico, morale, culturale, che si produce in una società. *Rivoluzione tecnologica.* ◇ *Rivoluzione industriale:* passaggio dall'artigianato all'industria, che ebbe inizio a metà Settecento, con l'introduzione delle macchine nei processi lavorativi. **3.** *fam.* Disordine, confusione. **4.** ASTR. Movimento orbitale periodico di un corpo celeste, attorno a un altro di massa superiore. **5.** GEOM. *Superficie di rivoluzione:* quella generata dalla rotazione di una curva che ruota intorno a una retta.

rivulària s.f. **1.** Alga con cellule riunite in colonie filiformi, che vive nelle acque dolci. (Divisione delle Cianoficee.) **2.** BOT. (iniziale maiusc.) Genere di alghe azzurre a cui appartengono varie specie di rivularia.

riyal s.m. inv. Unità monetaria principale dell'Arabia Saudita, del Qatar, dell'Oman e dello Yemen.

rizoàtono agg. LING. Che non ha l'accento sulla radice ma su un suffisso della parola (in oppos. a *rizotonico*).

rizòbio s.m. **1.** [pl. *-bi*] Batterio che vive in simbiosi con le radici delle Leguminose, fissando l'azoto atmosferico e garantendo così la nutrizione alla pianta. **2.** BIOL. (iniziale maiusc.) Genere di microrganismi a cui appartiene il rizobio.

rizòide s.m. BOT. Organo filiforme che nei muschi e nei licheni svolge la funzione di nutrizione e di sostegno tipica delle radici.

rizòma s.m. [pl. *-mi*] (gr. *rhízōma* "insieme di radici") BOT. Fusto carnoso, di solito sotterraneo, presente in alcune piante erbacee e perenni.

rizomatóso agg. BOT. Che ha il rizoma, che ha natura di rizoma.

Rizòpodi s.m. pl. [iniziale minusc. sing. *-de* per l'individuo] ZOOL. Classe di protozoi che si muovono e si alimentano grazie a piccoli pseudopodi.

rizostòma s.f. **1.** Grande medusa comune nei mari temperati e tropicali. (Diametro fino a 60 cm; classe degli Scifozoi.) **2.** ZOOL. (iniziale maiusc.) Genere di Celenterati a cui appartiene la rizostoma.

rizotònico agg. [pl.m. *-ci*, f. *-che*] LING. Che ha l'accento tonico su una sillaba radicale (in oppos. a *rizoatono*).

rìzza s.f. MAR. Sistema di funi, di freni o di catene per immobilizzare un oggetto durante i movimenti della nave.

rizzàre v.tr. **1.** Drizzare qlco. o qlcu., metterlo ritto, alzarlo in posizione eretta. **2.** Costruire un edificio, edificare qlco. ◆ **rizzarsi** v.pron. **1.** Mettersi in posizione eretta. SIN.: **alzarsi. 2.** Diventare ritto.

RMN s.f. inv. Sigla di *Risonanza Magnetica Nucleare.*

RNA s.m. inv. BIOL. Sigla di acido ribonucleico. (L'RNA, fondamentale nella sintesi proteica, è costituito da catene singole che si formano sullo stampo del DNA.) ◇ *RNA messaggero:* quello addetto al trasporto delle informazioni genetiche dal DNA ai sistemi preposti alla sintesi delle proteine. – *RNA ribosomale:* uno dei costituenti dei ribosomi. – *RNA di trasferimento:* quello che trasporta un amminoacido.

ro s.f. o s.m. inv. → **rho.**

road movie [/'rəud 'muːvi/] loc. sost. m. inv. (loc. ingl., comp. di *road* "strada" e *movie* "film") Genere cinematografico che racconta le vicende a volte violente di persone che, in rottura con il loro ambiente, intraprendono un viaggio. [Nato negli Stati Uniti verso il 1970, il road movie è rappresentato da pellicole come *Easy Rider* (1969) di D. Hopper, *Alice nelle città* (1973) di W. Wenders e *Cuore selvaggio* (1990) di D. Lynch.]

road show [/'rəud 'ʃəʊ/] loc. sost. m. inv. (loc. ingl., propr. "spettacolo per via") FIN. Incontro fra rappresentanti di una società e investitori internazionali il giorno che precede l'entrata in borsa della società stessa.

roadster [/'rəudstə/] s.f. inv. (voce ingl., deriv. di *road* "strada") AUTOM. Spider con due posti supplementari dietro l'abitacolo, nel vano portabagagli.

roaming [/'rəumiŋ/] s.m. inv. (voce ingl., deriv. di *to roam* "vagare") TELECOM. Accordo tra società di gestione di telefoni cellulari per cui gli abbonati di una possono utilizzare anche la rete dell'altra.

roàno agg. (spagn. *roán*, lat. deriv. di *rāvidus* "grigiastro") Riferito a pelame di cavalli, di bovini, di cani, dal colore bianco picchiettato di marrone, di rossiccio. ◆ s.m. Cavallo, bovino, cane roano.

roast-beef ◆ **rosbif** [/'rəust 'biːf/] s.m. inv. (voce ingl., "manzo arrosto") CUC. Carne di manzo cotta in modo da risultare arrostita esternamente e internamente al sangue.

ròba (francone *rauba* "bottino, veste") **1.** *fam.* Nome generico di tutto ciò che ha natura materiale, di qualsiasi oggetto. **2.** *fam.* Tessuto, stoffa, indumento, abito. *Dammi la roba da lavare.* **3.** *fam.* Merce. **4.** *fam.* Possedimenti, beni. *Lasciare tutta la propria roba ai poveri.* **5.** *fam.* Cosa, fatto, discorso, affare, faccenda. *Questa pratica è roba tua.* **6.** *gerg.* Droga.

robàccia s.f. [pl. *-ce*] **1.** Nel sign. del pegg. di *roba,* spec. insieme di oggetti senza valore. **2.** *fig.* Persona spregevole, che non possiede alcun valore morale.

ròbbia s.f. (lat., deriv. di *herbam rŭbiam* "erba rossa") Pianta erbacea rizomatosa, perenne, con foglie lanceolate, fiori in pannocchie, frutto carnoso. (Famiglia delle Rubiacee.)

robìnia s.f. (dal nome del botanico francese J. *Robin*) **1.** Pianta arborea o arbustiva, diffusa in

■ **rizòma** di iris.

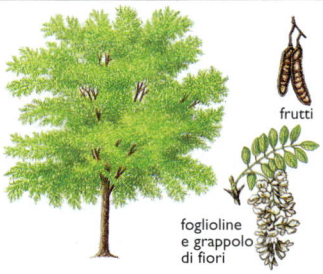

frutti

foglioline e grappolo di fiori

■ **robìnia** (falsa acacia).

Europa e in America centro-settentrionale, con foglie imparipennate, fiori bianchi o rosei a grappolo, frutto a baccello. (Famiglia delle Papilionacee.) **2.** BOT. (iniziale maiusc.) Genere di piante a cui appartiene la robinia.

robiòla s.f. (voce lomb. forse deriv. di *Rubbia*, paese della Lomellina) Formaggio lombardo e piemontese non stagionato, confezionato con latte vaccino intero.

roboànte agg. → **reboante**.

ròbot s.m. inv. (ceco, deriv. di *ròbota* "lavoro servile", usato dal drammaturgo K. Čapek nella sua opera *R.U.R.* per denominare gli automi) **1.** Macchina automatica coordinata da un computer, capace di eseguire operazioni complesse. **2.** Automa che per forma e movimenti è simile all'uomo. **3.** *fig.* Persona che agisce passivamente.

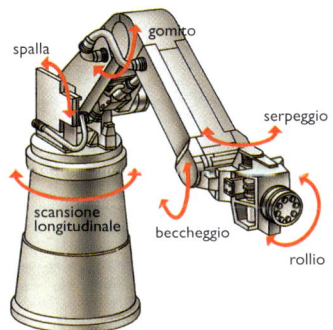

■ ròbot industriale a sei assi; il suo spostamento risulta da una combinazione di movimenti attorno a sei assi diversi.

robòtica s.f. [non com. pl. *–che*] **1.** Ramo della cibernetica relativo alla teoria, alla tecnica di costruzione e allo studio delle possibili applicazioni dei robot. **2.** Automazione industriale in cui i robot sostituiscono l'uomo in alcune operazioni.

robotizzàre v.tr. (fr. *robotiser*) Dotare di robot. *Robotizzare un'industria.* SIN.: **automatizzare**. ◆ **robotizzarsi** v.pron. **1.** Inserire nel proprio ciclo produttivo fasi di lavorazione completamente automatizzate grazie all'uso di robot. **2.** *fig.* Diventare come un robot, disumanizzarsi.

robùsto agg. (lat. *robŭstum* "di legno duro, di quercia") **1.** Riferito a essere vivente, dotato di notevole forza fisica, capace di sopportare la fatica. SIN.: **forte**. ~ Riferito a cosa, resistente. ~ *eufem.* Riferito all'aspetto, grosso, grasso. **2.** *fig.* Abbondante, consistente. *Fame robusta.* **3.** *fig.* Fertile, vivido. *Stile robusto.*

rocaille [/ro'kaj/] s.f. inv. (voce fr., propr. "pezzetti di pietra" poi "ornamenti") **1.** Decorazione da giardino diffusa nel sec. XVIII, caratterizzata da rocce o grotte artificiali. **2.** Tendenza delle arti decorative in voga in Francia dal 1710 al 1750. (Si tratta di un aspetto particolare dello stile Luigi XV, caratterizzato da composizioni estrose e asimmetriche, forme tortili e frastagliate che evocano concrezioni minerali, conchiglie, sinuosità vegetali.)

rocambolésco agg. [pl.m. *–schi*, f. *–sche*] (dal nome di *Rocambole*, personaggio dei romanzi d'avventura dello scrittore francese Ponson du Terrail) Pieno di peripezie.

1. ròcca s.f. [pl. *–che*] **1.** *ant.* Roccia. *Cristallo di rocca.* ◇ *Allume di rocca:* solfato doppio di alluminio e potassio. **2.** Fortezza in luogo elevato. SIN.: **cittadella**. ~ Zona alta e fortificata di antichi centri abitati. **3.** ALP. Cima isolata e nuda che culmina in un piccolo spazio. **4.** ANAT. *Rocca petrosa:* la parte più interna dell'osso temporale.

2. ròcca s.f. [pl. *–che*] (got. *rukka*) **1.** Arnese usato per la filatura a mano costituito da un'asta di legno con un'estremità più grossa su cui viene disposto il materiale da filare. SIN.: **conocchia**. **2.** Confezione industriale di filato formata da un'anima cilindrica o conica e dal filato su di essa avvolto.

roccafòrte s.f. [pl. *roccaforti, roccheforti*] (calco del fr. *châteaufort*) **1.** Città fortificata. **2.** *fig.* Zona che è sotto il controllo di qlcu., che è centro e anima del suo potere.

roccàta s.f. **1.** Quantità di filato avvolto attorno alla rocca. **2.** Colpo dato con la rocca.

1. rocchétto s.m. **1.** Cilindretto cavo con bordi sporgenti attorno al quale è avvolto un filato. ~ La spoletta ottenuta. ~ IND. TESS. Confezione dei filati di seta o dei filamenti di tecnofibre. **2.** *estens.* Oggetto simile a un rocchetto. ~ TEAT. Rullo su cui scorrono le corde che sostengono gli scenari.

2. rocchétto s.m. (fr. *rochet*, francone *hrokk*) **1.** Sopravveste liturgica di lino bianco, a maniche strette. **2.** Coprispalle in maglia d'acciaio indossato dai cavalieri dei secc. XV-XVI durante le giostre.

roccia s.f. [pl. *–ce*] (fr. *roche*, lat. *ròcca* "rocca") **1.** GEOL. Parte compatta e dura della crosta terrestre, formata da un aggregato di minerali. ◇ *Roccia madre:* in cui si accumulano depositi organici che danno origine agli idrocarburi. **2.** (solo sing.) Strato più duro e consistente della crosta terrestre. SIN.: **pietra**. **3.** Blocco di pietra viva affiorante dal terreno. SIN.: **rupe**. ◇ ALP. *Fare roccia:* scalare, come attività sportiva. ENCICL. A seconda dell'origine, le rocce si dividono in tre gruppi, *sedimentarie* o *esogene*, formate in superficie per accumulo di sedimenti; *magmatiche* o *endogene*, formate da magma consolidato in profondità (*plutoniche*) o in superficie (*vulcaniche*); *metamorfiche*, derivanti dalla trasformazione di rocce preesistenti (sedimentarie o magmatiche) in seguito a fenomeni di metamorfismo.

rocciatóre s.m. [f. *–trice*] Alpinista specializzato nelle scalate su roccia.

roccióso agg. **1.** Di roccia, formato da rocce. *Parete rocciosa.* ~ Cosparso di massi. *Terreno roccioso.* **2.** *fig.* Particolarmente forte. *Fisico roccioso.*

rock [/'rɔk/] s.m. inv. (voce ingl. d'America) **1.** MUS. Rock and roll. **2.** *estens.* Genere derivato dal rock and roll, caratterizzato dall'uso di tecniche elettroniche e contenuti aggressivi. (Fra le varie tendenze si distinguono: il folk, il rock jazz, il pop, il punk rock, la new wave, l'hard rock.) □ Anche in funzione di agg. inv. *Concerto rock.*

rockabilly [/'rɔkə‚bili/] s.m. inv. (voce ingl. d'America,) Genere musicale statunitense in cui elementi del rock and roll si fondono con la musica popolare bianca, detta *hillbilly*, caratteristica delle regioni montane sud-occidentali.

rock and roll [/'rɔk ən(d) 'roul/] loc. sost. m. inv. (loc. ingl. d'America, comp. di *to rock* "ondeggiare" e *to roll* "rotolare") MUS. Genere popolare derivato dal boogie-woogie, nato negli Stati Uniti negli anni Cinquanta, come musica giovanile e di rottura. ~ Brano di tale musica. *Suonare un rock and roll.* ~ Ballo veloce e acrobatico a tempo di rock and roll.

rocker [/'rɔkə/] s.m. e f.inv. (voce ingl.) **1.** Autore, cantante di musica rock. **2.** Appassionato di rock.

rockettàro o **rocchettàro** s.m. [f. *–ra*] **1.** Compositore, esecutore, cantante di rock. ~ *spreg.* Mediocre imitatore dei musicisti rock. **2.** Chi veste e si atteggia secondo il gusto rock.

ròco agg. [pl.m. *–chi*, f. *–che*] Che ha la voce rauca, abbassata.

rococò s.m. inv. (fr. *rococo*) Stile artistico sviluppatosi in Francia nel sec. XVIII caratterizzato da forme più leggere rispetto al barocco, dalla capricciosità delle linee, da motivi esotici. □ Anche in funzione di agg. inv., pieno di fronzoli, artificioso.

rodàggio s.m. [pl. *–gi*] (fr. *rodage*) **1.** MECC. Funzionamento a capacità ridotta di una macchina o di un motore nuovi, che permette l'adattamento dei vari organi. ~ Periodo durante il quale una macchina funziona in tal modo. **2.** *fig.* Assestamento e adattamento reciproco in un rapporto, in un'attività. *Una coppia in rodaggio.*

rodammina o **rodamina** s.f. CHIM. Colorante organico sintetico di colore rosso-azzurro.

rodàre v.tr. (fr. *roder* "levigare per attrito") **1.** Sottoporre a rodaggio. *Rodare un motore.* **2.** *fig.* Adattare a nuove abitudini, a nuovi ambienti. *Rodare una squadra.*

rodèo s.m. (voce ingl. d'America, spagn. deriv. di *rodeo* "giro" per la forma circolare dello spazio dello spettacolo) **1.** Accerchiamento del bestiame per la conta e la marcatura. ~ Apposito recinto a ciò destinato. **2.** Spettacolo popolare diffuso negli Stati Uniti e in Messico, che comporta prove di abilità con animali (cavalli, tori, vitelli, ecc.) da domare.

ródere v.tr. [21] **1.** Sbriciolare con i denti o organi simili. *Rodere del pane.* **2.** Corrodere, consumare. *La ruggine rode il ferro.* **3.** *fig.* Consumare tormentosamente l'animo di una persona. *L'invidia lo rode.* ◆ **rodersi** v.pron. Consumarsi a causa di pensieri assillanti. *Rodersi per uno smacco.*

rodiatùra s.f. Applicazione di uno strato di rodio su superfici metalliche.

rodilégno s.m. inv. Lepidottero le cui larve rodono il legno scavandovi lunghe gallerie. (Famiglia dei Cossidi.) SIN.: **perdilegno**.

ròdio s.m. (solo sing.) (lat. *Rhodium*, deriv. di gr. *rhódon* "rosa" per il colore della soluzione dei sali) **1.** Metallo nobile, duro, di densità 12,4 e che fonde a 1960 °C ca. **2.** Elemento chimico (*Rh*) di numero atomico 45 e peso atomico 102,9055.

roditóre agg. [f. *–trice*] Che rode, che corrode. ◆ s.m. Nome generico degli animali appartenenti all'ordine dei Roditori.

Roditóri s.m. pl. ZOOL. Ordine di mammiferi di varie dimensioni, con incisivi molto sviluppati, arti perlopiù brevi ma robusti, coda general. lunga, pelame fitto, diffusi in tutto il mondo con numerose specie, tra cui le più comuni sono il topo, lo scoiattolo, il castoro, l'istrice.

roditrice s.f. Cesoia a taglio frontale per tagliare lamiere e tubi metallici o di plastica.

rododèndro s.m. (gr. *rhodódendron*, propr. "albero della rosa") **1.** Arbusto delle zone montane, con rizoma, foglie coriacee, fiori a grappolo rosa o rossi. (Famiglia delle Ericacee.) (v. immagine pag. succ.) **2.** BOT. (iniziale maiusc.) Genere a cui appartengono varie specie di rododendro.

Rodoficee s.f. pl. [iniziale minusc. sing. *–a* per l'individuo] BOT. Classe di alghe pluricellulari (*Porphyra, Corallina*) dalla caratteristica colorazione rossa, dette general. *alghe rosse*.

rodopsìna s.f. BIOL. Pigmento rosso contenuto nella retina.

■ rocaille. Progetto di un grande centrotavola in argento con due terrine; disegno di J.A. Meissonnier, incisione di G. Huquier. (BNF, Parigi.)

■ **rododèndro**
selvatico (ferruginoso) — coltivato

rogànte agg. DIR. Che chiede la stesura e l'autenticazione di un atto. ◆ s.m. e f. Nel sign. dell'agg.

rogàre v.tr. [4] (lat. *rogāre* "domandare, proporre una legge") **1.** DIR. Stipulare un contratto alla presenza di un notaio. **2.** DIR. Chiedere a un'autorità giudiziaria, da parte di un altro organo giudiziario, di compiere certi atti processuali.

rogatòria s.f. DIR. Richiesta da parte di un'autorità giudiziaria a un'altra autorità, di compiere atti istruttori per i quali essa non è territorialmente competente. *Rogatoria internazionale.*

rogatòrio agg. [pl.m. –*ri*] DIR. Di rogatoria.

rogitàre v.intr. (aus. *avere*) Perfezionare in forma di atto notarile un accordo raggiunto tra due parti in causa.

rògito s.m. DIR. Atto pubblico steso e sottoscritto da un notaio.

** rógna** s.f. **1.** MED., VET. Scabbia. ~ Negli animali, patologia cutanea contagiosa di origine parassitaria. **2.** BOT. Malattia delle piante provocata da batteri o funghi e caratterizzata da formazioni tumorali diffuse in quasi tutti gli organi. **3.** *fig.* Ciò che costituisce un fastidio. ⬧ *Cercare rogna, rogne:* mettersi nei guai agendo inopportunamente, provocando qlcu.

rognonàta s.f. Pietanza a base di rognoni insaporiti con cipolla, vino bianco e talvolta con pomodoro.

rognóne s.m. **1.** Rene di animale macellato che viene anche consumato come vivanda. **2.** ALP. Roccia tondeggiante che emerge da un ghiacciaio.

rognóso agg. **1.** Affetto da rogna. **2.** *fig.* Che comporta difficoltà, noie, fastidi. ~ Di persona difficile da trattare o pignola, pedante. *Superiore rognoso.*

** rògo** s.m. [pl. –*ghi*] **1.** Catasta di legna su cui si ardevano i cadaveri e, fino al Seicento, anche si condannati a morte per alcuni tipi di reato (eresia, stregoneria, ecc.). SIN.: **pira**. – La pena del rogo. **2.** *estens.* Ammasso di cose che bruciano, fuoco da esse alimentato.

rollàre v.tr. (fr. *rouler* "arrotolare, muoversi girando su se stesso") Avvolgere tende, brande o altro, in modo da formare un rotolo stretto. ◆ v.intr. (aus. *avere*) Detto di imbarcazioni o di aerei, oscillare lateralmente per effetto del moto ondoso o dei venti.

rollè s.m. inv. (fr. *rouleau* "rotolo") Rotolo di carne di vitello disossata e insaporita con vari aromi e ingredienti e arrostita.

rollerblade [/ˈroʊləˌbleɪd/] s.m. [pl. *rollerblades*] (voce ingl.) Pattini in cui le ruote sono posizionate una dietro l'altra.

rollio o **rullio** s.m. [pl. –*lii*] Movimento oscillatorio intorno all'asse longitudinale a cui sono soggetti imbarcazioni e aerei. ~ *estens.* Serie di spinte che le onde imprimono a un nuotatore.

1. ròm agg. inv. (zingaro *rom* "uomo") Del popolo nomade degli *zingari (v. parte n.pr.). ◆ s.m. e f.inv. Nel sign. dell'agg.

2. rom o **ROM** s.f. inv. INFORM. Sigla di *read only memory*, memoria di sola lettura su cui sono registrati dati e istruzioni che possono essere letti, ma non modificati.

romancero [/romanˈθero/] s.m. [pl. *romanceros*] (voce spagn.) **1.** Autore di componi-

---

menti poetici a carattere epico-lirico. **2.** Antologia che raccoglie tali componimenti.

romàncio s.m. (solo sing.) (romancio *rumantsch*) Lingua neolatina affine al ladino dolomitico parlata nel cantone svizzero dei Grigioni, che costituisce una delle quattro lingue nazionali della Confederazione Elvetica.

romanésco agg. [pl.m. –*schi*, f. –*sche*] Di Roma, dal Medioevo in poi, spec. con riferimento alla lingua. ◆ s.m. (solo sing.) Dialetto parlato a Roma, originariamente di tipo centromeridionale, ma progressivamente avvicinatosi al toscano.

romàni s.m. (solo sing.) (zingaro *romanī čib*) Lingua dei rom.

romànico agg. [pl.m. –*ci*, f. –*che*] Dell'arte che si sviluppò in tutta l'Europa occidentale nei secc. XI-XII nella quale riaffiorano concezioni e forme classiche. ◆ s.m. Stile romanico.

ENCICL. L'arte romanica, arte simbolica che nella sua manifestazione principale, quella degli edifici religiosi, tende soprattutto all'espressione del sacro, ha schemi di grande chiarezza funzionale: per evitare gli incendi delle strutture si misero a punto diversi sistemi di volte in pietra (a costoloni, a botte, cupole) e contrafforti adeguati (tribune o matronei lungo i due lati della navata principale delle chiese); si posizionarono le sculture in punti strategici (capitelli) o privilegiati (timpani e strombature dei portali); si subordinò la pianta degli edifici religiosi alle necessità liturgiche (percorsi obbligati dei fedeli attraverso le navate laterali e il deambulatorio nelle grandi chiese di pellegrinaggio, come a Saint-Martin de Tours all'inizio del sec. XI. Rifacendosi a diversi altri stili (carolingio, antichità greco-romana, Oriente cristiano, Islam, Irlanda), l'arte romanica si espanse in Francia fin dalla seconda metà del sec. X (chiesa abbaziale di Cluny II, oggi scomparsa) e a partire dall'anno Mille. Il sec. XI fu epoca di novità e anche di una maestria che spesso combinò slancio e imponenza. Le opere della fine del sec. XI e della prima metà del sec. XII, in Francia (Cluny III, chiese di Normandia, Alvernia, Poitou, Provenza, Borgogna), Spagna (San Giacomo di Compostella) e Inghilterra (Ely, Durham), ne rappresentarono soltanto l'espansione, con un notevole ampliarsi delle proposte iconografiche scolpite (chiostro e successivamente portico di Moissac, timpani in Borgogna, ecc.) o dipinte (affreschi e pitture murali di S. Angelo in Formis presso Capua, in Catalogna, ecc.). Costruzioni di grande maestosità vennero erette nei paesi germanici dall'epoca ottoniana (Sankt-Michael a Hildesheim, chiese di Colonia) alla fine del sec. XII e in Italia (cattedrale di Pisa), dove si conservò tuttavia dominante l'influenza della tradizione paleocristiana e bizantina; in entrambi i casi i problemi delle volte rimasero secondari poiché le grandi navate mantennero in genere le ossature di sostegno. L'arte romanica riguardò anche la miniatura dei manoscritti, la vetrata, il ferro battuto e altre tecniche particolarmente diffuse nella regione della Mosa: smalto, oreficeria e lavorazione dell'ottone.

romanismo s.m. **1.** LING. Vocabolo, espressione, costrutto propri del dialetto romanesco e passati all'italiano. **2.** LING. Elemento fonetico, morfologico, sintattico o lessicale passato dalle lingue romanze in altre lingue. **3.** RELIG. Aspetto dottrinale, teologico proprio della Chiesa cattolica romana, dal punto di vista di chi appartiene

---

ad altra confessione. **4.** In storia dell'arte, corrente pittorica cinquecentesca.

romanista s.m. e f.[pl.m. –*sti*] **1.** Specialista di diritto romano. **2.** Studioso di lingue e letterature romanze. **3.** Studioso della storia, dei costumi di Roma medievale e moderna. **4.** Pittore della corrente del romanismo. **5.** Giocatore o tifoso della squadra di calcio della Roma. ❑ Anche in funzione di agg., spec. nell'accez. 5 del s. *Tifoso romanista.*

romanizzàre v.tr. Rendere un popolo simile ai romani nei costumi, nella lingua, nelle istituzioni. ~ Assimilare qlcu. alla cultura romana. ◆ **romanizzarsi** v.pron. **1.** Civilizzarsi sotto l'influenza culturale di Roma antica. **2.** Acquisire modi, costumi, cadenze dialettali propri degli abitanti di Roma.

1. romàno agg. **1.** Di Roma. ⬧ *Insalata romana (la romana):* varietà di lattuga a foglie lunghe e con coste grosse che cresce a cespi. – *Pagare alla romana:* pagare ognuno la propria parte. **2.** Di Roma antica. ⬧ *Numeri romani:* rappresentati da lettere maiuscole dell'alfabeto latino, ancora oggi usati spec. per indicare i secoli o l'ordine di successione di papi e sovrani. (I, V, X, L, C, D, M rappresentano rispettivamente 1, 5, 10, 50, 100, 500 e 1000.) – *Saluto romano:* con la mano destra alzata, prescritto in epoca fascista. **3.** Della Chiesa cattolica apostolica. ◆ s.m. [f. –*na*] **1.** Nativo, abitante di Roma. **2.** [f. -*na*; al pl. anche iniziale maiusc.] Cittadino dell'antica Roma. **3.** (solo sing.) Dialetto parlato a Roma.

2. romàno s.m. (ar. *rummān*, propr. "melagrana" poi "peso della stadera" perché somigliante) Contrappeso di piombo che scorre lungo il braccio graduato della bilancia.

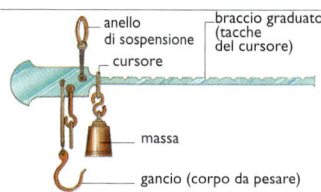

anello di sospensione — braccio graduato (tacche del cursore)
cursore
massa
gancio (corpo da pesare)

■ **romàno** di una stadera.

romanticismo s.m. (fr. *romanticisme*) **1.** (anche iniziale maiusc.) Movimento culturale sorto in Germania alla fine del sec. XVIII e diffusosi in tutta Europa che esalta il sentimento, la fantasia, la spiritualità, la libertà espressiva, l'originalità creativa. ~ Connotazione romantica di autori e opere. **2.** *estens.* Nella letteratura e nell'arte di altre epoche, modo di sentire e di esprimersi che presenta analogie con i caratteri del movimento romantico. **3.** *fig.* Inclinazione sentimentale, propensione al sogno, alla malinconia. ~ Suggestione esercitata da qlco.

ENCICL. LETT. Movimento difficilmente definibile a livello di contenuti e di confini temporali, il romanticismo ha tra i suoi capisaldi la riscoperta del gusto medievale e gotico, la rivalutazione del passato proprio di ogni singola nazione, l'esaltazione del sentimento contro la ragione (in evidente contrasto con il precedente illuminismo), il gusto del mistero e del fantastico espresso attraverso il sogno, l'esotismo, il passato, la preferenza per la poesia sulla prosa. Prese forma fin dai romanzi di Richardson (*Clarissa*, 1747) e dalle poesie di Ossian, e con Goethe (*I dolori del giovane* *Werther*, 1774), Novalis e Hölderlin in Germania, Coleridge e Wordsworth (*Ballate liriche*, 1798) in Gran Bretagna. Si diffuse poi nel resto d'Europa affermandosi in Francia con Lamartine, Hugo, Mme de Staël (importante per avere aperto la discussione sul romanticismo anche in Italia con l'articolo *Sull'utilità delle traduzioni*, 1816) e Chateaubriand. Nel periodo 1830-1848 si impose come "un nuovo modo di sentire", legato anche ai moti insurrezionalisti e nazionalistici diffusi in tutta Europa, in partic. in Italia (Manzoni, Leopardi) e in Spagna (Zorrilla y Moral). ART. In Francia il romanticismo artistico si sviluppò come reazione contro il neoclassicismo della scuola di David, ad opera dei pittori Gros e Géricault, Delacroix, E. De-

---

■ **rollìo**
verticale

■ Il romanticismo

Opponendosi alla tradizione accademica e neoclassica, questa corrente fa trionfare, dalla fine del sec. XVIII ma soprattutto all'inizio del XIX, spontaneità e rivolta là dove dominavano freddezza e razionalità. Dopo l'illusione della Rivoluzione francese e di fronte al materialismo della rivoluzione industriale, l'individuo reclama il suo diritto alla soggettività, al sogno.

Théodore Géricault. *Corsa di cavalli berberi*, schizzo dettagliato (1817 circa). In una feroce ressa accuratamente cadenzata, il giovane pittore, ispirandosi al vigore di Michelangelo, mostra i palafrenieri alle prese con i cavalli prima della partenza. (Louvre, Parigi.)

Eugène Delacroix. *Donne di Algeri nelle loro stanze* (1834). Dipinta dopo un viaggio dell'artista in Marocco, questa scena "orientale", cangiante e animata, contrasta con l'Oriente ideale delle odalische di Ingres, dove dominano l'equilibrio della composizione e la purezza delle linee. (Louvre, Parigi.)

Caspar David Friedrich. *L'albero dei corvi* (1822). I romantici considerano la natura lo specchio dei loro sentimenti più intimi. In Friedrich, uomo del Nord, domina la malinconia, come dimostra l'atmosfera desolata di questa tela. (Louvre, Parigi.)

véria; la Gran Bretagna dopo con Blake e Füssli ebbe i paesaggisti Bonington, Constable, Turner; la Germania annoverò C. D. Friedrich e i nazareni, noti per il tema della nostalgia sentimentale del passato. MUS. L'estetica romantica stabilì la propria specificità proclamando la libertà dell'artista, dell'espressione del proprio io ed esaltando la disgregazione della forma e la ricerca del contrasto. L'orchestra si arricchì e si differenziò: gli strumenti furono scelti per il timbro e il colore (*Songe d'une nuit de sabbat* di Berlioz). Questa corrente, che affondava le radici nello *Sturm und Drang* tedesco e nell'ideologia della rivoluzione francese, trovò la sua terra d'elezione nei paesi di lingua tedesca e il suo modello nelle pagine principali di Beethoven. Fra le opere più rappresentative, in generi diversi, si ricordano *Sinfonia Fantastica* di Berlioz, *Amor di poeta* di Schumann, *Rigoletto* di Verdi, *Sinfonia Faust* di Liszt, *Tristano e Isotta* di Wagner, *Kindertotenlieder* di Mahler.

romàntico agg. [pl.m. –ci, f. –che] (ingl. *romantic* "pittoresco, romanzesco", fr. *romantique* deriv. di *roman* "romanzo") **1.** Del romanticismo. ~ Riferito a persona, che fa proprie le tematiche di tale movimento. **2.** Proprio del repertorio del romanticismo e dell'interpretazione dell'amore allora affermatasi. ~ *estens.* Appassionato, travolgente, incurante delle convenzioni oppure sognante, vissuto più nella fantasia che nella realtà. ~ Che ispira sentimenti amorosi. *Atmosfera romantica.* ~ Riferito a persona, che vagheggia grandi passioni. ◆ s.m. [f. –ca] **1.** Rappresentante del romanticismo. **2.** Persona sentimentale e sognatrice.

romànza s.f. (fr. *romance*, spagn. *romance* "romanzo") **1.** Componimento poetico di contenuto epico-lirico e di forma metrica varia, tipico della letteratura romantica. **2.** MUS. Composizione lirico-sentimentale per voce e accompagnamento strumentale. ~ Aria melodrammatica di colore patetico.

romanzàre v.tr. Narrare qlco. rielaborando o deformando fantasticamente i particolari della realtà.

romanzàto agg. Narrato in forma di romanzo, arricchito con spunti di fantasia.

romanzésco agg. [pl.m. –schi, f. –sche] **1.** Del romanzo. **2.** *fig.* Che, per il carattere singolare, improbabile, avventuroso, sembra frutto dell'immaginazione di un romanziere. ◆ s.m. (solo sing.) Caratteristica singolare e improbabile, come quella degli eventi narrati in un romanzo.

romanzière s.m. [f. –ra] Scrittore di romanzi.

1. romànzo agg. (fr. *romanz* "francese", dalla loc. lat. *romànice loqui* "parlare al modo dei Romani" cioè in una lingua neolatina) **1.** Delle lingue e dei dialetti derivati dal latino volgare. **2.** Attinente alle lingue romanze, scritto in una di tali lingue. ◇ *Filologia romanza:* disciplina che studia i testi letterari scritti nelle lingue romanze.

2. romànzo s.m. (fr. *romanz*, orig. "racconto in lingua francese") **1.** Componimento e genere di componimenti narrativi in prosa o, ant., in versi, general. di vasto respiro e di argomento prevalentemente amoroso e avventuroso. ◇ *Romanzo psicologico:* che mette al centro la storia interiore di uno o più personaggi. – *Romanzo rosa, giallo, nero:* che narra, rispettivamente, storie d'amore, avventure poliziesche, vicende misteriose. – *Romanzo fiume:* molto lungo, denso di vicende e fitto di personaggi. – *Romanzo d'appendice:* che si pubblica a puntate in appendice a giornali; *spreg.* romanzo di scarso valore letterario rispondente al gusto del grosso pubblico. **2.** *fig.* Vicenda insolita, avventurosa, avvincente.

rombàre v.intr. (aus. *avere*) Produrre un rumore forte, sordo e prolungato.

rómbico agg. [pl.m. –ci, f. –che] Che ha la forma geometrica del rombo.

1. rómbo s.m. (gr. *rhómbos* "trottola") **1.** GEOM. Quadrilatero che ha tutti i lati uguali. SIN.: **losanga. 2.** Antico strumento rituale greco, ancora oggi in uso presso popolazioni primitive, costituito da una corda a cui è fissata un'assicel-

la di legno che, fatta ruotare, produce un caratteristico rumore. **3.** MAR. Ognuna delle 32 sezioni in cui si divide la rosa della bussola e che corrispondono alle principali direzioni del vento. ~ *estens.* Rotta di nave o aereo. **4.** In enigmistica, gioco consistente nel disporre parole, sillabe o frasi una sotto l'altra secondo uno schema rombico, in modo che abbiano senso compiuto sia che vengano lette dall'alto verso il basso sia da sinistra verso destra.

2. rómbo s.m. Nome di vari pesci teleostei dal corpo piatto di forma pressappoco rombica, contornato da spine e con entrambi gli occhi sul lato sinistro. Carni particolarmente pregiate ha il *rombo chiodato* o *gigante*. (Lunghezza 1 m; genere *Psetta*, ordine dei Pleuronettiformi.)

3. rómbo s.m. Rumore cupo, forte e profondo.

rómpere v.tr. [45] **1.** Spezzare, mandare in frantumi. SIN.: **sfasciare.** ◇ *figg. Rompere la faccia, le ossa a qlcu.:* picchiarlo con violenza. – *Rompere i timpani, gli orecchi a qlcu.:* assordarlo con rumori forti, urla. – *Rompere le uova nel paniere a qlcu.:* rovinargli all'ultimo momento i progetti, impedendone il buon esito. – *Rompere il ghiaccio:* sbloccare una situazione di imbarazzo e di disagio, in genere prendendo la parola,

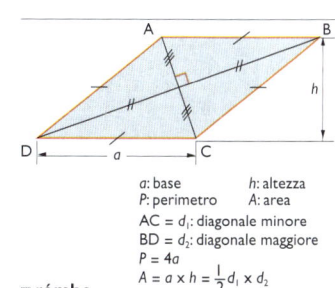

a: base   *h*: altezza
P: perimetro   A: area
AC = d_1: diagonale minore
BD = d_2: diagonale maggiore
P = 4a
$A = a \times h = \frac{1}{2} d_1 \times d_2$

■ **rómbo**

■ L'arte romanica

È in riferimento alle lingue dette "romanze" che alcuni eruditi dell'inizio del sec.
XIX danno il nome di "romanico" all'arte e all'architettura – differenti a seconda
delle regioni – fiorite in Europa a partire dalla fine del sec. X. Nella necessità di
creare luoghi di culto per ospitare una popolazione in forte crescita, la Chiesa dà
inizio alla realizzazione e ricostruzione di numerosi edifici. "Un grande spirito
di emulazione travolse tutti i popoli cristiani...: si sarebbe detto che il mondo,
riscuotendosi dalla vecchiezza, rivestisse ovunque un grande e bianco mantello
di chiese" scrive il cronista Raoul Glaber (morto nel 1050).

Santa Maria di Portonovo. Antica abbazia
della prima metà del XI secolo, la chiesa di Santa
Maria di Portonovo, presso Ancona, è ancora
vicina al "primo romanico" con le sue linee
lombarde e le sue arcate.

**Pittura di
manoscritto.**
*L'entrata di Cristo a
Gerusalemme*, pittura
a piena pagina del
Sacramentario della
cattedrale di Limoges,
verso il 1100. A
un gioco lineare
armoniosamente
ritmato, il pittore
associa una tavolozza
i cui ricchi contrasti
evocano le vetrate o
l'arte dello smaltatore.
(BNF, Parigi.)

León. Il Pantheon Reale, vestibolo
monumentale della basilica di
S. Isidoro. Le volte di questa
costruzione della fine dell'XI secolo,
dai bei capitelli, si ornano di affreschi
del primo quarto del XII secolo,
che sembrano rifarsi ai modelli della
Francia occidentale.

Tournus. Veduta verso il nartece a scale
(presa di lato) dell'abbazia di St-Philibert
(XI secolo). Questa grande chiesa del
sud della Borgogna segna una sapiente
evoluzione del "primo romanico" (in
particolare la copertura della navata
centrale con volte a botte trasversali).

Moissac. Dettaglio del profeta
Geremia su pilastro di architrave
(intorno al 1130) del grande portale
dell'abbazia di Moissac. Tutta in
eleganti arabeschi, questa figura
testimonia l'attenta maestria del XII
secolo delle botteghe romaniche
di scultura, soprattutto quelli della
Guascogna e della Linguadoca.

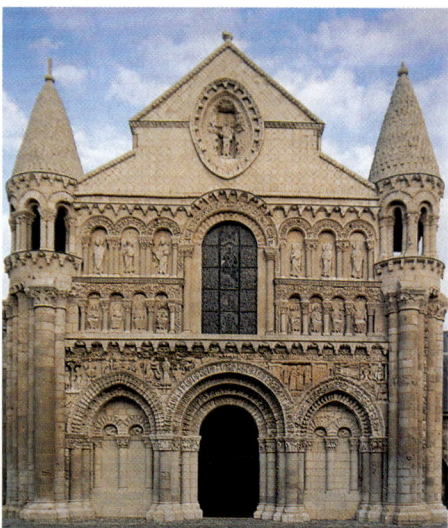

Ely. Navata della cattedrale
di Ely (Inghilterra).
Costruita nella prima metà
del sec. XII, questa navata a
piloni alternati presenta tre
livelli di uguale importanza
ed è coperta da un soffitto in
legno dipinto. Il coro è stato
ricostruito in stile gotico nel
sec. XV.

Poitiers. Facciata occidentale della chiesa di Notre-Dame-la-
Grande (XII secolo). Una delle caratteristiche del romanico di
Poitiers e di Saint-Jean-d'Angély è la proliferazione del decoro
scolpito, tanto figurativo quanto ornamentale, sulle facciate. Qui
l'iconografia complessa ha attinto ai profeti, all'Incarnazione, ad
Antico e Nuovo Testamento.

rompendo il silenzio. – *Rompere le file, le righe:* detto di militari schierati in ordine, mettersi in libertà; *estens.* detto di una riunione e simili, sciogliersi. **2.** Travolgere qlco. per aprirsi un varco. *Rompere l'accerchiamento nemico.* **3.** Guastare, rovinare, mettere fuori uso. *Rompere la radio.* **4.** Interrompere, far cessare, troncare. *Rompere il silenzio.* **5.** Non rispettare qlco. *Rompere un patto.* ◆ v.intr. (aus. *avere*) **1.** Prorompere in qlco. di improvviso. *Rompere in lacrime.* **2.** Interrompere o troncare i rapporti con qlcu. o qlco. *Rompere con il passato.* **3.** Riferito a corsi d'acqua, straripare abbattendo gli argini. *Il fiume ruppe e allagò la pianura.* SIN.: **tracimare**. **4.** *fam.* Seccare, infastidire. ◆ **rompersi** v.pron. **1.** Spezzarsi, frantumarsi. *Il vetro si è rotto.* ~ Fratturarsi le ossa di una parte del corpo. *Rompersi un braccio.* ⋄ *figg. Rompersi l'osso del collo:* cadere rovinosamente. – *Rompersi la schiena:* stancarsi fisicamente in lavori pesanti. – *Rompersi la testa:* arrovellarsi per cercare di risolvere problemi. **2.** Detto di congegno meccanico, guastarsi, rovinarsi. *L'orologio si è rotto.* **3.** *fam.* Stufarsi, seccarsi. *Mi sono rotto di aspettare per niente.*

rompicàpo s.m. Gioco enigmistico, indovinello, rebus. ~ *estens.* Problema, questione enigmatica.

rompighiàccio s.m. inv. **1.** (anche f.) Nave dotata di un robusto scafo, in grado di fendere la crosta di ghiaccio dei mari polari. **2.** Punteruolo di grosse dimensioni che si usa per spaccare blocchi o cubetti di ghiaccio. ❑ In funzione di agg. inv. **1.** Nell'accez. 1 del s. **2.** *fig.* Che introduce un dialogo, un discorso, sbloccando una situazione di imbarazzo.

rompipàlle o **rompibàlle** s.m. e f. inv. *pop.* Persona seccante, fastidiosa.

rompiscàtole s.m. e f. inv. *pop.* Persona insistente, inopportuna.

róncola s.f. **1.** AGR. Strumento con una lunga impugnatura e a lama ricurva, usato per la potatura. **2.** Antica arma costituita da una roncola inastata.

rónda s.f. (spagn. *ronda*, fr. deriv. di *à la ronde* "intorno") **1.** Giro di ispezione, di controllo, in partic. quello effettuato da militari o da forze dell'ordine. **2.** Gruppo di persone incaricate di questa missione.

ronde [/rɔ̃d/] s.f. inv. (voce fr., deriv. di *rond* "rotondo") Scrittura calligrafica in caratteri arrotondati.

rondèlla s.f. (fr. *rondelle,* deriv. di *rond* "rotondo") MECC. Anello metallico o elastico che si inserisce sotto il dado di un bullone o di una vite per migliorarne il serraggio.

1. rondèllo s.m. (fr. *rondel*) **1.** Antica forma poetica. SIN.: **rondò**. **2.** MUS. Composizione su un testo poetico che presentava una strofa ricorrente.

2. rondèllo s.m. Nelle fortificazioni, cammino di ronda.

róndine s.f. **1.** Uccello con dorso, capo e coda neri, ventre bianco e coda biforcuta, che cattura gli insetti in volo. (Le rondini migrano dalle regioni temperate verso i tropici in autunno e ritornano in marzo-aprile; genere *Hirundo,* famiglia degli Irundinidi.) ⋄ *A coda di rondine:* a due punte, biforcuto. – *Nidi di rondine:* quelli della salangana, molto apprezzati in Cina come cibo. **2.** *Rondine di mare:* uccello marino simile a una rondine, ma con becco rosso e piumaggio grigio sul dorso, detto anche *sterna;* pesce marino dotato di pinne simili ad ali che gli consentono di effettuare brevi voli sulla superficie dell'acqua.

rondinòtto s.m. Piccolo della rondine.

■ **róndine** e piccoli.

rondò s.m. inv. (fr. *rondeau,* orig. "ballo in tondo") **1.** MUS. Composizione strumentale e vocale a struttura circolare, in cui un ritornello è ripetuto più volte, identico o leggermente modificato. **2.** Nell'antica poesia francese, componimento, spesso musicato, in cui uno o più versi si ripetono. **3.** Spiazzo circolare nel quale confluiscono più strade, al cui centro c'è perlopiù un giardino o una fontana.

rondóne s.m. (lat. *hirŭndinem* "rondine") Uccello migratore, simile alla rondine ma di maggiori dimensioni, con zampe corte, ali lunghe, coda biforcuta. (Presente in Europa da maggio all'inizio d'agosto, sverna in Africa; genere *Apus;* famiglia degli Apodidi.)

ronfàre v.intr. (aus. *avere*) **1.** Russare in maniera rumorosa. **2.** Riferito al gatto, fare le fusa.

ronin s.m. inv. (voce giapp., propr. "uomo onda") ST. In Giappone, samurai errante che non dipende più da un signore.

ronzàre v.intr. (aus. *avere*) **1.** Riferito a insetti che volano, emettere un suono sordo sbattendo le ali. Riferito a oggetti in volo, vibrare rumorosamente. *I bombardieri ronzavano nel cielo.* **2.** *fig.* Girare intorno a qlco. o qlcu. ⋄ *Ronzare nella testa:* detto di pensieri, idee, affollarsi confusamente.

ronzino s.m. (fr. *runcin,* lat. *runcinu* "stallone") Cavallo vecchio e non di razza.

ronzio s.m. [pl. *–zii*] Rumore sordo, vibrante e continuato prodotto dal volo di alcuni insetti. ~ *estens.* Rumore, brusio che ricorda il ronzio degli insetti. *Il ronzio del motore.*

roof-garden o **roof** [/'ruːf,gɑːdn/] s.m. inv. (voce ingl., comp. di *roof* "tetto" e *garden* "giardino") Terrazza all'aperto all'ultimo piano di un edificio, sistemata a giardino e general. adibita a ristorante, a bar, ecc.

roquefort [/rɔk'fɔr/] s.m. inv. (voce fr., dal nome del villaggio *Roquefort-sur-Soulzon* nella Francia merid. ove viene prodotto tale formaggio) Formaggio molle, burroso, a macchie verdi, come il gorgonzola.

ròsa s.f. **1.** Denominazione comune di varie piante arbustive delle Rosacee. ⋄ *Rosa canina:* arbusto spinoso che cresce spontaneo nei boschi e nelle siepi, con fiori bianco-rosati, aculei rossi, frutti ovali rossi o aranciati. (Nome sc. *Rosa canina;* famiglia delle Rosacee.) **2.** Fiore profumato di tale pianta. ⋄ *Acqua, essenza, sciroppo di rosa:* ricavati dalla distillazione o dalla infusione

rosa di Gerico

selvatica

a cespuglio

rampicante

frutto

■ **ròsa**

dei petali del fiore e usati in profumeria e liquoreria. – *fig. All'acqua di rose:* superficiale, inefficace. **3.** (iniziale minusc.) Genere di piante comprendente le varie specie di rosa. **4.** Denominazione di varie piante di generi diversi, i cui fiori ricordano le rose. ⋄ *Rosa del Giappone:* camelia. – *Rosa delle Alpi:* rododendro. – *Legno di rosa:* palissandro dell'America tropicale, di colore chiaro venato di rosa, la cui specie è utilizzata in ebanisteria. (Genere *Dalbergia;* famiglia delle Leguminose.) **5.** Ciò che ricorda il fiore della rosa. ⋄ *Rosa del deserto:* aggregato di cristalli di gesso, di colore giallo o rosa, che si trova nelle regioni desertiche. – *Rosa dei venti:* raffigurazione dei venti secondo la direzione di provenienza, che si presenta come una stella con sedici punte inscritta in un cerchio. **6.** *fig.* Gruppo, numero scelto di persone o di cose da sottoporre a ulteriore selezione. *Rosa dei candidati.* ◆ s.m. inv. Colore intermedio tra il bianco e il rosso. ❑ In funzione di agg. inv. **1.** Di colore rosa. *Tessuti rosa chiaro.* ⋄ *fig. Vedere tutto rosa:* essere ottimista. **2.** Femminile, che segnala la presenza di donne. ⋄ *Letteratura rosa:* di argomento amoroso e di registro stilistico non impegnato.

rosàcea s.f. MED. Affezione cutanea del viso che consiste in rossore e dilatazione venosa al naso e alle guance.

Rosàcee s.f. pl. [iniziale minusc. sing. *–a* per l'individuo] BOT. Famiglia di piante dicotiledoni a numerosi stami, spesso dotate di un doppio calice; ne fanno parte il melo, il pero, il ciliegio, il pesco, la fragola, la rosa, ecc.

rosàio s.m. [pl. *–sai*] Arbusto o coltivazione di rose.

rosàlba s.f. Piccolo cacatua grigio e rosa, molto comune in Australia. (Genere *Eolophus;* famiglia degli Psittacidi.)

Rosàli s.f. pl. [iniziale minusc. sing. *–le* per l'individuo] BOT. Ordine di piante dicotiledoni, erbacee o arboree, a cui appartengono numerose famiglie e innumerevoli specie; hanno fiori ermafroditi con perianzio ben sviluppato.

rosanilina s.f. CHIM. Composto organico derivato del trifenilmetano, intermedio nella preparazione del colorante rosso porpora.

rosàrio s.m. [pl. *–ri*] (lat. *rosārium* "giardino di rose") **1.** Pratica devozionale cristiana consistente nella recita di cinquanta o di centocinquanta Ave Maria intervallate, a gruppi di dieci, dalla recita del Padrenostro, del Gloria e dalla rievocazione di uno dei Misteri della vita di Gesù e della Madonna. **2.** Catenella circolare, i cui grani corrispondono alle preghiere, che si fa scorrere tra le dita durante la recita del rosario. **3.** *fig. fam.* Seguito, serie. *Un rosario di ingiurie.* **4.** MED. Serie di noduli presenti, a regolari intervalli, lungo un organo.

rosàto agg. **1.** Di colore tendente al rosa. **2.** Che ha l'aroma della rosa. ◆ s.m. Vino di colore rosso chiaro. SIN.: **rosatello**.

rosé [/ro'ze/] agg. inv. (voce fr.) Rosato, detto in partic. del vino. ◆ s.m. inv. Vino rosé.

ròseo agg. **1.** Di colore rosa. **2.** *fig.* Che si prospetta bello, sereno, felice. ~ Improntato a ottimismo.

roséto s.m. Terreno coltivato a rose.

rosétta s.f. **1.** Nel sign. del dim. di *rosa.* **2.** *fig.* Cosa che ricorda nella forma una rosa; in partic., panino rotondo con la superficie tagliata in modo che, lievitando, si apra in forma di rosa. **3.** OREFIC. Particolare taglio dei diamanti e di altre pietre preziose secondo una forma a piramide con base molto larga. **4.** MECC. Anello di metallo che, posto sotto il dado di un bullone o sotto la testa di una vite, ne migliora il serraggio. SIN.: **rondella**. **5.** BOT. Tipo di configurazione fogliare in cui le foglie risultano ravvicinate e disposte a raggiera.

rosicchiàre v.tr. [6] **1.** Mangiare a piccoli morsi, rodere. *Rosicchiare una mela.* **2.** Nel l. sport., strappare punti all'avversario.

rosicoltóre o **rosicultóre** s.m. [f. *–trice*] Chi coltiva rose.

rosmarìno s.m. (lat. *rosmarīnus* "rugiada di mare" perché cresce nelle zone costiere) **1.** Pianta arbustiva perenne, con fusto ramificato, foglie lineari, coriacee e piccoli fiori azzurri, che cre-

■ **rosmarìno** ramo fiorito fiore

sce spontaneamente nelle zone costiere del Mediterraneo, ma è anche coltivata per le sue proprietà medicinali e per usi culinari. (Famiglia delle Labiate.) **2.** BOT. (iniziale maiusc.) Genere di piante a cui appartiene il rosmarino.

rosolàccio s.m. [pl. –ci] Pianta erbacea annua, con foglie verdi pelose e fiori con quattro petali di colore rosso acceso; detta comunemente *papavero*. (Famiglia delle Papaveracee.)

rosolàre v.tr. (etim. discussa, deriv. di *rosa* nel sign. di "dare il colore rosa" oppure deriv. di long. "crosta") **1.** Cuocere a fuoco lento una vivanda, fino a ottenere una crosta dorata. **2.** *fig.* Criticare qlcu. scherzosamente. *Lo rosolo io per bene!* ◆ **rosolarsi** v.pron. Riferito a vivande, arrostirsi a fuoco lento.

rosolìa s.f. (deriv. di *rosa* per il colore che assume la pelle) Malattia infettiva contagiosa, virale, frequente nei bambini, spesso asintomatica ma che può causare tumefazione delle linfoghiandole ed eruzione cutanea; se contratta da una gestante può provocare menomazioni gravi e permanenti al nascituro o addirittura la morte del feto.

rosòlida s.f. (etim. incerta, forse lat. *ros sòlis* "rugiada del sole") Pianta erbacea carnivora che ricorda la rosa nella disposizione delle foglie; è detta anche *drosera*. (Famiglia delle Droseracee.)

rosòlio s.m. [pl. –li] (fr. *rossolis*, nome del liquore e della pianta da cui orig. era tratto, la rosolinda) Liquore molto dolce, a basso contenuto di alcol, variamente aromatizzato. ~ Bevanda, vino prelibato.

rosóne s.m. **1.** ARCH. Grande finestra circolare, dal cui centro si dipartono, con disposizione radiale, elementi decorativi, presente spec. nelle facciate delle chiese romaniche e gotiche. **2.** Rosa stilizzata. **3.** Piccolo fregio posto in chiusura di paragrafi o di capitoli.

ròspo s.m. **1.** Denominazione comune di varie specie di anfibi dal corpo tozzo e dalla pelle bruno-verdastra coperta di ghiandole che secernono un liquido irritante. (In Europa, i rospi raggiungono 10 cm di lunghezza; vivono solitamente sulla terra e rimangono in acqua solo per deporre le uova. Alcuni rospi dell'America misurano fino a 20 cm di lunghezza. Ordine degli Anuri.) ◇ *Rospo ostetrico* → **alite**. – *fig. Sputare il rospo*: dire una verità spiacevole a lungo sottaciuta. **2.** *fig.* Persona molto brutta.

■ **ròspo** comune.

rossàstro agg. Che tende al rosso oppure di un rosso non brillante, non uniforme.

rosseggiànte agg. Che acquista una sfumatura rossa.

rosseggiàre v.intr. [5] (aus. *avere*) Essere di colore rosso o avere sfumature rosse.

rossétta s.f. **1.** Grande pipistrello dal pelame rossiccio, diffuso in Africa, Asia e Oceania. (La rossetta gigante di Samoa raggiunge 2 m di apertura alare. Genere *Pteropus*; sottordine dei Megachirotteri.) **2.** Nome comune di pesci detti anche *gattuccio* o *gattopardo*. (Famiglia degli

Sciliorinidi.) **3.** Varietà di pera di forma allungata, con buccia di colore rossiccio o ruggine.

rossétto s.m. **1.** Cosmetico pastoso o liquido, nelle varie tonalità di rosso, che si passa sulle labbra per ravvivarle. **2.** Polvere abrasiva, costituita da minio di ferro, usata nelle lavorazioni ottiche. **3.** Pesce dei Gobidi di colore rossastro.

rósso agg. **1.** Del colore del sangue, del papavero, ecc., uno dei sette colori fondamentali dell'iride. ◇ *Diventare rosso*: arrossire per la vergogna o per altra emozione. **2.** Nel l. pol., che appartiene alla sinistra. ◇ *Libretto rosso*: la raccolta delle massime di Mao Tse-tung. **3.** FIN. Che indica nei bilanci o in altri documenti contabili una passività. ◆ s.m. **1.** Colore rosso. ◇ CONTAB. *Essere in rosso*: in passivo. – *fig. Vedere rosso*: essere in preda a una violenta collera. **2.** *estens.* Ciò che ha colore rosso e, in partic., vino rosso. *Un rosso di buona annata.* **3.** [f. *-sa*] Chi ha capelli rossi. **4.** Persona che si riconosce in un'ideologia rivoluzionaria, in un partito di sinistra. **5.** Denominazione di numerose varietà di marmo di colore rosso o con screziature rosse. **6.** CHIM. Sostanza colorante rossa.

róssola o **rùssola** s.f. Nome di varie specie di funghi con cappello perlopiù rosso o rosso-violaceo e gambo bianco senza anello, detti anche *colombine*. (Alcune rossole sono commestibili, altre velenose; genere *Russula*, famiglia delle Agaricacee.)

Russula cyanoxantha *commestibile*   Russula emetica *tossica*

■ **róssola**

rossóre s.m. **1.** Colore rosso della pelle dovuto a cause diverse. ~ In partic., colorito acceso che prende il viso quando si è in preda a un'emozione. **2.** *fig.* Sentimento di vergogna.

rosticcerìa s.f. (fr. *rôtisserie*) Negozio in cui si cucinano e si vendono vivande calde e fredde.

rosticcière o **rosticcère** s.m. [f. *-ra*] (fr. *rôtisseur*) Proprietario o gestore di una rosticceria.

rosticcio s.m. [pl. –ci] **1.** Scoria che si produce nelle fornaci, sui fornelli. **2.** Scheggia di calce secca su un muro non rifinito.

rostràto agg. **1.** Munito o adorno di rostri. ◇ ANT. ROM. *Colonna rostrata*: colonna ornata con i rostri delle navi nemiche, innalzata per commemorare una vittoria navale. **2.** ZOOL., BOT. Che ha il rostro.

ròstro s.m. (lat. *rōstrum*, propr. "organo per rodere") **1.** Becco degli uccelli, spec. quello forte e adunco dei rapaci. **2.** ANAT. Denominazione di organi o di loro parti simili, per forma, a un becco. **3.** ZOOL. Apparato boccale di alcuni insetti, usato per pungere e succhiare. ~ Prolungamento anteriore del carapace di alcuni crostacei (in partic. gamberetti). **4.** BOT. Prolungamento sottile di un organo vegetale. **5.** ANT. ROM. Sperone di bronzo inserito nella prua di una nave. **6.** COSTR. Parte sporgente che protegge la base delle piloni di un ponte. **7.** AUTOM. Elemento di metallo cromato o di gomma che copre gli attacchi del paraurti alla carrozzeria.

ròta s.f. (così chiamata forse perché i giudici sedevano in cerchio o a rotazione) CATT. *Tribunale della Sacra Rota*: tribunale della Santa Sede, che si occupa principalmente di cause matrimoniali.

rotàbile agg. (lat. *rotàbilis* "girevole") **1.** Che può ruotare o che ha le ruote. ◇ *Materiale rotabile*: i veicoli ferroviari. **2.** Di strada che può essere percorsa da mezzi con ruote. ◆ s.f. Strada rotabile.

rotacismo s.m. (gr. *rhōtakismós*, deriv. di *rhōtakízein* "pronunciare spesso il suono *rho* ") **1.** LING. Fenomeno consistente nel passaggio a *r* di un'altra consonante. **2.** MED. Difficoltà o impossibilità di pronunciare la lettera *r*.

rotàia s.f. (spec. pl.) **1.** Ognuna delle due guide d'acciaio che costituiscono il binario, realizzate in modo da offrire la minore resistenza al movimento delle ruote. **2.** In generale, guida metallica di scorrimento. **3.** Solco impresso nel terreno dalle ruote di un veicolo.

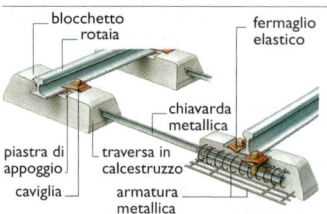

blocchetto   fermaglio
rotaia   elastico
                    chiavarda
                    metallica
piastra di   traversa in
appoggio   calcestruzzo
caviglia   armatura
                    metallica

■ **rotàia.** Fissaggio delle rotaie di una strada ferrata classica.

ròtang s.m. inv. (malese *rotan*) Palma dell'India e della Malesia con fusto sottile e rampicante. (Genere *Calamus*, famiglia delle *Arecacee*.)

rotativa s.f. (fr. *rotative*) Macchina tipografica a cilindri rotanti, di cui uno porta la matrice inchiostrata, l'altro la carta.

rotativo agg. **1.** Suscettibile di movimento rotatorio o che si avvale di tale movimento. **2.** Che si basa su un avvicendamento, su una rotazione. *Sistemi rotativi di coltivazione.* **3.** BANC. *Credito rotativo*: credito a termine, di importo fisso, accordato per una determinata operazione e che è automaticamente rinnovabile dopo il rimborso.

rotàto agg. **1.** Ruotato, girato. **2.** LING. Di suono articolato con retroflessione dell'apice della lingua. **3.** BOT. *Corolla rotata*: la cui forma ricorda una ruota.

rotatòria s.f. Segnale stradale che impone ai veicoli di girare intorno a un'isola spartitraffico centrale. ~ Senso di marcia corrispondente.

rotatòrio agg. [pl.m. *-ri*] Di rotazione. *Moto rotatorio.*

rotazionàle agg. **1.** Che presenta, che subisce una rotazione, spec. nel l. sc. **2.** *Isola rotazionale*: isola spartitraffico posta al centro di un incrocio, intorno alla quale i veicoli sono obbligati a girare.

rotazióne s.f. **1.** Movimento circolare intorno a un punto, a un asse. **2.** GEOM. *Superficie di rotazione*: superficie generata da una curva che ruota intorno a una retta. **3.** SPORT. Nel salto con l'asta, torsione del corpo eseguita per passare sopra l'asticella senza toccarla. ~ Nella pallavolo, avvicendamento dei giocatori che scalano di un posto in senso orario quando la loro squadra ha acquisito il diritto alla battuta. ~ Nel tennis, movimento della palla su se stessa. ~ In ginnastica, movimento circolare di un arto o di altra parte del corpo. **4.** *fig.* Alternanza periodica di attività, di funzioni, di servizi. *Rotazione delle cariche, dei turni.* ◇ AGR. *Rotazione delle colture*: avvicendamento di più colture sullo stesso terreno a intervalli regolari di tempo. **5.** LING. Insieme di mutamenti fonetici a catena che coinvolge un intero sistema di suoni vocalici o consonantici.

roteàre v.tr. Ruotare velocemente qlco. all'intorno, farlo girare rapidamente. ◆ v.intr. (aus. *avere*) Muoversi, volgersi più volte in senso circolare.

rotèlla s.f. **1.** Piccola ruota. **2.** *estens.* Ciò che ha forma di ruota. ◇ *Rotella dello sperone*: supporto discoidale delle punte con cui si pungola il cavallo. – *Rotella tagliapasta*: arnese da cucina usato per tagliare la pasta fresca, costituito da una piccola ruota metallica con bordo sinusoidale inserita in un corto manico di legno. **3.** Scudo leggero di forma circolare in uso nei secc. XV-XVI.

rotenóne s.m. Sostanza insetticida estratta dalle radici di alcuni alberi delle regioni dell'Asia tropicale.

rotocàlco s.m. [pl. *-chi*] **1.** STAM. Rotocalcografia. *Stampare a rotocalco.* **2.** Periodico stampato tramite rotocalcografia. ~ *estens.* Periodico ampiamente illustrato, che dedica molto spazio ad argomenti mondani.

rotocalcografìa s.f. Processo di stampa basato sul principio della calcografia, ma in cui la lastra, incisa con procedimento fotomeccanico, è avvolta attorno a un cilindro della macchina rotativa.

rotocalcògrafo s.m. [f. *-fa*] Tecnico addetto al procedimento della rotocalcografia.

rotolaménto s.m. Avanzamento di un corpo per mezzo di un movimento di rotazione. ◇ FIS. *Attrito di rotolamento:* *attrito volvente.

rotolàre v.intr. (aus. *avere*) Cadere lungo un pendio o muoversi girando su se stessi. *Il masso rotolava a valle.* ◆ v.tr. Spostare per terra un corpo cilindrico o sferico, facendolo girare su se stesso. *Rotolare un barile.* ◆ **rotolarsi** v.pron. Rivoltarsi, rigirarsi stando distesi su qlco. *Rotolarsi nell'erba.*

ròtolo s.m. **1.** Cilindro costituito da materiale flessibile avvolto su se stesso. *Rotolo di carta.* ~ In partic., striscia di papiro avvolta intorno a un'anima di legno, d'avorio, ecc. che costituisce la forma più antica di libro. **2.** Involto, pacchetto di forma cilindrica, in partic. di monete dello stesso formato. ◆ loc. avv. *fig. A rotoli:* in malora, in rovina, con riferimento allo stato disastroso di chi o di ciò che cade rotolando.

rotónda s.f. **1.** Edificio a pianta circolare, spesso sormontato da una cupola. **2.** Piazza, incrocio circolare o semicircolare. **3.** Mantella femminile a tre quarti, foderata di pelliccia, di moda nell'Ottocento. **4.** RILEG. Il rotondo.

rotondeggiànte agg. Che ha una certa rotondità.

rotondétto agg. **1.** Nel sign. del dim. di *rotondo.* **2.** Di persona, grassottella, paffuta.

rotondità s.f. inv. **1.** Forma rotonda. **2.** *fig.* Nella critica letteraria, dato stilistico alla cui costituzione concorrono la fluidità, l'armoniosità della scrittura, l'equilibrio e la simmetria delle parti. **3.** *fig.* Riferito a cibi e bevande, armoniosità di sapore, pienezza gradevole di gusto. **4.** Cosa rotonda. ~ *scherz.* (spec. pl.) Le curve femminili. *Rotondità giunoniche.*

rotóndo agg. **1.** Che ha forma circolare, sferica, cilindrica o pressappoco tale. ~ Riferito a persona, paffuto, pieno. **2.** ANAT. *Muscolo grande rotondo, muscolo piccolo rotondo:* muscoli della spalla che determinano movimenti di adduzione e rotazione dell'arto superiore. ◆ s.m. **1.** Forma rotonda di qlco., elemento rotondo. *Lo spiazzo erboso è un rotondo perfetto.* **2.** RILEG. In partic., concavità del taglio di un libro e corrispondente convessità del dorso.

rotóre s.m. (ingl. *rotor*) **1.** Organo rotante di macchine meccaniche ed elettriche (in oppos. a *statore*). ~ In partic., organo di sostentazione di elicotteri e altri aeromobili, costituito da grandi pale a profilo alare. **2.** MAT. Campo ottenuto dal prodotto vettoriale formale dell'operatore nabla con un campo vettoriale.

1. rótta s.f. **1.** Rottura, usato solo in alcune locc. figg. ◇ *A rotta di collo:* precipitosamente, in fretta e furia. – *Essere in rotta con qlcu.:* essere in cattivi rapporti, avere troncato ogni rapporto. **2.** Cedimento degli argini di un fiume provocato da una piena e punto in cui si verifica. **3.** Sconfitta rovinosa di un esercito costretto alla dispersione e alla fuga. SIN.: **disfatta**.

2. rótta s.f. (prob. fr. *route* "strada", deriv. di lat. *via rŭpta* "via aperta") AER., MAR. Tragitto di un aereo o di una nave. ~ Il percorso seguito e la sua rappresentazione cartografica. ◇ *Rotta di collisione:* quella che porta allo scontro con un altro mezzo; *fig.* tensione che sta per sfociare in una rottura definitiva. – *Cambiare rotta:* mutare la direzione del percorso; *fig.* mutare linea di condotta, atteggiamento, spec. politico.

3. ròtta s.f. (orig. celtica) MUS. Strumento a corde di epoca medievale.

rottamàio s.m. [pl. *-mai*] **1.** Deposito di rottami. **2.** [f. *-maia*] Rivenditore di rottami.

rottamàre v.tr. **1.** Raccogliere rottami di metallo, general. prelevandoli da vecchie automobili, per riutilizzarli in fonderia. **2.** Ritirare vecchie auto, applicando uno sconto sulla vendita di auto nuove.

rottamazióne s.f. Recupero di rottami metallici. ~ Invio di macchinari al rottamaio.

rottàme s.m. **1.** Oggetto fuori uso, inservibile. **2.** (spec. pl.) Residui della demolizione di manufatti, spec. metallici. **3.** *fig.* Persona fisicamente malandata o moralmente distrutta. *Rottame umano.*

rótto agg. **1.** Che ha subito una rottura, una lacerazione. *Scarpe rotte.* **2.** *estens.* Guasto, fuori uso, che non funziona più. *Ascensore rotto.* **3.** Interrotto, spezzato. ◇ *Voce rotta:* tremante. **4.** *fig. Rotto a:* riferito a persona, assuefatto, abituato a qlco. per lunga pratica. *Essere rotto al vizio.* ◆ s.m. **1.** Ant. rottura, oggi usato solo nella loc. *farcela per il rotto della cuffia,* salvarsi in extremis da un pericolo, trarsi fortunosamente da un impiccio. **2.** (al pl.) Piccola quantità non esattamente determinata che va aggiunta a un dato numero. *Costa cento euro e rotti.*

rottùra s.f. **1.** Perdita di integrità di qlco. che cede, che va in pezzi. **2.** Punto, parte in cui si verifica un cedimento. **3.** *fig.* Interruzione brusca di rapporti o trattative. *Rottura di un'amicizia.*

rottweiler [/ˈrotˈvailə/] s.m. inv. (voce ted., dal nome della cittadina di *Rottweil*) Cane da guardia selezionato da razze molto aggressive, come il mastino italiano.

ròtula s.f. ANAT. Piccolo osso piatto e arrotondato, situato nella parte anteriore del ginocchio e articolato con il femore.

rotùleo agg. ANAT. Relativo alla rotula.

rough [/ˈrʌf/] s.m. inv. (voce ingl., propr. "ruvido, grezzo") Abbozzo di un messaggio pubblicitario.

roulette [/ruˈlɛt/] s.f. inv. (voce fr., propr. "piccola rotella") **1.** Gioco d'azzardo consistente nel puntare sull'uscita di un numero o del colore rosso o nero. **2.** *Roulette russa:* prova di coraggio che consiste nel puntarsi alla tempia una pistola e premere il grilletto dopo aver fatto girare a caso il tamburo armato di una sola pallottola.

roulotte [/ruˈlɔt/] s.f. inv. (voce fr., deriv. di *rouler* "girare, rotolare") Rimorchio trainato da un'auto, adibito ad abitazione o ad altri usi itineranti (biblioteca, postazione elettorale, ecc.).

round [/ˈraund/] s.m. inv. (voce ingl., propr. "rotondo" quindi "giro, turno") **1.** BOXE Ripresa, in un incontro di pugilato. **2.** *fig.* Fase di un dibattito, di una discussione.

router [rˈautər] s.m. inv. (voce ingl.) TELECOM. Dispositivo che collega più reti ricevendo i dati e trasmettendoli nel modo più rapido.

routine [/ruˈtin/] s.f. inv. (voce fr., deriv. di *routier* "chi conosce bene la strada") **1.** Sequenza invariata di azioni, di situazioni, di procedure, con un senso di noia, di monotonia. *Uscire dalla routine.* **2.** Competenza acquisita con l'esperienza, con l'esercizio. **3.** INFORM. Serie di istruzioni in sé compiuta che può essere richiamata da qualsiasi programma.

rovènte agg. (lat. *rubèntem* "rosseggiante") **1.** Caldo al punto da emettere luce rossa. ~ *per esager.* Cocente. *Sabbia rovente.* **2.** *fig.* Animato dal fuoco della passione.

róvere s.m. (lat. *rōbur* "legna robusta" poi "rovere") **1.** Albero diffuso in Europa e in Asia Minore, con fusto robusto, grande chioma tondeggiante, foglie lobate, frutto a ghianda. (Nome sc. *Quercus robur.*) **2.** Legno duro che si ricava da tale pianta.

roverèlla s.f. Varietà di quercia diffusa nelle regioni mediterranee, con foglie pelose nella pagina inferiore, detta anche *rovere peloso.* (Famiglia delle Fagacee.)

roveréto s.m. Bosco di roveri.

rovèscia s.f. [pl. *-sce*] Parte opposta al diritto. ◇ *Alla rovescia:* al contrario.

rovesciaménto s.m. **1.** Movimento con cui la parte considerata dritta assume posizione opposta o all'incirca tale. SIN.: **capovolgimento**. **2.** *fig.* Passaggio da un assetto, da una situazione al suo opposto. *Rovesciamento delle alleanze.* **3.** AER. Manovra con cui si passa al volo rovesciato. **4.** GEOL. Inversione stratigrafica per cui gli strati più antichi risultano sovrapposti a quelli più recenti.

rovesciàre v.tr. [6] (lat. *reversāre* "riversare") **1.** Voltare qlco. sottosopra o dalla parte opposta al diritto. *Rovesciare le tasche.* SIN.: **capovolgere**. **2.** *fig.* Cambiare qlco. radicalmente. *L'ingresso in campo delle riserve ha rovesciato le sorti della partita.* **3.** Lasciar andare all'indietro una parte del corpo. *Rovesciare la testa.* **4.** Far cadere qlco. *Rovesciare una sedia.* ◇ *fig. Rovesciare il governo:* destituirlo. ~ Versare il contenuto di un recipiente. *Rovesciare il vino.* **5.** *fig.* Scaricare, riversare colpe, doveri, responsabilità su qlcu. *Rovesciare ingiurie sull'arbitro.* ◆ **rovesciarsi** v.pron. **1.** Voltarsi dalla parte opposta, capovolgersi. *L'auto si è rovesciata per l'urto.* **2.** *fig.* Ribaltarsi, trasformarsi radicalmente. *La situazione si è rovesciata.* **3.** Cadere dall'alto su qlco. o qlcu. *Le ondate si rovesciavano sul litorale.* SIN.: **abbattersi**. **4.** Versarsi su qlco. uscendo da un recipiente. *Il latte si è rovesciato per terra.* SIN.: **spandersi**. **5.** Abbandonarsi su qlco., lasciarvisi andare. *Si è rovesciato sul divano.* SIN.: **sdraiarsi**. **6.** *fig.* Accorrere in un luogo. SIN.: **riversarsi**.

rovesciàta s.f. SPORT. Nel calcio, tiro al volo con cui il giocatore manda la palla alle proprie spalle.

rovesciàto agg. Capovolto, sottosopra. *Immagine rovesciata.*

rovèscio agg. [pl.m. *-sci*, f. *-sce*] Voltato dalla parte opposta a quella diritta o normale. SIN.: **rovesciato**. ~ Riferito a persona, supino, riverso. ◆ s.m. **1.** Lato, faccia opposti a quelli considerati diritti. *Il rovescio di un tessuto.* ◇ *A rovescio:* al contrario. – *Rovescio della medaglia:* faccia opposta a quella con l'immagine principale; *fig.* aspetto negativo che coesiste con quello positivo. **2.** Colpo vibrato con il dorso della mano o di un arnese, di un'arma. SIN.: **manrovescio**. ~ Nel tennis, colpo che si dà alla palla con il lato della racchetta corrispondente al dorso della mano (in oppos. a *dritto*). **3.** Nel lavoro a maglia, punto rovescio. **4.** *fig.* Rovesciamento della sorte che da favorevole diventa contraria. *Un rovescio di fortuna.* **5.** Violenta e breve caduta di pioggia.

rovéto s.m. Cespuglio di rovi.

rovìna s.f. **1.** Crollo, distruzione. ◇ *In rovina:* cadente, distrutto. **2.** (spec. pl.) Resti di una costruzione o di un insieme di costruzioni crollate. SIN.: **macerie**. **3.** *fig.* Tracollo economico, finanziario. SIN.: **dissesto**. **4.** *fig.* Persona o cosa che è causa di grave danno, di disgrazia.

rovinàre v.tr. **1.** Abbattere qlco., farlo crollare. **2.** *estens.* Danneggiare irreparabilmente qlco., anche pron. *Rovinare (rovinarsi) la salute.* **3.** *fig.* Ridurre qlcu. in miseria, mandare un ente o un'azienda in fallimento. **4.** *fig.* Sciupare qlcu. o qlco. in senso morale, causarne la perdizione. *I vizi l'hanno rovinato.* ◆ v.intr. (aus. *essere*) **1.** Cadere in rovina, crollare, in riferimento a strutture edilizie. **2.** Franare addosso a qlcu. o qlco. *La slavina è rovinata sul rifugio.* ◆ **rovinarsi** v.pron. **1.** Riferito a persone, procurarsi irreparabili danni fisici, economici o morali. *Si è rovinato con il gioco.* **2.** Riferito a cose, sciuparsi, guastarsi irreparabilmente.

rovinàto agg. **1.** Semidistrutto, diroccato. **2.** *fig.* Gravemente danneggiato, compromesso. ~ Ridotto in miseria, finito.

rovinóso agg. **1.** Che è causa di rovina. SIN.: **disastroso**. **2.** Impetuoso, violento.

rovistàre v.tr. (lat. *revīsere* "tornare a osservare") Frugare un luogo alla ricerca di un oggetto. *Rovistare la stanza.* ◆ v.intr. (aus. *avere*) Frugare da qualche parte. *Rovistare nei cassetti.*

róvo s.m. (lat. *rŭbum*, deriv. di *rŭber* "rosso" per il colore bruno-rossastro degli arbusti) **1.** Arbusto con foglie composte, fiori bianco-rosati, frutti a drupa detti *more.* (Famiglia delle Rosacee.) *(v. immagine pag. succ.)* **2.** BOT. (iniziale maiusc.) Genere di piante a cui appartiene il rovo.

royalty [/ˈrɔiəlti/] s.f. inv. [o pl. *royalties*] (voce ingl. propr. "regalità", fr. ant. *roialté*) **1.** Compenso sugli utili dovuto al proprietario di un brevetto o di un suolo di cui siano stati concessi i diritti di sfruttamento commerciale. **2.** Diritti d'autore.

■ róvo

rozzézza s.f. **1.** Carattere di ciò che è grezzo, grossolano. **2.** *fig.* Mancanza di affinamento spirituale.

rózzo agg. **1.** Non rifinito, grezzo. **2.** Che manca di eleganza, di raffinatezza. *Stile rozzo.* **3.** *fig.* Non affinato dalla cultura, dall'educazione.

rubacchiàre v.tr.[6] Rubare occasionalmente. ◆ v.intr. (aus. *avere*) Commettere piccoli furti.

rubacuòri s.m. e f.inv. Grande seduttore. ▫ In funzione di agg., grazioso, accattivante. *Sguardo rubacuori.*

rubamàzzo s.m. Gioco di carte consistente nel prendere con la carta che si gioca ogni carta dello stesso valore che sia sul tavolo o sul mazzo scoperto di un giocatore; vince chi, alla fine della mano, possiede più carte. SIN.: **rubamonte**, **rubamazzetto**.

rubàre v.tr. (germ. *raubōn*, deriv. di *rauba* "bottino") **1.** Prendere di nascosto o con la forza qlco. che appartiene ad altri. *Rubare un gioiello.* **2.** Derubare, rapinare qlcu. **3.** *estens.* Portare via a qlcu. qlco. che gli spetta, che è suo, o allontanarne una persona con la quale è in stretto rapporto. *Rubare la vittoria alla squadra avversaria.* ◆ v.intr. (aus. *avere*) Commettere furti. *Rubare al supermercato.*

rubàto agg. **1.** Che proviene da un furto. ~ *estens.* Che è stato acquisito in modo indebito. **2.** MUS. *Tempo rubato:* eseguito con una certa libertà.

rubefacènte agg. MED. Che fa arrossare temporaneamente la pelle.

rubefazióne s.f. **1.** MIN. Nelle regioni tropicali, colorazione rossa di un suolo, dovuta agli idrossidi di ferro liberati dall'alterazione delle rocce cristalline sottostanti. **2.** MED. Temporaneo arrossamento della pelle prodotto da sostanze terapeutiche.

rubellite s.f. MIN. Varietà di tormalina nobile contenente litio, limpida, rosa o rossa, usata come pietra preziosa. SIN.: **siberite**.

ruberìa s.f. Furto sistematico.

rubescènte agg. MED. Di superficie che tende ad arrossarsi per qualche patologia.

Rubiàcee s.f. pl. [iniziale minusc. sing. –*a* per l'individuo] BOT. Famiglia di dicotiledoni gamopetale, erbacee o legnose, con frutto a bacca o a capsula, come la robbia, il caffè, la china, la gardenia.

Rubiàli s.f. pl. [iniziale minusc. sing. –*le* per l'individuo] BOT. Ordine di piante dicotiledoni simpetale, di cui fanno parte le famiglie delle Rubiacee, delle Caprifogliacee, delle Valerianacee e delle Dipsacacee.

rubicóndo agg. Si dice di un colorito rosso acceso. ◆ s.m. Il colore rosso acceso.

rubidio s.m. (solo sing.) (lat. *Rubidium*, deriv. di *rūbidus* "rosso cupo" perché nel suo spettro sono presenti due righe rosse) **1.** Metallo alcalino molto raro, di densità 1,53 e che fonde a 38,9 °C. **2.** Elemento chimico (*Rb*) di numero atomico 37 e peso atomico 85,4678.

rubinetterìa s.f. (fr. *robinetterie*) Insieme dei rubinetti e dei dispositivi propri degli impianti idraulici.

rubinétto s.m. (fr., deriv. dal n. p. *Robin* che indicava orig. il mascherone posto sulle fontane) Dispositivo all'estremità di una tubatura, che regola l'afflusso del fluido in essa convogliato.

rubino s.m. **1.** MIN. Varietà pregiata di corindone, di colore rosso intenso per la presenza di cromo, usata in gioielleria come pietra preziosa. **2.** (spec. pl.) Negli orologi meccanici, piccola piastra forata di rubino naturale o di altra pietra sintetica, nella quale si incassano i perni delle ruote. ▫ In funzione di agg. inv., di un rosso che richiama il colore del rubino.

rùblo s.m. (russo *rubl'*, orig. "ritaglio di legno" poi "ritaglio di argento") Unità monetaria della Russia, in uso anche in altre repubbliche dell'ex Unione Sovietica.

rubrìca s.f. [pl. –*che*] (lat., deriv. di *rubrīcam terram* "terra rossa" usata presso i Romani per scrivere i titoli delle leggi) **1.** Quaderno con margine laterale ritagliato a scaletta e recante le lettere dell'alfabeto su cui si appuntano nominativi e indirizzi. **2.** Sezione di un giornale o parte di un programma radiofonico o televisivo dedicata a un argomento specifico. **3.** AMM. Ciascuna delle sottoclassi dei titoli in cui vengono suddivise le entrate e le uscite di un bilancio di previsione. ~ CONTAB. Elenco di conti di un libro mastro o di un partitario. **4.** DIR. *Rubrica di un reato:* sommaria descrizione dello stesso con la citazione degli articoli di legge relativi. **5.** Terra rossa. **6.** Nei codici manoscritti, ciò che veniva scritto in rosso (titolo, lettera iniziale di ogni capitolo, didascalia, note). **7.** CATT. Nei libri liturgici, parte di testo in lettere rosse concernente la liturgia e distinta dalle preghiere.

rubricàre v.tr. [4] (lat. *rubrīcāre* "scrivere a caratteri rossi") **1.** Annotare su una rubrica. **2.** Negli antichi codici e negli incunaboli, scrivere in rosso le lettere iniziali e i titoli dei capitoli.

ruche [/'ryʃ/] s.f. inv. (voce fr., propr. "scorza") Striscia di stoffa fine pieghettata, con cui si ornano abiti femminili e infantili.

ruchétta s.f. Pianta annuale con foglie ricche di vitamine e dal sapore piccante, usata per aromatizzare l'insalata. (Genere *Eruca;* famiglia delle Crocifere.)

rùcola s.f. → **ruchetta**.

rùde agg. Duro e brutale di carattere. ~ Di modo di vivere, duro e faticoso o primitivo.

rudentàto agg. ARCH. Che ha i rudenti.

rudènte s.m. (lat. *rudēntem* "grossa fune") ARCH. Ornamento a forma di fune inserito nelle scanalature di colonne e pilastri.

ruderàle agg. Dei ruderi. ~ BOT., ZOOL. Di pianta o animale che vive tra i ruderi.

rùdere s.m. (lat. *rūdus* "macerie") **1.** (spec. pl.) Resti di antiche costruzioni in rovina. **2.** *fig.* Persona fisicamente provata. ~ Persona o cosa superata.

rudimentàle agg. **1.** Limitato ai primi rudimenti. SIN.: **elementare**. ~ Poco sviluppato. SIN.: **rozzo**. ~ In fase iniziale, appena abbozzato. **2.** BIOL. *Organi rudimentali:* poco sviluppati morfologicamente e di funzionalità limitata.

rudiménto s.m. **1.** (spec. pl.) Nozioni elementari, elementi basilari di una disciplina, di una tecnica, di un'arte. **2.** BIOL. Organo non sviluppato, non funzionale.

Rudiste s.f. pl. [iniziale minusc. sing. –*ta* per l'individuo] (lat., deriv. di *rŭdis* "ruvido") ZOOL. Famiglia di molluschi marini fossili di cui sono costituite scogliere risalenti al giurassico e al cretaceo. (Classe dei Bivalvi.)

ruffiàno s.m. [f. –*na*] (etim. discussa, forse lat. *rufiānu* "dai capelli rossi") **1.** Chi procura o agevola incontri amorosi. **2.** *spreg.* Chi adula e blandisce per ottenere favori.

rùga s.f. [pl. –*ghe*] (lat. *rūgam* "grinza") **1.** Solco sulla pelle dovuto all'invecchiamento o alla contrazione dei muscoli sottocutanei. **2.** GEOL. Corrugamento lineare del fondo marino.

rugby [/'rʌgbi/] s.m. (solo sing.) (voce ingl., dal nome della città di *Rugby* in Inghilterra dove il gioco fu inventato) SPORT. Gioco, di tradizione anglosassone, tra due squadre di quindici giocatori che cercano di portare la palla ovale nell'area avversaria, toccandola con le mani e con i piedi.

ruggènte agg. **1.** Che ruggisce. ◇ *fig. Anni ruggenti:* negli Stati Uniti d'America, gli anni tra la fine della prima guerra mondiale e la crisi del 1929, caratterizzati da un'intensa ripresa economica e da fervore culturale. ~ *estens.* Periodo di fervore, di crescita. **2.** *fig.* Che produce un rumore simile a un ruggito.

rùggine s.f. (lat. *aerūginem* "verderame") **1.** CHIM. Ossido di ferro idrato, di colore rosso-bruno, prodotto dall'ossidazione del ferro a contatto con l'aria umida o con l'acqua. **2.** BOT. Malattia delle piante causata dall'omonimo fungo, che colpisce soprattutto i cereali e si manifesta con macchie bruno-rossastre sulle foglie. **3.** *fig.* Risentimento, astio. ~ In funzione di agg. inv., rosso-bruno. *Color ruggine.* ▫ Anche in funzione di s.m. inv. *Il ruggine va di moda.*

rugginosità s.f. inv. BOT. Formazione di macchie marroni ruvide sulla buccia di alcuni frutti.

rugginóso agg. **1.** Coperto di ruggine. **2.** Che ha il colore della ruggine. **3.** Che non è stato tenuto in attività.

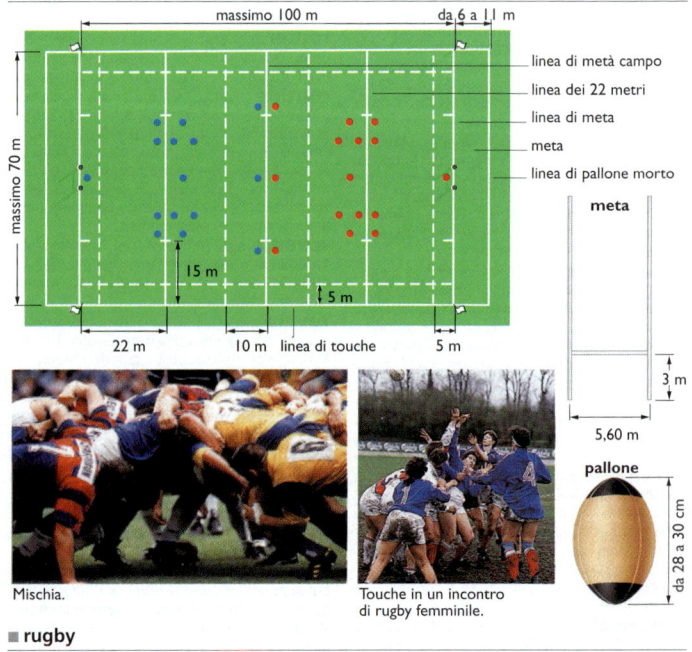

massimo 100 m

da 6 a 11 m

linea di metà campo

linea dei 22 metri

linea di meta

meta

linea di pallone morto

massimo 70 m

15 m

5 m

22 m   10 m   linea di touche   5 m

meta

3 m

5,60 m

pallone

da 28 a 30 cm

Mischia.

Touche in un incontro di rugby femminile.

■ rugby

ruggìre v.intr. [83] (aus. *avere*) **1.** Riferito al leone e ad altri animali feroci, emettere il caratteristico suono forte e rauco. **2.** *fig.* Riferito a elementi naturali, rumoreggiare minacciosamente e fragorosamente. **3.** *fig.* Detto dell'uomo, urlare con rabbia.

ruggìto s.m. **1.** Verso del leone e di altri animali feroci. **2.** *estens.* Grido, urlo furioso. ~ *fig.* Rumore fragoroso e minaccioso di elementi naturali.

rugiàda s.f. Vapore acqueo che si condensa in goccioline in partic. sulle piante, per effetto del raffreddamento della terra nelle ore notturne.

rugosità s.f. inv. **1.** Caratteristica di ciò che è rugoso. **2.** Ruga, increspatura. **3.** TECN. Scabrosità.

rugóso agg. **1.** Che ha molte rughe. **2.** *estens.* Scabro, irregolare.

rullàggio s.m. [pl. *-gi*] **1.** AER. Moto di un velivolo a terra. *Pista di rullaggio.* **2.** SPORT. Movimento, simile a quello di un rullo, che compie, a contatto col terreno, la pianta del piede del marciatore o del saltatore in lungo nella battuta. SIN.: **rullata**.

rullàre v.intr. (aus. *avere*) (fr. *rouler*) **1.** Di strumenti a percussione, emettere un suono cupo e cadenzato. *Rullano i tamburi.* **2.** Di velivoli, eseguire il rullaggio in pista. *L'aereo rullò prima di arrivare al terminal.* ◆ v.tr. Spianare il terreno con un rullo. *Rullare un campo.*

rullatùra o **rollatùra** s.f. **1.** AGR. Spianamento e lavorazione del terreno mediante rulli. ~ Nei lavori stradali, costipamento con rulli compressori delle massicciate e delle pavimentazioni. **2.** MECC. IND. Curvatura, mediante rulli, di lamiere e di profilati metallici. ~ Filettatura di bulloni.

rullìno o **rollìno** s.m. Piccolo rotolo di pellicola fotografica.

rullìo s.m. [pl. *-lii*] Prolungato rullo di strumenti a percussione.

rùllo s.m. **1.** Suono prodotto da una serie di colpi su uno strumento a percussione. **2.** MECC. IND. Cilindro girevole che serve a diminuire l'attrito e facilitare lo scorrimento. ◇ *Rullo compressore:* macchina semovente che schiaccia e spiana il fondo stradale; *fig.* chi persegue la propria idea a dispetto di tutto o ciò che si impone in modo brutale. **3.** SPORT. (al pl.) Attrezzo per l'allenamento in palestra dei ciclisti. **4.** Rotolo di carta da stampa, di pellicola, ecc.

rum o **rhum** [/rum/] s.m. inv. (voce ingl. di etim. oscura) Liquore ad alta gradazione alcolica, ricavato dalla distillazione della melassa della canna da zucchero.

rùmba s.f. (voce cubana) Ballo di coppia, d'origine afro-cubana, di moda negli anni Venti e Trenta.

rumèno o **romèno** agg. **1.** Della Romania. **2.** [f. *-na*] Nativo, abitante della Romania. **3.** (solo sing.) Lingua neolatina parlata in Romania.

ruminànte agg. Che rumina.

Ruminànti s.m. pl. [iniziale minusc. sing. *-te* per l'individuo] ZOOL. Sottordine di mammiferi con lo stomaco distinto in quattro cavità (rumine, reticolo, omaso, abomaso); ne fanno parte numerose specie domestiche (ovini e bovini) e selvatiche (cervo, antilope). (Ordine degli Artiodattili.)

ruminàre v.tr. **1.** Riferito ai Ruminanti, masticare una seconda volta. *I buoi ruminano il fieno.* **2.** *fig.* Riferito a persone, masticare lentamente. **3.** *fig.* Rimuginare qualche pensiero. *Ruminare un proposito.*

ruminazióne s.f. **1.** Masticazione propria dei Ruminanti, in cui il cibo appena assunto viene rigurgitato e masticato una seconda volta. **2.** MED. → **mericismo**. **3.** *fig.* Ritorno assillante a un pensiero.

rùmine s.m. Prima cavità dello stomaco dei Ruminanti, entro la quale si raccoglie il cibo proveniente dalla prima sommaria masticazione.

rumóre s.m. **1.** Fenomeno acustico che, a differenza del suono, viene percepito come sgradevole. **2.** *fig.* Risonanza, scalpore. **3.** FIS. Emissione di onde non caratterizzate da una determinata frequenza. ~ ELETTROTEC. Fruscio di fondo di un altoparlante. **4.** LING. Interferenza nella comunicazione tra mittente e destinatario. **5.** MED. Fenomeno acustico percepibile all'auscultazione.

rumoreggiàre v.intr. [5] (aus. *avere*) **1.** Mandare un rumore forte e prolungato. *La cascata rumoreggia.* **2.** Riferito a gruppi di persone, manifestare segni di disapprovazione e scontento. *La folla rumoreggia davanti al municipio.*

rumorista s.m. e f.[pl.m. *-sti*] CINE., TEAT. Tecnico specializzato nella produzione di rumori e speciali effetti sonori.

rumorosità s.f. inv. **1.** Il fatto di fare molto rumore. **2.** Condizione di ciò che è pieno di rumore.

rumoróso agg. **1.** Che fa rumore. **2.** Pieno di rumore.

rùna s.f. (nordico *rūn* "scrittura segreta") Segno grafico delle antiche scritture germaniche.

runabout [/'rʌnə,baʊt/] s.m. inv. (voce ingl., deriv. di *to run about* "correre in giro") MAR. Motoscafo da corsa o da diporto con motore entrobordo di grande potenza.

ruòlo s.m. (fr. *rôle*, lat. deriv. di *rŏtulus* "piccola ruota" poi "foglio arrotolato su cui sono scritti i nomi") **1.** Funzione di un attore all'interno di una compagnia e tipo di personaggio rappresentato. ~ Parte sostenuta in un film, ecc. *Ruolo brillante.* ~ Nel l. sport., funzione che un giocatore esplica nella squadra. *Ruolo di centrocampista.* **2.** *estens.* Occupazione, funzione, influenza esercitata da qlcu. *Avere un ruolo decisivo.* ~ Comportamento che una persona assume in rapporto alla propria collocazione sociale e alle connesse aspettative degli altri. *Il doppio ruolo di madre e di figlia.* **3.** Registro in cui sono elencati nominativi o raccolti dati. ◇ *Ruolo organico:* nell'amministrazione pubblica e privata, composizione e ordinamento del personale. – *Di ruolo:* che fa parte a pieno titolo dell'organico. – DIR. *Ruolo dei contribuenti:* elenco predisposto dagli uffici tributari contenente i nominativi dei contribuenti con l'imponibile e l'imposta dovuta. – MAR. *Ruolo dell'equipaggio:* elenco delle persone a bordo di una nave. – *Ruolo generale:* registro in cui vengono annotate le cause di un tribunale.

ruòta s.f. **1.** Organo di materiale rigido e di forma circolare che, ruotando attorno a un asse passante per il centro, può trasmettere il moto ad altri ingranaggi o compiere esso stesso uno spostamento. ◇ *Ruota di scorta:* negli autoveicoli, ruota di riserva destinata a sostituire una ruota il cui pneumatico è scoppiato o danneggiato; *fig.* persona che non gode di alta considerazione, ed è quindi utilizzata solo in caso di necessità. – *Ruota dentata:* dotata di denti lungo tutta la circonferenza in modo da ingranare altre ruote alle quali trasmette il moto. – *Ruota idraulica:* macchina che trasforma l'energia di una cascata in energia meccanica. – *Ruota libera:* nelle biciclette, dispositivo che consente, in taluni casi, alla ruota posteriore di girare indipendentemente dal moto dei pedali. – *Ruota motrice:* ruota collegata al motore. – *Nave a ruota:* nave a motore avente come organi propulsivi due grossi cerchioni con pale articolate o fisse. – *figg. Parlare a ruota libera:* esprimersi senza fare molta attenzione a ciò che si dice. – *Mettere i bastoni tra le ruote:* creare difficoltà, intoppi. – *Essere l'ultima ruota del carro:* non godere della minima considerazione, occupare una posizione del tutto irrilevante. **2.** Oggetto circolare che si fa ruotare. ◇ *Ruota del timone:* ruota girevole che, grazie ai prolungamenti dei raggi a forma di impugnature, permette di manovrare il timone di una nave. – *Ruota panoramica:* grande cerchio rotante a cui sono appesi seggiolini per i passeggeri. – *Ruota della fortuna:* quella della dea della fortuna, allegoria delle vicissitudini degli uomini. – *Supplizio della ruota:* consisteva nel lasciare morire su una ruota fissata orizzontalmente a un palo un condannato a cui si erano rotti gli arti. **3.** Forma circolare in movimento, immagine di qlco. che ruota. ◇ *Fare la ruota:* riferito ad alcuni uccelli (p.e. i pavoni), aprire le penne della coda a semicerchio; *fig.* pavoneggiarsi; girare lateralmente su se stessi, sostenendosi successivamente sulle mani e sui piedi. **4.** *Ruota di prua, di poppa:* denominazione di parti della struttura della prua e della poppa di una nave.

ruotàre v.intr. (aus. *avere*) **1.** Girare attorno a un punto, a un asse, a un altro corpo. **2.** Girare attorno a qlcu. o qlco., spec. volando. **3.** *fig.* Incentrarsi, gravitare intorno a una questione. ◆ v.tr. Far compiere un giro o un mezzo giro a qlco. *Ruotare il busto.*

rùpe s.f. Grande roccia dalle pareti scoscese.

rupèstre agg. Caratterizzato dalla presenza di rupi. ◇ *Incisioni, pitture rupestri:* eseguite, in epoca preistorica, sulle pareti delle grotte o su rocce all'aperto.

1. rùpia s.f. (deriv. di gr. *rhýpos* "sudiciume") Crosta che si forma sulla pelle ulcerata per essiccamento del pus e del sangue.

2. rupìa s.f. (ingl. *rupee*, indostano *rupayā* o *rupiā*) **1.** Unità monetaria dell'India e di paesi vicini (p.e. Pakistan, Ceylon, Indonesia). **2.** Unità monetaria in uso nella Somalia durante la dominazione italiana.

rupìcola s.f. **1.** ZOOL. Uccello diffuso nell'America centro-meridionale, i cui esemplari maschi hanno piumaggio rosso o giallo sulla testa e sul ventre, bruno sulle ali e sulla coda e una cresta dalla particolare forma a ventaglio; nidifica sulle rocce e perciò è detto anche *galletto di roccia*. (Famiglia dei Passeriformi.) **2.** ZOOL. (iniziale maiusc.) Genere di animali a cui appartiene la rupicola.

ruràle agg. Che riguarda i contadini, la campagna e più general. i territori e le attività non urbani. ◇ *Cassa rurale:* cooperativa di credito fra agricoltori e denominazione di istituti bancari. ◆ s.m. e f. (spec. pl.) Contadino, agricoltore.

ruralìsmo s.m. Tendenza a idealizzare la vita di campagna.

ruralità s.f. inv. Insieme delle caratteristiche, dei valori del mondo rurale.

ruscellaménto s.m. IDROL. *non com.* Scorrimento repentino e temporaneo delle acque su un versante, a seguito di un rovescio o dello scioglimento delle nevi.

ruscellétto s.m. Piccolo ruscello.

ruscèllo s.m. Piccolo corso d'acqua poco profondo. ~ Nel l. lett., anche corso d'acqua di maggior portata.

rush [/'rʌʃ/] s.m. inv. (voce ingl., propr. "fretta") **1.** SPORT. Accelerazione, massimo sforzo di un atleta o di un animale da competizione, in prossimità del traguardo. ~ *estens.* Corsa precipitosa, impegno massimo. **2.** CINE. Serie di riprese e di prove che vengono girate nell'arco di una giornata.

rùspa s.f. **1.** Macchina escavatrice, collegata a un trattore o montata su di esso, dotata di benna o di pala dentata, che la rende atta allo spianamento del terreno e al trasporto del materiale. **2.** Rumore prodotto da un raspare continuo di galline.

ruspànte agg. **1.** *Pollo ruspante:* allevato secondo tecniche contadine tradizionali o simili a queste. **2.** *estens.* Genuino, autentico.

russàre v.intr. (aus. *avere*) (etim. incerta, forse deriv. di long. *hrūzzan*) Respirare in modo rumoroso dormendo.

russificàre v.tr. [4] (fr. *russifier*) Sottoporre persone o paesi all'influenza russa, spec. linguistica e culturale.

russificazióne s.f. (fr. *russification*) Assoggettamento all'influenza culturale russa.

rùsso agg. Della Russia. ◆ s.m. **1.** [f. *-sa*] Nativo, abitante della Russia. **2.** (solo sing.) Lingua slava orientale parlata in Russia. (Il russo utilizza l'alfabeto cirillico.)

russòfilo agg. Che apprezza la Russia e i russi, la loro cultura e civiltà. ◆ s.m. [f. *-la*] Nel sign. dell'agg.

russòfono agg. Che parla la lingua russa. ◆ s.m. [f. *-na*] Nel sign. dell'agg.

rustichézza s.f. Essenzialità di modi, sbrigatività dovuta a ignoranza o a rifiuto delle belle maniere.

rusticità s.f. inv. **1.** Scontrosità, semplicità, sbrigatività di modi. **2.** Caratteristica di ciò che è grezzo.

rùstico agg. [pl.m. *-ci*, f. *-che*] **1.** Di campagna. ~ In partic., grezzo, non rifinito. **2.** *estens.* Semplice, privo di eleganza. **3.** *fig.* Rude, poco socievole. ◆ s.m. **1.** Edificio, annesso a una fattoria, a una casa padronale, in cui abitano i contadini o vengono riposti gli strumenti di lavoro. **2.** ARCH. Edificio non ancora rifinito. **3.** Torta o involtino di pasta sfoglia farciti di salumi, formaggio o altri ingredienti.

rùta s.f. **1.** Pianta arbustacea o erbacea delle regioni mediterranee, dai fiori gialli maleodoranti. (Famiglia delle Rutacee.) **2.** BOT. (iniziale maiusc.) Genere di dicotiledoni a cui appartengono varie specie di ruta.

rutabàga s.f. Pianta dei climi freddi e umidi, simile alla rapa, con radice carnosa e ingrossata, destinata all'alimentazione degli animali d'allevamento e commestibile come ortaggio. (Genere *Brassica*; famiglia delle Crocifere.) SIN.: **cavolo navone**.

Rutàcee s.f. pl. [iniziale minusc. sing. *–a* per l'individuo] BOT. Famiglia di piante dicotiledoni arboree o arbustive, perenni, dotate di ghiandole che secernono oli essenziali; ne fanno parte anche gli agrumi.

rutènio s.m. (solo sing.) (lat. *Ruthenium*, deriv. di *Ruthenia*, nome mediev. della Piccola Russia dove fu scoperto dal chimico russo G.W. Osann) **1.** Metallo che si trova in natura nelle miniere di platino, di densità 12,4 e che fonde a 2250 °C ca. **2.** Elemento chimico (*Ru*) di numero atomico 44 e peso atomico 101,07.

ENCICL. Il rutenio, dal punto di vista chimico, presenta analogie con lo stagno. Si ossida facilmente all'aria dando luogo all'ossido RuO_2, isomorfo di SnO_2. Fra i suoi composti ossigenati si conoscono anche l'acido rutenico H_2RuO_4 e l'acido perrutenico $HRuO_4$, ai quali corrispondono sali che ricordano i manganati e i permanganati. Esiste anche un perossido RuO_4, solido cristallino arancione che detona per forte riscaldamento. Si possono preparare anche due cloruri, di formula $RuCl_2$ e $RuCl_4$. Molto importanti sono i composti di coordinazione del rutenio, che può coordinare ammoniaca, ione cloruro, ione nitrito, ecc. Il rutenio si estrae dalla lega osmiridio, residuo dell'attacco del minerale di platino con acqua regia. Per azione dell'idrossido e del perossido di sodio viene trasformato in rutenato di sodio. Il sale si trasforma nel perossido RuO_4, il quale, essendo volatile, può essere separato dagli altri metalli. Il composto si trasforma in cloruro, che viene ridotto a metallo dal magnesio.

rutèno agg. **1.** Della Rutenia, antico nome dell'Ucraina. **2.** Cattolico di rito orientale. ◆ s.m. (solo sing.) Lingua ucraina.

rutherfòrdio s.m. (solo sing.) (dal nome del fisico E. *Rutherford*) Elemento chimico artificiale (*Rf*) di numero atomico 104.

rutilànte agg. Rosso vivo, fiammante.

rutilàre v.intr. (aus. *avere*) *lett.* Splendere di un rosso fiammante.

rùtilo s.m. MIN. Ossido di titanio (TiO_2).

rutìna s.f. Glucoside contenuto in diversi vegetali (nella ruta, p.e.) utilizzato contro le affezioni dei capillari sanguigni.

ruttàre v.intr. (aus. *avere*) (lat. *ructāre*, deriv. di *rŭgere* "gettare fuori") Fare rutti, emettendo dalla bocca i gas contenuti nello stomaco.

rùtto s.m. Rumorosa emissione dalla bocca di gas contenuti nello stomaco.

ruttóre s.m. (fr. *rupteur*) ELETTR. Interruttore che, in assenza di un comando, mantiene chiuso un circuito; è usato nello spinterogeno dei motori a scoppio.

Ruvétto s.m. BOT. Genere di pesci con corpo allungato e fusiforme, fornito di una sola pinna dorsale doppia e di corte pinnule dietro la stessa dorsale e l'anale, e bocca larga munita di denti conici, da predatore. (Specie nota: *Ruvettus pretiosus*, diffusa nell'Atlantico tropicale e nel Mediterraneo, che ha carni piuttosto oleose; lunghezza fino a 2 m, ordine dei Perciformi.)

ruvidézza s.f. **1.** Mancanza di uniformità al tatto. **2.** *fig.* Modo di essere e di comportarsi brusco, sbrigativo.

rùvido agg. **1.** Non uniforme al tatto, scabro, irregolare. **2.** *fig.* Brusco e scostante. ~ SPORT. *estens.* Nel l. del calcio, poco fine e scorretto.

ruzzolàre v.intr. (aus. *essere*) Cadere, precipitare rotolando da qualche parte. *Ruzzolare dalle scale.*

ruzzolàta s.f. **1.** Ruzzolone, capitombolo. **2.** Colpo dato con una piccola ruota di legno (*ruzzola*) che viene lanciata in modo che rotoli.

ruzzolóne s.m. Caduta in cui il corpo rotola. SIN.: **capitombolo**. ◇ *Fare un ruzzolone:* ruzzolare; *fig.* subire un tracollo finanziario, politico, ecc.

rye [/raɪ/] s.m. inv. (voce ingl., "segale") Whisky canadese a base di segale.

Carattere Snell Roundhand

S s.f. o s.m. inv. **1.** Lettera dell'alfabeto latino e delle lingue che lo adottano; in italiano indica la fricativa dentale sorda (*sale, falso*) o sonora (*slavina, sdraio*); entrambi i suoni possono essere di grado tenue o medio, ma solo la sorda, nella grafia doppia, di grado forte (*rosso*). **2.** Semplice o puntata, maiuscola o minuscola, è usata in sigle o abbreviazioni con diversi valori. **3.** Simbolo usato in settori specifici. ◇ CHIM. *S*: simbolo dello zolfo. – GEOGR. Indica il sud. **4.** *fig.* Forma a serpentina, a doppio gomito. *Curva a s.*

sàbato s.m. (ebr. *šabbāt*, propr. "giorno di riposo") Sesto giorno della settimana. ◇ CATT. *Sabato santo*: il sabato che precede la domenica di Pasqua. – *Stragi del sabato sera*: nel l. gior., le tragiche conseguenze degli incidenti stradali che talvolta funestano le sere e le notti del fine settimana. ~ RELIG. Nel calendario ebraico, settimo giorno della settimana in cui gli ebrei devono osservare il riposo sacro.

sabàudo agg. Della casa e della dinastia dei Savoia. ● s.m. [f. *-da*] Chi fa o faceva parte della dinastia dei Savoia.

sàbba s.m. inv. (fr. *sabbat*, ebr. *šabbāt* "sabato" perché si riteneva che le streghe si riunissero in questo giorno) **1.** Secondo la tradizione popolare, assemblea notturna di streghe e stregoni per celebrare riti magici e orge di carattere demoniaco. **2.** *estens.* Riunione, danza o rito sfrenato con caratteri sacrileghi, osceni.

sabbàtico o **sabàtico** agg. [pl.m. *-ci*, f. *-che*] **1.** Relativo al sabato ebraico. **2.** L'anno ogni sette nel quale gli antichi Ebrei non lavoravano i campi, si condonavano i debiti e si liberavano gli schiavi. **3.** In ambito universitario, anno di congedo accordato al docente per fini di studio. **4.** *estens.* Periodo di festa, di riposo.

sàbbia s.f. **1.** Insieme incoerente di minutissimi frammenti di minerali. (Dal punto di vista della sedimentologia, la dimensione dei grani deve essere compresa tra 62,5 μm e 2*mm*.) ◇ *fig. Castello di sabbia*: progetto senza sicure fondamenta nella realtà. – *Sabbie mobili*: zona paludosa, costituita da terreno non consolidato, in cui un corpo sprofonda; *fig.* momento o situazione difficile da cui è quasi impossibile uscire. **2.** MED. (spec. pl.) Deposito calcareo nelle vie urinarie o biliari o del tubo digerente. **3.** TV. Disturbo causato da un segnale mal definito che crea un'immagine televisiva cosparsa di piccoli punti luminosi. ❑ In funzione di agg. inv., del colore della sabbia. *Pantaloni color sabbia.*

sabbiàre v.tr. [6] TECN. Spruzzare un getto di sabbia su oggetti metallici o lastre di vetro per renderli opachi.

sabbiàto agg. **1.** Di oggetto reso opaco e ruvido mediante sabbiatura. *Argento, vetro sabbiato.* **2.** TV. Di immagine che appare cosparsa

di piccoli punti luminosi a causa della cattiva definizione del segnale video.

sabbiatóre s.m. [f. *-trice*] Chi effettua la sabbiatura dei metalli o di altre superfici.

sabbiatrice s.f. TECN. Macchina per effettuare la sabbiatura di metalli e vetri.

sabbiatùra s.f. **1.** TECN. Operazione di finitura di pezzi metallici, o ripulitura di superfici in genere, mediante un getto di sabbia. ~ Opacizzazione di vetri e metalli preziosi. **2.** MED. (spec. pl.) Bagno terapeutico di sabbia asciutta scaldata dal sole.

sabbièra s.f. **1.** Serbatoio situato vicino alle ruote di motrici e locomotive che contiene sabbia da spargere sulle rotaie in casi di pericolo di slittamento. **2.** Macchina per spargere la sabbia sul fondo stradale ghiacciato. SIN.: **spandisabbia.**

sabbióso agg. **1.** Formato da sabbia o ricco di sabbia. **2.** Simile a sabbia.

sabeismo s.m. Antico culto del Sole e degli astri praticato nell'Arabia meridionale.

sabèlla s.f. Anellide marino con corpo cilindrico allungato, munito di una corona di tentacoli con funzione respiratoria. (Lunghezza fino a 25 cm; genere *Sabellaria*; ordine dei Policheti.)

sabèo agg. Del regno e della città di Saba, nell'Arabia sud-occidentale. ● s.m. **1.** [f. *-a*] Nativo, abitante di Saba. **2.** (solo sing.) Lingua parlata nell'antica regione dell'Arabia sudoccidentale.

sabina s.f. Arbusto dell'Europa meridionale simile al ginepro, con bacche nere da cui si estrae un olio. (Nome sc. *Juniperus Sabina*; famiglia delle Cupressacee.)

sabir s.m. inv. (spagn. *saber* "sapere") LING. Antico linguaggio di relazione nato per le comunicazioni tra popoli di lingua diversa, di struttura grammaticale assai semplificata, lessico misto (arabo, italiano e spagnolo) e a carattere più o meno instabile. (I sabir sono diversi dalle lingue *pidgin* e *creole.*)

sabot [/sa'bo/] s.m. [pl. *sabots*] (voce fr., propr. "calzatura grossolana in uso nelle campagne") **1.** Calzatura femminile con tacco general. alto e aperta sul tallone. **2.** Cassetta contenente le carte da distribuire ai giocatori, usata nei casinò dai croupier allo scopo di assicurare la correttezza del gioco.

sabotàggio s.m. [pl. *-gi*] (fr. *sabotage*) **1.** Danneggiamento intenzionale di materiali e servizi appartenenti a chi è considerato socialmente, politicamente o militarmente nemico. ~ DIR. Reato che consiste nel danneggiamento consapevole di edifici o macchinari di un'azienda. **2.** *estens.* In ambito politico e sindacale, azione intesa a ostacolare lo svolgimento di un'attività o di un'iniziativa.

sabotàre v.tr. (fr. *saboter*, propr. "urtare con gli zoccoli") **1.** Danneggiare o distruggere volon-

tariamente qlco. **2.** *estens.* Ostacolare o disturbare l'attuazione di qlco.

sabotatóre s.m. [f. *-trice*] Chi compie un'azione di sabotaggio.

sabra [/'sabra/] s.m. e f.inv. (ar. *ṣabra*, propr. "frutto di cactus" perché sotto la scorza spinosa si trova la polpa dolce) Ebreo rimasto in Palestina dopo la diaspora.

saburràle agg. MED. Detto di lingua ricoperta da una patina biancastra, sintomo di stato tossico dell'organismo.

sàcca s.f. [pl. *-che*] **1.** Grossa borsa per trasportare effetti personali o altro. **2.** Tutto ciò che per forma può ricordare una sacca. ~ MED. Cavità anatomica o di origine patologica. **3.** *fig.* Parte di un tutto (territorio, popolazione, ecc.) separata dal resto. ~ MIL. L'area all'interno della quale sono stati accerchiati reparti militari più o meno consistenti, tagliati fuori dal grosso dell'esercito. ~ SOCIOL. Persistenza di fenomeni sociali o culturali negativi limitati ad alcuni settori della società. **4.** Nell'altoforno, struttura di forma troncoconica, svasata verso l'alto, che in basso è collegata al crogiolo.

saccaràsi s.f. inv. CHIM. Enzima presente nella mucosa dell'intestino che ha la proprietà di trasformare il saccarosio in fruttosio e glucosio.

saccaràto s.m. CHIM. Composto di addizione del saccarosio con idrossidi alcalinoterrosi.

saccàride s.m. CHIM. Carboidrato, glucide.

saccarifero agg. **1.** Che contiene zucchero. **2.** Relativo alla produzione dello zucchero.

saccarificàre v.tr. [4] CHIM. Convertire in zucchero.

saccarimetrìa o **saccarometrìa** s.f. CHIM. Misurazione della quantità di saccarosio contenuta in una soluzione.

saccarina s.f. CHIM. Sostanza usata nell'industria farmaceutica come dolcificante di medicine, e dai diabetici per edulcorare gli alimenti.

saccaròide agg. GEOL. Detto di rocce con struttura simile a pani di zucchero. ● s.m. Nel sign. dell'agg.

saccaromicète s.m. **1.** Fungo che causa fermentazione in soluzioni zuccherine. (Classe degli Ascomiceti.) **2.** BOT. (iniziale maiusc.) Genere di funghi a cui appartengono varie specie di saccaromiceti.

saccaròsio s.m. [non com. pl. *-si*] CHIM. Carboidrato presente in natura nella barbabietola e nella canna da zucchero.

saccènte agg. Che ostenta in modo pedante una cultura superiore a quella posseduta. ● s.m. e f. Nel sign. dell'agg.

saccheggiàre v.tr. [5] **1.** Distruggere e devastare un territorio, portando via tutto ciò che ha valore. **2.** *estens.* Danneggiare qlco. portando via ciò che contiene di prezioso. *I ladri han-*

879

no saccheggiato l'appartamento. **3.** *fig.* Copiare un'opera, un autore.

saccheggiatóre s.m. [f. *-trice*] Chi commette un saccheggio. ~ *fig.* Chi si appropria di idee altrui.

sacchéggio s.m. [pl. *-gi*] **1.** Appropriazione violenta di beni. **2.** *fig.* Appropriazione di idee, pensieri altrui.

saccherìa s.f. Fabbrica di sacchi.

sacchétto s.m. Nel sign. del dim. di *sacco*; spec. piccolo contenitore di carta, stoffa o plastica a forma di sacco.

saccifórme agg. Nel l. sc., che presenta la forma caratteristica di un sacco.

sàcco s.m. [pl. *-chi*] (fenicio *šaqq* "tela grossa" quindi "sacco") **1.** Involucro di tela ruvida, carta o plastica, di forma allungata e aperto in alto. **2.** Con riferimento alla forma e alle funzioni del sacco, compare in alcune locc. fig. ◇ *Mettere nel sacco:* imbrogliare abilmente. – *fam. Sorprendere qlcu. con le mani nel sacco:* coglierlo sul fatto, sorprenderlo mentre commette un'azione illecita. – *Vuotare il sacco:* confessare, sfogarsi, parlare liberamente. – *fig. Non è farina del tuo sacco:* non è opera tua, è stato copiato. **3.** Il contenuto di un sacco. *Un sacco di grano.* **4.** *fig. fam.* Grande quantità di qlco. SIN.: **mucchio**. **5.** *estens.* Tutto ciò che ricorda, per forma, un sacco. **6.** Nome di contenitori di vario tipo, usati soprattutto in campo alpinistico, escursionistico e militare. ◇ *Sacco a pelo:* lungo sacco imbottito di piumino o di altre fibre isolanti che permette di dormire all'aperto. – *Pranzo al sacco:* colazione che si consuma all'aperto con viveri portati con sé. **7.** ANAT. Nome di organi che ricordano la forma del sacco. *Sacco lacrimale.* ◇ BOT. *Sacco embrionale:* insieme di cellule contenute nell'ovulo delle angiosperme e che corrispondono al protallo femminile. **8.** Tela spessa utilizzata per fare i sacchi. **9.** Saccheggio violento ai danni di una città. ~ *fig.* Espansione edilizia indiscriminata che deturpa l'assetto urbano. **10.** BOXE Contenitore di pelle pieno di sabbia o segatura appeso al soffitto e colpito da chi si allena.

Sacculina s.f. ZOOL. Genere di crostacei parassiti dei granchi. (Sottoclasse dei Cirripedi.)

sàcculo s.m. ANAT. Cavità membranosa, a forma di sacchetto, dell'orecchio interno.

sacèllo s.m. **1.** Chiesetta o cappella, isolata o situata all'interno di un complesso architettonico. ◇ *Sacello mortuario:* piccola cappella all'ingresso dei cimiteri, dove si depongono le bare dei defunti in attesa della sepoltura. **2.** ANT. ROM. Altare sacro innalzato a una divinità al centro di un recinto.

sacerdotàle agg. **1.** Relativo al sacerdote o al sacerdozio. **2.** *fig.* Relativo ad atti o parole compiute o pronunciate con gravità e serietà. *Tono sacerdotale.*

sacerdòte s.m. [f. *sacerdotessa*] (lat. *sacerdōtem*, propr. "colui che compie i riti sacri") **1.** RELIG. Ministro ufficiale del culto in molte religioni antiche e moderne. ◇ *Sommo sacerdote:* presso gli antichi Ebrei, capo della casta sacerdotale. **2.** (solo m.) Nella chiesa cattolica e nelle chiese orientali, colui che ha ricevuto il sacramento dell'ordine. ~ *comun.* Prete. **3.** *fig.* Chi riveste la propria attività di un carattere quasi sacro.

sacerdotéssa s.f. Nelle antiche religioni pagane, donna investita dell'ufficio sacerdotale. *Le sacerdotesse di Bacco.*

sacerdòzio s.m. [pl. *-zi*] **1.** Dignità e funzione del sacerdote, in diverse religioni. ~ CATT. Sacramento dell'ordine che dà il potere di celebrare la messa, confessare, dare l'estrema unzione e celebrare i matrimoni. **2.** *fig.* Attività che si esercita con la dedizione assoluta che distingue le missioni religiose.

sachem [/ˈseɪtʃəm/] s.m. inv. (da una voce algonchina, "anziano") Nella narrativa sui pellerossa, ogni capo eletto dalle diverse famiglie o stirpi in un villaggio indiano.

sacher [/ˈzaxər/] s.f. inv. (voce ted., dal nome del cuoco viennese F. *Sacher* che per primo preparò tale torta) CUC. Torta al cioccolato farcita di marmellata di albicocche e ricoperta di glassa.

1. sacràle agg. (ingl. *sacral*) Che rientra nella sfera del sacro.

2. sacràle agg. ANAT. Dell'osso sacro.

sacralgìa s.f. MED. Dolore che interessa la regione dell'osso sacro.

sacralità s.f. inv. Prerogativa di ciò che è sacro o sacrale. *Sacralità di un luogo, di un atto.*

sacralizzàre v.tr. Conferire un carattere sacro a qlco.

1. sacralizzazióne s.f. Attribuzione di un carattere sacro.

2. sacralizzazióne s.f. MED. Fusione congenita della quinta vertebra dorsale col primo segmento dell'osso sacro.

sacramentàle agg. **1.** TEOL. CATT. Che riguarda un sacramento. **2.** *fig. scherz.* Rituale, abituale. *Il sacramentale riposino pomeridiano.* ◆ s.m. CATT. Preghiera, azione o oggetto particolare che, pur non avendo valore di sacramento, arreca beneficio all'anima.

sacramentàrio agg. Che riguarda i sacramenti. ◆ s.m. [pl. *-ri*] **1.** Nel Medioevo, libro contenente le preghiere liturgiche, per coloro che celebravano i sacramenti. **2.** [f. *-ria*] Nella riforma protestante, che vedeva nel sacramento dell'eucaristia soltanto un simbolo, negando la presenza reale del corpo di Cristo.

sacraménto s.m. (lat. *sacramĕntum* "giuramento di fedeltà" poi "mistero sacro") **1.** Secondo la formula del catechismo, segno efficace della grazia istituito da Gesù Cristo. [La Chiesa cattolica e le Chiese orientali riconoscono sette sacramenti: il battesimo, la penitenza, l'eucaristia, la cresima, l'unzione degli infermi (estrema unzione), l'ordine e il matrimonio. Le chiese protestanti ne riconoscono solo due: il battesimo e l'eucaristia.] ◇ *Il Santissimo sacramento:* eucarestia. **2.** L'ostia consacrata.

sacràrio s.m. [pl. *-ri*] **1.** ANT. ROM. Luogo in cui si custodivano gli arredi sacri. **2.** Luogo in cui si trovano i resti, i cimeli, i ricordi di chi si è reso degno della memoria pubblica. **3.** *fig.* Luogo intimo e ben custodito.

sacrificàle agg. RELIG. Che riguarda un sacrificio, spec. pagano.

sacrificàre v.tr. [4] **1.** Rinunciare del tutto o in parte a qlco. che ci è caro, privarsene. ~ *fig.* Dedicare a qlcu. o a un ideale, completamente e fino al sacrificio, qlco. che ci è sommamente caro. **2.** Relegare qlcu. o qlco. in un posto non adeguato alle qualità o possibilità o esigenze della persona o dell'oggetto, non dar loro il giusto valore. **3.** Offrire in sacrificio alla divinità prodotti della terra, animali e anche uomini. ◆ v.intr. (aus. *avere*) *estens.* Manifestare devozione a qlco. con atti o a parole. *Sacrificare alla morale.* ◆ **sacrificarsi** v.pron. **1.** Rischiare volontariamente la propria vita fino a rinunciarvi per un ideale. **2.** *fig.* Accettare volontariamente privazioni e disagi in vista di un certo obiettivo.

sacrificàto agg. **1.** Dato, offerto in sacrificio. **2.** *estens.* Non valorizzato, relegato in un luogo ristretto. ~ Sottoposto a privazioni e rinunce. ◆ s.m. [f. *-ta*] Chi deve sopportare rinunce e privazioni.

sacrifìcio s.m. [pl. *-ci*] **1.** RELIG., ANTROP. Funzione sacra con cui si offrono prodotti vegetali, animali e anche esseri umani alla divinità, con l'intento di venerarla, propiziarla o placarla. ~ CRIST. La crocifissione e la morte di Gesù Cristo per l'umanità. **2.** *estens.* Atto personale con cui si offre alla divinità qlco. di spirituale, di morale. **3.** *estens.* Rinuncia volontaria a qlco. per un ideale, uno scopo. **4.** Disagio o privazione.

sacrilègio s.m. [pl. *-gi*] **1.** Profanazione di persone, di luoghi o di cose sacre. **2.** Azione che minaccia qlcu. o a qlco. di rispettabile. *fig.* Irriverenza contro valori e istituzioni.

sacrìlego agg. [pl.m. *-ghi*, f. *-ghe*] (lat. *sacrĭlegum* "ladro di cose sacre") Che commette o costituisce un atto di sacrilegio.

sacripànte s.m. (dal nome di *Sacripante*, forte re dei Circassi presente spesso nei poemi cavallereschi) **1.** Persona molto robusta, di notevole corporatura, che fa esibizione della propria forza. **2.** Persona furba, di grande destrezza.

sàcro agg. **1.** Che ha relazione con la religione, con il divino (in oppos. a *profano*). ◇ *Sacra Scrittura:* l'Antico e il Nuovo Testamento che compongono la Bibbia. – *La Sacra Famiglia:* Gesù, Giuseppe e Maria. – *Sacro Cuore:* cuore di Gesù come simbolo cattolico dell'amore divino. – *Sacra Rota:* il supremo tribunale ecclesiastico. **2.** Che per i suoi contenuti o la sua destinazione rientra nella sfera religiosa. ◇ ST. *Sacra rappresentazione:* ant., dramma di argomento religioso spesso collegato a particolari liturgie. **3.** Consacrato, dedicato. **4.** *estens.* Che deve essere rispettato. SIN.: **inviolabile**. ~ *scherz.* Si dice in relazione a ciò che è indispensabile, intoccabile. *Il dolce per me è sacro.* **5.** Che incute un senso di rispettosa riverenza. ◆ s.m. (solo sing.) Ciò che ha carattere religioso e divino, che non è profano.

sacroilìaco agg. ANAT. Si dice dell'articolazione tra l'osso sacro e l'osso iliaco.

sacrosànto agg. **1.** CRIST. (general. usato come superlativo di *sacro*) Santo e sacro insieme. **2.** *estens.* Degno di un rispetto quasi religioso. ~ Che non dà adito a dubbi, assoluto. **3.** *scherz. fam.* Opportuno, meritato, appropriato. *Lezione sacrosanta.*

sadducèo o **saducèo** s.m. [f. *-a*] (lat. *Sadducaèum*, deriv. di ebr. *Ṣaddīq* "giusto") In Palestina, ai tempi di Gesù, chi apparteneva al partito politico-religioso giudaico, costituito da una casta sacerdotale che, a differenza dei farisei, negava il valore della legge orale, l'esistenza degli angeli e l'immortalità dell'anima.

sàdico agg. [pl.m. *-ci*, f. *-che*] (fr. *sadique*) Relativo al sadismo. ◆ s.m. [f. *-ca*] Persona affetta da sadismo. ~ Chi prova piacere di fronte alle sofferenze altrui.

sadìsmo s.m. (fr. *sadisme*, dal nome del marchese D.A.F. de *Sade*, autore di romanzi di erotismo perverso) **1.** PSICOAN. Perversione nella quale la soddisfazione sessuale può essere ottenuta soltanto infliggendo sofferenze fisiche o morali al partner. (Per Freud, il sadismo è la deviazione su un oggetto esterno della pulsione di morte.) **2.** *estens.* Compiacimento crudele nel vedere soffrire gli altri.

sadomasochìsmo s.m. PSICOAN. Perversione sessuale che associa impulsi sadici e masochistici.

sadomasochìsta s.m. e f. [pl.m. *-sti*] Chi è affetto da sadomasochismo. ❑ In funzione di agg., che rivela o che riguarda il sadomasochismo.

saétta s.f. **1.** Fulmine, folgore, spec. quando si manifesta con il tipico percorso a linea spezzata. ~ *estens.* Nel calcio, improvviso e violento tiro a rete. **2.** Punta piramidale che permette di fare fori con il trapano. ~ Utensile di ferro a punta usato per lavori di scultura.

safàri s.m. inv. (voce swahili, propr. "buon viaggio") Spedizione di caccia grossa nei territori africani ricchi di animali.

safèna s.f. (etim. discussa, prob. ar. *sāfin* "vena del braccio che sta in profondità") ANAT. Ognuna delle tre vene sottocutanee (esterna, interna e accessoria) degli arti inferiori.

safèno agg. ANAT. Che si riferisce a vena o nervo degli arti inferiori.

safety car [/ˈseɪftɪ ˈkɑː/] loc. sost. f. inv. (loc. ingl., comp. di *safety* "sicurezza" e *car* "auto") Nelle gare automobilistiche su circuito, vettura di servizio che interviene per ragioni di controllo e sicurezza.

safety engineer [/ˈseɪfti ˈɛndʒɪˈnɪə/] loc. sost. m. e f. inv. (loc. ingl., propr. "tecnico della sicurezza") Responsabile della sicurezza sul lavoro.

sàffico agg. [pl.m. *-ci*, f. *-che*] **1.** Relativo alla poetessa greca Saffo. **2.** *estens.* Che riguarda la poesia lirica latina, spec. con riferimento al metro prediletto da Saffo. **3.** Lesbico, omosessuale al femminile.

saffìsmo s.m. (dal nome della poetessa greca *Saffo* che gli antichi ritenevano omosessuale, fr. *saphisme*) Omosessualità femminile.

sàga s.f. [pl. *-ghe*] (ted. *Sage*) **1.** Insieme di resoconti e di leggende in prosa, caratteristiche delle letterature germaniche e della tradizione popolare. **2.** *estens.* Epopea familiare quasi leggendaria che si svolge su molte generazioni. *La saga dei Kennedy.*

sagàce agg. (lat. *sagācem*, deriv. di *sāgus* "indovino") Riferito a persona, che possiede prontezza di mente, capacità di comprendere e affrontare le situazioni. SIN. **acuto**. ~ Riferito a cosa, che rivela la sagacia. SIN. **astuto**.

sagàcia s.f. [non com. pl. –*cie*] *fig.* Capacità di capire e risolvere situazioni.

saggézza s.f. Capacità di valutare e affrontare le situazioni della vita secondo il criterio della ragione e della prudenza, utilizzando esperienze già provate. SIN. **assennatezza**.

saggiàre v.tr. [5] **1.** Valutare e verificare con strumenti tecnici le caratteristiche, spec. la purezza, dei metalli preziosi. **2.** *fig.* Provare o verificare qlcu. o qlco., cercare di conoscerli più da vicino mettendoli alla prova.

saggiatóre s.m. **1.** [f. –*trice*] Chi analizza un materiale, spec. un metallo prezioso, per stabilirne la natura e le caratteristiche. **2.** Piccola bilancia di precisione, per pesare quantità piccole di materia o verificare il peso dei metalli preziosi.

saggiavìno s.m. inv. Cannello di vetro allargato a un'estremità, usato per attingere dalle botti il vino da sottoporre ad assaggio.

saggìna s.f. (lat. *saginam* "nutrimento") Pianta erbacea annuale caratterizzata da fusto alto, foglie piatte e lunghe infiorescenze di colore rosso; alcune varietà vengono sfruttate per usi alimentari e come foraggio, altre per la fabbricazione di scope e di spazzole. (Famiglia delle Graminacee.)

sagginèlla s.f. Pianta erbacea molto comune, simile all'avena, utilizzata come foraggio. (Genere *Holcus*; famiglia delle Graminacee.)

1. sàggio agg. [pl.m. –*gi*, f. –*ge*] (fr. *sage*, lat. deriv. di *sāpere* "avere sapore") **1.** Che dà prova di ragionevolezza nei giudizi e nella condotta. **2.** Di cosa, improntato a saggezza. ◆ s.m. [f. –*gia*] Persona sapiente che tende a impersonare un modello ideale di vita. ~ Persona esperta in un determinato settore che ha il compito di dare un giudizio obiettivo.

2. sàggio s.m. [pl. –*gi*] (lat. *exàgium* "bilancia") **1.** Analisi di un campione di materiale per stabilirne la natura e le caratteristiche. **2.** Dimostrazione della qualità, del valore di qlco. **3.** Studio critico che raccoglie riflessioni o che tratta un argomento specifico. **4.** Campione di una merce che viene fornito gratuitamente per essere provato o preso in esame. **5.** ECON. Tasso, percentuale.

saggìsta s.m. e f.[pl.m. –*sti*] (calco dell'ingl. *essayist*) Autore di studi critici, di saggi.

saggìstica s.f. [non com. pl. –*che*] **1.** L'arte di scrivere saggi. **2.** L'insieme della produzione di saggi, che costituisce un genere letterario.

sagìna s.f. Pianta erbacea, a piccole foglie, fiori bianchi, che cresce nelle zone temperate. (Famiglia delle Cariofillacee.)

sagittàle agg. ANAT. Che divide il corpo o una parte di esso in parti simmetriche.

sagittària s.f. Pianta erbacea acquatica, perenne, con radici sommerse e foglie galleggianti a forma di saetta, da cui il nome; cresce nelle zone a clima temperato. (Genere *Sagittaria*; famiglia delle Alismatacee.)

foglia emersa

foglia sommersa

frutto   fiore

■ **sagittària**

sagittàrio s.m. [pl. –*ri*] (lat. *sagittārium*, deriv. di *sagìtta* "saetta") **1.** (iniziale maiusc., solo sing.) Costellazione dell'emisfero australe nel quale il sole transita nel periodo che va dal 23 novembre al 21 dicembre (v. parte n.pr.). **2.** Nono segno dello zodiaco relativo a tale periodo. ~ *estens.* Persona nata sotto il segno del Sagittario. **3.** ZOOL. Uccello dei Falconiformi dalle zampe lunghe, corpo snello e ciuffo piumato sul corpo, diffuso in Africa; detto anche *serpentario*.

sagittàto agg. BOT. Di foglia a forma di saetta.

1. sàgo s.m. [pl. –*ghi*] Corto mantello di lana, indossato dagli antichi soldati romani.

2. sàgo s.m. Sagù.

sàgola s.f. **1.** MAR. Sottile fune di canapa usata per varie operazioni sulle navi. **2.** MAR. Cavetto con cui si lega la freccia al fucile nelle attrezzature subacquee.

sàgoma s.f. (gr. *sákōma* "contrappeso della bilancia") **1.** Modello di legno sulla cui forma si elaborano diversi oggetti. **2.** Linea di profilo di un manufatto, di un edificio, di un veicolo. ◇ *Sagoma di carico, sagoma limite:* massimo ingombro consentito ai veicoli ferroviari; lo strumento con cui si effettua la relativa misurazione. **3.** *estens.* Linea di contorno di una persona. ~ Forma di legno o altro materiale usata come bersaglio per il tiro a segno. **4.** *fam.* Persona singolare, stravagante.

sagomàre v.tr. Modellare un oggetto secondo una linea prefissata.

sagomàto agg. Lavorato secondo una determinata sagoma. ◆ s.m. Affisso pubblicitario che viene montato su intelaiature sagomate.

sagomatóre s.m. [f. –*trice*] TECN. Addetto alla sagomatura.

sagomatùra s.f. Lavoro e tecnica del conferire a un materiale una particolare sagoma. ~ La sagoma, il contorno ottenuti.

sàgra s.f. **1.** Cerimonia di consacrazione di un luogo o di un oggetto del culto. **2.** *estens.* Festa profana legata spec. alla celebrazione di prodotti della terra.

sagràto s.m. Spazio davanti all'entrata principale di una chiesa.

sagrestàna s.f. Religiosa a cui è affidata la cura della chiesa e della sagrestia in un convento femminile.

sagrestàno s.m. [f. *sagrestana*] Persona incaricata della custodia di una chiesa.

sagrestìa s.f. **1.** Locale della chiesa dove si conservano gli arredi sacri e dove i sacerdoti si preparano per celebrare le funzioni. **2.** *estens.* Camera blindata delle banche.

sagrìno s.m. (turco *sağri* "pelle della groppa di animali") ITTIOL. Squalo di piccole dimensioni, dal corpo affusolato, ricoperto da pelle ruvida e bruna, con due pinne dorsali munite di aculei. SIN. *zigrino*.

sagù s.m. inv. (fr. *sagou*, di orig. malese) Fecola alimentare che si estrae dal midollo di determinate specie di palme diffuse nelle zone equatoriali e tropicali.

saharìana s.f. Giacca di tela con numerose tasche, ispirata all'uniforme militare delle truppe coloniali in Africa.

saharìano agg. Del Sahara.

sahib [/'saib/] s.m. inv. (hindi *ṣāḥib*, ar. *ṣāḥib*, "amico, signore") Signore, padrone, appellativo di rispetto con cui in India si chiamavano gli europei durante il periodo coloniale inglese.

sàia s.f. (fr. *saie*, lat. *sāgum* "mantello") Armatura fondamentale dei tessuti, insieme al raso e alla tela, con intreccio disposto in diagonale. ~ *estens.* Tessuto che presenta tale intreccio.

sàiga s.f. [pl. –*ghe*] Mammifero delle steppe dell'Europa orientale e dell'Asia centrale simile all'antilope per l'andatura, il muso allungato e le corna corte. (Famiglia dei Bovidi.) **2.** ZOOL. (iniziale maiusc.) Genere di mammiferi a cui appartiene la saiga.

saimìri s.m. inv. (voce tupì) Piccola scimmia dell'America tropicale, con manto morbido, nero rossiccio sul dorso, arancione sugli arti, bianco sul ventre. (Nome sc. *Saimiri sciureus*; famiglia dei Cebidi.)

sainete s.m. inv. (voce spagn., propr. "condimento") Breve composizione comica del teatro spagnolo.

saint-honoré [/sɛ̃tɔnɔ're/] s.f. inv. (voce fr., prob. nome dato al dolce da un pasticciere parigino di rue *Saint-Honoré*) Dolce di pasta sfoglia guarnito con panna montata e spesso anche con cioccolato, e decorato con una corona di bignè alla crema.

Saintpaulia s.f. (dal nome del barone W. von *Saint Paul*) BOT. Genere di piante originarie dell'Africa tropicale, a foglie verdi scure pelose e fiori blu-violacei o rosa, coltivata a scopo ornamentale. (Famiglia delle Gesneriacee.)

sàio s.m. [pl. sai] (fr. *saie*, lat. *sāgum* "mantello") **1.** Tonaca di tessuto ruvido indossata dai monaci. ◇ *fig. Indossare il saio:* farsi monaco. **2.** Sopravveste corta dei soldati romani e degli schiavi. **3.** Veste maschile lunga dell'età medievale.

sakè o **sachè** s.m. inv. (giapp. *sake*) Bevanda giapponese alcolica, a base di riso fermentato.

saktìsmo s.m. Dottrina religiosa dell'India, propria di alcune correnti (visnuismo, scivaismo, tantrismo), che dà all'energia creatrice, detta *sakti*, un ruolo fondamentale.

1. sàla s.f. (francone *sala* "grande stanza", long. *sala* "casa di campagna") **1.** La stanza più grande di una casa. **2.** Ambiente molto ampio utilizzato da più persone per varie attività. ◇ *Sala giochi:* locale pubblico attrezzato con flipper, videogiochi, ecc. – *Sala operatoria:* negli ospedali, locale adibito agli interventi chirurgici. – *Sala stampa:* quella riservata agli operatori dell'informazione all'interno di enti o istituzioni. – *Sala (di spettacolo):* in teatri e cinema, locale in cui si assiste a rappresentazioni pubbliche; *estens.* il pubblico presente. *Tutta la sala applaude.* – *Sala da tè:* in un bar, locale con servizio al tavolo per il consumo di bevande leggere. – *Sala d'armi:* palestra dove si pratica la scherma. – MUS. *Sala d'incisione:* locale dove si eseguono registrazioni musicali. **3.** MAR. Ambiente interno di una nave destinato a determinate funzioni. ◇ *Sala nautica:* cabina situata in prossimità del ponte di comando, dove sono raccolti gli strumenti e le carte.

2. sàla s.f. MECC. Asse di collegamento delle ruote in carrozze ferroviarie e altri veicoli su rotaie.

3. sàla s.f. Nome di piante che vivono negli acquitrini e hanno spighe e foglie lunghe e lineari; si usano per impagliare sedie, damigiane. (Famiglia delle Graminacee.)

salàce agg. (lat. *salācem* "che salta addosso con libidine") **1.** Scurrile, licenzioso. **2.** *fig.* Che ha l'intento di criticare con sarcasmo.

salamàndra s.f. **1.** Piccolo anfibio diffuso in ambienti boscosi e umidi, presente in Italia in diverse varietà. (Ordine degli Urodeli.) **2.** ZOOL. (iniziale maiusc.) Genere di anfibi a cui appartiene la salamandra.

■ **salamàndra** maculata.

salàme s.m. **1.** Carne e grasso di maiale tritati, insaccati in budelli, con molto sale e grani di pepe. **2.** *estens.* Dolce, spec. al cioccolato, confezionato in forma di salame. **3.** *fig.* Persona goffa e maldestra.

salamelècco s.m. [spec. pl. –*chi*] (ar. *salām 'alayk* "pace su di te", formula di saluto) Saluto o inchino espresso cerimoniosamente, spesso accompagnato da complimenti e frasi d'ossequio esagerati e insinceri.

salamòia s.f. **1.** Soluzione acquosa di sale, nella quale si conservano i cibi. **2.** Liquido non congelabile usato negli impianti frigoriferi come intermediario tra il fluido congelante e i corpi da raffreddare.

salamoiàre v.tr. [6] Conservare in salamoia.

salangàna s.f. (fr. *salangane*, malese deriv. di *sārang* "nido") Uccello dell'Asia e dell'Oceania, simile al rondone, i cui nidi, detti *nidi di rondine*, ottenuti impastando erbe e alghe con la saliva, sono largamente consumati come cibo dai popoli indigeni. (Genere *Collocalia*; ordine degli Apodiformi.)

salàre v.tr. Mettere del sale a un cibo per insaporirlo. ~ Sottoporre a salatura un alimento per conservarlo.

salariàle agg. Relativo al salario.

salariàre v.tr. [6] **1.** Retribuire un dipendente con un salario. **2.** Effettuare un'assunzione in campo lavorativo.

salariàto agg. Che riceve un salario per una prestazione di lavoro. ◆ s.m. [f. *-ta*] Nel sign. dell'agg.

salàrio s.m. [pl. *-rî*] (lat. *salārium*, propr. "razione di sale per i militari e dipendenti statali" poi "retribuzione") **1.** Retribuzione del lavoratore dipendente, secondo quanto stabilito nel contratto di lavoro. **2.** *estens.* Remunerazione di un qualunque lavoro.

salassàre v.tr. **1.** MED. Ridurre la quantità di sangue nell'organismo tramite incisione d'una vena o, ant., mediante l'applicazione di sanguisughe. **2.** *fig.* Far spendere a qlcu. denaro in quantità eccessiva. ◆ **salassarsi** v.pron. *fig.* Fare grandi sacrifici economici, privarsi di somme ingenti di denaro. *Per comprare la casa mi sono salassato.*

salàsso s.m. **1.** MED. Sottrazione di sangue a scopo terapeutico praticata mediante incisione, puntura d'ago o, ant., tramite applicazione di sanguisughe sulla pelle. **2.** *fig. fam.* Spesa onerosa.

salatino s.m. Pasticcino salato che si consuma con l'aperitivo o si serve nei rinfreschi.

salàto agg. **1.** Che contiene sale, che ne ha il gusto. **2.** *fig.* Pungente, crudo, mordace. **3.** *fig.* Riferito a prezzo, costo, spesa, elevato, caro. ◆ s. m. **1.** (solo sing.) Gusto salato, cibi salati. **2.** Carne di maiale insaccata, salume.

salatóio s.m. [pl. *-tói*] Nei caseifici, locale dove si trovano le vasche con la salamoia per la salatura dei formaggi.

salatùra s.f. **1.** Operazione che consiste nel salare un prodotto alimentare per prolungarne la conservazione. **2.** CHIM. Aggiunta di sali a soluzioni e composti per ottenere determinate condizioni di reazione. **3.** Nell'industria ceramica, operazione con cui si aggiunge sale nel forno di cottura dei materiali costituiti da gres, in modo da vetrificarli superficialmente. **4.** Trattamento delle pelli con sale, impiegato nell'industria conciaria come operazione preliminare al processo di conservazione.

salbànda s.f. (ted. *Salband* "vivagno") GEOL. Strato di detriti che si deposita tra un filone metallifero e la roccia che lo incassa.

salchow [/ˈsɔːlkəʊ/] s.m. inv. (voce ingl.) Nel pattinaggio artistico, salto che consiste in una rotazione in aria con partenza all'indietro e arrivo all'indietro sulla stessa gamba.

sàlda s.f. **1.** Appretto a base d'amido, usato per dare rigidità alla biancheria. **2.** CHIM. Soluzione acquosa contenente amido che segnala la presenza di iodio in qualunque sostanza o composto.

saldàbile agg. Che può essere saldato.

saldabilità s.f. inv. Adattabilità di alcuni materiali alla saldatura. ~ La proprietà di congiungersi ad altro.

saldacónto s.m. [pl. *-ti*] **1.** COMM. Registro contabile. **2.** COMM. Nelle aziende, ufficio che si occupa della contabilità dei clienti.

saldaménte avv. In modo saldo.

saldàre v.tr. **1.** Unire qlco. ad altro tramite saldatura, anche in senso fig. *Saldare la prima parte del saggio alla seconda.* ~ Congiungere tra loro pezzi metallici mediante saldatura. ~ *estens.* Unire tra loro due o più pezzi o parti di qlco., in modo da farne un tutto unico. *Per saldare un osso è necessaria molta pazienza.* **2.** Coordinare tra loro concetti, idee. **3.** Saldare un debito, regolare un conto. ◆ **saldarsi** v.pron. Cicatrizzarsi, rimarginarsi, richiudersi. *L'osso si è saldato bene.*

saldatóio s.m. [pl. *-toi*] Utensile per la saldatura dei metalli.

saldatóre s.m. **1.** [f. *-trice*] Addetto alla saldatura. **2.** Apparecchio per saldare parti metalliche.

saldatrice s.f. Strumento usato per le saldature elettriche.

saldatùra s.f. **1.** Operazione con cui si collegano stabilmente tra loro materiali omogenei attraverso l'azione del calore, con o senza l'impiego di un metallo d'apporto. **2.** *estens.* Il risultato, l'effetto della saldatura. **3.** MED. Congiunzione di parti ossee prima separate o di monconi fratturati. ~ Anche, cicatrizzazione di una ferita. **4.** *fig.* Collegamento, connessione. ~ Periodo intermedio, zona di contiguità tra l'esaurirsi di un fenomeno e l'iniziare di un altro.

saldézza s.f. **1.** Qualità dell'essere saldo, fermo. **2.** *fig.* Costanza in campo morale, fortezza d'animo.

1. sàldo agg. **1.** Robusto, solido, stabile. **2.** *fig.* Fermo, coerente, risoluto in senso morale e in ambito personale. ~ Valido, inconfutabile. ~ Concorde, compatto, in ambito sociale o collettivo.

2. sàldo s.m. **1.** Residuo di una somma da pagare. ~ L'estinzione di un debito. **2.** Somma algebrica delle voci positive e negative di un bilancio o di una statistica, e la differenza che ne risulta. ◇ DEMOGR. *Saldo naturale*: differenza tra le persone nate e quelle morte. – *Saldo migratorio*: bilancio tra i movimenti d'immigrazione e d'emigrazione in una regione o stato. **3.** Parte rimanente che completa un tutto. **4.** *estens.* (spec. pl.) Rimanenza di una merce che viene svenduta. – La svendita stessa.

1. sàle s.m. **1.** CHIM. Composto che deriva dalla combinazione di un acido e di una base, general. sotto forma di solidi cristallini. ◇ *Sale fino*: cloruro di sodio raffinato, in polvere o microscopici cristalli. – *Sali da bagno*: miscuglio profumato di sali alcalini con proprietà tonificanti e rinfrescanti che si aggiungono all'acqua della vasca. – *Sale minerale*: in mineralogia, composto salino estratto dai minerali terrestri; in scienza dell'alimentazione, sostanza basilare per l'organismo. **2.** Sostanza cristallina, friabile, solubile nell'acqua, composta essenzialmente da cloruro di sodio, e utilizzata per il condimento o la conservazione dei prodotti alimentari. ◇ *Essere giusto di sale*: si dice di cibo che ne contiene la giusta quantità. – *figg. Rimanere di sale*: stupirsi profondamente di fronte a qlco. o a qlcu. (Si riferisce al racconto biblico della moglie di Lot, trasformata in sale per essersi voltata a osservare la distruzione di Sodoma.) – *Mettere il sale sulla coda*: raggiungere un obiettivo difficile, scovare qlcu. o qlco. **3.** *fig.* Giudizio, senno. **4.** *fig.* Ciò che è pungente e piccante in un'opinione, uno scritto, una situazione e che ne aumenta vivamente l'interesse.

2. sale [/ˈseɪl/] s.m. [pl. *sales*] (voce ingl., propr. "vendita") È usato solo in alcune locc. del l. commerciale. ◇ *Sale analysis*: nel l. del marketing, controllo delle vendite di un prodotto ed esame del suo andamento sul mercato. – *Sale executive*: addetto alle vendite. – *Sale manager*: direttore delle vendite in un'azienda. – *Sale promoter*: promotore delle vendite.

salesiàno agg. (dal nome del castello di *Sales* nell'Alta Savoia dove nacque il santo) **1.** Che riguarda il santo francese san Francesco di Sales. **2.** Che appartiene o è relativo alla congregazione di sacerdoti e laici istituita da san Giovanni Bosco, con l'intento di educare i fanciulli nello spirito di San Francesco di Sales. ◆ s. m. [f. *-na*] Religioso che appartiene a una congregazione salesiana.

salgèmma s.m. inv. MIN. Cloruro di sodio (*NaCl*) che si presenta in cristalli cubici incolori o in masse e che si estrae dalle miniere, usato nell'alimentazione e nell'industria chimica.

Salicàcee s.f. pl. [iniziale minusc. sing. *-a* per l'individuo] BOT. Famiglia di piante arboree dicotiledoni, dai fiori in amenti e frutti a capsula con semi provvisti di un ciuffo di peli; ne fanno parte, tra le altre specie, il salice e il pioppo.

salicària s.f. Pianta erbacea diffusa nei luoghi umidi, a fiori rosa o purpurei; è detta anche *salcerella*. (Genere *Lythrum*; famiglia delle Litracee.)

sàlice s.m. **1.** Pianta della famiglia delle Salicacee con foglie strette e allungate, che vive vicino all'acqua. **2.** Il legno della pianta. ~ Ramo giovane del salice, usato in lavorazioni d'intreccio per la sua flessibilità. **3.** BOT. (iniziale maiusc.) Genere di piante a cui appartengono varie specie di salice.

foglie

■ **sàlice** piangente.

salicéto s.m. Terreno piantato a salici.

salicilàto s.m. (fr. *salicylat*) CHIM. ORG. Sale o estere dell'acido salicilico.

salicile s.m. CHIM. Radicale a una valenza che si ricava dall'acido salicilico.

salicilico agg. [pl.m. *-ci*] (fr. *salicylique*) CHIM. *Acido salicilico*: dotato di proprietà antisettiche e i cui derivati (aspirina, salicilato di soda) svolgono un'azione antinfiammatoria.

sàlico agg. [pl.m. *-ci*, f. *-che*] ST. Che riguarda il popolo germanico dei Franchi Salii. ~ Che appartiene a tale popolo. ◇ *Legge salica*: raccolta di leggi dei Franchi Salii. (Una disposizione di questa legge, che esclude le donne dal diritto di successione al trono, è stata ripresa anche dalla monarchia italiana.)

salicóne s.m. Salice molto diffuso nei boschi umidi dell'Europa e dell'Asia occidentale e il cui legno è largamente impiegato; detto anche *salica*. (Nome sc. *Salix caprea*; famiglia delle Salicacee.)

salicòrnia s.f. (fr. *salicorne*) Pianta erbacea con rami e foglie carnosi, dotata di proprietà diuretiche e depurative; cresce su terreni umidi e ricchi di sale. (Genere *Salicornia*; famiglia delle Chenopodiacee.)

saliénte agg. **1.** Che sale. ◇ *Acque salienti*: falde che emergono in superficie. **2.** Che risalta, sporge. **3.** *fig.* Principale, essenziale, di maggiore importanza. ◆ s.m. **1.** Elemento che sporge rispetto a un piano o a una linea. **2.** Elemento delle mura di fortificazione che sporge a triangolo per difesa delle mura stesse. **3.** ARCH. Elemento che sale verso l'alto a gradoni. **4.** MIL. Punta avanzata di uno schieramento.

saliéra s.f. (prob. fr. *salière*) Piccolo recipiente per il sale da mettere sulla tavola.

salifero agg. Che contiene sale. ~ Che si riferisce al sale, alla sua estrazione e produzione.

salificàbile agg. CHIM. Di composto che può essere trasformato in sale.

salificàre v.tr. [4] CHIM. Ridurre una sostanza in sale mediante processo chimico.

salificazióne s.f. CHIM. Formazione di un sale.

salina s.f. **1.** Impianto nel quale si produce il sale estraendolo, mediante evaporazione, dalle acque del mare. **2.** Miniera di salgemma. **3.** Deposito naturale di sali vari, formato dall'evaporazione di acque marine o continentali.

salinàio s.m. [pl. *-nai*] Operaio addetto all'estrazione del sale in una salina.

salinatùra s.f. Estrazione del sale dalle saline.

salinità s.f. inv. Rapporto fra una data quantità di acqua e i grammi di sale in essa disciolti.

salino agg. Del sale. ~ Che contiene sale. ◆ s.m. Salsedine.

sàlio s.m. [pl. *–lii*] ANT. ROM. Sacerdote dedito al culto di Marte, appartenente a un collegio che aveva in custodia gli scudi sacri e che celebrava annualmente feste in onore del dio.

salire v.intr. [79] (aus. *essere*) (lat. *salíre* "saltare") **1.** Detto di esseri animati, andare su qlco., muoversi verso l'alto, superando un dislivello. *Salire al piano di sopra con l'ascensore.* ◊ *figg. Salire in cattedra, sul pulpito:* assumere, general. a sproposito, il ruolo dell'insegnante o del predicatore, atteggiarsi da saccente. – *Salire in cielo:* morire. **2.** *fig.* Raggiungere una posizione prestigiosa. ~ Assurgere a una posizione elevata. *Salire fino ai vertici della magistratura.* ◊ *Salire nella stima, nella considerazione di qlcu.:* diventare più importante ai suoi occhi. – *Salire agli onori della cronaca:* diventare oggetto di interesse da parte dei mezzi di comunicazione di massa. **3.** Detto di cose inanimate, levarsi in alto. **4.** *fig.* Raggiungere un valore o un livello più elevato, aumentare di intensità. *In estate la temperatura sale parecchio.* ~ Detto di prezzi, rincarare. ◊ *fig. Salire alle stelle:* diventare eccessivamente caro. **5.** Detto di cose inanimate, spingersi verso l'alto fino a raggiungere una certa altezza. *Il grattacielo sale fino a cento piani.* ◆ v.tr. Percorrere uno spazio andando dal basso verso l'alto. *Salire una montagna.*

saliscéndi s.m. inv. **1.** Il salire e lo scendere continuo di persone. **2.** Corso di salite e discese lungo un percorso. **3.** Dispositivo di chiusura di porte e finestre, costituito da una sbarretta di ferro con un'estremità imperniata sul battente mobile, mentre l'altra si inserisce in un gancio fissato sullo stipite o sul secondo battente. **4.** Dispositivo con il quale si regola l'altezza del soffitto o di un lampadario.

salita s.f. **1.** Il movimento del muoversi verso l'alto. ◊ *In salita:* che si percorre salendo. *Camminare in salita; fig.* disagevole, difficile, faticoso. **2.** Parte in pendenza, dal basso verso l'alto, di un terreno o di una strada.

saliva s.f. Liquido prodotto nella cavità orale che facilita la deglutizione e la digestione dei cibi.

1. salivàre agg. Relativo alla saliva. ◊ ANAT. *Ghiandole salivari:* che secernono la saliva. (Si contano tre paia di ghiandole salivari: parotidi, sottomascellari e sublinguali.)

2. salivàre v.intr. (aus. *avere*) Produrre saliva.

salivazióne s.f. Secrezione della saliva.

sàlma s.f. Cadavere, con connotazione di devozione.

salmàstro agg. (fr. *saumastre*, lat. *salmácidum* comp. di *sálgama* "conserve" e *ácidus* "acido") **1.** Che contiene sale o salsedine. **2.** Che ha un gusto salato, che ha il profumo del mare. ◆ s.m. (solo sing.) Il sapore, l'odore della salsedine marina.

salmeria s.f. **1.** MIL. (spec. pl.) Carri e animali usati negli eserciti per trasportare rifornimenti, viveri e munizioni. ~ Le cose trasportate. *Impadronirsi delle salmerie del nemico.* **2.** Il magazzino delle salmerie.

salmerino s.m. (trentino *salmarin*, ted. tirolese *Salmling* deriv. di *Salm* "salmone") Pesce simile alla trota ma più piccolo. (Il salmerino alpino vive nei laghi di montagna dell'Europa occidentale; il salmerino di fontana, importato dagli Stati Uniti, preferisce le acque correnti. Genere *Salvelinus*; famiglia dei Salmonidi.)

salmì s.m. inv. (lat. *salmím*, abbr. di *salmigondis* "ragù") CUC. Modo particolare di cucinare la selvaggina, con pezzi di carne macerati nel vino e aromatizzati mediante l'aggiunta di spezie e verdure. *Lepre in salmì.*

salmista s.m. [pl. *–sti*] Compositore o cantore di salmi.

salmistràto agg. Riferito a carni, spec. alla lingua di bue, macerato e conservato secondo un particolare procedimento.

sàlmo s.m. (lat. *psálmum*, gr. *psalmós* deriv. di *psállein* "cantare al suono della cetra") Nell'Antico Testamento, canti e poesie religiose della liturgia ebraica, attribuiti per la maggior parte al re Davide e raccolti nel "Libro dei salmi".

salmodìa s.f. **1.** Nella liturgia ebraica e cristiana, il canto o la recita dei salmi. **2.** *estens.* Canto lento e triste. ~ Discorso monotono.

salmodiàre v.intr. [6] (aus. *avere*) Accompagnare con il canto la recitazione dei salmi.

salmonàto agg. Riferito a trota, allevata in modo da assumere la colorazione dei salmoni.

salmóne s.m. Pesce osseo diffuso nelle acque fredde dell'Atlantico, ricercato e allevato per le sue carni rosee e delicate. (Lunghezza 1,50 m; genere *Salmo*, famiglia dei Salmonidi.) ❑ In funzione di agg. inv., di colore rosa-arancio, proprio della carne del salmone.

ENCICL. I salmoni nascono da uova deposte nei tratti più a monte dei corsi d'acqua dolce, ove vivono poi alcuni anni. Proseguono quindi la loro crescita in mare (da uno a sei anni) per poi risalire i corsi dei fiumi, spesso quelli natii, e riprodursi.

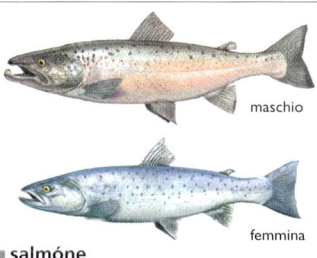

maschio

femmina

■ **salmóne**

salmonèlla s.f. (dal nome del medico statunitense D.E. *Salmon* che studiò tale batterio) **1.** Batterio patogeno responsabile delle salmonellosi. **2.** BIOL. (iniziale maiusc.) Genere di batteri a cui appartengono varie specie di salmonella.

salmonellòsi s.f. inv. MED., VET. Malattia infettiva dell'apparato intestinale causata dai batteri del genere Salmonella.

salmonicoltóre s.m. [f. *–trice*] Allevatore di pesci della famiglia dei Salmonidi.

salmonicoltùra s.f. Allevamento di pesci della famiglia dei Salmonidi.

Salmònidi s.m. pl. [iniziale minusc. sing. *–de* per l'individuo] ZOOL. Famiglia di pesci, marini o d'acqua dolce, con forma affusolata, scaglie piccole e aderenti, due pinne dorsali, come il salmone e la trota. (Superordine dei Teleostei.)

salnitro s.m. Nome comune del nitrato di potassio, utilizzato come concime, fertilizzante e conservante delle carni.

salomóne s.m. (dal nome del re ebraico, ebr. *Shelōmōh* propr. "che ha la pace") *per anton.* Persona dotata di grande sapienza.

salomònico agg. [pl.m. *–ci*, f. *–che*] **1.** Che si riferisce a Salomone. **2.** *fig.* Che rivela saggezza ed equilibrio.

salóne s.m. **1.** Nel sign. dell'accr. di 1. *sala*; in partic. ambiente molto grande ed elegante. **2.** Locale dove lavora un parrucchiere o dove si praticano cure estetiche. **3.** Esposizione periodica di prodotti commerciali. *Salone dell'auto.* ❑ In funzione di agg. inv., nella loc. *vettura salone*, carrozza ferroviaria di lusso.

saloon [/sə'lu:n/] s.m. inv. (voce ingl. d'America, fr. *salon*) Negli Stati Uniti d'America, negli anni della conquista dell'Ovest, locale pubblico dove si consumavano alcolici, si giocava e si assisteva a spettacoli di varietà.

salopette [/salɔ'pɛt/] s.f. inv. (voce fr., propr. "camiciotto, tuta") Abito da lavoro o sportivo costituito da pantaloni con pettorina e bretelle.

salottièro agg. (calco del fr. *salonnier*) **1.** Che frequenta i salotti mondani. **2.** *estens.* Superficiale, frivolo.

salòtto s.m. **1.** Locale di un appartamento arredato con divani e poltrone e adibito a soggiorno. **2.** *estens.* Mobili propri di questo ambiente. **3.** Riunione di intellettuali, artisti e politici che, in partic. nei secc. XVII e XVIII, si incontravano periodicamente per discutere di argomenti vari. (I salotti esercitarono una grande influenza sul gusto letterario e sulla diffusione delle idee filosofiche.) ~ Le persone che vi partecipano.

sàlpa s.f. **1.** Piccolo animale marino planctonico, a forma di cilindro cavo e trasparente, che vive isolato o in gruppi di individui; si riproduce con alternanza di generazioni ermafrodite e di generazioni asessuali. (Sottotipo dei Tunicati.) **2.** ZOOL. (iniziale maiusc.) Genere di invertebrati a cui appartiene la salpa. **3.** Pesce marino commestibile, tipico del Mediterraneo, che si nutre di alghe. (Ordine dei Perciformi.)

salpàre v.intr. (aus. *essere*) (etim. incerta, forse gr. *eksarpázein* "portar via") Detto di imbarcazione, levare l'ancora, sciogliere gli ormeggi e partire. ◆ v.tr. Recuperare a bordo qlco., spec. l'ancora, dal fondo del mare.

salpinge s.f. (gr. *sálpinks* "tromba") ANAT. Condotto a forma di tromba. SIN.: **tuba**.

salpingectomia s.f. CHIR. Asportazione chirurgica di una o di entrambe le salpingi dell'utero (*tube di Falloppio*).

salpingite s.f. MED. Infiammazione della salpinge dell'orecchio o dell'utero.

1. sàlsa s.f. Preparazione semiliquida servita come condimento. SIN.: **sugo**. ◊ *Salsa verde:* preparata con olio, prezzemolo, capperi e aceto. – *fig. Condire in tutte le salse:* esaminare qlco. sotto tutti gli aspetti o riproporre sempre la medesima cosa senza effettivi cambiamenti.

2. sàlsa s.f. GEOL. Eruzione di gas, melma e acqua salata.

3. sàlsa s.f. inv. (voce spagn., propr. "salsa piccante") Musica da ballo di origine caraibica in cui si fondono ritmi afro-cubani (mambo, rumba) e influssi jazz e rock.

salsèdine s.f. **1.** Elementi salini presenti nell'acqua del mare. **2.** Nel l. sc., quantità percentuale di sali contenuta nelle acque salse.

salsiccia s.f. [pl. *–ce*] (etim. discussa, forse dal lat. *insícium* "polpetta, ripieno") Preparazione a base di carne di maiale tritata, insaporita con sale e aromi e insaccata.

salsièra s.f. (fr. *saucière*) Recipiente per servire in tavola le salse.

sàlso agg. Che contiene sale. ◆ s.m. (solo sing.) Sapore, odore caratteristico di sale.

saltàre v.intr. (aus. *essere*) **1.** Darsi una spinta verso l'alto restando sospesi per qualche istante. ~ (aus. *essere*) Lanciarsi con tutto il corpo in avanti, spostandosi rapidamente. *Saltare dal trampolino.* **2.** SPORT. (aus. *avere*) Eseguire salti in alto, in lungo, con l'asta. **3.** (aus. *essere*) Scoppiare, schizzare via. *Il tappo della bottiglia è saltato.* ~ Rompersi improvvisamente. *Il fusibile è saltato.* ◊ *Saltare in aria, per aria:* essere distrutto da un'esplosione. *L'edificio è saltato in aria.* – *figg. Fare saltare una serratura:* forzarla. – *Farsi saltare le cervella:* uccidersi puntandosi la pistola alla tempia. **4.** (aus. *essere*) Insieme a *fuori*, comparire all'improvviso e inaspettatamente. *Da dove saltano fuori questi soldi?* **5.** *fig.* (aus. *essere*) Passare da una cosa a un'altra, sorvolando quello che c'è in mezzo. *Saltare da un argomento all'altro.* ◆ v.tr. **1.** Superare con un salto. *Saltare un ostacolo.* **2.** Omettere di scrivere o di leggere una parte di testo. *Copiando ho saltato una parola.* **3.** Cuocere un alimento a fuoco vivo con olio o burro per breve tempo. *Saltare le verdure in padella.* SIN.: **rosolare**.

saltàto agg. **1.** Di ballo o andatura a piccoli salti. **2.** Di cibo rosolato velocemente, a fiamma vivace.

saltatóre agg. [f. *–trice*] Riferito ad animali che procedono a salti. ◆ s.m. **1.** (anche f.) Atleta che pratica le varie specialità del salto. ~ Cavallo addestrato al salto. **2.** Qualsiasi animale appartenente alla sottoclasse dei Saltatori.

Saltatóri s.m. pl. [iniziale minusc. sing. *–re* per l'individuo] ZOOL. **1.** Sottoclasse di anfibi privi di coda, dai lunghi arti posteriori atti al salto. **2.** ZOOL. Ortotteri con il terzo paio di zampe adatte al salto.

saltellàre v.intr. (aus. *avere*) Fare piccoli salti uno dopo l'altro.

salterèllo s.m. **1.** Piccolo salto. **2.** MUS. Asticciola del clavicembalo che serve a pizzicare le corde dello strumento. **3.** Fuoco d'artificio con esplosioni in successione, che saltella scoppiando.

saltèrio s.m. [pl. *–ri*] (gr. *psaltérion* "cetra") **1.** RELIG. Nell'Antico Testamento, il libro che comprende i 150 salmi. **2.** MUS. Nella tradizione musicale ebraica, nome dato ad alcuni strumenti a corda usati per accompagnare il canto. ~ Nel Medioevo, strumento a corde simile alla cetra e all'arpa, di forma triangolare o trapezoidale.

saltimbànco s.m. [pl. *–chi*] **1.** Acrobata che si esibisce al circo o in occasione di feste e fiere. **2.** *spreg.* Persona che svolge un'attività in modo poco serio, cercando solo il conseguimento del proprio interesse personale.

saltimbócca s.m. inv. CUC. Specialità romana che consiste in una fettina di vitello arrotolata con prosciutto e salvia e fatta rosolare nel burro.

sàlto s.m. **1.** Movimento rapido verso l'alto. ◇ *figg. Salto di qualità:* cambiamento qualitativo di qlco. o qlcu. – *Salto della quaglia:* nel l. pol., azione volta a battere un avversario grazie a un'offerta migliore rispetto alla sua. – *Salto nel buio:* risoluzione presa senza adeguata valutazione delle conseguenze. **2.** In unione con il verbo *fare*, esprime movimento, spostamento rapido. ◇ *fig. Fare un salto da qualche parte:* fare una scappata, compiere una breve visita o una rapida puntata. **3.** *estens.* Balzo verso il basso. *La cascata compie un salto di cento metri.* **4.** Dislivello, differenza di quota. **5.** SPORT. Nome di diverse specialità atletiche. ◇ *Salto mortale:* salto acrobatico che consiste in una capriola in aria. – *Salto in alto:* salto che l'atleta, dopo una rincorsa, deve spiccare per scavalcare un'asticella appoggiata orizzontalmente su due lunghi sostegni. – *Salto con l'asta:* consistente nello scavalcamento di un'asticella, appoggiata su due lunghi sostegni, mediante un'asta flessibile su cui fare leva per innalzarsi. – *Salto in lungo:* consiste in quanto l'atleta spicca prima della linea di battuta, dopo una lunga e veloce rincorsa, proiettando il corpo in avanti e atterrando in una fossa di sabbia. **6.** *fig.* Scarsa connessione fra le parti. *Nel testo c'è un salto.*

■ **sàlto.** Salto con l'asta.

saltràto s.m. Denominazione commerciale, che costituisce marchio registrato, di un profumato composto salino in cristalli usato nei bagni per le sue qualità di emolliente e decongestionante.

saltuariaménte avv. Di *tanto in tanto.

saltuàrio agg. [pl.m. *–ri*] (lat. *saltuàtim* "a salti") Che non ha continuità, che si verifica o si interrompe a intervalli irregolari. SIN.: **discontinuo.**

salùbre agg. Che fa bene alla salute.

salùme s.m. (lat. *salùmen* "insieme di cose salate") Ogni prodotto di carne suina che sia stato sottoposto a salatura (prosciutto) o a stagionatura, spesso insaccato nelle budella degli stessi animali (salame, salsiccia).

salumería s.f. Negozio in cui si vendono soprattutto salumi.

salumière s.m. [f. *–ra*] Titolare di una salumeria.

salumifìcio s.m. [pl. *–ci*] Stabilimento industriale per la produzione di salumi.

1. salutàre agg. **1.** Che arreca giovamento alle condizioni di salute. **2.** *fig.* Utile come lezione morale.

2. salutàre v.tr. (lat. *salutàre*, propr. "augurare salute") **1.** Rivolgere a una persona, nel momento in cui si incontra o la si lascia, parole e cenni di saluto, esprimenti amicizia, affetto, rispetto, ossequio. ◇ *Mandare a salutare qlcu.:* mandargli i propri saluti per mezzo di un'altra persona. **2.** Accogliere con manifestazioni di simpatia o antipatia. *Un lungo applauso salutò il campione.* **3.** *estens.* Fare visita a qlcu., andarlo a trovare. *Passerò a salutare i miei zii.* **4.** Considerare qlcu. o qlco. con ammirazione o compiacimento. *Salutiamo il nuovo millennio.* **5.** Acclamare, eleggere qlcu. a una certa carica o dignità. *Salutare qlcu. re.* ◆ **salutarsi** v.pron. Detto di due o più persone, scambiarsi reciprocamente dei saluti. ◇ *fig. Non salutarsi più:* aver rotto ogni rapporto di amicizia.

salùte s.f. (lat. *salùtem* "salvezza" e "salute") **1.** Condizione psico-fisica dell'organismo. **2.** Buona condizione psico-fisica, benessere. ◇ *Brindare, bere alla salute di qlcu.:* in suo onore. – DIR. *Diritto alla salute:* diritto all'assistenza sanitaria da parte dello stato, e alle cure gratuite in caso di indigenza. – *Salute!:* esclamazione che si usa come risposta a qlcu. che starnutisce; formula di buon augurio usata nei brindisi.

salutìsmo s.m. Cura assidua della propria salute, cui si dedica un'attenzione e un controllo spesso eccessivi e maniacali.

salutìsta s.m. e f. [pl.m. *–sti*] **1.** Soldato dell'Esercito della *Salvezza (v. parte n.pr.). **2.** Persona molto attenta al proprio stato di salute e all'esercizio per mantenerlo.

salùto s.m. **1.** Parola o gesto d'affetto, simpatia o deferenza, spesso di carattere formale, rivolti a una persona quando la si incontra o ci si accomiata. ◇ *Saluto militare:* atto convenzionale consistente nel portare la mano destra tesa alla fronte. **2.** Manifestazione di buona accoglienza o di rispetto, espressa con parole di circostanza in cerimonie ufficiali. **3.** (spec. pl.) Formula di cortesia usata soprattutto in cartoline e in chiusura di lettere.

sàlva s.f. (fr. *salve*) **1.** Serie di colpi simultanei sparati durante cerimonie pubbliche da armi da fuoco caricate solo a polvere, allo scopo di rendere omaggio o saluto a qlcu. o qlco. ◇ *Caricare, sparare a salva (salve):* con un'arma priva di proiettili, con la sola polvere. **2.** Tiro simultaneo di diverse armi da fuoco contro lo stesso bersaglio. **3.** *fig.* Rumorosa espressione collettiva di plauso o di dissenso. SIN.: **bordata.**

salvacondótto s.m. (calco del fr. *sauf-conduit*, lat. *secùrus condùctus* "scorta sicura") Autorizzazione scritta che consente l'ingresso e la circolazione in una zona vietata, general. militare, e garantisce l'incolumità personale. SIN.: **lasciapassare.**

salvadanàio s.m. [pl. *–nai*] Contenitore di terracotta o di altro materiale, di diverse forme, in cui si custodiscono le monete che si vogliono risparmiare.

salvadorégno agg. (spagn. *salvadoreño*) Del Salvador. ◆ s.m. [f. *–gna*] Nativo, abitante del Salvador.

salvagènte s.m. inv. [anche pl. *–ti* nelle accez. 1 e 3] **1.** Galleggiante di varia forma e materiale che evita alle persone l'affondamento nell'acqua. **2.** Marciapiede sopraelevato in mezzo a una carreggiata o in uno spiazzo aperto dove c'è traffico, per permettere una sosta sicura a chi attraversa la strada e a chi sale e scende dai mezzi pubblici. **3.** Protezione metallica situata nella parte anteriore di locomotori, locomotive e tram per evitare che eventuali persone investite finiscano sotto le ruote. ❑ In funzione di agg. inv., che ha la proprietà di tenere a galla. ◇ *Giubbotto salvagente:* riempito con materiale espanso, solitamente sughero.

salvagócce agg. inv. *Tappo salvagocce:* tappo con beccuccio o speciale anello di spugna sintetica che si applica ai contenitori per impedire ai liquidi contenuti di sgocciolare. ◆ s.m. inv. Nel sign. dell'agg.

salvaguardàre v.tr. (fr. *sauvegarder*) Tutelare, difendere qlcu. o i suoi diritti materiali o morali. ◆ **salvaguardarsi** v.pron. Proteggersi, mettersi al riparo da pericoli.

salvaguàrdia s.f. (fr. *sauvegarde*) **1.** Tutela di un diritto, custodia di un bene, difesa di un interesse. **2.** DIR. *Clausole di salvaguardia:* disposizioni che escludono l'obbligatorietà di un trattato internazionale nei confronti dello stato che non possa più rispettarlo per cause di forza maggiore.

salvàre v.tr. **1.** Sottrarre qlcu. o qlco. a un danno grave. *Salvare la famiglia dal disonore.* ~ Sottrarre qlcu. a un pericolo grave o alla morte. ~ Sottrarre alla morte eterna, alla dannazione. *Mio Dio, ti prego, salvami!* **2.** Preservare, difendere. *Salvare la reputazione.* ◇ *Salvare il salvabile:* preservare tutto ciò che è possibile da conseguenze spiacevoli. **3.** INFORM. Registrare su disco le modifiche apportate a un documento. ◆ **salvarsi** v.pron. **1.** Scampare a un grave pericolo o alla morte. ◇ *Si salvi chi può!:* grido d'allarme con cui si invitano le persone a cercare scampo con i propri mezzi da un pericolo grave e imminente; anche scherz. *Il professore oggi interroga, si salvi chi può!* **2.** Trovare scampo o riparo da qlco. di sgradevole; evitare a se stesso un danno. *Salvarsi dal fallimento.* **3.** Trovare scampo e rifugio in qualche luogo. *Mi salvai in Francia.*

salvaschérmo agg. inv. **1.** Di dispositivo che protegge dai riflessi, dalle radiazioni di uno schermo, di un monitor, spec. quello di un computer. **2.** INFORM. Di programma che si attiva in caso di prolungata inattività dell'utente spegnendo il monitor o visualizzandovi animazioni. ◆ s.m. inv. Nei sign. dell'agg.

salvastrèlla s.f. Erba perenne usata in cucina per dare aroma alle insalate, detta anche *pimpinella.* (Famiglia delle Rosacee.)

salvatàggio s.m. [pl. *–gi*] (fr. *sauvetage*) **1.** Operazione di soccorso a persone, animali o cose in occasione di incidenti, naufragi o disastri naturali. **2.** *fig.* Intervento teso a evitare un fallimento, una rovina finanziaria o altri danni. **3.** SPORT. Azione in extremis, con cui si evita che l'avversario metta a segno un punto.

salvatóre s.m. [f. *–trice*] Chi salva, chi arreca salvezza, in senso sia materiale sia spirituale. ◇ *per anton. Il Salvatore:* Gesù Cristo. ❑ In funzione di agg., in senso religioso, che salva dalla dannazione eterna. *Fede salvatrice.*

salvavìta agg. inv. Che può salvare dalla morte. ◆ s.m. inv. Denominazione commerciale, che costituisce marchio registrato, di un dispositivo automatico di sicurezza applicato agli impianti elettrici.

1. sàlve agg. inv. (lat. *sàlve*, deriv. di *salvère* "stare bene") Saluto o augurio, general. di tono amichevole e familiare.

2. sàlve s.f. → **salva.**

salvézza s.f. **1.** Il sottrarre o il sottrarsi a un grave danno o pericolo, anche in senso spirituale o religioso. SIN.: **redenzione.** ◇ *Religioni di salvezza:* che promettono la liberazione dell'uomo dal male e dalla morte. **2.** SPORT. Nei tornei organizzati con classifica e punteggi, il piazzamento che consente di evitare la retrocessione nella serie inferiore. **3.** Persona o cosa che salva.

sàlvia s.f. (lat. *sàlvia*, deriv. di *sàlvus* "salvo" per le sue qualità terapeutiche) **1.** Pianta erbacea caratterizzata da foglie vellutate e molto aromatiche. (La salvia officinale, con fiori bluviolacei, è usata in cucina e in farmacia. Famiglia delle Labiate.) **2.** BOT. (iniziale maiusc.) Genere di piante cui appartengono varie specie di salvia.

salviétta s.f. (fr. *serviette* "tovagliolo") Piccolo tovagliolo di stoffa o di carta.

salvìfico agg. [pl.m. *–ci*, *–che*] Che porta o garantisce la salvezza spirituale.

sàlvo agg. **1.** Riferito a persona e animale, che è scampato a un pericolo. ~ RELIG. Che ha raggiunto la salvezza eterna. **2.** Riferito a cosa, sottratto a pericolo di danno o distruzione. ❑ In funzione di s. m., usato solo nella loc. *in salvo,* al riparo, fuori di ogni pericolo. ◆ prep. Fuorché, tranne, eccetto. ◇ *Salvo errori o omissioni:* clausola commerciale di riserva che appare a conclusione di conti, fatture, ecc. – DIR., COMM. *Salvo buon fine (s.b.f.):* clausola di riserva per operazioni di accredito. – loc. cong. *Salvo che:* eccetto il caso che; se non fosse che, ma.

sàmara s.f. BOT. Frutto secco indeiscente, caratteristico dell'olmo, con pericarpo provvisto di ali e contenente un unico seme.

samàrio s.m. (solo sing.) (dal nome dello scopritore russo V.E. *Samarskij*) **1.** Metallo di colore grigio appartenente alla famiglia dei lantanidi, di densità 7,54 e che fonde a 1077 °C ca. **2.** Elemento chimico (*Sm*) di numero atomico 62 e peso atomico 150,35.

samaritàno agg. Della Samaria, antica regione della Palestina, o dell'omonima città. ◆ s.m. [f. *–na*] **1.** Nativo, abitante della Samaria. **2.** RELIG. Appartenente all'antica setta religiosa giudaica, sorta nella Samaria, che riconosceva solo il Pentateuco tra i libri sacri. ◇ *Il buon samaritano:* nella parabola evangelica, chi soccorse per strada un ferito, pur appartenente al popolo nemico dei Giudei (v. parte n.p.r.); *estens.* persona buona e caritatevole. **3.** (solo sing.) Lingua parlata in Samaria.

sàmba s.m. e f.inv. (port. *samba* "ballo", di orig. brasiliana) Ballo vivace, con accompagnamento sincopato, originario del Brasile e diffuso in varie forme anche in Europa verso la metà del Novecento.

1. sambùca s.f. [pl. *–che*] (gr. *sambýkē* "strumento a corda") **1.** Antico strumento musicale a corde dalla tipica forma triangolare. **2.** Antica macchina da guerra che si usava durante gli assedi per permettere la scalata delle mura di città nemiche.

2. sambùca s.f. [pl. *–che*] Liquore tipico del Lazio e della Campania, dal gusto simile all'anisetta, ricavato dai fiori e dai frutti del sambuco.

1. sambùco s.m. [pl. *–chi*] **1.** Arbusto caratterizzato da foglie imparipennate, fiori bianchi profumati e frutti rossi o neri. (Altezza 10 m ca.; famiglia delle Caprifogliacee.) **2.** BOT. (iniziale maiusc.) Genere di piante a cui appartengono varie specie di sambuco.

2. sambùco s.m. [pl. *–chi*] (port. *sambuco*, ar. *sanbûq*) MAR. Veliero arabo con parte posteriore sopraelevata e parte anteriore affusolata, diffuso nei secoli scorsi nel Mar Rosso e lungo le coste dell'Africa orientale.

infiorescenza

foglie

frutti

■ **sambùco**

samizdat [/samiz'dat/] s.m. inv. (voce russa, propr. "auto–edizione") In Unione Sovietica, pubblicazione clandestina compilata dagli oppositori del regime.

samoàno agg. Delle isole Samoa. ◆ s.m. [f. *–na*] **1.** Nativo, abitante delle Samoa. **2.** (solo sing.) Lingua polinesiana parlata nelle Samoa.

samoièdo agg. (russo *Samoedy*) **1.** Che appartiene a una popolazione uralo-altaica con caratteri mongolici che vive nell'area più settentrionale della Siberia. **2.** Di un gruppo di lingue e di dialetti uralici parlati da tale popolazione. ◆ s.m. [f. *–da*] **1.** Nell'accez. 1 dell'agg. **2.** Ogni lingua o dialetto uralico parlato dai samoiedi. **3.** Razza di robusti cani nordici adatti a camminare sul ghiaccio trainando slitte.

samovar [/samo'var/] s.m. inv. (voce russa, comp. di *samo-* "da sé" e *var* "bollente") Teiera metallica di notevole capacità con fornello ad alcol incorporato, usata in Russia e nell'Europa orientale per bollire l'acqua per il tè o mantenerla bollente.

sampàn o **sampàng** s.m. inv. (fr. *sampan*, cin. *san pan* "tre bordi") Imbarcazione a remi per la navigazione fluviale o costiera, usata in Estremo Oriente anche come abitazione galleggiante.

samuràì s.m. inv. (voce giapp., deriv. di *samurau* "essere al servizio di qlcu.") Guardia del palazzo imperiale nell'antico Giappone; a partire dal Medioevo, cavaliere al servizio dei signori feudali e, nell'età moderna, casta di nobili che esercita le armi.

■ **samuràì.** Scuola giapponese del sec. XIV
(Biblioteca Eisei, Tokyo).

san agg. → santo.

sanàre v.tr. **1.** Rendere sano qlcu. o qlco. **2.** *fig.* Normalizzare una situazione difficile o problematica. *Sanare un bilancio in deficit.* **3.** DIR. Concedere la sanatoria per irregolarità o reati commessi. **4.** Bonificare un terreno, una zona.

sanatòria s.f. DIR. Provvedimento con cui il giudice o altra autorità competente rinunciano ad agire legalmente contro i responsabili di azioni illegali o normalizzano situazioni precarie o irregolari.

sanatòrio agg. [pl.m. *–ri*] **1.** DIR. Che riguarda una sanatoria. **2.** Che sana, guarisce. ◆ s.m. MED. Complesso ospedaliero attrezzato per la terapia dei malati tubercolotici e posto general. in luoghi dal clima favorevole.

sanbernàrdo s.m. inv. (fr. *saint-bernard*, dal nome dell'ospizio del Gran *San Bernardo* dove venivano addestrati questi cani) Razza di cani molto grossi con pelo bianco macchiato di bruno, allevati e addestrati per operazioni di soccorso e salvataggio in montagna.

sancire v.tr. [83] **1.** Stabilire e riconoscere qlco. come valido mediante una legge. **2.** *estens.* Rendere stabile e valido qlco.

sàncta sanctòrum loc. sost. m. inv. (loc. lat., calco del gr. *tà hágia tôn hagíōn* "le parti fra le sante") **1.** Luogo sacro, situato nel punto più interno del tempio ebraico di Gerusalemme. *~ fig.* Luogo riservato. **2.** CRIST. Tabernacolo posto sull'altare maggiore, dove si conservano le ostie consacrate.

sànctus s.m. [pl. *sancti*] (voce lat.) **1.** CATT. Inno di lode a Dio che comincia con questa parola e che i fedeli cantano durante la messa dopo il prefazio. *~ estens.* Momento della messa in cui viene recitato. **2.** La musica che lo accompagna.

sanculòtto s.m. [f. *–ta*] (fr. *sans-culottes*, propr. "senza calzoni corti") **1.** *spreg.* Durante la Rivoluzione francese, nome dato ai rivoluzionari estremisti, che indossavano i pantaloni lunghi invece di quelli corti (le culottes) propri dei nobili. **2.** *estens.* Chiunque venga considerato rivoluzionario, estremista.

1. sàndalo s.m. (ar. *ṣandal*, persiano *čandal*) **1.** Albero originario dell'India, della Malesia e dell'Australia, il cui legno è utilizzato in profumeria per l'essenza che se ne estrae e in ebanisteria. (Genere *Santalum*; famiglia delle Santalacee.) **2.** Albero dal legno rossastro, originario dell'India, da cui si estrae un colorante usato nella preparazione industriale di lacche e vernici. (Famiglia delle Leguminose.) **3.** Legno, di colore bianco o rosso, tratto da questi alberi.

2. sàndalo s.m. Calzatura con tomaia provvista di fasce o strisce di cuoio, pelle o stoffa.

3. sàndalo o **sàndolo** s.m. MAR. Barca da trasporto, con fondo piatto, tipica della laguna veneta.

sandbag [/'sndbg/] s.m. inv. (voce ingl., "sacco di sabbia") BOXE Sacco da allenamento pieno di sabbia.

sandinista s.m. e f.[pl.m. *–sti*] (dal nome del generale rivoluzionario A.C. *Sandino*) Sostenitore della causa rivoluzionaria nel Nicaragua degli ultimi vent'anni del Novecento.

sandolino s.m. MAR. Barca lunga e stretta, manovrata da remi a pagaia per uno o due vogatori.

sandràcca s.f. [pl. *–che*] Resina estratta da alcune conifere africane e impiegata nella preparazione delle vernici e di ceralacca.

sandwich [/'sæn(d)witʃ/] s.m. inv. (voce ingl., dal nome di J. Montague conte di *Sandwich*, che se li faceva preparare dal suo cuoco pur di non staccarsi dal tavolo da gioco) **1.** Panino farcito con burro, salumi, formaggi e salse varie, da consumare freddo. **2.** *fig.* Nel calcio, fallo commesso da due giocatori che stringono da due lati l'avversario. □ In funzione di agg. inv. a forma di sandwich. ◇ *Uomo sandwich:* persona che, dietro pagamento, va in giro con due cartelloni pubblicitari fissati sul petto e sulla schiena.

sanforizzazióne s.f. TECN., IND. TESS. Procedimento che impedisce il restringimento dei tessuti di cotone o di lino dopo frequenti lavaggi.

sangàllo s.m. (dal nome del cantone svizzero di *San Gallo* ove si producono tali ricami) Ricamo e tessuto ricamato a pizzo e trafori. □ In funzione di agg., eseguito con tale ricamo.

sangiaccàto s.m. Suddivisione amministrativa del territorio dell'impero ottomano.

sangiàcco s.m. [pl. *–chi*] (turco *sancak* "bandiera" e "governo di una provincia") Nell'impero turco, amministratore di un sangiaccato.

sangria [/san'gria/] s.f. [pl. *sangrias*] (voce spagn., propr. "salasso") Bevanda di origine spagnola ottenuta con vino rosso zuccherato in cui vengono fatti macerare pezzi di frutta.

sàngue s.m. (spec. sing.) **1.** Liquido rosso che circola nelle arterie, nelle vene e nei capillari su impulso del cuore e che assicura il trasporto di ossigeno e di materiali nutritivi ai tessuti e ne asporta il biossido di carbonio e le sostanze di rifiuto. ◇ *Sangue arterioso, sangue venoso:* quello che scorre, rispettivamente, dal cuore alla periferia attraverso le arterie, e dalla periferia al cuore attraverso le vene. – *Animali a sangue caldo, freddo:* rispettivamente, omeotermi, eterotermi. **2.** In molte locc., è simbolo di azioni violente, omicidi, stragi, ferimenti, repressioni, sacrificio di vite. ◇ *Spargere sangue:* uccidere. – *Soffocare, domare una rivolta nel sangue:* reprimere commettendo uccisioni e stragi. – *Versare, dare il proprio sangue per qlcu. o qlco.:* sacrificarsi fino a morire. – *Lago, mare, pozza di sangue:* grande quantità di sangue sparso da una persona. – *Succhiare il sangue:* sfruttare senza scrupoli, detto soprattutto di usurai e parassiti. **3.** Indica il carattere e il temperamento di un individuo o il suo stato d'animo. ◇ figg. *Sangue freddo:* padronanza di sé, autocontrollo. – *Avere il sangue caldo:* essere impetuosi, irascibili. – *Buon sangue:* buoni rapporti. *Tra i due non correva buon sangue.* – *Sentirsi il sangue montare, salire alla testa:* adirarsi all'improvviso e in modo violento. – *Farsi il sangue cattivo, guastarsi il sangue:* tormentarsi in modo eccessivo. – *Avere o sentirsi qlco. nel sangue:* avere un'innata predisposizione o sentire il presentimento di qlco. **4.** *fig.* Famiglia, stirpe, gruppo etnico. ◇ *Essere uniti da legami di sangue:* da rapporti di parentela. – *Sangue blu:* segno di antica nobiltà. **5.** RELIG. *Il sangue di Cristo, il preziosissimo sangue:* il vino consacrato nell'eucarestia, ossia il sangue di Gesù crocifisso. **6.** *Sangue di drago:* resina rossa estratta da piante della famiglia delle palme o del genere *Dracena*. □ In funzione di

■ Il sangue

Il liquido che circola nelle arterie e nelle vene fa parte dei tessuti dell'organismo, come le ossa e i muscoli. La parte liquida del sangue è il plasma, formato dal siero, a cui si aggiunge il fibrinogeno. Il siero è a sua volta è costituito da acqua e da diverse sostanze in soluzione. Tre tipi di elementi corpuscolari si trovano in sospensione nel plasma: i globuli rossi, i globuli bianchi e le piastrine.

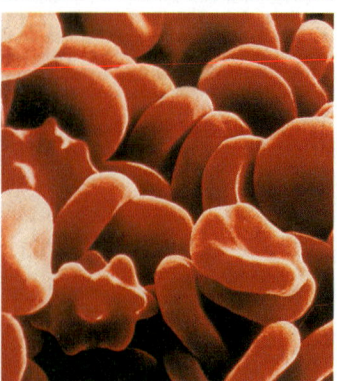

Globuli rossi. Chiamati anche *emazie* o *eritrociti*, questi elementi sono specializzati nel trasporto di *emoglobina*, sostanza chimica che permette all'ossigeno dei polmoni di raggiungere gli organi.

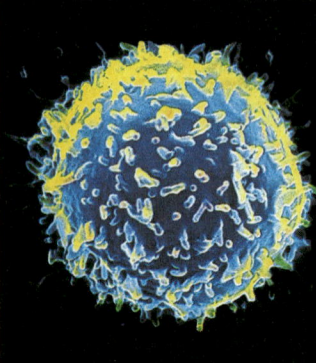

Globulo bianco. Questa cellula, chiamata anche *leucocita*, e di cui esistono diverse varietà (qui sopra, un *linfocita*), svolge un ruolo importante nella difesa immunitaria dell'organismo.

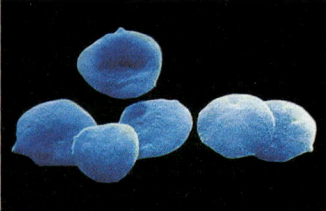

Piastrine. Questi elementi sono frammenti di grosse cellule di midollo osseo e permettono l'*emostasi* (arresto delle emorragie tramite la formazione di coaguli).

---

agg., nella loc. *rosso sangue*, per indicare il colore rosso carico tipico del sangue.
ENCICL. La parte liquida del sangue, il plasma, contiene acqua, sali minerali, vitamine, ormoni, glucidi, i lipidi e le proteine provenienti dalla digestione e i rifiuti del metabolismo. Inoltre, in sospensione nel sangue ci sono alcuni elementi corpuscolari, general. chiamati *cellule*: i globuli rossi (trasportatori d'ossigeno e di ferro), i globuli bianchi (che svolgono un ruolo essenziale nell'immunità), e le piastrine (che intervengono nella coagulazione). Nel sangue coagulato, il plasma, che ha perso il suo fibrinogeno, diventa siero. La determinazione dei gruppi sanguigni permette di praticare trasfusioni.

sanguemìsto s.m. e f. Persona nata da genitori di razza diversa. SIN.: **meticcio**. ~ Animale nato dall'incrocio di individui di razze diverse. SIN.: **ibrido**.

sanguìfero agg. ANAT. Che si riferisce alla circolazione del sangue. *Vasi sanguiferi.*

sanguìgna s.f. (fr. *sanguine*) **1.** Ocra rossa e il pastello da disegno che se ne ricava. **2.** Disegno eseguito con tale pastello.

sanguìgno agg. **1.** ANAT. Relativo al sangue. **2.** MED. Ricco di sangue. ~ Che contiene sangue. **3.** *fig.* Impulsivo, impetuoso. **4.** Di colore rosso acceso.

sanguinàccio s.m. [pl. *–ci*] **1.** Sangue di maiale fritto con farina e spezie. **2.** Salsiccia a base di sangue di maiale variamente insaporito. **3.** Dolce a base di sangue di maiale con cioccolato, canditi e altri ingredienti.

sanguinànte agg. **1.** Che sanguina. **2.** *fig.* Oppresso da un dolore intenso.

sanguinàre v.intr. (aus. *avere*) **1.** Versare, emettere sangue. ~ Detto di alimenti, essere poco cotto. *La bistecca sanguina.* **2.** *fig.* Provocare un dolore ancora vivo. *Le offese sanguinano ancora.*

sanguinària s.f. **1.** Pianta erbacea perenne con rizoma spesso e corto che contiene una sostanza rossa acre e tossica, un tempo usata dagli indiani dell'America settentrionale come colorante. (Genere *Sanguinaria*; famiglia delle Papaveracee.) **2.** Erba rizomatosa, con foglie a picciolo e fiori violacei. (Famiglia delle Geraniacee.)

sanguinàrio agg. [pl.m. *–ri*] Che non esita a spargere sangue, violento. ◆ s.m. [f. *–ria*] Persona dal temperamento violento. ~ Assassino crudele.

sanguinèlla s.f. **1.** Erba infestante con fusto, foglie e fiori dal colore rosso sangue. (Famiglia delle Graminacee.) **2.** Pianta arbustiva molto comune anche in Italia, caratterizzata da fusto rosso, fiori bianchi e drupe nere; è detta anche *sanguine*. (Famiglia delle Cornacee.)

sanguinolènto agg. **1.** Che perde sangue, bagnato di sangue. ~ Misto a sangue. **2.** *fig.* Di azione scenica o narrazione contenente scene di violenza e terrore.

sanguinóso agg. **1.** Che comporta molti ferimenti e uccisioni. ~ Che ha carattere violento. **2.** Sporco di sangue, insanguinato. **3.** *fig.* Che provoca una grave offesa, un profondo dolore.

sanguisòrba s.f. (lat. *Sanguisorba*, comp. di *sănguis* "sangue" e *sorbēre* "assorbire" per le sue virtù emostatiche) **1.** Pianta erbacea comune nei prati, perenne, aromatica, con foglie ovali e fiori raccolti in capolini, usata in medicina e in cucina; è detta anche *salvastrella* e *pimpinella*. (Famiglia delle Rosacee.) **2.** BOT. (iniziale maiusc.) Genere di piante a cui appartengono varie specie di sanguisorba.

sanguisùga s.f. [pl. *–ghe*] (lat. *sanguisūgam*, comp. di *sănguis* "sangue" e *sūgere* "succhiare") **1.** Verme diffuso nelle acque dolci o nelle foreste tropicali umide, il cui corpo privo di setole presenta alle estremità due ventose con cui si nutre del sangue dei vertebrati. (Tipo degli Anellidi; classe degli Irudinei.) **2.** *fig.* Persona moralmente o caratterialmente spregevole. ~ In partic., chi è avido di denaro, chi guadagna sfruttando il lavoro degli altri. **3.** *fig.* Persona importuna di cui non ci si riesce a liberare. **4.** Nel gergo ciclistico, chi pedala sfruttando la scia di un altro concorrente.

sanìcola s.f. (lat. *sanìcula*, deriv. di *sānus* "sano" per le sue virtù terapeutiche) Pianta perenne con foglie palmate e piccoli fiori rosa, diffusa nei boschi e nei luoghi umidi. (Genere *Sanicula*; famiglia delle Ombrellifere.)

sanità s.f. inv. **1.** Condizione di buona salute, fisica e psichica. **2.** *fig.* Integrità morale, onestà. **3.** *estens.* La caratteristica di ciò che giova o non è nocivo alla salute. **4.** Il complesso degli uffici e delle persone preposti alla tutela della salute collettiva. ◇ *Sanità militare:* organo che tutela il servizio sanitario nell'esercito.

sanitàrio agg. [pl.m. *–ri*] **1.** Che riguarda la sanità e la salute. ◇ *Operatore sanitario:* assistente medico, spesso infermiere. – *Libretto sanitario:* documento che permette a ogni cittadino di usufruire dell'assistenza medica pubblica. **2.** Che riguarda l'igiene. ◇ *Impianti sanitari:* impianti igienici delle stanze da bagno per la pulizia personale e per l'eliminazione dei rifiuti organici. ◆ s.m. **1.** Medico. **2.** (al pl.) I singoli elementi dell'impianto igienico.

sanitòmetro s.m. Sistema per rapportare il diritto all'assistenza sanitaria al reddito di chi ne usufruisce.

sannìta agg. [pl.m. *–ti*] Del Sannio, regione storica e zona geografica situata a nord-est della Campania. ◆ s.m. e f. **1.** Abitante del Sannio. **2.** (al pl. anche con iniziale maiusc.) Appartenente all'antica popolazione sannita.

sàno agg. **1.** Che non presenta malattie. ◇ *Sano di mente:* non pazzo, savio. ~ Che rivela buona salute. *Un colorito sano.* ~ Che non ha subito danni o ferite, riferito a persona. ◇ *Sano e salvo:* illeso, incolume. ~ Che è rimasto intero, riferito a cosa. ~ Non bacato, riferito a piante e frutti. **2.** Che reca giovamento alla salute. *Un clima sano.* **3.** *fig.* Improntato a onestà, retto, integro in senso morale. ◆ s.m. [*–na*] Individuo sano (in oppos. a *malato*). ☐ Anche in funzione di avv. *Mangiare sano.*

sanscritìsta s.m. e f. [pl.m. *–sti*] Specialista di civiltà, lingua e letteratura sanscrita.

sànscrito s.m. (sanscr. *saṃskrt-* "perfetto") Lingua indoeuropea di uso prevalentemente sacro e letterario dell'antica India, e tuttora uno degli idiomi costituzionali del Paese.

sansevièria s.f. Pianta erbacea con lunghe foglie radicali, carnose, lucide e dal bel colore marmorizzato, coltivata come pianta ornamentale. (Famiglia delle Liliacee.)

sansimonìsmo s.m. Dottrina ideata dal filosofo Saint-Simon e dai suoi discepoli caratterizzata dalla fede utopista in un rinnovamento profondo della società mediante il progresso scientifico e la ridistribuzione della ricchezza.

santabàrbara s.f. [pl. *santebarbare*] (dal nome di *santa Barbara*, protettrice degli artiglieri e artificieri) **1.** MIL. Deposito del materiale d'artiglieria e delle polveri sulle navi da guerra. **2.** *fig.* Situazione rischiosa.

Santalàcee s.f. pl. [iniziale minusc. sing. *–a* per l'individuo] BOT. Famiglia di piante dicotiledoni erbacee o legnose, con fiori piccoli e frutti a bacca o a noce, cui appartengono il vischio e il sandalo.

santificàre v.tr. [4] **1.** Rendere santo. *La grazia santifica.* **2.** Dichiarare ufficialmente santo qlcu. *Santificare un beato.* **3.** Partecipare ai riti religiosi. *Santificare le feste.* **4.** Onorare devotamente. *Santificare il nome di Dio.*

santificatóre agg. [f. *–trice*] Che santifica. ◆ s.m. (anche f.) Nel sign. dell'agg.

santificazióne s.f. **1.** Proclamazione della santità. **2.** Attribuzione di carattere sacro a qlco.

■ sanguisùga

3. Ricerca della perfezione attraverso i sacramenti.

santino s.m. **1.** Nel sign. del dim. di *santo*. **2.** Immaginetta che raffigura un santo o un altro soggetto religioso e reca talvolta sul retro una preghiera. **3.** *estens.* Immaginetta che si stampa a ricordo di particolari cerimonie religiose, di persone defunte ecc. **4.** *scherz.* Cartoncino propagandistico di un candidato alle elezioni. ~ *estens.* Presentazione di tono celebrativo. **5.** Nel gergo della malavita, foto segnaletica.

santissimo agg. Nel sign. del superl. di *santo*. ◆ s.m. L'ostia consacrata esposta nell'ostensorio.

santità s.f. inv. **1.** L'essere santo. **2.** Condizione di chi vive alla ricerca della purezza spirituale. **3.** In termini laici, onorabilità di un'istituzione, un valore, un principio. **4.** *Sua Santità*: il Papa.

sànto agg. [f. *–ta*] (lat. *sănctum* "sacro", deriv. di *sancíre* "rendere inviolabile") **1.** Relativo alla divinità. ~ Che appartiene alla religione, che ha un carattere sacro. ~ Si dice di ogni giorno della settimana che precede la domenica di Pasqua. ◊ *Santo Padre*: nome con il quale si designa il Papa. **2.** Davanti a nome proprio, indica qlcu. che, secondo la Chiesa, ha condotto una vita esemplare, ha praticato le virtù evangeliche e perciò è stato canonizzato. **3.** Ispirato da Dio. *Santa Alleanza*. **4.** *estens.* Che conduce una vita esemplare sul piano morale o religioso. ~ Che conforma la propria vita ad alti valori di moralità. **5.** *estens.* Utile, efficace. **6.** *fam.* Usato in alcune locc. come rafforzativo. ◊ *Tutto il santo giorno*: il giorno intero. – *Di santa ragione*: in modo violento, con forza. – *Starsene in santa pace*: in modo quieto e tranquillo. ◆ s.m. [*–ta* nelle accez. 1, 2 e 3] Cristiano canonizzato la cui vita è proposta come esempio dalla Chiesa e a cui è dedicato un culto. In molte locc. fig. si usa con riferimento alla facoltà di intercedere presso Dio. ◊ *Non sapere a che santo votarsi*: non sapere a chi rivolgersi in una situazione di difficoltà. – *Avere un santo dalla propria*: essere particolarmente fortunati. **3.** *estens.* Chi conduce una vita esemplare. **4.** Invocazione a Dio recitata durante la messa, momento in cui si recita.

santolina s.f. Pianta ornamentale a foglie alterne e fiori gialli o bianchi, originaria delle regioni mediterranee. (I suoi acheni hanno proprietà vermifughe; genere *Otanthus*, famiglia delle Composite.)

santóne s.m. **1.** RELIG. Nelle religioni orientali, persona anziana che, in luoghi solitari, pratica l'ascesi. **2.** *spreg. o scherz.* [f. *–na*] Chi ha un potere carismatico, nell'ambito di sette o associazioni.

santoréggia s.f. [pl. *–ge*] Pianta erbacea annuale diffusa in Italia settentrionale e centrale, caratterizzata da fiori rossi in spighe e foglie molto profumate, usata in cucina e in profumeria. (Famiglia delle Labiate.)

santuàrio s.m. [pl. *–ri*] **1.** Costruzione religiosa sorta in un luogo santo. ~ *estens.* Tempio, chiesa o luogo di culto. **2.** *fig.* La parte più intima di una persona o la sede metaforica di un valore ideale. *Il santuario degli affetti.* **3.** La parte interna del tempio ebraico. **4.** *estens.* Spazio inviolabile. **5.** MED. Nome attribuito a diversi recessi dell'organismo spec. ricettacoli di germi.

sanzionàre v.tr. **1.** Approvare ufficialmente qlco. *Sanzionare un decreto legge.* **2.** Applicare una sanzione contro qlcu. o qlco.

sanzióne s.f. (fr. *sanction*) **1.** DIR. COST. Atto con il quale l'autorità competente rende esecutiva una legge. ~ *estens.* Ogni forma di approvazione. *La nuova squadra ha avuto la sanzione dei tifosi.* **2.** DIR. Misura repressiva inflitta da un'autorità per l'inadempienza a un ordine, l'inosservanza di un regolamento, di una legge. **3.** DIR. INTERN. (spec. pl.) Serie di provvedimenti punitivi di carattere economico, politico o militare, adottati da uno o più stati nei confronti di un altro che abbia violato patti o accordi.

sàpa s.f. CUC. Mosto concentrato dopo opportuna cottura, utilizzato come condimento.

sapèrda s.f. (gr. *sapérdē*, nome di un pesce marino) **1.** Coleottero la cui larva vive nel tronco dei salici e dei pioppi rodendone l'interno.

(Lunghezza 15-30 mm; famiglia dei Cerambici.) **2.** ZOOL. (iniziale maiusc.) Genere a cui appartiene questo insetto.

1. sapére v.tr. [65] (lat. *săpere*, propr. "aver sapore" quindi "essere saggio") **1.** Venire a conoscenza di qlco. **2.** Essere istruito su qlco. *Sapere l'inglese.* ◊ *Sapere a memoria*: parola per parola. **3.** Conoscere qlco. per averlo appreso con la pratica, per averlo sperimentato direttamente. *Sapere il proprio mestiere.* **4.** Essere consapevole di qlco. *So quello che dico.* ◊ *Che io sappia*: per quel che posso giudicare in base a quello che so. – *Sapere il fatto proprio*: cavarsela in tutte le circostanze, farsi valere. – *Fare sapere*: informare. Essere nozione di una disciplina. *Sapere di musica.* ◊ *Non volerne (più) sapere di qlcu. o qlco.*: non voler più avere rapporti con qlcu., non voler più fare qlco. ◆ v.intr. (aus. *avere*) Avere un certo odore o sapore. *La stanza sa di chiuso.* ◆ v. modale Essere in grado di fare qlco. *Saper nuotare, leggere.* ◊ *Saperci fare*: agire abilmente in ogni situazione, o conoscere perfettamente gli strumenti tecnici di un'attività. – *Sappimi dire*: tienimi informato.

2. sapére s.m. Insieme delle conoscenze acquisite da un singolo o dall'umanità. ~ (al pl.) Le varie discipline. *I nuovi saperi.*

sapidità s.f. inv. **1.** Carattere di ciò che è ricco di gusto. **2.** *fig.* Arguzia, spirito.

sàpido agg. **1.** Che ha sapore, gusto. **2.** *fig.* Arguto, spiritoso.

sapiènte agg. **1.** Riferito a persona, ricco di dottrina e dotato insieme di saggezza e di equilibrio. **2.** Riferito a persona e cosa, abile e competente. ◆ s.m. e f. Chi ha conoscenze approfondite in diversi settori o in una disciplina particolare. SIN.: **competente.**

sapienteménte avv. **1.** In modo saggio. **2.** Con abilità.

sapiènza s.f. **1.** Conoscenza delle cose e saggezza nel giudicare. **2.** Abilità, competenza. **3.** TEOL. CATT. Attributo divino identificabile con la seconda persona della Trinità. **4.** (iniziale maiusc.) Nome generico di antiche università. (Oggi indica l'università di Roma.)

sapienziàle agg. Relativo alla sapienza.

Sapindàcee s.f. pl. [iniziale minusc. sing. *–a* per l'individuo] BOT. Famiglia di piante dicotiledoni delle regioni calde, come il sapindo, il litchi e la guarana.

sapindo s.m (lat. *Sapindus*, comp. di *săpo* "sapone" e *Índus* "indiano") Albero tropicale con frutti carnosi a bacca dai cui semi si estrae una sostanza detergente (*saponina*). (Famiglia delle Sapindacee.)

sapodilla o **sapotiglia** s.f. [pl. *–le* o *–glie*] (spagn. *zapotilla*) **1.** Albero coltivato nei paesi tropicali dell'America centrale per i suoi frutti dalla polpa bianca dolciastra e per il lattice che se ne estrae, utilizzato nella fabbricazione della gomma da masticare. (Famiglia delle Sapotacee.) **2.** Frutto commestibile di tale pianta, a polpa marrone molto zuccherina.

saponàceo agg. Che ha le caratteristiche del sapone.

saponària o **saponàia** s.f. **1.** Pianta erbacea a fiori rosa tipica dell'Europa e dell'Asia, spesso coltivata nei giardini, il cui gambo e le cui radici forniscono la saponina. (Famiglia delle Cariofillacee.) **2.** Polvere o liquido per detergere e sgrassare. **3.** BOT. (iniziale maiusc.) Genere di piante a cui appartiene la saponaria.

saponàta s.f. Acqua schiumosa contenente molto sapone.

sapóne s.m. (lat. *sapōnem* "miscela di sego e cenere per la tintura dei capelli") **1.** Prodotto comunemente usato per detergere persone, abiti, oggetti, consistente in sali alcalini di acidi grassi ricchi di carbonio. ◊ *Sapone neutro*: né acido né basico, molto delicato, usato spec. per lavare bambini e neonati. – *fig. Una ragazza acqua e sapone*: che non fa uso di cosmetici, non si trucca; quindi, anche, non sofisticata, semplice. **2.** *estens.* Pezzo di sapone.

saponétta s.f. [f. *savonnette*] **1.** Nel sign. del dim. di *sapone*; in partic., piccolo sapone profumato per l'igiene personale. **2.** Orologio tascabile in uso nel sec. XIX. **3.** Congegno elettronico che consente il transito dei veicoli

attraverso gli sbarramenti elettronici dei caselli autostradali.

saponière s.m. [f. *–ra*] **1.** Dipendente di una fabbrica di saponi. **2.** Produttore o commerciante di saponi.

saponièro agg. Relativo alla produzione del sapone.

saponificàre v.tr. [4] **1.** CHIM. ORG. Trasformare in sapone. **2.** Trasformare i grassi in glicerolo e in acidi tramite una base.

saponificazióne s.f. **1.** CHIM. ORG. Trasformazione di grassi in sapone a seguito della loro decomposizione tramite una base in sali di acidi grassi (o saponi) e in glicerolo. **2.** *estens.* Qualsiasi processo di idrolisi su composti organici come esteri o ammidi.

saponifìcio s.f. [pl. *–ci*] Fabbrica per la produzione del sapone.

saponina s.f. CHIM. Glucoside presente nella saponaria e in altre piante, la cui soluzione acquosa deterge come sapone. (Si usa nella preparazione di detersivi, dentifrici, cosmetici, schiuma per estintori.)

saponite s.f. Silicato di magnesio e d'alluminio idratato, untuoso e di colore biancastro.

saponóso agg. Che ha le proprietà del sapone. ~ Che contiene sapone.

sapóre s.m. **1.** Sensazione avvertita dal senso del gusto. ~ Proprietà che ha la sostanza gustata di produrre tale sensazione. **2.** *fig.* Carattere, tono. *Un sapore di mistero.* ~ Il potere di attrarre, la dote. ~ Piacevolezza e interesse insieme. *Dare sapore alla vita.*

saporitaménte avv. **1.** Con gusto. **2.** *fig.* A caro prezzo. *L'ho pagato saporitamente.* **3.** *fig.* Con particolare piacere.

saporito agg. **1.** Che ha un sapore piacevole. **2.** Salato più del normale. **3.** *fig.* Ricco di vivacità, di movimento, di arguzia. ~ Ricco di sapore, piacevole dal punto di vista psicofisico. *Farsi un saporito sonnellino.*

sapóta s.f. (spagn. *zapote*, da una voce azteca) Albero da frutto tropicale, originario dell'America centrale, detto anche *sapodilla*, il cui lattice, detto *chicle*, rientra negli ingredienti della gomma da masticare. (Genere *Achras*; famiglia delle Sapotacee.)

Sapotàcee s.f. pl. [iniziale minusc. sing. *–a* per l'individuo] BOT. Famiglia di piante dicotiledoni, arbustive o arboree, con frutti quasi sempre commestibili, diffuse nei paesi tropicali dell'America centrale; ne fanno parte la sapota e la guttaperca.

sapróbio agg. [pl.m. *–bi*] BIOL. Di organismo animale o vegetale che vive in ambienti ricchi di sostanze in putrefazione.

saprófago agg. [pl.m. *–gi*, f. *–ghe*] Che si nutre di carogne, come gli avvoltoi e le iene.

saprófilo agg. BIOL. Di organismo che vive preferibilmente a stretto contatto con sostanze organiche in decomposizione.

saprófita o **saprófito** s.m. [pl. *–ti*] BIOL. Organismo eterotrofo che utilizza come nutrimento le sostanze organiche in decomposizione.

sapropèl s.m. inv. GEOL. Sapropelite.

sapropelite s.f. GEOL. Fango ricco di sostanze organiche in putrefazione, da cui si ricavano petroli e bitumi.

infiorescenza

foglie

■ **saponària**

sapùto agg. Che ostenta una sapienza spesso presunta, intervenendo su ogni argomento. ◆ s.m. [f. –ta] Persona saccente.

sarabànda s.f. (spagn. *zarabanda* "danza accompagnata da canto") **1.** MUS. Danza d'origine spagnola inizialmente vivace e sfrenata e in seguito lenta e composta. **2.** *fig.* Disordine, chiasso, in riferimento alle caratteristiche originarie della danza. *Un'allegra sarabanda.*

saràcco s.m. [pl. –chi] Sega a lama rigida, fornita di un'impugnatura a una delle estremità.

saracèno agg. [f. –na] (lat. *Saracēnum*, gr. *Sarakēnós* deriv. di ar. *šarqī* "orientale") **1.** Termine usato nel medioevo per designare arabi e musulmani. **2.** *Grano saraceno:* cereale, detto anche *grano nero,* i cui semi, di colore nero, forniscono una farina utilizzata in partic. per fare una specie di polenta. (Genere *Fagopyrum*; famiglia delle Poligonacee.) ◆ s.m. Nell'accez. 1 dell'agg.

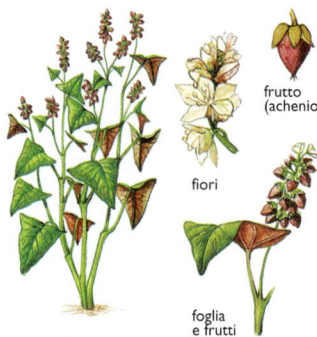

frutto (achenio)
fiori
foglia e frutti

■ **saracèno.** Grano saraceno.

saracinésca s.f. [pl. –sche] **1.** Serramento a griglie o di lamiere ondulate o snodabili che si arrotola attorno a un rullo fissato in alto. **2.** Nell'età medievale, pesante cancello a sbarre di ferro o travi di legno, per chiudere l'ingresso di castelli e città, che veniva alzato e abbassato mediante carrucole. **3.** Valvola di apertura e chiusura del flusso dell'acqua e di altri liquidi entro una conduttura.

sàrago o **sàrgo** s.m. [pl. –ghi] Pesce commestibile, comune nel Mediterraneo, simile all'orata, con corpo rigato verticalmente. (Genere *Diplodus*; famiglia degli Sparidi.)

sarcàsmo s.m. (lat. *sarcàsmum*, gr. *sarkasmós* deriv. di *sarkázein* "lacerare le carni") **1.** Ironia malevola, aspra, pungente, dettata dall'intento di ferire o umiliare. **2.** Parola, frase attraverso cui si esprime tale intento. SIN.: **frecciata.**

sarcàstico agg. [pl.m. –ci, f. –che] Pieno di sarcasmo. SIN.: **pungente.**

sarchiàre v.tr. [6] Lavorare la superficie del terreno con il sarchio o altri attrezzi agricoli allo scopo di estirpare le erbacce e permettere alle radici delle piante coltivate di respirare.

sarchiatrice s.f. Macchina agricola per sarchiare.

sarchiatùra s.f. Il lavoro agricolo di sarchiare la terra.

sarchièllo s.m. Nel sign. del dim. di *sarchio*; in partic., sarchio di piccole dimensioni per lavori in orti e giardini.

sàrchio s.m. [pl. –chi] Attrezzo agricolo costituito da un lungo manico e da due pale opposte, una simile alla zappa, l'altra bidente.

1. sàrcina s.f. (lat. *sàrcinam*, deriv. di *sarcīre* "rammendare, rassettare") **1.** Carico che i soldati portavano appeso a un bastone. **2.** *estens.* Peso, carico.

2. Sàrcina s.f. BIOL. Genere di batteri simili allo stafilococco riscontrabili nella cancrena polmonare e in alcune affezioni gastriche.

sarcòfago s.m. [pl. –ghi –gi] (lat. *sarcŏphagum*, gr. *sarkophágos* comp. di *sárks* "carne" e *phageîn* "mangiare") **1.** ARCHEOL. Pietra calcarea con la quale gli antichi costruivano le arche sepolcrali di pietra. **2.** ARCHEOL. *estens.*

■ **sarcòfago.** La strage dei Niobidi; marmo, metà del II sec. d.C. (Musei Vaticani.)

Cassa con funzione sepolcrale in pietra o marmo, in uso nell'antichità e nel Medioevo.

sarcòide s.m. MED. Tumore cutaneo simile a un sarcoma.

sarcoidòsi s.f. inv. MED. Affezione d'origine sconosciuta, caratterizzata da lesioni che possono manifestarsi in diversi organi o tessuti (gangli, polmoni, pelle, ecc.).

sarcolèmma s.m. [pl. –mi] ANAT. Membrana plasmatica trasparente che riveste la fibra muscolare striata.

sarcòma s.m. [pl. –mi] (gr. *sárkōma*, propr. "escrescenza carnosa") MED. Tumore maligno dei tessuti connettivi.

sarcomatòsi s.f. inv. MED. Crescita contemporanea di più sarcomi.

sarcòmero s.m. ANAT. Ognuna delle unità strutturali di base della fibra muscolare.

sarcoplàsma s.m. [pl. –smi] ANAT. Costituente citoplasmatico o protoplasmatico delle cellule e delle fibre muscolari.

sarcopte s.m. Acaro parassita di alcuni vertebrati, di cui una specie (*Sarcoptes scabiei*) provoca la scabbia nell'uomo.

sàrda s.f. **1.** Pesce marino di piccole dimensioni, dal caratteristico colore azzurro-argenteo e dalle carni saporite, consumate sia fresche sia conservate. (Ordine dei Clupeiformi.) **2.** ZOOL. (iniziale maiusc.) Genere di pesci a cui appartiene la palamita. (Ordine dei Perciformi.)

sardàna s.f. (voce catal.) Danza catalana, in voga dal sec. XVI, ballata da più persone che si tengono per mano stando in cerchio.

sardina s.f. Sarda conservata in scatola, sott'olio.

■ **sardìna**

sàrdo agg. Della Sardegna. ◆ s.m. **1.** [f. –da] Nativo, abitante della Sardegna. **2.** (solo sing.) Insieme dei dialetti neolatini parlati in Sardegna.

sardònica s.f. [pl. –che] (gr. *sardónyks* propr. "onice di Sardi", città della Lidia) MIN. Agata di una varietà bianca e rossa, usata in oreficeria come gemma.

sardònico agg. [pl.m. –ci, f. –che] (gr. *sardánios* "risata amara", perché l'ingestione dell'erba *sardonia* provoca una contrattura dei muscoli facciali) **1.** Sprezzante, beffardo. **2.** MED. Di aspetto contratto del viso e delle labbra simile a un ghigno, sintomo caratteristico del tetano. *Facies sardonica.*

sargàsso s.m. (fr. *sargasse*, port. *sargaço* deriv. di *sarga* "vimine, salice") **1.** Alga marrone dal tallo molto lungo e fluttuante, il cui accumulo forma, al largo delle coste della Florida (Mar dei Sargassi), una vera foresta marina dove le anguille depongono le uova. **2.** BOT. (iniziale maiusc.) Genere di piante a cui appartengono varie specie di sargasso.

sàrgia s.f. [pl. –ge] **1.** Tessuto di lana vivacemente colorato con cui, in epoca medievale e rinascimentale, si confezionavano tendaggi. **2.** Stoffa di lino, di cotone o di lana usata per confezionare abiti leggeri.

sàri s.m. inv. (indostano *sārhī*) Lunga veste femminile, tipica dell'India, consistente in un'ampia pezza di stoffa avvolta intorno al corpo in modo da lasciare scoperta solo una spalla.

sariga s.f. [pl. –ghe] (fr. *sarigue*, da una voce tupì) Mammifero diffuso in America, detto anche *opossum*, la femmina del quale possiede una lunga coda prensile alla quale si appendono i piccoli. (La pelliccia è molto pregiata. Genere *Didelphis*, ordine dei Marsupiali.)

sarissa s.f. ANT. GR. Lunga lancia della falange macedone.

sarménto s.m. (lat. *sarmēntum*, deriv. di *sărpere* "potare") **1.** Ramo lungo e sottile della vite, detto anche *tralcio.* **2.** *estens.* Ramo di pianta rampicante indirizzato verso l'alto o piegato verso terra.

sarmentóso agg. Di pianta che è ricca di sarmenti o di ramo che ha le caratteristiche del sarmento.

saròng s.m. inv. (voce malese, sanscr. *sāranga-* "variegato") Abito maschile e femminile tipico della Malesia e dell'Indonesia, a strisce molto colorate, avvolto attorno al corpo.

sàros s.m. inv. ASTR. Periodo della durata di 18 anni e 11 giorni, pari a quello che intercorre tra due eclissi di Sole e di Luna in condizioni identiche.

sarracènia s.f. Pianta insettivora dei luoghi paludosi dell'America settentrionale, con foglie foggiate a urna o trombetta. (Famiglia delle Sarraceniacee.)

Sarraceniàcee s.f. pl. [iniziale minusc. sing. –a per l'individuo] (dal nome del naturalista canadese M. *Sarrazin*) BOT. Famiglia di piante erbacee dicotiledoni, perenni, carnivore, con bei fiori di vario colore e frutti a capsula.

SARS s.f. (solo sing.) (sigla dell'ingl. *Severe Acute Respiratory Syndrome,* "sindrome acuta respiratoria severa") Malattia dovuta a coronavirus e ad altri agenti patogeni ancora in fase di studio, originatasi dopo il 1° novembre 2002 nella regione cinese del Guadong; ha un tempo di incubazione di 10 giorni ca., è altamente contagiosa e comporta febbre a 38° e più, tosse e difficoltà respiratoria.

sàrtia s.f. MAR. Cavo di sostegno degli alberi delle grosse imbarcazioni, in acciaio o canapa.

sartiàme s.m. **1.** MAR. In una nave, il complesso delle sartie. **2.** AER. L'insieme dei cavi che uniscono la navicella a un aerostato.

sartina s.f. Nel sign. del dim. di *sarta*; in partic. sarta giovane o che esegue lavori di poco conto, rammendi, riparazioni.

sàrto s.m. [f. *sarta*] **1.** Artigiano addetto al taglio e alla confezione di abiti. ◇ *Direttore,* proprietario di una sartoria. **2.** Stilista, costumista.

sartoria s.f. **1.** Laboratorio di sarto. ◇ *Sartoria teatrale:* dove si confezionano costumi teatrali e cinematografici. **2.** Produzione artigianale e industriale di abiti. ~ Il settore di attività dei sarti. *Sartoria italiana, francese.*

sartòrio agg. [pl.m. –ri] ANAT. *Muscolo sartorio:* muscolo laterale della coscia, che, contraendosi, consente di accavallare una gamba sull'altra, secondo la posizione tipica dei sarti quando cuciono.

sartù s.m. inv. (voce napol. di orig. oscura) CUC. Sformato di riso cotto nel forno, condito con sugo, ripieno di carne, mozzarella, uova sode e funghi, tipico della cucina napoletana.

sasànide o **sassànide** agg. Dell'antica dinastia persiana dei Sasanidi. ~ Relativo alla Persia sotto tale dinastia.

sashimi [/sa'ʃimi/] s.m. inv. (voce giapp.) CUC. Piatto giapponese a base di pesci e frutti di mare crudi tagliati a pezzi, serviti con diversi condimenti e accompagnati da salsa di soia.

sassàia s.f. **1.** Terreno pieno di sassi. **2.** Arginatura di corsi d'acqua mediante barriere costituite da massi di pietra.

sassaiòla s.f. Lancio di sassi.

sassàta s.f. Lancio di un sasso. ~ Colpo da esso provocato.

sassicolo agg. BIOL. Che vive in ambienti sassosi.

sassifraga s.f. [pl. –ghe] (lat., deriv. di *herba saxifraga* "erba che rompe i sassi") **1.** Pianta erbacea dell'emisfero nord temperato, che cresce tra i sassi, con grappoli di fiori bianchi, rosa o gialli, coltivata come pianta ornamentale per aiuole. (Famiglia delle Sassifragacee.) **2.** BOT. (iniziale maiusc.) Genere cui appartiene la sassifraga.

Sassifragàcee s.f. pl. [iniziale minusc., sing. –a per l'individuo] BOT. Famiglia di piante dicotiledoni con fiori dialipetali, come la sassifraga, l'ortensia, la siringa, il ribes. (Ordine delle Rosali.)

sàsso s.m. **1.** Massa di roccia. *Costruito sul sasso.* **2.** Piccolo frammento di roccia. ◇ *fig. Tirare un sasso nello stagno:* suscitare intenzionalmente polemiche e discussioni.

sassofonista o **saxofonista** s.m. e f. [pl.m. –sti] Suonatore di sassofono.

sassòfono o **saxòfono** s.m. (fr. *saxophone*, dal nome del musicista belga A. *Sax* che ne fu l'inventore) Strumento a fiato, generalmente in ottone, composto da un tubo conico a un'ancia semplice che termina con un becco. (Esistono quattro tipi principali di sassofono: soprano, contralto, tenore e baritono.)

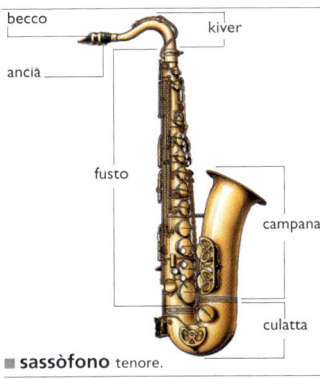

becco
ancia
kiver
fusto
campana
culatta

■ **sassòfono** tenore.

sassofràsso o **sassafràsso** s.m. (spagn. *sasafrás* di etim. incerta) Albero dell'America settentrionale il cui legno è utilizzato in ebanisteria e dalla cui radice si estrae un olio aromatico utilizzato in campo cosmetico, farmaceutico e gastronomico. (Genere *Sassafras*; famiglia delle Lauracee.)

sàssola o **sèssola** s.f. (etim. oscura, forse turco *çamçak* "recipiente di legno per l'acqua") MAR. Grossa cucchiaia rettangolare che serve a liberare le imbarcazioni dall'acqua. SIN.: **gottazza**.

sàssone agg. **1.** Della Sassonia. **2.** Dei Sassoni. ◆ s.m. **1.** (anche f.) Nativo della Sassonia attuale o appartenente all'antica popolazione dei sassoni. **2.** (solo sing.) Antica lingua parlata dai Sassoni e moderno dialetto tedesco.

sassóso agg. Coperto, pieno di sassi.

satanàsso s.m. **1.** *pop.* Nome di Satana. **2.** Chi ha una personalità malvagia o dedita al male. SIN.: **demonio**. ~ Chi è soggetto a scoppi di violenza o ira. SIN.: **ossesso**. ~ Chi rivela un temperamento molto vivace. SIN.: **diavolo**. **3.** Scimmia sudamericana con barba e capigliatura lunga e scura.

satànico agg. [pl.m. –ci, f. –che] **1.** Di Satana. **2.** Ispirato a Satana. *Culto satanico.* ~ Degno di Satana. ~ Che ha un aspetto malvagio. *Ghigno satanico.*

satanismo s.m. **1.** Culto di Satana e delle forze del male. **2.** Atteggiamento di ribellione contro i valori morali e religiosi tradizionali, caratteristico di alcune correnti culturali dell'Ottocento.

satanista s.m. e f. [pl.m. –sti] **1.** Chi pratica il culto del satanismo. **2.** Nell'Ottocento, letterato che condivideva gli atteggiamenti propri del satanismo.

satellitàre agg. **1.** Di un satellite. **2.** Relativo ai satelliti artificiali e ai sistemi di comunicazione basati sul loro impiego.

satèllite s.m. (lat. *satĕllitem* "guardia del corpo") **1.** ASTR. Corpo celeste che orbita attorno a un pianeta. **2.** Veicolo lanciato dalla Terra nello spazio e messo in orbita attorno al nostro pianeta o a un altro corpo celeste per effettuare rilevamenti di carattere scientifico. **3.** MECC. Ingranaggio cilindrico o conico che ruota intorno a un asse parallelo o perpendicolare al proprio. ❑ In funzione di agg. inv., di paese che dipende da un altro più potente, sul piano politico o economico. ~ Di centro abitato alla periferia di una grande area urbana. *Città satellite.*

satellizzàre v.tr. Ridurre un paese alla condizione di satellite di un altro paese.

satì s.f. inv. (voce sanscr., "fedele") **1.** Nell'induismo, vedova che si faceva bruciare sul rogo del marito defunto. **2.** *estens.* Il sacrificio stesso della vedova.

satin [/sa'tɛ̃/] s.m. inv. (voce fr., ar. *Zaytūm*, nome della città cinese dove tale stoffa era prodotta) Tessuto di cotone lucido simile alla seta o al raso, che si usa soprattutto per le fodere.

satinàre v.tr. (fr. *satiner*) **1.** Dare lucentezza a un tessuto. ~ Rendere liscia la superficie di una carta. **2.** MECC. Rendere opaca la superficie di un metallo.

satinàto agg. (fr. *satiné*) **1.** Di materiale a cui è stata conferita lucentezza. ~ Di metallo reso opaco. **2.** *fig.* Liscio, gradevole al tatto. *Pelle satinata.*

satinatrice s.f. Nell'industria tessile e cartaria, macchina per la satinatura.

satinatùra s.f. L'operazione per rendere lisci i tessuti o la carta, detta anche *calandratura*.

sàtira s.f. (lat. *satŭram* "componimento misto di prosa e versi" di etim. discussa, forse dalla loc. *lanx satura* "piatto ricolmo" cui il componimento satirico farebbe pensare per la sua natura composita) **1.** Genere della letteratura latina, dapprima teatrale poi solo poetico, che mette in ridicolo personaggi, ambienti o costumi con toni comici o sarcastici e intenti moralistici. ~ Ogni componimento poetico che rientra in questo genere. ~ L'insieme delle satire di un poeta. **2.** *estens.* Opera letteraria o artistica, atteggiamento o atto con intenti satirici. *Fare la satira di qualcuno.*

satireggiàre v.tr. [5] Mettere in ridicolo con la satira. ◆ v.intr. (aus. *avere*) Fare della satira. *Gli piace satireggiare.*

satirésco agg. [pl.m. –schi, f. –sche] Proprio di un satiro.

satirìasi s.f. inv. MED. Manifestazione esagerata e morbosa dell'impulso sessuale nell'uomo. (Corrisponde alla *ninfomania* nella donna.)

satìrico agg. [pl.m. –ci, f. –che] Relativo alla satira. ~ Che ha le caratteristiche e gli intenti della satira. *Genere, spirito satirico.* ◆ s.m. [f. –ca] Autore di satire. ~ Chi ama fare satira.

Satiridi s.m. pl. [iniziale maiusc. sing. –de per l'individuo] ZOOL. Famiglia di insetti con livree di colore scuro a macchie più chiare. (Ordine dei Lepidotteri.)

satirióne s.m. Fungo velenoso di forma fallica, dall'odore sgradevole quando giunge a maturazione. (Ordine dei Gastromiceti, classe dei Basidiomiceti.)

sàtiro s.m. **1.** MIT. GR. Semidio dei boschi, con coda, zampe, corna caprine e orecchie a punta, simbolo di lussuria. SIN.: **fauno**. **2.** *fig.* Individuo affetto da manie sessuali.

satòllo agg. Che ha mangiato a volontà. SIN.: **sazio**.

satrapìa s.f. Provincia dell'antico impero persiano governata da un satrapo. ~ Ufficio di satrapo e sua durata.

sàtrapo s.m. [f. *satrapessa*] (persiano *xšathrapā* "protettore, signore del regno") **1.** Governatore di una provincia nell'antico impero persiano. **2.** *fig.* Chi esercita un'autorità dispotica.

saturàre v.tr. **1.** CHIM. Portare una soluzione a un livello di concentrazione tale da non potervi sciogliere niente altro. *Saturare di sale una quantità d'acqua.* **2.** *fig.* Riempire all'eccesso. *Saturare il cervello di dati.* ◇ ECON. *Saturare il mercato:* immettere qlco. sul mercato in quantità tali da rendere nulla la domanda. ◆ **saturarsi** v.pron. **1.** Diventare saturo. *Saturarsi di gas.* **2.** Riempire parte del proprio corpo di qlco. *Saturarsi il cervello di nozioni inutili.*

saturatóre s.m. CHIM. INDU. Dispositivo che effettua la saturazione delle soluzioni.

saturazióne s.f. **1.** CHIM. Condizione per cui una soluzione è a un livello tale di concentrazione da non potervi sciogliere altro soluto. ~ Processo con cui si raggiunge tale condizione. **2.** FIS. Condizione in cui all'aumento di una determinata causa non risponde più l'aumento del relativo effetto. ~ *estens.* Presenza della massima quantità possibile di una sostanza in un ambiente. **3.** ECON. Situazione in cui il mercato non è più in grado di assorbire determinati prodotti. **4.** *fig.* Soglia di tolleranza. *La mia pazienza ha raggiunto la saturazione.*

Saturèia s.f. BOT. Genere di piante aromatiche cui appartiene la santoreggia. (Famiglia delle Labiate.)

saturnàle s.m. **1.** ANT. ROM. (iniziale maiusc., al pl.) festa in onore del dio Saturno, alla fine della stagione agricola, caratterizzata da riti orgiastici. **2.** *fig.* Manifestazione di smodata lussuria e licenza.

saturnia s.f. Grande farfalla notturna dalle ali brune variegate che ricordano la coda del pavone sacro a Giunone, figlia di Saturno. SIN.: **pavonia**.

Satùrnidi s.m. pl. [iniziale maiusc. sing. –de per l'individuo] ZOOL. Famiglia di insetti, general. notturni o crepuscolari, comprendente molte specie diffuse nelle zone tropicali, fra cui alcune farfalle di grandi dimensioni. (Ordine dei Lepidotteri.)

saturnino agg. **1.** Relativo al pianeta Saturno. **2.** MED. Relativo a, affetto da saturnismo.

saturnismo s.m. MED. Malattia dovuta a intossicazione prodotta dal piombo e dai suoi derivati, caratterizzata da disturbi digestivi, anemia e affezioni nervose.

1. Satùrno s.m. (solo sing.) **1.** MIT. Dio italico protettore dell'agricoltura, considerato antico re del Lazio e inauguratore dell'età dell'oro. **2.** ASTR. Sesto pianeta del sistema solare, circondato dai caratteristici anelli, con una massa superiore di quasi cento volte a quella della Terra.

2. satùrno s.m. (deriv. dal nome del pianeta Saturno (cfr. *Saturno*) dagli alchimisti mediev. ritenuto influisse sulla formazione del piombo) Nel l. dell'alchimia, il piombo.

satùro agg. **1.** FIS., CHIM. Che ha raggiunto il punto di saturazione. ~ Di soluzione che ha raggiunto il massimo grado di concentrazione. ~ Di composto organico in cui gli atomi di carbonio sono uniti agli altri atomi con un solo legame. ~ Di vapore quando è in equilibrio con la fase liquida. **2.** Che è riempito, impregnato al massimo di qlco., che non può contenere più niente. *Terreno saturo d'acqua.* **3.** *fig.* Carico, colmo, traboccante. *Animo saturo di odio.* SIN.: **sazio**, **satollo**.

saudade [/sau'dadə/] s.f. [pl. *saudades*] (voce port., lat. *solitātem* "solitudine") (spec. sing.) Nostalgia, rimpianto, sentimenti tipici della cultura e della letteratura di lingua portoghese.

saudìta agg. [pl.m. –ti] Della dinastia di Ibn Sa'ud o relativo al territorio e alla popolazione dominati da tale dinastia. ◆ s.m. e f. Chi appartiene alla popolazione che vive in Arabia Saudita.

sàuna s.f. (voce finnica, propr. "stanza da bagno") Bagno di vapore in ambiente surriscaldato, seguito da doccia fredda e massaggio, di origine finlandese. ~ Il luogo dove si pratica tale bagno.

Sàuri s.m. pl. [iniziale minusc. sing. –*ro* per l'individuo] ZOOL. Sottordine di rettili ovipari caratterizzati da corpo allungato e ricoperto di squame cornee e quattro corte zampe con cinque dita; comprende specie comuni come la lucertola, l'iguana, il ramarro e il camaleonte.

Saurischi s.m. pl. [iniziale maiusc. sing. –*schio* per l'individuo] ZOOL. Ordine di rettili fossili a cui appartiene la maggior parte dei dinosauri. (Gruppo degli Arcosauri.)

sàuro agg. (provenz. *saur*, francone *saur* "bruno chiaro") Di mantello equino di colore biondo o rossastro. ◆ s.m. Cavallo sauro.

Sauropterigi o **Saurotterigi** s.m. pl. [iniziale maiusc. sing. –*gio* per l'individuo] ZOOL. Ordine di rettili fossili marini o anfibi, di grosse proporzioni, con collo molto lungo, testa piccola e arti ridotti in alcuni casi a pinne. (Vissero dal triassico al cretaceo.)

sauté [/so'te/] agg. inv. (voce fr.) CUC. Saltato, rosolato a fiamma viva.

sautoir [/so'twar/] s.m. inv. (voce fr., deriv. di *sauter* "saltare") Tegame basso fornito di manico.

sauvignon [/sovi'ɲɔ̃/] s.m. inv. (voce fr. di orig. oscura) **1.** Vino bianco secco di qualità pregiata, prodotto in alcune regioni della Francia e dell'Italia. **2.** Vitigno da cui si ricava tale vino.

savàna s.f. (spagn. *sabana*, da una voce di Haiti) Formazione vegetale caratteristica delle regioni tropicali, composta da arbusti, piante erbacee e rade piante arboree. ~ *estens.* Pianura e ambiente naturale che presenta tale tipo di vegetazione.

savarin [/sava're̅/] s.m. inv. (voce fr., dal nome del gastronomo A. Brillat-*Savarin*) CUC. Dolce a pasta lievitata a forma di ciambella, inzuppato di rum o kirsch e spesso guarnito con crema, simile al babà.

savate [/savat/] s.f. inv. (voce fr., "ciabatta") SPORT. Specialità delle arti marziali nella quale si può colpire con i piedi e i pugni in tutto il corpo.

sàvio agg. [pl.m. –*vi*] (provenz. *sabi*, lat. *sàpiu* deriv. di *sàpere* "avere sapore") **1.** Riferito a persona, che ha buon senso ed equilibrio mentale e morale. **2.** Riferito a cosa, saggio, accorto. *Terrò conto del tuo savio consiglio.* ◆ s.m. [f. –*via*] **1.** Persona in pieno possesso delle facoltà mentali. **2.** Sapiente, saggio, spec. se anziano.

savoiàrdo agg. (fr. *savoyard*) Relativo alla regione storica e geografica della Savoia. ◆ s.m. **1.** [f. –*da*] Abitante o nativo della Savoia. **2.** (solo sing.) Il dialetto della Savoia, di ceppo francoprovenzale. **3.** Biscotto di forma allungata, soffice e leggero.

savoir-faire [/sa'vwar'fɛr/] s.m. inv. (voce fr., propr. "saper fare") Stile di comportamento caratterizzato da cortesia, tatto e affabilità, che agevola i rapporti sociali.

sax s.m. inv. → **sassofono**

saxhorn [/'sæks,hɔːn/] s.m. inv. (voce ingl., comp. dal nome del musicista belga A. *Sax* e *horn* "corno") MUS. Strumento a fiato in ottone simile al flicorno, con bocchino a tubo conico e padiglione largo e alto.

■ **savàna** in fiamme in Tanzania.

saziàre v.tr. [6] **1.** Placare la fame di qlcu. **2.** *fig.* Appagare completamente un desiderio, un'esigenza, un impulso. ~ *estens.* Annoiare, stancare. ◆ **saziarsi** v.pron. Mangiare fino a sentirsi pieni.

sazietà s.f. inv. **1.** Stato di una persona che ha appagato completamente il suo desiderio di cibo talvolta anche in misura eccessiva e con senso di fastidio. ◇ *A sazietà*: in grande abbondanza; *fig.* in grande quantità. *Avere soldi a sazietà.* **2.** *fig.* Lo stato di chi ha appagato un desiderio o fruito di una situazione in misura tale da non poterne più o da provare repulsione.

sàzio agg. [pl.m. –*zi*] **1.** Che ha appagato completamente il desiderio di cibo, fino quasi a esserne nauseato. **2.** *fig.* Che non desidera più nulla. ~ Che ha superato la soglia di tolleranza.

sbaciucchiàre v.tr. [6] Dare piccoli baci ripetuti. ◆ **sbaciucchiarsi** v.pron. Detto di due persone, baciarsi ripetutamente. ~ Baciare ripetutamente qlcu. *La bimba continua a sbaciucchiarsi il fratellino.*

sbadatàggine s.f. Atteggiamento, atto improntato a distrazione o disattenzione.

sbadàto agg. **1.** Che agisce o parla senza attenzione. **2.** Riferito a cosa o azione, provocato da disattenzione, noncuranza. ◆ s.m. [f. –*ta*] Persona disattenta.

sbadigliàre v.intr. [6] (aus. *avere*) Fare uno o più sbadigli.

sbadiglio s.m. [pl. –*gli*] Atto anomalo e involontario della respirazione, che consiste in una lenta e profonda inspirazione a bocca spalancata, e in una successiva rapida espirazione; può essere causato da fame, digestione difficile, sonno o noia.

sbadire v.tr. TECN. Togliere la ribaditura di chiodi, ganci, punti metallici.

sbafàre v.tr. (voce roman., forse fr. *bâfrer* "ingozzarsi") **1.** Mangiare qlco. avidamente e in gran quantità. **2.** Mangiare e bere a spese degli altri. **3.** *estens.* Ottenere qlco. senza pagare. *Sbafare un ingresso al cinema.* ◆ **sbafarsi** v.pron. Divorare qlco. con grande avidità. *Sbafarsi un pollo intero.*

sbàfo s.m. L'atto di mangiare o di fare qlco. a spese altrui, quasi solo nella loc. *a sbafo*, senza pagare, dietro pagamento altrui, a scrocco.

sbagliàre v.tr. [6] **1.** Compiere un'azione in maniera non corretta o inesatta. **2.** Fare una cattiva scelta. *Sbagliare carriera.* **3.** Prendere una cosa, una persona per un'altra. *Sbagliare porta.* ◆ v.intr. (aus. *avere*) Errare nel modo di comportarsi e di giudicare, anche in senso morale. ◆ **sbagliarsi** v.pron. Agire o giudicare in modo erroneo. *Scusa, mi sono sbagliato.*

sbagliàto agg. **1.** Non corretto, non esatto. **2.** Non adatto alle circostanze. **3.** Scambiato per un'altra cosa o persona.

sbàglio s.m. [pl. –*gli*] **1.** Errore commesso per leggerezza, distrazione. **2.** Colpa non grave in campo morale.

sbalestràre v.intr. **1.** *ant.* Mancare il colpo tirato con la balestra. **2.** *fig.* Dire cose inesatte, inverosimili o non pertinenti. ◆ v.tr. **1.** Provocare in qlcu. uno stato di confusione mentale, di stordimento. *Il cambiamento di fuso orario mi ha completamente sbalestrato.* **2.** Trasportare qlco. o qlcu., general. con poco riguardo. ~ Gettare, scagliare qlco. lontano.

sbalestràto agg. Disordinato, privo di equilibrio e coerenza. ◆ s.m. [f. –*ta*] Persona priva di equilibrio, di autocontrollo.

sballàre v.tr. **1.** Liberare qlco. dall'imballaggio che l'avvolge. **2.** Guastare, rovinare qlco., spec. cose meccaniche. ~ *estens. fam.* Sbagliare completamente qlco. *Ha sballato tutti i conti.* ◆ v.intr. (aus. *avere*) **1.** In alcuni giochi di carte oltrepassare il punteggio massimo stabilito e perdere la posta. **2.** *fam.* Sbagliare un calcolo, una previsione. **3.** *gerg.* Essere in uno stato di forte eccitazione, in partic. a causa dell'assunzione di una droga.

sballàto agg. **1.** Liberato dall'imballaggio. **2.** MECC. Riferito a pezzo meccanico, che non è centrato. **3.** *fam.* Irragionevole, assurdo. **4.** Che conduce una vita irregolare. ◆ s.m. [f. –*ta*] Nell'accez. 4 dell'agg.

sbàllo s.m. **1.** Apertura di un involucro per estrarre ciò che contiene. SIN.: **sballatura**. **2.** *gerg.* Stato di allucinazione prodotto da una sostanza stupefacente. ~ *fig.* Situazione allettante, che eccita per il suo essere insolita.

sballottaménto s.m. Brusco e ripetuto spostamento da una parte all'altra. ~ *fig.* Serie continua di cambiamenti di sede o di attività.

sballottàre v.tr. **1.** Scuotere, agitare qlcu. o qlco. qua e là. **2.** *fig.* Trasferire continuamente qlcu. da un luogo all'altro.

sbalordiménto s.m. Turbamento o stupore di fronte a qlco. di eccezionale o imprevisto.

sbalordire v.tr. [83] Impressionare, sconcertare qlcu. ~ Destare stupore in qlcu. ◆ v.intr. [manca del part. pass.] Rimanere impressionato o molto stupito.

sbalorditivo agg. Che sbalordisce, stupisce. ~ Che va al di là della normalità, in senso positivo o negativo.

sbalordito agg. Che manifesta un profondo stupore. ~ Sconcertato da un evento imprevisto. SIN.: **sbigottito**.

1. sbalzàre v.tr. **1.** Scagliare violentemente qlcu. lontano da sé. **2.** *fig.* Allontanare improvvisamente qlcu. da un posto. ◆ v.intr. (aus. *essere*) **1.** Fare un brusco salto o uno sbalzo. *Sbalzare dal letto.* **2.** *fig.* Subire un improvviso e forte

■ **savàna.** Paesaggio di savana alberata nel parco nazionale di Samburu (Kenya).

sbalzo. *La temperatura è sbalzata da 20 a 30 gradi.*

2. sbalzàre v.tr. Lavorare, modellare a sbalzo, soprattutto i metalli.

1. sbàlzo s.m. **1.** Movimento brusco, improvviso. *La moto ha fatto uno sbalzo improvviso.* **2.** Variazione improvvisa. ◇ *A sbalzi:* in modo intermittente, non uniforme.

2. sbàlzo s.m. **1.** COSTR. Struttura architettonica aggettante. **2.** Tecnica di lavorazione in rilievo di lamine metalliche mediante incavi sulla faccia opposta.

1. sbancàre v.tr. [4] Nei giochi d'azzardo vincere tutta la somma a disposizione del banco. ◆ **sbancarsi** v.pron. **1.** Detto del banco nei giochi d'azzardo, perdere tutto il denaro di cui si dispone. **2.** *fig.* Subire un tracollo economico, andare in rovina. *Per farmi la casa mi sono sbancato.*

2. sbancàre v.tr. COSTR. Appianare un banco di roccia o terreno per realizzarvi delle costruzioni o delle strade. SIN.: **sterrare**.

1. sbandaménto s.m. **1.** Brusca deviazione di un veicolo rispetto alla normale direzione di marcia. ~ MAR. Pendenza di una nave su un lato, sotto l'effetto del vento o del peso del carico male distribuito. **2.** *fig.* In senso ideologico e morale, deviazione, allontanamento da una posizione, da un principio.

2. sbandaménto s.m. **1.** MIL. Dispersione disordinata. **2.** *fig.* Disgregazione di un movimento, momento di confusione ideologica e morale in un gruppo.

1. sbandàre v.intr. (aus. *avere*) **1.** Detto di veicoli stradali e mezzi di trasporto navali e aerei, deviare improvvisamente e accidentalmente dal normale assetto di marcia per qualche guasto o imprevisto. **2.** *fig.* Allontanarsi dalla linea di comportamento ritenuta giusta, deviare dalla retta via o dall'ortodossia.

2. sbandàre v.tr. Detto di eserciti e bande armate, licenziare i propri membri. ◆ **sbandarsi** v.pron. **1.** Detto di eserciti e reparti in armi, separarsi in modo disordinato, dividersi senza avere alcuna idea di cosa fare e dove andare. **2.** *fig.* Detto di un gruppo di persone, perdere unità e coesione, disgregarsi.

sbandàta s.f. **1.** Deviazione brusca, improvviso sbandamento. **2.** *fig.* Improvviso e intenso innamoramento ~ Disorientamento morale o politico.

sbandàto agg. **1.** Che ha perso i contatti con il proprio gruppo di appartenenza, soprattutto in l. militare. **2.** *fig.* Che è in una condizione di disorientamento morale, esistenziale o ideologico. ~ Che conduce una vita ai margini della società e priva di regole morali. ◆ s.m. [f. –ta] Nei sign. dell'agg.

sbandieràre v.tr. **1.** Sventolare bandiere o insegne. **2.** *fig.* Mettere in mostra, ostentare o rivelare pubblicamente qlco.

sbandieratóre s.m. [f. –trice] Chi effettua evoluzioni con bandiere nel corso di feste tradizionali e in cortei storici.

sbàndo s.m. Situazione di grave crisi e confusione, solo nella loc. *allo sbando*, alla deriva.

sbaraccàre v.tr. [4] *fam.* Portare via tutto, trasferire in fretta cose e persone.

sbaragliàre v.tr. [6] Infliggere una dura sconfitta a qlcu. costringendolo alla fuga o alla resa. ~ *estens.* In gare sportive e competizioni politiche ed economiche, superare nettamente l'avversario.

sbaràglio s.m. [non com. pl. –gli] Dura sconfitta. ◇ *Andare allo sbaraglio:* affrontare o far correre un grave pericolo senza le dovute precauzioni.

sbarazzàre v.tr. **1.** Togliere ciò che ingombra, ostacola. *Sbarazzare la cantina dagli oggetti inutili.* SIN.: **sgombrare**. **2.** *fig.* Liberare qlcu. da un fastidio, da un peso. ◆ **sbarazzarsi** v.pron. Liberarsi di qlco. di spiacevole o di una persona fastidiosa.

sbarbàre v.tr. **1.** Estirpare qlco, spec. una pianta. SIN.: **sradicare**. **2.** Radere la barba a qlcu. ◆ **sbarbarsi** v.pron. Radersi la barba.

sbarbatèllo s.m. Ragazzo immaturo e inesperto che si atteggia ad adulto.

sbarbettàre v.tr. AGR. Effettuare la sbarbettatura alle piante, eliminando le radici superflue.

sbarbettatùra s.f. AGR. Asportazione delle radici superflue che spuntano al di sopra del punto d'innesto di viti e alberi da frutto.

sbarcàre v.tr. [4] **1.** Fare scendere persone o cose da un'imbarcazione, da un aereo o anche da un altro mezzo di trasporto. **2.** *fig.* Trascorrere un periodo più o meno bene, farcela alla meno peggio. ◆ v.intr. (aus. *essere*) Lasciare una nave o un altro mezzo di trasporto.

sbàrco s.m. [pl. –chi] Scarico di merci o discesa di passeggeri da una nave o da un aereo.

sbàrra s.f. **1.** Asta spec. metallica con la funzione di limitare o impedire un passaggio. ◇ *Dietro le sbarre:* in prigione. **2.** In un'aula di tribunale, barriera che divide il collegio giudicante dagli imputati. **3.** Linea trasversale tracciata su un foglio per cancellare o per impedire la scrittura in uno spazio. ~ Segno grafico orizzontale, verticale o obliquo usato in tipografia. **4.** SPORT. Asta cilindrica appesa orizzontalmente a due metri di altezza, sulla quale i ginnasti eseguono evoluzioni. ~ Nella danza, asta orizzontale fissata alla parete per effettuare esercizi.

■ **sbàrra.** Esercizio alla sbarra (Bolshoi, Mosca).

sbarraménto s.m. **1.** Impedimento al passaggio, chiusura. *Sbarramento di filo spinato.* ◇ *Diga di sbarramento:* imponente muratura che interrompe il corso dell'acqua di un fiume. **2.** MIL. Qualunque ostacolo frapposto alle attività del nemico. ◇ *Fuoco, tiro di sbarramento:* sparo simultaneo e insistito dell'artiglieria per fermare l'attacco nemico.

sbarràre v.tr. **1.** Chiudere un'apertura con una sbarra. *Sbarrare porte e finestre.* **2.** *estens.* Bloccare con uno sbarramento, impedire il passaggio. *Sbarrare il cammino.* **3.** *fig.* Tracciare su qlco. due linee trasversali o in croce. *Sbarrare un assegno.* **4.** Riferito agli occhi, spalancare. SIN.: **sgranare**.

sbarràto agg. **1.** Chiuso con sbarre o comunque reso inaccessibile. **2.** Segnato con una linea trasversale. ◇ *Assegno sbarrato (o barrato):* assegno sul quale il firmatario appone due linee parallele trasversali, cosicché la banca trattaria lo paghi solo a un'altra banca o a un proprio cliente.

sbarratùra s.f. **1.** Chiusura mediante sbarra. **2.** Apposizione di barre.

sbastire v.tr. [83] SART. Togliere l'imbastitura. SIN.: **scucire**.

sbàttere v.tr. **1.** Battere forte e ripetutamente qlco. *Sbattere il tappeto.* ~ Mescolare qlco. agitandolo e battendolo. *Sbattere le uova.* **2.** Gettare, buttare con forza qlcu. o qlco. contro un ostacolo o in una certa direzione. *Sbattere un piatto per terra.* ~ Chiudere qlco. violentemente e con un rumore secco. *Sbattere la portiera.* ◇ *figg. Sbattere la porta in faccia a qlcu.:* rifiutarsi di aiutarlo. ~ *Non sapere dove sbattere la testa:* trovarsi in una situazione senza uscita. **3.** *fig.* Cacciare qlcu., allontanarlo. *Lo hanno sbattuto fuori dalla squadra.* **4.** *fig.* Mettere via ciò che ingombra o infastidisce o non serve più. *Sbattere i vecchi mobili in soffitta.* ~ *fam.* Mandare qlcu. in un luogo disagiato, generalmente contro la sua volontà. *Lo hanno sbattuto in galera.* **5.** *fam. fig.* Rendere qlcu. pallido, conferirgli un aspetto stanco. *Il verde mi sbatte giù.* ◆ v.intr. (aus. *avere*) **1.** Battere, muoversi ripetutamente e violentemente. *Le imposte sbattono per il vento.* **2.** Urtare violentemente contro qlcu. o qlco. *Sbattere contro uno spigolo.* ◆ **sbattersi** v.pron. *fam.* Darsi un gran da fare. *Mi sbatto tutto il giorno.*

sbattezzàre v.tr. **1.** Costringere qlcu. ad abiurare la religione cristiana. **2.** Cambiare il nome a qlcu. ◆ **sbattezzarsi** v.pron. **1.** Rinunciare alla fede cristiana. **2.** Cambiare nome. **3.** *fig. scherz.* Essere pronto a fare di tutto.

sbattitóre s.m. Elettrodomestico di piccole dimensioni che serve a mescolare, amalgamare, montare gli alimenti.

sbattùto agg. **1.** Sottoposto a sbattimento. ◇ *Uovo sbattuto:* montato con lo zucchero. **2.** *fig.* Che rivela nell'aspetto stanchezza, abbattimento.

sbavàre v.intr. (aus. *avere*) **1.** Lasciar uscire bava o saliva dalla bocca. **2.** *fig. fam.* Provare grande interesse, attrazione, desiderio. *Sbavare per il motorino.* **3.** Detto di un liquido, spandersi producendo macchie. *Un inchiostro che sbava.* ◆ v.tr. **1.** Macchiare qlcu. o qlco. di bava. *Sbavare il tovagliolo.* **2.** TECN. Togliere le bave e le sbavature nei pezzi metallici o plastici ottenuti per fusione o stampaggio. ◆ **sbavarsi** v.pron. Sporcarsi di bava. *Il bambino si è sbavato.* ~ Sporcare di bava un proprio indumento.

sbavatóre s.m. [f. –trice] Operaio siderurgico che esegue la sbavatura dei pezzi di metallo fusi.

sbavatùra s.f. **1.** Bava, traccia lasciata dalla bava. **2.** TECN. Formazione superflua che rimane in un pezzo metallico o di altro materiale dopo la fusione. **3.** Traccia d'inchiostro o di colore oltre il contorno che lo dovrebbe contenere. **4.** *fig.* Imperfezione, lieve irregolarità. SIN.: **pecca**. ◇ *fig. Senza sbavature:* in modo irreprensibile.

sbeccàre v.tr. [4] Scheggiare, intaccare l'orlo di un recipiente; anche pron.

sbeffeggiàre v.tr. [5] Deridere qlcu. con cattiveria e malignità.

sbellicàrsi v.pron. [4] Nella loc. *sbellicarsi dalle risate*, ridere di gusto, a crepapelle.

sbèrla s.f. (voce sett. di etim. incerta) Colpo dato o ricevuto a mano aperta. SIN.: **schiaffo**.

sberlèffo s.m. Gesto o smorfia di derisione, di scherno.

sbevazzàre v.intr. (aus. *avere*) *fam.* Bere alcolici in modo sregolato.

sbiadire v.intr. [83] (aus. *essere*) **1.** Detto di colori, perdere luminosità, intensità. SIN.: **scolorire**. **2.** *fig.* Diventare via via meno preciso o netto, anche pron. ◆ v.tr. Rendere meno intenso il colore di qlco. *Il sole sbiadisce le tende.*

sbiadito agg. **1.** Di colore, che ha perso intensità e vivezza. **2.** *fig.* Che manca di precisione e di nitidezza. ~ Privo di vivacità e di espressività.

sbiancànte agg. Che serve a sbiancare. *Prodotto sbiancante.* ◆ s.m. Sostanza che serve a sbiancare.

sbiancàre v.intr. [4] (aus. *essere*) Diventare bianco, scolorirsi, anche pron. *Il cielo (si) è sbiancato.* ~ Impallidire, anche pron. ◆ v.tr. Rendere bianco qlco. *Sbiancare il bucato.*

sbianchire v.intr. [83] (aus. *essere*) Diventare bianco o più bianco; anche pron. ◆ v.tr. **1.** Rendere bianco qlco. SIN.: **sbiancare**. **2.** Immergere carne o verdura in acqua bollente. SIN.: **sbollentare**.

sbièco agg. [pl.m. –chi, f. –che] Non dritto, obliquo, sbilenco. ◇ *Di sbieco:* per traverso. ~ *fig. Guardare di sbieco:* con rancore o con diffidenza. ◆ s.m. Pezzo di tessuto che presenta un taglio di traverso.

sbigottiménto s.m. Stato di profondo stupore e turbamento. SIN.: **sconcerto**.

sbigottìre v.tr. [83] (etim. incerta, forse fr. *esbahir* "sbalordire") Provocare grande turbamento in qlcu. ◆ v.intr. (aus. *essere*) Restare profondamente colpito, sconcertato. ◆ **sbigottìrsi** v.pron. (aus. *essere*) Provare un forte turbamento misto a meraviglia e sconcerto. *Sbigottirsi davanti a uno spettacolo.*

sbigottìto agg. Sconcertato, sgomento.

sbilanciaménto s.m. Perdita dell'equilibrio.

sbilanciàre v.tr. [5] **1.** Far perdere l'equilibrio a qlcu. o qlco. con uno spostamento del peso. *Sbilanciare la barca.* SIN.: **squilibrare. 2.** *fig.* Causare il dissesto economico di qlcu. o qlco. ◆ v.intr. (aus. *avere*) Pendere da una parte, non essere in equilibrio. ◆ **sbilanciàrsi** v.pron. **1.** Perdere l'equilibrio, pendere da una parte. **2.** *fig.* Oltrepassare i limiti della prudenza promettendo o impegnandosi più del necessario. SIN.: **compromettersi.**

sbilanciàto agg. **1.** Pendente per spostamento di carico e perdita di equilibrio. **2.** *fig.* Dissestato, compromesso.

sbilàncio s.m. [pl. *–ci*] Mancanza di equilibrio o rapporto non equilibrato tra due parti. **2.** CONTAB. La differenza fra il dare e l'avere. ~ Deficit di bilancio.

sbilènco agg. [pl.m. *–chi*, f. *–che*] **1.** Riferito a cosa, non diritto, pendente da un lato. **2.** *fig.* Privo di coerenza, mal strutturato.

sbirciàre v.tr. [5] **1.** Osservare di nascosto. *Sbirciare dal buco della serratura.* SIN.: **spiare. 2.** Osservare con attenzione, strizzando gli occhi.

sbirro s.m. *spreg.* Agente di polizia.

sbizzarrìrsi v.pron. [83] Dare libera ai propri desideri.

sbloccàre v.tr. [4] **1.** Liberare da un blocco o da qlco. che impedisce il movimento. *Sbloccare il freno a mano.* **2.** *fig.* Liberare da limitazioni precedentemente imposti. *Sbloccare i prezzi.* ~ Eliminare gli ostacoli che bloccano un processo, una situazione, la soluzione di un problema. ◆ v.intr. (aus. *avere*) Nel gioco del biliardo, detto della palla, rimbalzare indietro dopo aver urtato i bordi della buca. ◆ **sbloccàrsi** v.pron. **1.** Uscire da uno stato di tensione psicologica o imbarazzo e riprendere il controllo di sé. **2.** Detto del soggetto inanimato, riprendere a funzionare dopo un guasto o una momentanea interruzione.

sblòcco s.m. [pl. *–chi*] Eliminazione di un blocco. ~ *fig.* Rimozione di un impedimento, di un ostacolo.

sbòbba s.f. *fam.* Brodaglia o cibo dal sapore sgradevole.

sbobinàre v.tr. Svolgere una bobina, in partic. per trascrivere una registrazione.

sboccàre v.intr. [4] (aus. *essere*) **1.** Detto di corso d'acqua, immettersi in un altro corso d'acqua, in un lago, in un mare. SIN.: **sfociare. 2.** Detto di strade e passaggi, finire in un determinato luogo. *La strada sbocca sulla piazza.* **3.** *fig.* Concludersi in malo modo. SIN.: **degenerare.** ◆ v.tr. Togliere dal collo di una bottiglia appena stappata una minima quantità di vino per eliminare eventuali residui di tappo.

sboccàto agg. **1.** Riferito a un animale da tiro, che non esegue i comandi del morso. **2.** *estens.* Riferito a persona, che è senza freno nel parlare, che si esprime in modo volgare. **3.** Di contenitore rotto all'imboccatura.

sbocciàre v.intr. [5] (aus. *essere*) **1.** Detto di fiori e gemme, dischiudersi, aprirsi. *Sono sbocciate le rose.* **2.** *fig.* Nascere, cominciare a manifestarsi.

sbòccio s.m. [pl. *–ci*] Il dischiudersi di fiori e gemme.

sbócco s.m. [pl. *–chi*] **1.** Confluenza di un fiume nel mare, in un lago o in un altro corso d'acqua. SIN.: **foce.** ~ Punto di arrivo, di uscita di una strada. *Strada senza sbocco.* **2.** *estens.* Comunicazione, apertura, uscita. *Una regione senza sbocco sul mare.* **3.** *fig.* Via d'uscita, soluzione a una situazione difficile. *Situazione senza sbocco.* ~ Possibilità di sviluppo e di espansione. **4.** *estens.* Fuoriuscita di un liquido, versamento.

sbollentàre v.tr. Inzuppare nell'acqua bollente o passare al vapore. *Sbollentare gli spinaci.*

sbollìre v.intr. [85] **1.** (aus. *avere*) Di acqua, smettere di bollire. **2.** *fig.* (aus. *essere*) Di sentimenti, passioni, placarsi. *La rabbia gli è sbollita subito.*

sbòrnia s.f. **1.** *pop.* Ubriacatura. **2.** *fig. fam.* Infatuazione spec. amorosa.

sborràre v.intr. (aus. *avere*) *volg.* Eiaculare.

sborsàre v.tr. Spendere denaro. *Sborsare una cifra enorme.* SIN.: **pagare.**

sbottàre v.intr. (aus. *essere*) **1.** Manifestare con veemenza il proprio disaccordo. *Per ora non risponde, ma tra poco sbotterà.* **2.** Erompere in improvvise manifestazioni di gioia, di dolore. *Sbottare in grandi risate, in un pianto.*

sbottonàre v.tr. Aprire un indumento liberando i bottoni dalle asole. ◆ **sbottonàrsi** v.pron. **1.** Aprirsi un indumento, slacciandone i bottoni. *Sbottonarsi la camicia.* **2.** *fig. fam.* Parlare a cuore aperto. *È uno che non si sbottona facilmente.*

sbottonàto agg. **1.** Di abito non abbottonato. ~ Di persona che lo indossa. **2.** *fig. fam.* Di persona che decide di confidare i pensieri più riservati.

sbottonatùra s.f. **1.** Sfilamento dei bottoni dalle asole. **2.** AGR. Asportazione dei bottoni fiorali di una pianta.

sbozzàre v.tr. **1.** SCULT. Dare la prima sagoma alla materia su cui si lavora. ~ *estens.* Tracciare le linee essenziali di un disegno. **2.** *fig.* Delineare lo schema generale, la struttura portante di qlco.

sbozzatóre s.m. [f. *–trice*] **1.** SCULT. Operaio o scultore che sgrossa il marmo o un altro materiale da cui si ricava la statua. **2.** (solo m.) Attrezzo con cui lo scultore esegue la sbozzatura.

sbozzatùra s.f. Fase preliminare di creazione di un'opera artistica.

sbozzimatùra s.f. IND. TESS. Eliminazione della bozzima dai tessuti.

sbraitàre v.intr. (aus. *avere*) Parlare a voce alta e con tono concitato e irato.

sbramatùra s.f. Fase della lavorazione del riso consistente nel liberare i chicchi dalle glumelle.

sbranàre v.tr. **1.** Ridurre qlcu. o qlco. in brani, dilaniandolo con i denti e gli artigli. *Le tigri hanno sbranato un bracconiere.* **2.** *fig.* Trattare molto male qlcu. *Sbranare un avversario.* ◆ **sbranàrsi** v.pron. **1.** Dilaniarsi reciprocamente, detto di animali. *Le due bestie si sono sbranate.* **2.** per esager. Riferito a esseri umani, cercare di distruggersi reciprocamente. *I due popoli si sono sbranati in una serie continua di guerre.* **3.** *fig.* Parlare male l'uno dell'altro, danneggiarsi a vicenda. *Certi colleghi di lavoro arrivano a sbranarsi.*

sbrancàre v.tr. [4] Togliere da un branco di bestiame qualche esemplare. *Sbrancare i cinghiali.* ~ Disperdere un branco e, estens., un certo numero di persone riunite. *Sbrancare un corteo di dimostranti.* ◆ **sbrancàrsi** v.pron. Lasciare il branco. *Al sopraggiungere del temporale le pecore si sbrancarono.*

sbreccàre v.tr. [4] Scheggiare l'orlo di qlco. *Sbreccare un vaso.*

sbrecciàre v.tr. [5] **1.** Irrompere in un luogo fortificato. **2.** Sbeccare un recipiente. *Sbrecciare un vaso.*

sbriciolaménto s.m. Riduzione in piccoli frammenti.

sbriciolàre v.tr. **1.** Ridurre in briciole. ~ *estens.* Ridurre qlco. in pezzi. **2.** *fam.* Riempire qlco. di briciole. *Sbriciolare il pavimento.* ◆ **sbriciolàrsi** v.pron. Ridursi in briciole. *Biscotti che si sbriciolano facilmente.*

sbrigàre v.tr. [4] **1.** Terminare il più rapidamente possibile un lavoro o una faccenda. *Sbrigare una commissione.* **2.** Congedare in fretta una persona dopo averla ricevuta. *Sbrigare un cliente.* ◆ **sbrigàrsi** v.pron. **1.** Affrettarsi. *Sbrigati o faremo tardi.* **2.** Liberarsi di qlcu. o qlco. *Sbrigarsi di un seccatore.* ◇ *Sbrigarsela*: liberarsi in breve tempo di un impegno. *Spero di sbrigarmela al più presto.*

sbrigatìvo agg. **1.** Riferito a persona, che se la cava in fretta, che risolve le cose rapidamente e con decisione. ~ Riferito a cosa, che viene eseguito in fretta. **2.** *estens.* Troppo rapido e quindi superficiale. *Giudizio sbrigativo.* ~ Rude. *Modi sbrigativi.*

sbrigliàre v.tr. [6] **1.** Togliere le briglie a un animale. **2.** *fig.* Lasciare piena libertà a qlco. *Sbrigliare l'immaginazione.* **3.** CHIR. Tagliare o eliminare i tessuti che legano o strozzano. *Sbrigliare un'ernia.* ◆ **sbrigliàrsi** v.pron. *fig.* Manifestarsi liberamente. *Nel film si è sbrigliato l'estro del regista.*

sbrinaménto s.m. **1.** Rimozione degli accumuli di brina e di ghiaccio dalle pareti interne degli impianti frigoriferi. **2.** Disappannamento dei vetri di un'automobile.

sbrinàre v.tr. Nei frigoriferi, togliere gli accumuli di ghiaccio. ~ Nelle auto, rimuovere la condensa o il ghiaccio formatosi sui vetri. ◆ **sbrinàrsi** v.pron. Ripulirsi della brina e del ghiaccio. *I frigoriferi moderni si sbrinano da soli.*

sbrinatóre s.m. **1.** Dispositivo utilizzato per lo sbrinamento del frigorifero. **2.** Negli autoveicoli, dispositivo termico che emette aria calda per disappannare i vetri; anche, con la stessa funzione, le resistenze termoelettriche poste sul lunotto posteriore.

sbrinz s.m. inv. (ted. *Sbrinz*, dal nome della città svizzera di *Brienz* ove viene prodotto) Formaggio svizzero stagionato a pasta dura ottenuto da latte di mucca.

sbroccàre v.tr. **1.** Ripulire una pianta dai brocchi, dai rami inutili. **2.** Ripulire la seta dopo la filatura.

sbrogliaménto s.m. **1.** Scioglimento di un nodo. **2.** *fig.* Risoluzione di un problema.

sbrogliàre v.tr. [6] **1.** Sciogliere, riordinare ciò che è intricato. *Sbrogliare un gomitolo.* ◇ MAR. *Sbrogliare le vele*: scioglierle dai cavi. **2.** *fig.* Chiarire ciò che è complicato. *Sbrogliare un mistero.* ◆ **sbrogliàrsi** v.pron. Superare una difficoltà, spec. nella forma *sbrogliarsela. Ho già capito che devo sbrogliarmela da solo.* SIN.: **cavarsela.**

sbrónza s.f. (voce roman. di etim. incerta) *fam.* Ubriacatura.

sbronzàrsi v.pron. *fam.* Ridursi in stato di ubriachezza.

sbrónzo agg. *fam.* Ubriaco.

sbruffonàta s.f. Atto o discorso da sbruffone.

sbruffóne s.m. [f. *–na*] Persona che vanta qualità che non possiede.

sbucàre v.intr. [4] (aus. *essere*) **1.** Apparire improvvisamente, detto di una persona, di un animale, di un oggetto. *L'automobile sbucò sulla strada.* **2.** Detto di strade e passaggi, andare a finire in un certo luogo. *La strada sbuca in aperta campagna.*

sbucciàre v.tr. [5] Togliere la buccia a un frutto. ~ *estens.* Liberare qlco. dall'involucro esterno. ◇ SPORT. *Sbucciare la palla*: colpirla di striscio. ◆ **sbucciàrsi** v.pron. **1.** Detto di rettili, liberarsi della pelle. **2.** Prodursi un'abrasione su parte del corpo. *Sbucciarsi un ginocchio.*

sbucciatóre s.m. CUC. Coltello per pelare le verdure, i frutti, ecc.

sbucciatùra s.f. **1.** Asportazione della buccia di frutti e verdure. **2.** Piccola lesione superficiale.

sbudellàre v.tr. **1.** Privare un animale delle interiora. **2.** *per esager.* Ferire selvaggiamente qlcu. al ventre. *Sbudellare l'avversario.* ◆ **sbudellàrsi** v.pron. Di due o più soggetti, ferirsi reciprocamente al ventre. ~ *fig. Sbudellarsi dalle risate*: ridere a crepapelle.

sbuffàre v.intr. (aus. *avere*) **1.** Soffiare forte dal naso ansimando per uno sforzo o per impazienza. *Sbuffare dal caldo.* **2.** Emettere fumo o vapore. *Il treno a vapore sbuffava.*

sbùffo s.m. **1.** Fuoriuscita d'aria, fumo o vapore. **2.** Rigonfiamento tipico degli abiti femminili. **3.** Ciocca di capelli gonfi.

sbullonàre v.tr. Togliere i bulloni.

scàbbia s.f. (lat. *scàbiam*, deriv. di *scăbere* "grattare") **1.** MED., VET. Malattia della pelle propria dell'uomo e degli animali, detta anche *rogna.* (È causata da un acaro e caratterizzata da desquamazione e da intenso prurito; colpisce più frequentemente le zone fra le dita, le ginocchia e i gomiti, il pube.) 2. BOT. Malattia delle piante, dovuta a funghi ascomiceti che si manifesta con la formazione di bolle su frutti e tuberi.

scabino s.m. (francone *skapîns* "colui che agisce") Nel Medioevo, giudice inquisitore dei tribunali franchi.

scabiòsa o **scabbiòsa** s.f. (così chiamata perché usata per curare la scabbia) Pianta erbacea, con foglie allungate e fiori in capolini di colore violetto chiaro. (Altezza fino a 1 m; famiglia delle Dipsacacee.) 2. BOT. (iniziale maiusc.) Genere di piante a cui appartengono varie specie di scabiosa.

scàbro agg. (lat., deriv. di *scàbere* "grattare") 1. Ruvido al tatto, non liscio. ~ estens. Roccioso, brullo. 2. fig. Essenziale e disadorno nell'aspetto esteriore, in riferimento spec. allo stile.

scabróso agg. 1. Ruvido al tatto, non levigato. 2. estens. Che presenta asperità ed è quindi malagevole. 3. fig. Di situazione, problema o argomento delicato, che richiede cautela per essere affrontato e risolto. ~ Che può turbare la sensibilità o il pudore di ascoltatori, lettori o spettatori.

scacazzàre v.intr. (aus. *avere*) volg. Detto general, di animali, evacuare qua e là. ◆ v.tr. Sporcare qlco. con le feci.

scacchièra s.f. (fr. *eschaquier*) Tavola di forma quadrata, general. di legno, che presenta 64 riquadri alternati di colore bianco e nero, sulla quale si gioca a scacchi o a dama. ◇ *A scacchiera:* alternato, con due colori.

scacchière s.m. 1. ant. Scacchiera. 2. estens. Vasta area geografica militare strategicamente autonoma dove si compiono o si possono compiere operazioni belliche. 3. Erario dello stato in Gran Bretagna.

scacciacàni s.m. e f.inv. Pistola giocattolo a salve.

scacciapensièri s.m. inv. Piccolo strumento musicale tipico della Sicilia munito di un supporto e di una lamina che, fatta vibrare con un dito, produce un suono amplificato dalla cavità orale.

scacciàre v.tr. [5] Mandare via qlcu. in modo brusco da un luogo. *Scacciare di casa un figlio.* ~ fig. Allontanare, far dileguare qlco. *Scacciare la noia.* ◇ fig. *Scacciare i grilli dalla testa:* reprimere certi desideri eccessivi o capricci.

scaccino s.m. (deriv. di *scacciare* perché impedisce l'accesso ad animali vagabondi) Persona addetta alla pulizia e alla custodia delle chiese. SIN.: **sagrestano**.

scàcco s.m. [pl. –chi] (provenz. *escac*, persiano *šâh* "re") 1. Ciascuno dei pezzi del gioco degli scacchi. 2. (al pl.) Gioco consistente nella sfida tra due concorrenti che muovono sulla scacchiera, secondo le regole previste, i sedici pezzi, bianchi o neri, di cui ciascuno dispone. 3. Mossa con la quale, nel gioco degli scacchi, si porta una minaccia al re o alla regina dell'avversario. La formula escl. con la quale si avverte l'avversario dell'attacco portato. *Scacco al re!* ◇ *Tenere in scacco:* togliere ogni possibilità di iniziativa. 4. Ogni singolo riquadro della scacchiera. ◇ *A scacchi:* che per disegno o disposizione ricorda una scacchiera.

scadènte agg. 1. Riferito a persona, che ha scarse capacità o qualità. 2. Riferito a cosa, di scarso pregio o qualità. SIN.: **dozzinale**.

scadènza s.f. 1. Data in cui cessa la validità di un documento, di un contratto o di un prodotto. ~ In partic. data evidenziata sulle confezioni di prodotti alimentari o farmaceutici oltre la quale cessa la garanzia fornita dal produttore o dal venditore riguardo lo stato di conservazione o le proprietà terapeutiche del prodotto. *Scadenza di un farmaco.* ~ Periodo di tempo entro il quale si deve rispettare un impegno o che indica la validità legale di un atto o di un documento. ◇ *A breve, a lunga scadenza:* che ha un termine di tempo vicino, o lontano. ECON. rispettivamente, che scade prima o dopo 18 mesi. 2. estens. Impegno, obbligo che non può essere differito.

scadenzàrio s.m. [pl. –ri] 1. Schedario che registra in ordine cronologico le scadenze

amministrative ed economiche. 2. Successione dei tempi di un'attività.

scadére v.intr. [54] (aus. *essere*) 1. Decadere, diminuire di pregio, di qualità. ~ Perdere credito, stima. 2. Detto di un impegno, arrivare al termine fissato per l'adempienza. *Oggi scade il termine per il rinnovo dell'abbonamento.* 3. Superare il termine massimo di validità.

scadiménto s.m. Perdita di qualità, di prestigio.

scadùto agg. Che ha raggiunto il termine di scadenza e quindi non è più legalmente valido. ~ Di obbligazione che ha raggiunto la scadenza senza essere stata onorata. ~ Che ha raggiunto il limite di tempo previsto per il consumo o l'uso e non è quindi ulteriormente utilizzabile.

scafàndro s.m. (fr. *scaphandre*) 1. Armatura impermeabile indossata dai palombari per le immersioni, munita di un elmo di metallo con visiera e tubi per respirare e comunicare con la superficie. 2. estens. Ogni attrezzatura dello stesso tipo, usata come protezione. ~ *Tuta spaziale.*

scaffalatùra s.f. 1. L'insieme degli scaffali in un ambiente. 2. Disposizione degli oggetti sugli scaffali.

scaffàle s.m. (long. *skafa* "ripiano") Mobile composto da più ripiani orizzontali sui quali si dispongono in ordine gli oggetti, spec. libri.

scafìsta s.m. e f.[pl.m. –sti] 1. Operaio addetto alla manutenzione e alle riparazioni dello scafo di un natante o di un aeromobile. 2. Conducente di motoscafi e gommoni che trasportano immigrati clandestini.

scàfo s.m. 1. Struttura portante di un'imbarcazione che costituisce il corpo galleggiante. ~ estens. Piccola imbarcazione in genere. 2. La parte centrale di un carro armato o di alcuni tipi di idrovolante. 3. Negli scarponi da sci, struttura rigida di materiale plastico che avvolge il piede.

scafocefalìa s.f. MED. Deformazione del cranio consistente nell'allungamento della parte superiore.

scafòide s.m. ANAT. Nome di due ossi della mano e del piede dalla caratteristica forma a scafo.

Scafòpodi s.m. pl. [iniziale maiusc. sing. *–de* per l'individuo] ZOOL. Classe di molluschi marini caratterizzati da simmetria bilaterale, forma

conica allungata della conchiglia aperta ai due estremi e assenza di branchie.

scagionàre v.tr. 1. Riconoscere qlcu. non colpevole di ciò di cui viene accusato. 2. estens. Giustificare. *Scagionare un amico.* ◆ **scagionarsi** v.pron. Liberare se stesso da un'accusa, dimostrando la propria innocenza. *Scagionarsi da un'imputazione.*

scàglia s.f. [pl. –glie] (got. *skalja* "tegola, scaglia") 1. Ognuna delle lamelle che rivestono la pelle di molti pesci o dei rettili. 2. estens. Le singole componenti, a forma lamellare, di antiche armature o di vestiti moderni. 3. Frammento di forma lamellare di materiale vario. ~ Sottile squama o pellicola che si stacca dall'epidermide, in partic. dal cuoio capelluto. 4. fig. Brano, frammento.

1. scagliàre v.tr. [6] 1. Ridurre in scaglie, in frantumi. 2. Togliere le scaglie o squame al pesce. ◆ **scagliarsi** v.pron. Scheggiarsi. *Quei calchi in gesso si scagliano facilmente.*

2. scagliàre v.tr. 1. Lanciare qlco. con forza lontano da sé. *Scagliare una pietra.* ~ fig. Dire, proferire con rabbia qlco. *Scagliare accuse.* ◆ **scagliarsi** v.pron. Gettarsi con violenza contro qlcu. *L'uomo si scagliò contro i poliziotti.* ~ fig. Aggredire a parole, inveire contro qlcu. *L'oratore si è scagliato con accuse contro i suoi avversari.*

scagliòla s.f. 1. Tipo di gesso usato spec. per stucchi, calchi e piccoli toppi edilizi, ma anche in odontoiatria e in ortopedia per le ingessature. 2. Particolare stucco costituito da gesso e coloranti vari con cui, fino al sec. XVIII, veniva imitato l'effetto del marmo. 3. Graminacea coltivata per i suoi semi che costituiscono prodotto alimentare per gli uccelli da gabbia.

scaglionaménto s.m. 1. Disposizione delle truppe di un esercito a regolari intervalli di tempo, a scaglioni. 2. fig. Distribuzione di qlco. in diversi periodi di tempo, secondo un piano razionale.

scaglionàre v.tr. 1. Disporre persone o cose a scaglioni, a distanze regolari. 2. Distribuire qlco. a intervalli di tempo regolari. *Scaglionare i pagamenti.*

scaglióne s.m. (fr. *échelon* "gradino di una scala") 1. Gruppo di militari che opera in modo autonomo all'interno di un'unità maggiore. ~ Suddivisione dei soldati secondo il periodo di chiamata alle armi durante l'anno. 2. estens. Ogni parte in cui viene suddiviso un gruppo, un insieme, un lavoro, ecc. 3. ECON. Ciascuna fascia di reddito compresa tra un valore minimo e uno massimo in cui è suddiviso l'imponibile allo scopo di determinare l'imposta dovuta al fisco. 4. Spiazzo pianeggiante lungo un pendio. 5. ZOOL. Ognuno dei quattro denti canini del cavallo.

scàla s.f. 1. Struttura fissa a gradini che permette di salire o di scendere da un livello all'altro in edifici o in luoghi aperti. 2. Attrezzo trasportabile per salire o scendere da livelli diversi, costituito da due montanti muniti di elementi di collegamento posti a uguale distanza tra loro. ◇ *Scala aerea (o scala Porta, dal nome del suo ideatore):* composta da più elementi che, scorrendo l'uno nell'altro, la prolungano all'altezza desiderata; montata su autocarri è anche detta *autoscala.* – *Scala antincendio:* quella costruita all'esterno dell'edificio, che permette una rapida evacuazione in caso di pericolo. – *Scala di corda:* scala volante composta da montanti e, talvolta, anche appoggi di corda, usata soprattutto dagli speleologi. – *Scala a libretto:* fatta a forma di V rovesciata, che si apre in due e non necessita quindi di un appoggio a parete (è detta anche *scaleo*). – *Scala svedese:* *quadro svedese. 3. fig. Successione ordinata di elementi concreti oppure di grandezze o di valori, comunque omogenei, disposti secondo criteri diversi. ◇ *Scala musicale:* successione ordinata dei suoni che compongono un sistema musicale. – *Scala dei colori:* gradazione dei colori. – *Scala Celsius o centigrada, Fahrenheit, Kelvin:* usate per la misurazione della temperatura. – METEOR. *Scala di Beaufort:* per misurare la forza e la velocità dei venti. – MAT. *Scala graduata:* retta su cui è distribuita una gradazione di valori. – *Scala di*

pezzi

re   regina   alfiere   cavallo   torre   pedone

disposizione dei pezzi bianchi all'inizio della partita

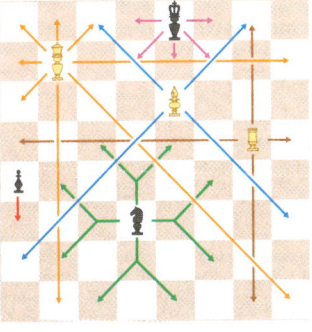

movimenti dei pezzi sulla scacchiera

■ **scàcchi**

Labels: balaustra, pianerottolo, caposcala, longarina, rampa, corrimano, ringhiera, colonnino, larghezza della rampa

composizione di un gradino

Labels: alzata, pedata, spigolo, testa

■ **scàla** e gradino.

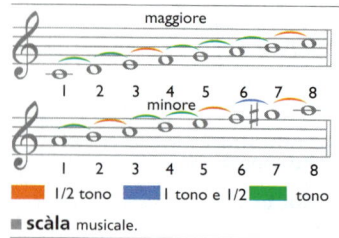

maggiore

1 2 3 4 5 6 7 8

minore

1 2 3 4 5 6 7 8

■ 1/2 tono   ■ tono e 1/2   ■ tono

■ **scàla** musicale.

Mohs: scala di *durezza dei minerali. – *Scala mobile:* impianto di salita o discesa azionato da un motore elettrico per trasportare le persone da un piano a un altro; ECON. *fig.* meccanismo di adeguamento automatico delle retribuzioni o di altro al costo della vita. – ALP. *Scala delle difficoltà:* indice graduato delle difficoltà di un'impresa in alta montagna. – *Scala dei valori:* ordine dei valori riconosciuto dalla società, comunemente accettato dalla morale. **4.** In cartografia e nel disegno tecnico, rapporto tra le misure degli oggetti reali e quelle della loro rappresentazione. ◇ *Scala uno a centomila:* in cui ogni cm sulla carta corrisponde a centomila cm nella realtà. **5.** *estens.* Misura, dimensione, ambito. *Operare su scala nazionale.* ◇ *Su vasta, larga scala:* in grandi proporzioni, o in un settore o ambito molto esteso. – *Economie di scala:* nell'organizzazione aziendale, risparmio che può essere ottenuto quando i costi di produzione crescono in proporzione inferiore rispetto all'aumentare della produzione grazie alla dimensione ottimale raggiunta dall'impresa. **6.** Nel gioco del poker, sequenza di cinque carte in progressione numerica. ◇ *Scala reale:* realizzata con cinque carte dello stesso seme. – *Scala quaranta:* gioco di carte con regole simili a quelle del ramino. **ENCICL.** Nella musica occidentale, le scale si dividono in diatoniche e cromatiche. Ci sono due tipi di scale diatoniche: quella *maggiore*, che si compone di cinque toni e di due semitoni; quella *minore*, che si compone di tre toni, di un tono e mezzo e tre semitoni. Tutte le scale prendono il nome della nota con la quale cominciano. Ogni gamma cromatica comprende i dodici suoni della scala temperata.
1. scalàre agg. **1.** Che ha forma o disposizione a scala. **2.** *fig.* Che aumenta o diminuisce progressivamente, in modo graduale. ◇ *Prospetto scalare:* successione dei movimenti di un conto bancario con il relativo saldo. – FIS. *Grandezza scalare:* grandezza individuata da un numero reale che ne dà la misura rispetto a una unità di riferimento. ◆ s.m. **1.** BANC. Prospetto scalare. **2.** FIS. Grandezza scalare. ~ Anche, ciascuna particella di spin nullo. **3.** MAT. (al pl.) I numeri relativi e le funzioni ordinarie (in oppos. ai *vettori* e alle *funzioni vettoriali*).
2. scalàre v.tr. **1.** Salire per mezzo di scale o altro sopra qlco. ~ Arrampicarsi su una montagna per raggiungerne la cima. **2.** Sistemare secondo un ordine gradualmente crescente o decrescente. *Scalare le merce.* **3.** Acquisire il controllo di una società per azioni tramite operazioni borsistiche. ~ Detrarre un importo da una somma.
scalàta s.f. **1.** Arrampicata lungo la parete di una montagna, caratterizzata da difficoltà ed effettuata con attrezzatura alpinistica. ~ Nelle gare ciclistiche, tratto di strada in forte salita. **2.** Ar-

rampicata e scavalcamento, con l'aiuto di scale o strumenti simili, delle mura di una città o di una fortezza durante un'azione bellica. **3.** *fig.* Insieme di azioni volte a raggiungere una meta ambita, un successo, una carica, un miglioramento, spec. in ambito politico e aziendale. ◇ *Tentare la scalata in borsa:* cercare di acquisire la maggioranza delle azioni di una società quotata in borsa acquistando sistematicamente i titoli sul mercato.
scalatóre s.m. [f. *–trice*] **1.** Alpinista che compie scalate. **2.** Corridore forte nelle corse ciclistiche in salita.
scalcagnàto agg. **1.** Usurato, deformato nei calcagni. **2.** *estens.* Di persona o cosa, malridotto. ~ *Borsa scalcagnata.*
scalciàre v.intr. [5] (aus. *avere*) Dare, tirare calci. ◆ v.tr. SPORT. Fare lo sgambetto, falciare.
scaldaàcqua o **scaldàcqua** s.m.inv. Apparecchio di uso domestico o industriale per scaldare l'acqua.
scaldabàgno s.m. [pl. *–gni*] Apparecchio per scaldare l'acqua del bagno.
scaldabiberòn s.m. inv. Apparecchio elettrico per riscaldare i biberon.
scaldalètto s.m. [pl. *–ti*] Arnese o apparecchio di vario tipo che si mette sotto le coperte per scaldare il letto.

■ **scaldalètto** in rame.
(Museo Perrin-de-Puycousin, Digione.)

scaldamùscoli s.m. inv. Lunga calza di lana senza piede che ginnasti e ballerini indossano durante gli allenamenti.
scaldapiàtti s.m. inv. Apparecchio elettrico per scaldare o tenere in caldo i cibi da servire in tavola.
scaldapièdi s.m. inv. Recipiente che può contenere acqua calda o braci (oggi alimentato elettricamente) utilizzato per scaldare i piedi.
scaldàre v.tr. **1.** Rendere più caldo qlco. **2.** *fig.* Eccitare, infiammare. *È una musica che scalda i cuori.* ◆ v.intr. (aus. *avere*) **1.** Produrre calore. *Oggi il sole scalda.* **2.** Emanare calore. *Il ferro da stiro non scalda.* ~ Raggiungere un certo grado di calore. ~ Riscaldarsi in modo eccessivo. ◆ **scaldarsi** v.pron. **1.** Detto di essere animato, procurarsi calore. *Il gatto si scalda al sole.* **2.** *fig.* Accendersi di entusiasmo. *Tutti i presenti si scaldarono a quelle parole.* ~ Perdere la calma e il controllo. *Non scaldarti subito, cerca di ragionare!* **3.** Far diventare più calda una parte del proprio corpo. *Scaldarsi le mani.*

scaldavivànde s.m. inv. Apparecchio per tenere in caldo i cibi già cucinati.
scàldico agg. Relativo agli scaldi.
scaldino s.m. Contenitore che un tempo si riempiva di brace accesa per scaldarsi.
scàldo s.m. (norreno *skāld* "rapsodo") Poeta di corte scandinavo del periodo medioevale le cui opere celebrano le nobili gesta di un re o di un capo.
scalèa s.f. ARCH. Scalinata monumentale costruita davanti a chiese, edifici imponenti e parchi.
scalèno agg. (gr. *skalēnós* "zoppicante, disuguale") **1.** GEOM. Di triangolo che ha i tre lati di lunghezza diversa. **2.** ANAT. Di ciascuno dei due muscoli posti nella zona laterale del collo.
scalèo s.m. **1.** Piccola scala trasportabile, general. pieghevole. **2.** Sgabello a due o tre scalini.
scalétta s.f. **1.** Nel sign. del dim. di 1. *scala*. **2.** *fig.* Sintesi ordinata degli argomenti da trattare in un discorso o in una lezione. ~ Elaborazione del soggetto di un film, con le indicazioni generiche delle scene e delle ambientazioni. ~ Nelle trasmissioni radiofoniche e televisive, la successione di ciò che viene mandato in onda. ~ La programmazione del disc jockey.
scalfire v.tr. [83] **1.** Incidere con una punta la superficie di qlco. ~ Ferire qlcu. superficialmente. *La scheggia di vetro gli ha solo scalfito la pelle.* **2.** *fig.* Intaccare, danneggiare qlco. *Scalfire la fama.* ◆ **scalfirsi** v.pron. Graffiarsi una parte del corpo.
scalfittùra s.f. Incisione superficiale. ~ Abrasione leggera.
scalinàta s.f. Scala ampia e imponente, spec. all'esterno di palazzi e in piazze e giardini.
scalino s.m. **1.** Ogni singolo ripiano di una scala. ~ Ripiano sopraelevato che separa due ambienti o segna l'ingresso di una casa. **2.** *fig.* Ogni tappa intermedia nella vita, nel lavoro, negli studi.
scalmanàrsi v.pron. Affannarsi, agitarsi. ~ Accalorarsi.
scalmièra s.f. MAR. Punto del bordo di un'imbarcazione in cui si inserisce lo scalmo; detto anche *scalmiere*.
scàlmo s.m. **1.** MAR. Elemento di legno o di ferro, general. a forcella, infisso sul bordo di un'imbarcazione, a cui si assicura il remo durante la voga. **2.** MAR. Ognuna delle costole di legno che sostengono lo scafo di un'imbarcazione.
scàlo s.m. (etim. incerta, forse deriv. di *scala* nel sign. di "ponte d'approdo") **1.** Località in cui convergono linee aeree o marittime o ferroviarie, usato anche in toponimi. *Orbetello Scalo.* **2.** Centro attrezzato per le operazioni di carico, scarico e di imbarco. **3.** Sosta tecnica compiuta da navi o aerei durante un lungo percorso. **4.** Nome di diverse strutture impiegate nei cantieri navali e aeronautici. ◇ *Scalo di costruzione:* piano inclinato sul quale si costruiscono le navi. – *Scalo di alaggio:* struttura in cui si tirano in secco le navi per la manutenzione.
1. scalógna s.f. (etim. discussa, forse lat. *calùmnia* "calunnia") *fam.* Sfortuna, general. in riferimento a fatti precisi.
2. scalógna s.f. → scalogno.
scalognàto agg. **1.** *fam.* Che porta scalogna. **2.** *fam.* Sfortunato, sventurato.
scalógno s.m. (lat. *Ascalōniam cēpam* "cipolla di Ascalona", città della Palestina dalla quale fu importata) Ortaggio simile alla cipolla, il cui bulbo è utilizzato come condimento. (Nome sc. *Allium ascalonicum*; famiglia delle Liliacee.)
scalóne s.m. Nel sign. dell'accr. di 1. *scala*; in partic., larga e imponente scala interna di edifici importanti e monumentali.
scalòppa s.f. (fr. *escalope* di etim. incerta) Fettina di carne di vitello o vitellone cucinata in tegame in vari modi; comun. usato anche il dim. *scaloppina*.
scalpàre v.tr. **1.** Privare qlcu. dello scalpo, considerato un trofeo di guerra. **2.** MED. Produrre uno scalpo per via chirurgica.
scalpellino s.m. [f. *–na*] **1.** Artigiano o operaio che lavora il marmo o la pietra. **2.** *spreg.* Scultore rozzo e grossolano senza capacità artistiche.

scalpèllo s.m. **1.** Utensile costituito da una sbarretta d'acciaio, tagliente a una delle estremità, usato per lavorare a mano il legno, la pietra o altri materiali. **2.** Nell'industria estrattiva, utensile di perforazione collegato a macchine speciali. **3.** MED. Strumento chirurgico per l'incisione delle ossa, utilizzato in partic. nel corso di un'autopsia.

scalpitànte agg. **1.** Riferito a cavallo, che batte ripetutamente gli zoccoli sul terreno per impazienza o irrequietezza. **2.** fig. Riferito a persona, impaziente di fare qlco., irrequieto, agitato.

scalpitàre v.intr. (aus. avere) **1.** Detto di un cavallo, battere continuamente la terra con gli zoccoli. **2.** fig. Detto di soggetti umani, dare segni di impazienza, di smania.

scalpitio s.m. [pl. –tii] Battito frequente e continuato di zoccoli sul suolo.

scalpo s.m. (ingl. scalp "cuoio capelluto" di orig. scandinava) **1.** ETNOL. Cuoio capelluto staccato dal cranio, che i pellerossa nordamericani e altri popoli conservavano come trofeo. **2.** MED. Lembo del cuoio capelluto inciso chirurgicamente nelle operazioni al cranio.

scalpóre s.m. **1.** Rumore, schiamazzo, strepito. **2.** fig. Profonda emozione suscitata nell'opinione pubblica da avvenimenti straordinari, spesso manifestata con forte indignazione.

scaltrézza s.f. Qualità di chi è abile, scaltro.

scaltrire v.tr. [83] Rendere accorta, scaltra o smaliziata una persona ingenua e inesperta. La vita mi ha scaltrito. ◆ **scaltrirsi** v.pron. Diventare più sicuri di sé o più scaltri. I bambini si scaltriscono nel rapporto con i coetanei.

scàltro agg. **1.** Riferito a persona, furbo, capace di decidere senza troppi scrupoli in base alla situazione contingente e al proprio interesse. **2.** Riferito a comportamento, che denota furbizia e abilità.

scalzaménto s.m. Rimozione della terra o di altro materiale dalla base di una pianta, di un muro, di un edificio o di altra struttura.

scalzàre v.tr. **1.** Privare una pianta, un palo, un muro della terra o altro materiale alla sua base. **2.** fig. Indebolire o compromettere del tutto l'autorità, la posizione di qlcu., general. con metodi sleali. **3.** Far rinunciare qlcu. dal posto che occupa. ◆ **scalzarsi** v.pron. Levarsi scarpe e calze dai piedi.

scalzatùra s.f. AGR. Rimozione della terra alla base delle piante.

scàlzo agg. **1.** Privo di scarpe e di calze, a piedi nudi, spesso usato per indicare povertà, indigenza. **2.** Attributo di ordini religiosi che prescrivono ai loro aderenti di portare sandali senza calze e di religioso che appartiene a tali ordini.

scambiàbile agg. Che può essere scambiato.

scambiàre v.tr. [6] **1.** Confondere persone o cose tra di loro. Mi capita di scambiare i due fratelli. **2.** Cedere o prendere una cosa in cambio di un'altra. Scambiare grano con petrolio. ~ Permutare una o più cose tra di loro. I bambini amano scambiare figurine. **3.** Cambiare una banconota con altre di taglio minore. Scambiare centomila lire. ◆ **scambiarsi** v.pron. **1.** Detto di due persone, prendere l'una il posto dell'altra. Io e il mio compagno di banco ci siamo scambiati di posto. **2.** Detto di due o più persone, darsi o dirsi qlco. l'un l'altro. Scambiarsi un bacio. **3.** Sostituirsi a un altro, prendere il posto. Mi sono scambiato con il compagno di banco.

scambiatóre s.m. **1.** FIS. Apparecchio che scambia calore tra fluidi separati da una parete. **2.** CHIM. Sostanza in grado di determinare uno scambio di ioni.

scàmbio s.m. [pl. –bi] **1.** Trasferimento reciproco, cessione vicendevole di beni o di prestazioni, spec. nell'ambito di rapporti economici e commerciali. ◇ Libero scambio: sistema economico nel quale gli scambi commerciali tra stati sono liberi e senza dazi doganali (in oppos. a protezionismo). ~ Valore di scambio: prezzo di un prodotto sul mercato. **2.** Mutuo dono, contraccambio. **3.** Confusione involontaria di una persona o di una cosa con un'altra. **4.** CHIM. Reazione fra due sostanze consistente in una reciproca cessione di ioni. **5.** Dispositivo automatico o

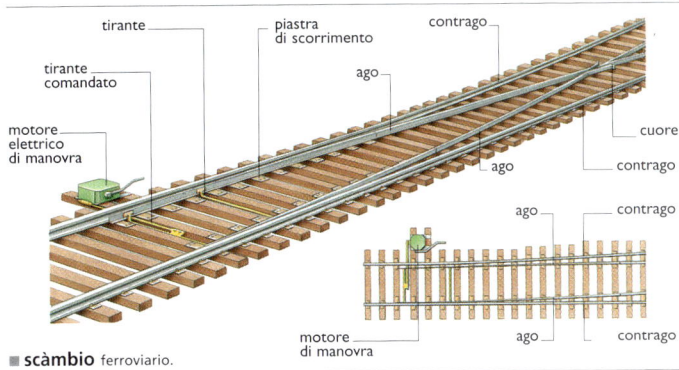

■ **scàmbio** ferroviario.

manuale che permette di far transitare un treno o un tram su un binario piuttosto che su un altro. **6.** SPORT. Nel calcio, passaggio reciproco della palla tra due giocatori della stessa squadra. ~ Nel tennis e nel ping-pong, l'azione di un giocatore e la risposta dell'altro. **7.** Nei giochi enigmistici, inversione di due lettere di una parola per formarne una nuova, o di due parole in una frase (p.e. cosa-caso; letteratura della crisi-crisi della letteratura).

scambista s.m. e f.[pl.m. –sti] **1.** Addetto alla sorveglianza e alla manovra degli scambi ferroviari. **2.** ECON. Operatore economico sul mercato degli scambi. **3.** gerg. Chi pratica lo scambio sessuale del partner con altre coppie.

scamiciàto agg. **1.** Che è in maniche di camicia, senza giacca. ~ Con la camicia in disordine, con le maniche rimboccate o senza cravatta. **2.** estens. Che veste in modo sciatto e trasandato. ◆ s.m. Abito femminile senza maniche da portare su una camicetta.

scamòrza s.f. (voce merid.) **1.** Formaggio a pasta filata e compatta. **2.** fig. scherz. Persona scarsamente dotata o poco preparata.

scamosceria s.f. Trattamento e concia delle pelli con oli speciali.

scamosciàre v.tr. [5] Trattare e conciare le pelli con olio di pesce fino a renderle vellutate e morbide come la pelle del camoscio.

scamosciàto agg. Di pelle sottoposta a scamosciatura per renderla simile a quella del camoscio.

scamosciatóre s.m. [f. –trice] Chi lavora alla scamosciatura delle pelli.

scamosciatùra s.f. Concia delle pelli con un trattamento a base di olio di pesce per rendere la superficie soffice e vellutata.

scampagnàta s.f. Gita in campagna con familiari o amici.

scampanàre v.intr. (aus. avere) **1.** Detto di campane, suonare a lungo. **2.** Detto di abiti, allargarsi a campana verso il fondo. ◆ v.tr. SART. Allargare a forma di campana il fondo degli abiti.

scampanatùra s.f. Allargamento di una gonna o dei pantaloni nella parte inferiore.

scampanellàre v.intr. (aus. avere) Agitare con forza e a lungo una campanella o schiacciare energicamente e ripetutamente un campanello.

scampanio s.m. [pl. –nii] Suono continuato e festoso di campane.

scampàre v.intr. (aus. essere) (propr. "uscire dal campo di battaglia") Uscire indenne da un grave pericolo. ◆ v.tr. **1.** Evitare, schivare qlco. di negativo. ◇ Scamparla bella, per miracolo: sfuggire a un grave rischio, salvarsi in un pericoloso incidente. **2.** Salvare, preservare qlcu. da una calamità. Scampare qlcu. dalla morte.

scampàto agg. **1.** Evitato, schivato. **2.** Riferito a persona, che si è salvato fortunatamente da un pericolo o da una sciagura. Scampare qlcu. da un pericolo o da una sciagura. ◆ s.m. [f. –ta] Nell'accez. 2 dell'agg.

1. scàmpo s.m. Salvezza da un grave pericolo. ~ Il modo in cui si attua e il mezzo adottato. Trovare scampo.

2. scàmpo s.m. (voce venez. di etim. discussa, forse gr. deriv. di hippòkampos "ippocampo") ZOOL. Crostaceo marino di piccole o medie di-

mensioni, caratterizzato da chele molto snelle, carni rosee e molto pregiate. (Genere Nefrope; ordine dei Decapodi.)

scàmpolo s.m. (propr. "ciò che avanza") **1.** Metraggio di tessuto, ritaglio di stoffa di scarso valore commerciale. **2.** fig. Rimasuglio, residuo, avanzo.

scanalàre v.tr. Operare dei solchi longitudinali su pietra, legno, metallo e altri materiali duri, a scopo ornamentale o funzionale.

scanalàto agg. Che ha una o più scanalature.

scanalatùra s.f. **1.** Intaglio, incisione lunga e stretta, su materiale duro. ~ ARCH. Ciascuno dei solchi verticali o elicoidali scavati sul fusto di una colonna, il piano di un pilastro, ecc. **2.** L'esecuzione dell'incavo. Scanalatura a mano.

scandagliaménto s.m. Misurazione della profondità delle acque effettuata mediante lo scandaglio.

scandagliàre v.tr. [6] **1.** Misurare, tramite una sonda o uno scandaglio, la profondità del mare, di una cavità, ecc. **2.** fig. Tentare di conoscere, di analizzare cose non immediatamente evidenti.

scandàglio s.m. [pl. –gli] **1.** Apparecchio per misurare la profondità delle acque. **2.** fig. Sondaggio, esame, ricerca o analisi preventiva.

scandalismo s.m. Tendenza, propria spec. di alcuni giornali, a esagerare gli aspetti scandalosi, negativi degli avvenimenti o addirittura a inventarli per suscitare la curiosità della gente.

scandalistico agg. [pl.m. –ci, f. –che] Che deforma, esagera i fatti per richiamare l'interesse dell'opinione pubblica.

scandalizzàre v.tr. Suscitare l'indignazione di qlcu., scioccare profondamente qlcu. con parole o atti. ◆ **scandalizzarsi** v.pron. Turbarsi di fronte a comportamenti e azioni moralmente indecenti o ingiusti. Si sono scandalizzati per il suo comportamento.

scandalizzàto agg. Sconcertato, sdegnato o turbato da comportamenti o atti immorali.

scàndalo s.m. (gr. skándalon "insidia") **1.** Turbamento della coscienza collettiva provocato da una vicenda, da un atteggiamento o da un discorso che offende i principi morali correnti. ~ La reazione di riprovazione e di sdegno, lo scalpore suscitato nell'opinione pubblica. – Fatto, vicenda, situazione in cui emergono immoralità, corruzione e che coinvolge personaggi importanti. **2.** Con valore più attenuato e concreto, opera o azione che offende il buon gusto, la sensibilità o il pudore a causa di una spregiudicatezza e di una licenza eccessiva. SIN.: **sconcezza**. **3.** Pubblicità indesiderata, chiasso, clamore intorno a un avvenimento increscioso.

scandalóso agg. **1.** Che è causa di scandalo. Condotta scandalosa. **2.** per esager. Eccessivo, esagerato. Prezzi scandalosi.

scandinàvo agg. Della Scandinavia. ◇ Lingue scandinave: famiglia di lingue indo-europee che comprendono lo svedese, il norvegese, il danese e l'islandese. ◆ s.m. [f. –va] Abitante o nativo della Scandinavia.

scàndio s.m. (solo sing.) (lat. Scandium, deriv. di Scàndia "Scandinavia" perché scoperto dal chimico svedese F.L. Nilson) **1.** Metallo molto leggero con proprietà simili a quelle dei lantanidi, di densità 3,0 e che fonde a 1541 °C. **2.** Elemento chimico (*Sc*) di numero atomico 21 e peso atomico 44,956.

scandìre v.tr. [83] (lat. *scàndere* "salire" e "misurare i versi") **1.** Leggere versi greci o latini seguendone il ritmo metrico, marcando cioè l'alternanza tra lunghe e brevi. **2.** *estens.* Pronunciare una frase, delle parole staccando i gruppi di parole, di sillabe. **3.** INFORM. Analizzare e decomporre in punti un'immagine.

scàndola s.f. COSTR. Tavoletta di legno usata come tegola in partic. in montagna.

1. scannàre v.tr. **1.** Uccidere un animale tagliandogli la gola. ~ *estens.* Uccidere in modo crudele e spietato una persona. **2.** *fig.* Opprimere o rovinare qlcu. *I debiti e le tasse ci stanno scannando.* ◆ **scannarsi** v.pron. **1.** Uccidersi tagliandosi la gola. **2.** *per esager.* Darsi un gran da fare, affrontare fatiche e sforzi enormi. **3.** *per esager.* Detto di due o più persone, litigare furiosamente, accapigliarsi l'uno con l'altro

2. scannàre v.tr. IND. TESS. Svolgere il filo dal cannello.

3. scannàre v.tr. INFORM. Sottoporre testi o immagini a lettura elettronica mediante lo scanner.

scanner [/'skænə/] s.m. inv. (voce ingl., deriv. di *to scan* "esaminare con cura") **1.** Nella ricerca scientifica, dispositivo che esamina sistematicamente l'oggetto in osservazione impiegando onde elettromagnetiche che lo percorrono per linee adiacenti. **2.** INFORM. Dispositivo ottico di input, collegato a un computer, per convertire immagini e testi in formati digitali suscettibili di successive decodificazioni ed elaborazioni. ~ La prima parte di un programma compilatore, quella che compie l'operazione dell'analisi lessicale del programma sorgente. **3.** Apparecchio per effettuare la scintigrafia dinamica.

scannerizzàre v.tr. INFORM. Sottoporre testi o immagini a lettura elettronica mediante lo scanner. SIN.: scannare.

scannerizzazióne s.f. INFORM. Lettura ottica, mediante scanner, di immagini e testi e loro registrazione nella memoria di un computer.

scanning [/'skænɪŋ/] s.m. inv. (voce ingl.) **1.** Osservazione scientifica effettuata con fasci di ultrasuoni, onde elettromagnetiche o elettroni che percorrono l'oggetto. **2.** MED. Metodo di diagnosi che utilizza la scintigrafia.

scànno s.m. Sedile di legno, in partic. riservato ad alte cariche.

scansafatiche s.m. e f.inv. Persona che fa di tutto per sfuggire agli sforzi e al lavoro.

scansàre v.tr. **1.** Evitare di colpire qlcu. o di esserne colpiti. ~ Evitare di andare a sbattere contro qlco. ~ *fig.* Mettersi al riparo, evitare, preservarsi da qlcu. o qlco. *Scansare una difficoltà.* **2.** Cambiare di posto a un oggetto, trarlo da parte. ◆ **scansarsi** v.pron. Farsi da parte, spostarsi.

scansìa s.f. (voce venez. di etim. incerta) Mobile aperto, a più ripiani, che può contenere oggetti vari o merce, usato spec. in negozi e in magazzini. SIN.: scaffale.

scansióne s.f. **1.** METR. Analisi e lettura dei versi. ~ Compitazione, sillabazione di parole, lettura che evidenzia la loro forma fonica e metrica. **2.** *estens.* Alternanza di suoni, di immagini, di colori. **3.** INFORM. Analisi ottica di un testo o di un'immagine mediante scanner e sua trasformazione in un formato digitale.

scànso Usato solo nella loc. prep. *a scanso di*, allo scopo di evitare.

scantinàto s.m. Piano o vano di un edificio situato sotto il livello del terreno, general. adibito a magazzino o deposito. *L'acqua ha invaso lo scantinato.* SIN.: seminterrato.

scantonàre v.tr. **1.** Tagliare o smussare spigoli e angoli. **2.** *fig.* Evitare qlcu. o qlco. ◆ v.intr. (aus. *avere*) **1.** Voltare in fretta all'angolo di una via con l'intenzione di sottrarsi alla vista di qlcu., in partic. cambiando strada. **2.** *fig.* Parlando o scrivendo, uscire dall'argomento, andare fuori tema allo scopo di eludere qualche difficoltà o di evitare un discorso delicato. SIN.: svicolare.

scanzonàto agg. Che affronta situazioni e problemi con un atteggiamento sereno e scherzoso.

scapaccióne s.m. **1.** Colpo dato sulla testa o sul viso con la mano aperta. **2.** *fig. fam.* Aiuto, spintarella.

scapestràto agg. Che conduce una vita disordinata. ◆ s.m. [f. *–ta*] Nel sign. dell'agg.

scapigliàto agg. **1.** Che ha i capelli spettinati. **2.** *fig.* Che vive in modo dissoluto, disordinato. **3.** Relativo al movimento della Scapigliatura. ◆ s.m. [f. *–ta*] Artista o letterato della Scapigliatura.

scàpito s.m. Perdita, danno materiale o morale. ◇ *loc. prep. A scapito di*: a danno, a svantaggio di. *A scapito della salute.*

scapocchiàre v.tr. [6] Togliere la capocchia a qlco., spec. spilli e chiodi.

scàpola s.f. (lat. *scàpulam*, forse deriv. di *scàbere* "grattare" con allusione alla forma appuntita) ANAT. Osso piatto di forma triangolare, localizzato nella parte posteriore del torace, che serve da appoggio alla testa dell'omero e concorre all'articolazione della spalla. (Insieme alla clavicola costituisce il cinto scapolare.)

1. scapolàre agg. ANAT. Relativo alla scapola.

2. scapolàre s.m. **1.** Parte del costume monastico che consiste in un cappuccio e in due lembi di tessuto rettangolari che coprono le spalle e che ricadono sulle spalle e sul petto. **2.** Distintivo, segno di appartenenza al terz'ordine francescano e ad alcune confraternite, costituito da due strisce lunghe e strette unite da due nastri, da indossare sotto le vesti. **3.** *estens.* Immagine sacra o reliquia che si porta al collo appesa a un nastro.

3. scapolàre v.tr. (lat. *excapulàre* "districarsi") **1.** MAR. Liberare un attrezzo. *Scapolare l'ancora.* ~ Oltrepassare o evitare un ostacolo sopravvenuto durante la navigazione. *Scapolare gli scogli.* ◆ *fig.* Sottrarsi a una situazione indesiderata, a un danno o a un pericolo. ◆ v.intr. (aus. *avere* o *essere*) Sottrarsi a un danno o a una situazione difficile. *Scapolare da un grave pericolo.*

scàpolo agg. (solo m.) Che non è ammogliato. ◆ s.m. Uomo non sposato.

scappaménto s.m. **1.** MECC. L'apparato di scarico attraverso cui i gas di combustione dei motori vengono convogliati nell'atmosfera. **2.** MUS. Molla di richiamo dei martelletti del pianoforte. **3.** Meccanismo di orologeria che serve a regolarizzare il movimento di una pendola, di un orologio.

scappàre v.intr. (aus. *essere*) (lat. *excappàre*, propr. "togliersi la cappa") **1.** Detto di persone o animali, fuggire da un luogo. ~ Fuggire attraverso un passaggio o apertura. *I ladri sono scappati dalla finestra.* ◇ *Di qui non si scappa*: a questa situazione o decisione non ci si può sottrarre. **2.** Uscire fuori, sbucare da un certo posto. *Ti scappa la camicia dai pantaloni.* **3.** Andare di corsa, correre in una certa direzione. *Scappare in ufficio.* ~ Congedarsi rapidamente. *Scappo, è tardi!* **4.** Detto di cose, sfuggire inavvertitamente a qlcu. *La zuppiera gli è scappata dalle mani.* ~ *fam.* Detto di stimolo fisico, essere molto impellente, tanto da non poter essere trattenuto oltre. *Mi scappa la pipì!* **5.** *fig.* Accompagnato da *fuori a* o *su con*, dire qlco. all'improvviso e in modo sconsiderato. *Scappò fuori a dire un sacco di sciocchezze.* **6.** *fig.* Accompagnato da *ci*, saltar fuori da una certa situazione, uscirci. *Qui ci scappa il morto.*

scappàta s.f. **1.** Rapida visita a un luogo o una persona. *Fare una scappata al bar.* **2.** *fam.* Battuta umoristica, più o meno felice, nel corso di una conversazione. *Uscire fuori con delle scappate spiritose.* **3.** Trasgressione ai doveri morali fatta per leggerezza, spec. in campo amoroso. **4.** Negli spettacoli pirotecnici, esplosione di più razzi contemporaneamente. **5.** Partenza rapida e fuga di cavalli in corsa.

scappatèlla s.f. Lieve trasgressione ai doveri morali e di fedeltà, spec. a quelli coniugali.

scappatóia s.f. Via d'uscita da una situazione difficile o pericolosa.

scappellàre v.tr. Levare il cappello o il cappuccio a qlcu. o qlco. ◆ **scappellarsi** v.pron. Levarsi il cappello in segno di saluto.

scappellòtto s.m. (etim. incerta, forse "colpo che fa cadere il cappello") **1.** Schiaffo leggero dato a mano aperta sulla nuca con intento di rimprovero bonario o scherzoso. **2.** *fig. fam.* Aiuto, spintarella.

scappucciàre v.tr. [5] Privare qlcu. o qlco. del cappuccio. ◆ v.intr. (aus. *avere*) Inciampare. ~ *fig.* Commettere un errore. ◆ **scappucciarsi** v.pron. Levarsi il cappuccio.

scarabèidi s.m. pl. [iniziale minusc. sing. *–de* per l'individuo] ZOOL. Famiglia d'insetti fitofagi o coprofagi, con antenne che terminano in lamelle disposte a ventaglio, come il maggiolino, la cetonia e gli scarabei. (Ne fanno parte oltre 20.000 specie note; ordine dei Coleotteri.)

1. scarabèo s.m. **1.** Nome comune di molte specie di insetti con corpo robusto e massiccio ricoperto da un duro tegumento di colore variabile. (Ordine dei Coleotteri.) **2.** ZOOL. (iniziale maiusc.) Genere di animali a cui appartengono alcune specie di scarabeo. **3.** Gioiello di pietra dura o di metallo prezioso in forma di scarabeo, diffuso nell'arte egizia, poi in quella greca ed etrusca.

2. scarabèo s.m. (così chiamato perché uno scarabeo è raffigurato sulle tesserine jolly del gioco) Denominazione commerciale, che costituisce marchio registrato, di un gioco consistente nel comporre parole di senso compiuto utilizzando lettere dell'alfabeto estratte a sorte.

■ scarabèo sacro.

scarabocchiàre v.tr. [6] **1.** Riempire di scarabocchi fogli di carta e superfici in genere. **2.** *fig.* Scrivere qlco. senza troppo impegno o attenzione. *Scarabocchiare una poesia.*

scarabòcchio s.m. [pl. *–chi*] (etim. incerta, forse fr. *escarbot* "scarafaggio") **1.** Macchia d'inchiostro fatta nello scrivere. ~ Scrittura, firma illeggibile. **2.** Disegno, quadro fatto male. ~ PSICOL. Momento evolutivo del disegno in cui possono essere riscontrate la personalità e gli attributi caratteriali del bambino. **3.** *fig. fam.* Persona molto brutta.

scarafàggio s.m. [pl. *–gi*] **1.** Blatta. **2.** *fig.* Persona meschina e repellente.

scaramàntico agg. [pl.m. *–ci*, f. *–che*] Relativo alla scaramanzia. ~ Di buon auspicio, propiziatorio.

scaramanzìa s.f. (etim. incerta, forse incrocio di *negromanzia* e *chiromanzia*) Repertorio di gesti, parole, atteggiamenti e oggetti a cui si attribuisce il potere di scongiurare malefici e disgrazie o di propiziare il destino.

scaramùccia s.f. [pl. *–ce*] **1.** MIL. Scontro armato di breve durata e di minima influenza sull'esito finale della guerra. **2.** *fig.* Discussione o polemica breve e di modesta importanza.

scaraventàre v.tr. Lanciare, gettare qlco. con forza in una certa direzione e sotto l'impulso della rabbia. ◇ *fig. Scaraventare qlcu. in un luogo*: trasferirlo, sbatterlo in una sede lontana o comunque poco gradita. ◆ **scaraventarsi** v.pron. **1.** Scagliarsi con impeto contro qlcu. **2.** Precipitarsi, proiettarsi da qualche parte. *Si scaraventò giù per le scale.*

scarceràre v.tr. Fare uscire di prigione qlcu.

scarcerazióne s.f. Messa in libertà di un detenuto.

scardassàre v.tr. IND. TESS. Cardare la lana servendosi dello scardasso.

scardàsso s.m. **1.** IND. TESS. Strumento munito di denti d'acciaio per cardare a mano la lana sfioccando le fibre tessili. **2.** Guarnizione della carda, fornita di aghi d'acciaio ricurvi.

scardinàre v.tr. **1.** Fare uscire qlco. dai cardini con uno strappo violento. ~ *fig.* Demolire, smontare qlco. *Scardinare l'impianto accusatorio.* **2.** *fig.* Minare dalle fondamenta l'unità e la compattezza di qlco. *Scardinare una famiglia.* ◆ **scardinarsi** v.pron. **1.** Detto di porte e finestre, fuoriuscire dai cardini. **2.** *fig.* Disgregarsi. *Le istituzioni si scardinano.*

scardinio s.m. Pesce diffuso nei laghi dell'Europa occidentale e della Russia. (Lunghezza 25 cm; genere *Scardinius*; superordine dei Teleostei; famiglia dei Ciprinidi.)

scàrdola s.f. Pesce d'acqua dolce diffuso nell'Europa temperata. (Genere *Scardinius*; famiglia dei Ciprinidi.)

scàrica s.f. [pl. –*che*] **1.** Serie di colpi sparati contemporaneamente da più armi da fuoco o da una sola arma automatica. **2.** Successione rapida, improvvisa e violenta. ◇ PSICOL. *Scarica affettiva:* manifestazione di un forte impulso affettivo. **3.** FIS. Dispersione di energia da parte di un corpo o di un sistema. ◇ *Scarica elettrica:* passaggio di corrente attraverso un gas o un dielettrico, per effetto di una forte differenza di potenziale, con conseguente produzione di una scintilla. **4.** Evacuazione violenta e incoercibile dell'intestino.

scaricaménto s.m. **1.** Deposizione di un carico, svuotamento. **2.** *fig.* Liberazione dell'animo da colpe, responsabilità o doveri.

scaricàre v.tr. [4] **1.** Liberare un mezzo di trasporto del suo carico. *Scaricare un camion* **2.** Rimuovere la merce da un mezzo di trasporto. ~ Svuotare qlco. del suo contenuto. ~ Togliere il caricatore da un'arma da fuoco o spararne tutti i colpi. ~ Far esaurire la carica a un apparecchio elettrico o a un congegno a molla. *Scaricare la batteria.* **3.** Riversare in qualche posto il proprio carico o contenuto. *La fognatura scarica nel fiume.* **4.** Riversare su altri colpi d'arma da fuoco, botte, improperi. **5.** *fig.* Riversare, far ricadere su altri un peso, una responsabilità, un fastidio. *Scaricare la colpa su un altro.* ~ Sfogare su qlcu. o in qlco. un sentimento, uno stato psichico. *Scarica la sua ansia nello studio.* **6.** *fig.* Liberare qlcu. di un peso, di un pensiero, di un fastidio. *La confessione scarica i fedeli dei peccati.* **7.** Liberarsi di un peso, di un pensiero fastidioso. **8.** Liberarsi bruscamente di persone con le quali si era instaurato un rapporto di amicizia o di amore. **9.** INFORM. Trasferire sulla propria macchina (computer, telefonino, ecc.) dei dati (un programma, un documento, ecc.) da una macchina remota **10.** COMM. Registrare l'uscita o la perdita di beni in carico. ◆ **scaricarsi** v.pron. **1.** Liberarsi di un peso, fisico o morale. ~ *fig.* Distendere i nervi, rilassarsi. *Per scaricarmi leggo un buon libro.* **2.** Detto di meccanismi o congegni, perdere la carica. *La batteria si è completamente scaricata.* **3.** Andare a finire in un certo posto. *Il fulmine si scarica a terra.*

scaricatóre agg. [f. –*trice*] Che funge da scarico. ◆ s.m. **1.** (anche f.) Chi carica e scarica le merci. **2.** Qualunque macchina o dispositivo utilizzato per scaricare merci. **3.** ELETTR. Dispositivo per disperdere a terra il sovraccarico di tensione di una rete.

1. scàrico agg. [pl.m. –*chi*, f. –*che*] **1.** Privo di carico. **2.** Sollevato, sereno. ~ *fig.* Libero, sgombro. **3.** Privo di carica. **4.** *fig.* Che si sente a terra, fisicamente e moralmente.

2. scàrico s.m. [pl. –*chi*] **1.** Asportazione, rimozione di un carico da un mezzo di trasporto. **2.** Operazione dello scaricamento di un contenitore pieno di qlco. ~ In partic., operazione dello scaricare rifiuti solidi in un luogo di raccolta appositamente predisposto. **3.** Deflusso di liquidi. SIN.: **scolo**. ~ Nei veicoli a motore fuoriuscita dei gas della combustione. **4.** L'impianto, il tubo o la conduttura attraverso cui avviene lo scarico di un fluido. **5.** COMM. Registrazione della cessione o della perdita di beni. **6.** *fig.* Liberazione da un peso morale, giustificazione. SIN.: **discolpa**. ~ DIR. Discarico.

Scàridi s.m. pl. [iniziale minusc. sing. –*de* per l'individuo] ZOOL. Famiglia di pesci, diffusi lungo le coste dei mari caldi, che si nutrono di alghe e delle sostanze organiche di coralli triturandole con il becco. (Ordine dei Perciformi.)

scarificàre v.tr. [4] (gr. *skariphâsthai* "incidere") **1.** MED. Fare un'incisione nella pelle a scopo di terapia o diagnosi. **2.** AGR. Frantumare la superficie del terreno. ~ Incidere il tronco di un albero per farne uscire la linfa.

scarificatóre s.m. **1.** AGR. Attrezzo fornito di speciali lame che frantuma la superficie del terreno senza rivoltarlo. **2.** Strumento associato a macchine escavatrici o a compressori, utilizzato per preparare il terreno prima della costruzione di una strada.

scarificazióne s.f. **1.** MED. Incisione della pelle a scopo diagnostico o terapeutico. **2.** ETNOL. Tatuaggio a scopo rituale, praticato da alcune popolazioni dell'Africa e dell'Oceania; oggi, in certi ambienti giovanili anticonformistici, è praticato anche a scopo ornamentale, di moda o come segno di appartenenza a un gruppo.

scarióso agg. BOT. Detto di organo membranoso, secco, sottile e traslucido.

scarlattina s.f. (così chiamata per il colore rosso delle eruzioni cutanee) MED. Malattia dell'infanzia di origine batterica, contagiosa, caratterizzata da un'eruzione cutanea generalizzata costituita da macchioline rosse.

scarlàtto agg. (ar. *siqillāt* "veste tinta di rosso", lat. deriv. di *tĕxtum sigillātum* "tessuto decorato") Di colore rosso intenso e brillante. ◆ s.m. Colore rosso lucente.

scarmigliàre v.tr. [6] Spettinare, arruffare i capelli. ◆ **scarmigliarsi** v.pron. Scompigliarsi i capelli.

scarnàre v.tr. Staccare la carne dalle ossa. ~ Togliere la carne alle pelli da conciare.

scarnatrice s.f. Macchina utilizzata per la scarnatura delle pelli.

scarnatùra s.f. Nella lavorazione delle pelli, asportazione dello strato di carne e di grasso attaccato alla superficie.

scarnificàre v.tr. [4] (lat. *excarnificāre* "torturare") **1.** Togliere, strappando o tagliando, la carne dalle ossa. **2.** *fig.* Ridurre all'osso, all'essenziale, privare di ogni ornamento.

scarnito agg. **1.** Di osso liberato dalla carne che lo avvolgeva. **2.** *estens.* Affilato, magro. **3.** *fig.* Conciso ed essenziale.

scàrno agg. **1.** Molto asciutto e magro, riferito a persona o al suo fisico. **2.** *fig.* Troppo ridotto, non abbastanza esauriente. ~ Di stile o linguaggio, ridotto all'essenziale, privo di inutili ornamenti o digressioni.

scàro s.m. Pesce diffuso nei mari tropicali, dai colori molto vivaci e brillanti, che si nutre principalmente delle erbe che crescono sul fondo marino; è detto anche *pesce pappagallo.* (Lunghezza 20-30 cm; famiglia degli Scaridi.)

scaròla s.f. (lat. *scariolam*, deriv. di *escārius* "commestibile") Varietà di indivia a larghe foglie che si consuma in insalata.

scàrpa s.f. (germ. *skarpa* "tasca di pelle") **1.** Calzatura formata da una suola che protegge il piede nella parte inferiore e da una tomaia che lo copre nella parte superiore. ◇ *fig. Fare le scarpe a qlcu.:* danneggiarlo fingendo un rapporto di amicizia. **2.** *fig. fam.* Persona incapace, buona a nulla, oppure priva di interesse. **3.** Piano inclinato rispetto alla verticale in un terreno o in una struttura. **4.** Cuneo che si mette sotto le ruote di veicoli fermi su terreni in pendenza. **5.** In costruzioni meccaniche, sostegno d'appoggio delle funi ferme (come nei ponti) o portanti (come nelle teleferiche).

1. scarpàta s.f. Colpo inferto con una scarpa.

2. scarpàta s.f. Tratto in forte pendenza di un terreno o in una struttura artificiale. ◇ GEOMORF. *Scarpata continentale:* zona del fondo marino, in forte pendenza, che costituisce il raccordo tra la piattaforma continentale e il fondale oceanico.

scarpétta s.f. **1.** Nel sign. del dim. di *scarpa;* in partic., scarpa molto leggera, da donna o per usi speciali, spec. sportivi. **2.** *fig. fam. Fare la scarpetta:* raccogliere con un pezzetto di pane il sugo sul fondo del piatto.

scarpièra s.f. **1.** Mobiletto portascarpe a ripiani. **2.** Borsa a scomparti per trasportare le scarpe in viaggio o per riporle in ordine.

scarpóne s.m. **1.** Nel sign. dell'accr. di *scarpa.* **2.** Scarpa pesante stringata o allacciata sul davanti, con suola chiodata o provvista di zeppa per attività sportive o lavoro. ◇ *Scarpone da sci:* di plastica rigida, con ganci che bloccano il piede e suola piatta per gli attacchi degli sci. **3.** SPORT. Nel calcio, giocatore falloso e poco dotato tecnicamente.

scarriolànte agg. Che trasporta materiali edili pesanti. ◆ s.m. Manovale addetto al trasporto di materiali con la carriola.

scarriolàre v.tr. Trasportare materiali pesanti con una carriola.

scarseggiàre v.intr. [5] (aus. *avere*) **1.** Essere in quantità insufficiente. **2.** MAR. Detto del vento, diminuire di forza e di intensità.

scarsézza s.f. Quantità insufficiente.

scarsità s.f. inv. Mancanza di qlco. SIN.: **penuria**.

scàrso agg. **1.** Insufficiente, inferiore alle necessità o alle attese. **2.** Inferiore di poco a un certo peso o misura.

scartabellàre v.tr. Sfogliare in fretta le pagine di un libro alla ricerca di informazioni.

scartafàccio s.m. [pl. –*ci*] (etim. incerta, forse lat. *chartophylàcium* "custodia per le carte") **1.** Libro, quaderno o serie di fogli messi insieme senza rilegatura per annotazioni sommarie. **2.** CONTAB. Registro delle prime note. SIN.: **brogliaccio**.

scartaménto s.m. Spazio compreso tra le rotaie di una linea ferroviaria. ◇ *A scartamento normale:* di ferrovia con una distanza fra i binari di 143,5 cm, adottata in quasi tutta Europa. – *A scartamento ridotto:* con una distanza inferiore a quella normale; *fig.* di ciò che è eccessivamente piccolo o insufficiente.

1. scartàre v.tr. **1.** Liberare qlco. dall'involucro di carta. *Scartare un regalo.* **2.** Eliminare una o più carte da gioco da quelle che si hanno a disposizione. **3.** *estens.* Gettare via, eliminare, accantonare. *Scartare gli abiti rovinati.* ~ Respingere, rifiutare ciò che viene giudicato inadeguato a una certa situazione. *Scartare alcuni atleti alle gare di selezione.*

2. scartàre v.intr. (aus. *avere*) (fr. *écarter* "allontanarsi", lat. *exquartàre* "dividere in quattro") Detto di mezzi di trasporto e di animali, spostarsi improvvisamente di lato. *La moto scartò in velocità.* ~ SPORT. Nel ciclismo, spostarsi di lato improvvisamente durante la volata per ostacolare gli avversari. ◆ v.tr. SPORT. Nel calcio, superare un avversario riuscendo a tenere la palla al piede. *Luca ha scartato tre avversari e ha fatto gol.*

scartavetràre v.tr. Passare più volte la carta vetrata su una superficie per levigarla. SIN.: **carteggiare**

scartellàre v.intr. (aus. *avere*) ECON. Detto general. di banche, contravvenire alle disposizioni del cartello bancario, praticando ai clienti condizioni più favorevoli di quelle fissate.

1. scàrto s.m. **1.** In alcuni giochi di carte, eliminazione di una o più carte ritenute poco utili. **2.** *estens.* Eliminazione di ciò che non è più utilizzabile. **3.** *fig.* Persona di scarso valore. **4.** Gioco enigmistico in cui, eliminando una lettera o una sillaba di una parola, se ne ottiene un'altra (p.e. *catene-cane*).

2. scàrto s.m. **1.** Brusco spostamento laterale di un animale o di un veicolo. **2.** Differenza numerica rispetto a un valore di riferimento. *Scarto dalla media.* ~ In balistica, distanza fra il punto di caduta di un proiettile e l'obiettivo. ~ Nelle competizioni sportive, divario fra i concorrenti o fra le squadre. ~ *estens.* Differenza, allontanamento da ciò che è considerato normale, medio.

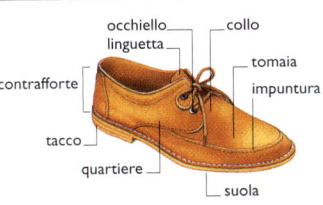

occhiello
linguetta
collo
contrafforte
tomaia
impuntura
tacco
quartiere
suola

■ **scàrpa**

scartocciàre v.tr. [5] Liberare qlco. dal cartoccio. ◇ *Scartocciare le pannocchie:* togliere le brattee che avvolgono la pannocchia.
scartòffia s.f. (spec. pl.) (voce lomb.) Insieme di carte e pratiche da ufficio.
scàssa s.f. MAR. Armatura di legno o di metallo destinata all'alloggio del piede degli alberi delle navi situata nello scafo interno.
scassàre v.tr. **1.** Rompere, arare il terreno per dissodarlo. **2.** *estens. fam.* Rompere, rovinare qlco., pregiudicarne il funzionamento. ◆ **scassarsi** v.pron. *fam.* Guastarsi, rompersi.
scassinaménto s.m. Forzatura di serrature spec. a scopo di effrazione.
scassinàre v.tr. Aprire qlco. di chiuso a chiave forzandone la serratura.
scassinatóre s.m. [f. *-trice*] Ladro che commette un furto con scasso.
scàsso s.m. **1.** Dissodamento di un terreno da adibire a coltura. **2.** Forzatura di una serratura o di altri sistemi di sicurezza a scopo di effrazione.
scat [/'skæt/] s.m. inv. (voce ingl., deriv. di *to scatter* "frammentare") JAZZ Tecnica con la quale si cerca di riprodurre con la voce il suono di uno strumento, diventata popolare tramite grandi cantanti jazz, come Louis Armstrong o Ella Fitzgerald.
scatarràta s.f. Rumorosa emissione di catarro.
scatenànte agg. Che dà inizio a un processo. *Causa scatenante.*
scatenàre v.tr. **1.** Incitare qlcu. *Scatenare la folla.* **2.** *fig.* Iniziare qlco. di incontrollabile. *Scatenare l'odio.* ◆ **scatenarsi** v.pron. **1.** *fig.* Agitarsi e manifestare gioia, entusiasmo. *I ragazzi si stanno scatenando.* **2.** *fig.* Prorompere con violenza. *Si è scatenato un violento temporale.*
scatenàto agg. Privo di freni, incontenibile. ~ *fam.* Irrequieto, vivace. ◇ *fig. Pazzo scatenato:* essere molto stravagante oppure non avere freni o limiti.
scatofagìa s.f. **1.** ZOOL. Alimentazione a base di escrementi, tipica di alcuni animali, spec. insetti. **2.** PSICH. Nell'uomo, perversione che induce a cibarsi di escrementi. SIN.: **coprofagia**.
scatofilo agg. ECOL. Che vive o cresce sugli escrementi.
scàtola s.f. **1.** Contenitore di materiale e forma varia, munito di coperchio, per riporre o trasportare oggetti di diverso genere. ~ Il suo contenuto. ◇ *Cibo in scatola:* conservato in contenitori chiusi ermeticamente. – *fig. Comprare a scatola chiusa:* senza controllare che la merce sia in buone condizioni. **2.** Che ha la forma o la funzione di una scatola. ◇ *Scatola nera:* in un aereo, registratore delle operazioni di volo. – ANAT. *Scatola cranica:* le ossa della testa che racchiudono il cervello. **3.** *eufem.* (al pl.) Testicoli. ◇ *fam. Averne piene le scatole:* non sopportare più qlco. o qlcu.
scatolàme s.m. **1.** Insieme di scatole di vario tipo. **2.** Assortimento di prodotti alimentari conservati in scatola. *Fare scorta di scatolame.*
scatolétta s.f. **1.** Nel sign. del dim. di *scatola*; in partic., scatola di piccole dimensioni, general. di latta, per contenere cibi conservati. **2.** *estens.* Cibo inscatolato.
scatolificio s.m. [pl. *-ci*] Stabilimento industriale per la fabbricazione di scatole.
scatologìa s.f. (fr. *scatologie*) Opinioni o scritti di carattere scherzoso in cui sono oggetto del discorso gli escrementi.
scattànte agg. **1.** Che rivela buoni riflessi. ~ Dotato di accelerazione pronta. *Motore scattante.* **2.** *fig.* Che esegue con prontezza il proprio lavoro.
scattàre v.intr. (aus. *essere e avere*) **1.** Detto di congegni a molla, liberarsi da uno stato di tensione. *L'obiettivo è scattato mentre ti giravi.* **2.** *fig.* Passare a un livello superiore. *La contingenza in aprile è scattata di cinque punti.* **3.** *estens.* Compiere un movimento rapido e brusco. *Scattare in piedi.* ~ Aumentare di colpo la velocità. *Scattare a cinque metri dal traguardo.* **4.** *Entrare in azione. *L'operazione antidroga è scattata in molte città.* **5.** *fig.* Non riuscire a contenere le proprie emozioni. *Scattare per nulla.* ◆ v.tr. Riprendere un'immagine con la macchina fotografica. *Scattare una foto.*
scattering [/'skætərɪŋ/] s.m. inv. (voce ingl., deriv. di *to scatter* "spargere") FIS. Dispersione di onde elettromagnetiche o di particelle, a seguito di urti contro un bersaglio.
scattista s.m. e f. [pl.m. *-sti*] SPORT. Atleta dotato di notevole scatto. ~ Specialista nelle gare di velocità dell'atletica leggera.
scàtto s.m. **1.** Movimento rapido e secco con cui un congegno si libera dallo stato di tensione. **2.** Il congegno stesso che scatta. ~ Il rumore prodotto. **3.** Dispositivo che comanda il funzionamento dell'otturatore di un apparecchio fotografico che consente l'impressione dell'immagine sulla pellicola. ~ Il fotogramma che ne risulta. **4.** *estens.* Movimento rapido e brusco. ~ Rapida accelerazione e capacità di effettuarla. **5.** *fig.* Movimento d'impazienza, d'irritazione, di nervosismo. **6.** *fig.* Passo in avanti, passaggio a un livello superiore rispetto a quello precedente. *Scatto di carriera.* ◇ *Scatto di anzianità:* aumento dello stipendio previsto dal regolamento interno, dal contratto o dal rincaro della vita. **7.** Unità di tariffa telefonica di valore variabile a seconda della distanza e della fascia oraria del collegamento.
scaturìre v.intr. [83] (aus. *essere*) **1.** Detto di sorgenti, sgorgare dalla roccia. ~ *estens.* Detto di liquidi in genere, venire fuori da qlco. **2.** *fig.* Derivare, avere origine da qlco.
scavalcaménto s.m. L'azione di passare sopra, di scavalcare, anche fig.
scavalcàre v.tr. [4] **1.** Far cadere qlcu. da cavallo. *Scavalcare il fantino.* **2.** Oltrepassare, passare sopra un ostacolo. ~ Passare avanti, superare qlcu., raggiungendo un grado o una posizione superiore. *Ha scavalcato molti colleghi più anziani di lui.*
scavàre v.tr. **1.** Produrre una cavità in una superficie. *Scavare il suolo.* **2.** *fig.* Riferito a parti di vestiario, allargare il giro, renderlo più profondo. *Scavare il giro collo.* **3.** Riportare alla luce qlco. *Scavare una tomba.* **4.** *fig.* Disseppellire con la mente ricordi del passato. *Scavare vecchie questioni.* ◆ v.intr. (aus. *avere*) **1.** Effettuare scavi archeologici. *La spedizione ha scavato nei pressi di Pompei.* **2.** *fig.* Approfondire con lo studio o la riflessione. *Scavare un argomento.*
scavatóre agg. [f. *-trice*] Che compie operazioni di scavo. ◆ s.m. **1.** (anche f.) Addetto a lavori di scavo. **2.** Escavatore.
scavatrice s.f. Macchina, general. cingolata, attrezzata per lavori di scavo, di sbancamento, di movimento terra. SIN.: **ruspa**.
scavatùra s.f. **1.** *non com.* Azione di scavare. **2.** *estens.* Il tratto scavato e il materiale che ne risulta. **3.** Incavatura delle maniche o scollatura di un abito.
scavezzacòllo s.m. [pl. *-li* meno freq. inv.] **1.** *non com.* Precipizio, luogo molto scosceso. **2.** *fig.* (anche f.) Persona imprudente, indisciplinata.
scàvo s.m. **1.** Azione dello scavare, punto scavato. ~ Cavità nel suolo. **2.** ARCHEOL. (spec. pl.) Azione di frugare il suolo per riportare alla luce monumenti od oggetti. ~ Ritrovamento che ne risulta. ◇ GEOL. *Campagna di scavi:* insieme di lavori effettuati da gruppi di esperti in un'area geografica o in un sito, secondo un piano ben stabilito, a scopo di ricerca in varie materie. **3.** SART. Incavatura delle maniche o scollatura di un abito.
scazónte s.m. (gr., deriv. di *skázein* "zoppicare") METR. Nella metrica classica verso che, rispetto al suo schema regolare, presenta delle alterazioni e ha per questo un ritmo "zoppicante".
scàzzo s.m. **1.** *volg.* Dissenso, scontro. **2.** *volg.* Difficoltà, seccatura.
scazzóne s.m. Pesce con testa grossa e ampia bocca, che vive nelle acque dolci ben ossigenate. (Lunghezza 10-30 cm; famiglia dei Cottidi.)
sceccàrio s.m. [pl. *-ri*] Blocchetto di assegni.
scégliere v.tr. [62] **1.** Prendere, tra due o più cose o persone, quella confacente ai gusti o alle necessità. *Scegliere una facoltà universitaria.* **2.** Prendere la parte migliore di un insieme di cose spec. alimentari. *Scegliere la verdura.* **3.** Preferire una certa cosa. *Per le vacanze ho scelto di fare un viaggio in Turchia.* ◆ **scegliersi** v.pron. Esprime in partic. coinvolgimento del soggetto, nel sign. 1. *Scegliersi un abito.*
sceicco s.m. [pl. *-chi*] (fr. *sheik*, ar. *šaih* «) Capo di tribù araba. ~ Titolo dato a ogni musulmano rispettabile per età, funzione, ecc.
scelleratézza s.f. **1.** Carattere, modo di agire malvagio. SIN.: **crudeltà**. **2.** Azione malvagia.
scelleràto agg. **1.** Riferito a persona, che ha commesso atrocità e delitti. SIN.: **malvagio**. **2.** Riferito a cosa, che denota crudeltà. ◆ s.m. [f. *-ta*] Persona malvagia o che si è macchiata di crudeli delitti. ~ *fam. o scherz.* Monello, birichino. *Quello scellerato non studia mai!*
scellino s.m. (ingl. *shilling*, germ. *sild-ling* "scudo" detto delle monete d'oro romane) **1.** Ex unità monetaria dell'Austria. **2.** Moneta divisionale britannica (simb. *s*), corrispondente, dal 1971, a un decimo di sterlina. **3.** Unità monetaria di Kenia, Uganda, Somalia e Tanzania.
scélta s.f. **1.** Indicazione o attuazione di una preferenza dopo una cernita o una valutazione. ◇ *A scelta:* a *piacere. – *Libertà di scelta:* l'essere liberi di prendere qualsiasi decisione. – *Avere l'imbarazzo della scelta:* scegliere con difficoltà perché si hanno molte alternative. – SPORT. *Scelta di campo:* prima di una partita, scelta della metà campo di gioco in cui schierare la squadra, effettuata dal capitano dopo un sorteggio; *fig.* schieramento, presa di posizione netta, decisa. **2.** Raccolta di oggetti o di prodotti ordinata secondo determinati criteri. ◇ *Prima scelta:* qualità ottima. **3.** Raccolta antologica di opere o di loro parti secondo determinati criteri. **4.** FILOS. Momento dell'atto di volontà, consistente nel prendere consapevolmente una decisione rispetto ad altre possibili.
scélto agg. **1.** Che è stato selezionato fra altri. *Brani scelti.* ~ *estens.* Di prima qualità. *Frutta scelta.* **2.** Dotato di particolari doti e qualità. *Tiratore scelto.* **3.** *estens.* Che denota ricercatezza. *Vocaboli scelti.*
scemàre v.intr. (aus. *essere*) **1.** Di cosa, scomparire, indebolirsi. *Il vento sta scemando.* **2.** Di persona, calare rispetto a qlco. *Scemare di forze.*
scémo agg. *fam.* Poco intelligente. ~ Privo di senso. *Film scemo.* ◆ s.m. [f. *-ma*] Persona priva di intelligenza, usato spesso come ingiuria.
scempiàggine s.f. **1.** L'essere sciocco, inopportuno. SIN.: **scemenza**. **2.** Parola, azione sciocca.
1. scémpio agg. [pl.m. *-pi*] (lat. *sĭmplum* "semplice") **1.** Semplice, non doppio. **2.** LING. Riferito a consonante breve in oppos. a *consonante lunga o geminata.*
2. scémpio s.m. [pl. *-pi*] (lat. *exĕmplum* "esempio" quindi "strage esemplare") **1.** Atto di crudele violenza, strage. **2.** *fig.* Rovina, deturpazione.
scèna s.f. (gr. *skēnḗ* "tenda" quindi "fondale del palcoscenico, scena") **1.** Parte del palcoscenico dove recitano gli attori. ~ Modo e capacità di stare in scena. ◇ *Mettere in scena:* allestire una rappresentazione teatrale. – *Ritirarsi dalle scene:* lasciare la carriera teatrale. – *Uscire di, dalla scena:* di un attore, ritirarsi dietro le quinte; *fig.* non avere più un ruolo importante o addirittura scomparire. **2.** TEAT., CINE., TV. Complesso degli elementi che rappresentano l'ambiente in cui si svolge l'azione. SIN.: **scenografia**. ~ *estens.* Luogo in cui avviene un'azione. *Scena del delitto.* ~ *fig.* Complesso delle circostanze e condizioni in cui si svolge un'attività umana. *La scena politica.* **3.** TEAT., CINE. Suddivisione di un atto. ~ Momento particolare, con caratteristiche unitarie specifiche. *Scena d'amore.* ◇ *Scena madre:* quella più importante per lo svolgimento della trama; *fig.* espressione esagerata di disappunto o di dolore. **4.** Spettacolo naturale, episodio reale a cui si assiste da spettatore. *Una scena poco edificante.* **5.** *fig.* Manifestazione incontrollata di una passione. *Non fare scene!* SIN.: **scenata**. ~ Finzione, sceneggiata. ◇ *Per fare scena:* per fare colpo.
scenàrio s.m. [pl. *-ri*] **1.** TEAT., CINE., TV. Insieme degli elementi che rappresentano l'am-

biente in cui si svolge l'azione. **2.** Canovaccio della commedia dell'arte. **3.** CINE. Fase preliminare alla sceneggiatura di un soggetto cinematografico. **4.** *fig.* Paesaggio naturale di notevole bellezza. SIN.: **panorama**. **5.** *fig.* Ambiente, sfondo in cui ha luogo un evento, un fenomeno. ~ Nel l. gior., il quadro di riferimento politico. *Scenari governativi.*

scenàta s.f. Manifestazione vistosa di un sentimento. ~ Litigio chiassoso.

scéndere v.intr. [33] (aus. *essere*) **1.** Muoversi da un punto più alto e spostarsi verso un luogo o una persona più bassi, superando un dislivello. *Scendere in cantina.* ~ Smontare da un mezzo di locomozione. *Scendere dal bus.* ~ Andare verso sud. *Scendere in Puglia.* ◇ *Scendere in piazza:* manifestare pubblicamente. **2.** Di cosa, andare verso il basso. *La strada scende verso il mare.* ~ Abbassarsi di livello o di intensità. *La febbre è scesa.* ~ Diminuire di numero. **3.** Sostare in un posto durante o dopo un viaggio. *Scendere in un hotel.* **4.** Pendere dall'alto, cadere giù. *I capelli le scendono sulle spalle.* ◆ v.tr. Percorrere dall'alto in basso. *Scendere le scale.*

scendilètto s.m. inv. **1.** Tappetino a lato del letto. **2.** Vestaglia da camera.

sceneggiàre v.tr. [5] TEAT., CINE., TV. Ridurre un'opera letteraria a soggetto di rappresentazione. *Sceneggiare un romanzo.*

sceneggiàta s.f. **1.** Commedia popolare napoletana che sviluppa la trama di una canzone di successo con forte accentuazione degli elementi patetici. **2.** *estens.* Esibizione esagerata e spesso non sincera di sentimenti ed emozioni.

sceneggiàto agg. Che è stato suddiviso in scene. *Opera teatrale sceneggiata.* ◆ s.m. Opera letteraria o soggetto narrativo adattato a rappresentazione televisiva o radiofonica. *Sceneggiato a puntate.*

sceneggiatóre s.m. [f. *–trice*] TEAT., CINE., TV. Autore di sceneggiature.

sceneggiatùra s.f. **1.** Suddivisione in scene e in atti di un'opera teatrale, cinematografica o radiotelevisiva. **2.** CINE. Copione di un film, con l'indicazione ordinata delle scene e dei dialoghi.

scenétta s.f. **1.** Breve scena comica. SIN.: **sketch**. **2.** Episodio che involontariamente assume carattere comico. *Ho assistito a una scenetta divertente.*

scènico agg. [pl.m. *–ci*, f. *–che*] Relativo alla scena.

scenografìa s.f. **1.** Arte e tecnica della realizzazione delle scene di uno spettacolo. SIN.: scenotecnica. **2.** *Allestimento scenico.

scenogràfico agg. [pl.m. *–ci*, f. *–che*] **1.** Relativo alla scenografia. **2.** *fig.* Che è appariscente e che impressiona per la sua spettacolarità.

scenògrafo s.m. [f. *–fa*] Ideatore e responsabile della scenografia di uno spettacolo.

scenotècnica s.f. [non com. pl. *–che*] TEAT. Arte e tecnica dell'allestimento scenico, con particolare riferimento agli aspetti materiali e meccanici della scenografia.

scentràre v.tr. Mettere fuori centro. *Scentrare una ruota.* ◆ **scentrarsi** v.pron. Detto di organo rotante, sbilanciarsi. *Il perno si è scentrato.*

scentratùra s.f. TECN. L'essere non centrato. ~ Sbilanciamento per cui l'asse di rotazione di un meccanismo non coincide con quello principale d'inerzia.

scèpsi s.f. inv. (gr. *sképsis*, deriv. di *sképtesthai* "osservare, esaminare") FILOS. Atteggiamento di dubbio conoscitivo che si oppone alle certezze dogmatiche.

1. scerìffo s.m. (ingl. *sheriff*, anglosassone *scīrgeréfa* "magistrato di contea") In Gran Bretagna e in Irlanda, magistrato elettivo con funzioni amministrative e giudiziarie. ~ Negli Stati Uniti, capo della polizia designato per una contea.

2. scerìffo s.m. (ar. *šarīf* "nobile") Capo religioso musulmano, ritenuto discendente di Maometto.

scervellàrsi v.pron. Pensare intensamente, concentrarsi al massimo.

scervellàto agg. Privo di giudizio, senza cervello. ◆ s.m. [f. *–ta*] Nel sign. dell'agg.

scetticìsmo s.m. (fr. *scepti-cisme*) **1.** FILOS. Corrente della filosofia greca classica che negava la possibilità di una conoscenza oggettiva del reale. ~ Qualunque posizione filosofica che, in oppos. al *dogmatismo*, manifesta un dubbio sistematico sulla conoscibilità del reale. **2.** *estens.* Atteggiamento di sfiducia, di dubbio.

scèttico agg. [pl.m. *–ci*, f. *–che*] (fr. *sceptique*, gr. *skeptikós* deriv. di *sképtesthai* "osservare, esaminare") **1.** FILOS. Relativo alla filosofia dello scetticismo. **2.** *estens.* Che dubita di tutto. SIN.: **incredulo**. ~ Che mostra incredulità riguardo a qlco. di particolare. SIN.: **dubbioso**. ◆ s.m. [f. *–ca*] **1.** FILOS. Seguace dello scetticismo. **2.** Nell'accez. 2 dell'agg.

scèttro s.m. (gr. *skêptron* "bastone") **1.** Bastone simbolo dell'autorità sovrana. ~ *estens.* Il potere regale che rappresenta. **2.** *fig.* Primato assoluto in un determinato settore. *Scettro dell'eleganza.*

scévro agg. Privo di qlco.

schèda s.f. (gr. *skhédē*, propr. "foglio di papiro" quindi "tabella, carta") **1.** Cartoncino rettangolare destinato a raccogliere dati e notizie. *Scheda bibliografica.* ~ Modulo prestampato per varie funzioni burocratiche e amministrative. *Scheda personale.* **2.** Cartoncino plastificato per usi specifici. ◇ *Scheda telefonica:* carta magnetizzata di importo predefinito che consente l'uso di determinati telefoni pubblici e privati. – INFORM. *Scheda perforata o meccanografica:* supporto in uso negli anni 1970-1980 su cui si registravano i dati mediante fori praticati in una matrice. **3.** Stampato usato nelle consultazioni elettorali per esprimere il voto. **4.** In un giornale o in altra opera a stampa, riquadro entro il quale si dà il profilo sintetico di qlco. ~ In un servizio radiotelevisivo, sintesi di una situazione o profilo biografico di una personaggio. **5.** ELETTRON. Tavoletta su cui sono saldati i componenti dei circuiti elettronici. ◇ INFORM. *Scheda di espansione:* che aggiunge potenza o memoria alla configurazione base di un computer. – *Scheda madre:* scheda logica principale di un elaboratore, sulla quale è fissato il microprocessore e a cui vengono connesse le altre schede che compongono il sistema. SIN.: **motherboard**. – *Scheda audio:* periferica del computer che permette di registrare, processare e sintetizzare suoni.

schedàre v.tr. **1.** Annotare su una scheda dati e informazioni riguardo qlco. o qlcu. *Schedare dei libri.* ~ In partic., detto della polizia, registrare in appositi schedari per motivi politici o di ordine pubblico. *Schedare i sospetti.* **2.** Riportare le informazioni rilevanti di un testo scritto, ai fini di una ricerca. *Schedare un saggio.*

schedàrio s.m. [pl. *–ri*] **1.** Insieme di schede ordinate secondo un criterio. **2.** Contenitore o mobile in cui si conservano le schede ordinate. ~ *estens.* Ufficio dove si trovano gli schedari.

schedàto agg. Annotato, registrato in una scheda. ◆ s.m. [f. *–ta*] Individuo segnato negli schedari della polizia per precedenti penali o perché sospetto.

schedatùra s.f. Registrazione e catalogazione su schede.

schedìna s.f. Foglio prestampato sul quale si segnano i risultati previsti ai concorsi del totocalcio, del lotto e del enalotto.

scheduler [/'ʃedju:lə/] s.m. inv. (voce ingl.) INFORM. Parte del sistema operativo che attiva in sequenza, i processi in attesa di esecuzione.

scheduling [/'ʃedju:liŋ/] s.m. inv. (voce ingl.) Programmazione dei tempi di lavoro.

schéggia s.f. [pl. *–ge*] (lat. *schīdiam*, gr. *skhídion* deriv. di *skhízein* "scindere") **1.** Frammento, general. tagliente, che si stacca da un corpo. In partic., frammento di proiettile o di bomba scagliato a grande velocità e in ogni direzione dall'esplosione. ◇ *figg. Essere una scheggia:* essere molto veloce. – *Scheggia impazzita:* persona non più controllabile; fenomeno dalle conseguenze imprevedibili. **2.** *fig.* Spezzone, ricordo di qlco. *Schegge della memoria.*

scheggiàre v.tr. [5] Rompere parte di un oggetto facendone saltare qualche scheggia. *Scheggiare un piatto.* ◆ **scheggiarsi** v.pron. Perdere una o più schegge rompendosi. *Il vaso si è scheggiato.*

scheggiàto agg. Che ha una o più scheggiature. *Piatto scheggiato.*

scheggiatùra s.f. Distacco di una scheggia da una superficie. ~ Il punto in cui la scheggia è saltata.

schelètrico agg. [pl.m. *–ci*, f. *–che*] **1.** Relativo allo scheletro. **2.** *estens.* Molto magro. **3.** *fig.* Ridotto all'essenziale. SIN.: **stringato**.

scheletrìto agg. **1.** Eccessivamente magro. **2.** *fig.* Estremamente conciso, stringato.

schèletro s.m. (gr. *skeletós*, propr. "disseccato") **1.** Struttura ossea caratteristica dei vertebrati. ◆ *Sembrare uno scheletro:* essere magrissimo. – *Avere uno scheletro nell'armadio:* nascondere un segreto imbarazzante. **2.** *estens.* Struttura di una costruzione. SIN.: **ossatura**. **3.** *fig.* Trama essenziale di un'opera, di un discorso. SIN.: **schema**.

schèma s.m. [pl. *–mi*] (gr. *skhêma* "configurazione") **1.** Rappresentazione per linee essenziali di qlco. *Schema di un impianto.* **2.** Modello mentale e comportamentale astratto, rigidamente rispettato. SIN.: **paradigma**. **3.** Abbozzo preliminare. SIN.: **canovaccio**. **4.** FILOS. Nella logica di Aristotele, una delle quattro figure del sillogismo; in Kant, il procedimento dell'immaginazione, con cui si applicano le categorie dell'intelletto ai dati della percezione.

schemàtico agg. [pl.m. *–ci*, f. *–che*] **1.** Che segue uno schema. SIN.: **sintetico**. **2.** *spreg.* Eccessivamente limitato, senza elasticità.

schematìsmo s.m. **1.** Tendenza a fare uso di schemi prestabiliti. **2.** FILOS. In Kant, procedimento con cui si concilia il fenomeno percepito dai sensi con il concetto puro.

schematizzàre v.tr. Ridurre all'essenziale. *Schematizzare un brano.* ~ Rappresentare in forma di schema.

schèrma s.f. **1.** La tecnica e le norme del combattimento all'arma bianca. *(v. immagine pag. succ.)* ~ Oggi, pratica della spada, del fioretto, della sciabola. **2.** *estens.* Abilità e capacità del pugile e del lottatore di evitare, con la tecnica e la mobilità, i colpi dell'avversario.

schermàggio s.m. [pl. *–gi*] TECN. Protezione mediante uno schermo.

schermàglia s.f. [pl. *–glie*] **1.** *ant.* Azione di scherma. ~ Duello, scontro all'arma bianca. **2.** *fig.* Contrasto di opinioni precedente a una disputa.

schermàre v.tr. **1.** Proteggere qlco. con uno schermo. *Schermare una lampada.* **2.** FIS. Limitare o impedire mediante apposito schermaggio il passaggio di flussi energetici e di radiazione.

schermàta s.f. INFORM. Insieme delle immagini visibili sullo schermo di un computer.

schermatùra s.f. **1.** Protezione o salvaguardia mediante l'applicazione di uno schermo o di un apposito dispositivo. **2.** Modo in cui si attua tale protezione. ~ L'elemento che fa da schermo.

schermìre v.intr. [83] (aus. *avere*) (long. *skirmjan* "proteggere") Combattere con la sciabola, la spada o il fioretto. ◆ v.tr. Riparare, proteggere qlco. ◆ **schermirsi** v.pron. Difendersi, proteggersi. ~ *fig.* Sottrarsi a incombenze con abilità. ~ Sfuggire onori con modestia.

schermitóre e **schermidóre** s.m. [pl. *–trice*] **1.** Chi pratica la scherma. **2.** Pugile molto abile nella scherma boxistica. **3.** *fig.* Brillante e acuto polemista.

schérmo s.m. **1.** Riparo, protezione, difesa, sia in senso concreto sia fig. *Farsi schermo con la mano.* ◇ *Schermo solare:* filtro protettivo, spec. utilizzato in creme per la protezione della pelle dai raggi ultravioletti. – *A schermo totale:* si dice di una crema o di un latte solare che garantisce una protezione massima contro i raggi ultravioletti. ~ Ciò che impedisce di vedere. *La nebbia faceva da schermo.* **2.** FIS. Pannello, dispositivo, elemento che protegge dal calore, dalla luce, ecc. **3.** MIL. Formazione di unità navali o aeree

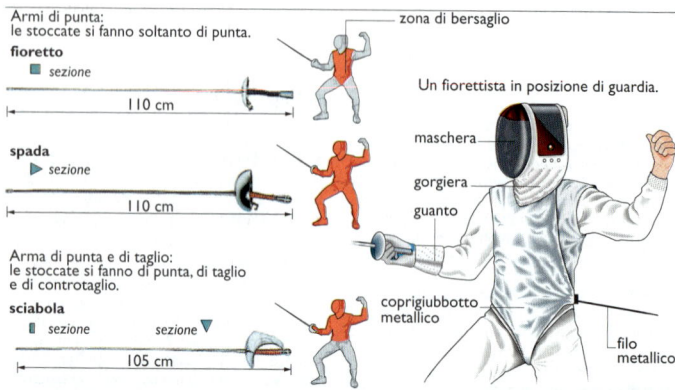

Armi di punta:
le stoccate si fanno soltanto di punta.

fioretto

■ sezione

│← 110 cm →│

spada

▶ sezione

│← 110 cm →│

Arma di punta e di taglio:
le stoccate si fanno di punta, di taglio
e di controtaglio.

sciabola

■ sezione   sezione ▼

│← 105 cm →│

zona di bersaglio

Un fiorettista in posizione di guardia.

maschera

gorgiera

guanto

coprigiubbotto
metallico

filo
metallico

■ **schérma.** Un assalto al fioretto.

che precede il resto della squadra e funziona da protezione. **4.** Superficie bianca sulla quale si proiettano immagini fotografiche o cinematografiche. ~ *estens.* Sala cinematografica. ~ Il mondo del cinema nel suo complesso. *Un divo dello schermo.* ~ Superficie fluorescente sulla quale si formano le immagini (p.e. televisione, computer). ◇ *Il piccolo schermo:* la televisione. ~ *Il grande schermo:* il cinema.

schermografìa s.f. MED. In radiologia, tecnica che consente di fotografare un'immagine riprodotta sullo schermo fluorescente di un apparecchio a raggi X. ~ La fotografia stessa.

schernìre v.tr. [83] (long. *skirnjan*) Deridere qlcu. o qlco., manifestando disprezzo a parole o a gesti.

schernitóre agg. [f. *–trice*] Che deride con disprezzo. ◆ s.m. (anche f.) Nel sign. dell'agg.

schérno s.m. Derisione di qlcu. ~ La persona o la cosa oggetto di scherno. *Essere lo scherno di tutti.* SIN.: **zimbello.**

scherzàndo s.m. inv. MUS. Didascalia che indica l'esecuzione allegra e briosa di un brano o di un singolo movimento.

scherzàre v.intr. (aus. *avere*) (long. *skerzōn*) **1.** Comportarsi in modo leggero. ~ Fare scherzi. ~ Non fare sul serio. ~ Prendere in giro qlcu. **2.** Detto di due o più soggetti, giocare assieme, divertirsi. *I bambini hanno scherzato tutto il giorno.*

schérzo s.m. **1.** Comportamento in cui si dice o si fa qlco. non sul serio, ma per divertimento o per burla. ~ Atto o parola con cui ci si prende gioco di qlcu. **2.** *estens.* Evento inatteso, che costituisce una sorpresa poco piacevole e una fonte di preoccupazione. ~ *iron.* Azione disonesta o malvagia volta a danneggiare o imbrogliare qlcu. ◇ *Scherzi a parte:* seriamente. **3.** *fig.* Cosa molto facile da fare. **4.** LETT. Componimento poetico piuttosto breve di tono scherzoso. **5.** MUS. Parte vocale o strumentale di ritmo ternario, di uno stile vivace e brioso, prima vocale e in seguito strumentale diffuso in Europa a partire dal sec. XVII.

scherzóso agg. **1.** Di persona, che ama scherzare. **2.** Di cosa, improntato allo scherzo.

schettinàggio s.m. [pl. *–gi*] (ingl. *skating*) Pattinaggio a rotelle.

schiàccia s.f. [pl. *–ce*] **1.** Attrezzo da pasticcere per preparare e cuocere dolci dalla forma appiattita, formato da due dischi metallici azionati da due lunghi manici. **2.** Focaccia piatta (detta anche *schiacciata*). **3.** CACC. Trappola consistente in una grossa pietra che cade dall'alto schiacciando la preda.

schiacciaménto s.m. Appiattimento o deformazione provocata da compressione o urto.

schiaccianóci s.m. inv. Arnese da cucina per rompere le nocciole, le noci e altra frutta secca.

schiacciànte agg. Di tale evidenza che non lascia alcun dubbio. *Prove schiaccianti.*

schiacciapatàte s.m. inv. Arnese da cucina per schiacciare le patate bollite.

schiacciàre v.tr. [5] (etim. discussa, forse lat. *extlatteàre* "ridurre come una chiatta") **1.** Premere con forza o violenza qlco. fino a deformarlo o romperlo. ~ *estens.* Comprimere, pigiare qlco. *La folla mi schiaccia.* ~ *fig.* Appiattire qlcu., farlo apparire più basso. *Questo vestito a righe ti schiaccia troppo.* **2.** *fig.* Superare nettamente qlcu. ~ Provare inconfutabilmente la colpevolezza di qlcu. ~ Opprimere, annientare qlcu. *La sua forte personalità mi schiaccia.* ~ Soffocare, reprimere una ribellione. *Schiacciare una rivolta nel sangue.* **3.** Premere, pigiare un pulsante. **4.** SPORT. Colpire la palla con forza dall'alto verso il basso. ◆ **schiacciarsi** v.pron. **1.** Deformarsi appiattendosi. **2.** Ammaccarsi parte del corpo per un colpo improvviso e involontario. *Schiacciarsi un dito.* **3.** Sbattere violentemente contro qlco., ammaccandosi e subendo danni irreparabili. *La moto si è schiacciata contro il muro.*

schiacciasàssi s.m. inv. Macchina munita di un pesante rullo, usata nei lavori stradali.

schiacciàta s.f. **1.** Compressione violenta. ~ Compressione rapida e sommaria. **2.** SPORT. Nei giochi con la palla, tiro violento dall'alto in basso. ~ Nella pallacanestro, punto effettuato spingendo con violenza e dall'alto in basso la palla nel canestro. **3.** Focaccia larga e piatta, dolce o salata.

schiacciàto agg. **1.** Frantumato, deformato sotto l'effetto di una forte pressione. **2.** Che ha una forma appiattita. *Naso schiacciato.* **3.** SPORT. *Colpo, tiro schiacciato:* schiacciata.

schiaffàre v.tr. Buttare senza riguardo qlcu. o qlco. da qualche parte. *Schiaffare qlcu. in prigione.* ◆ **schiaffarsi** v.pron. Buttarsi pesantemente da qualche parte. *Schiaffarsi sul divano.*

schiaffeggiàre v.tr. [5] Prendere a schiaffi qlcu. ~ *estens.* Colpire qlco. con violenza. *Le onde schiaffeggiavano la barca.*

schiàffo s.m. **1.** Colpo dato con la mano aperta, spec. sul viso. **2.** *fig.* Umiliazione cocente. ◇ *Schiaffo morale:* offesa bruciante, anche scherz. **3.** *estens.* Forte colpo, urto. *Gli schiaffi della pioggia.*

schiamazzàre v.intr. (aus. *avere*) Detto di volatili, emettere grida rauche e stridule. *Le anatre schiamazzano tutto il giorno.* ~ *estens.* Detto di persone, gridare molto e general. per nulla. ~ Gridare incessantemente, vociare. SIN.: **starnazzare.**

schiamàzzo s.m. **1.** Verso rauco e molesto di volatili. **2.** *estens.* Grida scomposte e fastidiose emesse da un gruppo di persone. SIN.: **cagnara.**

schiantàre v.tr. (etim. incerta, forse lat. *explantāre* "sradicare") **1.** Far sbattere con violenza una cosa contro un'altra. **2.** Spezzare con violenza, distruggere cose, svellere piante. **3.** Fare scoppiare qlco. *Schiantare un pallone.* ◆ v.intr. (aus. *essere*) *fam.* Morire, schiattare, scoppiare. *Ha mangiato troppo ed è schiantato.* ◆ **schiantarsi** v.pron. Sbattere violentemente contro un ostacolo. *L'auto si è schiantata contro un muro.*

schiànto s.m. **1.** Rottura violenta e improvvisa. **2.** *estens.* Fragore provocato da un urto violento, da un crollo, da un'esplosione. ~ *fam.* Persona o cosa che colpisce fortemente per la bellezza quasi esplosiva. **3.** *fig.* Dolore insopportabile, pena insostenibile.

schiàppa s.f. *fam.* Chi dà prova di mancanza di abilità, incapace.

schiarìre v.tr. [83] Rendere più chiaro qlco. *Schiarire i capelli.* ◆ v.intr. (aus. *essere*) Diventare chiaro o più chiaro, rasserenarsi, rischiararsi; anche pron. ◇ *figg. Schiarirsi la voce:* tossicchiare per eliminare forme passeggere di raucedine. – *Schiarirsi le idee:* capire meglio qlco., chiarire dubbi e punti oscuri. ◆ v. impers. (aus. *essere* o *avere*) Diventare sereno. ~ Farsi giorno.

schiarìta s.f. **1.** Momentaneo ritorno del cielo sereno. **2.** *fig.* Principio di intesa e di appianamento dei discaccordi.

schiascopìa s.f. MED. In oftalmologia, rilevamento dell'indice di rifrazione dell'occhio mediante l'osservazione dell'ombra proiettata attraverso la pupilla.

schiavìsmo s.m. **1.** Teoria che sostiene l'istituto della schiavitù. ~ Sistema sociale ed economico fondato sulla schiavitù. **2.** *estens.* La propensione e la pratica di assoggettare e considerare come inferiori individui, gruppi o popoli più arretrati o più deboli dal punto di vista economico e sociale. **3.** *fig.* Coercizione, oppressione, anche in senso generic.

schiavìsta s.m. e f.[pl.m. *–sti*] **1.** Chi è favorevole alla schiavitù. **2.** *estens.* Persona che considera gli altri come inferiori e tende a sfruttarli come tali. □ In funzione di agg., relativo allo schiavismo. *Nazione schiavista.*

schiavitù s.f. inv. **1.** Condizione di chi è schiavo. **2.** Assoggettamento politico di un popolo a un tiranno o a un altro popolo. **3.** *fig.* Sottomissione, asservimento materiale o psicologico. ~ Dipendenza stretta da qlco. da un vizio, un'abitudine. *La schiavitù della droga.* **ENCICL.** La pratica della schiavitù risale all'antichità. Gli schiavi, ovvero i prigionieri di guerra e gli individui più poveri della società, rappresentavano il principale strumento di lavoro ed erano oggetto di intensi commerci. Nel Medioevo, la schiavitù persiste fino al sec. X e, a partire dal sec. XVI, iniziò a svilupparsi la cosiddetta *tratta dei neri.* Stigmatizzata nel sec. XVIII, fu abolita dall'Inghilterra nel 1833, dalla Francia nel 1848, dagli Stati Uniti nel 1865 (in seguito alla guerra di Secessione), dal Brasile nel 1888, quindi condannata dalla Dichiarazione universale dei diritti dell'uomo nel 1948.

schiavizzàre v.tr. **1.** Rendere schiavo qlcu. **2.** *estens.* Comportarsi dispoticamente con gli altri, trattandoli da inferiori o servi. *Schiavizzare i dipendenti.*

schiàvo agg. (lat. *sclăvum* "prigioniero di guerra slavo") **1.** Che è in una condizione di asservimento. ~ Che ha perso la libertà e l'indipendenza politica. **2.** *estens.* Che è in uno stato di assoggettamento personale o vive in condizioni umilianti. **3.** *fig.* Che vive in condizioni di asservimento o di dipendenza rispetto a un vizio, a un'abitudine, a un vincolo materiale. ◆ s.m. [f. *–va*] **1.** In passato, persona che, appartenendo giuridicamente a un'altra, era priva di ogni diritto civile e dipendente dalla volontà e dall'arbitrio del proprietario. **2.** *fig.* Servo, succube.

schidióne s.m. Spiedo di notevole lunghezza usato per arrostire le carni, soprattutto di volatili e pesci.

schièna s.f. (long. *skena*, germ. *skina*) **1.** ANAT. Regione posteriore del tronco dell'uomo, dalle spalle ai reni. ◇ *fig. Curvare, piegare la schiena:* cedere, sottomettersi. **2.** Groppa di un animale. **3.** Catena montuosa di forma tondeggiante e con pendii dolci.

schienàle s.m. **1.** Parte dell'armatura che proteggeva la schiena. **2.** Parte di una sedia contro la quale si appoggia la schiena. **3.** Schiena di animale. ~ (al pl.) midollo spinale di bestia macellata. **4.** MAR. In una lancia, tavola trasversale della zona di poppa.

schièra s.f. (provenz. *esquiera* di orig. germ.) **1.** Reparto di soldati disposti in ordine di manovra o di combattimento. ~ (spec. pl.) Gruppo di armati o esercito nel suo complesso. **2.** Insieme di individui o di animali, general. disposti secondo un ordine o appartenenti alla stessa categoria o specie.

schieraménto s.m. **1.** Manovra con cui si dispongono in ordine truppe o formazioni di altro tipo. ~ Il tipo di disposizione adottato. *Schieramento strategico, difensivo.* ~ Le forze stesse schierate. *Rompere lo schieramento nemico.* ~ SPORT. Formazione di una squadra, disposizione dei giocatori in campo. **2.** *fig.* Gruppo di persone che sostengono una stessa ideologia, un interesse comune. *Schieramento politico.*

schieràre v.tr. **1.** MIL. Disporre in schiera le truppe per la manovra o il combattimento. *Schierare le truppe.* **2.** Disporre più persone o cose in un determinato ordine, metterle in fila. *Schierare i giocatori in campo.* ◆ **schierarsi** v.pron. **1.** Mettersi in un certo ordine, allinearsi o ordinarsi a schiera. *Le truppe si sono schierate.* **2.** *fig.* Dichiarare la propria posizione tra parti in conflitto e prendere partito.

schieràto agg. Che sostiene e difende con convinzione un'ideologia, una causa.

schiettézza s.f. Naturalezza, spontaneità. ~ Franchezza, sincerità.

schiètto agg. (got. *slaihts* "semplice") **1.** Semplice, puro, perché non contaminato o mescolato con altro. SIN.: **genuino**. **2.** *fig.* Spontaneo, semplice, non artefatto né troppo ornato. **3.** *fig.* Privo di malizia e d'inganno. □ Anche in funzione di avv. *Parlare schietto.*

schifàre v.tr. **1.** Provare disgusto o disprezzo per qlcu. o qlco. **2.** Suscitare disgusto o disprezzo in qlcu. *Mi schifa vedere una persona mangiare in quel modo.* ◆ **schifarsi** v.pron. Provare schifo, disgusto per qlco.

schifézza s.f. **1.** L'essere schifoso, ripugnante. **2.** Cosa che suscita ripugnanza. ~ *estens.* Persona, opera o comportamento che genera repulsione per bruttezza o immoralità.

1. schifo s.m. (fr. *eschif*, francone *skiuhjan* "avere riguardo") **1.** Sensazione di disgusto. ◇ *per esager. Fare schifo:* detto di cibo disgustoso, di persona sporca, di opera o di attività mal realizzata. **2.** Persona, animale o cosa che provoca ribrezzo, che offende il buon gusto o il senso morale.

2. schifo s.m. (long. *skif* "battello") MAR. Imbarcazione di piccole dimensioni, dalla forma stretta e lunga, usata un tempo per servizio, poi soprattutto in competizioni sportive o per la pesca.

schifóso agg. Che suscita nausea o schifo, in senso materiale o morale. ~ *fam.* Pessimo, orribile, sgradevole. ~ Eccessivo, esagerato. *Avere una fortuna schifosa.* ◆ s.m. [f. *–sa*] *volg.* Persona moralmente ripugnante.

schioccàre v.tr. [4] (voce onom.) Produrre un rumore secco muovendo rapidamente qlco. ◆ v.intr. (aus. *avere*) Fare uno schiocco. *La frusta schiocca.*

schiòcco s.m. [pl. *–chi*] Rumore secco e vibrante di brevissima durata.

schiodàre v.tr. Togliere uno o più chiodi, soprattutto per aprire qlco. ◆ **schiodarsi** v.pron. *gerg.* Andarsene via da qualche parte, lasciare un certo luogo.

schiòppo s.m. **1.** Antica arma da fuoco ad avancarica, a canna lunga. **2.** *fam.* Fucile, soprattutto da caccia. ◇ *Essere, trovarsi a un tiro di schioppo:* alla distanza raggiungibile da una schioppettata, quindi poco distante.

schìsi s.f. inv. MED. Fenditura, separazione anomala di un organo per difetto di saldatura. *Schisi cranica.*

schistosòma s.m. [pl. *–mi*] **1.** Verme parassita di molti animali e dell'uomo, agente di varie forme patogene. (Classe dei Trematodi.) **2.** ZOOL. (iniziale maiusc.) Genere di vermi a cui appartengono alcune specie di schistosomi.

schistosomìasi s.f. inv. MED. Infezione parassitaria dovuta a un verme, lo schistosoma, che colpisce l'intestino, il retto, il fegato o l'apparato urinario. SIN.: **bilharziosi**.

schiùdere v.tr. [21] **1.** Aprire in parte qlco. con movimento lento. **2.** *fig.* Aprire il proprio animo a un qualche sentimento. *Schiudere l'animo alla speranza.* ◆ **schiudersi** v.pron. **1.** Aprirsi lentamente, sbocciare. *Le uova si stanno schiudendo.* **2.** *fig.* Presentarsi, manifestarsi a qlcu. *Un meraviglioso futuro si schiude a questi giovani.*

schiùma s.f. (long. *skūm*, lat. *spūma* "spuma") **1.** Insieme di bolle d'aria o altro gas che si forma su un liquido sottoposto a ebollizione o ad agitazione. ~ Prodotto schiumoso simile al sapone. *Schiuma da barba.* **2.** Saliva prodotta dalla bocca degli animali. SIN.: **bava**. **3.** *fig.* La parte peggiore di un ambiente, di un gruppo. ~ Antifrasticamente, la parte migliore, la crema. **4.** MIN. *Schiuma di mare:* silicato di magnesio idratato, biancastro e poroso, con cui si fabbricano pipe.

schiumaiòla o **schiumaròla** s.f. CUC. Mestolo piatto, bucherellato per togliere la schiuma dai liquidi o i cibi già fritti dall'olio bollente.

schiumàre v.tr. Togliere la schiuma dalla superficie di un liquido. *Schiumare il brodo.* ◆ v.intr. (aus. *avere*) **1.** Fare schiuma. *È un detersivo che non schiuma.* **2.** Emettere bava. *I cani idrofobi schiumano dalla bocca.*

schiumògeno agg. Che favorisce il processo di formazione della schiuma. *Liquido schiumogeno.* ◆ s.m. **1.** Sostanza schiumogena. **2.** Estintore a schiuma.

schiumóso agg. **1.** Ricco di schiuma, che fa schiuma. **2.** Che sembra schiuma.

schiùsa s.f. Il dischiudersi di uova e bozzoli e l'uscita degli animali.

schiùso agg. Semiaperto, socchiuso.

schivàre v.tr. (francone *skiuhjan* "avere riguardo") Evitare abilmente qlco. *Schivare un ostacolo.* ~ Sfuggire qlcu.

schivàta s.f. Movimento rapido e pronto che permette di evitare un colpo o qlco. di pericoloso.

schivo agg. **1.** Che tende a rifuggire da qlco. o dal fare qlco. **2.** assol. Che non ama la compagnia e la confusione.

schizofasìa s.f. PSICH. Dissociazione del linguaggio che dà luogo a un'accozzaglia di parole incomprensibili, caratteristica della schizofrenia.

schizofrenìa s.f. PSICH. Psicosi delirante cronica caratterizzata da autismo, dissociazione, delirio paranoico e tendenza a estraniarsi dalla realtà.

schizofrènico agg. [pl.m. *–ci*, f. *–che*] **1.** Relativo alla schizofrenia. **2.** *fig.* Assurdo, folle. **3.** PSICH. Affetto da schizofrenia. ◆ s.m. [f. *–ca*] Nell'accez. 3 dell'agg.

schizogènesi s.f. inv. BIOL. Riproduzione asessuata di alcuni protozoi (p.e. i Foraminiferi) che avviene per scissione di un individuo unicellulare in due nuovi individui.

schizogonìa s.f. BIOL. Schizogenesi.

schizòide agg. PSICH. Che è affetto da schizoidia e ha quindi frequenti sbalzi di umore. ◆ s.m. e f. Nel sign. dell'agg.

schizoidìa s.f. PSICH. Condizione parapsicotica caratterizzata da tendenza all'isolamento e a fantasie allucinatorie.

schizomanìa s.f. PSICOL. Psicosi che presenta, in forma lieve e non persistente, i sintomi della schizofrenia e che spesso si aggrava fino a identificarsi con essa.

schizzàre v.tr. **1.** Bagnare con schizzi, insudiciare qlcu. o qlco. con un liquido. *Schizzare la camicia di sugo.* ~ Gettare fuori un liquido a schizzi. *Questi animali schizzano un liquido nero.* **2.** *fig.* Tracciare lo schizzo, le linee essenziali di un disegno. ~ Delineare le vicende principali di un racconto, romanzo, ecc. ◆ v.intr. (aus. *essere*) Detto di liquido, fuoriuscire con impeto dal contenitore. ~ Detto di persone o animali, andar via dal posto in cui si è, improvvisamente, di scatto e con grande fretta. *Schizzare dal letto.* ◆ **schizzarsi** v.pron. Bagnarsi, sporcarsi con schizzi.

schizzinóso agg. (voce di orig. sett., forse deriv. di *schissa* "naso rincagnato" perché arricciato per il disgusto) Di gusti particolari, soprattutto a tavola, quindi difficile da accontentare. ◆ s.m. [f. *–sa*] Nel sign. dell'agg.

schizzo s.m. **1.** Spruzzo improvviso di liquido contro qlco. o qlcu. ~ Il segno lasciato dallo spruzzo. ~ Piccola quantità di liquore come correzione ad altra bevanda. **2.** *fig.* Persona assai dinamica e dotata di notevoli riflessi. **3.** *fig.* Abbozzo di un disegno, di un'opera scritta, di un progetto.

schnauzer [/ˈʃnautsə/] s.m. inv. (voce ted., deriv. di *Schnauze* "muso") Razza di cani da guardia dal muso quadrato, segnato da una barbetta, e dal pelo ispido, di colore nero, originaria del Württemberg.

schnorchel [/ˈʃnɔrçɛl/] s.m. inv. (voce ted.) Nome di un dispositivo che permette ai sottomarini di navigare in immersione usando i motori diesel.

schooner [/ˈskuːnə/] s.m. inv. (voce ingl., forse deriv. di *to scoon* "sfiorare l'acqua") MAR. Imbarcazione a vela a due o più alberi, di cui quello anteriore è più basso.

schuss [/ˈʃus/] s.m. inv. (voce ted., propr. "colpo") SPORT. Nelle piste da sci, tratto di discesa molto ripido.

sci s.m. inv. (norv. *ski*, islandese *skith* "pezzo di legno") **1.** Ciascuno dei due lunghi attrezzi di legno o di diverso materiale (plastica, metallo) usati per scivolare sulla neve o sull'acqua. **2.** (solo sing.) Sport praticato con gli sci. ◇ *Sci di fondo:* sport che utilizza sci più stretti di quelli normali, adatti per marciare sulla neve su piste pianeggianti. – *Sci nordico:* specialità sportiva che comprende il fondo, il salto e la combinata. – *Sci nautico o acquatico:* praticato facendosi trainare con un lungo cavo da un motoscafo e planando sull'acqua con appositi sci.

■ **sci.** Gara di sci di fondo.

■ **sci.** Figura di sci nautico.

■ **sci.** Salto con gli sci ai Giochi Olimpici di Lillehammer (1994).

scìa s.f. **1.** Solco ondoso lasciato dietro di sé da un'imbarcazione. ◇ *fig. Mettersi sulla scia, seguire la scia di qlcu.*: prendere esempio da qlcu. **2.** *estens.* Traccia di vapore, di odore, di luce, ecc. lasciata nell'aria dopo il passaggio di qlco. o di qlcu.

scià s.m. inv. (persiano *šāh* "re") Titolo dei sovrani del Medio Oriente (Iran), dell'Asia centrale e dell'India.

sciabécco s.m. [pl. –*chi*] (ar. *šabbāk* "piccola nave") **1.** MAR. Antica imbarcazione a vela con tre alberi. **2.** *scherz.* Nave piccola o malridotta.

sciàbica s.f. [pl. –*che*] (sicil. *sciabbica*, ar. *šabaka* "rete") **1.** MAR. Rete per pescare a strascico nelle zone costiere, costituita da un sacco centrale e due ampie propaggini laterali. ~ Barca attrezzata per questo tipo di pesca. **2.** ZOOL. *Gallinella d'acqua.

■ **sciàbica**

sciàbile agg. Riferito al terreno o alla neve, su cui si può sciare.

sciàbola s.f. (polacco *szabla*) Arma bianca, da taglio, con lama general. curva con taglio e falso taglio. ~ Nella scherma moderna, arma leggera che presenta una protezione per la mano. ~ Disciplina che utilizza tale arma, con la quale i colpi possono essere portati al tronco, al capo e al braccio armato e sono esclusi alle gambe e al braccio non armato. ◇ *Sciabola baionetta*: baionetta lunga o di media lunghezza con lama dritta, piatta, con taglio e a volte con falso taglio, che poteva essere fissata all'estremità di un fucile.

sciabolàre v.tr. Colpire con la sciabola. ◆ v.intr. (aus. *avere*) SPORT. Dare sciabolate.

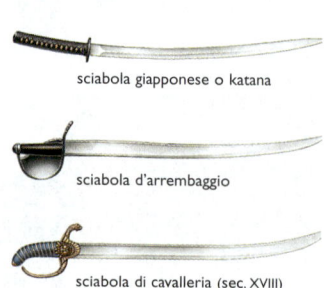
sciabola giapponese o katana

sciabola d'arrembaggio

sciabola di cavalleria (sec. XVIII)

■ **sciàbola**

sciabolatóre s.m. [f. –*trice*] Chi combatte con la sciabola. ~ Chi pratica la specialità agonistica della sciabola.

sciabordàre v.tr. Agitare il liquido contenuto in un recipiente o ciò che è immerso nel liquido stesso. ◆ v.intr. (aus. *avere*) Detto soprattutto delle piccole onde marine, frangersi ritmicamente contro la riva o la chiglia di un'imbarcazione.

sciabordìo s.m. [pl. –*dìi*] Movimento e rumore di liquidi (spec. dell'acqua di un fiume o del mare) che urtano contro un ostacolo.

sciacallàggio s.m. [pl. –*gi*] **1.** Furto, saccheggio di luoghi e persone colpiti da calamità naturali, disgrazie. **2.** *estens.* Azione cinica compiuta con l'intento di danneggiare chi è già in difficoltà. ~ POLIT. Sfruttamento di informazioni riservate per colpire l'avversario.

sciacàllo s.m. (fr. *chacal*, turco *çakal*, persiano *šagāl*) **1.** Mammifero carnivoro dell'Asia e dell'Africa, che vive in branchi e si nutre di carogne o resti di prede di altri animali. (Genere *Canis*; famiglia dei Canidi.) **2.** *fig.* Chi ruba in luoghi lasciati senza sorveglianza. ~ *estens.* Chi approfitta cinicamente delle disgrazie degli altri.

■ **sciacàllo** dalla gualdrappa.

sciacquadìta s.m. inv. Ciotola che contiene acqua per sciacquarsi le dita a tavola.

sciacquàre v.tr. Togliere con l'acqua tracce di sporco o residui di detergente da cose lavate. *Sciacquare i piatti.* ◆ v.intr. (aus. *avere*) Detto delle onde marine, frangersi contro la riva. ◆ **sciacquarsi** v.pron. Lavarsi con acqua per rinfrescarsi o togliere l'insaponatura. *Sciacquarsi i capelli.*

sciacquatùra s.f. **1.** Lavatura con acqua di indumenti, stoviglie o altri oggetti, spec. per detergerli dal sapone. **2.** Acqua utilizzata per sciacquare qlco. **3.** *fig.* Vivanda ridotta a una brodaglia molto diluita e insipida. SIN.: **sciacquabudella**.

sciacquìo s.m. [pl. –*quii*] **1.** Rumore prodotto dalla sciacquatura di oggetti. **2.** Sciabordio delle onde.

sciàcquo s.m. **1.** Lavaggio igienico o terapeutico della bocca mediante soluzioni medicamentose. ~ La soluzione che si usa. **2.** *fam.* Risciacquo dei panni, spec. quello delle lavatrici automatiche.

sciacquóne s.m. Sistema che, negli impianti igienici, scarica l'acqua nel vaso per evacuare e risciacquarlo.

sciagùra s.f. **1.** Cosa disastrosa, disgrazia. SIN.: **catastrofe**. **2.** *estens.* Sfortuna, sventura. ~ Persona o cosa che causa sciagura, guai.

sciaguràto agg. [f. –*ta*] **1.** Che ha subito una grave sventura. **2.** Che ha causato o che comporta sciagure. **3.** Malvagio, scellerato. ◆ s.m. **1.** Individuo sventurato. **2.** Persona malvagia, scellerata. ~ *fam.* Chi si rivela irresponsabile, poco serio.

scialacquàre v.tr. **1.** Sperperare denaro in modo sconsiderato. **2.** *fig.* Distribuire, concedere con larghezza qlco. a qlcu.

scialagògo agg. [pl.m. –*ghi*, f. –*ghe*] MED. Di sostanza che aumenta la produzione salivare. ◆ s.m. Sostanza che stimola la produzione della saliva.

scialàre v.intr. (aus. *avere*) (lat. *exhalāre*, propr. "espirare" quindi "mandare fuori, spendere") Vivere con larghezza di mezzi, spendendo senza limiti. ◆ v.tr. Sperperare denaro.

scialbo agg. **1.** Di colore pallido, poco vivace. **2.** *fig.* Impersonale, inespressivo. *Racconto scialbo.* ~ Riferito a persona, senza personalità, anonimo, opaco.

scialìtico agg. [pl.f. –*che*] Di lampada speciale che illumina in modo uniforme una zona evitando la formazione di ombre.

sciàlle s.m. (fr. *châle*, persiano *šāl* "mantello") Capo d'abbigliamento di tessuto o di maglia che si porta sulle spalle.

sciàlo s.m. **1.** Sperpero di denaro e di beni di consumo. ~ *fig.* Impiego, uso esagerato di qlco. senza ritegno e moderazione. **2.** Sfarzo, lusso eccessivo.

scialorrèa s.f. MED. Eccesso di secrezione salivare, detto anche *ptialismo*.

scialùppa s.f. (fr. *chaloupe*) MAR. Barca usata per il salvataggio dei passeggeri o per i trasporti dalla nave alla terraferma.

sciamanìsmo o **sciamanèsimo** s.m. ANTROP. Sistema religioso basato sulla figura dello *sciamano*, un individuo dotato di particolari poteri per comunicare con il trascendente.

sciamàno s.m. (ingl. *shaman*, tunguso *šaman*, sanscr. *śramana-* "monaco") **1.** ANTROP. In alcune religioni, sacerdote capace di mettersi in contatto con il mondo degli spiriti. **2.** *fig.* Chi agisce, lavora in un'atmosfera quasi sacrale, come ispirato dalle divinità.

sciamàre v.intr. (aus. *avere* o *essere*) **1.** Di api e altri insetti, lasciare l'alveare per formare una nuova colonia. **2.** *fig.* Di persone, allontanarsi in massa da un luogo verso altra direzione.

sciàme s.m. **1.** Gruppo di api, che migrano con una regina per formare una nuova colonia. **2.** *estens.* Gruppo molto fitto di altri insetti o animali. **3.** *fig.* Folla di persone o di cose, in movimento disordinato. ◇ *A sciami*: a ondate, in grande abbondanza. – ASTR. *Sciame meteorico*: insieme di meteore incandescenti che, muovendosi velocemente, danno origine al fenomeno delle stelle cadenti. **4.** FIS. Gruppo di particelle ionizzanti prodotte da un singolo raggio cosmico.

sciàmito s.m. (gr. *heksámitos* "tessuto a sei fili") Tessuto pesante simile al velluto.

sciampagnòtta s.f. Bottiglia adatta per vini spumanti, di forma affusolata.

sciampìsta s.m. e f.[pl.m. –*sti*] Chi lava i capelli dei clienti nei negozi di parrucchiere.

sciancàto agg. **1.** Leso alle gambe in modo grave e vistoso. **2.** *estens.* Di cosa, malferma, instabile. ◆ s.m. [f. –*ta*] Chi cammina zoppicando.

sciangài s.m. (solo sing.) (dal nome della città cinese di *Shanghai*) Gioco di società in cui si sparge sul tavolo un fascio di bastoncini colorati, che devono essere raccolti uno per uno facendo attenzione a non spostare quelli vicini.

sciaràda s.f. (fr. *charade*, provenz. *charrado* deriv. di *charrá* "chiacchierare") **1.** Gioco enigmistico in cui si deve trovare una parola o una frase sulla base di allusioni semantiche agli elementi in cui la stessa può essere scomposta. **2.** *fig.* Questione complicata.

1. sciàre v.intr. (aus. *avere*) Praticare lo sci.

2. sciàre v.intr. (aus. *avere*) MAR. Manovrare i remi un'imbarcazione per frenare o virare.

sciàrpa s.f. (fr. *écharpe*, francone *skerpa* "bandoliera") **1.** Fascia di lana o di altro tessuto che si porta sulle spalle o attorno al collo per ripararsi dal freddo. **2.** Fascia che, portata a tracolla o attorno alla vita, indica una carica o una distinzione. **3.** Fasciatura che si lega al collo per sostenere un braccio rotto o lussato.

sciarràno s.m. Pesce delle coste rocciose, simile alla cernia, dalle carni poco pregiate; detto anche *serrano*. (Lunghezza fino a 30 cm; genere *Serranus*, famiglia dei Serranidi.)

sciatalgia s.f. MED. Sciatica.

sciàtica s.f. [pl. *–che*] MED. Infiammazione che colpisce il nervo ischiatico causando dolori localizzati nella regione lombosacrale e nell'arto inferiore; detta anche *sciatalgia o ischialgia*.

sciàtico agg. [pl.m. *–ci*, f. *–che*] ANAT. Relativo ai nervi dell'ischio. ◇ *Nervo sciatico*: nervo sensitivo e motorio che innerva la coscia, la gamba e il piede.

sciatóre s.m. [f. *–trice*] Chi scia, chi pratica lo sci.

sciatteria s.f. Trascuratezza nel vestire e nel comportarsi.

sciàtto agg. **1.** Trascurato nella persona o negligente nell'attività svolta. SIN.: **trasandato**. **2.** Fatto con negligenza e trascuratezza. *Lavoro sciatto*.

sciàvero s.m. Scampolo di stoffa o di cuoio.

scibile s.m. Insieme delle conoscenze del genere umano o di una persona.

sciccóso agg. (deriv. di fr. *chic*) *iron. o scherz.* Di eleganza particolare, un po' eccentrica.

science fiction [/'saɪəns 'fɪkʃən/] loc. sost. f. inv. (loc. ingl.) → **fantascienza**.

Sciènidi s.m. pl. [iniziale minusc. sing *–de* per l'individuo] ZOOL. Famiglia di pesci, come l'ombrina, che producono particolari suoni, probabilmente mediante la vescica natatoria. (Ordine dei Perciformi.)

scientifica s.f. Settore della polizia che si serve di strumenti tecnici e di procedimenti scientifici per reperire prove o valutare indizi.

scientificaménte avv. Da un punto di vista scientifico.

scientificità s.f. inv. Rigore metodologico che persegue come modello l'esattezza tipica delle scienze naturali.

scientifico agg. [pl.m. *–ci*, f. *–che*] **1.** Relativo alla scienza. ~ Che si riferisce alle scienze positive, a materie o ambiti non umanistici. **2.** *fig.* Che, nel settore della conoscenza, presenta i caratteri di rigore e obiettività propri della scienza.

scientismo s.m. (fr. *scientisme*) **1.** FILOS. Tendenza di origine francese della fine del sec. XIX secondo cui la spiegazione dei fenomeni umani e sociali e la soddisfazione delle aspirazioni umane sono riconducibili alla scienza. **2.** Estensione delle metodologie scientifiche a tutti i settori dell'attività umana.

scientista s.m. e f.[pl.m. *–sti*] (fr. *scientiste*) **1.** FILOS. Esponente dello scientismo. **2.** Chi ripone eccessiva fiducia nel progresso delle scienze.

sciènza s.f. (lat. *sciĕntiam*, deriv. di *scìre* "sapere") **1.** Attività speculativa che analizza e interpreta la realtà in base a criteri rigorosi. ◇ *Scienza pura*: di ambito prettamente teorica. – *Scienze applicate*: che studiano le applicazioni pratiche del sapere scientifico. **2.** Attività scientifica in generale. **3.** Insieme di conoscenze acquisite dal genere umano. SIN.: **cultura**. **4.** (al pl. spec. pl.) Gruppo di settori scientifici. **5.** (al pl. anche con iniziale maiusc.) Complesso di discipline che comprendono, nelle scuole medie superiori, la chimica, le scienze naturali, geografia, chimica e astronomica; all'università le scienze matematiche, chimiche, naturali e fisiche. **6.** RELIG. Uno dei sette doni dello Spirito Santo,

che consente di cogliere il disegno di Dio nelle cose.

scienziàto s.m. [f. *–ta*] Studioso di un particolare settore scientifico. ~ Ricercatore che utilizza metodi scientifici.

Scifozòi s.m. pl. [iniziale minusc. sing *–zoo* per l'individuo] ZOOL. Classe di animali marini a simmetria raggiata, comprendente anche le comuni meduse. (Sottodivisione dei Celenterati.)

sciìstico agg. [pl.m. *–ci*, f. *–che*] Relativo allo sci.

sciìta agg. [pl.m. *–ti*] (ingl. *shiite*, ar. *šī'ī* "appartenente alla setta di Alì") Di musulmano appartenente a una antica setta politico-religiosa che attribuisce il diritto di succedere a Maometto solo ad Alì, suo genero, e ai suoi discendenti in linea maschile. ◆ s.m. e f. Nei sign. dell'agg.

Sciliorinidi s.m. pl. [iniziale minusc. sing *–de* per l'individuo] ZOOL. Famiglia di pesci di piccole dimensioni, con occhi privi di membrana nittitante, provvisti di cinque fessure branchiali, di coda posta quasi orizzontalmente e di pinne dorsali situate posteriormente all'inserzione delle ventrali.

scilla s.f. **1.** Pianta erbacea caratterizzata da grandi fiori raccolti in grappoli e da bulbi contenenti droghe usate in medicina. (Famiglia delle Liliacee.) **2.** BOT. (iniziale maiusc.) Genere di piante affini alla scilla e comprendente varie specie.

scimitàrra s.f. (spagn. *cimitarra*, persiano *šimšir*) Presso le popolazioni orientali, arma simile alla sciabola ma provvista di una lama più corta, curva e a un solo taglio.

scimmia s.f. (lat. *simiam*, deriv. di *sīmus*, gr. *simós* "che ha il naso schiacciato") **1.** Denominazione generica di mammifero primate con mani e piedi prensili, che vive nelle foreste calde e si nutre di vegetali. (Sottordine delle Scimmie.) **2.** *fam.* Si usa in alcune locc. in cui si attribuiscono agli esseri umani alcune delle caratteristiche delle scimmie (andatura, bruttezza, tendenza all'imitazione, agilità, ecc.). ◇ *Fare la scimmia*: fare versacci, smorfie o imitare gesti, azioni, comportamenti degli altri. – *Arrampicarsi come una scimmia*: essere molto agile.

Scimmie s.f. pl. ZOOL. Sottordine di mammiferi comprendente le scimmie *Catarrine e Platirrine*; vivono nelle foreste calde, si nutrono di vegetali, hanno le dita e spesso la coda prensili, arti anteriori più lunghi di quelli posteriori, posizione semieretta. (Sono gli animali che presentano maggiore somiglianza morfologica con l'uomo; ordine dei Primati.)

scimmiésco agg. [pl.m. *–schi*, f. *–sche*] **1.** Relativo alla scimmia. **2.** *fig.* Brutto, inelegante.

scimmióne s.m. **1.** Nel sign. dell'accr. di *scimmia*. **2.** *fig.* [f. *–na*] Persona corpulenta dai modi goffi e sgarbati.

scimmiottàre v.tr. **1.** Prendere in giro qlcu. imitandone i gesti, i movimenti, la voce. **2.** Imitare pedestremente qlcu. *Scimmiottare gli americani*.

scimpanzé s.m. inv. (fr. *chimpanzé* da una voce congolese) **1.** Scimmia antropomorfa che vive nelle foreste calde dell'Africa nutrendosi di vegetali, caratterizzata da pelame bruno scuro, muso sporgente e lunghi arti anteriori, è intelligente e facilmente addomesticabile. (Altezza fino a 1,40 m; peso 75 kg ca.; vita media fino ai 50 anni; famiglia dei Pongidi.) **2.** *fig.* Persona dall'aspetto brutto e dall'andatura goffa.

Scincidi s.m. pl. [iniziale minusc. sing. *–de* per l'individuo] ZOOL. Famiglia di rettili, general. terricoli e diffusi nelle zone tropicali, con corpo a forma di lucertola e zampe sviluppate.

scinco s.m. **1.** [pl. *–chi*] Piccolo rettile delle regioni semiaride e sabbiose, con corpo cilindrico e liscio e zampe corte. (Famiglia degli Scincidi.) **2.** ZOOL. (iniziale maiusc.) Genere di rettili a cui appartengono varie specie di scinchi.

scindere v.tr. [32] **1.** Dividere in due o più parti qlco. che costituiva un tutto unitario. *Scindere l'unità sindacale*. – *fig.* Separare, distinguere una cosa da un'altra. *Scindere le proprie responsabilità da quelle altrui*. **2.** Nel l. sc., separare gli elementi di un composto. ~ Frazionare un composto in altri più semplici. ◆ **scindersi** v.pron. Dividersi, separarsi in due o più parti. *Il partito si è scisso*.

■ **scimpanzé** comune.

scintigrafia s.f. MED. Esame diagnostico, detto anche *scintillografia*, che consiste nel registrare su un grafico gli impulsi di isotopi radioattivi precedentemente iniettati nel paziente. ~ Il grafico che ne risulta, detto anche *scintillogramma o scintigramma*.

scintilla s.f. **1.** Piccolo frammento di materia incandescente che si stacca da materiali in combustione o si sprigiona da pietre e metalli percossi. ◇ *fig. Fare scintille*: realizzare una grande prestazione, fare una prova molto brillante. **2.** *fig.* Idea illuminante, intuizione geniale. **3.** Motivo scatenante, causa iniziale di grandi avvenimenti. **4.** FIS. Luce intensa e improvvisa prodotta da una scarica elettrica.

scintillànte agg. **1.** Che risplende con intensità. **2.** *fig.* Che denota vivacità intellettiva o intensità affettiva.

scintillàre v.intr. (aus. *avere*) **1.** Sprizzare scintille. **2.** Risplendere vivamente e con luce intermittente.

scintillatóre s.m. FIS. Materiale che emette radiazioni luminose se sottoposto a radiazione ionizzante.

scintillio s.m. [pl. *–lii*] Continui bagliori di luce, luccichio diffuso.

scintoismo s.m. (giapp., deriv. di *shintō* "la via degli dei") Religione nazionale giapponese, anteriore rispetto al buddismo. (Fu introdotto nel sec. VI.)
ENCICL. Costituito da riti e credenze animiste, lo scintoismo onora i *kami*, divinità personificazione delle forze della natura. Un tempo religione di Stato (1868-1945) caratterizzata da una semi-divinizzazione dell'imperatore, incarna tuttora l'essenza dello spirito patriottico giapponese (tanto che si distingue tra uno scintoismo di Stato e uno religioso).

scioccànte o **shockànte** agg. Che provoca forte emozione o disorientamento.

scioccàre o **shockàre** v.tr. [4] (ingl. *to shock* "scuotere") Provocare uno stato psichico di forte emozione, uno shock. *Quella scena violenta mi ha scioccato*.

sciocchézza s.f. **1.** Mancanza di intelligenza, di buon senso e di avvedutezza. ~ Comportamento o parola che la denotano. **2.** Cosa di poco valore, in senso materiale o morale, o di basso prezzo. ◇ *fig. Costare una sciocchezza*: una cifra irrisoria.

sciòcco agg. [pl.m. *–chi*, f. *–che*] (etim. incerta, forse lat. *exsūccum* "privo di succo") Privo di acume e di perspicacia. ~ Che denota scarsa intelligenza. ◆ s.m. [f. *–ca*] Persona di scarsa intelligenza, che agisce in maniera sconsiderata.

sciògliere v.tr. [62] **1.** Disfare un nodo, un legame. ◇ *Sciogliere le trecce*. ◇ *Sciogliere le vele al vento*: salpare. – *Sciogliere un voto*: adempierlo. – *Sciogliere le riserve*: smettere di avere dubbi e decidere. **2.** Liberare qlco. da qlco. che lo tiene legato. *Sciogliere i cani dalle catene*. ~ *fig.* Liberare da impegni che limitano la libertà. *Sciogliere qlcu. da un obbligo*. **3.** Porre fine a un contratto, a una società, a una riunione organizzata. *Sciogliere un partito*. ◇ *Sciogliere le camere*: detto del Presidente della Repubblica, dichiarare decaduto il parlamento e indire nuove elezioni. **4.** Fare diventare liquido qlco. *Sciogliere il burro*. **5.** *fig.* Risolvere, chiarire qlco. *Sciogliere un dubbio*. ◆ **sciogliersi**

v.pron. **1.** Liberarsi da un vincolo, da un legame, anche fig. *Si è sciolto da tutti gli impegni.* **2.** Slegarsi. *Il laccio della scarpa si è sciolto.* **3.** Passare dallo stato solido allo stato liquido. ◇ *fig. Sciogliersi in lacrime:* scoppiare in un pianto dirotto.

scioglilìngua s.m. inv. Successione di parole difficili da pronunciare.

scioglimènto s.m. **1.** Disfacimento di un nodo, di una legatura. **2.** *fig.* Liberazione da un vincolo, annullamento di un legame. ~ Liquidazione. *Scioglimento di una società.* ~ Chiarimento, soluzione. *Scioglimento di un dubbio.* ~ Conclusione, epilogo. *La vicenda ha avuto un tragico scioglimento.* ◇ *Scioglimento delle camere:* conclusione della legislatura prima del suo termine naturale. **3.** Liquefazione, fusione di una sostanza allo stato solido. **4.** FILOL. Trascrizione per esteso delle lettere che nei manoscritti sono rese con segni di abbreviazione, legamenti, ecc.

sciolìna s.f. Sostanza resinosa che si spalma sulla parte inferiore degli sci per ottenere una maggiore scorrevolezza sulla neve.

sciòlta s.f. *fam.* Diarrea.

scioltézza s.f. **1.** Caratteristica di chi è agile e fluido nei movimenti. **2.** Disinvoltura nell'esprimersi e nel comportarsi.

sciòlto agg. **1.** Privo di legami, di impacci. **2.** *fig.* Riferito a persona, libero moralmente, esente o sollevato da obblighi. ~ Elastico, spedito nei movimenti. ~ Pronto e sicuro nel parlare. ~ Disinvolto, spigliato. **3.** Liquefatto. *Neve sciolta.* ~ Di merce, che può essere venduta non in confezioni. SIN.: **sfuso**.

scioperànte agg. Che sciopera. ◆ s.m. e f. Lavoratore che partecipa a uno sciopero.

scioperàre v.intr. (aus. *avere*) (lat. *exoperàre* "cessare di lavorare") Astenersi temporaneamente dal lavoro partecipando a uno sciopero.

scioperàto agg. Che non si impegna minimamente nel lavoro e non ha regole nel modo di vivere. SIN.: **sfaccendato**. ◆ s.m. [f. *-ta*] Nel sign. dell'agg. *Vivere da scioperato.* SIN.: **bighellone**.

sciòpero s.m. **1.** Astensione totale o parziale dal lavoro attuata collettivamente da lavoratori dipendenti per la tutela dei propri interessi. ◇ *Sciopero generale:* attuato contemporaneamente da tutte le categorie. – *Sciopero a catena:* successione di scioperi entro uno stesso settore o nei settori affini di diversi stabilimenti. – *Sciopero a scacchiera:* articolato su turni e momenti diversi nei vari settori di un ente, un'azienda, ecc. – *Sciopero a singhiozzo:* con alternanza di lavoro e di interruzioni. – *Sciopero selvaggio:* attuato senza preavviso per arrecare il maggior danno o disagio possibile. – *Sciopero bianco:* forma di boicottaggio attuata applicando alla lettera e in modo esasperato i regolamenti. – *Sciopero della fame:* astensione totale dal cibo per richiamare l'attenzione dell'opinione pubblica su un grave problema. – *fig. scherz. Fare sciopero:* rifiutarsi di portare a termine un incarico, il proprio compito, non svolgere le mansioni a cui si è preposti. *La mamma ha fatto sciopero in cucina.* **2.** *estens.* Manifestazione di protesta di lavoratori autonomi. **3.** Sabotaggio nei confronti di un prodotto, attuato dai consumatori astenendosi dall'acquisto. *Sciopero della pasta.*

sciorinàre v.tr. **1.** Stendere i panni all'aria, ad asciugare. **2.** *fig.* Mettere in mostra, ostentare qlco.

sciovìa s.f. Impianto meccanico di risalita per gli sciatori.

sciovinìsmo s.m. (fr. *chauvinisme*, dal nome di N. *Chauvin*, valoroso soldato napoleonico il cui nome fu ripreso in teatro per rappresentare il patriota fanatico) Patriottismo, nazionalismo esagerato e spesso fanatico.

sciovinìsta s.m. e f. [pl.m. *-sti*] (fr. *chauviniste*) **1.** Nazionalista acceso e fanatico. **2.** *estens.* Sostenitore settario della propria fazione, del proprio gruppo, ecc. ❑ In funzione di agg., che riguarda lo sciovinismo o gli sciovinisti.

scipitézza s.f. **1.** Mancanza di sapore. **2.** *fig.* Assenza di vivacità, di arguzia.

scippàre v.tr. (voce napol., forse lat. *excippàre* "estirpare") **1.** Derubare qlcu. per strada sottraendogli con violenza la borsa di mano o un oggetto di dosso. **2.** *fig.* Privare ingiustamente qlcu. di un diritto o di un riconoscimento.

scippatóre s.m. [f. *-trice*] Chi commette uno scippo.

scippo s.m. **1.** Furto solitamente effettuato per strada, con sottrazione rapida e violenta di oggetti che i passanti tengono in mano o addosso. **2.** *fig.* Appropriazione indebita di qlco. che appartiene o spetta di diritto a un altro.

sciròcco s.m. [pl. *-chi*] (ar. magrebino *šulūk* "vento di mezzogiorno") **1.** Vento che spira da sud-est, secco nelle zone sahariane e caldo-umido nelle zone mediterranee europee. **2.** Nella rosa dei venti, punto cardinale di sud-est.

sciroppàre v.tr. Mettere la frutta sotto sciroppo per conservarla. ◇ *fig. Sciropparsi qlcu. o qlco.:* in forma pron., sopportarli senza alcun entusiasmo.

sciroppàto agg. Che è stato messo nello sciroppo per essere conservato. *Frutta sciroppata.*

sciròppo s.m. (ar. *šarūb* "bevanda") Soluzione di acqua e zucchero unita ad aromi e concentrati di frutta, utilizzata per bibite rinfrescanti, per la conservazione di alimenti e nell'industria farmaceutica.

sciroppóso agg. **1.** Denso e dolciastro per l'alto contenuto di zucchero. **2.** *fig.* Pieno di sentimentalismo, lezioso e sdolcinato.

scìrpo s.m. → **giunco**.

scìrro s.m. (gr. *skîros* "tumore") MED. Tumore maligno, costituito da un carcinoma molto fibroso e di consistenza dura.

scìsma s.m. [pl. *-smi*] (lat. *schìsma*, gr. *skhísma* deriv. di *skhízein* "dividere") **1.** Separazione all'interno di una confessione religiosa, per motivi dottrinali o per contrasti con la gerarchia. **2.** *estens.* Scissione all'interno di un movimento politico o culturale.

scismàtico agg. [pl.m. *-ci*, f. *-che*] Che si riferisce a uno scisma. ◆ s.m. [f. *-ca*] Chi aderisce a uno scisma.

scissióne s.f. **1.** Separazione in due o più parti di una realtà unitaria. ~ BIOL. Forma di riproduzione caratteristica degli organismi unicellulari, che avviene per divisione della cellula madre in due nuovi individui. ~ CHIM. Processo per cui una molecola si divide nei suoi componenti di base. ~ FIS. Divisione del nucleo dell'atomo, fissione. **2.** *fig.* Divisione, separazione, frazionamento.

scissionìsta s.m. e f. [pl.m. *-sti*] POLIT. Chi promuove e sostiene divisioni interne in partiti o movimenti. ❑ In funzione di agg., relativo a una scissione politica o culturale e agli scissionisti.

scissiparità s.f. inv. Modalità di riproduzione agamica o asessuata in cui l'organismo si divide in due o più individui figli.

scissìparo agg. Di organismo che si moltiplica per scissiparità.

scissùra s.f. **1.** Divisione all'interno di un gruppo, di una famiglia, di un partito. **2.** ANAT. Solco che divide in più lobi un organo (polmone, cervello, ecc.). ◇ *Scissura di Rolando:* solco profondo della superficie esterna dell'emisfero cerebrale, che separa il lobo frontale da quello parietale. – *Scissura di Sylvius:* solco della faccia laterale del cervello che separa i lobi frontale e parietale dal lobo temporale.

scisto s.m. GEOL. Roccia sedimentaria (p.e. l'ardesia) o metamorfica (p.e. il micascisto), che si sfalda facilmente in strati paralleli. ◇ *Scisto bituminoso:* roccia argillosa contenente petrolio, di colore nerastro.

scistosità s.f. inv. GEOL. Tendenza di una roccia a sfaldarsi in strati paralleli.

scistóso agg. GEOL. Che ha la struttura o la natura dello scisto.

scita agg. Relativo, appartenente agli sciti, antica popolazione di stirpe iranica. ◆ s.m. pl. (iniziale maiusc.) Chi apparteneva agli sciti.

Scitamìnee s.f. pl. [iniziale minusc. sing. *-a* per l'individuo] (lat., deriv. di *scitamĕnta* "leccornie") BOT. Ordine di piante diffuse nelle zone tropicali, con frutto a bacca o a capsula dall'aroma molto intenso. (Classe delle Monocotiledoni.)

sciupàre v.tr. **1.** Ridurre qlco. in cattivo stato, deteriorare, danneggiare. **2.** Usare qlco. in maniera sbagliata o in quantità eccessiva. ◆ **sciuparsi** v.pron. **1.** *scherz.* Detto di persone, sottoporsi a uno sforzo, a un sacrificio eccessivo. *Hai paura di sciuparti se studi un po' di più?* **2.** Detto di cose, subire un processo di deterioramento. *I libri si sciupano passando di mano in mano.* ~ Detto di persone, deperire nel fisico. *Come ti sei sciupato!* **3.** Rovinare qlco. che ci appartiene molto da vicino. *Sciuparsi la salute.*

sciupàto agg. **1.** Riferito a cosa, in cattivo stato. **2.** Riferito a persona o al suo corpo, che ha perso la salute o ha l'aspetto deperito. **3.** Che è stato utilizzato male, per uno scopo che non lo meritava.

sciupìo s.m. [pl. *-pii*] Spreco continuato o cattivo uso di qlco.

Sciùridi s.m. pl. [iniziale minusc. sing. *-de* per l'individuo] ZOOL. Famiglia di mammiferi comprendente vari animali molto dissimili nell'aspetto (marmotte, scoiattoli, ecc.). (Ordine dei Roditori.)

sciuscià s.m. inv. (voce merid., ingl. d'America *shoe-shine* "lustrare le scarpe") Ragazzo che durante il secondo dopoguerra viveva di espedienti o di lavoretti per i soldati occupanti.

scivaìsmo o **sivaìsmo** s.m. Corrente religiosa all'origine di molte sette derivata dall'induismo, che riconosce Shiva come divinità suprema.

scivolaménto s.m. Scorrimento su una superficie.

scivolàre v.intr. (aus. *essere* o *avere*) **1.** Cadere, perdendo improvvisamente l'equilibrio. *Mentre correvo, sono scivolato.* **2.** Scorrere con grande facilità su una superficie che non oppone resistenze. *La barca scivola sul mare.* **3.** Guizzare, sgusciare, sfuggire alla presa. ~ Detto di persona, scappare alla chetichella. **4.** *fig.* Commettere un errore, fare uno scivolone. **5.** *fig.* Andare a finire, passare gradatamente a un diverso argomento.

scivolàta s.f. **1.** Caduta determinata da perdita di presa sul terreno. **2.** SPORT. Nel calcio, intervento con le gambe protese in avanti; nel baseball, movimento conclusivo della corsa per la conquista della base.

scivolàto agg. Nel l. della moda, di abito o vestito non aderente.

scìvolo s.m. **1.** Piano inclinato per spostare qlco. dall'alto verso il basso o genericamente per consentire lo scorrimento. ~ In partic. quello che consente a carrozzelle, carrelli, ecc., la salita e la discesa di un dislivello. **2.** Piano inclinato variamente disposto, con sponde di protezione, usato come gioco per bambini.

scivolóne s.m. **1.** Brutta caduta che si fa scivolando. **2.** *fig.* Grave errore o passo falso. ~ SPORT. Sconfitta imprevista.

scivolóso agg. **1.** Su cui è facile scivolare. **2.** Che sfugge alla presa, viscido. **3.** *fig.* Che nasconde la propria ipocrisia dietro una maschera di cortesie e di gentilezze.

sclèra s.f. (gr. *sklerós* "duro") ANAT. Membrana della tunica esterna dell'occhio, di colore bianco.

scleràle agg. ANAT. Relativo alla sclera.

sclerènchima s.m. [pl. *-mi*] **1.** BOT. Nei vegetali, tessuto spesso, con funzioni di sostegno. **2.** ZOOL. Tessuto da cui hanno origine le placche calcaree degli Echinodermi.

sclerite s.f. MED. Infiammazione che colpisce la sclera.

Sclerodèrma s.m. **1.** ZOOL. Genere di piccoli insetti di piccole dimensioni, talora atteri, parassiti allo stato larvale di altri insetti. (Ordine degli Imenotteri.) **2.** BOT. Genere di funghi con una quarantina di specie diffuse in Europa e nell'America settentrionale. (Classe dei Basidiomiceti.)

sclerodermìa s.f. MED. Affezione di causa sconosciuta, caratterizzata da una sclerosi della pelle e dei tessuti sottocutanei.

sclerofillo agg. BOT. Di pianta o arbusto, che ha foglie dure e cuticola spessa.

scleròma s.m. [pl. *-mi*] (gr. *sklḗrōma* "durezza") **1.** BOT. Insieme di fibre e di cellule vegetali rivestite di membrane molto spesse che costituiscono i tessuti di sostegno dei vegetali; detto anche *stereoma*. **2.** MED. Malattia granulomatosa delle vie aeree superiori.

scleroproteina s.f. BIOL. Proteina fibrosa (p.e. la cheratina e il collageno) che può costituire tessuti connettivi.

sclerosànte agg. MED. Che provoca sclerosi, indurimento dei tessuti. ◊ *Sostanza sclerosante:* sostanza che, iniettata nella vena varicosa, ne contrasta l'eccessivo rilassamento e deformazione. ◆ s.m. Nel sign. dell'agg.

scleròsi o **sclèrosi** s.f. inv. (gr. *sklḗrōsis* "indurimento") **1.** MED. Alterazione patologica degli organi che comporta una perdita di elasticità dei tessuti connettivi. ◊ *Sclerosi a placche o multipla:* malattia del sistema nervoso centrale che si manifesta con lesioni sclerotiche dell'encefalo e del midollo spinale, compromettendo il movimento, la vista e l'equilibrio. – *Sclerosi laterale amiotrofica:* *morbo di Gehrig. **2.** fig. Incapacità di evolvere, di adattarsi a una nuova situazione per mancanza di dinamismo, per immobilismo.

scleroterapia s.f. MED. Trattamento delle varici, delle emorroidi, tramite iniezione in vena di sostanza sclerotizzante.

scleròtica s.f. [pl. –*che*] ANAT. → sclera.

scleròtico agg. [pl.m. –*ci*, f. –*che*] MED. Relativo alla sclerosi o affetto da sclerosi. ◆ s.m. [f. –*ca*] Chi è colpito da sclerosi.

sclerotizzàre v.tr. **1.** MED. Causare la sclerosi, rendere rigido e poco elastico un tessuto o un organo. *Sclerotizzare le vene varicose.* **2.** fig. Privare una struttura sociale o amministrativa di elasticità, e quindi renderla poco funzionale. ◆ **sclerotizzarsi** v.pron. **1.** MED. Detto di organi o tessuti, subire un processo di sclerosi. *Con l'età le arterie si sclerotizzano.* **2.** fig. Detto in partic. di strutture amministrative o sistemi economici, diventare rigido e lento nello svolgimento delle proprie funzioni.

sclerotizzàto agg. **1.** MED. Indurito, colpito da sclerosi. **2.** fig. Privo di elasticità e quindi ormai poco funzionale.

sclerotomia s.f. MED. Intervento chirurgico consistente nell'incidere la sclera dell'occhio.

scleròzio s.m. [pl. –*zi*] (lat. *Sclerotium*, deriv. di gr. *sklḗrótēs* "durezza") BOT. In alcuni funghi, ammasso compatto di ife, protetto da strati ispessiti, che rappresenta uno stadio di vita latente durante lo sviluppo del fungo.

scòcca s.f. [pl. –*che*] (voce sett., propr. "cassetta") Scheletro e rivestimento esterno della carrozzeria di un autoveicolo o di uno scooter. ◊ *Scocca portante:* struttura che ha anche la funzione di telaio del veicolo e di supporto del motore.

scoccàre v.tr. [4] **1.** Lanciare una freccia facendola uscire di scatto dalla cocca dell'arco. **2.** Detto di un orologio, suonare, battere le ore. *Il campanile sta scoccando le tre.* **3.** fig. Dare, con impeto e trasporto, un bacio a qlcu. *Mi scoccò un bacio sulla guancia.* ~ Rivolgere intenzionalmente e rapidamente un'occhiata a qlcu. *I giovani scoccano occhiate maliziose alle ragazze.* ◆ v.intr. (aus. *essere*) **1.** Detto delle ore, suonare, battere. *La mezzanotte scocca.* ~ fig. Giungere, arrivare. *È finalmente scoccata l'ora della libertà.* **2.** Detto di congegni a molla, distendersi improvvisamente. *La trappola è scoccata.* **3.** Detto di scintilla, prodursi, sprigionarsi. *È scoccata una scintilla.* □ In funzione di s. m., suono. *Allo scoccare della mezzanotte.*

scocciànte agg. fam. Seccante, fastidioso.

1. scocciàre v.tr. [5] fam. Annoiare, importunare qlcu. ◆ **scocciarsi** v.pron. fam. Provare noia o fastidio. *Si scocciò ad ascoltare le sue lamentele.*

2. scocciàre v.tr. MAR. Togliere, sfilare un gancio o l'estremità di un cavo da un anello. ◆ **scocciarsi** v.pron. Detto del pesce che ha abboccato, liberarsi dall'amo.

scocciatóre s.m. [f. –*trice*] fam. Persona noiosa.

scocciatùra s.f. fam. Fastidio, noia, seccatura.

scodèlla s.f. **1.** Tazza grande senza manici. SIN.: **ciotola. 2.** Piatto fondo. ~ estens. Il suo contenuto.

scodinzolàre v.intr. (aus. *avere*) **1.** Detto spec. dei cani, muovere la coda in segno di festa. **2.** fig. Comportarsi in modo deferente e servile nei confronti di qlcu.

scodinzolo s.m. SPORT. Nello sci, serie di curve molte strette.

scoglièra s.f. Barriera formata da una serie continua di scogli.

scòglio s.m. [pl. –*gli*] (genov. *scògiu*) **1.** Roccia che affiora dalla superficie del mare. **2.** fig. Ostacolo, difficoltà, complicazione.

scoiàttolo s.m. (gr. *skíouros*, propr. "che fa ombra con la coda") **1.** Mammifero roditore arboricolo, caratterizzato da pelo folto, occhi piccoli e vivaci e coda molto lunga, che vive sugli alberi e si nutre spec. di semi e frutta secca. (Lunghezza 25 cm ca., coda 20 cm ca.; famiglia degli Sciuridi.) **2.** fig. Persona molto vivace e svelta nei movimenti.

■ **scoiàttolo** comune.

scolabottiglie s.m. inv. Supporto metallico munito di punte su cui si infilano rovesciate le bottiglie da asciugare.

scolapàsta s.m. inv. → colapasta.

scolapiàtti s.m. inv. Mobile o utensile con appositi spazi per riporre a scolare e ad asciugare piatti e stoviglie.

1. scolàre agg. (fr. *scolaire*) Di scuola. ◊ *Età scolare:* periodo della vita soggetto all'obbligo scolastico.

2. scolàre v.intr. (aus. *essere*) **1.** Detto di panni o recipienti bagnati, perdere a poco a poco il liquido. SIN.: **sgocciolare. 2.** Detto di un liquido, scendere lentamente da una posizione più elevata. *L'acqua scola dai rubinetti.* ◆ v.tr. Svuotare un recipiente del liquido residuo. ~ Eliminare l'acqua di cottura o di risciacquatura. ◆ **scolarsi** v.pron. Bere qlco. con gusto fino all'ultima goccia. *Scolarsi una bottiglia di vino.*

scolarésca s.f. [pl. –*sche*] Insieme degli alunni di una classe o di una scuola.

scolarità s.f. inv. (fr. *scolarité*) Dato statistico della frequenza scolastica.

scolarizzàre v.tr. (fr. *scolariser*) Far frequentare la scuola a qlcu. ~ Estendere la scolarizzazione. *Scolarizzare la popolazione.*

scolarizzazióne s.f. (fr. *scolarisation*) Diffusione e controllo dell'obbligo dell'istruzione scolastica in una data società.

scolàro s.m. [f. –*ra*] **1.** Alunno che frequenta una scuola elementare o media inferiore. **2.** Discepolo di una scuola o di un maestro.

scolàstica s.f. [non com. pl. –*che*] FILOS. Insegnamento filosofico, teologico e scientifico medievale inteso a tradurre i principi della religione cristiana in un sistema teoretico ispirato alla grande filosofia greca e latina. (Segnata dall'influenza preponderante dell'aristotelismo, la scolastica è stata rappresentata da sant'Alberto Magno, san Tommaso d'Aquino, san Bonaventura da Bagnoregio, Duns Scoto e Guglielmo di Occam.)

scolàstico agg. [pl.m. –*ci*, f. –*che*] **1.** Relativo alla scuola, all'insegnamento. *Programma scolastico.* ◊ DIR. *Obbligo scolastico:* il dovere di frequentare la scuola dell'obbligo che deve essere garantito ai ragazzi da parte dei genitori o di che ne fa le veci. **2.** fig. spreg. Di carattere schematico e convenzionale, senza originalità. **3.** FILOS. Relativo alla scolastica. ◆ s.m. **1.** Nel Medioevo, maestro di filosofia. **2.** [f. –*ca*] Filosofo seguace della scolastica.

scolatùra s.f. Azione di scolare. ~ Il liquido scolato.

scolice s.m. (gr. *skṓlēks* "verme") ZOOL. L'estremità anteriore del corpo dei Cestodi, provvista di uncini o di ventose.

1. scòlio s.m. [pl. –*li*] Annotazione di carattere critico ed esegetico che gli antichi grammatici e i commentatori scrivevano a margine dei testi classici. SIN.: **glossa.**

2. scòlio s.m. [pl. –*li*] (gr. *skólion mélos* "canto tortuoso") ANT. GR. Carme che si recitava, con accompagnamento della lira, durante i convivi.

3. scòlio s.m. [pl. –*lii*] Modesto ma continuo flusso di acqua.

scoliòsi s.f. inv. (gr. *skolíōsis*, deriv. di *skoliós* "curvo") MED. Deviazione laterale della colonna vertebrale.

scoliòtico agg. [pl.m. –*ci*, f. –*che*] **1.** MED. Relativo alla scoliosi. **2.** MED. Affetto da scoliosi. ◆ s.m. [f. –*ca*] Nell'accez. 2 dell'agg.

scollaménto s.m. **1.** Perdita di adesione tra superfici o separazione di due pezzi incollati. **2.** MED. Distacco per via chirurgica o strappo traumatico di due parti anatomiche attaccate. **3.** fig. Perdita di coesione tra le parti che costituiscono un'unità. *Uno scollamento tra pensiero e azione.*

1. scollàre v.tr. Tagliare un capo di abbigliamento attorno al collo, fare una scollatura sul petto o sulla schiena. ◆ **scollarsi** v.pron. Indossare abiti ampiamente aperti sul collo.

2. scollàre v.tr. **1.** Staccare, separare due cose attaccate tra loro. **2.** MED. In chirurgia, separare due parti anatomiche attaccate tra loro. ◆ **scollarsi** v.pron. **1.** Detto di cosa incollata, perdere l'aderenza, staccarsi da ciò cui è attaccata. *La carta da parati si sta scollando dal muro.*

1. scollàto agg. **1.** Detto d'abbigliamento, che presenta una scollatura pronunciata. ~ Di scarpa, che lascia scoperto il collo del piede. **2.** Che indossa indumenti con ampia scollatura. *Le signore erano molto scollate.*

2. scollàto agg. Rotto perché le sue parti incollate si sono staccate.

1. scollatùra s.f. **1.** In un capo d'abbigliamento, apertura sul petto o sulla schiena. **2.** In una persona, la parte del corpo lasciata scoperta.

2. scollatùra s.f. Separazione di due parti incollate.

scollegàre v.tr. [4] Separare più cose precedentemente connesse o collegate.

scollettatrice s.f. AGR. Macchina dotata di una ruota tagliente per togliere dalla radice della barbabietola da zucchero il colletto che vi è attaccato.

scollettatùra s.f. AGR. Taglio del colletto della barbabietola da zucchero.

scòllo s.m. **1.** In un capo d'abbigliamento, apertura sul petto o sulla schiena. **2.** Apertura della scarpa sul collo del piede.

scolmatóre s.m. Canale che convoglia o devia le acque di un fiume quando superano il livello di sicurezza.

scòlo s.m. **1.** Deflusso di liquidi. ~ Il luogo in cui avviene il deflusso, il tubo o il condotto attraverso cui scolano i liquidi. **2.** pop. Blenorragia.

Scolopàcidi s.m.pl. [inizialeminusc. sing. –*e* per l'individuo] ZOOL. Famiglia di uccelli con ali ampie, becco allungato, dita collegate talvolta da membrane. (Ordine dei Caradriformi.)

scolopèndra s.f. **1.** Millepiedi velenoso caratterizzato dal corpo allungato diviso in molti segmenti, ciascuno dei quali provvisto di zampe. (Lunghezza fino a 30 cm; classe dei Miriapodi.) **2.** ZOOL. (iniziale maiusc.) Genere di artropodi a cui appartengono varie specie di scolopendra.

scolopèndrio s.m. [pl. –*dri*] Denominazione di diverse varietà di felci, in partic. di una specie detta anche *lingua cervina*, che cresco-

■ **scolopèndra**

■ scolopèndrio

no tra le rocce, nei boschi e nei luoghi ricchi di umidità. (Famiglia delle Polipodiacee.)

scolorina s.f. Denominazione commerciale, che costituisce marchio registrato, di una sostanza chimica impiegata per cancellare la scrittura e togliere macchie di inchiostro.

scolorire v.tr. [83] Rendere un colore meno intenso. ◆ v.intr. (aus. *essere*) Perdere colore, diventare pallido; anche pron.

scolorito agg. **1.** Di colore, che ha perso intensità e luminosità. **2.** *fig.* Che non è più vivo e nitido.

scolpire v.tr. [83] **1.** Lavorare un materiale duro per ottenere forme e volumi a scopo artistico. **2.** Incidere un materiale duro con uno scalpello. **3.** *fig.* Fissare, imprimere qlco. nella mente, nella memoria.

scolpito agg. **1.** Di figura ricavata dalla pietra, dal legno o altro. **2.** *estens.* Decorato con sculture e rilievi. **3.** *fig.* Bene impresso, netto.

Scómbridi s.m. pl. [iniziale minusc. sing. *–de* per l'individuo] ZOOL. Famiglia di pesci diffusi nei mari temperati e caldi, molto ricercati per le carni; ne fanno parte lo sgombro, il tonno, la sarda.

scómbro s.m. → **2. sgombro**.

scombussolàre v.tr. **1.** Portare disordine e confusione. *Scombussolare un progetto.* SIN.: **scombinare**. **2.** Sconvolgere, turbare, frastornare qlcu. *Queste notizie mi hanno scombussolato.*

scombussolàto agg. Intontito, frastornato.

scomméssa s.f. **1.** Impegno reciproco in base al quale chi sbaglia un pronostico o fallisce una prova corrisponde all'altro una somma, l'oggetto o la prestazione pattuita. **2.** Il puntare una somma in giochi d'azzardo o sull'esito di una gara sportiva. ~ La somma stessa o altra prestazione che si è pattuita scommettendo. **3.** Azione dall'esito incerto o con carattere di sfida.

1. scomméttere v.tr. [50] **1.** Impegnarsi in una scommessa. *Scommettere sul favorito.* **2.** Dichiararsi sicuro di qlco. *Scommetto che non riuscirai a prendere il treno.*

2. scomméttere v.tr. Staccare, separare due o più cose unite tra loro.

scommettitóre s.m. [f. *–trice*] Chi si impegna in una scommessa o scommette abitualmente.

scomodàre v.tr. **1.** Causare un disagio o un fastidio a qlcu. **2.** *fig.* Chiamare in causa e citare personaggi autorevoli in occasioni banali. ◆ v.intr. (aus. *avere*) Causare un disagio a qlcu. ◆ **scomodarsi** v.pron. Disturbarsi per fare un favore a qlcu.

scomodità s.f. inv. Condizione di difficoltà o di disagio.

1. scòmodo agg. **1.** Che non è facile, comodo da usare. *Un attrezzo scomodo.* ~ Che causa disagio, fastidio. *Una sedia scomoda.* ~ Fuori mano, difficile da raggiungere. **2.** Riferito a persona, che non è a suo agio. ~ Che non mette a proprio agio, perché non si adegua all'interlocutore, non ne accetta facilmente le idee, o suscita ostilità.

2. scòmodo s.m. Disturbo, incomodo, disagio.

scompaginàre v.tr. **1.** Rovinare la rilegatura di un libro. **2.** *fig.* Mettere in disordine. ◆ **scompaginarsi** v.pron. Disgregarsi.

scompagnàre v.tr. Separare due cose che normalmente stanno insieme. SIN.: **spaiare**.

◆ **scompagnarsi** v.pron. Detto di più cose o persone, separarsi l'una dall'altra.

scompagnàto agg. Privo dell'altro elemento a cui è normalmente abbinato. SIN.: **spaiato**.

scomparire v.intr. [87] (aus. *essere*) **1.** Sparire, dileguarsi. *La nave scomparve all'orizzonte.* **2.** *eufem.* Morire, mancare. *Scomparve all'età di 30 anni.* **3.** *fig.* Non reggere il confronto con qlcu. o qlco. di molto superiore. *L'avversario scompare davanti a lui.*

scompàrsa s.f. **1.** Lo sparire, il non esserci più, il venire meno o l'essere introvabile. *Scomparsa di un oggetto dalla scrivania.* SIN.: **sparizione**. **2.** *eufem.* Morte, decesso. *Annunciare la scomparsa di una persona cara.* **3.** DIR. Totale mancanza di notizie su una persona, che comporta la nomina di un curatore che ne amministri il patrimonio.

scompàrso agg. Che non c'è più, che non si riesce a trovare. *Documento scomparso.* ~ Che esisteva un tempo e ora è distrutto, cancellato. *Animali scomparsi.* SIN.: **estinto**. ◆ s.m. [f. *–sa*] Persona defunta. **2.** DIR. Persona di cui non si sa nulla da molto tempo al punto da ritenere che sia morta.

scompartiménto s.m. Ogni parte che risulta dalla suddivisione di uno spazio. ~ Ciascuna delle parti in cui è divisa la carrozza passeggeri di un treno.

scompàrto s.m. **1.** Divisione all'interno di un oggetto (mobile, cassetto, ecc.). **2.** ARCH. Ognuna delle diverse parti in cui si suddivide la facciata di un edificio o di un'altra struttura muraria.

scompattàre v.tr. INFORM. *gerg.* Decomprimere un file.

scompensàto agg. **1.** Che presenta uno scompenso. SIN.: **squilibrato**. **2.** MED. Affetto da scompenso cardiaco. *Soggetto scompensato.* ◆ s.m. [f. *–ta*] MED. Nell'accez. 2 dell'agg.

scompènso s.m. **1.** Rottura, mancanza di equilibrio. SIN.: **squilibrio**. **2.** MED. Deficit permanente di una funzione. *Scompenso cardiaco.*

scompigliàre v.tr. [6] **1.** Mettere qlco. in disordine. ~ Arruffare, spettinare. **2.** *fig.* Confondere, sconvolgere. *Scompigliare un piano.* ◆ **scompigliarsi** v.pron. Detto dei capelli, spettinarsi, arruffarsi.

scompiglio s.m. [pl. *–gli*] **1.** Disordine, sconvolgimento. *Mettere scompiglio.* **2.** *fig.* Stato di grande confusione, turbamento.

scomponibile agg. Che può essere scomposto in più parti.

scompórre v.tr. [25] **1.** Separare l'uno dall'altro gli elementi costitutivi di qlco. **2.** Mettere in disordine qlco. che prima era ordinato. **3.** *fig.* Alterare, disturbare profondamente. *Nulla lo scompone.* SIN.: **sconvolgere**. ◆ **scomporsi** v.pron. Perdere la serenità dell'espressione e la calma dell'atteggiamento. SIN.: **alterarsi**.

scomposizióne s.f. Suddivisione di un'entità unitaria nei suoi elementi costitutivi.

scompósto agg. **1.** Separato nei suoi elementi costitutivi. **2.** *fig.* Privo di compostezza. **3.** *fig.* Che manca di coesione e di ordine formale.

scomùnica s.f. [pl. *–che*] **1.** Esclusione di una persona dalla comunità religiosa alla quale appartiene e interdizione ai sacramenti. **2.** *estens.* Sanzione di condanna per ragioni ideologiche o politiche, anche in senso scherz.

scomunicàre v.tr. [4] **1.** RELIG. Escludere qlcu. dalla comunità dei fedeli o dalla partecipazione ai sacramenti. **2.** *estens.* Escludere qlcu. da un gruppo.

sconcertànte agg. Che provoca perplessità, disorientamento, sconcerto. SIN.: **inquietante**.

sconcertàre v.tr. **1.** Mettere sottosopra, alterare o impedire lo svolgimento di qlco. SIN.: **sconvolgere**. **2.** Causare in qlcu. sconcerto o una forte impressione. SIN.: **turbare**. ◆ **sconcertarsi** v.pron. Rimanere turbato, perplesso.

sconcertàto agg. Sbalordito, disorientato.

sconcèrto s.m. Stato di turbamento o perplessità.

sconcézza s.f. **1.** Azione, parola grossolana, oscena, volgare. SIN.: **indecenza**. **2.** Scandalo, obbrobrio.

scóncio agg. [pl.m. *–ci*, f. *–ce*] **1.** Che offende il pudore e il buon gusto. SIN.: **osceno**. **2.** Che suscita repulsione o ribrezzo. SIN.: **disgustoso**. **3.** *per esager.* Molto brutto, mal fatto. ◆ s.m. Sconcezza, orrore, scandalo.

sconclusionàto agg. **1.** Incoerente, confuso. *Opinioni sconclusionate.* **2.** Riferito a persona, che non riesce a concludere nulla. SIN.: **inconcludente**. ◆ s.m. [f. *–ta*] Nell'accez. 2 dell'agg.

scondito agg. Privo di condimento.

sconfessàre v.tr. **1.** Ritrattare quanto sostenuto precedentemente. SIN.: **rinnegare**. **2.** Non accettare, non riconoscere quanto detto o fatto da altri. SIN.: **smentire**.

sconfessióne s.f. **1.** Rinnegamento di ciò che si è fatto o professato in precedenza. **2.** Disconoscimento ufficiale di affermazioni o interpretazioni altrui.

sconfiggere v.tr. [35] (etim. incerta, forse lat. *exconficere* "abbattere del tutto") **1.** Vincere qlcu. in una battaglia. **2.** *estens.* Superare gli altri partecipanti in una competizione. **3.** *fig.* Avere la meglio su qlco. *Sconfiggere la corruzione.*

sconfinaménto s.m. Penetrazione nel territorio altrui, per errore o con volontà ostile.

sconfinàre v.intr. (aus. *avere e essere*) **1.** Oltrepassare i limiti del proprio territorio o stato senza la necessaria autorizzazione. **2.** *fig.* Oltrepassare i limiti fissati.

sconfinàto agg. Senza confini.

sconfitta s.f. **1.** Esito negativo di uno scontro armato. **2.** *estens.* Insuccesso, fallimento. **3.** *fig.* Eliminazione di una malattia o di un fenomeno socialmente o moralmente negativo.

sconfitto agg. **1.** Vinto militarmente. **2.** *estens.* Che ha subito un insuccesso. **3.** *fig.* Debellato, eliminato. ◆ s.m. [f. *–ta*] Chi ha riportato una sconfitta.

sconfòrto s.m. Abbattimento morale, tristezza. *Cadere nello sconforto.*

scongelàre v.tr. **1.** Portare a temperatura normale qlco. che era stato congelato. **2.** *fig.* Sbloccare, rendere nuovamente disponibile qlco. *Scongelare i prezzi.* ◆ **scongelarsi** v.pron. Detto di alimento già congelato, tornare a temperatura normale.

scongiuràre v.tr. **1.** Fare in modo che qlco. di negativo non accada. *Scongiurare un pericolo.* SIN.: **evitare**. **2.** Allontanare con pratiche magiche o religiose. *Scongiurare gli spiriti maligni.* **3.** Pregare con insistenza. *Ti scongiuro di parlare.* SIN.: **supplicare**.

scongiùro s.m. Formula o gesto di tipo superstizioso rivolto a entità soprannaturali, con l'intento di neutralizzare influssi malefici.

sconnèssione s.f. **1.** Riferito a oggetti, a congegni, mancanza di collegamento fra le parti costitutive. **2.** *fig.* Mancanza di collegamento logico, di consequenzialità in fatti e situazioni. SIN.: **contraddizione**.

sconnèsso agg. **1.** Che è in cattive condizioni per mancanza di compattezza fra le parti. **2.** *fig.* Privo di coerenza logica, di senso.

sconosciùto agg. **1.** Non ancora conosciuto. SIN.: **ignoto**. **2.** Che non è famoso. ◆ s.m. [f. *–ta*] Persona a cui identità è ignota. ~ Estraneo.

sconquassàre v.tr. **1.** Scuotere qlco. con grande violenza. **2.** *fig.* Provocare forte malessere in qlcu. ◆ **sconquassarsi** v.pron. Subire danni gravi, irreparabili.

sconquàsso s.m. **1.** Danneggiamento grave. **2.** *fig.* Grande turbamento.

sconsacràre v.tr. Rendere profano un luogo o un oggetto che avevano in precedenza carattere sacro.

sconsacràto agg. Di luogo o di oggetto privato del carattere sacro, reso profano. *Chiesa sconsacrata.*

sconsideràto agg. **1.** Riferito a persona, che agisce senza valutare le conseguenze. SIN.: **avventato**. **2.** Riferito a comportamento o a discorso, che denota mancanza di riflessione, di consapevolezza e di equilibrio. ◆ s.m. [f. *–ta*] Nell'accez. 1 dell'agg. SIN.: **incosciente**.

sconsigliàbile agg. Che può o deve essere sconsigliato.

sconsigliàre v.tr. [6] Dissuadere, distogliere qlcu. dal fare qlco.

sconsolàto agg. Che prova o denota dolore, sconforto, delusione. *Espressione sconsolata.* SIN.: **afflitto**.

scontàre v.tr. **1.** Estinguere in tutto o in una parte un debito. *Scontare un mutuo.* **2.** Fare uno sconto su un prezzo. **3.** Espiare una pena inflitta dall'autorità giudiziaria. *Scontare quindici anni di carcere.*

scontàto agg. **1.** Ribassato, ridotto. **2.** BANC. Detratto da un importo. **3.** *fig.* Dato per certo.

scontentàre v.tr. Rendere qlcu. insoddisfatto.

scontènto agg. **1.** Che non è soddisfatto, che prova del risentimento. **2.** Difficile da accontentare per carattere. ◆ s.m. **1.** [f. –*ta*] Persona scontenta. **2.** Scontentezza, insoddisfazione. *Provocare lo scontento generale.*

scónto s.m. **1.** Riduzione di prezzo accordata su un prodotto o un servizio. ◇ *Sconto di cassa*: ribasso del prezzo accordato a chi paga in contanti o in anticipo rispetto alla consegna. – *Sconto di pena*: riduzione del periodo di carcerazione, concessa general. per buona condotta. **2.** BANC. Operazione di credito a breve termine che consiste nel comperare un credito prima della sua scadenza, trattenendo per sé l'interesse. ~ *estens.* Ammontare dell'interesse dedotto.

scontràre v.tr. MAR. Mettere rapidamente la barra o il timone in senso opposto a quello in cui si trova, per arrestare la corsa della nave e accostare. ◆ **scontrarsi** v.pron. **1.** Detto di due o più soggetti, essere in conflitto, opporsi. ~ Combattere. *Napoleone si scontrò con l'esercito inglese a Waterloo.* **2.** *fig.* Venire a un contrasto di opinioni con qlcu. ◇ *Scontrarsi su una questione*: pensare qlco. in modo diverso. **3.** Detto di due o più veicoli, cozzare violentemente l'uno contro l'altro.

scontrino s.m. Tagliando che comprova un avvenuto pagamento o il diritto di ricevere certe prestazioni. ◇ *Scontrino fiscale*: rilasciato dal registratore di cassa, che attesta il pagamento di un prodotto o un servizio.

scóntro s.m. **1.** Combattimento tra fazioni avversarie. ◇ *Scontro a fuoco*: sparatoria. **2.** Urto violento fra veicoli. **3.** *estens.* Confronto intellettuale o dialettico acceso. **4.** SPORT. Gara combattuta e sentita. **5.** MAR. Struttura trasversale che arresta il movimento della nave sul piano di varo. **6.** MECC. Congegno che si inserisce in un meccanismo con la funzione di fermo. **7.** (al pl.) Parti intagliate della mappa delle chiavi.

scontróso agg. Dal carattere difficile, poco socievole. ◆ s.m. [f. –*sa*] Nel sign. dell'agg.

sconveniènte agg. **1.** In contrasto con le norme da osservare nei rapporti sociali. **2.** Non conveniente economicamente.

sconveniènza s.f. Scarso rispetto delle convenzioni morali e del decoro. ~ L'azione, la parola che viola il decoro.

sconvolgènte agg. Che sorprende, che causa un'emozione.

sconvòlgere v.tr. [22] **1.** Mettere in grave disordine. *Il vento sconvolge le chiome degli alberi.* ~ Rovesciare le condizioni di qlco. *I recenti avvenimenti hanno sconvolto l'Europa.* **2.** *estens.* Mandare all'aria qlco. *Sconvolgere i piani di qlcu.* **3.** *fig.* Fare perdere l'autocontrollo a qlcu. *La notizia l'ha sconvolto.* ◆ **sconvolgersi** v.pron. Provare una grande agitazione.

sconvolgiménto s.m. **1.** Rovesciamento di una situazione. **2.** *fig.* Turbamento interiore.

sconvòlto agg. **1.** Messo sottosopra. **2.** Che manifesta un'emozione violenta (passione, terrore), un grande disordine interiore.

scoop [ˈskuːp] s.m. inv. (voce ingl., propr. "mestolata") Informazione importante o sensazionale fornita in esclusiva da un'agenzia di stampa o da un giornalista.

scooter [ˈskuːtə] s.m. inv. (voce ingl., deriv. di *to scoot* "guizzare via") **1.** Motociclo a due ruote di piccolo diametro, carenato, con motore coperto, a due o quattro tempi. ◇ *Scooter d'acqua*: acquascooter **2.** Slitta a vela.

scooterìsta [skuteˈrista] s.m. e f. [pl.m. –*sti*] Chi usa abitualmente uno scooter, in italiano anche *scuterista*.

1. scópa s.f. (lat. *scōpam* "ramoscello") Pianta con foglie sempreverdi e fiori rosa, usata per fare granate e ramazze. (Famiglia delle Ericacee.)

2. scópa s.f. Utensile usato per la pulizia del pavimento e composto di una lunga impugnatura con una spazzola formata da un fascio di setole sintetiche, fili di plastica o altro materiale di fibra vegetale (rametti di saggina, erica o altro arbusto). ◇ *Scopa elettrica*: elettrodomestico simile all'aspirapolvere per pulire i pavimenti.

3. scópa s.f. Gioco che si svolge con un mazzo di quaranta carte tra due o quattro persone. ~ Punto che si realizza in questo gioco prendendo tutte le carte sul tavolo.

scopàre v.intr. (aus. *avere*) **1.** Passare la scopa, spazzare. **2.** *volg.* Avere un rapporto sessuale. ◆ v.tr. **1.** Spazzare una superficie con la scopa. *Scopare il pavimento.* **2.** *fig.* Consumare ogni cosa senza lasciare assolutamente nulla. **3.** *volg.* Possedere sessualmente.

scopàta s.f. **1.** Spazzata data alla meglio con la scopa. **2.** Colpo con la scopa. *Prendersi una scopata sulle spalle.* **3.** *volg.* Rapporto sessuale.

scoperchiàre v.tr. [6] Liberare qlco. del coperchio, della parte superiore che funge da copertura. ◆ **scoperchiarsi** v.pron. Rimanere senza coperchio.

scopèrta s.f. **1.** Ritrovamento di ciò che era sconosciuto, ignorato o nascosto in vari ambiti (geografico, intellettuale, tecnologico, ecc.). ~ Oggetto del ritrovamento. *La scoperta della penicillina.* **2.** Identificazione di una persona. **3.** Riconoscimento del valore di un autore sottovalutato o sconosciuto. **4.** MIL. Esplorazione.

scopèrto agg. **1.** Non coperto, privo di riparo, anche privo di indumenti. *Terrazzo scoperto.* **2.** Privo di difesa. **3.** *fig.* Sincero, leale. **4.** BANC. Senza copertura finanziaria. ◆ s.m. **1.** Luogo non riparato. ◇ *Allo scoperto*: senza protezione; *fig.* senza sotterfugi. **2.** BANC. Mancanza di copertura finanziaria. ◇ *Acquistare, vendere allo scoperto*: operare una compravendita a termine senza disporre sul momento del denaro o della merce, confidando nell'utile che potrebbe derivare da una variazione dei prezzi prima della scadenza.

scopìno s.m. Nel sign. del dim. di *2. scopa*, in partic., scopa di dimensioni molto piccole.

scòpo s.m. Fine che ci si propone di raggiungere. *Tendere verso uno scopo.* SIN.: **meta** ~ *estens.* L'oggetto delle proprie aspirazioni. ◇ *loc. prep. Allo scopo di*: per, affinché.

scopofilìa s.f. PSICOL. Perversione sessuale che porta il soggetto a un'eccitazione dall'osservazione di rapporti o atti erotici compiuti da altre persone. SIN.: **voyeurismo**.

scopolamìna s.f. (dal nome del naturalista G.A. *Scopoli*) CHIM. Alcaloide contenuto in diverse piante (p.e. la belladonna) che inibisce le funzioni del sistema nervoso ed è impiegato contro il morbo di Parkinson.

scopóne s.m. Gioco di carte simile alla scopa, il cui mazzo viene distribuito interamente all'inizio del gioco tra i quattro partecipanti a eccezione delle quattro carte posate in tavola.

scoppiànte agg. Che arde scoppiettando. **2.** *fig.* Dinamico e allegro.

scoppiettàre v.intr. (aus. *avere*) Emettere con frequenza rumori improvvisi e secchi, detto spec. di materiali ardenti. *La legna scoppietta nel camino.* ~ *fig.* Risuonare, succedersi rapidamente.

scoppiettìo s.m. [pl. –*tii*] Successione di rumori secchi.

scòppio s.m. [pl. –*pi*] **1.** Esplosione, rottura violenta. ~ Rumore improvviso e violento prodotto da un'esplosione. ◇ *Motore a scoppio*: motore che genera energia mediante la combustione di una miscela gassosa che scoppia per effetto della scintilla della candela alimentata dall'impianto elettrico di accensione. – *A scoppio ritardato*: di bomba, proiettile, ecc. che esplode qualche tempo dopo l'accensione; *fig.* che avviene in ritardo rispetto al momento previsto. *Capire a scoppio ritardato.* **2.** *fig.* Accentuata e improvvisa manifestazione emotiva. ~ Violenta manifestazione di un fatto general. negativo. *Lo scoppio di un'epidemia.*

scoprìre v.tr. [77] **1.** Privare qlco. di ciò che copre, protegge. *Scoprire una statua.* **2.** Lasciare intravedere. *Scoprire il viso.* **3.** Smascherare qualcuno, identificarlo. *Scoprire l'assassino.* ~ Rivelare ciò che era nascosto. *Scoprire il suo gioco, i suoi piani.* ~ Trovare ciò che era prima sconosciuto o di cui si ignorava l'esistenza. *Scoprire un tesoro.* ◇ *Scoprire un segreto*: venire a sapere qlco. che gli altri ignorano. ~ Individuare o riconoscere qlco. *Scoprire un giacimento petrolifero.* ~ Trovare in una persona una certa qualità positiva o negativa. *Ho scoperto in lui una grande bontà.* **4.** Imparare ad apprezzare e amare qlco. *Finalmente ha scoperto la musica classica.* **5.** Lasciare momentaneamente indifeso qlco. ◇ *fig. Scoprire il fianco alle critiche*: esporsi troppo. ◆ **scoprirsi** v.pron. **1.** Togliersi di dosso, in tutto o in parte, gli indumenti che coprono il corpo. *C'è freddo, ti sei scoperto*

Le grandi scoperte dei secc. XV-XVI

1445	i portoghesi esplorano la foce del Senegal
1488	il portoghese Bartolomeo Diaz raggiunge il capo di Buona Speranza
1492	il genovese Cristoforo Colombo attraversa l'Atlantico e scopre l'America (Bahamas) per conto della Spagna
1492-1493 e 1493-1496	Cristoforo Colombo esplora le Antille (Cuba, Haiti, Guadalupa)
1497	l'italiano Giovanni Caboto esplora il litorale canadese per conto dell'Inghilterra
1498 e 1502-1504	Cristoforo Colombo esplora le coste del continente americano (attuali Venezuela e Honduras)
1498	il portoghese Vasco da Gama raggiunge le Indie dopo aver doppiato il capo di Buona Speranza
1500	il portoghese Pedro Álvares Cabral approda sulle coste del Brasile
1501-1502	il fiorentino Amerigo Vespucci esplora le coste dell'America del Sud. Darà il suo nome al continente americano
1510	il portoghese Afonso de Albuquerque occupa Goa, estendendo così il dominio del suo paese in India
1519	lo spagnolo Hernán Cortés intraprende la conquista del Messico
1519-1522	primo giro del mondo, intrapreso dal portoghese Ferdinando Magellano e portato a termine dallo spagnolo Juan Elcano
1524	il fiorentino Giovanni da Verrazzano approda in Carolina del Sud per conto di Francesco I
1531	lo spagnolo Francisco Pizarro raggiunge il Perú
1535	il francese Jacques Cartier esplora l'estuario del San Lorenzo

troppo! ~ Lasciare apparire, scoprire una parte del corpo. *Scoprirsi le gambe.* **2.** Esporsi all'avversario senza difese. ~ SPORT. Allentare la guardia. *La nostra squadra si è scoperta in difesa.* **3.** *fig.* Rendere noti i propri pensieri. *Si scopre solo con gli amici più cari.* **4.** Rendersi conto di avere certe caratteristiche che si ignorava di possedere. *Scoprirsi un eroe.*

scopritóre s.m. [f. *–trice*] Chi scopre realtà, luoghi, fenomeni prima sconosciuti.

scoraggiaménto s.m. Perdita di coraggio, di fiducia.

scoraggiànte agg. Che avvilisce.

scoraggiàre v.tr. [5] **1.** Far perdere il coraggio, la fiducia a qlcu. **2.** Togliere a qlcu. la voglia di fare qlco. *Scoraggiare l'iniziativa privata.* ◆ **scoraggiarsi** v.pron. Perdersi d'animo. *Non devi scoraggiarti se hai fallito.*

scorbùtico agg. [pl.m. *–ci,* f. *–che*] **1.** MED. Relativo allo scorbuto. **2.** *fig.* Che si lagna continuamente, che trova da ridire su tutto. ◆ s.m. [f. *–ca*] Chi è malato di scorbuto. ~ *fig.* Persona bisbetica.

scorbùto s.m. (scandinavo *skyrbjúgr* "edema causato da latte cagliato") MED. Malattia dovuta a carenza o cattiva assimilazione di vitamina C, caratterizzata in partic. da emorragie multiple.

scorciatóia s.f. **1.** Cammino secondario più breve. **2.** *fig.* Mezzo più rapido per raggiungere un obiettivo.

scórcio s.m. [pl.m. *–ci*] **1.** ART. Tecnica prospettica consistente nel disporre corpi e figure su un piano obliquo rispetto all'osservatore, in modo che alcune parti risultino più vicine e altre più lontane. **2.** Spazio visuale ristretto di un paesaggio lasciato libero alla vista. *Scorcio di Portofino al tramonto.* ~ In opera letteraria, breve e significativo momento narrativo. **3.** Breve lasso di tempo.

1. scordàre v.tr. Non ricordare più qlcu. o qlco. *Scordare i documenti a casa.* ◆ **scordarsi** v.pron. Non ricordarsi di qlcu. o qlco. *Scordarsi di un amico.* ⋄ *fam. Scordarselo:* toglierselo dalla mente. *Il regalo quest'anno te lo puoi scordare!*

2. scordàre v.tr. Far perdere l'accordatura a uno strumento musicale. ◆ **scordarsi** v.pron. Detto di strumento musicale, perdere l'accordatura.

1. scordàto agg. Dimenticato, trascurato.

2. scordàto agg. Non accordato, riferito spec. a uno strumento musicale.

scoréggia s.f. [pl. *–ge*] *pop.* Emissione rumorosa di gas intestinali.

scoreggiàre v.intr. (aus. *avere*) *volg.* Emettere rumorosamente i gas intestinali.

scòrfano s.m. (lat. *scorpaēnam,* gr. *skórpaina* deriv. di *skorpíos* "scorpione marino") **1.** Pesce marino, con corpo tozzo, mimetico, ricoperto da grosse scaglie e spine velenose, che vive in acque tropicali e temperate calde; è detto anche *rospo di mare* o *scorpena.* (Ordine dei Perciformi; famiglia degli Scorpenidi.) **2.** *fig.* Persona dall'aspetto repellente o molto brutta.

scòrgere v.tr. [22] (lat. *excorrĭgere,* propr. "accompagnare con l'occhio") **1.** Vedere, distinguere in modo improvviso qlco. *Riuscì finalmente a scorgere il rifugio.* SIN.: **avvistare.** **2.** *fig.* Comprendere qlco. *Scorgere le reali intenzioni di qualcuno.*

scòria s.f. (lat. *scōriam,* gr. *skōría* deriv. di *skōr* "escremento") **1.** Residuo di una lavorazione industriale. (Special metallurgica, dove, general., è una composizione a base di silicati.) *Le scorie di un altoforno.* ~ GEOL. Residuo di un processo naturale di fusione come l'attività vulcanica. ⋄ FIS. *Scorie radioattive:* residui radioattivi che si formano in un reattore nucleare. – FISIOL. *Scorie alimentari:* parte degli alimenti

che nel processo digestivo viene assorbita in modo limitato, ma che è utile perché stimola la peristalsi dell'intestino. **2.** *fig.* Ciò che resta di una realtà superata.

scorificazióne s.f. METALL. Nei processi di riduzione di minerali, separazione della ganga sotto forma di scoria fusibile.

scornàre v.tr. **1.** Rompere le corna a qlcu. *L'urto ha scornato il cervo.* **2.** *fig.* Mettere qlcu. in ridicolo. SIN.: **beffare.** ◆ v.intr. (aus. *avere*) Dare cornate. *Il caprone scorna.* ◆ **scornarsi** v.pron. **1.** Di animale con le corna, rompersele. **2.** *fig. pop.* Detto di persona, subire un grave e umiliante insuccesso.

scorniciàre v.tr. [6] **1.** Dare a un oggetto la forma di cornice. **2.** Togliere qlco. dalla cornice. *Scorniciare un quadro.*

scorniciatùra s.f. **1.** Lavorazione di un manufatto in forma di cornice. **2.** Liberazione di un quadro dalla sua cornice. **3.** ARCH. Elemento modanato a cornice.

scòrno s.m. Grave smacco subito da chi ostenta sicurezza.

scorpacciàta s.f. **1.** Abbondante mangiata. **2.** *fig.* Ripetizione fino alla noia della stessa esperienza.

scorpèna s.f. **1.** Scorfano. **2.** ZOOL. (iniziale maiusc.) Genere di pesci a cui appartiene la scorpena. (Famiglia degli Scorpenidi.)

Scorpènidi s.m. pl. [iniziale minusc. sing *–de* per l'individuo] ZOOL. Famiglia di pesci con testa grossa ricoperta da piastre ossee e pinne dotate di aculei. (Superordine dei Teleostei.)

scorpióne s.m. **1.** Aracnide delle regioni tropicali e mediterranee dotato di pinze nella parte anteriore e di aculeo velenoso nella parte terminale dell'addome. (Le specie dei generi *Centrurus* e *Androctonus* possono essere mortali; lunghezza 3-20 cm; ordine degli Scorpionidi.) ⋄ *Scorpione d'acqua:* insetto comunemente detto *Nepa.* (Sottordine degli Eterotteri.) **2.** *fig.* Persona maligna. **3.** ASTR. (iniziale maiusc., solo sing.) Costellazione zodiacale dell'emisfero australe nella quale il Sole transita tra il 24 ottobre e il 22 novembre (v. parte n.pr.). **4.** ASTROL. Ottavo segno zodiacale. ~ *estens.* Persona nata sotto il segno dello Scorpione. **5.** Antica arma da getto che scagliava frecce.

Scorpiònidi s.m. pl. [sing *–de* per l'individuo] ZOOL. Ordine di animali a cui appartengono gli scorpioni; hanno la parte anteriore coperta da uno scudo dorsale con sei paia di appendici, di cui uno conformato a chela, addome segmentato e con un aculeo terminale provvisto di ghiandole velenifere; sono vivipari. (Classe degli Aracnidi.)

scòrporo s.m. **1.** Divisione o separazione di una parte del patrimonio o di un possedimento. ~ La parte detratta. **2.** Conteggio dei voti di lista nel sistema prevalentemente maggioritario con percentuale di proporzionale.

scorrazzàre v.intr. (aus. *avere*) **1.** Muoversi correndo da una parte all'altra. *I bambini scorrazzano sul prato.* **2.** *fig.* Provare vari campi di studio o varie attività. ◆ v.tr. Percorrere un territorio in varie direzioni. *Scorrazzare tutta l'Italia.*

scórrere v.intr. [21] (aus. *essere*) **1.** Di liquidi, fluire. *Il sangue scorre nelle vene.* **2.** Procedere agevolmente, essere sciolto e fluido. *Il traffico scorre bene.* **2.** Spostarsi lungo un tracciato o un condotto. ~ *fig.* Susseguirsi con rapidità. *Le immagini scorrono sul teleschermo.* **3.** Del

tempo, passare, trascorrere. *Le ore scorrono in fretta.* ◆ v.tr. **1.** Esaminare, leggere superficialmente. *Scorrere un libro.* **2.** *fig.* Riandare indietro con la memoria. *Scorrere la propria vita.*

scorrerìa s.f. Incursione sul territorio nemico per depredare o devastare.

scorrettézza s.f. **1.** Mancanza di correttezza formale, presenza di errori e imprecisioni. **2.** Mancanza di rispetto delle regole morali. ~ Atto sconveniente, poco onesto.

scorrètto agg. **1.** Che presenta errori, inesatto. ~ Che viola i regolamenti. *Gioco scorretto.* **2.** Che va contro le norme della convenienza e dell'onestà. SIN.: **disonesto.**

scorrévole agg. Che scorre, mobile. *Nastro scorrevole.* ~ Che scorre agevolmente. *Traffico scorrevole.* ◆ s.m. In congegni meccanici, elemento in grado di scorrere.

scorribànda s.f. **1.** Incursione di bande armate per depredare o saccheggiare. **2.** *scherz.* Gita spensierata. **3.** *fig.* Digressione in un campo di studi diverso da quello di propria competenza.

scorriménto s.m. **1.** Movimento lungo una guida o su una superficie. ~ Flusso di liquidi in una sede di raccolta o lungo un condotto. ⋄ *Strada a scorrimento veloce:* predisposta per un traffico fluido. **2.** FIS. Lenta deformazione di un materiale a causa dello spostamento relativo delle fibre che scorrono le une sulle altre. **3.** In una macchina elettrica asincrona, rapporto fra la differenza delle velocità angolari del corpo magnetico rotante e dell'indotto, e la velocità angolare del campo magnetico rotante. **4.** INFORM. Manipolazione del dato contenuto in un registro, consistente nello spostamento verso destra o verso sinistra di tutti i suoi bit. ~ Visualizzazione in movimento di un testo.

scórsa s.f. Lettura rapida e superficiale.

scórso agg. Trascorso, riferito al periodo precedente. ◆ s.m. Errore involontario causato da fretta o disattenzione.

scorsóio agg. [pl.m. *–soi*] Che può scorrere. ⋄ *Nodo scorsoio:* nodo ad anello fatto all'estremità di corde e funi, che si stringe tirandolo.

scòrta s.f. (deriv. di *scorgere* nel sign. di "accompagnare con l'occhio") **1.** Azione di accompagnare qlcu. o qlco. per proteggerlo o sorvegliarlo. ~ Persone e mezzi addetti a questo incarico. ⋄ *loc. prep. Sulla scorta di:* in base a, secondo. *Sulla scorta di pareri autorevoli, il quadro è stato attribuito a Raffaello.* **2.** MIL. Formazione militare terrestre, aerea o navale incaricata di scortare un convoglio. **3.** Insieme di risorse che possono essere utilizzate in caso di bisogno o di emergenza. **4.** (al pl.) Nelle aziende industriali e agricole, accumulo di materie prime. ⋄ *Scorte vive, morte:* in un'azienda agricola, il complesso degli animali e degli attrezzi meccanici che costituiscono il fondo rustico.

scortàre v.tr. Accompagnare qlcu. o qlco. per proteggerlo o sorvegliarlo.

scortecciàre v.tr. [5] **1.** Togliere la corteccia a qlco. ~ *estens.* Togliere la parte superficiale. *Scortecciare un muro.* ◆ **scortecciarsi** v.pron. Perdere la corteccia o la parte superficiale. ~ Detto di muro, perdere l'intonaco.

scortecciatóre s.m. [f. *–trice*] IND.LEGN. Operaio che toglie la corteccia dai tronchi d'albero.

scortése agg. Che non è cortese. SIN.: **maleducato.**

scortesìa s.f. Mancanza di cortesia. ~ Azione, parola scortese. SIN.: **sgarbo.**

scorticaménto s.m. **1.** Lacerazione e asportazione della pelle di un animale ucciso. **2.** MED. Abrasione superficiale.

scorticàre v.tr. [4] **1.** Togliere la pelle a un animale. *Scorticare buoi e cavalli.* **2.** *estens.* Ferire superficialmente la pelle. **3.** *fig.* Far pagare a qlcu. un prezzo esagerato. ~ Sottoporre qlcu. a un esame o a una critica troppo dura. ◆ **scorticarsi** v.pron. Procurarsi un'abrasione superficiale. *Scorticarsi un ginocchio.*

scortichìno s.m. [f. *–na* nelle accez. 2 e 3] **1.** Coltello affilato usato per scuoiare gli animali. **2.** Addetto a scuoiare le bestie macellate. **3.** *fig.* Usuraio, strozzino.

scòrza s.f. (lat. *scórtea* "pelliccia") **1.** Rivestimento esterno dei rami, del fusto e delle radici degli alberi. **2.** *estens.* Buccia di alcuni frutti. ~ *fig.* Pelle di alcuni animali, spec. rettili. **3.** *fig.* Pelle umana. ~ Apparenza, aspetto esteriore. *Avere la scorza dura.*

scorzonéra s.f. (spagn. *escorzonera*) Pianta erbacea perenne coltivata per le sue radici nere a fittone, un tempo usate come antidoto contro il veleno dei serpenti. (Genere *Scorzonera*; famiglia delle Composite.)

scoscéso agg. Molto ripido e disagevole. SIN.: **impervio.**

scòssa s.f. **1.** Movimento brusco. ~ Oscillazione del suolo provocata da un terremoto. **2.** Scarica di corrente elettrica e sensazione di tremito doloroso in chi la subisce. ~ *fam.* Sensazione provocata da un colpo in un punto del gomito. **3.** *fig.* Forte emozione. SIN.: **trauma.** ~ Danno finanziario, rovescio, dissesto.

scossóne s.m. **1.** Nel sign. dell'accr. di *scossa*; in partic., sobbalzo violento. **2.** *fig.* Dolore profondo, emozione improvvisa che produce un mutamento radicale.

scostaménto s.m. **1.** Allontanamento da un luogo o da una cosa. ~ Separazione di parti accostate. **2.** MAT., FIS. Differenza tra il valore medio di una grandezza e quello di ogni singola misurazione. SIN.: **scarto. 3.** MIL. In artiglieria, correzione di mira nel puntamento di un bersaglio mobile.

scostànte agg. Poco cordiale, che suscita antipatia.

scostàre v.tr. **1.** Spostare qlcu. o qlco. **2.** *fig.* Cercare di non incontrare qlcu. ◆ **scostarsi** v.pron. **1.** Allontanarsi da un luogo o da un oggetto. **2.** *fig.* Deviare da qlco.

scostumàto agg. Di persona, che non rispetta le regole della morale e della decenza. ◆ s.m. [f. *–ta*] Nel sign. dell'agg.

scòtano s.m. Pianta arbustiva con corteccia resinosa rossastra, frutti a drupa, foglie di forma ovale da cui si estrae il tannino. (Famiglia delle Anacardiacee.)

scotch [/'skɔtʃ/] s.m. inv. (voce ingl., propr. "scozzese"; l'autoadesivo è così detto perché i primi esemplari erano confezionati con una stoffa scozzese) **1.** Denominazione commerciale, che costituisce marchio registrato, di un tipo di nastro autoadesivo. ~ *per anton.* Nastro adesivo. **2.** Whisky scozzese.

scotennàre v.tr. **1.** Togliere la cotenna a un animale. **2.** Togliere il cuoio capelluto a un nemico. *Scotennare i prigionieri.*

scotòma s.m. [pl. *–mi*] (gr. *skótōma* "ottenebramento") MED. Perdita o alterazione della vista in una zona limitata del campo visivo.

scòtta s.f. (fr. *escote*, nordico *skaut* "angolo della vela") MAR. In un'imbarcazione, fune per spiegare le vele al vento.

scottànte agg. **1.** Che turba o colpisce per la sua gravità. *Verità scottante.* **2.** *fig.* Urgente e delicato. *Argomento scottante.*

scottàre v.tr. **1.** Causare una bruciatura. *Il sole mi ha scottato la pelle.* **2.** Esporre prodotti alimentari a un fuoco vivo per pochi minuti. *Scottare la carne.* **3.** *fig.* Provocare amarezza e risentimento. *È una sconfitta che scotta.* SIN.: **bruciare.** ◆ v.intr. (aus. *avere*) **1.** Emanare tanto calore da poter ustionare. *Oggi il sole scotta.* **2.** *fig.* Essere motivo di forte preoccupazione o di polemiche. ◆ **scottarsi** v.pron. **1.** Subire una scottatura o bruciarsi una parte del corpo. *Scottarsi la lingua con il brodo bollente.* **2.** *fig.* Subire una forte delusione, ritrovarsi sconfitto e amareggiato.

scottatùra s.f. **1.** Bruciatura della pelle. **2.** *fig.* Esperienza negativa, delusione.

scout [/'skaut/] s.m. e f.inv.[o pl. *scouts*] (voce ingl., abbr. di *boy-scout*) **1.** Aderente allo scoutismo. **2.** (al pl.) Organizzazione, movimento, circolo scoutistico.

scoutismo o **scautismo** [/skau'tizmo/] s.m. Movimento giovanile internazionale che promuove la formazione morale, fisica, pratica e civica dei bambini e degli adolescenti di entrambi i sessi attraverso la vita di gruppo a contatto con la natura. (Fu fondato in Inghilterra nel 1908 dal generale inglese Baden-Powell.)

scovàre v.tr. **1.** Fare uscire la selvaggina dalla tana. *Scovare un cinghiale.* **2.** *fig.* Trovare qlcu. o qlco. a fatica.

scovolino s.m. Nel sign. del dim. di *scovolo*; in partic., piccola spazzola per pulire oggetti cavi.

scóvolo s.m. Spazzola munita di una lunga asta per pulire la canna di un'arma da fuoco.

scòzia s.f. (lat. *scōtiam*, gr. *skotía* deriv. di *skótos* "oscurità") ARCH. Modanatura a profilo semi-ovale che separa due tori su base di una colonna ionica.

scozzàre v.tr. Mischiare le carte prima di distribuirle.

scozzése agg. Della Scozia. ~ Di tessuto di lana o di seta a quadretti variamente colorati. *Gonna scozzese.* ◆ s.m. **1.** Abitante, nativo della Scozia. **2.** (solo sing.) Lingua del gruppo celtico ant. parlata, e ancora residuata, in Scozia; anche, varietà dell'inglese parlato nelle Lowlands. ◆ s.f. Vivace danza scozzese che un tempo veniva accompagnata dalla cornamusa.

scozzonàre v.tr. **1.** EQUIT. Domare e ammaestrare animali da sella e da tiro. **2.** *fig.* Dare a qlcu. i primi rudimenti di un mestiere o di una disciplina.

scrambler [/'skræmblə/] s.m. inv. (voce ingl., deriv. di *to scramble* "arrampicarsi") **1.** Moto fuoristrada con ruote piccole e robuste, manubrio alto e potenti ammortizzatori. **2.** Apparecchio elettronico usato per decifrare messaggi in codice. ~ Anche, decodificatore del segnale televisivo di una pay-tv.

scrànno s.m. Sedia per le autorità, di struttura massiccia, con alta spalliera e grossi braccioli; detta anche *scranna.*

scratch [/'skrætʃ/] s.m. inv. (voce ingl., propr. "scalfittura") **1.** Nel tennis, eliminazione dalla gara del concorrente che non si presenta o rinuncia all'incontro; è usato soprattutto nella loc. *vincere per scratch.* **2.** Tecnica con cui i disc jockey alterano il movimento del disco sul piatto del giradischi per ottenere variazioni sonore della musica che diffondono.

screanzàto agg. Che non rispetta le regole della buona educazione. SIN.: **zotico.** ◆ s.m. [f. *–ta*] Nel sign. dell'agg.

screditàre v.tr. Distruggere il credito, la reputazione di qlcu. ◆ **screditarsi** v.pron. Perdere la stima degli altri, rovinarsi la reputazione. *Con questo gesto ti sei screditato.*

screening [/'skriːnɪŋ/] s.m. inv. (voce ingl., deriv. di *to screen* "vagliare") **1.** Analisi a campione. **2.** MED. Indagine sanitaria volta a prevenire una malattia controllando vasti gruppi di persone a rischio. **3.** Inchiesta sugli elementi e i fattori della produzione economica. **4.** TECN. ~ **schermaggio. 5.** CINE. Spezzone di film proiettato a scopo promozionale.

screen saver [/skriːn 'seɪvə/] loc. sost. m. inv. (loc. ingl., comp. di *screen* "schermo" e *saver* "preservatore") INFORM. → **salvaschermo.**

scremàre v.tr. **1.** Togliere la crema, la parte grassa dal latte. **2.** Trattenere ciò che c'è di migliore in un insieme, fare una selezione. *Scremare i candidati.*

scremàto agg. Privato della parte grassa. *Latte scremato.*

scrematrice s.f. Macchina che serve a togliere la parte grassa dal latte.

scrematùra s.f. Operazione con cui si separa il latte dalla crema. ◆ s.m. *fig.* Selezione della parte migliore. *Scrematura del personale.*

screpolàre v.tr. Fare incrinature su una superficie. *Il freddo screpola le mani.* ◆ **screpolarsi** v.pron. **1.** Fendersi, presentare incrinature in superficie. *L'intonaco si è screpolato.* **2.** Prodursi screpolature in una parte del corpo. *Screpolarsi le mani, le labbra.*

screpolàto agg. Che presenta delle piccole fenditure, crepe. *Muro screpolato.*

screpolatùra s.f. Formazione di una rete di incrinature sulla superficie di una vernice, di una ceramica, di un calcestruzzo, ecc. · Formazione di piccole crepe sulla pelle. ~ Il punto in cui si è formata la crepa.

screziàre v.tr. [6] Decorare qlco. con vari colori. *Fiori multicolori screziano il giardino.*

screziàto agg. Che presenta colori diversi. ~ Che ha chiazze o striature di un colore diverso da quello di fondo.

screziatùra s.f. Insieme di motivi o di macchie multicolori che spiccano su un fondo di colore diverso.

scrèzio s.m. [pl. *–zi*] Disaccordo momentaneo tra persone che hanno solitamente buoni rapporti.

scriba s.m. [pl. *–bi*] **1.** Nell'Antico Egitto e in altre civiltà antiche, depositario dei segreti della scrittura e funzionario incaricato della redazione degli atti amministrativi, religiosi o giuridici. **2.** Nel mondo ebraico, sapiente, seguace del fariseismo, osservante la legge biblica soprattutto nei suoi aspetti di maggiore esteriorità e formalismo. **3.** *fig.* Intellettuale, scrittore asservito al potere o di basso profilo.

scribacchiàre v.tr. [6] **1.** Scrivere qlco. di malavoglia. **2.** In campo letterario, redigere, scrivere qlco. di qualità mediocre. ◆ v.intr. (aus. *avere*) Scrivere senza talento.

scribacchino s.m. [f. *–na*] **1.** *spreg.* Autore mediocre. **2.** Modesto scrivano d'ufficio, addetto ai lavori di copiatura.

scricchiolàre v.intr. (aus. *avere*) **1.** Produrre un crepitio, un rumore secco e leggero nel rompersi. ~ Di superfici sottoposte a movimento, attrito o pressione, cigolare. **2.** *fig.* Diventare più debole, dare segni di cedimento. *Un'istituzione che scricchiola.*

scricchiolio s.m. [pl. *–lii*] Continuo e frequente scricchiolare.

scrìcciolo s.m. **1.** ZOOL. *Re di macchia. **2.** *fig.* Persona di corporatura minuta e di bassa statura.

scrigno s.m. (lat. *scrīnium* "cassetta") **1.** Scatola, cofanetto per sistemare, riporre gioielli e oggetti di più o meno preziosi. **2.** *fig.* Persona ricca di qualità. ~ Luogo, oggetto in cui sono concentrati virtù e valori morali. *Quei libri sono uno scrigno di saggezza.*

scripofilia s.f. (ingl. *scripophily*) Ricerca, collezione di azioni e obbligazioni che non sono più quotate in borsa.

script [/skript/] s.m. inv. (voce ingl., propr. "testo scritto") **1.** CINE. Copione cinematografico utilizzato dal regista durante le riprese. **2.** *estens.* Schema, struttura schematica.

scristianizzàre v.tr. Far perdere la fede o il carattere cristiano a qlcu. o a qlco. *La società dei consumi sta scristianizzando il mondo occidentale.* ◆ **scristianizzarsi** v.pron. Perdere, abbandonare la fede cristiana.

scristianizzazióne s.f. Abbandono o perdita della fede cristiana, soprattutto come processo storico. ~ Politica volta a ridurre, ad annullare l'influsso del cristianesimo in una data società. *Scristianizzazione dei territori conquistati dagli arabi.*

scriteriàto agg. Senza criterio. ~ Che denota mancanza di buon senso. ◆ s.m. [f. *–ta*] Persona senza giudizio.

scritta s.f. Breve testo scritto. *Controllare la scritta sul tappo.*

scritto agg. **1.** Espresso tramite la scrittura. **2.** Coperto da segni di scrittura. **3.** Nel l. scolastico, effettuato mediante scrittura. *Esami scritti.* **4.** *fig.* Impresso, marcato, scolpito. *Ce l'ho scritto nel cuore.* **5.** *fig.* Decretato, inevitabile, deciso irrevocabilmente. ◆ s.m. **1.** La forma scritta della comunicazione linguistica, la lingua usata nella scrittura. *Lo scritto e il parlato.* ~ Ogni testo messo per iscritto. *Uno scritto indecifrabile.* ~ Lettera, nota. *Ho ricevuto il tuo scritto.* **2.** Nel l. scolastico, insieme delle prove scritte di un esame, di un concorso (in oppos. a *orale*). **3.** Qualsiasi cosa scritta, in partic., lavoro letterario o scientifico.

scrittóio s.m. [pl. *–toi*] Tavolo per scrivere. SIN.: **scrivania.**

scrittóre s.m. [f. *–trice*] Autore che compone opere letterarie.

scrittorùcolo s.m. [f. *–la*] Nel sign. del pegg. di *scrittore* e spec., con valore spreg., persona che scrive molto e male. SIN.: **imbrattacarte.**

scrittùra s.f. **1.** Tecnica e pratica dello scrivere come fondamentale acquisizione umana. ~ L'espressione scritta, in oppos. a quella *orale*. **2.** Azione dello scrivere, stesura di un testo. **3.** Caratteristiche e modalità dello scrivere in relazione al tipo di alfabeto, al carattere e allo strumento adoperato. ~ Qualità della grafia. ~ Espressione scritta, stile. ◇ INFORM. *Scrittura dati:* registrazione di dati su un supporto di memoria. **4.** DIR. Scritto con efficacia giuridica, contratto. ~ In partic., contratto con il quale un impresario assume o ingaggia un attore, un cantante o un altro artista. *Scrittura teatrale.* ◇ *Scrittura contabile:* registrazione quantitativa di ogni operazione gestionale di un'azienda. – *Scrittura privata:* prova documentale redatta da privati. – *Scrittura pubblica:* atto sottoscritto davanti a un pubblico ufficiale. **5.** Testo scritto ritenuto sacro nelle varie religioni. ◇ *per anton. Le Scritture:* la Bibbia.

scritturàle agg. **1.** Relativo alla scrittura amministrativa e contabile. ◇ FIN. *Moneta scritturale:* quella costituita da depositi bancari e trasferita mediante registrazioni contabili, come giroconti e assegni. **2.** Relativo alla Sacra Scrittura. ◆ s.m. **1.** Scrivano d'ufficio, soprattutto in ambito militare. *Fare lo scritturale in fureria.* **2.** Rigoroso interprete della Sacra Scrittura.

scritturàre v.tr. **1.** Impegnare con un contratto un artista. **2.** COMM. Registrare operazioni su libri contabili.

scrivanìa s.m. **1.** Mobile per scrivere e per studiare, simile a un tavolo, composto da un piano orizzontale con uno o più cassetti sottostanti. **2.** INFORM. Interfaccia grafica adottata dai moderni sistemi operativi, disegnata come un piano di lavoro su cui sono attivi menu, finestre e icone, per facilitare l'impiego del computer.

scrivàno s.m. [f. *-na* nelle accez. 1 e 2] **1.** In età medievale, amanuense o copista. ~ In seguito, chi redigeva testi per conto di quelli che non sapevano scrivere. **2.** Impiegato incaricato della stesura o della copiatura di atti e documenti d'ufficio. **3.** ZOOL. *Scrivano della vite:* minuscolo insetto di colore scuro, così chiamato perché provoca sulle foglie della vite erosioni che ricordano una scrittura; è detto anche *bromio della vite*. (Ordine dei Coleotteri.)

scrivènte agg. Che scrive. ◆ s.m. e f. Chi scrive, soprattutto documenti, relazioni, lettere formali, scritture ufficiali.

scrìvere v.intr. [30] (aus. *avere*) **1.** Tracciare i segni di un sistema di scrittura, assemblarli per rappresentare la parola o il pensiero. **2.** Esercitare l'attività della scrittura, riferire tramite la scrittura. *Scrivo da quando avevo vent'anni.* ◆ v.tr. **1.** Redigere e mandare un messaggio a qlcu. **2.** Tracciare parole, cifre, note musicali e simili. ~ Riempire di scrittura una certa superficie. *Scrivere due righe.* ◇ *fig. Scrivere una bella pagina di storia:* compiere un'impresa meritevole, degna di essere ricordata. **3.** Comporre un testo attraverso la scrittura. ~ Comporre un'opera musicale. **4.** Esprimere una certa cosa per iscritto. ~ Comunicare idee, sentimenti, impressioni per mezzo della scrittura. *Scrivere la propria opinione.* **5.** *fig.* Imprimere, fissare una cosa nella memoria. *Scrivere nel cuore.* ◆ **scrìversi** v.pron. **1.** Detto di due o più persone, inviarsi, scambiarsi messaggi epistolari. **2.** Arruolarsi in qualche corpo.

1. scroccàre v.intr. [4] (aus. *avere*) *fam. spreg.* Vivere a spese di altri. ◆ v.tr. *fam.spreg.* Farsi offrire qlco. da altri senza spendere niente. *Scroccare una cena.*

2. scroccàre v.tr. MUS. *gerg.* Sbagliare l'esecuzione di una nota, steccare. *Scroccare una nota.*

1. scròcco s.m. [pl. *-chi*] *fam.* L'usufruire di qlco. a spese, a carico altrui.

2. scròcco s.m. [pl. *-chi*] **1.** Scatto di un congegno. **2.** Piccolo catenaccio a molla di una serratura che consente di chiudere il battente con una semplice pressione, inserendosi automaticamente nell'apposita sede ricavata sullo stipite o sul battente fisso. **3.** Rumore secco.

scroccóne s.m. [f. *-na*] *fam.* Chi scrocca.

scròfa s.f. **1.** Femmina del maiale e del cinghiale. **2.** *fig.* Sgualdrina.

scròfola s.f. (calco del gr. *khoirádes* deriv. di *khôiros* "porcellino") *pop.* Scrofolosi.

scrofolòsi s.f. inv. MED. Infiammazione di natura tubercolare a decorso benigno, che colpisce e fa gonfiare le ghiandole linfatiche del collo, così denominata per la sua somiglianza con una malattia dei maiali.

scrofulària s.f. **1.** Pianta erbacea o suffruticosa con foglie dentate e infiorescenze a cima, dotata di proprietà medicinali. (Famiglia delle Scrofulariacee.) **2.** BOT. (iniziale maiusc.) Genere di piante a cui appartengono varie specie di scrofularia.

Scrofulariàcee s.f. pl. [iniziale minusc. sing. *-a* per l'individuo] BOT. Famiglia di piante con foglie verticillate, fiori zigomorfi isolati o in infiorescenze, frutti a capsula; comprende molte specie diffuse nelle regioni temperate un tempo coltivate per estrarne sostanze ritenute attive contro la scrofolosi. (Classe delle Dicotiledoni.)

scroll [/ˈscrəʊl/] s.m. inv. (voce ingl., propr. "rotolo") INFORM. Scorrimento di un documento sul video di un elaboratore. ~ Comando o tasto che permette quest'azione.

scrollàre v.tr. **1.** Imprimere movimenti rapidi e continui a qlco. ◇ *Scrollare la testa, il capo:* muoverlo da una parte all'altra per esprimere disapprovazione o rifiuto. **2.** INFORM. Far scorrere un documento sul video di un elaboratore. ◆ **scrollarsi** v.pron. Muoversi ripetutamente e vigorosamente. ~ *fig.* Reagire a uno stato di depressione o inerzia. ◇ *Scrollarsi di dosso qlco.:* toglierselo di dosso, liberarsene, perlopiù in senso fig. *Dovresti scrollarti di dosso le tue incertezze.*

scrolling [/ˈscrəʊlɪŋ/] s.m. inv. (voce ingl., deriv. di *to scroll* "srotolare") INFORM. Scroll.

scroscìànte agg. **1.** Riferito ad acqua, che scroscia, che cade con forza e fragore. **2.** *fig.* Di manifestazione rumorosa che esprime approvazione ed entusiasmo.

scrosciàre v.intr. [5] (aus. *avere* o *essere*) **1.** Detto di acque, cadere o fluire in modo violento e rumoroso. **2.** *fig.* Detto di qlco. che produce rumore, susseguirsi con rapida frequenza. *Dopo l'esibizione scrosciarono gli applausi.*

scròscio s.m. [pl. *-sci*] **1.** Impetuoso passaggio d'acqua o violenta precipitazione di pioggia. ~ Il rumore da esso prodotto. **2.** *fig.* Sequenza di rumori simili a quelli della pioggia. ~ Improvvisa e sonora manifestazione di approvazione, di gioia, di entusiasmo, ecc. **3.** TV. Interruzione momentanea nella ricezione di una trasmissione televisiva, caratterizzata dalla perdita del segnale video e da un fastidioso disturbo dell'audio. **4.** MED. Rumore prodotto dal movimento delle articolazioni, in seguito a infiammazioni o a situazioni patologiche.

scrostàre v.tr. Portare via la crosta a una escoriazione o ferita. ~ *estens.* Togliere il rivestimento o la superficie di qlco. ◆ **scrostarsi** v.pron. **1.** Perdere la crosta o il rivestimento di superficie. **2.** Detto dello strato superficiale di qlco., staccarsi, venir via.

scrotàle agg. ANAT. Relativo allo scroto.

scròto s.m. (lat. *scrōtum* "borsa") ANAT. Borsa cutaneo-muscolare contenente i testicoli.

scrùpolo s.m. (lat. *scrūpulum*, deriv. di *scrūpus* "sasso aguzzo") **1.** Incertezza e inquietudine circa la correttezza di un proprio atto o comportamento. ◇ *Senza scrupoli:* di persona che non ha alcuna remora morale o religiosa. **2.** Riguardo, timore di recare disturbo. ◇ *Farsi scrupolo di qlco.:* avere riguardo, preoccuparsi. **3.** Massima diligenza e impegno nello svolgere un'attività. **4.** Misura antica corrispondente alla ventiquattresima parte di un'oncia. ~ *estens.* Quantità piccolissima.

scrupolosità s.f. inv. Qualità di chi è corretto e diligente nel comportarsi e nell'agire.

scrupolóso agg. **1.** Che mostra di avere scrupoli morali o religiosi. **2.** Che si comporta in modo diligente e accurato nella propria attività. ~ Riferito a cosa, che denota grande diligenza e impegno.

scrutàre v.tr. (lat. *scrutāri* "frugare") **1.** Guardare qlcu. o qlco. aguzzando la vista e facendo molta attenzione allo scopo di distinguere o comprendere qlco. **2.** *fig.* Studiare, indagare.

scrutatóre agg. [f. *-trice*] Che osserva attentamente. ◆ s.m. (anche f.) **1.** Chi sa guardare a fondo. **2.** Chi fa parte di un seggio elettorale o di un collegio che controlla le votazioni ed effettua lo scrutinio delle schede.

scrutinàre v.tr. (lat. *scrutinàre* "esaminare") **1.** Effettuare lo scrutinio delle schede elettorali. **2.** Elaborare i giudizi sugli scolari, sugli studenti e assegnare i voti durante lo scrutinio scolastico.

scrutinatóre s.m. [f. *-trice*] Chi effettua uno scrutinio elettorale.

scrutìnio s.m. [pl. *-ni*] (lat. *scrutĭnium* "perquisizione") **1.** Conteggio dei suffragi espressi dai votanti. ~ In partic., insieme di operazioni elettorali effettuate al termine di una votazione comprendente lo spoglio delle schede, il controllo e il computo dei voti e delle preferenze espresse. ◇ *Scrutinio segreto:* votazione in cui l'identità dei votanti rimane ignota. **2.** INSEGN. Riunione collegiale in cui si esprime un giudizio sul profitto e sulla condotta degli alunni alla fine di un trimestre o quadrimestre, dell'anno scolastico o di una prova d'esame. **3.** Nel l. bur., esame del curriculum dei pubblici dipendenti per determinare la priorità nelle graduatorie dei concorsi.

scucìre v.tr. [76] **1.** Eliminare i punti di una cucitura e staccare le parti prima tenute assieme. **2.** *pop.* Tirare fuori dei soldi. *Quello non scuce nemmeno un centesimo.* ◆ **scucirsi** v.pron. Detto di abiti o di parti di essi, perdere i punti della cucitura.

scucìto agg. **1.** Che manca della cucitura o che ha la cucitura rotta. **2.** *fig.* Privo di logica e di coerenza.

scud [/ˈscʌd/] s.m. inv. (voce ingl., deriv. di *to scud* "correre velocemente") Missile terra-terra, utilizzato durante la guerra del Golfo.

scuderìa s.f. (deriv. di *scudiero* perché in origine costituiva la sua stanza) **1.** Locale o complesso di locali adibiti a stalla per i cavalli e a ricovero di finimenti e carrozze. **2.** Organizzazione che cura l'allevamento e l'addestramento dei cavalli e la loro partecipazione alle corse. **3.** SPORT. Nel campo degli sport motoristici, la società sportiva che prepara i mezzi meccanici, i piloti e tutto quanto è necessario per la partecipazione alle gare.

scudétto s.m. **1.** Distintivo a forma di piccolo scudo. ~ *per anton.* Quello tricolore che viene portato sulle maglie dalla squadra che ha vinto il campionato nazionale nelle varie specialità sportive. ~ *estens.* La vittoria nel campionato nazionale. **2.** BOT. → **scutello**. **3.** ZOOL. Ogni scaglia che ricopre le zampe degli uccelli.

scudièro s.m. (provenz. *escudier*, lat. *scutàrium* "armato di scudo") **1.** Nel Medioevo, giovane nobile che era al seguito di un cavaliere, con l'incarico di portare lo scudo e le armi e di accudire il cavallo. ~ Nel Rinascimento, dignitario di corte che presiedeva alla cura delle scuderie, titolo onorifico in vigore anche dopo l'abbandono di tale mansione. **2.** SPORT. Nel ciclismo, primo gregario di un campione.

scudisciàre v.tr. [5] Battere qlcu. con lo scudiscio.

scudìscio s.m. [pl. *-sci*] (etim. incerta, prob. lat. *scŭtica* "scutica") **1.** Bastoncino di legno o di cuoio, molto flessibile, usato per frustare i cavalli in corsa o anche per colpire le persone. **2.** *estens.* Frusta, sferza.

1. scùdo s.m. **1.** Piastra di materiale e forma vari che serviva come arma di difesa per proteggere il corpo dai colpi del nemico; attualmente è usato dalla polizia di molti paesi negli interventi di ordine pubblico. ◇ *Scudo crociato:* con una croce rossa effigiata sul davanti, usato dai crociati, adottato come simbolo dal disciolto partito della Democrazia cristiana e poi dal Partito popolare italiano. – *Portare qlcu. sugli scudi:* esaltarlo, glorificarlo, dall'abitudine dei franchi di esaltare in tal modo, agli occhi del popolo, il re appena eletto. **2.** *fig.* Ogni strumento o gesto che abbia funzione di difesa, protezione, riparo. **3.** *estens.* Struttura protettiva con caratteristiche e funzioni diverse. ◇ *Scudo termico:* nelle navicelle spaziali, protezione esterna contro il surriscaldamento dovuto all'attrito con l'aria. – *Scudo spaziale:* nel l. gior., sistema difensivo contro gli attacchi missilistici di potenze straniere, progettato negli USA intorno al 1980. **4.** MIL. Piastra d'acciaio che circonda una bocca da fuoco per difendere gli artiglieri. **5.** ARALD. Stemma gentilizio. **6.** ZOOL. Rivestimento corneo di molti rettili (Testudinati, Coccodrilli). ~ Guscio di alcuni crostacei. **7.** Attrezzatura per scavare gallerie in terreni umidi e franosi. **8.** GEOL. Struttura della crosta terrestre costituita da una grande distesa continentale leggermente arcuata, spianata dai fenomeni di erosione che hanno agito fin dall'era archeozoica.

2. scùdo s.m. (così chiamato per lo scudo araldico ant. raffigurato) **1.** Nome di varie monete di alto valore, tra cui quella italiana d'argento da cinque lire, di corso legale fino alla seconda guerra mondiale. ~ Unità monetaria portoghese fino al 1° gennaio 2002, data di introduzione dell'euro. **2.** Moneta d'oro o d'argento che in passato si usava in molti Stati italiani.

scuffiàre v.intr. [6] (aus. *avere*) MAR. Detto di imbarcazioni, ribaltarsi, capovolgersi.

scugnìzzo s.m. [f. *–za*] (voce napol. di etim. incerta) **1.** Ragazzo di strada napoletano. **2.** *estens.* Ragazzo indisciplinato o vivace.

sculacciàre v.tr. [5] **1.** Battere qlcu., soprattutto bambini, con più colpi e a mano aperta sul sedere. **2.** *fig.* Rimproverare con aria paternalistica. ~ Sconfiggere un avversario, general. in campo sportivo. *Il Milan ha sculacciato l'Inter.*

sculacciàta s.f. Colpo o serie di colpi dati con la mano sul sedere, perlopiù ai bambini a scopo punitivo.

scultóre s.m. [f. *–trice*] Chi è dedito alla scultura, come arte o attività professionale.

scultòreo agg. **1.** Relativo alla scultura. **2.** *estens.* Che presenta caratteristiche di armonia e plasticità proprie di un'opera della scultura classica. **3.** *fig.* Nitido, incisivo, efficace. *Prosa scultorea.*

scultùra s.f. Arte e tecnica del raffigurare in rilievo nel marmo, nel bronzo o in altro materiale. ~ L'opera realizzata. ~ Complesso delle opere di un autore, di un'epoca, di una scuola.

scuoiàre v.tr. [6] Privare della pelle un animale morto.

scuoiatùra s.f. In pellicceria, operazione di togliere la pelle a un animale macellato prima della concia.

scuòla s.f. (gr. *skholḗ* "tempo libero dalle occupazioni pubbliche" poi "luogo ove si studia") **1.** Istituzione educativa che ha il compito di trasmettere alle giovani generazioni gli elementi fondamentali di una civiltà, di una cultura o di avviare al possesso di una data disciplina o alla pratica di una determinata professione. ~ Il complesso delle istituzioni scolastiche di un paese o di un'epoca preposto all'insegnamento collettivo della gioventù. ◇ *Scuola dell'infanzia:* per bambini dai due anni e mezzo. – *Scuola dell'obbligo:* quella che ogni cittadino italiano è obbligato per legge a frequentare e che comprende il primo e il secondo ciclo. – *Scuola primaria:* per bambini dai cinque anni e mezzo o sei agli undici anni, in cui vengono insegnate le basi del sapere, in passato detta *scuola elementare*. – *Scuola secondaria di primo grado:* in passato chiamata *scuola media inferiore*, insieme alla scuola primaria forma il primo ciclo dell'istruzione scolastica. – *Scuola secondaria di secondo grado:* quelle che in passato erano le scuole medie superiori, che oggi formano il secondo ciclo dell'istruzione scolastica. – *Scuola guida:* insegnamento teorico e pratico alla guida dei veicoli; l'agenzia che li fornisce. – *Scuola statale:* dipendente direttamente dallo Stato. – *Scuola pubblica:* comprendente la scuola statale e quella gestita da altri enti pubblici, come regioni e comuni. – *Scuola privata:* gestita da enti o persone private, soprattutto da religiosi. – *Scuola parificata, pareggiata, legalmente riconosciuta:* scuola privata la cui attività è riconosciuta dallo Stato interamente o in parte. – *Scuola serale:* che si svolge in ore non lavorative, per consentirne la frequenza ai lavoratori. – *Scuola a tempo pieno, scuola a tempo prolungato:* in cui l'insegnamento viene impartito anche nel pomeriggio, integrato con attività parascolastiche. – *Scuola sperimentale:* in cui si adottano programmi e metodi diversi da quelli tradizionali. **2.** *estens.* Corso di istruzione relativo a un settore specifico. ~ Insegnamento di una disciplina, di un'arte, di un mestiere, di un'attività. ◇ *Andare a scuola da qlcu.:* seguirne l'insegnamento; *fig.* averlo come modello di vita. **3.** Sede scolastica, edificio scolastico. ~ L'insieme della scolaresca e degli insegnanti di una scuola. ~ Il tempo dedicato all'insegnamento. **4.** Indirizzo di studi. *Scuola umanistica.* ~ Impostazione pedagogica. **5.** Gruppo di artisti, filosofi o scienziati uniti dai medesimi principi ideologici o metodologici. ~ L'indirizzo da essi seguito. ~ L'insieme dei seguaci di un maestro. ◇ *Fare scuola:* insegnare, costituire un modello per seguaci e imitatori. **6.** *fig.* Insegnamento impartito o ricavato dalla vita pratica, da esperienze concrete, vissute. **7.** EQUIT. *Alta scuola:* esecuzione da parte di cavallo e cavaliere di una serie di figure tecnicamente difficili, dette anche *arie*. ❑ In funzione di agg. inv., nella loc. *nave scuola*, in cui i giovani si addestrano alla marineria.

scuòlabus s.m. inv. Pulmino che trasporta gli scolari da casa a scuola e viceversa.

scuòtere v.tr. [43] **1.** Agitare, muovere con forza e in varie direzioni qlco. o qlcu. *Scuotere un tappeto.* ~ *fig.* Sollecitare qlcu., svegliarlo da uno stato di apatia o di abbattimento. ◇ *Scuotere la testa, il capo:* muoverlo a destra e a sinistra in segno di diniego o dubbio. – *fig. Scuotere i nervi:* innervosire qlcu. **2.** *fig.* Causare turbamento e profonda emozione. *La sua morte ha scosso tutti.* **3.** Far cadere, allontanare qlco. da un posto o da un oggetto. *Scuotere la polvere dal tappeto.* ◆ **scuotersi** v.pron. **1.** Sobbalzare con movimento brusco. *Appena lo vide si scosse.* ◇ *fig. Scuotersi dal letargo, dal torpore, dal sonno:* svegliarsi, uscire da uno stato di passività, tornare a essere vigile e attivo. **2.** *fig.* Rimanere sconvolto, turbato. **3.** Far cadere dalla propria persona, con opportuni movimenti, qlco. che la ricopre, anche in senso fig. *Scuotersi i dubbi di dosso.*

scuotiménto s.m. **1.** Atto dell'agitare energicamente qlco. **2.** *fig.* Turbamento, emozione.

scùre s.f. **1.** Arnese costituito da una lama pesante di acciaio, dritta o arcuata, applicata a un lungo manico da impugnarsi con entrambe le mani, impiegato per abbattere le piante, sgrossare i tronchi e spaccare la legna. **2.** Arma antica da combattimento o per esecuzioni capitali, con lama semplice a un taglio, o doppia a due tagli, spesso arcuata. **3.** *fig.* Taglio drastico, netta riduzione. *La scure del governo sui consumi.*

scurìre v.tr. [83] Rendere scuro, tingere di scuro qlco. *Scurire i capelli.* ◆ v.intr. (aus. *essere*) Diventare scuro, assumere una tonalità più scura. *I dipinti a olio scuriscono con il tempo.* ◆ v. impers. (aus. *avere* o *essere*) Diventare buio, annottare. ◆ **scurirsi** v.pron. **1.** Rendere un colore più scuro. *Al sole la pelle mi si è scurita.* **2.** Tingere di scuro parte del proprio corpo.

scùro agg. (lat. *obscūrum* "oscuro") **1.** Privo di luce, poco illuminato. **2.** Di colore o tonalità cupa. ~ MUS. Di timbro grave. **3.** *fig.* Corrucciato, accigliato, torvo. ~ Preoccupato. ~ Funesto, avverso, triste. *Periodo scuro.* ◆ s.m. **1.** Oscurità, mancanza di luce. ~ *estens.* Buio, sera, notte. ◇ *fig. Essere allo scuro di qlco.:* ignorare qlco., non esserne informato. **2.** Cupezza di colore. **3.** Zona in ombra, spec. di un quadro o di un'immagine. **4.** Anta di legno completamente cieca, applicata a finestre e porte a vetro per fare buio negli interni.

scurrìle agg. (lat. *scurrīlem*, deriv. di *scūrra* "buffone") Di una comicità che esibisce la più grossolana volgarità.

scurrilità s.f. inv. **1.** Caratteristica di ciò che è triviale, osceno. **2.** Gesto o espressione scurrile.

scùsa s.f. **1.** Richiesta o concessione di giustificazione o di perdono per qualche mancanza commessa. ~ I modi e le espressioni con cui viene formulata. ◇ *Chiedo scusa:* formula di cortesia usata quando si disturba o si interrompe qlcu. **2.** Attenuante, parziale discolpa. **3.** Motivazione non vera o pretestuosa che si adduce per giustificare un proprio comportamento.

scusànte agg. Che giustifica. ◆ s.f. Motivazione che giustifica e discolpa almeno in parte.

scusàre v.tr. Discolpare qlcu., considerare con indulgenza una persona e i suoi comportamenti. *Scusare gli errori.* ~ Perdonare, spec. in formule di cortesia. *Scusate il disordine.* ◇ *Scusa, scusami, scusate:* segnali discorsivi interni alla frase con cui si cerca di prendere la parola o usati per chiedere comprensione. *Ma io, scusa, non ne potevo più.* ◆ **scusarsi** v.pron. Addurre qualche giustificazione a un comportamento. *Appena mi vide si scusò.*

scutellària s.f. **1.** Pianta erbacea o arbustiva perenne, con bei fiori di colore violetto, rosa o azzurro, dal caratteristico calice a forma di scodella. (Famiglia delle Labiate.) **2.** BOT. (iniziale maiusc.) Genere di piante a cui appartengono varie specie di scutellaria.

scutèllo s.m. **1.** BOT. Foglia embrionale della pianta presente già nell'embrione maturo. (Famiglia delle Graminacee.) **2.** ZOOL. Ognuna delle scaglie cornee delle zampe degli uccelli.

sdebitàre v.tr. Rendere qlcu. libero dai debiti. ◆ **sdebitarsi** v.pron. **1.** Liquidare i propri debiti. *Finalmente mi sono sdebitato.* **2.** *fig.* Dimostrare in modo tangibile la propria riconoscenza a qlcu. per un favore ricevuto.

sdegnàre v.tr. **1.** Suscitare sdegno, indignazione. **2.** Avere un atteggiamento di disprezzo per cose ritenute indegne. ◆ **sdegnarsi** v.pron. Provare un sentimento di ira, di indignazione.

sdegnàto agg. Che prova o denota indignazione e risentimento.

sdégno s.m. Riprovazione e risentimento indignato per qlco. o per qlcu. che offende i principi morali e i convincimenti personali.

sdegnóso agg. **1.** Di persona, che respinge con disprezzo ciò che offende i propri principi. **2.** Che manifesta sdegno. **3.** assol. Che mostra alterigia, disprezzo. ◆ s.m. [f. *–sa*] Persona scontrosa, altezzosa.

sdentàre v.tr. Rompere o togliere i denti a qlco., general. a macchine o ingranaggi. *Sdentare una sega.* ◆ **sdentarsi** v.pron. Perdere uno o più denti. *Il pettine si è tutto sdentato.*

Sdentàti s.m. pl. [iniziale minusc. sing. *–to* per l'individuo] ZOOL. Ordine di mammiferi delle foreste dell'America centro-meridionale, dal corpo massiccio coperto di piastre ossee o di una pelliccia ispida, con arti plantigradi forniti di unghioni, denti piccoli tutti uguali, privi di smalto e radici, in alcuni casi del tutto mancanti.

sdentàto agg. Che ha perso i denti o che ne ha pochi. ◆ s.m. [f. *–ta*] Nel sign. dell'agg.

sdifferenziaménto s.m. BIOL. Perdita progressiva della differenziazione di una cellula, di un tessuto.

sdilinquìre v.tr. [83] Rendere qlcu. fiacco, languido. ◆ **sdilinquirsi** v.pron. **1.** Sentirsi venire meno per il languore. **2.** Comportarsi in modo svenevole e sdolcinato. ~ Lasciarsi andare a moine eccessive.

sdoganaménto s.m. **1.** Pagamento del dazio doganale per svincolare le merci importate. **2.** *fig.* Affrancamento ideologico e conseguente accettazione nell'ambito di una comunità. ~ In partic., nel l. gior., eliminazione di un veto, superamento di un pregiudizio che manteneva un partito ai margini dello schieramento politico.

sdoganàre v.tr. **1.** Pagare il dazio doganale per una merce importata e trattenuta in dogana. **2.** *fig.* Togliere un veto, superare un pregiudizio.

sdolcinatézza s.f. **1.** Carattere di ciò che è lezioso, sdolcinato. **2.** (spec. pl.) Leziosità, smanceria, svenevolezza.

sdolcinàto agg. Eccessivamente svenevole e lezioso.

sdoppiaménto s.m. Divisione in due parti di una realtà unitaria. ◇ PSICH. *Sdoppiamento della personalità:* disordine nel quale si manifestano due differenti condotte comportamentali, una socialmente adattata e l'altra patologica, incoercibile e legata all'inconscio. – CINE., FOTO. *Sdoppiamento delle immagini:* la stessa immagine riprodotta due volte nello stesso fotogramma.

sdoppiàre v.tr. [6] Dividere qlco. di unitario e omogeneo in due parti distinte. *Sdoppiare una classe.* ◆ **sdoppiarsi** v.pron. Scindersi, dividersi in due. *In certi disturbi mentali la personalità si sdoppia.*

sdoràre v.tr. Togliere la doratura da qlco. ◆ **sdorarsi** v.pron. Perdere la doratura.

sdraiàre v.tr. [6] (etim. incerta, forse lat. *exderadiāre* "distendersi con le membra a raggio") Mettere disteso qlcu. *Sdraiare un ferito sulla barella.* ◆ **sdraiarsi** v.pron. Mettersi disteso. *Sdraiarsi sull'erba.*

sdràio s.m. [non com. pl. *sdrai*] Posizione di chi è disteso. ◇ *A sdraio:* in posizione sdraiata. ◆ s.f. inv. Sedia lunga pieghevole coperta di tessuto, sulla quale ci si può stendere.

sdrammatizzàre v.tr. Presentare situazioni o avvenimenti togliendo il carattere drammatico o di crisi. *Sdrammatizzare l'incidente.* ◆ **sdrammatizzarsi** v.pron. Diventare meno grave, meno pericoloso o drammatico. *La situazione si è sdrammatizzata.*

sdrucciolàre v.intr. (aus. *essere*) (etim. incerta, forse lat. *exderoteolàre* "rotolare giù") Scivolare su una superficie liscia o viscida, o che non presenta appigli. ~ *estens.* Cadere in seguito a una scivolata. *Sono sdrucciolato giù dalle scale.*

sdrucciolévole agg. **1.** Di superficie su cui si sdrucciola facilmente. **2.** *fig.* Che è meglio evitare perché motivo di imbarazzo.

sdrucciolevolézza s.f. Scivolosità, viscidità di una superficie.

sdrùcciolo agg. GRAMM. Di parola accentata sulla terzultima sillaba. SIN.: **proparossitono**. ~ METR. Di verso che termina con una parola sdrucciola. ◆ s.m. **1.** Verso sdrucciolo. **2.** Terreno in forte pendenza o struttura inclinata sulla quale si può scivolare.

sé cong. Introduce una frase dipendente (*protasi*) che presenta un concetto posto come condizione alla quale sottostà il verificarsi di ciò che è espresso nella frase principale (*apodosi*). *Se domani sarà bel tempo, andremo al mare.* ◇ *locc. cong. Se non altro:* almeno, perlomeno. – *solo se:* esprime una condizione necessaria. *Verrò solo se non ci saranno altri presenti.* – MAT. *Se e solo se:* indica che la condizione necessaria a soddisfare l'ipotesi è anche l'unica, con esclusione di tutte le altre. ◆ s.m. inv. **1.** Condizione che viene posta. *Il tuo se rimette tutto in discussione.* **2.** Dubbio, incertezza, esitazione. *Con i se e con i ma non si combina nulla.* ◇ *La storia non si fa con i se:* immaginando situazioni diverse da quelle effettivamente verificatesi.

sé pron. pers. Si usa per il pron. pers. di terza persona sing. e pl. quando ci si riferisce al soggetto della frase. *C'è chi pensa solo a sé.* ~ Spesso è rafforzato da *stesso* o *medesimo*. *Per convincere gli altri bisogna prima convincere sé stessi.* ◇ *A sé:* a parte, separatamente. – *Da sé:* da solo, senza aiuti esterni. – *Va da sé:* è una logica conseguenza, è naturale. – *(Non) Essere in sé:* (non) avere il pieno controllo delle proprie facoltà mentali. – *Tra sé e sé:* dentro di sé, nel proprio intimo. ◆ s.m. (solo sing.) PSICOAN. La propria personalità percepita nell'identità individuale e nelle relazioni con gli altri. (Nozione sviluppata da M. Klein.)

sebàceo agg. Relativo al sebo. ◇ ANAT. *Ghiandola sebacea:* ghiandola cutanea che secerne sebo.

sebàste s.m. Pesce simile allo scorfano, comune nel Mediterraneo. (Lunghezza 20-30 cm; genere *Sebastes*; famiglia degli Scorpenidi.)

sebbène cong. Benché, ancorché, quantunque, per quanto, con valore concessivo. *Sebbene abbia piovuto, il terreno è ancora arido.* ~ Ma, però, peraltro, con valore avversativo-limitativo. *C'è ancora tempo, sebbene, faresti meglio a prepararti fin d'ora.*

sebcha s.f. inv. Laguna salina delle regioni desertiche che periodicamente si prosciuga.

sèbo s.m. FISIOL. Secrezione grassa prodotta dalle ghiandole sebacee della pelle.

seborrèa s.f. MED. Secrezione anomala di sebo.

secànte agg. GEOM. Di retta che interseca una curva in due punti. ◆ s.f. **1.** MAT. In trigonometria, la funzione definita come il reciproco del coseno. **2.** GEOM. Retta secante.

sécca s.f. [pl. *-che*] **1.** Zona di mare, lago o fiume molto meno profonda dei tratti vicini. **2.** Scarsità o assenza d'acqua.

seccaménte avv. In modo brusco, categorico.

seccànte agg. Che rappresenta una seccatura. ~ Che arreca fastidio, noia.

seccàre v.tr. [4] **1.** Privare qlco. dell'acqua, dell'umidità. *Seccare i pomodori.* **2.** Rendere secco un posto contenente dell'acqua. *Seccare un pozzo.* ~ *fig.* Privare di vigore, esaurire una facoltà. *Le disgrazie non hanno seccato la sua vena poetica.* **3.** *fig.* Infastidire, disturbare qlcu. *I suoi continui lamenti mi seccano.* ◆ v.intr. **1.** (aus. essere) Diventare secco. *Questa vernice secca subito.* **2.** (aus. avere o essere) Procurare noia o fastidio a qlcu. *Il suo discorso mi ha (è) seccato.* ◆ **seccarsi** v.pron. **1.** Diventare asciutto, arido. *Mi si è seccata la gola a forza di parlare.* **2.** Perdere del tutto l'acqua. *I fossi si seccano durante l'estate.* ~ *fig.* Esaurirsi. *Un'autentica vena poetica non si secca mai.* **3.** *fig.* Detto di persona, provare fastidio e irritazione. *Ieri mi sono proprio seccato!*

seccàto agg. **1.** Privo d'acqua o di umidità. **2.** *fig.* Che prova fastidio, noia, irritazione.

seccatóre s.m. [f. *-trice*] Persona che annoia, disturba.

seccatùra s.f. Compito sgradito, noia, fastidio.

secchézza s.f. **1.** Mancanza di acqua o di umidità. **2.** Magrezza. **3.** *fig.* Concisione o semplicità nello stile. ~ Freddezza, rudezza. *Rispondere con secchezza.* **4.** Sete, arsura.

sécchia s.f. **1.** Recipiente in legno o metallo di forma troncoconica, usato spec. per attingere acqua. **2.** *estens.* Quantità di liquido contenuto in una secchia. **3.** Antica unità di misura per liquidi e aridi. **4.** *spreg. gerg.* Studente molto diligente e costante nello studio.

secchièllo s.m. **1.** Nel sign. del dim. di *secchio*. **2.** Borsa di forma cilindrica o troncoconica che le donne portano a tracolla.

sécchio s.m. [pl. *-chi*] **1.** Recipiente cilindrico in legno, metallo o plastica, con manico semicircolare, che serve per contenere e trasportare liquidi e altri materiali. **2.** *estens.* Quantità di liquido o di altro materiale contenuta in un secchio.

secchióne s.m. **1.** Nel sign. dell'accr. di *secchio*. **2.** *gerg.* Alunno molto diligente, che si applica con costanza agli studi, senza che all'impegno corrispondano necessariamente doti e capacità particolari.

sécco agg. [pl.m. *-chi*, f. *-che*] **1.** Privo o molto carente di acqua e di umidità. **2.** Che ha perso vitalità, freschezza. ~ Che ha perso morbidezza. ~ Di prodotti alimentari disidratati o sottoposti a un trattamento speciale per essere conservati. *Funghi secchi.* **3.** Riferito a persona o a parti del corpo, molto magro e sottile. **4.** *fig.* Brusco, sbrigativo, quasi sgarbato. ~ Violento, improvviso, netto. **5.** *fig.* Privo di inutili fronzoli. ~ Netto, senza aggiunte o riduzioni. **6.** Riferito a vini e liquori, di sapore asciutto, non dolce né amabile. **7.** MED. Di infiammazione senza produzione di essudati liquidi. ❑ Anche in funzione di avv., seccamente, in modo brusco. ◆ s.m. **1.** Mancanza, carenza di acqua. ◇ *Rimanere, essere a (o in) secco:* arenarsi, incagliarsi; *fig.* restare senza mezzi, senza soldi, senza provviste. **2.** Mancanza di umidità atmosferica. **3.** *fig.* *A secco:* bruscamente, senza preavviso. **4.** Parte inaridita di un albero o di un fiore.

secèrnere v.tr. [17] Di cellule e ghiandole, produrre ed emettere sostanze organiche.

secessióne s.f. **1.** Separazione di un gruppo da un'entità sociale o politica a cui apparteneva. **2.** Separazione di un territorio da uno Stato di cui faceva parte, per costituirsi in entità statale autonoma. **3.** *estens.* Distacco di un gruppo da una corrente o da un movimento artistico o letterario.

secessionìsmo s.m. (ingl. *secessionism*) Tendenza al distacco da un gruppo sociale, politico o artistico.

secessionista s.m. e f. [pl.m. *-sti*] (ingl. *secessionist*) Chi promuove o attua una secessione. ❑ In funzione di agg., relativo al secessionismo o ai secessionisti.

secolàre agg. **1.** Che esiste da molti secoli. **2.** Che ha luogo ogni cento anni. **3.** Che appartiene al secolo inteso come realtà mondana e laica, spesso contrapposta a quella spirituale e religiosa. ◆ s.m. (spec. pl.) Laico, non ecclesiastico.

secolarizzàre v.tr. (fr. *séculariser*) Ridurre a competenza civile ciò che era sotto la giurisdizione ecclesiastica. ~ Ridurre allo stato laicale un religioso.

secolarizzazióne s.f. (fr. *sécularisation*) **1.** Sottrazione di istituzioni o di beni alla giurisdizione ecclesiastica in favore di quella civile. **2.** Riduzione di un religioso allo stato laicale. **3.** Disinteresse per i valori religiosi.

sècolo s.m. (lat. *saĕculum* "generazione", quindi "lungo spazio temporale") **1.** Periodo di cento anni. ~ Periodo di cento anni calcolato a partire dalla nascita di Cristo. **2.** Epoca segnata da un personaggio, un fenomeno o un avvenimento. ◇ *per esager. Del secolo:* di avvenimento così importante e clamoroso da caratterizzare l'intero secolo. – *Male, malattia del secolo:* malattia che in un certo periodo ha causato più morti. **3.** (al pl.) Periodo di tempo molto lungo. **4.** *per esager.* Periodo di tempo indeterminato ma che sembra essere molto lungo. *Lo sto aspettando da un secolo.* **5.** Vita mondana contrapposta alla vita religiosa e spirituale. ◇ *Al secolo:* riferito al nome di un ecclesiastico quando era allo stato laicale e, scherz., al nome anagrafico di artisti conosciuti con uno pseudonimo.

secónda s.f. **1.** Seconda marcia nel cambio degli autoveicoli e dei motocicli. **2.** Secondo anno di un corso scolastico. **3.** Seconda classe di una carrozza ferroviaria. **4.** SPORT. *Guardia di seconda:* nella scherma, posizione difensiva. – *Punizione di seconda:* nel calcio, tiro di punizione che non può essere effettuato direttamente in porta. **5.** MUS. Intervallo dissonante della scala diatonica. **6.** *In seconda:* secondo grado, seconda posizione. – *loc. prep. A seconda di:* secondo, conformemente a, in relazione a. – *loc. cong. A seconda che:* introduce una frase modale, spec. disgiuntiva. *Interverremo a seconda che ce lo chieda o no.*

1. secondaménto s.m. Approvazione di qlco.

2. secondaménto s.m. MED. Espulsione della placenta dopo il parto.

secondàrio agg. [pl.m. *-ri*] **1.** Che è secondo in una successione. ◇ *Scuola secondaria:* prima della riforma, ciclo scolastico comprendente i tre anni della media inferiore e i cinque della media superiore. **2.** Di minore importanza. ◇ GRAMM. *Frase secondaria:* proposizione dipendente dalla principale; detta anche *subordinata*. – FIS. *Fenomeno secondario:* che accompagna un fenomeno primario o è da esso causato. **3.** MED. Riferito a situazioni morbose conseguenti ad altre o comparse successivamente. *Tumore secondario.* ◇ *Effetti secondari:* effetti collaterali di un farmaco. **4.** BIOL., BOT. Di organi o formazioni vegetali che si sviluppano da altri. **5.** CHIM. ORG. Di atomo di carbonio unito a due altri atomi di carbonio in una molecola organica. **6.** GEOL. *Era secondaria:* mesozoico. **7.** ECON. Riferito alle attività economiche che si occupano della trasformazione delle materie prime in beni di consumo.

secondìno s.m. [f. *-na*] (deriv. di *secondo* perché in origine aiutante del custode carcerario) Addetto alla sorveglianza dei detenuti nelle carceri.

1. secóndo agg. num. ord. (lat. *secŭndum*, deriv. di *sĕqui* "seguire") **1.** Che, in una successione ordinata, occupa il posto corrispondente al numero due. *Arrivare secondo.* ◇ *Seconda repubblica:* nel l. gior., nuovo assetto istituzionale determinato dall'introduzione del sistema elettorale maggioritario nell'Italia degli anni Novanta. **2.** Altro, nuovo, quando si istituisce un rapporto implicito o esplicito di somiglianza o di relazione tra due cose o persone. **3.** In una graduatoria o in una gerarchia, che viene dopo il primo in una scala decrescente. *Biglietto di seconda classe.* ~ Secondario, di minor rilievo. *Secondo pilota.* ◇ *Di seconda mano:* non originale, indiretto, oppure usato. – *Secondo lavoro:* occupazione accessoria rispetto a quella principale. – *Venire in secondo piano:* contare di meno in una scala gerarchica. **4.** Che viene dopo il primo in una crescendo di valore, ed è quindi più importante. *Diploma di secondo grado.* ◇ *Minuto secondo:* sessantesima parte del minuto. ◆ s.m. [f. *-da*] **1.** Nell'accez. 1 dell'agg. *Essere la seconda della classe.* **2.** Unità di tempo (simb. *s*), che equivale alla durata di 9.192.631.770 oscillazioni della radiazione dell'atomo di cesio -133. ◇ *Secondo sessagesimale:* unità di misura degli angoli piani, corrispondente a 1/3600 di grado o a 1/60 di minuto primo. **3.** *estens.* Tempo molto breve. *Aspetta un secondo.* **4.** BOXE Assistente di un pugile. **5.** Padrino in un duello. **6.** MAR. Su una nave, l'ufficiale che viene subito dopo il comandante; detto anche *comandante in seconda*. **7.** In un pasto, la pietanza che viene dopo il primo piatto.

2. secóndo prep. **1.** Seguendo la direzione, il verso, l'andamento di. *Navigare secondo la corrente.* **2.** *estens.* Conformemente, nel modo indicato da. *Agire secondo coscienza.* **3.** *estens.* In rapporto a, in relazione a, in base a. *Intervenire secondo le esigenze.* ~ In dipendenza da. *Regolarsi secondo le circostanze.* **4.** *estens.* Stando a, con riferimento a opinioni o notizie. *Secondo me.* ◆ cong. Introduce una frase condizionale. *Secondo tu voglia favorire o evitare la sua venuta.*

secretàggio s.m. Operazione che consiste nel trattare i cappelli con una soluzione di nitrato per aumentare la proprietà del pelo di feltrarsi.

secrétaire [/sǝkre'ter/] s.m. inv. (voce fr., propr. "segretario") Mobile con funzione di scrivania, con cassetti e piano di scrittura.

secretina s.f. (ingl. *secretin*) CHIM., BIOL. Ormone che stimola le secrezioni pancreatiche.

secretivo agg. BIOL. Relativo alla secrezione. ~ Che favorisce la secrezione.

secréto s.m. BIOL. Sostanza prodotta dalle ghiandole.

secretóre agg. [f. *–trice*] BIOL. Che secerne una particolare sostanza. ◆ s.m. (anche f.) Nel sign. dell'agg.

secretòrio agg. [pl.m. *–ri*] BIOL. Della secrezione.

secrezióne s.f. **1.** BIOL. Elaborazione di sostanze organiche da parte di alcuni organi, eliminate successivamente nel sangue o fuori dell'organismo. ~ Sostanza così elaborata. ~ MED. *estens.* Formazione di sostanze sierose o mucose in seguito a un processo infiammatorio. **2.** LING. Processo per cui una parte di una parola diventa prefisso o suffisso di un'altra o acquista un significato autonomo.

securitizzazióne s.f. (ingl. *securitization*) BANC. Investimento in titoli azionari di denaro depositato in banca.

security [/sɪ'kjʊǝrɪti/] s.f. inv. (voce ingl., propr. "sicurezza") ECON. Insieme di obbligazioni, di titoli, di valori.

sèdano s.m. **1.** Pianta erbacea aromatica di cui si consumano la radice e le coste fogliari. (Genere *Apium*; famiglia delle Ombrellifere.) **2.** (al pl.) Pasta corta di forma cilindrica.

sedano rapa
sedano bianco

■ **sèdano**

sedàre v.tr. (lat. *sedāre*, propr. "far sedere") **1.** Riportare una situazione di subbuglio a uno stato di ordine. *Sedare una rivolta.* **2.** Calmare un dolore.

sedativo agg. Di sostanza che agisce contro il dolore o l'ansia. ◆ s.m. Farmaco con funzione calmante del dolore o dell'ansia.

sède s.f. **1.** Territorio d'insediamento di una comunità. ~ Domicilio di una persona giuridica. ~ Luogo o ambiente dove una persona, un ente, un'istituzione, un'impresa svolgono la loro attività. ◇ *Sede centrale:* dove si trovano la direzione e gli organi direttivi. **2.** Luogo di collocazione di elementi diversi. ◇ *Sede ferroviaria:* il complesso della linea di treni. – *Sede stradale:* carreggiata. ~ Parte del corpo in cui si crede risiedano certe facoltà umane. – MED. Punto del corpo in cui è localizzata una malattia. **3.** *fig.* Ambiente adatto, circostanza opportuna. ◇ *In sede di:* nel momento o nell'ambito dello svolgimento di qlco.

sedentàrio agg. [pl.m. *–ri*] **1.** Che non comporta movimento fisico. *Lavoro sedentario.* ~ Di persona, che fa poco movimento, poco dina-mica. **2.** Di popolazione o etnia, non nomade. ◆ s.m. [f. *–ria*] Persona dalle abitudini sedentarie.

sedentarizzazióne s.f. ANTROP. Passaggio di una popolazione dallo stato nomade allo stato sedentario.

1. sedére v.intr. [19] (aus. *essere*) **1.** Appoggiare le natiche su un sostegno. *Mettersi a sedere.* ◇ *Posti a sedere:* in locali o su mezzi di trasporto pubblici, posti che il pubblico può occupare. **2.** *fig.* Occupare un posto importante in un organo collegiale. *Sedere in parlamento.* ~ Detto del collegio stesso, essere riunito. ◆ **sedersi** v.pron. **1.** Assumere la posizione seduta. **2.** *fig.* Adagiarsi, posarsi su qlco.

2. sedére s.m. Parte posteriore del corpo su cui ci si appoggia stando seduti. SIN.: **fondo-schiena.**

sèdia s.f. Sedile formato da un piano poggiante su quattro gambe e da una spalliera per poggiare la schiena. ◇ *Sedia a rotelle:* per persone anziane o malate, non in grado di deambulare autonomamente. – CATT. *Sedia gestatoria:* trono con braccioli su cui il papa veniva portato a spalle durante le cerimonie solenni. – *Sedia elettrica:* strumento con cui si esegue la condanna a morte mediante scarica elettrica, in uso in alcuni stati degli USA.

sedicènte agg. (calco del fr. *soi-disant*) Che non è ciò che sembra o dice di essere.

sedicèsimo agg. num. ord. Che, in una successione ordinata, occupa il posto corrispondente al numero 16. ◆ s.m. [f. *–ma*] Nel sign. dell'agg. ◇ *In sedicesimo:* formato di libro, ottenuto piegando il foglio di stampa in sedici parti in modo da ricavare trentadue pagine.

sedile s.m. **1.** Qualsiasi struttura sulla quale si possa stare seduti, spec. in un veicolo. **2.** Piano della sedia poggiato sulle quattro gambe e su cui ci si siede.

sedimentàre v.intr. (aus. *avere* o *essere*) **1.** Di liquido, depositare le particelle solide sul fondo. **2.** *fig.* Acquistare lentamente valore ed efficacia, anche prono.

sedimentàrio agg. [pl.m. *–ri*] GEOL. Prodotto da sedimentazione. ◇ *Rocce sedimentarie:* rocce formate dalla disgregazione di rocce preesistenti.

sedimentazióne s.f. **1.** GEOL. Deposito dei materiali in sospensione sul fondo delle acque. **2.** FIS. Deposito delle particelle solide di un liquido sul fondo. ◇ MED. *Velocità di sedimentazione:* velocità con cui gli eritrociti del sangue si depositano nel plasma, che risulta alterata in presenza di uno stato patologico. **3.** *fig.* Processo di maturazione.

sediménto s.m. **1.** FIS. Deposito che si forma in un liquido contenente sostanze in sospensione. **2.** GEOL. Accumulo di particelle solide originatesi per sedimentazione. **3.** *fig.* Bagaglio culturale di una persona come somma di esperienze e di studi.

sedimentologia s.f. GEOL. Studio delle rocce sedimentarie.

sedizióne s.f. Rivolta contro il potere costituito. SIN.: **insurrezione.**

sedizióso agg. **1.** Che organizza o prende parte a una sedizione. ~ *estens.* Turbolento, violento. **2.** Che incita a una sedizione. SIN.: **sovversivo.** ◆ s.m. [f. *–sa*] Chi organizza o partecipa a una sedizione. ~ Chi ha idee sovversive.

seducènte agg. Che affascina, attrae.

sedùrre v.tr. [26] (lat. *sedūcere*, propr. "trarre da parte") **1.** Far innamorare qlcu. avvincendolo con il proprio fascino. SIN.: **irretire.** ~ In partic. indurre qlcu. al rapporto sessuale con false promesse e lusinghe. **2.** *estens.* Attirare qlcu. *Mi seduce l'idea di scrivere un libro.*

sedùta s.f. **1.** Riunione di un gruppo o di un organo collegiale. SIN.: **assemblea.** ◇ *Seduta comune del Parlamento:* riunione congiunta di Camera e Senato. – *Seduta spiritica:* in cui si compiono pratiche di spiritismo. – *Seduta stante:* nello stesso momento in cui la riunione si sta svolgendo; *fig.* subito, immediatamente. **2.** Incontro con un professionista per una consultazione o per una visita. ~ Posa di un modello per un artista.

seduttóre s.m. [f. *–trice*] **1.** Chi ha molte conquiste grazie al proprio fascino. **2.** Chi ha modi forbiti, eleganza, garbo particolare e si serve di queste qualità per esercitare fascino.

seduzióne s.f. **1.** Istigazione alla colpa e al male mediante lusinghe e allettamenti. ~ Conquista amorosa. **2.** Capacità di affascinare. SIN.: **attrattiva.** ~ (spec. pl.) Ciò che seduce.

sefardita s.m. e f.[pl.m. *–ti*] (ebr. *sĕpāraddî*) Nome dato agli Ebrei emigrati in Spagna all'epoca della diaspora e ai loro discendenti.

séga s.f. [pl. *–ghe*] **1.** Attrezzo a mano munito di un'intelaiatura o di un'impugnatura dove è fissata una lama munita di denti per tagliare legno, metallo, ecc. **2.** Macchina con uno o più organi taglienti, azionata da un motore, che ha la stessa funzione della sega a mano. ◇ *Sega circolare, a disco:* con la lama rotante costituita da un disco d'acciaio dentato. **3.** MUS. Strumento musicale costituito da una sega a lama flessibile, fatta vibrare strisciando un archetto sulla parte senza denti. **4.** *volg.* Masturbazione maschile. ~ Anche usato in alcune locc. fig. in cui significa "niente, nulla". *Non valere, non capire una sega.*

segalàto s.m. Miscuglio di segale e di grano seminati e raccolti insieme.

ségale o **ségala** s.f. Pianta erbacea annua coltivata in molti paesi per la produzione delle cariossidi da cui si ricava farina alimentare. (Nome sc. *Secale cereale*; famiglia delle Graminacee.)

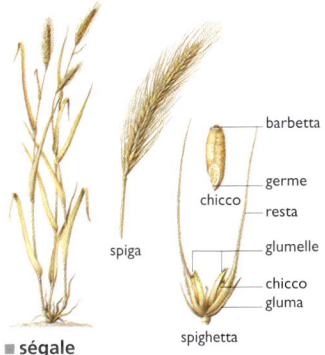

barbetta
germe
chicco
resta
glumelle
spiga
chicco
gluma
spighetta

■ **ségale**

segantino s.m. [f. *–na*] **1.** Addetto alla trasformazione del legname in tavole o legna. **2.** Chi effettua sagomature o modanature a mano o con appositi strumenti.

segàre v.tr. [4] (lat. *secāre* "tagliare") **1.** Tagliare, dividere con una sega. **2.** Tagliare qlco. con uno strumento affilato, anche pron. *Segare (segarsi) le vene.* **3.** Detto di legacci, stringere una qualche parte del corpo al punto da lasciare un profondo segno nella pelle. *Gli elastici delle calze mi hanno segato i polpacci.* **4.** *fig.* Respingere, fare fallire, spec. nel l. giovanile.

segatóre s.m. [f. *–trice*] Addetto alla segatura di legno, pietre, metalli.

segatrice s.f. Macchina per tagliare materiali duri.

segatùra s.f. **1.** Azione di segare. **2.** Polvere, detriti che si ottengono segando.

seggétta s.f. Sedile con vaso da notte, per persone anziane o invalide.

sèggio s.m. [pl. *–gi*] **1.** Sedile riservato a re, alti dignitari, persone elette ad alte cariche. ~ *fig.* il grado e la dignità connessa. *Seggio episcopale.* **2.** Sedile di funzionari, parlamentari, dignitari nel luogo dove esercitano la loro funzione. *I seggi dei deputati di opposizione.* **3.** *estens.* Posto di un organo collegiale elettivo attribuito ai rappresentanti delle forze politiche in seguito a elezioni. *Perdere seggi alle elezioni.* **4.** Commissione che presiede allo svolgimento delle operazioni e allo scrutinio dei voti in una sede elettorale. *Presidente di seggio.* ~ L'ambiente, con le attrezzature relative, in cui l'elezione si svolge.

sèggiola s.f. Sedia, spec. quella domestica, da tavolo.

seggiolàio s.m. [f. *-laia*, pl.m. *-lai*] Chi fabbrica o aggiusta sedie.

seggiolino s.m. **1.** Nel sign. del dim. di *seggiola*; in partic., piccolo sedile di sicurezza per bambini usato anche nelle automobili per disposizione di legge. ~ Piccola sedia pieghevole. **2.** Sedile pieghevole supplementare dei mezzi di trasporto pubblici. **3.** AER. Sedile di aerei o veicoli spaziali.

seggiolóne s.m. **1.** Nel sign. dell'accr. di *seggiola*; in partic., grossa sedia a braccioli con spalliera alta. **2.** Alto sedile con braccioli, spalliera e piano d'appoggio anteriore ribaltabile, destinato ai bambini molto piccoli per mangiare.

seggiovìa s.f. Impianto costituito da un cavo a rotazione continua, lungo il quale sono distribuiti a intervalli regolari dei sedili per il trasporto delle persone.

segherìa s.f. **1.** Stabilimento dove si effettua la segatura meccanica del legno. **2.** Stabilimento o reparto di fabbrica in cui vengono lavorati con seghe meccaniche i pezzi di legno o di marmo.

seghettàto agg. Fornito di dentelli. *Bordo seghettato.*

seghétto s.m. **1.** Nel sign. del dim. di *sega*; in partic., piccola sega a mano con lama fissata su un'intelaiatura di acciaio. **2.** Piccola segatrice elettrica con impugnatura a mano.

segmentàle agg. **1.** Che riguarda un segmento. **2.** BIOL. Riferito ai segmenti in cui è diviso il corpo di molti animali. **3.** LING. Di elemento linguistico che si possa isolare da altri analoghi attraverso la segmentazione, proprietà tipica della lingua verbale.

segmentàre v.tr. Dividere in segmenti, anche pron.

segmentazióne s.f. **1.** Divisione in segmenti. **2.** EMBRIOL. Insieme delle prime divisioni dell'uovo dopo la fecondazione. **3.** ECON. *Segmentazione di mercato:* partizione del mercato in gruppi omogenei di consumatori e individuazione delle strategie di marketing più appropriate per ciascuno di essi. **4.** LING. Suddivisione di un enunciato verbale in segmenti che si pongono su due livelli, cioè quello delle singole parole ed eventualmente parti di parole (*monemi* e *morfemi*) e quello delle unità foniche distintive (*fonemi*).

segménto s.m. **1.** GEOM. Parte di retta compresa tra due punti detti *estremi*. **2.** ZOOL. Ciascuno degli anelli che costituiscono il corpo di vari animali (Anellidi, Artropodi, ecc.). **3.** Parte ben delimitata di un corpo, di un organo, di un oggetto. **4.** ECON. *Segmento di mercato:* settore di mercato di un prodotto, individuato da un gruppo omogeneo di consumatori e spesso convenzionalmente identificato con lettere o sigle. **5.** *fig.* Elemento costitutivo, componente. **6.** MECC. *Fascia elastica.

segnalàre v.tr. **1.** Rendere evidente qlco. con segnali ottici o acustici. **2.** Rendere noto, dare notizia di qlco. *La polizia segnala la presenza in zona di elementi sospetti.* SIN.: **comunicare**. **3.** Fare dei nomi per proporli all'attenzione e alla stima degli altri. SIN.: **indicare**. ◆ **segnalarsi** v.pron. Diventare noto, mettersi in luce, farsi conoscere. *Lo studente si è segnalato come il migliore del liceo.*

segnalàto agg. **1.** Indicato con segnali. ~ Suggerito all'attenzione, raccomandato. **2.** *fig.* Che si pone in evidenza per importanza o caratteristiche fuori del comune.

segnalatóre s.m. [f. *-trice*] **1.** Addetto alle segnalazioni nel tiro a segno, nelle gare motociclistiche e automobilistiche. ~ Addetto alle segnalazioni a bordo delle navi. **2.** Dispositivo meccanico, ottico, sonoro o radioelettrico per segnalare un pericolo o un evento da controllare.

segnalazióne s.f. **1.** Uso di segnali per comunicare. ~ L'insieme dei segnali. **2.** *estens.* Comunicazione, anche orale o scritta, di notizie e informazioni. **3.** *fig.* Presentazione, messa in evidenza. ~ Raccomandazione. *Ricevere la segnalazione per un candidato.* ~ Breve scheda di presentazione, annuncio informativo. ~ Citazione, nota di merito. *Il film ha avuto tre segnalazioni all'Oscar.*

segnàle s.m. **1.** Segno convenzionale per informare, dare un ordine, ecc. ~ Mezzo o dispositivo con cui si fa la segnalazione. ◇ *Segnali stradali:* cartelli che disciplinano la circolazione dei veicoli. – *Segnale d'allarme:* sui treni, dispositivo da azionare in caso di pericolo o di incidente. – *Segnali di fumo:* quelli usati dai pellerossa per comunicare a distanza. – LING. *Segnale discorsivo:* elemento che comunica la posizione del soggetto di fronte al discorso che sta elaborando (p.e. *allora, cioè*). – *Segnale orario:* quello che in televisione o per radio trasmette l'ora esatta. **2.** ELETTROTEC. Tensione, corrente o radioonda portatrici di informazione in entrata o in uscita in un circuito o in un apparecchio. *Segnale audio.* **3.** Segnalibro.

segnalètica s.f. [pl. *-che*] Complesso di segnali e di mezzi di segnalazione, spec. quelli relativi alla circolazione stradale.

segnalètico agg. [pl.m. *-ci*, f. *-che*] (fr. *signalétique*) Che consente l'identificazione spec. di una persona. *Foto segnaletica.* ◇ *Dati segnaletici:* elementi caratteristici di una persona, fra cui anche le impronte digitali, rilevati dalla polizia per consentire un successivo riconoscimento del soggetto.

segnalibro s.m. inv. [o pl. *-bri*] Cartoncino o striscia di pelle o di stoffa che si mette tra le pagine di un libro per non perdere il segno.

segnalimite s.m. inv. Paletto o altro indicatore, spesso munito di catarifrangenti, che segna il limite della carreggiata stradale.

segnapósto s.m. inv. Targa indicante nome e cognome di partecipanti a riunioni varie utilizzata per l'assegnazione dei posti a sedere.

segnapùnti s.m. inv. **1.** Chi segna i punti in un gioco, uno sport, in partic. nella pallavolo e nella pallacanestro. **2.** Agenda, tabellone, cartoncino su cui si segnano i punti in alcuni sport collettivi e nei giochi di carte.

segnàre v.tr. **1.** Indicare per iscritto, annotare. *Segnare un voto sul registro.* **2.** Mettere un segno su qlco. perché lo si possa riconoscere. ◇ MIL. *Segnare il passo:* in esercitazioni ginniche e militari, muovere le gambe a passo di marcia restando fermi sul posto; *fig.* subire un rallentamento o un arresto. **3.** Indicare una certa cosa, dare il segnale. *La siepe segna il limite tra le due proprietà.* ~ *fig.* Rappresentare, annunciare, significare una certa cosa. *L'attentato segnò l'inizio della prima guerra mondiale.* **4.** Di strumenti di misurazione, fornire dei dati, dei valori. *Il termometro segna 30 gradi.* **5.** Lasciare l'impronta su una superficie. SIN.: **marchiare**. ~ *fig.* Lasciare un segno su qlcu. *L'esperienza del carcere lo ha segnato.* **6.** SPORT. Realizzare un punto. **7.** Iscriversi in un elenco, in una lista. ◆ **segnarsi** v.pron. Farsi il segno della croce. *I fedeli si segnano entrando in chiesa.*

segnataménte avv. Specialmente, particolarmente, tra l'altro.

segnatèmpo s.m. inv. → **marcatempo**.

segnàto agg. **1.** Che reca i segni dell'età, della sofferenza, della stanchezza, o di un trauma fisico o psicologico. **2.** Deciso, fissato, prestabilito. *Avere il destino segnato.*

segnatóio s.m. [pl. *-toi*] Arnese munito di un'asta e di una punta, usato per tracciare segni o linee di riferimento per lavori su pelle, cuoio, legno, metalli o altri materiali.

segnatùra s.f. **1.** STAM. Indicazione del numero progressivo ed eventualmente dell'autore e titolo del libro, posti in calce alla prima pagina di ogni foglio, poi piegato e rilegato. ~ *estens.* Ogni foglio di stampa pronto per la legatura in volume. **2.** Indicazione della collocazione di un libro in una biblioteca, scritta sul catalogo e sul libro stesso. **3.** SPORT. Singolo punto e punteggio complessivo segnato da una squadra in una partita.

segnavènto s.m. inv. MAR. Elemento girevole di metallo, raffigurante una banderuola, una freccia o un'altra figura che indica la direzione del vento.

ségnico agg. [pl.m. *-ci*, f. *-che*] In semiologia, che si riferisce al segno. *Funzione segnica di un gesto.*

ségno s.m. **1.** Elemento di qualsiasi natura, visibile o comunque percepibile (oggetto, atto, fenomeno), che sia indicazione o manifestazione di qualcos'altro. ◇ MED. *Segno di Babinski:* lenta estensione dell'alluce in risposta a una sollecitazione del margine esterno della pianta del piede, segno di una lesione del fascio piramidale. ~ Segnale, espressione. *I capelli bianchi come segno dell'età.* ~ Presagio, indizio. *Segni premonitori di una burrasca.* ◇ *fig. È buon segno, cattivo segno:* espressioni rispettivamente riferite a un presagio favorevole o sfavorevole. **2.** Tutto ciò che serve a riconoscere, elemento distintivo. *Come segno di riconoscimento avrò una cravatta rossa.* ~ Ciò che indica il possesso di una carica. *Il bastone pastorale è segno dell'autorità vescovile.* **3.** Impronta lasciata su una superficie. **4.** In semiologia, unità linguistica minima composta da un significante e da un significato. ◇ *Segno della croce:* atto devozionale che il cristiano compie sul proprio corpo con la mano destra formando una croce; si usa anche come benedizione. **5.** Simbolo grafico convenzionale che rappresenta un oggetto, un concetto, un fenomeno. *Segni di punteggiatura.* ~ MAT. Nome dato ad alcuni simboli utilizzati in matematica, come =, +, -, *x*, :, <, ecc. **6.** Atto, parola, atteggiamento che rivela un modo di essere o manifesta una certa disposizione d'animo. *Segno di gioia, di affetto.* ◇ *Non dare segni di vita:* sembrare morto; *fig.* non dare proprie notizie. **7.** Parola, gesto che permette di comunicare. *Farsi capire a segni.* ◇ *loc. prep. In segno di:* per manifestare, come prova di. *In segno di stima.* **8.** Indicazione ottica o acustica convenzionale per avvisare di qlco. SIN.: **segnale**. **9.** ASTROL. *Segno zodiacale:* ognuna delle dodici regioni del cielo corrispondenti alle costellazioni dello zodiaco. ~ Le figure simboliche che le rappresentano. **10.** Limite, punto. *È arrivato fino a questo segno?* **11.** Punto di riferimento, bersaglio. *Tiro a segno.* ◇ *Andare a segno, mettere a segno, colpire nel segno:* centrare il bersaglio; *fig.* conseguire l'obiettivo prefissato.

ségo s.m. [non com. pl. *-ghi*] **1.** Grasso di animale usato spec. nella fabbricazione di candele. **2.** *Albero del sego:* pianta tropicale dai cui semi è ricavato il grasso per le candele.

segóso agg. Della natura del sego. ~ Pieno di sego.

segregàre v.tr. [4] (lat. *segregāre*, propr. "separare dal gregge") Tenere qlcu. lontano dagli altri. SIN.: **emarginare**. ~ Rinchiudere qlcu. in un posto isolato. ◆ **segregarsi** v.pron. **1.** Appartarsi, isolarsi in un determinato posto. **2.** Allontanarsi, separarsi da qlcu. o da qlco.

segregàto agg. Isolato, separato del mondo. ~ Tenuto in segregazione.

segregazióne s.f. Isolamento forzato o volontario di una persona dal contatto con gli altri. ◇ *Segregazione razziale:* sistema di discriminazione sociale, per cui i negri sono tenuti separati dai bianchi dello stesso paese.

segregazionìsmo s.m. Politica di discriminazione razziale.

segregazionista s.m. e f.[pl.m. *-sti*] Chi pratica o sostiene la segregazione razziale. ❑ In funzione di agg., segregazionistico.

segregazionìstico agg. [pl.m. *-ci*, f. *-che*] Relativo al segregazionismo, che ne è favorevole.

segréta s.f. **1.** Cella priva di finestre in cui si tenevano i prigionieri in isolamento assoluto. **2.** Nelle antiche armature, calotta liscia o in maglia d'acciaio per proteggere il capo. **3.** RELIG. Nella liturgia della messa precedente il Concilio Vaticano II, preghiera recitata dal sacerdote, dopo l'offertorio, a bassa voce e in disparte.

segretariàto s.m. Occupazione, funzione di segretario. ~ Centro direzionale di un'importante organizzazione. *Segretariato generale dell'ONU.*

segretàrio s.m. [f. *segretaria*, pl.m. *-ri*] (lat. *secretārium*, propr. "persona cui vengono affidati i segreti") **1.** Chi svolge incarichi di collaboratore di un dirigente, di un professionista, di un'autorità. *Segretario del direttore.* **2.** Impiegato o funzionario di enti pubblici o privati, di imprese e organizzazioni. ◇ *Segretario di redazione:* nella sede di riviste e giornali, impiegato che tiene i contatti con i collaboratori, i corrispondenti e il pubblico. **3.** Chi redige il verbale di un'assemblea. **4.** Titolo di chi riveste funzioni direttive in un organo pubblico, in un partito, ecc. ◇ *Segretario di Stato:* negli Stati Uniti e in altri paesi, ministro degli esteri; in Italia, titolo spettante a tutti i ministri. **5.** ZOOL. → **1. serpentario.**

segreteria s.f. **1.** Carica di segretario. ~ Insieme delle persone che lavorano e collaborano col segretario. ◇ *Segreteria telefonica:* apparecchio che risponde automaticamente al telefono e permette di registrare un messaggio. **2.** Mobile antico con cassettini, per riporre la corrispondenza privata o altri oggetti personali.

segretézza s.f. Condizione di ciò che è segreto.

1. segréto agg. (lat. *secrētum*, propr. "appartato") **1.** Accuratamente nascosto, dissimulato. *Una scala segreta.* **2.** Che non deve essere divulgato, che deve essere conosciuto solo dai diretti interessati e responsabili. *Accordo segreto.*

2. segréto s.m. **1.** Condizione o luogo riservato, intimo. *Nel segreto dell'animo.* ~ Discrezione, silenzio che circonda qlco. *Promettere il segreto assoluto su una questione.* ◇ *In segreto:* senza farsi notare. **2.** Fatto o informazione conosciuta da pochi e che non deve essere divulgata. *Custodire un segreto.* ◇ Condizione vincolante che obbliga alcuni professionisti a mantenere il riserbo sullo stato o la vita privata dei loro clienti. *Segreto professionale.* – *Segreto di Stato:* notizia la cui divulgazione nuocerebbe alla sicurezza interna o internazionale dello stato. – *Segreto d'ufficio:* dovere di non diffondere informazioni sull'attività amministrativa da parte dei pubblici impiegati. – *Segreto istruttorio:* obbligo di non divulgare gli atti di un processo penale. **4.** Aspetto della realtà, fenomeno che non appare evidente o facilmente spiegabile. **5.** Mezzo o metodo personale che consente di conseguire scopi particolari o di raggiungere risultati significativi. *Il segreto del suo successo.* **6.** Congegno complicato e nascosto per il funzionamento di serrature. *Serratura a segreto.*

seguàce s.m. e f. Chi aderisce al pensiero di un maestro, di una scuola, di una religione.

seguènte agg. Che segue, che viene subito dopo. *Il mese seguente.* SIN.: **successivo.** ◆ s.m. e f. In una successione, chi viene dopo, chi segue ad altri.

segùgio s.m. [pl. *–gi*] **1.** Cane da caccia dotato di un fiuto molto fine. **2.** *fig.* Investigatore molto abile e tenace.

seguidilla [/seɡiˈðiʎa/] s.f. [pl. *seguidillas*] (voce spagn., deriv. di *seguir* "seguire") Danza popolare spagnola accompagnata dal suono delle nacchere.

seguire v.tr. **1.** Accompagnare o inseguire qlcu. *Seguire una macchina.* ~ Pedinare, sorvegliare qlcu. **2.** Procedere secondo una direzione determinata. *Seguire una rotta.* ◇ *Seguire le orme, i passi, le tracce di qlcu.:* andargli dietro; *fig.* seguire il suo esempio, imitarlo. **3.** *fig.* Prestare attenzione a qlco. *Seguire un ragionamento.* ~ Mostrare interesse, attenzione per qlcu. *Seguire un allievo.* ~ Aderire a un movimento culturale o filosofico, a una teoria scientifica. **4.** Uniformarsi, attenersi a qlco. *Seguire un esempio.* ~ Agire secondo un'inclinazione, un istinto. *Seguire i propri gusti.* **5.** Venire dopo in una lista, in una successione, nello spazio, nel tempo. *Il lunedì segue la domenica.* ◆ v.intr. (aus. *essere*) **1.** Venire dopo qlcu. o qlco. d'altro nello spazio, nel tempo, in una successione. *Alla conferenza è seguito un dibattito.* **2.** Continuare, seguitare in altro posto. *Le istruzioni seguono alla pagina successiva.* SIN.: **proseguire. 3.** Avvenire come conseguenza di una certa premessa. *Ne seguì una violenta discussione.* SIN.: **derivare.**

seguitare v.tr. Non smettere una certa attività. ◆ v.intr. (aus. *essere*) Andare avanti senza interruzione.

séguito s.m. **1.** Evoluzione, prosecuzione, effetto di qlco. *Il seguito di una iniziativa.* ~ Continuazione di qlco. *Il seguito di un romanzo.* ◇ *Senza seguito:* senza sviluppi, conseguenze. – *Di seguito:* senza interruzioni. ~ *In seguito:* successivamente. – *loc. prep. In seguito a, a seguito di:* a causa di, in conseguenza di. *A seguito degli accordi presi.* **2.** Insieme di persone che accompagnano un personaggio importante. **3.** L'insieme dei seguaci di un maestro, di una scuola, di una dottrina. ~ *estens.* Il consenso ot-

tenuto. *Avere seguito.* **4.** Successione serrata di avvenimenti. *Un seguito di errori.* SIN.: **sfilza.**

sèi agg. num. card. Numero naturale successore di cinque. *Sei giorni.* ◆ s.m. inv. **1.** Il numero sei. **2.** La forma grafica del numero sei. **3.** La quantità equivalente a sei unità. **4.** Voto scolastico che, in una scala di valutazione da zero a dieci, esprime la sufficienza.

seicènto agg. num. card. Numero naturale equivalente a sei centinaia. ◆ s.m. inv. **1.** Il numero seicento. **2.** La forma grafica del numero seicento. **3.** La quantità equivalente a seicento unità per cento. **4.** (iniziale maiusc.) Il secolo diciassettesimo.

seigiórni s.f. inv. SPORT. Nel ciclismo, gara su pista di sei giorni durante i quali i due corridori accoppiati che vi partecipano si alternano sulla bicicletta. ~ Anche gara motociclistica fuoristrada a squadre della durata di sei giorni.

Selàci s.m. pl. [iniziale minusc. sing. *–cio* per l'individuo] ZOOL. Ordine di pesci marini cartilaginei, con pelle ricoperta di scaglie cartilaginose e bocca armata di denti aguzzi; ne fanno parte lo squalo, il pesce sega, il pesce martello. (Sottoclasse dei Condritti.)

selaginèlla s.f. **1.** Pianta erbacea sempreverde simile al muschio, che cresce sulle rocce e in luoghi umidi, spec. in montagna. (Famiglia delle Selaginellacee.) **2.** BOT. (iniziale maiusc.) Genere di pianta a cui appartiene la selaginella.

Selaginellàcee s.f. pl. [iniziale minusc. sing. *–a* per l'individuo] BOT. Famiglia di piante erbacee, comuni nelle regioni montane, caratterizzate dal fusto sdraiato. (Divisione delle Pteridofite.)

sélce s.f. **1.** GEOL. Roccia sedimentaria silicea molto dura, costituita da calcedonio, quarzo e opale. (La selce era usata nella preistoria per fabbricare armi e strumenti taglienti.) **2.** Ciottolo di questa pietra. ~ Blocchetto quadrato usato per pavimentazioni stradali.

selciàto agg. Pavimentato con blocchi di selce. ◆ s.m. Pavimentazione stradale, spec. costituita da cubetti o da lastre di selce.

selciatùra s.f. Operazione di pavimentare le strade con lastre o cubetti di selce.

seleniàto s.m. CHIM. Sale dell'acido selenico.

1. selènico agg. CHIM. Detto dell'acido SeO_3 e dell'acido corrispondente H_2SeO_4.

2. selènico agg. Relativo alla luna.

selenidrico agg. CHIM. *Acido selenidrico:* acido H_2Se detto anche *idrogeno seleniato.*

selènio s.m. (solo sing.) (gr. *selḗnē* "luna") **1.** Non metallo analogo allo zolfo, di densità 4,79 e che fonde a 217 °C. **2.** Elemento chimico (*Se*) di numero atomico 34 e peso atomico 78,96.

selenióso agg. CHIM. Detto dell'anidride SeO_2 e dell'acido corrispondente H_2SeO_3.

selenite s.f. MIN. Varietà cristallina di gesso, caratterizzata da grande lucentezza.

selenióso s.m. CHIM. Sale dell'acido selenioso.

seleniùro s.m. CHIM. Sale dell'idrogeno seleniato.

selenografia s.f. ASTR. Settore specifico che studia la superficie della Luna.

selenogràfico agg. [pl.m. *–ci*, f. *–che*] Relativo alla selenografia.

selenologia s.f. ASTR. Studio della Luna.

selenòsi o **seleniòsi** s.f. inv. MED. Malattia per intossicazione da selenio, che provoca dermatite alle mani e disturbi all'apparato digerente e respiratorio.

selettività s.f. inv. **1.** Carattere di scelta operata con criteri rigorosi. **2.** Proprietà di operare una selezione da parte di una sostanza, di un fenomeno, di un dispositivo. ~ ELETTROTEC. Capacità di un ricevitore di separare un segnale di ricezione da quelli di diversa frequenza.

selettivo agg. **1.** Che opera scelte rigorose, selezionando le persone o gli elementi migliori. ~ Basato sulla selezione. **2.** ELETTROTEC. Di dispositivo dotato di alta selettività.

selettóre s.m. TECN. Commutatore o dispositivo che permette di scegliere una modalità di funzionamento, un percorso, una gamma o un

canale di frequenze, ecc., fra un certo numero di alternative.

selezionàre v.tr. Scegliere, in un insieme, gli elementi che rispondono meglio a un criterio dato. *Selezionare gli atleti per la squadra nazionale.*

selezionàto agg. Che è stato sottoposto a selezione. SIN.: **scelto.** ~ Eccellente, pregiato. *Vini selezionati.* ◆ s.m. [f. *–ta*] Persona scelta mediante una selezione.

selezionatóre agg. [f. *–trice*] Che seleziona. ◆ s.m. (anche f.) **1.** Addetto a selezionare. **2.** SPORT. Tecnico che forma una squadra nazionale.

selezionatrice s.f. Macchina elettromeccanica che permette di classificare ad alta velocità schede perforate secondo un riferimento dato.

selezióne s.f. **1.** Scelta, all'interno di un insieme omogeneo, degli elementi migliori o più adatti a certe finalità. ◇ *Selezione del personale:* scelta, tra più candidati, delle persone più adatte a un compito, secondo attitudini naturali e conoscenze tecniche. ~ Scelta, in una specie animale o vegetale, degli individui riproduttori le cui qualità o le caratteristiche permetteranno di migliorare la specie o di modificarla nel modo voluto. ◇ SC. VIT., BIOL. *Selezione naturale:* teoria di C. Darwin sull'evoluzione delle specie, secondo la quale gli individui meglio adattati al loro ambiente hanno la meglio sugli altri nella lotta per la sopravvivenza. **2.** Il risultato della scelta stessa. ~ Insieme di cose o persone selezionate. *Presentare una selezione di abiti.* **3.** TECN. Scelta automatica dei dati da inviare alle macchine operatrici, operata da un dispositivo detto *selettore.* **4.** TELECOM. Formazione di un numero telefonico. ◇ *Selezione passante:* collegamento diretto fra gli utenti di una rete telefonica interna. **5.** FOTO., CINE. Processo mediante cui si ottiene la scomposizione cromatica del fascio di luce proveniente dall'oggetto.

self-control [/ˈsɛlfkənˈtrəʊl/] s.m. (solo sing.) (voce ingl.) Padronanza di sé, delle proprie reazioni. SIN.: **autocontrollo.**

self-made man [/ˈsɛlfmeɪdˈmæn/] loc. sost. m. inv. (loc. ingl., propr. "uomo che si è fatto da sé") Persona che dal nulla, con intelligenza, volontà e spirito di sacrificio, ha costruito il proprio successo sociale ed economico.

self-service [/ˈsɛlfˈsəːvis/] s.m. inv. (voce ingl.) Locale pubblico, pubblico esercizio dove il cliente sceglie da solo i prodotti che desidera senza l'intervento del commesso.

sèlla s.f. (lat. *sĕllam* "sedia") **1.** Finimento di forma concava che si adatta sul dorso di alcuni quadrupedi per cavalcarli agevolmente. ◇ *Cavallo da sella:* adatto a essere cavalcato. – *figg. Stare, rimanere in sella:* mantenere il potere o la propria posizione. – *Rimettersi in sella:* riconquistare il potere o la condizione economica precedente. **2.** Sedile per bicicletta e motociclette. SIN.: **sellino. 3.** Depressione tra due montagne, che spesso consente un valico. **4.** Nel 1. sc., denominazione di corpi o di oggetti che ricordano, per forma o funzione, una sella. ◇ ANAT. *Sella turcica:* cavità nello sfenoide dove è contenuta l'ipofisi. **5.** Taglio di carne di vitello, corrispondente al quarto superiore.

sellàio s.m. [f. *–laia*, pl.m. *–lai*] Artigiano che fabbrica e ripara oggetti di cuoio e selle.

sellàre v.tr. Mettere la sella a una cavalcatura.

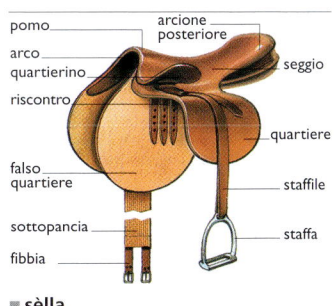

pomo • arcione posteriore • arco • quartierino • riscontro • seggio • quartiere • falso quartiere • staffile • sottopancia • staffa • fibbia

■ **sèlla**

sellerìa s.f. **1.** Bottega artigiana di finimenti e selle. ~ Lavorazione, produzione di finimenti e selle. **2.** Locale di una scuderia adibito a deposito di selle e finimenti. **3.** AUTOM. Rivestimento interno degli autoveicoli.

sellino s.m. **1.** Nel sign. del dim. di *sella*; in partic., sella di bicicletta e di motocicletta. **2.** Parte dei finimenti che cinge la schiena del cavallo da tiro. **3.** Negli abiti femminili dell'Ottocento, imbottitura posta nella parte posteriore della gonna.

seltz [/'sɛls/] s.m. inv. (voce fr., dal nome della cittadina prussiana di *Selters* dove vi sono sorgenti d'acqua gassata) Acqua gassata che si aggiunge a bibite e a bevande alcoliche.

sélva s.f. **1.** Bosco di vasta estensione molto fitto e intricato. **2.** *fig.* Grande quantità, moltitudine caotica di persone, di cose. *Una selva di dimostranti.* ~ Massa disordinata. *Una selva di capelli.*

selvaggina s.f. (provenz. *salvatgina*) Il complesso degli animali selvatici oggetto di caccia per le loro carni saporite. ~ Pietanza a base di carne di questi animali. ◇ *Selvaggina di penna*: costituita da uccelli. – *Selvaggina di pelo*: costituita da mammiferi.

selvàggio agg. [pl.m. –*gi*, f. –*ge*] (provenz. *salvatge*, lat. *silvāticum* "selvatico") **1.** Di luogo ricoperto da selve o comunque privo di coltivazioni, disabitato. ~ Costituito da una vegetazione fitta e spontanea. ~ *estens.* Orrido, pauroso. *Una gola selvaggia.* **2.** Riferito a persona, popolo non raggiunto dalla civilizzazione. ~ Arretrato, primitivo. *Vivere allo stato selvaggio.* **3.** Riferito a persona o gruppo umano, che vive lontano dalle città, chiuso nel suo isolamento, sordo e ostile alla cultura. SIN.: **zotico.** **4.** *fig.* Crudele, feroce. ~ Scatenato, violento, impetuoso. **5.** *fig.* Incontrollato, indisciplinato. ◆ s.m. [f. –*gia*] **1.** Persona appartenente a gruppi umani che vivono lontano dalla civilizzazione, allo stato primitivo. ◇ *fig. Un piccolo selvaggio*: un bambino indisciplinato, ribelle. **2.** *fig.* Persona poco socievole.

selvàtico agg. [pl.m. –*ci*, f. –*che*] **1.** Riferito a pianta, non coltivato, che cresce spontaneamente. ~ Riferito ad animale, che vive allo stato libero, non addomesticato. **2.** Riferito a luogo, incolto, coperto di vegetazione spontanea. **3.** *estens.* Riferito ad animale domestico, reso poco mansueto. ~ *fig.* Riferito a persona, che si comporta in modo poco socievole. ◆ s.m. **1.** Selvaggina. *Cacciare il selvatico.* **2.** L'odore acre e penetrante della selvaggina e della sua carne. **3.** Terreno incolto.

selvicoltóre s.m. [f. –*trice*] Esperto di selvicoltura.

selvicoltùra s.f. Scienza e tecnica che si occupa della formazione, dello sfruttamento e della conservazione dei boschi.

sélz s.m. inv. → seltz.

sèma s.m. [pl. –*mi*] (gr. *sêma* "segno") LING. Unità minima di significato all'interno di una parola (p.e. la parola *scapolo* contiene i s. "umano", "maschio", "adulto", "non sposato").

semàforo s.m. (fr. *sémaphore*) **1.** Impianto per la regolazione del traffico stradale o ferroviario attraverso segnali ottici costituiti dai colori rosso, giallo e verde. ~ Il segnale indicato dal semaforo e il suo significato. **2.** *Semaforo marittimo:* stazione posta sulle coste, sui moli, per comunicazioni ottiche e radiotelegrafiche con le navi o con gli aerei.

semantèma s.m. [pl. –*mi*] (fr. *sémantème*) LING. Parte della parola in cui è racchiuso il significato.

semàntica s.f. (fr. *sémantique*) LING. Analisi e studio del linguaggio dal punto di vista del significato. SIN.: **semasiologia.** ~ LOG. Studio del rapporto fra i segni e i concetti a cui si riferiscono, cioè dei nessi fra i segni linguistici e i loro significati.

semàntico agg. [f. –*che*] (fr. *sémantique*) **1.** LING. Relativo alla semantica e al significato delle parole. **2.** LING. *estens.* Che riguarda il significato di espressioni non linguistiche.

semasiologia s.f. (ted. *Semasiologie*) Analisi e studio del significato e del mutamento di significato delle parole (in oppos. a *onomasiologia*).

sembràre v. impers. (aus. *essere*) (provenz. *semblar*) **1.** Parere a qlcu. in maniera non certa, dare l'impressione. *Mi sembra di impazzire.* **2.** Credere, parere giusto o corretto a qlcu. *Non ti sembra di dovermi qlco.?* ◇ *Mi sembrava!:* avevo già pensato una cosa che poi si è rivelata vera. *Mi sembrava di conoscerlo!* ◆ v. modale (aus. *essere*) Dare l'impressione di essere in un certo modo, avere l'aria di fare una certa cosa. *Gianni mi sembra star bene.* ◆ v. cop. **1.** Apparire, parere in un determinato modo. *Le tue osservazioni mi sembrano sensate.* ◇ *Non sembrare vero:* non parere possibile, reale. **2.** Somigliare a un'altra persona o a un'altra cosa. *Con gli occhiali sembri la nostra professoressa.*

séme s.m. **1.** BOT. Nelle Fanerogame, ovulo fecondato contenente l'embrione e le sostanze nutritive atte a farlo sviluppare originando una nuova pianta. ◇ *Semi oleosi:* quelli di arachide, girasole, mais, sesamo, ecc. da cui si ricava l'olio di semi. – *Semi di zucca:* da sgranocchiare salati e abbrustoliti. **2.** Quantità di semi della stessa specie destinati alla semina. SIN.: **semente. 3.** *fig.* Causa, origine. *Il seme della violenza.* **4.** Liquido spermatico dell'uomo e degli animali. SIN.: **sperma. 5.** Ciascuno dei quattro simboli distintivi delle carte da gioco.

semeiòtica s.f. (gr. *sēmeiōtikḗ* "studio dei segni") MED. Esame e valutazione dei segni e dei sintomi delle malattie per ricavarne la diagnosi.

semèma s.m. [pl. –*mi*] LING. Secondo alcuni linguisti, insieme di semi, o tratti semantici, che costituiscono il significato della parola.

seménte s.f. Quantità di semi che vengono messi da parte per la semina.

semènza s.f. **1.** Semente, semi. **2.** Piccolissimo chiodo a sezione quadrata usato spec. per fissare le risuolature delle scarpe. **3.** Perle di formato minuscolo.

semenzàio s.m. [pl. –*zai*] **1.** AGR. Terreno adibito alla semina di piante da trapiantare poi in altra sede. **2.** *fig.* Luogo che produce, ospita in gran quantità cose o persone di un determinato settore, destinate a importanti sviluppi.

semestràle agg. **1.** Che dura sei mesi. **2.** Che ha luogo ogni sei mesi.

semèstre s.m. **1.** Periodo di tempo di sei mesi. ◇ *Semestre bianco:* nel l. giur., gli ultimi sei mesi in cui il Presidente della Repubblica è in carica ma non ha più il potere di sciogliere anticipatamente le Camere. **2.** *estens.* Somma pagata o ricevuta ogni sei mesi.

sèmi- Primo elemento di composti, nei quali significa "metà, mezzo" o "in parte, quasi".

-semìa Secondo elemento di composti, particolarmente attivo nel l. sc., nei quali ha valore di "significato" (*polisemia*).

semiàla s.f. AER. Ognuna delle due metà dell'ala, poste simmetricamente ai lati della fusoliera.

semianalfabèta agg. [pl.m. –*ti*] Che è in grado appena di leggere e scrivere. ~ *estens.* Ignorante, privo di cultura. ◆ s.m. e f. Nel sign. dell'agg.

semiapèrto agg. Aperto in parte o per metà. ◇ LING. *Vocale semiaperta:* vocale prodotta con un grado di apertura intermedio.

semiàsse s.m. **1.** GEOM. Metà di un asse. **2.** MECC. In un autoveicolo, ciascuna delle due parti dell'albero di trasmissione compresa tra il differenziale e la ruota.

semiautomàtico agg. [pl.m. –*ci*, f. –*che*] Riferito a macchine o meccanismi, capace di svolgere automaticamente solo alcune funzioni. ◇ *Arma da fuoco semiautomatica:* che ha la ricarica automatica ma in cui si deve premere il grilletto per sparare ogni nuovo colpo.

semibiscròma s.f. MUS. Figura di nota o di pausa che indica un valore di durata equivalente a metà di una biscroma (1/64 della semibreve).

semibrève agg. Riferito a sillaba, non completamente breve. ◆ s.f. MUS. Figura di nota o di pausa che indica un valore di durata equivalente alla metà di una breve o a due minime (cioè a 4 quarti).

semicérchio s.m. [pl. –*chi*] **1.** GEOM. Metà di un cerchio, ossia l'area circoscritta da una semicirconferenza e dal relativo diametro. ~ *comun.* Semicirconferenza. **2.** *estens.* Qualunque disposizione o struttura che richiami tale figura.

semichiùso agg. Chiuso per metà o in parte.

semicingolàto s.m. Autoveicolo provvisto di cingoli solo alle ruote posteriori.

semicircolàre agg. **1.** GEOM. A forma di semicerchio. **2.** ANAT. *Canale semicircolare:* ciascuno dei tre canali del labirinto che con l'otricolo e col sacculo sono preposti al senso dell'equilibrio.

semicirconferènza s.f. GEOM. Ciascuna delle due parti di una circonferenza divisa a metà dal diametro.

sèmico agg. [pl.m. –*ci*, f. –*che*] LING. Relativo al sema.

semiconduttóre s.m. FIS. Elemento di materiale cristallino la cui conduttività elettrica è intermedia tra i conduttori e gli isolanti.
ENCICL. I semiconduttori sono classificabili in *intrinseci* ed *estrinseci.* In quelli intrinseci (o puri) la conducibilità è attivata con l'aumento della temperatura. Quelli estrinseci (o per impurezze), invece, per essere attivi devono essere avvicinati ad altri elementi (*impurezze*) con un numero di elettroni vicinissimo al loro e hanno livelli di conducibilità molto più alti degli intrinseci. Se le impurezze usate per provocare il movimento di elettroni hanno un numero di elettroni superiore al semiconduttore, questo è detto di *tipo p* o *accettore*, se il numero è inferiore, il semiconduttore è detto di *tipo n* o *donatore*.

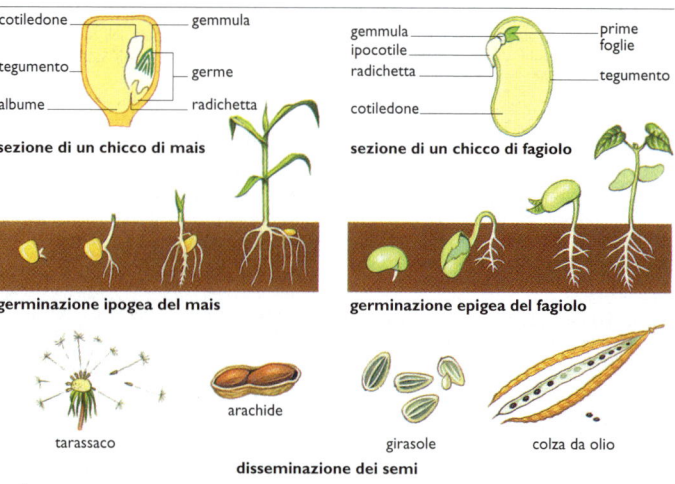

cotiledone — gemmula
tegumento — germe
albume — radichetta
sezione di un chicco di mais

gemmula — prime foglie
ipocotile
radichetta — tegumento
cotiledone
sezione di un chicco di fagiolo

germinazione ipogea del mais

germinazione epigea del fagiolo

tarassaco

arachide

girasole

colza da olio

disseminazione dei semi

■ **séme.** Semi di alcune piante ed esempi di germinazione.

semiconsonànte s.f. LING. Suono vocalico (*i* e *u*) che assume valore consonantico se seguito da altra vocale con cui forma dittongo ascendente (p.e. il primo suono in *ieri* e in *uomo*).

semicròma s.f. MUS. Figura di nota o di pausa che indica un valore di durata equivalente alla metà di una croma (1/16 di battuta).

semicùpio s.m. [pl. –*pi*] **1.** Vasca da bagno molto piccola in cui si sta solo seduti. **2.** Bagno fatto in questa vasca e in questa posizione.

semideponènte agg. Nella grammatica latina, verbo coniugato come deponente solo nel perfetto e nei tempi derivati. ◆ s.m. Nel sign. dell'agg.

semidetenzióne s.f. DIR. Regime di detenzione prevista per pene inferiori ai 6 mesi che prescrive al condannato di restare in carcere almeno 10 ore al giorno, godendo della libertà per il resto del tempo.

semidio s.m. [f. *semidea*, pl.m. *semidei*, f. *semidee*] (calco del gr. *hēmítheos*) **1.** Essere mitologico intermedio fra gli dei e gli uomini, general. nato da una divinità e da un mortale. **2.** *fig. iron.* Persona che ritiene di possedere eccezionali qualità.

semidùro agg. Di metallo che può essere scalfito da una punta d'acciaio.

semifinàle s.f. SPORT In una competizione a eliminatori, gara che seleziona i partecipanti alla fase finale.

semifinalista s.m. e f.[pl.m. –*sti*] Concorrente che ha diritto a disputare le semifinali.

semifréddo agg. Quasi freddo. ◆ s.m. Dolce affine al gelato, da cui differisce perché servito meno freddo e per l'impiego di ingredienti diversi.

semilavoràto agg. Non ancora sottoposto alla fase finale della lavorazione. ◆ s.m. Manufatto industriale che ha subito una prima lavorazione.

semilibertà s.f. inv. DIR. PEN. Regime che permette a un detenuto di uscire dal penitenziario per il tempo necessario all'esercizio di un'attività professionale.

semilìquido agg. Che è quasi liquido.

semilunàre agg. Simile nella forma a una mezzaluna. ◇ ANAT. *Osso semilunare:* osso del carpo.

semiminima s.f. MUS. Figura di nota o di pausa che equivale alla metà di una minima (1/4 di semibreve).

sémina s.f. **1.** L'operazione di seminare. **2.** Stagione in cui si semina.

seminàle agg. **1.** BOT. Relativo al seme. **2.** ANAT. Che riguarda lo sperma.

seminàre v.intr. (aus. *avere*) Svolgere l'attività della semina. ◆ v.tr. **1.** Spargere o interrare la semente. ~ Lavorare un certo terreno e spargervi i semi. ~ *fig.* Diffondere intorno a sé, provocare. *Seminare la discordia.* **2.** Lasciare molto indietro qlcu. in una corsa, un inseguimento e simili. **3.** *fig.* Spargere più cose dappertutto. *Seminare i vestiti per casa.*

seminàrio s.m. [pl. –*ri*] (lat. *seminārium*, propr. "vivaio") **1.** Istituto per la formazione religiosa e la preparazione culturale dei giovani che aspirano al sacerdozio. **2.** In ambito universitario, forma di didattica non cattedratica, lezione in cui gli studenti partecipano attivamente con relazioni e interventi. ~ Esercitazione tenuta da un docente per un ristretto numero di studenti. ~ *estens.* Gruppo di studio finalizzato all'aggiornamento in un certo settore.

seminarista s.m. [pl. –*sti*] Allievo di un seminario per diventare sacerdote.

seminativo agg. Riferito a terreno, particolarmente adatto alla semina; riferito a prodotto agricolo, destinato alla semina. ◆ s.m. Terreno adatto alla semina di cereali, ortaggi.

seminàto agg. **1.** Riferito a terreno, su cui è stata effettuata la semina. **2.** *fig.* Cosparso, pieno. ◆ s.m. Terreno cosparso di semente.

seminatóre s.m. [f. –*trice*] **1.** Chi semina. **2.** *fig. spreg.* Chi diffonde idee immorali e provoca disordini.

seminatrice s.f. AGR. Macchina per la semina.

seminfermità o **semiinfermità** s.f. inv. Condizione di parziale infermità. ◇ DIR. *Seminfermità mentale:* parziale incapacità di intendere e di volere, fattore attenuante che in un processo giudiziario può comportare una riduzione della pena.

seminifero agg. **1.** BOT. Che contiene o porta i semi. **2.** ANAT. Che produce o porta il liquido seminale.

seminòma s.m. MED. Tumore del testicolo che si sviluppa a livello del liquido seminale.

seminòmade agg. **1.** ANTROP. Che appartiene a popolazioni o gruppi umani che si dedicano all'agricoltura in sedi fisse che invece, per praticare l'allevamento, si spostano stagionalmente. **2.** Che concerne o è costituito da tali popolazioni o gruppi. ◆ s.m. e f. Nell'accez. 1 dell'agg.

seminomadismo s.m. ANTROP. Condizione e modo di vita delle popolazioni o dei gruppi seminomadi.

semintéro agg. MAT. Di numero razionale multiplo dispari di 1/2 corrispondente a una frazione non apparente con il numero 2 come denominatore (1/2, 3/2, 5/2, ecc.).

seminterràto s.m. Piano di un edificio posto parzialmente sotto il livello stradale.

seminùdo agg. Vestito insufficientemente o in modo indecente.

semiologìa s.f. LING. Scienza umana che studia il codice dei segni nelle varie espressioni comunicative di tipo linguistico, visivo, gestuale, ecc.
ENCICL. La semiologia trae origine dalle istanze di F. de Saussure (inizio sec. XX) di introdurre la linguistica nel più vasto ambito di una teoria dei sistemi di segni, per poi intrecciarsi con la *semiotica*, cioè con l'opera di C. S. Peirce. Gli studi di semiotici (o semiologici), partiti dall'ambito linguistico, si sono allargati a coprire i più diversi settori della cultura: abbiamo quindi una semiotica del teatro, del cinema, dell'architettura, della letteratura, delle arti, della musica, delle comunicazioni, del folclore, fino a una generale semiotica della cultura, introdotta dai lavori della Scuola di Tartu (Lotman, Uspenskij). La semiotica in Italia ha avuto un largo sviluppo: vi si sono dedicati studiosi di primo piano (quali C. Segre, M. Corti, D'A.S. Avalle, U. Eco, F. Rossi Landi, E. Garroni).

semiológico agg. [pl.m. –*ci*, f. –*che*] Relativo alla semiologia.

semiòlogo s.m. [f. –*ga*, pl.m. –*ghi*, f. –*ghe*] **1.** Nelle scienze umane, esperto di semiologia. **2.** MED. Specialista di semeiotica.

semiónda s.f. FIS. Parte di un'onda corrispondente a metà periodo.

semiopàco agg. [pl.m. –*chi*, f. –*che*] Di media trasparenza. SIN.: **semitrasparente.**

semioscurità s.f. inv. Buio quasi totale, penombra.

semiòsi s.f. inv. (ingl. *semiosis*) LING. In semiologia, processo per cui un'espressione (acustica, visiva, ecc.) assume un valore di segno.

semiòtica s.f. [non com. pl. –*che*] (ingl. *semiotics*) **1.** Scienza umana che si occupa dello studio di tutti i segni che servono per la comunicazione. **2.** MED. → semeiotica.

semiòtico agg. [pl.m. –*ci*, f. –*che*] (ingl. *semiotic*) **1.** Che riguarda la semiosi o la scienza umana della semeiotica. **2.** MED. Relativo alla semeiotica.

semiparassita agg. BIOL. Di organismo vegetale o animale che conduce solo in parte vita parassita. ◆ s.m. ZOOL. Animale semiparassita. ◆ s.f. BOT. Pianta semiparassita.

semipermeàbile agg. **1.** Parzialmente permeabile. **2.** CHIM. Di membrana o di setto separatore che, separando due soluzioni, lascia passare le molecole del solvente, ma non quelle del soluto.

semipiàno s.m. GEOM. Ognuna delle due parti in cui un piano è diviso da una sua retta, detta *origine* dei semipiani.

semipolàre agg. CHIM. Del legame tra due atomi, l'uno dei quali fornisce all'altro gli elettroni di legame.

semiquinària agg. (solo f.) METR. *Cesura semiquinaria:* nella metrica greca e latina, cesura che cade dopo due piedi e mezzo, ossia dopo il quinto mezzo piede.

semirétta s.f. GEOM. Ciascuna delle due parti in cui un punto divide una retta.

semirigido agg. TECN. Parzialmente rigido. ◆ s.m. Tessuto posto all'interno di polsini e colli delle camicie per renderli più consistenti.

semirimòrchio s.m. [pl. –*chi*] Tipo di rimorchio provvisto delle sole ruote posteriori, collegato a snodo con la motrice.

semisèrio agg. [pl.m. –*ri*] Tra il serio e lo scherzoso. ◇ MUS. *Opera semiseria:* opera musicale che alterna aspetti buffi con elementi drammatici.

semisfèra s.f. GEOM. Ciascuna delle due parti in cui una sfera viene divisa da un piano passante per il suo centro.

semisfèrico agg. [pl.m. –*ci*, f. –*che*] Che riguarda una semisfera o ne ha la forma. SIN.: **emisferico.**

semisòlido agg. Non del tutto solido, poco consistente.

semispàzio s.m. [pl. –*zi*] GEOM. Ognuna delle due parti simmetriche in cui lo spazio è diviso.

semita agg. [pl.m. –*ti*] Semitico. ◆ s.m. e f. (al pl. anche con iniziale maiusc.) Appartenente a un gruppo etnico che comprende vari popoli stanziati, già in età preistorica, nel Medio Oriente e nella parte nord-orientale dell'Africa. (Assiri, Babilonesi, Amorriti, Aramei, Fenici, Arabi, Ebrei, Etiopi.)

semitangènte s.f. MAT. Semiretta tangente a una curva nel proprio punto di origine.

semitendinóso agg. Di muscolo nella parte posteriore della coscia. ◆ s.m. Nel sign. dell'agg.

semitico agg. [pl.m. –*ci*, f. –*che*] (ted. *semitisch*) Che riguarda la civiltà e la lingua dei semiti. ◇ *Lingue semitiche:* gruppo di lingue camito-semitiche diffuse nell'Asia occidentale e nell'Africa settentrionale. (Arabo, berbero, ebraico, aramaico, amarico, ecc.) ◆ s.m. (solo sing.) Il complesso delle lingue semitiche.

semitista s.m. e f.[pl.m. –*sti*] Studioso della civiltà e delle lingue semitiche.

semitòno s.m. MUS. Intervallo che equivale alla metà di un tono.

diatonico (tra due note di nomi diversi)

cromatico (tra due note dello stesso nome)

■ **semitòno**

semitrasparènte agg. Quasi trasparente. SIN.: **traslucido.**

semiufficiàle agg. Quasi ufficiale. ◇ *Notizia semiufficiale:* quasi sicura, ma non ancora annunciata ufficialmente.

semivocàle s.f. LING. Suono vocalico che non costituisce nucleo della sillaba (p.e. la *i* e la *u* quando costituiscono la seconda vocale di un dittongo, come in *noi* e *reuma*).

semivocàlico agg. [pl.m. –*ci*, f. –*che*] LING. Relativo a semivocale.

semivuòto agg. Mezzo vuoto.

sémola s.f. (lat. *sīmilam* "fior di farina") **1.** Residuo della macinazione dei cereali. SIN.: **crusca. 2.** Prodotto della macinazione del grano duro, in forma di piccoli granelli, usato nella produzione di alimenti.

semolino s.m. **1.** Semola di grano macinata molto sottilmente. **2.** *estens.* Minestra semiliquida fatta con la semola.

semovènte agg. Dotato di movimento autonomo.

1. sémplice agg. (lat. *sĭmplicem*, propr. "piegato una sola volta") **1.** Formato da un solo elemento. *Filo semplice.* ◇ CHIM. *Corpo semplice:* elemento non ulteriormente scomponibile. – GRAMM. *Tempi semplici:* quelli privi di ausiliare (in oppos. ai *tempi composti*). **2.** *fig.* Che non presenta difficoltà. **3.** Privo di lusso, di ornamenti. ~ Detto di espressione orale o scritta, privo di elementi superflui. *Prosa semplice.* **4.** Di persona che si comporta senza malizia, alla buona. ~ Poco svaglio di mente. **5.** Che non ha altre qualifiche oltre a quelle indicate. *Un semplice soldato.* ~ Che, in una gerarchia, non ha qualifiche o gradi. *Marinaio semplice.* ~ Soltanto, null'altro che, niente più che. *Una semplice occhiata.* ◆ s.m. e f. Persona alla buona, ingenua e spesso sciocca.

2. sémplice s.m. (lat., deriv. di *medicamentum sìmplex* "medicina semplice") Erba medicinale. *L'orto dei semplici.* ~ Preparato di erbe medicinali.

semplicemènte avv. Con semplicità.

semplicióne s.m. [f. *–na*] Persona priva di malizia, poco sveglia di mente. SIN.: **semplicotto**.

semplicismo s.m. Tendenza a semplificare all'eccesso i problemi, affrontandoli con superficialità. ~ Semplificazione riduttiva.

semplicistico agg. [pl.m. *–ci*, f. *–che*] Che denota semplicismo, superficialità. SIN.: **superficiale**.

semplicità s.f. inv. **1.** Assenza di difficoltà. **2.** Naturalezza e spontaneità nel comportamento, sobrietà nello stile di vita. **3.** Concisione nell'espressione scritta e orale. **4.** Assenza di malizia, ingenuità eccessiva, stoltezza.

semplificàre v.tr. [4] **1.** Rendere semplice o meno complicato. *Semplificare un problema.* **2.** MAT. Ridurre un intero termini. *Semplificare una frazione.* ◆ **semplificarsi** v.pron. Diventare più semplice.

semplificàto agg. Che è più semplice del normale o che è reso tale.

semplificazióne s.f. **1.** Riduzione della complessità. **2.** Chiarimento di un concetto, di un'idea.

sèmpre avv. **1.** Ininterrottamente, con riferimento sia al passato sia al futuro. *È sempre stato così.* ◇ *Da sempre:* da epoca immemorabile. – *Per sempre:* per l'eternità; definitivamente. **2.** Con i comparativi indica progressione. *Sempre peggio.* **3.** In ogni occasione, tutte le volte. *Arriva sempre in ritardo.* ~ *estens.* Molto spesso. *Lo vedo sempre con suo figlio.* **4.** Ancora, tuttora. *Abita sempre lì.* **5.** Insieme con il v. *potere*, comunque. *Puoi sempre cambiare idea.* **6.** In partic. con congiunzioni avversative, tuttavia, solo. *È pur sempre tuo fratello.* ◇ *loc. cong. Sempre che:* purché.

sempreverde agg. **1.** BOT. Di pianta le cui foglie durano tutto l'anno o più anni di seguito. ~ Di ciò che è costituito da queste piante. *Bosco sempreverde.* **2.** *fig.* Sempre attuale, alla moda. ◆ s.m. e f. (spec. pl.) Piante sempreverde.

semprevivo s.m. Pianta con fiori perenni a capolini, essiccati e usati per la preparazione di bouquet. (Generi *Anaphalis* e *Helichrysum*; famiglia delle Composite.)

sèna o **sènna** s.f. (ar. *sanā*) Pianta erbacea medicinale dalle cui foglie si ricava una droga usata come lassativo. (Genere *Cassia*; famiglia delle Papilionacee.)

senàle s.m. MAR. Asta di legno che viene fissata lungo i lati poppieri degli alberi maggiori a vele quadre per muovere la gola del picco della randa.

sènape s.f. **1.** Pianta annuale, con fiori gialli, diffusa in Europa e Asia. [Si distinguono la senape bianca (genere *Sinapis*), i cui semi sono usati per preparare la salsa omonima, e la senape nera (genere *Brassica*), usata in farmacologia; famiglia delle Crocifere.] **2.** Essenza o farina ricavata dalle piante di senape. ▫ In funzione di agg. inv., di colore tra il giallo scuro e il marrone nocciola.

senapismo s.m. Cataplasma a base di farina o semi di senape nera.

senàrio s.m. [pl. *–ri*] METR. Nella poesia latina, verso di sei piedi giambici. ~ Nella metrica italiana, verso di sei sillabe metriche con l'ultimo accento fisso sulla quinta e uno precedente sulla seconda o sulla terza.

senàto (anche iniziale maiusc.) s.m. (lat. *senātum*, deriv. di *sēnex* "vecchio") **1.** ANT. ROM. Supremo consiglio dello Stato, costituito dagli esponenti delle più importanti famiglie aristocratiche. ~ In altre civiltà, assemblea di anziani e dignitari con poteri consultivi, deliberativi, legislativi e anche giudiziari. ~ Nel Medioevo, nome di diverse magistrature. **2.** Camera alta nei regimi parlamentari bicamerali; in partic. nella Repubblica italiana, uno dei due rami del Parlamento. **3.** *estens.* Carica e dignità di senatore. ~ Sede dove si riuniscono i senatori. **4.** *Senato accademico:* organo collegiale, deputato al governo delle università. **5.** *scherz.* Gruppo di persone anziane.

senatoconsùlto s.m. ANT. ROM. Parere vincolante espresso dal senato su richiesta dei magistrati.

senatóre s.m. [f. *–trice*] **1.** Membro del senato. *Senatore a vita.* **2.** Nel Medioevo, titolo di chi dirigeva alcune magistrature cittadine. **3.** *scherz.* Persona autorevole per anzianità o per meriti passati.

senècio o **senecióne** s.m. (lat. *sĕnecio*, deriv. di *sĕnex* "vecchio" per la peluria bianca che ricopre il capolino) **1.** [pl. *–ci*, *–cioni*] Pianta erbacea o arbustiva caratterizzata da fiori a capolini. (Famiglia delle Composite.) **2.** BOT. (iniziale maiusc.) Genere di piante a cui appartengono le varie specie di seneci.

senegalése agg. Del Senegal. ◆ s.m. e f. Nativo, abitante del Senegal.

senescènza s.f. **1.** BIOL. Invecchiamento di un organismo, accompagnato da fenomeni involutivi. **2.** *fig.* Decadimento, sclerotizzazione burocratica. *Senescenza di un ente.*

senhal [/se'ɲal/] s.m. inv. (voce provenz., propr. "segnale") Nella poesia provenzale, nome fittizio con cui il trovatore designava la donna amata o la persona a cui erano dedicati i versi.

senile agg. Proprio della vecchiaia. ~ Dovuto alla vecchiaia e agli aspetti involutivi ad essa legati.

senilismo s.m. **1.** MED. Senilità precoce. **2.** *fig.* Tendenza ad avere particolare fiducia nei confronti degli anziani.

senilità s.f. inv. L'età della vecchiaia e i processi di carattere morfologico, funzionale e psicologico che la caratterizzano.

sènior agg. [pl. *seniores*] (voce lat., deriv. di *sēnex* "vecchio") Più anziano di un altro. ~ Posposto a un nome, indica il più anziano di una famiglia in cui ci siano omonimie. ◆ s.m. **1.** (al pl.) In alcune discipline sportive, categoria che comprende gli atleti meno giovani o i più dotati tecnicamente. **2.** (anche f.) Atleta appartenente alla categoria seniores. **3.** Nell'organizzazione aziendale, professionista con anni di esperienza nel settore.

sénno s.m. (fr. *sen*, francone *sin* "ragione") Capacità di valutare e di operare con buon senso. ~ Capacità di capire, di ragionare. ◇ *Essere fuori di senno:* sragionare.

1. séno s.m. (lat. *sīnum*, propr. "piega della veste" in cui le donne ponevano i bambini piccoli) **1.** Parte anteriore del torace, petto, riferito quasi esclusivamente al corpo femminile. ~ *estens.* Le mammelle o ogni singola mammella. ~ Ventre

materno, utero. **2.** Zona dell'abito che copre il petto. **3.** LETT. Parte intima dell'animo, del cuore. ~ *estens.* Parte più interna di qlco. ◇ *loc. prep. In seno a, nel seno di:* dentro, all'interno di. **4.** ANAT. Cavità di una struttura o di un organo. ~ Porzione dilatata di un grosso vaso sanguigno. *Seno carotideo.* ◇ *Seno venoso:* nei Vertebrati, porzione del cuore in cui sboccano le vene cave. – EMBRIOL. nell'embrione umano, tronco venoso formato vicino al cuore dall'incontro delle vene vitelline e delle altre vene. **5.** GEOGR. Insenatura marina di piccola estensione. **6.** Piega di un indumento.

2. séno s.m. (calco dell'ar. *ğayb* che ha il doppio significato di 1. seno e di 2. seno) MAT. Funzione trigonometrica (simb. *sen* o *sin*) che, in un triangolo rettangolo la cui ipotenusa ha lunghezza unitaria, associa a ogni angolo la lunghezza del cateto opposto; la distanza dall'altro lato di un punto su uno dei lati e la distanza di questo stesso punto dal vertice dell'angolo.

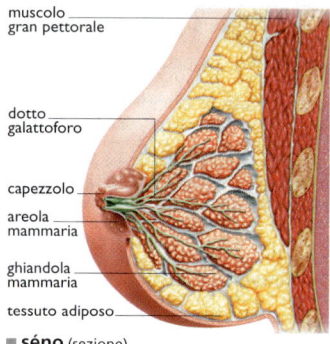

muscolo
gran pettorale

dotto
galattoforo

capezzolo

areola
mammaria

ghiandola
mammaria

tessuto adiposo

■ **séno** (sezione).

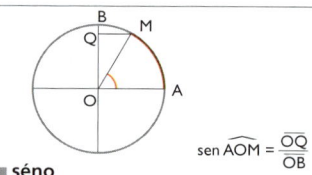

$$\text{sen } \widehat{AOM} = \frac{\overline{OQ}}{\overline{OB}}$$

■ **séno**

senoatriàle agg. ANAT. Relativo al seno venoso e all'atrio destro del cuore.

senologìa s.f. MED. Studio dell'apparato mammario, con particolare riferimento, in campo patologico, ai tumori che lo interessano.

sensàle s.m. e f. (ar. *simsār*, persiano *sapsār* "mediatore") Chi funge da intermediario in operazioni commerciali di vario tipo, spec. nel settore dell'agricoltura e dell'allevamento.

sensatézza s.f. Buon senso, saggezza ed equilibrio nel valutare e nell'agire. SIN.: **ragionevolezza**.

sensàto agg. Accorto, giudizioso.

sensazionàle agg. (fr. *sensationnel*, ingl. *sensational*) Che desta sensazione, che suscita impressione o stupore.

sensazionalismo s.m. Tendenza a dare esagerato rilievo a certe notizie, per suscitare l'interesse dei lettori e dell'opinione pubblica.

sensazióne s.f. **1.** Percezione fisiologica e quindi anche involontaria, causata da stimoli interni o esterni recepiti attraverso gli organi di senso. **2.** *estens.* Percezione psicologica, impressione intima. ~ Esperienza di particolare intensità. **3.** *fig.* Impressione, presentimento non fondati su una prova oggettiva o su un argomento logico. **4.** *fig.* Grande impressione, clamore. ◇ *A sensazione:* che suscita un'impressione notevole. *Film a sensazione.*

senserìa s.f. Attività di mediazione di un sensale. ~ Il compenso che gli è dovuto, detto anche **provvigione**.

sensibile agg. **1.** Che può essere percepito attraverso i sensi. ◇ *Mondo sensibile:* il mondo dei fenomeni, in oppos. a quello *intelligibile*, costituito dalle idee e dai concetti razionali. **2.** Che

frutto
(siliqua)

■ **sènape**

i sensi riescono a percepire. ~ *estens.* Che si manifesta in modo evidente ed è chiaramente avvertibile. **3.** Che ha la facoltà di percepire attraverso gli organi di senso. ~ *estens.* Con riferimento a organo sensoriale (ma anche a organismo vegetale o animale), che avverte e registra una sensazione, uno stimolo. ~ Che rivela eccessiva sensibilità a certi stimoli. **4.** *fig.* Incline, per natura o per educazione, a recepire stimoli di carattere intellettuale, emotivo, etico o estetico. ~ Che si lascia condizionare da eventi, situazioni, persone. ~ assol. Che dimostra sensibilità. SIN.: **emotivo**. **5.** Di materiale o sostanza ricettiva nei confronti di un agente esterno. ~ Di strumento o apparecchiatura capace di registrare le più piccole sollecitazioni e variazioni. *Microfono sensibile.* ~ Che risente in modo negativo di una sollecitazione esterna. *Apparecchio sensibile all'umidità.* ◆ s.m. (solo sing.) Tutto ciò che è esperibile attraverso i sensi. ◆ s.f. MUS. Settimo grado della scala diatonica.

sensibilità s.f. inv. **1.** FISIOL. Capacità di percepire e di elaborare stimoli fisici e chimici provenienti dall'esterno o dall'interno dell'organismo, legata alla presenza nel corpo umano di particolari recettori sensoriali che danno origine a impulsi nervosi quando vengono eccitati da un opportuno stimolo. **2.** Attitudine a farsi influenzare da stimoli di carattere affettivo, emotivo. **3.** Capacità di apprezzare le bellezze artistiche e naturali. ~ Interesse e partecipazione nei confronti di problemi e fenomeni. **4.** *fig. assol.* Disposizione a provare sentimenti ed emozioni e a capire quelle degli altri. **5.** Capacità di uno strumento o di un dispositivo di registrare stimoli esterni anche minimi. ~ FOTO. Attitudine di una pellicola a lasciarsi impressionare dalla luce.

sensibilizzàre v.tr. (fr. *sensibiliser*) **1.** Rendere qlco. più reattivo agli stimoli. **2.** Rendere qlcu. più sensibile a certi problemi o valori. *Sensibilizzare l'opinione pubblica sulla droga.* ◆ **sensibilizzarsi** v.pron. Diventare sensibili a certi valori. *Sensibilizzarsi alla politica.*

sensibilizzatóre s.m. FOTO. Sostanza capace di rendere sensibili lastre, pellicole e carte fotografiche.

sensibilizzazióne s.f. **1.** Induzione di reattività in qlco. **2.** *fig.* Azione volta a richiamare e a sollecitare l'attenzione dell'opinione pubblica su problemi, valori, ideali.

sensibilménte avv. In modo molto percettibile.

sensìsmo s.m. FILOS. Dottrina secondo la quale le nostre conoscenze sono frutto unicamente dell'esperienza dei sensi.

sensista s.m. e f.[pl.m. *-sti*] FILOS. Esponente o seguace della teoria del sensismo.

sensìstico agg. [pl.m. *-ci*, f. *-che*] FILOS. Relativo al sensismo e ai sensisti.

sensitiva s.f. Pianta erbacea e arbustacea con fiori rosa e violacei, originaria del Brasile, diffusa spec. nelle regioni tropicali. (Altezza fino a 60 cm; famiglia delle Mimosacee.)

sensitivo agg. **1.** Che riguarda la capacità di sentire attraverso i sensi. ◇ FILOS. *Anima sensitiva:* secondo la teoria aristotelica, principio della vita sensibile. **2.** Riferito a persona, di carattere e temperamento molto sensibile ed emotivo. ◆ s.m. [f. *-va*] **1.** Persona estremamente emotiva e sensibile. **2.** Persona in grado di provocare fenomeni paranormali. SIN.: **medium**.

sensitometrìa s.f. FOTO. Studio delle proprietà e delle caratteristiche delle emulsioni sensibili.

sensitòmetro s.m. FOTO. Strumento ottico con cui si misura la sensibilità delle emulsioni fotografiche.

sènso s.m. **1.** Ciascuna delle funzioni, a cui sono preposti organi specifici, mediante cui un essere vivente recepisce stimoli interni o esterni. ◇ *I cinque sensi:* la vista, l'udito, l'odorato, il tatto, il gusto. – *Sesto senso:* intuito. **2.** (al pl.) L'attività sensoriale intesa come segno di vita, di coscienza di sé. ◇ *Essere privo di sensi:* essere in stato di incoscienza. – *Smarrire, perdere i sensi:* svenire. **3.** (spec. pl.) Impulsi legati all'istinto, alla sensualità. **4.** Particolare sensazione, fisica, psichica o morale. ◇ *Fare senso:* impressionare sfavorevolmente, dal punto di vista fisico o morale; anche, suscitare disgusto e ribrezzo. **5.** Capacità di sentire, di comprendere e di discernere sul piano intellettuale e morale. ◇ *Senso comune:* il modo di sentire, di pensare, di giudicare della maggioranza delle persone, anche in senso spreg. – *Senso pratico:* capacità di affrontare positivamente i problemi materiali della vita. – *Senso di colpa:* rimorso per avere compiuto azioni riprovevoli; PSICOAN. sensazione di colpevolezza che genera bisogno di punizione. – *Senso della misura:* moderazione. **6.** Valore semantico ed espressivo, significato specifico che un'espressione linguistica assume in una determinata situazione o in rapporto alle intenzioni di chi la usa. ~ Significato particolare di un vocabolo. ~ Ciò che giustifica, spiega qlco., significato complessivo. ~ Svolgimento coerente, logico di un testo o di un comportamento. ◇ *Tradurre a senso:* non alla lettera. – *Doppio senso:* ulteriore interpretazione, spesso maliziosa o oscena, cui si prestano certe parole o frasi. – *loc. prep. Ai sensi di:* nel l. bur., in modo conforme a, in armonia con. **7.** Direzione, orientamento secondo cui si dispone qlco. ◇ *A senso unico:* di strada con una sola direzione di marcia; *fig.* di atteggiamento che non ammette discussioni. – *Senso vietato:* nella circolazione stradale, verso in cui non è possibile transitare. – *Senso orario:* movimento con verso uguale a quello delle lancette dell'orologio. – *Senso antiorario:* movimento con verso contrario a quello delle lancette dell'orologio. **8.** *fig.* Modo, modalità, maniera.

sensóre s.m. (ingl. *sensor*) TECN. Dispositivo in grado di rilevare dati fisici dall'ambiente circostante e trasmetterli a un sistema di controllo.

sensoriàle agg. (fr. *sensorial*) Relativo ai sensi e alla percezione da essi operata.

sensòrio agg. [pl.m. *-ri*] FISIOL. Relativo ai sensi. SIN.: **sensoriale**. ◆ s.m. MED. L'insieme delle funzioni sensoriali, il sistema nervoso.

sensuàle agg. **1.** Relativo ai sensi, al piacere dei sensi. **2.** Incline al piacere dei sensi. **3.** Che denota sensualità. ~ Che eccita i sensi.

sensualità s.f. inv. **1.** Qualità di ciò che stimola il desiderio e il piacere sensuale. **2.** Tendenza a indulgere all'istinto e al piacere sensuale. **3.** Carattere fortemente sensuale di una creazione artistica.

sentènza s.f. (lat. *sententiam* "opinione") **1.** DIR. Provvedimento con il quale un giudice decide in merito a una causa. ~ Il documento che contiene tale giudizio. **2.** Frase breve che esprime un precetto morale, una massima. ◇ *fig. Sputare sentenze:* emettere pareri e giudizi privi di sfumature, con tono perentorio e saccente.

sentenziàre v.tr. [6] Pronunciare una sentenza. ~ Esprimere un giudizio vincolante su questioni di propria competenza. ◆ v.intr. (aus. *avere*) Esprimere giudizi categorici sulla base di conoscenze perlopiù inesistenti.

sentenzióso agg. **1.** Che abbonda di sentenze, aforismi o massime morali. **2.** Espresso sotto forma di sentenza. ~ Che denota boriosa ostentazione di sapere. ~ Caratterizzato dalla sinteticità e compendiosità tipiche delle sentenze.

sentièro s.m. (fr. *sentier*) **1.** Stradina con fondo naturale, tipica delle zone di campagna o di montagna, formata dal passaggio di uomini e animali. **2.** *fig.* Cammino, via. ◇ *Marciare, essere sul sentiero di guerra:* accingersi a combattere; *fam.* avere intenzioni ostili.

sentimentàle agg. (ingl. *sentimental*) **1.** Dotato di una forte sensibilità. ~ Incline ai sentimenti più delicati e malinconici. ~ *iron.* Che assume atteggiamenti eccessivamente languidi e sdolcinati. **2.** Che denota abbandono alla malinconia, al sogno. ~ Che ispira e suscita tale tipo di affettività. **3.** Relativo ai sentimenti, all'amore. ◆ s.m. e f. Chi enfatizza i sentimenti.

sentimentalìsmo s.m. (fr. *sentimentalisme*) **1.** Tendenza a una sentimentalità esagerata e affettata. **2.** Atto o espressione eccessivamente sentimentale. **3.** FILOS. Ogni dottrina che ponga l'origine dell'agire umano in un sentimento primordiale e autonomo rispetto alle altre attività spirituali.

sentimentalità s.f. inv. Caratteristica di chi o di ciò che è sentimentale, spec. in senso negativo.

sentiménto s.m. **1.** La sfera individuale degli affetti e delle emozioni, a volte in oppos. al dominio della *ragione.* ~ Slancio affettivo, partecipazione diretta a qlco. senza la mediazione della ragione. **2.** Particolare moto affettivo, caratterizzato da specifiche disposizioni d'animo. *Sentimento di amicizia.* **3.** Dimensione etica individuale, matura consapevolezza e accettazione dell'importanza di valori e principi. *Sentimento religioso.* SIN.: **senso**. ~ Inclinazione, atteggiamento. *Una persona di elevati sentimenti.* ~ Opinione, parere regolato soprattutto dalla sfera affettiva. *Rispettare il sentimento comune.*

sentina s.f. **1.** MAR. Su una nave, la parte più bassa e interna, che raccoglie le acque di scolo sotto il pagliolato. **2.** *fig.* Ricettacolo di vizi e brutture.

sentinèlla s.f. (etim. discussa, forse lat. *sentināre* "evitare con astuzia un pericolo") Soldato armato che svolge un servizio di guardia a luoghi, mezzi, persone. ~ Il servizio stesso. *Stare di sentinella.*

sentire v.tr. (lat. *sentīre* "provare con i sensi, percepire") **1.** Percepire una sensazione provocata da stimoli esterni o interni. *Sentire il freddo.* ~ Avvertire attraverso gli organi di senso. *Sentire un odore.* ◇ *Sentire la febbre, il polso:* misurare la temperatura corporea o le pulsazioni toccando la fronte o stringendo il polso di qlcu. *Farsi sentire:* detto di persona, cercare di fare valere le proprie opinioni; detto di qlco. che si avverte distintamente, cominciare a pesare. *Gli anni si fanno sentire.* **2.** Percepire con la funzione uditiva. *Sentire un tuono.* ◇ *Senta, senti, sentite:* segnali discorsivi usati per richiamare l'attenzione di qlcu. – *Sentire messa:* parteciparvi. **3.** Venire a conoscenza di qlco. *Hai sentito che Luisa se ne va?* **4.** Assumere informazioni relativamente a qlco. *Vai a sentire che cosa vuole.* **5.** Avvertire un qualche sentimento, avere reazioni di tipo intellettuale, morale, affettivo. *Sentire amore.* **6.** Avere coscienza di qlco., capire, prevedere. *Sento che non ce la farò.* **7.** Avvertire qlco. in modo confuso, indistinto. *Sento la vicinanza del mare.* ◆ v.intr. (aus. *avere*) **1.** Avere la facoltà dell'udito. ◇ *fig. Non sentirci da un orecchio:* non volere trattare un certo argomento o non volere cedere a qlco. **2.** Venire a sapere di qlcu. o di qlco. **3.** Avere sapere, odore di qlco. d'altro. ~ *fig.* Avere sentore di qlco. *Questa storia sente di truffa.* ◆ **sentirsi** v.pron. Avvertire una certa sensazione fisica o psichica. *Sentirsi debole, forte.* ◇ *Non sentirsi (in grado) di fare qlco.:* non esserne capace, non essere disposto.

sentito agg. **1.** Udito, ascoltato. ◇ *Per sentito dire:* tramite fonti indirette. **2.** Vissuto con sincera partecipazione. *Le faccio le più sentite condoglianze.* **3.** Riferito a persona, ascoltato e seguito in quanto dotato di prestigio e autorevolezza.

sentóre s.m. **1.** Odore, olezzo. **2.** Percezione vaga di qlco. che si sta verificando o presentimento di qlco. che potrebbe accadere. ~ Sensazione, sentimento.

sènza prep. **1.** Con assenza, mancanza di qlco. *Rimanere senza soldi.* ◇ *Non senza:* con. *Lo scusò non senza incertezze.* – *Senza indugio:* immediatamente. **2.** Con esclusione di, a parte. *Sono due chilometri senza le gallerie.* ❑ In funzione di avv. *Ne farò senza.* ◆ cong. Introduce una frase esclusiva implicita. *Parlare senza interrompersi.* ◇ *loc. cong. Senza che:* introduce una frase esclusiva esplicita. *Non farlo senza che io lo sappia.*

senzatétto s.m. e f.inv. Persona che non ha un alloggio. SIN.: **senzacasa**.

sèpalo s.m. (deriv. di lat. *separāre* "separare" e gr. *pétalon* "petalo") BOT. Ognuno degli elementi che costituiscono il calice dei fiori, con caratteristiche simili a quelle della foglia.

separàbile agg. Che può essere separato, diviso in parti.

separàre v.tr. **1.** Dividere due o più cose, persone. *Separare gli avversari, le pagine attaccate.* ~ Fare da confine. *Gli Urali separano l'Europa dall'Asia.* **2.** Distinguere una cosa da un'altra, con riferimento a cose non materiali. *Separare il bene dal male.* ◆ **separarsi** v.pron. **1.** Allontanarsi da qlcu. o da qlco. *Mi separai molto presto dalle cose più care.* **2.** Detto di una coppia, cessare di vivere insieme.

separatismo s.m. **1.** Aspirazione di alcuni gruppi etnici o religiosi, dotati di caratteristiche proprie, a staccarsi dall'organismo statale di cui fanno parte a ottenere l'autonomia. ~ L'organizzazione e le azioni che concretizzano tale tendenza. **2.** *estens.* Tendenza a provocare divisioni all'interno di un gruppo, di un'organizzazione.

separatista s.m. e f.[pl.m. –*sti*] Esponente o fautore del separatismo. ◻ In funzione di agg., relativo al separatismo o ai separatisti.

separàto agg. **1.** Staccato, distinto, indipendente. ◇ DIR. *In separata sede:* presso un altro magistrato o attraverso una soluzione non giudiziaria; *fig.* in privato. **2.** DIR. Di coniuge che vive in regime di separazione legale o di fatto. ◆ s.m. [f. –*ta*] Nell'accez. 2 del agg.

separatóre agg. [f. –*trice*] Che separa. ◆ s.m. **1.** TECN. Dispositivo che ha la funzione di separare elementi diversi. ~ ELETTROTEC. Isolante messo tra le piastre di un accumulatore. **2.** INFORM. Carattere interposto tra le istruzioni di un programma per consentire all'elaboratore di distinguere gli elementi adiacenti.

separazióne s.f. **1.** Azione del dividere, separando cose precedentemente congiunte o distinguendone le componenti. *Separazione della panna dal latte.* ~ Isolamento da altri. **2.** DIR. Condizione di chi rompe un legame. ◇ *Separazione legale:* separazione, convalidata dall'autorità giudiziaria, di due coniugi che non intendono più vivere insieme. ~ *Separazione di fatto:* stato di due coniugi che vivono lontani l'uno dall'altro senza essere autorizzati da un giudizio legale di separazione. ~ *Separazione dei beni:* regime patrimoniale che permette a ogni coniuge di conservare la libera disposizione di tutti i suoi beni presenti o futuri. **3.** TECNOL. Procedimento con cui si separano i materiali in lavorazione.

séparé [/sepa're/] s.m. inv. (voce fr.) Salottino riservato o ambiente isolato in ristoranti e locali pubblici.

sepiolite s.f. MIN. Silicato idrato di magnesio di colore bianco, facilmente lavorabile e utilizzato per la fabbricazione di pipe, detto anche *schiuma di mare.*

sepolcràle agg. **1.** Di sepolcro. ◇ *Poesia sepolcrale:* genere letterario affermatosi in Europa tra il Settecento e l'Ottocento, che prediligeva i paesaggi cimiteriali e i temi funebri. **2.** *fig.* Lugubre, cupo.

sepólcro s.m. **1.** Tomba, in partic. luogo che custodisce le spoglie di un personaggio illustre. ~ Monumento funebre di un personaggio illustre. ◇ *Santo Sepolcro:* il sepolcro di Gesù (v. parte n.pr.). – *fig. Sepolcro imbiancato:* ipocrita, secondo l'espressione riservata da Gesù a scribi e farisei. **2.** Denominazione popolare del repositorio, in cui viene custodita l'Eucarestia consacrata nella messa del Giovedì santo.

sepólto agg. **1.** Posto nella tomba. **2.** *fig.* Immerso, sprofondato. ~ Nascosto, dimenticato. ~ Ben custodito, celato. ◆ s.m. [f. –*ta*] Defunto che è stato seppellito.

sepoltùra s.f. Inumazione di una salma. ~ La cerimonia funebre relativa.

seppellire v.tr. [83] **1.** Deporre nella tomba. ~ *fig. scherz.* Sopravvivere agli altri, vederli morire. **2.** Coprire completamente qlco. di terra o altro. *La valanga ha sepolto il rifugio.* ~ Nascondere qlco. sotto terra. *Seppellire un tesoro.* ~ *fig.* Oberare, sommergere. *Una montagna di pratiche seppellisce gli impiegati.* ~ *fig.* Dimenticare. *Seppellire il passato.* ◆ **seppellirsi** v.pron. Rinchiudersi da qualche parte. *Seppellirsi in casa.* ~ Dedicarsi completamente a una certa occupazione. *Seppellirsi tra i libri.*

séppia s.f. Mollusco marino simile al calamaro, con la bocca munita di tentacoli, provvisto di una struttura calcarea interna (*osso di seppia*); si difende e si occulta secernendo da una ghiandola un liquido nerastro (*nero o inchiostro di seppia*). (Lunghezza 30 cm ca.; classe dei Cefalopodi.) ◆ s.m. inv. Tonalità di colore bruno scuro tendente al nero, come il liquido secreto dalle seppie.

seppiàto agg. Di colore bruno tendente al nero come il liquido secreto dalla seppia. *Fotografia seppiata.*

seppuku s.m. inv. → harakiri.

sèpsi s.f. inv. (gr. *sêpsis*, deriv. di *sêpein* "marcire") MED. Processo infettivo del circolo ematico, infezione diffusa. SIN.: **setticemia**.

sequel [/'siːkwəl/] s.m. inv. (voce ingl., propr. "continuazione") Sequenza ordinata e numerata delle puntate di film o di storie romanzate.

sequèla s.f. Susseguirsi ininterrotto di eventi o di cose.

sequènza s.f. **1.** Successione ordinata di elementi omogenei. ~ INFORM. Successione delle fasi operative di un programma. **2.** CINE. Serie di inquadrature o di scene unite narrativamente a comporre un episodio. **3.** *estens.* Serie omogenea di elementi narrativi in un'opera letteraria o teatrale. **4.** CATT. Testo liturgico in versi ritmati che un tempo veniva cantato nella messa in occasione di ricorrenze particolari. **5.** *estens.* Componimento poetico in volgare di argomento religioso, rielaborato su modelli latini precedenti.

sequenziàle agg. **1.** Che riguarda una sequenza. **2.** INFORM. *Accesso sequenziale:* quello per cui i dati possono essere letti o scritti solo in sequenza, dall'inizio del file. **3.** Relativo al libro liturgico delle sequenze. ◆ s.m. Nell'accez. 3 dell'agg.

sequestràbile agg. DIR. Passibile di sequestro giudiziario.

sequestrànte agg. **1.** DIR. Che sequestra. ◇ *Parte sequestrante:* persona a favore della quale, durante un processo, viene disposto il sequestro dei beni. **2.** CHIM. Di composto capace di circondare stabilmente vari ioni metallici alterandone il comportamento chimico. ◆ s.m. e f. DIR. Chi promuove o esegue un sequestro.

sequestràre v.tr. **1.** Operare un sequestro. *Sequestrare beni mobili.* **2.** DIR. *estens.* Togliere qlco. dalla circolazione, avendo l'autorità per farlo. *Sequestrare un film osceno.* **3.** Commettere un rapimento a fini di estorsione. *Dei banditi hanno sequestrato un ricco industriale.* **4.** Sottrarre d'autorità qlco. a qlcu. *Il maestro ha sequestrato il pallone ai bambini.* **5.** Tenere qlcu. rinchiuso. *La nevicata ci ha sequestrati nel rifugio per tre giorni.*

sequestràto agg. Sottoposto a sequestro. *Bambino sequestrato.* ◆ s.m. [f. –*ta*] **1.** DIR. Intestatario di beni posti sotto sequestro. **2.** Vittima di un sequestro di persona.

sequestratóre s.m. [f. –*trice*] **1.** DIR. Chi esegue un sequestro per ordine del magistrato. **2.** Chi commette un rapimento.

sequèstro s.m. (lat. *sequéstrum*, propr. "deposito presso terzi dell'oggetto motivo di contesa") **1.** DIR. Provvedimento dell'autorità giudiziaria che priva legalmente della disponibilità di un bene come garanzia fino all'avvenuto pagamento di un debito o adempimento di un obbligo. ◇ *Sequestro convenzionale:* contratto col quale un bene disputato fra più soggetti viene affidato a un terzo, che si impegna a custodirlo e a restituirlo a chi vincerà la lite. – *Sequestro di persona:* rapimento di una persona, in partic. per ottenere un riscatto. **2.** MED. Frammento osseo inglobato in una cavità necrotica.

sequòia s.f. (ingl. *sequoia*, dal nome del capo amerindio *Sequoyah*) **1.** Conifera gigante tipica della California, che può vivere quasi 2000 anni; ne esistono due specie, la *Sequoia Sempervirens* e la *Sequoia Wellingtonia*. (Altezza fino a 110m; famiglia delle Tassodiacee.) **2.** BOT. (iniziale maiusc.) Nome di due generi di piante a cui appartengono le due specie di sequoia.

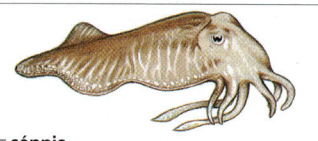
■ **séppia**

séra s.f. **1.** Parte del giorno compresa tra il tramonto del sole e la piena oscurità. **2.** *estens.* Spazio di tempo compreso fra la cena (o il tardo pomeriggio) e la mezzanotte.

seràcco s.m. [pl. –*chi*] (fr. *sérac*, savoiardo *serac* propr. "formaggio di colore bianco") Blocco di ghiaccio di varie dimensioni, compreso fra profondi crepacci formatisi per il movimento dei ghiacciai.

seràfico agg. [pl.m. –*ci*, f. –*che*] **1.** Relativo ai serafini, agli angeli. **2.** *fig.* Calmo, tranquillo, indifferente a rischi e problemi. ~ Che denota purezza e innocenza.

serafino s.m. (freq. con iniziale maiusc.) Nella tradizione ebrea e cristiana, angelo che appartiene al più elevato dei nove cori.

seràle agg. Della sera, che ha luogo di sera. *Spettacolo serale.*

serapèo s.m. Tempio dedicato al dio Serapide, presso gli antichi greci ed egizi.

seràta s.f. **1.** Il tempo della sera considerato in relazione alle caratteristiche meteorologiche o alla durata. *Serata fredda.* **2.** Festa, spettacolo, passatempo serale. ◇ *Prima serata, seconda serata:* suddivisione della programmazione televisiva della sera in fasce orarie. – *Serata di beneficenza:* spettacolo il cui incasso è devoluto in beneficenza.

serbàre v.tr. **1.** Custodire qlco. *Serbare dei soldi.* **2.** *fig.* Conservare qlco. dentro di sé. *Serbare rancore.*

serbatóio s.m. [pl. –*toi*] (lat. *servatórium* "magazzino") **1.** Recipiente che contiene prodotti liquidi o gassosi. **2.** *fig.* Fonte inesauribile di informazioni. **3.** MIL. Cavità nella cassa o nel calcio del fucile in cui sono sistemate le cartucce.

1. sèrbo Solo nella loc. *mettere, tenere, avere in serbo,* mettere, tenere da parte qlco., custodire.

2. sèrbo agg. (serbocroato *srbin*) Della Serbia. ◆ s.m. [f. –*ba*] Che fa parte del popolo serbo. **2.** (solo sing.) Lingua slava. (Lingua ufficiale in Serbia e Montenegro e parlata in Bosnia-Erzegovina con il bosniaco e il croato, da cui si distingue soprattutto per l'uso dell'alfabeto cirillico anziché di quello latino.)

serbocroàto agg. Della Serbia e della Croazia. ◆ s.m. (solo sing.) Lingua slava meridionale parlata ant. dalla maggioranza delle popolazioni dei Balcani. [Ha dato origine, negli Stati costituiti alla nascita della Federazione Jugoslava (1992), a tre lingue ufficiali distinte: il bosniaco, il croato e il serbo.]

serdab s.m. inv. (voce ar., "sala sotterranea") ARCHEOL. Nelle mastabe e nei templi funerari egizi, stanza murata all'interno della quale era collocata la statua del defunto.

serenàta s.f. **1.** Concerto vocale e strumentale fatto la notte sotto le finestre di qlcu., per rendergli omaggio. **2.** *estens.* Schiamazzi esegui-

ramo fruttifero / pigna
■ **sequòia**

ti sotto la finestra di qlcu. per beffeggiarlo. **3.** MUS. Composizione strumentale in più movimenti destinata a essere suonata o cantata all'aperto.

serenìssimo agg. **1.** Nel sign. del superl. di *sereno*. **2.** (anche con iniziale maiusc.) Titolo onorifico dato a principi, sovrani e dogi di Venezia e Genova. ◇ *La Serenissima*: la Repubblica di Venezia nei secc. XV e XVI.

serenità s.f. inv. **1.** Riferito al cielo e al tempo, assenza di nubi. **2.** *fig.* Stato di calma interiore, di pace.

seréno agg. (lat. *serēnum*, propr. "secco") **1.** Di cielo, luminoso, senza nubi. **2.** *fig.* Che manifesta calma, pace di spirito. **3.** GEOL. *Pietra serena*: arenaria di colore grigio-azzurro usata nelle costruzioni. ◆ s.m. **1.** Cielo sereno. **2.** *fig.* Tranquillità, pace, calma.

sergènte s.m. (fr. *sergent*, lat. *serviĕntem* deriv. di *servire* "servire") **1.** Grado iniziale della carriera militare dei sottufficiali, con funzioni operative di comando di una squadra. ◇ *Sergente maggiore*: sottufficiale di grado immediatamente superiore al sergente. **2.** *fig.* Di persona dura e dispotica, dai modi bruschi e autoritari. **3.** STAM. (al pl.) Virgolette basse doppie, che assomigliano al distintivo di grado dei sergenti. SIN.: **caporali**. **4.** TECN. In falegnameria, morsetto che tiene uniti pezzi di legno appena incollati, detto anche *serventc*.

serial [/'siəriəl/] agg. inv. (voce ingl., deriv. di *serial story* "romanzo a puntate") Nella loc. *serial killer*, assassino che commette una sequenza di delitti con caratteristiche simili. ◆ s.m. inv. **1.** Film, trasmissione televisiva o radiofonica a episodi. **2.** Pubblicazione su un periodico di un'opera narrativa a puntate o di una serie di episodi che hanno sempre lo stesso protagonista.

serìale agg. (ingl. *serial*) **1.** Relativo a una serie. **2.** *Musica seriale*: basata su una sequenza preordinata di note e intervalli, come nella musica dodecafonica. **3.** BIOL. Di organo disposto in ordine longitudinale. SIN.: **seriato**. **4.** Prodotto in numero limitato. *Arte seriale*. **5.** INFORM. Riferito a dispositivo che opera in modo sequenziale o a operazione che si svolge in modo sequenziale. *Porta seriale*.

serialìsmo s.m. Carattere della musica seriale.

serialità s.f. inv. **1.** Carattere di ciò che è ordinato in serie. **2.** MUS. Carattere della musica seriale o dodecafonica. **3.** Appartenenza a una stessa serie.

serìàre v.tr. [6] Disporre qlco. in serie.

seriazióne s.f. **1.** Operazione di disporre in serie. ~ La serie stessa, la successione che ne risulta. **2.** STAT. Successione di dati numerici, ciascuno dei quali indica la quantità di soggetti che in un fenomeno collettivo presentano una determinata caratteristica (o modalità quantitativa). **3.** Ripartizione di una partita di merce o del carico di una nave a fini assicurativi. **4.** ARCHEOL. Catalogazione di reperti, ordinati secondo le caratteristiche e la cronologia. **5.** BIOL. Disposizione di più elementi in una serie.

serìceo agg. (ingl. *sericeous*) BOT. Di organo vegetale ricoperto di peli lucidi che ricordano la consistenza della seta.

sericìgeno agg. Che produce seta.

sericìna s.f. Rivestimento gommoso e proteico del filo della seta naturale.

sericìte s.f. MIN. Tipo di mica che si presenta in sottili lamelle bianche e molto lucenti.

1. sèrico agg. [pl.m. *–ci*, f. *–che*] (lat. *sēricum*, gr. *sērikós* deriv. di *Sēres* nome di una popolazione asiatica nota per la produzione della seta) **1.** Fatto con la seta. ~ Che è morbido, fine e brillante come seta. **2.** *estens.* Di vino dal gusto morbido e delicato, tale da suggerire le sensazioni tattili che produce la seta.

2. sèrico agg. [pl.m. *–ci*, f. *–che*] (lat. *sērum* "siero") BIOL. Relativo al siero sanguigno.

serìcolo agg. Relativo alla sericoltura.

sericoltóre o **sericultóre** s.m. [f. *–trice*] Allevatore di bachi da seta.

sericoltùra o **sericultùra** s.f. Allevamento del baco da seta e lavorazione della seta naturale.

sèrie s.f. inv. **1.** Seguito, successione, insieme di cose della stessa natura o che presentano caratteri comuni. ◇ *In serie*: con riferimento a un modo di produzione aziendale ordinato e continuativo, che consente di riprodurre un gran numero di esemplari dello stesso modello. – *Di serie*: prodotto su scala industriale. *Un'automobile di serie*. **2.** SPORT. Ciascuna delle categorie in cui vengono suddivisi atleti o squadre a seconda dei livelli e dei meriti. *Serie A, serie B*. **3.** STAM. Complesso dei caratteri che presentano una stessa caratteristica di pendenza (tondi, corsivi), di tono (chiari, neretti, neri), di larghezza (stretti, normali, larghi), di forma alfabetica (maiuscoli, maiuscoletti, minuscoli). **4.** Nell'editoria, pubblicazione di fascicoli numerati in modo progressivo. ~ Programma televisivo o radiofonico trasmesso a puntate. **5.** FILAT., NUMISM. Repertorio di pezzi della stessa emissione, riguardanti un unico tema. **6.** Sigla numerica o alfabetica che contraddistingue, a scopo di controllo, un gruppo di biglietti di banca, della lotteria, di assegni, ecc., ciascuno dei quali è a sua volta numerato progressivamente. **7.** MAT. Somma di infiniti termini nella cui definizione interviene il concetto di limite. **8.** CHIM. ORG. Gruppo di composti affini per comportamento o per origine. *Serie aromatica*. **9.** FIS. *Serie radioattive*: successione di elementi radioattivi generati uno dall'altro per decadimento alfa o beta. **10.** ELETTR. *Collegamento in serie*: si dice dell'accoppiamento di dispositivi percorsi in successione dalla stessa corrente (in oppos. a *collegamento in parallelo*). **11.** STAT. Successione di dati relativi alla frequenza con cui un fenomeno qualitativo o all'intensità di un fenomeno quantitativo. **12.** GEOL. *Serie stratigrafica*: sovrapposizione di molti piani paralleli in una stessa località. **13.** MUS. Successione, in un ordine fissato dal compositore, dei dodici suoni della scala cromatica.

serietà s.f. inv. **1.** Atteggiamento o aspetto improntato a gravità e severità. SIN.: **compostezza**. **2.** Comportamento improntato a rettitudine e moralità, senso del dovere, assenza di frivolezza o superficialità. SIN.: **onestà**. ~ Sincera volontà di onorare con lealtà e correttezza i propri impegni. *Serietà di intenti*. ~ Riferito a una ditta o a un ente, affidabilità. **3.** Condizione di gravità o pericolosità. *La serietà della situazione*.

serigrafìa s.f. **1.** STAM. Metodo di stampa attraverso una matrice di tessuto. **2.** Esemplare a stampa ottenuto con questo tipo di procedimento.

serìna s.f. BIOL., CHIM. Amminoacido presente in alcune proteine e usato nella preparazione di prodotti cosmetici.

sèrio agg. [pl.m. *–ri*] **1.** Che, nell'aspetto e nell'atteggiamento, si presenta severo, composto, assorto. ~ Poco incline allo scherzo. *Aria seria*. **2.** Che rivela la gravità e l'impegno richiesti dalla situazione. ~ Di persona che manifesta rispetto per gli impegni assunti. SIN.: **affidabile**. ~ Che rispetta la morale. ~ Che ha una condotta prudente, ragionevole. *Ragazza seria*. **3.** Che comporta gravi conseguenze, importante e preoccupante. ◆ s.m. (solo sing.) Ciò che si caratterizza per la sua gravità e importanza. *Distinguere il serio dal faceto*. ◇ *Prendere sul serio*: considerare qlco. come importante, degno di considerazione.

serliàna s.f. (dal nome dell'architetto S. Serlio) ARCH. Finestra o porta trifora con parte centrale culminante in un arco e parti laterali munite di trabeazione.

1. sermóne s.m. **1.** Predica, orazione, spec. solenne o importante. **2.** *scherz.* Discorso moralista e noioso. **3.** Poesia didascalica e moraleggiante, di metro vario e tono dimesso.

2. sermóne s.m. → **salmone**.

serotonìna s.f. BIOL., CHIM. Sostanza presente in vari organi, in particolare nel cervello, dove svolge un ruolo di neurotrasmettitore.

sèrpa s.f. (lat. *sīrpeam*, propr. "cesto di giunchi intrecciati") **1.** Sedile riservato al cocchiere nelle carrozze e nelle diligenze. **2.** MAR. Posto sopraelevato sull'estrema prora delle imbarcazioni a vela, adibito a latrina.

sèrpe s.f. **1.** Denominazione generica di serpenti di piccole dimensioni. (Famiglia dei Colubridi.) ◇ *fig. Nutrire, allevarsi una serpe in*

seno: fare del bene a qlcu. che si dimostrerà ingrato. **2.** *fig.* Persona falsa e infida.

serpeggiaménto s.m. Andamento simile allo strisciare dei serpenti.

serpeggiànte agg. **1.** Che serpeggia, pieno di curve. *Fiume serpeggiante*. **2.** BOT. Di pianta il cui fusto si allunga sul terreno emettendo radici.

serpeggiàre v.intr. [5] (aus. *avere*) **1.** Muoversi con andamento sinuoso, simile allo strisciare dei serpenti. ~ Detto di imbarcazioni, seguire una rotta non rettilinea. **2.** *fig.* Diffondersi qua e là, prima in modo quasi impercettibile, poi dichiarandosi apertamente.

serpentària s.f. Pianta erbacea insettivora caratterizzata dalla forma a spirale dei fiori e da infiorescenze emananti odore cadaverico. (Famiglia delle Aracee.)

1. serpentàrio s.m. [pl. *–ri*] Grande uccello rapace delle savane africane, con zampe molto lunghe, che si nutre soprattutto di serpenti e di piccoli vertebrati, detto anche *segretario* o *sagittario*. (Lunghezza 1,50 m; Genere *Sagittarius*, ordine dei Falconiformi.)

2. serpentàrio s.m. [pl. *–ri*] Locale di istituti di scienze destinato all'allevamento e allo studio dei serpenti.

■ **serpentàrio**

serpènte s.m. (lat. *serpĕntem*, deriv. di *sĕrpere* "strisciare") **1.** Denominazione comune di vari rettili di cui esistono quasi 2700 specie, fra le quali la serpe, la vipera, il cobra, il pitone, l'anaconda. (I serpenti formano il sottordine degli Ofidi.) ◇ *Serpente di mare*: denominazione generica di alcune specie di Idrofidi, talunc vclenose, che vivono nelle acque dolci e marine; *fig.* nel I. gior., notizia falsa o gonfiata. – *Serpente dagli occhiali*: cobra. – *Serpente a sonagli*: crotalo. – *Serpente corallo*: serpente molto velenoso delle regioni calde, il cui corpo è cerchiato di rosso e di nero. (Genere *Micrurus*; famiglia degli Elapidi.) **2.** Pelle di serpente, conciata per ricavarne oggetti di pelletteria. **3.** *fig.* Persona perfida e malvagia. **4.** ECON. *Serpente monetario*: nome dell'accordo, operante fra il 1972 e il 1979, siglato dai paesi della Comunità economica europea al fine di contenere l'oscillazione delle rispettive monete. **5.** Serpentone.

serpentifórme agg. Di forma sinuosa, come quella di un serpente.

1. serpentina s.f. **1.** Tracciato molto sinuoso. **2.** SPORT. Nello sci, insieme di curve e controcurve piuttosto strette; nel calcio, traiettoria serpeggiante del giocatore che si libera degli avversari. **3.** Tubicino metallico di un apparecchio termico spiraliforme in cui scorre gas refrigerante o acqua calda per riscaldamento. ~ Spirale incandescente in congegni di riscaldamento. **4.** Negli orologi, ruota sul cui asse orizzontale s'inserisce la corona. **5.** Strumento a spirale per la distillazione dei liquori.

2. serpentina s.f. GEOL. Roccia verde scura risultante dalla metamorfosi di rocce ultrabasiche.

1. serpentìno agg. **1.** Proprio di un serpente. ~ Simile al serpente. **2.** MIN. Del serpentino. **3.** *fig.* Che presenta alcune caratteristiche, come perfidia e falsità, tradizionalmente attribuite al serpente.

2. serpentìno s.m. **1.** Tubicino metallico spiraliforme per refrigerazione o spirale filiforme per riscaldamento; è detto anche *serpentina*;

2. MIN. Minerale verde o giallo-verde costituito da silicato di magnesio.

serpentóne s.m. **1.** MUS. Strumento a fiato di legno scavato o di ottone, a forma di S, con funzione di basso nella famiglia dei cornetti, in uso fino all'Ottocento. **2.** Lungo corteo di dimostranti o di persone o veicoli in coda serpeggiante. **3.** Cordolo in muratura che nelle arterie stradali urbane separa la corsia preferenziale da quelle del traffico normale. **4.** Grosso edificio a forma di S. **5.** Titoli o scritte che scorrono orizzontalmente sul teleschermo.

Sèrpula s.f. ZOOL. Genere di anellidi marini che vivono in tubi di calcare fissati sulle rocce costiere. (Lunghezza 5 cm ca.; classe dei Policheti.)

1. sèrra s.f. **1.** Ambiente protetto da una copertura trasparente in vetro o in plastica e spesso riscaldato, adibito alla coltivazione, in condizioni climatiche particolari, di ortaggi o fiori. ◇ *Effetto serra:* fenomeno di riscaldamento degli strati bassi dell'atmosfera terrestre dovuto a un'anomala concentrazione di anidride carbonica nell'atmosfera. **2.** Sbarramento artificiale atto a regolare un corso d'acqua.

2. sèrra s.f. (spagn. *sierra*) Catena montuosa ad andamento lineare, non interrotta da avvallamenti.

serrafila s.m. e f.inv. **1.** Chi chiude una fila di persone in posizione opposta al capofila. **2.** MAR. (solo f.) La nave che chiude un convoglio in navigazione.

serràggio s.m. [pl. *–gi*] (fr. *serrage*) TECN. L'operazione di stringere viti o bulloni, o di mettere a punto mediante giri di vite.

1. serràglio s.m. [pl. *–gli*] **1.** Sezione degli animali selvaggi o esotici in uno zoo. ~ Luogo dove vengono custoditi questi animali. **2.** *fig.* Raggruppamento rumoroso e indisciplinato di persone.

2. serràglio s.m. [pl. *–gli*] (turco *saray* "corte" di orig. iranica) **1.** Nei paesi islamici, complesso residenziale adibito a sede di governo o a residenza di un principe. **2.** Impropriamente, harem.

serramànico (voce di orig. lomb.) Solo nella loc. *coltello a serramanico*, coltello con lama a scatto ripiegabile all'interno del manico.

serraménto s.m. [spec. pl.m. *serramenti*, con valore collettivo anche pl.f. *serramenta*] Ogni struttura fissa o mobile per chiudere le aperture di porte e finestre.

serrànda s.f. (voce sett.) **1.** Chiusura a saracinesca di porte e finestre spec. a livello della strada. **2.** Chiusura della bocca di un forno. **3.** Valvola di regolazione del tiraggio in alcuni condotti fumari.

Serrànidi s.m. pl. [iniziale minusc. sing. *-de* per l'individuo] ZOOL. Famiglia di pesci dal corpo allungato e pinne dorsali in parte spinose, come la cernia e la spigola. (Ordine dei Perciformi.)

serràre v.tr. **1.** Chiudere qlco. stringendo. ◇ *Serrare la fila, le fila:* avvicinare gli uni agli altri gli elementi di una totalità, i membri di un gruppo; *fig.* rafforzare i legami di solidarietà e complicità. – MAR. *Serrare le vele:* legarle strette ai pennoni. **2.** Chiudere, sbarrare qlco. con una serratura, un lucchetto e simili. ~ *fig.* Chiudere un certo spazio. *Una catena di monti serra la valle.* **3.** Far diventare qlco. più rapido, più intenso. *Serrare l'andatura.*

serràta s.f. Chiusura temporanea di un'impresa su iniziativa del datore di lavoro. (La serrata costituisce general. la risposta a uno sciopero o a pressioni sindacali.) ~ *estens.* Sospensione dell'attività da parte di negozianti e artigiani, come forma di protesta, di sciopero.

serràto agg. **1.** Chiuso, stretto. **2.** Compatto, fitto, folto. **3.** *fig.* Concitato, veloce, incalzante. **4.** *fig.* Conciso, rapido, essenziale. ~ Che segue una logica stringente. *Argomentazione serrata.* **5.** Di cavallo che ha la zampa anteriore spostata verso l'interno. **6.** BOT. Di grappolo d'uva con acini molto fitti e numerosi.

serràtula o **serràtola** s.f. (lat. *Serratula*, deriv. di *sèrra* "sega" per il margine seghettato delle foglie) **1.** Pianta erbacea con foglie seghettate al margine e fiori a corimbo di colore rosso porpora, diffusa nei luoghi umidi e un tempo

usata per tingere di giallo i tessuti. (Famiglia delle Composite.) **2.** BOT. (iniziale maiusc.) Genere di piante a cui appartiene la serratula.

serratùra s.f. Congegno che serve a chiudere mediante un chiavistello porte, cassetti, casseforti, cancelli, in modo che l'apertura sia consentita solo mediante una chiave o altro dispositivo meccanico o elettrico.

serrétta s.f. MAR. Ognuna delle assi che formano il fasciame interno delle navi in legno.

sertão s.m. inv. (voce port.) Zona poco popolata e semiarida del Brasile, dove domina l'allevamento estensivo.

sèrva s.f. **1.** Donna incaricata dei lavori domestici presso case private. **2.** *spreg.* Persona meschina e limitata, intrigante e pettegola. **3.** RELIG. Denominazione delle religiose appartenenti ad alcuni ordini monastici.

servàlo s.m. Grande gatto selvatico, carnivoro, delle savane dell'Africa, ricercato per la pregiata pelliccia maculata. (Lunghezza 90 cm senza la coda; nome sc. *Felis serval*, famiglia dei Felidi.)

■ **servàlo**

servènte s.m. **1.** MIL. Soldato addetto al funzionamento di una bocca da fuoco. **2.** Arnese da falegname per tenere unite due parti appena incollate.

server [/'səːvə/] s.m. inv. (voce ingl., deriv. di *to serve* "servire") INFORM. In una rete, elaboratore che ha il compito di offrire determinati servizi agli altri calcolatori (*client*). ◇ *Server dati:* calcolatore che mette a disposizione degli utenti autorizzati dati e spazio di memorizzazione su dischi. – *Server applicativo:* che è in grado di svolgere compiti su richiesta dell'utente, p.e. ricerche o calcoli, e restituirne i risultati. – *Server Web:* su Internet, un calcolatore che contiene e

rende disponibili dati e informazioni organizzate a ipertesto.

servétta s.f. **1.** Nel sign. del dim. di *serva*. ~ *spreg.* Donna pettegola e meschina. **2.** TEAT. Ruolo della domestica.

service [/'səːvɪs/] s.m. inv. (voce ingl., propr. "servizio") **1.** SPORT. Nel tennis e nel ping-pong, battuta di servizio. **2.** Struttura esterna che fornisce a un'azienda servizi vari.

servile agg. **1.** Proprio di un servo, relativo allo stato di servo. **2.** *spreg.* Proprio di chi si sottomette al volere degli altri senza dignità e onore, per evitare ogni responsabilità o per vantaggio personale. ~ Privo di originalità o di iniziativa personale. **3.** GRAMM. *Verbi servili:* che reggono direttamente un altro verbo all'infinito e qualificano una particolare modalità dell'azione. (I principali verbi servili sono dovere, potere, solere, volere e, in certi casi, sapere e come.)

servilìsmo s.m. Tendenza a sottomettersi in modo meschino a persone più potenti soffocando la propria personalità. SIN. **piaggeria**.

servilità s.f. inv. Atteggiamento, comportamento o azione servile.

servìre v.tr. **1.** Essere asservito a qlcu., riconoscerne l'autorità e obbedire ai suoi ordini. **2.** *estens.* Assolvere ad alcuni doveri o funzioni verso qlcu. o qualche istituzione. *Servire lo stato.* ◇ *Servire messa:* assistere il sacerdote durante la sua celebrazione. **3.** Soddisfare le richieste dei clienti in un pubblico esercizio o negozio. *La servo subito signore! ~* Avere come cliente. *Il nostro negozio serve una clientela raffinata.* **4.** Assicurare un servizio pubblico o particolari prestazioni. *La metropolitana serve la zona sud della città.* **5.** Presentare in tavola e distribuire cibi e bevande ai commensali. **6.** SPORT. Passare la palla a un proprio compagno di squadra. *Servire la palla all'attaccante.* ◆ v.intr. (aus. *avere*) **1.** Fare la prestazione di servizio. *Ho iniziato a servire a 18 anni.* ◇ *Servire in un'arma:* prestare il servizio militare. **2.** SPORT. Nel tennis, nel ping-pong e nella pallavolo, effettuare la battuta di servizio per dare inizio al gioco. **3.** (aus. essere) Essere necessario, occorrere a qlcu. *A che serve restare qui? ~* **4.** (aus. essere) Svolgere una determinata funzione, avere una certa utilità per qlcu. o per qlco. *La tua telefonata non è servita a nulla.* **5.** Fare le veci di qlcu. o la funzione di qlco.

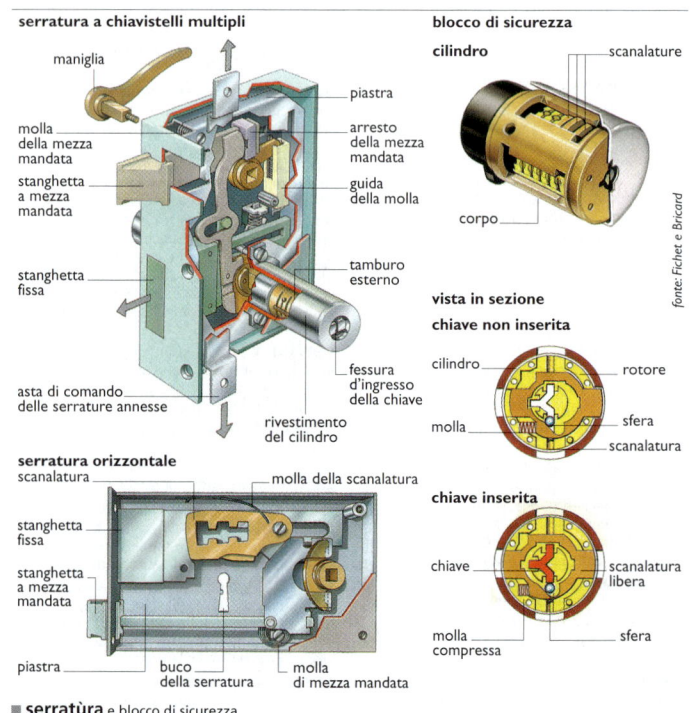

serratura a chiavistelli multipli

maniglia
piastra
molla della mezza mandata
arresto della mezza mandata
stanghetta a mezza mandata
guida della molla
stanghetta fissa
tamburo esterno
asta di comando delle serrature annesse
fessura d'ingresso della chiave
rivestimento del cilindro

serratura orizzontale
scanalatura
molla della scanalatura
stanghetta fissa
stanghetta a mezza mandata
piastra
buco della serratura
molla di mezza mandata

blocco di sicurezza

cilindro
scanalature
corpo

fonte: Fichet e Bricard

vista in sezione
chiave non inserita
cilindro
rotore
molla
sfera
scanalatura

chiave inserita
chiave
scanalatura libera
molla compressa
sfera

■ **serratùra** e blocco di sicurezza.

La ragazza ci servirà come segretaria. ◆ **servirsi** v.pron. **1.** Prendere quanto viene proposto gratis o a pagamento. *Serviti, ce n'è per tutti!* **2.** Essere cliente abituale in un certo negozio. *Mi servo in questa panetteria.* **3.** Utilizzare, fare uso di qlcu. o qlco. *Si servì delle posate per mangiare.*

servìta s.m. [pl. *–ti*] Religioso appartenente all'ordine mendicante dei Servi di Maria, fondato nel 1233 a Firenze.

servitorame s.m. *spreg.* Gruppo di servili adulatori.

servitóre s.m. [f. *–tora*] **1.** Addetto ai servizi domestici in una casa privata, termine sostituito oggi da *domestico* o *cameriere*; è usato anche in senso spreg. **2.** *fig.* Chi si consacra a una causa o a un ideale, o si adopera con generosità a favore di un'istituzione o di un'autorità. **3.** Denominazione generica di vari mobili o strutture, che possono essere spostati e manovrati con facilità, come attaccapanni, tavolinetti, ecc.

servitù s.f. inv. **1.** Condizione di dipendenza personale o collettiva, propria di chi è soggetto al dominio altrui o di chi è schiavo. ~ Oppressione politica di un popolo. ~ Prigionia, cattività, riferito ad animali. **2.** Insieme del personale di servizio. **3.** *fig.* Condizione di vincolo, dipendenza. **4.** DIR. Limitazione del diritto di proprietà di un bene per l'utilità di un altro bene.

serviziévole agg. Pronto a rendersi utile e ad aiutare gli altri.

1. servìzio s.m. [pl. *–zi*] **1.** Prestazione di lavoro domestico in case private. ~ Opera prestata saltuariamente per un privato dietro compenso. ◇ *Porta, scala di servizio:* nei locali pubblici, ingresso secondario per gli addetti ai lavori. **2.** Rapporto di lavoro alla dipendenza di qlcu. o di un ente, pubblico o privato. ~ Il lavoro stesso e il turno di lavoro, lo svolgimento di un'attività, di un compito. ~ Prestazione del cameriere in un bar, in un ristorante, ecc. ◇ *Fuori servizio:* riferito a persona, libero da obblighi d'ufficio o in pensione; riferito a cosa, fuori uso. **3.** MIL. Adempimento degli obblighi di leva. ◇ *Servizio civile:* insieme delle attività socialmente utili svolte dagli obiettori di coscienza in alternativa all'obbligo di leva. **4.** MIL. Nell'esercito, ciascuno dei corpi adibiti a funzioni logistiche, ausiliarie o particolari. ~ Ogni singola prestazione in questo settore. ◇ *Servizio di sicurezza, servizi segreti:* organi difensivi dello Stato, il cui compito è quello di intercettare reti di spionaggio, acquisire informazioni riservate, proteggere le istituzioni e le persone che le rappresentano. **5.** Dedizione a nobili scopi e valori, attività disinteressata a favore di un ente o di una categoria di persone. **6.** Favore o cortesia. ~ *iron.* Danno, tiro mancino, scherzo. ~ Riferito a cosa, prestazione conveniente e vantaggiosa. **7.** Opera di interesse pubblico prestata dallo Stato o dagli enti locali, direttamente o attraverso concessioni e appalti, a favore della collettività. ~ Il complesso delle strutture, dei mezzi, delle persone con cui tale opera viene prestata. ◇ DIR. *Interruzione di pubblico servizio:* reato commesso contro la pubblica amministrazione impedendo il normale svolgimento di un servizio. – *Servizio sanitario:* complesso delle strutture e delle attività pubbliche a tutela della salute del cittadino. **8.** (al pl.) L'insieme delle attività economiche che contribuiscono al soddisfacimento di bisogni individuali e collettivi tramite prestazioni d'opera (p.e., i trasporti, la scuola). **9.** AMM. In un'azienda o in un ente, ciascun settore adibito a una particolare funzione organizzativa. **10.** In campo giornalistico, servizio relativo a un dato argomento (di cronaca o altro) su carta stampata o trasmesso per radio o in televisione. **11.** Insieme di oggetti assortiti. ~ Strutture con funzioni omogenee. ◇ *Area di servizio:* lungo strade e autostrade, zona destinata all'assistenza degli automobilisti, con pompe di benzina, strutture igienico-sanitarie, punti di ristoro e di vendita di accessori. **12.** (al pl.) Nelle abitazioni civili, gli impianti igienici e l'ambiente che li ospita, cioè il bagno. ~ Il complesso delle attrezzature destinate alla pulizia personale (lavabo, bidet, ecc.). ~ Anche, i locali del bagno e della cucina considerati assieme. **13.** INFORM. *Programma di servizio:* programma che potenzia il sistema operativo per la gestione della memoria, la programmazione, ecc.

2. servìzio s.m. [pl. *–zi*] (ingl. *service*) SPORT. Nel tennis, nel ping-pong e nella pallavolo, lancio con cui la palla viene messa in gioco.

sèrvo agg. (lat. *sĕrvum* "schiavo") Soggiogato da un vizio, da una passione. ◆ s.m. [f. *serva*] **1.** Chi vive in uno stato di dipendenza o di soggezione nei confronti di altri. **2.** Addetto ai lavori domestici alle dipendenze di privati. **3.** *estens.* Chi si mette a disposizione di una persona, di un'istituzione o di un ideale con dedizione totale. ◇ *Servo di Dio:* persona vissuta e morta in modo santo, per la quale sia stato avviato un processo di beatificazione. **4.** *Servo muto:* mobiletto trasportabile su cui si dispongono gli indumenti quando ci si sveste; anche, carrello portavivande o tavolino di servizio posto vicino a una poltrona.

servocomàndo s.m. TECN. Comando automatico attuato mediante un servosistema.

servofréno s.m. AUTOM. Meccanismo che riduce lo sforzo necessario per effettuare la frenata e ne aumenta l'efficacia.

servomeccanìsmo s.m. TECN. Dispositivo meccanico che ha la funzione di agevolare o sostituire l'intervento dell'uomo.

servomotóre s.m. TECN. Dispositivo che potenzia altri meccanismi e ne riduce lo sforzo di azionamento.

servosistèma s.m. [pl. *–mi*] TECN. In un impianto basato su servomeccanismi, sistema di controllo o di correzione di un meccanismo, di un impianto.

servostèrzo s.m. AUTOM. Meccanismo che rende più agevole la manovra dello sterzo.

sèsamo s.m. Pianta annuale coltivata per i suoi semi dai quali si estrae un olio commestibile. (Genere *Sesamum*; famiglia delle Pedaliacee.) ◇ *Apriti sesamo!:* in una novella delle "Mille e una notte", formula che apriva l'entrata di una caverna, oggi usata per indicare un aiuto insperato, provvidenziale.

sesamòide s.m. ANAT. Piccolo osso situato nei tendini o nelle articolazioni, in partic. della mano e del piede.

Sesbània s.f. BOT. Genere di arbusti tipici delle regioni tropicali, con fiori gialli, rossi o bianchi e frutto commestibile in alcune specie. (Famiglia delle Papilionacee.)

sesquiòssido s.m. CHIM. Ossido in cui gli atomi di ossigeno e del metallo sono presenti nel rapporto di tre a due.

sesquipedàle agg. METR. Di parola lunga un piede e mezzo, cioè ampollosa e altisonante. ~ *fig.* Eccessivamente lungo e verboso. ~ Grossolano, madornale. *Errore sesquipedale.*

sèssa s.f. (etim. incerta, forse voce trentina *sessàr* "indietreggiare") IDROL. Variazione periodica del livello dell'acqua di laghi e mari interni, causata da agenti atmosferici come venti o sbalzi di pressione.

sessagèsima s.f. CATT. Domenica che precede di due settimane la prima domenica di Quaresima. (Questa denominazione era utilizzata nel calendario liturgico prima della riforma del 1969.)

sessagesimàle agg. Detto di divisioni in cui l'unità viene frazionata in sessanta parti. ◇ *Sistema (di numerazione) sessagesimale:* sistema di misurazione del tempo basato sulla suddivisione dell'ora in 60 minuti, e del minuto in 60 secondi.

sessàggio s.m. [pl. *–gi*] In pollicoltura, distinzione dei pulcini in base al sesso.

sessànta agg. num. card. **1.** Numero naturale equivalente a sei decine. **2.** *per anton. Anni Sessanta:* quelli compresi tra il 1960 e il 1969, con particolare riferimento alla moda, alla cultura e al costume. ◆ s.m. inv. **1.** Il numero sessanta. **2.** La forma grafica del numero sessanta. **3.** La quantità equivalente a sessanta unità ogni cento, mille o più.

sessantottino s.m. [f. *–na*] **1.** Giovane, spec. studente, che aderì alla contestazione del 1968. **2.** *estens.* Chi continua a vivere legato agli ideali di tale periodo.

sessantòtto agg. num. card. Numero naturale equivalente a sei decine e otto unità. ◆ s.m. inv. **1.** Il numero sessantotto. **2.** La forma grafica del numero sessantotto. **3.** La quantità equivalente a sessantotto unità. **4.** (spec. iniziale maiusc.) Anno in cui si verificò un movimento di contestazione ideologica e culturale tra i giovani, spec. tra gli studenti, con ripercussioni anche nell'ambiente operaio.

sèssile agg. **1.** BOT. Di foglia o fiore, inserito direttamente su un altro, senza peduncolo. **2.** MED. Di formazione sporgente, che ha una larga base su un organo o tessuto. **3.** ZOOL. Di organismo privo di movimento perché fissato a un sostrato (in oppos. a *vagile*). ~ Di organo privo di peduncolo.

sessióne s.f. **1.** Periodo in cui si svolgono le sedute di un organo collegiale o di una commissione giudicante. ~ Le sedute stesse effettuate nel periodo considerato. **2.** DIR. Seduta di un avvocato con un cliente o con altri per conto dello stesso. **3.** INFORM. Periodo di lavoro durante il quale un utente accede a un computer o a una rete informatica.

sessìsmo s.m. (fr. *sexisme*) Atteggiamento discriminatorio basato sul sesso.

sessìsta agg. [pl.m. *–sti*] (fr. *sexiste*) Che è favorevole alla discriminazione dei sessi.

sèsso s.m. **1.** Insieme dei caratteri anatomici e fisiologici che permettono di distinguere la maggior parte degli esseri viventi in maschio e femmina. ◇ *Cambiare sesso:* detto di uomo, assumere gli attributi anatomici della donna con l'aiuto della chirurgia, e viceversa. – *scherz. Il sesso forte:* gli uomini. – *Il gentil sesso o il sesso debole:* le donne, oggi spec. in usi scherz. o con valore iron. – *Sesso sicuro:* impiego di misure igieniche e profilattiche nell'attività sessuale, per evitare la trasmissione di malattie o gravidanze indesiderate. – *fig. Discutere sul sesso degli angeli:* disquisire di problemi astratti e insolubili. **2.** Gli organi genitali. **3.** *estens.* Tutto ciò che attiene all'attività sessuale.

sessuàle agg. (fr. *sexuel*) Relativo al sesso. *Educazione sessuale.* ◇ *Carattere sessuale:* caratteristica anatomica o fisiologica dell'uno o dell'altro sesso. [Si distinguono caratteri sessuali *primari* (organi genitali) e caratteri sessuali *secondari* (pelosità, adiposità, voce).] – *Atto sessuale:* coito.

sessualità s.f. inv. (fr. *sexualité*) Insieme dei caratteri o dei comportamenti sessuali o legati al sesso, osservabili negli esseri viventi. ~ Istinto, attività, vita sessuale.

sessualizzazióne s.f. **1.** BIOL. Acquisizione di caratteri e funzioni sessuali da parte di certi organi, fenomeno tipico di alcuni Anellidi. **2.** Interessamento suscitato dai mass-media nei lettori o negli spettatori sul tema del sesso.

sessuàto agg. **1.** Che possiede organi per la riproduzione sessuale. ◇ *Riproduzione sessuata:* che avviene per mezzo dei gameti e necessita del concorso di individui di sesso opposto. **2.** LING. Che presenta distinzione tra il genere maschile e quello femminile.

sessuofobia s.f. PSICOL. Paura patologica o avversione di tipo moralistico nei confronti degli atti sessuali o degli aspetti connessi alla sessualità.

sessuologìa s.f. Scienza che studia il comportamento sessuale dal punto di vista medico, psicologico e psicanalitico.

sessuòlogo s.m. [f. *–ga*, pl.m. *–gi*, f. *–ghe*] Medico, psicologo, psichiatra o psicoanalista esperto di sessuologia.

sessuomanìa s.f. PSICOL. Interesse morboso per il sesso.

1. sèsta s.f. **1.** MUS. Intervallo di sei gradi della scala diatonica. **2.** Numero progressivo di una sinfonia. **3.** Ora canonica che cade a mezzogiorno. ~ Ufficio divino, o breviario, recitato in quell'ora.

2. sèsta s.f. Sagoma di vario materiale riproducente un angolo.

sestànte s.m. (lat. *sextăntem*, propr. "sesta parte") **1.** Strumento per misurare l'altezza degli astri sull'orizzonte o la distanza angolare fra due corpi celesti, usato soprattutto in marina per stabilire la posizione di una nave. *(v. immagine pag. succ.)* **2.** Antica moneta romana.

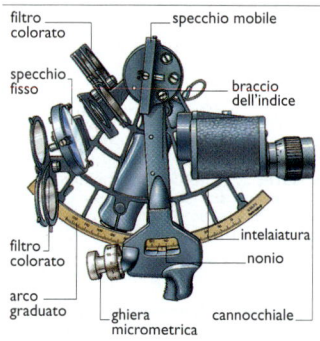

filtro colorato — specchio mobile — specchio fisso — braccio dell'indice — filtro colorato — intelaiatura — nonio — arco graduato — ghiera micrometrica — cannocchiale

■ **sestànte**

sestèrzio s.m. [pl. –*zi*] Antica moneta romana del valore di due assi e mezzo, poi di quattro assi.

sestétto s.m. **1.** Gruppo di sei persone. **2.** MUS. Complesso di sei strumenti o di sei voci. ~ Composizione per sei strumenti o voci.

sestière s.m. (fr. *sestier*, lat. *sextārium* "sesta parte") Ciascuna delle sei zone in cui venivano ant. divise alcune città.

sestina s.f. **1.** METR. Strofa di sei versi, spec. di sei endecasillabi. **2.** Poema di sei strofe da sei versi endecasillabi ciascuna, in cui la parola finale di ogni verso della prima strofa viene ripetuta, con ordine diverso, nelle altre strofe. **3.** MUS. Gruppo di sei note della stessa durata. **4.** Nel gioco della roulette, combinazione di sei numeri su due file.

1. sèsto agg. num. ord. **1.** Che, in una successione ordinata, occupa il posto corrispondente al numero sei. **2.** Quantità che designa il risultato di una divisione per sei. ◆ s.m. [f. –*sta*] Nei sign. dell'agg.

2. sèsto s.m. ARCH. Curvatura di un arco. ◇ *Arco a tutto sesto:* a forma semicircolare.

3. sèsto s.m. (solo sing.) Assetto normale, giusta disposizione. *Rimettere in sesto un'azienda.* ◇ *Rimettersi in sesto:* riacquistare lo stato normale di salute o una buona situazione economica.

sestuplicàre v.tr. [4] Moltiplicare per sei. ◆ **sestuplicarsi** v.pron. Diventare più grande di sei volte.

sèstuplo agg. Maggiore di sei volte. ◆ s.m. Grandezza sei volte maggiore di un'altra.

set [/'sɛt/] s.m. inv. (voce ingl., propr. "serie" e "disposizione") **1.** Insieme coordinato di oggetti. ◇ INFORM. *Set di istruzioni:* insieme delle operazioni elementari eseguibili dall'unità centrale di un computer. **2.** CINE. Luogo in cui avvengono le riprese cinematografiche. **3.** Ciascuna delle parti di cui si compone un incontro di tennis o di pallavolo. **4.** PSICOL. Tendenza a reagire in modo specifico alle stimolazioni esterne.

séta s.f. (lat. *saētam* "setola") **1.** Filamento secreto dal baco da seta per costruire il bozzolo. **2.** *estens.* Tessuto ricavato dal bozzolo del baco da seta. ◇ *Seta vegetale:* fibra ricavata dalla cellulosa, che presenta caratteristiche simili alla seta. – *fig. Di seta:* riferito a ciò che è morbido come la seta. **3.** BOT. Porzione assile che sorregge la capsula dei muschi.

setacciàre v.tr. [5] **1.** Passare al setaccio qlco. **2.** *fig.* Sottoporre ad un controllo rigoroso. *Setacciare un quartiere.*

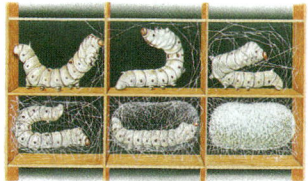

■ **séta.** Secrezione del bozzolo da parte di bachi da seta sistemati nel graticcio.

setacciatrice s.f. Apparecchio per la setacciatura delle farine.

setacciatùra s.f. L'operazione di passare al setaccio.

setàccio s.m. [pl. –*ci*] Apparecchio dal fondo piano perforato, utilizzato per separare le parti più fini delle farine da quelle più grossolane o le parti più dense dei liquidi da quelle più fluide. ◇ *fig. Passare al setaccio:* effettuare controlli e perquisizioni capillari, nell'ambito di un'operazione di polizia.

setaiòlo s.m. [f. –*la*] Artigiano che lavora e commercia la seta. ~ Chi lavora in un setificio.

séte s.f. (spec. sing.) **1.** Bisogno fisiologico di bere. ◇ *per esager. Morire di sete:* essere molto assetato. **2.** *estens.* Bisogno di acqua, riferito a piante e terreni. **3.** *fig.* Desiderio ardente. *Sete di vendetta.* SIN.: **smania**.

seteria s.f. **1.** Industria e commercio della seta. **2.** (spec. pl.) Assortimento di filati e di tessuti di seta.

setificio s.m. [pl. –*ci*] IND. TESS. Fabbrica per la produzione e la lavorazione della seta. SIN.: **seteria**.

1. sétola s.f. **1.** Pelo duro e resistente dei maiali, dei cinghiali e della coda dei cavalli, usato per spazzole e pennelli. **2.** *estens.* Pelo molto duro, spec. in riferimento a capelli molto ispidi o a barba dura. **3.** Spazzola di crine usata dai tipografi per pulire dall'inchiostro i caratteri per la stampa.

2. sétola s.f. (etim. incerta, forse lat. *sēcta* "parte tagliata") VET. Fessura verticale che si forma nello zoccolo degli equini.

setóso agg. Simile alla seta per aspetto e consistenza.

set point [/'sɛt'pɔint/] loc. sost. m. inv. (loc. ingl., "punto del set") SPORT. Nel tennis o nella pallavolo, punto decisivo con cui si vince un set.

sètta s.f. **1.** Insieme di persone che professano una stessa dottrina filosofica, religiosa, ecc. ~ *spreg.* Gruppo chiuso e intollerante verso i non appartenenti. **2.** Società segreta del Settecento e dell'Ottocento.

ENCICL. Il termine setta, derivato dalla radice del verbo latino *sector* (che è un rafforzativo di *sequor*, cioè "seguire"), indica in origine l'insieme dei seguaci di un maestro di vita. In questo senso erano *sectae*, cioè sette, p.e. gli Aristotelici o gli Stoici. Successivamente si è però prevalsa l'etimologia, con connotazione sostanzialmente negativa, che lo collegava al verbo *secare* (cioè "tagliare, dividere"), per indicare appunto coloro che si staccavano da una chiesa madre, in pratica i movimenti ereticali. Per questo motivo oggi gli studiosi preferiscono parlare di "nuovi movimenti religiosi" e "nuovi movimenti magici".

settànta agg. num. card. Numero naturale equivalente a sette decine. ◇ *per anton. Anni Settanta:* quelli che vanno dal 1970 al 1979, con particolare riferimento alla moda, alla cultura, al costume. ◆ s.m. inv. **1.** Il numero settanta. **2.** La forma grafica del numero settanta. **3.** La quantità equivalente a settanta unità ogni cento, mille o più.

settàre v.tr. (ingl. *to set up* "predisporre") **1.** Impostare i parametri di funzionamento di un'apparecchiatura. **2.** INFORM. Attribuire un valore a un parametro, a una variabile.

settàrio agg. [pl.m. –*ri*] **1.** Relativo alle sette o a una setta. **2.** *estens.* Che manifesta intolleranza e faziosità. ◆ s.m. [f. –*ria*] Persona intollerante e faziosa.

settarismo s.m. Atteggiamento o comportamento settario e intransigente.

settàto agg. BIOL. Dotato di setti.

sètte agg. num. card. Numero naturale successore di sei. ◆ s.m. inv. **1.** Il numero sette. **2.** La forma grafica del numero sette. **3.** La quantità equivalente a sette unità ogni cento, mille o più. **4.** Voto scolastico che, in una scala di valutazione da zero a dieci, indica un buon livello di preparazione. **5.** Nel calcio e in altri sport, l'incrocio dei pali della porta. **6.** Formazione di una squadra di pallanuoto, costituita da sette giocatori.

settecènto agg. num. card. Numero naturale equivalente a sette centinaia. ◆ s.m. inv. **1.** Il numero settecento. **2.** La forma grafica del numero settecento. **3.** La quantità equivalente a settecento unità ogni cento. **4.** (iniziale maiusc.) Il secolo diciottesimo.

settèmbre s.m. (lat. *septĕmbrem*, deriv. di *sĕptem* "sette" perché settimo mese) Nono mese dell'anno.

settembrino agg. Di settembre. *Pioggia settembrina.*

settenàrio s.m. [pl.m. –*ri*] METR. Nella poesia latina, verso di sette piedi normali e uno catalettico. ~ Nella metrica italiana, verso di sette sillabe metriche, con l'ultimo accento fisso sulla sesta e un altro accento libero su qualsiasi altra sillaba precedente.

settennàle agg. **1.** Che dura sette anni. **2.** Che ricorre ogni sette anni.

settennàto s.m. Periodo di tempo di sette anni. ◇ *Settennato presidenziale:* durata in carica del presidente della Repubblica italiana.

settènnio s.m. [pl.m. –*ni*] Periodo di sette anni.

settentrionàle agg. **1.** Situato al nord, del nord. ~ Proveniente da settentrione. ~ Esposto a settentrione. **2.** Originario o tipico del nord Italia. *Accento settentrionale.* ◆ s.m. e f. Persona che è nata o abita al nord, spec. dell'Italia.

settentrióne s.m. (spec. sing.) (lat. *septemtriōnem*, deriv. di *septemtriōnes* propr. "sette buoi" nome con cui venivano indicate le stelle che compongono l'Orsa Maggiore) **1.** Punto cardinale rivolto verso la costellazione dell'Orsa Minore. SIN.: **nord. 2.** Territorio situato a nord. ~ *per anton.* (anche con iniziale maiusc.) L'Italia del nord.

setter [/'sɛtər/] s.m. inv. (voce ingl., deriv. di *to set* "fermare" perché cane da ferma) Cane da caccia di origine inglese, a pelo lungo, morbido e variamente colorato.

setticemia s.f. MED. Infezione dovuta alla presenza di batteri nel sangue. SIN.: **sepsi**.

setticèmico agg. [pl.m. –*ci*, f. –*che*] **1.** Relativo alla setticemia. **2.** Affetto da setticemia. ◆ s.m. [f. –*ca*] Nell'accez. 2 dell'agg.

setticlàvio s.m. [non com. pl. –*vi*] MUS. Serie delle sette chiavi musicali che rappresentano l'altezza delle note sul pentagramma. (Chiave di violino, di soprano, di mezzosoprano, di contralto, di tenore, di baritono e di basso.)

sèttico agg. [pl.m. –*ci*, f. –*che*] (lat. *sēpticum*, gr. *sēptikós* deriv. di *sēpein* "fare imputridire") MED. Che causa o è causato da infezione, o ne è la sede.

sèttima s.f. **1.** MUS. Intervallo di sette gradi nella scala diatonica. **2.** Numerazione progressiva di una sinfonia. *La settima di Beethoven.*

settimàna s.f. (calco del gr. *hebdomás*) **1.** Periodo di sette giorni, dal lunedì alla domenica, che costituisce la più comune suddivisione cronologica delle attività umane. (Una raccomandazione internazionale consiglia di considerare il lunedì come primo giorno della settimana.) ◇ *Settimana corta:* settimana con cinque giorni lavorativi, esclusi il sabato e la domenica. – *Settimana santa:* nell'anno liturgico, periodo di sette giorni che va dalla Domenica delle Palme alla Pasqua. **2.** Retribuzione di una settimana di lavoro. **3.** Periodo di sette giorni consecutivi in cui si svolge una stessa attività, diversa da quella solita. ~ Rassegna, manifestazione, rappresentazione della durata di sei o sette giorni. *Settimana musicale.* ◇ *Settimana bianca:* vacanza invernale, della durata di circa una settimana, in una località sciistica. **4.** (solo sing.) Gioco di ragazzi che consiste nel percorrere, saltando su una sola gamba, una serie di caselle tracciate sul terreno; è detto anche *mondo* o *campana.*

settimanàle agg. **1.** Di una settimana, della settimana. **2.** Che avviene una volta alla settimana. ◆ s.m. **1.** Periodico pubblicato una volta alla settimana. **2.** Nome generico di diversi abbonamenti, validi una settimana su certi mezzi di trasporto. **3.** Mobile alto e stretto costituito da sette cassetti in pila, come se ciascuno corrispondesse a un giorno della settimana.

1. settimino agg. Nato al settimo mese di gravidanza. ◆ s.m. [f. *-na*] Bambino nato dopo sette mesi di gravidanza.

2. settimino s.m. MUS. Composizione per sette strumenti o per sette voci.

3. settimino s.m. Cassettone a sette scomparti.

sèttimo agg. num. ord. **1.** Che, in una successione ordinata, occupa il posto corrispondente al numero sette. ◇ *Il settimo sigillo:* l'ultimo del libro dell'Apocalisse. – *figg. Essere al settimo cielo:* essere al colmo della contentezza o del piacere. – *Portare qlcu. al settimo cielo:* esaltarlo al massimo grado. **2.** Con valore frazionario, relativo a ciascuna delle parti di un intero diviso per sette. ◆ s.m. [f. *-ma*] Nei sign. dell'agg.

1. sètto agg. BOT. Di foglia divisa fino alla nervatura mediana.

2. sètto s.m. (lat. *saēptum*, deriv. di *saepīre* "circondare con una siepe") **1.** ANAT. Struttura che divide una cavità in due parti. ◇ *Setto interventricolare:* parete muscolare che all'interno del cuore divide il ventricolo destro dal sinistro. – *Setto nasale:* lamina di cartilagine che separa le narici. **2.** BOT. Ognuna delle pareti che dividono un frutto in varie parti. **3.** ZOOL. Membrana che divide i segmenti del corpo degli Anellidi. **4.** TECN. Elemento che divide una struttura in due parti, fungendo da diaframma.

settóre s.m. (lat. *sectōrem* "chi taglia") **1.** GEOM. Parte di un piano o di un solido. ◇ *Settore circolare:* porzione di cerchio compresa tra un arco di circonferenza e due raggi condotti dagli estremi dell'arco. – *Settore sferico:* porzione di sfera individuata da un cono col vertice nel centro della sfera. **2.** MECC. Nome di vari dispositivi di forma analoga al settore circolare. **3.** *estens.* Porzione delimitata di uno spazio o di un'area. ~ In partic., ciascuna suddivisione di un ambiente a forma di emiciclo, di un locale destinato a manifestazioni pubbliche, sportive, ecc. **4.** Zona caratterizzata da particolari condizioni meteorologiche. *Settore anticiclonico.* **5.** MIL. Tratto del fronte di operazioni in cui si trova uno schieramento di truppe o una postazione di artiglieria. **6.** *fig.* Ambito o campo di una determinata attività. ◇ *Settore primario, secondario, terziario:* agricoltura, industria, servizi. – *Settore pubblico:* ciascuna delle attività e delle istituzioni a carattere pubblico. – *Settore pubblico allargato:* in contabilità nazionale, quello composto dallo Stato, dagli enti locali, dagli enti previdenziali e ospedalieri, dalle aziende autonome, ecc. – *Terzo settore:* ambito di attività socialmente utili che riunisce tutte le società e gli operatori nel campo dell'assistenza ai poveri, ai deboli, agli emarginati; deve il suo nome a ciò che lo distingue dal settore pubblico e da quello privato. **7.** [f. *-trice*] Sezionatore di cadaveri. ◇ *Settore anatomico:* tecnico che prepara i cadaveri a fini didattici. ❑ In funzione di agg., nella loc. *perito settore*, medico legale incaricato dell'autopsia dei cadaveri.

settoriàle agg. **1.** Relativo a uno specifico settore. **2.** Ristretto, limitato.

settrice s.f. GEOM. Curva che divide un angolo in sezioni uguali.

settuagenàrio agg. [pl.m. *-ri*] Che ha l'età di settant'anni. ◆ s.m. [f. *-ria*] Persona che ha settanta anni.

settuplicàre v.tr. [4] Moltiplicare per sette.

setup [/ˈsɛtʌp/] s.m. inv. (voce ingl., deriv. di *to set up* "mettere su, preparare") INFORM. Installazione. ~ Programma di installazione.

severità s.f. inv. **1.** Rigore, durezza, fermezza nell'applicare una pena o nel prendere un provvedimento. **2.** Rigorosa serietà di costumi. ~ Rigore scientifico. ~ Assenza di fronzoli, sobrietà. ~ Austerità dell'aspetto.

sevèro agg. **1.** Riferito a persona, rigoroso, fermo, privo di cedimenti nel giudizio e nell'esercizio dei propri compiti o nell'applicazione di norme e principi. **2.** *estens.* Duro, intransigente, inclemente, riferito a comportamenti, atteggiamenti o provvedimenti. ~ Profondo, impegnativo. *Studi severi.* **3.** Grave, austero, con riferimento all'aspetto esteriore. ~ Improntato ad austerità morale. *Educazione severa.* **4.** Di grande sobrietà, di una semplicità solenne e maestosa. **5.** Ingente, che comporta danni rilevanti. *Subire una severa lezione.*

sevìzia s.f. (spec. pl.) Maltrattamento, tortura particolarmente crudele e feroce. ~ *scherz. per esager.* Piccoli soprusi, modi persecutori. *Subire le sevizie del capo.*

seviziàre v.tr. [6] **1.** Sottoporre a torture. **2.** Sottoporre a violenza carnale.

sex appeal [/ˈsɛks ˈəpiːl/] loc. sost. m. inv. (loc. ingl., propr. "richiamo del sesso") Capacità di esercitare attrazione erotica, fascino.

sex shop [/ˈsɛks ˈʃɔp/] loc. sost. m. inv. (loc. ingl., propr. "negozio del sesso") Negozio di articoli erotici e materiale pornografico. SIN.: **pornoshop**.

sex symbol [/ˈsɛks ˈsɪmbəl/] loc. sost. m. e f. inv. (loc. ingl., propr. "simbolo del sesso") Personaggio, spec. del mondo dello spettacolo, che rappresenta un simbolo sessuale per la sua forte attrattiva erotica.

sexy [/ˈsɛksi/] agg. inv. (voce ingl., deriv. di *sex* "sesso") **1.** Dotato di sex appeal, sensuale. **2.** Che tratta di argomenti erotici.

sezionàre v.tr. **1.** Dividere qlco. in parti o in sezioni separate tra loro. ~ *fig.* Esaminare puntigliosamente. *Sezionare un argomento.* **2.** MED. Effettuare l'autopsia di un cadavere o di una sua parte.

sezionatóre s.m. ELETTR. In un impianto, dispositivo per aprire o chiudere un circuito.

sezióne s.f. **1.** Ognuna delle parti in cui è suddiviso un tutto unitario e organico; in partic., ogni ripartizione interna di un ente, un'organizzazione, un'istituzione, di un ufficio, di un ministero. ~ Nelle scuole, suddivisione degli alunni in corsi e in classi distinte con una lettera alfabetica. ~ Settore specializzato delle forze di polizia. *Sezione narcotici.* ◇ *Sezione elettorale:* in un collegio elettorale, unità amministrativa in cui sono iscritti gli elettori che votano in uno stesso seggio. **2.** Parte di un libro, di un trattato. **3.** Sede e organismo periferico di un partito, di una scuola. **4.** GEOM. Operazione di tagliare una figura o un solido con una retta o con un piano. ◇ *Sezione di una figura piana:* insieme dei punti comuni alla figura e alla retta che, passando per lo stesso piano, sezioni la figura stessa. – *Sezione aurea di un segmento:* divisione del segmento dato in due parti, di cui una è media proporzionale fra l'intero segmento e la parte restante. **5.** TECN. Rappresentazione grafica di un edificio come se fosse tagliato da un piano orizzontale o verticale. SIN.: **spaccato**. **6.** Taglio operato su un oggetto. **7.** MED. Apertura e ispezione interna di un cadavere, effettuata a scopo di studio o per autopsia. ~ Taglio chirurgico di un organo o di un tessuto a scopo di indagine o di amputazione. **8.** Strato sottile di un oggetto o di un materiale che deve essere esaminato al microscopio. **9.** FIS. *Sezione d'urto:* area apparente che rappresenta lo spazio occupato da una particella in un processo di collisione.

sfaccendàto agg. **1.** Temporaneamente libero da occupazioni. **2.** *spreg.* Che non ha voglia di lavorare. ◆ s.m. [f. *-ta*] Persona che non ha voglia di fare nulla. SIN.: **scansafatiche**.

sfaccettàre v.tr. Lavorare a faccette qlco., perlopiù pietre dure. ~ *fig.* Studiare e discutere tutti gli aspetti di qlco. *Sfaccettare un problema.*

sfaccettàto agg. **1.** Lavorato a faccette. **2.** *fig.* Che presenta aspetti molteplici.

sfaccettatùra s.f. **1.** L'operazione di sfaccettare e il risultato ottenuto. **2.** *fig.* Aspetto, punto di vista.

sfacchinàre v.intr. (aus. *avere*) *fam.* Compiere un lavoro pesante, simile per lo sforzo impiegato a quello del facchino.

sfacchinàta s.f. *fam.* Lavoro molto faticoso o intenso dal punto di vista fisico. ~ *estens.* Sforzo eccessivo, dura fatica anche intellettuale.

sfacciatàggine s.f. Atteggiamento, comportamento, atto sfrontato e impudente.

sfacciàto agg. **1.** Privo di rispetto e di pudore. ~ Eccessivamente indiscreto e impertinente. *Non essere sfacciato!* **2.** Che denota mancanza di ritegno e di pudore, riferito ad atteggiamenti, parole, ecc. **3.** *fig.* Troppo vistoso e appariscente. SIN.: **chiassoso**. ~ Di colore, sgargiante. *Il rosso sfacciato di un'automobile.* ~ Talmente eccessivo da suscitare invidia o stupore. *Fortuna sfacciata.* **4.** Di cavallo con una chiazza bianca sulla fronte. ◆ s.m. [f. *-ta*] Persona senza il minimo senso di vergogna o di rispetto. SIN.: **spudorato**.

sfacèlo s.m. (gr. *sphákelos* "cancrena") **1.** Decadimento fisico di un essere vivente. ~ Decomposizione di una sostanza organica. **2.** *estens.* Crollo materiale, abbandono. **3.** *fig.* Decadimento morale, rovina spirituale. ~ *per esager.* Disastro. *Che sfacelo la nostra squadra!*

Sfagnàcee s.f. pl. [iniziale minusc. sing. *-a* per l'individuo] BOT. Famiglia di muschi, a cui appartiene lo sfagno, che crescono su terreni umidi e paludosi. (Dalla loro decomposizione si origina la torba.)

sfàgno s.m. (gr. *sphágnos* "muschio") Musco verde chiaro, diffuso in paludi e stagni nelle regioni circumpolari. (Famiglia delle Sfagnacee.)

sfaldàre v.tr. Dividere in falde o in lamine sottili. ◆ **sfaldarsi** v.pron. Detto perlopiù di rocce e minerali, rompersi in falde. ~ *fig.* Disgregarsi. *Oggi i matrimoni si sfaldano con facilità.*

sfalsàre v.tr. **1.** Collocare degli oggetti in modo che non siano allineati. **2.** Evitare qlco. o qlcu.

sfamàre v.tr. Togliere la fame dando del cibo. ~ *estens.* Assicurare l'essenziale per vivere. ◆ **sfamarsi** v.pron. Assumere del cibo e calmare la fame.

sfangàre v.tr. [4] MIN. Liberare con un lavaggio un minerale dalla terra incrostata.

sfarfallaménto s.m. **1.** ZOOL. Uscita della crisalide dal bozzolo. **2.** *fig.* Tremolio, vibrazione. ~ Variazione di luminosità dell'immagine.

sfarfallàre v.intr. (aus. *avere*) **1.** Detto della crisalide che diventa farfalla, uscire dal bozzolo. **2.** *estens.* Volare qua e là al modo delle farfalle. **3.** *fig.* Detto soprattutto di lampade al neon, tremolare. ~ Detto di motori e parti meccaniche, vibrare in modo anormale. **4.** *fig.* Sbagliare in modo grossolano, fare o dire stupidaggini. **5.** *fig.* Detto di persone, dimostrarsi volubili e incostanti nei legami affettivi o nelle opinioni, passando da un certo comportamento a un altro.

sfàrzo s.m. (voce napol. propr. "vanteria") Ostentazione di eleganza, di lusso. *Lo sfarzo di una cerimonia.*

sfarzóso agg. Vistosamente lussuoso.

sfasaménto s.m. **1.** ELETTROTEC. Differenza di fase tra due grandezze che oscillano con la stessa frequenza. **2.** *fig.* Mancanza di collegamento, di corrispondenza. **3.** *fam.* Stordimento, disorientamento.

sfasàre v.tr. **1.** MECC. Rendere non regolare la successione delle fasi di un motore a scoppio. **2.** FIS. Variare la fase di una corrente alternata. **3.** *fig.* Mettere fuori fase. SIN.: **scombinare**.

sfasàto agg. **1.** MECC. Fuori fase, riferito a un motore. **2.** *fam.* Stanco, confuso, disorientato.

sfasatùra s.f. Mancanza di coesione. ~ La discordanza che ne consegue.

sfasciacarròzze s.m. inv. Demolitore di auto usate o incidentate, delle quali recupera il metallo e vende le parti e i pezzi ancora funzionanti.

1. sfasciàre v.tr. [6] Liberare qlcu. o qlco. delle fasce o della fasciatura.

2. sfasciàre v.tr. Distruggere, rompere qlco. ◆ **sfasciarsi** v.pron. **1.** Subire danni gravi, irreparabili. *La macchina si è sfasciata.* SIN.: **distruggersi**. **2.** *fig.* Disfarsi, detto di qlco. che perde le diverse parti che lo costituivano. ~ *fam.* Detto di persone, ingrassare eccessivamente.

sfàscio s.m. [pl. *-sci*] Rovina, sfacelo.

sfatàre v.tr. Dimostrare la falsità di qlco. che si credeva attendibile.

sfaticàto agg. Che cerca di evitare ogni lavoro e ogni fatica. ◆ s.m. [f. *-ta*] Nel sign. dell'agg.

sfàtto agg. **1.** Debilitato dal punto di vista fisico o psichico. ~ Appesantito nel fisico, floscio. **2.** Riferito a cosa, appassito, troppo maturo. ~ Scotto, troppo cotto. ~ Liquefatto. **3.** *estens.* In disordine, disfatto.

sfavillànte agg. **1.** Che manda vivi bagliori. **2.** *fig.* Che esprime intensità di sentimento.

sfavillìo s.m. [pl. –*lii*] **1.** Luminosità vivace e pulsante. **2.** *fig.* Il balugínare improvviso di un sentimento, di un'emozione.

sfavóre s.m. Svantaggio, danno.

sfavorévole agg. **1.** Poco propizio. SIN.: **inopportuno**. ~ Inadatto, avverso. **2.** Negativo, ostile. *Opinione sfavorevole*.

sfavorire v.tr. [83] Danneggiare, svantaggiare qlcu.

sfavorito agg. Danneggiato, svantaggiato. ◆ s.m. [f. –*ta*] Persona, concorrente sfavorito.

sfebbràre v.intr. (aus. *essere*) Non avere più febbre, anche pron.

Sfècidi o **Sfègidi** s.m. pl. [iniziale minusc. sing. –*de* per l'individuo] ZOOL. Famiglia di insetti che depositano le larve in gallerie scavate nel terreno o nei tronchi di alberi morti, e le nutrono con prede paralizzate mediante un pungiglione velenoso. (Ordine degli Imenotteri.)

sfegatàto agg. *fam.* Impegnato con passione quasi fanatica. ◆ s.m. [f. –*ta*] Persona molto coraggiosa o fanatica.

sfeltràre v.tr. IND. TESS. Preparare le fibre della lana cardata alla pettinatura.

Sfeniscidi s.m. pl. [iniziale minusc. sing. –*de* per l'individuo] ZOOL. Famiglia a cui appartiene il pinguino. (Ordine degli Sfenisciformi.)

Sfenisciformi s.m. pl. [iniziale minusc. sing. –*me* per l'individuo] ZOOL. Ordine di uccelli marini di grosse dimensioni, dotati di corpo affusolato e ricoperto da penne, ali ridotte e atte al nuoto, testa piccola e becco corto, piedi palmati che consentono loro di camminare sulla terra.

sfèno s.m. MIN. Silicato di calcio e di titanio, di colore giallo miele, minerale secondario di molte rocce magmatiche e metamorfiche. SIN.: **titanite**.

sfenodónte s.m. Rettile della Nuova Zelanda, simile a una grossa lucertola e fornito di una cresta spinosa che percorre tutto il dorso. (Ordine dei Rincocefali.)

sfenòide s.m. (gr. *sphēnoeidés* "cuneiforme") ANAT. Osso impari che si trova a metà della base del cranio.

sfèra s.f. (gr. *sphàira* "palla da gioco") **1.** GEOM. Figura solida definibile come il luogo dei punti dello spazio la cui distanza da un punto fisso (*centro*) è uguale o minore a un segmento dato (*raggio*). **2.** ASTR. *Sfera terrestre:* il globo terrestre, la Terra. ~ *Sfera celeste:* la volta del cielo, immaginata come una superficie sferica sulla quale sarebbero disposti gli astri secondo il punto di vista dell'osservatore. **3.** *estens.* Oggetto o superficie di forma sferica. ◇ *Sfera di cristallo:* vetro di forma sferica usato dagli indovini per leggere il futuro. **4.** *fig.* Ambito, settore, campo di interessi. *La sfera emotiva*. ◇ *Alte sfere:* personalità potenti o influenti. **5.** Ciascuna delle due lancette dell'orologio.

sfericità s.f. inv. Forma sferica, rotondità.

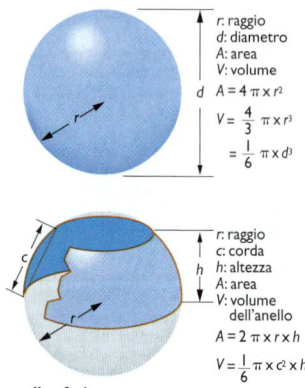

r: raggio
d: diametro
A: area
V: volume

$$A = 4 \pi \times r^2$$
$$V = \frac{4}{3} \pi \times r^3$$
$$= \frac{1}{6} \pi \times d^3$$

r: raggio
c: corda
h: altezza
A: area
V: volume dell'anello

$$A = 2 \pi \times r \times h$$
$$V = \frac{1}{6} \pi \times c^2 \times h$$

anello sferico

■ **sfèra** e anello sferico.

sfèrico agg. [pl.m. –*ci*, f. –*che*] **1.** GEOM. Relativo alla sfera. **2.** Che ha la forma di una sfera. *Massa sferica*.

sferire v.tr. [83] MAR. Staccare, slacciare o sfilare qlco.

sferistèrio s.m. [pl. –*ri*] (gr. *sphairistérion* "luogo dove si gioca a palla") SPORT. Campo adibito al gioco del tamburello, del pallone a bracciale e del pallone elastico.

sferoidàle agg. A forma di sferoide.

sferòide s.m. Corpo o solido simile a una sfera schiacciata.

sferòmetro s.m. TECN. Strumento per misurare il raggio di curvatura di superfici sferiche.

sferagliàre v.intr. [6] (aus. *avere*) Produrre un rumore di ferraglia.

sferràre v.tr. **1.** Togliere i ferri dagli zoccoli di un cavallo. **2.** *fig.* Lanciare qlco. con impeto e violenza. *Sferrare un calcio*. ◆ v.intr. (aus. *avere*) MAR. Detto dell'ancora, perdere la presa sul fondo. ◆ **sferrarsi** v.pron. **1.** Detto di cavallo o altro quadrupede, togliersi o perdere i ferri dagli zoccoli. **2.** Gettarsi con slancio e violenza verso o contro qlcu. o qlco. SIN.: **avventarsi**.

sferratùra s.f. Asportazione o perdita dei ferri dagli zoccoli dei cavalli.

sferruzzàre v.intr. (aus. *avere*) Lavorare a maglia con i ferri.

sfèrza s.f. **1.** Frusta costituita da strisce di cuoio inserite su un manico di legno. **2.** *fig.* Impeto, violenza, percossa.

sferzànte agg. **1.** Che colpisce come una sferza. *Pioggia sferzante*. **2.** *fig.* Severo, aspro.

sferzàre v.tr. **1.** Colpire con la sferza. SIN.: **frustare**. **2.** *estens.* Colpire qlco. con grande violenza. **3.** *fig.* Riprendere, criticare qlco. con molta severità.

sferzàta s.f. **1.** Percossa data o ricevuta con la sferza. **2.** *fig.* Severo rimprovero, aspra critica. ~ Lezione, monito.

sfiancàre v.tr. [4] **1.** Rompere qlco. ai lati. *La mareggiata ha sfiancato le barche.* **2.** *fig.* Stancare enormemente qlcu. *Sfiancare un cavallo.* SIN.: **sfinire**. **3.** Stringere un abito nel punto di vita. ◆ **sfiancarsi** v.pron. **1.** Rompersi ai lati. **2.** *fig.* Sottoporsi a uno sforzo eccessivo e cedere fisicamente.

sfiancàto agg. **1.** Che ha esaurito ogni energia. SIN.: **esausto**. ~ Riferito ad animali, incavato e indebolito nei fianchi. **2.** Riferito a indumento, sciancrato.

sfiatàre v.intr. (aus. *avere*) Mandare fuori con forza da un'apertura gas o vapori. *Il tubo sta sfiatando.* **2.** Detto di gas o vapori sotto pressione, uscire con forza da un'apertura. ◆ **sfiatarsi** v.pron. **1.** Detto di strumenti musicali a fiato, perdere il timbro normale. **2.** *fig. fam.* Parlare a lungo fino a perdere il fiato, la voce.

sfiatatóio s.m. [pl. –*toi*] **1.** Apertura o condotto che consente la fuoriuscita di gas o di vapori. SIN.: **sfiato**. **2.** ZOOL. Ciascuna delle due aperture dorsali attraverso le quali i cetacei, quando emergono, eliminano acqua e vapore acqueo.

sfiàto s.m. **1.** Sfiatatoio. **2.** Fuoriuscita di gas o vapori.

sfibrànte agg. Che rende fiacco nel fisico. ~ Che mette a dura prova i nervi.

sfibràre v.tr. **1.** Togliere o rompere le fibre da tessuti vegetali. **2.** *fig.* Togliere energia e vigore a qlcu. SIN.: **logorare**. ◆ **sfibrarsi** v.pron. Ridursi in condizioni di grande spossatezza.

sfibràto agg. **1.** Privato delle fibre. **2.** *fig.* Logorato nel fisico o nei nervi, senza forze.

sfibratrice s.f. Macchina per la sfibratura dei tessuti vegetali.

sfibratùra s.f. IND. TESS. Asportazione o riduzione delle fibre da alcuni tessuti vegetali.

sfida s.f. **1.** Invito formale a battersi in un duello o a misurarsi in una qualsiasi competizione. **2.** *fig.* Atteggiamento o comportamento provocatorio. **3.** *estens.* Competizione tra forze, tendenze politiche diverse. ~ Incontro sportivo.

sfidànte agg. Che sfida. ◆ s.m. e f.SPORT. Chi sfida un avversario.

sfidàre v.tr. **1.** Invitare un avversario a misurarsi in un duello, in una lotta, in una gara.

2. *fig.* Affrontare con coraggio una situazione di disagio o di pericolo. *Sfidare il maltempo.* **3.** Invitare, provocare qlcu. a eseguire cose ritenute molto difficili, o addirittura impossibili. ◆ **sfidarsi** v.pron. Detto di due o più persone, invitarsi reciprocamente a battersi in un duello, in una lotta, in una gara.

sfidùcia s.f. [pl. non com. –*cie*] **1.** Diffidenza o aperta disapprovazione. **2.** assol. Mancanza di fiducia in se stessi e nella vita.

sfiduciàre v.tr. [5] Fare perdere la fiducia. *Tanti insuccessi lo hanno sfiduciato.* ◆ **sfiduciarsi** v.pron. Perdere la fiducia in se stessi.

sfiduciàto agg. Che ha perduto la fiducia. SIN.: **avvilito**.

sfiga s.f. [pl. –*ghe*] *pop.* Sfortuna, iella.

sfigmomanòmetro s.m. MED. Apparecchio per misurare la pressione arteriosa, costituito da un bracciale collegato a un manometro.

sfiguràre v.tr. Rendere deforme qlcu. o alterarne i lineamenti, soprattutto del viso. *L'incidente lo ha sfigurato.* ~ *fig.* Di fatica fisica o di sentimento intenso, stravolgere. *L'odio sfigurava il suo volto.* ◆ v.intr. (aus. *avere*) Fare una brutta figura. *Teme di sfigurare alla festa.*

sfiguràto agg. Che ha i lineamenti alterati per cause fisiche. ~ Stravolto nell'aspetto a causa di una tensione psicologica eccessiva.

sfilacciàre v.tr. [5] **1.** Ridurre un tessuto in fili. *Sfilacciare una bandiera.* **2.** AGR. Raccogliere frutti, in partic. olive, dal ramo, staccandoli uno per uno. ◆ v.intr. (aus. *essere* o *avere*) Disfarsi in fili, anche pron. ◆ **sfilacciarsi** v.pron. *fig.* Disgregarsi, perdere vigore. *La nostra amicizia si va sfilacciando.*

sfilacciatrice s.f. INDUS. Macchina per la sfilacciatura.

sfilacciatùra s.f. **1.** Nell'industria tessile e cartaria, procedimento con cui si scompongono gli stracci in fibre. **2.** *estens.* Riduzione di un tessuto in filacce. ~ La parte sfilacciata e i fili stessi. SIN.: **filaccia**.

1. sfilàre v.tr. **1.** Tirare fuori qlco. da ciò in cui era infilato. *Sfilare la chiave dalla toppa.* **2.** Togliere qualche filo a un tessuto per ricamarlo. *Sfilare una tovaglia.* ~ Disfare un indumento di lana. **3.** Riferito a indumenti e oggetti di vestiario, togliere da dosso. *Sfilare la giacca.* ◆ **sfilarsi** v.pron. **1.** Di tessuto, perdere uno o più fili. *Si è sfilata una calza.* **2.** Venire fuori dal filo. *Le perle della collana si sono sfilate.* **3.** Togliersi un indumento, un ornamento. *Sfilarsi la giacca, l'anello.* **4.** Uscire fuori da ciò in cui è infilato. *L'anello si è sfilato dal dito.*

2. sfilàre v.intr. (aus. *essere* e *avere*) **1.** Avanzare in fila in formazione di parata. *Sfilare in corteo.* **2.** *fig.* Succedersi davanti agli occhi o nel pensiero. *Ricordi sfilano nella mente.*

sfilàta s.f. **1.** Passaggio di persone o mezzi in successione ordinata. *Sfilata di maschere.* ~ Rivista di truppe durante una manifestazione militare. ~ Presentazione al pubblico dei modelli di una sartoria o di uno stilista, con indossatori che sfilano. **2.** Serie lunga e omogenea. SIN.: **sfilza**.

sfilza s.f. Lunga lista o grande quantità di cose in serie.

sfinge s.f. **1.** MIT. Nell'arte egizia, figura con corpo di leone e testa umana, in quella greca con corpo di leonessa alata e volto di donna. **2.** *estens.* Pittura o scultura che raffigura tale mostro. **3.** *fig.* Persona enigmatica (con riferimento alla sfinge greca di Tebe, che proponeva enigmi ai viandanti). **4.** Farfalla crepuscolare e notturna. (Famiglia degli Sfingidi.)

Sfingidi s.m. pl. [iniziale minusc. sing. –*de* per l'individuo] ZOOL. Famiglia di farfalle notturne con ali lunghe e strette resistenti al volo. (Ordine dei Lepidotteri.)

sfingosina s.f. CHIM. ORG. Composto contenente 18 atomi di carbonio, detto anche *sfingenina*.

sfiniménto s.m. Spossatezza fisica o nervosa.

sfinire v.tr. [83] Privare qlcu. di forza fisica o mentale. *Questo caldo mi sfinisce.* ◆ **sfinirsi** v.pron. Perdere ogni energia fisica o mentale. *Ti sfinirai con questi ritmi.*

sfinito agg. Privo di energie.

sfintère s.m. (lat. *sphinctèrem*, gr. *sphinktḗr* deriv. di *sphíngein* "stringere") ANAT. Muscolo anulare che chiude o apre un orifizio.

sfintèrico agg. [pl.m. *-ci*, f. *-che*] ANAT. Dello sfintere.

sfioccàre v.tr. [4] Scomporre in fiocchi. *Sfioccare la lana.* ◆ **sfioccarsi** v.pron. Disfarsi in fiocchi. *La neve si sfiocca, cadendo.*

sfioràre v.tr. **1.** Togliere il fiore, la panna. *Sfiorare il latte.* **2.** Toccare leggermente qlco. o qlcu. *Sfiorare il viso.* ~ *fig.* Accennare di sfuggita. *Sfiorare un tema.* **3.** *fig.* Essere sul punto di raggiungere o di provocare qlco. *Sfiorare la lite.*

sfioratóre s.m. Impianto di smaltimento dell'acqua in eccesso in un canale o in una cisterna.

sfiorìre v.intr. [83] (aus. *essere*) Perdere freschezza, anche in senso fig. *La bellezza sfiorisce.*

sfiorito agg. **1.** Che ha perso i petali o i fiori. **2.** *fig.* Che ha perduto bellezza, freschezza.

sfioritùra s.f. BOT. Caduta dei petali di un fiore. ~ Il periodo in cui avviene.

sfirèna s.f. (gr. *sphýraina* "pesce martello") **1.** Pesce marino presente nel Mediterraneo, caratterizzato da testa lunga e appuntita, bocca ampia provvista di una robusta dentatura con cui sbrana rapidamente le prede. (Lunghezza 1,50 m; famiglia degli Sfirenidi.) SIN.: **luccio di mare, luccio imperiale**. **2.** ZOOL. (iniziale maiusc.) Genere di pesci cui appartiene la sfirena.

Sfirènidi s.m. pl. [iniziale minusc. sing. *-de* per l'individuo] ZOOL. Famiglia di pesci marini, dotati di corpo lungo, bocca larga munita di denti molto aguzzi; ne fanno parte la sfirena e il barracuda. (Ordine dei Perciformi.)

Sfìrnidi s.m. pl. [iniziale minusc. sing. *-de* per l'individuo] ZOOL. Famiglia di pesci caratteristici per avere il capo provvisto di due espansioni laterali; ne fa parte il pesce martello. (Ordine dei Selaci.)

sfittìre v.tr. [83] Rendere meno fitto. *Sfittire la chioma di un albero.* ◆ **sfittirsi** v.pron. Diventare meno fitto.

sfitto agg. Non affittato.

sfocàto agg. **1.** FOTO., CINE. Di immagine non messa a fuoco, dai contorni non ben definiti. **2.** *fig.* Confuso, vago. *Ricordo sfocato.* ~ Non adeguatamente approfondito. *Personaggio sfocato.*

sfocatùra s.f. FOTO. Messa a fuoco poco nitida. ~ Parte sfocata di un'immagine.

sfociàre v.intr. [5] (aus. *essere* o *avere*) **1.** Di corsi d'acqua, avere la foce in un certo luogo. *Il Po sfocia nell'Adriatico.* **2.** *fig.* Concludersi in qlco. *La lite è sfociata in una rissa.*

sfoderàbile agg. Di poltrona o divano cui si può togliere la fodera per lavarla o sostituirla. ~ Di cappotto o soprabito a cui si può togliere la fodera per renderlo più leggero.

1. sfoderàre v.tr. Togliere dal fodero qlco. *Sfoderare la spada.* ~ *fig.* Mostrare in modo aperto. *Sfoderare un bel sorriso.*

2. sfoderàre v.tr. Togliere la fodera a qlco. *Sfoderare una gonna.*

sfogàre v.tr. [4] Dare libero corso a stati d'animo o sentimenti. *Sfogare la rabbia.* ◆ v.intr. (aus. *essere*) **1.** Detto di gas o vapore compresso, esalare. ~ Detto di liquido racchiuso in un contenitore, fluire liberamente fuori. *L'acqua sfoga dalle tubature.* **2.** *fig.* Detto di sentimenti, istinti, malattie, manifestarsi in tutta la loro virulenza e scaricarsi. *Il raffreddore non è sfogato.* ◆ **sfogarsi** v.pron. **1.** Manifestare fino in fondo uno stato d'animo o un impulso. *Correre per sfogarsi.* ◇ *Sfogarsi con qlcu.:* confidarsi o prendersela con qlcu. **2.** Di energie psichiche, manifestarsi liberamente e scaricarsi. *La tua rabbia si sfoga sempre così?* **3.** Togliersi la voglia di fare qlco. *Sfogarsi a giocare.*

sfoggiàre v.tr. [5] Portare con ostentazione. *Sfoggiare un bel vestito.* ~ *fig.* Mettere in mostra con ostentazione. *Sfoggiare la propria cultura.*

sfòggio s.m. [pl. *-gi*] Esibizione di beni materiali, di qualità.

sfòglia s.f. [pl. *-glie*] **1.** Lamina molto sottile. **2.** CUC. Sottile strato di pasta tirata con il matterello o con l'apposita macchina.

1. sfogliàre v.tr. [6] Togliere i petali di un fiore o le foglie di una pianta. *Sfogliare le viti.* ◆ **sfogliarsi** v.pron. Perdere i petali o le foglie. *Le piante si stanno sfogliando.*

2. sfogliàre v.tr. **1.** Girare le pagine di qlco. percorrendole rapidamente e leggendole in modo saltuario. *Sfogliare un libro.* **2.** Tagliare le pagine di un libro intonso. ◆ **sfogliarsi** v.pron. Dividersi in sottili strati. *Questa torta si sfoglia facilmente.*

1. sfogliatrìce s.f. **1.** AGR. Macchina che toglie le foglie. **2.** ZOOL. Farfalla i cui bruchi si nutrono di gemme e germogli.

2. sfogliatrìce s.f. IND.LEGN. Macchina che trasforma i tronchi in fogli di legno.

1. sfogliatùra s.f. AGR. Operazione del togliere le foglie di una pianta.

2. sfogliatùra s.f. **1.** Sfaldatura della pasta del formaggio. **2.** Sfaldatura di un materiale metallico. **3.** IND.LEGN. Trasformazione dei tronchi in fogli di legno.

sfógo s.m. [pl. *-ghi*] **1.** Fuoriuscita di gas o di liquidi compressi. ~ Il condotto che consente lo scarico. **2.** *estens.* Adeguata quantità di spazio a disposizione. ~ Presenza di aperture. *Casa senza sfogo.* ~ *fig.* Possibilità di penetrazione commerciale. *Sfoghi sui mercati esteri.* **3.** *fig.* Manifestazione di stati d'animo e sensazioni. ~ Liberazione di impulsi e di energie. *Trovare sfogo nel ballo.* ◇ *Valvola di sfogo:* ciò che consente a un individuo o a un gruppo di persone di esprimere istinti o placare tensioni ristabilendo così l'equilibrio. **4.** ARCH. Massima altezza. **5.** *pop.* Eruzione cutanea.

sfolgorànte agg. **1.** Che splende di viva luce. **2.** *fig.* Che esprime intensità di sentimento o vivida bellezza. ~ *per esager.* Magnifico, meraviglioso.

sfolgoràre v.intr. (aus. *avere*) Splendere di luce intensa, anche in senso fig. *Sfolgorare di gioia.*

sfollagènte s.m. inv. Corto bastone di legno con rivestimento gommoso, usato dalle forze dell'ordine per disperdere la folla in caso di disordini e tumulti. SIN.: **manganello**.

sfollaménto s.m. **1.** Deflusso di persone. **2.** Allontanamento della popolazione dai centri abitati, spontaneo o imposto. **3.** Riduzione del personale. **4.** Sfoltimento della vegetazione.

sfollàre v.tr. **1.** Riferito a persone, sgombrare un luogo, un ambiente in cui si erano radunate. **2.** Sfoltire il personale. **3.** Far allontanare persone dal luogo in cui risiedono. ◆ v.intr. (aus. *essere* o *avere*) **1.** Andare via da un luogo in cui si era ammassati. **2.** Lasciare un centro abitato per ragioni di guerra o di calamità. ◆ **sfollarsi** v.pron. Detto di ambienti prima affollati, svuotarsi.

sfollàto agg. Che ha dovuto abbandonare la propria residenza a causa di una guerra o di una calamità naturale. ◆ s.m. [f. *-ta*] Nel sign. dell'agg.

sfoltiménto s.m. **1.** Operazione di rendere meno folto. ~ Il risultato dello sfoltire. **2.** *fig.* Eliminazione delle parti superflue o meno convincenti.

sfoltìre v.tr. [83] Rendere meno fitto, anche in senso fig. ◆ **sfoltirsi** v.pron. Diventare meno fitto.

sfoltìta s.f. Sfoltimento rapido e approssimativo.

sfondaménto s.m. **1.** Rottura del fondo. **2.** Operazione di aprire un varco, di abbattere un ostacolo. ~ La zona sfondata. ~ MIL. Azione di rompere e attraversare il fronte nemico. **3.** SPORT. Nella pallacanestro, fallo che consiste nell'urtare in corsa un difensore fermo; nel calcio, capacità, da parte di un attaccante, di penetrare di forza nella difesa avversaria.

sfondàre v.tr. **1.** Rompere il fondo di un oggetto. *Ha sfondato la sedia.* ~ *estens.* Consumare fino al logoramento. *Sfondare le scarpe.* **2.** Aprire un varco abbattendo un riparo o un ostacolo. *Sfondare una porta.* ◆ v.intr. (aus. *avere*) Avere successo. *Sfondare nella moda.* ◆ **sfondarsi** v.pron. Cedere nel fondo. *Il pavimento si è sfondato.*

sfondatóre s.m. [f. *-trice*] SPORT. Calciatore con capacità di penetrazione nella difesa avversaria.

sfóndo s.m. **1.** ARCH. Spazio incassato in strutture architettoniche, nel quale si eseguono pitture o decorazioni. ~ L'intervento pittorico così realizzato. **2.** Piano più lontano in un paesaggio, un quadro, una fotografia (in oppos. a *primo piano*). ~ Tonalità cromatica uniforme su cui si collocano gli oggetti della rappresentazione. ~ TEAT. Scenario che si colloca sul fondo della scena nelle rappresentazioni teatrali. SIN.: **fondale**. **3.** *estens.* La parte più lontana del campo visivo rispetto a chi guarda. **4.** *fig.* Contesto storico, sociale e culturale, in cui si verifica un'azione, un fatto, o in relazione a cui si valuta un dato o un episodio. ~ Gli elementi contenutistici e strutturali che delineano la caratteristica di fondo di una narrazione, di un film, di una rappresentazione teatrale, ecc. *Film a sfondo sociale.* **5.** Riferito a strade e solo in espressioni negative, sbocco.

sforàre v.intr. (aus. *avere*) *gerg.* Detto spec. di programmi radiofonici o televisivi, andare oltre il limite di tempo stabilito.

sforbiciàta s.f. **1.** Colpo di forbice. ~ Taglio frettoloso e sommario con le forbici. **2.** SPORT. Movimento a forbice delle gambe.

sformàre v.tr. **1.** Rovinare la forma di un oggetto. *Sformare le scarpe.* **2.** Togliere dallo stampo. *Sformare un budino.* ◆ **sformarsi** v.pron. Deformarsi nell'aspetto esteriore. *L'abito si è sformato.*

sformàto agg. Che ha perso la forma originaria. ◆ s.m. CUC. Primo o secondo piatto a base di diversi ingredienti cotto in appositi stampi. *Sformato di spinaci.* SIN.: **flan**.

sfornàre v.tr. **1.** Togliere dal forno. **2.** *fig.* Produrre in grande quantità e in breve tempo. *Sforna un romanzo all'anno.*

sfornito agg. **1.** Privo di ciò che è utile o indispensabile. ~ assol. Mal fornito. **2.** MIL. Sguarnito.

sfortùna s.f. *fam.* Mancanza di fortuna. SIN.: **scalogna**. ~ *estens.* Evento o situazione sfavorevole. SIN.: **disgrazia**.

sfortunàto agg. **1.** Privo di fortuna. **2.** Che ha esito sfavorevole. *Tentativo sfortunato.* ~ Che porta sfortuna. *Posto sfortunato.*

sforzàndo s.m. inv. MUS. Didascalia che prescrive una particolare intensità nell'esecuzione.

sforzàre v.tr. **1.** Sottoporre qlcu. o qlco. a uno sforzo eccessivo. *Sforzare il motore.* ~ Nel l. crit. lett., dare un significato che va al di là delle reali intenzioni dell'autore. *Sforzare il senso del testo.* **2.** Usare la forza per cercare di aprire qlco., anche arrivando a romperla. *Sforzare la porta.* **3.** Obbligare qlcu. a fare qlco. *Sforzare qualcuno a mangiare.* ◆ **sforzarsi** v.pron. Sottoporsi a eccessivi sforzi, impiegare tutte le forze per raggiungere un obiettivo. *Sforzarsi di studiare.*

sfòrzo s.m. **1.** Mobilitazione delle forze fisiche o intellettuali per conseguire un risultato impegnativo. ~ Gesto o movimento insolito, accidentale o volontario. **2.** MECC. Sollecitazione che tende a deformare un materiale. ◇ *Essere sotto sforzo:* di motore che fatica a tenere il numero di giri necessario per compiere un dato lavoro; *fig.* profondere il massimo delle energie e dell'impegno. **3.** Nella scherma, azione tendente a deviare il colpo dell'avversario.

sfossàre v.tr. **1.** Estrarre dalla fossa. *Sfossare le patate.* **2.** Scavare il terreno. *Sfossare un pozzo.*

sfóttere v.tr. (voce roman.) *pop.* Prendere in giro. *Sfottere un amico.* ◆ **sfottersi** v.pron. Detto di due o più persone, prendersi reciprocamente in giro.

sfragìstica s.f. [non com. pl. *-che*] (fr. *sphragistique*) → **sigillografia**.

sfrangiàre v.tr. [5] Sfilacciare l'orlo di un tessuto per formare una frangia. *Sfrangiare una tovaglia.* ◆ **sfrangiarsi** v.pron. Ridursi in frange sfilacciandosi. *Lo scialle si è tutto sfrangiato.*

sfrattàre v.tr. (orig. "far uscire la selvaggina dalla fratta") DIR. Intimare, con procedura di legge, a un affittuario di lasciare libero un luogo precedentemente preso in affitto. ~ *estens. scherz.* Mandare via qlcu. da un qualche luogo. *Sono stato sfrattato dalla mia stanza!* ◆ v.intr. (aus. *avere* o *essere*) Lasciare un immobile o un fondo in seguito a sfratto. *Sono obbligato a sfrattare.* ~ *estens. scherz.* Lasciare un posto. *Sfratta dal divano!*

sfràtto s.m. DIR. Ingiunzione all'affittuario, da parte del locatore o di un giudice, di lasciare libero il fondo o l'immobile da lui occupato. ~ Atto legale con il quale si formalizza l'intimazione. ~ Anche, l'atto con cui la proprietà viene liberata.

sfrecciàre v.intr. [5] (aus. *essere*) Passare veloce come una freccia. *Sfrecciare in cielo.*

sfregaménto s.m. **1.** Movimento lungo la superficie di un corpo. ~ Il rumore prodotto. **2.** MED. Rumore percepito all'auscultazione di una membrana infiammata, p.e. la pleura o il pericardio.

sfregàre v.tr. [4] **1.** Passare ripetutamente qlco. su una superficie o un oggetto contro un altro. *Sfregare l'argento, due pietre.* **2.** Urtare di striscio qlco. e produrvi una graffiatura. ◆ v.intr. (aus. *avere*) Toccare di striscio, fare attrito. *La sedia sfrega contro il muro.* ◆ **sfregarsi** v.pron. Strofinarsi parte del corpo. *Sfregarsi gli occhi.*

sfregiàre v.tr. [5] **1.** Produrre uno sfregio sul volto di qlcu. **2.** Rovinare un'opera d'arte con atti di vandalismo. *Sfregiare un quadro.* ◆ **sfregiarsi** v.pron. Procurarsi uno sfregio. *Sfregiarsi con acqua bollente.* ~ Deturparsi parte del corpo. *Sfregiarsi il viso.*

sfregiàto agg. Deturpato in volto da uno o più sfregi. ◆ s.m. [f. *-ta*] Nel sign. dell'agg.

sfrégio s.m. [pl. *-gi*] **1.** Atto dello sfregiare o dello sfregiarsi. ~ Cicatrice sul viso. **2.** *estens.* Danneggiamento vandalico di un'opera d'arte o di un monumento. **3.** *fig.* Grave affronto.

sfrenatézza s.f. **1.** Mancanza di controllo, di misura. **2.** (spec. pl.) Azione sfrenata, eccesso.

sfrenàto agg. **1.** Senza freni. **2.** *fig.* Privo di freni inibitori, eccessivo, smodato. *Lusso sfrenato.*

sfrido s.m. (voce merid.) **1.** Calo subito da un materiale o da una merce durante le diverse fasi precedenti alla sua commercializzazione. **2.** Residuo di lavorazione.

sfrigolàre v.intr. (aus. *avere*) Produrre dei crepitii. *La salsiccia sfrigola.*

sfrigolio s.m. [pl. *-lii*] Rumore prodotto da ciò che frigge.

sfrondàre v.tr. **1.** Eliminare le fronde di una pianta. **2.** *fig.* Eliminare da un testo ciò che è superfluo. *Sfrondare uno scritto.* ◆ **sfrondarsi** v.pron. Perdere le fronde. *Il rosaio si è sfrondato.*

sfrontatézza s.f. Atteggiamento o comportamento caratterizzato da mancanza di ritegno e di discrezione. ~ Azione o parola sfrontata.

sfrontàto agg. **1.** Che agisce o parla senza ritegno. **2.** Riferito a cosa, che denota mancanza di pudore. ◆ s.m. [f. *-ta*] Nell'accez. 1 dell'agg.

sfruscìo s.m. [pl. *-scii*] Fruscio continuato.

sfruttaménto s.m. **1.** Conseguimento del massimo rendimento o vantaggio. ~ Utilizzazione razionale di qlco. **2.** L'approfittare senza scrupoli. ◇ DIR. *Sfruttamento della prostituzione:* reato commesso da chi spinge una donna a prostituirsi. **3.** ECON. Secondo la dottrina marxista, situazione per cui all'operaio viene corrisposto un salario inferiore al valore prodotto dal suo lavoro.

sfruttàre v.tr. **1.** Trarre il maggior profitto possibile da una risorsa. *Sfruttare un terreno.* ~ *pegg.* Esaurire un terreno degli elementi nutritivi forzandone eccessivamente le possibilità. **2.** Trarre eccessivo profitto dal lavoro dei propri dipendenti, retribuendolo con un salario troppo basso. *Sfruttare gli operai.* **3.** *estens.* Abusare senza scrupoli. *Sfrutta la loro ingenuità.* **4.** *estens.* Utilizzare vantaggiosamente, nel modo più adeguato. *Sfruttare il momento favorevole.*

sfruttatóre s.m. [f. *-trice*] Chi vive sfruttando il lavoro degli altri.

sfuggènte agg. **1.** Che sfugge, che sembra allontanarsi o defilarsi. ◇ *fig. Mento sfuggente:* poco marcato. **2.** *fig.* Che cela sentimenti e intenzioni.

sfuggìre v.intr. (aus. *essere*) **1.** Sottrarsi a qlcu. o qlco. fuggendo. *Sfuggire alla polizia.* **2.** Detto di cosa, scappare inavvertitamente. *Parlando in inglese, mi sfuggono degli errori.* **3.** Sottrarsi all'attenzione, alla memoria. *Mi sfugge il suo nome.* ◆ v.tr. Cercare di evitare cose o persone sgradite. *Sfuggire le liti.*

sfuggita s.f. Visita rapida. ◇ *Di sfuggita:* frettolosamente, superficialmente.

1. sfumàre v.tr. CUC. Far evaporare un liquido a fuoco lento.

2. sfumàre v.intr. (aus. *essere*) **1.** PITT. Di colore, attenuarsi progressivamente in intensità. ~ Di una figura o di un disegno, perdere via via la nettezza delle linee e dei contorni. **2.** *fig.* Dissolversi via via fino a svanire. ~ Andare a monte. *L'affare è sfumato.* ◆ v.tr. Diminuire progressivamente l'intensità di un colore, senza stacchi bruschi. *Sfumare un pastello.* ~ Attenuare la nettezza di linee e i contorni di un disegno. ~ MUS. Diminuire gradatamente il volume di un brano in corso di esecuzione.

sfumàto agg. **1.** Di colore, che presenta una graduale attenuazione dei toni. ~ Di disegno, non ben definito nei contorni. **2.** *fig.* Non realizzato. *Contratto sfumato.* **3.** *fig.* Impreciso, vago. ~ Riferito a espressione orale o scritta, allusivo. *Toni sfumati.* ◆ s.m. **1.** PITT. Tecnica che sfrutta il chiaroscuro per attenuare i contorni delle figure e contribuisce alla prospettiva aerea. ~ L'effetto così ottenuto. **2.** FOTO. Diminuzione della nitidezza dell'immagine.

sfumatùra s.f. **1.** PITT. Passaggio graduale da un tono di colore a un altro. ~ Ogni gradazione di uno stesso colore. ~ Nel disegno, attenuazione della nettezza dei tratti e del contorno, e la parte che presenta questo effetto. SIN.: **chiaroscuro**. **2.** MUS. In un'esecuzione, graduale passaggio dalla nota iniziale alla successiva. **3.** *fig.* Elemento secondario o particolare intonazione in un'espressione linguistica. SIN.: **accenno**. ~ Lieve differenza di significato. **4.** Taglio di capelli che ne prevede il progressivo accorciamento dalla nuca verso il collo. ~ La parte della nuca in cui i capelli sono stati accorciati.

sfumìno s.m. Piccolo rotolo di pelle o di carta che serve a ottenere l'effetto dello sfumato.

sfùmo s.m. Tecnica di graduare il colore di un disegno con lo sfumino.

sfuocàto agg. → **sfocato**.

sfurïàta s.f. **1.** Scoppio d'ira. ~ Violento rimprovero. **2.** *estens.* Improvvisa e violenta manifestazione di fenomeni naturali e meteorologici.

sfùso agg. **1.** Liquefatto, fuso. **2.** Non confezionato.

sgabèllo s.m. Sedile basso privo di braccioli e di spalliera.

sgabuzzìno s.m. Piccolo locale adibito a ripostiglio.

sgambàto agg. Di indumento che lascia scoperta la coscia.

sgambettàre v.intr. (aus. *avere*) Di bambini piccoli, dimenare le gambe. *Sgambettare nella culla.* ~ Camminare a passi brevi e affrettati. ◆ v.tr. Far cadere a terra qlcu. con uno sgambetto. ~ *fig.* Far cadere qlcu. in un tranello. ~ Giocargli un brutto scherzo.

sgambétto s.m. **1.** Inserimento di un piede tra le gambe di una persona in movimento per farla inciampare o cadere. **2.** *fig.* Manovra sleale per nuocere a qlcu. **3.** SPORT. Mossa regolare nella lotta libera e in quella giapponese; nel calcio e in altri sport, intervento falloso su un avversario.

sganasciàre v.tr. [5] *per esager.* Rompere le ganasce, la mascella. *Sganasciare qualcuno con un pugno.* ◆ **sganasciarsi** v.pron. Slogarsi le ganasce. ◇ *Sganasciarsi dalle, per le risa:* ridere a crepapelle.

sganciaménto s.m. **1.** Liberazione o distacco di un elemento collegato a un altro per mezzo di ganci. ~ Il far cadere dall'alto. **2.** MIL. *fig.* Ripiegamento ordinato dalla zona di combattimento. **3.** ECON. Liberazione da vincoli e condizionamenti.

sganciàre v.tr. [5] **1.** Liberare qlco. da uno o più ganci. *Sganciare un vagone.* ~ Lanciare qlco. che prima era trattenuto. *Sganciare una bomba.* **2.** Liberare da un vincolo. *Sganciare l'economia dalla tutela dello Stato.* **3.** *fam.* Dare qlco., perlopiù soldi in prestito o in regalo. *Sganciare 100 euro.* ◆ **sganciarsi** v.pron. **1.** Svincolarsi da un gancio, staccarsi da qlco. che trattiene. *Il vagone si sganciò dal treno.* **2.** *fig.* Liberarsi di qlcu., prendere le distanze. *Non riesce a sganciarsi dalla madre.* **3.** Slacciarsi un indumento.

sgarbàto agg. **1.** Che tratta gli altri in modo ineducato. SIN.: **scortese**. **2.** Che manca di grazia. SIN.: **sgraziato**. ◆ s.m. [f. *-ta*] Persona poco cortese ed educata.

sgàrbo s.m. Atto, parola, comportamento scortese.

sgargiànte agg. Vistoso, general. in riferimento all'abbigliamento. ~ Di persona, che veste in modo appariscente.

sgarràre v.intr. (aus. *avere*) (etim. incerta, forse fr. *esguarer* "smarrire") **1.** Detto di persona, non adempiere ai propri doveri. ~ Commettere qualche errore, qualche imprecisione. *È un contabile che non sgarra mai.* **2.** Detto in partic. di oggetti di precisione, non essere preciso.

sgàrro s.m. **1.** *fam.* Negligenza nel proprio dovere. *Sgarri sull'orario.* **2.** *gerg.* Provocazione, infrazione al codice di comportamento vigente nella malavita e nella criminalità organizzata. ~ *estens.* Offesa, grave affronto.

sghémbo agg. Storto, con inclinazione irregolare o assetto asimmetrico. ◇ GEOM. *Curva sghemba:* che non può essere contenuta in un piano. – MECC. *Assi, alberi sghembi:* quelli che non sono paralleli e concorrenti.

sghèrro s.m. (long. *skarjo* "capitano" poi "bandito") **1.** In passato, uomo d'armi al servizio di un privato. ~ *estens.* Uomo violento e privo di scrupoli. **2.** *spreg.* Appartenente alle forze dell'ordine nei regimi tirannici.

sghignazzàre v.intr. (aus. *avere*) Ridere sguaiatamente e in tono derisorio.

sghimbèscio agg. [pl.m. *-sci*, f. *-sce*] Storto, obliquo. ◇ *A sghimbescio, di sghimbescio:* per storto, di traverso.

sgobbàre v.intr. (aus. *avere*) Lavorare duramente, impegnarsi a fondo. *Sgobbare tutto il giorno.*

sgobbóne s.m. [f. *-na*] *fam.* Chi lavora molto, chi si impegna a fondo nel lavoro o nello studio.

sgocciolàre v.tr. **1.** Svuotare un recipiente fino all'ultima goccia. **2.** Fare cadere un liquido goccia a goccia in un certo posto. *Non sgocciolare l'olio sulla tovaglia!* ◆ v.intr. **1.** (aus. avere) Detto di recipiente o contenitore di liquidi, perderne goccia a goccia. *Il rubinetto sgocciola.* **2.** (aus. essere) Detto di liquidi, venire giù a gocce da un certo luogo. *Sta sgocciolando acqua dal tetto.*

sgocciolatóio s.m. [pl. *-toi*] **1.** Struttura su cui si mettono stoviglie e posate a sgocciolare. **2.** Contenitore che raccoglie un liquido che sgocciola.

sgocciolatùra s.f. **1.** Svuotamento del liquido residuo rimasto in fondo a un recipiente. ~ Esigua quantità di liquido che resta nei contenitori svuotati. **2.** Fuoriuscita di liquido in forma di gocce. ~ Le gocce cadute e la traccia da esse lasciata su un oggetto o su una superficie.

sgócciolo s.m. Esigua quantità di liquido rimasta sul fondo di un recipiente.

sgolàrsi v.pron. Parlare o cantare a voce alta. ~ Gridare tanto da procurarsi male alla gola. *Sgolarsi a chiamare qualcuno.*

sgómbero s.m. **1.** Allontanamento da un luogo delle persone che vi si trovano. ~ In partic., operazione militare di evacuazione della popolazione da una zona. **2.** Svuotamento di un locale, di un edificio da ciò che lo ingombra. **3.** Trasloco.

sgombràre o **sgomberàre** v.tr. **1.** Andar via da un certo spazio o ambiente. *Sgombrare la piazza.* ~ Cambiar casa, traslocare o evacuare. *I vicini stanno sgombrando.* **2.** Rendere libero uno spazio, un ambiente delle persone o cose che lo occupano. *Sgombrare la stanza dai mobili.* ~ *fig.* Liberare l'animo, la mente da certi pensieri o sentimenti. *Sgombra la mente dai pregiudizi.* ◆ **sgombrarsi** v.pron. Liberarsi da ciò che ingombra. *Il cielo si è sgombrato.*

1. sgómbro agg. **1.** Libero da ingombri. *Strada sgombra.* **2.** *fig.* Privo di ciò che è negativo moralmente e spiritualmente. *Mente sgombra dai pensieri.*

2. sgómbro o **scómbro** s.m. Pesce di mare con dorso verdastro striato di nero, ricercato per la carne saporita destinata all'industria conserviera. (Lunghezza fino a 40 cm; famiglia degli Scombridi.)

sgomentàre v.tr. (lat. *excommentàre* "turbare") Procurare panico, impressione, sgomento. ◆ **sgomentarsi** v.pron. Essere o rimanere profondamente turbato, perdersi d'animo. *Si sgomenta a ogni difficoltà.*

1. sgoménto agg. Pervaso da turbamento. SIN.: **sbigottito**.

2. sgoménto s.m. Grande spavento, profondo turbamento. SIN.: **sconcerto**.

sgominàre v.tr. (lat. *excombinàre* "staccare") Disperdere o costringere alla ritirata il nemico. ~ *fig.* In una gara, battere l'avversario con netto distacco.

sgomitàre v.intr. (aus. *avere*) Dare gomitate per farsi largo, anche in senso fig.

sgommàre v.intr. (aus. *avere*) Detto di autoveicoli, partire velocemente o affrontare una curva a grande velocità, facendo stridere le gomme sul terreno. ◆ v.tr. **1.** Privare qlco. della colla. *Sgommare un francobollo.* **2.** IND. TESS. Sottoporre la seta a sgommatura per liberarla delle impurità e della parte gommosa. ◆ **sgommarsi** v.pron. Perdere la gomma o la colla.

sgommatùra s.f. IND. TESS. Procedimento successivo alla filatura e alla torcitura della seta, necessario per eliminare la sericina.

sgonfiaménto s.m. Fuoriuscita di aria o di gas da una cavità che li conteneva. ~ Riduzione di un gonfiore.

sgonfiàre v.tr. [6] **1.** Svuotare, del tutto o in parte, un contenitore elastico dell'aria di cui era pieno. *Sgonfiare il pallone.* **2.** *estens.* Fare regredire o eliminare un gonfiore. *Sgonfiare la caviglia con impacchi freddi.* **3.** *fig.* Ridurre nelle sue giuste dimensioni qlco., cui prima si era dato troppo peso. *Sgonfiare notizie troppo allarmistiche.* SIN.: **ridimensionare**. **4.** *pop.* Procurare noie e fastidi fino a far perdere la pazienza. *Mi hai proprio sgonfiato con i tuoi capricci!* SIN.: **seccare**. ◆ **sgonfiarsi** v.pron. **1.** Svuotarsi dell'aria contenuta. *Il pallone si è sgonfiato.* **2.** Perdere il gonfiore. **3.** Perdere l'entusiasmo, l'energia o la superbia iniziali. **4.** *pop.* Annoiarsi, non poterne più.

1. sgónfio agg. [pl.m. *–fi*] **1.** Privo del tutto o in parte del gas che conteneva. **2.** Riferito a parti del corpo, privo di gonfiore.

2. sgónfio s.m. [pl.m. *–fi*] Rigonfiamento di un abito femminile.

sgórbia s.f. **1.** Scalpello con lama concava a sezione semicircolare, impiegato nella lavorazione del legno. **2.** MED. Scalpello chirurgico usato per asportare schegge ossee.

sgórbio s.m. [pl. *–bi*] (lat. *scòrpium* "scorpione" per somiglianza di forma) **1.** Macchia d'inchiostro, scarabocchio. **2.** *estens.* Parola scritta male, illeggibile. *Uno sgorbio di firma.* **3.** *estens.* Opera goffa e sgraziata, disegno eseguito malamente, ecc. **4.** *fig.* Persona molto brutta. SIN.: **mostro**.

sgorgàre v.intr. [4] (aus. *essere*) Detto di liquidi, uscire a fiotti, in abbondanza da qualche luogo. *Il sangue sgorga da una ferita.* ◆ v.tr. Liberare una tubatura da ciò che la ottura. SIN.: **sturare**.

sgozzàre v.tr. **1.** Uccidere tagliando la gola. SIN.: **scannare**. **2.** *fig.* Prestare a qlcu. denaro a usura imponendo condizioni proibitive. *Quello strozzino ti sgozzerà!*

sgradévole agg. Che provoca fastidio, noia o molestia.

sgradito agg. **1.** Che arreca noia, fastidio, dolore. **2.** Non bene accetto.

sgraffignàre v.tr. *fam.* Sottrarre abilmente e di nascosto.

sgrammaticàre v.intr. [4] (aus. *avere*) Commettere errori nell'uso di una lingua.

sgrammaticàto agg. **1.** Che fa errori grammaticali nel parlare o nello scrivere.

■ **sgómbro**

2. Detto di scritto o discorso, che contiene errori di grammatica.

1. sgranàre v.tr. Togliere i semi di una leguminosa dai baccelli (piselli, fave, ecc.). ~ Staccare i chicchi di granoturco da una pannocchia o gli acini d'uva dal raspo. ◊ *fig. Sgranare gli occhi:* spalancare gli occhi in segno di stupore.

2. sgranàre v.tr. **1.** Rompere la grana, la struttura compatta di qlco. **2.** *fam.* Mangiare qlco. in quantità e avidamente, più frequentemente anche pron. ◆ **sgranarsi** v.pron. Rompersi nella struttura.

3. sgranàre v.tr. Disfare un ingranaggio staccandone le parti. ◆ v.intr. (aus. *avere*) Cambiare malamente la marcia di un autoveicolo, in modo da provocare un fastidioso e rumoroso attrito fra gli ingranaggi. ◆ **sgranarsi** v.pron. Staccarsi da un ingranaggio.

sgranàto agg. Tolto dal baccello o dal frutto. ~ Di materiale, sfaldato, sbriciolato. ~ Di meccanismo o ingranaggio, disinnestato, separato da un altro.

1. sgranatrice s.f. AGR. Macchina per sgranare il granoturco.

2. sgranatrice s.f. IND. TESS. Macchina per sgranare le fibre di cotone.

sgranatùra s.f. **1.** AGR. Operazione di sgranare le leguminose o il granturco. **2.** IND. TESS. Operazione di sgranare le fibre del cotone.

sgranchire v.tr. [83] Distendere gli arti intorpiditi da una lunga immobilità o dal freddo. ◆ **sgranchirsi** v.pron. Stirarsi e sciogliere i muscoli facendo del movimento. ~ Stirarsi e sciogliersi i muscoli di parte del corpo. *Sgranchirsi le gambe.* ~ *fig.* Fare una breve passeggiata.

sgranocchiàre v.tr. [6] *fam.* Rompere con i denti e mangiare con gusto e in abbondanza cibi croccanti.

sgrappolatóio s.m. [pl. *–toi*] Apparecchio per separare gli acini d'uva dai raspi.

sgrassàre v.tr. Togliere il grasso da un alimento. ~ Togliere l'unto da stoviglie o indumenti. ~ IND. TESS. Togliere il grasso dalla lana grezza.

sgrassatùra s.f. **1.** Operazione di sgrassare o di essere sgrassato. **2.** IND. TESS. Eliminazione del grasso dalla lana.

sgravàre v.tr. Liberare qlcu. o qlco. da un peso fisico o morale. ◆ **sgravarsi** v.pron. **1.** Liberarsi di un peso, da una preoccupazione. **2.** Partorire.

sgràvio s.m. [pl. *–vi*] Sollevamento da un obbligo, alleggerimento di un onere. ◊ *Sgravio fiscale:* riduzione di un'imposta concessa dalla legge.

sgraziàto agg. Privo di grazia, di garbo, di armonia nel fisico, nel comportamento o nei gesti.

sgretolaménto s.m. **1.** Riduzione in frammenti di un materiale o di un oggetto. **2.** *fig.* Demolizione di una tesi, di un argomento, ecc.

sgretolàre v.tr. **1.** Ridurre gradualmente in frammenti, in polvere. **2.** *fig.* Indebolire e disgregare un gruppo. ~ Mostrare l'infondatezza di una tesi o posizione. ◆ **sgretolarsi** v.pron. Ridursi in piccoli pezzi, in frammenti.

sgridàre v.tr. Rimproverare.

sgridàta s.f. Rimprovero fatto ad alta voce. SIN.: **strigliata**.

sgroppàta s.f. **1.** Inarcamento della groppa da parte di un quadrupede. **2.** Breve e veloce cavalcata. **3.** SPORT. Corsa d'allenamento. ~ Nel ciclismo, tratto percorso a forte andatura. ~ Nel calcio, rapida azione di un giocatore che corre da una parte all'altra del campo.

sgrossàre v.tr. **1.** Asportare da un materiale allo stato rozzo le parti superflue o inutili per prepararlo alla lavorazione o alla rifinitura, che gli conferirà la forma desiderata. **2.** *estens.* Dare una prima forma a un materiale grezzo. *Sgrossare un blocco di marmo.* ~ *fig.* Iniziare a gettare le basi di un lavoro. *Sgrossare la trama di un romanzo.* **3.** *fig.* Rendere qlcu. meno rozzo e grossolano. ~ Impartire a qlcu. i primi rudimenti di una attività o di una disciplina. ◆ **sgrossarsi** v.pron. Diventare meno rozzo e grossolano.

sguaiàto agg. **1.** Che parla o agisce in modo sconveniente, volgare. **2.** Di comportamento, scomposto, volgare. ◆ s.m. [f. *–ta*] Nell'accez. 1 dell'agg.

sguainàre v.tr. Estrarre un'arma dal fodero.

sgualcire v.tr. [83] Deformare la carta o la stoffa con pieghe e grinze. ◆ **sgualcirsi** v.pron. Detto perlopiù di carta o stoffa, prendere pieghe e grinze. ~ Stropicciare un proprio indumento indossandolo.

sgualcito agg. Detto di stoffa, carta, ecc., spiegazzato, stropicciato.

sgualcitùra s.f. Il fatto di spiegazzare o di venire spiegazzato. ~ La stropicciatura che ne risulta.

sgualdrina s.f. *spreg.* Donna dal comportamento immorale, sessualmente impudica e disonesta.

sguàrdo s.m. **1.** L'atto del guardare. ~ Vista, capacità visiva. ~ *estens.* Gli occhi come strumento della percezione visiva. **2.** Occhiata frettolosa. ~ Analisi, lettura effettuata in forma veloce e sommaria. **3.** Espressione degli occhi che lascia trasparire uno stato d'animo. **4.** Ciò che si può abbracciare con la vista. SIN.: **veduta**.

sguarnire v.tr. [83] **1.** Privare qlco. di ciò che lo guarnisce, che lo decora. **2.** MIL. Privare un luogo delle difese, parzialmente o totalmente. **3.** *estens.* Privare qlco. di ciò che è indispensabile.

sguàttero s.m. [f. *–ra*] (long. *wahtari* "guardiano") Inserviente di cucina addetto alla pulizia e alla lavatura dei piatti. ~ *spreg.* Addetto a lavori umili e scarsamente considerati.

sguazzaménto s.m. Movimento di chi sguazza nell'acqua.

sguazzàre v.intr. (aus. *avere*) **1.** Agitarsi nell'acqua sollevando schizzi. **2.** *fig.* Essere completamente rilassati e a proprio agio in un certo ambiente, in una certa situazione. **3.** Detto di liquidi quando vengano agitati in un recipiente, sbattere. *Il vino sguazza nella damigiana.*

sguerciàre v.tr. [5] Rendere qlcu. debole di vista. ◆ **sguerciarsi** v.pron. Rovinarsi la vista.

1. sgusciàre v.tr. [5] **1.** Togliere qlco. dal guscio, dal baccello o da uno a guscio. **2.** Lavorare qlco. a guscio. *Sguciare la base del monumento.* ◆ v.intr. (aus. *essere*) Detto di uccelli, uscire dall'uovo. ◆ **sgusciarsi** v.pron. **1.** Detto dei frutti delle leguminose, uscire dal baccello. **2.** Detto di rettili, perdere la pelle.

2. sguscàre v.intr. (aus. *essere*) **1.** Scivolare, scappare via. ~ Sfuggire alla presa. *Sgusciare di mano.* **2.** *fig.* Sfuggire alle ricerche o andarsene di nascosto. *Luca sgusciò via senza farsi vedere.* ~ Sottrarsi a qlcu. che non si desidera incontrare o a qlco. sgradevole.

sgùscio s.m. [pl. *–sci*] **1.** ARCH. Modanatura curva e concava come un guscio. **2.** Strumento da cesellatore per lavorare a incavo. **3.** MAR. Rientranza nell'opera morta di una nave da guerra.

shabbat [/ʃaˈbaːt/] s.m. inv. (voce ebr.) Giorno festivo, di riposo per la religione ebraica.

shake [/ˈʃeɪk/] s.m. inv. (voce ingl., deriv. di *to shake* "scuotere") Ballo veloce con ritmo cadenzato, senza passi prestabiliti, in voga intorno al 1960.

shaker [/ˈʃeɪkə/] s.m. inv. (voce ingl.) Recipiente cilindrico chiuso nel quale si agitano, insieme al ghiaccio, gli ingredienti di un cocktail.

shakeràre v.tr. Scuotere vari ingredienti con lo shaker per amalgamarli e formare un cocktail.

shalom [/ʃaˈlɔm/] escl. (ebr. *šālōm*, propr. "pace") Formula di saluto comune tra gli ebrei.

shamisen s.m. inv. (voce giapp.) MUS. Liuto giapponese a tre corde.

shampoo [/ʃæmˈpuː/] s.m. inv. (voce ingl. deriv. di *to shampoo* "frizionare", indostano deriv. di *čampnā* "massaggiare") **1.** Prodotto che serve per lavare i capelli. **2.** *estens.* Lavaggio dei capelli con questo prodotto.

shantung [/ʃænˈtʌŋ/] s.m. inv. (voce ingl.) dal nome dell'omonima regione cinese dove orig. era prodotto tale tessuto) **1.** Tessuto di seta grezza, a trama con superficie diseguale, originario della Cina. **2.** *estens.* Ogni tessuto simile nell'aspetto allo shantung.

share [/ˈʃɛə/] s.m. inv. (voce ingl., propr. "porzione") **1.** (solo sing.) Percentuale di telespettatori che, in una fascia oraria determinata, segue una trasmissione. **2.** FIN. Titolo azionario di borsa. ◇ *Golden share:* speciale tipo di azione che lo Stato si assicura per mantenere per un certo tempo il controllo di una società, anche dopo aver ceduto ai privati la maggioranza delle azioni. – *Bonus share:* azione assegnata gratuitamente, in proporzione al capitale detenuto, ai sottoscrittori che avranno conservato per un tempo minimo prefissato la quota azionaria acquistata al momento dell'offerta pubblica di vendita.

shareware [/'ʃɛəwɛə/] s.m. inv. (voce ingl., comp. di *to share* "condividere" e *ware* "merce") INFORM. Software, programma messo a disposizione su una rete e acquistabile a basso prezzo dopo un periodo di prova gratuita.

sharia s.f. Legge islamica che disciplina tutti gli aspetti della vita, applicata in modo rigoroso in alcuni Stati musulmani.

shed [/'ʃɛd/] s.m. inv. (voce ingl., "tettoia") COSTR. Tettoia speciale per capannoni industriali, che lascia trasparire molta luce all'interno.

sherpa [/'ʃəːpə/] s.m. inv. (voce ingl., tibetano *Shar-pa* propr. "uomo dell'Est") **1.** Membro di una tribù stanziata lungo le pendici dell'Everest. ~ *comun.* Guida o portatore al servizio delle spedizioni di alpinismo sull'Himalaya. **2.** Funzionario o diplomatico che prepara i testi delle convenzioni o dei trattati internazionali, che vengono poi formalizzati dai ministri, capi di Stato e di governo.

sherry [/'ʃɛri/] s.m. inv. (voce ingl., adatt. di spagn. *Xeres*, ant. nome della città andalusa dove viene prodotto tale vino) Denominazione di vino bianco liquoroso, molto aromatico, prodotto nella regione di Jerez de la Frontera nella Spagna meridionale.

shetland [/'ʃɛtlənd/] s.m. inv. (voce ingl., dal nome delle isole *Shetland*) Lana molto calda e pregiata, che si ricava dalle pecore delle Isole Shetland. ~ Tessuto o filato che si ottiene con questo tipo di lana.

shiatsu [/'ʃatsu/] s.m. inv. (giapp. *shiatsu*, propr. "pressione delle dita") Metodo terapeutico che consiste nel massaggiare con la punta delle dita particolari punti del corpo.

shimmy [/'ʃimi/] s.m. inv. (voce ingl. d'America, deriv. di *shimmy shake* propr. "scuotimento della camicia") **1.** MUS. Ballo simile al fox-trot, ma più vivace, nato negli Stati Uniti alla fine della prima guerra mondiale e poi diffusosi in Europa. **2.** AUTOM. Negli autoveicoli, vibrazione dello sterzo dovuta a difetti nell'equilibratura delle ruote.

shingle [/'ʃiŋgəl/] s.m. inv. (voce ingl.) COSTR. Elemento di copertura per tetti e pareti esterne costituito da tavolette inchiodate alla struttura portante.

shirting [/'ʃəːtiŋ/] s.m. inv. (voce ingl.) Tessuto di cotone fine e resistente, utilizzato per biancheria e camiceria.

shoah [/'ʃoaː/] s.f. inv. (voce ebr., propr. "catastrofe") Termine indicante lo sterminio nazista degli ebrei.

shock [/'ʃɔk/] s.m. inv. (voce ingl., deriv. di *to shock* "colpire") **1.** MED. Stato morboso caratterizzato dall'abbassamento della pressione e dalla riduzione di tutte le facoltà fisiche e psichiche, causato da grave insufficienza circolatoria. ◇ *Shock anafilattico:* dovuto a un'iniezione di sostanze a cui il soggetto è ipersensibile o allergico. **2.** *estens.* Emozione violenta e improvvisa, che provoca uno stato di confusione o di turbamento. *Riprendersi da uno shock.*

shockàre v.tr. → scioccare.

shocking [/'ʃɔkiŋ/] agg. inv. (voce ingl.) **1.** Che colpisce emotivamente. **2.** *estens.* Di colore vivace.

shockterapìa s.f. MED. Terapia volta a creare nel paziente violenti stimoli, usata soprattutto per curare affezioni psichiatriche.

shogun [/ʃo'gun/] s.m. inv. (voce giapp.) Titolo giapponese riservato in origine ai capi militari (sec. VIII) e poi ai dittatori che governarono dal 1192 al 1868.

shopper [/'ʃɔpə/] s.m. inv. (voce ingl.) Sacchetto di plastica o di carta che il cliente può ac-

quistare o prendere direttamente alla cassa di negozi e supermercati per riporvi le cose comprate.

shopping [/'ʃɔpiŋ/] s.m. inv. (voce ingl., deriv. di *to shop* "fare acquisti") Il girare da un negozio all'altro per effettuare acquisti. ◇ *Shopping center:* centro di vendita al dettaglio, situato perlopiù alla periferia di grandi città e comprendente, oltre ai negozi, diversi tipi di servizi per i clienti, come bar, ristoranti, parcheggi.

short [/'ʃɔːt/] s.m. inv. (voce ingl., deriv. di *short film* "film corto") Cortometraggio cinematografico o televisivo, spec. pubblicitario.

shorts [/'ʃɔːts/] s.m. pl. (voce ingl., *short* "corto") Calzoncini corti unisex.

short ton [/'ʃɔːt tʌn/] loc. sost. m. inv. (loc. ingl.) Unità di peso usata negli Stati Uniti (simb. *sh tn*) uguale a 2000 libre o a 907,185 kg.

short track [/'ʃɔːt 'træk/] loc. sost. m. (solo sing.) (loc. ingl., propr. "pista corta") SPORT. Pattinaggio veloce su un breve tracciato ghiacciato pari a 111 m.

show [/'ʃəʊ/] s.m. inv. (voce ingl., deriv. di *to show* "mostrare") **1.** Rappresentazione teatrale o spettacolo televisivo di varietà. – Esibizione di un attore o di un cantante. **2.** Esibizione sportiva, con riferimento soprattutto alle acrobazie di una specialità dello sci nautico. **3.** *fig.* Situazione in cui una persona si pone al centro dell'attenzione.

show business [/'ʃəʊ 'biznis/] loc. sost. m. inv. (loc. ingl., propr. "affari con lo spettacolo") Industria dello spettacolo. – L'attività economica a essa collegata.

showgirl [/'ʃəʊ,gəːl/] s.f. inv. (voce ingl., propr. "ragazza da spettacolo") Donna di spettacolo, presentatrice di varietà capace di intrattenere il pubblico con canzoni, balli e scenette.

showman [/'ʃəʊ,mən/] s.m. inv. (voce ingl., propr. "uomo da spettacolo") **1.** Protagonista maschile, conduttore di spettacoli in cui intrattiene il pubblico. **2.** *estens.* Persona che in compagnia sa comportarsi in modo brillante.

showroom [/'ʃəʊruːm/] s.m. inv. (voce ingl., propr. "stanza per mostrare") Sala d'esposizione e talvolta di vendita di prodotti vari.

shrapnel [/'ʃræpnəl/] s.m. inv. (voce ingl., dal nome dell'ufficiale inglese H. *Shrapnel* che ne fu l'inventore) MIL. Granata che esplode a mezz'aria frammentandosi in mille schegge, usata fino alla prima guerra mondiale.

shunt [/'ʃʌnt/] s.m. inv. (voce ingl., deriv. di *to shunt* "deviare") **1.** ELETTRON. Elemento posto in parallelo a un tratto di circuito, allo scopo di diminuire la corrente che vi circola. **2.** MED. Comunicazione tra due vasi sanguigni spontanea o indotta mediante operazione chirurgica.

shuttle [/'ʃʌtl/] s.m. inv. (voce ingl., deriv. di *space shuttle* "navicella spaziale") ASTRONAUT. Navetta spaziale che dopo il suo rientro sulla Terra può essere riutilizzata per altre missioni.

SI s.m. (solo sing.) (sigla di *Sistema Internazionale*) METROL. Sistema che comprende le sette misure fondamentali adottate in quasi tutti i paesi del mondo. (Il metro, il chilogrammo, il secondo, il kelvin, l'ampere, la candela e la mole.)

si s.m. inv. (dalle iniziali di *Sancte Iohannes* "o Santo Giovanni", invocazione con cui termina la prima strofa dell'"Inno a San Giovanni" di Paolo Diacono, da cui Guido d'Arezzo trasse i nomi delle note) Settima nota della scala musicale di *do*.

sì avv. (lat., deriv. di *sic* *ĕst* "così è") Costituisce (in coppia con il suo contrario *no*) il termine fondamentale con cui si forniscono risposte o altri giudizi positivi. – In frasi assertive, esprime contrasto tra due situazioni. *Paolo non era d'accordo, (mentre, invece) Grazia sì.* ~ In frasi interrogative indirette, riassume il concetto già espresso in precedenza. *Dimmi se sì.* ~ In frasi dichiarative, equivale a una risposta positiva. *Mi ha risposto di sì.* ~ In conclusione di un enunciato, esprime attesa di una conferma, di un assenso. *Sei nato a Bologna, sì?* ◆ s.m. inv. **1.** Risposta affermativa, accettazione. *Decidersi per il sì.* **2.** Voto favorevole.

sia cong. **1.** Ha valore coordinativo-aggiuntivo e si usa in correlazione con un altro *sia*. *Parla sia l'italiano sia il russo.* **2.** Con valore coordi-

nativo-disgiuntivo, esclude una delle alternative. *Sia che vi piaccia sia che non vi piaccia.*

sial s.m. (solo sing.) GEOL. Crosta superficiale del globo terrestre, sovrastante il sima, perlopiù granitica e composta prevalentemente da silicati di alluminio.

siàlico agg. [pl.m. –*ci*, f. –*che*] GEOL. Relativo al sial, che ha le caratteristiche e la composizione del sial. *Crosta sialica.*

Siàlide s.m. ZOOL. Genere di insetti, con larve acquatiche carnivore, che in primavera abbondano nei pressi dei corsi d'acqua. (Lunghezza 2 cm; ordine dei Megalotteri.)

siamang s.m. inv. Grande scimmia arboricola delle montagne dell'Indonesia, simile al gibbone ma con pelliccia nera. (Genere *Hylobates*; famiglia degli Ilobatidi.)

siamése agg. **1.** Del Siam, regione della penisola indocinese corrispondente all'attuale Thailandia. **2.** *Fratelli siamesi:* gemelli che nascono congiunti in qualche parte del corpo o con organi del corpo in comune; *fig.* coppia di persone inseparabili o dalla straordinaria affinità di gusto e sensibilità. **3.** *Gatto siamese:* gatto di una razza originaria dell'Estremo Oriente, con mantello color crema, testa e zampe scure, occhi azzurri e coda tozza. ◆ s.m. e f.**1.** Abitante, nativo del Siam. **2.** (m. solo sing.) Lingua del Siam. **3.** Gatto siamese.

■ **siamése.** Gatto siamese.

sibarita s.m. e f.[pl.m. –*ti*] **1.** Abitante, nativo di Sibari, antica città calabra della Magna Grecia situata sul golfo di Taranto. **2.** *fig.* Persona amante del lusso, dedita a una vita sensuale e raffinata.

siberiàno agg. **1.** Della Siberia. **2.** *fig.* Tipico della Siberia, con riferimento al clima assai rigido di questa regione. *Freddo siberiano.* ◆ s.m. [f. –*na*] Abitante, nativo della Siberia.

sibilànte agg. LING. Di consonante fricativa o africata, articolata nella zona che va dagli alveoli al palato duro. ◆ s.f. Nel sign. dell'agg.

sibilàre v.intr. (aus. *avere*) Emettere fischi sottili e acuti.

sibilla s.f. **1.** ANT. GR. ROM. (anche con iniziale maiusc.) Profetessa sacra che prevedeva il futuro. *Sibilla cumana.* **2.** *fig. scherz.* Chi si esprime in modo ermetico e allusivo. ~ Donna che predice il futuro.

sibillino agg. **1.** Relativo alla sibilla. **2.** *fig.* Poco chiaro, oscuro, enigmatico.

sibilo s.m. **1.** Suono, rumore, verso penetrante e sottile come un fischio. **2.** MED. Fischio prodotto dal passaggio dell'aria attraverso i bronchi affetti da un processo infiammatorio.

sic avv. (voce lat., "così") Così, esattamente in questo modo. (Posto tra parentesi, seguito da un punto esclamativo, si usa per indicare che la parola o la frase appena riportata è citata testualmente, anche se risulta errata o sorprendente.)

sicàrio s.m. [pl. –*ri*] Omicida per ordine o su commissione.

siccatìvo agg. CHIM. Di sostanza che ha la proprietà di far seccare il materiale a cui viene aggiunta.

siccità s.f. inv. **1.** Prolungata mancanza o scarsità di piogge e di umidità. **2.** Aridità del terreno e secchezza dell'aria che ne conseguono.

siccóme cong. Dal momento che, dato che, poiché. *Siccome pioveva sono rimasto a casa.*

siciliàna s.f. MUS. Antica danza di origine siciliana dal movimento moderato e tempo di 6/8 o 12/8, utilizzata in composizioni strumentali.

siciliàno agg. Della Sicilia. ◆ s.m. **1.** [f. –na] Abitante, nativo della Sicilia. **2.** (solo sing.) Dialetto, o complesso dei dialetti della Sicilia.

siclo s.m. (ebr. *šeqel*) **1.** Unità ponderale e monetaria dell'antico Oriente. ~ Antica moneta d'argento ebraica. **2.** Unità monetaria dello Stato d'Israele.

sicofànte s.m. (gr. *sykophántēs*, tradizionalmente inteso come "colui che denuncia chi esporta illegalmente i fichi dall'Attica") ANT. GR. Cittadino che denunciava alle autorità un reato.

sicomòro s.m. **1.** Fico africano molto frondoso, caratterizzato da legno molto resistente, utilizzato dagli Egiziani per costruire i sarcofaghi. (Famiglia delle Moracee.) **2.** Il frutto di questa pianta.

sicònio s.m. [pl. –ni] BOT. Infiorescenza e infruttescenza caratteristiche del fico.

sicòsi s.f. inv. MED. Infiammazione cutanea di origine batterica o micotica che riguarda soprattutto i follicoli piliferi (spec. quelli della barba).

sicùra s.f. **1.** Dispositivo di sicurezza del meccanismo di un'arma da fuoco che impedisce l'esplosione di colpi accidentali. **2.** estens. Dispositivo di sicurezza applicato a porte e sportelli.

sicuraménte avv. In modo sicuro.

sicurézza s.f. **1.** Fiducia in sé. ~ Atteggiamento di chi agisce senza timori o incertezze perché ha acquisito particolare abilità, competenza, preparazione in un settore specifico. **2.** Sensazione di certezza assoluta. **3.** Prevenzione, eliminazione parziale o totale di danni, pericoli, rischi. ~ Condizione di essere al sicuro. ◊ *Sicurezza sociale:* insieme delle misure legislative e amministrative a tutela del benessere del cittadino, attuate mediante provvedimenti legislativi o strutture e opere assistenziali. – DIR. *Misure di sicurezza:* provvedimenti giudiziari che stabiliscono limitazioni di natura personale o patrimoniale a carico di persone socialmente pericolose; *estens.* precauzione. – *Distanza di sicurezza:* margine di spazio che si deve mantenere tra le automobili in corsa per ridurre i pericoli di urto accidentale. – *Margine di sicurezza:* zona, ambito all'interno dei quali si è garantiti da rischi, anche in senso fig.

sicùro agg. (lat. *secūrum*, propr. "senza preoccupazione") **1.** Che non comporta alcun pericolo. **2.** Di cui ci si può fidare. **3.** Riferito a persona, privo di dubbi, di incertezze. ~ Riferito a cosa, di cui non si può dubitare. *Il fatto è sicuro.* ~ Di comprovata efficacia. ~ Che si verificherà puntualmente. ◊ *A colpo sicuro:* con la certezza di indovinare o di riuscire nel proprio intento. **4.** Che si dimostra abile, capace, esperto. *Guidatore sicuro.* ◆ avv. Certamente, sicuramente, senza dubbio. *Sicuro, questa dichiarazione gli ha nuociuto.* ◆ s.m. (solo sing.) **1.** Condizione o luogo che non comporta pericoli. *Mettere i risparmi al sicuro.* ◊ fig. *Andare sul sicuro:* evitare ciò che può comportare rischi. **2.** Cosa sicura.

sidecar [/'said̯ka:/] s.m. inv. (voce ingl., propr. "carrozza di fianco") Carrozzino laterale applicato a una motocicletta. ~ estens. La motocarrozzetta stessa.

sideràle agg. **1.** Relativo alle stelle, agli astri, allo spazio cosmico. ◊ *Ora siderale:* stabilita considerando il passaggio di una stella sul meridiano locale. – *Giorno siderale:* intervallo di tempo medio (23 ore 56 minuti e 4,09 secondi) compreso fra due successivi passaggi di una stella sul meridiano di un determinato luogo (in opp. al *giorno solare*). – *Mese siderale:* tempo impiegato dalla Luna per compiere una rivoluzione intorno alla Terra (27 giorni, 7 ore e 43 minuti). **2.** Che è molto al di sotto dello zero. *Freddo siderale.* **3.** fig. Abissale, incommensurabile, sconfinato.

siderazióne s.f. (lat. *sideratiōnem* "insolazione") **1.** Fulminazione da contatto con corrente elettrica ad alta tensione. **2.** AGR. Tecnica di concimazione consistente nel sovescio di piante trattate con fertilizzanti minerali.

sideremìa s.f. FISIOL. Tasso di ferro, non legato all'emoglobina, nel siero o nel plasma.

sidèreo agg. ASTR. Siderale.

siderite s.f. **1.** MIN. Minerale di colore giallastro o bruno con lucentezza madreperlacea, costituito da carbonato di ferro ($FeCO_3$). **2.** Meteorite costituita principalmente di ferro e di nichel.

siderolite s.f. ASTR. Meteorite composta di metalli (ferro, nichel) e di silicati nella stessa proporzione.

siderolitico agg. MIN. Relativo alla siderolite.

sideròsi s.f. inv. MED. Accumulo di ferro in apparati e organi, che provoca alterazioni nella pigmentazione.

siderossilo s.m. Albero dei paesi subtropicali, con legno duro e resistente. (Famiglia delle Sapotacee.)

sideròstato s.m. ASTR. Strumento formato da due specchi usati per far convergere la luce degli astri in un'unica direzione. SIN.: **celostato.**

siderurgìa s.f. (gr. *sidērourgía*, comp. di *sídēros* "ferro" ed *érgon* "lavoro") Insieme delle tecniche di lavorazione industriale di ferro, ghisa e acciaio.

siderùrgico agg. [pl.m. –ci, f. –che] Relativo alla siderurgia. ◆ s.m. [f. –ca] Chi lavora nel settore della siderurgia.

sidrerìa s.f. Stabilimento dove si produce il sidro.

sidro s.m. (fr. *cidre*, gr. *síkera* "bevanda inebriante" di orig. ebr.) Bevanda ottenuta dalla fermentazione del succo di mele. ~ estens. Bevanda ottenuta col succo fermentato di altri frutti. *Sidro di pere.*

siemens [/'zi:məns/] s.m. inv. (voce ted., dal nome dell'ingegnere W. von *Siemens*) ELETTR. Unità di misura della conduttanza elettrica (simb. S) nel sistema SI, pari all'inverso di un ohm.

sienìte s.f. (deriv. da *Siene*, ant. nome della città egiziana di Assuan dove veniva estratta tale roccia) MIN. Roccia magmatica granulosa, priva di quarzo, costituita principalmente di feldspato alcalino e anfibolo.

sièpe s.f. **1.** Allineamento di piante arbustive, con funzioni di protezione, di recinzione o di bordura, in campi, giardini, orti. **2.** SPORT. In corse ippiche o podistiche, ostacolo costituito da vegetazione naturale o artificiale. **3.** fig. Impedimento, barriera, riparo. ~ Fila di persone fitta e serrata. *Una siepe di poliziotti.*

sièrico agg. [pl.m. –ci, f. –che] MED. *non com.* Del siero.

sièro s.m. (lat. *sērum* "residuo acquoso del latte") **1.** FISIOL. Residuo di un liquido organico che rimane acquoso dopo la coagulazione. ◊ *Siero sanguigno:* parte liquida del sangue, separata dai residui della coagulazione. – *Siero del latte:* residuo liquido di colore giallo scuro che si deposita dopo la fabbricazione del formaggio. **2.** FARM. Medicamento immunizzante, contenente anticorpi, ottenuto con il sangue di animali in cui sono stati in precedenza inoculati batteri o tossine. ~ estens. Preparato medicinale. ◊ *Siero della verità:* composto che agisce sul sistema nervoso, inducendo qlcu. a fornire informazioni.

sieroalbumìna s.f. BIOL. Albumina del siero sanguigno.

sieroconversióne s.f. Capacità di un virus (p.e. quello dell'AIDS) di cambiare frequentemente il suo patrimonio genetico.

sierodiagnòstica s.f. MED. Il complesso delle ricerche e delle tecniche relative allo studio delle reazioni degli anticorpi presenti nel sangue a fini diagnostici (*sierodiagnosi*).

sieroglobulìna s.f. BIOL. Ogni globulina contenuta nel siero del sangue e nei liquidi circolanti, con funzioni di notevole importanza per l'organismo, fra cui la partecipazione alla difesa immunologica.

sierologìa s.f. BIOL. Scienza che studia il siero del sangue, gli anticorpi e i processi immunitari.

sierològico agg. [pl.m. –ci, f. –che] BIOL. Relativo alla sierologia.

sieronegativo agg. MED. Di soggetto che risulta non portatore di anticorpi o di marker immunologici, in genere per una mancata esposizione a un particolare agente patogeno, in partic. del virus dell'AIDS. ◆ s.m. [f. –va] Nel sign. dell'agg.

sieropositività s.f. inv. MED. Condizione di un soggetto che, all'esame del siero del sangue, risulta sieropositivo.

sieropositivo agg. MED. Di soggetto che risulta portatore di anticorpi o di marker immunologici per una precedente esposizione a (o infezione da) un particolare agente patogeno. ~ In partic., di individuo portatore del virus dell'AIDS. ◆ s.m. [f. –va] Nel sign. dell'agg.

sieroproteìna s.f. BIOL. Ogni proteina contenuta nel siero del sangue e nei liquidi circolanti.

sieròsa s.f. ANAT. Membrana di rivestimento di varie cavità del corpo umano.

sierosità s.f. inv. **1.** Caratteristica, natura sierosa. **2.** Secrezione in forma di siero.

sieróso agg. **1.** Contenente siero. **2.** Simile a siero.

sieroterapìa s.f. MED. Terapia delle malattie infettive, effettuata tramite somministrazione di sieri contenenti anticorpi immunizzanti.

sieroteràpico agg. [pl.m. –ci, f. –che] Relativo alla sieroterapia. ◊ *Istituto sieroterapico:* centro specializzato nella sieroterapia.

sierovaccinazióne s.f. MED. Vaccinazione associata alla somministrazione di un siero specifico onde conferire un'immunità passiva immediata che copra il tempo necessario alla formazione di anticorpi da parte del soggetto vaccinato.

sierra [/'sjɛrra/] s.f. [pl. *sierras*] (voce spagn., lat. *sērram* propr. "sega") In Spagna e in America Latina, catena di monti caratterizzati da cime aguzze e frastagliate.

siesta [/'sjɛsta/] s.f. [pl. *siestas*] (voce spagn., lat. deriv. di *horam sēxtam* "ora sesta") Sonnellino pomeridiano.

sievert [/'sivert/] s.m. inv. (voce svedese, dal nome del radiologo svedese R.M. *Sievert*) FIS. Unità di misura (simb. *Sv*), adottata nel sistema SI, che indica la quantità di radiazione assorbita dall'organismo.

siffàtto agg. dimostr. Tale, cosiffatto, di tale genere.

sifìlide s.f. (dal titolo del poemetto *Syphilis sive de morbo Gallico* dell'umanista G. Fracastoro) MED. Malattia infettiva dovuta al *treponema pallidum*, trasmissibile sessualmente, che si manifesta inizialmente con un nodulo che può ulcerarsi e in seguito colpisce il sistema nervoso e danneggia certe funzioni morfologiche; è detta anche *lue*, mal francese o morbo gallico.

sifìlitico agg. [pl.m. –ci, f. –che] **1.** MED. Relativo alla sifilide. **2.** MED. Affetto da sifilide. ◆ s.m. [f. –ca] Nell'accez. 2 dell'agg.

sifilodèrma s.m. [pl. –mi] MED. Lesione cutanea dovuta alla sifilide.

sifilòma s.m. [pl. –mi] MED. Lesione gommosa cutanea e sottocutanea, provocata dalla sifilide e localizzata perlopiù negli organi genitali.

sifonaménto s.m. **1.** Complesso delle opere idrauliche poste in atto per incanalare l'acqua nel sottosuolo di una città. **2.** Infiltrazione d'acqua alla base di una costruzione o di un terrapieno, che può causare frane e smottamenti.

Sifonàtteri s.m. pl. [iniziale minusc. sing. –ro per l'individuo] ZOOL. → **Afanitteri.**

sifóne s.m. (gr. *síphōn* "tubo") **1.** Tipo di conduttura che permette di far arrivare un liquido da un contenitore a un altro posto più in basso, con il superamento di una quota superiore al livello di entrambi. ~ Tubicino mobile a forma di U per travasare liquidi. **2.** Nelle condutture fognarie, tratto di scarico a forma di U, alla base del quale si forma un deposito d'acqua che impedisce la fuoriuscita di gas dalle fognature. **3.** Robusto contenitore di acqua gassata e selz che permette la fuoriuscita del liquido mediante la pressione di una levetta. **4.** ZOOL. Organo a tubicino presente in diverse specie animali, attraverso cui passano liquidi o gas dall'esterno all'interno o viceversa. **5.** COSTR. Particolare pietra deumidificante da costruzione, usata per eliminare l'umidità dalle murature. **6.** ENOL. Sostanza che si ricava dal mosto, con aggiunta di acquavite, alcol o vino, usata per la preparazione del marsala.

Sifonòfori s.m. pl. [iniziale minusc. sing. *-ro* per l'individuo] ZOOL. Ordine di invertebrati marini dal corpo di varia forma, trasparente e gelatinoso, che vivono in colonie e si riproducono per gemmazione. (Tipo dei Celenterati.)

sifonogamia s.f. BIOL. Fecondazione delle piante per mezzo di un tubo pollinico.

sigaràio s.m. [pl. *-rai*] **1.** [f. *sigaraia*] Operaio delle manifatture del tabacchi. **2.** Insetto la cui femmina accartoccia le foglie a forma di sigaro per depositarvi le uova; è detto anche *rinchite*. (Famiglia dei Curculionidi.)

sigarétta s.f. (fr. *cigarette*) **1.** Piccolo cilindro di carta che contiene tabacco spezzettato, destinato a essere fumato. **2.** Ogni oggetto di forma simile a una sigaretta. **3.** Rotolino di filo per cucito o ricamo avvolto intorno a un cilindretto di cartone o di plastica; è detto anche *spagnoletta*.

sigaro s.m. (spagn. *cigarro* di etim. incerta) **1.** Rotolo di tabacco trinciato grosso, avvolto in un lembo di foglia di tabacco. **2.** ALP. Piccola guglia rocciosa a forma di cilindro.

sigillàre v.tr. **1.** Apporre sigilli a qlco. ~ *estens.* Chiudere ermeticamente. **2.** Detto dell'autorità giudiziaria, apporre i sigilli all'ingresso di locali per impedire l'ingresso o su documenti di cui si vuole impedire la visione.

sigillària s.f. Pianta arborea fossile del Carbonifero, alta fino a 30 m, il cui fusto presenta cicatrici fogliari in serie verticali.

sigillàto agg. **1.** Chiuso mediante sigillo. **2.** *estens.* Chiuso ermeticamente.

sigillatùra s.f. Apposizione di un sigillo. ~ Chiusura tramite sigillo.

sigillo s.m. **1.** Oggetto di metallo o di pietra con una faccia su cui sono incise lettere, stemmi o altri marchi che simboleggiano l'autorità di uno stato, di un'istituzione, di una personalità. ~ *estens.* Marchio impresso con un sigillo. ~ Bollo di ceralacca o altro materiale che porta l'impronta di un sigillo. **2.** Qualsiasi mezzo (nastro, fascetta, piombo, ecc.) che garantisca l'integrità del contenuto di un involucro e impedisca ogni manomissione o contraffazione. ◊ *Sigillo di garanzia:* marchio che attesta qualità, genuinità, integrità, ecc. di un prodotto commerciale. **3.** *fig.* Carattere, segno distintivo. **4.** DIR. (spec. pl.) Segno materiale apposto dall'autorità giudiziaria per impedire l'apertura di un locale, di un appartamento, p.e. in caso di sequestro. **5.** *Sigillo di Salomone:* pianta con piccoli fiori bianchi a campana e foglie ovali. (Genere *Polygonatum*; famiglia delle Liliacee.)

sigillografia s.f. Scienza ausiliaria della storia che ha per oggetto lo studio dei sigilli, detta anche *sfragistica*.

sigla s.f. (lat. *sìgla*, dalla loc. *singula signa* "abbreviazioni") **1.** Abbreviazione di una sequenza di parole formata dalle lettere iniziali delle parole stesse. **2.** Firma abbreviata, spesso illeggibile. ~ In partic., firma con cui, nel diritto internazionale, un delegato sottoscrive un accordo in via provvisoria, in attesa della ratifica ufficiale. **3.** Motivo musicale, che apre e chiude e quindi sintetizza, come le sigle, una trasmissione radiofonica o televisiva o caratterizza un messaggio pubblicitario. **4.** *fig.* Impronta personale, cifra stilistica che non si può confondere. *In quell'opera c'è la sigla del suo genio.*

siglàre v.tr. **1.** Apporre su un documento la propria firma in forma abbreviata o contrassegnarlo con una sigla. *Siglare un contratto.* **2.** Nel l. diplomatico, approvare un trattato o un accordo in via provvisoria.

siglàrio s.m. [pl. *-ri*] Lista di sigle a cui è affiancata la denominazione completa di ciascuna. ~ Repertorio delle sigle usate da una ditta o da un ente.

siglatùra s.f. Apposizione della propria sigla a un documento per sottoscriverlo o autenticarlo. ~ La sigla apposta.

sigma s.m. o s.f. inv. Diciottesima lettera dell'alfabeto greco (Σ, σ) corrispondente alla *s* latina. ◆ s.m. inv. ANAT. Segmento dell'intestino crasso a forma di S, che precede il retto, detto anche *colon sigmoideo.*

sigmoidèo agg. ANAT. Che ha la forma della lettera sigma. ◊ *Valvola sigmoidea:* ciascuna delle tre valvole situate all'origine dell'aorta e dell'arteria polmonare. – *Colon sigmoideo:* sigma.

sigmoidite s.f. MED. Infiammazione del colon sigmoideo.

significànte agg. (calco del fr. *signifiant*) Particolarmente significativo, ricco di espressività. ~ Che riveste molta importanza, che suscita interesse. SIN.: **notevole**. ◆ s.m. LING. Elemento formale, fonico o grafico, del segno linguistico, cui corrisponde l'elemento concettuale, detto *significato*.

significàre v.tr. [4] **1.** Avere un certo significato. *"Red" in inglese significa rosso.* **2.** *estens.* Comportare una certa informazione. *Il suo silenzio significa paura.* SIN.: **esprimere. 3.** *estens.* Rappresentare una certa cosa, simboleggiare. *Il verde significa speranza.* **4.** Avere qualche valore, qualche importanza. *Questo per me significa molto.*

significativo agg. **1.** Che implica, esprime un significato. ~ Che costituisce il segno, l'indizio di qlco. **2.** Ricco di significato. SIN.: **eloquente**. ~ Di particolare rilievo, importanza. *Risultati significativi.* **3.** MAT. *Cifre significative:* quelle che, nella rappresentazione approssimata di un numero reale, compaiono dopo gli zeri iniziali.

significàto s.m. **1.** Contenuto, senso, messaggio veicolato da un'espressione linguistica o da altre forme di comunicazione. – LING. L'elemento concettuale del segno cui corrisponde l'elemento formale detto *significante*. **2.** Valore di un gesto, di un'espressione, di un evento.

signóra s.f. **1.** Appellativo che precede il nome, il cognome o il titolo di una donna (nelle lettere è spesso abbreviato *sig.ra*). **2.** Donna, con sfumatura di maggior riguardo, in formule rituali o di cortesia. *La signora vuole accomodarsi? Parrucchiere per signora.* **3.** Donna sposata (in oppos. a *signorina*). **4.** Donna ricca, che può vivere di rendita senza lavorare. ~ Donna dai modi eleganti, distinti. ◊ *La vecchia signora:* nel l. del calcio, epiteto riservato alla squadra della Juventus. **5.** Padrona di casa, spec. in oppos. alla *servitù*. **6.** (iniziale maiusc.) Epiteto della Madonna. *Nostra Signora di Lourdes.*

signóre s.m. (lat. *seniōrem*, propr. "più vecchio") **1.** Appellativo di cortesia, con cui ci si rivolge a un uomo, oralmente o per iscritto (nelle lettere è spesso abbreviato *sig.*). **2.** Uomo, con sfumatura di maggior riguardo, in formule rituali o di cortesia. *Il signore desidera?* **3.** (al pl.) Insieme di persone di entrambi i sessi. **4.** Uomo ricco e benestante. *Fare il signore.* **5.** Uomo cortese, sensibile, educato. *Comportarsi da signore.* **6.** Padrone di casa, in oppos. al *personale di servizio.* **7.** Chi esercitava il proprio dominio su un territorio. ~ ST. Proprietario feudale. ~ Persona nobile di alto rango. ◊ *Signori della guerra:* in Cina, capi militari che approfittando di una situazione di debolezza dello stato si arrogarono

poteri civili costituendo domìni personali (1916-1928); *estens.* uomini di potere a capo di un movimento insurrezionale o di un'organizzazione criminale. **8.** *per anton.* (iniziale maiusc.) Dio, Gesù Cristo. ❏ In funzione di agg., eccellente, ottimo. *Un signor appartamento.*

signoria s.f. **1.** ST. Potere esercitato da un signore su un territorio. ~ *estens.* Autorità, dominio in genere. **2.** Forma di regime assolutistico, quasi sempre ereditario, instauratasi in molte città e stati italiani nel Trecento e nel Quattrocento, dopo la crisi degli ordinamenti comunali. **3.** (iniziale maiusc.) Titolo onorifico un tempo tributato a signori feudali e grandi magistrati, usato ancora oggi nel l. epistolare burocratico o in formule scherzose. *Vostra Signoria.*

signorile agg. **1.** Di un signore, specialmente del Medioevo o del Rinascimento. **2.** *fig.* Da signore, con riferimento a un livello sociale elevato, alla raffinatezza dei modi e dei costumi, all'educazione.

signorilità s.f. inv. Qualità di chi o di ciò che è signorile. ~ *estens.* Generosità, magnanimità.

signorina s.f. **1.** Appellativo di cortesia dato alle giovani donne o alle donne celibi (nelle lettere è spesso abbreviato *sig.na*). **2.** Donna non sposata. ◊ *Signorina buonasera:* nel l. gior., annunciatrice televisiva. **3.** Ragazza che ha ormai raggiunto la pubertà. **4.** *fig.* Come termine di confronto per rilevare caratteristiche fisiche o psichiche ritenute tipiche del sesso femminile. *Questo non è uno sport per signorine!*

signoròtto s.m. **1.** Signore che esercita autorità su un territorio limitato. **2.** *spreg.* Signore prepotente che approfitta della sua autorità.

sikh [/'sik/] agg. inv. (voce hindi, propr. "discepolo") Di indiano della regione del Punjab che sostiene un movimento politico-religioso monoteista ed è ostile alla suddivisione in caste sociali. ◆ s.m. e f.inv. Nel sign. dell'agg.

sikhara s.m. inv. (voce sanscr.) Alta torre curvilinea dei templi indiani.

sikhismo s.m. (solo sing.) Una delle quattro grandi religioni dell'India, fondata alla fine del sec. XV nel Punjab da Nanak, che afferma l'esistenza di un unico dio creatore e respinge il sistema delle caste indù.

silàno s.m. CHIM. Denominazione generica dei composti idrogenati del silicio che presentano analogie con gli idrocarburi.

silène s.f. **1.** Pianta erbacea, con fiori bianchi o rosa e calice tuboloso. (Famiglia delle Cariofillacee.) **2.** BOT. (iniziale maiusc.) Genere di piante a cui appartengono le varie specie di silene.

silentbloc s.m. inv. TECN. Blocco elastico di gomma speciale, compresso e interposto tra componenti in moto per assorbire le vibrazioni e i rumori.

silenziatóre s.m. (calco dell'ingl. *silencer*) Dispositivo che riduce la rumorosità di un motore o di un meccanismo. ~ Nei motori a scoppio, marmitta. ~ Nelle armi da fuoco, congegno che attutisce la detonazione.

silènzio s.m. [pl. *-zi*] **1.** Assenza di rumore. **2.** Divieto di produrre qualsiasi rumore, imposto nelle caserme e in alcuni collegi in occasione del riposo notturno. ~ Durata, intervallo di tempo in cui vige tale divieto. ~ *estens.* Segnale del divieto dato con la tromba nelle caserme. ~ Obbligo di tacere nei momenti dedicati alla meditazione e alla preghiera, vigente in alcuni ordini monastici. **3.** Il tacere, anche come ordine, invito. *Silenzio, per favore.* **4.** Il fatto di non parlare o scrivere su un certo argomento, di non dare pubblicità a un fatto. ◊ *Silenzio stampa:* astensione dal pubblicare notizie di cronaca su fatti o persone general. imposta dall'autorità giudiziaria. – *Passare sotto silenzio:* non essere menzionato, essere ignorato. **5.** *fig.* Oblio, dimenticanza. *Notizia che cade nel più assoluto silenzio.* ~ Il fatto di non scrivere lettere o di non dare proprie notizie da molto tempo. ~ Interruzione dei contatti fra due persone. ~ Riferito ad artisti, scrittori e simili, periodo di assenza dalla scena pubblica, di interruzione della propria attività. **6.** DIR. Termine con cui si indica l'inerzia di un soggetto sollecitato a esprimere la propria volontà. *Silenzio assenso.*

■ **sigillo** a cilindro con impronta; Mesopotamia, 2200 a.C. circa. (Louvre, Parigi.)

infiorescenza

foglie   calice

■ **silène**

silenzióso agg. **1.** Riferito a luogo o tempo, non turbato o non disturbato da rumori, suoni, voci. **2.** Che sta in silenzio. **3.** Che non fa rumore o è poco rumoroso. *Motore silenzioso.*

silfide s.f. (fr. *sylphide*) **1.** Nella mitologia nordica, genio femminile benefico o malefico, che popola l'aria, l'acqua e i boschi insieme al compagno silfo. **2.** *fig.* Donna leggiadra e snella.

Silfidi s.m. pl. [iniziale minusc. sing. *–de* per l'individuo] ZOOL. Famiglia d'insetti, simili al necroforo, che si cibano di carogne. (Lunghezza 1 cm ca.; ordine dei Coleotteri.)

silfo s.m. Genio dell'aria nella mitologia nordica, cui si attribuisce il potere di causare infermità.

silhouette [/si'lwεt/] s.f. inv. (voce fr., dal nome del ministro delle finanze E. De *Silhouette* noto per l'amministrazione parsimoniosa) **1.** Tipo di ritratto che si limita a riprodurre il profilo del volto o il contorno del corpo di una persona. **2.** *estens.* Profilo agile di un corpo spec. femminile.

silicagèl s.m. inv. CHIM. Silice colloidale amorfa fortemente assorbente, usata come disidratante e in cromatografia.

silicàto s.m. Minerale formato a partire da una composizione elementare tetraedrica (SiO_4) con un atomo di silicio al centro e atomi d'ossigeno ai quattro vertici. [I silicati costituiscono la principale famiglia di minerali (feldspati, feldspatoidi, quarzo, pirosseni, olivine, ecc.) e rientrano nella composizione della maggioranza delle rocce magmatiche e metamorfiche.]

silice s.f. (lat. *silicem* "selce") MIN. Biossido di silicio SiO_2. [Largamente diffuso allo stato libero o combinato con altri minerali, costituente fondamentale della crosta terrestre, è usato nella produzione del vetro e della ceramica e può esistere in diverse varietà naturali (quarzo, calcedonio, opale).]

siliceo agg. MIN. Contenente silice. *Roccia silicea.*

silicico agg. [pl.m. *–ci*] CHIM. *Acido silicico*: ogni ossiacido del silicio.

silicio s.m. (solo sing.) **1.** Non metallo, che si presenta allo stato amorfo come una polvere di colore marrone e allo stato cristallino ha lucentezza metallica e colore grigio, di densità 2,33 e che fonde a 1410 °C. **2.** Elemento chimico (*Si*) di numero atomico 14 e peso atomico 28,0855. ENCICL. Presente in natura sotto forma di composti (silice e silicati), è l'elemento più abbondante dopo l'ossigeno (28% ca. della crosta terrestre). Insolubile nei solventi usuali, il silicio si scioglie in metalli come l'argento, il piombo e lo zinco. Viene attaccato dagli alogeni e brucia in ossigeno con grande liberazione di calore, dando luogo alla silice (SiO_2). Si combina a caldo con idrogeno, zolfo, azoto, e col carbonio dà luogo, al forno elettrico, a carburo di silicio SiC (*carborundum*) usato come abrasivo. Fra i composti del silicio, i più importanti sono il biossido o silice e i silicati. I derivati di R_2SiO (R= alchile o fenile), i siliconi, sono importanti polimeri sintetici. Avendo proprietà di semiconduttore, il silicio cristallino drogato con boro o arsenico, è il materiale di base dell'elettronica; è utilizzato nei circuiti integrati, nelle batterie solari, ecc.

silicizzazióne s.f. **1.** BOT. Processo di impregnazione con silice delle membrane cellulari. **2.** GEOL. Processo di fossilizzazione consistente nella sostituzione di sostanze organiche con sili-

ce. **3.** METALL. Trattamento dell'acciaio con silicio per aumentarne la resistenza.

silicóne s.m. CHIM. Polimero del silicio di formula generale R_2SiO, preparato artificialmente e di larga utilizzazione nell'industria dei lubrificanti, dei detergenti, delle vernici e nella chirurgia estetica.

silicòsi s.f. inv. MED. Affezione polmonare dovuta a continua assunzione di polvere di silicio, spec. in miniere, fonderie, fabbriche di vetro e di vernici.

1. siliqua s.f. (lat. *siliquam* "baccello") **1.** BOT. Frutto secco a capsula, che si apre in due valve, con i semi attaccati a un setto mediano detto *replo*, caratteristico delle Crocifere. **2.** Mollusco marino con corpo cilindrico chiuso in una conchiglia a due valve, detto anche *cannolicchio*. (Classe dei Lamellibranchi.)

2. siliqua s.f. **1.** La più piccola unità di peso romana, corrispondente a 1/6 di scrupolo. **2.** Moneta romana d'argento, corrispondente a 1/24 di solido, coniata a partire dall'impero di Costantino.

siliquàstro Albero originario delle regioni mediterranee i cui fiori sbocciano prima della comparsa delle foglie. (Famiglia delle Leguminose.)

sillaba s.f. (lat. *syllabam*, gr. *syllabé* deriv. di *syllambánein* "prendere insieme") LING. Unità fonetica costituita da consonanti e vocali che si pronunciano con una sola emissione di voce. ◊ *Sillaba aperta o libera*: terminante per vocale. – *Sillaba chiusa*: terminante in consonante. – *Sillaba atona, tonica*: senza, con accento. – *fig. Non cambiare una sillaba*: rispettare ciò che è stato detto o scritto da altri, non omettendo o cambiando nulla.

sillabàre v.tr. **1.** Dividere le parole in sillabe per esercizio. **2.** Pronunciare le parole scandendo bene le sillabe, a fini espressivi o per esercizio di lettura.

sillabàrio s.m. [pl. *–ri*] Libro scolastico che serviva per imparare a leggere e scrivere secondo il metodo sillabico.

sillabazióne s.f. Scomposizione in sillabe.

sillàbico agg. [pl.m. *–ci*, f. *–che*] Relativo alla sillaba. ◊ *Scrittura sillabica*: dove ogni segno grafico rappresenta una sillaba.

sillabo s.m. (gr. *syllabos* "collezione") Catalogo, indice, raccolta, sommario.

sillèssi s.f. inv. GRAMM. In una frase, concordanza di parole secondo il senso, non secondo le norme grammaticali (p.e. *un gruppo di soldati venivano*).

silloge s.f. Antologia che raccoglie scritti, testi di varia natura. SIN.: **raccolta**.

sillogismo s.m. (lat. *syllogismum*, gr. *syllogismós* deriv. di *syllogízesthai* "abbracciare col pensiero" e quindi "dedurre") **1.** LOG. Ragionamento deduttivo che contiene tre proposizioni (la maggiore, la minore e la conclusione) concatenate in modo che la conclusione è ricavata dalla maggiore con l'intermediazione della minore. **2.** *estens.* Argomentazione, ragionamento, perlopiù sottili e tendenzioso.

sillogistica s.f. [non com. pl. *–che*] FILOS. Parte della logica che studia la natura e le forme del sillogismo.

silo s.m. [pl. *sili*, *silos*] **1.** Costruzione a torre, perlopiù cilindrica, per immagazzinare cereali, foraggi e altri prodotti. **2.** Garage a più piani per il parcheggio delle automobili. **3.** ARM. Cavità artificiale di cemento in cui vengono alloggiati e da cui possono essere lanciati i grandi missili.

silografia o **xilografia** s.f. **1.** Antico metodo di stampa che riproduce scritti e soprattutto disegni attraverso una matrice di legno duro inciso a mano. ~ La matrice così incisa. **2.** Riproduzione ottenuta con tale procedimento.

silogràfico o **xilogràfico** agg. [pl.m. *–ci*, f. *–che*] Relativo alla silografia.

silologia o **xilologia** s.f. BOT. Studio dei legnami.

silòmetro o **xilometro** s.m. MAR. Strumento nautico che misura la velocità delle navi.

silos s.m. inv. Silo.

siluraménto s.m. **1.** Affondamento di un'imbarcazione mediante lancio di siluri. **2.** *fig.* Allontanamento di una persona da un incarico. ~ Azioni poste in atto per far fallire un'iniziativa, un progetto.

siluràre v.tr. **1.** Attaccare, distruggere un obiettivo per mezzo di siluri. **2.** *fig.* Fare fallire qlco. *Silurare un progetto.* **3.** *fig.* Cacciare qlcu. da una carica. *Gli azionisti hanno silurato il presidente.*

siluriàno s.m. (solo sing.) (ingl. *silurian*, lat. deriv. di *Silures* "Siluri", nome di un'antica popolazione gallese) GEOL. Terzo periodo dell'era paleozoica. [Compreso tra 435 e 410 milioni di anni fa, fu caratterizzato dalla presenza di trilobiti, molluschi e dai primi esseri viventi di terraferma (gli scorpioni).] ◆ agg. Relativo a tale periodo.

Silùridi s.m. pl. [iniziale minusc. sing. *–de* per l'individuo] ZOOL. Famiglia di pesci delle acque dolci tropicali e subtropicali, dal corpo molto allungato privo di squame e testa munita di

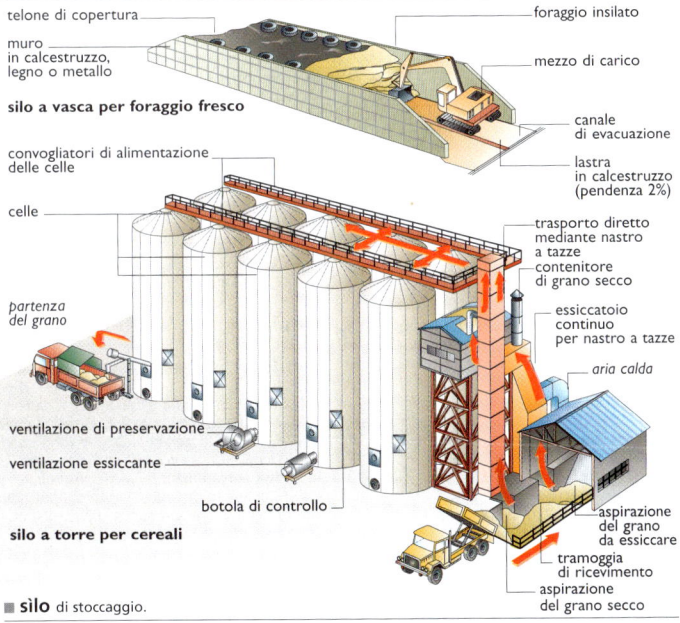

telone di copertura

muro in calcestruzzo, legno o metallo

silo a vasca per foraggio fresco

convogliatori di alimentazione delle celle

celle

partenza del grano

ventilazione di preservazione

ventilazione essiccante

botola di controllo

silo a torre per cereali

foraggio insilato

mezzo di carico

canale di evacuazione

lastra in calcestruzzo (pendenza 2%)

trasporto diretto mediante nastro a tazze

contenitore di grano secco

essiccatoio continuo per nastro a tazze

aria calda

aspirazione del grano da essiccare

tramoggia di ricevimento

aspirazione del grano secco

■ **silo** di stoccaggio.

bargigli. (Gruppo dei Teleostei; ordine dei Cipriniformi.)

Silurifórmi s.m. pl. ZOOL. Ordine di pesci caratterizzati da corpo talvolta ricoperto di placche ossee che formano in alcuni casi una vera e propria corazza.

silurista s.m. [pl. –*sti*] MIL. Chi è specializzato nella manutenzione dei siluri.

1. silùro s.m. (gr. *sílouros* "pesce dalla coda ripiegata" per il dimenare della coda) Pesce d'acqua dolce diffuso nei laghi e nei fiumi d'Europa, con pelle senza scaglie e bocca circondata da lunghi bargigli; caccia pesci, anfibi, uccelli acquatici e piccoli mammiferi. (Il *silurus glanis* o siluro d'Europa, può superare i 4 m di lunghezza; famiglia dei Siluridi.)

2. silùro s.m. (così chiamato per la forma somigliante al pesce siluro) **1.** Arma offensiva consistente in un grande cilindro carico di esplosivo, che viaggia sott'acqua mosso da un motore e guidato da un timone. **2.** *fig.* Manovra, attività, intervento volto a denigrare una personalità o a far fallire un'iniziativa. **3.** SPORT. *fig.* Tiro forte e violento o atleta assai veloce.

■ **silùro**

silver plate [/ˈsɪlvə ˈpleɪt/] loc. sost. m. inv. (loc. ingl., propr. "placca d'argento") Metallo vile placcato d'argento.

silvèstre agg. **1.** Che cresce o vive nei boschi. **2.** *fig.* Aspro, selvaggio.

1. silvia s.f. **1.** Uccello di piccole dimensioni, con becco corto e diritto. (Ordine dei Passeriformi.) **2.** (iniziale maiusc.) Genere di uccelli a cui appartengono varie specie di silvia, tra cui la capinera e il beccafico.

2. silvia s.f. (lat. *sílva* "selva") Pianta velenosa delle Ranuncolacee, dai fiori bianchi o rosa; è detta pure *anemone dei boschi*.

silvìcolo agg. Che cresce o abita nei boschi.

silvicoltóre s.m. [f.–*trice*] → selvicoltore.

silvicoltùra s.f. → selvicoltura.

Silvidi s.m. pl. [iniziale minusc. sing –*de* per l'individuo] ZOOL. Famiglia di piccoli uccelli con becco corto e ali ridotte, di cui fanno parte la capinera e il beccafico. (Ordine dei Passeriformi.)

silvite s.f. (lat., deriv. di *sal digestivus Sylvii* "sale digestivo di Silvio") MIN. Cloruro di potassio (simb. *KCl*) in forma di cristalli di colore trasparente.

1. SIM s.m. inv. (sigla dell'ingl. *Subscriber Identity Module*, "modulo identificativo dell'abbonato") Carta identificativa dell'abbonato a un contratto di telefonia mobile.

2. SIM s.m. inv. (sigla di *Società di Intermediazione Mobiliare*) Società a cui è riservato l'esercizio professionale di operazioni attinenti ai valori mobiliari.

1. sima s.m. (solo sing.) GEOL. Strato inferiore della crosta terrestre composto principalmente da silicati di ferro e di magnesio.

2. sima s.f. (lat., deriv. di *simus* "appiattito, camuso") Cornice posta lungo l'estremità del tetto nei tempi classici e negli antichi edifici, spesso con funzione di gocciolatoio.

Simarubàcee s.f. pl. [iniziale minusc. sing –*a* per l'individuo] BOT. Famiglia di piante arboree tropicali con fusto legnoso e frutti a drupa, di cui fanno parte l'ailanto e la quassia.

simbiónte s.m. BIOL. Ogni organismo che vive in simbiosi con altri.

simbiòsi s.f. inv. (gr. *symbíōsis*, deriv. di *symbioûn* "vivere insieme") **1.** BIOL. Associazione fra due o più organismi appartenenti a specie vegetali o animali diverse, vantaggiosa o indispensabile per entrambi per la loro sopravvivenza. **2.** *fig.* Unione stretta tra persone o cose, sintonia, fusione.

simbiòtico agg. [pl.m. –*ci*, f. –*che*] **1.** BIOL. Di simbiosi. **2.** *fig.* Molto stretto.

simboleggiàre v.tr. [5] Esprimere con un simbolo. *Il verde simboleggia la speranza.*

simbòlico agg. [pl.m. –*ci*, f. –*che*] **1.** Relativo al simbolo. ~ Che ha carattere, valore o funzione di simbolo. **2.** Che si esprime per mezzo di simboli. **3.** Che ha valore puramente rappresentativo.

simbolìsmo s.m. **1.** Qualità e valore di simbolo. **2.** Uso specifico dei simboli in determinati campi. ~ L'insieme stesso, il repertorio dei simboli. **3.** LETT., ART. (anche con iniziale maiusc.) Tendenza a fare uso di simboli. ~ *per anton.* Movimento letterario e artistico sorto in Francia alla fine del sec. XIX fondato sull'adozione di procedimenti analogici e metaforici. **4.** RELIG. Tendenza a interpretare gli aspetti della realtà sensibile come manifestazione simbolica del trascendente.

ENCICL. Il simbolismo si afferma come movimento grazie al *Manifesto* di Jean Moréas (Le Figaro, 1886) che raggruppa poeti attratti dalla musicalità delle parole e dalla rappresentazione della realtà attraverso idee e simboli alla ricerca delle sfumature più sottili di impressioni e stati d'animo. Legato al romanticismo tedesco e al preraffaellismo inglese, prese le mosse da Baudelaire per svilupparsi attorno a figure quali Verlaine, Rimbaud e Mallarmé. Raggiunse il grande pubblico anche grazie al teatro di Maeterlinck e si diffuse in tutta Europa grazie, tra gli altri, all'inglese O. Wilde, al tedesco S. George, al russo K.D. Balmont. In pittura il simbolismo si allontanò dal naturalismo impressionista per assumere caratteristiche visionarie e allegoriche, sviluppandosi sempre di pari passo con la letteratura e annoverò tra i maggiori esponenti G. F. Frederic Watts e Burne-Jones in Gran Bretagna; G. Moreau, Puvis de Chavannes, Redon, Gauguin in Francia; Böcklin, Hodler, Max Klinger, Klimt nei paesi di lingua tedesca; Segantini e Alberto Martini in Italia.

simbolìsta s.m. e f.[pl.m. –*sti*] (fr. *symboliste*) ART., LETT. Esponente del simbolismo. ❑ In funzione di agg., del simbolismo o dei simbolisti. *Poeta simbolista.*

simbolizzazióne s.f. Attribuzione di valore simbolico. ~ PSICOAN. Adozione di simboli sostitutivi rispetto agli elementi della realtà.

simbolo s.m. (gr. *sýmbolon*, propr. "segno di riconoscimento") **1.** ANT. GR. Contrassegno di riconoscimento, di controllo, legato all'uso di spezzare in due parti una moneta o un oggetto per poi farle combaciare. **2.** RELIG. In alcune credenze misteriche, formula o motto valido come segno di riconoscimento fra gli adepti. ~ CATT. Sintesi delle principali verità di fede. **3.** Ciò che evoca un valore ulteriore e più ampio rispetto a quello che normalmente rappresenta. SIN.: **emblema**. **4.** Nel l. sc., segno grafico convenzionale cui corrispondono valori, qualità, concetti, relazioni, elementi, ecc. **5.** FILOS. In logica, segno convenzionale atto a esprimere elementi di un linguaggio simbolicamente formalizzato. **6.** PSICOAN. Immagine psichica e onirica prodotta dall'inconscio che costituisce la rivelazione di un contenuto latente.

simbologìa s.f. **1.** Interpretazione, spiegazione dei simboli. **2.** Insieme sistematico di simboli relativo a un settore specifico.

similàre agg. (fr. *similaire*) Del medesimo tipo. SIN.: **analogo**.

simile agg. **1.** Che presenta affinità, somiglianza o analogia con altro. SIN.: **affine**. ◇ GEOM. *Figure simili*: ottenute una dall'altra mediante una similitudine. **2.** Con valore dimostrativo, di questo genere, tale. *Un torto simile non dovevi farmelo.* ◆ s.m. (anche f.; spec. pl.) Individuo appartenente alla specie umana, gli esseri umani, il prossimo. ~ *estens.* Individuo che presenta le stesse caratteristiche, o si trova nella medesima condizione.

similitùdine s.f. **1.** Figura retorica che consiste nell'instaurare un paragone fra due cose o concetti. **2.** GEOM. Trasformazione mediante la quale si passa da una figura a un'altra simile.

similòro s.m. inv. Lega di rame, stagno e zinco, utilizzata nella fabbricazione di bigiotteria. ~ *estens.* Oggetto in similoro.

similpèlle s.f. inv. Materiale sintetico usato in alcuni prodotti in sostituzione della pelle naturale.

simmetrìa s.f. **1.** Corrispondenza ordinata ed equilibrata fra le parti di un oggetto o gli elementi di un sistema, per quanto riguarda la disposizione, le proporzioni e le forme. **2.** GEOM. Proprietà delle figure simmetriche. **3.** BIOL. Disposizione corrispondente delle parti di un organismo o di un organo rispetto a un centro, un asse o un piano. **4.** CRISTALLOGR. Rispondenza nelle strutture cristalline rispetto a rette o piani. **5.** ARCH. Rapporto di equilibrata corrispondenza fra parti di una costruzione.

simmètrico agg. [pl.m. –*ci*, f. –*che*] **1.** Che presenta simmetria. **2.** MAT. *Proprietà simmetrica*: una delle tre proprietà dell'eguaglianza (insieme con le proprietà riflessiva e transitiva), per cui se A è uguale a B, B è uguale ad A. – GEOM. *Figura simmetrica*: quella che può essere divisa in due parti che possono essere poste in corrispondenza, in modo tale che due punti corrispondenti si trovano da parti opposte e alla stessa distanza da un punto, da una retta o da un piano.

simonìa s.f. (dal nome di *Simon* Mago, taumaturgo convertito al cristianesimo, che propose a Pietro di vendergli il potere di conferire i doni dello Spirito Santo) RELIG. Commercio di beni sacri e spirituali.

simonìaco agg. [pl.m. –*ci*, f. –*che*] **1.** Relativo alla simonia. **2.** Colpevole di simonia. ◆ s.m. [f. –*ca*] Nell'accez. 2 dell'agg.

simpatètico agg. [pl.m. –*ci*, f. –*che*] Che è in completa sintonia con il carattere di una persona o con le caratteristiche di una cosa.

simpatìa s.f. (gr. *sympátheia* "accordo nel sentire") **1.** Disposizione d'animo favorevole verso una persona o una cosa. ~ Intesa affettiva fra due persone di sesso diverso. ~ Persona oggetto di tale intesa. **2.** *estens.* Capacità di suscitare negli altri un atteggiamento favorevole. **3.** *estens.* Rapporto di affinità tra due cose, per cui la modificazione dell'una determina una modificazione nell'altra. ~ Fenomeno acustico per cui un corpo, sollecitato dalle vibrazioni di un corpo vicino, vibra a sua volta.

simpatectomìa s.f. Ablazione chirurgica di parti del sistema nervoso simpatico.

1. simpàtico agg. [pl.m. –*ci*, f. –*che*] **1.** Che ispira simpatia. **2.** *estens.* Piacevole, gradevole. *Una serata simpatica.* **3.** Opportuno, cortese, spesso in frasi negative. *Non è simpatico andarsene senza salutare.* **4.** MUS. *Risonanza, oscillazione simpatica*: fenomeno acustico per cui un corpo risuona a causa della vibrazione acustica di un corpo vicino. ◆ s.m. [f. –*ca*] Chi ispira simpatia.

2. simpàtico agg. [pl.m. –*ci*, f. –*che*] ANAT. Appartenente o relativo a quella parte del sistema nervoso che presiede alla vita vegetativa; detto anche *ortosimpatico*. ◆ s.m. Sistema nervoso simpatico.

simpaticolìtico agg. [pl.m. –*ci*, f. –*che*] MED. → adrenolitico. ◆ s.m. Nel sign. dell'agg.

simpaticomimètico agg.[pl.m.–*ci*, f.–*che*] MED. → adrenergico. ◆ s.m. Nel sign. dell'agg.

simpatizzànte agg. Che simpatizza per un'idea, un movimento o un partito anche se non vi aderisce attivamente. ◆ s.m. e f. Sostenitore, fautore.

simpatizzàre v.intr. (aus. *avere*) (deriv. di *simpatia* con -*izzare*, su base fr. *sympathiser*) **1.** Provare simpatia per qlcu. **2.** Condividere le idee e le scelte di un partito, di un movimento, di un club sportivo. *Simpatizzare per un partito.*

simpètalo agg. BOT. Di fiore i cui petali sono uniti tra loro. SIN.: **gamopetalo**.

simplèsso s.m. (ingl. *simplex*) MAT. Ente geometrico che costituisce la generalizzazione del concetto di segmento, di triangolo e simili.

■ Il simbolismo

In campo artistico figurativo, come anche in letteratura, il simbolismo riprende il tema romantico dell'arte quale forma di conoscenza della realtà. L'artista, attraverso le immagini simboliche, risveglia i fantasmi del reale, evoca l'invisibile e i sogni, svela gli aspetti più insondabili dell'animo umano e, più in generale, consacra l'idea a spese della materia, come già in W. Blake o C.D. Friedrich.

Giovanni Segantini. *L'Amore alle fonti della vita* (1896). La stradicciola sulla quale avanzano i due amanti, scrive Segantini, "è stretta e fiancheggiata da rododendri [...]. Amore eterno, dicono i rossi rododendri, eterna speranza, rispondono i zembri sempre verdi. Un angiolo [...] mistico e sospettoso, stende la grande ala sulla misteriosa fonte della vita. [...]". (Galleria d'Arte Moderna, Milano.)

Pierre Puvis de Chavannes. *La Speranza* (1872 circa). Su uno sfondo di rovine e di morte (tumuli cosparsi di croci), l'artista traccia l'allegoria, quasi imperiosa nel suo atteggiamento di fiducia, di una giovane ragazza che tiene in mano un rametto verde. (Museo d'Orsay, Parigi.)

Fernand Khnopff. *Maschera con mantello bianco* (1907), disegno a matite colorate. Il carattere enigmatico, silenzioso e ieratico, il freddo luccichio degli occhi e delle perle, la discrezione raffinata dei colori conferiscono valore a quest'opera. Il belga Khnopff, influenzato in particolare dai preraffaelliti, era amico di poeti come G. Rodenbach. (Galleria d'Arte Moderna, Venezia.)

Arnold Böcklin. *L'isola dei morti,* (tela del 1885-1886). Condotta da un tetro nocchiero, una forma umana vestita di un bianco sudario si avvicina al mistero, sinistro e grandioso, dell'aldilà. Il pittore svizzero ha eseguito più versioni di questo stesso tema di ispirazione romantica. (Museo delle Belle Arti, Lipsia.)

simplex agg. inv. (voce lat., propr. "semplice") MED. Di tipo di herpes che colpisce le labbra, detto comunemente *febbre*.

simpòsio s.m. [pl. –*si*] (lat. *sympŏsium*, gr. *sympósion* comp. di *sýn* "insieme" e *pósis* "bevuta") **1.** Nell'antichità classica, ultima parte del banchetto, in cui si ascoltavano musica e canti. **2.** *fig.* Congresso su temi scientifici, riservato a pochi invitati.

simulàcro s.m. **1.** Immagine o statua di una divinità. ~ Statua o monumento in genere. **2.** *fig.* Parvenza della realtà effettiva. **3.** AER. Modello sperimentale di un aeromobile.

simulàre v.tr. (lat. *simulāre* "rendere simile") **1.** Fare apparire come reale qlco. che non lo è, spec. un sentimento o una condizione. *Simulare interesse.* **2.** Riprodurre in modo artificiale le condizioni di un fenomeno reale a fini sperimentali. *Simulare un volo spaziale.*

simulàto agg. **1.** Che viene presentato come vero senza essere tale. **2.** Riprodotto artificialmente. *Volo simulato.*

simulatóre s.m. **1.** [f. –*trice*] Chi finge. **2.** TECN. Dispositivo capace di riprodurre il funzionamento di macchine a scopo di collaudo o di addestramento del personale. ~ Struttura che riproduce le condizioni ambientali o la situazione in cui si verifica un fenomeno o si svolge un'azione. ◊ *Simulatore di volo:* per l'addestramento al pilotaggio di aeromobili e veicoli spaziali.

simulazióne s.f. **1.** Esibizione di comportamenti o di sentimenti diversi da quelli reali. SIN.: **finzione. 2.** DIR. Finzione di un atto inesistente o diverso da quello reale. ◊ *Simulazione di reato:* illecito commesso da chi simula che sia avvenuto un reato che in realtà non è stato commesso. **3.** TECN. Riproduzione del funzionamento di una macchina o di situazioni ambientali a scopo sperimentale.

simùlio s.m. [pl. –*li*] Insetto parassitario di aspetto simile alla mosca, le cui larve vivono nelle acque correnti. (Ordine dei Ditteri.)

simultànea s.f. **1.** Traduzione simultanea. **2.** Partita di scacchi in cui un giocatore affronta contemporaneamente più avversari.

simultaneìsmo s.m. Tecnica pittorica che ritrae l'oggetto osservato secondo due prospettive sovrapposte, per dare l'impressione di forme in movimento.

simultaneità s.f. inv. Caratteristica di ciò che avviene in modo simultaneo.

simultàneo agg. Che si verifica nello stesso tempo. SIN.: **concomitante.**

simùn s.m. inv. (fr. *simoun*, ar. *samūm*) Vento molto secco e caldo, tipico delle zone desertiche africane e arabiche.

sin- [*sim-* davanti a *m, b* e *p*; si assimila anche davanti a *l, r* e *s*; talora si- davanti a *s* più consonante] Primo elemento di composti del l. scientifico nei quali indica compresenza, connessione, unione, contemporaneità (*sinantropo*).

sinagòga s.f. [pl. –*ghe*] (gr. *synagōgḗ*, propr. "riunione") **1.** Tempio e ambiente di riunione e di studio di una comunità ebraica. **2.** *estens.* La comunità israelitica, l'ebraismo stesso e l'insieme di tutti gli ebrei.

sinalèfe s.f. (gr. *synaloiphḗ* "fusione") METR. Fusione in una sola sillaba metrica della vocale finale di una parola con la vocale iniziale della parola che segue.

sinallàgma s.m. [pl. –*mi*] DIR. In alcune forme di contratto, obbligazione reciproca che lega entrambe le parti, tenute a prestazioni corrispettive.

Sinàndre s.f. pl. [iniziale minusc. sing. –*dra* per l'individuo] BOT. Ordine di piante gamopetale dicotiledoni, comprendente Composite, Campanulacee, Lobeliacee e altre famiglie di minore importanza.

sinàntropo s.m. Tipo di ominide scoperto in Cina, identificato con il pitecantropo del pleistocene e anche con il neantropo.

sinàpsi s.f. inv. (gr. *sýnapsis* "connessione") FISIOL. Congiunzione tra due cellule nervose o fra una cellula nervosa e l'organo periferico di reazione, che consente la trasmissione unidirezionale dell'impulso nervoso tramite la liberazione di sostanze chimiche.

sinàptico agg. [pl.m. –*ci*, f. –*che*] FISIOL. Relativo a sinapsi.

sinartròsi s.f. inv. (gr. *synárthrōsis* "giuntura") ANAT. Articolazione rigida, priva di movimento, tipica per esempio delle ossa del cranio.

sincàrpico agg. [pl.m. –*ci*, f. –*che*] BOT. Di sincarpio. ~ Di ovario o gineceo con carpelli saldati in un solo pistillo.

sincàrpio s.m. [pl. –*pi*] **1.** BOT. Ovario formato da più carpelli saldati in un unico pistillo. **2.** BOT. Frutto sincarpo.

sincàrpo agg. BOT. Di frutto, che deriva da un ovario sincarpico o anche dalla saldatura di più frutti (p.e. l'ananas).

sinceraménte avv. In modo sincero.

sinceràre v.tr. Convincere qlcu. circa la verità di qlco. ◆ **sincerarsi** v.pron. Assicurarsi della verità.

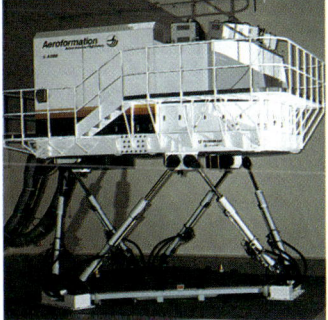

■ **simulatóre** di volo dell'Airbus A320.

sincerità s.f. inv. Qualità di chi o di ciò che è schietto, franco, sincero.

sincèro agg. (lat. *sincērum*, propr. "non mescolato") **1.** Riferito a persona, che dice la verità. ~ Corretto e leale nell'atteggiamento e nel comportamento. **2.** Riferito a cosa, autentico, effettivo, vero, privo di simulazione e di inganni. **3.** Di vino e olio, genuino, schietto, non adulterato né sofisticato.

sìnclasi s.f. inv. (gr. *sýnklasis* "collisione") GEOL. Crepa che si forma nelle rocce per effetto di processi di inaridimento o di congelamento.

sinclinàle s.f. GEOL. Piega rocciosa, concava verso l'alto.

sincopàto agg. **1.** LING. Di parola che presenta una sincope. **2.** MUS. Di brano o ritmo caratterizzato da sincopi.

sìncope s.f. **1.** LING. Caduta di uno o più fonemi all'interno di una parola (p.e. *opra* per *opera*). **2.** MUS. Inizio di un suono sull'unità di tempo debole della battuta anziché sull'unità forte, con un effetto ritmico di sfasatura. **3.** MED. Perdita improvvisa e transitoria della coscienza in seguito alla sospensione dell'attività cardiocircolatoria.

sincrètico agg. [pl.m. *-ci*, f. *-che*] **1.** Caratterizzato da sincretismo. **2.** LING. *Caso sincretico:* caso morfologico che, oltre alla funzione che gli è propria, esprime anche quella di casi scomparsi (p.e., in latino, l'ablativo). **3.** PSICOL. *Percezione sincretica:* in pedagogia, tendenza a percepire il mondo esterno in modo globale anziché per parti distinte e singole.

sincretismo s.m. (gr. *synkrētismós*, deriv. di *synkrētízein* "confederarsi al modo dei Cretesi" poiché i Cretesi, nonostante i contrasti tra i diversi gruppi, erano tuttavia soliti coalizzarsi di fronte a un pericolo comune) **1.** Fusione di teorie filosofiche o di dottrine religiose diverse. ~ Fusione di elementi eterogenei, di stili diversi. **2.** LING. Confluenza in una sola forma di funzioni morfologiche o sintattiche in origine espresse da forme diverse.

sincronia s.f. **1.** Sincronismo. **2.** LING. Complesso delle caratteristiche strutturali di una lingua considerate in un determinato momento storico, prescindendo dai rapporti con gli studi precedenti e dai fenomeni evolutivi; in oppos. a *diacronia*.

sincrònico agg. [pl.m. *-ci*, f. *-che*] (fr. *synchronique*) **1.** Che avviene nello stesso momento. **2.** LING. Fondato sulla sincronia.

sincronismo s.m. **1.** Contemporaneità di svolgimento. **2.** FIS. Proprietà di due grandezze oscillanti che hanno la stessa frequenza e differenza di fase costante. **3.** CINE., TV. Puntuale corrispondenza fra il sonoro e le immagini.

sincronizzàre v.tr. (fr. *synchroniser*) **1.** Rendere sincroni due o più fatti o fenomeni o operazioni, far sì che avvengano nello stesso momento. **2.** CINE. Garantire la sincronizzazione delle immagini e dei suoni di una pellicola. ◆ **sincronizzarsi** v.pron. Regolarsi in modo da essere sincrono rispetto a qlco. d'altro.

sincronizzàto agg. Che è in sincronia o la mantiene.

sincronizzatóre s.m. Qualunque dispositivo che consenta a due meccanismi di interagire fra loro in sincronia.

sincronizzazióne s.f. Realizzazione di una coincidenza o concordanza temporale fra due o più fasi o elementi.

sìncrono agg. **1.** Che avviene nello stesso spazio di tempo. **2.** TECN. Di dispositivo che opera in coordinazione con un altro o in base a un riferimento temporale comune. ◇ ELETTR. *Generatore sincrono:* macchina elettrica rotante che trasforma la potenza meccanica fornita da un motore in potenza elettrica a corrente alternata la cui frequenza è proporzionale alla velocità del motore.

sincrotróne s.m. (ingl. *synchrotron*, deriv. di *synchronized electron* "elettrone sincronizzato") FIS. Acceleratore di particelle subatomiche cariche in cui il campo acceleratore varia opportunamente per mantenere circolare l'orbita delle particelle.

1. sindacàle agg. (fr. *syndical*, orig. "relativo alla comunità") Proprio dei sindacati, dei sindacalisti. ◇ *Libertà sindacali:* complesso di diritti che consentono a un lavoratore di aderire a un sindacato e alle iniziative da esso promosse e alle organizzazioni sindacali di agire anche all'interno dei luoghi di lavoro.

2. sindacàle agg. **1.** Relativo al collegio dei sindaci di una società. **2.** Relativo a un sindaco e alle sue funzioni.

sindacalismo s.m. (fr. *syndicalisme*) Insieme delle teorie e dei movimenti sorti per organizzare i lavoratori dipendenti e per tutelarne i diritti e gli interessi.

ENCICL. Il sindacalismo in Europa si è sviluppato con le prime associazioni di categoria dei lavoratori (Trade Unions) apparse in Gran Bretagna con le prime fasi della Rivoluzione industriale (seconda metà del XVIII sec.) Il sindacalismo operaio si è poi sviluppato secondo tre linee principali. La tradizione *corporativista* si preoccupa di lottare per i salari e le condizioni di lavoro dei lavoratori nonché di controllare l'accesso al mondo lavorativo; ne è parte significativa un settore importante del sindacalismo americano. La tradizione *riformista*, diffusa in Gran Bretagna, Germania e nel nord dell'Europa, che cerca di negoziare con i responsabili economici dell'impresa e dello Stato senza mettere in discussione i principi fondamentali dell'economia di mercato. In ultimo, la tradizione *rivoluzionaria*, anarcosindacalista da un lato, comunista dall'altro, che ha invece iscritto la sua lotta nella prospettiva di un rovesciamento del capitalismo.

sindacalista s.m. e f.[pl.m. *-sti*] (fr. *syndicaliste*) **1.** Esponente o dirigente di un sindacato. **2.** Seguace, sostenitore del sindacalismo.

sindacalizzàre v.tr. (fr. *syndicaliser*) Rendere coscienti i lavoratori dei propri diritti, fare acquisire loro coscienza sindacale ed eventualmente organizzarli in sindacati. ~ Aderire a un sindacato. ◆ **sindacalizzarsi** v.pron. Acquisire coscienza sindacale.

sindacàre v.tr. [4] **1.** Sottoporre a controllo, a esame l'organizzazione e l'attività di enti e funzionari. **2.** *estens.* Esprimere giudizi su persone o cose, controllare e criticare comportamenti.

1. sindacàto s.m. (fr. *syndicat*, deriv. di *syndic* "rappresentante legale") **1.** Associazione di lavoratori per la tutela dei diritti e degli interessi di categoria sul posto di lavoro e nell'ambito della società. ~ Organizzazione che rappresenta i datori di lavoro o le categorie dei lavoratori autonomi. ~ Ogni articolazione territoriale delle organizzazioni sindacali e la sede locale corrispondente. ◇ *Sindacati confederali:* quelli che hanno struttura di confederazione tra federazioni di categoria, in partic. CGIL, CISL e UIL. – *Sindacati autonomi:* organizzazioni di categoria che non aderiscono a nessuna confederazione. – *Sindacato giallo:* organismo sindacale moderato e incline alla mediazione e al compromesso nei confronti della direzione aziendale, sostenuto dal padronato. **2.** ECON. *Sindacato azionario:* accordo tra azionisti detentori di un notevole quantitativo di azioni per votare una linea comune nell'assemblea societaria al fine di indirizzare la gestione della società. – *Sindacato industriale, commerciale:* accordo, consorzio fra imprese, banche, ecc. **3.** FIN. Associazione temporanea di intermediari che mettono a disposizione di un emittente la loro attività e la loro organizzazione al fine di collocare sul mercato titoli di nuova emissione. **4.** Nel gergo della malavita, crimine organizzato, racket.

2. sindacàto agg. Sottoposto a controlli amministrativi. *Società sindacata.* ◆ s.m. **1.** Controllo amministrativo sull'operato di società e cooperative. ~ *estens.* L'organo preposto a tale funzione. **2.** DIR. Esercizio di una funzione di controllo di legittimità o di merito. **3.** In età comunale, rendiconto del proprio operato a cui erano obbligati i magistrati alla conclusione del loro mandato.

sìndaco s.m. [pl. *-ci*] (gr. *sýndikos* "avvocato difensore") **1.** [anche con riferimento a donna; non com. o scherz. f. *sindachessa*] Capo dell'amministrazione comunale. **2.** Ciascun membro dell'organo che, per legge, controlla la correttezza dell'attività amministrativa e il rispetto dello statuto in società di capitale, cooperative e associazioni; è detto anche *revisore dei conti*. **3.** Nell'antichità e nel Medioevo, rappresentante legale della comunità o del comune durante un processo.

sindattilìa s.f. MED. Malformazione di una mano o del piede in cui alcune dita sono riunite in un'unica articolazione.

sìndone s.f. (lat. *sindonem* "tela di lino") **1.** Lenzuolo di lino con cui gli Ebrei avvolgevano i cadaveri. **2.** RELIG. *per anton. La (Sacra o Santa) Sindone:* lenzuolo conservato nel duomo di Torino, in cui sarebbe stato avvolto Gesù dopo la morte.

sìndrome s.f. (gr. *syndromḗ* "affluenza, concorso") MED. Insieme di segni, di sintomi, di disordini che compongono una situazione clinica particolare, usato anche per identificare patologie le cui cause sono sconosciute o poco chiare. ◇ *Sindrome da immunodeficienza acquisita:* AIDS. – *Sindrome di Stendhal:* stato di confusione mentale e perdita di senso dell'orientamento causati dalla profonda emozione provata di fronte a un'opera d'arte. (La denominazione deriva dalla violenta reazione che Stendhal dichiarò di aver provato alla vista della chiesa di Santa Croce a Firenze.) – *Sindrome di Cushing:* sindrome analoga alla malattia omonima, dalla quale si differenzia in quanto è determinata non da adenoma ipofisario ma da alterazioni di altre ghiandole endocrine, spec. della parte corticale del surrene. – *Sindrome di Raynaud:* malattia caratterizzata dall'arresto temporaneo della circolazione nelle estremità. – *Sindrome di Turner:* aberrazione cromosomica osservata nella donna, caratterizzata dalla presenza di un solo cromosoma X invece di due; comporta nanismo, sterilità ovarica e malformazioni varie. – *Sindrome di Klinefelter:* patologia maschile, dovuta ad aberrazione cromosomica, caratterizzata da atrofia testicolare, sterilità e ritardo mentale. – *figg. Sindrome di Stoccolma:* rapporto di comprensione o di simpatia che si instaura fra un ostaggio e i suoi sequestratori. (L'espressione deriva da una situazione verificatasi durante la rapina a una banca svedese nel 1973.) – *Sindrome cinese:* paura di una catastrofe nucleare vissuta come una psicosi. (Dal titolo di un film americano di J. Bridges del 1978, che descrive le gravi conseguenze di un incidente nucleare in una centrale atomica californiana e le sue possibili ripercussioni in Cina.)

sinechia s.f. (gr. *synékheia* "continuità") MED. Aderenza patologica, cicatriziale, di due tessuti, di due parti di organi a seguito di un trauma o di un'infiammazione.

sinecismo s.m. (gr. *synoikismós*, deriv. di *synoikízein* "far abitare insieme") **1.** ANT. GR. Accentramento in città degli abitanti di villaggi e campagne, oppure aggregazione di più centri preesistenti, a formare una città nuova. **2.** *estens.* Convivenza in una comunità o in uno Stato di popolazioni diverse.

sinecùra s.f. **1.** Antico beneficio ecclesiastico che non comportava cura d'anime. **2.** *estens.* Occupazione ben remunerata che richiede un impegno ridotto.

sinèddoche s.f. Figura retorica che consiste nel conferire a una parola un significato più o meno esteso di quello che normalmente le è proprio, p.e. usare la parte per indicare il tutto (*tetto* per *casa*) e viceversa (*America* per *USA*) o la specie per il genere e viceversa (*pane* per *cibo*, *mortali* per *uomini*).

sìne dìe loc. avv. (loc. lat., propr. "senza giorno") DIR. Senza fissare date precise. *Riunione rinviata sine die.*

sinèdrio s.m. [pl. *-dri*] (lat. *synèdrium*, gr. *synédrion* comp. di *sýn* "insieme" ed *hédra* "seggio") **1.** ANT. GR. Assemblea politica o religiosa. **2.** Presso gli antichi Ebrei, il più alto organo collegiale che decideva in materia religiosa, politica e giudiziaria. (Creato alla fine del III sec. a.C., cessò di esistere alla scomparsa dell'antico Israele nel 70 d.C.) **3.** *scherz. fig.* Riunione di persone autorevoli.

sìne qua nòn → **conditio sine qua non**.

sinèresi s.f. inv. (gr. *synáiresis* "riduzione") **1.** METR. Fusione di due vocali contigue in una sola sillaba. **2.** CHIM. Separazione spontanea del solvente da una massa colloidale, con conseguente raggrinzimento di questa.

sinergìa s.f. **1.** Cooperazione tra più elementi per il raggiungimento di un risultato comune, talvolta complessivamente superiore alla somma delle singole componenti. **2.** FISIOL. Azione simultanea di più organi che concorrono a una stessa funzione. ~ FARM. Azione di più farmaci con potenziamento degli effetti.

sinèrgico agg. [pl.m. *-ci*, f. *-che*] **1.** Risultante da un apporto coordinato di fattori diversi. **2.** Relativo alla sinergia, che opera in sinergia.

sinergìsmo s.m. **1.** FARM. Azione combinata di più farmaci che, assunti assieme, accrescono le proprie specifiche potenzialità. SIN.: **sinergia**. **2.** RELIG. Dottrina eretica protestante, riconducibile a Melantone, che sostiene la partecipazione dell'uomo, in cooperazione con la grazia divina, alla propria salvezza.

sinestèsi s.f. inv. PSICOL. Sinestesia.

sinestesìa s.f. **1.** PSICOL. Fusione delle percezioni di sensi distinti. **2.** RET. Forma di metafora che consiste nell'associare termini pertinenti a sfere sensoriali differenti, largamente utilizzata dai poeti simbolisti (p.e. *pigolio di stelle*).

sìnfisi s.f. inv. ANAT. Tipo di articolazione semimobile in cui le ossa sono collegate mediante cartilagine o tessuto fibroso. *La sinfisi pubica.*

sinfonìa s.f. (gr. *symphōnía* "accordo musicale") **1.** MUS. Composizione per orchestra, general. in quattro movimenti, di considerevole estensione. **2.** *fig.* Insieme armonioso di sensazioni, colori, suoni, immagini, ecc. **3.** *fam.* Per antifrasi, lamentela monotona e noiosa. ~ Insieme di suoni, rumori sgradevoli.

sinfònico agg. [pl.m. *-ci*, f. *-che*] Relativo a sinfonia. ◇ *Musica sinfonica:* complesso delle composizioni musicali che devono essere eseguite da un'orchestra.

sinfonìsta s.m. e f. [pl.m. *-sti*] Chi compone o esegue sinfonie.

singalése o **cingalése** agg. (ingl. *sinhalese*, sanscr. deriv. di *Siṅhala-* "Ceylon") Dell'isola di Ceylon (Sri Lanka), situata nell'Oceano Indiano a sud dell'India. ◆ s.m. **1.** (anche f.) Nativo, abitante dell'isola di Ceylon. **2.** (solo sing.) Lingua indoeuropea parlata nell'isola di Ceylon.

singaporiàno agg. Di Singapore, dei suoi abitanti. ◆ s.m. [f. *-na*] Nativo, abitante di Singapore.

singhiozzàre v.intr. (aus. *avere*) **1.** Avere il singhiozzo. ~ *fig.* Procedere a scatti, con difficoltà. *L'automobile veniva su per la salita singhiozzando.* **2.** Piangere emettendo singhiozzi. *Singhiozza per l'esame andato male.*

singhiózzo s.m. **1.** Contrazione brusca involontaria del diaframma, che causa uno scossone e un rumore acuto, che proviene dalla glottide e dalle corde vocali. **2.** Pianto convulso e spasmodico con singulti.

single [/sɪŋgl/] s.m. inv. (voce ingl., propr. "singolo") **1.** (anche f.) Persona che vive per conto proprio. ~ Persona non sposata. **2.** SPORT. Nel tennis e nel golf, partita disputata fra due soli giocatori. SIN.: **singolare**. **3.** Disco contenente un'unica incisione.

singleton [/'sɪŋgltən/] s.m. inv. (voce ingl.) **1.** Nel bridge e in altri giochi di carte, unica carta di un certo seme in mano a un giocatore dopo la distribuzione. **2.** MAT. Insieme costituito da un singolo elemento.

Singnàtidi s.m. pl. [iniziale minusc. sing. *-de* per l'individuo] ZOOL. Famiglia di pesci, con muso e corpo allungato, tipici dei mari caldi; ne fanno parte il pesce ago e il cavalluccio marino. (Superordine dei Teleostei.)

singolàre agg. **1.** Inconfondibile, particolare. ~ Che stupisce con la sua originalità. ~ Eccentrico, strano. **2.** GRAMM. Di elemento linguistico che denota un referente singolo. *Aggettivo singolare.* ◆ s.m. **1.** GRAMM. Numero singolare. *Il singolare e il plurale.* **2.** SPORT. Nel tennis e nel ping-pong, incontro disputato tra due giocatori. *Disputare la finale del singolare maschile.*

singolarìsta s.m. e f. [pl.m. *-sti*] SPORT. Nel tennis e in altri sport, giocatore specialista negli incontri singoli. SIN.: **singolista**.

singolarità s.f. inv. Peculiarità, particolarità. ~ Unicità, straordinarietà, eccellenza. ~ Stranezza.

singolatìvo agg. (fr. *singulatif*) Di forma che denota il carattere singolare del referente, in oppos. a *collettivo*. ◆ s.m. Nel sign. dell'agg.

sìngolo agg. **1.** Uno solo, unico. ~ Costituito da un solo elemento. ~ Per una sola persona. *Camera singola.* **2.** Preso nella sua individualità. *Ricordo ogni singolo attimo di quel giorno.* ◆ s.m. **1.** [f. *-la*] Ogni essere umano considerato nella sua individualità, indipendente dagli altri. *Gli interessi dei singoli nella società.* **2.** SPORT. Nel canottaggio, imbarcazione per un solo vogatore. ~ Partita di tennis o di ping-pong fra due giocatori soltanto (in oppos. a *doppio*). **3.** Scompartimento con un solo posto nelle carrozze letto dei treni.

singùlto s.m. **1.** Singhiozzo. **2.** Rumore, verso, grido lamentoso.

siniscalcàto s.m. L'ufficio e il grado di siniscalco.

siniscàlco s.m. [pl. *-chi*] (francone *siniskalk*, propr. "servitore anziano") In epoca medievale, maggiordomo di signori feudali; in seguito, alto dignitario amministrativo.

sinìstra s.f. **1.** Mano sinistra. ~ Lato del corpo dove è posto il cuore. ~ Parte, direzione situate sul lato sinistro di chi osserva. **2.** Parte delle assemblee parlamentari che si riunisce alla sinistra del presidente e comprende i rappresentanti delle parti che professano opinioni progressiste secondo una tradizione che risale alla rivoluzione francese. ~ *estens.* Partiti, movimenti e simili che rappresentano le tendenze politiche progressiste. ◇ *Essere di sinistra:* appartenere allo schieramento progressista.

sinistràto agg. **1.** Vittima di una calamità. **2.** Che ha subito un incidente. ◆ s.m. [f. *-ta*] Nell'accez. 1 dell'agg.

sinistrìsmo s.m. POLIT. Tendenza a difendere posizioni di sinistra.

sinìstro agg. **1.** Che sta dalla parte del cuore. **2.** *fig.* Sfavorevole, funesto. ~ Che ispira terrore o contiene una minaccia. *Sguardo sinistro.* **3.** Che appartiene allo schieramento progressista. ◆ s.m. **1.** Incidente, disastro, sciagura, spec. automobilistico. ~ Il danno corrispondente che una compagnia assicurativa deve risarcire. **2.** SPORT. Piede sinistro e tiro effettuato con tale piede, spec. nel calcio. ~ BOXE Colpo sferrato col pugno sinistro.

sinistròide agg. *spreg. o scherz.* Orientato politicamente a sinistra. ◆ s.m. e f. Nel sign. dell'agg.

sinistròrso agg. **1.** Che va da destra a sinistra. **2.** TECN. Che ruota in senso antiorario (in oppos. a *destrorso*). **3.** *spreg. o scherz.* Che propende politicamente per la sinistra. ◆ s.m. [f. *-sa*] Nell'accez. 3 dell'agg.

sinistròsi s.f. PSICH. Stato mentale patologico di alcune vittime, che risiede in un desiderio delirante di risarcimento di un trauma subito.

sinistrosità s.f. inv. Nel l. delle assicurazioni, tasso di incidenti registrati in assoluto o a carico di un assicurato.

sìno avv. → **fino**.

sinodàle agg. CATT. Relativo al sinodo.

sinòdico agg. [pl.m. *-ci*, f. *-che*] ASTR. Che si riferisce alla congiunzione degli astri. ◇ *Rivoluzione sinodica:* periodo di tempo compreso tra due successive congiunzioni di un pianeta col Sole.

sìnodo s.m. (gr. *sýnodos* "riunione, congiungimento") **1.** CATT. Assemblea di sacerdoti o di vescovi, convocata da un vescovo o dal papa per deliberare degli affari di una diocesi o dei problemi generali della Chiesa. **2.** ASTR. Congiunzione astrale.

sinologìa s.f. Studio della storia, della lingua e della civilizzazione cinese.

sinològico agg. [pl.m. *-ci*, f. *-che*] Che riguarda la sinologia.

sinòlogo s.m. [f. *-ga*, pl.m. *-gi* o *-ghi*, f. *-ghe*] Studioso, esperto della civiltà cinese.

sinonimìa s.f. LING. Sostanziale identità di significato denotativo tra due o più vocaboli.

sinònimo s.m. LING. Termine sostituibile a un altro nel significato denotativo.

sinòpsi s.f. inv. Riassunto conciso della trama di un film, usato spec. a fini pubblicitari.

sinóra avv. → **finora**.

sinòssi s.f. inv. (gr. *sýnopsis* "sguardo d'assieme") Compendio schematico di un argomento o di una materia. ◇ *Sinossi evangelica:* in origine, disposizione su tre colonne parallele dei tre Vangeli sinottici (Matteo, Marco e Luca), che consentiva di visualizzare i parallelismi nella narrazione; attualmente, analisi comparata dei luoghi comuni a questi tre Vangeli.

sinòttico agg. [pl.m. *-ci*, f. *-che*] Presentato, esposto in forma riassuntiva, schematica e sintetica. ◇ *Vangeli sinottici:* (anche s.m. pl. *i sinottici*) quelli di Matteo, Marco e Luca, che presentano parallelismi di narrazione. – *Tavole sinottiche:* colonne che contengono una disposizione sintetica e ordinata di un argomento o di argomenti simili. – *Carte sinottiche:* quelle usate in navigazione per conoscere le condizioni meteorologiche delle diverse zone.

sinòvia s.f. (voce coniata da Paracelso) ANAT. Liquido semidenso, prodotto dalla membrana sinoviale, contenuto nelle cavità delle articolazioni con funzione di lubrificante.

sinoviàle agg. ANAT. Della sinovia. ◇ *Membrana sinoviale:* membrana che costituisce il rivestimento interno delle capsule articolari.

sinovìte s.f. MED. Infiammazione della membrana sinoviale.

sintàgma s.m. [pl. *-mi*] LING. Unione di due o più elementi linguistici in un nesso con propria funzione e significato.

sintàssi s.f. inv. (lat. *syntàxim*, gr. *sýntaksis* deriv. di *syntàttein* "ordinare insieme") **1.** L'insieme delle relazioni grammaticali tra le parole che costituiscono una frase o, in generale, un'espressione linguistica di più elementi. ◇ *Regole di sintassi:* quelle previste da un determinato sistema linguistico per la formazione di frasi giudicate corrette. **2.** Il manuale, scientifico o didattico, che espone sistematicamente le regole sintattiche di una lingua. **3.** *estens.* L'insieme delle relazioni significative intercorrenti tra gli elementi che compongono un'opera pittorica, architettonica, musicale, ecc. **4.** FILOS. Parte della semiotica che ha per oggetto di studio le relazioni tra i segni, indipendentemente dai significati.

sintàttico agg. [pl.m. *-ci*, f. *-che*] Relativo alla sintassi.

sinterizzàre v.tr. (calco dell'ingl. *to sinter*) METALL. Conferire consistenza di massa a materiali in polvere, spec. metalli, sottoponendoli a elevate temperature.

sìntesi s.f. inv. (gr. *sýnthesis* "unione") **1.** Operazione mentale che compendia una quantità di dati conoscitivi, anche complessi, in una conclusione unitaria ed essenziale. ~ FILOS. Il termine assume significati diversi a seconda dei contesti storici e degli autori. Nella dialettica di Hegel indica il concetto o il giudizio che supera e unifica posizioni opposte. ◇ *Sintesi a priori:* nella filosofia di Kant, atto della conoscenza in quanto unificazione delle intuizioni sensibili, compiuto dal soggetto per mezzo delle forme a priori dell'intelletto. **2.** *estens.* Esposizione riassuntiva di una materia, di un'opera. ~ Riunione, fusione di elementi diversi in un tutto unico. ~ *fig.* Opera, azione, atteggiamento che rappresentano gli aspetti migliori, più rappresentativi di un artista, di un'epoca, di una realtà, ecc. SIN.: **summa**. ◇ *In sintesi:* in forma ristretta, più breve. **3.** CHIM. Formazione di composti a partire dagli elementi o da composti più semplici. ◇ BIOL. *Sintesi proteica:* processo che avviene nelle cellule e che porta alla costituzione delle proteine. – *Sintesi clorofilliana:* fotosintesi. **4.** CHIR. Riunione dei due margini separati di un tessuto o di un organo.

sinteticaménte avv. In modo sintetico.

sintètico agg. [pl.m. *-ci*, f. *-che*] **1.** Fondato sulla sintesi (in genere in oppos. ad *analitico*). ~ Portato alla sintesi, costituente una sintesi. ~ *estens.* Essenziale, conciso, schematico. **2.** CHIM. Di prodotto ricavato artificialmente per sintesi. **3.** LING. Di lingua, come il latino, che esprime i rapporti grammaticali e sintattici per mezzo di morfemi che modificano la forma delle parole. **4.** *Geometria sintetica:* parte della geometria che segue un'impostazione di tipo esclusivamente geometrico senza fare ricorso all'analisi matematica.

sintetìsmo s.m. (gr. *synthetismós* "unione") FILOS. Teoria e dottrina che attribuisce peculiare rilievo alla sintesi nel processo conoscitivo.

sintetizzàre v.tr. **1.** Riferire in forma sintetica un testo, delle informazioni, limitandosi all'essenziale. **2.** CHIM. Produrre un composto attraverso la sintesi.

sintetizzàto agg. MUS. Di suono prodotto utilizzando strumenti e procedimenti elettronici.

sintetizzatóre s.m. **1.** [f. *–trice*] Che attua una sintesi. **2.** MUS. Strumento elettronico in grado di generare suoni in una vastissima gamma di timbri e sfumature, attraverso la regolazione dei parametri di funzionamento di una serie di oscillatori. **3.** INFORM. *Sintetizzatore vocale:* programma o dispositivo in grado di produrre suoni che simulano la voce umana e di leggere con tale voce qualunque testo memorizzato. ❑ In funzione di agg., nell'accez. 1 del s.

■ **sintetizzatóre.**

sintoamplificatóre s.m. Apparecchio di riproduzione sonora ad alta fedeltà che riunisce le funzioni del sintonizzatore e dell'amplificatore.

sintomàtico agg. [pl.m. *–ci*, f. *–che*] (gr. *symptōmatikós* "accidentale") **1.** MED. Che costituisce un sintomo. *Manifestazione sintomatica di una malattia.* ◇ *Terapia, cura sintomatica:* che può eliminare solo i sintomi, non le cause della malattia. **2.** fig. Significativo, indicativo. *È sintomatico che il tuo amico non ti telefoni.*

sintomatologìa s.f. MED. Insieme dei sintomi caratteristici di uno stato patologico.

sìntomo s.m. (gr. *sýmptoma* "avvenimento casuale") **1.** MED. Sensazione soggettiva riferita dal paziente che caratterizza o rivela uno stato patologico. *I sintomi dell'influenza.* **2.** fig. Indizio, segno. *La crescita dei prezzi è il sintomo di una crisi economica.*

sintonìa s.f. (gr. *syntonía* "accordo") **1.** FIS. Corrispondenza di frequenza tra grandezze o fenomeni periodici. ~ In radiotecnica, identità di frequenza delle oscillazioni elettriche di due circuiti. *La sintonia di due apparecchi.* ◇ *Comando, indicatore di sintonia:* in apparecchi radiofonici o televisivi, dispositivo con cui scegliere la stazione trasmittente accordandosi con la frequenza d'onda corrispondente. – *Scala di sintonia:* in un apparecchio radio, banda graduata sulla quale sono segnati i valori delle frequenze d'onda. **2.** fig. Armonia, accordo, consonanza. *Essere in sintonia con i tempi.*

sintonizzàre v.tr. **1.** Accordare una grandezza con un'altra. ~ In apparecchi radiotelevisivi, regolare su una determinata frequenza. *Sintonizzare la radio su una stazione.* **2.** fig. Armonizzare una cosa con un'altra. ■ **sintonizzàrsi** v.pron. **1.** Mettersi in sintonia con una certa stazione radio. **2.** fig. Essere o porsi in armonia.

sintonizzàto agg. Caratterizzato da sintonizzazione, da sintonia.

sintonizzatóre s.m. **1.** ELETTR. Circuito di un radioricevitore che provvede a selezionare il segnale della stazione emittente desiderata. **2.** Negli impianti ad alta fedeltà a moduli separati, apparecchio radiofonico.

sintonizzazióne s.f. Metodo di messa a punto della sintonia desiderata.

sinuóso agg. **1.** Caratterizzato da curve, ondulazioni, rientranze. ~ *estens.* Flessuoso. *Corpo sinuoso.* **2.** fig. Poco lineare, contorto. *Atteggiamento sinuoso.*

sinusàle agg. ANAT. Relativo ai seni paranasali o a un seno venoso.

sinusìte s.f. MED. Infiammazione dei seni paranasali.

sinusòide s.f. MAT. Curva piana che rappresenta la funzione seno o più general. tutte le funzioni x → sen (ax + b).

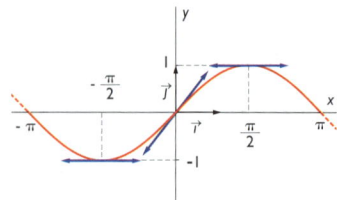

■ **sinusòide.** Rappresentazione grafica della funzione: x → sen x.

sionìsmo s.m. (ted. *Zionismus*, ebr. deriv. di *Ṣiyyōn* "Sion" nome della collina ove sorge la parte più antica della città di Gerusalemme) Movimento mirante alla costituzione di uno stato ebraico in Palestina; dopo la costituzione dello Stato di Israele nel 1948, il termine viene usato per indicare il nazionalismo ebraico più intransigente.

ENCICL. Il sionismo, scaturito dalla nostalgia degli ebrei per la propria terra, approdò a una prospettiva di politica nazionale nel sec. XIX, grazie all'opera di Theodor Herzl e del suo libro, *Lo Stato ebraico* (1896). Nel 1897 si svolse il I Congresso sionista, quindi furono fondate la Banca nazionale ebraica e il Fondo nazionale ebraico per l'acquisto di terre in Palestina. L'immigrazione aumentò dopo la dichiarazione Balfour (1917), favorevole alla creazione in Palestina di un nucleo nazionale ebraico, ma fu limitata nel periodo tra le due guerre dalla Gran Bretagna, per non urtare la suscettibilità del mondo arabo. Dopo la seconda guerra mondiale e l'olocausto degli ebrei europei, l'ONU decise di spartire la Palestina tra arabi ed ebrei, questi ultimi già insediatisi sul territorio nei decenni precedenti. Lo Stato di Israele nacque il 14 maggio 1948.

sionìsta s.m. e f. [pl.m. *–sti*] Fautore del sionismo. ❑ In funzione di agg., relativo al sionismo o ai sionisti.

sioux [/suː/] s.m. e f.inv. (voce ingl. d'America) (al pl. anche con iniziale maiusc.) Appartenente al gruppo etnico-linguistico dell'America settentrionale, oggi ridotto a poche migliaia di individui che vivono nelle riserve. ◆ agg. inv. Che appartiene ai Sioux. ~ Relativo ai Sioux.

sipariétto s.m. **1.** Nel sign. del dim. di *sipario*. **2.** Sipario aggiuntivo che viene calato tra i diversi quadri di un atto per consentire i cambiamenti di scena. **3.** Piccolo numero di rivista che viene eseguito davanti al sipario calato mentre si cambia scena. ~ *estens. fam.* Scenetta gustosa o caratteristica.

sipàrio s.m. [pl. *–ri*] (lat. *sipārium* "telone") Tela, tendaggio di stoffa pesante o schermo rigido che nasconde il palcoscenico di un teatro. ◇ *Alzare il sipario:* iniziare lo spettacolo; – *Calare, chiudere il sipario:* terminare la rappresentazione; fig. concludere una vicenda, non farne più parola.

sipo s.m. inv. Nome commerciale del legname fornito dall'*Entandrophragma utile*, specie arborea africana; è utilizzato in lavori di ebanisteria, falegnameria e impiallacciature. (Genere *Entandrophragma*; famiglia delle Meliacee).

sir [/sɜː/] s.m. inv. (voce ingl., fr. *sire* "signore") In Inghilterra, titolo riservato a cavalieri e baronetti. ~ Appellativo di cortesia rivolto a un uomo di cui non si conosce il nome.

sirdar s.m. inv. (persiano *sardar* "comandante") ST. Titolo onorifico conferito in Medio Oriente a un capo militare.

sire s.m. (fr. *sire*, lat. *seniōrem* compar. di *sĕnex* "vecchio") Titolo onorifico con cui ci si rivolge a sovrani e signori.

1. sirèna s.f. **1.** MIT. GR. Essere immaginario metà donna e metà uccello (pesce a partire dal Medioevo), che con il suo canto ammaliava i naviganti facendoli naufragare. **2.** *estens.* Donna seducente, di incantevole bellezza. **3.** Anfibio dei Sirenidi che vive in acque del continente americano (ne fanno parte il lamantino e il dugongo).

2. sirèna s.f. (fr. *sirène*, deriv. di *sirène* "sirena" perché come le antiche sirene attira l'attenzione) Apparecchio che produce segnali acustici intensi e prolungati, con frequenza variabile, usato per segnalazioni.

sirenétta s.f. **1.** Giovane donna bella e attraente. **2.** MUS. Piccolo organo dotato di vari registri che imitano il canto degli uccelli.

Sirènidi s.m. pl. [iniziale minusc. sing. *–de* per l'individuo] ZOOL. Famiglia di anfibi, in prevalenza acquatici, a forma di anguilla, diffusi nelle zone calde del Nord America, in grado di sopravvivere anche nel fango in caso di siccità. .

Sirènii s.m. pl. [iniziale minusc. sing. *–nio* per l'individuo] ZOOL. Ordine di mammiferi acquatici di grandi dimensioni, dal corpo cilindrico allungato munito di pinna caudale e dei soli arti anteriori, come p.e. dugongo e tricheco.

Sìrfidi s.m. pl. [iniziale minusc. sing. *–de* l'individuo] ZOOL. Famiglia di insetti di colore vario con riflessi metallici e ali piuttosto grosse, che si nutrono del polline dei fiori. (Ordine dei Ditteri.)

sirìaco agg. [pl.m. *–ci*, f. *–che*] Della regione storica della Siria. ◆ s.m. (solo sing.) Dialetto semitico-aramaico, usato come lingua letteraria adottata dalla Chiesa siriaca.

sirìano agg. Dell'attuale regione della Siria. ◆ s.m. **1.** [f. *–na*] Nativo, abitante della Siria. **2.** (solo sing.) Lingua di ceppo arabo, attualmente parlata in Siria.

sirìma o **sirma** s.f. (gr. *sýrma*, propr. "strascico") **1.** METR. Seconda parte della strofa di una canzone; è collegata alla prima parte (*fronte*) con un verso (*chiave*), e può dividersi in due parti (*volte*). **2.** TEAT. Veste lunga degli attori tragici greci che interpretavano un ruolo regale.

sirìnga s.f. [pl. *–ghe*] (gr. *sýrinks* "zampogna") **1.** Strumento musicale a fiato dell'antica Grecia, formato da una serie di canne di lunghezza decrescente, otturate in fondo e munite di fori. **2.** MED. Cilindretto di vetro o plastica, munito di uno stantuffo e di un ago forato, usato per iniettare o prelevare liquidi nei muscoli o nelle vene. **3.** Attrezzo da cucina e da pasticceria, formato da un cilindro con stantuffo, con un'estremità a cono.

siringàre v.tr. [4] **1.** MED. Immettere nel corpo liquidi medicamentosi con una siringa. SIN.: **iniettare. 2.** Estrarre liquidi organici da cavità patologiche con una siringa. *Siringare il liquido sinoviale.* ◆ **siringàrsi** v.pron. *gerg.* Iniettarsi eroina o morfina con una siringa.

siringe s.f. (gr. *sýrinks* "zampogna" e "condotto tubolare") ZOOL. Organo vocale degli uccelli, situato nella parte inferiore della trachea.

siringomielìa s.f. MED. Malattia degenerativa del sistema nervoso centrale.

sirtaki [/sir'taki/] s.m. inv. (voce gr., deriv. di *syrtós* nome di una danza) Ballo e canto tipici della tradizione popolare greca.

sirventése o **serventése** s.m. (provenz. *sirventes*, propr. "canto del servente per il suo signore") Componimento in versi, talvolta musicato, nato in Provenza alla fine del Duecento, di argomento celebrativo, che in seguito si arricchì di tematiche politiche, morali o religiose.

sisal s.f. inv. (da *Sisal*, nome di una città messicana) IND. TESS. Fibra che si estrae da una varietà di agave diffusa in Messico.

sisìmbrio s.m. → **erisimo.**

sisma o **sismo** s.m. [pl. *–smi*] (gr. *seismós*, deriv. di *séiein* "scuotere") Movimento tellurico di una regione della crosta terrestre, prodotto a una certa profondità a partire da un epicentro. SIN.: **terremoto.**

sismicità s.f. inv. Frequenza dei terremoti in un dato territorio.
sismico agg. [pl.m. *–ci*, f. *–che*] Relativo a sisma.
sismografìa s.f. GEOFIS. Registrazione delle scosse telluriche con strumenti appositi.
sismògrafo s.m. Strumento per registrare e studiare i fenomeni sismici.
sismogràmma s.m. [pl. *–mi*] Grafico di un fenomeno sismico registrato con un sismografo.
sismologìa s.f. GEOFIS. Studio dei movimenti tellurici.
sismòlogo s.m. [f. *–ga*, pl.m. *–gi*, f. *–ghe*] Geofisico specialista di sismologia.
sistèma s.m. [pl. *–mi*] **1.** Combinazione di elementi coordinati in modo da formare un insieme funzionale. *Sistema molecolare.* ~ MAT. Insieme di equazioni che devono essere soddisfatte simultaneamente. ~ LING. Complesso delle forme di una lingua e dei rapporti esistenti tra le stesse. *Sistema morfologico.* ~ ANAT. Insieme di organi o di tessuti della stessa natura e destinati a funzioni analoghe. *Sistema circolatorio.* ◇ ECON. *Sistema monetario europeo (SME):* insieme delle istituzioni, delle convenzioni e delle regole di comportamento che hanno presieduto al regolamento degli scambi europei dal 1978 al 1998. **2.** *Sistema metrico:* insieme di unità di misura. – METROL. *Sistema CGS (centimetro, grammo, secondo):* quello che ha per unità le tre grandezze meccaniche fondamentali, il centimetro per la lunghezza, il grammo-massa per la massa, il secondo per il tempo. **3.** Classificazione di elementi di un settore o di una disciplina in relazione a un criterio determinato. **4.** Insieme ordinato e integrato di teorie scientifiche o filosofiche. *Sistema aristotelico.* **5.** Metodo, procedimento seguito per l'organizzazione e la realizzazione di qlco. *Sistema di riscaldamento.* ~ Insieme di metodi destinati a svolgere una funzione definita o produrre un risultato. *Sistema di difesa.* **6.** Tipo di organizzazione politica, sociale, economica. *Sistema capitalistico.* **7.** INFORM. Insieme di processore e periferiche, di cui è composto un calcolatore. ◇ *Sistema informativo:* insieme di risorse tecnologiche impiegate per supportare la circolazione delle informazioni all'interno di un'organizzazione. **8.** Metodo statistico che permette, nei giochi basati sui pronostici, di razionalizzare le giocate, dando come certi alcuni risultati. ~ Le giocate fatte con tale sistema.
ENCICL. Il sistema monetario europeo, entrato in vigore il 13 marzo 1979, ha rappresentato un'evoluzione del cosiddetto *serpente monetario* (1972). Lo SME aveva come valuta di riferimento un'unità monetaria convenzionale, l'ECU, unità di conto ma non di conio. Lo SME si basava su un sistema di tassi di cambio stabili fra le diverse monete europee, per cui ogni moneta disponeva di una parità fissa rispetto all'ECU, detta *tasso pivot*. Tali tassi di parità fissa potevano fluttuare l'uno rispetto all'altro fino al 2,25% (fino al 15% dal 1993) ed era compito delle banche centrali assicurarsi il rispetto di tali limiti. Con il trattato di Maastricht del 1992, lo SME si è evoluto nell'Unione monetaria europea (UEM), che ha dato vita a una moneta unica (*euro*) e alla Banca centrale europea (BCE) e si è passati allo *SME bis*, con la funzione di stabilizzare il corso delle monete dei paesi non aderenti all'euro. L'euro costituisce, dunque, il punto di ancoraggio attorno al quale le monete dei paesi *non-euro* possono fluttuare entro i margini di variazione consentiti in funzione delle capacità economiche dei singoli paesi. Tale parità è garantita dalla BCE e dalle banche centrali dei paesi non-euro. METROL. Prima che venisse definito il *sistema metrico decimale*, le diverse misure utilizzate variavano da regione a regione; tra il 1792 e il 1799 si giunse alla definizione di metro: la quarantamilionesima parte di un meridiano, resa tangibile con una sbarra di platino e iridio, che fu quindi assunta come unità di misura. Dal 1962 il sistema si è evoluto in *Sistema Internazionale* (SI) utile a definire le grandezze di base di lunghezza, massa, tempo, intensità di corrente, differenza di temperatura, intensità luminosa (metro, chilogrammo, secondo, ampère, kelvin, candela) e ha raggiunto l'attuale forma con l'aggiunta della definizione dell'unità di misura della quantità di materia (mole). Queste sono le grandezze fondamentali del sistema (che si assumono tra di loro indipendenti) grazie alle quali si possono definire tutta una serie di grandezze derivate.
sistemàre v.tr. **1.** Disporre, organizzare qlco. in un modo ordinato. **2.** *fig.* Risolvere definitivamente un problema. *Sistemare una vecchia questione.* **3.** Procurare un'occupazione, un alloggio a qlcu. *Ha sistemato centinaia di disoccupati.* ~ Fare maritare in modo conveniente un figlio o una figlia. **4.** Punire qlcu. come merita. *Lo sistemo io!* ◆ **sistemarsi** v.pron. **1.** Detto di persone, sposarsi o anche trovare un'occupazione stabile. *Sistemarsi in banca.* ~ Trovare casa o alloggio per lo più provvisorio. *Mi sono sistemato da mia sorella.* **2.** Detto di cose, risolversi, andare a posto. *Vedrai che le cose si sistemeranno presto.* **3.** Dare un assetto ordinato a qlco. *Mi sono sistemato la stanza.*
sistemàtica s.f. [pl. *–che*] **1.** Metodo di organizzazione di una dottrina o di una scienza secondo principi teorici o metodologici. **2.** BIOL. Metodo di classificazione biologica degli esseri viventi. [Inizialmente fondata su criteri morfologici (*classificazione di Linneo*), la sistematica ha poi rivolto la sua attenzione all'evoluzione delle specie (sistematica *filogenetica*) e alla loro classificazione sulla base di caratteri specifici (sistematica *cladistica*).]
sistematicaménte avv. In modo sistematico.
sistemàtico agg. [pl.m. *–ci*, f. *–che*] (fr. *systématique*) **1.** Ordinato secondo un sistema, costituente un sistema, relativo a un sistema. **2.** Che si verifica con puntualità, che si ripete regolarmente. ~ Che è fatto con metodo, secondo un ordine logico e coerente. *Classificazione sistematica.* ◆ s.m. [f. *–ca*] Biologo che studia la classificazione degli esseri viventi.
sistematizzàre v.tr. (fr. *systématiser*) **1.** Rendere sistematico qlco. **2.** Ordinare secondo un certo sistema.
sistemazióne s.f. **1.** Collocazione, disposizione secondo un determinato criterio. **2.** Organizzazione in un complesso ordinato dal punto di vista intellettuale. *Sistemazione del sapere.* **3.** Appianamento di una difficoltà, di una controversia. SIN.: **risoluzione**. **4.** Alloggio. **5.** Raggiungimento di una posizione. *Pensare alla sistemazione dei figli.* ~ Realizzazione di un matrimonio vantaggioso.
sistèmica s.f. [non com. pl. *–che*] (ingl. *systemic*) Scienza dei sistemi. SIN.: **sistemistica**.
sistèmico agg. [pl.m. *–ci*, f. *–che*] Relativo a un sistema. ◇ *Malattia sistemica:* affezione che colpisce un sistema o un organo.
sistemista s.m. e f.[pl.m. *–sti*] **1.** INFORM. Studioso di teoria dei sistemi o esperto di analisi dei sistemi. ~ Esperto di sistemi operativi dei calcolatori. **2.** Chi gioca al totocalcio o ad altro gioco analogo facendo uso di sistemi. ❑ In funzione di agg., di squadra o giocatore che pratica la tattica del sistema.
sistemìstico agg. [pl.m. *–ci*, f. *–che*] Che riguarda la teoria dei sistemi.
sìstole s.f. **1.** FISIOL. Contrazione del cuore (successiva alla dilatazione detta *diastole*). **2.** METR. Spostamento di accento in una parola tronca, che diventa piana per necessità ritmiche.
sìstro s.m. Antico strumento musicale collegato al culto di Iside, costituito da un manico e da un telaio su cui erano fissate piccole aste di metallo che venivano agitate per farle risuonare.
sitàr s.m. inv. (hindi *sitār*) Strumento musicale indiano a corde pizzicate.
sitarista s.m. e f. Suonatore di sitar.
sitcom [/'sɪtkɔm/] s.f. inv. (voce ingl., deriv. di *situation comedy* "commedia delle situazioni") Serial televisivo costituito da brevi commedie per lo più umoristiche e caratterizzate da sceneggiature molto semplici.
sit-in [/'sɪtɪn/] s.m. inv. (voce ingl., deriv. di *to sit* "stare seduto") Manifestazione non violenta che consiste nell'occupare, sedendosi a terra, un luogo pubblico.
sito agg. *lett.* Situato, utilizzato solamente nel l. bur. ◆ s.m. **1.** Luogo, località. **2.** Nelle reti di telecomunicazioni, server di informazioni o d'archiviazione di dati. ◇ *Sito web:* insieme di pagine web accessibili via Internet su un server identificato da un indirizzo.
sitofobìa s.f. PSICOL. Repulsione ossessiva e morbosa per il cibo.
sitologìa s.f. Scienza dell'alimentazione. SIN.: **dietetica**.
sitòlogo s.m. [f. *–ga*, pl.m. *–gi*, f. *–ghe*] Studioso, specialista di scienza dell'alimentazione.
sitomanìa s.f. PSICOL. Desiderio patologico e insaziabile di cibo. SIN.: **bulimia**.
sitosteròlo s.m. CHIM. Sterolo vegetale, presente p.e. nel grano, nella soia, ecc.
Sitta s.f. ZOOL. Genere di uccelli passeriformi diffusi nelle foreste dell'Europa occidentale e nell'Africa del Nord. (Lunghezza 15 cm ca.; famiglia dei Sittidi.)
Sìttidi s.m. pl. [iniziale minusc. sing. *–de* per l'individuo] ZOOL. Famiglia di uccelli, simili ai picchi, caratteristici per essere capaci di camminare sugli alberi a testa in giù. (Ordine dei Passeriformi.)
situàre v.tr. Mettere qlco. in un determinato posto. ~ *fig.* Impostare, inquadrare. *Situare un problema nei suoi termini reali.* ◆ **situarsi** v.pron. Detto di persone, mettersi, porsi in una certa situazione o posizione. ~ Detto di cose, venirsi a trovare, collocarsi. *L'opera si situa nella stagione più felice dello scrittore.*
situation comedy [/sɪtju'eiʃən 'kɔmɪdi/] loc. sost. f. inv. (loc. ingl., propr. "commedia delle situazioni") Sitcom.
situazióne s.f. **1.** Condizione in cui si trova una cosa o una persona, circostanza in cui si verifica un evento. ◇ *Essere, mostrarsi all'altezza della situazione:* sapere affrontare le circostanze con determinazione e nel modo più adeguato. – DIR. *Situazione giuridica soggettiva:* posizione in cui si trova chi è titolare di una pretesa o di un obbligo. **2.** Descrizione scritta di una attività, di una condizione. *Situazione delle vendite.* ◇ *Situazione patrimoniale:* documento in cui vengono riepilogate le attività, le passività e il patrimonio netto di un'azienda in un determinato momento. **3.** LING. Complesso dei fenomeni extralinguistici che costituiscono il contesto comunicativo di un messaggio linguistico.
situazionìsmo s.m. (fr. *situationnisme*) Movimento d'avanguardia culturale e politica di ispirazione marxista, sviluppatosi intorno al 1960 spec. nell'ambiente universitario francese, caratterizzato dalla contestazione radicale alla società dei consumi. (Il teorico maggiore fu Guy Debord.)
situazionista agg. Relativo al situazionismo. ◆ s.m. e f. Seguace del situazionismo.
sivapitèco s.m. [pl. *–ci*, *–chi*] (comp. dal nome dei monti *Siwalik* in India e gr. *pìthēkos* "scimmia") Primate fossile del miocene, tipico del sud-est dell'Europa, dell'Asia (India) e dell'Africa (Kenia), detto anche *paleopiteco*, precedentemente considerato l'antenato comune delle grandi scimmie e dell'uomo e collegato ora agli orangutan. (Altezza 1,50 m.)
sivièra s.f. (voce sett. di etim. discussa, forse lat. *cibària* "cesta per i cibi") Recipiente in cui si versa il metallo fuso da colare nelle apposite forme, detto anche *secchione di colata*.
sizigia s.f. [pl. *–gie*] **1.** ASTR. Congiunzione e opposizione della Luna con la Terra e il Sole (novilunio e plenilunio). **2.** METR. Dipodia. ~ Anche, unione di piedi diversi.
ska s.m. inv. Musica d'origine giamaicana, apparsa intorno al 1960, caratterizzata da ritmo irregolare e suoni giamaicani pre-reggae.
skài s.m. inv. Denominazione commerciale, che costituisce marchio registrato, di un materiale sintetico che ha la stessa morbidezza della pelle naturale, utilizzato nella produzione di valigie e per il rivestimento di poltrone e divani.
skateboard [/'skeit,bɔːd/] s.m. inv. (voce ingl., comp. di *skate* "pattino" e *board* "tavoletta") **1.** Monopattino senza manubrio fornito di quattro ruote, orientabile con la pressione dei piedi. **2.** (solo sing.) Lo sport con esso praticato.

skater [/'skeitə/] s.m. e f.inv. (voce ingl., deriv. di *to skate* "pattinare") SPORT. Chi pratica lo skateboard o è appassionato di tale sport.

skating [/'skeitiŋ/] s.m. inv. (voce ingl.) **1.** Pattinaggio a rotelle o su ghiaccio. **2.** Tendenza del braccio del giradischi a spostarsi verso il centro del disco a causa della rotazione.

skeet [/'ski:t/] s.m. (solo sing.) (voce ingl. d'America) Sport che consiste nello sparare con il fucile a piattelli d'argilla lanciati da due cabine distanti 40 m ca.

skeleton [/'skɛlitən/] s.m. inv. (voce ingl., propr. "scheletro" per la sua struttura essenziale) SPORT. Slittino monoposto, munito di due pattini d'acciaio, capace di raggiungere elevate velocità. ◆ s.m. (solo sing.) Lo sport con esso praticato.

sketch [/'skɛtʃ/] s.m. inv. (voce ingl.) Breve scenetta, general. comica, teatrale o televisiva.

skibob [/'ski:bɔb/] s.m. inv. (voce ingl.) Slittino da neve munito di sella e manubrio.

skiff [/'skif/] s.m. inv. (voce ingl.) Imbarcazione sportiva molto stretta e lunga, con un solo vogatore.

ski lift [/'ski: 'lift/] loc. sost. m. inv. (loc. ingl., propr. "ascensore per gli sci") → **sciovia**.

skinhead [/'skinhed/] s.m. e f.[pl. *skinheads*] (voce ingl., propr. "testa rasata fino alla pelle") Giovane anticonformista col cranio rasato e con abiti in stile paramilitare, appartenente a gruppo che adotta un comportamento aggressivo, spesso xenofobo e razzista.

skip [/'skip/] s.m. inv. (voce ingl., "benna di scarico") **1.** Sistema di trasporto usato nelle miniere costituito da contenitori mobili che scorrono su rampe verticali o inclinate e che scaricano in modo automatico. ~ Ogni singolo contenitore mobile di tale sistema. **2.** TECNOL. Apparecchio che, attaccato a una gru, raschia e raccoglie i materiali incoerenti.

skipass [/ski'pas/] s.m. inv. (voce ted., propr. "lasciapassare per gli sci") Tesserino che dà accesso agli impianti di risalita in una stazione sciistica per un periodo determinato. ~ L'abbonamento stesso.

skipper [/'skipə/] s.m. e f.inv. (voce ingl., ol. deriv. di *schip* "nave") **1.** MAR. Capitano o comandante di un piccolo mercantile. **2.** SPORT. Nelle barche a vela, chi dirige la manovra.

skua [/'skju:ə/] s.m. inv. Grande stercorario dell'Artide, molto aggressivo. (Lunghezza 60 cm; genere *Catharacta*, famiglia degli Stercoraridi.)

skunk [/'skʌŋk/] s.m. [pl. *skunks*] (voce ingl. di orig. algonchina) → **moffetta**.

skye terrier [/skai 'tɛriə/] loc. sost. m. [pl. *skye-terriers*] (loc. ingl.) Razza di cani da caccia originaria dell'isola di Skye, dotati di un bellissimo mantello lungo fino a terra.

sky-surfing [/skai 'sɛːfiŋ/] s.m. inv. (voce ingl.) Disciplina sportiva che deriva dal paracadutismo. (L'atleta fa delle evoluzioni in aria su un tavola e viene filmato dal partner che salta con lui. Il punteggio è attribuito in base alla difficoltà tecnica delle evoluzioni e alla qualità delle immagini prodotte.)

SLA s.f. (solo sing.) (sigla di *Sclerosi Amiotrofica Laterale*) *Morbo di Gehrig.

slacciàre v.tr. [5] Aprire un'allacciatura o qualsiasi cosa che tenga chiuso. *Slacciare gli scarponi al bambino.* ◆ **slacciarsi** v.pron. **1.** Detto di un nodo e di cosa allacciata, allentarsi, sciogliersi. *Si è slacciata una scarpa.* **2.** Sciogliere i lacci o i ganci di un indumento indossato. *Slacciarsi il busto.*

slàlom s.m. inv. (norv., comp. di *sla* "ricurvo" e *låm* "traccia dello sci") **1.** SPORT. Gara di sci alpino nella quale bisogna seguire un percorso in discesa segnato da porte che obbligano a rapidi mutamenti di direzione. ◇ *Slalom speciale:* quello che si disputa su brevi discese a rapida pendenza e segnate da porte molto vicine tra loro. ~ Analogo tipo di gara nello sci nautico. **2.** Nel calcio, serie di dribbling con cui un giocatore in possesso del pallone supera diversi avversari. **3.** *estens.* Percorso a zig zag per evitare ostacoli. **4.** *fig.* Azione, comportamento o discorso con cui si cerca di aggirare una responsabilità, di evitare una fatica, un problema, ecc.

slalomeggiàre v.intr. [5] (aus. *avere*) Effettuare un percorso tortuoso per evitare ostacoli, anche in senso fig.

slalomista s.m. e f.[pl.m. *–sti*] Sciatore specialista delle gare di slalom.

slam [/'slam/] s.m. inv. (voce ingl. di etim. incerta) **1.** Il rumore causato da un colpo violento e secco. **2.** Nel gioco del bridge, manche in cui un giocatore, rispettando la dichiarazione iniziale, compie tutte le tredici prese del gioco (*grande slam*) o almeno dodici (*piccolo slam*). **3.** SPORT. *Grande slam:* nel tennis, vittoria ottenuta da un giocatore, nello stesso anno, nei quattro tornei individuali mondiali più importanti. ~ *estens.* Nel calcio, vittoria, da parte della stessa squadra, dei principali tornei.

slanatùra s.f. IND. TESS. Separazione della lana dalla pelle degli animali.

slanciàrsi v.pron. [5] **1.** Di persona, gettarsi con impeto verso o contro qlcu. o qlco. *Slanciarsi sull'avversario.* **2.** Di cosa, tendere verso l'alto.

slanciàto agg. Riferito a struttura architettonica, proteso verso l'alto, così da dare un'impressione di slancio, di leggerezza. ~ Riferito a persona, alto e snello.

slàncio s.m. (pl. *–ci*) **1.** Movimento dinamico del corpo in avanti e verso l'alto. ◇ *Di slancio:* in modo rapido, in uno scatto; *fig.* senza esitazione, con entusiasmo. **2.** *fig.* Impulso spontaneo, movimento interiore dell'animo. *Slancio di generosità.* ◇ *Slancio vitale:* nella filosofia di H. Bergson, principio dinamico immanente nella vita, che permette la piena realizzazione e l'evoluzione dell'esistenza in forme sempre diverse e nuove. **3.** Sviluppo verso l'alto, aspetto slanciato, spec. di una struttura architettonica. **4.** SPORT. Nel sollevamento pesi, movimento che consiste nel sollevare il manubrio all'altezza del petto, per poi sollevarlo nuovamente, a braccia tese, sopra il capo.

slang [/'slæŋ/] s.m. inv. (voce ingl., "gergo") Gergo che si parla abitualmente in ambienti e in gruppi sociali circoscritti, caratterizzato da comunicatività e immediatezza.

slàrgo s.m. [pl. *–ghi*] Punto in cui una strada si allarga. SIN.: **spiazzo**.

slash [/'slæʃ/] s.m. inv. (voce ingl., propr. "linea") INFORM. Carattere tipografico (simb. /) utilizzato come elemento di separazione. ◇ *Slash inverso:* la barra diagonale (simb. \) che va in basso a destra in alto a sinistra, inversa allo slash.

slavàto agg. **1.** Di colore, che ha perso vivezza e intensità. **2.** *fig.* Privo di personalità e di forza espressiva.

slavina s.f. Massa di neve non compatta che si stacca dai punti di maggiore pendenza di un rilievo innevato.

slavismo s.m. **1.** Tendenza all'unità e alla solidarietà di tutti i popoli slavi. **2.** LING. Parola o locuzione slava accolta all'interno di una lingua non slava.

slavista s.m. e f.[pl.m. *–sti*] Studioso di slavistica.

slavistica s.f. [non com. pl. *–che*] Studio della lingua, della letteratura e della civiltà dei popoli slavi.

slavizzàre v.tr. Rendere slavo un popolo educandolo alla lingua e alla cultura slava. ~ Introdurre elementi lessicali slavi in una lingua. ◆ **slavizzarsi** v.pron. Acquisire caratteri slavi o slavismi.

slàvo agg. Relativo ai popoli, alle civiltà, alla lingua delle genti che abitano la penisola balcanica e le regioni dell'Europa orientale fino alla Russia. ◆ s.m. **1.** [f. *–va*] Nativo, abitante di un paese slavo. **2.** (solo sing.) Gruppo di lingue di origine indoeuropea, parlate dagli slavi e suddivise in orientali, occidentali e meridionali.

slavòfilo agg. **1.** Che mostra simpatia e ammirazione per il mondo slavo. **2.** Proprio del movimento politico-culturale russo della prima metà dell'Ottocento, che propugnava un ritorno alle tradizioni religiose e culturali russe (*slavofilismo*). ◆ s.m. **1.** [f. *–la*] Ammiratore della civiltà e dei popoli slavi. **2.** Seguace dello slavofilismo.

sleàle agg. **1.** Che manca d'onestà e tradisce la fiducia di qlcu. SIN.: **scorretto**. **2.** Che denota malafede, perfidia. *Azione sleale.*

slealtà s.f. inv. Atteggiamento, comportamento sleale, disonesto.

slegàre v.tr. [4] **1.** Disfare un nodo, liberare qlcu. o qlco. da un legame. SIN.: **sciogliere 2.** *fig.* Liberare qlcu. o qlco. da qualche impedimento. ◆ **slegarsi** v.pron. **1.** Detto di essere animato, liberarsi da corda, catena o altro, che tiene legati. *Il cane riuscì a slegarsi dalla catena.* SIN.: **svincolarsi 2.** Detto di un'annodatura, sciogliersi. *Il nodo si è slegato.*

slegàto agg. **1.** Legato in malo modo o non legato affatto. ~ Privo di rilegatura. **2.** *fig.* Che manca di coerenza logica. *Discorso slegato.* SIN.: **sconnesso**.

slice [/'slais/] s.m. inv. (voce ingl., propr. "fetta") SPORT. Nel tennis, nel ping-pong e in sport analoghi, taglio impresso alla palla per ottenere l'effetto di deviarne la traiettoria dopo il rimbalzo.

slide [/'slaid/] s.m. inv. (voce ingl., deriv. di *to slide* "scorrere") Diapositiva, filmina. ~ Lucido trasparente per proiezioni su lavagna luminosa.

slip s.m. inv. (voce ingl., deriv. di *to slip* "scorrere" per la rapidità con cui si indossa) Mutandine aderenti a vita bassa, indossate come biancheria intima o costume da bagno.

slitta s.f. (long. *slita*) **1.** Veicolo per terreni innevati o ghiacciati, fornito di due pattini, che sfrutta la pendenza del terreno o è trainato da animali. ~ Analogo veicolo, più leggero, per effettuare discese sulla neve per gioco. **2.** MECC. Elemento di scorrimento per il pattino di strutture meccaniche, come quello che permette il rinculo di una bocca di fuoco o il movimento di una fresatrice.

slittaménto s.m. **1.** Scorrimento incontrollato su una superficie per mancanza di aderenza. *Slittamento di un'automobile su una macchia d'olio.* ~ Scivolamento verso il basso di una porzione di terreno adiacente a un muro di contenimento, con pericolo di crollo. **2.** *fig.* Allontanamento graduale dalle posizioni e dalle idee sostenute in precedenza. ~ Ribasso, lieve perdita di valore. SIN.: **svalutazione**. **3.** *fig.* Rimando, rinvio. *Slittamento della data prevista per l'incontro.*

slittàre v.intr. (aus. *avere* e *essere*) **1.** Andare sulla slitta. **2.** Detto spec. di veicoli, scivolare su una superficie sdrucciolevole. ~ Detto di ruote di veicoli, girare a vuoto. **3.** *fig.* Detto per lo più di monete e titoli azionari, diminuire di quotazione, perdere progressivamente di valore. **4.** *fig.* Detto di date, di termini di consegna o di uscita, subire un ritardo, essere spostato a data successiva. **5.** POLIT. *fig.* Deviare dall'ideologia precedentemente sostenuta e avvicinarsi ad altra posizione.

slittino s.m. **1.** Nel sign. del dim. di *slitta*. **2.** SPORT. Piccola slitta velocissima usata per scivolare sulla neve. ~ Sport praticato con tale slitta.

slittovia s.f. Tipo di funicolare, costituita da una fune trainante grandi slitte, usata in montagna per trasportare persone e cose su percorsi innevati.

slògan s.m. inv. (voce ingl., gaelico *sluaghghairm* "grido di guerra") Parte di un testo pubblicitario spec. concepita per attirare l'attenzione. ~ Indica, con accezione negativa, un'idea schematica e superficiale, una semplificazione eccessiva dei problemi. *Qui non ci vogliono slogan, ma riflessioni serie.*

slogàre v.tr. [4] (propr. "togliere dal proprio luogo") Lussare le ossa di un arto. ◆ **slogarsi** v.pron. **1.** Detto di articolazione, subire una le-

■ **slàlom.** Gara di slalom speciale.

sione, una slogatura. **2.** Detto di persona, subire una slogatura in una parte del corpo.

slogatùra s.f. Lesione delle articolazioni, detta anche *lussazione* o *distorsione articolare*.

sloggiàre v.tr. [5] Mandare via qlcu. da un alloggio, una sede, una posizione. ◆ v.intr. (aus. *avere*) Andar via da un alloggio, una sede, una posizione.

sloop [/ˈsluːp/] s.m. inv. (voce ingl., ol. *sloep*) **1.** Nel Seicento e nel Settecento, piccolo veliero diffuso soprattutto in Inghilterra. ~ Durante il primo conflitto mondiale, piccola nave da guerra. **2.** Imbarcazione a vela da diporto con un solo albero e un solo fiocco nella parte anteriore.

slot [/ˈslɔt/] s.m. inv. (voce ingl., propr. "fessura") **1.** Slot machine. **2.** Negli aerei, dispositivo a fessura sul bordo dell'ala, che serve a regolare il flusso dell'aria e permette un maggiore controllo dell'apparecchio. **3.** INFORM. Ciascuno degli alloggiamenti predisposti nell'hardware del computer per inserirvi le schede di espansione.

slot machine [/ˈslɔt məˈʃiːn/] loc. sost. f. inv. (loc. ingl., comp. di *slot* "fessura" e *machine* "macchina") Nei locali pubblici, ogni tipo di apparecchio per giochi d'azzardo funzionante a monete o a gettoni.

sloughi s.m. inv. Levriero arabo a pelo raso, dal mantello color sabbia.

slovàcco agg. [pl.m. *–chi*, f. *–che*] Della Slovacchia. ◆ s.m. **1.** [f. *–ca*] Nativo, abitante della Slovacchia. **2.** (solo sing.) Lingua della Slovacchia, appartenente al gruppo slavo occidentale.

slovèno agg. Della Slovenia. ◆ s.m. **1.** [f. *–na*] Nativo, abitante della Slovenia. **2.** (solo sing.) Lingua della Slovenia, appartenente al gruppo slavo meridionale.

slow [/ˈsləʊ/] s.m. inv. (voce ingl., "lento") Danza lenta, di moda negli anni Sessanta, effettuata in coppia, in cui i partner si tengono abbracciati stretti. ~ Rock lento.

slow-food [/ˈzləʊfuːd/] s.m. inv. (voce pseudoingl., comp. di *slow* "lento" e *food* "cibo") Tendenza gastronomica che propone il recupero di un'alimentazione più genuina e tradizionale (in oppos. al *fast-food*).

slum [/ˈslʌm/] s.m. inv. (voce ingl., propr. "catapecchia") Quartiere poverissimo di una grande città, costituito da abitazioni misere e sprovviste dei servizi igienici indispensabili, spesso malsano.

slump [/ˈslʌmp/] s.m. inv. (voce ingl., "crollo") ECON. Crisi temporanea caratterizzata da riduzione delle attività, caduta dei prezzi e ribasso delle quotazioni in borsa.

smacchiàre v.tr. [6] Togliere le macchie da qlco., pulire qlco.

smacchiatóre s.m. **1.** [f. *–trice*] Addetto a smacchiare gli indumenti. **2.** Solvente usato per togliere le macchie su indumenti e superfici.

smacchiatùra s.f. Rimozione delle macchie da indumenti e superfici.

smàcco s.m. [pl. *–chi*] Fallimento, insuccesso vergognoso. SIN.: **umiliazione**.

smagliànte agg. **1.** Che brilla per intensità di luce o vivacità di colore. **2.** *fig.* Sfavillante di gioia e vivacità, raggiante.

smagliàre v.tr. [6] **1.** Rompere le maglie di una struttura metallica o di un tessuto. **2.** MED. Produrre delle smagliature cutanee. ◆ smagliarsi v.pron. **1.** Detto di maglia, rompersi, disfarsi. **2.** Rompere una o più maglie di un indumento che si indossa. *Smagliarsi le calze.* **3.** MED. Detto di tessuto cutaneo, presentare smagliature. *La pelle mi sta smagliando.*

smagliàto agg. Di tessuto o di epidermide, che ha una o più smagliature.

smagliatùra s.f. **1.** In un tessuto, in una rete, ecc., strappo provocato dalla lacerazione delle maglie. **2.** MED. Solco cutaneo sottile, simile a una cicatrice, dovuta alla distensione o alla rottura dello strato elastico del derma, che si verifica general. durante la gravidanza o dopo una perdita di peso importante. **3.** *fig.* Incongruenza, contraddizione in un discorso, in uno scritto, in un modo d'agire. ~ Difetto, limite, caduta di qualità o di stile in un'opera.

smagnetizzàre v.tr. FIS. Annullare o ridurre il magnetismo di un corpo o di un oggetto magnetizzato. ◆ smagnetizzarsi v.pron. FIS. Perdere totalmente o parzialmente il magnetismo.

smagnetizzazióne s.f. FIS. Riduzione o eliminazione della polarizzazione magnetica di un corpo.

smagrire v.tr. [83] Rendere qlcu. più o molto magro. ◆ v.intr. (aus. *essere*) Diventare più o molto magro, anche pron. *Francesca (si) è molto smagrita.*

smagrito agg. Dimagrito.

smaliziàre v.tr. [6] Rendere qlcu. esperto o più esperto, insegnandogli i trucchi del mestiere. ~ Renderlo meno ingenuo, più furbo. ◆ smaliziarsi v.pron. Acquisire pratica, esperienza e scaltrezza.

smaliziàto agg. Esperto della vita. SIN.: **navigato**. ~ Furbastro in un'arte o in una professione. ~ *spreg.* Rotto a ogni astuzia.

small [/ˈsmɔːl/] agg. inv. (voce ingl., "piccolo") Della taglia più piccola nei capi di abbigliamento, general. abbr. in S. ◆ s.f. inv. Nel sign. dell'agg.

smaltàre v.tr. Applicare lo smalto a un oggetto, a una superficie. ◆ smaltarsi v.pron. Tingere con lo smalto una parte del corpo. *Smaltarsi le unghie.*

smaltàto agg. **1.** Rivestito, tinto o decorato mediante smalto. **2.** *fig.* Colorato in modo vivace, brillante. *Cielo smaltato.*

smaltatóre agg. [f. *–trice*] Che serve a smaltare. ◆ s.m. (anche f.) Operaio che riveste di smalto gli oggetti. ~ Artigiano o artista che decora a smalto.

smaltatrice s.f. Macchina che permette di smaltare le immagini fotografiche.

smaltatùra s.f. **1.** Rivestimento di una superficie con uno strato di smalto. ~ *estens.* Lo strato stesso di smalto e la superficie smaltata. **2.** Lucidatura di un'immagine fotografica.

smaltiménto s.m. **1.** Completamento del processo digestivo. ~ Superamento. **2.** *fig.* Superamento graduale, placamento. **3.** Deflusso totale, eliminazione, evacuazione. *Smaltimento delle acque.* ~ Vendita totale. ~ Disbrigo di una pratica, completamento di un'attività.

smaltire v.tr. [83] (germ. *smaltjan* "liquefare") **1.** Digerire e assimilare cibi e bevande. ~ *fig.* Eliminare gradualmente gli effetti di qlco., esserne fuori. *Smaltire l'ira.* **2.** Fare defluire acque o eliminare sostanze e rifiuti solidi. ◇ *fig. Smaltire il traffico:* farlo scorrere. **3.** Vendere del le merci fino al loro esaurimento.

smaltitóio s.m. [pl. *–toi*] Luogo di smaltimento di acque superficiali, costituito da un profondo scavo che consente un agevole drenaggio.

smàlto s.m. (francone *smalt*, germ. *smaltjan* "liquefare") **1.** Sostanza vetrosa, opaca o trasparente, cotta in forni appositi e utilizzata come rivestimento e decorazione per conferire agli oggetti lucentezza e levigatezza. ~ Oggetto d'arte decorato a smalto o rivestito di smalto. **2.** Vernice molto lucida, impiegata per tinteggiare mobili, pareti, ecc. ~ Colorante colorato o trasparente usato sulle unghie. **3.** *fig.* Brillantezza, forma ot-

■ **smalto** cloisonné su bronzo, coppa decorata con motivi floreali e cachi; Cina, fine del sec. XV. (Museo delle Arti Decorative, Parigi.)

timale. ~ Vivacità, brio. **4.** ANAT. Tessuto duro e bianco che riveste la corona dei denti. **5.** Rivestimento usato soprattutto un tempo per muri e pavimenti, costituito da ghiaia e sabbia mischiate a calce e acqua.

smanceria s.f. (spec. pl.) Manifestazione d'affetto eccessiva e sdolcinata.

smanceróso agg. Sdolcinato, lezioso.

smània s.f. **1.** Stato di grande agitazione, di irrequietezza, d'insoddisfazione. ◇ *Dare in smanie (o in ismanie):* agitarsi, dimostrare visibilmente la propria agitazione psicofisica, la propria tensione nervosa. **2.** *fig.* Desiderio intenso, impaziente, smodato. SIN.: **brama**.

smaniàre v.intr. [6] (aus. *avere*) **1.** Essere irrequieto, in preda alla smania. **2.** Avere una gran voglia di fare qlco.

smanicatùra s.f. MUS. Movimento della mano verso il centro degli strumenti ad arco, allo scopo di ottenere maggiore acutezza di suono.

smanióso agg. **1.** In preda ad agitazione e inquietudine. **2.** *fig.* Pervaso da un desiderio incontenibile. ~ Che non si riesce a contenere e si manifesta con segni d'impazienza.

smantellaménto s.m. **1.** Demolizione, abbattimento di attrezzature belliche, opere fortificate, ecc. ~ Chiusura, soppressione di strutture industriali, aziende, impianti, ecc. **2.** *fig.* Confutazione di una tesi, di un'opinione contraria.

smantellàre v.tr. **1.** Rompere e buttar giù opere in muratura. *Smantellare le mura di una città.* **2.** Smontare un impianto, fare cessare l'attività di qlco. *Smantellare l'esercito.* **3.** *fig.* Far cadere un progetto, rendere inefficace o mostrare l'infondatezza di una tesi. *Smantellare un'argomentazione.*

smarcàre v.tr. [4] SPORT. Liberare con un passaggio o una finta un compagno di squadra dalla stretta pressione e vigilanza esercitate da un avversario. ◆ smarcarsi v.pron. Liberarsi dalla stretta vigilanza di un avversario.

smargiàsso s.m. [f. *–sa*] Persona che si vanta di capacità o imprese inventate o ingigantisce le proprie qualità.

smarginàre v.tr. **1.** Tagliare i margini di opere a stampa. **2.** STAM. Nella composizione a piombo, togliere le marginature alle forme stampate. ◆ v.intr. (aus. *avere*) Andare a occupare una parte dei margini bianchi di una pagina.

smarriménto s.m. **1.** Perdita di qlco. **2.** *fig.* Momentanea confusione o vuoto mentale. SIN.: **disorientamento**.

smarrire v.tr. [83] Perdere qlco., non riuscire più a trovarlo. ◆ smarrirsi v.pron. **1.** Non riuscire più a capire dove si è e la strada da prendere. *Girando per la città mi sono smarrito.* **2.** *fig.* Confondersi, perdersi d'animo, spesso con specificazione della causa. *Smarrirsi all'esame.*

smarrito agg. **1.** Che non si trova più, che si è perduto. ◇ *Ufficio oggetti smarriti:* quello che raccoglie gli oggetti perduti o dimenticati e li custodisce in vista della restituzione al legittimo proprietario. **2.** *fig.* Disorientato, confuso. ~ Che denota disorientamento, smarrimento. *Sguardo smarrito.*

smascheràre v.tr. **1.** Privare qlcu. della maschera. **2.** *fig.* Rivelare, fare conoscere la vera natura o attività di qlcu. *Smascherare una spia.* ~ Svelare, scoprire qlco. di segreto. *Smascherare un complotto.* ◆ smascherarsi v.pron. **1.** Levarsi la maschera. **2.** *fig.* Farsi riconoscere, rivelare la propria identità. *Con questa mossa il colpevole si è smascherato.*

smash [/ˈsmæʃ/] s.m. inv. (voce ingl., deriv. di *to smash* "colpire con violenza") SPORT. Nel tennis e nella pallavolo, colpo effettuato sotto rete dall'alto verso il basso. SIN.: **schiacciata**.

smaterializzàre v.tr. Rendere immateriale qlcu. o qlco. ◆ smaterializzarsi v.pron. Diventare immateriale. SIN.: **spiritualizzarsi**.

smazzàre v.tr. **1.** Distribuire ai giocatori le carte necessarie per una mano della partita. ~ *estens.* Disfare un mazzo o anche giocare a carte. **2.** *fig.* Trattare, manipolare, gestire qlco.

smèctico o **smèttico** agg. FIS. Di stato mesomorfo nel quale le molecole o i complessi di molecole sono orientati nello spazio in due direzioni.

smègma s.m. [pl. *–mi*] (gr. *smêgma* "unguento") BIOL. Prodotto di secrezioni ghiandolari e di desquamazione delle mucose esterne degli organi genitali maschili e femminili.

smembraménto s.m. **1.** Divisione di un corpo in pezzi. **2.** *fig.* Divisione di un tutto in vari elementi.

smembràre v.tr. Rompere l'unità di un gruppo, dividerne i membri. *Smembrare una classe.* ◆ **smembrarsi** v.pron. Dividersi, frazionarsi.

smemoràto agg. **1.** Che ha perduto la memoria. **2.** Che ha poca memoria. ◆ s.m. [f. *–ta*] Nei sign. dell'agg.

smentire v.tr. [83] **1.** Contraddire qlcu., affermare che non ha detto la verità. **2.** Dimostrare non vero ciò che è stato detto da altri. ~ Ritrattare quanto detto in precedenza, negare di averlo detto. *Smentire un'intervista.* **3.** Operare in modo contraddittorio rispetto a una certa linea di condotta abituale. *Smentire la fama di conquistatore.* ◆ **smentirsi** v.pron. **1.** Dire cose diverse rispetto a ciò che si è detto in precedenza. **2.** Comportarsi in modo non coerente con il proprio modo d'essere. *Non smentirsi neppure in una grave circostanza.*

smentita s.f. Negazione dell'autenticità di una notizia, di una dichiarazione.

smeràldo s.m. Pietra preziosa di colore verde, costituita da una varietà di berillo. ❑ In funzione di agg. inv., del colore verde intenso e lucente che caratterizza la pietra omonima. *Occhi smeraldo.*

smerciàbile agg. Che può essere venduto. SIN.: **vendibile**.

smerciàre v.tr. [5] Vendere la merce a disposizione.

smèrcio s.m. [pl. *–ci*] Vendita, spaccio di una merce.

smèrgo s.m. **1.** [pl. *–ghi*] Uccello cacciatore subacqueo diffuso negli estuari e nei laghi dell'America settentrionale e dell'Eurasia, che migra in inverno verso le regioni temperate. (Lunghezza fino a 75 cm; genere *Mergus*, ordine degli Anseriformi, famiglia degli Anatidi.) **2.** ZOOL. (iniziale maiusc.) Genere di uccelli a cui appartengono le varie specie di smergo.

smerigliàre v.tr. [6] **1.** Levigare, pulire qlco. con la polvere di smeriglio o con altri abrasivi. **2.** Rendere traslucido un vetro mediante la smerigliatura.

smerigliàto agg. **1.** Trattato con lo smeriglio. ◇ *Vetro smerigliato:* trattato in modo da risultare quasi opaco e ruvido al tatto. **2.** Rivestito di uno strato di polvere di smeriglio.

smerigliatóre s.m. [f. *–trice*] Addetto a lavori di smerigliatura o a decorazioni fatte con lo smeriglio.

smerigliatùra s.f. Operazione di levigare o rendere traslucida la superficie di vetri, metalli, pietre e altri materiali.

1. smeriglio s.m. [pl. *–gli*] Varietà nera, granulare e compatta del corindone, usata in polvere come abrasivo. ❑ Anche in funzione di agg. inv., nella loc. *carta smeriglio*, *carta vetrata*.

2. smeriglio s.m. [pl. *–gli*] (fr. *esmeril*, francone *smiril*) Piccolo falco diffuso in Eurasia e Nord America, aggressivo predatore, soprattutto di uccelli. (Famiglia dei Falconidi.)

3. smeriglio s.m. [pl. *–gli*] Squalo presente nel Mediterraneo e nell'Atlantico, dalle carni commestibili; è detto anche *squalo nasuto*. (Lunghezza fino a 4 m; famiglia degli Isuridi.)

smèrlo s.m. Tipo di ricamo per orli che presenta sporgenze appuntite o arrotondate. ~ La linea di ricamo così ottenuta.

sméttere v.tr. [50] **1.** Non continuare, cessare di fare quanto si sta facendo. **2.** Non indossare più un certo indumento. **3.** Abbandonare un certo atteggiamento o comportamento. ◆ v.intr. (aus. *avere*) Aver termine, cessare.

smidollàto agg. **1.** Senza midollo. *Ossa smidollate.* ~ Privo della midolla. *Pane smidollato.* **2.** *fig.* Privo di carattere, di volontà, di nerbo. ◆ s.m. [f. *–ta*] Nell'accez. 2 dell'agg.

smielàre v.tr. Raccogliere il miele dai favi dell'alveare.

smile [/smail/] s.m. inv. (voce ingl.) Emoticon, faccia sorridente.

smilitarizzàre v.tr. **1.** Riportare alla condizione civile ambienti o corpi militarizzati. *Smilitarizzare la guardia di finanza.* **2.** Eliminare o proibire ogni presenza o attività militare in una determinata zona. *Smilitarizzare una zona di confine.*

smilitarizzazióne s.f. **1.** Ritorno alla condizione civile per individui, impianti industriali, regioni precedentemente impiegati per scopi bellici o attrezzati per operazioni militari. **2.** Passaggio di ciò che prima era militare alle competenze delle autorità civili.

smilzo agg. **1.** Molto magro e snello, anche con valore spreg. o iron. **2.** *fig.* Breve, scarno.

sminaménto s.m. Rimozione di mine.

sminàre v.tr. Eliminare dal suolo o dall'acqua (fiume, mare) gli ordigni esplosivi che vi sono disseminati.

sminatóre s.m. Persona addetta dello sminamento.

sminuire v.tr. [83] **1.** Ridurre qlco. **2.** Giudicare qlcu. o qlco. in modo meno lusinghiero di altri, riducendone il merito o l'importanza. *Sminuire il valore di un'iniziativa.* ◆ v.intr. (aus. *essere*) Diventare più piccolo. ◆ **sminuirsi** v.pron. *fig.* Stimarsi meno di quanto si vale. *Non sminuirti così!*

sminuzzàre v.tr. **1.** Ridurre qlco. in briciole. **2.** *fig.* Analizzare qlco. a fondo, in ogni minimo dettaglio. ◆ **sminuzzarsi** v.pron. Ridursi in frammenti. *Cadendo il vaso si è sminuzzato.*

sminuzzatùra s.f. Riduzione in pezzettini. ~ L'insieme dei frammenti sminuzzati.

smistaménto s.m. Ripartizione selettiva e distribuzione degli elementi di un insieme. ◇ *Stazione di smistamento:* quella in cui i carri merci vengono smistati.

smistàre v.tr. Selezionare e suddividere i componenti di un insieme secondo la destinazione a cui devono essere avviati. ◇ *Smistare un treno:* in una stazione ferroviaria, separare le vetture di cui è formato un treno per inviarle in luoghi diversi.

smistatóre agg. [f. *–trice*] Che divide in gruppi con criterio selettivo e funzionale. ◆ s.m. (anche f.) Addetto allo smistamento.

smisuràto agg. **1.** Che supera i normali limiti di spazio o di tempo. *Lo spazio smisurato tra gli astri.* **2.** *estens.* Eccessivo, esagerato. *Un appetito smisurato.*

smithsonite s.f. (dal nome del chimico inglese J. *Smithson*) MIN. Minerale costituito da carbonato di zinco, che si presenta in stalattiti o in cristalli isolati.

smitizzàre v.tr. Eliminare il carattere mitico o leggendario da qlcu. o qlco.

smitizzazióne s.f. Ridimensionamento di fatti o di personaggi, in precedenza esaltati al di là dei loro meriti.

smobiliàre v.tr. [6] Svuotare una stanza dei mobili.

smobilitàre v.tr. **1.** MIL. Far ritornare alle condizioni usuali dei tempi di pace le forze mobilitate in vista della guerra. *Smobilitare l'esercito, le truppe.* **2.** *estens.* Riportare qlco. alla normalità dopo un'occasione particolare. *Dopo le elezioni i partiti smobilitano gli apparati elettorali.* ◆ v.intr. (aus. *avere*) Allentare il ritmo di un'attività o cessarla del tutto, rimuovendo gli apparati a essa preposti. *Il campeggio sta smobilitando.*

smobilitazióne s.f. **1.** Scioglimento di un esercito dopo lo sforzo bellico. ~ Ritorno alla normale attività civile di imprese, strutture, persone impiegate per scopi bellici. **2.** *fig.* Rilassamento dell'attività, ritorno alla normalità.

smobilizzàre v.tr. FIN. Trasformare un bene immobilizzato in moneta.

smobilizzo s.m. FIN. Operazione mediante la quale si converte in denaro un bene o un investimento mobiliare o finanziario.

smocciàre v.tr. [5] *pop.* Pulire il naso dal moccio.

smoderàto agg. Che supera la misura del buon senso o della morale.

smòg s.m. inv. (ingl. *smog*, deriv. di *smoke* "fumo" e *fog* "nebbia") Miscuglio di fumi e di nebbia di sostanze inquinanti, che stagnano a volte sopra le concentrazioni urbane e soprattutto industriali.

smoking [/'smǝʊkɪŋ/] s.m. inv. (voce ingl., deriv. di *smoking jacket* propr. "giacca per fumare", secondo l'uso orig. di indossarla prima di fumare dopo il pranzo) Giacca da sera, general. nera, con i risvolti di seta. ~ Il completo intero con tale giacca.

smolt [/smǝʊlt/] s.m. inv. (voce ingl.) Giovane salmone che ha raggiunto l'età per la sua discesa verso il mare.

smontàbile agg. Che può essere smontato.

smontàggio s.m. [pl. *–gi*] (calco del fr. *démontage*) Scomposizione in un oggetto, di un meccanismo, di una struttura.

smontàre v.tr. **1.** Separare le parti costruttive di un oggetto. *Smontare una sveglia.* **2.** Fare afflosciare qualche sostanza montata. *Smontare la panna.* **3.** Gettare nell'imbarazzo, sconcertare. *La questione lo ha smontato.* **4.** *fig.* Dimostrare l'inconsistenza di qlco. *Lo studente ha smontato completamente la tesi del professore.* ◆ v.intr. (aus. *essere*) **1.** Finire un turno di lavoro. *Oggi smonto alle cinque.* **2.** Di sostanza montata, sgonfiarsi o tornare allo stato liquido. **3.** Scendere giù, spec. da un mezzo di trasporto. ◆ **smontarsi** v.pron. **1.** Di sostanze montate, tornare allo stato liquido. *La maionese si smonta facilmente.* **2.** *fig.* Di persona, perdere l'entusiasmo, la sicurezza. *Si è smontato per le sue parole.*

smontàto agg. **1.** Scomposto negli elementi costitutivi. **2.** *fig.* Di persona che ha perso morale, fiducia, sicurezza.

smòrfia s.f. **1.** Espressione grottesca del viso data dalla contrazione, volontaria o meno, dei muscoli facciali, che esprime sentimenti di vario genere. SIN.: **moina**. **2.** Comportamento o linguaggio lezioso.

smorfióso agg. Che fa smorfie, moine. ~ Detto di ragazza scostante o altezzosa. ◆ s.m. [f. *–sa*] Nel sign. dell'agg.

smòrto agg. **1.** Di viso, molto pallido. **2.** Di colore, privo di luminosità, sbiadito. **3.** *fig.* Che sembra senza vitalità. ~ Privo di forza espressiva.

smorzaménto s.m. **1.** Riduzione di intensità. **2.** FIS. Diminuzione d'ampiezza di un movimento oscillatorio e vibratorio.

smorzàndo s.m. inv. MUS. Didascalia che prescrive una diminuzione dell'intensità dei suoni fino al silenzio.

smorzàre v.tr. Fare diminuire l'intensità di qlco., anche in senso fig. *Smorzare la luce.* ◇ SPORT. *Smorzare la palla:* nel calcio e nel tennis, colpire in modo da farne diminuire la velocità. ◆ **smorzarsi** v.pron. Diventare meno intenso o acuto. *Il rumore del traffico si sta smorzando.*

smorzàta s.f. SPORT. Nel tennis, nella pallavolo e nel ping-pong, colpo volutamente attenuato, che manda la palla a cadere debolmente appena oltre la rete.

smorzàto agg. Tenue, pallido. *Colore smorzato.*

smorzatóre s.m. [f. *–trice*] **1.** MECC. Piccolo ammortizzatore messo al termine dell'albero di un motore o di un meccanismo per ridurre le vibrazioni. **2.** MUS. Pezzo di legno rivestito di feltro che permette di attutire le vibrazioni delle corde del pianoforte.

smottaménto s.m. Scivolamento verso il basso di terreno imbevuto d'acqua. SIN.: **frana**.

smottàre v.intr. Scivolare verso il basso. *Il terreno è smottato dopo le abbondanti piogge.* SIN.: **franare**.

SMS s.m. inv. (sigla dell'ingl. *Short Message System*) Breve messaggio di testo inviato spec. tramite telefono cellulare.

smùnto agg. **1.** Esageratamente magro e pallido. **2.** Sbiadito, pallido. *Colore smunto.*

smuòvere v.tr. [44] **1.** Far muovere di poco qlco. con un certo sforzo. **2.** Rivoltare, rimuovere superficialmente qlco. *Smuovere il terreno con la zappa.* **3.** *fig.* Scuotere, convincere a fare o a interessarsi di qlco. *Niente lo smuove!* **4.** *fig.* Indurre a cambiare idea o atteggiamento. *Smuovere qualcuno dalla sua intransigenza.* ◆ **smuo-**

versi v.pron. **1.** Di persona, scuotersi dall'apatia. **2.** Di cosa, non essere saldo. *La barca non si smuove per nessun motivo.* **3.** *fig.* Recedere da un atteggiamento, da un proposito.

smussaménto s.m. **1.** Arrotondamento di uno spigolo. **2.** *fig.* Attenuazione.

smussàre v.tr. (fr. *émousser*) **1.** Rendere meno acuto un angolo, meno acuminata una punta, meno affilata una lama. *Smussare gli spigoli di un tavolo.* **2.** *fig.* Rendere meno aspro qlco., attenuare. *Smussare i contrasti.* ◆ **smussarsi** v.pron. Detto di angoli, punte e lame, perdere il taglio. *Il coltello si è smussato.*

smussàto agg. **1.** Che presenta degli arrotondamenti. *Tavolo smussato.* **2.** *fig.* Attenuato, non acuto.

smussatùra s.f. **1.** Arrotondamento di uno spigolo. **2.** Il punto o la parte smussata.

snack [/'snæk/] s.m. inv. (voce ingl., propr. "boccone") Spuntino a base di panini, pizzette, tramezzini, merendine.

snack bar [/'snæk bɑː/] loc. sost. m. inv. (loc. ingl.) Tavola calda che offre un servizio rapido e piatti semplici.

snaturàre v.tr. **1.** Cambiare in peggio la natura di qlcu. o di qlco. **2.** *fig.* Alterare profondamente la realtà, il carattere, il significato di qlco. SIN.: **stravolgere**. ◆ **snaturarsi** v.pron. Perdere l'aspetto, la natura originaria, mutandosi in peggio.

snaturàto agg. **1.** Che ha perduto la sua natura originaria. **2.** Che va contro i sentimenti e i doveri morali connessi alla natura umana. SIN.: **degenere**. ◆ s.m. [f. *-ta*] Nell'accez. 2 dell'agg.

snebbiàre v.tr. [6] Privare un luogo di nebbia. ◇ *fig. Snebbiare la mente di qlcu.:* fargli capire ciò che prima gli era oscuro.

snellézza s.f. Conformazione fisica leggera e slanciata. ~ Agilità nei movimenti. ~ Forma leggera ed elegante.

snelliménto s.m. **1.** Dimagrimento. **2.** *fig.* Agevolazione, semplificazione. *Snellimento della burocrazia.*

snellìre v.tr. [83] **1.** Rendere o fare apparire più snello qlcu. o qlco. *Questo abito lo snellisce.* **2.** *fig.* Rendere più semplice e agevole qlco. SIN.: **semplificare**. ◆ **snellirsi** v.pron. Diventare più snello e slanciato.

snèllo agg. (francone *snël* "rapido") **1.** Di forma slanciata e sottile. **2.** *fig.* Semplificato, sveltito. ~ Non appesantito da ridondanze, efficace.

snervaménto s.m. **1.** Perdita di forze fisiche. ~ Logoramento del sistema nervoso. **2.** MECC. Perdita delle caratteristiche di corpo elastico da parte di materiali metallici sottoposti a trazione.

snervànte agg. Che prostra, stanca.

snervàre v.tr. Abbattere la resistenza fisica di qlcu., privarlo di ogni energia, anche morale. *L'attesa mi snerva.* ◆ **snervarsi** v.pron. Perdere ogni resistenza fisica ed energia morale.

snervàto agg. Privo di forze e di energie nervose.

snervatrìce s.f. MACELL. Macchina usata per ammorbidire le parti fibrose della carne.

snidàre v.tr. **1.** Fare uscire un animale dalla sua tana. **2.** *fig.* Costringere qlcu. ad abbandonare un rifugio e uscire allo scoperto. *La polizia ha snidato i ladri.*

sniffàre v.tr. (ingl. *to sniff* "fiutare" di orig. onom.) **1.** *fam.* Annusare qlco. **2.** *gerg.* Fiutare cocaina.

sniper [/'snaipə/] s.m. e f.inv. (voce ingl., deriv. di *to snipe* "praticare il cecchinaggio") Tiratore scelto, cecchino.

snob [/'snɔb/] s.m. e f.inv. (voce ingl., propr. "ciabattino" poi "persona rozza") Persona pretenziosa, che ostenta modelli di comportamento che ritiene propri delle classi elevate o aristocratiche. ❑ In funzione di agg. inv., sofisticato, eccentrico, ricercato.

snobbàre v.tr. (ingl. *to snub* "trascurare, mortificare") Mostrare distacco, disinteresse o disprezzo per qlcu. o qlco. che non viene ritenuto degno di stima o di considerazione.

snobìsmo s.m. (fr. *snobisme*) Atteggiamento, comportamento da snob.

snobìstico agg. [pl.m. *-ci*, f. *-che*] Da snob. SIN.: **snobista**.

snocciolàre v.tr. **1.** Privare la frutta del nocciolo. **2.** *fig.* Dire, raccontare molte cose in rapida successione. *Snocciolare barzellette.* ~ Confessare apertamente tutto ciò che si sa. **3.** Tirar fuori denaro in abbondanza senza starci a pensare. SIN.: **sborsare**.

snocciolatóio s.m. [pl. *-toi*] Utensile usato per estrarre il nocciolo dai frutti.

snodàbile agg. Che si può flettere o piegare per mezzo di snodi.

snodàre v.tr. **1.** Sciogliere un nodo, liberare qlco. dai nodi. *Snodare la corda di un pacco.* **2.** Fare in modo che le articolazioni del corpo abbiano movimenti più liberi e ampi. *Devi fare ginnastica per snodare braccia e gambe.* SIN.: **sciogliere**. **3.** Distendere. *La vipera snoda le sue spire lentamente.* **4.** Rendere pieghevole, applicando uno o più snodi, uno o più elementi rigidi collegati tra loro. SIN.: **articolare**. ◆ **snodarsi** v.pron. **1.** Slegarsi, sciogliersi. **2.** Distendersi in volute. ~ Procedere con un andamento serpeggiante. *Il fiume di snoda nella pianura.* **3.** Di un elemento rigido, essere in grado di effettuare, per mezzo di snodi, movimenti rotatori attorno a un asse. *Questa lampada si snoda in tutte le direzioni.* SIN.: **articolarsi**.

snodàto agg. **1.** Privo di nodi. **2.** Sciolto nelle articolazioni. **3.** Che presenta snodi e articolazioni.

snòdo s.m. **1.** MECC. Giunzione che collega in modo solidale due o più elementi, permettendo movimenti rotatori dell'uno rispetto all'altro. SIN.: **snodatura**. **2.** Svincolo stradale o autostradale. ~ FERR. Punto di diramazione di più linee ferroviarie. **3.** *fig.* Momento decisivo, svolta. *È giunto a uno snodo della propria vita.*

snorkeling [/'snɔːkəlɪŋ/] s.m. inv. (voce ingl.) Osservazione dei fondali marini nuotando in superficie con maschera e boccaglio.

snowboard [/'snəʊbɔːd/] s.m. inv. (voce ingl., comp. di *snow* "neve" e *board* "tavola") Tavola sagomata e fornita di attacchi per gli scarponi, utilizzata per la discesa sulla neve. ~ Lo sport praticato con questo attrezzo.

soap opera [/'səʊp 'ɔpərə/] loc. sost. f. inv. (loc. ingl., comp. di *soap* "sapone" e *opera* "opera", perché era orig. sponsorizzata da case produttrici di detersivi) Serie televisiva a puntate che racconta general. le intricate vicende sentimentali di alcuni protagonisti fissi.

1. soàve agg. Gradito ai sensi. *Un gusto soave.* SIN.: **delicato**. ~ Che infonde dolcezza, serenità. *Melodia soave.*

2. soàve s.m. inv. (dal nome della cittadina di *Soave*) Vino bianco secco, molto delicato.

sobbalzàre v.intr. (aus. *avere*) **1.** Procedere a balzi, traballare, detto perlopiù di veicoli. *La macchina sobbalza sul selciato sconnesso.* **2.** Detto di persona, scuotersi di colpo in modo istintivo. *Sobbalzò al richiamo.* SIN.: **trasalire**.

sobbàlzo s.m. **1.** Brusco movimento dal basso in alto e viceversa. SIN.: **scossa**. **2.** Trasalimento, movimento improvviso del corpo. *Fare un sobbalzo per lo spavento.* SIN.: **sussulto**. ◇ *Di sobbalzo:* di soprassalto.

sobbarcàre v.tr. [4] Assoggettare qlcu. a un impegno o a un onere gravoso. ◆ **sobbarcarsi** v.pron. Prendersi sulle spalle carichi gravosi o responsabilità pesanti. SIN.: **accollarsi**.

sobbollìre v.intr. (aus. *avere*) **1.** Essere sul punto di bollire. ~ Bollire piano. **2.** *fig.* Di sentimenti, essere presenti e covare nell'intimo, essendo vicini a manifestarsi o a esplodere.

sobbórgo s.m. [pl. *-ghi*] Nucleo abitato situato negli immediati paraggi di un grande centro urbano.

sobillàre v.tr. (lat. *subilāre*, propr. "sibilare qlco. nelle orecchie a qlcu.") Spingere di nascosto qlcu. a compiere azioni disoneste o atti di ostilità.

sobillatóre s.m. [f. *-trice*] Individuo che istiga alla ribellione.

sobrietà s.f. inv. **1.** Moderazione nell'assecondare i propri istinti naturali. *Sobrietà nel bere.* **2.** *fig.* Rifiuto del lusso, dell'eccesso e dell'esagerazione. SIN.: **semplicità**.

sòbrio agg. [pl.m. *-bri*] **1.** Moderato nel soddisfare i bisogni e gli istinti naturali. SIN.: **misurato**. **2.** *fig.* Limitato all'essenziale, non ricercato. SIN.: **semplice**.

soccer [/'sɔkə/] s.m. (solo sing.) (voce ingl. d'America, abbr. di *Association* "associazione") SPORT. Denominazione del gioco del calcio negli Stati Uniti, dove la parola *football* designa un'altra specialità sportiva.

socchiùdere v.tr. [21] Chiudere parzialmente un'apertura. SIN.: **accostare**.

socchiùso agg. Chiuso solo in parte.

sòccida s.f. DIR. Tipo di contratto agrario tra due parti che associano capitale e lavoro nell'allevamento del bestiame e nelle attività connesse.

sòcco s.m. [pl. *-chi*] (lat. *sŏccum* "sandalo") ANT. Calzatura leggera usata dagli attori della commedia romana.

soccómbere v.intr. [12] (aus. *essere*) **1.** Morire. **2.** Cedere a qlcu. o a qlco., venirne sopraffatto. *Soccombere al dolore.*

soccórrere v.tr. [21] Venire in aiuto di qlcu., prestargli soccorso. *Soccorrere i feriti.* ◆ **soccorrersi** v.pron. Detto di due o più soggetti, prestarsi reciproco aiuto.

soccorritóre s.m. [f. *-trice*] Chi porta soccorso o presta assistenza.

soccórso s.m. **1.** Aiuto, assistenza a qlcu. che si trova in pericolo o in stato di necessità. *Prestare soccorso ai feriti.* ◇ *Pronto soccorso:* reparto ospedaliero dove si prestano le prime e più urgenti cure. **2.** (spec. pl.) Il personale, i mezzi impiegati nell'intervento di soccorso e appositamente attrezzati. *Sono arrivati i soccorsi.*

socialdemocràtico agg. [pl.m. *-ci*, f. *-che*] (ted. *sozialdemokratisch*) **1.** Relativo alla socialdemocrazia. **2.** Che professa i principi del socialismo democratico. ◆ s.m. [f. *-ca*] Simpatizzante o militante di un partito socialdemocratico.

socialdemocrazìa s.f. (ted. *Sozialdemokratie*) **1.** Denominazione assunta dal partito socialista riformista tedesco nell'Ottocento. ~ Oggi designa ogni tendenza che voglia attuare una politica riformistica senza mettere in discussione i fondamenti della società capitalistica e della democrazia di tipo borghese. **2.** Forma di governo costituita dal partito o da partiti socialisti democratici.

sociàle agg. **1.** Che vive in società, in comunità. **2.** Relativo alla società umana e ai rapporti che nell'ambito di essa si stabiliscono. ◇ *Suddivisione, stratificazione in fasce sociali:* operata in base al reddito, alle condizioni di famiglia, di lavoro, ecc. per differenziare gli importi di tasse, tariffe e simili. – *Ordine sociale:* equilibrio interno tra i membri di una comunità che ne assicura la convivenza pacifica. – *Scienze sociali:* quelle discipline, come la sociologia, l'economia e l'antropologia, che hanno per oggetto di studio la società come fenomeno di gruppo e i problemi dell'individuo inserito in un'associazione. – *Psicologia sociale:* settore della psicologia che studia i rapporti tra le persone, il comportamento dell'individuo nella società, il modo di procedere e di comportarsi di gruppi grandi e piccoli. **3.** POLIT., ECON. Che tende a migliorare le condizioni di vita dei cittadini meno abbienti, a realizzare una maggiore perequazione tra le varie componenti di una società. ◇ *Previdenza sociale:* assicurazione contro gli infortuni, le malattie e la vecchiaia dei lavoratori; *comun.* la pensione di anzianità e l'ente che se ne occupa. (In Italia, l'*INPS, Istituto Nazionale di Previdenza Sociale.*) **4.** Relativo a una società commerciale. *Capitale sociale.* ◇ *Sede sociale:* domicilio fiscale e ufficiale di una società. **5.** Relativo a un'associazione, a un circolo, a un club. **6.** Nel l. storiografico, relativo agli alleati, ai confederati. ◇ *Guerra sociale:* quella combattuta fra il 91 e l'88 a.C. dai confederati italici contro Roma per ottenere la piena cittadinanza romana. ◆ s.m. (solo sing.) Il campo sociale, la socialità, spec. in riferimento ai settori più problematici della società. *Impegnarsi nel sociale.*

socialìsmo s.m. (fr. *socialisme*) **1.** Denominazione di diverse dottrine economiche, sociali e politiche che condannano la proprietà privata dei mezzi di produzione. **2.** Nella dottrina marxista, movimento dei lavoratori che mira alla proprietà sociale dei mezzi di produzione e all'abolizione delle classi attraverso la lotta rivolu-

zionaria contro la proprietà privata, il capitale e la classe borghese. ◇ *Socialismo reale:* la realizzazione del socialismo marxista, in partic. quello attuato, in Europa, nell'Unione Sovietica e nei paesi dell'est prima della grande crisi del 1989. **3.** Nei paesi occidentali, complesso dei movimenti e dei partiti che propugnano una politica di riforme e di giustizia sociale su basi parlamentari e democratiche.
ENCICL. Il socialismo si è sviluppato in Europa nel sec. XIX, secondo diverse modalità ma con uno scopo comune: risolvere la questione sociale sorta con lo sviluppo del capitalismo. Il *socialismo utopistico* sviluppatosi intorno al 1830 (R. Owen in Gran Bretagna; Saint-Simon, C. Fourier, L. Blanc in Francia), sviluppa in senso politico l'ideale di uguaglianza di matrice illuminista; fortuna ebbe anche una corrente ridotta ma duratura, il *socialismo cristiano* (La Mennais, Lacordaire). Con il *Manifesto del partito comunista* del 1848 K. Marx e F. Engels sviluppano un *socialismo scientifico* basato sulla concezione della storia come storia delle lotte di classe, carattere classista dello Stato e contrasto di fondo nella società capitalistica tra borghesia e proletariato industriale. Gli sforzi di unificazione del movimento socialista (I Internazionale, 1864) non riuscirono a evitare le grandi scissioni: tra i marxisti e gli anarchici nel 1872 e, in seguito, tra i marxisti ortodossi, i rivoluzionari (Lenin) e i revisionisti (E. Bernstein); infine, dopo la Rivoluzione russa del 1917, tra i comunisti che accettavano il modello sovietico e chi invece vi si opponeva. Tra questi ultimi si collocano gli attuali partiti socialisti europei che, liberatisi di qualsiasi riferimento al marxismo, propugnano un riformismo più o meno accentuato nel quadro della società capitalista.

socialìsta s.m. e f. [pl.m. *-sti*] (fr. *socialiste*) Esponente, sostenitore di un partito socialista. ❑ In funzione di agg., relativo al socialismo, a un partito socialista, che si ispira al socialismo.

socializzàre v.tr. (fr. *socialiser*) **1.** ECON. Rendere sociali o statali i mezzi di produzione o ciò che è privato. **2.** Abituare qlcu. alla vita in comune e al rispetto delle norme che regolano le relazioni interpersonali. *Socializzare i bambini.* ◆ v.intr. (aus. *avere*) Sviluppare rapporti interpersonali, adeguandosi alle regole di comportamento della vita in società; anche pron.

società s.f. inv. **1.** Comunità organizzata di individui. ~ Collettività umana storicamente e geograficamente definita, unita da leggi e istituzioni comuni al fine di garantire gli interessi generali e la reciproca coesione. ◇ *Società di massa:* caratterizzata dalla capillare diffusione e condivisione di idee, gusti, abitudini e miti. **2.** Categoria di persone unite da vincoli sociali, culturali, personali, ecc. *Società letteraria.* ~ La vita di relazione, nelle sue diverse manifestazioni. ~ Compagnia, categoria. *Appartenere alla società degli onesti.* ◇ *Debutto in società:* festa che un tempo si preparava per le diciottenni che iniziavano in tale occasione la loro vita sociale; *estens.* esordio nella vita pubblica. – *Alta società:* i nobili, i ricchi. **3.** Associazione di persone che collaborano tra loro per il raggiungimento di un fine comune, non commerciale né venale. ◇ *L'onorata società:* secondo la denominazione di un tempo, la mafia. – *Società segreta:* organizzazione di opposizione che svolge attività clandestina e alla quale si aderisce nella massima segretezza. **4.** DIR., ECON. Ente giuridico costituito da uno o più soci che intendono esercitare un'attività economica. ◇ *Società di persone:* che prevede la responsabilità illimitata dei soci o di alcuni di essi. – *Società semplice:* quella non esplicante attività commerciale e costituita da soci che rispondono in forma illimitata e solidale di ogni obbligazione. – *Società di capitali:* quella che prevede la costituzione di un soggetto dotato di personalità giuridica. – *Società per azioni:* quella costituita da un capitale diviso in quote di partecipazione sotto forma di azioni, in cui è il patrimonio sociale a rispondere dei debiti. – *Società a responsabilità limitata:* quella costituita da un capitale le cui quote di partecipazione non sono divise in azioni, e in cui ogni socio è chiamato a rispondere in base alla quota patrimoniale versata. – *Società cooperativa:* società di persone avente scopo mutualistico. **5.** *comun.* Collaborazione economica tra due o più persone. ◇ *In società:* insieme, in comune, in collaborazione. *Mettersi in società.* **6.** ZOOL. Gruppo di animali che vivono in forma organizzata e sono legati fra loro da esigenze di vita.

societàrio agg. [pl.m. *-ri*] (fr. *sociétaire*) DIR. Di una società, relativo a una società.

sociévole agg. **1.** Portato alla vita associata. **2.** Disponibile al rapporto con gli altri, aperto alle conoscenze e alle amicizie.

socinianésimo o **socinianìsmo** s.m. Dottrina religiosa e morale di Lelio e Fausto Socini, teologi italiani del sec. XVI che sostenevano la tolleranza religiosa e rifiutavano razionalisticamente i sacramenti e i dogmi.

sòcio s.m. [f. *-cia*, pl.m. *-ci*, f. *-cie*] **1.** DIR. Chi fa parte di una società o impresa economica, partecipando ai rischi e agli utili dell'impresa. **2.** Chi fa parte di un'associazione culturale, ricreativa, scientifica. ◇ *Socio onorario:* chi è entrato a far parte di un'associazione senza gli obblighi e i diritti inerenti. **3.** *spreg.* Persona dello stesso livello di un'altra, della stessa risma.

sociodràmma s.m. [pl. *-mi*] Metodo terapeutico di gruppo, che consiste nella messa in scena di situazioni e ruoli sociali, per conoscere ed eventualmente modificare i comportamenti di un gruppo.

socioeconòmico agg. [pl.m. *-ci*, f. *-che*] Relativo ai problemi sociali nella loro relazione con l'economia.

sociogènesi s.f. inv. Genesi di un fatto, un fenomeno, ecc. ricondotta a cause sociali.

sociolinguìstica s.f. [non com. pl. *-che*] (ingl. *sociolinguistics*) LING. Studio della relazione fra la struttura sociale e i fenomeni della lingua.

sociologìa s.f. (fr. *sociologie*) Scienza che studia e descrive con vari metodi e tecniche la dinamica dei comportamenti umani, delle istituzioni e dei fenomeni sociali. ◇ *Sociologia criminale:* quella che studia i fenomeni della criminalità in rapporto alle situazioni sociali e ambientali.
ENCICL. Pur essendo la sociologia nata come scienza a sé stante in tempi relativamente recenti, Aristotele, Montesquieu, Condorcet o Tocqueville possono esserne considerati i precursori. La parola appare con Auguste Comte, nel 1836 per indicare la scienza "positiva" dei fatti sociali, mentre l'istituzionalizzazione della disciplina e la codifica delle procedure d'analisi si sviluppano dalla fine del sec. XIX (Émile Durkheim, *Le regole del metodo sociologico*, 1895). È una scienza caratterizzata da una grande diversità di approcci teorici raggruppabili però intorno a due modelli di analisi dei fenomeni sociali: da un lato vi è una sociologia che interpreta tali fenomeni come il prodotto delle strutture sociali (approccio funzionalista di Talcott Parsone, approccio strutturalista di P. Bourdieu), dall'altro, una sociologia dell'azione che analizza invece i fenomeni come il risultato dell'aggregato di azioni individuali (G. Simmel, Max Weber, R. Boudon). In Italia, alla ripresa degli studi sociologici nel dopoguerra ha contribuito fortemente il filosofo N. Abbagnano.

sociològico agg. [pl.m. *-ci*, f. *-che*] (fr. *sociologique*) Relativo alla sociologia.

sociologìsmo s.m. Rilievo eccessivo attribuito agli aspetti sociologici nell'interpretazione di situazioni e comportamenti umani.

sociòlogo s.m. [f. *-ga*, pl.m. *-gi*, f. *-ghe*] (fr. *sociologue*) Specialista di sociologia.

sociometrìa s.f. (ingl. *sociometry*) Scienza che studia, con rilievi e tecniche quantitative, la dinamica delle relazioni di un gruppo sociale.

sociopolìtico agg. [pl.m. *-ci*, f. *-che*] Relativo agli aspetti sociali e politici.

sociosanitàrio agg. [pl.m. *-ri*] Che concerne l'assistenza sanitaria pubblica.

socioterapìa s.f. Forma di psicoterapia specifica che ha lo scopo di curare le patologie inserendo il malato in un gruppo di persone opportunamente organizzato e diretto da uno specialista.

socràtico agg. [pl.m. *-ci*, f. *-che*] Del filosofo Socrate. ◇ *Metodo socratico:* consistente nel far venire in luce, attraverso opportune domande, le verità che si formano nella mente degli interlocutori; è detto anche *maieutica*. – *Amore socratico:* pederastia, omosessualità maschile. ◆ s.m. [f. *-ca*] Seguace della filosofia di Socrate o di una scuola socratica.

sòda s.f. **1.** CHIM. Carbonato di sodio (Na_2CO_3), usato spec. nell'industria dei saponi e del vetro. ◇ *Soda caustica:* idrossido di sodio, ottimo detergente, usato anche per la produzione di sapone, gomma e carta. **2.** Acqua gassata a cui è stato aggiunto carbonato di sodio, usata come dissetante e per diluire bevande.

sodàglia s.f. [pl. *-glie*] Terreno non coltivato.

sodalite s.f. Minerale costituito da silicato di sodio e alluminio, di colore grigio, azzurro o biancastro, in forma granulare, presente in rocce effusive.

sodalìzio s.m. [pl. *-zi*] **1.** Comunanza di vita, amichevole convivenza. **2.** Associazione di carattere culturale, religioso, sportivo.

sodanìtro s.m. Minerale costituito da nitrato di sodio, di colore bianco, che si usa come concime azotato e nell'industria degli esplosivi.

soddisfacènte agg. Che appaga le aspettative. ~ Abbastanza positivo.

soddisfaciménto s.m. Appagamento, soddisfazione.

soddisfàre v.tr. [9] **1.** Accontentare, appagare. ~ Piacere, risultare gradito. *Soddisfare i clienti.* ~ Essere adeguato a una determinata esigenza. *Aumentare la produzione per soddisfare la domanda del mercato.* **2.** Fare ciò che è dovuto o richiesto. **3.** MAT., FIS. Essere in corrispondenza, in accordo con qlco. *Questa teoria non soddisfa una legge della fisica.* ◆ v.intr. (aus. *avere*) Dare soddisfazione a qlcu., adempiere a qlco.

soddisfàtto agg. **1.** Appagato nelle proprie aspettative e nei propri desideri. SIN.: **pago**. **2.** Di promessa, obbligo, impegno, mantenuto o rispettato.

soddisfazióne s.f. **1.** Condizione spirituale di chi ha conseguito un obiettivo desiderato o si sente intimamente soddisfatto. ~ Diletto, divertimento. ~ Azione, comportamento che è ragione di appagamento, di felicità. ◇ *Togliersi la soddisfazione:* prendersi una rivincita o una rivalsa su qlcu. – *Bella soddisfazione!:* espressione ironica per sottolineare un modesto motivo di consolazione rispetto alle aspettative deluse. **2.** Appagamento di un'esigenza, di un'aspettativa, di un desiderio. ~ Riparazione, risarcimento di un danno materiale o morale.

sòdico agg. [pl.m. *-ci*, f. *-che*] CHIM. Relativo al sodio.

sòdio s.m. (solo sing.) **1.** Metallo alcalino bianco che si ossida molto rapidamente a contatto con l'aria umida, di densità 0,97 e che fonde a 97,81 °C. (I suoi sali sono molto diffusi nel mare e negli organismi animali e vegetali.) **2.** Elemento chimico (*Na*) di numero atomico 11 e peso atomico 22,9898.

sòdo agg. (lat. *sŏlidum* "solido") Compatto, consistente, duro. ◇ *fig.* *Prenderle, darle sode (sottinteso botte, percosse):* essere picchiato, picchiare violentemente. ◆ avv. **1.** Duramente, intensamente, con impegno e fatica. *Lavorare sodo.* **2.** Profondamente. *Dormire sodo.* ◆ s.m. (solo sing.) **1.** Terreno solido, compatto, non dissodato. **2.** Ciò che è consistente, solido, importante. ◇ *Venire, andare al sodo:* giungere, andare direttamente all'argomento centrale o conclusivo, trascurando preamboli e digressioni varie.

sodoku [/so'doku/] s.m. inv. (voce giapp., propr. "veleno da topo") MED. Grave infezione causata dal morso dei topi, caratterizzata da febbre, eruzioni cutanee, rigonfiamento dei vasi linfatici.

sodomìa s.f. (dal nome della città di *Sodoma* che secondo la Bibbia fu distrutta da Dio per i suoi costumi troppo dissoluti) Rapporto sessuale anale. ~ Anche, rapporto omosessuale tra persone di sesso maschile.

sodomìta s.m. [pl. *-ti*] (lat. *Sodomìtam*, propr. "abitante di Sodoma") Uomo che pratica la sodomia.

sodomizzàre v.tr. Costringere qlcu. a rapporti sodomitici.

sofà s.m. inv. (fr. *sofa*, ar. *ṣuffa* "cuscino") Tipo di divano a più posti, imbottito e rivestito di tessuto.

sofferènte agg. **1.** Che soffre per dolori fisici o morali. **2.** Tollerante, paziente. *Essere mal sofferente delle regole.* ◆ s.m. e f. Nell'accez. 1 dell'agg.

sofferènza s.f. **1.** Condizione di chi soffre. ~ Dolore morale o fisico. **2.** (spec. pl.) Crediti che una banca vanta ma non riesce a incassare. ◇ *In sofferenza:* di crediti che non vengono pagati alla scadenza e per i quali la banca deve agire legalmente.

soffermàre v.tr. Fermare per qualche tempo lo sguardo, l'attenzione su qlcu. o qlco. ◆ **soffermarsi** v.pron. **1.** Trattenersi, indugiare a parlare o scrivere su qlcu. o qlco. **2.** Fermarsi brevemente per fare qlco.

sofferto agg. **1.** Che è frutto di un travaglio interiore o di un lungo impegno. ~ Ottenuto con grande fatica. **2.** Che denota sofferenza.

soffiànte agg. Che soffia.

soffiàre v.intr. [6] (aus. *avere*) **1.** Emettere aria con la bocca socchiusa. **2.** Respirare con difficoltà. *Soffiare salendo le scale.* **3.** Di venti, spirare. *Il vento soffia dal mare.* ◆ v.tr. **1.** Mandare fuori dalla bocca aria, fumo, vapore. *Soffiare aria sul braciere.* ◇ *Soffiare (o soffiarsi) il naso:* espirare con forza dal naso per farne uscire il muco. – *Soffiare il vetro:* lavorarlo a caldo con un tubo. **2.** Togliere qlco. a qlcu. con l'inganno. *Soffiare il posto a un collega.*

soffiàta s.f. **1.** Emissione di aria dalla bocca o dal naso. **2.** fig. Insinuazione calunniosa. **3.** fig. Rivelazione di una notizia riservata.

soffiàto agg. **1.** Emesso o espirato con forza. ◇ *Vetro soffiato:* lavorato a caldo con tubi attraverso cui passa l'aria soffiata. **2.** *Olio soffiato:* non saturo, ossidato con aria calda. **3.** *Riso soffiato:* riso soffice, fatto gonfiare con il calore in un contenitore chiuso.

soffiatùra s.f. **1.** Emissione di fiato dalla bocca. **2.** Metodo tradizionale di lavorazione del vetro per mezzo di un tubo metallico attraverso cui passa aria calda che modella la massa di vetro fuso. **3.** METALL. Bolla d'aria all'interno di un pezzo d'acciaio, dovuta a imperfezione nella fusione.

sòffice agg. **1.** Morbido, che cede alla minima pressione. SIN.: **tenero.** ~ Di terreno, privo di compattezza. **2.** fig. Non violento, non traumatico.

soffieria s.f. (calco del fr. *soufflerie*) Impianto per insufflare aria sotto pressione in alcune lavorazioni metallurgiche.

soffiétto s.m. (calco del fr. *soufflet*) **1.** Mantice a mano di piccole dimensioni per ravvivare il fuoco o soffiare polveri di vario tipo. **2.** Involucro che si apre e si chiude a fisarmonica, formato da un telaio meccanico ricoperto da materiale pieghevole. *Porta a soffietto.* **3.** Camera oscura di alcune macchine fotografiche. **4.** Nel l. gior., articolo elogiativo.

sóffio s.m. [pl. –*fi*] **1.** Movimento d'aria. ~ Emissione di aria dalla bocca. ~ Rumore prodotto dall'emissione o da uno spostamento d'aria. ◇ figg. *In un soffio:* in pochissimo tempo. – *Per un soffio:* per poco. **2.** MED. Rumore percepito all'auscultazione di alcune parti del corpo. **3.** fig. Ispirazione.

soffióne s.m. **1.** GEOL. Emissione di vapore acqueo e gas a forte pressione ed elevata temperatura da fenditure del suolo. **2.** Pianta erbacea i cui semi formano con i pappi una piccola palla

frutto (achenio)

fiore e foglie

■ **soffióne**

che si dissolve al minimo soffio; detta anche *dente di leone* o *tarassaco.* (Famiglia delle Composite.) **3.** Tubo di metallo, usato un tempo per ravvivare il fuoco.

soffitta s.f. **1.** In un edificio, locale compreso tra il solaio e il tetto. **2.** Parte di un teatro situata sopra il palcoscenico.

soffittàre v.tr. Fornire di soffitto un ambiente chiuso.

soffittatùra s.f. Operazione edilizia con cui si costruisce un soffitto.

soffitto s.m. (lat. *suffictu*, deriv. di *suffigere* "affiggere sotto") Parte inferiore del solaio o della volta di un ambiente chiuso.

soffocaménto s.m. **1.** Grande difficoltà a respirare. SIN.: **asfissia. 2.** fig. Repressione, impedimento. **3.** SPORT. Nella lotta, presa con cui si tenta di soffocare l'avversario.

soffocànte agg. **1.** Che toglie il respiro. **2.** fig. Opprimente, che toglie la libertà.

soffocàre v.tr. [4] **1.** Far morire qlcu. per asfissia. *Lo soffocò mentre dormiva.* ~ Rendere difficile la respirazione a qlcu. **2.** Estinguere qlco. togliendogli l'ossigeno o gli elementi vitali. *Soffocare un incendio.* ~ Impedire a qlco., spec. un sentimento, di manifestarsi. ◇ fig. *Soffocare uno scandalo:* fare in modo che non ne giunga notizia ad altri. ◆ v.intr. (aus. *essere*) Respirare a fatica. ~ Morire per asfissia. *Qui si soffoca.* ◆ **soffocarsi** v.pron. Deglutire male, mangiando o bevendo, e non poter più respirare. *Si è soffocato con un nocciolo di ciliegia.*

soffocàto agg. **1.** Impedito nella capacità di respirare. **2.** fig. Di suono, attutito. *Grido soffocato.* ~ Che non può manifestarsi liberamente, represso.

soffrìggere v.tr. [35] Fare friggere a fuoco basso e per poco tempo. ◆ v.intr. (aus. *avere*) Di cibo, friggere a fuoco basso.

soffrìre v.intr. [77] (aus. *avere*) **1.** Provare sofferenza, fisica o morale. **2.** Spec. di piante, risentire di condizioni ambientali sfavorevoli. *All'ombra questa pianta soffre.* **3.** Essere affetto da un'indisposizione o malattia. *Soffrire di cuore.* ◆ v.tr. **1.** Sentire dolore, fisico o morale. ~ Risentire di particolari condizioni esterne. *Soffrire il caldo.* **2.** Sopportare qlcu. o qlco. *Non posso soffrire la maleducazione.*

soffritto agg. Fritto a fuoco lento. ◆ s.m. CUC. Battuto di cipolle, sedano, prezzemolo o altre erbe che si fa cuocere a fuoco basso come preparazione per condimenti o altre vivande.

soffùso agg. **1.** Diffuso in modo tenue e uniforme. **2.** fig. Venato, pervaso di qlco. *Sorriso soffuso di malinconia.*

sofìsma s.m. [pl. –*smi*] (lat. *sophīsma*, gr. *sóphisma* deriv. di *sophízesthai* "parlare con abilità") **1.** FILOS. Ragionamento apparentemente corretto, ma che porta a conclusioni false. **2.** estens. Argomentazione capziosa.

sofìsta s.m. e f.[pl.m. –*sti*] **1.** Filosofo seguace dell'antica sofistica. **2.** estens. Chi fa uso di ragionamenti cavillosi.

sofìstica s.f. [non com. pl. –*che*] FILOS. Filosofia greca che afferma la praticità del sapere e l'importanza della retorica come strumento gnoseologico.

sofisticàre v.intr. (aus. *avere*) **1.** Ragionare in modo troppo sottile o capzioso. SIN.: **sottilizzare. 2.** Trovare a ridire su tutto. ◆ v.tr. Alterare un prodotto, spec. alimentare. *Sofisticare il vino.*

sofisticàto agg. **1.** Non genuino. **2.** fig. Non spontaneo. SIN.: **artificioso.** ~ estens. Di persona, molto raffinato. **3.** fig. Perfezionato, tecnologicamente avanzato. *Apparecchiature sofisticate.*

sofisticazióne s.f. Alterazione illegale dei prodotti in commercio, spec. degli alimenti.

sòfora s.f. (lat. *Sophora*, deriv. di ar. *ṣufayra* "rigogolo dorato") **1.** Albero con fiori gialli raccolti in grappoli, coltivato a scopi ornamentali. (Altezza 15-30 m; famiglia delle Papilionacee.) **2.** BOT. (iniziale maiusc.) Genere di piante a cui appartengono varie specie di sofora.

sofrologìa s.f. Tecnica di rilassamento basata sulla combinazione di musica e parole.

soft [/'sɔft/] agg. inv. (voce ingl., "soffice") **1.** Che suscita emozioni e sensazioni piacevoli e

delicate. *Musica soft.* **2.** Accomodante, accondiscendente. *Strategia soft.*

softball [/'sɔftbɔːl/] s.m. (solo sing.) (voce ingl., propr. "palla morbida") Sport simile al baseball praticato su campi di dimensioni minori e con una palla più morbida e più grande.

soft-core [/'sɔft,kɔː/] agg. inv. (voce ingl.) Di film, spettacolo o rivista pornografica in cui la crudezza e il realismo delle scene vengono attenuati (in oppos. a *hard-core*).

soft drink [/'sɔft 'drɪŋk/] loc. sost. m. inv. (loc. ingl., propr. "bevanda morbida") Bevanda analcolica.

software [/'sɔft,wɛə/] s.m. inv. (voce ingl., propr. "merce morbida") **1.** INFORM. Insieme dei programmi che gestiscono il funzionamento di un elaboratore (in oppos. a *hardware*). ◇ *Software di base:* il sistema operativo e l'insieme dei programmi che permettono all'elaboratore lo svolgimento delle sue funzioni di base. – *Software house:* società che produce e vende software. **2.** estens. Conoscenza di base indispensabile per svolgere un'attività scientifica o tecnologica.

softwarista s.m. e f. [pl.m. –*sti*] INFORM. Tecnico programmatore.

soggettista s.m. e f.[pl.m. –*sti*] Autore di soggetti teatrali, radiofonici, cinematografici o televisivi.

soggettiva s.f. CINE., TV. Inquadratura di una scena dal punto di vista dell'attore protagonista. *Ripresa in soggettiva.*

soggettivàre v.tr. Rendere soggettivo. *Soggettivare la realtà.* ~ Interpretare i fatti e la realtà esterna in modo soggettivo.

soggettivismo s.m. **1.** FILOS. Dottrina secondo la quale tutto ciò che esiste non ha altra realtà che quella della coscienza che lo pensa. **2.** estens. Tendenza a far prevalere gli elementi soggettivi su quelli oggettivi. ~ In campo artistico e letterario, prevalenza degli aspetti soggettivi nella rappresentazione.

soggettivìstico agg. [pl.m. –*ci*, f. –*che*] **1.** FILOS. Relativo al soggettivismo filosofico. **2.** estens. Fondato su criteri soggettivi.

soggettività s.f. inv. Carattere di ciò che è soggettivo. ~ Il soggetto stesso. ◇ DIR. *Soggettività giuridica:* capacità giuridica.

soggettivo agg. **1.** Che dipende dal soggetto e dal suo modo di essere. ~ Personale. **2.** GRAMM. Che si riferisce al soggetto. ◇ *Frase, proposizione soggettiva:* frase che funge formalmente da soggetto rispetto a un predicato. **3.** FILOS. Che esiste solo come attività del soggetto e del suo pensiero. **4.** PSICOL. Fondato sull'introspezione.

1. soggètto agg. **1.** Sottoposto a un'autorità. *Essere soggetto agli obblighi di leva.* **2.** Sottoposto a un intervento esterno. ~ Che è particolarmente esposto a danni, calamità naturali. *Zona soggetta a terremoti.* ~ Di persona che soffre facilmente di determinati disturbi o malattie. *Essere soggetto a mal di testa.*

2. soggètto s.m. **1.** Ciò di cui si parla o si scrive, argomento. **2.** TEAT., CINE. Canovaccio, trama. **3.** MUS. Tema principale di una fuga. **4.** GRAMM. Elemento della frase che in molte lingue costituisce il riferimento primario del verbo e a questo richiede la concordanza nella persona e nel numero e, con le forme composte, anche nel genere. ◇ *Soggetto sottinteso:* non espresso nell'enunciato ma ricavabile dalla forma verbale. – *Soggetto logico:* essere o cosa che non ha la funzione grammaticale del soggetto ma che è il principale interessato dell'evento descritto. **5.** Individuo nella sua singolarità. ~ FILOS. Individuo come portatore del pensiero e quindi conoscitore della realtà come oggetto. ~ MED. Che presenta certe caratteristiche clinico-patologiche. ~ fam. Individuo, tipo con caratteristiche negative. *Un cattivo soggetto.* ◇ DIR. *Soggetto di diritto:* titolare di diritti o di doveri a livello giuridico. – *Soggetto attivo:* titolare di una situazione giuridica di vantaggio. – *Soggetto passivo:* che è titolare di un dovere o di un obbligo. **6.** BOT. Pianta su cui viene operato l'innesto.

soggezióne s.f. **1.** Condizione di dipendenza, di sottomissione. **2.** Senso di imbarazzo e timore ispirato da persone, ambienti o situazioni di fronte a cui ci si sente inadeguati.

sogghignàre v.intr. (aus. *avere*) Accennare a un sorriso o ridacchiare malignamente.

sogghigno s.m. Sorriso maligno, sarcastico.

soggiogàre v.tr. [4] Tenere qlcu. in soggezione. *I Romani soggiogarono i popoli del Mediterraneo.* ~ *fig.* Tenere sotto controllo, dominare qlcu. o qlco. *Soggiogare i propri istinti.*

soggiornàre v.intr. (aus. *avere*) Rimanere per un periodo di tempo in un luogo diverso da quello in cui si risiede.

soggiórno s.m. **1.** Permanenza temporanea in un luogo diverso da quello in cui si risiede normalmente. ◇ *Soggiorno obbligato*: misura di prevenzione che limita la libertà di soggiorno, applicabile a individui socialmente pericolosi. **2.** In un appartamento, camera adibita alla vita diurna della famiglia, a ritrovo e a ricevimento, particolarmente ampia e accogliente. SIN.: **salotto**.

soggiùngere v.tr. [22] Aggiungere qualche parola di completamento a quanto si è già detto.

soggólo s.m. **1.** Fascia che copre il collo e circonda il viso, tipica di molti ordini di suore e un tempo in uso anche nell'abbigliamento femminile. **2.** Striscia di pelle usata come sottogola in alcuni cappelli militari. **3.** Parte della briglia che passa sotto la gola del cavallo.

sòglia s.f. [pl. –*glie*] (lat. *sŏleam*, propr. "suola") **1.** Striscia di pietra, di marmo o di altro materiale che delimita la parte inferiore di una porta o un altro accesso. ~ *estens.* Porta, ingresso, entrata. **2.** *fig.* Principio, inizio. **3.** In molti campi scientifici, limite minimo da raggiungere perché si determini un certo fenomeno. *Soglia del dolore.* ◇ FIS. *Soglia di sensibilità, di udibilità*: valore minimo al di sotto del quale un suono non viene più sentito. – BIOL., MED. *Soglia di eccitazione*: l'intensità minima di uno stimolo necessaria per provocare la risposta di un sistema eccitabile. **4.** GEOGR. Salto di livello in un terreno, provocato da fenomeni di erosione. ◇ *Soglia glaciale*: forte dislivello dovuto a erosione glaciale, situato fra una valle secondaria e una principale. **5.** MAR. Negli scafi di legno, parte alta del fasciame.

sòglio s.m. [pl. –*gli*] **1.** Trono. **2.** La carica e il potere di un sovrano o di un papa.

sògliola s.f. (deriv. da lat. *sŏlea* "suola" e, per la forma appiattita, "sogliola") Pesce marino dal corpo molto piatto, di carne pregiata, che vive sui fondali sabbiosi nei quali si mimetizza. (Genere *Solea*; ordine Pleuronettiformi, famiglia dei Soleidi.)

■ **sògliola**

sognànte agg. Tipico del sogno e perciò irreale, fantastico. ~ Proprio di chi è immerso nei sogni.

sognàre v.intr. (aus. *avere*) Fare sogni durante il sonno. *Ho sognato tutta la notte.* ~ Fantasticare, immaginare come reale ciò che non lo è. ◇ *Sognare a occhi aperti*: costruirsi illusioni, abbandonarsi all'immaginazione. ~ Avere visione di qlcu. o qlco. in sogno. *Sognare dell'infanzia.* ◆ v.tr. **1.** Raffigurarsi qlcu. o qlco. in sogno. *Sognare un lontano parente.* **2.** Desiderare vivamente qlco. e sperare di ottenerlo. *Molti giovani sognano la moto.* ◆ **sognarsi** v.pron. *fam.* Esprime partic. coinvolgimento del soggetto, nel sign. 1. del v.tr. *Mi sono sognato mio nonno.* ◇ *Chi se lo sarebbe (mai) sognato?*: chi si sarebbe immaginato, chi avrebbe previsto una cosa del genere?

sognatóre s.m. [f. –*trice*] Chi si abbandona spesso alle fantasticherie, ai sogni a occhi aperti.

sógno s.m. **1.** Insieme di immagini più o meno coerenti che si presentano alla coscienza durante il sonno. ◇ *Credere nei sogni*: ritenere che i sogni siano veicolo di messaggi premonitori. ~ *fig.* Progetto che non ha possibilità di realizzazione. ◇ *Nemmeno per sogno*: neanche per idea, assolutamente no. **2.** Fantasia a occhi aperti, speranza illusoria. ~ Aspirazione, desiderio. ◇ *Sogno americano*: american dream. ~ Realtà talmente bella da sembrare irreale. ◇ *Di sogno*: splendido, fantastico. *Vacanza di sogno.*

sòia s.f. (giapp. *shōyu*, propr. "succo di soia") Pianta simile al fagiolo, usata come foraggio o per estrarne i germogli, l'olio e la farina. (Nome sc. *Soja hispida*; sottofamiglia delle Papilionacee, famiglia delle Leguminose.) ◇ *Latte di soia*: prodotto derivato dalla soia con la consistenza del latte.

fiore   frutto   seme

■ **sòia**

soirée [/swa're/] s.f. inv. (voce fr., "serata") Ricevimento o festa mondana che si svolge di sera (in oppos. a *matinée*).

1. sòl s.m. inv. (dalla sillaba iniziale di *Solve*, parola con cui inizia il quinto versetto dell'"Inno a San Giovanni" di Paolo Diacono da cui Guido d'Arezzo trasse i nomi delle note) Quinta nota nella scala musicale di *do*.

2. sòl s.m. inv. (ingl., deriv. di *hydrosol*) CHIM. Sospensione finissima di sostanze colloidali in un liquido.

3. sòl s.m. inv. [pl. *soles*] (sp. *sol* "sole") Unità monetaria del Perù.

solàio s.m. [pl. –*lai*] (lat. *solārium*, propr. "esposto al sole") **1.** Struttura di un edificio che divide un piano dall'altro, facendo da copertura per il piano sottostante e da base per quello soprastante. **2.** Parte più alta di un edificio, sotto il tetto.

solaménte avv. Unicamente, soltanto.

Solanàcee s.f. pl. [iniziale minusc. sing. –*a* per l'individuo] (lat., deriv. di *solānum* "pianta del sole") BOT. Famiglia di piante dicotiledoni con fiori solitari o in inflorescenze, frutti a bacca o a capsula; varie specie sono coltivate per scopi alimentari (patate, pomodori, tabacco), altre per ornamento (petunia, datura).

1. solàre agg. **1.** Relativo al sole. ◇ *Sistema solare*: l'insieme del sole e delle stelle gravitanti attorno a esso. ◇ *Costante solare*: quantità di energia irradiata dal Sole che nell'unità di tempo incide sull'unità di superficie esposta perpendicolarmente ai suoi raggi, alla distanza media Terra-Sole. (Valore medio: 1370 W/m² ca.) **2.** Che funziona grazie all'energia fornita dal sole. **3.** *fig.* Splendente, luminoso, ottimista. *Viso solare.* ~ Evidente, chiaro. *Prova solare.*

ENCICL. Il *sistema solare* è formato, oltre che dal Sole, da nove pianeti principali, migliaia di asteroidi, comete, meteoriti e polveri interplanetarie. I pianeti principali si concentrano attorno al Sole compiendo orbite di raggio inferiore a ca. 6 miliardi di chilometri (40 volte la distanza media fra la Terra e il Sole), ma si suppone che esista una zona popolata di asteroidi e di corpi celesti simili alle comete oltre l'orbita di Nettuno (il più esterno dei pianeti), fino ad alcune centinaia di unità astronomiche di distanza dal Sole, e una vasta concentrazione di altri corpi simili a comete (*nube di Oort*) a distanze dal Sole 40-100.000 volte superiori a quella della Terra.

2. solàre agg. Del solaio.

solarismo s.m. Movimento ecologista che propugna l'impiego dell'energia solare al posto di quella derivante dalle fonti inquinanti o non rinnovabili.

solàrium s.m. inv. (voce lat., "luogo esposto al sole") **1.** Nell'antica casa romana, parte dell'abitazione aperta ed esposta al sole. **2.** Negli edifici moderni, spazio aperto ed esposto al sole, per la cura elioterapica. ~ Ambiente in cui ci si sottopone all'abbronzatura per mezzo di lampade.

solarizzazióne s.f. **1.** FOTO. Effetto speciale che produce un'inversione dei toni, ottenuto oscurando le parti chiare di un negativo fotografico. **2.** Installazione di impianti di riscaldamento che utilizzano l'energia solare.

solcàre v.tr. [4] **1.** Tracciare solchi nel terreno. **2.** *estens.* Fendere l'acqua, detto di imbarcazioni. ~ *fig.* Lasciare su qlco. una traccia, un segno simile a un solco.

solcàto agg. Che presenta fenditure, solchi o segni.

sólco s.m. [pl. –*chi*] **1.** AGR. Fenditura lunga, più o meno profonda, che l'aratro o altro strumento incide nel terreno. **2.** *estens.* Incisione lasciata su una superficie. *Il solco dei dischi.* ~ Scia lasciata su un'imbarcazione. **3.** *fig.* Segno profondo, traccia. ~ Lacerazione.

solcòmetro s.m. MAR. Misuratore di velocità su una nave.

soldanèlla s.f. **1.** Pianta diffusa nelle zone montuose dell'Europa, con foglie rotonde e coriacee e fiori lilla. (Famiglia delle Primulacee.) **2.** Erba tipica dei litorali marini e dotata di proprietà medicinali. (Famiglia delle Convolvulacee.) **3.** BOT. (iniziale maiusc.) Genere di piante delle Primulacee a cui appartengono varie specie di soldanella.

soldatàglia s.f. [pl. –*glie*] Massa di soldati indisciplinati e violenti.

soldatésco agg. [pl.m. –*schi*, f. –*sche*] Da soldato, tipico di un soldato. ~ *spreg.* Rozzo, volgare.

soldatéssa s.f. **1.** Donna soldato. **2.** *scherz.* Donna dal fare soldatesco.

soldatino s.m. **1.** Nel sign. del dim. di *soldato*; in partic., giovane soldato. **2.** Modellino di soldato in metallo, in cartapesta o in plastica, per i giochi dei bambini o per collezionisti.

soldàto s.m. [f. *soldatessa*] **1.** Chi presta servizio armato in un esercito. ~ Militare semplice, il grado più basso della gerarchia militare. ◇ *Soldato prezzolato*: mercenario. – *Fare il soldato*: il servizio militare. **2.** *fig.* Chi milita, agisce per una causa, per un ideale. **3.** ZOOL. In alcune comunità di insetti, come formiche e termiti, individui preposti alla difesa.

sóldo s.m. **1.** Denominazione di monete di vario taglio, derivate dal solido romano, a partire dall'età medievale. ~ In Italia, fino alla seconda guerra mondiale, moneta da cinque centesimi, ventesima parte di una lira. ◇ *fig. Non avere nemmeno un soldo*: assolutamente nulla. **2.** (spec. pl.) Denaro, quattrini. ◇ *Fare (i) soldi*: diventare ricco, fare fortuna. **3.** Paga dei soldati. ◇ *Essere al soldo di qlcu.*: riferito a soldati mercenari, essere al servizio di un signore; *estens.* essere retribuito per servizi che si rendono, soprattutto in ambito di spionaggio.

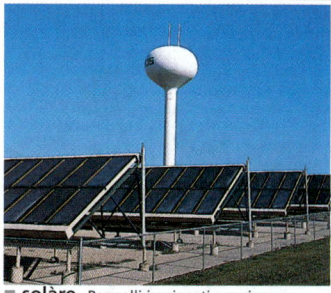

■ **solàre.** Pannelli impiegati per ricavare acqua calda dall'energia solare.
(Sud Dakota, Stati Uniti.)

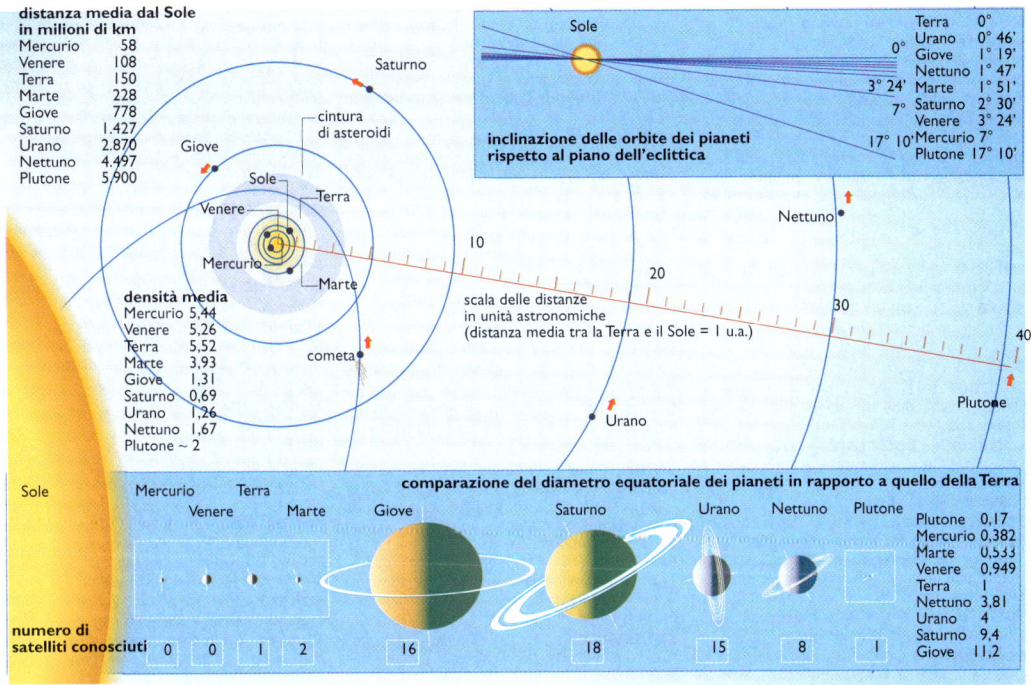

distanza media dal Sole in milioni di km	
Mercurio	58
Venere	108
Terra	150
Marte	228
Giove	778
Saturno	1.427
Urano	2.870
Nettuno	4.497
Plutone	5.900

densità media	
Mercurio	5,44
Venere	5,26
Terra	5,52
Marte	3,93
Giove	1,31
Saturno	0,69
Urano	1,26
Nettuno	1,67
Plutone	~ 2

inclinazione delle orbite dei pianeti rispetto al piano dell'eclittica

Terra	0°
Urano	0° 46'
Giove	1° 19'
Nettuno	1° 47'
Marte	1° 51'
Saturno	2° 30'
Venere	3° 24'
Mercurio	7°
Plutone	17° 10'

scala delle distanze in unità astronomiche (distanza media tra la Terra e il Sole = 1 u.a.)

comparazione del diametro equatoriale dei pianeti in rapporto a quello della Terra

Plutone	0,17
Mercurio	0,382
Marte	0,533
Venere	0,949
Terra	1
Nettuno	3,81
Urano	4
Saturno	9,4
Giove	11,2

numero di satelliti conosciuti

Mercurio	Venere	Terra	Marte	Giove	Saturno	Urano	Nettuno	Plutone
0	0	1	2	16	18	15	8	1

■ sistema **solàre**. Disposizione delle orbite e caratteristiche dei principali pianeti del sistema solare.

sóle s.m. **1.** (iniziale maiusc.) Stella intorno a cui gravita il sistema planetario di cui fa parte la Terra. ~ Tale astro visto dalla Terra e considerato secondo il suo moto apparente. *Sole che nasce, cala.* ~ estens. Qualsiasi stella posta al centro di un sistema planetario. **2.** Luce, calore emanati dal sole. ~ Giornata serena, cielo privo di nuvole. ◇ *Colpo di sole:* insolazione. – figg. *Sotto il sole:* sulla terra. *Niente di nuovo sotto il sole.* – *Sole che spacca le pietre:* cocente, insopportabile. **3.** estens. Luogo esposto al sole in genere coincidente col sud. ◇ *Treno del sole:* quello che collega Torino a Palermo. **4.** Simbolo o metafora di bellezza, valore, potenza, felicità. ◇ *Re Sole:* Luigi XIV di Francia. – *L'impero del sole levante:* il Giappone. **5.** Una delle figure dei tarocchi. **6.** MIN. *Pietra di sole:* varietà pregiata di feldspato, di colore bianco grigiastro con riflessi lucenti e rossastri.

ENCICL. Il Sole è una stella la cui energia proviene dalle reazioni termonucleari di fusione dell'idrogeno in elio. Ha una temperatura superficiale media di 5800 *K*. La parte visibile del Sole, l'atmosfera, è costituita di tre strati: la *fotosfera*, la *cromosfera* e la *corona* (visibile solo durante le eclissi o in condizioni particolari). La fotosfera è uno strato di ca. 100 km di spessore sulla cui superficie si osserva un ribollimento di materia che si manifesta attraverso una granulazione in continua agitazione ed è inoltre spesso cosparsa di macchie solari e facole. Attorno si trova la cromosfera, spessa ca. 7000 km e meno densa, dal caratteristico colore rossiccio, su cui si innalzano delle lingue in continua evoluzione, le *spicole*, della durata di pochi minuti. La corona è lo strato meno luminoso dalla tipica struttura a raggi, la cui forma e intensità luminosa è in stretta correlazione con il ciclo solare. La sfera solare delimitata dalla fotosfera ha un raggio di 696.000 km (ca. 109 volte il raggio equatoriale della Terra), densità media di 1,41 e la sua massa è soltanto 333.000 volte quella della Terra contro un volume che è 1.300.000 volte maggiore. La distanza media fra la Terra e il Sole è di 149,6 milioni di km (Unità Astronomica) che la luce solare percorre in 8,3 minuti.

solecismo s.m. (lat. *soloecismum*, gr. *soloikismós* deriv. di *soloikízein* "parlare in modo scorretto" da *Sóloi* "Soli" nome di una città della Cilicia in cui si parlava un greco approssimativo) LING. Uso improprio, scorretto della sintassi e della morfologia di una lingua. ~ Errore di grammatica.

soleggiaménto s.m. Esposizione al sole.

soleggiàre v.tr. [5] Mettere o tenere qlco. esposto al sole, general. per farlo asciugare.

soleggiàto agg. **1.** Che è esposto al sole. **2.** Pieno di sole.

Soléidi s.m. pl. [iniziale minusc. sing *-de* per l'individuo] (dal nome del genere *Solea* "sogliola") ZOOL. Famiglia di pesci per lo più marini, dal corpo ovale allungato e appiattito, con entrambi gli occhi sul lato destro, pigmentato, mentre il sinistro che resta appoggiato sul fondo marino è bianco. (Ordine dei Pleuronettiformi.)

Solènidi s.m. pl. [iniziale minusc. sing *-de* per l'individuo] ZOOL. Famiglia di molluschi marini, dalla conchiglia lunga e stretta, corpo cilindrico, piede robusto, senza bisso.

solènne agg. (lat. *sollemnem* "che ricorre ogni anno") **1.** Che si svolge con grande apparato, che si celebra con particolare fasto e pompa. **2.** Che ispira riverenza e rispetto. ~ Importante, significativo. *Fare una dichiarazione solenne.* ~ Grave, serio. *Tono solenne.* **3.** Eccezionale, fuori dal comune, soprattutto in espressioni ironiche o iperboliche del l. familiare. *Prendersi una solenne sbornia.* ◆ s.m. MUS. Didascalia che prescrive andamento particolarmente grave e sostenuto.

solenneménte avv. In modo solenne.

solennità s.f. inv. **1.** Qualità di ciò che è solenne. **2.** Ricorrenza celebrata in modo solenne. SIN.: **festività.**

solennizzàre v.tr. Celebrare una ricorrenza con un cerimoniale solenne.

solenoidàle agg. FIS. Di campo vettoriale la cui divergenza è nulla.

solenòide s.m. ELETTR. Elemento costituito da un filo conduttore isolato, avvolto attorno a un cilindro.

sòleo s.m. ANAT. Muscolo piatto e largo degli arti inferiori, che esercita la flessione plantare, l'inversione del piede, il sollevamento del tallone.

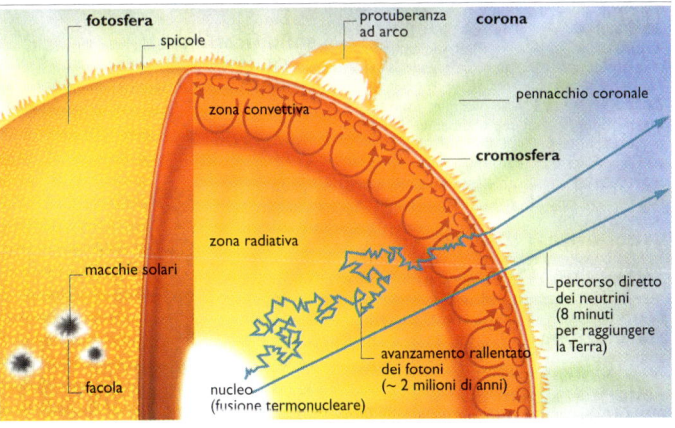

■ **sóle** (struttura).

solére v. modale [68] Avere l'abitudine di fare qlco. *Il nonno soleva viaggiare molto.*

solèrte agg. (lat. *sollĕrtem*, comp. di *sŏllus* "tutto" e *ărs* "attività, arte") **1.** Che svolge le proprie funzioni con sollecitudine e coscienziosità. **2.** Svolto con grande cura.

solétta s.f. **1.** Parte inferiore della calza, che riveste il piede. **2.** Rivestimento in pelle, fisso o mobile, della parte interna della suola della scarpa. **3.** Rivestimento della parte inferiore dello sci. **4.** COSTR. Lastra piana in cemento armato, usata perlopiù per solai. **5.** MAR. Rinforzo in legno applicato sotto la chiglia dello scafo di legno di una nave.

solétto agg. Nel sign. del dim. di *solo*, usato nella loc. *solo soletto*, completamente solo.

sòlfa s.f. **1.** Solfeggio. **2.** *fig.* Suono, lamento o discorso monotono, che si ripete con insistenza. *È sempre la stessa solfa!*

solfàra s.f. Giacimento di zolfo.

solfàre o **zolfàre** v.tr. AGR. Cospargere le piante di zolfo come anticrittogamico. SIN.: **solforare.**

solfatàra o **zolfatàra** s.f. **1.** Fenditura di un vulcano che emette vapore acqueo misto ad acido solfidrico e ad altri gas. **2.** Il deposito di zolfo che si viene a formare.

solfatazióne s.f. **1.** CHIM. Produzione di solfato per reazione tra anidride solforica e ossido o per ossidazione di un solfuro. **2.** ELETTR. Formazione di solfato di piombo sugli elettrodi degli accumulatori.

solfàto s.m. CHIM. Sale o estere dell'acido solforico. *Solfato di rame.*

solfeggiàre v.intr. [5] (aus. *avere*) MUS. Leggere la musica nominando o cantando le singole note. *Sto imparando a solfeggiare.* ◆ v.tr. MUS. Cantare un brano musicale pronunciando le note. *Solfeggiare uno spartito.*

solféggio s.m. [pl. *–gi*] **1.** MUS. Lettura ritmica di un brano musicale consistente nel pronunciare il nome delle note secondo il loro esatto valore di durata. **2.** MUS. Raccolta o brano destinati a esercizi di solfeggio.

solfidrico agg. [pl.m. *–ci*] CHIM. *Acido solfidrico:* acido H_2S, gas incolore, molto tossico, dal caratteristico odore di uovo marcio, prodotto dalla decomposizione delle materie organiche.

solfitàre v.tr. Nell'industria enologica e alimentare, trattare vini e prodotti alimentari con solfiti.

solfitazióne s.f. ENOL. Uso dell'anidride solforosa sia come disinfettante e antisettico, sia come decolorante e antiossidante.

solfito s.m. CHIM. Sale dell'acido solforoso, costituito da due atomi di idrogeno, uno di zolfo e tre di ossigeno.

solfonazióne s.f. CHIM. Reazione di sostituzione di uno o più radicali SO_3H a uno o più atomi d'idrogeno di un composto organico.

solfóne s.m. CHIM. Composto organico di formula generale $R–SO_2–R'$ che si ottiene dall'ossidazione dei solfuri organici; si usa in farmacia o come additivo di carburanti.

solfònico agg. [pl.m. *–ci*] CHIM. Di molecole aromatiche $Ar–SO_3H$ dove un radicale SO_3H è stato sostituito a un atomo d'idrogeno di un ciclo aromatico.

solforàre v.tr. **1.** AGR. Spargere zolfo in polvere su alcune piante per combattere le affezioni parassitarie. **2.** CHIM. Trattare una sostanza con lo zolfo, con l'anidride solforosa.

solforàto agg. Contenente zolfo o trattato con esso. ◇ CHIM. *Idrogeno solforato:* acido *solfidrico.

solforatrice s.f. Apparecchio per spargere zolfo in polvere sulle piante.

solforatùra s.f. AGR. Irrorazione delle piante con una soluzione di solfato di rame per combattere i parassiti. ~ Effetto di tale operazione.

solforazióne s.f. **1.** CHIM. Trattamento di sostanze con anidride solforosa allo scopo di decolorarle o sbiancarle. **2.** AGR. Solforatura.

solfòrico agg. [pl.m. *–ci*, f. *–che*] (fr. *sulfurique*) Di ogni composto dello zolfo a numero di ossidazione sei. ◇ *Acido solforico:* acido ossigenato derivato dello zolfo H_2SO_4, altamente corro-

sivo. [L'acido solforico è un prodotto di base dell'industria chimica; serve alla fabbricazione di numerosi acidi, di solfati, di concime (superfosfati), di glucosio, di esplosivi, di fibre tessili artificiali, di coloranti, ecc.; è anche utilizzato in metallurgia (decapaggio) e per il trattamento delle acque.]

solforóso agg. CHIM. Di composto dello zolfo a numero di ossidazione quattro. ◇ *Acido solforoso:* composto instabile H_2SO_3, presente nelle soluzioni acquose d'anidride solforosa. – *Anidride solforosa:* composto ossigenato SO_2 derivato dello zolfo. (È un gas incolore, tossico, usato come conservante nell'industria alimentare e come sbiancante nell'industria della carta.)

solfòssido s.m. CHIM. ORG. Composto organico di zolfo e ossigeno di formula generale $R–SO–R'$

solfùro s.m. CHIM. Sale dell'acido solfidrico, ottenuto sostituendo uno o entrambi gli atomi di idrogeno con un metallo.

Solidago s.f. BOT. Genere di piante ornamentali diffuse nell'America settentrionale. (Famiglia delle Composite.)

solidàle agg. (deriv. dalla loc. lat. *in solido appellare* "reclamare il rimborso totale") **1.** Che è legato a qlco. o a un gruppo per affinità di comportamento, opinioni, interessi comuni. **2.** DIR. Che comporta il vincolo della solidarietà tra i soggetti di un rapporto obbligazionario. ~ Che è legato da un vincolo di solidarietà. **3.** MECC. Di elemento collegato con un altro in maniera rigida.

solidarietà s.f. inv. (fr. *solidarité*) **1.** Rapporto di comunanza tra persone pronte a collaborare tra loro e ad assistersi a vicenda, nella piena condivisione dei casi e delle responsabilità. ~ Insieme dei legami di comunanza sussistenti tra gli esseri umani e la società di cui fanno parte. *Solidarietà sociale.* ~ Condivisione di pareri, idee, ansie, paure, dolori, ecc. *Esprimere la propria solidarietà a un amico.* **2.** DIR. Tipo di rapporto che lega una pluralità di soggetti attivi e passivi di una obbligazione, dove ciascun creditore ha la facoltà di riscuotere l'intero credito come se fosse l'unico creditore (*solidarietà attiva*), o dove ciascun condebitore esegue l'intera prestazione a favore del creditore (*solidarietà passiva*). **3.** TECN. Collegamento rigido fra elementi diversi.

solidaristico agg. [pl.m. *–ci*, f. *–che*] Fondato sulla solidarietà.

solidarizzàre v.intr. (aus. *avere*) (fr. *solidariser*) **1.** Di più persone, provare solidarietà l'uno nei confronti dell'altro. *Poliziotti e scioperanti hanno solidarizzato.* **2.** Sentirsi solidale con qlcu. *La popolazione ha solidarizzato con gli studenti.*

solidificàre v.tr. [4] **1.** Fare diventare solida una sostanza. *Solidificare la gelatina.* **2.** *fig.* Rendere qlco. più solido, più sicuro. *Solidificare un'amicizia.* ◆ v.intr. (aus. *essere*) Di liquido o di una materia fluida, passare allo stato solido; anche pron. *Il cemento (si) solidificherà in poche ore.*

solidificazióne s.f. Passaggio dallo stato liquido allo stato solido.

solidità s.f. inv. **1.** Caratteristica di ciò che è compatto o resistente. **2.** *fig.* Stabilità, sicurezza. *Solidità economica.* ~ Fondatezza, validità. *Solidità di una tesi.*

1. sòlido agg. (lat. *sŏlidum*, propr. "compatto") **1.** Di materiale, che presenta una notevole consistenza (in oppos. a *fluido* o *liquido*). **2.** *estens.* Ben ancorato, stabile. **3.** *fig.* Che poggia su una base sicura. ~ Consistente, ben fondato. *Possedere una solida cultura.* **4.** FIS. *Stato solido:* uno dei tre stati di aggregazione della materia nel quale gli atomi ruotano attorno a posizioni fisse con distribuzione sia arbitraria (*solidi amorfi*) sia ordinata (*solidi cristallizzati*). **5.** GEOM. A tre dimensioni. **6.** DIR. *In solido:* in rapporto obbligatorio di solidarietà con altri. *Rispondere in solido di un danno.* ◆ s.m. **1.** FIS. Corpo allo stato solido. **2.** GEOM. Figura tridimensionale. *Solido di rotazione.*

2. sòlido s.m. Nel basso impero romano, moneta utilizzata in Oriente del peso di 4,55 g.

soliflussióne s.f. (ingl. *solifluxion*) GEOMORF Lento movimento di terreno impregnato d'acqua, che scivola lungo pendii soprattutto durante il disgelo.

solilòquio s.m. [pl. *–qui*] Discorso tra sé e sé, monologo.

solino s.m. **1.** Colletto per camicia da uomo, separato dall'indumento. **2.** Ampio bavero azzurro, listato di bianco, tipico dell'uniforme dei marinai.

solipsismo s.m. **1.** FILOS. Concezione secondo la quale l'io, con le sue sensazioni e i sentimenti, costituirebbe la sola realtà esistente. **2.** *estens.* Individualismo esasperato.

solista s.m. e f.[pl.m. *–sti*] **1.** Cantante o musicista che esegue un brano con una sola voce o strumento. **2.** Chi si esibisce in un'esecuzione individuale. ~ Chi assume il ruolo principale e lo svolge con virtuosismo e classe.

solistico agg. [pl.m. *–ci*, f. *–che*] MUS. Riservato a solisti.

solitàrio agg. [pl.m. *–ri*] **1.** Che gradisce la solitudine. **2.** Di persona che conduce un'impresa (spec. sportiva) da solo. *Navigatore solitario.* ~ Di cosa che si fa da solo. **3.** Situato in una posizione isolata. SIN.: **sperduto.** **4.** ZOOL. Detto di animale, che non vive in branco. **5.** BOT. Di organo, isolato o separato. ◆ s.m. [f. *–ria*] Misantropo. ~ Animale solitario. **2.** Gioco di carte durante il quale un giocatore unico cerca di sistemare tutte le carte secondo alcune norme, in una combinazione determinata. **3.** Diamante tagliato a brillante montato da solo, general. su un anello.

sòlito agg. Uguale o simile alle volte precedenti. ~ Che si ripete abitualmente. ~ Che mantiene inalterate le sue abitudini. ~ In espressioni ellittiche, esprime cose sgradevoli o negative che si ripetono spesso e sempre allo stesso modo. *Siamo alle solite!* ◆ s.m. (solo sing.) Ciò che si fa o si verifica abitualmente. ◇ *Di solito:* abitualmente.

solitùdine s.f. **1.** Stato di una persona sola, ritirata dal mondo. **2.** Condizione di un luogo non frequentato.

sollàzzo s.m. (provenz. *solatz*, lat. *solācium* "conforto") Divertimento, svago.

sollecitàre v.tr. **1.** Stimolare qlco. **2.** Rendere qlco. più rapido. *Sollecitare il passo.* **3.** Chiedere qlco. con insistenza. *Sollecitare un'udienza.* ~ Fare pressione presso qlcu. per ottenere qlco. *Sollecitare un appalto al comune.* **4.** Spingere qlcu. a fare qlco. *Sollecitare i giovani alla lettura.* **5.** MECC. Diminuire la resistenza di un mate-

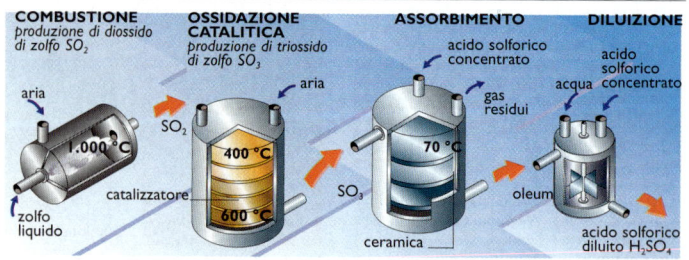

■ **solfòrico.** Trattamento dell'acido solforico.

riale, di una macchina, sottoponendoli a sforzo. *Sollecitare un motore.*

sollecitazióne s.f. **1.** Pressione perché venga fatto qlco. al più presto. ~ Incitamento, stimolo. **2.** MECC. Sforzo a cui è sottoposto un sistema.

1. sollécito agg. (lat. *sollĭcitum* "agitato") **1.** Che svolge il proprio dovere con diligenza e premura. **2.** Riferito a cosa, che viene eseguito o si svolge con rapidità. **3.** Pieno di attenzioni e premure.

2. sollécito s.m. Nel l. bur. e comm., sollecitazione.

sollecitùdine s.f. **1.** Prontezza nel portare a termine un compito assegnato. **2.** Cura nel fare qlco. **3.** (al pl.) Affanni, dispiaceri. *Le sollecitudini della vita lo hanno prostrato.*

solleóne s.m. **1.** Periodo dell'anno compreso tra metà luglio e metà agosto, in cui il Sole si trova nella costellazione del Leone. SIN.: **canicola**. **2.** *estens.* Sole cocente, grande calura.

solleticàre v.tr. [4] (etim. discussa, forse lat. *sollicitāre* "agitare, sollecitare") **1.** Causare, con un contatto leggero e ripetuto della pelle, una reazione di riso o d'irritazione. *Solleticare il collo a qlcu.* **2.** *fig.* Stimolare, allettare, lusingare qlco. o qlcu. *Solleticare la curiosità della gente.*

sollético s.m. [non com. pl. *-chi*] **1.** Sensazione cutanea risvegliata dallo sfioramento delle zone più sensibili del corpo, general. fastidiosa, che si accompagna al riso e spesso a reazioni di difesa delle parti interessate. ◇ *Fare il solletico:* provocare tale sensazione mediante un lieve contatto della zona sensibile; *fig.* non sortire alcun effetto, lasciare indifferente. *Le tue minacce mi fanno il solletico.* **2.** *fig.* Stimolo allettante.

sollevaménto s.m. **1.** Spostamento verso l'alto. ◇ *Sollevamento pesi:* specialità dell'atletica pesante, consistente nel portare verso l'alto, fino alla completa estensione delle braccia sopra la testa, un bilanciere più o meno pesante; detto anche *pesistica*. **2.** Parte rialzata o prominente.

sollevàre v.tr. **1.** Portare verso l'alto qlcu. o qlco. *Sollevare un pacco.* ~ Levare verso l'alto. *Sollevare lo sguardo.* **2.** Spingere alla sommossa qlcu. *Pochi rivoltosi riuscirono a sollevare il popolo.* **3.** Provocare, far sorgere una qualche reazione. *Lo scandalo ha sollevato l'indignazione generale.* ◇ *Sollevare un problema, una questione:* richiamare l'attenzione su qlco. che non è stato sufficientemente valutato o considerato. *Gli avvocati hanno sollevato alcune eccezioni formali.* **4.** *fig.* Liberare qlcu. da una condizione penosa. *Sollevare un amico dalla miseria.* ~ Confortare. ~ Slegare da un obbligo, un impegno. ◇ *eufem. Sollevare qlcu. da un incarico:* licenziarlo. ◆ **sollevarsi** v.pron. **1.** Alzarsi, tirarsi su. ~ Innalzarsi, crescere di livello, di altezza. *Il terreno si sta sollevando per un fenomeno di bradisismo.* ~ Alzarsi in volo, dirigersi verso l'alto. *L'aereo si solleva dalla pista.* **2.** Fare una rivolta, manifestare la propria rabbia e il proprio malcontento. *Gli studenti si stanno sollevando contro il provvedimento.* **3.** *fig.* Riprendersi, stare meglio sul piano fisico o morale. *Sollevarsi dopo una malattia.*

sollevàto agg. **1.** Spostato verso l'alto. **2.** *fig.* Che prova conforto fisico o psicologico. **3.** Che si è ribellato, che è insorto.

sollevazióne s.f. (lat. *sublevātio* "sollievo") Ribellione armata. ~ *fig.* Manifestazione o presa di posizione collettiva esprimente malcontento.

sollièvo s.m. Diminuzione di un carico, lenimento di un dolore fisico o morale. ~ La piacevole sensazione da esso provocata. ◇ *Tirare un sospiro di sollievo:* sentirsi finalmente libero da quanto era fonte di ansia, di preoccupazione. – *Che sollievo!:* esclamazione che esprime soddisfazione o benessere per la cessazione di una situazione negativa.

solmisazióne o **solmizzazióne** s.f. MUS. Sistema di indicazione delle note mediante sillabe.

sólo agg. **1.** Senza compagnia, senza nessuno vicino, insieme, come presenza fisica o affettiva. *Rimanere tutto solo.* ~ (al pl.) Senza la presenza, la compagnia di altre persone oltre a quelle di cui si parla. *Non lasciare soli i bambini.* **2.** Che fa qlco. senza l'intervento, la partecipazione o l'aiuto di altri. *Essere solo a lavorare.* **3.** (solo sing.) Unico. *Avere il solo conforto della fede.* ~ Singolo. *Gridare a una sola voce.* ~ Di cosa, semplice, senza aggiunta di altre cose oltre a quella nominata. *Mi basta la tua sola parola.* **4.** (al pl.) Soltanto, solo, solamente, soltanto. *Fermarsi per soli tre giorni.* **5.** MUS. Solista. *Concerto per violino solo.* ◆ avv. Unicamente, soltanto, nient'altro che. *Bere solo acqua.* ◇ *Se solo:* se almeno. *Se solo si degnasse di rispondere!* ❑ In funzione di cong., ma, tuttavia, però, peraltro. *È una bellissima giornata, solo un po' fredda.* ◇ *loc. cong. Solo che:* purché. *Solo che tu voglia, la cosa si farà;* tuttavia, ma. *Uscirei volentieri con te, solo che sono molto stanco.* ◆ s.m. **1.** [f. *-la*] Persona o cosa unica. *Sei la sola che potrebbe aiutarmi.* **2.** MUS. Solista. ~ Brano per solisti strumentali o vocali. ~ Nel jazz, improvvisazione di uno strumentista con o senza accompagnamento.

solstiziàle agg. ASTR. Relativo al solstizio. ◇ *Punti solstiziali:* i due punti dell'eclittica di massima distanza del Sole dall'equatore celeste.

solstìzio s.m. [pl. *-zi*] ASTR. Ciascuno dei due momenti dell'anno, corrispondenti a due punti sull'eclittica, in cui il Sole si trova alla massima distanza dall'equatore celeste. (Il solstizio d'inverno cade il 21 dicembre, quello d'estate il 21 giugno.)

soltànto avv. Solamente, solo. *Bere soltanto latte.* ◇ *Se soltanto:* se almeno. *Se soltanto fosse più puntuale!* ❑ In funzione di cong., ma, tuttavia, però, peraltro. *È stata una bella vacanza, soltanto un po' stancante.*

solùbile agg. **1.** CHIM. Di sostanza che può disciogliersi in un'altra, formando una soluzione. **2.** *fig.* Che può essere risolto, che presenta soluzioni.

solubilità s.f. inv. **1.** CHIM. Qualità di ciò che è solubile. **2.** *fig.* Possibilità di risoluzione o di spiegazione.

solubilizzàre v.tr. CHIM. Rendere solubile qlco.

solubilizzazióne s.f. **1.** CHIM. Procedimento con cui si rende solubile qlco. **2.** METALL. Trattamento termico di omogeneizzazione di una lega metallica.

solùto s.m. CHIM. Sostanza che, disciolta in un'altra (detta *solvente*), forma una soluzione.

solutreàno s.m. (solo sing.) (dal nome della località di *Solutré*-Pouilly) GEOL. Facies culturale del paleolitico superiore europeo durante la quale appaiono utensili litici sotto forma di punte di lancia e di freccia a ritocco bifacciale. ◆ agg. Relativo a tale facies.

soluzióne s.f. **1.** Scioglimento di una sostanza in un liquido. ~ La combinazione così ottenuta. ~ CHIM. Mescolanza di un corpo solido o gassoso (*soluto*) con uno liquido (*solvente*). **2.** Superamento di una difficoltà, risoluzione di un problema, risposta a una domanda. ◇ ST. *Soluzione finale:* pianificazione dello sterminio ebraico da parte del regime nazista. **3.** Interruzione, soprattutto nella loc. *soluzione di continuità*, interruzione nel tempo o nello spazio. *I papi sono stati eletti senza soluzione di continuità.* ~ Salto logico. ~ Nel l. med., interruzione traumatica della continuità di un tessuto. **4.** COMM. Scioglimento di un debito, di un pagamento.

solvatazióne s.f. CHIM. Formazione di un solvato.

solvàto s.m. (ingl. *solvate*) CHIM. Associazione di ioni del soluto con alcune molecole di solvente.

solvènte agg. **1.** CHIM. Di sostanza, spec. liquida, che ha la proprietà di sciogliere altre senza alterarne la natura. **2.** COMM. Che è in grado di pagare. ~ Che paga direttamente e non tramite terzi. ◆ s.m. **1.** CHIM. Sostanza solvente. **2.** COMM. (anche f.) Persona che è in grado di pagare.

solvènza s.f. COMM. Solvibilità.

solvìbile agg. **1.** Che ha i mezzi per pagare i suoi creditori. **2.** Che può essere pagato.

solvibilità s.f. inv. COMM. Possibilità di far fronte ai propri debiti.

1. sòma s.f. (gr. *ságma* "basto") **1.** Carico che un animale da trasporto reca sulla groppa. ◇ *Bestia da soma:* animale (asino, mulo, cavallo) adibito al trasporto di carichi; *fig.* persona che si sottopone a lavori estenuanti. **2.** Antica misura per prodotti aridi e liquidi, equivalente al carico di una bestia da soma (fino a un quintale e mezzo).

2. sòma s.m. [pl. *-mi*] (gr. *sôma* "corpo") BIOL. Insieme delle cellule non preposte alla riproduzione e perciò destinate a perire (in oppos. a *germe*).

3. sòma s.m. inv. Nell'antica religione indiana, il succo alcolico inebriante che forniva nei riti la materia sacrificale più importante.

sòmalo agg. Della Somalia. ◆ s.m. **1.** [f. *-la*] Nativo, abitante della Somalia. **2.** (solo sing.) Lingua cuscitica che si parla in Somalia. **3.** Unità monetaria della Somalia.

somàro s.m. [f. *-ra*] **1.** Asino, spec. in relazione al suo impiego come animale da soma e da tiro per il trasporto e il traino di carichi pesanti. **2.** *fig.* Persona ignorante, priva di intelligenza. ~ Allievo pigro e mediocre.

somàtico agg. [pl.m. *-ci*, f. *-che*] **1.** Che riguarda il corpo umano. ◇ *Tratti somatici:* fisionomia caratteristica di un individuo. **2.** BIOL. Relativo al corpo degli organismi viventi. ◇ *Cellule somatiche:* tutte le cellule del corpo (soma) a esclusione di quelle riproduttive. **3.** ANAT. *Organi somatici:* quelli preposti alle attività controllate dal sistema nervoso centrale (sensibilità, motilità, ecc.).

somatizzàre v.tr. (fr. *somatiser*) MED. Rendere organico un disturbo psichico. ◆ **somatizzarsi** v.pron. Detto di stati patologici della psiche, diventare organici.

somatizzazióne s.f. (fr. *somatisation*) MED. Conversione o trasformazione di un disturbo psichico in un malessere organico.

somatostatìna s.f. (ingl. *somatostatin*) BIOL. Polipeptide presente nel corpo umano con funzioni di controllo su vari ormoni e usato in diversi protocolli terapeutici.

somatotropìna s.f. BIOL. Ormone prodotto dall'ipofisi, che regola l'accrescimento del corpo.

somatòtropo agg. BIOL. Che influenza l'accrescimento corporeo. ◇ *Ormone somatotropo:* somatotropina.

sombréro s.m. inv. (voce spagn., deriv. di *sombra* "ombra") Cappello dagli ampi bordi, caratteristico dei paesi ispanici.

somestesìa s.f. FISIOL. Sensibilità somatica.

somière o **somièro** s.m. (fr. *somier*) Cassa di legno dell'organo che contiene l'aria sotto pressione.

somigliànte agg. Che somiglia.

somigliànza s.f. Affinità, analogia.

somigliàre v.intr. [6] (aus. *essere* o *avere*) Essere simile a qlcu. nell'aspetto o nel carattere. ◆ **somigliarsi** v.pron. Di due o più soggetti, avere un aspetto somigliante l'uno all'altro. *I due fratelli si somigliano.*

somìte s.m. BIOL. → **metamero**.

sómma s.f. **1.** Risultato di un'addizione. ~ *estens.* L'addizione stessa. ◇ *Tirare le somme:* eseguire l'addizione; *fig.* trarre le conclusioni al termine di una vicenda, di un'esperienza. **2.** *estens.* Quantità determinata di denaro. ~ Insieme. **3.** *fig.* Nucleo essenziale, sostanza, risultato di qlco. **4.** Nel Medioevo, esposizione generale, sintetica ma esauriente, di un complesso teologico o dottrinario.

sommàcco s.m. [pl. *-chi*] (ar. *summāq*) Albero delle regioni calde, dalle foglie ricche di tannino e preziose per l'industria delle pelli. (Genere *Rhus*; famiglia delle Anacardiacee.)

sommàre v.tr. **1.** MAT. Fare la somma, addizionare un numero all'altro. ◇ *figg. Sommare gli sforzi:* metterli insieme, cooperando per ottenere risultati più rapidi ed efficaci. – *Sommare i pro e i contro:* valutare vantaggi e svantaggi. – *Tutto sommato:* considerando tutti gli elementi, alla fin fine, in conclusione. *Tutto sommato è stata una bella vacanza.* **2.** Aggiungere una cosa a un'altra. *Al totale devi sommare la spesa dell'agenzia.*

1. sommàrio agg. [pl.m. *-ri*] **1.** Che è ridotto alla sua forma più semplice. ~ Approssimativo e superficiale. **2.** DIR. Di procedimento, svolto con rito abbreviato e in modo non ordinario. ~ Anche, di procedimento fatto senza rispettare le normali procedure e senza garantire tutti i diritti della difesa. ◇ *Esecuzione sommaria:* fatta senza giudizio preliminare.

2. sommàrio s.m. [pl. *-ri*] **1.** Trattazione di un argomento in forma sintetica. ~ Libro che tratta una materia per sommi capi. **2.** Breve elenco o indice degli argomenti trattati in un libro, in una rivista. ~ Elenco dei titoli di un giornale. ~ Elencazione dei principali argomenti che verranno trattati in un notiziario radiofonico o televisivo. **3.** Sottotitolo di un articolo di giornale che ne sintetizza il contenuto.

sommatòria s.f. ALG. Simbolo che ha la funzione di indicare in sintesi l'operazione di somma su un insieme di addendi che variano in funzione di uno o più indici.

sommazióne s.f. (ingl. *summation*) FISIOL. Fenomeno per cui più stimoli, agendo in modo coordinato, riescono a produrre un impulso nervoso.

sommelier [/sɔmə'lje/] s.m. e f.inv. (provenz. *saumalier* "conduttore delle bestie da soma", poi "addetto ai viveri" e "cantiniere") **1.** Enologo esperto. **2.** Persona incaricata del servizio dei vini e dei liquori nei ristoranti di alto livello.

sommèrgere v.tr. [21] **1.** Coprire completamente d'acqua, inondare. *Il fiume straripando ha sommerso la pianura.* ~ *fig.* Al passivo, essere sepolto, circondato da ogni lato, essere sopraffatto, travolto da qlco. *Sono sommerso dalle pratiche d'ufficio.* **2.** Fare affondare qlco. *Un'ondata ha sommerso la barca.* ◆ **sommergersi** v.pron. Andare a fondo, colare a picco. *La nave speronata si sommerse rapidamente.*

sommergìbile agg. In grado di andare e di rimanere in immersione. ◆ s.m. Mezzo navale, attrezzato per scopi bellici o per l'osservazione scientifica, in grado di stare e di muoversi sia in superficie sia sott'acqua.

sommergibilìsta s.m. e f.[pl.m. *-sti*] Membro dell'equipaggio di un sommergibile.

sommèrso agg. **1.** Che è interamente coperto da un liquido, che si trova sotto il livello dell'acqua. **2.** *fig.* Oppresso, gravato. **3.** *fig.* Di attività commerciale ed economica che sfugge alle rilevazioni ufficiali, alle statistiche e agli obblighi fiscali. ◆ s.m. L'insieme delle attività economiche sommerse.

sommésso agg. Riferito a tono vocale o a suono, basso, piano, leggero.

sommier [/sɔ'mje/] s.m. inv. (voce fr., deriv. di *sommier de lit* "saccone del letto") Divano letto.

somministrànte agg. Che distribuisce, che offre. ◆ s.m. e f.DIR. La parte che, stipulando un contratto di somministrazione, assume l'impegno di eseguire prestazioni periodiche o continuative a favore dell'altra.

somministràre v.tr. **1.** Distribuire, fornire qlco. a qlcu. in un ambito specifico. *Somministrare una medicina al malato.* **2.** *estens.* Dare, distribuire qlco. a qlcu. *Somministrare viveri.* ~ *scherz.* Affibbiare, appioppare qlco. di spiacevole a qlcu. *Somministrare calci e schiaffi.*

somministràto agg. Distribuito, offerto. ◆ s.m. [f. *-ta*] DIR. La parte che, in un contratto di somministrazione, riceve le prestazioni del somministrante.

somministrazióne s.f. **1.** Distribuzione, assegnazione connessa a un incarico, a una funzione, a un compito. *Somministrazione di un vaccino.* ~ La cosa distribuita. **2.** DIR. Tipo di contratto secondo cui una parte è tenuta a fornire prestazioni di cose (p.e. energia elettrica, gas) dietro corrispettivo in denaro.

sommità s.f. inv. **1.** Parte più elevata. SIN.: **cima**. **2.** *fig.* Perfezione, apice.

sómmo agg. **1.** Il più alto. **2.** *fig.* Grandissimo, massimo. ◇ *Sommo bene:* in una prospettiva religiosa, Dio. ~ *fig.* Dotato di straordinarie qualità. ~ Il più importante in un ordine gerarchico. ◇ *Sommo pontefice:* il papa. ◆ s.m. (solo sing.) Parte più elevata. ~ *fig.* Il grado più alto di qlco.

sommòssa s.f. Sollevamento popolare, insurrezione, tumulto.

sommovimént0 s.m. **1.** Sconvolgimento, spostamento. **2.** *fig.* Eccitazione, turbamento.

sommozzatóre s.m. [non com. f. *-trice*] (deriv. di napol. *sommozzare* "tuffarsi" forse dal lat. *subputeāre* "calarsi in un pozzo") Nuotatore subacqueo, spesso appartenente a corpi militari o di polizia. SIN.: **subacqueo**.

sonàglio s.m. [pl. *-gli*] (provenz. *sonalh*) **1.** Sferetta metallica all'interno della quale c'è una pallina che produce un suono urtando contro le pareti. **2.** ZOOL. Insieme di anelli cornei situati all'estremità della coda del *serpente a sonagli* o *crotalo*.

sonànte agg. Che emette un suono. ◇ *Pagare con denaro sonante:* in contanti. ◆ s.f. LING. Termine riferito alle consonanti liquide o nasali, che hanno un grado di sonorità maggiore rispetto alle altre consonanti.

sònar s.m. inv. (sigla di ingl. *SOund NAvigation and Ranging* "navigazione e misurazione di distanza per mezzo del suono") Apparecchio di segnalazione sottomarina che utilizza le onde sonore per l'individuazione, la localizzazione e l'identificazione degli oggetti immersi.

sonàta s.f. MUS. Composizione strumentale (uno o due strumenti) in tre o quattro tempi. *Sonata per violino, per pianoforte.*

sonatìna s.f. MUS. Composizione più facile della sonata, in soli due o tre tempi.

sónda s.f. (fr. *sonde*) Ogni strumento usato per effettuare perforazioni, esplorazioni, misurazioni. ◇ *Sonda acustica:* usata in marina o in aeronautica per la misurazione della profondità, dell'altezza dal suolo e della pressione sonora. – PETR. *Sonda di perforazione:* trivella. – ASTRONAUT. *Sonda spaziale:* veicolo lanciato nello spazio e fornito di apparecchiature per rilevamenti di vario tipo. ~ MED. Tubicino flessibile che penetra nelle cavità dell'organismo, usato a scopi diagnostici, chirurgici o terapeutici.

sondàbile agg. Che può essere oggetto di indagine. ~ Che può essere analizzato mediante una sonda.

sondàggio s.m. [pl. *-gi*] (fr. *sondage*) **1.** Ogni tipo di operazione eseguita con una sonda. **2.** Procedura d'indagine su soggetti campione, volta ad accertare tendenze, opinioni, aspirazioni presenti nella società o in alcune sue componenti. *Sondaggio elettorale.*

sondàre v.tr. (fr. *sonder* di etim. discussa, forse lat. *subundāre* "immergere") **1.** Esplorare qlco. per mezzo di una sonda. ~ *fig.* Esaminare i vari aspetti di una questione prima di agire. *Sondare la situazione.* **2.** Accertare opinioni, tendenze attraverso sondaggi.

sonètto s.m. (provenz. *sonet*, fr. *sonet* "canzone") METR. Componimento poetico formato da due quartine e due terzine di endecasillabi con diversi schemi di rima.

sònico agg. [pl.m. *-ci*, f. *-che*] (ingl. d'America *sonic*) Relativo al suono.

sonnambulìsmo s.m. (fr. *somnambulisme*) MED. Fenomeno di origine nervosa per cui certe persone, durante il sonno, compiono azioni complesse senza svegliarsi.

sonnàmbulo s.m. [f. *sonnambula*] (fr. *somnambule*) Chi è affetto da sonnambulismo.

sonnecchiàre v.intr. [6] (aus. *avere*) Dormire di un sonno leggero. ~ *fig.* Non stare attento, distrarsi.

sonnellìno s.m. Nel sign. del dim. di *sonno*, spec. breve dormita pomeridiana.

sonnìfero s.m. **1.** Farmaco che favorisce il sonno. **2.** *fig.* Fonte di noia e di intorpidimento mentale. ❑ In funzione di agg., soporifero, sedativo.

sónno s.m. **1.** Stato periodico di riposo dell'organismo, caratterizzato dalla sospensione dell'attività motoria e di quella psichica superiore. ◇ MED. *Cura del sonno:* trattamento dei disordini psichici con farmaci che causano un sonno più o meno profondo. – *Malattia del sonno:* malattia infettiva dovuta a tripanosomi trasmessi da alcune mosche tse-tse. (La malattia è endemica in Africa tropicale ed equatoriale.) – *Colpo di sonno:* perdita di coscienza dovuta a stanchezza. **2.** Bisogno, desiderio di dormire. *Avere sonno.* SIN.: **sonnolenza**. **3.** *fig.* Tranquillità, silenzio, quiete derivata dalla sospensione reale o apparente di ogni forma di attività o di vita. ◇ *eufem. Sonno eterno:* la morte.

sonnolènza s.f. **1.** Stato di torpore che precede o segue il sonno. **2.** *fig.* Indolenza, inerzia.

sonògrafo s.m. Strumento acustico che registra, graficamente e fotograficamente, l'intensità del suono.

sonogràmma s.m. [pl. *-mi*] Registrazione, grafica e fotografica, fornita da un sonografo.

sonòmetro s.m. Strumento acustico per sperimentare le vibrazioni prodotte da corde elastiche tese su una cassa armonica di risonanza.

sonòra s.f. LING. Suono o fonema prodotto con vibrazione delle corde vocali.

sonorità s.f. inv. **1.** Capacità di un corpo elastico di produrre un suono. **2.** Capacità di risuonare, di diffondere e amplificare il suono. **3.** *fig.* Ricchezza o sovrabbondanza dell'espressione scritta o orale. **4.** LING. Intensità sonora intrinseca dei diversi suoni.

sonorizzàre v.tr. **1.** CINE. Dotare un film del sonoro. **2.** LING. Trasformare un suono sordo in sonoro. ◆ **sonorizzarsi** v.pron. Detto di suono o fonema sordo, diventare sonoro.

sonòro agg. **1.** Che riguarda il suono. *Onde sonore.* **2.** Che ha un suono forte, che ha molta risonanza. *Timbro sonoro.* **3.** *fig.* Di costruzione verbale o stile, ridondante, enfatico. **4.** CINE. *Cinema sonoro:* tecnica cinematografica in cui la proiezione delle immagini si associa alle parole e ai suoni relativi (in oppos. a *cinema muto*). **5.** LING. Di suono la cui articolazione è accompagnata dalla vibrazione delle corde vocali. ◆ s.m. **1.** CINE. Insieme degli elementi sonori di una pellicola o di un documento audiovisivo. **2.** Cinema sonoro.

sontuosità s.f. inv. Carattere di ciò che è lussuoso. SIN.: **sfarzo**.

sontuóso agg. Che denota ricchezza, magnificenza. SIN.: **sfarzoso**.

sopìre v.tr. [83] Fare diminuire d'intensità un sentimento, una sensazione.

sopìto agg. Di sentimento, alleviato, addolcito, attenuato. *Passioni sopite.*

sopóre s.m. **1.** Stato fisiologico simile al sonno ma con perdita solo parziale delle facoltà psichiche superiori. SIN.: **assopimento**. ~ MED. Stato patologico di profondo torpore che precede il coma. **2.** *fig.* Inerzia, apatia, inattività spec. civile e culturale.

soporìfero agg. **1.** Che provoca o facilita il sonno. **2.** *fig.* Noioso, pesante, tedioso. *Romanzo soporifero.*

soppàlco s.m. [pl. *-chi*] **1.** Vano secondario ricavabile, mediante un solaio intermedio, all'interno di un ambiente sufficientemente alto. **2.** Vano posto fra il tetto e il soffitto dell'ultimo piano.

sopperìre v.intr. [83] (aus. *avere*) Far fronte a qualche esigenza fornendo quanto manca.

soppesàre v.tr. Rigirare qlco. tra le mani per valutarne il peso. ~ *fig.* Valutare il valore, l'importanza di qlco. *Soppesare una decisione.*

soppiantàre v.tr. (lat. *supplantāre*, propr. "sgambettare" poi "togliere il posto a un altro") **1.** Sostituire definitivamente qlco., rimpiazzare. *Il computer ha soppiantato la macchina da scrivere.* **2.** Prendere il posto di altri, spec. in modo scorretto. *Soppiantare un rivale.*

sopportàre v.tr. (lat. *supportāre* "trasportare") **1.** Sostenere un carico, un peso. *Il pavimento non ha sopportato il carico della merce.* SIN.: **reggere**. **2.** *fig.* Sostenere un onere, subire un danno economico. **3.** *fig.* Patire, soffrire, subire qlco., spec. dando prova di coraggio e rassegnazione. **4.** *fig.* Adattarsi, resistere a condizioni o situazioni avverse, disagevoli o penose. *Sopportare la fatica.* ~ Tollerare la presenza, l'atteggiamento di qlcu. **5.** Resistere a una prova, a un'azione fisica. *Questo materiale non sopporta il calore.* ◆ **sopportarsi** v.pron. Detto di due o più persone, tollerarsi a vicenda.

sopportazióne s.f. **1.** Capacità di sopportare, di tollerare. **2.** Pazienza annoiata, sufficienza. *Lo ascoltava con sopportazione.*

sopprèssa s.f. CUC. Salume di carne di maiale tritata o macinata e insaccata con sale e spezie, diverse da regione a regione.

soppressione s.f. **1.** Azione di eliminare qlco. **2.** Uccisione, abbattimento. **3.** Sottrazione, occultamento.

soppresso agg. Eliminato, abolito.

soppressóre s.m. **1.** TELECOM. Apparecchio per abbattere l'effetto di eco nei circuiti telefonici. **2.** MED. Ciò che rallenta o impedisce certe funzioni.

sopprimere v.tr. [38] **1.** Eliminare qlco. che esisteva prima. *Sopprimere una legge.* SIN.: **abolire**. **2.** Uccidere qlcu. *Sopprimere un ostaggio.*

soppùnto s.m. → **sottopunto**.

sópra prep. Esprime il concetto basilare di "posizione soprastante" che può assumere connotazioni di staticità o di movimento e dar luogo a concetti secondari di "padronanza", "influenza esercitata", "incidenza". ◆ avv. **1.** Indica posizione elevata o movimento verso l'alto. *L'ascensore sta andando sopra.* ~ Si usa posposto agli avv. *qua, qui, là, lì* per riferirli a un luogo elevato rispetto a un altro. *Il libro è là sopra.* ~ Posposto da *di* rinforza l'idea di giacitura in alto. *Le camere da letto sono di sopra.* ~ Preceduto da *in* indica la direzione dal basso verso l'alto. *Questa pianta ha rami rivolti in sopra.* ~ Preceduto da *da* indica provenienza dall'alto. *Il rumore viene da sopra.* ◇ figg. *Tornare sopra una decisione:* cambiare idea. ~ *Passare sopra a qlco.:* lasciare perdere. **2.** Precedentemente, in una parte precedente di un discorso. *Mi riferisco a quanto detto sopra.* ❑ In funzione di agg. inv., superiore, che sta più in alto. *Abito al piano sopra.* ◆ s.m. inv. La parte superiore. *Sopra della cucina è di granito.*

sópra- o **sóvra-** Primo elemento di composti in cui ha gli stessi significati di *sopra;* ha anche valore di superlativo (*sopraffino*). Produce raddoppiamento della consonante iniziale della parola che costituisce il secondo elemento del composto (*soprattutto, sopralluogo*); la vocale finale a si elide spesso davanti a parola iniziante per vocale (*soprelevare, sovrumano*).

sopràbito s.m. **1.** Cappotto di tessuto leggero e spesso impermeabile. **2.** Lunga veste maschile per cerimonia, detta anche *finanziera* o *redingote*.

sopracciglio s.m. [pl.m. *sopraccigli*, f. *sopracciglia*] Ognuno dei due tratti incurvati, ricoperti di peli, che delimitano le arcate orbitali dell'occhio. ~ Che ricoprono tali tratti di pelo.

sopracciliàre o **sopraccigliàre** agg. Del sopracciglio.

sopraccitàto o **sopracitàto** agg. Che è già stato menzionato. SIN.: **suddetto**.

sopraccopèrta o **sovraccopèrta** s.f. **1.** Coperta da letto, ricamata o di pizzo, usata soprattutto per ornamento. **2.** Foglio che ricopre la copertina di un libro.

sopraddominànte s.f. MUS. Sesto grado nelle scale musicali diatoniche.

sopraddòte s.f. DIR. Somma di denaro che lo sposo un tempo destinava a favore della sposa prima delle nozze.

sopraelevàto agg. **1.** Rialzato rispetto al livello normale. **2.** Costruito sopra un edificio già esistente.

sopraffàre v.tr. [9] **1.** Rendere impotente l'avversario, dimostrando la propria superiorità. *Sopraffare il nemico.* SIN.: **soverchiare**. **2.** *fig.* Superare, sovrastare qlco. per intensità fino a coprirla completamente. *La sua voce fu sopraffatta dal rumore.*

sopraffazióne s.f. Imposizione della propria volontà. SIN.: **prepotenza**.

sopraffìlo s.m. SART. Cucitura a punto lungo effettuata sull'orlo di un tessuto per evitare che si sfilacci.

sopraffìno agg. **1.** Di prodotto alimentare, di qualità superiore. ~ Completamente privo di impurità. **2.** *fig.* Riferito a persona o alle sue caratteristiche, finissimo, eccellente. *Ingegno sopraffino.*

sopraffusióne s.f. FIS. Mantenimento dello stato liquido di un corpo, anche a una temperatura inferiore a quella di solidificazione.

sopraggitto s.m. SART. Serie di punti molto fitti effettuati per fissare orli interni o per unire due tessuti.

sopraggiùngere v.intr. [22] (aus. *essere*) **1.** Aver luogo, verificarsi. *Non sono sopraggiunte complicazioni.* **2.** Arrivare dove ci sono altri.

sopraindicàto o **soprindicàto** agg. Indicato in precedenza.

sopralluògo s.m. [pl. *–ghi*] **1.** Ispezione effettuata da esperti per acquisire dati ed elementi di valutazione su un luogo. **2.** DIR. Indagine dell'autorità giudiziaria sul luogo dove si è verificato un reato o dove è stata denunciata un'irregolarità.

soprammòbile s.m. Oggetto ornamentale.

sopranista s.m. [pl. *–sti*] MUS. Cantante di sesso maschile con voce da soprano.

soprannaturàle agg. Che supera il limite della natura e trascende nel divino. SIN.: **ultraterreno**. ~ *fig.* Fuori del comune. ◆ s.m. (solo sing.) Il trascendente, identificato perlopiù con il divino.

soprannazionàle agg. Che è al di sopra delle nazioni. ~ Che ha autorità sulle singole nazioni.

soprannazionalità s.f. inv. Caratteristica di organi, istituzioni e simili, che hanno autorità e competenze autonome e superiori rispetto ai singoli Stati.

soprannóme s.m. Appellativo attribuito a qlcu. in relazione a caratteristiche fisiche, morali, ecc.

soprannominàre v.tr. Dare un soprannome a qlcu.

soprannominàto agg. Che ha per soprannome, chiamato per soprannome.

soprannumeràrio agg. [pl.m.*–ri*] **1.** Che è in eccesso. **2.** ANAT. Eccedente rispetto al numero che costituisce la norma naturale. *Dente soprannumerario.*

soprannùmero s.m. Solo nella loc. *in soprannumero*, in numero superiore al normale. ❑ Anche in funzione di agg. inv., soprannumerario. *Insegnanti soprannumero.*

sopràno s.m. **1.** MUS. Registro di voce più alto, proprio delle donne e dei bambini. ~ La voce stessa. **2.** (freq. anche f. inv.) Cantante con voce da soprano. ❑ In funzione di agg. inv., da soprano. *Voce soprano.* ~ Riferito a strumento musicale, che ha il suono più acuto tra gli strumenti dello stesso genere. *Sassofono soprano.*

sopranominàto agg. Nominato in precedenza.

soprappiù o **sovrappiù** s.m.inv. **1.** Quanto eccede il normale o il necessario. **2.** Ciò che si aggiunge. *Pagare un sovrappiù ai dipendenti.* **3.** ECON. → **surplus**.

soprapprofitto o **sovraprofitto** s.m. ECON. Eccedenza del reddito di un'impresa o di un esercizio commerciale in circostanze particolari.

soprascàrpa s.f. Scarpa di gomma che si mette sulle scarpe normali per ripararle dalla pioggia e dall'umidità.

soprasegmentàle agg. (ingl. *suprasegmental*) FON. Di elementi prosodici con l'accento o l'intonazione, che si aggiungono ai segmenti, ossia ai suoni articolati, che costituiscono la catena parlata.

soprasensibile o **sovrasensibile** agg. FILOS. Che non può essere esperito con i sensi. ◆ s.m. Ciò che trascende il mondo sensibile.

soprassàlto s.m. Movimento brusco e improvviso che scuote il corpo di una persona. SIN.: **sobbalzo** ◇ *Di soprassalto:* di scatto e in modo brusco, all'improvviso.

soprassaturazióne o **soprasaturazióne** s.f. **1.** CHIM. Condizione di una soluzione che contiene una quantità di soluto superiore a quella massima consentita alla stessa temperatura e pressione. **2.** Fenomeno per cui un vapore può essere raffreddato a una temperatura inferiore a quella di condensazione senza che questa si verifichi.

soprassedére v.intr. [19] (aus. *avere*) Rimandare, differire temporaneamente qlco.

sopratònica s.f. [pl. *–che*] MUS. Secondo grado delle scale diatoniche.

soprattàssa o **sovrattàssa** s.f. Tassa supplementare, prevista come sanzione per il contribuente che non versa o ritarda un pagamento.

soprattìtolo s.m. In un articolo di giornale o in un libro, titolo secondario stampato in caratteri più piccoli al di sopra del titolo principale. SIN.: **occhiello**.

soprattùtto avv. **1.** Più di ogni altra cosa, specialmente. *Detesto uscire, soprattutto quando piove.* **2.** Con valore frasale, come sottolineatura del punto di vista del parlante nel sign. di "come cosa principale". *Soprattutto, dimmi come è andata a finire.*

sopravanzàre v.intr. (aus. *avere*) **1.** Sporgere, risaltare per la misura o la statura. **2.** Avanzare, eccedere, essere in più.

sopravènto o **sopravvènto** avv. Dalla stessa parte, nello stesso senso da cui spira il vento. ◆ agg. inv. Del lato di una nave o del versante di un monte esposti allo spirare del vento. ◆ s.m. inv. **1.** Nel sign. dell'agg. **2.** *fig.* (solo nella forma con doppia v) Posizione di netta superiorità, di predominio su qlcu. o qlco. ◇ *Prendere il sopravvento:* acquisire una posizione decisiva di vantaggio.

sopravvalutàre v.tr. Eccedere nella stima, nella valutazione del valore di qlcu. o di qlco. ◆ **sopravvalutàrsi** v.pron. Eccedere nella valutazione del proprio valore o delle proprie possibilità.

sopravvenièuza s.f. **1.** Avvenimento inatteso. **2.** COMM. Aumento o diminuzione patrimoniale di natura imprevedibile.

sopravvenire v.intr. [81] (aus. *essere*) **1.** Capitare, succedere in modo inaspettato. **2.** Sopraggiungere, arrivare all'improvviso in un luogo.

sopravvèste s.f. **1.** Lunga veste che s'indossa sopra il vestito. **2.** Nel Medioevo e nel Rinascimento, indumento senza maniche portato sopra l'armatura.

sopravvissùto agg. Che si è salvato da un incidente, da un disastro, ecc. ~ Che è rimasto in vita dopo la morte degli altri. ◆ s.m. [f. *–ta*] **1.** Nel sign. dell'agg. **2.** *fig.* Chi vive nel presente con mentalità e abitudini del passato.

sopravvivènza s.f. Condizione di chi continua a vivere. ◇ *Addestramento alla sopravvivenza, scuola di sopravvivenza:* corso di addestramento militare che insegna a sopravvivere con pochi mezzi in circostanze pericolose, oggi praticato anche a fini sportivi o turistici.

sopravvivere v.intr. [31] (aus. *essere*) **1.** Continuare a vivere. **2.** *fig.* Durare nel tempo, continuare a essere vivo e attuale anche dopo la morte. *È un artista che sopravviverà nei secoli.* **3.** *fig.* Conservarsi mantenendo l'aspetto e i modi originari. *In campagna sopravvivono antiche usanze.* **4.** Vivere più a lungo di altre persone che muoiono. **5.** Scampare alla morte.

soprelevaménto s.m. **1.** Costruzione di nuovi piani su un edificio preesistente. **2.** FERR. Dislivello di quota tra le rotaie in curva.

soprelevàre o **sopraelevàre** v.tr. **1.** Innalzare qlco. al di sopra del livello normale. **2.** Rialzare un edificio costruendovi sopra uno o più piani. ◆ **soprelevàrsi** v.pron. Presentarsi più alto rispetto ad altri.

soprintendènte o **sovrintendènte** agg. Che gestisce e coordina qlcu. o una determinata attività. ◆ s.m. e f. **1.** Nel sign. dell'agg. **2.** Funzionario dello Stato preposto a una soprintendenza. **3.** *Soprintendente della polizia di Stato:* ruolo che unifica e sostituisce le qualifiche di vicebrigadiere, brigadiere e maresciallo con compiti di coordinamento e comando.

soprintendènza o **sovrintendènza** s.f. **1.** Funzione di controllo, direzione, vigilanza. **2.** (anche iniziale maiusc.) Ufficio periferico dello Stato (dipendente dal Ministero dei Beni culturali) preposto alla tutela del patrimonio artistico, archeologico, culturale e bibliografico. **3.** *Soprintendenza scolastica regionale:* ufficio distaccato del Ministero dell'Istruzione presso le regioni. **4.** Carica e ufficio del soprintendente di un ente lirico.

soprintèndere o **sovrintèndere** v.intr. [33] (aus. *avere*) (calco del gr. *episkopèin*) Es-

951

sere addetto a vigilare, a sorvegliare un lavoro. *Soprintendere a un restauro.* ~ Avere poteri direzionali nell'ambito di un'attività. *Soprintendere all'ufficio del personale.*

soprùso s.m. Imposizione prepotente e arrogante della propria volontà, abuso della propria autorità ai danni di altri. SIN.: **angheria**.

soqquàdro s.m. (voce del l. dei muratori, dalla loc. *sotto squadro* "non ad angolo retto") Grande disordine. ◇ *Mettere a soqquadro:* mettere sottosopra; *fig.* sconvolgere, turbare.

sòrba s.f. Frutto del sorbo, di colore rosso-bruno, asprigno ma di gusto gradevole.

sorbettièra s.f. Macchina usata un tempo per la preparazione dei sorbetti.

sorbétto s.m. (turco *şürbet*, ar. *şurba* "bevanda") Gelato preparato semplicemente con acqua, zucchero e succo di frutta, a cui a volte si aggiunge la vodka. ~ *estens.* Granita finissima. ~ Gelato di produzione artigianale, non preconfezionato.

sorbire v.tr. [83] Bere a piccoli sorsi una bibita gustandola lentamente. ◆ **sorbirsi** v.pron. Bere con gusto a piccoli sorsi una bevanda. *Sorbirsi una tazza di caffè.* ~ *fig.* Sopportare controvoglia persone o cose noiose, sgradevoli. *Sorbirsi una predica.*

sorbitòlo s.m. CHIM. Alcol esavalente contenuto nella sorba e in altri frutti simili, usato come lassativo.

sòrbo s.m. Arbusto o piccolo albero coltivato come pianta ornamentale, per il legno del fusto molto duro e per i frutti commestibili. (Altezza 20 m ca.; famiglia delle Rosacee). ◇ *Sorbo ciavardello:* tipo di sorbo con foglie lobate e fiori bianchi, il cui legno è utilizzato in ebanisteria. (Altezza 10-20 m; famiglia delle Rosacee). ◇ *Sorbo comune:* tipo di sorbo con foglie composte imparipennate, fiori in corimbi, frutti commestibili ovali di colore giallo.

infiorescenza

frutti e foglie

■ **sòrbo**

sórcio s.m. [pl. –*ci*] Topo. ◇ *fam. Far vedere i sorci verdi:* spaventare, oppure creare una serie di difficoltà, tanto inaspettate quanto fuori del comune.

sordidézza s.f. **1.** Sozzura, sporcizia. **2.** *fig.* Abiezione, bassezza. **3.** *fig.* Avarizia, grettezza.

sòrdido agg. **1.** Così sporco da suscitare ribrezzo. **2.** *fig.* Moralmente repellente. **3.** *fig.* Caratterizzato da avarizia e grettezza.

sordìna s.f. MUS. Piccolo dispositivo di forme diverse che, applicato agli strumenti a corda, a fiato e a percussione, ne smorza il suono. ◇ *Mettere la sordina:* attenuare, smorzare. – *In sordina:* a bassa voce, piano; *fig.* di nascosto, di soppiatto.

sordità s.f. inv. **1.** Perdita o mancanza dell'udito. **2.** *fig.* Insensibilità, disinteresse. **3.** Mancanza o scarsezza di intensità sonora o di risonanza.

sórdo agg. **1.** assol. Privo, del tutto o in parte, della capacità di udire i suoni. ◇ *fam. Sordo come una campana:* completamente sordo. **2.** Di debole intensità sonora, cupo. *Rumore sordo.* ~ Riferito ad ambienti, con scarsa risonanza, con una cattiva acustica. **3.** *fig.* Che non traspare all'esterno, ma che si continua a covare coper-

tamente. SIN.: **nascosto**. ◇ *Dolore sordo:* attenuato, ma persistente e logorante. **4.** *fig.* Che non presta ascolto, attenzione a qlco. *Essere sordo ai problemi altrui.* SIN.: **insensibile**. **5.** LING. Di suono la cui articolazione non è accompagnata da vibrazione delle corde vocali (in oppos. a *sonoro*). ◆ s.m. [f. –*da*] Chi è privo, parzialmente o totalmente, dell'udito. ◇ *fig. Fare il sordo:* fingere di non capire.

sordomutismo s.m. MED. Mutismo che deriva direttamente dalla sordità congenita o acquisita prima dei cinque anni.

sordomùto agg. Colpito da sordità congenita o acquisita e, insieme, da mutismo secondario. ◆ s.m. [f. –*ta*] Nel sign. dell'agg.

sorèlla s.f. **1.** Persona di sesso femminile che ha entrambi i genitori in comune con un'altra o più persone. ◇ *fig. Le Sette sorelle:* nel l. gior., le multinazionali del petrolio. **2.** Appellativo delle appartenenti a ordini religiosi. SIN.: **suora**. □ In funzione di agg., di cosa o condizione che ha una stretta correlazione con un'altra simile. ◇ *Lingue sorelle:* nate dallo stesso ceppo linguistico e perciò aventi caratteristiche simili l'una all'altra.

sorellàstra s.f. Sorella da parte del solo padre o della sola madre.

sorgènte s.f. **1.** Il punto o la zona in cui sgorga una vena d'acqua. ~ La vena d'acqua stessa. **2.** *estens.* Corpo che emette radiazioni, onde, ecc. *Sorgente di luce.* ~ Ciò che è potenzialmente atto a fornire energia. **3.** *fig.* Fonte, origine. □ In funzione di agg. inv., in alcune locc. del l. informatico. ◇ *Linguaggio sorgente:* quello in cui è scritto il programma sorgente. ◇ *Documento sorgente:* quello originale da cui vengono estratti i dati.

sorgentizio agg. [pl.m. –*zi*] Relativo a una sorgente. *Bacino sorgentizio.*

sórgere v.intr. [22] (aus. *essere*) **1.** Detto di astri, levarsi, alzarsi sull'orizzonte. **2.** *fig.* Apparire improvvisamente. *Sono sorte nuove difficoltà.* **3.** Detto di edifici e costruzioni, innalzarsi in un determinato luogo. **4.** Detto di corsi d'acqua, nascere, avere origine da una certa località. **5.** *fig.* Prendere spunto, derivare da qlco. *Questo litigio sorge da un malinteso.* □ In funzione di s. m., nella loc. *al sorgere di,* al momento in cui un astro appare.

sorgiva s.f. Sorgente.

sorgivo agg. Di fonte. *Acqua sorgiva.*

sórgo s.m. (lat., deriv. di *sùricum grànum* propr. "grano di Siria") **1.** Pianta erbacea con fiori ermafroditi riuniti in pannocchie, coltivata come foraggio per il bestiame, per usi alimentari o per fabbricare scope resistenti. (Famiglia delle Graminacee). **2.** BOT. (iniziale maiusc.) Genere di piante a cui appartengono varie specie di sorgo.

soriàno agg. *Gatto soriano:* felino domestico caratterizzato da pelo corto e striato. ◆ s.m. [f. –*na*] Nel sign. dell'agg.

Soricìdi s.m. pl. [iniziale minusc. sing –*de* per l'individuo] (dal nome del genere *Sorex* "sorcio") ZOOL. Famiglia di mammiferi insettivori, simili a topi, con abitudini notturne e capacità natatorie; detti anche *topiragni.*

pannocchia

■ **sórgo**

sormontàre v.tr. **1.** Andare oltre o sopra qlco. **2.** *fig.* Superare, vincere qlco. ◆ v.intr. (aus. *essere*). **1.** Assumere una posizione di predominio. **2.** Di pezzi di stoffa o lembi di abito, corrispondere esattamente quando vengano sovrapposti.

sorniòne che cela la sua vera personalità dietro un atteggiamento impassibile, svagato o anche bonario. ◆ s.m. [f. –*na*] Nel sign. dell'agg.

1. sòro agg. (fr. *sor,* lat. *sàurus* "giallastro") **1.** Riferito al mantello di un cavallo, sauro. **2.** *estens.* Giovane, riferito a uccelli rapaci allevati per la caccia. **3.** Riferito a persona, inesperto.

2. sòro s.m. (gr. *sōrós* "cumulo") BOT. Nelle felci, insieme di sporangi raggruppati sul lato inferiore della foglia.

sororàto s.m. ETNOL. Antica legge in uso presso parecchi popoli primitivi che consentiva o imponeva all'uomo a cui era morta la moglie di sposarne la sorella.

sororicìdio s.m. [pl. –*di*] Assassinio della propria sorella.

sorpassàre v.tr. (fr. *surpasser*) **1.** Passare al di sopra o al di là di qlco. **2.** Di veicolo, passare avanti ad altro veicolo fermo o che lo precede nella stessa direzione. ◇ *fig. Sorpassare i limiti, ogni limite:* esagerare, comportarsi in modo sconveniente o compiendo azioni che non rientrano nella norma morale. **3.** *fig.* Superare qlcu., essergli superiore.

sorpassàto agg. Che non è più al passo con il mondo attuale. ◆ s.m. [f. –*ta*] Persona di mentalità superata e anacronistica.

sorpàsso s.m. **1.** Superamento di un altro veicolo che procede nella stessa direzione di marcia. **2.** *estens.* Superamento di avversari, di concorrenti in una competizione sportiva, politica, ecc.

sorprendènte agg. (calco del fr. *surprenant*) **1.** Che stupisce per la sua imprevedibilità. **2.** *estens.* Fuori dell'ordinario, incredibile, eccezionale.

sorprèndere v.tr. [33] **1.** Provocare incredulità, meraviglia, stupore in qlcu. *La sua risposta ha sorpreso tutti.* **2.** Cogliere qlcu. all'improvviso in una precisa circostanza. *La morte lo ha sorpreso nel sonno.* **3.** Cogliere di sorpresa qlcu. mentre sta compiendo di nascosto qlco. di disonesto, discdicevole o proibito. *Sorprendere un ladro in casa.* SIN.: **pescare**. ◆ **sorprendersi** v.pron. **1.** Provare sorpresa, incredulità, meraviglia per qlco. *Non mi sorprendo più di niente.* SIN.: **stupirsi**. **2.** Accorgersi improvvisamente che si sta facendo qlco. di cui non si aveva piena coscienza. *Si sorprese a pensare a lei.*

sorprésa s.f. **1.** Ciò che si verifica o si attua all'improvviso, in modo inatteso. ◇ *Avere il vantaggio della sorpresa, giocare sul fattore sorpresa:* in azioni belliche o competizioni sportive, puntare sull'impreparazione dell'avversario attaccando o rispondendo quando meno se lo aspetta. – *Di sorpresa:* improvvisamente, agendo senza darne preavviso. **2.** Piccolo regalo tradizionalmente contenuto nelle uova di Pasqua. **3.** Reazione di stupore. *Con mia grande sorpresa ho saputo di essere stato eletto.* ◇ *fam. Sorpresa!:* escl. gioiosa che accompagna l'improvvisa e inattesa presentazione di una cosa o di una persona.

sorpréso agg. Meravigliato, stupito, sbalordito.

sorrèggere v.tr. [35] Reggere da sotto, tenere su. ~ *fig.* Confortare qlcu., essergli di sostegno morale. ◆ **sorreggersi** v.pron. **1.** Tenersi dritto o in piedi. **2.** Detto di due o più soggetti, tenersi aggrappato l'uno all'altro, aiutarsi, anche in senso fig. **3.** Appoggiarsi a qlcu. o a qlco.

sorrètto agg. Retto da sotto, tenuto su.

sorridènte agg. **1.** Che sorride. ~ Che denota gioia, serenità. **2.** Di atteggiamento, bonario e pacato. *Sorridente ironia.*

sorridere v.intr. [21] (aus. *avere*) **1.** Ridere lievemente increspando soltanto le labbra. **2.** *fig.* Essere favorevole. ~ Presentarsi con un aspetto gaio, felice. *A diciott'anni la vita sorride.* ◇ *(Non) mi sorride l'idea di...:* (non) mi convince, (non) mi piace. *Non mi sorride affatto l'idea di continuare gli studi.* ◆ **sorridersi** v.pron. Detto di due o più persone, scambiarsi un sorriso.

sorrìso s.m. **1.** Riso appena accennato, con un lieve movimento delle labbra e degli occhi, che può esprimere sentimenti assai diversi tra loro. **2.** *fig.* Senso di serenità, di luminosità, di bellezza.

sorsàta s.f. L'atto singolo di bere un sorso. ~ Quantità di liquido inghiottita in una volta.

sorseggiàre v.tr. Bere qlco. a piccoli sorsi per gustarlo meglio. SIN.: centellinare.

sórso s.m. **1.** Quantità di liquido che si inghiotte in una volta. ◇ *A sorso a sorso*: lentamente, allo scopo di gustare la bevanda fino in fondo; *fig.* un po' alla volta, per sentire un'emozione nella sua pienezza. **2.** *estens.* Piccola quantità di una bevanda, di un liquido.

sort [/ˈsɔːt/] s.m. inv. (voce ingl., propr. "ordinamento") INFORM. Operazione di ordinamento secondo un criterio prestabilito.

sòrta s.f. (fr. *sorte*) Genere, specie, tipo. *Persone di ogni sorta.* ~ Indeterminatezza con cui è avvertito un sentimento, una sensazione, ecc. *Mi è presa una sorta di timore.*

sòrte s.f. (lat. *sŏrtem*, propr. "tessera usata per l'estrazione a sorte") **1.** (solo sing.) Forza impersonale che sembra presiedere in modo imperscrutabile e imprevedibile alle vicende delle persone e delle cose. ◇ *Tentare la sorte*: in un gioco, affidarsi alla fortuna. – *Abbandonare qlcu. alla sua sorte*: lasciarlo in un momento in cui avrebbe bisogno di aiuto. **2.** Condizione o destino dell'uomo, delle cose, delle istituzioni, determinati da questa forza imperscrutabile. ~ Conclusione, esito, riuscita. *Tale fu la sorte di quell'iniziativa.* **3.** Caso, combinazione. *Ironia della sorte.* ◇ *A sorte*: affidandosi al sorteggio. **4.** (spec. pl.) Ciascuno degli oggetti, diversi da cultura a cultura, che venivano gettati a caso per trarre auspici dalla loro varia disposizione.

sorteggiàre v.tr. [5] Estrarre a sorte dei numeri o dei nomi, allo scopo di operare una selezione obiettiva e casuale.

sortéggio s.m. [pl. –gi] Estrazione a sorte.

sortilègio s.m. [pl. –gi] **1.** In molte culture antiche o moderne, la pratica del gettare le sorti con bastoncini, pietre o altri oggetti dalla cui casuale dislocazione si ricavavano indicazioni sul futuro. **2.** Incantesimo, magia, anche fig.

1. sortìre v.tr. [83] (lat., deriv. di *sŏrs* "sorte") Conseguire, ottenere, raggiungere qlco.

2. sortìre v.intr. (aus. *essere*) (fr. *sortir*, lat. *sortire* "uscire in sorte") **1.** Uscire in un sorteggio. **2.** MIL. Compiere una sortita.

sortìta s.f. (calco del fr. *sortie*) **1.** MIL. Operazione condotta da una truppa assediata, o da una forza navale, per rompere un assedio. **2.** Battuta spiritosa, motto di spirito che viene fuori al momento opportuno. **3.** Apparizione di un attore sulla scena.

sórto agg. **1.** Levato in piedi. **2.** *fig.* Apparso improvvisamente.

sorvegliànte s.m. e f. (fr. *surveillant*) Persona addetta alla vigilanza di qlco.

sorveglianza s.f. (fr. *surveillance*) Controllo, vigilanza. ◇ DIR. *Sorveglianza speciale (di pubblica sicurezza)*: vigilanza disposta dal tribunale come misura preventiva nei riguardi di soggetti sospetti o ritenuti pericolosi per la società.

sorvegliàre v.tr. [6] (fr. *surveiller*) **1.** Tenere sotto stretta vigilanza e controllo un luogo, per impedire il verificarsi di incidenti o per permettere il regolare svolgimento di un'attività. *Sorvegliare il traffico.* **2.** Controllare qlcu. per evitare che commetta azioni imprudenti, pericolose o dannose. *Sorvegliare i detenuti.* **3.** Seguire con attenzione una certa attività, l'evolversi di un fenomeno. *Sorvegliare la situazione economica.* ◆ **sorvegliarsi** v.pron. Di due o più soggetti, tenersi reciprocamente sotto controllo. *I due rivali si sorvegliano attentamente.*

sorvegliàto agg. **1.** Tenuto sotto sorveglianza, sotto controllo. **2.** *fig.* Attento, accurato nell'espressione. ◆ s.m. [f. –ta] Persona sottoposta a controllo. ◇ DIR. *Sorvegliato speciale*: soggetto ritenuto socialmente pericoloso e quindi controllato dalla pubblica sicurezza.

sorvolàre v.tr. Passare sopra volando. *L'aereo sta sorvolando il mare.* ◆ v.intr. (aus. *avere*) **1.** Volare sopra. *Sorvolare sul territorio nemico.*

---

2. *fig.* Non prendere in considerazione, non tener conto di qlco. *Sorvolare su un argomento.* SIN.: glissare.

sorvólo s.m. Passaggio in volo su un determinato territorio. ◇ DIR. *Libertà di sorvolo*: oggetto di una convenzione internazionale secondo cui una nazione deve consentire agli aeromobili stranieri di volare sopra il proprio territorio, purché in modo inoffensivo.

SOS o **S.O.S.** s.m. inv. (sigla dell'ingl. *Save Our Souls*, "salvate le nostre anime") Segnale radiotelegrafico d'emergenza, emesso da navi o da aerei in pericolo. (È stato utilizzato dal 1912, dopo la sciagura del *Titanic*, fino al 1999.)

sòsia s.m. e f.inv. (fr. *sosie*, lat. *Sōsiam*, nome dello schiavo di cui il dio Mercurio prende le sembianze nella commedia plautina "Anfitrione") Persona straordinariamente somigliante a un'altra, tanto da poter dare luogo a scambi di identità.

sospèndere v.tr. [33] **1.** Appendere, fissare un oggetto in alto in modo che penda senza toccare il suolo. *Sospendere un quadro.* **2.** *fig.* Provocare la cessazione temporanea o definitiva. *Sospendere una partita.* ~ Rinviare, rimandare. *Sospendere la decisione.* **3.** AMM. Privare qlcu. della sua funzione per un certo periodo di tempo. *Sospendere un funzionario sospettato.* **4.** CHIM. Realizzare una sospensione, immergendo un solido in un liquido.

sospensióne s.f. **1.** Arresto temporaneo. *La sospensione dei lavori in corso.* ~ Il periodo di tempo corrispondente. ◇ DIR. *Sospensione condizionale della pena*: provvedimento del giudice che ordina la non esecuzione della pena inflitta purché il reo successivamente non commetta altri reati. **2.** AMM. Allontanamento provvisorio di una persona da una funzione per motivi disciplinari o d'altro tipo. ◇ DIR. CAN. *Sospensione a divinis*: pena che vieta al sacerdote, temporaneamente o definitivamente, di esercitare gli uffici e celebrare la messa. **3.** Condizione di chi o di ciò che è sospeso in alto. ◇ SPORT. *Tiro in sospensione*: quello effettuato dal giocatore completamente staccato da terra. **4.** *fig.* Stato di apprensione e di incertezza, generato dalla precarietà di una situazione che potrebbe volgere al peggio. **5.** MECC. Dispositivo che collega elasticamente due elementi in modo da ridurre le vibrazioni, spec. quando uno di essi è a contatto con il suolo. **6.** CHIM. Miscela eterogenea costituita da un solido ridotto in minutissime particelle disperse in un liquido. **7.** Figura retorica che consiste nel non concludere un periodo o nel ritardarne la conclusione. ◇ *Puntini di sospensione*: serie di tre punti, come convenzione grafica dell'interruzione del discorso.

sospensiva s.f. Nel l. bur., sospensione, differimento, rinvio.

sospensivo agg. **1.** Atto a sospendere, a rinviare. **2.** Interlocutorio, incerto.

sospensòrio agg. [pl.m. –ri] ANAT. Di muscolo o legamento che ha la funzione di sorreggere un organo. ◆ s.m. Sacchetto per sostenere lo scroto durante le pratiche sportive o in alcune patologie.

sospéso agg. **1.** Fissato in alto a distanza dal suolo. ◇ *fig. Avere il cuore sospeso*: agitato, turbato, in uno stato di tensione e di apprensione continua. **2.** Che ha subito un'interruzione, un

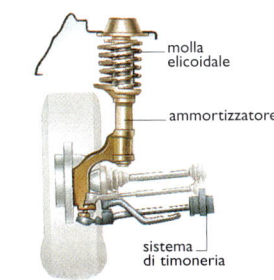

■ sospensióne idraulica di un'automobile.

molla elicoidale

ammortizzatore

sistema di timoneria

---

rinvio. **3.** Dubbioso, incerto, esitante. ~ Che si trova in una condizione precaria. ◇ *Restare col fiato sospeso*: trattenere il respiro per l'ansia, l'emozione, lo spavento. **4.** Sottoposto a sospensione disciplinare. ◆ s.m. Debito non completamente saldato. ~ Operazione commerciale non completata. ~ *Pratica inevasa*. – *Avere un conto in sospeso*: non pagato; *fig.* dover risolvere una lite o un contenzioso con qlcu.

sospettàre v.tr. **1.** Nutrire un sospetto nei confronti di qlcu. *Sospetta il marito della vittima.* **2.** Ritenere che una cosa sia diversa da come appare e celi un reato o un danno. *Sospettare un inganno.* SIN.: subodorare. **3.** Immaginare, credere, supporre. *Non sospettavo in lui tanta audacia.* ◆ v.intr. (aus. *avere*) **1.** Nutrire sospetti di colpevolezza. *Sospettare del cassiere della banca.* **2.** Diffidare. *Sospettare di tutti e di tutto.* ◆ **sospettarsi** v.pron. Di due o più soggetti, nutrire sospetti l'uno nei confronti dell'altro. *I due fratelli si sospettano a vicenda della morte del padre.*

1. sospètto agg. **1.** Che offre motivi per potere essere sospettato. ~ Che suscita diffidenza e timore. ◇ *Rumore sospetto*: che segnala o può segnalare un pericolo. **2.** Supposto, possibile, probabile. ◆ s.m. [f. –ta] Individuo sul quale gravano indizi di colpevolezza.

2. sospètto s.m. **1.** Atteggiamento di diffidenza, di scarsa fiducia nei confronti degli altri. ~ Supposizione di colpevolezza, presunzione che una persona sia responsabile di un delitto o di un illecito. ◇ *Venire in sospetto, cadere in sospetto di*: essere indiziato, essere sospettato di comportamento negativo. – *Mettere in sospetto*: suscitare diffidenza. **2.** Timore, paura, presentimento di qlco. di negativo. ~ *iron.* Dubbio. *Mi viene il sospetto che sia uscito.*

sospettóso agg. Che tende a essere diffidente. ~ Che denota o esprime sospetto.

sospìngere v.tr. [22] **1.** Spingere lentamente. **2.** *fig.* Indurre, spronare. *Sospingere la donna alla disperazione.*

sospìnto agg. *fig.* Spec. nella loc. *a ogni piè sospinto*, in ogni momento, di continuo.

sospiràre v.intr. (aus. *avere*) Fare dei sospiri in segno di ansia, pena, desiderio. *Non fa che piangere e sospirare.* ◆ v.tr. Attendere con impazienza. *Sospirare le ferie.* ~ Rimpiangere. *Sospirare la patria lontana.* ◇ *Farsi sospirare*: farsi desiderare o farsi attendere a lungo.

sospiràto agg. Atteso, desiderato.

sospìro s.m. **1.** Inspirazione ed espirazione profonda, per esprimere affanno, ansia, pena, desiderio. **2.** *fig.* Ciò che fa sospirare perché desiderato o rimpianto. ~ *estens.* Respiro. ◇ *Dare, mandare l'ultimo sospiro*: morire. **4.** Tipo di pasta dolce, molto leggera e spesso ricoperta di cioccolato.

sòsta s.f. **1.** Breve fermata in un luogo. ◇ *Divieto di sosta, sosta vietata, sosta limitata*: nel codice stradale, dicitura di cartelli che proibiscono il parcheggio di autoveicoli in una zona o lo limitano a tempi prescritti. **2.** Breve interruzione. ◇ *Non dare sosta*: non concedere un attimo di riposo, non dare tregua. – *Senza sosta*: di seguito, ininterrottamente.

sostantivàre v.tr. GRAMM. Usare un'altra parte del discorso come sostantivo.

sostantivàto agg. Che ha funzione di sostantivo.

sostantivo s.m. GRAMM. Nome. ~ Elemento del sistema linguistico che esprime il concetto di una cosa ed è autosufficiente nel dare tale indicazione.

sostànza s.f. (lat. *substãntiam*, deriv. di *substãre* "stare sotto", calco del gr. *hypóstasis*) **1.** FILOS. Nella tradizione aristotelica, la cosa in sé, immutabile. **2.** *estens.* Parte essenziale, elemento costitutivo di una cosa. *Venire alla sostanza.* ◇ *In sostanza*: in definitiva, in sintesi. **3.** Composto chimico, materia o materiale. *Sostanze tossiche.* **4.** ANAT. Qualsiasi materia di natura specifica priva di particolare forma o dimensione. **5.** (al pl.) Il complesso dei beni di cui si dispone.

sostanziàle agg. **1.** FILOS. Che si riferisce alla sostanza come fondamento immutabile. **2.** *estens.* Fondamentale, essenziale.

sostanzialismo s.m. FILOS. Ogni dottrina fondata sull'esistenza in sé di una sostanza superiore e assoluta.

sostanzialità s.f. inv. **1.** FILOS. Il fatto di essere sostanziale. **2.** *estens.* Essenzialità, grande importanza.

sostanzióso agg. **1.** Nutriente, nutritivo. *Cibo sostanzioso.* **2.** *estens.* Abbondante, considerevole. **3.** *fig.* Denso di contenuto.

sostàre v.intr. (aus. *avere*) **1.** Fermarsi temporaneamente in un luogo, fare una sosta. *Sostare in città.* **2.** Di autoveicoli, parcheggiare.

sostégno s.m. (provenz. *sostenh*) **1.** Ciò che serve a reggere il peso di qlco. o di qlcu. o a fargli da appoggio. ◇ *Di sostegno:* che ha funzione di supporto o di rinforzo. **2.** *fig.* Ciò che serve a dare sicurezza psicologica, validità logica, conforto spirituale, appoggio morale e materiale. *La tua amicizia è un grande sostegno.*

sostenére v.tr. [61] **1.** Fare da sostegno, da appoggio. *L'infermiere sosteneva il malato.* **2.** *fig.* Reggere, assumere o sopportare qlco. di faticoso, pesante o sgradevole. *Sostenere le spese di un processo.* **3.** Dare forza e vigore a qlcu., mantenerlo in forma, in senso sia fisico sia morale. *Le proteine sono necessarie per sostenere l'organismo.* **4.** Dare il proprio appoggio o il proprio contributo concreto a qlcu. o qlco. *Sostenere un'associazione.* **5.** *fig.* Affermare decisamente, asserire qlco. con convinzione. *Sostenere una tesi.* **6.** *fig.* Mantenere qlco. a un certo livello. *Sostenere una moneta.* ◆ **sostenersi** v.pron. **1.** Tenersi in piedi, stare dritto. *Stenta a sostenersi.* **2.** Mantenersi in forze. *Devi mangiare per sostenerti.* **3.** Di due o più soggetti, aiutarsi l'un l'altro. **4.** *fig.* Avere delle basi, reggersi. *Una tesi che non si sostiene.* **5.** *fig.* Reggersi economicamente. *L'azienda si sostiene grazie ai finanziamenti pubblici.*

sostenìbile agg. **1.** Che si può sostenere. **2.** *fig.* Che può essere sopportato, tollerato. ~ Che può essere difeso da ragioni solide. *Un'opinione difficilmente sostenibile.*

sostenibilità s.f. inv. Qualità di ciò che è sostenibile, anche in senso fig.

sostenitóre agg. [f. *-trice*] Che parteggia per una causa, per un'idea. ~ Che difende una persona, fornendole aiuto materiale o sostegno morale. ◆ s.m. (anche f.) Persona che sostiene e difende qlcu. o qlco. *Un sostenitore della pace.* ~ Tifoso di un atleta o di una squadra.

sostentaménto s.m. **1.** Ciò che permette di soddisfare le proprie necessità materiali e spec. alimentari. *Provvedere al sostentamento della famiglia.* **2.** *fig.* Nutrimento spirituale.

sostentàre v.tr. **1.** Provvedere alle necessità e all'alimentazione di qlcu. **2.** AER. Sostenere un aeromobile nell'aria per mezzo di forze che ne equilibrano il peso. ◆ **sostentarsi** v.pron. **1.** Mantenersi in vita nutrendosi. **2.** AER. Di aeromobili, sostenersi nell'aria.

sostentazióne s.f. FIS. L'equilibrio che un corpo raggiunge nell'aria o in un liquido, per effetto di opportune forze che lo sostengono.

sostenùto agg. **1.** Protetto, favorito. *Un candidato ben sostenuto.* **2.** Freddo e austero, senza cordialità. **3.** Veloce, rapido. *Andatura sostenuta.* **4.** ECON. Dominato dalla domanda e quindi tendente al rialzo. **5.** MUS. Di movimento largo e grave. ◆ s.m. [f. *-ta*] Persona poco cordiale o che assume un atteggiamento compassato e austero.

sostituìbile agg. Che può essere rimpiazzato.

sostituìre v.tr. [83] **1.** Mettere una persona o una cosa al posto di un'altra. *Sostituire il giocatore infortunato con una riserva.* **2.** Prendere il posto di qlcu. o qlco. *Niente può sostituirlo.* SIN.: **rimpiazzare**. ◆ **sostituirsi** v.pron. Prendere il posto di un'altra persona o cosa, assumendone le funzioni o il ruolo. *Non devi sostituirti al direttore.*

sostitutìvo agg. Che prende il posto di qlco. e ne assume le funzioni. *Dichiarazione sostitutiva di un atto notorio.* ◆ s.m. **1.** Cosa che può sostituirne un'altra. **2.** *Sostitutivi penali:* nel l. giur. i mezzi sociali di prevenzione del crimine.

sostitùto s.m. [f. *-ta*] **1.** Persona che ne sostituisce un'altra in un incarico. ◇ *Sostituto d'imposta:* soggetto tenuto al pagamento di un'imposta in luogo del reale contribuente. **2.** MUS. Maestro che assiste il direttore in un'esecuzione musicale.

sostituzióne s.f. **1.** Operazione di mettere una persona o una cosa al posto di un'altra. **2.** MAT. Operazione che consente il cambiamento di variabili in un'espressione. **3.** CHIM. Reazione mediante la quale un atomo o un radicale viene sostituito in una molecola da altro atomo o radicale.

sostràto s.m. → **substrato**.

sostruzióne s.f. COSTR. Struttura portante usata nei terreni in pendenza come fondamenta e base orizzontale di posa di un edificio.

soteriologìa s.f. RELIG. Dottrina religiosa basata sulla fede nella salvezza spirituale dell'uomo.

sottacéto avv. A bagno nell'aceto. *Conservare sottaceto.* ◆ agg. inv. Conservato nell'aceto. *Cipolline sottaceto.* ◆ s.m. (spec. pl.) Verdura di piccole dimensioni o pezzetto di verdura aromatizzato e conservato nell'aceto.

sottàna s.f. **1.** Indumento femminile che copre il corpo dalla vita in giù. **2.** *fig.* Donna. **3.** Abito lungo portato dai sacerdoti.

sottàrco s.m. [pl. *-chi*] ARCH. Faccia inferiore della struttura di un arco. SIN.: **imbotte**.

sottécchi avv. Tenendo gli occhi socchiusi. ◇ *fig. Di sottecchi:* di nascosto, senza farsi notare.

sottèndere v.tr. [33] **1.** Tendere qlco. nella parte inferiore. **2.** GEOM. Unire con un segmento di retta, o corda, gli estremi di un arco. **3.** *fig.* Contenere in sé, presupporre una certa cosa.

sotterfùgio s.m. [pl. *-gi*] Mezzo indiretto e ingegnoso basato sull'inganno. *Ricorrere a sotterfugi.* SIN.: **espediente**.

sotterràbile agg. Che può essere messo sotto terra.

sotterrànea s.f. Ferrovia il cui percorso si snoda sotto il livello stradale. ~ Metropolitana.

sotterràneo agg. **1.** Situato sotto il suolo. **2.** Che proviene o sembra provenire da sotto terra. **3.** *fig.* Che avviene in segreto. *Contatti sotterranei.* ◆ s.m. Ambiente o complesso di ambienti situati sotto il livello del piano terreno.

sotterràre v.tr. **1.** Mettere qlco. sotto terra. **2.** Seppellire un defunto o animali morti. **3.** *fig.* Mettere da parte, dimenticare qlco. *Abbiamo sotterrato le nostre incomprensioni.*

sottéso agg. **1.** GEOM. Di arco di curva che ha per estremi due punti uniti da un segmento retto. **2.** *fig.* Che lascia trapelare il sentimento da cui è pervaso.

sottie [/sɔti/] s.f. inv. Genere drammatico francese di carattere satirico, diffuso nei secc. XIV-XVI.

sottigliézza s.f. **1.** Qualità di ciò che è sottile, leggero. **2.** *fig.* Capacità di percepire il minimo stimolo. SIN.: **acutezza**. ~ Acume, ingegnosità. **3.** (spec. pl.) Dettagli, minuzie. *Perdersi in sottigliezze.*

sottìle agg. (lat. *subtīlem*, propr. "che passa sotto l'ordito") **1.** Di spessore o diametro ridotto. *Carta sottile.* **2.** *fig.* Capace di cogliere la minima sensazione. *Udito sottile.* SIN.: **acuto**. ~ Capace di penetrare a fondo le questioni, di cogliere affinità, sfumature, particolari. ◆ s.m. Solo nella loc. *andare, guardare per il sottile*, dare eccessiva importanza ad aspetti irrilevanti.

sottilétta s.f. Nome commerciale, che costituisce marchio registrato, di un tipo di formaggio fuso che viene confezionato in forme quadrate e molto sottili, adatte per preparare i toast. ~ Singola fetta di tale formaggio.

sottilizzàre v.intr. (aus. *avere*) Ragionare sui diversi aspetti di una questione con eccessiva meticolosità.

sottintèndere v.tr. [33] **1.** Non esprimere qlco. che può essere facilmente ricavato dal contesto. *Sottintendere il soggetto.* **2.** Far capire qlco. che non è stato detto in maniera esplicita. *Il suo gesto sottintende una grande disponibilità.* **3.** Implicare, comportare una certa cosa. *Le sue parole sottintendono una critica.*

sottintéso agg. Non esplicito, non espresso. ◆ s.m. Concetto, giudizio implicito che può essere facilmente dedotto e compreso dal contesto.

sótto prep. Esprime il concetto di "posizione sottostante", dando luogo a concetti secondari di "subordinazione", "influenza subita" e introducendo alcuni complementi. ~ Stato in luogo. *Il pigiama è sotto il cuscino.* ◇ *fig. Essere sotto gli occhi di tutti:* essere evidente, innegabile, indiscutibile. ~ Moto a luogo. *Mettere le scarpe sotto il letto.* ~ Modo o maniera. *Presentarsi sotto falso nome.* ~ Tempo continuato. *Sotto l'impero di Augusto.* ~ Quantità. *Temperatura sotto lo zero.* ◆ avv. **1.** Indica posizione sottostante o movimento verso il basso. *Sopra c'è la casa, sotto c'è il garage.* ◇ *Mettere sotto qlcu.:* investire qlcu. con un veicolo; *fig.* farlo lavorare sodo. – *Farsi sotto:* prendere l'iniziativa, attaccare. – *Mettersi sotto:* lavorare, studiare con impegno e determinazione. **2.** Oltre, più avanti, riferito a un discorso scritto. ❑ In funzione di agg. inv., inferiore, che sta più in basso. *La parte sotto della torta è più cotta.* ◆ s.m. inv. La parte inferiore, lo spazio o porzione sottostante. *Il sotto di un tavolo.*

sottoalimentazióne s.f. **1.** MED. Nutrizione scarsa e inadatta rispetto al normale fabbisogno di una persona o di un animale. **2.** TECN. Condizione di un impianto o di una macchina sottoalimentati.

sottoascèlla s.f. Mezzaluna di tessuto spesso che protegge un abito dalle macchie dovute alla traspirazione dell'ascella.

sottobànco avv. Senza farsi vedere, di nascosto, in modo più o meno lecito. *Libro venduto sottobanco.* ◇ *Mettere, passare sottobanco:* mettere a tacere, non dare seguito, riferito spec. a questioni burocratiche o giudiziarie.

sottobicchière s.m. Tondino di stoffa, piattino o altro oggetto su cui si poggiano i bicchieri in tavola per evitare le macchie sulla tovaglia. SIN.: **sottocoppa**.

sottobòsco s.m. [pl. *-schi*] **1.** L'insieme delle piante erbacee e arbustive che crescono spontanee nei boschi. ~ *estens.* Insieme dei frutti tipici di tale vegetazione, come mirtilli, fragole, lamponi. **2.** *fig.* Persone che operano a proprio vantaggio all'ombra di istituzioni, di personalità o di ambienti influenti. ❑ In funzione di agg. inv., di colore tra il verde e il marrone.

sottobottiglia s.m. inv. [o pl. *-glie*] Piccolo disco di legno, vetro o stoffa che si mette sotto le bottiglie per proteggere la tovaglia.

sottocàpo s.m. **1.** Chi ha un grado immediatamente inferiore a quello del capo. **2.** Graduato della marina, corrispondente al caporalmaggiore dell'esercito.

sottoccupazióne s.f. **1.** Attività lavorativa svolta forzatamente a orario ridotto. **2.** Impiego di una piccola parte della manodopera effettivamente disponibile.

sottochiàve avv. Chiuso a chiave. ◇ *fig. Tenere, mettere qlcu. sottochiave:* tenerlo sempre chiuso in casa, non farlo uscire.

sottoclàsse s.f. BIOL. Sottocategoria di una classe.

sottocóda s.m. inv. **1.** Parte dei finimenti delle bestie da tiro o da soma che dalla sella passa sotto la coda. **2.** ZOOL. Negli uccelli, gruppo di penne situato sotto la coda.

sottocommissióne s.f. Ogni gruppo in cui si può dividere una commissione per svolgere meglio e più rapidamente un lavoro.

sottoconsùmo s.m. ECON. Situazione in cui la domanda di beni di consumo è inferiore all'offerta.

sottocopèrta avv. MAR. Nella parte della nave situata sotto il ponte di coperta. ◆ s.f. Insieme delle parti interne di una imbarcazione poste sotto la coperta.

sottocòsto avv. A un prezzo più basso del costo di produzione o di acquisto.

sottocutàneo agg. ANAT. Situato sotto la pelle.

sottodimensionàto agg. Di dimensione inferiore al normale o al necessario.

sottodivisióne s.f. Divisione ulteriore di una ripartizione già eseguita. ~ In partic. nella classificazione botanica e zoologica, categoria inferiore alla divisione.

sottodominànte s.f. MUS. Quarto grado delle scale diatoniche.

sottoespórre v.tr. [25] FOTO. Dare alla pellicola un'esposizione alla luce troppo breve perché le immagini risultino chiare.

sottoesposizióne s.f. FOTO. Esposizione insufficiente di una pellicola alla luce.

sottofamiglia s.f. [pl. –glie] BIOL. Livello della classificazione immediatamente inferiore alla famiglia.

sottofóndo s.m. **1.** Strato sottostante. ~ Vano ricavato sotto la base di qlco. ~ COSTR. Strato interposto fra una struttura orizzontale di sostegno e una struttura superficiale di copertura. **2.** estens. Insieme di suoni, voci o rumori che fanno da sfondo o da accompagnamento a un'attività. **3.** fig. Tratto significativo la cui presenza in un contesto si può cogliere indirettamente.

sottogàmba avv. Con eccessiva leggerezza e disinvoltura. Lavoro effettuato sottogamba.

sottogóla s.m. o s.f. inv. **1.** Striscia che passa sotto il mento per tenere fermo un copricapo. **2.** Finimento del cavallo o di animali da tiro che passa sotto la gola.

sottogónna s.f. Indumento femminile da indossare sotto la gonna; in partic. di tessuto rigido che tiene la gonna allargata.

sottogrùppo s.m. **1.** Suddivisione di un gruppo. **2.** ALG. Sottogruppo che mantiene la struttura di gruppo relativamente alla stessa operazione.

sottoinsième s.m. ALG. Insieme minore in cui può essere suddiviso un insieme.

sottolineàre v.tr. **1.** Tracciare una linea sotto una parola o una frase in un testo. **2.** fig. Richiamare l'attenzione su qlco. ~ Rafforzare il significato di alcune parole pronunciandole con tono particolare o accompagnandole con gesti. Quando spieghi devi sottolineare i passaggi più importanti della lezione.

sottolineatùra s.f. **1.** Evidenziazione di parole in un testo con una linea. ~ La parte sottolineata. ~ La riga che sottolinea. **2.** fig. In un discorso, risalto dato a certi concetti pronunciandole le relative parole con particolare intonazione. ~ In un testo scritto, rilievo dato a un argomento, a un giudizio, a un'opinione.

sottòlio avv. A bagno nell'olio, come metodo di conservazione alimentare. ◆ agg. inv. Di alimento conservato sottolio.

sottomandibolàre agg. ANAT. Situato sotto la mandibola.

sottomàno avv. **1.** A portata di *mano. **2.** SPORT. Con la mano tenuta più in basso della spalla, posizione assunta in vari esercizi sportivi (p.e. nella scherma). **3.** fig. Di nascosto, furtivamente. ◆ s.m. **1.** Cartella da scrivania per la custodia di carte o come base di appoggio per scrivere. **2.** SPORT. Nel basket, tiro effettuato da un attaccante tenendo la mano aperta sotto la palla.

sottomàrca s.f. [pl. –che] Azienda che produce a buon mercato manufatti simili ad altri più pubblicizzati e prestigiosi, e quindi più costosi. ~ Il prodotto stesso.

sottomarino agg. Che sta o è situato sotto la superficie del mare. ◆ s.m. MAR. Mezzo navale, perlopiù militare, capace di muoversi in immersione nell'acqua, armato di siluri o anche di missili. (Si distinguono i sottomarini classici, a propulsione diesel, e i sottomarini atomici, a propulsione nucleare.)

sottomésso agg. **1.** Sottoposto all'autorità di qlcu. **2.** Che dimostra remissività, docilità.

sottométtere v.tr. [50] **1.** Tenere qlcu. sotto la propria autorità. Sottomettere un popolo con le armi. ~ Rendere docile. La moglie è riuscita a sottomettere il marito scontroso. **2.** Posporre una cosa a un'altra. Sottomettere le passioni alla ragione. **3.** Presentare, sottoporre una cosa ad altri. Sottomettere una questione al giudizio di un esperto. **4.** Mettere qlcu. sotto qlco. Sottomettere i buoi al giogo. ◆ sottomettersi v.pron. Cedere al dominio di altri.

sottomissióne s.f. (lat. submissio "abbassamento") **1.** Azione di assoggettare. ~ Condizione di chi è assoggettato. **2.** Remissività, obbedienza. ◇ Atto di sottomissione: nel l. bur., assunzione da parte di un privato di un'obbligazione verso la pubblica amministrazione.

sottomùltiplo s.m. ARITM. Sottomultiplo di una grandezza: ogni grandezza contenuta un numero intero di volte nella grandezza data. 3 è sottomultiplo di 9.

sottopagàre v.tr. [4] Pagare insufficientemente o al di sotto del minimo legale.

sottopagàto agg. Che percepisce una retribuzione inferiore al dovuto. ~ Retribuito meno del giusto.

sottopàlco s.m. [pl. –chi] Piano situato sotto la scena di un teatro adibito alle manovre dei macchinari.

sottopància s.m. inv. **1.** Finimento che passa sotto la pancia del cavallo e di altri animali da sella o da tiro per assicurare la sella o il basto. **2.** TV. Scritta che appare sul teleschermo con il nome del personaggio in quel momento inquadrato.

sottopassàggio s.m. [pl. –gi] **1.** Opera viaria che consente a una strada di incrociarne un'altra passandovi sotto, evitando che i rispettivi traffici si incontrino e si ostacolino. **2.** Passaggio sotterraneo che permette l'attraversamento di strade o binari ai pedoni.

sottopàsso s.m. Sottopassaggio.

sottopéntola s.m. inv. Arnese usato in cucina per appoggiarvi pentole calde costituito da materiale isolante.

sottopéso agg. inv. Che ha un peso inferiore alla norma o al valore stabilito.

sottopiàtto s.m. Piatto d'appoggio per un altro piatto pieno o caldo.

sottopiède s.m. Striscia di tessuto o di cuoio da passare sotto il piede per mantenere tesi i pantaloni o per fissare le ghette.

sottopopolàto agg. Scarso di popolazione.

sottopopolazióne s.f. Popolamento insufficiente considerando le risorse sfruttate o potenziali di uno spazio geografico.

sottopórre v.tr. [25] **1.** Costringere ad affrontare una situazione spiacevole o pericolosa. **2.** Proporre al giudizio, al controllo, all'approvazione di qlcu. ◆ sottoporsi v.pron. **1.** Porsi sotto il dominio di altri. Sottoporsi ai Romani. **2.** Sottomettersi per necessità a una situazione spiacevole. Sottoporsi a un'operazione chirurgica.

sottopósto agg. Che è esposto, che subisce qlco. ~ Costretto, obbligato. ~ Presentato, proposto per avere un parere, una risposta, una soluzione. ◆ s.m. [f. –sta] Persona che lavora alle dipendenze di superiori o è in una posizione gerarchica di secondo piano.

sottoprèzzo avv. A un prezzo più basso di quello di mercato.

sottoprodótto s.m. **1.** Prodotto ottenuto dagli scarti della lavorazione di un prodotto principale. **2.** Prodotto ottenuto con materie prime più scadenti di quelle impiegate ordinariamente. ~ estens. Prodotto di qualità mediocre.

sottoproduzióne s.f. ECON. Produzione inferiore rispetto alle possibilità produttive o insufficiente a soddisfare la domanda del mercato.

sottoprogràmma s.m. [pl. –mi] INFORM. In un programma, blocco di istruzioni, corrispondente a una data funzione, che viene richiamato dall'interno del programma stesso ogni qualvolta occorra eseguire quella particolare funzione.

sottoproletariàto s.m. **1.** Nella società capitalistica, la parte più svantaggiata della popolazione. **2.** estens. Condizione sociale di chi vive in una situazione di estrema indigenza ed emarginazione. ~ Chi, in una collettività, presenta le peggiori condizioni materiali.

sottoproletàrio s.m. [f. –ria, pl.m. –ri] **1.** Membro del sottoproletariato. **2.** estens. Chi vive in uno stato di emarginazione sociale e culturale. ~ Chi, in un gruppo, si trova nelle peggiori condizioni materiali.

sottopùnto s.m. Cucitura interna, rada e invisibile dall'esterno, praticata negli orli.

sottórdine s.m. BIOL. Livello di classificazione successivo all'ordine nella sistematica biologica. ◇ In sottordine: in posizione subordinata, in secondo piano.

sottorégno s.m. Ogni categoria in cui può essere suddiviso un regno nella sistematica biologica.

sottoscàla s.m. inv. Piccolo vano compreso tra la rampa di una scala e il piano del solaio di cui ha inizio la scala stessa. ~ estens. spreg. Piccolo alloggio posto nel seminterrato di un edificio.

sottoscritto agg. **1.** Scritto sotto. **2.** Firmato in calce. ~ Approvato. ◆ s.m. [f. –ta] **1.** Chi appone la firma a un documento, spec. nella menzione che nello stesso documento fa di sé in terza persona. **2.** fam. scherz. Se stesso. Al sottoscritto non piace l'idea!

sottoscrittóre s.m. [f. –trice] Chi prende parte a un'iniziativa per manifestare un'idea o raccogliere fondi di solidarietà. ~ ECON. Chi si impegna ad acquistare titoli in occasione di una nuova emissione.

sottoscrivere v.tr. [30] (calco del lat. subscribere) **1.** Firmare un documento. **2.** Dare la propria adesione a un'iniziativa. Sottoscrivere una petizione. ~ fig. Approvare, condividere pienamente quanto fatto o detto da altri. **3.** Impegnarsi a

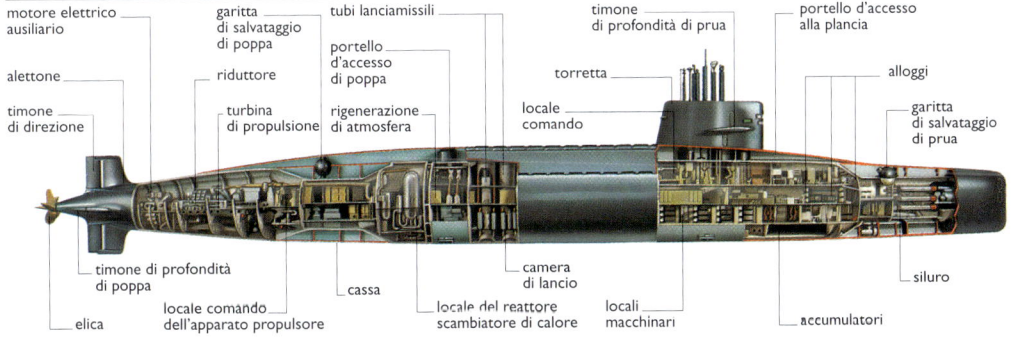

motore elettrico ausiliario — garitta di salvataggio di poppa — tubi lanciamissili — timone di profondità di prua — portello d'accesso alla plancia

alettone — riduttore — portello d'accesso di poppa — torretta — alloggi

timone di direzione — turbina di propulsione — rigenerazione di atmosfera — locale comando — garitta di salvataggio di prua

timone di profondità di poppa — camera di lancio — siluro

elica — locale comando dell'apparato propulsore — cassa — locale del reattore scambiatore di calore — locali macchinari — accumulatori

■ **sottomarìno** nucleare lanciamissili (classe Le Redoutable).

versare una certa somma in cambio di titoli. *Sottoscrivere un'obbligazione.*
sottoscrizióne s.f. (calco del lat. *subscrĭptio*) **1.** Apposizione della firma a un documento. **2.** *estens.* Raccolta di firme per un'iniziativa o di fondi a scopo di solidarietà. **3.** ECON. *Sottoscrizione di un prestito obbligazionario:* acquisto di titoli di nuova emissione. – *Pubblica sottoscrizione:* offerta di nuovi titoli da parte dello Stato o di banche.
sottosegretàrio s.m. [f. *-ria*, pl.m. *-ri*] (calco del fr. *sous-secrétaire*) Chi è di grado inferiore o fa le veci del segretario. ◇ *Sottosegretario di Stato:* membro del governo che collabora con un ministro.
sottosistèma s.m. [pl. *-mi*] Sistema subordinato a un sistema più generale.
sottosópra avv. **1.** Con la parte di sotto messa di sopra, alla rovescia. *Mettere sottosopra i materassi.* **2.** *estens.* In disordine, alla rinfusa. *Lasciare la casa sottosopra.*
sottospècie s.f. inv. **1.** BIOL. Livello di classificazione successivo alla specie nella sistematica biologica. **2.** *estens.* Varietà particolare di un insieme, di una categoria. **3.** *spreg.* Varietà di qualità inferiore o infima.
sottostànte agg. Situato in posizione inferiore rispetto al luogo in cui ci si trova.
sottostàre v.intr. [10] (aus. *essere*) **1.** Essere subordinato. **2.** *fig.* Subire qlco. di noioso o spiacevole. ~ Affrontare una prova.
sottostazióne s.f. ELETTR. Impianto che trasforma e ritrasmette la corrente elettrica proveniente dalla centrale di produzione.
sottosterzàre v.intr. (aus. *avere*) AUTOM. Di autoveicolo, avere la tendenza ad allargare la curva.
sottostèrzo s.m. AUTOM. Caratteristica o difetto di un autoveicolo che, in date condizioni di marcia, tende ad aumentare il raggio delle curve rispetto alla traiettoria imposta dallo sterzo.
sottostìma s.f. Valutazione inadeguata o ingiusta, inferiore all'effettivo merito o grandezza o valore.
sottostimàre v.tr. Valutare una persona o una cosa al di sotto del suo valore reale.
sottosuòlo s.m. Strato di terreno sottostante alla superficie. ~ AGR. Livello del terreno a cui non arrivano le radici della vegetazione. ◇ *Risorse del sottosuolo:* quelle minerarie e petrolifere.
sottosviluppàto agg. (calco dell'ingl. *underdeveloped*) **1.** Di paese arretrato dal punto di vista economico e sociale. **2.** Di persona che ha uno sviluppo fisico o mentale inferiore al normale. ◆ s.m. [f. *-ta*] *scherz.* Nell'accez. 2 dell'agg.
sottosvilùppo s.m. (spec. sing.) (calco dell'ingl. *underdevelopment*) **1.** Mancata o insufficiente crescita di un organismo. **2.** ECON. Situazione di arretratezza economica, sociale, tecnologica in cui versa uno stato.
sottotenènte s.m. Nell'esercito e nell'aeronautica, il grado più basso della categoria degli ufficiali, immediatamente inferiore a quello di tenente. ~ Chi ricopre tale grado.
sottotèrra avv. Sotto la superficie del terreno.
sottotétto s.m. Vano situato tra il solaio e il tetto di un edificio. ~ Alloggio ricavato nel solaio.
sottotipo s.m. **1.** ZOOL. Livello di classificazione successivo al tipo nella sistematica zoologica. **2.** Varietà particolare di un tipo, di una specie di oggetti o di fenomeni.
sottotitolàre v.tr. Dotare un libro, un articolo, un film di sottotitoli o di un titolo aggiuntivo.
sottotitolàto agg. **1.** Di libro, articolo, testo dotato di sottotitolo o titolo secondario. **2.** Di film o programma televisivo, corredato di didascalie in calce alle immagini.
sottotitolo s.m. **1.** Titolo secondario di un libro o di un articolo. ~ STAM. Titolo aggiuntivo composto in corpo minore rispetto a uno superiore. **2.** CINE. (spec. pl.) Didascalia in sovrimpressione sulle immagini di un film o di un programma televisivo.
sottotòno avv. **1.** A voce bassa. **2.** *fig.* Al di sotto della normale forma o prestazione, fisica o psichica. *Sentirsi sottotono.* **3.** *fig.* In modo dimesso, modesto. ◻ In funzione di agg. inv., nell'accez. 2 e 3 dell'avv. *Vacanze sottotono.*
sottoutilizzàre v.tr. Sfruttare qlco. al di sotto delle sue potenzialità. *Sottoutilizzare gli impianti.*
sottovalutàre v.tr. Non valutare qlco. o qlcu. per il suo valore effettivo. *Non sottovalutare tuo figlio.* ~ Dare a qlco. meno importanza di quanta ne meriti. *Ho sottovalutato le difficoltà del percorso.* ◆ **sottovalutarsi** v.pron. Ritenersi inferiore rispetto alle qualità realmente possedute. SIN.: **sminuirsi**.
sottovalutazióne s.f. Inadeguata valutazione di persone, cose o situazioni, inferiore rispetto all'effettivo merito, capacità, valore. ~ Mancato riconoscimento dell'importanza, della dimensione del rischio di qlco.
sottovàso s.m. Piatto posto sotto i vasi delle piante, per ornamento o per raccoglierne l'acqua di scolo.
sottovènto avv. MAR. Dalla parte opposta a quella da cui spira il vento. *Navigare sottovento.* ◆ agg. inv. Del lato di una nave, non esposto al vento. ◆ s.m. inv. Il fianco di una nave o di un aeromobile che si trova dalla parte opposta a quella da cui spira il vento. ~ Parte del mare da cui non spira il vento.
sottovèste s.f. Indumento femminile di tessuto leggero, indossato sotto il vestito.
sottovóce avv. A voce bassa, per non farsi sentire da altri. ~ Anche come didascalia musicale.
sottovuòto avv. Eliminazione dell'aria da un contenitore per assicurare una perfetta conservazione del suo contenuto. ◇ *Sottovuoto spinto:* con eliminazione totale dell'aria. ◆ agg. inv. Di contenitore svuotato dell'aria.
sottraèndo s.m. MAT. Il secondo termine di una sottrazione, che si sottrae dal primo termine (*minuendo*), per ottenere la differenza.
sottràrre v.tr. [11] **1.** Togliere, allontanare qlcu. da qlco. *Sottrarre il ragazzo alla curiosità dei presenti.* **2.** Portare via qlco. a qlcu. *Gli sottrasse un biglietto da 50 euro.* ~ Rubare qlco. da un certo posto. *Sottrarre soldi dalla cassaforte.* **3.** MAT. Fare la sottrazione. ◆ **sottrarsi** v.pron. Sfuggire, evitare qlco. sentito come difficile o spiacevole o pericoloso. *Sottrarsi a una responsabilità.*
sottrattivo agg. **1.** Che detrae, che serve a togliere. ~ Basato sull'eliminazione di qlco. ◇ OTT. *Sintesi sottrattiva:* formazione di una luce o di un'immagine colorata mediante eliminazione di alcune luci colorate da una luce bianca. **2.** MAT. Relativo alla sottrazione.
sottràtto agg. **1.** Tolto, allontanato. **2.** Portato via con l'inganno. **3.** Sottoposto a sottrazione.
sottrazióne s.f. **1.** DIR. Asportazione di qlco. senza l'approvazione del detentore legittimo. ◇ *Sottrazione di prove:* nel l. giur., soppressione di elementi rilevanti ai fini del giudizio. **2.** ARITM. Operazione (rappresentata dal segno -) che consiste nel trovare, se esiste, il numero *x*, chiamata *differenza di b e a*, tale che a + x = b.
sottufficiàle s.m. Nell'esercito e nell'aeronautica, militare appartenente alla categoria gerarchica immediatamente inferiore a quella degli ufficiali, comprendente i gradi di sergente, sergente maggiore e maresciallo. ~ Nella marina militare, grado di secondo capo e di capo. ~ Nella marina mercantile, nostromo, capo fuochista e capo meccanico.
soubresaut [/subʀəso/] s.m. inv. (voce fr.) BALL. Salto breve in posizione verticale, effettuato a gambe strette e con le punte dei piedi abbassate.
soubrette [/su'brɛt/] s.f. inv. (voce fr., provenz. *soubreto* "ragazza affettata") **1.** Nel teatro dell'opera, soprano leggero spec. nel ruolo di giovane servetta. **2.** Prima attrice, ballerina, cantante in spettacoli di varietà teatrali o televisivi.
soufflé [/su'fle/] s.m. inv. (voce fr., deriv. di *souffler* "soffiare") CUC. Vivanda preparata con formaggio, verdura o carne passata, mescolati a uova, cotta al forno.
soul [/'səʊl/] s.m. inv. (voce ingl.) Filone espressivo, spec. vocale, apparso nella comunità nera degli Stati Uniti negli anni Sessanta, derivato dal rhythm and blues, che applica a testi profani il modo d'espressione del gospel e che utilizza spesso una sezione di ottoni. (Fra i rappresentanti del soul ricordiamo Stevie Wonder e Aretha Franklin.)
sound [/'saʊnd/] s.m. inv. (voce ingl., propr. "suono") Suono, spec. nel l. della musica. ~ Peculiare sonorità che caratterizza un determinato musicista o complesso. ◻ Anche in funzione di agg. inv., in alcune locc. ◇ *Sound check:* prova del suono che si esegue prima di un concerto. – *Sound engineer:* tecnico del suono.
soundtrack [/'saʊnd,træk/] s.f. inv. (voce ingl., propr. "traccia del suono") CINE. *Colonna sonora.
souplesse [/su'plɛs/] s.f. inv. [o pl. *souplesses*] (voce fr., deriv. di *souple* "flessibile") **1.** SPORT. Agilità, facilità di movimento di un atleta. SIN.: **scioltezza**. ◇ *Gareggiare, vincere in souplesse:* senza sforzo. **2.** *fig.* Capacità di affrontare in modo elastico i problemi, senza rinunciare al proprio punto di vista. SIN.: **flessibilità**.
souvenir [/suv'nir/] s.m. inv. (voce fr., "ricordare") Oggetto che si acquista durante un viaggio, a ricordo dei luoghi visitati.
sovchoz [/saf'xɔs/] s.m. inv. (voce russa, abbr. di *sovetsko chozjajstvo* "azienda agricola statale") ST. Grande azienda agricola che operava nello stato sovietico.
sovènte avv. (fr. *souvent*, lat. *subĭnde* "ripetutamente") Spesso, ripetutamente, con frequenza.
sovèscio s.m. [pl. *-sci*] AGR. Sotterramento di piante fresche, spec. leguminose, coltivate oppure trasportate in loco, per concimare un terreno con la loro materia organica.
soviet [/so'vjɛt/] s.m. inv. (russo *sovjét* "consiglio") Durante la rivoluzione russa del 1917, consiglio di operai e soldati che costituiva l'unità politica e organizzativa fondamentale. ~ Nello stato dell'Unione Sovietica, formatosi in seguito a tale rivoluzione, ogni consiglio elettivo politico, sindacale o amministrativo. ◇ *Soviet supremo:* organo superiore del potere di Stato in URSS fino al 1991 (a livello federale e repubblicano) e in alcune repubbliche diventate indipendenti da questa data.
soviètico agg. [pl.m. *-ci*, f. *-che*] **1.** Relativo ai soviet durante la rivoluzione russa del 1917. ~ Costituito dai soviet. **2.** Dell'Unione Sovietica, federazione di repubbliche oggi disciolta e in parte ricostituita con il nome di CSI. ◆ s.m. [f. *-ca*] Nativo, abitante dell'Unione Sovietica.
sovietizzàre v.tr. Estendere il sistema economico, sociale e politico che esisteva nell'Unione Sovietica ad altri stati.
sovietòlogo s.m. [f. *-ga*, pl.m. *-gi*, f. *-ghe*] Studioso della storia, della struttura e del funzionamento dell'Unione sovietica.
sovrabbondànte agg. **1.** Superiore al necessario, in eccesso. ~ Di stile, costrutto ridondante, ampolloso. **2.** GRAMM. Di sostantivo che al plurale ha due forme di genere diverso e perlopiù di significato diverso. ~ Di verbi corradicali che seguono due diverse coniugazioni, cambiando o meno il significato.
sovrabbondànza s.f. Eccesso rispetto al fabbisogno, al necessario.
sovrabbondàre v.intr. (aus. *avere* o *essere*) **1.** Di prodotti agricoli, essere in quantità superiore al bisogno. *In questa zona la frutta, il grano sovrabbonda.* **2.** Avere, disporre di qlco. in grande abbondanza. ~ Produrre qlco. in quantità notevole. *Il terreno sovrabbonda di acqua.*
sovracapitalizzazióne s.f. Attribuzione a un'impresa di un valore di capitale superiore al suo valore reale. ~ Differenza tra questi due valori.
sovraccaricàre v.tr. [4] Caricare un mezzo di trasporto di un peso che supera la capacità di resistenza. ~ *fig.* Oberare qlcu. di compiti eccessivi.
sovraccàrico agg. [pl.m. *-chi*, f. *-che*] **1.** Sottoposto a un peso o a un lavoro che supera la normale capacità di carico o di funzionamento. **2.** *fig.* Gravato oltre misura da impegni o oneri. ◆ s.m. **1.** Carico aggiunto al normale, che eccede la capacità di resistenza, anche in senso fig. **2.** TECN. Carico superiore a quello per il quale un certo dispositivo è stato costruito.
sovraccopèrta s.f. → **sopraccoperta**.

sovracompressióne s.f. Aumento del rapporto di compressione nei motori a combustione interna.

sovracomprèsso agg. Relativo alla sovracompressione.

sovracorrènte s.f. ELETTR. In un circuito o in un impianto, corrente di intensità superiore al normale.

sovradeterminazióne s.f. PSICOAN. Caratteristica frequente delle formazioni dell'inconscio che risultano determinate da una pluralità di fattori e che rimandano a diversi contenuti inconsci.

sovradimensionàto agg. Dotato di capacità superiori alle necessità reali.

sovrafatturazióne s.f. Fatturazione di un bene o di un servizio più elevata del suo costo reale, general. effettuata con intenzioni fraudolente.

sovrainvestiménto s.m. ECON. Scompenso che si crea in un sistema economico quando l'offerta supera di gran lunga la domanda a causa di un eccesso di capacità produttiva.

sovralimentazióne s.f. **1.** Alimentazione superiore al necessario e perciò dannosa alla salute dell'organismo. **2.** MECC. Alimentazione di un motore a combustione interna con aria avente pressione superiore alla pressione atmosferica. **3.** ELETTR. Condizione di un circuito attraversato da una corrente superiore al normale.

sovrallenaménto s.m. SPORT. *non com.* Eccesso d'attività fisica o intellettuale.

sovràna s.f. **1.** Antica moneta d'oro inglese del valore di venti scellini, coniata per la prima volta nel sec. XV. **2.** Moneta imperiale austriaca, anche in uso nel regno lombardo-veneto.

sovranità s.f. inv. **1.** DIR. Potere pieno e indipendente, come qualità giuridica e potestà politica. ◇ *Sovranità popolare:* principio per cui il potere dello Stato si fonda sulla volontà di tutti i suoi cittadini. – *Sovranità della legge:* autorità suprema e generale della legge. – *Sovranità del consumatore:* principio economico secondo cui le scelte dei consumatori sono in grado di determinare le scelte produttive e, in ultima analisi, il funzionamento del sistema economico. **2.** *fig.* Superiorità, dominio, supremazia.

sovrannaturàle agg. e s.m. → soprannaturale.

sovràno agg. [f. *–na*] (tr. *souveratn*, lat. *superànu* deriv. di *super* "sopra") **1.** Che esercita un potere pieno e indipendente. **2.** Che si riferisce a un re. ◆ s.m. Re, capo di uno stato monarchico.

sovraoccupazióne s.f. **1.** ECON. Condizione di piena occupazione. **2.** ECON. Utilizzo della forza lavoro per un tempo superiore al normale orario di lavoro.

sovrappàsso o **soprappàsso** s.m. Attraversamento pedonale soprelevato di strade o linee ferroviarie.

sovrappéso s.m. MED. Eccesso di peso corporeo.

sovrapponibile agg. Che può essere sovrapposto in modo che le rispettive forme coincidano o le superfici combacino.

sovrappopolàto agg. Di un territorio che ha più abitanti di quanti sono consentiti dalle risorse esistenti. ~ Che ha un'alta densità di popolazione.

sovrappopolazióne s.f. Popolamento eccessivo rispetto alle risorse presenti in un dato spazio geografico.

sovrappórre v.tr. [25] **1.** Collocare due cose una sopra l'altra. *Sovrapporre due cubetti di legno.* **2.** Mettere una cosa sopra un'altra. *Sovrapporre il merletto all'orlo della stoffa.* **3.** *fig.* Far prevalere una cosa, considerata più importante, su un'altra. ◆ **sovrapporsi** v.pron. **1.** Detto di due o più cose, venire a trovarsi l'una sull'altra. ~ *fig.* Presentarsi insieme, in concomitanza. **2.** Aggiungersi a qlco. d'altro. ~ Imporsi su qlco. d'altro.

sovrappòrta o **soprappòrta** s.f. Apertura a finestrella sopra una porta d'ingresso, per illuminare e aerare l'ambiente. ◆ s.m. inv. Pannello decorativo, affrescato o in bassorilievo, posto sopra una porta.

sovrapposizióne s.f. **1.** Azione di mettere un oggetto sopra un altro. **2.** *fig.* Imposizione. ~ Aggiunta, interferenza. *Sovrapposizione di idee.*

sovrappósto agg. Di cosa posta sopra un'altra. ◆ s.m. Fucile a canne sovrapposte.

sovrappressióne s.f. Negli impianti idroelettrici, aumento della pressione all'interno delle condutture in caso di otturazione. ~ Nei motori a combustione interna, eccesso di pressione.

sovrapprèzzo o **soprapprèzzo** s.m. **1.** Somma supplementare al prezzo normale. **2.** FIN. *Sovrapprezzo delle azioni:* maggiorazione del prezzo delle azioni rispetto al loro valore nominale, richiesta agli azionisti in occasione di operazioni di aumento del capitale.

sovrapproduzióne s.f. ECON. Produzione eccessiva di un prodotto rispetto alla domanda o alle necessità di consumo.

sovrastàmpa s.f. **1.** Stampa eseguita sopra un'altra stampa. **2.** FILAT. Impressione tipografica su un francobollo fatta dall'istituto di emissione per correggerne o modificarne il valore o la specie.

sovrastampàre v.tr. Stampare qlco. su un foglio già stampato, spec. per cancellare o modificare ciò che vi era scritto.

sovrastànte o **soprastànte** agg. **1.** *fig.* Che sta sopra, che sovrasta. **2.** *fig.* Imminente, incombente.

sovrastàre v.tr. **1.** Stare in una posizione elevata, erigersi al di sopra di qlco. *Una vecchia torre sovrasta il paese.* **2.** *fig.* Detto di pericoli, minacce, ecc. essere imminente, incombere su qlcu. ◆ v.intr. (aus. *essere* o *avere*) Nei sign. del v.tr. *Un monte sovrasta sul paese.*

sovrasterzàre v.intr. (aus. *avere*) AUTOM. Di autoveicolo, avere la tendenza a stringere le curve.

sovrasterzàta s.f. AUTOM. Sterzata il cui raggio di curva è inferiore a quello imposto dal volante.

sovrastimàre v.tr. Sopravvalutare qlco., stimare in termini eccessivi il suo valore, le sue dimensioni.

sovrastruttùra s.f. **1.** Costruzione posta sopra un'altra che la sostiene. ~ MAR. In una nave, ogni opera innalzata sopra la coperta. ~ Complesso dei manufatti posti sopra il terreno di fondazione di strade e ferrovie. **2.** Elemento posticcio, superfluo, ingombrante. ~ Espressione artefatta, ridondante. **3.** FILOS. Secondo Marx, la cultura in ogni sua manifestazione, etica, estetica, politica, giuridica, in quanto espressione ideologica della struttura economica e funzione del dominio di classe.

sovratensióne s.f. ELETTRON. In un circuito o in un impianto, tensione di valore superiore a quella prevista dal normale funzionamento.

sovreccitàre o **sopreccitàre** v.tr. Causare grande agitazione ed euforia in qlcu. ◆ **sovreccitarsi** v.pron. Entrare in uno stato di agitazione ed euforia.

sovreccitazióne s.f. Eccitazione nervosa molto intensa.

sovrespórre o **sovraespórre** v.tr. [25] Lasciare per troppo tempo la pellicola alla luce.

sovresposizióne o **sovraesposizióne** s.f. FOTO. Esposizione alla luce di una pellicola oltre il tempo normale.

sovrimpórre o **sovraimpórre** v.intr. [25] (aus. *avere*) Imporre un supplemento fiscale.

sovrimposizióne s.f. **1.** Nel l. fiscale, imposizione di una tassa addizionale a tributi già vigenti. **2.** GEOGR. Fenomeno che porta un corso d'acqua a incaciare, a causa del suo aumento di profondità, strutture geologiche diverse da quelle sulle quali scorreva in precedenza.

sovrimpòsta o **sovraimpòsta** s.f. Imposta addizionale.

sovrimpressióne o **sovraimpressióne** s.f. Testo o immagine stampata sopra un'altra stampa. ~ FOTO., CINE. Sovrapposizione di un'immagine a un'altra per ottenere effetti speciali. ~ TV. Sovrapposizione di un testo o di una grafica sull'immagine. *Numero in sovrimpressione.*

sovròsso s.m. ANAT. Tumefazione dura, sporgenza sulla superficie di un osso, causata da un trauma o da una formazione cistica benigna.

sovrumàno o **sovraumàno** agg. **1.** Che supera le forze, le possibilità dell'uomo. **2.** *fig. per esager.* Grandissimo, eccezionale, straordinario. ◆ s.m. (solo sing.) Tutto ciò che trascende la natura umana. *C'è qualcosa di sovrumano in quell'uomo.*

sovvenire v.intr. [81] (aus. *essere*) (lat. *subvenīre* "venire in aiuto") Venire in mente a qlcu. ~ Tornare alla memoria.

sovvenzionàre v.tr. (fr. *subventionner*) Accordare una sovvenzione a qlcu. o a qlco.

sovvenzióne s.f. (lat. *subventiónem* "soccorso") **1.** Sostegno economico, erogato a fondo perduto o come prestito agevolato, a persona o ente per contribuire alla sua attività o per finanziare iniziative. **2.** BANC. Operazione di prestito.

sovversióne s.f. Azione che mira a sconvolgere i valori e le istituzioni esistenti.

sovversivo agg. (fr. *subversif*) **1.** Che è tale da turbare o rovesciare l'ordine sociale o politico. **2.** *estens.* Che mira a rinnovare radicalmente, a sovvertire una tradizione culturale. ◆ s.m. [f. *–va*] Chi professa idee rivoluzionarie o appartiene a movimenti eversivi.

sovvertiménto s.m. Sconvolgimento o rovesciamento di costumi e assetti stabiliti.

sovvertire v.tr. **1.** Rovesciare e distruggere l'ordinamento politico vigente. **2.** Mutare radicalmente, rinnovare a fondo qlco. *Sovvertire la morale corrente.*

sózzo agg. (provenz. *sotz*, lat. deriv. di *sūcus* "untume, sugo") **1.** Molto sporco. **2.** Repellente a vedersi. **3.** *fig.* Che suscita schifo, ripugnanza morale.

sozzùra s.f. **1.** Caratteristica di ciò che è sporco. ~ Sporcizia, sudiciume. **2.** *fig.* Abiezione morale. ~ Azione turpe.

spaccalégna s.m. inv. Chi, per mestiere, riduce la legna in pezzi da ardere.

1. spaccàre v.tr. [4] (long. *spahhan* "fendere") Rompere, spezzare in due o più parti con un colpo, una pressione. ~ Produrre una o più fenditure. ◆ **spaccarsi** v.pron. Rompersi, spezzarsi in due o più pezzi.

2. spaccàre v.tr. Estrarre qlco. da un pacco, da un imballaggio.

spaccàta s.f. **1.** Operazione di ridurre in pezzi qlco., in modo sommario e sbrigativo. **2.** Nel gergo della malavita e giornalistico, furto commesso rompendo il cristallo di una vetrina e impadronendosi di quanto contiene. **3.** Nella ginnastica e nella danza, posizione di massima divaricazione delle gambe, che giungono a formare una sola linea orizzontale sul pavimento. ~ ALP. Tecnica di arrampicata con l'appoggio delle gambe divaricate e delle braccia spalancate, che spingono l'una contro l'altra su due pareti contrapposte.

spaccàto agg. **1.** Rotto o segnato da fenditure. ~ Che ha subito pesanti lesioni. **2.** *fam.* Perfettamente somigliante. ~ Marcato, accentuato. ◆ s.m. **1.** Rappresentazione grafica di una struttura sezionata verticalmente per mostrarne i componenti interni. *Lo spaccato di una casa.* **2.** *fig.* Studio, descrizione, analisi degli elementi costitutivi di una questione.

spaccatùra s.f. **1.** Azione dello spaccare. **2.** Fenditura, crepa. **3.** *fig.* Contrasto, disaccordo.

spacchettàre v.tr. Disfare un pacchetto estraendone il contenuto.

spacciàre v.intr. [5] (aus. *avere*) Vendere droga. *È uno che spaccia davanti alle scuole.* ◆ v.tr. **1.** Vendere della merce rapidamente e con facilità. *Spacciare grandi quantitativi di vino.* **2.** Mettere in circolazione vendere illecitamente qlco. ~ *fig.* Divulgare cose non vere. **3.** Dare un malato per morto. **4.** Fare passare qlcu. o qlco. per ciò che non è. ~ Vendere un prodotto diverso, e più scadente, rispetto a quello dichiarato. ◆ **spacciarsi** v.pron. Farsi passare per ciò che non si è, attribuirsi una qualifica o una funzione diversa da quella reale.

spacciàto agg. *fam.* Inguaribile, condannato a morire. ~ *fig.* Rovinato, sconfitto irrimediabilmente.

spacciatóre s.m. [f. *–trice*] Venditore al minuto di merce illecita, spec. di sostanze stupefacenti.

spàccio s.m. [pl. *–ci*] **1.** Vendita al pubblico. *Locale autorizzato allo spaccio di alcolici.* ~ Immissione sul mercato al dettaglio di merce illecita. *Spaccio di banconote, di droga.* **2.** Locale di vendita, spec. all'interno di una comunità. *Lo spaccio della caserma.*

spàcco s.m. [pl. *–chi*] Fenditura, strappo. ~ COST. Taglio in un capo d'abbigliamento, per moda o per agevolare i movimenti.

spacconàta s.f. Espressione o manifestazione di millanteria. ~ Azione o discorso da spaccone.

spaccóne s.m. [f. *–na*] Persona presuntuosa e vanagloriosa che vanta capacità e azioni eccezionali, poco credibili.

spacelab [/'speɪsˌlæb/] s.m. inv. (voce ingl., abbr. di *space laboratory* "laboratorio dello spazio") *Laboratorio spaziale.

space shuttle [/'speɪs 'ʃʌtl/] loc. sost. m. inv. (loc. ingl., propr. "navetta dello spazio") Navetta spaziale statunitense che viene portata in orbita da un razzo vettore e rientra sulla Terra con propri mezzi.

spàda s.f. (gr. *spáthē* "spatola") **1.** Arma bianca con lama appuntita, perlopiù tagliente da una o da entrambe le parti, munita di impugnatura protetta da una guardia. ◇ *Sguainare, brandire, impugnare la spada:* estrarla dal fodero e iniziare un combattimento. – *figg. Spada di Damocle:* pericolo sempre incombente, come la spada fatta appendere dal tiranno Dionigi a un crine di cavallo sulla testa del suo favorito Damocle per ricordargli la precarietà del potere. – *Difendere qlcu. a spada tratta:* sostenerlo con ogni mezzo, con estrema decisione. **2.** SPORT. Insieme al fioretto e alla sciabola, una delle tre armi usate nella scherma, con lama triangolare, adatta a colpire solo di punta. ◇ *Tirare di spada:* praticare la specialità schermistica. **3.** (al pl.) Uno dei quattro semi dei tarocchi e delle carte napoletane. **4.** Nel gergo della droga, siringa.

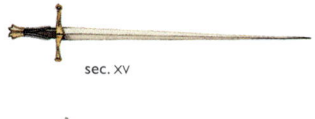

sec. XV

sec. XVI

■ **spàda**

spadaccino s.m. [f. *–na*] Abile tiratore di spada.

spadèrna s.f. PESC. Lunga corda da cui si dipartono numerosi braccioli terminanti con un amo.

spàdice s.m. (gr. *spádiks* "ramo di palma") BOT. Infiorescenza a spiga, con asse notevolmente carnoso e avvolto da un'ampia brattea detta *spata*.

spadista s.m. e f. [pl.m. *–sti*] SPORT. Nella scherma, chi pratica la specialità della spada.

spadóne s.m. Nel sign. dell'accr. di *spada*. ~ In partic., grande spada usata un tempo dalla cavalleria pesante. ◇ *Spadone a due mani:* con lama a doppio taglio usata da uomini a piedi.

spadroneggiàre v.intr. [5] (aus. *avere*) Comportarsi con autorità e arroganza, farla da padrone anche se non lo si è.

spaesàto agg. Che ha difficoltà ad ambientarsi, disorientato e intimidito dalla novità o dal cambiamento.

spaghetteria s.f. Locale pubblico la cui specialità sono gli spaghetti e i primi piatti in genere, disponibili con grande varietà di condimenti.

1. spaghétto s.m. **1.** Nel sign. del dim. di 1. *spago.* **2.** (spec. pl.) Pasta alimentare di semola di grano duro, di forma cilindrica molto sottile e allungata.

2. spaghétto s.m. Nel sign. del dim. di 2. *spago. Prendere un bello spaghetto.*

1. spagliàre v.tr. [6] **1.** Liberare un oggetto dalla paglia dell'imballaggio. **2.** Disfare l'impagliatura di un oggetto. ◆ v.intr. (aus. *avere*) Detto di animali nella stalla, muovere, disperdere la paglia. ◆ **spagliarsi** v.pron. Perdere la copertura o il rivestimento di paglia.

2. spagliàre v.intr. (aus. *avere* o *essere*) Detto di corsi d'acqua, uscire dagli argini allagando la pianura.

spagnòla s.f. MED. Grave influenza diffusasi in forma epidemica nel 1918 in tutto il mondo, così denominata perché ritenuta originaria della penisola iberica.

spagnolétta s.f. **1.** Piccolo cilindro per tenere avvolto il filo per cucire. ~ Il filato stesso così arrotolato. **2.** Dispositivo di chiusura di infissi esterni, costituito da un'asta metallica verticale munita di ganci alle estremità e azionata da una maniglia. **3.** Piccolo scialle di trina per il capo, che richiama la mantiglia spagnola.

spagnòlo agg. Della Spagna. ◆ s.m. **1.** [f. *–la*] Nativo, abitante della Spagna. **2.** (spec. pl.) Lingua romanza parlata in Spagna. **3.** Disciplina che studia la lingua e la letteratura spagnole.
ENCICL. Lo spagnolo conta più di 300 milioni di parlanti la maggior parte dei quali in America Latina. Pur essendo molto aperto alla diversità delle influenze culturali, locali (varietà nazionali) e dotato di una grande creatività, resta una lingua unitaria. È la seconda lingua per diffusione degli Stati Uniti ed è parlata anche nelle Filippine.

1. spàgo s.m. [pl. *–ghi*] Cordicella sottile e resistente, di canapa o di fibra artificiale, a due o più ritorti. ~ *fam. Dare spago a qlcu.:* dargli corda, assecondarlo, concedergli la possibilità di fare o di dire ciò che vuole.

2. spàgo s.m. [pl. *–ghi*] (voce gerg.) *fam.* Spavento, paura.

spahi [/'spai/] s.m. inv. (fr. *spahi*, persiano *sipāhi* "soldato a cavallo") Soldato del reparto di cavalleria dell'esercito turco nei secc. XVI-XIX. ~ Soldato indigeno impiegato dagli eserciti coloniali francese e italiano in Africa settentrionale.

spaiàre v.tr. [6] Disunire i due elementi che costituiscono un paio.

spaiàto agg. Separato, non accompagnato dall'altro elemento con il quale normalmente fa il paio. ~ Di coppia formata da elementi di norma appartenenti ad altre coppie.

spàlace s.m. Roditore diffuso nell'Europa centrale e sud-orientale con orecchie e occhi atrofizzati, pelle quasi glabra, che scava profonde gallerie dove vive in società che ricordano quelle degli insetti. (Famiglia degli Spalacidi.)

Spàlacidi s.m. pl. [iniziale minusc. sing. *–de* per l'individuo] ZOOL. Famiglia di mammiferi roditori scavatori, con corpo tozzo, brevi arti con forti unghie, coda cortissima, capo appiattito, occhi coperti dalla pelle e padiglioni auricolari assenti.

spalancàre v.tr. [4] Aprire completamente qlco. ◇ *Spalancare gli occhi:* sbarrarli in seguito a spavento, meraviglia o per vedere meglio. ◆ **spalancarsi** v.pron. Aprirsi completamente, del tutto.

spalàre v.tr. Togliere via qlco. con la pala.

spalatóre s.m. [f. *–trice*] Chi esegue lavori con la pala rimuovendo neve, terra, ecc.

spalatrice s.f. Macchina per muovere e ammassare materiali incoerenti. ~ AGR. Macchina usata per rimescolare i cereali.

spàlla s.f. **1.** Ciascuna delle due parti del corpo umano situate tra l'attaccatura del braccio e il collo. ~ (al pl.) parte superiore del dorso, schiena. **2.** È usato in numerose locc. fig. ◇ *Avere le spalle larghe, grosse:* essere in grado di sopportare disagi, responsabilità. – *Avere la testa sulle spalle:* essere avveduto, responsabile. – *Lavorare di spalle:* farsi largo con qualsiasi mezzo. – *Avere molti anni sulle spalle:* essere piuttosto vecchio. – *Lasciarsi qlco. dietro le spalle:* non volersene più curare. – *Vivere alle spalle di qlcu.:* gravare economicamente su di lui. – *Scuotere, scrollare le spalle:* alzarle e abbassarle in segno di disinteresse o indifferenza. – *Voltare le spalle a qlcu.:* disinteressarsene, abbandonarlo alla propria sorte. – *Alzare le spalle, stringersi nelle spalle:* manifestare disinteresse, impotenza, rassegnazione. – *Guardare le spalle a qlcu.:* controllare che nessuno lo segua; badare che non venga tradito. – *Guardarsi le spalle:* diffidare, cautelarsi da eventuali pericoli. **3.** *estens.* Parte di un indumento che ricopre le spalle. **4.** Negli animali, soprattutto macellati, la parte che sta sopra gli arti anteriori e la parte adiacente del dorso. **5.** *fig.* Persona che è di notevole aiuto a un'altra. ~ TEAT. Chi dà l'imbeccata a un attore comico. **6.** *fig.* Parte superiore di una montagna o di un colle, presso la cima. ~ GEOMORF. Ripiano che si stende nella parte alta dei versanti di una valle glaciale e che corrisponde ai lembi del fondo della precedente valle fluviale. **7.** *fig.* Parte, zona, elemento posti in alto o di lato. ~ COSTR., ARCH. Ciascuno dei due piedritti su cui vengono costruite le estremità di una struttura. **8.** STAM. Spazio immediatamente soprastante e sottostante l'occhio della lettera nel fusto di un carattere. ◇ *Articolo di spalla:* articolo di giornale posto in alto a destra nella pagina. **9.** *Violino di spalla:* nell'orchestra, primo violino.

spallàta s.f. **1.** Spinta violenta data con la spalla. **2.** Alzata di spalle, come segno di disinteresse.

spallazióne s.f. (ingl. *spallation*) FIS. NUCL. Frammentazione in numerose particelle del nucleo di un atomo ottenuta con un bombardamento corpuscolare molto intenso.

spalleggiàre v.tr. [5] **1.** Dare il proprio appoggio, il proprio sostegno a qlcu. **2.** MIL. Portare a spalla qlco. ◆ **spalleggiarsi** v.pron. Detto di due o più persone, darsi reciprocamente man forte.

spallétta s.f. **1.** Nel sign. del dim. di *spalla*. **2.** Sponda di un ponte. SIN. **parapetto**. **3.** Argine artificiale di un corso d'acqua. **4.** COSTR. Ciascuno dei due elementi verticali del muro, sui quali viene fissato il telaio di un serramento.

spallièra s.f. **1.** Parte verticale di un sedile a cui si appoggia la schiena. **2.** Ciascuna delle sponde verticali che delimitano il letto da capo e da piedi. **3.** AGR. Intelaiatura a filare, appoggiata o no a un muro, per coltivare piante da frutto o ornamentali. **4.** SPORT. *Spalliera svedese:* attrezzo ginnico costituito da una sorta di scala fissata al muro.

spallina s.f. **1.** Nel sign. del dim. di *spalla*. **2.** Elemento che si applica su ciascuna delle spalle delle divise dei militari per indicarne l'arma e il grado. ~ Grado di ufficiale. ~ *estens.* Striscia ornamentale applicata su ciascuna delle spalle di abiti di foggia militare o sportiva. **3.** Ciascuna delle bretelline che sorreggono indumenti intimi o altri capi di vestiario, spec. femminili. **4.** Elemento imbottito da inserire all'interno delle spalle degli abiti per dare rilievo.

spalmàre v.tr. Coprire una superficie con uno strato di una sostanza oleosa o pastosa. *Spalmare la crema sulla torta.* ◆ **spalmarsi** v.pron. Cospargersi di una sostanza oleosa.

spàlto s.m. (long. *spalt* "bastione con più aperture") **1.** Muro o terrapieno costituente la struttura protettiva esterna di luoghi fortificati. **2.** (al pl.) Gradinate di unob stadio. ~ Il pubblico presente su tali gradinate.

spam [/spæm/] s.m. inv. (voce ingl.) Messaggio indesiderato, general. di tipo promozionale, inviato contemporaneamente a numerosi destinatari tramite posta elettronica.

spampanàre v.tr. **1.** Privare le viti dei pampini. **2.** Fare aprire o cadere i petali dei fiori. *Il caldo sta spampanando le rose.* ◆ **spampanarsi** v.pron. **1.** Delle viti, perdere i pampini. **2.** Dei fiori, avere i petali completamente aperti.

1. spanàre v.tr. Rovinare la filettatura di viti, bulloni, ecc. rendendoli inservibili. ◆ **spanarsi** v.pron. Detto di elementi filettati, perdere la filettatura e non fare più presa.

2. spanàre v.tr. AGR. Togliere una pianta dal terreno e liberare le radici dal terriccio che vi è attaccato.

spanciàre v.intr. [5] (aus. *avere*) **1.** Battere con forza la pancia sulla superficie dell'acqua nel tuffarsi. **2.** Di muri, presentare un rigonfiamento. **3.** Di aerei, perdere improvvisamente quota nel cabrare. ◆ **spanciarsi** v.pron. **1.** Presentare un rigonfiamento. *Il muro si è spanciato per l'umidità.* **2.** Ridere a crepapelle, spec. nella loc. *spanciarsi dalle risa.*

spàndere v.tr. [48] **1.** Spargere qlco. su una superficie, volutamente o per errore. *Spandere la farina per terra.* ◇ *fam. Spendere e spandere:* non badare a spese. **2.** *fig.* Emanare qlco. nell'ambiente circostante. *Il caminetto spande tepore.* ◆ v.intr. (aus. *avere*) Di contenitori, perdere molto lentamente ciò che contengono attraverso qualche fessura o per imperfetta chiusura. *Il vaso spande.* ◆ **spandersi** v.pron. **1.** Diventare sempre più largo. *La macchia si sta spandendo.* **2.** *fig.* Circolare, diffondersi. **3.** Spargersi in modo uniforme in un certo spazio. SIN.: **propagarsi.**

spaniel [/'spænjəl/] s.m. inv. (voce ingl., fr. *espaignol* "spagnolo") Razza di cani da caccia o da compagnia a pelo lungo, di piccola statura e con orecchie pendenti.

spànna s.f. (long. *spanna*) **1.** Lunghezza uguale alla distanza tra l'estremità del pollice e quella del mignolo tenendo le dita distese al massimo. ◇ *fig. A spanne:* approssimativamente. **2.** *estens.* Misura piccola, irrilevante.

spappolaménto s.m. Azione di spappolare. ~ MED. Grave danneggiamento di organi o tessuti anatomici.

spappolàre v.tr. Schiacciare qlco., ridurlo in poltiglia. ◆ **spappolarsi** v.pron. Disfarsi, spec. in seguito a schiacciamento. *La mano gli si è spappolata sotto la pressa.*

sparàre v.intr. (aus. *avere*) **1.** Fare fuoco, tirare. ◇ *Sparare a salve:* senza proiettili. – *Sparare a bruciapelo:* da molto vicino. – *Sparare a zero:* con l'alzo in posizione orizzontale; *fig.* criticare fortemente qlcu. o qlco. **2.** TV. Di oggetto colpito dalla luce, provocare riflessi abbaglianti durante una ripresa televisiva. ◆ v.tr. **1.** Azionare un'arma da fuoco in modo che parta un colpo. ~ Esplodere con un'arma da fuoco. ◆ *figg. Sparare balle:* raccontare cose inverosimili per destare clamore. – *Sparare una cifra, un prezzo impossibile:* chiedere a un compratore una cifra incredibilmente alta. **2.** *fig.* Tirare qlco. con veemenza. *Sparare calci.* ◆ **spararsi** v.pron. Fare fuoco contro se stesso.

sparatòria s.f. Scambio di colpi di arma da fuoco emessi a breve distanza di tempo l'uno dall'altro. ~ Conflitto, scontro.

sparecchiàre v.tr. [6] **1.** Liberare la tavola dopo i pasti. **2.** *estens.* Divorare tutto quello che c'è in tavola.

sparéggio s.m. [pl. –gi] **1.** SPORT. Incontro decisivo tra due giocatori o squadre ancora alla pari al termine di un torneo. **2.** Disparità; in partic., disavanzo tra le entrate e le uscite di un bilancio.

sparganiàcea s.f. Pianta acquatica con frutti a drupa o a noce. (Genere *Sparganium*; classe Monocotiledoni.)

spàrgere v.tr. [21] **1.** Gettare qua e là su una superficie più cose omogenee. **2.** Far cadere sostanze liquide su una superficie. **3.** Emanare qlco. nell'ambiente circostante. **4.** Mettere in circolazione voci o notizie. ◆ **spargersi** v.pron. **1.** Spargliarsi, andare qua e là. *La gente si è sparsa per i viali del parco.* ~ Detto di voci o notizie, circolare, diffondersi. **2.** Versarsi, riversarsi. *Le perline si spargono dappertutto.*

spargifiàmma s.m. inv. **1.** Riduttore della vampa di bocca delle armi da fuoco. SIN.: **rompifiamma. 2.** Utensile da cucina che, posato sul fornello, evita alla pentola il contatto diretto con la fiamma.

spargiménto s.m. Azione di spargere. ◇ *Senza spargimento di sangue:* senza ferimenti o uccisioni.

Spàridi s.m. pl. [iniziale minusc. sing –*de* per l'individuo] ZOOL. Famiglia di pesci, con corpo appiattito e una sola pinna dorsale fornita di aculei, di cui fanno parte l'orata, il dentice e il sarago. (Ordine dei Perciformi.)

sparire v.intr. [83] (aus. *essere*) **1.** Cessare di essere visibile. *Le nuvole sono sparite.* ~ Non esserci più, andarsene via. *È sparito all'improvviso.* ◇ *fam. Sparisci!:* vattene immediatamente. **2.** Di

cose, diventare irreperibili, introvabili. ~ Essere perdute, rubate. *È sparito il mio portafoglio.* **3.** Di cibo, essere consumato completamente e rapidamente.

sparizióne s.f. Uscita dal campo visivo. ~ Scomparsa, irreperibilità.

sparlàre v.intr. (aus. *avere*) **1.** Parlare a sproposito e in modo volgare. **2.** Parlare male di qlcu. o di qlco. *Non fai altro che sparlare di lui.* SIN.: **malignare.**

1. spàro s.m. Colpo di arma da fuoco e relativa detonazione. ~ Brillamento e scoppio di un congegno o di materiale esplosivo.

2. spàro s.m. → **sarago.**

sparpagliàre v.tr. [6] **1.** Spargere più cose qua e là, senza alcun ordine. *Il vento ha sparpagliato le mie carte.* **2.** Mandare più persone in varie direzioni. ◆ **sparpagliarsi** v.pron. **1.** Di più persone, andare in varie direzioni. **2.** Di più cose, spargersi qua e là in disordine.

sparring partner [/'spa:rɪŋ 'pa:tnə/] loc. sost. m. inv. (loc. ingl., propr. "compagno di allenamento") SPORT. Partner in un match d'allenamento, spec. dei pugili.

spàrso agg. **1.** Sparpagliato, disseminato. ◇ MIL. *In ordine sparso:* secondo uno schieramento che i soldati assumono frazionandosi in piccole unità, per nascondersi al nemico; *estens.* nel l. sport., secondo una formazione che confonde l'avversario per la sua imprevedibilità e il suo apparente disordine; senza un criterio, secondo una disposizione casuale. **2.** Cosparso, pieno. *Viso sparso di lentiggini.*

spartachismo s.m. Ideologia del movimento socialista diretto da Karl Liebknecht e Rosa Luxemburg sorto in Germania durante la prima guerra mondiale.

spartàno agg. **1.** Di Sparta. **2.** *fig.* Austero, severo, modellato sui costumi spartani. ◆ s.m. [f. –*na;* al pl. anche iniziale maiusc.] Nativo, abitante di Sparta.

spartiàcque s.m. inv. **1.** IDROL. Linea che separa due bacini idrografici contigui. **2.** *fig.* Elemento che divide, distingue.

spartiàta o **spartiàte** s.m. [pl. –*ti*] Cittadino di pieno diritto dell'antica Sparta, addetto quasi esclusivamente alle attività militari.

spartinéve s.m. inv. Sorta di grande veicolo montato sulla parte anteriore di veicoli stradali e ferroviari per sgombrare le rispettive vie dalla neve. SIN.: **spazzaneve.** ~ *estens.* Veicolo munito di tale dispositivo.

spartire v.tr. [83] **1.** Dividere qlco. in più parti e distribuirle a più persone. ◇ *fig. Non avere nulla da spartire con qlcu.:* non avere e non voler avere nessun genere di rapporto con qlcu. **2.** Separare, allontanare due o più persone. ◆ **spartirsi** v.pron. Detto di due o più persone, dividersi qlco.

spartito agg. Diviso, separato. ◆ s.m. **1.** MUS. Riduzione per canto e pianoforte di una composizione concepita per canto e orchestra. **2.** MUS. → **partitura.**

spartitràffico s.m. inv. Elemento di segnalazione o area di demarcazione stradale per separare o convogliare le correnti del traffico. ❏ Anche in funzione di agg. inv. *Isola spartitraffico.*

spartizióne s.f. Divisione e distribuzione di qlco. tra più persone.

spàrto s.m. **1.** Pianta erbacea perenne con foglie lunghe e rigide da cui si estrae una fibra resistente. (Famiglia delle Graminacee.) **2.** Fibra ottenuta da questa pianta, usata per produrre cordami, cesti, stuoie, cellulosa per carta.

sparùto agg. **1.** Molto magro. **2.** *fig.* Molto scarso di numero.

sparvièro s.m. (provenz. *esparvier*, francone *sparwâri* propr. "aquila che mangia i passeri") **1.** ZOOL. Piccolo rapace diurno con coda lunga, ali brevi e testa snella. (Lunghezza 30-40 cm; genere *Accipiter*, famiglia degli Accipitridi.) **2.** Tavoletta di legno con impugnatura, usata dai muratori per tenervi la malta e lisciare l'intonaco.

spasimànte s.m. e f.*scherz.* Chi fa la corte a qlcu.

spasimàre v.intr. (aus. *avere*) **1.** Soffrire dolori lancinanti. **2.** *fig.* Desiderare intensamente di fare qlco. *Spasima di partire.*

spàsimo s.m. (lat. *spăsmum*, gr. *spasmós* deriv. di *spân* "tirare") **1.** Dolore fisico lancinante. **2.** *fig.* Tormento morale, struggimento.

spàsmo s.m. MED. Contrazione involontaria e prolungata dei muscoli.

spasmòdico agg. [pl.m. –*ci,* f. –*che*] (gr. *spasmôdēs* "convulsivo") **1.** Relativo a uno spasmo. SIN.: **spastico. 2.** *estens.* Molto doloroso. **3.** *fig.* Febbrile, affannoso.

spasmofilìa s.f. MED. Stato patologico infantile, caratterizzato da ipereccitabilità neuromuscolare, che si manifesta con crampi, formicolii, convulsioni, stanchezza.

spasmòfilo agg. MED. Soggetto a spasmofilia. ◆ s.m. [f. –*la*] Nel sign. dell'agg.

spasmolìtico agg. [pl.m. –*ci,* f. –*che*] MED. Di farmaco antispasmodico. SIN.: **antispastico.** ◆ s.m. Nel sign. dell'agg.

spassionàto agg. Che non è influenzato da passioni, preferenze o interessi personali.

spàsso s.m. **1.** Divertimento, sollazzo. **2.** *fig.* Persona o cosa divertente. **3.** Breve passeggiata fatta per svago, solo nella loc. *a spasso,* a passeggio, in giro. ◇ *fig. Essere, stare a spasso:* non avere un lavoro.

spassóso agg. Che suscita allegria. SIN.: **divertente.**

spàstico agg. [pl.m. –*ci,* f. –*che*] MED. Caratterizzato da spasmo. ◆ s.m. [f. –*ca*] Chi è affetto da paralisi spastica che determina contrazioni continue della muscolatura volontaria.

spàta s.f. (gr. *spáthē* "spatola") BOT. Brattea che riveste le infiorescenze a spadice di alcune piante.

spatàngo s.m. Riccio marino a forma di cuore schiacciato, coperto di corti aculei flessibili, che vive nelle sabbie melmose delle coste. (Lunghezza 10 cm.)

spàto s.m. (ted. *Spat*) Minerale in forma di grosso cristallo perlopiù regolare e sfaldabile. ◇ *Spato d'Islanda:* varietà di calcite.

spàtola s.f. **1.** Utensile di metallo o altro materiale, a forma di paletta, adatto a manipolare sostanze pastose. **2.** Parte terminale degli sci, ricurva e appuntita. **3.** MED. Strumento chirurgico per divaricare e comprimere gli organi. ~ Piccolo strumento chirurgico per rimuovere corpi estranei. **4.** Uccello dell'Eurasia meridionale e dell'Africa, dal becco a forma di spatola, che nidifica sulle coste o nelle paludi. (Lunghezza 85 cm; ordine dei Treschiornitidi.)

spatolàto agg. BOT. Di foglia ristretta alla base e arrotondata in punta.

spauràcchio s.m. [pl. –*chi*] **1.** Fantoccio che tiene lontani gli uccelli dai campi. **2.** *fig.* Ciò che spaventa. *Avere lo spauracchio dell'esame.*

spaurìto agg. **1.** Preso da paura. **2.** Che denota paura, turbamento. ~ *estens.* Smorto, pallido, stralunato.

spavalderìa s.f. **1.** Atteggiamento presuntuoso. SIN.: **baldanza. 2.** Atto audace. SIN.: **bravata.**

spavàldo agg. Molto sicuro di sé, ai limiti della sfrontatezza e della presunzione. ◆ s.m. [f. –*da*] Chi si mostra eccessivamente sicuro di sé.

spavènio s.m. VET. Negli equini e nei bovini, tumore del garretto.

spaventapàsseri s.m. inv. **1.** Fantoccio fatto di stracci messo nei campi per tenere lontani gli uccelli. **2.** *fig.* Persona vestita male, goffa e brutta.

spaventàre v.tr. **1.** Incutere spavento. *Quel film mi ha spaventato.* SIN.: **impaurire. 2.** Suscitare preoccupazione. *La tua proposta mi spaventa.*

■ **sparvièro** maschio.

◆ **spaventarsi** v.pron. Provare paura. *Non si spaventa di nulla.* ~ *per esager.* Restare sbalordito. *Mi sono spaventato a sentire il prezzo.*

spaventàto agg. Impaurito, terrorizzato. ~ Che denota paura.

spavènto s.m. **1.** Grande paura improvvisa. ~ *per esager.* Turbamento, apprensione. *L'idea di partire mi fa spavento.* **2.** Persona o cosa molto brutta. **3.** *fam. per esager.* Con valore negativo, esagerazione, enormità. *Uno spavento di tempo.*

spaventosaménte avv. In modo spaventoso. ~ *fig. per esager.* In misura straordinaria, eccezionale. *Un film spaventosamente noioso.*

spaventóso agg. Che incute paura. ~ Che turba profondamente per tragicità, crudeltà. *Delitto spaventoso.* ~ *per esager.* Straordinario, enorme. *Appetito spaventoso.*

spaziàle agg. **1.** Relativo allo spazio. *Percezione spaziale.* **2.** Relativo allo spazio cosmico. *Volo spaziale.* **3.** *per esager.* Nel l. giovanile, straordinario, eccezionale.

spazialismo s.m. ART. Movimento fondato da L. Fontana nel 1947, in opposizione al realismo e all'astrattismo, che si propone di utilizzare nuove tecniche di comunicazione e di rappresentazione della figura umana nello spazio.

spazialità s.f. inv. Nel l. crit. art., gli effetti di spazio realizzati in un'opera o mediante uno stile.

spazializzàre v.tr. FILOS. Inserire nella dimensione spaziale concetti astratti.

spazializzazióne s.f. FILOS. Rappresentazione nello spazio di oggetti del pensiero.

spaziàre v.tr. [6] Aumentare lo spazio tra oggetti diversi. *Spaziare i caratteri di un documento.* ◆ v.intr. (aus. *avere*) Spostarsi liberamente per un ampio spazio. *Spaziare nel cielo.* ~ Dello sguardo, estendersi per un largo spazio. *La vista spazia intorno.* ~ Del sapere, abbracciare vari campi. *Spaziare dalle scienze all'arte.*

spaziatùra s.f. Disposizione di oggetti in uno spazio a distanze stabilite. ~ Distanza tra gli elementi di una serie. ~ STAM. Distanza prestabilita tra caratteri, parole e righe.

spazientìre v.tr. [83] Fare perdere la pazienza a qlcu. *Il chiasso lo spazientisce.* ◆ **spazientirsi** v.pron. Perdere la pazienza. *Spazientirsi per nulla.*

spazientìto agg. Che ha perso la pazienza, irritato, seccato.

spàzio s.m. [pl. *-zi*] **1.** FILOS., MAT. Entità e concetto indefinito, entro cui si collocano i corpi. ◇ *Spazio euclideo:* spazio dimensionale nel quale è possibile fissare un riferimento cartesiano. **2.** ASTR. L'ambiente nel quale si trovano gli astri. ◇ *Spazio aereo:* parte dell'atmosfera in corrispondenza dei confini di uno Stato e soggetta alla sua sovranità. **3.** *comun.* Estensione a due o tre dimensioni in cui si collocano gli oggetti e le persone. *Occupare poco spazio.* ◇ *Spazio vitale:* secondo l'ideologia nazista, l'estensione di territorio di cui un popolo ha necessità per esprimere la propria potenza; *scherz.* spazio necessario per non sentirsi oppressi dagli altri. **4.** Intervallo di tempo. *Nello spazio di un anno.* **5.** *fig.* Ambito d'influenza, campo d'azione. *Spazio politico.* ~ Opportunità. *Dare spazio alla libera iniziativa.* **6.** STAM. Intervallo tra le lettere e tra le parole. ~ Il blocchetto di piombo usato per la spaziatura. **7.** MUS. Ciascuno dei quattro intervalli compresi tra le righe del pentagramma.

spazióso agg. Ampio, esteso, capiente.

spàzio-tèmpo s.m. inv. FIS. Nella teoria della relatività, spazio a quattro dimensioni in cui ogni evento è definito da tre coordinate spaziali e da una temporale. SIN.: **cronotopo**.

spàzio-tempòrale agg. **1.** FIS. Relativo allo spazio-tempo. **2.** Relativo genericamente allo spazio e al tempo. *Inquadramento spazio-temporale.*

spazzacamìno s.m. Chi per mestiere pulisce i camini.

spazzamàre s.m. inv. MAR. Imbarcazione che ripulisce la superficie marina dalle sostanze inquinanti che vi galleggiano.

spazzanéve s.m. inv. **1.** Lama a vomere di grandi dimensioni montata davanti a un veicolo per rimuovere la neve sulle strade. ~ *estens.* Veicolo munito di tale lama. **2.** SPORT. Posizione degli sci che si utilizza per rallentare, ottenuta avvicinando le punte e allontanando i talloni. ❑ In funzione di agg. inv., di veicolo attrezzato per rimuovere la neve dalle strade. *Mezzo spazzaneve.*

spazzàre v.tr. **1.** Pulire con una scopa. *Spazzare la stanza.* **2.** Asportare con una scopa o attrezzo simile. *Spazzare la neve.* **3.** *fig.* Eliminare completamente. *Il vento sta spazzando via le nuvole.* ~ *fam.* Divorare tutto il cibo disponibile. **4.** *fig.* Liberare uno spazio da qlco. o da qlcu. che ingombra o costituisce un danno. *Spazzare la città dai ladri.* ◆ v.intr. (aus. *avere*) Rimuovere le immondizie che si accumulano per terra. *Ho appena spazzato.*

spazzatrìce s.f. Veicolo a motore con grosse spazzole rotanti e aspiranti, utilizzato per ripulire le strade.

spazzatùra s.f. **1.** Sporcizia spazzata. ~ *estens.* Immondizia, pattume. **2.** Operazione di rimuovere la sporcizia per mezzo di una scopa. *Addetto alla spazzatura.* **3.** *fig.* Cosa scadente o gruppo di persone abiette. ❑ In funzione di agg. inv., di genere televisivo, programma o pubblicazione volgare, di livello scadente.

spazzìno s.m. [f. *-na*] Chi, per mestiere, raccoglie i rifiuti e pulisce le strade urbane. ❑ Anche in funzione di agg., nella loc. *animale spazzino*, quello che svolge la funzione di ripulire il suo ambiente anche a favore di altre specie.

spàzzola s.f. **1.** Strumento costituito da un supporto di legno o di altro materiale, sul quale sono infissi peli o fili di varia natura, che serve a pulire, togliere la polvere, lucidare, ravviare tessuti, capelli, peli, ecc. ◇ *A spazzola:* corto e dritto come le setole di una spazzola. *Capelli a spazzola.* **2.** AUTOM. Guarnizione di gomma montata sulla bacchetta del tergicristallo per pulire il parabrezza e, estens., l'intera bacchetta. **3.** ELETTR. Elemento conduttore che collega due parti di un circuito, una fissa e una rotante. **4.** MUS. Sorta di pennello con fili metallici che il batterista usa per ottenere effetti speciali. **5.** ZOOL. *Spazzole del polline:* l'insieme dei peli disposti sul primo articolo del tarso delle zampe posteriori delle api usato per raccogliere il polline.

spazzolàre v.tr. **1.** Passare ripetutamente la spazzola per pulire, lucidare. *Spazzolare le scarpe.* **2.** *fam.* Mangiare in fretta e con voracità, anche pron. ◆ **spazzolarsi** v.pron. Pulire con la spazzola i propri capelli o un proprio indumento. *Spazzolarsi la giacca.*

spazzolifìcio s.m. [pl. *-ci*] Stabilimento per la fabbricazione di spazzole e attrezzi simili.

spazzolìno s.m. Spazzola di dimensioni ridotte utilizzata spec. per l'igiene orale. *Spazzolino da denti.*

spazzolóne s.m. **1.** Spazzola di grosse dimensioni e di forma rettangolare, munita di un lungo manico di legno, per pulire e lucidare i pavimenti. **2.** Apparecchio in grado di individuare qualsiasi tipo di spia elettronica posta negli impianti telefonici.

speaker [/'spi:kə/] s.m. e f.inv. (voce ingl., deriv. di *to speak* "parlare") **1.** Annunciatore, in partic. della radio e della televisione. ~ Commentatore di immagini televisive. **2.** Nei paesi di lingua inglese, presidente delle assemblee elettive.

specchiàre v.tr. [6] Riflettere, rispecchiare. ◆ **specchiarsi** v.pron. Guardare la propria immagine in uno specchio. ~ Detto di cose antistanti specchi d'acqua, riflettersi. *La luna si specchia nel mare.*

specchièra s.f. Specchio di grandi dimensioni, fissato alla parete o inserito in un mobile. ~ Il mobile stesso.

specchiétto s.m. **1.** Nel sign. del dim. di *specchio*; in partic., piccolo specchio per vari usi. *Specchietto da borsetta.* ◇ *Specchietto retrovisore:* piccolo specchio regolabile posto all'interno o all'esterno degli autoveicoli, e anche su ciclomotori e motocicli, che permette al guidatore di avere una visuale posteriore. – *Specchietto per le allodole:* strumento utilizzato dai cacciatori per attirare gli uccelli, costituito da bracci girevoli muniti di piccoli specchi che brillano alla luce; *fig.* lusinga, inganno, trappola. **2.** Tabella, prospetto riassuntivo.

spècchio s.m. [pl. *-chi*] (lat. *spĕculum*, deriv. di *spĕcere* "guardare") **1.** Lastra levigata di vetro, opacizzata su una faccia mediante metallizzazione, che riflette in modo fedele o distorto la luce e le immagini. ~ *estens.* Arredo dotato di uno specchio di varie dimensioni e forme, munito perlopiù di cornice, inserito in mobili o appeso a pareti. **2.** *fig.* Riflesso, espressione. *La letteratura è lo specchio della società.* **3.** Prospetto, tabella, specchietto. **4.** Denominazione di superfici varie. ◇ GEOGR. *Specchio d'acqua:* laguna o tratto di mare, di lago. – MAR., AER. *Specchio d'appontaggio:* sistema ottico che permette ai piloti di effettuare da soli le manovre d'appontaggio su una portaerei. **5.** SPORT. Nella pallacanestro, rettangolo a cui è appeso il canestro. **6.** *Specchio di Venere:* pianta con larghi petali viola simili a piccoli specchi. (Famiglia delle Campanulacee.)

special [/'spɛʃəl/] s.m. inv. (voce ingl., propr. "speciale") **1.** TV. Numero unico di uno spettacolo, interpretato da un solo artista. ~ Servizio giornalistico speciale, dedicato a un solo argomento. **2.** CINE. Cortometraggio monografico su un regista o su un attore.

speciàle agg. **1.** Peculiare, caratteristico di persone o di cose. *Proprietà speciali del rabarbaro.* ~ Fatto apposta per uno scopo. *Treni speciali per una manifestazione.* ~ Che costituisce un'eccezione alla norma. *Offerta speciale.* ~ Che non è comune. *Lavoro che richiede un'attenzione speciale.* **2.** Di ottima qualità. SIN.: **eccellente**. ◆ s.m. **1.** TV. Special dedicato a un unico argomento o persona. **2.** Nei vagoni letto, compartimento a cabina singola di dimensioni ridotte e meno costoso.

specialìsta s.m. e f.[pl.m. *-sti*] (fr. *spécialiste*) **1.** Chi detiene conoscenze o abilità relative a un determinato settore scientifico, tecnico, professionale, ecc. **2.** Medico che si specializza in un determinato ramo della medicina. **3.** Atleta che pratica una determinata specialità sportiva o ha una particolare abilità.

specialìstico agg. [pl.m. *-ci*, f. *-che*] Dello specialista, relativo a una specializzazione.

specialità s.f. inv. **1.** Attività scientifica o professionale in un settore specialistico. SIN.: **branca**. ~ SPORT. Attività agonistica nella quale è impegnato l'atleta. ~ MIL. Ciascun corpo delle varie armi addestrato per attività particolari. **2.** Insieme delle competenze approfondite acquisite in un ramo determinato. *La cucina è la sua specialità.* ~ Qualità, caratteristica, spec. in senso iron. *La sua specialità è curiosare.* **3.** Prodotto speciale e caratteristico. ~ Prodotto caratteristico di una regione, di un ristorante, ecc. ~ *estens.* Prodotto alimentare eccellente. ◇ FARM. *Specialità farmaceutica:* farmaco commercializzato per la cura di determinate malattie (si distingue dal *preparato galenico*).

specializzàndo s.m. [f. *-da*] Studente universitario che segue un corso di specializzazione.

specializzàre v.tr. (fr. *spécialiser*) Restringere un'attività a un particolare settore, al fine di conseguire una competenza specifica e maggior perizia. ◆ **specializzarsi** v.pron. Conseguire una specializzazione in un settore specifico. *Si sta specializzando in pediatria.*

specializzàto agg. Competente in un campo particolare, dotato di un'abilità specifica. ◆ s.m. [f. *-ta*] Denominazione di alcune qualifiche lavorative. ◇ *Specializzato di ripresa:* operatore televisivo. – *Specializzato di studio:* operaio che si occupa di tutti i lavori connessi con le attività di ripresa sia in interni sia all'esterno nonché della manutenzione dell'attrezzatura.

specializzazióne s.f. (fr. *spécialisation*) **1.** Acquisizione di competenze o abilità particolari. **2.** Suddivisione in vari rami autonomi dell'universo delle scienze e delle tecniche. **3.** *Specializzazione biologica:* differenziamento morfologico e fisiologico, nell'ambito di una specie, di razze che si sono adattate a particolari ambienti e condizioni di vita.

specialménte avv. In modo particolare, soprattutto.

speciazióne s.f. (ingl. *speciation*) BIOL. Meccanismo evolutivo che porta alla formazione di nuove specie vegetali e animali per accumulo di mutazioni in popolazioni isolate.

spècie s.f. inv. (lat. *spĕciem*, propr. "aspetto") **1.** Tipo, genere, qualità. *Coltivare ogni specie di verdura.* ◇ *Una specie di:* espressione usata per indicare una cosa o una persona in modo vago e approssimativo, confrontandola con tipi analoghi nell'aspetto, in quanto non si riesce a trovare la definizione precisa o la si vuole sostituire con allusioni che sottintendono disprezzo. *Una specie di arnese, di uomo.* **2.** BIOL. Nella classificazione zoologica e botanica, raggruppamento di animali o piante che hanno caratteri comuni e i cui individui, incrociandosi, generano una discendenza feconda. **3.** Aspetto, apparenza, esteriorità. ◇ CATT. *Sacre Speci:* il pane e il vino consacrati. **4.** *fam.* Impressione, stupore non disgiunto da disapprovazione, solo nella loc. *fare specie*, sorprendere. *Mi fa specie la tua volgarità.*

specifica s.f. [pl. *–che*] Nel l. bur. e comm., nota dettagliata o distinta.

specificàre v.tr. [4] Esprimere in modo preciso, in dettaglio. SIN.: **dettagliare**.

specificativo agg. **1.** Che serve a specificare, a determinare meglio. *Norma specificativa.* **2.** GRAMM. Di specificazione. *Complemento specificativo.*

specificàto agg. Indicato con esattezza.

specificazióne s.f. **1.** Indicazione, descrizione particolareggiata. **2.** GRAMM. *Complemento di specificazione:* quello che, introdotto dalla prep. *di* seguita da un s. specificante, permette di individuare o caratterizzare la cosa indicata dal s. reggente. **3.** DIR. Tipo di acquisto di proprietà per cui la persona che, utilizzando materie prime altrui, crea un nuovo prodotto, ne diventa legittimo proprietario, purché il valore dei materiali non superi notevolmente quello della manodopera.

specificità s.f. inv. Caratteristica distintiva, che differenzia.

specifico agg. [pl.m. *–ci*, f. *–che*] **1.** BIOL. Peculiare di tutti gli esseri vegetali e animali appartenenti alla stessa specie. **2.** *estens.* Determinato, particolare (in oppos. a *generico*). ~ Preciso, reale, circostanziato. *Accusa specifica.* **3.** FIS. Con riferimento a due grandezze, che è proprio dell'una in relazione all'altra. ◆ s.m. **1.** Carattere peculiare. *Lo specifico di una questione.* ~ Complesso di forme e di caratteristiche che rendono diverso un genere artistico da un altro. **2.** Farmaco adatto a una particolare forma morbosa. *Comprare uno specifico contro la tosse.*

specillo s.m. MED. Sottile asta di metallo usata in chirurgia per sondare ferite, fistole, cavità.

spècimen s.m. inv. (voce lat., deriv. di *spĕcere* "guardare") **1.** Saggio, esempio, campione. **2.** Estratto di un'opera diffuso a scopi propagandistici. **3.** BANC. Firma depositata in banca come prova per autenticare gli assegni del titolare.

speciosità s.f. inv. Carattere di ciò che è vero solo in apparenza.

specióso agg. Di argomento volto a persuadere ma che si presenta giusto e fondato solo in apparenza. *Giustificazione speciosa.*

speck [/'ʃpɛk/] s.m. inv. (voce ted., propr. "lardo") CUC. Tipico prosciutto crudo tedesco e tirolese, disossato, salato e affumicato.

spècola s.f. (lat. *spĕculam*, propr. "vedetta") Osservatorio astronomico.

1. speculàre agg. **1.** Di uno specchio. ◇ *Scrittura speculare:* che si legge con l'aiuto di uno specchio perché procede da destra a sinistra. **2.** *fig.* Simmetrico, simmetricamente opposto, corrispondente.

2. speculàre v.intr. (aus. *avere*) (lat. *speculāri* "osservare") **1.** Meditare filosoficamente su una questione. **2.** ECON. Fare in modo di ottenere un forte guadagno con operazioni di compravendita. **3.** *estens.* Cercare di ottenere un utile sfruttando senza scrupoli le situazioni favorevoli o anche le debolezze altrui. *Speculare sull'ingenuità dei clienti.*

speculativo agg. **1.** Relativo all'indagine e alla riflessione teorica. ~ *estens.* Teoretico, astratto (in oppos. a *pratico, empirico*). **2.** Che è portato all'indagine teorica. **3.** ECON. Relativo alla ricerca dell'utile, del profitto. *Manovre speculative.*

speculatóre s.m. [f. *–trice*] ECON. Chi specula.

speculazióne s.f. (lat. *speculatiónem* "osservazione") **1.** FILOS. Riflessione filosofica e teoretica, attività raziocinante senza scopi pratici. ~ Pensiero astratto, staccato dalla realtà, anche in senso scherzoso. **2.** ECON. Operazione intesa a ottenere il massimo guadagno in attività commerciali o finanziarie, cercando perlopiù di trarre un utile dalla variazione attesa dei prezzi rispetto a quelli di acquisto. **3.** *estens.* Operazione intesa a ottenere un utile sfruttando senza scrupoli le situazioni favorevoli. ~ Nel l. pol., tentativo di screditare un avversario sfruttando certe circostanze. *Speculazione elettorale.*

spèculum s.m. inv. (voce lat., propr. "strumento per vedere") MED. Strumento divaricatore che si accosta all'orifizio esterno di una cavità per osservarne l'interno.

spedàre v.tr. MAR. Staccare l'ancora dal fondo.

spedìre v.tr. [83] (lat. *expedīre*, propr. "liberare, togliere i ceppi ai piedi") **1.** Inviare qlco. a destinazione. *Vi abbiamo spedito la merce via mare.* **2.** Mandare una persona con un incarico presso un destinatario. *Spedire un corriere all'estero.*

spedito agg. Svelto, veloce. ~ Disinvolto, spigliato. ❑ In funzione di avv., con speditezza. *Camminare spedito.*

spedizióne s.f. **1.** Invio di lettere, pacchi, merci, ecc. per mezzo di un vettore, di solito un servizio di posta o di trasporto. ~ Ciò che viene spedito. *La spedizione è arrivata.* **2.** Viaggio, missione di ricerca, d'esplorazione. *Spedizione al Polo Sud.* ~ L'insieme dei partecipanti a tale viaggio o impresa. ◇ *Spedizione punitiva:* raid militare o terroristico o teppistico, perlopiù a fini di ritorsione. **3.** MAR. Insieme dei documenti che il capitano di una nave mercantile consegna alle autorità marittime prima di iniziare la navigazione.

spedizionière s.m. Chi effettua spedizioni per conto terzi, adempiendo anche alle operazioni connesse all'invio della merce.

speedway /'spi:dwel/ [/'spi:dweɪ/] s.m. inv. (voce ingl., comp. di *speed* "veloce" e *way* "via") Motocicletta da gara, senza freni, per correre su piste circolari sterrate, con fondo di sabbia o cenere o ghiaccio. ~ La specialità sportiva praticata con tale mezzo.

spegnàre v.tr. DIR. Liberare un oggetto già dato in pegno.

spègnere v.tr. [22] (etim. incerta, forse lat. *expĭngere* "cancellare") **1.** Fare in modo che qlco. cessi di bruciare. *Spegnere il fuoco.* **2.** Interrompere il funzionamento di una fonte di luce o di calore, azionando l'apposito interruttore. **3.** *fig.* Fare cessare qlco. o attutirne la forza e gli effetti. *Spegnere le polemiche.* ◆ **spegnersi** v.pron. **1.** Cessare di bruciare. *Il fuoco si sta spegnendo.* **2.** Detto di fonte di luce o di calore, o di apparecchio elettrico o di altro tipo, smettere di funzionare. **3.** *fig.* Venire meno, estinguersi. *Il nostro entusiasmo si sta spegnendo.* ~ Detto di persona, morire.

spegniménto s.m. **1.** Azione di estinguere una fiamma o un incendio. **2.** Disattivazione di un'apparecchiatura.

spegnitóio s.m. [pl. *–toi*] Piccolo cappuccio di metallo fissato sull'estremità di un'asta, usato per soffocare la fiamma di candele, ceri, lumi a petrolio, ecc.

spelàia s.f. Strato filamentoso che avvolge il bozzolo del baco da seta e che viene scartato nella lavorazione del filato.

spelàre v.tr. Privare del pelo. ◆ **spelarsi** v.pron. Perdere il pelo.

speleologìa s.f. **1.** Scienza che studia le cavità sotterranee naturali, dal punto di vista geologico, fisico, biologico e paleontologico. **2.** Pratica di esplorare grotte e caverne, come attività anche sportiva.

speleòlogo s.m. [f. *–ga*, pl.m. *–gi*, *–ghi*, f. *–ghe*] Studioso di speleologia. ~ Chi pratica la speleologia, anche come attività sportiva.

spellàre v.tr. **1.** Togliere, tagliare via la pelle ad animali uccisi. SIN.: **scuoiare**. **2.** *fam.* Produrre lievi escoriazioni sulla pelle del corpo, più spesso con specificazione del destinatario. *Il sole mi ha spellato il naso.* ◆ **spellarsi** v.pron. Perdere la pelle. ~ Prodursi una bruciatura o un'escoriazione superficiale sulla pelle di parte del corpo. *Spellarsi le ginocchia.*

spellatùra s.f. Operazione del togliere la pelle.

spelling /'spɛlɪŋ/ s.m. inv. (voce ingl., deriv. di *to spell* "compitare") Pronuncia di una parola, lettera per lettera, ai fini della sua dettatura. SIN.: **compitazione**.

spelónca s.f. [pl. *–che*] **1.** Caverna, grotta profonda. **2.** *fig.* Abitazione buia, squallida, inospitale. SIN.: **topaia**.

spèlta s.f. → **farro**.

spencer [/'spɛnsə/] s.m. inv. (voce ingl., dal nome del lord inglese G.J. *Spencer*) Giacca di panno nero con collo e bordi di pelliccia, indossata un tempo dagli ufficiali di cavalleria. ~ Oggi, giacca corta di lana.

spendaccióne s.m. [f. *–na*] Chi spreca del denaro acquistando cose non necessarie. SIN.: **sprecone**.

spèndere v.tr. [33] (lat. *expĕndere*, deriv. di *pĕndere* "pesare" perché anticamente il denaro veniva calcolato a peso) **1.** Versare una somma di denaro per l'acquisto di un bene o di un servizio. ◇ *fig. Spendere un occhio della testa:* pagare una somma esageratamente alta. **2.** *fig.* Impiegare, consumare risorse, capacità, tempo. *Ho speso due anni della mia vita per questo libro.* ◇ *Spendere una parola per qlcu.:* parlare in suo favore. ◆ v.intr. (aus. *avere*) Fare acquisti. *Mi piace spendere.*

spennàre v.tr. Strappare le penne a un volatile. *Spennare un pollo.* ◇ *fig. Spennare vivo qlcu.:* fargli pagare una somma incredibilmente alta. ◆ **spennarsi** v.pron. Perdere le penne.

spennellàre v.tr. Passare su una superficie un pennello intinto in una sostanza liquida. *Spennellare la torta con il rosso d'uovo.*

spensieratézza s.f. Stato d'animo di chi è sereno e manifesta perciò contentezza, ottimismo, ma a volte anche leggerezza, sventatezza.

spensieràto agg. Sereno.

spènto agg. **1.** Che ha cessato di bruciare, non acceso. **2.** Riferito ad apparecchio elettrico o di altro tipo, che non è in funzione, non acceso. **3.** *fig.* Privo di vivacità. *Atteggiamento spento.* ◇ *Colori spenti:* smorti, sbiaditi.

spèra s.f. (gr. *spêira* "gomena") MAR. Ancora di fortuna gettata in acqua per frenare un'imbarcazione o per evitare che si capovolga alle ondate.

sperànza s.f. (provenz. *esperansa*) **1.** Attesa fiduciosa di un futuro positivo e, in partic., che si realizzi qlco. che si desidera. SIN.: **fede**. ~ Possibilità effettiva che si realizzi quanto si desidera. ◇ *Nella speranza di o che:* sperando in, confidando che. – DEMOGR. *Speranza di vita:* numero medio di anni che rimangono ancora da vivere a chi appartiene, in una certa popolazione, a una determinata classe di età. **2.** Oggetto dello sperare. SIN.: **aspirazione**. **3.** Cosa o persona in cui si spera e, in partic., giovane promettente. **4.** TEOL. CATT. Virtù teologale che consiste nell'attesa sicura della vita eterna, con la fiducia nell'intervento della grazia. **5.** *Speranza matematica:* nella teoria dei giochi, valore medio del possibile guadagno. ❑ Anche in funzione di agg. inv., *verde speranza*, colore indefinito di una cosa che si spera di possedere.

speranzóso agg. Fiducioso, ottimista.

1. speràre v.tr. Attendere fiduciosamente qlco. che si desidera. SIN.: **augurarsi**. ◇ *Speriamo!:* espressione ellittica con cui ci si augura che accada quanto si desidera. ◆ v.intr. (aus. *avere*) **1.** Nutrire una generica fiducia nel futuro. **2.** Riporre speranza, confidare in qlcu. o qlco. *Sperare nella fortuna.*

2. speràre v.tr. Osservare un corpo in controluce. *Sperare le uova.*

speratùra s.f. Osservazione in controluce delle uova per verificarne la freschezza o la fecondazione.

sperdùto agg. **1.** Che ha perso l'orientamento. **2.** Situato lontano dai centri importanti, difficile a raggiungersi. SIN.: **isolato**. **3.** *fig.* Spaesato, smarrito.

sperequazióne s.f. AMM., FIN. Ripartizione disuguale, iniqua, mancanza di proporzione.

spergiuràre v.intr. (aus. *avere*) Giurare il falso. ◇ *Giurare e spergiurare:* continuare insistentemente ad affermare quanto si ritiene vero. ◆ v.tr. Giurare insistentemente sulla verità di qlco. *Spergiurò che era innocente.*

1. spergiùro agg. Che giura il falso. ◆ s.m. [f. –*ra*] Chi giura il falso o viene meno a un giuramento.

2. spergiùro s.m. Giuramento falso.

spèrgola o **spèrgula** s.f. (lat. *Spergula*, deriv. di *spărgere* "spargere" con riferimento alla dispersione dei semi) **1.** Pianta erbacea, con fusto strisciante per terra e stelo lungo e sottile, detta anche *renaiola*. (Famiglia delle Cariofillacee.) **2.** BOT. (iniziale maiusc.) Genere di piante a cui appartiene la spergola.

spericolàto agg. Che vive in modo pericoloso, che prova gusto nello sfidare i pericoli. ◆ s.m. [f. –*ta*] Chi si espone senza paura e incoscientemente ai pericoli con il gusto del rischio.

sperimentàle agg. **1.** Di teoria o ipotesi, che è fondato sull'esperienza. *Metodo sperimentale.* ◇ *Scienze sperimentali:* gli studi scientifici che si fondano sull'osservazione diretta dei fenomeni e sulla verifica degli stessi attraverso esperimenti. **2.** *estens.* Di ogni attività, iniziativa o provvedimento basato sulla sperimentazione. ◇ *Indirizzo sperimentale:* nella scuola, corso di studi superiore con programma didattico diverso dall'ordinario. **3.** Di arte fondata sulla sperimentazione di nuovi linguaggi, tecniche, procedimenti espressivi. *Teatro sperimentale.*

sperimentàre v.tr. **1.** Sottoporre a esperimento per verificarne le qualità e la funzionalità. *Sperimentare un nuovo farmaco.* SIN.: **collaudare**. **2.** Conoscere qlco. per esperienza propria. *Sperimentare il dolore.* **3.** *fig.* Mettere alla prova qlcu., verificare qlco. *Sperimentare la generosità di un amico.* **4.** *fig.* Tentare qlco. *Ho sperimentato ogni mezzo per convincerlo.* ◆ **sperimentarsi** v.pron. Mettersi alla prova. *Sperimentarsi in un'impresa.*

sperimentatóre s.m. [f. –*trice*] Chi dirige, esegue, partecipa a un esperimento. ~ Chi subisce un esperimento. SIN.: **cavia**.

sperimentazióne s.f. Prova basata sull'esperienza controllata, come verifica di verità scientifica, validità teorica, efficacia ed efficienza. *Sperimentazione biologica.*

spèrma s.m. [pl. –*mi*] (gr. *spérma*, deriv. di *spéirein* "seminare") BIOL. Sostanza organica espulsa dall'apparato genitale maschile durante l'eiaculazione.

spermacèti s.m. inv. (lat. *sperma ceti*, propr. "seme di cetaceo") ZOOL. Sostanza organica oleosa di colore bianco, estratta dalla testa del capodoglio che si utilizza nella fabbricazione di candele, unguenti e pomate.

spermatèisfora s.f. MED. *Fecondazione artificiale.

spermàtico agg. [pl.m. –*ci*, f. –*che*] BIOL. Relativo allo sperma. ◇ *Vie spermatiche:* l'insieme dei canali attraverso cui passa lo sperma durante l'eiaculazione.

spermatocito o **spermatocita** s.m. BIOL. Cellula germinale che si forma durante il processo di formazione degli spermatozoi.

Spermatòfite o **Spermàfite** s.f. pl. [iniziale minusc. sing –*ta* per l'individuo] BOT. → Fanerogame.

spermatogènesi s.f. inv. BIOL. Processo di formazione degli spermatozoi.

spermatorrèa s.f. MED. Perdita involontaria di sperma e liquido seminale.

spermatozòo s.m. BIOL. Cellula germinale maschile matura, atta alla fecondazione.

spermàzio s.m. [pl. –*zi*] BOT. Gamete maschile non mobile.

spermicida agg. [pl.m. –*di*] Di anticoncezionale che uccide gli spermatozoi prima che possa avvenire la fecondazione. *Crema spermicida.* ◆ s.m. Nel sign. dell'agg.

spèrmico agg. [pl.m. –*ci*, f. –*che*] **1.** BIOL. Spermatico. **2.** BOT. Relativo allo spermio.

spermina s.f. BIOL. Sostanza proteica presente nello sperma e in vari tessuti.

spèrmio s.m. [pl. –*mi*] **1.** ZOOL. Cellula germinale maschile matura. **2.** BOT. Gamete maschile.

spermòfilo s.m. Piccolo roditore che si nutre di semi, detto anche *citello*.

speronaménto s.m. Collisione violenta, intenzionale o accidentale, tra lo sperone o la prua di una imbarcazione e lo scafo di un'altra.

speronàre v.tr. **1.** Di nave, urtarne un'altra con lo sperone o con la prua. **2.** *estens.* Urtare con il paraurti anteriore del proprio veicolo la fiancata di un altro. *Speronare una macchina parcheggiata.*

speronàto agg. **1.** Che ha subito uno speronamento. **2.** ZOOL. Di animale munito di speroni. **3.** COSTR. Di costruzione rinforzata da speroni.

speróne s.m. (germ. *sporō*) **1.** Elemento metallico a forma di semicerchio, che si applica al tacco degli stivali del cavaliere, munito nella parte centrale di una punta o di una rotella per incitare il cavallo, punzecchiandone i fianchi. ~ *estens.* Ogni oggetto simile a uno sperone. **2.** ZOOL. Sporgenza cornea, situata dietro la zampa di alcuni uccelli maschi, in partic. dei Galliformi. ~ Prominenza cornea nella parte posteriore del nodello del bue e del cavallo. ~ Nelle zampe del cane, residuo atrofico del quinto dito. **3.** MAR. Nelle navi da guerra del passato, prominenza corazzata della prua atta a colpire e a sfondare la fiancata di navi nemiche. **4.** GEOGR. Contrafforte di una cima o diramazione secondaria di una cresta montana. **5.** COSTR. Struttura posta a ridosso di un muro per sostegno o fortificazione. ~ Sporgenza del basamento dei pilastri di un ponte, fatta in modo da evitare la formazione di gorghi nella corrente e per contrastare l'erosione dell'acqua sulla struttura portante. **6.** ARBOR. Ramo potato molto corto. ~ BOT. Estensione di una parte del fiore.

sperperàre v.tr. **1.** Sprecare denaro. *Ha sperperato un ingente patrimonio.* **2.** *estens.* Impiegare male qlco. *Sperperare le proprie energie.*

spèrpero s.m. Consumo smodato ed eccessivo. ~ Cattivo impiego di risorse, spec. di denaro pubblico.

spersonalizzàre v.tr. **1.** Privare una persona dell'identità che la distingue dalle altre. **2.** Rendere obiettivo qlco. *Spersonalizzare un problema.* ◆ **spersonalizzarsi** v.pron. Perdere la propria identità.

spersonalizzazióne s.f. **1.** Perdita o privazione delle qualità e delle caratteristiche distintive di una persona, della sua identità psicologica o culturale. **2.** Rinuncia del punto di vista personale.

spésa s.f. (lat., deriv. di *expēnsam pecuniam* "denaro speso") **1.** Versamento di una somma di denaro per l'acquisto di un bene o di un servizio. ~ Il complesso degli esborsi, delle uscite in denaro per un particolare fine. ◇ ECON. *Spese vive:* costo di produzione di un bene o di un servizio, non comprensivo del capitale impie-

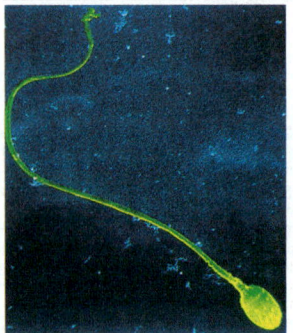

■ **spermatozòo**

gato e del lavoro proprio o di terzi. – *Rimborso spese:* risarcimento delle spese a favore di chi, perlopiù in ambito lavorativo, ha sostenuto esborsi di viaggio o di mantenimento operando per conto di altri. – *Spesa pubblica:* complesso delle uscite dello Stato. – *Spesa sociale:* quella con cui si finanzia lo stato sociale. – *Spesa sanitaria:* parte del bilancio dello Stato destinata al servizio sanitario pubblico. – DIR. *Con spese:* clausola apposta a cambiale o titolo di credito che, non pagato alla scadenza o non accettato, deve essere oggetto di protesto. – *figg. Fare le spese di qlco.:* subirne le conseguenze. – *Di poca spesa:* senza pretese. – *A spese di:* a *carico di; fig.* a danno di, a scapito di. *Ha imparato a spese della famiglia.* **2.** Acquisto fatto, o prestazione ottenuta, versando una certa somma. **3.** Acquisto dei generi alimentari o delle altre provviste che servono per il mantenimento della famiglia. *Fare la spesa al supermercato.*

spesàre v.tr. Farsi carico delle spese o del mantenimento di qlcu.

spésso agg. (lat. *spĭssum* "denso") **1.** Che ha uno spessore rilevante. ~ Che ha un determinato spessore. *Muro spesso un metro.* **2.** Denso, fitto, folto. **3.** Frequente, nella loc. *spesse volte*, in numerosi casi. ◆ avv. Di frequente, sovente.

spessóre s.m. (calco del fr. *épaisseur*) **1.** Distanza tra le due superfici maggiori e opposte di un corpo. **2.** *fig.* Consistenza culturale e intellettuale. *Spessore culturale di un dibattito.* **3.** Elemento che viene introdotto per colmare una distanza tra due parti.

spettàbile agg. (lat. *spectābilem*, propr. "mirabile, ragguardevole") Degno di stima e riguardo, rispettabile; usato spec. all'inizio di lettere o di avvisi nella forma abbreviata *spett.*

spettacolàre agg. (ingl. *spectacular*) Capace di affascinare il pubblico. ~ Straordinario, impressionante.

spettacolarizzazióne s.f. Conferimento dei caratteri propri di uno spettacolo o assunzione di un aspetto spettacolare, general. con valore negativo.

spettàcolo s.m. (lat. *spectāculum*, deriv. di *spectāre* "osservare") **1.** Rappresentazione teatrale, proiezione cinematografica, esibizione rivolta a un pubblico. ◇ *Dare spettacolo:* mostrare in pubblico la propria bravura; *fig.* mettersi al centro dell'attenzione, anche in modo negativo. **2.** *fig.* Vista, fatto o fenomeno di straordinario interesse, che suscita impressione. ❑ In funzione di agg., che suscita grande interesse.

spettànte agg. Che spetta, che compete.

spettàre v.intr. (aus. *essere*) (lat. *spectāre* "volgere lo sguardo" quindi "riguardare") **1.** Rientrare nel turno o nelle mansioni o nei doveri di qlcu. *Questo lavoro non spetta a me.* **2.** Appartenere a qlcu. per diritto. *A ogni erede spetta una parte del patrimonio.*

spettatóre s.m. [f. –*trice*] **1.** Chi assiste a uno spettacolo. **2.** Testimone oculare di un evento.

spettegolàre v.intr. (aus. *avere*) Parlare alle spalle di qlcu., facendo pettegolezzi.

spettinàre v.tr. Scompigliare i capelli di qlcu. *Il casco da moto mi spettina i capelli.* ◆ **spettinarsi** v.pron. Disfarsi la pettinatura, avere i capelli in disordine. *Correndo mi sono spettinata.*

spettràle agg. **1.** Che ha le caratteristiche di un fantasma. **2.** FIS. Relativo a uno spettro luminoso.

spèttro s.m. (lat. *spĕctrum*, deriv. di *spĕcere* "guardare", calco del gr. *éidōlon*) **1.** Immagine di una persona morta che torna a mostrarsi ai vivi. ◇ *fig. Sembrare uno spettro:* essere o diventare cereo e magrissimo. **2.** *fig.* Minaccia incombente, evento che terrorizza. **3.** FIS. Insieme dei valori di una grandezza in relazione a qualche sua proprietà o fenomeno; anche, la sua rappresentazione in un diagramma o il risultato di un'analisi. ◇ FIS. NUCL. *Spettro atomico, nucleare:* complesso di radiazioni elettromagnetiche emesse o assorbite da un atomo o da un nucleo. – *Spettro acustico:* insieme delle frequenze acustiche. – *Spettro di emissione, di assorbimento:* insieme delle radiazioni monocromatiche che una sostanza, rispettivamente, emette o assorbe. – *Spettro magnetico, elettrico:* immagine delle linee di forza di un campo magnetico o elettrico, ottenuta spolverando con della limatura di ferro una superficie non magnetizzabile immersa nel campo. – *Spettro ottico:* diagramma formato da tante righe colorate in gradazione quante sono le radiazioni monocromatiche presenti nella luce emessa. – CHIM. *Spettro di massa:* diagramma in cui sono rappresentate le masse delle particelle elementari; anche, la rappresentazione delle masse contenute in un fascio. – *Spettro solare:* complesso delle radiazioni luminose emesse dal Sole e analizzate con lo spettroscopio. **4.** *fig.* Campo di applicazione e di azione. *Un'indagine ad ampio spettro.* **5.** BOT. *Spettro biologico:* specchio della distribuzione percentuale, in un dato territorio, delle diverse forme vegetali presenti. **6.** FARM. Insieme dei batteri sensibili a un antibiotico. **7.** Vampiro sudamericano di grosse dimensioni.

spettrochìmica s.f. [non com. pl. *-che*] CHIM. Studio degli spettri di emissione e di assorbimento delle sostanze, per identificarne la costituzione molecolare e per determinare la concentrazione in un campione.

spettrochìmico agg. [pl.m. *-ci*, f. *-che*] Che concerne la spettrochimica.

spettroeliògrafo s.m. ASTR. Strumento per fotografare il Sole in luce monocromatica.

spettrofotometrìa s.f. CHIM., FIS. Tecnica di misurazione dell'intensità delle linee di uno spettro ottico.

spettrofotòmetro s.m. FIS. Strumento composto da uno spettroscopio e da un fotometro, utilizzato per misurare l'intensità delle varie componenti di uno spettro.

spettrografìa s.f. CHIM., FIS. Complesso delle tecniche di rilevazione degli spettri per mezzo di spettrografi.

spettrogràfico agg. [pl.m. *-ci*, f. *-che*] FIS. Relativo alla spettrografia.

spettrògrafo s.m. FIS. Strumento ottico che serve a registrare uno spettro su lastra fotografica e a eseguire l'analisi di una radiazione. ◇ *Spettrografo di massa:* strumento che consente di identificare e di analizzare le masse molecolari presenti in un campione.

spettrogràmma s.m. [pl. *-mi*] FIS. Registrazione di uno spettro luminoso su lastra fotografica, ottenuta mediante uno spettrografo.

spettrometrìa s.f. CHIM., FIS. Analisi delle proprietà fisiche di materiali, basata sulla misurazione delle lunghezze d'onda e delle intensità delle linee degli spettri.

spettromètrico agg. [pl.m. *-ci*, f. *-che*] FIS. Che concerne la spettrometria.

spettròmetro s.m. FIS. Spettroscopio dotato di dispositivo per la misura della lunghezza d'onda e dell'intensità delle varie componenti di uno spettro, o dell'indice di rifrazione della sostanza attraversata dalla radiazione.

spettroscopìa s.f. CHIM., FIS. Insieme dei metodi e delle tecniche di studio delle radiazioni, spec. luminose, emesse, assorbite o diffuse da una sostanza.

spettroscòpico agg. [pl.m. *-ci*, f. *-che*] FIS. Che concerne lo spettroscopio, la spettroscopia.

spettroscòpio s.m. [pl. *-pi*] (ted. *Spektroskop*) FIS. Strumento ottico per la produzione e la visualizzazione dello spettro di una sorgente luminosa.

speziàre v.tr. [6] Usare spezie per condire alimenti o per preparare medicinali. ~ *fig.* Rendere più piccante o più vivace qlco.

speziàto agg. Reso saporito o piccante con spezie.

spèzie s.f. pl. [non com. sing. *spezia*] Sostanza aromatica d'origine vegetale, usata un tempo in farmacia e ancora oggi per insaporire i cibi.

spezzàre v.tr. **1.** Rompere in due o più pezzi. *Spezzare il pane.* ◇ *fig. Spezzare il cuore a qlcu.:* causargli una grande pena. **2.** *fig.* Interrompere qlco. che dovrebbe essere continuo con una o più pause. *Spezzare la riunione con un'ora di pausa.* ◆ **spezzarsi** v.pron. **1.** Rompersi in più pezzi. *La corda si è spezzata.* ◇ *fig. Spezzarsi in due per qlcu.:* dare il massimo per aiutare qlcu. **2.** Subire la rottura di una parte del corpo. *Spezzarsi un braccio.*

spezzatino s.m. CUC. Stufato di carne tagliata a pezzi con aggiunta di verdure e condimenti vari. ~ *estens.* La carne già tagliata a pezzetti per preparare tale pietanza.

spezzàto agg. **1.** Rotto, ridotto in più parti. **2.** *estens.* Interrotto, non continuato. ◇ *fig. Vita spezzata:* bruscamente interrotta da una morte prematura. – GEOM. *Linea spezzata:* linea formata da segmenti consecutivi non allineati. ◆ s.m. **1.** Nell'abbigliamento maschile, completo formato da giacca e pantaloni di diverso tessuto o disegno o colore. **2.** TEAT. Telaio mobile su cui viene fissata una tela raffigurante parte dell'ambiente scenico e dello sfondo.

spezzatùra s.f. **1.** Azione dello spezzare. ~ Pezzi ottenuti spezzando. **2.** Fascicolo, segnatura scompaginata di un volume. **3.** BORS. Quantità di titoli inferiore alla minima stabilita per le contrattazioni sul mercato ufficiale e perciò di meno agevole contrattazione.

spezzettaménto s.m. Divisione in piccoli pezzi.

spezzettàre v.tr. **1.** Dividere in pezzi, in parti. *Spezzettare una proprietà.* **2.** *fig.* Esporre in modo frammentario. *Spezzettare un discorso.* ◆ **spezzettarsi** v.pron. Dividersi in piccoli pezzi. SIN.: **frantumarsi**.

spezzonàre v.tr. MIL. Bombardare.

spezzóne s.m. **1.** Pezzo di un insieme. ~ CINE. Porzione di una pellicola. **2.** MIL. Piccola bomba d'aereo a forma di cilindro, lanciata a grappoli contro obiettivi estesi e poco consistenti. **3.** Parte di una compagnia teatrale che si stacca temporaneamente dal gruppo per effettuare una tournée minore.

spia s.f. (etim. discussa, forse got. *spaiha*) **1.** Chi è incaricato da organi ufficiali o superiori di ottenere e riferire informazioni a scopo di prevenzione, di sorveglianza, di investigazione, ecc. **2.** *spreg.* Chi, per malevolenza o per compenso, riferisce di nascosto notizie e fatti riguardanti altre persone. **3.** *estens.* Dispositivo applicato sulle linee di telecomunicazione per intercettarne i messaggi. *Spia telefonica.* **4.** TECN. Segno acustico o visivo che segnala un funzionamento, un guasto, ecc. *Spia del forno elettrico, della benzina.* **5.** *fig.* Indizio, segno rivelatore. *L'aumento dei prezzi è una spia dell'inflazione.* **6.** Piccolo foro o apertura in una porta, in uno sportello o in una parete, che permette di guardare al di là applicandovi l'occhio. SIN.: **spioncino**. **7.** COSTR. Elemento di vetro, di gesso o altro materiale fragile, inserito nella lesione di un muro per controllarne le variazioni nel tempo. ❑ In funzione di agg. inv., che serve a segnalare un determinato stato di funzionamento. ◇ *Satellite spia:* satellite artificiale dotato di apparecchiature ottiche per fotografare a terra obiettivi stranieri di interesse strategico.

spiacènte agg. Che prova rincrescimento, rammarico.

spiacére v.intr. [55] (aus. *essere*) Non piacere a qlcu., procurargli dispiacere, amarezza. *Mi spiace vederti partire.*

spiacévole agg. Che reca dispiacere, fastidio, imbarazzo.

spiàggia s.f. [pl. *-ge*] Fascia di costa bassa che si stende ai bordi del mare o del fiume o del lago, ricoperta di sabbia o ghiaia o sassi per effetto di fenomeni di sedimentazione. ~ Tratto di costa organizzato e attrezzato per ospitare i bagnanti nella stagione estiva, di proprietà del demanio ma spesso data in concessione a privati per allestire stabilimenti balneari. ◇ *Spiaggia libera:* tratto di spiaggia pubblica, non compreso nei limiti di uno stabilimento balneare. – *Vita da spiaggia:* insieme delle attività tipicamente balneari.

spianaménto s.m. Operazione di rendere piano o il fatto di essere stato appianato.

spianàre v.tr. **1.** Rendere piana una superficie eliminando le differenze di livello. ~ *estens.* Radere al suolo uno o più edifici in muratura. ◇ *Spianare la strada a qlcu., a qlco.:* darsi da fare per eliminare gli ostacoli che potrebbero impedire la realizzazione di certi progetti. **2.** Portare un'arma da fuoco in posizione orizzontale e puntarla contro qlcu. *Il bandito spianò la pistola.*

spianàta s.f. **1.** Azione dello spianare, dell'appiattire, perlopiù in modo sommario. **2.** Tratto di terreno pianeggiante e sgombro. ~ Spiazzo spesso attrezzato e pavimentato per il passeggio, il parcheggio, ecc.

spianàto agg. **1.** Appiattito, reso uniforme e regolare in superficie. **2.** Di arma, disposta in posizione orizzontale e pronta allo sparo.

spianatóia s.f. Larga asse di legno su cui si lavora la pasta con le mani e la si spiana con il matterello.

spianatrice s.f. Macchina per spianare il terreno o rendere liscia una superficie irregolare.

spianatùra s.f. Operazione di rendere piano, liscio, uniforme.

spiantàre v.tr. **1.** Privare qlcu. del denaro, impoverirlo. *Una famiglia spiantata dalla crisi.* **2.** *fig.* Distruggere qlco. dalle fondamenta. ◆ **spiantarsi** v.pron. Detto di persona, impoverirsi, andare in rovina. *Giocando d'azzardo si è spiantato.*

spiantàto agg. Rovinato economicamente. ◆ s.m. [f. *-ta*] Nel sign. dell'agg.

spiàre v.tr. (etim. discussa, forse got. *spaihōn*) **1.** Osservare di nascosto quello che fanno gli altri, per curiosità o per interesse personale. *Non devi spiare dal buco della serratura!* **2.** Osservare attentamente qlcu. e studiarne il comportamento per trarne indicazioni utili. *Spiare le intenzioni di qlcu.*

spiàta s.f. Rivelazione di segreti acquisiti con l'osservazione o la frequentazione subdola di altre persone, per danneggiarle o per favorire i propri interessi. ~ Denuncia fatta restando nell'ombra.

spiattellàre v.tr. Divulgare senza ritegno cose riservate. *L'imputato ha spiattellato tutto al giudice.*

spiazzàre v.tr. (calco del fr. *déplacer*) **1.** SPORT. In alcuni giochi con la palla, indurre l'avversario a muoversi in una direzione opposta a quella in cui si invia la palla. **2.** *fig.* Sorprendere con un'abile mossa. *Spiazzare un avversario politico.*

spiazzàto agg. **1.** SPORT. In alcuni giochi con la palla, di giocatore che si trova in una posizione sfavorevole. **2.** *fig.* Disorientato, confuso dalle abili azioni di sorpresa degli avversari o dall'imprevedibilità di una situazione.

spiàzzo s.m. Spazio all'aperto, libero e piano.

spiccàre v.tr. [4] **1.** Separare con un colpo netto qlco. da ciò a cui è unito. *Spiccare le pere dall'albero.* **2.** Usato in alcune locc. aventi significati specifici. ◇ *Spiccare il volo:* detto degli uccelli, levarsi in volo; *fig.* detto di persone, andarsene, abbandonare i luoghi in cui si è vissuti fino a quel momento. – *Spiccare un salto:* staccarsi da terra saltando, spesso dopo una rincorsa. **3.** Nel l. giudiziario e commerciale, inviare, emettere qlco. *Spiccare un assegno, un mandato di cattura.* ◆ v.intr. (aus. *avere*) Risaltare per contrasto, essere ben visibile. *È un colore che spicca.* ~ Distinguersi, eccellere. *L'alunno spicca per intelligenza.* ◆ **spiccarsi** v.pron. Detto di frutta, staccarsi facilmente dal nocciolo.

spiccàto agg. **1.** Che risalta visibilmente. **2.** Evidente, marcato. ~ Notevole, fuori dal comune. *Intelligenza spiccata.* ◆ s.m. MUS. Tecnica di esecuzione delle note su strumenti ad arco consistente in uno staccato realizzato sollevando dalle corde l'archetto dopo ogni singolo colpo.

spìcchio s.m. [pl. *-chi*] **1.** Ciascuno dei carpelli staccabili, avvolti da una sottile pellicola, che costituiscono l'endocarpo del frutto degli agrumi. ~ Ciascuna delle parti, rivestite da una tunica secca, che formano il bulbo dell'aglio. **2.** *estens.* Parte, porzione di qlco. che assomigli a uno spicchio. **3.** ARCH. Tratto della volta compreso fra due spigoli o nervature sporgenti.

spicciàre v.tr. [5] (fr. *despeechier*) Fare in fretta qlco. ◆ **spicciarsi** v.pron. *fam.* Fare in fretta, sbrigarsi. *Vuoi spicciarti? Siamo già in ritardo!*

spiccio agg. [pl.m. *-ci*, f. *-ce*] **1.** Sbrigativo, veloce e sommario. ~ Informale. ◇ *Andare per le spicce:* agire con risolutezza. **2.** Spicciolo. *Soldi spicci.* ◆ s.m. (spec. pl.) Moneta di piccolo taglio.

spìcciolo agg. **1.** Di moneta minuta, in pezzi di scarso valore unitario. **2.** *fig.* Semplice, comune, normale. ◆ s.m. Moneta spiccia.

spìcco agg. [pl.m. –*chi*, f. –*che*] Di frutto la cui polpa si stacca facilmente dal nocciolo. ◆ s.m. Netta distinzione, risalto, come contrasto o superiorità.

spicilègio s.m. [pl. –*gi*] (lat. *spicilěgium*, propr. "spigolatura") Raccolta di scritti, documenti vari e osservazioni.

spìcola s.f. ZOOL. Struttura silicea o calcarea costitutiva dello scheletro delle spugne.

spider [/'spaɪdə/] s.f. o s.m. inv. (voce ingl. propr. "ragno", perché orig. la struttura delle ruote delle carrozze leggere ricordava una ragnatela) Automobile sportiva, a due posti, decappottabile.

spidocchiàre v.tr. [6] Liberare qlcu. dei pidocchi. ◆ **spidocchiarsi** v.pron. Togliersi i pidocchi di dosso.

spidocchiatùra s.f. Eliminazione dei pidocchi.

spiedino s.m. Piccolo spiedo sul quale si infilzano pezzi di carne, di pesce, di cipolla, ecc., per farli arrostire.

spièdo s.m. (fr. *espiet*, francone *speut*) **1.** Asta di ferro appuntita alla quale si infilzano carni, pesci e altri cibi per arrostirli. ~ *estens.* L'insieme dei cibi così infilzati e arrostiti. **2.** Antica arma da guerra e da caccia costituita da un'asta appuntita.

spiegàbile agg. **1.** Che si può spiegare. **2.** *estens.* Che può essere giustificato, compreso nell'ambito di un certo contesto che lo fa capire. SIN.: **comprensibile**.

spiegaménto s.m. Schieramento di unità militari nella formazione di combattimento. ◇ *Spiegamento di forze*: mobilitazione di una grande quantità di agenti e mezzi di polizia come misura di ordine pubblico.

spiegàre v.tr. [4] **1.** Fare capire, rendere chiaro e comprensibile, commentare qlco. a qlcu. *Il professore ha spiegato storia agli allievi.* **2.** *estens.* Insegnare, indicare, chiarire qlco. a qlcu. *Spiegami che cosa sei venuto a fare.* **3.** Aprire completamente, allargare qlco. che era ripiegato. *Spiegare una bandiera.* ◇ *fig. Spiegare le vele (al vento)*: salpare e, estens., mettersi in viaggio, partire. **4.** Schierare forze armate secondo particolari criteri. ◆ v.intr. (aus. *avere*) Detto perlopiù di insegnanti, esporre e chiarire la materia oggetto del proprio insegnamento. *È un professore che spiega molto bene.* ◆ **spiegarsi** v.pron. **1.** Parlare facendosi capire, esprimersi con chiarezza. *Spiegati meglio.* **2.** Essere evidente, diventare chiaro, comprensibile. *Ora si spiega come ha fatto a fuggire.* **3.** Dispiegarsi, allargarsi. *Le vele si spiegano al vento.* **4.** Detto di due o più persone, giungere a una forma di riconciliazione chiarendo i motivi del disaccordo. *I due litiganti alla fine si sono spiegati.* **5.** Rendersi conto di qlco., cogliere il senso, il significato. *Non riesco a spiegarmi le sue allusioni.*

spiegàto agg. **1.** Aperto, allargato, disteso. ◇ *A sirene spiegate*: che ha attivato il segnale di precedenza, con riferimento a mezzo di soccorso pubblico, della polizia, ecc. **2.** Chiarito, illustrato. *Studiare i capitoli spiegati.*

spiegazióne s.f. **1.** Azione di rendere intelligibile quanto in un discorso, in un pensiero o in un procedimento è oscuro o difficile da comprendere. ~ *La pratica didattica dello spiegare.* ~ Interpretazione e commento di un testo. **2.** Indicazione, istruzione. ~ Ragione, giustificazione, motivazione, chiarimento.

spiegazzaménto s.m. Azione di sgualcire. ~ Le pieghe brutte o indesiderate così prodotte.

spiegazzàre v.tr. Sgualcire, piegare un oggetto malamente. *Spiegazzare un fazzoletto.* ◆ **spiegazzarsi** v.pron. Detto di oggetto, sgualcirsi facilmente. *Il vestito di lino si spiegazza subito.*

spiegazzatùra s.f. Piegatura maldestra che produce una serie di pieghe disordinate. ~ Le pieghe che si producono in tal modo.

spietàto agg. **1.** Che non mostra alcuna pietà o umanità. ~ Implacabile, inesorabile. **2.** *fig.* Accanito, ostinato. *Fare una corte spietata.*

spietràre v.tr. AGR. Togliere le pietre da un canale, un corso d'acqua o un terreno che si vuole coltivare.

spietratóre s.m. AGR. Strumento per eliminare da certi prodotti (patate, barbabietole) pietruzze o altre impurezze.

spietratùra s.f. AGR. Rimozione delle pietre da terreni coltivati o destinati al pascolo.

spifferàre v.tr. *fam.* Dire a qlcu. e divulgare senza reticenze cose riservate o che sarebbe meglio tenere segrete. *Ha spifferato tutto al direttore!* ◆ v.intr. (aus. *avere*) Detto di aria, vento e simili, soffiare, spirare attraverso una stretta apertura.

spiffero s.m. *fam.* Corrente d'aria che passa attraverso una stretta apertura.

spiga s.f. [pl. –*ghe*] (lat. *spīcam*, propr. "punta") Infiorescenza nella quale fiori privi di peduncolo sono inseriti lungo un asse principale. ◇ *A spiga*: di formazione i cui elementi paralleli sono disposti obliquamente rispetto a un asse centrale, come i fiori della spiga rispetto al fusto. ▢ In funzione di agg. inv., *punto spiga*, tipo di ricamo che presenta un andamento a spiga.

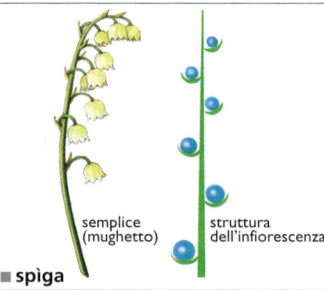

semplice (mughetto)   struttura dell'infiorescenza

■ **spìga**

spigàre v.intr. (aus. *essere* o *avere*) Detto di frumento o altri cereali, mettere la spiga. ~ *estens.* Detto di ortaggi, crescere in cima formando una specie di spiga e indurendo.

spigàto agg. **1.** Di fiore a spiga, di ortaggio allungato a spiga e quindi non più fresco. **2.** Di stoffa o indumento il cui disegno a intreccio diagonale richiama la disposizione dei fiori nella spiga. ◆ s.m. Tessuto o indumento spigato.

spigatùra s.f. Comparsa delle spighe dei cereali fuori dalla guaina fogliare e l'epoca in cui avviene.

spighétta s.f. **1.** Nel sign. del dim. di *spiga*. **2.** BOT. Nelle infiorescenze composte dei cereali, ciascun elemento che forma una spiga o una pannocchia, costituito da un gruppo di uno o più fiori avvolti da due glume o brattee sterili. **3.** SART. Guarnizione di seta o cotone intrecciata a forma di spiga.

spigliàto agg. Disinvolto, franco, sciolto e naturale nel parlare e nell'agire.

spìgo s.m. [pl. –*ghi*] Lavanda ibrida, coltivata per la sua essenza. ~ Il fiore di tale pianta, da cui si ricava un'essenza, e i semi stessi, raccolti in sacchetti e impiegati per profumare la biancheria riposta nei mobili.

spìgola s.f. (deriv. di *spiga* per la forma delle pinne dorsali) Pesce marino osseo dalla carne pregiata, con due pinne dorsali ravvicinate, di colore grigio-piombo sul dorso e argenteo sul ventre. (Lunghezza 50-100 cm; famiglia dei Serranidi.)

1. spigolàre v.tr. **1.** Raccogliere le spighe rimaste in un campo dopo il raccolto. *Sono andati a spigolare.* **2.** *fig.* Andare a cercare, raccogliere qua e là notizie e dati diversi. *Spigolare fatti curiosi.*

2. spigolàre v.tr. SPORT. Inclinare gli sci in modo da far presa sulla neve o sul ghiaccio con gli spigoli delle lamine, rallentando l'andatura.

spigolatóre s.m. [f. –*trice*] **1.** Chi raccoglie le spighe rimaste nei campi di grano appena mietuti. **2.** *fig.* Chi si dedica alla ricerca assidua di notizie minute e curiose.

spigolatùra s.f. **1.** Raccolta delle spighe nei campi dopo la mietitura. ~ Il prodotto ottenuto con tale attività. *Dare la spigolatura alle*

galline. **2.** *fig.* (spec. pl.) Insieme di notizie minute e sparse raccolte per curiosità o a fini di erudizione.

spìgolo s.m. **1.** ARCH. Angolo prominente e acuto, formato dall'unione di due superfici. **2.** *fig.* (spec. pl.) Scontrosità, mancanza di disponibilità con gli altri. **3.** GEOM. In un poliedro, ciascuno dei lati dei poligoni che costituiscono le facce. ~ La retta di intersezione dei due semipiani di un diedro. **4.** ALP. Cresta sottile, più o meno verticale, alla convergenza di due pareti rocciose.

spigolóso agg. **1.** Irto di punte e sporgenze dure e acute. **2.** *fig.* Scontroso, sgarbato.

spilla s.f. Oggetto, spesso lavorato e prezioso, che si appunta mediante uno spillo su capi d'abbigliamento come ornamento o fermaglio.

1. spillàre v.tr. Mettere assieme fogli di carta con uno spillo o con dei punti metallici.

2. spillàre v.tr. Forare con un apposito spillo una botte e quindi farne uscire il vino. ~ *comun.* Far uscire il vino da una botte attraverso l'apposito foro. *Spillare un boccale di vino.* ~ Carpire qlco. a qlcu. poco alla volta e con astuzia. *Vive spillando soldi al padre.* ◆ v.intr. (aus. avere) Detto di un recipiente contenente del liquido, versarlo lentamente. *La botte di vino ha spillato.* ~ (aus. *avere*) Detto di liquidi, fuoriuscire lentamente da un foro. *La birra spilla da un barilotto forato.*

spillatrìce s.f. Arnese che per mezzo di punti metallici lega insieme più fogli in un fascicolo.

spillatùra s.f. **1.** Operazione dello spillare liquidi da una botte. **2.** METALL. Colata di metallo fuso. **3.** TECN. Scarico di materiali da una tramoggia. **4.** Operazione di unire più fogli con spilli o punti metallici.

spillo s.m. **1.** Filetto d'acciaio appuntito da una parte e munito dall'altra di una piccola capocchia, atto a fermare lembi di stoffa o fogli di carta. ◇ *Spillo da balia, di sicurezza*: tipo di spillo a molla fornito di una chiusura a fermaglio che copre la punta in modo da non pungere. – *Spillo di sicurezza*: in alcune bombe e armi da fuoco, filo d'acciaio che, opportunamente inserito in un foro, ne impedisce lo scoppio accidentale. – *A spillo*: di oggetto a forma di spillo, sottile e appuntito. *Tacchi a spillo.* – *fig. Colpo, puntura di spillo*: provocazione, parola maligna, accusa. – *Essere appuntato con gli spilli*: di discorso privo di solide basi, illogico. **2.** *fig.* Cosa piccolissima, quantità minima. **3.** Spilla usata per ornamento o come fermaglio. **4.** Ferro acuminato, usato per forare le botti. **5.** TECNOL. Denominazione di vari organi meccanici a forma di spillo.

spillóne s.m. Grosso spillo, spesso con la capocchia decorata, usato per fissare i capelli o come ornamento di cappelli e vestiti.

spilluzzicàre v.tr. [4] **1.** Mangiare piccole quantità di cibo. *Non spilluzzicare prima di pranzo!* **2.** *fig.* Impadronirsi di qlco. poco alla volta, racimolare, raggranellare.

spilorceria s.f. Avarizia, taccagneria.

spilórcio agg. [pl.m. –*ci*, f. –*ce*] Attaccato meschinamente al proprio denaro. ◆ s.m. [f. –*cia*] Persona molto avara, gretta e meschina.

spilungóne s.f. [f. –*na*] Persona di altezza notevole, superiore al normale e visibilmente sproporzionata rispetto all'esile corporatura.

spin [/'spɪn/] s.m. inv. (voce ingl., abbr. di *spinning moment* "momento di rotazione") **1.** FIS. Momento angolare intrinseco di particelle subatomiche o di nuclei atomici. **2.** Nel tennis, palla che ruota su se stessa per l'effetto impressogli dal colpo di racchetta.

spina s.f. **1.** Escrescenza rigida, acuminata e pungente tipica di alcune piante, originata dalla trasformazione di foglie o di loro parti, di rametti o, più raramente, di radici. ~ *comun.* Aculeo. **2.** (al pl.) Insieme di rami o piante spinose. **3.** *fig.* Fitta, dolore fisico pungente. *Sentire una spina nel petto.* ~ Tormento, sofferenza morale, cruccio. *Vita piena di spine.* ~ Motivo di continua tribolazione, assillo. ◇ *Stare sulle spine*: essere in uno stato ansioso di grande preoccupazione e apprensione, perlopiù in attesa di notizie. – *Spina nel fianco:* detto di chi o di ciò che è motivo di preoccupazione, di instabilità e quindi anche punto critico, debole. **4.** Aculeo tipico del rivestimento tegumentale di alcuni animali. ~ Lisca del pesce, sia come spina dorsale sia come singolo aculeo osseo dello scheletro. ◊ *fig. A spina di pesce:* a *lisca di pesce. **5.** ANAT. Sporgenza ossea appuntita. ◊ *Spina bifida:* malformazione congenita della colonna vertebrale che consiste nella presenza di una fessura verticale nell'arco posteriore di una o più vertebre con esposizione delle meningi e del midollo spinali. – *Spina dorsale:* colonna vertebrale, con la serie delle apofisi spinose in rilievo. – *fig. Essere senza spina dorsale:* essere smidollato, senza carattere. **6.** ELETTR. Dispositivo di collegamento elettrico costituito da due o più elementi conduttori che vanno a inserirsi in una presa progettata per accoglierli. ◊ *Staccare la spina:* interrompere la corrente e quindi l'attività di una macchina; anche in usi fig. **7.** MECC. Organo di piccole dimensioni, di forma perlopiù cilindrica, che collega pezzi tra loro. **8.** Foro della botte in cui si inserisce la cannella per spillare. ◊ *Birra alla spina:* versata direttamente dalla botte nel boccale. **9.** METALL. In una fornace, foro attraverso il quale il metallo fuso cola nella forma e il dispositivo di chiusura di tale foro. **10.** ARCHEOL. Costruzione che andava da una metà all'altra dell'antico circo romano dividendo le due lizze.

spinàcio s.m. [pl. –*ci*] (ar. *zspanāh* «, persiano *ispanāh* «) Pianta erbacea annuale dalle foglie larghe verdi scure, spesso arricciate e bollose, molto apprezzate come contorno. (Genere *Spinacia*; famiglia delle Chenopodiacee.)

infiorescenza

spinàle agg. ANAT. Relativo alla colonna vertebrale.

spinàre v.tr. Togliere le spine o la lisca al pesce.

spinarèllo s.m. Pesce di piccole dimensioni diffuso nelle acque marine e dolci, caratterizzato dalla presenza di spine dure sulle pinne dorsali. (Genere *Gasterosteus*; famiglia dei Gasterosteidi.)

■ spinarèllo maschio.

spinaròlo s.m. Pesce marino commestibile diffuso nel Mediterraneo, caratterizzato da un robusto aculeo velenoso che precede le pinne dorsali. (Lunghezza 1,20 m; famiglia degli Squalidi.)

1. spinàto agg. **1.** Fornito di punte acuminate. **2.** Fatto a spina di pesce. ◆ s.m. Tessuto spigato.

2. spinàto agg. Ripulito dalle spine.

1. spinèllo s.m. (deriv. di *spina*, per la forma di spina dei cristalli) Nome generico di minerali isomorfi cristallini, costituiti da ossidi doppi di metalli e caratterizzati da lucentezza vitrea e varia colorazione.

2. spinèllo s.m. gerg. Sigaretta confezionata a mano con l'aggiunta di hashish o marijuana.

spinétta s.f. (etim. incerta, forse dal nome dell'inventore G. *Spinetto*) MUS. Strumento a corde e tastiera con cassa rettangolare, simile al clavicembalo ma molto più piccolo e privo di un sostegno proprio.

spingàrda s.f. (fr. *espringale*, francone *springan*) **1.** Macchina da guerra medievale che lanciava grosse pietre. **2.** Bocca da fuoco leggera simile al mortaio, usata nel Cinquecento e nel Seicento. **3.** Grosso fucile da caccia in palude, montato su un cavalletto e caricato a pallettoni.

spingere v.tr. [22] **1.** Esercitare una pressione su un oggetto per abbassarlo. *Spingere il pedale del freno.* **2.** Premere su una persona o su un oggetto per smuoverlo o spostarlo dal punto in cui si trova. *Spingere la moto.* **3.** fig. Portare, far giungere qlco. fino a un certo limite. *Spingere la propria arroganza fino all'inverosimile.* ◊ *Spingere lo sguardo lontano:* estenderlo al massimo delle possibilità, protenderlo. **4.** Indurre qlco. a fare qlco. *Spingere l'amante al delitto.* ◊ *Essere spinto dal bisogno a fare qlco.:* esservi costretto per indigenza. ◆ v.intr. (aus. *avere*) Fare pressione contro qlco. *L'acqua spinge contro la diga.* ◆ **spingersi** v.pron. **1.** Andare avanti, inoltrarsi fino a una certa meta. *Spingersi in alto mare.* **2.** fig. Andare oltre i limiti di ciò che è opportuno, lecito, ammissibile. *La sua maledizione si è spinta a tanto?*

spingidìsco s.m. [pl. –*schi*] MECC. Negli autoveicoli, congegno a molla della frizione che ha la funzione di premere e di tenere premuto il disco.

spinnaker [ˈspinəkə] s.m. inv. (voce ingl. di etim. incerta) MAR. Grande vela supplementare di prua dalla tipica forma a sacco, usata nelle imbarcazioni da regata o da diporto per sfruttare al massimo il vento in poppa.

spinning [ˈspiniŋ] s.m. inv. (voce ingl.) Attività di tipo aerobico che prevede l'uso di una particolare cyclette.

spino agg. (lat. *spinum* "pruno selvatico") Pieno di spine, irto di aculei, usato solo in alcune locc. come, p.es., *uva spina, porco spino.* ◆ s.m. **1.** Spina. **2.** Pianta spinosa. ~ Pruno. ◊ *Spino di Giuda:* pianta con fusto e rami provvisti di spine rosse, foglie strette e fiori raccolti in racemi, coltivata per creare siepi di recinzione. (Famiglia delle Papilionacee.) **3.** Nella fabbricazione del formaggio, attrezzo (un tempo un ramo di spino) usato per ridurre la cagliata in grani di uguale grossezza.

spin-off [ˈspinˌɔf] s.m. inv. (voce ingl., deriv. di *to spin off* "produrre benefici collaterali") **1.** ECON. Utile secondario. **2.** Trasformazione di un settore operativo di un'azienda in azienda autonoma. **3.** TV. Serie di telefilm derivante da una serie precedente di grande successo, della quale riprende alcuni dei personaggi.

spinóne s.m. (deriv. di *spina*, perché di pelo ispido) Razza di cani da caccia, buoni riportatori, caratterizzati da statura media, aspetto vigoroso, pelo molto ruvido.

spinóso agg. **1.** Pieno di spine. **2.** fig. Arduo da affrontare o la cui trattazione è motivo di imbarazzo e disagio. **3.** ANAT. Di formazione ossea che presenta una forma a spina.

spinòtto s.m. **1.** ELETTR. Elemento di collegamento elettrico di varie forme che si innesta in una presa di corrente. **2.** MECC. Perno cilindrico d'acciaio che collega il pistone alla biella in un motore a scoppio.

spinta s.f. **1.** Urto, pressione o forza esercitata su qlco. o su qlcu. con l'effetto di determinarne o sollecitarne il movimento o lo spostamento. ~ Impulso, scatto iniziale. *Darsi la spinta per saltare.* ◊ *Fare a spinte:* spingersi a vicenda, perlopiù scherzando o giocando. – FIS. *Spinta idrostatica, di Archimede:* forza esercitata dall'acqua su un corpo immerso pari al peso dell'acqua spostata da tale corpo e in base alla quale è possibile o meno il galleggiamento. **2.** fig. Impulso esercitato da un fenomeno o da un avvenimento. *Spinta inflazionistica.* ~ Stimolo, incitamento. SIN.: **pungolo.** ~ Motivo convincente, incentivo. **3.** fig. Aiuto, sostegno, spec. di persone influenti. SIN.: **raccomandazione. 4.** SPORT. Nel ciclismo, aiuto illecito che si dà, spingendola, a un corridore impegnato in salita. ~ Nel calcio, l'azione dei centrocampisti volta a sostenere l'attacco. **5.** COSTR.

Azione esercitata da una costruzione sulle strutture di sostegno.

spinterògeno s.m. ELETTR. Nei motori a scoppio, dispositivo che fa scoccare ciclicamente la scintilla tra gli elettrodi delle candele.

spinteròmetro s.m. ELETTR. Dispositivo costituito da una coppia di elettrodi, opportunamente distanziati, fra i quali si produce una scintilla.

spinto agg. **1.** Disposto, incline, versato. **2.** fig. Tendente all'estremismo, all'eccesso. ~ Che va oltre i limiti dell'opportunità o della decenza. *Barzelletta spinta.* SIN.: **scabroso. 3.** TECN. Condotto ai limiti delle capacità o delle possibilità meccaniche. ◊ *Motore spinto:* eccessivamente compresso e alimentato. – FIS. *Vuoto spinto:* stato di un ambiente chiuso in cui i gas sono talmente rarefatti da esercitare una pressione minima.

spintonàre v.tr. Urtare con spintoni. ~ SPORT. Urtare irregolarmente un giocatore avversario.

spintóne s.m. **1.** Brusco urto dato o ricevuto con prepotenza. **2.** fig. Massiccio appoggio dato o ricevuto per ottenere qlco. SIN.: **raccomandazione.**

spintóre s.m. MAR. Speciale imbarcazione a motore, usata per trainare chiatte.

1. spiombàre v.tr. **1.** Togliere i piombini, i sigilli di piombo. **2.** Togliere l'impiombatura.

2. spiombàre v.tr. **1.** Spostare qlco. dalla linea d'a piombo. **2.** estens. Far perdere l'equilibrio a qlcu. e farlo cadere. ◆ v.intr. (aus. *avere*) Non essere a piombo. *Questo muro spiomba.*

spionàggio s.m. [pl. –*gi*] (fr. *espionnage*) Attività clandestina svolta da uno Stato e da suoi agenti specializzati allo scopo di venire in possesso di informazioni riservate o segrete di tipo militare, politico o economico, riguardanti un altro Stato. SIN.: **intelligence.** ~ estens. L'organizzazione che svolge tale attività. ◊ *Spionaggio industriale:* acquisizione illegale di notizie riservate sulle attività di un'industria a favore di un'azienda concorrente.

spioncèllo s.m. Passeraceo diffuso soprattutto nelle zone montane e comune anche in Italia settentrionale, noto per il tono dolce e lamentoso del canto. (Nome sc. *Anthus spinoletta*; famiglia dei Motacillidi.)

spioncino s.m. Dispositivo cilindrico provvisto di una lente e fissato in un piccolo foro della porta che permette di guardare fuori senza essere visti.

spióne s.m. [f. –*na*] (francone *speho*) fam. Chi ha l'abitudine di fare la spia, spec. in senso scherz. o con valore spreg.

spionìstico agg. [pl.m. –*ci*, f. –*che*] Relativo alle spie o alla loro attività.

spiovènte agg. Inclinato verso il basso. ◆ s.m. **1.** COSTR. Piano inclinato di una copertura. **2.** SPORT. Tiro che descrive una parabola molto alta e stretta, con pallone che ricade quasi verticalmente.

spira s.f. **1.** GEOM. Tratto di una spirale corrispondente a un giro intorno al suo polo. ~ L'analogo tratto di un'elica intorno al proprio asse. ~ *estens.* Ciascun avvolgimento di un oggetto a forma di spirale o di elica. **2.** (spec. pl.) Anello formato da un serpente quando si avvolge su se stesso o attorno a una preda. **3.** ELETTR., ELETTROTEC. Circuito a concatenamento magnetico semplice.

spiràglio s.m. [pl. *-gli*] **1.** Apertura molto stretta che lascia passare la luce, l'aria o lo sguardo. ~ Il filo o il raggio di luce, il soffio d'aria che passa attraverso una tale apertura. **2.** *fig.* Barlume, indizio, esigua possibilità.

spiralàto agg. Disposto a spirale, che ha forma di spirale.

spiràle agg. Avvolto in spire. ◆ s.f. **1.** GEOM. Linea curva che si svolge a giri attorno a un punto fisso. **2.** Elemento, struttura, formazione che presenta una serie di giri concentrici progressivamente maggiori o minori. *Spirali di fumo.* ◇ *A spirale:* in forma di spirale, descrivendo una spirale. **3.** *fig.* Aumento rapido e progressivo di eventi negativi tra loro collegati. *Spirale di violenze.* **4.** MED. Dispositivo contraccettivo intrauterino.

spiralifórme agg. Che ha forma di spirale. *Batterio spiraliforme.*

1. spiràre v.intr. (aus. *avere*) **1.** Detto di venti leggeri, soffiare. **2.** Provenire da qlco. e diffondersi intorno, anche in senso fig. *Dal suo viso spira un vivo senso di umanità.* SIN.: **esalare**. ◆ v.tr. Mostrare, esprimere un certo stato d'animo, o anche infonderlo, trasmetterlo ad altri. *Il suo sguardo spira dolcezza.*

2. spiràre v.intr. (aus. *essere*) Detto di persone, cessare di respirare e di vivere.

spirèa s.f. **1.** Pianta diffusa nelle regioni temperate dell'emisfero settentrionale, spesso coltivata nei giardini per i fiori profumati. (Famiglia delle Rosacee.) **2.** BOT. (iniziale maiusc.) Genere di piante a cui appartengono molte specie di spirea.

spirifórme agg. Che ha forma di spira, è avvolto a spirale o si muove a spirale.

Spirillàcee s.f. pl. [iniziale minusc. sing *-a* per l'individuo] BIOL. Famiglia di batteri formati da cellule incurvate a spirale e spesso munite di ciglia polari.

spirillo s.m. **1.** Batterio filiforme a forma di spirale, in partic. diffuso nelle acque stagnanti e putride. **2.** BIOL. (iniziale maiusc.) Genere di batteri a cui appartengono varie specie di spirillo.

spiritàto agg. **1.** Posseduto dal diavolo, da uno spirito maligno. **2.** *fig.* Sconvolto, in preda a una forte agitazione. **3.** *fig.* Irrequieto, eccessivamente vivace. ◆ s.m. [f. *-ta*] **1.** Persona posseduta dal demonio. **2.** *fig.* Persona vivacissima, esagitata.

spiritico agg. [pl.m. *-ci*, f. *-che*] Relativo allo spiritismo e alle sue pratiche.

spiritismo s.m. (fr. *spiritisme*) Teoria che attribuisce i fenomeni metapsichici e medianici all'intervento delle anime dei defunti, evocati durante speciali sedute. ~ La pratica stessa con cui, durante le sedute, si instaura la comunicazione con tali spiriti.

ENCICL. Secondo lo spiritismo alcuni soggetti dotati di particolari poteri (medium) sono in grado di entrare in comunicazione con le anime dei morti. Lo *spiritismo* ritiene che ognuno serbi, con varia intensità, ricordi delle sue precedenti incarnazioni. I fenomeni spiritici furono presto vivacemente discussi e criticati: molti uomini di scienza (fra i quali M. Faraday) si dedicarono all'indagine sperimentale su tali fenomeni, mettendo spesso in luce le frodi impiegate da pseudomedium; altri, come W. Crookes, si pronunciarono invece per la realtà dei fenomeni. Nato negli stati Uniti nel 1848, lo spiritismo si diffuse rapidamente anche in Europa (dal 1853). Si sviluppò parallelamente a tale diffusione una letteratura volta a offrire una sistematizzazione delle varie credenze e pratiche (A. Jackson Davies, A. Kardec).

spirito s.m. **1.** Principio immateriale e immortale (in oppos. al *corpo* e alla *materia*), che anima la vita intellettiva e psicologica. ~ In molte religioni, l'anima individuale della persona (o di tutti gli esseri viventi). ~ Nella mitologia e nell'animismo, presenza spirituale che anima, in modo benigno o maligno, realtà naturali. **2.** Nella religione cristiana, Dio stesso, gli angeli, i demoni, le anime dei defunti distaccate dal corpo. ◇ CRIST. *Spirito Santo:* la terza persona della Santissima Trinità. **3.** Nello spiritismo e nelle credenze popolari, anima di un defunto che tornerebbe a manifestarsi nella vita terrena. **4.** Animo, come complesso di doti e caratteristiche intellettuali, sentimentali e psicologiche. *Avere uno spirito sensibile.* ~ Stato d'animo, disposizione d'animo. *Fare qlco. con spirito di sacrificio.* ~ Capacità, tendenza, inclinazione soggettiva. *Mancare di spirito pratico.* ◇ *Spirito di parte:* atteggiamento fazioso di chi è fortemente attaccato a un'ideologia o a un partito. **5.** Prontezza intellettuale, acume e, in partic., capacità d'ironia e di umorismo. ◇ *Battuta, motto di spirito:* espressione spiritosa e divertente o anche carica di sottintesi ironici. – *Fare dello spirito:* fare dell'ironia, provocare le risa degli ascoltatori con battute divertenti. – *Spirito di patata:* alcol che si estrae dal tubero; *fig.* scarso senso dell'umorismo, incapacità di suscitare la risata. **6.** Persona dotata di particolari caratteristiche, doti o difetti. *Spirito ribelle.* **7.** Insieme di caratteristiche di un'epoca o di un ambiente. *Adattarsi allo spirito dei tempi.* **8.** Senso profondo di un testo, in oppos. alla *lettera* o al *significato esteriore.* **9.** Nell'antica fisiologia, fluido che scorreva nel corpo umano dal cuore e dal cervello, animando i singoli organi e presiedendo ai movimenti. **10.** LING. Aspirazione delle vocali iniziali di una parola nel greco antico, e il segno diacritico che la contraddistingue. **11.** CHIM. Alcol etilico o metilico. *Mettere le ciliege sotto spirito.*

spiritosàggine s.f. **1.** Qualità di chi è spiritoso, di chi ama o pretende di essere divertente. **2.** Frase, battuta spiritosa o con pretese di umorismo, spec. spreg. SIN.: **insulsaggine**.

spiritóso agg. Dotato di senso dell'umorismo, di simpatia, di arguzia. ~ *iron.* Che rivela uno spirito di cattivo gusto, facendo battute inopportune. ◆ s.m. [f. *-sa*] Persona dotata di senso dell'umorismo. ~ Chi fa dell'ironia gratuita e inopportuna.

spiritual [/ˈspɪritʃuəl/] s.m. inv. (voce ingl., deriv. di *spiritual song* "canto spirituale") Canto corale e di ispirazione biblica nato a cavallo dei secc. XVIII-XIX nelle comunità degli schiavi neri degli Stati Uniti. (Mahalia Jackson fu una delle più grandi interpreti di spiritual.)

spirituàle agg. **1.** Relativo allo spirito, proprio dello spirito. **2.** Che concerne la sfera religiosa, morale, ascetica. **3.** Che ha molta cura dei beni dello spirito. ◆ s.m. (spec. pl.) Appartenente all'ordine dei frati francescani che nei secc. XIII e XIV sostennero una rigida interpretazione della regola del santo d'Assisi.

spiritualismo s.m. **1.** FILOS. Ogni concezione filosofica fondata sulla preminenza assoluta dello spirito (in oppos. a *materialismo*). **2.** *estens.* Comportamento caratterizzato dalla valorizzazione di ciò che è spirituale nei confronti di ciò che è materiale.

spiritualista s.m. e f. [pl.m. *-sti*] **1.** FILOS. Chi si ispira a una dottrina spiritualistica. **2.** *estens.* Chi afferma la preminenza dei valori spirituali. ❑ In funzione di agg., che concerne lo spiritualismo o gli spiritualisti.

spiritualità s.f. inv. **1.** Natura o carattere spirituale. **2.** Sensibilità o adesione profonda ai valori spirituali e religiosi. ~ Complesso di valori spirituali e religiosi.

spiritualizzàre v.tr. **1.** Conferire carattere spirituale a qlco. **2.** Idealizzare qlcu. o qlco. ◆ **spiritualizzarsi** v.pron. Elevarsi, sublimarsi spiritualmente.

spirochèta s.f. **1.** Batterio spiraliforme agente di varie malattie nell'uomo e negli animali. ◇ *Spirocheta pallida:* agente della sifilide, detto anche *treponema.* **2.** BIOL. (iniziale maiusc.) Genere di batteri a cui appartengono varie specie di spirocheta.

Spirochetàcee s.f. pl. [iniziale minusc. sing *-a* per l'individuo] BIOL. Famiglia di batteri, provvisti di cellule filiformi, che si muovono con andamento a spirale; alcune specie sono parassite e patogene per l'uomo.

spirochetòsi s.f. inv. MED., VET. Ogni infezione o malattia parassitaria che le spirochete provocano nell'uomo e negli animali.

spirogìra s.f. **1.** Alga verde, filamentosa e spiraliforme, diffusa nelle acque stagnanti. **2.** BOT. (iniziale maiusc.) Genere di alghe verdi a cui appartengono molte specie di spirogira.

spiroidàle agg. A forma di spirale.

spirometrìa s.f. MED. Misurazione del volume dell'aria inspirata ed espirata durante un respiro profondo.

spiròmetro s.m. MED. Strumento per misurare il volume dell'aria inspirata ed espirata durante gli atti respiratori.

spirotrómba o **spiritrómba** s.f. ZOOL. Nell'apparato boccale delle farfalle, organo a forma di tubo arrotolato a spirale che viene srotolato per succhiare il nettare dai fiori.

Spirulina s.f. BOT. Genere di alghe azzurre diffuse nelle acqua calde e salmastre, usate in Africa e in India per l'alimentazione umana e animale, coltivate industrialmente per la produzione di alimenti dietetici.

spiumàre v.tr. **1.** Privare una bestia delle piume. **2.** *fig.* Togliere continuamente denaro a qlcu. ◆ v.intr. (aus. *avere*) Perdere le piume. ◆ **spiumarsi** v.pron. Detto di cuscini e piumini oltre che di uccelli, restare privo di piume. *L'uccellino si è spiumato.*

splafonàre v.intr. (aus. *avere*) ECON. Superare un plafond, un tetto prefissato di spese, investimenti, ecc.

splàncnico agg. [pl.m. *-ci*, f. *-che*] ANAT. Relativo ai visceri. ◇ *Nervi splancnici:* coppia di nervi che provvede all'innervazione simpatica dell'area addominale.

splash [/ˈsplæʃ/] s.m. inv. (voce ingl. di orig. onom.) Rumore provocato da un corpo che cade in acqua.

splashdown [/ˈsplæʃˌdaʊn/] s.m. inv. (voce ingl., comp. di *splash* "tonfo" e *down* "giù") Ammaraggio paracadutato di un veicolo spaziale di ritorno da una missione.

splatter [/ˈsplætə/] agg. inv. (voce ingl., deriv. di *to splatter* "schizzare") Di fumetto, film o altro genere di spettacolo che ostenta violenza e si compiace di scene truculente. ◆ s.m. inv. Nel sign. dell'agg.

spleen [/ˈspliːn/] s.m. inv. (voce ingl., propr. "milza") LETT. Malinconia, disgusto, tedio esistenziale caratteristico della spiritualità romantica e decadente.

splendènte agg. **1.** Che brilla. **2.** *fig.* Luminoso, raggiante. *Occhi splendenti.*

splèndere v.intr. [12] [manca del part. pass.] **1.** Emanare una luce intensa, una luminosità diffusa. **2.** *fig.* Detto di un sentimento, trasparire in modo chiaro ed evidente in un volto, in uno sguardo. ~ Detto di volto, di sguardo, manifestare chiaramente all'esterno un sentimento.

splèndido agg. **1.** Che emana una luce vivida. **2.** *estens.* Bello per la sua luminosità. **3.** *fig.* Ammirevole, magnifico.

splendóre s.m. **1.** Luminosità intensa e viva. **2.** *fig.* Culmine, apogeo, manifestazione somma di importanza, ricchezza o bellezza. ~ Persona o cosa meravigliosa. **3.** Magnificenza, sfarzo, sontuosità.

splène s.m. ANAT. → **milza**.

splenectomìa s.f. MED. Intervento chirurgico di asportazione della milza.

splenètico o **splenitico** agg. [pl.m. *-ci*, f. *-che*] **1.** ANAT. Relativo alla milza. SIN.: **splenico**. **2.** MED. Affetto da male alla milza. **3.** *estens.* Di persona tendente all'umore melanconico. ◆ s.m. [f. *-ca*] Nelle accez. 2 e 3 dell'agg.

splènico agg. [pl.m. *-ci*, f. *-che*] MED., ANAT. Che riguarda la milza. ◆ s.m. [f. *-ca*] Persona affetta da alterazioni o malattie della milza.

splenite s.f. MED. Infiammazione della milza.

splenomegalìa s.f. MED. Ingrossamento patologico della milza.

splenopatìa s.f. MED. Affezione della milza.

splitting [/ˈsplɪtɪŋ/] s.m. inv. (voce ingl., deriv. di *to split* "dividere") **1.** ECON. Frazionamento del reddito tra i componenti di una stessa famiglia per ridurne il carico fiscale. ~ FIN. Frazionamento dei titoli azionari. **2.** Tecnica di distillazione del petrolio con cui si ottengono tagli di benzina di diversa qualità. **3.** FIS. NUCL. Fissione dell'atomo.

spòcchia s.f. Atteggiamento caratterizzato da presunzione, da senso di superiorità.

spocchióso agg. Presuntuoso, altezzoso.

spodestàre v.tr. [10] **1.** Rimuovere qlcu. dalla posizione di potere o dal posto di lavoro che occupa privandolo di ogni autorità. **2.** Privare qlcu. di un bene, delle sue ricchezze.

spoetizzàre v.tr. Togliere a qlcu. l'incanto e le illusioni. ~ estens. Deludere qlcu. La tua richiesta di denaro mi ha spoetizzato. ◆ **spoetizzarsi** v.pron. Perdere ogni illusione.

spòglia s.f. [pl. –glie] **1.** Copertura, rivestimento. **2.** ZOOL. Pelle persa da alcuni animali durante la muta. **3.** (spec. pl.) Abito, indumento. Spoglie sacerdotali. ◊ Presentarsi sotto mentite spoglie: dietro false apparenze, travestito o con un falso nome. **4.** (pl.) Armatura presa come trofeo al nemico vinto. ~ estens. Bottino di guerra. **5.** TECN. Nei modelli da fonderia, rastremazione che facilita l'estrazione di un pezzo dalla forma. ~ Negli utensili, inclinazione della superficie di taglio per favorire il distacco del truciolo.

spogllàre v.tr. [6] (lat. spoliāre, propr. "togliere le spoglie") **1.** Togliere gli indumenti a qlcu. Spogliare i bambini. ◊ fig. Spogliare qlcu. con gli occhi: esserne sessualmente attratto. ~ Privare completamente qlcu. di qlco. Lo hanno spogliato di tutti i suoi averi. **2.** fig. Togliere con l'inganno tutto ciò che è possibile. SIN.: **depredare**. **3.** Esaminare attentamente qlco. Spogliare le schede elettorali. **4.** Liberare un oggetto, un ambiente, una persona di ciò che ha, degli ornamenti, degli addobbi. ◆ **spogliarsi** v.pron. **1.** Di persona, togliersi i vestiti. ~ fig. Rinunciare a qlco., privarsene con generosità e abnegazione. Si è spogliato di tutto per mantenere il figlio. **2.** Rimanere spoglio, perdere la pelle o le foglie. Gli alberi si stanno spogliando. **3.** fig. Liberarsi di un certo modo di essere o di pensare.

spogliarellista s.m. e f.[pl.m. –sti] Chi si esibisce in numeri di spogliarello.

spogliarèllo s.m. Esibizione di chi, a tempo di musica e con movenze eccitanti, si toglie poco alla volta tutti gli indumenti. SIN.: **striptease**.

spogliatóio s.m. [pl. –toi] **1.** Ambiente attrezzato per cambiarsi di abito e lavarsi, situato in locali dove si svolgono attività lavorative, sportive, ricreative, ecc. **2.** Vano annesso alla camera da letto, general. dotato di armadi, in cui ci si spoglia e ci si cambia d'abito. **3.** fig. Nel calcio e in altri giochi di squadra, il gruppo dei giocatori nel loro rapporto con l'allenatore, la dirigenza e la tifoseria.

1. spòglio agg. [pl.m. –gli, f. –glie] Privo di ogni rivestimento, ornamento o accessorio. ◊ Stile spoglio: conciso, essenziale.

2. spòglio s.m. [pl.m. –gli] **1.** Computo dei voti effettuato al termine di una votazione elettorale. **2.** Raccolta di dati ai fini di una loro analisi quantitativa e qualitativa. ~ Lettura sistematica di un testo. ◊ Spoglio elettronico: spoglio di testi tramite un calcolatore elettronico, in partic. per ottenere formari e concordanze.

spoiler [/'spɔilə/] s.m. inv. (voce ingl., propr. "guastatore") **1.** AUTOM. Elemento aerodinamico che aumenta l'aderenza al suolo delle automobili. SIN.: **alettone**. **2.** AER. Dispositivo atto a ridurre la portanza dell'ala di un aereo; detto anche diruttore. **3.** SPORT. Elemento in rilievo applicato sulle punte degli sci per ridurne le vibrazioni.

spòla s.f. (long. spôla) IND. TESS. Bobina di filo inserita nella navetta del telaio. ~ Dispositivo della navetta che con un moto continuo fa passare i fili della trama fra quelli dell'ordito ottenendo la tessitura. ~ Nelle macchine da cucire, spoletta. ◊ fig. Fare la spola: andare e venire di continuo.

spolatùra s.f. IND. TESS. Avvolgimento delle bobine.

spolétta s.f. **1.** Nel sign. del dim. di spola; in partic., nelle macchine da cucire, rocchetto attorno a cui si avvolge uno dei due fili del punto di cucitura. **2.** Congegno che si applica a proiettili d'artiglieria, bombe e missili per provocare l'esplosione della loro carica interna.

spolettàre v.tr. ARM. Applicare la spoletta a proiettili d'artiglieria, bombe e missili.

spoliazióne s.f. Appropriazione illecita di proprietà, beni o diritti altrui. ~ Saccheggio, depredazione. La città subì la spoliazione delle sue opere d'arte da parte degli invasori.

spoliticizzàre v.tr. Liberare qlco. dall'influenza della politica. Spoliticizzare il sindacato. ~ Togliere ogni significato politico a qlco. ~ Privare qlcu. di ogni coscienza politica. Spoliticizzare le masse. ◆ **spoliticizzarsi** v.pron. Perdere interesse per la politica.

spollonàre v.tr. AGR. Eliminare i germogli infruttiferi di una pianta. Spollonare la vite.

spolmonàrsi v.pron. Rimanere senza fiato a forza di parlare, gridare.

spolpàre v.tr. Privare qlco. della polpa. ~ Staccare la carne attaccata all'osso. Spolpare il coniglio. ~ fig. Ripulire qlcu. di tutto ciò che possiede.

spolveràre v.tr. **1.** Togliere la polvere da qlco. Spolverare i mobili. **2.** fig. Portare via tutto da un ambiente. I ladri hanno spolverato l'appartamento. ~ scherz. Mangiare con appetito e ingordigia. ◊ Spolverare un disegno: praticarvi la tecnica pittorica dello spolvero. **3.** Cospargere qlco. con una sostanza in polvere. Spolverare una torta di zucchero a velo. ◆ **spolverarsi** v.pron. **1.** Levarsi la polvere di dosso. **2.** Mangiare con voracità. Si è spolverato quattro panini.

spolveratùra s.f. **1.** Rimozione della polvere. **2.** Spargimento di una sostanza in polvere su una superficie. **3.** fig. Conoscenza sommaria e superficiale. SIN.: **infarinatura**.

spolverino s.m. **1.** Soprabito da viaggio. ~ estens. Soprabito di tessuto leggero. **2.** Piumino per togliere la polvere. ~ Spazzola che usa il parrucchiere per togliere i capelli tagliati. **3.** Piccolo contenitore con fori sul tappo usato per spolverizzare i dolci di zucchero, cacao, ecc.

spolverizzàre v.tr. **1.** Cospargere con una sostanza in polvere. **2.** Riprodurre un disegno con la tecnica dello spolvero.

spólvero s.m. **1.** Rimozione della polvere. **2.** Spargimento di una sostanza in polvere. ~ Strato di polvere così prodotto. **3.** fig. Conoscenza sommaria di una materia. **4.** Tecnica di riporto di un disegno su una superficie, consistente nel praticare lungo i contorni del disegno su carta una serie di forellini che vengono poi spolverizzati con nerofumo.

spompàre v.tr. fam. Stancare qlcu. fisicamente o moralmente. La lunga corsa mi ha spompato. ◆ **spomparsi** v.pron. Sentirsi molto affaticato.

spónda s.f. **1.** Argine di una superficie d'acqua. La sponda del fiume. **2.** estens. Territorio che si estende sulle rive di un mare, di un fiume, di un lago. **3.** Margine di qlco. perlopiù sopraelevato. ◊ Sponda del biliardo: ciascuno dei bordi in rilievo del tavolo da gioco. – fig. Fare da sponda: nel calcio, appoggiare l'azione di un compagno di squadra; nel l. gior., spalleggiare, sostenere. **4.** fig. fam. Sostegno, appoggio.

spondàico agg. [pl.m. –ci, f. –che] METR. Nella metrica classica, relativo allo spondeo.

spondèo s.m. (lat. spondēum, gr. spondêios deriv. di spondḗ "libagione" perché metro proprio dei carmi che accompagnavano le libagioni) METR. Nella metrica classica, piede formato da due sillabe general. lunghe con l'ictus sulla prima.

sponderuòla s.f. FALEGN. Pialla a taglio inclinato usata per lavorare lungo le sponde.

spondilite s.f. MED. Infiammazione di una vertebra.

spondiloartrite s.f. MED. Artrite delle articolazioni intervertebrali.

spondilòsi s.f. inv. MED. Affezione della colonna vertebrale, di origine degenerativa.

spongàta s.f. CUC. Dolce natalizio emiliano costituito da una specie di torta bassa a base di miele, marzapane, frutta secca e candita.

Spongiàri s.m. pl. [iniziale minusc. sing –ro per l'individuo] ZOOL. → **Spugne**.

spongifórme agg. **1.** Che presenta l'aspetto di una spugna. **2.** MED. Di organo o tessuto che, a causa di una malattia, diventa spugnoso.

sponsor [/'sponsə/] s.m. inv. (voce ingl., lat. spōnsor "garante") **1.** Persona o impresa che finanzia manifestazioni culturali, squadre sportive, atleti o programmi radiotelevisivi. **2.** fig. Patrocinatore, sostenitore.

sponsorizzàre v.tr. Finanziare manifestazioni, spettacoli, squadre o atleti professionisti a scopi propagandistici. ~ estens. Favorire, appoggiare qlcu. o qlco. Sponsorizzare un candidato.

sponsorizzazióne s.f. **1.** Finanziamento di una manifestazione, di un'iniziativa culturale o sportiva. **2.** Patrocinio, sostegno.

spontaneaménte avv. In modo spontaneo.

spontaneismo s.m. Atteggiamento politico che privilegia la spontaneità e la libera iniziativa anziché le strategie e i programmi d'azione.

spontaneità s.f. inv. Naturalezza di comportamento, immediatezza.

spontàneo agg. **1.** Che viene compiuto per libera decisione e volontà. Confessione spontanea. **2.** Che proviene direttamente dall'intimo di una persona. Gesto spontaneo. ~ Caratterizzato da sincerità, naturalezza. **3.** Che avviene senza l'intervento dell'uomo, non indotto artificialmente. Vegetazione spontanea. **4.** LING. Di mutamento fonetico che avviene indipendentemente dal contesto (in oppos. a condizionato).

spopolaménto s.m. Fenomeno di riduzione progressiva della popolazione residente in un luogo.

spopolàre v.tr. Diminuire il numero degli abitanti di un luogo. L'industrializzazione ha spopolato le campagne. ~ estens. Rendere meno affollato un ambiente. ◆ v.intr. (aus. avere) fam. Ottenere grande consenso di pubblico, avere successo. ◆ **spopolarsi** v.pron. Detto di un luogo, diventare poco o meno popolato. ~ estens. Diventare poco o meno affollato. Ad agosto le città si spopolano.

spòra s.f. **1.** BOT. Nella riproduzione agamica degli organismi vegetali, cellula dalla cui germinazione si sviluppa un nuovo individuo. **2.** ZOOL. In alcuni protozoi, prodotto finale della sporulazione.

sporàdico agg. [pl.m. –ci, f. –che] (gr. sporadikós "disperso") Che si verifica in modo irregolare, saltuario.

sporàngio s.m. [pl. –gi] BOT. Organo che produce e contiene le cellule riproduttive (spore).

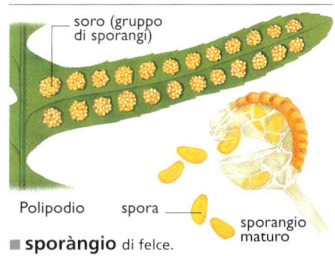

■ **sporàngio** di felce.

sporcaccióne agg. **1.** Di persona molto sudicia o che è solita sporcarsi. **2.** fig. Di persona, vizioso, turpe. ~ Di cosa, osceno, scurrile. ◆ s.m. [f. –na] Persona molto sudicia. **2.** fig. Chi agisce in modo turpe.

sporcàre v.tr. [4] **1.** Rendere sporco qlco. Sporcare la tovaglia. **2.** fig. Rovinare, compromettere la rispettabilità di qlcu. o qlco. Sporcare il proprio nome. ◆ **sporcarsi** v.pron. **1.** Insudiciarsi, macchiarsi. Sporcarsi di vernice. **2.** fig. Compromettere la propria onorabilità con azioni disoneste. Non sporcarti per denaro.

sporchévole agg. Che si sporca facilmente.

sporcizia s.f. **1.** Stato di ciò che è sporco. **2.** Cosa sporca. **3.** fig. Corruzione morale, depravazione. ~ Atto immorale. ~ Espressione oscena.

spòrco agg. [pl.m. –chi, f. –chi] **1.** Non pulito, coperto di sporcizia, di polvere, di macchie. Biancheria sporca. ~ Che trascura l'igiene. Una *persona sporca.* **2.** *fig.* Disonesto, scorretto, immorale. ◇ *Barzelletta sporca:* di argomento osceno. **3.** SPORT. Detto di un colpo o di un rimbalzo, imperfetto, irregolare. ◆ s.m. **1.** Sporcizia, sudiciume. **2.** *fig.* Illegalità, immoralità di una faccenda, di una situazione.

sporgènte agg. Che si protende, si sviluppa in avanti. ~ Molto rilevato, accentuato. *Zigomi sporgenti.*

sporgènza s.f. Parte sporgente. *Le sporgenze di una parete rocciosa.*

spòrgere v.tr. Protendere qlco. in fuori o in avanti. *Non sporgere la testa fuori dal finestrino.* ◆ v.intr. (aus. *essere*) Presentare una posizione rilevata rispetto al piano di superficie, venire fuori. *Il cornicione sporge dal muro.* ◆ **sporgersi** v.pron. Allungarsi in avanti o verso l'esterno. *Sporgersi dal finestrino.*

sporìfero agg. BOT. Che produce spore.

sporofìllo s.m. BOT. Foglia che produce le cellule riproduttive.

sporòfito s.m. BOT. Individuo diploide che produce le cellule riproduttive (*spore*).

sporogènesi s.f. inv. BIOL. Processo di formazione delle spore.

sporogonìa s.f. **1.** BIOL. Processo di riproduzione mediante spore. **2.** ZOOL. In alcuni protozoi, fase asessuata della riproduzione che dà origine alle spore.

sporogònio s.m. [pl. *-ni*] BOT. Nei muschi, organo che produce le spore.

sporologìa s.f. BOT. Studio delle spore.

sporotricòsi s.f. inv. MED. Micosi dovuta a funghi del genere *Sporotrichum*.

Sporozòi s.m. pl. [iniziale minusc. sing. *-o* per l'individuo] ZOOL. Classe di protozoi parassiti, il cui ciclo di riproduzione, molto complesso, comincia con una spora.

spòrt s.m. inv. (voce ingl., fr. *desport* "diporto") **1.** L'insieme delle attività, individuali o collettive, che impegnano e sviluppano determinate capacità psicomotorie, svolte anche a fini ricreativi o salutari. **2.** Ogni attività fisica praticata secondo precise regole. *Lo sport del tennis.* ◇ *Per sport:* senza necessità, per puro passatempo.

spòrta s.f. **1.** Borsa capace con due manici usata spec. per fare la spesa. **2.** *estens.* Quantità di cose contenute in una sporta. *Una sporta di pane.* **3.** *fig.* Un mucchio, una quantità enorme. ◇ *Un sacco e una sporta:* una grande quantità, in abbondanza.

sportellista s.m. e f. [pl.m. *-sti*] Dipendente addetto allo sportello di un servizio pubblico.

sportèllo s.m. **1.** Anta, battente che chiude un piccolo vano. *Lo sportello di un armadio.* ~ Porta d'accesso di un veicolo. SIN.: **portiera**. **2.** Vano che si apre in una parete divisoria, di vetro o altro materiale, che separa gli impiegati di un ufficio dal pubblico, attraverso cui avvengono scambi di documenti, denaro o altro tra le due parti. ◇ *Sportello automatico:* bancomat. **3.** *estens.* Filiale o agenzia di banca, ufficio di informazione al pubblico. ◇ *Sportello unico:* struttura che gestisce le procedure attinenti alla predisposizione di imprese e attività produttive. **4.** Ognuna delle due tavole laterali di un trittico che si ripiegano sulla parte centrale.

sportività s.f. inv. (fr. *sportivité*) Spirito di correttezza e di lealtà a cui deve improntarsi il comportamento di chi compete in una gara sportiva e di chi vi assiste. ~ *estens.* Lo stesso spirito applicato a ogni altra circostanza della vita che implica una competizione.

sportìvo agg. (fr. *sportif*) **1.** Che riguarda lo sport. *Notizie sportive.* **2.** Che pratica lo sport e, estens., che se ne interessa. **3.** *estens.* Che ha i caratteri fisici dell'atleta. **4.** Di abbigliamento pratico e comodo, ispirato a quello caratteristico di alcuni sport. **5.** Che si comporta o avviene con la correttezza e la lealtà cui devono essere improntate le gare sportive, anche con riferimento a competizioni non sportive. ◆ s.m. [f. *-va*] **1.** Chi pratica lo sport. **2.** Chi è appassionato di sport, tifoso. **3.** Chi si comporta con la correttezza e la lealtà tipiche dello sport.

spòrto agg. Proteso verso l'esterno. ◆ s.m. **1.** Parte sporgente in una costruzione. SIN.: **aggetto**. **2.** Imposta di legno per porte e finestre a pianterreno.

sportswear [/ˈspɔːts,wɛə/] s.m. inv. (voce ingl.) Abbigliamento sportivo.

sport utility [/ˈspɔːt juˈtɪlɪti/] loc. sost. f. inv. (loc. ingl., abbr. di *sport utility vehicle*, propr. "automobile per lavoro e divertimento") AUTOM. Automobile con carrozzeria da fuoristrada e accessori e prestazioni da berlina.

sporulazióne s.f. **1.** BOT. Processo di formazione delle cellule riproduttive. **2.** ZOOL. Nei protozoi, divisione multipla agamica dell'individuo.

spòsa s.f. (lat. *spōnsam*, propr. "promessa") **1.** Donna nel giorno delle nozze. **2.** Moglie. **3.** *fig.* Ogni entità o individuo che è inseparabilmente unito a qlco. o a qlcu., in senso materiale o spirituale.

sposalìzio s.m. [pl. *-zi*] Cerimonia di nozze. ◇ *Sposalizio del mare:* cerimonia tradizionale che ogni anno il doge di Venezia celebrava per unire simbolicamente la città e il mare gettando un anello in acqua.

sposàre v.tr. (lat. *sponsāre*, deriv. di *spondēre* "promettere") **1.** Prendere una donna o un uomo come moglie o come marito. **2.** Unire qlcu. in matrimonio, celebrare il rito. *Ci sposò il sindaco.* **3.** *fig.* Aderire con convinzione a un'idea e sostenerla con fermezza. *Sposare una causa.* **4.** Dare un figlio (o figlia) in marito (o moglie) a qlcu. ◆ **sposarsi** v.pron. Detto di due persone, unirsi in matrimonio. ~ Contrarre matrimonio con qlcu.

sposàto agg. Che si è unito in matrimonio. ◆ s.m. [f. *-ta*] Persona coniugata.

spòso s.m. [f. *sposa*] (lat. *spōnsum*, propr. "promesso") **1.** Uomo che si unisce in matrimonio. **2.** (al pl.) L'uomo e la donna nel giorno in cui si sposano. ~ Marito e moglie.

spossaménto s.m. Estrema debolezza, sfinimento fisico.

spossànte agg. Che toglie le forze, che indebolisce. SIN.: **logorante**. ~ Che mette a dura prova la resistenza psichica. SIN.: **snervante**.

spossàre v.tr. Privare qlcu. di ogni forza fisica o psichica, logorare fino allo sfinimento. *Il lavoro mi ha spossato.* SIN.: **sfinire**. ◆ **spossarsi** v.pron. Rimanere senza forze.

spossatézza s.f. Condizione di estrema debolezza, debilitazione fisica e psichica.

spossàto agg. Prostrato fisicamente, esaurito.

spossessàre v.tr. Privare qlcu. del possesso di qlco. SIN.: **espropriare**. ◆ **spossessarsi** v.pron. Privarsi volontariamente di ciò che si ha.

spostaménto s.m. **1.** Azione di muovere, di muoversi. *Lo spostamento di un'auto.* ~ Modifica, cambiamento. *C'è stato uno spostamento nell'elettorato.* **2.** Rinvio, differimento. *Spostamento di una data.* **3.** PSICOAN. Processo attraverso il quale una rappresentazione psichica troppo intensa viene spostata su un'altra in grado di mascherare meglio l'impulso inconscio. **4.** MAR. → **dislocamento**.

spostàre v.tr. **1.** Mutare di posto qlco., qlcu. *Spostare i mobili.* **2.** Rinviare nel tempo. *Spostare la conferenza.* SIN.: **rimandare**. ◆ **spostarsi** v.pron. Cambiare posto o posizione. *Sotto l'azione del vento le nuvole si stanno spostando.*

spot [/ˈspɔt/] s.m. inv. (voce ingl., propr. "macchia") **1.** Messaggio pubblicitario trasmesso alla televisione o alla radio. **2.** Tipo di riflettore che proietta un fascio di luce a forma di cerchio usato in cinematografia, fotografia, teatro. **3.** ELETTRON. Punto luminoso prodotto dal pennello di elettroni sullo schermo di un monitor. ▫ In funzione di agg. inv., riferito a transazioni finanziarie che devono essere regolate in contanti. *Prezzi spot.* ◇ *Spot market:* mercato dove le operazioni di compravendita si effettuano solo in contanti.

S.P.Q.R. s.m. (solo sing.) Sigla di *Senatus PopulusQue Romanus*, il senato e il popolo romano.

sprànga s.f. [pl. *-ghe*] Robusta traversa di metallo o di legno, applicata a porte e finestre per assicurarne la chiusura. ~ Qualsiasi sbarra, anche come strumento di offesa e aggressione.

sprangàre v.tr. [4] **1.** Chiudere un'apertura e rinforzare la chiusura con una o più spranghe. *Sprangare porte e finestre.* **2.** Colpire qlcu. con una spranga.

spràtto s.m. (ingl. *sprat* di orig. germ.) Pesce simile alla sardina ma di dimensioni inferiori, molto comune, detto anche *sarda*. (Lunghezza 15 cm ca.; genere *Sprattus*, famiglia dei Clupeidi.)

spray [/ˈspreɪ/] agg. inv. (voce ingl., propr. "spruzzo") **1.** Di contenitore che, mediante un'apposita apertura a valvola, eroga liquidi a spruzzo, nebulizzati o a schiuma. **2.** *estens.* Del liquido stesso così erogato. *Deodorante spray.* ◆ s.m. inv. **1.** Speciale dispositivo nebulizzatore di liquidi, profumi, schiume, ecc. **2.** *estens.* La sostanza spruzzata o nebulizzata.

spràzzo s.m. **1.** Raggio improvviso di luce. **2.** *fig.* Intuizione, lampo d'intelligenza. ~ Manifestazione improvvisa e fugace di un sentimento, di un atteggiamento, di una condizione.

spread [/ˈspred/] s.m. inv. (voce ingl., propr. "estensione") **1.** ECON. Margine percentuale o assoluto fra i diversi livelli di quotazione di un titolo o rispetto al tasso base d'interesse. **2.** BORS. Contratto a premio (non trattato nelle borse valori italiane) che permette a chi lo compra di decidere, alla scadenza, se acquistare o vendere una quantità predeterminata di titoli, ovvero recedere dal contratto stesso.

spreadsheet [/ˈspredʃiːt/] s.m. inv. (voce ingl., propr. "foglio disteso") INFORM. *Foglio elettronico.

sprecàre v.tr. [4] Usare, consumare qlco. malamente, senza criterio o inutilmente. ◇ *Sprecare il fiato:* parlare invano a qlcu. che non ascolta o non vuole ascoltare. – *Sprecare una palla:* nel calcio e in altri sport mancare una facile occasione, sbagliando il tiro. ◆ **sprecarsi** v.pron. **1.** Dedicare le proprie energie a qlco. che non le merita. *Si spreca in questo lavoro.* **2.** *iron.* Comportarsi in modo meschino, poco consono alle proprie possibilità e alle circostanze. *Ti sei sprecato a farmi un regalo!*

sprèco s.m. [pl. *-chi*] Consumo eccessivo, scriteriato o inutile.

sprecóne agg. Che spende senza criterio, che consuma eccessivamente o non fa buon uso delle cose. ◆ s.m. [f. *-na*] Chi non sa spendere, chi consuma troppo e inutilmente.

spregévole agg. Che merita disprezzo. ~ Di scarso valore, privo di qualità. *Merce spregevole.*

spregiatìvo agg. **1.** Che manifesta o indica disprezzo. **2.** GRAMM. Di suffisso che altera il significato di un sostantivo o di un aggettivo, conferendo una sfumatura di spregio o una connotazione di disprezzo. ◆ s.m. GRAMM. Forma alterata in senso peggiorativo.

spregiatóre agg. [f. *-trice*] *non com.* Che manifesta disprezzo, ripulsa verso qlco. o qlcu. ◆ s.m. (anche f.) Nel sign. dell'agg.

spregiudicatézza s.f. Carattere o comportamento privo di scrupoli. ~ Assenza di preconcetti. ~ Temerarietà, spavalderia.

spregiudicàto agg. **1.** Che pensa e agisce in modo disinvolto e libero da pregiudizi, preconcetti, condizionamenti. **2.** Privo di ogni scrupolo. SIN.: **cinico**. ◆ s.m. [f. *-ta*] Chi si dimostra libero da pregiudizi, scrupoli, prudenze e pudori.

sprèmere v.tr. [12] **1.** Comprimere qlco. in modo da estrarne il liquido. *Spremere un limone.* ~ Ottenere un liquido mediante pressione di qlco. *Spremere l'olio dalle olive.* **2.** *fig.* Costringere qlcu. a lavorare al limite delle sue possibilità o a sborsare un'eccessiva quantità di denaro. ◆ **spremersi** v.pron. Sforzarsi a capire e a risolvere un problema difficile nella loc. fig. *spremersi il cervello, le meningi.*

spremiagrùmi s.m. inv. Arnese da cucina, anche elettrico, che serve per estrarre il succo degli agrumi.

spremilimóni s.m. inv. Arnese da cucina che serve per spremere i limoni.

spremitùra s.f. Operazione di estrarre, mediante compressione, il liquido contenuto in qlco. ~ *estens.* Liquido o succo ottenuto in tal modo.

spremùta s.f. **1.** Spremitura. **2.** Bibita ottenuta spremendo un frutto fresco, spec. un agrume.

spremùto agg. **1.** Ottenuto dalla spremitura. **2.** Sottoposto a spremitura. *Buttare le bucce* delle arance spremute. **3.** fig. Svuotato di energie, sfruttato al limite della resistenza, sottoposto a oneri molto esosi. ◇ *Come un limone spremuto:* detto di chi è utilizzato, sfruttato e poi messo da parte, dimenticato.

spretàrsi v.pron. Lasciare lo stato di sacerdote.

spretàto agg. Che ha lasciato lo stato sacerdotale, perlopiù in senso spreg. ◆ s.m. [f. –ta] Nel sign. dell'agg.

sprezzànte agg. Che ostenta o esprime disprezzo o insolenza.

sprezzàre v.tr. Non prendere qlcu. o qlco. in alcuna considerazione, mostrando disdegno. ◆ **sprezzarsi** v.pron. Non avere cura di se stessi, del proprio aspetto e abbigliamento.

sprèzzo s.m. **1.** Disprezzo, spregio. **2.** Noncuranza.

sprigionàre v.tr. Far uscire dal proprio interno odori, gas e simili. *Questi fiori sprigionano un intenso profumo.* ◆ **sprigionarsi** v.pron. Uscire fuori da qualcosa. *Un terribile odore si sprigiona dalla tubatura.*

sprinkler [/'sprɪŋklə/] s.m. inv. (voce ingl., deriv. di *to sprinkle* "spruzzare") Dispositivo automatico antincendio che libera un getto d'acqua quando la temperatura dell'ambiente supera il limite di sicurezza.

sprint [/sprɪnt/] s.m. inv. (voce ingl., propr. "corsa veloce") **1.** Rapida accelerazione di un corridore all'approssimarsi del traguardo. ~ estens. Capacità di compiere tale scatto. **2.** Riferito a veicoli a motore, capacità di accelerazione. **3.** fig. fam. Vivacità, effervescenza, dinamicità. ◆ s.f. inv. Automobile sportiva dotata di ottime capacità di velocità e di ripresa.

sprintàre v.intr. (aus. *avere*) SPORT. Effettuare un'accelerazione in vista del traguardo.

sprinter [/'sprɪntə/] s.m. inv. (voce ingl.) **1.** SPORT. (anche f.) Atleta che corre le gare di velocità. ~ Ciclista dotato di un notevole spunto nel finale di gara. **2.** Cavallo che eccelle nello scatto e nella velocità su percorsi brevi.

sprizzàre v.tr. (aus. *essere*) (voce di orig. onom.) **1.** Detto di liquidi, scaturire, venir fuori con impeto, a getto o a spruzzo, da un'apertura. *L'acqua sprizza da una conduttura.* **2.** fig. Detto di un sentimento, rivelarsi all'esterno in modo evidente e incontenibile, perlopiù con specificazione della persona. *La gioia gli sprizza dagli occhi.* ◆ v.tr. Versare, far uscire un liquido in abbondanza. *La ferita sprizza sangue.* **2.** fig. Rivelare all'esterno un qualche sentimento o modo di essere, non riuscendo a contenerlo. *Tua figlia sprizza salute da tutti i pori.*

sprofondaménto s.m. **1.** Effetto del cedimento delle strutture o dei sostegni di un piano sopraelevato che cade nel vuoto sottostante. **2.** GEOL. Depressione dovuta a cedimento degli strati inferiori del terreno. *Sprofondamento carsico.*

sprofondàre v.tr. **1.** Far cadere, far crollare rovinosamente qlco. *Il peso eccessivo ha sprofondato il pavimento.* **2.** Far precipitare, gettare qlcu. nel profondo. *Dio sprofondò nell'inferno gli angeli ribelli.* ◆ v.intr. (aus. *essere*) **1.** Abbassarsi improvvisamente e rovinosamente a causa di un cedimento delle strutture. *Il tetto sprofondò per il peso della neve.* **2.** Affondare in qlco. di morbido, di molle, di cedevole. *Sprofondare nella sabbia.* ~ Precipitare, affondare in una profondità, in una voragine. *La nave sprofondò negli abissi marini.* ◇ fig. *Sprofondare nel sonno:* cadere improvvisamente in un sonno profondo. **3.** fig. Lasciarsi sopraffare da qlco., abbandonarvisi senza opporre resistenza. *Sprofondare nella noia.* ◆ **sprofondarsi** v.pron. **1.** Lasciarsi andare con tutto il peso su qlco. *Sprofondarsi su una poltrona.* **2.** fig. Gettarsi a capofitto in una qualche attività, impegnarvisi a fondo e con la massima concentrazione. *Sprofondarsi nello studio.*

sproloquiàre v.intr. [5] (aus. *avere*) Fare con supponenza discorsi noiosi e inconcludenti.

sprolòquio s.m. [pl. –qui] Discorso enfatico, noioso, ma anche inconcludente, sconclusionato.

spronàre v.tr. **1.** Incitare i cavalli colpendone i fianchi con gli speroni. **2.** fig. Spingere qlcu. a fare qlco. *Spronare gli studenti a studiare.*

spróne s.m. **1.** Arnese montato su ognuno dei tacchi dello stivale del cavaliere e munito di punta o rotellina acuminata per pungolare il cavallo. ◇ *A spron battuto:* al *galoppo; fig. subito.* **2.** fig. Stimolo, incitamento, sollecitazione. **3.** *Sprone di cavaliere:* pianta erbacea annua, con fiori general. azzurri o bianchi muniti di sperone. (Famiglia delle Ranuncolacee.) **4.** ZOOL. Aculeo corneo molto robusto, posto dietro alle zampe del gallo e di altri animali.

sproporzionàto agg. **1.** Che non è proporzionato rispetto ad altro. **2.** estens. Che esorbita dalla norma, dalla convenienza. SIN.: **esagerato.**

sproporzióne s.f. **1.** Mancanza di proporzione, di armonia. **2.** Eccesso, esagerazione, inadeguatezza.

spropositàto agg. Troppo grande. ~ Eccessivo, esagerato. *Pretesa spropositata.*

spropòsito s.m. **1.** Affermazione o atto inopportuno, poco ponderato. **2.** Azione molto grave, suscitata da una forte spinta emotiva e spesso incontrollata. **3.** Errore, spec. linguistico. **4.** fam. Grande quantità.

sproteziòne s.f. INFORM. gerg. Rimozione da un programma della protezione che ne impedisce la duplicazione o l'accesso.

sprovvedùto agg. Che è incapace o impreparato ad affrontare situazioni problematiche e compiti. ◆ s.m. [f. –ta] Nel sign. dell'agg.

sprovvisto agg. Che non possiede qlco. ◇ *Alla sprovvista:* all'improvviso, inaspettatamente, di sorpresa.

sprùe s.f. inv. (ingl. *sprue*) MED. Malattia di origine prevalentemente tropicale, caratterizzata da infiammazione cronica dell'intestino che si manifesta con diarrea, anemia e forte deperimento.

spruzzaménto s.m. non com. Getto di un liquido ridotto in gocce minutissime o di altre sostanze in polvere finissima.

spruzzàre v.tr. (long. *spruzzjan*) **1.** Gettare, spargere un liquido a spruzzi o a gocce su qlco. *Spruzzare acqua sul viso di qualcuno.* ~ estens. Spargere una sostanza in polvere su una superficie. *Spruzzare zucchero su una torta.* **2.** Bagnare leggermente qlco. con spruzzi di qualche liquido. *Spruzzare di acqua la biancheria da stirare.* ◆ **spruzzarsi** v.pron. **1.** Bagnarsi, sporcarsi con spruzzi di una qualche sostanza. *Ti sei spruzzato di vernice!* **2.** Inumidire una parte del corpo o un proprio indumento con qualche sostanza gettata a spruzzi. *Spruzzare il collo di profumo.* **3.** Mettersi addosso a spruzzi qualche sostanza. *Spruzzarsi la lacca sui capelli.*

spruzzatóre s.m. **1.** Apparecchio o congegno per spargere un liquido in minute particelle. ~ Flaconcino o bomboletta, per vari usi domestici, con dispositivo a pompetta oppure azionato da un grilletto e impugnato come una pistola. **2.** *Pistola a spruzzo.* SIN.: **aerografo. 3.** AUTOM. Nei motori a scoppio, dispositivo che vaporizza il carburante nel carburatore.

spruzzétta s.f. CHIM. Piccolo apparecchio da laboratorio per spargere liquidi in getti sottili.

sprùzzo s.m. Getto di un liquido ridotto in schizzi.

spudoràto agg. **1.** Che non prova vergogna, che oltrepassa i limiti della decenza. **2.** Impudente, sfacciato. ◆ s.m. [f. –ta] Persona sfacciata o senza pudore.

spùgna s.f. **1.** Denominazione generica di animale che appartiene al tipo Poriferi o Spugne. **2.** Oggetto costituito dallo scheletro di alcu-

spugna silicea

spugna "da bagno"

■ **spùgna**

ne spugne cornee usato, per la sua elasticità e l'alto potere assorbente, per impieghi domestici o tecnici. ◇ fig. *Colpo di spugna:* cancellazione, eliminazione, rimozione di quanto può essere motivo di contrasto, di risentimento. **3.** Tessuto di cotone soffice e assorbente, usato per asciugamani e accappatoi. ◇ BOXE *Gettare la spugna:* gesto con cui il secondo, buttando l'asciugamano sul ring, chiede la sospensione definitiva del combattimento perché il pugile assistito si trova in grave difficoltà; fig. rinunciare, arrendersi riconoscendo l'insuccesso. ❑ In funzione di agg., *pietra spugna,* varietà di calcare o di travertino molto porosa detta anche *spugnone.*

spugnàre v.tr. non com. Pulire, asciugare qlco. con una spugna.

spugnatùra s.f. **1.** Applicazione di una spugna imbevuta su un corpo o una superficie. **2.** Trattamento idroterapico che consiste nell'applicare spugne imbevute d'acqua o di speciali liquidi su parti del corpo.

Spùgne s.f. pl. ZOOL. Tipo di animali sessili, con corpo a sacco attraversato da pori e canali, scheletro calcareo, corneo o siliceo, che hanno riproduzione sessuale o per via agamica e vivono in colonie nei mari caldi; detti anche *Poriferi.*

spugnòla s.f. Denominazione comune di varie specie di funghi commestibili, caratterizzati da un cappello conico che presenta cavità o alveoli che lo rendono simile a una spugna. (Genere *Morchella;* famiglia delle Elvellacee.)

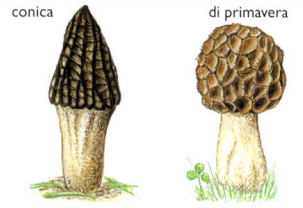

conica   di primavera

■ **spugnòla**

spugnosità s.f. inv. Qualità o aspetto di materiali che hanno caratteristiche di morbidezza, leggerezza o porosità tipiche delle spugne.

spugnóso agg. Che ha l'aspetto o le caratteristiche della spugna.

spulàre v.tr. Ripulire, mondare il grano dalla pula.

spulciàre v.tr. [5] **1.** Togliere le pulci. **2.** fig. Esaminare attentamente qlco., per ricercare particolari dati o informazioni. *Spulciare un dizionario.* ◆ **spulciarsi** v.pron. **1.** Togliersi le pulci. **2.** fig. Leggere qlco. con molta attenzione. *Mi sono spulciato tutto l'elenco telefonico, ma non ho trovato niente.*

spulciatóre s.m. [f. –trice] Ricercatore paziente e meticoloso di dati e di notizie, minuzioso esaminatore di testi, spec. in senso scherz.

spulciatùra s.f. **1.** Operazione di togliere le pulci dal corpo di un animale. **2.** fig. Esame meticoloso di qlco. *Spulciatura di documenti.*

spùma s.f. **1.** Formazione instabile di bollicine d'aria che si producono sulla superficie di liquidi sottoposti a pressione, agitazione, ebollizione. *La birra fa molta spuma.* SIN.: **schiuma. 2.** Bibita a base di acqua gassata, zucchero e aromi. **3.** MIN. *Spuma di mare:* minerale leggero e poroso, di colore bianco grigiastro, usato per la fabbricazione di pipe e bocchini. SIN.: **sepiolite. 4.** CUC. Dolce soffice a base di panna montata. **5.** ZOOL. *Spuma di primavera:* schiuma bianca, simile alla saliva, prodotta da alcuni insetti.

spumànte agg. Di vino frizzante e profumato. ◆ s.m. Vino frizzante, perlopiù bianco, che si beve in occasione di brindisi, festeggiamenti.

spumantizzazióne s.f. Trasformazione di un vino in spumante.

spumeggiànte agg. **1.** Che produce spuma. **2.** fig. Pieno di brio. **3.** fig. Soffice, vaporoso, leggero. *Veste spumeggiante.*

spumeggiàre v.intr. [5] (aus. *avere*) Produrre schiuma in abbondanza.

spumóso agg. **1.** Che fa molta schiuma. **2.** *fig.* Che ricorda la spuma per consistenza e leggerezza. *Crema spumosa.*

spùnta s.f. COMM. Operazione di controllo di un documento contabile, eseguita apponendo un segno a ogni cifra o voce riscontrata.

1. spuntàre v.tr. Tagliare la punta a qlco. *Spuntare un ramo.* ~ Accorciare qlco. *Spuntare i capelli.* ◇ *fig. Spuntarla:* cavarsela nel migliore dei modi, averla vinta riuscendo a fare valere la propria opinione o a raggiungere un determinato scopo. ◆ v.intr. (aus. *essere*) **1.** Mettere fuori la punta, cominciare a mostrarsi. *Ti sono spuntati i denti del giudizio?* **2.** Mostrarsi improvvisamente sbucando fuori da un qualche posto. *Spuntare fuori da un angolo.* ◆ spuntarsi v.pron. **1.** Perdere la punta. *Il trapano si è spuntato.* **2.** *fig.* Perdere di intensità. *Alla sua vista la mia rabbia si è spuntata.* SIN.: **attenuarsi**.

2. spuntàre v.tr. Mettere un contrassegno accanto a nomi in una lista.

spuntino s.m. Pasto leggero e rapido tra i pasti principali.

spùnto s.m. **1.** TEAT. Suggerimento di una battuta all'attore che sta recitando. ~ MUS. Battuta di partenza di una sonata. **2.** *estens.* Avvio, suggerimento, occasione per cominciare. **3.** Odore e sapore del vino che comincia a inasprire trasformandosi in aceto. **4.** *estens.* Capacità di scatto di un corridore, ripresa di un'automobile. SIN.: **sprint. 5.** MECC. Superamento dell'inerzia di uno stato.

spuntóne s.m. **1.** Punta acuminata, metallica o di legno. **2.** Grossa spina. **3.** Sporgenza appuntita di una roccia a cui si aggrappano gli alpinisti in scalata. **4.** Antica arma portata dagli ufficiali di fanteria nei secc. XVII e XVIII costituita da una picca con la punta acuminata.

spurgàre v.tr. [4] Liberare dalle impurità. *Spurgare un canale.* ◆ spurgarsi v.pron. Espellere catarro.

spùrgo s.m. [pl. *–ghi*] **1.** Operazione di pulitura da ciò che ostruisce, ingombra. **2.** (al pl.) Nel commercio librario, fondi di magazzino, scarti editoriali.

spùrio agg. [pl.m. *–ri*] (lat. *spūrium* "bastardo") **1.** Di opera non autentica, attribuita falsamente o erroneamente. SIN.: **apocrifo.** ◇ ANAT. *Costole spurie:* le due costole inferiori di ciascun lato dello scheletro umano, che non arrivano a congiungersi con lo sterno.

sputacchiàre v.intr. [6] (aus. *avere*) **1.** *fam.* Sputare spesso e in piccole quantità. **2.** Mandare schizzi di saliva parlando.

sputacchièra s.f. Recipiente apposito per sputarvi.

sputàre v.intr. (aus. *avere*) Espellere con forza saliva dalla bocca. ◇ *fig. Sputare nel piatto in cui si mangia:* parlare male di una persona o di una situazione da cui si ricevono benefici. – *fam. Sputare su qlcu. o qlco.:* disprezzarlo. ◆ v.tr. **1.** Buttare fuori qlco. dalla bocca. *Il bambino sputa la pappa.* ◇ *fig. Sputare l'osso:* confessare ciò che si era taciuto. **2.** *estens.* Emettere, gettar fuori qlco. con forza. *Il vulcano sputa fumo e lava.*

sputàto agg. *fam.* Molto somigliante a qlcu. *È suo padre sputato.*

sputnik [/'sputnik/] s.m. inv. (voce russa, propr. "compagno di viaggio" poi "satellite") Satellite artificiale sovietico appartenente a una serie iniziata nel 1957. ~ *estens.* Ogni satellite di fabbricazione sovietica.

spùto s.m. **1.** Getto di saliva, catarro che si espelle dalla bocca. **2.** *fam.* Cosa piccola, trascurabile.

spy story [/'spaɪ 'stɔːri/] loc. sost. f. inv. (loc. ingl.) (propr. "storia di spie") CINE., LETT. Racconto, romanzo, film, genere letterario o cinematografico di argomento spionistico.

1. squàdra s.f. Triangolo di legno o di metallo con bordo graduato, che presenta un angolo retto usato per tracciare segmenti perpendicolari. ◇ *A, in squadra:* ad angolo retto.

2. squàdra s.f. **1.** Gruppo di persone addette allo stesso compito o riunite e coordinate per una funzione comune. ◇ *Spirito di squadra:* spirito di solidarietà che anima i membri di uno stesso gruppo. **2.** MIL. Unità minima dell'esercito, soprattutto della fanteria, comandata da un sergente o da un graduato di truppa. ◇ *Squadra mobile:* reparto di agenti di polizia che effettuano operazioni al comando dell'autorità giudiziaria. – *Squadra volante:* pattuglia di polizia di pronto intervento. – MAR. *Squadra navale:* unità formata da navi di classe diversa comandata dall'ammiraglio. – AER. *Squadra aerea:* complesso di almeno due divisioni aeree comandate da un generale. **3.** SPORT. Selezione di atleti che partecipano, da soli o in gruppi a seconda della specialità, a competizioni in rappresentanza di una società o federazione sportiva.

squadràre v.tr. **1.** Disporre qlco. ad angolo retto. ◇ *Squadrare un foglio:* nel disegno tecnico dividerlo in uno o più riquadri servendosi di riga e compasso. **2.** *estens.* Ridurre un oggetto a forma di quadrato o a sezione quadra. **3.** *fig.* Osservare attentamente qlcu. o qlco. SIN.: **scrutare**.

squadratùra s.f. Conferimento di una forma o di una sezione quadra a materiali e oggetti.

squadriglia s.f. [pl. *–glie*] (spagn. *escuadrilla*) **1.** MIL. Unità di combattimento costituita da due o più squadre con specialità diverse. **2.** MAR. Nella marina militare, piccola squadra di navi da guerra. **3.** AER. Unità organica dell'aeronautica militare formata da un numero variabile di aerei da combattimento.

squadrismo s.m. **1.** Movimento armato delle squadre d'azione fasciste che agirono contro gli oppositori del nascente regime mussoliniano. ~ L'ideologia di tale movimento e le azioni da esso compiute. **2.** *estens.* Attività di qualsiasi formazione politica che pratichi la violenza.

squadrista s.m. e f. [pl.m. *–sti*] Appartenente alle squadre d'azione fasciste. ~ *estens.* Fascista, neofascista.

squadróne s.m. **1.** MIL. Unità della cavalleria, dell'arma blindata o della polizia al comando di un capitano. **2.** Nel l. calcistico, squadra di grandi campioni. **3.** *Squadrone della morte:* in alcuni paesi dell'America Latina e in genere nei regimi dittatoriali, gruppo clandestino paramilitare, spesso collegato alla polizia politica, che rapisce ed elimina gli oppositori. **4.** Sciabola pesante, usata un tempo dai soldati di cavalleria.

squagliàre v.tr. [6] Portare qlco. allo stato liquido. *Il sole sta squagliando la neve.* SIN.: **fondere.** ◆ squagliarsi v.pron. **1.** Diventare liquido. **2.** *fig.* Andar via in gran fretta e di soppiatto. ◇ *Squagliarsela:* allontanarsi di nascosto, senza dire niente a nessuno.

Squàlidi s.m. pl. [iniziale minusc. sing. *–de* per l'individuo] ZOOL. Famiglia di pesci, diffusi spec. nelle zone calde e temperate. (Ordine degli Squaliformi.)

squalifica s.f. [pl. *–che*] **1.** SPORT. Provvedimento che implica l'eliminazione temporanea dalle gare di una squadra o di un singolo atleta responsabile di infrazioni al regolamento. **2.** Perdita di stima, di considerazione.

squalificàre v.tr. [4] (calco del fr. *disqualifier*) **1.** Escludere uno sportivo o una squadra da una prova sportiva per aver compiuto un'infrazione al regolamento. **2.** Far perdere la buona reputazione. *Questo fatto ti squalifica ai miei occhi.*

squalificàto agg. **1.** Che ha subito una squalifica. *Atleta squalificato.* **2.** *fig.* Screditato. ◆ s.m. [f. *–ta*] Nell'accez. 1 dell'agg.

Squalifórmi s.m. pl. [iniziale minusc. sing. *–me* per l'individuo] ZOOL. Ordine di pesci di grosse dimensioni, con bocca ventrale, cinque fessure branchiali e una grande pinna caudale; detti comunemente *squali* o *pescecani*.

squàllido agg. **1.** Che rivela uno stato di abbandono, di desolazione. **2.** *fig.* Privo di vivacità, di espressività. ~ Povero di soddisfazioni, grigio, monotono. **3.** Moralmente abietto e ripugnante.

squallóre s.m. Desolazione, tristezza. ~ Grigiore, monotonia. ~ Abiezione morale.

squàlo s.m. Pesce di grosse dimensioni caratterizzato da corpo cartilagineo e affusolato, bocca ventrale munita di denti aguzzi, cinque fessure branchiali, due pinne dorsali con aculeo e una grande pinna caudale. [Gli squali sono quasi tutti marini; se alcuni sono realmente pericolosi (squalo bianco, squalo-tigre, squalo-talpa), le più grandi specie (squalo-balena, squalo elefante, squalo-pellegrino) sono general. innocue e si nutrono di plancton, mentre le piccole specie (gattuccio, palombo) sono apprezzate per la loro carne. Sottoclasse dei Condritti.] ◇ *Squalo bianco:* presente nel Mediterraneo, è provvisto di denti centrali superiori a pugnale e di una alta pinna appuntita. (Lunghezza fino a 10 m; genere *Carcarodonte;* famiglia degli Isuridi.) – *Squalo tigre:* diffuso nei mari tropicali e subtropicali, è riconoscibile per il disegno maculato e regolare dei fianchi, piuttosto marcato negli esemplari giovani. (Lunghezza 6-9 m; Genere *Galeocerdo;* famiglia dei Carcarinidi.) – *Squalo della Groenlandia:* pesce dalla carne non commestibile, cacciato dagli Eschimesi per l'olio e il cuoio che se ne ricava. (Lunghezza 4 m; genere *Somniosus,* famiglia degli Squalidi.) – *Squalo azzurro:* verdesca. – *Squalo grigio:* cetorino. – *Squalo nasuto:* smeriglio. – *Squalo elefante:* squalo diffuso nell'Atlantico del nord e nel Mediterraneo che si nutre di plancton (Lunghezza 14 m; peso 8 t; Genere *Cetorhinus,* famiglia dei Cetorinidi.)

squàma s.f. **1.** ZOOL. Ognuna delle lamelle cornee che ricoprono il corpo o parti del corpo di molte specie di animali vertebrati. **2.** BOT. Foglia che circonda la gemma o il bulbo di alcune piante. **3.** Scaglietta della pelle umana, che si stacca dall'epidermide per desquamazione dovuta a qualche malattia cutanea. **4.** ANAT. Parte laminare di un osso. **5.** Piccola lamina di materiale diverso.

squamàre v.tr. Ripulire dalle squame. *Squamare un pesce prima di cucinarlo.* ◆ squamarsi v.pron. Detto della pelle, rompersi e staccarsi in scaglie. *Dopo una scottatura la pelle si squama.*

Squamàti s.m. pl. [iniziale minusc. sing. *–to* per l'individuo] ZOOL. Ordine di rettili caratterizzati dal corpo rivestito di scaglie che cadono periodicamente, come le lucertole, le iguana, i camaleonti e i serpenti.

squamatùra s.f. **1.** Operazione dello squamare. **2.** Desquamazione.

squamóso agg. Coperto di squame.

squarciagóla Solo nella loc. *a squarciagola,* a tutta voce, a perdifiato.

squarciàre v.tr. [5] **1.** Aprire, rompere, lacerare con violenza e per ampio tratto. **2.** *fig.* Interrompere improvvisamente e violentemente una certa situazione. *Il lampo ha squarciato le tenebre.* ◆ squarciarsi v.pron. Subire uno strap-

squalo bianco

squalo tigre

pesce martello

squalo limone

squalo azzurro o verdesca

■ **squàlo**

po violento e lacerarsi, anche fig. *Le nubi si squarciarono.*

squàrcio s.m. [pl. *–ci*] **1.** Larga e profonda lacerazione, apertura o fenditura. **2.** *fig.* Apertura tra le nuvole. **3.** *fig.* Passo significativo di un'opera letteraria o musicale.

squartaménto s.m. **1.** Taglio in quarti di una bestia macellata. **2.** In passato, spec. per i delitti di lesa maestà, esecuzione capitale con cui il condannato veniva lacerato in pezzi, perlopiù sottoponendo le braccia e le gambe a trazioni contrapposte.

squartàre v.tr. (lat. *exquartàre* "dividere in quattro") **1.** Tagliare un animale da macellare in quarti o in più pezzi. **2.** In passato, sottoporre una persona all'esecuzione per squartamento. **3.** Uccidere in modo violento. *Squartare i nemici a colpi di spada.*

squartatóre agg. [f. *–trice*] Che uccide in modo sanguinario e crudele. ◆ s.m. (anche f.) Chi squarta. ~ *per esager.* Feroce assassino.

squash [/ˈskwɔʃ/] s.m. (solo sing.) (voce ingl., deriv. di *to squash* "schiacciare") SPORT. Gioco simile al tennis, che si pratica tra due avversari in un campo chiuso da pareti sui quattro lati e che consiste nel tirare la palla con una racchetta contro la parete di fronte, in modo che ritorni indietro rimbalzando e venga colpita di nuovo dall'avversario prima che abbia compiuto più di un rimbalzo.

squatter [/ˈskwɔtə/] s.m. e f.inv. (voce ingl., deriv. di *to squat* "accovacciarsi") Persona che occupa illegalmente un alloggio libero o destinato alla distruzione.

squattrinàto agg. Privo di denaro. ◆ s.m. [f. *–ta*] Spiantato, pezzente.

squaw [/ˈskwɔː/] s.f. inv. (voce ingl., da un termine algonchino) Presso le tribù degli indiani nordamericani, donna, moglie.

squilibràre v.tr. **1.** Fare perdere l'equilibrio a qlcu. o qlco. **2.** *fig.* Rendere precario qlco., minacciarne la stabilità economica. *Il calo delle vendite ha squilibrato l'azienda.* **3.** *fig.* Sconvolgere, turbare. ◆ **squilibrarsi** v.pron. Perdere l'equilibrio, anche in senso fig. SIN.: **sbilanciarsi**.

squilibràto agg. **1.** Che non è in equilibrio. ~ Che non rispetta le giuste proporzioni. **2.** *fig.* Affetto da squilibrio psichico. ◆ s.m. [f. *–ta*] Nell'accez. 2 dell'agg.

squilìbrio s.m. [pl. *–bri*] **1.** Difetto o perdita di equilibrio. **2.** *fig.* Instabilità psichica. **3.** ECON. *fig.* Sbilancio, sproporzione. *Squilibrio tra le nazioni ricche e quelle povere.*

1. squìlla s.f. Crostaceo detto anche *canocchia, cicala di mare.* (Ordine degli Stomatopodi.) ◇ *Squilla-manta*: piccolo crostaceo così chiamato per la somiglianza dei suoi arti toracici con le zampe anteriori della mantide. (Lunghezza 15-20 cm; ordine degli Stomatopodi.) **2.** ZOOL. Genere di crostacei a cui appartiene la squilla.

2. squìlla s.f. **1.** Campana più piccola di una torre campanaria, dal suono acuto. **2.** Sonaglio che si mette al collo delle bestie al pascolo.

squillànte agg. **1.** Che ha una tonalità acuta, dal timbro chiaro. **2.** *fig.* Detto di colore, vivace, sgargiante.

squillàre v.intr. (aus. *essere* o *avere*) Detto di apparecchio o strumento musicale, emettere un suono o un segnale breve e acuto. ~ Detto di voce, risuonare in modo chiaro. *La sua voce squillava in mezzo alle altre.*

squìllo s.m. Breve suono o segnale, acuto e distinto. ~ Breve telefonata, perlopiù di avviso. ◆ s.f. inv. Prostituta. ❑ In funzione di agg. inv., che si prostituisce. *Ragazza squillo.*

squinternàto agg. **1.** Di volume o fascicolo che ha la legatura disfatta. **2.** *fig.* Di persona, poco equilibrato, che fa una vita sregolata. ◆ s.m. [f. *–ta*] Nell'accez. 2 dell'agg.

squisitaménte avv. **1.** In maniera squisita. ~ *fig.* Finemente. *Poeta squisitamente raffinato.* **2.** *estens.* Tipicamente. *Gentilezza squisitamente inglese.*

squisitézza s.f. **1.** Delicatezza di sapore, prelibatezza di gusto. ~ *fig.* Finezza, raffinatezza. *Squisitezza di una lavorazione.* **2.** Cosa squisita. SIN.: **prelibatezza**.

squisìto agg. **1.** Riferito a cibi e bevande, di sapore molto gustoso e gradevole. **2.** *fig.* Che manifesta grande sensibilità.

squittìre v.intr. [83] (aus. *avere*) Detto di uccelli e altri animali, emettere versi acuti e striduli. ~ *scherz.* o *spreg.* Riferito a persona, emettere grida stridule.

sradicaménto s.m. **1.** Estrazione di una pianta dal terreno con tutte le radici. ~ *estens.* Operazione analoga effettuata su pali, sostegni, ecc. piantati in terra. **2.** *fig.* Eliminazione radicale. *Sradicamento di un pregiudizio.* ~ Smarrimento della propria identità, perdita delle radici sociali, culturali e affettive.

sradicàre v.tr. [4] **1.** Strappare una pianta dal terreno estraendone anche le radici. ◇ *fig. Sradicare qlcu. dal suo ambiente:* costringerlo ad abbandonarlo, strappandolo ai suoi legami affettivi. **2.** *fig.* Eliminare qlco. dalle fondamenta. *Sradicare un vizio.* ◆ **sradicarsi** v.pron. Venir via con tutte le radici. *Per la bufera si sono sradicate le recinzioni.*

sradicàto agg. **1.** Strappato dal suolo con le radici. **2.** *fig.* Che non ha legami culturali o sociali con il luogo o con l'ambiente d'origine o di residenza. ◆ s.m. [f. *–ta*] Chi è privato delle proprie radici culturali, sociali o affettive.

sradicatóre s.m. **1.** [f. *–trice*] Chi svelle una pianta dal terreno. ~ *fig.* Estirpatore, distruttore. **2.** AGR. Attrezzo che serve a estirpare radici o tuberi, spec. di barbabietole. ~ Macchina usata per abbattere o sradicare alberi.

sragionàre v.intr. (aus. *avere*) Fare discorsi sconnessi, privi di ogni coerenza logica.

sregolatézza s.f. **1.** Mancanza di regole, di misura, di disciplina. **2.** Atto che oltrepassa la giusta misura, in senso sia fisico sia morale. SIN.: **intemperanza**.

sregolàto agg. Che non ha regole o misura. ~ Che non si assoggetta a regole morali.

stabbiàre v.tr. [6] (lat. *stabulāre* "stare nella stalla") **1.** Tenere il bestiame su un terreno perché lo concimi con il suo sterco. **2.** AGR. Concimare un terreno con il letame. ◆ v.intr. (aus. *avere*) Detto del bestiame, stare all'addiaccio su uno spazio di terreno da pascolo che in tal modo viene concimato.

stabbiatùra s.f. AGR. Tecnica di concimazione di un terreno da pascolo, consistente nel tenervi di notte il bestiame.

stàbbio s.m. [pl. *–bi*] **1.** Spiazzo recintato di terreno a pascolo dove si trattiene il bestiame di notte perché lo concimi. **2.** Stalla o recinto per i maiali. **3.** Concime composto da sterco e paglia di stalla.

stàbile agg. **1.** Saldo, fisso, solido. **2.** *fig.* Che permane nel tempo, che non subisce variazioni. *Occupazione stabile.* ◇ *In pianta stabile:* a tempo indeterminato. – CHIM. *Composto stabile:* a basso contenuto energetico. – FIS. *Equilibrio stabile:* stato di equilibrio che un sistema tende a riguadagnare se sottoposto a una perturbazione sufficientemente piccola. ◆ s.m. **1.** Edificio, fabbricato. **2.** Teatro, compagnia teatrale, orchestra con sede fissa in un particolare luogo o in una determinata città. ◆ s.f. Compagnia teatrale stabile.

stabiliménto s.m. **1.** Fabbrica, edificio o complesso di edifici destinati alla produzione industriale. **2.** Costruzione dotata di attrezzature e di impianti per determinati servizi di pubblica utilità. **3.** Determinazione, fissazione, decisione. **4.** Presa di possesso, insediamento duraturo. *Stabilimento degli Arabi in Sicilia.* ~ Consolidamento, rafforzamento.

stabilìre v.tr. [83] **1.** Decidere qlco. in modo definitivo. *Stabilire l'orario di lavoro.* **2.** Fissare la dimora o la sede di qlco. o qlcu. in una certa località. ◆ **stabilirsi** v.pron. Fissare la propria dimora in un qualche posto. *Stabilirsi in campagna.*

stabilità s.f. inv. **1.** Carattere di ciò che è stabile. **2.** Equilibrio, invariabilità nel tempo. **3.** MECC. Attitudine di un corpo a mantenere o a riprendere una condizione di equilibrio o di moto. **4.** METEOR. Stato dell'atmosfera per cui una particella d'aria, comunque sollecitata verso l'alto o verso il basso, tende spontaneamente a ritornare al suo livello d'origine. **5.** CHIM. Tendenza di una sostanza a non alterarsi anche se cambiano le condizioni di luce, temperatura, pressione.

stabilìto agg. Deliberato, concordato. ◆ s.m. DIR. Nota rilasciata dal mediatore di un contratto ai contraenti con le condizioni convenute.

stabilizzànte agg. **1.** Che dà stabilità, equilibrio. **2.** CHIM. Di sostanza che mantiene stabile un composto chimico. ◆ s.m. Nell'accez. 2 dell'agg.

stabilizzàre v.tr. (fr. *stabiliser*) Rendere stabile qlco. *Stabilizzare i prezzi sul mercato.* ◆ **stabilizzarsi** v.pron. Diventare stabile, mantenersi costante. *Le condizioni del malato si sono stabilizzate.*

stabilizzatóre agg. (fr. *stabilisateur*) **1.** Che serve a rendere stabile, a mantenere in equilibrio. **2.** CHIM. Stabilizzante. ◆ s.m. **1.** Dispositivo o elemento che assicura la stabilità. ◇ MAR. *Stabilizzatore giroscopico:* dispositivo che attenua il rollio delle imbarcazioni. – AER. *Stabilizzatore di aeromobili:* elemento strutturale che garantisce l'assetto di volo. **2.** CHIM. Sostanza stabilizzante.

stabilizzazióne s.f. (fr. *stabilisation*) L'azione di stabilizzare e il suo risultato.

stabilménte avv. In modo fisso, permanente.

stabulazióne s.f. **1.** Sistema di allevamento del bestiame in stalla. ◇ *Stabulazione fissa:* con bestie legate. – *Stabulazione libera:* con bestiame sciolto all'interno dei recinti. **2.** ALLEV. Sistema di allevamento di pesci o molluschi in appositi recinti o vasche.

stacanovìsmo s.m. (dal nome di A.G. *Stachanov*, minatore russo che nel 1935 ottenne il primato nella quantità individuale di carbone estratto) **1.** ST. Movimento che, nell'Unione Sovietica di Stalin degli anni Trenta, mirava ad aumentare la produttività facendo leva sull'emulazione tra i lavoratori e sull'adozione di metodi più razionali. **2.** *estens., scherz.* o *iron.* Esagerata dedizione al lavoro.

stacanovìsta s.m. e f.[pl.m. *–sti*] **1.** Chi, nell'Unione Sovietica di Stalin, attuava, sosteneva o propagandava lo stacanovismo. **2.** *estens. scherz. iron.* Chi dimostra un esagerato attaccamento al lavoro.

staccàre v.tr. [4] **1.** Separare persone o cose. *Nessuno riesce a staccare i due gemelli.* ◇ *Staccare un assegno:* strapparlo dal libretto e, quindi, pagare, saldare un conto. **2.** SPORT. Superare di molto qlcu., accumulare un forte vantaggio. *L'atleta ha staccato tutti gli avversari.* **3.** Allontanare qlcu. o qlco. da una certa persona o da un certo luogo. *Staccare una sedia dalla parete.* ◆ v.intr. (aus. *avere*) **1.** Avere un forte rilievo. *È un colore che stacca troppo.* **2.** *fam.* Smettere di lavorare, perlopiù con specificazioni di tempo. *Gli operai hanno staccato presto.* **3.** SPORT. Balzare verso l'alto. *Il saltatore ha staccato troppo presto.* ◆ **staccarsi** v.pron. **1.** Separarsi, dividersi. *Le due sorelle non si staccano mai.* ~ Venir via, scollegarsi da ciò cui si è uniti. *Il cornicione si staccò dal tetto.* **2.** Allontanarsi da qlcu. o da qlco. *Non riesce a staccarsi dalla madre.*

staccàto agg. Separato, reciso. *Foglio staccato.* ~ Distanziato, in ritardo. *Arrivano i corridori staccati.* ◆ s.m. MUS. Didascalia sullo spartito che indica una pausa tra le note successive di una parte.

staccionàta s.f. (voce laziale, deriv. di *staccia* "palo") **1.** Recinzione formata da pali di legno piantati nel terreno, a cui sono fissate orizzontalmente delle traverse. **2.** IPP. Ostacolo formato da una siepe morta di frasche o da pali di legno disposti in orizzontale.

stàcco s.m. [pl. *–chi*] **1.** Separazione di una cosa da un'altra. **2.** *fig.* Contrasto netto, evidente. SIN.: **risalto**. **3.** *fig.* Intervallo, distanza, pausa. *Stacco di un minuto.* ~ Differenza, divario in senso qualitativo. ~ CINE., TV. Interruzione di un'inquadratura e passaggio a un'altra. ~ Sospensione di un programma radiotelevisivo per trasmettere un breve intermezzo pubblicitario o musicale. **4.** SPORT. Momento iniziale dell'elevazione di un atleta impegnato in un salto.

stàchide s.f. Pianta erbacea ortiva perenne, coltivata per i rizomi commestibili, con fiori color porpora. (Altezza 1 m; genere *Stachys*, famiglia delle Labiate.)

stadèra s.f. Tipo di bilancia, consistente in una lunga asta graduata su cui scorre un peso misuratore (*romano*), in un gancio che la tiene sollevata e fa da fulcro, e in un piatto appeso a una delle estremità dell'asta per contenere l'oggetto da pesare.

stàdia s.f. Lunga asta graduata per effettuare rilievi topografici, utilizzata insieme a un cannocchiale di distanza.

stàdio s.m. [pl. –*di*] **1.** Impianto che ospita gare sportive all'aperto, costituito da un campo di gioco centrale, attorniato da un'eventuale pista utilizzata per le gare di corsa, da attrezzature di servizio per gli atleti e gli organizzatori, e dalle tribune per il pubblico. **2.** ANT. GR. Misura di 600 piedi, corrispondente a un numero di metri variabile a seconda del valore diverso attribuito al piede. ~ Corsa a piedi che si disputava negli agoni panellenici sulla distanza di uno stadio. **3.** ANT. GR. ROM. Campo di gara della lunghezza di uno stadio, circondato da tribune per il pubblico. **4.** *fig.* Ognuna delle fasi di un processo evolutivo naturale o artificiale. *Gli stadi remoti della civiltà.* ~ GEOL. Fase di un processo geologico. **5.** ELETTR. Parte di un dispositivo adibito a una particolare operazione. *Stadio modulatore.* **6.** AER. Ognuna delle sezioni di un razzo vettore che intervengono in successione nella propulsione.

staff [/'staːf/] s.m. inv. (voce ingl., propr. "bastone" simbolo d'autorità) **1.** Gruppo di esperti o di collaboratori riuniti per un particolare compito. **2.** Nell'organizzazione aziendale, ogni ufficio o gruppo di lavoro che svolge funzioni di consulenza ai dirigenti operativi.

stàffa s.f. (long. *staffa*) **1.** Ciascuno dei due arnesi metallici, a forma di arco con fondo piatto, che pendono ai lati della sella, che servono di appoggio al cavaliere per salire a cavallo e in cui si tengono i piedi durante la cavalcata. ◊ figg. *Bicchiere della staffa:* che si beve prima di andarsene, dall'uso antico di offrire da bere a chi, già a cavallo, era pronto a partire. – *Tenere il piede in due staffe:* mantenere buoni rapporti con due parti tra loro avverse. **2.** Ogni oggetto che ricorda per forma e funzioni una staffa. ~ ALP. Anello legato a un moschettone che si fissa a un chiodo nella parete, in modo da poggiarvi il piede. **3.** TECN. Ogni elemento che serve di collegamento, di sostegno o di rinforzo delle parti di una struttura. **4.** ANAT. Terzo ossicino dell'orecchio medio che si articola con l'incudine. **5.** BANC. *Staffa scalare:* prospetto per il calcolo degli interessi di un conto corrente, detto anche *reticolato.*

staffétta s.f. (deriv. di *staffa*, perché il messaggero era sempre pronto a montare in sella) **1.** Messaggero, un tempo a cavallo, latore di lettere, ordini, dispacci, ecc. ~ MIL. Soldato incaricato di portare con sollecitudine un ordine scritto o un documento. **2.** *estens.* Veicolo che precede convogli speciali o manifestazioni pubbliche o concorrenti in gara per assicurarne la regolare marcia. *Le staffette della polizia precedono il corteo.* **3.** SPORT. Gara a squadre nella quale un determinato percorso viene diviso in parti uguali ognuna delle quali deve essere percorsa da uno dei componenti della formazione. **4.** *gerg.* Nel calcio, avvicendamento nel corso della stessa partita tra due calciatori che giocano nello stesso ruolo. **5.** *fig.* Nel l. pol., avvicendamento, alternanza concordata fra partiti politici in certe funzioni di governo.

staffettista s.m. e f. [pl.m. –*sti*] SPORT. Atleta che gareggia in una gara di staffetta.

staffière s.m. **1.** Servitore che un tempo aiutava il cavaliere a montare in sella reggendogli la staffa. **2.** *estens.* Chi prestava servizio in case signorili.

staffile s.m. **1.** Correggia di cuoio che assicura la staffa alla sella. **2.** *estens.* Frusta formata da una lunga e robusta striscia di cuoio assicurata a un manico.

Stafilea s.f. BOT. Genere di piante con fiori bianchi diffuse nelle regioni temperate dell'emisfero temperato. (Altezza 5 m; famiglia delle Stafileacee.)

Stafileàcee s.f. pl. [iniziale minusc. sing. –*a* per l'individuo] BOT. Famiglia di piante legnose delle regioni temperate dell'emisfero boreale, comprendente alcune specie ornamentali. (Classe delle Dicotiledoni.)

Stafilinidi s.m. pl. [iniziale minusc. sing. –*de* per l'individuo] ZOOL. Famiglia di insetti dalla forma allungata, estrema mobilità del corpo, elitre molto corte e grandi ali posteriori. (Ordine dei Coleotteri.)

1. stafilino s.m. (lat. *Staphylinus*, gr. *staphylī-nos* deriv. di *staphylḗ* "grappolo d'uva") **1.** Coleottero carnivoro con ali corte e lungo addome scoperto mobile. (Famiglia degli Stafilinidi.) **2.** ZOOL. (iniziale maiusc.) Genere di coleotteri a cui appartiene lo stafilino.

2. stafilino agg. ANAT. Che si riferisce al palato molle e all'ugola.

stafilococcia s.f. MED. Infezione dovuta a stafilococco.

stafilocòcco s.m. [pl. –*chi*] **1.** Batterio patogeno di forma sferica, spesso aggregato in piccole masse. (Un tipo di stafilococco, lo *Staphylococcus aureus*, è responsabile di infezioni come foruncoli, l'antrace, l'osteomielite, la setticemia, ecc.) **2.** BIOL. (iniziale maiusc.) Genere di batteri, perlopiù parassiti, a cui appartengono varie specie di stafilococco.

stafisàgria s.f. (lat. *Staphysagria*, deriv. di gr. *staphìs agría* "uva selvatica") Pianta erbacea con fusto peloso, foglie glabre e fiori azzurri o rosa, usata come antiparassitario per gli animali; detta anche *erba dei pidocchi*. (Nome sc. *Delphinium staphisagria*; famiglia delle Ranuncolacee.)

stage [/'staʒ/] s.m. inv. [o pl. *stages*] (voce fr., propr. "tirocinio") Periodo di formazione che si trascorre in un ufficio dopo gli studi o prima di un'assunzione. SIN.: **tirocinio.** ~ Corso di formazione o di aggiornamento.

stagflazióne s.f. (ingl. *stagflation*, comp. di *stag-nation* "stagnazione" e *in-flation* "inflazione") ECON. Situazione di ristagno dell'attività produttiva e di crescita dei tassi d'inflazione, di disoccupazione e dei prezzi; detta anche *inflazione recessiva.*

stagionàle agg. Proprio di una stagione. *Frutto stagionale.* ~ Che ha la durata di una stagione. *Lavoro stagionale.* ~ Che si ripete ogni stagione. ◊ SPORT. *Record stagionale:* miglior prestazione che un atleta consegue durante le gare di un'annata sportiva. ◆ s.m. e f. Lavoratore occupato solo in alcuni periodi dell'anno.

stagionalità s.f. inv. Carattere stagionale di qlco.

stagionàre v.tr. Fare riposare un prodotto in ambiente adatto per un certo periodo di tempo, in modo che acquisti, invecchiando, le qualità ottimali. *Stagionare il formaggio.* ◆ v.intr. (aus. *essere*) Detto di prodotti, spec. alimentari, assumere le qualità ottimali con l'invecchiamento; anche pron. *Il formaggio (si) deve stagionare.*

stagionàto agg. **1.** Di alimento o legname lasciato a invecchiare perché acquisti maggiore qualità. **2.** *fig. scherz.* Non più giovane.

stagionatùra s.f. Operazione di invecchiamento a cui si sottopone un prodotto per migliorarne la qualità prima dell'utilizzazione o del consumo. ~ Tempo di invecchiamento necessario a tale processo.

stagióne s.f. (lat. *statiónem*, propr. "luogo di sosta" in riferimento alla posizione del sole) **1.** Ciascuno dei quattro periodi in cui è diviso l'anno. ◊ *Mezza stagione:* primavera o autunno. **2.** Periodo dell'anno con particolari condizioni climatiche. *Stagione fredda.* ~ Periodo dell'anno corrispondente al raccolto di alcuni prodotti o a particolari lavori agricoli. *Stagione della vendemmia.* ◊ *Fuori stagione:* di prodotto che matura in un periodo diverso dal normale; *fig.* di avvenimento o azione non opportuni, imprevisti. – *Frutto di stagione:* fresco nella stagione presente; *fig.* evento inevitabile, legato alle circostanze temporali, che si ripete puntualmente in un certo periodo dell'anno. **3.** Periodo dell'anno in cui si svolgono determinate attività. *Stagione teatrale.* ◊ *Stagione degli amori:* periodo di accoppiamento e riproduzione negli animali. **4.** Periodo, anni. *La stagione del neorealismo italiano.*

ENCICL. Il fenomeno delle stagioni è legato all'inclinazione dell'asse terrestre e al moto di rivoluzione della Terra attorno al Sole. La Terra infatti percorre un'orbita ellittica (che descrive un piano chiamato *eclittica*) e con velocità non costante (massima in prossimità del perielio, il punto più vicino al Sole, e minima nell'afelio il punto più distante). Durante questa rotazione l'asse terrestre resta parallelo a se stesso toccando nel corso dell'anno quattro punti fondamentali che determinano il principio di ciascuna stagione. Si avranno quindi: un equinozio di primavera (21 marzo), un solstizio d'estate (21 giugno), un equinozio d'autunno (23 settembre) e un solstizio d'inverno (21 dicembre). Nell'emisfero Nord la primavera dura 92 giorni e 19 ore,

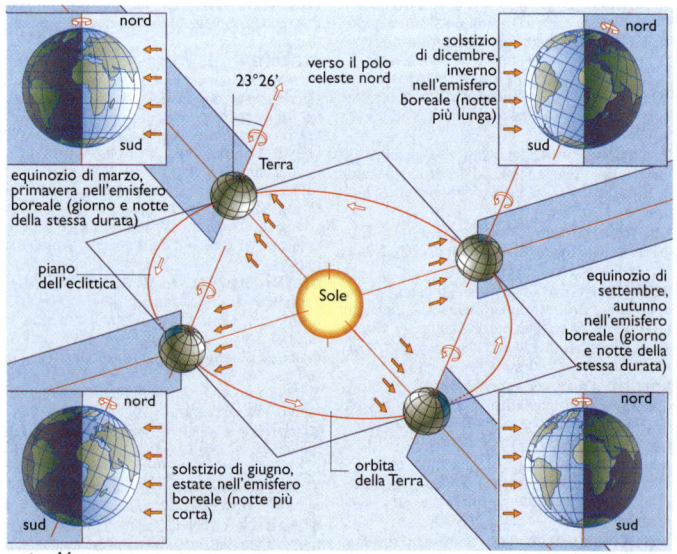

■ **stagióne.** Il meccanismo delle stagioni.
La divisione dell'anno in stagioni risulta dall'inclinazione (23°26') dell'asse di rotazione della Terra sull'eclittica. Poiché l'asse dei poli conserva durante l'anno una direzione fissa nello spazio, sono alternativamente il Polo Nord o il Polo Sud a essere illuminati dal Sole, e in questo modo varia la durata del giorno nelle diverse parti del nostro pianeta.

l'estate 93 giorni e 23 ore, l'autunno 89 giorni e 13 ore e l'inverno 89 giorni (la durata è inversa nell'emisfero Sud).

stagista s.m. e f.[pl.m. –*sti*] Chi segue uno stage.

stagliàre v.tr. [6] Tagliare un contorno secondo una linea irregolare. ◆ **stagliarsi** v.pron. Spiccare su uno sfondo per nettezza e nitidezza di contorni. *Le montagne si stagliano all'orizzonte*. SIN.: **risaltare**.

stagnàio s.m. [f. –*naia*, pl.m. –*gnai*] **1.** Operaio specializzato nella lavorazione con lo stagno. **2.** *estens.* Idraulico.

stagnaménto s.m. Ristagno di acque che non defluiscono e non scorrono.

stagnànte agg. **1.** Di terreno paludoso, di acqua che stagna e tende a imputridire. **2.** *fig.* Che non fa progressi. *Situazione economica stagnante*. SIN.: **statico**.

1. stagnàre v.tr. **1.** Coprire una superficie metallica con uno strato di stagno. **2.** Sigillare ermeticamente. *Stagnare le botti*. ~ Riparare recipienti rotti saldandoli con lo stagno.

2. stagnàre v.tr. Interrompere il flusso di un liquido. *Stagnare il sangue che esce dal naso*. ◆ v.intr. (aus. avere) Non fluire. *L'acqua stagna*. ~ Di vapori e gas, non circolare. **2.** *fig.* Di attività economica, subire un forte rallentamento. *Il mercato stagna*. ◆ **stagnarsi** v.pron. Detto di liquidi, smettere di fuoriuscire.

stagnatùra s.f. Operazione di rivestimento di un metallo o di una lamiera con lo stagno. ~ Il rivestimento protettivo stesso.

stagnazióne s.f. (ingl. *stagnation*) Fase di ristagno di una attività o di un processo. ~ ECON. Rallentamento o interruzione della crescita economica di un paese.

1. stàgno s.m. (solo sing.) **1.** Metallo molto malleabile di densità 7,29 e che fonde a 232 °C, usato per la preparazione di leghe o come rivestimento di metalli. **2.** Elemento chimico (*Sn*) di numero atomico 50 e peso atomico 118,710. ENCICL. Lo stagno si trova in natura soprattutto allo stato di biossido SnO_2 (*cassiterite*). In lega con il rame di il bronzo; con il piombo, forma metalli per saldatura a basso punto di fusione e costituisce il principale componente delle leghe antifrizione. È usato nell'industria alimentare per avvolgere i prodotti (carta stagnola), per il rivestimento elettrolitico o per immersione dei contenitori (latta); nell'industria elettrica per la stagnatura dei fili conduttori.

2. stàgno s.m. Distesa d'acqua stagnante, paludosa e poco profonda. ◇ *Stagno artificiale*: piccolo bacino per l'allevamento del pesce.

3. stàgno agg. Che non lascia filtrare liquidi, aria, gas, ecc. ◇ *A tenuta stagna*: di contenitore completamente chiuso e isolato. – *Compartimenti stagni*: locali isolati della parte sommersa di una nave; *fig.* settori che pur facendo parte di una stessa organizzazione agiscono separatamente.

stagnòla s.f. Lamina molto sottile di stagno o di altro metallo con cui si rivestono prodotti alimentari o farmaceutici da conservare o da proteggere. ❑ Anche in funzione di agg. *Carta stagnola*.

stalag [/'ʃtaːlak/] s.m. inv. (voce ted., abbr. di *Stammlager* "campo base") Nella Germania nazista, campo di concentramento per prigionieri di guerra.

stalagmite s.f. (lat. *stalagmites*, deriv. di gr. *stálagma* "goccia") GEOL. Deposito di carbonato di calcio che si forma sul pavimento di grotte o caverne per il continuo stillicidio di acque calcaree dal soffitto.

stalattite s.f. **1.** GEOL. In grotte o caverne, deposito di carbonato di calcio a forma conica che pende dal soffitto, in seguito al continuo stillicidio di acque calcaree. **2.** ARCH. Motivo ornamentale dell'arte islamica.

stalinismo s.m. **1.** Dottrina e prassi politica adottata da Stalin in Unione Sovietica come interpretazione del marxismo-leninismo. ~ Periodo in cui Stalin esercitò il potere. **2.** *spreg.* Esercizio autoritario e repressivo del potere.

stàlla s.f. (germ. *stall* "sosta") **1.** Ambiente adibito al ricovero di animali domestici, spec.

bovini ed equini. ◇ *fig. Dalle stelle alle stalle*: da una condizione florida alla miseria. **2.** *fig.* Locale molto sporco o disordinato. **3.** Insieme degli animali allevati in una stalla.

stallàre v.intr. (fr. *étaler* "arrestarsi") **1.** MAR. (aus. avere) Manovrare con le vele o le ancore per opporsi alla forza del vento o alla violenza del mare. **2.** AER. (aus. essere) Andare in stallo. ◆ v.tr. MAR. Contrastare la forza del vento o del mare con opportune manovre delle vele o delle ancore. *Stallare il vento*.

stallàtico s.m. **1.** Letame di stalla. **2.** Somma pagata all'albergatore per il ricovero dei cavalli dopo il viaggio.

stallia s.f. (spec. pl.) MAR. Tempo stabilito per le operazioni di carico e scarico di una nave nel porto.

stallière s.m. [f. –*ra*] Addetto alla pulizia di una scuderia e alla cura dei cavalli.

1. stàllo s.m. **1.** Sedile di legno, a schienale alto, collocato con altri in cori di chiese, sale di consiglio, ambienti medievali e rinascimentali. **2.** Negli scacchi, situazione che si verifica quando il re muovendo finirebbe sotto scacco e tuttavia nessun altro pezzo è movibile, per cui la partita viene dichiarata patta. **3.** *fig.* Situazione bloccata.

2. stàllo s.m. (ingl. *stall*, di orig. germanica) AER. Diminuzione della portanza dell'ala di un aereo.

stallóne s.m. (francone *stallo* "puledro") **1.** Cavallo destinato alla riproduzione. **2.** *fig. scherz.* Uomo di notevole potenza sessuale.

stamàne o **stamàni** avv. Stamattina.

stambécco s.m. [pl. –*chi*] (ted. *Steinbock*, propr. "becco delle rocce") Mammifero dalle lunghe corna incurvate che vive in zone alpine e si nutre di muschi e licheni. (Famiglia dei Bovidi.)

stambèrga s.f. [pl. –*ghe*] (etim. incerta, forse long. *stainberga* "casa di pietra") Abitazione squallida, misera.

stàme s.m. **1.** IND. TESS. La parte più fine, lunga e resistente della lana, destinata ai tessuti pregiati. ~ *estens.* Filo di lana prodotto dalla filatura. **2.** BOT. Organo maschile del fiore che produce il polline, costituito da filamento e antera.

stamigna o **stamina** s.f. (lat. *stamīneam*, deriv. di *stamīneus* "coperto di fili") Tessuto molto leggero dalla trama molto larga.

1. staminàle agg. BOT. Relativo allo stame.

2. staminàle agg. (lat. *stāmen* "stame, filo") BIOL. *Cellula staminale*: denominazione delle singole cellule capostipiti di una discendenza, o clone, cellulare.

3. staminàle o **stamenàle** s.m. (spec. pl.) (gr. *stamís* "trave") MAR. In un'imbarcazione di legno, parte inferiore del fasciame, che comprende gli ultimi scalmi.

■ **stalattìti** e stalagmiti.

antera
filamento

■ **stàme** di fiori di melo.

staminifero agg. BOT. Di fiore provvisto solo di stami e non anche di carpelli.

stàmpa s.f. **1.** Tecnica di riproduzione, su carta o altro materiale, di testi, disegni o fotografie, a partire da una matrice e mediante procedimenti diversi. (*v. immagine pag. succ.*) ~ L'operazione di stampare e il risultato di tale procedimento. **2.** Pubblicazione di testi stampati, spec. giornali, periodici e libri. ◇ *Libertà di stampa*: diritto di scrivere e pubblicare il proprio pensiero. **3.** Insieme delle pubblicazioni giornalistiche. *Stampa locale*. ◇ *Avere buona, cattiva stampa*: riscuotere consensi o dissensi sui giornali; *fig.* avere una buona, cattiva reputazione. **4.** *estens.* Insieme dei giornalisti, anche come categoria professionale. *Convocare la stampa*. **5.** *estens.* (spec. pl.) Stampati di vario genere, in partic. quelli spediti per posta. **6.** Riproduzione di un'opera grafica mediante incisione. **7.** FOTO. Procedimento con cui si ricava dal negativo di una pellicola una o più copie in positivo. ◇ *Stampa a contatto*: quella in cui il positivo ha dimensioni uguali al negativo. ❑ In funzione di agg. inv., dei giornali o dei giornalisti. ◇ *Ufficio stampa*: ufficio preposto a redigere e inoltrare comunicati agli organi di informazione e a intrattenere relazioni con il mondo giornalistico. – *Comunicato stampa*: dichiarazione trasmessa agli organi di informazione giornalistica.

stampàggio s.m. [pl. –*gi*] (calco del fr. *estampage*) **1.** Riproduzione a stampa di scritte e disegni su materiali diversi dalla carta. **2.** Produzione di oggetti di metallo o di plastica mediante compressione in uno stampo. *Stampaggio a caldo, a freddo*.

stampànte agg. Che stampa. ◆ s.f. INFORM. Unità periferica collegata all'elaboratore direttamente o in rete, in grado di riprodurre a stampa i dati che compaiono sul video o contenuti in un file. SIN.: **printer**. (*v. immagine pag. 975.*) ◇ *Stampante seriale, parallela*: collegata mediante interfaccia seriale o parallela. – *Stampante ad aghi, a matrice di punti*: in cui la stampa è prodotta da una testina mobile munita di numerosi aghi che si imprimono su un nastro inchiostrato, componendo il corpo del carattere con un insieme di punti molto ravvicinati. – *Stampante laser*: in cui la stampa si produce con inchiostro in polvere per contatto con un rullo su cui i caratteri sono stati impressi mediante un sistema ottico. – *Stampante a getto d'inchiostro o ink-jet*: in cui il carattere viene composto in stampa da getti emessi da una testina munita di minutissimi ugelli.

stampàre v.tr. (germ. *stampjan* "pestare") **1.** Riprodurre a stampa scritti o immagini. *Stampare un giornale*. ~ *estens.* Detto di editore o scrittore, pubblicare. **2.** Riprodurre un oggetto

■ **stambécco**

mediante stampaggio a pressione. **3.** FOTO. Ricavare dal negativo di una pellicola una o più copie in positivo. **4.** Lasciare un'impronta in un certo posto. SIN.: **imprimere. 5.** *fig.* Imprimere qlco. nella memoria. *Ho stampato in mente le sue parole.* ◆ **stamparsi** v.pron. Rimanere impresso in un certo posto, anche in senso fig. *Il suo ricordo mi si è stampato in cuore.*

stampatèllo s.m. Tipo di scrittura, perlopiù a lettere maiuscole, simile alla stampa ma eseguita a mano.

stampàto agg. **1.** Impresso mediante stampaggio. **2.** Pubblicato a stampa. **3.** *fig.* Che appare o si manifesta come se fosse scritto. *Ricordo stampato nella mente.* **4.** Di tessuto decorato con la tecnica dello stampaggio. **5.** ELETTR. *Circuito stampato:* circuito elettrico realizzato su una piastra isolante con speciali tecniche di fotoincisione per creare il collegamento tra i componenti del circuito. ◆ s.m. **1.** Opuscolo stampato, modulo. **2.** Tessuto stampato.

stampatóre s.m. [f. –*trice*] **1.** Addetto alle macchine per la stampa. **2.** Addetto allo stampaggio.

stampatrice s.f. **1.** Macchina per la stampa. ~ In partic., quella che produce i positivi delle pellicole fotografiche e cinematografiche. **2.** Stampante.

stampèlla s.f. **1.** Bastone munito di maniglia modellato per essere imbracciato e sostenere all'ascella chi ha difficoltà a camminare. **2.** Appendiabiti, gruccia.

stamperìa s.f. Officina industriale o artigianale per lavori di stampa o di stampaggio.

stampigliàre v.tr. [6] **1.** Contrassegnare con un timbro. **2.** Imprimere diciture o contrassegni su carte già stampate, soprattutto carta moneta e valori bollati, al fine di modificarne il valore o le caratteristiche.

stampino s.m. **1.** Placca di cartone, di metallo o di plastica ritagliata in modo da riprodurre scritte o disegni su una superficie sottostante facendo scorrere inchiostro o colori sulla placca medesima. ◇ *fig. Essere, sembrare fatti con lo stampino:* di persone o cose identiche fra loro. **2.** Punzone d'acciaio per forare in modo regolare pelle, cartone, ecc.

stàmpo s.m. **1.** Attrezzo per riprodurre oggetti mediante stampaggio. ~ Utensile da cucina in cui si versano alimenti liquidi che, solidificandosi, ne assumono la forma. **2.** Arnese di metallo o altro materiale che serve a riprodurre scritte o disegni su una superficie sottostante attraverso una serie di intagli. **3.** *fig.* Carattere, indole. *Fratelli dello stesso stampo.* **4.** Sagoma di uccelli in legno o in plastica, usata dai cacciatori come richiamo, spec. nella caccia in palude. **5.** In un ferro di cavallo, ciascuno dei buchi per i chiodi. **6.** BIOL. Struttura che svolge la funzione di modello in un processo di riproduzione identica.

stanàre v.tr. **1.** Fare uscire un animale dal nido, dalla tana. **2.** *fig.* Far uscire qlcu. allo scoperto, scoprirne il nascondiglio. *La polizia ha stanato una banda di terroristi.*

stànca s.f. [pl. –*che*] **1.** Fase dell'alta marea in cui il livello dell'acqua, raggiunto il limite massimo, rimane invariato prima di cominciare a decrescere. ~ Nei fiumi in piena che hanno superato il limite di guardia, fase di stasi prima dell'abbassamento del livello. **2.** *fig.* Ristagno, stasi. *Periodo di stanca per gli affari.*

stancaménte avv. Con andamento o ritmo rallentato.

stancànte agg. Che induce stanchezza, che affatica.

stancàre v.tr. [4] **1.** Provocare stanchezza, causare un indebolimento delle energie fisiche e psichiche. *È un esercizio che stanca le braccia.* **2.** Far diminuire le capacità di resistenza. *Stancare uno sfidante.* **3.** Far perdere la pazienza. ~ Non riuscire a catturare l'interesse di qlcu., annoiarlo. *I suoi discorsi retorici mi stancano.* ◆ **stancarsi** v.pron. **1.** Provare stanchezza, sentire gli effetti della fatica. ~ Affaticare una parte del proprio corpo. *Stancarsi gli occhi.* **2.** Perdere l'interesse. *Ti stancherai presto di lui.* SIN.: **annoiarsi.**

stanchézza s.f. **1.** Condizione di chi è stanco, dal punto di vista fisico, mentale, psichico.

■ La stampa

In Occidente, a partire dal Medioevo, la stampa e l'incisione hanno rappresentato un importante mezzo di comunicazione. La stampa è stata ben presto impiegata dalla grande arte, come dimostrano Dürer o Rembrandt. È servita alla propaganda, alla satira, alla riproduzione di altre opere (pittoriche in particolare), e oggi rappresenta una forma d'arte dotata di vita propria.

Pierre Milan e René Boyvin. *La Ninfa di Fontainebleau* (parte centrale), incisione della metà del XVI secolo. In questa tavola è evidente la profonda influenza del manierismo italiano del Rosso e del Primaticcio sugli artisti francesi. (BNF, Parigi.)

◁ **Rembrandt.** *Veduta di Omval,* acquaforte e puntasecca, 1645. L'artista olandese ha saputo creare un linguaggio suggestivo interamente nuovo, in cui si combinano svariate tecniche del taglio dolce. (BNF, Parigi.)

Utamaro. *Le pescatrici di awabi,* una ▷ delle ante del trittico, consacrato alla pesca di conchiglie; incisione su legno (una tavoletta per ogni colore; 1798 circa). La stampa giapponese idealizza le tematiche della vita quotidiana tramite gli arabeschi delle linee. (Museo Guimet, Parigi.)

Goya. *Se repulen* ("Si fanno belli"), tavola all'acquaforte e all'acquatinta della serie dei *Capricci,* incisa fra il 1793 e il 1798: la forza plastica al servizio di una verve allucinata e satirica. (BNF, Parigi.)

Munch. *La bambina malata,* litografia a due colori, 1896. L'angoscia del pittore norvegese si traduce, attraverso la tecnica molto diretta del disegno litografico, in un fremito quasi impressionista. (Coll. priv.)

~ Sensazione di fastidio, di sazietà. SIN.: **noia**. **2.** *fig.* Fase di depressione, ristagno, stanca.

stànco agg. [pl.m. *–chi*, f. *–che*] **1.** Privo di forze, di energia, a causa di un affaticamento fisico o mentale. ~ Che denota stanchezza. *Faccia stanca.* ⋄ *Essere nato stanco:* essere sempre fiacco e indolente, tendere alla pigrizia. – *Essere stanco morto:* sentirsi fisicamente e mentalmente esausto, avere un estremo bisogno di riposo. **2.** *fig.* Sfiduciato, annoiato. **3.** *fig.* Esaurito, spento. *Fantasia stanca.*

stand [/'stænd/] s.m. inv. (voce ingl., deriv. di *to stand* "stare") **1.** In fiere, feste di partito, ecc., spazio occupato da un singolo espositore o destinato a uno specifico servizio. **2.** In alcune competizioni sportive, spazio riservato al pubblico. **3.** Padiglione di un campo di tiro al volo o a segno.

stand-alone [/'stændəˌləʊn/] s.m. inv. (voce ingl., propr. "che sta da solo") INFORM. Dispositivo in grado di funzionare in modo autonomo. ~ Programma che per operare non richiede la presenza di altri programmi.

standard [/'stændəd/] s.m. inv. (voce ingl. propr. "insegna" poi "livello", fr. *estendart* "stendardo") **1.** Modello di riferimento a cui ci si uniforma. ~ Complesso di elementi che consentono di individuare le caratteristiche tecniche e normative di un sistema, di un processo, ecc. ~ COMM. Complesso di caratteristiche che rappresentano il termine di riferimento per le classificazioni di qualità della produzione. ~ Esemplare, campione di un prodotto industriale. **2.** Tenore, livello qualitativo, valore medio. *Standard dei consumi di una città.* ~ Prestazione abituale. **3.** *Standard linguistico (o lingua standard):* varietà di lingua a cui ci si riferisce in due accezioni diverse, sia nel senso di modello linguistico di prestigio, sia nel senso di lingua comune, di livello medio, correntemente usata dai parlanti. □ In funzione di agg. inv., conforme a un modello medio, rispondente a norme prestabilite. ⋄ ECON., CONTAB. *Costo standard:* valore predeterminato con cui si confrontano i valori effettivi per rilevarne e analizzarne gli scostamenti. – *Contratto standard:* testo unico per una categoria di contraenti.

standardizzàre v.tr. (ingl. *to standardize*) Conformare qlco. a uno standard, a un modello ritenuto esemplare o a un livello o valore medio. ~ *estens.* Uniformare qlco. a certi modelli, privandolo dei tratti distintivi che lo rendono diverso e originale.

standardizzazióne s.f. (ingl. *standardization*) **1.** Uniformazione a un modello o a un valore medio. **2.** *fig.* Perdita di originalità o delle caratteristiche personali. **3.** STAT. Trasformazione lineare che porta una distribuzione in un'altra con media zero e varianza unitaria.

standby [/'stændˌbai/] s.m. inv. (voce ingl. propr. "appoggio") **1.** INFORM. Stato di attesa di una linea, di un collegamento o di un comando e il dispositivo che regola tali funzioni. **2.** INFORM. Apparecchiatura di riserva di un elaboratore, che assicura la salvaguardia dei dati in caso di improvviso guasto o mancanza di alimentazione. **3.** In un aeroporto, lista di attesa per viaggiatori sprovvisti di prenotazione. ~ *fig.* Attesa, punto stagnante di una situazione. **4.** BANC. *Apertura di credito. □ In funzione di agg. inv., *accordo standby*, accordo di finanziamento tra il Fondo Monetario Internazionale e un determinato paese in difficoltà finanziarie, solitamente condizionato all'assunzione di determinati provvedimenti di politica economica da parte del paese debitore.

standing [/'stændɪŋ/] s.m. inv. (voce ingl., propr. "posizione") ECON. Reputazione e affidabilità di una persona o di un'azienda in base alla sua situazione finanziaria.

standing ovation [/'stændɪŋ əʊ'veɪʃən/] loc. sost. m. inv. (loc. ingl.) Manifestazione pubblica di consenso e di ammirazione da parte del pubblico che applaude in piedi.

standista s.m. e f.[pl.m. *–sti*] Chi allestisce uno stand, chi presenta e vende i prodotti esposti in uno stand al pubblico dei visitatori.

stànga s.f. [pl. *–ghe*] (germ. *stanga*) **1.** Sbarra squadrata di legno o di ferro con la quale si assicurano porte e finestre. SIN.: **spranga**. **2.** In un carro o simili, sbarra centrale o ciascuna delle sbarre laterali a cui si aggiunga l'animale da tiro. ~ Asse centrale di un aratro. ~ Elemento mobile di legno per separare tra loro gli animali di una stalla.

stangàre v.tr. [4] **1.** Percuotere con una stanga. **2.** *fig.* Trattare qlcu. con eccessiva severità. *Stangare uno studente a un esame.* ~ Infliggere a qlcu. un duro colpo economico. **3.** SPORT. Nel calcio, tirare violentemente e direttamente la palla in rete.

stangàta s.f. **1.** Colpo inferto con una stanga. **2.** *fig.* Esito negativo, cattivo risultato. ~ Grave danno economico, pesante perdita di denaro. SIN.: **mazzata**. ⋄ *Stangata fiscale:* provvedimento governativo che comporta un pesante aumento delle tasse, delle tariffe, ecc. **3.** SPORT. Nel calcio, tiro in porta molto forte. SIN.: **cannonata**.

stanghétta s.f. **1.** Nel sign. del dim. di *stanga*. **2.** Ciascuna delle due asticciole con le estremità ricurve che fermano gli occhiali sulle orecchie. **3.** Sbarretta del chiavistello che, girando la chiave, fuoriesce dal battente o si inserisce nella bocchetta, assicurando la chiusura della porta. **4.** Lineetta verticale di separazione delle lettere o delle parole nella scrittura a stampa. ~ Nella notazione musicale, lineetta verticale che delimita una misura o una battuta.

stannìfero agg. CHIM. Che contiene stagno.

stannite s.f. MIN. Solfuro di stagno, ferro e rame, presente in natura come minerale cristallino di colore grigiastro.

stànte agg. Che sta, che è. ~ Nel l. crit. art. e in archeologia, che sta in piedi. *Figura stante.* ⋄ *Seduta stante:* nel corso della seduta stessa; *fig.* immediatamente.

stantìo agg. [pl.m. *–tii*] **1.** Di alimento che, in seguito a eccessiva o inadeguata conservazione, ha perduto le qualità che aveva da fresco, prendendo un sapore di rancido e un odore di muffa. **2.** *fig.* Caduto in disuso, non più attuale. *Idee stantie.* SIN.: **antiquato**. ◆ s.m. Il sapore e l'odore di ciò che è vecchio, anche fig.

stantùffo s.m. **1.** In macchine motrici e operatrici, organo meccanico a sezione circolare costituito da un pistone che scorre avanti e indietro in un cilindro, ricevendo o esercitando una spinta sul fluido o sul vapore contenuto nel cilindro stesso. **2.** Pistoncino interno che, spostato avanti o indietro, inietta o aspira un liquido.

stànza s.f. (lat. *stàntiam*, deriv. di *stàre* "stare") **1.** Ognuno degli ambienti interni di un edificio, delimitato da pareti, destinato ad abitazione o a ufficio. ~ Ottava, strofa caratteristica del poema cavalleresco. **2.** METR. Strofa di una canzone o di una ballata.

stanziàle agg. **1.** Che risiede stabilmente nello stesso luogo, spec. riferito ad animali selvatici che non migrano. **2.** Riferito a unità militare, che ha sede stabile, permanente. *Truppe stanziali.*

stanziaménto s.m. **1.** Destinazione di una somma a un determinato scopo. ~ La somma stanziata. **2.** Insediamento stabile, scelta di una dimora fissa.

stanziàre v.tr. [6] Iscrivere una certa somma in un bilancio preventivo. ◆ **stanziarsi** v.pron. Fissare stabilmente la propria dimora in un certo posto.

stanziàto agg. **1.** Di somma destinata a una certa spesa, iscritta in un bilancio preventivo. **2.** Di popolazione che ha preso dimora stabile o di unità militare che si è acquartierata in un certo luogo.

stappàre v.tr. Togliere il tappo a un recipiente. *Stappare una bottiglia.* SIN.: **sturare**. ~ Ripulire un condotto eliminando ciò che lo ottura. *Stappare un lavandino.* ~ In forma pron., detto di un condotto, riprendere a funzionare, tornare libero.

star [/stɑː/] s.f. inv. (voce ingl., "stella") **1.** Personaggio di grande fama e successo nel mondo dello spettacolo. ~ *estens.* Persona importante e famosa in una qualsiasi sfera di attività. **2.** MAR. Piccola barca a vela da regata, di classe olimpica.

stàre v.intr. [10] (aus. *essere*) **1.** Restare dove si è, rimanere fermo, immobile. *Non so se stare o andare.* ⋄ *Lasciare stare:* riferito a persona o animale, non importunarlo; riferito a cosa, non toccarla, non spostarla dalla posizione in cui si trova. **2.** Trovarsi, restare in un determinato luogo, ambiente, situazione. ~ Trovarsi in un luogo avendo delle specifiche mansioni. *Stare alla cassa.* **3.** Avere il proprio domicilio in un certo

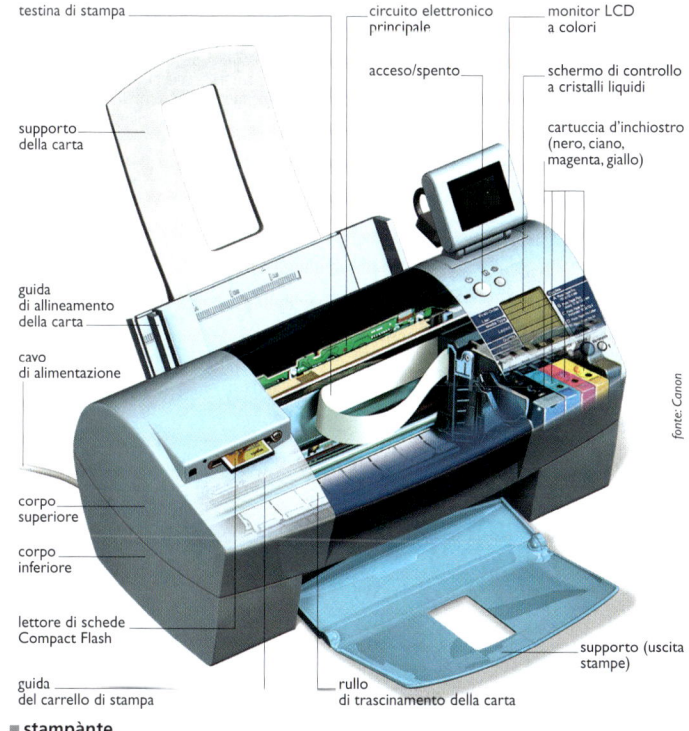

testina di stampa

circuito elettronico principale

monitor LCD a colori

acceso/spento

schermo di controllo a cristalli liquidi

supporto della carta

cartuccia d'inchiostro (nero, ciano, magenta, giallo)

guida di allineamento della carta

cavo di alimentazione

corpo superiore

corpo inferiore

lettore di schede Compact Flash

guida del carrello di stampa

rullo di trascinamento della carta

supporto (uscita stampe)

fonte: Canon

■ **stampànte**

posto. *Stare al secondo piano.* **4.** Vivere con qlcu. *Andrò a stare da mia sorella.* SIN.: **convivere.** ~ Avere un rapporto d'amore. – ◇ *Stare assieme, insieme*: con soggetto pl., avere un rapporto di coppia; avere un rapporto sessuale. ~ Restare in compagnia con qlcu. *Non riesco a stare con lui neanche tre minuti.* **5.** Essere d'accordo e solidale con qlcu., sposarne la causa. *Io sto dalla tua parte.* ~ Seguire le idee di gruppi, partiti, movimenti. **6.** Detto di soggetto inanimato, essere collocato, avere sede in un certo posto. *Dove stanno i miei occhiali?* **7.** Essere, potere essere contenuto in un certo posto, perlopiù nella forma *starci*. *Il vino non ci sta in questa damigiana.* ◇ *fig. Starci dentro*: riferito alle vendite, coprire appena il prezzo di costo, perlopiù senza guadagnare nulla. **8.** MAT. Essere contenuto in un certo numero. *Il 3 nel 9 (ci) sta 3 volte.* ~ Essere in un certo rapporto con un altro numero. *3 sta 9 come 30 sta a 90.* **9.** Consistere in una certa cosa. *Il difficile sta nel ricordare le date.* **10.** Essere, presentarsi in un certo modo. *Le cose stanno così.* **11.** Dipendere da qlcu. *La decisione sta a voi.* ~ Toccare, spettare a qlcu. *Sta a te fare le carte.* ◇ *fig. Ben ti sta*: ti serva da lezione. **12.** Attenersi a qlcu., non allontanarsene. *Bisogna stare ai fatti.* ~ Rimettersi a qlco. *Stare alle decisioni di qlcu.* ◆ v. cop. Essere, trovarsi, presentarsi in una certa situazione o posizione. *Stare in piedi.* ◇ *Stare bene, male*: detto di persone, avere una buona o cattiva situazione economica. – *figg. Stare fresco*: andare incontro a guai o subire una delusione. – *Stare sulle sue*: essere molto riservato, non concedere facilmente la propria confidenza e amicizia agli altri. – *Stare a cuore a qlcu.*: importargli molto. ◆ **starsene** v.pron. Si usa per esprimere e sottolineare la volontarietà del permanere in un certo luogo. *Se ne sta tutto il giorno in camera sua.*

starlet [/ˈstɑːlit/] s.f. inv. (voce ingl., propr. "stellina") Attrice ai primi passi della carriera.

stàrna s.f. Uccello selvatico, molto simile alla pernice, che si nutre di insetti, germogli, grani. (Ordine dei Galliformi.)

starnazzàre v.intr. (aus. *avere*) **1.** Detto di gallinacei, sbattere rumorosamente le ali sul terreno sollevando la polvere. **2.** *fig.* Fare come le oche, agitarsi e parlare chiassosamente. *Come starnazzano quelle ragazze!*

starnutire v.intr. [83] (aus. *avere*) Fare uno o più starnuti.

starnùto s.m. Atto respiratorio involontario e riflesso, consistente in una profonda inspirazione a cui segue un'improvvisa e rumorosa espirazione, suscitato da uno stimolo prodotto sulle mucose nasali.

star system [/ˈstɑː ˈsistəm/] loc. sost. m. (solo sing.) (loc. ingl., comp. di *star* "stella" e *system* "sistema") Nel mondo del cinema e in genere dello spettacolo, sistema pubblicitario che può lanciare, sostenere oppure distruggere un divo.

start [/ˈstɑːt/] s.m. inv. (voce ingl., deriv. di *to start* "partire") **1.** SPORT. Segnale di partenza. SIN.: **via. 2.** CINE. Primo fotogramma di un film.

starter [/ˈstɑːtə/] s.m. inv. (voce ingl.) **1.** SPORT. Chi dà il segnale di partenza in una gara. **2.** Congegno che avvia il funzionamento di una macchina, di un'apparecchiatura, di una lampada, ecc. **3.** AUTOM. Dispositivo e comando per facilitare l'avviamento a freddo dei motori a carburatore.

startup [/ˈstɑːt ʌp/] s.m. inv. (voce ingl.) ECON. Lancio di una nuova attività.

stasàre v.tr. Eliminare ingorghi e intasamenti da tubature e condotti. *Stasare un lavandino.*

stàsi s.f. inv. **1.** MED. Ristagno o rallentamento della circolazione di fluidi organici. **2.** *fig.* Interruzione temporanea o rallentamento di un processo o di un fenomeno.

stàsimo s.m. (gr., deriv. di *stásimon mélos* "canto sul posto") Nel teatro tragico greco, canto eseguito dal coro nell'intervallo tra gli episodi.

statàle agg. Proprio dello Stato, amministrato dallo Stato. ◇ *Strada statale*: importante via di collegamento nazionale. ◆ s.m. e f. Chi lavora alle dipendenze dello Stato. ◆ s.f. Strada statale. *Percorrere la statale 45.*

statalìsmo s.m. **1.** Concezione ideologica o linea politica favorevole a un intervento esteso dello Stato nell'economia e nella società. **2.** Teoria che riconosce nello Stato l'unica fonte del diritto.

statalìsta s.m. e f.[pl.m. –*sti*] Fautore, esponente dello statalismo.

statalizzàre v.tr. Rendere statale la proprietà o la gestione di servizi o di mezzi di produzione.

statalizzazióne s.f. Trasferimento allo Stato della proprietà o della gestione di un'impresa.

statcoulomb [/ˈstatkuˈlɔ/] s.m. inv. (voce ingl.) FIS. Unità di misura del sistema CGS elettrostatico, corrispondente a un coulomb nel sistema internazionale.

stàtica s.f. [non com. pl. –*che*] **1.** FIS. Parte della meccanica che studia l'equilibrio dei sistemi di forze. **2.** Condizione di stabilità di una struttura. *La statica di un edificio.* **3.** ECON. *Statica economica*: analisi economica che non considera il fattore temporale.

stàtice s.f. Pianta a fiori rosa o color malva, foglie ovali o lanceolate, che cresce spontanea sulle sabbie litorali. (Genere *Limonium*; famiglia delle Plumbaginacee.)

staticità s.f. inv. **1.** Stabilità, equilibrio. **2.** *fig.* Immobilità, invariabilità.

stàtico agg. [pl.m. –*ci*, f. –*che*] (gr. *statikós* "riguardante l'equilibrio") **1.** FIS. Riferito a un sistema in stato di quiete. **2.** Relativo alla stabilità di una struttura. **3.** Nelle arti figurative, privo di movimento, rigidamente fissato nello spazio. *Figure statiche di un quadro.* **4.** *fig.* Caratterizzato da mancanza di iniziativa e di prospettive. *Politica statica.*

statìno s.m. **1.** Nel l. bur., modulo con i dati relativi a una determinata situazione. **2.** In ambiente universitario, modulo rilasciato dalla segreteria allo studente che deve sostenere un esame che attesta la regolarità amministrativa della sua posizione.

station wagon [/ˈsteɪʃn ˈwægən/] loc. sost. f. inv. (loc. ingl., propr. "vettura da stazione" dal nome di una carrozza assai spaziosa) Automobile a due volumi e a cinque porte con l'estensione del volume dell'abitacolo alla parte posteriore in modo da ricavare il massimo spazio.

statìsta s.m. e f.[pl.m. –*sti*] Uomo di Stato, autorità statale o personalità politica di fama e valore.

statìstica s.f. [pl. –*che*] **1.** Insieme di metodi matematici che, a partire dalla raccolta e dell'analisi di dati reali, permettono l'elaborazione di modelli probabilistici e consentono la formulazione di previsioni. **2.** Rilevazione ordinata di dati relativi a un fenomeno collettivo e loro interpretazione secondo i metodi della scienza statistica. *Statistiche demografiche.*

statìstico agg. [pl.m. –*ci*, f. –*che*] Relativo alla statistica. *Dato statistico.* ◆ s.m. [f. –*ca*] Esperto, docente di statistica.

1. statìvo agg. LING. Di verbo che indica una situazione o condizione del soggetto e non un'azione o un processo (p.e. esistere).

2. statìvo s.m. (ted. *Stativ*) Sostegno di apparecchi ottici o di altri strumenti di precisione.

stàto s.m. (lat. *státum* "condizione, stabilità") **1.** Condizione, modo di essere o di trovarsi. *Opera d'arte in discreto stato di conservazione.* ~ Condizione fisica e psicologica. ◇ *Stato interessante*: gravidanza. – *Stato dell'arte*: la massima perfezione raggiungibile. – *Stato di cose*: condizione o situazione attuale. **2.** Modo di vivere di persone o di animali, in relazione al grado e alla forma di civiltà o al comportamento della specie. *Stato primitivo.* ◇ FILOS. *Stato di natura*: condizione supposta dell'uomo prima della costituzione delle società giuridicamente e politicamente organizzate. (Prestandogli a importanti variazioni di contenuto, la nozione, centrale nel pensiero politico e antropologico nei secc. XVII e XVIII, è presente in Hobbes, Spinoza, Rousseau, Kant, ecc.) **3.** CHIM., FIS. Modalità di aggregazione delle molecole di una sostanza. *Stato solido, liquido, gassoso.* ◇ *Stato di un sistema*: insieme dei valori delle grandezze sufficienti a specificare la condizione di un sistema fisico, nell'ambito del fenomeno che si considera. – *Equazioni di stato*: equazioni che legano le varia-

bili di stato, per esprimere le leggi cui il sistema è sottoposto e descrivere il suo comportamento. **4.** Situazione di una persona in rapporto agli ordinamenti giuridici e amministrativi e alla posizione che occupa nella società, nella famiglia, nel lavoro, nella Chiesa. ◇ *Stato civile*: l'insieme degli attributi giuridici di una persona. – *Stato di servizio*: servizio svolto da un dipendente statale, civile o militare e i documenti che lo attestano. – *Stato patrimoniale*: prospetto contabile che evidenzia le attività, le passività e il capitale netto di un'impresa. **5.** Situazione, condizione contingente e particolare. *Stato di arresto.* ◇ *Stato di guerra*: assetto politico e militare assunto da un paese in caso di pericolo di conflitto. – *Stato d'assedio*: regime eccezionale per fare fronte a pericoli per l'ordine pubblico. **6.** ST. Nel regno di Francia e in altre nazioni, prima della Rivoluzione del 1789, ognuno dei tre ordini sociali in cui era suddivisa la società. *Primo, secondo e terzo stato.* SIN.: **ceto.** ◇ *fig. Stati generali*: l'antico parlamento francese che riuniva i rappresentanti dei tre stati. **7.** MIL. *Stato maggiore*: corpo di ufficiali che dirigono i comandi delle grandi unità delle forze armate; *fig.* ristretta cerchia dei massimi dirigenti, delle persone più importanti di un gruppo. **8.** Entità giuridica e politica sovrana costituita da un territorio, da una popolazione che lo occupa e da un ordinamento giuridico attraverso cui la sovranità viene esercitata. *Stato democratico.* ◇ *Stato chiuso*: quello che adotta una politica di isolamento nei confronti degli altri Stati. ~ Insieme dei pubblici poteri. ◇ *Stato sociale*: insieme di interventi economici e organizzativi con i quali lo Stato assicura i fondamentali servizi sociali. – *Stato di diritto*: quello in cui i poteri sono separati e anche le autorità pubbliche devono rispettare le leggi. – *Stato di polizia*: quello in cui il potere è esercitato in modo autoritario e repressivo. **9.** GRAMM. L'esserci, il trovarsi, lo stare fermi in un luogo reale o figurato. ~ Situazione o condizione in cui si trova un soggetto. *Verbi di stato.* **10.** MED. Fase di stazionarietà di una malattia.

statocìsti s.f. inv. BIOL. Vescichetta di alcuni animali e cellula di alcuni vegetali con funzione statica e di equilibrio.

statòlite o **statòlito** s.m. **1.** BIOL. In alcuni organismi animali, concrezione di natura minerale presente negli statocisti con funzione di equilibratore. **2.** BOT. Granulo di amido presente in alcune cellule vegetali che consente la percezione dello stimolo della gravità.

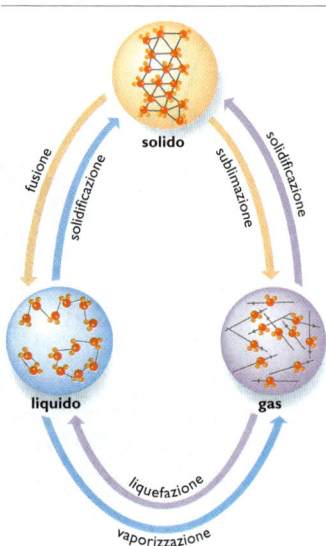

fusione
solidificazione
solido
sublimazione
solidificazione
liquido
gas
liquefazione
vaporizzazione

■ **stàto.** I tre stati principali della materia e relativi cambiamenti.

statóre s.m. (ingl. *stator*, calco del ted. *Ständer*) Parte fissa di una macchina elettrica, all'interno della quale ruota la parte mobile (*rotore*).

statoreattóre s.m. AVIAZ. Propulsore a reazione senza organi mobili, costituito da un condotto termopropulsivo.

stàtua s.f. (lat. *stătuam*, deriv. di *statŭere* "collocare") Opera di scultura a tutto tondo, eseguita con materiali vari e rappresentante figure umane, animali o forme astratte.

statuàle agg. Relativo allo Stato, come ente politico e giuridico. *Ordinamento statuale.*

statuària s.f. Arte e tecnica scultorea. SIN.: **scultura**.

statuàrio agg. [pl.m. –*ri*] **1.** Relativo alle statue. **2.** *fig.* Ben proporzionato e armonioso.

statuétta s.f. Piccola statua a tutto tondo.

statuire v.tr. [83] Deliberare, decretare qlco. *Statuire una norma.*

statuizióne s.f. DIR. Atto di stabilire per legge. ~ Prescrizione giuridicamente sanzionata.

statunitènse agg. Degli Stati Uniti d'America. ◆ s.m. e f. Nativo, abitante degli Stati Uniti.

stàtu quò o **stàtus quò** loc. sost. m. inv. (loc. lat., deriv. di *statu quo ante* "nella condizione di prima") Stato delle cose prima di un determinato evento.

statùra s.f. **1.** Altezza di una persona in posizione eretta. **2.** *fig.* Elevatezza morale o intellettuale, capacità in un determinato campo. SIN.: **levatura**.

stàtus s.m. inv. (voce lat., propr. "condizione") Posizione sociale o situazione giuridica di una persona o di un gruppo sociale.

status symbol [/'steɪtəs 'sɪmbl/] loc. sost. m. inv. (loc. ingl., "simbolo della condizione sociale") Ogni segno esteriore che denota la condizione economica, sociale e culturale di una persona.

statutàrio agg. [pl.m. –*ri*] Dello statuto o sancito dallo statuto.

statùto s.m. (lat. *statŭtum*, deriv. di *statŭere* "stabilire") Insieme di principi intesi a regolare enti pubblici e privati.

stayer [/'steɪə/] s.m. inv. (voce ingl., deriv. di *to stay* "stare, resistere") **1.** SPORT. Cavallo adatto alla corsa veloce su lunghe distanze. **2.** SPORT. Nel ciclismo, mezzofondista.

stazionaménto s.m. (fr. *stationnement*) Fermata, sosta.

stazionàre v.tr. (aus. *avere*) (fr. *stationner*) Stare fermo in un luogo per un periodo più o meno lungo.

stazionàrio agg. [pl.m. –*ri*] **1.** Che non cambia posizione o sede. SIN.: **fisso**. **2.** Che non presenta variazioni o modificazioni. *Condizioni stazionarie del tempo.* **3.** FIS. Di fenomeno o stato di un sistema che presenta caratteristiche costanti nel tempo. *Onda stazionaria.*

stazióne s.f. (lat. *statiōnem* "sosta, luogo di sosta") **1.** Luogo di arrivo e di partenza di viaggiatori e merci, attrezzato con opportuni edifici e impianti. *Stazione ferroviaria.* **2.** Nella liturgia della *Via Crucis*, sosta presso ognuna delle sue quattordici rappresentazioni. **3.** Impianto, complesso di attrezzature specifiche. *Stazione meteorologica.* ◇ *Stazione di servizio:* area di *servizio. ~ ASTRONAUT. *Stazione spaziale:* satellite opportunamente attrezzato per servire da base di riferimento ai veicoli orbitanti. ~ INFORM. *Stazione di lavoro:* workstation. **4.** TELECOM. Impianto per telecomunicazioni. *Stazione radiofonica.* **5.** Centro attrezzato per soggiorni e cure. *Stazione termale.* **6.** Unità operativa fondamentale dell'arma dei carabinieri e della polizia. **7.** Zona, punto del terreno da cui si fanno rilievi topografici e geodetici. **8.** ETNOL. Luogo di insediamento umano in epoca preistorica. **9.** BIOL. Ambiente caratteristico di specie animali e vegetali. **10.** FISIOL. Posizione del corpo. *Stazione eretta.* **11.** ANAT. Gruppo di linfonodi situato in particolari punti del corpo.
ENCICL. Le stazioni spaziali o orbitali sono formate da basi d'attracco e di rifornimento per i veicoli spaziali, camere di decompressione per il trasferimento degli equipaggi e della loro attrezzatura, aree abitabili e aree di lavoro. La prima stazione spaziale lanciata in orbita fu la russa *Salyut* (1971) seguita dall'americana *Skylab* (1973). Successivamente i sovietici lanciarono la stazione modulare *Mir* (1986-2001), occupata nel tempo da 28 equipaggi diversi con più di 100 cosmonauti. Nel 1998 gli Stati Uniti hanno intrapreso, in collaborazione con alcuni stati europei e con Canada, Giappone e Russia, il progetto di realizzazione della Stazione Spaziale Internazionale (SSI), una stazione orbitale permanente formata da moduli lanciati in orbita separatamente. L'assemblaggio della SSI è iniziato nel 1999 e il suo completamento è previsto per il 2006.

stàzza s.f. **1.** MAR. Volume degli spazi di una nave mercantile. **2.** *fig.* Corporatura, spec. corporatura massiccia.

stazzàre v.tr. MAR. Determinare la stazza di un'imbarcazione. ◆ v.intr. (aus. *avere*) Detto di una imbarcazione, avere una certa stazza o capacità di carico.

stealth [/stɛlθ/] s.m. inv. MIL. Aereo costruito con una tecnica che ostacola il rilevamento a mezzo radar.

steam cracking [/'stiːm 'krækɪŋ/] loc. sost. m. inv. (loc. ingl., "piroscissione a vapore") Processo di cracking a cui vengono sottoposte le benzine, trattate con vapore acqueo molto caldo, per ricavarne idrocarburi insaturi.

steamer [/'stiːmə/] s.m. inv. (voce ingl., deriv. di *steam* "vapore") Piroscafo di piccole dimensioni.

stearàto s.m. CHIM. Sale o estere dell'acido stearico.

steàrico agg. [pl.m. –*ci*, f. –*che*] (fr. *stéarique*) **1.** CHIM. *Acido stearico:* composto monocarbossilico saturo, a 18 atomi di carbonio, ottenuto dalla saponificazione di grassi animali e vegetali. **2.** *fig.* Pallido, smorto.

stearina s.f. (fr. *stéarine*, gr. deriv. di *stéar* "grasso") **1.** CHIM. Gliceride dell'acido stearico. **2.** Miscela di acido stearico, palmitico e oleico.

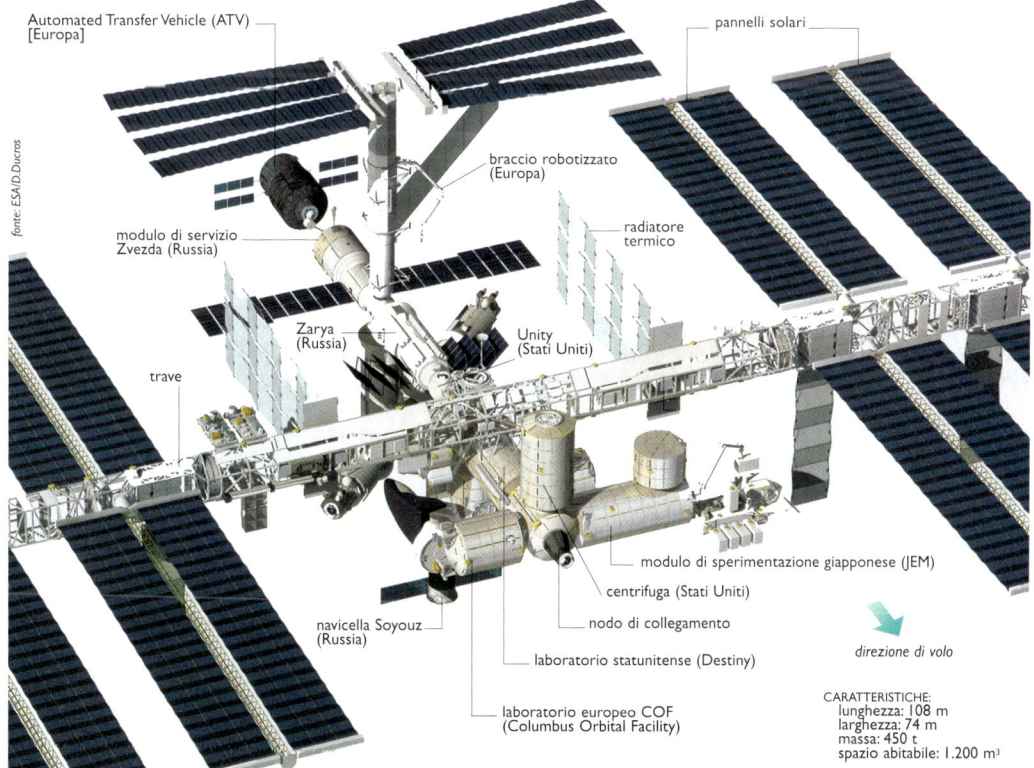

fonte: ESA/D.Ducros

Automated Transfer Vehicle (ATV) [Europa]

pannelli solari

braccio robotizzato (Europa)

radiatore termico

modulo di servizio Zvezda (Russia)

Zarya (Russia)

Unity (Stati Uniti)

trave

modulo di sperimentazione giapponese (JEM)

centrifuga (Stati Uniti)

navicella Soyuz (Russia)

nodo di collegamento

laboratorio statunitense (Destiny)

direzione di volo

laboratorio europeo COF (Columbus Orbital Facility)

CARATTERISTICHE:
lunghezza: 108 m
larghezza: 74 m
massa: 450 t
spazio abitabile: 1.200 m³

■ **stazióne.** La Stazione Spaziale Internazionale nella sua configurazione completa (prevista per il 2006).

steatite s.f. MIN. Varietà di talco compatto.

steatopigia s.f. Carattere costituzionale di alcuni gruppi umani consistente nell'accumulo di grasso nelle natiche con tipica lordosi lombare.

Steatopigidi s.m. pl. [iniziale minusc. sing. *-de* per l'individuo] ANTROP. Ceppo austroafricano dei Negroidi, caratterizzato da steatopigia, faccia appiattita, capelli crespi e corti.

steatòsi s.f. inv. MED. Aumento abnorme del grasso contenuto nelle cellule.

stécca s.f. [pl. *-che*] (got. *stika* "bastone") **1.** Asticella allungata di forma e materiale diverso a seconda dell'uso e della destinazione. ◊ LUD. *Stecca da biliardo:* asta usata nel biliardo, leggermente conica, munita all'estremità superiore di una guarnizione di cuoio. **2.** *estens.* Confezione commerciale di forma allungata. *Stecca di sigarette.* **3.** MED. Supporto ortopedico usato per immobilizzare un osso fratturato. **4.** MIL. *gerg.* Tavoletta di legno che proteggeva le uniformi quando se ne lucidavano i bottoni. ◊ *Passare la stecca:* consegnarla ad altri, quindi congedarsi, terminare il servizio militare; *fig.* affidare a qualcun altro un compito o un servizio spiacevole. **5.** *fig.* Stonatura, nota sbagliata.

steccàre v.tr. [4] **1.** Munire qlco. di stecche. **2.** MED. Immobilizzare un arto fratturato con una stecca di materiale rigido. **3.** CUC. Forare la carne con una stecca per inserire spezie e odori. **4.** *fig.* Sbagliare l'esecuzione di qlco. *Steccare una nota.* ◆ v.intr. (aus. *avere*) **1.** Nel biliardo, colpire male la palla con la stecca. **2.** Fare una stonatura nel cantare. *Il tenore ha steccato.*

steccàto s.m. **1.** Recinzione o barriera divisoria costituita da tavole o pali di legno accostati e conficcati nel terreno. **2.** *fig.* Sbarramento che separa due schieramenti opposti, due atteggiamenti, due mondi diversi.

stecchito agg. **1.** Di una magrezza scheletrica. ◊ *per esager. Morto stecchito:* morto sul colpo. **2.** *fig.* In preda allo spavento o allo stupore.

stechiometrìa s.f. CHIM. Studio dei rapporti numerici di combinazione degli atomi nelle molecole e dei rapporti quantitativi tra reagenti e prodotti nelle reazioni.

stechiomètrico agg. CHIM. Di composto che non varia al variare delle condizioni esterne.

steeplechase [ˈstiːplˌtʃeɪs] s.m. inv. (voce ingl., comp. di *steeple* "guglia" e *chase* "caccia", perché orig. il traguardo poteva essere segnalato dalla guglia di un campanile) IPP. Corsa al galoppo con ostacoli costituiti da fossati, siepi o barriere artificiali.

Stegocèfali s.m. pl. [iniziale minusc. sing. *-lo* per l'individuo] PALEONT. Ordine di anfibi fossili della fine dell'era primaria, del triassico e del giurassico, con cranio massiccio particolarmente ossificato. (Alcune specie raggiungevano i 3 m di lunghezza.)

stègola o **stévola** s.f. Impugnatura metallica o braccio di legno per la manovra e la guida dell'aratro e di altre macchine agricole.

stegomìa s.f. Zanzara diffusa nelle zone temperate e tropicali, portatrice del virus della febbre gialla. (Ordine dei Ditteri.)

stegosàuro s.m. Rettile fossile, diffuso nel giurassico, caratterizzato da una lunga e doppia cresta ossea lungo la linea dorsale, terminante in una coda a più punte. (Lunghezza 7 m; ordine Ornitischi.)

stèle s.f. [non com. pl. *-li*] (gr. *stélē*, propr. "colonna") **1.** Monumento monolitico verticale, general. funerario, ornato con una decorazione epigrafica o con figure in rilievo. **2.** BOT. Nelle piante, parte interna del fusto e delle radici contenente i fasci vascolari.

stélla s.f. **1.** ASTR. Corpo celeste dotato di luce propria, che ruota su se stesso, formato da materia allo stato di plasma. ◊ *Stella nana:* quella che fonde l'idrogeno in elio nel proprio nucleo, ma che ha una massa inferiore rispetto alla media. – *Stelle binarie:* quelle che hanno una distanza reale molto piccola e tra le quali si può esercitare un influsso gravitazionale dell'una sull'altra. – *Stella variabile:* che manifesta nel tempo alterazioni di grandezza e di luminosità periodiche o improvvise. – *Stella cadente:* piccolo meteorite che si incendia per attrito, entrando ad altissima velocità nell'atmosfera. – *Stella di*

■ **stélla** marina.

neutroni: che, trovandosi allo stadio finale della sua evoluzione, è formata da soli neutroni e risulta invisibile, perché presenta una forte attrazione gravitazionale che permette l'emissione di soli neutrini e fotoni di alta energia. **2.** Genericamente, corpo celeste luminoso. *Cielo pieno di stelle.* ◊ *fig. Vedere, far vedere le stelle:* provare, provocare un forte dolore fisico. **3.** Figura o oggetto che ha la forma convenzionalmente attribuita alle stelle. *Cacciavite a stella.* ◊ TECN. *Chiave a stella:* chiave con testa ad anello il cui interno è costituito da una figura a stella. – *Stella filante:* decorazione di carnevale consistente in un nastro arrotolato di carta colorata che si svolge a spirale se viene lanciato. **4.** Emblema, distintivo, etichetta a forma di stella, con svariate funzioni di simbolo. ~ In partic. in guide e indicazioni turistiche, simboleggia la categoria di alberghi e ristoranti. ~ In frigoriferi, indica il livello minimo di temperatura raggiungibile. ~ Nel calcio, simbolo di vittoria di dieci scudetti da parte di una squadra. ◊ *Stella di David:* quella a sei punte, costituita da due triangoli intersecati, simbolo dell'ebraismo. – *A stelle e strisce:* americano, statunitense, con riferimento alla bandiera degli Stati Uniti d'America. – *Stella rossa:* simbolo adottato dall'esercito sovietico. – *Stella a cinque punte:* tipo di distintivo delle forze armate italiane, con cui si fregiano le uniformi degli ufficiali; simbolo usato dalle brigate rosse. **5.** *estens.* Influsso degli astri sulla vita. ◊ *Nascere sotto una buona, cattiva stella:* essere fortunato o sfortunato per natura. **6.** *fig. Artista cinematografico famoso.* ~ *estens.* Personaggio famoso. **7.** MAR. Imbarcazione a vela di piccole dimensioni, da regata olimpica. **8.** IPPOL. Chiazza di colore bianco, presente talvolta sulla fronte dei cavalli. **9.** BOT. Denominazione di alcune piante, caratterizzate dai fiori a stella. ◊ *Stella alpina:* edelweiss. – *Stella di Natale:* arbusto con piccole infiorescenze gialle circondate da brattee rosse, rosee o bianche, disposte a forma di stella. (Famiglia delle Euforbiacee.) **10.** ZOOL. *Stella marina, di mare:* invertebrato marino a forma di stella a cinque raggi. (Diametro massimo 50 cm; sottotipo degli Echinodermi, classe degli Asteroidei.)

ENCICL. Le stelle nascono dalla contrazione di grandi nubi (*nebulose*) di materiale interstellare ricco di polveri e gas. L'addensamento provoca un aumento della temperatura che, raggiunti i dieci milioni di gradi, innesca reazioni termonucleari che trasformano l'idrogeno in elio e creano una pressione interna in grado di bilanciare le forze di contrazione. Questo processo avviene nell'arco di milioni di anni fino ad arrivare ad un punto (sequenza principale), che rappresenta la massima fase di attività di una stella, la cui durata è legata alla quantità di materia stellare. Le stelle dunque con massa più grande brillano maggiormente anche se consumano più velocemente le proprie risorse di energia. A questo punto cominciano una serie di contrazioni ed espansioni dovute al contrasto tra le forze gravitazionali (contrazione) e quelle nucleari (espansione) fino a quando il combustibile nucleare non si esaurisce (ovvero quando tutto l'idrogeno si tramuta in elio). Il nucleo allora non può più produrre energia sufficiente a bilanciare le forze gravitazionali che hanno il sopravvento, la contrazione progressiva del nucleo e i conseguenti aumenti di temperatura provocano l'espansione degli strati gassosi esterni che, ormai liberi dall'attrazione gravitazionale, si estendono per milioni di chilometri (giganti rosse). Per le fasi successive gli studiosi ritengono che il nucleo continui a contrarsi trasformando gli elementi rimasti in altri sempre più pesanti fino a raggiungere un punto critico nel quale la stella può evolvere in *nana bianca,* oppure in *stella di neutroni* o ancora in *buco nero.*

stellage [steˈlaʒ] s.m. inv. (voce fr., ted. deriv. di *stellen* "stare fermo") BORS. Tipo di contratto che permette al contraente che paga un premio di scegliere se ritirare o vendere, a un prezzo prestabilito, i titoli azionari scaduti. SIN.: *stellaggio.*

stellàggio s.m. [pl. *-gi*] BORS. Stellage.

1. stellàre v.tr. Ornare di stelle, costellare. ◆ *stellarsi* v.pron. Riempirsi di stelle. *Nelle notti terse il cielo si stella.*

2. stellàre agg. **1.** ASTR. Relativo alle stelle. **2.** A forma di stella. **3.** Che si svolge nello spazio, spec. nel l. di racconti e film di fantascienza. *Guerre stellari.* **4.** *fig.* Straordinario, smisurato, inimmaginabile.

stellària s.f. **1.** Pianta erbacea a fiori bianchi a forma di stella. (Famiglia delle Cariofillacee.) **2.** BOT. (iniziale maiusc.) Genere di piante a cui appartiene la stellaria.

1. stellàto agg. **1.** Cosparso di stelle, di oggetti a forma di stella. *Cielo stellato.* ◊ *per anton. Bandiera stellata:* bandiera degli Stati Uniti. **2.** Che presenta una disposizione radiale di elementi. ~ A forma di stella, che sembra una stella. ◆ s.m. Cielo punteggiato di stelle.

2. stellàto agg. Rastremato. ◆ s.m. MAR. Parte prodiera o poppiera di un'imbarcazione, dove le fiancate sono molto rastremate.

Le 20 stelle più brillanti del cielo			
nome proprio	nome astronomico	magnitudine apparente	distanza in anni luce
Sirio	α Canis Maioris	- 1,4	8,6
Canopo	α Carinae	- 0,6	1.200
Rigil Kentarus	α Centauri	- 0,3	4,35
Arturo	α Bootis	- 0,05	37
Vega	α Lyrae	+ 0,03	25,3
Capella	α Aurigae	+ 0,1	42
Rigel	β Orionis	+ 0,2	800
Procione	α Canis Minor	+ 0,4	11,4
Achernar	α Eridani	+ 0,5	140
Betelgeuse	α Orionis	+ 0,5 in media (magnitudine apparente variabile tra 0,1 e 1,2)	400
Agena	β Centauri	+ 0,6	500
Altair	α Aquilae	+ 0,8	17
Aldebaran	α Tauri	+ 0,9	65
Acrux	α Crucis	+ 0,9	300
Spica	α Virginis	+ 1	270
Antares	α Scorpii	+ 1 in media (magnitudine apparente variabile tra 0,9 e 1,8)	700
Polluce	β Germinorum	+ 1,2	34
Fomalhaut	α Piscis Australis	+ 1,2	25
Deneb	α Cygni	+ 1,3	1.800
Mimosa	β Crucis	+ 1,3	490

stellétta s.f. **1.** Qualsiasi oggetto a forma di piccola stella. **2.** Distintivo che indica il grado degli ufficiali e contraddistingue le forze armate italiane.

stellina s.f. **1.** Nel sign. del dim. di *stella*. **2.** *fig.* Giovane attrice. **3.** (spec. pl.) Qualità di pasta minuta per minestrine, a forma di stella. **4.** BOT. *Stelletta odorosa:* pianta erbacea con fiori bianchi e foglie lanceolate. (Famiglia delle Rubiacee.)

stellióne s.m. (lat. *stelliōnem*, deriv. di *stèlla* "stella" per la caratteristica macchia frontale) **1.** Grande lucertola tipica del Sahara e dei deserti del vicino Oriente, con ampia coda irta di spine. (Genere *Uromastyx;* ordine degli Agamidi.) **2.** → **geco**.

stellite s.f. Denominazione commerciale, che costituisce marchio registrato, di varie leghe a base di tungsteno, cobalto, carbonio e cromo, molto dure e resistenti all'azione degli acidi.

stelloncino s.m. Breve articolo giornalistico di cronaca.

stellóne s.m. **1.** Nel sign. dell'accr. di *stella*. **2.** *estens.* Fortuna, buona sorte.

stèlo s.m. (lat. *stílum* "gambo") **1.** BOT. Fusto delle piante erbacee, gambo dei fiori. **2.** *estens.* Parte sottile e prolungata di alcuni oggetti. ◇ *Lampada a stelo.* Con un lungo braccio fissato a una base a contatto con il pavimento. **3.** ANAT. Parte del pelo che fuoriesce dalla pelle.

stèmma s.m. [pl. *–mi*] (gr. *stémma* "corona") **1.** Emblema araldico con figure simboliche che contrassegna famiglie nobili, Stati, magistrature, enti, associazioni. **2.** FILOL. *Stemma dei codici o stemma codicum:* schema che rappresenta, come una specie di albero genealogico, i rapporti di dipendenza o di affinità tra i vari codici che hanno trasmesso un testo. ◻ In funzione di agg. inv., nella loc. *punto stemma*, particolare punto del ricamo.

stemperàre v.tr. **1.** Sciogliere una sostanza solida o in polvere in un liquido fino a ottenere un impasto omogeneo e bene amalgamato. *Stemperare un colore.* **2.** *fig.* Attenuare, rendere meno aspro qlco. *Stemperare una polemica.* **3.** *fig.* Diluire un'idea o una storia in uno spazio eccessivo, facendole perdere vigore ed efficacia. *Stemperare la vicenda del romanzo in troppe pagine.* **4.** Fare perdere la tempera a un metallo. *Stemperare l'acciaio.* ◆ **stemperarsi** v.pron. Perdere la tempera o la punta. *La lametta si è stemperata.*

stempiàrsi v.pron. [6] Perdere i capelli sulle tempie.

stempiàto agg. Che ha pochi capelli in prossimità delle tempie.

stencil [/'stɛnsəl/] s.m. inv. (voce ingl., propr. "stampino") Tipo di matrice per copie ciclostilate.

stendàrdo s.m. (fr. *estandart* di orig. germ.) **1.** Insegna simile alla bandiera, fissata nel senso della larghezza a un pennone posto orizzontalmente su un'asta che era contraddistingueva i reggimenti di cavalleria. **2.** In tempi moderni, gonfalone di associazioni religiose, di comuni o di enti vari. **3.** BOT. Petalo superiore della corolla nelle piante delle Papilionacee.

stèndere v.tr. [33] **1.** Mettere qlco. o qlcu. in posizione orizzontale, distesa. SIN.: **coricare**. **2.** Spalmare una sostanza su una superficie. *Stendere il colore sul muro.* **3.** Mettere all'aria la biancheria. **4.** Ridurre in strato sottile una materia duttile. *Stendere la pasta con il matterello.* **5.** Gettare a terra qlcu. con un colpo violento. SIN.: **abbattere**. ~ *gerg.* Uccidere. *L'hanno steso con un colpo di pistola.* **6.** Compilare un testo. *Stendere un romanzo.* ◆ **stendersi** v.pron. **1.** Mettersi in posizione distesa. **2.** Occupare un certo spazio. SIN.: **estendersi**.

stendibiancheria s.m. inv. Attrezzo munito di fili paralleli tenuti tesi su cui si mettono i panni ad asciugare.

stendino s.m. Stendibiancheria.

stenditóio s.m. [pl. *–toi*] **1.** Stendibiancheria. **2.** *estens.* Ambiente attrezzato per stendere i panni.

stenditùra s.f. Nella lavorazione della canapa, operazione di mettere in posizione parallela le mannelle di pettinato per ottenere dei nastri.

stènico agg. [pl.m. *–ci*, f. *–che*] MED. Che manifesta vigore.

stenoalino agg. ECOL., BIOL. Di specie vegetale o animale acquatica, la cui esistenza è legata a una data concentrazione di sale nell'acqua.

stenocardia s.f. MED. Grave stato patologico del muscolo cardiaco. SIN.: **angina pectoris**.

stenodattilografia s.f. **1.** La stenografia e la dattilografia considerate unitariamente. **2.** Disciplina d'insegnamento in istituti tecnici.

stenodattilògrafo s.m. [f. *–fa*] Persona in grado di stenografare e dattilografare, che ne ha la qualifica.

stenografàre v.tr. Scrivere un testo in forma abbreviata usando i segni convenzionali della stenografia.

stenografia s.f. (ingl. *stenography*) Tecnica di scrittura manuale sintetica e semplificata rispetto a quella alfabetica, che si attua mediante l'uso di segni convenzionali per l'abbreviazione di sillabe, parole o frasi. ~ Disciplina d'insegnamento nelle scuole tecniche.

stenogràfico agg. [pl.m. *–ci*, f. *–che*] Relativo alla stenografia.

stenògrafo s.m. [f. *–fa*] Chi sa stenografare. ~ Qualifica professionale di chi possiede un diploma in stenografia.

stenogràmma s.m. [pl. *–mi*] **1.** Segno corrispondente a una sillaba o a una parola. **2.** Testo scritto in stenografia.

stenòsi s.f. inv. (gr. *stésis* "strettezza") MED. Processo patologico di restringimento di un vaso, di un canale, di un orifizio o di un organo cavo.

stenotèrmo agg. BIOL. Di organismo vegetale o animale che non riesce a tollerare forti sbalzi di temperatura.

stenotipia s.f. Tecnica di scrittura stenografica eseguita con speciali macchine da scrivere.

stenotipista s.m. e f.[pl.m. *–sti*] Chi è in grado di usare una macchina per stenotipia.

stentàre v.intr. (aus. *avere*) (lat. *extentāre* "sforzarsi") **1.** Vivere in cattive condizioni economiche. **2.** Faticare, incontrare difficoltà nel fare qlco. *Stento a capire.*

stentàto agg. **1.** Ottenuto con difficoltà. ~ Eseguito faticosamente e con risultati poco soddisfacenti. ~ Faticoso, incerto. *Camminare con passo stentato.* ~ Che rivela sforzo e mancanza di naturalezza. *Sorriso stentato.* **2.** Caratterizzato da privazioni, fatiche, ristrettezze economiche. *Fare una vita stentata.* **3.** Che presenta carenza di crescita e di sviluppo.

stènto s.m. **1.** Difficoltà, fatica. ◇ *A stento:* a fatica, a malapena. **2.** (al pl.) Sofferenze, privazioni derivanti da scarsità di mezzi economici. *Una vita piena di stenti.*

stèntore s.m. (dal nome dell'eroe omerico *Stentore*) Uomo dotato di una voce potente.

stentòreo agg. Di voce potente e sonora.

step [/step/] s.m. inv. (voce ingl.) Disciplina dell'aerobica che si pratica con una specie di cubo antiscivolo ad altezza regolabile, utilizzato come scalino.

■ **stéppa.** Steppa nella regione del Gobi (Mongolia).

stéppa s.f. (fr. *steppe*, russo *step'*) Formazione vegetale e ambiente naturale costituito da erbacee o arbustacee, tipico di regioni aride soggette a clima continentale, dove forma vaste praterie. ~ *estens.* Regione coperta da tale vegetazione.

steppage [/stepaʒ/] s.m. inv. (voce fr.) MED. Disturbo della deambulazione dovuto a paralisi flaccida dei muscoli estensori del piede.

stéppico agg. [pl.m. *–ci*, f. *–che*] Tipico della steppa.

steppóso agg. Relativo a zona geografica che ha i tratti tipici della steppa.

steradiànte s.m. MAT. Unità di misura dell'angolo solido (simb. *sr*) equivalente all'angolo avente il vertice al centro di una sfera, e tale che l'area della sfera che esso sottende è uguale al quadrato del raggio della sfera stessa.

steràngolo s.m. MAT. Angolo solido.

stèrco s.m. [pl. *–chi*] Escrementi, spec. di animali.

stercoràceo agg. Relativo allo sterco.

Stercoràridi s.m. pl. [iniziale minusc. sing. *–de* per l'individuo] ZOOL. Famiglia di uccelli i cui componenti, chiamati stercorari e labbi, presentano costumi pelagici. (Ordine dei Caradriformi.)

stercoràrio agg. [pl.m. *–ri*] (lat. *stercorārium* "relativo all'immondizia") Relativo allo sterco. ◇ ZOOL. *Scarabeo stercorario:* scarabeo che depone le proprie uova nello sterco degli animali. SIN.: **geotrupe**. ◆ s.m. **1.** Scarabeo stercorario. **2.** Uccello acquatico simile al gabbiano, con piume marroni e bianche, diffuso nelle regioni artiche. (Alcuni stercorari sono aggressivi; ordine dei Caradriformi.)

Sterculiàcee s.f. pl. [iniziale minusc. sing. *–a* per l'individuo] BOT. Famiglia di piante dicotiledoni tropicali e subtropicali a fiori dialipetali e foglie alterne, di cui fanno parte l'albero del cacao e la cola.

stèreo agg. inv. *fam.* Stereofonico. ◆ s.m. inv. Impianto stereofonico.

stereòbate s.m. ARCH. Nell'architettura greca, piano di fondazione degli edifici.

stereochimica s.f. [non com. pl. *–che*] CHIM. Studio della disposizione spaziale degli atomi nella molecola.

stereochimico agg. Relativo alla stereochimica.

stereocomparatóre s.m. Apparecchio per rilevamenti topografici, che consente la visione stereoscopica di due fotogrammi.

stereofonia s.f. **1.** Audizione spaziale dei suoni, ottenuta mediante ascolto biauricolare. **2.** Tecnica di riproduzione dei suoni che consente la ricostituzione spaziale e direzionale delle diverse fonti del suono stesso.

stereofònico agg. [pl.m. *–ci*, f. *–che*] **1.** Relativo alla stereofonia. **2.** Fondato sulla stereofonia. ◇ *Impianto stereofonico:* complesso compatto o modulare di apparecchi per la riproduzione di musica registrata su dischi o cassette.

stereofotografia s.f. Fotografia che riproduce immagini tridimensionali.

stereognosìa s.f. MED. Facoltà di riconoscere qlco. al tatto.

stereografia s.f. **1.** GEOM. Metodo con cui si rappresenta graficamente una figura tridimensionale su un piano. **2.** MED. Tecnica radiologica per l'osservazione tridimensionale di due radiografie sovrapposte.

stereogràfico agg. [pl.m. *–ci*, f. *–che*] Relativo alla stereografia.

stereogràmma s.m. [pl. *–mi*] **1.** MAT. Rappresentazione grafica tridimensionale. **2.** TOPOGR. Insieme di disegni e di fotografie che si compongono in modo da offrire una visione tridimensionale. SIN.: **stereofotogramma**.

stereoisomeria s.f. CHIM. Tipo di isomeria di strutture molecolari che differiscono solo per la disposizione spaziale degli atomi o dei gruppi atomici.

stereoisòmero s.m. CHIM. Struttura che presenta stereoisomeria.

stereòma s.m. [pl. *–mi*] (gr. *steréōma* "scheletro") BOT. → **scleroma**.

stereometria s.f. Parte della geometria che studia la misurazione dei solidi. SIN.: **geometria solida**.

stereoregolàre agg. CHIM. Di un polimero lineare i cui costituenti si trovano sulla catena a distanza regolare.

stereoscopia s.f. **1.** OTT. Fenomeno ottico della visione binoculare, con cui si percepiscono gli oggetti in rilievo e in profondità, nella loro dimensione spaziale. **2.** Settore dell'ottica che studia tale percezione. **3.** Tecnica fotografica e cinematografica che riesce a dare alle immagini piane l'effetto della tridimensionalità. ~ *estens.* La fotografia così ottenuta.

stereoscòpio s.m. [pl. *–pi*] (ingl. *stereoscope*) Strumento per l'osservazione in rilievo di immagini piane.

stereospecificità s.f. inv. CHIM. Proprietà di un catalizzatore o di un processo catalitico di produrre solo uno degli stereoisomeri di un determinato composto.

stereospecifico agg. CHIM. Di reazione che permette la produzione di uno solo degli stereoisomeri di un determinato composto.

stereotipàre v.tr. STAM. Stampare qlco. per stereotipia.

stereotipàto agg. **1.** STAM. Stampato mediante stereotipia. **2.** *fig.* Fisso, convenzionale, spesso con valore negativo. *Gesto stereotipato.*

1. stereotipìa s.f. (fr. *stéréotypie*) STAM. Tecnica di riporto di una composizione mobile in un blocco unico di piombo. ◆ Insieme della lastre di piombo ottenute con tale processo. ~ *estens.* La stampa eseguita con tale tecnica.

2. stereotipìa s.f. PSICOL. Disturbo di tipo ossessivo, che induce il soggetto a ripetere sempre gli stessi comportamenti o a pensare per stereotipi.

stereotipista s.m. e f.[pl.m. *–sti*] STAM. Addetto al procedimento della stereotipia.

stereòtipo agg. (fr. *stéréotype*) STAM. Relativo alla stereotipia. ◆ s.m. **1.** PSICOL. Idea preconcetta difficilmente modificabile. **2.** *comun.* Comportamento convenzionale e ricorrente, schema fisso. **3.** LING. Frase fatta, espressione convenzionale.

stèrico agg. [pl.m. *–ci*, f. *–che*] CHIM. Relativo alla disposizione spaziale degli atomi o dei gruppi atomici nella molecola.

stèrile agg. **1.** Non fecondo. ~ Che non dà frutti, improduttivo. *Terreno sterile.* **2.** *fig.* Che non ha esito positivo o possibilità di sviluppo. *Tentativo sterile.* SIN.: **infruttuoso**. **3.** MED. Privo di germi patogeni. *Garza sterile.*

sterilità s.f. inv. **1.** Incapacità di fecondare o di concepire. ~ *estens.* Improduttività. **2.** *fig.* Inutilità di uno sforzo compiuto per raggiungere un risultato. **3.** MED. Assenza di germi patogeni.

sterilizzànte agg. Che sterilizza.

sterilizzàre v.tr. (fr. *stériliser*) **1.** Rendere un essere vivente incapace di procreare. *Sterilizzare un gatto.* **2.** Rendere asettico, privare dei germi. *Sterilizzare l'acqua.*

sterilizzatóre agg. [f. *–trice*] Che serve a sterilizzare. ◆ s.m. **1.** (anche f.) Chi sterilizza. **2.** Apparecchio per la sterilizzazione.

sterilizzazióne s.f. **1.** Privazione della capacità di generare. ~ MED. In partic., operazione chirurgica che consiste nel legare le tube della donna o i dotti deferenti dell'uomo, in modo da provocare la sterilità. (La sterilizzazione senza ragione medica è vietata nella maggior parte dei paesi.) **2.** Eliminazione di germi e microrganismi patogeni da strumenti, cibi, ecc. **3.** ECON. Insieme di misure disposte per ridurre o annullare gli effetti indesiderati di un fenomeno. *Sterilizzazione della scala mobile.*

sterlina s.f. (ingl. *sterling*, propr. "di buona lega, puro") Unità monetaria del Regno Unito e, prima dell'euro, anche dell'Irlanda.

sterminàre v.tr. (lat. *extermināre*, propr. "scacciare") Uccidere tutte le persone o gli animali presenti in un posto, eliminando ogni minima traccia di vita. *Sterminare gli abitanti di una città.*

sterminàto agg. (lat. *exterminātum*, propr. "che va fuori dal confine") Enorme per estensione o quantità, spec. in usi fig.

sterminio s.m. [pl. *–ni*] Annientamento, strage totale di più persone o animali. ◆ s.f. **1.** *Campo di sterminio:* nella Germania nazista, campo di concentramento attrezzato per l'eliminazione di massa di prigionieri e deportati. **2.** *fig. fam.* Grande numero, quantità enorme. *Uno sterminio di gente.*

stèrna s.f. (fr. *sterne*, ingl. *stern* "rondine di mare") **1.** Uccello acquatico caratterizzato da piumaggio grigiastro e nero sulla testa, becco lungo e appiattito, zampe corte. (Lunghezza 40 cm ca.; famiglia dei Laridi.) **2.** ZOOL. (iniziale maiusc.) Genere di uccelli a cui appartengono varie specie di sterne.

■ **stèrna** comune.

sternàle agg. ANAT., MED. Relativo allo sterno.

sternite s.m. ZOOL. Ciascuno dei rivestimenti chitinosi della parte ventrale dei segmenti degli artropodi.

stèrno s.m. ANAT. Osso mediano, lungo e appiattito, situato nella parte anteriore del torace con cui si articolano le clavicole e le costole.

sternocleidomastoidèo agg. ANAT. Del muscolo del collo che permette i movimenti della testa e collega mastoide, sterno e clavicola.

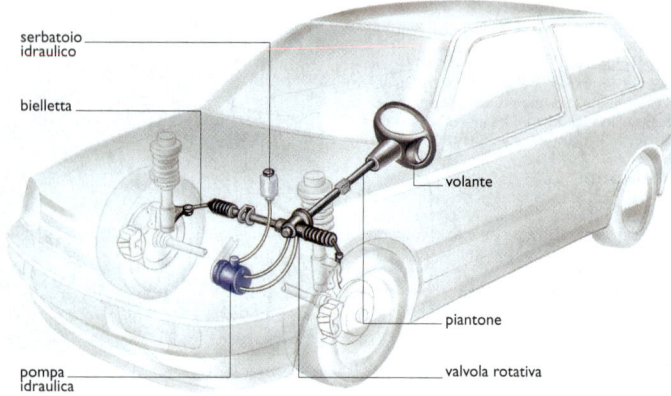

serbatoio idraulico

bielletta

volante

piantone

pompa idraulica

valvola rotativa

■ **stèrzo** a cremagliera di un'automobile.

---

stèro s.m. (fr. *stère*) Unità di misura del volume di foraggi, legna e carbone, corrispondente a un metro cubo.

steròide s.m. CHIM. Denominazione di sostanze organiche caratterizzate da uno scheletro formato da quattro anelli aliciclici condensati; svolgono importanti funzioni fisiologiche e biologiche nell'organismo umano, animale e vegetale.
ENCICL. La classificazione degli steroidi può essere basata sul numero di atomi di carbonio: gli *steroli* ne hanno 27-30 (p.e. colesterolo), gli *acidi biliari* 24 (p.e. acido colico), gli *ormoni sessuali* 18-21 (testosterone), gli *ormoni corticosurrenali* 21 (cortisone), le *sapogenine* 27, gli *aglicones cardiotonici* 23 (digitossigenina).

steroidèo agg. CHIM. Relativo agli steroidi.

steròlo s.m. CHIM. Alcol aliciclico appartenente alla classe degli steroidi, non grasso, contenuto in tutte le cellule animali e vegetali in forma libera o esterificato con acidi grassi.

sterpàglia s.f. [pl. *–glie*] **1.** Ammasso, groviglio di sterpi. **2.** Terreno ricoperto di sterpi.

stèrpo s.m. (lat. *stírpem* "ceppo") Arbusto o ramo secco e pieno di spine, ancora radicato nel terreno o sradicato.

sterràre v.tr. Asportare la terra da un luogo in operazioni di scavo.

sterràto agg. Ottenuto con lo sterro. ◆ s.m. Terreno o strada non pavimentata o asfaltata.

sterratóre s.m. [non com. f. *–trice*] COSTR. Addetto a sterrare.

stèrro s.m. Operazione di sterrare. ~ *estens.* La terra rimossa e la buca prodotta dallo scavo.

stertóre s.m. (deriv. di lat. *stértere* "russare") MED. Rantolo tracheale, tipico perlopiù dell'agonia o del sonno in pazienti costretti a respirare con la bocca.

1. sterzàre v.tr. Dirigere un veicolo in una direzione diversa da quella di marcia manovrando lo sterzo. (aus. *avere*) **1.** Detto del guidatore di un veicolo, manovrare lo sterzo per cambiare la direzione di marcia. *Sterzare a destra.* ~ Detto di veicolo e di ruote direttrici, mutare la direzione di marcia. **2.** *fig.* Cambiare la propria linea, il proprio indirizzo politico.

2. sterzàre v.tr. Ridurre di un terzo, soprattutto in riferimento all'opera di sfoltimento di un bosco.

sterzàta s.f. **1.** Operazione di cambiare la direzione di marcia azionando lo sterzo di un veicolo. **2.** *fig.* Improvviso cambiamento delle idee precedentemente sostenute.

1. stèrzo s.m. (long. *sterz* "manico dell'aratro") Insieme dei dispositivi che agiscono sulle ruote direttrici di un veicolo, general. le anteriori, per consentire il cambio di direzione. ~ Anche, capacità di sterzata. *Automobile che ha poco sterzo.* ~ Nel l. com., volante.

2. stèrzo s.m. AGR. Taglio dei polloni di una ceppaia, in particolare dei cedui.

stésso agg. [f. *–sa*, pl.m. *–si*, f. *–se*] **1.** Esprime identità nel senso di "proprio questo, proprio quello, medesimo". *Siamo nati nello stesso giorno.* ~ Nel senso di "solito". *È sempre la stessa solfa.* ◇ *Nello stesso tempo, al tempo stesso:* contemporaneamente, insieme. ~ *Uno stesso:* un solo. *In uno stesso giorno è riuscito a fare tutto.* **2.** Identico, uguale quantitativamente, qualitativamente o per dimensioni. *Hanno la stessa taglia.* **3.** Si usa come rafforzativo e intensivo, spec. nel senso di "anche", "proprio", "perfino". *L'ho visto con i miei stessi occhi.* ~ È usato anche per mettere in rilievo un nuovo elemento della frase. *La sceneggiatura del film e lo stesso soggetto sono alquanto banali.* **4.** Suddetto, tale. *Si deve compilare la cartolina e inviare la cartolina stessa all'ufficio competente.*

stesùra s.f. Atto del mettere per iscritto qlco. ~ Ciascuna delle redazioni di un'opera letteraria.

stetoscòpio s.m. [pl. –*pi*] (fr. *stéthoscope*) MED. Strumento diagnostico a cannula rigida di legno o metallo che si inserisce nell'orecchio del medico per l'auscultazione dei rumori del corpo del paziente.

steward [/'stjuːəd/] s.m. inv. (voce ingl., propr. "dispensiere") Addetto all'assistenza dei passeggeri a bordo di aerei, navi, treni a lunga percorrenza e di pullman granturismo. (Il corrispondente femminile è *hostess.*)

stìa s.f (etim. incerta, forse long. *stiga* "scala") Gabbia di legno larga e bassa per l'allevamento o il trasporto di polli.

stiància s.f. [pl. –*ce*] Pianta palustre con foglie molto strette e lunghe e infiorescenze vellutate di forma cilindrica e colore marrone che vengono raccolte e seccate a scopo ornamentale. (Genere *Typha*; famiglia delle Tifacee.)

infiorescenza (spadice)

■ **stiància**

stibina s.f. **1.** MIN. → **antimonite. 2.** CHIM. Gas tossico dall'odore sgradevole, composto da antimonio trivalente e idrogeno, usato come antiparassitario.

stick [/'stick/] s.m. inv. (voce ingl., propr. "bastone") Particolare confezione a forma di piccolo cilindro o di tubetto, usata perlopiù per prodotti igienici o cosmetici. ~ *estens.* Il prodotto stesso così commercializzato.

sticometria s.f. Metodo usato nell'antichità classica per misurare la lunghezza delle opere letterarie in base al numero dei versi. (Per le opere in prosa, si adottava come unità di misura un segmento di 16 sillabe posto come equivalente a un esametro.)

sticòmetro s.m. STAM. Nastro graduato o regolo usato in tipografia. SIN.: **tipometro.**

stigliàre v.tr. [6] Nella lavorazione della canapa e delle altre piante tessili, separare le fibre dallo stelo.

stigliatrice s.f. Macchina per separare lo stelo dalle fibre nella lavorazione della canapa e di altre piante tessili.

1. stigma s.m. [pl. –*mi*] **1.** BOT. Parte apicale del pistillo del fiore, che ha la funzione di ricevere il polline. **2.** ZOOL. Apertura laterale del corpo degli insetti e di alcuni artropodi che permette l'entrata dell'aria per la respirazione. **3.** Stigmate. **4.** *fig.* Segno caratteristico, impronta, carattere distintivo.

2. stigma s.m. inv. Digramma usato dagli antichi Greci per indicare il numero 6. ~ Nel Medioevo, segno usato per indicare il nesso consonantico *st.*

stigmate o **stimmate** s.f. pl. (gr. *stígma* "puntura") **1.** Presso gli antichi Greci, marchio impresso con ferri incandescenti sul pelame degli animali per indicarne il proprietario, o sulla fronte di malviventi o di schiavi che avevano tentato la fuga. **2.** Piaghe aperte nei piedi e nelle mani di Cristo dai chiodi della crocifissione e nel costato dal colpo di lancia. ~ Nella mistica cattolica, i segni di queste medesime piaghe che riapparirebbero in alcuni santi. **3.** MED. Segni evidenti di una malattia. **4.** *fig.* Segni distintivi, impronte caratteristiche.

stigmàtico agg. [pl.m. –*ci*, f. –*che*] **1.** BOT. Proprio dello stigma dei fiori. **2.** FIS. Riferito a sistema ottico che forma una sola immagine puntuale di ogni punto reale.

stigmatizzàre v.tr. (gr. *stigmatízein* "apporre un marchio") Criticare qlcu. o qlco. con espressa e indignata disapprovazione.

stigmatizzazióne s.f. Critica indignata, aperta disapprovazione. SIN.: **biasimo.**

stilàre v.tr. Nel l. bur., scrivere documenti ufficiali nelle forme dovute.

stile s.m. (lat. *stīlum* "stilo" e "modo di scrivere") **1.** Insieme delle caratteristiche formali proprie di un'opera artistica, di un autore, di una scuola, di un'epoca. ◇ *Mobile di, in stile:* mobile moderno che imita uno stile antico. **2.** *estens.* Modo abituale di agire, di comportarsi, di esprimersi, di vivere. **3.** Distinzione, signorilità di comportamento, eleganza, classe. ◇ *In grande stile:* riferito a ciò che avviene in modo solenne, pomposo, con larghezza di mezzi o gran dispiego di forze. **4.** Modo di computare il tempo nel calendario, determinando diversamente l'inizio dell'anno. **5.** Riferito ad attività sportive, tecnica o modalità di esecuzione. *Stile ventrale del salto in alto.* ◇ *Stile libero:* nel nuoto, il crawl. **6.** *estens.* Modo di attuare un pezzo musicale, un'opera teatrale, una canzone, ecc. **7.** Taglio di un abito.

stilèma s.m. [pl. –*mi*] Caratteristica stilistica di un'opera, di una scuola, di un autore o di un periodo.

stilétto s.m. Arma bianca simile a un pugnale ma con lama più sottile e appuntita.

stilismo s.m. **1.** Eccessiva cura dell'elemento formale. **2.** Virtuosismo stilistico.

stilista s.m. e f.[pl.m. –*sti*] **1.** Chi cura molto lo stile, anche solo a livello formale, in letteratura, nell'arte o in altre attività, anche sportive. **2.** Disegnatore di moda o di arredamenti.

stilistica s.f. [non com. pl. –*che*] (ted. *Stilistik*) **1.** Con riferimento al passato, arte del comporre, secondo le norme della retorica. **2.** Nella cultura contemporanea studio che analizza e interpreta criticamente lo stile di un testo o insieme di testi letterari, o anche le scelte linguistiche compiute dal singolo parlante.

stilistico agg. [pl.m. –*ci*, f. –*che*] **1.** Relativo allo stile. **2.** Di stilistica, relativo alla stilistica.

stilita o **stilite** s.m. [pl. –*ti*] Nella Chiesa orientale, asceta che sceglieva di vivere sopra una colonna, come pratica di mortificazione.

stilizzàre v.tr. Rappresentare in forma semplificata, essenziale. ~ LETT. Uniformare lo stile o i contenuti di un'opera a moduli determinati.

stilizzàto agg. Rappresentato nelle linee e nei colori essenziali.

stilizzazióne s.f. Tecnica pittorica basata sulla rappresentazione delle figure nei loro tratti essenziali.

stillàre v.tr. Fare uscire un liquido goccia a goccia. *La roccia stilla acqua.* ◆ v.intr. (aus. *essere*) Di liquido, fuoriuscire. *L'acqua stilla dalla roccia.*

stillicìdio s.m. [pl. –*di*] **1.** Lento e costante gocciolamento. **2.** DIR. Istituto del codice civile secondo cui il proprietario di un edificio deve costruire il tetto in modo che le acque piovane che defluiscono non ricadano sul fondo del vicino. **3.** *fig.* Successione ripetuta e monotona, spesso importuna o angosciosa. *Stillicidio di domande.*

stilnòvo s.m. sing. (dalla loc. *dolce stil novo* con cui Dante nella cantica del Purgatorio definisce tale tendenza poetica) Scuola poetica a cui dettero vita tra la fine del Duecento e i primi anni del Trecento poeti legati dalla comune ricerca di uno stile scelto ed elevato adatto alla trattazione di temi lirici.

stilo s.m. **1.** Nell'antichità classica, asticella di osso o di metallo con un'estremità appuntita, usata per incidere la scrittura sulle tavolette cerate, e l'altra estremità allargata, adatta per cancellare. **2.** Elemento di forma allungata di tipo e materiale vario a seconda delle funzioni. **3.** Pugnale con lama molto sottile. SIN.: **stiletto. 4.** BOT. Parte del pistillo che regge lo stigma dei fiori. **5.** ZOOL. In alcuni insetti, spina o appendice addominale.

stilòbate s.m. **1.** ARCH. Nell'architettura greca, base della colonna. **2.** ARCHEOL. *estens.* Basamento unico, a gradinata, di un portico o colonne, di un tempio. SIN.: **crepidine.**

stilòforo agg. ARCH. Di elemento architettonico, general. raffigurante uomini o animali, che funge da basamento per una colonna. ◆ s.m. Nel sign. dell'agg.

stilogràfica s.f. [pl. –*che*] Penna a inchiostro, ricaricabile.

stilòide agg. ANAT. Di apofisi ossea allungata e sottile.

stima s.f. **1.** Valutazione, opinione favorevole di qlcu. SIN.: **apprezzamento.** ◇ *Successo di stima:* quello ottenuto da un'opera non per il suo valore, ma per la stima di cui gode l'autore. **2.** Determinazione del valore economico di un bene. *Stima di un quadro antico.* ~ Il calore così attribuito. **3.** *estens.* Cosa valutata. **4.** Valutazione approssimativa di una grandezza. ~ MAR., AER. Determinazione della posizione di una nave o di un aeromobile. **5.** STAT. Valutazione dei parametri della distribuzione di una variabile casuale, sulla base dei dati osservati su un campione.

stimàbile agg. **1.** Che merita considerazione positiva. **2.** Valutabile economicamente.

stimàre v.tr. (lat. *aestimāre*, deriv. di *aēs* "bronzo, denaro") **1.** Avere una buona opinione di qlcu. *Stimare un amico.* **2.** Determinare il valore, il prezzo di un bene. *Stimare una casa.* **3.** Giudicare, reputare, ritenere. *Non ho stimato necessario informarti.* SIN.: **reputare.** ◆ **stimarsi** v.pron. **1.** Avere stima di se stesso. **2.** Giudicarsi in un certo modo. *Stimarsi fortunato.*

stimàto agg. **1.** Che ha una buona reputazione. **2.** Calcolato in termini matematici o economici.

stimolànte agg. **1.** Che incentiva a fare qlco. ~ Che suscita interesse. **2.** MED. Che stimola determinate funzioni. ◆ s.m. Farmaco che stimola certe funzioni.

stimolàre v.tr. **1.** Favorire un certo comportamento. *La scuola stimola la competizione.* ~ Suscitare o rendere più attiva una funzione organica. *Il carciofo stimola le funzioni del fegato.* **2.** *fig.* Dare nuovo slancio a qlcu. *Stimolare qualcuno allo studio.*

stimolatóre agg. [f. –*trice*] Che serve a stimolare. ◆ s.m. **1.** (anche f.) Chi stimola. **2.** MED. Apparecchio per stimolare determinate funzioni organiche. ◇ *Stimolatore cardiaco:* pacemaker.

stimolazióne s.f. L'azione di stimolare.

stimolo s.m. (lat. *stīmulum*, propr. "oggetto appuntito") **1.** Impulso, spinta che sollecita all'azione, che incita a un determinato comportamento. SIN.: **incentivo. 2.** Impulso a dare soddisfazione a una necessità fisiologica. *Sentire lo stimolo della fame.* **3.** Fattore che provoca una reazione organica. *Stimoli nervosi.*

stinco s.m. [pl. –*chi*] (germ. *skinko*) **1.** Nel l. com., tibia. ◇ *fig.* *Non essere uno stinco di santo:* non essere un modello di perfezione morale. **2.** Nei quadrupedi, parte compresa tra il ginocchio e il metacarpo (negli arti anteriori) o il metatarso (negli arti posteriori).

stingere v.tr. [22] Scolorire qlco. *I lavaggi frequenti stingono i tessuti colorati.* ◆ v.intr. (aus. *essere* o *avere*) Perdere il colore, anche pron. *La camicia (si) è stinta.*

stinto agg. Che ha perso il colore o la vividezza della tinta originaria.

stipàre v.tr. Mettere molte persone o cose in uno spazio di limitata capienza. ◆ **stiparsi** v.pron. Accalcarsi, ammassarsi in uno spazio ristretto. *La gente si stipa sugli autobus.*

stipàto agg. **1.** Costretto in uno spazio limitato. **2.** Di luogo, pieno ai limiti della capienza.

stipendiàre v.tr. [6] (lat. *stipendiāri* "prestare servizio militare") Retribuire il personale. *Stipendiare gli operai.*

stipèndio s.m. [pl. *–di*] (lat. *stipēndium* "paga militare") **1.** Retribuzione mensile fissa corrisposta ai dipendenti per il lavoro svolto. **2.** Ant., paga dei soldati romani o dei mercenari. ~ *estens.* Paga data da un principe o da un signore ai suoi dipendenti.

stipétto s.m. Nel sign. del dim. di *stipo*; in partic., sulle navi, armadietto di bordo.

stipite s.m. (lat. *stipitem*, propr. "tronco") **1.** ARCH. Ciascuno dei due piedritti che delimitano il vano di una porta o di una finestra. **2.** BOT. Fusto di alcuni organismi vegetali, spec. delle palme. ~ Gambo di funghi provvisti di cappella.

stipo s.m. Mobiletto a compartimenti per conservare biancheria oppure oggetti preziosi.

■ **stìpo** d'ebano in stile fiammingo; metà del sec. XVII. (Museo delle Arti Decorative, Parigi.)

stìpola s.f. BOT. Piccola appendice cresciuta su alcune foglie al punto di attacco del picciolo.

stipolàto agg. BOT. Di foglia che presenta la stipola.

stìpsi s.f. inv. MED. Difficoltà o ritardo della defecazione. SIN.: **stitichezza**.

stipula s.f. → stipulazione.

stipulànte agg. DIR. Che prende parte alla stesura del contratto. ◆ s.m. e f. **1.** DIR. Ciascuno dei soggetti del contratto. **2.** Nel diritto romano, il contraente creditore.

stipulàre v.tr. (lat. *stipulāri*, deriv. di *stipula* "paglia" per l'uso antico di spezzare una pagliuzza all'assunzione dell'impegno) Definire i termini di un contratto e redigerlo nelle debite forme.

stipulazióne s.f. DIR. Atto con cui si definiscono formalmente i termini di un contratto. ~ Stesura e definizione del contratto stesso.

Stiracàcee s.f. pl. [iniziale minusc. sing. *–a* per l'individuo] BOT. Famiglia di piante arboree o arbustive, con fiori solitari o riuniti in infiorescenze, frutti secchi a capsula; ne fanno parte molte specie diffuse nelle zone calde e temperate, fra cui lo storace.

stiramàniche s.m. inv. Piccola asse da stiro per stirare le maniche.

stiraménto s.m. **1.** Azione di stirare le membra. **2.** Operazione di allungare determinati materiali per diminuirne lo spessore o per ottenere una superficie piana. **3.** MED. Distensione eccessiva di un muscolo, di un legamento, di un tendine.

stiràre v.tr. **1.** Spianare un tessuto o un indumento togliendone le pieghe con il ferro da stiro. *Stirare le lenzuola.* ◇ *Stirare i capelli:* renderli lisci. **2.** Distendere qlco., spec. le membra, tirandolo. **3.** Distendere in modo da rendere più lungo o sottile qualche elemento duttile e malleabile. *Stirare l'oro in lamine.* ◆ v.intr. (aus. *avere*) Svolgere l'attività di stiro. *Non so stirare.* ◆ **stirarsi** v.pron. **1.** Sgranchirsi, stiracchiarsi. *Stirarsi dopo un sonnellino.* ~ Distendere al massimo le membra. *Stirarsi le braccia.* **2.** Distendere bruscamente i muscoli.

stiràto agg. **1.** Che è stato sottoposto a stiratura. **2.** MED. Che ha subìto uno stiramento. **3.** TECN. Di materiale sottoposto a stiraggio per essere ridotto in lastre, fili, ecc.

stiratóio s.m. [pl. *–tói*] **1.** IND. TESS. Macchina per allineare le fibre. **2.** *Asse da stiro. **3.** Tavolo da disegno su cui si stende il foglio.

stirène s.m. CHIM. Idrocarburo ($C_6H_5CH=CH_2$) derivato fenilico dell'etilene, usato per produrre industrialmente gomme sintetiche e resine.

stiròlo s.m. CHIM. Stirene.

stìrpe s.f. (lat. *stīrpem* "ceppo") **1.** Discendenza, origine di individui o di popoli. ~ Insieme delle persone che discendono da un capostipite comune. **2.** DIR. Insieme dei diretti discendenti di un defunto.

stitichézza s.f. Difficoltà o ritardo della defecazione.

stìtico agg. [pl.m. *–ci*, f. *–che*] **1.** Di persona che ha problemi di stitichezza. **2.** *fig.* Che produce poco, con lentezza e fatica. ◆ s.m. [f. *–ca*] Persona stitica.

1. stiva s.f. Stegola dell'aratro.

2. stiva s.f. Parte interna di una nave o di un aeromobile adibita a magazzino.

stivàggio s.m. [pl. *–gi*] Operazione di caricare la merce nella stiva.

stivàle s.m. (fr. *estival* di orig. incerta) **1.** Tipo di calzatura general. alta fino al ginocchio. ◇ *fig. Lo Stivale:* la penisola italiana, a causa della sua forma geografica. – *spreg. Dei miei stivali:* di cosa o persona per cui non si nutre alcuna stima. **2.** Boccale per birra a forma di stivale.

stivalétto s.m. **1.** Nel sign. del dim. di *stivale*; in partic., scarpa alta fin sopra la caviglia. **2.** MED. Ingessatura a forma di stivale applicata a un piede o a una gamba fratturata.

stivàre v.tr. (lat. *stipāre* "accumulare") Disporre un carico nella stiva di una nave o di un aereo. *Stivare la merce.*

stivatóre s.m. [f. *–trice*] Addetto a operazioni di carico della merce nella stiva.

stizza s.f. Irritazione momentanea, spec. come reazione di sdegno o di fastidio.

stizzire v.tr. [83] Fare arrabbiare qlcu. *Il tuo atteggiamento mi ha proprio stizzito.* ◆ **stizzirsi** v.pron. Provare un senso di dispetto o rabbia. *Non vale la pena di stizzirsi per così poco!*

stizzóso agg. **1.** Che si irrita facilmente. **2.** Pieno di stizza. **3.** *fig. fam.* Noioso, fastidioso, insistente, incessante.

stocàstico agg. [pl.m. *–ci*, f. *–che*] (gr. *stokhastikós*, deriv. di *stokházesthai* "prendere di mira" quindi "fare congetture") PROB. Basato su criteri probabilistici, relativo a variabili casuali. SIN.: **aleatorio**. ◇ *Musica stocastica:* quella data da processi formali definiti in termini probabilistici.

stoccafìsso s.m. (ol. *stocvisch*, comp. di *stoc* "bastone" e *visch* "pesce") **1.** Merluzzo disseccato all'aria aperta. ~ Piatto tipico di molte cucine regionali. **2.** *fig. fam.* Persona impettita e goffa.

stoccàggio s.m. [pl. *–gi*] (fr. *stockage*) Nel l. commerciale, deposito di merci in magazzino, come operazione precedente all'immissione sul mercato.

1. stoccàre v.tr. [4] SPORT. Nella scherma, toccare l'avversario con una stoccata.

2. stoccàre v.tr. [4] (fr. *stocker*) Mettere la merce in magazzino, come scorta, in attesa di rivenderla.

stoccàta s.f. **1.** Colpo inferto di punta con lo stocco o con un altro tipo di arma bianca. ~ Nella scherma, colpo di punta al termine di un'azione offensiva. ~ Nel calcio, tiro rapido e diretto. ~ Colpo di spada inferto dal matador per finire il toro. **2.** *fig.* Frecciata, battuta critica, accusa pungente. **3.** *fig.* Dolore acuto e repentino, dispiacere dovuto a un evento inatteso e non previsto.

stocchìsta o **stockìsta** s.m. e f. [pl.m. *–sti*] **1.** Commerciante che compera merci deprezzate per rivenderle. **2.** Addetto all'immagazzinamento di stock di merci, perlopiù per conto terzi.

1. stòcco s.m. [pl. *–chi*] (fr. *estoc* di orig. germ.) Arma bianca fatta per colpire di punta (secc. XV-XVI).

2. stòcco s.m. [pl. *–chi*] (long. *stok* "ceppo") Fusto del mais.

stock [/'stɔk/] s.m. inv. (voce ingl., propr. "ceppo" quindi "provvista") **1.** Nel l. commerciale, giacenza di merci o di denaro. ~ ECON. Insieme delle merci, delle materie prime, dei prodotti semilavorati e finiti che sono di proprietà di un'impresa e ne costituiscono la consistenza patrimoniale. ◇ *Stock exchange:* borsa valori. **2.** *estens.* Quantità, grossa partita. ◇ *Stock house:* luogo in cui si vendono a prezzi scontati le giacenze di magazzino.

stock car [/'stɔk kɑ:/] loc. sost. f. inv. (loc. ingl.) Automobile di serie, fornita di dispositivi di protezione, impegnata in una corsa in cui le ostruzioni e gli scontri sono di norma.

stock option [/'stɔk 'ɔpʃən/] loc. sost. f. inv. (loc. ingl.) Compenso supplementare che un'azienda propone a suoi dipendenti offrendo loro la possibilità di procurarsi a un prezzo scontato un numero determinato di azioni dell'azienda stessa.

stòffa s.f. (fr. *estoffe*, francone *stopfōn* "riempire") **1.** Articolo tessile avente una certa consistenza e utilizzato per abbigliamento o arredamento. **2.** *fig.* Dote naturale che predispone allo svolgimento ottimale di una certa attività. ◇ assol. *Avere (della) stoffa:* avere grandi qualità, una forte personalità.

stoicaménte avv. In base alla dottrina stoica. ~ *fig.* Con dignità e rassegnazione.

stoicìsmo s.m. **1.** Dottrina della scuola stoica. **2.** *fig.* Atteggiamento dignitoso per cui si sa accettare con rassegnazione il male, serenamente il dolore.

ENCICL. Nato verso la fine del IV sec. a.C. ad Atene, lo stoicismo si suddivide generalm. in: *antica stoà* (secc. III-II, Zenone, Cleante, Crisippo), *media stoà* (secc. II-I, Panezio, Posidonio) e *nuova stoà* (I-III secc. d.C., Epitteto, Seneca, Marco Aurelio). È un tipo di razionalismo che lega indissolubilmente logica, fisica ed etica. Quest'ultima si fonda sul principio che l'uomo è partecipe della ragione universale e ciò che impedisce l'adeguamento della condotta alla razionalità sono le passioni. Perciò il saggio è colui che conforma il suo comportamento all'ordine naturale delle cose in uno stato di assenza delle passioni (*apatia*). Fra gli altri grandi temi dello stoicismo, l'uguaglianza e la solidarietà fra gli uomini e la distruzione e ricostruzione costanti dell'universo (*eterno ritorno*).

stòico agg. [pl.m. *–ci*, f. *–che*] **1.** Dello stoicismo. **2.** *fig.* Che dimostra o denota grande coraggio e fermezza nell'affrontare e nel sopportare dolori fisici e morali. ◆ s.m. [f. *–ca*] **1.** Filosofo dello stoicismo. **2.** *fig.* Persona saggia, che sa affrontare fermamente e con rassegnazione il dolore fisico o le sventure.

stokes [/'stəʊks/] s.m. inv. Unità CGS del coefficiente di viscosità cinematica (simb. *St*), che vale 10^4 m²/s.

stòla s.f. (lat. *stōlam*, gr. *stolḗ* deriv. di *stéllein* "vestire") **1.** RELIG. Striscia di tessuto ornato e ricamato, di vario colore a seconda del tempo liturgico, indossata sopra il camice da vescovi, sacerdoti e diaconi durante le funzioni sacre. **2.** Larga sciarpa elegante di pelliccia o tessuto pregiato, portata intorno al collo o sulle spalle. **3.** ANT. ROM. Lunga veste portata dalle donne sopra la tunica, allacciata alle spalle da fibbie e munita di cintura.

1. stolóne s.m. **1.** Paramento indossato un tempo dal sacerdote durante le messe solenni nel periodo dell'Avvento e di Quaresima. **2.** Ricamo dorato che orna sul davanti il piviale dei vescovi e dei sacerdoti.

2. stolóne s.m. (lat. *stolōnem* "germoglio") **1.** BOT. Ramo o fusto strisciante di alcune piante, capace di prendere radici da ogni nodo e di dare origine a nuove piante. **2.** ZOOL. Prolungamento del corpo di alcuni animali che produce gemme da cui hanno origine nuovi individui.

stolonìfero agg. BOT., ZOOL. Di organismo vegetale o animale dotato di stoloni, che si propaga per stoloni.

stólto agg. **1.** Che ha poca intelligenza e si comporta in modo insensato. **2.** Detto o fatto in maniera sciocca. ◆ s.m. [f. *–ta*] Persona sciocca.

stòma s.m. [pl. *–mi*] **1.** BOT. Ognuna delle numerose aperture microscopiche presenti sulle foglie e su altri organi delle piante, che servono per gli scambi di gas. **2.** ZOOL. Apertura della conchiglia nei molluschi della classe dei Gasteropodi.

stomacàre v.tr. [4] (lat. *stomachàri* "sdegnarsi") **1.** Disturbare lo stomaco a qlcu. procurandogli un senso di schifo, di disgusto. **2.** *fig.* Fare ripugnanza, riuscire disgustoso o intollerabile. *La sua ipocrisia mi ha stomacato.* ◆ **stomacarsi** v.pron. **1.** Provare un senso di nausea e disgusto. **2.** *fig.* Rimanere turbato. *Mi sono stomacato a sentire certi discorsi.*

stomachévole agg. **1.** Che fa schifo, che dà la nausea. *Sapore, odore stomachevole.* **2.** *fig.* Moralmente disgustoso.

stomàchico agg. [pl.m. –ci, f. –che] MED. Riferito al processo della digestione o a ciò che la favorisce. ◆ s.m. MED. Preparato farmaceutico digestivo.

stòmaco s.m. [pl. –chi, –ci] **1.** Nell'uomo, parte del tubo digerente a forma di tasca, situata sotto il diaframma, tra l'esofago e l'intestino tenue, dove i cibi sono trasformati in chimo dal succo gastrico. ~ Nei vertebrati e in una parte degli invertebrati, organo formato da un rigonfiamento del tubo digestivo tra l'esofago e il duodeno, con pareti muscolose, che compie una doppia azione meccanica e chimica sui cibi. ◇ *fig. Restare sullo stomaco*: essere motivo di rancore. **2.** *estens.* Zona esterna del corpo che corrisponde allo stomaco. **3.** *fig.* Capacità di resistere al fastidio che certe situazioni comportano o certe persone suscitano.

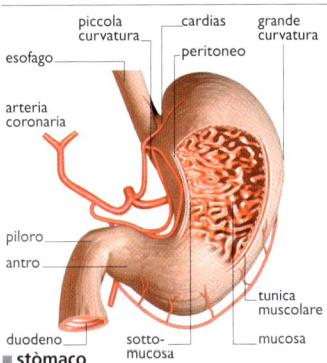

piccola curvatura — cardias — grande curvatura
esofago
peritoneo
arteria coronaria
piloro
antro
duodeno — sotto-mucosa — mucosa
tunica muscolare

■ **stòmaco**

stomàtico agg. [pl.m. –ci, f. –che] **1.** BOT. Relativo allo stoma. *Cellule stomatiche.* **2.** MED. Di farmaco con azione antinfiammatoria sulla mucosa orale.

stomatite s.f. MED. Infiammazione della mucosa orale.

stomatologia s.f. MED. Specialità medica il cui oggetto è lo studio e il trattamento delle affezioni del cavo orale.

stomatòlogo s.m. [f. –ga, pl.m. –gi, f. –ghe] MED. Specialista delle malattie del cavo orale.

Stomatòpodi s.m. pl. [iniziale minusc. sing. –de per l'individuo] ZOOL. Ordine di crostacei marini, caratterizzati dalla presenza di tre paia di arti e da una pinna nelle regione caudale.

stomia s.f. MED. Operazione chirurgica per praticare un orifizio artificiale in uno o fra due organi cavi. ~ L'orifizio artificiale così creato.

stomizzàto agg. Di persona che ha subito una stomia. ◆ s.m. [f. –ta] Nel sign. dell'agg.

stonàre v.intr. (aus. *avere*) **1.** Cantare o suonare andando fuori tonalità e provocando un suono sgradevole. *Il tenore ha stonato.* **2.** *fig.* Non essere in accordo, rispetto allo stile generale, essere difforme, in netto contrasto. *Il tuo dissenso stona in mezzo al consenso generale.* ◆ v.tr. **1.** Eseguire una nota, cantando o suonando, nel tono sbagliato. *Il tenore ha stonato il do di petto.* **2.** *fig.* Mettere fuori fase qlcu., provocare confusione o turbamento. *La notizia ci ha stonato.*

stonàto agg. **1.** Di persona poco intonata, che commette frequenti sbagli d'intonazione. ~ Anche, di nota fuori tono o di strumento che, essendo male accordato, produce suoni sgradevoli. ◇ *fig. Nota stonata*: fatto o elemento

sconveniente e sgradevole, che stride con il contesto o avviene nel momento meno adatto. **2.** *fig.* Privo di armonia con l'insieme in cui si trova inserito, fuori luogo. **3.** *fig.* Che si trova in uno stato di malessere fisico o di turbamento psichico.

stonatùra s.f. **1.** MUS. Esecuzione errata di una nota, cantata o suonata fuori tono. SIN.: **stecca.** **2.** *fig.* Elemento che è in sgradevole contrasto con l'insieme di cui fa parte. ~ Cosa inopportuna, incongrua.

stòp s.m. inv. (ingl. *stop*) **1.** Ordine di fermarsi. **2.** Pannello di segnaletica stradale che indica l'obbligo di fermarsi. **3.** Ognuno dei due fanalini posteriori di un veicolo, che si accendono quando si frena. **4.** Parola usata nei messaggi telegrafati per separare le frasi. **5.** SPORT. Arresto al volo del pallone con il piede o con il petto. ~ BOXE Azione di difesa di un pugile per parare i pugni dell'avversario.

stop and go [/'stɔp ɔn(d) 'gəʊ/] loc. sost. m. inv. (loc. ingl., propr. "fermati e va' avanti") **1.** Politica economica che, alternativamente, frena o incentiva con misure fiscali e monetarie l'attività dell'economia, a seconda dell'andamento congiunturale; è detta anche *politica del semaforo*. **2.** Il fatto di dire e non dire, come segnale di reticenza o come comportamento mirato.

stóppa s.f. Componente fibrosa, sottoprodotto del lino o della canapa.

stoppàccio s.m. [pl. –ci] Tampone di stoppa usato per imbottire o per chiudere interstizi. ~ Tampone che si inseriva nei fucili ad avancarica per spingere la carica nella canna.

1. stoppàre v.tr. **1.** Arrestare, fermare qlco. o qlco. **2.** SPORT. Nel calcio, fermare al volo il pallone con il piede o con il petto. ~ Nella pallacanestro, fermare un pallone destinato a canestro. ~ Nella boxe, bloccare un pugno.

2. stoppàre v.tr. Assicurare la chiusura di qlco. con la stoppa. *Stoppare le giunture di un tubo.*

stopper [/'stɔpə/] s.m. inv. (voce ingl., deriv. di *to stop* "fermare") SPORT. Nel calcio, difensore centrale, davanti al libero.

stóppia s.f. (spec. pl.) **1.** Parte del gambo dei cereali che resta radicato nel campo dopo il raccolto. **2.** Campo ricoperto di stoppie, dopo il raccolto.

stoppino s.m. **1.** Cordoncino all'interno delle candele o delle lucerne a olio o a petrolio. **2.** Innesco usato in passato per artiglierie e bombe. ~ Miccia per fuochi d'artificio. **3.** IND. TESS. Nastro formato dall'assemblaggio di fibre tessili che rappresenta un processo intermedio della filatura.

stoppóso agg. **1.** Che ha il colore giallastro e opaco della stoppa. **2.** Che ha la consistenza compatta e filacciosa della stoppa.

storàce s.m. **1.** Pianta diffusa nel continente asiatico, dalla corteccia ricca di resina dalla cui bollitura si ottiene un balsamo aromatico piuttosto denso, di colore grigio-verde, usato in profumeria e in farmacia. (Famiglia delle Amamelidacee.) **2.** Arbusto delle regioni calde che fornisce il benzoino. (Famiglia delle Stiracacee.)

storage [/'stɔːrɪdʒ/] s.m. inv. (voce ingl., deriv. di *to store* "immagazzinare") INFORM. Immagazzinamento dei dati nella memoria del computer o su altro supporto. ~ L'insieme dei dispositivi di memorizzazione accessibili a un elaboratore.

stòrcere v.tr. [22] **1.** Deformare un oggetto piegandolo con forza da un lato. ~ Imprimere al viso una smorfia di disgusto o un gesto per esprimere dissenso o scontento. *Storcere il naso.* **2.** *fig.* Alterare, forzare, stravolgere un certo significato. *Storcere il significato di un testo.* ◆ **storcersi** v.pron. **1.** Agitarsi, muoversi convulsamente. *Storcersi per il dolore.* **2.** Deformarsi piegandosi da un lato. *L'albero si è storto.* **3.** Prodursi una distorsione o una slogatura a un arto. *Storcersi un braccio.*

storcimènto s.m. **1.** Azione di piegare con forza. ~ Atto di torcersi. **2.** *fig.* (al pl.) Difficoltà, contorsioni proprie di chi è restio a fare qlco.

stordimènto s.m. Malessere brusco e momentaneo, vertigine.

stordire v.tr. [83] **1.** Far perdere o alterare in qlcu. il senso dell'udito o le normali facoltà psichiche. *Questo fracasso mi stordisce.* ~ Far perdere i sensi a qlcu. **2.** *fig.* Provocare grande stupore, meraviglia in qlcu. *La notizia mi ha stordito.* ◆ **stordirsi** v.pron. Sviarsi da pensieri spiacevoli ricorrendo a divertimenti o a sostanze eccitanti. *Stordirsi bevendo alcolici.* SIN.: **intontirsi.**

stordito agg. **1.** Privo di conoscenza, tramortito da un colpo. ~ Anche, che ha la mente annebbiata. ~ *fig.* Colpito da qlco. al punto di restare inebetito, incantato. **2.** Sbadato, distratto. ◆ s.m. [f. –ta] Persona sventata, molto distratta.

stòria s.f. (gr. *historía* "ricerca") **1.** Svolgimento delle vicende umane nel corso del tempo. *Storia delle civiltà.* **2.** Racconto e interpretazione degli avvenimenti della società umana nel suo svolgimento, anche limitatamente a un certo ambito o periodo. *Storia d'Italia.* **3.** Materia scolastica dedicata a tale argomento. *Opera storiografica.* **4.** Opera storiografica. **5.** Narrazione di fatti. **6.** Vicenda personale, vissuta o raccontata. **7.** Faccenda, questione, perlopiù dai risvolti poco piacevoli. ◇ *È una lunga storia*: detto di una questione complicata, che si preferisce tacere per il momento e spiegare in altra sede. **8.** (spec. pl.) Affermazione falsa. **9.** (spec. pl.) Difficoltà, resistenza, pretesto per tergiversare.

storicismo s.m. **1.** Corrente filosofica che difende l'autonomia delle scienze storiche dalle scienze naturali e dalla metafisica. **2.** Tendenza a rapportare ogni manifestazione della cultura umana, opere e autori, a un preciso contesto storico.

storicista s.m. e f.[pl.m. –sti] Filosofo o critico seguace dello storicismo.

storicistico agg. [pl.m. –ci, f. –che] Proprio dello storicismo, degli storicisti, che si basa sullo storicismo. *Critica storicistica.*

storicità s.f. inv. Carattere di ciò che è storico, di ciò che è attestato storicamente.

storicizzàre v.tr. **1.** Considerare qlco. come il frutto di un processo storico. *Storicizzare la scienza.* **2.** Rapportare, inserire qlco. in un preciso ambito storico. *Storicizzare un'opera d'arte.*

stòrico agg. [pl.m. –ci, f. –che] **1.** Relativo alla storia. **2.** Appartenente alla storia in quanto vero, realmente accaduto. **3.** Risalente al passato. *Monumento storico.* **4.** Che riguarda le origini di un movimento, di un'ideologia, ecc. *Socialismo storico.* **5.** *estens.* Talmente famoso da essere tramandato alla storia. **6.** Nella grammatica greca e latina, di tempo verbale riferito a un'azione ormai trascorsa. ◆ s.m. **1.** [f. –ca] Specialista dello studio della storia, autore di trattati storici. **2.** MUS. Voce del narratore in alcune composizioni liturgiche.

storièlla s.f. **1.** Nel sign. del dim. di *storia.* **2.** Raccontino spiritoso. ~ Breve resoconto di un'avventura piacevole. **3.** (spec. pl.) Fandonia.

storiografia s.f. Composizione di opere scientifico-letterarie basata sull'interpretazione critica dei fatti. ~ Insieme dei documenti storici elaborati dai vari studiosi in una determinata epoca.

storiògrafo s.m. [f. –fa] Autore di opere storiche, studioso di storia.

storióne s.m. (germ. *sturjo*) Pesce marino delle regioni temperate dell'emisfero Nord, con bocca priva di denti, dotato di placche ossee disposte in cinque serie longitudinali sui lati e muso allungato fornito di quattro barbigli. [Gli esemplari femmina, che possono raggiungere 6 m di lunghezza e pesare 500 kg, in primavera risalgono i fiumi per deporre le uova (da 100.000 a 2 milioni) da cui si ricava il caviale. Ordine degli Acipenseriformi.]

■ **storióne**

stormìre v.intr. [83] (aus. *avere*) (francone *sturmjan* "tempestare") Detto di fronde agitate dal vento, produrre un fruscio. SIN.: **frusciare**.

stórmo s.m. (long. *sturm*) **1.** Gruppo di uccelli o insetti che volano insieme. **2.** *estens.* Grande quantità di persone o animali. **3.** AER. Unità militare costituita da due o più gruppi di aerei.

stornàre v.tr. (calco del fr. *détourner*) **1.** Rimuovere qlco. di pericoloso o dannoso. *Stornare un pericolo.* **2.** Distogliere da un progetto, da un proposito. *Stornare un amico da un'idea assurda.* SIN.: **dissuadere**. **3.** COMM. Trasferire una somma da una voce di spesa a un'altra in un bilancio preventivo. ~ Cancellare in una scrittura contabile una voce segnata erroneamente.

1. stornèllo s.m. (provenz. *estorn* "tenzone poetica") METR. Componimento popolare cantato, spesso improvvisato durante gare poetiche, d'argomento satirico o amoroso.

2. stornèllo s.m. ZOOL. Storno.

1. stórno s.m. Uccello che vive in grandi branchi e nidifica in quasi tutti i territori abitati dall'uomo, anche in città, caratterizzato dal piumaggio grigio scuro puntinato di bianco e dal verso garrulo. (Lunghezza 20 cm; genere *Sturnus*, famiglia degli Sturnidi.)

2. stórno agg. Di mantello equino grigio scuro puntinato di bianco.

3. stórno s.m. CONTAB. Annullamento di una scrittura erronea nelle voci di un bilancio.

■ stórno

storpiàre v.tr. [6] **1.** *fig.* Rendere storpio un arto producendo una distorsione. *La lesione mi ha storpiato un braccio.* **2.** *fig.* Deformare nella pronuncia o nell'ortografia. ◇ *Storpiare una parola.*: pronunciarla male.

storpiatùra s.f. **1.** Deformazione, distorsione degli arti. **2.** *fig.* Scorrettezza, inesattezza, deformazione, perlopiù di parole o di testi.

stòrpio agg. [pl.m. *–pi*] Impedito negli arti, dalla nascita o in seguito a distorsioni. ◆ s.m. [f. *–pia*] Nel sign. dell'agg.

1. stòrta s.f. **1.** Azione di storcere o di venire storto. **2.** *fam.* Distorsione. *Una storta alla caviglia.*

2. stòrta s.f. **1.** Vaso a collo stretto e ricurvo, utilizzato per la distillazione. **2.** Arma bianca con la lama ricurva, usata ant. dalla fanteria.

stòrto agg. **1.** Che non è diritto. **2.** Non allineato, sistemato in modo da non essere in linea rispetto a una determinata prospettiva. **3.** *fig.* Deviante dalla logica o dalla morale. **4.** *fig. fam.* Non favorevole. ◇ *Andare storto*: male.

stortùra s.f. Cosa sbagliata, ingiusta. ~ *fig.* Modo di pensare o di comportarsi assurdo, illogico.

story [/ˈstɔːri/] s.f. inv. (voce ingl., propr. "storia") **1.** Soggetto cinematografico. **2.** Storia, vicenda che costituisce l'argomento di una lunga serie di articoli giornalistici, a carattere perlopiù sensazionale o scandalistico.

storyboard [/ˈstɔːriˌbɔːd/] s.m. inv. (voce ingl., propr. "quadro del racconto") CINE. Sequenza di bozzetti che illustrano le scene principali di un film, di un programma televisivo o di un messaggio pubblicitario, con didascalie che ne illustrano il contenuto.

stout [/staʊt/] s.f. inv. (voce ingl., propr. "forte, robusto") Birra scura inglese ad alta gradazione alcolica.

stoviglia s.f. [spec. pl. *–glie*] Insieme del vasellame per cucinare le vivande e servirle in tavola.

stoviglierìa s.f. **1.** Insieme di stoviglie. **2.** Industria, commercio delle stoviglie.

stozzàre v.tr. **1.** OREFIC. Decorare qlco. in rilievo usando lo stozzo. **2.** MECC. Scanalare una lastra di metallo con l'apposita macchina.

stòzzo s.m. (long. *stozza* "maglio") Cesello da orafi con punta arrotondata, usato per decorazioni in rilievo su lastre e lamine.

stra- Prefisso di composti che esprime valore superlativo (*stracontento, straricco*) o rafforzativo (*stravedere, straviziare*), oppure indica eccesso, superamento di una misura (*strafare, strapipare*), o significa "al di fuori, oltre" (*stragiudiziale*).

stràbico agg. (fr. *strabique*) MED. Che presenta strabismo. ◆ s.m. [f. *–ca*] Persona affetta da strabismo.

strabiliànte agg. Che lascia sbalorditi.

strabiliàre v.tr. [6] Suscitare in una persona grande meraviglia mista a incredulità. *La sua proposta mi ha strabiliato.* ◆ v.intr. (aus. *avere*) Rimanere sbalordito.

strabismo s.m. (gr. *strabismós*, deriv. di *strabós* "losco") MED. Difetto della vista che si verifica quando i globi oculari deviano dall'asse ottico divergendo o convergendo tra di loro. ◇ *Strabismo di Venere*: quello che si manifesta in forma lieve e che viene ritenuto affascinante.

stracchino s.m. (voce milan. di etim. incerta, forse deriv. di *stracco* perché il formaggio tende a "sedersi" sul piatto) Formaggio di latte vaccino, di pasta cruda e molle.

stracciàre v.tr. [5] **1.** Ridurre a piccoli pezzi carta o tessuto. **2.** *fig.* Vincere una competizione con un grosso vantaggio, umiliando i concorrenti. SIN.: **surclassare**. **3.** IND. TESS. Sfilacciare e togliere via con il pettine di ferro la seta dei bozzoli. ◆ **stracciarsi** v.pron. **1.** Detto di carta o tessuto, ridursi a pezzi o subire una lacerazione. **2.** Prodursi uno strappo in un indumento. *Stracciarsi la gonna.*

stracciatèlla s.f. **1.** CUC. Tipo di minestrina che si prepara mettendo nel brodo in ebollizione uova sbattute e formaggi parmigiani. **2.** Gelato alla panna con pezzi di cioccolato.

stracciàto agg. **1.** Lacerato, strappato. ~ *estens.* Che indossa abiti logori. **2.** *fig.* Di prezzo molto conveniente, fortemente ribassato.

1. stràccio agg. [pl.m. *–ci*, f. *–ce*] Da buttare via perché logoro e inutilizzabile. *Carta straccia.*

2. stràccio s.m. [pl. *–ci*] **1.** Pezzo di tessuto logoro, destinato al riutilizzo industriale oppure a usi domestici. ~ Anche, pezzo di tessuto fabbricato per tale uso. ◇ *fig. Sentirsi uno straccio*: essere a terra, senza energie fisiche o psichiche. **2.** *fam.* (spec. pl.) Indumento scadente e logoro. **3.** IND. TESS. La seta che si tira via con il pettine dal bozzolo.

straccióne s.m. [f. *–na*] **1.** Chi indossa vestiti scadenti e logori. **2.** *fig.* Pezzente, miserabile.

straccivéndolo s.m. [f. *–la*] Chi raccoglie gli stracci per rivenderli.

stracittà s.f. inv. LETT. Corrente letteraria italiana del primo dopoguerra, che propugnava un'apertura culturale alle moderne tendenze europee dell'arte e della scienza (in oppos. allo *strapaese*).

stracittadìna s.f. Incontro sportivo, spec. calcistico, tra due squadre della stessa città. SIN.: **derby**.

stracittadìno agg. Che è espressione tipica della vita sociale e culturale della città e ne esalta le caratteristiche. *Manifestazione stracittadina.*

stracòtto agg. **1.** Che è stato cotto eccessivamente. **2.** *fig.* Molto innamorato. ◆ s.m. Carne di manzo, perlopiù in umido e insaporita con aromi, fatta cuocere a lungo in casseruola a fuoco moderato.

stràda s.f. (lat., deriv. di *strātam vĭam* "via lastricata") **1.** Fascia di terreno spianato, perlopiù pavimentato o asfaltato, che permette il transito di persone e veicoli, collegando una località con un'altra o consentendo l'accesso ai singoli edifici di un centro abitato. ◇ *Strada maestra*: via principale di collegamento tra due paesi o città. – *Strada bianca*: non lastricata né asfaltata. – *Codice della strada*: complesso delle norme che regolano la circolazione e il traffico automobilistico. – *Tagliare la strada a qlcu.*: porsi all'improvviso davanti a una persona o a un mezzo in corsa costringendolo a bloccarsi o a deviare bruscamente; *fig.* mettere il bastone tra le ruote a qlcu. cercando di ostacolarlo nel raggiungimento della meta prefissa. – *figg. Uomo della strada*: cittadino qualunque, uomo comune. – *Donna di strada*: prostituta. – *Mettere qlcu. in mezzo alla strada*: rovinarlo, gettarlo sul lastrico, privandolo di ogni mezzo di sostentamento. **2.** Tragitto, percorso. ◇ *Essere sulla buona strada*: avere fatto la giusta scelta riguardo ai propri scopi e, in senso morale, comportarsi bene. – *Fare strada*: detto di persona, fare carriera. – *Mettere fuori strada*: far sbagliare direzione, fornendo indicazioni inesatte o errate; *fig.* indurre qlcu. in errore, fuorviarlo, spingendolo a una condotta riprovevole, spec. moralmente. **3.** Passaggio, varco. ◇ *fig. Farsi strada*: detto di persona, riuscire ad affermarsi grazie al proprio talento; detto di cosa, fenomeno, idea, ecc., venire a galla, emergere, mostrarsi apertamente. **4.** *fig.* Mezzo, espediente, modo. *Ho tentato ogni strada per convincerlo.* **5.** L'inclinazione particolare che i denti della sega assumono in seguito alla stradatura.

stradàle agg. Relativo alle strade. *Rete stradale.* ◇ *Carta stradale*: carta geografica su cui sono riportate le strade con i chilometri di percorrenza.

stradàrio s.m. [pl. *–ri*] Fascicolo contenente, in ordine alfabetico, i nomi delle vie e delle piazze di una città e le necessarie indicazioni topografiche.

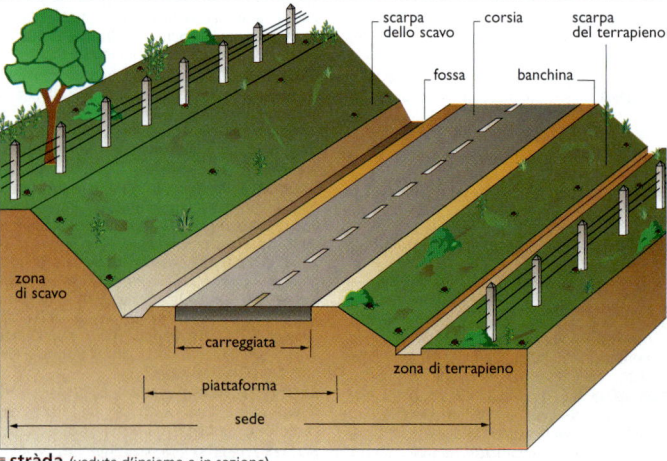

■ **stràda** (veduta d'insieme e in sezione).

stradatùra s.f. (deriv. di *strada* "disposizione dei denti della sega") TECN. Operazione per dare ai denti della sega una lieve inclinazione verso l'esterno, alternativamente a destra e a sinistra.

stradiòtto s.m. (voce venez., gr. *stratiṓtēs* "soldato") Cavaliere di origine balcanica, armato alla leggera, che militava nell'esercito dell'antica repubblica di Venezia. (secc. XV-XVI.)

stradista s.m. e f. [pl.m. *-sti*] SPORT. Ciclista o podista specializzato in gare su strada.

stradivàrio s.m. [pl. *-ri*] Nome dato ai preziosi violini o violoncelli fabbricati dal celebre liutaio Antonio Stradivari.

strafalcióne s.m. Grave errore linguistico.

strafàre v.intr. [9] (aus. *avere*) Fare più di quanto necessario od opportuno, mostrandosi troppo zelante o perfezionista.

strafilàre v.tr. MAR. Collegare due lembi di tela, aventi ai bordi degli occhielli attraverso i quali si fa passare una corda.

strafottènte agg. Che mostra, in modo arrogante, totale disinteresse per gli altri, per i diritti e le opinioni altrui. ◆ s.m. e f. Persona egoista e arrogante, che se ne infischia degli altri.

stràge s.f. (lat. *strāgem*, deriv. di *stĕrnere* "stendere a terra" quindi "abbattere") **1.** Uccisione di una grande quantità di persone o di animali. *Fare una strage di selvaggina.* SIN.: **massacro**. ~ Anche, grande numero di decessi. ◇ *Strage di Stato:* nel l. gior., delitto di strage dietro cui si sospetta la complicità di organi deviati dello Stato. **2.** *estens.* Rovina, distruzione. ◇ *fig. Fare strage di cuori:* far innamorare di sé molte persone. **3.** *fig.* Esito negativo, fallimento di più persone. *Agli esami c'è stata una vera strage.* **4.** *fig. fam.* Grande quantità, grande numero. *Grazie alla pioggia ci sarà una strage di funghi.*

stragismo s.m. Strategia terroristica volta a destabilizzare l'ordine civile e politico, producendo un clima di tensione nella società per mezzo di attentati che spesso provocano numerose vittime tra la popolazione.

stragrànde agg. Straordinariamente grande.

stralciàre v.tr. [5] **1.** Togliere, separare un elemento da un insieme, da un contesto. *Stralciare un brano da un romanzo.* **2.** Mettere in liquidazione qlco.

stràlcio s.m. [pl. *-ci*] **1.** Nel l. bur., atto di staccare o di venire distaccato da un complesso. ~ Anche, ciò che si stacca, parte che viene stralciata. **2.** Liquidazione. *Vendere una merce a stralcio.* ❑ In funzione di agg. inv., nella loc. *legge stralcio*, provvedimento legislativo parziale, approvato per rispondere ai problemi più urgenti, in attesa di una legge generale.

stràle s.m. (long. *strāl*) *lett.* Freccia, dardo. ~ *fig.* Critica, frecciata. *Gli strali della calunnia.*

strallàre v.tr. COSTR. Sostenere un palo o una struttura metallica con stralli.

stràllo o **stràglio** s.m. [pl. *-li*, *-gli*] **1.** MAR. Cavo di sostegno dell'albero di un'imbarcazione dalla parte della prora o della poppa. **2.** COSTR. Cavo d'acciaio che fa da tirante per una struttura metallica in modo da sostenerla.

stralunàre v.tr. Solo nella loc. *stralunare gli occhi*, spalancarli per stupore, spavento o altra forte emozione, oppure rovesciarli in seguito a improvviso malessere. SIN.: **strabuzzare**. ◆ **stralunarsi** v.pron. Sconvolgersi, turbarsi.

stralunàto agg. Sconvolto, profondamente turbato.

stramazzàre v.intr. (aus. *essere*) Cadere a terra improvvisamente e con tutto il peso del corpo.

stramàzzo s.m. **1.** Canaletto scolmatore praticato su un argine. **2.** In certi giochi di carte, vittoria completa meno una presa.

strambàre v.intr. (aus. *avere*) (etim. incerta, forse lig. *strambā* "camminare barcollando") MAR. Detto della randa di un'imbarcazione, spostarsi da un bordo all'altro durante la manovra di virata in poppa.

strambàta s.f. MAR. Virata in poppa. ~ Cambiamento di rotta che si ottiene poggiando fino a far passare le vele da un bordo all'altro.

stramberìa s.f. **1.** Carattere di ciò che è strano e bizzarro. **2.** Atto o espressione stravagante.

stràmbo agg. (gr. *strabós* "strabico") Stravagante, bizzarro.

strambòtto s.m. (provenz. *estribot* "componimento satirico") METR. Componimento popolare di poesia satirica o amorosa, general. in forma di ottava con rima alterna.

stràme s.m. Paglia ed erba secca usate come foraggio o come lettiera per le bestie di stalla.

stramònio s.m. [pl. *-ni*] Pianta erbacea velenosa caratterizzata da foglie ovali, fiori di colore bianco, frutti a capsula ricoperti di aculei, semi da cui si estraggono sostanze usate in medicina per preparati antispasmodici; è detta anche *datura*. (Famiglia delle Solanacee.)

strampalàto agg. Balzano, stravagante. ◆ s.m. [f. *-ta*] Persona bizzarra, bislacca.

stranézza s.f. **1.** Qualità di ciò che è diverso dall'usuale, anomalo. **2.** Atto, espressione, comportamento strano. **3.** FIS. Numero quantico proprio degli adroni.

strange [/'streɪndʒ/] s.m. inv. (voce ingl.) FIS. Uno dei sei quark conosciuti.

strangolaménto s.m. Atto di provocare la morte di qlcu. serrandogli il collo fino a farlo soffocare. ~ Anche, il fatto di morire strangolato.

strangolàre v.tr. (lat. *strangulāre*, gr. *strangalân* deriv. di *strangálē* "laccio") **1.** Serrare il collo a qlcu. con le mani o con un laccio fino a provocarne la morte per asfissia. ~ *per esager.* Detto di indumenti, stringere fortemente il collo. **2.** *fig.* Mettere in gravi difficoltà economiche, danneggiare, impedire lo svolgimento di un attività. *I debiti lo strangolano.* **3.** MAR. Circondare e stringere una vela con un cavo.

strangolatóre s.m. [f. *-trice*] Chi uccide strangolando.

straniaménto s.m. **1.** Atto di distogliere o di distogliersi. **2.** LETT. Processo attraverso il quale uno scrittore, mediante procedimenti espressivi e stilistici, induce nel lettore una percezione non abituale della realtà rivelandone aspetti nuovi o inconsueti e suggerendo significati alternativi. (L'effetto dello straniamento caratterizza il teatro di Bertolt Brecht.)

straniàto agg. Distratto, profondamente assorto.

stranièro agg. (fr. *estrangier*) Che appartiene a un'altra nazione. ◆ s.m. [f. *-ra*] **1.** Cittadino di una nazione estera. **2.** *estens.* Invasore, nemico di nazionalità diversa.

stranìto agg. Che è in uno stato di inquietudine, che ha i nervi a fior di pelle. ~ *estens.* Intontito, stonato.

stràno agg. **1.** Riferito a persona, che pensa e agisce in maniera fuori del comune, anomala. **2.** Riferito a cosa, che è diverso dal consueto e perciò provoca stupore, curiosità o preoccupazione, sospetto. ◆ s.m. (solo sing.) Cosa anormale, insolita. *Lo strano è che conoscevo la strada.*

straordinariaménte avv. In modo straordinario, in misura eccezionale.

straordinariàto s.m. Titolo, ufficio di impiegato o di professore straordinario e, anche, durata di tale ufficio.

straordinàrio agg. [pl.m. *-ri*] **1.** Fuori del consueto, diverso dal normale. **2.** Eccezionale, molto grande, sbalorditivo. ◆ s.m. **1.** (solo sing.) Cosa, fatto straordinario. *Cosa c'è di straordinario in lei?* **2.** Lavoro straordinario e il pagamento di tale lavoro. *Riscuotere lo straordinario.* **3.** Impiegato, professore durante il periodo di straordinariato.

straorzàta s.f. MAR. Movimento e manovra dell'imbarcazione che va improvvisamente all'orza.

strapaése s.m. inv. Corrente letteraria italiana del primo dopoguerra, che difendeva il valore delle tradizioni nazionali e regionali legate all'antica cultura contadina e locale (in oppos. alla *stracittà*).

strapagàre v.tr. [4] Pagare qlcu. o qlco. lautamente o in misura eccessiva rispetto al dovuto.

straparlàre v.intr. (aus. *avere*) Parlare a lungo o dire cose sconclusionate, senza senso. SIN.: **vaneggiare**.

strapazzàre v.tr. (voce di orig. sett.) **1.** Rimproverare duramente qlcu., trattarlo con asprezza. *Questo allenatore è solito strapazzare i giocatori.* SIN.: **bistrattare**. **2.** Trattare, usare qlco. senza averne alcun riguardo. *Strapazzare un libro.* ◇ *fig. Strapazzare un autore:* interpretarne male il testo, eseguirne male la musica. **3.** Sottoporre una bestia o una macchina a sforzi eccessivi. *Strapazzare un cavallo.* ◆ **strapazzarsi** v.pron. Sottoporsi a fatiche eccessive, a sforzi dannosi per il proprio fisico. *Nel lavoro si strapazza troppo.*

strapazzàto agg. **1.** Pieno di disagi e di fatiche. **2.** Affaticato, stanco. **3.** Maltrattato, ridotto in cattive condizioni. ◇ *Uova strapazzate:* rimescolate e sbattute alla meglio prima e durante la cottura in tegamino.

strapàzzo s.m. **1.** Affaticamento eccessivo. **2.** Utilizzo frequente e senza riguardi di un oggetto. ◇ *Da strapazzo:* che può essere usato e sporcato senza preoccupazione, per lavoro o per altri usi quotidiani; *fig.* che ha scarsa competenza o capacità, degno di pochissima stima.

strapiombàre v.intr. (aus. *essere* o *avere*) Non cadere a piombo, presentare sporgenze oltre la linea perpendicolare di caduta. *La torre strapiomba.* ~ *estens.* Scendere a picco, avere un pendio molto ripido e scosceso. *La roccia strapiomba sul mare.*

strapiómbo s.m. **1.** Parte più sporgente rispetto ad altre sottostanti. ~ *estens.* Precipizio. ◇ *A strapiombo:* a picco. **2.** Atto di strapiombare.

strapotére s.m. Potere eccessivo, indiscutibile, spec. in senso spreg.

strappàre v.tr. (got. *strappōn* "tirare con forza") **1.** Rompere in più pezzi qlco., produrvi uno strappo. *Strappare un foglio.* **2.** Portare via con forza, togliere bruscamente. *Gli strappò la sua arma.* ~ Sradicare. *Strappare le erbacce.* **3.** *fig.* Ottenere con difficoltà, dopo una lunga insistenza. *Strappare un segreto.* ◇ *Strappare il riso, le lacrime:* fare ridere, piangere. ◆ v.intr. (aus. *avere*) AUTOM. Detto della frizione o del motore, dare strattoni. ◆ **strapparsi** v.pron. **1.** Lacerarsi, rompersi. *Il lenzuolo si è strappato.* **2.** Rompere un proprio indumento o subire una lacerazione in una parte del corpo. *Il tendine si è strappato.* ◇ *fig. Strapparsi i capelli:* essere disperati.

strappàto agg. Lacerato, a brandelli.

stràppo s.m. **1.** Azione di strappare via, di staccare con forza. ~ Energica e brusca tirata. *Dare uno strappo alla corda.* ◇ ART. DEC. APPL. *Tecnica dello strappo:* tecnica con cui si stacca un affresco da una parete. **2.** Lacerazione, sdrucitura. *Farsi uno strappo alla camicia.* ◇ MED. *Strappo muscolare:* lesione di un tessuto muscolare, dovuta a un trauma. **3.** *fig.* Separazione, rottura, interruzione di rapporti. **4.** *fig.* Infrazione, eccezione, deroga. *Fare uno strappo alla regola.* **5.** SPORT. Nel sollevamento pesi, esercizio che consiste nel sollevare il bilanciere con un solo movimento continuo a braccia tese sopra la testa. ~ Nel ciclismo, accelerazione improvvisa, scatto. **6.** *estens.* Sforzo decisivo, impegno particolare. **7.** *fig. fam.* Passaggio in automobile o in moto.

strapuntìno s.m. **1.** MAR. Materasso della branda dei marinai. **2.** Seggiolino pieghevole aggiuntivo usato su alcuni mezzi di trasporto o in cinema e teatri quando tutti i posti normali sono occupati.

straripàre v.intr. (aus. *avere* o *essere*) Detto di fiumi e corsi d'acqua, riversarsi oltre le rive o gli argini, inondando il terreno circostante. SIN.: **tracimare**.

strascicàre v.tr. [4] Tirare qlco. facendolo strisciare per terra. ◆ v.intr. (aus. *avere*) Toccare per terra strisciando. *La gonna strascica sul pavimento.*

strascicàto agg. **1.** Trascinato lentamente, penosamente. **2.** CUC. Di pietanza passata in padella perché si amalgami bene con il condimento.

stràscico s.m. [pl. *-chi*] **1.** Atto di trascinare. ◇ *A strascico:* di pesca che avviene trascinando le reti sul fondo del mare. **2.** Parte posteriore di un abito lungo che striscia per terra. **3.** Residuo, traccia. *Lo strascico delle lumache sul muro.* **4.** *fig.* (spec. pl.) Insieme di conseguenze di un

evento negativo. *Gli strascichi dell'influenza.*
5. Accompagnamento, corteo.

stràscino o **strascino** s.m. **1.** Particolare rete da pesca da lanciare. **2.** Rete da caccia non più in uso, che veniva trascinata per catturare uccelli terricoli, come le quaglie. **3.** Erpice.

strass [/ʃtras/] s.m. inv. (voce ted., dal nome dell'austriaco G. *Strasser* che lo inventò) Cristallo arricchito di piombo e dotato di una lucentezza simile al diamante o, con opportune colorazioni, ad altre pietre preziose.

stratagèmma s.m. [pl. *–mi*] Piano astuto per cogliere l'avversario di sorpresa. ~ *estens.* Inganno, espediente.

stratèga s.m. [pl. *–ghi*] **1.** Condottiero capace di manovrare le proprie truppe nella maniera più opportuna. *Napoleone fu un grande stratega.* **2.** *estens.* [anche f., pl. *–ghe*] Persona abile nel pianificare soluzioni astute. *Lo stratega della squadra.*

strategìa s.f. (gr. *stratēgía* "carica di stratego") **1.** Parte della scienza militare che studia, progetta e dirige il piano generale delle operazioni militari. **2.** *estens.* Capacità di raggiungere obiettivi importanti programmando nel lungo termine e con lungimiranza, i mezzi adatti. *La strategia elettorale.* ◇ *Strategia della tensione:* disegno politico che mira a sovvertire le istituzioni diffondendo incertezza e sfiducia. **3.** Nei giochi, serie di mosse studiate per vincere l'avversario.
ENCICL. Con l'ingresso nell'era atomica la strategia si è fusa con la politica di difesa delle nazioni o dei blocchi. La strategia delle alleanze, che per i paesi occidentali è la strategia della NATO o *atlantica,* è guidata da consessi internazionali e si avvale di organi specializzati permanenti che dirigono le attività delle sue varie branche (politica, economica, finanziaria, ecc.). La strategia può essere *difensiva,* l'uso delle armi atomiche è elemento di dissuasione o deterrente, oppure *offensiva,* con premineente sviluppo di armi per ottenere una decisa superiorità iniziale.

stratègico agg. [pl.m. *–ci,* f. *–che*] **1.** MIL. Relativo alla tecnica e alla capacità di condurre azioni militari. **2.** *fig.* Ben congegnato, messo a punto nei minimi dettagli e con astuzia. *Mossa strategica.*

stratègo s.m. [pl. *–ghi*] (lat. *stratēgum,* gr. *stratēgós* comp. di *stratós* "esercito" e *ágein* "condurre") **1.** ANT. GR. Comandante militare. **2.** Nell'impero bizantino, chi deteneva il potere militare e civile in una particolare provincia. ~ In epoca medievale, funzionario amministrativo e giurisdizionale di territori italiani sotto il dominio normanno.

stratificàre v.tr. [4] Disporre a strati sovrapposti. ◆ **stratificarsi** v.pron. Sovrapporsi, disporsi a strati orizzontali. *Il terreno si è stratificato durante le ere geologiche.*

stratificàto agg. Che presenta diversi strati sovrapposti.

stratificazióne s.f. **1.** Disposizione in strati sovrapposti. **2.** GEOL. Processo di sedimentazione delle rocce in strati orizzontali. **3.** STAT. Suddivisione dell'universo studiato in diversi gruppi omogenei. **4.** *fig.* Insieme delle esperienze e degli avvenimenti verificatisi in un certo contesto o lasso di tempo.

stratifórme agg. Disposto a forma di strato. *Roccia stratiforme.*

stratigrafìa s.f. (ingl. *stratigraphy*) **1.** Branca della geologia che studia la successione degli strati rocciosi, la loro localizzazione geografica, e i fenomeni geologici e ambientali che hanno portato alla loro formazione. **2.** MED. Tecnica radiografica che permette di ottenere immagini di strati singoli di organi interni. SIN.: **tomografia.**

stratigràfico agg. [pl.m. *–ci,* f. *–che*] Relativo alla stratigrafia.

stratimetrìa s.f. GEOL. Branca della stratigrafia che si occupa della misura, della posizione, dell'inclinazione e dell'orientamento degli strati rocciosi.

stràto s.m. **1.** Quantità di una sostanza omogenea distesa in modo più o meno uniforme su una superficie. *Strato di vernice.* **2.** Nel l. sc., insieme di elementi autonomi sovrapposti a piani orizzontali. ~ BIOL. Massa stratificata di tessuti.

Strato corneo dell'epidermide. ~ GEOL. Formazione omogenea di roccia sedimentaria estesa orizzontalmente e di spessore variabile. ~ METEOR. Massa nuvolosa bassa e uniforme, piuttosto sottile. ~ ARCHEOL. Livello di scavo in cui si trovano resti che risalgono allo stesso periodo. **3.** *fig.* Categoria, classe sociale.

stratocùmulo s.m. METEOR. Tipo di nube scura e di forma arrotondata che si forma a bassa quota.

stratofortézza s.f. AER. Bombardiere a reazione attrezzato per navigare anche nella stratosfera.

stratonémbo s.m. METEOR. → **nembostrato.**

stratopàusa s.f. METEOR. Fascia dell'atmosfera compresa tra la *stratosfera* e la *mesosfera.*

stratoreattóre s.m. Aereo a reazione progettato per volare nella stratosfera.

stratosfèra s.f. (spec. sing.) (fr. *stratosphère*) GEOFIS. Regione dell'atmosfera fra la troposfera e la mesosfera, che si estende tra i 12 e i 50 km di altitudine. (Nella stratosfera la temperatura varia da - 55 a 0 °C ca.)

stratosfèrico agg. [pl.m. *–ci,* f. *–che*] (fr. *stratosphérique*) **1.** Relativo alla stratosfera. **2.** *fig.* Incredibilmente alto, eccessivo. SIN.: **sproposítato. 3.** *fig. fam.* Complicato e astratto, di difficile comprensione.

strattonàre v.tr. Dare spintoni a qlcu., urtarlo con violenza.

strattóne s.m. Strappo violento, tirata o altro movimento brusco ed energico.

stravagànte agg. Che si comporta in modo singolare. ~ Fuori del comune, strano. *Un'idea stravagante.* ◆ s.m. e f. Persona con idee originali, bizzarre, che si comporta in modo singolare. SIN.: **eccentrico.**

stravagànza s.f. **1.** Carattere di chi o di ciò che è esagerato, eccentrico. **2.** Comportamento, espressione stravagante. SIN.: **stranezza.**

stravècchio agg. [pl.m. *–chi*] **1.** Più che vecchio, vecchissimo. **2.** Riferito a prodotto alimentare, invecchiato convenientemente mediante stagionatura. *Grana stravecchio.*

stravìzio s.m. [pl. *–zi*] Intemperanza nei piaceri della tavola e dei sensi. SIN.: **gozzoviglia.**

stravòlgere v.tr. [22] **1.** Alterare il volto o le normali facoltà mentali di qlcu. *Il dolore gli stravolse la mente.* SIN.: **sconvolgere. 2.** *fig.* Alterare, interpretare male o in modo arbitrario qlco. *Ha stravolto il senso delle mie parole.* SIN.: **travisare.**

stravolgiménto s.m. **1.** Condizione di chi o di ciò che è sconvolto, turbato. **2.** Cattiva interpretazione, alterazione del significato di qlco.

stravòlto agg. Alterato nei lineamenti tanto da essere irriconoscibile. ~ Anche, sconvolto, compromesso nelle sue normali facoltà. *Mente stravolta.*

straziànte agg. Che manifesta o causa una grave sofferenza fisica o un tormento morale. *Dolore straziante.* ~ *fig. scherz.* Sgradevole, insopportabile. *Musica straziante.*

straziàre v.tr. [6] **1.** Ferire o mutilare orribilmente qlcu. o qlco. SIN.: **dilaniare.** Tormentare, maltrattare crudelmente. **2.** Affliggere qlcu. con atroci dolori e tormenti fisici o morali. *La malattia lo strazia.* ~ *fam.* Infastidire, annoiare. *Mi ha straziato con le sue chiacchiere.* ◇ *fig. Straziare le orecchie:* assordarle con suoni troppo forti o stonati. **3.** *fig.* Utilizzare o eseguire qlco. in modo gravemente scorretto. *Straziare una canzone.*

stràzio s.m. [pl. *–zi*] **1.** Supplizio che comporta lesioni gravissime. *Fare strazio del corpo del nemico.* ~ Massacro, strage. **2.** *estens.* Dolore fisico o spirituale molto violento. **3.** *fig. scherz.* Cosa o persona penosa e insopportabile.

stream [/'striːm/] s.m. inv. (voce ingl., propr. "corso d'acqua, fiume") INFORM. Flusso continuo di dati.

streamer [/'striːmə/] s.m. inv. (voce ingl. deriv. di *stream* "corso d'acqua, fiume") INFORM. Dispositivo di memorizzazione su nastri magnetici, usato spec. per il backup.

strecciàre v.tr. [5] Sciogliere qlco. raccolto in treccia.

strèga s.f. [pl. *–ghe*] (gr. *strīks* "strige" uccello notturno che secondo antiche leggende succhiava il sangue ai bambini) **1.** Donna che, secondo una superstizione popolare iniziata nel Medioevo, sarebbe dotata di poteri malefici. ◇ *fig. Caccia alle streghe:* comportamenti intolleranti e persecutori perlopiù nei confronti di minoranze o di idee politiche ritenute pericolose per il potere costituito. ~ *pop. Colpo della strega:* acuto dolore paralizzante nella regione lombare dovuto a traumi, sofferenze vertebrali, sforzi o contratture muscolari. **2.** Nelle favole, donna vecchia e brutta che compie malefici. **3.** *fig. spreg.* Donna perfida e maligna. SIN.: **megera.**

stregàre v.tr. [4] **1.** Sottoporre a un'influenza magica. *Il mago stregò il castello con un incantesimo.* **2.** *fig.* Conquistare qlcu., colpirlo tanto vivamente da fargli perdere la capacità di ragionare. *Il violinista ha stregato il pubblico.* SIN.: **affascinare.**

stregàto agg. **1.** Sottoposto all'influsso malefico di incantesimi e sortilegi. **2.** *fig.* Affascinato in modo irresistibile.

stregóne s.m. **1.** ANTROP. Presso alcuni popoli primitivi, persona investita di funzioni sacrali, perché ritenuta in contatto con le forze soprannaturali. **2.** *estens.* Chi si dedica a pratiche magiche o chi si attribuisce qualità di guaritore.

stregonerìa s.f. **1.** Attività dello stregone. **2.** ANTROP. Insieme di pratiche magiche e di rituali propri di una determinata società. (La loro attuazione può essere socialmente riconosciuta o, spec. nel caso di azioni magiche malefiche dipendere da pratiche clandestine.) ~ *estens.* Sortilegio, incantesimo. **3.** *scherz.* Sorpresa, imprevisto piacevole.

strègua s.f. Maniera, criterio, usato nella loc. *alla stregua di,* allo stesso modo, con lo stesso criterio.

strelitzia s.f. (dal nome della duchessa Carlotta di Meclemburgo-*Strelitz,* moglie del re inglese Giorgio III) Pianta originaria dell'Africa meridionale, coltivata a scopo ornamentale per i grandi fiori eleganti e colorati, simili nella forma a un uccello in volo. (Famiglia delle Musacee.)

stremàre v.tr. Ridurre al limite estremo delle forze fisiche.

stremàto agg. Spossato, privo di forze.

strèmo s.m. *Allo stremo:* al limite delle forze, prossimo all'esaurimento.

strènna s.f. (lat. *strēnam* "augurio") **1.** Regalo che si fa o si riceve in occasione di alcune festività. **2.** Pubblicazione antologica di prose e poesie che, un tempo, usciva a Capodanno. **3.** ANT. ROM. Dono di buon augurio offerto dal cliente al patrono in occasione di alcune festività. ☐ In funzione di agg. inv. *Libro strenna:* pubblicato in edizione di lusso.

strènuo agg. **1.** Valoroso e tenace. **2.** *estens.* Instancabile, infaticabile. *Strenuo lavoratore.*

strepitàre v.intr. (aus. *avere*) Fare strepito, fracasso. *Il treno passò strepitando.* ~ Schiamazzare parlando ad alta voce e agitandosi. *I bambini strepitano giocando.*

strèpito s.m. Rumore assordante, confuso e continuo oppure disordinato e prodotto da più persone che gridano.

strepitóso agg. **1.** Risonante, rumoroso e insistente. **2.** *fig.* Clamoroso, sensazionale, straordinario. *Vittoria strepitosa.*

Strepsìtteri s.m. pl. [iniziale minusc. sing. *-ro* per l'individuo] ZOOL. Ordine di insetti, parassiti di altri insetti, caratterizzati da forte dimorfismo sessuale.

streptococcemìa s.f. MED. Setticemia causata dalla presenza di streptococchi nel sangue.

streptocòcco s.m. **1.** (pl. *–chi*) Batterio saprofita o parassita di forma sferica che si presenta in colonie a catena e provoca gravi malattie, fra cui la scarlattina. **2.** BIOL. (iniziale maiusc.) Genere di batteri a cui appartengono varie specie di streptococco.

streptomicète s.m. **1.** Batterio saprofita, a volte parassita, coltivato per la produzione di antibiotici. **2.** BIOL. (iniziale maiusc.) Genere di batteri a cui appartengono varie specie di streptomiceti.

streptomicina s.f. (ingl. *streptomycin*) BIOL. Antibiotico prodotto dagli streptomiceti, coltivati industrialmente, efficace contro alcuni batteri agenti di malattie infettive.

stress [/'strɛs/] s.m. inv. (voce ingl., propr. "sforzo") **1.** MED. Tensione fisica e psichica causata da stimoli negativi nell'ambiente. **2.** *comun.* Affaticamento, esaurimento. ~ *scherz.* Persona molesta.

ENCICL. Lo stress è provocato dal cervello che stimola la secrezione di corticoidi e di adrenalina da parte delle ghiandole surrenali a cui consegue una reazione non specifica, fisica o psichica, di difesa dell'organismo. Una situazione prolungata di stress può dare luogo a fenomeni diversi quali ansia, stanchezza, ulcera gastrica, angina pectoris, eczema, ecc.

stressànte agg. Che provoca tensione fisica e psichica. SIN.: **snervante**. ~ *estens.* Di persona noiosa e insistente.

stressàre v.tr. Causare stress fisico o mentale in qlcu. SIN.: **esaurire**. ◆ **stressarsi** v.pron. Sottoporsi a tensioni fisiche e mentali. SIN.: **affaticarsi**.

stressàto agg. Esaurito, logorato.

stretch [/'strɛtʃ/] s.m. inv. (voce ingl.) Tessuto elasticizzato.

stretching [/'strɛtʃiŋ/] s.m. inv. (voce ingl., deriv. di *to stretch* "tendere") **1.** SPORT. Tecnica ginnica atta a stirare e a distendere dolcemente i muscoli. **2.** CHIM. Vibrazione di un legame chimico lungo il suo asse.

strétta s.f. **1.** Atto di stringere. ~ Ressa, calca. *Liberarsi dalla stretta della folla.* ◇ *Stretta di mano:* gesto di saluto o di amicizia. – ECON. *Stretta creditizia:* manovra monetaria volta a contenere l'inflazione restringendo il volume del credito. **2.** Dolore acuto e improvviso. ~ *estens.* Turbamento, commozione. *Ho provato una stretta al cuore.* **3.** Passaggio stretto. ~ Fondovalle o valico molto angusto. **4.** *fig.* Momento decisivo. *Essere alla stretta finale.* ~ (spec. pl.) Situazione, condizione difficile. ◇ *Essere, mettere alle strette:* in una situazione senza alternative. **5.** MUS. Insieme delle battute finali in cui viene accelerato il movimento.

strettaménte avv. **1.** In modo serrato. **2.** *fig.* In modo rigoroso.

strettézza s.f. **1.** Carattere di ciò che è poco ampio. **2.** *fig.* Penuria, scarsità. ~ (spec. pl.) Situazione in cui si è sprovvisti dei mezzi di sostentamento. *Vivere nelle strettezze.*

1. strétto agg. **1.** Di scarsa larghezza. *Strada stretta.* ◇ *Stare stretto:* di indumenti, essere di taglia inferiore al giusto; *fig. fam.* non corrispondere alle aspettative o all'andamento sperato. **2.** Fortemente serrato, saldo, chiuso. *Nodo stretto.* **3.** Accostato, addossato. ◇ *Prendere una curva stretta:* rasentare pericolosamente il bordo della strada. **4.** *fig.* Molto intimo, in partic. di persona a cui si è legati da sincero affetto. *Amico stretto.* **5.** Rigoroso, severo. ◇ *Dialetto stretto:* puro, senza inflessioni di altre lingue. – *Lo stretto indispensabile, necessario:* l'occorrente minimo. **6.** Obbligato, costretto. **7.** LING. Di suono chiuso. *O stretta.* ❑ In funzione di avv., in modo serrato. *Fasciare stretto un polso.*

2. strétto s.m. **1.** GEOGR. Braccio di mare che separa due terre. **2.** MUS. Terza parte della fuga.

strettóia s.f. **1.** Tratto di strada in cui la carreggiata si restringe rispetto all'ampiezza normale. **2.** *fig.* Problema insormontabile, che non sembra presentare vie d'uscita.

strìa s.f. (lat. *strĭam* "riga") **1.** Solco su una superficie. **2.** ANAT. Smagliatura della pelle. **3.** Scanalatura di una colonna.

striàre v.tr. [6] Rigare qlco. segnandolo con delle strie. *La scia dell'aereo stria l'azzurro del cielo.*

striàto agg. Segnato da striature. ◇ ANAT. *Muscoli striati:* muscoli volontari formati da lunghe fibre sottili organizzate in fasci (in oppos. a *muscoli lisci*). – *Corpo striato:* nucleo di cellule nervose posto alla base del cervello.

striatùra s.f. Striscia o serie di strisce sottili, rigatura.

stricnìna s.f. (fr. *strychnine*) CHIM., MED. Alcaloide molto tossico che si estrae dalla noce di alcune piante equatoriali, usato come stimolante nervoso.

strìcto sènsu loc. avv. (loc. lat., "in senso stretto") In senso stretto, secondo il significato proprio, originario del termine.

stridènte agg. **1.** Stridulo, acuto. **2.** *fig.* Disarmonico, non intonato. *Colori stridenti.*

strìdere v.intr. [12] (aus. *avere*) **1.** Emettere suoni acuti e penetranti, sgradevoli. *Il cancello stride.* ~ Di animali, emettere gridi e versi striduli. **2.** *fig.* Detto di più cose, essere in contrasto. *I colori di questa stanza stridono.* **3.** Non armonizzarsi, non intonarsi con qlco.

strìdio s.m. [pl. *-dii*] Rumore acuto e sgradevole.

stridóre s.m. Suono stridente, sgradevole. ◇ *Stridore di denti:* rumore emesso nel digrignarli.

stridulàre v.intr. (aus. *avere*) Di alcuni animali, emettere versi striduli. *I grilli stridulano.*

stridulazióne s.f. ZOOL. Emissione di versi striduli da parte di alcuni insetti, mediante sfregamento di speciali organi.

strìdulo agg. Acuto e penetrante, fastidioso a sentirsi. *Voce stridula.*

Strìgidi s.m. pl. [iniziale minusc. sing. *-de* per l'individuo] ZOOL. Famiglia di uccelli predatori notturni, come p.e. gufo, civetta e barbagianni. (Ordine degli Strigiformi.)

Strigifórmi s.m. pl. [iniziale minusc. sing. *-me* per l'individuo] ZOOL. Ordine di uccelli predatori notturni, a corpo tozzo, occhi grandi evidenziati dalle penne disposte a cerchio intorno, becco ricurvo e robusto, forti artigli.

strìgile s.m. e f. ARCHEOL. Presso gli antichi Greci e Romani, arnese che serviva a detergere la pelle da polvere e sudore.

strìglia s.f. [pl. *-glie*] (fr. *estrille*) Spazzola munita di denti per pulire il mantello dei cavalli.

strigliàre v.tr. [6] (fr. *estriller*, lat. *strigilàre* "passare lo strigile") **1.** Sfregare con la striglia il mantello dei cavalli. *Strigliare i cavalli.* **2.** *fig.* Rimproverare severamente qlcu. ◆ **strigliarsi** v.pron. *scherz.* Di persona, passarsi energicamente il sapone o la spugna sulla pelle, o il pettine sui capelli.

strigliàta s.f. **1.** Operazione di passare la striglia sul mantello degli equini. **2.** *fig.* Rimprovero aspro e severo. SIN.: **lavata di capo**.

strigliatùra s.f. Pulizia dei cavalli con la striglia.

strike [/'straik/] s.m. inv. (voce ingl., deriv. di *to strike* "colpire") **1.** SPORT. Nel baseball e nel softball, lancio corretto della palla che va a segno senza essere intercettata dal battitore avversario. ◇ *Strike out:* il terzo lancio valido che elimina il battitore di turno. **2.** SPORT. Nel bowling, colpo che abbatte tutti i birilli al lancio della prima boccia di un turno di gioco.

strillàre v.intr. (aus. *avere*) **1.** Emettere strilli e grida. **2.** *estens.* Protestare energicamente. *Il vicino strilla se tengo la radio un po' alta.* ◆ v.tr. Dire qlco. a qlcu. con voce molto alta. *Mi strillava di far presto, ma io non lo sentivo.*

strìllo s.m. **1.** Grido acuto. **2.** *fam.* Sgridata fatta urlando forte. **3.** Nel l. gior., titolo sulla prima pagina dei quotidiani il cui articolo continua nelle pagine interne.

strillóne s.m. [f. *-na*] **1.** *fam.* Chi strilla molto. **2.** Chi, un tempo, vendeva giornali per le strade, gridando le principali notizie per attirare l'attenzione dei passanti.

strillòzzo s.m. Uccello con becco corto e piumaggio bruno, così chiamato per il verso stridulo che emette. (Nome sc. *Emberiza calandra*; famiglia dei Passeriformi.)

striminzìrsi v.pron. [83] **1.** Stringersi in busti o indumenti troppo stretti. **2.** Diventare eccessivamente magro.

striminzìto agg. **1.** Troppo stretto. *Cappotto striminzito.* **2.** Magro, patito.

strimpellàre v.tr. Suonare male uno strumento a corda o un brano musicale. *Strimpellare la chitarra.* ◆ v.intr. (aus. *avere*) Suonare senza troppo impegno. *Prima di cena mi piace strimpellare un po'.*

strinàre v.tr. (etim. discussa, forse lat. *austrinàre* "essere colpito dal vento") **1.** Bruciare alla fiamma la peluria residua di polli e uccelli spennati. **2.** Bruciare la biancheria con il ferro da stiro. *Strinare la camicia.*

strinatùra s.f. Bruciatura che rimane sul tessuto per contatto con un ferro da stiro troppo caldo.

strìnga s.f. [pl. *-ghe*] **1.** Cordoncino, nastro per allacciare scarpe, busti o altro. **2.** MAT. Denominazione generica di elementi connessi in modo specifico. ~ INFORM. Insieme di elementi simili in sequenza che si possono trattare in modo unitario. *Stringa di caratteri.* **3.** LING. Sequenza lineare di elementi linguistici.

stringàre v.tr. [4] **1.** Allacciare, chiudere con lacci. **2.** *fig.* Abbreviare, ridurre all'essenziale. *Stringare un discorso.*

stringàto agg. Breve, essenziale. ~ Anche, di persona che non si dilunga in dettagli, che cerca di sintetizzare.

stringèndo s.m. inv. MUS. Didascalia che indica di accelerare il ritmo, perlopiù durante il crescendo finale.

strìngere v.tr. [20] **1.** Avvicinare tra loro due cose o parti di una stessa cosa in modo che siano serrate o serrino maggiormente. ◇ *fig. Stringere i denti:* intensificare lo sforzo e la capacità di resistenza al dolore o a una dura prova. **2.** Premere, serrare in modo particolarmente forte qlcu. o qlco. contro altra persona o cosa. *La mamma stringe il bambino tra le braccia.* ◇ *fig. Stringere il cuore a qlcu.:* suscitare commozione o commiserazione. **3.** Spingere qlcu. addosso o a ridosso di qlco. *Stringere l'avversario contro una parete.* **4.** Ridurre qlco. nell'ampiezza, nella larghezza, spec. un capo di vestiario. ~ *fig.* Riassumere, sintetizzare un testo. **5.** Detto di capo di vestiario, comprimere eccessivamente una parte del corpo. *Le scarpe stringono i piedi.* **6.** Raggiungere un'intesa, un accordo. *Le nazioni europee hanno stretto un'alleanza.* ~ Stabilire un rapporto affettivo. *I due ragazzi strinsero subito una bella amicizia.* **7.** Impugnare, brandire un'arma. **8.** MAR. *Stringere il vento:* nella navigazione a vela, mettere la prua in una direzione che formi l'angolo minore possibile con la direzione da cui spira il vento, in modo che le vele prendano il vento necessario a procedere. ◆ v.intr. (aus. *avere*) **1.** Incalzare, premere. *Sbrighiamoci, il tempo stringe.* **2.** Detto perlopiù di indumenti, stare stretto. *La gonna (mi) stringe.* **3.** Convergere, portarsi verso una certa posizione, spec. nel gioco del calcio. *Stringere al centro.* ◆ **stringersi** v.pron. **1.** Diventare più stretto. *Lavandolo il maglione si è stretto.* **2.** Detto di più persone, mettersi l'uno vicino o stretto all'altro. **3.** Tenersi ben stretto qlcu., in segno di affetto e protezione. *La donna si stringeva forte il bambino.* **4.** Farsi vicino o più vicino a qlcu. o a qlco. SIN.: **accostarsi**. ◇ *fig. Stringersi intorno a qlcu.:* stargli vicino e sostenerlo in un momento difficile, dimostrandogli solidarietà. **5.** Avvolgersi in qlco. che possa offrire riparo dal freddo. *Mi strinsi nel cappotto.*

stringinàso s.m. inv. **1.** Molletta per stringere le narici, usata talvolta da tuffatori, nuotatori e subacquei per evitare l'ingresso dell'acqua nel naso. **2.** *Occhiali a stringinaso:* occhiali privi di stanghette, sostenuti da una molla che stringe il naso. SIN.: **pince-nez**.

strioscopìa s.f. MECC. Studio delle turbolenze prodotte nell'aria dalla fuoriuscita di un proiettile o da un profilo d'ala di aeroplano durante le prove nelle gallerie aerodinamiche.

1. strip [/strip/] s.m. inv. (voce ingl.) Spogliarello, striptease.

2. strip [/strip/] s.m. inv. (voce ingl., propr. "striscia") **1.** Fumetto che si presenta in strisce di immagini. **2.** BORS. Contratto mediante il quale l'acquirente si riserva il diritto di comprare un certo quantitativo di titoli entro una data prefissata, o di consegnarne il doppio alla controparte.

stripper [/'stripə/] s.m. e f. (voce ingl., deriv. di *to strip* "spogliarsi") Spogliarellista.

stripping [/'stripiŋ/] s.m. inv. (voce ingl., deriv. di *to strip* "togliere") FIN. Distacco delle cedole da un titolo obbligazionario, al fine di consentire la negoziazione separata rispetto al certificato che rappresenta la quota capitale.

strip poker [/'strɪppə 'pəʊkər/] loc. sost. m. inv. (loc. ingl.) Variante scherzosa del poker in cui i giocatori in perdita si tolgono via via gli indumenti.

strip-tease [/'strɪp 'tiːz/] s.m. inv. (voce ingl., comp. di to strip "spogliarsi" e to tease "stuzzicare") Spettacolo di spogliarello.

striscia s.f. [pl. –sce] **1.** Elemento lungo e stretto staccato da un insieme. Striscia di stoffa. **2.** estens. Tutto ciò che, per il suo andamento lungo e stretto, ha la forma di una striscia. Striscia di terreno. ~ Anche, segno, graffio a forma di striscia. Ha fatto una striscia sulla portiera. **3.** GEOM. Parte di piano compresa tra due linee parallele. **4.** Storiella a fumetti in cui le vignette sono su di una sola linea. ~ estens. Fumetto. **5.** In un aeroporto, tratto di pista in cui si decolla o si atterra.

strisciamento s.m. **1.** Movimento di strisciare o di strisciarsi addosso a qlco. o a qlcu. **2.** fig. Adulazione, servilismo, propri di chi striscia ai piedi di un altro.

strisciante agg. **1.** Che striscia. **2.** BOT. Di fusto, ramo o pianta che cresce e si sviluppa a contatto con il suolo. **3.** fig. Di persona viscida, capace di insinuarsi nei favori di qlcu. con mezzi meschini e con atteggiamento ipocrita. **4.** ECON., POLIT. fig. Di fenomeno non intenso e grave, ma persistente e alla fine dannoso. Inflazione strisciante.

strisciare v.intr. [5] (aus. avere) **1.** Avanzare aderendo con il corpo su una superficie, sfregandovi sopra. La lumaca striscia. **2.** Assumere un atteggiamento servile o piegarsi ad atti meschini pur di ottenere favori da qlcu. ◆ v.tr. **1.** Toccare, sfiorare una superficie con un oggetto duro lasciandone delle strisce, delle striature. Strisciare la fiancata della macchina. **2.** Trascinare qlco. su una superficie senza sollevarlo da questa. ◆ **strisciarsi** v.pron. **1.** Rigarsi passando troppo vicino a qlco. di duro. La portiera dell'auto si è strisciata. **2.** Sfregarsi, strofinarsi contro qlco. **3.** fig. Adulare, comportarsi in modo servile.

strisciata s.f. **1.** Atto di strisciare. ~ estens. Segno lasciato strisciando. **2.** Serie di fotografie aeree riguardanti una porzione di territorio. **3.** STAM. Nella fotocomposizione, prova di stampa. **4.** Striscia di carta che esce dalla calcolatrice stampante.

striscio s.m. [pl. –sci] **1.** Atto di sfregare superficialmente contro qlco. ◇ Di striscio: superficialmente, in modo lieve. **2.** Segno lasciato strisciando. **3.** MED. Prelievo di minuscole quantità di tessuto o di liquido organico, posto su un vetrino e strisciato con un altro vetrino per ridurlo a un velo, da analizzare al microscopio a scopo diagnostico.

striscione s.m. Lunga e grossa striscia di stoffa o di carta, su cui sono dipinte o riportate scritte o avvisi pubblicitari e propagandistici a grandi caratteri, appesa di traverso sopra una strada o sorretta da persone che partecipano a manifestazioni.

stritolare v.tr. **1.** Fare qlco. a piccolissimi pezzi. SIN.: maciullare. ~ per esager. Ridurre qlcu. in frammenti. Se lo prendo, lo stritolo! **2.** fig. Mettere a tacere con argomentazioni inoppugnabili. Col tuo discorso hai stritolato il tuo avversario.

strizione s.f. MECC. Restringimento trasversale di un metallo prismatico sottoposto alla prova di trazione.

strizzare v.tr. Spremere con forza qlco. facendo uscire l'acqua o il succo in esso contenuto. Strizzare un limone. ◇ Strizzare l'occhio a qlcu.: fargli l'occhiolino.

strizzatura s.f. Operazione di strizzare stringendo o torcendo con forza.

stròbilo s.m. (gr. stróbilos "pigna") **1.** BOT. Falso frutto costituito da squame legnose che proteggono i semi. Suddivisione delle Gimnosperme.) SIN.: pigna. **2.** ZOOL. Segmento in cui si divide il corpo degli Scifozoi nella riproduzione agamica. ~ Anche, complesso delle proglottidi della tenia e di altri vermi simili.

stroboscopìa s.f. OTT. Metodo di osservazione scientifica che permette di studiare il movimento di corpi in rapida rotazione o vibrazione.

stroboscòpico agg. [pl.m. –ci, f. –che] Relativo alla stroboscopia o allo strumento utilizzato per tale metodo di osservazione.

stroboscòpio s.m. [pl. –pi] Apparecchio che serve a osservare con il metodo della stroboscopia.

stròfa o **stròfe** s.f. **1.** Insieme di più versi che formano un sistema metrico regolato. **2.** Prima delle tre parti liriche, comprendenti anche antistrofe ed epodo, cantate dal coro nella tragedia greca.

strofantina s.f. CHIM. Glucoside estratto dai semi dello strofanto e utilizzato in medicina come stimolante delle funzioni cardiache.

strofànto s.m. (lat. Strophanthus, comp. di gr. stróphos "cordone" e ánthos "fiore") **1.** Pianta tropicale arbustacea o arborea originaria dell'Africa tropicale, caratterizzata da lunghe liane, fiori gialli striati di rosso, fusto peloso e semi muniti di ciuffi, dai quali si estrae la strofantina. (Famiglia delle Apocinacee.) **2.** BOT. (iniziale maiusc.) Genere di piante a cui appartiene lo strofanto.

stròfico agg. [pl.m. –ci, f. –che] METR. Relativo alla strofa. Struttura strofica di un componimento.

strofinàccio s.m. [pl. –ci] Straccio, cencio che si usa per lavori domestici di pulizia.

strofinàre v.tr. (etim. incerta, forse long. straufinôn) Fregare energicamente una superficie passandovi sopra più volte la mano, un panno, ecc. ◆ **strofinarsi** v.pron. **1.** Strisciarsi contro o addosso a qlcu. o a qlco. **2.** fig. Stare sempre intorno a qlcu., mostrarsi premuroso con lui per entrare nei suoi favori. Strofinarsi al capoufficio. **3.** Sfregare energicamente una parte del proprio corpo.

stròma s.m. [pl. –mi] (gr. strôma, deriv. di strônnýnai "stendere") ISTOL. Tessuto connettivo che forma la struttura di un organo o di una cellula.

strombàre v.tr. ARCH. Allargare obliquamente, general. dall'esterno in interno, il vano di una porta, di una finestra.

strombatura s.f. ARCH. Particolare sagoma praticata ai vani di porte e finestre, svasati obliquamente nello spessore del muro per consentire una migliore illuminazione dell'ambiente interno.

strombazzàre v.intr. (aus. avere) Suonare freneticamente il clacson di un autoveicolo. ◆ v.tr. fig. Diffondere chiassosamente in giro notizie di cui ci si vanta. Strombazzare le proprie doti a destra e a sinistra.

Strómbidi s.m. pl. (iniziale minusc. sing. –de per l'individuo) ZOOL. Famiglia di molluschi gasteropodi. (Sottoclasse dei Prosobranchi.)

1. strómbo s.m. Strombatura.

2. strómbo s.m. (gr. strómbos "conchiglia") Grande mollusco gasteropode dei mari caldi la cui conchiglia, molto grande, viene usata per ricavare cammei. (Famiglia dei Gasteropodi.)

strombolіàno agg. **1.** Relativo al vulcano Stromboli. **2.** GEOL. In vulcanologia, di fase di eruzione che non presenta un'emissione violenta di materiale lavico.

stroncàre v.tr. [4] **1.** Spezzare violentemente qlco. Il vento ha stroncato un ramo. **2.** fig. Uccidere qlcu. Un male incurabile lo ha stroncato. ~ Impedire la realizzazione di qlco. Stroncare le speranze. ~ Far cessare qlco. con rapida azione. Medicina che stronca la febbre. ~ Fermare qlco. nel suo sviluppo, soffocare. Stroncare un traffico di droga. **3.** fig. Criticare severamente. Stroncare un romanzo. **4.** per esager. Sottoporre a sforzo, a grave fatica una parte del corpo; anche pron. Stroncare (stroncarsi) le gambe nella salita.

stroncatura s.f. **1.** Violenta rottura, troncamento. **2.** Recensione che demolisce radicalmente un autore, un film, ecc.

strong [/'strɔŋ/] agg. inv. (voce ingl., propr. "forte") Di un tipo di carta caratterizzato da alta resistenza.

stròngilo s.m. (gr. strongýlos "rotondo") Verme parassita dell'intestino di molti vertebrati, fra cui l'uomo, caratterizzato dal corpo a cilindro con armatura boccale chitinosa. (Lunghezza fino a 5 cm; classe dei Nematodi.)

strongilòsi s.f. inv. VET. Malattia parassitaria degli animali domestici provocata dagli strongili.

stronzàta s.f. volg. Comportamento, azione o detto da persona stupida o perfida. Hai fatto una stronzata!

strónzio s.m. (solo sing.) (dal nome delle miniere di Strontian in Scozia dove fu scoperto) **1.** Metallo alcalino-terroso simile al calcio, di densità 2,5 e che fonde a 769 °C, usato come colorante per il rosso scarlatto che i suoi sali emettono ad alta temperatura. **2.** Elemento chimico (Sr) di numero atomico 38 e peso atomico 87,62.

strónzo s.m. (long. strunz "sterco") **1.** volg. Cilindro solido di sterco. **2.** fig. spreg. [f. –za] Persona maleducata, odiosa.

stropicciàre v.tr. [5] (etim. incerta, forse dal got. straupôn "sfregare") **1.** Spiegazzare, sgualcire carta o stoffa. **2.** Sfregare una cosa contro un'altra. ◆ **stropicciarsi** v.pron. Detto per lopiù di carta o stoffa, prendere pieghe e grinze. Gli abiti in valigia si sono stropicciati. ~ Sgualcire un proprio indumento. Stropicciarsi la gonna.

stròppo s.m. MAR. Parte di cavo provvista di anello per assicurare due elementi tra loro, permettendo un certo movimento. ~ In partic., anello che assicura il remo allo scalmo.

strozzaménto s.m. **1.** Chiusura, restringimento. ~ Lo strangolare o l'essere strangolato. ◇ MED. Strozzamento dell'ernia: compressione patologica di un'ansa intestinale con gravi conseguenze sulla circolazione sanguigna. **2.** fig. Sfruttamento, azione degna di uno strozzino.

strozzàre v.tr. **1.** Uccidere qlcu. stringendogli il collo fino al soffocamento. ~ Soffocare, rendere difficoltoso il respiro a qlcu. **2.** fig. Mettere in grandi difficoltà qlcu. prestandogli denaro a interessi esageratamente alti. **3.** Provocare un restringimento, un'occlusione in un passaggio, in una conduttura. **4.** fig. Impedire l'attuazione di qlco., soffocandolo sul nascere. Strozzare un'iniziativa. ◆ **strozzarsi** v.pron. **1.** Rischiare di rimanere soffocato da un boccone di cibo che va per traverso. **2.** Uccidersi per strangolamento. Si è strozzato con una fune. **3.** Subire un'occlusione o una strozzatura. Dietro l'angolo il sentiero si strozza.

strozzàto agg. **1.** Che presenta un restringimento o un'occlusione. **2.** MED. Di ernia occlusa per strozzamento. **3.** estens. Di voce che esce a stento dalla gola. Parlare con voce strozzata dall'emozione.

strozzatura s.f. **1.** Brusco restringimento, occlusione. Strozzatura di un condotto. **2.** fig. Difficoltà che limita o ritarda lo svolgimento di qlco. SIN.: intoppo.

strozzinàggio s.m. [pl. –gi] Sfruttamento per usura. ~ estens. Pretesa economica eccessiva, fatta di chi approfitta di una situazione favorevole. SIN.: latrocinio.

strozzino s.m. [f. –na] **1.** Chi presta denaro a interessi molto alti. SIN.: usuraio. **2.** estens. Chi pratica prezzi esosi, chi avanza pretese economiche eccessive. Quel commerciante è un vero strozzino.

struccànte agg. Di prodotto cosmetico che si usa per ripulire il viso dal trucco. ◆ s.m. Nel sign. dell'agg.

struccàre v.tr. [4] Pulire il viso o una sua parte dal trucco, anche pron. ◆ **struccarsi** v.pron. Levarsi il trucco.

strùdel s.m. inv. (ted. Strudel, propr. "vortice" per la forma) Dolce tipico della pasticceria austriaca che si presenta come un rotolo di pasta sfoglia avvolta su se stessa e in genere farcita di mele, uva passa, canditi, zucchero e burro fuso.

strùffolo o **strùfolo** s.m. (spec. pl.) Dolcetti di pasta fritta tipici dell'Italia meridionale preparati con farina e uova a cui si aggiungono da ultimo miele e canditi.

struggènte agg. Che fa soffrire con intensità ma anche con dolcezza.

strùggere v.tr. [35] Tormentare e consumare lentamente procurando intensa e continua sofferenza. *Mi strugge la nostalgia della patria.* ◆ **struggersi** v.pron. Languire, consumarsi lentamente per qualche passione o desiderio.

struggilégno s.m. Fungo che si sviluppa sul legno, in partic. quello della costruzione o dei pavimenti delle case umide, rendendolo friabile. (Famiglia delle Poliporacee.)

strumentàle agg. **1.** Che avviene mediante strumenti. *Rilevazione strumentale.* ◇ *Musica strumentale:* composta per essere suonata da strumenti. **2.** Che serve come mezzo per raggiungere degli scopi. ◇ *Polemica strumentale:* che serve come pretesto per raggiungere secondi fini. – ECON. *Bene strumentale:* che serve alla produzione di altri beni, spec. di consumo. **3.** LING. Di caso morfologico presente in alcune lingue indoeuropee che indica il mezzo o lo strumento mediante il quale si realizza l'azione espressa dal verbo.

strumentalismo s.m. (ingl. *instrumentalism*) FILOS. Dottrina filosofica elaborata da J. Dewey secondo la quale il pensiero non si limita ad analizzare e a rispecchiare la realtà, ma è anche in grado di modificarla in senso positivo.

strumentalizzàre v.tr. **1.** Usare in modo spesso subdolo qlcu. o qlco. come strumento per raggiungere i propri fini. **2.** MUS. Trascrivere per l'esecuzione strumentale brani musicali composti per la voce umana.

strumentalizzazióne s.f. Sfruttamento, spesso spregiudicato e opportunistico, di un fatto o di una persona per conseguire i propri scopi.

strumentàre v.tr. MUS. Attribuire ai vari strumenti le diverse parti di una composizione musicale.

strumentazióne s.f. **1.** Insieme degli strumenti che occorrono per svolgere una determinata attività, un servizio, ecc. ~ Anche, insieme degli strumenti di controllo di cui è dotato un macchinario, un veicolo. *Pannello di strumentazione.* **2.** *fig.* Dotazione di mezzi interpretativi, di ricerca e di valutazione. **3.** MUS. Distribuzione delle parti ai vari strumenti che compongono un'orchestra, effettuata dal compositore.

strumentista s.m. e f. [pl.m. –sti] **1.** MUS. Chi suona uno strumento da professionista. **2.** Addetto alla progettazione o all'installazione di strumenti di controllo.

struménto s.m. (lat. *instrumēntum*, deriv. di *instrŭere* "allestire, preparare") **1.** Arnese, apparecchio, dispositivo con cui si eseguono determinate operazioni nell'ambito di un'arte, di un mestiere, di una tecnica. **2.** Ogni corpo vibrante creato per produrre suoni musicali. ◇ *Strumento a corde:* quello il cui suono è prodotto dalla vibrazione di corde appositamente toccate con uno strumento particolare. – *Strumento a pizzico:* quello il cui suono è prodotto da parti dello strumento, general. delle corde, opportunamente pizzicate con le mani o con altri tipi di strumenti. – *Strumento ad arco:* quello il cui suono è prodotto dalla vibrazione di parti dello strumento, general. delle corde, indotta con un'asticella di legno flessibile, detta *arco* o *archetto*, fra le cui estremità è teso un fascio di crini di cavallo. – *Strumento a fiato:* quello il cui suono è prodotto dall'aria soffiata in un bocchino, che attraversa particolari tubi curvi con pistoni. – *Strumento a percussione:* quello il cui suono è dovuto al colpo dato con le mani o altri strumenti su una superficie general. costituita da membrane, lamine o tubi metallici. **3.** *fig.* Espediente o persona adoperata per conseguire uno scopo preciso. **4.** Atto pubblico che viene redatto da un notaio. *Strumento di vendita.*

strusciàre v.tr. [5] **1.** Strofinare qlco. sopra o contro una superficie. *Strusciare i piedi per terra.* **2.** Rovinare, sciupare qlco. ◆ v.intr. (aus. *avere*) Sfregare qlco. contro qlco. d'altro. *Strusciare con la moto contro il parapetto.* ◆ **strusciarsi** v.pron. **1.** Sfregarsi su o contro qlco. *Non strusciarti al muro.* **2.** *fig.* Stare attorno a qlcu. con atteggiamento di adulazione e servilismo. *È inutile che ti strusci al capo!*

strùtto s.m. Grasso solido di maiale, ricavato dalla liquefazione delle parti adipose dell'animale, di colore biancastro, usato in cucina per friggere. SIN. **sugna.**

struttùra s.f. (lat. *structūram*, deriv. di *strŭere* "costruire") **1.** Complesso degli elementi costitutivi di un organismo, di una costruzione o di un sistema considerati nei loro rapporti, nella reciproca interdipendenza. ~ L'insieme delle relazioni che li uniscono, la configurazione che assumono, il sistema che costituiscono, l'ordine che seguono. ◇ PSICOL. *Struttura psichica, mentale di una persona:* l'insieme dei tratti psichici che la costituiscono. – *Struttura narrativa di un racconto, di un romanzo:* il sistema degli elementi formali e tematici che determinano l'organizzazione di un testo. **2.** Insieme degli elementi portanti che costituiscono l'ossatura o l'intelaiatura di qlco. *Struttura di un edificio.* ~ Costruzione costituita da più elementi di un dato materiale. ◇ COSTR. *Strutture portanti:* gli elementi che hanno una funzione di sostegno. **3.** *estens.* Area, edificio, impianto o complesso di locali, edifici, ecc. attrezzati per lo svolgimento di una particolare attività. **4.** ECON. Insieme dei rapporti di base di un sistema economico. ~ Nell'economia marxista, l'insieme delle forze produttive e dei rapporti sociali di produzione (in oppos. a *sovrastruttura*).

strutturàle agg. **1.** Relativo alla struttura. **2.** Ispirato allo strutturalismo **3.** ECON. Che riguarda i rapporti di base del sistema economico. ◇ *Linguistica strutturale:* studio della lingua vista come un insieme di elementi in relazione reciproca.

strutturalismo s.m. **1.** LING. Orientamento teorico e metodologico risalente, con varie diramazioni successive, all'insegnamento del linguista svizzero F. de Saussure, che considera la lingua come un insieme strutturato di elementi interagenti e interdipendenti. **2.** Ciascuno degli indirizzi di pensiero che hanno esteso alle scienze umane (antropologia, psicologia, critica letteraria, ecc.) i principi dello strutturalismo linguistico, per cui i fenomeni culturali sono visti come insiemi organici tra i cui componenti vigono relazioni costanti e sistematiche. **3.** ARCH. Tendenza a esaltare l'espressione formale delle strutture portanti di un edificio o di un'altra costruzione.

strutturalista s.m. e f. [pl.m. –sti] Esponente dello strutturalismo, spec. in linguistica.

strutturàre v.tr. Dare un preciso ordine interno a un sistema distribuendone gli elementi in modo equilibrato. ~ Articolare e organizzare qlco. in una struttura. *Strutturare un'azienda.* ◆ **strutturarsi** v.pron. Detto degli elementi di un sistema, ordinarsi in una struttura organica. *L'associazione si struttura in piccoli gruppi.*

strutturàto agg. **1.** Disposto od organizzato secondo una determinata struttura. **2.** *estens.* Che non presenta squilibri, ben organizzato.

strutturazióne s.f. Distribuzione organica degli elementi che compongono un sistema. ~ L'equilibrio, l'assetto che ne risulta.

Struzioniförmi s.m. pl. [iniziale minusc. sing. *–me* per l'individuo] ZOOL. Ordine di uccelli di grandi dimensioni, incapaci di volare, ma ottimi corridori; comprende un'unica famiglia a cui appartiene lo struzzo.

strùzzo s.m. Uccello di grandi dimensioni, con zampe molto lunghe e robuste che gli consentono di spostarsi velocemente di corsa, essendo incapace di volare. (Altezza 2,60 m ca.; peso 100 kg ca.; sottoclasse dei Ratiti, ordine degli Struzioniformi.) ◇ *fig.* *Avere uno stomaco di struzzo:* riuscire a digerire qualunque cosa, con riferimento alla nota abitudine di questo uccello di inghiottire voracemente qualsiasi cosa gli capiti. – *Fare la politica dello struzzo, fare come lo struzzo:* fingere di ignorare una situazione invece di affrontarla, con riferimento alla credenza che l'uccello, in caso di pericolo, nasconda la testa nella sabbia.

1. stuccàre v.tr. [4] **1.** Ricoprire con un leggero strato di stucco una superficie o riempire fori, fessure, cavità con lo stucco. **2.** Decorare con stucchi.

2. stuccàre v.tr. [4] Detto di cibo, nauseare, stufare, generare un senso di pienezza. *La pan-*

na montata mi stucca. ◆ **stuccarsi** v.pron. Stufarsi, annoiarsi.

stuccatóre s.m. [f. –trice] Decoratore che esegue stucchi su pareti o soffitti.

stuccatùra s.f. Applicazione di stucco su una superficie, per renderla liscia prima di verniciarla o di lucidarla. ~ *estens.* La parte in cui una cosa è stuccata, lo strato di stucco applicato e indurito.

stucchévole agg. **1.** Riferito a cibo, che riempie fino alla nausea. **2.** *fig.* Che provoca noia, fastidio. *Film stucchevole.*

stùcco s.m. [pl. –chi] (long. *stuhhi*) **1.** Impasto formato perlopiù di gesso, calce spenta e collanti, usato per rivestire pareti e soffitti e per formare elementi decorativi. **2.** Materiale pastoso di diverso tipo e composizione, soggetto a rapida essiccazione che si usa per riempire buchi, nascondere i difetti di una superficie, ecc. ◇ *fig.* *Rimanere, restare di stucco:* sorprendersi, rimanere sbalordito. **3.** *estens.* Decorazione in rilievo o realizzata in stucco.

studentàto s.m. **1.** Periodo di tempo trascorso negli studi superiori. **2.** Collegio per studenti universitari o per i chierici di alcuni ordini religiosi.

studènte s.m. [f. –tessa] Chi frequenta un corso di studi medi o è iscritto a una facoltà universitaria.

studentésco agg. [pl.m. –schi, f. –sche] Relativo agli studenti.

studiàre v.tr. [6] **1.** Applicarsi per imparare con metodico impegno una disciplina o determinati argomenti, servendosi di libri o altri strumenti e sotto l'eventuale guida di un insegnante. *Studiare musica.* **2.** Esaminare, indagare, osservare attentamente. *Studiare il cuore umano.* ~ Cercare, ideare, inventare. *Studiare un piano d'attacco.* ◇ *figg.* *Studiare i gesti, le parole:* controllare il proprio contegno, cercare le parole più adatte per raggiungere uno scopo o evitare un danno. – *Studiarle tutte:* cercare di escogitare tutti i mezzi utili a un certo scopo. ◆ v.intr. (aus. *avere*) Applicarsi nello studio. *Ha poca voglia di studiare.* ~ Essere studente. *Tuo fratello studia o lavora?* ~ Seguire un corso di studi a scuola o all'università. ~ Cercare, sforzarsi di fare qlco.; anche pron. ◆ **studiarsi** v.pron. Osservarsi con molta attenzione. *Si studia continuamente.* ~ Detto di due o più soggetti, osservarsi l'un l'altro con circospezione. *I due pugili si stanno studiando.*

studiàto agg. Controllato, sorvegliato. *Gesto molto studiato.* ~ Con valore negativo, ricercato, non spontaneo, affettato. *Mossa troppo studiata.*

stùdio s.m. [pl. –di] (lat. *stŭdium*, deriv. di *studēre* "dedicarsi a qlco.") **1.** Applicazione della mente volta all'apprendimento o alla conoscenza. ~ Argomento che viene studiato. **2.** (spec. pl.) Attività didattica dello studente che frequenta regolarmente un corso a scuola o all'università. **3.** Attività di ricerca. ~ *estens.* Opera scritta che raccoglie ed espone i risultati di una ricerca. **4.** Lavoro preparatorio, spec. per una costruzione. ~ Nelle arti figurative, disegno che un artista esegue per approfondire un soggetto, sperimentare una tecnica, spec. in preparazione di un'opera.

■ **strùzzo** maschio.

5. MUS. Breve componimento, perlopiù strumentale, composto a fini didattici o di esercitazione. ~ Durante il Romanticismo, composizione per pianoforte. **6.** Ambiente attrezzato per lo studio, per l'esercizio di una professione, per l'attività di un'artista. **7.** Complesso di locali dove si realizzano trasmissioni radiofoniche o televisive, dove si fanno registrazioni musicali, dove si girano film. **8.** Università, nel Medioevo e, ancora oggi, in talune denominazioni di tono ufficiale. *Lo studio di Bologna.*

studiòlo s.m. **1.** Nel sign. del dim. di *studio*. **2.** Piccola stanza da studio. **3.** Mobile rinascimentale a cassetti, adibito a scrittoio.

studios [/'stjuːdiəʊs/] s.m. pl. (voce ingl.) Studi cinematografici.

studióso agg. Che si dedica allo studio con impegno e serietà. ◆ s.m. [f. –sa] Chi si dedica allo studio di una particolare disciplina o argomento. ~ Persona dedita agli studi, qualificata in un campo di studi.

stùfa s.f. **1.** Apparecchio di forma e materiali diversi che serve a riscaldare ambienti chiusi, spec. domestici. **2.** Locale in cui viene prodotta una temperatura elevata per stagionare o essiccare prodotti di diverso tipo. **3.** GEOL. Manifestazione di tipo vulcanico, con emissione di gas a elevata temperatura all'interno di grotte.

stufaiòla s.f. Tegame alto con coperchio, adatto per cucinare stufati.

stufàre v.tr. **1.** Cuocere un alimento a lungo e a fuoco lento. **2.** *fig. fam.* Procurare noia e fastidio. ◆ stufarsi v.pron. *fam.* Provare noia, impazienza, fastidio. *Mi sono stufata di lui.*

stufàto s.m. Pietanza di carne cotta a fuoco lento in tegame chiuso, con olio, pomodoro e aromi.

stufatùra s.f. **1.** Nella lavorazione della seta, riscaldamento dei bozzoli per far morire la crisalide. **2.** Nella lavorazione dei formaggi a pasta molle, operazione con cui si mantiene la cagliata a temperatura elevata per consentire l'incubazione degli enzimi.

stùfo agg. *fam.* Che è al limite della sopportazione.

stuka [/'stuːka/] s.m. inv. (voce ted., deriv. di *Sturzkampfflugzeug* "aereo da combattimento in picchiata" [anche con iniziale maiusc.]) Bombardiere tedesco per attacchi in picchiata, impiegato durante la seconda guerra mondiale.

stunt car [/'stʌnt 'kaː/] loc. sost. m. inv. (loc. ingl., propr. "vettura di acrobazia") Autoveicolo usato durante la registrazione di un film o in appositi spettacoli per eseguire scene altamente rischiose e acrobatiche che ne prevedono la distruzione.

stuntman [/'stʌntmən/] s.m. inv. [o pl. *stuntmen*] (voce ingl., propr. "uomo da acrobazia") Controfigura che sostituisce l'attore protagonista nelle scene acrobatiche o pericolose di un film. SIN.: **cascatore**.

stuòia s.f. Tessuto di paglia o di giunchi intrecciati, usato per tendaggi o tappeti.

stuòlo s.m. (gr. *stólos* "esercito") **1.** Schiera di guerrieri, esercito. **2.** *estens.* Grande quantità di persone o di animali, anche fig. *La sua proposta ha sollevato uno stuolo di obiezioni.*

stùpa s.m. inv. [o pl. *–pi*] (sanscr. *stūpa*-) In India, monumento sacro per conservare reliquie e illustrare eventi della vita di Buddha.

stupefacènte agg. **1.** Che suscita ammirazione e stupore. SIN.: **sbalorditivo**. **2.** Di sostanza vegetale o sintetica che provoca nell'organismo torpore, eccitazione o un'alterazione della percezione e il cui uso prolungato produce assuefazione e gravi danni psichici e fisici. ◆ s.m. (spec. pl.) Nell'accez. 2 dell'agg. SIN.: **droga**.

stupefàre v.tr. [9] Destare stupore in qlcu. *La tua prontezza di riflessi mi ha stupefatto.* SIN.: **sbalordire**.

stupefàtto agg. Colmo di stupore.

stupefazióne s.f. **1.** Condizione di attonita meraviglia. SIN.: **stupore**. **2.** MED. Stato di torpore o di ebbrezza indotto da stupefacenti. **3.** MED. Indebolimento psichico, stupore.

stupèndo agg. Che desta stupore per la sua bellezza.

stupidàggine s.f. **1.** Comportamento da persona stupida. **2.** Cosa senza importanza.

stupidità s.f. inv. Carattere di chi o di ciò che è stupido.

stùpido agg. **1.** Poco intelligente. SIN.: **scemo**. **2.** Che manifesta mancanza di buon senso. *Discorso stupido.* ~ Riferito a opera, insulso. *Un film stupido.* ◆ s.m. [f. –da] Nell'accez. 1 dell'agg.

stupire v.tr. [83] Provocare stupore e meraviglia in qlcu. *La sua forza mi stupisce sempre.* ◆ v.intr. (aus. *essere*) Rimanere sorpreso, anche pron. *Non (mi) stupisco più di nulla.*

stupito agg. Sorpreso per qlco. di imprevisto o di attraente.

stupóre s.m. **1.** Sorpresa per qlco. di inatteso. SIN.: **sbalordimento**. **2.** MED. Stato di indebolimento dell'attività psichica e di arresto dei movimenti volontari.

stuporóso agg. MED. Che provoca stupore. ~ Caratterizzato da stupore. *Stato stuporoso.*

stupràre v.tr. Costringere una donna a un atto sessuale. SIN.: **violentare**.

stupratóre s.m. [non com. f. –trice] Chi commette uno stupro.

stùpro s.m. Imposizione di un atto sessuale. SIN.: **violenza carnale**.

stùra s.f. Apertura di un recipiente, rimuovendone il tappo, in modo che il liquido ne esca.

sturalavandini s.m. inv. Attrezzo costituito di una ventosa di gomma fissata all'estremità di un manico di legno o di plastica, usato per sturare gli scarichi dei lavandini.

sturàre v.tr. **1.** Togliere il tappo a un recipiente. *Sturare la botte.* **2.** Liberare un condotto da ciò che lo blocca. *Sturare un lavandino.* ◇ *Sturare (o sturarsi) gli orecchi:* pulirli.

Stùrnidi s.m. pl. [iniziale minusc. sing. *–de* (per l'individuo)] ZOOL. Famiglia di uccelli di piccole dimensioni, con piumaggio scuro e becco robusto, di cui fanno parte lo storno e la gracola. (Ordine dei Passeriformi.)

stuzzicadènti s.m. inv. **1.** Piccolo stecco di legno usato per pulire i denti da residui di cibo. SIN.: **stecchino**. **2.** *fig. fam.* Persona molto magra.

stuzzicànte agg. **1.** Che stimola l'appetito. **2.** *fig.* Interessante, allettante.

stuzzicàre v.tr. [4] **1.** Toccare ripetutamente qlco. con le dita o con un oggetto appuntito. *Stuzzicare una ferita.* **2.** *fig.* Dare fastidio a qlcu., spec. per gioco. *Stuzzicare il gatto.* **3.** *fig.* Risvegliare, stimolare qlco. *Stuzzicare la curiosità.* ~ Attrarre, allettare.

stuzzichino s.m. (spec. pl.) Tartina servita con l'aperitivo.

stylé [/sti'le/] agg. inv. (voce fr.) Elegante, impeccabile oppure manierato, ricercato.

styling [/'staɪlɪŋ/] s.m. inv. (voce ingl., deriv. di *to style* "disegnare un modello") Nella progettazione industriale, aspetto esteriore di un prodotto, lo stile. SIN.: **linea, design**.

su prep. Esprime il concetto basilare di "posizione soprastante" con connotazioni di staticità o di movimento, di contatto o no con la superficie sottostante, di "padronanza", "influenza esercitata", ecc. ◆ avv. **1.** Con i verbi di quiete indica posizione in un luogo più alto rispetto a un altro. *Le valigie sono su in soffitta.* ~ fig. Indica posizione gerarchica o sociale elevata. *È una famiglia molto su.* ~ Preceduto da *con*, precisa la collocazione in alto di un elemento aggiunto. *Una torta con su uno strato di cioccolato.* ◇ *Pensarci su:* riflettere su qlco. **2.** Con i verbi di moto indica movimento o direzione verso l'alto. *L'ascensore sta andando su.* **3.** Collegato a un verbo può dargli significati specifici nell'ambito di determinate espressioni. ◇ *Mettere su famiglia:* sposarsi. – *Tirarsi su:* rimettersi in buone condizioni materiali e di spirito. – *Venire su bene:* crescere bene, detto di bambini o di piante. – *Su e giù:* si accompagna a verbi di movimento per indicare sia le due direzioni verticali sia direzioni orizzontali. **4.** Preceduto da *in* indica la direzione di un movimento o di una traiettoria.

suadènte agg. Che persuade. *Voce suadente.* SIN.: **invitante**.

sub s.m. e f.inv. Subacqueo.

subàcqueo agg. Che si trova sotto il mare. ◆ s.m. [f. –a] Chi pratica la pesca o uno sport subacqueo, chi fa ricerche o svolge lavori sott'acqua.

subacùto agg. MED. Di stato patologico meno grave di quello cronico.

subaèreo agg. Che si trova al di sopra della superficie terrestre.

subaffittàre v.tr. (calco del fr. *sous-louer*) Affittare un immobile che si è preso a propria volta in affitto dal legittimo proprietario. *Subaffittare una stanza a uno studente.*

subaffitto s.m. DIR. Cessione in affitto a terzi di un bene che si ha già in affitto. ~ Il contratto stesso di cessione.

subaffittuàrio s.m. [f. –ria, pl.m. –ri] Chi usufruisce di un immobile in subaffitto. SIN.: **sublocatario**.

subaffluènte s.m. GEOGR. Corso d'acqua che si versa nell'affluente di un fiume principale.

subalpino agg. **1.** GEOGR. Situato ai piedi delle Alpi. ~ Tipico della parte bassa della zona alpina. **2.** Del Piemonte, piemontese.

subaltèrno agg. **1.** Che dipende da altri in una struttura gerarchica. **2.** FILOS. Nella logica scolastica medievale, di proposizioni uguali che si distinguono solo per quantità, l'una universale, l'altra particolare. ◆ s.m. **1.** (f. –na) Lavoratore subordinato, senza potere decisionale. **2.** IND. Nel catasto urbano, numero civico interno che contrassegna la singola abitazione.

subantàrtico agg. [pl.m. –ci, f. –che] GEOGR. Che si trova o vive vicino alle regioni antartiche. *Flora subantartica.*

subappaltàre v.tr. Affidare a terzi parte di un lavoro assunto con contratto d'appalto.

subappàlto s.m. DIR. Contratto con cui un appaltatore affida a terzi l'esecuzione di un lavoro.

subappenninico agg. [pl.m. –ci, f. –che] GEOGR. Situato ai piedi o in vicinanza degli Appennini, tipico della zona bassa degli Appennini. *Vegetazione subappenninica.*

subàrtico agg. [pl.m. –ci, f. –che] GEOGR. Che si trova o vive vicino alle regioni artiche, che è tipico di esse. *Fauna subartica.*

subatòmico agg. [pl.m. –ci, f. –che] FIS. Di dimensioni inferiori a quelle dell'atomo. ◇ *Particelle subatomiche:* parti costitutive dell'atomo.

sùbbia s.f. (lat. *sūbulam*, deriv. di *sũere* "cucire") Scalpello con la punta a piramide per lavorare la pietra o altri materiali duri.

sùbbio s.m. [pl. –bi] (lat. *insūbulum* "elemento del telaio") **1.** IND. TESS. Rullo montato sul lavoro da tessere, e sul quale si avvolgono i fili dell'ordito di un tessuto. **2.** *estens.* In varie tecnologie, cilindro di avvolgimento.

subbùglio s.m. [pl. –gli] **1.** Stato di grande agitazione, spec. in riferimento a una moltitudine di persone. **2.** *estens.* Riferito a cose, scompiglio, disordine.

subbùteo s.m. inv. Denominazione commerciale, che costituisce marchio registrato, di un gioco che utilizza come calciatori pedine mosse a colpi di dito.

subcellulàre agg. FIS. Di dimensione inferiore a quella della cellula.

sub conditióne loc. avv. (loc. lat., propr. "sotto condizione") Nel l. bur., giur. ed ecclesiastico, a particolari condizioni, con riserva. ◆ loc. agg. inv. Nel sign. della loc. avv. *Bando sub conditione.*

subcònscio agg. [pl.m. –sci, f. –sce, –scie] PSICOL. Del subcosciente. ◆ s.m. La sfera psichica del subcosciente.

subcontinènte s.m. GEOGR. Area di un continente caratterizzata da tratti fisici, geologici o etnici peculiari e omogenei.

subcorticàle agg. **1.** MED. Localizzato sotto la corteccia di un organo, in partic. cerebrale o renale. **2.** BOT. Localizzato sotto la corteccia.

subcosciènte agg. PSICOL. Del subconscio. ◆ s.m. **1.** PSICOL. Sfera dell'attività psichica i cui eventi si svolgono sotto il livello della coscienza e al quale di tanto in tanto riaffiorano. **2.** *estens.* Stato psichico di cui il soggetto non ha coscienza, ma che influisce sul suo comportamento.

subdelegàre v.tr. [4] Cedere ad altra persona una delega ricevuta. *Subdelegare a qualcuno il pagamento delle bollette.*

subdesèrtico agg. [pl.m. –*ci*, f. –*che*] GEOGR. Situato in prossimità di una zona desertica, tipico di essa. *Vegetazione subdesertica.*

sùbdolo agg. Che mira a ingannare con false apparenze, che nasconde un inganno.

subduzióne s.f. (fr. *subduction*, lat. *subductiōnem* deriv. di *subdúcere* "sottrarre") GEOL. Depressione di una placca litosferica di natura oceanica sotto una placca adiacente, general. di natura continentale. (La subduzione si accompagna a sismi i cui focolai si situano tra i 75 e i 200 km di profondità, secondo un piano inclinato detto *piano di Benioff.*)

subecumène s.f. GEOGR. Area della superficie terrestre che, per caratteristiche fisiche, è inadeguata a un insediamento stabile dell'uomo ed è perciò abitata solo stagionalmente da nomadi.

subemendaménto s.m. Modifica apportata a un emendamento.

subenfitèusi s.f. inv. DIR. Concessione in enfiteusi di un fondo da parte di un enfiteuta invece che da parte del proprietario.

subentrànte agg. **1.** Che prende il posto di un altro in una carica, in una funzione, in una condizione. **2.** MED. Di affezione il cui nuovo accesso comincia prima della fine del precedente. *Convulsioni subentranti.* ◆ s.m. e f. Persona che subentra.

subentràre v.intr. (aus. *essere*) **1.** Entrare al posto di altri per successione. **2.** *fig.* Prendere il posto di qlco., succedere a qlco.

subéntro s.m. Nel l. bur., successione ad altri in una carica, in una funzione, in una condizione, ecc.

subequatoriàle agg. GEOGR. Situato tra l'equatore e i tropici.

suberificazióne s.f. BOT. Modificazione della membrana di cellule vegetali che, grazie alla combinazione della cellulosa con la suberina, si trasforma in sughero. SIN.: **suberizzazione**.

suberina s.f. CHIM. Sostanza organica della parete delle cellule del sughero.

subfrènico agg. MED. Che si trova inferiormente al diaframma.

subglaciàle agg. GEOMORF. Che riguarda la zona dove il ghiacciaio è in contatto con la roccia.

subire v.tr. [83] **1.** Subire, soffrire qlco. di penoso, di spiacevole. *Subire le conseguenze di un errore.* **2.** Detto di cosa, essere sottoposto a un qualche cambiamento. *Il progetto iniziale ha subìto molte modifiche.*

subissàre v.tr. Far precipitare rovinosamente in un abisso. ~ *fig.* Ricoprire, sommergere, colmare qlcu. di qlco. *Mi hanno subissato di richieste.*

subitaneità s.f. inv. Carattere di ciò che è improvviso, subitaneo.

subitàneo agg. Che avviene o si manifesta all'improvviso, in modo rapido.

1. sùbito avv. **1.** Senza indugio, immediatamente. *Ti voglio vedere subito!* ~ assol. Come risposta a richieste e ordini, assume il significato di "sì, certamente". *Puoi aprire tu la porta? Subito!* **2.** In un tempo molto breve, rapidamente. *Sono subito pronto.* ❏ In funzione di s. m., spec. nella loc. *in un subito*, in un attimo.

2. subito agg. Ricevuto, sopportato. *Danno subito.*

sub iùdice loc. agg. inv. (loc. lat., propr. "sotto il giudice") Di questione ancora irrisolta. *La tua posizione è ancora sub iudice.*

sublimàre v.tr. **1.** CHIM. Fare passare direttamente una sostanza dallo stato solido allo stato gassoso. **2.** PSICOL. Trasformare i propri impulsi e istinti in comportamenti razionali accettabili. ◆ v.intr. (aus. *essere*) Detto di sostanze solide, passare allo stato gassoso. ◆ **sublimarsi** v.pron. **1.** Elevarsi a una sfera morale, innalzarsi alla perfezione. *Sublimarsi nel sacrificio.* **2.** PSICOL. Subire un processo di sublimazione.

sublimàto agg. Esaltato, innalzato spiritualmente. ◆ s.m. CHIM. Prodotto di una sublimazione.

sublimazióne s.f. **1.** Innalzamento al sublime, esaltazione spirituale. **2.** CHIM. Passaggio di un corpo dallo stato solido allo stato gassoso, senza raggiungere lo stato liquido. **3.** PSICOAN. Processo con il quale l'energia di un impulso sessuale o aggressivo è spostata verso attività di natura sociale o culturale.

sublime agg. (lat. *sublīmem*, propr. "che sale obliquamente") Di alto valore spirituale, morale, intellettuale, artistico. ◆ s.m. **1.** Il livello più alto, il sentimento più elevato, il bello e il grande al sommo grado. *Le cime innevate ci danno il senso del sublime.* **2.** FILOS. Perfezione dell'arte come sintesi di sentimento e di stile, secondo un concetto dell'estetica classica ripreso in seguito dal Romanticismo.

subliminàle agg. (ingl. *subliminal*) **1.** MED. Che resta al di sotto della soglia di percezione. **2.** PSICOL. Di sensazione che si mantiene al di sotto del livello di coscienza, ma è comunque in grado di influenzare il subconscio. ◊ *Pubblicità subliminale*: attuata in forma occulta mediante l'inserimento, all'interno di una trasmissione televisiva o di una proiezione cinematografica, di brevissime immagini non avvertite coscientemente dagli spettatori.

sublimità s.f. inv. **1.** Eccellenza in sommo grado, spec. in campo spirituale, altezza morale. **2.** *estens.* Grado eccelso di bellezza.

sublinguàle agg. ANAT. Che si trova sotto la lingua.

sublocatàrio s.m. [f. –*ria*, pl.m. –*rì*] DIR. Chi riceve qlco. in sublocazione.

sublocazióne s.f. DIR. Cessione in affitto a terzi di quanto il conduttore ha già in locazione.

sublunàre agg. ASTR. Che è tra la Terra e l'orbita della Luna.

submicroscòpico agg. [pl.m. –*ci*, f. –*che*] FIS. Di dimensione inferiore a quella percepibile con il microscopio ottico.

submontàno agg. GEOGR. Che si trova alle pendici di un monte, tipico di tale zona. *Vegetazione submontana.*

subnormàle agg. Che è al di sotto della norma, in partic. riferito a individuo dotato d'intelligenza inferiore alla media. ◆ s.m. e f. Individuo con quoziente d'intelligenza al di sotto della norma.

subnucleàre agg. FIS. Di dimensione inferiore a quella del nucleo di un atomo.

suboceànico agg. [pl.m. –*ci*, f. –*che*] GEOGR. Che si trova o vive sul fondo oceanico. *Vegetazione suboceanica.*

subodoràre v.tr. Presentire, indovinare qlco. di dannoso, sospettare. *Subodorare un inganno.*

suborbitàle agg. Di movimento di veicolo spaziale che non ha raggiunto la traiettoria necessaria per entrare in orbita terrestre.

subordinànte agg. Che subordina. ◊ GRAMM. *Congiunzione subordinante*: congiunzione che introduce una proposizione subordinata (*che, se, sebbene*, ecc.).

subordinàre v.tr. **1.** Posporre ad altro, far dipendere una cosa da un'altra. *Devo subordinare la mia adesione al permesso dei miei genitori.* **2.** GRAMM. Collegare una proposizione a un'altra in un rapporto di dipendenza. *Subordinare una frase finale a una reggente.*

subordinàta s.f. **1.** GRAMM. Ogni proposizione legata da un rapporto di dipendenza con la reggente. ◊ *Subordinata di primo grado*: proposizione che dipende direttamente dalla principale. – *Subordinata di secondo grado*: che dipende da una subordinata di primo grado. **2.** DIR. Domanda in subordine, rivolta al giudice nell'eventualità che la richiesta principale venga respinta.

subordinàto agg. **1.** Che dipende dalla presenza o dal verificarsi di qualcos'altro. ◊ *In via subordinata*: nel l. bur., come seconda ipotesi, in subordine. **2.** Che è sottoposto a un superiore. – Che è inferiore in una scala gerarchica. **3.** GRAMM. *Frase o proposizione subordinata*: la frase che dipende da una frase reggente. ◆ s.m. [f. –*ta*] Nell'accez. 2 dell'agg.

subordinazióne s.f. **1.** Istituzione di un rapporto di dipendenza, di secondarietà rispetto a qlco. di più importante. ~ Condizione di chi o di ciò che è subordinato. **2.** GRAMM. Relazione di dipendenza tra una proposizione reggente e una dipendente.

subornàre v.tr. (lat. *subornāre* "abbellire" e "corrompere") Indurre uno o più testimoni a dichiarare il falso.

subornatóre s.m. [f. –*trice*] DIR. Chi è colpevole del reato di subornazione.

subornazióne s.f. DIR. Reato che consiste nel fare pressioni su una persona per convincerla a testimoniare il falso in giudizio.

subpolàre agg. GEOGR. Che si trova in prossimità dei circoli polari, tipico di tale zona. *Vegetazione, clima subpolare.*

subroutine [/ˈsʌbruˈtin/] s.f. inv. (voce ingl.) INFORM. In un programma, blocco di istruzioni, corrispondente a una data funzione, che viene richiamato dall'interno del programma stesso ogni qualvolta occorra eseguire quella particolare funzione.

subsahariàno agg. Relativo alle zone dell'Africa situate al sud del Sahara.

subsatèllite s.m. ASTR. Punto della superficie di un corpo celeste, perlopiù la Terra, corrispondente alla proiezione ortogonale di un satellite artificiale in una precisa fase della sua orbita.

subsidènza s.f. (lat. *subsidĕntiam*, deriv. di *subsídere* "abbassarsi") GEOL. Movimento lento di depressione di un bacino sedimentario sotto il peso dei suoi depositi. **2.** METEOR. Discesa, in zona anticiclonica, di una massa d'aria che si riscalda per compressione.

subsònico agg. [pl.m. –*ci*, f. –*che*] (ingl. *subsonic*) La cui velocità è inferiore a quella del suono.

substràto o **sostràto** s.m. **1.** GEOL. Strato che sta al di sotto di uno superiore. *fig.* Ciò che sta alla base di un fenomeno e ne costituisce il presupposto. *Il substrato industriale dell'economia.* **2.** LING. Lingua originaria di un territorio, soppiantata da una lingua sopraggiunta, alla quale ha tuttavia trasmesso tratti caratteristici. **4.** FILOS. Sostanza, essenza immutata di una realtà. **5.** CHIM. Sostanza sulla quale agisce un reagente. **6.** BIOL. Sostegno di una pianta o di un animale sessile. **7.** AGR. Strato costituito da materiale inorganico e inerte utilizzato nelle colture idroponiche.

subtotàle agg. (ingl. *subtotal*) MED. Relativo a intervento chirurgico che non comporta un'asportazione totale di un organo o di un tessuto. ◆ s.m. CONTAB. Totale parziale.

subtropicàle agg. GEOGR. Vicino ai tropici, tipico di tale zona. *Foresta subtropicale.*

subumàno agg. Che si trova a un livello inferiore a quello proprio di un essere umano.

suburbàno agg. Che si trova alla periferia immediata di una città. *Popolazione suburbana.*

suburbicàrio agg. [pl.m. –*rì*] **1.** *Regione suburbicaria*: in età tardo-imperiale, ciascuna delle regioni più vicine a Roma che erano esenti dal fornire frumento. **2.** DIR. *Diocesi suburbicarie*: nel l. eccl., ciascuna delle sette diocesi vicine a Roma, rette da un cardinale del Sacro Collegio.

subvedènte agg. Dotato di vista inferiore alla media. ◆ s.m. e f. Nel sign. dell'agg.

succedàneo agg. Che può ricoprire le stesse funzioni di un'altra. SIN.: **surrogato**. ◆ s.m. Nel sign. dell'agg. *I succedanei del caffè.*

succèdere v.intr. [28] (aus. *essere*) (lat. *succèdere* "andare sotto" e "subentrare") **1.** Accadere, capitare, verificarsi. *Ne succedono di tutti i colori.* **2.** [12] Subentrare a un'altra persona in una carica, in un ufficio, in un diritto. *Chi succederà al direttore?* **3.** Venire dopo, prendere il posto di qlco. *La notte succede al giorno.* ◆ **succedersi** v.pron. Detto di più cose, venire, presentarsi l'una dopo l'altra. *I giorni si succedono.* SIN.: **avvicendarsi**.

successibile agg. DIR. Che può succedere a qlcu., avendo diritto a ereditare. ◆ s.m. e f. Nel sign. dell'agg.

successibilità s.f. inv. DIR. Condizione di chi è successibile.

successióne s.f. **1.** Il fatto di subentrare a un altro in una carica, in un ufficio, in un diritto.

◇ DIR. *Successione testamentaria:* sulla base di un testamento. **2.** Il suss2eguirsi di cose o di fatti nel tempo o nello spazio. **3.** MAT. Legge che a ogni numero naturale associa un elemento di un insieme assegnato.

successivaménte avv. In seguito.

successivo agg. Che viene dopo un altro in un ordine temporale o spaziale. *Le generazioni successive.* SIN.: **seguente**.

successo s.m. (lat. *succéssum* "esito, riuscita") **1.** Risultato favorevole. *Riportare un successo insperato.* **2.** estens. Ciò che ha riscosso successo, spec. per approvazione del pubblico. *Questa canzone è stata il successo dell'estate.*

successóre agg. [non com. f. *succeditrice*] Che subentra ad altri in un ufficio, in una carica, in un diritto. ◆ s.m. (anche f.) **1.** Nel sign. dell'agg. **2.** In riferimento al possesso di beni, erede.

successòrio agg. [pl.m. *–ri*] DIR. Che riguarda una successione ereditaria.

succhiàre v.tr. [6] **1.** Aspirare un liquido con la bocca. **2.** Tenere in bocca qlco. assaporandolo o facendolo sciogliere, anche pron. *(Si) Succhia il dito.* **3.** estens. Detto di cosa, assorbire un liquido. *La spugna succhia l'acqua.* SIN.: **imbeversi**.

succhiatóre agg. [f. *–trice*] Che succhia, che serve a succhiare. ◆ s.m. (anche f.) Persona che succhia, anche fig. *Succhiatore dei sacrifici altrui.*

succhiellàre v.tr. Forare, bucare qlco. con il succhiello.

succhièllo s.m. Utensile per forare manualmente il legno, costituito da un corpo cilindrico a punta elicoidale che si fa ruotare mediante un'impugnatura.

succhiòtto s.m. **1.** Tettarella di gomma non bucata che si mette in bocca ai bambini per calmarli o per farli addormentare. SIN.: **ciuccio**. **2.** fam. Segno rosso o violaceo lasciato sulla pelle da un bacio forte e prolungato.

succiacàpre s.m. inv. Uccello insettivoro dalle abitudini crepuscolari, dotato di occhi grandi, enorme apertura del becco, ali lunghe e piumaggio mimetico. (Lunghezza 30 cm ca.; genere *Caprimulgus,* ordine dei Caprimulgiformi.)

succiatóio s.m. BOT. Organo attraverso il quale le piante parassite succhiano linfa dal loro ospite.

succìdere v.tr. [21] AGR. Tagliare, recidere una pianta alla base.

succìnico agg. [pl.m. *–ci*] CHIM. *Acido succinico:* acido organico utilizzato nell'industria farmaceutica e per la sintesi di materie plastiche.

succinìte s.f. **1.** MIN. Resina fossile delle conifere. **2.** MIN. Varietà di grossularia di colore giallo come l'ambra.

sùccino s.m. Ambra, succinite.

succìnto agg. **1.** Riferito a indumento, che lascia scoperta buona parte del corpo. **2.** fig. Stringato, conciso. *Discorso succinto.*

succlàvio agg. [pl.m. *–vi*] ANAT. Situato sotto la clavicola. *Vena succlavia.*

sùcco s.m. [pl. *–chi*] **1.** Liquido contenuto in diverse parti delle piante, spec. nei frutti. ◇ *Succo di frutta:* bibita confezionata con il succo di uno o più frutti. **2.** fig. Parte essenziale, sostanza di qlco. *Afferrare il succo del discorso.* **3.** ANAT., BIOL. Liquido secreto da ghiandole. ◇ *Succo digestivo:* liquido alcalino prodotto dal pancreas, contenente numerosi enzimi che aiutano la digestione, detto anche *succo pancreatico.*

succóso agg. **1.** Ricco di succo. **2.** fig. Denso di contenuto e insieme essenziale.

sùccube o **sùccubo** agg. Completamente sottomesso alla volontà di altri. ◆ s.m. [f. *–be* o *–ba*] Nel sign. dell'agg. **2.** Demone femminile che, secondo antiche credenze, seduce gli uomini durante il sonno (in oppos. a *incubo*).

succulènto agg. **1.** Ricco di succo. ~ estens. Che ha un sapore gustoso. *Pranzo succulento.* **2.** BOT. Di pianta i cui tessuti sono ricchi d'acqua.

succulènza s.f. **1.** Ricchezza di succo. **2.** BOT. Abbondanza di acqua negli organi delle piante. **3.** MED. In un tessuto, presenza di liquidi da ritenzione.

succursàle s.f. (fr. *succursale,* lat. deriv. di *succùrrere* "soccorrere") Sede distaccata di un'azienda, di un ufficio, di una scuola.

sud s.m. (spec. sing.) (fr. *sud,* ingl. *suth*) **1.** Uno dei quattro punti cardinali, situato nella direzione opposta al nord. **2.** La parte meridionale di un paese, di un continente. **3.** (iniziale maiusc.) L'insieme dei paesi in via di sviluppo, in oppos. al *Nord,* cioè i paesi industrializzati. □ In funzione di agg. inv., meridionale, rivolto a sud.

sudafricàno agg. **1.** Dell'Africa del Sud. **2.** Della Repubblica Sudafricana. ◆ s.m. [f. *–na*] Nativo, abitante dell'Africa meridionale.

sudamericàno agg. Dell'America del Sud. ◆ s.m. [f. *–na*] Nativo, abitante dell'America meridionale.

sudanése agg. Del Sudan. ◆ s.m. e f. Nativo, abitante del Sudan.

sudàre v.intr. (aus. *avere*) **1.** Eliminare, secernere sudore. **2.** fig. Lavorare sodo, impegnarsi al massimo delle proprie possibilità. SIN.: **faticare**. ◆ v.tr. Secernere qualche sostanza liquida. SIN.: **trasudare**.

sudàrio s.m. [pl. *–ri*] **1.** ANT. ROM. Panno che serviva per asciugare il sudore. **2.** Panno con il quale, presso alcuni popoli antichi, si copriva il volto dei morti. ~ estens. *Lenzuolo funebre.

sudàta s.f. **1.** Sudorazione abbondante. **2.** fig. Sforzo eccessivo che lascia stremati.

sudàto agg. **1.** Coperto di sudore. **2.** fig. Ottenuto a prezzo di sacrifici o con grande fatica. *Soldi sudati.*

sudatòrio agg. [pl.m. *–ri*] Che fa sudare in abbondanza. ◆ s.m. Nelle terme dell'antica Roma, ambiente surriscaldato per indurre sudorazione a scopo terapeutico.

suddétto agg. [f. *–ta*] Di cui si è appena parlato. ~ Nel l. bur., la persona già nominata.

suddiaconàto s.m. CATT. Ufficio e titolo di suddiacono.

suddiàcono s.m. (calco del gr. *hypodiákonos*) CATT. Prima del Concilio Vaticano II, chi era insignito del primo degli ordini sacri maggiori.

sudditànza s.f. **1.** Condizione di suddito. **2.** fig. Dipendenza. *Sudditanza nei confronti della droga.*

sùddito s.m. [f. *–ta*] (lat. *sùbditum,* deriv. di *sùbdere* "sottomettere") **1.** Chi è sottoposto a una sovranità politica. **2.** Abitante di uno Stato retto con regime monarchico. **3.** Chi fa parte di uno Stato senza fruire dei diritti politici (in oppos. a *cittadino*).

suddivìdere v.tr. [21] Operare un'ulteriore divisione su quanto è già stato diviso. ~ estens. Ripartire diverse parti di qlco. fra più persone.

suddivisióne s.f. **1.** Divisione ulteriore. **2.** estens. Azione di separare, di dividere in piccole parti, in piccoli lotti.

suddivìso agg. **1.** Ulteriormente diviso. **2.** estens. Ripartito.

sud-èst s.m. (spec. sing.) **1.** Punto dell'orizzonte situato tra il sud e l'est. **2.** La parte sudorientale di un paese o di un continente.

sudicerìa s.f. **1.** Sporcizia, sozzura. **2.** fig. Sconcezza, immoralità. **3.** Cosa sporca. **4.** fig. Parola, frase indecente.

sùdicio agg. [pl.m. *–ci,* f. *–ce, –cie*] **1.** Coperto di sporcizia. **2.** fig. Sporco dal punto di vista morale. ◆ s.m. (solo sing.) Sudiciume, lordura, anche in senso fig. *Esce fuori il sudicio di tutta la storia.*

sudicióne s.m. [f. *–na*] **1.** Nel sign. dell'accr. di *sudicio,* spec. col valore di persona molto sporca. **2.** fig. Chi agisce in modo moralmente riprovevole.

sudicìume s.m. **1.** Sporcizia, sozzura. **2.** fig. Disonestà, corruzione. *Sudiciume morale di una società.*

sudìsta agg. [pl.m. *–sti*] **1.** Di abitante o soldato degli Stati del Sud durante la guerra di secessione americana. **2.** Abitante nella parte meridionale di un paese diviso in due Stati. ◆ s.m. e f. Nei sign. dell'agg.

sudoccidentàle o **sud-occidentàle** agg. Relativo al sud-ovest. ~ Situato a sud-ovest.

sudoràle agg. MED. Relativo a processo morboso caratterizzato da abbondante sudorazione. *Febbre sudorale.*

sudorazióne s.f. **1.** Secrezione di sudore. SIN.: **traspirazione**. ~ Secrezione di sudore patologica (p.e., a causa della febbre). SIN.: **diaforesi**. **2.** Emissione di acqua dalle foglie.

sudóre s.m. **1.** Liquido salino incolore, secreto dalle ghiandole sudoripare, che stilla dai pori della pelle come processo di termoregolazione o come effetto di stati emotivi e morbosi. ◇ *Sudore freddo:* manifestazione di stato ansioso o sintomo di malattia. **2.** fig. Lavoro intenso, faticoso. ◇ *Col sudore della fronte:* a prezzo di enormi sacrifici.

sudorientàle o **sud-orientàle** agg. Relativo al sud-est. ~ Situato a sud-est.

sudorìfero agg. [pl.m. *–ci,* f. *–che*] Che causa abbondante sudorazione. ◆ s.m. Farmaco che favorisce la sudorazione.

sudorìparo agg. ANAT. Che secerne o conduce il sudore.

sud-òvest s.m. (spec. sing.) **1.** Punto dell'orizzonte situato tra il sud e l'ovest. **2.** La parte sudoccidentale di un paese o di un continente. **3.** Copricapo di materiale impermeabile con ampia tesa che scende fino a coprire le spalle.

sufficiènte agg. **1.** In quantità abbastanza grande da soddisfare una necessità. **2.** estens. Adeguato a un determinato scopo. **3.** Di livello minimo richiesto per essere giudicato positivamente. *Mi accontenterei di essere sufficiente in tutte le materie.* **4.** FILOS. Di condizione che basta da sola a permettere il verificarsi di un fatto o di una relazione logica o matematica. *Condizione sufficiente.* **5.** fig. Che denota altezzosa superiorità. SIN.: **sussiegoso**. ◆ s.m. **1.** (solo sing.) Quanto basta a soddisfare un bisogno. *Non hanno nemmeno il sufficiente per vivere.* **2.** Giudizio sintetico che esprime, spec. in ambito scolastico, il livello positivo minimo ottenuto. **3.** (anche f.) Persona piena di sussiego. SIN.: **supponente**.

sufficiènza s.f. **1.** Ciò che basta a soddisfare una necessità. **2.** Votazione che esprime il giudizio scolastico positivo minimo, attribuito a un compito o a un esame. **3.** fig. Atteggiamento di ostentata superiorità.

suffissàle agg. LING. Relativo a un suffisso.

suffissàre v.tr. LING. Aggiungere un suffisso a una parola di base.

suffissazióne s.f. LING. Procedimento di formazione di un derivato mediante aggiunta di un suffisso.

suffìsso s.m. (lat. *suffìxum,* deriv. di *suffìgere* "attaccare sotto") LING. Elemento che si aggiunge posponendolo alla radice di una parola per costituire una parola nuova.

suffissòide s.m. LING. Secondo elemento di parole composte, dotato di un significato autonomo ma utilizzato con funzioni analoghe a quelle dei suffissi (p.e. *-fonia, -grafia*).

sufflè s.m. inv. → **soufflé**.

suffragànte s.m. CATT. Chi esprime voto favorevole in una causa di canonizzazione.

suffragàre v.tr. [4] **1.** Rafforzare, convalidare una certa idea o opinione. *Questo fatto suffraga la tua ipotesi.* **2.** Pregare o fare opere di carità a favore delle anime dei defunti.

suffragétta s.f. (ingl. *suffragette*) Nome scherzoso o derisorio con cui si designavano, all'inizio del Novecento, le appartenenti ai movimenti femministi che rivendicavano il diritto di voto per le donne. (Il movimento delle suffragette, nel 1865, assunse una forma militante tra il 1903 e il 1917.)

suffràgio s.m. [pl. *–gi*] **1.** Espressione della propria volontà mediante un voto. ◇ *Suffragio universale:* diritto elettorale esteso a ogni cittadino maggiorenne, senza distinzione di sesso e di censo. **2.** Ant., pezzo di coccio con cui i partecipanti a un'assemblea manifestavano la propria approvazione. **3.** TEOL. CATT. Preghiera od opera di carità fatte in favore delle anime dei defunti.

suffragìsmo s.m. (ingl. *suffragism*) Movimento femminista, sorto agli inizi del Novecento, che lottava per l'estensione del suffragio elettorale alle donne.

suffrùtice s.m. BOT. Pianta perenne, simile a un piccolo arbusto, in cui le parti inferiori del germoglio sono lignificate, le superiori erbacee.

suffumicàre v.tr. [4] Esporre qlcu. al fumo o riempire un ambiente di fumo, di vapore, perlopiù a scopo terapeutico.

suffumigio s.m. [pl. *–gi*] **1.** MED. Inalazione di medicinali sotto forma di vapore a scopo terapeutico. **2.** RELIG. Atto rituale a scopo purificatorio o esorcistico, consistente nel bruciare piante aromatiche o essenze.

sùfi s.m. inv. (ar. *ṣūfī*, forse deriv. di *ṣūf* "lana" perché gli asceti portavano vesti di lana) Chi professa il sufismo.

sufismo s.m. Corrente mistica dell'Islam che pone l'accento sull'esperienza interiore e il contatto diretto con Allah.

ENCICL. Nato nel sec. VIII nella regione di Bassora (Iraq), il sufismo si sviluppò a margine del legalismo sciita o sunnita, in forma di confraternite o di ascetismo individuale di monaci mendicanti. I *sufi*, guidati da un maestro spirituale, praticano l'invocazione del nome di Dio. Fra i principali maestri del sufismo si ricordano Ibn al Arabi, al-Hallajj (secc. IX-X) e Jalal al-Din Rumi (sec. XIII).

suggellàre v.tr. Convalidare definitivamente qlco. *I due suggellarono il loro amore con un bacio.*

suggeriménto s.m. Consiglio, proposta su ciò che bisogna fare, su come ci si deve comportare.

suggerire v.tr. [83] **1.** Ricordare sottovoce qlco. a qlcu. *Suggerire le battute a un attore.* **2.** Proporre a qlcu. un certo comportamento, consigliare. *Mi ha suggerito un'ottima idea.* **3.** Evocare un'idea, un'immagine. *Quadro che suggerisce sensazioni intense.*

suggeritóre s.m. [f. *–trice*] **1.** Chi dà suggerimenti. SIN.: **consigliere. 2.** TEAT. Incaricato di suggerire le battute agli attori. **3.** SPORT. Nel calcio, giocatore capace di effettuare passaggi efficaci ai compagni; nel baseball e nel softball, giocatore che dai bordi del campo guida l'azione dei battitori.

suggestionàbile agg. Che si impressiona, che si lascia influenzare facilmente.

suggestionabilità s.f. inv. Attitudine a lasciarsi influenzare da fattori esterni, spec. sul piano emotivo.

suggestionàre v.tr. Condizionare la volontà di altri. *Suggestionare i giovani.* ~ Affascinare, coinvolgere emotivamente. *Uno spettacolo che suggestiona.* ◆ **suggestionàrsi** v.pron. Lasciarsi prendere dalla suggestione, rimanere impressionati. *Questo film mi ha suggestionato troppo.*

suggestióne s.f. (lat. *suggestiónem* "suggerimento") **1.** Condizionamento psichico esercitato da altre persone o da fatti e situazioni o, anche, ingannevole impressione soggettiva che agisce con tale forza su un individuo da dominarne la sua volontà, indurlo a un determinato comportamento, privarlo del giudizio critico o addirittura del senso della realtà. ~ PSICOL. Tecnica che si basa sull'ipotesi che si possa influenzare uno stato emozionale o un comportamento attraverso le parole. **2.** *fig.* Fascino, seduzione.

suggestività s.f. inv. Carattere di ciò che è suggestivo.

suggestivo agg. (ingl. *suggestive*) **1.** Che incanta, che possiede una grande forza evocativa. **2.** Nel l. giur., domanda che contiene in sé il suggerimento di una risposta.

sùghero s.m. (lat. *sūberem*, forse deriv. di gr. *sýphar* "pelle rugosa") **1.** Nome comune della quercia da sughero, detta anche *sughera*. (Famiglia delle Cupulifere.) **2.** Corteccia di tale albero, usata per produrre turaccioli, galleggianti e altri oggetti. ~ *estens.* Oggetto fatto di sughero. ~ Galleggiante di sughero.

sùgna s.f. (lat. *axūngiam*, propr. "grasso usato per ungere l'asse delle ruote") Grasso che ricopre i reni del maiale, utilizzato per produrre lubrificanti e strutto. ~ *estens.* Lo strutto stesso.

sùgo s.m. [pl. *–ghi*] **1.** Liquido contenuto nella polpa di frutti o altri vegetali acquosi. **2.** Liquido di cottura della carne, mescolato con i grassi aggiunti e gli eventuali aromi. **3.** Salsa, perlopiù a base di pomodoro, per condire le pastasciutte. **4.** *fig.* Senso fondamentale di qlco. *Sugo di un discorso.*

sugóso agg. Ricco di sugo. ~ *fig.* Denso, ricco di contenuto. *Discorso sugoso.*

suicida agg. [pl.m. *–di*] (fr. *suicide*) Di suicidio, rivolto al suicidio. *Mania suicida.* ◇ *Commando suicida*: gruppo di soldati o di terroristi che compie un'azione che non permette di salvarsi. ~ *fig. Scelta suicida*: che danneggia chi la compie. ◆ s.m. e f. Chi si toglie la vita.

suicidàrsi v.pron. (fr. *se suicider*) **1.** Darsi volontariamente la morte. *Si è suicidato per amore.* **2.** *fig.* Provocare a se stessi un danno grave e irreparabile. *Con quella scelta si è suicidato politicamente.*

suicidio s.m. [pl. *–di*] (fr. *suicide*) **1.** Atto di chi si toglie volontariamente la vita. **2.** *estens.* Rischio della vita senza una vera necessità. **3.** *fig. per esager.* Azione con cui si procura a se stessi un danno grave o irreparabile.

Sùidi s.m. pl. [iniziale minusc. sing. *–de* per l'individuo] ZOOL. Famiglia di mammiferi non ruminanti con corpo tozzo, pelo corto e ruvido, grugno e zampe munite di robusti zoccoli, di cui fanno parte il maiale e il cinghiale. (Ordine degli Artiodattili.)

sùi gèneris loc. agg. inv. (loc. lat., propr. "di genere proprio") Che ha caratteristiche proprie, non confondibili con altre. ~ Di persona, originale.

Suini s.m. pl. ZOOL. Denominazione che comprende varie razze del maiale, tra cui il maiale domestico e il cinghiale. (Sottofamiglia dei Suidi.)

suinicolo agg. Relativo all'allevamento dei suini.

suino agg. Di maiale. ◆ s.m. Maiale domestico.

suite [/sɥit/] s.f. inv. (voce fr., propr. "seguito, corteo") **1.** MUS. Serie di danze strumentali a ritmo alternato ma di uguale tonalità. **2.** Lussuoso appartamento d'albergo. **3.** INFORM. Insieme coordinato di programmi applicativi, commercializzato in forma di pacchetto unico. ◇ *Suite per l'ufficio*: costituita da programmi per l'elaborazione di testi, fogli di calcolo, gestori di archivi di dati, ecc.

suiveur [/sɥivœr/] s.m. inv. (voce fr., "persona al seguito") SPORT. Direttore tecnico, giornalista o tifoso che accompagna un atleta, spec. un ciclista, durante le gare.

suk [/suk/] s.m. inv. (voce ar.) Tipico mercato arabo e il quartiere in cui ha sede. ~ *estens. spreg.* Mercato caotico e vociante.

sula s.f. (da una voce islandese) **1.** Uccello marino bianco, con ali robuste e becco appuntito, che vive sulle coste rocciose. (Famiglia dei Sulidi, ordine dei Pelecaniformi.) **2.** ZOOL. (iniziale maiusc.) Genere di uccelli a cui appartengono varie specie di sula.

sulfamidico agg. [pl.m. *–ci*, f. *–che*] CHIM. Riferito a composti organici, ammidi dell'acido sulfanilico, utilizzati in medicina spec. come antibatterici. ◆ s.m. Nel sign. dell'agg.

sulfùreo agg. **1.** Di zolfo, contenente zolfo o composto da zolfo. ~ *estens.* Che ha l'aspetto e l'odore dello zolfo. **2.** *fig.* Diabolico, per la tradizionale associazione dello zolfo ai luoghi infernali.

Sùlidi s.m. pl. [iniziale minusc. sing. *–de* per l'individuo] ZOOL. Famiglia di uccelli dotati di un forte becco conico e appuntito, di collo e zampe brevi e di coda a cuneo. (Ordine dei Pelecaniformi.)

sulky [/'sʌlki/] s.m. inv. [o pl. *sulkies*] (voce ingl., propr. "scontroso" perché sediolo per una persona sola) **1.** SPORT. Leggero veicolo a due

■ **sulky**

ruote per le corse al trotto, detto anche *sediolo*. **2.** Piccola vettura monoposto a tre ruote.

sultàna s.f. **1.** Moglie del sultano. **2.** Divano rotondo e basso, che si colloca al centro di un ambiente, detto anche *divano alla turca*.

sultanàto s.m. **1.** Carica e titolo di sultano. **2.** Territorio soggetto all'autorità di un sultano.

sultanina agg. (voce sett., propr. "uva che proviene dalle terre del sultano") *Uva sultanina*: varietà di uva bianca che presenta acini molto piccoli e senza semi, adatta a essere seccata per la sua particolare dolcezza. ◆ s.f. Nel sign. dell'agg.

sultàno s.m. (turco *sultan*, ar. *sulṭ ān* "sovrano") Titolo dei sovrani di diversi Stati musulmani.

sumèrico agg. [pl.m. *–ci*, f. *–che*] ST. Dei Sumeri, popolazione che sviluppò una grande civiltà nel III millennio a.C. nella Mesopotamia meridionale. ◆ s.m. (solo sing.) Lingua dei Sumeri.

sumèro agg. (babilonese *Šumerū*) Sumerico. ◆ s.m. **1.** (f. *–ra*; al pl. anche iniziale maiusc.) Appartenente alla popolazione dei Sumeri. **2.** (solo sing.) Lingua dei Sumeri.

sùmma s.f. (lat. *summam* "parte essenziale" e "totalità") **1.** Nel Medioevo, opera che raccoglieva tutti i principi e le teorie di una dottrina o di una disciplina. ~ *fig.* Trattazione sistematica di una materia. ~ *fig.* Culmine, punto più alto.

summenzionàto agg. Nel l. bur., citato precedentemente. SIN.: **suddetto.**

summit [/'sʌmɪt/] s.m. inv. [o pl. *summits*] (voce ingl., propr. "sommità") Nel l. pol., incontro al vertice tra capi di Stato o membri di partito.

sumo [/'sumo/] s.m. inv. (giapp. *sumō*, propr. "lotta di uno contro l'altro") SPORT. Lotta tradizionale giapponese tra due contendenti di corporatura e peso eccezionali.

sumotóri s.m. inv. Lottatore di sumo.

sùnna s.f. (ar. *sunna* "regola") ISL. Insieme delle norme di condotta che si rifanno al modello di comportamento e ai detti di Maometto.

sunnismo s.m. ISL. Dottrina ortodossa che riconosce piena validità e valore normativo alla sunna.

ENCICL. Basandosi sulla *sunna*, il sunnismo riconosce come successori di Maometto i primi quattro califfi e le dinastie degli Ommayyadi e degli Abbasidi, mentre gli sciiti riconoscono come califfi solo Ali e i suoi discendenti. I sunniti rappresentano il 90% ca. della comunità musulmana.

sunnita agg. [pl.m. *–ti*] Del sunnismo, che segue tale dottrina. ◆ s.m. e f. Seguace del sunnismo.

sunnominàto agg. Nel l. bur., nominato precedentemente.

sùnto s.m. Sintesi di un testo.

suntuàrio agg. [pl.m. *–ri*] Relativo alle spese.

sùo agg. poss. [f. *sua*, pl.m. *suoi*, ant. *sui*, f. *sue*] **1.** Che appartiene a sé, a lui o a lei, a esso o a essa per proprietà o possesso, anche temporaneo. ~ Che lo riguarda da vicino. *La sua patria.* **2.** Che è parte di qlcu. o qlco., che è pertinente, peculiare a lui, a lei, a esso o a essa. *Il suo fisico.* **3.** Di lui, di lei, di esso, di essa, di sé nel senso della parentela, dell'amicizia, della relazione o dipendenza. *I suoi familiari, colleghi.* **4.** Abituale, familiare, solito. ~ Corrispondente, adatto, opportuno. *Ogni cosa a suo tempo.* **5.** Con gli stessi valori, può essere riferito al *lei* allocutivo di cortesia. *Signore, ha dimenticato il suo ombrello.*

suòcera s.f. **1.** Madre del coniuge. **2.** *fig. scherz.* Donna autoritaria che critica e giudica su affari che non la riguardano.

suòcero s.m. **1.** Padre del coniuge. **2.** (al pl.) Il suocero e la suocera insieme.

suòla s.f. **1.** Parte inferiore della scarpa. **2.** ZOOL. Parte inferiore dello zoccolo del cavallo. **3.** *estens.* Parte piana inferiore di un attrezzo che sta a contatto col terreno. **4.** Nei cantieri navali, tavolato su cui scorre un'imbarcazione durante il varo.

suolàre v.tr. Mettere la suola alle scarpe.

suòlo s.m. [pl.m. *suoli*] **1.** Parte superficiale del terreno. ◇ *Radere al suolo*: abbattere completamente. **2.** Terreno, spec. in rapporto alla sua natura fisica e giuridica. *Suolo fertile.* ◇ *Suolo pubblico:* terreno, area di proprietà del comune o di altro ente pubblico. ~ GEOL. Strato superficiale della crosta terrestre, la cui origine e formazione è dovuta all'azione esercitata sulle rocce superficiali da fattori fisici, chimici e biologici, a cui si può aggiungere l'azione dell'uomo.

suonàre v.tr. **1.** Fare risuonare uno strumento musicale o qualunque apparecchio che emetta suoni. *Suonare il violino.* ~ Riferito a strumento musicale, può indicare, oltre all'atto, l'attività o la capacità personale. *Suonare bene il flauto.* **2.** Eseguire con uno o più strumenti un brano musicale o un particolare tipo di musica. *Suonare musica jazz.* **3.** Detto di uno strumento o di un apparecchio sonoro, annunciare qlco. con il proprio suono. *La tromba sta suonando l'adunata.* **4.** *fig.* In usi colti, solenni, essere segno di qlco. *Le tue parole suonano condanna.* ◆ v.intr. **1.** (aus. avere) Eseguire musica su uno strumento. ~ Esibirsi in esecuzioni musicali, esercitare la professione di suonatore. **2.** (aus. avere) Detto di uno strumento o di qualsiasi apparato acustico, emettere suoni. *Questo violino suona divinamente.* **3.** (aus. avere o essere) Risonare, dare risonanza. *Senti come suona questo bicchiere!* **4.** (aus. essere) Essere annunciato da un suono. *Sta suonando mezzogiorno.* ◆ v. cop. Dare a qlcu. una determinata impressione. *Il tuo discorso (mi) suona falso.* ◇ *Suonare bene, male:* detto perlopiù di parole, frasi, ecc. essere, non essere in armonia con quanto precede e segue, oppure avere, non avere coerenza logica e sintattica. *Questo periodo suona male.*

suonàta s.f. **1.** Produzione più o meno prolungata di un suono e il suono prodotto. *Suonata di clacson.* **2.** *fig. fam.* Bastonatura o grave sconfitta. **3.** Spesa eccessiva, imbroglio, fregatura.

suonàto agg. **1.** Detto di ore o di anni, già passato. *Mezzogiorno suonato.* **2.** *fig.* Intontito, rintronato. *Pugile suonato a causa dei colpi ricevuti.* ~ Rincretinito. ~ Matto.

suonatóre s.m. [f. *–trice*] Chi suona uno strumento musicale.

suoneria o **soneria** s.f. **1.** Congegno meccanico o dispositivo elettronico per segnalazioni acustiche. **2.** Melodia, spesso personalizzabile, che avvisa di una chiamata in arrivo su un telefono cellulare. ~ Suono, motivo (in formato file) scaricabile da internet. *Ho scaricato alcune suonerie per il mio cellulare.*

suòno s.m. **1.** Sensazione uditiva generata da una vibrazione acustica. ~ *comun.* Le vibrazioni sonore della voce umana o di uno strumento musicale. ◇ TECN. *Tecnico del suono:* chi, in ambito cinematografico e radiotelevisivo, si occupa della registrazione dei suoni sulla colonna sonora o, nelle sale teatrali, della riproduzione di rumori e musiche. –*fig. A suon di:* a *forza di. **2.** *estens.* Effetto musicale di una parola, di una frase. –*fig.* Significato, senso. *Non mi piace il suono delle sue parole.* **3.** LING. Unità fonica della lingua.
ENCICL. Emesso da corpi soggetti a movimenti vibratori, il suono si propaga sotto forma di onde meccaniche (perché l'energia viene trasmessa attraverso un mezzo meccanico) suscettibili di riflessione (fenomeno dell'eco), di rifrazione (trasmissione attraverso un ostacolo) e di interferenza (rafforzamento o annullamento dell'intensità sonora fra due fonti uguali che emettono in fase e alla stessa frequenza). La velocità di propagazione del suono udibile (16 - 20 kHz), dalla natura e temperatura del mezzo e dalla pressione nell'aria, è di 340 m/s ca. nell'aria, 1430 m/s ca. nell'acqua, 5000 m/s ca. nell'acciaio. Elementi caratteristici del suono sono l'*altezza* (legata alla frequenza), l'*intensità* (legata all'ampiezza delle vibrazioni sonore) e il *timbro* (dipendente dalle intensità relative dei diversi suoni armonici che lo compongono).

suòra s.f. Religiosa, appartenente a un ordine o a una congregazione, che ha pronunciato i soli voti semplici. (Equivale comun. a *monaca*, che però indica più propriamente la religiosa che ha pronunciato i voti solenni.)

sùper agg. inv. Della migliore qualità, eccellente. *Ti consiglio il suo nuovo romanzo, è super.* ◆ s.f. inv. Benzina super.

sùper- Primo elemento di composti nei quali indica posizione alta nello spazio (*superattico*), superamento di limite (*supersonico, superindividuale*), eccesso (*superallenamento*), valore superlativo (*supercarburante*), vaste dimensioni (*supermercato*), ecc.

superàbile agg. Che si può superare.

superaffollàto agg. Eccessivamente affollato. SIN.: **sovraffollato**.

superalcòlico s.m. [pl.m. *–ci*, f. *–che*] Bevanda la cui gradazione alcolica supera i 21 gradi. ◆ agg. Nel sign. del s.

superalimentazióne s.f. Ingestione regolare di una quantità di alimenti superiore al normale fabbisogno dell'organismo.

superallenaménto s.m. SPORT. Allenamento eccessivo che condiziona negativamente il rendimento dell'atleta.

superaménto s.m. **1.** Atto di superare, dell'andare oltre un limite e il suo risultato. **2.** *fig.* Conclusione positiva di un evento o di una prova. *Superamento di un esame.* **3.** *fig.* Accantonamento definitivo.

superammàsso s.m. ASTR. Associazione di ammassi di galassie.

superàre v.tr. **1.** Andare al di là, passare oltre qlco. *Superare un fosso con un salto.* **2.** Oltrepassare qlcu. o qlco. in termini quantitativi, misurabili. *La nostra casa supera in altezza tutte le altre.* **3.** Affrontare e sostenere con successo qlco. di difficile, di rischioso. ~ Uscire positivamente da una situazione, da una fase negativa. *Superare una crisi.* **4.** Risultare migliore, più capace di altri.

superàto agg. Non più attuale e valido.

supèrbia s.f. **1.** Senso di superiorità che si manifesta con un comportamento altezzoso e sprezzante. **2.** TEOL. CATT. Il primo dei sette peccati capitali.

superbike [/'su:pə‚baɪk/] s.f. inv. **1.** Moto di cilindrata superiore a 500 cc. **2.** Categoria motociclistica.

supèrbo agg. **1.** Che ha una stima esagerata di sé. SIN.: **altezzoso, borioso**. **2.** Che prova grande soddisfazione per qlco. o per qlcu. SIN.: **orgoglioso**. ~ Riferito ad animale, che assume un contegno tronfio e impettito. *Il superbo pavone.* **3.** Che desta meraviglia per bellezza, pregio, abilità, ecc. *Affresco superbo.* **4.** Imponente, grandioso. s.m. [f. *–ba*] Nell'accez. 1 dell'agg. *Girone dei superbi nell'"Inferno" dantesco.*

supercalcolatóre s.m. INFORM. Elaboratore di grandi dimensioni e di potenza elevatissima, impiegato spec. nel calcolo numerico e nella ricerca scientifica.

supercarburànte s.m. Benzina super.

supercàrcere s.m. Carcere di massima sicurezza.

superconduttività s.f. inv. (ingl. *superconductivity*) FIS. Fenomeno che si presenta in alcuni metalli, leghe o ceramiche la cui resistività elettrica diviene praticamente nulla al di sotto di certe temperature.

superconduttóre s.m. FIS. Materiale che, portato a una temperatura prossima allo zero assoluto, perde quasi totalmente la resistività.

supercrìtico agg. [pl.m. *–ci*, f. *–che*] CHIM. Di fluido i cui valori di pressione e temperatura superano i valori critici.

superdotàto agg. Che possiede requisiti fisici o intellettuali molto superiori alla media. ◆ s.m. [f. *–ta*] Nel sign. dell'agg.

Super-ègo s.m. inv. (ingl. *superego*) PSICH. Super-io.

superenalòtto s.m. inv. Concorso collegato al lotto, in cui vince chi indovina almeno tre dei primi numeri usciti su sei ruote.

supereròe s.m. Personaggio fantastico dei fumetti dotato di poteri eccezionali.

superfamìglia s.f. [pl. *–glie*] BIOL. Nella classificazione biologica, raggruppamento intermedio tra la famiglia e l'ordine.

superfetazióne s.f. (lat. *superfetatiónem*, deriv. di *superfetàre* "concepire di nuovo")

1. ZOOL. Nei mammiferi, fecondazione di un secondo ovulo quando nell'utero è già presente un feto prodotto da una precedente fecondazione. **2.** BOT. Fecondazione di un ovulo da parte di due o più tipi diversi di polline. **3.** ARCH. Costruzione aggiunta a un edificio, che ne rovina l'armonia. **4.** *fig.* Aggiunta inutile, superflua e spesso gravosa. SIN.: **ridondanza**.

superficiàle agg. **1.** Della superficie. ~ Che fa da superficie. ~ Che si trova sulla superficie. **2.** *fig.* Riferito a persona, poco profondo. ~ Riferito a comportamento, che si ferma alla superficie della realtà, agli aspetti meno profondi. ◆ s.m. e f. Persona leggera, poco profonda.

superficialità s.f. **1.** Qualità di ciò che è superficiale. *Superficialità di una ferita.* **2.** *fig.* Mancanza di profondità interiore, carenza di approfondimento o di riflessione. SIN.: **facilioneria, genericità, leggerezza**.

superfìcie s.f. [pl. *–ci*] **1.** Piano esterno e visibile che delimita un corpo nello spazio; in partic. faccia superiore di un corpo piano. ~ estens. Spazio limitato di terreno. ~ assol. La parte esterna di una distesa d'acqua o il livello del suolo. ◇ AER. *Superficie alare:* area della pianta di un'ala o delle ali di un aeromobile. – DIR. *Diritto di superficie:* diritto di costruire edifici su un terreno altrui, o di acquistare la proprietà di manufatti senza acquisire anche la proprietà del suolo. **2.** estens. Strato esterno di materiale e spessore vario. **3.** GEOM. Ente immaginato a due dimensioni e privo di spessore. ~ Area. **4.** *fig.* Aspetto esteriore, apparenza delle cose e della realtà. *Esaminare le cose in superficie.*

superfinitùra s.f. MECC. IND. Rifinitura di pezzi metallici con materiale abrasivo per renderli perfettamente levigate.

superfluidità s.f. inv. FIS. Proprietà dell'elio liquido di scorrere senza attrito quando è portato a temperature prossime allo zero assoluto.

superflùido agg. FIS. Riferito all'elio che si trova in stato di superfluidità. ◆ s.m. Nel sign. dell'agg.

supèrfluo agg. Non strettamente necessario. ~ Inutile, immotivato. *Chiacchiere superflue.* ◆ s.m. (solo sing.) Ciò che non è indispensabile o è inutile.

superfortézza s.f. (calco dell'ingl. d'America *superfortress*) AER. *Superfortezza volante:* aereo quadrimotore da bombardamento, utilizzato dagli americani durante la seconda guerra mondiale.

superfosfàto s.m. CHIM. → **perfosfato**.

supergigànte agg. ASTR. Di stella di dimensioni superiori a quelle delle stelle giganti. ◆ s.m. Nel sign. dell'agg. ~ SPORT. Gara di sci che unisce le caratteristiche dello slalom gigante e della discesa libera.

superinfezióne s.f. MED. Infezione secondaria prodotta dagli stessi germi che hanno determinato una precedente infezione ancora in corso.

Super-io s.m. inv. (calco del ted. *Über-Ich*) PSICOAN. Per Freud, istanza psichica che regola il comportamento morale dell'individuo opponendosi agli istinti pulsionali dell'Es.

superióra s.f. Direttrice di una comunità religiosa di suore o di monache. *La superiora di un convento.* ❑ Anche in funzione di agg. *Madre superiora.*

superióre agg. **1.** Situato più in alto, sopra. *Piano superiore.* **2.** Maggiore per altezza, grandezza, numero, intensità, ecc. *Temperatura superiore alla media.* **3.** estens. Migliore per qualità, doti, forza, ecc. ◇ *Fare il superiore:* dimostrare magnanimità, oppure ostentare distacco e superiorità. **4.** Di grado o livello più elevato all'interno di una gerarchia o di una scala di valori. ~ BIOL. Più avanzato nell'evoluzione. ◇ ZOOL. *Animali superiori:* i vertebrati. – BOT. *Piante superiori:* i vegetali provvisti di radici, fusto e foglie. ◆ s.m. **1.** (anche rif. a donna) Chi occupa un grado gerarchico più elevato e ha quindi più autorità. **2.** [f. *–ra*] Chi dirige una comunità religiosa.

superiorità s.f. inv. Qualità, carattere di ciò o di chi è superiore.

superlatitànte s.m. e f. Latitante ricercato da molti anni.

superlativo agg. 1. Superiore a tutti. 2. GRAMM. Di forma di aggettivo o di avverbio che esprime il grado più alto di una qualità, in assoluto o in relazione ad altri. ◆ s.m. Nell'accez. 2 dell'agg. ◇ *Superlativo assoluto*: massimo grado di una qualità, senza termini di paragone (p.e. *altissimo*). – *Superlativo relativo*: massimo grado di una qualità rispetto ad altri (p.e. *il più alto della classe*).

superlavóro s.m. Quantità eccessiva di lavoro.

superléga s.f. [pl. *–ghe*] METALL. Lega metallica a elevata resistenza, impiegata per turbine e per apparecchiature refrattarie.

superleggèro agg. BOXE Di categoria di atleti di peso compreso tra i 61 e i 63,5 kg ca. ◆ s.m. Pugile appartenente a tale categoria.

superman [/'sju:pəmæn/] s.m. inv. (voce ingl., "superuomo") Uomo dotato di poteri straordinari, spesso in senso iron. ~ estens. Chi non ha uguali nella sua attività.

supermarket [/'sju:pəm,ɑːkɪt/] s.m. inv. (voce ingl.) Supermercato.

supermàssimo agg. BOXE Categoria di atleti dilettanti di peso superiore ai 91 kg. ◆ s.m. Pugile appartenente a tale categoria.

supermercàto s.m. (ingl. *supermarket*) Vasta struttura organizzata per la vendita di prodotti, spec. alimentari e domestici, in cui il cliente si serve da solo pagando l'importo totale alle casse poste all'uscita.

superminimo s.m. Nel 1. sind., supplemento corrisposto talvolta dalle aziende in aggiunta al salario minimo.

supermolècola s.f. CHIM. Entità costituita da due o più molecole in interazione reciproca.

supermolecolàre agg. CHIM. *Chimica supermolecolare*: studio dei legami deboli e non covalenti tra molecole.

supermùlta s.f. Multa molto elevata prevista per particolari infrazioni.

supernòva s.f. [pl. *supenovae*] ASTR. Stella che, esplodendo, raggiunge un'altissima luminosità. (L'esplosione di una supernova si distingue da quella di una nova per la magnitudine. Questo fenomeno è caratteristico delle stelle che hanno raggiunto una fase d'evoluzione avanzata.)

■ **supernòva.** Nebulosa della costellazione della Vela, generata dall'esplosione di una supernova circa 12.000 anni fa.

1. **sùpero** agg. BOT. Di ovario di un fiore che aderisce al ricettacolo solo con la base (in oppos. a *infero*).

2. **sùpero** s.m. FIN. Quantità in eccedenza.

superomismo s.m. 1. FILOS. Dottrina filosofica del superuomo. 2. estens. Atteggiamento, comportamento da superuomo.

superórdine s.m. BIOL. Nella classificazione biologica, raggruppamento superiore all'ordine.

superòssido s.m. 1. CHIM. Radicale O₂, molto reattivo, ottenuto quando una molecola di ossigeno cattura un elettrone. 2. Composto contenente lo ione O₂.

superòtto agg. inv. Di pellicola cinematografica di passo ridotto (8 mm) che presenta un fotogramma più largo e, quindi, un'immagine di qualità superiore rispetto al tipo tradizionale. ◆ s.f. inv. Cinepresa che utilizza pellicole superotto. ◆ s.m. inv. Proiettore di pellicole superotto.

sùper pàrtes loc. agg. inv. (loc. lat., "sopra le parti") Di chi, in una contesa, sta al di sopra delle parti in causa.

superpentito s.m. DIR. PEN. Collaboratore di giustizia.

superperito s.m. (anche rif. a donna) Supervisore di tutte le perizie di un processo o di un'istruttoria.

superpetrolièra s.f. Petroliera di stazza superiore alle settantamila tonnellate.

superpiùma agg. BOXE Di categoria di atleti di peso compreso tra i 57 e i 59 kg ca. ◆ s.m. Pugile appartenente a tale categoria.

superplasticità s.f. inv. FIS. Proprietà che possiedono alcuni materiali, in condizioni particolari, di subire deformazioni importanti (da 200 a 2000%) senza rompersi.

superpotènza s.f. Stato che possiede un imponente apparato industriale e bellico.

superpotére s.m. Nel l. della fantascienza, potere eccezionale, che trascende i limiti delle facoltà umane, di cui sono dotati alcuni personaggi straordinari.

superprocùra s.f. Organismo istituito nell'ambito della procura generale presso la Corte di Cassazione, con la funzione di coordinare le indagini sulla criminalità organizzata; è detta anche *Direzione nazionale antimafia*.

superprocuratóre s.m. Procuratore posto a capo della superprocura.

supersònico agg. [pl.m. *–ci*, f. *–che*] (ingl. *supersonic*) Di velocità superiore a quella del suono o di aereo capace di raggiungere tale velocità.

superstar [/'sju:pəstɑ:/] agg. inv. (voce ingl.) Di personaggio che gode di eccezionale popolarità. ◆ s.f. inv. Personaggio famoso.

supèrstite agg. 1. Sopravvissuto, scampato a una sciagura. 2. estens. Di cosa, che rimane, che sopravvive all'azione del tempo. ◆ s.m. e f. Nell'accez. 1 dell'agg. *Portare in salvo i superstiti di un naufragio*.

superstizióne s.f. (lat. *superstitiōnem*, propr. "sovrastruttura") 1. Credenza irrazionale in forze occulte ritenute portatrici di influenze perlopiù negative. ~ Ogni pratica o rituale dettati da tale credenza. 2. RELIG. Ogni credenza, comportamento o pratica che tradisca lo spirito e l'ortodossia di una religione istituzionalizzata.

superstizióso agg. 1. Che crede nella superstizione. 2. Proprio della superstizione, dettato da superstizione. ◆ s.m. [f. *–sa*] Persona superstiziosa.

superstràda s.f. Strada a scorrimento veloce, di solito con almeno due corsie per ciascun senso di marcia ed esente da pedaggio.

superstràto s.m. LING. Lingua sopraggiunta in un dato territorio e sovrapposta, per un determinato periodo, alla lingua preesistente, che ne subisce l'influenza (in oppos. a *sostrato*).

supertàssa s.f. Nel l. gior., imposta straordinaria.

supertèste s.m. e f. DIR. Supertestimone.

supertestimòne s.m. e f. Nel l. gior., persona la cui testimonianza è decisiva per confermare, in un processo o in un'istruttoria, la tesi dell'accusa o della difesa. SIN.: **superteste**.

supervalutazióne s.f. Valutazione economica maggiore al normale di un bene o di un servizio. ◇ *Supervalutazione dell'usato*: proposta di acquisto di un veicolo usato a un prezzo superiore al valore di mercato, offerta dal rivenditore al cliente disposto ad acquistare un veicolo nuovo.

supervisionàre v.tr. Sottoporre qlco. a un ulteriore controllo, alla supervisione di qlcu.

supervisióne s.f. (ingl. *supervision*) 1. Attività di chi dirige e controlla l'esecuzione di un lavoro. 2. CINE., TEAT., TV. Direzione generale di uno spettacolo.

supervisóre s.m. (anche rif. a donna) (ingl. *supervisor*, lat. *supervisórem* "ispettore") Chi è responsabile della realizzazione di un'opera e controlla anche il lavoro altrui. ◆ s.m. CINE., TEAT., TV. Chi sovrintende alla realizzazione di un'opera.

superwelter [/'super'velter/] agg. inv. BOXE Di categoria di atleti di peso compreso tra i 67 e i 70 kg ca. ◆ s.m. inv. Pugile appartenente a tale categoria.

supinatóre agg. ANAT. Si dice del muscolo che consente la rotazione laterale dell'avambraccio. ◆ s.m. Nel sign. dell'agg.

supinazióne s.f. FISIOL. Movimento di rotazione dell'avambraccio che porta il palmo della mano verso l'alto.

1. **supino** agg. 1. Riferito al corpo umano, disteso sulla schiena (in oppos. a *prono*). 2. Riferito al palmo della mano, rivolto in alto. 3. *fig.* Accondiscendente, passivo. *Obbedienza supina.*

2. **supino** s.m. (lat., deriv. di *supīnum verbum* "parola supina" prob. perché si appoggia al verbo) GRAMM. In latino e in altre lingue, forma nominale del verbo che esprime diverse funzioni, tra cui lo scopo e il fine dell'azione.

suppellèttile s.f. (spec. pl.) Complesso degli oggetti che costituiscono l'arredamento di una casa, di un ufficio, di una scuola. ~ ARCHEOL. Insieme dei reperti di una tomba.

suppergiù avv. fam. Pressappoco, all'incirca, più o meno. *Saranno suppergiù le otto.*

supplementàre agg. 1. Che costituisce un supplemento. ~ Che viene aggiunto per completare, integrare o rispondere a esigenze straordinarie. ◇ SPORT. *Tempi supplementari*: supplemento di partita svolto dopo tempi regolamentari conclusi in parità, in caso di partite che non ammettono risultato di pareggio. 2. GEOM. *Angoli supplementari*: angoli la cui somma è un angolo piatto. – *Archi supplementari*: quelli la cui somma è una semicirconferenza.

supplemènto s.m. 1. Ciò che si aggiunge a qlco. per completarlo. *Per il processo in corso è stato disposto un supplemento d'inchiesta.* 2. Pubblicazione che ha la funzione di aggiornare o di integrare un'opera a stampa. *Supplemento di un'enciclopedia.* 3. Pagamento aggiuntivo per usufruire di determinati servizi. ◇ FERR. *Supplemento rapido*: sovrapprezzo da pagare in aggiunta al biglietto normale per viaggiare su treni di categoria superiore.

supplènte agg. Che sostituisce qlcu. esercitandone le funzioni. ◆ s.m. e f. Nel sign. dell'agg.

supplènza s.f. 1. Esercizio provvisorio di una funzione, in sostituzione del titolare assente o su un posto vacante. 2. DIR. Istituto giuridico che prevede la sostituzione, nelle sue funzioni istituzionali, di una persona o di un organo temporaneamente impossibilitato a svolgerle.

suppletivo agg. Integrativo, supplementare. *Prova suppletiva.* ◇ *Elezioni suppletive*: previste per il ballottaggio fra i candidati risultati primi alle precedenti elezioni. – DIR. *Norme suppletive*: che integrano le eventuali lacune presenti nelle pattuizioni private, applicabili solo in assenza di una diversa manifestazione di volontà da parte dei destinatari delle norme stesse.

suppletòrio agg. [pl.m. *–ri*] non com. Suppletivo.

supplì s.m. inv. (voce orig. roman., prob. fr. *surprise* "sorpresa" per il ripieno) CUC. Crocchetta fritta di riso, ripiena di ragù, pezzetti di mozzarella o funghi, tipica della cucina romana.

sùpplica s.f. [pl. *–che*] 1. Richiesta umile e accorata. SIN.: **implorazione**. 2. Richiesta scritta a un'autorità per ottenere un provvedimento di grazia o di giustizia. 3. RELIG. Preghiera rivolta dai fedeli alla Madonna o ai santi per ottenere qlco.

supplicànte agg. Che supplica, implora. ◆ s.m. e f. Chi implora o rivolge una supplica scritta.

supplicàre v.tr. [4] Pregare la divinità con devozione per ottenere qualche grazia. *Ho supplicato Dio di farmi guarire.* ~ Chiedere con insistenza e umiltà a qlcu. di fare qlco. *Mi supplicò che lo vedessi quanto prima.*

supplichévole agg. Che supplica, che implora. SIN.: **implorante**.

supplíre v.intr. [83] (aus. *avere*) Rimediare alla mancanza di qlco. *Supplire con l'impegno alle scarse doti intellettuali.* ◆ v.tr. Sostituire temporaneamente il titolare assente nelle sue funzioni. *Supplire un insegnante ammalato.*

supplízio s.m. [pl. *−zi*] (lat. *supplīcium*, propr. "atto dell'inginocchiarsi") **1.** Pena corporale crudele e spesso cruenta. ~ estens. Pena di morte, eseguita in forme molto crudeli. **2.** fig. Tormento fisico o morale di grave intensità. ~ Ciò che è estremamente noioso da sopportare. *Questo discorso è un supplizio.* ◇ *Supplizio di Tantalo:* pena di chi ha a disposizione ciò che desidera ma non può usufruirne, con riferimento al celebre mito greco.

supponènte agg. Che ostenta superiorità e altezzosità. ◆ s.m. e f. Nel sign. dell'agg.

supponènza s.f. Atteggiamento, comportamento presuntuoso e arrogante. SIN.: **presunzione**.

supponíbile agg. Che si può supporre.

suppórre v.tr. [25] Ammettere per ipotesi. *Sono portato a supporre una grave colpa.*

supportàre v.tr. (denom. di *supporto*, su base ingl. *to support*) **1.** Munire di supporto un oggetto. *Supportare un dipinto con una tela.* **2.** fig. Sostenere con solidarietà. ~ SPORT. Incoraggiare un concorrente, una squadra. **3.** INFORM. *non com.* Ammettere, consentire l'uso, il funzionamento di un programma, di un protocollo, ecc.

supporter [/sə'pɔːtə/] s.m. e f.inv. (voce ingl., deriv. di *to support* "sostenere") **1.** SPORT. Sostenitore di un atleta o di una squadra. SIN.: **tifoso**. **2.** SPETT. Nel l. spett., sostenitore di un cantante, di un attore, ecc. SIN.: **fan**.

suppòrto s.m. (fr. *support*) **1.** Elemento di sostegno. ◇ INFORM. *Supporto dati:* materiale sul quale sono registrati o è possibile registrare dati (dischetto, disco fisso, banda magnetica, disco ottico, ecc.). **2.** fig. Sostegno morale, economico, operativo. **3.** MECC. IND. Organo di sostegno di un perno o di altre parti mobili, spesso attraverso cuscinetti a sfera. **4.** FOTO., CINE. Pellicola fotografica o cinematografica ancora priva dell'emulsione fotosensibile.

supposizióne s.f. (lat. *suppositiōnem*, propr. "il mettere sotto") **1.** Opinione, valutazione, ragionamento, avanzati sotto forma di ipotesi o di congettura. **2.** DIR. Illecito consistente nel far passare per vero o reale ciò che non lo è.

suppòsta s.f. Preparato farmaceutico solido, di forma perlopiù ogivale, che si assume per via anale.

suppòsto agg. Posto per ipotesi.

suppuràrte agg. MED. Che suppura.

suppuràre v.intr. (aus. *avere* o *essere*) MED. Presentare un processo infiammatorio con formazione di pus. *La lesione ha suppurato.*

suppuratìvo agg. MED. Caratterizzato o causato da suppurazione.

suppurazióne s.f. MED. Infiammazione caratterizzata dalla formazione di pus.

suprematìsmo s.m. (russo *suprematizm*) Movimento artistico russo fondato dal pittore Kazimir Malevic (a partire dal 1913) e dai suoi discepoli El Lissitzkij, Ivan Klioune, Olga Rozanova, che mirava all'essenzialità come suprema espressione dell'arte e la realizzava attraverso la semplificazione degli elementi figurativi.

supremazìa s.f. (fr. *suprématie*, ingl. *supremacy*) Superiorità, preminenza di qlcu. o qlco. su ogni altra autorità.

suprême [/sy'prɛm/] s.f. inv. (voce fr.) CUC. Piatto a base di petto di pollo o tacchino, cucinato e servito con una salsa vellutata a base di panna.

suprèmo agg. **1.** Che è al di sopra di tutto, che non può essere superato. ◇ *Corte suprema:*

*Corte di Cassazione. **2.** estens. Ultimo, estremo. *Il momento supremo della verità.* ◇ *Momento, ora suprema:* la morte. **3.** fig. Grandissimo, immenso, straordinario.

1. sùra s.f. (ar. *sūra* "sequenza") Ciascuno dei 114 capitoli in cui è suddiviso il Corano.

2. sùra s.f. ANAT. Polpaccio.

3. sùra s.m. inv. (ingl. *surah* forse deriv. di *Surat*, nome della città indiana dove si produceva questa stoffa) Stoffa di cotone o di seta molto morbida.

suràle agg. ANAT. Relativo al polpaccio.

surclassàre v.tr. (fr. *surclasser*) **1.** Superare in modo netto un avversario, spec. in campo sportivo, dando prova di capacità molto maggiori. **2.** estens. Mostrare una superiorità incontestabile su qlcu., o qualcos'altro, perlopiù con specificazione dell'ambito in cui si eccelle. *È un docente che surclassa tutti i colleghi nella preparazione storica.*

surcontràre v.tr. (fr. *surcontrer*) Nel bridge, fare la dichiarazione del *surcontre*.

surcontre [/syr'kɔtr/] s.m. inv. (voce fr.) Nel bridge, affermazione con cui il giocatore al quale è stato opposto il *contre* dà conferma della propria dichiarazione.

surf [/'sɜːf/] s.m. inv. (voce ingl. d'America, abbr. di *surf-board* "tavola per la cresta dell'onda") **1.** Tavola di legno lunga e stretta che permette di praticare il surf. ~ estens. Sport che consiste nel mantenersi in equilibrio su una tavola trascinata dalle onde verso la spiaggia. **2.** Windsurf. **3.** Tavola di plastica sulla quale si effettuano discese sciistiche, detta anche *surf da neve* o *snowboard*. **4.** Ballo i cui movimenti ricordano quelli di chi pratica il surfing.

■ surf

surfing [/'sɜːfɪŋ/] s.m. inv. (voce ingl.) Sport acquatico praticato con il surf.

surfìsta s.m. e f.[pl.m. *−sti*] SPORT. Chi pratica il surf.

surgelàre v.tr. Sottoporre i prodotti alimentari a congelamento per conservarli a lungo inalterati.

surgelàto agg. Di prodotto alimentare conservato mediante surgelazione. ◆ s.m. Nel sign. dell'agg.

surgelatóre s.m. Apparecchiatura per surgelare i cibi o, più frequentemente, elettrodomestico per la conservazione di cibi surgelati o comparto del frigorifero che svolge tale funzione.

surgelazióne s.f. Procedimento industriale che consiste nel congelare rapidamente a temperatura molto bassa un prodotto alimentare in modo da consentirne una lunga conservazione.

suricàto s.m. Piccolo mammifero onnivoro e gregario, tipico delle zone semiaride dell'Africa australe, che fa la guardia ergendosi sulle gambe posteriori. (Genere *Suricata*)

suriettivo o **surgettivo** agg. (fr. *surjectif*) MAT. Di funzione la cui immagine coincide con il codominio.

suriezióne s.f. (fr. *surjection*) MAT. Funzione suriettiva.

surimi [/su'rimi/] s.m. inv. (voce giapp., propr. "pesce tritato") CUC. Bastoncini a base di merluzzo insaporiti con polpa di granchio.

surmenage [/syrmə'naʒ/] s.m. inv. (voce fr.) Affaticamento eccessivo, spec. psichico e intellettuale. ~ SPORT. Superallenamento.

1. surmolòtto s.m. (fr. *surmulot*) ZOOL. Topo di notevoli dimensioni e dall'istinto aggressivo, detto anche *pantegana*. SIN.: **topo di fogna**.

2. surmolòtto s.m. (fr. *surmulet*) ITTIOL. *Triglia di scoglio.

surplace [/syr'plas/] s.m. inv. (voce fr., propr. "sul posto") **1.** SPORT. Nelle gare ciclistiche di velocità su pista, posizione di immobilità, di equilibrio sulla bicicletta, per indurre l'avversario a passare avanti per controllarlo meglio e superarlo nello sprint finale. **2.** fig. Momento di pausa, di attesa.

surplus [/syr'ply/] s.m. inv. (voce fr.) **1.** FIN. Saldo attivo. **2.** ECON. Eccedenza dell'offerta rispetto alla domanda. **3.** Nel l. com., ciò che resta in quanto non utilizzato. SIN.: **residuo**.

sùrra s.f. (ingl. *surra*, maratto *sūra* "respiro asmatico") VET. Malattia asmatica tropicale che colpisce soprattutto cavalli, bovini, cammelli ed elefanti, causata da un tripanosoma trasmesso dai tafani.

surreàle agg. (fr. *surréel*) Che trascende il reale, il razionale. ◆ s.m. (solo sing.) Nel sign. dell'agg.

surrealìsmo s.m. (fr. *surréalisme*) Movimento culturale e artistico d'avanguardia, nato in Francia nel primo dopoguerra, che si opponeva al dominio della ragione come unico strumento conoscitivo e sosteneva l'importanza della dimensione prerazionale e irrazionale del sogno e dell'inconscio, dai quali emergeva la possibilità di nuovi mezzi espressivi.

ENCICL. Nato nel 1919, il surrealismo si affermò nel 1924 con il primo *Manifeste du Surrealisme*, in cui Breton, propugnatore del movimento con Soupault, ne dettò le linee principali: il rifiuto del predominio della ragione e del sapere tradizionale alla luce delle nuove teorie freudiane del subcosciente e dell'inconscio; l'aspra critica sociale mutuata dall'ideologia marxista e leninista; l'invito a scrivere dietro il primo immediato impulso, in piena passività. Breton, Soupault, Aragon, Éluard, Crevel, Artaud, Péret, e, con il secondo Manifesto del 1930, Char, Buñuel e Dalí, furono i principali rappresentanti di un movimento che volle rivoluzionare allo stesso tempo la vita, la letteratura e l'arte. Esclusioni e rotture andarono di pari passo con la sua diffusione in altri paesi e al diffondersi di altre arti (teatro, cinema) fino alla morte di Breton. Tra gli artisti surrealisti i più noti furono Ernst, Masson, Miró, Tanguy, Dalì, Magritte, che si espressero tramite l'automatismo e una sorta di fantastico onirico in immagini spesso minuziose, in collages e in assemblaggi detti *oggetti surrealisti*.

surrealìsta s.m. e f.[pl.m. *−sti*] (fr. *surréaliste*) Esponente, seguace del surrealismo. ❏ In funzione di agg., relativo al surrealismo o ai suoi esponenti.

surrenàle agg. (fr. *surrénal*) **1.** ANAT. Collocato sopra il rene. **2.** Relativo al surrene.

surrène s.m. ANAT. Ghiandola endocrina collocata sopra ciascuno dei reni, che secerne ormoni di vitale importanza per l'organismo. SIN.: **ghiandola surrenale**.

1. surrettìzio agg. [pl.m. *−zi*] (lat. *subrepticium*, deriv. di *subrēpere* "strisciare sotto") FILOS. Di concetto introdotto al di fuori della coerenza logica di un'argomentazione.

2. surrettìzio agg. [pl.m. *−zi*] (lat. *subreptīcium*, deriv. di *subrīpere* "sottrarre") **1.** DIR. Di atto in cui viene taciuta intenzionalmente qualche circostanza fondamentale. *Deposizione surrettizia.* **2.** estens. Di azione operata in maniera ambigua, nascosto.

surriscaldaménto s.m. **1.** Riscaldamento eccessivo. **2.** FIS. Riscaldamento di una sostanza oltre la temperatura propria del cambiamento di stato senza che tale cambiamento si verifichi.

surriscaldàre v.tr. **1.** Riscaldare in eccesso. ◇ *Surriscaldare il motore.* ◇ fig. *Surriscaldare l'ambiente, l'atmosfera:* introdurvi elementi di forte tensione. *L'inchiesta ha surriscaldato l'atmosfera politica.* **2.** FIS. Riscaldare un vapore saturo fino a una temperatura superiore a quella di ebollizione della fase liquida. ◆ **surriscaldarsi** v.pron. Diventare eccessivamente caldo. *Il motore si è surriscaldato.*

■ Il surrealismo

Un'opera d'arte per i surrealisti si giustifica solo nella misura in cui contribuisce, anche in misura ridotta, a cambiare la vita. E non può che farlo rifiutandosi di sacrificare il potere inventivo dell'artista. È così che la teoria del modello interiore, annunciato da A. Breton nel 1925, mira a sviare l'arte dalla rappresentazione realistica che, a suo parere, imperversava in Occidente sin dal Rinascimento: l'artista, ormai, non può che ispirarsi alle immagini che sorgono dalle profondità di se stesso.

André Breton. *L'Uovo della Chiesa* (1933). Poeta e teorico, Breton lavorò con opere plastiche, con "oggetti dal funzionamento simbolico" e anche con collages e fotomontaggi come questo. (Coll. priv.)

Salvador Dalí. *Venere di Milo con cassetti,* scultura-oggetto in gesso con collages di rivestimento (1936). Questo oggetto surrealista (che è stato diffuso commercialmente sotto forma di esemplare in bronzo dipinto), dà consistenza al fantasma della decostruzione del corpo umano, e gioca allo stesso tempo con il prestigio della grande tradizione classica. (Coll. priv.)

Toyen. *Resti di sogni* (1967), puntasecca ravvivata da colori: un insieme di metamorfosi fantastiche a partire dall'uovo, dall'occhio, dal sesso, dal piumaggio, a opera della surrealista ceca Marie Cvermínová, detta Toyen, trasferitasi a Parigi nel 1947. (Coll. priv.)

Yves Tanguy. *Un grande quadro che rappresenta un paesaggio* (1927). Compagno di reggimento di J. Prévert nel 1920, Tanguy aderisce con lui al gruppo di Breton nel 1925, dopo essere stato colpito da una tela di G. De Chirico vista per caso. Si dedica l'anno seguente ai primi tentativi di disegno automatico e crea ben presto l'universo onirico misterioso che gli è proprio. (Coll. priv.)

---

surriscaldatóre s.m. TERM. Dispositivo per surriscaldare il vapore.

sùrroga s.f. [pl. –*ghe*] DIR. Subentro di un terzo al creditore originario. SIN.: **surrogazione**.

surrogàre v.tr. [4] (lat. *subrogāre* "fare eleggere una persona al posto di un'altra") Sostituire qlco. o qlco. *Surrogare lo zucchero con l'aspartame.*

surrogàto agg. Che sostituisce. ◆ s.m. **1.** Prodotto, spec. alimentare, che ne sostituisce un altro di qualità superiore. *L'orzo è un surrogato del caffè.* **2.** estens. Ciò che sostituisce qlco. in modo inadeguato. *Surrogato della vera libertà.*

surrogatòrio agg. [pl.m. –*ri*] Che surroga. ◇ DIR. *Azione surrogatoria:* facoltà del creditore di subentrare al proprio debitore nella rivendicazione di determinati diritti verso terzi. – ECON. *Imposta surrogatoria:* applicata alle ricchezze che sfuggono alle imposte dirette sui trasferimenti.

surrogazióne s.f. **1.** Sostituzione. **2.** DIR. Subentro di un terzo al creditore originario, che viene da lui soddisfatto di quanto gli è dovuto.

survoltàre v.tr. ELETTR. Alzare la tensione oltre il livello normale.

survoltóre s.m. (fr. *survolteur*) **1.** ELETTR. Dispositivo per alzare il valore della tensione. **2.** Anche, piccolo generatore collegato in serie a un generatore più grande per stabilizzare la tensione.

suscettibile agg. **1.** Che è in grado di ricevere e subire influenze, modificazioni, ecc. SIN.: **passibile. 2.** Di persona, che si offende facilmente. SIN.: **permaloso.**

suscettibilità s.f. inv. (fr. *susceptibilité*) **1.** Tendenza a offendersi facilmente. **2.** CHIM. IN-DU. Attitudine di un prodotto a essere modificato.

suscitàre v.tr. Causare un certo effetto o una determinata reazione. *Suscitare entusiasmo.*

---

sushi [/'suʃi/] s.m. inv. (voce giapp.) CUC. Piatto giapponese consistente in bocconi di riso e pesce crudo avvolti in foglie d'alga.

susina s.f. Frutto del susino, detto anche *prugna.* SIN.: **prugna.** ◇ *Susina cinese:* litchi.

susino s.m. (deriv. di *Susa,* città della Persia da cui proviene) Albero originario dell'Asia, con foglie ovali, fiori bianchi, frutti a drupa commestibili dalla polpa carnosa. (Famiglia delle Rosacee.) SIN.: **prugno.**

suspense [/sə'spens/] s.f. inv. (voce ingl., fr. *en suspens* "in sospeso") Condizione di ansia, sospensione angosciosa di chi attende impazientemente che un fatto si verifichi o che una situazione d'incertezza si risolva. ~ estens. Evento, situazione che suscita questo stato d'animo.

suspicióne s.f. DIR. *Legittima suspicione:* espressione con la quale si indicano i motivi (sospetto condizionamento locale) che consentono di chiedere e di ottenere la deroga al principio del giudice naturale e il trasferimento del processo ad altra sede giudiziaria.

susseguire v.intr. (aus. *essere*) **1.** Succedere a qlco. *Allo sforzo sussegue la stanchezza.* **2.** Derivare come conseguenza. *Da ciò sussegue una sola deduzione.* ◆ **susseguirsi** v.pron. Venire l'uno dopo l'altro, verificarsi in rapida successione. *I giorni si susseguono.*

sùssi s.m. inv. Gioco da ragazzi, consistente nel colpire una pietra su cui sono appoggiate le monete della posta.

sussidiàre v.tr. [6] Fornire sussidi e sovvenzioni. *Sussidiare un ente.* SIN.: **aiutare.**

sussidiarietà s.f. inv. DIR. PEN. Principio secondo cui il ricorso alla pena per tutelare i beni giuridici è una misura da assumersi solo quando le sanzioni non penali siano palesemente inefficaci. ~ DIR. AMM. Principio a cui si informa l'azione normativa della Comunità europea, che può intervenire anche in materie non di sua esclusiva competenza quando esse investono interessi che non possono venire adeguatamente soddisfatti dai singoli Stati membri.

sussidiàrio agg. [pl.m. –*ri*] Che ha funzione di sostegno. ◆ s.m. Nel secondo ciclo delle scuole elementari, libro di testo con le nozioni fondamentali delle materie di insegnamento, che si affianca a quello di lettura.

sussidio s.m. [pl. –*di*] **1.** Aiuto, sostegno. **2.** Somma di denaro versata come sovvenzione.

susslègo s.m. [pl. –*ghi*] (spagn. *sosiego* "contegno") Contegno distaccato e sostenuto. SIN.: **sufficienza.**

sussistènza s.f. **1.** L'esistere di qlco. **2.** Quanto è necessario al sostentamento. *Mezzi di sussistenza.* **3.** Quanto è necessario al vettovagliamento delle truppe. ~ Settore dell'esercito e della pubblica amministrazione che si occupa degli approvvigionamenti.

sussistere v.intr. (aus. *essere*) Esistere. ~ Avere valore, peso, fondamento reale. *È stato scagionato perché il reato non sussiste.* ~ FILOS. Esistere nella realtà, avere esistenza reale.

sussultàre v.intr. (aus. *avere*) **1.** Detto di persona, avere un brusco sobbalzo, perlopiù in rapporto a un'emozione. *Sussultare di spavento.* **2.** Detto di cosa, avere un movimento improvviso dal basso verso l'alto. *La terra sussultò per il terremoto.*

sussùlto s.m. **1.** Movimento improvviso dal basso verso l'alto. ~ In partic., con riferimento a persona, trasalimento dovuto a un'improvvisa emozione o a una contrazione muscolare involontaria. **2.** fig. Scossone. *Gli ultimi sussulti della rivolta.*

sussultòrio agg. [pl.m. –*ri*] Che si manifesta con sussulti. ◇ *Scossa sussultoria:* in sismologia, scossa tellurica causata da onde sismiche perpendicolari alla superficie terrestre.

sussurràre v.tr. **1.** Dire qlco. a voce molto bassa, mormorando. *Sussurrare la risposta al compagno di banco.* **2.** Diffondere non apertamente notizie o accuse. *Sussurrano cose terribili sul suo conto.* ◆ v.intr. (aus. *avere*) **1.** Emettere un rumore lieve e continuo, un mormorio. *Il ruscello sussurra tra le rocce.* **2.** Parlare alle spalle di altra persona con atteggiamento critico. *Sussurrare contro qlcu.* SIN.: **sparlare.** ◆ **sussurrarsi** v.pron.

Dirsi qlco. a bassa voce in modo che gli altri non possano sentire. *I due innamorati si sussurrano tenerezze.*

sussùrro s.m. **1.** Voce sommessa. **2.** Rumore lieve e indistinto. SIN.: **fruscio**.

sutra [/'sutra/] s.m. inv. (voce sanscr., propr. "norma") Massima filosofica, religiosa, scientifica o morale contenuta in trattati tipici della letteratura indiana. ~ *estens.* Trattato che contiene tali massime.

sutùra s.f. **1.** MED. Operazione chirurgica con cui vengono riuniti i margini di una ferita mediante cucitura con fili o graffette. ~ Il risultato dell'operazione e la traccia che ne rimane. **2.** ANAT. Connessione tra le parti di un complesso osseo. **3.** *fig.* Nesso logico, legame. *Non c'è sutura tra la prima e la seconda parte del racconto.*

suturàre v.tr. MED. Riunire i margini di una ferita mediante sutura.

suzióne s.f. Ingestione di liquido mediante aspirazione con la bocca, spec. in riferimento alla nutrizione dei lattanti.

svagàre v.tr. [4] **1.** Distogliere l'attenzione di qlcu. *Non svagare tua sorella, deve studiare!* **2.** Sollevare piacevolmente qlcu. da occupazioni e preoccupazioni. *Vorrei fare qlco. per svagarli.* ◆ **svagarsi** v.pron. **1.** Perdere l'attenzione. **2.** Divertirsi dimenticando le proprie preoccupazioni. *Non studiare troppo, svagati un po'!*

svàgo s.m. [pl. *-ghi*] Allontanamento temporaneo dalle occupazioni consuete a scopo di riposo o di ricreazione. ~ Ciò che serve a distrarre o a ricreare. SIN.: **divertimento**.

svaligiàre v.tr. [5] Svuotare un ambiente del denaro o degli oggetti preziosi in esso contenuti con azione di furto, rapina, scasso.

svaligiatóre s.m. [f. *-trice*] Ladro specializzato nel rubare denaro o preziosi custoditi in luogo chiuso.

svalutàre v.tr. **1.** Ridurre di valore una merce o una moneta. *Il governo ha svalutato la sterlina.* **2.** *fig.* Stimare qlcu. o qlco. inferiore al suo valore effettivo. *Non puoi svalutare così il mio lavoro!* ◆ **svalutarsi** v.pron. **1.** Detto di una moneta o di un bene, perdere di valore economico. *La moneta si sta svalutando.* **2.** *fig.* Detto di una persona, ritenersi o proclamarsi inferiore alle qualità realmente possedute. *Non svalutarti tanto!*

svalutazióne s.f. **1.** Diminuzione di valore. **2.** ECON. Riduzione di valore della moneta di uno Stato sul mercato interno ed estero dovuta a inflazione o a una decisione delle autorità monetarie.

svampito agg. Che si comporta in modo sciocco e assente, per posa o per difetto di lucidità mentale. ◆ s.m. [f. *-ta*] Nel sign. dell'agg.

svanìre v.intr. [83] (aus. *essere*) **1.** Disperdersi, dissolversi poco alla volta. *Il fumo stava svanendo.* ~ Dileguarsi, scomparire, anche fig. *È ormai svanita ogni speranza.* **2.** Perdere gradatamente di forza, d'intensità, anche fig. *La memoria tende a svanire con l'età.*

svanito agg. **1.** Riferito ad aroma, essenza, ecc., che ha perso intensità, scomparso completamente. **2.** *fig.* Di persona, mentalmente indebolito. SIN.: **rimbambito**. ◆ s.m. [f. *-ta*] Nell'accez. 2 dell'agg.

svantaggiàto agg. **1.** Che si trova in condizioni di inferiorità rispetto ad altri. **2.** Sfavorito per ragioni sociali, economiche, culturali, ecc. ◆ s.m. [f. *-ta*] Nell'accez. 2 dell'agg.

svantàggio s.m. [pl. *-gi*] **1.** Condizione di inferiorità rispetto ad altri. **2.** *estens.* Danno, scapito. **3.** SPORT. In una competizione, distacco rispetto a chi è in testa o in posizione migliore.

svantaggióso agg. Che costituisce o comporta uno svantaggio.

svaporàre v.intr. (aus. *essere*) **1.** Detto di liquidi volatili, perdere l'odore o il sapore esalandoli nell'ambiente. ~ *estens.* Evaporare. *L'alcol svapora rapidamente.* **2.** *fig.* Detto perlopiù di sentimenti, emozioni, venire meno, perdere d'intensità. *L'ira gli è svaporata presto.*

svariàre v.tr. [6] **1.** Rendere vario. **2.** *fig.* Fare divertire. ◆ v.intr. (aus. *essere* o *avere*) SPORT. Nel calcio, si dice di un giocatore che non tiene una posizione fissa ma si muove in diversi punti del campo. ◆ **svariarsi** v.pron. Svagarsi, divertirsi. *Esci e cerca di svariarti un po'.*

svariàto agg. **1.** Variegato, multiforme. **2.** (al pl.) Di vario genere, diversi. *Modelli svariati.* **3.** (al pl.) Parecchi, vari, diversi. *Te l'ho già detto svariate volte.*

svarióne s.m. Errore clamoroso, spec. di carattere linguistico. SIN.: **strafalcione**.

1. svasàre v.tr. Dare a un oggetto una forma simile a un vaso, a tronco di cono. *Svasare una gonna.*

2. svasàre v.tr. Togliere una pianta dal vaso per trapiantarla o per altre operazioni.

svasàto agg. A forma di tronco di cono, allargato verso il fondo. *Prua svasata.*

1. svasatùra s.f. **1.** Modellamento a forma di tronco di cono. ~ La parte così modellata. **2.** SART. Progressivo allargamento di una gonna dalla cintura all'orlo inferiore oppure scampanatura dei pantaloni. **3.** ARCH. Spazio delimitato da archi o aperture con forte strombatura. **4.** MAR. Forma dello scafo delle navi a *U* o a *V* aperti.

2. svasatùra s.f. Estrazione di una pianta coltivata dal vaso per trasferirla in un contenitore più grande o per cambiare la terra.

svàsso s.m. (ven. *svaso*, deriv. di *svasar* "sguazzare" perché uccello tuffatore) Uccello palmipede delle regioni paludose dell'Eurasia e dell'Africa, che si nutre di pesci e di invertebrati e costruisce un nido galleggiante. (Lunghezza 30-50 cm; genere *Podiceps*, famiglia dei Podicipedidi.)

svàstica s.f. [pl. *-che*] (sanscr. *svastika-*, deriv. di *svasti-* "fortuna") Simbolo magico-religioso consistente in una croce a quattro bracci con le estremità ripiegate verso sinistra, diffuso presso molte popolazioni antiche dalla preistoria fino all'età storica; fu adottato dal partito nazionalsocialista tedesco come simbolo antisemita (ma con i bracci rivolti a destra), nell'erronea convinzione che si trattasse di un simbolo tipicamente ariano. ~ *estens.* Il nazismo stesso. *Il flagello della svastica.*

svecchiaménto s.m. Rinnovamento attuato eliminando ciò che è vecchio o sostituendo chi è vecchio.

svecchiàre v.tr. [6] Rinnovare qlco. eliminando quanto non è più attuale o moderno. *Svecchiare i programmi scolastici.* SIN.: **ammodernare**.

svedése agg. Della Svezia. ◇ *Fiammifero svedese:* fiammifero di sicurezza in legno che si accende solo se sfregato su una superficie trattata con fosforo. ◆ s.m. **1.** (anche f.) Nativo o abitante della Svezia. **2.** (solo sing.) Lingua del gruppo germanico settentrionale parlata in Svezia. **3.** Fiammifero svedese di sicurezza.

svéglia s.f. [pl. *-glie*] **1.** Interruzione del sonno e passaggio allo stato di veglia. ◇ *Sveglia!:* escl. pronunciata con tono imperativo per destare qlcu. dal sonno; *fig.* si usa per spronare a una maggiore solerzia, per scuotere dall'inerzia. **2.** Mezzo o segnale che determina il risveglio e, in partic., orologio dotato di un dispositivo acustico che entra in funzione all'ora prestabilita.

svegliàre v.tr. [6] (provenz. *esvelhar*, fr. *esveiller*) **1.** Interrompere il sonno di qlcu. con determinati stimoli. *Mi ha svegliato lo squillo del telefono.* **2.** *fig.* Incitare qlcu. all'azione, scuoterlo dall'inerzia. ~ Rendere accorto, scaltro o mettere sull'avviso. *I suoi compagni hanno pensato a svegliarlo.* SIN.: **smaliziare**. **3.** *fig.* Stimolare una certa sensazione o accendere un particolare sentimento. *La vista della donna ha svegliato in lui l'antica passione.* ◆ **svegliarsi** v.pron. **1.** Passare dallo stato di sonno a quello di veglia. *La mattina mi sveglio presto.* **2.** *fig.* Scuotersi dall'inerzia, diventare più attivo e scaltro. **3.** *fig.* Detto di sensazioni, sentimenti, ecc., insorgere, manifestarsi. *Finito l'effetto dell'anestesia, mi si è svegliato un dolore terribile.*

svéglio agg. [pl.m. *-gli*, f. *-glie*] **1.** Che ha smesso di dormire, che è in stato di veglia. **2.** *fig.* Dotato di intelligenza pronta e vivace, svelto nel comprendere e nell'agire. ~ Furbo, astuto.

svelàre v.tr. Rendere noto quanto era nascosto, rivelare apertamente. *Svelare un segreto.* ◆ **svelarsi** v.pron. Mostrarsi apertamente e rivelarsi per quello che effettivamente si è. *Ti sei svelato per il malvagio che sei.* ~ Manifestare chiaramente una certa qualità. *Svelarsi in tutta la propria bontà.*

svelenìre v.tr. [83] **1.** Privare qlco. delle sostanze tossiche, del veleno. *Svelenire i funghi.* **2.** *fig.* Liberare qlcu. o qlco. dal rancore. SIN.: **calmare**. ◆ **svelenirsi** v.pron. Diventare meno teso, liberarsi dal rancore. *La situazione politica ora si è svelenita.* ~ Sfogare la rabbia, l'odio, ecc. *Ti sei svelenito finalmente?*

svèllere v.tr. [22] (lat. *evĕllere* "strappare via") **1.** Strappare violentemente qlco. dal posto in cui è radicato. **2.** *fig.* Allontanare, eliminare qlco. in modo definitivo. ◆ **svellersi** v.pron. Allontanarsi, andarsene da un luogo.

sveltézza s.f. **1.** Prontezza, rapidità, velocità. **2.** *estens.* Snellezza, agilità. **3.** *fig.* Vivacità di ingegno.

sveltiménto s.m. Conseguimento di una maggiore rapidità.

sveltìre v.tr. [83] **1.** Rendere più rapido e veloce. **2.** Rendere meno timido e impacciato, più scaltro e vivace. **3.** *fig.* Rendere più snello, più slanciato. ◆ **sveltirsi** v.pron. impers. Diventare più svelto, più disinvolto.

svèlto agg. **1.** Che si muove o agisce rapidamente. **2.** *estens.* Agile, slanciato, snello. **3.** *fig.* Dotato d'intelligenza pronta e vivace.

svenàre v.tr. **1.** Procurare la morte a qlcu. tagliandogli le vene. **2.** *fig.* Privare qlcu. di ogni sostanza, mandarlo sul lastrico. ◆ **svenarsi** v.pron. **1.** Suicidarsi tagliandosi le vene. **2.** *fig.* Spogliarsi di ogni bene, spec. nel senso di compiere grandi sacrifici per affrontare certe spese. *Per pagare l'eredità ci siamo svenati.*

svéndere v.tr. [12] **1.** Vendere un bene a un prezzo inferiore a quello stabilito precedentemente o anche sottocosto. **2.** *fig.* Sacrificare qlco., rinunciarvi in cambio di qlco. che non lo merita o in nome di interessi poco nobili. *Svendere la propria professionalità.*

svéndita s.f. **1.** Vendita sottocosto. **2.** *fig.* Abbandono, rinuncia senza adeguate contropartite.

svenévole agg. Languido, sdolcinato, lezioso. ◆ s.m. e f. Persona leziosa e sdolcinata.

sveniménto s.m. Perdita improvvisa e temporanea dei sensi. SIN.: **deliquio**.

svenìre v.intr. [81] (aus. *essere*) **1.** Perdere momentaneamente i sensi, venire meno per pochi minuti. *È svenuta per il caldo.* **2.** *fig.* *per esager.* Provare un forte senso di intolleranza per qlco. di fastidioso o nauseante. *Fa un caldo da svenire.*

sventàre v.tr. **1.** Impedire con un pronto intervento la realizzazione di un'azione ritenuta pericolosa o criminosa. *Sventare un attentato.* SIN.: **mandare a monte**. **2.** MAR. Orientare la vela in modo che non subisca l'azione del vento.

sventàto agg. Che agisce senza riflettere, distrattamente e in modo incauto. ◆ s.m. [f. *-ta*] Nel sign. dell'agg.

svèntola s.f. **1.** Arnese per ravvivare il fuoco formato da un'impugnatura in legno a cui è fissata un'appendice larga e piatta. SIN.: **ventola**. ◇ *fam. Orecchie a sventola:* orecchie sporgenti, con la parte superiore del padiglione rivolta eccessivamente in fuori. **2.** *fam.* Schiaffo improvviso e violento. **3.** SPORT. Nel calcio, tiro vibrato con molta forza. ~ BOXE Pugno assestato con movimento semicircolare esterno e rotazione del bacino. **4.** *fig. scherz.* Innamoramento intenso. **5.** *fig. fam.* Donna molto vistosa.

sventolàre v.tr. **1.** Agitare per aria qlco. in modo da farlo vedere. *Sventolare la bandiera.* ~ Agitare qlco. per fare vento. *Sventolare il giornale per farsi aria.* **2.** *fig.* Ostentare, vantare un qualche successo, vero o presunto. *Non fa che sventolare i suoi voti in faccia a tutti.* ◆ v.intr. (aus. *avere*) Agitarsi al vento. *Alle finestre sventolano le bandiere.* ◆ **sventolarsi** v.pron. Farsi vento con il ventaglio o altro.

sventraménto s.m. **1.** Squarcio praticato nel ventre, spec. di un animale macellato per togliere le interiora. **2.** URBAN. *fig.* Demolizione di zone edificate, spec. quartieri vecchi e malsani.

3. MED. Rilassamento dei muscoli addominali anteriori, con protrusione dei visceri.

sventràre v.tr. **1.** Aprire il ventre di qlcu. con un'arma bianca. **2.** Togliere le interiora a un animale macellato. *Sventrare un pesce.* **3.** *fig.* Demolire una zona edificata per opere di ricostruzione o di risanamento.

sventùra s.f. **1.** Cattiva sorte. **2.** Evento doloroso o dannoso. SIN.: **disgrazia**. ◇ *Essere compagni di sventura:* condividere le avversità.

sventuràto agg. **1.** Colpito, perseguitato dalla sventura. **2.** Di cosa, che reca sventura, che costituisce una sventura. ◆ s.m. [f. *-ta*] Persona disgraziata.

svenùto agg. Che ha perso conoscenza, privo di sensi. SIN.: **esanime**.

sverginaménto s.m. **1.** Atto dello sverginare. ~ Perdita della verginità. **2.** *fig. scherz.* Uso di un oggetto nuovo per la prima volta.

sverginàre v.tr. **1.** Togliere la verginità a una donna. **2.** *fig. scherz.* Adoperare qlco. per la prima volta. *Sverginare un mazzo di carte.*

svergognàre v.tr. Far vergognare qlcu. rimproverandolo di fronte ad altre persone. ~ Smascherare qlcu. rivelando le sue colpe. *Lo hanno svergognato pubblicamente.*

svergognàto agg. Che non prova vergogna per ciò che è riprovevole, privo del senso del pudore. ◆ s.m. [f. *-ta*] Nel sign. dell'agg.

svergolaménto s.m. Deformazione di un elemento metallico o ligneo.

svergolàre v.tr. Produrre una deformazione in qlco. *L'umidità ha svergolato il pannello di legno.* ◆ **svergolarsi** v.pron. Deformarsi. *La porta si è svergolata.*

svernaménto s.m. **1.** Soggiorno invernale. **2.** BIOL. Letargo.

svernàre v.intr. (aus. *avere*) Passare l'inverno in località dal clima favorevole. *Le truppe svernarono in città.*

sverniciàre v.tr. [5] Togliere la vernice a qlco. *Sverniciare un armadio.*

sverzìno s.m. Spago ritorto con cui è fatto il cordone della frusta. ~ Pezzo di spago che, posto all'estremità delle fruste, ne potenzia lo schiocco.

svestìre v.tr. Togliere gli abiti a qlcu. *Svestire i bambini.* ◆ **svestirsi** v.pron. **1.** Togliersi i vestiti di dosso. **2.** *fig.* Abbandonare un proprio modo di apparire. *Svestirsi della propria timidezza.* **3.** *fig.* Deporre una carica. *Svestirsi dello scettro.* **4.** Rimanere privo di rivestimento. *La superficie si è svestita della vernice.*

svettàre v.tr. Potare una pianta per favorirne la crescita. ◆ v.intr. (aus. *avere*) Ergersi, slanciarsi verso l'alto con la vetta. *Le cime delle montagne svettano contro il cielo.*

svèvo agg. (dal lat. *Suēvum*) **1.** Della Svevia, regione storica della Germania meridionale. **2.** Della dinastia degli Hohenstaufen, della casa di Svevia. ◆ s.m. [f. *-va*] **1.** Abitante, nativo dell'antica Svevia. **2.** Membro della dinastia degli Hohenstaufen.

ENCICL. *Scuola sveva* fu la denominazione di un gruppo di scrittori abitanti in Svevia o nativi della regione, attivi fra il 1815 e la metà del sec. XIX. Furono epigoni della scuola romantica tedesca, anzi ne rappresentarono una specie di scadimento per certi aspetti di provincialismo, sentimentalismo, superficialità, anche se la vena popolaresca, di tono fresco e genuino, ne ravvivò in particolare la produzione lirica. I rappresentanti principali furono L. Uhland, G. Schwab, J. Kerner, W. Hauff, G. Pfizer, K. Mayer e, infine, E. Mörike.

svezzaménto s.m. **1.** In puericultura, passaggio del bambino dall'alimentazione esclusivamente lattea a quella mista. **2.** Abbandono, cessazione di un'abitudine.

ENCICL. Lo *svezzamento* del lattante, che deve essere effettuato gradualmente, inizia in genere al terzo mese di età, epoca in cui si comincia a sostituire una poppata con un pasto a base di farina lattea, quindi si introducono i brodi vegetali, gli omogeneizzati, i biscotti, ecc. In genere si consiglia di evitare i primi caldi estivi per tali sostituzioni; nella decisione vanno anche tenuti presenti il peso del bambino, il suo stato generale, eventuali malattie in corso, ecc.

svezzàre v.tr. **1.** Disabituare gradualmente un bambino dal nutrirsi di solo latte, introducendo un'alimentazione più varia. **2.** Fare perdere un'abitudine, un vizio a qlcu. ◆ **svezzarsi** v.pron. Perdere un'abitudine, un vizio. *Riuscì a svezzarsi dall'alcol.*

sviaménto s.m. **1.** Allontanamento dalla normale direzione. **2.** *fig.* Deviazione morale, traviamento. ~ Depistaggio. *Sviamento delle indagini.* ◇ DIR. *Sviamento di potere:* vizio dell'atto amministrativo che sia stato adottato per fini diversi da quelli stabiliti dalla legge. **3.** Deragliamento di un treno.

sviàre v.tr. [6] **1.** Fare mutare direzione a qlco. ◇ *Sviare le indagini:* indirizzarle su piste sbagliate e allontanarle dalla verità. **2.** *fig.* Deviare moralmente qlcu. SIN.: **corrompere**. **3.** *fig.* Distogliere, distrarre qlcu. da qlco. *Hanno sviato il figlio dalle sue inclinazioni.* ◆ v.intr. (aus. *avere*) Uscire di strada o dalle rotaie. *Il treno ha sviato.* ~ Sbagliare strada, anche pron. *Sulla strada del ritorno (si) sviò.* ~ *fig.* Allontanarsi dalla retta via. *(Si) è sviato frequentando cattive compagnie.* SIN.: **traviarsi**.

svicolàre v.intr. (aus. *essere* o *avere*) **1.** Imboccare velocemente un vicolo, una traversa, soprattutto per sfuggire a qlcu. SIN.: **scantonare**. ~ *estens.* Andarsene di soppiatto. **2.** *fig.* Allontanarsi abilmente da un argomento che si vuole evitare.

svignàrsela v.pron. intr. Allontanarsi da un luogo furtivamente. *Il ladro non è riuscito a svignarsela.*

sviliménto s.m. Diminuzione di valore in campo economico o morale.

svilìre v.tr. [83] Ridurre il valore economico o morale di qlco. SIN.: **svalutare**.

sviluppàbile agg. Che si può sviluppare.

sviluppàre v.tr. **1.** Favorire la crescita di qlco. *Lo studio sviluppa la memoria.* SIN.: **potenziare**. **2.** Trattare in modo esauriente un argomento. *Sviluppare un concetto.* ◇ ALG. *Sviluppare un'espressione algebrica:* eseguire tutte le operazioni necessarie. **3.** Provocare una certa reazione. SIN.: **causare**. **4.** FOTO. Sottoporre una pellicola a un trattamento chimico che rende visibili in negativo le immagini latenti contenute nell'emulsione sensibile impressionata dalla luce. **5.** GEOM. Rappresentare su un piano la superficie di un solido. ◆ **svilupparsi** v.pron. **1.** Di organismi viventi, accrescersi e acquistare la forma e la dimensione definitive. ~ Di bambini e bambine, raggiungere la pubertà. **2.** Subire uno sviluppo, un incremento. *La città si è sviluppata.* SIN.: **espandersi**. **3.** Insorgere, prodursi, manifestarsi. *Si è sviluppato un incendio.*

sviluppàto agg. **1.** Riferito a organismo vivente, che ha raggiunto un buon grado di sviluppo fisico. ~ Di ragazzo o ragazza che ha raggiunto la pubertà. **2.** Che ha raggiunto un buon grado di sviluppo tecnico-economico.

sviluppatóre s.m. **1.** (f. *-trice*) Chi sviluppa una pellicola fotografica o cinematografica. **2.** FOTO. Soluzione chimica usata per sviluppare pellicole fotografiche. SIN.: **rivelatore**.

svilùppo s.m. **1.** Progresso, crescita in estensione, quantità, efficienza, ecc. SIN.: **espansione**. ◇ ECON. *Sviluppo economico:* incremento della produttività, caratterizzato da mutamenti sociali e progresso tecnologico. – *Paesi in via di sviluppo:* nei quali è in corso un processo di crescita delle strutture produttive. – *Sviluppo sostenibile:* sviluppo tecnologico nel rispetto dell'ambiente. **2.** Di organismi viventi, passaggio a uno stadio di crescita più evoluto. **3.** Svolgimento di un argomento. ~ MUS. Ripresa e rielaborazione di un tema musicale. **4.** (spec. pl.) Evoluzione, decorso, esito. *Seguire gli sviluppi di una situazione.* **5.** Manifestazione, insorgenza, produzione. *Una reazione nucleare comporta un enorme sviluppo di calore.* **6.** GEOM. Trasferimento di una superficie su un piano. **7.** ALG. Trasformazione di un'espressione in un'altra, eseguendo parte delle operazioni indicate. **8.** FOTO. Operazione con cui si fa comparire in negativo sulla pellicola le immagini latenti contenute nell'emulsione sensibile impressionata dalla luce.

svinàre v.tr. Travasare il vino dai tini alle botti.

svinatùra s.f. Separazione del mosto dalle vinacce dopo la fermentazione. ~ Periodo dell'anno in cui si effettua.

svincolàre v.tr. Ritirare una merce dopo aver pagato le spese di trasporto. ~ Rendere disponibile un bene. *Svincolare un deposito bancario.* ◆ **svincolarsi** v.pron. Liberarsi da qlcu. che tiene stretti o da qlco. che impedisce il movimento. *Svincolarsi dalla presa dell'avversario.*

svìncolo s.m. **1.** Eliminazione di un vincolo. ~ Liberazione da un contratto. *Il calciatore ha ottenuto lo svincolo.* **2.** Strada o sistema di strade che permette il raccordo di diverse autostrade tra loro, o di un'autostrada con una strada ordinaria.

sviolinàta s.f. *fam.* Discorso sfacciatamente adulatorio.

svisàre v.tr. Capire o presentare qlco. in modo distorto. *Svisare la realtà dei fatti.* SIN.: **travisare**.

svisceràre v.tr. **1.** Privare dei visceri un animale macellato. **2.** *fig.* Studiare a fondo un argomento. *Sviscerare un problema.* ◆ **sviscerarsi** v.pron. Profondersi in eccessive dimostrazioni d'affetto per qlcu. *Sviscerarsi per il direttore.*

svisceràto agg. **1.** Vissuto profondamente, sentito con intensità. **2.** Ostentatamente esagerato e perlopiù insincero. SIN.: **sperticato**.

svìsta s.f. Errore lieve, causato soprattutto da disattenzione.

svitaménto s.m. **1.** Rimozione o allentamento di una vite. **2.** SPORT. Nel sollevamento pesi, oscillazione irregolare della sbarra nel movimento conclusivo dello slancio delle braccia.

svitàre v.tr. **1.** Girare in senso contrario una vite o qualsiasi elemento avvitato per allentarlo o toglierlo del tutto. **2.** Privare qlco. di un elemento che sia fissato con viti o bulloni. *Svitare una serratura.* ◆ **svitarsi** v.pron. Detto di viti, bulloni o elementi avvitati, allentarsi.

svitàto agg. **1.** Non più o non del tutto avvitato. **2.** *fig. fam.* Che non sembra avere la testa del tutto a posto. ◆ s.m. [f. *-ta*] Nell'accez. 2 dell'agg.

svìzzero agg. (svizzero ted. *schwyzer*, deriv. di *Schwyz*, nome del cantone in cui ebbe origine la confederazione) Della Svizzera. SIN.: **elvetico**. ◇ *Guardia svizzera:* corpo di soldati addetto alla protezione del pontefice in Vaticano, istituito nel sec. XVI e formato da soldati e da ufficiali cattolici svizzeri; ciascun soldato di tale corpo. ◇ *per anton. Formaggi svizzeri:* il groviera e l'emmentaler. – *Bistecca alla svizzera (o svizzera):* medaglione di carne bovina trita che si cucina ai ferri o in padella. ◆ s.m. **1.** (f. *-ra*) Nativo o abitante della Svizzera. **2.** Soldato della guardia svizzera. **3.** Formaggio svizzero.

svogliàto agg. Che manifesta poca voglia o impegno nel fare qlco. SIN.: **pigro**. ◆ s.m. [f. *-ta*] Nel sign. dell'agg.

svolazzànte agg. **1.** Che svolazza senza direzione precisa. **2.** Che si agita al vento. *Bandiera svolazzante.* **3.** Di calligrafia troppo mossa, piena di svolazzi.

svolazzàre v.intr. (aus. *avere*) **1.** Di uccelli, volare qua e là. *Le rondini svolazzano in cielo.* ~ *fig.* Di persona, passare rapidamente da una cosa a un'altra in modo volubile. **2.** Agitarsi al vento.

svolàzzo s.m. **1.** Volo di uccelli o di insetti senza meta e con continui cambi di direzione. **2.** Cosa che svolazza. ~ Parte svolazzante di un vestito, di una tenda. **3.** Nella scrittura manuale, ampio tratto di penna per abbellire una lettera iniziale o una firma. **4.** *fig.* Orpello stilistico.

svòlgere v.tr. [22] **1.** Disfare, sciogliere ciò che era avvolto. *Svolgere un gomitolo.* **2.** *fig.* Trattare un argomento in modo ordinato ed esauriente. *Svolgere un tema.* ~ Sviluppare qlco. per gradi in vista di un fine da raggiungere. *Svolgere il piano di lavoro previsto.* **3.** *fig.* Compiere una data attività o funzione. *Svolgere un lavoro difficile.* ◆ **svolgersi** v.pron. **1.** Verificarsi in un certo luogo o secondo certe modalità. *La manifestazione si è svolta senza incidenti.* **2.** *fig.* Mostrarsi apertamente alla vista. *Lo spettacolo delle montagne si svolse davanti ai nostri occhi.* **3.** Distendersi, srotolarsi. *Il filo si è svolto.*

svolgiménto s.m. **1.** Operazione con cui si svolge ciò che era avvolto. **2.** *fig.* Attuazione, esecuzione, realizzazione. ~ Sviluppo progressivo di un'azione nel tempo. **3.** *fig.* Elaborazione di un argomento secondo un preciso percorso e, in partic., esecuzione di un tema scolastico. **4.** MUS. Parte centrale di una sonata.

svòlta s.f. **1.** Cambiamento di direzione. **2.** Punto in cui una strada, un corso d'acqua, ecc. cambiano direzione. **3.** *fig.* Mutamento decisivo del corso degli avvenimenti. ~ Cambiamento d'orientamento ideologico o politico.

svoltàre v.intr. (aus. *avere*) Curvare, cambiare direzione. *Svoltare a destra.*

svuotaménto s.m. **1.** Asportazione completa del contenuto. *Svuotamento di una vasca.* **2.** MED. Asportazione chirurgica di organi o di tessuti di una cavità anatomica.

svuotàre v.tr. **1.** Vuotare del tutto il contenuto di un recipiente. *Svuotare una bottiglia.* **2.** *fig.* Privare completamente qlco. di qlco. d'altro. ◆ **svuotarsi** v.pron. Rimanere vuoto. *Lo stomaco impiega più ore per svuotarsi.*

swahili [/swa:'hi:li/] agg. inv. (voce ar.) Di una popolazione mista, composta da bantu della costa e neri dell'interno, che vive sulla costa orientale dell'Africa. ◆ s.m. inv. **1.** (anche f.) Chi appartiene alla popolazione swahili. **2.** Lingua del gruppo bantu largamente usata in Africa centro-orientale come lingua franca.

Swainsòna s.f. BOT. Genere di piante erbacee o subarbustacee dell'Australia e della Nuova Zelanda, a foglie composte, pennate, e fiori papilionacei, rossi porporini o blu-violetti, raramente bianchi o gialli, in grappoli ascellari. (La *Swainsona galegifolia*, la *Swainsona canescens* e la *Swainsona macculochiana* sono considerate specie da serra di grande valore ornamentale; una cinquantina di specie, famiglia delle Papilionacee.)

swap [/'swɔp/] s.m. inv. [o pl. *swaps*] (voce ingl., propr. "scambio") **1.** FIN. Accordo fra due parti che si impegnano a scambiarsi in futuro una serie di pagamenti. **2.** FIN. Tipo di credito a breve scadenza tra le banche centrali di differenti paesi.

Swartzia s.f. (dal nome del botanico svedese O. P. *Swartz*) BOT. Genere di di piante arboree proprie delle regioni tropicali dell'Africa e dell'America. (Centotrenta specie ca., alcune delle quali forniscono legnami commercialmente noti con le denominazioni di *ferreol* o *panacoco*; famiglia delle Cesalpiniacee.)

swartzite s.f. (dal nome del geologo e mineralogista americano C. K. *Swartz*) MIN. Carbonato idrato di calcio, magnesio e uranio, che si trova in minuti cristalli monoclini, prismatici, verdi, riuniti in aggregati.

swatch [/'swɔtʃ/] s.m. inv. OROL. Denominazione commerciale, che costituisce marchio registrato, di un tipo di orologio economico in plastica di fabbricazione svizzera, caratterizzato dall'originalità e dalla fantasia delle sue decorazioni.

sweater [/'swɛtə/] s.m. inv. [o pl. *sweaters*] (voce ingl., deriv. di *to sweat* "trasudare") Pullover sportivo di lana.

swing [/'swɪŋ/] s.m. inv. (voce ingl., propr. "dondolo") **1.** Nel pugilato, sventola; nel golf, movimento impresso dal giocatore al bastone per colpire la palla. **2.** MUS. Intensità ritmica pulsante tipica del jazz, basata su una particolare disposizione degli accenti sui tempi delle battute. ~ Stile jazzistico molto in voga fra il 1930 e il 1945.

switch [/'swɪtʃ/] s.m. (voce ingl.) Interruttore, commutatore. ◆ inv. INFORM. Dispositivo per far coesistere più trasferimenti di dati fra coppie di reti o stazioni.

swollen shoot [/'swəʊlən ʃu:t/] loc. sost. m. inv. (loc. ingl., propr. "germoglio rigonfiato") Malattia da virus dell'albero del cacao che causa danni gravissimi alle piantagioni, spec. nell'Africa occidentale. (Si manifesta con rigonfiamento dei germogli, mosaico fogliare e deperimento delle piante con conseguente forte riduzione della produzione; se ne ostacola la diffusione distruggendo le piante malate, combattendo gli insetti vettori del virus e soprattutto impiegando varietà resistenti alla malattia.)

Syagrus s.m. BOT. Genere di palme arboree inermi spontanee nell'America meridionale, dotate di una corona apicale di fronde pennatifide e di un'infiorescenza a spadice, avvolta da una doppia spata; spesso vengono coltivate per ornamento.

Syrmanticus s.m. ZOOL. Genere di uccelli galliformi. (Il *Syrmaticus reevesi*, detto comun. *fagiano venerato*, ha testa bianca striata di nero, piume del corpo giallo-fulve con margine nero, coda bianca a barre trasversali nere e tanto lunga che la lunghezza totale raggiunge i 2 m. Vive nelle radure boscose della Cina settentrionale; di temperamento aggressivo, non tollera nel proprio territorio la presenza di altri galliformi. Famiglia dei Fasianidi.)

Carattere Times

t s.f. o s.m. inv. **1.** Lettera dell'alfabeto latino e delle lingue che lo adottano; in italiano rappresenta la consonante occlusiva dentale sorda. **2.** Semplice o puntata, maiuscola o minuscola, è usata in sigle o abbreviazioni con diversi valori. **3.** Simbolo usato in settori specifici. ◇ CHIM. *T.* simbolo del trizio. – METROL. *t:* indica la tonnellata. – BIOCHIM. *T:* simbolo della timina. – FIS. Simbolo del periodo. – *t:* indica il tempo o la temperatura. – ELETTROMAGN. *T:* simbolo del tesla. **4.** *fig.* Immagine o struttura che richiama la forma della T, spec. nella loc. *a T.* ▢ In funzione di agg. inv., usato in alcune locc. ◇ IMMUNOL. *Linfociti T:* che completano lo sviluppo del timo. – MED. *Onda T:* l'oscillazione positiva del tracciato elettrocardiografico normale.

tabaccàio s.m. [f. –*caia*, pl.m. –*cai*] **1.** Chi gestisce una rivendita di tabacchi, sale, francobolli e altri generi di monopolio statale. **2.** *estens.* La rivendita stessa. SIN.: **tabaccheria**.

tabaccàre v.intr. [4] (aus. *avere*) Fiutare tabacco da naso.

tabacchièra s.f. **1.** Piccola scatola per tabacco da fiuto. **2.** ANAT. *Tabacchiera anatomica:* depressione della regione del polso.

tabàcco s.m. [pl. –*chi*] (spagn. *tabaco*, prob. ar. *ṭubāq* che orig. indicava un'altra pianta) **1.** Pianta annuale erbacea la cui specie principale è coltivata per le foglie ricche di nicotina. (Nome sc. *Nicotiana tabacum;* famiglia delle Solanacee.) **2.** Prodotto ottenuto dalle foglie di tabacco essiccate e lavorate, che si può fumare, fiutare, masticare. **3.** (al pl.) Le diverse lavorazioni o qualità delle foglie di tabacco. **4.** *estens.* Il fumare. *Il vizio del tabacco.* ▢ In funzione di agg. inv., indica una tonalità di marrone che richiama quella delle foglie conciate del tabacco.

fiore

■ **tabàcco**

tabàgico agg. [pl.m. –*ci*, f –*che*] (fr. *tabagique*) MED. Del tabacco o da esso causato.

tabagismo s.m. (fr. *tabagism*, deriv. di *tabagie* "luogo dove si fuma il tabacco", dall'algon-chino *tabaguia* "festino") MED. Intossicazione cronica dovuta a uso eccessivo e prolungato di tabacco. SIN.: **nicotinismo**.

tabagista s.m. e f.[pl.m. –*sti*] **1.** MED. Chi è affetto da tabagismo. **2.** *estens.* Fumatore accanito.

Tabànidi s.m. pl. [iniziale minusc. sing. –*de* per l'individuo] (lat., deriv. di *tabānus* "tafano") ZOOL. Famiglia di insetti comprendente il tafano, caratterizzati da un apparato boccale molto sviluppato che consente alle femmine di perforare la cute degli animali per succhiarne il sangue. (Ordine dei Ditteri.)

tabarin [/taba'rẽ/] s.m. inv. (voce fr. dal nome di *Tabarin*, attore francese del Seicento noto per il suo tabarro) Locale notturno dell'inizio del sec. XX, dove si assisteva a spettacoli di varietà e balletti.

tabàrro s.m. **1.** Ampio e pesante mantello da uomo in uso nel passato. **2.** *estens.* Cappotto particolarmente pesante, spec. in usi scherz.

tabàsco s.m. inv. (dal nome dell'omonimo stato del Messico sudorientale) CUC. Nome commerciale di una salsa molto piccante, preparata con aceto e peperoncino.

tàbe s.f. (lat. *tābem*, deriv. di *tabēre* "decomporsi, putrefarsi") Nome di alcune malattie di carattere degenerativo. ◇ MED. *Tabe dorsale:* malattia di origine sifilitica che colpisce il midollo spinale e provoca atassia motoria e dolori articolari.

tabèlla s.f. **1.** Tavola su cui sono scritti avvisi o indicazioni. **2.** Presentazione ordinata e schematica di dati. SIN.: **prospetto**. ◇ SPORT. *Tabella di marcia:* prospetto dei tempi previsti per il passaggio dei corridori in determinati punti del percorso di una gara; *estens.* programmazione di un'attività. **3.** ANT. ROM. Tavoletta cerata su cui scrivere.

tabellàre agg. **1.** Di tavoletta. ~ Eseguito per mezzo di questa. **2.** Che si riferisce a una tabella. **3.** Conforme a un prospetto ufficiale. *Retribuzione tabellare.*

tabellina s.f. (→ tavola *pitagorica)

tabellino s.m. SPORT. Prospetto con gli elementi principali di una gara.

tabellióne s.m. **1.** ANT. ROM. Scrivano pubblico. **2.** Nell'alto Medioevo, magistrato con l'ufficio di notaio. ~ *estens.* Notaio.

tabellóne s.m. **1.** Tavola usata per affissioni. ~ *estens.* Prospetto di grandi dimensioni che riporta risultati o notizie. **2.** SPORT. Grande tavola rettangolare a cui è fissato il cesto della pallacanestro.

tabernàcolo s.m. (lat. *tabernāculum*, deriv. di *tabĕrna* "piccola casa di assi") **1.** ANT. ROM. Tenda da campo, in partic. ampia tenda per il comandante. **2.** RELIG. Presso gli antichi Ebrei, tenda nella quale si conserva l'Arca dell'alleanza. **3.** CATT. Nicchia dove sono esposte immagini sacre e, in partic., edicola chiusa, posta al centro dell'altare, in cui si conserva l'eucaristia.

tabètico agg. [pl.m. –*ci*, f. –*che*] **1.** MED. Della tabe. **2.** Affetto da tabe. ◆ s.m. [f. –*ca*] Nell'accez. 2 dell'agg.

tàbla s.f. pl. (hindi *tablā*) MUS. Strumento a percussione dell'India, costituito da due piccoli tamburi di pelle tesa.

tableau [/ta'blo/] s.m. inv. (voce fr., deriv. di *table* "tavola") **1.** Tabella d'informazioni usata nelle aziende per seguire le operazioni economiche. **2.** Tappeto verde della roulette. **3.** Scena teatrale.

tabloid [/'tæbloid/] s.m. inv. (voce ingl., deriv. di *table* "tavoletta") **1.** Formato ridotto di giornali. ~ *estens.* Il giornale stampato in tale formato. **2.** FARM. Preparato in forma di tavoletta.

tabù s.m. inv. (fr *tabou*, ingl. *taboo*, polinesiano *tapu* "sacro, proibito") **1.** ANTROP. Divieto, di origine morale e religiosa, di violare ciò che è considerato sacro. **2.** *estens.* Ciò che è oggetto di un divieto senza fondamento o ciò di cui si preferisce non parlare. *Tabù sessuali.* ▢ In funzione di agg. inv. **1.** Vietato per prescrizione religiosa. *Parola tabù.* **2.** *scherz.* Proibito.

tàbula ràsa loc. sost. f. inv. (loc. lat., propr. "tavoletta raschiata") **1.** ANT. ROM. Tavoletta cerata usata per scrivere, dopo la completa cancellazione del testo precedente. **2.** FILOS. Ipotetica condizione della mente che, prima dell'acquisizione di ogni conoscenza, sarebbe paragonabile a un foglio bianco. ~ *estens.* Persona ignorante. ◇ *fig. Fare tabula rasa:* non lasciare traccia di ciò che c'era.

1. tabulàre agg. **1.** Che ha conformazione piatta e sottile. **2.** Relativo a una tabella.

2. tabulàre v.tr. MAT. Sistemare dei dati in una tabella.

tabulàto s.m. Prospetto stampato a modulo continuo.

tabulatóre s.m. Nella macchina da scrivere e nel sistema di videoscrittura, dispositivo che permette di incolonnare un testo.

tabulazióne s.f. **1.** MAT. Compilazione delle tavole di una funzione. **2.** *estens.* Disposizione di una serie di dati in forma di tabella.

TAC o **tac** s.f. inv. (sigla di *Tomografia Assiale Computerizzata*) **1.** MED. Metodo radiodiagnostico che associa l'uso dell'elaboratore elettronico alla comune tecnica radiologica. ~ L'immagine ottenuta con tale metodo. (*v. immagine pag. succ.*) **2.** L'apparecchiatura che lo effettua.

1. tàcca s.f. [pl. –*che*] (got. *taikka* "segno") **1.** Incisione sulla superficie di un oggetto. SIN.: **intaglio**. ~ ALP. Intaccatura fatta nel ghiaccio o

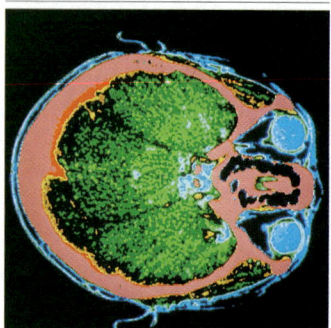

■ **TAC** di un cervello umano.

nella neve per consentire l'appoggio del piede. **2.** STAM. Sottile scanalatura sul supporto dei caratteri mobili, per indicarne il verso giusto. **3.** *fig.* Statura morale. ◇ *(Di) mezza tacca*: di cosa o persona, mediocre, di scarsa qualità. **4.** *fig.* Difetto morale. SIN.: **pecca**.

2. tàcca s.f. [pl. –*che*] **1.** Pianta monocotiledone diffusa in Asia e Oceania, il cui tubero fornisce una fecola alimentare (*arrow-root*). (Famiglia delle Taccacee.) **2.** BOT. (iniziale maiusc.) Genere cui appartengono varie specie di tacca.

Taccàcee s.f. pl. [iniziale minusc. sing. –*a* per l'individuo] BOT. Famiglia di piante erbacee, simili alle Aristolochiacee, tipiche delle regioni tropicali. (Ordine delle Liliflore.)

taccagnerìa s.f. (spagn. *tacañería*) Avarizia, tirchieria.

taccàgno agg. (spagn. *tacaño* di etim. incerta) Restio a spendere. SIN.: **tirchio**. ◆ s.m. [f. –*gna*] Nel sign. dell'agg.

taccàta s.f. MAR. Ciascun sostegno in legno su cui si pone la chiglia di una nave in costruzione o in riparazione.

1. tacchéggiàre v.tr. [5] STAM. Eliminare differenze di spessore e rendere uniforme la pressione di una macchina tipografica per mezzo di tacchi.

2. tacchéggiàre v.tr. [5] *gerg.* Rubare in un negozio la merce in esposizione. ◆ v.intr. (aus. *avere*) Rubare con il sistema del taccheggio.

taccheggiatóre s.m. [f. –*trice*] Ladro di merce esposta nei negozi.

tacchéggio s.m. [pl. –*gi*] **1.** STAM. Applicazione di strisce di carta (*tacchi*) sul cilindro delle macchine tipografiche per uniformare la pressione e ottenere caratteri stampati perfettamente uguali. **2.** *gerg.* Furto di merce esposta nei negozi.

tacchétto s.m. **1.** Nel sign. del dim. di *tacco*; in partic., quello tipico delle scarpe da donna. **2.** (spec. pl.) Cilindretto sotto le scarpe sportive per fare presa sul terreno. **3.** IND. TESS. Dispositivo che trasmette il movimento alla navetta del telaio.

tacchìno s.m. [f. –*na*] (etim. discussa, forse di orig. onom. a imitazione del verso *tòk-tòk*) Uccello originario dell'America settentrionale, introdotto e addomesticato in Europa a partire dal sec. XVI, allevato per la carne. (Peso fino a 19 kg; genere *Meleagris*; famiglia dei Fasianidi.)

■ **tacchìno** selvatico.

tacciàre v.tr. [5] Accusare qlcu. di una colpa.

tàcco s.m. [pl. –*chi*] **1.** Rialzo della parte posteriore della scarpa. ◇ *Colpo di tacco*: nel gioco del calcio, abile tiro o passaggio che si effettua

colpendo la palla con il tacco. – *fig. Alzare i tacchi*: andarsene, perlopiù in fretta o di soppiatto. **2.** Pezzo di legno a forma di cuneo usato per sollevare o sostenere un oggetto. **3.** Piccolo cilindro di legno, anteriormente incavato, che nelle antiche artiglierie si trovava tra la carica e il proiettile sferico. **4.** STAM. Pezzo di carta usato per il taccheggio.

tàccola s.f. (long. *tahhala*) Piccolo uccello simile al corvo dalle chiazze grigie, diffuso in Europa e Medio Oriente. (Lunghezza 35 cm ca.; genere *Corvus*, famiglia dei Corvidi.)

■ **tàccola**

taccuìno s.m. (ar. *taqwīm* "giusta disposizione") Quaderno di piccole dimensioni per appunti o promemoria.

tacére v.intr. [55] (aus. *avere*) **1.** Non parlare, stare zitto, astenersi dal dire ciò che si sa. *Ti conviene tacere.* ~ *estens.* Non protestare. *Perché taci se ti maltrattano?* **2.** *fig.* Di fonti di informazione, non riportare notizie su un argomento. *I giornali tacciono sull'intera questione.* **3.** Cessare di parlare. ◇ *Fare tacere, mettere a tacere qlcu.*: imporgli il silenzio. **4.** Di suoni e rumori e di ciò che li produce, non farsi più sentire, smettere di funzionare. *Il cannone tacque.* **5.** *fig.* Riferito alla natura o a luoghi, essere immerso nel silenzio. *La foresta taceva.* ❑ In funzione di s.m., silenzio. ◆ v.tr. Non dire, passare sotto silenzio. *Tacere la verità.*

tàcet s.m. inv. (voce lat., "tace") MUS. Pausa prolungata in una parte strumentale o vocale spesso per la durata di un intero brano.

tacheometrìa s.f. TOPOGR. Rilevamento eseguito con il tacheometro.

tacheòmetro s.m. TOPOGR. Teodolite utilizzato per misurare dislivelli e distanze da un punto.

tachiaritmìa s.f. MED. Aritmia cardiaca accompagnata da tachicardia.

tachicardìa s.f. MED. Accelerazione del ritmo cardiaco.

tachicàrdico agg. [pl.m. –*ci*, f. –*che*] **1.** MED. Relativo alla tachicardia. **2.** Affetto da tachicardia. ◆ s.m. MED. Nell'accez. 2 dell'agg.

tachifemìa s.f. Accelerazione patologica del flusso verbale.

tachigrafìa s.f. Metodo di scrittura abbreviata simile alla stenografia, usato in epoca romana e medievale.

1. tachìgrafo s.m. (gr. *takhygráphos*, comp. di *takhýs* "veloce" e *gráphein* "scrivere") In epoca romana e medievale, chi scriveva con i segni abbreviati della tachigrafia.

2. tachìgrafo s.m. Strumento che determina e registra la velocità di organi in rotazione, usato sulle locomotive.

tachilalìa s.f. PSICH. → **tachifemìa**.

tachimetrìa s.f. FIS. Tecnica di misurazione della velocità di organi in rotazione.

tachìmetro s.m. Apparecchio che misura la velocità di organi in rotazione.

Tachìna s.f. ZOOL. Genere di insetti ditteri parassiti interni di altri insetti. (Famiglia dei Tachinidi.)

Tachìnidi s.m. pl. [iniziale minusc. sing. –*de* per l'individuo] ZOOL. Famiglia di insetti di colore scuro e dal corpo coperto di setole, diffusi in tutto il mondo e spec. nelle zone a clima caldo. (Sottordine dei Brachiceri.)

tachióne s.m. FIS. Presunta particella elementare, ipotizzata come conseguenza logico-matematica della teoria della relatività, che si

suppone abbia velocità superiore a quella della luce.

tachipirìna s.f. Denominazione commerciale, che costituisce marchio registrato, di farmaco antipiretico.

tachipnèa s.f. MED. Respirazione accelerata che si verifica come manifestazione patologica.

tachipsichìsmo s.m. MED. Capacità di intuizione molto sviluppata, talvolta di natura patologica.

tachìsme [/ta'ʃism/] s.m. inv. (voce fr., deriv. di *tache* "macchia") Una delle tendenze della pittura astratta degli anni intorno al 1950, varietà dell'arte informale, caratterizzata sulla sovrapposizione di macchie e colori. (Tra gli esponenti, Wols, Mathieu, S. Francis, ecc.)

tachistoscòpio s.m. [pl. –*pi*] Strumento con cui si possono osservare immagini a diverse velocità.

tacitaménte avv. **1.** In silenzio, senza rumore. **2.** *estens.* Senza pronunciare parole.

tacitàre v.tr. **1.** Pagare in tutto o in parte un debito accontentando il creditore. *Tacitare i creditori.* **2.** Mettere a tacere, nascondere qlco. *Tacitare uno scandalo.* SIN.: **soffocare**.

tàcito agg. Espresso non dalle parole ma dallo sguardo, dal comportamento, ecc. ~ Che non è necessario esprimere, ma che è sottinteso, implicito.

tacitùrno agg. Che non parla o è di poche parole.

tackle [/'tɛkl/] s.m. inv. (voce ingl., deriv. di *to tackle* "trattenere") SPORT. Nel calcio, contrasto tra giocatori avversari per il possesso della palla. *Entrare in tackle.* ◇ *Tackle scivolato*: eseguito lasciandosi cadere a terra, tra le gambe dell'avversario.

tàco s.m. [pl. *tacos*] Involtino di farina di mais, general. farcito con carne, formaggio e salsa piccante, tipico della cucina messicana.

tacòneo s.m. inv. Nel flamenco, martellamento ritmico del tallone al suolo.

tadòrna s.f. **1.** Grosso uccello dal becco rosso e con piumaggio multicolori diffuso nelle zone fangose dell'Europa e del Mediterraneo, che nidifica in Asia occidentale e centrale. (Lunghezza fino a 68 cm; famiglia degli Anatidi.) **2.** ZOOL. (iniziale maiusc.) Genere di uccelli a cui appartengono varie specie di tadorna.

tae-kwon-do [/'taekwon'dɔ/] s.m. inv. (voce coreana) Arte marziale di origine coreana, basata su colpi inferti con mani e piedi, simile al kung fu.

tafàno s.m. Insetto simile alla mosca la cui femmina punge l'uomo e il bestiame per succhiarne il sangue. (Lunghezza 10-25 mm; famiglia dei Tabanidi.)

■ **tafàno** dei buoi.

tafferùglio s.m. [pl. –*gli*] (turco *teferrüç*) Baruffa breve e confusa.

taffettà s.m. inv. (fr. *taffetas*, persiano *tāfta* "intessuta") Tessuto leggero di seta o di fibre sintetiche.

tafià s.m. inv. Liquore ottenuto da melasse e avanzi della canna da zucchero.

tag [/'tæg/] s.m. inv. (voce ingl., propr. "etichetta, talloncino") INFORM. Contrassegno mediante il quale si individuano singole entità di un testo, rendendole così riconoscibili dal mezzo elettronico ed estraibili con procedimento automatico. SIN.: **marcatore**.

tagàl s.m. (solo sing.) (voce indonesiana) Lingua ufficiale della Repubblica delle Filippine.

tagète s.m. **1.** Pianta ornamentale con fiori a capolini gialli o arancioni e foglie aromatiche. (Famiglia delle Composite.) **2.** BOT. (iniziale maiusc.) Genere di piante a cui appartiene il tagete.

taggàre v.tr. [4] INFORM. Evidenziare con un tag.

tagiko o **tagico** agg. [f. –*ka*, *ca*] Del Tagichistan russo. ◆ s.m. **1.** Nativo, abitante del Tagichistan. **2.** (solo sing.) Lingua iranica parlata dal gruppo etnico musulmano stanziato nel Tagichistan russo.

1. tàglia s.f. [pl. –*glie*] **1.** Misura di un indumento. ◇ *Taglie forti*: per chi ha corporatura robusta. – *Taglia unica*: che si può adattare a persone di corporatura media, anche se non portano la stessa taglia. **2.** Proporzioni del corpo. ~ Riferito ad animali, altezza misurata dal punto più alto del garrese a terra. **3.** Somma di denaro promessa a chi faccia catturare un ricercato. ◇ *Cacciatore di taglie*: nell'epopea western, chi inseguiva un fuorilegge per riscattarne la taglia.

2. tàglia s.f. [pl. –*glie*] (genov. *taggia* "carrucola") MAR. Tipo di grosso paranco con più carrucole per manovre di sollevamento.

tagliacàrte s.m. inv. **1.** Coltello dal bordo poco affilato in legno, osso o metallo, per tagliare la carta. **2.** Macchina per tagliare blocchi di carta.

tagliaèrba s.m. e f.inv. → tosaerba.

tagliafuòco s.m. inv. COSTR. Elemento che isola le parti di un edificio impedendo la propagazione di un eventuale incendio. ❑ Anche in funzione di agg., *barriera tagliafuoco*, in un bosco, zona di terreno spogliata della vegetazione allo scopo di impedire la propagazione di un incendio.

taglialégna s.m. e f.inv. Addetto a tagliare tronchi e rami d'albero.

tagliamàre s.m. inv. MAR. Lo spigolo esterno dello scafo, che fende l'acqua.

tagliàndo s.m. **1.** Parte di un biglietto, di una tessera, ecc. che si può staccare dal resto con uno strappo lungo l'apposita foratura. ◇ *Fare il tagliando*: portare periodicamente un autoveicolo dal concessionario per la revisione, regolata da norme redatte su un apposito talloncino.

tagliapiètra s.m. inv. **1.** Persona specializzata nel tagliare marmo o pietra. **2.** *spreg.* Scultore incapace.

tagliàre v.tr. [6] **1.** Dividere qlco. in più parti con uno strumento affilato. *Tagliare il pane.* **2.** Produrre un taglio su qlco. con uno strumento affilato. *Affettando il salame hai tagliato la tovaglia.* ~ Incidere qlco. con un piccolo intervento chirurgico. *Tagliare un ascesso.* **3.** Accorciare qlco. con uno strumento affilato. *Tagliare i capelli al bambino.* **4.** *fig.* Abbreviare qlco. *Tagliare un articolo.* ~ Eliminare, sopprimere una parte di qlco. togliendola dall'insieme. *Tagliare un passaggio in un romanzo.* ◇ *Tagliar fuori*: escludere. **5.** *fig.* Ostacolare o impedire il passaggio di qlco. o di qlcu. *Tagliare i rifornimenti.* ◇ *fig. Tagliare le gambe a qlcu.*: togliergli la possibilità o la libertà di procedere nel conseguimento dei propri fini. **6.** *fig.* Incrociare, intersecare qlco. *La ferrovia taglia la pianura.* ◆ v.intr. (aus. *avere*) **1.** Di lama, essere affilato, tagliente. *Questo coltello taglia bene.* **2.** *fig.* Seguire la via più breve. *Tagliare per il bosco.* ◆ **tagliàrsi** v.pron. **1.** Di carta o stoffa, strapparsi, lacerarsi. *Le pagine si sono tutte tagliate.* **2.** Di persona, farsi un taglio, ferirsi involontariamente. **3.** Di persona, accorciarsi le unghie, la barba e simili.

tagliasièpe s.m. e f.inv. Apparecchio elettrico per tagliare siepi e arbusti.

tagliasigari s.m. inv. Strumento per spuntare i sigari.

tagliàta s.f. **1.** Taglio rapido e alla buona. **2.** Taglio degli alberi di un bosco. **3.** MIL. Interruzione di una strada mediante uno sbarramento di alberi abbattuti e lo scavo di un fossato. **4.** CUC. Vivanda di carne tagliata in fette sottili e variamente cucinata. **5.** SPORT. Nella scherma, colpo portato dall'alto verso il basso. ~ Nel tennis, colpo di taglio.

tagliatèlla s.f. (spec. pl.) Pasta alimentare tagliata in strisce sottili, da prepararsi spec. asciutta.

tagliàto agg. **1.** Che presenta uno o più tagli. ~ Che è stato troncato, accorciato. ~ Reciso, lavorato, fatto in un certo modo. **2.** Eliminato, ridotto. **3.** Di segno grafico, modificato da un taglio. **4.** *fig.* Di persona, fatto in un certo modo, con riferimento al corpo o al carattere. ◇ *Taglia-*

to con l'accetta: rude nei modi e nell'aspetto; di cosa, grezzo, non rifinito. **5.** *fig.* Che si adatta bene. ◇ *Essere tagliato per qlco.*: avere una naturale inclinazione per qlco.

tagliatóre s.m. **1.** [f. –*trice*] Persona addetta al taglio di abiti in sartoria, al taglio delle carni nelle macellerie, al taglio delle pietre preziose in gioielleria, al taglio delle pietre nelle cave. **2.** Macchina usata nell'industria cartaria per tagliare su misura i fogli. **3.** Nella tecnica mineraria, elemento tagliente posto all'estremità di sonde a rotazione, per la perforazione delle rocce.

tagliatrice s.f. Macchina per tagliare vari materiali. ~ In partic., nelle cave di pietre, macchina munita di lame taglienti per incidere e tagliare la roccia.

tagliaùnghie s.m. inv. Tronchesina per tagliare le unghie.

tagliavènto s.m. inv. MAR. Tipo di vela di fortuna usata in passato.

taglieggiàre v.tr. [5] **1.** Imporre il pagamento di somme elevate a una popolazione vinta in guerra. **2.** Sottoporre illegalmente qlcu. a tributi esosi.

taglieggiatóre s.m. [f. –*trice*] Chi impone illecitamente tasse e tributi esosi o costringe al pagamento di interessi elevati.

tagliènte agg. **1.** Che taglia bene. **2.** *fig.* Penetrante, pungente. ~ *estens.* Privo di sfumature, con contorni netti, decisi. **3.** *fig.* Mordace, sarcastico. ◇ *Lingua tagliente*: di chi è maldicente, critico. ◆ s.m. Bordo affilato di uno strumento.

tagliène s.m. (fr. *tailloir*) **1.** Asse di legno usato in cucina per tagliare, affettare, triturare. **2.** Piatto girevole dal tornio dei ceramisti, sul quale viene posta l'argilla da plasmare.

taglierina s.f. **1.** Macchina per tagliare materiali vari, costituita da una lama che scende verticalmente e trancia il pezzo sottoposto. **2.** Piccolo attrezzo formato da una lama a scorrimento fissata a un manico da una vite. **3.** CINE. Dispositivo per tagliare la pellicola durante il montaggio di film.

taglierino s.m. **1.** Temperino, trincetto. **2.** CUC. (spec. pl.) Pasta all'uovo più sottile delle tagliatelle, adatta per minestre in brodo o anche asciutte.

tàglio s.m. [pl. –*gli*] **1.** Recisione o riduzione di qlco. ~ Di un organo del corpo, resezione, amputazione. ~ Incisione, ferita prodotta da uno strumento affilato. **2.** Potatura, falciatura, mietitura. **3.** *fig.* Soppressione o riduzione di alcuni passaggi in una pellicola, un romanzo, un discorso, ecc. **4.** *fig.* Blocco, interruzione, diminuzione. *Taglio dei viveri.* **5.** *estens.* Sbarretta che taglia un simbolo grafico. *Il taglio della f.* **6.** MUS. Trattino posto sulla nota musicale, oppure sopra o sotto di essa, per indicarne l'altezza quando è fuori del pentagramma. **7.** Forma data all'oggetto tagliato. ~ Modo in cui viene tagliato qlco., in partic. con riferimento ai capelli o alla linea di capi di vestiario. ~ *estens.* Linea, stile. **8.** STAM. Forma dei caratteri di stampa. **9.** *fig.*

Impronta particolare, impostazione di un discorso, d'un'opera. ~ Qualità, stile. **10.** Formato, dimensione, misura. ◇ *Di piccolo, di grosso taglio*: di banconote, di piccole o grandi dimensioni, spec. con riferimento al minore o maggior valore. **11.** Parte che risulta da un tutto che viene tagliato. ~ I vari pezzi in cui viene suddivisa la carne delle bestie macellate. **12.** Parte affilata di qlco. *Taglio del rasoio.* **13.** *estens.* Lato di un oggetto con minore spessore. ◇ *Di taglio*: perpendicolarmente rispetto a un altro elemento, dal lato in cui la superficie è meno estesa. **14.** SPORT. Colpo di striscio dato alla palla ed effetto di rotazione e traiettoria incurvata che ne risulta. **15.** *Taglio dei vini*: operazione consistente nel mescolare vini di differente gradazione alcolica, allo scopo di ottenere un prodotto di sapore e qualità migliore.

tagliòla s.f. (etim. discussa, forse lat. *talèolam* "piccola talea" per somiglianza di forma) **1.** Trappola per animali. **2.** *fig.* Tranello, trabocchetto. **3.** In un vivaio, terreno dove si mettono provvisoriamente le talee che devono essere trapiantate nella sede predisposta.

1. tagliòne s.m. Istituto giuridico che ant. prevedeva di infliggere al colpevole come punizione lo stesso tipo di danno da lui arrecato ad altri. ◇ *fig. Legge del taglione*: vendetta di un torto ricevuto conseguita usando le stesse armi di chi ha offeso e infliggendogli la stessa punizione.

2. tagliòne s.m. COSTR. Profondo basamento idraulico in muratura.

tagliuzzàre v.tr. Tagliare qlco. in più punti o a pezzetti.

tagliuzzàto agg. Tagliato in piccoli pezzi.

tahitiàno agg. Originario dell'isola di Tahiti. ◆ s.m. **1.** [f. –*na*] Nativo, abitante di Tahiti. **2.** (solo sing.) Lingua parlata in tale isola.

Taiassùidi s.m. pl. [iniziale minusc. sing. –*de* per l'individuo] ZOOL. Famiglia di mammiferi simili a maiali selvatici, che vivono nel continente americano; sono detti anche *Pecari*. (Ordine degli Artiodattili.)

tàiga s.f. [pl. –*ghe*] (russo *tajgá*) GEOGR. Estesa foresta di conifere situata a sud della tundra, nelle zone settentrionali dell'Europa e dell'Asia.

tailleur [/ta'jœr/] s.m. inv. (voce fr., propr. "sarto, chi taglia gli abiti") Abito femminile composto da giacca e gonna o pantaloni.

takeaway [/'teikə,wei/] s.m. inv. (voce ingl., propr. "porta via") Negozio o servizio di ristorazione che offre cibi da consumare subito o da portare via.

takeover [/'teikˌəʊvə/] s.m. inv. (voce ingl., deriv. di *to take over* "subentrare") FIN. Operazione con cui si acquisisce il controllo di una società o di un'azienda, rilevandola.

tàlamo s.m. **1.** Nell'età classica, locale interno della casa, spec. la camera nuziale. **2.** ANAT. Voluminosa formazione cerebrale che riceve fibre dal midollo spinale, dal mesencefalo, dai nervi ottici e le invia alla corteccia cerebrale. **3.** BOT. Parte superiore del peduncolo del fiore,

■ **tàiga** nella regione della Kolyma (Siberia, Russia).

su cui sono inseriti gli organi floreali. ~ Anche, corpo fruttifero dei funghi.

1. talàre agg. (lat. *talàrem*, deriv. di *tàlus* "tallone") Di un abito, che scende fino ai piedi. ~ In partic. dell'abito del clero secolare cattolico. ◆ s.f. Nel sign. dell'agg.

2. talàre s.m. (lat. *talària*, deriv. di *talàris* "del tallone") (spec. pl.) Nella mitologia classica, calzare alato indossato dal dio Mercurio e da altri personaggi.

talassemia s.f. MED. Forma di anemia ereditaria che provoca un'alterazione dei globuli rossi; detta anche *anemia mediterranea* o *microcitemia*.

talàssico agg. [pl.m. *–ci*, f. *–che*] (deriv. di gr. *thàlassa* "mare") BOT. *Disseminazione talassica*: disseminazione naturale effettuata dal moto ondoso del mare, p.e. quella della noce di cocco.

talassobiologia s.f. Branca della oceanografia che si occupa dello studio degli organismi vegetali e animali nell'ambiente marino.

talassocrazia s.f. Dominio del mare. *La talassocrazia greca.*

talassofilìa s.f. BIOL. Tendenza di organismi vegetali e animali a privilegiare come propria sede ambienti marini.

talassofobìa s.f. PSICOL. Paura ossessiva del mare e dei viaggi in mare.

talassografìa s.f. Branca della geofisica che si occupa dello studio del mare. SIN.: **oceanografia.**

talassologìa s.f. IDROL. Talassografia.

talassoterapìa s.f. Trattamento delle malattie basato sugli effetti benefici del clima e dell'acqua marini.

talbot s.m. inv. FIS. Unità di misura della quantità di luce pari a 1 lumen per secondo.

tàlco s.m. (ar. *talq*) **1.** MIN. (solo sing.) Silicato di magnesio facilmente sfaldabile, di colore biancastro. **2.** [pl. *–chi*] Polvere bianca tratta da questo minerale, usata in cosmesi e in farmacia.

tàle agg. [pl.m. e f. *tali*] **1.** Questo, suddetto, con riferimento a una parte precedente del discorso. *A tali parole seguì un lungo silenzio.* **2.** Simile, siffatto, in riferimento a caratteristiche di qlco. che si è già nominato. *Non mi aspettavo una tale reazione.* ~ Indica l'intensità di qlco., un grado molto alto o eccessivo. *Non avevo mai provato una tale gioia.* ~ In correlazione con un altro *tale* o con *quale*, esprime identità o somiglianza. *Tale padre, tale figlio.* ◇ *Tale e quale:* somigliante in tutto e per tutto. **3.** Al sing. general. preceduto dall'art. indet., tipo, individuo non ben conosciuto. *Ero stato avvicinato da un tal ingegner Rossi.* ~ Preceduto dall'art. determ. o da *quello*, indica persona o cosa ben nota. *Mi disse di cercare la tal persona.*

1. talèa s.f. AGR. Rametto prelevato da una pianta, che, messo nel terreno, fa germogliare una nuova pianta.

2. tàlea s.f. MUS. Nel canto gregoriano, variazione in note di durata più breve.

taleàggio s.m. [pl. *–gi*] AGR. Moltiplicazione delle piante per mezzo di talea.

talebàno s.m. Studente di teologia islamica, membro di un movimento fondamentalista che ha preso il potere in Afghanistan nel 1996 imponendo la rigorosa osservanza della legge coranica fino al 2001.

talèd s.m. inv. (fr. *taled*, ebr. *tallīt*) Scialle indossato dai rabbini e dai fedeli del culto ebraico per le preghiere del mattino.

talèggio s.m. [pl. *–gi*] Tipo di formaggio stagionato prodotto tradizionalmente nell'omonima valle bergamasca.

talènto s.m. (gr. *tàlanton* "piatto della bilancia, peso, moneta") **1.** Misura di peso presso gli Ebrei e i Greci. **2.** Antica moneta greca equivalente a seimila dracme, in circolazione nell'area mediterranea. **3.** Dote, in quanto propensione a qlco., capacità in un'attività, in un settore. ~ Ingegno, genialità. **4.** estens. La persona che possiede tali qualità.

talent scout [/'tælənt 'skaʊt/] loc. sost. m. e f. inv. (loc. ingl., "scopritore di talenti") Chi, per professione, cerca e scopre persone di talento in vari settori, spec. nello spettacolo e nello sport.

taliban [/tale'ba:n/] s.m. inv. (ar. *talib*) Talebano.

talismàno s.m. (persiano *tilismān*, gr. *tèlesma* "rito religioso") **1.** Oggetto di vario materiale e forma, perlopiù da portare addosso, al quale si attribuiscono poteri magici. ~ estens. Portafortuna, amuleto. **2.** fig. Cosa che favorisce il successo, che dà potere.

talk show [/'tɔlk 'ʃəʊ/] loc. sost. m. inv. (loc. ingl., comp. di *to talk* "parlare" e *show* "spettacolo") Spettacolo radiotelevisivo durante il quale un intervistatore conversa con vari ospiti, perlopiù personaggi famosi.

tàllero s.m. (ted. *Thaler*, deriv. di *Joachimsthal* "valle di san Gioacchino", in Boemia, dove inizialmente tale moneta veniva coniata) **1.** Moneta d'argento che ebbe corso dal sec. XV fino al XIX negli stati germanici e in altri Stati europei. **2.** Unità monetaria della Repubblica slovena.

tàllio s.m. (solo sing.) (gr. *thallòs* "ramo in germoglio", per il colore verde del suo spettro) **1.** Metallo bianco di densità 11,85 e che fonde a 303,5 °C. **2.** Elemento chimico (*Tl*) di numero atomico 81 e peso atomico 204,383.

tallire v.intr. [83] (aus. *essere* o *avere*) AGR. Di pianta, mettere dei germogli.

tallitùra s.f. BOT. Germinazione, accestimento di una pianta. ~ In partic., germinazione dell'orzo che serve a preparare il malto.

tàllo s.m. (lat. *thàllum*, gr. *thallòs* deriv. di *thàllein* "fiorire") BOT. Nelle piante come le alghe, i funghi e i licheni, il corpo vegetativo non differenziato in radici, fusto e foglie.

tallòfita s.f. Pianta inferiore che presenta corpo a tallo.

tallonàggio s.m. [pl. *–gi*] SPORT. Nel rugby, colpo dato col tallone alla palla, per farla uscire dalla mischia.

tallonaménto s.m. **1.** Inseguimento, pedinamento di qlcu. da molto vicino. ~ SPORT. Nel calcio, marcatura stretta. **2.** MECC. Nel taglio dei metalli, difetto della macchina utensile, che viene a sfregare con il dorso sulla superficie sottoposta a lavorazione e si surriscalda per l'attrito. SIN.: **Impuntamento.**

tallonàre v.tr. (fr. *talonner*) **1.** Inseguire qlcu. da vicino. ~ Nel calcio, marcare da vicino. **2.** SPORT. Nel rugby, colpire la palla con il tallone per passarla all'indietro.

talloncino s.m. **1.** Cedola che viene staccata da un tagliando per servire da riscontro. **2.** Breve annuncio pubblicitario di uno spettacolo che appare sui giornali.

1. tallóne s.m. (fr. *talon*) **1.** ANAT. Parte posteriore e inferiore del piede umano; nel l. com. è spesso usato come equivalente di calcagno, del quale invece fa parte. ◇ fig. *Tallone d'Achille:* *punto debole.* **2.** estens. Rinforzo delle calze in corrispondenza del calcagno. **3.** estens. Parte inferiore e posteriore di un oggetto, spec. se sporgente o con funzioni di sostegno. **4.** Rinforzo degli orli interni dei copertoni di un veicolo. **5.** Nei giochi di carte, parte del mazzo che rimane dopo la distribuzione a ciascun giocatore e da cui si prendono le carte nei prelievi successivi.

2. tallóne s.m. (fr. *étalon* "modello" di pesi e misure) ECON. Base di un sistema monetario.

talménte avv. Tanto, a tal punto, così, in correlazione con *che* o *da*. *Ha insistito talmente che alla fine ho ceduto.*

Talmùd s.m. inv. (ebr. *talmūd* "dottrina, studio") La raccolta delle norme che regolavano la comunità giudaiche tra il III e IV sec.

talmudista s.m. [pl. *–sti*] Studioso che interpreta e commenta il Talmud.

talóra avv. A volte, talvolta.

tàlpa s.f. **1.** Mammifero con occhi atrofizzati e zampe anteriori ampie e robuste, con le quali scava gallerie nel suolo alla ricerca di insetti e vermi di cui si nutre. (Lunghezza 15 cm; ordine degli Insettivori, famiglia dei Talpidi.) ◇ *Vederci come una talpa:* pochissimo, essere assai miope. ~ fig. *Essere una talpa:* poco intelligente. **2.** estens. Pelliccia di pelo di talpa. **3.** ZOOL. (iniziale maiusc.) Genere di animali cui appartengono varie specie di talpa. **4.** Nell'edilizia stradale, escavatrice per eseguire gallerie. **5.** fig. Persona che, inserita in uffici importanti, acquisisce notizie segrete

e le fornisce a organizzazioni avversarie o nemiche. ❑ In funzione di agg. inv. Di colore grigioscuro, tipico della pelliccia della talpa.

Tàlpidi s.m. pl. [iniziale minusc. sing. *–de* per l'individuo] ZOOL. Famiglia di mammiferi dal corpo tozzo e zampe corte munite di unghie robuste. (Ordine degli Insettivori.)

talùno agg. indef. (solo pl.) Alcuni, certi. *In taluni casi è necessario mentire.*

talvòlta avv. A volte, qualche volta, per indicare il ripetersi saltuario di un evento. *Talvolta si sbaglia.*

Tamaricàcee s.f. pl. [iniziale minusc. sing. *–a* per l'individuo] BOT. Famiglia di piante legnose o erbe perenni, dicotiledoni, diffuse nelle zone temperate e subtropicali.

tamarindo s.m. (ar. *tamr hindi* "dattero dell'India") **1.** Pianta arborea equatoriale con folta chioma, foglie pennate e frutto a forma di baccello inizialmente contenente una polpa acidula commestibile. (Genere *Tamarindus*; famiglia delle Cesalpiniacee.) **2.** Polpa del frutto di tale albero, usata per preparare bibite rinfrescanti e infusi lassativi. ~ estens. Estratto, sciroppo ricavati da questa pianta.

tàmaro s.m. Pianta erbacea perenne ornamentale con fiori a capolino e frutti rossi a bacca, diffusa nella regione mediterranea. (Genere *Tamus*; famiglia delle Dioscoreacee.)

tambùcio o **tambùgio** s.m. [pl. *–ci*, *–gi*] MAR. Casotto di legno che si trova vicino ai boccaporti della nave, per impedire infiltrazioni di acqua dal ponte scoperto e come riparo dal vento.

tamburreggiaménto s.m. **1.** Successione di colpi battuti su uno o più tamburi. ~ estens. Il risuonare dei colpi di artiglieria pesante. **2.** SPORT. fig. Serie continua di attacchi contro l'avversario.

tamburellàre v.intr. (aus. *avere*) Produrre un suono simile a quello del tamburello, battendo continuamente con colpi leggeri su una superficie. ◆ v.tr. Battere con colpetti rapidi e leggeri su una superficie. *Tamburellare le dita sul tavolo.*

1. tamburèllo s.m. **1.** Nel sign. del dim. di *tamburo*; in partic., strumento musicale a percussione costituito da una membrana tesa su un cerchio di legno, al quale perlopiù sono fissati dei sonagli che risuonano quando la membrana viene percossa o lo strumento agitato. **2.** Arnese costituito da un cerchio di legno, munito di una cinghia con impugnatura e ricoperto da una pelle tesa molto resistente che serve nel gioco omonimo per rilanciare una palla di gomma da una parte all'altra di un campo. ~ estens. Il gioco stesso.

2. tamburèllo s.m. → **2. tombarello.**

tamburino s.m. **1.** Nel sign. del dim. di *tamburo*. **2.** [f. *–na*] Suonatore di tamburo. **3.** Nel l. gior., elenco degli spettacoli cinematografici e teatrali che escono sui quotidiani.

tambùro s.m. (ar. *ṭunbūra* "sorta di mandolino") **1.** Strumento musicale a percussione costituito da una cassa cilindrica in legno o metallo ricoperto alle due basi da membrane tese di pelle che risuonano se percosse con le mani o con apposite bacchette. ◇ fig. *A tamburo battente:* immediatamente, subito. **2.** estens. Chi suona il tamburo. **3.** Elemento cilindrico degli argani attorno a cui è avvolta una fune o una catena. **4.** Organo cilindrico rotante in cui sono ricavati gli incavi per contenere i proiettili, spec. nelle pistole a ripetizione. **5.** Negli autoveicoli e motoveicoli, congegno solidale con il mozzo della

■ tàlpa

ruota contro il quale le ganasce si espandono frenando. **6.** ARCH. Blocco cilindrico costitutivo delle colonne non monolitiche. ~ Struttura a pianta cilindrica o poligonale su cui poggia la calotta di una cupola. **7.** Argano speciale usato in teatro. **8.** Nell'orologio, bariletto cilindrico in cui è contenuta la molla. **9.** Nel l. gior., annuncio con le condizioni di abbonamento pubblicato a fine anno. **10.** Nelle fortezze rinascimentali, muraglia con feritoie che si costruiva per difesa davanti alla porta, detta anche *barbacane*. **11.** *Pesce tamburo*: pesce diffuso nei fiumi nordamericani, così chiamato per il verso che emette quando viene pescato. **12.** *Tamburo magnetico*: negli elaboratori elettronici, supporto di forma cilindrica coperto da una sostanza magnetizzante, usato per immagazzinare i dati.

tamerìce o **tamarìce** s.f. **1.** Pianta ornamentale arbustiva o arborea, con rami sottili, foglie a squame e fiori piccoli, a spighe, di colore rosato; vive in terreni aridi. (Altezza 1-3 m; famiglia delle Tamaricacee.) **2.** BOT. (iniziale maiusc.) Genere di piante a cui appartengono varie specie di tamerice.

tamìa s.m. inv. (gr. *tamías* "dispensiere", perché ripone il cibo nelle gallerie che costruisce) **1.** Mammifero roditore caratterizzato dalla grossa pancia e dal pelame rosso-bruno striato di nero. (Famiglia degli Sciuridi.) **2.** ZOOL. (iniziale maiusc.) Genere di animali a cui appartiene il tamia.

tamponaménto s.m. **1.** Contenimento della fuoriuscita di un liquido. **2.** MED. Applicazione a una ferita o a una cavità di tamponi emostatici e antisettici. **3.** Urto di un veicolo contro la parte posteriore di un altro che lo precede. ◇ *Tamponamento a catena*: serie di tamponamenti di più veicoli in colonna.

tamponàre v.tr. (fr. *tamponner*) **1.** Chiudere un'apertura con un tampone o con un altro mezzo idoneo ad arrestare il flusso di un liquido. **2.** *fig.* Rimediare provvisoriamente a una situazione incresciosa o difficile. **3.** Investire un veicolo che precede urtandolo nella parte posteriore.

tampóne s.m. (fr. *tampon* "tappo") **1.** Mezzo di fortuna con cui si chiude un'apertura per impedire l'entrata o l'uscita di un liquido. **2.** Batuffolo di cotone o altro materiale igienico da applicare su ferite per fermare l'emorragia. SIN. **zaffo. 3.** MED. Batuffolo di cotone fissato su una bacchetta con il quale si effettuano prelievi all'interno di cavità del corpo per verificare la presenza di organismi patogeni. ~ *estens.* Il prelievo stesso. **4.** Assorbente interno. **5.** Batuffolo di ovatta posto all'interno di un pezzo di stoffa, usato per stendere vernici a base di ceralacca. **6.** Cuscinetto imbevuto di inchiostro per inumidire i timbri. **7.** Rotolo ovoidale di carta assorbente usato per asciugare la scrittura a inchiostro. **8.** MUS. Bacchetta che porta all'estremità una pallina felpata per suonare strumenti a percussione. **9.** CHIM. Soluzione costituita da un acido (o base) debole e da un suo sale, che consente di limitare le variazioni di acidità in seguito a una moderata aggiunta di alcali o acidi nella soluzione stessa. ❑ In funzione di agg. inv. **1.** *fig.* Che pone rimedio momentaneo a una situazione. **2.** FOTO. *Sviluppo tampone*: bagno di sviluppo a debole alcalinità. **3.** ELETTROTEC. Riferito a carico o batteria disposti in parallelo a un generatore al fine di stabilizzarne la tensione. **4.** INFORM. *Memoria tampone* → **buffer.**

tam-tàm o **tamtàm** s.m. inv. (voce onom. di orig. creola) **1.** MUS. Strumento musicale costituito da un disco metallico sospeso verticalmente che viene percosso da una mazza felpata.

■ **tam-tàm** cinese.

ed emette suoni alti e vibrati. **2.** Presso alcune popolazioni primitive, specie di tamburo ricavato da una sezione di tronco cavo, in grado, se percosso, di mandare segnali anche a lunga distanza. **3.** *fig.* Passaggio, scambio di notizie perlopiù riservate. *Tam-tam aziendale.*

tamurè s.m. inv. (voce polinesiana) Danza tradizionale polinesiana.

tàna s.f. (etim. incerta, forse lat. deriv. di *subtàna* "che sta sotto") **1.** Luogo dove alcuni animali si rifugiano. **2.** *fig.* Nascondiglio di malviventi. **3.** *fig.* Ambiente malsano adibito ad abitazione. **4.** *fig.* Nel gioco del nascondino e in altri simili, il luogo che dà immunità a chi viene inseguito.

tanacéto s.m. Pianta erbacea aromatica, con fiori gialli a capolino, diffusa nei terreni incolti. (Genere *Tanacetum*; famiglia delle Composite.)

1. tanàgra s.f. (port. *tangara* da una voce tupi) **1.** Denominazione comune di vari uccelli tropicali, con becco e coda brevi e piumaggio dai colori vivaci. (Famiglia degli Emberizidi.) **2.** ZOOL. (iniziale maiusc.) Genere di animali a cui appartengono le varie specie di tanagra.

2. tanàgra s.f. (dal nome della città) ARCHEOL. Statuetta funeraria originaria di Tanagra, in Beozia.

tanatofobìa s.f. MED. Paura ossessiva della morte.

tanatologìa s.f. MED. Studio delle cause e delle circostanze della morte e delle modificazioni dell'organismo a essa conseguono.

tanatopràssi s.f. inv. Insieme dei mezzi e delle sostanze speciali per conservare temporaneamente una salma.

tanatoscopìa s.f. Complesso delle tecniche di accertamento di morte reale, impiegate dai medici legali.

tanatòsi s.f. inv. Reazione a determinati stimoli, che si manifesta negli insetti con l'assoluta immobilità del corpo e la cessazione di ogni attività.

tànca s.f. [pl. *–che*] (ingl. *tank* "serbatoio") Sulle navi, cassa o locale stagno per contenere acqua o combustibili liquidi.

tàndem s.m. inv. (voce ingl., lat. *tandem* "alla lunga, in tutta la lunghezza", nome di un tipo di carrozza tirata da due cavalli attaccati uno dietro l'altro) **1.** Bicicletta per due persone, sedute una dietro l'altra. **2.** *fig.* Coppia molto affiatata che lavora a un'attività comune ◇ *In tandem*: insieme, a vicenda.

tànfo s.m. Cattivo odore.

tànga s.m. inv. (voce tupi, "perizoma") **1.** Costume da bagno femminile, ridotto sul dietro a una sottile striscia di stoffa che lascia scoperte le natiche. **2.** ETNOL. Rudimentale perizoma usato ant. nelle regioni tropicali.

1. tangènte agg. (lat. *tangèntem līneam* "linea che tocca") GEOM. Di ente geometrico che abbia con un altro ente un solo punto in comune. ◆ s.f. **1.** GEOM. Retta che ha un solo punto in comune con un'altra figura geometrica. ◇ *fig. Andare, partire per la tangente*: allontanarsi dall'argomento in discussione; di un argomento, sfuggire al controllo. **2.** MAT. Funzione trigonometrica definita come il rapporto tra il seno e il coseno di un angolo (simb. *tan*).

2. tangènte s.f. Somma di denaro pagata, percepita o pretesa in cambio di favori illeciti.

tangentìsta s.m. e f. Chi offre o richiede tangenti.

tangentòide s.f. MAT. Grafico trigonometrico della tangente.

tangentòpoli s.f. inv. Nel l. gior. degli anni Novanta, lo scandalo delle tangenti nella pubblica amministrazione.

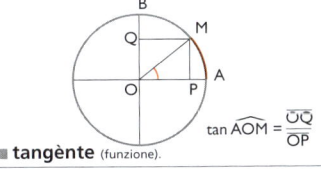

$$\tan \widehat{AOM} = \frac{\overline{UQ}}{\overline{OP}}$$

■ **tangènte** (funzione).

tangènza s.f. **1.** GEOM. Relazione fra due enti tangenti. **2.** AER. Altitudine massima che un aereo può raggiungere.

tangenziàle agg. **1.** GEOM. Tangente, relativo alla tangente. **2.** Di strada che corre attorno a un grande centro urbano. **3.** *fig.* Secondario, marginale. ◆ s.f. Nell'accez. 2 dell'agg.

tangerìno agg. Di Tangeri. ◆ s.m. [f. *–na*] Nativo, abitante di Tangeri.

tangìbile agg. **1.** Che si può percepire con il contatto. **2.** *fig.* Certo, evidente. *Prova tangibile.*

tàngo s.m. [pl. *–ghi*] (voce dello spagn. d'Argentina, forse di orig. onom.) Danza di origine argentina ballata a coppie, caratterizzata da movimento e passo binario, diffusa in Europa ai primi del Novecento. ❑ In funzione di agg. inv., riferito a un colore rosso aranciato molto vivace.

tangóne s.m. (fr. *tangon*) MAR. Asta orizzontale che serve a esporre lo spinnaker.

tànica s.f. [pl. *–che*] (ingl. *tank* "serbatoio" di origine indostana) **1.** Recipiente per liquidi. **2.** Serbatoio di un aereo.

tank [/tæŋk/] s.m. inv. (voce ingl., propr. "serbatoio") **1.** MIL. Carro armato, soprattutto il tipo usato in Francia durante la prima guerra mondiale. **2.** FOTO. Piccolo contenitore cilindrico usato nello sviluppo delle pellicole.

tannànte agg. Che ha le stesse proprietà del tannino. ◆ s.m. Nel sign. dell'agg.

tànnico agg. [pl.m. *–ci*, f. *–che*] (fr. *tannique*) Del tannino. ◇ *Acido tannico*: acido organico derivato polimerico dell'acido gallico, usato in tintoria e in medicina.

tannìno s.m. (fr. *tanin*) **1.** CHIM. Classe di composti che si ricavano dalla corteccia di alcuni alberi, usati in conceria, tintoria e medicina. **2.** Composto fenolico contenuto nel vino che proviene dai raspi, dalle bucce e dal legno delle botti. (Le percentuali di tannino presenti influenzano il colore, la conservazione e il sapore del vino.)

tànno s.m. (fr. *tan*) Corteccia della quercia, del castagno e di altri alberi, da cui si ricava il tannino.

tantàlio s.m. (solo sing.) (dal nome di *Tantalo*, personaggio mitologico condannato alla pena di non potersi dissetare pur essendo immerso in un lago; il tantalio è così chiamato perché non si scioglie nemmeno in forte eccesso di acidi) **1.** Metallo color grigio argento, molto duro, duttile e resistente agli acidi, di densità 16,6 e che fonde a 2985 °C. **2.** Elemento chimico (*Ta*) di numero atomico 73 e peso atomico 180,947.

tàntalo s.m. (dal nome di *Tantalo*, personaggio mitologico condannato alla pena di non potersi dissetare pur essendo immerso in un lago; l'uccello è così chiamato in riferimento all'ambiente naturale in cui vive) **1.** Denominazione comune di vari uccelli di grandi dimensioni, che vivono lungo i fiumi dell'Africa tropicale, dalle zampe lunghe e sottili, con piumaggio bianco, rosa e altre tinte più scure. (Famiglia dei Ciconiformi.) **2.** ZOOL. (iniziale maiusc.) Genere al quale appartengono le varie specie di tantalo.

tantìno agg. indef. Nel sign. del dim. di *tanto*.

tànto agg. indef. **1.** (a sing., con nomi di cose non numerabili) In grande quantità, molto, ampio. *C'era tanta gente.* **2.** (al pl., con nomi di entità numerabili) In gran numero, molti. *Ho avuto tanti problemi.* **3.** Troppo, eccessivo. *1000 euro per una sedia sono proprio tanti.* **4.** Altrettanto, in misura o in numero equivalente a un altro termine (in correlazione con *quanto*). *Versa tanta acqua quanta ne assorbe la farina.* ~ Solo al pl., preceduto da *come*, per attribuire una qualifica attraverso un paragone. *Gli vanno dietro come tante pecore.* **5.** (al pl., preceduto da *ogni*, con valore distributivo) Al raggiungimento di un dato quantitativo, a determinati intervalli, con una data cadenza. *Ogni tanti bollini ricevi un regalo.* ◇ *Di tanto in tanto*: qualche volta. ◆ avv. **1.** Molto, intensamente. *Sono tanto contento.* ◇ *loc. cong. Tanto più che*: a maggior ragione perché. *Non lo cerco, tanto più che non ho nessuna voglia di partire con lui.* **2.** In misura così alta, in modo così esagerato. *Non so perché sia tanto in ritardo.* **3.** Altrettanto, in misura equivalente (in correlazione con *quanto* o *come*). *È tanto svelto quanto preciso.* **4.** Soltanto. ◇ *Tanto per dire*: a titolo di puro esempio. – *iron. Tanto per cambia-*

re: nuovamente, ancora una volta. – *Una volta tanto:* almeno questa volta. ◆ s.m. **1.** (al sing., con valore di neutro, preceduto dall'art. determ.) Grande quantità. *Si accetta il tanto e il poco.* **2.** (preceduto dall'art. indet. e sempre al sing.) Una quantità non precisata, spec. di denaro. *Gli passa un tanto al mese.*

Tàntra s.m. inv. (voce sanscr., propr. "tessuto" e quindi "testo") Insieme dei testi sacri dell'induismo e del buddismo.

tàntrico agg. [pl.m. –ci, f. –che] Del tantrismo.

tantrismo s.m. Insieme di riti e credenze basati sui testi canonici del Tantra. (Il tantrismo ricerca la salvezza attraverso la conoscenza esoterica della natura.)

tanzaniàno agg. Della Tanzania. ◆ s.m. [f. –na] Nativo, abitante della Tanzania.

tào s.m. inv. (voce cin., "via") Nel sistema filosofico-religioso del taoismo, principio supremo che ha dato origine al cosmo e lo governa.

taoismo s.m. Religione popolare cinese che si ispira alle dottrine di Lao-Tse e che riconosce nel tao il principio vitale e ordinatore del cosmo.
ENCICL. Secondo Lao-Tzu (V sec. a.C.), l'adepto deve imparare a unirsi al *tao,* (in cinese, *via*) che è il principio primordiale dell'ordine cosmico e del suo divenire. Il taoismo insegna perciò il raccoglimento delle energie, la meditazione e le *arti di lunga vita* (antiche discipline alimentari, respiratorie e igieniche). Spesso disprezzato e perseguitato, il taoismo fu determinante per lo sviluppo dell'alchimia e della medicina cinese.

taoista agg. [pl.m. –sti] Del taoismo. ◆ s.m. e f. Seguace del taoismo.

tapas [/t'apas/] s.f. pl. (voce spagn., deriv. di *tapa* "coperchio") Assortimento di stuzzichini serviti insieme agli aperitivi nei caffè spagnoli.

tape [/'teɪp/] s.m. inv. (voce ingl., "nastro") Nastro magnetico usato per le registrazioni. ~ Nastro perforato. ◇ *Tape monitor:* nei registratori sonori, dispositivo che consente di ascoltare il suono nel corso della registrazione.

tapiòca s.f. [pl. –che] (port. *tapioca,* da una voce tupi) Prodotto alimentare derivato dalla fecola di manioca.

Tapiridi s.m. pl. [iniziale minusc. sing. –de per l'individuo] ZOOL. Famiglia di mammiferi con capo allungato, simili a un grosso maiale; ne fa parte il tapiro, nelle sue varie specie. (Ordine dei Perissodattili.)

tapiro s.m. (port. *tapir,* da una voce tupi) **1.** Mammifero del Sud-est asiatico e dell'America tropicale, con corpo tozzo, pelo corto e setoloso e muso a proboscide. (Lunghezza 2 m ca.; sottordine dei Perissodattili.) **2.** ZOOL. (iniziale maiusc.) Genere al quale appartengono le varie specie di tapiro.

■ **tapìro** dalla gualdrappa con piccolo.

tapis roulant [/ta'pi ru'lã/] loc. sost. m. inv. (loc. fr., propr. "tappeto rotolante") Nastro trasportatore di persone o di cose.

tàppa s.f. (fr. *étape,* ol. *stapel* "deposito" poi "luogo di riposo per i viaggiatori") **1.** Percorso compreso tra due soste successive. ◇ *fig. Bruciare le tappe:* procedere con tempi rapidi in attività, nello studio, ecc. **2.** MIL. Luogo di sosta delle truppe durante una marcia. **3.** SPORT. In un giro ciclistico o in un raid motoristico, il percor-

so da coprire giornalmente. **4.** Sosta durante un viaggio. **5.** *fig.* Fase di un'evoluzione, momento importante.

tappabùchi s.m. e f.inv.*scherz. spreg.* Persona o oggetto che serve soltanto a riempire momentaneamente un posto vuoto.

tappàre v.tr. **1.** Chiudere con un tappo un'apertura. *Tappare una bottiglia.* ◇ *fig. Tappare la bocca a qlcu.:* metterlo nell'impossibilità di replicare. **2.** Chiudere qlcu. o qlco. in un posto, in modo che non ne possa uscire. *Tappare i bambini in casa.* ◆ **tapparsi** v.pron. Rintanarsi in un luogo senza mai uscirne, senza vedere o sentire nessuno. *Tapparsi nella propria stanza.*

tapparèlla s.f. Persiana, serranda avvolgibile.

tapparellista s.m. e f.[pl.m. –sti] Chi fabbrica, monta o ripara tapparelle.

tappetino s.m. Nel sign. del dim. di *tappeto*; in partic. quello usato nelle automobili. ◇ INFORM. *Tappetino del mouse:* piccola superficie di gomma su cui si fa scorrere il mouse.

tappéto s.m. **1.** Tessuto pesante e compatto utilizzato come ornamento per ricoprire pavimenti o rivestire pareti. (I tappeti possono essere annodati, tessuti o lavorati meccanicamente.) ◇ *Tappeto verde:* panno dei tavoli da gioco; *estens.* la tavola e anche la stanza da gioco. – *figg. Stendere il tappeto rosso:* ricevere qlcu. con tutti gli onori. – *Sul tappeto:* in questione, in discussione. **2.** SPORT. Superficie elastica e morbida che copre il pavimento delle palestre. ◇ *Andare al tappeto:* nel pugilato e nella lotta, essere messo fuori combattimento con un atterramento.

■ **tappéto** a decoro floreale proveniente da Kerman (Iran); lana e cotone; seconda metà del sec. XIX. (Musée Condé, Chantilly.)

tappezzàre v.tr. (fr. *tapisser*) **1.** Rivestire con carta da parati, stoffa, tappeti. **2.** *estens.* Rivestire o riempire completamente un ambiente di qlco. *Tappezzare un muro di manifesti.*

tappezzerìa s.f. (fr. *tapisserie*) **1.** Carta o tessuto con cui si rivestono pareti, mobili o interni d'automobile. ◇ *fig. fam. Fare tappezzeria:* restare in disparte durante una festa. **2.** Tecnica del rivestire pareti o mobili con carta o stoffa. **3.** *estens.* Laboratorio, negozio di tappezziere.

tappezzière s.m. [f. –ra] Artigiano che prepara e monta la tappezzeria e i tendaggi e riveste e imbottisce poltrone.

tàppo s.m. (francone *tappo*) **1.** Elemento di vario materiale che si applica a un recipiente per chiuderlo. **2.** *estens.* Dispositivo, sostanza che ha la funzione di chiudere un recipiente o di otturare un condotto. **3.** *fig.* [f. –pa] Persona di bassa statura e piuttosto grassa. **4.** Nei vulcani, l'ammasso che chiude i condotti in quiescenza. **5.** ELETTROTEC. *Tappo-luce:* dispositivo che

permette di utilizzare la normale rete di illuminazione come antenna radioricevente.

TAR s.m. inv. DIR. Sigla di *Tribunale Amministrativo Regionale.*

1. tàra s.f. (ar. *ṭarḥ* "detrazione") Parte da detrarre dal peso lordo per avere il peso netto.

2. tàra s.f. (fr. *tare* "difetto", ar. *ṭarḥ* "detrazione") Difetto fisico o psichico, general. ereditario.

tarabùso s.m. Uccello trampoliere simile all'airone, dal piumaggio fulvo chiazzato di nero, che nidifica nei canneti. (Genere *Botaurus,* famiglia degli Ardeidi.)

■ **tarabùso**

tarantèlla s.f. **1.** Vivace danza popolare tipica dell'Italia meridionale. **2.** Particolare tipo di rete da pesca, usata in vicinanza della costa.

tarantino agg. Di Taranto. ◆ s.m. **1.** [f. –na] Nativo, abitante di Taranto. **2.** (iniziale maiusc., solo sing.) Territorio intorno a Taranto.

tarantismo s.m. (fr. *tarentisme*) MED. Isteria che provoca convulsioni incontrollabili. (Era ant. attribuito al morso della tarantola.) SIN.: **tarantolismo.**

tarantola s.f. (etim. discussa, prob. dal nome della città di *Taranto*) **1.** Grande ragno tipico dell'Europa meridionale, con zampe lunghe e corpo peloso nero. (Nome sc. *Lycosa tarentula.*) **2.** → geco.

tarantolàto agg. Affetto da tarantismo. ~ *fig.* Agitatissimo, sovreccitato. ◆ s.m. [f. –ta] Nel sign. dell'agg.

taràra s.f. AGR. Macchina utilizzata per pulire i semi dopo la battitura.

taràre v.tr. **1.** Sottrarre la tara da un peso lordo per ottenere il peso netto. *Tarare la merce.* **2.** Eseguire l'operazione di taratura di uno strumento. ~ *estens.* Mettere a punto, regolare. *Tarare il contaminuti.*

taràssaco s.m. (ar. *ṭaraḫšaqūn* "cicoria") **1.** [pl. –chi] Denominazione comune di varie piante erbacee, con radici ricche di lattice, foglie dentate e fiori gialli a capolini; la più nota è il dente di leone. (Famiglia delle Composite.) **2.** BOT. (iniziale maiusc.) Genere a cui appartengono le varie specie di tarassaco.

1. taràto agg. **1.** Da cui è stata detratta la tara. **2.** Di strumento sottoposto a taratura.

2. taràto agg. Di persona, che ha tare fisiche o morali.

taratùra s.f. **1.** Operazione del regolare e graduare un apparecchio o uno strumento per ottenere la precisione nelle misurazioni per cui sono utilizzati. **2.** Effetto di tale operazione.

tarchiàto agg. Di corporatura robusta e massiccia.

tardàre v.intr. (aus. *avere*) Presentarsi a un appuntamento in ritardo. ~ Arrivare con ritardo a qlco. o a fare qlco. *Tardare alla riunione.* ◆ v.tr. Ritardare un qualche adempimento. *Tardare la consegna della merce.*

tàrdi avv. **1.** Dopo il tempo stabilito, in ritardo. **2.** A un'ora tarda, dopo il tempo consueto o normale. ◇ *Tirare tardi:* rimanere alzato fino a tardi. **3.** Preceduto da *più,* dopo un certo periodo di tempo. *Ci vediamo più tardi.* □ In funzione di s.m. inv., usato in alcune locc. ◇ *Sul tardi, verso il tardi:* nelle ultime ore di una parte della giornata. – *Al più tardi:* al massimo. *Vi telefonerò giovedì al più tardi.*

Tardigradi s.m. pl. [iniziale minusc. sing. –do per l'individuo] ZOOL. Invertebrati di dimensioni inferiori al millimetro, con corpo ovale e quattro paia di arti, che vivono nel fango e nella terra umida. (Classe degli Artropodi.)

tardigrado agg. *scherz.* Che cammina o si muove con lentezza. ◆ s.m. [f. *–da*] Nel sign. dell'agg.

tardivo agg. **1.** Che si manifesta in ritardo. *Primavera tardiva.* ~ Di pianta, fiore, ecc. che si sviluppa più lentamente rispetto alla norma. **2.** Che arriva troppo tardi e quindi non ha più efficacia. *Soccorsi tardivi.*

tàrdo agg. **1.** Che avviene lentamente. ~ Di persona, lento, indolente. **2.** Tardivo. **3.** Molto avanti nel tempo. **4.** Di periodo storico o indirizzo culturale, nella sua fase finale.

tardo-antico agg. [pl.m. *–chi*, f. *–che*] Del periodo compreso tra i secc. III-VIII d.C.

tardóna s.f. *pop. scherz.* Donna di età matura che si atteggia e veste da giovane.

tardorinascimentàle agg. Del tardo Rinascimento (secc. XVI-XVII).

tàrga s.f. [pl. *–ghe*] (francone *targa* "scudo") **1.** Placca su cui sono scritti nomi, numeri, indicazioni. **2.** Piastra sottile che si applica a un veicolo e che riporta il numero e le lettere di immatricolazione. **3.** Lastra in metallo lavorata e incisa, che viene data come premio a vincitori di gare sportive o come ricordo di manifestazioni o avvenimenti.

targàre v.tr. [4] Provvedere un veicolo della targa prescritta.

targàto agg. **1.** Di un veicolo, munito di targa. **2.** *fig.* Che è proprio di qlcu. o qlco. *Arancia targata Sicilia.*

target [/'taːgɪt/] s.m. inv. (voce ingl., propr. "bersaglio") **1.** COMM. Fascia dei potenziali acquirenti di un prodotto, destinatari di un messaggio promozionale. **2.** COMM. Obiettivo che ci si propone nella vendita di un prodotto.

targhétta s.f. **1.** Nel sign. del dim. di *targa.* **2.** Cartellino con indicazioni varie. **3.** Matrice metallica che imprime l'indirizzo del destinatario sulle buste.

targum [/tar'gum/] s.m. inv. (voce aramaica, deriv. di *targum* "interpretare, tradurre") Traduzione aramaica più o meno parafrasata del testo ebraico dell'Antico Testamento.

tariffa s.f. (ar. *ta'rîf* "notificazione") **1.** Prezzo unitario di beni e servizi fissato dall'autorità o da imprese pubbliche, da categorie professionali o da contratti collettivi. **2.** *estens.* Prospetto, tabella su cui sono segnati tali prezzi.

tariffàre v.tr. Fissare una tariffa per beni o servizi di pubblica utilità.

tariffàrio agg. [pl.m. *–ri*] Relativo a una tariffa. ◆ s.m. Prospetto delle tariffe fissate per beni o servizi.

tariffazióne s.f. **1.** Determinazione dei prezzi di tariffa. **2.** TELECOM. Selezione della giusta tariffa per mezzo di un dispositivo (*tariffatore*) che consente di determinare la tassazione delle chiamate interurbane dei singoli utenti del telefono.

tarlàre v.tr. Detto di tarli e tarme, rovinare, corrodere qlco. ◆ v.intr. (aus. *essere*) Essere rovinato dai morsi di tarli e tarme, anche pron. *Il legno (si) tarla facilmente.*

tarlatàna s.f. (fr. *tarlatane*) Tessuto di cotone leggero reso rigido da una forte apprettatura.

tarlàto agg. Rovinato dall'azione corrosiva di tarli o tarme.

tarlatùra s.f. **1.** Danno prodotto dai tarli nel legno. **2.** Polvere di legno prodotta dalla corrosione dei tarli.

tàrlo s.m. **1.** Coleottero le cui larve arrecano danni al legno rodendolo e scavandovi piccoli fori e gallerie. (Genere *Xestobium;* famiglia degli Anobidi.) **2.** *fig.* Senso di fastidio, pena persistente. SIN.: *assillo.*

tàrma s.f. Nome comune di vari insetti che infestano e danneggiano stoffe, tessuti e fibre tessili. (Ordine dei Lepidotteri.)

tarmàre v.tr. Detto di tarme e tarli, rovinare, corrodere qlco. ◆ v.intr. (aus. *essere*) Essere rovinato da tarme e tarli, anche pron.

tarmàto agg. Rovinato dalle tarme.

tarmicida agg. [pl.m. *–di*] Di sostanza tossica che provoca la morte delle tarme. ◆ s.m. Nel sign. dell'agg.

tàro s.m. → **colocasia.**

taroccàto agg. Non autentico, falso, che imita dolosamente un originale.

1. taròcco s.m. [pl. *–chi*] Insieme di settantotto carte con figure allegoriche che vengono utilizzate per vari giochi e in cartomanzia.

2. taròcco s.m. [pl. *–chi*] (voce sicil.) Varietà di arancio che cresce in Sicilia. ~ Il frutto.

taròzzo s.m. (etim. incerta, forse spagn. *trozo* "pezzo") **1.** MAR. Asta metallica che, su una nave, tiene distanti tra loro le sartie. **2.** Gradino di legno delle scale di corda, in uso a bordo di una nave.

tarpàn s.m. inv. (russo *tarpan* di orig. kirghisa) Cavallo selvatico dal mantello grigio e criniera corta, che viveva in Asia prima di essere sterminato dall'uomo alla fine del sec. XVIII.

tarpàre v.tr. (fr. *étraper* "tagliare le stoppie", lat. *exstirpàre* "estirpare") Mozzare la punta delle penne delle ali a un uccello, impedendogli di volare. ◇ *fig. Tarpare le ali a qlcu.:* bloccarlo nei propositi e nelle iniziative.

tarpóne s.m. Grande pesce osseo delle regioni calde dell'Atlantico tropicale, apprezzato nella pesca sportiva per la sua combattività. (Lunghezza 2 m; peso 130 kg; genere *Megalops.*)

tarsàle agg. Relativo al tarso palpebrale o a quello del piede.

tarsia s.f. (ar. *tarsi* "commettitura") **1.** Tecnica decorativa consistente nel combinare pezzetti di marmo o di legno policromi, in modo da eseguire figure o ornati secondo disegni prestabiliti. **2.** Opera eseguita con questa tecnica. *Tarsia lignea.*

tàrsio s.m. (gr. *tarsós* "tarso" per la lunghezza delle ossa dei piedi) **1.** [pl. *–si*] Mammifero insettivoro diffuso nelle Filippine e in Malesia, con abitudini notturne, grandi occhi, adile arrampicatore e saltatore. (Lunghezza 15 cm esclusa la coda; ordine dei Primati.) **2.** ZOOL. (iniziale maiusc.) Genere di animali a cui appartengono varie specie di tarsio.

■ **tàrsio**

tàrso s.m. (gr. *tarsós* "graticcio per seccarvi il formaggio" poi "pianta del piede") **1.** ANAT. Parte dello scheletro del piede compresa tra le estremità della tibia e del perone e il metatarso. **2.** Strato fibroso di forma semilunare che si trova nello spessore della palpebra dell'occhio.

tartagliàre v.intr. [6] (aus. *avere*) Parlare in modo confuso ripetendo i fonemi o le sillabe iniziali delle parole. ◆ v.tr. Articolare a stento le parole. SIN.: **farfugliare.**

1. tàrtan s.m. inv. (voce scozzese di orig. francese) Tessuto di lana prodotto in Scozia, a quadri in colori vivaci, usato spec. per la confezione del kilt.

2. tàrtan s.m. inv. (ingl. *tartan*) Tipo di pavimentazione per piste e pedane per l'atletica e l'ippica.

tartàna s.f. (provenz. *tartana* "falcone") **1.** MAR. Barca da pesca e da carico con scafo in legno, dotata di un solo albero con vela latina e fiocchi. **2.** Rete da pesca a strascico.

tartanóne s.m. **1.** Nel sign. dell'accr. di *tartana.* **2.** Rete da pesca molto fitta simile alla sciabica.

tartàrico agg. [pl.m. *–ci*] *Acido tartarico:* acido bicarbossilico $HO_2C–CHOH–CHOH–CO_2H$ che si ricava dal tartaro delle botti, usato in farmacia, tintoria, fotografia e nell'industria alimentare.

1. tàrtaro s.m. **1.** CHIM. Deposito di colore bruno scuro costituito da vari sali, che si deposita all'interno delle botti in cui fermenta il vino e da cui si ricava l'acido tartarico. **2.** MED. Deposito giallastro

che si forma attorno al colletto dei denti costituito spec. da concrezioni calcaree e da microbi della flora batterica. **3.** Deposito di sali di calcio che si forma sulle pareti di recipienti che contengono acque ricche di bicarbonato.

2. tàrtaro agg. (turco *tatar*, nome di una tribù) **1.** Tataro. **2.** CUC. *Salsa tartara:* salsa maionese arricchita con capperi, cipolline, senape e pepe. ◆ s.m. **1.** *Carne alla tartara:* carne cruda tritata e mescolata a uova, limone, prezzemolo e altri ingredienti. **2.** Appartenente alla popolazione dei Tatari.

3. tàrtaro s.m. (solo sing.; freq. con iniziale maiusc.) Nella mitologia classica, luogo dove Giove precipitò i Titani.

tartarùga s.f. [pl. *–ghe*] (etim. discussa, forse gr. *tartaroûkos* propr. "che abita il Tartaro", perché orig. nel cristianesimo la tartaruga era simbolo dello spirito maligno) **1.** Denominazione generica di rettili che il corpo protetto da una robusta corazza ossea, detta *carapace*, rivestita esternamente di piastre cornee, dalla quale spuntano solo il capo, gli arti e la coda. [Le tartarughe terrestri, molto longeve, sono vegetariane, quelle di acqua dolce (testuggine palustre, trionice), sono carnivore e molto voraci; le tartarughe marine (caretta, testuggine) general. onnivore, nuotano per mezzo degli arti trasformati in pinne; ordine dei Testudinati.] **2.** *estens.* Materiale ricavato dal guscio della tartaruga e usato per fabbricare alcuni oggetti. **3.** *fig.* Persona molto lenta.

■ **tartarùga** gigante delle Galápagos.

tartina s.f. (fr. *tartine*) Sottile fetta di pane in cassetta tostata, imburrata, guarnita con ingredienti e servita come salatino da antipasto o da tè.

tartràto s.m. (fr. *tartrate*) CHIM. Sale dell'acido tartarico.

tartufàia s.f. Terreno produttivo di tartufi. ~ Allevamento di piante le cui radici sono state dotate di spore atte alla produzione del tartufo.

tartufàre v.tr. CUC. Condire con tartufi.

tartuficoltùra o **tartuficultùra** s.f. Coltivazione di tartufi.

tartufigeno agg. **1.** Adatto allo sviluppo dei tartufi. **2.** Di pianta, che crea nel terreno condizioni favorevoli allo sviluppo dei tartufi.

1. tartùfo s.m. (prob. lat. *territùfru*, comp. di *tèrrae* "della terra" e *tùber* "tubero") **1.** Fungo sotterraneo, molto ricercato in culinaria, che vive in simbiosi con le radici di alcune piante. (Genere *Tuber*, ordine delle Tuberali.) **2.** Mollusco marino commestibile che vive sotto la sabbia. (Lunghezza 5 cm; genere *Venus*, famiglia dei Veneridi.) **3.** Dolce a base di cioccolato polverizzato e di cacao.

2. tartùfo s.m. [f. *–fa*] (dal nome di *Tartuffe*, personaggio ipocrita di una commedia di Molière) Persona falsa, ipocrita.

■ **tartùfo** nero.　　　vista in sezione

tàrzan s.m. inv. (dal nome dell'eroe creato dallo scrittore americano E.R. Burroughs) *scherz.* Giovane dalle notevoli capacità atletiche, ma dai modi grossolani.

tàsca s.f. [pl. –*sche*] (etim. incerta, forse francone *taska*) **1.** Sorta di sacchetto applicato all'esterno o ricavato all'interno dei capi di vestiario, destinato a contenere piccoli oggetti. ◇ *figg. Di tasca propria:* con il proprio denaro. – *Avere già in tasca:* essere certi di ottenere qlco. – *Avere le tasche piene:* possedere parecchio denaro. – *fam. Averne le tasche piene:* essere al limite della sopportazione. **2.** *estens.* Scomparto di portafogli, borse, valigie. **3.** In pasticceria, piccola sacca in tela o altro materiale, con forma a imbuto, che serve per decorare i dolci con creme. **4.** ANAT. Cavità o organo che richiama la forma di una tasca. ◇ *Tasca boccale:* dilatazioni delle guance in cui alcuni mammiferi (p.e. il criceto e certe scimmie) ripongono il cibo. – *Tasche mammarie:* aree addominali di Monotremi e Marsupiali, che si aprono a forma di sacchetto.

tascàbile agg. **1.** Di dimensioni talmente ridotte che può essere tenuto in tasca. *Libro tascabile.* **2.** MAR. Di unità militare di grandezza limitata, ma con normali caratteristiche belliche. ◆ s.m. Libro di piccolo formato, in edizione economica.

tascapàne s.m. Sacca a tracolla usata da militari, cacciatori o alpinisti per riporvi le munizioni o i viveri.

taschino s.m. **1.** Nel sign. del dim. di *tasca*; in partic., tasca di piccole dimensioni posta sul petto delle giacche o dei gilet da uomo. **2.** Piccolo scompartimento di un portafogli o di una borsetta.

task-force [/ˈtaːskˌfɔːs/] s.f. inv. (voce ingl. d'America, propr. "forza per un determinato compito") **1.** Formazione navale che può compiere azioni belliche in piena autonomia operativa. ~ *estens.* Unità militare o di polizia preparata a intervenire in situazioni d'emergenza. **2.** ECON., INDUS., POLIT. *fig.* Gruppo di esperti e tecnici costituito per prendere decisioni di tipo operativo.

tasmaniàno agg. Della Tasmania. ◆ s.m. [f. –*na*] Nativo, abitante della Tasmania.

tàssa s.f. **1.** Tributo che viene corrisposto allo stato o ad altro ente pubblico per il godimento di certi servizi. **2.** *comun.* Imposta sul reddito.

tassàbile agg. Che può essere tassato o sottoposto a imposta.

Tassàcee o **Taxàcee** s.f. pl. [iniziale minusc. sing. –*a* per l'individuo] BOT. Famiglia di piante arboree e arbustacee con fiori solitari o in piccole spighe. (Ordine delle Conifere.)

tassàmetro s.m. Tipo particolare di contatore collocato nelle automobili pubbliche o a noleggio che registra l'importo da pagare in funzione della lunghezza del percorso e del tempo del noleggio.

tassàre v.tr. (gr. *tássein* "disporre in ordine" e "imporre tributi") Sottoporre qlco. o qlcu. al pagamento di un'imposta. ~ Gravare di tassa o altro tributo. ◆ **tassarsi** v.pron. Imporre a se stessi il pagamento di una somma. *Abbiamo deciso di tassarci tutti in favore dei terremotati.*

tassativaménte avv. In modo categorico, rigoroso.

tassativo agg. Che è rigorosamente stabilito e non ammette deroghe o discussioni. *Ordine tassativo.* SIN. **perentorio.**

tassazióne s.f. Imposizione di tasse o imposte. ◇ *Tassazione separata:* quella cui sono sottoposti i redditi non riferiti all'anno fiscale relativo alla denuncia.

tassellàre v.tr. **1.** Restaurare o rinforzare qlco. con tasselli. *Tassellare una libreria.* – Fissare al muro qlco. per mezzo di un tassello. **2.** Incidere una forma di formaggio o un grosso frutto per estrarne una parte così assaggiare. **3.** Applicare a una merce di importazione, soggetta al monopolio di stato, uno scontrino attestante l'avvenuto pagamento della tassa erariale.

tassèllo s.m. (lat. *tessèllam*, deriv. di *tèssera* "dado, lastra quadrata") **1.** Piccolo pezzo di legno o pietra che viene inserito in una struttura allo scopo di riparare una parte danneggiata, tura-

re una falla, rimediare a un'imperfezione o come ornamento. ◇ *fig. Tassello mancante:* elemento essenziale da rintracciare per risolvere una questione. **2.** Blocchetto di legno inserito in un muro per applicarvi ganci, viti o altro. ◇ *Tassello a espansione:* elemento cilindrico di plastica o metallo che, inserito in un apposito foro nel muro, si espande all'interno di esso quando si infila una vite o si avvita il bulloncino incorporato. **3.** Ritaglio, perlopiù di stoffa, che si cuce sotto le maniche, sotto il cavallo dei pantaloni o nei guanti alla base delle dita. **4.** *estens.* Pezzetto conico o piramidale che si ricava da una forma di formaggio o da un grosso frutto. **5.** Antica mantellina corta che faceva parte del mantello da uomo nei secc. XIII-XIV.

tàssia s.f. (fr. *taxie*, gr. *táxis* "ordine") BOT. In un vegetale, la disposizione di determinate parti e organi.

tassidermìa s.f. Tecnica consistente nel trattare pelli di animali e imbottirle mediante paglia e armature in materiale vario, in modo da conservarle e riprodurre gli atteggiamenti degli animali vivi.

tassidermìsta s.m. e f.[pl.m. –*sti*] Addetto a preparare gli animali impagliati e imbalsamati.

tassìsta s.m. e f.[pl.m. –*sti*] Autista di taxi.

1. tàsso s.m. Denominazione comune di vari mammiferi carnivori con corpo tozzo, unghie ricurve e muso appuntito. (Lunghezza 70 cm; genere *Meles*, famiglia dei Mustelidi.)

2. tàsso s.m. Conifera con foglie velenose, parzialmente circondate da un arillo rosso, carnoso. (Può vivere anche molti secoli; altezza fino a 15 m; famiglia delle Taxacee.) ~ Legno di tale albero.

3. tàsso s.m. (calco del fr. *taux*) **1.** Percentuale che misura la variazione di una grandezza nel tempo o il rapporto di due grandezze tra di loro. **2.** Percentuale di un interesse bancario. ◇ *Tasso d'interesse:* interesse, espresso in centesimi, prodotto dal capitale in un determinato periodo di tempo. – *Tasso di sconto:* percentuale con cui si calcola lo sconto di un capitale dovuto, pagato in anticipo rispetto alla scadenza stabilita. – *Tasso ufficiale di sconto:* quello stabilito dalla banca centrale per le operazioni di finanziamento al sistema bancario. **3.** Quantità percentuale di una sostanza in un liquido organico. ~ Quantità di sostanze inquinanti nell'aria o nell'acqua.

4. tàsso s.m. Incudine priva di punte, quadrata, usata nelle officine meccaniche per lavorare i metalli.

tassobarbàsso s.m. Pianta erbacea con foglie lanuginose e fiori gialli o violacei, detta anche *verbasco*. (Altezza fino a 2 m; famiglia delle Scrofulariacee.)

Tassodiàcee o **Taxodiàcee** s.f. pl. [iniziale minusc. sing. –*a* per l'individuo] (lat. scient. *Taxodiaceae*, deriv. dal nome del genere *Taxodium* "tassodio") BOT. Famiglia di piante arboree, con fusto di notevole altezza, diffuse soprattutto in America Settentrionale. (Ordine delle Conifere.)

tassòdio o **taxòdio** s.m. [pl. –*di*] **1.** Conifera diffusa nelle zone umide dell'America Centrosettentrionale, dotata di radici emerse che svolgono un ruolo respiratorio. (Famiglia delle Cupressacee.) **2.** BOT. (iniziale maiusc.) Genere di piante a cui appartengono varie specie di tassodio.

tassonomìa s.f. **1.** BIOL. Classificazione degli organismi viventi. **2.** LING. Sistema di descrizione delle lingue basato sulla classificazione

■ **tàsso**

ramo e frutti

■ **tàsso**

degli elementi e sulla valutazione delle loro regole di combinazione.

tastàre v.tr. Toccare qlcu. o qlco. ripetutamente, spec. per sentire, trovare o accertarsi di qlco. con il tatto; anche *econ.* ◇ *Tastare il polso:* sentirne i battiti premendo un dito sulle vene, soprattutto per verificare la presenza di febbre. – *fig. Tastare il polso a qlcu.:* indagarne i propositi. – *Tastare il terreno:* verificare le condizioni di una situazione.

tastatóre s.m. Organo che assicura il contatto tra un apparecchio di misurazione o controllo e la superficie da esaminare.

tastièra s.f. **1.** MUS. Serie dei tasti allineati, bianchi e neri, negli strumenti come il pianoforte. **2.** (spec. pl.) Strumenti a tastiera, spec. elettronici. **3.** Negli strumenti ad arco o a plettro, parte del manico sulla quale vengono premute le corde. **4.** Serie dei tasti di una macchina da scrivere, o in computer, ecc. **5.** Insieme delle leve di comando nella camera di manovra di un sommergibile, per la regolazione dell'aria compressa.

tastierino s.m. INFORM. In un computer, zona della tastiera che raggruppa numeri e simboli.

tastierista s.m. e f.[pl.m. –*sti*] **1.** STAM. Chi effettua la battitura o la composizione di testi. **2.** Chi suona le tastiere in un complesso di musica moderna.

tàsto s.m. **1.** Negli strumenti a tastiera, ogni leva bianca o nera corrispondente a una nota che aziona il meccanismo provocante il suono. ~ Negli strumenti a corda dotati di manico, ognuno dei tasselli inseriti nel manico stesso sui quali, per ottenere una determinata nota, si fa appoggiare la corda con i polpastrelli delle dita. ◇ *fig. Tasto delicato:* argomento da trattare con prudenza. **2.** In diversi strumenti e dispositivi, piccola leva, pulsante su cui si preme con il dito per imprimere un comando. **3.** Prelievo di terreno effettuato per esaminarlo. **4.** Tassello di degustazione ricavato da un grosso frutto o da una forma di formaggio.

tastóni avv. Usato nella loc. *a tastoni*, tastando pareti e oggetti che non si vedono e tra i quali si arranca con le mani tese in avanti. ~ *fig.* A caso, per intuito.

tàta s.f. **1.** Bambinaia e, general., chi si prende cura di un bambino. **2.** Sorella maggiore.

tatàmi s.m. inv. (voce giapp., deriv. di *tatamu* "ripiegare") **1.** Stuoia rettangolare usata in Giappone per coprire il pavimento. **2.** SPORT. Il materasso di gomma su cui avvengono gli incontri di judo.

tàtaro agg. (turco *tatar*) Della Tartaria o dei Tatari. SIN. **tartaro.** ◆ s.m. **1.** [f. –*ra*; al pl. anche iniziale maiusc.] Appartenente al popolo dei Tatari, stanziato nella zona caucasica e della Russia meridionale. **2.** (solo sing.) Il gruppo delle lingue parlato dai Tatari.

tàttica s.f. [pl. –*che*] **1.** MIL. Tecnica riguardante l'impiego di mezzi e di reparti militari in un combattimento per raggiungere un obiettivo parziale. **2.** SPORT. Complesso degli accorgimenti adottati durante una gara. **3.** *estens.* Insieme dei modi di agire ritenuti più adatti al raggiungimento di uno scopo.

tatticismo s.m. Eccesso di manovre e di espedienti per il raggiungimento di uno scopo.

1. tàttico agg. [pl.m. –*ci*, f. –*che*] (gr. *taktikós* "riguardante la disposizione") **1.** MIL. Riguardante la tattica. ~ Di importanza relativa a certi obiettivi specifici e non alla guerra in generale. **2.** *estens.* Di manovra accorta, finalizzata al conseguimento del risultato sperato. ◆ s.m. **1.** Comandante militare che prepara la tattica di combattimento. **2.** [f. *–ca*] Persona abile nello studiare e attuare particolari tattiche di comportamento.

2. tàttico agg. [pl.m. *–ci*, f. *–che*] BOT. Relativo al tattismo.

tàttile agg. Riguardante il tatto.

tattismo o **tactismo** s.m. (fr. *tactisme*, gr. *taktós* "ordinato") BIOL. Negli organismi vegetali e animali inferiori, moto localizzati sul loro stessi, dove sono localizzati gli come reazione a stimoli esterni. ◇ *Tattismo positivo:* moto di avvicinamento allo stimolo. – *Tattismo negativo:* moto di allontanamento dallo stimolo.

tàtto s.m. **1.** Senso specifico che consente di venire a conoscenza di alcune caratteristiche fisiche degli oggetti o di avvertire sollecitazioni più o meno piacevoli mediante il contatto superficiale con l'epidermide, dove sono localizzati gli organi del senso stesso. ◇ *Al tatto:* toccando, esercitando l'azione del toccare. **2.** *fig.* Senso del conveniente, delicatezza nell'agire e nel trattare con gli altri.

ENCICL. I ricevitori sensibili del tatto sono organi microscopici, i *corpuscoli*, che si trovano nel derma e sono in grado di trasformare fenomeni fisici (pressione, temperatura) in impulsi che si dipartono lungo fibre nervose verso il sistema nervoso centrale e il midollo spinale.

tatù s.m. inv. (da una voce tupi) Grosso mammifero diffuso in America meridionale caratterizzato da una dura corazza che riveste, a placche, il corpo e la coda. (Sottordine degli Xenartri, ordine degli Sdentati.)

■ **tatù** o armadillo gigante.

tatuàggio s.m. [pl. *–gi*] (fr. *tatouage*) **1.** Esecuzione di disegni e figure simboliche sulla pelle con sostanze indelebili, mediante incisione e cicatrizzazione o mediante puntura e iniezione dei colori stessi. **2.** *estens.* Disegno che risulta da tale operazione.

tatuàre v.tr. (fr. *tatouer*, ingl. *to tattoo*, polinesiano *tatau*) Tracciare sul corpo di qlcu. disegni e figure mediante tatuaggio. ◆ **tatuarsi** v.pron. Praticarsi tatuaggi.

tàu s.m. o s.f. inv. **1.** Nome della diciannovesima lettera dell'alfabeto greco (*T*, *τ*) corrispondente alla *t* dell'alfabeto latino. **2.** *fig.* (solo m.) Bastone il cui manico ricorda la forma del tau. **3.** FIS. Particella elementare; è il più pesante dei leptoni.

taumaturgìa s.f. Capacità di operare miracoli.

taumatùrgico agg. [pl.m. *–ci*, f. *–che*] **1.** Della taumaturgia o del taumaturgo. **2.** *fig.* Miracoloso, salutare.

taumatùrgo s.m. [f. *–ga*, pl.m. *–gi*, o *–ghi*, f. *–ghe*] (gr. *thaumatourgós*, comp. di *tháuma* "fatto meraviglioso" e *ergázesthai* "compiere") Chi ha il misterioso potere di operare miracoli o di fare cose eccezionali, anche scherz.

tauóne s.m. FIS. Particella elementare (*τ*) della famiglia dei leptoni, la cui massa è 3491 volte quella dell'elettrone.

taurino agg. Di toro. ◇ *figg. Forza taurina:* enorme. – *Collo taurino:* corto e tozzo.

tauromachìa s.f. Ant., combattimento tra tori o tra uomini e tori; oggi usato per indicare la corrida.

■ **tauromachìa.** Il torero Pedro Romero di fronte al toro. Disegno a penna di F. Goya.

tautogràmma s.m. [pl. *–mi*] Componimento le cui parole iniziano tutte con la stessa lettera.

tautologìa s.f. **1.** LOG. Nella logica classica, proposizione in cui il predicato esprime, con parole diverse, la stessa cosa già espressa dal soggetto (p.e. *i quadrilateri hanno quattro lati*). ~ *estens.* Ripetizione viziosa di un ragionamento. **2.** LOG. Nella logica formale moderna, espressione che risulta vera per tutti i possibili valori delle proposizioni che la costituiscono.

tautomerìa s.f. CHIM. Tipo di isomeria presente in alcune sostanze, le quali possono esistere in due forme isomere in equilibrio tra loro e differenti per la posizione di un atomo nella molecola.

tavèrna s.f. (lat. *tabĕrnam* "bottega fatta di travi") **1.** Osteria di basso livello. SIN.: **bettola**. **2.** Ristorante o altro locale pubblico di un certo livello, arredato in stile rustico.

tavernétta s.f. **1.** Nel sign. del dim. di *taverna*. **2.** Ampio locale in case private, perlopiù seminterrato, arredato in stile rustico e usato per feste e riunioni.

tàvola s.f. (lat. *tăbulam* "asse di legno") **1.** Asse di legno rettangolare, lunga, stretta e piuttosto sottile. **2.** *estens.* Elemento piano in legno o altro materiale, di forma perlopiù rettangolare e di limitato spessore, da utilizzare per vari usi. ◇ MUS. *Tavola armonica:* negli strumenti a corda, superficie piana di legno che aumenta la risonanza delle note emesse. **3.** Mobile formato da un piano di varia forma, in legno o altro materiale, sostenuto perlopiù da quattro gambe, su cui si mangia o si lavora. SIN.: **tavolo**. ~ assol. In partic., il tavolo a cui ci si siede per mangiare. ~ *estens.* Insieme dei commensali. SIN.: **tavolata**. ~ *fig.* Pasto, cibo. *Una tavola magra.* ◇ *fig. Tavola rotonda:* riunione di esperti che operano nello stesso campo, per parlare di un problema. – *Buona tavola:* buona cucina. – *Tavola calda, fredda:* vivande calde o fredde che si consumano in certi locali pubblici; estens., locale pubblico che serve tali vivande. **4.** GEOGR. Formazione simile a una tavola. **5.** ART. Supporto ligneo di dipinti. ~ *estens.* Dipinto su legno. **6.** Ant., lastra di legno, marmo o bronzo su cui venivano incise scritture di interesse pubblico. ◇ *Tavole della legge:* le tavole di pietra su cui, secondo la tradizione, Mosè incise i dieci comandamenti dettati da Dio. **7.** Illustrazione in un libro, con disegni, elenchi o prospetti, che occupa una pagina intera. **8.** Grafico, prospetto. *Tavole logaritmiche.* ◇ CHIM. *Tavola periodica:* grafico che elenca ordinatamente tutti gli elementi con corrispondente numero atomico e proprietà. **9.** Documento. *Tavola testamentaria.* **10.** Faccia superiore o inferiore delle pietre preziose tagliate a brillante. **11.** FILAT. Matrice per stampare i francobolli in fogli. **12.** RELIG. Autorità collegiale a capo di alcune Chiese riformate. **13.** *Tavola reale:* gioco per due persone che si svolge su un tavoliere, con 30 pedine e due dadi. SIN.: **backgammon**. **14.** SPORT. Snowboard. ◇ *Tavola a vela:* windsurf. **15.** VET. *Tavola dentaria:* la parte superiore nella dentatura dei ruminanti e degli equini dal cui stato è possibile stabilire l'età dell'animale. **16.** Antica unità di misura di superficie.

tavolàccio s.m. [pl. *–ci*] **1.** Nel sign. del pegg. di *tavola* e *tavolo*. **2.** Rudimentale giaciglio costituito da un piano di legno su cui dormivano i prigionieri nelle carceri o i soldati di

guardia. **3.** Grande scudo di legno usato nel Medioevo.

tavolàme s.m. Legname da costruzione segato in assi.

1. tavolàre agg. DIR. *Sistema tavolare:* sistema di registrazione dei beni immobili che consente di accertare i successivi passaggi di proprietà e la titolarità dei relativi diritti.

2. tavolàre v.tr. Rivestire, ricoprire qlco. di tavole.

tavolàta s.f. Gruppo di persone riunite attorno alla stessa tavola.

tavolàto s.m. **1.** Insieme di più tavole connesse tra loro per formare un piano orizzontale. **2.** Muro di piccolo spessore che separa i vani di un ambiente. SIN.: **tramezzo**. **3.** GEOGR. Terreno pianeggiante situato a un'altitudine di circa 250 m. **4.** ANAT. *Tavolato osseo:* tessuto osseo compatto che riveste le ossa piatte.

tavolétta s.f. **1.** Nel sign. del dim. di *tavola*; in partic., piccola assicella di legno. ◇ *fig. Andare a tavoletta:* accelerare al massimo. **2.** Confezione, in forma di piccolo rettangolo, di prodotti alimentari o farmaceutici. *Tavoletta di cioccolato.* **3.** TOPOGR. Carta in scala 1:25.000.

1. tavolière s.m. (calco del fr. *tablier*) Ripiano del biliardo.

2. tavolière s.m. GEOGR. Ampia zona pianeggiante, ad altitudine non elevata. *Tavoliere delle Puglie.*

tavolino s.m. **1.** Nel sign. del dim. di *tavolo*; in partic., piccolo tavolo usato per lavorare o studiare. ◇ *fig. A tavolino:* sulla carta, in astratto. **2.** Base del microscopio su cui si pone ciò che deve essere osservato.

tàvolo s.m. Mobile composto da un piano orizzontale di legno o di altro materiale, sostenuto perlopiù da quattro gambe. ◇ CHIR. *Tavolo operatorio:* asse orizzontale inclinabile su cui si sdraia il paziente per l'intervento.

tavolòzza s.f. **1.** Assicella ovale o rettangolare, usata dai pittori per preparare e mescolare i colori. **2.** *fig.* Gamma cromatica prediletta da un pittore.

tàxi [/'tak'si/] s.m. inv. (fr. *taxi*, abbr. di *taximètre*) Automobile dotata di tassametro per servizio di trasporto pubblico.

tàxon s.m. inv. BIOL. Unità sistematica di una classificazione.

taylorismo s.m. ECON. Sistema di organizzazione razionale del lavoro ideato dall'ingegnere americano F.W. Taylor.

tàzza s.f. (ar. *ṭāssa* "scodella") **1.** Piccolo recipiente rotondo munito di manico ad ansa in ceramica o altro materiale. *Tazza da tè.* **2.** Quantità di liquido che il recipiente può contenere. **3.** Vasca per fontana. **4.** *fam.* Il vaso del water closet.

tazzina s.f. **1.** Nel sign. del dim. di *tazza*; in partic., piccola tazza per il caffè. **2.** Quantità di caffè che il recipiente contiene.

tè s.m. inv. (fr. *thé*, cin. *t'e*) **1.** Arbusto sempreverde, originario dell'Asia sudorientale, con foglie di forma e dimensioni varie e fiori bianchi. (Famiglia delle Teacee.) ~ Prodotto preparato a partire dalle foglie del tè essiccate dopo la raccolta (*tè verde*) o dopo aver subìto una leggera fermentazione (*tè nero*). **2.** Bevanda aromatica

foglia   frutto   fiore

■ **tè**

che si ottiene per infusione in acqua bollente delle foglie del tè. **3.** Riunione familiare o mondana dove, nel pomeriggio, si prende il tè. ◇ *Casa da tè*: in Giappone, casa dove un tempo le geishe offrivano il tè e intrattenevano gli ospiti; *estens.* in Occidente, casa di appuntamenti.

tèa agg. BOT. *Rosa tea*: rosa da giardino ottenuta dall'incrocio della rosa cinese con altre specie, che emana profumo di tè.

Teàcee s.f. pl. [iniziale minusc. sing. *-a* per l'individuo] BOT. Famiglia di piante arbustive dicotiledoni, spesso sempreverdi, che comprende la camelia e il tè. (Ordine delle Guttiferali.)

team [/tiːm/] s.m. inv. (voce ingl., "gruppo") Squadra di persone che collabora nello svolgimento di un'attività. ◆ SPORT *Team manager*: in una società calcistica, responsabile dei rapporti con la squadra.

teaser [/'tiːzə/] s.m. inv. (voce ingl., propr. "rompicapo") Annuncio pubblicitario che ha lo scopo di creare attesa per un prodotto, che non viene nominato.

teatino agg. (dal nome di *Teàte* "Chieti") **1.** Di Chieti. **2.** Della congregazione dei chierici regolari fondata a Roma nel 1524 da Gaetano da Thiene e da Giampietro Carafa, il futuro Paolo IV, arcivescovo di Chieti, al fine di riformare i costumi ecclesiastici. ◆ s.m. **1.** [f. *-na*] Nativo, abitante di Chieti. **2.** Nell'accez. 2 dell'agg.

teatràle agg. **1.** Del teatro. **2.** *fig.* Che vuole impressionare accentuando gli effetti emotivi.

teatralità s.f. inv. **1.** Carattere di ciò che è teatrale. **2.** *fig.* Enfasi, pomposità.

teatrànte s.m. e f. **1.** *spreg.* Attore che recita in teatro. ~ Attore senza talento. **2.** *fig. spreg.* Chi parla in tono declamatorio.

teatrino s.m. **1.** Nel sign. del dim. di *teatro*; in partic., teatro in miniatura usato spec. come gioco dai bambini. ~ Teatro di marionette. **2.** *fig.* Esibizione patetica e perlopiù priva di valore. *Il teatrino dell'ipocrisia.*

teàtro s.m. (lat. *theātrum*, gr. *théatron* deriv. di *theâsthai* "guardare") **1.** Costruzione destinata alla rappresentazione di opere drammatiche e di altri tipi di spettacolo. ◇ CINE. *Teatro di posa*: studio dove si ricostruiscono gli interni di un film e si girano le scene che vi sono ambientate. **2.** Attività artistica teatrale. *Avere il teatro nel sangue.* ◇ *Teatro stabile*: compagnia di attori che ha sede fissa e programmi stagionali di rappresentazioni. **3.** *estens.* Pubblico che assiste a uno spettacolo teatrale. **4.** Genere letterario teatrale. ~ Insieme delle opere teatrali di un'epoca, di un paese, di un autore. ~ Produzione teatrale specifica considerata in rapporto all'argomento o ai mezzi espressivi adottati. *Teatro lirico, di prosa.* **5.** *fig. Teatro anatomico*: aula universitaria con struttura ad anfiteatro, dove si svolgono le lezioni e le esercitazioni di anatomia. **6.** *fig.* Luogo dove avvengono fatti rilevanti. SIN.: **scenario**.

teatro-tènda s.m. [pl. *teatri-tenda*] Tendone che ospita spettacoli di vario genere, posto in piazze o grandi aree aperte.

tebàico agg. Che contiene oppio. ~ Relativo all'oppio.

tebaina s.f. (ingl. *thebaine*, dal nome della città di *Tebe* dove l'oppio veniva prodotto in abbondanza) CHIM. Alcaloide tossico contenuto nell'oppio.

tebàno agg. **1.** Di Tebe, in Beozia. **2.** Di Tebe, in Egitto. ◆ s.m. [f. *-na*] Nativo, abitante di Tebe.

-tèca (gr. *thḗkē* "deposito") Secondo elemento di composti di origine greca nei quali significa "raccolta", "collezione" (*pinacoteca*); in composti moderni indica un tipo di negozio o locale pubblico che offre qlco. (*paninoteca*).

tèca s.f. [pl. *-che*] **1.** Astuccio o vetrinetta in cui sono custoditi oggetti preziosi. **2.** RELIG. Piccola scatola rotonda in cui si tiene l'eucaristia da portare a domicilio ai malati. ~ Custodia dove si conservano reliquie. **3.** BIOL. Rivestimento di varia natura che racchiude organi o interi organismi, animali e vegetali.

technicolor [/'tɛkniˌkʌlə/] s.m. inv. (voce ingl. d'America) CINE. Denominazione commer-

ciale, che costituisce marchio registrato, del processo di stampa della pellicola a colori.

techno [/'tɛknɔ/] s.f. inv. (voce ingl.) Genere musicale da discoteca apparso negli Stati Uniti a metà degli anni Ottanta come sviluppo della house music, che utilizza le nuove tecnologie per creare pezzi dai ritmi martellanti, ripetitivi e accelerati.

tecnèto o **tecnèzio** s.m. (solo sing.) (gr., deriv. di *tekhnētós* "artificiale") Elemento chimico radioattivo (*Tc*), isolato fra i prodotti di fissione dell'uranio, di numero atomico 43 e peso atomico 98.

tècnica s.f. [pl. *-che*] **1.** Insieme di norme che regolano la pratica di un'attività. *Tecnica chirurgica, militare.* **2.** *spreg.* Indica la perfezione formale vuota di ispirazione, non geniale, in oppos. ad *arte*. **3.** (solo sing.) Applicazione delle conoscenze elaborate dalla scienza a scopi pratici e alla produzione di strumenti per realizzarli. SIN.: **tecnologia**. **4.** Modalità esecutiva di un lavoro. **5.** *comun.* Metodo, sistema.

tecnicizzàre v.tr. **1.** Strutturare secondo procedimenti tecnici operazioni prima eseguite in modo più ingenuo o improvvisato. **2.** LING. Attribuire un significato specialistico a parole comuni.

tècnico agg. [pl.m. *-ci*, f. *-che*] **1.** Che riguarda un'attività specifica. *Nozioni tecniche.* ~ Che ha una specializzazione. **2.** Che riguarda una scienza, una disciplina o un'arte nella loro esecuzione pratica. ◇ *Studi tecnici*: a indirizzo pratico, professionale, in oppos. agli *studi umanistici*. **3.** Che si occupa della realizzazione pratica di progetti. ◆ s.m. [f. *-ca*] Chi è specializzato in un settore. ~ Chi ha una particolare competenza in un campo.

tecnigrafo s.m. Nel disegno tecnico, strumento costituito da due righe disposte ortogonalmente tra di loro e da un goniometro, usato per tracciare linee parallele o perpendicolari.

tècno agg. inv. Nel l. gior., tecnologico.

tecnòcrate s.m. e f. (ingl. *technocrat*) **1.** POLIT. Chi esercita un potere in base alle proprie competenze tecniche. **2.** Fautore della tecnocrazia.

tecnocrazia s.f. (ingl. *technocracy*) **1.** Forma di governo basata sulla prevalenza di tecnici e specialisti di determinati settori della vita sociale, economica e politica. **2.** Governo formato da tecnocrati.

tecnofibra s.f. IND. TESS. Fibra sintetica o artificiale.

tecnohouse [/'tɛknɔˌhaus/] s.f. inv. (voce se
mingl.) Musica dal ritmo martellante, costruita con sequenze computerizzate.

tecnologia s.f. (gr. *tekhnología* "trattato sistematico su un'arte") **1.** Elaborazione teorica e applicazione di procedure per la trasformazione di materie prime in prodotti finiti. ~ *estens.* Metodo, tecnica. **2.** Sistema di conoscenze, spec. se applicato alla produzione industriale. ◇ *Nuove tecnologie*: applicazioni della telematica e dell'informatica nei vari campi dell'attività umana.

tecnològico agg. [pl.m. *-ci*, f. *-che*] Relativo alla tecnologia.

tecnòlogo s.m. [f. *-ga*, pl.m. *-gi*] Esperto di tecnologie industriali.

tecnostruttùra s.f. ECON. In un'azienda, organismo decisionale e gruppo di tecnici specializzati che la gestiscono.

tectite s.f. MIN. Roccia vetrosa di piccole dimensioni, probabilmente di origine meteoritica.

tectosilicàto s.m. MIN. Nome dato ai minerali che formano un gruppo di silicati con struttura reticolare a gruppi tetraedrici.

tedésco agg. [pl.m. *-schi*, f. *-sche*] (germ. *thiudiska-* "volgare", riferito cioè alla lingua del popolo) **1.** Della Germania. **2.** Di lingua o cultura tedesca. ◆ s.m. [f. *-sca* nelle accez. 1 e 2] **1.** Nativo, abitante della Germania. **2.** *fig. fam.* Persona precisa e metodica. **3.** (spec. sing.) Lingua della Germania, dell'Austria, di parte della Svizzera e altre zone limitrofe, che comprende una serie di dialetti della famiglia germanica occidentale. ~ Disciplina che studia tale lingua e la sua letteratura.

Tè Dèum loc. sost. m. inv. (loc. lat., dalle parole iniziali dell'inno *Te Deum laudamus* "lodiamo te, Signore") CATT. Inno solenne di ringraziamento.

tediàre v.tr. [6] Arrecare tedio o fastidio a qlcu. SIN.: **annoiare**. ◆ **tediarsi** v.pron. Provare un senso di tedio o fastidio.

tèdio s.m. [pl. *-di*] **1.** Senso di profondo distacco dalla vita. ~ Sofferenza esistenziale. **2.** Noia, fastidio.

tedióso agg. Che procura fastidio. SIN.: **noioso**.

tee [/'tiː/] s.m. inv. (voce ingl., di orig. oscura) **1.** Nel golf, piccolo supporto su cui si appoggia la pallina da colpire. **2.** *estens.* Il punto da cui si riprende il gioco dopo ogni buca.

teenager [/'tiːnˌeɪdʒə/] s.m. e f.inv. (voce ingl., comp. di *-teen*, suffisso dei numeri da 13 a 19, e *age* "età") → **adolescente**.

tèflon s.m. inv. Denominazione commerciale, che costituisce marchio registrato, di una materia plastica (politetrafluoroetilene) molto resistente usata nell'industria chimica, elettrica e tessile.

tefrite s.f. (deriv. di gr. *tephrós* "colore della cenere") MIN. Roccia vulcanica caratterizzata dall'associazione di plagioclasi e feldspatoidi.

tegàme s.m. **1.** Pentola a uno o due manici. ◇ *Al tegame*: modo di cottura in tale recipiente. **2.** Quanto cibo può essere contenuto in un tegame.

tegamino s.m. Nel sign. del dim. di *tegame*; in partic. tegame di piccole dimensioni, utile per cuocere le uova.

tegenària s.f. (lat. *Tegenaria*, deriv. di *tegetārius* "che costruisce stuoie") **1.** Ragno domestico, dall'addome marrone chiazzato, che tesse una tela irregolare negli angoli dei muri e dietro i mobili. (Lunghezza 10-20 mm; famiglia degli Agelenidi.) **2.** ZOOL. (iniziale maiusc.) Genere a cui appartengono varie specie di tegenaria.

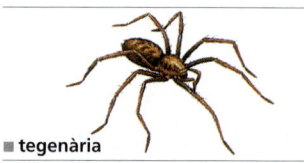

■ **tegenària**

téglia s.f. [pl. *-glie*] **1.** Tegame da cucina di forma rotonda o rettangolare, con sponde molto basse, per cuocere al forno. **2.** *scherz.* Cappello a tese larghe.

tégola s.f. (lat. *tēgulam*, deriv. di *tēgere* "coprire") **1.** Elemento di laterizio per la copertura di tetti. **2.** *fig.* Evento imprevisto, disgrazia.

tegu s.m. inv. Grossa lucertola carnivora dell'America del Sud e delle Antille. (Lunghezza 1,20 m; famiglia dei Teidi.)

tegumentàle agg. BIOL. Riguardante il tegumento.

teguménto s.m. BIOL. Negli organismi animali e vegetali, rivestimento che protegge un organo o il corpo intero.

Tèidi s.m. pl. [iniziale minusc. sing. *-de* per l'individuo] ZOOL. Famiglia di rettili di piccole dimensioni che vivono in America. (Sottordine dei Sauri.)

teièra s.f. Recipiente per preparare e servire il tè.

teina s.f. CHIM. Principale alcaloide delle foglie del tè.

1. teismo s.m. (fr. *théisme*) Concezione e dottrina filosofico-religiosa basata sulla credenza in una divinità unica e trascendente. ~ Dottrina che afferma l'esistenza di una divinità intelligente che crea e conserva l'universo.

2. teismo s.m. MED. Intossicazione dovuta ad abuso di tè.

teista s.m. e f.[pl.m. *-sti*] Sostenitore del teismo.

tèk o **tèck** s.m. inv. (ingl. *teak*, malese *tekka*) Albero dell'Asia tropicale da cui si ricava un legno pregiato, duro, utilizzato in lavori di ebanisteria, pavimentazione, serramenti, ecc. (Genere *Tectona*; famiglia delle Verbenacee.)

téla s.f. **1.** Uno dei tre tipi, con la saia e il raso, di armatura dei tessuti, in cui i fili della trama passano alternativamente sopra e sotto i fili dell'ordito, costituendo un tessuto compatto senza rovescio. ~ *estens.* Tessuto che si ottiene con tale armatura. ◇ *fig. Tela di Penelope*: compito, lavoro di cui non si riesce a prevedere il termine perché continuamente corretto e rivisto dall'inizio. **2.** *fig.* Losca manovra, studiata per imbrogliare e raggirare. **3.** Riquadro di tela opportunamente preparato per dipingere. ~ *estens.* Il dipinto stesso. **4.** Sipario teatrale. **5.** MAR. Insieme delle vele di un'imbarcazione.

telàio s.m. [pl. –*lai*] **1.** Macchina per tessere. **2.** *estens.* Quadro fisso o mobile, in legno o in metallo, che circonda o regge qlco. *Il telaio di una finestra.* ~ Armatura rigida, formata da tralicci metallici saldati, che sostiene altri organi. *Il telaio della bicicletta.* ~ COSTR. Struttura rigida formata da travi connesse tra loro a incastro a forma di poligono regolare. **3.** RILEG. Attrezzo usato per cucire i fascicoli che compongono un libro, formato da quattro assicelle connesse a rettangolo e attraversato dall'alto al basso da cordicelle. ~ STAM. Riquadro metallico nel quale si mettono le righe di piombo della composizione. **4.** Antenna-radio usata un tempo, costituita da spire di un conduttore avvolto a formare un circuito di forma quadrangolare.

telamóne s.m. (gr. *Telamṓn*, propr. "colui che sostiene") ARCH. → **atlante.**

telangettasia s.f. MED. Dilatazione dei capillari con conseguente formazioni di piccole linee rosse sulla pelle.

telàto agg. **1.** Che possiede le caratteristiche o l'aspetto della tela. **2.** Rinforzato con un'intelaiatura di fibre resistenti o di fili d'acciaio.

tèle s.f. inv. → **televisione.**

teleabbonàto s.m. [f. –*ta*] Chi paga un canone televisivo.

teleacquirènte s.m. e f. Chi acquista nelle televendite.

teleacquisto s.m. Acquisto a distanza (televisione, Internet).

teleallàrme s.m. Servizio che permette, tramite un apparecchio integrabile al telefono, di lanciare rapidamente una chiamata d'emergenza verso un centro d'aiuto.

teleassistènza s.f. Assistenza fornita a distanza, spec. via telefono.

telecabina s.f. (fr. *téléca-bine*) Cabina di un impianto di funivia o di teleferica. *(v. immagine pag. succ.)*

telecàmera s.f. (ingl. *telecamera*) Apparecchio per la ripresa di immagini da trasmettere televisivamente.

telecaricaménto s.m. INFORM. Trasferimento verso un elaboratore locale di un archivio situato su un elaboratore remoto, tramite una rete di telecomunicazione.

telecinema s.m. inv. Apparecchio che permette di trasformare in segnali televisivi le immagini e i suoni di una pellicola cinematografica. ~ Procedimento per la registrazione su pellicola di programmi televisivi e per la successiva riproduzione.

telecinèsi s.f. inv. Fenomeno metapsichico consistente nel movimento a distanza di oggetti non spostati da agente fisico o causa apparente.

telecinètico agg. [pl.m. –*ci*, f. –*che*] Di telecinesi.

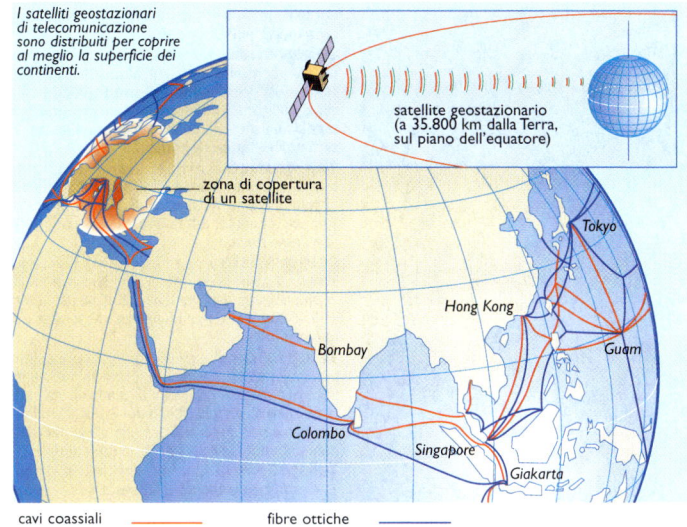

I satelliti geostazionari di telecomunicazione sono distribuiti per coprire al meglio la superficie dei continenti.

satellite geostazionario (a 35.800 km dalla Terra, sul piano dell'equatore)

zona di copertura di un satellite

Tokyo
Hong Kong
Bombay
Guam
Colombo
Singapore
Giakarta

cavi coassiali   fibre ottiche

■ **telecomunicazione.** I mezzi di telecomunicazione a grande distanza.

telecomandàre v.tr. **1.** Guidare a distanza mezzi mobili con dispositivi perlopiù di tipo elettronico. **2.** Comandare a distanza mezzi mobili mediante radioonde.

telecomandàto agg. Guidato mediante telecomando.

telecomàndo s.m. **1.** Azione di controllo e comando a distanza. **2.** Dispositivo elettronico per il comando a distanza di un apparecchio.

telecompórre v.tr. [25] STAM. Comporre un testo a distanza, tramite una tastiera collegata a una o più stampanti e a elaboratore elettronico.

telecomposizióne s.f. STAM. Composizione tipografica a distanza, controllata da un elaboratore elettronico, effettuata per mezzo di una tastiera collegata a una o più stampanti.

telecomunicazióne s.f. **1.** Sistema di trasmissione a distanza di informazioni in qualunque forma. **2.** Comunicazione a distanza. ENCICL. In meno di un secolo i mezzi di telecomunicazione si sono molto evoluti e differenziati a seconda del tipo d'informazione da trasmettere. Si distinguono i mezzi del *suono* (telefono, radiodiffusione sonora), quelli dell'*immagine* (videografia), del *suono* e dell'*immagine* (televisione), dei *testi* (telegrafo, telex, fax, teletext), dei *dati informatici* (teleinformatica), ecc. In base alle modalità di comunicazione si differenziano poi i mezzi a senso unico (radiodiffusione, televisione) e a doppio senso (telefono). L'instradamento delle informazioni avviene grazie a reti di telecomunicazione che si appoggiano ad apparati diversi secondo la quantità dell'informazione, la rapidità della trasmissione auspicata e la distanza da percorrere. Così la rete telefonica utilizza ora cavi ora fibre ottiche, fasci hertziani e, per le comunicazioni intercontinentali, satelliti. L'interconnessione delle telecomunicazioni e dell'informatica e le tecniche di digitalizzazione dei segnali hanno permesso lo sviluppo delle reti multimediali, che consentono di trasportare suoni, immagini, testi e dati in tempi estremamente rapidi.

teleconferènza s.f. Dibattito tra più persone situate in sedi diverse, attuabile mediante collegamenti telefonici, televisivi o altri servizi di telecomunicazione.

telecrònaca s.f. [pl. –*che*] Ripresa e trasmissione televisiva di un avvenimento con commento del cronista.

telecronista s.m. e f.[pl.m. –*sti*] Commentatore di una telecronaca.

telecuòre s.m. MED. Apparecchio radiologico per la diagnosi di malattie del cuore. ~ *estens.* Radiografia che si ottiene dall'analisi con tale apparecchio.

telediffusióne s.f. Trasmissione, diffusione di programmi televisivi.

teledipendènte agg. Che non può fare a meno di guardare i programmi televisivi. ◆ s.m. e f. Nel sign. dell'agg.

teledistribuzióne s.f. Collegamento che consente di diffondere via cavo i programmi trasmessi per televisione e per radio.

teledrin s.m. inv. Servizio telefonico che avvisa delle chiamate al proprio numero attraverso un apposito ricevitore tascabile. ~ Il ricevitore stesso.

teleelaborazióne s.f. INFORM. Elaborazione di dati a distanza, compiuta da un elaboratore centrale che li riceve da un terminale e li ritrasmette a esso.

tèlefax s.m. inv. **1.** Apparecchio di trasmissione e copiatura a distanza di documenti attraverso una linea telefonica. **2.** Documento trasmesso o ricevuto tramite tale apparecchio.

teleferica s.f. [pl. –*che*] (fr. *téléphérique*, ingl. *telpherage*) Impianto di trasporto per merci costituito da una o più funi portanti, sulle quali scorre il vagoncino dei materiali.

telefilm s.m. inv. Film di breve durata, girato per essere trasmesso alla televisione.

telefonàre v.intr. (aus. *avere*) **1.** Parlare al telefono. **2.** Chiamare qlcu. col telefono. ◆ v.tr. Fare sapere, comunicare qlco. a qlcu. col telefono. ◆ **telefonarsi** v.pron. Di due persone, chiamarsi e parlare per telefono l'una con l'altra.

telefonàta s.f. **1.** Comunicazione per telefono. **2.** Conversazione telefonica.

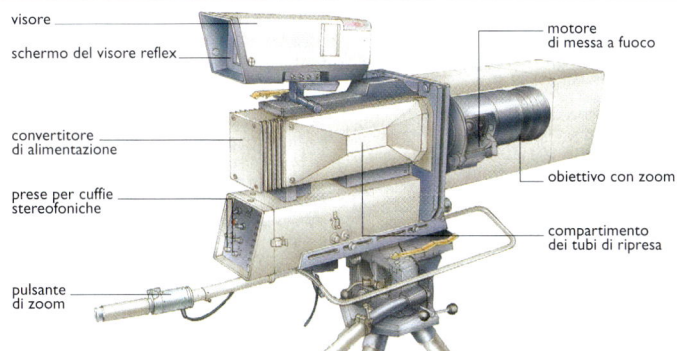

visore
schermo del visore reflex
convertitore di alimentazione
prese per cuffie stereofoniche
pulsante di zoom
motore di messa a fuoco
obiettivo con zoom
compartimento dei tubi di ripresa

■ **telecàmera** a colori.

■ **telecabina.** Telecabina di Bettmeralp (Svizzera).

telefonàto agg. **1.** Detto, annunciato per telefono. **2.** SPORT. Di un tiro o colpo troppo prevedibile o eseguito troppo lentamente per sorprendere l'avversario.

telefonia s.f. Sistema di telecomunicazione avente lo scopo di trasmettere la voce umana o altri suoni. ◇ *Telefonia fissa:* effettuata con apparecchi telefonici che non possono essere spostati. – *Telefonia mobile:* effettuata con telefoni cellulari.

telefònico agg. [pl.m. –ci, f. –che] **1.** Del telefono, di telefonia. ◇ *Servizio telefonico:* organizzazione che rende possibile l'uso dei telefoni. **2.** Che è realizzato tramite il telefono. *Chiamata telefonica.* ◆ s.m. [f. –ca; spec. pl.] Impiegati della società dei telefoni.

telefonino s.m. *fam.* Telefono cellulare.

telefonista s.m. e f.[pl.m. –sti] **1.** Persona addetta alla ricezione e allo smistamento delle telefonate. **2.** Addetto all'installazione e alla manutenzione di impianti e linee telefoniche.

telèfono s.m. (fr. *téléphone*) **1.** Apparecchio dotato di ricevitore e microfono che permette la trasmissione della voce a distanza, utilizzando le variazioni di campo magnetico prodotte dalle vibrazioni acustiche. ◇ *Telefono pubblico:* apparecchio situato in locali pubblici o in apposite cabine, a disposizione di chiunque voglia telefonare, pagando direttamente in base agli scatti o mediante schede apposite. – *Telefono senza fili:* → radiotelefono. – *Telefono amico:* servizio telefonico gestito da volontari per chi voglia esporre i propri problemi. – *Telefono azzurro:* servizio telefonico per denunciare i maltrattamenti ai minori. – *Telefono verde:* servizio di assistenza e informazione riguardo all'AIDS. – *Telefono rosso:* linea che collega il Cremlino alla Casa Bianca per comunicazioni di importanza ufficiale; *estens.* linea per chiamate urgenti. – *Telefono rosa:* servizio che raccoglie le denunce di donne che subiscono violenze. **2.** *estens.* Impianto telefonico. **3.** *estens.* Amministrazione dei servizi telefonici. **4.** *estens.* Telefonia.

telefotografia s.f. **1.** TELECOM. Sistema di trasmissione a distanza di fotografie o altre immagini, per via telefonica o telegrafica e mediante particolare sviluppo fotochimico. **2.** *estens.* Immagine risultante da tale processo. **3.** FOTO. Fotografia eseguita con l'ausilio del teleobiettivo.

telegènico agg. [pl.m. –ci, f. –che] Di persona o fisionomia che si presta bene alla ripresa per televisione.

telegiornàle s.m. Notiziario trasmesso quotidianamente dalla televisione, per informare e commentare i principali avvenimenti, integrandoli con servizi filmati.

telegrafàre v.intr. (aus. *avere*) Comunicare col telegrafo. ◆ v.tr. Comunicare, fare sapere qlco. a qlcu. per via telegrafica.

telegrafia s.f. Sistema di telecomunicazione che consente la trasmissione di messaggi scritti o di documenti impiegando codici convenzionali (come il Morse) trasmessi attraverso segnali acustici, elettrici o luminosi. ◇ *Telegrafia senza fili* → radiotelegrafia.

telegràfico agg. [pl.m. –ci, f. –che] **1.** Del telegrafo, di telegrafia. **2.** Trasmesso attraverso il telegrafo. *Vaglia telegrafico.* **3.** *fig.* Di modo di scrivere o parlare, estremamente conciso, ridotto all'essenziale.

telegrafista s.m. e f.[pl.m. –sti] **1.** Persona addetta alla trasmissione e alla ricezione delle comunicazioni telegrafiche. **2.** Addetto all'installazione e alla manutenzione degli impianti telegrafici.

telègrafo s.m. (fr. *télégraphe*) **1.** Dispositivo per trasmettere messaggi a distanza mediante impulsi elettrici o con segnali luminosi, via cavo o via etere. **2.** *estens.* Ufficio dov'è installato l'apparecchio per la trasmissione e la ricezione delle comunicazioni telegrafiche. **3.** → telegrafia.

telegràmma s.m. [pl. –mi] (ingl. *telegram*) **1.** Messaggio trasmesso o da trasmettere per via telegrafica. **2.** Modulo su cui viene trascritto il messaggio telegrafato, da recapitare al destinatario.

teleguida s.f. inv. **1.** Guida a distanza di un mezzo mobile (p.e. un autoveicolo, un aeromobile, un missile, ecc.). **2.** Il dispositivo che la consente.

teleguidàre v.tr. Comandare a distanza un mezzo mobile, determinandone e correggendone la traiettoria.

teleguidàto agg. **1.** Comandato a distanza. *Missile teleguidato.* **2.** *fig. spreg.* Di persona, manovrato da altri, condizionato.

teleinformàtica s.f. [non com. pl. –che] Tecnica di elaborazione e trasmissione a distanza di informazioni per mezzo delle telecomunicazioni.

telelavoràre v.intr. (aus. *avere*) Lavorare a distanza, dal proprio domicilio, grazie a un collegamento telematico.

telelavoratóre s.m. [f. –trice] Chi svolge un telelavoro.

telelavóro s.m. inv. DIR. Prestazione lavorativa svolta a distanza, mediante apparecchiature telecollegate al sistema di elaborazione dell'azienda o dell'ente.

telemanipolatóre s.m. Dispositivo che permette di manipolare a distanza sostanze nocive o pericolose.

telemàrketing s.m. inv. Marketing attraverso sistemi telematici.

telemàtica s.f. [non com. pl. –che] Servizio e tecnica di telecomunicazioni che prevede la presenza di grandi elaboratori centralizzati da cui gli utenti possono attingere informazioni per via telefonica o radiotelevisiva, visualizzandoli su un pc o sullo schermo televisivo.

telemàtico agg. [pl.m. –ci, f. –che] Relativo alla telematica. ◆ s.m. [f. –ca] Esperto di telematica.

telemedicina s.f. Diagnosi e terapia eseguite con strumenti telematici.

telemetria s.f. Teoria e tecnica dell'uso del telemetro per misurare la distanza di un oggetto da un punto.

telèmetro s.m. (fr. *télémètre*) Strumento ottico per misurare la distanza di un oggetto dal punto di osservazione, costituito da un cannocchiale e un sistema di prismi.

telemisùra s.f. Risultato della misurazione effettuata mediante apparecchio ricetrasmittente (*telestrumento*) che consente di misurare una grandezza a distanza.

telencèfalo s.m. ANAT. Nei vertebrati, parte anteriore dell'encefalo embrionale, a partire dal quale si sviluppano i lobi olfattivi e gli emisferi cerebrali.

telenovela [/telenu'vela o teleno'vɛla/] s.f. [pl. *telenovelas*] (voce port.) **1.** TV. Sceneggiato televisivo in molte puntate, di argomento sentimentale e dalla trama intricata e ripetitiva. SIN: **soap opera**. **2.** *fig.* Incessante, monotono riproporsi di un discorso o di una situazione.

teleobiettivo o **teleobbiettivo** s.m. Potente obiettivo per fotografare oggetti a lunga distanza, grazie a una maggiore lunghezza focale che ingrandisce le immagini.

teleologia s.f. FILOS. Dottrina che individua la presenza di una finalità insita nelle cose e ne studia il suo attuarsi.

teleològico agg. [pl.m. –ci, f. –che] FILOS. Relativo alla teleologia. SIN: **finalistico**. ◇ *Argomento teleologico:* in teologia, una delle prove dell'esistenza di Dio, basata sull'ordine finalistico individuato nell'universo.

teleonomia s.f. (fr. *téléonomie*) FILOS. Concezione secondo la quale nel corso dell'evoluzione si attua una finalità di natura puramente meccanica che porta alla realizzazione negli esseri viventi delle trasformazioni già intrinseche alla loro natura. (Concetto sviluppato dal biologo francese J. Monod.)

teleoperatóre s.m. Operatore addetto alle telecamere.

Teleòstei s.m. pl. [iniziale minusc. sing. –steo per l'individuo] ZOOL. Superordine di pesci caratterizzati da scheletro completamente ossificato e pinne sostenute da raggi ossei, che comprende la maggioranza dei pesci viventi e anche numerose specie fossili. (Sottoclasse degli Attinopterigi.)

telepàss s.m. inv. (voce semiingl.) Sistema elettronico di pagamento del pedaggio, che permette all'automobilista di entrare e uscire dall'autostrada senza fermarsi.

telepatia s.f. (fr. *télépathie*) **1.** Fenomeno parapsicologico per cui una persona ha la percezione extrasensoriale dei pensieri e dei sentimenti di un'altra. **2.** *estens.* Trasmissione del pensiero.

telepàtico agg. [pl.m. –ci, f. –che] Di telepatia.

telepromozióne s.f. Proposta di vendita di prodotti in trasmissioni televisive.

telequiz s.m. inv. Gioco a quiz trasmesso per televisione.

teleradiografia s.f. MED. Tecnica di diagnosi radiologica che utilizza raggi con grande distanza focale, che li rende praticamente paralleli, onde ovviare alla deformazione dell'immagine.

teleria s.f. **1.** Assortimento di tessuti in tela. **2.** Negozio di tele.

telerilevaménto s.m. **1.** Misurazione a distanza dell'energia elettromagnetica emessa dagli oggetti. **2.** Tecnica di studio delle superficie terrestre mediante l'impiego di satelliti particolari.

teleromànzo s.m. Serie televisiva a puntate.

teleschérmo s.m. (calco dell'ingl. *telescreen*) **1.** Schermo dell'apparecchio televisivo su cui compaiono le immagini. **2.** *estens.* Televisione.

telescòpico agg. [pl.m. –ci, f. –che] **1.** Riferito alla telescopia. ~ Che avviene per mezzo del telescopio. **2.** OTT. Visibile solo con il telescopio. **3.** TECN. Di dispositivo, simile ad alcuni telescopi, formato da due o più elementi tubolari atti a scorrere l'uno nell'altro, e perciò allungabile e retrattile.

telescòpio s.m. [pl. –pi] Strumento per l'osservazione astronomica il cui obiettivo è uno specchio concavo che riflette l'immagine e la rinvia fortemente ingrandita a un oculare.

telescrittùra s.f. Sistema che permette la trasmissione a distanza di segni grafici e la loro riproduzione su uno schermo o un altro supporto.

telescrivènte s.f. Apparecchio che permette di inviare e ricevere a distanza messaggi per via telegrafica.

telesegnalazióne s.f. ELETTRON. Invio o ricezione di un'informazione a distanza.

teleselezióne s.f. TELECOM. Servizio telefonico automatico che consente, mediante la composizione di un prefisso specifico per ogni distretto, di effettuare chiamate interurbane ed estere senza la mediazione di un centralino.

telespettatóre s.m. [f. –trice] Chi guarda i programmi televisivi.

telestàmpa s.f. Servizio che raccoglie notizie e articoli e li trasmette alle redazioni dei giornali per mezzo di telescriventi.

telestampànte s.f. Telescrivente.

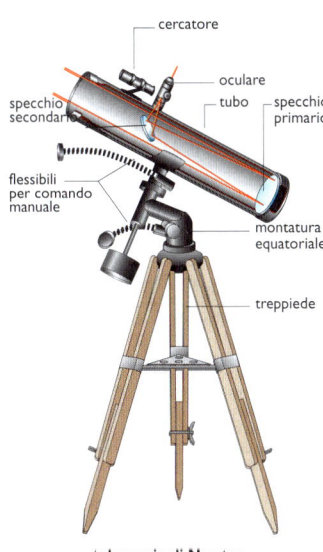

telescopio di Newton

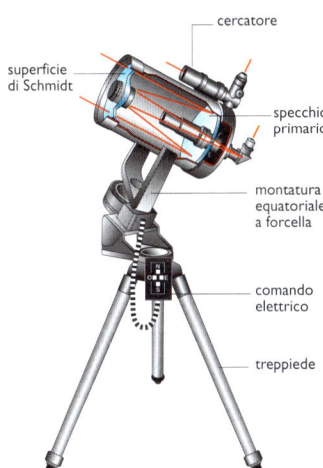

telescopio di Schmidt-Cassegrain

■ **telescòpio.** Due modelli a montatura equatoriale.

teletèxt s.m. inv. TELECOM. Sistema telematico di trasmissione dati che utilizza il televisore come ricevitore e visualizzatore.

tèlethon s.m. inv. Programma televisivo della durata di diversi giorni che ha come scopo la raccolta di fondi.

teletrasméttere v.tr. [50] **1.** Trasmettere a distanza segnali, comandi, informazioni con dispositivi di vario tipo. **2.** Trasmettere attraverso la televisione.

teletrasmissióne s.f. **1.** Trasmissione a distanza. **2.** Trasmissione televisiva.

teletraspòrto s.m. Nella fantascienza, trasporto di materia mediante conversione della stessa in energia e successiva ricomposizione in un luogo stabilito.

telétta s.f. **1.** Tela di scarsa qualità. **2.** SART. Tela resistente usata per lavori di rinforzo. **3.** Parte più interna del bozzolo del baco da seta. **4.** Piccola rete a strascico per la pesca dei pesci appena nati o molto giovani (*novellame*).

teleutènte s.m. e f. Utente del servizio televisivo.

televéndita s.f. Vendita mediante la presentazione dei prodotti nel corso di trasmissioni televisive.

televideo s.m. inv. TELECOM. Sistema di teletext che consente di trasmettere informazioni e notizie, a ciclo continuo, sfruttando la quota di capacità di trasmissione che ciascun canale televisivo non utilizza.

televisióne s.f. (ingl. *television*) **1.** Sistema di trasmissione a distanza, attraverso onde radio o via cavo, di immagini riprodotte poi su uno schermo. **2.** Ente, organizzazione che gestisce gli impianti per tale tipo di trasmissione, realizzandone anche i programmi. **3.** *estens. fam.* Apparecchio televisivo. **4.** *comun.* Insieme dei programmi trasmessi dalle reti televisive.
ENCICL. La televisione a colori è stata sviluppata partendo dal principio classico della tricromia: l'immagine è decomposta mediante filtri nei tre colori fondamentali (rosso, blu e giallo), ciascun segnale è quindi trasmesso separatamente e in ricezione si ottiene l'immagine originale dalla sovrapposizione dei tre segnali. Nei sistemi moderni, il cinescopio è dotato di un cannone elettronico per colore, lo schermo è formato da fosfori dei tre colori geometricamente disposti e di fronte allo schermo si trova una maschera forata con un numero elevatissimo di minuscoli buchi che indirizza ogni fascio sul fosforo del proprio colore. I primi programmi a colori furono trasmessi in Europa nel 1967. Le norme degli standard televisivi differiscono da paese a paese per il sistema di analisi o per la forma dei segnali di sincronismo e di modulazione adottati. In genere, l'immagine ha un rapporto larghezza/altezza di 4/3, anche se nelle moderne televisioni ad alta definizione (TVHD), le immagini contano più di 1000 linee e hanno un formato adeguato alla trasmissione di pellicole cinematografiche (rapporto larghezza/altezza di 16/9). L'analisi viene sempre effettuata mediante linee (primo quadro linee dispari, secondo linee pari) per cui con 30 immagini al secondo (Stati Uniti) o con 25 (Europa) si hanno rispettivamente 60 o 50 quadri al secondo. Il numero di linee esplorate ogni secondo è di 525 negli Stati Uniti (standard NSTC) e 625 in Europa (standard PAL).

televisivo agg. Relativo alla televisione.

televisóre s.m. (ingl. *televisor*) Apparecchio ricevitore di un sistema televisivo.

televóto s.m. Preferenza espressa digitando un dato numero telefonico.

tèlex s.m. inv. (sigla dell'ingl. *teleprinter exchange* "scambio attraverso la telescrivente") **1.** Sistema di comunicazione tra utenti privati mediante telescriventi, in collegamento telegrafico diretto. **2.** Messaggio inoltrato o ricevuto per tale via.

tell [/'tεl/] s.m. inv. (voce ar., "collina") ARCHEOL. Collina artificiale formata dalla stratificazione delle rovine di un'antica città.

tellina s.f. **1.** Mollusco marino, diffuso nell'area mediterranea, a forma di conchiglia. (Famiglia dei Veneridi.) **2.** ZOOL. (iniziale maiusc.) Genere di molluschi a cui appartiene la tellina.

telluràto s.m. CHIM. Sale dell'acido tellurico.

1. tellùrico agg. [pl.m. –*ci*, f. –*che*] Della terra, riferito spec. a fenomeni sismici.

2. tellùrico agg. [pl.m. –*ci*, f. –*che*] CHIM. Detto dell'anidride TeO₃ e dell'acido corrispondente H₂TeO₄.

telluridrico agg. [pl.m. –*ci*] CHIM. MINER. *Acido telluridrico*: acido gassoso H₂Te, tossico e di odore sgradevole, composto da idrogeno e tellurio.

tellùrio s.m. (solo sing.) **1.** Non metallo di densità 6,2 e che fonde a 449,5 °C. **2.** Elemento chimico (*Te*) di numero atomico 52 e peso atomico 127,60.

tellurùro s.m. CHIM. Combinazione del tellurio con un altro elemento.

tèlo s.m. Pezzo unico di tela, in cotone, lino o altro tessuto, di taglio rettangolare. ◇ *Telo da spiaggia, da mare*: quello di spugna da usare sulla spiaggia.

telofàse s.f. BIOL. CELL. Ultima fase della divisione cellulare, durante la quale si costituiscono i nuclei delle cellule figlie e si forma una nuova membrana nucleare.

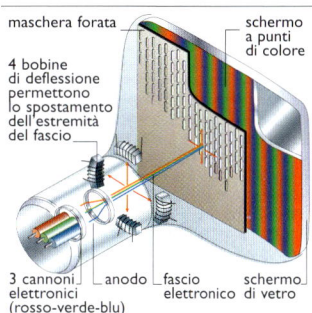

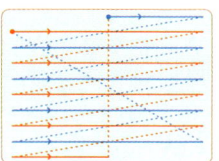

Principio di scansione: in blu le linee di scansione pari, in rosso quelle dispari. In totale 525, 625 o più di 1.000 in HDTV.

■ **televisóre.** Funzionamento del ricevitore di un televisore a colori (in alto) e ricostituzione dell'immagine tramite scansione (in basso).

telolecìtico agg. BIOL. Di uova con tuorlo abbondante.

telòmero s.m. BIOL. CELL. Estremità dei cromosomi.

telóne s.m. **1.** Nel sign. dell'accr. di 1. *telo*; in partic., telo di grandi dimensioni che si usa per ricoprire le merci durante il trasporto. **2.** Nelle sale teatrali, sipario verticale.

telonèo o **telònio** s.m. [pl. –*nei*, –*ni*] (gr. *telṓnion* "banco per la riscossione delle imposte") **1.** ANT. GR. ROM. Dazio imposto sulle merci in circolazione e transito. **2.** Nel Medioevo, imposta indiretta su merci di consumo.

tèlson s.m. inv. (gr. *tèlson* "estremità, limite") ZOOL. Ultimo segmento dell'addome degli artropodi.

1. tèma s.m. [pl. –*mi*] (lat. *thèma*, gr. *thèma* propr. "ciò che è posto, proposto") **1.** Argomento di un discorso, di una comunicazione, di un ragionamento. ~ Soggetto, motivo centrale di un testo letterario o di un'opera d'arte. **2.** Indicazione di un argomento o enunciazione di un concetto proposto per far svolgere un saggio scritto, come esercitazione scolastica o prova d'esame. ~ *estens.* L'argomento svolto. **3.** MUS. Frase musicale proposta all'inizio di una composizione che viene ripresa e sviluppata e a cui si ispira l'intero discorso di una composizione. SIN.: **motivo.** ~ Motivo musicale legato a un personaggio o a una situazione in opere liriche o in colonne sonore di film. **4.** LING. La parte della parola composta di radice più vocale tematica a esclusione dei suffissi singolari e derivativi. ~ All'interno di un enunciato, ciò di cui si parla, su cui si danno informazioni (p.e. il nome proprio in *Veronica è cresciuta*). **5.** ASTROL. *Tema della natività*: schema della posizione dei pianeti in un determinato momento, spec. al momento della nascita di una persona.

2. tèma s.m. [pl. –*mi*] (gr., deriv. di *tithénai* "porre") Nell'impero bizantino, stanziamento militare in una provincia. ~ *estens.* Nell'alto Medioevo, provincia amministrativa dell'impero bizantino.

temàtica s.f. [pl. –*che*] **1.** Insieme dei motivi attinenti a un tema o a una tendenza, che si trovano in un autore, in un'opera artistica, in un'epoca. **2.** *estens.* Argomento, tema.

temàtico agg. [pl.m. –*ci*, f. –*che*] **1.** Di, relativo a un tema musicale o a un argomento letterario o artistico. ◇ *Mostra tematica*: esposizione di quadri scelti per un dato argomento. **2.** LING. Del tema di un vocabolo. ◇ *Vocale tematica*: che si inserisce tra la radice e la desinenza determinando la classe flessiva.

tematizzàre v.tr. **1.** Porre un argomento al centro di un discorso, renderlo evidente come tema da trattare. **2.** LING. Nella struttura di un enunciato, far risultare un elemento come tema, ossia come l'informazione già nota su cui si forniscono le informazioni nuove.

temerarietà s.f. inv. **1.** Totale disprezzo del pericolo. ~ Audacia eccessiva e sconsiderata. ~ Anche, audacia sfacciata e insolente. **2.** Comportamento o espressione da temerario.

temeràrio agg. [pl.m. *-ri*] (lat. *temerārium*, deriv. di *tĕmere* "alla cieca") **1.** Di persona, che affronta i pericoli senza calcolo, sconsiderato o ardimentoso. **2.** Di comportamento o atto, imprudente, che comporta dei rischi. ~ Avventato, non fondato su validi motivi. ◆ s.m. [f. *-ria*] Nell'accez. 1 dell'agg.

temére v.tr. [12] **1.** Avere paura di qlcu. o qlco. *Temere un avversario.* ~ Avere timore che qlco. accada o non accada. **2.** Avere il dubbio o il sospetto che si verifichi una certa eventualità. ~ *estens.* Credere, ritenere. *Temo di non aver capito.* **3.** Avere rispetto, soggezione. *Temere la legge.* **4.** Soffrire, risentire di certe condizioni. *Temere il freddo.* SIN.: **patire**. ◆ v.intr. (aus. *avere*) **1.** Essere preoccupato per qlcu. o qlco. *Temere per la salute.* **2.** Nutrire sospetti, dubbi. *Temere di tutto e di tutti.*

temibile agg. Che è da temere in quanto pericoloso.

tèmolo s.m. Pesce teleosteo d'acqua dolce diffuso nell'Europa settentrionale e centrale, ricercato per le sue carni profumate di timo. (Lunghezza 30 cm; genere *Thymallus*, famiglia dei Salmonidi.)

tèmpera s.f. **1.** Tecnica pittorica per la quale si impiegano colori in polvere diluiti in acqua. **2.** *estens.* Il dipinto ottenuto con tale tecnica. **3.** AGR. *In tempera:* di un terreno che ha un grado ottimale di umidità e quindi è adatto alla semina. **4.** → **tempra**.

temperamatite s.m. inv. Arnese di cancelleria usato per fare la punta alle matite.

temperaménto s.m. **1.** Insieme delle caratteristiche psichiche di un individuo. ~ Carattere molto spiccato e forte, personalità originale. **2.** Nella medicina antica, mescolanza nell'organismo dei quattro umori (bile, flemma, atrabile e sangue), dalla preponderanza di uno dei quali si determinava il carattere dell'individuo. **3.** *fig.* Moderazione, riduzione di quanto è eccessivo e quindi rimedio a qlco. di anomalo, squilibrato. *Temperamento della rabbia.* **4.** MUS. Modo di accordatura degli strumenti a suoni determinati allo scopo di ottenere dodici semitoni identici all'interno della scala, detto anche *sistema temperato.* (Si attua per mezzo di leggere modificazioni dei rapporti della scala naturale.)

temperànte agg. Di persona capace di contenersi nella soddisfazione dei propri bisogni o nello sfogo dei propri istinti.

temperànza s.f. Virtù di chi sa dominare e regolare gli impulsi e gli istinti. ~ TEOL. CATT. Una delle quattro virtù cardinali che consiste nel moderare gli appetiti e i piaceri.

temperàre v.tr. **1.** Mescolare una cosa con un'altra allo scopo di attenuarla o addolcirla. *Temperare il vino con l'acqua.* **2.** *fig.* Rendere più moderato, meno violento. *Temperare l'ira.* **3.** Dare la tempra a un metallo o al vetro. **4.** Fare la punta a una matita. ◆ **temperarsi** v.pron. Contenersi nella soddisfazione dei propri bisogni o nello sfogo dei propri istinti.

temperàto agg. **1.** Riferito alla temperatura o al clima, non eccessivo, mite, moderato. ◇ GEOGR. *Zone temperate:* fasce comprese tra i tropici e i circoli polari di ciascun emisfero, caratterizzate da estati e inverni miti, moderate escursioni termiche ed equa distribuzione delle piogge durante il corso dell'anno. **2.** Di persona, capace di dominare gli impulsi. **3.** Di comportamento, misurato, senza eccessi. **4.** Di metallo o vetro a cui è stata data la tempra. **5.** Di matita a cui è stata fatta la punta. **6.** MUS. Relativo al sistema musicale che divide la scala in dodici semitoni identici per mezzo di leggere modificazioni dei rapporti della scala naturale.

temperatùra s.f. (lat. *temperatūram caēli*, propr. "giusta mescolanza dell'aria") **1.** FIS. Grandezza fisica che misura la condizione termica di un corpo, cioè la sua capacità di scambiare calore con un altro corpo o con l'ambiente. ~ *estens.* Grado di calore di un corpo o di un ambiente. **2.** METEOR. Grado di calore dell'atmosfera in una certa zona. ~ *estens.* Nel l. com., la misura del freddo o del caldo dell'aria. ◇ *Temperatura ambiente:* quella media, abituale degli ambienti. **3.** MED. Livello termico del corpo umano. ~ *estens. fam.* Febbre. **4.** *fig.* Livello di tensione. *La temperatura politica si è alzata.*

tempèrie s.f. inv. Caratteristiche proprie di un ambiente o di un determinato periodo storico.

temperino s.m. **1.** Piccolo coltello tascabile con una o più lame ripiegabili nel manico. **2.** *fam.* Temperamatite.

tempèsta s.f. **1.** Perturbazione atmosferica di particolare violenza, con forte vento e pioggia, che in mare provoca un violento moto ondoso. ◇ *Tempesta di sabbia:* nelle zone desertiche, fenomeno atmosferico che si verifica quando venti di fortissima intensità sollevano masse di sabbia e le trasportano a chilometri di distanza. – *Tempesta magnetica:* alterazione improvvisa e istantanea dell'intensità del campo magnetico terrestre da collegarsi all'attività solare. **2.** *fig.* Lotta interiore, forte turbamento. **3.** *fig.* Sfuriata, rimprovero o lite. ~ Fitta serie di colpi che si abbattono con violenza o di battute che si susseguono con rapidità. *Una tempesta di pugni.* ◇ *Una tempesta in un bicchier d'acqua:* lite violenta o accesa discussione che si risolvono presto e senza conseguenze.

tempestàre v.tr. **1.** Colpire con colpi fitti e violenti qlco. *Tempestare di pugni un tavolo.* **2.** *fig.* Investire qlcu. con battute o domande o azioni insistenti. *Tempestare di telefonate.* **3.** Ornare fittamente un gioiello di pietre preziose. *Tempestare un bracciale di diamanti.* ◆ v.intr. (aus. *avere*) **1.** Di venti e acque, essere in tempesta. **2.** *fig.* Agitarsi, essere in preda alla furia. ~ Menare colpi fitti e violenti. ◆ v.impers. (aus. *avere*) Esserci una tempesta. *Oggi ha tempestato.*

tempestàto agg. Di gioiello o tessuto, cosparso fittamente di pietre preziose, anche in senso fig. *Cielo tempestato di stelle.*

tempestivaménte avv. Al momento giusto. ~ Per tempo.

tempestività s.f. inv. Carattere di chi o di ciò che avviene al momento opportuno o senza indugi.

tempestivo agg. **1.** Che si verifica o è fatto nel momento più opportuno. **2.** Di persona, che compie qlco. nel momento giusto.

tempestóso agg. **1.** Sconvolto dall'infuriare della tempesta o che minaccia tempesta. **2.** *fig.* Caratterizzato da accesi contrasti, da violente polemiche. **3.** *fig.* Agitato da sentimenti e turbamenti violenti, da vicende contrastanti.

tèmpia s.f. **1.** Ciascuna delle due regioni del capo che si trovano simmetricamente ai lati della fronte. **2.** *estens.* (al pl.) Capo, testa.

tempiétto s.m. **1.** Nel sign. del dim. di *tempio.* **2.** Elemento ornamentale da giardino, general. di marmo, che riproduce in piccole dimensioni un tempio classico antico.

tèmpio s.m. [pl. *-pi*, *-pli*] (lat. *tĕmplum*, propr. "porzione di cielo entro cui gli auguri traevano gli auspici" quindi "spazio sacro agli dei") **1.** Edificio dedicato al culto di una divinità, considerato sede della divinità stessa, spec. nelle religioni pagane. ~ *per anton.* Presso gli ebrei, l'edificio sacro di Gerusalemme, del quale rimangono oggi alcuni resti che costituiscono il "muro del pianto". (Il primo tempio, costruito da Salomone, fu distrutto nel 587 a.C.; il secondo, costruito all'inizio del VI sec. a.C., fu demolito nel 70 d.C.) **2.** *estens.* Luogo sacro o dedicato alla memoria di personaggi insigni o di celebri avvenimenti. **3.** *fig.* Luogo degno di rispetto e venerazione. ~ *estens.* Sede principale di un'attività. *Parigi è il tempio della moda.*

tempismo s.m. Qualità di chi agisce al momento opportuno, che ha rapidità e destrezza.

tempista s.m. e f.[pl.m. *-sti*] **1.** MUS. Cantante o musicista che va perfettamente a tempo con il ritmo della canzone o del brano eseguito. **2.** *fig.* Chi sa cogliere il momento giusto e agisce in tempo utile. ~ SPORT. Atleta che sa andare all'attacco nel momento opportuno. **3.** INDUS. Tecnico addetto alla rilevazione dei tempi di lavorazione.

tempìstica s.f. Insieme delle scadenze previste per l'effettuazione di un dato lavoro.

templàre o **templàrio** agg. [pl.m. *-ri*] Dell'ordine religioso e militare del Tempio, fondato nel 1119 a Gerusalemme per la difesa dei luoghi sacri e l'assistenza dei pellegrini. ◆ s.m. Cavaliere del predetto ordine (v. parte n.pr.).

1. tèmpo s.m. (lat. *tĕmpus*, forse connesso con il gr. *témnein* "tagliare" quindi "dividere" per il concetto di scansione) **1.** Successione ininterrotta di istanti, durata in cui si situa per l'uomo ogni cosa, esperienza, avvenimento; è una categoria fondamentale (articolata in presente, passato e futuro) dentro cui situiamo ogni nostra conoscenza. ◇ *Le offese, le ingiurie del tempo:* le alterazioni a cui sono soggette persone e cose nel corso degli anni. **2.** Successione di istanti suddivisa e misurata secondo un sistema di misura. ◇ *Tempo siderale:* intervallo di tempo che intercorre tra due passaggi successivi di una stella sul meridiano locale. – *Tempo solare vero, medio:* intervallo di tempo che intercorre tra due successivi passaggi del sole sul meridiano locale, indicato rispettivamente dagli orologi solari e dagli orologi comuni. – *Tempo civile:* tempo solare medio che, per convenzione, si considera uguale in tutti i punti di uno stesso fuso orario. – *Tempo universale:* tempo civile del primo fuso orario che, per convenzione, è considerato quello del meridiano di Greenwich. **3.** Spazio cronologico di durata più o meno ampia e definita. ◇ *Il tempo incalza:* si sta avvicinando un termine. – *Guadagnare, prendere tempo:* indugiare, aspettare di intraprendere un'azione nell'attesa che la situazione si risolva da sé. – *Dare tempo:* concedere una dilazione. – *Dare tempo al tempo:* non forzare il corso degli eventi, lasciando che le cose si evolvano secondo il loro naturale processo. – *Per tempo:* presto, sollecitamente. **4.** Spazio cronologico previsto, impiegato, o occorrente per il compimento di un'azione, di un lavoro o per lo svolgimento di un processo, di un fenomeno. ~ Spazio cronologico che nel corso della giornata o della vita viene dedicato a un'attività o a uno scopo. ◇ *Ritagli di tempo, tempo perso:* brevi intervalli che si riescono a sottrarre dagli impegni di lavoro o di studio. – *Tempo libero:* ore della giornata dedicate al divertimento, agli interessi personali, al riposo. – *Tempi morti:* quelli non utili in una data produzione, lavorazione; intervallo di inattività nel funzionamento di meccanismi. – *Buttare via, perdere, sciupare il tempo:* non saperlo sfruttare restando nella completa inattività. – *Tempo utile:* spazio di tempo entro il quale si deve porre termine a quanto si sta facendo. – *A tempo pieno, part-time:* di impiego che occupa l'intera giornata lavorativa o parte di essa. – *A tempo determinato, indeterminato:* di un impiego o di un contratto con o senza un termine di scadenza prefissato. – *Tempi tecnici:* quelli minimi necessari alla realizzazione di un progetto. – INFORM. *Tempo d'accesso:* quello necessario per accedere a un dato in memoria o su disco. – *(In) tempo reale:* detto di modalità di operazione per cui il calcolatore riesce ad elaborare senza rallentamenti tutti i dati che gli si presentano. **5.** Epoca, età storica o della vita. ~ Periodo della vita di una società contrassegnato da particolari caratteristiche. *Tempo di carestia.* ~ Periodo dell'anno caratterizzato da determinate attività, usanze, ricorrenze, fenomeni naturali. *Tempo delle vacanze.* ◇ *Un tempo:* anticamente, in un'epoca trascorsa da molti anni. – *Ai miei tempi:* quando ero giovane, spec. per esprimere nostalgia per gli anni trascorsi o riprovazione per lo stato attuale. – *Avere fatto il proprio tempo:* di cosa o persona, essere ormai passato di moda, non più attuale, superato. – *Stare al passo coi tempi, essere all'altezza dei tempi:* sapersi uniformare alle precise esigenze imposte dalle circostanze e dalle condizioni di vita attuali. **6.** (solo sing.) Momento opportuno, circostanza favorevole. ◇ *A tempo e luogo:* nel momento e nella sede appropriati. – *Prima del tempo (innanzi, anzi tempo):* prima del termine stabilito o normale, prematuramente. **7.** GRAMM. Ripartizione del paradigma dei verbi, comprendente le forme che servono a collocare nel tempo, anche secondo diverse prospettive psicologiche, un evento in rapporto al momento dell'enunciazione. **8.** SPORT. Tempo impiegato a coprire la distanza di una gara di corsa. **9.** Ciascuno dei momenti di un'azione o di un processo. **10.** MECC. Nel ciclo del funzionamento di un motore a scoppio, ciascuna delle fasi in cui si compiono le operazioni di aspirazione, compressione, scoppio e scarico. **11.** Suddivisione, atto di un'opera teatrale. ~ Parte di un'opera cinematografica o televisiva. **12.** MUS. Grado di velocità con cui si deve eseguire un pezzo musicale. ~ Ritmo. *Tempo binario, ternario.* ~ *estens.* Ciascuna delle parti, caratterizzate da un dato ritmo, in cui si articola una composizione sinfonica o da camera. SIN.: **movimento**. ◇ *A tempo:* seguire il ritmo e il movimento del brano eseguito, suonando, cantando o ballando. – *Andare, essere fuori tempo:* nella danza o nella musica, non seguire il ritmo. – *Battere il tempo:* segnare le battute con il movimento della mano o della bacchetta. **13.** METR. Nella metrica classica, misura corrispondente alla durata di una sillaba breve.

2. tèmpo s.m. L'insieme delle condizioni meteorologiche di una determinata zona. ◇ *Tempo da cani, da lupi:* condizioni meteorologiche pessime. – *figg. Fare il bello e il cattivo tempo:* esercitare un'autorità assoluta e incontrastata. – *Lascia il tempo che trova:* detto di evento o azione che non produce effetti.

1. temporàle agg. **1.** Di breve durata, destinato a perire. ◇ *Potere temporale:* autorità politica esercitata dai papi, in oppos. al *potere spirituale*. **2.** GRAMM. Che riguarda o segnala il tempo di un'azione. **3.** FILOS., SCIENT. Relativo al tempo.

2. temporàle agg. ANAT. Relativo alle tempie.

3. temporàle s.m. **1.** Breve e violenta perturbazione atmosferica, con venti di forte intensità, scrosci di pioggia, grandine e scariche elettriche. **2.** *fig.* Lite o sgridata violenta.

temporalità s.f. inv. **1.** Natura di ciò che è effimero. ~ Proprio del tempo, della storia, in oppos. alla *spiritualità*. **2.** (spec. pl.) Concretamente, complesso dei beni e delle risorse economiche di un'istituzione religiosa.

temporàneo agg. Che dura per un periodo di tempo limitato, che non è definitivo. ◇ *Lavoro temporaneo:* rapporto di lavoro caratterizzato dalla temporaneità della prestazione.

temporeggiàre v.intr. [5] (aus. *avere*) Ritardare un'azione in attesa di circostanze più favorevoli. ~ Indugiare in una decisione nella speranza che la situazione si risolva positivamente da sé. ~ MIL. Rimandare lo scontro decisivo per logorare l'avversario.

temporeggiatóre s.m. [f. *–trice*] Chi temporeggia. ~ In partic. soprannome attribuito al generale romano Quinto Fabio Massimo per la tattica usata nella guerra contro Annibale.

temporizzàre v.tr. ELETTROTEC. Regolare un dispositivo perché funzioni a intervalli di tempo.

temporizzatóre s.m. ELETTROTEC. Dispositivo regolato per funzionare automaticamente a intervalli di tempo stabiliti.

tèmpra s.f. **1.** TECN. Trattamento che viene eseguito su acciaio, leghe metalliche e vetro, per renderli più duri e resistenti. (Consiste nell'arroventarli e quindi raffreddarli bruscamente.) ~ Caratteristica acquisita dal materiale così trattato. **2.** *fig.* Costituzione fisica o psichica di una persona considerata relativamente alle sue capacità positive di resistenza, sopportazione, coraggio. **3.** Timbro di uno strumento musicale o della voce umana.

tempràre v.tr. **1.** TECN. Sottoporre a tempra vetri e metalli per conferire durezza e resistenza. **2.** *fig.* Irrobustire il corpo, rendere più forte l'animo. ◆ **temprarsi** v.pron. Diventare più saldo fisicamente o spiritualmente. *Il suo carattere si è temprato nella lotta.*

tempràto agg. **1.** Sottoposto alla tempra. **2.** *fig.* Irrobustito.

tempùscolo s.m. Nel l. sc., spazio di tempo molto piccolo.

tenàce agg. **1.** Che aderisce con forza, che fa presa facilmente. **2.** Che non si spezza o non si deforma. **3.** *fig.* Che dura a lungo. *Odio tenace.* **4.** *fig.* Riferito a persona, deciso a perseguire i propri intenti. SIN.: **ostinato**.

tenàcia s.f. Carattere di chi è fermo nella volontà. SIN.: **costanza**.

tenàglia s.f. [pl. *–glie*] **1.** (spec. pl.) Attrezzo composto da due leve incrociate ruotanti su un perno e con le parti più corte, incurvate a ganascia, per afferrare l'oggetto da estrarre, strappare o trinciare. **2.** *pop.* Chele dei crostacei e degli scorpioni. **3.** Nelle antiche fortificazioni, elemento dei bastioni a forma di tenaglia.

tènar o **tènare** s.m. (gr. *thénar* "palmo della mano") ANAT. Muscolo sporgente nel palmo della mano, alla base del pollice. ❑ In funzione di agg. inv., nella loc. *eminenza tenar,* che indica tale sporgenza muscolare.

tènda s.f. **1.** Telo di vario tessuto che si stende sopra o davanti a qlco. per nasconderlo o proteggerlo; in partic. davanti a porte e finestre. **2.** Ricovero smontabile e trasportabile, fatto di teli sostenuti da pali fissati con picchetti al terreno. **3.** MED. *Tenda a ossigeno:* telo di plastica che ricopre a padiglione il letto di un malato in difficoltà respiratoria, nel quale s'introduce una miscela di aria e ossigeno.

tendàggio s.m. [pl. *–gi*] ARRED. (spec. pl.) Complesso delle tende che ornano finestre e porte di un ambiente.

tendalino s.m. MAR. Piccola tenda che ripara il timoniere nelle imbarcazioni a vela.

tendènza s.f. **1.** Disposizione naturale, inclinazione a o per qlco. **2.** Orientamento verso certe idee o valori. ~ In senso più generico, diffusione di un certo comportamento. ◇ *Di tendenza:* che rivela un determinato orientamento ideologico; *gerg.* alla moda. **3.** Disposizione di qlco. a modificarsi in un dato modo. ~ Direzione in cui evolve un fenomeno.

tendenziàle agg. Che rivela una certa tendenza.

tendenzialménte avv. In modo orientativo, in linea di massima.

tendenzióso agg. Che rivela una determinata tendenza, spec. ideologica, ed è quindi fazioso.

tender [/ˈtɛndə/] s.m. inv. (voce ingl., propr. "custode") **1.** Vagone ferroviario che trasporta acqua, combustibile e attrezzi, necessari per la locomotiva a vapore. **2.** MAR. Imbarcazione d'appoggio a una più grande. **3.** ECON. Offerta che si fa per rientrare in possesso delle proprie azioni.

tèndere v.tr. [33] **1.** Tirare gli estremi di un oggetto in modo da allungarlo o allargarlo al massimo. *Tendere una molla.* ◇ *Tendere i muscoli:* metterli in tensione. – *Tendere l'arco:* tirarlo con forza a sé prima di scoccare la freccia. – *Tendere una trappola:* disporre una trappola per la cattura di animali; *fig.* predisporre un tranello, un agguato. **2.** Allungare una parte del corpo in avanti. *Tendere la mano.* ◆ v.intr. (aus. *avere*) **1.** Dirigersi verso una determinata direzione. *L'aria calda tende verso l'alto.* **2.** *fig.* Avere per scopo. *Tendere alla pace.* ~ Essere incline a qlco. *Tendere al bene.* **3.** *fig.* Riferito a cosa, avviarsi, evolversi verso un dato cambiamento. *Il tempo tende al bello.* **4.** *fig.* Di sapori, odori, colori, avvicinarsi a una certa gradazione o caratteristica. *Tendere al blu.* ◆ **tendersi** v.pron. Contrarsi nella tensione. *In questo esercizio i muscoli si tendono al massimo.*

tendicatèna s.m. inv. Dispositivo che mantiene tesa la catena di trasmissione di biciclette e motocicli.

tendìna s.f. **1.** Nel sign. del dim. di *tenda*; in partic., piccola e leggera tenda che si applica ai vetri di finestre e finestrini. **2.** Tipo di diaframma dell'otturatore di alcune macchine fotografiche.

tèndine s.m. ANAT. Cordone che salda i muscoli alle ossa, costituito da fibre connettive. ◇ *Tendine d'Achille:* che lega il polpaccio al calcagno.

tendìneo agg. ANAT., MED. Del tendine.

tendinìte s.f. MED. Infiammazione dei tendini.

tendiscàrpe s.m. inv. Strumento munito di una molla, che si mette nelle scarpe per conservarne la forma.

tenditóre agg. [f. *–trice*] Che tende. ◆ s.m. MECC. Arnese usato per tendere catene, funi, ecc., costituito da un manicotto di metallo, filettato alle estremità, in cui vengono inserite due viti con le teste sagomate.

tendóne s.m. **1.** Tenda in tessuto resistente, posta all'esterno di edifici, che protegge dal sole e dalle intemperie. **2.** Telo di tessuto molto resistente per coprire carri, cataste di merci, ecc. **3.** Padiglione in tela, di grandi dimensioni, spec. del circo. **4.** Tipo di coltivazione della vite a pergolato sorretto da un'impalcatura verticale, diffuso spec. in Puglia.

tendòpoli s.f. inv. Vasto raggruppamento di tende piantate all'aperto, spec. di senzatetto o sinistrati.

tènebra s.f. (spec. pl.) **1.** Oscurità totale. **2.** *fig.* Assenza di chiarezza o di verità. *Delitto avvolto nelle tenebre.* ~ Mancanza di luce spirituale. ◇ *per anton. Il regno delle tenebre:* nel l. religioso, l'inferno.

tenebrióne s.m. (lat. *tenebriōnem* "amante delle tenebre") **1.** Insetto marrone scuro, con abitudini notturne, che allo stato larvale infesta le farine. (Lunghezza 15 mm ca.; famiglia dei Tenebrionidi.) **2.** ZOOL. (iniziale maiusc.) Genere cui appartiene il tenebrione.

Tenebriònidi s.m. pl. [iniziale minusc. sing. *–de* per l'individuo] ZOOL. Famiglia di insetti comprendente moltissime specie dalle abitudini prevalentemente notturne diffusi nei luoghi dove si conservano farine, cereali e semi di frutta. (Ordine dei Coleotteri.)

tenebróso agg. **1.** Immerso nelle tenebre. **2.** *fig.* Avvolto da un'aria di mistero. ~ Occulto e quindi sinistro. *Macchinazione tenebrosa.* ◆ s.m. [f. *–sa*] Persona dal carattere chiuso che si circonda di mistero.

tenènte s.m. (anche con riferimento a donna) MIL. Ufficiale con grado superiore a quello di sottotenente e inferiore a quello di capitano, a cui compete il comando di un plotone, di un reparto o di un'unità equivalente. ◇ *Tenente di vascello:* ufficiale di marina di grado equivalente a quello di capitano dell'esercito.

teneraménte avv. In modo tenero, premuroso.

tenére v.tr. [61] **1.** Afferrare qlco. o qlcu. con le mani. ~ Trattenere qlcu. in un certo posto. *L'influenza mi tiene a letto.* ◇ *fig. Tenere in mano, in pugno:* avere il controllo su qlco. o qlcu. **2.** Mantenere qlco. o qlcu. in un certo modo per un certo tempo. ◇ *fig. Tenere in considerazione, in conto:* ritenere importante; stimare, valutare. – *Tenere presente qlco.:* ricordarsene. ~ Conservare qlco. in un determinato posto. **3.** Prendere per sé qlco. *Può tenere il resto!* **4.** Contenere una certa quantità o un certo numero di oggetti o di persone. *La botte tiene cinque litri.* **5.** Occupare uno spazio. *Il testo tiene una pagina.* ◇ *Tenere la strada:* detto di veicoli, aderire bene al suolo, non sbandare in corsa. – *Tenere il mare:* detto di imbarcazioni, mostrarsi stabile sul mare agitato. **6.** Presidiare, difendere una posizione. *Le truppe tenevano saldamente le vie di accesso alla città.* **7.** Ricoprire una carica, svolgere un ruolo, gestire un'attività. *Tenere un un ristorante.* **8.** Procedere secondo una stessa direzione. *Tenere la destra.* ~ *fig.* Seguire un certo modo di vivere, di agire. *Tenere un contegno esemplare.* ◇ *Tenere testa a qlcu.:* non cedergli rispondendo adeguatamente agli attacchi. – *Tenere d'occhio:* seguire qlcu. o qlco. con attenzione. **9.** Curare l'organizzazione di qlco., realizzarla. *Tenere una lezione.* **10.** Considerare qlcu. o qlco. in un certo modo. *Tenere per certa la sua partenza.* **11.** Conservare, occupare qlco. per altri. *Ti tengo io il posto.* ◆ v.intr. (aus. *avere*) **1.** Resistere alle difficoltà, fronteggiare una situazione difficile o incresciosa. ◇ *figg. Tenere duro:* non cedere, lottare fino a esaurimento delle risorse. – *Tenere fede:* rispettare una promessa. – *Tenere dietro:* occuparsi di qlcu. o qlco. ~ Di recipiente o mezzo di chiusura, non lasciar fuoriuscire un liquido o un gas. *Il rubinetto non tiene.* ~ Di oggetti vari, non rompersi. *Il gancio tiene.* ~ Di colore, non sbiadire. ~ Di piante, attecchire o resistere a condizioni esterne sfavorevoli. ~ Di discorso, di ragionamento, essere valido, convincente. ~ ECON. Detto del mercato, della produzione e simili, mantenersi su livelli soddisfacenti. **2.** Avanzare in una direzione. *Tenere a destra.* **3.** Parteggiare per qlcu. o qlco.; nel l. sport., fare il tifo. *Tenere per una squadra.* **4.** Attribuire importanza a qlco. o qlcu. *Tenere alla reputazione.* ◆ **tenersi** v.pron. **1.** Aggrapparsi a un appiglio. *Tenersi a una corda.* **2.** Trattenersi dal fare qlco. *Tenersi dal litigare.* **3.** Rispettare qlco. *Tenersi alle regole.* **4.** Trattenere per sé o su di sé una certa cosa. *Che si tenga pure i suoi soldi!* ~ *fig.* Dar poca confidenza. *Luca si tiene sulle sue.* **5.** Restare in una certa posizione, direzione, condizione. *Tenersi pronto.* **6.** Giudicarsi in un certo modo. *Tenersi un genio.* **7.** Di due o più persone, stare l'una attaccata all'altra. *Gli scolari si tengono per mano.*

tenerézza s.f. **1.** Qualità di ciò che è tenero o che oppone scarsa resistenza al taglio o alla masticazione. **2.** *fig.* Sentimento di dolcezza e affetto. **3.** (al pl.) Azioni o parole affettuose. SIN.: **attenzioni.**

tènero agg. **1.** Di cosa, che si lavora con facilità. SIN: **malleabile.** ~ Che offre poca resistenza alla pressione, al taglio e alla masticazione. SIN.: **molle.** **2.** *estens.* Giovane, delicato in quanto non ancora indurito dal tempo. ◊ *fig. Tenera età:* prima infanzia. **3.** *fig.* Di un colore, tenue. **4.** *fig.* Facile ad affezionarsi e a commuoversi. *Cuore tenero.* ~ Che manifesta affetto. SIN.: **dolce.** ~ *estens.* Eccessivamente premuroso, indulgente. ◆ s.m. **1.** Parte tenera di qlco. *Il tenero di un carciofo.* **2.** *fig.* Sentimento di affetto, spec. nell'espressione *esserci del tenero.*

tenerùme s.m. **1.** Insieme di cose tenere. ~ Parte più tenera di qlco. **2.** Cartilagini molli di alcuni tagli di carne da lesso. **3.** *fig.* Sentimentalismo sdolcinato.

tenèsmo s.m. MED. Spasmo involontario e patologico dello sfintere anale o vescicale con stimolo continuo all'evacuazione.

tènia s.f. (gr. *tainía* "nastro") **1.** Denominazione comune di vermi, piatti e segmentati, parassiti dell'intestino tenue dei mammiferi. (Le due specie parassite dell'uomo sono note come *verme solitario;* Classe dei Cestodi.) **2.** ZOOL. (iniziale maiusc.) Genere cui appartengono varie specie di tenia. **3.** ANT. Benda con cui il sacerdote si cingeva il capo nelle cerimonie sacre. **4.** ARCH. Nell'architrave, modanatura piana sporgente tra due fasce.

teniasi s.f. inv. MED. Infestazione intestinale da tenia.

tenicida agg. FARM. Di farmaco che distrugge le tenie. ◆ s.m. Nel sign. dell'agg.

tènnis s.m. (voce ingl., fr. deriv. di *tenez* "tenete" che si ripeteva al lancio della palla) **1.** SPORT. Gioco di origine inglese tra due persone (singolare) o quattro (doppio) che si rimandano una pallina colpendola con racchette, in un campo rettangolare diviso a metà da una rete alta 90 cm. ◊ *Tennis da tavolo:* ping-pong. **2.** *estens.* Impianto con uno o più campi da tennis. *Incontrarsi al tennis.*

tennista s.m. e f.[pl.m. –*sti*] Giocatore di tennis.

tennistàvolo s.m. inv. → ping-pong.

tennìstico agg. [pl.m. –*ci*, f. –*che*] SPORT. Del tennis o dei giocatori di tennis.

tenno [/'tɛnno/] s.m. inv. (voce giapp., propr. "sovrano celeste") In Giappone, titolo ufficiale dell'imperatore.

tenonatrice s.f. FALEGN. Macchina usata per l'esecuzione dei tenoni.

tenóne s.m. (fr. *tenon*) FALEGN. Elemento maschio di un incastro, costituito da un pezzo in risalto che si inserisce nell'elemento femmina, detto *mortasa.*

tènor s.m. [pl. *tenores*] (voce lat.) MUS. Nel coro polifonico, voce bassa che esegue le note prolungate formanti la base dello svolgimento del contrappunto delle altre voci.

tenóre s.m. **1.** Atteggiamento, comportamento. ◊ *Tenore di vita:* modo di vivere, in riferimento ai mezzi e a quanto si spende. **2.** Tono, spirito di un discorso. **3.** Quantità di una sostanza in una soluzione, in una lega, ecc. SIN.: **tasso.** ◊ MIN. *Tenore medio:* percentuale di un minerale contenuto in una certa massa. **4.** MUS. Voce maschile con il registro più alto e il timbro più acuto. ~ *estens.* Cantante che ha la voce caratterizzata da

tale registro. **5.** MUS. Uno dei registri dell'organo. ❑ In funzione di agg. inv., di strumento che ha un'estensione corrispondente a tale registro o che, in una serie simile, ha il timbro più acuto. *Sax tenore.*

tenorino s.m. MUS. Nel sign. del dim. di *tenore* e, in partic., tenore molto leggero. ~ Tenore la cui voce non è ancora del tutto formata.

tenosinovite s.f. MED. Infiammazione acuta di un tendine e della guaina sinoviale che l'avvolge.

tenotomia s.f. MED. Sezionamento chirurgico di un tendine.

Tènrec s.m. inv. ZOOL. Genere di mammiferi insettivori del Madagascar e delle isole Comore, con corpo coperto di aculei. (Lunghezza 35 cm ca.; famiglia dei Tenrecidi.)

Tenrècidi s.m. pl. [iniziale minusc. sing. –*de* per l'individuo] ZOOL. Famiglia di mammiferi simili ai ricci che vivono nel Madagascar. (Ordine degli Insettivori.)

tensioattivo agg. CHIM., FIS. Di sostanza in grado di ridurre la tensione superficiale dell'acqua o altro solvente a cui è aggiunta. ◆ s.m. Nel sign. dell'agg.

tensiòmetro s.m. **1.** MECC. Apparecchio che misura le tensioni in un materiale sollecitato. **2.** FIS. In campo elettrico, apparecchio che misura le differenze di potenziale. **3.** FIS., CHIM. Apparecchio che serve a misurare la tensione superficiale di un liquido.

tensióne s.f. **1.** Azione del tendere. ~ Condizione di un corpo sottoposto a uno sforzo di trazione. *Portare un cavo alla massima tensione.* **2.** *fig.* Stato di qlcu. che è teso, nervoso. *La notizia lo mise in grande tensione.* ~ Stress causato da superlavoro. ~ Sforzo di concentrazione delle energie nervose verso un oggetto o uno scopo. **3.** Situazione di ostilità che può degenerare in conflitto tra persone, gruppi, stati. **4.** FIS. Forza di trazione. ~ Forza di reazione delle molecole di un corpo solido sottoposto a sollecitazioni esterne tese a deformarlo. ◊ *Tensione superficiale:* forza che si manifesta alla superficie di separazione di un liquido con un gas, o di due liquidi non miscibili, tale che lo strato superficiale del

liquido si comporta come una membrana tesa. **5.** ELETTR. Differenza di potenziale. ◊ *Amplificatore di tensione:* dispositivo che amplifica una grandezza elettrica. **6.** FISIOL. *Tensione arteriosa* (→ pressione *arteriosa).* **7.** FON. *Tensione articolatoria:* tensione della muscolatura dell'apparato fonatorio.

tensoflessióne s.f. MECC. Sollecitazione composta dovuta alla contemporanea azione di un momento flettente e di una trazione assiale.

tensóre agg. ANAT. Del muscolo che ha la funzione di tendere un organo. ◆ s.m. MAT. Ente che costituisce la generalizzazione del concetto di vettore.

tensoriàle agg. MAT. Relativo ai tensori.

tensostruttùra o **tensiostruttùra** s.f. Struttura edilizia capace di resistere a sollecitazioni di trazione, usata spec. per la copertura di aree o costruzioni di vasta superficie.

tentacolàre agg. **1.** Provvisto di tentacoli o a forma di tentacolo. **2.** *fig.* Che avvolge, si infiltra ovunque, esercitando una pericolosa attrazione. ~ Che tende a svilupparsi in tutte le direzioni.

tentàcolo s.m. **1.** Appendice flessibile e mobile di alcuni invertebrati (attinie, molluschi), con funzione di presa e di deambulazione. **2.** *fig.* (spec. pl.) Potere criminoso, infiltrazione pericolosa.

tentàre v.tr. **1.** Cercare di fare qlco. **2.** Toccare qlco. al fine di saggiarne la consistenza o la stabilità. *Tentare il terreno.* **3.** Indurre qlcu. a fare qlco., mettendo alla prova le sue virtù. ~ Di cosa, allettare, invogliare qlcu. *Questo viaggio mi tenta.*

tentativo s.m. **1.** Azione di sperimentare. ~ Azione con la quale si cerca di ottenere un certo risultato. **2.** DIR. Azione diretta a compiere un delitto, quando non viene portata a termine o, se conclusa, quando non produce l'evento che costituisce il delitto stesso.

tentatóre agg. [f. –*trice*] Che tenta, cerca di sedurre in modo pericoloso, inducendo al male. ◆ s.m. (anche f.) Nel sign. dell'agg.

tentazióne s.f. **1.** Attrazione verso qlco. di proibito da una legge morale o religiosa. ~ Ciò che tenta. **2.** *estens.* Impulso verso qlcu. che si desidera, senza implicazioni morali. **3.** Oggetto del desiderio.

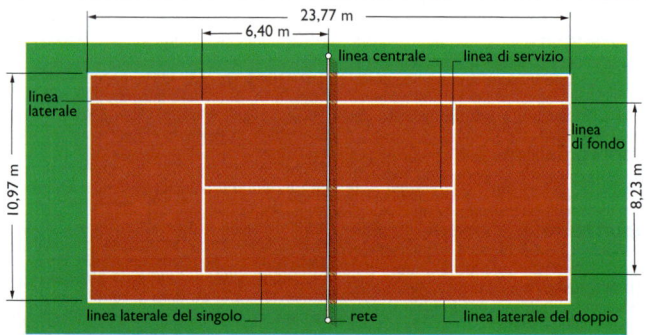

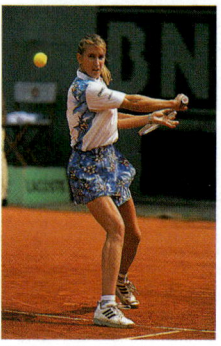

Rovescio della giocatrice tedesca Steffi Graf.

Servizio del giocatore americano Pete Sampras.

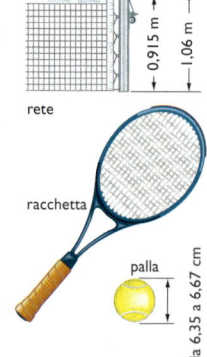

rete

racchetta

palla

da 6,35 a 6,67 cm

0,915 m   1,06 m

■ **tènnis**

tentennaménto s.m. Dubbio, indecisione.

tentennàre v.tr. (lat. *tintinnāre*, deriv. di *tinnīre* "suonare il campanello") Fare oscillare lievemente qlco. ◆ v.intr. (aus. *avere*) **1.** Oscillare per mancanza di stabilità nella base. **2.** *fig.* Essere in uno stato d'incertezza, che impedisce o ritarda un'azione, una scelta.

tentóni avv. **1.** Tastando il terreno circostante perché non si ha la possibilità di vedere. *Camminare tentoni.* ◇ *A tentoni:* a *caso. **2.** *fig.* A casaccio.

tènue agg. **1.** Fine, di scarso spessore. **2.** Debole, fioco. **3.** *fig.* Esiguo, quasi inconsistente. ~ Non rilevante. **4.** LING. Di consonante occlusiva, priva di aspirazione e di sonorità (*c, p, t*). **5.** ANAT. *Intestino tenue:* tratto intestinale compreso tra lo stomaco e l'intestino crasso.

tenùta s.f. **1.** Modo e capacità di tenere o mantenere qlco. in una data condizione o stato, di resistere in una funzione. ◇ *Tenuta dei libri contabili:* in computisteria, lavoro di registrazione secondo particolari modalità. – *Tenuta di strada:* capacità di un autoveicolo di mantenere la direzione ad alta velocità, senza sbandare. **2.** Capacità di una chiusura o di un recipiente di impedire la fuoriuscita di liquidi, gas o vapori. **3.** TECN. Dispositivo che impedisce la fuoriuscita di fluidi da un recipiente. **4.** Capacità di un recipiente di contenere una certa quantità di liquido o gas. **5.** Possesso. **6.** Proprietà terriera di notevoli dimensioni. **7.** Insieme di abiti propri di una professione, di un'attività, di una circostanza.

tenutàrio s.m. [f. *–ria*, pl.m. *–ri*] Proprietario o gestore di qlco., spec. di locali equivoci.

tenùto agg. **1.** MUS. Di nota o accordo che devono essere mantenuti per tutta la durata del valore. **2.** Mantenuto, adibito. *Un terreno tenuto a pascolo.* **3.** *Essere tenuto a qlco.:* essere obbligato, costretto a qlco., spec. nel l. bur. ~ Sentirsi in dovere di fare qlco.

tenzóne s.f. (provenz. *tenson*) **1.** In epoca medievale, scambio di componimenti poetici, in forma di botta e risposta, tra due poeti. **2.** *lett. Singolar tenzone:* duello.

tèo- Primo elemento di composti dotti, nei quali significa "divinità" o indica relazione con Dio (*teofagia*).

teocàlli s.m. inv. (da una voce nahuatl, propr. "casa del dio") ARCHEOL. Tempio a forma di piramide tronca, innalzato general. su un'altura, tipico dell'antico Messico.

teocentrismo s.m. Concezione etico-religiosa secondo cui Dio è al centro di qualsiasi visione del mondo e di qualsiasi interpretazione della storia.

teocrasìa s.f. RELIG. Fusione di due o più figure divine in una sola, in seguito a fenomeni di sincretismo.

teocràtico agg. [pl.m. *–ci*, f. *–che*] (fr. *theocratique*) Di teocrazia.

teocrazìa s.f. **1.** Regime politico nel quale il potere è considerato come proveniente direttamente da Dio ed esercitato da quelli che sono investiti dell'autorità religiosa. **2.** Dottrina politica che concepisce il potere civile come subordinato a quello religioso a cui riconosce anche autorità politica.

teodicèa s.f. (fr. *théodicée*, comp. di gr. *theós* "dio" e *díkē* "giustizia") Teologia naturale riguardante la giustificazione della divinità in relazione alla presenza del male nel mondo.

teodolite s.m. (ingl. *theodolite*) TOPOGR. Strumento che serve a misurare angoli orizzontali e verticali, in partic. gli azimut e le altezze.

teofanìa s.f. Apparizione, manifestazione della divinità. SIN.: **epifania**.

teofillìna s.f. CHIM. Alcaloide delle foglie del tè, usato in medicina contro l'asma.

teogonìa s.f. Nelle religioni politeiste, dottrina relativa all'origine e alla genealogia degli dei.

teogònico agg. [pl.m. *–ci*, f. *–che*] Riguardante la teogonia.

teologàle agg. Della teologia. ◇ *Virtù teologali:* la fede, la speranza e la carità.

teologìa s.f. **1.** Studio delle cose divine e del loro rapporto con quelle umane e naturali. ~ Insieme delle concezioni teologiche di un'epoca. **2.** CRIST. Riflessione sull'esperienza religiosa e sulla rivelazione di Dio. ◇ *Teologia naturale:* riflessione sulla divinità basata solo sulla ragione. – CATT. *Teologia della liberazione:* dottrina sviluppatasi in America Latina negli anni Sessanta, che utilizzava i valori del vangelo per la liberazione politica, sociale, economica e culturale. **3.** Corso di studi teologici.

teològico agg. [pl.m. *–ci*, f. *–che*] Relativo alla teologia.

teòlogo s.m. [f. *–ga*, pl.m. *–gi*, f. *–ghe*] Chi studia, insegna teologia. ❑ In funzione di agg., nella loc. *diacono teologo*, quello che, nelle chiese cattedrali, spiega e commenta le Sacre Scritture.

teorèma s.m. [pl. *–mi*] (gr. *theṓrēma* "meditazione") **1.** MAT. Proposizione scientifica che può essere dimostrata per via logica. ◇ *Teorema di Talete:* teorema secondo il quale in un triangolo *ABC*, se *M* e *N* sono due punti che appartengono rispettivamente ai lati (*AB*) e (*AC*), e tali che il segmento *MN* è parallelo al lato (*BC*), allora $\frac{AM}{AB} = \frac{AN}{AC} = \frac{MN}{BC}$. **2.** *estens.* Teoria, ipotesi, spesso unita al nome di chi l'ha formulata.

teorèsi s.f. inv. (gr. *theṓrēsis*, deriv. di *theōrêin* "contemplare, esaminare") FILOS. Attività puramente speculativa (in oppos. a *prassi*), senza altri scopi o interessi fuori del suo stesso indagare.

teorètica s.f. [non com. pl. *–che*] FILOS. Filosofia della pura speculazione, del pensiero astratto, della conoscenza.

teorètico agg. [pl.m. *–ci*, f. *–che*] Della filosofia teoretica. ◆ s.m. [f. *–ca*] **1.** Incline a ragionamenti astratti. **2.** Docente di filosofia teoretica.

1. teorìa s.f. (gr. *theōría*, deriv. di *theōrêin* "contemplare, esaminare") **1.** Formulazione rigorosa e sistematica dei principi di una scienza, di una filosofia o di qualsiasi altra forma di sapere. ~ Ipotesi scientifica formulata per la spiegazione di fenomeni particolari. **2.** *comun.* Opinione, punto di vista. **3.** Insieme relativamente organizzato di idee, di concetti che si riferisce a un settore determinato. ~ Conoscenza speculativa, ideale. *La teoria politica.* ◇ *In teoria:* sotto l'aspetto teorico, prescindendo dalle applicazioni pratiche o dalle situazioni reali.

2. teorìa s.f. (gr. *theōría*, deriv. di *theōrêin* "contemplare, essere spettatore" e anche "presenziare da ambasciatore a una festa religiosa") **1.** ANT. GR. Delegazione ufficiale inviata in una città. **2.** Corteo, lunga fila. *Una teoria di automobili.*

teoricaménte avv. In teoria.

teòrico agg. [pl.m. *–ci*, f. *–che*] Che riguarda la teoria. ~ *comun.* Che non ha relazione con la realtà o la pratica. ◆ s.m. [f. *–ca*] **1.** Chi elabora teorie, spec. scientifiche. **2.** In senso limitativo, chi trascura gli aspetti pratici o tecnici a vantaggio della pura teoria.

teorizzàre v.tr. Formulare e sostenere una teoria su qlco. ~ Sistemare una certa materia secondo principi generali. ◆ v.intr. (aus. *avere*) Ragionare in modo astratto.

teorizzazióne s.f. **1.** Elaborazione e trasformazione di un fenomeno, un'attività o altro in categorie astratte e principi generali. *La teorizzazione dell'uguaglianza e della libertà umana.* **2.** Conferimento di validità universale a principi particolari.

teosofìa s.f. **1.** RELIG. Complesso di dottrine filosofico-religiose che sostengono la possibilità di raggiungere la conoscenza di Dio e dell'essenza della natura attraverso un'indagine che unisce misticismo e scienza. **2.** Movimento filosofico-religioso nato nell'Ottocento, che propugnava l'unicità originaria di tutte le religioni.

teòsofo s.m. [f. *–fa*] Studioso o seguace della teosofia.

tèpalo s.m. BOT. Ogni elemento che, nel fiore, forma il perigonio.

tepee [/'ti:pi:/] s.m. inv. (voce ingl. d'America, dalla voce indigena *tīpī* "casa") Abitazione tradizionale degli indiani delle pianure dell'America settentrionale.

tepidàrio s.m. [pl. *–ri*] ANT. ROM. Ambiente delle terme attrezzato per i bagni di acqua tiepida o come spogliatoio.

tepóre s.m. Calore lieve e gradevole.

teppàglia s.f. [pl. *–glie*] → **gentaglia**.

teppìsmo s.m. **1.** Modo di comportarsi delinquenziale e vandalico. **2.** Malavita, spec. di bande giovanili.

teppista s.m. e f.[pl.m. *–sti*] **1.** Losco individuo. **2.** Chi compie atti vandalici e violenze.

tequila [/te'kila/] s.f. [pl. *tequilas*] (voce spagn., dal nome dell'omonima città messicana) Liquore molto alcolico ottenuto dalla distillazione del succo fermentato del frutto dell'agave, prodotto in Messico.

tèr agg. inv. (voce lat., propr. "tre volte") Terzo, usato per indicare ciò che segue immediatamente il bis.

terapèuta s.m. e f.[pl.m. *–ti*] (gr. *therapeutḗs* "servitore") **1.** Competente e studioso di terapeutica. **2.** Medico che mette in atto una terapia.

terapèutica s.f. [non com. pl. *–che*] MED. Studio dei metodi di cura delle malattie e della loro applicazione.

terapèutico agg. [pl.m. *–ci*, f. *–che*] Efficace per curare le malattie.

terapìa s.f. **1.** MED. Trattamento sistematico di una patologia, insieme dei provvedimenti, delle medicine atti a migliorare lo stato di salute. ◇ *Terapia eziologica:* diretta a eliminare le cause dello stato morboso in atto nell'organismo. – *Terapia d'urto:* intervento di cura di uno stato morboso già avanzato, attuato mediante la somministrazione di farmaci in dosi elevate; *fig.* provvedimento drastico per eliminare le cause e gli effetti di un problema. – *Terapia intensiva:* quella praticata in reparti attrezzati a pazienti che necessitano di cure continue. – *Terapia del dolore:* quella che mira ad alleviare il dolore dei malati terminali. **2.** Branca della medicina che si occupa delle metodiche atte a combattere e guarire le malattie. **3.** *fam.* Psicoterapia.

terapista s.m. e f. [pl.m. *–sti*] **1.** Studioso di terapeutica. **2.** Medico che mette in atto una terapia. SIN.: **terapeuta**.

teratogènesi s.f. inv. BIOL. Sviluppo embrionale alterato da un teratogeno.

teratògeno agg. BIOL. Che produce malformazioni nell'organismo in via di sviluppo.

teratologìa s.f. BIOL. Studio delle malformazioni e delle mostruosità negli organismi vegetali e animali.

tèrbio s.m. (solo sing.) (lat. *Terbium*, deriv. di *Ytterby*, nome della località svedese dove fu scoperto) **1.** Metallo del gruppo delle terre rare. **2.** Elemento chimico (*Tb*) di numero atomico 65 e peso atomico 158,924.

Terebintàli s.f. pl. [iniziale minusc. sing. *–le* per l'individuo] BOT. Ordine di alberi spesso provvisti di sistemi secretori di resine. (Classe delle Dicotiledoni.)

terebìnto s.m. Arbusto mediterraneo che fornisce una resina, ant. utilizzata in medicina, mentre il suo legno viene usato in ebanisteria. (Nome sc. *Pistacia terebinthus*; famiglia delle Anacardiacee.)

tèrebra s.f. (lat. *tĕrebram* "trivella") **1.** Antica macchina bellica da assedio simile a un ariete per aprire brecce nelle mura. **2.** ZOOL. Organo tipico di alcuni insetti fatto come una punta capace di perforare i tessuti vegetali per deporvi le uova.

1. terebrànte agg. **1.** BIOL. Che perfora, che si infiltra. **2.** Munito di terebra. **3.** MED. Di un dolore acuto e di ciò che lo provoca.

2. terebrànte s.m. **1.** Denominazione comune di vari insetti appartenenti al sottordine o all'infraordine dei Terebranti. **2.** ZOOL. (iniziale maiusc., pl.) Sottordine di insetti le cui femmine sono dotate di terebra. (Ordine dei Tisanotteri.) **3.** ZOOL. (iniziale maiusc., pl.) Infraordine di insetti, perlopiù parassiti, provvisti di ovopositore a terebra, che utilizzano anche per paralizzare la preda. (Ordine degli Imenotteri.)

tereftàlico agg. [pl.m. *–ci*] CHIM. *Acido tereftalico:* acido isomero dell'acido ftalico, utilizzato nella fabbricazione di poliesteri utilizzati come fibre tessili.

tergicristàllo s.m. **1.** Dispositivo costituito da un motorino elettrico che mette in moto una o due spazzole di gomma con la funzione di pulire il parabrezza degli autoveicoli. **2.** Ciascuna delle due spazzole del tergicristallo anteriore.

tergilunòtto s.m. inv. Tergicristallo applicato al vetro posteriore degli autoveicoli.

tergiversàre v.intr. (aus. *avere*) Eludere una domanda con risposte vaghe. ~ Perdere tempo evitando di esprimere chiaramente il proprio pensiero o atteggiamento. ~ Rinviare il più possibile una decisione.

tèrgo s.m. [pl. –*ghi*] **1.** Parte posteriore di un foglio. **2.** Retro di monete o medaglie.

Teridìdi s.m. pl. [iniziale minusc. sing. –*de* per l'individuo] ZOOL. Famiglia di ragni dal corpo rotondo e zampe lunghe ed esili; ne fa parte la vedova nera. (Ordine degli Aracnidi.)

terilène s.m. (comp. di *ter-eftalato* ed *et-ile-ne*, ingl. *terylene*) Nome commerciale, che costituisce marchio registrato, di una fibra tessile sintetica, molto resistente, detta anche *terital*.

teriomorfismo s.m. In molte religioni antiche e primitive, usanza di attribuire forma di animale alle divinità o ad altre entità mitologiche.

teriomòrfo o **teromòrfico** agg. [pl.m. –*fi*, –*ci*, f. –*fe*, –*che*] (gr. *thēriómorphos* "in forma animale") RELIG. Delle divinità e delle figure mitologiche che, in antiche religioni, erano rappresentate e venerate sotto forma di animale.

tèrital s.m. inv. Nome commerciale, che costituisce marchio registrato, di una fibra tessile sintetica, detta anche *terilene*.

terlàno s.m. inv. Vino bianco secco tipico di Terlano, in Alto Adige.

termàle agg. **1.** Delle terme, anche con riferimento alle cure idroterapiche che vi si praticano. ◇ *Stazione termale:* località dotata di un istituto specializzato nel trattamento di patologie diverse mediante l'utilizzo di acque termali. **2.** Che si riferisce alle terme antiche, soprattutto romane.

termalismo s.m. **1.** Complesso delle cure mediche basate sullo sfruttamento delle acque termali. **2.** Attrezzature installate a tale scopo in speciali stabilimenti. **3.** Fenomeno turistico che si sviluppa intorno alle stazioni termali.

tèrme s.f. pl. (gr. *thérmai* "sorgenti calde") **1.** Complesso di edifici dotato di attrezzature atte a sfruttare, a scopo terapeutico, le acque termominerali. **2.** Nell'antica civiltà romana, complesso edilizio con piscine per bagni caldi e freddi, con annesse palestre, porticati, giardini.

tèrmico agg. [pl.m. –*ci*, f. –*che*] Relativo al calore. ◇ *Macchina termica:* in grado di convertire il calore in lavoro. ◇ *Centrale termica:* impianto nel quale l'energia elettrica è prodotta a partire da energia termica. (Le centrali termiche, comprese quelle nucleari, funzionano perché l'alta pressione porta l'acqua in ebollizione e il vapore prodotto fa girare dei turboalternatori.) – CHIM. *Analisi termica:* studio delle variazioni di temperatura delle sostanze, in partic. delle leghe, da cui emergono le loro modificazioni chimiche.

termidoriàno agg. [f. –*na*] (fr. *thermidorien*) Del 9 termidoro e periodo della Rivoluzione francese che ne seguì. ◆ s.m. Membro della convenzione francese che, con Barras, Fouché, Tallien, contribuirono alla caduta di Robespierre il 9 termidoro anno II (27 luglio 1794).

termidòro s.m. (fr. *thermidor*, comp. di gr. *thermós* "caldo" e *dôron* "dono") ST. Undicesimo mese del calendario repubblicano francese che iniziava il 19 o 20 luglio e terminava il 17 o 18 agosto.

terminal [ˈtəːmɪnəl] s.m. inv. (voce ingl.) **1.** Stazione urbana dei mezzi (treno, corriere, ecc.) che collegano la città con l'aeroporto, detto anche *air terminal*. **2.** Centro di arrivo e di partenza di mezzi pubblici.

terminàle agg. **1.** Che costituisce l'estremità, l'ultimo elemento di qlco. ◇ MED. *Fase terminale:* stadio di una malattia che conduce alla morte. – *Malato terminale:* chi è in tale fase. **2.** Che segna un limite, un confine. **3.** BIOL. Che è all'apice di un organo. ◆ s.m. **1.** Elemento finale di qlco. **2.** TECN. Parte estrema di un cavo, un condotto, un tubo o altro. ~ ELETTROTEC. Parte estrema di un conduttore elettrico. **3.** INFORM. Dispositivo periferico di ingresso e di uscita di un computer; è composto da una tastiera e da un monitor. **4.** Stazione terminale di linee aeree o di servizi di trasporto pubblici.

terminalista s.m. e f. [pl.m. –*sti*] **1.** INFORM. Tecnico che lavora a un terminale. **2.** Gestore o operatore di un terminal. *Terminalista del porto di Genova.*

terminàre v.tr. Condurre qlco. a compimento. *Non ha terminato gli studi.* ◆ v.intr. (aus. *essere*) **1.** Giungere a compimento. *La partita è terminata.* **2.** Di soggetto inanimato, andare a finire in qualche luogo, finire in un certo modo. **3.** LING. Avere una data terminazione. *Il sentiero termina in una radura.*

terminatóre s.m. ASTR. Linea di separazione tra la parte illuminata e quella oscura del disco della luna o di un pianeta del sistema solare.

terminazióne s.f. **1.** Parte estrema di qlco. **2.** DIR. Apposizione di termini delle proprietà catastali. **3.** LING. Parte finale di una parola (in oppos. a *radicale*).

tèrmine s.m. **1.** Estremità spaziale, punto estremo di qlco. ~ Fine, estremità temporale di qlco. **2.** *estens.* Esaurimento di qlco. ◇ *Volgere, essere al termine:* stare per finire. **3.** Limite estremo di tempo entro il quale si deve o è possibile compiere qlco. ◇ *A breve, lungo, medio termine:* nella prospettiva di una scadenza ravvicinata, lontana o intermedia. – DIR. *Termini processuali:* limiti temporali entro i quali si devono compiere gli atti processuali. (Si distinguono in *termini ordinatori* e *termini perentori* a seconda che gli atti siano o no considerati validi nel caso in cui le scadenze non siano rispettate.) – COMM., BANC. *Termine di preavviso:* periodo di tempo che deve passare tra l'avviso dato a una banca per prelevare una somma precedentemente depositata e il prelievo stesso. – *Pronti contro termine:* operazione finanziaria con cui ci si impegna ad acquistare o vendere un dato bene a un prezzo prefissato. – *Contratto a termine:* valevole per un periodo di tempo limitato. – *Termine dilatorio:* quello che deve decorrere prima che un determinato atto giuridicamente possa essere compiuto. **4.** (spec. pl.) L'insieme dei punti che delimitano l'ambito di validità di un'azione, di un contratto. ~ Stato, condizione costitutiva di qlco. **5.** Punto, limite a cui si è giunti, in cui si si trova. ◇ GRAMM. *Complemento di termine:* quello che indica l'elemento a cui tende o su cui termina, a cui è rivolta l'azione. (In latino questo complemento si esprime con il *dativo*.) **6.** Nella grammatica, nella logica filosofica, nella matematica, ciascuno degli elementi di un sistema tra i quali sussiste una relazione. ◇ GRAMM. *Primo, secondo termine di paragone:* i due elementi tra cui si istituisce la comparazione. – LOG. *Termini di un sillogismo:* ciascuno dei tre elementi che lo costituiscono. – MAT. *Ridurre una frazione ai minimi termini:* esprimere la frazione in modo che numeratore e denominatore siano due numeri primi tra di loro. – *fig. Ridurre qlco. ai minimi termini:* consumarlo fino all'esaurimento o ridurlo in pessimo stato. **7.** Vocabolo, locuzione peculiare di una determinata disciplina, di un ambiente ristretto, di un l. settoriale. ~ Più general. anche parola, voce. ◇ *Moderare, misurare i termini:* contenersi nell'espressione, evitando epiteti offensivi, volgarità. – *A rigor di termini:* rispettando il senso esatto, letterale di un testo scritto. – *Senza mezzi termini:* senza tergiversare, dicendo le cose chiaramente, francamente. – *In altri termini:* ossia, vale a dire, in conclusione. *In altri termini, deciderò io.*

terminismo s.m. FILOS. Indirizzo della logica della tarda scolastica, detto anche *nominalismo*, che considera le parole in rapporto al loro valore semantico e alla loro collocazione sintattica.

terminologìa s.f. Insieme di vocaboli e locuzioni peculiari di una scienza, un'arte, un settore, un autore.

terminològico agg. [pl.m. –*ci*, f. –*che*] Relativo alla terminologia.

terminòlogo s.m. Studioso di terminologia, detto anche *terminologista*.

termistànza s.f. ELETTRON. Resistenza a coefficiente negativo di temperatura.

termistóre s.m. ELETTR. Dispositivo la cui resistenza diminuisce al crescere della temperatura.

termitàio s.m. [pl. –*tai*] Nido scavato nel terreno o nel legno secco dalle termiti. (Il termitaio può raggiungere molti metri in altezza e proseguire nel suolo con numerose gallerie.)

1. tèrmite s.f. Denominazione comune di vari insetti che vivono nelle zone tropicali e subtropicali, in popolose colonie organizzate in caste ben distinte a seconda del compito che ogni individuo svolge. (Le termiti nidificano scavando gallerie nel legno o nel terriccio; ordine degli Isotteri.)

2. termite s.f. (ted. *Thermit*, gr. deriv. di *thermós* "caldo") TECN. Miscela di ossido di ferro e alluminio granulare che, bruciando, sviluppa un notevole calore portando il ferro in fusione; è usata per saldature in ferro e ghisa e nella fabbricazione di bombe incendiarie.

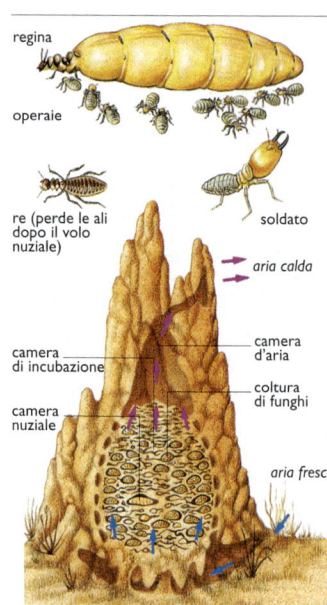

regina

operaie

re (perde le ali dopo il volo nuziale)

soldato

aria calda

camera d'aria

coltura di funghi

camera di incubazione

camera nuziale

aria fresca

aerazione del termitaio

■ **tèrmite.** Termiti e termitaio.

termoadesióne s.f. TECN. Metodo di separazione di metalli diversi uniti tra di loro che consiste nel riscaldarli finché alcuni aderiscano a una superficie coperta di resine termoplastiche.

termoadesivo agg. Di decorazione, toppa, ecc., che aderisce al tessuto mediante stiratura. ◆ Anche nel sign. dell'agg.

termocautèrio s.m. [pl. –*ri*] MED. Strumento chirurgico che utilizza un filo o una punta incandescente per cauterizzare.

termochìmica s.f. [non com. pl. –*che*] Settore della chimica che studia gli scambi di calore che accompagnano le reazioni chimiche.

termochìmico agg. [pl.m. –*ci*, f. –*che*] Della termochimica.

termòclino s.m. OCEANOGR. In un bacino, strato d'acqua la cui temperatura diminuisce rapidamente con la profondità. (Sopra il termoclino, si trova la zona calda sottoposta all'influenza dell'atmosfera.)

termoconvettóre s.m. Apparecchio di riscaldamento per ambienti costituito da una serpentina di tubi contenenti acqua, olio o vapore che vengono riscaldati.

termocopèrta s.f. Coperta riscaldata elettricamente.

termocòpia s.f. Copia ottenuta tramite procedimento termografico.

termocòppia s.f. ELETTR. Circuito elettrico costituito da una coppia di metalli diversi, saldati tra di loro alle estremità; è detta anche *coppia termoelettrica*.

termodinàmica s.f. [non com. pl. –*che*] Settore della fisica che studia le trasformazioni dell'energia termica in energia meccanica e viceversa.

termodinàmico agg. [pl.m. *–ci*, f. *–che*] Della termodinamica.

termoelettricità s.f. inv. Fenomeno per cui si genera elettricità dalla congiunzione di metalli diversi a differente temperatura o, inversamente, si genera energia termica al passaggio di corrente elettrica tra i metalli stessi.

termoelèttrico agg. [pl.m. *–ci*, f. *–che*] **1.** Relativo alla termoelettricità. ~ Che sfrutta il fenomeno della termoelettricità. **2.** Che produce elettricità generando calore.

termoelettróne s.m. FIS. Elettrone emesso da un corpo portato a temperatura molto elevata.

termoelettrònica s.f. [non com. pl. *–che*] Branca dell'elettronica che studia l'emissione di elettroni da parte dei metalli a seguito di riscaldamento, cioè i fenomeni termoelettronici.

termoelettrònico agg. [pl.m. *–ci*, f. *–che*] **1.** *Effetto termoelettronico*: emissione di elettroni da parte di un metallo riscaldato. SIN.: effetto termoionico. **2.** Che riguarda l'effetto termoelettronico. ~ Che sfrutta tale effetto.

termòfilo agg. Di organismo vegetale o animale che predilige gli ambienti caldi o vive in zone caratterizzate da buone condizioni climatiche.

termoformatùra s.f. Messa in forma delle materie plastiche sotto l'azione del calore e di una sollecitazione meccanica.

termòforo s.m. Apparecchio produttore di calore, usato a scopi terapeutici, che si applica sulle zone doloranti del corpo ed è costituito da una serie di resistenze rivestite percorse da corrente elettrica.

termogènesi s.f. inv. BIOL. Fenomeno per cui gli organismi viventi generano calore.

termògeno agg. BIOL. Che produce calore.

termografia s.f. **1.** Scrittura in rilievo che si ottiene con l'uso di polveri di resina mescolate a inchiostro e riscaldate. **2.** Tecnica di registrazione grafica delle temperature dei diversi punti del corpo con individuazione dell'irradiazione infrarossa che questi emettono. (Questa tecnica è utilizzata in medicina per l'individuazione dei tumori del seno, nel telerilevamento, per controllare l'isolamento di un edificio, ecc.) **3.** Il referto dell'esame termografico.

termografico agg. [pl.m. *–ci*, f. *–che*] **1.** Realizzato col metodo della termografia. **2.** Relativo al termografo.

termògrafo s.m. Strumento collegato a un termometro, usato spec. in meteorologia per registrare su diagramma, mediante un ago inchiostrato, le variazioni della temperatura in un certo periodo di tempo.

termoindurènte agg. Di materiale, spec. plastico, che ha la proprietà di indurirsi per effetto del calore (in oppos. a *termoplastico*). ◆ s.m. Nel sign. dell'agg.

termoiònico agg. [pl.m. *–ci*, f. *–che*] FIS. *Effetto termoionico*: effetto *termoelettronico.

termoisolànte agg. Di sostanza cattiva conduttrice di calore e perciò in grado di realizzare isolamento termico. ◆ s.m. Nel sign. dell'agg.

termolisi s.f. inv. **1.** CHIM. Alterazione di un composto, ottenuta per mezzo del calore. **2.** BIOL. Dispersione del calore in un organismo.

termologia s.f. Settore della fisica che studia i fenomeni connessi al calore, quali la sua generazione, la temperatura, i mutamenti prodotti sui corpi.

termoluminescènza s.f. Fenomeno fisico di emissione di luce da parte di corpi sottoposti a riscaldamento.

termomagnetismo s.m. FIS. Fenomeno di variazione termica sotto l'azione di un campo magnetico.

termometria s.f. Parte della termologia che studia metodi e strumenti di misurazione della temperatura.

termomètrico agg. [pl.m. *–ci*, f. *–che*] Relativo al termometro o alla termometria.

termòmetro s.m. (fr. *thermomètre*) **1.** Strumento usato per misurare la temperatura. ◇ *Termo-*

metro clinico: quello che misura la temperatura corporea e verifica la presenza di febbre indicandone esattamente i gradi. – *Termometro a massima, a minima*: termometro ad alcool nel quale due indici indicano le temperature massime e minime raggiunte in un certo intervallo di tempo. **2.** *fig.* Ciò che permette di valutare l'intensità, l'importanza di qlco. *L'inflazione è un termometro dell'economia.*

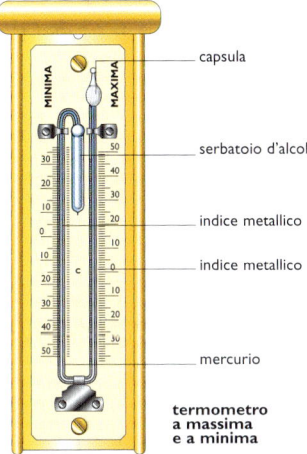

capsula
serbatoio d'alcol
indice metallico
indice metallico
mercurio

termometro a massima e a minima

fonte: Richard e Pékly

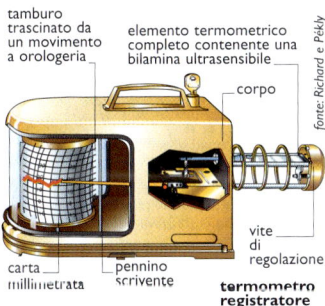

tamburo trascinato da un movimento a orologeria
elemento termometrico completo contenente una bilamina ultrasensibile
corpo
vite di regolazione
carta millimetrata
pennino scrivente
termometro registratore

■ **termòmetro**

termonucleàre agg. **1.** Riferito alle reazioni di fusione e di fissione nucleare, che si verificano a temperature elevatissime. ◇ *Bomba termonucleare*: arma che realizza, grazie al raggiungimento e superamento di temperature molto elevate, la fusione dei nuclei degli atomi leggeri con un'emissione considerevole d'energia. (La potenza delle armi termonucleari si esprime in megaton; è detta anche *bomba all'idrogeno* o *bomba H*.) **2.** Di impianto che genera energia termica da energia termonucleare o di apparecchio impiegato in tali processi.

termoplàstico agg. [pl.m. *–ci*, f. *–che*] Di materiale che diventa molle e malleabile, se viene riscaldato, e duro, se raffreddato.

termopropulsióne s.f. Propulsione mediante termoreattori.

termoreattóre s.m. Tipo di reattore per la propulsione di veicoli, che sfrutta il calore per ottenere l'accelerazione, detto anche *termopropulsore*.

termoregolatóre agg. [f. *–trice*] **1.** BIOL. Relativo alla termoregolazione. **2.** BIOL. *Centri termoregolatori*: quelli che presiedono alla regolazione del calore di un organismo. ◆ s.m. Dispositivo automatico in grado di misurare e regolare la temperatura di un ambiente o di un meccanismo; impropriamente è detto anche *termostato*.

termoregolazióne s.f. **1.** BIOL. Capacità dell'organismo di certi mammiferi e uccelli di mantenere invariata la temperatura corporea al variare di quella esterna. **2.** TECN. Mantenimen-

to di una temperatura costante in un ambiente o in un fluido mediante un termoregolatore.

termoscòpio s.m. [pl. *–pi*] Strumento utilizzato in passato per segnalare le variazioni di temperatura di un corpo, senza registrarne esattamente i gradi.

termosfèra s.f. (spec. sing.) Regione dell'atmosfera situata sopra la mesosfera (da 85 a 500 km d'altitudine), nell'ambito della quale la temperatura aumenta con l'aumentare della distanza dal suolo.

termosifóne s.m. **1.** Sistema di riscaldamento formato da una caldaia e da una rete di tubazioni e radiatori; l'impianto stesso. **2.** Nel l. com., radiatore dell'impianto di riscaldamento.

termostàtico agg. [pl.m. *–ci*, f. *–che*] **1.** Che funziona con un termostato, relativo al termostato. **2.** Mantenuto a temperatura costante grazie al funzionamento di un termostato.

termòstato s.m. **1.** Apparecchio che serve a mantenere la temperatura costante in un ambiente. **2.** Nel l. com., termoregolatore.

termotècnica s.f. [non com. pl. *–che*] Settore della tecnica che si occupa dei processi di produzione industriale di energia termica, dei processi di trasformazione in altri tipi di energia e dell'utilizzazione del calore.

termotècnico agg. [pl.m. *–ci*, f. *–che*] Della termotecnica. ◆ s.m. [*–ca*] Tecnico specializzato nelle applicazioni industriali della termotecnica.

termoterapia s.f. MED. Cura consistente nell'applicazione di calore umido o secco, spec. contro forme di artrite e dolori reumatici.

tèrna s.f. **1.** Insieme di tre persone, in partic. quelle tra le quali verrà scelto chi dovrà assumere una certa carica o funzione. **2.** MAT. Serie di tre numeri o di tre elementi. **3.** BOT. Insieme di tre organi uguali. **4.** ELETTROTEC. L'insieme dei tre fili utilizzati nelle linee elettriche aeree.

ternàrio agg. [pl.m. *–ri*] Composto di tre elementi. ◇ MUS. *Ritmo ternario*: ritmo diviso in battute di tre unità di tempo. – *Verso ternario*: che si compone di tre sillabe. – CHIM. ORG. *Composto ternario*: unione di tre elementi diversi.

tèrno s.m. (lat. *tērnum* "tre per volta, triplice") **1.** Nel gioco del lotto, combinazione di tre numeri giocati o estratti sulla stessa ruota. ~ Nel gioco della tombola, serie di tre numeri estratti che stanno sulla stessa fila di una cartella. **2.** In bibliografia, fascicolo di tre fogli che, ripiegati, vengono a formare sei carte, cioè dodici pagine.

terpène agg. (ted. *Terpen*) CHIM. Di composto della vasta famiglia dei terpeni. ◆ s.m. (al pl.) Classe di idrocarburi di formula bruta $(C_5H_8)_n$ prodotti dal metabolismo secondario delle piante. (L'essenza di trementina è ricca di terpene.)

terpènico agg. [pl.m. *–ci*, f. *–che*] **1.** CHIM. Detto dei terpeni e dei loro derivati. **2.** Che ha la struttura dei terpeni.

terpenòide s.m. Denominazione dei derivati (alcoli, aldeidi, chetoni, ecc.) dei terpeni.

terpina s.f. CHIM. Alcol terpenico che si ricava dall'essenza di trementina, largamente utilizzato in profumeria e in medicina. ◇ *Idrato di terpina*: miscela di terpineolo e idrocarburi terpeni impiegata in medicina e in profumeria.

terpineòlo s.m. (fr. *terpinéol*) Alcol terpenico che si ottiene per distillazione dall'olio essenziale di alcune piante; viene usato in profumeria e in microscopia.

tèrra s.f. **1.** (iniziale maiusc., solo sing.) Terzo pianeta (in rapporto alla distanza dal Sole) del sistema solare. **2.** *estens.* Globo terracqueo in cui si svolge la vita dell'uomo, dei vegetali e degli altri animali. SIN.: **mondo**. **3.** *estens.* Insieme degli abitanti della terra, umanità. **4.** RELIG. Sede della vita terrena (in oppos. a *vita ultraterrena*). **5.** Parte emersa della superficie terrestre, spec. in oppos. a *mare* o *acqua* e ad *aria*. ◇ *Prendere, toccare terra*: riferito a imbarcazioni o velivoli, approdare o atterrare. **6.** Zona più o meno ampia della superficie terrestre. ~ Patria. ◇ *Terra promessa*: la Palestina, regione che Dio promise agli Ebrei nel patto di alleanza; *fig. Terra promessa, santa*: ciò che si desidera da molto tempo. – *Fare terra bruciata*: distruggere ogni cosa sul proprio territorio prima di abbandonarlo al ne-

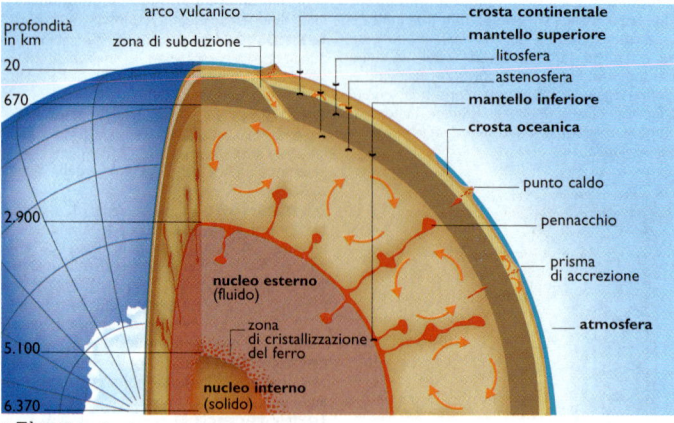

profondità in km
20
670
2.900
5.100
6.370

arco vulcanico
zona di subduzione
crosta continentale
mantello superiore
litosfera
astenosfera
mantello inferiore
crosta oceanica
punto caldo
pennacchio
prisma di accrezione
atmosfera
nucleo esterno (fluido)
zona di cristallizzazione del ferro
nucleo interno (solido)

■ **Tèrra** (struttura).

mico che avanza; *fig.* travolgere, fare piazza pulita di tutto. **7.** Suolo, terreno. ~ *estens.* Superficie orizzontale su cui si cammina. ◊ *figg.* *Essere a terra:* sentirsi privo di forze fisiche o moralmente depresso. – *Stare con i piedi per terra:* essere realista. – *Gomma a terra:* sgonfia. ~ *Terra a terra:* mediocre, senza particolari qualità. **8.** ELETTROTEC. Massa terrestre considerata come conduttore a potenziale zero. ~ Anche, ogni elemento collegato a essa. **9.** Materiale che ricopre la superficie terrestre sul quale crescono le piante. SIN.: **terriccio. 10.** Tale materiale considerato in rapporto alla lavorazione agricola. SIN.: **terreno. 11.** (iniziale maiusc.) Nell'antichità classica, divinità legata alla fecondità. **12.** *estens.* Campagna, agricoltura. ~ Terreno coltivabile, possedimento rurale. **13.** Sostanza incoerente allo stato di polvere, ricavata dal suolo e utilizzata, a seconda della composizione, per molte lavorazioni. ◊ *Terra di Siena:* roccia sedimentaria lacustre di colore giallo o bruno. – *Terra da porcellana:* caolino. **14.** CHIM. *Terre rare:* gruppo di minerali costituiti da elementi chimici, di numero atomico compreso tra 57 e 71, detti *lantanidi*, caratterizzati da una grande omogeneità di proprietà chimiche e fisiche. **15.** MAT. *Linea di terra:* nel metodo di Monge, retta di intersezione dei due piani di riferimento. ❑ In funzione di agg., usato in alcune locc. ◊ *Color terra:* colore marrone che sfuma al grigio-verde. – *Piano terra:* pianterreno.
ENCICL. La Terra è il terzo pianeta del sistema solare (dopo Mercurio e Venere, il quarto è Marte) in ordine di distanza dal Sole. Il suo satellite, la Luna, provoca deformazioni, o maree, nello strato acqueo terrestre e nella massa rocciosa (maree terrestri). La Terra ruota su se stessa attorno all'asse polare (con un movimento che determina il *giorno solare*) e contemporaneamente descrive un'orbita ellittica attorno al Sole, alla distanza media di ca. 149,6 milioni di km, che definisce l'*anno siderale*. Il diametro equatoriale del pianeta è di 12.756,776 km, quello polare di 12.712,824 km; ha una superficie di 510.101 × 10^3 km², un volume di 1.083.320 × 10^6 km³ e una massa di 5,98 × 10^{24} kg. La Terra, formatasi 4,6 miliardi di anni fa, è costituita da una successione di strati solidi, liquidi o gassosi, connessi gli uni agli altri. L'involucro gassoso costituisce l'*atmosfera*, formata da elementi leggeri volatili, che provengono dalla degassificazione della sfera solida. La parte liquida, o *idrosfera* (circa i 2/3 della superficie terrestre) comprende tutti i mari, oceani, fiumi, falde sotterranee e ghiacciai. Schematicamente, la parte solida della Terra si divide in tre zone concentriche: la *litosfera* o *crosta* (spessore di 35 km in media, ma molto variabile), *mantello* (fino a 2200 km ca.) e *nucleo* (da 2900 km).

tèrra-àrio loc. agg. inv. *Missile terra-aria:* missile che viene lanciato da postazioni a terra per colpire bersagli aerei.

terracòtta s.f. [pl. *terrecotte*] **1.** Materiale ottenuto dalla cottura in fornace dell'argilla, utilizzato per la fabbricazione di laterizi, vasellame

e oggetti d'uso o artistici di vario tipo. **2.** Prodotto artistico in argilla cotta al forno.

terràcqueo agg. *Globo, orbe terracqueo:* globo terrestre, in quanto formato da terre emerse e distese di acqua.

terrafèrma s.f. (solo sing.) **1.** Terra che emerge dal mare. **2.** *estens.* Il continente, contrapposto alle *isole*.

terràglia s.f. [pl. *–glie*] **1.** Ceramica bianca usata per fabbricare vasellame e servizi igienici. **2.** (al pl.) Oggetti fatti di tale materiale, spec. stoviglie.

terramàra s.f. [pl. *terramare* o *terremare*] (voce emiliana di etim. incerta, forse lat. *tĕrra māla* "terra cattiva", per i numerosi resti umani che vi si rinvengono) Cumulo di terreno nerastro costituito dai resti di nuclei abitati di età preistorica in zone lacustri, diffuso in Emilia e in Lombardia.

terramicìna s.f. (ingl. *terramycin*) FARM. Denominazione commerciale, che costituisce marchio registrato, di un antibiotico del gruppo delle tetracicline.

terranòva s.m. inv. (fr. *terre-neuve*, calco dell'ingl. *newfoundland dog* "cane dell'isola di Terranova") Cane addestrato al salvataggio in acqua, grosso e robusto, con pelo lungo e scuro.

terrapièno s.m. Cumulo di terra ammucchiata alla base o ai lati di strutture preesistenti, quali sedi stradali o opere di fortificazione, come sostegno, sbarramento o rinforzo.

terràrio s.m. [pl. *–ri*] Vasca destinata all'allevamento di alcune specie di animali, soprattutto rettili e anfibi.

Terrasànta s.f. (solo sing.) La Palestina, dove visse Gesù, oggi meta di pellegrinaggio per i cristiani.

tèrra-tèrra loc. agg. inv. *Missile terra-terra:* missile viene lanciato da postazioni a terra per colpire bersagli terrestri.

terràzza s.f. (fr. *terrasse*) **1.** Zona scoperta di un edificio, recintata da un parapetto e adibita a vari scopi. ~ Il ripiano alla sommità di un edificio, che funge da copertura in sostituzione del tetto. **2.** Ripiano naturale o ricavato artificialmente su un terreno a forte pendenza, destinato alla coltivazione. *Coltivazione a terrazza.*

terrazzaménto s.m. **1.** GEOL. Strutturazione a terrazzi di un terreno alluvionale, dovuta all'erosione differenziata degli strati di diversa composizione. **2.** Sistemazione di un terreno in forte pendio, mediante la costruzione di ripiani sostenuti da muretti in pietra o cemento.

terrazzàre v.tr. Sistemare a terrazze un terreno a forte pendenza.

terràzzo s.m. **1.** Superficie aperta o semichiusa che si trova a un qualsiasi piano di una casa d'abitazione, munita di parapetto o ringhiera e praticabile attraverso una o più porte. **2.** Ripiano ricavato con l'opera di terrazzamento di un pendio. **3.** Ripiano formato in un terreno dall'azione erosiva delle acque o dei ghiacciai,

da depositi alluvionali, dall'abbassamento del livello di un fiume o da altre cause naturali.

terremotàto agg. **1.** Colpito o danneggiato gravemente da un terremoto. *Città terremotate.* **2.** *fig.* Sconvolto nell'assetto, radicalmente cambiato. *Classifica terremotata dopo le ultime partite.* ◆ s.m. [f. *–ta*] Chi abita una zona colpita da terremoto.

terremòto s.m. **1.** Serie di movimenti di una parte della superficie terrestre, originati da fenomeni tettonici o vulcanici di natura endogena; si trasmettono alla crosta terrestre manifestandosi come scosse e vibrazioni di varia intensità e durata, determinando un profondo sconvolgimento della struttura geologica e dell'aspetto geografico delle zone interessate. SIN.: **sisma. 2.** *fig.* Confusione, scompiglio. *Le dimissioni del direttore hanno provocato un gran terremoto.* ~ Cambiamento radicale. **3.** *fig.* Bambino o ragazzo molto vivace.

1. terréno agg. **1.** Proprio di questo mondo, della terra. **2.** Situato a livello del suolo.

2. terréno s.m. **1.** Strato superficiale della crosta terrestre. ◊ *fig. Sentirsi mancare il terreno sotto i piedi:* sentirsi perduti, non sapere più cosa fare. **2.** Porzione della superficie terrestre con particolari caratteristiche morfologiche. ~ Terra adatta alla coltivazione. ◊ *fig. Trovare il terreno adatto:* trovare una condizione favorevole o riscontrare il favore di qlcu. **3.** Appezzamento di terra. SIN.: **fondo. 4.** Area, campo su cui si affrontano eserciti in guerra o persone che duellano tra loro. **5.** Nel l. sport., campo di gara. **6.** *fig.* Settore specifico, argomento, materia, soggetto. ~ Ambito ristretto di competenza, campo. **7.** BIOL. *Terreno di coltura:* base preparata con elementi nutritivi nella quale vengono fatti crescere, in laboratorio, microrganismi di vario tipo, a fini di ricerca o diagnostici. **8.** MED. *Terreno organico:* insieme delle condizioni biologiche che influenzano le reazioni di un organismo agli stimoli esterni.

tèrreo agg. Del colore grigio livido della terra. SIN.: **giallognolo.**

terrèstre agg. **1.** Della Terra come pianeta. **2.** Terreno, mondano. **3.** Di terra, in contrapposizione a *marino* e *aereo. Fauna terrestre.* ◆ s.m. e f. Chi abita la Terra (in oppos. a *extraterrestre*).

terrìbile agg. **1.** Che causa, incute terrore. SIN.: **spaventoso. 2.** Di persona, crudele, spietato, privo di clemenza. ~ *scherz.* Vivace fino a essere insopportabile, detto spec. di bambino. **3.** *fig.* In usi enfatici, molto sgradevole, insopportabile.

terricciàto s.m. AGR. Miscuglio fangoso di terra e letame che serve da concime, detto anche *composta.*

terrìccio s.m. [pl. *–ci*] Materiale terroso ricco di sostanze nutritive che forma lo strato superficiale del terreno di boschi, prati e campi, largamente utilizzato in floricoltura, orticoltura e giardinaggio.

terrìcolo agg. **1.** Di pianta, che vegeta sul terreno. **2.** Di animale, che vive sulla superficie o negli strati profondi della terra. **3.** Verme del sottordine Terricolo.

terrier [/teˈrje/] s.m. inv. (voce fr., abbr. di *chien terrier* "cane terriero" perché adatto alla caccia nelle tane sotterranee) Razza di cani di piccola taglia un tempo usati nella caccia, oggi spec. per compagnia.

terrièro agg. (fr. *terrier*) Di terre, di terreni agrari.

terrificànte agg. **1.** Che terrorizza. SIN.: **spaventoso. 2.** *fig.* In usi enfatici, fortissimo, eccezionale. *Fa un caldo terrificante.*

terrìgeno agg. GEOL. *Depositi terrigeni:* detriti di terra e sabbia che si sono formati sul fondo di mari e laghi.

terrìna s.f. (fr. *terrine*) **1.** Recipiente di terracotta o ceramica con coperchio usato in cucina. **2.** Cibo preparato con questo utensile. *Terrina di lepre.*

territoriàle agg. Relativo a un territorio. ◊ *Milizia territoriale:* antico corpo dell'esercito, del quale facevano parte i soldati più anziani.

territorialismo s.m. ETOL. Istinto del comportamento animale che induce a delimitare un proprio spazio vitale, difendendolo dall'intrusione di individui estranei.

territorialità s.f. inv. Condizione di ciò che è territoriale, soprattutto, in campo giuridico-amministrativo, come appartenenza a un certo territorio. ◇ DIR. *Territorialità della legge:* principio generale in base al quale devono essere disciplinati dalla legge dello Stato tutti i rapporti giuridici venuti a esistenza nel territorio dello Stato stesso, indipendentemente dal fatto che i titolari di detti rapporti siano o no cittadini.

territòrio s.m. [pl. *-ri*] **1.** Estensione piuttosto vasta di terreno, con particolari caratteristiche morfologiche, climatiche, ecc. **2.** Area soggetta a un'unica amministrazione o giurisdizione, statale, regionale o di altro tipo. **3.** SPORT. Nel baseball, campo di gioco. **4.** ETOL. Spazio delimitato da un animale o un gruppo di animali, considerato come habitat privilegiato e difeso contro l'intrusione di altri animali. **5.** ECOL. L'ambiente in generale.

terróne s.m. [f. *-na*] *spreg. o scherz.* Epiteto con cui nell'Italia settentrionale sono designati i meridionali.

terróre s.m. **1.** Sensazione di forte paura incontrollata. ~ Pratica sistematica di violenze, di repressioni allo scopo di mantenere il potere. *Regime dittatoriale fondato sul terrore.* **2.** Persona o cosa che ispira un grande timore. **3.** *per anton.* (iniziale maiusc.) Periodo della Rivoluzione francese tra il 1793 ed il 1794, in cui la repressione giacobina fu più spietata (v. parte n.pr.).

terrorismo s.m. (fr. *terrorisme*) **1.** Modalità di lotta politica adottata da gruppi di rivoluzionari, basata su atti di violenza per tentare di sovvertire l'ordine istituzionale vigente. ◇ *Terrorismo biologico, bio-terrorismo:* nel l. gior., uso terroristico di armi chimiche. – *Terrorismo psicologico:* metodo di intimidazione basato su pressioni psicologiche. **2.** Regime politico fondato sulla violenza e sulla repressione. ~ (iniziale maiusc.) Il governo del Terrore instaurato dai giacobini durante la Rivoluzione francese.

terrorista s.m. e f.[pl.m. *-sti*] (fr. *terroriste*) **1.** Chi fa parte di un gruppo che adotta la violenza come metodo di lotta politica. **2.** Durante la Rivoluzione francese, membro del governo del Terrore. ❏ In funzione di agg., che fa lotta politica con le armi, con la violenza.

terroristico agg. [pl.m. *-ci*, f. *-che*] **1.** Che si fonda sul terrore. *Regime terroristico.* **2.** Relativo al terrorismo, ai terroristi. *Organizzazione terroristica.*

terrorizzàre v.tr. (fr. *terroriser*) Incutere terrore, spavento. SIN.: **sgomentare**. ~ Tenere qlcu. sotto un regime di terrore.

terróso agg. **1.** Che contiene residui di terra, sporco di terra. **2.** Simile alla terra per aspetto o colore. *Sostanza terrosa.* ◇ CHIM. *Metalli terrosi:* antica denominazione degli elementi del terzo gruppo del sistema periodico, per l'aspetto degli ossidi di cui sono costituiti.

tèrso agg. **1.** Privo di impurità, limpido, trasparente. *Cielo terso.* **2.** *fig.* Di stile, equilibrato, elegante e nel contempo perspicuo.

tèrza s.f. **1.** Nell'antica Roma e nel Medioevo, terza ora del giorno, corrispondente alle nove del mattino. **2.** Nella liturgia cattolica, seconda ora canonica nella recita del breviario, anch'essa corrispondente all'incirca alle nove. **3.** Terza classe di una scuola. **4.** Terza marcia di un autoveicolo. **5.** MUS. Intervallo di tre gradi nella scala diatonica. **6.** SPORT. Nella scherma, posizione con il braccio piegato verso destra e il dorso della mano rivolto in fuori. ~ Nella danza classica, posizione con i piedi a 90 gradi, in modo che il tallone dell'uno tocchi l'incavo interno dell'altro.

terzàna agg. MED. Di febbre malarica che si manifesta in forma acuta ogni terzo giorno. ◆ s.f. Nel sign. dell'agg.

terzarolàre v.tr. MAR. Ripiegare la vela in modo da ridurne la superficie esposta al vento.

terzaròlo s.m. **1.** MAR. Nelle antiche galee, terza vela in ordine di grandezza. **2.** Il terzo dei vogatori dello stesso banco. **3.** MAR. Parte della vela che può essere ripiegata quando, per il vento troppo forte, è necessario ridurre la superficie velica. **4.** Arma da fuoco in uso nei secc. XV-XVI, con la canna più corta di un terzo rispetto all'archibugio, ma di calibro più grosso.

terzétto s.m. **1.** MUS. Composizione per tre voci. **2.** Gruppo di tre esecutori, spec. vocale. **3.** *estens.* Gruppo di tre persone accomunate da qualche caratteristica o che fanno qlco. insieme.

terziàrio agg. [pl.m. *-ri*] **1.** Che occupa il terzo posto. **2.** GEOL. *Era terziaria:* era cenozoica. **3.** CHIM. ORG. *Atomo di carbonio terziario:* che si lega ad altri tre atomi di carbonio, nella molecola di un composto organico. **4.** ECON. Riferito al settore dei servizi e, nel complesso, alle attività che non fanno parte dell'agricoltura e dell'industria. ◆ s.m. **1.** CATT. [f. *-ria*] Laico che fa parte del terzo ordine di una congregazione religiosa. *Terziario francescano.* **2.** GEOL. (solo sing.) Era cenozoica. **3.** ECON. (solo sing.) Settore dei servizi. ◇ *Terziario avanzato:* complesso dei servizi per i quali si richiede alta qualificazione professionale e competenza nelle più moderne tecnologie.

terziarizzazióne s.f. ECON. Processo per cui, in una società, il settore dei servizi supera d'importanza il settore agricolo e quello industriale.

terzina s.f. **1.** METR. Strofa di tre versi, quasi sempre endecasillabi, usata nel sonetto. **2.** MUS. Gruppo di tre note che si eseguono nella medesima durata delle due dello stesso valore a cui sono sostituite. **3.** Nella roulette, combinazione di tre numeri posti tutti su una fila orizzontale, sui quali si può puntare.

terzino s.m. **1.** SPORT. Nel gioco del calcio, ciascuno dei difensori che si collocano tra il portiere e il centrocampista, con compiti di marcatura degli attaccanti avversari di fascia. **2.** MUS. Tipo di clarino più piccolo di quello comune, intonato una terza minore sopra il clarinetto normale.

terzista s.m. e f.[pl.m. *-sti*] Chi lavora per conto terzi, spec. in campo tessile.

tèrzo agg. num. ord. **1.** Che, in una successione ordinata, occupa il posto corrispondente al numero 3. ◇ *Terza pagina:* nei quotidiani, pagina che è di solito dedicata ad argomenti di cultura. – *Terzo stato:* la borghesia, classe che, nella scala gerarchica della società francese dell'epoca prerivoluzionaria, era inferiore alla nobiltà e al clero. – *Terzo mondo:* complesso degli Stati afroasiatici e sudamericani che hanno uno sviluppo economico molto limitato, general. nati dalla decolonizzazione. – *Terzo uomo:* nel l. pol., persona che, in caso di ballottaggio, può subentrare come sostituto; nel calcio, aiutoarbitro a bordo campo. **2.** Relativo a ciascuna delle parti di un intero diviso per tre. *La terza parte dell'eredità.* **3.** Formato da tre unità. **4.** Estraneo a un gruppo unito da un patto, da un'alleanza. *Paesi terzi.* ◆ s.m. [f. *-za*] **1.** Nelle accez. 1 e 2 dell'agg. ◇ LOG., FILOS. *Principio del terzo escluso:* terzo principio della logica, che segue quelli di identità e di contraddizione, secondo il quale si esclude che possa esistere una terza possibilità tra due giudizi contraddittori tra di loro. **2.** Terza persona che entra in gioco nel rapporto tra altre due. *Ci serve il terzo per la partita.* ◇ *Terzo incomodo:* chi si accompagna a persone, spec. a coppie, che andrebbero lasciate sole. **3.** (al pl.) Altre persone, gli altri. **4.** *In terzo*, che prevede la presenza di tre persone, solo nella loc. *messa in terzo*, messa concelebrata da tre sacerdoti.

terzogènito agg. Nato per terzo. ◆ s.m. [f. *-ta*] Nel sign. dell'agg.

terzomondismo s.m. **1.** Problemi dei paesi del Terzo Mondo. **2.** Interesse e solidarietà nei riguardi di tali Stati.

terzomondista agg. [pl.m. *-sti*] Relativo al Terzo Mondo. ◆ s.m. e f. Chi si occupa di terzomondismo, perlopiù come membro di qualche associazione umanitaria di solidarietà.

terzùltimo o **terz'ùltimo** agg. Che, in una sequenza ordinata, viene al terzo posto a partire dalla fine. ◆ s.m. [f. *-ma*] Nel sign. dell'agg.

1. terzuòlo agg. *Fieno terzuolo:* ricavato dal terzo taglio annuale. ◆ s.m. Nel sign. dell'agg.

2. terzuòlo s.m. (provenz. *tersol*) **1.** Maschio del falco, più piccolo di un terzo rispetto alla femmina. **2.** → **astore**.

tésa s.f. **1.** Operazione di tendere le reti per catturare uccelli. ~ *estens.* Le reti stesse e il luogo in cui vengono tese. **2.** Parte del cappello che sporge dalla cupola e la circonda interamente o per un tratto. **3.** Antica unità misura di lunghezza corrispondente a 1,949 m, usata in Italia e in Francia prima dell'introduzione del sistema metrico decimale.

tesàre v.tr. **1.** Tirare cavi, funi fino a portarli alla tensione desiderata. **2.** MAR. Tendere al massimo una vela perché s'incurvi il meno possibile sotto l'azione del vento.

tesatùra s.f. Operazione volta a dare la giusta tensione a fili o cavi di collegamento.

tesaurizzàre o **tesorizzàre** v.tr. **1.** Accumulare ricchezze. **2.** *fig.* Accumulare nozioni, conoscenze, farne tesoro, custodirle per poterne far uso al momento opportuno. ◆ v.intr. (aus. *avere*) Cumulare tesori.

tèschio s.m. [pl. *-schi*] Insieme delle ossa della testa, spec. di un cadavere. SIN.: **cranio**. ~ Simbolo di pericolo mortale, sovrapposto a due ossa incrociate.

tèsi s.f. inv. (gr. *thésis* "ciò che viene posto") **1.** Enunciazione, affermazione relativa a un argomento filosofico, scientifico, artistico di cui si si cerca di dimostrare la validità. ◇ *Tesi di laurea:* dissertazione scritta che un candidato presenta e discute davanti a una commissione di docenti alla fine di un corso di laurea universitario. **2.** *estens.* Dottrina filosofica o teoria scientifica. **3.** Nel l. com., opinione sostenuta in un dibattito o concezione che fa da supporto ideologico a un'opera letteraria. **4.** FILOS. In un sistema dialettico, primo momento logico, in cui si pone una proposizione che deve essere difesa di fronte all'antitesi, il secondo momento, che tende a confutarla. **5.** MAT. In un teorema, proposizione della quale si deve dimostrare la validità, partendo da un'ipotesi supposta come vera e procedendo attraverso una serie di deduzioni. **6.** MUS. Tempo forte di una battuta, in battere, in oppos. ad *arsi*. **7.** Nella metrica classica, contrariamente al significato proprio del termine, indica il tempo debole del piede (in oppos. ad *arsi*). ~ Nella metrica accentuativa, sillaba sulla quale non cade l'ictus.

tesina s.f. In ambito scolastico, breve ricerca su un argomento specifico, in forma scritta o orale.

tèsla s.m. inv. (dal nome del fisico statunitense N. *Tesla*) FIS. Unità di misura dell'induzione magnetica (simb. *T*), corrispondente a 1 weber per metro quadrato.

tesmofòrie s.f. pl. (gr. *Thesmophória*, deriv. di *thesmophóros* "legislatore") ANT. GR. Feste in onore di Demetra, patrona dell'ordine civile.

tesmotèta s.m. [pl. *-ti*] (gr. *thesmothétēs*, comp. di *thesmós* "legge" e *tithénai* "porre") ANT. GR. Magistrato incaricato di codificare le leggi e organizzare la giustizia.

téso agg. **1.** Che è tenuto o si trova in tensione. ~ Di un arto, diritto e rigido, disteso, non flesso. **2.** *fig.* Sottoposto a una tensione nervosa. ◇ *Rapporti tesi:* resi difficili in seguito a uno stato di tensione. – *Situazione tesa:* che può trasformarsi in conflitto. **3.** Proteso in avanti o in altra direzione. **4.** *fig.* Indirizzato, rivolto, proteso a qlco. ~ Che ha lo scopo di ottenere qlco. **5.** MAR. *Vento teso:* che spira in maniera continuativa, forte e per lungo tempo. **6.** LING. Di uno dei tratti distintivi utilizzati per individuare i timbri vocalici dal punto di vista articolatorio (p.e., *e* chiusa è tesa, *e* aperta è rilassata).

tesoreria s.f. **1.** Amministrazione del tesoro pubblico, che si occupa del servizio di cassa per lo Stato. **2.** Ufficio di riscossione per conto di enti pubblici. **3.** Ufficio che, in aziende pubbliche o private, si occupa della gestione di incassi e pagamenti.

tesorière s.m. [f. *-ra*] **1.** Incaricato della custodia e dell'amministrazione di un tesoro. ~ In partic., religioso che custodisce il tesoro di una chiesa o di un santuario. **2.** Funzionario a capo di una tesoreria dello Stato. **3.** Chi amministra i fondi di una comunità, un'impresa.

tesòro s.m. **1.** Ingente quantità di denaro, oro, pietre e altri oggetti preziosi. ◇ *fig. Fare tesoro di qlco.*: tenerlo da conto, in serbo, per farlo fruttare al momento opportuno. **2.** *estens.* (spec. pl.) Grande quantità di denaro. **3.** Insieme dei preziosi, degli arredi sacri e delle opere artistiche custodite da una chiesa o da un santuario. ~ Luogo di una chiesa dove si conservano queste reliquie. **4.** Pubblico erario, con il complesso dei valori custoditi dallo Stato, e luogo dove tali valori sono custoditi. ~ (iniziale maiusc.) Ministero che si occupa della politica monetaria e della emissione e gestione del debito pubblico. **5.** DIR. Qualunque oggetto mobile di pregio, nascosto o sotterrato, di cui nessuno può provare di essere proprietario. **6.** *fig.* Ricchezza naturale. ~ Opera d'arte, oggetto di grande pregio. **7.** *fig.* Ciò che è prezioso, importante. **8.** *fig.* Persona estremamente utile in diversi ambiti o che suscita grande simpatia. **9.** ARCHEOL. Nell'antichità classica, edificio annesso a un tempio in cui si raccoglievano le offerte dei fedeli. **10.** Tomba a cupola dell'età micenea. **11.** (iniziale maiusc.) In età medievale, titolo che si dava a opere di carattere enciclopedico. ~ In epoca moderna, titolo che si dà a repertori linguistici e dizionari.

tèssalo agg. Della Tessaglia. ◆ s.m. [f. –*la*] Nativo, abitante della Tessaglia. **2.** MIT. GR. (al pl.) Nel l. lett., centauri che si trovavano in Tessaglia.

tèssera s.f. **1.** Cartoncino rettangolare o libretto che riporta i dati anagrafici, e talvolta somatici, dell'intestatario, di cui c'è spesso anche la fotografia; serve come documento di riconoscimento o per attestare l'appartenenza a un ente, a un partito, a una società, o a conferire all'intestatario particolari diritti. **2.** Tassello di materiale e colore vario che serve per la composizione di un mosaico. **3.** ANT. ROM. Dado per giocare. ~ Piastrina di riconoscimento che recava inciso il nome del possessore. **4.** Ognuno dei pezzi del gioco del domino.

tesseraménto s.m. **1.** Raccolta delle adesioni a un gruppo, partito, associazione. **2.** Rilascio delle tessere necessarie per l'acquisto di generi alimentari o merci di altro tipo, per effettuarne il razionamento in periodi di emergenza. ~ *comun.* Il razionamento stesso.

tesseràre v.tr. **1.** Iscrivere qlcu. a un'associazione o altro e rilasciargli la relativa tessera. **2.** Nel l. sport., mettere sotto contratto un atleta. **3.** Razionare merci rilasciando tessere che ne consentono l'acquisto in dosi limitate. ◆ **tesserarsi** v.pron. Munirsi di tessera d'iscrizione a un'associazione, ecc. entrando a farne parte.

tesseràto agg. **1.** Iscritto a un ente, a una società o a un partito, mediante il rilascio di una tessera. **2.** Di merce sottoposta a razionamento. ◆ s.m. [f. –*ta*] Nell'accez. 1 dell'agg.

tèssere v.intr. (aus. *avere*) Intrecciare i fili dell'ordito e i fili della trama per ottenere un tessuto. ◆ v.tr. **1.** Produrre un tessuto attraverso l'operazione della tessitura. ~ Lavorare una fibra per ottenere un tessuto. *Tessere un panno.* **2.** *estens.* Intrecciare elementi diversi, eseguendo operazioni simili a quelle che si compiono tessendo al telaio. *Tessere una ghirlanda.* **3.** *fig.* Strutturare qlco. secondo un piano ben ordinato, distribuendo con equilibrio le parti di cui si compone. *Tessere un discorso.* ◇ *Tessere le lodi di qlcu.*: lodare qlcu. con grande convinzione, elencandone i meriti. **4.** *fig.* Architettare, macchinare di nascosto, tramare qlco. di negativo. *Tessere congiure.*

tesserino s.m. Documento di riconoscimento. ~ Tessera di abbonamento a un mezzo pubblico di trasporto.

tèssile agg. Relativo ai tessuti. ~ Che dà materiale adatto alla tessitura o che può essere tessuto. *Piante tessili.* ◆ s.m. **1.** (anche f.) Chi è addetto alla produzione e alla lavorazione dei tessuti. **2.** Materiale per la tessitura. ~ (spec. pl.) Prodotti della tessitura.

tessitóre s.m. [f. –*trice*] **1.** Operaio che lavora nell'industria tessile. **2.** *fig.* Abile compositore di qlco., spec. di letteratura. **3.** *fig.* Paziente mediatore tra parti in contrasto. ~ Manovratore, orditore di intrighi. **4.** Uccello dell'Africa e del Madagascar, che costruisce un nido sospeso

molto elaborato, dotato di un tunnel d'accesso verticale. (Genere *Ploceus*; famiglia dei Ploceidi, ordine dei Passeriformi.)

tessitùra s.f. **1.** Fabbricazione di tessuti ottenuta mediante l'intreccio di fili al telaio. **2.** Effetto di tale operazione. **3.** Stabilimento industriale dove si realizzano tessuti. **4.** *estens.* Il reparto di uno stabilimento di produzione tessile in cui si trovano i telai. **5.** Intreccio di filamenti flessibili di vario tipo, per cesti, stuoie, ecc. **6.** *fig.* In un'opera letteraria o oratoria, modo in cui idee e vicende sono organizzate e legate tra loro. **7.** *fig.* Ideazione, organizzazione di qlco. di losco, disonesto. **8.** MUS. Nell'opera lirica, ambito di altezza delle note entro i cui limiti si svolge in media una melodia o una parte, relativamente alla voce o allo strumento che la deve eseguire. **9.** GEOL. Modo in cui sono disposti i cristalli costitutivi di una roccia.

tessutàle agg. ANAT., MED. Relativo a un tessuto organico. ◇ *Terapia tessutale*: che prevede l'innesto di tessuti sani sull'organo malato.

1. tessùto agg. **1.** Realizzato mediante tessitura. **2.** *fig.* Composto, intrecciato.

2. tessùto s.m. **1.** Prodotto della tessitura, costituito da un insieme di fili intrecciati tra loro in modi diversi. ◇ *Tessuto cardato, pettinato*: ottenuto con l'intreccio di lana cardata o pettinata. **2.** *fig.* Insieme di elementi uniti tra loro e costituenti una totalità omogenea. ◇ *Tessuto urbano*: complesso di edifici, strade, piazze che, nella loro connessione, costituiscono una città. **3.** *fig.* Insieme, complesso di vicende che si intrecciano e costituiscono uno svolgimento. **4.** BIOL. Insieme di cellule che contribuiscono alla stessa funzione.

tèst s.m. inv. (voce ingl. "prova", fr. *test* "vaso" utilizzato dagli alchimisti per saggiare l'oro) **1.** Esperimento, ricerca. **2.** Prova d'esame presentata sotto forma di un questionario da completare. **3.** Qualsiasi prova che permette di giudicare qlco. o qlcu. ◇ *Test del palloncino*: alcoltest. **4.** PSICOL. Prova che permette di valutare le attitudini di qlcu., o di esplorarne la personalità. ◇ *Test proiettivo*: interpretazione di macchie, punti, segni e figure non concettualizzate che consente all'inconscio di rivelarsi. – *Test di Rorschach*: test basato sull'interpretazione di dieci tavole riproducenti macchie d'inchiostro simmetriche che rappresentano situazioni-stimolo parzialmente strutturate. (L'analisi delle risposte del soggetto permette di individuare alcuni aspetti della sua personalità.) **5.** MED. Accertamento diagnostico. SIN.: esame.

tèsta s.f. (lat. *tèstam*, propr. "guscio di tartaruga" poi "vaso di terracotta" quindi "cranio")

1. Parte del corpo, anteriore negli animali e superiore nell'uomo, che contiene il cervello, diversi organi di senso e il tratto iniziale dell'apparato digerente e respiratorio. ◇ *Fare girare la testa a qlcu., dare alla testa a qlcu.*: riferito a vino o ad altro alcolico, inebriare; riferito a cosa, esaltare, fare impazzire; riferito a persona, fare innamorare di sé. **2.** Nell'uomo, zona più alta di questa parte del corpo, rivestita dai capelli. ◇ *A testa alta*: con il capo sollevato; *fig.* con orgoglio. – *A testa bassa*: con il capo chino; *fig.* con vergogna. – *Teste rasate*: denominazione di gruppi giovanili violenti, dall'ideologia xenofoba e parafascista; – *Teste di cuoio*: membri di un reparto dell'esercito o della polizia specializzati in operazioni di controguerriglia e azioni d'assalto contro bande criminali. – *Testa di turco*: nei giochi di fiera, fantoccio di stoffa con il capo fasciato da un turbante, usato come bersaglio; *fig.* capro espiatorio. **3.** *fig.* Sede delle facoltà intellettive, in riferimento alla produzione delle idee, delle sensazioni, dell'immaginazione e alle capacità di ragionamento logico. *Lavoro di testa.* ◇ *figg. Perdere la testa*: confondersi, perdere la capacità di ragionare con lucidità. – *Testa calda*: persona dal carattere impulsivo, facile agli eccessi d'ira. – *Testa di legno*: persona cocciuta, ostinata. **4.** *estens.* Vita, esistenza, spec. in espressioni che indicano la sua perdita, in origine con allusione alla decapitazione. **5.** *estens.* Individuo, persona. *Pagare un tanto a testa.* **6.** Persona che si distingue per particolari doti intellettuali o per la propria testardaggine. **7.** Persona che, in un ufficio, svolge mansioni di dirigente. **8.** Rappresentazione figurativa di una testa umana. **9.** Parte della moneta su cui è impressa una testa. ◇ *Fare a testa o croce*: giocare o decidere a sorteggio, scommettendo sull'una o sull'altra faccia di una moneta che viene lanciata in aria e fatta ricadere a terra. **10.** *estens.* Misura corrispondente a quella del capo umano, nella valutazione della statura. ~ IPP Misura pari a quella di una testa di cavallo, usata per stabilire il distacco al traguardo tra un cavallo e l'altro. **11.** *estens.* Estremità perlopiù arrotondata di un oggetto di forma lineare. ~ Parte iniziale, superiore o anteriore, di una pianta. **12.** MECC. Testata di motore a combustione interna. ◇ *Battere, picchiare in testa*: di un motore a scoppio, perdere giri, mandando una serie di rumori secchi, indicando così che la marcia innestata è troppo alta rispetto alla velocità. **13.** Nella tecnica mineraria, dispositivo applicato all'estremità di tubazioni e impiegato nel sondaggio dei terreni. **14.** *fig.* Parte più avanzata di una fila, di una formazione, di uno schiera-

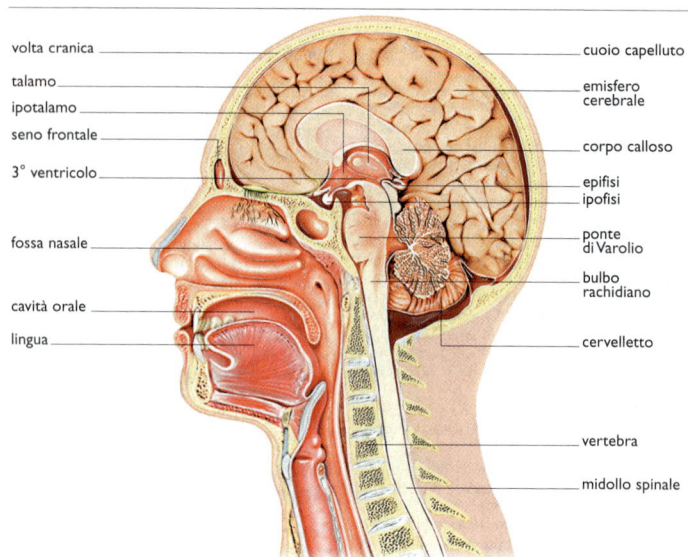

volta cranica
talamo
ipotalamo
seno frontale
3° ventricolo
fossa nasale
cavità orale
lingua

cuoio capelluto
emisfero cerebrale
corpo calloso
epifisi
ipofisi
ponte di Varolio
bulbo rachidiano
cervelletto
vertebra
midollo spinale

■ **tèsta.** Immagine in sezione della testa, vista di profilo.

mento. ~ Prima posizione in una gara, in una classifica e simili. ◇ SPORT. *Testa di serie:* ciascuno dei giocatori o delle squadre migliori che, in un torneo, vengono esclusi dal sorteggio per evitare che si scontrino tra loro nelle prime partite. **15.** CHIM. Primo prodotto che si ottiene nella distillazione. **16.** MUS. Inciso iniziale di un tema o di un soggetto. **17.** LING. L'elemento dominante di un sintagma sintatticamente omogeneo (p.e., il nome in una sequenza nome-aggettivo) o di un composto (p.e., *capo* in *capostazione*, *club* in *cineclub*). **18.** MAR. *Testa di moro:* armatura di ferro che collega due tronchi di un albero. **19.** CINE. Parte del proiettore che comprende il meccanismo di trasporto della pellicola e il sistema ottico. **20.** MIL. *Testa di ponte:* schieramento che si dispone oltre un corso d'acqua, per consentire il passaggio in territorio nemico dei reparti che seguono; *fig.* chi funge da avamposto, da collegamento con chi o ciò che deve ancora venire, succedere.

1. testàbile agg. DIR. Che può essere oggetto di testamento.

2. testàbile agg. Che può essere sottoposto a test o verificato con un test.

Testacèlla s.f. ZOOL. Genere di molluschi con aspetto simile a lumache, che vivono nell'humus nutrendosi di lombrichi.

testa-códa o **testacóda** s.m. inv. Sbandamento a seguito del quale l'autoveicolo si viene a trovare nel senso di marcia opposto a quello seguito.

testamentàrio agg. [pl.m. *-ri*] **1.** DIR. Che riguarda il testamento. ~ Fatto o lasciato per testamento. **2.** RELIG. Che riguarda l'Antico e il Nuovo Testamento.

testaménto s.m. **1.** DIR. Atto giuridico con il quale una persona dichiara le ultime volontà e dispone dei propri beni dopo la morte. ◇ *Testamento olografo:* completamente redatto, datato e sottoscritto dal testatore. – *Testamento pubblico:* ricevuto da un notaio che lo redige e ne fa lettura al testatore davanti a due testimoni. – *Testamento segreto:* redatto dal testatore stesso o da una terza persona e successivamente consegnato, in presenza di due testimoni, in busta chiusa a un notaio. – *Testamento spirituale:* documento scritto con il quale una persona testimonia le idee fondamentali che hanno guidato il proprio operato e le trasmette a chi intenda seguirne l'insegnamento; *fig.* eredità di idee e principi morali che un grande personaggio lascia ai posteri. **2.** RELIG. (iniziale maiusc.) Nel l. biblico, patto, alleanza. ◇ *Vecchio Testamento:* il patto stretto da Dio con il popolo d'Israele e l'insieme dei libri biblici che lo documentano. – *Nuovo Testamento:* il patto quale è stato rinnovato da Gesù e raccolta dei libri biblici che contengono la vita e la dottrina di Gesù e degli apostoli.

testànte agg. DIR. Di chi fa testamento. ◆ s.m. e f.DIR. Nel sign. dell'agg.

testardàggine s.f. Attaccamento ostinato alle proprie idee, ai propri gusti. SIN.: **ostinazione**.

testàrdo agg. Che rimane ostinatamente attaccato alle proprie idee e convinzioni. ◆ s.m. [f. *-da*] Nel sign. dell'agg.

1. testàre v.intr. (aus. *avere*) (lat. *testāri* "dichiarare davanti a testimoni" e "chiamare come testimone") DIR. Fare testamento, disporre dei propri beni per via testamentaria.

2. testàre v.tr. (fr. *tester*) **1.** Sottoporre qlcu. a un test, spec. psicologico. *Testare un paziente.* **2.** *estens.* Verificare qlco., metterne alla prova l'efficacia e le prestazioni per via sperimentale. *Testare un nuovo tipo di pneumatici.*

testàta s.f. **1.** Parte estrema, anteriore o superiore, di un oggetto o di una struttura. ◇ *Testata del letto:* testiera. **2.** MIL. Estremità anteriore dell'affusto di un pezzo di artiglieria, dotata di carica esplosiva. ~ In un missile, estremità anteriore dell'ultimo stadio, dotata di carica esplosiva o di satelliti e altre apparecchiature scientifiche da lanciare in orbita. **3.** Parte superiore amovibile di un motore a scoppio, che fa da calotta alle camere di combustione e che sostiene le valvole e il bilanciere. **4.** In un giornale, parte superiore della prima pagina, con il titolo, la data, il prezzo e altre indicazioni. ~ Il solo titolo. ~ *estens.* Il giornale stesso. ~ Intitolazione di rubriche di tipo giornalistico trasmesse alla radio e alla televisione. **5.** Colpo dato o ricevuto o battuto involontariamente con la testa.

testàtico s.m. [pl. *-ci*] DIR. In epoca medievale, imposta pro capite a quota fissa.

testàto agg. Di prodotto le cui caratteristiche o i cui effetti sono verificati con test di laboratorio.

testatóre s.m. [f. *-trice*] DIR. Chi fa o ha fatto testamento.

tèste s.m. e f.DIR. Persona che attesta qlco. davanti a un'autorità giudiziaria o che si fa garante dell'autenticità di un documento notarile. SIN.: **testimone**.

tester [/'tɛstə/] s.m. inv. (voce ingl., deriv. di *to test* "provare") ELETTROTEC. Apparecchio che misura la tensione, la corrente e la resistenza elettrica.

testicolàre agg. ANAT., MED. Del testicolo, riguardante il testicolo.

testìcolo s.m. ANAT. Nel mammifero e nell'uomo, ciascuna delle due gonadi maschili sospese nello scroto, che producono gli ormoni e gli spermatozoi.

testièra s.f. **1.** Parte del letto posta dal lato della testa di chi vi si sdraia. **2.** Finimento per la testa del cavallo a cui è attaccato il portamorso. ~ In epoca medievale, armatura frontale del cavallo a protezione della testa. **3.** Testa di plastica, legno o altro materiale di cui si servono i modisti e i parrucchieri per l'esposizione di cappelli o parrucche. **4.** Ornamento femminile in uso nel sec. XIV, a forma di diadema o corona. **5.** MAR. Parte superiore della vela che si lega al pennone.

testimòne s.m. e f.**1.** DIR. Persona che attesta qlco. che è a sua conoscenza, davanti a un giudice, impegnandosi a dire la verità. ◇ *Testimone a carico:* che attesta le prove di colpevolezza di un imputato. – *Testimone a difesa (o a discarico):* che attesta l'innocenza dell'imputato. **2.** Persona che ha visto o inteso qlco., e può eventualmente riportarlo, certificarlo. **3.** *estens.* Chi è invocato o quanto è chiamato in causa per garantire e comprovare la verità di qlco. **4.** DIR. Chi assiste al compimento di un atto ufficiale per attestarne la validità, l'esattezza. **5.** *fig.* Prova evidente, chiaro segno di qlco. **6.** SPORT. (solo m.) In una corsa a staffetta, piccolo bastone che il corridore passa al compagno al termine della sua frazione di gara, in modo che sia documentata la continuità dei cambi. ◇ *fig. Passare il testimone:* cedere ad altri un incarico, un compito, dopo aver concluso la parte di propria competenza, garantendo così la continuità del lavoro. **7.** FILOL. Manoscritto o stampa che riporta copia del testo di un autore. **8.** RELIG. *Testimone di Geova:* membro della setta cristiana avventista fondata negli Stati Uniti d'America da C.T. Russell alla fine dell'Ottocento, secondo la quale sono prossimi la fine del mondo e l'avvento del regno di Cristo; tale setta pratica il rifiuto del servizio militare, del voto e delle trasfusioni di sangue.

testimonial [/testi'mounjəl/] s.m. e f.inv. (voce ingl., propr. "certificato di servizio, garanzia") **1.** Messaggio pubblicitario sostenuto dalla partecipazione di un personaggio famoso. **2.** *estens.* Il personaggio stesso.

testimoniàle agg. DIR. Relativo a uno o più testimoni. ◆ s.m. DIR. Insieme delle deposizioni fatte dai testimoni.

testimoniànza s.f. **1.** Dichiarazione, deposizione fatta da un testimone. *Falsa testimonianza.* **2.** *estens.* Segno, prova, attestazione di qlco.

testimoniàre v.tr. [6] **1.** Dichiarare qlco. in qualità di testimone. *Testimoniare che l'imputato è colpevole.* **2.** Dare prova concreta delle proprie idee, prendendo una posizione pubblica ben definita. *Testimoniare il proprio dissenso.* **3.** Di cose, costituire una prova, documentare un certo fatto o modo di essere. *I fatti testimoniano che avevi ragione tu.* ◆ v.intr. (aus. *avere*) **1.** Fare da testimone in giudizio. *Sono stato chiamato a testimoniare.* **2.** Attestare, riferire qlco. **3.** Dare o costituire prova di qlco. *Il cambiamento del vento testimonia del prossimo arrivo della pioggia.*

testìna s.f. **1.** Nel sign. del dim. di *testa*; in partic., testa graziosa di un bambino o di una ragazza, usato spec. come vezzeggiativo. **2.** Riproduzione in piccolo di una testa umana. **3.** Testa di animale giovane macellata o cotta. **4.** Parte superiore radente dei rasoi elettrici. **5.** *Testina rotante:* sferetta intercambiabile con i caratteri in rilievo, che sostituisce i martelletti in alcuni tipi di macchina da scrivere. **6.** FIS. *Testina magnetica:* dispositivo elettromagnetico per la registrazione, la riproduzione o la cancellazione di voci e suoni su disco, su nastro magnetico, su pellicola. **7.** *Testina sonora:* in un proiettore cinematografico, dispositivo di lettura della colonna sonora.

1. tèsto s.m. (lat. *tĕxtum* "intreccio, tessitura") **1.** Insieme delle parole e delle frasi che costituiscono uno scritto, un'opera. **2.** L'opera di un autore compresa in un volume, indipendentemente dall'apparato delle note di commento, dall'apparato critico, dall'eventuale traduzione, dalle illustrazioni. ~ Anche, lo scritto in lingua originale, in oppos. a *traduzione*. **3.** FILOL. Opera manoscritta o a stampa nella sua costituzione materiale, nella forma in cui è stata tramandata. **4.** LING. Messaggio verbale, orale, scritto o in qualsiasi altro modo trasmesso, prodotto da un determinato emittente in una determinata situazione. **5.** Parte verbale di una canzone o di un'opera lirica. **6.** Opera letteraria, spec. se rappresenta un'autorità nel proprio settore e quindi diventa oggetto di studio e di commento. ◇ *Testi sacri:* nel l. religioso, sacre scritture, contenenti verità e dogmi; *estens.* libri particolarmente autorevoli in una data materia. – DIR. *Testo unico:* raccolta sistematica e coordinata di leggi approvate in tempi diversi su uno stesso oggetto. – *fig. Fare testo:* di scritti, parole o persone, affermarsi come riferimento incontestabile. **7.** Volume che serve da guida all'insegnante di scuola.

2. tèsto s.m. (lat. *tēstum* "vaso di terracotta") **1.** Teglia a bordo basso in terra cotta, per cuocere torte o pasticci. **2.** Disco in coccio usato per cuocere al forno pizze, focacce, ecc.

testóne s.m. **1.** Nel sign. dell'accr. di *testa*. **2.** Persona dalla testa grossa. **3.** Acconciatura di capelli molto voluminosa. **4.** *fig.* [f. *-na*] Persona ostinata, caparbia, soprattutto per ottusità mentale. **5.** Moneta d'argento coniata in alcuni Stati italiani nella prima metà del Quattrocento, con la testa del principe come effigie.

testosteróne s.m. CHIM., BIOL. Ormone prodotto nel tessuto interstiziale testicolare e che agisce sullo sviluppo degli organi genitali e dei caratteri sessuali secondari.

testuàle agg. **1.** FILOL., LING. Riguardante il testo. **2.** Rispondente alla lettera a quanto detto o scritto.

testualménte avv. In modo testuale, parola per parola.

Testudinàti s.m. pl. [iniziale minusc. sing. *-to* per l'individuo] ZOOL. Ordine di rettili terrestri o acquatici provvisti di una corazza che lascia liberi solo il capo, gli arti e la coda. (Ne fanno parte le tartarughe.)

testùggine s.f. **1.** Tartaruga di terra e di mare le cui carni sono considerate cibo particolarmente prelibato. ◇ *Testuggine palustre:* testuggine d'acqua dolce diffusa nelle regioni temperate d'Europa. (Lunghezza fino a 35 cm; genere *Emys.*) **2.** *fig.* Antico strumento musicale costituito da una struttura concava, simile a un guscio di tartaruga, su cui erano tese le corde. **3.** *fig.* Specie di tettoia che i soldati romani formavano alzando lo scudo sopra le loro teste per difendersi dai colpi nemici. **4.** *estens.* Macchina bellica degli antichi eserciti costituita da una specie di cassetta mobile munita di un robusto tetto, che proteggeva un ariete e i soldati che lo azionavano.

■ **testùggine** palustre.

5. *fig.* Nell'architettura romana antica, tipo di copertura formata da quattro piani convergenti al centro verso l'alto.

testurizzàre v.tr. (fr. *texturiser*) IND. TESS. Sottoporre le fibre chimiche a uno speciale trattamento perché acquistino maggior volume ed elasticità.

testurizzazióne o **texturizzazióne** s.f. IND. TESS. Particolare trattamento cui vengono sottoposte le fibre chimiche con lo scopo di conferire loro maggiore elasticità e volume.

tèta o **thèta** s.m. o s.f. inv. Ottava lettera dell'alfabeto greco (Θ, θ) traslitterata con *th* nell'alfabeto latino per renderne il suono aspirato.

tetanìa s.f. MED. Sindrome rara dovuta spec. a ipocalcemia e caratterizzata da contrazioni muscolari intermittenti e reazioni eccessive a determinati stimoli.

tetànico agg. [pl.m. *–ci*, f. *–che*] MED. Del tetano.

tètano s.m. (gr. *tétanos*, propr. "tensione spasmodica del corpo") **1.** MED. Malattia infettiva dell'uomo e di alcuni animali, a esito quasi sempre letale, che si manifesta con contrazioni muscolari e convulsioni violente e dolorose; è causata da un bacillo che, penetrando attraverso ferite non disinfettate, sviluppa le tossine caratteristiche della malattia. **2.** Contrazione muscolare durevole, che può essere una manifestazione patologica oppure venire provocata sperimentalmente su un muscolo.

tête-à-tête [/ˈtɛtaˈtɛt/] s.m. inv. (voce fr., propr. "testa a testa") Colloquio riservato, intimo, tra due persone.

tetraciclina s.f. **1.** Antibiotico naturale o prodotto per sintesi, efficace nella cura di diverse malattie. **2.** *estens.* (al pl.) Gruppo di antibiotici con la stessa struttura base della tetraciclina.

tetraclorùro s.m. CHIM. Composto contenente quattro atomi di cloro. ◇ *Tetracloruro di carbonio:* liquido incolore (CCl_4) ininfiammabile, usato per l'estinzione dei piccoli incendi.

tetracòrdo s.m. **1.** MUS. Antico strumento musicale a quattro corde. **2.** ANT. GR. Serie di quattro gradi diatonici, che costituì la base del sistema musicale.

tètrade s.f. **1.** Gruppo, unione di quattro elementi. **2.** MUS. Serie di quattro note o suoni diversi. **3.** MED. Sindrome caratterizzata da quattro elementi. **4.** BIOL. Gruppo di quattro cellule derivate dalla divisione di una cellula diploide.

tetradìnamo agg. BOT. Si dice dei sei stami, quattro a filamento lungo e due a filamento più breve, che formano l'androceo delle crocifere.

tetradràmma o **tetradràmmo** s.m. [pl. *–mi*] ANT. GR. Moneta d'argento del valore di quattro dramme.

tetraèdrico agg. [pl.m. *–ci*, f. *–che*] **1.** Del tetraedro. **2.** Che ha la forma di un tetraedro.

tetraèdro s.m. GEOM. Poliedro le cui facce sono costituite da quattro triangoli.

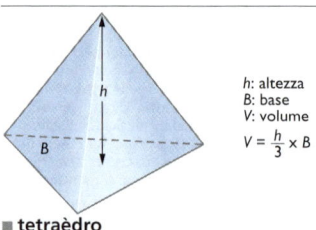

h: altezza
B: base
V: volume

$$V = \frac{h}{3} \times B$$

■ tetraèdro

tetraetile s.m. CHIM. Ogni composto che contenga quattro gruppi etilici.

tetràggine s.f. **1.** Qualità di ciò che è tetro, cupo. **2.** *fig.* Malumore.

tetragonàle agg. **1.** GEOM. Relativo a tetragono. **2.** GEOM. Che ha forma di tetragono. **3.** CRISTALLOGR. Relativo a uno dei sette sistemi di simmetria in base a cui vengono classificati i cristalli.

tetragònia s.f. (lat. *Tetragonia*, deriv. di gr. *tetrágōnos* "tetragono" per la forma dei frutti) **1.** Pianta originaria della Nuova Zelanda, colti-

vata per le foglie commestibili, simili a quelle dello spinacio. (Famiglia delle Aizoacee.) **2.** BOT. (iniziale maiusc.) Genere di Angiosperme a cui appartiene la tetragonia.

tetràgono agg. **1.** GEOM. Con quattro angoli. **2.** *fig.* Di persona, molto sicura, incrollabile nelle proprie idee, ferma nei propri propositi. ◆ s.m. GEOM. Poligono avente quattro angoli o solido con quattro spigoli.

1. tetragràmma s.m. [pl. *–mi*] Parola di quattro lettere. ~ *per anton.* Presso gli Ebrei, il nome di Dio, composto dalle quattro lettere YHWH.

2. tetragràmma s.m. [pl. *–mi*] MUS. Antico rigo musicale formato da quattro linee, poi sostituito dal pentagramma.

tetralogìa s.f. **1.** Serie di quattro elementi. ~ ANT. GR. Gruppo di quattro opere drammatiche, tre tragedie e un dramma satiresco che venivano rappresentate in uno spettacolo unico continuato. ~ *estens.* Insieme di quattro opere letterarie o musicali dello stesso autore, legate tra loro in un ciclo unitario. **2.** MED. *Tetralogia di Fallot:* malformazione congenita del cuore, con spostamento dell'aorta verso destra, ipertrofia del ventricolo destro, comunicazione tra i ventricoli e stenosi dell'arteria polmonare; detta anche *morbo blu.*

tetràmero agg. CHIM. Riferito a un composto risultante dall'unione di quattro molecole uguali.

tetràmetro s.m. Nella metrica classica, verso composto di quattro piedi uguali in successione.

tetraodónte s.m. **1.** Pesce osseo diffuso nei mari caldi, con corpo cilindrico privo di scaglie, ma con il ventre ricoperto di aculei erettili, detto anche *pesce palla* per la sua capacità di gonfiarsi d'acqua o aria se molestato. (Ordine dei Tetraodontiformi.) **2.** ZOOL. (iniziale maiusc.) Genere di pesci a cui appartengono varie specie di tetraodonti.

■ tetraodónte o pesce palla.

Tetraodontifórmi o **Tetrodontifórmi** s.m. pl. [iniziale minusc. sing. *–me* per l'individuo] ZOOL. Ordine di pesci teleostei diffusi nei mari caldi; hanno capo bene sviluppato, bocca piccola, apertura branchiale dietro al cinto scapolare. (Sottoclasse degli Attinopterigi.)

tetraóne s.m. (gr. *tetrāṓn* "fagiano") **1.** Grosso uccello diffuso nelle regioni fredde dell'Europa, dell'Asia e dell'America settentrionale; i maschi sono di grandi dimensioni e hanno una livrea scura e caruncole carnose pendenti dal collo; le femmine sono più piccole e hanno un colore rossiccio. (Ordine dei Galliformi, famiglia dei Fasianidi.) **2.** (iniziale maiusc.) Genere di uccelli cui appartiene il tetraone.

Tetraònidi s.m. pl. [iniziale minusc. sing. *–de* per l'individuo] ZOOL. Volatili cui appartengono circa 50 specie diffuse nelle regioni nordiche di Europa, Asia e America; in Italia si trovano la pernice bianca e il gallo cedrone. (Ordine dei Galliformi.)

tetrapàk s.m. inv. Nome commerciale, che costituisce marchio registrato, di un involucro ermetico di plastica, a forma di tetraedro, usato spec. per conservare o trasportare alimenti liquidi.

tetraplegìa s.f. MED. Paralisi che colpisce allo stesso tempo i quattro arti.

tetraplègico agg. [pl.m. *–ci*, f. *–che*] **1.** Di tetraplegia. **2.** Affetto da paralisi ai quattro arti. ◆ s.m. [f. *–ca*] Nell'accez. 2 dell'agg.

tetraploidìa s.f. Condizione dei nuclei, delle cellule, degli individui poliploidi il cui numero cromosomico è doppio del normale, cioè $4n$.

tetràpode agg. ZOOL. Di vertebrato, spec. rettile e anfibio, provvisto di quattro arti (per i mammiferi si preferisce *quadrupede*). ◆ s.m. **1.** ZOOL. Nel sign. dell'agg. **2.** Blocco prefabbricato di cemento armato usato per costruire scogliere artificiali.

tetrapodìa s.f. Nella metrica classica, successione di quattro piedi uguali. *Tetrapodia giambica.*

tetràrca s.m. [pl. *–chi*] Nell'antichità, chi governava la quarta parte di un regno. ~ Governatore di una delle piccole regioni in cui era suddivisa la Giudea.

tetrarchìa s.f. Nell'antichità, il governo che si esercitava sulla quarta parte di un regno. ~ Denominazione usata per designare il sistema di governo istituito da Diocleziano in cui il potere imperiale era suddiviso tra quattro imperatori.

tetràstico agg. [pl.m. *–ci*, f. *–che*] METR. Composto di quattro versi. ◆ s.m. Nel sign. dell'agg.

tetràstilo agg. Di edificio che presenta quattro colonne sulla fronte.

tetratòmico agg. [pl.m. *–ci*, f. *–che*] CHIM. Di composto o molecola che contengano quattro atomi, uguali o diversi tra loro.

tetravalènte agg. **1.** CHIM. Di elemento a valenza quattro, che cioè può accettare o cedere quattro elettroni. **2.** MED. Di un vaccino in grado di immunizzare contro quattro malattie infettive. **3.** LING. Detto di verbo che, per costituire una frase minima di senso compiuto, richiede di essere accompagnato da quattro argomenti.

tètro agg. **1.** Buio, oscuro, squallido. **2.** *fig.* Riferito a persona, cupo, accigliato, tendente alla malinconia. ~ Riferito all'aspetto e allo stato d'animo, triste, funereo.

tètrodo s.m. ELETTR. Tubo termoelettronico a quattro elettrodi.

tétta s.f. *fam.* Capezzolo, mammella.

tettarèlla s.f. Cappuccio elastico di gomma, forato all'estremità, che viene applicato al poppatoio nell'allattamento artificiale, perché il poppante possa succhiare il latte.

tétto s.m. **1.** Struttura che copre un edificio e poggia sui muri perimetrali, formata da un'intelaiatura di travi a sostegno di due o più spioventi, ricoperti da coppi o tegole. **2.** *estens.* Casa, abitazione. *Essere senza un tetto.* ◇ *fig. Non avere un tetto sulla testa:* non avere un riparo, trovarsi in una condizione di estrema indigenza. **3.** Copertura. *Tetto di un'auto.* **4.** ALP. Sporgenza a novanta gradi di una roccia rispetto a una parete verticale. **5.** *fig.* Punto di massima altezza. *Il Pamir e l'Everest sono detti il tetto del mondo.* ◇ *estens. Tetto massimo:* limite insuperabile.

tettóia s.f. **1.** Costruzione per coprire spazi aperti, costituita da una copertura in metallo, plastica o altro, che poggia su colonne, pali o pilastri. **2.** Gronda che sporge di molto dal tetto.

tettònica o **tectónica** s.f. [non com. pl. *–che*] **1.** Settore della geologia che studia le deformazione dei terreni e gli spostamenti che hanno portato le formazioni rocciose all'attuale giacitura. **2.** *estens.* Insieme delle giaciture, forme e struttura di deformazione delle rocce. ◇ *Tettonica a placche:* teoria geodinamica che suppone la litosfera in movimento orizzontale. (È alla base della teoria della deriva dei continenti.) **3.** BIOL. In istologia, disposizione stratiforme dei componenti di un tessuto.

tettònico o **tectónico** agg. [pl.m. *–ci*, f. *–che*] Relativo alla tettonica. ~ Che riguarda le modificazioni strutturali della crosta terrestre.

tettùccio s.m. [pl.m. *–ci*] **1.** AUTOM. Copertura dell'abitacolo di un'automobile. **2.** AER. Cappotta trasparente dell'abitacolo degli aerei monoposto o biposto.

teurgìa s.f. (lat. *theùrgiam*, gr. *theourgía* comp. di *theós* "dio" ed *érgon* "opera") Arte occulta tipica della tarda antichità che, mediante l'esecuzione di pratiche magiche, mirava a stabilire un contatto diretto con la divinità allo scopo di acquisirne i poteri.

teutònico agg. [pl.m. *–ci*, f. *–che*] **1.** Dell'antica popolazione germanica dei Teutoni. **2.** *estens.* Tedesco, spesso in senso iron. o spreg. ◇ *Ordine teutonico:* ordine religioso-militare fondato da pellegrini tedeschi in Palestina, nel 1191 (v. parte n.pr.).

tèx s.m. inv. Unità di misura delle fibre tessili (simb. *tex*), corrispondente a 1 gr per km di filo.

texàno agg. Del Texas. ◆ s.m. [f. *–na*] Nativo, abitante del Texas.

texture [/'tɛkstʃə/] s.f. inv. (voce ingl., propr. "trama") Lavorazione della superficie di un materiale, che viene incisa e scalfita con oggetti appuntiti in modo da renderla ruvida.

t.f.r. s.m. inv. Sigla di *trattamento di fine rapporto.* SIN.: **liquidazione**.

thai o **tai** [/'tai/] agg. (da una voce indigena, propr. "uomo libero") **1.** Che appartiene alle popolazioni mongoloidi dell'Indocina. **2.** Del gruppo di lingue siamesi parlate da tali popolazioni. ◆ s.m. **1.** (anche f.) Nativo, abitante thai. **2.** (solo sing.) Nell'accez. 2 dell'agg.

thailandése o **tailandése** agg. Della Tailandia. ◆ s.m. **1.** (anche f.) Nativo, abitante della Thailandia. **2.** (solo sing.) Lingua siamese parlata dalla popolazione thailandese.

thànatos s.f. (solo sing.) (voce gr.) **1.** PSICO-AN. Nella teoria freudiana, insieme degli impulsi di morte (in oppos. a *eros*). **2.** (iniziale maiusc.) Personificazione della morte.

thèrmos o **tèrmos** s.m. inv. (ingl., deriv. di *thermos boille* "bottiglia calda") Contenitore isolante per conservare bevande alla temperatura che hanno quando si sono versate.

thesàurus s.m. inv. [o pl. *thesauri*] **1.** Raccolta del lessico storico di una lingua. **2.** Repertorio specialistico di una disciplina. **3.** INFORM. Lessico usato per classificare i dati inseriti in un computer.

think tank [/θɪŋk tæŋk/] loc. sost. m. inv. (loc. ingl., comp. di *to think* "pensare" e *tank* "serbatoio") Équipe di esperti che fornisce consigli e soluzioni riguardo a problemi specifici, in partic. commerciali.

thólos s.f. inv. (voce gr.) ARCHEOL. Monumento funerario a cupola con pianta circolare e ingresso a corridoio, diffuso soprattutto nell'area mediterranea.

thriller [/'θrɪlə/] s.m. inv. (voce ingl., deriv. di *to thrill* "far rabbrividire di terrore") Opera letteraria, teatrale o film di genere poliziesco che mira a coinvolgere emotivamente il lettore o lo spettatore provocando tensione e paura.

thrilling [/'θrɪlɪŋ/] agg. inv. (voce ingl.) Di opera letteraria, teatrale o cinematografica di genere poliziesco, ricca di suspense. ◆ s.m. inv. Giallo, poliziesco.

thug s.m. inv. (voce ingl., hindi *thag* "ingannatore") INDU. Membro di una confraternita religiosa indiana che praticava, in onore della dea Kali, l'omicidio rituale per strangolamento.

tiade s.f. (lat. *Thỹiadem*, gr. *Thyiás* deriv. di *thýein* "infuriare, fare sacrifici") ANT. GR. Donna che danzava sfrenatamente durante i riti orgiastici in onore di Dioniso.

tiamina s.f. BIOCHIM. Vitamina B1.

tiàra s.f. **1.** Alto copricapo in tessuto o pelle, in genere di forma conica, portato nell'antichità da personaggi autorevoli in campo politico o religioso. **2.** Copricapo papale usato un tempo nelle occasioni ufficiali, di forma ovoidale, con tre corone d'oro sovrapposte e sormontato da una croce. **3.** estens. Carica papale.

tiaso s.m. **1.** ANT. GR. Gruppo di iniziati al culto di Dioniso. **2.** estens. Festa in onore di Dioniso.

tiazòlo s.m. CHIM. Composto eterociclico a cinque atomi, tre di carbonio, uno di zolfo e uno di azoto, i cui derivati hanno largo uso in tintoria e in farmacia.

tibetàno agg. Del Tibet. ◆ s.m. **1.** [f. *–na*] Nativo, abitante del Tibet. **2.** (solo sing.) Lingua del ceppo indocinese parlata nel Tibet.

tibeto-birmàno s.m. Sottogruppo della famiglia linguistica sino-tibetana.

tibia s.f. (lat. *tibiam*, orig. "strumento musicale" poi "osso" per somiglianza di forma) **1.** ANAT. Osso della gamba posto davanti al perone. **2.** MUS. Strumento musicale a fiato simile al flauto, di canna, avorio, legno o metallo, in uso presso gli antichi Romani.

tibiàle agg. ANAT. Della tibia.

tibùrio s.m. [pl. *–ri*] **1.** Nell'architettura bizantina, romanica e gotica, calotta esterna della cupola, a pianta poligonale. **2.** In epoca rinascimentale, la stessa struttura a pianta circolare.

tic [/'tik/] s.m. inv. (voce onom.) **1.** Rumore secco e breve di uno scatto, un battito o un leggero colpo. **2.** Contrazione brusca e rapida di alcuni muscoli, spec. di quelli del viso, involontaria e continua. **3.** fig. Gesto o espressione verbale che si ripete automaticamente, senza rendersene conto.

ticchettàre v.intr. (aus. *avere*) Produrre un ticchettio. □ In funzione di s.m., ticchettio. *Il ticchettare dell'orologio.*

ticchettio s.m. [pl. *–tii*] Rumore prodotto da battiti secchi e leggeri che si ripetono con rapida frequenza.

ticchiolatùra s.f. **1.** Insieme di macchioline sparse su una superficie. **2.** Malattia crittogamica degli alberi da frutto, caratterizzata da macchie nere sulle foglie, sui rami e sui frutti.

ticinése agg. **1.** Del fiume Ticino. **2.** Della regione del Canton Ticino, in Svizzera. ◆ s.m. e f. Nativo, abitante del Canton Ticino.

ticket [/'tɪkɪt/] s.m. inv. (voce ingl., fr. *estiquette* "etichetta") **1.** Quota percentuale che la pubblica amministrazione fa pagare su visite mediche, servizi assistenziali, medicinali e analisi cliniche. **2.** Nelle corse ippiche, scontrino che il totalizzatore consegna a chi fa scommesse. **3.** Biglietto, scontrino, ricevuta. **4.** Buono, tagliando per mense aziendali o scolastiche.

tic tac o **ticche tàcche** loc. sost. m. inv. (di orig. onom.) Rumore secco e regolare prodotto da una serie ripetuta di colpi leggeri e secchi o di battiti. *Il tic tac della sveglia.*

tie-break [/'tai,breik/] s.m. inv. (voce ingl., propr. "rottura del pareggio") SPORT. Nel tennis, gioco supplementare che si disputa quando i giocatori raggiungono il punteggio di sei giochi pari, per decidere la vittoria.

tiepidézza s.f. **1.** Natura di ciò che è tiepido, non molto caldo. **2.** fig. Mancanza d'entusiasmo, d'ardore.

tièpido agg. **1.** Moderatamente caldo. **2.** fig. Di persona, privo di calore umano, poco espansivo. ~ Poco convinto, poco zelante. ~ Di sentimento o convinzione, debole, fiacco. ~ Di manifestazione, poco caloroso.

tifa s.f. **1.** Pianta tropicale erbacea diffusa nelle zone acquatiche temperate, con fusto lungo come quello delle canne. (Famiglia delle Tifacee.) **2.** BOT. (iniziale maiusc.) Genere di piante a cui appartiene la tifa.

Tifàcee s.f. pl. [iniziale minusc. sing. *–a* per l'individuo] BOT. Famiglia di piante monocotiledoni acquatiche simili alle canne.

tifàre v.intr. (aus. *avere*) Fare il tifo per una squadra o un atleta. ~ estens. Sostenere qlcu.

tifico agg. [pl.m. *–ci*, f. *–che*] MED. Del tifo.

tiflite s.f. MED. Infiammazione dell'intestino cieco.

tiflografia s.f. Scrittura in rilievo per non vedenti.

tifo s.m. (gr. *týphos* "febbre con torpore") **1.** MED. Malattia infettiva, a carattere contagioso ed epidemico, che colpisce soprattutto l'intestino tenue, provocando uno stato febbrile continuo, mal di testa, prostrazione. ◇ *Tifo murino*: tipo di rickettsiosi occasionalmente trasmessa da pulci murine all'uomo in cui produce una malattia febbrile esantematica a decorso benigno. **2.** fig. Entusiasmo per una squadra, un campione, un personaggio pubblico.

tifòide o **tifoidèo** agg. MED. Che ha le caratteristiche patologiche del tifo. ◇ *Febbre tifoide*: malattia infettiva e contagiosa acuta, che si trasmette anche attraverso l'acqua e gli alimenti, dovuta a una salmonella, caratterizzata da febbre, prostrazione e problemi digestivi.

tifóne s.m. (port. *tufão*, gr. *typhôn* "uragano" e nome di un mostruoso dio dei venti di orig. orientale) Ciclone tropicale molto violento che colpisce le zone degli oceani Pacifico e Indiano.

tifoseria s.f. **1.** SPORT. Gruppo dei più accesi sostenitori di una squadra sportiva o di un atleta. **2.** estens. Insieme dei sostenitori di un personaggio politico o del mondo dello spettacolo.

tifòsi s.f. inv. VET. *Tifosi aviaria*: forma di salmonellosi ad alta mortalità che colpisce i polli e i tacchini.

tifóso agg. MED. Affetto da tifo. ◆ s.m. [f. *–sa*] **1.** Nel sign. dell'agg. **2.** Sostenitore di un campione o di una squadra sportiva. SIN.: **supporter**. **3.** estens. Ammiratore entusiasta di un personaggio pubblico. SIN.: **fan**.

tigèlla s.f. (voce di area modenese, propr. "terracotta utilizzata per la cottura della pasta") CUC. region. Schiacciata tipica dell'Appennino modenese, che viene abbrustolita su piastra e consumata variamente farcita.

tight [/'tait/] s.m. inv. (voce ingl., propr. "attillato") Completo maschile da cerimonia che si compone di giacca nera stretta, a falde lunghe, e pantaloni a righine verticali nere e grigie.

Tigliàcee s.f. pl. [iniziale minusc. sing. *–a* per l'individuo] BOT. Famiglia di piante ornamentali dicotiledoni, che vivono perlopiù in paesi caldi e sono caratterizzate da foglie larghe a cuore e fiori piccoli, gialli e dall'intenso profumo; ne fa parte il tiglio.

tiglio s.m. [pl. *–gli*] **1.** Albero diffuso nell'Europa temperata, spesso presente nei parchi e lungo i viali, da cui si ricava un legno chiaro di facile lavorazione e i cui fiori, molto profumati, sono usati per preparare infusi dalle proprietà sedative e vasodilatatrici. (Famiglia delle Tigliacee.) **2.** Legno di tiglio, bianco e tenero, impiegato per mobili, tasti di pianoforte, matite, fiammiferi, ecc. ~ Fibra piuttosto dura e filamentosa di questa pianta. **3.** estens. Fibra dura di altre piante legnose ed erbacee (canapa, lino), di alcuni frutti o della carne.

frutto

infiorescenza e foglie

fiore

■ **tiglio**

tiglióso agg. **1.** Che presenta fibre dure. **2.** Riferito a carne, dura, difficile da masticare.

tigna s.f. **1.** MED. Affezione della pelle, spec. del cuoio capelluto, ma anche delle unghie, caratterizzata da arrossamento, formazione di vescicole e forte prurito; è provocata da un fungo parassita. **2.** fig. pop. Grattacapo, fastidio, problema noioso.

tignòla s.f. Denominazione comune di vari insetti di minute dimensioni, le cui larve attaccano le fibre di tessuti e piante, causando gravi danni. (Ordine dei Lepidotteri.)

tignósa s.f. Denominazione comune di vari funghi del genere Amanita.

tignóso agg. MED. Che ha la tigna. ◆ s.m. [f. *–sa*] Nel sign. dell'agg.

tigóne s.m. Ibrido nato dall'accoppiamento leonessa-tigre maschio.

tigràto agg. Che presenta strisce e striature scure su fondo chiaro, come il manto della tigre.

tigratùra s.f. Disposizione lineare delle strisce scure sul mantello della tigre o su altra superficie.

tigre s.f. **1.** Mammifero carnivoro delle foreste asiatiche, con mantello giallo-rossiccio percorso trasversalmente da strisce nere. (La tigre è un animale a rischio di estinzione; lunghezza di 2,5 m, coda esclusa; peso di 200 kg o più; nome sc. *Panthera tigris*; famiglia dei Felidi.) ◇ *fig. Tigre di carta*: chi sembra più potente di quanto non sia o non voglia essere. **2.** *fig.* Persona, spec. donna, senza cuore, crudele. ▢ In funzione di agg., nella denominazione di vari animali. *Squalo tigre.*

■ **tìgre**

tigrotto s.m. Nel sign. del dim. di *tigre*; in partic., piccolo della tigre.

tilacino s.m. **1.** Mammifero marsupiale carnivoro della Tasmania con il manto grigio striato di nero, detto anche *lupo marsupiale*. (Lunghezza 90 cm esclusa la coda; famiglia dei Dasiuridi; da alcuni decenni risulta irreperibile ed è forse addirittura estinto.) **2.** ZOOL. (iniziale maiusc.) Genere di animali a cui appartiene il tilacino.

tilbury [/'tilbəri/] s.m. inv. (voce ingl., dal nome del suo costruttore) Tipo di carrozza leggera a due posti, priva di tetto e trainata da due cavalli, in uso nell'Ottocento.

tilde s.m. o s.f. (voce spagn.) Segno grafico che lo spagnolo pone sulla consonante n (ñ) per indicare la pronuncia palatale (*gn* italiano); il portoghese pone invece la tilde sulle vocali e sui dittonghi per indicarne la pronuncia nasalizzata.

tilt [/tilt/] s.m. inv. (voce ingl., propr. "colpo, pendenza") **1.** Nel gioco del flipper, interruzione della partita che si verifica quando il giocatore, per impedire che la pallina finisca il suo giro, scuote violentemente la macchina. *Mandare in tilt.* **2.** *estens.* Disattivazione di circuiti elettrici. ◇ *fig. Fare tilt, andare in tilt:* di persona, perdere la lucidità, bloccarsi.

timballo s.m. (fr. *tim-bale*) **1.** MUS. Antico strumento a percussione simile al timpano. **2.** CUC. Pietanza consistente in un pasticcio di riso, pasta, verdure o altro, avvolto in pasta sfoglia e passato al forno in uno stampo. **3.** *estens.* Stampo in cui si cuoce tale vivanda.

timbrare v.tr. (fr. *timbrer*) Contrassegnare una lettera, un documento con un timbro. ◇ *Timbrare il cartellino:* detto di operai e impiegati che lavorano in fabbrica o in ufficio, marcare ogni giorno il cartellino di presenza; *fig.* svolgere un lavoro dipendente, essere vincolato a una routine che si ripete inequivocabilmente, perlopiù a orari prestabiliti.

timbrico agg. [pl.m. –*ci*, f. –*che*] **1.** Relativo al timbro di un suono o di uno strumento musicale. **2.** *fig.* In un'opera pittorica, relativo all'accostamento dei colori. **3.** *fig.* In una poesia, relativo all'insieme dei suoi aspetti fonici.

timbro s.m. (fr. *timbre* "tamburo, campanello" poi "bollo") **1.** Strumento per stampigliare bolli, cifre, date o altre scritte, fornito di una superficie che presenta, in rilievo su gomma o metallo, quanto deve essere riprodotto. **2.** *estens.* Quanto viene impresso con tale strumento. **3.** Carattere distintivo di un suono o di una voce, dipendente dagli elementi armonici che accompagnano la nota fondamentale, così da creare una differenza con un altro suono o un'altra voce della stessa altezza e intensità. **4.** LING. Qualità di una vocale, che è in rapporto con il luogo dell'articolazione. **5.** *fig.* In pittura, qualità che contraddistingue un colore nell'accostamento con altri. **6.** Tono, atmosfera particolare che contraddistingue un'opera letteraria, soprattutto in rapporto agli effetti fonici e alle scelte lessicali.

Timeleàcee s.f. pl. [iniziale minusc. sing. –*a* per l'individuo] BOT. Famiglia di piante legnose ed erbacee diffuse nelle zone a clima temperato.

time out [/'taim 'aʊt/] loc. sost. m. inv. (loc. ingl., propr. "fuori dal tempo" della partita) SPORT. Interruzione temporanea di una partita di pallavolo o di pallacanestro concessa dall'arbitro, che ferma il cronometro su richiesta dell'allenatore di una delle due squadre, allo scopo di effettuare sostituzioni o concordare una tattica più efficace con i giocatori.

timer [/'taimə/] s.m. inv. (voce ingl., deriv. di *to time* "fissare l'orario, calcolare il tempo") ELETTR. Dispositivo a orologeria che regola il funzionamento di un congegno azionandolo al momento stabilito. SIN.: **temporizzatore**.

time-sharing [/'taim'ʃɛərɪŋ/] s.m. inv. (voce ingl., propr. "ripartizione del tempo") INFORM. Modalità di funzionamento di un elaboratore per l'uso contemporaneo da parte di più utenti, nella quale il processore esegue brevi sequenze di istruzioni dei programmi di ciascuno degli utenti, a turno.

timidézza s.f. Carattere di chi è timido, riservato, per paura del giudizio altrui o per timore di sbagliare. ~ Comportamento impacciato e schivo.

tìmido agg. **1.** Che prova timore di fronte agli altri, si mostra impacciato per timore di sbagliare. **2.** Riferito ad animale, timoroso, pauroso. **3.** Riferito a gesti, atti, atteggiamenti che rivelano insicurezza, indecisione. ~ *fig.* Riferito a cosa, incerto, vago, debole. ◆ s.m. [f. –*da*] Nell'accez. 1 dell'agg.

timìna s.f. (ingl. *thymin*) BIOCHIM. Una delle quattro basi azotate che costituiscono i nucleotidi del DNA.

timing [/'taimɪŋ/] s.m. inv. (voce ingl., propr. "calcolo del tempo") **1.** Serie di scadenze che si fissano per le varie fasi di svolgimento di un'attività. **2.** FIN. In borsa, scelta del momento giusto per effettuare operazioni di acquisto o vendita di titoli o valute.

1. timo s.m. ANAT. Organo ghiandolare situato davanti alla trachea, molto sviluppato nell'età infantile e che riveste un ruolo fondamentale in ambito immunitario.

2. timo s.m. (gr., deriv. di *thymían* "profumare") **1.** Pianta perenne legnosa diffusa nell'Eurasia temperata, con piccole foglie aromatiche utilizzate in cucina. (Famiglia delle Labiate.) **2.** BOT. (iniziale maiusc.) Genere di piante aromatiche a cui appartengono le varie specie di timo.

ramo   fiore

■ **tìmo**

timocrazia s.f. Forma di governo in cui il godimento dei diritti civili e politici dei cittadini viene stabilito in proporzione al censo.

timòlo s.m. CHIM. Composto fenolico estratto per distillazione dall'essenza di timo, utilizzato in farmacia e nell'industria alimentare.

timóne s.m. **1.** MAR. Organo che serve per dirigere e manovrare un natante, costituito da una pala orientabile fissata verticalmente con una cerniera a poppa, fuoribordo. **2.** AER. Complesso dell'impennaggio verticale e orizzontale della coda di un aereo, mediante il quale lo si manovra. ◇ *Timone di profondità:* negli aeroplani e nei dirigibili detto anche elevatore o equilibratore per i movimenti sul piano verticale. **3.** In un carro, stanga che sporge anteriormente, ai lati della quale viene aggiunta una coppia di buoi o di altri animali da tiro. **4.** Nell'aratro, sbarra che regge il vomere e alla quale viene agganciata una coppia di animali da tiro o un trattore.

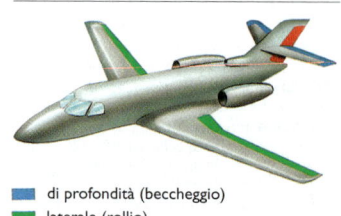

■ di profondità (beccheggio)
■ laterale (rollio)
■ di direzione (imbardata)

■ **timóne**

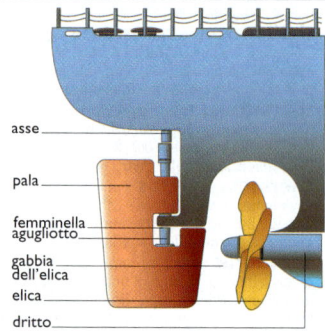

asse
pala
femminella
aguglietto
gabbia
dell'elica
elica
dritto

■ **timóne**

5. *fig.* Comando, guida, governo di qlco. ◇ *Reggere il timone, essere al timone:* dirigere.

timoneria s.f. **1.** MAR., AER. In un'imbarcazione o in un aereo, complesso degli elementi costituenti il timone. **2.** AUTOM. Complesso degli elementi costituenti lo sterzo. **3.** MAR. Un tempo, personale di bordo addetto alle manovre di rotta. ~ Complesso di mezzi adoperati per tale servizio.

timonièra s.f. **1.** Ambiente, situato sul ponte di comando di una nave, dove si trovano gli strumenti di governo. **2.** Foro nella volta di poppa che costituisce l'alloggiamento della testa del timone.

timonière s.m. [f. –*ra*] **1.** Marinaio a cui è affidata la manovra del timone. **2.** Nel canottaggio, chi tiene il timone e detta ai vogatori i tempi di vogata. **3.** *fig.* Chi dirige, guida.

timoràto agg. Pieno di scrupoli morali, coscienzioso. ◇ *Timorato di Dio:* di persona che segue alla lettera i comandamenti divini.

timóre s.m. **1.** Preoccupazione, paura che si prova di fronte a qlcu. o a qlco. **2.** Preoccupazione di fare qlco. di spiacevole, sgradito. **3.** Rispetto, soggezione di qlcu. ◇ *Timore reverenziale:* rispetto e sottomissione verso persone che occupano una posizione superiore. ~ *fig. Essere senza timore di Dio:* non avere scrupoli.

timoróso agg. **1.** Di persona, pauroso, preoccupato. ~ Insicuro, indeciso per paura di sbagliare. **2.** Di comportamento, che esprime paura o insicurezza.

timpànico agg. [pl.m. –*ci*, f. –*che*] **1.** ANAT. Del timpano. **2.** MED. *Suono timpanico:* tipo di risonanza che si ottiene alla percussione di un organo cavo gonfio di gas.

timpanismo s.m. MED. Risonanza, naturale o patologica, che si ottiene alla percussione di un organo cavo pieno d'aria o gonfio di gas.

timpanista s.m. e f.[pl.m. –*sti*] MUS. Chi suona il timpano.

timpano s.m. **1.** MUS. Strumento musicale a percussione formato da una semisfera metallica ricoperta da una pelle tesa che viene percossa con due mazze. **2.** ANAT. Membrana che separa l'orecchio medio dal condotto uditivo esterno e che trasmette le vibrazioni delle onde sonore alla catena degli ossicini. ◇ *Cassa del timpano:* cavità interna dell'osso temporale in cui è collocato l'orecchio medio. **3.** ARCH. Nella facciata esterna di un edificio, parete triangolare compresa tra la trabeazione orizzontale, sostenuta da colonne o altri elementi della facciata, e le due cornici spioventi del tetto. **4.** Nel torchio tipografico, telaio di ferro che tende una tela, su cui si appoggia il foglio da stampare.

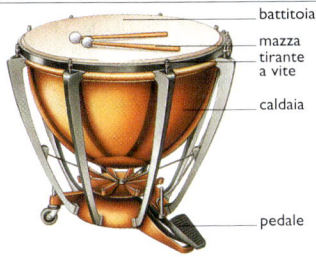

- battitoia
- mazza
- tirante a vite
- caldaia
- pedale

■ **timpano** cromatico.

timpanoplàstica s.f. MED. Intervento chirurgico di riparazione del timpano oppure di sostituzione di questo nei casi di otite cronica.

Tinamifórmi s.m. pl. [iniziale minusc. sing. *–me* per l'individuo] ZOOL. Ordine di uccelli diffusi spec. in Messico e in America Meridionale, con corpo tozzo simile a quello dei polli, ali corte, zampe robuste. (Sottoclasse dei Carenati.)

Tinàmus s.m. inv. ZOOL. Genere di uccelli diffusi nell'America Meridionale, con testa piccola, corpo massiccio, ali inadatte al volo e zampe corte e forti. (Ordine dei Tinamiformi.)

tinca s.f. [pl. *–che*] **1.** Pesce dal corpo tozzo, pelle spessa e viscida, carni pregiate, che vive nei fondi melmosi degli stagni. (Genere *Tinca*; famiglia dei Ciprinidi.) **2.** ANAT. *Muso di tinca*: estremità del collo dell'utero che termina nella vagina.

■ **tìnca**

tindalizzazióne s.f. (ingl. *tindalization*, dal nome del fisico inglese J. *Tindall* che ne fu l'inventore) Tipo di sterilizzazione che consiste in una serie di riscaldamenti a una temperatura variabile tra 60 e 80 °C e successivi raffreddamenti.

tinèllo s.m. **1.** Nei moderni appartamenti, stanza adiacente alla cucina dove si consumano i pasti. ~ Saletta di soggiorno. **2.** Mobilia che arreda tale ambiente.

tingere v.tr. [22] **1.** Conferire a un oggetto o a una superficie un colore diverso da quello posseduto in precedenza. **2.** Sporcare qlco. di colore. **3.** Far assumere a qlco. un dato colore. ◆ v.intr. (aus. *avere*) Detto di oggetto o superficie, rilasciare, spandere colore. *Non sederti sulla panchina, tinge!* ◆ **tingersi** v.pron. **1.** Truccarsi, usare cosmetici in generale. **2.** Macchiarsi di colore. **3.** Colorarsi, prendere un colore diverso da quello posseduto in precedenza. *Il cielo si tinge di rosa.* **4.** fig. Assumere una particolare caratteristica o sfumatura emotiva. *La vicenda si tinge di mistero.* **5.** Riferito a persona, colorare di un qualche colore parte del proprio corpo, cambiandone la tinta naturale. *Tingersi i capelli.* **6.** Sporcare involontariamente di qualche colore o sostanza parte del proprio corpo.

1. tino s.m. **1.** Recipiente di forma troncoconica disposto in posizione verticale, costituito da liste di legno unite da cerchi di ferro, con apertura nella parte superiore; vi si mette l'uva pigiata per la fermentazione. **2.** Recipiente a forma di tronco di cono o di cilindro, usato nell'industria cartaria per la macerazione degli stracci e in tintoria per i bagni di colore. **3.** Negli altifor-

ni, parte superiore aperta, a tronco di cono, nella quale vengono introdotti, a strati, il carbone e il materiale ferroso.

2. tino s.m. Arbusto detto anche *laurotino*. (Famiglia delle Caprifogliacee.)

tinòzza s.f. **1.** Piccolo tino, più largo che alto, per usi di cantina nella lavorazione del mosto e del vino. **2.** Recipiente a doghe di legno, oppure in metallo o plastica, usato spec. in passato, per fare il bucato e per fare il bagno.

tinta s.f. **1.** Colore assunto da un oggetto dopo essere stato sottoposto a operazioni di tintura. ◇ *Mezza tinta*: colore non ben definito, intermedio tra il chiaro e lo scuro. **2.** Colorante, tintura. **3.** estens. Colore naturale di qlco. **4.** fig. (spec. pl.) Tratto, tono di una narrazione o di un giudizio. ◇ *A forti tinte*: di romanzi, film, ecc., che presenta un vivace e violento scontro di passioni, clamorosi colpi di scena, notevoli effetti drammatici.

tintarèlla s.f. → **abbronzatura**.

tinteggiàre v.tr. [5] Pitturare, dare la tinta, spec. a pareti interne ed esterne o infissi.

tintinnàre v.intr. (aus. *avere* o *essere*) Emettere suoni squillanti, ripetuti a brevi intervalli.

tintinnìo s.m. [pl. *–nii*] Serie continuata e insistente di suoni simili a quelli di un campanello.

tinto agg. **1.** Che ha subito l'operazione della tintura e ha quindi assunto un colore diverso. **2.** Truccato, imbellettato. **3.** estens. Che ha assunto un certo colore. **4.** Imbrattato, macchiato di qlco. **5.** fig. Riferito a stato d'animo e sentimento, tendente a fondersi in un altro che lo modifica e precisa. *Nostalgia tinta di disperazione.*

tintóre s.m. [f. *–tora*] **1.** Operaio addetto alla tintura di filati, pelli o altro. **2.** Proprietario o lavorante di una tintoria.

tintoria s.f. **1.** Tecnica e attività del tingere filati, tessuti, pelli. **2.** Impianto industriale, reparto di tale impianto, dove si procede alla tintura di filati, pelli o altro. **3.** Laboratorio in cui si eseguono operazioni di lavaggio a secco, stiratura e tintura di tessuti e capi d'abbigliamento.

tintoriàle agg. (fr. *tinctorial*) Di tintura, riferito soprattutto alle proprietà dei tessuti organici di assumere particolari colorazioni.

tintòrio agg. [pl.m. *–ri*] **1.** Relativo alla tintura. **2.** Che serve a tingere.

tintùra s.f. **1.** Colorazione effettuata su un oggetto, per fargli assumere un colore diverso da quello naturale. **2.** Effetto di tale operazione. **3.** Colorante che serve per tingere. **4.** FARM. Prodotto liquido di uso farmaceutico, che si ottiene mediante l'azione di solventi su sostanze vegetali.

tioàcido s.m. CHIM. Acido ottenuto da un ossiacido per totale o parziale sostituzione di atomi di ossigeno con altrettanti atomi di zolfo.

tioàlcol s.m. inv. CHIM. Composto derivato da un alcol per sostituzione dell'atomo di ossigeno con un atomo di zolfo.

tiofène s.m. CHIM. Composto organico eterociclico a cinque atomi, di cui uno di zolfo.

tionàto s.m. CHIM. MINER. Sale di un acido della serie tionica.

tiònico agg. [pl.m. *–ci*] CHIM. *Acido tionico*: acido dello zolfo, contenente sei atomi di ossigeno, due di idrogeno e uno o più di zolfo. – *Serie tionica*: serie di acidi ossigenati dello zolfo di formula generale $S_n O_6 H_2$ (dove *n* è compreso tra 2 e 6).

tionina s.f. CHIM. ORG. Sostanza colorante blu presente nel blu di metilene.

tiòrba s.f. MUS. Strumento musicale simile al liuto in uso nei secc. XVI-XVIII.

tiosolfàto s.m. CHIM. → **iposolfito**.

tiosolfòrico agg. [pl.m. *–ci*] *Acido tiosolforico*: acido *iposolforoso.

tiourèa s.f. CHIM. ORG. Composto ($H_2N–CS–NH_2$) derivato dall'urea, per sostituzione dell'atomo di ossigeno con uno di zolfo, e viene usato nell'industria petrolifera e nella preparazione di materie plastiche.

tipicità s.f. inv. **1.** Caratteristica di ciò che è tipico. **2.** DIR. Qualità di diritti stabiliti per legge,

che non possono essere modificati dai soggetti privati.

tipico agg. [pl.m. *–ci*, f. *–che*] **1.** Che caratterizza un luogo, una cosa, una persona. **2.** Che è rappresentativo di una data classe di persone, animali o cose. ~ Che è un modello, un esempio. *Un caso tipico.*

tipizzàre v.tr. **1.** Rendere un oggetto, un prodotto conforme a un tipo, conferendogli caratteristiche costanti. **2.** MED. Sottoporre un tessuto a tipizzazione.

tipizzazióne s.f. **1.** Uniformazione a un tipo. **2.** MED. Esame biologico di un tessuto per stabilire il corredo degli antigeni e il grado di compatibilità tra donatore e ricevente necessaria nei trapianti.

tipo s.m. **1.** Modello caratteristico di una serie di oggetti. ~ Esemplare caratteristico di un certo genere di persone. **2.** estens. Qualità, specie, genere. *Quale tipo di libri preferisci?* **3.** ANTROP. Categoria in cui si possono raggruppare individui con caratteristiche somatiche simili. **4.** PSICOL., PS. PATOL. Individuo caratterizzato da particolare conformazione comportamentale o sintomatica. *Tipo ossessivo.* **5.** [f. *–pa*] Persona sconosciuta o individuata genericamente. *Ho incontrato un tipo.* **6.** [f. *–pa*] Persona molto particolare, originale, stravagante. **7.** TEAT., LETT. Personaggio con caratteri e comportamenti fissi, rispondente a uno stereotipo invariabile. **8.** RELIG. Nell'esegesi biblica, cosa o persona dell'Antico Testamento che prefigura una cosa o persona del Nuovo. **9.** DIR. *Tipo contrattuale*: schema, modello di negozio giuridico cui ci si attiene nel redigere un contratto. **10.** Nella classificazione zoologica e botanica, categoria che comprende classi affini. **11.** NUMISM. Figura e segni grafici incisi sul conio, che vengono stampati sulle monete. **12.** (al pl.) Caratteri tipografici mobili. *Tipi tondi.* □ In funzione di agg. inv., in statistica, di ciò che ha caratteristiche medie e quindi può funzionare da modello. *Famiglia tipo.* ~ Anche nel l. com. *Questi sono i tuoi discorsi tipo.*

tipocomposizióne s.f. Composizione tipografica.

tipografia s.f. **1.** Tecnica di stampa che utilizza caratteri mobili impressi direttamente sulla carta bianca. **2.** estens. Complesso delle arti grafiche. **3.** Laboratorio o stabilimento per la composizione e la stampa.

tipogràfico agg. [pl.m. *–ci*, f. *–che*] (fr. *typographique*) Relativo alla tipografia.

tipògrafo s.m. [f. *–fa*] (fr. *typographe*) **1.** Chi esercita l'arte della stampa. ~ Chi è proprietario o gestore di una tipografia. **2.** Lavorante nel settore tipografico. □ In funzione di agg., nell'accez. 2 del s. *Operaio tipografo.*

tipologia s.f. (ingl. *typology*) **1.** Studio che procede alla classificazione secondo tipi, spec. basandosi sulla statistica. ~ Studio dei tipi umani su base antropologica, medica o psicologica. **2.** BOT. Studio delle associazioni vegetali di un determinato ambiente, allo scopo di stabilirne le caratteristiche di adattamento. **3.** RELIG. Esegesi dell'Antico Testamento, soprattutto in epoca medievale, che metteva in rilievo gli elementi di anticipazione del Nuovo.

tipològico agg. [pl.m. *–ci*, f. *–che*] Riguardante la tipologia.

tipòmetro s.m. STAM. Tipo di regolo o nastro usato in tipografia per misurare la grossezza e l'altezza dei caratteri e della composizione.

tip tàp loc. sost. m. inv. (di orig. onom.) **1.** Rumore rapido e alternato prodotto da passi saltellanti, dita dei tamburellano o altro. **2.** Ballo moderno di provenienza nordamericana, che consiste nel battere ritmicamente sul pavimento il tacco e la punta delle scarpe, munite di apposite placche metalliche.

tiptologia s.f. **1.** Comunicazione convenzionale usata dai carcerati, che consiste nel battere colpi contro le pareti divisorie delle celle nella sequenza prevista da un codice stabilito. **2.** Criterio di interpretazione dei colpi che si suppongono battuti da uno spirito sul tavolino usato nelle sedute spiritiche.

tipula s.f. Grossa zanzara, innofensiva per l'uomo, le cui larve sono nocive per le coltivazioni; è

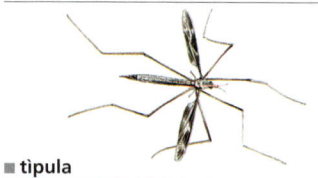

■ **tìpula**

detta anche *zanzarone*. (Apertura alare 40 mm; ordine dei Ditteri.)

tir o **TIR** s.m. inv. (sigla di fr.*Transports Internationaux Routiers*, "trasporti internazionali su strada") **1.** Convenzione disciplinare che regola il trasporto delle merci su strada in tutta Europa. ~ *estens.* Il sistema stesso di trasporto. **2.** *estens.* Nel l. com., grosso autotreno che effettua trasporto internazionale di merci, secondo la convenzione omonima.

tirabàci s.m. inv. Ricciolo appiattito a mezzaluna sulla fronte o sulla guancia.

tirabòzze s.m. inv. **1.** STAM. Attrezzo impiegato per stampare le bozze campione. SIN.: **tiraprove. 2.** (anche f.) Addetto alla tiratura delle bozze. SIN.: **torcoliere.**

tirabràce s.m. inv. Asta che termina a uncino utilizzata per raccogliere le braci dal forno a legna.

tira e mòlla loc. sost. m. inv. → **tiremmolla.**

tirafóndo s.m. inv. Grossa vite usata per fissare morsetti o altro su basi di legno.

tiràggio s.m. [pl. *–gi*] (fr. *tirage*) **1.** Negli antichi telai, operazione consistente nel tirare delle cordicelle per fare alzare i fili dell'ordito. **2.** Nel l. com., circolazione continua dell'aria nel braciere e nel camino di una stufa o di un altro impianto termico. ◇ *Tiraggio forzato:* prodotto da ventilatori. **3.** FOTO. In un microscopio, in un cannocchiale o in una macchina fotografica, distanza tra oculare e obiettivo.

tiralàtte s.m. inv. Apparecchio per aspirare il latte dalla mammella quando sia in eccesso o nei casi in cui il neonato non sia capace di poppare naturalmente. ◆ agg. inv. Nel sign. del s.

tiralinee s.m. inv. Strumento da disegno per tracciare linee di uguale spessore con l'inchiostro.

tiramisù s.m. inv. Dolce semifreddo di pan di spagna bagnato di caffè e liquore e farcito di una crema di uova, mascarpone e zucchero, spolverato di cacao amaro.

tiranneggiàre v.tr. [5] Governare un paese in modo dispotico. ~ *per esager.* Esercitare un'autorità eccessiva su qlcu. *Tiranneggiare i figli.* ◆ v.intr. (aus. *avere*) Governare o agire da tiranno.

tirannìa s.f. **1.** Governo di un tiranno. **2.** *estens.* Autorità imposta con la prepotenza, volta a limitare o soffocare la libertà e la volontà altrui. **3.** *estens.* Sopruso, prevaricazione, prepotenza. **4.** *fig.* Forza, potere che assoggetta totalmente a sé. *La tirannia del denaro.* ~ Fattore che limita fortemente la libertà d'azione. *La tirannia del tempo.*

tirannicìda agg. [pl.m. *–di*] Relativo all'omicidio di un tiranno. *Spada tirannicida.* ◆ s.m. e f. Chi uccide un tiranno.

tirannicìdio s.m. [pl. *–di*] Assassinio di un tiranno, come gesto di ribellione contro il governo dispotico da questi esercitato.

tirànnico agg. [pl.m. *–ci*, f. *–che*] **1.** Proprio di un tiranno o della tirannia. SIN.: **dittatoriale. 2.** *estens.* Eccessivamente severo, dispotico, autoritario.

tirànnide s.f. **1.** Governo di un tiranno, spec. in riferimento all'antica Grecia. SIN.: **tirannia. 2.** *lett.* Forma di governo assoluto. SIN.: **dittatura.**

Tirànnidi s.m. pl. [iniziale minusc. sing. *–de* per l'individuo] ZOOL. Famiglia di uccelli passeriformi di aspetto vario e indole aggressiva.

tirànno s.m. [f. *–na*] **1.** ANT. GR. (solo m.) Nel mondo greco antico, chi deteneva il potere assoluto in una città. **2.** *estens.* Sovrano dispotico, ingiusto, crudele. **3.** *estens.* Persona prepotente. *Fare il tiranno in casa.* **4.** *fig.* Forza che

limita o soffoca la libertà di pensiero e di azione. **5.** ZOOL. (solo m.) Uccello insettivoro, caratterizzato da una cresta rossiccia sul capo. (Ordine dei Passeriformi, famiglia dei Tirannidi.) ☐ In funzione di agg. **1.** Autoritario, prepotente. **2.** *fig.* Opprimente, che ha il potere di soffocare la libertà o la volontà. *Il tempo è tiranno.*

tirannosàuro s.m. Feroce dinosauro fossile del cretaceo, carnivoro, eretto su due zampe, caratterizzato da capo enorme e denti lunghi e aguzzi. (Ordine Teropodi.)

tirànte s.m. **1.** Elemento di vario genere e materiale, che ha la funzione di esercitare una trazione su un oggetto. **2.** ARCH. Asta metallica sottesa a un arco per contrastarne la spinta orizzontale. **3.** COSTR. Catena con cui si tiene unito un muro pericolante. **4.** MAR. Cavo per ancorare una struttura. **5.** Un tempo, cinghietta in pelle fissata al bordo superiore degli stivali per calzarli più agevolmente.

tirapièdi s.m. inv. **1.** Aiutante del boia che tirava gli impiccati per i piedi in modo da abbreviarne l'agonia. **2.** *fig.* (anche f.) Chi occupa un posto di lavoro subalterno, di infimo ordine. ~ Chi si mette servilmente a disposizione di persone importanti o di potere, spesso per ottenerne favori.

tirapùgni s.m. inv. Arma proibita costituita da quattro anelli d'acciaio saldati tra loro che si infila nelle dita della mano per sferrare pugni più potenti.

tiràre v.tr. **1.** Tendere, distendere, allungare qlco. esercitando una pressione su una o più estremità. **2.** Attirare, far muovere qlco. verso di sé. *Tirare un cassetto.* **3.** Spostarsi nello spazio trascinando qlcu. o qlco. dietro di sé. *Tirare una slitta.* **4.** Lanciare qlco. a qlcu. o in una certa direzione. **5.** Aspirare, risucchiare qlco. *Il camino tira bene l'aria.* **6.** *fig.* Attirare, far convergere qlco. su di sé. *Tirare i guai.* **7.** *fig.* Arguire, ricavare, dedurre concettualmente una qualche idea. *Tirare le somme.* **8.** Riprodurre un testo con la tecnica della stampa. **9.** Tracciare un segno. *Tirare una riga.* **10.** Fare giungere, portare qlco. a un certo stato, a una certa condizione. *Tirare a lucido.* **11.** Far uscire, estrarre. ~ Spostare, togliere qlco. da un certo posto. *Tirare l'acqua dal pozzo.* **12.** Dire, pronunciare qlco. *Tirar fuori scuse.* **13.** Spostare, muovere qlco. *Tirare indietro le lancette dell'orologio.* ◆ v.intr. (aus. *avere*) **1.** Esercitare una buona trazione. *Il motore tira.* **2.** *fig.* Avere successo, godere di un periodo favorevole. *Nella zona il settore agricolo tira bene.* **3.** Del vento, spirare, soffiare forte. **4.** *volg.* Dell'organo sessuale maschile, essere eccitato. **5.** Essere troppo stretto o teso. *I jeans tirano in vita.* **6.** Fare uso di un'arma da fuoco, di armi di lancio, per difesa-offesa o per sport. ~ Esercitare un'attività sportiva simile al duello. *Tirare di scherma.* **7.** Di persona, essere portato, propendere per qlco. *Tirare per le materie scientifiche.* ~ Di colore, tendere, assomigliare a un altro colore. *Rosso che tira all'arancio.* **8.** Andare, procedere. *Tirare dritto.* ◆ **tirarsi** v.pron. **1.** Spostarsi o cambiare posizione. *Tirarsi su, indietro.* ◇ *fig. Tirarsi fuori da qlco.:* uscire da una situazione delicata o pericolosa. **2.** Spostare qlco. *Tirarsi su le calze.*

tirasségno s.m. *Tiro a segno.

tiràta s.f. **1.** Energica trazione effettuata con una sola e rapida mossa. **2.** *fam.* Inspirazione,

spec. da una sigaretta, da un sigaro o da una pipa. **3.** Azione, lavoro o viaggio compiuti in una sola volta, senza interruzione. **4.** Monologo teatrale piuttosto lungo. **5.** *estens.* Lungo discorso polemico contro o a difesa di qlco.

tiratàrdi s.m. e f. inv. **1.** Chi abitualmente non rispetta la puntualità o tende a rimandare qualsiasi lavoro e attività. **2.** Chi ama fare tardi la sera.

tiràto agg. **1.** Teso, tenuto in tensione. **2.** *fig.* Che mostra i segni della tensione nervosa, della stanchezza. *Hai il viso tirato.* **3.** *fig.* Di cosa, sforzato, stiracchiato. *Un sorriso tirato.* **4.** *fig.* Di persona, avaro, taccagno.

tiratóre s.m. [f. *–trice*] Chi tira abilmente con un'arma da fuoco. ◇ *Tiratore scelto:* soldato addestrato nel tiro al bersaglio; nel calcio, cannoniere.

tiratùra s.f. **1.** STAM. Applicazione della carta bianca sulla composizione inchiostrata. **2.** *estens.* Numero di fogli che si possono stampare in un intervallo di tempo. **3.** Numero di copie di un giornale in una singola edizione.

tirchierìa s.f. **1.** Smodato attaccamento al denaro. **2.** Azione da avaro.

tìrchio agg. [pl.m. *–chi*] Restio a dare e a spendere. ◆ s.m. [f. *–chia*] Nel sign. dell'agg.

tirèlla s.f. Cinghia fissata alla stanga del carro e al pettorale del cavallo che lo traina.

tiremmòlla s.m. inv. **1.** MAR. Manovra che consiste nel tirare tutti i bracci dei pennoni da un lato. **2.** Alternarsi di concessione e rifiuto o comunque di azioni tra loro contrastanti. ~ Tentennamento. **3.** *estens.* (anche f.) Chi è dominato dall'indecisione. *Non chiedergli un parere, è un tiremmolla.*

tireotropìna o **tirotropìna** s.f. BIOL. Ormone elaborato nella parte anteriore dell'ipofisi, che ha funzione stimolante sulla ghiandola della tiroide.

tireòtropo agg. BIOL. *Ormone tireotropo:* tireotropina.

tiristóre s.m. (ingl. *thyristor*) ELETTR. Dispositivo a semiconduttore utilizzato come interruttore.

tiritèra s.f. **1.** Ritornello, filastrocca, cantilena. **2.** *estens.* Discorso lungo e monotono.

tìro s.m. **1.** Trazione esercitata su un oggetto in modo da spostarlo, metterlo in tensione. ◇ *Tiro alla fune:* gara tra due squadre i cui componenti tirano con forza una delle due estremità di una corda, cercando di portare gli avversari oltre la linea che separa i due campi. **2.** Traino di un veicolo da parte di animali. *Bestie da tiro.* ~ Un tiro a due. ◇ Il veicolo trainato. **3.** Lancio di un oggetto lontano da sé con la forza muscolare. ~ SPORT. Lancio della palla. *Tiro a rete.* ◇ *Tiro di volo:* colpendo la palla prima che tocchi terra. – *Tiro dal limite:* nel calcio, quello che si effettua dalla linea dell'area di rigore. **4.** Lancio di proiettili con un'arma da fuoco o da getto. ◇ *Tiro a segno:* esercitazione o gioco consistente nello sparare proiettili o scagliare frecce contro un bersaglio. ~ *estens.* Locale o luogo dove si svolge tale attività. ◇ *Linea di tiro:* linea ipotetica che seguirebbe un proiettile se non fosse soggetto alla forza di gravità. ◇ *Tiro al piccione:* gara, oggi vietata, che consisteva nel colpire con un colpo di fucile un piccione fatto uscire da una gabbia. – SPORT. *Tiro con l'arco:*

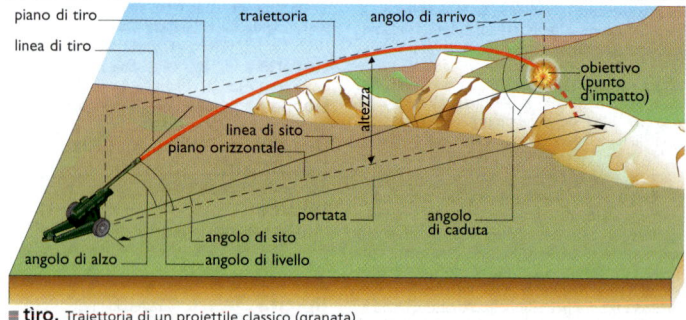

■ **tìro.** Traiettoria di un proiettile classico (granata).

quello che si pratica lanciando frecce con un arco verso un bersaglio circolare. – *Tiro al bersaglio:* quello che consiste nel colpire un bersaglio fisso o mobile con un'arma da fuoco o con l'arco. – *fam. Venire, capitare a tiro:* capitare nel momento adatto. – *Sotto tiro:* sotto mira di un arma da fuoco; *fig.* esposto a critiche. **5.** *fig.* Azione malevola ai danni di qlcu. *Tiro mancino.* **6.** ALP. Tratto di arrampicata tra un punto di sosta e l'altro. **7.** TEAT. Apparecchio che solleva gli elementi di scena. **8.** *pop.* Boccata, tirata. *Tiro di sigaretta.*

tirocinànte agg. Che segue un tirocinio. ◆ s.m. e f. Nel sign. dell'agg.

tirocìnio s.m. [pl. *-ni*] **1.** Preparazione all'esercizio di una professione. SIN.: **pratica**. ~ *estens.* Durata di tale preparazione. **2.** ANT. ROM. Nell'esercito, addestramento delle reclute.

tiròide s.f. (gr. *thyreoidḗs*, propr. "simile a uno scudo ovale") **1.** ANAT. Ghiandola endocrina localizzata davanti alla trachea, avente azione regolatrice del metabolismo. **2.** Cartilagine della laringe.

tiroidectomìa s.f. MED. Asportazione chirurgica parziale o totale della tiroide.

tiroidèo agg. ANAT. Della tiroide.

tiroidìna s.f. BIOCHIM. Composto organico ricco di iodio, elaborato dalla tiroide.

tiroidìte s.f. MED. Infiammazione della tiroide.

tirolése agg. Del Tirolo. ◆ s.m. **1.** (anche f.) Nativo, abitante del Tirolo. **2.** (solo sing.) Dialetto tedesco del Tirolo. ◆ s.f. Danza tradizionale del Tirolo, di ritmo ternario come il valzer.

tirosìna s.f. BIOL. Amminoacido utile all'organismo in partic. per produrre le melanine.

tirosinàsi s.f. inv. BIOCHIM. Enzima che catalizza l'ossidazione della tirosina.

tirotricìna s.f. FARM. Antibiotico di uso esterno estratto da un fungo.

tiroxìna o **tirossìna** s.f. (ingl. *thyroxine*) BIOCHIM. Ormone della tiroide che presiede allo sviluppo dell'organismo, alla regolazione del metabolismo e dell'attività nervosa.

tirrènico agg. [pl.m. *-ci*, f. *-che*] Del mare Tirreno.

tirrèno agg. Degli Etruschi. ◆ s.m. [f. *-na;* al pl. anche iniziale maiusc] Abitante dell'antica regione dell'Etruria.

tìrso s.m. **1.** ANT. GR. Bastone avvolto da edera e da pampini di vite, attributo di Dioniso. **2.** BOT. Infiorescenza di forma ovoidale.

tisàna s.f. (lat. *ptĭsanam*, gr. *ptisánē* deriv. di *ptíssein* "pestare") Infuso o decotto di erbe medicamentose.

Tisanòtteri s.m. pl. [iniziale minusc. sing. *-ro* per l'individuo] ZOOL. Ordine di minuscoli insetti succhiatori di linfa con ali strette orlate di filamenti setolosi. (Sottoclasse dei Pterigoti.)

Tisanùri s.m. pl. [iniziale minusc. sing. *-ro* per l'individuo] ZOOL. Sottoclasse di insetti di piccole dimensioni, con corpo allungato nell'estremità caudale, diffusi soprattutto nei terreni umidi.

tìsi s.f. inv. (lat. *phthĭsim*, gr. *phthísis* deriv. di *phthíein* "consumarsi") MED. Qualsiasi deterioramento del corpo o di una sua parte, in partic. tubercolosi polmonare cronica.

tìsico agg. [pl.m. *-ci*, f. *-che*] **1.** Affetto da tisi. SIN.: **tubercolotico**. **2.** *fig.* Gracile, debole. *Alberello tisico.* ~ Misero nella struttura o stentato nell'espressione. *Pensieri tisici.* ◆ s.m. [f. *-ca*] Nell'accez. 1 dell'agg.

tisiologìa s.f. MED. Branca della medicina che si occupa della tubercolosi polmonare per individuarne cause e terapie.

tissotropìa o **tixotropìa** s.f. CHIM., FIS. Processo che subiscono alcuni gel che, per effetto dell'agitazione o di vibrazioni acustiche, si trasformano in soluzioni colloidali.

tissulàre agg. (fr. *tissulaire*) BIOL. Di tessuto organico, tessutale.

1. titànico agg. [pl.m. *-ci*, f. *-che*] **1.** MIT. GR. Dei Titani. **2.** *fig.* Che sembra superare le forze e le possibilità umane. SIN.: **gigantesco**.

2. titànico agg [pl m. *-ci*, f. *-che*] CHIM. Di composto del titanio.

titànio s.m. (solo sing.) (dal nome dei *Titani*, figli di Urano) **1.** Metallo bianco, duro, di densità 4,54 e che fonde a 1660 °C. **2.** Elemento chimico (*Ti*) di numero atomico 22 e peso atomico 47,88.

ENCICL. Il titanio è dotato di una bassa densità, di un carico di rottura vicino a quello dell'acciaio dolce e di una buona tenuta ai vari agenti di corrosione, per questi motivi il titanio e le sue leghe sono sempre più utilizzati nell'industria, in particolare nel settore aerospaziale e nell'industria chimica.

titanìsmo s.m. (in riferimento alla lotta dei *Titani* contro l'ordine olimpico di Zeus) Nel l. crit. lett., atteggiamento di sfiduciata ribellione contro i limiti imposti dalla natura e dalla società e di tensione verso l'infinito, nella coscienza di essere destinati alla sconfitta.

titanìte s.f. MIN. Minerale composto di silicato di calcio e titanio, che si trova in molte rocce eruttive e metamorfiche.

titàno s.m. **1.** MIT. GR. (iniziale maiusc.) Ognuno dei sei figli ribelli di Urano e di Gea, sconfitti dal padre e da Zeus. **2.** *fig.* Persona di qualità intellettuali o artistiche straordinarie. SIN.: **genio**.

titillàre v.tr. **1.** Sfiorare qlcu. in modo da provocare solletico. *Titillare il collo.* **2.** *fig.* Stuzzicare con lusinghe. *Titillare la vanità di qualcuno.*

titoìsmo s.m. Forma di socialismo seguita dal presidente jugoslavo Tito.

titoìsta s.m. e f. Sostenitore del titoismo. SIN.: **titino**. ❑ In funzione di agg., relativo al titoismo, che sostiene il titoismo.

1. titolàre agg. **1.** Di persona investita di una funzione, in virtù di un diritto acquisito. *Insegnante titolare.* **2.** Nel l. sport., di atleta che fa parte stabilmente della formazione ufficiale della squadra. **3.** Nel l. eccl., che ha soltanto il titolo e non l'ordine. ◆ s.m. e f. **1.** DIR. Soggetto legittimo di un rapporto giuridico. *Titolare di un credito.* **2.** Nel l. com., proprietario di qlco. **3.** Chi esercita una funzione in virtù di un diritto acquisito. **4.** SPORT. Atleta che fa parte stabilmente della formazione della squadra. **5.** Nel l. eccl., santo a cui è intitolata una chiesa.

2. titolàre v.tr. **1.** Fornire di titolo o titoli. *Titolare un film.* **2.** Stabilire il titolo di una lega metallica, di una soluzione, di una miscela. **3.** Intitolare una chiesa a un santo, alla Madonna o a uno dei misteri cristiani. ◆ v.intr. (aus. *avere*) Di giornali, uscire con un titolo che occupa un determinato spazio o riguarda un dato argomento. *Questo quotidiano titola sulla crisi di governo.*

titolarità s.f. inv. DIR. Nel l. giur., condizione di chi è soggetto legittimo di un diritto o di una carica.

titolàto agg. **1.** Che possiede un titolo spec. nobiliare. **2.** CHIM. Che possiede un titolo noto. ◆ s.m. [f. *-ta*] Nell'accez. 1 dell'agg.

titolatrìce s.f. CINE. Apparecchiatura usata per registrare su pellicola titoli e inserti grafici dei film.

titolatùra s.f. **1.** Ideazione e scelta del titolo per un'opera. **2.** Modo in cui è realizzato un titolo e sue caratteristiche. **3.** Insieme dei titoli dovuti a una persona di prestigio.

titolazióne s.f. **1.** Ideazione dei titoli da dare ai singoli articoli di un giornale. **2.** CHIM. Determinazione della quantità di una sostanza presente in una lega o in una soluzione. **3.** IMMUNOL. Determinazione dell'attività specifica o del potere complementare di un siero. **4.** IND. TESS. Determinazione del titolo di un filato.

tìtolo s.m. **1.** Nome, parola o frase che serve a designare uno scritto o un'opera e ne indica l'argomento. ~ *estens.* Libro, volume. *Alcuni titoli del catalogo sono esauriti.* ◇ CINE., TV. *Titoli di testa, di coda:* didascalie che precedono o seguono la proiezione o la trasmissione dove sono indicati il titolo, il nome e il ruolo di chi vi ha collaborato. **2.** Qualifica che tocca di diritto a una persona per il grado sociale, la carica, la dignità, il livello di studi raggiunto. *Titolo di conte, di dottore.* ◇ *Titolo di studio:* quello conseguito al termine di un corso di studi. ~ SPORT. Qualifica di un campione in una specialità. *Conquistare il titolo.* **3.** (spec. pl.) Quanto attesta, nei concorsi per un impiego, l'attività svolta (studi compiuti, lavoro scientifico, pubblicazioni). **4.** DIR. Atto che conferisce a un soggetto un certo diritto. *Titolo d'acquisto.* ~ *estens.* Il documento relativo. ◇ DIR. CIV. *Titolo esecutivo:* documento che comprova il diritto del creditore e lo legittima a promuovere l'esecuzione forzata. **5.** *fig.* Diritto, motivo. ◇ *Con giusto titolo:* a buon diritto. – *loc. prep. A titolo di:* come, con valore di. *A titolo di curiosità.* – *A titolo informativo, d'informazione:* tanto per sapere. – *A pieno titolo:* sotto ogni profilo. **6.** ANT. Iscrizione. **7.** FIN. Azione, obbligazione. ◇ *Titolo di stato:* obbligazione emessa dallo stato. **8.** CHIM. Nelle leghe metalliche, soluzioni o miscele, rapporto percentuale tra la quantità del componente e la quantità complessiva del composto. **9.** IND. TESS. Misura della finezza di un filato. **10.** AGR. Numero che esprime il grado di germinabilità di una semente, per stabilire la quantità della medesima da impiegare nella semina.

titolóne s.m. **1.** Nel sign. dell'accr. di *titolo.* **2.** Nei giornali, titolo stampato a grossi caratteri e particolarmente evidenziato.

Titònidi s.m. pl. [iniziale minusc. sing. *-de* per l'individuo] ZOOL. Famiglia di uccelli strigiformi, con dischi facciali fusi in uno solo a forma di cuore.

titubànte agg. Incerto, indeciso nel decidere e nello scegliere.

titubànza s.f. **1.** Atteggiamento di chi è esitante. **2.** Atto concreto di esitazione.

titubàre v.intr. (aus. *avere*) Mostrare perplessità, incertezza nelle decisioni.

tivù o **tivvù** s.f. inv. *fam.* Televisione, televisore.

tìzio s.m. [f. *-zia*, pl. *-zi*] (dal nome di una gens romana) **1.** Persona qualsiasi, indeterminata, perlopiù con una sfumatura svalutativa. **2.** Persona di cui non si sa o non si vuole o non interessa specificare il nome.

tizzóne s.m. Pezzo di legno ardente o già carbonizzato.

tmèsi s.f. inv. **1.** LING. Nel greco e nel latino arcaici, tecnica stilistica e metrica che consiste nel dividere la preposizione dal verbo a cui è unita. **2.** LING. Nella metrica italiana, divisione di una parola in due parti, spesso con la frapposizione di un terzo vocabolo o il distanziamento dei due elementi in versi consecutivi.

toast [/ˈtəʊst/] s.m. inv. (voce ingl.) **1.** Fetta di pane tostata. **2.** Coppia di fette di pane a cassetta, tostate all'esterno, normalmente farcite con prosciutto e formaggio.

tobòga s.m. inv. (ingl. d'America *toboggan*, da una voce algonchina) **1.** Slitta da traino usata dagli indiani del Nord America, costituita da sottili assi ricurve unite tra loro e coperte di pelli. **2.** *estens.* Slittino per discese sulla neve. **3.** Scivolo che si trova nelle piscine o negli spazi riservati ai giochi per i bambini. **4.** Nei luna park, vagoncino su rotaie delle montagne russe o dell'ottovolante.

tocài o **tokàj** s.m. inv. (dal nome delle colline ungheresi di *Tokai*, dove è molto diffuso) **1.** ENOL. Vino dal colore giallo chiaro e sapore molto delicato e gradevole. **2.** VITICOLT. Vitigno molto diffuso in Ungheria e Germania, coltivato anche nel Friuli Venezia Giulia.

tocàrio o **tocàrico** s.m. (solo sing.) (gr. *Tókharoi*, popolazione che parlava tale lingua) Lingua del ceppo indeuropeo, parlata nel I millennio d.C. nel Turkestan orientale.

tòcca s.f. [pl. *-che*] Tipo di passamaneria a trama di lamina metallica, usato per la confezione di addobbi sacri.

toccànte agg. (fr. *touchant*) Che commuove.

toccàre v.tr. [4] **1.** Detto di persona, venire a contatto con qlcu. o con qlco., sfiorandolo o premendolo con le mani. ◇ *Toccare qlco. con mano:* verificare la consistenza di qlco. mediante un contatto diretto; *fig.* accertare di persona la veridicità di qlco; – *Toccare un tasto doloroso:* accennare ad argomenti delicati, spinosi. – *Toccare il fondo:* detto di persona che nuota o è in acqua, arrivare ad avere i piedi posati sul fondo e tenere la testa sopra la superficie dell'acqua; detto di imbarcazione, strisciare con la chiglia sul fondale; *fig.* raggiungere il peggio in assoluto di una situazione. – *Toccare ferro:* come gesto scaramantico per allontanare una possibile disgrazia, anche in senso fig. **2.** Detto di oggetto inanimato, essere in diretto contatto con qlco., arrivare fino a. *La sponda del letto tocca la parete.* **3.** Usare, mettere fuori posto qlco. **4.** Colpire qlcu. con percosse. **5.** *fig.* Occuparsi di qlco., trattare un argomento sia pure di sfuggita. ~ Parlare male, a sproposito di qlcu. o di qlco. a cui qlcu. tiene molto. *Non toccargli la squadra del cuore.* **6.** *fig.* Destare in qlcu. turbamento o sentimenti di commozione e pietà. **7.** Riguardare da vicino qlcu. *La cosa non mi tocca.* ◆ v.intr. (aus. *essere*) **1.** Di soggetto inanimato, accadere, capitare, succedere a qlcu. *Mi è toccata un grande fortuna.* **2.** Spettare a qlcu. *Il premio tocca a te.* ◆ v.impers. Essere o sentirsi costretto a fare qlco. *Tocca sempre a me chiedere scusa.* ◆ **toccarsi** v.pron. **1.** Detto di due o più soggetti, essere a contatto l'uno con l'altro. *A tavola siamo così stretti che ci tocchiamo.* **2.** Sfiorare con la mano parte del proprio corpo.

toccasàna s.m. inv. **1.** Medicina di sicura efficacia. **2.** *fig.* Rimedio sicuro.

toccàta s.f. **1.** Atto del toccare una volta e con leggerezza. **2.** MUS. Composizione per strumento a tastiera, a un solo tempo, di stile alto e senza virtuosismi.

toccàto agg. Un po' matto.

toccatùtto s.m. e f. inv. *scherz.* Persona, soprattutto bambino, a cui piace toccare ogni oggetto che vede.

1. tócco agg. [pl.m. *-chi*, f. *-che*] **1.** Riferito a frutto, ammaccato. **2.** *scherz.* Riferito a persona, un po' matto.

2. tócco s.m. [pl. *-chi*] **1.** Leggera e rapida pressione effettuata con la mano o con un oggetto che si impugna. **2.** *estens.* Piccolo intervento con cui si completa e perfeziona un lavoro. **3.** Colpo battuto su qlco., in partic. rintocco della campana. **4.** Maniera personale e originale con cui un musicista suona uno strumento a tastiera o a corda. ~ Modo di disegnare o di dipingere. ~ Modo di deporre il colore sulla tela a rapide pennellate, senza mescolarlo sulla tavolozza. **5.** SPORT. Colpo leggero dato alla palla o al pallone. ~ Nel calcio, modo di colpire la palla. ~ Nella pallavolo, ciascuno dei colpi (al massimo tre) eseguiti per rinviare il pallone nell'area avversaria. **6.** In alcuni giochi da ragazzi, posto che, una volta toccato, mette in salvo un concorrente, che non può più essere preso.

3. tòcco s.m. [pl. *-chi*] **1.** Grosso pezzo di qlco., spec. di cibo, che si taglia da forme o altro. **2.** *fig. fam.* Persona dotata di un bel fisico, alta di statura e robusta di costituzione.

4. tòcco s.m. [pl. *-chi*] (fr. *toque*, long. *tōh* "tocca") **1.** Berretto rotondo e senza tesa oggi indossato in occasioni solenni, assieme alla toga, da accademici, avvocati, magistrati, professori universitari. **2.** Berrettino femminile, di forma tondeggiante e senza tesa.

5. tòcco s.m. [pl. *-chi*] (voce ligure di etim. incerta, forse lat. *tùccam* "salsa") Sugo da condimento tipico della cucina ligure, preparato con pomodoro e carne tagliati a pezzetti e aromatizzati con vino bianco e spezie varie.

tocoferòlo s.m. BIOCHIM. Sostanza organica contenuta negli ortaggi verdi, nei cereali e nel latte, alla quale è dovuta l'azione della vitamina E.

tòfo s.m. MED. Tumefazione a nodulo, tipica della gotta, che si forma nelle regioni articolari o nelle cartilagini per deposito di acido urico e altre sostanze inorganiche.

tòfu s.m. Liquido gelatinoso ottenuto dalla soia e fatto cagliare, detto anche *formaggio di soia* per l'aspetto simile al formaggio. (Cucina giapponese.)

tòga s.f. [pl. *-ghe*] **1.** Nell'antica Roma, mantello che si portava sopra la tunica, con un lembo che veniva alzato sulla spalla sinistra per lasciare libero il braccio destro. **2.** Specie di sopravveste nera e ampia, indossata da avvocati, magistrati, ecc. **3.** *estens.* La professione di avvocato o di magistrato e chi la esercita.

togàta s.f. Commedia latina di argomento romano, rappresentata da attori che indossavano la toga.

togàto agg. **1.** Che porta la toga. **2.** DIR. *Giudice togato:* magistrato di carriera, in contrapposizione al giudice popolare. **3.** *fig.* Solenne, pomposo.

tògliere v.tr. [62] **1.** Levare via qlcu. o qlco. da qualche parte; spostare. *Togliere i libri dalla libreria.* ◇ *Togliere qlco. di mezzo:* farlo sparire, eliminarlo o allontanarlo perché non continui a dare fastidio. – *Togliere la parola di bocca a qlcu.:* precederlo in quanto stava per dire. **2.** Tirar via, portar via qlco. a qlcu. *Togliere la fame al bambino.* ◇ *Togliere la parola a qlcu.:* non permettergli di esprimere la propria opinione o farlo smettere di parlare. – *Togliere il saluto a qlcu.:* non rivolgergli più il saluto, come segno della rottura di un rapporto d'amicizia. **3.** Sottrarre, portare via a qlcu. qlcu. o qlco. che gli sta a cuore. *Togliere il fidanzato all'amica.* **4.** Detrarre, sottrarre qlco. *Togliere dieci da venti.* **5.** Trarre, ricavare una cosa da un'altra. ◆ **togliersi** v.pron. **1.** Andarsene da un posto. **2.** Soddisfare un bisogno personale, un desiderio. **3.** Levarsi qlco. di dosso, anche in senso fig. *Togliersi il cappello.* ◇ *figg. Togliersi la maschera:* scoprire la propria vera identità, rivelarsi per quello che si è. – *Togliersi il pane di bocca:* sacrificarsi di persona per avvantaggiare e aiutare qlcu.

toilette [/twa'lɛt/] s.f. inv. (voce fr., deriv. di *toile* "tela") **1.** Mobile con specchio, usato per acconciarsi. **2.** *estens.* Camerino in cui è collocato tale mobile. **3.** *estens.* Stanzino dei servizi igienici, soprattutto nei locali pubblici e sui mezzi di trasporto. **4.** Serie delle operazioni necessarie, soprattutto a una donna, per completare il trucco, la pettinatura e l'abbigliamento. **5.** *estens.* Abbigliamento particolarmente elegante, soprattutto femminile.

tokamak [/to'kamak/] s.m. inv. (sigla di russo *toroidalnj kamera makina* "macchina a camera toroidale") FIS. NUCL. Impianto termonucleare di elevata potenza, costituito da una camera toroidale nella quale si isola il plasma.

tolemàico agg. [pl.m. *-ci*, f. *-che*] **1.** Dell'astronomo e matematico Claudio Tolomeo, greco alessandrino del II sec.d.C. ◇ *Sistema tolemaico:* teoria geocentrica sostenuta dall'astronomo Tolomeo e accettata fino ai tempi di Copernico. **2.** Dei Tolomei, antichi re dell'Egitto.

tolettatùra s.f. Pulizia, pulitura, spec. di animali.

tolleràbile agg. Che si può sopportare.

tollerabilità s.f. inv. Condizione di ciò che è tollerabile. ~ Possibilità di essere sopportato.

tolleránte agg. **1.** Capace di sopportare qlco. senza danno o di buon grado. **2.** Rispettoso delle opinioni e degli atteggiamenti altrui.

tolleránza s.f. **1.** Capacità di resistere a condizioni sfavorevoli o potenzialmente dannose. ~ MED. Proprietà di un organismo di sopportare, senza presentare sintomi morbosi, dosi abitualmente nocive di alcune sostanze. **2.** Disposizione a comprendere e a rispettare idee e comportamenti diversi dai propri. ◇ *Casa di tolleranza:* in cui veniva esercitata la prostituzione legalizzata. **3.** Limite di variazione di grandezza, quantità, tempo concesso rispetto a un valore stabilito. **4.** Nella lavorazione industriale di un oggetto, differenza consentita tra le dimensioni prescritte nel progetto e quelle effettive.

tolleràre v.tr. **1.** Mostrare tolleranza e rispetto per le idee diverse dalle proprie e per i comportamenti che ne conseguono. *Questo governo non tollera alcuna forma di opposizione.* **2.** Ammettere un comportamento, un fatto deviante rispetto alla norma. *La preside non tollera il minimo ritardo.* **3.** Sopportare pazientemente qlcu. o qlco. di pesante o di sgradevole. ~ Avere la capacità fisica di resistere senza danno a qlco.

tolù s.m. inv. (dal nome della città colombiana di Santiago de *Tolù*) Liquido balsamico estratto da una pianta tropicale della famiglia delle Papilionacee, efficace per liberare le vie respiratorie da catarro e altre affezioni.

toluène s.m. (fr. *toluène*) CHIM. Idrocarburo aromatico liquido ($C_6H_5CH_3$) derivato dal benzene per sostituzione di un atomo di idrogeno con un gruppo metilico e utilizzato industrialmente come solvente, come antidetonante per benzine e in molte sintesi chimiche.

toluidina s.f. (fr. *toluidine*) CHIM. Ammina derivata dal toluene.

tòma s.f. Formaggio fresco tipico del Piemonte, in piccole forme, di latte caprino o vaccino.

tomahawk [/'tɔməhɔːk/] s.m. inv. (voce ingl. di orig. algonchina) Ascia di guerra tipica dei pellirossa americani.

tomàia s.f. inv. Parte superiore della scarpa, che fascia il piede e si compone di uno o più pezzi cuciti insieme.

tómba s.f. **1.** Fossa o costruzione sepolcrale di vario tipo in cui viene deposta la salma. ◇ *figg. Portare qlcu. alla tomba:* farlo morire. – *Avere un piede nella tomba:* essere in fin di vita. – *Essere una tomba:* di stanza o altro ambiente, essere assolutamente privo di luce; *fig.* di persona, saper mantenere segreti o cose rivelate in confidenza, meritando la fiducia degli altri. **2.** Grotta sotterranea; in partic., canale sotterraneo per il deflusso delle acque.

tombàcco s.m. [pl. *-chi*] (fr. *tombac* da una voce malese) Lega di rame e zinco con cui si eseguono laminature che, per il caratteristico colore giallo-rossastro, sono molto simili a quelle d'oro.

tombàle agg. Riguardante la tomba.

1. tombarèllo s.m. (fr. *tomberel*, deriv. di *tomber* "cadere") Autocarro, carro ferroviario o rimorchio agricolo dotato di cassone ribaltabile per lo scarico del materiale trasportato.

2. tombarèllo o **tamburèllo** s.m. Pesce diffuso nel Mediterraneo con dorso azzurro, ventre argenteo e due pinne dorsali molto distanti. (Famiglia dei Tunnidi.)

tombino s.m. **1.** Su una sede stradale, canaletto di scolo delle acque piovane. **2.** Coperchio di ghisa o cemento dei pozzetti fognari. SIN.: **chiusino**.

1. tómbola s.f. **1.** Gioco che, basandosi sui numeri dall'uno al novanta estratti a sorte, consiste nel completare il più rapidamente possibile delle cartelle che riportano, su più righe, quindici di tali numeri. **2.** Insieme delle cose occorrenti per tale gioco, cioè dischetti con i numeri da sorteggiare, cartellone, cartelle.

2. tómbola s.f. *fam.* Capitombolo, ruzzolone.

1. tómbolo s.m. **1.** *fam.* Capitombolo, caduta. **2.** *fig.* Rovina economica, insuccesso. ~ Perdita di un lavoro o di una carica.

2. tómbolo s.m. **1.** Cuscino rotondo che un tempo stava ai due lati del divano. **2.** Sorta di cilindro imbottito che fa da appoggio per l'esecuzione a mano di merletti mediante piccoli fusi. **3.** *fig.scherz.* Persona piuttosto tozza e grassa.

3. tómbolo s.m. GEOMORF. Striscia di sabbia che si forma per deposito nelle acque basse intorno alle isole o agli isolotti, costituendo spesso un tratto di unione o di collegamento con la terraferma.

tomentóso agg. BOT. Di organo di alcuni vegetali, rivestito di peluria.

tomino s.m. Formaggio caprino o vaccino in piccole forme.

Tomìsidi s.m. pl. [iniziale minusc. sing. *-de* per l'individuo] (gr., deriv. di *thōmízein* "legare") ZOOL. Famiglia di ragni ad addome ampio e colorato caratterizzati da lunghe zampe anteriori e andatura obliqua o retrograda.

tomìsmo s.m. **1.** Dottrina teologico-filosofica di san Tommaso d'Aquino, che adeguò il pensiero aristotelico alla teologia cristiana. **2.** Corrente di pensiero che ha ripreso e sviluppato tale dottrina.

tòmo s.m. **1.** In un'opera scritta costituita da più volumi, la suddivisione ulteriore di un singolo volume, come corpo a se stante più maneggevole. **2.** *estens.* Libro, volume. **3.** *fig. fam.* Persona che si distingue per caratteristiche fisiche o comportamenti insoliti.

tomografia s.f. **1.** MED. Tecnica radiologica che consente di esaminare un organo interno per sezioni estremamente sottili, allo scopo di mettere in rilievo anche minime lesioni; è detta anche *tomografia assiale computerizzata (TAC).* **2.** MED. Radiogramma ottenuto con tale tecnica. **3.** GEOFIS. *Tomografia sismica:* tecnica di ripresa di immagini attraverso cui, partendo dalla registrazione delle onde sismiche provocate da un terremoto, si ottiene un'immagine tridimensionale dell'interno della Terra.

tomògrafo s.m. MED. Apparecchio radiologico per eseguire la tomografia, detto anche *stratigrafo*.

1. ton s.m. inv. (voce onom.) Il suono emesso da un rintocco, spec. da una serie di rintocchi di campana.

2. ton /'tʌn/ s.m. inv. (voce ingl., propr. "tonnellata") FIS. Unità di misura di energia, pari a quella liberata nell'esplosione di una tonnellata di tritolo.

tònaca s.f. [pl. *–che*] **1.** Veste tipica dei frati e delle monache. **2.** Nei lavori di fonderia, strato di terra che riveste i modelli delle forme. **3.** ANAT. Membrana di tessuto connettivo che riveste un organo, una porzione anatomica o uno spazio. SIN.: **tunica.**

tonàle agg. **1.** MUS. Relativo al sistema di accordi legati alla nota tonica fondamentale. **2.** Nelle arti figurative, relativo al tono o all'intensità dei colori. **3.** *fig.* Nel l. crit. lett., che riguarda il tono, il valore stilistico ed espressivo di una parola. **4.** LING. *Lingue tonali*: quelle, come il cinese mandarino, varie lingue africane e, in Europa, lo svedese, il norvegese, il serbo-croato, che utilizzano le variazioni di tono come elemento distintivo di significati.

tonalismo s.m. **1.** MUS. Carattere di una composizione eseguita sulle leggi della tonalità. **2.** PITT. Tecnica basata sui rapporti di intensità cromatica.

tonalità s.f. inv. **1.** MUS. All'interno di una composizione, complesso dei legami armonici che legano tutti i suoni alla nota tonica. **2.** MUS. Sistema musicale basato sulle leggi tonali. **3.** Livello cromatico, intensità di un colore. **4.** PITT. Tendenza delle tinte.

tonànte agg. **1.** Rimbombante come il tuono. *Voce tonante.* **2.** CHIM. Di una miscela di gas che, nella giusta proporzione dei componenti, può esplodere.

tónchio s.m. [pl. *–chi*] Piccolo coleottero che, allo stato larvale, infesta i semi delle Leguminose e li guasta. (Famiglia dei Bruchidi.)

tondeggiànte agg. Che ha forma rotonda o arrotondata.

tondèllo s.m. **1.** Oggetto di forma cilindrica o rotonda. **2.** Pezzo di legno da ardere di piccolo diametro. **3.** Disco di metallo usato per il conio di una moneta o di una medaglia.

tondino s.m. **1.** Nel sign. dim. di *tondo.* **2.** Oggetto a forma circolare di piccolo spessore. **3.** Piattino, sottobicchiere. **4.** NUMISM. Tondello. **5.** COSTR. Profilato di ferro a sezione circolare, di piccolo diametro, usato nei manufatti in cemento armato. **6.** Parte posteriore della coscia dei bovini. **7.** ARCH. Modanatura a semicerchio con decorazione di fusi, olivette o altro.

tóndo agg. **1.** Di forma circolare o sferica. **2.** Di parte del corpo, pieno, paffuto. *Faccia tonda.* ~ Riferito a un numero o a una somma, senza decimali, terminante con uno zero. *Cifra tonda.* ◆ s.m. **1.** Cerchio, circonferenza. ~ Oggetto di forma circolare, di vario materiale. ~ Dipinto su tela o su tavola di forma circolare o qualsiasi elemento decorativo con le stesse caratteristiche. *I tondi di Michelangelo.* ◇ *fig. A tondo,*

in tondo: tutt'intorno. *Girare in tondo.* **2.** STAM. Carattere tondo. **3.** Pezzo di legna da ardere, di sezione rotonda e di diametro medio.

toner /'təunə/ s.m. inv. (voce ingl., propr. "che dà il tono") Particolare polvere molto fine, nera o colorata, che viene usata nelle fotocopiatrici.

tónfo s.m. (long. *tumpf* "rumore di caduta" di orig. onom.) **1.** Rumore sordo prodotto da un corpo che cade in acqua o a terra. **2.** Caduta in acqua o a terra. **3.** *fig.* Fallimento. *La prima è stata un tonfo spettacolare.*

tònica s.f. [pl. *–che*] **1.** MUS. Nota iniziale di una scala maggiore o minore, che determina la tonalità di un brano musicale. **2.** LING. Vocale o sillaba su cui si posa l'accento principale.

tonicità s.f. inv. **1.** LING. Per una vocale o una sillaba, il fatto di essere tonica, cioè di essere accentata. **2.** MED. Equilibrio funzionale, tensione ottimale di un organo. *Tonicità dei muscoli.*

tònico agg. [pl.m. *–ci*, f. *–che*] **1.** MUS. Riferito al tono. **2.** LING. Di vocale o sillaba accentata. *Sillaba tonica.* **3.** MED. Relativo al tono muscolare. ~ Della pelle e dei muscoli, che hanno una buona elasticità. **4.** Che stimola certe funzioni fisiologiche, soprattutto la digestione. *Un amaro tonico.* ◆ s.m. **1.** Nell'accez. 4 dell'agg. **2.** Prodotto che serve a dare morbidezza ed elasticità alla pelle.

tonificànte agg. Che tonifica. ◆ s.m. Prodotto, perlopiù cosmetico, che serve a dare elasticità alla pelle.

tonificàre v.tr. [4] Rendere più vigorose ed efficienti le funzioni fisiologiche e psichiche dell'organismo. ~ Rendere qlco. più elastico.

tonnàra s.f. **1.** Complesso di reti usato per la pesca del tonno. **2.** *estens.* Nave che ne è attrezzata.

tonnàto agg. *Salsa tonnata*: salsa vellutata a base di tonno. ~ *Vitello tonnato:* carne lessa tagliata a fettine e coperta di salsa tonnata.

tonné /to'ne/ agg. inv. (voce pseudofr.) Tonnato, spec. nella loc. *vitel tonné*, vitello tonnato.

tonneau /tɔ'no/ s.m. inv. (voce fr., propr. "botte" e per la forma "vettura decappottabile") **1.** Telone con cui si ricoprono le automobili decappottabili. **2.** AER. Manovra acrobatica.

tonneggiàre v.tr. [5] (ligure *tonnezare*, gr. *tonízein* "tendere con cavi") MAR. Muovere un'imbarcazione mediante un sistema di cavi collegati a un ormeggio o all'ancora. ◆ **tonneggiarsi** v.pron. Detto di imbarcazione, muoversi mediante un sistema di cavi legati all'ancora affondata, facendo forza sugli argani di bordo.

tonnéggio s.m. [pl. *–gi*] MAR. Manovra di spostamento di una nave mediante cavi e argani.

tonnellàggio s.m. [pl. *–gi*] (spagn. *tonelage*, deriv. di *tona* "grande barile") **1.** MAR. Peso in tonnellate di una nave dell'unità militare. **2.** MAR. Volume in tonnellate di una nave mercantile. ~ Portata di un vagone merci.

tonnellàta s.f. (spagn. *tonelade*, it) Misura di peso equivalente a 1000 kg. ◇ *Tonnellata di stazza:* unità internazionale di volume per la stazza delle navi equivalente a 2,83 m³. ~ MAR. *Tonnellata di peso:* unità di peso che misura il di-

slocamento di una nave, pari a 1000 kg. ~ *fam. per esager.* Quantità enorme. *Questa valigia pesa una tonnellata.*

tonnétto s.m. Pesce di mare simile al tonno ma con dimensioni inferiori, detto anche *palamita.* (Genere *Euthynnus*; famiglia degli Scombridi.)

tónno s.m. **1.** Pesce marino di notevoli dimensioni, di colore azzurro argentato, diffuso nel Mediterraneo e nell'Atlantico, pescato per le sue carni pregiate. (Il *tonno bianco*, o *alalonga*, raggiunge 1 m di lunghezza, mentre il *tonno rosso* misura 2-3 metri; genere *Thunnus*; famiglia degli Scombridi.) **2.** La carne di tale pesce, fresca o conservata sott'olio.

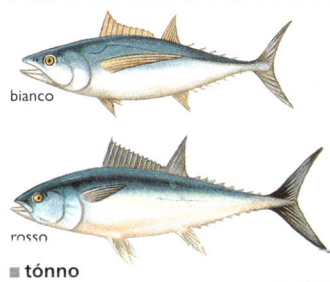
bianco
rosso
■ **tónno**

tòno s.m. **1.** Livello di elevazione di una voce o di un suono. ◇ *Sotto tono:* sottotono. **2.** *estens.* Particolare intonazione della voce che si adatta al contenuto di ciò che viene detto o che esprime lo stato d'animo o l'atteggiamento di chi parla. ~ Stile, carattere espressivo di un discorso o di uno scritto. **3.** LING. In alcune lingue, come il cinese mandarino, variazione di altezza nella pronuncia delle parole, che serve a distinguerne il significato. **4.** *fig.* Stile, modo caratteristico dell'aspetto esteriore. *Vestire in tono elegante.* ◇ *Darsi un tono:* assumere un atteggiamento sostenuto. **5.** MUS. Intervallo maggiore tra due note contigue della scala. ~ *comun.* Tonalità. **6.** ELETTROAC. Frequenza di un suono. **7.** Grado di intensità o di luminosità di un colore. **8.** MED. Giusto equilibrio di tensioni di un organo o di un sistema. **9.** Stato di benessere, di vigore fisico o morale. *Le vacanze mi hanno ridato tono.* **10.** *fig.* Potenza, vigore.

tonometria s.f. FIS. Settore della chimica che studia, sotto il profilo fisico, la tensione del vapore di una sostanza.

tonsilla s.f. **1.** ANAT. Nome di vari organi costituiti da tessuto linfatico. *Tonsilla faringea.* **2.** *per anton.* (spec. pl.) I due piccoli organi ovoidali (*tonsille palatine*) situati nell'istmo delle fauci, che svolgono azione antibatterica e producono linfociti.

tonsillàre agg. ANAT., MED. Riguardante le tonsille palatine. *Infiammazione tonsillare.*

tonsillectomia s.f. MED. Intervento chirurgico di asportazione delle tonsille palatine.

tonsillite s.f. MED. Infiammazione delle tonsille.

tonsùra s.f. RELIG. **1.** Rito religioso, abolito a partire dal 1972, con il quale venivano tagliate alcune ciocche di capelli sulla nuca di chi veniva ordinato chierico, come segno di rinuncia al mondo. **2.** RELIG. Area circolare rasa sulla nuca che i sacerdoti secolari e regolari portavano come segno distintivo del loro rango.

tonsuràre v.tr. RELIG. Sottoporre qlcu. alla cerimonia della tonsura, ora abolita, e ordinarlo chierico.

tonsuràto agg. RELIG. Di chierico sottoposto alla cerimonia della tonsura. ◆ s.m. Nel sign. dell'agg.

tónto agg. [f. *–ta*] (etim. discussa, forse lat. *tōntum* deriv. di *tondēre* "radere", per l'uso di rasare la testa ai pazzi) Stupido, sciocco. ◆ s.m. Nel sign. dell'agg. ◇ *Fare il finto tonto:* fare finta di non capire quando ciò torna a proprio vantaggio.

tontolóne s.m. [f. *–na*] *fam.* Persona dai riflessi lenti o tarda a capire.

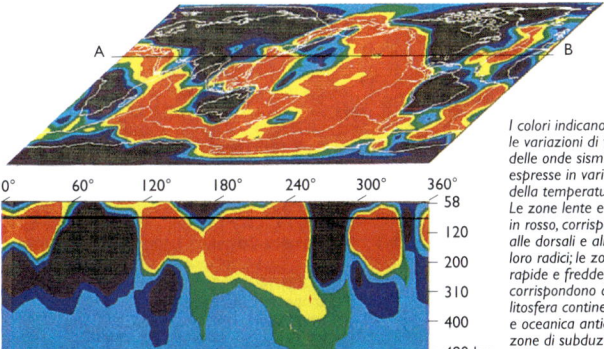

A ——— B

0°   60°   120°   180°   240°   300°   360°
58
120
200
310
400
490 km

I colori indicano le variazioni di velocità delle onde sismiche espresse in variazione della temperatura. Le zone lente e calde, in rosso, corrispondono alle dorsali e alle loro radici; le zone rapide e fredde, in blu, corrispondono alla litosfera continentale e oceanica antica e alle zone di subduzione.

■ **tomografia** sismica. Planisfero a 100 km di profondità e sezione AB che segue la linea est-ovest.

tool [/'tul/] s.m. inv. (voce ingl., propr. "strumento") INFORM. Strumento, routine che compie o agevola una data funzione.

top [/'tɔp/] s.m. inv. (voce ingl., "cima") **1.** Culmine, vertice. **2.** Camicetta femminile senza maniche, molto corta e scollata, simile a un corpino. **3.** Piano superiore di un mobile. **4.** FIS. Il più pesante dei sei quark conosciuti. □ In funzione di agg. inv., nell'accez. 1 del s. *I dischi top del mese.* ◊ *Top class:* la prima classe negli aerei. – *Top management:* alta dirigenza industriale. – *Top manager:* dirigente industriale di alto livello.

topàia s.f. **1.** Nido di topi. **2.** *fig.* Casa o stanza molto sporca e squallida.

topàzio s.m. [pl. –*zi*] **1.** MIN. (solo sing.) Minerale costituito da silicato di alluminio e fluoro, di colore vario. ◊ *Falso topazio:* citrino. **2.** *estens.* Colore giallo tipico di questa pietra. **3.** ZOOL. Specie di colibrì della Guiana, così chiamato per il colore giallo della gola. □ In funzione di agg. inv., della tonalità di giallo che richiama il colore della gemma.

■ **topàzio.** Cristallo di topazio blu proveniente dal Minas Gerais (Brasile).

top gun [/'tɔp 'gʌn/] loc. sost. m. inv. (loc. ingl., propr. "eccellente cacciatore") **1.** Aereo da combattimento americano. **2.** *estens.* Pilota di tale aereo.

topiàrio agg. [pl.m. –*ri*] Dell'arte dei giardinieri di potare le siepi o le chiome degli alberi creando figure ed effetti particolari.

1. tòpica s.f. [non com. pl. –*che*] RET. Teoria della ricerca e dell'utilizzo di luoghi comuni per lo sviluppo di un discorso o di un ragionamento.

2. tòpica s.f. [pl. –*che*] (voce sett., lomb. deriv. di *topicà* "inciampare") Atto inopportuno o frase pronunciata in modo o nel momento sbagliato.

topicida agg. [pl.m. –*di*] Di prodotto usato per uccidere i topi. ◆ s.m. Nel sign. dell'agg.

tòpico agg. [pl.m. –*ci*, f. –*che*] **1.** RET. Relativo alla topica. **2.** Riguardante il luogo. **3.** MED. Che si applica su una precisa zona del corpo, direttamente sulla parte malata. ~ Di medicina che agisce ove applicata. **4.** Che ha importanza decisiva. *Momento topico.* SIN.: **cruciale.**

topinambùr s.m. inv. (fr. *topinambour,* da *Tupinambás,* nome di una tribù indiana dell'America Sett.) **1.** Pianta erbacea perenne, diffusa in Canada, caratterizzata da fiori gialli a capolino e grossi tuberi commestibili che vengono utilizzati come foraggio per le bestie o per la fabbricazione di sciroppi e alcol. (Famiglia delle Composite.) **2.** Il tubero di tale pianta.

topino s.m. **1.** Nel sign. del dim. di *topo.* **2.** *fig.* [f. –*na*] Bambino o ragazzo minuto, esile. **3.** ZOOL. Uccello insettivoro e migratore, di aspetto simile a una piccola rondine ma con il dorso di colore grigio topo, che costruisce il nido scavando il terreno sulle rive dei fiumi. (Ordine dei Passeriformi.)

topless [/'tɔplɪs/] s.m. inv. (voce ingl., propr. "senza parte superiore") Indumento femminile, spec. costume da bagno, che lascia scoperto il seno.

top model [/tɔp 'mɔdəl/] loc. sost. f. inv. (loc. ingl.) Modella di fama mondiale.

tòpo s.m. **1.** Piccolo mammifero roditore la cui specie più comune (nome sc. *Mus musculus*) ha peluria fitta e corta di colore grigio scuro, lunga coda, zampe anteriori più corte di quelle posteriori, muso appuntito e orecchie piuttosto sviluppate. (Il topo, che è onnivoro e può avere dai 4 alle 6 nidiate annue di 4-8 topolini, può infestare pericolosamente l'habitat dell'uomo ed è portatore di malattie; famiglia dei Muridi.) ◊ *Topo campagnolo:* piccolo roditore di colore grigio fulvo, che vive nei boschi e nelle pianure dell'Europa e dell'Asia. (Genere *Apodemus;* famiglia dei Muridi.) – *Topo muschiato:* ondatra. – *figg. Fare la fine del topo:* rimanere intrappolato in un luogo senza vie d'uscita o in una situazione senza scampo. – *Topo d'albergo:* ladro che ruba negli alberghi. – *Topo di biblioteca:* persona che passa il suo tempo nelle biblioteche, leggendo, consultando o studiando libri. **2.** Arnese di metallo usato dai vetrai, detto anche *grisaioio.* **3.** MAR. *Coda di topo:* estremità appuntita di un cavo. □ In funzione di agg. inv., di una tonalità di grigio che richiama il colore del pelo del topo.

■ **tòpo** e topolini.

topografia s.f. (gr. *topographía,* comp. di *tópos* "luogo" e *gráphein* "disegnare") **1.** Studio e tecnica della riproduzione in scala, sul piano, di una zona limitata della superficie terrestre. **2.** *estens.* Rappresentazione grafica sul piano di una zona della superficie terrestre, mediante segni convenzionali che indicano la conformazione del terreno. **3.** *estens.* Configurazione reale di una città, con il suo corredo urbanistico. **4.** *estens.* Configurazione di un ambiente e delle sue parti. *La topografia del museo.*

topogràfico agg. [pl.m. –*ci*, f. –*che*] **1.** Riguardante la topografia. **2.** MED. *Anatomia topografica:* settore dell'anatomia che studia i vari organi con riferimento alla posizione e ai loro rapporti reciproci. **3.** *Catalogo topografico:* in una biblioteca, quello che ordina i libri secondo la loro collocazione.

topògrafo s.m. [f. –*fa*] Geografo o tecnico che si occupa di topografia.

topolino s.m. e f. **1.** Nel sign. del dim. di *topo;* in partic., topo domestico. **2.** *fig.* [f. –*na*] Bambino minuto e molto vivace.

topologia s.f. **1.** GEOGR. Studio della conformazione e delle caratteristiche del paesaggio e del suolo. **2.** MAT. Struttura che formalizza il concetto di vicinanza tra punti e di chiusura di un insieme in modo da generalizzare i concetti classici di limite e continuità. ~ Settore della matematica che studia tali strutture. **3.** LING. Studio della posizione delle parole nella frase.

topològico agg. [pl.m. –*ci*, f. –*che*] **1.** GEOGR. Relativo alla topologia o un paesaggio. ~ *estens.* Che riguarda il luogo, il territorio, ecc. **2.** MAT. Relativo alla topologia. ◊ *Spazio topologico:* spazio in cui è definita una topologia.

■ **topinambùr**

(labels on image: gemma apicale; stolone; tubero)

topometria s.f. Insieme delle operazioni effettuate sul terreno per la determinazione metrica di una carta.

toponimia s.f. → **toponomastica.**

toponìmico agg. [pl.m. –*ci*, f. –*che*] Che riguarda i nomi propri di luogo. ◆ s.m. Denominazione di una persona mediante il nome della città d'origine, posto di seguito al nome proprio (p.e. *San Francesco d'Assisi*).

topònimo s.m. Nome proprio di luogo o località.

toponomàstica s.f. **1.** LING. Branca della linguistica, e in partic. dell'onomastica, che studia i nomi di località ricostruendone l'origine e il significato. **2.** Complesso dei nomi di luogo di una determinata zona. *La toponomastica toscana.*

toporàgno s.m. **1.** Piccolo mammifero dal muso aguzzo, molto attivo e vorace, che si nutre di vermi, insetti e grandi prede come rane e pesci, che paralizza grazie alla sua saliva velenosa. [Il toporagno comune (*Crocidura*) ha le dimensioni di un topo, ma il mustiolo (genere *Suncus*), il cui corpo misura 4 cm di lunghezza e pesa 2 g, è il più piccolo di tutti i mammiferi; ordine degli Insettivori; famiglia dei Soricidi.] **2.** ZOOL. (iniziale maiusc.) Genere di animali a cui appartengono le varie specie di toporagno.

■ **toporàgno**

tòpos s.m. [pl. *tòpoi*] (voce gr., propr. "luogo") **1.** Nella retorica classica, *luogo comune. **2.** LETT. Tema ricorrente in un autore, in un'opera o in un indirizzo artistico.

tòppa s.f. **1.** Buco della serratura. **2.** Pezzo di tessuto che si usa per rammendare un abito. **3.** *fig.* Rimedio provvisorio e di efficacia limitata a una situazione difficile. **4.** Gioco di carte simile alla zecchinetta, che si effettua con un mazzo di 52 carte tra un mazziere e un numero illimitato di giocatori.

tòppo s.m. **1.** Piede dell'albero, che rimane nel terreno dopo il taglio. **2.** *estens.* Tronco d'albero abbattuto, potato e cimato. **3.** Ciascuna delle due parti terminali del tornio.

top rate [/'tɔp 'reɪt/] loc. sost. m. inv. (loc. ingl., "tasso massimo") FIN. Tasso massimo di interesse praticato dalle banche sui prestiti ai clienti (in oppos. al *prime rate*).

top secret [/'tɔp' si:krɪt/] loc. agg. inv. (loc. ingl.) Assolutamente segreto. *Informazioni top secret.*

top ten [/'tɔp 'tɛn/] loc. sost. m. o f. inv. (loc. ingl., propr. "i primi dieci") Prodotto artistico (disco, libro, film, ecc.) che si trova tra i primi dieci posti delle classifiche di vendita. ~ (solo f.) La classifica stessa.

Toràh o **Toràh** s.f. (solo sing.) (ebr. *tôrâh* "insegnamento") **1.** Dottrina impartita da Dio agli uomini per mezzo dei profeti. ~ In partic., legge che Dio rivelò a Mosè sul Sinai. **2.** *estens.* I primi cinque libri dell'Antico Testamento, detti anche *Pentateuco.*

toràce s.m. (gr. *thôraks* "corazza") **1.** Nell'uomo e negli animali superiori, parte del corpo compresa tra la base del collo e l'addome. **2.** Negli insetti, parte del corpo che si trova dopo la testa.

toracentèsi o **toracocentèsi** s.f. inv. MED. Operazione chirurgica che ha lo scopo di drenare con una siringa il liquido che si forma nella cavità pleurica.

toràcico agg. [pl.m. –*ci*, f. –*che*] Del torace.

toracotomia s.f. MED. Incisione chirurgica della parete del torace.

torana s.m. Nell'architettura indiana, portale monumentale.

tórba s.f. (fr. *tourbe,* francone *turba*) Combustibile fossile ricco di acqua, di colore scuro e di aspetto spugnoso, derivato da parziale carbonizzazione di detriti e depositi vegetali in acqua.

tórbida s.f. **1.** IDROL. Materiali fini trasportati in sospensione da un corso d'acqua. **2.** TECN. Materiale solido in sospensione in un liquido.

torbidézza s.f. **1.** Condizione di un liquido non limpido a causa di impurità in sospensione. **2.** *fig.* Mancanza di chiarezza o di onestà.

tórbido agg. **1.** Di liquido, che presenta impurità in sospensione ed è perciò privo di limpidità e trasparenza. **2.** *fig.* Poco chiaro, non sereno, offuscato da sentimenti poco limpidi e moralmente impuro, abietto. ~ Losco, disonesto. *Traffici torbidi.* ~ Riferito a periodo storico, inquieto, oscuro, tormentato. ◆ **s.m. 1.** (solo sing.) Cosa poco chiara, situazione ambigua, poco onesta. **2.** (al pl.) Disordine politico, sommossa, tumulto.

torbièra s.f. (fr. *tourbière*) Depressione acquitrinosa dove i depositi vegetali, decomposti, hanno formato ammassi di torba.

torbóso agg. Ricco di torba.

tòrcere v.tr. [22] **1.** Avvolgere con movimento a spirale qlco. su se stesso o più cose tra loro. *Torcere il braccio all'avversario.* ◇ *fig. per esager. Torcere il collo a qlcu.:* usata come espressione di minaccia. **2.** Rendere curvo un oggetto. *Torcere una bacchetta di ferro.* **3.** Girare qlco., farlo muovere. *Torcere lo sguardo.* **4.** *fig.* Fare deviare qlcu. o qlco. da una certa direzione, spec. nel l. lett. ◆ **torcersi** v.pron. **1.** Detto di persona, contorcersi flettendosi e avvolgendosi su se stesso. *Torcersi per il mal di stomaco.* ~ Far girare una parte del proprio corpo su se stessa. *Torcersi il collo.* **2.** Deformarsi, piegarsi. *Le lamiere si torcono al calore.*

torchiàre v.tr. [6] **1.** Schiacciare, pressare qlco. sotto il torchio. *Torchiare l'uva, le olive.* SIN.: spremere. **2.** *fig.* Sottoporre qlcu. a un trattamento impietoso e, soprattutto, a un lungo interrogatorio. *All'esame mi hanno torchiato per due ore.*

torchiétto s.m. **1.** Nel sign. del dim. di *torchio.* **2.** FOTO. Apparecchio che comprime il negativo contro la carta su cui risulterà la copia positiva.

tòrchio s.m. [pl. *-chi*] **1.** Strumento costituito da una piastra di fondo fissa e da un'altra superiore che viene fatta scendere, attorno a un albero a vite, in modo da comprimere e spremere vinacce, olive, semi oleosi o altre sostanze che si pongono tra le due piastre. **2.** Macchina da stampa a mano che comprime la matrice inchiostrata sopra il foglio, oggi usata soltanto per edizioni preziose in poche copie o per tirare litografie. **3.** ANAT. *Torchio addominale:* complesso dei muscoli del torace e dell'addome.

tòrcia s.f. [pl. *-ce*] (fr. *torche*, lat. *tŏrquem* propr. "oggetto ritorto") **1.** Fiaccola ottenuta ritorcendo tra loro fili di canapa e stoppa impregnati di resina o pece. ◇ *Torcia elettrica:* grossa pila portatile. – *fig. Torcia umana:* persona avvolta completamente dalle fiamme. **2.** Grosso cero usato nelle processioni e, un tempo, anche nei funerali.

torcicòllo s.m. **1.** MED. Deviazione della posizione del capo, congenita o acquisita per reumatismo o per lesioni dei muscoli o delle vertebre cervicali. **2.** *comun.* Dolore di qualunque origine che interessa il collo e ne pregiudica i movimenti. **3.** ZOOL. Uccello insettivoro con collo molto flessibile, simile al picchio ma con becco corto, che si nutre di formiche. (Lunghezza 16 cm; genere *Jynx*, famiglia dei Piciformi.)

torcièra s.f. Sostegno, perlopiù in ferro battuto, usato un tempo per reggere torce o ceri.

torciglióne s.m. **1.** Striscia di stoffa arrotolata che un tempo veniva usata dalle donne per adornare il capo a modo di corona. **2.** Torcinaso.

torcinàso s.m. inv. Sorta di museruola che si applica al naso o al labbro superiore di cavalli e buoi per tenerli fermi durante operazioni che procurano dolore.

torcitóio s.m. [pl. *-toi*] IND. TESS. Torcitrice.

torcitrìce s.f. IND. TESS. Macchina che avvolge, unendole saldamente, le fibre di un filato.

torcitùra s.m. IND. TESS. Azione di torcere fibre tessili per dare robustezza al filato.

tordéla o **tordèlla** s.f. ZOOL. Uccello dell'Europa e dell'Africa del Nord, simile al tordo, ma di dimensioni maggiori. (Lunghezza 30 cm; nome sc. *Turdus viscivorus*, famiglia dei Turdidi; ordine dei Passeriformi.)

tórdo s.m. **1.** Uccello simile al merlo, con piume marroni e grigie. (Famiglia dei Turdidi, ordine dei Passeriformi.) ◇ *Tordo sassello:* piccolo tordo, tipico del nord dell'Europa, dalla carne pregiata. **2.** ZOOL. (iniziale maiusc.) Genere di uccelli a cui appartengono le varie specie di tordo. **3.** *fig.* Persona sciocca, sempliciotta. **4.** Nome comune di pesci del Mediterraneo dai colori vivaci. (Lunghezza 15 cm; generi *Symphodus* e *Crenilabrus*, famiglia dei Labridi.)

■ **tórdo** sassello.

toreador [/torea'dor/] s.m. [pl. *toreadores*] (voce spagn.) Torero.

toreàre v.intr. (aus. *avere*) (spagn. *torear*) Detto di un torero, combattere con il toro nelle corride.

1. torèllo s.m. **1.** Nel sign. del dim. di *toro*; in partic., giovane toro. **2.** *fig.* Ragazzo robusto, vigoroso.

2. torèllo s.m. MAR. Ogni singola tavola che, fissata alla chiglia di una nave, costituisce parte del fasciame esterno.

torèro s.m. (voce spagn.) Chi combatte il toro nell'arena durante la corrida.

torèutica s.f. [pl. *-che*] Arte di lavorare il metallo, a sbalzo, a rilievo, a cesello o a bulino.

tòrico agg. [pl.m. *-ci*, f. *-che*] MAT. Relativo al toro. *Superficie torica.*

torinése agg. Di Torino. ◆ **s.m. 1.** (anche f.) Nativo, abitante di Torino. **2.** (solo sing.) Dialetto parlato a Torino. **3.** (iniziale maiusc., solo sing.) Territorio intorno a Torino. **4.** Tipo di grissino sottile e croccante.

tòrio s.m. (solo sing.) (dal nome del dio scandinavo *Thor*) **1.** Metallo bianco del gruppo degli attinidi, di densità 11,7 e che fonde a 1750 °C. **2.** Elemento chimico (*Th*) di numero atomico 90 e peso atomico 232,0381. (È uno degli elementi radioattivi naturali.)

tórma s.f. **1.** ANT. ROM. Nell'esercito romano, squadra di trenta cavalieri. **2.** Schiera di soldati. **3.** *estens.* Folla di persone che procede senza alcun ordine. **4.** Branco di animali.

tormalina s.f. (fr. *tourmaline* da una voce senegalese) MIN. Minerale costituito da diversi metalli in varia combinazione, di colore e caratteristiche molto variabili, utilizzato come pietra preziosa nelle varietà più pregiate.

torménta s.f. (fr. *tourmente*) Tempesta di neve violenta, tipica dell'alta montagna.

tormentàre v.tr. **1.** Detto di persone, causare pene e tormenti, infliggere sevizie, mettere alla tortura qlcu. ~ Causare forti dolori fisici, detto spec. di malattie. *Essere tormentato dal mal di denti.* **2.** *estens.* Procurare angoscia, afflizione, molestia. *Di notte le zanzare mi tormentano.* ◆ **tormentarsi** v.pron. Darsi pena o pensiero. *Non tormentarti per l'esame.*

tormentàto agg. [f. *-ta*] **1.** Inquieto, angosciato, afflitto. **2.** *fig.* Riferito a caratteristiche del terreno, accidentato, aspro.

tormentina s.f. MAR. Fiocco molto resistente che viene usato sulle barche a vela in caso di vento forte.

torménto s.m. **1.** Dolore fisico intenso e continuato. **2.** Dolore intimo molto intenso e assillante. *I tormenti della gelosia.* ~ Persona o cosa che è causa di pena, di preoccupazione. **3.** *estens. per esager.* Molestia, fastidio. *Il tormento delle zanzare.* ~ Persona o cosa fastidiosa, molesta. **4.** Strumento di tortura. ~ Pena fisica, tortura cui qlcu. poteva essere condannato. **5.** MAR. Sforzo a cui sono sottoposti lo scafo e le strutture di un'imbarcazione sotto la spinta dell'acqua e del vento. **6.** Macchina da guerra usata ant. per il lancio di grosse pietre.

tormentóne s.m. **1.** Nel sign. dell'accr. di *tormento.* **2.** Nel l. gior., polemica condotta nei confronti di uno stesso personaggio con una serie di articoli e vignette satiriche pubblicati ripetutamente. **3.** Negli spettacoli, battuta comica

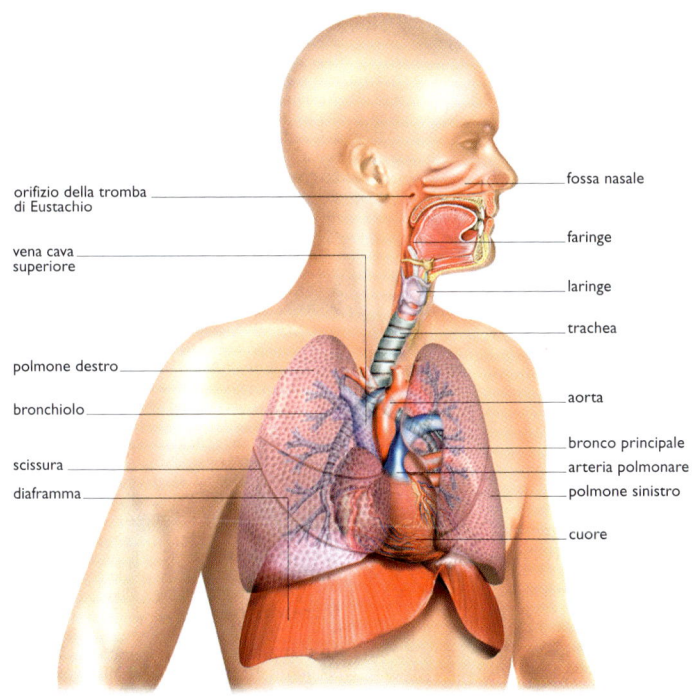

orifizio della tromba di Eustachio

vena cava superiore

polmone destro

bronchiolo

scissura

diaframma

fossa nasale

faringe

laringe

trachea

aorta

bronco principale

arteria polmonare

polmone sinistro

cuore

■ **toràce.** Gli organi del torace e le vie aeree.

ripetuta più volte dallo stesso attore o personaggio. **4.** ZOOL. Larva del maggiolino.

tormentóso agg. **1.** Che provoca tormento. **2.** *fig.* Pieno di fastidi, di difficoltà.

tornacónto s.m. Vantaggio, profitto, spec. personale.

tornàdo s.m. inv. (ingl. *tornado*, spagn. *tronada* "burrasca") **1.** Tempesta caratterizzata da una tromba d'aria di limitata estensione ma distruttiva. **2.** *fig.* Cosa che provoca grave sconvolgimento ed è in grado di rompere in modo definitivo equilibri e assetti. **3.** MAR. Catamarano a vela, da regata, di poco superiore ai 6 m.

1. tornànte s.m. Nel calcio, giocatore schierato sulle fasce laterali, con il compito di appoggiare la difesa.

2. tornànte s.m. Ampia curva che si traccia su strade in salita, per superare il dislivello.

tornàre v.intr. (aus. *essere*) **1.** Detto di soggetti inanimati, presentarsi, manifestarsi di nuovo. *La giovinezza non torna più.* **2.** Detto perlopiù di ragionamenti, conti, ecc., essere giusto o logicamente plausibile. ~ Risultare esatto. **3.** Andare di nuovo presso qlcu. o in un luogo nel quale si era in precedenza e dal quale ci si era momentaneamente allontanati. ~ Rientrare a casa o nel luogo dove abitualmente si vive o si lavora. ~ Venire nuovamente nel luogo dove si trova il parlante. *Il dottore è fuori, ma dovrebbe tornare.* ◇ *fig. Tornare in mente:* ricordarsi. ◆ v.cop. **1.** Diventare di nuovo in un certo modo, assumere nuovamente una certa condizione. *Tornare pulito.* **2.** Essere, risultare in un certo modo. *Questo contratto può tornare utile.*

tornasóle s.m. inv. CHIM. Sostanza estratta da alcuni licheni, dotata di proprietà coloranti e utilizzata come indicatore di acidità di una soluzione. ◇ *Cartina al tornasole:* per accertare l'acidità di una soluzione; *fig.* verifica, prova.

tornàta s.f. **1.** Seduta, sessione di un'assemblea o di un organo collegiale. ◇ *Tornata elettorale:* singolo turno di elezioni politiche o amministrative. **2.** METR. Strofa conclusiva dell'antica canzone, contenente il commiato e la dedica. SIN.: **congedo.**

tornèllo s.m. Dispositivo simile a un cancelletto girevole, posto all'entrata di uffici, locali pubblici, stazioni della metropolitana, ecc., che consente l'accesso di una sola persona per volta.

tornèo s.m. **1.** ST. In epoca medievale e fino al Rinascimento, combattimento spettacolare tra cavalieri, disputato in un'arena, con scontri individuali o a squadre. **2.** Rievocazione di tale combattimento. **3.** SPORT. Serie di incontri a eliminatoria, tra atleti singoli o tra squadre.

tornése s.m. Moneta d'argento coniata in epoca medievale in Francia, a Tours, che ebbe un'ampia diffusione e dal sec. XVI apparve anche nel Regno di Napoli, sotto i Borboni.

tórnio s.m. [pl. *–ni*] Macchina per la lavorazione di metalli e legno, composta da un mandrino, che imprime un moto rotatorio al pezzo da lavorare, e da un utensile che incide sul pezzo compiendo, secondo il programma previsto, un movimento di traslazione. ◇ *Tornio da vasaio:* dispositivo azionato da un pedale costituito da una piattaforma rotante sulla quale si pone l'argilla da modellare.

tornìre v.tr. [83] **1.** Lavorare al tornio un oggetto di metallo o legno. **2.** *fig.* Rifinire uno scritto.

tornìto agg. **1.** Lavorato al tornio. **2.** *fig.* Ben modellato, dalla forma armoniosa. *Gambe ben tornite.* **3.** Ben fatto, di proporzioni giuste.

tornitóre s.m. [f. *–trice*] Operaio o artigiano che esegue lavorazioni al tornio.

tornitùra s.f. **1.** Lavorazione al tornio. **2.** Risultato di tale lavorazione. **3.** Scarto residuale della lavorazione al tornio.

1. tòro s.m. **1.** Maschio adulto dei bovini, non castrato, adatto alla riproduzione. ◇ *fam. Forte come un toro:* di forza e robustezza incredibili. **2.** ASTR. (iniziale maiusc., solo sing.) Costellazione zodiacale dell'emisfero boreale. v. parte n. pr. **3.** ASTROL. Secondo segno dello zodiaco, dominante tale periodo. ~ *estens.* Persona nata sotto il segno del Toro. **4.** BORS. Operatore che gioca al rialzo. ~ *estens.* Mercato borsistico tendente al rialzo.

2. tòro s.m. (lat. *tŏrum* "filo attorcigliato, rigonfiamento") **1.** GEOM. Figura solida generata dalla rotazione di una circonferenza attorno a una retta a essa esterna e complanare. **2.** ARCH. Modanatura semicircolare utilizzata nelle parti basamentali.

3. tòro s.m. (solo sing.) Isotopo radioattivo del torio.

■ **tòro**

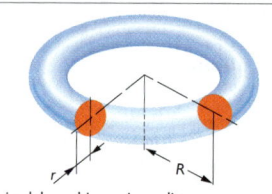

r: raggio del cerchio, sezione di toro
R: raggio del cerchio di rivoluzione
A: area   V : volume
$A = 4 \pi^2 \times r \times R$ $V = 2 \pi^2 \times r^2 \times R$

■ **tòro**

toroidàle agg. GEOM. A forma di toro.

toròide s.f. MAT. Curva algebrica, corrispondente al contorno ideale di un toro, parallela a un'ellisse.

tòron s.m. (solo sing.) CHIM. Isotopo instabile del radon, derivato dalla disintegrazione del torio.

1. torpèdine s.f. **1.** Pesce marino simile alla razza, che possiede in ciascun lato della testa un organo che può produrre scariche elettriche. (Famiglia dei Torpedinidi). **2.** ZOOL. (iniziale maiusc.) Genere a cui appartengono le varie specie di torpedine.

2. torpèdine s.f. (ingl. *torpedo*) Ordigno subacqueo, carico d'esplosivo, utilizzato contro obiettivi marittimi da navi, sommergibili o aerei.

■ **torpèdine** ocellata.

Torpedinidi s.m. pl. [iniziale minusc. sing. *–de* per l'individuo] ZOOL. Famiglia di pesci propri dei mari caldi e temperati cui appartengono specie note col nome di *torpedine.*

torpedinièra s.f. MAR. Veloce nave da guerra, di forma allungata, attrezzata per silurare le unità nemiche.

torpedinière agg. MAR. Attrezzato con siluri e torpedini. *Nave torpediniera.* ◆ s.m. MAR. A bordo di un'unità navale, marinaio che si occupa della manutenzione e dell'uso delle torpedini e dei siluri.

torpèdo s.f. inv. (ingl. d'America *torpedo*, spagn. *torpedo* "torpedine" per la forma affusolata) **1.** Vecchio tipo di carrozzeria di automobile, dalla forma simile a un siluro. **2.** *estens.* Automobile provvista di tale carrozzeria, perlopiù scoperta o con tettuccio ribaltabile.

torpedóne s.m. Pullman da turismo usato un tempo, scoperto o con tettuccio apribile. ~ *estens.* Pullman, corriera.

tòrpido agg. **1.** Riferito al corpo o a una sua parte, che ha temporaneamente perso sensibilità e prontezza di riflessi. ~ Riferito a persona, fiacco. **2.** *estens.* Intellettualmente o spiritualmente pigro.

torpóre s.m. **1.** Stato di diminuzione della sensibilità e della prontezza di riflessi del corpo o di una sua parte. ~ *fig.* Stato di ottundimento delle facoltà psichiche, di fiacchezza o di pesante sonnolenza. **2.** *estens.* Mancanza di volontà, svogliatezza fisica o mentale.

tòrr o **tòr** s.m. inv. (dal nome del fisico E. *Torricelli,* inventore del barometro) FIS. Vecchia unità di misura della pressione, equivalente alla pressione barometrica di 1 mm di mercurio a 0 °C. (Dal 1985 il torr è stato sostituito dal *pascal.*)

tórre s.f. **1.** Edificio molto sviluppato in altezza, a pianta poligonale o circolare, eretto spec. a scopo di difesa e di osservazione del territorio. ◇ *Torre campanaria:* campanile che, nelle chiese romaniche e gotiche, è normalmente staccato dal corpo dell'edificio. ~ *fig. Torre d'avorio:* luogo ideale in cui chiudersi per coltivare completamente i propri interessi, spec. culturali, artistici. ~ *Torre di Babele:* nella Bibbia, quella eretta da molti popoli e dalla cui caduta cominciò la differenziazione delle lingue; *fig.* disordine, confusione più completa. **2.** *estens.* Costruzione che, per la struttura verticale, richiama la forma della torre. ◇ *Torre solare:* telescopio verticale per l'osservazione del Sole. – *Torre di controllo:* negli aeroporti, edificio che predomina la superficie di un aeroporto e da cui provengono gli ordini di decollo, di volo e d'atterraggio. – *Torre di lancio:* struttura di metallo per le prove di paracadutismo o, nelle basi spaziali, per tenere in posizione verticale i missili, soprattutto i razzi. **3.** Antica macchina da guerra su ruote, a struttura verticale, usata per dare l'assalto alle mura. ~ Sorta di traliccio che si applicava al dorso degli elefanti, in cui si sistemavano uno o più armati. **4.** MIL. Nelle navi da guerra, struttura corazzata in cui si trovano gli organi di comando, le artiglierie e il personale che dirige il tiro. **5.** Picco montuoso a pareti quasi verticali, tipico in partic. della zona dolomitica. *Torri del Vajolet.* **6.** Pezzo del gioco degli scacchi a forma di torre merlata, che può essere mosso solo orizzontalmente o verticalmente. **7.** SPORT. Nella pallacanestro, il giocatore più alto di una squadra; nel calcio, il giocatore d'attacco che passa di testa il pallone a un compagno smarcato cercando di metterlo nella condizione di tirare in porta.

torrefàre v.tr. *non com.* Abbrustolire qlco. con il procedimento della torrefazione.

torrefazióne s.f. **1.** Tostatura di semi oleosi, soprattutto del caffè, effettuata mediante un riscaldamento lento e molto forte, fino alla parziale carbonizzazione della sostanza. **2.** Laboratorio e negozio in cui si torrefà il caffè, lo si vende e lo si degusta sotto forma di espresso. **3.** Procedimento di tostatura di un miscuglio di tabacchi, per ottenere un prodotto di aroma e colore uniformi e con minor contenuto di nicotina. **4.** Arrostimento di minerali.

torreggiàre v.intr. [5] (aus. *avere*) Dominare dall'alto come una torre, sovrastare. ~ *fig.* Superare gli altri per l'altezza. *L'atleta torreggia in mezzo al campo.*

torrènte s.m. (lat. *torrĕntem* "corso d'acqua impetuoso") **1.** Corso d'acqua caratterizzato da notevole pendenza e da grande variabilità di portata, fortemente condizionato dal regime delle precipitazioni. **2.** *fig.* Flusso abbondante di qlco. *Torrente di lacrime.*

torrentismo s.m. SPORT. Attività che si compie discendendo con vari mezzi (canotti, corde, ecc.) i torrenti di montagna.

torrentizio agg. [pl.m. *–zi*] Tipico di un torrente.

torrenziàle agg. (fr. *torrentiel*) **1.** Che fluisce, scorre, si riversa in modo impetuoso e in grande quantità, come l'acqua di un torrente gonfio. **2.** *fig.* Inarrestabile, incessante. *Un discorso torrenziale.*

■ **tórre.** Torre campanaria della città di Gand (sec. XIV).

torrétta s.f. **1.** Nel sign. del dim. di *torre*; in partic., piccola torre che sormonta edifici di abitazioni signorili o ville. **2.** Sovrastruttura di un sommergibile, che funge da riparo durante la navigazione in superficie e da alloggio per il periscopio e le varie antenne durante l'immersione. ~ Riparo orientabile, general. blindato, nel quale sono disposte le armi di un aereo, di un autoblindo, ecc. **3.** CINE. Supporto a piastra girevole di una cinepresa, di una telecamera o di un microscopio, sul quale vengono innestati gli obiettivi.

tòrrido agg. Caratterizzato da un caldo estremo, ardente.

torrióne s.m. **1.** Nel sign. dell'accr. di *torre*; in partic., torre molto massiccia e poco sviluppata in altezza, elemento difensivo di fortificazioni. **2.** MIL. Sovrastruttura corazzata delle navi da guerra moderne, alloggiante i comandi e alcuni dei pezzi da combattimento. **3.** Struttura rocciosa isolata e scoscesa. *Scalare un torrione.*

torróne s.m. (spagn. *turrón*, deriv. di *turrar* "tostare", lat. *torrēre* "abbrustolire") Tradizionale dolce natalizio di consistenza molto dura oppure morbida, preparato con miele, zucchero, albume d'uovo, mandorle, nocciole e pistacchi tostati, e confezionato in lunghe stecche rivestite da una sottile ostia o anche da uno strato di cioccolato.

torsióne s.f. **1.** Avvolgimento su se stesso di un corpo di forma allungata ed effetto di tale operazione. **2.** Nella ginnastica, rotazione della parte superiore del corpo intorno al suo asse longitudinale. **3.** FIS. Sollecitazione in senso rotatorio a cui soggiace un corpo solido sottoposto all'azione di una coppia di forze. **4.** MAT. *Torsione di una curva*: misura dell'entità dello scostamento di tale curva rispetto all'andamento piano in un suo punto.

tórso s.m. **1.** Parte del corpo umano compresa tra il collo e il bacino. **2.** SCULT. Statua umana senza testa né membra. **3.** Fusto del cavolo e di altre piante erbacee. ~ Tutolo del granoturco. **4.** Parte centrale della pera e della mela contenente i semi.

tórsolo s.m. Torso di pianta erbacea o di alcuni frutti.

1. tòrta s.f. Avvolgimento, torsione di un oggetto su se stesso.

2. tòrta s.f. Dolce lievitato e cotto al forno in stampi perlopiù rotondi, preparato con farina, zucchero, uova e burro, farcito e guarnito in vario modo. ◇ *fig. Dividersi la torta*: spartire il bottino o il frutto di azioni poco oneste.

tortellino s.m. (spec. pl.) CUC. Tipo di pasta fresca all'uovo, specialità della cucina emiliana, consistente in un involtino ripiegato a circolo, con ripieno costituito da un impasto di carne tritata, prosciutto, formaggio e noce moscata.

tortèllo s.m. **1.** CUC. (spec. pl.) Specie di raviolo, costituito da un involucro di pasta con ripieno di ricotta, parmigiano, verdure, ecc. **2.** CUC. Dolce, preparato general. con farina, zucchero, uova e burro, ripieno di marmellata, crema, ecc., cotto al forno o fritto nello strutto o nell'olio.

tortièra s.f. Teglia per cuocere torte o crostate in forno.

tortiglióne s.m. **1.** Elemento allungato avvolto a spirale. ◇ ARCH. *A tortiglione*: motivo ornamentale simile a un cavo avvolto a spirale. **2.** Acconciatura femminile costituita da una striscia di stoffa arrotolata, posta sul capo come corona. **3.** Torcinaso per cavalli. **4.** (spec. pl.) Tipo di pasta per minestra, con forma a elica. **5.** Venatura del cristallo.

tòrtile agg. ARCH. Che si avvolge, si attorciglia a spirale.

tortilla [/tɔrtˈiʎa/] s.f. [pl. *tortillas*] Sottile focaccia di farina di mais salata, farcita con pezzi di carne e varie verdure. (Cucina messicana.)

tortino s.m. Sorta di torta salata a base di uova sbattute, verdure e formaggio, che viene cotta in forno.

1. tòrto agg. **1.** Che è stato sottoposto a torsione. **2.** Che presenta un andamento curvilineo o deviante rispetto a un asse. ◇ *fig. Occhi torti*: biechi, torvi. □ In funzione di avv., torvamente, di traverso. *Guardare torto.* ◆ s.m. IND. TESS. Filo ritorto.

2. tòrto s.m. **1.** Azione o stato ingiusto, contrario al diritto, alla verità, alla ragione. ◇ *Fare torto a qlcu.*: mancare nei suoi confronti, non apprezzandone l'operato nel modo dovuto. – *Fare torto a qlco.*: non esserne all'altezza. **2.** Condizione contraria alla ragione, al diritto, alla verità. ◇ *Avere torto*: non essere nel giusto, compiendo azioni scorrette o dicendo cose sbagliate. – *Non avere tutti i torti*: avere almeno una buona ragione. – *Dare torto a qlcu.*: disapprovarne le azioni, non condividerne le opinioni ritenendole errate. – *A torto*: ingiustamente.

tórtora s.f. Uccello simile al piccione, ma più piccolo e meno massiccio, con coda più lunga e piumaggio di colore perlopiù grigio chiaro che sfuma nel beige, che vive nelle regioni temperate. (Genere *Streptopelia*, famiglia dei Colombidi.) □ In funzione di agg. inv., di una tinta del grigio che richiama il colore del piumaggio di tale uccello.

tórtoro s.m. Treccia di paglia che serve, in partic., a pulire e massaggiare il corpo del cavallo.

tortrice s.f. **1.** Denominazione comune di vari piccoli insetti di aspetto simile alla farfalla, le cui larve, rodendo radici, frutti, fiori e foglie, risultano molto dannose alle coltivazioni. (Ordine dei Lepidotteri.) **2.** ZOOL. (iniziale maiusc.) Genere di insetti cui appartengono le varie specie di tortrice.

tortuosità s.f. inv. **1.** Caratteristica di ciò che presenta continue deviazioni dalla linea retta. **2.** Curva, meandro. **3.** *fig.* Scarsa chiarezza, ambiguità. *La tortuosità di un discorso.*

tortuóso agg. **1.** Che ha un andamento o uno sviluppo curvilineo, presentando continue deviazioni dalla linea retta. **2.** *fig.* Poco lineare e chiaro. SIN.: **contorto. 3.** *fig.* Subdolo, ambiguo.

tortùra s.f. **1.** ST. Insieme di coercizioni e tormenti corporali inflitti a un imputato, un tempo legalmente, per estorcergli una confessione. **2.** *estens.* Qualsiasi atto crudele e violento commesso su una persona per brutalità, sadismo, vendetta. **3.** Dolore fisico prolungato, fastidioso. ~ *per esager.* Noia, tastidio insopportabile. *Per me la cravatta è una vera tortura!* **4.** *fig.* Grande pena, preoccupazione.

torturàre v.tr. **1.** Infliggere pene e sofferenze fisiche. **2.** *fig.* Procurare a qlcu. un forte fastidio. ~ Affliggere, tormentare. *Lo torturava con le sue continue richieste!* ◆ **torturarsi** v.pron. Tormentarsi, affliggersi. *Non torturarti in questo modo!* ◇ *Torturarsi il cervello*: affaticarsi la mente con pensieri molesti.

tórvo agg. Che esprime astio, rancore, malanimo. □ Anche in funzione di avv. *Guardare torvo.*

tory [/ˈtɔːri/] s.m. inv. [o pl. *tories*] (voce ingl., irl. *tōraidhe* "inseguitore" poi "bandito" e "ribelle che sostiene il re") **1.** Nella politica inglese, partito fondato nella seconda metà del sec. XVII a rappresentare gli interessi del sovrano, della Chiesa anglicana e della proprietà fondiaria, in oppos. al partito *whig*. **2.** Nell'Inghilterra di oggi, il partito conservatore. **3.** Aderente a tale partito.

tosaèrba s.m. e f.inv. Macchina agricola che serve per tagliare l'erba.

tosàre v.tr. **1.** Tagliare il pelo a un animale. *Tosare le pecore.* **2.** Pareggiare e dare forma simmetrica a siepi, spalliere e piante ornamentali potandole a regola d'arte. **3.** *estens. scherz.* Tagliare i capelli molto corti a qlcu. **4.** *fig. fam.* Privare qlcu. di parte delle sue ricchezze, imponendogli tasse esose o richiedendo somme consistenti.

tosasièpi s.m. e f.inv. Cesoie da giardinaggio con lame larghe, in partic. adatte al pareggio delle siepi e alla potatura regolare delle piante.

tosatóre s.m. [f. –*trice*] Chi esegue la tosatura di animali.

tosatrice s.f. **1.** Apparecchio per la tosatura degli animali. **2.** Macchinetta usata un tempo per tagliare i capelli sfumandoli. **3.** Tosaerba. **4.** Macchina agricola per falciare e pareggiare l'erba di prati, giardini.□ In funzione di agg., che taglia. *Macchina tosatrice.*

tosatùra s.f. **1.** Taglio del pelo a pecore o ad altri animali. **2.** Ciò che si ricava dall'operazione del tosare. **3.** *scherz.* Taglio molto corto di capelli.

toscanismo s.m. Parola, espressione propria dell'uso linguistico toscano.

toscàno agg. **1.** Della Toscana, relativo alla Toscana. **2.** ARCH. *Ordine toscano*: tipo di dorico geometrizzato, usato nel Rinascimento e fatto derivare dall'arte etrusca. ◆ s.m. **1.** [f. –*na*] Nativo, abitante della Toscana. **2.** (solo sing.) Dialetto parlato in Toscana. **3.** (solo sing.) Designazione storica della lingua letteraria italiana per le sue radici fiorentine e più genericamente toscane. **4.** Sigaro confezionato a mano con tabacco molto forte e scuro.

tósse s.f. Atto respiratorio anormale, singolo o in una serie frequente di colpi, consistente in una breve inspirazione seguita da una violenta e sonora espirazione, perlopiù accompagnata dall'espulsione di quanto ostruisce le vie respiratorie. ~ Condizione patologica di chi tossisce spesso. ◇ *Tosse asinina, cavallina, canina, convulsa*: nel l. com., pertosse.

tossicchiàre v.intr. [6] (aus. *avere*) Emettere uno o più leggeri colpi di tosse che, se simulati, servono ad attirare l'attenzione.

tossicità s.f. inv. Carattere di ciò che è tossico.

1. tòssico agg. [pl.m. –*ci*, f. –*che*] (lat. *tōxicum*, gr. *toksikón phármakon* "veleno per le frecce") Che provoca intossicazione.

2. tòssico s.m. [f. –*ca*, pl.m. –*ci*, f. –*che*] *gerg. e comun.* Tossicodipendente.

tossicodipendènte s.m. e f. Persona che ha sviluppato assuefazione a una droga o ad altra sostanza tossica.

tossicodipendènza s.f. Condizione di chi è assuefatto all'uso di una droga o di altra sostanza tossica.

ENCICL. Le sostanze usate dai tossicodipendenti sono psicotrope e possono pertanto modificare le percezioni sensoriali o le funzioni psichiche, oppure dare allucinazioni. Sul lungo periodo, possono causare una dipendenza fisica e psichica nonché altre complicazioni come disordini psichiatrici o, nel caso d'iniezione endovenosa con un ago infettato, la trasmissione di malattie infettive come l'epatite e l'HIV. Il recupero dei tossicodipendenti deve avvalersi tanto di un trattamento farmacologico quanto di una psicoterapia.

tossicologìa s.f. MED. Settore della farmacologia che si occupa delle sostanze tossiche, studiandone la rilevazione, l'azione dannosa che provocano sull'organismo e gli eventuali mezzi per annullarne l'effetto nocivo.

tossicològico agg. [pl.m. *–ci*, f. *–che*] MED. Che riguarda la tossicologia. ◊ *Perizia tossicologica:* in medicina legale, esame che si compie nei casi di avvelenamento, per individuare il tipo di veleno.

tossicòlogo s.m. [f. *–ga*, pl.m. *–gi*, f. *–ghe*] MED. Specialista in tossicologia.

tossicòmane s.m. e f. Chi fa uso abituale di stupefacenti.

tossicomanìa s.f. Assuefazione agli stupefacenti o ad altre sostanze tossiche.

tossicòsi s.f. inv. MED. Qualsiasi manifestazione morbosa che abbia come causa la presenza di sostanze tossiche nell'organismo.

tossidermìa s.f. MED. Affezione cutanea causata perlopiù da sostanze chimiche di uso medicinale.

tossiemìa s.f. MED. Stato di intossicazione del sangue, dovuto alla presenza di batteri patogeni o di tossine generate da organi e ghiandole interne che hanno subito un'alterazione delle loro funzioni.

tossìfugo agg. [pl.m. *–ghi*, f. *–ghe*] MED. Di farmaco o altra sostanza che calma o fa passare la tosse. ◆ s.m. Nel sign. dell'agg.

tossillàggine s.f. BOT. → farfaro.

tossìna s.f. (fr. *toxine*) Sostanza organica tossica che si sviluppa da batteri, da vegetali o da animali.

tossinfezióne s.f. MED. Stato infettivo provocato dallo sviluppo di germi che generano sostanze tossiche per l'organismo.

tossìre v.intr. [85] (aus. *avere*) Emettere uno o più colpi di tosse come sintomo di manifestazioni patologiche o, se simulati, come segno di avvertimento o altro.

tostacaffè s.m. inv. Apparecchio usato per la torrefazione industriale o domestica del caffè.

tostapàne s.m. inv. Piccolo elettrodomestico usato per abbrustolire il pane tagliato a fette o i toast.

tostàre v.tr. **1.** Eseguire il processo di torrefazione di semi oleosi, spec. del caffè e di cereali. *Tostare le arachidi.* SIN.: **torrefare. 2.** Abbrustolire pane, focacce, ecc. per renderli croccanti.

tostatùra s.f. Procedimento con cui vengono abbrustoliti semi oleosi e cereali.

tòsto agg. Spec. nel l. giovanile, bravo, valido, risoluto.

tòt agg. indef. **1.** (seguito da un s. pl.) In quantità non determinata. *Incontrarsi ogni tot giorni.* SIN.: **tanti. 2.** (seguito da un s. sing.) Tale. *Vieni all'ora tot.*

totàle agg. **1.** Assoluto, completo, intero. **2.** Comprensivo di tutto. *Spesa totale.* ◆ s.m. Somma che risulta da un'addizione.

totalità s.f. inv. **1.** Complesso di una cosa. **2.** Complesso di tutte le persone o le cose di una stessa categoria.

totalitàrio agg. [pl.m. *–ri*] Che attribuisce la totalità del potere a una sola persona o a un unico gruppo o classe.

totalitarìsmo s.m. **1.** Sistema politico in cui tutto il potere è nelle mani di un solo uomo o gruppo o classe e in cui i diritti dell'uomo non sono garantiti. SIN.: **dittatura. 2.** Concezione politica favorevole a un regime totalitario. ENCICL. La fusione dei poteri esecutivo, legislativo e giudiziario, l'esistenza di un partito unico, la diffusione di un'ideologia egemonica, la mobilitazione delle masse, il controllo poliziesco, la repressione e l'eliminazione delle categorie della popolazione designate come capri espiatori sono caratteristiche condivise dai regimi totalitari, il cui studio è stato sviluppato in particolare dalla filosofa tedesca Hannah Arendt che analizza le similitudini tra il regime nazista e quello staliniano (*Le origini del totalitarismo,* 1951).

totalizzànte agg. Massimamente coinvolgente.

totalizzàre v.tr. Conseguire un certo risultato totale, spec. in ambito sportivo.

totalizzatóre s.m. (fr. *totalisateur*) **1.** Sistema di scommesse con il quale si raccolgono le puntate e si distribuisce tale somma ai vincitori dopo averne sottratto una debita percentuale. **2.** *estens.* Organizzazione che gestisce le scommesse. **3.** *estens.* Banco dove vengono fatte tali scommesse sulle corse. **4.** Dispositivo automatico in grado di eseguire le somme e registrare il totale. ~ *estens.* Ogni apparecchio o macchina di calcolo che si avvale di tale dispositivo.

1. tòtano s.m. Mollusco marino caratterizzato da testa grossa, corpo allungato e lunghi tentacoli, molto apprezzato per le sue carni. (Classe dei Cefalopodi.)

2. tòtano s.m. Uccello trampoliere di colore grigio e con lunghe zampe gialle. (Famiglia dei Caradridi.)

1. tòtem s.m. inv. (ingl. *totem,* algonchino *ototeman* "segno del clan") **1.** ETNOL. Presso molte popolazioni primitive, animale, pianta o altro oggetto inanimato nel quale un intero clan riconosce il proprio antenato mitico e dal quale si sente protetto, così da farne oggetto di culto. **2.** Raffigurazione dipinta o scolpita di un essere totemico. **3.** *estens.* Oggetto da cui, in modo superstizioso, ci si sente protetti. SIN.: **feticcio.**

2. tòtem s.m. inv. (sigla dell'ingl. *Total Energy Module,* "modulo a energia totale") Nome commerciale di un impianto industriale in grado di erogare calore o energia, soprattutto elettrica, in grandi quantità.

totemìsmo s.m. **1.** ETNOL. Complesso di credenze religiose legate al culto del totem. **2.** ETNOL. Sistema di parentele fondato sulla comunanza di un totem.

totìp s.m. inv. (sigla di *totalizzatore ippico*) Concorso settimanale a premi, a cui si partecipa segnando su un'apposita schedina i pronostici sulle corse dei cavalli.

totocàlcio s.m. inv. Concorso settimanale a premi, a cui si partecipa segnando su un'apposita schedina i pronostici sui risultati di tredici partite di calcio del campionato italiano.

totogòl s.m. inv. Concorso nazionale a premi consistente nel pronosticare tra le partite di calcio inserite nella schedina, le otto conclusesi con il più elevato punteggio finale.

totonéro s.m. inv. Totocalcio illegale, scommesse clandestine sui risultati delle partite di calcio.

tottavìlla s.f. Piccolo uccello con piumaggio bruno a strisce nere e bianche, dal canto melodioso come quello dell'allodola. (Genere *Lullula;* famiglia degli Alaudidi.)

touche [/tuʃ/] s.f. inv. (voce fr., deriv. di *toucher* "toccare") SPORT. Nel rugby, linea laterale. ~ Rimessa in campo del pallone finito oltre tale linea.

■ **tòtem.** Totem di differenti tribù (Vancouver, Stanley Park).

toupet [/tu'pɛ/] s.m. inv. (voce fr., francone deriv. di *top* "cima") **1.** Parrucca in voga a Venezia nella seconda metà del sec. XVIII. **2.** Nel sec. XIX, pettinatura molto alta. **3.** Ciuffo di capelli naturali o artificiali aggiunto all'acconciatura.

toupie [/tu'pi/] s.f. inv. (voce fr., propr. "trottola") Nella lavorazione del legno, macchina che esegue scanalature e incastri usata soprattutto per la fabbricazione di cornici.

tour [/'tur/] s.m. inv. (voce fr., deriv. di *tourner* "girare") **1.** Giro turistico organizzato. **2.** SPORT. Giro ciclistico. ~ *per anton.* (iniziale maiusc.) Quello di Francia.

tourbillon [/turbi'jõ/] s.m. inv. (voce fr., lat. *turbìculu* deriv. di *tùrbo* "turbine") **1.** Susseguirsi frenetico di fatti, eventi, attività. SIN.: **ridda. 2.** SPORT. Nel calcio, tattica d'attacco consistente in veloci e ripetuti spostamenti ai lati e al centro.

tour de force [/'tur də 'fɔrs/] loc. sost. m. inv. (loc. fr., propr. "giro di forza") Sforzo psicofisico intenso e prolungato.

tour leader [/'tuə 'liːdə/] loc. sost. m. e f. inv. (loc. ingl., propr. "guida del viaggio") Accompagnatore di viaggi turistici.

tournedos [/turnə'do/] s.m. inv. (voce fr., comp. di *tourner* "girare" e *dos* "dorso") Grossa fetta di filetto di bue, di forma circolare.

tournée [/tur'ne/] s.f. inv. (voce fr., deriv. di *tourner* "girare") **1.** Serie di esibizioni e di spettacoli tenuti da un artista o da una compagnia di teatro in diversi luoghi, entro un certo periodo di tempo. **2.** SPORT. Serie di incontri disputati da un atleta o da una squadra fuori dalla propria sede.

tour operator [/'tuə ɔpe'reɪtə/] loc. sost. m. e f. inv. (loc. ingl., propr. "operatore di viaggio") *Operatore turistico.

tout court [/tu 'kur/] loc. avv. (loc. fr., propr. "interamente breve") Brevemente, senza tanti preamboli o senza ulteriori considerazioni. ~ Senz'altro, semplicemente.

tovàglia s.f. [pl. *–glie*] (provenz. *toalha,* francone *thwahlja*) Capo di tessuto o di altro materiale, che si stende sulla tavola come ornamento o per apparecchiare.

tovagliòlo s.m. Piccolo quadrato di tessuto o di carta che si abbina alla tovaglia e che serve per pulirsi la bocca e le mani o per evitare di sporcare gli abiti mentre si mangia.

tower [/'tauə/] s.f. inv. (voce ingl., propr. "torre") INFORM. Contenitore verticale dell'hardware di un personal computer.

Toxoplàsma s.m. ZOOL. Genere di protozoi sporozoi parassiti che infestano le cellule di molti mammiferi, uccelli, rettili.

toxoplasmòsi s.f. inv. MED. Infezione che colpisce molti mammiferi, causata da protozoi del Toxoplasma; può colpire anche l'uomo trasmettendosi attraverso i secreti e gli escrementi degli animali domestici o, in gravidanza, da madre affetta.

1. tòzzo agg. Mal proporzionato perché troppo largo e grosso rispetto all'altezza.

2. tòzzo s.m. Pezzo tagliato in modo grossolano, spec. di pane.

tra o **fra** prep. Esprime il concetto basilare di "posizione intermedia" rispetto a due o più elementi che fanno da punti di riferimento, spec. spaziali e temporali. (Le due forme si alternano senza differenza di significato, ma solo per motivi eufonici, per evitare l'identità di suono con la parola successiva, p.e., *tra fr*atelli, *fra tr*e anni.)

traballaménto s.m. Movimento di cosa o persona che non ha un equilibrio stabile e traballa, oscilla.

traballànte agg. **1.** Che si trova in posizione instabile, barcollante. **2.** *fig.* In condizioni precarie, vacillante, instabile. **3.** Incongruente, illogico. *Ragionamento traballante.*

traballàre v.intr. (aus. *avere*) **1.** Mancare d'equilibrio. *L'ubriaco traballa.* ~ Non poggiare perfettamente su un piano. *Questo tavolo traballa.* **2.** *fig.* Trovarsi in condizioni precarie, stare per venir meno. *Il governo traballa.*

trabeàta s.f. Commedia latina ispirata, nella Roma augustea, all'ambiente dei cavalieri.

trabeazióne s.f. ARCH. Struttura orizzontale sovrapposta agli elementi verticali di base e di sostegno negli ordini architettonici classici. (Si compone di architrave, fregio e cornice.)

trabiccolo s.m. **1.** *scherz.* Qualsiasi oggetto, spec. veicolo, traballante, mal ridotto. SIN.: **carretta**. **2.** Intelaiatura a cupola costituita di assicelle in legno in cui un tempo si poneva lo scaldino, per riscaldare le lenzuola del letto oppure per appoggiarvi la biancheria da asciugare; detta anche *prete*.

traboccànte agg. Che straripa.

traboccàre v.intr. [4] (provenz. *trabucar* "far cadere" di orig. germ.) **1.** (aus. avere) Detto di un recipiente, essere così pieno da lasciare fuoriuscire il contenuto troppo abbondante. *Il vaso trabocca.* ~ (aus. essere) Detto di un liquido, fuoriuscire dalla bocca di un recipiente troppo pieno. *L'acqua trabocca dai vasi.* **2.** *estens.* (aus. essere) Detto di un luogo, essere stracolmo di qlco. al punto da non riuscire a contenerne oltre. *Lo stadio trabocca di tifosi.* **3.** (aus. avere) Detto di bilancia a due piatti, pendere tutta da una parte. **4.** *fig.* (aus. avere) Detto di sentimento o stato d'animo, essere troppo forte per essere nascosto o controllato. *Il mio dolore trabocca.*

trabocchétto s.m. (fr. *trébuchet* "trappola per animali") **1.** Sezione mobile di un pavimento che si apre a comando facendo precipitare chi vi si trova sopra. **2.** *fig.* Trappola, insidia opportunamente dissimulata. **3.** Botola di servizio del palcoscenico. ◻ In funzione di agg. inv., che trae in inganno, che ha lo scopo di far dire ciò che non si vorrebbe. *Domanda trabocchetto.*

tracannàre v.tr. Bere avidamente e tutto d'un fiato.

tràccia s.f. [pl. *-ce*] **1.** Segno lasciato sul terreno da un corpo trascinato o dal passaggio di una persona, di un animale, di un veicolo, ecc. ~ *estens.* Striscia, scia che solca una superficie, uno spazio. **2.** *estens.* (spec. pl.) Indizio perlopiù minimo di qlco. *Tracce di rossetto sulla camicia.* ~ Segno, indizio di un fatto avvenuto. *Cancellare le tracce di un delitto.* ~ Testimonianza, vestigia di cose ormai scomparse. **3.** *fig.* Manifestazione, segno evidente di un sentimento, un atteggiamento, ecc. **4.** (spec. pl.) Nelle analisi chimiche, residuo minimo di una sostanza. *Tracce di veleno.* **5.** Schizzo di un disegno. **6.** Schema, abbozzo, appunti per una relazione orale o uno scritto. ~ Nel l. scolastico, anche il concetto, formulato per iscritto, come spunto per lo svolgimento di un tema. **7.** Pista di registrazione di un nastro magnetico. ~ INFORM. Ciascuna delle suddivisioni concentriche della superficie di un disco. **8.** Alloggiamento ricavato nelle pareti per farvi passare tubi e fili elettrici. **9.** MAT. Nella geometria descrittiva, punto d'incontro di una retta con un piano o retta d'incontro tra due piani. ~ In una matrice quadrata, somma degli elementi della diagonale principale.

tracciànte agg. **1.** Che lascia, disegna una scia, in partic. detto di un proiettile che lascia dietro di sé una scia luminosa, in modo da rendere possibile l'aggiustamento del tiro. **2.** CHIM. *Elemento tracciante:* elemento che può essere seguito nel suo percorso in un processo chimico o biologico. ◆ s.m. **1.** Nell'accez. 1 dell'agg. **2.** CHIM., FIS. *Tracciante radioattivo:* radioisotopo che permette di determinare le caratteristiche di un processo chimico o di un percorso biologico o di visualizzare la localizzazione dell'isotopo in determinati organi per formulare diagnosi.

tracciàre v.tr. [5] **1.** Fare dei segni, lasciare delle tracce sul terreno. *Tracciare dei solchi.* **2.** Segnare, sul terreno o sulla carta, un certo percorso. **3.** *estens.* Disegnare qlco. *Tracciare una linea retta sulla lavagna.* ~ Progettare un dipinto o una costruzione, eseguendone il disegno preparatorio. *Tracciare un ponte.* **4.** *fig.* Descrivere, delineare per sommi capi. *Tracciare lo schema di un tema.*

tracciàto agg. **1.** Segnalato con opportune indicazioni. **2.** *estens.* Stabilito in precedenza. ◆ s.m. **1.** Rappresentazione grafica, a sviluppo lineare, del progetto di una strada, di una linea ferroviaria, ecc. **2.** *estens.* La sua configurazione pratica sul terreno. **3.** MAR. Linea che rappresenta sulla carta la rotta di una nave. ~ Disegno di una parte dello scafo di un'imbarcazione. **4.** SPORT. Percorso di una corsa. **5.** Diagramma clinico prodotto da uno strumento di misurazione. *Tracciato encefalografico.* **6.** INFORM. *Tracciato record:* l'elenco dei nomi e delle caratteristiche dei campi in cui si suddividono i record di un database.

tracciatóre agg. [f. *-trice*] **1.** Che esegue la tracciatura. **2.** Che disegna tracciati. ◆ s.m. **1.** (anche f.) Addetto alla tracciatura per la realizzazione di pezzi meccanici. **2.** SPORT. (anche f.) Chi traccia il percorso di una gara di sci, mediante la dislocazione dei paletti che segnano le porte. **3.** Dispositivo inserito nel fondello dei proiettili traccianti che rende possibile seguirne la traiettoria attraverso la scia che lascia dietro di sé. **4.** MAR. *Tracciato di rotta:* apparecchio che, in collegamento con la bussola giroscopica, traccia sulla carta la rotta di una nave. **5.** INFORM. Plotter in grado di tracciare grafici e diagrammi sulla base dei dati forniti da un computer o da un apparecchio di misurazione.

tracciatùra s.f. **1.** Impressione di un segno su una superficie. **2.** TECN. Riporto su un semilavorato del disegno del pezzo meccanico che si deve ottenere. **3.** RILEG. L'operazione con cui si effettuano delle intaccature per far passare gli spaghi sul dorso dei libri prima della rilegatura. SIN.: **grecaggio**.

tràce agg. Della regione balcanica della Tracia. ● s.m. **1.** (anche f.; al pl. anche iniziale maiusc.) Nativo, abitante della Tracia. **2.** (solo sing.) Lingua parlata dai Traci. **3.** ANT. ROM. Gladiatore che combatteva con la daga e lo scudo.

trachèa s.f. **1.** ANAT. Parte dell'apparato respiratorio dei vertebrati superiori costituita da una serie di anelli cartilaginei a forma di tubo, che collega la laringe con i bronchi. **2.** ZOOL. Negli insetti e in altri artropodi, sistema di tubicini, comunicanti con l'esterno e ramificati all'interno del corpo, che assicurano la respirazione. **3.** BOT. Sistema di vasi costituito da cellule allungate sovrapposte, entro cui scorre la linfa.

trachèide s.f. BOT. In alcuni vegetali, elemento conduttore per il trasporto della linfa, costituito da un'unica cellula morta, di forma allungata.

tracheite s.f. MED. Infiammazione che colpisce la trachea.

tracheobronchìte s.f. MED. Forma acuta di tracheite che colpisce anche i bronchi.

tracheotomìa s.f. MED. Intervento chirurgico consistente nell'incisione della porzione cervicale della trachea, per permettere la respirazione quando non è più possibile quella naturale.

Trachìnidi s.m. pl. [iniziale minusc. sing. *-de* per l'individuo] ZOOL. Famiglia di pesci dotati di spine velenose che vivono sui fondali sabbiosi. (Ordine dei Perciformi.)

trachìno s.m. **1.** Pesce teleosteo, diffuso nei fondi sabbiosi dell'Atlantico orientale e del Mediterraneo, con testa grossa, corpo allungato e pinna dorsale provvista di spine e ghiandole che, in caso di puntura, iniettano veleno procurando forte dolore; è detto anche *tracina*. (Ordine dei Perciformi.) **2.** ZOOL. (iniziale maiusc.) Genere di animali a cui appartiene il trachino.

trachite s.f. MIN. Roccia effusiva di origine vulcanica che si presenta come una massa porosa di colore grigio più o meno scuro, utilizzata per pavimentazioni.

tracimàre v.intr. (aus. *avere*) Detto di corsi d'acqua o di masse d'acqua contenute in bacini, oltrepassare gli argini.

tracimazióne s.f. Straripamento di corsi e masse d'acqua. *Tracimazione del fiume in piena.*

tràcina s.f. → **trachino**.

tràcio agg. [pl.m. *-ci*, f. *-cie*] Trace.

trackball [/ˈtræk,bɔl/] s.f. inv. (voce ingl., comp. di *to track* "seguire le tracce" e *ball* "palla") INFORM. Unità periferica sostitutiva del mouse, costituita da una piccola sfera che si ruota con le dita o il palmo della mano, utilizzata con i computer portatili.

■ **trachìno** (trachinus draco).

tracking [/ˈtrækɪŋ/] s.m. inv. (voce ingl., deriv. di *to track* "seguire le tracce") **1.** AER. Rilevamento del volo di un aereo o della traiettoria di un missile. **2.** Dispositivo dei registratori su nastro, che elimina difetti di riproduzione.

trackpad [/ˈtræk,pæd/] s.m. o s.f. inv. (voce ingl., comp. di *to track* "seguire le tracce" e *pad* "cuscinetto") INFORM. Dispositivo di ingresso, sostitutivo del mouse, nel quale il movimento del cursore sul video si ottiene sfiorando con un dito una piccola superficie rettangolare sensibile.

tracòlla s.f. **1.** Striscia di cuoio o di tessuto che poggia sulla spalla, scende sul petto e sulla schiena e sorregge borse, astucci, ecc. ◇ *A tracolla:* attaccato a tale cinghia. **2.** Borsa con tracolla.

tracollàre v.intr. (aus. *essere*) **1.** Pendere tutto da un lato. *La bilancia tracolla.* **2.** *fig.* Cadere in rovina, subire un'improvvisa e grave diminuzione di valore.

tracòllo s.m. **1.** Inclinazione o caduta da una parte per perdita di equilibrio o, nelle bilance, per una distribuzione non equa dei pesi. **2.** *fig.* Crollo improvviso e irreversibile. *Il malato subì un tracollo.* **3.** *fig.* Dissesto finanziario.

tracòma s.m. [pl. *-mi*] MED. Infiammazione cronica dell'occhio, di origine virale, che colpisce la congiuntiva e la cornea e si manifesta con la formazione di cicatrici lineari della congiuntiva e di un panno corneale.

tracotànte agg. Pieno di arroganza. ◆ s.m. e f. Persona prepotente.

tracotànza s.f. Arroganza insolente, che manifesta presuntuosa superbia. SIN.: **boria**.

trade-mark [/ˈtreɪdˈmɑːk/] s.m. inv. (voce ingl., propr. "marchio di commercio") COMM. Marchio di fabbrica depositato.

trader [/ˈtreɪdə/] s.m. e f.inv. (voce ingl.) Uomo d'affari che opera in borsa con ingenti quantitativi di titoli.

tradescànzia s.f. (dal nome di J. *Tradescant* che fu giardiniere alla corte inglese) **1.** Pianta monocotiledone, originaria dall'America, con foglie colorate, a crescita rapida, coltivata in serra e in appartamento. (Famiglia delle Commelinacee.) SIN.: **erba miseria**. **2.** BOT. (iniziale maiusc.) Genere cui appartengono varie specie di tradescanzia.

trade union [/ˈtreɪd ˈjuːnjən/] loc. sost. f. inv. (loc. ingl., propr. "unione di commercio") Nei paesi anglosassoni, organizzazione sindacale.

tradiménto s.m. Violazione di un obbligo morale o giuridico, della parola data, del senso del dovere. ◇ *A tradimento:* con l'inganno, senza preavviso.

trading [/ˈtreɪdɪŋ/] s.f. inv. (voce ingl., deriv. di *to trade* "commerciare") ECON. Vendita, contrattazione. ◇ *Trading company:* impresa commerciale di importazione ed esportazione che promuove i prodotti trattati.

tradire v.tr. [83] **1.** Venire meno a un obbligo vincolante, a un dovere, alla fede data. *Tradire la moglie, la patria.* **2.** *estens.* Rivelare ciò che doveva restare nascosto. *Tradire un segreto.* ~ Svelare involontariamente qlco. *Tradire paura.* **3.** Falsare il senso di qlco. *Tradire il pensiero di un autore.* **4.** *fig.* Di soggetto inanimato, venir meno a qlcu. o trarlo in inganno. *La memoria lo ha tradito.* ◆ **tradirsi** v.pron. Manifestare involontariamente i propri pensieri e sentimenti. *Tradirsi per un errore banale.*

1. tràdito agg. FILOL. Tramandato, detto di testi conservati dalla tradizione manoscritta.

2. tradito agg. Ingannato, non rispettato.

traditóre agg. [f. *-trice*] **1.** Che tradisce. SIN.: **sleale**. **2.** *estens.* Che delude, che inganna. SIN.: **infido**. ◆ s.m. (anche f.) Chi si macchia di tradimento. *Traditore della patria.*

tradizionàle agg. **1.** Che appartiene alla tradizione. *Festa tradizionale.* **2.** *fam. estens.* Rispondente a un'abitudine. SIN.: **usuale**. **3.** Che segue la tradizione. *Pittura tradizionale.*

tradizionalìsmo s.m. **1.** Attaccamento alle tradizioni, alle consuetudini. **2.** Rispetto conformistico dei modelli. **3.** FILOS. Corrente affermatasi in Francia nell'epoca della Restaurazione, fondata sull'esaltazione della tradizione come fonte di verità (in oppos. alla *ragione illuministica*).

tradizionalìsta s.m. e f.[pl.m. *–sti*] **1.** Chi tende a rimanere fedele ai valori e ai modelli del passato. **2.** FILOS. Seguace del tradizionalismo.

tradizionalìstico agg. [pl.m. *–ci*, f. *–che*] Proprio del tradizionalismo o dei tradizionalisti.

tradizionalménte avv. Secondo la tradizione.

tradizióne s.f. **1.** Trasmissione e conservazione attraverso il tempo, per via orale o scritta, di un patrimonio di valori, modelli culturali, usi e costumi. ~ Complesso di tali valori e modelli trasmessi. *Tradizioni popolari.* ~ Trasmissione di memorie e notizie. ~ Complesso dei modelli artistico-letterari di un popolo, una regione o un'epoca. *La tradizione filosofica tedesca.* **2.** *fam.* Consuetudine. *Per tradizione, festeggio l'onomastico.* **3.** FILOL. Trasmissione e conservazione di un testo. ~ Complesso dei manoscritti e delle edizioni a stampa che trasmettono un testo. **4.** DIR. Consegna di un bene come sanzione del trasferimento del possesso. **5.** TEOL. CRIST. Verità rivelata non attraverso le Sacre Scritture, ma attraverso l'insegnamento dei padri della Chiesa.

tradótta s.f. Treno riservato al trasporto di reparti militari.

tradótto agg. Trasferito da una lingua a un'altra.

tradunionìsmo s.m. (ingl. *trade unionism*, deriv. di *trade union* "sindacato") In Gran Bretagna e negli Stati Uniti, organizzazione sindacale delle trade union.

tradùrre v.intr. [26] (aus. *avere*) Fare traduzioni. *Traduce in Parlamento.* ◇ *Tradurre all'impronta:* senza vocabolario. ◆ v.tr. **1.** Trasferire un testo da una lingua in un'altra. *Tradurre un francese in italiano.* **2.** Nel l. bur., trasferire un imputato o un detenuto in qualche posto. *Tradurre un detenuto in carcere.* SIN.: trasportare.

traduttóre s.m. [f. *–trice*] **1.** Chi esegue traduzioni. **2.** Libro che offre la traduzione letterale di un testo greco o latino. **3.** INFORM. Programma che converte un programma, una serie di dati o un documento da un linguaggio o da un formato a un altro. SIN.: traslatore. **4.** [f. *–trice*] Agente che scorta i detenuti durante i trasferimenti.

traduzióne s.f. **1.** Trasferimento di un testo da una lingua in un'altra. ◇ *Traduzione simultanea:* traduzione orale di interventi e discorsi in lingua straniera, effettuata da interpreti, per consentire agli spettatori di capire quanto l'oratore sta dicendo nello stesso momento in cui le parole vengono pronunciate. – *Traduzione automatica:* effettuata dal computer. **2.** *estens.* Il testo tradotto. **3.** Nel l. bur., trasferimento di un imputato o di un detenuto. **4.** BIOL. Processo per cui l'acido ribonucleico trasmette informazioni genetiche, durante la sintesi proteica.

traènte agg. **1.** Che esercita una trazione. **2.** Della fune che, nelle teleferiche, serve per la trazione dei vagoncini. ◆ s.m. e f.1. Chi emette una cambiale o un assegno. **2.** (solo f.) Nell'accez. 2 dell'agg.

trafelàto agg. Ansante, senza fiato dopo uno sforzo.

traférro s.m. ELETTR. In un circuito magnetico, intervallo d'aria che ne separa gli elementi.

trafficànte s.m. e f.1. Mercante. **2.** *comun. spreg.* Chi è occupato in attività illecite o si dà da fare senza scrupoli.

trafficàre v.intr. [4] (aus. *avere*) (etim. discussa, forse catal. *trafegar* "travasare") **1.** Darsi da fare con impegno. *Trafficare in cucina.* **2.** Fare commercio. *Trafficare in tessuti.* ◆ v.tr. Fare commercio, in senso negativo. *Trafficare armi.*

trafficàto agg. Caratterizzato da intenso traffico di veicoli o di persone. *Zona trafficata.* SIN.: frequentato.

tràffico s.m. [pl. *–ci*] **1.** Commercio perlopiù con accezione negativa. *Traffico di armi.* **2.** Circolazione dei mezzi di trasporto in una regione. *Traffico stradale.* **3.** Movimento dei veicoli che transitano e passano per una strada o in una città. ◇ *Traffico pesante:* circolazione di ca-

mion e tir. **4.** Insieme delle trasmissioni attraverso posta, telegrafo e telefono.

trafìggere v.tr. [35] Passare da parte a parte un corpo con un'arma o altro oggetto appuntito. ◇ *fig. Trafiggere il cuore di qlcu.:* provocargli dolore. *Il suo rifiuto gli trafisse il cuore.*

trafìla s.f. **1.** Organo della trafilatrice, costituito da una piastra d'acciaio munita di fori conici attraverso cui viene forzato il passaggio del materiale da assottigliare. **2.** *estens.* Macchina trafilatrice, spec. quella che serve a ridurre in fili l'oro e l'argento. **3.** *fig.* Lunga serie di operazioni da compiere o di ostacoli da superare per raggiungere un determinato obiettivo.

trafilàre v.tr. METALL. Ridurre in fili l'oro, l'argento o altro materiale facendolo passare attraverso la trafila.

trafilàto s.m. METALL. Filo o altro manufatto che si ottiene dall'operazione di trafilatura.

trafilatóre agg. [f. *–trice*] Che manovra la trafilatrice. ◆ s.m. (anche f.) Nel sign. dell'agg.

trafilatùra s.f. METALL. Operazione che si compie su metalli o altro materiale duttile per ridurli in fili sottili.

trafilerìa s.f. Stabilimento industriale dove si eseguono operazioni di trafilatura.

trafilétto s.m. Nel l. gior., breve articolo informativo o di commento.

traforàre v.tr. **1.** Attraversare un oggetto da parte a parte con un foro. ~ *estens.* Forare qlco. in profondità. *Traforare il terreno.* **2.** Lavorare qlco. a traforo, intagliare una tavoletta di legno o una lastra di metallo, ricamare un tessuto seguendo un determinato disegno.

traforàto agg. Lavorato, intagliato o ricamato a trafori.

traforatrìce s.f. Macchina che serve per scavare tunnel.

■ **traforatrìce.** Una delle traforatrici usate per lo scavo del tunnel sotto la Manica.

trafóro s.m. **1.** Operazione consistente nel passare da parte a parte con un foro, in un materiale, spec. con riferimento allo scavo di una galleria nella montagna. ~ *estens.* Tunnel, galleria. *Attraversare il traforo del Monte Bianco.* **2.** Intaglio eseguito mediante appositi seghetti su una tavoletta sottile di legno, su una lamina metallica, ecc. ~ *estens.* Manufatto che si ottiene mediante tale operazione. ◆ *Set degli strumenti che servono per traforare.* **3.** Lavoro di ricamo a intaglio su un tessuto. ~ *estens.* Il ricamo che si ottiene.

trafugaménto s.m. Sottrazione furtiva di qlco. *Trafugamento del bottino.*

trafugàre v.tr. [4] Appropriarsi furtivamente di qlco. *I ladri hanno trafugato gli arredi sacri.*

tragèdia s.f. (gr. *tragōidía*, propr. "canto del capro") **1.** Opera di genere drammatico di stile elevato, che rappresenta personaggi mitici o storici alle prese con situazioni terribili, dalle quali finiscono schiacciati. ~ *estens.* Insieme della produzione tragica relativa a un autore, a un'epoca o a una particolare letteratura. **2.** Nel Medioevo, componimento letterario di stile e contenuto elevati. **3.** *fig.* Evento tragico, catastrofe. ~ Spiacevole contrattempo di cui spesso si esagera la gravità. ◇ *Fare una tragedia di qlco.:* avere una reazione esagerata di stizza, di dolore, di disperazione.

tragediògrafo s.m. [f. *–fa*] Autore di tragedie.

traghettàre v.tr. **1.** Trasportare con un'imbarcazione persone o cose da una sponda all'altra di un corso d'acqua, di un lago o di un tratto

di mare. **2.** Superare con un'imbarcazione un tratto di mare o un corso d'acqua da una sponda all'altra.

traghettatóre s.m. [f. *–trice*] Chi guida i traghetti.

traghétto s.m. **1.** Trasporto, passaggio di persone o cose da una sponda all'altra di un corso d'acqua, di un lago o di un tratto di mare, effettuato con apposite imbarcazioni. **2.** Luogo da cui parte il servizio di traghettamento. **3.** Imbarcazione, nave con cui si effettua il traghettamento. ❑ In funzione di agg. inv., nella loc. *nave traghetto*, nave adibita al trasporto di passeggeri, autoveicoli e treni per la traversata di un braccio di mare.

tragicità s.f. inv. **1.** Caratteristica di ciò che è tragico. *La tragicità di un romanzo.* **2.** *fig.* Gravità estrema. *La tragicità della situazione.* SIN.: drammaticità.

tràgico agg. [pl.m. *–ci*, f. *–che*] **1.** Relativo alla tragedia. ◇ *Stile tragico:* nel Medioevo, tono elevato e solenne, adatto alla tragedia. **2.** Doloroso, funesto, comportante anche la morte. ◆ s.m. **1.** [f. *–ca*] Autore di tragedie. **2.** *fig. Fare il tragico:* reagire in modo sproporzionato alla gravità di una situazione. **3.** (solo sing.) Caratteristica di ciò che è tragico, terribile. ~ *estens.* Quanto è motivo di angoscia.

tragicòmico agg. [pl.m. *–ci*, f. *–che*] **1.** Di tragicommedia. **2.** *estens.* Caratterizzato da aspetti tragici e comici allo stesso tempo.

tragicommèdia s.f. **1.** Componimento teatrale il cui soggetto è romantico o cavalleresco e dal finale lieto. **2.** Produzione tragicomica di un autore, di un'epoca, di una letteratura. **3.** *estens.* Situazione che presenta aspetti tragici e comici.

tragìtto s.m. **1.** Percorso da percorrere tra due località. ~ Il tempo impiegato per effettuarlo. **2.** ANAT. Canale, tramite di formazione normale (arteria, nervo, ecc.) o patologico (p.e., fistola).

tràgo s.m. [pl. *–ghi*] (gr. *trágos* "caprone", perché ricoperto da una peluria che ricorda la barbetta del caprone) ANAT. Piccolo rilievo cartilagineo di forma triangolare, che si trova nel padiglione auricolare.

traguàrdo s.m. **1.** SPORT. Punto d'arrivo di una corsa e linea tracciata sul terreno che indica tale punto. ◇ *Traguardo volante:* nel ciclismo, ciascuno dei traguardi a premi dislocati sul percorso. **2.** *fig.* Compimento, meta finale, punto d'arrivo di un certo sviluppo. **3.** AER. Strumento che serve per la misurazione della terra della velocità di aeromobili in volo. **4.** In balistica, strumento che permette, attraverso due punti di riferimento, di rilevare una linea di mira per il puntamento di armi o per dare un'esatta direzione a strumenti ottici.

traiettòria s.f. (fr. *trajectoire*) **1.** Linea retta o parabola descritta nello spazio da un punto in movimento. **2.** *estens.* Linea, percorso descritto da un corpo in movimento. (In balistica, una traiettoria è definita dalla sua origine, dal suo angolo d'inclinazione, dalla sua altezza, dal suo punto d'impatto, ecc.)

trailer [/'treilə/] s.m. inv. (voce ingl., deriv. di *to trail* "trascinare") **1.** Carrello a due ruote da agganciare all'autovettura per il trasporto di bagagli, tende da campo, barche. **2.** Presentazione di spezzoni di un film di prossima programmazione.

tràina s.f. **1.** Cavo con cui si effettua un traino. ◇ *Pesca alla traina:* pesca che consiste nel trascinare dietro la barca la lenza con l'esca. **2.** EQUIT. Andatura irregolare del cavallo, quando al galoppo con le gambe anteriori e trotta con quelle posteriori. SIN.: traino.

trainàbile agg. Che può essere trainato.

trainànte agg. **1.** Che serve a trainare. **2.** *fig.* Che costituisce uno stimolo, un incentivo. *Settore economico trainante.*

trainàre v.tr. Trascinare dietro di sé un carico. *Un trattore ha trainato la macchina.* ~ Rimorchiare un veicolo mediante un collegamento di cavi. **2.** *fig.* Trascinare dietro di sé qlcu. o qlco. svolgendo una funzione di stimolo, di guida, di esempio.

trainer [/'treinə/] s.m. e f.inv. (voce ingl.) **1.** SPORT. Allenatore. **2.** Istruttore, spec. nel campo della formazione e dell'addestramento professionale.

training [ˈtreɪniŋ] s.m. inv. (voce ingl., deriv. di *to train* "allenare, trascinare") **1.** Periodo di preparazione allo svolgimento di una determinata attività professionale, per l'acquisizione di abilità e conoscenze particolari. SIN.: **tirocinio**. **2.** PSICOL. *Training autogeno:* metodo psicoterapeutico per ottenere un totale rilassamento del corpo e della mente mediante la concentrazione.

tràino s.m. **1.** Trascinamento a rimorchio di qlco. ~ Trazione, tiro di qlco. *Traino animale.* ◇ *fig. Fare da traino:* agire da stimolo, da elemento trainante. **2.** Veicolo, carico trainato o rimorchiato. ~ Trasporto tipo slitta, trainato da animali, usato in luoghi scoscesi o terreni ricoperti da neve o ghiaccio. **3.** Andatura difettosa di un cavallo stanco che galoppa con gli arti anteriori e trotta con i posteriori.

trait d'union [ˈtrɛ dyˈnjɔ̃] s.m. inv. (loc. fr., propr. "tratto d'unione" che indica il trattino tra due parole in stretta connessione) **1.** Lineetta grafica, trattino tipografico. *Unire due parole con il trait d'union.* **2.** *fig.* Persona o elemento che costituisce l'anello di congiunzione tra fatti e situazioni diverse. *Un autore che rappresenta il trait d'union tra due diverse epoche culturali.* ~ Chi svolge funzioni di mediatore. *Fare da trait d'union tra due persone.*

tralasciàre v.tr. [5] **1.** Lasciare incompiuta una cosa cominciata. *Tralasciare gli studi.* **2.** Trascurare di dire qlco. *Tralasciare i particolari di una scena.* SIN.: **omettere**. ~ Smettere o dimenticare o evitare di fare o dire qlco. *Non tralasciare di telefonarmi.*

tràlcio s.m. [pl. –ci] **1.** Giovane ramoscello della vite. **2.** *estens.* Ramo di edera o di altra pianta rampicante. **3.** ANAT. Piccola parte del cordone ombelicale, che rimane attaccata all'addome del neonato.

traliccio s.m. [pl. –ci] **1.** Struttura reticolare costituita da elementi di ferro oppure da canne o giunchi. **2.** Struttura verticale in profilati metallici, atta a sostenere linee elettriche. *I tralicci dell'alta tensione.* **3.** Tessuto grezzo, di canapa o lino, molto spesso e resistente.

tralignàre v.intr. (aus. *avere* o *essere*) non com. Detto di piante, allontanarsi dalle caratteristiche proprie della specie, inselvatichire. ~ *fig.* Detto di persone, allontanarsi dalla retta via. *Tralignare dall'antica virtù.*

tram s.m. inv. (abbr. di ingl. *tramcar* "vettura da trasporto") Veicolo a trazione elettrica circolante in città su rotaie, a cui corrisponde una rete di fili elettrici in sospensione aerea. ◇ *figg. Perdere il tram:* perdere un'occasione. – *fam. Attaccarsi al tram:* arrangiarsi, rassegnarsi a subire una circostanza negativa, spesso come invito ironico o polemico.

tràma s.f. **1.** IND. TESS. Insieme dei fili che passano trasversalmente tra i fili dell'ordito tesi sul telaio. ~ *estens.* Ordito, struttura di un tessuto. *Tessuto a trama larga, stretta.* **2.** *fig.* Manovra macchinata di nascosto. SIN.: **intrigo**. **3.** *fig.* Intreccio delle vicende di un'opera letteraria o drammatica oppure di un film, che ne sintetizza il contenuto. *Non ricordo la trama del film.* **4.** SPORT. *fig.* Azione, tattica di gioco basata sulla perfetta coordinazione dei componenti di una squadra.

tramàglio o **tremàglio** s.m. [pl. –gli] (fr. *trémail*, lat. *trimàculu* "a tre ordini di maglie") **1.** Rete da pesca formata da tre reti sovrapposte e a maglie diverse. **2.** Rete simile alla precedente, usata per catturare gli uccelli.

tramandàre v.tr. Trasmettere di generazione in generazione, usanze, valori spirituali, credenze. *I nostri antenati ci hanno tramandato certe abitudini di famiglia.*

tramàre v.tr. Preparare segretamente un complotto ai danni di qlcu. *Tramare una cospirazione.*

trambùsto s.m. (provenz. *tabust* "rumore") Agitazione rumorosa di gente. *Nel trambusto della folla si persero di vista.* ~ Grande agitazione, disordine che precede un'azione per la quale ci si prepara.

■ tram

tramestio s.m. [pl. –stii] **1.** Movimento continuo, confuso e rumoroso di persone o di cose. **2.** Rumore prodotto da tale spostamento.

tramèzza s.f. **1.** Nelle scarpe, striscia di cuoio inserita tra la tomaia e la suola con funzioni di rinforzo. **2.** COSTR. Sottile parete divisoria.

tramezzàre v.tr. **1.** COSTR. Dividere un ambiente alzando un tramezzo. *Tramezzare una stanza.* **2.** Porre qlco. in mezzo ad altro. *Tramezzare strati di pasta con strati di crema.*

tramezzatùra s.f. COSTR. Realizzazione di divisioni di un ambiente mediante tramezzi. ~ Risultato di tale operazione.

tramezzino s.m. Fette di pane morbido in cassetta, sovrapposte e tagliate a metà lungo la diagonale, farcite internamente di salse fredde, salumi e sottaceti.

tramèzzo s.m. **1.** COSTR. Parete non portante che serve a dividere un ambiente di un edificio. **2.** Fascia a ricamo interposta tra due pezzi di tessuto.

traminer s.m. inv. (ted. *Traminer*, deriv. di *Tramin* "Termeno", nome della località dove viene prodotto) **1.** VITICOLT. Vitigno dell'Alto Adige, dall'uva con grappoli piccoli e acini ricchi di polpa. **2.** ENOL. Vino bianco, molto aromatico, ricavato da tale uva.

tràmite s.m. Mezzo di contatto, elemento di collegamento o di raccordo, riferito a cose o istituzioni. *Questa agenzia fa da tramite tra i privati e le grandi compagnie turistiche.* ~ Riferito a persone, intermediario. ◇ *loc. prep. Per il tramite di:* attraverso, per mezzo di. ◆ *prep.* Per mezzo di qlco. o qlcu. *Rispondere tramite telegramma.*

tramòggia s.f. [pl. –ge] **1.** Serbatoio a forma di piramide quadrangolare tronca e rovesciata che fa parte di una macchina di smistamento, frantumazione, ecc. ◇ *Finestra a tramoggia:* nelle carceri e nei conventi di clausura, finestra a imbuto che non consente la vista verso l'esterno. **2.** Cassetta in cui, all'Accademia della Crusca, si mettevano gli scritti da sottoporre a esame.

tramontàna s.f. **1.** Vento freddo che spira da nord. **2.** *estens.* Nord, come punto cardinale. *La casa guarda a tramontana.* ◇ *fig. Perdere la*

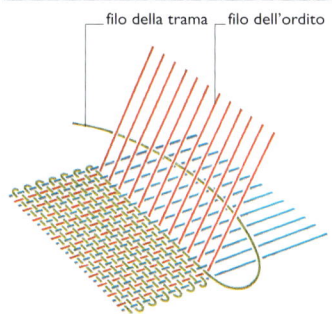

filo della trama — filo dell'ordito

■ **tràma.** Dettaglio dei fili dell'ordito e della trama di un tessuto.

tramontana: confondersi, perdere l'orientamento, la calma, la capacità di ragionare.

tramontàre v.intr. (aus. *essere*) **1.** Scomparire all'orizzonte, parlando di una stella o di altri corpi celesti. **2.** *fig.* Venir meno, avere fine. ❑ In funzione di s.m., tramonto. *Al tramontare del sole, andremo via.*

tramónto s.m. **1.** Scomparsa di un astro sotto la linea dell'orizzonte. *Il tramonto di Venere.* **2.** *comun.* Il calare del sole e l'effetto luminoso che ne è caratteristico. ~ Momento della giornata in cui il sole tramonta. ◇ *Dall'alba al tramonto:* tutto il giorno. **3.** *fig.* Fine, declino, fase finale. ◇ *fig. Essere sul viale del tramonto:* fase di declino, fine della carriera, perlopiù artistica.

tramortìre v.tr. [83] Stordire qlcu., lasciarlo privo di sensi. *Il colpo in pieno viso ha tramortito il giocatore.* ◆ v.intr. (aus. *essere*) Perdere i sensi, svenire per colpi ricevuti o violente emozioni. *Tramortì per lo spavento.*

tramp [tramp] s.m. inv. (voce ingl., propr. "vagabondo") MAR. Nave da carico di piccole dimensioni, che non effettua servizio di linea.

tramping [ˈtræmpiŋ] s.m. inv. (voce ingl.) MAR. Navigazione irregolare delle navi da carico che, senza itinerario fisso, vanno in vari porti alla ricerca di un carico da trasportare.

trampolière s.m. **1.** Ogni uccello con collo e zampe molto lunghi, come gru, fenicotteri, cicogne, ecc. **2.** *fig.* Persona alta e magra.

Trampolièri s.m.pl. [iniziale minusc. sing. –*re* per l'individuo] ZOOL. Ordine di uccelli di palude, dal collo e con le zampe molto lunghi. (I Trampolieri sono anche considerati come un superordine che raggruppa Ciconiformi, Gruiformi e Caradriformi.)

trampolino s.m. **1.** Pedana in legno che serve agli atleti come base d'appoggio per spiccare un salto. ~ Pedana elastica in legno, posta a un'altezza prefissata sul pelo dell'acqua delle piscine, dalla quale si prende lo slancio per il tuffo. ~ Nello sci, lungo scivolo molto ripido, con la parte terminale impennata verso l'alto, per mezzo del quale l'atleta prende velocità ed effettua il salto. ~ Nello sci nautico, pedana a cuneo posta lungo il percorso che permette di effettuare salti sopra il pelo dell'acqua. **2.** *fig.* Spinta di partenza a favore di qlcu. che intraprende un'attività, o aiuto nell'avanzamento della sua carriera per arrivare al successo. *Quello spettacolo è stao il suo trampolino di lancio.* **3.** SPORT. Nel gioco del tamburello, serie di giochi in cui una squadra sta alla battuta.

tràmpolo s.m. (deriv. di ted. *trampeln* "calpestare") **1.** (spec. pl.) Ciascuna delle due aste di legno, munite di una piccola pedana poggiapiedi, che servono per camminare a una certa altezza dal suolo. ◇ *fig. Reggersi sui trampoli:* detto di discorso o ragionamento, essere il tutto incoerente, non essere fondato su basi logiche. **2.** *fig.* (spec. pl.) Gamba molto lunga. **3.** Pezzo di un vecchio tipo di aratro, che serviva per tenere sollevata la bure dal terreno.

tramutàre v.tr. **1.** Cambiare qlco. **2.** Trasformare in qlco. *Tramutare l'angoscia in felicità.* ◆ **tramutarsi** v.pron. Cambiare aspetto, trasformarsi in qlco.

trance [trɑːns] s.f. inv. (voce ingl. propr. "estasi, catalessi ipnotica", fr. *transe* "agonia") **1.** In parapsicologia, stato in cui cade un medium durante le sedute spiritiche, caratterizzato da perdita di coscienza, insensibilità agli stimoli, condizione dissociata dell'io. **2.** *estens. fam.* Condizione estatica, incantamento.

tranche [trɑ̃ʃ] s.f. inv. (voce fr., deriv. di *trancher* "trinciare") **1.** FIN. Quota. **2.** Parte, porzione, singola unità. **3.** *Tranche de vie:* in un'opera letteraria o in un film, brano realistico ispirato alla vita quotidiana.

trància s.f. [pl. –ce] (fr. *tranche*) **1.** MECC. Macchina per il taglio a freddo di barre o lamiere metalliche, detta *tranciatrice.* ~ Grossa cesoia per tagliare il ferro. **2.** Porzione di vivanda tagliata a fette. SIN.: **trancio**.

tranciàre v.tr. [5] **1.** MECC. Tagliare con la trancia elementi metallici. **2.** *estens.* Tagliare qlco. in modo netto e deciso.

tranciatóre s.m. [f. –trice] Operaio che esegue la tranciatura dei metalli.

tranciatrice s.f. MECC. Trancia.

tranciatùra s.f. MECC. Taglio a freddo di elementi metallici senza asportazione di trucioli.

tràncio s.m. [pl. –*ci*] Trancia, fetta di vivanda.

tranèllo s.m. **1.** Insidia tesa a ingannare. **2.** *estens.* Difficoltà, piccola insidia nascosta che può fare cadere in errore.

trangugiàre v.tr. [5] **1.** Inghiottire cibo o ingurgitare bevande in fretta. *Trangugiare una pillola.* ~ Mandare giù senza masticare e senza sentire il sapore. **2.** *fig.* Subire umiliazioni, ingiustizie, fastidi, reprimendo ogni tentativo di reazione. *Trangugiare rospi.*

trànne prep. Salvo, fuorché, a eccezione di qlcu. o qlco. *Tutti presenti tranne uno.* ◇ *loc. cong. Tranne che:* a meno che, salvo che. *Non desidero altro, tranne che tornare a casa.*

tranquillaménte avv. **1.** In modo pacato. **2.** Senza preoccupazioni, con calma e sicurezza.

tranquillànte s.m. Prodotto farmaceutico usato nella terapia di stati ansiosi e malattie nervose in quanto svolge azione calmante sul sistema nervoso centrale.

tranquillità s.f. inv. **1.** Stato di ciò che è calmo, senza agitazione. ~ Condizione di un luogo privo di rumori, disturbi. **2.** Condizione di chi non ha timori, preoccupazioni. ~ Pace, serenità. **3.** Assenza di fretta. SIN.: **calma.**

tranquillizzànte agg. Che rassicura, rasserena.

tranquillizzàre v.tr. Rendere tranquillo, rassicurare. *Devo telefonare per tranquillizzare i miei.* ◆ **tranquillizzarsi** v.pron. Mettersi tranquillo. *Tranquillizzati, è andato tutto bene.*

tranquillo agg. **1.** Che si trova in condizioni di calma, che non è agitato, in senso fisico. **2.** Senza turbamenti, ansie, preoccupazioni. **3.** Pacifico, incline alla calma. **4.** Di luogo, silenzioso, poco frequentato.

trans s.m. e f.inv. → **transessuale**.

trans- Prefisso che indica attraversamento, mutamento, passaggio da un luogo a un altro o da una condizione a un'altra; si trova spec. in lemmi dotti o scientifici (*transcodificare*) e quasi sempre quando il secondo elemento inizia per vocale (*transalpino*); negli altri casi è stato modernamente sostituito dal prefisso *tras-* (*trasformare*).

transahariàno agg. Che attraversa il Sahara.

transalpino agg. **1.** Che si trova oltre le Alpi, soprattutto in territorio francese (in oppos. a *cisalpino*). **2.** Che attraversa le Alpi.

transamazzònica s.f. (solo sing.) Strada che attraversa il Brasile settentrionale.

transaminàsi s.f. inv. **1.** BIOL., CHIM. Ogni enzima che svolge funzione di catalizzatore nelle reazioni di transaminazione che avvengono all'interno delle cellule animali e che consentono di sintetizzare determinati amminoacidi. **2.** MED. (spec. pl.) Indicatore della funzionalità epatica.

transaminazióne s.f. BIOL., CHIM. Reazione di tipo enzimatico mediante la quale gli organismi animali sintetizzano alcuni amminoacidi.

transappennìnico agg. [pl.m. –*ci*, f. –*che*] **1.** Che si trova oltre gli Appennini. **2.** Che attraversa gli Appennini. *Valico transappenninico.*

transatlàntico agg. [pl.m. –*ci*, f. –*che*] **1.** Che si trova al di là dell'Atlantico. **2.** Che attraversa l'Atlantico. ◆ s.m. **1.** Nave veloce di grande tonnellaggio che trasporta passeggeri sulle rotte oceaniche. **2.** *fig.* Nel palazzo di Montecitorio, grande corridoio antistante l'aula della Camera dei deputati.

transavanguàrdia s.f. Movimento pittorico nato nel 1977-78 che propone il recupero di soggetti e metodi tradizionali, in contrasto con la valorizzazione del concetto astratto che caratterizza l'arte moderna.

transazionàle agg. **1.** DIR., ECON. Che riguarda una transazione. **2.** *Analisi transazionale:* metodo psicoterapico fondato in partic. sull'idea che le relazioni interpersonali sono fondate su scambi comparabili a transazioni.

transazióne s.f. **1.** DIR. Accordo tra due parti in contrasto con reciproche concessioni. **2.** *estens.* Accomodamento, compromesso, patteggiamento, anche in modo degradante. **3.** COMM. Compravendita. **4.** INFORM. Insieme delle operazioni compiute da un calcolatore per aggiornare lo stato di elaborazione a partire da un nuovo dato introdotto.

transcodìfica s.f. [pl. –*che*] INFORM. Transcodificazione.

transcodificàre v.tr. [4] INFORM. Convertire dati da un codice o da un sistema di elaborazione a un altro.

transcodificatóre s.m. **1.** INFORM. Dispositivo che consente la transcodificazione di dati. **2.** INFORM. Convertitore di codici.

transcodificazióne s.f. **1.** INFORM. Conversione dei dati di un codice o di un sistema di elaborazione in dati equivalenti in un diverso codice o sistema. SIN.: **transcodifica. 2.** TV. Conversione di segnali video di una televisione a colori, appartenenti a un determinato codice, in altri segnali equivalenti ma codificati in un diverso sistema.

transcontinentàle agg. Che attraversa un continente.

transcutàneo agg. Che si verifica passando attraverso la cute. *Assorbimento transcutaneo di una sostanza.*

transdèrmico agg. [pl.m. –*ci*, f. –*che*] Che agisce attraverso la pelle. *Terapia transdermica.*

transènna s.f. (lat. *transĕnnam*, propr. "trappola per uccelli" quindi "grata") **1.** ARCH. Elemento di divisione di uno spazio, spec. nelle chiese, costituito da una lastra di marmo traforato o da grate di materiale vario. **2.** Elemento mobile in legno o metallo, posizionato in modo da impedire un accesso, chiudere un passaggio, delimitare uno spazio.

transennàre v.tr. Munire un luogo di transenne.

transessuàle agg. Di chi tende ad assumere comportamenti e tratti tipici del sesso opposto a quello cui appartiene per nascita, anche con la modificazione, naturale o determinata chirurgicamente, delle proprie caratteristiche anatomiche e fisiologiche. ◆ s.m. e f. Nel sign. dell'agg.

transessualità s.f. inv. Natura e condizione di chi è transessuale. SIN.: **transessualismo.**

transètto s.m. (ingl. *transept*, comp. di lat. *trāns* "al di là" e *saēptus*, deriv. di *saepīre* "chiudere") ARCH. Nelle chiese cristiane a pianta latina, spazio che interseca trasversalmente la navata centrale all'altezza del presbiterio.

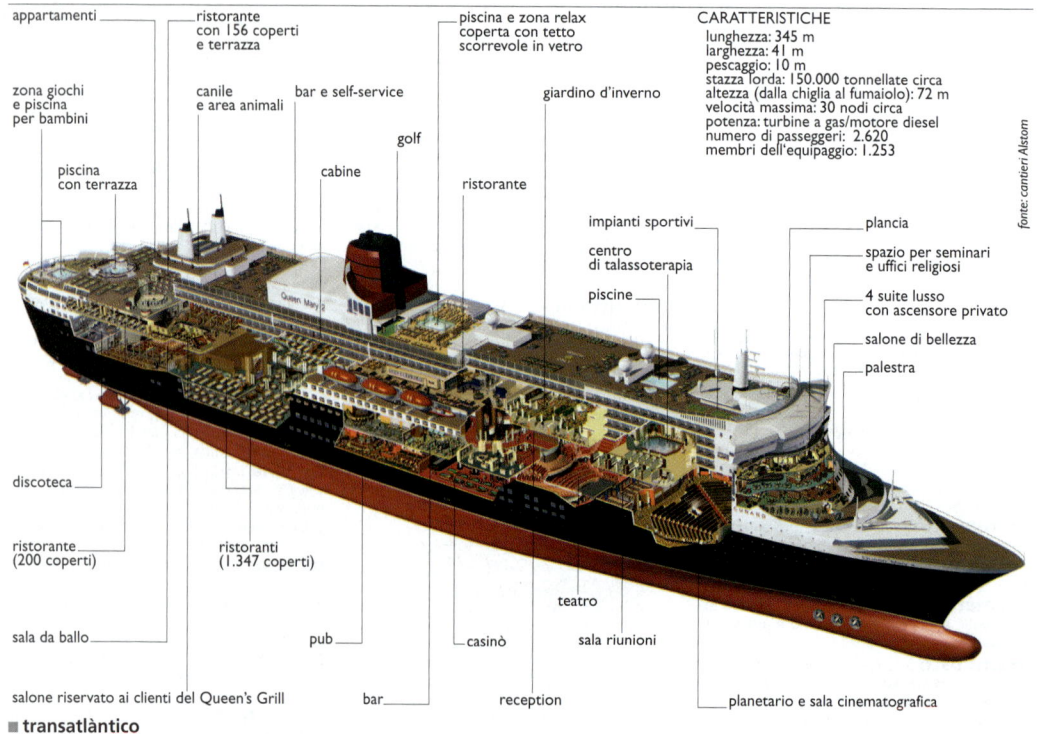

appartamenti

ristorante con 156 coperti e terrazza

piscina e zona relax coperta con tetto scorrevole in vetro

CARATTERISTICHE

lunghezza: 345 m
larghezza: 41 m
pescaggio: 10 m
stazza lorda: 150.000 tonnellate circa
altezza (dalla chiglia al fumaiolo): 72 m
velocità massima: 30 nodi circa
potenza: turbine a gas/motore diesel
numero di passeggeri: 2.620
membri dell'equipaggio: 1.253

zona giochi e piscina per bambini

canile e area animali

bar e self-service

giardino d'inverno

fonte: cantieri Alstom

piscina con terrazza

golf

cabine

ristorante

impianti sportivi

plancia

centro di talassoterapia

spazio per seminari e uffici religiosi

piscine

4 suite lusso con ascensore privato

salone di bellezza

palestra

discoteca

ristorante (200 coperti)

ristoranti (1.347 coperti)

sala da ballo

pub

casinò

sala riunioni

teatro

salone riservato ai clienti del Queen's Grill

bar

reception

planetario e sala cinematografica

■ **transatlàntico**

transfer [/'trænsfə/] s.m. inv. (voce ingl.) **1.** Trasferimento, spec. dei turisti che vengono portati dai luoghi d'arrivo agli alberghi e viceversa. **2.** Linea automatizzata che trasporta i pezzi di lavorazione all'interno di uno stabilimento. **3.** In psicopedagogia, trasferimento di un progresso ottenuto in un certo campo dell'apprendimento a un altro affine. **4.** BANC. Trasferimento di un titolo di credito nominativo. ❏ In funzione di agg., solo nella loc. *macchina transfer*, macchina operatrice che esegue diverse lavorazioni su pezzi trasportati automaticamente da un punto a un altro.

transferàsi s.f. inv. (ingl. *transferase*) BIOCHIM. Ogni enzima che agisce da catalizzatore nelle reazioni di trasferimento di vari gruppi da una molecola a un'altra.

transferrina s.f. (ingl. *transferrin*) BIOCHIM. Globulina del plasma che trasporta il ferro.

transfert [/'trãs'fεr/] s.m. inv. (voce fr.) **1.** PSICOAN. Trasferimento su una persona di un conflitto, di un desiderio inconscio o d'una carica affettiva che in origine erano rivolti a persone diverse; tale processo è attuato inconsapevolmente dal paziente durante il trattamento analitico, spec. nei confronti dell'analista. **2.** In psicopedagogia, transfer. **3.** BANC. Transfer.

trànsfrontalièro agg. Che si svolge, che passa attraverso le frontiere.

trànsfuga s.m. e f.[pl.m. *–ghi*, f. *–ghe*] **1.** Disertore. **2.** *fig.* Chi rinnega il proprio partito, le proprie idee o un posto di responsabilità e passa alla parte opposta.

transgènesi s.f. inv. GENET. Modificazione di un genoma in un embrione mediante l'introduzione di un frammento di DNA. (La transgenesi, attuata per fini sperimentali, è vietata nell'uomo).

transgènico agg. [pl. *–ci*, f. *–che*] BIOL. Di essere vivente (batterio, pianta o animale) il cui genoma è stato alterato artificialmente.◇ *Cibi transgenici*: ottenuti da piante transgeniche.

transiberiàna s.f. (solo sing.) FERR. Linea ferroviaria che collega Mosca con Vladivostock.

transiberiàno agg. Che attraversa la Siberia.

transigere v.tr. [17] DIR. Comporre una controversia facendo in modo che le parti in causa si facciano reciprocamente delle concessioni e raggiungano in tal modo un compromesso. *Transigere una lite* ◆ v.intr. (aus. *avere*) **1.** DIR. Accordarsi per non proseguire una lite in atto. *La controparte non accetta di transigere.* **2.** Nel l. com., cedere, essere arrendevole, spec. in frasi negative. *In fatto di ritardo non transigo.*

transilluminazióne s.f. MED. → **diafanoscopia.**

transilvànicoo **transilvàno**agg. [pl.m. *–ci*, *–ni*, pl.f. *–che*, *–ne*] Della Transilvania, regione della Romania.

transistor [/'træn'zistə/] s.m. inv. (voce ingl., abbr. di *transit resistor*, deriv. di *to transfer* "trasferire" e *to resist* "resistere") **1.** ELETTRON. Dispositivo costituito da un semiconduttore dotato di due terminali (*emettitore* e *collettore*) tra i quali fluisce la corrente, controllata tramite un terzo terminale (*base*). **2.** *fam.* Radiolina a transistor.

transistorizzàre v.tr. ELETTRON. Costruire o fornire un apparecchio di transistor.

transistorizzazióne s.f. ELETTRON. Realizzazione di dispositivi elettronici a transistor o applicazione di transistor ad apparecchi radiotelevisivi.

transitàbile agg. Su cui è possibile transitare, aperto al transito. SIN.: **percorribile.**

transitabilità s.f. inv. Condizione di strade o luoghi aperti al transito. SIN.: **viabilità.**

transitàre v.intr. (aus. *essere*) Passare attraverso un luogo. *Le auto non possono transitare.*

transitàrio s.m. [f. *–ria*, pl.m. *–ri*] Chi esercita il commercio di transito.

transitività s.f. inv. **1.** GRAMM. Proprietà di un verbo di reggere un complemento oggetto. **2.** MAT. Caratteristica delle grandezze che verificano la proprietà transitiva.

transitivo agg. **1.** GRAMM. Detto di verbi che ammettono complemento oggetto e trasformazione passiva. **2.** MAT. *Proprietà transitiva*:

quella per cui, se *A* è uguale a *B* e *B* a *C*, allora *A* è uguale a *C*; è una delle tre proprietà caratterizzanti l'uguaglianza, insieme a quella riflessiva e alla simmetrica. – *Relazione transitiva*: relazione binaria su un insieme *E* tale che la tesi "*a* è in relazione con *b* e *b* è in relazione con *c*" implica la tesi "*a* è in relazione con *c*" per qualsiasi tripletta (a,b,c) di elementi di *E*. ◆ s.m. Nell'accez. 1 dell'agg. *Rendere passivo il transitivo.*

trànsito s.m. **1.** Passaggio di persone, veicoli, merci, attraverso un luogo. ~ In partic., traffico stradale di veicoli. ◇ *Porto di transito*: dove le navi fanno scalo per sbarcare merci e passeggeri che proseguono il viaggio con altri mezzi. – *Commercio di transito*: quello che si esercita facendo passare sul territorio nazionale merci importate dall'estero e direttamente esportate.– DIR. INTERN. *Transito inoffensivo*: limite imposto alla sovranità di uno Stato sulle sue acque territoriali e sul suo spazio aereo, per cui tale Stato è obbligato a permettere il passaggio di imbarcazioni o aerei stranieri che non lo danneggino. **2.** ASTR. Passaggio di un pianeta davanti al disco solare, o di un satellite davanti al proprio pianeta, in rapporto all'osservazione da un punto della Terra.

transitòrio agg. [pl.m. *–ri*] **1.** Che dura poco, limitato nel tempo. **2.** DIR. Di disposizioni che disciplinano una materia contingente, spec. in quanto regolano il passaggio da vecchie a nuove norme, restando in vigore fino a quando queste non saranno diventate definitive. **3.** FIS. Di fenomeno, perlopiù un impulso, di tipo temporaneo che accompagna un cambiamento di regime, di stato, spec. al momento dell'apertura o della chiusura di un circuito elettrico. ◆ s.m. FIS. Nell'accez. 3 dell'agg.

transizionàle agg. **1.** Che costituisce un elemento di transizione. **2.** PSICOAN. *Oggetto transizionale*: oggetto particolare (copertina, orsetto di peluche, ecc.) al quale il lattante è molto attaccato perché, rappresentando simbolicamente la sua mamma, lo aiuta a sopportare l'angoscia della sua separazione o lontananza. (Nozione dovuta a D.W. Winnicott.)

transizióne s.f. **1.** Passaggio da una situazione a un'altra, spec. in riferimento a epoche storico-culturali. **2.** FIS. Passaggio di un sistema da uno stato a un altro. **3.** GEOL. *Zona di transizione*: zona interna alla Terra, compresa tra la parte superiore e quella inferiore del mantello. **4.** MIN. *Rocce di transizione*: le rocce non assegnabili a un tipo definito in quanto la loro costituzione chimica e mineralogica è intermedia tra quella di tipi diversi. **5.** BIOL., CHIM. Mutazione della composizione chimica del DNA. **6.** MUS. Modulazione armonica ottenuta con il passaggio improvviso tra tonalità diverse.

translagunàre agg. Che attraversa una laguna.

transnazionàle agg. Che va oltre i confini politici di uno Stato, coinvolgendo cittadini di più nazioni. *Partito transnazionale.*

transoceànico agg. [pl.m. *–ci*, f. *–che*] **1.** Che si trova oltre l'oceano. **2.** Che attraversa un oceano.

transònico agg. [pl.m. *–ci*, f. *–che*] (ingl. *transonic*) Di velocità vicine a quella del suono. (tra i valori 0,8 e 1,2 del numero di Mach.)

transpàllet s.m. inv. Carrello elevatore impiegato nei magazzini per muovere i pallet.

transpolàre agg. Che attraversa il polo.

transponder [/'trns'pondə/] s.m. inv. (voce ingl., comp. di *trans-mitter* "trasmettitore" e *res-ponder* "risponditore") A bordo di aerei, sistema elettronico di identificazione della rotta.

transumànte agg. Di mandria o gregge che si trasferisce ai pascoli estivi e viceversa.

transumànza s.f. (fr. *transhumance*) Migrazione delle mandrie e delle greggi verso i pascoli di montagna, nella stagione estiva, e verso i pascoli a valle, nella stagione invernale.

transumàre v.intr. (aus. *avere*) (fr. *transhumer*, propr. "attraversare la terra") Migrare stagionalmente verso i pascoli migliori.

transurànico agg. [pl.m. *–ci*, f. *–che*] CHIM. Di elemento chimico con numero atomico superiore a quello dell'uranio (92). ◆ s.m. [*–ci*] Nel sign. dell'agg. (I transuranici, che sono instabili e non esistono sulla terra allo stato naturale, at-

tualmente sono 19, dal nettunio fino all'elemento 112.)

transustanziazióne o **transubstanziazióne** s.f. TEOL. CATT. Trasformazione della sostanza del pane e del vino in quella del corpo e del sangue di Gesù Cristo durante l'eucarestia. (Dogma definito nel 1551 dal concilio di Trento.)

trantràn s.m. inv. (fr. *trantran* di orig. onom.) **1.** Rumore costante, ritmo che si ripete con monotonia, senza interruzioni o alternative. **2.** *fig.* Routine quotidiana.

tranvia o **tramvìa** s.f. (calco dell'ingl. *tramway* "linea tranviaria") Linea di comunicazione e complesso degli impianti di trasporto pubblico, urbano o suburbano, con veicoli a trazione elettrica che corrono su rotaia.

tranviàrio o **tramviàrio** agg. [pl.m. *–ri*] TRASP. Relativo ai tram o alla tranvia.

tranvière o **tramvière** s.m. [f. *–ra*] Chi lavora in un'azienda tranviaria. ~ Conducente di tram.

trapanàre v.tr. Perforare qlco. con il trapano. *Trapanare l'asfalto.* ◇ *fig. Trapanare le orecchie, il cuore*: detto di rumori, sentimenti, dolori fisici, procurare una sensazione di grave disagio.

trapanatóre s.m. [f. *–trice*] Addetto alle perforazioni con il trapano.

trapanatrice s.f. **1.** Macchina utensile per perforazioni. ~ Trapano fisso. **2.** IND. ESTR. Macchina che serve all'abbattimento del carbone.

trapanazióne s.f. **1.** Perforazione di un materiale mediante il trapano. **2.** MED. In chirurgia, intervento di perforazione di un osso. **3.** MED. In odontoiatria, operazione di scavo praticata con il trapano in un dente, per eliminare la parte cariata e predisporlo all'otturazione.

trapanése agg. Di Trapani. ◆ s.m. **1.** (anche f.) Nativo, abitante di Trapani. **2.** (iniziale maiusc., solo sing.) Territorio intorno a Trapani.

tràpano s.m. **1.** Strumento utilizzato per praticare perforazioni, alimentato a mano o da motore. **2.** MED. In chirurgia e odontoiatria, apparecchio a motore con il quale si opera la perforazione di un osso e il modellamento dei denti a fini diagnostici e terapeutici.

trapassàre v.tr. Passare qlco. da parte a parte. *Il proiettile gli ha trapassato il cranio.* ◆ v.intr. (aus. *essere*) Cessare, finire. *Tutto in questa vita trapassa.* ~ Detto di persone, morire. *È trapassato tra il pianto dei parenti.*

trapassàto agg. Passato, forato da parte a parte. ◆ s.m. GRAMM. *Trapassato prossimo, remoto*: tempi dell'indicativo che si riferiscono ad azioni compiute prima di un'altra già al passato. ~ *estens.* Viene usato anche per uno dei tempi del congiuntivo che indica irrealtà.

1. trapàsso s.m. **1.** Passaggio da qlco. ad altro. **2.** *fig. lett.* Decesso, morte.

2. trapàsso s.m. Andatura anormale di un cavallo al trotto.

trapelàre v.intr. (aus. *essere*) **1.** Detto di liquidi o della luce, filtrare attraverso stretti passaggi, aperture, ecc. *Un raggio di sole trapelava dalle imposte chiuse.* **2.** *fig.* Venire fuori a stento, manifestarsi da qualche indizio. *Trapelano continuamente notizie riservate.*

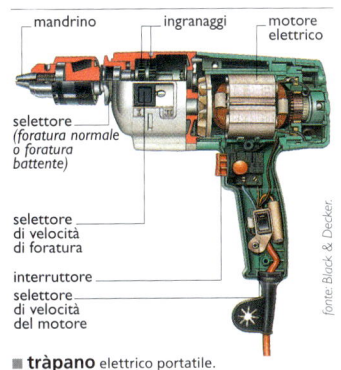

■ **tràpano** elettrico portatile.

mandrino — ingranaggi — motore elettrico

selettore (foratura normale o foratura battente)

selettore di velocità di foratura

interruttore

selettore di velocità del motore

trapèzio s.m. [pl. –zi] **1.** GEOM. Figura quadrangolare con i due lati opposti paralleli di lunghezza disuguale. **2.** Attrezzo ginnico costituito da una sbarra cilindrica orizzontale appesa a due funi, a una certa altezza. **3.** Nel circo, assicella appesa a notevole altezza a due funi, usata dagli acrobati. **4.** ANAT. Muscolo piatto che si trova tra la nuca e la scapola. ~ Osso del carpo della mano. **5.** MAR. Nella vela, sistema di cinghie che permette a un velista di fare da contrappeso sporgendosi fuori dalla barca.

trapezista s.m. e f.[pl.m. –sti] **1.** Chi esegue esercizi ginnici al trapezio. **2.** Nel circo, acrobata che si esibisce al trapezio.

trapezoidàle agg. A forma di trapezio.

trapezòide agg. A forma di trapezio. ◆ s.m. **1.** GEOM. Poligono simile a un trapezio, ma avente un lato curvilineo. **2.** ANAT. Piccolo osso del carpo della mano.

trapiantàre v.tr. **1.** AGR. Estrarre una pianta dal luogo in cui è con tutte le sue radici e metterla a dimora in un vaso o in piena terra. **2.** fig. Trasportare qlco. o qlcu. dalla sede d'origine ad altro luogo e farvelo adattare. *Trapiantare una moda.* **3.** CHIR. Ricostruire o sostituire un tessuto o un organo. ◆ **trapiantarsi** v.pron. fig. Andare a vivere in una sede diversa da quella di origine. *I nonni si trapiantarono in America trenta anni fa.*

trapiantàto agg. **1.** Che ha subìto un trapianto. **2.** Di organo, che è stato trapiantato. ◆ s.m. e f.[f. –ta] **1.** Originario di un paese diverso da quello in cui vive. SIN.: **immigrato**. **2.** Chi ha subìto un trapianto chirurgico.

trapiantatóio s.m. [pl. –toi] AGR. Attrezzo manuale simile a una piccola pala, usato per estrarre la piantina con la zolla di terra in cui è radicata e metterla a dimora in altra sede.

trapiànto s.m. **1.** AGR. Operazione consistente nel prelevare una pianta, con tutte le radici, dal terreno, per metterla a dimora. **2.** CHIR. Ricostruzione di un tessuto prelevato da un'altra parte del corpo del paziente o da un altro individuo, o sostituzione di un organo malato con un altro prelevato da un donatore.

ENCICL. I trapianti si classificano, in base al donatore, in *autotrapianto* (il donatore è anche recettore), *isotrapianto* (fra individui geneticamente identici, p.e. fratelli), *omotrapianto* (fra individui della stessa specie geneticamente diversi), *xenotrapianto* o *eterotrapianto* (fra individui di specie diverse; molto difficile sull'uomo) e *allotrapianto* (organi e tessuti non sono organici, ma artificiali).

tràppa s.f. (fr. *trappe*, dal nome dell'abbazia di Notre-Dame de la *Trappe* in Normandia, dove si istituì il nuovo ordine dei Cistercensi) Abbazia, convento di trappisti.

trappéto o **trapéto** s.m. Frantoio, torchio per le olive.

trappista s.m. [pl. –sti] (fr. *trappiste*) Religioso dell'ordine cistercense riformato nel 1664, che osserva rigorosamente la regola di san Benedetto del pregare e lavorare.

tràppola s.f. **1.** Congegno di varia forma e funzionamento usato per catturare animali. **2.** fig. Agguato, tranello, manovra escogitata per imbrogliare. **3.** fig. fam. Dispositivo, arnese o macchina vecchi e mal funzionanti. SIN.: **trabiccolo. 4.** ELETTRON. *Trappola ionica:* piccolo magnete che viene applicato ai tubi a raggi catodici con lo scopo di eliminare gli effetti dannosi degli ioni.

trapùnta s.f. Spessa coperta costituita da due teli sovrapposti e imbottiti di lana, ovatta o piume, tenuti insieme da cuciture che, in più punti, la trapassano da parte a parte.

■ **trapiantatóio**

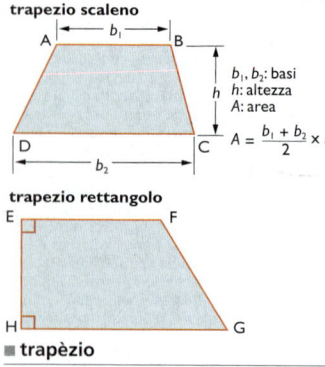

trapezio scaleno

b_1, b_2: basi
h: altezza
A: area

$$A = \frac{b_1 + b_2}{2} \times h$$

trapezio rettangolo

■ **trapèzio**

tràrre v.tr. [11] **1.** Muovere qlcu. o qlco. verso un certo luogo. *Trarre una barca sulla spiaggia.* **2.** fig. Condurre, portare qlcu. a una certa condizione. *Trarre qlcu. in salvo.* **3.** fig. Persuadere, indurre, spingere qlcu. verso qlco. *La disperazione lo ha tratto al gesto inconsulto.* **4.** Tirare fuori, portar via da un certo luogo. *Trarre la spada dal fodero.* **5.** fig. Liberare qlcu. da qlco. di spiacevole o rischioso. *Trarre qlcu. d'imbarazzo.* **6.** Ottenere una certa cosa da un'altra per estrazione o derivazione. *Il regista ha tratto il film da un romanzo famoso.* **7.** fig. Giungere a una certa conclusione per deduzione logica a partire da qlco. *Trarre le conseguenze da un fatto.* **8.** FIN. Nel l. bancario, emettere qlco. *Trarre una cambiale.* ◆ **trarsi** v.pron. Togliersi, tirarsi fuori da una certa situazione. *Trarsi d'impiccio.*

trasaliménto s.m. Sussulto dovuto a improvvisa emozione.

trasalire v.intr. [83] (aus. *avere* o *essere*) (fr. *tressailir*, lat. *transilīre* "saltare oltre") Sussultare, avere uno scatto incontrollabile in seguito a improvvisa emozione.

trasandàto agg. Poco curato, privo di ordine e accuratezza. SIN.: **sciatto**.

trasbordàre v.tr. Far passare, trasferire i passeggeri da una nave a un'altra. ~ estens. Trasferire persone o cose da un mezzo di trasporto a un altro. *I soldati stanno trasbordando i viveri dal treno sui camion.* ◆ v.intr. (aus. *avere*) Detto di passeggeri, passare, trasferirsi da un mezzo di trasporto a un altro. *I viaggiatori hanno trasbordato dal treno al pullman.*

trasbordatóre s.f. [f. –trice] **1.** Che è addetto alle operazioni di trasbordo. **2.** FERR. *Carrello trasbordatore:* carrello ferroviario che mette in collegamento due binari paralleli. ◆ s.m. **1.** Imbarcazione, galleggiante o ponte mobile utilizzati per il trasbordo dei passeggeri o della merce da una nave a un'altra o a terra. **2.** (anche f.) Nell'accez. 1 dell'agg.

trasbórdo s.m. Trasferimento di passeggeri o merci da una nave a un'altra o da un mezzo di trasporto a un altro.

trascendentàle agg. **1.** FILOS. Nella scolastica, di proprietà che va oltre, trascende le categorie aristoteliche ed è comune a tutti gli enti. **2.** FILOS. In Kant, delle strutture del pensiero soggettivo che esistono anteriormente all'esperienza e pertanto sono in contrapposizione con i dati empirici per cui condizionano e permettono la conoscenza. **3.** estens. Non comune, al di fuori della norma, eccezionale. ◆ s.m. (solo sing.) **1.** Ciò che eccede (precede o supera) la realtà. **2.** estens. Ciò che è fuori, superiore alla norma.

trascendentalismo s.m. **1.** FILOS. Ogni concezione o indirizzo che consideri il trascendentale come base per la conoscenza oggettiva. **2.** Movimento filosofico-letterario che nacque nel Nord America nel primo Ottocento. (Sosteneva la priorità del soggetto pensante sulla realtà esperita.)

trascendènte agg. **1.** FILOS. Che supera i limiti dell'esperienza, ponendosi al di fuori della realtà oggettiva esistendo indipendentemente da essa. SIN.: **soprasensibile**. **2.** MAT. *Numero trascendente:* numero non algebrico. (π ed e sono

numeri trascendenti.) ◆ s.m. (solo sing.) Nell'accez. 1 dell'agg.

trascendènza s.f. **1.** FILOS. Carattere di ciò che è trascendente, che esiste al di fuori del mondo oggettivo e che supera l'esperienza sensibile. **2.** MAT. Proprietà di un ente di essere trascendente.

trascéndere v.tr. [33] **1.** FILOS. Superare i limiti dell'esperienza sensibile, detto di qlcu. o qlco. che esiste in una realtà assoluta. *L'ente divino trascende la realtà oggettiva.* **2.** estens. Superare, oltrepassare qualche limite. *Il tuo ragionamento trascende ogni possibilità di comprensione.* ◆ v.intr. (aus. *avere* o *essere*) Arrabbiarsi superando i limiti del comune buon senso e della convenienza. *Vi domando scusa se ho trasceso.*

trascinaménto s.m. **1.** Movimento impresso a un oggetto tirandolo e facendolo strisciare a terra. **2.** fig. Ricaduta, riflesso secondario. **3.** fig. Coinvolgimento, attrazione.

trascinànte agg. Che coinvolge, attrae, affascina. *Un ritmo trascinante.* SIN.: **coinvolgente**.

trascinàre v.tr. **1.** Tirare qlco. da qualche parte, facendolo strisciare per terra e senza sollevarlo. *Trascinare i mobili sul pavimento.* ◆ *Trascinare i piedi:* camminare senza alzare i piedi da terra. – fig. *Trascinare con sé qlco.:* avere come diretta conseguenza. *Il successo trascina con sé l'invidia.* **2.** Tirarsi dietro, condurre a fatica da qualche parte un animale che oppone resistenza, una persona riluttante o stanca. *Trascinare il ladro in questura.* **3.** fig. Spingere, portare verso un esito perlopiù negativo. *Trascinare lo Stato alla rovina.* **4.** Attrarre qlcu. in modo irresistibile. *È una musica che trascina i giovani.* ◆ **trascinarsi** v.pron. **1.** Muoversi a fatica e con grande sforzo verso una meta. *È riuscito a trascinarsi fino a casa.* **2.** Detto di soggetto inanimato, protrarsi, durare perlopiù in modo stentato, ma senza accennare a finire, per un certo lasso di tempo. *La loro relazione si trascina da anni.*

trascinatóre agg. [f. –trice] **1.** Che trascina. **2.** fig. Che attrae in modo irresistibile, affascina, esalta. ◆ s.m. (anche f.) Nell'accez. 2 dell'agg.

trascórrere v.tr. [21] Passare, vivere un certo periodo di tempo. *Trascorrere una vita felice.* ◆ v.intr. (aus. *essere*) **1.** Detto del tempo, passare. *La vita è trascorsa.* **2.** Sorvolare, lasciar correre su certe cose. **3.** estens. Passare rapidamente con il pensiero da un'immagine mentale a un'altra. *Nei sogni la mente trascorre da una scena all'altra.* ❑ Anche in funzione di s.m. *Il trascorrere del tempo.*

1. trascórso agg. Passato.

2. trascórso s.m. **1.** Errore di distrazione, svista. **2.** Colpa non grave dovuta a inesperienza, sventatezza. *Un trascorso di gioventù.* **3.** (al pl.) Comportamento tenuto in passato, spec. riferito a persona. *Ha dei trascorsi non proprio limpidi.* SIN.: **precedenti**.

trascrittóre s.m. [f. –trice] Chi esegue la copiatura di un testo.

trascrivere v.tr. [30] **1.** Riprodurre esattamente con la scrittura, ricopiare. *Trascrivere una lettera.* ~ Scrivere qlco. in un diverso sistema grafico o alfabetico. *Trascrivere una parola in alfabeto fonetico.* ~ Riprodurre un testo in una modalità differente. *Trascrivere una lettera in bella calligrafia.* **2.** Nel l. giur., eseguire la trascrizione di un atto. **3.** MUS. Effettuare la trascrizione di un pezzo musicale. ~ Adattare un brano musicale composto per uno strumento specifico a un altro strumento o all'orchestra.

trascrizione s.f. **1.** Copiatura di un testo. ~ Copia che si ottiene. ◇ FILOL. *Trascrizione diplomatica:* quella che, di codici e documenti antichi, riproduce fedelmente la grafia e persino gli eventuali errori. **2.** Scrittura di un testo, rappresentandolo in un diverso sistema grafico o alfabetico. ◇ *Trascrizione fonetica:* sistema convenzionale di rappresentazione della pronuncia, che fa corrispondere ogni suono articolato a un preciso simbolo grafico. **3.** Nel l. giur., registrazione di atti, riguardanti soprattutto beni immobili, effettuata presso uffici pubblici. **4.** MUS. Adattamento di un brano composto per uno strumento specifico a un altro strumento o all'orchestra. ~ Adattamento al sistema moderno di un brano scritto in notazione antica. **5.** BIOL. Sintesi dell'RNA sullo stampo di un filamento di DNA.

trascuràbile agg. Di cui si può non tener conto.

trascuràre v.tr. **1.** Non curare qlco. con la dovuta attenzione. *Trascurare la salute.* ~ Non prendersi cura di qlcu. in misura sufficiente. **2.** Omettere, tralasciare per distrazione o negligenza. *Non trascurare una sola frase del discorso riferito.* ◆ **trascurarsi** v.pron. Non prestare la dovuta attenzione alla propria salute, al proprio aspetto.

trascuratézza s.f. **1.** Scarsa attenzione, incuria. **2.** Azione che denota tale carattere. SIN.: **negligenza**.

trascuràto agg. **1.** Di cosa, non curato come si deve. **2.** Di persona, non trattato con le dovute attenzioni. **3.** Poco diligente. *Essere trascurato negli studi.* ~ Sciatto, trasandato. ◆ s.m. [f. *–ta*] Nell'accez. 3 dell'agg.

trasdùrre v.tr. [26] (lat. *transdūcere* "condurre oltre") FIS. Trasmettere e trasferire energia da un sistema a un altro, con modificazione della forma.

trasduttóre s.m. (ingl. *transductor*) FIS. Apparecchio per la trasmissione, e spesso la conversione, di energia all'interno dello stesso sistema o da un sistema a un altro.

trasduzióne s.f. **1.** FIS. Trasmissione di energia da un punto a un altro. **2.** BIOL. Trasferimento di geni che avviene da un batterio a un altro per azione di un batteriofago.

trasecolàre v.intr. (aus. *essere* o *avere*) Rimanere sbalordito, sconcertato. *Trasecolò per l'improvvisa apparizione di un uomo.*

trasferèllo s.m. (spec. pl.) Denominazione commerciale di formine in plastica flessibile che consentono di riprodurre lettere alfabetiche, caratteri speciali, disegni, ecc. su testi o simili.

trasferìbile agg. Che può essere trasferito. ◇ BANC. *Assegno non trasferibile:* assegno che non può essere girato e quindi deve essere versato o accreditato solo all'intestatario e non ad altri. ◆ s.m. Disegno, scritta o motivo ornamentale impresso su un foglio di plastica, che può essere trasferito su un'altra superficie mediante sfregamento.

trasferiménto s.m. **1.** Cambiamento della sede in cui si risiede o si lavora. **2.** SPORT. Cessione e passaggio di un giocatore da una società a un'altra. **3.** Nel l. giur., passaggio di un diritto da un titolare a un altro. **4.** PSICOAN. → **transfert**. **5.** INFORM. Passaggio di dati da un'unità periferica a un elaboratore centrale o tra computer o dischi diversi.

trasferìre v.tr. [83] **1.** Spostare da un luogo a un altro. *Trasferire un funzionario.* **2.** *fig.* Passare qlco. da un campo a un altro, dalle mani di uno alle mani di un altro. *Trasferire un potere da un organo a un altro.* **3.** Nel l. giur., cedere un diritto ad altri. *Trasferire la proprietà ai figli.* **4.** *fig.* Riversare, infondere qlco. su qlcu. o dentro qualcosa d'altro. *Trasferire sui figli le proprie ambizioni.* ◆ **trasferirsi** v.pron. Cambiare residenza, la sede di studio o di lavoro.

trasfèrta s.f. **1.** Trasferimento e soggiorno fuori sede di un lavoratore. ◇ *Indennità di trasferta:* rimborso che si ottiene per le spese di viaggio e di soggiorno fuori sede. **2.** SPORT. Incontro che una squadra deve sostenere presso il campo di gioco dell'avversario.

trasfiguràre v.tr. **1.** Detto perlopiù di una forte emozione, far cambiare nell'aspetto, o rendere irriconoscibile la fisionomia, l'espressione. *Il dolore lo ha trasfigurato.* **2.** *fig.* Fare apparire diverso da come si presenta normalmente. *Trasfigurare i fatti.* ◆ **trasfigurarsi** v.pron. Cambiare aspetto, espressione. *Trasfigurarsi per il dolore.*

trasfiguràto agg. Dall'aspetto irriconoscibile, dall'espressione alterata.

trasfigurazióne s.f. (calco del gr. *metamórphōsis*) **1.** Totale cambiamento, mutamento di aspetto, di fisionomia. **2.** CRIST. Apparizione di Gesù Cristo nello splendore delle sembianze divine. **3.** (iniziale maiusc.) Solennità liturgica celebrata il 6 agosto, che ricorda la trasfigurazione di Gesù. **4.** (iniziale maiusc.) Rappresentazione pittorica che ha come soggetto la trasfigurazione di Gesù Cristo.

trasfóndere v.tr. [47] Trasmettere sentimenti o interessi propri ad altri. *Trasfondere nei figli la passione per la musica.*

trasformàbile agg. **1.** Che può cambiare forma. **2.** MAT. Riferito a ente, che può subire una determinata trasformazione.

trasformàre v.tr. (calco del gr. *metamorphízein*) **1.** Fare assumere una forma diversa da quella originaria, con un totale cambiamento dell'aspetto esteriore. ~ Riferito a persona, mutare il suo carattere, la sua indole, i suoi pensieri in qlco. di diverso. *La prigionia lo ha trasformato.* **2.** SPORT. Nel calcio, nel rugby e in altri giochi, mandare a rete la palla con un tiro piazzato. ◆ **trasformarsi** v.pron. Assumere una forma, un aspetto o una natura diversi. *Il bruco si trasformò in farfalla.* ~ Detto di persona, diventare un altro, mutare completamente. *Quando è fuori casa, si trasforma.*

trasformàto agg. **1.** Diverso nella forma, nell'aspetto esteriore o, riferito a persona, nel carattere. **2.** MAT. Riferito a ente, ottenuto mediante una trasformazione. **3.** SPORT. Nel rugby e nel calcio, di punto che si segna con un tiro piazzato.

trasformatóre s.m. **1.** [f. *–trice*] Chi opera una trasformazione. **2.** FIS. Dispositivo in grado di convertire l'energia dalla forma in cui si presenta a un'altra. **3.** ELETTROTEC. Macchina statica a corrente alternata in grado di aumentare o diminuire i valori della tensione e dell'intensità.

trasformazionàle agg. (ingl. *transformational*) LING. Di grammatica fondata sulla concezione che esista un ristretto numero di strutture profonde da cui è possibile ricavare, mediante infinite trasformazioni, le strutture superficiali che formano le espressioni linguistiche dell'uso concreto.

trasformazióne s.f. **1.** Mutazione, cambiamento di forma, di aspetto o, riferito a persona, anche di carattere. **2.** FIS. Conversione di energia dalla forma originaria a un'altra. **3.** TERMODIN. Passaggio graduale da uno stato iniziale a uno finale durante il quale si verifica un cambiamento delle variabili di stato. **4.** CHIM., BIOL. Parziale o totale cambiamento di struttura e composizione di una sostanza, di un gruppo, di una molecola. **5.** MAT. Operazione attraverso cui viene fatto corrispondere a ogni elemento di un insieme uno o più elementi di un altro insieme. **6.** LING. Nella grammatica generativa, modificazione che la struttura profonda subisce per dare origine alle diverse strutture di superficie che, variamente combinate, compongono le frasi come effettiva espressione linguistica. **7.** SPORT. Nel rugby e nel calcio, realizzazione del tiro piazzato.

trasfórme agg. (ingl. *transform fault* "faglia di trasformazione") GEOL. Di area geologica in cui avvengono mutamenti.

trasformìsmo s.m. (fr. *transformisme* "evoluzionismo") **1.** Politica e prassi di governo adottata dal ministro A. Depretis dopo il 1876, consistente nella formazione di maggioranze parlamentari composite comprendenti esponenti di gruppi parlamentari di opposizione. **2.** *estens. spreg.* Manovra politica che, in parlamento o nei consigli locali, aggrega in una maggioranza elementi provenienti da partiti diversi. **3.** *estens.* Spregiudicata attitudine a modificare le proprie opinioni per adattarsi ai cambiamenti di situazione. **4.** BIOL. → **evoluzionismo**.

trasformìsta s.m. e f.[pl.m. *–sti*] (fr. *transformiste* "evoluzionista") **1.** POLIT. Chi sostiene e applica il trasformismo. SIN.: **voltagabbana**. **2.** *estens.* Persona volubile, facile a cambiare idee e opinioni. **3.** BIOL. Evoluzionista. **4.** Artista di varietà, imitatore, comico che si traveste rapidamente per interpretare vari ruoli.

trasfusióne s.f. **1.** Passaggio di un liquido da un vaso a un altro. **2.** MED. Pratica terapeutica consistente nell'immettere nel sistema circolatorio del paziente sangue o plasma prelevati da un donatore.

ENCICL. Oggi non vige più la pratica di usare per le trasfusioni il sangue completo, ma solo le sue parti (globuli bianchi o rossi, piastrine, plasma o suoi costituenti) ottenute per aferesi. Prima di essere trasfuso, il sangue viene analizzato per determinarne il gruppo sanguigno e l'eventuale presenza di malattie infettive (come, p.e. l'epatite virale o l'AIDS).

trasgredìre v.tr. [83] Non rispettare quanto è disposto per legge, da un regolamento o dalla morale comune, perlopiù come atteggiamento di contestazione. ◆ v.intr. (aus. *avere*) Disobbedire, contravvenire a un ordine. *Hai trasgredito alle regole.*

trasgressióne s.f. **1.** Mancato rispetto di quanto è disposto per legge o dalla morale comune. **2.** GEOL. Lento movimento del mare che avanza a coprire la terra emersa.

trasgressìvo agg. **1.** Irriguardoso delle regole sociali e morali. **2.** GEOL. Proprio della trasgressione marina.

trasgressóre s.m. [f. *trasgreditrice*] Chi viola la legge, un regolamento o non rispetta la morale comune.

trash [/ˈtræʃ/] agg. inv. (voce ingl., propr. "spazzatura") CINE., TV., LETT. Detto di prodotto di infima qualità. ◆ s.m. inv. **1.** Nel sign. dell'agg. **2.** INFORM. Cestino sul desktop in cui si gettano i documenti che non servono più.

traslàre v.intr. (aus. *essere*) Spostarsi nello spazio con moto traslatorio. *La Terra trasla intorno al Sole.* ◆ v.tr. Trasportare i corpi dei defunti in un certo luogo per la sepoltura.

traslatìvo agg. DIR. Di traslazione, in riferimento spec. a contratto che riguardi il trasferimento di proprietà di un bene da un titolare a un altro.

traslàto agg. Modificato, trasformato per metafora o altro tipo di espressione figurata. ◆ s.m. RET. Vocabolo o espressione assunta in senso fig. SIN.: **tropo**.

traslatóre s.m. **1.** Mezzo mobile regolabile usato nei magazzini per spostare carichi di merce. **2.** Nel microscopio ottico, tavolino spostabile a mano in piani orizzontali mediante viti micrometriche, sul quale è appoggiato il vetrino con gli oggetti da osservare. **3.** FIS. → **trasduttore**. **4.** INFORM. Traduttore. ❑ In funzione di agg., nell'accez. 2 del s. *Tavolino traslatore.*

traslatòrio agg. [pl.m. *–ri*] FIS. Relativo alla traslazione. *Il moto traslatorio della Terra.*

traslazióne s.f. **1.** Trasferimento ad altro luogo o spostamento ad altra data. **2.** Trasporto di reliquie. **3.** Spostamento di festività solenne. **4.** FIS. Spostamento nello spazio di un corpo rigido che mantiene costante la sua orientazione rispetto a un sistema di riferimento. **5.** DIR. Trasferimento di un titolo nominativo. **6.** ECON. Passaggio dell'onere di un'imposta da un contribuente di diritto a un contribuente di fatto. **7.** GEOM. Trasformazione dello spazio in sé tale che ogni segmento orientato conservi direzione, verso e lunghezza. **8.** PSICOAN. Transfert, trasferimento.

traslitteràre v.tr. LING. Trascrivere una parola, una frase, un testo da un sistema alfabetico a un altro.

traslitterazióne s.f. (ingl. *transliteration*) LING. Trascrizione lettera per lettera secondo un diverso sistema alfabetico.

traslocàre v.intr. [4] (aus. *avere*) Cambiare sede o domicilio, trasferirsi in un altro posto; anche pron. ◆ v.tr. Spostare in un'altra sede. *Traslocare un funzionario in una sede all'estero.*

traslocazióne s.f. (ingl. *translocation*) BIOL. Scambio di posizione tra quella di un cromosoma e quella di un cromosoma non omologo.

traslòco s.m. [pl. *–chi*] Trasferimento in una nuova abitazione o in una nuova sede con il complesso delle operazioni di trasporto e di sistemazione del mobilio, delle masserizie, ecc.

traslucidità s.f. inv. FIS. Proprietà di un corpo traslucido.

traslùcido agg. FIS. Che lascia passare la luce, senza permettere tuttavia di distinguere chiaramente i contorni degli oggetti.

trasméttere v.tr. [50] **1.** Fare avere, tramandare ad altri. *Trasmettere un vizio ai figli.* **2.** Consegnare, inviare. *Trasmettere un documento.* **3.** Comunicare, diffondere attraverso i mezzi radiotelevisivi. ~ Detto dei mezzi radiotelevisivi, diffondere un certo programma. *La radio trasmette* canzoni. ◆ **trasmettersi** v.pron. Detto di soggetto inanimato, passare da qlcu. ad altri o diffondersi attraverso un certo canale. *L'AIDS si trasmette attraverso il sangue.*

trasmettitóre s.m. **1.** [f. *–trice*] Chi trasmette. **2.** Dispositivo che converte e manda segnali audio e video a distanza.

trasmigràre v.intr. (aus. *essere* o *avere*) **1.** Detto di persone o animali, spostarsi in massa da un luogo a un altro. *Gli uccelli stanno trasmigrando.* **2.** Detto di qualità e valori spirituali, trasmettersi ad altri. *La forza di carattere della madre è trasmigrata nel figlio.* **3.** Detto dell'anima, nella dottrina della metempsicosi, uscire dal corpo di una persona che muore per incarnarsi in un altro corpo.

trasmigrazióne s.f. **1.** Migrazione in massa di persone o animali. **2.** Nella dottrina della metempsicosi, reincarnazione delle anime dei morti nel corpo dei viventi.

trasmissìbile agg. Che può essere trasmesso.

trasmissióne s.f. **1.** Trasferimento, passaggio da una persona a un'altra. ~ Nel l. bur., inoltro di una pratica da un ufficio all'altro. **2.** FIS. Trasferimento di energia da un sistema a un altro. **3.** MECC. Propagazione del moto da un organo a un altro, in una macchina o in un motore. ~ *comun.* Insieme degli organi e degli ingranaggi che hanno la funzione di trasmettere tale movimento. **4.** Comunicazione, diffusione a distanza di dati, notizie, ecc. attraverso mezzi di radiotelecomunicazione. ~ *estens.* Quanto viene diffuso alla radio o alla televisione. SIN.: **programma**. **5.** MIL. (al pl.) Insieme delle comunicazioni che collegano i vari reparti dell'esercito. ~ Reparto del genio che organizza le comunicazioni all'interno dell'esercito.

trasmittènte agg. Che trasmette. ~ TELECOM. Di apparecchio in grado di mandare segnali radiotelevisivi alle stazioni riceventi. ◆ s.f. TELECOM. Stazione radio e teletrasmittente.

trasmutazióne s.f. **1.** *lett.* Mutamento, cambiamento. **2.** CHIM., FIS. Trasformazione di un elemento in un altro.

trasognàto agg. **1.** Sbalordito, stordito. ~ Assorto in pensieri e sogni fantastici e quindi distaccato dalla realtà. **2.** Di comportamento o gesto che rivela tale condizione.

traspadàno o **transpadàno** agg. Che si trova oltre il Po, rispetto a Roma (in oppos. a *cispadano*). ◆ s.m. [f. *–na*] Nativo, abitante della zona traspadana.

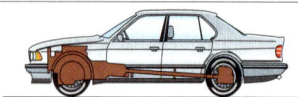

motore anteriore e trazione posteriore

trazione anteriore

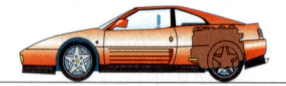

motore e trazione posteriori

quattro ruote motrici

■ **trasmissióne** d'automobile.

trasparènte agg. **1.** Di corpo che, attraversato dalla luce, lascia vedere nitidamente le forme e i contorni degli oggetti posti dietro di esso. ~ *iron.* Molto sottile. ◇ *Aria, cielo trasparenti:* tersi, limpidi. **2.** *fig.* Chiaramente intuibile o deducibile. ~ Caratterizzato da chiarezza e semplicità. ~ Schietto, puro. *Animo trasparente.* ◆ s.m. **1.** Pezzo di stoffa colorata che si cuce sotto il merletto per metterlo in risalto. **2.** Intelaiatura di carta o stoffa che reca scritte pubblicitarie illuminate. **3.** TEAT. Telone di stoffa velata che, con particolari effetti di luce, permette i cambiamenti di scena a vista. **4.** CINE. Schermo che, illuminato da dietro, ha funzioni di sfondo. **5.** (spec. pl.) Foglio di plastica usato per proiettare immagini, testi, ecc. su una lavagna luminosa.

trasparènza s.f. **1.** Proprietà di un corpo che lascia trapassare la luce. **2.** Purezza, limpidezza. **3.** *fig.* Estrema chiarezza. *La trasparenza di una frase.* **4.** *fig.* Nitidezza, pulizia. *Trasparenza di stile.*

trasparìre v.intr. [87] (aus. *essere*) **1.** Detto perlopiù di una fonte di luce, apparire più o meno nitidamente attraverso un corpo trasparente o semitrasparente. *Un raggio di sole traspare tra le nuvole.* **2.** *fig.* Detto di sentimenti e stati d'animo, esprimersi in modo più o meno palese. *Una grande angoscia traspare dal suo sguardo.*

traspiràre v.intr. (aus. *essere*) **1.** Detto dell'acqua o di altri liquidi, fuoriuscire dai pori di organismi animali e vegetali sotto forma di vapore o in piccole gocce. *Il sudore traspira dalla pelle.* **2.** *fig.* Trapelare da qlco., rivelarsi all'esterno, perlopiù in modo involontario. *Dal suo sguardo traspirava una grande agitazione.* ◆ v.tr. **1.** Detto del rivestimento esterno di un organismo animale o vegetale, lasciare uscire piccolissime gocce di sudore o di altro liquido attraverso i pori. *Le piante traspirano acqua.* **2.** *fig.* Rivelare involontariamente, lasciare traspirare qualche sensazione o qualche sentimento.

traspirazióne s.f. **1.** BIOL. Negli organismi animali e vegetali, processo di eliminazione dell'acqua e di altri liquidi che avviene attraverso i pori. **2.** BOT. Evaporazione dell'acqua dal fusto e dalle foglie che consente l'innalzamento dell'acqua e degli ioni in soluzione alle radici.

trasponditóre s.m. TELECOM. Strumento destinato a rispondere a un impulso radar.

traspórre v.tr. [25] **1.** Cambiare di posto o invertire la collocazione di due o più elementi all'interno di un ordine preciso. *Trasporre le parole di una frase.* **2.** MUS. Eseguire o trascrivere un brano in un tono diverso da quello originario. **3.** Spostare qlco. ad altra data.

trasportàbile agg. Che può essere trasportato.

trasportàre v.tr. **1.** Portare qlcu. o qlco. da un luogo a un altro, in partic. con un veicolo. **2.** Portare, ma solo con l'immaginazione, qlcu. lontano dal tempo presente o in una dimensione irreale. *Questi ricordi mi trasportano al tempo dell'infanzia.* ◇ *Lasciarsi trasportare dalla collera, dalla generosità, dall'ira:* cadere in preda a un sentimento che sorge in modo improvviso e che non si riesce a controllare. **3.** Nella tecnica del restauro, riportare su un supporto un dipinto, un documento, un codice in cattive condizioni di conservazione, staccandolo dal supporto originario. ~ STAM. Riprodurre un testo su una matrice diversa dall'originaria, per apportarvi le correzioni necessarie. ~ *estens.* Riprodurre o copiare un disegno, un testo, ecc. **4.** MUS. Eseguire o trascrivere un brano in un tono diverso dal normale. ◆ v.intr. (aus. *avere*) Detto perlopiù di opere d'arte, far perdere il controllo o la coscienza di sé. *È un romanzo che trasporta.*

trasportatóre agg. [f. *–trice*] Addetto a operazioni di trasporto, che serve a trasportare. ◆ s.m. **1.** (anche f.) Persona o azienda che effettua trasporti. **2.** TECN. Impianto per lo spostamento continuo di manufatti, merci o anche persone, costituito perlopiù da un nastro che scorre orizzontalmente su rulli rotanti. **3.** Nelle macchine da cucire, congegno che permette alla stoffa di scorrere sotto l'ago.

traspòrto s.m. **1.** Trasferimento di cose o persone da un luogo a un altro, sollevandole da terra e caricandole su di sé o su un mezzo mobi-

le. *Trasporto di un pacco.* ~ In partic. modo e mezzi con cui si esegue. *Trasporto marittimo.* ◇ *Mezzi di trasporto:* tutti i veicoli adibiti al trasporto di persone o cose, in partic. quelli pubblici. – *Trasporto funebre:* trasferimento del corpo del defunto al cimitero; *estens.* rito religioso che accompagna la sepoltura. – *Trasporti speciali:* trasporto su strada o ferrovia di carichi molto importanti o pericolosi. **2.** *fig.* Slancio, moto dell'animo che nasce impetuosamente e non si riesce a contenere. ~ Emozione viva, entusiasmo. **3.** STAM. Riproduzione di un testo su altra matrice. **4.** Nella tecnica del restauro, trasferimento di dipinti o codici in cattivo stato di conservazione su nuovi supporti. **5.** MUS. Esecuzione o trascrizione di un brano in un tono diverso da quello originario. □ in funzione di agg. inv., destinato, adibito al trasporto. *Nave trasporto.*

traspositóre s.m. [f. *–trice*] (fr. *transpositeur*) MUS. Autore di una trasposizione.

trasposizióne s.f. (fr. *transposition*) **1.** Spostamento o inversione di due elementi collocati in un ordine preciso. **2.** CHIM. Spostamento di atomi all'interno di una molecola, per cui si ottiene una sostanza con caratteristiche diverse. **3.** MUS. Trasferimento delle note di un pezzo o di un frammento musicale da un'altezza a un'altra, senza cambiare né gli intervalli tra le note né il valore delle note. **4.** MAT. *Trasposizione di una matrice:* inversione degli elementi della matrice simmetrici rispetto alla diagonale.

trasposóne s.m. GENET. Elemento genetico formato da DNA, che può muoversi da un cromosoma all'altro.

traspósto agg. ALG. *Matrice trasposta (di una matrice A):* matrice ottenuta da A scambiando le righe con le colonne.

trassàto agg. DIR. Trattario. ◆ s.m. [f. *–ta*] Nel sign. dell'agg.

trastullàre v.tr. **1.** Divertire con svaghi e giochi. *Trastullare i nipotini.* **2.** Ingannare, lusingare qlcu. ◆ **trastullarsi** v.pron. **1.** Divertirsi, svagarsi. **2.** Perdere tempo, protrarre a lungo inutili passatempi senza decidersi a svolgere il proprio dovere. *Ti sei trastullato per ore, ma adesso devi studiare!*

trastùllo s.m. **1.** Svago, gioco. **2.** *estens.* Il giocattolo stesso con cui ci si diverte.

trasudaménto s.m. **1.** Perdita o eliminazione di acqua o altri liquidi, in forma di piccole gocce che filtrano attraverso i pori o le fessure. **2.** Infiltrazione, manifestazione di umidità. *Il trasudamento del muro.*

trasudàre v.intr. (aus. *essere*) **1.** Detto di acqua o altri liquidi, passare attraverso un materiale poroso mostrandosi in superficie in forma di piccole gocce. *L'umidità trasuda dai muri.* **2.** MED. Riferito a liquidi organici, passare lentamente attraverso le pareti dei vasi capillari. *Il sudore gli trasudava dalla fronte.* ◆ v.tr. **1.** Mandar fuori, lasciare filtrare piccolissime gocce di acqua, sudore o altro liquido attraverso i pori. *La parete trasuda umidità.* **2.** *fig.* Provare un certo sentimento, mostrarlo chiaramente all'esterno. *Tuo fratello trasuda invidia.*

trasudàto s.m. MED. Liquido organico che, in seguito a stasi della circolazione sanguigna, filtra attraverso le pareti dei vasi capillari per accumularsi nelle cavità sierose o negli interstizi tessutali, determinando un rallentamento o una stasi della circolazione del sangue.

trasudazióne s.f. Eliminazione di liquidi, spec. come processo patologico che porta alla formazione di trasudati.

trasversàle agg. **1.** Che interseca perpendicolarmente o obliquamente una linea presa come riferimento. ◇ *fig. Partito trasversale:* che unisce persone appartenenti ad aree politiche diverse. **2.** GEOM. Di retta non parallela e non perpendicolare a due o più rette parallele tra di loro. ~ Di un piano che sia nella stessa condizione rispetto ad altri due piani tra loro paralleli. **3.** FIS. Di onde le cui vibrazioni seguono una direzione perpendicolare a quella di propagazione. ◆ s.f. GEOM. Retta trasversale.

trasversalìsmo s.m. POLIT. Aggregazione di membri o gruppi di diversa ideologia.

trasversalità s.f. inv. Carattere di ciò che è trasversale.

trasvèrso agg. ANAT. *Muscolo trasverso:* muscolo obliquo della parete addominale. – *Colon trasverso:* la sua parte mediana. ◆ s.m. COSTR. Nelle strutture dei solai o nelle impalcature da ponte, ogni trave che collega le travi principali intersecandole perpendicolarmente.

trasvolàre v.tr. Attraversare un territorio in volo. *Trasvolare l'oceano.* ◆ v.intr. (aus. *essere* o *avere*) **1.** Volare sopra un territorio o una distesa d'acqua, percorrendoli da parte a parte. *Trasvolare su un deserto.* **2.** fig. Non soffermarsi con la dovuta attenzione su un argomento. *Trasvolare su un concetto importante.*

trasvolàta s.f. Lungo volo senza scalo, effettuato da uno o più aerei.

tràtta s.f. **1.** Tratto del percorso di un mezzo di trasporto pubblico, spec. di treno o autobus. **2.** Commercio di persone, private della loro libertà e ridotte in schiavitù. ◇ *Tratta delle bianche:* attività clandestina con cui si portano donne in paesi stranieri perché vi pratichino la prostituzione. – ST. *Tratta degli schiavi:* traffico degli schiavi sulle coste dell'Africa, praticato dagli europei tra i secc. XVI e XIX. (Il congresso di Vienna la condannò nel 1815, ma, nonostante diverse convenzioni che la proibivano, la tratta scomparve soltanto alla fine del sec. XIX.) **3.** COMM., BANC. Tipo di cambiale in cui si fa obbligo di pagare a una certa data una determinata somma a qlcu.

trattàbile agg. **1.** Che può essere agevolmente lavorato. *Metallo trattabile.* **2.** Che si presta a determinati trattamenti. **3.** Che può essere modificato in seguito a una contrattazione. **4.** Che può essere facilmente svolto. *Argomento trattabile.* **5.** fig. Riferito a persona, aperto, disponibile al confronto.

trattaménto s.m. **1.** Applicazione di varie tecniche e procedimenti su un materiale, per modificarne o migliorarne la natura. ~ Insieme dei metodi e delle pratiche terapeutiche per ripristinare, mantenere o migliorare lo stato di salute. **2.** Modo di trattare qlcu. ~ In riferimento ad alberghi, ristoranti, ecc., modo di accogliere e di ospitare i clienti, comprendente l'alloggio, il vitto, ecc. **3.** Entità della retribuzione e complesso delle condizioni contrattuali di cui gode un lavoratore o una categoria di lavoratori dipendenti. ◇ *Trattamento di fine rapporto (t.f.r.):* liquidazione. – *Trattamento dei dati personali:* uso di informazioni riguardanti una persona (data di nascita, indirizzo, ecc.) da parte di aziende, enti, ecc. **4.** CINE. Nella lavorazione di un soggetto, fase preparatoria intermedia tra la scaletta e la sceneggiatura definitiva. **5.** INFORM. *Elaborazione dei dati.

trattànte agg. Che possiede anche valore terapeutico.

trattàre v.tr. **1.** Prendere in esame un problema, un argomento. *L'oratore ha trattato temi scottanti.* ~ Negoziare, discutere per giungere a un accordo. *Trattare la pace con il nemico.* ~ COMM. Contrattare sul prezzo, sulle condizioni e modalità di pagamento. **2.** Avere qlco. come oggetto della propria attività. *L'avvocato tratta solo cause civili.* ◇ *Trattare un articolo, un prodotto:* commerciarlo. **3.** Considerare qlcu. in un certo modo. *Lo tratta come un figlio.* ◇ *figg. Trattare qlcu. da cani, a pesci in faccia:* nel peggiore dei modi. – *Trattare qlcu. dall'alto in basso:* con disprezzo, superiorità. – *Trattare qlcu. con i guanti:* con riguardo e considerazione. **4.** Prendersi cura di un animale o di un oggetto in un certo modo o come se fosse altro. *Trattare un vestito come uno straccio.* **5.** Sottoporre una materia prima, una sostanza, ecc. a diverse operazioni per migliorarne o modificarne le caratteristiche. *Trattare un minerale metallifero.* ~ MED. Sottoporre un tessuto, un organo o altro a particolari cure e terapie. *Trattare la pelle con creme idratanti.* ◆ v.intr. (aus. *avere*) **1.** Avere rapporti, di amicizia o di affari, con qlcu. *Non mi piace trattare con i razzisti.* **2.** Discutere con qlcu. per raggiungere un accordo. *Trattare per uno scambio di merci.* **3.** Parlare di un certo soggetto, di un particolare argomento. *Il libro tratta della caduta dell'impero romano.* ◆ **trattàrsi** v.pron. Prendersi cura in un certo modo del proprio corpo e della propria persona. *Si tratta da principe.* ◆ v.impers. (aus. *essere*) **1.** Consistere in qlco. *È chiaro che si tratta di un*

omicidio politico. **2.** Bisogna, è necessario, si deve. *Si tratta di decidere il nostro futuro.*

trattàrio agg. [pl.m. –*ri*] DIR., BANC. Che deve pagare l'importo di una tratta. ◆ s.m. [f. –*ria*] Nel sign. dell'agg.

trattatìsta s.m. e f.[pl.m. –*sti*] Autore di trattati scientifici.

trattatìstica s.f. [non com. pl. –*che*] Serie di trattati scritti nell'ambito di una determinata disciplina o di un'epoca storica.

trattatìva s.f. Serie di colloqui e discussioni preliminari alla conclusione di un'operazione economica o, in campo politico, di un trattato. ◇ *Trattativa privata:* forma di contrattazione in deroga a quella ordinaria, cui la pubblica amministrazione può ricorrere in determinati casi stipulando contratti con un'impresa di propria scelta, senza una gara d'appalto.

trattàto s.m. **1.** Opera didattica che tratta di una materia particolare. *Trattato di matematica.* **2.** DIR. INTERN. Convenzione scritta tra due o più Stati che riguarda importanti questioni.

trattazióne s.f. Esposizione dettagliata di un argomento. ◇ DIR. *Trattazione della causa:* fase del processo civile in cui le parti espongono le proprie domande ed eccezioni.

tratteggiàre v.tr. [5] **1.** Segnare qlco. a tratti. *Tratteggiare sulla cartina l'andamento di un percorso.* ~ PITT. Rappresentare una figura o altro soggetto con la tecnica del tratteggio. **2.** Tracciare le linee essenziali di un disegno. SIN.: **abbozzare**. **3.** fig. Descrivere un soggetto con poche, ma incisive parole, dandone una visione globale. *Tratteggiare una scena.*

tratteggiàta s.f. Linea tracciata a tratti discontinui.

tratteggiàto agg. **1.** Di linea, tracciata a tratti brevi e discontinui. **2.** PITT. Di figura o disegno, tracciato nelle linee essenziali.

trattéggio s.m. [pl. –*gi*] **1.** PITT. Ogni tratto parallelo e discontinuo utilizzato per accennare i volumi, le ombre, le mezze tinte di un disegno, di un'incisione, ecc. **2.** Risultato di tale operazione.

trattenére v.tr. [61] **1.** Tenere qlco. presso di sé. *Trattenere una lettera.* ~ Impedire a qlcu. di muoversi, di avanzare. *Mi tratteneva per un braccio.* ~ Fare indugiare, spesso causando una perdita di tempo o un ritardo. *Trattenere qualcuno in ufficio.* ~ Impedire a qlcu. di andarsene. *Trattenere un paziente in ospedale.* **2.** Tenere dentro di sé qlco., impedirgli di rivelarsi all'esterno. *Trattenere le lacrime.* **3.** Prelevare una parte di una somma. *Trattenere una percentuale dallo stipendio.* ◆ **trattenèrsi** v.pron. **1.** Fermarsi più a lungo in un luogo. *Trattenersi a giocare con gli amici.* **2.** fig. Soffermarsi su un argomento. *Il ministro si è trattenuto a lungo su questo problema.* **3.** Resistere a un desiderio, astenersi dal fare o dire qlco. *Trattenersi dal ridere.*

trattenimènto s.m. **1.** Festa, spettacolo, ecc. organizzati per intrattenere gli ospiti. **2.** MIL. Prolungamento del periodo di ferma obbligatoria.

trattenùta s.f. **1.** Ritenuta dei contributi sociali operata dal datore di lavoro, che quest'ultimo è obbligato a versare, per conto del lavoratore dipendente, agli organismi corrispondenti. **2.** SPORT. Nel calcio e in altri sport di squadra, fallo compiuto dal giocatore che afferra un avversario per ostacolarne l'azione.

trattenùto s.m. MUS. Didascalia che indica un rallentamento rispetto al tempo normale nell'esecuzione di brevi frasi.

trattino s.m. **1.** Nel sign. del dim. di 2. *tratto.* **2.** Breve linea orizzontale che si usa per dividere le parole in fin di riga, per separare gli elementi di cui è costituita una parola composta (*fast-food*), per unire tra loro due numeri o nomi da considerare senza soluzione di continuità (*rapido Roma-Milano*) oppure per contraddistinguere i prefissi, i suffissi e le desinenze isolate (prefisso *stra-*, verbi in *-ire*).

1. tràtto agg. Portato, tirato fuori. ◇ *A spada tratta:* con la spada sguainata; fig. con piena convinzione e decisione.

2. tràtto s.m. **1.** Segno, linea tracciata con qlco. su una superficie qualsiasi. ◇ *Cliché al tratto:* nelle arti pittoriche e fotomeccaniche, riproduzione in cui l'effetto di chiaroscuro è reso da una serie di lineette parallele marcate in modo più o meno netto e fitto. – *A grandi, larghi tratti:* tracciando poche linee essenziali; *ttg.* per sommi capi, in sintesi. **2.** (spec. pl.) Lineamenti, fattezze. **3.** (spec. pl.) Connotazioni, peculiarità. ◇ LING. *Tratto distintivo, rilevante:* quello la cui sostituzione con altro della stessa classe provoca un mutamento di significato (p.e., i fonemi /k/ e /p/ nella coppia cane e pane). **4.** fig. Modo di comportarsi nei rapporti con gli altri. ~ Gesto, impulso. *Tratto di bontà.* **5.** Parte di un oggetto o di un elemento che si estende in lunghezza. ~ estens. Distanza tra due punti. ~ Porzione di una superficie estesa. **6.** Brano estratto da un'opera. **7.** fig. Spazio, durata di tempo. ◇ *A un tratto, tutto d'un tratto:* improvvisamente. – *A tratti, di tratto in tratto:* a intervalli, di tanto in tanto. **8.** CATT. Serie di versetti cantati al posto dell'alleluia nei giorni di penitenza che precedono la Pasqua.

1. trattóre s.m. (fr. *tracteur*) Automezzo munito di cingoli o pneumatici speciali, di grandi dimensioni e dal motore molto potente, capace di trainare pesanti rimorchi e di muoversi su terreni accidentati, in campagna, ecc.

2. trattóre s.m. [f. –*trice*] IND. TESS. Chi è addetto alle operazioni di trattura della seta.

3. trattóre s.m. [f. –*trice*, più freq. –*tora*] (fr., deriv. di *traiter* "trattare, negoziare") Gestore o proprietario di una trattoria.

1. trattoria s.f. IND. TESS. Laboratorio dove si eseguono le operazioni di trattura della seta.

2. trattoria s.f. Locale pubblico dove si servono i pasti principali, simile al ristorante, ma meno raffinato e più familiare.

trattorìsta s.m. e f.[pl.m. –*sti*] Conducente di trattori.

cabina di guida climatizzata

computer di bordo

portello posteriore

filtro dell'aria

braccio di sollevamento

presa di potenza

gancio

ruota direttrice e motrice

ruota motrice

fonte: Massey-Ferguson

■ **trattóre** agricolo.

trattùra s.f. IND. TESS. Procedimento a cui si sottopongono i bozzoli della seta per ottenere da più bave un unico filo.

trattùro s.m. Larga strada erbosa riservata allo spostamento delle greggi tra un pascolo e l'altro, tipico spec. del meridione.

tràuma s.m. [pl. *-mi*] **1.** MED. Lesione prodotta da una qualsiasi causa esterna che agisca con violenza sull'organismo. ◇ *Trauma cranico:* quello a carico del cranio, che interessa anche il tessuto cerebrale. **2.** PSICOL., PSICOAN. Evento di forte impatto emotivo che provoca depressione o demoralizzazione. **3.** *fig.* Evento sconvolgente, dalle gravi conseguenze. *Il trauma politico provocato dal colpo di Stato.*

traumàtico agg. [pl.m. *-ci*, f. *-che*] **1.** MED. Causato da un trauma, relativo a un trauma. **2.** *fig.* Negativo, sconvolgente.

traumatizzànte agg. **1.** Che provoca un trauma fisico o psichico. **2.** *fig.* Terrificante, sconvolgente.

traumatizzàre v.tr. Causare un trauma fisico o psichico. ~ *estens.* Turbare profondamente. *Queste notizie lo hanno traumatizzato.*

traumatizzàto agg. **1.** Di persona, danneggiato da trauma fisico o psichico. **2.** Di una parte del corpo, colpito da trauma fisico. *Arto traumatizzato.* ◆ s.m. [f. *-ta*] Nell'accez. 1 dell'agg.

traumatologìa s.f. MED. Settore della chirurgia e della medicina dedicato al trattamento dei traumi. ~ Reparto ospedaliero specifico.

traumatològico agg. [pl.m. *-ci*, f. *-che*] MED. Relativo alla traumatologia.

traumatòlogo s.m. [f. *-ga*, pl.m. *-ghi*, f. *-ghe*] MED. Medico specializzato nel settore della traumatologia.

travagliàre v.tr. [6] (fr. *travailler*) **1.** Recare grave sofferenza fisica o morale. **2.** Detto di vento o tempesta, scuotere violentemente un'imbarcazione. ◆ **travagliarsi** v.pron. Provare pena e tormento. SIN.: **affliggersi**.

travagliàto agg. → **tormentato**.

1. travàglio s.m. [pl. *-gli*] (fr. *travail*, lat. *tripàlium* "strumento di tortura" costituito da tre pali) Sofferenza interiore, angoscia. ◇ *Travaglio del parto:* insieme dei fenomeni fisiologici, general. dolorosi, che conducono alla nascita di un bambino.

2. travàglio s.m. [pl. *-gli*] (etim. incerta, prob. lat. *tripàlium* "a tre pali") Struttura in legno o in altro materiale, usata dai veterinari durante gli interventi chirurgici su grossi animali o dai maniscalchi durante la ferratura.

travalicàre v.tr. [4] Oltrepassare un valico. SIN.: **valicare**. ◆ v.intr. (aus. *avere*) *fig.* Superare i limiti della convenienza.

travasàre v.tr. **1.** Versare un liquido da un recipiente a un altro. *Hai travasato il vino nelle bottiglie?* **2.** *fig.* Infondere ciò che si ha in qlcu. o qlco. *Travasava negli alunni il suo entusiasmo.* ◆ **travasarsi** v.pron. **1.** Detto di liquido, superare la misura del recipiente in cui è contenuto. *Il boccale è pieno, la birra si travasa.* **2.** Passare da un luogo a un altro, da una persona a un'altra, anche in senso fig.

travàso s.m. **1.** Trasferimento di un liquido da un recipiente a un altro. **2.** MED. Versamento di un liquido organico all'interno del corpo. **3.** In apicoltura, trasferimento delle api da un'arnia a favo fisso a un'arnia a favo mobile.

travàta s.f. **1.** COSTR. Trave di sostegno in una struttura portante. **2.** COSTR. Travatura.

travatùra s.f. **1.** COSTR. Costruzione di strutture portanti con travi di legno, metallo o cemento armato, a sostegno di tetti, ponti, ecc. **2.** COSTR. *estens.* L'impalcatura stessa.

tràve s.f. **1.** Elemento sviluppato in lunghezza e di solida struttura, costituito da tronco d'albero squadrato o equivalente in metallo o cemento armato, in uso nelle costruzioni edilizie con funzione di sostegno. ◇ *fig. Fare di ogni fuscello una trave:* tendere a sopravvalutare l'importanza e la portata di piccole cose. ~ *Vedere la pagliuzza nell'occhio altrui e non vedere la trave nel proprio*: espressione, ripresa dal Vangelo, usata per significare che è più facile scorgere il minimo fallo negli alri che un grave difetto in noi. **2.** AER. *Trave di coda:* nei velivoli non dotati di fusoliera, struttura esterna di collegamento e di sostegno degli organi di governo. **3.** Sbarra orizzontale per esercizi ginnici.

travéggole Solo nella loc. *avere le traveggole*, vedere una cosa per un'altra e, in senso fig., prendere un abbaglio, fraintendere.

travellers' cheque [/'trvləz 'tʃɛk o 'ʃɛk/] loc. sost. m. inv. (loc. ingl.) Assegno turistico internazionale, di taglio prefissato, acquistabile presso istituti di credito e incassabile solo dall'intestatario.

travèrsa s.f. **1.** Barra posta trasversalmente rispetto ad altri elementi della stessa struttura, con compiti di rinforzo o di sostegno, oppure posta come sbarramento, per impedire l'accesso a un luogo. **2.** Strada trasversale, secondaria rispetto a quella a cui si trova in posizione perpendicolare. **3.** Telo posto di traverso al letto, sotto il lenzuolo, per proteggere il materasso. **4.** Nella tecnica idraulica, briglia. **5.** SPORT. Nel calcio, barra trasversale superiore della porta. **6.** MIL. Costruzione posta al di sopra di terrapieni, come protezione dai tiri nemici.

traversàta s.f. (fr. *traversée*) **1.** Attraversamento di uno spazio da parte a parte, di una distesa d'acqua o zona terrestre di ampie dimensioni. **2.** Attraversamento a nuoto di un tratto di mare o di un corso d'acqua. **3.** ALP. Ascensione su una montagna da un percorso e relativa discesa dal versante opposto. ~ Spostamento laterale che si effettua durante una scalata per superare tratti di parete difficili.

traversìa s.f. (spec. pl.) Avversità, contrarietà.

traversìna s.f. **1.** Nel sign. del dim. di *traversa*. **2.** FERR. Elemento in legno o cemento precompresso che viene steso in serie sulla massicciata e a cui vengono fissate le due rotaie del binario. **3.** MUS. Ognuna delle lamelle di legno o metallo in rilievo, disposte lungo il manico di alcuni strumenti musicali a corde.

traversìno s.m. **1.** Nel sign. del dim. di *traverso*. **2.** MAR. Cavo d'ormeggio di una nave, disposto trasversalmente a essa. ~ Elemento di rinforzo, in acciaio, che si aggiunge a ogni maglia della catena di ormeggio. **3.** Cuscino lungo e cilindrico che occupa tutta la larghezza della testa del letto. **4.** Nel biliardo, colpo con cui la palla attraversa il piano due volte.

travèrso agg. (lat., deriv. di *transvĕrtere* "girare in senso opposto") Disposto obliquamente o perpendicolarmente rispetto a una data linea di riferimento. ◇ *Vie traverse:* modi indiretti, mezzi scorretti. ◆ s.m. **1.** Parte trasversale di un corpo, corrispondente alla larghezza. ◇ *Di, per traverso:* in posizione o direzione obliqua oppure nel senso della larghezza. – *fig. Prendere una parola di traverso:* interpretarla nel senso sbagliato. – *Andare di traverso:* riferito a boccone di cibo o sorso di bevanda, andare giù per la laringe invece che per l'esofago, provocando tosse; *fig.* riferito ad azioni tentate, risolversi in maniera negativa. **2.** MAR. Fianco perpendicolare rispetto alla lunghezza dell'imbarcazione.

traversóne s.m. **1.** COSTR. Traversa di sostegno di grandi dimensioni. **2.** SPORT. Nel calcio, tiro che viene effettuato dalle zone laterali del campo verso il centro dell'area avversaria. **3.** SPORT. Colpo tirato di traverso, spec. nella scherma.

travertìno s.m. (lat. *lapidem Tiburtīnum* "pietra di Tivoli") MIN. Roccia calcarea sedimentaria incolore o giallastra e di consistenza spugnosa, che viene perlopiù usata come pietra da costruzione.

travesti [/travɛ'sti/] s.m. inv. (voce fr.) TEAT. Ruolo teatrale interpretato da un attore di sesso opposto.

travestiménto s.m. **1.** Operazione consistente nell'indossare abiti diversi da quelli usuali, per assumere le sembianze di una maschera o per rendersi irriconoscibile. **2.** *estens.* Abbigliamento e trucco che si adoperano per tale operazione. **3.** *fig.* Alterazione, deformazione di qlco. *Travestimento di una canzone.*

travestìre v.tr. **1.** Vestire qlcu. per renderlo irriconoscibile. ~ Acconciarlo e truccarlo in modo da farlo rassomigliare a qlcu. o qlco. **2.** *fig.* Trasformare la natura o il carattere di qlco. *Travestire il proprio stile.* ◆ **travestirsi** v.pron. **1.** Vestirsi e truccarsi in modo da rendersi irriconoscibili. *Si travestì così bene che nessuno lo riconobbe.* **2.** Assumere sembianze diverse da quelle proprie, abbigliandosi e truccandosi in modo da somigliare a un'altra persona o a una determinata maschera. *Travestirsi da poliziotto.* ~ *fig.* Assumere atteggiamenti e modi di fare differenti dai propri, dissimulando la propria vera natura. *I furbi spesso si travestono da ingenui.*

travestitìsmo s.m. Adozioni di abiti e atteggiamenti diversi da quelli naturali e tipici del sesso opposto. SIN.: **eonismo**.

travestìto agg. Vestito e acconciato in modo da risultare irriconoscibile. ◆ s.m. **1.** Chi tende al travestitismo. **2.** Omosessuale maschile che veste e si atteggia vistosamente da donna.

travèt s.m. inv. (dal nome del protagonista di *Le miserie d'Monsù Travet*, commedia dialettale piemontese di V. Bersezio) Modesto impiegato, privo di ambizioni, diligente e puntuale nello svolgimento del proprio dovere, spec. con valore iron. e spreg.

travétto s.f. Nel sign. del dim. di *trave*; in partic., trave di piccole dimensioni usata nelle impalcature dei solai.

traviàre v.tr. [6] Corrompere. *Il filosofo fu accusato di traviare i giovani.* ◆ **traviarsi** Corrompersi moralmente, pervertirsi. *Mi chiedo come abbia potuto traviarsi così.*

travicèllo s.m. **1.** Nel sign. del dim. di *trave*. **2.** COSTR. Nelle strutture portanti di solai, tetti, ecc., trave secondaria di dimensione inferiore rispetto a quelle principali e appoggiata a esse. ❑ In funzione di agg., nella loc. *re travicello*, persona di comando, che non è in grado di esercitare l'autorità che gli compete. (L'espressione è ricavata da una favola di Fedro ripresa da G. Giusti.)

travisàre v.tr. Distorcere il senso di qlco. *Travisare il senso di un discorso.* ◆ **travisarsi** v.pron. DIR. Travestirsi per dissimulare la propria identità.

travolgènte agg. **1.** Che abbatte e spazza via con violenza impetuosa. ~ A cui non si può opporre la minima resistenza. **2.** *fig.* Che trascina, stimola. *La potenza travolgente di un discorso.*

travòlgere v.tr. [22] **1.** Urtare con violenza e trascinare con sé qlcu. ~ *fig.* Mandare in rovina. *Nel suo fallimento la ditta ha travolto molte piccole industrie.* **2.** *fig.* Coinvolgere qlcu. in modo totale e irresistibile. *Fu travolto dalla passione.*

trazióne s.f. **1.** FIS. Sollecitazione a cui viene sottoposto un corpo quando due forze contrarie agiscono sul suo asse longitudinale e tendono ad allungarlo. **2.** TECN. Azione capace di imprimere il movimento a un veicolo. ◇ *Trazione animale, meccanica, elettrica:* che utilizza l'energia animale, meccanica o elettrica. – *A trazione anteriore, posteriore, integrale:* di veicolo, in cui la forza del motore si esercita solo sulle ruote anteriori, sulle posteriori o su tutte. **3.** MED. Forza traente ottenuta con l'applicazione di pesi alle ossa e alle articolazioni, come terapia in casi di frattura o di lussazione.

tré agg. num. card. **1.** Numero naturale successore di due. **2.** Indicazione generica di piccola quantità. *Raccontare un fatto in tre parole.* ◆ s.m. inv. **1.** Il numero tre. **2.** La forma grafica del numero tre. **3.** La quantità equivalente a tre unità ogni cento, mille o più. *Interesse del 3%.* **4.** Voto scolastico che, nella scala di valutazione da zero a dieci, indica una grave insufficienza.

treàlberi s.m. inv. MAR. Imbarcazione a vela con tre alberi.

trealòsio s.m. BIOCHIM. Idrato di carbonio, presente in alcuni funghi, composto da due molecole di glucosio.

1. trébbia s.f. **1.** Trebbiatura. **2.** Trebbiatrice.

2. trébbia s.f. (etim. incerta, prob. ted. *Treber* "vinacce") (spec. pl.) Negli stabilimenti per la produzione della birra, parti scartate dalla lavorazione del malto.

trebbiàno s.m. inv. (lat. deriv. di *Trĕbula*, nome di alcune città di area osco-umbra) **1.** Qualità di uva bianca, coltivata soprattutto in Italia settentrionale e centrale. **2.** Vino chiaro secco, di qualità pregiata, che si ricava da tale uva.

trebbiàre v.tr. [6] AGR. Separare i chicchi di grano o altro cereale dalla pula e dalla paglia. ◆ v.intr. (aus. *avere*) Svolgere l'operazione della trebbiatura.

trebbiatrìce s.f. Macchina agricola che serve a separare i chicchi dei cereali dalla pula e dalla paglia.

trebbiatùra s.f. **1.** AGR. Separazione dei chicchi dei cereali dalla pula e dalla paglia. **2.** *estens.* Tempo annuale in cui si esegue tale operazione.

trebisónda s.f. (dal nome della città turca di *Trebisonda*) Solo nella loc. *perdere la trebisonda*, spazientirsi.

tréccia s.f. [pl. *–ce*] **1.** Tipo di acconciatura formata dalla sovrapposizione a intreccio di tre bande di capelli, che vengono così a costituire una specie di cordone a grossi nodi. **2.** *estens.* Qualunque oggetto o complesso di elementi intrecciati che abbia l'aspetto di una treccia.

trecènto agg. num. card. Numero naturale equivalente a tre centinaia. ◆ s.m. inv. **1.** Il numero trecento. **2.** La forma grafica del numero trecento. **3.** La quantità equivalente a trecento unità ogni cento. **4.** (iniziale maiusc.) Il secolo quattordicesimo.

tredicèsima s.f. **1.** Mensilità che il datore di lavoro aggiunge allo stipendio dell'ultimo mese dell'anno ai suoi dipendenti. **2.** Copia di un libro che l'editore a volte concede gratuitamente al libraio che ne ha già acquistate dodici.

trédici agg. num. card. Numero naturale successore di dodici. ◆ s.m. inv. **1.** Il numero tredici. **2.** La forma grafica del numero tredici. **3.** La quantità equivalente a tredici unità ogni cento, mille o più. **4.** Nel gioco del totocalcio, la massima vincita, ottenuta indovinando il risultato di tutte le partite in schedina.

trefolatrice s.f. Macchina per avvolgere i trefoli.

tréfolo s.m. **1.** Insieme di fili intrecciati che costituisce una fune o un cavo metallico. **2.** Filo di cotone o di altra fibra, disordinatamente avvolto.

trefóni s.m. pl. BIOL. Sostanze ricavate dall'embrione, usate per la nutrizione di colture in vitro.

tregènda s.f. MIT. Convegno notturno di streghe e altri spiriti maligni, durante il quale, secondo antiche leggende nordiche, si eseguivano danze macabre e si compivano profezie malefiche. SIN.: **sabba**. ◇ *fig. Notte da tregenda:* terrificante.

tréggia s.f. [pl. *–ge*] **1.** Grossa e robusta slitta, usata per trasportare a valle fieno e legname. **2.** Rozzo carro senza ruote tirato da buoi.

trégua s.f. (di orig. germ., prob. long. *trewwa*) **1.** Cessazione temporanea di qualsiasi atto d'ostilità. ◇ *Tregua armata:* sospensione delle ostilità, rimanendo però pronti all'attacco; *fig.* interruzione apparente di una situazione conflittuale. – *Tregua di Dio:* nei secc. X e XI, sospensione delle guerre feudali prescritta dalla Chiesa per alcuni giorni della settimana e alcuni periodi dell'anno. **2.** *estens.* Temporanea sospensione di uno stato conflittuale. ◇ *Tregua salariale:* impegno secondo il quale i lavoratori iscritti ai sindacati non avanzano richieste di aumenti salariali per un certo periodo di tempo. **3.** *fig.* Breve interruzione di una situazione spiacevole, negativa.

trekking [/'trɛkiŋ/] s.m. inv. (voce ingl., deriv. di *to trek* propr. "viaggiare su carro trainato da buoi") Escursione turistica che si compie a piedi su percorsi poco agevoli di alta montagna.

tremànte agg. **1.** In preda al tremore. **2.** *estens.* Incerto, poco fermo, poco sicuro e deciso. **3.** *fig.* Trepidante, in preda allo spavento.

tremàre v.intr. (aus. *avere*) **1.** Detto di persona o animale, essere in preda a brevi e rapide contrazioni muscolari e al conseguente scuotimento oscillatorio del corpo, a causa del freddo, della paura, ecc. ~ Detto di luce, apparire a intermittenza. ~ Detto della vista, offuscarsi a tratti. *Di sera mi trema la vista.* ~ Detto di suono o voce, vibrare, essere incerto. *Mi trema la voce per l'emozione.* ~ Detto di cose, subire dei movimenti oscillatori rapidi e continui. ◇ *fig. Tremare come una foglia:* in maniera chiaramente visibile. **2.** *fig.* Essere in uno stato psichico di grande agitazione. *Tremare per la sorte di qualcuno.* ~ In frasi negative, essere ben deciso. *Non trema di fronte a nessuna difficoltà.*

tremarèlla s.f. **1.** *fam.* Tremito delle membra. **2.** *estens.* Stato psichico di grande agitazione e ansia.

Trematòdi s.m. [iniziale minusc. sing. *–de* per l'individuo] (gr., deriv. di *trêma* "orifizio") ZOOL. Classe di vermi parassiti caratterizzati da ventose e altri organi adesivi con i quali si attaccano al corpo dell'animale che infestano. (Tipo dei Platelminti.)

Tremèlla s.f. BOT. Genere di funghi gelatinosi, gialli o arancioni, che nascono in inverno sui rami morti. (Classe dei Basidiomiceti.)

tremèndo agg. (lat. *tremĕndum* "che fa tremare") **1.** Che incute paura. **2.** *estens.* Di tale gravità da spaventare. ~ Intenso. *Dolore tremendo.* ~ *per esager.* Esagerato, insopportabile. *Un freddo tremendo.* **3.** *fam.* Di qualità sviluppata al massimo o in eccesso rispetto alla misura normale. *Avere un'intelligenza tremenda.* ~ Di persona, che possiede tale caratteristica.

trementìna s.f. Oleoresina che si estrae dalla corteccia di alcune piante, in partic. dalle conifere e dal terebinto.

trèmito s.m. **1.** Breve e rapida contrazione muscolare che scuote il corpo, che reagisce in tal modo a una sensazione sgradevole. **2.** Serie continuata di tali contrazioni.

tremolàndo s.m. inv. MUS. Didascalia che indica di eseguire un pezzo con il tremolo.

tremolànte agg. **1.** In preda a leggere e rapide oscillazioni. **2.** *estens.* Di luce, intermittente, vibrante. ~ Di suono, instabile, incerto.

tremolàre v.intr. (aus. *avere*) Oscillare con movimenti rapidi e di minima ampiezza. *L'acqua tremola al soffiare della brezza.* ~ *estens.* Detto di luce, apparire a intermittenza. *La fiamma tremola.* ~ Detto di suono, essere instabile e discontinuo. *La voce tremola dall'emozione.* ❑ In funzione di s.m., tremolio. ◆ v.tr. MUS. Eseguire un suono con il tremolo. *Tremolare una nota.*

tremolio s.m. [pl. *–lii*] Rapido movimento oscillatorio o vibrazione ripetuta ad alta frequenza.

tremolite s.f. (dal nome della *Val Tremola* in Svizzera) MIN. Minerale anfibolo a base di calcio e magnesio.

trèmolo s.m. **1.** BOT. Tremula. **2.** MUS. Ripetizione molto rapida di uno stesso suono o di due suoni diversi, effettuata dalla voce o da uno strumento. ~ Meccanismo dell'organo che permette di interrompere brevemente l'emissione dell'aria, per ottenere un suono tremolante.

tremóre s.m. **1.** Serie di lievi e rapidi movimenti oscillatori del corpo o di una parte di esso, dovuti a contrazioni muscolari provocate da cause esterne oppure da stati patologici o da forti emozioni. **2.** *fig.* Agitazione interiore, ansietà.

trèmula s.f. Pioppo dell'Europa occidentale, con foglie ovali che si agitano al minimo soffio di vento, il cui legno, bianco e tenero, è usato in falegnameria e nella produzione della pasta da carta. (Nome sc. *Populus tremula.*)

trèmulo agg. **1.** Che oscilla leggermente. **2.** *estens.* Che vibra appena, in modo intermittente.

trench [/'trɛntʃ/] s.m. inv. (voce ingl., abbr. di *trench-coat* propr. "impermeabile da trincea") Impermeabile chiaro a doppio petto, allacciato in vita da una cintura.

trend [/'trɛnd/] s.m. inv. (voce ingl.) Tendenza generale, andamento complessivo di una grandezza, di un fenomeno, entro un certo periodo di tempo. SIN.: **tendenza**.

trendy [/'trɛndɪ/] agg. inv. (voce ingl.) Alla moda.

trenétta s.f. (voce ligure, deriv. di *trenn-a* "cordoncino") (spec. pl.) Pasta alimentare lunga, sottile e schiacciata come una tagliatella, caratteristica della cucina ligure. *Trenette al pesto.*

trenìno s.m. **1.** Nel sign. del dim. di 1. *treno*; in partic., treno in servizio locale, formato di pochi vagoni. **2.** Modellino di treno, usato come giocattolo.

1. trèno s.m. (fr. *train*, deriv. di *trainer* "trainare") **1.** Serie di vagoni trainati da una o più locomotive, che costituisce un convoglio ferroviario. ◇ *Treno ad alta velocità (TAV):* che può raggiungere la velocità di 270-300 km/h. – *Treno militare:* convoglio adibito al trasporto delle truppe. – *Treno ospedale:* convoglio adibito al trasporto di malati e feriti. – *Treno navetta:* con vagoni a piani sovrapposti, per il trasporto di automobili. – *figg. Andare come un treno:* muoversi velocemente. – *Perdere il treno:* lasciarsi fuggire una buona occasione. **2.** *estens.* Successione di veicoli o di oggetti mobili. SIN.: **fila**. ◇ *Treno stradale:* autotreno. **3.** MIL. Prima della motorizzazione, convoglio con carri, animali da tiro e uomini, per il trasporto di pezzi di artiglieria o altro. **4.** FIS. Serie completa di oggetti, di elementi. ◇ MECC. *Treno di ingranaggi:* serie di ruote dentate che, ingranate a coppia tra di loro, trasmettono il moto all'interno di un congegno. – *Treno d'onde:* serie di onde successive.

2. trèno s.m. (gr. *thrênos* "canto funebre") Nella poesia greca antica, lamento funebre.

trénta agg. num. card. Numero naturale equivalente a tre decine. ◆ s.m. inv. **1.** Il numero trenta. **2.** La forma grafica del numero trenta. **3.** La quantità equivalente a trenta unità ogni cento, mille o più. *Sconto del 30%.* **4.** Il massimo dei voti previsto per gli esami universitari.

trentatré agg. num. card. Numero naturale equivalente a tre decine e tre unità. ◇ *Disco a trentatré giri:* disco in vinile che gira alla velocità di 33 giri al minuto. ◆ s.m. inv. **1.** Il numero trentatré. **2.** La forma grafica del numero trentatré. **3.** La quantità equivalente a trentatré unità. **4.** Nella pratica diagnostica, parola che viene fatta pronunciare al paziente dal medico durante l'auscultazione del torace, allo scopo di percepire eventuali affezioni ai polmoni o alle vie respiratorie. *Dica trentatré.*

trentennàle agg. **1.** Che dura trent'anni. **2.** Che ricorre ogni trent'anni. ◆ s.m. Trentesimo anniversario di un avvenimento.

trentènnio s.m. [pl. *–ni*] Periodo di trent'anni.

trentino agg. Di Trento o della sua provincia. ◆ s.m. **1.** [f. *–na*] Nativo, abitante di Trento o della sua provincia. **2.** (solo sing.) Il dialetto parlato a Trento. **3.** (iniziale maiusc., solo sing.) Territorio intorno a Trento.

treonìna s.f. (ingl. *threonine*) CHIM., BIOL. Amminoacido a quattro atomi di carbonio, indispensabile per l'essere umano.

trepang [/'trepang/] s.m. inv. (voce malese, fr. *trépang*) **1.** Grande oloturia tipica dei mari caldi. (Tipo degli Echinodermi.) **2.** *estens.* Prodotto alimentare e piatto tipico orientale, costituito da oloturie cotte in acqua ed essiccate al sole.

trepidànte agg. Pieno di ansia e timore.

trepidàre v.intr. (aus. *avere*) *fam.* Essere in uno stato d'animo di ansiosa preoccupazione e apprensione. *Trepidare per la sorte di qualcuno.*

trepidazióne s.f. Stato d'animo di ansiosa apprensione, tipico di chi nutre, insieme, speranze e timori.

Treponèma s.m. BIOL. Genere di batteri con corpo spiraliforme; sono parassiti e agenti patogeni di diverse malattie, tra cui la sifilide.

treponematòsi s.f. inv. MED. Malattia causata da batteri del Treponema.

treppiède o **treppièdi** s.m. inv. Sostegno o sedia a tre piedi.

treppónti o **trepónti** s.m. inv. MAR. Antico vascello dotato di tre ponti con le batterie di cannoni.

trequàrti s.m. inv. **1.** Giacca o soprabito femminile che arriva sopra il ginocchio. **2.** SPORT. Nel rugby, ciascuno dei quattro giocatori in linea che, due al centro e due all'ala, partecipano alle azioni di attacco. **3.** MED. Strumento chirurgico cilindrico, cavo, con punta triangolare che viene fatta penetrare nel punto desiderato e poi ritratta per far defluire all'esterno liquidi patologici. ◆ s.f. inv. SPORT. Nel calcio, zona tra la metà campo e l'area avversaria. ❑ In funzione di agg. inv., nell'accez. 1 del s. m. *Cappotto trequarti.*

trequartìsta s.m. e f. SPORT. Nel calcio, giocatore che opera spec. nella trequarti.

trésca s.f. [pl. *–sche*] **1.** Intrigo amoroso illecito. **2.** Ballo popolare dal ritmo vivace che si eseguiva a coppie, con scambio alternato delle dame, saltellando e battendo le mani.

Treschiornìtidi s.m. pl. [iniziale minusc. sing. *–de* per l'individuo] ZOOL. Famiglia di uccelli che vivono nelle zone paludose e temperate; ne fa parte l'ibis sacro. (Ordine dei Ciconiformi.)

tréspolo s.m. **1.** Arnese formato da tre o quattro piedi che sostengono un piano o un altro supporto, usato come appoggio o come sgabello. **2.** *fig.* Macchina o veicolo vecchio e scassato.

tressètte o **tresètte** s.m. (spec. sing.) Antico gioco di carte, molto diffuso in Italia.

trevigiàno agg. Di Treviso o della sua provincia. ◆ s.m. (iniziale maiusc., solo sing.) Territorio nei dintorni di Treviso.

tri- Primo elemento di composti in cui assume il significato di "tre", "triplice" (*trifase, tricromia*); nel l. chimico, dove è impiegato con frequenza, indica la presenza di tre atomi o di tre radicali uguali, oppure il ripetersi di una proprietà per tre volte (*trivalente*).

triàca s.f. [pl. *–che*] (lat. *theríacam*, gr. *thēriakē antídosis* "antidoto ferino" cioè contro l'avvelenamento animale) **1.** Preparazione medicale dai numerosi ingredienti, a lungo utilizzata come una panacea. **2.** *estens.* Rimedio capace di risolvere problemi di qualsiasi natura.

triàcido s.m. CHIM. Di base a tre funzioni acide.

trìade s.f. **1.** Insieme di tre elementi costitutivi di un tutto. ◇ *Triade divina*: nelle religioni politeistiche, gruppo di tre divinità con caratteri simili e oggetto di un culto comune. **2.** MUS. Accordo di tre suoni sovrapposti a intervalli di terza. **3.** CHIM. Insieme di tre elementi con proprietà analoghe.

triàdico agg. [pl.m. *–ci*, f. *–che*] **1.** Di ciò che è costituito da tre elementi. **2.** Che forma una triade. *Nesso triadico*.

trial [/'trɪaɔl/] s.m. inv. (voce ingl., propr. "giudizio, prova") **1.** Prova motociclistica fuoristrada, consistente nell'effettuare un percorso estremamente accidentato senza mettere il piede a terra e senza lasciare spegnere il motore. **2.** *estens.* Moto concepita per praticare questo tipo di competizione. **3.** SPORT. Nell'atletica leggera, gara di prova in preparazione di incontri internazionali di rilievo. **4.** IPP. Corsa di prova per valutare l'efficienza dei partecipanti.

1. triangolàre agg. **1.** Relativo al triangolo, come figura geometrica. ◇ GEOM. *Disuguaglianza triangolare*: proprietà secondo cui, in un triangolo, un lato è inferiore alla somma degli altri due. **2.** *estens.* A forma di triangolo. **3.** *fig.* Che coinvolge tre elementi. ~ In partic. nel l. pol., che coinvolge i rappresentanti di tre diverse nazioni o partiti. ◇ *Incontro, trattativa triangolare*: tra governo, sindacati e imprenditori. – SPORT. *Incontro triangolare (o triangolare)*: gara disputata tra le squadre rappresentative di tre diverse nazioni o società. – ST. *Commercio triangolare*: traffico marittimo attuato sulle coste africane, che consisteva nello scambio di prodotti europei con prodotti tropicali o schiavi da vendere poi in America. (Fu praticato dai negrieri inglesi e francesi dalla fine del sec. XVI fino al XIX.)

2. triangolàre v.tr. In geodesia, rilevare ql̄co. mediante triangolazioni. ◆ v.intr. (aus. *avere*) SPORT. Nel calcio, effettuare passaggi ai compagni secondo uno schema triangolare.

triangolazióne s.f. **1.** TOPOGR. Metodo di rilevamento topografico, consistente nella determinazione trigonometrica di una serie di triangoli a partire da un segmento iniziale, dato della distanza tra un punto fisso e il punto di osservazione, così da costituire un reticolo per la composizione di carte. **2.** SPORT. Nel calcio, serie di passaggi tra giocatori che disegnano in modo approssimativo figure triangolari. **3.** ECON. Rapporto commerciale di importazione o esportazione, in cui interviene un finanziatore residente in un paese diverso da quello dell'importatore e dell'esportatore.

triàngolo s.m. (calco del gr. *trígōnos*) **1.** GEOM. Figura piana limitata da tre segmenti di retta che congiungono tre punti non allineati, giacenti sullo stesso piano. ◇ *Triangolo sferico*: porzione di superficie sferica delimitata da tre archi di cerchio massimo, aventi gli estremi a due a due comuni. **2.** *estens.* Figura, elemento, oggetto di forma triangolare. ◇ *Triangolo industriale*: l'area maggiormente industrializzata dell'Italia settentrionale, compresa idealmente in un triangolo di cui Milano, Torino e Genova costituiscono i vertici. – *Triangolo della morte*: zona del mar dei Caraibi tristemente nota per le misteriose sciagure aeree e navali. – FON. *Triangolo vocalico*: rappresentazione grafica dei suoni vocalici, che vengono disposti secondo i punti di articolazione. – *fig. Il (classico) triangolo*: situazione che si crea in un rapporto coniugale nel caso in cui tra la moglie e il marito si interpona la figura dell'amante. **3.** MUS. Strumento a percussione formato da una barretta d'acciaio ripiegata a forma di triangolo, che è percossa da una bacchetta. **4.** Segnale di pericolo che l'automobilista deve esporre dietro il veicolo fermo. **5.** Lima per metalli a sezione triangolare.

triarchìa s.f. *non com.* Governo in cui il potere è in mano a tre persone o a tre partiti.

trias s.m. inv. (ted. *Trias*, gr. *triás* "triade") GEOL. Triassico.

triàssico s.m. (solo sing.) (ted. *triassich*) GEOL. Primo periodo dell'era mesozoica. (Compreso tra 245 e 205 milioni di anni fa.) SIN.: **trias**. ◆ agg. [pl.m. *–ci*, f. *–che*] Relativo a tale periodo.

triathlon o **triatlon** s.m. inv. SPORT. Competizione che comprende tre prove (nuoto, corsa ciclistica su strada e corsa a piedi oppure equitazione, scherma e corsa campestre).

triatlèta s.m. e f.[pl.m. *–ti*] SPORT. Atleta di triathlon.

triatòmico agg. [pl.m. *–ci*, f. *–che*] CHIM. Di molecola o gruppo atomico formato da tre atomi.

triazina s.f. CHIM. Composto organico in cui la molecola è formata da un anello eterociclico a sei atomi, di cui tre di azoto.

tribade s.f. *non com.* Donna omosessuale. SIN.: **lesbica**.

tribàle agg. (ingl. *tribal*) Relativo alla tribù.

tribalismo s.m. **1.** Organizzazione sociale di tipo tribale. **2.** Politica di salvaguardia dei gruppi tribali. **3.** *estens.* Particolarismo etnico.

triboelettricità s.f. inv. FIS. Elettricità statica prodotta mediante sfregamento di due corpi.

triboelèttrico agg. [pl.m. *–ci*, f. *–che*] FIS. Relativo alla triboelettricità.

tribolàre v.intr. (aus. *avere*) Essere tormentato da gravi e persistenti dolori fisici o sofferenze morali. SIN.: **soffrire**.

tribolazióne s.f. (spec. pl.) Dolore fisico intenso o grave tormento morale. ~ *estens.* Cosa o persona che ne sono la causa. *Il figlio scapestrato è la sua tribolazione.*

tribolo s.m. **1.** BOT. Pianta spinosa diffusa lungo i litorali. (Famiglia delle Zigofillacee.) **2.** FORTIF. Oggetto a punte acuminate che un tempo veniva disseminato sul terreno, per ostacolare la cavalleria nemica. **3.** *estens.* Chiodo a quattro punte che, sparso in buon numero su un tratto di strada, serve per forare i pneumatici dei veicoli gommati. **4.** *fig.* (spec. pl.) Tribolazione, sofferenza.

tribologìa s.f. MECC. Studio dei fenomeni che si ottengono sulla superficie di due corpi sfregati tra di loro, con particolare attenzione all'attrito e all'usura.

triboluminescènza s.f. FIS. Luminescenza causata da sfregamento.

tribometrìa s.f. FIS. Misura delle forze d'attrito.

tribórdo s.m. (fr. estribord, neerlandese *stierboord* "lato del timone") Lato destro di un'imbarcazione, considerato da chi guarda in direzione della prua. SIN.: **dritta**.

tribù s.f. inv. **1.** ETNOL. Raggruppamento sociale autonomo, con proprio ordinamento e proprio capo, formato da più famiglie e unito da affinità genealogica e da identità di lingua e costumi. **2.** Ognuno dei dodici raggruppamenti generati dai dodici figli di Giacobbe, in cui era suddiviso il popolo ebraico. ~ ANT. GR. ROM. Suddivisione della popolazione gentilizia. ~ ANT. ROM. In età repubblicana, circoscrizione del territorio con quattro sezioni urbane e sedici rustiche. **3.** BOT. Ogni gruppo in cui si suddivide la sottofamiglia. ~ ZOOL. Gruppo in cui si suddivide l'ordine e, in alcuni casi, la famiglia. **4.** *fig. scherz.* Gruppo numeroso di persone, spec. familiari.

tribùna s.f. **1.** Podio da cui un oratore parla al pubblico. ◇ *fig. Tribuna elettorale, politica*: dibattito durante il quale i politici espongono i propri programmi. **2.** Struttura a forma di loggia, presente in sale destinate a riunioni, che accoglie il pubblico o particolari categorie di uditori. ~ Struttura costruita all'aperto in via provvisoria, che ospita autorità e altre persone in occasione di cortei, parate, manifestazioni. ~ Parte di gradinata, general. coperta, da cui si osserva una corsa di cavalli, una manifestazione sportiva, ecc. **3.** Nelle basiliche paleocristiane, area del presbiterio e dell'abside. ~ Nelle chiese romaniche, matroneo nella parte alta delle navate laterali.

tribunàle s.m. (lat. *tribūnal*, propr. "palco del tribuno") **1.** Organo collegiale giudicante cui compete l'amministrazione della giustizia per quanto riguarda le cause civili e penali di primo grado e gli appelli alle sentenze dei pretori. (Le cause per i reati più gravi sono escluse perché di competenza delle corti d'assise.) ~ *estens.* Ogni istituzione che amministra la giustizia. ◇ *Tribunale dei minorenni*: competente per reati commessi da ragazzi minori di diciotto anni. – *Tribunale della libertà, del riesame*: organo collegiale, funzionante a livello provinciale, competente a riesaminare i casi di restrizione della libertà personale e di sequestro penale, per i quali emette rapidi provvedimenti. – *Tribunale amministrativo regionale (TAR)*: organo giudiziario a livello regionale competente su controversie con la pubblica amministrazione. – *Tribunale dei ministri*: organo giurisdizionale speciale che giudica i reati ministeriali. – *Tribunale speciale*: durante il fascismo, tribunale che giudicava gli imputati di reati politici; organo giurisdizionale che giudicava alcuni reati secondo procedure non ordinarie. – *Tribunale di sorveglianza*: organo giurisdizionale a cui ricorre talvolta la magistratura in materia di applicazione di misure alternative al carcere, di esecuzione di sanzioni sostitutive, ecc. **2.** *estens.* Edificio in cui si amministra la giustizia. **3.** Organo giudicante su questioni di varia competenza. *Tribunale ecclesiastico, mili-*

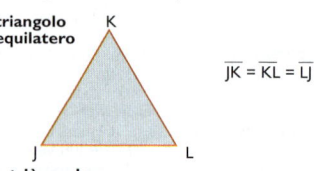

triangolo scaleno

b: base
h: altezza
A: area

$$A = \frac{b \times h}{2}$$

triangolo rettangolo

a, b, c: lati

teorema di Pitagora:
$$a^2 + b^2 = c^2$$

triangolo isoscele

$$\overline{GH} = \overline{HI}$$

triangolo equilatero

$$\overline{JK} = \overline{KL} = \overline{LJ}$$

■ **triàngolo**

tare. ◇ *Tribunale arbitrale*: organo collegiale cui compete la risoluzione delle controversie tra stati soggetti di diritto internazionale. – *Tribunale del popolo*: nome col quale negli anni Settanta gruppi terroristici indicavano presunti organi di legittimazione popolare per le proprie azioni. **4.** *fig.* Ogni autorità o ente a cui, grazie all'indiscussa superiorità che gli è riconosciuta, si sottopongono le proprie azioni per un giudizio sul piano morale. *Sentirsi innocente davanti al tribunale della coscienza.*

tribunàto s.m. **1.** Carica di tribuno, nelle varie epoche storiche (v. *tribuno* n.pr.). **2.** Periodo durante il quale il tribuno esercitava la sua carica.

tribunìzio agg. [pl.m. –*zi*] **1.** ANT. ROM. *Potestà tribunizia*: potere dei tribuni della plebe. **2.** *fig. spreg.* Demagogico e retorico.

tribùno s.m. **1.** ANT. ROM. Titolo attribuito a diversi magistrati e funzionari. ◇ *Tribuno dei soldati, militare*: uno dei sei ufficiali superiori al comando di una legione. – *Tribuno della plebe*: magistrato eletto dai *comizi tributi* (formati dai cittadini riuniti in tribù), incaricato di difendere gli interessi della plebe e di sostenere le rivendicazioni avanzate ai magistrati patrizi. **2.** In epoca medievale e moderna, titolo attribuito a particolari magistrati e membri di assemblee. **3.** *fig.* Politico dalle qualità oratorie potenti e dirette. ~ *spreg.* Demagogo, politicante che cerca facili consensi.

tributàre v.tr. Dare, riservare a qlcu. ciò che gli è dovuto.

tributàrio agg. [pl.m. –*ri*] **1.** Relativo ai tributi, alle tasse. ◇ *Reato tributario*: nel l. giur., violazione delle leggi fiscali. – *Diritto tributario*: ramo del diritto che si occupa dei principi teorici su cui si fondano l'imposizione e la riscossione dei tributi e dello studio dei rapporti che ne conseguono tra stato e cittadini. **2.** Soggetto al pagamento di tributi. **3.** GEOGR. Di affluente o corso d'acqua che si immette in un altro o in un lago. ◆ s.m. Nell'accez. 3 dell'agg.

tributarista s.m. e f.[pl.m. –*sti*] Esperto di diritto tributario. ~ Avvocato o altro libero professionista che si occupa di questioni fiscali.

tributirrìna s.f. CHIM. → *butirrina*.

1. tribùto agg. ANT. ROM. *Comizi tributi*: comizi elettorali in cui si votava per tribù.

2. tribùto s.m. **1.** Imposta, tassa versata per legge dal cittadino allo Stato o agli enti pubblici locali. **2.** Contributo, prelevato per tribù, che il cittadino di Roma antica doveva versare allo Stato in proporzione al censo. **3.** *fig.* Atto che si compie per adempiere a un obbligo. *Godere del tributo di lodi.*

tricàlcico agg. CHIM. MINER. Si dice del fosfato $Ca_3(PO_4)_2$, a tre atomi di calcio.

tricèfalo agg. Che ha tre teste.

tricentenàrio agg. Che ha tre secoli. ◆ s.m. Terzo centenario.

triceràtopo s.m. ZOOL. Rettile fossile erbivoro del cretaceo, diffuso nell'America settentrionale, la cui testa corazzata era provvista di tre corni. (Lunghezza 8 m; sottordine degli Ornitischi.)

trichèco s.m. (lat. *Trichechus*, comp. di gr. *thríks* "capello" ed *ékhein* "avere", per le lunghe setole sul labbro superiore) **1.** [pl. –*chi*] Grosso mammifero marino delle regioni artiche, dal corpo spesso e canini superiori utili alla difesa, che si nutre di molluschi. (Lunghezza 5 m ca., peso 1 t ca.; genere *Odobenus*, ordine dei Pinnipedi.) **2.** ZOOL. (iniziale maiusc.) Genere di mammiferi a cui appartengono il tricheco e il lamantino. **3.** *fig.* Persona dalla corporatura robusta e tozza o con baffi spioventi.

trichìna s.f. ZOOL. Verme parassita che, allo stato adulto, vive nell'intestino del ratto e, allo stato larvale, nei suoi muscoli. (Le trichine possono infestare i mammiferi, uomo compreso; sottotipo dei Nematodi.)

trichinòsi s.f. inv. MED. Infezione da trichina, caratterizzata da febbre, diarrea, dolori muscolari ed edemi.

Trichomònas s.m. inv. (lat. *Trichomonas*, propr. "essere unicellulare") ZOOL. Genere di protozoi, di cui alcuni parassiti dell'uomo, cui

possono causare fastidiose infiammazioni. (Classe dei Flagellati.)

triciclico agg. Di idrocarburo a tre cicli benzenici.

triciclo s.m. **1.** Veicolo a pedali dotato di tre ruote, usato dai bambini. **2.** Ciclo o motociclo a tre ruote, di cui due nella parte posteriore, provvisto di una cassa o di una piattaforma per il trasporto merci.

tricìpite agg. ANAT. Detto del muscolo posteriore del braccio e di quello che forma il polpaccio della gamba, costituiti di tre fasci muscolari. ◆ s.m. Nel sign. dell'agg.

trickster [/'trɪkstə/] s.m. inv. (voce ingl.) ANTROP Personaggio mitologico che svolge il ruolo di colui che disturba l'ordine, che scherza sulle cose sacre.

triclìnio s.m. [pl. –*ni*] ANT. ROM. Letto a tre posti sul quale ci si stendeva per mangiare. ~ Sala da pranzo delle case gentilizie.

triclìno agg. MIN. Di uno dei sette sistemi cristallini e dei cristalli classificati secondo tale sistema. ◆ s.m. CRISTALLOGR. Struttura caratterizzata dalla mancanza di assi e piani di simmetria.

tricloroetilène s.m. (ingl. *trichloroethylene*) CHIM. Idrocarburo liquido, incolore e tossico, usato come solvente, ricavato dall'etilene mediante la sostituzione di tre atomi di idrogeno con tre atomi di cloro; detto comun. anche *trielina*.

triclorometàno s.m. CHIM. Composto ricavato dal metano mediante la sostituzione di tre atomi di idrogeno con tre atomi di cloro, usato in medicina come anestetico; detto anche *cloroformio*.

tricocèfalo s.m. **1.** Verme parassita dell'intestino dell'uomo e di alcuni mammiferi. (Lunghezza 3-5 cm; classe dei Nematodi.) **2.** ZOOL. (iniziale maiusc.) Genere di vermi Nematodi a cui appartiene il tricocefalo.

tricòfito s.m. **1.** Fungo parassita che causa micosi alla cute e al cuoio capelluto dell'uomo. **2.** BOT. (iniziale maiusc.) Genere di funghi cui appartengono varie specie di tricofito.

1. tricogràmma s.m. Esame dei capelli per controllare eventuali malattie o disturbi del cuoio capelluto.

2. tricogràmma s.m. Insetto imenottero minuscolo, parassita delle uova e dei bruchi della piralide, usato come protettivo biologico dei raccolti.

tricologìa s.f. MED. Studio della struttura, funzione e affezioni di peli, capelli e cuoio capelluto.

Tricolòma s.m. BOT. Genere di funghi aventi gambo grosso e largo cappello con lamelle variamente colorate; alcune specie sono commestibili.

tricolóre agg. **1.** Che ha tre colori. ◇ SPORT. *Maglia tricolore*: nel ciclismo e in alcune altre attività, maglia indossata dal vincitore del campionato italiano. **2.** POLIT. Di coalizione formata da tre partiti. ~ *per anton.* (anche con iniziale maiusc.) La bandiera italiana, colorata di bianco, rosso e verde. **2.** SPORT. Titolo di campione d'Italia.

tricòma s.m. [pl. –*mi*] **1.** MED. Patologico arruffamento dei capelli dovuto a sporcizia o ad alterazioni cutanee. **2.** ZOOL. Pelo, ciuffo di peli o setola. **3.** BOT. Spina, aculeo.

tricòrno s.m. (fr. *tricorne*) **1.** Cappello a tre punte usato fino all'Ottocento da ecclesiastici, militari e anche da civili. **2.** Cappello da prete diviso, nella parte alta, in tre spicchi.

fungo di San Giorgio (commestibile)

agarico (tossico)

■ Tricolòma

tricòsi s.f. inv. **1.** MED. Qualsiasi tipo di affezione dell'apparato pilifero. **2.** MED. Crescita abnorme di peli in parti del corpo che normalmente non ne presentano.

tricot [/tri'ko/] s.m. inv. (voce fr., deriv. di *tricoter* "lavorare a maglia") Tessuto o indumento lavorato a maglia. ~ *estens.* Lavoro a maglia, per lopiù a mano.

1. tricotomìa s.f. MED. Taglio dei capelli o dei peli alla radice, che si rende necessario per un intervento chirurgico alla testa o su una parte del corpo normalmente ricoperta da peluria.

2. tricotomìa s.f. Divisione, sezionamento in tre parti. SIN. **tripartizione.**

Tricòtteri s.m. pl. [iniziale minusc. sing. –*ro* per l'individuo] ZOOL. Ordine di insetti dalle abitudini crepuscolari o notturne, con livrea di colori poco vivaci e quattro ali membranose e coperte di peluria. (Ordine dei Pterigoti.)

tricromàtico agg. **1.** Relativo a tre colori. **2.** FISIOL. Percezione cromatica normale dell'occhio.

tricromìa s.f. **1.** Metodo di stampa in cui vengono usate tre matrici inchiostrate con i tre colori fondamentali (giallo, rosso e blu), la cui sovrapposizione produce le figure secondo la policromia desiderata. **2.** *estens.* Riproduzione risultante da tale procedura.

tric trac [/trik trak/] loc. sost. m. inv. (di orig. onom.) **1.** Il rumore prodotto da due colpi secchi consecutivi. **2.** Gioco di dadi, detto anche *tavola reale*, che si effettua su un apposito tavoliere.

tricuspidàle agg. **1.** ARCH. Caratterizzato da tre cuspidi. **2.** ANAT. Della valvola cardiaca che, nella parte destra, collega l'atrio al ventricolo.

tricùspide agg. Fornito di tre punte, terminante in tre cuspidi. ◇ ANAT. *Valvola tricuspide*: valvola cardiaca che, nella parte destra, ha funzioni di orifizio tra l'atrio e il ventricolo.

tridàcna s.f. ZOOL. Mollusco di enormi proporzioni (60-120 cm) con conchiglia bivalve a ventaglio, diffuso nell'Oceano Indiano. (Classe dei Lamellibranchi.)

■ tridàcna gigante.

tridàttilo agg. Fornito di tre dita.

tridentàto agg. BOT. Provvisto di tre denti.

tridènte s.m. **1.** Forcone a tre denti o rebbi, utilizzato per arpionare i pesci. (Nella mitologia classica, è spesso attribuito a molte divinità marine, in partic. a Nettuno.) **2.** Zappa a tre rebbi.

tridentìno agg. Di Trento, usato solo in locc. storiche e geografiche o nel l. lett. *Decreti tridentini.*

tridimensionàle agg. A tre dimensioni. ◇ *Cinema tridimensionale*: tecnica di proiezione in grado di riprodurre le immagini come se fossero in rilievo rispetto allo schermo bidimensionale.

trìduo s.m. CRIST. Ciclo di atti di preghiera e di devozione che si protrae per tre giorni.

trièdro agg. GEOM. *Angolo triedro*: parte di spazio compresa fra tre angoli individuati da tre semirette che escono da uno stesso punto. ◆ s.m. Nel sign. dell'agg.

trielìna s.f. Composto $CHCl=CCl_2$, liquido non infiammabile utilizzato come solvente, detto anche *tricloroetilene*.

triennàle agg. **1.** Che dura tre anni. **2.** Che ricorre ogni tre anni. ◆ s.f. Manifestazione che ha luogo ogni tre anni.

triènnio s.m. [pl. –*ni*] Periodo di tre anni.

trieràrca o **trieràrco** s.m. [pl. –*chi*] **1.** ANT. GR. Comandante di una trireme che, in quanto cittadino ricco, era obbligato a fornire a sue spese armamento e a mantenere la ciurma. **2.** ANT. ROM. Comandante di una nave minore.

trière o **trièra** s.f. *lett.* Nave da guerra a tre file di rematori. SIN.: **trireme**.

trièstere s.m. CHIM. Composto con tre funzioni estere nella molecola.

triestino agg. Di Trieste. ◆ s.m. **1.** [f. *−na*] Nativo, abitante di Trieste. **2.** (solo sing.) Dialetto di Trieste. **3.** (iniziale maiusc., solo sing.) Territorio intorno a Trieste.

trifàse agg. [pl. *−si*] Caratterizzato da tre fasi. ~ ELETTRON. Di sistema a tre correnti alternate di uguale ampiezza e frequenza, in cui la fase di ognuna è in ritardo di un terzo di periodo rispetto a alla precedente.

trifàsico agg. [pl.m. *−ci*, f. *−che*] ELETTR., CHIM. Che avviene in tre fasi. *Processo trifasico.* ◇ MED. *Pillola trifasica:* pillola anticoncezionale a contenuto ormonale, con dosaggio diverso a seconda delle tre fasi del ciclo mestruale.

trifenilmetàno s.m. CHIM. Idrocarburo derivato dal metano $(C_6H_5)_3CH$, usato in un grande numero di coloranti.

trifòglio s.m. **1.** [pl. *−gli*] Pianta erbacea, con foglie composte da tre foglioline e con fiori bianchi, rosa o porpora, di cui molte specie costituiscono eccellenti foraggi, come quella del *trifoglio incarnato.* (Famiglia delle Papilionacee.) ◇ *Trifoglio incarnato:* pianta annua con infiorescenze rosse, ricoperta di peluria. ~ *Trifoglio fibrino:* pianta che si trova spec. negli stagni (da cui il nome di *trifoglio d'acqua*), a tre foglioline e con fiori gamopetali bianchi ricoperti di peluria. (Genere *Menyanthes*; famiglia delle Meniantacee.) **2.** BOT. (iniziale maiusc.) Genere di piante a cui appartengono le varie specie di trifoglio.

bianco

incarnato (coltivato)

■ **trifòglio**

trifogliolàto agg. BOT. Di foglia composta da tre foglioline, come quella del trifoglio.

trifolàre v.tr. **1.** Cucinare un cibo insaporendolo con olio, aglio e prezzemolo. *Trifolare i funghi.* **2.** Insaporire un cibo col tartufo.

trifolàto agg. **1.** Condito con tartufi. **2.** Di carne, funghi, ecc. tagliati sottili e cotti a fuoco vivace con olio, aglio e prezzemolo. *Zucchini trifolati.*

trifora s.f. ARCH. Finestra che presenta il vano suddiviso in tre luci da colonnine, tipica dello stile gotico.

trifòrio s.m. [pl. *−ri*] ARCH. Nelle chiese gotiche, galleria che sovrasta da ambo i lati le navate laterali, aperta sulla navata centrale per mezzo di trifore.

trifosfàto agg. Che possiede un gruppo di tre acidi fosforici.

trigèmino agg. **1.** Di gravidanza e parto da cui nascono tre gemelli. ~ *estens.* Di ciascuno dei gemelli nati da tale parto. **2.** ANAT. *Nervo trigemino:* quinto paio di nervi cranici, che è suddiviso nei nervi mandibolare, mascellare e oftalmico e presiede a tutti i movimenti della faccia. ◆ s.m. Nell'accez. **2** dell'agg. *Nevralgia del trigemino.*

triglia s.f. [pl. *−glie*] (gr. *tríglē*, forse deriv. di *trízein* "stridere" per il rumore che produce la vescica natatoria del pesce quando viene tolto dall'acqua) Pesce marino dalle carni ricercate, con due barbigli mentonieri, corpo affusolato coperto da grosse squame, di colore marrone verdastro che diventa rosso dopo la morte. (Genere *Mullus*; famiglia dei Mullidi.) ◇ *Triglia di scoglio:* pesce marino costiero, con livrea di un rosso carminio intenso, attraversata da tre o quattro strisce longitudinali gialle, detto anche *triglia*

maggiore. (Lunghezza fino a 40 cm; nome sc. *Mullus surmuletus*; famiglia dei Mullidi.) *− fig. Fare l'occhio di triglia a qlcu.:* guardarlo con lo sguardo appassionato degli innamorati.

triglicèride s.m. CHIM. Lipide formato dall'esterificazione del glicerolo con tre acidi grassi.

Triglidi s.m. pl. [iniziale minusc. sing. *−de* per l'individuo] ZOOL. Famiglia di pesci teleostei con corpo allungato coperto di squame o scudi ossei. (Ordine dei Perciformi.)

triglifo s.m. ARCH. Ornamento del fregio dorico, composto da due glifi e due mezzi glifi. (I triglifi si alternano con le *metope.*)

trigonàle agg. **1.** A forma di piramide triangolare. **2.** CRISTALLOGR. Detto di uno dei sette sistemi, avente tre assi che formano tra loro tre angoli uguali, ma non rettangoli. ~ *estens.* Di cristallo appartenente a tale sistema.

trigonèlla s.f. **1.** Pianta erbacea simile al trifoglio, con fiori color crema e frutti in baccelli allungati. (Famiglia delle Papilionacee.) **2.** BOT. (iniziale maiusc.) Genere di piante a cui appartiene la trigonella.

trigono agg. Di forma triangolare, spec. in riferimento a organi vegetali. ◆ s.m. **1.** ANAT. Regione corporea o struttura di forma triangolare. **2.** MUS. Tipo di arpa di forma triangolare, diffusa nell'antico Egitto. **3.** ASTR. Posizione di due pianeti che hanno una distanza tra di loro di 120°.

trigonometria s.f. MAT. Settore della matematica che si occupa del calcolo algebrico dei valori dei lati e degli angoli di un triangolo e delle relazioni esistenti tra questi valori, sulla base di tre elementi noti, di cui uno deve essere un lato.

trigonomètrico agg. [pl.m. *−ci*, f. *−che*] MAT. Espresso secondo i principi della trigonometria.

trigràmma s.m. [pl. *−mi*] LING. Parola di tre lettere indicante un unico suono (p.e. *sci* in *sciarpa*).

trilateràle agg. **1.** A tre lati. **2.** *fig.* Che interessa tre parti. *Accordo trilaterale.*

trilingue agg. **1.** Di chi parla tre lingue. **2.** Di regione o paese in cui si parlano tre diverse lingue. **3.** Scritto in tre lingue.

trilinguismo s.m. Conoscenza di tre lingue da parte di una persona oppure uso abituale di tre lingue in una regione o un paese.

triliòne s.m. Nei sistemi di numerazione italiano, francese e statunitense, numero cardinale corrispondente a mille miliardi. ~ Nei sistemi di numerazione inglese e tedesco, un miliardo di miliardi.

trilite s.f. ARCH. Struttura costituita da due blocchi monolitici verticali su cui poggia un terzo, orizzontale.

trilittero agg. LING. Composto da tre lettere. ◆ s.m. LING. Nelle lingue semitiche, sequenza di tre consonanti che costituisce la base per la formazione di una famiglia di parole derivate.

trillàre v.intr. (aus. *avere*) **1.** MUS. Eseguire strumentalmente un trillo. **2.** *estens.* Emettere uno o più suoni acuti e modulati. *L'usignolo trilla.* ◆ v.tr. MUS. Eseguire un suono con il trillo.

trillo s.m. **1.** MUS. Suono dato dall'alternarsi molto rapido di una nota con quella superiore. **2.** *estens.* Suono o canto vibrato e molto acuto.

trilobàto agg. **1.** BOT. Con tre lobi. **2.** ARCH. Formato da tre settori di cerchio che si incontrano.

Trilobiti s.m. pl. [iniziale minusc. sing. *−te* per l'individuo; agg., deriv. di *tríIobos* "a tre lobi"] ZOOL. Classe di artropodi fossili diffusi in era paleozoica nei mari costieri, caratterizzati da capo protetto da uno scudo e tronco segmentato e diviso longitudinalmente in un lobo centrale e due laterali.

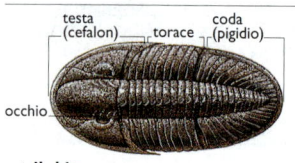

testa (cefalon)   torace   coda (pigidio)

occhio

■ **trilobìte** (genere Phillipsia).

trilobo agg. BIOL., ARCH. → trilobato.

triloculàre agg. BOT. Che presenta tre cavità.

trilogia s.f. **1.** ANT. GR. Gruppo di tre tragedie con uno stesso tema che ogni concorrente ai concorsi drammatici doveva presentare. **2.** *estens.* Gruppo di tre opere i cui argomenti sono connessi tra loro.

trimaràno s.m. MAR. Tipo di catamarano con tre scafi.

trimestràle agg. **1.** Che avviene o si fa ogni tre mesi. **2.** Della durata di tre mesi. ◆ s.m. e f. Chi ha un impiego per tre mesi.

trimèstre s.m. **1.** Periodo di tre mesi. ~ Ciascuno dei tre periodi in cui può essere diviso l'anno scolastico. **2.** Somma pagata o ricevuta ogni tre mesi.

trimetàllo s.m. Insieme metallico formato da tre metalli o leghe diverse.

trìmetro s.m. METR. Verso che si compone di tre elementi metrici.

trimorfismo s.m. CHIM., MIN. Proprietà di una sostanza che può cristallizzare in tre forme con struttura diversa.

trimotòre agg. Dotato di tre motori. ◆ s.m. Aereo a tre motori.

trina s.f. Merletto, pizzo.

trinca s.f. [pl. *−che*] (etim. incerta, forse spagn. *trinca* "unione di tre cose") MAR. Legatura molto resistente, eseguita con più passate di cavo e utilizzata per legare alla nave oggetti mobili. ◇ *Navigare alla trinca:* sistemare le vele in modo tale da procedere a velocità moderata.

1. trincàre v.tr. [4] MAR. Legare qlco. con una trinca.

2. trincàre v.tr. [4] (ted. *trinken*) Bere con gusto e avidità grandi quantità di vino e alcolici in genere, anche pron. *(Si) Sta trincando un intero fiasco di vino.*

trincarino s.m. MAR. Nel fasciame dello scafo, serie di assi di legno o di lamiere di metallo che percorrono longitudinalmente i fianchi laterali, collegati con i bagli e la cinta.

trincèa s.f. [pl. *tranchée*] **1.** Opera di fortificazione costituita da una fossa a sezione rettangolare scavata nel terreno, nella quale i soldati si difendono dal fuoco del nemico e da cui a loro volta sparano. ~ *estens.* Fronte di guerra. ◇ *Guerra di trincea:* guerra di posizione, combattuta sul posto per logorare le forze dell'avversario e impedirne l'avanzata. *− fig. Essere in trincea:* trovarsi in condizioni di disagio e pericolo. **2.** Scavo a cielo aperto, longitudinale, eseguito nel suolo.

trinceramento s.m. **1.** Fortificazione mediante trincee. **2.** Zona munita di trincee, complesso di trincee. **3.** *fig.* Chiusura, protezione.

trinceràre v.tr. Fortificare una posizione mediante la costruzione di trincee. ◆ **trincerarsi** v.pron. **1.** Ripararsi nelle trincee. **2.** *fig.* Farsi scudo di un dato argomento o comportamento per nascondere o giustificare qlco. di spiacevole o di segreto.

trincétto s.m. Coltello d'acciaio usato dai calzolai per tagliare il cuoio.

trinchettina s.f. MAR. Fiocco interno più basso o, su piccole imbarcazioni, unica vela a fiocco.

trinchétto s.m. **1.** MAR. Su un veliero a più alberi, albero a prora, situato tra l'albero maestro e il bompresso. **2.** MAR. Primo pennone a partire dal basso di tale albero. ~ Vela quadra di tale pennone.

trinciapàglia s.m. inv. In alcune trebbiatrici, apparecchio che sminuzza la paglia, il foraggio.

trinciapòllo s.m. [pl. *−li*] Attrezzo da cucina per tagliare polli, conigli e altra selvaggina già cotta.

trinciàre v.tr. [5] (fr. *trencher*, forse lat. *trincàre* "dividere in tre parti") **1.** Tagliare qlco. in pezzi minuti, in striscioline. *Trinciare l'arrosto.* **2.** *estens.* Causare lacerazioni, strappi in qlco. *Questo detersivo trincia i tessuti.* ◆ **trinciarsi** v.pron. Detto di tessuti, lacerarsi. *Le lenzuola si trinciano a causa della candeggina.*

trinciàto agg. Tagliato in pezzi minuti o in striscioline. ◆ s.m. **1.** Tabacco tagliato in striscioline fini per la pipa o per fare sigarette a mano. **2.** AGR. Foraggio per il bestiame.

trinciatùberi s.m. e f.inv. Macchina usata per sminuzzare radici e tuberi in striscioline o fettucce da dare come mangime al bestiame.

trinità s.f. inv. **1.** Caratteristica dell'essere trino. **2.** TEOL. CRIST. (iniziale maiusc.) Le tre persone del Padre, del Figlio e dello Spirito Santo, che nella loro unità costituiscono l'essenza di Dio. *La Santissima Trinità.* ~ La rappresentazione pittorica della Trinità.

trinitàrio agg. [pl.m. –ri] **1.** TEOL. CRIST. Relativo alla Trinità. **2.** Relativo all'ordine religioso, fondato nel sec. XII, che professa un culto speciale per la Trinità ed era votato al riscatto dei cristiani caduti prigionieri dei musulmani. (Oggi i trinitari sono impegnati nelle missioni.) ◆ s.m. **1.** Membro dell'ordine trinitario. **2.** [f. –ria] Adepto del trinitarismo.

trinitarismo s.m. RELIG. Eresia che attribuiva alla Trinità, oltre alle tre persone, anche tre nature e tre sostanze.

trinitrina s.f. CHIM. → nitroglicerina.

trinitrotoluène s.m. CHIM. Solido cristallizzato prodotto da nitrato di toluene (simb. *TNT*), detto anche *tritolo*.

trino agg. Composto di tre; usato in partic. nella teologia cristiana in riferimento al mistero della Trinità per il quale Dio, nella sua unica essenza, comprende il Padre, il Figlio e lo Spirito Santo.

trinòmio s.m. [pl. –mi] **1.** MAT. Polinomio formato da tre monomi. **2.** estens. Complesso di tre elementi o concetti organicamente connessi tra di loro.

trio s.m. [pl. –trii] **1.** MUS. Composizione per tre strumenti. ~ Parte centrale di alcune danze o marce. ◊ estens. Complesso degli strumenti o dei tre esecutori, vocali o strumentali, di un trio musicale. **3.** estens. Gruppo di tre persone che hanno tra loro un rapporto funzionale di attività o sono accomunate da particolari caratteristiche.

triodo s.m. FIS. Tubo elettronico a tre elettrodi (anodo, griglia di controllo e catodo).

trionfàle agg. **1.** Relativo al trionfo. ~ Che celebra un trionfo o un trionfatore. **2.** estens. Grandioso, superbo.

trionfalismo s.m. Atteggiamento tipico di chi esalta esageratamente i propri successi e guarda con eccessivo ottimismo alle proprie imprese.

trionfalista s.m. e f.[pl.m. –sti] Chi tende ad assumere un atteggiamento trionfalistico.

trionfalistico agg. [pl.m. –ci, f. –che] Caratterizzato da trionfalismo.

trionfànte agg. **1.** Che trionfa, che ha ottenuto una vittoria. ~ TEOL. CRIST. Detto dei beati che si trovano in cielo. ◊ *Cristo trionfante:* vittorioso sulla morte. **2.** estens. Pieno di esultanza per un buon risultato ottenuto, per un successo.

trionfàre v.intr. (aus. *avere*) **1.** ANT. ROM. Detto di un generale vittorioso, ottenere e celebrare il trionfo. **2.** estens. Ottenere una grande vittoria, un successo strepitoso. *La nostra squadra ha trionfato.* ~ Riportare un trionfo, come affermazione in campo morale. *La giustizia deve trionfare.*

trionfatóre s.m. **1.** [f. –trice] Chi trionfa, vince. **2.** ANT. ROM. Generale che ha vinto e riceve l'onore del trionfo.

trionfo s.m. **1.** Grande successo, vittoria gloriosa. ~ Affermazione, prevalenza in senso morale. **2.** estens. Manifestazione di entusiastica approvazione, successo strepitoso. ◊ *Portare qlcu. in trionfo:* trasportarlo sulle spalle per fargli onore e festeggiarlo. **3.** ANT. ROM. Massimo onore che veniva tributato a un generale vincitore, il quale saliva al tempio di Giove Capitolino su un carro seguito dai suoi soldati, dalle autorità civili e religiose, dai prigionieri nemici e dal bottino di guerra. **4.** TEOL. CRIST. Glorificazione in cielo di Cristo, della Madonna e dei santi. ~ La rappresentazione artistica di questo tipo di soggetto. **5.** Carro allegorico tipico del carnevale fiorentino del Quattrocento. **6.** Centrotavola ornamentale costituito da un'alzata a più ripiani o da altre strutture architettoniche classiche riprodotte in miniatura. **7.** Ciascuna delle carte dei tarocchi rappresentanti una figura.

triònice s.m. **1.** Tartaruga carnivora dei corsi d'acqua dell'America settentrionale, dell'Africa e del Sud-est asiatico, con carapace coriaceo, ma sprovvisto di scaglie, estremamente vorace. (Lunghezza 70 cm; famiglia dei Cheloni.) **2.** ZOOL. (iniziale maiusc.) Genere di animali cui appartengono varie specie di trionici.

triòssido s.m. CHIM. Composto binario la cui molecola contiene tre atomi di ossigeno.

trip [/'trip/] s.m. inv. (voce ingl., deriv. di *to trip* "fare un viaggio") **1.** Nel gergo della droga, stato allucinatorio prodotto dall'assunzione di sostanze stupefacenti. **2.** estens. Nel l. giovanile, sensazione fortissima, eccitante.

tripàla agg. (solo f.) Di elica, munita di tre pale.

tripanosòma s.m. (lat. *Trypanosoma*, comp. di gr. *trýpanon* "trapano" e *sôma* "corpo" perché di forma allungata). **1.** [pl. –mi] Denominazione comune di vari protozoi diffusi nelle regioni tropicali, con corpo allungato e appiattito, parassiti dei vertebrati e, in alcuni casi, portatori di affezioni gravi, come la malattia del sonno nell'uomo o la surra negli equini. (Classe dei Flagellati.) **2.** ZOOL. (iniziale maiusc.) Genere di organismi a cui appartengono varie specie di tripanosomi.

Tripanosomàtidi s.m. pl. [iniziale minusc. sing. *–de* per l'individuo] BIOL. Famiglia di protozoi parassiti di animali e piante, spesso agenti patogeni di malattie dell'uomo.

tripanosomìasi s.f. inv. MED. Affezione parassitaria causata da tripanosomi.

tripartitismo s.m. Sistema di governo costituito dalla coalizione di tre partiti.

1. tripartito agg. **1.** Diviso in tre parti. **2.** Stipulato fra tre parti contraenti. ◊ *per anton. Patto tripartito:* quello stipulato tra Germania, Italia e Giappone nel 1940.

2. tripartito agg. Costituito dalla coalizione di tre partiti politici. ◆ s.m. Governo formato da tre partiti.

tripartizióne s.f. Divisione in tre parti.

Tripidi s.m. pl. [iniziale minusc. sing. –de per l'individuo] ZOOL. Famiglia di insetti con antenne articolate e ali strette e appuntite, dannosi per le piante. (Lunghezza 1 mm; ordine dei Tisanotteri.)

tripla s.f. Nei giochi a pronostici, combinazione che prevede tutte e tre le soluzioni possibili.

triplàno s.m. AER. Tipo di velivolo, oggi in disuso, che presenta tre piani alari disposti uno sull'altro.

triplétta s.f. (ingl. *triplet* "serie di tre") **1.** In molti giochi, colpo che vale tre punti o insieme di tre colpi riusciti, p.e. tre gol. **2.** Bicicletta a tre posti. **3.** Fucile da caccia a tre canne. **4.** BIOL. Nel processo di sintesi delle proteine, codone. **5.** ALG. Elemento (x,y,z) del prodotto $E \times F \times G$ di tre insiemi E, F e G.

triplicàre v.tr. [4] **1.** Moltiplicare qlco. per tre. **2.** estens. Accrescere qlco. in misura notevole. *Devi triplicare il tuo impegno.* ◆ **triplicarsi** v.pron. Diventare tre volte maggiore. *I prezzi si sono triplicati in pochi anni.*

triplicazióne s.f. Operazione consistente nel moltiplicare una grandezza per tre.

triplice agg. **1.** Che è costituito da tre elementi identici o assimilabili. ~ Che presenta episodi o aspetti che si ripropongono tre volte. **2.** Che si stipula fra tre contraenti. ◊ *Triplice Alleanza:* quella stretta tra Italia, Austria e Germania nel 1882. – *Triplice Intesa:* accordo stipulato tra Inghilterra, Francia e Russia nel 1904.

triplo agg. **1.** Maggiore di tre volte. **2.** Che consta di tre elementi. SIN.: **triplice**. ◊ CHIM. *Legame triplo:* quello tra due atomi qualsiasi, garantito da tre paia di elettroni e rappresentato dal simbolo ≡. ~ Ripetuto tre volte. ◊ SPORT. *Salto triplo:* nell'atletica leggera, salto in lungo eseguito con tre balzi consecutivi. ❑ Anche in funzione di avv., *vederci triplo*, vedere i contorni degli oggetti triplicati. ◆ s.m. **1.** Valore o quantità che è il triplo di un'altra. **2.** SPORT. Nell'atletica leggera, salto triplo.

triploblàstico agg. EMBRIOL. Di specie animali il cui embrione presenta tre foglietti,

ectoblasto, endoblasto e mesoderma (in oppos. alle specie *diploblastiche*).

triplòide agg. Di cellula il cui centro contiene tre gruppi omologhi di cromosomi invece di due. ~ Di organismo che possiede tali cellule. (Lo stato triploide può essere normale in alcune piante, è general. anormale o letale, negli animali superiori.)

triploidìa s.f. BIOL. Carattere degli organismi e delle cellule triploidi.

tripode s.m. **1.** Sostegno a tre piedi in materiale pregiato e finemente lavorato, usato fin dall'antichità per reggere recipienti. ◊ *Sedere sul tripode:* emettere giudizi con un tono sentenzioso di superiorità. (Dallo sgabello su cui sedeva la Sibilla di Delfi quando emetteva gli oracoli.) **2.** MAR. Albero metallico a tre gambe che sostiene le torrette nelle navi da guerra. **3.** ANAT. *Tripode celiaco:* tronco arterioso che nasce dall'aorta e si divide poi in tre rami.

tripodìa s.f. METR. Successione di tre piedi uguali.

tripolarismo s.m. **1.** Sistema politico in cui si affrontano e prevalgono tre poli ideologicamente diversi. **2.** Nella politica internazionale, predominio economico e politico di tre potenze.

tripósto agg. inv. A tre posti, a tre sedili.

trippa s.f. **1.** Stomaco di bovini macellati che, accuratamente purgato e tagliato in strisce, viene cucinato in vario modo. **2.** fam. scherz. Pancia, ventre.

trippàio s.m. [f. –paia, pl.m. –pai] Venditore di trippa.

tripperìa s.f. **1.** Bottega dove si vende la trippa. **2.** Settore del mattatoio in cui vengono preparate per la vendita le trippe e altre frattaglie.

tripsìna s.f. (ted. *Trypsin*, gr. deriv. di *trýpsis* "sfregamento" perché fu prodotto orig. strofinando glicerina sul pancreas) BIOL. Enzima del succo pancreatico, che scinde le proteine nell'intestino.

tripsinògeno s.m. CHIM., BIOL. Sostanza secreta dal pancreas, precursore della tripsina.

triptofàno s.m. CHIM., BIOL. Amminoacido aromatico ciclico, indispensabile all'organismo.

tripudiàre v.intr. [6] (aus. *avere*) Manifestare gioia in modo vistoso e clamoroso. *I tifosi tripudiano per un gol.*

tripùdio s.m. [pl. –di] (lat. *tripúdium*, propr. "danza a tre piedi") **1.** Manifestazione vivace di gioia e soddisfazione. **2.** fig. Spettacolo di incantevole bellezza. *Tripudio di colori.* **3.** ANT. ROM. Danza dei sacerdoti Salii.

triquetra s.f. (lat., deriv. di *tríquetrus* "triangolare") Motivo decorativo celtico formato da tre gambe che sembrano rincorrersi e che suggeriscono così l'idea di un movimento rotatorio intorno a un centro, general. rappresentato da un volto umano.

trireattóre agg. AER. Di aereo avente tre reattori di propulsione. ◆ s.m. Nel sign. dell'agg.

trirégno s.m. Tiara papale formata da tre corone sovrapposte, simbolo di autorità e potere.

■ **trìquetra.** Elmo di Amfreville. Decoro a triquetra, bronzo e oro, periodo La Tène (300-150 a.C.).
(Museo delle Antichità Nazionali, Saint-Germain-en-Laye.)

trirème s.f. Antica nave da guerra, così denominata perché dotata di tre ordini di remi o, secondo una diversa interpretazione degli storici, con tre vogatori per ogni banco.

trirettàngolo agg. MAT. Riferito all'insieme di tre assi cartesiani di riferimento che escono dallo stesso punto e sono perpendicolari a due a due.

tris s.m. inv. **1.** In alcuni giochi di carte, combinazione di tre carte del medesimo valore. **2.** Assaggio di tre portate differenti. *Un tris di primi.* **3.** IPP. Scommessa sull'ordine d'arrivo dei primi tre cavalli di una corsa.

trisàvolo o **trisàvo** s.m. [f. *–la, –va*] Padre del bisnonno o della bisnonna. ~ *estens.* Antenato, progenitore.

trisdrùcciolo agg. GRAMM. Di parola accentata sulla quintultima sillaba. (In italiano solo i v. con pron. enclitici: *òccupatene.*)

trisettòre agg. MAT. Che realizza la trisezione.

trisezióne s.f. MAT. Divisione di un angolo, di un arco o di un segmento in tre parti uguali.

trisìllabo agg. LING. Costituito da tre sillabe. ◆ s.m. **1.** LING. Parola di tre sillabe. **2.** METR. Verso di tre sillabe metriche.

trisma s.m. [pl. *–mi*] MED. Blocco delle mandibole dovuto alla contrattura dei muscoli masticatori. (È uno dei sintomi del tetano.)

trisnònno s.m. [f. *–na*] Padre del bisnonno o della bisnonna.

trisolfùro s.m. CHIM. Composto con tre atomi di zolfo.

trisomìa s.f. GENET. Aberrazione nel processo della meiosi caratterizzata dalla formazione di tre cromosomi, omologhi nelle cellule figlie, al posto della normale coppia. ◇ *Trisomia 21:* alterazione della meiosi che avviene nella ventunesima coppia di cromosomi, causando la sindrome di Down. SIN.: *mongolismo.*

trisòmico agg. **1.** Affetto da trisomia. **2.** Relativo alla trisomia. ◆ s.m. Chi è affetto da trisomia.

triste agg. **1.** Di persona propensa alla malinconia, alla depressione. ~ Che denota tale stato d'animo. *Occhi tristi.* **2.** Detto di cosa, che affligge, rattrista. *Notizie tristi.* **3.** Che causa dolore, dispiacere.

tristézza s.f. **1.** Stato d'animo di chi è triste, malinconico, addolorato. **2.** Aspetto, condizione di ciò che è triste, spiacevole. **3.** Ciò che ispira malinconia o causa dolore.

tristo agg. **1.** Malvagio, perfido. **2.** Meschino, magro, povero. *Un tristo periodo.* ~ Riferito a piante, stentato.

tritacàrne s.m. inv. Attrezzo usato per macinare la carne.

tritaghiàccio s.m. inv. Attrezzo per tritare il ghiaccio.

tritàre v.tr. Ridurre qlco. in piccoli pezzi, sia tagliando, in riferimento a verdure e carni, sia pestando, in riferimento a materiali in grana.

tritarifiùti s.m. inv. Apparecchio elettrico o meccanico per la trituratura dei rifiuti solidi.

tritàto agg. Sminuzzato, macinato.

tritatùra s.f. Operazione consistente nel tritare qlco.

tritatùtto s.m. inv. Attrezzo da cucina, meccanico o elettrico, che serve a tagliuzzare varie sostanze alimentari.

tritaverdùre s.m. inv. Attrezzo da cucina che serve per tagliare le verdure.

triteìsmo s.m. RELIG. In epoca medievale, dottrina eretica che riconosceva nella Trinità divina non solo tre persone, ma anche tre nature.

triterapìa s.f. MED. Uso simultaneo di tre medicine o tecniche terapeutiche. ~ Trattamento medico per le persone affette da AIDS (o preventivo per i sieropositivi senza AIDS dichiarato), basato sull'impiego combinato di tre medicine antivirali (come, p.e., l'AZT, il DDI e un enzima che impedisce la maturazione del virus), la cui efficacia è molto superiore a quella di ogni medicina presa da sola.

triticàle s.m. Cereale creato con incroci tra varie specie di grano e di segale.

tritio o **trizio** s.m. [pl. *–ti, –zi*] (lat. *Tritium,* deriv. di gr. *trítos* "terzo" perché di massa atomica tripla rispetto all'atomo di idrogeno) CHIM.

Isotopo dell'idrogeno il cui nucleo è formato da un protone e due neutroni, con proprietà radioattive, presente in percentuale minima nell'acqua e ottenibile per bombardamento di neutroni da isotopi del litio e del boro.

trito agg. **1.** Tritato, sminuzzato. **2.** *fig.* Di cosa ripetuta e ormai nota a tutti, quindi priva del minimo interesse e di originalità. ◆ s.m. Verdura o altra sostanza alimentare tritata finemente.

tritolo s.m. Potente esplosivo, utilizzato anche per la fabbricazione di razzi e miscele esplosive, formato da un derivato del nitrato del toluene; per questo, nel l. chimico, è detto anche *trinitrotoluene.*

1. tritóne s.m. **1.** MIT. GR. (iniziale maiusc.) Divinità marina general. raffigurata con un tridente in mano. ~ Creatura marina discendente dal dio Tritone, rappresentata con la testa e il tronco d'uomo e il resto del corpo a forma di pesce, che tira il carro degli dei del mare. **2.** Denominazione di alcuni anfibi di piccole dimensioni, simili alla salamandra. (Ordine degli Urodeli.) **3.** ZOOL. (iniziale maiusc.) Genere di anfibi degli Urodeli comprendente numerose specie. **4.** ZOOL. (iniziale maiusc.) Genere di molluschi marini di notevoli dimensioni e con grossa conchiglia affusolata. (Classe dei Gasteropodi.)

2. tritóne s.m. FIS. Nucleo dell'atomo di trizio, isotopo radioattivo dell'idrogeno, formato da un protone e due neutroni.

■ **tritóne** crestato.

tritone s.m. MUS. Intervallo melodico o armonico di tre toni.

trittico s.m. [pl. *–ci*] **1.** Nel Medioevo, opera dipinta o scolpita in tre scomparti, i cui due esterni (ante), più piccoli, possono richiudersi su quello centrale. **2.** *estens.* Opera letteraria plastica, drammatica o musicale, composta da tre parti, da tre scene. ~ Insieme di tre opere tra loro coordinate. **3.** FILAT. Gruppo di tre francobolli su uno stesso tema, emessi per la commemorazione di uno stesso fatto o personaggio. **4.** Documento composto da tre parti staccabili che è necessario presentare alla dogana, rispettivamente per l'espatrio, il rimpatrio provvisorio e quello definitivo di un'automobile da uno stato. **5.** ANT. ROM. Insieme di tre tavolette di legno o di avorio, ripiegabili l'una sull'altra che avevano la funzione del moderno taccuino.

trittòngo s.m. [pl. *–ghi*] LING. Successione di tre suoni vocalici che formano un'unica sillaba (p.e., *iuo* in *aiuola*).

trituràre v.tr. Sbriciolare, ridurre qlco. in parti molto piccole. *Triturare il cibo con i denti.*

trituratóre agg. [f. *–trice*] Che serve a frammentare e sbriciolare. ◆ s.m. (anche f.) Ogni apparecchio o macchina che si usa per ridurre in pezzetti minuscoli materiale vario.

triturazióne s.f. Riduzione di qlco. in frammenti, in briciole.

triunviràto o **triumviràto** s.m. **1.** Organo di governo o di funzione direttiva in cui il potere è diviso fra tre persone. **2.** ANT. ROM. Magistratura collegiale, perlopiù di carattere straordinario, formata da tre membri, con poteri diversi a seconda del momento storico.

triùnviro o **triùmviro** s.m. **1.** Ciascuno dei membri di un organo di governo formato da tre persone. **2.** ANT. ROM. Ciascuno dei tre componenti del triunvirato.

trivalènte agg. **1.** CHIM. Di atomo o di radicale che ha la proprietà di combinarsi con tre atomi di idrogeno. ~ Di elemento che ha la proprietà di accettare o cedere tre elettroni di valenza. **2.** Che ha triplice azione o funzione. **3.** FILOS. *Logica trivalente:* che utilizza tre valori di verità. (Oltre al *vero* e al *falso,* il terzo valore di verità è

il *non decidibile.*) **4.** LING. Nella classificazione dei verbi secondo il modello della grammatica valenziale di L. Tesnière, d'ogni verbo che, in base al suo significato, per costituire una frase minima di senso compiuto richiede di essere accompagnato da tre argomenti.

trivalènza s.f. CHIM. Proprietà degli atomi, dei radicali, degli elementi a valenza tre.

trivàlve agg. ZOOL., BOT. Che si compone di tre valve.

trivèlla s.f. **1.** Arnese formato da un'asta di ferro con punta a spirale, usato per praticare fori nel legno. **2.** Attrezzo in acciaio che serve per scavare fori nel terreno. ~ In partic., sonda per scavare pozzi petroliferi, formata da un'asta rotante munita di punta a vite. **3.** Nei caseifici, attrezzo a punta tagliente, usato per prelevare saggi di formaggio da forme di cui si vuole controllare la stagionatura.

trivellàre v.tr. **1.** Perforare, scavare un materiale con la trivella. *Trivellare la roccia.* **2.** *fig.* Tormentare, angosciare profondamente e con azione persistente, perlopiù con specificazione della persona. *Un dubbio mi trivella la mente.*

trivellatóre s.m. **1.** Attrezzo per lo scavo di buche nel terreno. **2.** [f. *–trice*] Addetto alla perforazione.

trivellazióne s.f. Scavo, perforazione in profondità eseguita con la trivella, spec. nel terreno per indagini geologiche o ricerca di giacimenti petroliferi. ◇ *Torre di trivellazione:* alta struttura metallica che ha la funzione di reggere e guidare gli strumenti di perforazione in terreni ricchi di petrolio.

triviàle agg. Scurrile, volgare, grossolano.

trivialità s.f. inv. Carattere di chi o di ciò che è triviale. ~ Comportamento scurrile, sguaiato.

trivio s.m. [pl. *–vi*] **1.** Incrocio di tre vie. **2.** Nel Medioevo, le tre arti liberali, cioè grammatica, dialettica e retorica.

trizio s.m. CHIM. → tritio.

trocàico agg. [pl.m. *–ci,* f. *–che*] METR. Formato di trochei, relativo al trocheo. *Metro trocaico.*

trocantère s.m. **1.** ANAT. Ciascuna delle due prominenze ossee all'estremità superiore del femore, su cui si inseriscono i muscoli. **2.** ZOOL. Seconda parte delle zampe degli insetti.

trochèo s.m. METR. Piede costituito da due sillabe in ritmo discendente, la prima lunga, la seconda breve.

Trochilidi s.m. pl. (iniziale minusc. sing. *–de* per l'individuo) ZOOL. Famiglia di uccelli apodiformi di piccolissime dimensioni, caratterizzati da piumaggio iridescente, becco molto lungo e sottile atto a raccogliere il nettare dai fiori, ali sviluppate, che, battendo a incredibile velocità, rendono il loro volo simile a quello delle mosche; detti anche *colibrì.*

trochine s.m. ANAT. Piccola tuberosità dell'estremità superiore dell'omero.

trochite s.m. ANAT. Grossa tuberosità dell'estremità superiore dell'omero.

tròclea s.f. **1.** Antica macchina da guerra. **2.** ANAT. Qualsiasi articolazione che richiama, nella forma e nel movimento, una puleggia. *Troclea omerale.*

trocleàre agg. ANAT. Riferito al quarto paio di nervi del cranio che interessa il muscolo obliquo superiore dell'occhio.

tròco s.m. **1.** [pl. *–chi*] Mollusco con conchiglia conica a forma di spirale, i cui esemplari di grosse dimensioni sono ricercati per la madreperla. (Sottoclasse dei Prosobranchi, classe dei Gasteropodi.) **2.** ZOOL. (iniziale maiusc.) Genere di animali a cui appartiene il troco.

trocòfora s.f. ZOOL. Detto della larva di quasi tutti gli invertebrati marini, caratterizzata da forma ovoidale e da una ruota di ciglia che, cadendo, conferisce alla larva l'aspetto di un verme. ◆ s.f. Nel sign. dell'agg.

trofallàssi s.f. inv. ZOOL. Scambio di nutrimento tra i membri di una comunità di insetti.

trofèo s.m. **1.** Nel mondo classico, armi del nemico vinto, pubblicamente esposte come testimonianza della vittoria. **2.** *estens.* Qualsiasi segno o monumento posto a ricordo di una vittoria. **3.** ART., ART. DEC. APPL. Rappresentazione artistica di armi o altre insegne di vittoria, come elemento ornamentale. **4.** Coppe, medaglie, targhe, spoglie di animali uccisi conservate ed esposte a ricordo e celebrazione di vittorie, battute di caccia, successi, ecc. **5.** SPORT. Gara in cui è in palio una coppa, un oggetto artistico, un premio. **6.** MIL. Distintivo di metallo che i soldati hanno sul berretto.

tròfico agg. [pl.m. –ci, f. –che] **1.** BIOL. Relativo ai processi nutrizionali delle cellule e dei tessuti. **2.** MED. Relativo allo stato di nutrizione di un organismo, di una parte di esso o di un tessuto.

tròfie s.f. pl. (voce genov. di etim. incerta) Pasta fresca della cucina ligure.

trofismo s.m. **1.** BIOL. Processo nutrizionale di una cellula, di un tessuto, di un organismo. **2.** MED. Condizione nutrizionale di un organismo o di una parte di esso.

trofoblàstico agg. Relativo al trofoblasto.

trofoblàsto s.m. BIOL. Parete cellulare da cui ha origine la placenta.

troglodita s.m. e f. [pl.m. –ti] (gr. trōglodýtēs, comp. di trōglē "caverna" e dýein "penetrare") **1.** ETNOL. In età preistorica, uomo che popolava le caverne. **2.** fig. Persona dai modi rozzi, dal comportamento incivile. ~ Chi vive in condizioni di arretratezza sociale e culturale.

troglodítico agg. [pl.m. –ci, f. –che] **1.** ETNOL. Di troglodita, dei trogloditi. **2.** fig. Incivile, selvaggio.

Troglodítidi s.m. pl. [iniziale minusc. sing. –de per l'individuo] ZOOL. Famiglia di uccelli di piccole dimensioni, tipici delle zone tropicali; ne fa parte lo scricciolo, diffuso anche in Italia. (Ordine dei Passeriformi.)

trògolo s.m. (long. trog "legno") **1.** Specie di vasca quadrangolare, in legno o in muratura, usata per raccogliere acqua, per fare il bucato o per vari usi in determinate lavorazioni. ◊ Trogolo d'incubazione: negli allevamenti ittici, vasca dove si tengono in incubazione le uova dei pesci. **2.** Contenitore atto a contenere il cibo dei maiali ~ fig. Epiteto scherzoso rivolto a chi mangia di tutto e abbondantemente. **3.** GEOGR. Trogolo glaciale: valle di montagna, modellata da un ghiacciaio, con particolare forma a doccia.

Trogonifórmi s.m. pl. [iniziale minusc. sing. –me per l'individuo] ZOOL. Ordine di uccelli carenati diffusi nelle foreste tropicali, aventi ali poco adatte al volo, becco largo, corto e appiattito e sul dorso piumaggio a colori iridescenti che spesso contrastano con quelli vivaci della testa e del petto.

tròia s.f. (lat. tròiam di etim. incerta, forse dal piatto del pòrcum Troiánum "arrosto di maiale ripieno" con nome che allude al cavallo di Troia) **1.** pop. Femmina del maiale. **2.** volg. Prostituta, usato spec. come epiteto ingiurioso.

troiàno agg. **1.** Di Troia, antica città dell'Asia Minore. **2.** ASTR. Pianetini troiani: corpi celesti aventi lo stesso periodo di rivoluzione del pianeta Giove e che formano con esso e il Sole un triangolo sensibilmente equilatero. (Distribuiti in due gruppi, questi pianetini portano i nomi degli eroi della guerra di Troia.) ◆ s.m. [f. –na] Nativo, abitante di Troia.

tròica o **tròika** s.f. [pl. –che] (russo trójka) **1.** Nella Russia zarista, antica slitta coperta o scoperta, trainata da tre cavalli, per il trasporto di persone. **2.** POLIT. fig. Gruppo di tre persone preposte al governo o alla direzione di organizzazioni, enti, ecc.

tròll s.m. inv. (norreno troll) Orco o spirito demoniaco che popola i boschi e le montagne nelle leggende nordiche.

trolley [/'trɔli/] s.m. inv. (voce ingl., propr. "rotella di presa") **1.** Nei veicoli mossi a elettricità, presa di corrente ad asta attaccata alle linee aeree. **2.** Valigia con rotelle e manico di traino a scomparsa.

trómba s.f. (ted. trumba di orig. onom.) **1.** MUS. Strumento a fiato, perlopiù di ottone, costituito da una canna a forma di tubo che s'ingrossa a partire dal bocchino fino a formare una campana molto svasata. ◊ Le trombe del giudizio, secondo la profezia apocalittica, quelle che suoneranno gli angeli per annunciare il giudizio universale. – figg. Dare fiato alle trombe: spargere una notizia ai quattro venti. – fam. Partire in

tromba: intraprendere un'attività con un grande slancio di energia ed entusiasmo. **2.** ACUST. Organo tubolare metallico che, collegato a un generatore, ne amplifica il suono diffondendolo nell'ambiente. ~ Negli autoveicoli, segnalatore sonoro. SIN.: **clacson**. **3.** Qualsiasi oggetto, struttura, ecc. che ricorda la tromba. **4.** Tromba delle scale: nella struttura edilizia di una scala, spazio vuoto tra le rampe che salgono lateralmente. **5.** METEOR. Tromba d'aria: turbine ventoso verticale a forma di cono rovesciato, che si genera nel corso di temporali molto violenti; se si scatena in mare è detto tromba marina. **6.** ANAT. Organo cavo a struttura cilindrica. ◊ Tromba di Falloppio: tuba dell'utero, detta anche *tuba di Falloppio. – Tromba di Eustachio: quella che collega l'orecchio e la faringe.

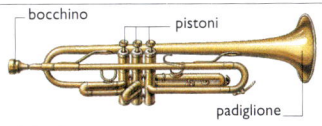

■ **trómba**

trombétta s.f. Nel sign. del dim. di tromba; in partic., tromba giocattolo per bambini ◊ BOT. Trombetta dei morti: fungo dalla caratteristica forma a imbuto, di colore grigio scuro. (Classe dei Basidiomiceti.)

trombettière s.m. **1.** Soldato incaricato di dare i segnali con la tromba. **2.** fig. scherz. Incaricato di dettare notizie al telefono, per giornali o uffici di corrispondenza. **3.** ZOOL. → agami.

trombettista s.m. e f. [pl.m. –sti] Componente di un'orchestra o di un complesso, perlopiù di musica jazz, che suona la tromba.

trombina s.f. BIOL., CHIM. Albumina che agisce con funzione catalizzatrice nel processo di coagulazione del sangue.

trómbo s.m. (gr. thrómbos "coagulo") MED. Grumo di sangue formatosi in un vaso sanguigno o nel cuore.

trombocito o **trombocita** s.m. BIOL. → piastrina.

trombocitopenia s.f. Diminuzione patologica del numero delle piastrine nel sangue, detta anche piastrinopenia.

tromboembòlico agg. MED. Di stato patologico caratterizzato dalla formazione di grumi nei vasi (trombi) che, frammentandosi e spostandosi, causano le embolie.

tromboflebite s.f. MED. Infiammazione di una vena dovuta alla formazione di un grumo.

trombolisi s.f. inv. **1.** MED. Riassorbimento spontaneo di un grumo in un vaso sanguigno. **2.** MED. Trattamento avente come scopo il riassorbimento di un grumo in un vaso sanguigno.

trombolitico agg. Relativo alla trombolisi. ~ Che provoca trombolisi. ◆ s.m. Nei sign. dell'agg.

tromboncino s.m. **1.** Nel sign. del dim. di trombone. **2.** BOT. Trombone. **3.** MIL. Tubo di forma svasata applicabile alla parte terminale della canna del fucile, usato dalle forze dell'ordine per il lancio di bombe lacrimogene.

trombóne s.m. **1.** MUS. Strumento a fiato degli ottoni, simile alla tromba ma di maggiori dimensioni e dal suono più grave, dotato di canne mobili per la variazione dei suoni. **2.** estens. Suonatore di trombone. **3.** fig. Chi parla molto e in modo sostenuto, perlopiù esprimendo banalità o concetti vuoti. **4.** Antica arma da fuoco portatile, dalla canna svasata verso l'estremità. **5.** Alto stivale, svasato attorno alla coscia, un tempo calzato dai corrieri. **6.** BOT. Fiore giallo e piuttosto grande, reclinato sul gambo, simile a un grosso narciso, con la corolla a forma di piccola trom-

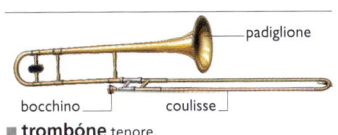

■ **trombóne** tenore.

ba; è detto anche trombombino. (Famiglia delle Amarillidacee.)

trombonista s.m. e f. [pl.m. –sti] Suonatore di trombone, spec. in un'orchestra o in un complesso di musica jazz.

trombopoièsi s.f. inv. MED. Formazione di un trombo.

trombòsi s.f. inv. **1.** MED. Processo patologico di formazione di trombi che, all'interno dei vasi sanguigni o delle cavità cardiovascolari, ostacolano o impediscono la normale circolazione del sangue. **2.** BOT. Ostruzione patologica dei vasi legnosi.

trompe-l'oeil [/trɔp'lœj/] s.m. inv. (loc. fr., "inganna l'occhio") Genere di pittura che mira a dare l'illusione della realtà mediante una precisa disposizione prospettica degli oggetti e un sapiente contrasto di luci e ombre. ~ Opera eseguita con tale tecnica.

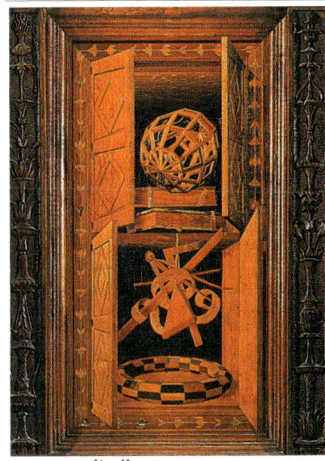

■ **trompe-l'œil.** Intarsio di Fra Giovanni da Verona, fine del sec. XV.
(Abbazia di Monte Oliveto Maggiore, nei pressi di Siena.)

troncaménto s.m. **1.** Rottura, taglio netto di qlco. **2.** fig. Brusca interruzione, rottura definitiva. **3.** LING. Caduta della vocale o della sillaba finale di una parola. SIN.: **apocope**.

troncàre v.tr. [4] **1.** Recidere di netto, spezzare qlco. con un colpo violento. Troncare i rami di un albero. **2.** fig. Interrompere qlco. in modo brusco. Troncare un'amicizia. **3.** LING. Effettuare un troncamento.

troncàto agg. **1.** Spezzato, reciso. **2.** fig. Interrotto all'improvviso.

troncatùra s.f. **1.** Recisione di netto. **2.** Punto in cui una cosa è stata troncata.

tronchése s.m. o s.f. Piccola tenaglia munita di due ganasce affilate, usata per tagliare fili metallici di modesto spessore.

tronchesina s.f. Nel sign. del dim. di tronchese; in partic., pinzetta da manicure per il taglio e la pulizia delle unghie.

tronchétto s.m. **1.** Nel sign. del dim. di 2. tronco. **2.** BOT. Tronchetto della felicità: varietà di dracena ornamentale. **3.** CUC. Dolce a forma di rotolo.

1. trónco agg. [pl.m. –chi, f. –che] **1.** Mutilato di una parte, perlopiù quella superiore o ter-

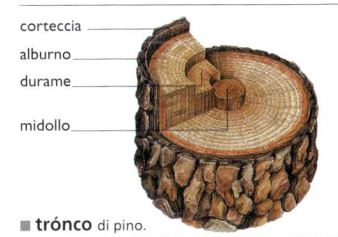

■ **trónco** di pino.
corteccia · alburno · durame · midollo

minale. *Colonna tronca.* **2.** Staccato, mozzato dalla parte intera. **3.** LING. Di parola con l'accento sull'ultima sillaba, ossitona. • Di parola che ha subito troncamento. • Di verso che termina con una parola tronca. ◆ s.m. Solo nella loc. *in tronco,* a metà, in sospeso, per indicare una brusca interruzione, un distacco. ◇ *Lasciare qlcu. in tronco:* senza nemmeno un saluto o interrompendo un colloquio in modo poco educato. – *Licenziare qlcu. in tronco:* sul posto e senza preavviso.

2. trónco s.m. [pl.m. *–chi*] **1.** Fusto legnoso delle piante arboree, che va da terra all'impalcatura dei rami. **2.** ANAT. Parte del corpo umano, comprendente il torace, l'addome e il bacino, che va dalla base del collo all'attaccatura degli arti inferiori. – *estens.* Torso di una statua. ◇ *Tronco cerebrale:* parte dell'encefalo formata da bulbo rachideo, protuberanza anulare e mesencefalo. **3.** Troncone, parte maggiore di un oggetto o di un insieme spezzato o disarticolato. ◇ MAR. *Tronco maggiore:* parte inferiore dell'albero di un veliero composto di più pezzi. – GEOM. *Tronco di cono, di piramide:* figure solide ottenute tagliando un cono o una piramide con un piano parallelo alla loro base. **4.** Sezione di un corso d'acqua compreso tra due chiuse, due cascate. ~ Anche, tratto di strada.

troncocònico agg. [pl.m. *–ci,* f. *–che*] GEOM. A forma di tronco di cono.

troncóne s.m. **1.** Nel sign. dell'accr. di *tronco.* **2.** Parte del tronco che rimane radicata al terreno quando un albero viene tagliato. **3.** Moncherino di un arto amputato. **4.** Pezzo tagliato o rotto di un oggetto di forma allungata. – *estens.* Parte, diramazione. *Il troncone romano dell'inchiesta.*

tronculàre agg. MED. Relativo a un tronco nervoso o vascolare.

troneggiàre v.intr. [5] (aus. *avere*) **1.** Stare seduto in un posto come se si fosse su un trono, assumendo un'aria maestosa. ~ Sovrastare per statura o per prestigio personale, anche in senso iron. o scherz. *Il vecchio troneggiava a capotavola.* **2.** *estens.* Detto di cose, fare bella mostra di sé. *Una torta a cinque piani troneggia nella vetrina del pasticciere.*

trónfio agg. [pl.m. *–fi*] **1.** Gonfio di boria. ◇ *Andar tronfio:* essere, mostrarsi superbo. **2.** Di stile, retorico, ridondante.

tròno s.m. **1.** Sedia su cui siedono durante le cerimonie sovrani o dignitari ecclesiastici. **2.** *fig.* Autorità, dignità di re o di papa. ~ L'istituzione stessa della monarchia. **3.** (iniziale maiusc., al pl.) Settimo dei nove cori angelici del Paradiso, nella scala gerarchica ascendente degli ordini celesti.

Tropeolàcee s.f. pl. [iniziale minusc. sing. *–a* per l'individuo] BOT. Famiglia di piante erbacee e rampicanti diffuse in America meridionale, aventi foglie di forma simile a piccoli scudi. (Ordine delle Geraniali.)

tropicàle agg. **1.** Dei tropici. **2.** *estens.* Afoso, torrido.

tropicalizzàre v.tr. Adattare macchine, strumenti, ecc. alle elevate temperature del clima tropicale.

tropicalizzazióne s.f. Operazione mediante cui si adattano macchine, strumenti, ecc. a climi tropicali.

tròpico s.m. [pl. *–ci*] (lat. *trŏpicum,* gr. *tropikós kýklos* "circolo di rivolgimento") **1.** ASTR. Ciascuno dei due paralleli terrestri, di latitudine

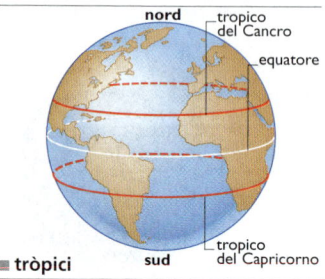
■ **tròpici**

23° 26′ N (tropico del Cancro) e S (tropico del Capricorno), che il Sole descrive quando passa allo zenit in ciascun solstizio. **2.** GEOGR. Ciascuno dei due paralleli terrestri che sono la proiezione sulla Terra dei tropici celesti. **3.** (al pl.) Fascia della superficie terrestre corrispondente a ciascuno dei tropici o compresa fra essi. □ In funzione di agg., solo nella loc. *anno tropico,* anno solare.

tropismo s.m. **1.** BIOL. Tendenza di piante o animali a orientarsi nello spazio sotto l'influenza di uno stimolo esterno (fototropismo, geotropismo, ecc.). **2.** In batteriologia, tendenza di alcuni microrganismi a localizzarsi in determinati punti dell'organismo. ~ FARM. Tendenza di certi farmaci ad accumularsi in determinati organi.

tròpo s.m. **1.** RET. Forma figurata del linguaggio. **2.** FILOS. Ogni argomento usato dagli scettici antichi per demolire le affermazioni dogmatiche. **3.** CATT. Interpolazione di parole sulle parti cantate della messa.

tropopàusa s.f. Zona di transizione fra la troposfera e la stratosfera.

troposfèra s.f. Nell'atmosfera, strato più basso e più vicino alla superficie terrestre, sede dei fenomeni meteorologici, la cui temperatura diminuisce con l'aumentare della quota.

troposfèrico agg. [pl.m. *–ci,* f. *–che*] Della troposfera.

tròppo agg. indef. (fr. *trop,* francone *throp* "branco") In numero, misura o quantità eccessivi rispetto al necessario, al conveniente. *Ci sono troppi programmi.* ◇ *(Questo) è troppo!:* escl. di impazienza, usata per dire che si è ormai superato il limite di sopportazione. – *Troppa grazia (sant'Antonio)!:* escl. scherz. o iron., per dire che si è ottenuto più del necessario o di ciò che si pensava. ◆ avv. **1.** In misura eccessiva rispetto al giusto e al conveniente. *Hai parlato anche troppo.* ◇ *Di troppo:* in eccesso, più del necessario, superfluo. **2.** Assai, molto, in espressioni enfatiche. *Questo film è troppo divertente!* **3.** MUS. *Allegro (ma) non troppo:* movimento un po' più lento dell'allegro. ◆ s.m. (solo sing.) Quanto è in eccesso e dovrebbe essere eliminato. *Il troppo è inutile.*

tròta s.f. (forse gr. *trṓktēs* "vorace") Pesce teleosteo simile al salmone, dalle carni pregiate, di cui in Europa esistono due specie: la *trota comune* o *europea* (*Salmo trutta*) e la *trota iridea* o *iridata* o *arcobaleno* (*Salmo gairdneri*), originaria della parte occidentale dell'America del Nord. (Le trote di lago e di fiume sono soltanto varietà stanziali della trota comune; famiglia dei Salmonidi.) ◇ *Trota salmonata:* quella d'allevamento, le cui carni sono rese rosee come quelle del salmone mediante alimentazione a base di crostacei ricchi di carotene.

troticoltùra s.f. Allevamento industriale di trote.

trottàre v.intr. (aus. *avere*) **1.** Detto del cavallo e del cavaliere, andare al trotto. **2.** *estens.* Camminare a passo molto sostenuto, andare in fretta. *Dobbiamo trottare per arrivare in tempo.* **3.** *fig.* Agire senza perdere tempo. *Ieri ho trottato tutto il giorno.*

trottatóre s.m. [f. *–trice*] **1.** Cavallo addestrato per il trotto o per le corse al trotto. **2.** *estens.* Persona che ama camminare con passo veloce.

trotter [/'trɔtər/] s.m. inv. (voce ingl.) Ippodromo dotato di pista per le corse al trotto.

trotterellàre v.intr. (aus. *avere*) **1.** EQUIT. Detto del cavallo e del cavaliere, andare al piccolo trotto. *Il puledro trotterella a fianco della*

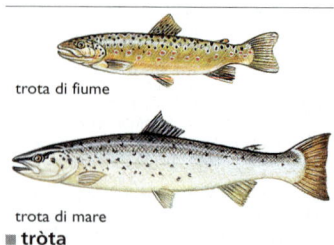
trota di fiume

trota di mare

■ **tròta**

madre. **2.** *estens.* Detto di persona, in partic. bambini, camminare a passetti brevi e svelti. *Il piccolo trotterellava dietro ai genitori.*

tròtto s.m. **1.** Andatura del cavallo che sta tra il passo e il galoppo. (È caratterizzata dal movimento simultaneo e coordinato delle zampe accoppiate a due a due in diagonale.) ◇ IPP *Corsa al trotto:* specialità che si effettua con animali addestrati e guidati da fantini seduti sul sulky. **2.** *estens.* Andatura di persona che procede con passo svelto. ~ Ritmo sostenuto nell'esecuzione di un lavoro.

tròttola s.f. **1.** Giocattolo costituito da una specie di cono rovesciato, in legno o altro materiale, munito di una punta metallica sulla quale viene fatto girare velocemente. ◇ *fig. Girare come una trottola:* muoversi o darsi da fare instancabilmente, senza sosta o pause. **2.** SPORT. Nel pattinaggio, veloce piroetta che si esegue, spesso su un solo piede, con una completa rotazione del corpo sul proprio asse. **3.** ZOOL. → troco.

trotzkismo o **trozkismo** s.m. Dottrina marxista sviluppata da L. Trotzkij intorno al concetto di rivoluzione permanente. ~ *estens.* Movimento politico ispirato a tale dottrina.

trotzkìsta o **trozkìsta** agg. [pl.m. *–sti*] Di seguace della dottrina di L. Trotzkij. ◆ s.m. e f. Nel sign. dell'agg.

troupe [/'trup/] s.f. inv. (voce fr., francone *throp* "branco") **1.** Compagnia teatrale di attori. **2.** Gruppo di persone, artisti e tecnici, che collaborano alla realizzazione di un'opera cinematografica o di un programma televisivo; in quest'ultimo caso, in partic. i tecnici che eseguono le riprese esterne.

trousse [/'trus/] s.f. inv. (voce fr., deriv. di *trousser* "caricare un animale da soma") **1.** Astuccio per strumenti da toilette o di altro genere. **2.** Borsetta da sera.

trovàbile agg. Che si può trovare.

trovadòrico agg. [pl.m. *–ci,* f. *–che*] Dei trovatori provenzali.

trovàre v.tr. (etim. discussa, forse lat. *tropàre* propr. "esprimersi per tropi, poetare") **1.** Individuare qlcu. o qlco. che si cerca, si desidera, così da poterne disporre o beneficiare. *Ho trovato un buon dentista.* ◇ *Andare a trovare qlcu.:* andare a fargli visita. **2.** *fig.* Riuscire a ottenere un risultato desiderato. *Ha trovato giovamento dalla cura?* **3.** Ritornare in possesso di qlco. che si era smarrito. **4.** Scoprire qlco., come risultato di un calcolo o di un'operazione mentale. *Trovare la soluzione di un problema.* **5.** Imbattersi in qlco. o qlcu., anche in senso fig. *Trovare difficoltà.* **6.** Sorprendere qlcu. in una certa situazione o condizione. *Ho trovato il cane che frugava nella spazzatura.* ◇ *fig. Trovare qlcu. con le mani nel sacco:* coglierlo in stato di colpevolezza. **7.** Constatare lo stato o condizione in cui si trova qlcu. o qlco. *La trovo dimagrita.* **8.** Ritenere, pensare, credere. *Trovo che esageri.* ◆ trovarsi v.pron. **1.** Incontrarsi, vedersi. *Ci troviamo tutte le sere al bar.* ◇ *Trovarsi (d'accordo) con qlcu.:* essere d'accordo, avere lo stesso modo di fare o le stesse opinioni di un'altra persona. *Non ci siamo trovati.* **2.** Detto di persona, essere in un certo luogo, perlopiù casualmente. **3.** Detto di cose, essere situato in un certo luogo o in una certa posizione. *L'Etna si trova in Sicilia.* **4.** Avere, possedere qlco. ◇ *fig. Trovarsi qlcu. tra i piedi:* averlo sempre intorno, pur non desiderandolo. **5.** Riuscire a concludere positivamente una ricerca. *Trovarsi la casa.* **6.** Accorgersi di essere in una certa condizione. *Trovarsi sommerso dai debiti.*

trovàta s.f. **1.** Idea, espediente capace di risolvere una situazione, di fare uscire da un impaccio. ~ *iron.* Idea tutt'altro che felice e opportuna. *Bella trovata partire con un tempaccio simile!* **2.** Battuta, uscita spiritosa.

trovatèllo s.m. [f. *–la*] Bambino non riconosciuto dai propri genitori o abbandonato in istituti di pubblica assistenza.

trovàto agg. Rinvenuto, scoperto.

trovatóre s.m. Poeta provenzale dei secc. XII-XIII che componeva liriche amorose in lingua d'oc.

tròzza s.f. MAR. Collare di metallo usato per fissare pennoni e picchi ai rispettivi alberi.

1. truccàre v.intr. [4] (aus. *avere*) (provenz. *trucar*) Nel gioco delle bocce e nel biliardo, spostare la palla dell'avversario colpendola con la propria.

2. truccàre v.tr. [4] (fr. *truquer*, provenz. *trucar*) **1.** Apportare miglioramenti estetici al viso di una persona, usando spec. cosmetici. **2.** Modificare l'aspetto di una persona con artifici vari in modo da nasconderne l'identità e da conformarla all'aspetto di un'altra persona. *Truccare qualcuno da extraterrestre.* **3.** Modificare un oggetto o apparato per renderlo irriconoscibile o per perpetrare un inganno. *Truccare le carte.* **4.** *fig.* Manovrare qlco. con mezzi poco leciti per assicurare un certo esito. *Truccare i risultati elettorali.* ◆ **truccarsi** pron. **1.** Trattare con cosmetici una parte del proprio corpo per migliorarla. **2.** Alterare il proprio aspetto con travestimenti e altri artifici in modo da assumere temporaneamente l'aspetto di un'altra persona. *L'attrice deve truccarsi da vecchia.*

truccàto agg. **1.** Modificato, mascherato nell'aspetto. **2.** Alterato, spec. a fini d'inganno. ~ Di veicolo, modificato in modo da consentire prestazioni superiori.

truccatóre s.m. [f. *-trice*] Chi trucca gli attori, per esigenze di scena o a fini estetici.

truccatùra s.f. **1.** Complesso delle operazioni che servono per il trucco. ~ Tecnica usata per truccare qlcu. **2.** Ciò che serve per truccare.

1. trùcco s.m. [pl. *-chi*] Gioco simile al biliardo, diffuso in epoca rinascimentale nelle corti e presso i nobili italiani.

2. trùcco s.m. [pl. *-chi*] (fr. *truc*) **1.** Artificio, inganno che altera l'aspetto delle cose e fa vedere quello che non c'è. ◇ CINE. *Trucchi cinematografici* (→*effetti speciali) – *Trucco del mestiere:* accorgimento pratico, astuzia che si acquisisce, con l'andare del tempo, nell'esercizio di un'attività. **2.** *estens.* Mezzo abile e losco per raggiungere il proprio fine. **3.** Applicazione di cosmetici, per modificare i tratti del viso o migliorarne l'estetica. ~ Il risultato così ottenuto. ~ I cosmetici utilizzati per truccarsi. ◇ *fig. Rifare il trucco a qlco.:* abbellirlo, rinnovarlo.

trùce agg. **1.** Torvo, minaccioso. **2.** Particolarmente crudele.

trucidàre v.tr. Uccidere persone in massa e con metodi feroci. *Trucidare i prigionieri.*

truciolàto s.m. ARRED. Pannello per la costruzione di mobili, che si prepara con un impasto di trucioli di legno e colle speciali, pressato fino a formare una lamina.

trùciolo s.m. **1.** Sottile nastro arricciato, prodotto come scarto dalla pialla a ogni passata sul legno, o da una macchina utensile in azione su un pezzo metallico. **2.** *estens.* Sottile striscia arricciata di materiali vari, usata spec. per imballaggi. **3.** *estens.* Striscia di legno flessibile, usata per costruire cesti.

truck [/'trʌk/] s.m. inv. (voce ingl., propr. "carrello") **1.** Grande camion. **2.** Carrello trasportatore per carichi pesanti. **3.** CINE. Apparecchiatura mobile per la registrazione dei suoni.

truculènto agg. **1.** Minaccioso, truce. **2.** Crudele, feroce. ~ *scherz.* Di rappresentazione o film tanto crudo da essere ridicolo.

truculènza s.f. Ferocia, violenza sanguinosa.

trùffa s.f. (fr. *truffe*, provenz. *trufa* "scherzo") **1.** Reato contro il patrimonio, commesso da chi ricava illecito profitto con danno altrui, mediante inganni e raggiri. **2.** *estens.* Imbroglio, raggiro. ❑ Anche in funzione di agg. inv., *legge truffa*, che abbia uno scopo diverso da quello dichiarato, risultando contraria agli interessi della collettività. ~ *per anton.* Legge elettorale proposta nel 1953 che prevedeva un forte premio di maggioranza.

truffaldino agg. (nome di un personaggio della commedia dell'arte, incarnazione del servo furbo e imbroglione) Relativo a truffa. *Impresa truffaldina.* ~ Proprio di un imbroglione. ◆ s.m. [f. *-na*] Imbroglione.

truffàre v.tr. Rendere qlcu. vittima di una truffa. *Truffare un cliente.* ~ Sottrarre denaro a qlcu. con raggiri. *L'imprenditore ha truffato molti miliardi alla ditta.*

truffatóre s.m. [f. *-trice*] Autore di raggiri e inganni.

truìsmo s.m. (ingl. *truism*) Verità ovvia, indiscutibile.

trùllo s.m. [f. *-la*] (gr. *troûllos* "cupola") Casa rustica con pianta circolare e tetto conico ricoperto di pietre, tipica di alcune località della Puglia.

trumeau [/try'mo/] s.m. inv. (voce fr. di orig. germ.) **1.** Mobile che nella parte inferiore è munito di cassetti e di ribalta che serve da scrivania, mentre nella parte superiore è chiuso da due ante e utilizzato come armadio. **2.** ARCH. Pilastro al centro di un portale, spec. nelle cattedrali gotiche.

trùppa s.f. (fr. *troupe*, francone *throp* "branco") **1.** Complesso organico di forze armate, di reparti militari. **2.** Insieme di tutti i soldati che non sono né ufficiali né sottufficiali. **3.** *fig.* Folto gruppo di persone.

truschìno s.m. (fr. *trusquin*, fiammingo *kruisken* deriv. di *kruis* "croce") Strumento usato nella tracciatura di pezzi meccanici, costituito da un'asta fissata a una base, su cui si fa scorrere una punta.

trust [/'trʌst/] s.m. inv. (voce ingl., deriv. di *to trust* "dare fiducia") **1.** ECON. Gruppo di imprese sottoposte a un'unica direzione e in grado di controllare un'ampia porzione del mercato, riducendo la concorrenza. ~ *estens.* Impresa molto potente che esercita la propria influenza su tutto un settore dell'economia. Monopolio. **2.** Insieme di persone, unite da un interesse comune, che controlla in esclusiva un determinato settore. ◇ *fig. Trust di cervelli:* gruppo di esperti assunti con funzione di consulenza.

trustee [/trʌsti:/] s.m. inv. (voce ingl.) **1.** COMM. Nei traffici marittimi, fiduciario di un conto destinato alla liquidazione di un eventuale danno di avaria. **2.** FIN. Chi amministra e gestisce il patrimonio posseduto da altri.

tse-tse [/tset'tsɛ/] agg. inv. (fr. *tsé-tsé*, da una voce bantù) *Mosca tse-tse:* insetto tipico delle zone tropicali che trasmette all'uomo e ai mammiferi il tripanosoma, causa della malattia del sonno.

T-shirt [/'ti:ʃɔ:t/] s.f. inv. (voce ingl., comp. di *T* e *shirt* "maglietta") Maglietta di cotone girocollo a maniche corte, tagliata a forma di T.

tsuba s.f. inv. (voce giapp.) Guardia della sciabola giapponese, spesso finemente cesellata, considerata un prezioso oggetto da collezione.

Tsùga s.f. ZOOL. Genere di conifere originarie dell'America settentrionale e del Giappone, dette anche *abeti del Canada.* (Famiglia delle Pinacee.)

tsunami [/tsu'nami/] s.m. inv. (voce giapp., propr. "onda sul porto") Onda alta e violenta provocata da un terremoto sottomarino. (A volte, è impropriamente chiamata *maremoto.*)

tu pron. pers. Seconda persona sing. che indica la persona (anche animale, cosa personificata o divinità) a cui ci si rivolge, con la quale c'è o si vuole instaurare un rapporto di confidenza. ❑ In funzione di s.m. (solo sing.), il pronome nell'uso allocutivo (in oppos. al *lei* o al *voi*). *Diamoci del tu.* ◇ *A tu per tu:* faccia a faccia. – *Trovarsi a tu per tu con qlcu.:* doverlo affrontare.

tuàreg o **tuàregh** agg. inv. (ar. *ṭuāreg*) Di una popolazione seminomade berbera che vive nelle regioni centrali del deserto africano del Sahara, dotata di proprie caratteristiche fisiche. ◆ s.m. inv. **1.** (anche f.; al pl. anche con iniziale maiusc.) Appartenente a tale popolazione. **2.** (solo sing.) Lingua di tale popolazione.

tuatàra s.m. inv. (voce maori) Rettile della Nuova Zelanda molto sviluppato nel terziario e ora considerato fossile vivente. (Ordine dei Rincocefali.) SIN.: **sfenodonte**.

tùba s.f. **1.** MUS. Strumento a fiato degli ottoni, di timbro simile a quello del corno, di forma a tubo conico con grande padiglione e munito di pistone. (La tuba è usata nell'orchestra come basso dei tromboni.) **2.** Cappello a cilindro. **3.** ANAT. Condotto membranoso, tromba. ◇ *Tuba uditiva o di Eustachio:* *tromba di Eustachio. – *Tuba uterina o di Falloppio:* nell'apparato genitale femminile, quella che collega ciascuna ovaia alla parte anteriore dell'utero. **4.** MIL. *gerg.* Recluta.

tubàggio s.m. [pl. *-gi*] **1.** MIN. Rivestimento di un foro di sondaggio mediante tubi. **2.** MED. → **intubazione**.

1. tubàre v.intr. (aus. *avere*) **1.** Detto di colombi e tortore, emettere il caratteristico verso roco e gutturale. **2.** *fig.* Detto tra innamorati, scambio di parole sottovoce e versi affettuosi.

2. tubàre v.tr. PETR. Dotare di tubi.

tubàrico agg. ANAT. Relativo alle trombe di Eustachio o di Falloppio.

tubatùra s.f. Insieme dei tubi di un impianto.

tubazióne s.f. Rete di tubi collegati sistematicamente tra loro per consentire il trasporto di liquidi e fluidi anche a grandi distanze. SIN.: **condotta**.

tubeless [/'tju:blɪs/] agg. inv. (voce ingl.) Di pneumatico senza camera d'aria. ◆ s.m. inv. Nel sign. dell'agg.

tuberàceo agg. BOT. Che ha la forma, l'aspetto del tubero.

Tuberàli s.f. pl. [iniziale minusc. sing. *-le* per l'individuo] **1.** BOT. Ordine di funghi dal corpo fruttifero chiuso e sotterraneo simile a un tubero. (Classe degli Ascomiceti.) **2.** BOT. Ordine di funghi con micelio che vive in simbiosi con le radici di alcuni alberi o con vegetali ipogei, come p.e. il tartufo.

tubercolàre agg. **1.** BOT. Relativo al tubercolo, ai tubercoli. **2.** MED. Relativo alla tubercolosi.

tubercolàto agg. BOT. Che presenta tubercoli.

tubercolìna s.f. MED. Ogni sostanza estratta dai bacilli della tubercolosi, usata a scopi diagnostici.

tubercolinazióne s.f. VET. Iniezione di tubercolina diluita per individuare animali affetti da tubercolosi latente.

tubercolìnico agg. MED. Relativo alla tubercolina.

tubèrcolo s.m. **1.** ANAT. Prominenza, nodulo tondeggiante, osseo, cartilagineo o nervoso. **2.** MED. Formazione patologica nodulare a carico di un organo, specifica di alcune infezioni croniche, quali la tubercolosi, la sifilide, la lebbra. **3.** BOT. Nodulo, protuberanza, in alcuni casi patologica, a carico di radici, frutti e semi. ◇ *Tubercolo radicale:* quello che si forma sulle radici delle Leguminose, in simbiosi con batteri fissatori di azoto.

tubercolòide agg. MED. Simile alla tubercolosi.

tubercolòma s.m. [pl. *-mi*] MED. Formazione patologica nodulare che presenta più di un tubercolo.

tubercolòsi s.f. inv. **1.** MED. Malattia infettiva e contagiosa, che colpisce sia l'uomo sia gli animali, dovuta al bacillo di Koch e che si localizza nei polmoni e in altri organi, provocandovi flogosi e necrosi. **2.** BOT. Malattia delle piante provocata da batteri o funghi, caratterizzata dalla formazione di noduli.

ENCICL. Il contatto dell'organismo con il bacillo di Koch causa una reazione infiammatoria che può evolversi verso lesioni specifiche e localizzate (tubercolosi polmonare, ma anche ossea, intestinale, renale, ecc.) oppure generalizzarsi (tubercolosi miliare). Grazie alla prevenzione (vaccinazione con il bacillo di Calmette e Guerin, detto *B.C.G.*) e alla profilassi (soprattutto con farmaci chemioterapici e antibiotici), la tubercolosi è divenuta una malattia ampiamente curabile.

tubercolóso agg. **1.** MED. Affetto da tubercolosi. **2.** BOT. Che presenta tubercoli. ◆ s.m. [f. *-sa*] Nell'accez. 1 dell'agg.

tubercolòtico agg. [pl.m. *-ci*, f. *-che*] **1.** MED. Relativo alla tubercolosi. **2.** Affetto da tubercolosi. ◆ s.m. [f. *-ca*] Nell'accez. 2 dell'agg. SIN.: **tubercoloso**.

tuberifórme agg. BOT. Si dice di un organo vivente a forma di tubero.

tuberizzàto agg. Munito di tubero, tuberoso.

tuberizzazióne s.f. BOT. Trasformazione in tuberi o in pseudo-bulbi della parte inferiore del gambo o degli organi radicolari di alcuni vegetali.

tùbero s.m. BOT. Organo sotterraneo di alcune piante, che si forma per ingrossamento del caule, delle foglie o delle radici e che presenta un alto contenuto di amidi e di zuccheri solubili.

tuberósa s.f. Pianta erbacea originaria del Messico, coltivata spec. per i suoi fiori bianchi profumatissimi. (Genere *Polianthes*; famiglia delle Amarillidacee.)

tuberosità s.f. inv. **1.** BOT. Conformazione o aspetto di tubero. **2.** ANAT. Prominenza ossea o cartilaginea.

tuberóso agg. BOT., MED. Che ha conformazione, aspetto di tubero.

tubétto s.m. **1.** Nel sign. del dim. di *tubo*; in partic., piccolo contenitore cilindrico in plastica, latta, vetro o cartone, munito di un coperchio, usato spec. per cosmetici e medicine. **2.** Contenitore tubolare saldato a un'estremità e con chiusura a tappo dall'altra, usato per prodotti in pasta. *Il tubetto del dentifricio.* **3.** IND. TESS. Piccolo organo conico attorno a cui si avvolgono le spole.

tubièra s.f. Complesso dei tubi delle caldaie a vapore o delle condutture degli impianti siderurgici.

Tùbifex s.m. inv. ZOOL. Genere di vermi tipici delle acque stagnanti, detti anche *vermi del fango*, usati dai pescatori come esca. (Classe degli Oligocheti.)

Tubiflòre s.f. pl. [iniziale minusc. sing. –*ra* per l'individuo] BOT. Ordine di piante comprendente numerose famiglie, caratterizzate dalla corolla con petali uniti tra loro e dal calice con i sepali saldati. (Classe delle Dicotiledoni.)

tubing [/'tjuːbɪŋ/] s.m. inv. (voce ingl., propr. "tubatura") MIN. Nei pozzi petroliferi, condotto attraverso cui il petrolio fuoriesce in superficie.

1. tubino s.m. Bombetta rigida da uomo a cupola rotonda.

2. tubino s.m. **1.** Nel sign. del dim. di *tubo*. **2.** Abito femminile corto e aderente.

Tubìpora s.f. ZOOL. Genere di Antozoi tipici dei mari caldi, che formano masse di tubi calcarei verticali di colore rosso vivo. (Sottoclasse degli Alcionari.)

tubista s.m. [pl. –*sti*] **1.** (anche f.) Operaio addetto alla fabbricazione, all'installazione e alla riparazione di tubi. **2.** MIL. Fochista specializzato nella riparazione di tubi.

tùbo s.m. **1.** Condotto di vario materiale, di forma per lo più cilindrica e di varie dimensioni che serve a convogliare fluidi. ◇ *Tubo di scarico, di scappamento:* in un'automobile, quello attraverso cui escono i gas di scarico. **2.** Elemento cavo, general. cilindrico, usato per costruzioni, impalcature, ecc. **3.** FIS. Apparecchio cilindrico paragonabile a un tubo per forma e funzioni. ◇ *Tubo di Pitot o di Darcy:* strumento, ideato da Pitot e perfezionato da Darcy, per la misurazione della velocità di una corrente fluida. – *Tubo a raggi catodici:* in cui il flusso di elettroni, deviato da campi elettrici e magnetici, si riflette su uno schermo fluorescente tracciandovi segnali. – *Tubo a onda progressiva:* tubo amplificatore per microonde basato sull'interazione di un fascio di elettroni col campo elettrico di un'onda elettromagnetica. – *Tubo per raggi X:* anche detto *tubo di Röntgen*, per la produzione dei raggi X. – ELETTRON. *Tubo a vuoto, a gas:* specie di ampolla di vetro o metallo, a vuoto spinto o riempito di gas, in cui si genera un flusso di elettroni tra anodo e catodo. **4.** ANAT. Organo cavo a forma cilindrica allungata. *Tubo digerente.* **5.** BOT. Organo tubolare di una pianta. **6.** *fig.fam.* Niente, nulla. *Non ho capito un tubo.*

tubolàre agg. **1.** A forma di tubo. **2.** Costituito da tubi. ◆ s.m. **1.** Pneumatico speciale per bicicletta da corsa, adatto a un ricambio rapido in caso di foratura. **2.** Fascetta con le insegne del grado, portata dai graduati sulla spallina della divisa.

Tubulidentàti s.m. pl. [iniziale minusc. sing. –*to* per l'individuo] ZOOL. Ordine di mammiferi scavatori, esclusivamente insettivori, dotati di denti cilindrici senza radici.

tùbulo s.m. **1.** Tubicino di piccolissimo diametro. **2.** ANAT. Elemento tubolare di un organo. **3.** BOT. Ognuno dei minuscoli elementi tubolari che formano la parte spugnosa del cappello di certi funghi.

tucàno s.m. (da una voce tupi) Uccello di grandi dimensioni diffuso nelle foreste dell'America meridionale e centrale, caratterizzato da un

■ **tucàno** toco.

enorme becco giallo ricurvo e dal piumaggio nero chiazzato di colori brillanti. (Genere *Ramphastos*; ordine dei Piciformi, famiglia dei Ranfastidi.)

tucul [/tu'kul/] s.m. inv. (prob. da una voce sudanese) Capanna circolare con tetto di paglia a cono, tipica dell'Africa orientale. ~ *estens.* Costruzione, tipica di villaggi turistici, ispirata a quel tipo di capanna.

tuffàre v.tr. (long. *tauffjan* "immergere") Immergere interamente qlco. nell'acqua. ◆ **tuffarsi** v.pron. **1.** Lanciarsi in acqua. **2.** *estens.* Lanciarsi verso il basso, precipitarsi su qlco. *Il sole si tuffa nelle onde del mare.* **3.** *fig.* Dedicarsi con determinazione a qlco. *Tuffarsi nello studio.*

tuffatóre s.m. **1.** SPORT. [f. –*trice*] Nuotatore specializzato in tuffi. **2.** MIL. Aereo da bombardamento, usato nella seconda guerra mondiale, attrezzato per voli in picchiata. ~ *estens.* Pilota di tale aereo.

tùffo s.m. **1.** Immersione rapida in acqua di persona o animale che vi si lanci volontariamente. **2.** SPORT. Specialità che consiste nei tuffarsi in acqua da varie altezze e nell'esecuzione, nella caduta, di figure armoniche. ◇ *Tuffo a candela, a pennello:* quello con cui si raggiunge l'acqua con i piedi, con il corpo in posizione eretta. **3.** *estens.* Caduta nel vuoto, picchiata. ~ SPORT. Scatto in avanti per intercettare, deviare o parare il pallone. ◇ *figg. Fare un tuffo nel passato:* immergersi nell'atmosfera di un tempo. – *Tuffo al cuore:* aumento dell'intensità e della frequenza della pulsazione cardiaca, dovuto perlopiù a una grande e improvvisa emozione.

tùfo s.m. GEOL. Roccia costituita da sedimenti di materiale vulcanico consolidato, usata come pietra da costruzione.

tùga s.f. [pl. –*ghe*] (fr. *tugue*) MAR. Casotto abitabile, costruito sul ponte scoperto di una nave.

tugùrio s.m. [pl. –*ri*] Casa piccola, sporca e in pessime condizioni.

tùia s.f. **1.** Pianta ornamentale sempreverde perlopiù a cespuglio e con foglie squamiformi molto profumate. (Famiglia delle Cupressacee.) **2.** BOT. (iniziale maiusc.) Genere di Conifere a cui appartengono varie specie di tuia.

tularemia s.f. (dal nome del distretto californiano di *Tulare*, dove la malattia si è diffusa) Grave forma infettiva di origine batterica, trasmessa da insetti ematofagi ai roditori o anche all'uomo che venga a contatto con questi.

■ **tùia** gigante (America del Nord).

tulipano coltivato

bulbo

tulipano selvatico

■ **tulipàno**

tùlio s.m. (solo sing.) (dal nome di *Thule*, mitica isola nell'Europa sett.) **1.** Metallo del gruppo delle terre rare. **2.** Elemento chimico (*Tm*) di numero atomico 69 e peso atomico 168,934.

tulipàno s.m. (fr. *tulipan*, turco *tülbent* "turbante" per la forma del fiore) **1.** Pianta bulbosa con fiore terminale a calice di vario colore, coltivata a scopo ornamentale. (Genere *Tulipa*; famiglia delle Liliacee.) **2.** Fiore di tale pianta. **3.** BOT. (iniziale maiusc.) Genere di piante a cui appartengono varie specie di tulipani. **4.** Tipo di lampada elettrica di forma simile al tulipano. **5.** *fig.* (spec. pl.) Nel gergo sportivo, atleta olandese.

tùlle s.m. inv. (dal nome della città di *Tulle* in Francia, dove orig. era prodotto) Tessuto leggero e trasparente a maglie rotonde o poligonali.

tumbling [/'tʌmblɪŋ/] s.m. (voce ingl.) Sport acrobatico che consiste in un concatenamento di capriole o di salti realizzato dopo una corsa.

tumefàre v.tr. [9] MED. *non com.* Gonfiare una parte del corpo, provocare un aumento del suo volume. ◆ **tumefarsi** v.pron. Detto di tessuto, organo, parte del corpo, gonfiarsi in seguito a processo infiammatorio. *La gamba si è tumefatta a causa di una flebite.*

tumefàtto agg. MED. Colpito da tumefazione.

tumefazióne s.f. MED. Gonfiore patologico di un tessuto, un organo o una parte del corpo interessati da un processo infiammatorio.

tumescènte agg. Gonfio, tumefatto, turgido.

tumescènza s.f. Gonfiore, tumefazione, turgore.

tumoràle agg. MED. Di tumore.

tumóre s.m. (lat., deriv. di *tumēre* "essere gonfio") **1.** MED. Alterazione patologica di un organo, che si manifesta con un ingrossamento. **2.** MED. Neoformazione patologica causata dalla proliferazione incontrollata di cellule aberranti, in organi e tessuti. **3.** BOT. Rigonfiamento patologico degli organi vegetali, causato dalla proliferazione di alcune cellule.

tumulàre v.tr. Collocare una salma nella tomba.

tumulazióne s.f. Seppellimento, in partic. in tombe e loculi in muratura.

tùmulo s.m. ARCHEOL. Tomba ricoperta da un piccolo cumulo di terra caratteristica di alcuni popoli antichi.

tumùlto s.m. **1.** Movimento intenso e disordinato accompagnato da un gran rumore. **2.** *comun.* Manifestazione disordinata di protesta. **3.** *fig.* Grande agitazione interiore derivata da un conflitto di pensieri, sentimenti, passioni di natura contrastante.

tumultuàre v.intr. (aus. *avere*) **1.** Essere in tumulto. *La folla tumultuava.* **2.** *fig.* Agitarsi e scontrarsi in modo confuso. *Sentimenti contrapposti tumultuano nel suo cuore.*

tumultuóso agg. **1.** Che si agita e protesta rumorosamente. **2.** *fig.* Disordinato, confuso.

tùndra s.f. (russo *tùndra* di orig. lappone) Nelle regioni artiche, terreno ghiacciato per la maggior parte dell'anno, con una flora molto povera, limitata a muschi, licheni e arbusti nani.

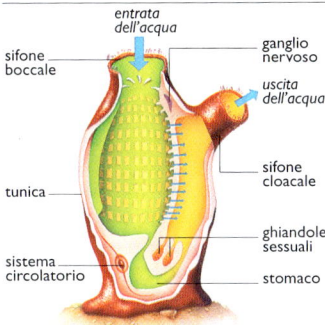

■ **tunicàto** (anatomia).

■ **tùndra.** Paesaggio di tundra nella regione del lago Inari (Lapponia finlandese).

tuner [/'tju:nə/] s.m. inv. (voce ingl., deriv. di *to tune* propr. "accordare") → **sintonizzatore**.

lungar s.m. inv. ELETTRON. Raddrizzatore per la carica delle batterie per alte correnti e basse tensioni.

tungstàto s.m. CHIM. Ogni sale dell'acido tungstico.

tungstèno s.m. (solo sing.) (sved. *tungsten*, comp. di *tung* "pesante" e *sten* "pietra") **1**. Metallo di colore bianco, molto refrattario, di densità molto elevata pari a 19,3 e che fonde a 3410°C; detto anche *wolframio*. **2**. Elemento chimico (*W*) di numero atomico 74 e peso atomico 183,04.

tùngstico agg. [pl.m. –*ci*] CHIM. *Acido tungstico*: ossiacido costituito da due atomi di idrogeno, uno di tungsteno e quattro di ossigeno. (Si tratta di una polvere gialla usata come mordente nell'industria tessile e per ricavare il tungsteno metallico.)

tungùso agg. (dal nome della popolazione dei *Tungusi*) Che appartiene alle popolazioni mongoliche dell'Asia settentrionale. ◆ s.m. **1**. [f. –*sa*] Individuo di razza mongolica che vive nel territorio asiatico tra la Siberia orientale, le coste del mar Artico e quelle dell'oceano Pacifico. **2**. (solo sing.) Ogni lingua della famiglia altaica parlata in tale territorio.

tùnica s.f. [pl. –*che*] **1**. Vestito femminile semplice e lineare, senza maniche. ~ Camice bianco indossato dal laico che assiste il sacerdote nelle cerimonie religiose di rito cattolico. **2**. Ant., indumento senza maniche, indossato direttamente sulla pelle sia dagli uomini sia dalle donne, lungo fino al ginocchio ed eventualmente fermato in vita. **3**. ANAT. Rivestimento di alcuni organi. *Tunica delle arterie.* **4**. BOT. Rivestimento del caule di piante a bulbo.

Tunicàti s.m. pl. [iniziale minusc. sing. –*to* per l'individuo] (lat., deriv. di *tunicātus* "coperto di tunica" per il rivestimento gelatinoso) ZOOL. Tipo di Cordati marini rivestiti da un involucro trasparente gelatinoso, che presentano, allo stato larvale, una corda dorsale limitata alla coda e destinata a scomparire allo stato adulto; detti anche *Urocordati*.

tunicàto agg. BOT. Di bulbo rivestito della tunica.

tunisino agg. **1**. Della Tunisia. ~ Di Tunisi. **2**. *Uncinetto tunisino*: quello lungo come un ferro da calza con cui si esegue la *maglia tunisina*. ◆ s.m. [f. –*na*] Nativo, abitante della Tunisia o di Tunisi.

tùnnel s.m. inv. (ingl. *tunnel*) **1**. Galleria ferroviaria, stradale o pedonale. ~ Nelle stazioni di servizio, attrezzatura per il lavaggio automatico delle auto. ◇ *Tunnel aerodinamico*: dispositivo sperimentale che permette di far circolare dell'aria ad alta velocità attorno a un modellino, per studiare il suo comportamento. **2**. *fig.* Situazione che non presenta facili o possibili vie d'uscita, percorso, atteggiamento irreversibile, incorreggibile. *Il tunnel della droga.* **3**. SPORT. Nel calcio, mossa consistente nel superare in dribbling un avversario facendogli passare il pallone tra le gambe. **4**. ECON. Fascia di oscillazione delle monete dei paesi appartenenti al Fondo Monetario Internazionale, rispetto al dollaro. ❑ In funzione di agg. inv., *effetto tunnel*, in fisica, fenomeno per cui cariche elettriche di bassa energia riescono ad attraversare una barriera di potenziale.

Tùnnidi s.m. pl. [iniziale minusc. sing. –*de* per l'individuo] ZOOL. Famiglia di grossi pesci marini caratterizzati da muso allungato e colore argenteo; ne fa parte il tonno. (Ordine dei Perciformi.)

tùo agg. poss. [f. *tua*, pl.m. *tuoi*, f. *tue*] **1**. Che appartiene a te. *Le tue scarpe.* ~ Che ti riguarda, spec. riferito a luoghi e tempi. *Le tue parti.* ~ Che è prodotto, fatto da te. **2**. Che è parte di te. *La tua bocca.* **3**. Di te, nel senso della parentela, dell'amicizia, ecc. **4**. A te abituale, familiare. *Leggiti il tuo giornale.*

tuonàre v.intr. (aus. *avere*) Produrre un rumore simile a quello del tuono. *Il cannone tuona.* ~ Detto di voce, risuonare forte. *Tuona e rimbomba la voce dell'oratore.* ~ *fig.* Detto di persona, parlare a voce alta, in tono concitato o con veemenza contro qlcu. *Tuonare contro i peccatori.* ◆ v.impers. (aus. *essere* o *avere*) Detto del tuono, rumoreggiare. *Sta tuonando.*

tuòno s.m. **1**. METEOR. Rumore che, durante i temporali, fa seguito a una scarica elettrica atmosferica a causa della rapida espansione dell'aria da essa riscaldata. **2**. *estens.* Rumore sordo, rimbombo.

tuòrlo s.m. (lat. *tŏrulum*, deriv. di *tŏrus* "rigonfiamento") Nell'uovo, parte interna all'albume, ad alto contenuto di proteine, grassi, colesterolo e altre sostanze nutritive. ~ Nell'uovo di gallina in partic., è di colore giallo intenso ed è detta anche *rosso*.

Tupàia s.f. (malese, deriv. di *tupai* "scoiattolo") ZOOL. Genere di piccole scimmie insettivore, diffuse nelle foreste del Sud-Est asiatico. (Ordine dei Primati.)

tupè s.m. inv. → **toupet**.

tupi-guaranì agg. inv. Del gruppo linguistico diffuso nell'America meridionale. ◆ s.m. inv. Nel sign. dell'agg.

tùra s.f. Argine provvisorio di assi di legno o di calcestruzzo, costruito per prosciugare un terreno da fondazione.

turàcciolo s.m. Tappo di sughero o altro elemento di plastica con cui si chiude ermeticamente una bottiglia a collo stretto.

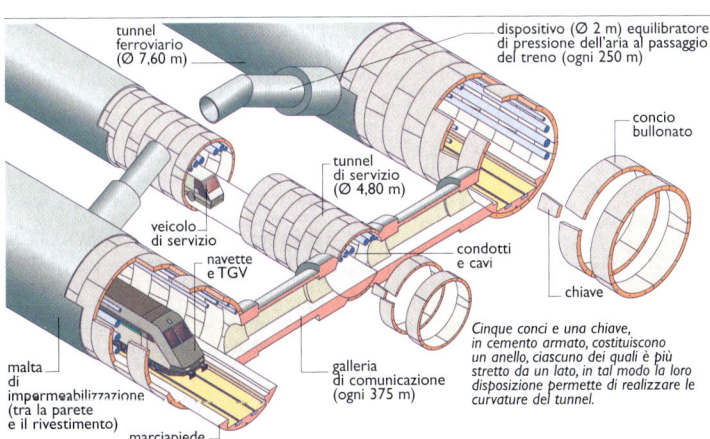

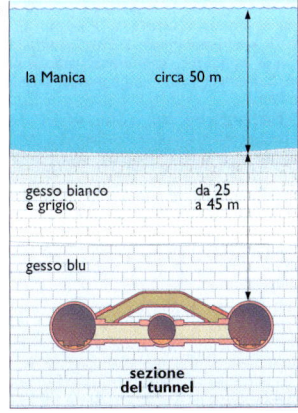

tunnel ferroviario (Ø 7,60 m)

dispositivo (Ø 2 m) equilibratore di pressione dell'aria al passaggio del treno (ogni 250 m)

tunnel di servizio (Ø 4,80 m)

concio bullonato

veicolo di servizio

navette e TGV

condotti e cavi

chiave

malta di impermeabilizzazione (tra la parete e il rivestimento)

galleria di comunicazione (ogni 375 m)

marciapiede

Cinque conci e una chiave, in cemento armato, costituiscono un anello, ciascuno dei quali è più stretto da un lato, in tal modo la loro disposizione permette di realizzare le curvature del tunnel.

la Manica — circa 50 m

gesso bianco e grigio — da 25 a 45 m

gesso blu

sezione del tunnel

■ **tùnnel.** Il tunnel ferroviario sotto la Manica.

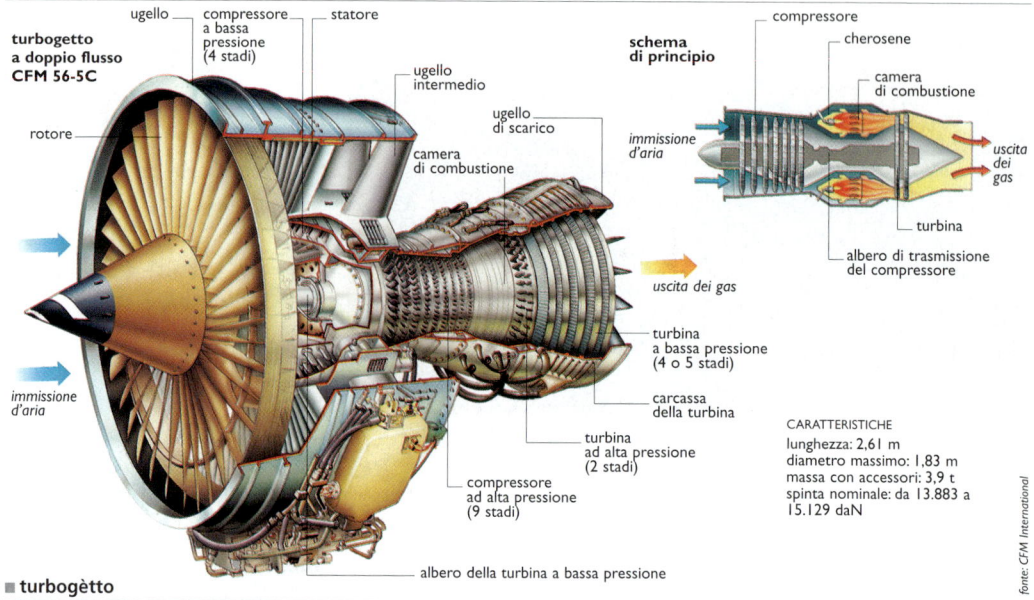

turbogetto a doppio flusso CFM 56-5C

ugello — compressore a bassa pressione (4 stadi) — statore

rotore

immissione d'aria

ugello intermedio

ugello di scarico

camera di combustione

uscita dei gas

turbina a bassa pressione (4 o 5 stadi)

carcassa della turbina

turbina ad alta pressione (2 stadi)

compressore ad alta pressione (9 stadi)

albero della turbina a bassa pressione

■ turbogètto

schema di principio

compressore

cherosene

camera di combustione

immissione d'aria

uscita dei gas

turbina

albero di trasmissione del compressore

CARATTERISTICHE
lunghezza: 2,61 m
diametro massimo: 1,83 m
massa con accessori: 3,9 t
spinta nominale: da 13.883 a
15.129 daN

fonte: CFM International

turapòri s.m. inv. Stucco che rende uniformi le superfici da verniciare.

turàre v.tr. **1.** Chiudere completamente l'apertura di un recipiente a collo stretto o di un piccolo foro. **2.** Intasare un'apertura. *I residui di cibo hanno turato il lavandino.* SIN.: **ostruire.** ◆ **otturarsi** v.pron. Tapparsi, otturarsi. *Si è turato il lavandino.* ◇ fig. *Turarsi il naso, le orecchie, gli occhi:* rifiutarsi di sentire, di ascoltare, di vedere.

1. tùrba s.f. (gr. *týrbē* "confusione") **1.** spreg. Massa disordinata di persone. **2.** (al pl.) Folla. *Predicare alle turbe.*

2. tùrba s.f. (calco del fr. *trouble*) MED. Disturbo funzionale. *Turba digestiva, nervosa.*

turbaménto s.m. **1.** Azione di turbare una situazione prima tranquilla o lo svolgimento regolare di qlco. **2.** Agitazione interiore, inquietudine. *Non nascondo il mio turbamento.*

turbànte s.m. (turco *tülbent*, persiano *dulband*) **1.** Copricapo portato dagli uomini musulmani, formato da una lunga fascia di tessuto arrotolata attorno alla testa. **2.** Cappello da donna che ricorda il copricapo orientale. **3.** BOT. *Turbante di turco:* martagone.

turbàre v.tr. **1.** Agitare qlco., privandolo della limpidezza o serenità abituali. **2.** fig. Disturbare o sconvolgere una certa situazione, alterare o impedire il normale svolgimento di qlco. *Il rumore del traffico turba la quiete notturna.* ◇ DIR. *Turbare il possesso di qlco.:* impedire a colui che possiede un bene di goderne. **3.** Produrre agitazione, sconvolgere. *Il sogno mi ha turbato.* ◆ **turbarsi** v.pron. **1.** Provare turbamento, ansia, irritazione. *Non turbarti, tutto si risolverà.* **2.** Detto del tempo, rannuvolarsi. *Il cielo si è turbato.*

turbativa s.f. **1.** DIR. Molestia recata ad altri nel godimento di un diritto. ◇ *Turbativa del possesso:* reato commesso da chi turba l'altrui possesso di cose immobili, con violenza o minaccia. ~ *Turbativa d'asta:* nel corso di una gara d'appalto, accordo fraudolento tra due o più imprese, che mira ad aumentare il prezzo richiesto per l'esecuzione di un'opera. **2.** estens. Disturbo o impedimento del regolare svolgimento di qlco.

turbàto agg. **1.** Riferito a persona, sconvolto, agitato. ~ Riferito a cosa, che rivela un turbamento interiore. *Volto turbato.* **2.** Riferito a elemento naturale, turbolento, tempestoso. **3.** LING. Di vocale articolata unendo caratteri di vocali diverse.

Turbellàri s.m. pl. [iniziale minusc. sing. *–rio* per l'individuo] (lat., deriv. di *tŭrba* "turba" per il movimento vorticoso delle ciglia) ZOOL. Classe di piccoli vermi platelminti, con il corpo appiattito a foglia e munito di ciglia che consentono loro di muoversi velocemente.

turbidìmetro s.m. CHIM. Strumento con cui si misura la torbidezza di una soluzione.

turbina s.f. (fr. *turbine*) **1.** MECC. Macchina motrice a rotazione, costituita schematicamente da una ruota a palette (la *girante*), messa in movimento da un fluido, la quale trasmette il moto rotatorio a un albero a essa solidale, con conseguente trasformazione di energia cinetica non rotativa in energia rotativa. **2.** estens. Qualsiasi impianto che utilizza turbomotori. **3.** In senso improprio, turbomacchina operatrice.

turbinàre v.intr. (aus. *avere*) **1.** Muoversi vorticosamente nell'aria in senso circolare. **2.** fig. Agitarsi confusamente, scontrarsi mente, nell'animo. *Pensieri diversi turbinano nella mente.* ◆ v.tr. Separare l'una dall'altra due o più sostanze mediante separatore centrifugo.

turbinàto agg. BOT. Di organo vegetale che, per la sua particolare forma conica, richiama la trottola. ◆ s.m. ANAT. Ognuna delle sporgenze ossee della parete laterale delle fosse nasali.

tùrbine s.m. **1.** Vento molto forte, localizzato, che soffia vorticosamente. **2.** estens. Movimento rapido di persone, animali o cose. *Un turbine di cavallette.*

turbinio s.m. [pl. *–nii*] **1.** Movimento vorticoso circolare, rapido e continuo. **2.** fig. Rapida e disordinata successione di stati emotivi, di pensieri, ecc. *Turbinio di sentimenti.*

turbinóso agg. **1.** Che gira vorticosamente. SIN.: **impetuoso. 2.** fig. Che si agita nell'animo, sconvolgendo la serenità interiore o l'ordine mentale.

tùrbo agg. inv. MECC. Di motore a scoppio sovralimentato da un turbocompressore, messo in funzione dai gas di scarico. ~ estens. Di veicolo su cui è montato tale tipo di motore. ◆ s.m. inv. **1.** MECC. Turbocompressore. **2.** (anche f.) Autoveicolo dotato di motore turbo.

turboalternatóre s.m. ELETTR. Alternatore azionato da una turbina a vapore o a gas.

turbocomprèsso agg. MECC. Di motore a scoppio alimentato da un turbocompressore.

turbocompressóre s.m. **1.** MECC. Compressore a turbina. **2.** MECC. Compressore azionato dai gas di scarico di un motore a scoppio.

turbodiesel [/'turboˌdiːzəl/] agg. inv. Di motore diesel sovralimentato mediante turbocompressore. ~ estens. Di autoveicolo dotato di tale motore. ◆ s.m. inv. Autoveicolo con motore turbodiesel.

turboèlica s.f. [pl. *–che*] AER. Apparato motore usato in aeronautica e costituito da eliche messe in funzione da turbine a gas. ◆ s.m. inv. estens. Aereo dotato di tale motore.

turbogètto s.m. AER. Motore aereo a reazione in cui l'aria aspirata anteriormente viene miscelata con il carburante, compressa e sottoposta a combustione, cosicché i gas violentemente espulsi dalla parte posteriore forniscono la spinta in avanti. ~ estens. Aereo dotato di motori di questo tipo.

turbolènto agg. **1.** Pronto a suscitare disordini, tumulti. ~ Irrequieto, ribelle, indisciplinato. *Bambino turbolento.* **2.** Burrascoso, pieno di disordini. **3.** FIS. Riferito a fluido, che presenta il fenomeno della turbolenza.

turbolènza s.f. **1.** Stato di agitazione violenta o di indisciplina e irrequietezza. **2.** FIS. Moto disordinato di un fluido, con formazione di vortici. **3.** METEOR. Insieme di vortici e vuoti d'aria provocati dall'incontro di masse d'aria che si spostano a velocità diversa. *Turbolenze atmosferiche.*

turbomàcchina s.f. Macchina operatrice o motrice, costituita da un elemento rotante palettato (la *girante*) che trasmette il moto rotatorio a un albero.

turbomotóre s.m. Motore azionato da una turbina.

turbonàve s.f. MAR. Nave mercantile o passeggeri con apparato propulsivo dotato di motore a turbina.

turboperforazióne s.f. IND. ESTR. Processo di perforazione che si avvale di una speciale turbina azionata dalla circolazione del fango e che trasmette il moto rotatorio allo scalpello sopra al quale è disposta.

turbopómpa s.f. **1.** Pompa centrifuga. **2.** In senso improprio, pompa idraulica a turbina.

turbopropulsóre s.m. Tipo di propulsore azionato da turbina.

turboreattóre s.m. AVIAZ. Turbogetto.

turbotrèno s.m. Treno con motore a turbina, in grado di raggiungere elevate velocità.

tùrca s.f. [pl. *–che*] **1.** Divano o letto alla turca. SIN.: **ottomana. 2.** Gabinetto alla turca.

turcheria s.f. Opera artistica o letteraria che rappresenta scene turche o d'ispirazione orientale.

turchése s.f. (fr. *turqueise pierre* "pietra turca" perché abbondante nella regione turca) MIN. Fosfato d'alluminio e di rame, usato come pietra preziosa, di colore azzurro-verde. ◆ s.m.

Colore azzurro-verde che caratterizza tale pietra. ❑ In funzione di agg. inv., di colore azzurro-verde.
turchino agg. Di un colore azzurro molto intenso. ◆ s.m. Colore azzurro scuro.
turcimànno o **turcomànno** s.m. [f. *-na*] (ar. *targumān* "interprete") Interprete tra europei e mediorientali, spesso addetto all'ambasciata di questi paesi. SIN.: **dragomanno**.
tùrco agg. [pl.m. *-chi*, f. *-che*] (ar. *turqī*, turco *türk*) Della Turchia. ◇ *figg. Cose turche:* fatti impensabili, straordinari. – *Alla turca:* alla maniera dei turchi, secondo il costume turco; usata in alcune locc. – *Divano alla turca:* tipo di divano di forma rotonda, piuttosto basso. – *Gabinetto alla turca:* costituito solo da una pedana piatta con foro al centro, senza appoggio per sedersi. – *Caffè alla turca:* preparato mediante l'infusione di polvere finissima in acqua bollente. ◆ s.m. **1.** [f. *-ca*] Nativo, abitante della Turchia o, più in generale, appartenente ai popoli di razza mongolica stanziatisi anticamente in Europa e nell'Asia occidentale. ◇ ST. *Gran turco:* titolo attribuito dagli occidentali al sultano dell'Impero ottomano. – *figg. Bestemmiare come un turco:* pronunciare le più tremende bestemmie. – *Fumare come turco:* continuamente, in modo esagerato. **2.** (solo sing.) Lingua della famiglia altaica parlata in Turchia.
Tùrdidi s.m. pl. [iniziale minusc. sing. *-de* per l'individuo] ZOOL. Sottofamiglia di uccelli di dimensioni medie, aventi becco corto e ali lunghe; ne fanno parte il tordo, il merlo, l'usignolo. (Ordine dei Passeriformi.)
turf [/tɔ:f/] s.m. inv. (voce ingl., propr. "zolla erbosa") **1.** Pista erbosa dove si svolgono le corse dei cavalli. **2.** *estens.* Lo sport dell'ippica e il complesso delle attività a esso connesse.
turgescènte agg. Che è o che diventa gonfio, usato spec. nel l. biologico.
turgescènza s.f. Turgore, turgidezza, spec. nel l. med. e biologico.
tùrgido agg. **1.** Eccessivamente gonfio o, in campo biologico, rigonfio di liquido organico. **2.** *fig.* Eccessivamente ricco di ridondanze formali. SIN.: **ampolloso**.
turìbolo s.m. Vaso, per lo più di argento o di altro metallo prezioso, usato per contenere l'incenso ardente. SIN.: **incensiere**.
turiferàrio s.m. [pl. *-ri*] **1.** RELIG. Chierico che regge e fa oscillare il turibolo durante le funzioni. **2.** *fig.* [f. *-ria*] Adulatore.
turióne s.m. BOT. Grosso germoglio di alcune piante erbacee, spec. dei rizomi sotterranei. (Nell'asparago rappresenta l'estremità commestibile.)
turismàtica s.f. [non com. pl. *-che*] Informatica applicata alla risoluzione dei problemi riguardanti il settore turistico.
turismo s.m. (fr. *tourisme*, ingl. *tourism*) **1.** Pratica del viaggiare e visitare località diverse da quella in cui si vive, spec. se apprezzate per le ricchezze artistiche o paesaggistiche, talvolta soggiornandovi per un certo periodo. ◇ *Turismo enogastronomico:* viaggi alla scoperta di vini e specialità gastronomiche. – *Turismo sessuale:* quello praticato per fare esperienze sessuali proibite in patria. **2.** Insieme dei turisti. ◆ s.f. Nell'automobilismo, denominazione di particolari carrozzerie. *Una gran turismo.*
turista s.m. e f. [pl.m. *-sti*] (fr. *touriste*, ingl. *tourist*) Chi pratica il turismo.

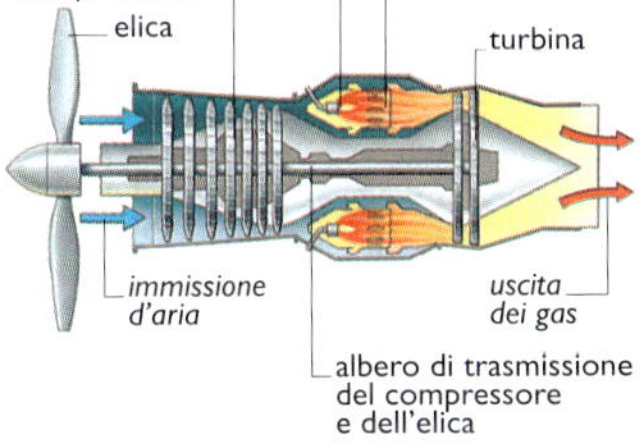

cherosene
camera di combustione
compressore
elica
turbina
immissione d'aria
uscita dei gas
albero di trasmissione del compressore e dell'elica

■ **turbopropulsóre**

turistico agg. [pl.m. *-ci*, f. *-che*] Fatto per turismo. ~ Relativo al turismo, che si occupa di turismo, adatto al turismo. ◇ *Agenzia turistica:* agenzia che si occupa di organizzare viaggi per i turisti, provvedendo alla prenotazione di biglietti, camere, appartamenti, ecc. e fornendo servizi bancari, assicurativi, assistenziali. – *Classe turistica:* classe a tariffa ridotta sui servizi di trasporti aerei. – *Guida turistica:* pubblicazione che fornisce indicazioni utili ai turisti; chi accompagna i turisti in visita nei luoghi di interesse. – *Menu turistico:* nei ristoranti, pranzo a prezzo ridotto per turisti e viaggiatori.
turlupinàre v.tr. (fr. *turlupiner*, deriv. di *Turlupin*, nome d'arte di un famoso comico del XVII sec.) Imbrogliare qlcu. in modo sottile, facendo leva sulla sua ingenuità.
turnàre v.intr. (aus. *avere*) Avvicendarsi nel lavoro o nel riposo secondo un turno prestabilito.
turnazióne s.f. Suddivisione del lavoro in turni.
turnista s.m. e f. [pl.m. *-sti*] Chi è di turno al lavoro o lavora a turno con altri.
tùrno s.m. (deriv. di fr. *tourner*, lat. *tornāre* "lavorare al tornio" quindi "girare") **1.** Avvicendamento periodico di più persone o gruppi nello svolgere un'attività o nel ricevere qlco., secondo un ordine prestabilito. ~ L'ordine stesso in cui avviene tale avvicendamento. ◇ SPORT. *Turno eliminatorio:* ogni confronto in una gara a eliminazione. – *A turno:* uno dopo l'altro, alternandosi con altri. **2.** Ciascuno dei periodi in cui si svolge un'attività che prevede un avvicendamento con altri. ~ La durata di tale periodo. ◇ *Di turno:* in servizio, in funzione, aperto. **3.** *estens.* Insieme delle persone che sono contemporaneamente in servizio. **4.** *estens.* Momento in cui a qlcu. spetta, tocca o è destinato di fare qlco. *Attendere il proprio turno nella sala d'aspetto.*
turnover [/ˈtɔ:nəuvə/] s.m. inv. (voce ingl., propr. "rovesciamento") **1.** In un'azienda, sostituzione del personale che ha cessato il rapporto di lavoro con altro di nuova assunzione. **2.** Avvicendamento della manodopera all'interno del ciclo produttivo. ~ SPORT. *estens.* Avvicendamento periodico degli atleti in una squadra che dispone di un'ampia rosa di giocatori. **3.** Ricambio delle scorte di magazzino in un determinato periodo di tempo. **4.** ECON. Giro d'affari di un'azienda.
turòniano s.m. (solo sing.) (deriv. di lat. *Turones*, abitanti della regione francese di Tours) GEOL. Piano del cretaceo superiore compreso fra il cenomaniano e il senoniano. (Il turoniano è caratteristico del bacino di Parigi e di Londra, dove è rappresentato da calcari tipo *craie*, più o meno marnosi e selciferi; in Lombardia è costituito da un *flysch* scistoso, nel Veneto da calcari, in Toscana dalla pietra forte, nell'Italia centromeridionale da calcari a rudiste della facies urgoniana.) ◆ agg. Relativo a tale piano.
tùrpe agg. Moralmente vergognoso. SIN.: **ignobile**.
turpilòquio s.m. [pl. *-qui*] **1.** Linguaggio osceno, blasfemo. **2.** DIR. Reato che consiste nell'usare in luogo pubblico un linguaggio contrario alla pubblica decenza.
turpitùdine s.f. **1.** Condotta immorale di una persona. **2.** Azione oscena, abietta. **3.** Nel l. lett., bruttezza d'aspetto.
turritèlla s.f. **1.** Mollusco con guscio a spirale molto appuntito, che vive nella sabbia. (Classe dei Gasteropodi.) **2.** ZOOL. (iniziale maiusc.) Genere di animali a cui appartiene la turritella.
Turritèllidi s.m. pl. [iniziale minusc. sing. *-de* per l'individuo] ZOOL. Famiglia di molluschi gasteropodi con conchiglia madreperlacea molto allungata.
Tursiòpe s.m. ZOOL. Genere di cetacei odontoceti, provvisti di becco rigonfio all'estremità, donde il nome di *delfini dal naso a bottiglia*. [Vi appartiene il tursiope troncato (*Tursiops truncatus*), lungo oltre 3 m, che vive in branchi presso le coste atlantiche americane; famiglia dei Delfinidi.]
tussah [/ˈtʌsɑ/] s.m. inv. (voce ingl., indostano *tasar*, sanscr. *tasara-* "spola") **1.** IND. TESS. Filato di seta ottenuto dalla trattura dei bozzoli di bachi selvatici in Cina (*Antheraea pernyi*), in India (*Antheraea paphia*) e in Giappone (*Antheraea yamamay*). (Oltre che per la tinta più scura, si differenzia dalla seta fornita dal *Bombyx mori* in quanto è più forte, all'incirca quattro volte più grosso, e a larga tolleranza.) **2.** Tessuto alquanto pesante, ad armatura tela, in origine fabbricato con il filato predetto, oggi anche con seta rigenerata o di scarto, e utilizzato per confezioni femminili, per tappezzerie e in arredamento.
tussilàgine s.f. **1.** Pianta strisciante, con fiori gialli, la cui unica specie, detta anche *farfara*, è usata in medicina per curare la tosse. (Famiglia delle Composite.) **2.** BOT. (iniziale maiusc.) Genere di piante a cui appartiene la tussilagine.
tùssor s.m. inv. (ingl. *tussore* "tussah") Tessuto naturale molto leggero, ottenuto con la seta tussah. ~ Tessuto artificiale a cui si conferiscono le stesse caratteristiche di quello naturale.
tùta s.f. (etim. discussa, forse deriv. dalla lettera *T* cui somiglia per la forma, o per il fatto che veste *tutta* la persona) Indumento in tessuto resistente, formato da giubba e pantaloni in un solo pezzo, con chiusura sul davanti a cerniera o con bottoni. ◇ *Tuta mimetica:* quella indossata dai militari durante le operazioni e le esercitazioni belliche. – *Tuta da sub, subacquea:* di materiale impermeabile e aderente al corpo. SIN.: **muta**. – *Tuta spaziale:* di tessuto speciale, a perfetta tenuta d'aria e dotata di attrezzature che consentono agli astronauti di resistere a certe condizioni di pressione e di temperatura durante i voli nello spazio. – *per anton. Tuta blu:* gli operai di fabbrica, in oppos. ai *colletti bianchi*, gli impiegati d'ufficio. – *Tuta sportiva, da ginnastica:* completo composto da giubbotto e pantaloni, usato per le attività sportive.
tutèla s.f. **1.** DIR. Protezione da parte di un tutore di un minore orfano o con genitori non in grado di esercitare la patria potestà, oppure di un incapace o di un interdetto. **2.** DIR. Protezione di un diritto, riconosciuta e assicurata per legge. ◇ *Tutela amministrativa:* azione di vigilanza e controllo esercitata dalla pubblica amministrazione su enti pubblici. **3.** *estens.* Difesa, protezione di beni e diritti.
1. tutelàre agg. **1.** DIR. Che riguarda la tutela di un minore. ~ Che sovrintende alla tutela. *Giudice tutelare.* **2.** Che si prende cura, difende, anche in senso scherz.
2. tutelàre v.tr. **1.** DIR. Esercitare la tutela su qlcu. o qlco. **2.** *estens.* Difendere o salvaguardare beni, diritti o altro. *Tutelare l'ambiente.* ◆ **tutelarsi** v.pron. Adottare precauzioni in modo da proteggere e salvaguardare la propria persona. *Tutelarsi dai ladri.*
tutina s.f. **1.** Nel sign. del dim. di *tuta*; in partic., indumento in un solo pezzo per neonati, che copre anche i piedi, con apertura sul davanti, di tessuto molto morbido ed elastico per consentire libertà di movimenti. **2.** Indumento femminile, perlopiù sgambato e senza maniche, in tessuto aderente ed elasticizzato.
tùtolo s.m. BOT. Parte centrale della pannocchia del granoturco, su cui sono inseriti i chicchi.
tutor [/ˈtju:tə/] s.m. inv. (voce ingl., propr. "precettore, tutore") Assistente che aiuta e guida gli studenti di un corso. ~ Nella scuola statale, docente incaricato di seguire, durante l'anno di prova, il collega appena assunto in ruolo.
tutoràto s.m. La funzione del tutore.
tutóre s.m. [f. *-trice*] **1.** DIR. Persona a cui è stata affidata dal giudice la tutela di un minore o di un interdetto. **2.** *estens.* Difensore, protettore. ◇ *per anton. Tutore dell'ordine:* agente di polizia. **3.** AGR. Palo di sostegno degli alberelli messi di recente a dimora. **4.** MED. *Tutore ortopedico:* apparecchio di sostegno di arti o altre parti del corpo lese o paralizzate.
tutorial [/tju:ˈtɔrɪəl/] s.m. (voce ingl.) INFORM. Software concepito per guidare l'utente nell'apprendimento di un programma.
tutòrio agg. [pl.m. *-ri*] **1.** DIR. Che riguarda il tutore. *Potestà tutoria.* **2.** DIR. *Autorità tutoria:* ente statale cui spetta per legge il controllo sulle deliberazioni assunte da un'amministrazione di livello inferiore.
tùtsi s.m. e f.inv. → **watusso**.
tuttalpiù cong. (dalla loc. *tutto al più*) Nella peggiore delle ipotesi, male che vada, al massi-

mo. *Penso di arrivare in tempo, tuttalpiù ritarderò pochi minuti.*

tuttavìa cong. Però, ma, nondimeno. *Non credo nel tuo progetto, tuttavia ti aiuterò.*

tùtto agg. indef. **1.** Riferito a un s. o a un pron. sing. indica compiutezza, interezza di un'entità nel suo complesso. *Mangiare tutta la torta.* ~ Preceduto da *con* può assumere il valore concessivo di "nonostante". *Con tutta la mia buona volontà, non posso esserti d'aiuto.* – Preceduto da *a* assume il significato di "incluso", "fino a". *A tutto marzo non c'è un posto libero.* ~ Unito al nome di un autore, senza art., indica l'insieme delle sue opere. *Studiare tutto Dante.* ◇ *Mettercela tutta:* impiegare tutte le forze di cui si dispone. – *Di tutto punto:* perfettamente. – *Di tutto cuore:* volentieri, con piena disponibilità. – *Con tutto il cuore:* con grande affetto. – *A tutta velocità, a tutto gas, a tutto vapore:* il più velocemente possibile. – SPORT. *A tutto campo:* tattica che abolisce la rigida distinzione dei giocatori tra difensori e attaccanti, consentendo lo spostamento di ognuno in tutto il campo; *fig.* in piena libertà di movimento. – *A tutta forza:* al massimo della potenza. – *loc. cong. A (o per) dirla tutta:* a dire il vero, per essere sinceri fino in fondo. **2.** Riferito a un sostantivo pl. o collettivo, indica la totalità delle cose o delle persone considerate nel loro insieme. *Tutta la classe.* ~ Seguito da un s. pl. privo di art. assume il significato di "soltanto". *Una pagella con tutti sei.* ~ Seguito da *e*, un num. card., l'art. determ. e un s., indica che tale numero è considerato nella sua interezza. *Tutti e quattro i figli.* **3.** Riferito a un s. pl., assume il valore di "ogni", "qualsiasi". *Viene a* trovarmi tutti i giorni. **4.** Completamente, in ogni parte. *Essere tutto sporco.* ~ Totalmente, solamente. *La responsabilità è tutta tua.* ◇ *Tutto l'opposto:* proprio, esattamente il contrario. – *Tutt'altro:* completamente diverso; nelle risposte, equivale ad "assolutamente no". *"Ti dispiace?" "Tutt'altro!".* – *figg. Essere tutto qlcu.:* somigliargli molto. *È tutto suo padre.* – *Essere tutt'orecchi, tutt'occhi:* ascoltare con la massima attenzione, guardare con la massima ammirazione. – *Essere tutto pepe:* molto vivace. ◆ s.m. inv. **1.** L'intero, il totale o il complesso degli elementi che formano un'unità. ◇ *Tentare, rischiare il tutto per tutto:* andare decisamente incontro a un grave rischio, mettendo in gioco ogni cosa. – *Del tutto:* in modo assoluto, completamente. **2.** FILOS. (anche con iniziale maiusc.) L'essere, l'universo, la realtà nel suo complesso.

tuttòlogo s.m. [f. –*ga*, pl.m. –*gi*, –*ghi*, f. –*ghe*] *iron.* Chi ha la presunzione di sapere tutto.

tuttóra avv. Ancora adesso.

tuttotóndo s.m. inv. **1.** Tecnica scultoria in base alla quale una forma plastica viene lavorata da tutti i lati. ◇ *fig. A tuttotondo:* completo, esaustivo. *Analisi a tuttotondo.* **2.** Scultura eseguita con tale tecnica. *Un prezioso tuttotondo in marmo.*

tutù s.m. inv. (fr. *tutu*, propr. "sederino") Indumento tipico della ballerina di danza classica, costituito da un corpetto aderente e da un gonnellino di tulle trasparente gonfio e cortissimo.

tv s.f. inv. → televisione.

tweed [/'twiːd/] s.m. inv. (voce ingl., dal nome del fiume scozzese *Tweed* che bagna la regione in cui si produce il tessuto) Pesante tessuto di origine scozzese, composto da fili di lana di due o più colori intrecciati a trama larga.

tweeter [/'twiːtə/] s.m. inv. (voce ingl., deriv. di *to tweet* "cinguettare") Negli apparecchi stereo, piccolo altoparlante usato per riprodurre i suoni acuti.

twill [/'twɪl/] s.m. inv. (voce ingl., calco del lat. *bīlix*) Leggero tessuto, general. di seta, avente sottili righe diagonali in rilievo.

twin-set [/'twin,set/] s.m. inv. (voce ingl., comp. di *twin* "gemelli" e *set* "serie") Completo femminile, perlopiù in lana leggera, costituito da due pezzi, una maglia accollata a maniche corte e un cardigan a maniche lunghe da indossare sopra.

twirling [/'twəːlɪŋ/] s.m. inv. (voce ingl., deriv. di *to twirl* "far roteare") **1.** Rapido movimento di rotazione che le majorettes imprimono al bastoncino tenuto in mano, seguendo il ritmo della musica. **2.** *estens.* Tecnica tipica delle majorettes, consistente nello sfilare in gruppi ordinati facendo roteare un bastoncino, a ritmo di musica.

twist [/twɪst/] s.m. inv. (voce ingl., propr. "contorsione") Vivace ballo di origine nordamericana, in voga negli anni Sessanta, caratterizzato da flessioni e torsioni del busto e del bacino.

TXT s.m. inv. INFORM. Estensione che indica il più semplice dei file di testo.

typon s.m. inv. STAM. Pellicola positiva destinata alla preparazione della lastra offset.

tzigàno s.m. → zigano.

Carattere Univers

u s.f. o s.m. inv. **1.** Lettera dell'alfabeto latino e delle lingue che lo adottano; in italiano rappresenta la vocale velare di massima chiusura (*uva*), la corrispondente semivocale, nei dittonghi discendenti o comunque dopo altra vocale tonica (*causa*), la semiconsonante nei dittonghi ascendenti (*uovo*). **2.** Semplice o puntata, maiuscola o minuscola, è usata in sigle o abbreviazioni con diversi valori. **3.** Simbolo usato in settori specifici. ◇ CHIM. U: simbolo dell'uranio. – Simbolo dell'uracile. – FIS. Simbolo del potenziale di un campo energetico. – *u*: unità di massa atomica. **4.** *fig.* Immagine che richiama la forma della U maiuscola. ◇ *Inversione a U:* manovra con la quale l'automobile inverte il senso di marcia per proseguire nella direzione opposta.

uàdi s.m. inv. (ar. *wādī* "valle, corso d'acqua") GEOGR. Letto asciutto di antichi corsi d'acqua, tipico delle zone desertiche africane, inondato da acque piovane solo in determinati periodi dell'anno.

ubbia s.f. Preconcetto ingiustificato o superstizioso che crea convinzioni, timori o sospetti infondati. SIN.: **fisima**.

ubbidiènte agg. Che obbedisce a qlcu., che esegue gli ordini prontamente.

ubbidiènza s.f. (dal lat. *oboediĕntiam*, deriv. di *oboedire* "obbedire") Atto dell'ubbidire. ~ Atteggiamento proprio di chi esegue gli ordini, di chi ha rispetto per i superiori. ~ Anche riferito ad animali. *L'ubbidienza del cane al padrone.*

ubbidire v.intr. [84] (aus. *avere*) **1.** Essere obbedienti. ~ Avere attitudine a eseguire gli ordini ricevuti, essere docili. **2.** Dare ascolto, retta a qlcu. **3.** Riferito a meccanismi o a parti del corpo umano, rispondere a una sollecitazione, a uno stimolo, a un comando. *L'aereo non ubbidisce ai comandi.* **4.** *fig.* Conformarsi a qlco. ◆ v.tr. *fam.* Assecondare qlcu., seguirne i consigli. *Ubbidire la mamma.*

ubèro o **ubièro** agg. Di mantello equino, che presenta peli bianchi e rossi.

ubicàto agg. Nel l. bur., di edifici o terreni, situato, collocato.

ubicazióne s.f. Posizione topografica di un edificio, collocazione di un fondo.

ubiquista agg. [pl.m. –sti] ECOL. Specie animale e vegetale che si è diffusa in regioni diverse o che si è adattata a differenti condizioni climatiche e ambientali. ◆ s.m. e f. RELIG. Luterano della setta degli ubiquitari.

ubiquità s.f. inv. (fr. *ubiquité*) **1.** Facoltà di essere presente in molti luoghi contemporaneamente. ◇ *scherz.* Avere il dono dell'ubiquità: essere ovunque, sempre pronto, presente, ecc. **2.** ECOL. Proprietà di un animale o di un vegetale ubiquista.

ubiquitàrio agg. [pl.m. –ri] **1.** Che ha il dono dell'ubiquità. **2.** Riferito a vegetali e animali, ubiquista. **3.** RELIG. Proprio degli ubiquitari, a

essi relativo. ◆ s.m. [f. –*ria*] RELIG. Appartenente a una setta luterana che, sostenendo l'ubiquità di Cristo, ne vedeva la presenza fisica anche nell'Eucarestia, in contrasto con i calvinisti.

ubriacàre v.tr. [4] **1.** Di bevanda alcolica, rendere ubriaco qlcu. ~ Fare bere troppo qlcu. *Non insistere con il vino, mi fai ubriacare.* **2.** *fig.* Stordire, frastornare, confondere qlcu. *Le tue chiacchiere mi ubriacano.* ◆ **ubriacarsi** v.pron. **1.** Abusare nel bere fino a cadere in uno stato di ubriachezza. ~ Prendere una sbornia. **2.** *fig.* Cadere in stato di ebbrezza, perdendo il controllo o la ragione, a causa di qlco. *Ubriacarsi di gloria.*

ubriacatùra s.f. **1.** Ebbrezza, confusione mentale causata dall'alcool. **2.** *fig.* Stato di esaltazione mentale o infatuazione che induce la perdita della facoltà di giudizio. *Ubriacatura amorosa.*

ubriachézza s.f. **1.** Stato di eccitazione psichica e di scoordinamento motorio dovuto all'ingestione eccessiva di alcol. **2.** Abuso abituale di alcol. ~ Vizio del bere in modo smodato, detto anche più frequentemente *alcolismo, etilismo*.

ubriàco agg. [pl.m. –*chi*, f. –*che*] **1.** Che ha bevuto troppo. **2.** *fig.* Esaltato, pieno di sentimenti tanto intensi da perdere il controllo di sé. ~ Privo della capacità di reagire. SIN.: **spossato**. ◆ s.m. [f. –*ca*] Persona ubriaca.

ubriacóne s.m. [f. –*na*] Chi ha il vizio, l'abitudine di ubriacarsi.

uccellagióne s.f. **1.** La tecnica di cacciare gli uccelli catturandoli vivi con trappole o reti. ~ *estens.* Il periodo in cui tale attività è concessa. **2.** *estens.* L'insieme degli uccelli catturati durante la caccia.

uccellàio s.m. [f. –*laia*, pl.m. –*lai*] Chi vende uccelli da allevamento, da gabbia o da richiamo.

uccellàre v.intr. (aus. *avere*) Catturare uccelli con trappole, reti o altre tecniche, senza sparare. ◆ v.tr. *fig.* Ingannare, raggirare qlcu. con lusinghe.

uccellétto s.m. **1.** Nel sign. del dim. di *uccello*. **2.** CUC. *All'uccelletto:* di pietanza passata in tegame con vino o aromi.

Uccèlli s.m. pl. ZOOL. Classe di vertebrati ovipari, rivestiti di penne e piume, a respirazione polmonare e sangue caldo; gli arti anteriori sono trasformati in ali e le mascelle, prive di denti, formano un becco corneo. (La classe degli Uccelli racchiude 9000 specie ca., la metà delle quali appartiene ai Passeracei.)

uccellièra s.f. Grande gabbia, voliera o stanza chiusa dove si tengono gli uccelli per ornamento o richiamo.

uccellino s.m. Nel sign. del dim. di *uccello*; in partic., piccolo di uccello, uccello ancora implume. ◇ *fam.* Mangiare come un uccellino: molto poco.

remiganti primarie
dita
ulna
radio
omero
carena
tibia
tettrici
remiganti secondarie
osso del bacino
femore
artiglio
timoniere

■ **uccèllo.** Anatomia di un'aquila.

uccèllo s.m. **1.** Denominazione corrente di animali il cui corpo è ricoperto di penne ed è dotato di ali atte al volo. (Classe degli Uccelli.) ◇ *Uccello del paradiso:* uccello tropicale, detto anche *paradisea*. – *Uccello del malauguro:* la civetta, ma anche, a seconda dei luoghi, il corvo, la cornacchia; *fig.* persona che annuncia disgrazie e guai, iettatore. – *A volo d'uccello:* dall'alto in basso; *fig.* di sfuggita, in modo sintetico. – *fig. Uccel di bosco:* persona che si rende irreperibile, latitante. **2.** *volg.* Pene.

uccidere v.intr. [21] (aus. *avere*) Provocare la morte. *Un male che uccide.* ◆ v.tr. **1.** Privare della vita una persona o un animale. ~ *estens.* Fare morire una pianta. *La siccità ha ucciso il grano.* **2.** *fig.* Sfinire fisicamente o moralmente. *La noia mi uccide.* ~ Danneggiare gravemente qlco. ◆ **uccidersi** v.pron. **1.** Togliersi la vita, suicidarsi. **2.** Di due o più soggetti, togliersi la vita l'un l'altro.

uccisióne s.f. L'uccidere, l'essere ucciso, perlopiù con violenza. SIN.: **assassinio**. ~ Soppressione di un animale.

ucciso agg. Che è stato privato della vita. ◆ s.m. [f. –*sa*] Persona uccisa da morte violenta.

uccisóre s.m. [non com. f. *ucciditrice*] Chi commette un omicidio.

ucraino agg. Dell'Ucraina. ◆ s.m. **1.** [f. –*na*] Nativo, abitante dell'Ucraina. **2.** (solo sing.) Lingua del ceppo slavo orientale parlata in Ucraina, detta anche *piccolo russo* o *ruteno*.

ud s.m. inv. (ar. *'ūd* "legno") Liuto composto da una cassa allungata, da un'impugnatura corta e con corde doppie, tipico della tradizione musicale araba.

■ **ud**

udènte agg. Dotato del senso dell'udito. ◆ s.m. e f. Nel sign. dell'agg. ◇ *eufem. Non udente*: sordo.

udìbile agg. Percepibile con l'orecchio.

udiènza s.f. **1.** Il fatto di prestare attenzione, di dare ascolto a qlcu. **2.** Permesso di essere ricevuto e ascoltato da un'autorità. ~ L'incontro e il colloquio che ne consegue. **3.** DIR. Periodo di tempo in cui, giornalmente, si svolge il dibattimento processuale. ~ Il dibattimento stesso. ◇ *Udienza preliminare*: l'udienza che si svolge in camera di consiglio su richiesta di rinvio a giudizio da parte del pubblico ministero.

udìre v.tr. [78] **1.** Percepire i suoni con l'udito. **2.** *estens.* Sentir dire qlco., venirlo a sapere. *Udire le ultime novità.*

uditìvo agg. Dell'udito. *Condotto uditivo.*

udìto s.m. Senso con il quale si percepiscono i suoni attraverso l'organo dell'orecchio.

uditóre s.m. [f. –*trice*] **1.** (spec. pl.) Chi sta ad ascoltare. ~ Chi assiste a un discorso o simili. SIN.: **pubblico**. **2.** DIR. *Uditore giudiziario*: primo grado della carriera dei magistrati ordinari. ~ In campo ecclesiastico, titolo di prelati con funzioni giudiziarie all'interno di organismi della Chiesa. *Uditore della Sacra Rota.* **3.** Chi frequenta un'università o una scuola senza regolare iscrizione, limitandosi ad assistere alle lezioni. **4.** Ant., incaricato dal principe per i contatti con gli ambasciatori.

uditòrio s.m. [pl.m. –*ri*] Insieme delle persone che ascoltano un discorso, una lezione, ecc.

1. ufficiàle agg. (lat. *officiālem* "ciò che riguarda l'ufficio, il dovere") **1.** Che è emanato dal governo, da un'amministrazione competente. ~ *estens.* Di pubblico dominio, quindi autentico, indubbio. **2.** Eseguito secondo le norme del protocollo e avente, per conseguenza, valore formale. *Invito ufficiale.* ~ Fatto in modo pubblico e perciò impegnativo. *Fidanzamento ufficiale.* **3.** SPORT. Di gara valida ai fini della classifica.

2. ufficiàle s.m. **1.** Qualifica dei militari che occupano il rango più elevato nella gerarchia. *Ufficiali superiori.* ~ Qualifica estesa, fuori dell'esercito, a corpi speciali, dalla polizia al personale direttivo della marina mercantile. **2.** Persona che ha una funzione pubblica, amministrativa. ◇ *Ufficiale giudiziario*: impiegato ausiliario col compito di assistere il giudice in sede d'udienza, di notificare atti e sbrigare compiti di amministrazione giudiziaria. **3.** Nell'antica cavalleria, grado superiore a quello di cavaliere.

ufficialità s.f. inv. **1.** Il carattere di ciò che è ufficiale, formale. **2.** Carattere di ciò che è eseguito in modo pubblico, formale.

ufficializzàre v.tr. Rendere ufficiale qlco., conferirgli valore formale adattandolo a determinate norme e rendendolo pubblico.

ufficializzazióne s.f. Atto formale con cui si rende ufficiale qlco.

ufficialménte avv. **1.** In modo ufficiale. **2.** A quanto si sa. *Ufficialmente è sparito.*

ufficio s.m. [pl. –*ci*] **1.** Compito, dovere, obbligo, in riferimento a un ruolo, a una funzione. **2.** Incarico, incombenza. ~ Carica. *Assumere l'ufficio di sindaco.* ~ Compito che tale carica comporta. ~ *estens.* Funzione, compito. ◇ *D'ufficio*: senza discussione, per automatica disposizione di legge. – *Difesa d'ufficio*: quella del difensore d'ufficio,

chiamato dall'autorità giudiziaria in difesa di un imputato che non è in grado di nominarne uno di fiducia; *fig.* solo formale, di facciata, poco sentita. **3.** L'insieme del personale e dei servizi di una struttura burocratica o di un settore di attività in un'azienda. ~ Il luogo in cui si svolgono queste attività e mansioni. **4.** (al pl.) Raccomandazione, intervento a favore di qlcu. ◇ *Buoni uffici*: favore, intercessione, appoggio. **5.** RELIG. Funzione, rito religioso. **6.** ST. *Sant'Ufficio*: Inquisizione.

ufficiosaménte avv. In modo non ufficiale.

ufficióso agg. Che non ha carattere ufficiale ma che, provenendo dall'autorità competente, è autorevole e credibile.

1. ùfo o **ÙFO** s.m. inv. (sigla dell'ingl. *Unidentified Flying Object*, "oggetto volante non identificato") Oggetto volante osservato nel cielo e non identificabile. ~ *comun.* Disco volante, astronave o essere extraterrestre, reali o ipotetici che siano.

2. ùfo Solo nella loc. *a ufo*, gratis, senza pagare.

ufologìa s.f. **1.** Studio degli ufo. **2.** Settore della letteratura di fantascienza che ha come soggetto gli extraterrestri.

ugandése agg. Dell'Uganda. ◆ s.m. e f. Nativo, abitante dell'Uganda.

ugèllo s.m. MECC. Estremità di un condotto per fluidi, profilata in modo da accelerare la velocità di fuoriuscita del fluido stesso sfruttandone l'energia cinetica.

■ **ugèllo** di un motore criogenico Vulcain che alimenta il primo stadio del vettore spaziale europeo Ariane 5.

ùggia s.f. [pl. –*ge*] (etim. discussa, prob. lat. *ùdia* "umidità, frescura" quindi "ombra") Senso di fastidio e di noia, tedio. ◇ *Avere, prendere in uggia qlcu.*: averlo, prenderlo in antipatia.

uggiolàre v.intr. (aus. *avere*) (lat. *eiulāre* "lamentarsi ad alta voce") Detto del cane, guaire, mugolare in modo lamentoso.

uggiolìo s.m. [pl. –*lii*] Riferito ai cani, guaito, mugolio lamentoso e insistente.

uggióso agg. Che induce noia, fastidio, tedio. ~ Che sente, prova uggia.

ùgola s.f. ANAT. Appendice carnosa a cono che pende, tra bocca e retrobocca, dalla parte mediana del palato e che contribuisce alla chiusura delle fosse nasali durante la deglutizione. ◇ *figg. Bagnarsi l'ugola*: bere. – *Ugola d'oro*: cantante dotato di una voce bella e potente.

ugonòtto s.m. [f. –*ta*] (fr. *huguenots*, ted. *Eidgenosse* "confederato" dal nome di *Hugues* Besançon, capo del movimento antisavoiardo) Appartenente al movimento dei calvinisti francesi che, tra il Cinquecento e il Seicento, sostennero la riforma religiosa in lotta contro la monarchia.

ùgrico agg. [pl.m. –*ci*, f. –*che*] Di lingua appartenente a un sottogruppo dell'ugro-finnico. ◆ s.m. Nel sign. dell'agg.

ugro-finnico agg. [pl.m. –*ci*, f. –*che*] Della famiglia etnolinguistica presente nell'Europa settentrionale e centrale, proveniente dal ceppo uralico originario dell'Asia nordorientale. ◆ s.m. **1.** (f. –*ca*) Chi appartiene a una popolazione

ugro-finnica. **2.** (solo sing.) Gruppo di lingue del ceppo uralico comprendente l'ungherese, il finnico, l'estone e il lappone.

uguaglianza o **eguaglianza** s.f. **1.** Condizione, proprietà di due o più enti di avere le stesse caratteristiche. SIN.: **identità**. ~ Parità, corrispondenza. *Uguaglianza di intenti.* **2.** Condizione di pari dignità, senza distinzione di privilegi, tra tutti i cittadini di uno Stato o tra tutti gli uomini. ~ Assenza o irrilevanza di differenze di diritto. **3.** Assenza di asperità, di dislivelli, uniformità. **4.** MAT. Relazione tra grandezze caratterizzate dalle proprietà riflessiva, simmetrica e transitiva. ◇ *Criteri di uguaglianza*: quelli che permettono di stabilire se due enti sono uguali, sulla base dell'uguaglianza di alcuni loro termini.

uguagliàre o **eguagliàre** v.tr. [6] **1.** Essere pari a qlcu. in qlco., porsi allo stesso livello. *Uguagliare il fratello in altezza.* **2.** Considerare uguale o paragonabile qlcu. o qlco. ad altro. *Uguagliare un quadro a un altro.* **3.** Raggiungere lo stesso livello di un'altra persona in una qualità. ~ Detto di qualità, raggiungere lo stesso livello di un'altra. ~ SPORT. Pareggiare un risultato raggiunto precedentemente da altri. *Uguagliare il record mondiale.* **4.** Rendere uguali tra di loro due o più elementi. *La morte uguaglia tutti gli uomini.* **5.** *estens.* Rendere qlco. piano, regolare, uniforme. ◆ **uguagliàrsi** v.pron. **1.** Paragonarsi a qlcu. o qlco., ponendosi sullo stesso livello. **2.** Detto di più elementi, essere uguali, pareggiarsi. *Tutte le forze si uguagliano.*

uguàle o **eguàle** agg. **1.** Che ha le stesse caratteristiche e proprietà di un'altra cosa o persona con cui viene messo a confronto. SIN.: **identico**. ~ *estens.* Che è sempre lo stesso malgrado il passare del tempo, che non cambia secondo le circostanze. ◇ *È uguale*: è la stessa cosa. **2.** Costante, uniforme. ~ Riferito a superficie, privo di asperità o dislivelli. **3.** MAT. Riferito a grandezze in rapporto di uguaglianza con un'altra. ~ GEOM. Riferito a due figure perfettamente sovrapponibili (*congruenti*). □ In funzione di avv., allo stesso modo. ◆ s.m. **1.** (anche f.; spec. pl.) Persona avente le stesse caratteristiche, qualità, ecc. di un'altra o di altre. ◇ *Non avere uguali*: essere unico. **2.** MAT. Il segno grafico che indica uguaglianza.

UHT loc. avv. (sigla dell'ingl. *Ultra High Temperature*, "sterilizzazione a temperatura ultra-alta") *Latte UHT*: latte trattato ad alte temperature (140-150 °C), confezionato in contenitori sterili, che può essere conservato per parecchi mesi a temperatura ambiente.

uistitì s.m. inv. (fr. *ouistiti* di orig. onom.) Piccola scimmia arboricola originaria dell'America tropicale con coda anellata e pennacchi sopra le orecchie. (Altezza 20 cm ca.; genere *Callithrix*, famiglia dei Callitricidi.)

■ **uistitì**

ukàse s.m. inv. (russo *ukáz* "editto") **1.** Decreto dello zar di tutte le Russie. ~ Decreto del presidium del Soviet Supremo. **2.** *estens.* Ordine da eseguire senza discutere.

ukulèle s.m. o s.f. inv. (voce hawaiana, propr. "pulce") MUS. Chitarra di piccole dimensioni, dotata di quattro corde d'acciaio, tipica delle isole Hawaii.

ùlama o **ùlema** s.m. inv. (ar. *'ulamā'* propr. "i saggi") Nel mondo musulmano, dottore in scienze religiose.

ulàno s.m. (ted. *Hulahn*, turco *ōğlan* "servo, ragazzo") Soldato a cavallo armato di lancia che compare negli eserciti europei dall'inizio del Rinascimento fino alla prima guerra mondiale.

ùlcera s.f. **1.** MED. Lesione della pelle o dei tessuti di rivestimento degli organi interni, con tendenza a non cicatrizzare. ◇ *Ulcera molle:* malattia venerea dovuta al bacillo di Ducrey, trasmissibile coi rapporti sessuali. – *Ulcera gastroduodenale:* ulcera a carico dello stomaco o del duodeno. **2.** VET. Affezione virale specie delle zampe e delle labbra di molti mammiferi.

ulceràre v.tr. MED. Detto di una malattia, ledere una parte del corpo con un'ulcera. ◆ v.intr. (aus. *essere*) Degenerare in ulcera, formare ulcere; anche pron. *Le vene varicose (si) possono ulcerare.*

ulceràto agg. MED. Interessato, intaccato da ulcera. ~ *fig.* Straziato, esulcerato.

ulcerazióne s.f. MED. Formazione di un'ulcera. ~ L'ulcera stessa.

ulceróso agg. **1.** MED. Di ulcera. **2.** MED. Affetto da ulcera. ◆ s.m. [f. –sa] Nell'accez. 2 dell'agg.

ullvèlla s.f. COSTR. Attrezzo che serve a praticare in un blocco di pietra una cavità atta all'alloggiamento di un gancio o di un anello per il sollevamento del blocco stesso.

ulivo o **olivo** s.m. **1.** Albero sempreverde, tipico delle regioni mediterranee, con frutti a drupa verdastri o neri, da cui si estrae l'olio. (Nell'antichità, l'ulivo è stato simbolo di fecondità, pace e gloria; genere *Olea*; famiglia delle Oleacee.) ◇ CATT. *Ulivo benedetto:* ramoscello benedetto la Domenica delle Palme e conservato per devozione. **2.** *estens.* Il legno di tale albero. **3.** (iniziale maiusc.) Denominazione di una coalizione politica di centrosinistra formatasi nel 1995 che ha un ramo di ulivo come simbolo.

infiorescenza · foglie e frutti maturi · fiore

■ **ulivo**

Ullucus s.m. BOT. Genere di piante, originarie delle Ande, a rizomi sotterranei forniti di tubercoli alimentari. (Famiglia delle Basellacee.)

ùlna s.f. ANAT. Uno dei due ossi dell'avambraccio, disposto parallelamente al radio, con il quale si articola.

ulnàre agg. ANAT. Dell'ulna.

Ulotricàli s.f. pl. [iniziale minusc. sing. –*le* per l'individuo] BOT. Ordine di alghe aploidi a cui appartengono molte famiglie, tra cui le Ulvacee.

ulster [/'ʌlstə/] s.m. inv. (voce ingl., deriv. di *Ulster overcoat* "soprabito dell'Ulster" provincia irlandese del Regno Unito dove si usava tale indumento) ABBIGL. Lungo soprabito, di moda alla fine dell'Ottocento, con mantellina e grandi tasche, stretto in vita da una cintura.

ulterióre agg. **1.** Che viene dopo, che si aggiunge ai precedenti. **2.** Situato geograficamente al di là di un certo punto di riferimento, usato

solo in denominazioni di regioni storiche (in oppos. a *citeriore*).

ulteriorménte avv. Ancora di più, oltre.

ultimaménte avv. Recentemente, negli ultimi tempi.

ultimàre v.tr. Portare a termine, concludere, finire qlco.

ultimativo agg. Che ha carattere perentorio, categorico, definitivo. *L'ordine di sgomberare è ultimativo.*

ultimàtum s.m. inv. (voce lat.) DIR. INTERN. Ingiunzione con la quale uno Stato fa conoscere a un altro le proprie proposte su una questione, accompagnandole con la minaccia di rompere le trattative o di ricorrere alla forza se queste non verranno accettate. ~ *estens.* Nel l. com., ingiunzione perentoria che non ammette discussioni o repliche, anche in senso scherzoso.

ultimìssima s.f. **1.** L'edizione più recente di un quotidiano nella giornata. **2.** (spec. pl.) Notizia recentissima.

ùltimo agg. **1.** Che viene dopo tutti gli altri in una serie numerica, in una classifica, in una graduatoria o in una successione spaziale o temporale. ~ Con valore temporale, estremo conclusivo. *Fare le cose all'ultimo momento.* ◇ *Termine ultimo:* il tempo massimo convenuto o prestabilito per l'esecuzione o la validità di qlco. – *figg. L'ultima parola:* la decisione definitiva – *l'ultima spiaggia:* ultima speranza, l'unica soluzione ancora praticabile. **2.** Il più recente. *L'ultimo film di un regista.* ◇ *Ultima moda:* le nuove tendenze lanciate dagli stilisti. **3.** Che è spazialmente il più lontano rispetto a un punto di riferimento. *L'ultimo piano di un grattacielo.* **4.** *fig.* Estremo, massimo. *Se si prende una posizione bisogna portarla fino alle ultime conseguenze.* **5.** Che è più lontano nel tempo futuro. **6.** *fig.* Primario, fondamentale. **7.** *fig.* Che viene dopo tutti gli altri o le altre cose per importanza, valore. *Lo studio per lui è l'ultima preoccupazione.* ~ *estens.* Che è il più improbabile, quello che meno si poteva prevedere. ◇ *Non ultimo:* d'importanza non trascurabile. ◆ s.m. [f. –ma] **1.** La persona o cosa che viene dopo tutti gli altri nel tempo, nello spazio, nell'importanza, nel valore. ~ Riferito anche a una sequenza in un testo. *Dei tre candidati Bianchi, Ferrari e Giacometti, quest'ultimo è il più preparato.* ◇ *L'ultimo arrivato, l'ultimo venuto:* persona dotata di minori capacità ed esperienza rispetto ad altri, che perciò dovrebbe occupare una posizione inferiore, più spesso usata in frasi negative. *Gli scienziati italiani non sono certo gli ultimi venuti.* **2.** Momento conclusivo, con valore di neutro in locc. temporali. ◇ *Fino all'ultimo:* fino in fondo, fino alla fine. – *In ultimo, da ultimo:* alla fine.

ultimogènito agg. Tra i figli, l'ultimo nato. ◆ s.m. [f. –ta] Nel sign. dell'agg.

ultrà s.m. e f.inv. (fr. *ultra*, abbr. di *ultra-révolutionnaire* "ultrarivoluzionario" e di *ultra-royaliste* "ultrarealista") **1.** Nella Francia della Rivoluzione, rivoluzionario intransigente. – Durante la Restaurazione, estremista monarchico. ~ Nel secondo dopoguerra, nazionalista di estrema destra. **2.** Militante di gruppi estremistici. **3.** SPORT. Tifoso fanatico di una squadra di calcio.

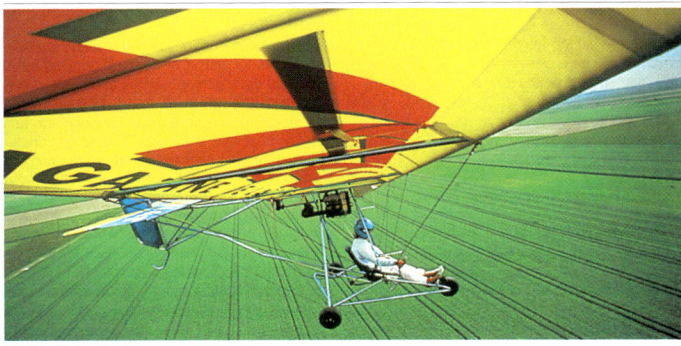

■ **ultraleggèro**

ultrabàsico agg. [pl.m. –*ci*, f. –*che*] GEOL. Di roccia magmatica contenente meno del 45% di silice e costituita principalmente di silicati di ferro e manganese che le conferiscono un colore scuro.

ultracentrifuga s.f. [pl. –*ghe*] FIS. Centrifuga a velocità di rotazione molto elevata (fino a 60.000 giri/min).

ultracentrifugazióne s.f. CHIM. L'operazione del separare mediante ultracentrifuga.

ultracórto agg. **1.** Cortissimo. **2.** FIS. Riferito a onde hertziane che hanno una lunghezza compresa tra 1 e 10 metri.

ultracùstica s.f. [non com. pl. –*che*] FIS. Settore dell'acustica che studia gli ultrasuoni.

ultrafiltrazióne s.f. CHIM. Separazione di sostanze colloidali da soluzioni, effettuata mediante speciali ultrafiltri e sotto pressione.

ultrafiltro s.m. CHIM. Filtro usato per la separazione di sostanze colloidali da soluzioni.

ultraleggèro agg. (calco dell'ingl. *ultralight*) Estremamente leggero. ◆ s.m. Deltaplano a motore.

ultramicròmetro s.m. FIS. Apparecchio radioelettrico sensibilissimo, capace di registrare spostamenti meccanici dell'ordine di decimillesimi di mm.

ultramicroscòpio s.m. [pl. –*pi*] OTT. Strumento che permette, grazie alla sua illuminazione laterale, di individuare strutture submicroscopiche altrimenti invisibili.

ultramodèrno agg. Nuovissimo, modernissimo.

ultramontanismo s.m. (fr. *ultramontanisme*) Insieme delle dottrine teologiche favorevoli al potere assoluto del papa, sorte nella Francia e nella Germania del sec. XIX in opposizione alla Chiesa gallicana. ~ *estens.* Ogni corrente che difende la centralità della Chiesa romana contro le tendenze autonomiste e innovatrici delle Chiese nazionali.

1. ultramontàno agg. → oltramontano.

2. ultramontàno agg. (fr. *ultramontain*) Relativo all'ultramontanismo. ◆ s.m. [f. –na] Seguace dell'ultramontanismo.

ultrapiàtto agg. Estremamente appiattito. *Orologio ultrapiatto.*

ultraràpido agg. Dotato di elevatissima velocità.

ultrasensibile agg. Dotato di estrema sensibilità.

ultrasònico agg. [pl.m. –*ci*, f. –*che*] **1.** FIS. Relativo agli ultrasuoni. **2.** Supersonico, che ha velocità superiore a quella del suono.

ultrasonografìa s.f. MED. → ecografia.

ultrasonòro agg. **1.** FIS. Relativo agli ultrasuoni. *Onde ultrasonore.* **2.** Supersonico, ultrasonico. *Aereo ultrasonoro.*

ultrasottile agg. Di spessore minimo.

ultrastruttùra s.f. FIS., BIOL. Struttura submicroscopica che può essere rilevata solo con ultramicroscopi o con microscopi elettronici ad altissimo potere d'ingrandimento.

ultrasuòno s.m. FIS. Vibrazione sonora di frequenza elevatissima, superiore ai 20.000 hertz e quindi non percepibile dall'orecchio umano.

ultrasuonoterapìa s.f. MED. Terapia che si avvale dell'uso locale degli ultrasuoni, spec. per curare calcoli renali, dolori reumatici e per l'igiene dentaria.

ultraterréno agg. Che è al di là della terra e delle cose terrene.

ultrattività s.f. inv. DIR. Protrazione degli effetti di un atto normativo anche dopo che ne sia intervenuta l'abrogazione o la sostituzione, per cui esso continua a regolare i casi insorti durante il suo tempo di vigenza. *Ultrattività della legge.*

ultraviolétto agg. FIS. Di radiazione elettromagnetica di frequenza superiore a quella del violetto, limite dello spettro percepibile da occhio umano, e pertanto rilevabile soltanto con lastre fotografiche o con schermi fluorescenti. (L'ultravioletto è utilizzato in medicina nel trattamento delle dermatosi, in spettrometria, per la produzione d'ozono, ecc.) ◊ *Ultravioletti prossimi*: quelli compresi tra 400 e 300 nanometri; sigla: *UVA*. – *Ultravioletti lontani*: compresi tra 300 e 200 nanometri; sigla: *UVB*. – *Ultravioletti estremi*: compresi tra 200 e 4 nanometri; sigla: *UVC*. ◆ s.m. Campo delle radiazioni ultraviolette.

ultravuòto s.m. FIS. Condizione di un ambiente in cui gli aeriformi si trovano a una pressione molto bassa, inferiore a 10^{10} mm di mercurio.

ululàre v.intr. (aus. *avere*) **1.** Emettere ululati prolungati. *Il cane ha ululato tutta la notte.* **2.** *fig.* Produrre suoni cupi e lamentosi, simili a ululati.

ululàto s.m. Verso caratteristico del lupo e del cane, simile a un urlo prolungato, cupo, lamentoso. ~ *fig.* Suono lacerante, minaccioso.

ùlulo s.m. Ululato lamentoso e incessante, spesso usato in senso fig.

uluzziano s.m. (solo sing.) GEOL. Facies culturale del paleolitico superiore. ◆ agg. Relativo a tale facies.

Ùlva s.f. BOT. Genere di alghe marine con tallo espanso, sottile e fogliaceo, commestibile; è detta anche *lattuga di mare*. (Famiglia delle Ulvacee.)

Ulvàcee s.f. pl. [iniziale minusc. sing. *–a* per l'individuo] BOT. Famiglia di alghe marine caratterizzate da tallo piatto o tubolare costituito da uno o due strati di cellule.

umanaménte avv. **1.** Secondo le forze, le capacità dell'uomo. **2.** Con umanità, con bontà.

umanésimo s.m. (ted. *Humanismus*) **1.** (spesso con iniziale maiusc.) Movimento culturale che ebbe inizio in Italia nella seconda metà del Trecento, per poi propagarsi in Europa, caratterizzato da una rinnovata centralità dell'uomo e dell'opera umana e dal recupero della civiltà spirituale e letteraria greco-latina. (Principali rappresentanti: Petrarca, Giovanni Pico della Mirandola, Jacques Lefevre d'Étaples, Johannes Reuchlin, Erasmo da Rotterdam.) ~ Il periodo storico suddetto. **2.** *estens.* Interesse e passione per gli studi classici. **3.** Ogni dottrina o concezione filosofica che metta l'uomo e i valori umani sopra gli altri.

umanista s.m. e f.[pl.m. *–sti*] **1.** Rappresentante dell'umanesimo tre-quattrocentesco. **2.** *estens.* Studioso e cultore di arte e letteratura classica. ◻ In funzione di agg. **1.** Umanistico. **2.** Che condivide, sostiene gli ideali dell'umanesimo.

umanistico agg. [pl.m. *–ci*, f. *–che*] **1.** Relativo all'umanesimo e agli umanisti. **2.** *estens.* Che ha per ambito di studio le umane lettere, cioè le lingue e letterature classiche e, più in generale, la letteratura, la filosofia, la storia, il diritto.

umanità s.f. inv. **1.** Complesso di caratteristiche, qualità, limiti peculiari alla condizione dell'uomo. **2.** Insieme degli uomini. ~ Un insieme circoscritto di uomini. **3.** Complesso di doti e sentimenti solitamente positivi che si ritengono propri dell'uomo. **4.** Complesso di studi letterari aventi come oggetto l'uomo nei suoi valori e nel suo comportamento. ~ In passato, corso scolastico di studi letterari successivi alle elementari.

umanitàrio agg. [pl.m. *–ri*] (fr. *humanitaire*) Di persona o cosa, ricco di sentimenti filantropici, di amore per il prossimo e di sollecitudine per le sorti dell'uomo. ◊ *Associazioni umanitarie*: portano aiuti disinteressati. ◆ s.m. [f. *–ria*] Altruista, filantropo.

umanitarismo s.m. (fr. *humanitarisme*) L'insieme dei pensieri e dei sentimenti filantropici propri delle persone ricche di umanità.

umanizzàre v.tr. **1.** Rendere qlcu. umano. ~ Conferire prerogative umane a esseri non umani. *Umanizzare gli animali.* **2.** Dare un carattere più umano, più civilizzato a qlcu. *Umanizzare i selvaggi.* ~ Rendere qlco. più confacente ai diritti della persona umana. *Umanizzare le condizioni di vita dei carcerati.* ◆ umanizzarsi v.pron. Diventare civile. *Le tribù barbare si sono umanizzate.*

umanizzazióne s.f. (fr. *humanisation*) **1.** Acquisizione o conferimento di maggiore dignità umana. **2.** TEOL. CRIST. Assunzione della natura umana.

umàno agg. **1.** Dell'uomo, degli uomini. *Genere umano.* ~ Proprio dell'uomo, degli uomini. *La coscienza umana.* ◊ *Scienze umane*: discipline aventi come oggetto di studio l'uomo e i suoi comportamenti e che comprendono, tra le principali, l'antropologia, la psicologia e la sociologia. **2.** Che dimostra comprensione, amore per il prossimo. ~ Conforme ai principi di umanità. ◆ s.m. (solo sing.) Quanto è proprio e specifico dell'uomo.

umanòide agg. Essere somigliante all'uomo, in partic. nella fantascienza. ◆ s.m. e f. Nel sign. dell'agg.

umbellàto agg. BOT. Di piante con fiori disposti a forma di ombrello.

umbóne s.m. **1.** Piastra o borchia sporgente al centro dello scudo, con funzioni difensive e offensive. **2.** BOT. Prominenza in organi vegetali, come nel cappello di alcuni funghi o negli strobili delle Conifere. ~ ZOOL. La parte apicale al centro delle valve di alcuni molluschi.

umbrétta s.f. Uccello trampoliere dell'Africa tropicale e del Madagascar, che si nutre di piccoli animali acquatici. (Ordine dei Ciconiformi.)

umettàre v.tr. Rendere umido, bagnare leggermente qlco. *Umettare le labbra.* ◆ umettarsi v.pron. Inumidire appena una parte del proprio corpo. *Umettarsi le dita.*

umettatrice s.m. Macchina che serve a umettare la carta onde permetterne la calandratura.

umiak [/'u:mɪ,ak/] s.m. inv. Barca eschimese di grandi dimensioni ricoperta di pelle di foca.

ùmico o **hùmico** agg. [pl.m. *–ci*, f. *–che*] (ingl. *humic*) Proprio dell'humus.

umidiccio agg. [pl.m. *–ci*, f. *–ce*] Leggermente umido.

umidificàre v.tr. [4] Rendere più umido un ambiente o l'aria.

umidificatóre s.m. Apparecchio che disperde vapore acqueo in un ambiente, per mantenere costante la percentuale di umidità dell'aria.

umidificazióne s.f. L'operazione del conferire umidità a un ambiente.

umidità s.f. inv. **1.** L'essere leggermente impregnato d'acqua o altro liquido. ~ Presenza, tracce d'acqua in corpi solidi. **2.** Presenza di vapore acqueo nell'aria. ◊ METEOR. *Umidità assoluta*: numero di grammi di vapore d'acqua contenuta in un metro^3 d'aria o di gas. – *Umidità relativa*: rapporto tra la quantità di vapore acqueo misurata per una massa d'aria e la quantità necessaria per giungere alla saturazione.

ùmido agg. **1.** Bagnato d'acqua o di altri liquidi in modo leggero o superficiale. **2.** Contenente una forte percentuale di vapore acqueo. ◆ s.m. (solo sing.) **1.** Umidità. **2.** CUC. Base per la cottura a fuoco lento di carne, pesce e altri cibi, costituita di olio, sugo di pomodoro e sapori vari.

umificazióne s.f. BIOL., CHIM. Processo di trasformazione in humus delle sostanze organiche depositate sul terreno mediante l'intervento di vari batteri.

ùmile agg. **1.** Di persona, privo di superbia. ~ Di atteggiamento, che denota modestia. *Sguardo umile.* **2.** Non nobile, non socialmente elevato. **3.** Di cosa, molto semplice e dimesso, modesto, senza pretese. ◆ s.m. e f.**1.** Persona non orgogliosa di sé e dei propri meriti. **2.** Chi mostra sottomissione e pratica la virtù dell'umiltà. **3.** (spec. pl.) Chi è di origine non nobile e non elevata socialmente.

umiliànte agg. Avvilente, che fa vergognare.

umiliàre v.tr. [6] **1.** Sminuire, mortificare qlcu. **2.** Reprimere, frenare sentimenti o desideri, nel senso cristiano della mortificazione di sé. *Umiliare la superbia.* ◆ umiliàrsi v.pron. **1.** Riconoscere la propria indegnità, miseria, colpevolezza. ~ *estens.* Sottovalutarsi. **2.** Dimostrare la propria sottomissione e prostrarsi con devota umiltà. ~ Avvilirsi, abbassarsi a compiere atti che feriscono l'amor proprio o la dignità, l'onore.

umiliàto agg. Che ha subito un'umiliazione. ~ Prostrato in segno di sottomissione e pentimento. ◆ s.m. [f. *–ta*, al pl. iniziale maiusc.] Aderente al movimento religioso, sorto in Lombardia nel sec. XII, che predicava il ritorno alla purezza del cristianesimo delle origini. ~ Ancora ai giorni nostri, aderente a una delle confraternite che assumono questo nome.

umiliazióne s.f. **1.** L'atto di umiliarsi o il fatto di venire umiliato. **2.** Atto, situazione che umilia.

umiltà s.f. inv. **1.** Virtù di chi riconosce e accetta i propri limiti. **2.** Atteggiamento rispettoso, sottomesso. **3.** Bassa estrazione sociale. **4.** Caratteristica, condizione di ciò che è semplice, modesto. *Umiltà dell'abbigliamento.*

umoràle agg. **1.** Che riguarda gli umori come costituenti del corpo. **2.** Di umore incostante. ◆ s.m. e f. Chi cambia facilmente umore.

umóre s.m. **1.** Liquido, acqua. ~ In partic. liquido organico. *Umore vitreo.* **2.** PSICOL. Condizione psichica endogena. **3.** Disposizione emozionale momentanea, legata alle circostanze. *Umore del momento.* **4.** *estens.* Ciò che costituisce e caratterizza un individuo, il suo gusto, le sue reazioni, la sua suscettibilità, ecc. **5.** (al pl.) Gusto, disposizione, tendenza.

umorismo s.m. Disposizione dell'animo portata a cogliere gli aspetti divertenti o grotteschi della realtà e a sorridere con ironica comprensione.

umorista s.m. e f.[pl.m. *–sti*] **1.** Chi ha il senso dell'umorismo. **2.** Autore di disegni, di scritti comici o satirici.

umoristico agg. [pl.m. *–ci*, f. *–che*] **1.** Relativo all'umorismo o agli umoristi. **2.** Ricco di umorismo. ~ Che non è preso o che non è da prendersi seriamente.

UMTS s.m. (solo sing.) (sigla dell'ingl. *Universal Mobile Telecommunications System*, "sistema universale di telecomunicazione mobile") TELECOM. Protocollo per la comunicazione mobile di terza generazione.

1. un agg. num. card. → **1. uno**.

2. un art. indet. → **2. uno**.

unànime agg. **1.** Di un gruppo di persone, che prende una decisione o che esprime un giudizio concorde. **2.** Che ha ottenuto il consenso di tutti i membri di un gruppo o di un organo collegiale. ~ Che esprime un parere comune a tutti.

unanimismo s.m. **1.** POLIT. Concordanza di opinioni, anche solo formale, all'interno di un gruppo. ~ Tendenza a far tacere o sottacere le divergenze, spesso con valore spreg. **2.** FILOS. Dottrina che vede la realizzazione del singolo nell'identificazione con il gruppo cui appartiene. **3.** LETT. Dottrina concepita all'inizio del sec. XX da J. Romains, secondo la quale lo scrittore deve esprimere la vita unanime e collettiva, l'anima dei gruppi umani e rappresentare l'individuo colto nelle sue relazioni sociali.

unanimità s.f. inv. Assoluta concordanza di opinioni all'interno di un gruppo di persone o di un organo collegiale. ◊ *All'unanimità*: in modo pienamente concorde. ~ L'insieme delle persone che si sono mostrate unanimi.

ùna tàntum loc. avv. (loc. lat.) Una volta soltanto. ◆ loc. sost. f. inv. Imposta che si paga una volta sola.

unàu s.m. inv. (voce tupì) Bradipo dell'America tropicale, dotato di due dita con artigli nelle zampe anteriori, da cui la sua denominazione di bradipo didattilo. (Genere *Choloepus*; ordine degli Xenartri.)

uncinàre v.tr. **1.** Piegare, modellare qlco. a foggia di uncino. **2.** Afferrare qlco. con un uncino.

uncinàto agg. Piegato a forma di uncino. ◇ *Croce uncinata*: la svastica, che la Germania hitleriana adottò come emblema.

uncinétto s.m. Ferro con estremità a uncino utilizzato per lavorare a maglia.

uncìno s.m. **1.** Gancio, arnese di metallo ripiegato su se stesso e spesso appuntito, per afferrare qlco. **2.** BOT. Formazione a gancio di organi vegetali con cui una pianta si sostiene o diffonde i suoi semi. **3.** ZOOL. Formazioni microscopiche che tengono le barbule delle penne degli uccelli legate tra loro. **4.** SPORT. Nel pugilato, pugno portato con il braccio ad angolo retto e il gomito all'altezza della spalla, detto più freq. *gancio*. ~ Nella pallacanestro, tiro effettuato con una mano sola da sotto il canestro.

undercut [/'ʌndə'kʌt/] s.m. inv. (voce ingl., propr. "colpo portato verso il basso") BOXE Colpo, spesso ripetuto in fitta sequenza, diretto alle costole e ai fianchi dell'avversario.

underground [/'ʌndə'graund/] agg. inv. (voce ingl. propr. "sotterraneo", orig. riferito al movimento partigiano clandestino durante la seconda guerra mondiale) **1.** Clandestino, illegale. **2.** Riferito a ogni espressione sperimentazione culturale o artistica che non utilizza i normali canali di distribuzione, disdegnando la produzione commerciale. ◆ s.m. inv. Movimento culturale e artistico anticonformista, che contrasta la cultura ufficiale e i mezzi di diffusione da essa adottati.

understatement [/'ʌndə'steɪtmənt/] s.m. inv. (voce ingl., "attenuazione") Affermazione volutamente attenuata, ridimensionata. ~ Tendenza a minimizzare l'importanza di un'affermazione.

ùndici agg. num. card. numerale successore di dieci. ◆ s.m. inv. **1.** Il numero undici. **2.** La forma grafica del numero undici. **3.** La quantità equivalente a undici unità ogni cento, mille o più. **4.** SPORT. La squadra di calcio, composta da undici giocatori. **5.** Nel Totip, punteggio equivalente a una vincita secondaria. ~ La vincita stessa.

ungàrico agg. [pl.m. *–ci*, f. *–che*] Dell'Ungheria.

ùngere v.tr. [22] **1.** Cospargere o spalmare qlco. d'olio o di altra materia grassa. *Ungere una teglia.* ◇ *fig. Ungere le ruote a qlcu.*: adularlo con lusinghe, offrirgli denaro e regali per ottenere favori e vantaggi personali. **2.** Sporcare qlco. di grasso. *Hai unto i pantaloni.* **3.** *fig.* Versare denaro a qlcu. per ottenere un favore. **4.** CRIST. Compiere un atto di consacrazione, segnando qlcu. o qlco. con olio sacro, in cerimonie e riti religiosi. ◆ **ungersi** v.pron. **1.** Cospargersi di sostanze grasse. *Ungersi il volto di crema solare.* ~ Sporcare di grasso un indumento che si indossa. **2.** Sporcarsi di unto.

ungherése agg. Dell'Ungheria. ◆ s.m. **1.** (anche f.) al pl. anche iniziale maiusc.) Nativo, abitante dell'Ungheria. **2.** (solo sing.) Lingua della famiglia ugro-finnica parlata in Ungheria.

ùnghia s.f. **1.** Lamella cornea del tessuto epidermico che ricopre la parte dorsale della falange terminale delle dita dell'uomo e delle zampe di molti animali. ◇ *figg. Difendersi con le unghie e con i denti*: battersi con ogni mezzo a disposizione, fino all'ultimo. – *Tirare fuori le unghie*: farsi valere, spesso usando anche modi decisi, duri. – *Mettere le unghie su qlco.*: impadronirsene in modo deciso. – *fam. Sull'unghia*: di pagamento in contanti, effettuato sul momento. **2.** *fig.* Minima quantità o distanza. **3.** Elemento o parte, perlopiù terminale, di un arnese che, per forma e funzioni, ricorda l'unghia. **4.** In un libro rilegato, sporgenza della copertina rispetto al taglio del volume. **5.** ARCH. Ciascuna delle quattro parti in cui si divide la volta a crociera. SIN.: **vela**.

unghiàta s.f. **1.** Colpo inferto con le unghie. **2.** Tacca nella lama dei temperini che consente di aprirli.

unghiàto agg. Munito di unghie.

unghiatùra s.f. **1.** Graffio superficiale procurato da un'unghiata. **2.** Intaccatura nel coperchio di una scatoletta metallica o nella cassa di un orologio per facilitarne l'apertura. **3.** Nella copertina di un libro rilegato, la parte che sporge oltre il taglio del volume.

ungueàle agg. ANAT. Dell'unghia.

unguènto s.m. Preparazione medicamentosa per uso esterno, i cui principi attivi sono incorporati in una sostanza grassa semisolida.

unguicolàto agg. **1.** Riferito al becco di alcuni uccelli, che presenta all'estremità un'unghia incurvata verso il basso. **2.** Di organo vegetale, che presenta una parte a forma di unghia.

ùngula s.f. ZOOL. Lo zoccolo degli Ungulati. SIN.: **unghione**.

Ungulàti s.m. pl. [iniziale minusc. sing. *–to* per l'individuo] ZOOL. Gruppo di mammiferi (equini, bovini, ecc.) muniti di uno zoccolo che ricopre anteriormente le falangi delle dita.

ùni- Primo elemento di composti nei quali indica unicità (*unilaterale*) spesso scambiabile con il prefisso *mono-* a cui corrisponde (*unicolore/monocolore*).

uniàte agg. (russo *unijat*) Di ciascuna delle Chiese orientali che, in tempi recenti, si sono riavvicinate alla Chiesa cattolica romana. ~ Anche di ogni cristiano appartenente a tali Chiese. ◆ s.m. e f. Nel sign. dell'agg.

unicaménte avv. Solamente, esclusivamente.

unicameràle agg. (ingl. *unicameral*) POLIT. Di sistema parlamentare che presenta una sola camera o assemblea legislativa (si distingue perlopiù da *bicamerale*). *Sistema unicamerale.*

unicameralismo s.m. POLIT. Sistema parlamentare che si fonda sull'esistenza di una sola camera o assemblea legislativa.

unicellulàre agg. BIOL. Di organismo (batterio, protozoo, diatomea, ecc.) formato da una sola cellula.

unicità s.f. inv. **1.** La condizione di essere uno e solo. **2.** MAT. *Teorema di unicità*: quello che stabilisce che l'eventuale soluzione di un problema è unica.

1. ùnico agg. [pl.m. *–ci*, f. *–che*] **1.** Che è il solo esistente, sia in senso assoluto sia relativamente a determinate caratteristiche. ◇ *Figlio unico*: senza fratelli o sorelle. – *Più unico che raro*: eccezionale, inconsueto. – *Lista unica*: nei regimi totalitari, lista all'interno della quale gli elettori possono esprimere la preferenza per uno o più candidati. **2.** Eccezionale, esclusivo. *Un talento unico.* ◆ s.m. [*–ca*] **1.** La sola persona che pensa, dice o fa una cosa. **2.** Esemplare unico. ◆ s.f. (solo sing.) L'unica cosa da farsi o l'unica possibilità. *L'unica è lasciarlo sfogare.*

2. ùnico s.m. [non comune pl. *–ci*] ECON. Modello per la dichiarazione dei redditi.

unicòrno agg. (calco di gr. *monòkerōs*) Di animale, che presenta un solo corno. ◆ s.m. **1.** → **liocorno**. **2.** Mammifero marino detto anche *narvalo*.

ùnicum s.m. inv. (voce lat., propr. "unico") **1.** Il solo esemplare rimasto di un libro, di un francobollo, ecc. **2.** *estens.* Evento straordinario, che non ha paragoni.

unidimensionàle agg. **1.** Che ha una sola dimensione. **2.** GEOM. Riferito a ente, che ha una sola dimensione.

unidirezionàle agg. (ingl. *unidirectional*) **1.** Che ha una sola direzione. ~ *fig.* Che si muove in una sola direzione. **2.** TECN. Riferito a dispositivi che lasciano passare un fluido o la corrente elettrica.

unifamiliàre agg. Con riferimento ad abitazione, che ha struttura adatta per una sola famiglia.

unificàre v.tr. [4] **1.** Ridurre due o più elementi a unità. *Unificare i risultati di una ricerca.* **2.** Uniformare. *Unificare un paese.* ◆ **unificarsi** v.pron. Di due o più elementi, ridursi a unità, fondersi.

unificàto agg. **1.** Portato, ridotto a unità. ◇ *A reti unificate*: di programma televisivo messo in onda simultaneamente da tutte le reti appartenenti a un gruppo pubblico o privato. **2.** Ridotto a un unico tipo.

unificazióne s.f. **1.** L'unificare o l'essere unificato. **2.** Riduzione a un tipo unico.

unifilàre agg. ELETTROTEC. → **monofilare**.

uniflòro agg. BOT. Che porta un solo fiore.

unifogliàto agg. BOT. Riferito a picciolo, che porta una sola foglia.

uniformàre v.tr. **1.** Rendere qlco. uguale ad altro. **2.** Rendere conforme, adattare qlco. ad altro. *Uniformare le proprie abitudini alle abitudini altrui.* **3.** Rendere uniforme. *Uniformare un colore.* ◆ v.pron. **1.** Adattarsi, adeguarsi a qlco. **2.** Diventare uniforme, omogeneo.

1. unifórme agg. **1.** Uguale, senza difformità. ◇ FIS. *Moto uniforme*: moto di un punto che si muove con velocità costante. **2.** *estens.* Monotono, senza variazioni.

2. unifórme s.f. Abito dei militari. ◇ *Alta uniforme*: quella per le occasioni importanti. ~ *estens.* Abito uguale per tutti gli appartenenti a comunità, corpi speciali, categorie varie.

uniformeménte avv. In modo uniforme, costante.

uniformità s.f. inv. **1.** Stato di ciò che è uniforme, senza variazioni. **2.** Concordanza, unanimità.

unilateràle agg. **1.** Che riguarda un solo lato. **2.** *fig.* Parziale, che considera soltanto un aspetto. *Giudizio unilaterale.* **3.** Che riguarda una sola delle parti. *Atto unilaterale.* **4.** GEOM. Di ente a una sola faccia.

unilineàre agg. ANTROP. Di una forma di filiazione che tiene conto di uno solo degli ascendenti.

uninominàle agg. POLIT. Riferito al sistema elettorale che prevede la presenza di un solo candidato per partito in ogni collegio e l'elezione di un solo rappresentante. *Collegio uninominale.* ◆ s.m. Nel sign. dell'agg.

unióne s.f. **1.** Associazione o combinazione di cose o persone. *L'unione delle forze.* SIN.: **legame**. **2.** *fig.* Armonia, solidarietà, accordo. **3.** Organizzazione in cui si riuniscono più persone o enti. **4.** DIR. Modo di acquisto della proprietà che si realizza quando due o più cose mobili, pur senza perdere la propria individualità, si uniscono in modo che non sia possibile separarle senza danno.

unionismo s.m. (ingl. *unionism*) **1.** Corrente di pensiero che prevede l'unione in campo economico, politico, religioso. **2.** Il movimento politico inglese delle Trade Unions.

unionista s.m. e f. [pl.m. *–sti*] (ingl. *unionist*) **1.** Sostenitore o fautore dell'unionismo economico, politico, religioso. **2.** Durante la guerra di secessione americana, fautore degli Stati del Nord o dell'Unione. ~ Nell'Inghilterra del sec. XIX, chi era contrario all'autonomia amministrativa dell'Irlanda. ❑ In funzione di agg., favorevole all'unione economica, politica, religiosa, ecc.

unìparo agg. Nel regno animale, di femmina che partorisce un solo figlio per ogni parto.

unipolàre agg. ELETTR. Di dispositivo che ha un solo polo.

unìre v.tr. [83] **1.** Congiungere, accostare due o più cose in modo che formino un insieme compatto. *Unire due tavoli.* **2.** Associare, mettere insieme due o più elementi. *Unire voci.* **3.** *fig.* Accomunare due o più persone. *Gli interessi comuni uniscono gli amici.* **4.** Mettere in comunicazione due o più punti distanti, con

■ **unàu**

collegamenti di vario tipo. *Questo treno unisce due grandi città.* **5.** Avere in sé contemporaneamente qlco. che si accosta ad altro. *Lo spettacolo unisce fantasia e realtà.* ◆ **unirsi** v.pron. **1.** Accompagnarsi, mettersi insieme a qlcu. *Unirsi a un gruppo.* **2.** Di due o più soggetti, creare un reciproco legame di ordine giuridico o morale. *Unirsi in matrimonio.* **3.** Di due o più elementi, mescolarsi formando una sola cosa. *I suoni si uniscono armoniosamente.* **4.** *estens.* Di due o più elementi, essere presenti contemporaneamente in qlcu. o qlco. *In questo atleta si uniscono potenza e agilità.*

unisessuàle agg. BIOL. Con riferimento a vegetale o animale che presenta apparato riproduttore di un solo sesso.

unisex [/'ju:niseks/] agg. inv. (voce ingl.) Adatto a entrambi i sessi. *Camicia unisex.* ◆ s.m. inv. L'abbigliamento unisex.

unìsono agg. **1.** MUS. Riferito a suoni simultanei che hanno uguale altezza, anche se di timbro diverso. **2.** *fig.* Concorde, in perfetta consonanza con qlco. ◆ s.m. MUS. Esecuzione strumentale o vocale di più suoni simultanei della stessa altezza. ◇ *fig. All'unisono:* di comune accordo, in modo simultaneo.

unità s.f. inv. **1.** La condizione di essere solo uno e non più di uno (in oppos. a *molteplicità* e *pluralità*). SIN.: **unicità**. **2.** Carattere di ciò che forma una totalità indivisibile. *L'unità linguistica di uno stato.* **3.** Concordia, convergenza di intenti. *Unità di vedute.* ~ Armonia globale di un'opera artistica o letteraria. *Questo romanzo manca di unità.* **4.** Struttura organizzata nell'ambito di un insieme più vasto. *Unità di produzione.* ◇ *Unità di crisi:* organismo riunito per affrontare una crisi. – *Unità sanitaria locale (USL):* insieme dei servizi di assistenza medica per i cittadini di un determinato territorio. – *Unità coronarica:* reparto ospedaliero attrezzato per terapie cardiologiche. ~ INFORM. Parte di un elaboratore che espleta una mansione data. ◇ *Unità centrale:* la parte dell'elaboratore che esegue il programma e governa tutto il sistema. – *Unità periferica:* macchina collegata all'unità centrale. **5.** MIL. Ogni reparto delle varie armi. **6.** *Unità di misura:* grandezza convenzionalmente stabilita come termine di riferimento per la valutazione di grandezze della stessa specie. – ASTR. *Unità astronomica:* per le misure interplanetarie, la distanza della Terra dal Sole, corrispondente a 149.470.000 km. **7.** Il numero 1, come principio della numerazione.

unitarianìsmo s.m. RELIG. Dottrina, diffusasi nel sec. XVI, che afferma l'unicità di Dio, negando il mistero della trinità divina e dell'incarnazione di Cristo.

unitarietà s.f. inv. Carattere unitario. *Unitarietà di intenti.*

unitàrio agg. [pl.m. *-ri*] **1.** Che forma una singola unità, relativo a un'unità. **2.** Che mira all'unità, all'unificazione. ◆ s.m. [f. *-ria*] **1.** Sostenitore o fautore dell'unità politica, economica, religiosa. **2.** RELIG. Seguace dell'unitarianismo.

unitarìsmo s.m. **1.** POLIT. Disposizione all'unità. **2.** RELIG. Unitarianismo.

unìto agg. **1.** Che è strettamente legato ad altro. **2.** Compatto, senza intervalli o divisioni. ~ Uniforme, senza variazioni di colore o disegni. **3.** Legato da un rapporto di solidarietà o da vincoli di natura giuridica. **4.** Nella denominazione di stati confederati o di enti economici, politici, sindacali che formano un complesso unitario. *Organizzazione della Nazioni Unite.*

univalènte agg. CHIM. → **monovalente**.

univàlve agg. **1.** ZOOL. Di mollusco il cui guscio è costituito da una sola valva. **2.** BOT. Di organo vegetale o frutto che si schiudono da una sola parte.

universàle agg. (calco del gr. *katholikós*) **1.** Che riguarda l'universo fisico. *Gravitazione universale.* **2.** Che riguarda il mondo intero, tutta l'umanità. **3.** Che comprende e concerne la totalità degli individui e degli elementi di un determinato insieme, ambito, settore, gruppo. ~ Che è applicabile a tutti i casi. *Rimedio universale.* **4.** Che è versato e spazia in tutti i campi del sapere. **5.** FILOS. Valido in assoluto per tutti gli elementi di una classe o di un insieme nella loro totalità. **6.** TECN., ELETTR. Si dice di uno strumento, di un apparecchio per usi multipli. **7.** MED. Di sangue che può essere trasfuso a chiunque, del donatore di tale sangue. ◆ s.m. FILOS. Concetto astratto, idea generale, applicabile a una classe o insieme nella sua totalità.

universalìsmo s.m. Propensione a considerare un'ideologia, un'istituzione politico-culturale, una religione valida per tutti.

universalìsta s.m. e f.[pl.m. *-sti*] Sostenitore, fautore dell'universalismo. ▫ In funzione di agg., ispirato, fondato sull'universalismo.

universalità s.f. inv. **1.** Carattere di ciò che è valido per tutti. **2.** Totalità, insieme di cose o persone. **3.** Massima versatilità in ogni campo della conoscenza.

universalizzàre v.tr. **1.** Rendere universale, comune a tutti. *Universalizzare i gusti.* **2.** FILOS. Trasferire qlco. dal particolare all'universale. ◆ **universalizzarsi** v.pron. Diventare universale, estendersi a un numero sempre maggiore di persone.

universalménte avv. **1.** Generalmente. **2.** In tutto il mondo.

universìade s.f. (spec. pl.) Giochi e gare sportive mondiali, organizzate come le olimpiadi ma riservate esclusivamente a studenti universitari.

università s.f. inv. (lat. *universitàtem* "corporazione") **1.** Istituzione scientifico-didattica e culturale che rappresenta il più alto livello di istruzione. ~ L'insieme degli studenti, dei docenti, del personale non docente, delle strutture e la sede di questa istituzione. **2.** *estens.* Denominazione di istituzioni dedicate allo studio, all'approfondimento di varie tematiche. ◇ *Università della terza età:* istituto che organizza lezioni a livello universitario per gli anziani. **3.** All'epoca dei comuni medievali, corporazione.

universitàrio agg. [pl.m. *-ri*] Relativo all'università. ◆ s.m. [f. *-ria*] Studente, docente universitario.

univèrso s.m. **1.** Lo spazio che contiene i corpi celesti. **2.** Il mondo nel suo complesso. **3.** *fig.* Ambito, mondo personale. **4.** STAT. La totalità dei casi singoli di un fenomeno collettivo sotto esame.

unìvoco agg. [pl.m. *-ci*, f. *-che*] **1.** Che ha un solo significato, un solo valore. **2.** MAT. *Relazione univoca:* corrispondenza tra due insiemi, per cui a ogni elemento del primo corrisponde uno e un solo elemento del secondo.

ùnno agg. (dal nome della tribù mongola dei *Hiung-nu*) Degli Unni, popolazione barbara di origine asiatica. ◆ s.m. [f. *-na*; al pl. anche iniziale maiusc.] Appartenente agli Unni.

1. ùno agg. num. card. [f. *una*] Numero naturale che è successore di zero e rappresenta l'unità. ◆ s.m. inv. **1.** Il numero uno. **2.** La forma grafica del numero uno. **3.** La quantità equivalente a una unità ogni cento, mille o più. **4.** FILOS. L'Uno, il principio di tutte le cose. **5.** *Tutt'uno:* la stessa cosa, lo stesso.

2. ùno art. indet. **1.** Indica persona o cosa nominata per la prima volta nel discorso. *Fine di un'epoca.* **2.** Indica una persona o cosa che non occorre specificare. *Prendi una sedia.* **3.** In espressioni esclamative ha valore enfatico di "grande". *Ho una sete!* **4.** Implica un rapporto di somiglianza, sottintendendo *come*. *Era (come) una madre per lui.* **5.** Indica una quantità approssimata. *Peserà un cinque chili.*

ùnto agg. Cosparso di una sostanza grassa. ◆ s.m. [f. *-ta*] RELIG., CRIST. Chi è consacrato a Dio mediante unzione con l'olio santo.

untóre s.m. [f. *-trice*] Chi era sospettato, durante la peste di Milano del 1630, di diffondere il contagio.

untuosità s.f. inv. **1.** Qualità di ciò che è untuoso. **2.** Materia untuosa. **3.** *fig.* Modo di fare subdolo, comportamento di falsa cortesia e servilismo, tipico delle persone ipocrite. **4.** CHIM. Capacità di un olio di lubrificare la superficie di contatto tra due metalli che scorrono uno sull'altro, riducendo l'attrito.

untuóso agg. **1.** Spalmato o intriso di olio o altra sostanza grassa che unge. **2.** *fig.* Di persona e atteggiamento, ipocrita, servile, falsamente cortese e affettato.

unzióne s.f. **1.** Riferito quasi esclusivamente a sostanze medicamentose, l'atto dell'ungere o il fatto di essere unto. ~ La sostanza usata per tale scopo. **2.** CRIST. L'azione del consacrare con l'olio santo, praticata in alcuni sacramenti. ◇ *Estrema unzione:* sacramento che viene impartito a chi è in punto di morte, detto anche *unzione degli infermi* o pop. *olio santo.*

uòmo s.m. [pl. *uomini*] (lat. *hŏmo* deriv. di *hŭmus* "terra", quindi orig. "terrestre" in opposizione agli dei "celesti") **1.** Mammifero appartenente biologicamente all'ordine dei Primati, caratterizzato da locomozione bipede e stazione eretta, dotato di mani prensili, con uno straordinario sviluppo del cervello, delle facoltà psichiche e dell'intelligenza, con un linguaggio articolato e che vive in società molto strutturate. ~ Essere umano considerato rispetto alla sua specie o alle specie degli altri animali. ~ La razza umana in generale. ~ Individuo di sesso maschile considerato dal punto di vista delle sue caratteristiche sociali, professionali, ecc. ~ In ambito religioso, essere cosciente creato da Dio con un'anima immortale. ◇ *A memoria d'uomo:* da tempo immemorabile, da molti anni. – *Come un sol uomo:* tutti insieme, di comune accordo. **2.** Essere umano adulto di sesso maschile. ~ Individuo adulto di sesso maschile considerato dal punto di vista delle qualità e delle caratteristiche. ◇ *Buon uomo, brav'uomo:* dotato di virtù apprezzabili, ma spesso di scarsa intelligenza; ant. usato anche come appellativo per rivolgersi a uno sconosciuto, spec. se ritenuto di rango inferiore. – *L'uomo del momento, del giorno:* il personaggio che si è imposto all'attenzione dell'opinione pubblica per qualche vicenda che lo riguarda o per particolari meriti. – *Uomo nero:* nel l. infantile, il personaggio misterioso e cattivo che punisce i bambini. – *Parlarsi da uomo a uomo:* senza reticenze o remore, con tutta sincerità. – *Pover'uomo:* una persona che gode di scarsa considerazione, che non riesce a farsi valere o particolarmente sfortunata. – *Sant'uomo:* di una bontà e semplicità straordinarie, sempre disponibile ad aiutare gli altri. – *Un grand'uomo:* dotato di spiccate capacità, che lo elevano su tutti gli altri in svariate circostanze. – *Uomo d'affari:* operatore economico e finanziario. – *Uomo d'arme:* soldato esperto dell'arte del combattimento. – *Uomo d'azione:* particolarmente attivo, pronto a passare dalla riflessione all'azione diretta. – *Uomo di chiesa:* ecclesiastico o, anche, persona particolarmente devota. – *Uomo di coscienza:* responsabile, dotato di un forte senso della moralità. – *Uomo di cuore:* estremamente generoso, sempre pronto ad aiutare il prossimo. – *Uomo di fiducia:* persona alla quale si affidano gli incarichi più delicati perché meritevole della massima stima. – *Uomo di legge:* chi esercita una professione giuridica (magistrato, avvocato, ecc.). – *Uomo di mare:* marinaio, esperto di navigazione. – *Uomo di lettere:* letterato. – *Uomo di mondo:* con un'intensa e frenetica vita sociale. – *Uomo di poche parole:* persona taciturna, riservata, che esprime raramente i propri pensieri. – *Uomo di spirito:* dotato di un forte senso dell'umorismo, sempre pronto ad affrontare la vita con ironia. – *Uomo d'onore:* che ha un forte senso dell'onore e del rispetto degli altri; anche, nel l. della mafia, membro fedele al codice dell'organizzazione mafiosa. – *Uomo finito:* che ha perduto le proprie capacità, la stima e il rispetto degli altri o che è rovinato finanziariamente; – POLIT., ECON. *Uomo forte:* chi intende affrontare con decisione le situazioni difficili ricorrendo a metodi autoritari e misure drastiche. – *Uomo navigato:* ricco di esperienze, in grado di cavarsela nelle diverse circostanze della vita. – *Uomo nuovo:* che si è fatto da sé, è venuto dal nulla; anche, salito all'improvviso alla ribalta. **3.** Persona che svolge un lavoro o espleta un servizio. *L'uomo delle pulizie.* **4.** *pop.* Marito, compagno. **5.** SPORT. Componente di una squadra sportiva maschile. ◇ *Marcatura a uomo:* nel calcio, riferito a un tipo di difesa che consiste nel marcare strettamente l'avversario diretto (tattica in oppos. alla *marcatura a zona*). **6.** Componente di un'unità militare, dell'equipaggio di una nave o

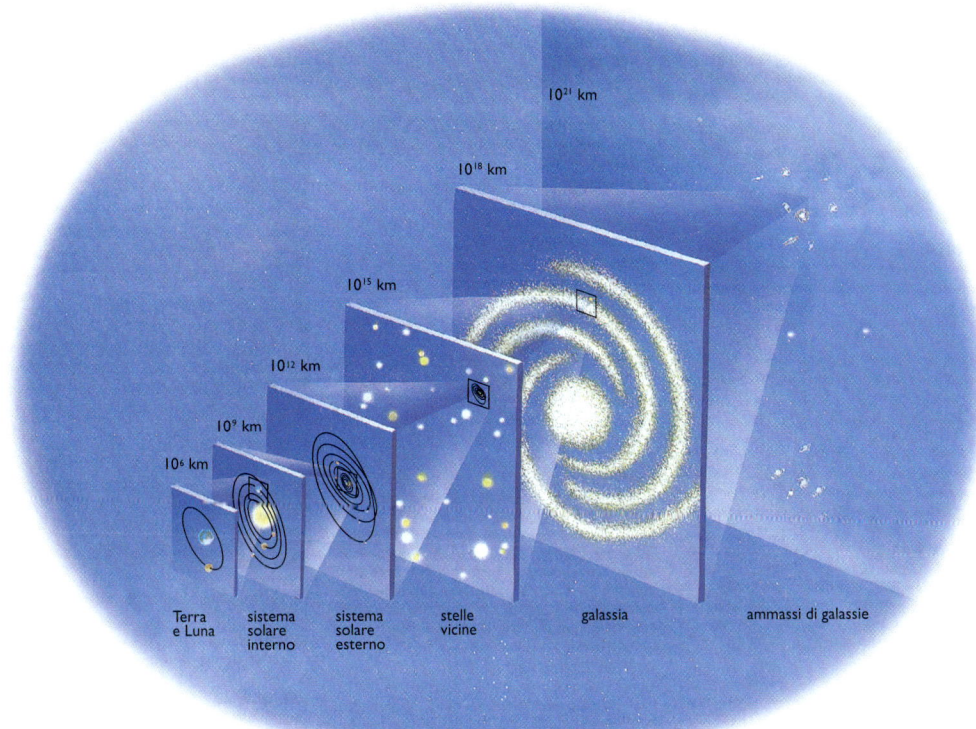

Le dimensioni sono moltiplicate per 1.000 da un quadro all'altro.

Terra e Luna	sistema solare interno	sistema solare esterno	stelle vicine	galassia	ammassi di galassie	

10^{21} km
10^{18} km
10^{15} km
10^{12} km
10^{9} km
10^{6} km

■ **univèrso.** Differenti strutture e relative dimensioni.

di un aereo. **7.** (spec. con l'art. indet.) Individuo indeterminato di sesso maschile. ~ Con l'art. determ., individuo particolare, di cui si tratta. *Furbo l'uomo!* **8.** Nel l. della crit. lett., il personaggio complessivo che emerge unendo i dati biografici e quelli intellettuali e spirituali rappresentati dalle sue opere. **9.** Usato in forma di binomio con un s. che ne indica, perlopiù in modo fig., l'attività o la funzione. ◇ AER. *Uomo-radar:* *controllore di volo; anche, al pl., l'insieme, l'organizzazione che unisce quanti fanno questo lavoro. – *Uomo-rana:* sommozzatore equipaggiato con uno scafandro autonomo. – *Uomo partita:* nel calcio o in altri sport, il giocatore che, per l'altezza della sua prestazione, risolve la partita a favore della propria squadra. **10.** ZOOL. (iniziale maiusc.) Genere di mammiferi comprendente l'attuale uomo vivente, l'*Homo sapiens*, e forme fossili come, p.e., l'*Uomo di Neandertal* e l'*Uomo di Cromagnon.* (Famiglia degli Ominidi.)
ENCICL. Lo studio dell'evoluzione dell'uomo si fonda sui resti fossili (paleontologia umana) e sull'archeologia, come pure la paleoecologia, la primatologia e la biologia molecolare. Discendente da primati arboricoli vissuti in Africa tra i 10 e i 5 milioni di anni fa, la specie umana ha inizio con l'australopiteco (4-6 milioni di anni). Fra le diverse specie di australopiteco (o *parantropo*) che coesistono tra i 2,5 e i 1,4 milioni di anni fa, se ne ricordano due africane, considerate come capostipiti del genere *Homo*, nonostante persistano alcuni caratteri dell'australopiteco, dette *Homo habilis* e *Homo rudolfensis*. Solo 1,8 milioni di anni fa però si affermano con l'*Homo egaster* le prime caratteristiche umane (buona locomozione bipede, cervello più grande, maggior altezza), l'habitat si estende all'Asia e quindi all'Europa. Gli ultimi membri della specie sono i neandertaliani (*Homo sapiens neandertalensis*, estinto da 30.000 anni). Gli uomini moderni o di Cro-Magnon (*Homo sapiens*), compaiono probabilmente in Africa, circa 100.000 anni fa. Nel 2003 sono stati rinvenuti in Etiopia tre teschi fossilizzati, datati circa 160.000 anni, che rappresentano l'anello di collegamen-

to tra i primi protoumani e l'homo sapiens. Per questo ritrovamento che individua una nuova sottospecie i ricercatori hanno coniato il termine di *Homo sapiens idaltu* (idaltu significa "più anziano" in linguaggio afar).

uòvo s.m. [pl.f. *uova*] **1.** Il gamete femminile maturo pronto per essere fecondato. **2.** L'uovo degli animali ovipari. ~ *per anton.* L'uovo di gallina. ◇ *Rosso d'uovo:* il tuorlo. – *Chiara, bianco d'uovo:* l'albume. – *Uovo sodo:* immerso per una decina di minuti nell'acqua bollente in modo che si rapprendano albume e tuorlo. – *Pasta all'uovo:* tipo di pasta alimentare arricchita con l'aggiunta di uova. – figg. *L'uovo di Colombo:* soluzione brillante e semplice di un problema difficile, dal gesto attribuito dalla leggenda a Cristoforo Colombo, che avrebbe fatto stare in piedi un uovo rompendone appena la base. – *Cercare il pelo nell'uovo:* sottilizzare, essere eccessivamente minuzioso, andare alla ricerca delle minime imperfezioni. **3.** Oggetto che richiama per la forma l'uovo di gallina. ◇ *Uovo di cioccolato:* uovo di *Pasqua.

upas s.m. inv. (voce malese, "veleno") Albero della Malesia il cui lattice, tossico, era utilizzato per avvelenare le frecce. (Genere *Antiaris;* famiglia delle Moracee.)

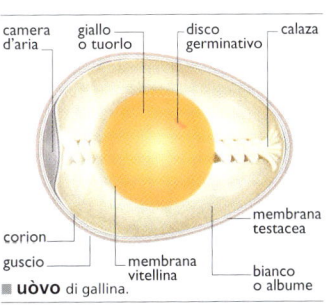

■ **uòvo** di gallina.

(labels: camera d'aria; giallo o tuorlo; disco germinativo; calaza; corion; guscio; membrana vitellina; membrana testacea; bianco o albume)

uperizzàre v.tr. Sottoporre il latte a uperizzazione.

uperizzazióne s.f. (ingl. *uperization*) L'operazione con la quale si sterilizza il latte, sottoponendolo a elevate temperature (140 °C).

upgrade [/'ʌpɡreɪd/] s.m. inv. (voce ingl.) INFORM. Versione potenziata e aggiornata di un computer o di un componente hardware o software. ~ Componente da installare in un sistema per aggiornarlo.

uppercut [/'ʌpəˈkʌt/] s.m. inv. (voce ingl., propr. "colpo portato verso l'alto") BOXE Il colpo montante diretto al mento, sferrato dal basso verso l'alto.

up-to-date [/'ʌptəˈdeɪt/] agg. inv. (voce ingl., propr. "sulla data") Aggiornato, al passo coi tempi.

ùpupa s.f. Uccello passeriforme insettivoro dell'Eurasia e dell'Africa, dalle medie dimensioni, con piume rosse a strisce bianche e nere sulle ali, con ciuffo di peli eretti sul capo. (Genere *Upupa;* famiglia degli Upupidi.)

Upùpidi s.m. pl. [iniziale minusc. sing. –*de* per l'individuo] ZOOL. Famiglia di uccelli di ta-

■ **ùpupa**

glia media, contraddistinti da una coda a dieci penne e da un lungo becco più o meno incurvato verso il basso. (Ordine Coraciformi.)

upwelling [/'ʌpwelɪŋ/] s.m. inv. (voce ingl., comp. di *up* "sopra" e *to well* "zampillare") OCEANOGR. Movimento di risalita stagionale delle acque fredde profonde in alcuni litorali verso la superficie.

uracile s.m. CHIM. Base pirimidinica presente nella costituzione di alcuni nucleotidi e nell'RNA.

ùraco s.m. EMBRIOL. Porzione superiore del peduncolo allantoideo che dà luogo al legamento ombelicale medio.

uragàno s.m. (spagn. *huracán* da una voce delle Antille) **1.** METEOR. Ciclone tipico del Mar delle Antille, delle zone costiere degli Stati Uniti Meridionali e dell'Australia, detto anche *ciclone tropicale*. **2.** Vento di fortissima intensità, corrispondente al massimo grado della scala Beaufort. ~ *comun.* Tempesta molto violenta con vento e pioggia. **3.** *fig.* Rumore fragoroso, scroscio.

uràlico agg. [pl.m. –*ci*, f. –*che*] **1.** Dei monti Urali. **2.** Relativo alle antiche popolazioni stanziatesi nella zona degli Urali. ◆ s.m. [f. –*ca*] **1.** Appartenente alla popolazione uralica. **2.** (solo sing.) Famiglia di lingue che comprende il gruppo dell'ugro-finnico e quello del samoiedo.

uràlo-altàico agg. [pl.m. –*ci*, f. –*che*] **1.** Relativo alle antiche popolazioni stanziate tra gli Urali e gli Altai. **2.** LING. Relativo alla famiglia linguistica che comprende le lingue dell'uralico e dell'altaico.

uranàto s.m. Sale dell'acido uranico.

urània s.f. (gr. *Ouranía* "la celeste" musa dell'astronomia, secondo l'uso di ispirarsi a personaggi mitici per denominare le farfalle) **1.** Farfalla notturna del Madagascar, dai colori molto vivaci. (Genere *Chrysiridia*; ordine dei Lepidotteri.) **2.** MIT. (iniziale maiusc.) Una delle nove muse, protettrice dell'astronomia.

uraniàno agg. ASTR. Del pianeta Urano. ◆ s.m. [f. –*na*] Ipotetico abitante di tale pianeta.

1. urànico agg. [pl.m. –*ci*, f. –*che*] MIT. GR. ROM. Riferito agli dei del cielo, in oppos. agli dei della terra e degli inferi.

2. urànico agg. [pl.m. –*ci*, f. –*che*] CHIM. Di composto dell'uranio allo stato di ossidazione.

uranifero agg. MIN. Che contiene uranio.

uranile s.m. CHIM. Catione bivalente formato da due atomi di ossigeno e uno di uranio.

uraninite s.f. MIN. Ossido di uranio (UO_2).

urànio s.m. (solo sing.) (ted. *Uran*, così chiamato nel 1789 per la scoperta concomitante del pianeta *Urano*) **1.** Metallo avente l'aspetto del ferro, leggermente radioattivo, di densità 18,7. **2.** Elemento chimico (U) di numero atomico 92 e peso atomico 238,028.
ENCICL. Ultimo elemento naturale nella tabella periodica, contiene tre principali isotopi radioattivi nelle seguenti proporzioni: il 99,28% di ^{238}U, lo 0,71% di ^{235}U e lo 0,006% di ^{234}U. L'isotopo ^{235}U è il solo nuclide naturale fissile. È utilizzato come combustibile nei reattori nucleari, sotto forma di ossido, di lega metallica o di carburo. Alcuni reattori usano l'uranio naturale, ma la grande maggioranza utilizza un uranio detto *arricchito*, nel quale la proporzione di U è stata aumentata per raggiungere una percentuale vicina al 3%, nel caso dei reattori raffreddati ad acqua, che forniscono più dei due terzi delle centrali nucleari. L'altra porzione di uranio naturale risultato dell'arricchimento e che contiene soltanto lo 0,25% ca. di ^{235}U, costituisce l'uranio detto *impoverito*.

uranismo s.m. (ted. *Uranismus*, nome coniato dal giurista tedesco C. H. Ulrichs, ispirato al gr. *Aphrodítē Ouranía* "Afrodite Celeste", divinità considerata da Platone protettrice dell'amore omosessuale) MED. Omosessualità maschile passiva.

uranografia s.f. ASTR. Descrizione e denominazione dei corpi celesti.

uranòscopo s.m. **1.** Pesce osseo che vive nascosto nella sabbia delle coste mediterranee, dotato di occhi rivolti verso l'alto e di un capo

grosso e appiattito. (Lunghezza 25 cm ca.; ordine dei Perciformi.) **2.** ZOOL. (iniziale maiusc.) Genere di pesci a cui appartiene l'uranoscopo.

uranóso agg. CHIM. Di derivati dell'uranio quadrivalente.

uràto s.m. CHIM. Sale dell'acido urico presente nelle urine.

urbanésimo s.m. Fenomeno demografico consistente nella concentrazione degli abitanti nelle grandi città.

urbanista s.m. e f. [pl.m. –*sti*] (fr. *urbaniste*) Studioso che si occupa dei problemi relativi alla creazione e allo sviluppo dei centri urbani e della pianificazione dei territori.

urbanistica s.f. [non com. pl. –*che*] Disciplina e insegnamento universitario che studia e progetta la formazione e lo sviluppo dei centri urbani, come luoghi ideali dell'insediamento umano.

urbanistico agg. [pl.m. –*ci*, f. –*che*] Relativo all'urbanistica o agli urbanisti.

urbanità s.f. inv. **1.** Cortesia di modi, buona educazione. **2.** Rapporto statistico, in una certa area, tra abitanti della città e abitanti della campagna.

urbanizzàre v.tr. **1.** Dotare un'area di infrastrutture (strade, illuminazione, fognature, servizi). **2.** Rendere qlcu. più educato, più civile nei modi. *Urbanizzare un popolo.* ~ Rendere qlco. più civile. *Urbanizzare il comportamento.* ◆ **urbanizzarsi** v.pron. **1.** Crescere e svilupparsi come città, mediante la costruzione di edifici e la dotazione delle strutture e dei servizi che la caratterizzano. **2.** Di persona, diventare più educato e cortese.

urbanizzazióne s.f. (fr. *urbanisation*) **1.** Sviluppo e sistemazione urbanistica sia di centri urbani di nuova progettazione sia di città preesistenti. ◇ *Opere di urbanizzazione:* quelle previste per attrezzare un'area dal punto di vista abitativo. **2.** Inurbamento.

urbàno agg. **1.** Cittadino, relativo alla città (in oppos. a *extraurbano* e a *rurale*). *Centro urbano*. **2.** Che dimostra cortesia.

ùrbi et òrbi loc. agg. inv. (loc. lat., propr. "alla città di Roma e al mondo") CATT. Della benedizione solenne del pontefice e di alcuni atti spec. della Santa Sede. ◆ loc. avv. Nel sign. dell'agg. spec. in senso fig. e scherz. ai quattro venti. *Cerca di non divulgare la notizia urbi et orbi.*

urceolàto o **orceolàto** agg. BOT. Riferito a organo vegetale più rigonfio nella parte centrale.

ùrdu s.m. (solo sing.) (indostano *urdū-zabān* "lingua del campo militare") Lingua indoaria parlata nell'India del Nord e in Pakistan. (L'impiego dell'alfabeto arabo-persiano è la sua differenza principale con l'hindi.)

urèa s.f. **1.** BIOL., CHIM. Composto organico azotato, presente nell'urina dei mammiferi come prodotto finale della demolizione delle sostanze proteiche. **2.** AGR. Concime azotato d'origine industriale.

ureàsi s.f. inv. BIOL., CHIM. Enzima, presente in alcune piante e batteri, che catalizza la scissione dell'urea in anidride carbonica e ammoniaca.

Uredinàli s.f. pl. [iniziale minusc. sing. –*le* per l'individuo] BOT. Ordine di funghi, parassiti delle piante, responsabili della ruggine di molte coltivazioni. (Classe dei Basidiomiceti.)

urèico agg. [pl.m. –*ci*, f. –*che*] CHIM. Relativo all'urea.

uremìa s.f. MED. Insieme delle anomalie causate da un'insufficienza renale.

■ **uranòscopo**

urèmico agg. [pl.m. –*ci*, f. –*che*] **1.** MED. Causato da uremia. **2.** MED. Affetto da uremia. ◆ s.m. [f. –*ca*] Nell'accez. 2 dell'agg.

urèo s.m. Nell'antico Egitto, il serpente sacro che i faraoni portavano effigiato sul copricapo, come emblema di potere.

■ **urèo** che orna la maschera di una statua funeraria di Tutankhamon. (Museo Egizio, Il Cairo.)

uretàno s.m. CHIM. Nome degli esteri dell'acido carbammico di formula generale NH_2COOR in cui R è un residuo idrocarburico.

uretère s.m. ANAT. Ciascuno dei due canali che conducono l'urina dal rene alla vescica.

ureterite s.f. MED. Infiammazione dell'uretere.

ureterostomia s.f. MED. Intervento chirurgico consistente nel collegare l'uretere o alla pelle o al colon.

urètra s.f. ANAT. Canale che parte dalla vescica e che consente il passaggio dell'urina e, nell'uomo, anche quello del liquido seminale.

uretràle agg. ANAT., MED. Dell'uretra.

uretrite s.f. MED. Infiammazione che colpisce l'uretra.

urgènte agg. Che deve essere fatto, deciso senza indugio.

urgènza s.f. **1.** Necessità di agire rapidamente. ◇ *Procedura d'urgenza:* nella pubblica amministrazione, procedimento eccezionale per il disbrigo di determinate pratiche. **2.** (al pl.) Casi urgenti; detto spec. di ciò che richiede un intervento medico o chirurgico rapido. **3.** Necessità, bisogno.

ùrgere v.intr. [12] [manca del pass. rem. e del part. pass.] **1.** Essere necessario al più presto. *Urge la presenza di un medico.* **2.** Essere pressante. *Sono necessità che urgono.*

ùria s.f. **1.** Uccello palmipede simile al pinguino, dal becco diritto e lungo, che nidifica in colonie sulle coste artiche e atlantiche dell'Europa e dell'America. (Famiglia degli Alcidi.) **2.** ZOOL. (iniziale maiusc.) Genere di animali a cui appartiene l'uria.

uricemìa s.f. MED. Concentrazione di acido urico nel sangue. ~ Anche, presenza di acido urico in proporzioni superiori al normale.

ùrico agg. [pl.m. –*ci*] CHIM. *Acido urico:* composto organico azotato a carattere fortemente acido, prodotto terminale del metabolismo delle purine nell'uomo.

urina o **orina** s.f. FISIOL. Liquido organico, filtrato dal sangue ed escreto dai reni, raccolto nella vescica prima dell'espulsione mediante la minzione, costituito di composti minerali, sostanze proteiche, derivati proteici e altri composti ternari.

urinàrio agg. [pl.m. –*ri*] Relativo all'urina. ENCICL. L'*apparato urinario* è formato dagli organi preposti alla secrezione e all'escrezione dell'urina: i due reni e le vie urinarie. Queste ultime si dividono in superiori (calici, bacinetto, uretere) e inferiori (vescica e uretra).

urinìfero agg. Che contiene urina.

URL s.f. inv. (sigla dell'ingl. *Uniform Resource Locator*) INFORM. Indirizzo che precisa la localizzazione di una risorsa Internet indicando il protocollo da adottare, il nome della macchina, il cammino d'accesso e il nome dell'archivio.

urlàre v.intr. (aus. *avere*) Detto di animali, emettere strida lunghe e forti. ~ Detto di persone, emettere urla, grida. *La folla fugge urlando.* ~ *estens.* Parlare a voce molto alta. ◆ v.tr. Dire, cantare qlco. a voce molto alta.

urlàto agg. Di tono esasperato, al limite della volgarità.

urlatóre agg. [f. *–trice*] Che urla. ◇ *Scimmia urlatrice:* scimmia del Sudamerica, le cui grida potenti si sentono anche da molto lontano. (Genere *Alouatta*, famiglia dei Cebidi.) ◆ s.m. (anche f.) **1.** Chi urla. **2.** Cantante che esegue i suoi motivi con toni molto alti, con specifico riferimento a una moda degli anni Sessanta.

ùrlo s.m. [pl.m. *urli*, f. *urla*] **1.** Grido acuto e prolungato emesso per esprimere una sensazione forte di dolore, paura, gioia o altro. **2.** *fig.* Rumore cupo, forte e insistente.

urlóne s.m. Nel sign. dell'accr. di *urlo.*

ùrna s.f. **1.** Ant., vaso dai fianchi arrotondati. ~ In senso più specifico, vaso per accogliere le ceneri dei defunti. **2.** Contenitore con coperchio munito di una fessura, che serve a raccogliere le schede elettorali. **3.** (spec. pl.) consultazione elettorale, votazioni. ◇ *fig. Andare alle urne:* votare.

ùro s.m. Mammifero di grandi dimensioni, con lunghe e possenti corna, considerato il progenitore di tutte le specie bovine; ant. diffuso in Europa, Asia e Africa Settentrionale, si è estinto nel corso del 1600. (Ordine degli Artiodattili.)

urobilina s.f. BIOL. Pigmento derivato dalla bilirubina ed eliminato con l'urina.

urocordàti s.m. pl. [sing. *–to* per l'individuo] ZOOL. Sottotipo di cordati detti anche *Tunicati.*

urodèli s.m. pl. [iniziale minusc. sing. *–lo* per l'individuo] ZOOL. Ordine di anfibi diffusi nell'America e nell'Asia centro-settentrionali e in Europa; hanno corpo allungato, coda ben sviluppata e respirano per mezzo di polmoni o branchie.

urogàllo s.m. Uccello selvatico di grosse dimensioni, dal piumaggio grigio scuro con coda arrotondata, diffuso nelle zone montuose; è detto anche *gallo cedrone.* (Famiglia dei Fasianidi.)

urogenitàle agg. ANAT. Relativo all'apparato urinario e a quello genitale.

urografìa s.f. MED. Osservazione radiografica, con mezzo di contrasto iodato, dell'apparato urinario.

urologìa s.f. MED. Studio delle malattie dell'apparato urinario e ricerca delle relative cure. ~ Reparto ospedaliero che cura queste patologie.

uròlogo s.m. [f. *–ga*, pl.m. *–gi*, f. *–ghe*] Medico, chirurgo specializzato in urologia.

uropìgio s.m. [pl. *–gi*] ZOOL. Negli uccelli, grossa ghiandola sebacea, localizzata vicino alla coda, che secerne un liquido oleoso capace di rendere le penne e le ali impermeabili, spec. negli acquatici.

uropòdio s.m. [pl. *–di*] ZOOL. Ciascuna delle due appendici addominali dei crostacei che, con il telson, costituiscono la pinna caudale.

Ùrsidi s.m. pl. [iniziale minusc. sing. *–de* per l'individuo] ZOOL. Famiglia di mammiferi carnivori plantigradi a cui appartengono le varie specie di orsi; spesso di grandi dimensioni, con corpo tozzo e robusto ricoperto di pelame folto e ruvido, hanno zampe munite di potenti artigli, coda corta e sono onnivori, ottimi camminatori, nuotatori e anche arrampicatori.

urtàre v.tr. (provenz. *urtar*, prob. francone *hürt* "montone") **1.** Colpire qlcu. o qlco. con il proprio corpo oppure con un veicolo. ~ Sbattere inavvertitamente una cosa contro un'altra. **2.** *fig.* Irritare, indispettire qlcu., dargli fastidio. ◆ v.intr. (aus. *avere*) **1.** Andare a sbattere. *La nave urtò contro gli scogli.* **2.** *fig.* Venirsi a trovare in una situazione difficile. *Urtare in una difficoltà.* **3.** Contrastare, essere in conflitto con qlco. *Questo ragionamento urta con la logica comune.* ◆ urtarsi v.pron. **1.** Detto di due o più elementi in movimento, scontrarsi. **2.** Detto di due o più persone, venire in contrasto l'uno con l'altro.

Urticàcee o **Orticàcee** s.f. pl. [iniziale minusc. sing. *–a* per l'individuo] BOT. Famiglia di piante erbacee dicotiledoni annuali, di cui fa parte la comune ortica, con fusto eretto, foglie opposte e dentate, piccoli fiori; sono usate nell'industria farmaceutica, tessile e del legname.

Urticàli s.f. pl. [iniziale minusc. sing. *–le* per l'individuo] BOT. Ordine di piante arboree con fiori spesso unisessuali e a struttura semplificata. (Classe delle Dicotiledoni.)

urticànte o **orticànte** agg. Di organo vegetale, ma anche di organismo animale, che provoca al contatto una sensazione di irritazione o di forte bruciore sulla cute.

urticazióne s.f. MED. Comparsa di un'affezione cutanea.

ùrto s.m. **1.** Forte spinta o colpo dato o subito, perlopiù involontariamente. ~ Scontro fra due corpi. **2.** *fig.* Profondo dissenso. **3.** MIL. Assalto, attacco. **4.** FIS. Interazione, di breve durata e a distanza ravvicinata, tra due corpi in movimento che subiscono una drastica variazione delle condizioni di moto. ◇ *Linea d'urto:* la linea perpendicolare alla superficie dei due corpi nel punto di contatto.

urubù s.m. inv. (spagn. *urubù* di orig. tupi) Piccolo avvoltoio dell'America, con piume e testa nere. (Apertura alare di 1,50 m; genere *Coragyps*, famiglia dei Catartidi.)

uruguaiàno agg. Dell'Uruguay. ◆ s.m. [f. *–na*] Nativo, abitante dell'Uruguay.

usànza s.f. **1.** Modo abituale di agire, comportamento tipico. **2.** Moda, voga.

usàre v.tr. **1.** Adoperare qlco. **2.** Avere l'abitudine di fare qlco. *Uso andare a letto presto.* **3.** Agire in un certo modo. *Usare l'astuzia.* ◆ v.intr. (aus. *avere*) **1.** Essere in uso, essere di moda. *Questi abiti non usano più.* **2.** Valersi, servirsi di qlco. *Usare di un diritto.* **3.** (aus. essere) Utilizzato freq. in espressioni impersonali. *Si usa fare regali a Natale.*

usàto agg. (→ di *seconda mano*) ◆ s.m. (solo sing.) **1.** Il consueto, il solito. **2.** Quanto è venduto o acquistato di seconda mano.

usbèco agg. [pl.m. *–chi*, f. *–che*] (russo *uzbéki* da una voce turca) → **uzbeko**.

usbèrgo s.m. [*–ghi*] (provenz. *ausberc*, francone *halsberg* "protezione del collo") **1.** Corazza di maglia o lamine di ferro che i cavalieri medievali indossavano a protezione del busto e del collo. **2.** *fig.* Tutela, protezione. *Essere difeso dall'usbergo della legge.*

uscènte agg. **1.** Di periodo di tempo, che sta per finire. **2.** Di persona, che sta per lasciare la propria carica, il proprio incarico.

1. uscière s.m. Impiegato che ha il compito di dare informazioni al pubblico, di accompagnare ai vari uffici e di annunciare i visitatori.

2. uscière s.m. (lat. deriv. di *navem hussèriam*, così chiamata per il portello attraverso cui passavano i cavalli) MAR. Tipo di nave da carico destinata, in epoca tardo-medievale, a trasportare cavalli.

ùscio s.m. [pl. *usci*] Porta, intesa come apertura. ~ Pannello che chiude tale apertura.

uscìre v.intr. [82] (aus. *essere*) **1.** Andare fuori dal luogo dove ci si trova. ~ Andare fuori di casa per svago. *Non esco mai durante la settimana.* ~ Spostarsi dall'interno di un luogo chiuso o circoscritto, verso l'esterno. ◇ *fig. Entrare da un orecchio e uscire dall'altro:* detto di parole o discorsi altrui destinati a essere dimenticati nel momento stesso in cui si ascoltano. ~ Venire fuori da qlco., perlopiù all'improvviso. *Uscire da un nascondiglio.* SIN.: **sbucare**. **2.** Allontanarsi da un gruppo o da un luogo di riunione. *Uscire dalla mischia.* ~ *fig.* Distaccarsi da persone che si frequentano abitualmente, lasciare un'organizzazione. *Uscire da un partito.* **3.** Accompagnarsi con la persona con cui si ha una relazione. ~ Formare coppia con qlcu. **4.** *fig.* Sbottare, dire all'improvviso qlco. *Uscire in improperi.* ◇ *fig. Uscire di bocca:* detto di parole, essere pronunciate, sfuggire sbadatamente a qlcu. senza che ne abbia l'intenzione. **5.** Detto di fiori, sbocciare. *Sono uscite le primule.* **6.** Essere estratto o sorte. *Se esce il 24 faccio tombola.* **7.** Di prodotto, arrivare sul mercato. ~ Di scritto, essere pubblicato. *Domani uscirà il mio nuovo romanzo.* **8.** SPORT. Nel calcio, detto del portiere, muoversi dalla linea di porta per prendere o respingere il pallone. *Uscire di pugno.* ~ Del pallone, non entrare in rete o oltrepassare i bordi del campo. *Il tiro è uscito.* **9.** *fig.* Emergere, avere successo. *Ogni tanto esce una nuova star.* **10.** Di elementi in movimento, venire fuori da qlco. *L'acqua esce dal rubinetto.* **11.** Di cosa, oltrepassare un limite. *L'acqua esce dalla vasca.* ~ Sporgere da una superficie. *La pietra esce dal selciato.* ~ *fig.* Andare fuori da un determinato limite o ambito. *Uscire dalla legalità.* ◇ *fig. Uscire dagli occhi:* detto di cosa che ha ormai stufato, che disgusta alla sola vista. **12.** *fig.* Venire fuori da una condizione fisica o morale, tirarsi fuori da una situazione, superare un determinato periodo di tempo. *Uscire da una crisi depressiva.* **13.** Provenire, avere origine da una famiglia o da uno strato sociale. - *fig. Essere stato educato, aver frequentato una certa scuola. *Uscire da un ottimo collegio.* ~ Derivare, risultare, nascere da

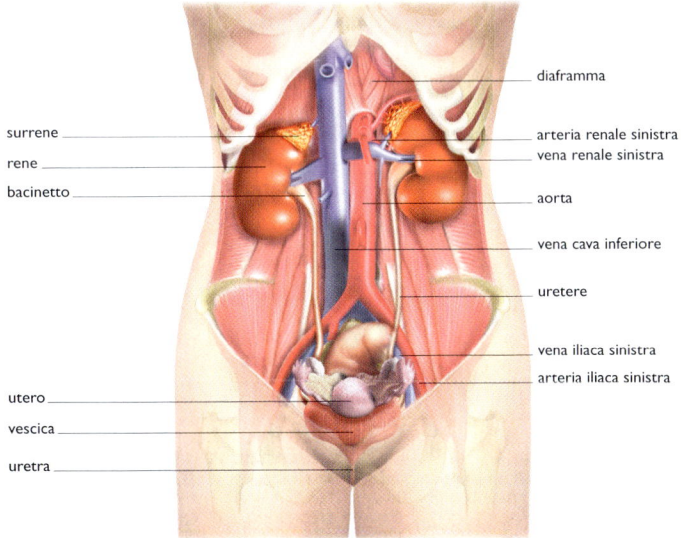

■ **urinàrio.** Apparato urinario femminile.

surrene

rene

bacinetto

utero

vescica

uretra

diaframma

arteria renale sinistra

vena renale sinistra

aorta

vena cava inferiore

uretere

vena iliaca sinistra

arteria iliaca sinistra

qlco. *Da un errore escono sempre altri errori.* **14.** GRAMM. Di parole, avere una certa terminazione. *Uscire in vocale, in consonante.* ◆ v.cop. Risultare in un certo modo. *Sei uscito bene in questa foto.*

uscìta s.f. **1.** L'atto di uscire, di spostarsi dall'interno di un luogo chiuso o circoscritto verso l'esterno. ◇ *All'uscita:* dove si esce o al momento in cui si esce. **2.** Passaggio attraverso cui si esce. ◇ *fig. Via d'uscita:* scampo, soluzione di una situazione difficile e rischiosa. **3.** Presentazione sul mercato di un prodotto. ~ In campo editoriale, pubblicazione. **4.** CONTAB. Somma di denaro erogata. ~ (spec. pl.) Le spese, in oppos. alle *entrate*. **5.** *fig.* Risposta, osservazione strana, bizzarra; in partic., battuta, frase spiritosa. **6.** SPORT. Nel calcio, sortita del portiere dalla linea di porta. ~ Nella ginnastica, movimento che conclude un esercizio agli attrezzi. **7.** LING. Terminazione di una parola. **8.** ELETTR. In un amplificatore o in un filtro, coppia di morsetti o altri dispositivi attraverso i quali avviene il passaggio della tensione e della corrente amplificata o filtrata. **9.** INFORM. Operazione con cui l'elaboratore trasferisce dei dati al suo esterno, a periferiche o ad altri calcolatori. ~ I dati trasferiti. ~ Comando di abbandono di un programma.

usignòlo s.m. Denominazione comune di vari uccelli diffusi nelle regioni mediterranee e caratterizzati dal piumaggio di colore bruno-rossastro sul dorso e dal canto dolce e melodioso. (Genere *Luscinia*; famiglia dei Turdidi.)

■ usignòlo

ùso s.m. **1.** L'atto di servirsi di qlco. e il modo di questa utilizzazione. ◇ *Fuori uso:* inservibile, guasto. – URBAN. *Destinazione d'uso:* lo scopo per cui un edificio, un immobile è progettato e approvato. **2.** Capacità, diritto o possibilità di servirsi di qlco. **3.** Abitudine, modo di comportarsi, consuetudine. **4.** *estens.* Usanza, forma di cultura di un tempo, di un luogo, di una popolazione. ~ Moda, voga. *L'uso delle minigonne.* ◇ *Essere in uso:* essere utilizzato; essere di moda. **5.** Modo con cui una lingua viene usata in un determinato tempo o luogo, o da un determinato autore. ~ Senso, significato. *Uso figurato di una parola.* **6.** DIR. Diritto di godere di un bene altrui entro i limiti delle necessità personali o familiari. ~ (spec. pl.) Norme giuridiche che si sono affermate in base a una lunga consuetudine.

ùssaro o **ùssero** s.m. (ungherese *huszár* "bandito, ladro a cavallo") Nell'esercito ungherese e in altri antichi eserciti europei, soldato di cavalleria leggera.

ussita agg. [pl.m. *-ti*] Del teologo boemo J. Hus o relativo al movimento da lui fondato. ◆ s.m. e f. Seguace dell'ussitismo.

ussitismo s.m. Movimento religioso di riforma evangelica promosso nel sec. XIV dal teologo J. Hus, che promuoveva il ritorno alla Chiesa delle origini e alla povertà.

ùstascia s.m. inv. (serbocroato *ustaša* "insorto") Membro di un'organizzazione separatista croata di estrema destra fondata a Zagabria da Ante Pavelic nel gennaio 1929, dopo il colpo di Stato di re Alessandro I.

ENCICL. Perseguitata dalle autorità iugoslave, l'organizzazione degli *ustascia* svolse un'intensa attività terroristica in patria e all'estero, culminata nell'assassinio a Marsiglia di Alessandro I e del ministro degli esteri francese Barthou (9 ottobre 1934). Durante la seconda guerra mondiale trovò il sostegno delle potenze dell'Asse, che al momento dell'invasione della Iugoslavia favorirono la costituzione di uno Stato "indipendente" di Croazia (aprile 1941), sotto la dittatura di Pavelic. L'organizzazione degli *ustascia* venne sciolta alla fine del conflitto dal governo di Tito e molti suoi membri furono giustiziati. Gruppi clandestini sopravvissero tuttavia sia in patria sia all'estero effettuando attentati terroristici contro il nuovo regime iugoslavo (assassinio dell'ambasciatore iugoslavo a Stoccolma, marzo 1971).

Ustilaginàli s.f. pl. [iniziale minusc. sing. *-le* per l'individuo] BOT. Ordine di funghi basidiomiceti diffusi in tutto il mondo, capaci di vivere come saprofiti ma di norma parassiti per lo più di graminacee, alle quali causano malattie note con il nome di *carbone* e *carie*.

ENCICL. L'ordine delle *Ustilaginali* comprende ca. 700 specie. Il nome di *carboni* con cui si indicano sia questi funghi sia le malattie da essi provocate è dovuto al fatto che nelle piante colpite gli organi infetti (spec. le infiorescenze) sono trasformati in una massa carboniosa o ricoperti da una polvere nerastra formata dalle ustilagospore. Formano micelio intracellulare o, più comunemente, intercellulare dotato di organi che penetrano nelle cellule per trarne nutrimento.

ustionàre v.tr. Bruciare qlco. con un'ustione. ◆ **ustionarsi** v.pron. **1.** Farsi, procurarsi un'ustione. **2.** Bruciarsi una parte del corpo.

ustionàto agg. Che ha subito gravi scottature, ustioni. ◆ s.m. [f. *-ta*] Nel sign. dell'agg.

ustióne s.f. MED. Lesione dei tessuti per effetto di elevato calore o per l'azione di sostanze chimiche caustiche, scariche elettriche, radiazioni. [Può essere di primo grado, se viene scottata solo l'epidermide (*eritema*), di secondo grado se si determina la formazione di bolle purulente sul derma (*vescicola*), di terzo grado se si verifica la necrosi dei tessuti profondi.]

ustòrio agg. [pl.m. *-ri*] Che serve a bruciare, soprattutto in riferimento a lenti o a specchi concavi che, concentrando i raggi del sole su certi oggetti, hanno il potere di destare la fiamma e accendere il fuoco.

usuàle agg. **1.** Comunemente usato, che accade normalmente. **2.** Di qualità andante, ordinario. ◆ s.m. Ciò che è solito, consueto, spec. nella loc. *fuori dell'usuale*, diverso dal solito, eccezionale.

usuàrio agg. [pl.m. *-ri*] DIR. Che gode di un diritto d'uso. ◆ s.m. [f. *-ria*] Nel sign. dell'agg.

usucapióne s.f. (lat., deriv. di *usu capere* "prendere grazie all'uso") DIR. Modalità di acquisto della proprietà di beni o di qualsiasi diritto di godimento che si attua attraverso il possesso in buona fede degli stessi per un periodo di tempo previsto dalla legge.

usufruìre v.intr. [83] (aus. *avere*) **1.** DIR. Godere di usufrutto su qlco. **2.** *estens.* Fare uso, avvalersi, godere di qlco.

usufrùtto s.m. DIR. Diritto di godere di un bene di proprietà altrui, e dei relativi redditi, con l'obbligo di non alterare la sostanza e la finalità economica del bene stesso.

usufruttuàrio agg. [pl.m. *-ri*] DIR. Che gode l'usufrutto di un bene o di un diritto. ◆ s.m. [f. *-ria*] Nel sign. dell'agg.

1. usùra s.f. (lat. *usūram* "godimento, uso di denaro prestato" poi "interessi") Ant., il normale interesse pagato per un prestito; ora, interesse eccessivo o esorbitante, illecito. ~ L'attività di chi presta a tali condizioni e il reato che compie. SIN.: **strozzinaggio**.

2. usùra s.f. (fr. *usure*) **1.** Logoramento, deterioramento della superficie di un oggetto o di un organo meccanico dovuti all'uso prolungato o al continuo funzionamento. **2.** *fig.* Progressiva riduzione, disfacimento.

usuràio s.m. [f. *-raia*, pl.m. *-rai*] **1.** Ant., chi prestava denaro a interesse; ora, chi esercita l'usura. SIN.: **strozzino**. **2.** *estens.* Persona particolarmente avara, dominata dall'unico pensiero di accumulare denaro.

usuràre v.tr. Consumare qlco. completamente. *L'attrito ha usurato il cavo.* ◆ **usurarsi** v.pron. Logorarsi, deteriorarsi.

usuràrio agg. [pl.m. *-ri*] Caratterizzato da usura.

usurpàre v.tr. (lat. *usurpāre* "usare, rivendicare il possesso di qlco.") **1.** Far proprio qlco. indebitamente. *Usurpare il trono.* **2.** *estens.* Godere immeritatamente di qlco., non esserne degno. *Usurpare una carica.*

usurpatóre s.m. [f. *-trice*] Chi si appropria senza diritto di cose altrui, spesso con la violenza o il raggiro. ~ *per anton.* Chi usurpa un potere politico.

usurpazióne s.f. L'atto di usurpare. ~ Nel l. giur., reato di appropriazione indebita di beni o funzioni appartenenti ad altri.

1. utènsile agg. Usato perlopiù nella loc. *macchina utensile*, qualsiasi macchina operatrice per la lavorazione di vari materiali.

2. utènsile o **utensìle** s.m. **1.** Arnese di comune uso nei lavori di casa. ~ Attrezzo semplice, elementare. **2.** (spec. pl.) Pezzo meccanico complesso da officina, a mano o montato su una macchina, che serve spec. per la lavorazione al tornio, per tranciare, per imprimere certe forme, ecc.

utensilerìa s.f. **1.** Il complesso degli utensili che si adoperano per una determinata lavorazione. **2.** In un'officina, reparto dove si esegue la manutenzione degli utensili e si preparano gli arnesi necessari per le varie lavorazioni. **3.** Negozio di utensili, di ferramenta.

utènte s.m. e f. **1.** Chi usufruisce di un servizio. ~ Chi usa un sistema collettivo di comunicazione, un insieme di servizi. *Utente della lingua inglese.* **2.** INFORM. Utilizzatore del computer e dei suoi programmi.

utènza s.f. Uso, disponibilità di un servizio. *Utenza telefonica.* ~ Il complesso di tutti gli utenti di un servizio, di un bene.

uterìno agg. **1.** ANAT., MED. Relativo all'utero. **2.** *fig.* Impulsivo, istintivo, viscerale.

ùtero s.m. ANAT. Nell'apparato genitale della donna e delle femmine dei vertebrati, organo muscolare cavo situato nel piccolo bacino tra la vescica e il retto, collegato attraverso le salpingi alle ovaie, destinato ad accogliere l'uovo fecondato durante tutto il periodo della gestazione. ◇ *Utero in affitto:* pratica illecita per cui una donna mette a disposizione il proprio utero per essere inseminata artificialmente da un estraneo, la cui partner è sterile, e conduce poi a termine la gravidanza per conto della coppia che l'ha ingaggiata.

ùtile agg. **1.** Che serve o può servire, che si può usare per un bisogno, per uno scopo. **2.** Che è efficace, che reca un beneficio. ~ Riferito a persona, che si dimostra efficiente o disponibile ad aiutare. ◆ s.m. **1.** Ciò che è vantaggioso. **2.** Guadagno, profitto, rendita. ~ FIN. In partic. quanto avanza in un'attività economica dopo aver sottratto i costi ai ricavi.

utilità s.f. inv. **1.** Qualità di ciò che è utile o che può essere usato o recare giovamento, in senso sia materiale sia intellettuale. **2.** Guadagno, vantaggio materiale. ~ In termini di scienza economica, soddisfazione tratta dal consumo di un bene. **3.** INFORM. (spec. pl.) Utility.

utilitària s.f. Automobile di piccola cilindrata concepita per l'uso urbano, economica sia nel prezzo d'acquisto sia nella manutenzione e nel consumo.

utilitàrio agg. [pl.m. *-ri*] Caratterizzato dalla tendenza a ricavare utili materiali. SIN.: **utilitaristico**.

utilitarìsmo s.m. Concezione filosofica o dottrina morale che pone l'utile individuale e sociale come fondamento dell'agire umano.

utilitarìsta s.m. e f. [pl.m. *-sti*] **1.** Seguace delle concezioni filosofiche dell'utilitarismo. **2.** *estens.* Chi mira esclusivamente al conseguimento dell'utile personale.

utility [/juˈtɪlɪti/] s.f. [pl. *utilities*] (voce ingl., propr. "utilità") INFORM. Programma che facilita, estende o soccorre le funzioni del sistema operativo o di un programma applicativo.

utilizzàbile agg. Che può servire a qlco.

utilizzàre v.tr. Usare, sfruttare, rendere utile o mettere a profitto qlco.

utilizzatóre s.m. **1.** [f. *-trice*] Chi utilizza una determinata cosa. **2.** Apparecchio che utilizza energia elettrica per il suo funzionamento.

utilizzazióne s.f. Impiego di qlco.

utilizzo s.m. Utilizzazione, perlopiù nel l. bur., commerciale e bancario.

utopìa s.f. (gr. *Utopia* propr. "luogo che non c'è", nome dato da Tommaso Moro nel 1516 al paese da lui immaginato) **1.** FILOS. Disegno di una società perfetta, proiettata in una dimensio-

ne spazio-temporale indefinita nella quale gli uomini dovrebbero poter realizzare una convivenza del tutto felice. **2.** *estens. comun.* Aspirazione o speranza generosa ma spesso irrealizzabile.
ENCICL. Le utopie descrivono il funzionamento di società "perfette", di cui si suppone l'esistenza in un luogo general. chiuso (una città, un'isola, ecc.). Fornendo argomentazioni per la critica dell'ordine esistente, possono anche offrirsi come modelli per la fondazione di comunità felici. Tra i numerosi artefici del pensiero utopico vi sono: Platone, F. Bacon, Campanella, Tommaso Moro, Morelly, Saint-Simon, Fourier, ecc. Sono state anche proposte *contro-utopie* attraverso la descrizione di mondi sinistri e totalitari (A. Huxley, G. Orwell).

utòpico agg. [pl.m. *–ci,* f. *–che*] Di quanto, avendo carattere di utopia, è destinato a rimanere irrealizzato. SIN.: **illusorio.**

utopista s.m. e f.[pl.m. *–sti*] **1.** FILOS. Chi progetta teoricamente modelli di società perfetta. **2.** *estens.* Chi insegue ideali non realizzabili.

utopistico agg. [pl.m. *–ci,* f. *–che*] **1.** Che ha a che vedere con i modelli filosofici di utopia, con gli utopisti. **2.** *estens.* Che costituisce un'utopia in quanto irrealizzabile. SIN.: **chimerico.**

utricolo s.m. (lat. *utriculus* "piccolo otre") **1.** BOT. Vescichetta di cui sono dotate alcune piante acquatiche per il galleggiamento, che consente anche la cattura di insetti. **2.** ANAT. Ognuna delle due cavità del labirinto dell'orecchio.

UV s.m. inv. FIS. → **ultravioletto.**

UVA s.m. inv. (→ **ultravioletti prossimi)

uva bianca   fiore   uva nera

■ **ùva**

ùva s.f. **1.** Infruttescenza a grappolo della vite, formata da bacche (*acini*), sostenute dal raspo e contenenti una polpa succosa e dolce, di colore giallo oro o rosso-viola. ◇ *Uva da tavola:* destinata al consumo durante i pasti. – *Uva fragola:* qualità di uva ricavata da un vitigno di origine americana, dagli acini piccoli, di colore rosso-viola, molto profumati, la cui polpa ha il sapore dolciastro caratteristico della fragola. – *Uva passa:* uva che viene fatta seccare per essere consumata come frutta secca o per essere utilizzata nella preparazione di vari dolci. – *Uva passerina:* uva *sultanina. **2.** BOT. Denominazione di molte bacche simili all'uva e delle piante da cui provengono. ◇ *Uva spina:* arbusto spinoso, spontaneo nei boschi ombrosi delle regioni mediterranee, con bacche giallo-rossicce simili al ribes che vengono raccolte sia immature, per essere utilizzate in cucina come condimento, sia mature, per essere consumate fresche o farne marmel-late e sciroppi. (Famiglia delle Sassifragacee.) SIN.: **ribes selvatico.** – *Uva di mare:* varietà di sargasso.

ùvala s.f. (serbocroato *uvala*) GEOL. Nelle regioni carsiche, depressione chiusa derivata dalla fusione di più doline vicine e quindi con contorni sinuosi.

UVB s.m. inv. (→ **ultravioletti lontani)

UVC s.m. inv. (→ **ultravioletti estremi)

ùvea s.f. ANAT. Tunica mediana dell'occhio, comprendente la coroide, l'iride e il corpo ciliare.

uveìte s.f. MED. Infiammazione dell'uvea dell'occhio.

uvétta s.f. Uva passa, priva di semi, di colore marrone, consumata come frutta secca o utilizzata per la preparazione di dolci.

uvulàre agg. **1.** MED. Dell'ugola. **2.** LING. Di suono articolato mediante contatto o accostamento tra il dorso della lingua e l'ugola. *Consonante uvulare.*

uxoricida s.m. e f.[pl.m. *–di*] DIR. PEN. Chi uccide la propria moglie o, estens., il marito. ❏ In funzione di agg., di uxoricidio, da uxoricida.

uxoricidio s.m. [pl. *–di*] DIR. PEN. Delitto di chi uccide la moglie o, estens., il marito.

uxorilocàle agg. ETNOL. → **matrilocale.**

uxòrio agg. [pl. *–ri*] DIR. Che spetta alla moglie. *Beni uxori.* ◇ *More uxorio:* condizione di convivenza, senza regolare matrimonio.

uzbèko agg. Dell'Uzbekistan. ◆ s.m. **1.** (al pl. anche con iniziale maiusc.) Nativo, abitante dell'Uzbekistan. **2.** (solo sing.) Lingua turca parlata dagli Uzbeki.

Carattere Versailles

V s.f. o s.m. inv. **1.** Lettera dell'alfabeto latino e delle lingue che lo adottano; in italiano rappresenta la consonante fricativa labiodentale sonora. **2.** Semplice o puntata, maiuscola o minuscola, è usata in sigle o abbreviazioni con diversi valori. ◇ *v:* vedi, vedasi. – GRAMM. Verbo. **3.** Simbolo usato in settori specifici. ◇ CHIM. *V:* simbolo del vanadio. – FIS. Simbolo del potenziale elettrico e del volt, che ne è l'unità di misura, o del volume. – *v:* simbolo della velocità. – MAT. Rappresenta la lunghezza di un vettore. – *V:* il numero cinque, nella numerazione romana. **4.** *fig.* Immagine che richiama la forma della v maiuscola, spec. nella loc. *a V. Scollatura a V.*

vacànte agg. **1.** Di un incarico, di un ufficio temporaneamente senza titolare. **2.** MAR. Di mercantile che viaggia senza carico utile.

vacànza s.f. (fr. *vacance*) **1.** Periodo di libertà dal lavoro o dagli obblighi scolastici in coincidenza con festività, turni di riposo o altre circostanze. **2.** (al pl.) Periodo di riposo per chi lavora o studia, spesso riferito alle ferie estive. **3.** Condizione dell'essere vuoto, privo di titolare, non occupato. *Vacanza di un ufficio.* **4.** FIS. Mancanza di un elettrone da parte di un atomo di un reticolo cristallino. (Si manifesta come la presenza di una particella ionica positivamente mobile all'interno del reticolo.)

vacanzière s.m. [f. *–ra*] **1.** Chi è in vacanza. **2.** *scherz.* Chi cerca sempre occasioni per fare vacanza.

vacanzièro agg. (fr. *vacancier*) **1.** Che va o è in vacanza, in ferie. **2.** Tipico delle vacanze.

vacazióne s.f. **1.** Periodo, di norma corrispondente a due ore, assunto come unità di misura del tempo di lavoro di un consulente tecnico di nomina giudiziaria, al fine di calcolare l'indennità che gli spetta. **2.** Retribuzione di questo periodo. **3.** DIR. *Vacazione della legge:* periodo di tempo che intercorre tra la pubblicazione ufficiale di una legge e la sua entrata in vigore (*vacatio legis*).

vàcca s.f. [pl. *–che*] **1.** Femmina adulta dei bovini. ◇ *fig. Periodo di vacche grasse:* con riferimento al racconto biblico, periodo di prosperità, in oppos. alle *vacche magre* che rappresentano un periodo di carestia. **2.** (spec. pl.) Bachi da seta malati di giallume, che per questo si gonfiano e non fanno il bozzolo. **3.** *spreg.* Donna di facili costumi.
ENCICL. I metodi moderni d'allevamento hanno portato alla differenziazione delle razze bovine: si distinguono le razze casearie, munte due volte al giorno durante tutta la lattazione (durata standard: 305 giorni), dalle razze da allattamento. A seconda delle condizioni ambientali, le razze sono più o meno specializzate e produttive: si distinguono, fra quelle scelte per il loro latte, quelle la cui produttività è molto elevata (da 7.000 a

9.000 l di latte per lattazione) da quelle di cui si prende in considerazione anche l'attitudine a produrre carne (razze miste).

vaccheria s.f. Stalla di vacche.

vacchétta s.f. **1.** Nel sign. del dim. di *vacca*. **2.** Pelle di bovino conciata, usata per calzature e valigeria.

vaccinàbile agg. Che può essere vaccinato.

vaccinàre v.tr. Somministrare un vaccino. ~ *fig.* Rendere qlcu. capace di difendersi, di guardarsi. *Le disgrazie lo hanno vaccinato.* ◆ **vaccinarsi** v.pron. **1.** Sottoporsi a vaccinazione contro una malattia. **2.** *fig.* Preparare le difese contro eventi negativi, in modo da affrontarli senza danno.

vaccinàto agg. **1.** Sottoposto a vaccinazione. **2.** *fig.* Immune da qlco. *Essere vaccinato contro le delusioni.*

vaccinazióne s.f. (fr. *vaccination*) Inoculazione di un vaccino.
ENCICL. La prima vaccinazione è stata quella contro il vaiolo, realizzata nel 1796 da Jenner, che ha inoculato all'uomo l'essudato di una malattia simile, ma benigna, il cow-pox. Le vaccinazioni attuali sono realizzate per mezzo di vaccini aventi origine da microrganismi viventi attenuati o uccisi (batteri, virus, protozoi), o da sostanze solubili (tossina attenuata detta "anatossina", frazione antigenica). Esistono vaccini polivalenti che immunizzano contro più malattie. I vaccini d'origine virale sono i più efficaci.

vaccìnico agg. [pl.m. *–ci*, f. *–che*] Relativo al vaccino.

vaccìno agg. Di vacca. *Latte vaccino.* ◆ s.m. Preparato, ottenuto da tossine batteriche, virus o batteri (uccisi o vivi, ma attenuati) che viene introdotto nell'organismo per stimolarlo a produrre anticorpi specifici e far acquisire un'immunità naturale attiva.

vaccinostilo s.m. MED. Lancetta per vaccinare, utilizzata in genere per scalfire la cute.

vaccinoterapia s.f. MED. Uso di un vaccino a scopo terapeutico, per stimolare le difese immunitarie.

vacillaménto s.m. **1.** Oscillazione, ondeggiamento. **2.** *fig.* Esitazione.

vacillànte agg. **1.** Che trema, non stabile, malfermo. **2.** *fig.* Incerto, poco sicuro.

vacillàre v.intr. (aus. *avere*) **1.** Di persone, camminare o muoversi dando l'impressione di essere sul punto di cadere. ~ Di cose, inclinare ora da una parte ora dall'altra. **2.** *fig.* Essere dubbioso, mancare di sicurezza, titubare. **3.** *fig.* Essere in profonda crisi, stare per cadere. *Il governo vacilla.* **4.** *fig.* Mancare di solidità, di stabilità. *La sua fede vacilla.*

vacuità s.f. inv. Mancanza di contenuti logici, di valori morali.

vàcuo agg. **1.** Privo di idee, di senso. SIN.: futile. **2.** Di persona, mancante di carattere, di qualità morale, di doti intellettuali.

vacuolàre agg. BIOL. Dei vacuoli.

vacùolo s.m. **1.** Piccola cavità all'interno di un materiale poroso. **2.** BIOL. Minuscola cavità all'interno del citoplasma delle cellule contenente una sostanza liquida o più raramente gassosa.

vacuòmetro s.m. FIS. Strumento usato per misurare pressioni inferiori a 1 atmosfera.

vademècum s.m. inv. (dalla loc. lat. *vade mecum* "vieni con me") Guida, manuale tascabile. ❏ In funzione di agg. inv., solo nella loc. *assegno vademecum*, nel l. bancario, l'assegno a copertura garantita.

vagabondàggio s.m. [pl. *–gi*] (fr. *vagabondage*) **1.** Vita da vagabondo. **2.** La presenza di vagabondi in una collettività e il problema sociale che ne deriva. **3.** Lungo viaggio fatto per diporto o per cause non volontarie. **4.** *fig.* Divagazione dello spirito, evasione della mente.

vagabondàre v.intr. (aus. *avere*) **1.** Fare una vita da vagabondo. **2.** *estens.* Vagare da un luogo all'altro senza una meta e uno scopo precisi.

vagabóndo agg. **1.** Di persone o animali, che si spostano in continuazione, che vagano da un luogo all'altro. ~ *estens.* Di cosa, che è in continuo movimento. *Nuvole vagabonde.* **2.** *fig.* Disordinato, sregolato. *Pensieri vagabondi.* **3.** Ozioso, poco impegnato nel lavoro o nello studio. ◆ s.m. [f. *–da*] **1.** *spreg.* Persona che non ha domicilio, professione, mezzi di sussistenza. **2.** Persona che passa il suo tempo oziando. **3.** Chi viaggia molto, per divertimento o per lavoro.

vagàle agg. ANAT. Del nervo vago.

vagaménte avv. In modo vago, impreciso.

vagànte agg. Che si sposta continuamente da un luogo all'altro, senza direzione e meta precise.

vagàre v.intr. [4] (aus. *avere*) Spostarsi senza meta. ~ *fig.* Passare da una cosa all'altra, senza convinzione. *Vagare con il pensiero.*

vagheggiaménto s.m. **1.** Contemplazione ammirata. **2.** *fig.* Rappresentazione ideale di qlco. che si desidera. *Vagheggiamento di un amore.*

vagheggiàre v.tr. [5] Immaginare nella propria fantasia qlco. che si desidera.

vaghézza s.f. Caratteristica di ciò che si presenta come incerto e indefinito.

vàgile agg. BIOL. Di organismo acquatico dotato di movimento autonomo (in oppos. a *sessile*).

vagìna s.f. (lat. *vaginam* "fodero") ANAT. Nell'apparato genitale femminile, cavità muscolo-membranosa compresa tra la vulva e il collo dell'utero.

vaginàle agg. ANAT., MED. Della vagina. ◆ s.f. Tunica vaginale.

vaginìsmo s.m. MED. Spasmo doloroso dei muscoli vaginali che impedisce i rapporti sessuali.

vaginìte s.f. MED. Infiammazione della mucosa della vagina.

vagìre v.intr. [83] (aus. *avere*) Di neonato, piangere, frignare, piagnucolare.

vagìto s.m. **1.** Pianto del bambino lattante. **2.** *fig.* Prime espressioni, prime manifestazioni di qlco. *I primi vagiti dell'arte.*

1. vàglia s.f. Valore, merito, usato solo nella loc. *di vaglia, di gran vaglia*, di grande capacità, abilità.

2. vàglia s.m. inv. Titolo di credito. ◇ *Vaglia postale:* titolo emesso dall'amministrazione postale, dietro versamento della somma equivalente e diretto a un destinatario che lo può riscuotere nella località di destinazione.

vagliàre v.tr. [6] **1.** Passare attraverso un vaglio del materiale da selezionare, per eliminarne gli elementi estranei. SIN.: **cernere**. **2.** *fig.* Sottoporre qlco. a esame scrupoloso. SIN.: **esaminare**.

vagliatóre agg. [f. *-trice*] Che vaglia. *Macchina vagliatrice.* ◆ s.m. (anche f.) Chi esegue la vagliatura.

vagliatùra s.f. Azione di passare al vaglio. ~ Il materiale di scarto che rimane nel vaglio al termine di tale operazione.

vàglio s.m. [pl. *-gli*] **1.** Arnese o apparecchio meccanico costituito da una superficie forata, usato per selezionare materiale incoerente separandone le diverse pezzature. ~ Largo cesto o pala concava di legno per separare dalla pula cereali o legumi secchi. **2.** *fig.* Esame accurato, analisi critica di qlco.

1. vàgo agg. [pl.m. *-ghi*, f. *-ghe*] Che manca di precisione, di chiarezza. ◆ s.m. (solo sing.) Ciò che è indefinito. *Stare sul vago.*

2. vàgo s.m. [pl.m. *-ghi*] ANAT. Decimo paio di nervi cranici che va dal bulbo rachidiano fino all'addome, con funzioni motorie, sensitive e neurovegetative.

vagonàta s.f. (calco del fr. *wagonnée*) Contenuto di un vagone. ~ *per esager.* Enorme quantità di qlco.

vagoncìno s.m. **1.** Nel sign. del dim. di *vagone*. **2.** Carrello per il trasporto di materiale su rotaie, in uso nelle miniere, nelle cave. **3.** Veicolo che trasporta materiali o persone nelle teleferiche e nelle funivie.

vagóne s.m. (fr. *wagon*, ingl. *wagon* "carro coperto") **1.** Carrozza ferroviaria per il trasporto di persone, bagagli, oggetti. ◇ *Vagone ristorante:* carrozza ferroviaria attrezzata per servire pasti ai passeggeri. – *Vagone letto:* dotato di cabine con letti per il pernottamento dei passeggeri. **2.** Quanto può essere trasportato da un vagone. ~ *per esager.* Grande quantità di cose.

vagonìsta s.m. e f.[pl.m. *-sti*] Nelle miniere, nelle cave o nei cantieri, addetto al carico e allo scarico dei vagoncini.

vagotomìa s.f. MED. Intervento chirurgico di resezione del nervo vago.

vagotonìa s.f. MED. Ipertonia vagale che causa instabilità vasomotoria. ~ Eccessiva sensibilità del nervo vago.

vagotònico agg. [pl.m. *-ci*, f. *-che*] MED. Interessato da ipertonia vagale.

vàio s.m. [pl. *-vai*] Scoiattolo siberiano (*Sciurus vulgaris*) dal manto invernale di colore grigio argentato, apprezzato in pelletteria. (famiglia degli Sciuridi.) ~ La pelliccia di tale scoiattolo.

vaiolizzazióne s.f. MED. Vaccinazione che consisteva nell'inoculare un vaiolo benigno per proteggere contro il vaiolo vero e proprio.

vaiòlo s.m. (lat., deriv. di *vărius* "variegato") **1.** Malattia infettiva molto contagiosa, dovuta a un virus, caratterizzata da macchie cutanee rosse che diventano bolle, quindi pustole. (Nel 1978, l'Organizzazione Mondiale della Sanità ha dichiarato che il vaiolo è scomparso dal mondo intero.) **2.** BOT. Malattia delle piante che provoca la formazione di macchie sulle foglie o su altri organi.

vaiolóso agg. **1.** Relativo al vaiolo. **2.** Contagiato dal vaiolo. ◆ s.m. [f. *-sa*] Nell'accez. 2 dell'agg.

vairóne s.m. Piccolo pesce dal corpo allungato di colore argenteo con striature laterali nere. (Lunghezza 10 cm; genere *Phoxinus*, famiglia dei Ciprinidi.)

valànga s.f. [pl. *-ghe*] **1.** Massa di neve che scende per il pendio di una montagna, portando spesso con sé fango, pietre e travolgendo quanto incontra sul cammino. **2.** *estens.* Massa imponente, straripante che, precipitando, fa danni. **3.** *fig. fam.* Grande quantità di cose o persone. ❑ In funzione di agg. inv., nella loc. *effetto valanga*, in elettricità, aumento delle cariche elementari nei gas e nei semiconduttori in determinate condizioni.

valchìria o **valkìria** s.f. (ted. *Walküre*, nordico *valkyrja* "colei che sceglie i guerrieri caduti") **1.** MIT. Nella mitologia germanica, guerriera il cui compito era quello di aiutare i combattenti e di portare nel Walhall gli eroi caduti in battaglia. **2.** *scherz.* Ragazza alta, bionda e robusta, spec. nordeuropea.

1. valdése agg. Del movimento religioso fondato a Lione da P. Valdo nel sec. XII, che predicava il ritorno alla povertà evangelica. (La chiesa valdese possiede una comunità molto viva in Italia e in America latina.) ◆ s.m. e f. Seguace di tale movimento religioso.

2. valdése agg. (fr. *vaudois*) Del cantone svizzero di Vaud. ◆ s.m. e f. Nativo, abitante del Vaud.

valdìsmo s.m. RELIG. Il movimento religioso, la Chiesa dei valdesi.

valdostàno agg. (fr. *valdôtain*) Della Valle d'Aosta. ◆ s.m. **1.** [f. *-na*] Nativo, abitante della Val d'Aosta. **2.** (solo sing.) Il patois franco-provenzale che si parla nella Val d'Aosta.

valenciennes [/valɑ̃'sjɛn/] s.m. inv. (voce fr.) Pizzo fine con motivi floreali su fondo a rete, fabbricato originariamente nell'omonima città della Francia settentrionale.

valènte agg. **1.** Molto capace in un'attività o professione. **2.** CHIM., LING. Che ha valenza, usato come secondo elemento di composti aggettivali. *Monovalente, bivalente.*

valentinìte s.f. (dal nome dell'alchimista Basilio *Valentino*) Minerale costituito da ossido d'antimonio (Sb_2O_3), molto lucente, incolore o bianco, in cristalli prismatici o tabulari. (Si trova in Italia, in Sassonia, in Bolivia.)

valènza s.f. **1.** Significato profondo di qlco. *La duplice valenza del problema.* **2.** CHIM. Proprietà dell'atomo di un elemento di combinarsi con atomi di un altro elemento mediante cessione o acquisizione di elettroni periferici al nucleo. **3.** BIOL. *Valenza ecologica:* livello di adattamento di un organismo ai diversi fattori ambientali. **4.** LING. Possibilità che sostantivi, aggettivi e verbi hanno di legare a sé un certo numero di complementi che ne integrano la capacità semantica e ne caratterizzano le funzioni sintattiche.

valére v.intr. [69] (aus. *essere*) **1.** Essere valido, accettabile. ~ Avere efficacia. *La domanda vale solo se firmata.* **2.** Servire, essere utile in una certa situazione. *Le lamentele valgono a poco.* **3.** Avere valore per qlcu. come monito, esempio, ecc. *La mia osservazione vale per tutti.* **4.** Avere un particolare prezzo. *Un oggetto che vale pochi euro.* **5.** Di persona, avere doti, qualità, capacità. ◇ *Farsi valere:* fare emergere le proprie qualità, i propri diritti. ~ Detto di cosa, avere autorità. ~ Avere valore o rilevanza. *Quest'argomentazione non vale nulla.* SIN.: **contare**. **6.** Corrispondere, equivalere a qlcu. o qlco. *Una cosa vale l'altra.* ◇ *Valere la spesa, la fatica:* di cosa, meritare l'impegno che serve per ottenerla. ◆ v.tr. Causare qlco. a qlcu. *Quest'errore gli ha valso dei rimproveri.* ◆ **valersi** v.pron. Servirsi, avvalersi di qlco. *Valersi dei consigli altrui.*

valeriàna s.f. (lat. *Valeriànam*, deriv. di *Valèria*, nome ant. della Pannonia dove tale pianta si trovava in grande quantità) **1.** Pianta erbacea con fiori rosa, bianchi o giallastri. (La valeriana officinale è utilizzata tradizionalmente come antispasmodico e sedativo; famiglia delle Valerianacee.) **2.** Olio essenziale che si ricava dalle radici di tale pianta. **3.** BOT. (iniziale maiusc.) Genere di piante a cui appartengono varie specie di valeriana. (Famiglia delle Angiosperme.)

Valerianàcee s.f. pl. [iniziale minusc. sing. *-a* per l'individuo] BOT. Famiglia di piante dicotiledoni erbacee, perenni, diffuse nelle regioni a clima freddo-temperato, di cui fanno parte la Valeriana e la Valerianella. (Ordine delle Rubiali.)

Valerianèlla s.f. BOT. Genere di piante erbacee dotate di piccole foglie carnose a rosetta, fiorellini bianchi o azzurri, frutto ad achenio; sono diffuse nelle regioni a clima temperato. (Famiglia delle Valerianacee.)

valeriànico agg. [pl.m. *-ci*, f. *-che*] Della valeriana. ◇ CHIM. ORG. *Acido valerianico:* acido $CH_3–(CH_2)_3–CO_2H$ derivato del pentano; ha odore sgradevole, è contenuto nelle radici della valeriana ed è impiegato in medicina.

valévole agg. Che vale per un determinato impiego o scopo. SIN.: **valido**.

valgìsmo s.m. MED. Deformità dell'asse o di un segmento scheletrico di un arto, per cui esso si presenta deviato verso l'esterno (in oppos. al *varismo*).

vàlgo agg. [pl.m. *-ghi*, f. *-ghe*] MED. Deformato da valgismo e, quindi, distorto (in oppos. a *varo*).

valicàbile agg. Che può essere attraversato.

valicàre v.tr. [4] (lat. *varicāre*, propr. "divaricare le gambe" quindi "scavalcare") Superare un rilievo montuoso o attraversare un corso d'acqua. SIN.: **oltrepassare**.

1. vàlico s.m. [pl. *-chi*] **1.** Attraversamento. **2.** Passaggio che consente di attraversare un rilievo montuoso, in corrispondenza del punto in cui la catena presenta minore altitudine.

2. vàlico s.m. [pl. *-chi*] Nella lavorazione della seta, arcolaio con cui si filava e torceva il tessuto.

validàre v.tr. (fr. *valider*) Sottoporre qlco. a un attento esame per verificarne la validità.

validatrìce s.f. Apparecchio che convalida automaticamente un documento, in partic. le schedine dei concorsi a pronostico.

validazióne s.f. (fr. *validation*) **1.** Convalida. **2.** MAT. Prova fatta per dimostrare l'esattezza di un'operazione.

validità s.f. inv. **1.** Carattere di ciò che è valido. *Validità di un passaporto.* **2.** Efficacia, fondatezza, solidità in funzione di un obiettivo. *Validità di una legge.* **3.** Valore, pregio.

vàlido agg. **1.** Adeguato a ottenere certi risultati. SIN.: **utile**. **2.** Che ha valore da un punto di vista logico o pratico. *Teoria valida.* ~ Che ha valore entro un certo ambito. *Un principio valido per tutti.* **3.** Che ha i requisiti giuridici e amministrativi richiesti per produrre il proprio effetto. *Contratto valido.* **4.** Apprezzabile, pregevole. **5.** In buona salute. *Uomo valido.*

valigerìa s.f. **1.** Fabbrica o negozio di valigie e affini. **2.** Insieme di valigie, borse e affini.

valigétta s.f. Piccola valigia piatta e rigida per documenti.

valìgia s.f. [pl. *-gie* o *-ge*] (forse di orig. ar.) **1.** Contenitore a forma di parallelepipedo dotato di un manico nella parte superiore e, in alcuni casi, di rotelle di scorrimento, per trasportare in viaggio effetti personali, carte, merce, ecc. ~ *estens.* Contenitore per attrezzi e oggetti specifici. ◇ *Fare le valigie:* preparare il necessario da portare con sé in viaggio; *fig.* partire, andarsene da un luogo. **2.** DIR. *Valigia diplomatica:* strumento con cui una missione diplomatica all'estero trasmette o riceve documenti dal proprio governo e che, secondo il diritto internazionale, non è assoggettabile a sequestro o a ispezione.

valigiàio s.m. [f. *-giaia*, pl.m. *-giai*] Fabbricante o venditore di valigie e articoli affini.

valìna s.f. CHIM. Amminoacido contenuto in molte proteine, derivato dall'acido isovalerianico per sostituzione di un atomo di idrogeno con un gruppo amminico.

vàlium s.m. inv. Denominazione commerciale, che costituisce marchio registrato, di un tranquillante molto diffuso.

vallàta s.f. Valle molto vasta, aperta.

vàlle s.f. **1.** Depressione del terreno delimitata da due pendii laterali montuosi, dovuta a erosione fluviale o glaciale, a fenomeni tettonici, oppure all'accumulo di depositi vulcanici o morenici. ◇ *Valle a V:* formata da corsi d'acqua. – *Valle a U:* formata per erosione dai ghiacciai. – *figg. Per monti e per valli:* in ogni luogo, dappertutto. – *Valle di lacrime:* il mondo terreno che, nella tradizione biblica, è considerato come luogo di sofferenza rispetto all'aldilà, luogo di beatitudine. **2.** GEOGR. Zona depressa e paludosa, general. nei pressi di un delta fluviale. **3.** La parte inferiore di un'onda compresa tra le due creste.

vallétta s.f. Ragazza che affianca il conduttore di uno spettacolo.

vallétto s.m. **1.** Dal Medioevo fino al sec. XVIII, giovane al servizio di un cavaliere, di un principe, di un nobile. **2.** Usciere del municipio in divisa da cerimonia.

valligiàno agg. Di una valle montana. ◆ s.m. [f. *-na*] Nativo, abitante di una valle.

vallisnèria s.f. (dal nome del naturalista A. *Vallisneri*) **1.** Pianta perenne che vive sommersa nelle acque stagnanti, i cui fiori di color rosa tenue emergono dalla superficie dell'acqua. (Famiglia delle Idrocaritacee.) **2.** BOT. (iniziale maiusc.) Genere di piante a cui appartiene la vallisneria.

vallivo agg. **1.** Relativo a una valle. **2.** PESC. Relativo alle valli da pesca. *Pesca valliva.*

vàllo s.m. **1.** Presso gli antichi Romani, palizzata difensiva attorno a un accampamento. ~ Opera di fortificazione ai confini di una regione nemica. *Vallo di Adriano.* ~ In età moderna, linea di difesa fortificata. **2.** GEOL. *Vallo morenico:* depressione compresa tra la morena laterale di un ghiacciaio e il versante della valle che lo contiene. **3.** ANAT. *Vallo ungueale:* ripiegatura cutanea che ricopre la base e i lati dell'unghia.

1. vallóne s.m. **1.** Nel sign. dell'accr. di *valle*; in partic. valle molto incassata e profonda, con pareti quasi a picco. **2.** In Istria e in Dalmazia, stretta insenatura della costa lungo la quale le acque marine si insinuano verso l'interno.

2. vallóne agg. (fr. *wallon* da una voce germ.) Della Vallonia, in Belgio. ◆ s.m. **1.** [anche f. o f. *-na*] Nativo, abitante, cittadino della zona vallona. **2.** (solo sing.) Dialetto di derivazione francese parlato dai valloni. **3.** (al pl.) Soldati della regione del Brabante, al servizio della Spagna nel sec. XVI.

vallonèa s.f. Albero dell'Asia minore (*Quercus aegilops*), simile alla quercia, con ghiande dalle grosse cupole, da cui si estrae il tannino. (Famiglia delle Fagacee.)

vallóso agg. Che presenta una successione di valloni e poggi.

valóre s.m. **1.** Insieme delle qualità intellettuali e morali di qlcu. ~ Abilità in qlco. **2.** Importanza, pregio attribuiti a qlco. ~ (spec. pl.) Elemento, fattore stilistico che caratterizza e rende pregevole un'opera letteraria, un'espressione artistica. **3.** (al pl.) Ciò che è considerato, secondo criteri personali o sociali, come il fondamento positivo della vita umana e della società e che funge da riferimento, da principio morale. **4.** Coraggio nell'affrontare gravi pericoli o anche la morte per senso del dovere. **5.** ECON. Caratteristica di un bene che indica il suo rapporto quantitativo di scambio con altri beni o con moneta o l'utilità che esso rappresenta per chi lo possiede. ◇ *Valore normale:* nel sistema fiscale, parametro utilizzato per determinare l'entità di costi e corrispettivi al fine di determinare l'imposta dovuta, qualora il corrispettivo pagato si discosti di molto dal valore reale del bene. – *Valore normale, naturale dei beni:* quello che sul lungo periodo tende a stabilizzarsi (in oppos. a *valore corrente*, legato al gioco della domanda e dell'offerta). – *Valore reale:* quello calcolato al netto dell'inflazione. – *Valore aggiunto:* maggiore valore dei beni o servizi prodotti rispetto a quello dei beni o servizi acquistati e impiegati nel processo produttivo. **6.** *comun.* Costo, prezzo. **7.** (al pl.) Oggetti preziosi, titoli di credito, valute pregiate. ◇ *Valori bollati:* francobolli, marche da bollo e carte bollate. – ECON. *Valori mobiliari:* titoli azionari e titoli a reddito fisso che possono essere oggetto di contrattazioni in Borsa. **8.** Efficacia, validità. ◇ DIR. *Valore di legge:* la condizione degli atti normativi sottoposti al giudizio di legittimità costituzionale, al pari delle leggi. **9.** LING. Significato, funzione che assume una parola in un contesto determinato. **10.** MUS. Durata relativa di una nota. **11.** MAT. Determinazione di una variabile numerica.

valorizzàre v.tr. **1.** Fare aumentare il valore economico di qlco. *Valorizzare un terreno.* **2.** *estens.* Mettere in risalto un aspetto positivo, fare apparire qlco. nel suo aspetto migliore. *Un trucco che valorizza lo sguardo.* ~ Mettere in luce qlcu. permettendogli di esprimere le sue qualità. *Un dirigente che sa valorizzare i suoi dipendenti.* ~ Evidenziare le caratteristiche positive di una persona. *Questo lavoro valorizza le sue doti.* ◆ **valorizzarsi** v.pron. Acquisire pregio, importanza, valore. *Un paese capace di valorizzarsi.*

valorizzazióne s.f. **1.** Conferimento di pregio o di valore economico. **2.** Riconoscimento delle qualità o dei meriti di una persona.

valoróso agg. **1.** Che ha coraggio. ~ Che ha spirito di abnegazione. **2.** Che dà prova di coraggio. ◆ s.m. [f. *-sa*] Nell'accez. 1 dell'agg.

valpolicèlla s.m. inv. Denominazione dei vini rossi e bianchi prodotti nell'omonima zona in provincia di Verona.

valtellinése agg. Della Valtellina, in Lombardia. ◆ s.m. e f. Abitante, nativo della Valtellina.

valùta s.f. **1.** Moneta in circolazione in un paese e i biglietti di banca che la rappresentano. ◇ FIN. *Valuta debole, forte:* moneta che, in determinati momenti, tende rispettivamente a deprezzarsi o ad apprezzarsi rispetto alle altre. **2.** BANC. Termine di decorrenza degli interessi su una somma a debito o a credito.

valutàbile agg. Che può essere valutato, quantitativamente o qualitativamente.

valutàre v.tr. **1.** Determinare il valore, il prezzo di qlco. **2.** Calcolare, conteggiare qlco. *Nello stipendio hanno valutato anche le ore di straordinario.* **3.** Calcolare approssimativamente. *Valutare una distanza.* **4.** *fig.* Considerare attentamente qlco. *Valutare ogni piccolo indizio.* **5.** *fig.* Giudicare qlcu. o qlco. *Valutare i candidati.* ~ Stimare, tenere in considerazione qlcu. o qlco. *Lo valutarono il migliore.*

valutàrio agg. [pl.m. *-ri*] Relativo a una valuta. ◇ DIR. *Illecito valutario:* reato commesso da chi trasferisce all'estero capitali senza osservare le prescrizioni di legge.

valutativo agg. Che serve a una valutazione, a una stima.

valutazióne s.f. **1.** Stima economica. ~ *estens.* La quotazione, l'apprezzamento che tale stima esprime. **2.** Calcolo eseguito con approssimazione. **3.** Giudizio qualitativo, ponderato. ◇ *Scheda di valutazione:* nella scuola dell'obbligo, documento sul quale gli insegnanti classificano i risultati raggiunti dall'alunno nelle singole discipline ed esprimono un giudizio riassuntivo. – *Valutazione formativa, valutazione sommativa:* due distinte forme di valutazione, di cui la prima si compie durante l'apprendimento per verificare i livelli raggiunti dal discente e regolare gli interventi successivi, la seconda si compie al termine dell'apprendimento come certificazione del profitto a fini istituzionali.

vàlva s.f. **1.** ZOOL. Ognuno dei due elementi che formano la conchiglia dei Molluschi bivalvi e dei Brachiopodi. **2.** BOT. Ciascuna delle parti in cui si divide il baccello delle Leguminose o il guscio di alcuni frutti secchi. ~ Ognuno dei due elementi del guscio siliceo delle Diatomee.

valvàre agg. ZOOL., BOT. Della valva.

valvassino s.m. Nella gerarchia feudale, vassallo di un valvassore.

valvassóre s.m. (provenz. *valvsassor*, lat. *vàssum vassórum* "vassallo dei vassalli") Nella gerarchia feudale, vassallo alle dipendenze del vassallo del re.

valvàto agg. ZOOL., BOT. Composto da valve.

vàlvola s.f. **1.** MECC. Dispositivo per regolare il flusso di un fluido in una conduttura, secondo le necessità degli organi d'utilizzo. ◇ *Valvola di sicurezza:* dispositivo che controlla la pressione di un fluido contenuto in un recipiente chiuso, aprendosi nel caso in cui questa raggiunga valori superiori al livello di guardia. *fig.* Ogni mezzo di sfogo che consente all'individuo di mantenere il proprio equilibrio fisico e psichico. **2.** ELETTR. Dispositivo che interrompe il flusso della corrente in casi di emergenza. **3.** FIS. Tubo termoelettronico costituito da un contenitore di vetro in cui la corrente elettrica fluisce nel vuoto o in un gas, o in cui ci sono elettrodi per usi di amplificazione e raddrizzamento in campo elettronico. ~ Fusibile, regolatore del flusso di corrente elettrica. **4.** ANAT. Formazione membranosa o muscolare del cuore, dei vasi e di altri condotti dell'organismo che permette il passaggio in un solo senso del sangue o di altri liquidi.

valvolàre agg. TECNOL., MED. Relativo alle valvole.

vàlzer s.m. inv. (ted. *Walzer*, deriv. di *walzen* "rotolare") **1.** Ballo in coppia, vivace o moderato, diffusosi in Austria e Germania verso la fine del sec. XVIII e, all'inizio del sec. XX, nel resto d'Europa. ~ La musica che accompagna tale ballo. **2.** *fig.* Cambiamento frequente di persone in un incarico.

vamp [/'væmp/] s.f. inv. (voce ingl. d'America, abbr. di *vampire* "vampira") Donna fatale, dotata di fascino aggressivo. ~ Attrice di cinema.

vàmpa s.f. **1.** Fiammata particolarmente intensa. ~ Intenso irradiamento di calore. *La vampa del solleone.* **2.** *fig.* Sensazione di calore al volto accompagnata da rossore, conseguente a fattori emotivi o a disturbi nervosi o fisiologici. SIN.: **caldana**. **3.** *fig.* Impeto di sentimenti incontrollati.

vampàta s.f. **1.** Fiammata particolarmente alta e intensa. ~ Anche, ondata di calore. **2.** *fig.* Vampa di calore al volto. **3.** *fig.* Scatto, impeto di sentimenti. **4.** *fig.* Manifestazione improvvisa e violenta di un fenomeno negativo.

vampirìsmo s.m. (fr. *vampirisme*) **1.** Complesso dei comportamenti tipici di un vampiro, secondo le leggende popolari. **2.** Grave forma di psicopatologia sessuale, consistente nel re una donna dopo averla uccisa.

vampirizzàre v.tr. Dare fondo a qlco. con avidità. *Vampirizzare i risparmi della famiglia.*

vampìro s.m. (fr. *vampire*, serbocroato *vampir*) **1.** Spettro che, secondo credenze popolari slave, lascerebbe di notte la tomba per succhiare il sangue dei vivi. **2.** *fig.* [f. *-ra*] Usuraio, strozzino. **3.** Pipistrello dell'America tropicale che si nutre di insetti, frutti e del sangue succhiato agli animali durante la notte. (Ordine dei Chirotteri.)

van [/'væn/] s.m. inv. (voce ingl. "furgone") **1.** Autofurgone per il trasporto di animali, spec. dei cavalli di corsa. **2.** Furgone rimorchiabile adibito al trasporto di merci e animali.

vanàdico agg. CHIM. Degli acidi e dei composti del vanadio pentavalente.

vanadìnite s.f. MIN. Minerale di colore rossiccio dal quale si estrae il vanadio.

vanàdio s.m. (solo sing.) (dal nome della divinità scandinava *Vanadīs*) **1.** Metallo di colore grigio chiaro, di densità 6,11 e che fonde a 1890 °C. (È usato per la preparazione di acciai speciali o in molte sintesi organiche con funzione catalizzatrice.) **2.** Elemento chimico (*V*) di numero atomico 23 e peso atomico 50,941.

vanaglòria s.f. (calco del gr. *kenodoksía*) Eccessivo e immotivato compiacimento dei propri meriti, che causa un desiderio ambizioso di essere continuamente lodato e apprezzato.

vanaglorióso agg. Che ostenta vanagloria. ◆ s.m. [f. *-sa*] Nel sign. dell'agg.

Vànda s.f. BOT. Genere di orchidee originarie del Sud-est asiatico e dell'Oceania, spesso coltivate in serra. (Famiglia delle Orchidacee.)

vandàlico agg. [pl.m. *-ci*, f. *-che*] **1.** Dei Vandali. **2.** *estens.* Caratterizzato da spirito di violenza e gusto gratuito della distruzione. *Atti vandalici.*

vandalismo s.m. Atteggiamento di chi distrugge o imbratta beni pubblici o privati per l'insano gusto di provocare dei danni.

vàndalo s.m. [f. *-la*] **1.** (al pl. anche iniziale maiusc.) Appartenente alla popolazione barbarica che invase l'Italia, la Spagna e parte dell'Africa settentrionale nel V sec. d.C. **2.** *fig.* Persona che commette atti di vandalismo.

vandeàno agg. [f. *–na*] Della Vandea. ~ Che si richiama ai valori della rivolta vandeana. ◆ s.m. **1.** Abitante, nativo della Vandea. **2.** *fig.* Reazionario, legittimista. ~ Cattolico integralista.

vaneggiaménto s.m. Atto del delirare, del pronunciare discorsi sconnessi in uno stato psichico di offuscamento della lucidità mentale. SIN.: **delirio**. ~ Il prodotto di tale attività. *Questo testo è un vaneggiamento.*

vaneggiàre v.intr. [5] (aus. *avere*) **1.** Dire cose senza senso. **2.** *per esager.* Dire o pensare cose assurde.

vanèsio agg. [pl.m. *–si*] (dal nome del fatuo protagonista della commedia di G. B. Fagiuoli "Ciò che pare non è") Di persona sciocca che si compiace stoltamente di sé. ◆ s.m. [f. *–sia*] Nel sign. dell'agg.

vanéssa s.f. (dal nome di un personaggio letterario) **1.** Farfalla diurna con ali vivacemente colorate le cui larve vivono a spese di alcune piante. (Ordine dei Lepidotteri) **2.** ZOOL. (iniziale maiusc.) Genere di insetti a cui appartengono varie specie di vanessa.

vànga s.f. [pl. *–ghe*] Attrezzo composto da una lama di metallo, piatta e affilata, fissata a un lungo manico, usato per dissodare la terra.

vangàre v.tr. [4] **1.** Dissodare la terra con una vanga. **2.** Rivoltare le zolle di un terreno con la vanga. *Andare a vangare.*

vangatùra s.f. Lavoro di vanga.

vangèlo s.m. (gr. *euangélion* "buona novella") **1.** (anche con iniziale maiusc.) L'insieme e ciascuno dei quattro libri dove si racconta la vita e la dottrina di Gesù (v. parte n.pr.). **2.** Messaggio, insegnamento di Gesù contenuto in questi libri. **3.** Brano di questi libri letto durante la messa. ~ La parte della celebrazione che corrisponde a tale lettura. **4.** (anche con iniziale maiusc.) Il volume che contiene questi testi sacri. *Giurare sul Vangelo.* **5.** *fig.* Complesso dei principi sui quali si fondano ideologie, correnti filosofiche, letterarie, politiche. ~ Testo, documento che funge da base a una dottrina. **6.** *fig. fam.* Cosa incontestabile, verità assoluta.

vanghétta s.f. Nel sign. del dim. di *vanga*; in partic., nel l. militare, piccola vanga portatile che si usa per scavi sul campo in casi di necessità.

vanificàre v.tr. [4] Rendere inutile qlco. *Vanificare i tentativi.*

vanìglia s.f. [pl. *–glie*] (spagn. *vainilla*, deriv. di *vaina* "baccello, vagina" per la forma del suo frutto) **1.** Pianta delle regioni tropicali, coltivata per il suo frutto a capsula. (Genere *Vanilla*; famiglia delle Orchidacee) **2.** Il frutto di tale pianta e l'estratto che se ne ricava mediante essiccazione, in uso nell'industria dolciaria e in profumeria.

vanigliàto agg. Profumato alla vaniglia.

vaniglióne s.m. **1.** Nome comune dei frutti delle varietà meno pregiate di vaniglia messe in commercio. **2.** BOT. (iniziale maiusc.) Genere di piante alpine con fiori a spiga rosso scuri, coltivate a scopo ornamentale. (Famiglia delle Orchidacee.)

vanillina o **vaniglina** s.f. (solo sing.) CHIM. Aldeide contenuta nella vaniglia, utilizzata in profumeria e nell'industria dolciaria in forma di polvere bianca.

vanilòquio s.m. [pl. *–qui*] Discorso noioso e privo di senso. SIN.: **delirio**.

vanità s.f. inv. **1.** Compiacimento fatuo di sé, interesse per cose futili e desiderio di essere ammirato per le proprie qualità, spesso solo presunte. **2.** Carattere di ciò che è privo di valore o di efficacia. **3.** Qualità di ciò che è vano, futile.

vanitóso agg. Di persona, che ha un alto concetto di sé e delle proprie qualità, per le quali ricerca ammirazione e lodi. ◆ s.m. [f. *–sa*] Nel sign. dell'agg.

vàno agg. **1.** Che è privo di fondamento. **2.** Privo di efficacia, senza effetto. **3.** Frivolo, sciocco, futile. ◆ s.m. **1.** Spazio vuoto tra strutture murarie o altri elementi che racchiudono. **2.** Ciascuno degli ambienti utili in cui è suddiviso un appartamento o una casa d'abitazione.

vantàggio s.m. [pl. *–gi*] **1.** Condizione di favore o di superiorità rispetto ad altri o ad altro.

2. Distacco spaziale o temporale con cui persone o veicoli precedono chi li segue. **3.** Profitto, utilità. **4.** STAM. Lastra a bordi rialzati, di legno o di metallo, su cui si collocano ordinatamente le righe al termine della composizione.

vantaggióso agg. (calco del fr. *avantageux*) Che procura un vantaggio, un profitto.

vantàre v.tr. **1.** Descrivere qlcu. o qlco. con elogi e compiacimento, spesso esaltandolo oltre i meriti effettivi. **2.** Affermare di possedere o sedere realmente un diritto, un merito, un pregio o altro elemento di superiorità. ◆ **vantarsi** v.pron. Elogiarsi, glorificarsi.

vanteria s.f. Ostentazione di qualità, di doti e meriti, spesso solo presunti.

vànto s.m. **1.** Quanto costituisce motivo di lode, di orgoglio, di gloria. SIN.: **merito**. **2.** In epoca medievale, competizione tra cavalieri che narravano, a turno, le loro imprese più gloriose in campo militare e sentimentale.

vànvera Solo nella loc. *a vanvera*, a casaccio, senza riflettere.

vapóre s.m. **1.** FIS. Gas che si produce per evaporazione o ebollizione di un liquido o per sublimazione di un solido. **2.** *comun.* Vapore acqueo. ◇ *Cottura a vapore*: quella di prodotti alimentari cucinati utilizzando il vapore dell'acqua in ebollizione. **3.** Veicolo che usa il vapore come forza motrice. ~ In partic., locomotiva o piroscafo a vapore. **4.** (spec. pl.) Nebbia, fumo. ~ Esalazioni, miasmi. □ In funzione di agg., nella loc. *cavallo vapore*, in fisica, unità di misura della potenza.

vaporétto s.m. Piccolo piroscafo o battello per la navigazione su acque fluviali e lacustri.

vaporizzàre v.tr. **1.** Fare passare un liquido allo stato di vapore. ~ *estens.* Disperdere un liquido in goccioline fini. *Vaporizzare del profumo.* **2.** Sottoporre qlco. all'azione del vapore acqueo.

vaporizzatóre s.m. **1.** Dispositivo per ridurre acqua o altri liquidi in gocce minutissime. **2.** Vaschetta contenente acqua che si applica ai radiatori per dare calore o per umidificare l'ambiente. □ In funzione di agg., che vaporizza.

vaporizzatùra s.f. IND. TESS. Operazione consistente nel sottoporre i filati di lana all'azione del vapore acqueo per fissare la torsione del filo.

vaporizzazióne s.f. **1.** Riduzione di acqua o altro liquido in gocce minutissime mediante nebulizzatore. **2.** IND. TESS. Vaporizzatura.

vaporóso agg. **1.** Leggero e soffice, quasi trasparente. *Tessuto vaporoso.* **2.** *fig.* Privo di consistenza logica, di chiarezza. SIN.: **vago**.

varaménto s.m. COSTR. Sistemazione di strutture e pezzi metallici prefabbricati nelle apposite sedi.

Varànidi s.m. pl. [iniziale minusc. sing. *–de* per l'individuo] ZOOL. Famiglia di rettili dotati di lunga coda, corpo robusto ricoperto di squame, diffusi in Africa, Asia e Australia. (Ordine degli Squamati.)

varàno s.m. **1.** Rettile sauro carnivoro diffuso in Africa, Asia e Australia, una specie del quale, il *varano di Komodo*, supera i 3 m di lunghezza. (Famiglia dei Varanidi) **2.** ZOOL. (iniziale maiusc.) Genere di rettili a cui appartengono le varie specie di varano.

■ **varàno.** Varano gigante dell'Australia.

varàre v.tr. **1.** MAR. Spingere in mare una nave per la prima volta. **2.** COSTR. Effettuare il varamento di una struttura prefabbricata. **3.** *fig.* Presentare ufficialmente qlco. al pubblico, dopo averlo portato a compimento. ~ Dare avvio, attuazione a qlco. ~ Presentare e rendere operanti leggi, decreti, ecc. **4.** SPORT. Scegliere i giocatori che entreranno a fare parte di una squadra e stabilirne i ruoli. ◆ **vararsi** v.pron. MAR. Arenarsi, incagliarsi, solo nelle locc. *vararsi in costa, in secca.*

varàta s.f. **1.** IND. ESTR. Abbattimento di enormi rocce mediante mine collocate in profondità. **2.** Nell'industria marmifera, il distacco e la discesa di una falda.

varcàre v.tr. [4] **1.** Oltrepassare, attraversare qlco. *Varcare i confini dello stato.* ~ Valicare. *Varcare una catena montuosa.* **2.** *fig.* Oltrepassare un certo limite. *Varcare la quarantina.*

vàrco s.m. [pl. *–chi*] **1.** Atto di varcare. ◇ *fig. Attendere qlcu. al varco*: stare in agguato in attesa di coglierlo di sorpresa nel momento in cui si trova impreparato; attendere l'occasione favorevole per ottenere una rivincita personale su qlcu. **2.** Luogo attraverso cui si passa, spec. in modo non agevole.

varechina o **varecchina** s.f. Soluzione di ipoclorito sodico usata per sbiancare e disinfettare tessuti, oggetti e ambienti. ~ candeggina.

vareck o **varech** [/va'rɛk/] s.m. inv. (fr. *varech*, propr. "relitto") Fertilizzante ricavato dalle ceneri di alcune alghe.

varesino agg. Di Varese. ◆ s m [f *–na*] Nativo, abitante di Varese.

varesòtto s.m. **1.** (iniziale maiusc., solo sing.) Territorio intorno a Varese. **2.** (f. *–ta*) Nativo, abitante di tale zona.

vària s.f. sing. Editoria non scolastica. ~ Cose varie.

variàbile agg. **1.** Che varia con facilità. *Umore variabile.* **2.** GRAMM. *Parte variabile del discorso*: parola la cui forma varia secondo il genere, il numero, la funzione che svolge nel di-

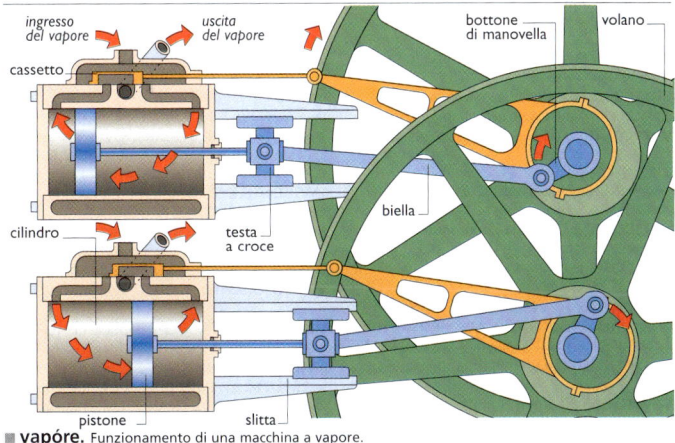

■ **vapóre.** Funzionamento di una macchina a vapore.

ingresso del vapore — *uscita del vapore* — *bottone di manovella* — *volano* — *cassetto* — *biella* — *cilindro* — *testa a croce* — *pistone* — *slitta*

scorso. ◆ s.f. **1.** MAT. Grandezza o quantità che può assumere diversi valori all'interno di un insieme. ◇ *Variabile dipendente:* quella i cui valori sono determinati da un'altra variabile. – *Variabile indipendente:* quella su cui è definita una funzione e che assume arbitrariamente valori all'interno dell'insieme di definizione; *fig.* nel l. sind. ed econ., entità alla cui determinazione restano estranee altre componenti. *Il salario non è una variabile indipendente.* **2.** STAT. *Variabile casuale:* quella che può assumere valori diversi secondo una legge di probabilità. **3.** INFORM. Zona di memoria in cui si possono conservare diversi valori, uno alla volta. **4.** *estens.* Elemento soggetto a possibili variazioni.

variabilità s.f. inv. **1.** Carattere di ciò che è suscettibile di modificarsi nel tempo o nello spazio. *Variabilità climatica.* **2.** STAT. Propensione di un fenomeno a presentarsi sotto diversi aspetti quantitativi. **3.** BIOL. Caratteristica per la quale nessun individuo della stessa specie è perfettamente uguale a un altro.

variante s.f. **1.** Modifica parziale di qlco. rispetto a quanto era stato stabilito in precedenza. ~ Ciascuna delle forme diverse che un oggetto può assumere rispetto al modello o tipo base. **2.** Tratto di strada aperto accanto o in alternativa a quello precedente. **3.** LING. Forma diversa che un vocabolo può presentare in una stessa lingua senza perdere le proprie caratteristiche. **4.** FILOL. Ciascuna delle varie lezioni che si trovano nei diversi manoscritti o nelle diverse stampe di un'opera, sia a causa degli accidenti della tradizione del testo sia per le modifiche apportate dall'autore stesso prima della stesura definitiva. **5.** LING. Ciascuna delle realizzazioni di un fonema ammesse in una data lingua.

variantistica s.f. [non com. pl. *–che*] FILOL. Lo studio delle varianti di un testo.

varianza s.f. **1.** FIS., CHIM. Numero di parametri di un sistema che possono subire variazioni senza turbare il sistema. **2.** STAT. La media dei quadrati degli scarti dei valori considerati rispetto alla loro media aritmetica.

variàre v.intr. [6] (aus. avere con soggetto animato, aus. essere con soggetto non animato) Subire cambiamenti, diventare diverso. *Le opinioni variano su questo punto.* ◆ v.tr. [6] **1.** Sottoporre qlco. a modificazioni senza cambiarlo radicalmente. *Variare la disposizione dei mobili.* **2.** Differenziare qlco. *Variare l'alimentazione.*

variàto agg. Vario, diversificato. *Alimentazione variata.*

variatóre s.m. TECN. Dispositivo che consente di modificare e di controllare grandezze. *Variatore di velocità.*

variazionàle agg. FIS. *Principio variazionale:* formulazione delle leggi fisiche attraverso un principio di minimo.

variazióne s.f. **1.** Cambiamento, modificazione, mutamento. **2.** MUS. Modificazione degli aspetti armonici, ritmici, timbrici, contrappuntistici di un tema, che mantiene però la sua fisionomia originale e risulta sempre riconoscibile. ◇ *estens. Variazione sul tema:* originale presentazione di un argomento o di un soggetto, che apporta leggere modifiche rispetto ai modelli tradizionali. **3.** MAT. *Variazione di una funzione:* differenza tra i valori assunti da una funzione *f* per due dati valori della variabile *x.*

varice s.f. MED. Dilatazione permanente di una vena, in partic. sulle gambe.

varicèlla s.f. (fr. *varicelle*) MED. Malattia infettiva, contagiosa, di origine virale, che colpisce soprattutto i bambini, caratterizzata da un'eruzione cutanea di macule rosse e successivamente di pustole e vescicole che provocano forte prurito.

varicocèle s.m. MED. Dilatazione delle vene del funicolo spermatico e dello scroto.

varicóso agg. MED. Che presenta varici. *Vene varicose.*

variegàto agg. **1.** Colorato a strisce o macchiette irregolari di diverse tinte. *Carta variegata.* **2.** *fig.* Complesso, multiforme. *Situazione variegata.*

variegatùra s.f. Screziatura irregolare a più colori.

1. varietà s.f. inv. **1.** Carattere di ciò che è vario, che presenta aspetti diversi. ~ Il fatto di variare. **2.** Diversità, pluralità, specificità di forma,

di aspetto, di importanza, ecc. tra cose dello stesso genere, appartenenti a un tutto omogeneo. ~ Molteplicità, eterogeneità. **3.** Caratteristica grazie alla quale un elemento si distingue all'interno di un insieme. ~ BOT., ZOOL. Gruppo inferiore alla specie e alla sottospecie. **4.** MAT. *Varietà algebrica:* l'insieme dei punti di uno spazio vettoriale le cui coordinate soddisfano un sistema di equazioni algebriche omogenee. **5.** LING. *Varietà di lingua:* insieme sistematico di tratti linguistici che caratterizzano la lingua parlata in una certa epoca storica, in una certa area geografica, in una certa condizione sociologica o in un certo contesto comunicativo.

2. varietà s.m. inv. Spettacolo teatrale o programma televisivo che presenta un repertorio misto di canzoni, scenette comiche, balli, ecc.

vàrio agg. [pl.m. *–rì*] **1.** Che presenta aspetti diversi all'interno di una categoria omogenea a cui appartiene. **2.** (al pl., posposto al s.) Di diverso tipo. *Autori vari.* **3.** (al pl., anteposto al s.) Parecchi, numerosi. *Ho varie cose da dirti.*

variòmetro s.m. **1.** Apparecchio per la misura delle variazioni di una grandezza. ~ ELETTR. Dispositivo per variare l'induttanza di un circuito. **2.** AER. Strumento che indica la velocità di variazione della quota di volo.

variopìnto agg. Colorato a varie tinte.

varismo s.m. MED. Deformità dell'asse o di un segmento scheletrico in un arto per cui esso si presenta deviato verso l'interno (in oppos. al *valgismo*).

varistóre s.m. (ingl. *varistor*) FIS. Conduttore elettrico la cui resistenza cambia con il variare dell'intensità di corrente.

1. vàro s.m. **1.** Operazione dello spingere in mare per la prima volta una nave facendola scivolare dal cantiere su un piano inclinato (in oppos. ad *alaggio*). **2.** Presentazione ufficiale al pubblico di qlco. **3.** COSTR. → *varamento.*

2. vàro agg. MED. Deformato da varismo e, quindi, distorto verso l'interno (in oppos. a *valgo*).

varroa s.f. Acaro parassita che causa ingenti danni all'apicoltura.

vàrva s.f. (sved. *varv* "deposito") GEOL. Nei laghi alimentati da ghiacciai, sedimenti in sottili strati, utili per lo studio della cronologia terrestre.

vas s.f. inv. (sigla di *vedetta anti- sommergibile*) Motoscafo e armato per la caccia ai sommergibili, in uso durante la seconda guerra mondiale.

vasàio s.m. [f. *–saia*, pl.m. *–saí*] Chi fabbrica e vende vasi.

vasàle agg. ANAT., BIOL. Che riguarda i vasi di organismi animali e vegetali. SIN. **vascolare.**

vàsca s.f. [pl. *–sche*] **1.** Contenitore per acqua o altri liquidi, di dimensioni, forma e materiali diversi. ◇ *Vasca da bagno:* quella destinata all'igiene personale. – *Vasca idromassaggio:* vasca da bagno fornita di un impianto che produce bolle e getti d'acqua con funzione tonificante. **2.** SPORT. Piscina. ~ In partic. lunghezza del lato maggiore di una piscina. **3.** Bacino di una fontana.

vascèllo s.m. **1.** Ai tempi della navigazione a vela, la nave da guerra più grande. **2.** MIL. *Ufficiale di vascello:* quello che, nella marina militare italiana, fa parte del corpo di stato maggiore e dunque comanda navi o reparti di navi oppure dirige un servizio di bordo.

vaschétta s.f. **1.** Piccola vasca. ~ Recipiente, spesso di forma rettangolare, di piccole dimensioni per diversi impieghi. **2.** Contenitore per alimenti. ~ Il contenuto di tale recipiente.

vascolàre agg. **1.** ARCHEOL. Che riguarda gli antichi vasi. **2.** MED. Dei vasi sanguigni e linfatici. ~ BOT. Anche con riferimento a tessuti vegetali.

vascolarizzàto agg. ANAT. Di organo provvisto di vasi sanguigni.

vascolarizzazióne s.f. BIOL. Distribuzione dei vasi sanguigni e linfatici negli organismi viventi. ~ *estens.* L'irrorazione sanguigna.

vascolopatìa s.f. MED. Ogni malattia che interessa i vasi sanguigni.

vasectomìa s.f. MED. Tecnica di sterilizzazione maschile consistente nel taglio e nella legatura dei dotti deferenti.

vaselina s.f. (ingl. *vaseline*) Nome commerciale di una sostanza oleosa e traslucida, ottenuta dalla distillazione del petrolio, usata in farmacia, in profumeria e come additivo di lubrificanti.

vasellàme s.m. Insieme dei recipienti e delle stoviglie da tavola.

vasistas [/vasis'tas/] s.m. inv. (voce fr., dalla loc. ted. *Was ist das?* "che cos'è questo? che c'è?" con allusione alla domanda di chi si affaccia) Sportello a vetri apribile verso l'interno, che si pone sopra finestre e porte per consentire la ventilazione. ~ Finestra con apertura di questo tipo.

vàso s.m. **1.** Recipiente di materia, dimensione e forma variabili, per contenere liquidi o materiali incoerenti. ◇ *Vaso da notte:* orinale. – FIS. *Vasi comunicanti:* recipienti che comunicano tra di loro, nei quali il liquido contenuto si dispone in ognuno alla stessa altezza. – *fig. Vaso di Pandora:* circostanza da cui possono trarre origine mali, sciagure. (In riferimento al mito secondo cui Pandora aprì un vaso contenente tutti i mali, donatole da Zeus.) **2.** Contenitore di vetro per alimenti, di forma general. cilindrica. ~ Anche, il contenuto di tale vaso. **3.** Parte dei servizi igienici che raccoglie e smaltisce le deiezioni organiche. **4.** ANAT. Condotti dell'organismo umano nei quali scorrono sangue e liquidi linfatici. (Si distinguono cinque tipi di vasi: le arterie, le vene, i canali linfatici, i capillari sanguigni e linfatici.) **5.** BOT. Canale di circolazione dei liquidi di una pianta. **6.** MAR. Ciascuna delle due robuste travi dell'invasatura, sulle quali si fa scivolare la nave al momento del varo.

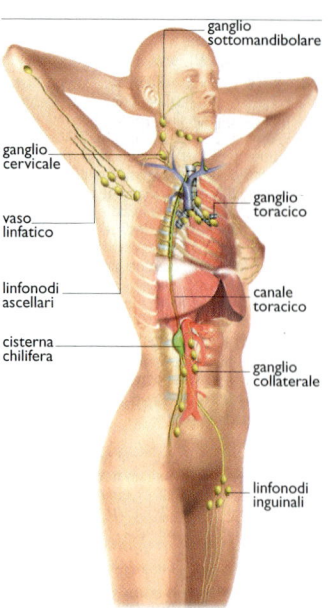

■ **vàsi** linfatici.

vasoattivo agg. MED. Di sostanza che agisce sul tono vascolare in senso costrittivo o dilatatorio.

vasocostrittóre agg. [f. *–trice*] MED. Che provoca la costrizione dei vasi sanguigni. ◆ s.m. Sostanza, farmaco con tale proprietà.

vasocostrizióne s.f. MED. Restringimento dei vasi sanguigni.

vasodilatatóre agg. [f. *–trice*] MED. Che causa la dilatazione dei vasi sanguigni. ◆ s.m. Farmaco con tale proprietà.

vasodilatazióne s.f. MED. Espansione dei vasi sanguigni.

vasomotilità s.f. inv. FISIOL. Insieme dei fenomeni di vasocostrizione e vasodilatazione, comandati dal sistema nervoso vegetativo.

vasomotóre agg. [f. *–trice*] FISIOL. Di centro nervoso o di nervo che presiede alla contrazione e alla dilatazione dei vasi sanguigni.

vasomotòrio agg. [pl.m. *–rì*] FISIOL. Della vasomotilità.

vasopressina s.f. BIOL. Ormone secreto dall'ipotalamo e conservato nell'ipofisi, ad azione ipertensiva e antidiuretica.

vasoresezióne s.f. MED. → **vasectomia**.

vasospàsmo s.m. MED. Fenomeno patologico consistente in una forte contrazione delle pareti dei vasi sanguigni.

vassallàggio s.m. [pl. *-gi*] (calco del fr. *vasselage*) **1.** In epoca feudale, atto attraverso cui il vassallo dichiarava la propria soggezione al signore in cambio dell'investitura che riceveva e della protezione promessa. ~ *estens.* La condizione derivante da tale atto. **2.** *fig.* Stato di subordinazione, di sottomissione.

vassallàtico agg. [pl.m. *-ci*, f. *-che*] Di, del vassallo. ~ Che riguarda il vassallaggio.

vassàllo s.m. (lat. *vassàllum*, deriv. di *vàssus* "servo" di orig. celtica) **1.** Nel sistema feudale del Medioevo, uomo libero che riceveva l'investitura di un feudo dietro giuramento di fedeltà al sovrano o a un signore. **2.** *fig.* Persona in rapporto di stretta subordinazione rispetto a un'altra, frequentemente con valore spreg. ❑ In funzione di agg., subordinato, sottoposto.

vassóio s.m. [pl. *-soi*] **1.** Grande piatto piano, con bordi rialzati, di materiale vario, usato per posarvi i servizi e le vivande da portare in tavola. ~ *estens.* Il contenuto di tale piatto. **2.** Tavoletta di legno rettangolare, con impugnatura nella facciata inferiore, sulla quale i muratori pongono calcina o gesso impastati da usare man mano nei lavori di stuccatura.

vastità s.f. inv. **1.** Grande estensione di uno spazio, di una superficie. ~ Superficie di grande estensione. *Contemplare le vastità dell'oceano.* **2.** *fig.* Ampiezza culturale, intellettuale.

vàsto agg. **1.** Che si estende per un largo tratto. ~ Di ampie dimensioni, spazioso. **2.** *fig.* Di grande profondità, importanza, rilievo. ◆ s.m. ANAT. Formazione di muscoli particolarmente ampi.

vàte s.m. **1.** LETT. Profeta, indovino. **2.** LETT. Poeta che compone opere di tono elevato, di ispirazione quasi profetica.

vaticàno agg. Della città del Vaticano e dello stato omonimo. ~ Che concerne la Santa Sede. ◆ s.m. (iniziale maiusc.) Stato del Vaticano. ~ Il potere, l'autorità che rappresenta.

vaticinàre v.tr. Predire il futuro, profetizzare qlco.

vaticìnio s.m. [pl. *-ni*] Predizione di cose future, profezia.

vaucheria [/voʃ'ʃɛria/] s.f. (dal nome del botanico svizzero J. P. *Vaucher*) **1.** Alga filamentosa verde che vive in acqua dolce o in zone molto umide. (Classe delle Xantoficee.) **2.** BOT. (iniziale maiusc.) Genere di alghe a cui appartengono le varie specie di vaucheria.

vaudeville [/vod(ə)'vil/] s.m. inv. (voce fr. prob. da *Vau de Vire*, regione francese dove le canzoni sarebbero sorte) **1.** Commedia satirica unita a canzoni e balletti (fine sec. XVII). **2.** Canzone popolare di carattere satirico. **3.** Commedia leggera, basata su continui alternarsi di equivoci, intrighi e battute spiritose.

vaurien [/vo'ʀjɛ̃/] s.f. inv. (voce fr.) Veliero monotipo con deriva mobile, dotato di un solo albero e un solo fiocco e utilizzato per la regata o il diporto.

vècchia s.f. Donna in età molto avanzata. ~ *scherz. fam.* La madre o la moglie.

vecchiàia s.f. **1.** Ultimo periodo della vita, caratterizzata da un decadimento o un indebolimento delle funzioni organiche. ~ Condizione di chi è in tale età, anche riferito a cose. **2.** I vecchi nel loro insieme, con valore collettivo.

vecchiàrdo s.m. [f. *-da*] *lett.* o *spreg.* Uomo in età avanzata.

vecchiétto s.m. [f. *-ta*] **1.** Nel sign. del dim. di *vecchio*; in partic., vecchio dall'aspetto gracile e misero. **2.** Persona anziana particolarmente in gamba.

vècchio agg. [pl.m. *-chi*] **1.** Riferito a persone, animali, piante, che ha molti anni, che è nell'ultimo periodo della vita. ~ Che presenta, malgrado l'età non avanzata, le caratteristiche di chi è anziano. *Mani vecchie.* **2.** Che ha un'età maggiore o minore di un altro. ~ Posposto a un nome proprio e preceduto dall'articolo, per distinguere un personaggio famoso da un omonimo più giovane. *Catone il Vecchio.* **3.** Riferito a cosa, che risale a un lontano passato. **4.** D'altri tempi, in oppos. a *nuovo*. ~ Non più attuale, antiquato, superato. ~ Di un tempo, di prima. **5.** Che dura da molto tempo. ~ Di persona, che si conosce da molto tempo. **6.** Usato, logoro. **7.** Di persona, che ha lunga pratica ed esperienza. ◇ *fig. Vecchia volpe:* persona che, con l'età e l'esperienza, ha acquisito abilità e scaltrezza. **8.** Di prodotti alimentari e agricoli, stagionato, invecchiato, di un raccolto precedente all'ultimo. ◆ s.m. **1.** [f. *vecchia*] Persona anziana. **2.** (al pl.) I genitori, gli antenati. **3.** Chi ha lunga pratica di un mestiere. ~ *scherz.* Il padre, il capo. ◇ *fig. Il Grande Vecchio:* il misterioso potente, immagine dei poteri occulti che tramano nell'ombra. **4.** (solo sing.) Ciò che è vecchio.

vecchiòtto agg. **1.** Di persona, piuttosto anziano. **2.** Di cosa, non più di moda e un po' ridicolo.

vecchiùme s.m. **1.** Insieme di oggetti vecchi, consumati e disusati. **2.** Idea superate e antiquate.

véccia s.f. [pl. *-ce*] Denominazione di numerose specie di piante erbacee annuali dotate di baccelli contenenti semi nerastri, utilizzati come foraggio. (Genere *Vicia*; famiglia delle Leguminose.)

véce s.f. (al pl.) Mansione, funzioni svolte al posto di un altro. *Fare le veci di qualcuno.* ◇ *loc. prep. In vece di:* in luogo di, invece di. *In sua vece.*

vedènte agg. Dotato della facoltà visiva. ◇ *eufem. Non vedente:* cieco. ◆ s.m. e f. Nel sign. dell'agg.

1. vedére v.tr. [56] **1.** Percepire qlcu. o qlco. con gli occhi. *Vedere un cane.* ◇ *Vederci doppio:* percepire le immagini sdoppiate; *fig.* prendere una cosa per un'altra o essere in stato di ubriachezza. – *Non vedere a un palmo dal naso:* avere la vista corta; *fig.* essere di corte vedute. – *Non vederci più:* perdere la vista; *fig.* perdere il controllo, la ragione. – *fam. Chi s'è visto s'è visto:* espressione di noncuranza o disinteresse. – *Vedo!:* nel gioco del poker, invito rivolto a un avversario perché mostri le carte. – *figg. Si vede a occhi chiusi:* è troppo evidente per non essere notato. – *Non vedere l'ora, il momento di fare qlco.:* desiderare intensamente qlco. – *Non vederci dalla fame, per la rabbia:* essere molto affamato o molto arrabbiato. – *Vedere la luce:* nascere; trovare la soluzione a un problema. **2.** Osservare attentamente, esaminare qlco. *Vedere un articolo.* ◇ *Vedere per credere:* constatare le cose di persona. – *Vedi (anche abbr in vd.):* indicazione usata negli scritti per rinviare il lettore ad altre pagine dello stesso testo o ad altri testi di cui si dà l'indicazione. – *È da vedere!:* escl. usata in tono di sfida nei confronti di qlcu. ~ Considerare, controllare qlco. *Vedere una legge.* **3.** Visitare, recarsi in un luogo. *Andare a vedere un museo.* ~ Assistere a qlco. *Vedere uno spettacolo.* ◇ *fig. Vederne di tutti i colori, di cotte e di crude:* assistere a cose strane o negative di ogni genere. – *Dare a vedere qlco.:* mostrare all'esterno, fare capire. – *Fare vedere qlco. a qlcu.:* escl. usata in tono di sfida nei confronti di qlcu. **4.** Incontrare qlcu. *Non vedo Paolo da mesi.* ◇ *fam. Guarda chi si vede!:* espressione di meraviglia per incontri accidentali e inaspettati. – *figg. Non avere niente a che vedere con qlcu., qlco.:* non avere alcun rapporto, niente in comune. – *Non potere vedere qlcu., qlco.:* averlo in antipatia, non riuscire a sopportarlo. **5.** *fig.* Capire, comprendere, concepire. ◇ *Si vede che:* è chiaro, è evidente. – *loc. cong. Visto che:* poiché. – *Vederci chiaro in qlco.:* capirlo, averne un'idea chiara. ~ Riconoscere qlco., prenderne atto. *Non vedo la ragione di queste spese.* **6.** Provare, tentare, cercare di fare qlco. *Vedrò di fare tutto il possibile.* **7.** Badare, fare in modo di fare o non fare qlco. *Vedi di non stancarti troppo.* **8.** *estens.* Immaginare qlco. *Ho visto il nonno in sogno.* ~ Prevedere. *Vedo un futuro poco roseo.* **9.** Ritenere qlcu. o qlco. in un certo modo. ◇ *figg. Vedere qlcu. di buon occhio:* nutrire simpatia per qlcu. – *Non vedere di buon occhio:* giudicare in modo negativo. – *Vedere tutto rosa, nero:* essere ottimista o pessimista. ~ Giudicare qlco. in un certo modo. *Vedo la situazione un po' complessa.* **10.** *fig. fam.* Pensare che qlcu. o qlco. si trovi a proprio agio, sia adatto o stia bene in un certo ruolo o luogo. *Non ti vedo nel ruolo di eroe.* ◆ v.intr. (aus. *avere*) Possedere la facoltà visiva, il senso della vista. *Vedo meglio con un occhio.* ◆ **vedersi** v.pron. **1.** Percepire con la vista la propria immagine. *Vedersi allo specchio.* **2.** Incontrarsi con qlcu. *Mi vedo spesso con Maria.* **3.** Riconoscersi in qlcu. o qlco. *Non mi vedo nel ruolo di paciere.* **4.** Sentirsi in un certo modo, trovarsi in una certa situazione. *Vedersi perduto.*

2. vedére s.m. **1.** Atto, facoltà del vedere. **2.** Giudizio, opinione. *A mio vedere, dovresti andare dal medico.*

vedétta s.f. **1.** MIL. In luogo fortificato, piccola costruzione elevata per la sorveglianza, il controllo della zona circostante. **2.** MIL., MAR. Persona con incarichi di sorveglianza e controllo. **3.** MAR. Nave da guerra leggera, con funzioni di scorta e di vigilanza costiera. **4.** Finestrella posta nel muro delle fornaci dei vasai per controllare lo stato di cottura degli oggetti.

vedette [/və'dɛt/] s.f. inv. (voce fr., propr. "risalto") **1.** Artista di grande successo nel mondo dello spettacolo. **2.** *estens.* Persona di primo piano nell'ambito della propria attività.

vèdico agg. [pl.m. *-ci*, f. *-che*] Dei Veda, antichi testi sacri indiani (v. parte n.pr.). ◆ s.m. (solo sing.) Lingua indeuropea in cui sono redatti i Veda, che rappresenta la forma più antica del sanscrito.

vedismo s.m. Complesso delle dottrine filosofiche e religiose indiane che hanno nei Veda il loro testo canonico.

védova s.f. **1.** Donna a cui è morto il marito. ◇ *fig. Vedova bianca:* moglie di emigrato o di uomo che vive lontano da casa per lunghi periodi di tempo. **2.** Uccello africano, il cui maschio ha penne nere e coda molto lunga. (Genere *Vidua*; famiglia dei Ploceidi.) **3.** *Vedova nera:* ragno americano di colore nero, con macchia addominale rossa, velenoso, simile alla malmignatta, la cui femmina divora il maschio dopo l'accoppiamento. (Genere *Latrodectus*; famiglia dei Teridìdi.)

■ **védova.** Vedova del paradiso.

vedovànza s.f. Condizione di un uomo o di una donna a cui è morto il coniuge. ~ Stato vedovile.

védovo agg. Di persona cui è morto il coniuge. ◆ s.m. Uomo a cui è morta la moglie.

vedrétta s.f. (voce dell'area alpina di etim. discussa) Ghiacciaio di limitata estensione che si forma in piccole conche o su ripidi pendii.

vedùta s.f. **1.** Spazio che si può abbracciare con lo sguardo. SIN.: **vista**. **2.** (al pl.) Dipinto, disegno, stampa o fotografia che rappresenta uno scorcio paesaggistico o urbano. **3.** (al pl.) Modo di pensare. SIN.: **mentalità**.

vedutismo s.m. Genere pittorico, sorto in Italia nel Settecento, che prediligeva la rappresentazione di vedute paesaggistiche e prospettiche.

vedutista s.m. e f.[pl.m. *-sti*] Pittore abile a dipingere vedute.

veemènte agg. Che travolge con impetuosa violenza. ~ Che è particolarmente intenso.

veemènza s.f. Foga, esaltazione, impeto.

vee-jay o **veejay** [/viː'dʒəi/] s.m. e f. inv. Chi presenta in televisione canzoni o videoclip.

vega s.f. inv. In Spagna e nell'isola di Cuba, una pianura fertile e irrigua.

vegan [/'viːən/] s.m. e f. inv. (voce ingl.) Chi si nutre soltanto di cibi di origine vegetale, escludendo anche uova e latte; in italiano *vegano*. ◆ agg.inv. Nel sing del s.

vegetàle agg. **1.** Relativo alle piante. **2.** Costituito o ricavato da organismi vegetali. *Grassi vegetali.* ◆ s.m. Organismo appartenente al regno vegetale, perlopiù munito di clorofilla, autotrofo, fisso a un substrato, importante nell'equilibrio biologico della Terra. ◇ *fig. Ridursi a un vegetale:*

vivere limitandosi ad assolvere le sole funzioni biologiche, a causa di gravi disturbi fisici o psichici; *per esager.* essere assolutamente privo di interessi.

vegetàre v.intr. (aus. *avere*) **1.** Di piante, nascere, crescere e riprodursi. **2.** *fig.* Vivere in uno stato di incoscienza, limitandosi ad adempiere alle semplici funzioni biologiche. ~ Condurre una vita poco movimentata, insignificante, evitando di assumersi responsabilità o impegni.

vegetarianismo s.m. Sistema di alimentazione che abolisce le carni, e talvolta tutti i prodotti d'origine animale, sulla base di principi igienici o etico-religiosi.

vegetariàno agg. (ingl. *vegetarian*) Senza carni. ~ Che offre cibi senza carni. *Ristorante vegetariano.* ~ Di persona, che pratica il vegetarianismo. ◆ s.m. [f. *–na*] Chi non si ciba di carni.

vegetativo agg. **1.** Caratteristico dei vegetali. ◇ *Riproduzione vegetativa:* che avviene indipendentemente dagli organi sessuali. – BOT. *Lussuria vegetativa:* sviluppo eccessivo di alcune colture. **2.** Negli organismi animali, che è relativo alle funzioni puramente organiche in oppos. a ciò che concerne la vita di relazione. ~ ANAT. *Sistema nervoso vegetativo:* il sistema nervoso simpatico, che presiede a tali funzioni. **3.** FILOS. *Anima vegetativa:* nella teoria psicologica di Aristotele, l'anima che presiede alle funzioni della nutrizione e della riproduzione, distinta dall'anima sensitiva e dall'anima razionale.

vegetazióne s.f. (lat. *vegetàtio* "movimento") **1.** Il complesso dei fenomeni di nascita, crescita e sviluppo dei vegetali. **2.** Insieme dei vegetali di un luogo o di una regione. **3.** MED. Formazione patologica sporgente, a volte diramata, a rapida crescita.

vègeto agg. **1.** Di pianta, che cresce rigogliosa. **2.** Di persona, pieno di salute, di vitalità.

veggènte s.m. e f. Persona che possiede il dono della veggenza.

veggènza s.f. Facoltà di prevedere il futuro.

véglia s.f. [pl. *–glie*] **1.** Lo stare sveglio, soprattutto nelle ore normalmente dedicate al sonno. ~ Attività svolta durante la veglia. *La veglia di preghiera.* **2.** Periodo di tempo durante il quale si rimane svegli, solitamente in ore notturne.

vegliàrdo s.m. [f. *–da*] (fr. *vieillart*) Uomo molto vecchio quasi degno di venerazione.

vegliàre v.intr. [6] (aus. *avere*) (provenz. *velhar*, lat. *vigilàre* "vigilare") **1.** Restare sveglio durante il tempo destinato al sonno. **2.** *fig.* Fare attenzione, restare vigile. **3.** Proteggere, prendersi cura di qlcu. o qlco. **4.** Proteggere, prendersi cura di qlcu. o qlco. ◆ v.tr. Assistere un malato durante la notte.

veglióne s.m. Festa da ballo che si svolge in locali pubblici e si protrae fino a notte inoltrata o anche fino all'alba.

1. veicolàre agg. **1.** Di veicolo, relativo ai veicoli. **2.** Di qualsiasi mezzo di diffusione e propagazione. ◇ *Lingua veicolare:* lingua di grande diffusione, che permette la comunicazione tra parlanti di diversa nazionalità.

2. veicolàre v.tr. **1.** Diffondere qlco., usato spec. nel l. med. in riferimento a malattie. *Veicolare infezioni.* **2.** *fig.* Propagare, comunicare qlco.

veìcolo s.m. **1.** Qualsiasi mezzo di trasporto. **2.** *estens.* Ciò che serve a trasmettere qlco. ~ MED. Quanto può diventare portatore di microrganismi patogeni. **3.** *fig.* Mezzo di diffusione di idee, di promozione di atteggiamenti, mode, ecc. **4.** CHIM. Sostanza inattiva che, in una miscela, consente di adoperare le sostanze attive nella forma ritenuta più opportuna.

veilleuse [/ve'jøz/] s.f. inv. (voce fr., deriv. di *veiller* "vegliare") **1.** Divano con braccioli di altezza diversa, tipico dello stile impero. **2.** Lume da notte che effonde una luce molto tenue. **3.** Scaldavivande.

véla s.f. **1.** Telo di tessuto molto robusto, di forma e grandezza varia, che viene fissato, da solo o con altri, all'albero o all'alberatura di un'imbarcazione per imprimere a questa il movimento assicurato dal vento. **2.** SPORT. Pratica sportiva della navigazione a vela. **3.** ARCH. Ciascuno degli scomparti di forma triangolare delle volte a crociera gotiche. ⬝ In funzione di agg. inv., nella

loc. *pesce vela,* pesce pelagico simile all'aguglia, con pinna dorsale molto ampia. (Lunghezza 1,80 m; genere *Istiophorus*, famiglia degli Istioforidi).

■ **véla.** Una regata della Coppa America nel 1995, che opponeva l'imbarcazione del neozelandese Peter Blake, futuro vincitore (NZL-38), a una seconda imbarcazione neozelandese.

velaccino s.m. MAR. Nei velieri, ognuna delle vele quadre dell'albero di trinchetto superiori al parrocchetto.

velàccio s.m. [spec. pl. *–ci*] (spagn. *velacho*) MAR. Nei velieri, ognuna delle vele quadre dell'albero di maestra superiori alla gabbia.

velàio s.m. [f. *–laia*, pl.m. *–lai*] MAR. Operaio che fabbrica o ripara vele.

1. velàre v.tr. **1.** Coprire con un velo. **2.** *estens.* Ricoprire qlco. con uno strato sottile. **3.** *fig.* Rendere meno vivo e intenso qlco. ◆ **velarsi** v.pron. **1.** Coprirsi con un velo. **2.** Offuscarsi. **3.** *fig.* Indebolirsi, annebbiarsi. ~ Perdere forza, sonorità, vivacità. **4.** Coprire una parte del proprio corpo con un velo. **5.** Coprirsi di uno strato sottile di qlco.

2. velàre agg. **1.** ANAT. Relativo al velo palatino. **2.** LING. Di suono che si articola al livello del velo palatino. ◇ *Consonante velare:* articolata in modo occlusivo, semiocclusivo o costrittivo, in tale punto. [In italiano esistono solo le occlusive velari, sorda (cosiddetta *dura di cane*) e sonora (cosiddetta *dura di gatto*).] ◆ s.f. LING. Consonante velare.

velàrio s.m. [pl. *–ri*] **1.** Negli antichi teatri all'aperto, ampia tenda utilizzata per proteggere gli spettatori dalla pioggia o dal sole. **2.** Tendaggio per riparare o celare qlco. ~ Nei teatri, sipario fisso o mobile.

velatino s.m. **1.** Tessuto di cotone per confezionare modelli e come sostegno di parti di abiti. **2.** CINE. Schermo di garza che viene posto su un proiettore per diffondere meglio la luce o per darle particolari sfumature.

1. velàto agg. **1.** Coperto con un velo. **2.** *estens.* Ricoperto da uno strato più o meno sottile e trasparente di qualche sostanza. **3.** *fig.* Vago, tutt'altro che esplicito. **4.** Riferito a calze e collant femminili, molto trasparente.

2. velàto agg. MAR. Di imbarcazione, munito di vele.

1. velatùra s.f. **1.** L'atto del coprire con un velo. ~ PITT. Copertura di un dipinto mediante uno strato sottile di colore molto diluito che ottenere speciali effetti. **2.** Sottile strato che ricopre una superficie senza nasconderla del tutto. **3.** *fig.* Offuscamento, opacità. **4.** FOTO. Debole annerimento di un negativo, dovuto generalmente a errate procedure di sviluppo.

2. velatùra s.f. **1.** Insieme delle vele di un'imbarcazione. **2.** Insieme delle superfici portanti di un aereo. ~ Insieme delle pale rotanti sostentatrici e direttrici di un elicottero.

vèlcro s.m. inv. (comp. di fr. *vel-ours* "velluto" e *cro-chet* "gancio") Denominazione commerciale, che costituisce marchio registrato, di un dispositivo di chiusura per indumenti, scarpe, borse, ecc. costituito da due strisce di tessuto

che aderiscono una all'altra mediante semplice pressione.

veld s.m. inv. (voce ol., "campo") Altipiano erboso del Sudafrica.

veleggiàre v.intr. [5] (aus. *avere*) **1.** Navigare con un'imbarcazione a vela. **2.** Di aliante, compiere un volo senza l'uso del motore.

velenìfero agg. Che contiene o che produce veleno.

veléno s.m. (lat. *venēnum*, prob. deriv. di *Vēnus* "Venere" da cui il sign. orig. di "filtro d'amore") **1.** Qualsiasi sostanza che distrugge o altera le funzioni vitali. **2.** *estens.* Sostanza dannosa per la salute. *L'alcool è veleno per il fegato.* ~ *per esager.* Bevanda o cibo disgustoso, dal sapore molto amaro. **3.** *fig.* Sentimento distruttivo che corrode l'animo. *Il veleno dell'invidia.* ~ Atteggiamento malevolo, cattiveria. *Essere pieno di veleno contro qlcu.*

velenóso agg. **1.** Che ha proprietà di veleno, che agisce come un veleno. **2.** Che contiene o inocula veleno. *Animale velenoso.* **3.** *fig.* Cattivo, malevolo. *Critica velenosa.* **4.** *fig.* Che danneggia lo spirito e la mente, pericoloso sotto il profilo morale. *Libro velenoso.*

veleria s.f. **1.** Cantiere dove si fabbricano e riparano le vele delle imbarcazioni. **2.** Insieme, assortimento di vele.

velétta s.f. **1.** Piccolo velo trasparente, posto come guarnizione sul bordo di un cappello in modo da coprire in parte o completamente il viso.

1. vèlia s.f. → *averla*.

2. vèlia s.f. **1.** Insetto molto comune negli stagni e nei fiumi, con addome sottile e zampe lunghe. (Lunghezza 8 mm; ordine degli Emitteri.) **2.** ZOOL. (iniziale maiusc.) Genere di animali a cui appartiene la velia.

vèlico agg. [pl.m. *–ci*, f. *–che*] **1.** MAR. Delle vele. **2.** MAR. Che riguarda le imbarcazioni a vela o che si pratica con tali imbarcazioni.

velièro s.m. Nave a vela.

velìna s.f. **1.** Carta molto fine e leggermente traslucida. **2.** Copia in carta velina di un manoscritto. **3.** STAM. Foglio di carta trasparente su cui un tempo veniva impressa la composizione da riprodurre poi sulle matrici per la stampa in offset o rotocalco. **4.** *fig.* Nel l. gior., comunicazione, circolare ufficiosa inviata dal governo, da un ente pubblico o da un partito alla stampa o ad altri mezzi di comunicazione per suggerire il modo in cui diffondere e commentare una determinata notizia.

velismo s.m. Attività sportiva praticata con imbarcazioni a vela.

velista s.m. e f.[pl.m. *–sti*] SPORT. Chi pratica lo sport della vela.

vèlite s.m. ANT. ROM. Soldato di fanteria armato alla leggera. ~ Fante di uno speciale corpo dell'esercito napoleonico.

velìvolo s.m. AER. Aeromobile con velatura fissa. ~ General., aeroplano.

velleìtà s.f. inv. Aspirazione debole, senza possibilità di attuazione.

velleitàrio agg. [pl.m. *–ri*] (fr. *velléitaire*) **1.** Di cosa, irrealizzabile, utopico. **2.** Di persona, che ha ambizioni superiori alla capacità di realizzare. ◆ s.m. [*–ria*] Nell'accez. 2 dell'agg.

vellicàre v.tr. [4] **1.** Solleticare una parte del corpo sfiorandola. **2.** *fig.* Stuzzicare, stimolare piacevolmente qlco. *Vellicare la fantasia.*

vèllo s.m. **1.** Mantello degli ovini. **2.** *estens.* Pelliccia di alcuni animali.

vellutàre v.tr. IND. TESS. Trattare un tessuto conferendogli l'aspetto del velluto.

vellutàto agg. **1.** Che ha la consistenza del velluto. **2.** *fig.* Morbido al tatto. *Pelle vellutata.* **3.** Di suoni, dai toni delicati. **4.** Del colore, che ha i riflessi cangianti e morbidi del velluto. **5.** CUC. *Salsa vellutata:* salsa consistente come la besciamella, in cui il latte è sostituito dal brodo di carne.

vellutatùra s.f. **1.** IND. TESS. Trattamento di tessuti o altri materiali per conferire loro l'aspetto del velluto. **2.** Caratteristica di ciò che è vellutato.

vellutière s.m. Chi tesseva velluto.

vellutino s.m. **1.** Stoffa di velluto leggero. **2.** Nastrino da guarnizione in velluto. □ In funzione di agg., nella loc. *erba vellutina*, *lingua di cane.

1. vellùto s.m. **1.** Tessuto ricoperto da una peluria corta, fitta, piacevole al tatto e dai riflessi cangianti. **2.** *fig.* Ciò che è morbido al tatto come il velluto. **3.** Indumento di velluto.

2. vellùto agg. Di pianta, in partic. di fiore, il cui aspetto ricorda la morbidezza e la pelosità del velluto.

vélo s.m. **1.** Tessuto molto fine e leggero. ~ Il drappo che se ne ricava. **2.** Drappo, paramento di tessuto che serve a coprire, a proteggere, nascondere. ◇ *Prendere il velo*: farsi monaca. – *Senza veli*: nudo; *fig.* apertamente. **3.** Strato sottilissimo che nasconde qlco. allo sguardo o lo fa apparire più sfocato. *Velo di lacrime.* **4.** *fig.* Ciò che impedisce di conoscere la verità. **5.** *fig.* Apparenza ingannevole. **6.** BOT. Sottile involucro membranaceo che ricopre organi vegetali. *Velo dell'aglio.* **7.** ANAT. Nome di alcune formazioni membranose dell'organismo. ◇ *Velo palatino*: la membrana che collega la volta palatina all'ugola, separando la bocca dalle fosse nasali; è detto anche *velopendulo*. **8.** ZOOL. In certe meduse, l'organo muscolare che è posto al margine dell'ombrella. **9.** SPORT. *Fare velo*: nella pallavolo, coprire la visuale agli avversari disponendosi sotto rete al momento della battuta (detto più com. *fare muro*); nella pallacanestro, collocarsi davanti a un avversario in possesso di palla; nel calcio, ingannare un avversario fingendo di intervenire sulla palla lasciandola a un compagno smarcato. **10.** CINE. Debole annerimento sulla parte chiara delle immagini che compromette la trasparenza. **11.** ENOL. Pellicola, dovuta alla fermentazione, che si deposita sul vino o su alcune bevande alcoliche.

velóce agg. **1.** Che si sposta con rapidità. ~ Che consente di raggiungere elevate velocità. **2.** Che opera con rapidità. **3.** Eseguito con velocità. **4.** Che passa rapidamente. *Il veloce trascorrere degli anni.*

velocimetria s.f. Tecnica per la misurazione della velocità di un corpo in movimento.

velocimetro s.m. Apparecchio che misura la velocità di un corpo in movimento.

velocipede s.m. (calco del gr. *ōkýpous*) Tipo antiquato di bicicletta con la ruota anteriore molto più grande della posteriore.

velocista s.m. e f.[pl.m. *sti*] SPORT. Atleta che disputa gare di velocità (podistiche, automobilistiche, aeronautiche). ~ In partic. nel ciclismo, corridore specializzato nelle gare di velocità su pista, oppure dotato di molto scatto, favorito nelle volate.

velocità s.f. inv. **1.** Carattere di ciò che è veloce. ◇ *Alta velocità*: quella che può essere raggiunta da certi tipi di treno. – SPORT. *Gare di velocità*: gare in cui prevale lo scatto sulla resistenza. **2.** FIS. Grandezza che esprime il rapporto tra lo spazio percorso da un corpo in movimento e il tempo impiegato a percorrerlo. ◇ *Velocità media*: in un moto non uniforme, lo spazio percorso da un punto in un intervallo di tempo finito. – *Velocità angolare*: in un moto curvilineo piano, l'angolo descritto dal punto mobile nell'unità di tempo. – *Velocità istantanea*: lo spazio percorso da un punto in un tempo infinitamente piccolo, cioè il limite al quale tende la velocità media quando l'intervallo di tempo, nell'istante considerato, tende allo zero. – ASTR. *Velocità radiale*: velocità di allontanamento o di avvicinamento di un astro rispetto alla Terra. **3.** CHIM. *Velocità di reazione*: indica la variazione della concentrazione di un reagente o di un prodotto nell'unità di tempo. – MED. *Velocità di eritrosedimentazione del sangue o VES*: parametro rivelatore di varie patologie, stabilito misurando il tempo che la parte corpuscolata di un campione di sangue impiega per sedimentarsi nel proprio plasma.

velocizzàre v.tr. Rendere più veloce. *Velocizzare il passo.* ◆ **velocizzarsi** v.pron. Acquisire velocità.

velòdromo s.m. Pista ellittica per lo svolgimento di gare ciclistiche. ~ Anche, il complesso degli impianti, lo stadio che le comprende.

velopèndulo s.m. ANAT. *Velo palatino.

velours [/vəˈlur/] s.m. inv. (voce fr., lat. deriv. di *villōsus* "villoso") Tessuto di lana pesante, simile al velluto.

vèltro s.m. (fr. *veltre*) *lett.* Veloce cane da inseguimento simile al levriero.

véna s.f. **1.** Vaso sanguigno che porta il sangue dagli organi verso il cuore. ◇ *Vena porta*: vena che porta al fegato il sangue proveniente dallo stomaco, dall'intestino e dalla milza. – *Vena cava*: ciascuna delle due grandi vene che convogliano nel cuore il sangue proveniente dagli organi periferici. ~ assol. *Essere, sentirsi in vena*: essere in forma; *fig.* essere predisposto a fare qlco. **2.** MIN. Filone sotterraneo, molto sviluppato in lunghezza, di qualche minerale. **3.** GEOGR. Condotto naturale sotterraneo entro cui scorre acqua. **4.** Venatura. **5.** *fig.* Traccia. **6.** Vocazione artistica, letteraria.

venàle agg. **1.** Che si riferisce alla vendita. ~ Che può essere comprato o venduto. **2.** *spreg.* Che si fa per denaro. **3.** Pronto a tutto in cambio di denaro. ~ Facilmente corruttibile.

venalità s.f. inv. Natura di ciò che è venale. ~ Riferito a persona, smisurata avidità di denaro.

venàre v.tr. Coprire, segnare qlco. di venature. ◆ **venarsi** v.pron. Coprirsi di venature. ~ *fig.* Assumere determinati toni. *La sua voce si vena di malinconia.*

venàto agg. **1.** Coperto, segnato da venature. **2.** *fig.* Caratterizzato dai segni di qlco. *Parole venate di tristezza.*

venatòrio agg. [pl.m. *–ri*] Relativo alla caccia.

venatùra s.f. **1.** Screziatura che segna una superficie. **2.** *fig.* Traccia, lieve tonalità. **3.** BOT. Nervatura delle foglie.

vendémmia s.f. **1.** Raccolta dell'uva. ~ Il periodo in cui questa si effettua. ~ L'uva raccolta. **2.** *fig.* Abbondante raccolta, ricca quantità.

vendemmiàio s.m. [pl. *–miai*] Primo mese dell'anno nella Francia rivoluzionaria, che cominciava il 22 settembre e finiva il 21 ottobre.

vendemmiàre v.tr. [6] **1.** Raccogliere l'uva matura. **2.** *fig.* Ottenere qlco. in abbondanza e in poco tempo. *Vendemmiare successi.* ◆ v.intr. (aus. *avere*) **1.** Fare la vendemmia. *Vendemmiare a fine settembre.* **2.** *fig.* Realizzare ottimi risultati.

vendemmiatóre s.m. [f. *–trice*] Chi vendemmia.

vendemmiatrice s.f. AGR. Macchina usata per staccare automaticamente i grappoli d'uva dai tralci.

véndere v.tr. [12] **1.** Cedere ad altri la proprietà di un bene o un diritto in cambio di un corrispettivo in denaro o altro. ~ Mettere in vendita qlco. *Vendere la casa.* **2.** Fare commercio di qlco. *Vendere mobili.* **3.** *spreg.* Cedere in cambio di denaro. *Vendere informazioni.* ~ Tradire per denaro. *Vendere la propria patria.* ◆ v.intr. (aus. *avere*) Esercitare il commercio cedendo merce in cambio di denaro. ◆ **vendersi** v.pron. Prostituirsi. ~ Lasciarsi corrompere per denaro cedendo a qlcu. la propria disponibilità. *Vendersi al nemico.*

vendétta s.f. **1.** Ritorsione per offese o danni precedentemente subiti. ◇ *Vendetta trasversale*: quella diretta contro i congiunti dell'offensore, tipica di alcune organizzazioni criminose. **2.** Punizione, intesa perlopiù come giusto castigo divino.

vendìbile agg. Che può essere venduto.

vendicàre v.tr. [4] Riparare a un'offesa subita punendone l'autore. *Vendicare un'ingiustizia.* ◆ **vendicarsi** v.pron. Ricambiare l'offesa subita. *Vendicarsi della morte del padre.*

vendicativo agg. Pronto a vendicarsi per ogni offesa subita. ◆ s.m. [f. *–va*] Chi è incline a vendicarsi.

vendicatóre agg. [f. *–trice*] Che vendica. ◆ s.m. (anche f.) Chi compie una vendetta. *Vendicatore dei deboli.*

véndita s.f. **1.** Cessione di merci o servizi a un determinato prezzo. *Prodotti in vendita.* ◇ *Vendita per corrispondenza*: tipo di vendita al minuto in cui il prodotto è negoziato sulla base di cataloghi, listini o campioni inviati direttamente al domicilio del presunto acquirente. **2.** (spec. pl.) Quantità di beni e merci vendute. **3.** Punto di vendita, negozio. **4.** Nell'Ottocento, luogo in cui si riunivano i Carbonari. ~ Sezione di affiliati alla Carboneria.

venditóre agg. [f. *–trice*] Che vende. ◆ s.m. (anche f.) **1.** Chi vende merci, addetto alle vendite. ~ Ciarlatano, millantatore. **2.** Proprietario, gestore di un negozio.

vendùto agg. **1.** Che è stato ceduto a un compratore. **2.** Di persona, che si è lasciato corrompere. ◆ s.m. Nei sign. dell'agg.

venèfico agg. [pl.m. *–ci*, f. *–che*] **1.** Velenoso. *Sostanza venefica.* **2.** estens. Dannoso per la salute. *Erba venefica.* SIN.: **tossico.** **3.** *fig.* Moralmente pericoloso.

veneràbile agg. **1.** Degno di rispetto e onore. **2.** Titolo che la Chiesa attribuisce a congregazioni e confraternite religiose o ai servi di Dio. **3.** *Maestro venerabile*: titolo attribuito al capo di una loggia massonica. ◆ s.m. **1.** Servo di Dio, persona che ha condotto una vita esemplare e la cui causa di beatificazione è allo studio. **2.** Capo di una loggia massonica.

veneràre v.tr. **1.** Fare oggetto di devozione religiosa. *Venerare i santi.* **2.** estens. Fare oggetto di profondo rispetto e devozione. *Venerare la patria.*

venerdì s.m. inv. (lat. *Vĕneris dĭem* "giorno di Venere") Quinto giorno della settimana. ◇ CATT. *Venerdì santo*: il venerdì che precede la Pasqua.

vènere s.f. **1.** ASTR. (iniziale maiusc.) Secondo pianeta del sistema solare, che si trova tra Mercurio e la Terra. **2.** (iniziale maiusc.) La dea della bellezza e la sua rappresentazione artistica. **3.** Donna molto bella. **4.** *fig.* (spec. pl.) Grazia, ornamento. **5.** ANAT. *Monte di venere*: prominenza della regione pubica femminile.

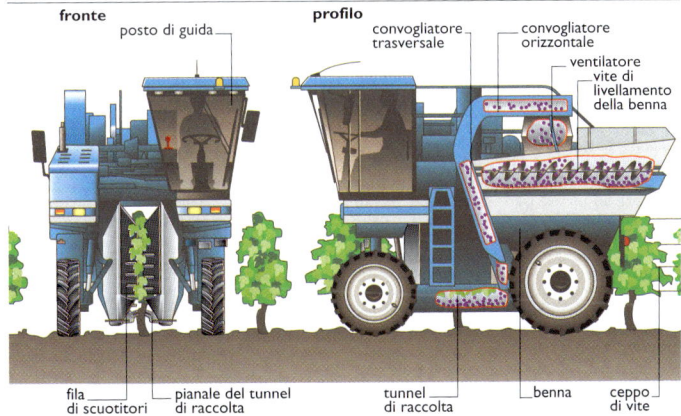

fronte posto di guida — profilo

convogliatore trasversale — convogliatore orizzontale — ventilatore — vite di livellamento della benna

fila di scuotitori — pianale del tunnel di raccolta — tunnel di raccolta — benna — ceppo di vite

■ **vendemmiatrice** (composizione e funzionamento).

venèreo agg. Relativo al rapporto sessuale. ◇ *Malattia venerea:* malattia sessualmente trasmissibile.

venereologìa s.f. MED. Studio delle malattie veneree.

Venèridi s.m. pl. [iniziale minusc. sing. *-de* per l'individuo] (lat., dal nome del genere *Venus* propr. "Venere", che secondo una versione del mito nacque dalla spuma del mare) ZOOL. Famiglia di molluschi diffusi in tutti i mari, con belle conchiglie e carni molto apprezzate; comprende specie comuni come le vongole e le telline. (Classe dei Bivalvi.)

veneziàna s.f. **1.** Tenda da finestra formata da una serie di sottili lamine inclinabili e avvolgibili. **2.** CUC. Dolce tondeggiante di pasta soffice, guarnito di zucchero. **3.** MUS. Testo poetico per canto e musica, sul metro della canzonetta, tipico del Cinquecento veneziano.

veneziàno agg. Di Venezia. ◆ s.m. **1.** [f. *-na*] Nativo, abitante di Venezia. **2.** (solo sing.) Il dialetto di Venezia.

venezuelàno agg. Del Venezuela. ◆ s.m. [f. *-na*] Nativo, abitante del Venezuela.

vènia s.f. Perdono per peccati non gravi, oggi usato solo nella loc. *chiedere venia*, domandare scusa.

veniàle agg. **1.** CATT. Di colpa non grave che non priva della grazia divina. **2.** *estens.* Facilmente perdonabile, non grave.

venire v.intr. [81] (aus. *essere*) **1.** Muoversi e recarsi in un luogo. *Verrò a Milano martedì.* ~ Muoversi in direzione di chi parla. *Vieni subito da me.* ◇ *Far venire:* di persona, mandarla a chiamare; di cosa, farla portare. ~ Seguito dal gerundio indica azione protratta o in via di svolgimento. *Va dicendo bugie.* **2.** Sopraggiungere, manifestarsi, arrivare. *Viene un temporale.* ◇ *A venire:* nel futuro. ~ *fig.* Di una condizione fisica o psicologica, presentarsi, capitare. *Mi è venuta la febbre.* ◇ *fig. Venire in mente a qlcu.:* essere ricordato da qlcu. **3.** Muoversi per fare qlco. *Venire al lavoro.* ◇ *fig. Venire alle mani:* prendersi a botte. **4.** Ricorrere, arrivare in un certo momento o periodo. *La primavera è venuta in anticipo.* ◇ *Venire dopo qlco.:* seguirlo. *Il tre viene dopo il due; fig.* avere minore importanza. **5.** Provenire da un luogo. *Questo treno viene da Milano.* ~ Avere per origine. *Questo tè viene dalla Cina.* **6.** Nascere, svilupparsi. *Tra pochi giorni verranno i funghi.* **7.** Uscire, riuscire, risultare. *Ti è venuta la divisione?* **8.** Raggiungere un certo risultato. *Sono venuto a sapere una cosa importante.* ◇ *Venire a capo di un problema:* risolverlo. ~ *pop.* Raggiungere l'orgasmo. **9.** *fig. fam.* Costare un certo prezzo. *Il caffè viene meno di un euro.* **10.** *fam.* Spettare a qlcu. *Ti viene il resto.* **11.** Provare l'impulso di fare qlco. *Mi viene da ridere.* ☐ In funzione di s.m., movimento incessante. *Un andare e venire continuo.* ◆ v.aus. Può sostituire *essere* nella coniugazione passiva dei verbi (solo nei tempi semplici). *La partita verrà trasmessa in diretta.* ◆ **venirsene** v.pron. Allontanarsi da un luogo. *Dal bar ce ne siamo venuti via presto.* ~ Andare in un luogo. *Se ne veniva tranquillo a casa.*

venóso agg. ANAT. Delle vene. ◇ *Sangue venoso:* sangue che scorre nelle vene del grande circolo e nelle arterie polmonari.

ventàglio s.m. [pl. *-gli*] (provenz. *ventailh*) **1.** Oggetto per farsi aria, costituito da stecche fissate tra loro nella parte inferiore che possono aprirsi e chiudersi a raggiera, sulle quali è incollata una striscia di materiale leggero. ◇ *A ventaglio:* di tutto ciò che ricorda, per forma o disposizione, un ventaglio aperto. **2.** *fig.* Serie di elementi analoghi che presentano alcune differenze. *Un ventaglio di offerte.* **3.** ECON. *Ventaglio dei prezzi:* diverso grado dell'aumento dei prezzi delle merci, causato dall'inflazione. **4.** Mollusco marino dalla caratteristica conchiglia con striature che si dipartono a raggiera. (Famiglia dei Pettinidi.)

ventàta s.f. **1.** Impetuoso colpo di vento. SIN.: **folata**. **2.** *fig.* Impeto improvviso e di breve durata. *Una ventata d'entusiasmo.*

ventennàle agg. **1.** Che riguarda un periodo di venti anni. **2.** Che ricorre ogni venti anni. ◆ s.m. Ventesimo anniversario di un avvenimento.

ventènnio s.m. [pl. *-ni*] Periodo di venti anni. ◇ *per anton. Il Ventennio:* il ventennio fascista.

vénti agg. num. card. Numero naturale equivalente a due decine. ◆ s.m. inv. **1.** Il numero venti. **2.** La forma grafica del numero venti. **3.** La quantità equivalente a venti unità ogni cento, mille o più. **4.** Voto conseguito in prove ed esami sulla base di differenti scale di valutazione.

ventilàbro s.m. **1.** Larga pala di legno usata per ventilare il grano e separarlo dalle impurità. **2.** Sorta di valvola che regola il passaggio dell'aria nelle canne di un organo.

ventilàre v.tr. **1.** Aerare, rinnovare l'aria di un ambiente. **2.** Fare vento, aria a qlco. **3.** Gettare in aria cereali o legumi secchi con l'uso del ventilabro per mondarli. **4.** *fig.* Proporre, esporre un'idea. *Ventilare un'ipotesi.* SIN.: **avanzare**.

ventilàto agg. **1.** Ben aerato. **2.** *fig.* Proposto, prospettato. **3.** Di cereale, mondato dalla pula e dalle altre scorie.

ventilatóre s.m. (ingl. *ventilator*) **1.** Apparecchio elettrico costituito da pale che, ruotando, creano una corrente d'aria. **2.** Macchina agricola per ventilare il grano o altri cereali o legumi secchi. **3.** Apertura nella parete per il ricambio dell'aria in un ambiente chiuso.

ventilazióne s.f. **1.** Movimento di aria in un ambiente o in un impianto. **2.** Presenza di aria o di vento. **3.** MED. *Ventilazione polmonare:* ricambio completo dell'aria nei polmoni mediante gli atti respiratori. – *Ventilazione assistita:* immissione di aria nei polmoni del paziente, quando la ventilazione spontanea è problematica.

ventiquattróre o **ventiquattr'óre** s.f. inv. **1.** Valigetta rigida per contenere carte e documenti o effetti personali in caso di brevi viaggi. **2.** Gara sportiva che dura ininterrottamente per un giorno e una notte. **3.** (al pl.) Arco temporale di un giorno.

vènto s.m. **1.** Spostamento di una massa d'aria atmosferica dovuto a differenze di pressione e di temperatura tra un'area anticiclonica e una ciclonica. **2.** *fig.* Simbolo di inconsistenza. *Parlare al vento.* ◇ *fig. Spargere una notizia ai quattro venti:* renderla nota a tutti. **3.** Qualunque movimento dell'aria. *Farsi vento con un giornale.* **4.** *fig.* Preannuncio, avvisaglie. *Venti di guerra.* **5.** COSTR. Tirante usato per conferire stabilità a un elemento molto sporgente, spec. in verticale. **6.** ASTR. *Vento solare:* flusso di particelle subatomiche emesso dal Sole con conseguenti fenomeni elettromagnetici. **7.** Differenza millesimale di diametro tra il proiettile e l'anima dell'arma.

vèntola s.f. **1.** Arnese che, agitato, serve per ravvivare il fuoco. **2.** Arnese a forma di ventaglio usato per schermare luci troppo vive. **3.** Sostegno di legno o altro materiale per candele e lampade elettriche, da appendere alle pareti. **4.** MECC. Elemento rotante a pale di un ventilatore, di una turbina, ecc. **5.** In idraulica, elemento di chiusura delle dighe mobili.

ventósa s.f. (lat. *ventŏsam cucŭrbitam* "zucca piena di vento") **1.** Piccola calotta, general. di gomma, che aderisce a una superficie piana per effetto della depressione dell'aria causata al suo interno da una pressione. **2.** ZOOL. Organo tondeggiante utilizzato da alcuni animali per fissarsi su un supporto. **3.** MED. Coppetta di vetro che si applicava un tempo sulla pelle per produrre una congestione locale.

ventóso agg. **1.** Di vento. **2.** Di periodo di tempo, in cui c'è molto vento. *Giornata ventosa.* ~ Di luogo, esposto al vento. ◆ s.m. Nel calendario della Francia repubblicana, il sesto mese, dal 19 febbraio al 20 marzo.

ventràle agg. **1.** Relativo al ventre. **2.** Rivolto verso la zona del ventre, verso il basso. SIN.: **inferiore**.

vèntre s.m. **1.** Cavità del corpo umano o animale contenente lo stomaco e l'intestino. ~ L'esterno del corpo corrispondente a tale cavità. ◇ *fig. Ventre molle:* punto debole di qlco. **2.** Utero, grembo materno. **3.** *fig.* Profondità, viscere. *Il ventre della terra.* **4.** *estens.* Parte rigonfia di qlco. *Il ventre di una botte.* **5.** FIS. In un sistema di onde stazionarie, il punto in cui la vibrazione del mezzo è massima.

ventrésca s.f. [pl. *-sche*] Parte addominale del tonno, dalle carni particolarmente pregiate, conservata sott'olio.

ventricolàre agg. ANAT. Relativo al ventricolo.

ventrìcolo s.m. **1.** ANAT. Cavità interna di un organo. ◇ *Ventricolo cardiaco:* ciascuna delle due cavità inferiori del cuore situate nella parte inferiore rispetto agli atri. **2.** ZOOL. Una delle cavità dello stomaco dei ruminanti. ~ La parte mediana dell'intestino degli insetti.

ventrìglio s.m. [pl. *-gli*] ZOOL. Negli uccelli, parte dello stomaco ricca di fibre muscolari e dotata di una parete interna di tessuto corneo, nella quale vengono sminuzzati i cibi più duri. ~ Nei Ruminanti, abomaso. ~ Negli Anellidi, dilatazione del tratto anteriore dell'intestino.

ventrilòquio s.m. [pl. *-qui*] Capacità di alcune persone di parlare senza muovere le labbra, dando l'impressione che i suoni non abbiano origine negli organi vocali ma provengano dal ventre o appartengano ad altra persona o a pupazzi; è detto anche *ventriloquia*.

ventrìloquo agg. [f. *-qua*] (fr. *ventriloque*, lat. *ventrĭloquum* comp. di *vĕnter* "ventre" e *lŏqui* "parlare") Di persona, dotato della capacità del ventriloquio. ◆ s.m. Nel sign. dell'agg.

ventùno agg. num. card. Numero naturale successore di venti. ◆ s.m. inv. **1.** Il numero ventuno. **2.** La forma grafica del numero ventuno. **3.** La quantità equivalente a ventuno unità ogni cento, mille o più. **4.** Voto conseguito in prove ed esami sulla base di differenti scale di valutazione. **5.** Gioco di carte simile al sette e mezzo, con un mazzo di ventuno carte.

ventùra s.f. Buona sorte, fortuna.

venture capital [/'ventʃə 'kæpɪtəl/] loc. sost. m. inv. (loc. ingl., propr. "capitale di rischio") ECON. Operazione finanziaria che consiste nell'investire un ingente capitale per finanziare lo sviluppo di un'impresa o di un'iniziativa che si avvalga di tecniche di produzione del tutto nuove.

ventùro agg. Che sta per venire, prossimo. *Il mese venturo.*

vènula s.f. **1.** ANAT. Piccola vena. **2.** MED. Ago cavo collegato a una provetta usato per prelievi di sangue.

venusiàno agg. (fr. *vénusien*) ASTR. Del pianeta Venere. ◆ s.m. [f. *-na*] Ipotetico extraterrestre abitante di Venere.

venùta s.f. L'arrivo in un luogo.

véra s.f. **1.** Anello matrimoniale. SIN.: **fede**. **2.** Parapetto che cinge i pozzi a riparo della bocca. **3.** MAR. Cerchio metallico che serve come rinforzo per un albero o un'asta.

veràce agg. **1.** Rispondente al vero, alla realtà. *Racconto verace.* SIN.: **veritiero**. **2.** Di persona, che dice il vero. *Testimone verace.*

verànda s.f. **1.** Balconata coperta, chiusa ai lati da vetrate. **2.** Elemento a foggia di tenda che si applica, nel campeggio, a una fiancata della roulotte o parte anteriore di una tenda da campo.

Veràtro s.m. BOT. Genere di piante erbacee, caratterizzate dal grosso rizoma velenoso, dal fusto eretto con grandi foglie ovali, da fiori verdastri, bianchi o rossi raccolti in grappoli; sono diffuse nelle regioni boreali a clima temperato, ma sono comuni anche in Italia, dove vengono coltivate come piante ornamentali e per le diverse proprietà medicinali di cui sono dotate. (Famiglia delle Liliacee.)

verbàle agg. **1.** Fatto a voce, orale (in oppos. a *scritto*). **2.** LING. *Linguaggio verbale:* quello costituito da suoni articolati e parole (sia nella forma fonica sia in quella scritta), in quanto distinto da altri tipi di linguaggio (gestuale, visivo, musicale). **3.** GRAMM. Che riguarda il verbo. **4.** DIR. *Processo verbale:* documento che registra in forma puntuale le dichiarazioni orali rese durante un'assemblea, un interrogatorio e simili o le attestazioni dello svolgimento di un fatto. ◆ s.m. DIR. Processo verbale. *Mettere a verbale.*

verbalìsmo s.m. **1.** *spreg.* Tendenza di chi maschera la mancanza di idee con la profusione di parole. **2.** *spreg.* Insegnamento basato unicamente sull'esposizione verbale del docente, senza stimolare la partecipazione degli allievi.

verbalizzàre Tradurre qlco. in parole. ◆ v.tr. Mettere a verbale qlco. *Verbalizzare le dichiarazioni di un teste.* ◆ v.intr. (aus. *avere*) Stendere un verbale. *A chi tocca verbalizzare?*

verbalizzazióne s.f. **1.** Espressione di un pensiero mediante parole. **2.** Atto e modalità di stesura di un verbale. ~ Il testo che ne risulta.

verbalménte avv. A voce, a parole.

verbèna s.f. (lat. *verbēnam*, deriv. di *verberāre* "colpire con la verga" perché con i suoi rami venivano colpiti i trattati per renderli sacri e validi) **1.** Pianta erbacea annua o perenne che cresce spontanea nelle regioni tropicali americane ma è diffusa anche nelle regioni mediterranee, dove viene coltivata come pianta officinale e ornamentale. (Famiglia delle Verbenacee.) ~ Infusione ottenuta dalla varietà medicinale di questa pianta. **2.** BOT. (iniziale maiusc.) Genere di piante a cui appartiene la verbena.

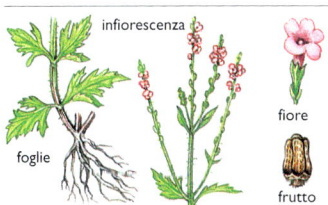

■ **verbèna** (varietà medicinale).

Verbenàcee s.f. pl. [iniziale minusc. sing. *-a* per l'individuo] BOT. Famiglia di piante erbacee dicotiledoni comprendente un centinaio di generi, diffuse nelle regioni tropicali americane ma anche nelle regioni mediterranee; presentano foglie opposte e fiori a spiga o cimosa. (Ordine delle Tubiflore.)

verbigerazióne s.f. (ingl. *verbigeration*, deriv. di lat. *verbigerāre* "chiacchierare", propr. "portare parola") PSICH. Disturbo del linguaggio, tipico di alcune patologie psichiche, consistente nel pronunciare parole o intere frasi sconnesse e senza senso.

vèrbo s.m. [pl. *–bi*] **1.** TEOL. CRIST. (freq. iniziale maiusc.) La parola di Dio e Dio stesso come seconda persona della Trinità. **2.** estens. (iniziale maiusc.) Insegnamento, messaggio, perlopiù in senso iron. **3.** GRAMM. Parte variabile del discorso che indica un'azione o uno stato in rapporto a un soggetto.

verbosità s.f. inv. Ridondanza, eccesso di parole.

verbóso agg. **1.** Di persona, che parla o scrive con un eccesso di parole. **2.** Di testo o discorso, pieno di ridondanze, prolisso.

verdàstro agg. Di un colore verde contaminato da altre tinte o sbiadito, pallido.

vérde agg. **1.** Del colore che, nella gamma cromatica, sta tra il giallo e l'azzurro. ◇ *Numero verde:* numero telefonico che permette di chiamare gratuitamente un'impresa, un organismo. – *Polmone verde:* zona verde che permette un regolare ricambio di ossigeno e che quindi purifica l'aria. – *Zona, spazio verde:* nei centri urbani, area non edificabile destinata a parchi e giardini, ad attività sportive. – *fig. Avere il pollice verde:* essere abili nel coltivare le piante. **2.** fig. Di un colorito livido, molto pallido, attribuito tradizionalmente a chi prova una sensazione, un sentimento spiacevole, sgradevole. **3.** Riferito a piante e vegetali, che ha ancora della linfa, che non è ancora secco. **4.** fig. Giovanile. ~ estens. Pieno di energie, vegeto. ◇ *Anni verdi:* l'adolescenza. **5.** Di territorio o regione, verdeggiante. **6.** Per convenzione, che riguarda l'agricoltura, il mondo rurale, agricolo. ◇ *Piano verde:* programma governativo che prevede stanziamenti in favore degli agricoltori o in difesa dell'ambiente. **7.** Relativo al movimento politico e alla cultura che si ispira a istanze ecologiste. ~ Che riguarda il movimento ecologista, che ne fa parte. ~ Che contribuisce al rispetto dell'ambiente. ◆ s.m. **1.** Il colore verde. ◇ fig. *Essere, ridursi al verde:* un tempo, essere allo stremo, con riferimento alle candele che avevano la parte inferiore dipinta di verde; oggi, essere senza soldi. **2.** L'insieme della vegetazione. ~ La vegetazione di una data zona. ~ Luogo ricoperto da prati e alberi, spec. in riferimento ad aree urbane non edificabili. *Il verde pubblico.* **3.** fig. Vigore giovanile. **4.** CHIM. Sostanza organica o inorganica, usata perlopiù come pigmento per tinture. **5.** MIN. Roccia o pietra, usata nell'industria delle costruzioni, della ceramica. **6.** Colore del semaforo che consente il passaggio. **7.** (anche f.) Chi aderisce a movimenti politici di ispirazione ecologista.

verdeggiànte agg. Ricco di vegetazione.

verdeggiàre v.intr. [5] (aus. *avere*) **1.** Di ambiente o vegetazione, apparire verde. **2.** estens. Tendere al verde.

verdèllo s.m. **1.** Qualità estiva di limone con la buccia di colore verde. **2.** Verdone.

verderàme s.m. **1.** Patina verdastra costituita da carbonato basico di rame che si forma per ossidazione sulla superficie di oggetti in rame od ottone. **2.** CHIM. Acetato basico di rame usato oggi in tintoria. **3.** CHIM. Soluzione di solfato di rame che viene usata in agricoltura come anticrittogamico.

verdésca s.f. [pl. *–sche*] (merid. *verdisca*, prob. calco del gr. *glaukískos* "pesce di colore grigio-azzurro") Squalo di medie dimensioni, dal corpo affusolato, di colore verdeazzurro sul dorso, con lunghe pinne e denti aguzzi; è detto anche *verdone* o *squalo azzurro* (Famiglia dei Carcarinidi).

verdétto s.m. (ingl. *verdict*, fr. *veir dit*, lat. *vere dictum* "detto secondo verità") **1.** DIR. Responso della giuria popolare sulla colpevolezza degli imputati. **2.** SPORT. Decisione sul risultato di una gara presa da un arbitro, da un giudice, da una giuria. **3.** fig. Giudizio, responso.

verdicchio s.m. inv. Uva dai grappoli verde-giallastri prodotta da alcuni vitigni marchigiani e abruzzesi. ~ Il vitigno omonimo. ~ Vino bianco da tavola, asciutto e dal sapore amarognolo.

verdóne agg. Di un colore verde scuro, molto carico. ◆ s.m. **1.** Nel sign. dell'agg. **2.** Uccello diffuso nei boschi e giardini dell'Eurasia, simile al cardellino ma dal piumaggio verde oliva, che si nutre di semi e germogli; è detto anche *verdello.* (Lunghezza 15 cm; genere *Carduelis*, famiglia dei Fringillidi.) **3.** Verdesca. **4.** gerg. Il dollaro in banconota in quanto stampata in colore verde.

verdùra s.f. Insieme degli alimenti vegetali, erbe e ortaggi, perlopiù coltivati e costituiti da piante intere o da loro parti, come foglie, radici o frutti.

verecóndia s.f. Comportamento e atteggiamento riservato, di chi non vuole offendere il senso del pudore.

vérga s.f. [pl. *–ghe*] **1.** Bacchetta lunga e sottile. ~ In partic., il bastone con cui il pastore guida il gregge e su cui si appoggia. **2.** Scettro o bastone, simbolo del potere religioso o politico. **3.** Sbarra metallica, lingotto di metallo prezioso. **4.** Pene. **5.** *Verga d'oro:* pianta erbacea perenne, con foglie ovali pelose, fiori raccolti in grappoli e frutti ad achenio di colore giallo, dotata di varie proprietà medicinali. (Famiglia delle Composite.) **6.** *Verga d'oro:* farfalla di piccole dimensioni, caratterizzata dal colore dorato delle ali. (Famiglia dei Licenidi.)

vergàre v.tr. [4] **1.** Segnare una superficie con una serie di linee. SIN.: **rigare. 2.** Scrivere a mano. *Vergare un documento.*

vergàto agg. A righe, percorso da vergature. ◆ s.m. Struttura piana a bacchette d'ottone parallele, molto fitte, per la preparazione della carta a mano filigranata.

vergatùra s.f. **1.** Lavorazione a righe parallele di carta o stoffa. **2.** La filigrana di certe carte fabbricate a mano, visibile in trasparenza, o la serie di righe parallele che segnano una stoffa.

vergèlla s.f. **1.** Tondino di ferro laminato a caldo, per trafilati e per l'edilizia. **2.** Ciascuna delle bacchette d'ottone che costituiscono il vergato per la fabbricazione di carta a mano filigranata.

vergènza s.f. GEOL. Verso, direzione del movimento di rovesciamento di una piega o di avanzamento di una falda di ricoprimento.

verginàle o **virginàle** agg. Proprio di una vergine.

vérgine agg. **1.** Che non ha avuto rapporti sessuali completi. **2.** fig. Puro, casto, incontaminato. ~ Privo, esente. **3.** estens. Naturale, non lavorato, non sottoposto a manipolazioni artificiali. ◇ *Olio d'oliva vergine, extravergine:* olio ricavato dalla prima spremitura delle olive, con un contenuto di acido oleico minore, rispettivamente, al 4% e all'1% – fig. *Terra vergine:* campo, attività, ambito non ancora studiato, sperimentato, discusso. ◆ s.f. **1.** Donna che non ha avuto rapporti sessuali completi. ~ *per anton.* La Madonna, che ha mantenuto la verginità pur generando Gesù Cristo. **2.** ASTR. (iniziale maiusc., solo sing.) Costellazione zodiacale dell'emisfero boreale nella quale il sole transita nel periodo che va dal 24 agosto al 23 settembre (v. parte n.pr.). **3.** ASTROL. Sesto segno dello zodiaco dominante tale periodo. ~ estens. Persona nata sotto tale periodo. **4.** MAR. Tipo di paranco dell'attrezzatura navale.

verginèlla s.f. **1.** Nel sign. del dim. di *vergine.* **2.** Ragazza ingenua, spesso in senso iron., per indicare un atteggiamento studiato, posato.

verginità s.f. inv. **1.** Condizione di chi non ha avuto rapporti sessuali completi. ~ TEOL. CATT. Il dogma relativo alla Madonna, che ha mantenuto la castità verginale pur diventando madre di Gesù Cristo. **2.** fig. Purezza, candore, integrità morale.

vergobréto s.m. ST. Capo di alcune città galliche, designato annualmente dai druidi.

vergógna s.f. **1.** Sentimento di colpa o di umiliante mortificazione che si prova per un atto, proprio o altrui, sentito come disonesto, sconveniente. ~ estens. Senso di penoso imbarazzo e di disagio che si prova nei riguardi di qlcu. o qlco. che si teme possa sminuire o compromettere la propria immagine pubblica e la considerazione degli altri. **2.** Senso di impaccio, di soggezione, di timore dovuto a timidezza o ritrosia. ~ Anche, pudore. **3.** Manifestazione esteriore di un sentimento di vergogna, in partic. rossore del viso. **4.** fam. Disonore, infamia, onta. ~ Fatto o situazione disonorevole o che suscita riprovazione, indignazione. ~ Persona che è causa di disonore. **5.** (al pl.) Organi genitali.

vergognàrsi v.pron. Provare vergogna, mortificazione, soggezione. *Il bimbo si vergogna a parlare.*

vergognóso agg. **1.** Che è causa, motivo di vergogna. **2.** Che sente, prova vergogna. ~ Che mostra o esprime timidezza, imbarazzo. ◆ s.m. [f. *–sa*] **1.** Chi prova, mostra timidezza. **2.** fam. Chi fa cose di cui vergognarsi.

veridicità s.f. inv. Conforme alla verità.

verìdico agg. [pl.m. *–ci*, f. *–che*] Che è conforme alla verità. ~ Che ha carattere di verità.

verìfica s.f. [pl. *–che*] **1.** Accertamento accurato dell'esattezza, della regolarità, dell'efficienza di qlco. **2.** POLIT. Incontro tra i segretari, i capi dei partiti di governo per fare il punto sul programma svolto e per tentare la composizione di eventuali dissidi. **3.** DIR. *Verifica dei poteri:* controllo dell'esistenza dei requisiti richiesti per diventare membro di un'assemblea elettiva e della regolarità delle operazioni elettorali. **4.** Nel l. sc. e filos., controllo della validità di un'ipotesi, di una teoria.

verificàbile agg. Che può essere controllato, provato.

verificàre v.tr. [4] **1.** Esaminare qlco. allo scopo di accertarne autenticità e verità, esattezza o buon funzionamento. **2.** Nel l. sc. e filos., comprovare logicamente un enunciato o provare la fondatezza di un'ipotesi mediante prove sperimentali. ◆ **verificarsi** v.pron. **1.** Accadere, capitare. *Si verificò un caso imprevisto.* **2.** Avverarsi, trovare reale conferma. *La tua ipotesi si è verificata.*

verificatóre s.m. [f. *–trice*] Chi è incaricato di operazioni di controllo. □ In funzione di agg., che accerta la regolarità, l'esattezza, controlla la regolarità o il buon funzionamento di qlco.

verificazióne s.f. Spec. Nel l. giur., operazione di verifica. *La verificazione di un atto.*

verina s.f. MAR. Fune o cavo provvisti di un gancio per afferrare la catena dell'ancora.

verismo s.m. **1.** Adesione alla realtà oggettiva, soprattutto come caratteristica di opere letterarie e artistiche. **2.** Movimento letterario e artistico italiano della fine del sec. XIX ispirato al naturalismo francese, caratterizzato dalla riproduzione il più possibile oggettiva del reale, con predilezione per le tematiche sociali meridionalistiche. (Il principale rappresentante, in letteratura, è Giovanni Verga.)

verista agg. [pl.m. –sti] Che segue i principi del verismo. ◆ s.m. e f. Letterato o artista rappresentante o seguace del verismo.

verità s.f. inv. **1.** Rispondenza al vero, alla realtà. **2.** Ciò che è vero, rispondente alla realtà, in relazione a determinati fatti. *Dimmi la verità*. **3.** Ciò che è vero in assoluto. ◇ FILOS. *Verità di ragione*: le verità assolute, che non necessitano di spiegazioni. – RELIG. *Verità di fede*: i dogmi che non possono essere indagati attraverso la conoscenza razionale, ma devono essere accettati come veri per fede. – *locc. cong. In verità, per la verità, a dire la verità*: conferiscono valore avversativo-limitativo (più raramente, e se precedute da *e*, valore di conferma) a una frase o sequenza di discorso rispetto a quanto detto in precedenza. *In verità, io vi avevo avvertito del pericolo*.

veritiero agg. **1.** Che dice la verità. **2.** Rispondente a verità.

verme s.m. **1.** Nome generico di vari animaletti invertebrati dal corpo allungato, molle e privo di zampe. (Tre sono i tipi principali: Anellidi, Platelminti, Nematelminti). **2.** (al pl.) Parassita intestinale dell'uomo e di alcuni animali. ◇ *Verme solitario*: tenia. **3.** *fig.* Individuo odioso, privo di dignità e rispetto per se stesso.

vermeil [/verˈmɛj/] s.m. inv. (voce fr., propr. "vermiglio") Argento dorato.

Vermeto s.m. ZOOL. Genere di molluschi con conchiglia a spirale, che vivono attaccati alle rocce litorali. (Classe dei Gasteropodi.)

vermicaio s.m. [pl. –cai] Insieme di vermi che brulicano in un terreno. ~ Il terreno stesso che ne è infestato.

vermicello s.m. (spec. pl.) Tipo di pasta simile agli spaghetti, ma di maggior spessore.

vermiciattolo s.m. Nel sign. del dim. di *verme*, usato spec. con valore spreg. per significare persona da nulla, vile.

vermicolare agg. Di aspetto simile a quello di un verme.

vermiculite s.f. MIN. Silicato di alluminio e magnesio dal colore dorato, utilizzato come isolante termico e acustico, spec. nell'edilizia.

vermiforme agg. Che ha l'aspetto o la forma di un verme. *Appendice vermiforme*.

vermifugo agg. [pl.m. –ghi, f. –ghe] Di farmaco che uccide i vermi parassiti dell'intestino. ◆ s.m. ~ antielmintico.

vermiglio agg. [pl.m. –gli, f. –glie] (provenz. *vermelh*, lat. *vermiculum* "vermicello") Di colore rosso vivo. ◆ s.m. Il colore vermiglio.

vermiglione s.m. (fr. *vermillon*) MIN. Varietà di cinabro, dal colore rosso vivo, usato come pigmento.

verminosi s.f. inv. MED., VET. Infestazione parassitaria da vermi nell'intestino dell'uomo e degli animali.

verminoso agg. **1.** Coperto, infestato di vermi. **2.** MED. Di affezione provocata da vermi parassiti.

vermut s.m. inv. (ted. *Wermuth* "assenzio") **1.** Vino liquoroso bianco o rosso, aromatizzato con assenzio e altre erbe usato come aperitivo. **2.** Bicchierino di vermut. ~ Ricevimento durante il quale viene offerto tale vino o altri aperitivi con stuzzichini.

vernaccia s.f. (deriv. di *Vernazza*, nome di una delle Cinque Terre) [pl. –ce] Uva bianca o nera prodotta da alcuni vitigni della Liguria, della Toscana e di altre zone. ◆ inv. Il vitigno omonimo. ~ Il vino pregiato che se ne ricava.

vernacolare agg. Scritto in vernacolo, in dialetto.

vernacolo agg. Vernacolare. ◆ s.m. Parlata caratteristica di una limitata zona geografica, dalle connotazioni spiccatamente popolari.

vernale agg. ASTR. *Punto vernale*: il punto in cui l'eclittica incontra l'equatore celeste, corrispondente al periodo in cui il Sole si trova all'equinozio di primavera.

vernalizzare v.tr. AGR. Sottoporre i semi alla vernalizzazione.

vernalizzazione s.f. AGR. Operazione effettuata su semi germoglianti sottoponendoli a particolari temperature e condizioni di umidità allo scopo di accelerare il ciclo biologico delle piante che ne derivano.

vernazione s.f. BOT. Disposizione delle foglie all'interno della gemma.

1. vernice s.f. (lat. *vernīcem* "specie di resina odorosa") **1.** Soluzione liquida o semiliquida a base di resine, incolore o colorata, che stesa su una superficie lascia una patina lucida, protettiva o decorativa. **2.** *fig.* Falsa copertura, apparenza superficiale. **3.** Pellame per scarpe e borsette reso lucidissimo con una speciale verniciatura. **4.** GEOL. *Vernice del deserto*: la superficie lucida delle rocce desertiche sottoposte all'azione abrasiva delle sabbie trasportate dal vento.

2. vernice s.f. (calco del fr. *vernissage*) Inaugurazione ufficiale per addetti ai lavori e autorità, prima dell'apertura al pubblico, di manifestazioni varie, in partic. di una mostra d'arte, spesso riservata. SIN.: **vernissage**.

verniciato agg. Rivestito di vernice.

verniciatore s.m. [f. –trice] Persona che esegue lavori di verniciatura. **2.** Apparecchio per eseguire verniciature a spruzzo.

verniciatura s.f. **1.** Azione di verniciare. **2.** Lo strato di vernice applicato. **3.** *fig.* Apparenza o conoscenza superficiale.

verniero s.m. (dal nome del matematico francese P. *Vernier*) FIS. Termine usato un tempo per indicare il *nonio*. ~ *estens.* In varie tecnologie, strumento usato in parallelo con un altro per ottenere misurazioni più precise.

vernissage [/verniˈsaʒ/] s.m. inv. (voce fr., propr. "verniciatura" per l'abitudine dei pittori di invitare gli amici alla verniciatura del quadro ultimato) Cerimonia di inaugurazione di una mostra d'arte.

vero agg. **1.** Conforme alla verità, alla realtà dei fatti. **2.** Reale, effettivo, autentico. ~ Appropriato, giusto, esatto. **3.** Che è realmente ciò che indica il nome a cui è unito. *Il vero colpevole di un delitto*. **4.** Di prodotto materiale, autentico, genuino, originale, non artificiale. *Cuoio vero*. **5.** Autentico, sincero, profondo, riferit spec. a persone, sentimenti e rapporti. *Un amore vero*. **6.** Con funzione intensiva della qualità di una persona o di una cosa. *Un uomo vero*. ◆ s.m. (solo sing.) **1.** Quanto è vero, la verità. ◇ *loc. cong. A dire il vero*: conferisce valore avversativo-limitativo a una frase o sequenza di discorso rispetto a quanto detto in precedenza. *A dire il vero, da lui mi sarei aspettato qualcosa di più*. **2.** La realtà oggettiva.

veronal s.m. inv. (forse deriv. dal nome della città di *Verona*, dove si era recato il medico tedesco che lo inventò) FARM. Denominazione commerciale, che costituisce marchio registrato, di un barbiturico usato come sedativo e analgesico. ~

veronese agg. Di Verona. ◆ s.m. **1.** (anche f.) Nativo, abitante di Verona. **2.** (iniziale maiusc., solo sing.) Territorio intorno a Verona.

1. veronica s.f. BOT. Genere di piante erbacee con fiori color malva, comuni nei boschi e nei prati dell'emisfero settentrionale. (Famiglia delle Scrofulariacee.)

2. veronica s.f. (solo sing.) Il telo di lino offerto dalla donna di nome Veronica a Gesù che saliva al Calvario e sul quale rimase impresso il volto del Salvatore. ~ Immagine impressa su questo telo. ~ Icona che rappresenta il volto di Gesù come riproduzione dell'immagine rimasta impressa sul telo a lui offerto da Veronica.

3. veronica s.f. [pl. –che] (voce sp.) Figura della corrida durante la quale il torero tende la cappa davanti al toro, ritirandola quando l'animale carica. ~ Nel tennis, volée alta di rovescio. ~ Nel calcio, finta che sbilancia l'avversario, lasciando passare la palla.

verosimigliante o **verisimigliante** agg. Verosimile.

verosimiglianza o **verisimiglianza** s.f. Carattere di ciò che è simile o conforme al vero.

verosimile o **verisimile** agg. Che è simile al vero e pertanto può essere accettato come tale. ◆ s.m. (solo sing.) Quanto ha apparenza di vero.

verretta s.f. Nel Medioevo, dardo dalla punta arrotondata, lanciato a mano o mediante la balestra.

verricello s.m. Piccolo argano per sollevare carichi, attorno a cui si avvolge la fune legata al peso.

verrina s.f. Piccola trivella manuale o meccanica per praticare fori nel legno.

verro s.m. Maschio dei suini destinato alla riproduzione.

verruca s.f. [pl. –che] **1.** MED. Escrescenza cutanea provocata da un virus o da degenerazione senile. **2.** BOT. Piccola protuberanza molle dei fusti e delle foglie di alcune piante.

Verrucaria s.f. BOT. Genere di licheni con corpi fruttiferi isolati che spesso costituisce la base per muschi e altri licheni.

verrucoso agg. Cosparso di verruche.

versamento s.m. **1.** Fuoriuscita di liquidi. **2.** MED. Deposito di liquido organico in una cavità dell'organismo. **3.** COMM., BANC. Deposito di una somma di denaro. ~ La somma stessa.

1. versante s.m. e f.BANC. Chi esegue il versamento di una somma, chi effettua un pagamento.

2. versante s.m. (fr. *versant*) **1.** GEOGR. Ognuno dei fianchi di un monte. **2.** *fig.* Lato, aspetto.

1. versare v.tr. **1.** Fare passare un liquido da un recipiente a un altro. *Versare il vino nella bottiglia*. **2.** Spargere inavvertitamente, rovesciare un liquido. *Versare olio sulla tovaglia*. **3.** Far confluire, riversare grandi quantità di liquido in un luogo. *L'affluente versa acqua nel Po*. **4.** Consegnare, depositare una somma di denaro su un conto o in una cassa. *Versare un anticipo*. **5.** Lasciar fuoriuscire, spargere liquidi contenuti al proprio interno. *La coppa del motore versa olio*. SIN.: **spandere**. ◆ **versarsi** v.pron. **1.** Di liquidi, fuoriuscire e spargersi, rovesciarsi. *Il vino si è versato sulla tovaglia*. **2.** *fig.* Riversarsi in un luogo. *La folla si versò nelle strade*. **3.** Di corsi d'acqua, confluire, sboccare in un luogo. *Il fiume si versa nel mare*.

2. versare v.intr. (aus. *avere*) Trovarsi, essere in una condizione negativa. *Versare nella miseria*.

versatile agg. In grado di applicarsi a diversi campi d'interesse. *Lavoratore versatile*. SIN.: **eclettico**.

versato agg. Che ha una predisposizione naturale a una disciplina, a un'attività. SIN.: **portato**.

verseggiare v.intr. [5] (aus. *avere*) Comporre versi. ◆ v.tr. Mettere in versi.

verseggiatore s.m. [f. –trice] Autore di poesie. ~ *spreg.* Poeta scarsamente ispirato.

versetto s.m. **1.** Nel sign. del dim. di *1. verso*. **2.** Ogni suddivisione numerata della prosa della Bibbia o di altri testi sacri.

versificare v.tr. [4] (aus. *avere*) Comporre versi. SIN.: **verseggiare**. ◆ v.tr. Mettere in versi.

versiliberista agg. [pl.m. –sti] (calco del fr. *verslibriste*) Che è composto in versi liberi. ◆ s.m. e f. Poeta che compone in versi liberi.

versione s.f. **1.** Traduzione da una lingua in un'altra, effettuata spec. come esercizio scolastico. *Versione di latino*. **2.** Trasposizione di un testo da una modalità espressiva o da una forma artistica a un'altra. SIN.: **adattamento**. ◇ *Film in versione originale*: pellicola presentata nella sua lingua d'origine. **3.** Variante, redazione di un'opera d'arte. **4.** Tipo di prodotto che presenta varianti funzionali rispetto al modello base. **5.** Modo soggettivo di riportare, interpretare un fatto. *Ci sono diverse versioni dell'incidente*.

1. verso s.m. **1.** Direzione di un movimento o senso nel quale sono disposti più elementi. ◇ *fig. Prendere qlco. per il verso giusto*: accettarlo come si presenta, apprezzandone i lati positi-

vi. **2.** Modo, maniera, metodo. **3.** METR. Unità strutturale e ritmica di un componimento poetico. ◇ *Versi liberi:* che non seguono le leggi della metrica. – *Versi sciolti:* che non fanno rima tra loro. **4.** Suono, grido caratteristico che emette una specie di animali. **5.** Di persona, suono inarticolato, grido.

2. vèrso s.m. inv. (lat. *fŏlio vĕrso* "foglio voltato") **1.** La parte posteriore di un foglio (in oppos. a *recto*). **2.** Rovescio di una moneta o di una medaglia.

3. vèrso prep. **1.** In direzione di. *Andare verso la finestra.* **2.** Nei pressi di, vicino a. *Abita verso il duomo.* **3.** Intorno a, poco prima. *Verso mezzogiorno.* **4.** Nei confronti di, per. *È onesto verso gli amici.* **5.** ECON. Dietro, contro. *Consegna verso pagamento.*

versóio s.m. [pl. *–soi*] Parte dell'aratro che rivolta la zolla di terra smossa dal vomere.

versóre s.m. GEOM. Vettore di modulo unitario, che indica una direzione precisandone anche il verso.

vèrsta s.f. (russo *verstá*) Antica unità di misura in uso nella Russia zarista, del valore di 1067 m.

versùra s.f. Unità di misura di superficie agraria, in uso in Puglia e Basilicata, di valore variabile da luogo a luogo.

vèrsus prep. (voce lat.) In opposizione a, contro.

vèrtebra s.f. ANAT. Ogni elemento osseo che costituisce la colonna vertebrale. (L'uomo ha 24 vertebre indipendenti, collegate tra loro dai dischi intervertebrali: 7 cervicali, 12 dorsali, 5 lombari. Ogni vertebra è formata da un corpo sul quale si attaccano, da ogni lato, un peduncolo e una lamina che limitano il foro vertebrale, dove passa il midollo spinale.)

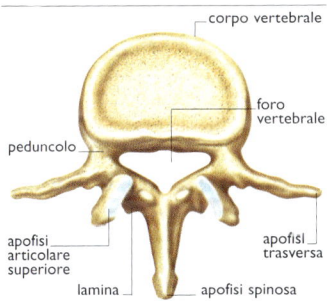

■ **vèrtebra** lombare vista dall'alto.

vertebràle agg. ANAT., MED. Relativo alle vertebre, alla colonna vertebrale.

Vertebràti s.m. pl. [iniziale minusc. sing. *–to* per l'individuo] ZOOL. Tipo di animali dei Cordati, caratterizzati dalla presenza di uno scheletro interno, il cui asse coincide con la colonna vertebrale o spina dorsale.

vertebràto agg. Di animale che ha le vertebre.

vertènza s.f. Controversia ancora in atto. *Un'annosa vertenza.*

vèrtere v.intr. [manca del part. pass.] **1.** Di controversia, essere in corso, essere pendente. *Tra le due parti verte una controversia.* **2.** Avere per argomento, riguardare. *Conversazione che verte sul denaro.*

verticàle agg. **1.** Perpendicolare rispetto a un piano considerato come orizzontale. **2.** Che è organizzato secondo uno schema gerarchico. ◆ s.f. **1.** Retta, direzione verticale. **2.** Nella ginnastica, esercizio che consiste nell'assumere una posizione verticale, con le gambe in alto e le braccia in basso. **3.** Nel gioco enigmistico del cruciverba, parola scritta nelle caselle dall'alto verso il basso.

verticalìsmo s.m. ARCH. Tendenza a privilegiare lo sviluppo in altezza.

verticalizzàre v.tr. **1.** Disporre qlco. verticalmente. ~ SPORT. Nel calcio, produrre azioni lungo l'asse verticale del campo. **2.** ECON.

Nell'industria, integrare le fasi successive di un processo produttivo.

vèrtice s.m. **1.** Punto più elevato. SIN.: **cima**. **2.** *fig.* Punto o livello più alto. SIN.: **culmine**. **3.** *estens.* Riunione dei dirigenti superiori, delle massime autorità. **4.** GEOM. Punto comune a due o a due facce di un angolo o a due facce di un poliedro.

verticillàto agg. BOT. Di fiore o altro organo vegetale che presenta verticilli.

verticìllo s.m. BOT. Insieme di foglie, petali o altri organi di un fiore che si sviluppano nello stesso punto, dalla stessa base.

verticìsmo s.m. Tendenza, nell'ambito di organizzazioni economiche, politiche o sindacali, a rafforzare il vertice, concentrando il potere nelle mani di pochi dirigenti.

verticìsta s.m. e f.[pl.m. *–sti*] Chi sostiene, condivide il verticismo.

verticìstico agg. [pl.m. *–ci*, f. *–che*] Orientato secondo il verticismo, da verticista. *Sistema verticistico.*

vertìgine s.f. **1.** (spec. pl.) Sensazione illusoria di movimento, che può causare perdita di equilibrio. **2.** *fig.* Stordimento, sbalordimento dovuti a qlco. di impressionante ed esaltante.

vertiginosaménte avv. Con una rapidità impressionante.

vertiginóso agg. **1.** Che provoca vertigini, capogiri. *Altezza vertiginosa.* **2.** MED. Caratterizzato da vertigini. **3.** *fig.* Molto rapido. *Velocità vertiginosa.*

verve [/'vɛrv/] s.f. inv. (voce fr.) Vivacità, estro, entusiasmo.

vèrza s.f. Varietà di cavolo, con larghe foglie rugose avvolte strettamente intorno al torsolo, coltivato come ortaggio invernale.

verzìno s.m. Legno rosso fornito da alcune piante brasiliane, da cui viene estratto un colorante.

VES s.f. inv. MED. Sigla di *Velocità di Eritrosedimentazione del Sangue.*

véscia s.f. [pl. *–sce*] MICOL. Denominazione comune di alcuni funghi dal caratteristico corpo sferico di colore bianco. (Famiglia delle Licoperdacee.)

vescìca s.f. [pl. *–che*] **1.** ANAT. Organo membranoso cavo che, nell'uomo e negli animali, ha la funzione di raccogliere secrezioni, liquidi o gas. – Cavità tondeggiante situata nella regione pelvica destinata a raccogliere l'urina prima che venga eliminata con la minzione. **2.** Vescica urinaria di un suino in cui viene insaccato lo strutto. **3.** MED. Bolla sierosa della pelle, dovuta a scottatura o sfregamento. **4.** BOT. Gonfiore, bolla che si forma su foglie, frutti e altri organi vegetali. **5.** Bolla nella lavorazione del vetro e di altri materiali.

vescicàle agg. ANAT. Della vescica.

vescicànte agg. Che provoca vesciche. ◆ s.m. Farmaco ad azione revulsiva sulla pelle.

vescicària s.f. Pianta arbustiva con fiori gialli o rossi e frutti a forma di baccello; è diffusa nelle regioni mediterranee. (Genere *Colutea*; famiglia delle Papilionacee.)

vescicatòrio agg. [pl.m. *–ri*] Che provoca vesciche sulla pelle. ◆ s.m. Revulsivo usato in medicina a scopi terapeutici. SIN.: **vescicante**.

■ **vescicària**

vespa

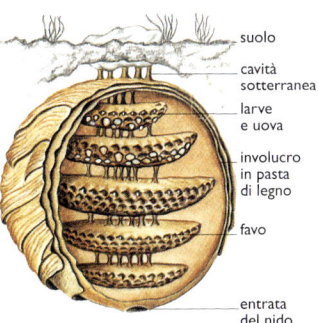

suolo

cavità sotterranea

larve e uova

involucro in pasta di legno

favo

entrata del nido

■ **vèspa** e vespaio.

vescicazióne s.f. **1.** Comparsa di bolle sierose sulla pelle. **2.** FARM. Effetto prodotto da un farmaco vescicante.

vescichétta s.f. **1.** Nel sign. del dim. di *vescica*. **2.** ANAT. Piccolo organo a forma di sacco contenente secrezioni liquide. ◇ *Vescichetta biliare:* cistifellea.

vescicola s.f. **1.** ANAT. Nel sign. del dim. di *vescica*. **2.** MED. Bolla sierosa della pelle dovuta a scottatura o sfregamento.

vescicolàre agg. **1.** ANAT. A forma di vescica o vescicola. **2.** BIOL. Formato, costituito da vescicole.

vescicóne s.m. **1.** Nel sign. dell'accr. di *vescica*. **2.** VET. Gonfiore dovuto a infiammazione delle membrane sinoviali che si forma sul garretto del cavallo.

vescovàdo o **vescovàto** s.m. **1.** Dignità e ufficio vescovile. ~ Periodo della sua durata. **2.** Giurisdizione di un vescovo. **3.** Sede, palazzo episcopale.

vescovile agg. Relativo ai vescovi. SIN.: **episcopale**.

véscovo s.m. (lat. *episcopum*, gr. *epískopos* deriv. di *episkopéo* "sorvegliare") **1.** Titolo e grado della gerarchia della Chiesa cattolica, che attribuisce particolari poteri amministrativi e giurisdizionali. **2.** Nelle Chiese riformate, ecclesiastico che presiede a una comunità, occupando il più alto grado della gerarchia. ❑ In funzione di agg., nella loc. *rosso vescovo*, per indicare la tonalità dei paramenti vescovili.

1. vèspa s.f. **1.** Denominazione comune di vari insetti, di aspetto simile all'ape, dal corpo assottigliato e dalla striatura gialla e nera, che vive in alveari; la femmina è dotata di un grosso pungiglione venefico. (Ordine degli Imenotteri; famiglia dei Vespidi.) ◇ *fig. Avere un vitino da vespa:* di donna che è molto sottile di vita. **2.** ZOOL. (maiusc.) Genere di insetti a cui appartiene il calabrone.

2. vèspa s.f. (prob. così chiamato per il ronzio prodotto dal suo motore) Denominazione commerciale, che costituisce marchio registrato, di un motoscooter di piccola cilindrata prodotto in Italia a partire dal secondo dopoguerra.

vespàio s.m. [pl. *–pai*] **1.** Nido di vespe. **2.** *fig.* Reazione furibonda a qlco. **3.** COSTR. Struttura per isolare dall'umidità del suolo i vani situati a pianterreno, consistente in un'intercapedine. **4.** MED. Foruncolosi multipla.

vespasiàno s.m. (fr. *vespasienne*, dal nome dell'imperatore *Vespasiano* che impose una tassa ai lavandai che dall'orina ricavavano l'ammoniaca necessaria al loro lavoro) Orinatoio pubblico per uomini, perlopiù a forma di edicola.

vesperàle s.m. Libro liturgico che raccoglie le preghiere da recitare negli uffici pomeridiani.

Vespertilióne s.m. ZOOL. Genere di mammiferi che comprende due sole specie, di aspetto simile al pipistrello, ma più piccole e con orecchie corte, dalle abitudini notturne; sono diffuse in Asia e nel nord dell'Europa. (Famiglia dei Vespertilionidi.)

Vespertiliònidi s.m. pl. [iniziale minusc. sing. *-de* per l'individuo] ZOOL. Famiglia di mammiferi comprendente numerosi generi diffusi nei due emisferi, insettivori e notturni. (Ordine dei Chirotteri.)

vespertìno agg. Della sera. SIN.: **serale**.

Vèspidi s.m. pl. [iniziale minusc. sing. *-de* per l'individuo] ZOOL. Famiglia di insetti, comprendente diversi generi e specie, cosmopolite, alcune solitarie, altre organizzate in forme di vita sociale altamente evolute, caratterizzate da grosse ali e livree vivacemente colorate. (Ordine degli Imenotteri.)

vèspro s.m. Nella liturgia cattolica, la penultima delle ore canoniche, corrispondente alle diciotto. ~ L'ufficio recitato in tale ora. ~ La funzione cantata che un tempo si celebrava nelle chiese la domenica pomeriggio.

vessàre v.tr. (lat. *vexāre*, propr. "agitare") Maltrattare, opprimere.

vessatóre agg. [f. *-trice*] Vessatorio. ◆ s.m. (anche f.) Oppressore.

vessatòrio agg. [pl.m. *-ri*] A carattere restrittivo. ◇ DIR. *Clausola vessatoria:* disposizione contrattuale che impone oneri particolari a uno dei contraenti e che perciò deve essere espressa specificamente per iscritto.

vessazióne s.f. Azione, parola o situazione che opprime. ~ Pesante imposizione.

vessel [/'vɛsəl/] s.m. inv. (voce ingl., propr. "vaso") Contenitore stagno per reattori nucleari.

vessìllo s.m. **1.** Insegna di tessuto attaccata a una lancia e portata da un cavaliere che conduce i suoi uomini al combattimento. ~ Stendardo degli eserciti romani. ~ *estens.* Stendardo, bandiera. **2.** *fig.* Emblema di qlco. **3.** ZOOL. Ciascuno delle due parti delle barbe di una piuma d'uccello che si dipartono dalla rachide. **4.** BOT. Nella corolla del fiore delle Leguminose, il petalo superiore più sviluppato.

vessillologìa s.f. Studio delle bandiere, degli stendardi nazionali e regionali.

vestàglia s.f. [pl. *-glie*] Abito femminile o maschile da casa, aperto sul davanti, spec. lungo, in tessuto leggero.

vestàle s.f. (dal nome della dea *Vesta* protettrice del focolare) **1.** ANT. ROM. Sacerdotessa di Vesta, che manteneva acceso il fuoco sacro ed era obbligata alla castità. **2.** *fig.* Ragazza, donna casta.

vèste s.f. **1.** Indumento maschile o femminile che copre l'intera persona. ~ Termine più generico per vestito. ~ (al pl.) Nome collettivo degli indumenti esterni indossati in una particolare situazione o epoca storica. ◇ *Veste da camera:* vestaglia. **2.** *estens.* Quanto serve a rivestire qlco. **3.** *fig.* Aspetto, forma esteriore. SIN.: **apparenza**. ◇ *Veste editoriale:* il modo in cui si realizza e la forma in cui si presenta una pubblicazione. **4.** *fig.* Titolo, funzione, qualità. **5.** Espressione linguistica, forma verbale. *Tradurre in veste poetica un concetto.*

vestiàrio s.m. [pl. *-ri*] (lat. *vestiārium*, propr. "armadio per gli abiti") **1.** Insieme di vestiti. ~ Assortimento di capi d'abbigliamento. **2.** TEAT. Insieme degli abiti di scena.

vestiarista s.m. e f.[pl.m. *-sti*] Persona incaricata della realizzazione e della cura dei costumi di scena di uno spettacolo.

vestibolàre agg. **1.** ANAT. Relativo a un vestibolo anatomico. **2.** Relativo alla parte interna dell'orecchio che presiede all'equilibrio.

vestìbolo s.m. **1.** Sala o corridoio d'entrata di una casa, di una costruzione. **2.** ANAT. Spazio o cavità che si apre su un'altra cavità. ◇ *Vestibolo auricolare:* cavità ossea dell'orecchio che comunica con la coclea e i canali semicircolari e che contiene due tasche membranose, otricolo e sacculo, e che svolge un ruolo nell'equilibrio.

vestìgio s.m. [pl.m. *vestigi*, più freq. pl. f. *vestigia*] (lat. *vestīgium*, propr. "pianta del piede") **1.** Impronta che il piede lascia sul terreno. **2.** (freq. al pl.) Località (monumento, museo), opera, oggetto atti a simbolizzare l'appartenenza di una comunità, al suo passato, il suo patrimonio culturale.

1. vestìre v.tr. **1.** Coprire qlcu. con abiti. *Vestire le bambole.* ~ *estens.* Ricoprire qlco. *Vestire i sedili col velluto.* ~ *fig.* Ornare. **2.** *estens.* Confezionare vestiti per una clientela. *Una stilista che veste le attrici famose.* **3.** Portare indosso qlco. *Vestire l'alta uniforme.* ~ Indossare un capo che rivela l'appartenenza a una squadra. *Vestire la maglia azzurra.* ~ *fig.* Assumere un certo aspetto. *Vestire spoglie umane.* **4.** Detto di indumento, adattarsi, stare indosso a qlcu. *Il nuovo cappotto ti veste benissimo.* ◆ v.intr. (aus. *avere*) Abbigliarsi, essere vestito in un determinato modo. *Vestire da signore.* ◆ **vestirsi** v.pron. **1.** Mettersi addosso indumenti. *Vestirsi dopo la doccia.* **2.** Prepararsi, cambiarsi d'abito. **3.** Farsi confezionare gli abiti da qlcu. o comprare abiti già fatti presso un negozio. **4.** *fig.* Rivestirsi, ricoprirsi di qlco. *Il cielo si veste di rosso.*

2. vestìre s.m. Insieme dei capi d'abbigliamento. *Badare poco al vestire.*

1. vestìto agg. **1.** Che ha indosso gli abiti. ~ Che ha indosso un certo tipo di abbigliamento. *Vestito da sera.* **2.** *estens.* Rivestito, ricoperto. ~ BOT. Di organo vegetale, soprattutto di seme, avvolto da una pellicola, dal glume o altro involucro.

2. vestìto s.m. **1.** Abito maschile o femminile. **2.** Vestiario.

vestizióne s.f. **1.** Cerimonia che segna l'entrata in un ordine religioso con la consegna dell'abito. **2.** Nel Medioevo, cerimonia durante la quale un uomo era nominato cavaliere.

vesuviàna s.f. MIN. Vesuvianite.

vesuvianìte s.f. MIN. Silicato di calcio e alluminio contenente diversi altri metalli in percentuale variabile, presente in natura sotto forma di cristalli tetragonali lucenti, di colore giallastro o rossastro.

veteràno s.m. [f. *-na* nelle accez. 3 e 4] **1.** Nell'esercito romano, soldato che veniva congedato con particolari riconoscimenti. **2.** MIL. Soldato esperto, con lunga attività di servizio. ~ Congedato o ex-combattente anziano. **3.** Persona che ha una lunga pratica in una professione. ~ Esperto di un'attività. **4.** SPORT. Chi ha superato una certa età e viene inquadrato in un'apposita categoria.

veterinària s.f. **1.** Studio dell'anatomia, della fisiologia e della patologia degli animali, soprattutto domestici. ~ La professione relativa. **2.** (anche con iniziale maiusc.) Facoltà o corso di studi universitari che riguarda tale scienza.

veterinàrio agg. [pl.m. *-ri*] Relativo all'anatomia e alla patologia degli animali. ◆ s.m. [f. *-ria*] Persona laureata in veterinaria che esercita professionalmente la medicina rivolta agli animali.

vetivèr s.m. inv. (ingl. *vetiver*, da una voce tamil) Pianta coltivata in India e nelle Antille per le sue radici, da cui si estrae un profumo. (Genere *Vetiveria*; famiglia delle Graminacee.)

vèto s.m. **1.** ANT. ROM. Formula usata dai tribuni della plebe per opporsi a un decreto del senato. ~ Oggi, atto formale con cui si preclude l'esecuzione di una deliberazione amministrativa, legislativa o politica. ◇ *Diritto di veto:* potere conferito agli Stati membri permanenti del Consiglio di sicurezza delle Nazioni Unite, che permette loro di opporsi a qualsiasi decisione presa dagli altri membri. **2.** *estens.* Opposizione, rifiuto formale.

vetràio s.m. [f. *-traia*, pl.m. *-trai*] **1.** Addetto alla lavorazione del vetro. **2.** Chi vende, taglia e mette in opera lastre di vetro.

vetràrio agg. [pl.m. *-ri*] **1.** Relativo al vetro. **2.** Eseguito su vetro.

vetràta s.f. Chiusura di un vano ottenuta con lastre di vetro sostenute da apposite strutture. ~ Composizione decorativa costituita da parti in vetro general. colorate, legate per mezzo di piombo e di rinforzi metallici. [I vetri colorati possono portare un disegno a grisaglia, essere arricchiti di smalti (epoca gotica); le composizioni sono figurative, narrative o astratte.]

vetràto agg. **1.** Fornito di lastre di vetro. *Finestra, porta vetrata.* **2.** Coperto di polvere di vetro. ◆ s.m. Sottile strato di ghiaccio che copre la superficie delle rocce. ~ *estens.* Sottile patina ghiacciata che riveste il fondo stradale.

vetrerìa s.f. **1.** Fabbrica per la produzione e la lavorazione del vetro. ~ Negozio di lastre o oggetti di vetro. **2.** (al pl.) Assortimento di oggetti di vetro.

vetrificànte agg. Di sostanza che, sottoposta a opportuna lavorazione, assume aspetto o consistenza simili al vetro. ◆ s.m. Nel sign. dell'agg.

vetrificàre v.tr. [4] **1.** Trasformare qlco. in vetro o in una sostanza simile al vetro. *Vetrificare i mattoni nella fornace.* **2.** Rivestire con una lamina di plastica dura e trasparente. *Vetrificare un pavimento.* ◆ v.intr. (aus. *essere*) Diventare vetro o assumere aspetto o consistenza del vetro, anche pron.

1. vetrìna s.f. TECN. Rivestimento vetrificabile applicato su oggetti di ceramica da cuocere in forno.

2. vetrìna s.f. **1.** Parte di un negozio dove gli articoli in vendita sono esposti dietro lastre di vetro che dà sulla strada. ~ La vetrata che chiude tale parte. ~ Insieme degli oggetti messi in vetrina. **2.** *fig.* Località o avvenimento culturale, sociale, economico che, per le ottime qualità che presenta, può essere segnalato per rappresentare una regione o un determinato contesto. *Questa città è la vetrina della regione.* **3.** Mobile a vetri destinato all'esposizione di oggetti di particolare pregio.

vetrinàre v.tr. Rivestire oggetti in ceramica di vetrina, a scopo protettivo o decorativo.

vetrinista s.m. e f.[pl.m. *-sti*] Persona addetta all'allestimento delle vetrine dei negozi.

vetrìno s.m. **1.** Nel sign. del dim. di *vetro*. **2.** Ciascuna delle due lastrine di vetro tra le quali si pone l'oggetto da esaminare al microscopio. **3.** Vetro sottile che ricopre e protegge il quadrante dell'orologio da polso.

vetriòlo s.m. **1.** CHIM. Nome di alcuni solfati cristallizzati. **2.** Acido solforico o altro acido corrosivo. ◇ *fig. Al vetriolo:* caustico, violento. *Una critica al vetriolo.*

vétro s.m. **1.** Materiale duro, fragile, trasparente o traslucido, che si ottiene fondendo ad altissima temperatura sabbia silicea con ossidi e carbonati. ◇ *Vetro laminato:* ottenuto interponendo una lamina di materiali plastici tra due lastre. – *Vetro retinato:* ottenuto interponendo una rete metallica tra le lastre. **2.** Lastra di vetro. **3.** Oggetto di vetro, spec. di valore artistico. **4.** Frammento di vetro, rottame di vetro. **5.** GEOL. Sostanza magmatica che presenta strutture cristalline. (Le ossidiane sono vetri vulcanici.)

vetrocàmera s.f. COSTR. Struttura costituita da due lastre di vetro sigillate e separate da un'intercapedine, che si applica alle finestre per isolarle termicamente e acusticamente.

vetroceménto s.m. COSTR. Struttura costituita da un'armatura di cemento armato, in cui sono inserite mattonelle di vetro molto resistente.

vetroceràmica s.f. [pl. *-che*] Materiale a struttura vetrosa e cristallina, molto resistente al calore.

vetrofanìa s.f. (fr. *vitrauphanie*) Pellicola autoadesiva che si applica su un vetro come decorazione.

vetrorèsina s.f. Materiale plastico, leggero e resistente agli urti, impiegato nell'industria navale, aeronautica e automobilistica.

vetróso agg. **1.** Che ha l'aspetto brillante e omogeneo del vetro, senza essere necessariamente trasparente. ~ GEOL. Della struttura di alcune rocce eruttive non cristallizzate. **2.** Che contiene o che è costituito di vetro.

vétta s.f. (lat. *vĭttam* "benda per i capelli", poi "testa" e "sommità, cima") **1.** Sommità di un rilievo montuoso o di altra struttura verticale. **2.** *fig.* Primo posto in una graduatoria. SIN.: **vertice**. ~ (spec. pl.) Grado più elevato, culmine. **3.** Estremità di un ramo. ~ *estens.* Sottile ramoscello. **4.** Il bastone più corto tra i due che formano il correggiato per battere il grano. **5.** MAR. In un paranco, estremità del cavo con cui si effettua la manovra.

vettóre agg. [f. *-trice*] Che trasporta, che trasmette. ◇ *Missile vettore:* *razzo vettore. – *Insetti*

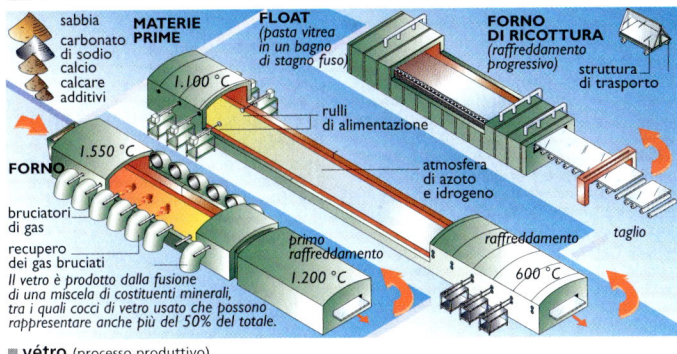

sabbia
carbonato
di sodio
calcio
calcare
additivi

MATERIE PRIME

FLOAT
(pasta vitrea
in un bagno
di stagno fuso)

1.100 °C

FORNO DI RICOTTURA
(raffreddamento progressivo)

struttura
di trasporto

rulli
di alimentazione

FORNO

1.550 °C

atmosfera
di azoto
e idrogeno

bruciatori
di gas

recupero
dei gas bruciati

primo
raffreddamento

raffreddamento

taglio

*Il vetro è prodotto dalla fusione
di una miscela di costituenti minerali,
tra i quali cocci di vetro usato che possono
rappresentare anche più del 50% del totale.*

1.200 °C

600 °C

■ **vétro** (processo produttivo).

vettori: che trasmettono malattie infettive. ◆ s.m. **1.** MAT., FIS. Ente geometrico assunto per rappresentare una grandezza dotata di direzione e verso. **2.** DIR. Trasportatore, nei termini di un contratto di trasporto. **3.** CHIM., BIOL. Sostanza con funzione intermediaria in un processo biochimico. **4.** BIOL., MED. Animale portatore di malattie infettive pur non essendone affetto.
ENCICL. Si distinguono due diversi tipi di vettori spaziali, i razzi e le navette. I vettori tradizionali, i *razzi*, si utilizzano una sola volta e nessuno dei loro elementi viene recuperato. La loro forma è quella di un cilindro alto da 30 a 60 m alla cui sommità si trova, protetto da una calotta, il *carico utile*, composto da uno o più satelliti. Alla base del cilindro si trova un gruppo di razzi-motore che assicurano la propulsione nell'atmosfera e

nello spazio. I razzi vettore decollano sempre in verticale a causa della combustione di importanti quantità di gas che vengono espulse dalla parte inferiore del veicolo. Gli elementi di propulsione costituiscono la maggior parte del peso di un razzo al momento del decollo. Per motivi di efficienza, un razzo è sempre diviso in stadi che funzionano in modo successivo e che vengono sganciati quando sono vuoti. Per accrescere la potenza spesso sono aggiunti alla base del razzo dei propulsori complementari (con propellente liquido o in polvere). Altra particolarità dei razzi vettore è la breve durata del loro funzionamento. Nel 1981 gli Stati Uniti hanno messo in orbita un nuovo tipo di veicolo spaziale, la *navetta*, contemporaneamente razzo vettore e unità abitabile, il cui principale vantaggio è che può essere riutilizzata. L'elemento principale della navetta è il *veicolo orbitante*, che ha una forma di aeroplano con ali a delta, concepito per missioni a bassa altitudine (da 300 a 400 km di altezza); può atterrare in autonomia come un aeroplano ma non può viaggiare nello spazio senza propulsori ausiliari a propellente in polvere, e senza un'enorme riserva esterna di idrogeno e ossigeno liquidi e non riutilizzabili, destinati all'alimentazione dei motori principali. Per il lancio di satelliti geostazionari, la navetta deve imbarcare nella stiva un propulsore supplementare.

vettoriàle agg. **1.** MAT., FIS. Relativo ai vettori, agli spazi vettoriali (in oppos. a *scalare*). **2.** ALG. *Spazio vettoriale reale*: insieme E fornito di una legge di composizione interna che ne fa un gruppo commutativo e di una legge di composizione esterna che associa a un numero reale *a* e a un elemento *ū* di *E* un elemento di *E* scritto come *a · ū* in modo che si abbia, qualunque siano i numeri reali *a* e *b* e indipendentemente dagli elementi *ū* e *v̄* vettore di *E*:

$$a \cdot (b \cdot \bar{u}) = (a \times b) \cdot \bar{u}$$
$$(a + b) \cdot \bar{u} = a \cdot \bar{u} + b \cdot \bar{u}$$
$$a \cdot (\bar{u} + \bar{v}) = a \cdot \bar{u} + a \cdot \bar{v}$$
$$1 \cdot \bar{u} = \bar{u}$$

vettovàglia s.f. [spec. pl. –*glie*] Provviste di viveri indispensabili al sostentamento di un esercito o di una comunità. SIN.: **viveri**.

vettovagliaménto s.m. Rifornimento di viveri. SIN.: **approvvigionamento**.

vettovagliàre v.tr. [6] Rifornire qlcu. di viveri, di vettovaglie, usato spec. nel l. militare. ◆ **vettovagliarsi** v.pron. Approvvigionarsi.

vettùra s.f. **1.** Veicolo per il trasporto pubblico di passeggeri. **2.** Autovettura, automobile. **3.** Ant., trasporto di persone e merci effettuato con carrozze a trazione animale. ~ *estens.* Il prezzo fissato per tale servizio.

vetturàle s.m. Conduttore di veicoli trainati da animali per il trasporto di passeggeri o merci.

vetturino s.m. **1.** Conducente di vetture pubbliche a cavalli. **2.** Noleggiatore di cavalli e di veicoli a cavalli.

vetùsto agg. (lat., deriv. di *vĕtus* "vecchio") **1.** Molto antico, spesso con accezione positiva di venerabile. **2.** Vecchio, deteriorato dal tempo.

vexata quaestio [/vek'sata 'kwestjo/] loc. sost. f. [pl. *vexatae quaestiones*] (loc. lat.,

propr. "questione discussa") Argomento molto controverso, questione ampiamente dibattuta.

vezzeggiàre v.tr. [5] Trattare qlcu. con affetto e tenerezza. ◆ **vezzeggiarsi** v.pron. Avere un'estrema cura di sé, trattarsi bene.

vezzeggiativo agg. **1.** Affettuoso, amorevole. **2.** GRAMM. Di un nome o di un aggettivo alterato, che assume un valore di particolare affettuosità. ~ Del suffisso diminutivo che opera tale alterazione (come –*etto*, –*ino*, –*uccio*). ◆ s.m. GRAMM. Forma diminutiva, abbreviata o alterata, di un nome o di un aggettivo a cui si vuole conferire un valore di particolare affettuosità.

vézzo s.m. **1.** Consuetudine, abitudine spesso leziosa e non gradevole. ~ Vizio, in senso più negativo. *Ha il vezzo di mangiarsi le unghie.* **2.** Gesto affettuoso e amorevole. ~ (al pl.) Moine, smancerie. **3.** (al pl.) Fascino che una donna esercita con la sua bellezza e grazia. **4.** Collana. *Un vezzo di perle.*

vezzóso agg. Affettato, lezioso. ◆ s.m. [f. –*sa*] Chi simula modi aggraziati e si comporta in modo lezioso.

VHS s.m. inv. (sigla dell'ingl. *Video Home System*) Sistema di videoregistrazione di origine giapponese.

1. via s.f. **1.** Fascia di terreno attrezzata per il transito di persone e veicoli. (*v. immagine pag. succ.*) **2.** Sentiero da percorrere, itinerario da seguire per andare da un posto a un altro. **3.** Cammino, viaggio. *Rimettersi in via,* ◇ *Via di Damasco:* dove San Paolo si convertì. **4.** Accesso, passaggio, pista, varco. **5.** Modo o mezzo attraverso cui si effettua un percorso, un trasporto o una comunicazione. *Via navigabile.* ~ Negli itinerari ferroviari, aerei o marittimi indica, davanti a nome proprio di luogo, una tappa intermedia, una stazione o uno scalo di transito. *Treno per Roma via Bologna.* **6.** *fig.* Comportamento, linea di condotta. **7.** *fig.* Modo, mezzo, sistema per giungere a un determinato obiettivo o risultato. *Una via di fuga, di scampo.* ◇ *figg.* Passare *a via di fatto:* passare alla forza, venire alle mani dopo aver litigato a parole. – *Via di mezzo:* soluzione tra due posizioni opposte. **8.** *fig.* Indirizzo professionale, carriera o possibilità di carriera. **9.** ANAT., MED. Canale o dotto in cui scorrono e defluiscono liquidi organici. *Le vie urinarie.* ~ Anche, modalità di passaggio tra l'esterno e l'interno del corpo. *Iniezione per via endovenosa.*

2. via avv. **1.** Con i verbi di moto esprime l'allontanamento, con altri verbi esprime distacco. *Andare, mandare via.* ◇ *Dare via:* lasciare o regalare a qlcu. **2.** assol. Sottintendendo un verbo di moto, indica rapidità, movimento repentino. *Prendo la mia roba e via.* **3.** Nelle enumerazioni, ha valore di eccetera. *Narrativa, poesia, saggistica e via dicendo.* **4.** Iterato, a mano a mano, di volta in volta. *Ti terrò via via informato.* ◆ s.m. inv. Segnale di partenza o d'inizio di una gara. ◇ *Dare il via:* riferito ad arbitro o giudice di gara, mandare il segnale d'inizio; *fig.* dare l'autorizzazione a procedere.

viabilità s.f. inv. (fr. *viabilité*) **1.** Qualità di ciò che è percorribile. ~ Praticabilità delle strade per il traffico dei veicoli. **2.** Rete stradale urbana o extraurbana. ~ Insieme delle attività di costruzione di tali reti e norme che regolano la circolazione sulle stesse.

via crùcis loc. sost. f. inv. (loc. lat., propr. "via della croce") **1.** CRIST. Esercizio devoto che consiste nel recitare preghiere e nel fare meditazione davanti a ciascuna delle quattordici stazioni che ricordano episodi della Passione di Cristo. **2.** *fig.* Serie interminabile di esperienze dolorose. **3.** Rappresentazione pittorica o in bassorilievo dei quattordici episodi della Passione.

viado [/'ijaðo/] s.m. [pl. *viados*] (voce port. del Brasile di etim. incerta) Travestito o transessuale che si prostituisce.

viadòtto s.m. (ingl. *viaduct*) Ponte costruito per il passaggio di strade o linee ferroviarie sopra vallate, depressioni o zone urbane.

viaggiànte agg. Che compie o può compiere un viaggio. ◇ *Personale viaggiante:* quello dei mezzi pubblici di trasporto addetto a servizi durante il viaggio.

viaggiàre v.intr. [5] (aus. *avere*) **1.** Spostarsi da un luogo a un altro. ~ Fare un viaggio, fare viaggi. *Viaggiare per studio.* ~ Detto di mezzi di trasporto, compiere un percorso. *Il treno viaggia*

CARATTERISTICHE:
altezza totale: 50,67 m
diametro
del primo stadio: 5,45 m

carenatura

satellite

secondo stadio

satellite

scomparto
di equipaggiamento

motore
Aestus

**stadio di
propulsione EPS**

primo stadio

**stadio
principale
criotecnico**

riserva
d'ossigeno
liquido

**stadio
di propulsione
a polvere**

riserva
d'idrogeno
liquido

motore
a propellente
solido

motore Vulcain

ugello

■ **vettóre.** Struttura del vettore spaziale europeo Ariane 5.

con mezz'ora di ritardo. ~ Detto di merce, essere trasportata in un certo modo. *La merce viaggia a rischio del destinatario.* **2.** *fig.* Compiere voli con l'immaginazione. ~ *gerg.* Avere allucinazioni, trovarsi sotto l'azione degli stupefacenti. **3.** Fare il commesso viaggiatore. *Viaggiare per conto terzi.*

viaggiatóre agg. [f. *–trice*] Che compie viaggi. ◆ s.m. (anche f.) **1.** Chi sta compiendo un viaggio su un mezzo pubblico terrestre. **2.** Rappresentante di commercio.

viàggio s.m. [pl. *–gi*] **1.** Azione di spostarsi da un luogo all'altro compiendo un certo percorso. ~ Giro attraverso luoghi lontani o paesi stranieri. ◇ *Viaggio di nozze:* quello fatto subito dopo il matrimonio. – *Viaggio premio:* quello vinto come premio di giochi, di un buon risultato nel lavoro o negli studi. **2.** *fam.* Breve tragitto che si fa avanti e indietro per trasportare oggetti. **3.** *fig.* Spostamento immaginario, itinerario fantastico. ~ *gerg.* Stato allucinatorio dovuto all'impiego di alcune droghe.

viàgra s.m. inv. Nome commerciale di un farmaco impiegato nella cura dell'impotenza sessuale maschile.

viàle s.m. inv. Nompia strada alberata. **2.** In un parco o giardino, stradina o sentiero tra alberi, siepi o aiuole.

viandànte s.m. e f. Chi copre lunghe distanze a piedi.

viàrio agg. [pl.m. *–ri*] Relativo alle vie urbane ed extraurbane. *Piano viario.* SIN.: **stradale**.

viàtico s.m. [pl. *–ci*] **1.** ANT. ROM. Quanto era necessario per un viaggio. **2.** *fig.* Sostegno morale, conforto. **3.** RELIG. L'eucarestia che viene amministrata ai malati gravi o ai moribondi.

viavài s.m. inv. **1.** Movimento confuso di persone, di veicoli che vanno e vengono. **2.** Moto alternato di organi meccanici.

vìbice s.f. MED. Ecchimosi cutanea in forma di strisce.

vibrafonìsta s.m. e f.[pl.m. *–sti*] MUS. Suonatore di vibrafono.

vibràfono s.m. MUS. Strumento musicale composto da una serie di lamine d'acciaio collocate all'estremità di tubi di risonanza che contengono ciascuna una paletta a rotazione elettrica e che, quando si percuotono le lamine, producono un suono intenso.

vibram [/'vaɪbrəm/] s.m. inv. Suola di gomma lavorata con profonde scanalature per garantire l'aderenza al suolo degli scarponi da montagna.

vibrànte agg. **1.** Che vibra. **2.** *fig.* Che manifesta dell'entusiasmo, della passione, dell'emozione. **3.** LING. Di consonante che si articola facendo vibrare la lingua o l'ugola, come per i suoni *r* e *l*. ◆ s.f. LING. Nell'accez. 3 dell'agg.

vibràre v.tr. **1.** Agitare un'arma prima di lanciarla. ~ *estens.* Lanciare, scagliare qlco. *Vibrare la lancia.* **2.** *estens.* Assestare, tirare un colpo a qlcu. con particolare forza. **3.** Mettere qlco. in vibrazione. ~ COSTR. Effettuare la vibratura del calcestruzzo. **4.** *fig.* Scagliare qlco. contro qlcu. *Vibrare la scomunica contro gli eretici.* ◆ v.intr. (aus. *avere*) **1.** Essere sottoposto a una serie di oscillazioni, vibrazioni. SIN.: **oscillare**. **2.** *fig.* Detto di suoni, risuonare, diffondersi, rie-

cheggiare. **3.** *fig.* Detto di sentimenti, mostrarsi, trasparire, palesarsi in qlco. *L'angoscia vibrò nelle sue parole.* **4.** *fig.* Fremere in preda a passioni o sentimenti, riferito spec. alla voce.

vibràtile agg. Che è in grado di vibrare. ◇ BIOL. *Ciglia vibratili:* filamenti con funzione locomotoria di cui sono muniti alcuni microrganismi.

vibràto agg. **1.** Che è sottoposto a vibrazione. **2.** *fig.* Animato, concitato, particolarmente energico. **3.** Lanciato, scagliato. ◆ s.m. MUS. Modulazione d'intensità del suono prodotta con strumenti musicali a corde o a fiato.

vibratóre s.m. **1.** Apparecchio che produce vibrazioni meccaniche. ~ In partic., apparecchio per effettuare piccoli massaggi mediante vibrazioni. **2.** Dispositivo elettromeccanico vibrante sotto l'effetto di una corrente e destinato, in partic., a fungere da allarme acustico. **3.** COSTR. Apparecchio con il quale si imprimono vibrazioni alle casseforme di calcestruzzo, per permettere l'assestamento del medesimo.

vibratòrio agg. [pl.m. *–ri*] Caratterizzato da vibrazioni.

vibratùra s.f. COSTR. Operazione mediante la quale si sottopone a vibrazioni ad alta frequenza il calcestruzzo, al fine di aumentarne compattezza e resistenza.

vibrazionàle agg. FIS. Relativo a vibrazione.

vibrazióne s.f. **1.** Sequenza di movimenti a senso alternato, di breve ampiezza e di alta frequenza. **2.** FIS. Variazione periodica oscillatoria. **3.** *estens.* Tremolio. ~ *fig.* Palpitazione, fremito dovuti a intima agitazione. **4.** TECN. Metodo che consiste nell'imprimere al calcestruzzo fluido delle vibrazioni che permettono di aumentarne la densità, la resistenza e la compattezza. **5.** Serie di scosse impresse manualmente o mediante un apposito apparecchio ai muscoli o ai tessuti, in una pratica fisioterapica di massaggio.

vibrióne s.m. **1.** Batterio parassita dell'animale e dell'uomo o diffuso in ambienti acquatici. (Famiglia delle Spirillacee.) ~ In partic., la specie più nota, spiraliforme e cigliata, è agente patogeno del colera. **2.** BIOL. (iniziale maiusc.) Genere di batteri a cui appartengono le varie specie di vibrioni.

vibrissa s.f. **1.** ZOOL. Pelo sensoriale di alcuni mammiferi. (Le vibrisse formano i "baffi" dei carnivori, dei pinnipedi e dei roditori.) **2.** ANAT. Nell'uomo, ciascuno dei peli all'interno delle narici.

vibromassaggiatóre s.m. Apparecchio elettrico che produce vibrazioni e con il quale si fanno massaggi.

vibromassàggio s.m. [pl. *–gi*] Massaggio terapeutico effettuato con un vibratore.

vibròmetro s.m. FIS. Strumento che misura la frequenza e l'ampiezza delle vibrazioni meccaniche di determinate strutture.

vibùrno s.m. **1.** Arbusto a fiori bianchi o rosa, con bacche rosse o nere, coltivato come pianta ornamentale, le cui specie principali sono il pollone di maggio e il laurotino. (Famiglia delle Caprifogliacee.) **2.** BOT. (iniziale maiusc.) Genere

di piante a cui appartengono le varie specie di viburno.

vicariànte agg. **1.** BIOL., ANAT. Di un organo, di una funzione che compensa all'insufficienza di un altro organo o di un'altra funzione. **2.** CHIM. Riferito a elemento che, in una struttura, può scambiarsi di posto con un altro.

vicariàto s.m. **1.** DIR. CAN. Ufficio e competenze di un vicario. ~ La durata di tale carica. **2.** Insieme di più parrocchie che, all'interno di una diocesi, sono riunite sotto la guida di un vicario. ~ La sede del vicario.

vicàrio agg. [pl.m. *–ri*] **1.** Che esercita le funzioni di un'altra persona di grado superiore. **2.** BIOL., ANAT. Vicariante. ◆ s.m. **1.** DIR. CAN. [f. *–ria*] Chi sostituisce, in varie mansioni, un superiore. ◇ *Vicario apostolico:* vescovo incaricato dell'amministrazione di un territorio di missione che non costituisce ancora una diocesi. – *Vicario vescovile:* sacerdote che esplica la funzione di vescovo in una diocesi. – *Vicario generale:* sacerdote che assiste il vescovo nell'amministrazione di una diocesi. **2.** In epoca medievale, rappresentante dell'autorità imperiale.

vice s.m. e f.inv. Persona che sostituisce il capo o che è ad esso immediatamente inferiore in ordine gerarchico.

viceammiràglio s.m. [pl. *–gli*] (fr. *vice-amiral*) Nella marina militare, ammiraglio di squadra, che è l'ufficiale di grado immediatamente inferiore all'ammiraglio.

vicecomitàle agg. Di visconte o viscontessa.

vicecònsole s.m. Funzionario che, nell'ordine gerarchico della diplomazia, si trova a immediate dipendenze del console.

vicedirettóre s.m. [f. *–trice*] Chi lavora alle immediate dipendenze del direttore o ne esplica le funzioni in sua assenza.

vicegovernatóre s.m. [f. *–trice*] Chi esplica la funzione del governatore.

viceminìstro s.m. **1.** Sostituto del ministro. ~ Nel l. gior., sottosegretario. **2.** Nell'ordinamento dell'esecutivo italiano in vigore dal 2001, ministro delegato dal titolare di un dicastero a seguire materie specifiche.

vicènda s.f. **1.** Avvenimento o serie di avvenimenti che riguardano la vita e la storia di una o più persone. **2.** Avvicendamento. ~ Seguito ciclico o alternato di eventi. **3.** AGR. *Rotazione delle colture.

vicendévole agg. Reciproco, mutuo. *Vicendevole scambio di opinioni.*

vicentìno agg. Di Vicenza. ◆ s.m. **1.** [f. *–na*] Abitante, nativo di Vicenza. **2.** (iniziale maiusc., solo sing.) Territorio intorno a Vicenza.

vicepàrroco s.m. [pl.m. *–ci*] Sacerdote che sostituisce il parroco in sua assenza.

viceprefètto s.m. Nel governo della provincia o in collegi vari, funzionario di grado immediatamente inferiore al prefetto, con funzioni di coadiutore, detto anche prefetto vicario.

viceprèmier s.m. e f.inv. Chi sostituisce il Presidente del Consiglio in sua assenza.

viceprèside s.m. e f. Professore che funge da collaboratore del preside di un istituto e lo sostituisce in caso di assenza.

vicepresidènte s.m. e f. Persona incaricata di affiancare ed eventualmente sostituire il presidente.

vicepresidènza s.f. Funzione, ufficio di vicepresidente o vicepreside. ~ La durata di tale carica e la sede in cui la si esercita.

vicequestóre s.m. Sostituto del questore in caso di assenza e suo coadiutore nell'espletamento di particolari mansioni, oggi sostituito dal primo dirigente della Polizia di Stato.

viceré s.m. inv. ST. Governatore di un regno o di una grande provincia che dipende da uno Stato monarchico, in partic., nelle colonie lontane dal regno.

vicereàme s.m. Territorio governato dal viceré.

vicesegretàrio s.m. [f. *–ria*, pl.m. *–ri*] Funzionario che lavora alle dipendenze del segretario.

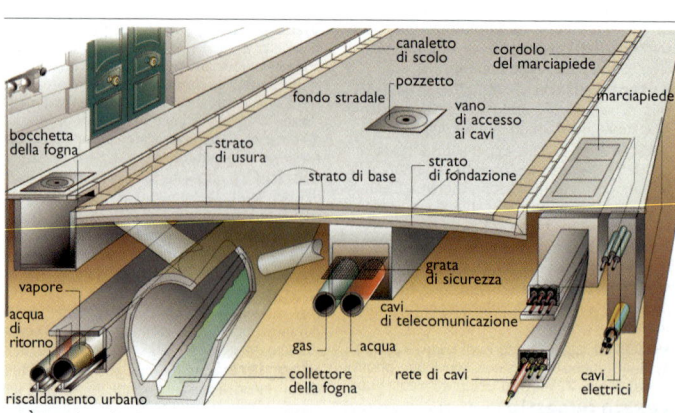

■ **vìa.** Veduta d'insieme e in sezione di una strada urbana, con le differenti reti.

vicesìndaco s.m. Nell'amministrazione comunale, assessore che sostituisce il sindaco in caso di sua assenza.

vicevèrsa avv. (lat. *vĭce vĕrsa*, propr. "mutata la vicenda") In senso contrario, in direzione opposta. *Da qui a casa e viceversa.* ~ Al contrario. *Prima pensa e poi parla, non viceversa.* ~ Reciprocamente, a sua volta. ◆ cong. Invece, al contrario.

vichìngo agg. [pl.m. *–ghi*, f. *–ghe*] (nord. *vìkingr*, propr. "ladrone di mare") **1.** Dei vichinghi, popolazioni germaniche che occuparono la regione scandinava. **2.** estens. *scherz.* Dell'attuale Scandinavia. ◆ s.m. [f. *–ga*] **1.** Appartenente all'antica popolazione vichinga. **2.** estens. scherz. Scandinavo, nordico. ~ Persona alta e bionda.

vicinàle agg. **1.** Di strada privata di campagna per la quale vige il diritto di passaggio pubblico. **2.** Di linea su rotaia che collega un centro urbano con la periferia o con località circonvicine. **3.** Relativo a una vicinia.

vicinànza s.f. **1.** Prossimità nello spazio o nel tempo. **2.** *fig.* Concordanza, affinità. **3.** (al pl.) Luoghi che si trovano nei dintorni, nelle zone vicine.

vicinàto s.m. **1.** La condizione dell'essere vicini di casa e il complesso degli obblighi reciproci che ciò comporta. ~ *estens.* La condizione del confinare tra stati o territori. **2.** Insieme degli abitanti di case vicine. ~ Insieme delle case e dei luoghi vicini a dove si abita.

vicinìa s.f. **1.** In epoca medievale, comunità rurale in cui tutti i membri amministravano le risorse in regime assembleare. **2.** Associazione tra coltivatori e allevatori per lo sfruttamento in comune di pascoli e boschi.

vicìno agg. [f. *–na*] **1.** Situato a breve distanza. **2.** *fig.* Di persona che condivide un'affinità di idee con qlcu. o con un gruppo. ~ Di cosa che presenta un'analogia, una somiglianza con qlco. **3.** Vicino nel tempo. *L'autunno è vicino.* ◆ avv. **1.** A breve distanza, non lontano nello spazio o nel tempo. **2.** Indica un luogo in prossimità di quello cui ci si riferisce.

vicissitùdine s.f. (al pl.) Triste evento.

vìco s.m. [pl. *–chi*] (lat. *vīcum* "quartiere, villaggio") Nell'antichità e nel Medioevo, borgo autonomo dal punto di vista amministrativo e giurisdizionale.

vìcolo s.m. Via urbana stretta e di limitata lunghezza.

1. victòria s.f. (fr. *victorie*, dal nome della regina *Vittoria* d'Inghilterra) Carrozza trainata da due cavalli, decappottabile, a quattro ruote.

2. victòria s.f. (dal nome della regina *Vittoria* d'Inghilterra) **1.** Pianta acquatica diffusa nell'America tropicale, le cui foglie galleggianti possono raggiungere i 2 m di diametro. (Famiglia delle Ninfeacee.) **2.** BOT. (iniziale maiusc.) Genere di piante a cui appartengono le varie specie di victoria.

videàta s.f. INFORM. Il complesso dei caratteri e delle immagini che compaiono in un determinato momento sullo schermo di un computer o di un televisore collegato a un elaboratore elettronico.

vìdeo s.m. inv. (voce lat., propr. "io vedo") **1.** Nei sistemi di trasmissione televisiva, apparecchiatura che ha la funzione di riprodurre e diffondere immagini visive. ~ Insieme delle immagini prodotte. **2.** Schermo del televisore o del computer, sul quale compaiono le immagini o i dati elaborati. ~ *estens.* Televisore, televisione. **3.** *fam.* Videoclip, filmato. ~ (anche f.) Videocassetta. ❑ In funzione di agg. inv., che riguarda la riproduzione e trasmissione delle immagini visive o la visualizzazione dei dati risultanti da elaborazione elettronica. *Segnale video.*

videoamatóre s.m. [f. *–trice*] Chi si diletta nel fare riprese con una videocamera.

videoamatoriàle agg. Di o da videoamatore.

video art [/'vidiəʊ 'ɑːt/] loc. sost. f. inv. (loc. ingl. d'America) Corrente artistica, nata negli anni Settanta, che usa videoregistrazioni e montaggi di immagini come mezzo d'espressione.

■ **video art.** G. Hill, And Sat Down Beside Her, 1990-1992. (Galleria degli Archivi, Parigi).

videocàmera s.f. **1.** Telecamera dotata di monitor. **2.** Telecamera portatile munita di videoregistratore.

videocassétta s.f. Contenitore rettangolare di nastri magnetici per la registrazione di trasmissioni televisive o per la riproduzione di film e documentari, visibili con l'ausilio di appositi lettori sullo schermo dei normali televisori. ~ Programmi, film registrati su tale supporto. (v. immagine pag. succ.)

videocitòfono s.m. Citofono munito di un monitor sul quale compare l'immagine della persona che suona alla porta d'ingresso.

videoclip s.m. inv. (voce ingl.) Filmato videoregistrato che accompagna l'esecuzione di un brano di musica leggera. ~ Breve filmato pubblicitario realizzato a scopo commerciale.

videocomunicazióne s.f. Comunicazione fondata sulla trasmissione di immagini a distanza.

videoconferènza s.f. Conferenza o dibattito tra persone che, situate in luoghi differenti, comunicano tra di loro mediante un sistema di collegamenti videotelefonici.

videodipendènte agg. Di persona, che non può fare a meno di guardare continuamente la televisione. ◆ s.m. e f. Nel sign. dell'agg.

videodisco s.m. [pl. *–schi*] Disco magnetico sul quale sono registrati o possono essere registrati immagini e suoni riproducibili, mediante un apposito lettore, su un normale schermo televisivo.

videofrequènza s.f. ELETTROTEC. La frequenza delle onde usate per la trasmissione delle immagini visive a distanza.

video game [/'vidiəʊ 'geɪm/] loc. sost. m. inv. (loc. ingl.) Videogioco.

videogiòco s.m. [pl. *–chi*] (calco dell'ingl. *videogame*) Dispositivo elettronico che utilizza uno speciale monitor o lo schermo di un normale televisore per visualizzare immagini di giochi vari da eseguire da soli o in competizione con un altro concorrente. ~ L'apparecchio che, grazie a una tastiera e ad altri comandi, consente a una o più persone di guidare il gioco.

videografìa s.f. Elenco delle opere audiovisive di uno stesso autore, genere o argomento.

videoimpaginatóre s.m. Videoterminale in grado di impaginare un testo.

videoléso agg. MED. Che ha difetti di vista. ◆ s.m. [f. *–sa*] Nel sign. dell'agg.

videolettóre s.m. Apparecchio per la visione di cassette preregistrate o per la visione di pellicole appena filmate.

videolibro s.m. Testo registrato su disco per videolettore, utilizzabile mediante apposito programma computerizzato.

videomaker [/'vidiəʊˌmeɪkə/] s.m. e f.inv. (voce ingl.) Produttore di videoclip musicali e pubblicitari.

videomusic [/'vidiəʊ'mjuːzik/] s.m. (solo sing.) (voce ingl.) Brano musicale accompagnato da un filmato. SIN.: **videoclip.** ◆ s.f. (solo sing.) Genere di musica accompagnata da immagini, registrata su nastro magnetico e riproducibile su schermo. SIN.: **videomusica.**

videonàstro s.m. Nastro magnetico contenuto nelle videocassette.

videopòker s.m. inv. Gioco d'azzardo che si effettua su video, spec. in locali pubblici.

videoproiettóre s.m. Apparecchio che proietta le immagini televisive su uno schermo gigante.

videoregistràre v.tr. Registrare programmi televisivi usando il videoregistratore.

videoregistratóre s.m. Apparecchio che riporta su nastro magnetico immagini e suoni, usato sia per registrare programmi televisivi, sia per la proiezione su schermo di immagini precedentemente registrate. (v. immagine pag. succ.)

videoregistrazióne s.f. Registrazione di programmi televisivi realizzata tramite un videoregistratore. ~ Il programma così registrato.

videoscrittùra s.f. INFORM. Operazione di scrittura ed elaborazione di testi, effettuata con specifici programmi applicativi su computer. SIN.: **word processing.**

videosegnàle s.m. Segnale elettrico che, nei sistemi televisivi, corrisponde all'immagine visiva.

videotape [/'vidiəʊˌteɪp/] s.m. inv. (voce ingl.) **1.** Nastro magnetico contenuto nelle videocassette. ~ La videocassetta stessa. SIN.: **videonastro. 2.** estens. Videoregistrazione.

videotèca s.f. [pl. *–che*] **1.** Locale dove si custodiscono raccolte di videocassette. ~ Negozio che vende o noleggia videocassette. **2.** Raccolta di videocassette.

videotèl s.m. inv. Denominazione commerciale del servizio telematico di videotex adottato in Italia.

videotelefonìa s.f. Sistema di comunicazione telefonica che utilizza uno schermo televisivo.

videotelèfono s.m. Apparecchio telefonico collegato a uno schermo televisivo sul quale compare la figura dell'interlocutore all'altro capo del cavo.

videoterminàle s.m. INFORM. Terminale di elaboratore elettronico, costituito da un cine-

pulsante di registrazione
interruttore
faretto
obiettivo
pulsante dello zoom
microfono
visore
selettore programma
schermo a cristalli liquidi

■ **videocàmera**

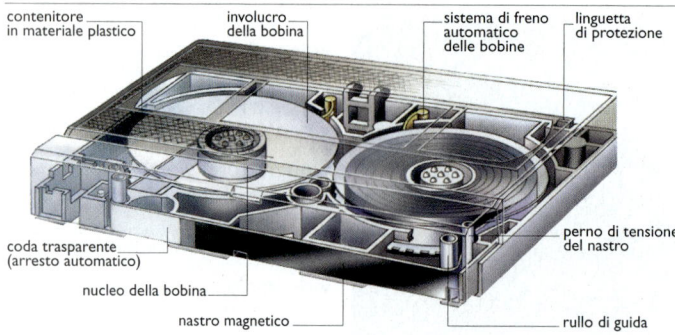

contenitore in materiale plastico

involucro della bobina

sistema di freno automatico delle bobine

linguetta di protezione

coda trasparente (arresto automatico)

perno di tensione del nastro

nucleo della bobina

nastro magnetico

rullo di guida

■ videocassétta

scopio sul cui schermo sono visibili i dati forniti dall'unità di elaborazione.

videotèx s.m. inv. Denominazione commerciale, che costituisce marchio registrato, di un servizio telematico di informazione generale, realizzato mediante opportuno collegamento tra la rete telefonica e un videoterminale.

videotèxt s.m. inv. Sistema telematico interattivo che trasmette informazioni via etere o via cavo usando come periferica di uscita lo schermo del televisore.

videotrasméttere v.tr. [50] Trasmettere immagini attraverso sistemi elettronici di videotrasmissione.

videotrasmissióne s.f. Trasmissione di immagini a distanza attraverso speciali procedimenti elettronici. ~ Trasmissione televisiva.

vidiconoscòpio s.m. [pl. –pi] FIS. Piccolo tubo termoelettronico fotosensibile usato nelle telecamere per riprese televisive.

vidimàre v.tr. (fr. vidimer, deriv. di lat. vidimus propr. "abbiamo visto", formula con cui si convalidava un documento) Nel l. bur., autenticare qlco. mediante l'apposizione di un visto, di un bollo, di una firma. SIN.: **convalidare**.

vidimazióne s.f. Autenticazione di documenti mediante apposizione di visti, bolli o firme. SIN.: **convalida**.

viélla s.f. (fr. vielle) MUS. Strumento musicale ad arco, a cinque corde e con fondo appiattito, suonato dai trovatori nel Medioevo.

viennése agg. Di Vienna. ◆ s.m. e f. Nativo, abitante di Vienna.

vietàre v.tr. Proibire qlco. a qlcu. ~ Anche in forma impersonale al passivo. È vietato fumare. ◇ Nulla vieta che: niente impedisce che, è possibile.

vietàto agg. Proibito, non permesso.

vietcòng s.m. e f.inv. (deriv. di Viet-nam cong San "comunisti del Vietnam") Chi ha fatto parte del Fronte di liberazione nazionale del Vietnam del Sud. – L'organizzazione stessa. ▫ In

funzione di agg. inv., del Fronte di liberazione nazionale del Vietnam del Sud, in lotta tra il 1957 e il 1975 contro le forze governative sudvietnamite e i loro alleati statunitensi. Guerriero vietcong.

vietnamìta agg. Del Vietnam. ◆ s.m. **1.** (anche f.) Nativo, abitante del Vietnam. **2.** (solo sing.) La lingua parlata in tale stato.

viéto agg. Vecchio e abusato.

vigènte agg. In vigore.

vigére v.intr. [12] [manca del part. pass.] Essere in vigore. Vigono ancora leggi antiquate. ~ Di consuetudini, abitudini, essere ancora in vita.

vigesimàle agg. Di un sistema di numerazione che ha come base il numero 20.

1. vigilànte s.m. **1.** (anche f.) Sorvegliante. **2.** Nelle ferrovie, dispositivo di sicurezza che interviene a frenare un locomotore.

2. vigilante [/ʙɪxiˈlante/] s.m. e f.[pl. vigilantes] (voce spagn., deriv. di vigilar "vigilare") **1.** (spec. pl.) Guardia giurata che presta servizio di sorveglianza presso banche, industrie o altri istituti o di scorta durante il trasporto di valori e simili. **2.** (al pl.) Privati cittadini che si organizzano per svolgere, illegalmente e di solito clandestinamente, attività di polizia in una certa zona, in un quartiere cittadino, ecc.

vigilànza s.f. **1.** Sorveglianza attenta. ~ Cura, attenzione. ◇ Vigilanza speciale: nel l. giur., misura preventiva che si applica nei confronti di malviventi e soggetti ritenuti pericolosi per la società. **2.** Istituto di sorveglianza. ~ estens. Le guardie giurate che ne fanno parte e il servizio che svolgono.

vigilàre v.intr. (aus. avere) Fare attenzione, provvedere, badare a qlco. ~ Esercitare vigilanza su qlco. ◆ v.tr. Sottoporre a sorveglianza qlcu. o qlco.

vigilàto agg. Soggetto a sorveglianza. ◆ s.m. [f. –ta] Persona soggetta a sorveglianza speciale da parte della polizia.

vigile agg. Che sorveglia attentamente. ◇ MED. Coma vigile: stato di coma, in cui tuttavia è ancora persistente una parte di coscienza. ◆ s.m. e f.[pop. o scherz. f. vigilessa] Agente di un corpo speciale di guardia o sorveglianza. ◇ Vigile urbano: guardia municipale che ha il compito di regolare il traffico urbano e di vigilare sulla corretta applicazione delle norme comunali. – Vigile del fuoco: appartenente a un corpo speciale di guardia, che interviene in casi d'incendio, di sinistri o di calamità naturali.

vigilia s.f. **1.** Giorno che precede e prepara una festa religiosa importante. **2.** Giorno o periodo che precede un avvenimento. **3.** Negli eserciti dell'antica Roma, ognuno dei quattro turni di guardia notturna, della durata di tre ore.

vigliaccàta s.f. Azione vile.

vigliaccheria s.f. **1.** Condizione di chi è vile, codardo. **2.** Atto, comportamento da vigliacco.

vigliàcco agg. [pl.m. –chi, f. –che] (spagn. bellaco "malvagio") **1.** Senza coraggio, incapace di affrontare pericoli e sacrifici. **2.** Prepotente con i più deboli. ◆ s.m. [f. –ca] Nei sign. dell'agg.

vigna s.f. **1.** Coltura di viti, terreno coltivato a viti. **2.** fig. Nel l. religioso, la comunità dei fedeli che formano la Chiesa. **3.** pop. Fonte, luogo di facili e abbondanti guadagni.

vignaiòlo s.m. [f. –la] Chi coltiva la vigna, chi lavora in una vigna.

vignéto s.m. Esteso appezzamento di terra coltivato a vite.

vignétta s.f. (fr. vignette) **1.** Disegno satirico o umoristico, con o senza parole, pubblicato su giornali, riviste o libri. **2.** Nei manoscritti e nei libri antichi, fregio ornamentale delle pagine, solitamente rappresentante un tralcio di vite. ~ Illustrazione senza cornice usata, soprattutto nei libri del secolo scorso, nella parte bianca della pagina a inizio di capitolo.

vignettatùra s.f. FOTO. Tecnica di stampa consistente nell'evidenziare in una cornice il soggetto che interessa, sfumando o annerendo lo sfondo circostante.

vignettìsta s.m. e f.[pl. –sti] Disegnatore di vignette umoristiche e satiriche.

vigógna s.f. (spagn. vicuña, da una voce quechua) **1.** Piccolo mammifero simile al lama, originario delle Ande e dal pelo molto pregiato. (Genere Lama; famiglia dei Camelidi). **2.** La lana di questo animale, particolarmente soffice e morbida, e la stoffa pregiatissima che se ne ricava, molto leggera e calda.

vigóre s.m. **1.** Forza vitale di un organismo. ~ fig. Riferito anche a capacità e doti intellettuali. Vigore dell'ingegno. **2.** fig. Energia, risolutezza. ~ Forza, efficacia espressiva. **3.** fig. pina efficacia giuridica, spec. nella loc. in vigore. Regola non più in vigore.

vigoria s.f. **1.** Forza fisica associata a energia vitale. **2.** fig. Piena efficienza mentale e spirituale. ~ Forza espressiva.

vigoróso agg. **1.** Pieno di vigore, di forza vitale, di energia. ~ Riferito a vegetale, rigoglioso, florido. **2.** fig. Energico, risoluto. ~ Incisivo, efficace.

vile agg. (lat. vilem, propr. "di scarso valore") **1.** Che è privo di coraggio, che si ritrae di fronte ai pericoli o ai sacrifici. **2.** Riferito ad atti e comportamenti, degno di persona codarda. **3.** Abietto, infame, meschino. **4.** estens. Di scarsissimo pregio. ◆ s.m. e f. Persona mancante di coraggio.

vilipèndere v.tr. [33] Disprezzare, offendere qlcu. o qlco. in modo ostentato. ~ Nel l. giur., commettere il reato di vilipendio contro qlcu. o qlco.

vilipèndio s.m. [pl. –di] **1.** Disprezzo espresso in modo ostentato. **2.** DIR. Reato che si commette offendendo gravemente e pubblicamente istituzioni.

vilipéso agg. Soggetto a comune disprezzo. ~ Offeso, calunniato.

villa s.f. **1.** Abitazione signorile situata nei quartieri residenziali di una città o fuori dal centro abitato, circondata da una zona verde a prato, giardino o parco. **2.** estens. Giardino, parco annesso a una villa.

villàggio s.m. [pl. –gi] **1.** Piccolo centro abitato, paese di limitate dimensioni. **2.** estens.

guida (posizione di partenza)

testina audio e di controllo

guida (posiziona il nastro sul tamburo)

capstan (rullo di trazione)

rullo pressore

2 testine video

2 testine audio

nastro (velocità di 2,339 cm/s in Pal/Secam)

tamburo obliquo delle testine video (25 giri/s in Pal/Secam)

guidanastro

testina di cancellazione

video-cassetta

bobina ricevitrice

bobina debitrice

disposizione delle piste di registrazione su nastro magnetico (vista della parte magnetica)

tracce diagonali, video e audio hi-fi sovrapposte (49 μm per 97 mm)

registrazione

pista audio longitudinale

pista di controllo

■ **videoregistratóre.** Funzionamento di un videoregistratore.

Complesso edilizio, normalmente in zone extra-urbane, adibito a residenza provvisoria o stabile di una comunità o categoria di persone. ◇ *Villaggio turistico*: complesso edilizio costruito in luoghi di villeggiatura, che comprende una serie di abitazioni uguali ed è dotato anche di attrezzature sportive o ricreative per il divertimento dei turisti ospitati. – fig. *Villaggio globale*: metaforicamente, il mondo moderno che, per l'intensità e la rapidità della circolazione delle notizie (rese possibili dai mass-media), può essere considerato alla stregua di un villaggio. **3.** Insediamento abitativo dell'uomo preistorico o, in campo etnologico, di culture arcaiche.

villanèlla s.f. MUS. Composizione polifonica popolare, di origine napoletana, in voga nei secc. XVI-XVII.

villanìa s.f. **1.** Atteggiamento proprio di chi ha modi rozzi e incivili. **2.** Atto, parola o comportamento offensivo.

villàno agg. (lat. *villànum*, propr. "abitante della campagna" quindi "rozzo, incolto") Riferito a persona, maleducato, incivile, sgarbato. ~ Riferito a comportamento, privo di garbo e creanza. ◆ s.m. [f. –*na*] spreg. Persona sgarbata e maleducata.

villanzóne s.m. [f. –*na*] Persona maleducata.

villeggiànte s.m. e f. Chi trascorre un periodo di villeggiatura in determinate località.

villeggiàre v.intr. [5] (aus. *avere*) Soggiornare per un periodo in luoghi lontani dai centri urbani, per svago e riposo.

villeggiatùra s.f. Soggiorno in località turistiche o in luoghi salubri, per svago, riposo o motivi di salute. ~ estens. Periodo di tempo che si dedica a tale soggiorno. ~ La località scelta per trascorrervi un asse temporale.

villétta s.f. Nel sign. del dim. di *villa*. ~ In partic., abitazione unifamiliare circondata da un piccolo giardino. ◇ *Villette a schiera*: quelle adiacenti, edificate lungo un asse comune.

villo s.m. **1.** MED. (spec. pl.) Ciascuna delle numerosissime formazioni sottili e allungate presenti sulla mucosa intestinale, con funzioni di assorbimento delle sostanze nutritive. **2.** BOT. Pelo lungo e sottile di alcuni organi vegetali.

villóso agg. **1.** Ricoperto di peli. **2.** ANAT., BOT. Provvisto di villi.

villòtta s.f. **1.** MUS. Componimento popolare per danza e voci simile alla villanella. **2.** Canto popolare friulano.

viltà s.f. inv. **1.** Carattere di chi o di ciò che è vile. ~ Bassezza morale. **2.** Azione, comportamento vile.

vilùcchio s.m. [pl. –*chi*] Pianta erbacea con fusto rampicante e fiori bianchi o rosei. (Nome sc. *Convolvulus arvensis*; famiglia delle Convolvulacee.)

■ **vilùcchio**

vilùppo s.m. **1.** Groviglio. ~ estens. Ammasso confuso di cose. *Viluppo di corpi*. **2.** fig. Intrico, enorme confusione.

vimana s.m. Nell'architettura medioevale indiana, santuario con tetto piramidale.

vìmine s.m. (spec. pl.) (lat. *vīmen*, deriv. di *viēre* "intrecciare") Ramoscello flessibile di alcune specie di salice che, intrecciato con altri, è utilizzato nella produzione artigianale di vari oggetti. *Sedia di vimini*.

vìna s.f. (sanscr. *vīṇā-*) MUS. Antico strumento musicale indiano con quattro corde a pizzico, simile al liuto.

vinàccia s.f. [spec. pl. –*ce*] Residuo della pigiatura dell'uva utilizzato nella distillazione di grappe, come mangime o per altri scopi. ❏ In funzione di agg. inv., *color vinaccia*, di un rosso violaceo, caratteristico delle vinacce.

vinàio s.m. [f. –*naia*, pl.m. –*nai*] Chi vende vino.

vinàrio agg. [pl.m. –*ri*] Relativo alla produzione di vino. ~ Destinato a contenere vino.

vinavil s.m. inv. Denominazione commerciale, che costituisce marchio registrato, di una colla a freddo.

vinblastìna s.f. CHIM. ORG. Alcaloide estratto dalla pervinca rosa e utilizzato nella terapia di alcuni tumori.

vin brûlé [/vẽ bry'le/] loc. sost. m. inv. (loc. pseudofr., propr. "vino bruciato") Vino caldo, dolcificato con zucchero e aromatizzato con chiodi di garofano e altre spezie.

vinca s.f. **1.** [pl. –*che*] Pianta perenne delle Apocinacee, diffusa nelle regioni mediterranee, in luoghi ombrosi. **2.** BOT. (iniziale maiusc.) Genere di piante a cui appartengono le varie specie di vinca, la più nota delle quali è la pervinca.

vincàia s.f. Luogo dove crescono salici, spontaneamente o coltivati.

vincamìna s.f. CHIM. ORG. Alcaloide della pervinca, che migliora l'ossigenazione della circolazione cerebrale.

vincènte agg. Che vince o ha vinto. ~ Che fa vincere. ◇ fig. *Persona vincente*: chi riesce bene in tutto quello che fa e non fatica per raggiungere il successo. ◆ s.m. e f. Chi vince, vincitore.

vìncere v.tr. [22] **1.** Superare, sconfiggere qlcu. *Vincere la squadra avversaria*. **2.** Riportare una vittoria in guerra, in una competizione, in una prova. *Vincere un duello*. ◇ *Vincere una causa*: nel l. giur., ottenere una sentenza favorevole. ~ Superare qlcu. o qlco. nel possesso di una qualità. *Vincere gli avversari in astuzia*. **3.** Aggiudicarsi, conseguire qlco. in quanto vincitore. *Vincere la cattedra*. ◇ fig. *Vincere un terno al lotto*: avere un colpo di fortuna, ottenere più di quanto si sperava. **4.** fig. Indurre qlcu. a cedere. *Le vostre minacce non mi vinceranno*. **5.** fig. Avere ragione di qlco. di avverso o negativo e porvi fine. *Vincere una difficoltà*. **6.** fig. Controllare, dominare bisogni fisici, desideri, pulsioni, stati d'animo, inclinazioni. *Vincere l'ira*. ◆ v.intr. (aus. *avere*) **1.** Riportare la vittoria, ottenere il successo. *Che vinca il più forte!* **2.** fig. *Vincere sulla carta*: avere buone probabilità di vittoria, prima dello scontro. **3.** estens. Prevalere. *La maggioranza vince*. ◆ **vincersi** v.pron. Dominarsi, avere autocontrollo. *Non riesco a vincermi di fronte ai dolci*.

vincetòssico s.m. [pl. –*ci*] (lat. *Vincetoxicum*, comp. di *vincere* "vincere" e *tŏxicum* "veleno", calco del gr. *aleksiphármakon*, perché si riteneva fosse un valido antidoto) **1.** Pianta erbacea e arbustiva perenne, con fusto eretto, fiorellini giallognoli in corimbi, semi a pappo; è diffusa nelle regioni a clima temperato in Europa e Asia come pianta ornamentale o per utilizzarne il rizoma, dalle proprietà emetiche e diuretiche. (Famiglia delle Asclepiadacee.) **2.** BOT. (iniziale maiusc.) Genere di piante a cui appartengono le varie specie di vincetossico.

vìncita s.f. **1.** Il fatto di vincere in un gioco o in una scommessa. **2.** Premio o somma che si vince.

vincitóre agg. [f. –*trice*] Che vince, batte qlcu. in un conflitto, una competizione, un concorso, ecc. ◆ s.m. (anche f.) Nel sign. dell'agg. ~ Che si aggiudica una vincita.

vincolànte agg. Che limita la libertà. ~ Che condiziona in senso morale o giuridico. *Promessa vincolante*.

1. vincolàre agg. MECC. Dovuto a un vincolo, che costituisce un vincolo meccanico.

2. vincolàre v.tr. **1.** MECC. Limitare la libertà di movimento di una struttura, porre un vincolo. *Vincolare un pezzo meccanico*. **2.** fig. Legare, unire due o più persone con legami affettivi. *L'amore che ci vincola non verrà mai meno*. **3.** fig. Assoggettare, impegnare qlcu. con vincoli morali o di natura giuridica. *Il giuramento ti vincola*. ~ Limitare qlco. con norme di natura giuridica. *Il governo ha vincolato l'esportazione*

di certi prodotti. **4.** Obbligare qlcu. a qlco., moralmente o giuridicamente. *Il segreto confessionale vincola il sacerdote al silenzio*.

vincolàto agg. **1.** Condizionato da un vincolo. **2.** fig. Legato da obblighi morali o giuridici. **3.** ECON. Soggetto a limitazioni operative. *Merci vincolate*. ◇ BANC. *Deposito vincolato*: che il versante non può ritirare prima della scadenza del tempo prefissato. **4.** MECC. Limitato nel movimento.

vincolìsmo s.m. Tendenza di uno stato a istituire un regime vincolistico.

vìncolo s.m. **1.** Legame di natura affettiva, relazione sociale stretta che unisce due o più persone. ~ Anche, obbligo di natura giuridica o morale. **2.** DIR. Rapporto di dipendenza giuridica che costituisce un limite a una libertà o a una proprietà. ◇ *Vincoli artistici, urbanistici, forestali*: quelli imposti da un'autorità a tutela del patrimonio storico-artistico e naturalistico. **3.** ECON. Limitazione operativa in rapporto a particolari azioni. ◇ *Vincoli di bilancio*: le combinazioni di beni che un consumatore può acquistare, dati i prezzi di quei beni e il suo reddito. **4.** MECC. Limitazione al movimento di un corpo.

vìnea s.f. (lat. *vīneam*, propr. "vigna") Macchina bellica costituita da una tettoia intrecciata usata dagli antichi Romani durante gli assedi. SIN.: *testuggine*.

vinèllo s.m. **1.** Nel sign. del dim. di *vino*, col significato di vino leggero dal gradevole sapore o di vino di scarsa qualità, senza pretese. **2.** Bevanda ricavata dalla macerazione in acqua delle vinacce.

vinìcolo agg. Relativo alla produzione del vino.

vinificàre v.intr. [4] (aus. *avere*) Fare, produrre vino. ◆ v.tr. Trasformare in vino l'uva.

vinificatóre s.m. [f. –*trice*] Addetto alla vinificazione.

vinificazióne s.f. (fr. *vinification*) Trasformazione dell'uva o del mosto in vino. ~ Insieme delle tecniche attuate per questa trasformazione.

vinìle s.m. **1.** CHIM. Radicale etilenico monovalente $H_2C{=}CH{-}$ presente in numerosi composti che per polimerizzazione danno origine a varie resine di largo uso industriale. **2.** comun. Resina vinilica.

vinìlico agg. [pl.m. –*ci*, f. –*che*] CHIM. Di vinile, contenente uno o più vinili.

vinilìte s.f. Denominazione commerciale, che costituisce marchio registrato, di una resina ricavata per polimerizzazione da composti vinilici.

vinilpèlle s.f. Denominazione commerciale, che costituisce marchio registrato, di un tipo di finta pelle ricavata dalla lavorazione di resine viniliche.

vìno s.m. **1.** Bevanda alcolica ottenuta dalla fermentazione del mosto di uve fresche. (v. immagine pag. succ.) ◇ *Vini tipici*: che vengono prodotti in determinate zone da certe varietà di uva e secondo differenti lavorazioni. – *Vino a denominazione d'origine controllata (o DOC)*: vino genuino, che viene prodotto e imbottigliato nella zona di origine secondo procedimenti controllati e regolati dalla legge, e che quindi offre la massima garanzia di qualità. – *Acquavite di vino*: ottenuta per distillazione delle vinacce. – fig. *I fumi del vino*: l'ubriachezza, con riferimento all'effetto di annebbiamento della coscienza che l'alcol provoca. **2.** estens. Bevanda alcolica ottenuta per fermentazione della frutta o di altri prodotti vegetali. ◇ *Vino di mele, di pere*: sidro. ❏ In funzione di agg. inv., nella loc. *rosso vino*, una tonalità di rosso molto scuro, violaceo.

ENCICL. Il vino rosso è ottenuto a partire dall'uva nera mediante follatura (l'operazione con cui durante la fermentazione del vino si rispingono sotto la superficie del mosto le vinacce affioranti). L'uva follata e messa a riposo, subisce la fermentazione alcolica sotto l'azione di lieviti. Il vino è in seguito travasato per essere separato dalle scorie. Alcuni vini si commercializzano molto semplicemente nell'anno che segue la vendemmia; altri invecchiano in barili o in bottiglie. Nella produzione del vino bianco, le uve, bianche o nere, sono pigiate e spremute e il mosto senza graspi né bucce è sottoposto a fermentazione.

vinosità s.f. inv. Presenza, general. in qualche liquido, di caratteristiche tipiche del vino.

vinóso agg. **1.** Del vino. ~ *estens.* Proprio del vino o simile al vino. **2.** Di mantello di cavallo che presenta radi peli rossi su fondo bianco o grigio.

vinsànto s.m. inv. ENOL. Vino bianco a elevata gradazione alcolica, dal sapore aromatico, prodotto con uva passita.

vinto agg. **1.** Superato in uno scontro, battuto, sconfitto. ◊ *Darsi per vinto:* arrendersi, riconoscere la propria sconfitta; *fig.* cedere, non opporre altre resistenze. **2.** Riferito a competizione, prova, scontro e simili, superato con successo, portato a termine dal vincitore. ◊ *Partita vinta a tavolino:* nel l. sport., vittoria assegnata dal giudice sportivo a un atleta o a una squadra per squalifica o rinuncia dell'avversario. – *figg.* *Avere partita vinta, averla vinta:* riuscire a imporsi o a ottenere ciò che si vuole, spuntarla. – *Darla vinta a qlcu.:* cedere alle sue imposizioni, accondiscendere alle sue pretese. **3.** Riferito a premi e simili, ottenuto con una vincita. ◆ s.m. [f. –ta] Chi ha subito una sconfitta. ◊ *fig. Sentirsi un vinto:* avere la consapevolezza del proprio fallimento.

1. vìola s.f. **1.** Pianta erbacea e arbustiva perenne, presente nelle zone temperate dell'emisfero boreale, comune in Italia nelle sue specie numerose; ha fiori di bianchi o violetti, cresce spontanea nei boschi e nei prati all'inizio della primavera, ma è anche coltivata come pianta ornamentale o per estrarne essenze profumate o per utilizzarne le foglie, dotate di proprietà emollienti e lassative. (Famiglia delle Violacee.) **2.** BOT. (iniziale maiusc.) Genere di piante a cui appartengono le varie specie di viola. ◆ s.m. inv. **1.** Il colore viola. **2.** SPORT. Calciatore della squadra della Fiorentina, che gioca con la maglia di colore viola, o tifoso di tale squadra. ◆ In funzione di agg. inv. **1.** Del colore della mammola, tra il rosso cupo e il turchino. **2.** SPORT. Della squadra di calcio della Fiorentina.

2. vìola s.f. **1.** Strumento musicale a quattro corde suonate con un arco, la cui estensione fonica e il cui formato sono intermedi fra quelli del violino e del violoncello. ◊ *Viola da gamba:* che si suona appoggiata a terra come l'attuale violoncello. – *Viola da braccio:* che veniva ab- bracciata come l'odierna viola o il violino. – *Viola d'amore:* dotata di corde di risonanza in acciaio in aggiunta alle normali corde di budello. **2.** *estens.* Suonatore di viola. ~ Anche, il violista di un'orchestra.

■ **vìola.** La lezione di viola, particolare di un dipinto di C. Netscher. (Louvre, Parigi.)

violàbile agg. Che può essere violato.

violacciòcca s.f. [pl. –che] Pianta erbacea dell'Europa temperata, coltivata per i fiori decorativi e profumati. (Genere *Matthiola;* famiglia delle Crocifere.)

Violàcee s.f. pl. [iniziale minusc. sing. –a per l'individuo] BOT. Famiglia di piante dicotiledoni diffuse in tutto il mondo, comprendente numerose specie, tra cui la viola, caratterizzate dal fiore zigomorfo, a cinque petali. (Ordine delle Violali.)

violàceo agg. Di colore viola, violetto. ~ Anche, di una tonalità di rosso scuro sfumato o tendente al viola. ◆ s.m. Il colore viola, violetto.

Violàli s.f. pl. [iniziale minusc. sing. –le per l'individuo] BOT. Ordine di piante dicotiledoni arboree, arbustive o erbacee, caratterizzate da placentazione parietale.

violàre v.tr. **1.** Trasgredire. *Violare la legge.* ~ Infrangere doveri morali. *Violare i patti.* ~ Ledere diritti altrui. *Violare il diritto alla privacy.* **2.** Invadere un luogo entrandovi illegal-

frutto

■ **violacciòcca**

mente, ricorrendo anche alla forza. *Violare i confini.* ◊ *fig. Violare il campo avversario:* nel l. sport., battere l'avversario sul terreno di casa. **3.** Profanare qlco. con atto sacrilego. *Violare una chiesa.* **4.** Usare violenza sessuale contro qlcu. SIN.: **violentare. 5.** INFORM. Accedere illegalmente in un sistema informatico per copiare, modificare o deteriorare le informazioni. *Violare un server di una banca.*

violatóre agg. [f. –trice] Che viola. ◆ s.m. (anche f.) Chi commette violazioni.

violazióne s.f. **1.** Trasgressione di leggi, norme, ecc. ◊ *Violazione di legge:* causa di annullabilità dell'atto amministrativo o della stessa legge, consistente nel contrasto con una fonte normativa di grado superiore. – *Violazione di sigilli:* reato commesso da chi rimuove i sigilli apposti dall'autorità per assicurare la conservazione o l'identità di una cosa. **2.** Irruzione violenta e illegale in un luogo. **3.** Profanazione, atto sacrilego.

violentàre v.tr. **1.** Fare violenza fisica o morale a qlcu., forzarlo, farlo agire contro la sua volontà. **2.** Commettere uno stupro.

violentatóre agg. [f. –trice] Che compie una violenza fisica (spec. sessuale) o morale. ◆ s.m. (anche f.) Nel sign. dell'agg.

violènto agg. **1.** Che ricorre usualmente alla forza per imporre il proprio volere. **2.** Proprio

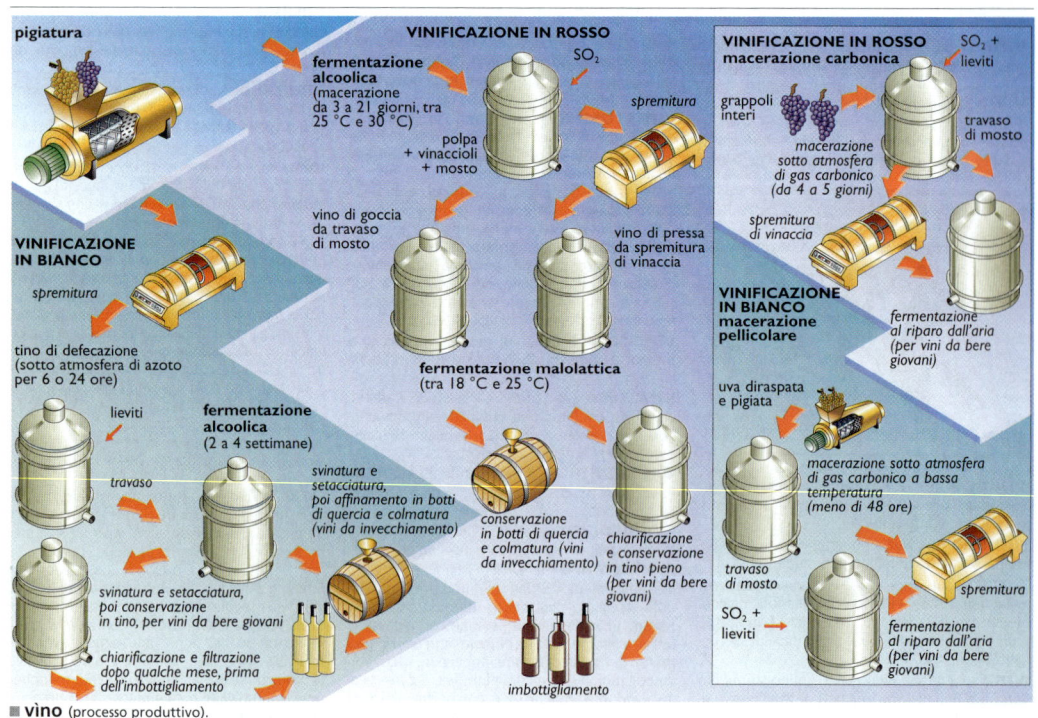

■ **vìno** (processo produttivo).

di chi usa la violenza, tendente alla violenza. ~ Che si basa sull'uso della forza. ~ Detto, fatto con violenza. **3.** Che si svolge o si manifesta con forza, intensità e impeto incontrollati. **4.** *fig.* Particolarmente forte, intenso. ◆ s.m. [f. *-ta*] Nell'accez. 1 dell'agg.

violènza s.f. **1.** Tendenza all'uso della forza, aggressività. ~ Carattere aggressivo, brutale. **2.** Azione violenta. ~ Uso della forza per ottenere qlco. *Fare violenza.* ◇ *Violenza carnale:* stupro. **3.** Intensità, forza a cui è impossibile e difficile opporsi, in riferimento ad atti ostili, a fenomeni naturali, a condizioni fisiche e psichiche. *La violenza di un incendio.*

1. violétta s.f. **1.** Mammola. **2.** Essenza profumata estratta dalla mammola. **3.** *Violetta africana:* pianta erbacea con fiori profumati di colore violetto, coltivata come pianta ornamentale. (Famiglia delle Gesneriacee.)

2. violétta s.f. MUS. Violino a tre corde, in uso nel Cinquecento e nel Seicento.

violétto agg. Di colore viola o tendente al viola. ◆ s.m. **1.** L'ultimo dei sette colori dell'iride, compreso tra il turchino e il rosso. **2.** CHIM. Nome di diversi coloranti usati per tingere di viola i tessuti o altro.

violinista s.m. e f.[pl.m. *-sti*] Suonatore di violino.

violino s.m. **1.** MUS. Strumento musicale a quattro corde e ad arco, derivato dalla viola da braccio; tra gli strumenti ad arco, è quello che consente l'estensione più acuta. **2.** *estens.* Suonatore di violino. *Primo violino.*
ENCICL. Il termine *violino* appare per la prima volta nel 1529. Il perfezionamento dello strumento si deve soprattutto ai maestri liutai di Cremona (Stradivari, Amati, Guarnieri). La cassa di risonanza è formata da due tavole più o meno incurvate, riunite da fasce e dal manico su cui si trova la tastiera. All'estremità di quest'ultima è incollato il capotasto, su cui si appoggiano le dita della mano sinistra. Le quattro corde sono agganciate alla cordiera da una parte, e dall'altra alle caviglie poste in fondo al manico, che termina in un elegante riccio. Sulla tavola armonica o coperchio, al lato del ponticello, sono intagliate due effe, che consentono l'uscita del suono dalla cassa armonica. Il violino è il più acuto degli strumenti ad arco e la sua estensione è compresa tra il sol$_2$ e il sol$_6$.

	riccio
	pirolo
	bacchetta
	manico
	corde
	crini
	tavola armonica
	fascia
	foro armonico
	ponticello
	cordiera
	cassa armonica
	bottone

■ **violìno** e archetto.

violista s.m. e f.[pl.m. *-sti*] Chi suona la viola.
violoncellista s.m. e f.[pl.m. *-sti*] Chi suona il violoncello.
violoncèllo s.m. **1.** MUS. Strumento musicale ad arco della famiglia del violino, di notevoli dimensioni e di suono intermedio tra la viola e il contrabbasso. **2.** *estens.* Suonatore di violoncello.
viòttolo s.m. Stradina di campagna o di montagna.
vip s.m. e f.inv. (sigla dell'ingl. *very important person*, "persona molto importante") Personalità

che gode di fama e prestigio. ❑ In funzione di agg. inv., riservato, frequentato da persone famose. *Locale vip.*

vipera s.f. (lat. *vìperam*, prob. deriv. di *vivìparam* "che partorisce i nati vivi") **1.** Serpente velenoso, ovoviviparo, di piccole dimensioni, dotato di testa triangolare, lingua bifida e due denti aguzzi, diffuso in Europa, in Asia occidentale e in Africa. (Col morso inietta nella vittima un veleno mortale anche per l'uomo. Il *marasso* e l'*aspide* sono le specie più comuni in Europa occidentale; famiglia dei Viperidi.) ◇ *Vipera cornuta:* ceraste. **2.** (iniziale maiusc.) Genere di rettili a cui appartengono varie specie di vipera. **3.** *fig.* Persona aggressiva, maldicente. **4.** Imbarcazione a remi, molto lunga e assottigliata alle estremità, usata nella laguna veneta per trasportare persone.

■ **vìpera** marasso.

Vipèridi s.m. pl. [iniziale minusc. sing. *-de* per l'individuo] ZOOL. Famiglia di serpenti dell'Europa, dell'Asia e dell'America, provvisti di due denti canini molto aguzzi, con i quali mordono la vittima iniettando un veleno pericoloso, anche mortale, contenuto nelle ghiandole mascellari; ne fanno parte p.e. le vipere e i crotali.

viperina s.f. Pianta con fiori azzurri raccolti in pannocchie, usata un tempo in medicina perché si credeva efficace contro il morso della vipera. (Genere *Echium*; famiglia delle Borraginacee.)

1. viperìno agg. **1.** Della vipera. **2.** *fig.* Riferito a persona o a suoi modi, irascibile, perfido, maldicente.

2. viperìno s.m. Nel sign. del dim. di *vipera*; in partic., piccolo della vipera.

viràggio s.m. [pl. *-gi*] CHIM. Cambiamento di colore di una soluzione. ~ FOTO. Passaggio da altro colore delle parti nere di un'immagine attraverso un particolare procedimento chimico.

vìrago s.f. [pl. *viragini*] *pegg. o scherz.* Donna di piglio maschile, autoritaria.

viràle agg. MED. Relativo al virus. ~ Dovuto a un virus. *Epatite virale.*

viràre v.intr. (aus. *avere*) **1.** MAR. Manovrare un'imbarcazione a vela in modo da prendere il vento dalla parte opposta. ~ *estens.* Di navi o aerei, invertire o cambiare la rotta. **2.** SPORT. Nel nuoto, invertire la direzione arrivando a fondo vasca. **3.** CHIM. Cambiare colore, aspetto, spec. in riferimento a soluzioni. ~ FOTO. Di pellicola fotografica, assumere un colore diverso rispetto al nero, mediante il procedimento del viraggio. ◆ v.tr. MAR. Fare girare, ruotare un cavo o una catena con l'argano o il verricello.

viràta s.f. **1.** MAR. Cambio di direzione o inversione di rotta. **2.** Nel nuoto, inversione di direzione a fondo vasca. **3.** *fig.* Cambiamento di posizione politica, di comportamento.

viratóre s.m. (spagn. *virador*) **1.** Cavo che un tempo si legava alla gomena dell'ancora, per issarla mediante l'argano. **2.** Meccanismo utilizzato per fare girare a mano il volano di un motore a combustione interna, in modo da poterne controllare il funzionamento.

virelai [/vir(ə)'lɛ/] s.m. [pl. *virelais*] (voce fr.) Componimento poetico-musicale trobadorico, spesso accompagnato a danza.

viremìa s.f. MED. Presenza di virus patogeni nel sangue.

virescènza s.f. BOT. Processo patologico per cui un fiore assume la colorazione verde tipica della foglia.

virginàle s.m. (ingl. *virginal*) MUS. Strumento affine alla spinetta, di forma rettangolare, in voga in Inghilterra in epoca elisabettiana.

virginia s.m. inv. **1.** Tipo di tabacco che proviene dallo stato americano della Virginia. **2.** Il sigaro confezionato con questo tipo di tabacco.

◆ s.f. inv. Sigaretta confezionata con questo tabacco.

virgola s.f. **1.** Segno di interpunzione (,) che esprime una pausa breve tra due elementi sintattici del discorso. **2.** MAT. Segno che separa la parte intera e la parte decimale di un numero. **3.** Ricciolo di capelli sulla fronte. **4.** SART. Filo che rinforza il bordo di un occhiello. **5.** INFORM. *Rappresentazione in virgola fissa:* quella nella quale i numeri vengono rappresentati con un numero fisso di cifre e la virgola occupa una posizione fissa. – *Rappresentazione in virgola mobile:* quella in cui la virgola è posta subito dopo la prima cifra non nulla di una serie di cifre significative (*mantissa*), mentre viene specificato un esponente cui è elevata la base per indicare l'effettiva posizione della virgola stessa. ❑ In funzione di agg. inv., nella loc. *bacillo virgola*, vibrione del colera.

virgolétta s.f. (al pl.) Segno d'interpunzione (" ") che serve a isolare una parola o un gruppo di parole (citazione, parole riportate, ecc.). ◇ *fig. Fra virgolette:* si dice di una frase, di una parola che si nomina non nel senso proprio ma figurato o allusivo.

virgolettàre v.tr. **1.** Mettere tra virgolette. *Virgolettare una parola straniera.* **2.** *fig.* Mettere in evidenza.

virgolettàto agg. Inserito tra virgolette. ~ *fig.* Messo in rilievo. ◆ s.m. Testo inserito tra virgolette.

virgùlto s.m. **1.** Pianta giovane, arbusto con ramoscelli teneri. **2.** *fig.* Rampollo di una famiglia, spec. nobile, anche scherz.

viridàrio s.m. [pl. *-ri*] ANT. ROM. Il giardino delle case patrizie.

virile agg. **1.** Di sesso maschile. **2.** *estens.* Da persona adulta (in oppos. a *puerile*). **3.** *fig.* Che denota coraggio, sicurezza, forte senso di responsabilità.

virilìsmo s.m. **1.** Considerazione enfatica delle caratteristiche e delle qualità virili. **2.** MED. Presenza, in una donna, di caratteri mascolini causati da disordini ormonali.

virilità s.f. inv. **1.** Età della vita dell'uomo in cui viene raggiunta la piena maturità psicofisica. ~ Insieme dei caratteri fisici e psichici del sesso maschile. **2.** Efficienza sessuale del maschio. **3.** *fig.* Coraggio e fermezza morale e di comportamento.

virilizzàre v.tr. Dare un carattere virile a qlcu. spec. in ambito morale. *Virilizzare l'animo.* ◆ virilizzàrsi v.pron. Assumere i caratteri propri del maschio.

virilizzazióne s.f. Assunzione dei caratteri morfologici e sessuali del maschio.

virilocàle agg. ETNOL. → patrilocale.

virilòide agg. MED. Di donna affetta da virilismo. SIN.: androide.

virióne s.m. BIOL. Particella virale composta da una proteina e da una molecola di acido nucleico.

virogènesi s.f. inv. BIOL. Processo di riproduzione dei virus nelle cellule di un organismo.

viròide s.m. BIOL. Agente patogeno, simile a un virus, che colpisce spec. le piante.

virola s.f. (fr. *virole*, lat. *vìrŏlam* "braccialetto") **1.** Elemento maschio di un innesto a vite. **2.** Negli orologi meccanici, anello metallico che si infila sull'asse del bilanciere.

virologìa s.f. BIOL., MED. Studio dei virus.
virològico agg. [pl.m. *-ci*, f. *-che*] Relativo alla virologia.
viròlogo s.m. [f. *-ga*, pl.m. *-gi*, f. *-ghe*] Biologo o medico esperto di virologia.

viròsi s.f. inv. MED. Malattia dovuta a un virus.

virtù s.f. inv. **1.** Disposizione costante che porta a fare il bene e a evitare il male. **2.** *estens.* Castità, spec. riferito a donna. **3.** Potenza, proprietà. *Le virtù di una pianta.* ◇ *loc. prep. In virtù di:* grazie a, in forza di, a norma di. *In virtù dei poteri delegati.* **4.** (iniziale maiusc., al pl.) Il quinto dei nove cori angelici.

virtuàle agg. **1.** Che esiste soltanto in potenza. SIN.: **possibile**. ~ Molto probabile, sicuro. **2.** FILOS. Di ente che può esistere. **3.** FIS. Effettuabile. ~ OTT. Non reale. **4.** INFORM. Simulato, ricostruito al computer e che appare come se fosse reale. *Realtà, mondo virtuale.* ◇ *Comunità* *virtuale*: insieme di persone con interessi comuni che si radunano virtualmente tramite strumenti informatici (newsgroup, chat, ecc.).

virtualménte avv. In modo virtuale ipotetico.

virtuosìsmo s.m. **1.** Estrema abilità, perfezione tecnica, spec. nelle attività artistiche e sportive. **2.** *spreg.* Sfoggio fine a se stesso di abilità tecnica, spesso a scapito dell'efficacia operativa.

virtuóso agg. **1.** Ricco di qualità morali. *Condotta virtuosa.* **2.** Che possiede grandi capacità tecniche, in partic. in campo artistico e sportivo. ◆ s.m. [f. –*sa*] **1.** Persona ricca di virtù morali. **2.** Chi è estremamente abile in una qualsiasi attività.

virulènto agg. **1.** BIOL. Di microrganismo capace di causare stati patologici. ~ MED. Di malattia causata dall'azione di tali batteri. **2.** *fig.* Fortemente animato. ~ Aggressivo, violento. *Un discorso virulento.*

virulènza s.f. **1.** BIOL. Aggressività di alcuni microrganismi capaci di provocare, nell'organismo in cui penetrano, stati patologici anche assai gravi. **2.** *fig.* Violenza aggressiva, velenosità, asprezza.

vìrus s.m. inv. (lat. *vīrus* "umore" e "veleno") **1.** BIOL., MED. Microrganismo patogeno che possiede un solo acido nucleico, DNA o RNA, e che può riprodursi soltanto in cellule viventi. **2.** INFORM. Programma pirata che si diffonde invisibilmente a tutti i computer con cui viene in contatto, attraverso lo scambio di dischetti e le connessioni di rete, e causa alterazioni di varia entità nel funzionamento degli elaboratori. **3.** *fig.* Ciò che può scatenare nell'animo passioni e sentimenti negativi.

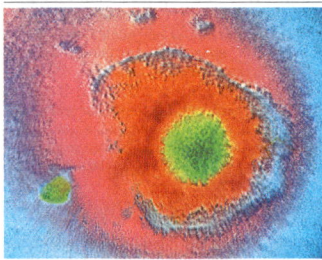

■ **vìrus** dell'herpes.

visagìsta s.m. e f.[pl.m. –*sti*] (fr. *visagiste*) Specialista della cura estetica del viso e soprattutto dell'applicazione del trucco.

vis-à-vis [/viza'vi/] avv. (voce fr., "faccia a faccia") Di fronte, faccia a faccia. ◆ s.m. inv. **1.** Sedile o divano a due posti, collocati in modo che i due occupanti si trovino l'uno di fronte all'altro. **2.** Carrozza con due sedili che si fronteggiano. **3.** Armadio con specchi sulle ante esterne, che riflettono l'intera persona.

viscàccia s.f. [pl. –*ce*] (spagn. *vizcacha*, da una voce quechua) Roditore di medie dimensione del Sudamerica, simile al cincillà, ricercato per la sua pelliccia. (Genere *Lagostomus*; famiglia dei Cincillidi.)

visceràle agg. **1.** ANAT. Dei visceri. **2.** *fig.* Che viene dalla profondità dell'essere. *Un odio viscerale.*

vìscere s.m. [pl.f. *viscere*, nell'accez. 1 anche pl. m. *visceri*] **1.** ANAT. Ciascuno degli organi racchiusi nella cavità toracica e addominale dei vertebrati. ~ (al pl.) Le interiora di un animale ucciso. **2.** *fig.* Nucleo, parte più interna di qlco. ◇ *Avere, sentire nelle viscere*: avere come abitudine connaturata.

vìschio s.m. [pl. –*schi*] **1.** Arbusto a foglie sempreverdi e a bacche bianche, viscose e tossiche, parassita dei rami di alcuni alberi. (Genere *Viscum*; famiglia delle Lorantacee.) ◇ *Vischio quercino*: quello parassita di querce, castagni e ulivi. **2.** Sostanza appiccicosa estratta dalle bacche del vischio quercino, usata per catturare vivi gli uccelli. ~ *fig.* Inganno, insidia.

vischiosità s.f. inv. Tendenza a non subire le variazioni previste con il mutare di diversi fattori, spec. in campo sociale e politico. *La vischiosità dell'elettorato.* SIN.: **viscosità.** ~ ECON. Caratteristica di un mercato in cui la domanda e l'offerta non si adeguano facilmente l'una all'altra. *La vischiosità dei prezzi.*

vischióso agg. **1.** Di consistenza appiccicosa, simile al vischio. **2.** *fig.* Che resiste al cambiamento, che tende a non mutare. ~ ECON. Riferito al mercato dei prezzi, che tende a rimanere stabile, a non subire gli aumenti o le diminuzioni previste con la variazione della domanda e dell'offerta.

vìscido agg. **1.** Che presenta una superficie molle, umidiccia. ~ Che scivola. **2.** *fig.* Che agisce in modo subdolo, insinuante.

vìsciola s.f. (etim. discussa, forse gr. *býssinos* "purpureo") Frutto del visciolo. ~ Tipo di ciliegia piccola, di colore rosso scuro e dal sapore acidulo. ~ Con tale denominazione vengono indicate in Italia l'amarena e la marasca.

vìsciolo s.m. Albero simile al ciliegio, che produce frutti a drupa con polpa di sapore acidulo. (Famiglia delle Rosacee.)

viscoelasticità s.f. inv. FIS. Proprietà di alcuni corpi di subire deformazioni elastiche e viscose.

viscoelàstico agg. [pl.m. –*ci*, f. –*che*] FIS. Dotato di viscoelasticità.

viscontàdo s.m. **1.** Titolo di visconte. **2.** Territorio sotto la giurisdizione di un visconte.

viscónte s.m. [f. *viscontessa*] (fr. *vesconte*, lat. *vicecómitem* "al posto del conte") **1.** Nobile il cui titolo è immediatamente inferiore a quello di conte. ~ *estens.* La persona che ne è insignita. **2.** In epoca medievale, il vicario del conte, che lo sostituiva in determinate funzioni amministrative o giudiziarie.

viscontèa s.f. (fr. *visconté*) Potere giurisdizionale di un visconte. ~ Terra posseduta da un visconte.

viscontéssa s.f. Moglie di un visconte.

viscósa s.f. CHIM. Cellulosa di soda caustica usata per la fabbricazione di tessuti artificiali come il rayon e di pellicole trasparenti (cellofan, p.e.).

viscosimetrìa s.f. FIS. Misurazione della viscosità dei fluidi, in partic. di quella del sangue.

viscosìmetro s.m. (ingl. *viscosimeter*) Apparecchio utilizzato per misurare la viscosità dei fluidi.

viscosità s.f. inv. **1.** FIS. Attrito interno di un fluido, resistenza al flusso molecolare. **2.** ECON., POLIT. Tendenza alla staticità. **3.** PSICH. Stato confusionale caratterizzato dal rallentamento dell'attività psichica e intellettuale e da scarsa fluidità di linguaggio.

viscóso agg. **1.** FIS. Di fluido che presenta un'elevata viscosità. **2.** Appiccicoso, vischioso.

visdòmino o **vicedòmino** s.m. Titolo che, in epoca medievale, spettava a vari magistrati che facevano le veci del signore di una città.

visìbile agg. **1.** Che può essere visto. *Corpi celesti visibili a occhio nudo.* **2.** Visitabile, aperto al pubblico. ~ Di spettacoli, permesso per legge, o consentito, secondo un giudizio morale, a certe categorie di persone. **3.** *estens.* Facilmente percettibile, ovvio, manifesto. ◆ s.m. (solo sing.) Quanto può essere percepito con la vista.

visibìlio s.m. (solo sing.) (lat., deriv. dalla formula iniziale del Credo: *Visibilium omnium et invisibilium* "di tutte le cose visibili e invisibili") **1.** Ammirazione estatica, piacere intenso, spec. nella loc. *andare in visibilio*, entusiasmarsi oltre

misura. **2.** *fam.* Grande quantità di persone o cose.

visibilità s.f. inv. **1.** Qualità di ciò che è visibile. **2.** Possibilità di vedere a una certa distanza dipendente dalle capacità visive del soggetto o da condizioni oggettive.

visibilménte avv. In modo visibile, manifesto.

visièra s.f. (fr. *visière*) **1.** Nelle antiche armature, parte anteriore mobile dell'elmo, munita di fessure all'altezza degli occhi e del naso, posta a protezione del viso. **2.** Parte del casco, di plastica trasparente, che protegge il viso. **3.** Nei cappelli sportivi, militari o di particolari divise da lavoro, la tesa anteriore, di materiale semirigido, che protegge il viso dalla luce, dalla pioggia, ecc. **4.** *Visiera termica*: dispositivo di riscaldamento applicato al parabrezza delle automobili per evitare che il vetro si appanni.

visigòtico agg. [pl.m. –*ci*, f. –*che*] Dei Visigoti.

visigòto agg. (lat. *Visigõthae* "Goti dell'ovest") Che appartiene a un gruppo dell'antica popolazione germanico-orientale dei Goti. ◆ s.m. (f. –*ta*; al pl. anche iniziale maiusc.) Nel sign. dell'agg.

visionàre v.tr. **1.** Vedere in anteprima uno spettacolo, spec. un film, da parte di critici, giudici o specialisti. **2.** *estens.* Esaminare qlco. con estrema attenzione.

visionàrio agg. [pl.m. –*ri*] (fr. *visionnaire*) **1.** Che ha visioni soprannaturali. ~ Che soffre di allucinazioni visive. **2.** *estens.* Che concepisce progetti irrealistici o immagina come *vere* cose che esistono solo nella sua fantasia. ◆ s.m. [f. –*ria*] **1.** Chi ha visioni mistiche o allucinazioni visive. **2.** *estens.* Utopista, idealista.

visióne s.f. **1.** FISIOL. Capacità di percepire gli stimoli luminosi. **2.** Azione di vedere, osservare qlco. **3.** *fig.* Quadro d'insieme, idea. *Farsi una visione del problema.* **4.** Proiezione o trasmissione di film e spettacoli televisivi. **5.** Percezione di realtà soprannaturali e contenuto di tali percezioni. ~ Apparizione sovrannaturale. **6.** Percezione di immagini nel sogno. **7.** *estens.* Pensiero irrealizzabile, fantasia, sogno. **8.** Scena che colpisce, spettacolo impressionante. **9.** Genere letterario, in voga soprattutto nel Medioevo, che ha come argomento apparizioni soprannaturali o descrizioni del mondo ultraterreno.
ENCICL. La visione è suddivisibile in quattro funzioni, visione delle forme (molto sviluppata nei rapaci diurni), delle distanze (in partic. negli organismi a visione binoculare, come l'uomo), dei movimenti (particolarmente sviluppata negli insetti) e dei colori. Molte specie animali possono vedere i raggi infrarossi o ultravioletti, mentre altre non distinguono i colori.

visìr s.m. inv. (persiano *wazīr* "consigliere", pahlavi *vičīr* "giudice") Alto funzionario del mondo islamico, con funzioni di consigliere del sovrano. ~ Nell'impero ottomano, ministro. ◇ *Gran visir*: primo ministro dell'impero ottomano.

visiràto s.m. Funzione di visir e durata di tale carica.

visìta s.f. **1.** Atto di andare a trovare, a visitare qlcu. a casa, in un ospedale, per cortesia, amicizia o carità. ~ *estens.* La persona stessa che viene a fare visita. **2.** Atto di visitare un luogo, un edificio per scopi turistici, di devozione, diplomatici o politici. **3.** Accertamento, controllo, ispezione. **4.** MED. Esame clinico effettuato personalmente dal medico su un paziente.

visitandìna s.f. (fr. *visitandine*) Religiosa dell'ordine cattolico della Visitazione.

visitàre v.tr. **1.** Recarsi presso qlcu. per intrattenersi con lui, andarlo a trovare. **2.** Recarsi in un luogo per ragioni turistiche, culturali, religiose o di altro tipo. **3.** Sottoporre qlcu. a esame medico.

visitatóre s.m. [f. –*trice*] **1.** Chi va a trovare qlcu. **2.** Chi visita una località, un museo, ecc. **3.** *Visitatore apostolico*: prelato che, su incarico del papa, si reca nelle varie diocesi o presso gli istituti religiosi per controllare l'operato.

visitazióne s.f. **1.** Secondo il racconto evangelico, la visita fatta da Maria alla cugina Elisabetta, madre di Giovanni Battista. ~ La festa liturgica che commemora l'avvenimento e che

frutti (bacche)

■ **vìschio**

cade il 31 maggio. **2.** *Ordine della Visitazione:* ordine religioso femminile fondato da san Francesco di Sales e Giovanna di Chantal nel 1610.

visìvo agg. Relativo alla vista, alla visione. ◇ *Campo visivo:* lo spazio delimitato dall'angolo di visibiltà dell'occhio, variabile da persona a persona. – *Memoria visiva:* memoria che fissa nelle mente cose ed eventi nella disposizione in cui sono stati visti.

visnuìsmo s.m. Setta ortodossa dell'induismo che crede nel dio Visnu.

vìso s.m. Parte anteriore della testa dell'uomo, dalla fronte al mento. ~ Anche, espressione del volto. *Un viso allegro.* ◇ *fig. A viso aperto:* con sincerità.

visóne s.m. (fr. *vison*, ted. *Wiesel* "donnola") **1.** Mammifero carnivoro con corpo snello e allungato, folta coda, zampe corte palmate. (È diffuso in Europa occidentale, in Asia orientale, in America settentrionale; genere *Mustela*, famiglia dei Mustelidi.) **2.** *estens.* La pelle conciata e lavorata di questo animale e la pelliccia che si ricava.

■ **visóne** europeo.

visóre s.m. **1.** FOTO. Apparecchio per esaminare in trasparenza lastre fotografiche e diapositive. **2.** Strumento per la lettura di microfilm. **3.** Congegno ottico che visualizza il campo d'osservazione coperto dall'obbiettivo di una telecamera.

vìspo agg. Vivace, sveglio, pieno di vitalità.

vissùto agg. **1.** Che riflette la vita reale. **2.** Di persona, esperto, smaliziato nell'affrontare nuove situazioni. ◆ s.m. PSICOL. Insieme dei fatti, degli eventi della vita di un individuo.

vìsta s.f. **1.** Facoltà di vedere, di percepire stimoli visivi. ◇ *A prima vista:* senza esame approfondito. – *Amore a prima vista:* che nasce al primo sguardo. – *Di vista:* superficialmente. *Conoscere qualcuno di vista.* **2.** Possibilità oggettiva di vedere. *La nebbia limita la vista.* ◇ *fig. A vista d'occhio:* per quanto si possa giudicare dalla sola vista; molto rapidamente. *Quel ragazzo è cresciuto a vista d'occhio.* – *In vista:* visibile. – *fig. Essere in vista:* avere una posizione di primo piano. – *loc. prep. In vista di:* in prossimità di un luogo; in previsione di qlco. di imminente. – *Navigare a vista:* senza l'aiuto di strumenti. – BANC. *Pagabile a vista:* riferito a titoli di credito che devono essere pagati alla presentazione, non soggetti a scadenze temporali. **3.** Quanto viene visto. *Non sopporta la vista del sangue.* **4.** Sguardo, occhiata.

vistàre v.tr. Nel l. bur., autenticare qlco. con l'apposizione di un visto.

vìsto agg. Percepito con la vista. ◇ *fig. Ben, mal visto:* bene, male considerato. ◆ s.m. **1.** Nel l. bur., atto con cui un'autorità amministrativa esercita la sua funzione di controllo e di approvazione di documenti emessi da altra autorità amministrativa di grado inferiore. – *estens.* Le modalità formali con cui si attesta la presa visione e la convalida di un documento. **2.** Autorizzazione con la quale uno stato straniero rende effettiva la validità di un passaporto, consentendo al titolare l'ingresso nel proprio territorio.

vistóso agg. **1.** Che attira l'attenzione. **2.** *fig.* Considerevole, grande.

visual [ˈvizjuəl] s.m. inv. (voce ingl., propr. "visivo") Parte visiva di un annuncio pubblicitario, distinta dal messaggio verbale.

visuàle agg. Relativo alla vista. ◇ OTT. *Angolo visuale:* l'angolo che ha come vertice l'osservatore e delimitato dai raggi che partono dalle estremità dell'oggetto osservato; *fig.* il punto di vista, la prospettiva dalla quale si considerano le cose. ◆ s.f. **1.** Possibilità di vedere. **2.** Veduta, vista. **3.** OTT. La linea ideale che congiunge l'occhio osservante alla cosa osservata.

visualizzàre v.tr. **1.** Rendere visibile. **2.** Rappresentare qlco. mediante immagini. *Visualizzare un'idea.* **3.** Far comparire qlco. su un teleschermo.

visualizzatóre s.m. INFORM. In un computer, dispositivo di uscita in grado di rappresentare visivamente i dati su uno schermo.

visualizzazióne s.f. Operazione di rendere visibile qlco. o di tradurlo in immagine, grafici, disegni.

visùra s.f. Nel l. bur., controllo effettuato per accertamenti tecnici, legali o amministrativi. ◇ *Visura catastale:* verifica delle condizioni giuridiche e del valore di un immobile presso l'ufficio del catasto. – *Visura camerale:* verifica delle condizioni giuridiche di una ditta presso la camera di commercio.

vìsus s.m. inv. (voce lat., propr. "vista") FISIOL. Acutezza visiva. ~ La sua misura espressa in decimi. *Mio fratello ha un visus di dieci decimi per occhio.*

1. vìta s.f. **1.** Insieme delle funzioni che rendono un organismo animale o vegetale capace di conservarsi, svilupparsi, riprodursi e mettersi in rapporto con l'ambiente e con gli altri organismi. ◇ *Dare la vita:* generare. – *Dare vita a qlco.:* esserne il promotore, il fondatore. – RELIG. *Vita eterna:* l'esistenza soprannaturale che, secondo varie concezioni religiose, sarebbe possibile per l'anima, sopravvissuta alla morte del corpo umano. **2.** Il ciclo vitale nella sua durata temporale, come spazio compreso tra la nascita e la morte. ~ L'esistenza di un individuo, come svolgimento e insieme di fatti ed esperienze. ◇ *A vita:* per tutta la vita. **3.** Insieme delle attività dell'individuo in un settore specifico. ~ *Modo di vivere.* ~ La dimensione collettiva del vivere. ~ *gerg. Fare la vita:* prostituirsi. **4.** *fig.* Esistenza e complesso di attività di un organismo sociale. *La vita di un partito.* ~ Durata di qlco. *Avere una vita breve.* **5.** La realtà delle cose terrene, il mondo umano. **6.** *estens.* Salute, vigore. ~ *fig.* Animazione, fermento, vivacità. *Strade piene di vita.* **7.** Lo scopo e la ragione per cui si vive. **8.** Insieme dei mezzi materiali di sostentamento. **9.** (al pl.) Persone, esseri umani. **10.** Autobiografia, biografia.

2. vìta s.f. **1.** Parte del corpo compresa tra i fianchi e il busto. ~ *estens.* La parte degli indumenti che corrisponde a tale punto. **2.** *estens.* Parte del corpo compresa tra i fianchi e il busto.

Vitàcee s.f. pl. [iniziale minusc. sing. –*a* per l'individuo] BOT. Famiglia di piante dicotiledoni caratterizzate da grosse foglie lobate, lunghi viticci, piccoli fiori e frutti a bacca. (Ordine delle Ramnali.)

vitàlba s.f. Pianta con fusto e tralci simili alla vite, foglie pennate e dotate di proprietà medicinali. (Famiglia delle Ranuncolacee.)

vitàle agg. **1.** Della vita, relativo alla vita. **2.** *fig.* Di primaria, decisiva importanza. **3.** Che può vivere. *Neonato vitale.* **4.** *fig.* Efficiente, funzionale, dinamico. *Un paese vitale.*

vitalìsmo s.m. **1.** Teoria filosofica e scientifica che afferma l'esistenza di un principio vitale, distinto dalle forze fisico-chimiche, che presiede ai fenomeni della vita. [Il vitalismo, presente nella tradizione filosofica (Aristotele, Leibniz, ecc.), è stato sviluppato come dottrina biologica da P. J. Barthez.] **2.** Dinamismo, ricchezza di energia.

vitalìsta s.m. e f.[pl.m. –*sti*] (fr. *vitaliste*) Filosofo sostenitore della teoria del vitalismo.

vitalità s.f. inv. **1.** Capacità fisiologica di vivere e svilupparsi. **2.** *estens.* Dinamismo, energia ed esuberanza vitale. **3.** *fig.* Di cosa, capacità di essere e mantenersi attivo, efficiente, funzionale.

vitalìzio agg. [pl.m. –*zi*] Che dura per tutta la vita. *Carica vitalizia.* ◇ DIR. *Rendita vitalizia:* contratto che rende una persona beneficiaria di una rendita per tutta la vita. ◆ s.m. DIR. Rendita o assegno vitalizio.

vitamìna s.f. (ingl. *vitamin*, propr. "ammina vitale") CHIM., BIOL. Sostanza organica indispensabile agli organismi animali, assunta attraverso gli alimenti. (Si distinguono le vitamine liposolubili, A, D, E, K, e le vitamine idrosolubili, B, PP, C e P.)

vitamìnico agg. [pl.m. –*ci*, f. –*che*] **1.** Relativo alle vitamine. **2.** Ricco di vitamine.

vitaminizzàto agg. **1.** Arricchito con vitamine. **2.** *fig.* Ben nutrito.

1. vìte s.f. **1.** Pianta rampicante dotata di fusto nodoso e numerosi tralci, grandi foglie palmate, piccole infiorescenze, frutti a bacca riuniti in grappoli; il frutto, che si consuma fresco o essiccato, è utilizzato per la produzione del vino.

Le principali vitamine		
	fonti	**sintomi da carenza**
vitamina A	olio di fegato di pesce, legumi, latticini	xeroftalmia, emeralopia
vitamina B1 antinevritica	involucro esterno dei cereali integrali, legumi secchi, carne, pesce, uova, latticini	beri-beri
vitamina B2	latticini, uova, carne, pesce, legumi verdi	disturbi cutanei e alle mucose
vitamina B5	carne, uova, latticini, legumi secchi, pesce	arresto della crescita, disturbi cutanei
vitamina B6	carne, pesce cereali, legumi, frutta, latte	disturbi cutanei e neurologici
vitamina B9	fegato, latte, formaggio, legumi verdi	anemia
vitamina B12 antianemica	fegato, reni, rosso d'uovo	anemia di Biermer
vitamina C antiscorbutica	frutta fresca, legumi	scorbuto
vitamina D (D2 et D3) antirachitica	olio di fegato di pesce, latticini	disturbi di calcificazione (rachitismo; osteomalacia)
vitamina E della fertilità	germe dei cereali	arresto della spermatogenesi, aborto
vitamina F	oli vegetali	disturbi cutanei
vitamina H	reni, fegato, rosso d'uovo	disturbi cutanei
vitamina K (K1 et K2) antiemorragica	vegetali verdi	emorragie
vitamina P	frutta	disturbi ai capillari
vitamina PP antipellagrosa	lievito di birra, fegato dei mammiferi	pellagra, disturbi nervosi

(Genere *Vitis*; famiglia delle Vitacee.) **2.** Denominazione di alcune piante che, spec. per la forma delle foglie, assomigliano alla vite. ◇ *Vite canadese:* arbusto rampicante delle Vitacee, originario dell'America settentrionale, coltivato come pianta ornamentale per rivestire muri con le sue folte foglie, dal bel colore rosso-giallo in autunno.

ENCICL. Il fusto legnoso della vite, o *tronco*, è dotato di ramoscelli con molte foglie (*pampini*) che si attorcigliano e una volta lignificati diventano *tralci*. La vite si riproduce per talea, margotta o innesto; necessita di un clima caldo o temperato e abbastanza secco e viene danneggiata dal gelo o dalle piogge prolungate.

2. vite s.f. (così chiamata perché la filettatura elicoidale ricorda il viticcio) **1.** Elemento metallico cilindrico dotato di una parte filettata e di una testa che permette l'avvitatura. ◇ *Vite senza fine o perpetua:* organo che si inserisce nei denti elicoidali di una ruota costruito per trasmettendo il movimento. – FIS. *Vite di Archimede:* strumento costituito da un tubo contenente una vite perpetua, usato per sollevare i liquidi. **2.** *estens.* Movimento a spirale. ◇ *A vite:* a forma di vite, avvitato a spirale. *Tappo a vite.*

vitèlla s.f. **1.** Femmina del vitello. **2.** La carne di vitello macellato.

vitellino agg. BIOL. Del tuorlo dell'uovo. ◇ *Sacco vitellino:* annesso embrionale, che contiene il vitello destinato alla nutrizione dell'embrione.

1. vitèllo s.m. **1.** Piccolo della mucca. ◇ *figg. Vitello d'oro:* la ricchezza intesa come simbolo di corruzione (per allusione all'idolo costruito dagli Ebrei nel deserto e distrutto da Mosè). – *Uccidere il vitello grasso:* fare grande festa a tavola (per allusione alla parabola del figliol prodigo). **2.** Carne di questo animale. **3.** Pelle di vitello conciata. **4.** *pop. Vitello marino:* foca. (Nome sc. *Phoca vitulina.*)

2. vitèllo s.m. BIOL, EMBRIOL. La parte dell'uovo che contiene le sostanze nutritive necessarie allo sviluppo dell'embrione.

vitellóne s.m. **1.** Giovane bovino destinato al macello. ~ *estens.* La carne di questo animale. **2.** *fig.* Giovane che trascorre il tempo in divertimenti futili, senza nutrire la minima aspirazione.

viterìa s.f. MECC. Assortimento di viti di tipo diverso.

■ **vìte** malto e vite canadese (in basso).

infiorescenza

viticcio

foglia

frutti (grappolo d'uva)

viticcio

foglie

frutti

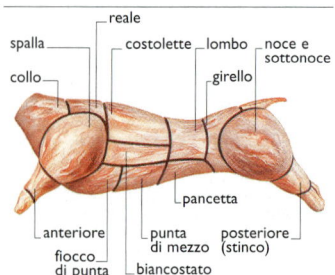

■ **vitèllo** (principali tagli).

reale
spalla — costolette — lombo — noce e sottonoce
collo
girello
pancetta
anteriore — punta di mezzo — posteriore (stinco)
fiocco di punta — biancostato

vitìccio s.m. [pl. *–ci*] **1.** BOT. Elemento prensile e filiforme di cui la vite e altre piante rampicanti si servono per sostenersi. **2.** Elemento architettonico decorativo a forma di tralcio di vite. **3.** Candelabro o lampadario con più braccia ritorte a forma di tralcio.

viticci

■ **vitìccio** di pisello.

vitìcolo agg. Relativo alla viticoltura.

viticoltóre o **viticultóre** s.m. [f. *–trice*] Chi coltiva la vite, in partic. per la produzione del vino.

viticoltùra o **viticultùra** s.f. **1.** Coltivazione della vite. **2.** Ramo delle scienze dell'agricoltura che si occupa della coltivazione della vite.

vitigno s.m. Pianta della vite. ~ Varietà di vite.

vitiligine s.f. MED. Affezione cutanea che si manifesta con la formazione di chiazze prive di pigmentazione.

vitivinicolo agg. Relativo alla viticoltura e alla produzione del vino.

vitivinicoltùra o **vitivinicultùra** s.f. Attività della viticoltura legata alla produzione di vino.

vitrectomia s.f. MED. In oculistica, intervento di microchirurgia che comporta l'asportazione del corpo vitreo dell'occhio.

vitreo agg. **1.** Di vetro. **2.** Simile al vetro. ◇ *Occhi vitrei:* sbarrati, fissi, senza espressione. **3.** ANAT. *Corpo vitreo:* sostanza trasparente e gelatinosa contenuta all'interno del bulbo oculare, tra la retina e il cristallino.

vitrite s.f. MIN. Uno dei quattro costituenti del carbon fossile, dall'aspetto lucente. SIN.: **vitrano.**

vìtta s.f. **1.** ANT. ROM. Fascia per capelli usata dalle matrone. ~ Benda usata dai sacerdoti per avvolgere gli oggetti di culto o le vittime sacrificali. **2.** BOT. (al pl.) Nei frutti delle Ombrellifere, i canali di secrezione.

vittima s.f. **1.** Creatura viva offerta in sacrificio a una divinità. **2.** *estens.* Persona uccisa o ferita. *Le vittime di guerra.* **3.** *estens.* Chi è perseguitato o subisce in qualunque modo una sopraffazione.

vittimismo s.m. Atteggiamento di chi fa la vittima, considerandosi, spesso senza motivo, maltrattato dagli altri.

vittimizzàre v.tr. **1.** Sottoporre qlcu. a condizioni oppressive. **2.** *estens.* Far sentire qlcu. una vittima.

vitto s.m. Il cibo che costituisce l'alimentazione abituale di una persona.

vittòria s.f. **1.** Successo guadagnato in uno scontro, una competizione, un incontro sportivo.

◇ *Vittoria morale:* la soddisfazione personale di chi, pur subendo una sconfitta materiale in una competizione, se ne considera a ragione il vero vincitore e come tale viene considerato dai più. – SPORT. *Vittoria ai punti:* nel pugilato, la vittoria assegnata dalla giuria in base a un punteggio alla fine della gara. – *figg. Avere la vittoria in pugno:* stare per vincere. – *Vittoria di Pirro:* quella che, a causa dei sacrifici richiesti per ottenerla, risulta più gravosa per i vincitori che per i vinti. **2.** *fig.* Superamento di una difficoltà, soluzione di un problema difficile. **3.** Divinità romana. ~ *estens.* Ogni raffigurazione artistica che la rappresenta.

vittoriàno agg. Di un sovrano di nome Vittorio o Vittoria. ~ *per anton.* Del periodo della regina Vittoria, che regnò in Inghilterra dal 1837 al 1901.

vittorióso agg. **1.** Che ha riportato la vittoria. **2.** Che si è concluso con una vittoria. **3.** *estens.* Felice, fortunato perché vincente. ~ Che manifesta l'orgoglio del successo ottenuto.

vituperàre v.tr. Coprire qlcu. di ingiurie e offese.

vitupèrio s.m. [pl. *–ri*] Improperio, parola offensiva.

viùzza s.f. Nel sign. del dim. di 1. *via;* in partic., stradina molto stretta e tortuosa.

vivacchiàre v.intr. [6] (aus. *avere*) Vivere tra continui stenti, preoccupazioni e dolori. ~ *fam.* Tirare avanti alla meglio.

vivàce agg. **1.** Ricco di vitalità, di esuberanza, di irrequietezza. **2.** Intellettualmente pronto, sveglio e acuto. ~ Brioso, brillante, ricco di espressività. **3.** Caratterizzato da forte animazione e tensione polemica. **4.** Intenso, smagliante, vivido. **5.** MUS. Che suggerisce un'esecuzione animata, più rapida dell'allegro. **6.** BOT. Di pianta erbacea, che vive molti anni. **7.** ENOL. Di vino giovane dal sapore fresco e leggermente asprigno. ~ Anche, di vino frizzante.

vivacità s.f. inv. **1.** Vitalità, esuberanza, irrequietezza. **2.** Prontezza e acume mentale. ~ Animazione. **3.** Vigore espressivo, efficacia. **4.** Intensità, luminosità.

vivacizzàre v.tr. Animare, movimentare. ◆ **vivacizzàrsi** v.pron. Diventare vivace.

vivàio s.m. [pl. *–vai*] **1.** AGR. Terreno in cui si mettono a dimora i semi e si allevano le piantine fino al momento del loro trapianto. **2.** *fig.* Ambiente dove si forma una categoria particolare di persone (artisti, scienziati, ecc.). SIN.: **fucina.** ~ Nel l. del calcio, gruppo di giovani atleti che vengono preparati e allenati per entrare a fare parte di grandi formazioni. ~ La scuola che li prepara. **3.** Impianto per l'allevamento di pesci o molluschi.

vivaismo s.m. Allevamento industriale di piante e fiori o di pesci.

vivaista s.m. e f.[pl.m. *–sti*] Chi lavora in un vivaio di piante e fiori o ne è il proprietario. ~ Allevatore che si occupa di piscicoltura.

vivaménte avv. **1.** Con forza, energicamente. **2.** Con calore, sinceramente.

vivànda s.f. (fr. *viande,* lat. *vivànda* "cose per vivere") Preparazione culinaria pronta per essere consumata. SIN.: **pietanza.**

vivandière s.m. [f. *–ra*] Negli antichi eserciti, chi forniva ai soldati prodotti alimentari, bevande.

vivavóce s.m. inv. Dispositivo che consente di parlare al telefono senza usare il ricevitore.

vivènte agg. Che è in vita. ~ Che presenta i caratteri specifici della vita, in oppos. a ciò che è *inanimato.* ◆ s.m. e f. Chi vive, riferito esclusivamente alla specie umana.

1. vivere v.intr. [31] (aus. *essere* o meno freq. *avere*) **1.** Avere vita, essere in vita. *Sono riuscito a far vivere una pianta tropicale.* ◇ *fig. Non lasciar vivere qlcu.:* importunarlo di continuo. **2.** Detto di persona, condurre l'esistenza in una determinata epoca o per un certo periodo di tempo. *Vivere nell'era della tecnologia.* ~ Abitare, risiedere in un certo luogo o con qlcu. *Vivere all'estero.* **3.** Di animali o piante, avere un certo habitat. *I licheni vivono in montagna.* **4.** Sostenersi con qlco. *Vivere del proprio lavoro.* ◇ *fig. Vivere d'aria:* avere bisogno di molto poco per sopravvivere, spec. per quanto riguarda il cibo. ~ Sopravvivere, tirare avanti. ~ Assolvere alle elementari funzioni vitali. *Uno stipendio che basta appena per vivere.* ~ *fig.* Nutrirsi spiritualmente di qlco., darvi molto rilievo e spazio. *Vivere d'amore.* **5.** *estens.* Seguire certi canoni di comportamento o certe convenzioni della società. *Imparare a vivere.* **6.** Avere un'esistenza ricca di diverse esperienze e avventure. *Una persona che ha molto vissuto.* **7.** *fig.* Perdurare, mantenersi. *Un'usanza che vive.* ◇ *Vivere nel cuore, nella memoria, nel ricordo di qlcu.:* non essere dimenticato. **8.** Di cosa, durare, sopravvivere nel tempo. *La sua fama vivrà a lungo.* ~ *fig.* Essere vitale, mantenersi. *Un'usanza che vive.* **9.** *fig.* Esistere in rapporto a un certo scopo. *Vivere per la famiglia.* ~ Fare di una persona la ragione della propria esistenza. *Quella donna vive solo per il marito e i figli.* ◆ v.tr. **1.** Trascorrere, passare la propria vita o attraversare un certo periodo di tempo o una certa esperienza. *Vivere anni felici.* **2.** *fig.* Sentire, sperimentare intimamente qlco. *Vivere l'orrore della guerra.* ◇ *Vivere la parte:* detto di un attore che si cala alla perfezione e si immedesima nel personaggio che rappresenta.

2. vivere s.m. inv. La vita, il modo di condurla, la qualità dell'esistenza. ◇ *Quieto vivere:* vita ordinata, libera da impegni gravosi e priva di preoccupazioni.

viveri s.m. pl. Generi alimentari, vettovaglie. *Razionare i viveri.*

vivèrra s.f. **1.** Mammifero carnivoro, diffuso in Asia e in Africa, di medie dimensioni, dotato di caratteristiche ghiandole anali che secernono lo zibetto, una sostanza dall'odore di muschio, usata in profumeria. (Famiglia dei Viverridi.) **2.** ZOOL. (iniziale maiusc.) Genere di mammiferi a cui appartengono le varie specie di viverra.

Vivèrridi s.m. pl. [iniziale minusc. sing. *-de* per l'individuo] ZOOL. Famiglia di carnivori diffusi nel continente asiatico e africano, comprendente pochi generi, caratterizzati da corpo snello, zampe corte con unghie retrattili, coda lunga e ghiandole anali che secernono una sostanza profumata; ne fa parte la *viverra*.

viveur [/vi'vœr/] s.m. [pl. *viveurs*] (voce fr.) Chi si dedica ai piaceri della vita mondana.

vivìbile agg. Che è possibile vivere. ~ *estens.* Dove si può vivere comodamente.

vivibilità s.f. inv. Caratteristica di un luogo che offre la possibilità di una vita piacevole.

vìvido agg. **1.** Intenso, luminoso, smagliante. ~ *estens.* Chiaro, nitido. *Un ricordo vivido.* **2.** *fig.* Particolarmente fine e acuto. *Una vivida intelligenza.*

vivificànte agg. Che dà vita.

vivificàre v.tr. [4] **1.** Rinvigorire qlco., dargli vitalità. **2.** *estens.* Animare, rallegrare, vivacizzare qlco.

viviparità s.f. inv. Modo di riproduzione in cui l'uovo completa il suo sviluppo nell'organismo materno.

vivìparo agg. **1.** ZOOL. Di animale che partorisce figli vivi, dopo che l'embrione si è nutrito e sviluppato nell'utero materno. **2.** BOT. Di pianta il cui seme matura nel frutto ancora attaccato alla pianta madre. ◆ s.m. ZOOL., BOT. Nei sign. dell'agg.

vivisezionàre v.tr. **1.** Sottoporre organismi animali viventi alla vivisezione. **2.** *fig.* Esaminare minuziosamente. *Vivisezionare un articolo.*

vivisezióne s.f. **1.** Dissezione di animali vivi a scopo sperimentale. **2.** *fig.* Vaglio, esame compiuto con la massima rigorosità e precisione.

vìvo agg. **1.** Che ha o conserva le caratteristiche dell'organismo vivente. ~ Che è dotato di vita. ◇ *Vivo e vegeto:* di persona in ottima salute o di chi, creduto morto, è invece ancora vivente. – *fig. Mangiare vivo qlcu.:* coprirlo di violenti rimproveri. **2.** *estens.* Ancora esistente, perdurante, in riferimento a fatti e situazioni. **3.** Vivace, pieno di vita, efficace. *Sguardo vivo.* ◇ *Viva discussione, polemica:* animata, accesa. **4.** *estens.* Di colore o luce, molto intenso, brillante. **5.** *fig.* Di emozioni o sentimenti, forte, profondo, intenso. ◇ *Vivi auguri, ringraziamenti, rallegramenti:* sinceri, cordiali, sentiti. **6.** Riferito a cose, evidenzia la proprietà più intima, pura. ◇ FIS. *Forza viva:* energia cinetica; *fig.* il fulcro, il nucleo migliore. – *Cuocere a fuoco vivo:* a fiamma alta. – *Spigolo vivo:* non smussato, molto appuntito. – *A viva voce:* parlando direttamente con l'interlocutore. ◆ s.m. **1.** (spec. pl.) Persona vivente. **2.** (solo sing.) Parte viva, vitale. **3.** *fig.* Essenziale, nocciolo. *Entrare nel vivo di una questione.* ◇ *Ferire, pungere, toccare qlcu. sul vivo:* urtarne la suscettibilità. **4.** *Al vivo, dal vivo:* al naturale, con piena aderenza al reale. – *Disegno, ritratto dal vivo:* eseguito attingendo direttamente alla realtà, senza servirsi di fotografie o immagini stampate. – *Programma dal vivo:* di trasmissione televisiva o radiofonica in diretta, non registrata precedentemente in studio.

viziàre v.tr. [6] **1.** Abituare male qlcu., indurlo a cattive abitudini o inclinazioni. *Viziare un bambino.* **2.** Rovinare, alterare qlco. ~ Inquinare, corrompere qlco. *Il fumo vizia l'aria.* **3.** DIR. Rendere nullo, infirmare qlco. *Viziare un contratto con errori di forma.* ◆ **viziarsi** v.pron. **1.** Prendere cattive abitudini o inclinazioni, assumere comportamenti scorretti. *Viziarsi per l'eccessiva indulgenza dei genitori.* **2.** Di cosa, rovinarsi, guastarsi. *L'aria della stanza si è viziata.*

viziàto agg. **1.** Di persona, che ha cattive abitudini, capriccioso. **2.** Di cosa, guastato da difetti. ~ Anche, inquinato. **3.** DIR. Imperfetto, non valido e quindi annullabile.

viziétto s.m. **1.** Nel sign. del dim. di *vizio.* **2.** Trasgressione sessuale, spec. con riferimento all'omosessualità.

vìzio s.m. [pl. *-zi*] **1.** Disposizione naturale a fare del male, ad agire contro la morale, assecondando i peggiori istinti. **2.** Cattiva abitudine, comportamento dannoso per sé o per gli altri, atteggiamento negativo di varia gravità. *Il vizio dell'alcol.* **3.** Per antifrasi, abitudine a qlco. di positivo. *Ha il vizio di dire sempre la verità.* **4.** Imperfezione, in senso materiale, tecnico, formale. ~ Nel l. giur., errore di forma o di sostanza che rende annullabile un atto. ◇ *Vizio di legittimità:* difformità di un atto normativo o amministrativo rispetto ai requisiti prescritti per la sua adozione. – *Vizio sostanziale:* causa di annullamento di un atto normativo o negoziale derivante dai suoi contenuti precettivi. – *Vizio di merito:* quello relativo all'opportunità di un atto giuridico. – *Vizio di forma:* quello attinente al procedimento di formazione dell'atto giuridico.

vizióso agg. **1.** Pieno di vizi, incline al vizio. ~ Anche, caratterizzato da cattive abitudini e da depravazione. **2.** Errato, imperfetto, difettoso. ◆ s.m. [f. *-sa*] Persona piena di vizi, depravata.

vìzzo agg. Che ha perduto freschezza ed elasticità. *Fiore vizzo.*

vj [/vi:'dʒəi/] s.m. e f. inv. Sigla di *vee-jay.*

vocabolàrio s.m. [pl. *-ri*] **1.** Opera contenente i vocaboli di una lingua, con la definizione del loro significato (*monolingue*) o con la loro traduzione in una lingua diversa (*bilingue*). **2.** Insieme dei vocaboli e delle locuzioni di una lingua o di un dialetto. ~ Insieme dei vocaboli e delle locuzioni usati da una scienza, una tecnica, un gruppo, un autore, ecc.

vocàbolo s.m. (lat. *vocābulum*, propr. "modo di chiamare") LING. Unità lessicale con significato autonomo, distinta da una particolare forma grafica e grammaticale. ~ In un vocabolario, voce, lemma.

1. vocàle agg. **1.** Relativo alla voce. **2.** MUS. Per canto, per voce che canta (in oppos. a *strumentale*). **3.** Nel l. lett., sonoro, canoro.

2. vocàle s.f. **1.** LING. Suono la cui articolazione è caratterizzata dal libero deflusso dell'aria espirata attraverso il canale orale (in oppos. a *consonante*). **2.** Segno grafico esprimente tali suoni.

vocàlico agg. [pl.m. *-ci*, f. *-che*] Che costituisce vocale. ~ Relativo a vocale.

vocalist [/'vəukəlɪst/] s.m. e f.inv. (voce ingl.) MUS. Cantante solista che interpreta musica vocale.

vocalista s.m. e f. [pl.m. *-sti*] MUS. Vocalist.

vocalità s.f. inv. MUS. Qualità vocale di una musica. ~ La capacità di un cantante di interpretare musica vocale.

vocalizzàre v.tr. LING. Trasformare in vocale un suono consonantico. *Il greco ha vocalizzato alcuni suoni consonantici indeuropei.* ◆ v.intr. (aus. *avere*) MUS. Cantare, solfeggiare una serie di note su una vocale. ~ Fare dei vocalizzi. ◆ **vocalizzarsi** v.pron. LING. Di suono consonantico, trasformarsi in vocale.

vocalizzazióne s.f. **1.** LING. Trasformazione di un suono consonantico in suono vocalico. **2.** MUS. Vocalizzo.

vocalìzzo s.m. MUS. Solfeggio che si esegue cantando una serie di note su una o più vocali, per regolare e modulare l'emissione della voce.

vocativo agg. LING. Del caso della declinazione latina e greca e di altre lingue flessive che esprime l'atto di chiamare o di invocare o apostrofare qlcu. o qlco. ◆ s.m. Il caso vocativo.

vocazióne s.f. (lat. *vocatiōnem*, propr. "chiamata") **1.** Disposizione alla vita religiosa, sentita come una chiamata da parte di Dio. **2.** *estens.* Naturale disposizione a un'attività. SIN.: **inclinazione**.

vóce s.f. **1.** Suono emesso dall'essere umano prodotto dall'aria espirata che incontra, nella laringe, le corde vocali facendole vibrare. ◇ MUS. *Voci bianche:* quelle dei bambini e, un tempo, dei cantanti evirati. – *Essere senza voce:* essere afono, non riuscire a mandare fuori la voce. – *A gran voce:* parlando o gridando forte. – *fig. Dare voce a un sentimento:* sfogarlo, lasciarlo esprimere liberamente. **2.** *estens.* Verso proprio degli animali. ~ Suono emesso da strumenti musicali e apparecchi sonori, o prodotto da elementi naturali. **3.** *fig.* Richiamo, avvertimento, appello. **4.** *estens.* Persona che parla o canta. ~ Personalità che spicca per qualità in un determinato ambito. **5.** *fig.* Notizia che circola, senza che sia possibile individuarne la fonte e l'attendibilità. ~ Parola, informazione. ◇ *Voci di corridoio:* indiscrezioni, pettegolezzi. **6.** Vocabolo, termine, parola. ~ Lemma di un dizionario, di un'enciclopedia e anche la sua spiegazione e trattazione. **7.** GRAMM. Forma verbale. **8.** Elemento costitutivo di un elenco, in campo amministrativo e contabile. **9.** MUS. Parte di una composizione o di un coro polifonico. **10.** DIR. CAN. Voto. ◇ *Avere voce in capitolo:* avere diritto di voto in un'adunanza di religiosi o di membri di una congregazione o di un ordine; *fig.* avere una certa influenza, godere di considerazione all'interno di un dato gruppo o ambiente.

ENCICL. Le voci umane si distribuiscono in due categorie, le maschili, più gravi, e le femminili, il cui registro è di un'ottava superiore. Fra le voci maschili, si distinguono il tenore (registro superiore) e il basso (registro inferiore); fra le femminili, il soprano e il contralto. Soprano e tenore, contralto e basso formano il quartetto vocale; mentre le voci di baritono e mezzosoprano sono caratterizzate da registri misti.

vócero s.m. Lamento funebre eseguito da donne pagate per tale servizio.

vocianésimo s.m. (solo sing.) LETT. Corrente sviluppatasi nei primi anni del Novecento intorno alla rivista fiorentina "La Voce" (1908-1916).

vociàre v.intr. [5] (aus. *avere*) Parlare a voce troppo alta. ~ *estens.* Pettegolare. ❑ In funzione di s.m., schiamazzo, vocio.

vociferàre v.tr. Diffondere notizie incerte.

vocio s.m. [pl. *-cii*] Rumore confuso di voci e grida.

vocoder [/vəu'koudə/] s.m. inv. (voce ingl., propr. "codificatore della voce") Apparecchio che codifica i segnali elettrici delle comunicazioni telefoniche trasformandoli in voci umane.

vodka [/'vɔtkə/] s.f. inv. (voce russa, deriv. di *voda* "acqua") Acquavite ottenuta per distillazione dei mosti di grano, orzo, segale o altri cereali, prodotta e diffusa spec. in Russia e in altri paesi del Nord-est europeo.

vóga s.f. [pl. *-ghe*] **1.** MAR. Spinta esercitata sui remi per fare avanzare un'imbarcazione. ~ Anche, modo con cui si esercita tale movimento. **2.** *fig.* Fervore, grande entusiasmo. **3.** *fig.* Moda, uso che ha riscontrato il favore generale, ottenendo grande successo. ◇ *In voga:* alla moda.

vogàre v.intr. [4] (aus. *avere*) MAR. Manovrare i remi per fare avanzare un'imbarcazione.

vogàta s.f. **1.** Azione di vogare per un certo tempo o tratto. ~ Ogni spinta esercitata sui remi. **2.** Modo di vogare.

vogatóre s.m. **1.** (f. *-trice*) Rematore. **2.** Apparecchio per la ginnastica che permette di eseguire, in palestra o a casa, gli stessi movimenti di chi rema.

vòglia s.f. [pl. *-glie*] **1.** Impulso a soddisfare un desiderio o un bisogno. ~ Desiderio di qlco. ~ Desiderio smodato, eccessivo. **2.** (spec. pl.) Capricci, ghiribizzo. ~ *eufem.* Impulso sessuale. **3.** *pop.* Bisogno intenso di un certo cibo o di una certa bevanda che, secondo una credenza diffusa, una donna proverebbe durante la gravidanza. ~ Macchia sulla pelle, angioma cutaneo che sarebbe provocato nel nascituro dalla mancata soddisfazione di un bisogno da parte della gestante. **4.** Disposizione, propensione, volontà.

voglióso agg. Di persona, smanioso. ~ Di atteggiamento, che esprime smania, desiderio.

vói pron. pers. Seconda persona plurale, usata con riferimento alle persone a cui ci si rivolge.

voile [/'vwal/] s.m. inv. (voce fr., lat. *vēlum* "velo") Tessuto leggero e trasparente.

voivòda s.m. [f. *voivodina*, pl.m. *-di*] (serbocroato *vojvoda* "comandante") Nei paesi slavi, in epoca medievale e moderna, governatore di una provincia dotato di poteri militari e civili.

voivodàto s.m. Dignità e carica del voivoda. ~ La provincia sulla quale il voivoda esercita la sua giurisdizione.

volàno s.m. (fr. *volant*) **1.** MECC. Ruota di metallo o altro materiale molto pesante, solidale a un asse o a un albero motore, che ha il compito di regolarizzare il movimento rotatorio. ◇ *Volano magnete:* sui motori dei motocicli, quello che, oltre a regolarizzare il moto, fornisce la tensione per la scintilla di avvio e per le esigenze elettriche dell'impianto. **2.** *fig.* Meccanismo, attività che accumula e ridistribuisce energia o risorse. **3.** Piccola sfera leggera, su cui sono infisse alcune penne, che viene lanciata tra due o più giocatori con racchette o tamburelli in un gioco simile al tennis. ~ *estens.* Il gioco stesso.

volant [/vɔ'lã/] s.m. [pl. *volants*] (voce fr., deriv. di *voler* "volare") Striscia di tessuto arricciata usata come guarnizione nell'abbigliamento e nell'arredamento.

1. volànte agg. **1.** Che vola. **2.** Che si sposta rapidamente. **3.** Non fisso, non collocato stabilmente. ◆ s.f. Squadra, nucleo di pronto intervento della polizia. ~ *estens.* L'auto di cui si serve tale forza di polizia.

2. volànte s.m. Organo di comando a forma di ruota, che trasmette il movimento attraverso un asse a esso collegato. ~ Anello a razze collegato a un piantone attraverso cui si governa lo sterzo di un autoveicolo. SIN.: **sterzo**. ◇ *Asso del volante:* campione automobilistico.

volantinàggio s.m. [pl. *-gi*] Distribuzione di volantini.

volantinàre v.intr. (aus. *avere*) Distribuire volantini, fare volantinaggio. ◆ v.tr. Propagandare qlco. distribuendo volantini. *Volantinare un programma.*

1. volantino s.m. **1.** Foglio a stampa distribuito per propaganda. **2.** Piccione addomesticato, usato come richiamo nella caccia ai colombacci.

2. volantino s.m. Nel sign. del dim. di 2. *volante.* ~ Organo di comando a forma di piccola ruota per mettere in azione o regolare apparecchi o meccanismi di vario tipo, perlopiù idraulici ed elettrici.

volapük [/vola'pyk/] s.m. inv. (voce della lingua volapük, propr. "lingua del mondo") Lingua artificiale, creata nel 1880 dal tedesco Johann Martin Schleyer, soppiantata dall'esperanto.

1. volàre v.intr. **1.** (aus. avere) Detto di animali alati, muoversi nell'aria sbattendo le ali. ◇ *fig. Non sentire volare una mosca:* esserci un silenzio totale. ~ Spostarsi da un luogo all'altro muovendo le ali. *Volare da un fiore all'alveare.* **2.** *estens.* (aus. avere) Detto di aeromobili o delle persone a bordo, spostarsi da un luogo all'altro muovendosi nell'aria. *Due astronauti sono volati sulla luna.* **3.** *estens.* (aus. essere) Cadere o essere lanciati da un luogo più alto rispetto al suolo e precipitare a terra. *A Capodanno dalle finestre volano in strada oggetti di ogni tipo.* ~ (aus. essere) Riferito a oggetti leggeri sospinti da una forza esterna, librarsi e muoversi in aria per un certo tempo prima di ricadere. *Le piume volano al minimo soffio.* **4.** (aus. essere) Venire lanciato a distanza nell'aria. *Tra le due opposte tifoserie volavano sassi.* ~ *fig.* Essere scambiato con particolare energia tra due o più persone. *Volano pugni.* **5.** *per esager.* (aus. essere o avere) Recarsi velocemente in un luogo o da qlcu. *Volo in ufficio.* ~ Scagliarsi, proiettarsi su qlcu. o qlco. *Volare sul ladro per bloccarlo.* ~ (aus. essere o avere) Muoversi molto rapidamente sul terreno. *I corridori volano sulla pista.* ~ *fig.* Diffondersi rapidamente. *Le notizie volano.* **6.** *fig.* (aus. essere) Di espressioni temporali, passare rapidamente. *Il tempo vola.* **7.** *fig.* (aus. avere) Viaggiare con l'immaginazione. *Volare sulle ali della fantasia.* ~ (aus. essere) Ritornare con il pensiero a qlco. *La memoria vola ai felici anni lontani.* **8.** *gerg.* (aus. essere) Avere delle allucinazioni sotto l'effetto di una sostanza stupefacente. ◆ v.tr. Nella caccia, lanciare un richiamo vivo per dirigere i volatili verso la tesa. ~ Detto del falcone, ghermire, artigliare la preda in volo.

2. volàre agg. ANAT. Palmare, plantare.

volàta s.f. **1.** Spostamento rapido, corsa molto veloce. ~ SPORT. Nelle gare di atletica e in quelle ciclistiche, scatto prodotto dai concorrenti in vista del traguardo per aggiudicarsi la vittoria. ~ *fig.* Corsa, momento conclusivo di una competizione. ◇ *fig. Di volata:* in fretta, di corsa. **2.** *fig.* Slancio poetico. **3.** Scoppio di una serie di mine in rapida successione. **4.** In un pezzo d'artiglieria, la parte anteriore di una bocca di fuoco. **5.** MUS. Nel canto, esecuzione in rapida successione di una serie di note in scala.

volàtile agg. **1.** Capace di volare. **2.** CHIM. Che evapora facilmente. **3.** INFORM. Di memoria di elaboratore il cui contenuto si perde allo spegnimento del sistema. ◆ s.m. Uccello.

volatilità s.f. inv. (fr. *volatilité*) **1.** CHIM. Qualità di ciò che è volatile. ~ Proprietà di evaporare facilmente. **2.** ECON. *fig.* Rapida e imprevedibile variabilità.

volatilizzàre v.tr. (fr. *volatiliser*) CHIM. Ridurre una sostanza allo stato aeriforme. ◆ v.intr. (aus. *avere*) CHIM. Passare allo stato aeriforme. ◆ **volatilizzarsi** v.pron. **1.** Evaporare. **2.** *fig. fam.* Svanire nel nulla. *Era qui un attimo fa e si è volatilizzato.*

volatóre agg. [f. *-trice*] Riferito a uccelli, che vola. ~ Resistente al volo. ◆ s.m. (anche f.) Nel sign. dell'agg.

vol-au-vent [/'vɔlo'vã/] s.m. inv. (voce fr., propr. "vola al vento" per la leggerezza della pasta sfoglia) Pasticcino di pasta sfoglia, di varia forma e grandezza, farcito internamente di carne, frattaglie, verdure, formaggi e salse varie.

volée [/vɔ'le/] s.f. [pl. *volées*] (voce fr.) SPORT. Nel tennis, colpo dato alla pallina prima che rimbalzi a terra.

volemia s.f. FISIOL. Quantità complessiva di sangue in un organismo.

volènte agg. Che vuole. ◆ s.m. e f. Chi vuole, chi desidera qlco., spec. nella loc. *volente o nolente*, che si voglia o no.

volenteróso agg. Di persona, dotata di buona volontà. ~ Di comportamento, dettato da buona volontà. ◆ s.m. [f. *-sa*] Nell'accez. 1 dell'agg.

volentièri avv. (fr. *volentier*, lat. *voluntārie* "volontariamente") **1.** Con piacere. *Vi accompagno volentieri.* **2.** Anche come risposta affermativa. *"Vuoi venire con me allo stadio?" "Volentieri".*

1. volére v.tr. [60] **1.** Essere intenzionato a ottenere qlco. *Voglio la ricompensa promessa.* **2.** *estens.* Desiderare, auspicare qlco. *Vorrei tre etti di pane.* ◇ *Qui ti voglio, ti volevo!:* sono curioso di vedere come ti comporterai in una situazione particolarmente complessa. – *Come vuoi, volete:* non ha importanza, decidi tu, decidete voi. **3.** Gradire la presenza, la compagnia o l'amicizia di qlcu. *Nessuno lo vuole per amico.* ~ Richiedere qlcu. ~ Chiedere di parlare a qlcu. *La vogliono al telefono.* **4.** Chiedere, esigere qlco. *Il giardino vuole molte cure.* ~ Chiedere una certa somma, un prezzo in cambio della cessione di qlco. o di una determinata prestazione. *Quanto vuole per la casa?* **5.** Detto di Dio, del destino, di una potenza superiore o di altra autorità, disporre, ordinare, prescrivere qlco. **6.** Consentire, ammettere qlco., usato spec. in frasi negative. *I miei genitori non vogliono bugie.* **7.** Asserire, sostenere qlco. *La leggenda vuole che qui si sia svolta una grande battaglia.* **8.** Desiderare qlcu. in un certo ruolo. *Volere l'amico come socio.* ~ Esigere o desiderare che qlcu. si trovi o raggiunga una certa condizione. *Vi vorrei tutti felici.* ~ Credere, ritenere qlcu. in una certa condizione. *Molti lo vogliono un grande poeta.* ◆ v.intr. (aus. *avere*) **1.** Avere capacità volitiva, forza di volontà. *Volere è potere.* ◇ *Senza volere:* senza intenzione. – *fam. Volere o no, volere o volare:* con o senza intenzione, per amore o per forza. **2.** (aus. essere) Accompagnato da *ci* o *ne*, essere necessario per qlcu. o qlco. *È la persona che ci vuole per te.* ◇ *Volerne a qlcu.:* serbargli rancore. – *Volere bene a qlcu.:* amarlo. ◆ v.modale **1.** Avere la ferma determinazione o il desiderio di fare qlco. o che avvenga qlco. *Vorrei essere lasciato in pace!* ~ Preceduto dalla negazione *non*, esprime il rifiuto di fare qlco. o la volontà che altri non facciano qlco. *Non vorrei partire.* **2.** Con soggetto non animato, esprime la probabilità che qlco. avvenga in un futuro immediato. *Sembra che voglia nevicare.* ~ In frasi negative, detto di animali o cose, avere intenzione di non fare qlco. *Oggi il cavallo non vuole proprio camminare.* **3.** Seguito da v. al passivo, avere bisogno, necessitare di qlco. *Un argomento che vuole essere trattato ampiamente.* **4.** Con valore fraseologico, è usato per dare particolare efficacia all'espressione. *Non volevo credere ai miei occhi.* **5.** Seguito da *dire*, con soggetto animato, intendere qlco. *Cosa vuoi dire con questo discorso?* ~ Anche come formula usata per chiarire o correggere quanto si è detto. *Sono arrivati i vostri amici, voglio dire i nostri.* ~ Con soggetto astratto, significare qlco. *Cosa vogliono dire queste risatine?* ~ In frase negativa, non importare. *Lascia perdere, non vuol dire.* ❑ In funzione di cong. correlativa, nella forma del pres. ind. *vuoi. Vuoi per un motivo, vuoi per un altro.*

2. volére s.m. (uso sost. di *volere*) **1.** Volontà, desiderio. **2.** (al pl.) Intenti, propositi.

volgàre agg. **1.** Proprio del volgo, delle classi popolari. ~ Con riferimento alla lingua parlata dalla generalità della popolazione in oppos. alla lingua della tradizione colta. *Greco volgare.* **2.** In partic. nel Medioevo, con riferimento alle lingue, parlate o anche scritte, derivate dal latino volgare e via via sviluppatesi e affermatesi come lingue autonome e alternative al latino stesso. **3.** Comune, non scientifico. *Il nome volgare del "Boletus edulis" è porcino.* **4.** *estens.* Con valore limitativo o spreg., rozzo, grossolano. ~ Indecente, osceno. ~ Comune, ordinario. *Questo quadro è solo una volgare imitazione.* ◆ s.m. Lingua neolatina dell'età medievale considerata prima della sua codificazione grammaticale, in oppos. al latino, lingua dell'alta cultura e degli usi ufficiali. ◇ *Volgare illustre:* la lingua volgare elevata a dignità letteraria, nella definizione di Dante.

volgarìsmo s.m. LING. Costrutto, parola o espressione propri della lingua volgare.

volgarità s.f. inv. **1.** Natura di chi o di ciò che è grossolano, triviale. **2.** Espressione o gesto triviale.

volgarizzaménto s.m. Adattamento in un volgare romanzo, in partic. in italiano, di un testo in altra lingua (general. latino o greco, francese o provenzale).

volgarizzàre v.tr. **1.** Tradurre un testo, in genere latino o greco, in una lingua neolatina. **2.** *estens.* Divulgare, esporre qlco. in maniera semplificata. *Volgarizzare la filosofia.*

volgarizzatóre s.m. [f. *-trice*] **1.** Traduttore in lingua volgare. **2.** Divulgatore di materie specialistiche.

volgarizzazióne s.f. **1.** Traduzione in lingua volgare. **2.** Divulgazione di materie specialistiche in termini accessibili al grande pubblico.

volgarménte avv. **1.** In lingua volgare. **2.** Comunemente, nel linguaggio non specialistico. **3.** In modo grossolano.

vòlgere v.tr. [22] **1.** Voltare, dirigere, orientare qlco. verso un determinato punto. *Volgere lo sguardo verso l'alto.* **2.** *fig.* Indirizzare, rivolgere il pensiero, l'attenzione o un sentimento a qlcu. o qlco. *Volgere il pensiero al figlio lontano.* **3.** Trasformare, convertire, cambiare qlco. in altro. *Volgere un discorso serio in burla.* ◆ v.intr. (aus. *avere*) **1.** Piegare, girare in una direzione, spec. con soggetto non animato. *Il fiume volge a ovest.* **2.** *fig.* (anche aus. essere) Tendere, avvicinarsi a qlco. ~ Di un colore, tendere a qlco. ◇ *Volgere al tramonto:* del sole, stare per sparire all'orizzonte; *fig.* cadere in disuso, scomparire. ❑ In funzione di s.m., trascorrere, passare. *Con il volgere degli anni, la situazione migliora.* ◆ **volgersi** v.pron. **1.** Voltarsi verso qlcu. o qlco. ~ Dirigersi, incamminarsi in una direzione o verso qlcu. o qlco. **2.** *fig.* Indirizzarsi, dedicarsi a un'attività. *Volgersi alla ricerca.* **3.** *fig.* Di un sentimento, riversarsi, abbattersi contro qlcu. *La sua ira si volse contro i prigionieri.*

vòlgo s.m. [pl. *–ghi*] La classe più povera e arretrata della società. ~ *spreg.* Parte più rozza e ignorante del popolo.

volièra s.f. (fr. *volière*) Grande gabbia per uccelli.

volitivo agg. **1.** FILOS. Relativo alla volontà, fondato sulla volontà. **2.** Che esprime una ferma volontà. ◆ s.m. [f. *–va*] Persona ricca di forza di volontà.

volizióne s.f. FILOS. Atto con il quale si determina la volontà.

volley [/'vɔlɪ/] s.m. (solo sing.) (voceingl. abbr. di *volleyball*) SPORT. → **pallavolo**.

vólo s.m. **1.** Di animali, capacità e atto di volare. ◇ *Prendere il volo:* parlando di un uccello, cominciare a volare, alzarsi in volo; *fig.* scappare precipitosamente, dileguarsi. **2.** Spostamento nell'aria di un aeromobile o nello spazio di un veicolo spaziale. ~ *estens.* Il viaggio stesso a bordo di un aeromobile, spesso in riferimento al servizio di trasporto aereo. ◇ *Volo radente:* quello effettuato da un aereo mentre in volo si mantiene vicino al suolo. – *Volo a vela:* che sfrutta le correnti d'aria, come nel caso degli alianti. – *Discesa in volo planato:* a motore spento. **3.** Movimento nell'aria di un corpo dovuto a slancio, spinta o alla semplice forza di gravità. ~ Caduta, salto, ruzzolone. ◇ *Al volo:* raggiungere un oggetto mentre è in aria, prima che tocchi terra immediatamente; *fig.* con prontezza. **4.** *estens.* Stormo di uccelli. ~ Formazione di aeromobili. **5.** *fig.* Slancio oratorio o poetico.

volontà s.f. inv. **1.** Facoltà di volere, capacità di decidere e agire in modo da raggiungere il proprio scopo. ~ POLIT. Disponibilità e determinazione collettiva a operare in un certo modo, a raggiungere un certo scopo. *La volontà del popolo.* ◇ FILOS. *Volontà di potenza:* nel pensiero di Nietzsche, tendenza intrinseca alla vita che spinge l'uomo all'affermazione di se stesso, attraverso la creazione di nuovi valori. **2.** Atto del volere. ~ *Ultime volontà:* intenzioni, desideri manifestati prima di morire. – *A volontà:* a piacere, quanto si vuole, anche in abbondanza. **3.** Disposizione ad agire in un certo modo. ◇ *Buona volontà:* disponibilità a fare, lavorare, operare per il meglio.

volontariaménte avv. Di propria spontanea volontà.

volontariàto s.m. (fr. *volontariat*) **1.** Lavoro volontario, non regolarmente retribuito, che viene prestato per acquisire la pratica necessaria all'esercizio di una professione. **2.** Servizio militare prestato come volontario. ~ La durata di tale servizio e l'insieme dei volontari. **3.** Attività volontaria di una persona che compie un lavoro non retribuito a favore della collettività.

volontàrio agg. [pl.m. *–ri*] **1.** Che viene fatto per libera scelta. ◇ FISIOL. *Muscoli volontari* (→muscoli *striati*) **2.** Di persona che fa qlco. per libera scelta. ~ In partic., riferito a chi presta spontaneamente la propria opera di assistenza in ospedali e altri istituti. ◆ s.m. [f. *–ria*] Nell'accez. 2 dell'agg., spec. in riferimento a chi si arruola per libera scelta nell'esercito.

volontarismo s.m. **1.** FILOS. Dottrina o tesi che accorda il primato della volontà sulla pura razionalità. **2.** Tendenza al volontariato militare.

■ **vólpe**

3. Corrente d'opinione che sollecita la necessità di rendere volontario il servizio militare.

volovelista s.m. e f.[pl.m. *–sti*] Chi pratica lo sport del volo a vela.

volovelistico agg. [pl.m. *–ci*, f. *–che*] Relativo allo sport del volo a vela.

volpacchiòtto s.m. **1.** Nel sign. del dim. di *volpe*, cucciolo di volpe. **2.** *fig.* Persona astuta.

vólpe s.f. **1.** Mammifero carnivoro, diffuso in Italia nelle zone boscose, caratterizzato da corpo snello di taglia media, coda e pelo folti, muso appuntito e grandi orecchie diritte; abile predatore, si nutre di uccelli, piccoli mammiferi, insetti e bacche. (La volpe europea [genere *Vulpes*], dal mantello rosso, è portatrice della rabbia; la volpe polare [genere *Alopex*], è ricercata per la pregiata pelliccia; famiglia dei Canidi.) ◇ *Volpe del deserto:* fennec. **2.** *estens.* Pelliccia di questo animale. **3.** (iniziale maiusc.) Genere di animali a cui appartengono le varie specie di volpe. **4.** *fig.* Persona particolarmente furba e astuta. **5.** AGR. Malattia del frumento. **6.** MAR. Palo inclinato o altro elemento che sorregge una struttura nelle costruzioni navali.

volpino agg. **1.** Da volpe, tipico della volpe. **2.** Di una razza di cani da salotto, molto piccoli e agili, caratterizzati da muso aguzzo, occhi vispi e pelo lungo e folto di colore rossiccio. **3.** *fig.* [f. *–na*] Furbo. ◆ s.m. **1.** Nel sign. del dim. di *volpe*. **2.** Cane della razza volpina.

volpóne s.m. **1.** Nel sign. dell'accr. di *volpe*. **2.** *fig.* [f. *–na*] Persona astuta e furba.

vòlt s.m. inv. (fr. *volt*, dal nome del fisico A. *Volta*) ELETTR. Unità di misura della forza elettromotrice, della differenza di potenziale o della tensione (simb. *V*) corrispondente alla differenza di potenziale tra due punti di un conduttore percorso dalla corrente costante di 1 ampère, quando la potenza dissipata tra i due punti è uguale a 1 watt.

1. vòlta s.f. **1.** SPORT. Figura del pattinaggio artistico consistente nel tracciare tre cerchi intersecantisi tra loro. ~ Nella ginnastica acrobatica, rotazione completa del corpo intorno a una sbarra fissa impugnata con entrambe le mani. **2.** STAM. Facciata del foglio che viene stampata per seconda (in oppos. alla *dritta*). **3.** METR. Una delle parti in cui può essere divisa la sirima di una canzone. ~ Nella ballata, il terzo periodo della stanza. **4.** Direzione verso la quale ci si dirige. ◇ *loc. prep. Alla volta di:* nella direzione di. *Partire alla volta di Milano.* ~ Momento in cui a qlcu. tocca o spetta di fare qlco. ◇ *Uno, due, tre alla volta, per volta:* con valore distributivo, uno solo per ogni momento, a gruppi di due, di tre, ecc. **5.** Momento, circostanza, occasione in cui avviene o è avvenuto un fatto. ◇ *Di volta in volta, volta per volta:* via via, caso per caso. – *Una volta per tutte:* definitivamente. – *Una buona volta:* finalmente, per esprimere impazienza o fastidio. – *Una volta o l'altra:* prima o poi. – *locc. cong. Una volta che:* quando, dopo che, non appena; dato che, poiché; per volta: ~ *Ogni volta che, tutte le volte che:* introducono frasi temporali. – *La volta che:* quando; se, qualora. **6.** Indica la frequenza con cui avviene un fatto o il suo ripetersi. *È la seconda volta che mi telefona.* ~ Indica il moltiplicarsi o il dividersi di una quantità. *La sua casa è due volte più grande della mia.*

2. vòlta s.f. **1.** ARCH. Struttura curva che copre un ambiente o un edificio. ~ La superficie concava coperta da tale struttura. **2.** *estens.* Superficie coprente o struttura, di qualsiasi tipo e natura, a forma di volta. ◇ *poet. Volta celeste, stellata:* il firmamento. – ANAT. *Volta cranica:* par-

te arcuata superiore della scatola cranica, che si poggia su una base orizzontale interna. – *Volta plantare:* parte superiore concava della pianta del piede.

voltafàccia s.m. inv. Cambiamento brusco e totale di idee, opinioni e comportamenti.

voltafièno s.m. inv. Macchina agricola provvista di forche girevoli che rivoltano il fieno rimasto sui campi dopo la falciatura in modo da accelerare l'essiccamento.

voltagabbàna s.m. e f. inv. Chi cambia spesso opinioni.

voltàggio s.m. [pl. *–gi*] (fr. *voltage*) comun. Misura in volt della differenza di potenziale elettrico o di tensione, o anche della forza elettromotrice.

1. voltàico agg. [pl.m. *–ci*, f. *–che*] Inventato dal fisico A. Volta. ◇ *Arco voltaico:* *arco elettrico. – *Pila voltaica:* primo modello di pila, costituito da una colonna di dischetti di rame e zinco separati da stracci imbevuti di acqua e acido solforico. – *Corrente voltaica:* corrente elettrica prodotta dalla pila voltaica.

2. voltàico agg. [pl.m. *–ci*, f. *–che*] Di ciascuna delle lingue sudanesi parlate nel territorio del bacino del fiume Volta.

voltaire [/vɔl'tɛr/] s.f. [pl. *voltaires*] (voce fr., dal nome del filosofo *Voltaire* perché in una statua è rappresentato seduto su un tale tipo di poltrona) Poltrona dotata di alto schienale per appoggiarvi la testa.

voltàmetro s.m. (ingl. *voltameter*) FIS. Cella elettrolitica impiegata per determinare la quantità di energia che passa tra due elettrodi, mediante la misurazione della quantità della sostanza scomposta e depositata su ciascuno di essi.

voltampère s.m. inv. FIS. Unità di misura della potenza elettrica di un circuito a corrente alternata (simb. *VA*), pari alla potenza apparen-

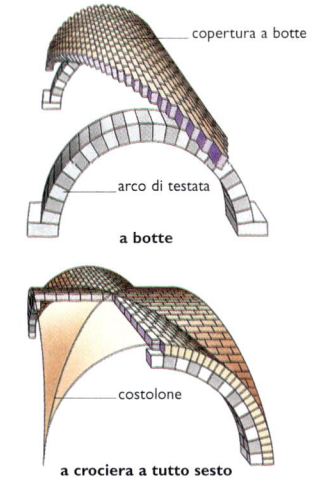

copertura a botte

arco di testata

a botte

costolone

a crociera a tutto sesto

chiave — ogive

arco longitudinale

arco longitudinale

arco trasversale

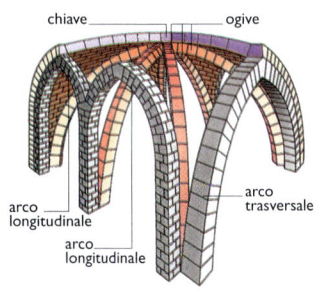

ogivale esapartita

■ **vòlta**

te relativa alla corrente di 1 ampère sotto la tensione di 1 volt.

voltamperòmetro s.m. FIS. Strumento composto di un voltametro e di un amperometro.

voltapiètre s.m. inv. Uccello dotato di lungo becco leggermente incurvato all'insù, con il quale rivolta i sassi per cercare le sue prede. (Genere *Arenaria;* famiglia dei Caradriformi.)

voltàre v.tr. **1.** Girare qlco. dal lato opposto, mettere all'inverso, volgere, dirigere qlco. in una direzione. **2.** Superare, oltrepassare qlco. svoltando. ◆ v.intr. (aus. *avere*) Curvare in un senso. ~ Cambiare direzione. *All'incrocio devi voltare a sinistra.* ◆ voltarsi v.pron. **1.** Cambiare posizione con il corpo, girarsi in posizione contraria. *Voltarsi di continuo nel letto.* **2.** Detto spec. del tempo atmosferico, cambiare verso una situazione. *Il tempo si volta al bello.*

voltastòmaco s.m. inv. **1.** Senso di nausea, conato di vomito. **2.** fig. Schifo, ribrezzo.

volteggiàre v.intr. [5] (aus. *avere*) **1.** SPORT. Nell'equitazione e nella ginnastica artistica, eseguire volteggi. **2.** estens. Eseguire giravolte. **3.** Detto di uccelli, di aeromobili o altri oggetti sospesi in aria, volare di qua e di là, compiendo ampi giri circolari. ◆ v.tr. **1.** Far cambiare continuamente direzione al cavallo. **2.** MAR. Costeggiare, bordeggiare qlco.

volteggiatòre s.m. **1.** SPORT. [f. *–trice*] Nell'equitazione e nella ginnastica artistica, chi esegue volteggi. **2.** Nell'esercito di Napoleone, soldato appartenente a un corpo di fanteria leggera.

voltéggio s.m. [pl. *–gi*] **1.** Atto di volteggiare, di compiere ampi giri. **2.** AER. Manovra aerea acrobatica che prevede il capovolgimento dell'aereo. **3.** SPORT. Giravolta. ~ In partic. nell'ippica, esibizione consistente in ripetuti cambiamenti di posizione eseguiti dal cavaliere su di un cavallo in corsa. ~ Nella ginnastica artistica, esecuzione di figure acrobatiche ai vari attrezzi.

voltelettróne s.m. FIS. → elettronvolt.

volterrianésimo s.m. Il pensiero e le teorie dello scrittore francese Voltaire. ~ La corrente filosofica a lui ispirata.

volterriàno agg. **1.** Che riguarda Voltaire. **2.** estens. Ispirato da scetticismo o da ironia. ◆ s.m. [f. *–na*] Seguace del pensiero di Voltaire. **2.** estens. Razionalista.

vòltmetro s.m. FIS. Strumento per misurare la differenza di potenziale in volt.

vólto s.m. **1.** Viso, faccia. **2.** fig. Aspetto, sembianza. *I mille volti della realtà storica.* ~ Indole, natura. *Il vero volto del regime.*

voltùra s.f. **1.** Nel l. bur., cambiamento d'intestazione della proprietà di un bene per cui è prevista la registrazione. *Voltura catastale.* **2.** Cambiamento d'intestazione di un contratto stipulato con enti pubblici o privati per la fornitura di un servizio. **3.** Registrazione nei libri contabili del trasferimento di una partita o di un saldo da un conto a un altro.

volùbile agg. **1.** Che cambia con facilità, riferito a persone o comportamenti o, raramente, al clima. **2.** BOT. Riferito a pianta o a organo di essa, che tende ad avvolgersi attorno a un sostegno (luppolo, fagiolo, vilucchio, caprifoglio).

volubilità s.f. inv. Qualità di ciò che cambia, che è fluttuante, instabile.

volucèlla s.f. (lat. *Volucella,* deriv. di *volucra* da *volvere* "volgere" perché si avviluppa nelle foglie della vite) **1.** Insetto il cui aspetto ricorda il calabrone, che si nutre del nettare dei fiori. (Famiglia dei Sirfidi.) **2.** ZOOL. (iniziale maiusc.) Genere di insetti a cui appartiene la volucella.

volùme s.m. (lat. *volumen* "rotolo" poi "corpo solido, massa") **1.** Estensione spaziale di un solido geometrico e sua misura. ~ Spazio occupato da un corpo solido, liquido o aeriforme e sua misura. ◇ FIS. *Volume specifico:* rapporto tra il volume e la massa di un corpo. **2.** estens. Massa di un corpo, in rapporto alla quantità di spazio occupata. **3.** Nel l. della crit. art., massa architettonica, rapporto tra spazio pieno e spazio vuoto. **4.** COMM., ECON. fig. Quantità complessiva. ◇ *Volume d'affari:* fatturato, importo delle vendite di beni e servizi accumulati tra due bilanci. – *Volume di gioco:* nel l. sport., il numero delle

azioni offensive realizzate da una squadra durante una partita, per lo più di calcio. **5.** Forza, intensità di un suono. ~ Dispositivo meccanico che regola tale intensità in un apparecchio di amplificazione. **6.** Libro, parte di un'opera di grande mole. **7.** ANT. Lungo nastro di papiro che veniva usato per la scrittura e man mano avvolto a rotolo attorno a un bastoncino.

volumetria s.f. **1.** Misura dei volumi. **2.** CHIM. Metodo di analisi usato per determinare la quantità di una sostanza contenuta in un certo volume di soluzione.

volumètrico agg. [pl.m. *–ci,* f. *–che*] **1.** Relativo al volume o alla sua misurazione. **2.** MECC. Riferito a un particolare tipo di motore.

voluminóso agg. Che ha un volume notevole. ~ *scherz.* Riferito a persona, corpulento, grasso.

volùta s.f. **1.** Elemento o movimento a spire. **2.** ARCH., PITT. Motivo ornamentale a spirale.

volutaménte avv. Con intenzione.

volùto agg. **1.** Che corrisponde a ciò che si cerca, si desidera. **2.** Deliberato, volontario, intenzionale.

voluttà s.f. inv. **1.** Piacere dei sensi e spec. piacere sessuale. ~ L'eccitazione che si accompagna al desiderio erotico. **2.** estens. Piacere spirituale o intellettuale.

voluttuàrio agg. [pl.m. *–ri*] Che soddisfa bisogni non primari. *Spese voluttuarie.*

voluttuóso agg. **1.** Riferito a persona, incline ai piaceri sessuali. **2.** Riferito a cosa, che ispira o esprime piacere.

vòlva s.f. BOT. In alcuni funghi, rivestimento a forma di manicotto che si trova alla base del gambo.

volvària s.f. **1.** Fungo caratterizzato da grosso cappello con lamelle rosa e gambo appoggiato su una volva. (Ordine delle Agaricacee.) **2.** BOT. (iniziale maiusc.) Genere di funghi a cui appartengono le varie specie di volvaria.

vòlvolo s.m. MED. Torsione d'un'ansa dell'intestino, che ne provoca la chiusura e la necrosi.

Vombàtidi s.m. pl. [iniziale minusc. sing. *–de* per l'individuo] ZOOL. Famiglia di marsupiali simili ai roditori.

vombàto s.m. (ingl. *wombat,* da una voce australiana) **1.** Mammifero diffuso nel continente australiano, con pelame ispido di colore bruno-grigio. (Famiglia dei Vombatidi.) **2.** ZOOL. (iniziale maiusc.) Genere di animali a cui appartiene il vombato.

■ **vombàto**

vòmere s.m. **1.** Lama dell'aratro che rovescia la zolla dopo averla tagliata in senso orizzontale. **2.** Spartineve a cuneo montato sulla parte anteriore delle locomotive. **3.** Nei pezzi d'artiglieria, punta metallica all'estremità inferiore dell'affusto che, infiggendosi nel terreno, impedisce l'arretramento del pezzo causato dal rinculo. **4.** Nella marina militare, attrezzo costituito essenzialmente da robuste cesoie manovrate mediante cavi, usato per dragare le mine e le torpedini. **5.** ANAT. Osso piatto e sottile posto nella parte posteriore del naso dell'uomo e dei vertebrati.

vòmica s.f. [pl. *–che*] MED. Espulsione per via orale di essudato purulento proveniente dalle vie respiratorie.

vomitàre v.tr. **1.** Espellere dalla bocca ciò che è contenuto nello stomaco. **2.** estens. Emettere, mandare fuori qlco. in abbondanza e con grande violenza. **3.** fig. Pronunciare parole violente o volgarità in abbondanza e con tono con-

citato. *Vomitare insulti.* ◆ v.intr. (aus. *avere*) Espellere il contenuto dello stomaco.

vòmito s.m. **1.** Violenta emissione dalla bocca del contenuto dello stomaco. **2.** Quanto è stato vomitato, residuo di cibo vomitato.

vóngola s.f. (voce napol., lat. *cŏnchulam,* deriv. di *cŏncha* "conchiglia") **1.** Mollusco marino bivalve che vive sui fondali e sui litorali sabbiosi. (Generi *Tapes* e *Venerupis;* famiglia dei Veneridi.) **2.** ZOOL. (iniziale maiusc.) Genere di molluschi a cui appartengono le varie specie di vongola.

■ **vóngola**

voràce agg. **1.** Riferito ad animale, che necessità di molto cibo. ~ Riferito a persona, che mangia molto e avidamente. **2.** fig. Che distrugge, che consuma con straordinaria rapidità.

voracità s.f. inv. **1.** Insaziabilità, ingordigia. **2.** fig. Azione distruttiva di qlco. ~ Avidità di denaro o di altro.

voràgine s.f. **1.** Cavità profonda del terreno. **2.** estens. Profondo gorgo in una massa d'acqua.

vòrtice s.m. **1.** Massa gassosa, fluida, ecc. che si muove rapidamente intorno a un asse. SIN.: *gorgo.* **2.** estens. Rapido movimento circolare. **3.** fig. Forza, impeto travolgente. ~ Rapido e affannoso susseguirsi di azioni, fatti, idee, ecc. **4.** FIS. Vettore che rappresenta la velocità angolare posseduta, in un certo istante, da una particella di fluido.

vorticèlla s.f. **1.** Protozoo dal corpo a forma di campana e provvisto di un peduncolo con cui si fissa al substrato. (Classe dei Ciliati.) **2.** ZOOL. (iniziale maiusc.) Genere di protozoi a cui appartiene la vorticella.

vorticismo s.m. (ingl. *vorticism*) Corrente artistica sorta in Inghilterra nel secondo decennio del Novecento sul modello del futurismo e del cubismo.

vorticosaménte avv. Con un movimento circolare molto veloce.

vorticóso agg. **1.** Interessato o interrotto da vortici. **2.** estens. Che si muove a vortice, che gira velocemente in senso circolare. **3.** fig. Travolgente, incalzante, che non dà respiro.

vòstro agg. poss. [f. *vostra,* pl.m. *vostri,* f. *vostre*] **1.** Che appartiene a voi. *La vostra casa.* ~ Che vi riguarda, spec. riferito a luoghi e tempi. *Il vostro quartiere.* ~ Che è prodotto, fatto da voi. **2.** Che è parte di voi. *Il vostro aspetto.* **3.** Di voi, nel senso della parentela, dell'amicizia, ecc. **4.** A voi abituale, familiare. *Avete bevuto il vostro caffè?*

votànte agg. Che ha diritto di voto, che partecipa a una votazione. ◆ s.m. e f. Nei sign. dell'agg.

votàre v.intr. (aus. *avere*) Partecipare a una votazione. ~ Esprimere la propria preferenza a favore o contro qlco. ◆ v.tr. **1.** Sottoporre qlco. al voto. **2.** Dare un certo voto a qlco. *Votare no all'abrogazione della legge.* **3.** Approvare, decidere qlco. mediante votazione. ~ Sostenere un partito o qlcu. con il voto. **4.** Offrire qlco. in voto a qlcu. *Votare l'esistenza a Dio.* ~ estens. Dedicare qlco. a qlco. o qlcu. *Votare l'esistenza alla causa della libertà.* ◆ votarsi v.pron. **1.** Offrirsi in voto a qlcu. o qlco. **2.** Dedicarsi con impegno e determinazione a qlco.

votàto agg. **1.** Approvato con il voto. **2.** Che si è offerto in voto, che si è dedicato interamente a qlco. *Votato al sacrificio.*

votazióne s.f. **1.** Espressione della propria volontà tramite voto. **2.** Insieme dei voti riportati da un candidato in un esame o un concorso.

votivo agg. Che concerne un voto, che viene offerto in voto e dedicato alla divinità.

vóto s.m. **1.** Atto con cui si manifesta la propria volontà e la propria scelta nell'eleggere qlcu. o nel decidere qlco. ~ Ogni singolo suffragio dato o ottenuto in una votazione. ◇ *Voto di protesta:* quello che l'elettorato esprime contro il governo in carica in segno di scontento. – *Voto di fiducia:* quello che il Parlamento può dare al governo per esprimergli approvazione. – *Voto di lista, di preferenza:* che si esprime, rispettivamente, a favore della lista di un partito o a favore di alcuni rappresentanti di esso. – *Voto di scambio:* quello dato a un candidato al Parlamento in cambio di vantaggi e favori. – *Diritto di voto:* facoltà di eleggere i propri rappresentanti politici. **2.** Numero che esprime la valutazione di merito data a un alunno o a un candidato in una prova. **3.** Promessa solenne fatta alla divinità. ~ Scelta di vita religiosa, monastica. **4.** *estens.* Ciò che si offre concretamente come voto, detto anche *ex voto.*

voucher [/'vautʃə/] s.m. inv. (voce ingl., deriv. di *to vouch* "attestare") Buono che un'agenzia di viaggi rilascia al cliente come attestazione del diritto a usufruire di determinati servizi turistici, già pagati o comunque prenotati.

vòx pòpuli loc. sost. f. inv. [pl. *voces populi*] (loc. lat., propr. "voce del popolo") **1.** Insieme tradizionale e comune di opinioni, storielle o modi di dire. ~ *estens.* Cosa risaputa, di pubblico dominio. **2.** Fonte di informazioni indeterminata.

voyeur [/vwa'jœːr/] s.m. e f. (voce fr., propr. "veditore") Chi, per una forma di perversione sessuale, ha l'abitudine di spiare le nudità e gli atti erotici altrui.

voyeurismo s.m. (fr. *voyeurisme*) Perversione sessuale di chi spia le nudità e gli atti erotici altrui.

vroom [/'vruːm/] s.m. inv. (voce ingl. di orig. onom.) Il rumore che riproduce il rombo di un motore durante la fase di accelerazione.

vùdu o **vudù** s.m. inv. (da una voce africana) **1.** Religione di tipo animistico praticata dalla popolazione nera delle Antille e caratterizzata dalla fusione di pratiche magiche africane con riti ed elementi propri del cristianesimo. **2.** *estens.* Ogni spirito o divinità oggetto di culto per tale religione.

vuelta [/'iwelta/] s.f. [pl. *vueltas*] (voce spagn., deriv. di *volver* "girare") SPORT. *per anton.* Il giro ciclistico di Spagna.

vulcaniàno agg. GEOL. Di dinamismo eruttivo caratterizzato dall'ampia prevalenza delle esplosioni sulle emissioni di lava.

vulcànico agg. [pl.m. *–ci*, f. *–che*] **1.** Relativo ai vulcani, al vulcanismo. ◇ *Rocce vulcaniche:* rocce magmatiche che arrivano in superficie durante un'eruzione e che, al contatto con l'atmosfera o con l'acqua, si raffreddano rapidamente. **2.** *fig.* Che è pieno d'entusiasmo, di iniziative.

vulcanìsmo s.m. GEOL. Insieme dei fenomeni vulcanici.

vulcanite s.f. GEOL. Qualsiasi roccia magmatica effusiva.

vulcanizzàre v.tr. Sottoporre qlco. a vulcanizzazione, per aumentarne l'elasticità.

vulcanizzazióne s.f. (ingl. *vulcanization*) **1.** Operazione che consiste nel migliorare le proprietà elastiche e la resistenza della gomma trattandola con lo zolfo. **2.** Operazione con cui si rimettono a nuovo pneumatici deteriorati o si saldano a caldo camere d'aria di gomma.

vulcàno s.m. (spagn. *volcan*, lat. dal nome del dio del fuoco *Vulcano*) **1.** GEOL. Fenditura attraverso la quale prodotti magmatici (lave, ceneri, gas) raggiungono la superficie della crosta terrestre (sulla terraferma o sui fondali marini). **2.** *comun.* Il cono vulcanico, la montagna costituita dai detriti vulcanici solidificati. ◇ *Dormire, essere sopra un vulcano:* trovarsi in una situazione apparentemente tranquilla, ma che in realtà può diventare pericolosa da un momento all'altro. **3.** *fig.* Persona molto attiva e dinamica.

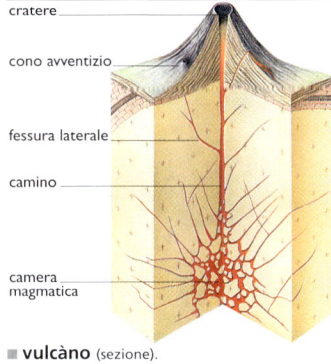

cratere
cono avventizio
fessura laterale
camino
camera magmatica

■ **vulcàno** (sezione).

vulcanologia s.f. GEOFIS. Studio dei vulcani e dei fenomeni vulcanici, in partic. in riferimento all'attività eruttiva.

vulcanòlogo s.m. [f. *–ga*, pl.m. *–gi*, f. *–ghe*] Geologo specializzato in vulcanologia.

vulgàta s.f. **1.** Versione latina della Bibbia, adottata ufficialmente dalla Chiesa cattolica come testo liturgico nel sec. XVI. **2.** *estens.* Redazione più diffusa di un testo.

vulneràbile agg. **1.** Che può essere ferito, colpito, attaccato. **2.** *estens.* Che può essere attaccato senza grandi difficoltà in quanto offre scarsa resistenza. **3.** *fig.* Riferito a persona, molto sensibile, fragile. **4.** *fig.* Che può essere facilmente contestato o criticato.

vulnerabilità s.f. inv. Natura di chi o di ciò che è vulnerabile.

vulneràntе agg. ZOOL. Dell'apparato di difesa degli animali velenosi, spec. degli insetti.

vulneràrià s.f. Pianta erbacea perenne utilizzata come foraggio e come pianta ornamentale e medicinale. (Genere *Anthyllis*; famiglia delle Papilionacee.)

vulneràrio agg. [pl.m. *–ri*] Di sostanza che cura ferite e piaghe facilitandone la cicatrizzazione. ◆ s.m. Nel sign. dell'agg.

vùlva s.f. ANAT. Complesso degli organi esterni dell'apparato genitale femminile.

vulvàre agg. ANAT., MED. Della vulva.

vulvàrià s.f. Pianta erbacea annua, con foglie a forma di rombo. (Famiglia delle Chenopodiacee.)

vulvite s.f. MED. Infiammazione della vulva.

vùmetro s.m. FIS. Strumento di misura dell'intensità di un segnale elettroacustico negli apparecchi di riproduzione sonora ad alta fedeltà.

vuotaméle s.m. inv. Arnese da cucina che serve a togliere il torsolo a mele, pere, ecc.

vuotàre v.tr. Rendere vuoto qlco., estraendone il contenuto. ~ Svaligare qlco., portare via, rubare tutto ciò che si trova in un posto. ◇ *Vuotare una bottiglia, un bicchiere:* berne d'un fiato il liquido contenuto. ◆ **vuotarsi** v.pron. **1.** Rimanere vuoto. *La vasca si è vuotata.* **2.** *estens.* Sfollarsi, spopolarsi. *In agosto le città si vuotano.*

vuòto agg. **1.** Che non contiene nulla, in cui non c'è nessuno. ~ Che non contiene ciò che dovrebbe normalmente contenere. ◇ *A stomaco vuoto:* a digiuno, senza avere mangiato niente. **2.** *fig.* Privo, mancante di qlco. ~ *assol.* Privo di contenuti, di significato, di espressività o, in ambito morale, di senso, di valore, di ideali. ◆ s.m. **1.** Spazio libero da corpi, oggetti o sostanze di qualsiasi tipo. ~ Spazio cavo all'interno di una struttura piena. ◇ *Vuoto d'aria:* diminuzione dell'intensità di una corrente d'aria ascendente, causa di improvvisi abbassamenti di quota di un aeromobile in volo. – *Fare il vuoto attorno a sé:* allontanare gli altri da sé alienandosi la simpatia e la considerazione generale. – *A vuoto:* inutilmente, invano. **2.** *fig.* Mancanza, carenza, soprattutto in ambito mentale e affettivo. *Vuoto di memoria* ◇ *fig. Vuoto di potere:* situazione politica di instabilità, senza una precisa direzione ai vertici del governo. **3.** FIS. Regione di spazio priva di materia. **4.** Recipiente vuoto. ◇ *Vuoto a rendere:* recipiente, spec. bottiglia, da restituire al negoziante (in oppos. a *vuoto a perdere*).

Carattere Weiss

w s.f. o s.m. inv. **1.** Lettera dell'alfabeto latino e delle lingue che lo adottano; estranea all'alfabeto italiano, è usata solo in forestierismi, dove può valere tanto *u* (*whisky*) quanto *v* (*wafer*). **2.** Semplice o puntata, maiuscola o minuscola, è usata in sigle o abbreviazioni con diversi valori. **3.** Simbolo usato in settori specifici. ◇ CHIM. *W:* simbolo del wolframio o tungsteno. – FIS. Simbolo del watt. – ASTR. Indica una classe spettrale di stelle. – GEOGR. Indica l'ovest (in alternativa a *O*). – Spec. nelle scritte, è abbreviazione dell'escl. *viva*. □ In funzione di agg. inv., *bosone* *w*, in fisica, bosone intermedio.

wafer [/'weɪfə/] s.m. inv. [o pl. *wafers*] (voce ingl., propr. "cialda") **1.** Piccolo biscotto secco a cialde sottilissime e variamente farcite. **2.** ELETTR. Piastrina di silicio per la realizzazione di transistor, condensatori, circuiti integrati.

wagon-lit [/va'gõ'li/] s.m. inv. [o pl. *wagons-lits*] (voce fr. "vagone letto", calco dell'ingl. *sleeping-car*) Vagone ferroviario con scompartimenti dotati di posti letto e altri servizi per il pernottamento dei passeggeri durante il viaggio. ~ Agenzia di viaggi che gestisce tale servizio.

wagon-restaurant [/va'gõresto'rã/] s.m. inv. (voce fr. "vagone ristorante", calco dell'ingl. *restaurant-car*) Vagone ferroviario attrezzato per servire pasti ai passeggeri durante il viaggio.

wahabismo o **wahhabismo** s.m. (dal nome del fondatore *Muḥammad ibn 'Abd al-Wahhāb*) Movimento politico e religioso musulmano che propugnava il recupero delle istanze e dei riti dell'islamismo originario.

walhall o **walhalla** [/val'hal/ o /val'hala/] s.m. (solo sing.) (ted. *Walhalla*, nord. *Valhöll* propr. "sala dei morti in battaglia") Nell'antica mitologia germanica, paradiso dei guerrieri morti eroicamente in battaglia.

walkie-cup [/'wɔːki,kʌp/] s.f. inv. (voce ingl., comp. di *to walk* "camminare" e *cup* "tazza") Bicchiere di carta cerata, con tappo di plastica munito di foro per la cannuccia, adatto per contenere bevande da trasporto.

walkie-talkie [/'wɔːki'tɔːki/] s.m. inv. [o pl. *walkie-talkies*] (voce ingl., comp. di *to walk* "camminare" e *to talk* "parlare") Ricetrasmettitore portatile a onde radio. SIN.: **ricetrasmittente**.

walkman [/'wɔːkmən/] s.m. inv. (voce ingl., comp. di *to walk* "camminare" e *man* "uomo") Nome commerciale di un registratore portatile munito di cuffie stereo per ascoltare cassette.

wallaby [/'wɒləbɪ/] s.m. inv. (voce australiana) Piccolo erbivoro marsupiale simile al canguro, presente in Australia. (Famiglia dei Macropodidi.)

■ **wallaby** delle rocce.

wampum [/'wɒmpəm/] s.m. inv. (voce ingl. d'America, algonchino *wampumpeag* "striscia bianca") Tra gli Indiani dell'America del Nord, collana di conchiglie usata come moneta di scambio o come decorazione.

wanted [/'wɒntɪd/] agg. inv. (voce ingl., deriv. di *to want* "volere") Di persona ricercata dalla polizia. ◆ s.m. inv. Nel sign. dell'agg.

WAP [/wɒp/] agg. inv. (sigla dell'ingl. *Wireless Application Protocol*) INFORM. Di protocollo per l'accesso a informazioni e servizi tramite terminali wireless, come cellulari o computer palmari.

wapiti [/'wɒpɪti/] s.m. inv. [o pl. *wapitis*] (voce ingl. d'America di orig. algonchina, deriv. di *wap* "bianco") Grande cervo dell'America settentrionale e dell'Asia, detto comun. *cervo canadese*. (Altezza al garrese 1,70 m; nome sc. *Cervus canadensis*.)

war game [/'wɔː 'geɪm/] loc. sost. m. inv. [o pl. *war games*] (loc. ingl., propr. "gioco di guerra") **1.** MIL. Esercitazione a tavolino di operazioni strategiche e tattiche di guerra, con lo scopo di addestrare gli ufficiali. **2.** Gioco di società che simula battaglie storiche o immaginarie.

warm up [/'wɔːm 'ʌp/] loc. sost. m. inv. (loc. ingl., propr. "riscaldamento") SPORT. Esercizio di riscaldamento. ~ Nell'automobilismo, prova libera di messa a punto delle macchine prima di una gara ufficiale.

warrant [/'wɒrənt/] s.m. inv. [o pl. *warrants*] (voce ingl., fr. ant. *warant*) COMM. Nota di pegno. ~ FIN. Certificato che concede al portatore l'opzione di acquistare azioni di una società od obbligazioni a una determinata data e a un prezzo prestabilito.

wasp [/'wɒsp/] s.m. inv. (sigla dell'ingl. *White Anglo-Saxon Protestant*, "protestante bianco anglosassone") (iniziale maiusc.) Negli Stati Uniti, categoria di cittadini di razza bianca, d'origine anglosassone e di religione protestante.

water [/'wɔːtə/] s.m. inv. (voce ingl., abbr. di *water-closet* "camerino a serbatoio d'acqua") comun. Il vaso e lo sciacquone del gabinetto.

waterloo [/'wɑːtəlɔː/] s.f. inv. (voce ol., dal nome della località belga dove nel 1815 avvenne la battaglia che segnò il definitivo tramonto di Napoleone) Pesante sconfitta, disfatta.

water-polo [/'wɔːtəpəʊləʊ/] s.m. (solo sing.) (voce ingl., propr. "polo d'acqua") SPORT. → **pallanuoto**.

waterproof [/'wɔːtəpruːf/] agg. inv. (voce ingl., propr. "a prova d'acqua") Resistente all'acqua, impermeabile.

watt [/'vat/] s.m. inv. (dal nome dello scozzese J. *Watt* che inventò la macchina a vapore) FIS. Unità di misura della potenza (simb. *W*), pari a un 1 joule al secondo.

wàttmetro o **wattòmetro** s.m. FIS. Strumento di misura della potenza in un circuito elettrico.

wattóra s.f. inv. FIS. Unità di misura dell'energia (simb. *Wh*) pari a quella fornita in 1 ora dalla potenza di 1 watt (1 Wh = 3600 J).

watùsso o **vatùsso** s.m. [f. –*sa*] (swahili *watutsi*) **1.** Appartenente a una popolazione di origine etiopica, caratterizzata da una statura molto elevata. **2.** *estens. scherz.* Persona molto alta. □ In funzione di agg., nell'accez. 1 dell'agg. *Territorio watusso.*

WC [/'vittʃi/] s.m. inv. → **water**.

web [/'wɛb/] s.m. o s.f. inv. (voce ingl., deriv. di *World Wide Web* "ragnatela a estensione mondiale") INFORM. L'insieme dei siti Internet che contengono informazioni organizzate in ipertesto.

webcam [/'wɛbkæm/] s.f. inv. (voce ingl.) Telecamera digitale collegata a un computer, la cui ripresa è visibile da un sito web.

wèber s.m. inv. (dal nome del fisico tedesco W.E. *Weber*) FIS. Unità di misura del flusso d'induzione magnetica (simb. *Wb*), equivalente al flusso magnetico che, attraversando un circuito di una singola spira, vi induce una forza elettromotrice di 1 volt quando viene ridotto a zero in 1 secondo decrescendo con legge lineare.

webmaster [/'wɛb'mɑːstə/] s.m. (voce ingl.) Responsabile di un sito web.

weekend [/'wiːkɛnd/] s.m. inv. [o pl. *weekends*] (voce ingl.) Fine settimana, comprendente il sabato e la domenica, general. inteso come periodo di riposo e di vacanza.

Wehrmacht [/'veːrmaxt/] s.f. inv. (voce ted., propr. "forza di difesa") L'esercito tedesco ai tempi del nazismo.

welfare state [/'wɛlfeə 'steɪt/] loc. sost. m. (solo sing.) (loc. ingl., propr. "stato del benessere") Sistema sociale che garantisce a tutti i cittadini un livello minimo di reddito e la fruizione dei servizi sociali indispensabili.

welter [/'wɛltə/] s.m. inv. (voce ingl. di etim. incerta) BOXE Categoria di pesi compresi tra i leggeri e i medi.

west [/'wɛst/] s.m. (solo sing.) (voce ingl., propr. "ovest") Parte occidentale degli Stati Uniti

■ **western.** La conquista del West (1962) di J. Ford, H. Hathaway, G. Marshall.

d'America e del Canada. ◆ *fig. Far west:* nel l. gior., territorio con leggi spietate o anche senza norme efficaci.

western [/ˈwɛstən/] agg. inv. (voce ingl., propr. "occidentale") Di film e di genere cinematografico avventuroso, ambientato nelle regioni occidentali dell'America del Nord all'epoca della colonizzazione, avente per soggetto le vicende di cowboys e pellerossa ◆ s m inv. Nel sign. dell'agg. ◊ *Western all'italiana:* genere cinematografico nato in Italia negli anni Sessanta, che ripresenta temi e personaggi dell'originario genere americano, accentuandone, a volte con intento ironico e parodistico, caratteri e aspetti particolari, detto anche *spaghetti-western.*

whig [/ˈwɪg/] s.m. inv. (voce ingl. di etim. incerta, forse abbr. di *Whiggamore*, seguace del movimento presbiteriano che in Scozia insorse nel 1648 contro il re Carlo I) Partito inglese che, tra il Settecento e l'Ottocento, difendeva gli interessi della borghesia, in oppos. ai *tory*, aristocratici e conservatori. ~ Chi aderiva a tale partito.

whippet [/ˈwɪpɪt/] s.m. inv. (voce ingl.) Tipo di levriero, usato un tempo per la caccia e oggi solo nelle corse.

whisky [/ˈwɪski/] s.m. inv. (voce ingl., gaelico *uisgebeatha* "acqua di vita") Acquavite distillata dal mosto di cereali prodotta originariamente in Scozia e negli altri paesi anglosassoni.

whist [/ˈwɪst/] s.m. (solo sing.) (voce ingl. di etim. discussa, forse deriv. di *whist* "silenzio" per la concentrazione necessaria al gioco) Gioco di carte, antenato del bridge, al quale partecipano general. quattro persone, due contro due.

widia s.m. inv. (abbr. della loc. ted. *wie Diamant* "come diamante") Materiale di estrema durezza, utilizzato per la punta dei trapani o di utensili che perforano le rocce o altri materiali duri.

wigwam [/ˈwigwæm/] s.m. inv. (voce ingl. d'America di orig. algonchina, propr. "la loro dimora") Tenda di pelli e stuoie degli indiani d'America, dalla caratteristica forma a cupola.

winch [/ˈwɪntʃ/] s.m. inv. (voce ingl., propr. "argano") MAR. → **verricello.**

winchester [/ˈwɪntʃistə/] s.m. inv. (voce ingl., dal nome del fabbricante d'armi statunitense O.F. *Winchester*) Denominazione commerciale di una carabina a ripetizione, facile da maneggiare, precisa e veloce nel tiro.

winder [/ˈwaində/] s.m. inv. (voce ingl., deriv. di *to wind* "avvolgere") FOTO. Motorino elettrico che applicato agli apparecchi fotografici permette di effettuare scatti in sequenza senza ricaricare.

windsurf [/ˈwɪndsəːf/] s.m. inv. (voce ingl., comp. di *wind* "vento" e *surf* "cresta dell'onda") Tavola di materiale plastico alla quale sono applicate una pinna, una deriva mobile e un albero con vela a tasca e con un boma. ~ L'attività sportiva che si pratica con tale attrezzo.

■ **windsurf**

windsurfista s.m. e f. [pl.m. –*sti*] SPORT. Chi pratica il windsurf.

winglet [/ˈwɪŋlɪt/] s.m. inv. (voce ingl., "aletta") Piccola superficie portante ausiliaria, disposta alle estremità delle ali di aerei per ridurre la resistenza indotta.

wintergreen [/ˈwɪntəˌgriːn/] s.m. inv. (voce ingl.) Essenza profumata a base di salicilato di metile che si estrae da alcuni alberi (gaulteria, betulla).

wireless [/ˈwaiəlis/] s.m. inv. (voce ingl., propr. "senza filo") TELECOM. Telefono, apparecchiatura elettronica che funziona senza fili di collegamento.

wishbone [/ˈwɪʃˌbəʊn/] s.m. inv. (voce ingl., "forcella") MAR. Attrezzatura velica particolare usata in certi ketch da diporto.

wolfràmio o **volfràmio** s.m. (solo sing.) (ted. *Wolfram* di etim. discussa) → **tungsteno.**

wolframite s.f. MIN. Sale dell'acido wolframico di ferro e di manganese, principale minerale del tungsteno, che si trova spesso associato al quarzo.

wòlof agg. inv. Di popolazione stanziata nel Senegal e nel Gambia. ◆ s.m. inv. **1.** (anche con iniziale maiusc.) Appartenente a tale popolazione. **2.** (solo sing.) Lingua parlata da questa popolazione.

wombat [/ˈwɒmbæt/] s.m. inv. → **vombato.**

won [/wʌn/] s.m. inv. (voce coreana) Unità monetaria della Corea.

woofer [/ˈwuːfə/] s.m. inv. (voce ingl., deriv. di *woof* "suono basso") Altoparlante per basse frequenze sonore.

word processing [/ˈwɔːd ˈprəʊsɛsɪŋ/] loc. sost. m. inv. (loc. ingl., propr. "elaborazione della parola") INFORM. Elaborazione di testi tramite computer. SIN.: **videoscrittura.**

word processor [/ˈwɔːd ˈprəʊsɛsə/] loc. sost. m. inv. (loc. ingl., propr. "elaboratore della parola") INFORM. Macchina o programma per realizzare il word processing.

work in progress [/ˈwəːk ɪn ˈprəʊgrɛs/] loc. sost. m. inv. (loc. ingl., propr. "lavoro in svolgimento") Lavoro, opera in fase di elaborazione, in corso.

workshop [/ˈwəːkˌʃɒp/] s.m. inv. (voce ingl. "laboratorio") Corso di specializzazione, seminario di studi e ricerche

workstation [/ˈwəːkˌsteɪʃən/] s.f. inv. (voce ingl., propr. "stazione di lavoro") INFORM. Postazione di lavoro adibita a usi particolari, costituita da un potente computer autonomo, corredato di periferiche e stampanti.

world music [/ˈwəːld ˈmjuːzɪk/] loc. sost. f. inv. (loc. ingl.) Genere musicale nato negli anni Ottanta che mette assieme diverse tradizioni popolari e le rielabora strumentalmente e stilisticamente per adattarle al gusto contemporaneo.

wrestling [/ˈrɛslɪŋ/] s.m. (solo sing.) (voce ingl., deriv. di *to wrestle* "combattere") SPORT. Lotta libera disputata da atleti di solida struttura fisica, che prevede colpi violenti e mosse spettacolari.

würstel [/ˈvyrstəl/] s.m. inv. (voce ted.) Sottile salsicciotto di carne bovina e suina, tritata molto finemente, drogata o anche affumicata.

www [/vuvvuvˈvu/] s.m. inv. (sigla dell'ingl. *World Wide Web*) INFORM. → **web.**

Carattere Calligraphie

X s.f. o s.m. inv. **1.** Lettera dell'alfabeto latino e delle lingue che lo adottano; in italiano rappresenta l'unione di due consonanti, l'occlusiva velare sorda e la fricativa alveolare sorda (*cs*). **2.** Semplice o puntata, maiuscola o minuscola, è usata in sigle o abbreviazioni con diversi valori. **3.** Simbolo usato in settori specifici. ◇ BIOL. *X*: simbolo del cromosoma sessuale femminile. – MAT. *x*: indica la variabile indipendente di una funzione o l'incognita di un'equazione o la coordinata delle ascisse. – *X*: nella numerazione romana, equivale a 10. **4.** *fig.* *Croce di sant'Andrea. ☐ In funzione di agg. inv., sconosciuto, ignoto, che non si vuole nominare. *Mister X.* ◇ *Giorno X*: giorno in cui deve avere luogo un evento importante.

xantàto s.m. CHIM. Sale dell'acido xantico in forma solida, di colore giallastro e dall'odore sgradevole.

xantelàsma s.m. [pl. –*smi*] MED. Xantoma della palpebra.

xantène s.m. CHIM. Composto organico complesso, a tredici atomi di carbonio, contenente l'anello eterociclico del pirano e due anelli benzenici; si presenta in cristalli incolori, poco solubili in acqua, ed è componente essenziale di alcune sostanze coloranti.

xantico agg. [pl. –*ci*] CHIM. *Acido xantico*: derivato dell'acido carbonico per sostituzione di due atomi di ossigeno con due atomi di zolfo e di un atomo di idrogeno con un radicale alchilico; si presenta come un liquido oleoso di colore giallastro; detto anche *acido xantogenico*.

xantina s.f. CHIM. ORG. Composto presente nei vegetali e negli animali, costituito da una base purinica.

xantodèrmo agg. ANTROP. Che appartiene alla razza gialla. ◆ s.m. (al pl. anche iniziale maiusc.) Nel sign. dell'agg.

Xantoficee s.f. pl. [iniziale minusc. sing. –*a* per l'individuo] BOT. Classe di alghe unicellulari o pluricellulari, dal caratteristico colore verde giallastro, dovuto alla ricchezza di xantofilla.

xantofilla s.f. CHIM., BIOL. Pigmento giallo del gruppo dei carotenoidi, general. mascherato dalla clorofilla, responsabile del colore del fogliame in autunno.

xantogenàto agg. CHIM. Sale o estere dell'acido xantogenico o xantico.

xantogènico agg. [pl.m.–*ci*, f.–*che*] CHIM. *Acido xantogenico*: acido poco stabile, di formula generale RO–CS–SH, derivante dal solfuro di carbonio.

xantòma s.m. [pl. –*mi*] MED. Alterazione cutanea di colore giallo, che contiene spec. colesterolo.

xantopsia s.f. MED. Disturbo nella percezione dei colori, per cui gli oggetti bianchi appaiono gialli.

Xenàrtri s.m. pl. [iniziale minusc. sing. –*tro* per l'individuo] ZOOL. Sottordine di mammiferi di piccola taglia, con tegumento peloso o a squame e placche cornee, dentatura rudimentale o assente, come il bradipo, l'armadillo e il formichiere.

xèno s.m. (solo sing.) (gr. *ksénos* "straniero" per la rarità dell'elemento) **1.** Gas raro presente nell'atmosfera, di densità 4,5. **2.** Elemento chimico (*Xe*) di numero atomico 54 e peso atomico 131,29.

xèno- o **sèno-** Primo elemento di composti dotti e della terminologia scientifica con il significato di "straniero, estraneo, ospite" (*xenofobo, xenobio*).

xenòbio s.m. [pl. –*bi*] BIOL. Organismo vegetale o animale insediato eccezionalmente in ambiente diverso dal proprio.

xenobiónte s.m. BIOL. Xenobio.

xenobiòtico agg. [pl.m. –*ci*, f. –*che*] Di sostanza, priva di valore energetico, che, assimilata da organismi, rimane estranea al processo della nutrizione.

xenoecologìa s.f. ECOL. Studio delle caratteristiche dello spazio extraterrestre e delle relative possibilità di adattamento a esso dell'uomo.

xenofilìa s.f. **1.** Gusto, preferenza per ciò che è straniero. **2.** ZOOL. Tendenza di un organismo alla convivenza con organismi diversi.

xenòfilo agg. **1.** Improntato a xenofilia. SIN.: esterofilo. **2.** ZOOL. Di organismo animale che tende alla xenofilia. ◆ s.m. [f. –*la*] Chi privilegia ciò che è straniero.

xenofobìa s.f. Odio, ostilità pregiudiziale per gli stranieri.

xenòfobo agg. **1.** Che manifesta l'ostilità verso gli stranieri. **2.** Dettato da xenofobia. *Scritte xenofobe.* ◆ s.m. [f. –*ba*] Nell'accez. 1 dell'agg.

xenogamìa s.f. BOT. Impollinazione tra fiori di individui diversi della stessa specie.

xenoglossìa s.f. Fenomeno di natura extrasensoriale per cui, in determinate condizioni, taluni individui sarebbero in grado di parlare lingue ignote.

xenolite s.f. GEOL. Frammento di roccia di natura diversa dagli altri componenti della massa magmatica in cui è inglobato.

xenòpo s.m. (lat. *Xenopus*, deriv di gr. *ksénos* "strano" e *poús* "piede") CHIM. **1.** Anfibio di dimensioni molto piccole, con arti posteriori palmati e provvisti di artigli, che vive nelle acque dei bacini a sud del deserto africano. (Ordine degli Anuri.) **2.** ZOOL. (iniziale maiusc.) Genere di animali a cui appartiene lo xenopo.

xenotrapiànto s.m. MED. Trapianto di organi tra animali di specie diverse.

Xeranthemum s.m. inv. BOT. Genere di piante erbacee delle regioni mediterranee e dell'Asia occidentale, con fiori porpora o bianchi. (Famiglia delle Composite.)

Xèro s.m. ZOOL. Genere di mammiferi roditori simili agli scoiattoli. (Lunghezza 20 cm senza la coda; famiglia degli Sciuridi.)

xeròbio agg. [pl.m.–*bi*] BIOL. Di organismo vegetale o animale in grado di vivere in ambienti aridi. ◆ s.m. Ambiente naturale caratterizzato da clima molto asciutto e dalla grande scarsità o assoluta mancanza di acqua.

xerocòpia s.f. Copia di documento eseguita con il procedimento della xerografia.

xerocopiàre v.tr. [6] Riprodurre qlco. con il procedimento della xerografia.

xerodermìa s.f. MED. Secchezza e desquamazione della pelle, dovuti probabilmente a carenza di vitamina A.

xeròfilo agg. BIOL. Di organismo vegetale o animale adattato ai climi aridi. ◆ s.m. [f. –*la*] Nel sign. dell'agg.

xeròfito agg. BOT. Di pianta od organo vegetale che si sviluppa anche in condizioni di costante siccità. ◆ s.m. [f. –*ta*] Nel sign. dell'agg.

xeroftalmìa s.f. MED. Eccessiva secchezza dell'occhio dovuta a carenze vitaminiche o a malattie autoimmunitarie.

xerografìa s.f. Procedimento di stampa a secco, con speciali macchine fotoelettriche, per riprodurre documenti, disegni e simili su carta speciale.

xerosfèra s.f. GEOGR. Ambiente del deserto, con particolare riferimento alle sue condizioni climatiche.

xerotèrmo agg. BOT. Di pianta od organismo vegetale che riesce a vivere in ambienti dal clima arido o caratterizzati da ampie escursioni termiche.

xifòforo s.m. **1.** Piccolo pesce originario del Messico, di colorazione vivace, spesso allevato in acquario. (Lunghezza 6-10 cm; famiglia dei Pecilidi.) **2.** ZOOL. (iniziale maiusc.) Genere di animali a cui appartiene lo xifoforo.

xifòide agg. ANAT. Dell'appendice che costituisce la parte inferiore dello sterno. ◆ s.m. e f. Nel sign. dell'agg.

xilèma s.m. [pl. –*mi*] (ted. *Xylem*, gr. deriv. di *ksýlon* "legno") BOT. Tessuto legnoso delle piante.

xilène s.m. CHIM. Idrocarburo aromatico, di formula $C_6H_4(CH_3)_2$, ottenuto dal benzene per sostituzione di due atomi di idrogeno con due gruppi metilici, usato come solvente o nella sintesi di varie resine e materie plastiche. SIN.: xilolo.

xilidina s.f. (ingl. *xylidine*) CHIM. ORG. Composto derivato dallo xilene, usato come colorante e antiossidante.

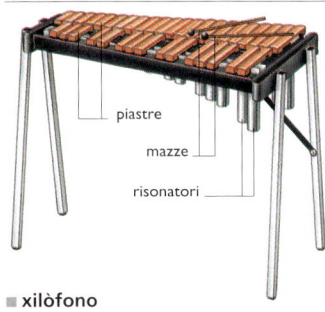

■ **xilòfono**

xilitòlo s.m. CHIM. Alcol che si ottiene per riduzione dello xilosio, usato come dolcificante in vari prodotti.

xilòfago agg. [pl.m. –gi, f. –ghe] Di animale, spec. insetto, che si nutre di legno.

xilòfono s.m. (fr. xylophone) MUS. Strumento musicale a percussione composto da una serie di lamine di legno o metallo che vengono colpite da un martelletto.

xilografia s.f. **1.** Sistema di incisione per formare una matrice di stampa in rilievo su tavoletta di legno duro. **2.** La matrice incisa e la riproduzione così ottenuta.

xilòlo s.m. CHIM. Xilene.

xilomarimba s.f. STR. MUS. Strumento a percussione simile allo xilofono, tipico della musica jazz.

xilòsio s.m. [non com. pl. –si] CHIM. Monosaccaride a cinque atomi di carbonio, ottenuto per idrolisi dal legno; si presenta in cristalli incolori, solubili in acqua, ed è usato in conceria o come dolcificante al posto del saccarosio; è detto comun. zucchero di legno.

xòanon s.m. [pl. xoana] (gr. ksóanon, deriv. di ksēin "intagliare") Nella scultura primitiva greca, statuetta raffigurante una divinità, scolpita rozzamente nel legno.

XML s.m. inv. (sigla dell'ingl. eXtensible Markup Language) INFORM. Formato di codifica per file di testo strutturati logicamente, oggi ampiamente utilizzato nei siti web e nelle reti aziendali.

xografia s.f. Tecnica fotografica di stampa che rende l'effetto tridimensionale dell'oggetto.

x-rated [/eks 'reitid/] agg. inv. (voce ingl., propr. "classificato x" perché con tale lettera sono contrassegnati i film vietati ai minori) Detto di pubblicazione o di film vietato ai minori di 18 anni. ~ Anche, pornografico.

X-ray [/'ɛksrei/] s.m. inv. (voce ingl.) Radiografia, raggi X.

y s.f. o s.m. inv. **1.** Lettera dell'alfabeto latino e delle lingue che lo adottano, il cui nome in italiano è ipsilon o i greca; in italiano rappresenta la i semiconsonantica (in alternativa a i, j) o anche vocalica, e compare spec. in forestierismi (yogurt). **2.** Semplice o puntata, maiuscola o minuscola, è usata in sigle o abbreviazioni con diversi valori. **3.** Simbolo usato in settori specifici. ◇ CHIM. Y: simbolo dell'ittrio. – BIOL. Simbolo del cromosoma sessuale maschile. – MAT. y: indica la variabile dipendente di una funzione o la seconda incognita di un'equazione (dopo x) o la coordinata delle ordinate. **4.** fig. Biforcazione. Incrocio a Y.

yacht [/jɔt/] s.m. inv. (voce ingl., neerlandese yacht schiff "battello da caccia") Lussuosa imbarcazione da diporto, a motore o a vela. SIN. panfilo.

yacht club [/'jɔt 'klʌb/] loc. sost. m. inv. (loc. ingl.) Associazione avente per scopo la pratica degli sport nautici, in partic. dello yachting.

yachting [/'jɔtiŋ/] s.m. inv. (voce ingl.) Navigazione su imbarcazioni da diporto, intesa spec. come pratica sportiva.

yachtsman [/'jɔtsmən/] s.m. inv. (voce ingl.) Chi pratica lo sport della navigazione da diporto.

yak [/jæk/] s.m. inv. (voce tibetana) Grosso mammifero ruminante originario degli altipiani del Tibet, simile al bue, con pelame lungo, usato come animale da soma e da sella. (Altezza 2 m al garrese; peso 750 kg; nome sc. Bos grunniens, famiglia dei Bovidi.)

■ **yak**

yakuza [/'jakiza/] s.f. (solo sing.) (voce giapp.) Mafia giapponese.

yang [/j'aŋ/] s.m. inv. (voce cin., propr. "luminoso") Yin-yang.

yankee [/'jænkɪ/] s.m. e f.inv. (voce ingl. di etim. incerta, forse neerlandese janke, deriv. di Jan "Giovanni") Soprannome dato dagli inglesi del continente agli abitanti della Nuova Inghilterra. ~ Durante la guerra di secessione, epiteto con cui i sudisti chiamavano i nordisti. ~ scherz. o spreg. Americano, statunitense.

yantra s.m. inv. (voce sanscr. "strumento") RELIG. Diagramma a base geometrica tracciato dagli indù e dai buddhisti della corrente mahayana a scopo mistico.

yard [/j'ɑːd/] s.f. inv. (voce ingl., deriv. di gierd "pertica") In Gran Bretagna, unità di misura della lunghezza, corrispondente a 0,914 m.

yawl [/'jɔːl/] s.m. inv. (voce ingl., propr. "iole") Piccola imbarcazione a vela, da pesca o da diporto, munita di due alberi.

■ **yawl**

yearling [/'jɔːliŋ/] s.m. inv. (voce ingl., deriv. di year "anno") IPP. Giovane purosangue di un anno.

yemenìta agg. [pl.m. –ti] Dello Yemen. ◆ s.m. e f. Nativo, abitante dello Yemen.

yen [/jɛn/] s.m. inv. (voce giapp., cin. yüan propr. "oggetto tondo") Unità monetaria principale del Giappone.

yeoman [/'jəʊmən/] s.m. inv. (voce ingl.) ST. Nell'Inghilterra medievale, piccolo proprietario terriero non nobile.

Yersinia s.f. Genere di batteri patogeni, di cui fa parte il bacillo di Yersin, agente della peste bubbonica.

yèti s.m. inv. (da una voce tibetana) Uomo gigantesco, dall'aspetto selvaggio, che, secondo una leggenda, abiterebbe tra le nevi dell'Himalaya, detto anche abominevole uomo delle nevi.

yé-yé [/je'je/] s.m. inv. (voce fr., dall'ingl. d'America yeah-yeah, deriv. di yes "sì") Nei primi anni Sessanta, genere e stile di canzonetta molto ritmata, caratterizzata dalla ripetizione di tale intercalare. ❑ In funzione di agg. inv., del genere e dello stile di tale canzonetta o dei cantanti che la interpretano. ~ Della moda e del comportamento assunto in quegli anni dai giovani ammiratori di questa musica.

yiddish [/'jidiʃ/] s.m. inv. (voce ingl., ted. jüdisch "ebraico") Lingua parlata dagli Ebrei stanziati in Germania, nei paesi dell'Europa orientale e successivamente diffusasi nel continente americano. ❑ In funzione di agg. inv., di tale lingua e della cultura che intorno a essa si sviluppò.

yield [/ji:ld/] s.m. inv. (voce ingl., propr. "raccolto") FIN. Rendimento o frutto di un investimento, in partic. azionario.

yin-yang [/jin jaŋ/] s.m. inv. (voce cin.) Nella filosofia cinese e in partic. nel taoismo, denominazione delle due categorie essenziali e antitetiche la cui sintesi costituisce il grande principio dell'Ordine universale (tao). (Lo yin e lo yang si esprimono rispettivamente nell'opposizione femminile-maschile, negativo-positivo, passivo-attivo, freddo-caldo, tenebra-luce, ecc.)

ylang-ylang [/i'laŋi'laŋ/] s.m. inv. (voce filippina) Nome di alcuni alberi coltivati in Indonesia e in Madagascar per i fiori da cui si estrae un'essenza usata in profumeria. (Genere Cananga; famiglia delle Anonacee.)

yoga [/'jɔːga/] s.m. inv. (voce sanscr., propr. "congiunzione") **1.** Pratica ascetica propria dell'induismo e di altre religioni orientali, mediante la quale l'individuo, attraverso l'autodisciplina e la meditazione contemplativa, giunge a liberarsi da tutti gli stimoli fisici e psichici per raggiungere la comunione con l'Essere supremo. **2.** estens. comun. Insieme dei movimenti ginnici e delle tecniche di respirazione che si accompagnano alla pratica ascetica, inteso come attività sportiva o terapeutica.

yogin o **yoghin** [/'jɔːgin/] s.m. inv. [f. yogini] (voce sanscr.) Chi pratica lo yoga.

yògurt s.m. inv. (turco yoğurt, deriv. di yoğurmak "impastare") Latte fermentato, dal sapore molto acido, spesso zuccherato e arricchito con frutta, cioccolato, cereali, general. consumato fresco come alimento a sé o come depuratore dell'intestino.

yogurtièra s.f. Elettrodomestico per la preparazione dello yogurt in casa.

yohimbe o **iohimbe** s.f. inv. (da una voce africana) Pianta arborea africana dalla cui corteccia si estrae una droga. (Genere Pausinystalia; famiglia delle Rubiacee.) ~ La droga stessa, dotata di poteri eccitanti e afrodisiaci.

yohimbina o **iohimbina** s.f.(ingl. yohimbine) CHIM. Alcaloide estratto dalla corteccia della yohimbe, vasodilatatore, prescritto spec. nel trattamento dell'impotenza.

yòle s.f. MAR. → iole.

yorkshire [/'jɔːkʃə/] s.m. inv. (dal nome di una regione nell'Inghilterra nord-orientale) **1.** ZOOTECN. Razza pregiata di suini. **2.** Cane di taglia piccola. ❑ Anche in funzione di agg. inv., di tale razza. ◇ Yorkshire terrier: cane da compagnia di piccola taglia, di origine inglese, con pelo lungo e lucido, di colore grigio-nero.

yo-yo s.m. inv. (voce ingl. di etim. incerta) Denominazione commerciale di un giocattolo, costituito da due dischetti di legno o altro materiale uniti centralmente da un supporto rigido al quale è fissata e avvolta una cordicella;

il giocatore, che tiene in mano l'altra estremità della stessa, deve fare rotolare giù il disco, svolgendo la cordicella, la quale, per forza di inerzia, si riavvolgerà, riportando il dischetto nella posizione iniziale.

yüan [/ɥan/] s.m. inv. (voce cin., propr. "oggetto tondo") Unità monetaria circolante nella Repubblica popolare cinese.

yùcca s.f. (spagn. *yuca*, da una voce indigena dell'America Latina) **1.** [pl. *–che*] Pianta ornamentale, diffusa nelle regioni tropicali del continente americano, simile all'aloe. (Famiglia delle Liliacee.) **2.** BOT. (iniziale maiusc.) Genere di piante a cui appartengono varie specie di yucca.

yuga s.m. inv. Ciascuna delle quattro età del mondo, nella cosmologia indiana. (Gli yuga, chiamati *Krtayuga*, *Tretayuga*, *Dvaparayuga* e *Kaliyuga*, hanno rispettivamente una durata decrescente di 4000, 3000, 2000 e 1000 anni divini, corrispondenti a un ben più vasto numero di anni umani.)

yuk s.m. inv. Dialetto eschimese usato in Alaska.

yungas s.f. pl. (voce di orig. quechua) Nome dato, in Bolivia e nel Perù meridionale, alle valli della Cordigliera Orientale, orientate verso nord e raggiunte da abbondanti e tiepide piogge. (Le pendici longitudinali e trasversali sono piuttosto rade; una foresta tropicale con felci arboree rag-

fiore

■ **yùcca**

giunge i 3400 m d'altezza, mentre più in alto crescono bambù spinosi. Nelle yungas prosperano le colture tropicali di banani, caffè, aranci, coca.)

Yungia s.f. Genere di platelminti diffusi nei mari caldi, tra cui la *Yungia aurantiaca*, di colore rosso arancio vivo sul dorso, presente nel Mediterraneo. (Classe dei Turbellari.)

yuppie [/ˈjʌpɪ/] s.m. e f.inv. (voce ingl. deriv. di *y-oung* "giovane", *u-rban* "cittadino", *p-rofessional* "professionista") Giovane professionista che mira a fare carriera e a scalare la gerarchia sociale.

yuppismo s.m. Comportamento tipico dello yuppie.

yuppista agg. [pl.m. *-sti*] Tipico dello yuppie. *Comportamento yuppista*.

yùrta s.f. (russo *jurta*, turco *yurt* "abitazione") Presso le popolazioni mongole, tenda cilindrica costituita da pali legati insieme e ricoperta da feltri e pelli.

yuyu [/juˈju/] s.m. inv. (voce cin.) Piccola imbarcazione munita di un solo remo, in uso lungo le coste della Cina.

Carattere Zapf

z s.f. o s.m. inv. **1.** Lettera dell'alfabeto latino e delle lingue che lo adottano; in italiano rappresenta la consonante affricata alveolare. **2.** Semplice o puntata, maiuscola o minuscola, è usata in sigle o abbreviazioni con diversi valori. **3.** Simbolo usato in settori specifici. ◇ MAT. *z*: dopo *x* e *y*, simbolo di una variabile di una funzione o di un'incognita di un'equazione. – FIS. *Z*: simbolo dell'impedenza e del numero atomico. **4.** *fig.* Forma storta, a zig zag. *Strada a z.*

zabaióne s.m. (etim. discussa, forse lat. *sabāiam* "sorta di birra") Crema dolce preparata con tuorli d'uovo sbattuti con zucchero, marsala o altro liquore dolce.

zàbro s.m. (gr. *zabrós* "vorace") **1.** Insetto molto dannoso per le coltivazioni di cereali. (Lunghezza 15 mm ca.; ordine dei Coleotteri.) **2.** ZOOL. (iniziale maiusc.) Genere di animali a cui appartiene lo zabro.

zaffàta s.f. **1.** Improvvisa ondata di cattivo odore. **2.** Spruzzo di liquido o getto di gas che si sprigiona improvvisamente da un contenitore.

zàffera o **zàffara** s.f. (gr. *sáppheiros*, propr. "lapislazzuli") Vernice blu utilizzata nell'industria del vetro e della maiolica.

zafferàno s.m. (ar. *za'farān*) **1.** Pianta erbacea con fiori viola a imbuto i cui stigmi, seccati e ridotti in polvere, forniscono una droga utilizzata spec. in cucina. (Famiglia delle Iridacee.) **2.** La droga stessa, in forma di polvere giallo-rossa, derivata dalla pianta. ❑ In funzione di agg. inv., di colore giallo scuro.

zaffiro s.m. (gr. *sáppheiros* "lapislazzuli, pietra blu", ebr. *sappīr*) **1.** Varietà di corindone di colore azzurro trasparente. **2.** Colore azzurro chiaro e trasparente, tipico di questa pietra.

zàffo s.m. (long. *zappo*) **1.** Tappo di legno per le botti e i tini. **2.** Tampone di cotone o garza usato per medicazioni.

zagàglia s.f. [pl. *-glie*] (spagn. *azagaya*, berbero *zagāja* propr. "punta della lancia") Lancia corta in legno o osso con punta ogivale in ferro diffusa tra le popolazioni primitive.

zàgara s.f. (ar. *zahra*) Fiore degli agrumi caratterizzato da profumo molto intenso e gradevole. ~ L'essenza estratta da tali fiori.

zaidita agg. [pl.m. *-ti*] (dal nome del fondatore della setta *Zayd ibn 'Alī*) Che appartiene alla più moderata delle sette musulmane sciite. ◆ s.m. e f. Nel sign. dell'agg.

zainétto s.m. Nel sign. del dim. di *zaino*; in partic., zaino di modeste dimensioni usato dagli studenti.

zàino s.m. (long. *zaina* "cesta") Sacco di materiale resistente portato sulle spalle, per mezzo di apposite cinghie, da soldati o escursionisti per contenere attrezzi, provviste, vestiario, ecc.

zairése agg. Zairiano. ◆ s.m. e f. Nel sign. dell'agg.

zairiàno agg. Dello Zaire. ◆ s.m. [f. *-na*] Nativo, abitante dello Zaire.

zakuski [/za'kuskɪ/] s.f. pl. Nella cucina russa, piatto di antipasti.

zàma s.f. Lega a base di zinco, alluminio, magnesio e rame, molto usata in meccanica.

zambiàno agg. Dello Zambia. ◆ s.m. [f. *-na*] Nativo, abitante dello Zambia.

zàmia s.f. **1.** Pianta diffusa nelle Americhe e in Asia, coltivata a scopo ornamentale. (Ordine delle Cicadacee.) **2.** BOT. (iniziale maiusc.) Genere di piante a cui appartiene la zamia.

zàmpa s.f. **1.** Ciascuno degli arti degli animali, sia inteso nella sua interezza, sia considerato solo nella parte estrema che tocca terra. ◇ *fig. A zampa d'elefante:* di pantaloni svasati, molto in voga intorno al 1970. **2.** *scherz.* (spec. pl.) Piedi, gambe dell'uomo. *Finire zampe all'aria.* ~ *fam.* Mani. *Giù le zampe!* ◇ *A quattro zampe:* carponi. **3.** Oggetto, elemento che ricorda, per la forma o la funzione, l'arto di un animale.

zampettàre v.intr. (aus. *avere*) **1.** Di animali piccoli, perlopiù uccellini, spostarsi velocemente sul terreno. **2.** *estens.* Di bambini, camminare a piccoli passi. SIN.: **sgambettare**.

zampétto s.m. CUC. Zampa bollita di maiale, di agnello o di vitello.

zampillànte agg. Che zampilla, che sgorga.

zampillàre v.intr. (aus. *essere* o *avere*) Di liquidi, sgorgare formando zampilli.

zampillo s.m. Sottile getto di liquido che sgorga con forza da un'apertura stretta.

zampino s.m. **1.** Nel sign. del dim. di *zampa*. **2.** *fig.* Intervento più o meno nascosto a danno di altri o a proprio favore.

zampiróne s.m. (dal nome della ditta produttrice *Zampironi*) Spirale o stecca a lenta combustione di sostanze repellenti che, bruciando, produce un fumo in grado di tenere lontani gli insetti.

zampógna s.f. (gr. *symphōnía* "accordo musicale") MUS. Strumento a fiato suonato nell'antichità dai pastori ed evoluto successivamente in varie forme, la più comune delle quali è la cornamusa scozzese.

zampognàro s.m. [f. *-ra*] Chi suona la zampogna, la cornamusa o simili.

zampóne s.m. CUC. Salume preparato con carne e grasso di maiale tritati grossolanamente, aromatizzati e insaccati nella cotenna della zampa anteriore del maiale.

zànca s.f. [pl. *-che*] (forse long. *zanka* "tenaglia") Estremità ricurva di una leva o di un'asta. ~ COSTR. Graffa metallica usata per legare tra loro elementi vari e fissarli al muro.

cavallo · bue · gatto · talpa · struzzo · rana · cavalletta · tartaruga marina · anatra · geco · aquila · bruco · granchio (grancella)

■ **zàmpa.** Vari tipi di zampa.

zàngola s.f. Apparecchio per sbattere la crema di latte e trasformarla in burro.

zànna s.f. (etim. incerta, forse long. *zan* "dente") **1.** Ciascuno dei denti che sporgono dalla bocca di alcuni mammiferi (come cinghiali, elefanti, ecc.). **2.** Ciascuno dei denti, e in partic. i canini, degli animali carnivori.

zannàta s.f. **1.** Colpo inferto con le zanne. **2.** Segno lasciato da tale colpo.

zànni s.m. inv. (ven. *Zani* "Giovanni", nome tipico del contadino-servitore bergamasco nel te-

1105

atro del sec. XVI **1.** TEAT. Nella commedia dell'arte, maschera del servo sciocco o imbroglione. **2.** *estens.* Persona goffa, pagliaccio, buffone.

zanzàra s.f. **1.** Insetto con corpo filiforme, zampe e antenne lunghe, diffuso nei luoghi umidi, la cui femmina punge l'uomo e gli animali per nutrirsi del sangue. (La zanzara anofele trasmette la malaria, la zanzara stegomia, invece, la febbre gialla; ordine dei Ditteri.) ◊ *Zanzara tigre:* specie di zanzara originaria del sud-est asiatico portatrice di alcune malattie infettive, così denominata perché ha il corpo striato di bianco ed è molto aggressiva. **2.** *fig.* Persona molesta, noiosa, assillante.

■ **zanzàra**

zanzarièra s.f. Rete finissima che si applica a finestre o porte per non fare entrare zanzare o altri insetti.

zanzaróne s.m. **1.** Nel sign. dell'accr. di *zanzara.* **2.** → **tipula.**

zapateado [/θapate'ado/] s.m. [pl. *zapateados*] (voce spagn., deriv. di *zapatear* "calpestare" quindi "ballare pestando i piedi") MUS. Danza popolare di origine spagnola, eseguita su ritmo ternario da un solo ballerino che batte ritmicamente i piedi per terra scandendo il tempo.

zàppa s.f. Attrezzo agricolo, costituito da una lama fissata su un manico di legno, usato spec. per spianare la terra.

zappàre v.tr. Lavorare la terra con la zappa. ◆ v.intr. (aus. *avere*) Smuovere la terra con la zappa.

zappatèrra s.m. e f. inv. **1.** Chi lavora la terra, spesso con valore spreg. o iron. **2.** *estens.* Persona ignorante, priva di garbo, dai modi grossolani.

zappatóre s.m. [f. *–trice*] Chi lavora con la zappa.

zappatrice s.f. AGR. Macchina munita di piccole zappe, usata per lavori di sarchiatura. SIN.: **sarchiatrice.**

zappatùra s.f. **1.** Lavoro di zappa. ~ Modo di zappare. **2.** La terra che viene smossa con la zappa.

zappétta s.f. **1.** Nel sign. del dim. di *zappa.* **2.** Tipo di chiodo.

zappettàre v.tr. **1.** Lavorare la terra con la zappetta. **2.** Zappare qlco. solo in superficie.

zapping [/'zæpɪŋ/] s.m. inv. (voce ingl., deriv. di *to zap* "muoversi rapidamente") Cambiamento continuo di canale televisivo con il telecomando.

zar s.m. inv. (russo *csar,* got. *Kaísar,* lat. *Caesar* "Cesare") Titolo imperiale usato in Russia e nei paesi slavi fino alla rivoluzione bolscevica.

zàra s.f. (ar. *zahr,* propr. "dado") Gioco a dadi diffuso in Italia in epoca medievale.

zarèvic s.m. inv. (russo *csarévič*) Principe ereditario russo, figlio dello zar.

zarina s.f. (russo *csarina*) **1.** Titolo spettante all'imperatrice della Russia e dei paesi slavi, usato fino al 1917. **2.** Moglie dello zar o, estens., di qualche potente.

zarismo s.m. Sistema monarchico instaurato in Russia e nei paesi slavi fino al 1917. ~ La politica attuata dagli zar.

zarista agg. [pl.m. *–sti*] Dello zar, che riguarda lo zar o l'epoca dello zarismo. ◆ s.m. e f. Chi fu favorevole o sostenne il sistema politico attuato dagli zar in Russia e nei paesi dell'Est.

zarzuela [/θar'θwela/] s.f. [pl. *zarzuelas*] (voce spagn., deriv. di *zarza* "rovo", nome di una piazza madrilena in cui si trovava la *casa de recreo* "casa di svago" adibita a teatro nel sec. XVII) TEAT. Operetta composta di parti recitate e parti cantate, di argomento perlopiù gio-

coso, tipica della tradizione popolare spagnola. ~ libretto di tale operetta.

zàttera s.f. **1.** Piattaforma galleggiante in legno o metallo, utilizzata come naviglio ausiliario o di salvataggio. **2.** Nella fluitazione del legname, gruppo di tronchi uniti insieme. **3.** Barcone a fondo piatto, usato per lavori in acqua o come traghetto. **4.** COSTR. Soletta di calcestruzzo che, nelle fondazioni di un edificio, collega tra loro le teste dei pali di cemento armato.

zavòrra s.f. **1.** Massa, pesi introdotti nella parte più bassa di una gru o di una nave per assicurarne la stabilità. ~ AER. Sabbia portata a bordo degli aerostati che veniva gettata via per guadagnare quota oppure per rallentare la discesa dell'aerostato. **2.** *fig.* Cosa completamente inutile, che è solo di ingombro. ~ Persona priva di ogni qualità o dote, peso morto.

zavorràre v.tr. Fornire una gru, una nave o un aerostato della zavorra necessaria ad assicurarne la stabilità.

zàzzera s.f. (long. *zazza* "ciocca di capelli") Capigliatura folta o lunga fino alle spalle. ~ *estens.* Capigliatura lunga poco curata.

zèbra s.f. (etim. incerta, forse spagn. *zebra* "onagro", lat. *equīferam* "cavalla selvatica") **1.** Denominazione comune di vari mammiferi delle savane africane, simili al cavallo, con il mantello bianco rigato di nero o bruno, che vivono in branchi. (Genere *Equus;* famiglia degli Equidi.) **2.** (al pl.) Serie di strisce bianche parallele tracciate sulla strada per segnalare un attraversamento pedonale.

■ **zèbra** femmina con piccolo.

zebràto agg. Di superficie, a strisce bianche e nere o a righe chiare e scure. ~ *estens.* Nella segnaletica stradale, di zona segnata dalle zebre e riservata al passaggio di pedoni. ◆ s.m. (spec. pl.) I calciatori della Juventus o di squadra con la stessa maglia a strisce bianconere.

zebratùra s.f. **1.** Aspetto tipico del mantello delle zebre a righe bianche e nere. **2.** Disegno a strisce chiare e scure.

zebù s.m. inv. (fr. *zébu,* forse di orig. tibetana) Grande mammifero ruminante diffuso nelle regioni tropicali caratterizzato dalla presenza di una gobba adiposa sul dorso. (Famiglia dei Bovidi.)

1. zécca s.f. [pl. *–che*] (ar. *sikka* "cuneo per imprimere le monete") Stabilimento statale dove si coniano le monete di metallo, le medaglie, i timbri ufficiali.

2. zécca s.f. [pl. *–che*] (long. *z'kka*) Parassita di vari mammiferi e dell'uomo, di cui succhia il sangue. (Ordine degli Acari.)

zecchìno s.m. Ducato d'oro in uso a Venezia nel Cinquecento. ~ Ogni moneta d'oro di valore pari o simile. ◊ *Zecchino d'oro:* nome di una for-

■ **zebù**

tunata competizione canora per bambini trasmessa dalla televisione.

zefir o **zephir** s.m. inv. (fr. *zéphyr* "zefiro" per la leggerezza del tessuto) Tessuto di cotone molto fine e leggero, adatto soprattutto per confezionare camicie.

zèfiro o **zèffiro** s.m. **1.** Vento mite primaverile che soffia da ponente. SIN.: **favonio. 2.** *estens.* Vento leggero, brezza.

zeina s.f. Proteina presente nelle cariossidi di mais.

zeismo s.m. MED. Tipo di pellagra.

zelànte agg. Che compie con zelo, coscienza, sollecitudine il proprio dovere. ~ Che sostiene con fervore una causa. ~ Con valore negativo o iron., pignolo. ◆ s.m. e f. Nel sign. dell'agg.

zelatóre s.m. [f. *–trice*] **1.** Chi opera con fervore e convinzione per un'idea, una causa. **2.** RELIG. Fedele che si dedica con zelo a particolari forme di devozione, di preghiera, di apostolato o si impegna in missioni di carità e opere di beneficenza.

zèlo s.m. (gr. *zēlos* "ardore, emulazione") **1.** Dedizione assidua e tenace a un compito, a un impegno, a un lavoro. ~ *iron.* Eccesso ostentato di sollecitudine. *Quanto zelo!* **2.** Fervore, entusiasmo dimostrato nel perseguimento di una causa, di un ideale. ~ Con valore negativo, fanatismo.

zelòta s.m. e f. [pl.m. *–ti*] Ebreo seguace dello zelotismo.

zelotismo s.m. Nella Palestina del I sec. d.C., movimento politico-religioso che si batteva per l'indipendenza ebraica.

zèn s.m. inv. (voce giapp. di orig. indiana, sanscr. *dhyāna* "meditazione", cin. *chán* "calma") Movimento buddista, sorto in Cina nel sec. XIII, poi diffusosi in Giappone, che vede nella contemplazione interiore e nell'illuminazione gli unici mezzi per comunicare con l'Essere supremo, considerando invece inefficaci la conoscenza intellettuale e la cultura dottrinale. ❑ In funzione di agg. inv., relativo allo zen.

zenismo s.m. Movimento religioso dello zen. ~ Corrente culturale o artistica che si ispira allo zen.

zènit s.m. (solo sing.) (ar. *samt ar-ra's* "punto del cielo al di sopra del capo") ASTR. Punto d'intersezione della sfera celeste con la perpendicolare passante per il luogo d'osservazione posto sulla superficie terrestre (in oppos. a *nadir*). ~ *fig.* Punto massimo d'intensità.

zenitàle agg. ASTR. Relativo allo zenit.

zénzero s.m. Pianta originaria dell'Asia con rizoma aromatico utilizzato in cucina e come digestivo. (Famiglia delle Zingiberacee.)

zeolite s.f. MIN. Nome di vari silicati alluminiferi, presenti in natura come cristalli di diverse forme e colori, utilizzati nell'industria chimica come catalizzatori e come setacci molecolari.

zéppa s.f. (etim. discussa, forse long. *zippa* "cuneo" oppure lat. *cīppus* "cippo") **1.** Pezzo di legno a cuneo, usato per otturare una fessura o per dare stabilità a mobili traballanti. **2.** *fig.* Nel l. della crit. lett., parola o frase che si aggiunge come riempitivo in un verso, anche per ragioni metriche, o in un brano, per dare completezza a un periodo. **3.** Rialzo di legno o sughero che si mette sotto zoccoli o sandali. **4.** Gioco enigmistico consistente nel mutare una parola in un'altra inserendovi una lettera o una sillaba (p.e., *capo-capro*).

zèppelin s.m. inv. (dal nome dell'ingegnere tedesco F. von *Zeppelin*) Grande dirigibile a struttura rigida per usi bellici e per il trasporto di persone. (Il disastro dell'Hindenburg, andato a fuoco in fase di atterraggio nel 1937, determinò l'abbandono di questo tipo di aeromobile.)

zéppo agg. Pieno oltre il limite di capienza. ◊ *Pieno zeppo:* pienissimo, sovraffollato.

zerbinòtto s.m. Giovane che ama ostentare la propria eleganza e modi aggraziati e galanti.

zèro agg. num. card. (ar. *şifr* "zero", calco semantico del sanscr. *śūnya* "vuoto") **1.** Numero naturale che non è successore di nessun altro e rappresenta una quantità nulla. (Nella numerazione posizionale, introdotta dagli arabi, aggiunto a destra dei numeri interi indica le decine, le centinaia, le migliaia, ecc., mentre, aggiunto a sinistra, indica, se separato da virgola, frazioni dell'unità o, non separato da virgola, serve come numero vuoto in numerazioni e iscrizioni varie.) ◇ *Numero zero*: il fascicolo con cui una nuova rivista o giornale si presenta al pubblico. – *Gruppo zero*: gruppo sanguigno privo degli antigeni A e B, detto anche *universale*. ◆ s.m. **1.** Il numero zero. **2.** La forma grafica del numero zero. **3.** Punto iniziale di una sequenza, di una serie, di una scala graduata. ~ Punto di demarcazione tra valori negativi e valori positivi. ◇ FIS. *Zero assoluto*: temperatura minima di un corpo, pari a -273,16 gradi della scala Celsius ed equivalente alla condizione di energia interna nulla. – *Tagliare i capelli a zero*: raderli o tagliarli cortissimi. – *fig. Ricominciare da zero*: ripartire dalla situazione iniziale o dal nulla. **4.** Voto scolastico che, in una scala di valutazione da zero a dieci, indica il livello più basso. **5.** *fig.* Totale assenza di valore in un determinato campo. ◇ *Essere uno zero*: essere una nullità.

zerovalènte agg. LING. Di verbo che non richiede neppure un argomento per costituire una frase minima di senso compiuto (p.e., piovere, nevicare, grandinare, ecc.).

zèta s.f. o s.m. inv. **1.** Nome della lettera z. ◇ *Dalla a alla zeta*: da cima a fondo, dal principio alla fine. **2.** Sesta lettera dell'alfabeto greco (Z, ζ) corrispondente alla z (di suono sonoro) dell'alfabeto latino.

zetacismo s.m. MED. Difetto nella pronuncia della zeta.

zèugma s.m. [pl. –*mi*] RET. Figura retorica consistente nel far dipendere da un solo elemento due costrutti o due complementi, ciascuno dei quali ne richiederebbe uno a parte.

zeuzèra s.f. **1.** Farfalla notturna con ali bianche screziate la cui larva scava gallerie nei tronchi degli alberi. (Famiglia dei Cossidi.) **2.** ZOOL. (iniziale maiusc.) Genere di animali a cui appartiene la zeuzera.

zìa s.f. Sorella del padre o della madre rispetto ai figli di costoro, cioè ai nipoti. ~ *estens.* Moglie dello zio o anche prozia.

zibaldóne s.m. **1.** Vivanda composta di numerosi e svariati ingredienti. **2.** Insieme confuso di cose o persone. **3.** Scritto in cui vengono via via annotati riflessioni, pensieri, notizie varie. ~ *estens. spreg.* Scritto disordinato, non organico.

zibellìna s.f. IND. TESS. Trattamento della lana, che le conferisce l'aspetto serico e la morbidezza della pelliccia dello zibellino. ~ Il tessuto così ottenuto.

zibellìno s.m. (fr. *zibeline* da una voce slava) **1.** Mammifero carnivoro di piccole dimensioni diffuso nel nord Europa e in Asia, dal corpo snello e allungato, ricoperto da una morbida e pregiata pelliccia, di colore bruno-fulvo, per cui viene cacciato. (Famiglia dei Mustelidi.) **2.** Pelliccia di tale animale.

zibétto s.m. (ar. *zabād*, propr. "schiuma" per la caratteristica secrezione ghiandolare) **1.** Mammifero carnivoro originario del Sud-Est asiatico, dal pelame grigio e nero, con unghie retrattili o semi-retrattili. (Lunghezza 50-80 cm; famiglia dei Viverridi.) **2.** Sostanza muschiata secreta dalle ghiandole perineali di questo animale, usata in profumeria.

zibìbbo s.m. inv. (ar. *zibīb*, propr. "uva passa") **1.** ENOL. Vino di tipo moscato, molto pregiato. **2.** VITICOLT. Vitigno che produce un'uva bianca dai grossi acini allungati, con polpa molto dolce. ~ L'uva stessa.

zìc [/'dzik/] s.m. inv. (voce onom.) Il rumore che riproduce il suono di un colpo secco o di un piccolo taglio; si usa spec. unito a *zac*.

zigàno o **tzigàno** s.m. [f. –*na*] (fr. *tsigane*, ungherese *cigany*) **1.** Zingaro, in partic. in riferimento a quelli originari della zona danubiana. **2.** Suonatore ambulante di violino. □ In funzione di agg., caratteristico degli zingari ungheresi e del loro folclore.

zigèna o **zighèna** s.f. Farfalla diurna con grandi ali dai colori vivaci e lunghe antenne. (Ordine dei Lepidotteri.)

zigguràt o **ziqquràt** s.m. o s.f. inv. (assiro *zikkuratu*) ARCHEOL. Edificio religioso della civiltà mesopotamica, costituito di terrazze di dimensioni decrescenti verso la cima, dove sorgeva il tempio dedicato alla divinità.

zigodàttilo agg. ORNIT. Del piede di alcuni uccelli, in cui le dita sono disposte a coppia, due rivolte in avanti e due all'indietro.

Zigofillàcee s.f. pl. [iniziale minusc. sing –*a* per l'individuo] BOT. Famiglia di piante dicotiledoni delle regioni tropicali, con molti rami e foglie carnose.

zìgolo s.m. Piccolo uccello di aspetto simile al passero, carnivoro, caratterizzato da becco corto e largo alla base. (Famiglia degli Emberizidi.)

zigomàtico agg. [pl.m. –*ci*, f. –*che*] ANAT. Dello zigomo.

Zigomicèti s.m. pl. [iniziale minusc. sing. –*te* per l'individuo] BOT. Sottoclasse di funghi, parassiti degli insetti e anche dell'uomo, che si riproducono per isogamia.

zìgomo s.m. (gr. *zýgōma*, propr. "ciò che collega, sbarra" poi "zigomo") ANAT. Parte superiore, più pronunciata, della guancia.

zigomorfìa s.f. BOT. Proprietà dei fiori o degli organi zigomorfi.

zigomòrfo agg. BOT. Di fiore o di altro organo vegetale, che può essere diviso in parti uguali e simmetriche.

zigòsi s.f. inv. (gr. *zýgōsis* "accoppiamento") BIOL. Nella riproduzione sessuale, processo di formazione dello zigote.

zigòte o **zigòto** s.m. (gr. *zygōtós* "aggiogato" quindi "accoppiato") EMBRIOL. Nella riproduzione sessuale, cellula derivante dall'unione dei due gameti, maschile e femminile.

zigrinàre v.tr. **1.** Rendere granulosi pellami, tessuti o carta. **2.** Stampare a fitto tratteggio i bordi di monete o carte speciali. **3.** Incidere a solchi incrociati metalli, legno o altri materiali.

zigrinàto agg. **1.** Di pelli, tessuti o carta, ruvido e granuloso. **2.** Di metalli e altri materiali duri con la superficie incisa a solchi paralleli o incrociati.

zigrinatùra s.f. **1.** Operazione di rendere ruvida una superficie di materiale vario (pelli, tessuti, carta o metalli) mediante incisione di solchi. **2.** Aspetto di ciò che è zigrinato. ~ La superficie stessa.

zigrìno s.m. (venez. *sagrìn*, turco *sağrì* "pelle della groppa di animali") **1.** Pelle conciata del pescecane o della razza, molto ruvida, usata per levigare materiali duri, come l'avorio o l'ebano. **2.** Pelle di asino, mulo o cavallo, usata in pelletteria, conciata in modo tale da prendere una caratteristica consistenza granulosa. **3.** Ferro utilizzato per cesellare superfici metalliche a piccoli solchi paralleli o incrociati. **4.** ZOOL. → **sagrino**.

zigzag [/dzig'dzag/] s.m. inv. (voce di orig. onom.) Linea o movimento che procede ora in una direzione ora in un'altra.

zigzagàre o **zizzagàre** v.intr. [4] (aus. *avere*) Avanzare a zig zag. *La lepre fugge zigzagando.* ~ Svilupparsi secondo una linea di-

scontinua e spezzata ad angoli. *La strada sale zigzagando.* ~ *fig.* Tentennare.

zimàrra s.f. (spagn. *zamarra*, basco *zamar* propr. "pellicciotto da pastore") **1.** Ampia e lunga veste usata spec. nel Seicento. **2.** Vestaglia lunga. **3.** *spreg.* Cappotto malandato.

zimàsi s.f. inv. BIOL., CHIM. Complesso di enzimi che agiscono come catalizzatori nel processo della fermentazione alcolica.

zimbalon s.m. inv. (ungherese *cimbalon*, lat. *cýmbalum* "cembalo") MUS. Strumento trapezoidale a corde simile al timpano che si suona con speciali martelletti di legno, originario dell'Ungheria.

zimbèllo s.m. (provenz. *cembel* "fischio" quindi "uccello da richiamo") **1.** Uccello vivo che viene legato a un bastoncino o a una cordicella, per adescare altri uccelli. ~ *estens.* Ogni uccello da richiamo. **2.** *fig.* Espediente per richiamare l'attenzione o l'interesse di qlcu. ~ Persona su cui convergono gli scherzi e lo scherno.

zimìno s.m. (voce region., forse ar. *samin* "grasso") CUC. Salsa per piatti di pesce, a base di bietole, spinaci, prezzemolo, aglio e altre verdure e aromi, tipica della cucina toscana. ~ Pietanza condita con tale salsa.

zimògeno agg. BIOCHIM. Di cellule o ghiandole in grado di elaborare da sé gli enzimi. ◆ s.m. BIOCHIM. Precursore di un enzima.

zimoterapìa s.f. MED. Terapia consistente nella somministrazione di fermenti.

zincàggio s.m. [pl. –*gi*] Operazione con cui si estrae l'argento dal piombo mediante l'aggiunta di zinco.

zincàre v.tr. [4] Ricoprire di zinco.

1. zincàto agg. Di superficie o oggetto metallico che viene rivestito di zinco.

2. zincàto s.m. CHIM. Sale che deriva dall'idrossido di zinco.

zincatóre s.m. [f. –*trice*] Addetto alla zincatura di superfici e oggetti.

zincatùra s.f. Operazione di rivestire con uno strato di zinco. ~ Tale rivestimento.

zincìfero agg. Che contiene zinco.

zinco s.m. (ted. *Zink* di etim. incerta) **1.** Metallo bianco bluastro, duttile e malleabile, di densità 7,14 e che fonde a 419 °C. **2.** Elemento chimico (Zn) di numero atomico 30 e peso atomico 65,39.

ENCICL. Lo zinco è usato come rivestimento per la protezione contro la corrosione atmosferica in partic. dell'acciaio. Viene impiegato nella composizione di numerose leghe: ottoni, bronzi speciali, maillechort, leghe Zama. L'ossido o bianco di zinco è una polvere bianca usata in pittura col nome di bianco di zinco o di bianco neve; non è tossico e non annerisce a contatto con l'idrogeno.

zincografìa s.f. STAM. Speciale procedimento chimico con il quale si riproducono in rilievo, su lastre di zinco, disegni e fotografie, in modo da farne matrici per la stampa.

zincotipìa s.f. STAM. Tecnica di stampa della zincografia. ~ Il laboratorio dove si preparano lastre per fotoincisioni su zinco. ~ La stampa che se ne ottiene.

■ **zigguràt** di Cioga Zanbil, edificata nel XIII sec. a.C. dal re di Elam Uuntash-Uban.

zingarésco agg. [pl.m. –*schi*, f. –*sche*] Caratteristico degli zingari, da zingaro. ◆ s.m. (solo sing.) Dialetto parlato dagli zingari.

zingaro s.m. [f. –*ra*] (etim. discussa, forse gr. *athínganoi* "intoccabili", nome di una tribù dell'Asia Minore) **1.** Appartenente a un gruppo etnico originario dell'India, stanziatosi successivamente anche in Europa e nel resto del mondo, che conduce vita perlopiù nomade. **2.** *fig.* Vagabondo, girovago. ~ *spreg.* Persona trascurata nella pulizia personale o nell'abbigliamento.

Zingiberàcee s.f. pl. [iniziale minusc. singolare –*a* per l'individuo] BOT. Famiglia di piante monocotiledoni aromatiche, diffuse nelle regioni tropicali, che forniscono numerose spezie, come lo zenzero, il cardamomo e la curcuma. (Ordine delle Scitaminee.)

zinnia o **zinia** s.f. (dal nome del naturalista tedesco G.G. *Zinn*) **1.** Pianta originaria del Messico, coltivata per i suoi fiori decorativi, di cui esistono numerose varietà. (Famiglia delle Composite.) **2.** BOT. (iniziale maiusc.) Genere di piante a cui appartiene la zinnia.

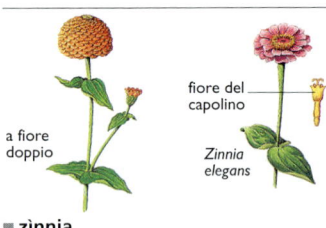

a fiore doppio

fiore del capolino

Zinnia elegans

■ **zìnnia**

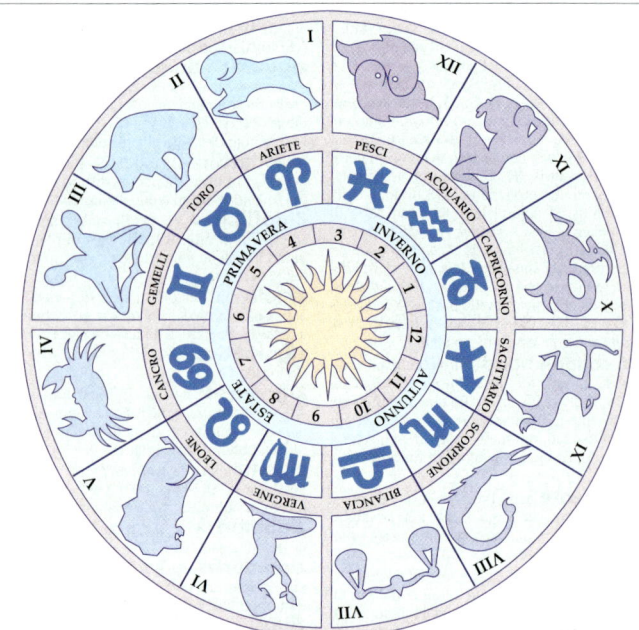

■ **zodìaco.** Simboli dei segni astrologici. I numeri romani contraddistinguono i segni stessi, quelli arabi rimandano ai mesi dell'anno.

zio s.m. [pl. *zìi*] Fratello del padre o della madre rispetto ai figli di questi, cioè ai nipoti. ~ *estens.* Marito della zia. ◇ *fig. Zio d'America:* parente emigrato lontano, spesso sconosciuto, da cui si eredita, o si spera di ereditare, una grossa fortuna.

1. zip s.m. inv. (ingl. *zip* di orig. onom.) *Cerniera lampo.

2. zip s.f. o s.m. inv. (marchio registrato) **1.** INFORM. Dispositivo periferico di lettura e scrittura di supporti magnetici flessibili ad alta capacità. ~ Il supporto magnetico rimovibile utilizzato da tale dispositivo. **2.** INFORM. Programma molto diffuso per comprimere file.

zipolo s.m. (long. *zippil* "punta") Pezzetto di legno appuntito a un'estremità, usato per turare il foro della botte.

zippàre v.tr. INFORM. Comprimere dati mediante l'uso del programma detto *zip*.

zircóne s.m. (fr. *zircon*, gr. *hyákinthos* "giacinto" e "pietra preziosa") MIN. Silicato di zirconio, presente in natura in cristalli prismatici di vario colore. (Alcuni esemplari, simili a pietre preziose, sono usati in oreficeria come gemme.)

zircònio s.m. (solo sing.) **1.** Metallo biancastro, simile al titanio e al silicio, di densità 6,5 e che fonde a 1852 °C. **2.** Elemento chimico (*Zr*) di numero atomico 40 e peso atomico 91,224.

zirlàre v.intr. (aus. *avere*) Del tordo, emettere il caratteristico verso acuto. ~ Di altri animali, mandare fischi simili al verso del tordo. ~ *estens.* Del cacciatore, imitare il verso del tordo come richiamo.

zirlo s.m. Verso acuto caratteristico del tordo.

zita s.f. (spec. pl.) CUC. Tipo di pasta alimentare lunga, a forma di cilindro vuoto, dal diametro maggiore dei bucatini; detta anche *zito*.

zitèlla s.f. Donna matura non sposata. ~ *scherz.* o *spreg.* Donna acida e irritabile.

zittire v.tr. [83] Far tacere qlcu. *L'oratore è stato zittito dal pubblico.* ◆ v.intr. (aus. *avere*) Fare silenzio, anche pron. *Tutti (si) zittirono al suo ingresso.*

zitto agg. Che non parla, che è in silenzio.

zizzània s.f. **1.** Erba che cresce spontanea nei campi di grano e danneggia le coltivazioni; detta anche *loglio*. (Famiglia delle Graminacee.) **2.** *fig.* Discordia, causa di liti.

zloty [/'zwoti/] s.m. inv. (voce polacca, propr. "d'oro") Unità monetaria della Polonia.

Zoantàri s.m. pl. [iniziale minusc. sing –*rio* per l'individuo] ZOOL. Ordine di animali che vivono in colonie di color giallo-arancio alte pochi centimetri. (Classe degli Antozoi.)

zoccolàio s.m. [f. –*laia*, pl.m. –*lai*] Artigiano che fabbrica e vende zoccoli.

zoccolatùra s.f. ARCH. Guarnizione che protegge o decora la parte inferiore delle pareti.

zòccolo s.m. **1.** Calzatura con suola di legno, adottata in alcuni ambienti di lavoro o sulle spiagge. **2.** *fig.* [f. –*la*] Persona ignorante, dai modi rozzi e grossolani, incapace di svolgere la funzione più semplice. **3.** ZOOL. Grossa unghia unica degli Equidi e quella, in due sezioni, dei Bovidi e degli altri Artiodattili. **4.** *fig.* Elemento che richiama la suola di uno zoccolo. **5.** COSTR., ARCH. Base di un monumento, di una scultura, di un edificio. ~ Fascia posta alla base dei muri esterni di un edificio o delle pareti interne delle case. **6.** *fig.* Strato profondo e stabile di un gruppo sociale, di un'organizzazione. ◇ STAT. *Zoccolo duro:* dato costante e immutabile di una situazione, un gruppo, ecc.; nel l. gior., parte più intransigente di un gruppo sociale o politico. **7.** STAM. Nelle lavorazioni tipografiche a mano, base di supporto del cliché. **8.** GEOL. *Zoccolo continentale, sottomarino:* parte sommersa di un continente che, degradando, ne collega la massa al fondo oceanico. **9.** Nell'alzo delle armi da fuoco, parte fissata alla canna. **10.** ELETTR. Spina delle lampade elettriche che si innesta nel portalampade.

zodiacàle agg. Relativo allo zodiaco. ◇ ASTR. *Luce zodiacale:* luce debole e diffusa, osservabi-

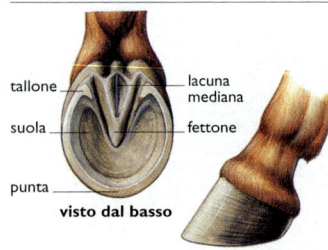

tallone

suola

punta

lacuna mediana

fettone

visto dal basso

visto di profilo

■ **zòccolo** equino.

le prima dell'alba o dopo il tramonto, lungo lo zodiaco, soprattutto agli equinozi.

zodiaco s.m. (solo sing.) (lat. *zodìacum*, gr. *zōidiakós* deriv. di *zōidion* "piccolo animale") **1.** ASTR. Zona della sfera celeste nella quale si muovono il Sole, la Luna e i pianeti, suddivisa in dodici parti, ognuna contenente una costellazione. **2.** ASTROL. Complesso delle dodici costellazioni o segni e la loro rappresentazione.

zoèa s.f. ZOOL. Forma larvale di alcuni crostacei.

zolfanèllo s.m. **1.** Fiammifero di legno rivestito di zolfo nella parte superiore per permettere la combustione. **2.** ENOL. Filaccia di cotone impregnata di zolfo fuso che, accesa, viene calata nelle botti per disinfettarle e impedire l'acidificazione del vino.

zólfo s.m. (solo sing.) **1.** Metalloide di colore giallo chiaro, di densità 1,56, che fonde a 112,8 °C e bolle a 444,67 °C. (Lo zolfo si trova in natura sotto varie forme di solfuri e solfati; serve principalmente alla produzione di acido solforico e iposolfiti.) **2.** Elemento chimico (*S*) di numero atomico 16 e peso atomico 32,066. ◇ CHIM. *Fiori di zolfo o zolfo sublimato:* elemento ottenuto raffreddando i vapori sotto i 100 °C.

zólla s.f. (long. *zolla*, ted. *zolle* "blocco di sterco") **1.** Pezzo di terra più o meno compatto risultante dall'aratura. **2.** Pezzo di materia aggrumata, spec. zucchero. **3.** GEOL. Porzione della litosfera.

zollétta s.f. **1.** Nel sign. del dim. di *zolla*. **2.** Cubetto di zucchero compresso.

zombie [/'zombi/] s.m. inv. (voce creola delle Antille, "fantasma") **1.** ETNOL. Cadavere di persona rianimato secondo particolari rituali magici del culto vudù, divenuto protagonista di una serie di fortunati film dell'orrore. **2.** *fig.* Nel l. gior., personaggio un tempo importante che torna alla ribalta, ma senza rinnovare gli antichi successi. **3.** *fig.* Persona insensibile a stimoli fisici o intellettuali, priva di energie, di carattere e di volontà.

zòna s.f. **1.** Porzione delimitata di una superficie o di uno spazio. SIN. ■ **area.** ◇ GEOGR. *Zona celeste:* nella sfera celeste, porzione compresa tra due meridiani e due paralleli. – *Zona terrestre:* ognuna delle cinque fasce in cui è divisa la superficie terrestre in base al clima. – *fig. Zona d'ombra:* aspetto poco chiaro. **2.** Parte di territorio con determinate caratteristiche geografiche, geologiche, economiche, politiche, ecc. ◇ *Zona* *calda:* quella interessata da gravi tensioni territoriali, politiche, etniche, sulla quale incombe il pericolo dello scoppio di un conflitto armato. – *Zona smilitarizzata:* nel l. giur., area del territorio nazionale su cui, in virtù di accordi internazionali, non possono essere installati impianti militari né condotte operazioni belliche. **3.** Spazio di una città destinato a funzioni particolari. ◇ *Zona industriale:* area dove hanno sede gli impianti industriali. – *Zona residenziale:* area destinata ad abitazione. – *Zona pedonale:* zona riservata ai pedoni. – *Zona blu:* area urbana a traffico limitato. – *Zona del silenzio:* area dove vale il divieto di usare i segnalatori acustici delle auto. – *Zona disco:* area in cui il parcheggio è previsto per un periodo limitato. – *In zona:* nelle vicinanze. **4.** SPORT. Nel calcio, nella pallacanestro e in altri giochi di squadra, parte del campo presidiata da un giocatore. *Marcatura a zona.* ◇ *Segnare in zona Cesarini:* mandare in rete la palla negli ultimi minuti della partita, come fece il giocatore juventino R. Cesarini in due incontri internazionali; *fig.* ottenere un successo quando ormai sembrava impossibile. **5.** Nastro che registra i messaggi telegrafici e delle telescriventi o i dati di strumenti di registrazione. **6.** ANT. GR. Fascia che stringeva alla vita le vesti femminili.

zonàle agg. **1.** Relativo a una zona, spec. urbana. **2.** BIOL. Di raggruppamenti umani, animali e vegetali, appartenente a una certa zona della terra.

zonatùra s.f. Distinzione in zone diverse. ~ MIN. Particolare struttura dei cristalli o delle rocce che presentano strati di differente composizione o colore.

zoning [/'zouniŋ/] s.m. inv. (voce ingl.) URBAN. Zonizzazione.

zonista agg. SPORT. Nel calcio, relativo al gioco a zona come tattica calcistica. ◆ s.m. e f.[pl.m. –*sti*] SPORT. Chi sostiene il gioco a zona.

zonizzazióne s.f. URBAN. Divisione di un'area in diverse zone, attuata in base a criteri di funzionalità e destinazione.

zónzo (voce di orig. onom. con allusione al volo di insetti che producono ronzio) Usato solo nella loc. *andare a zonzo,* camminare senza meta.

zòo s.m. inv. Parco in cui vivono animali di tutte le specie; detto anche *giardino zoologico.*

zoocenòsi s.f. inv. Insieme degli animali caratteristici di un determinato ambiente naturale.

zoocorìa s.f. BOT. Disseminazione mediante trasmissione animale.

zoòfago agg. [pl.m. –*gi*, f. –*ghe*] Di animale o vegetale che si nutre di carne animale. SIN.: *carnivoro.*

zoofilìa s.f. **1.** Sentimento d'affetto o di protezione per gli animali. **2.** PSICOL. Disordine della sessualità per cui gli animali sono oggetto del desiderio. **3.** BOT. Impollinazione mediante trasmissione animale. SIN.: *zoidiofilia.*

zoòfito s.m. ZOOL. Nome dato ai Celenterati quando erano considerati organismi intermedi tra gli animali e i vegetali.

Zooflagellàti s.m. pl. [iniziale minusc. sing *–to* per l'individuo] ZOOL. Gruppo di protozoi che si riproducono per scissione, provvisti di lunghi flagelli, attaccati per un tratto del corpo alla cellula.

zoofobìa s.f. PSICOL. Timore patologico nei confronti di alcuni animali.

zoòforo agg. ARCH. Del fregio costituito da figure animali, tipico dello stile ionico. ◆ s.m. Nel sign. dell'agg.

zoogamète s.m. BIOL. Gamete con organi di moto. SIN.: *planogamete.*

zoogamìa s.f. BOT. Impollinazione mediante trasmissione animale.

zoogènico agg. [pl.m. –*ci*, f. –*che*] GEOL. Di roccia costituita da animali fossilizzati. SIN.: *zoogeno.*

zoogeografìa s.f. Studio della ripartizione delle specie animali sulla terra.

zooglèa s.f. MICROBIOL. Aggregazione di batteri in forma di massa gelatinosa.

zoolatrìa s.f. In alcune religioni primitive, adorazione degli animali.

zoologìa s.f. Branca delle scienze naturali che studia gli animali.

zoològico agg. [pl.m. –*ci*, f. –*che*] Relativo alla zoologia.

zoòlogo s.m. [f. –*ga,* pl.m. –*gi,* f. –*ghe*] Studioso specializzato in zoologia.

zoom [/'zu:m/] s.m. inv. (voce ingl., deriv. di *to zoom* propr. "rombare", "impennarsi in volo" quindi "avvicinarsi rapidamente") Obiettivo fotografico a lunghezza focale variabile, usato per riprese fotografiche, televisive e cinematografiche.

zoomorfismo s.m. **1.** ART. Rappresentazione di animali. **2.** LETT. Nella mitologia, trasformazione di una divinità in forma animale.

zoomòrfo agg. Che ha la figura di un animale o lo rappresenta.

zoonòsi s.f. inv. MED. Ogni malattia infettiva che colpisce gli animali e può essere trasmessa all'uomo (peste, rabbia).

zooplàncton s.m. inv. BIOL. Complesso degli organismi animali che, insieme agli organismi vegetali (*fitoplancton*), costituiscono il plancton.

zoopsìa s.f. PSICOL. Forma di allucinazione per cui il soggetto è impaurito o terrorizzato da visioni di animali dall'aspetto ripugnante.

zoosafàri s.m. inv. Ampio parco dove vivono, in semilibertà, animali perlopiù esotici, osservabili dai visitatori che compiono un percorso obbligato in automobile.

zoospòra s.f. **1.** BOT. Cellula munita di flagelli. **2.** ZOOL. Cellula flagellata che deriva dalla scissione di alcuni gruppi di protozoi.

zootecnìa s.f. Scienza che studia la riproduzione e l'evoluzione genetica degli animali d'allevamento utili all'uomo, allo scopo di selezionare specie e razze sempre migliori e più produttive.

zootècnico agg. [pl.m. –*ci*, f. –*che*] Relativo alla zootecnia. ◆ s.m. [–*ca*] Specialista di zootecnia.

zoppicaménto s.m. Atto di zoppicare.

zoppicànte agg. **1.** Che zoppica, che traballa. **2.** *fig.* Che non poggia su solide basi, che manca di equilibrio e stabilità. ~ Seguito da *in,* specifica il punto di incertezza, di imperfezione. *Essere zoppicante in inglese.*

zoppicàre v.intr. [4] (aus. *avere*) **1.** Camminare poggiando il peso del corpo più su una gamba che sull'altra, a causa di una menomazione o di un disturbo temporaneo. **2.** *estens.* Di mobile o altro oggetto munito di gambe, traballare, non essere fermo sui sostegni. **3.** *fig.* Venir meno a principi morali. **4.** *fig.* Presentare punti deboli. **5.** Avere delle lacune in una materia scolastica.

zoppìna s.f. VET. Denominazione generica di varie malattie delle zampe di bovini e ovini che provoca imperfezioni nell'andatura; tra le più note, la febbre epizootica.

zòppo agg. **1.** Che ha una qualche imperfezione agli arti inferiori e cammina in modo difettoso. **2.** *fig.* Difettoso nella struttura logica. ◆ s.m. [f. –*pa*] Chi zoppica.

zorilla s.f. (lat. *Zorilla,* spagn. *zorrilla* deriv. di *zorra* "volpe") Mammifero carnivoro africano, simile alla donnola, dotato di corpo snello e zampe corte e robuste, lunga e folta pelliccia di colore bruno e bianco, predatore notturno di piccoli animali; secerne un muschio nauseabondo. (Genere *Ictonyx;* famiglia dei Mustelidi).

zoroastriàno agg. Del persiano Zarathustra, o Zoroastro, o della religione da lui fondata (*mazdeismo*). ◆ s.m. [f. –*na*] Seguace della religione di Zoroastro.

zoroastrismo s.m. → *mazdeismo*

zostèra s.f. (gr. *zōstḗr* "fascia") **1.** Pianta acquatica diffusa nelle profondità marine della fascia boreale e australe, dove viene raccolta e fatta essiccare per essere utilizzata come materiale da imballaggio o concime. (Famiglia delle Potamogetonacee.) **2.** BOT. (iniziale maiusc.) Genere di piante a cui appartiene la zostera.

zòtico agg. [pl.m. –*ci*, f. –*che*] Sprovvisto di educazione, di finezza. ◆ s.m. [–*ca*] Persona grezza, rude.

zuàvo s.m. (fr. *zouave,* ar. berbero *zwāwa,* nome di una tribù che fornì i primi militari alle truppe coloniali francesi) Militare appartenente al corpo di fanteria delle truppe coloniali francesi, costituito in Algeria nel 1830. ~ *estens.* Soldato di fanteria di altri eserciti con analogo equipaggiamento. ❑ In funzione di agg., nella loc. *alla zuava,* di capo d'abbigliamento modellato sull'uniforme militare degli zuavi, costituito da calzoni molto larghi e corti fino al ginocchio, dove sono stretti da un elastico o da una fascia.

zùcca s.f. [pl. –*che*] **1.** Nome con cui si indicano comunemente varie piante erbacee rampicanti, oppure prostrate e striscianti, diffusamente coltivate in tutto il mondo per i loro frutti commestibili o ornamentali, chiamati *zucche* o *zucchine.* (Genere *Cucurbita;* famiglia delle Cucurbitacee.) **2.** Il frutto della pianta. ◇ *Fiore di zucca:* il fiore della zucchina. (In gastronomia, viene perlopiù impanato in una pastella di uova e farina e fritto in padella.) **3.** *fig., scherz.* o *spreg.* Testa, capoccia.

■ **zùcca** comune. (fiore)

zuccheràggio s.m. [pl. –*gi*] (calco del fr. *sucrage*) ENOL. Operazione di zuccherare con saccarosio i mosti, per aumentarne la gradazione alcolica.

zuccheràre v.tr. **1.** Aggiungere zucchero a un liquido o a prodotti alimentari. **2.** Ricoprire qlco. di zucchero.

zuccheràto agg. **1.** Che contiene zucchero. **2.** *fig.* Sdolcinato.

zuccherièra s.f. Recipiente in cui si tiene o si serve lo zucchero.

zuccherière s.m. [f. –*ra*] **1.** Addetto alla produzione e alla lavorazione dello zucchero. **2.** Industriale dello zucchero.

zuccherificio s.m. [pl. –*ci*] Stabilimento dove si raffina lo zucchero.

zuccherino agg. **1.** Contenente una percentuale di zucchero. **2.** Molto dolce. ◆ s.m. Confetto, caramella o dolcino di zucchero. ~ *fig.* Piccolo premio di consolazione, contentino che si concede a qlcu. per compensarlo di danni, torti o altri fatti spiacevoli che ha dovuto subire. ~ Cosa o fatto di per sé sgradevole e fastidioso che risulta minimo e irrilevante in confronto a disgrazie più gravi.

zùcchero s.m. (ar. *sukkar*) **1.** Alimento dolce, cristallizzato, estratto in genere dalla canna o dalla barbabietola da zucchero (Nome sc. *saccarosio*). *Zucchero semolato.* ◇ *Zucchero di canna:* saccarosio ottenuto dalla canna da zucchero. – *Zucchero a velo:* zucchero in polvere estremamente fine ottenuto da una frantumazione molto accurata, usato soprattutto in pasticceria. – *Zucchero filato:* zucchero fuso e tirato in fili sottilissimi avvolti attorno a bastoncini di legno. – *Zucchero vanigliato:* profumato con vaniglia. **2.** *fig.* Cibo o bevanda dal sapore dolce. ~ Persona dal carattere estremamente mite o falsamente sdolcinata. **3.** CHIM. Ogni composto della classe dei carboidrati, distinti in due gruppi, i *monosaccaridi,* tra cui il glucosio e il fruttosio, e i *polisaccaridi,* formati dall'unione di due o più molecole, tra cui il saccarosio e il lattosio.

zuccheróso agg. **1.** Contenente molto zucchero. ~ Molto dolce. **2.** *fig.* Di persona sdolcinata, manierata. **3.** Di cosa, stucchevole.

zucchétto s.m. **1.** Nel sign. dim. di *zucca.* **2.** Copricapo a forma di calotta semisferica, usato dagli ecclesiastici di alto grado e dagli ebrei osservanti.

zucchìna s.f. **1.** Pianta erbacea annuale che costituisce una comune varietà orticola della zucca, con fusto peloso che striscia per terra, larghe foglie a forma di cuore, fiori giallo-arancio e frutti oblunghi, di piccole dimensioni, dalla buccia verde, più o meno scuro. (Famiglia delle Cucurbitacee.) **2.** Il frutto di tale pianta,

■ **zucchìna**

che si coglie prima che sia troppo avanzata la maturazione.

zuccòtto s.m. CUC. Dolce semifreddo dalla tipica forma a calotta.

zùffa s.f. (long. *zupfa* "ciuffo") **1.** Litigio, rissa in cui si viene alle mani. ~ Violenta discussione, accesa polemica. **2.** Mischia.

zufolàre v.intr. (aus. *avere*) **1.** Suonare lo zufolo. *I pastori zufolano.* **2.** estens. Fischiare con la bocca o con qualche strumento che emette sibili. ◆ v.tr. **1.** Suonare una canzone con lo zufolo. **2.** Fischiettare qlco. **3.** *fig.* Rivelare notizie riservate a qlcu. *Gli ha zufolato tutto.* SIN.: **spifferare.**

zùfolo s.m. **1.** MUS. Strumento musicale a fiato, molto semplice, costituito da un cilindretto di canna o di legno cavo, con imboccatura a taglio trasversale e alcuni fori che, lasciati aperti o otturati con le dita, modulano le note. **2.** estens. Fischietto.

zumàre o **zoomàre** v.intr. (aus. *avere*) CINE., TV. Effettuare riprese fotografiche, cinematografiche e televisive usando lo zoom. ◆ v.tr. Riprendere qlcu. o qlco. con lo zoom.

ENCICL. Nella tecnica cinematografica, televisiva e fotografica, lo *zoom*, un obiettivo particolare, sempre a fuoco, permette di variare la scala di riproduzione e di portare in primo piano o di allontanare il soggetto dell'inquadratura con molta rapidità e senza spostare la telecamera o la macchina cinematografica.

zumàta o **zoomata** s.f. CINE., TV. Ripresa effettuata con lo zoom e inquadratura ottenuta.

zunÿite s.f. MIN. Silicato di alluminio che si presenta in cristalli monometrici tetraedrici bianchi o grigi.

zùppa s.f. **1.** CUC. Minestra in brodo variamente preparata. ◇ *Zuppa inglese:* dolce composto di strati alternati di cioccolato o crema e di biscotti savoiardi o pandispagna imbevuti in liquori vari. **2.** *fig.* Confusione di cose tra loro disparate. *Una zuppa di idee.* SIN.: **miscuglio.**

zuppièra s.f. Recipiente grosso e cavo, munito di manici e coperchio, usato per servire in tavola la minestra in brodo.

zùppo agg. Fradicio, madido.

zurighése agg. Di Zurigo. ◆ s.m. e f. Nativo o abitante di Zurigo.

zwingliàno agg. Del riformatore svizzero H. Zwingli o relativo alla dottrina da lui fondata. ◆ s.m. [f. *–na*] Seguace dello zwinglismo.

zwinglismo s.m. PROTEST. Dottrina riformata, fondata in Svizzera dal teologo H. Zwingli sulle basi del luteranesimo, ma più intransigente in alcuni aspetti; fu la premessa per la fondazione della Chiesa calvinista.

zwinglista s.m. e f.[pl.m. *–sti*] Seguace dello zwinglismo.

zýklon s.m. Acido *cianidrico. (Fu usato nei campi di sterminio nazisti.)

Locuzioni e proverbi, riuniti in florilegio
in queste pagine rosa, sono, come tutti
i modi di dire e di scrivere, fatti culturali
presenti nel nostro immaginario collettivo.

LOCUZIONI LATINE, GRECHE E STRANIERE

Le locuzioni straniere, scolpite
nella nostra memoria, custodiscono
la magia di formule dimenticate
che affascinano quanto più l'alchimia
delle parole risulta misteriosa.
Esse rivestono l'autorità della cosa scritta.

PROVERBI, SENTENZE E MASSIME

I proverbi, le sentenze e le massime sono
nati a margine del sapere costituito,
al lavoro, nelle quattro stagioni dei lavori
agricoli, nelle botteghe e nelle alcove.
Esprimono i nostri timori e i nostri
desideri e scongiurano la cattiva sorte.

LOCUZIONI LATINE, GRECHE E STRANIERE

Ab imo pectore o imo pectore
Dal profondo del cuore.

Dal più profondo del cuore, con estrema franchezza. *Esprimere la propria indignazione* **ab imo pectore**.

Ab irato
In preda all'ira.

Non prendete alcuna decisione **ab irato**. *Un testamento* **ab irato**.

Ab ovo
A partire dall'uovo.

Locuzione mutuata da Orazio (*Ars poetica*, 147); allusione all'*uovo di Leda*, dal quale nacque Elena. Orazio loda Omero che scrive l'*Iliade* partendo da un unico avvenimento dell'assedio, la collera di Achille, anziché narrare **ab ovo** la guerra di Troia a partire dalla nascita di Elena.

Ab urbe condita
Dalla fondazione di Roma.

L'anno 0 del calendario romano corrispondeva a quello della fondazione di Roma (**ab urbe condita** o **urbis conditae**), avvenuta nel 753 a.C.

Abusus non tollit usum
L'abuso non esclude l'uso.

Massima del diritto antico. Il fatto che si abusi di una determinata cosa non toglie legittimità a un suo uso moderato.

Abyssus abyssum invocat
Un abisso chiama l'abisso.

Espressione figurata mutuata da un salmo di Davide (XLII, 8), per dire che a un errore consegue un altro errore.

Acta est fabula
La commedia è finita.

Così, nel teatro antico, veniva annunciata la fine di una rappresentazione. «**Acta est fabula**», disse Augusto sul letto di morte, e furono le sue ultime parole.

Ad augusta per angusta
A risultati grandiosi per vie anguste.

Parola d'ordine dei congiurati nel IV atto dell'*Ernani* di V. Hugo. Si arriva al trionfo solamente dopo aver superato numerose difficoltà.

Ad honores
Per l'onore; gratuitamente.

Si usa parlando di un titolo puramente onorifico, che non comporta una retribuzione. *Funzioni* **ad honores**.

Ad limina apostolorum
Alla soglia [delle basiliche] *degli apostoli.*

Perifrasi per dire *a Roma*; *verso la Santa Sede*. Abbreviando: *visita* **ad limina**.

Ad litteram
Alla lettera.

Citare un autore **ad litteram**.

Ad rem
Alla cosa.

Precisamente. *Rispondere* **ad rem**.

Ad usum Delphini
A uso del delfino.

Si dice delle edizioni dei classici latini redatte per il delfino, figlio di Luigi XIV, di cui erano stati tagliati alcuni passi troppo crudi. Questa formula è usata ironicamente a proposito di pubblicazioni rivedute, censurate o adattate per determinati scopi.

Ad vitam aeternam
Per la vita eterna.

Per sempre.

Aequo animo
Con animo inalterato; con costanza.

Il saggio resiste **aequo animo** *alle avversità.*

Age quod agis
Fai [bene] *quello che stai facendo.*

Stai attento a quello che fai. Consiglio che si dà a chi si lascia distrarre facilmente.

Alea iacta est
Il dado è tratto.

Parole attribuite a Cesare (Svetonio, *Vita di Cesare*, 32) che si preparava ad attraversare il Rubicone con l'esercito, poiché una legge ordinava ai generali che entravano in Italia da nord di licenziare le truppe prima di guadare il fiume. Si ricorre a questa espressione quando si prende una decisione ardita e importante dopo aver esitato a lungo.

Alma mater o Alma parens
Madre nutrice.

Espressioni spesso usate dai poeti latini per designare la patria e talvolta, oggi, per indicare l'università.

Aperto libro
A libro aperto.

Tradurre **aperto libro**.

Argumentum baculinum
Argomento del bastone.

Bastonate date a mo' di argomentazione; uso della forza per convincere. Ne *Il matrimonio forzato* di Molière, Sganarello usa l'**argumentum baculinum** con il pirroniano Marforio.

Ars longa, vita brevis
Lunga l'arte, breve la vita.

Traduzione latina del primo aforisma di Ippocrate. In greco: **ho bíos brakhus, he de téchne makra**.

Asinus asinum fricat
L'asino accarezza l'asino.

Si dice quando due persone si rivolgono reciprocamente lodi sperticate.

Audaces fortuna iuvat
La fortuna aiuta gli audaci.

Variante dell'emistichio di Virgilio (*Eneide*, X, 284): **Audentes fortuna iuvat…**

Auri sacra fames!
Esecrabile brama dell'oro!

Espressione di Virgilio (*Eneide*, III, 57).

Aut Caesar, aut nihil
O imperatore, o niente.

Motto attribuito a Cesare Borgia.

Ave Caesar (o Imperator), morituri te salutant
Ave Cesare, coloro che stanno per morire ti salutano.

Secondo Svetonio (*Claudio*, 21), i gladiatori romani che sfilavano davanti al palco imperiale prima del combattimento salutavano così l'imperatore.

Beati pauperes spiritu
Beati i poveri in spirito.

Beati coloro che sanno staccarsi dai beni terreni. Parole che si trovano all'inizio del *Sermone della montagna* (*Matteo*, V, 3), usate ironicamente per indicare gli sciocchi.

Bis repetita placent
Le cose ripetute piacciono.

Aforisma che richiama il verso 365 dell'*Ars poetica* di Orazio, in cui il poeta afferma che alcune opere piacciono solo una volta, mentre altre ripetute dieci volte piacciono sempre (**Haec decies repetita placebit**).

Bonum vinum laetificat cor hominis
Il buon vino allieta il cuore degli uomini.

Proverbio tratto da un passo della Bibbia (*Siracide*, XL, 20) in cui si afferma che **Vinum et musica laetificant cor** (*Vino e musica rallegrano il cuore*), ma *più ancora lo rallegra l'amore della sapienza.*

Carpe diem
Cogli l'attimo.

Parole di Orazio (*Odi*, I, 11, 8), secondo le quali la vita è breve e si deve goderne ogni istante.

Castigat ridendo mores
Scherzando sferza i costumi.

Motto della commedia dell'arte, coniato dal poeta Santeuil (Parigi 1630 - Digione 1697) e affidato all'arlecchino Domenico (Bologna 1640 - Parigi 1688) perché lo ponesse sullo sfondo del suo teatro.

Caveant consules!
I consoli stiano attenti!

Prime parole di una formula che si completa con **ne quid detrimenti respublica capiat** (*affinché la repubblica non sia danneggiata*), attraverso la quale il senato romano, nei momenti di crisi, accordava pieni poteri ai consoli.

Cave canem
Attenti al cane.

Intimazione che talvolta i romani ponevano davanti all'ingresso delle proprie case.

Cedant arma togae
Le armi lascino il posto alla toga.

Primo emistichio di un verso citato da Cicerone (*De officiis*, I, 22). Questa frase si usa per dire che il governo militare, rappresentato dalle armi, deve fare spazio al governo civile, rappresentato dalla toga, o piegarsi davanti a lui.

Consensus omnium
Consenso universale.

Fare una cosa con il **consensus omnium**.

Contraria contrariis curantur
I contrari si curano con i contrari.

Massima della medicina classica, in opposizione a quella dell'omeopatia: **similia similibus curantur** (*i simili si curano con i simili*).

Credo quia absurdum
Credo perché è assurdo.

Parole derivate da una frase di Tertulliano (*De carne Christi*) ed erroneamente attribuite a sant'Agostino, secondo le quali chi ha fede crede senza avere bisogno di prove razionali.

Cuius regio, eius religio
La religione di ciascuno sia la stessa di colui che lo governa.

Questo principio fu sancito dalla pace di Augusta (1555), che riconobbe la libertà di religione agli Stati luterani.

De gustibus et coloribus non est disputandum
Sui gusti e i colori non si discute.

Adagio scolastico medievale. Ognuno è libero di pensare e di agire secondo le sue preferenze.

Delenda Carthago
Cartagine deve essere distrutta.

Parole con cui Catone il Censore (Floro, *Historia romana*, II, 15) terminava tutti i suoi discorsi, indipendentemente dall'argomento. Si usano per indicare un'idea fissa, di cui si persegue con accanimento la realizzazione.

De minimis non curat praetor
Il pretore non si occupa delle piccole cose.

Massima che si cita per dire che un uomo con grandi responsabilità non si deve occupare delle minuzie. Si dice anche **aquila non capit muscas** (*l'aquila non prende le mosche*).

Deo gratias
Grazie a Dio.

Formula liturgica latina impiegata nella vita quotidiana. Esprime sollievo per la conclusione di situazioni difficili o noiose.

De omni re scibili, et quibusdam aliis
Di tutto lo scibile e di altro ancora.

De omni re scibili era il motto di Pico della Mirandola, che si vantava di tenere testa a chiunque su tutto lo scibile umano; **et quibusdam aliis** è l'aggiunta scherzosa, forse di Voltaire, che critica la presunzione del giovane sapiente. Il motto, diventato proverbio insieme alla frase di complemento, indica ironicamente una persona che crede di sapere tutto.

Desinit in piscem
Finisce in coda di pesce.

Allusione al quarto verso dell'*Ars poetica* di Orazio, in cui il poeta paragona un'opera d'arte priva di unità a un bel busto di donna che finisce in coda di pesce: **desinit in piscem mulier formosa superne**. Si usa per dire che la fine non è all'altezza dell'inizio.

Dignus est intrare
È degno di entrare.

Formula presa a prestito dalla cerimonia burlesca del *Malato immaginario* di Molière, che si usa, sempre scherzosamente, quando si tratta di ammettere qualcuno in una collettività.

Divide ut regnes
Dividi per regnare.

Massima enunciata da Machiavelli, attribuita al senato romano, a Luigi XI di Francia e a Caterina de' Medici. Si dice anche **divide ut imperes** oppure **divide et impera** (*dividi e domina*).

Doctus cum libro
Sapiente con il libro.

Si dice di colui che, incapace di pensare autonomamente, ostenta una scienza fittizia e attinge le proprie idee dalle opere altrui.

Dominus vobiscum
Il Signore sia con voi.

Formula liturgica della messa in latino.

Donec eris felix, multos numerabis amicos
Finché sarai felice, avrai molti amici.

Verso di Ovidio (*Tristia*, I, 9, 5) esiliato da Augusto e abbandonato dagli amici. Di solito si aggiunge il secondo verso: **tempora si fuerint nubila, solus eris** (*se i tempi si faranno bui, resterai solo*).

Dulce et decorum est pro patria mori
È dolce e bello morire per la patria.

Verso di Orazio (*Odi*, III, 2, 13) che si rivolge ai giovani romani per incitarli a emulare le virtù dei loro antenati e in particolare il loro coraggio in battaglia.

Dura lex, sed lex
La legge è dura, ma è la legge.

Massima che si riferisce a una regola dura alla quale tuttavia siamo obbligati a sottostare.

Ecce homo
Ecco l'uomo.

Parole rivolte da Pilato ai giudei (*Giovanni*, XIX, 5) quando mostrò loro Gesù rivestito di un mantello di porpora e incoronato di spine.

Eiusdem farinae
Della stessa farina.

Si usa per stabilire un paragone tra due persone che hanno gli stessi vizi, gli stessi difetti ecc.

Eli, Eli, lamma sabacthani
Mio Dio, mio Dio, perché mi hai abbandonato?

È il grido di Cristo morente sulla croce (*Matteo*, XXVII, 46; *Marco*, XV, 34); inizio del salmo XXII.

Ense et aratro
Con la spada e con l'aratro.

Motto del maresciallo Bugeaud, quando era governatore dell'Algeria: bisogna servire il proprio paese in tempo di guerra con la spada e in tempo di pace con il lavoro nei campi.

Errare humanum est
Sbagliare è umano.

Queste parole si usano per spiegare, attenuare un errore. Si aggiunge spesso **perseverare diabolicum** (*perseverare è diabolico*).

Exegi monumentum aere perennius
Ho eretto un monumento più duraturo del bronzo.

Primo verso della trentesima e ultima ode del III libro delle *Odi* di Orazio. Il poeta, giunto alla fine dei primi tre libri, promette alla propria opera l'immortalità. Spesso si cita la prima o la seconda metà del verso.

Exempli gratia
Per esempio.

Abbreviazione: e.g.

Ex nihilo nihil
Nulla [viene] *dal nulla.*

Celebre aforisma che riassume la filosofia di Lucrezio e di Epicuro, tratto però da un verso di Persio (*Satire*, III, 84), che comincia con **de nihilo nihil** (*nulla viene dal nulla*), ossia nulla è mai stato creato dal nulla: tutto ciò che esiste esisteva già in una forma o in un'altra.

Fama volat
La fama vola.

Espressione di Virgilio (*Eneide*, III, 121) per indicare la rapidità con la quale una notizia si diffonde.

Felix qui potuit rerum cognoscere causas
Felice è colui che ha potuto penetrare nell'essenza delle cose.

Verso di Virgilio (*Georgiche*, II, 121) citato per indicare la felicità di coloro il cui spirito vigoroso penetra i segreti della natura e si eleva al di sopra delle superstizioni.

Festina lente
Affrettati lentamente.

Massima citata secondo Svetonio da Augusto (*Augusto*, 25). Occorre andare lentamente per arrivare più in fretta a un lavoro ben fatto.

Fiat lux!
Sia la luce!

Parole della *Genesi* (I, 3). *Dio disse: «Sia la luce». E la luce fu.* Questa espressione si usa per parlare di una grande scoperta che in qualche modo cambia completamente la situazione, dalla notte al giorno.

Fiat voluntas tua
Sia fatta la tua volontà.

Parole tratte dalla liturgia cattolica che vengono usate per indicare l'accettazione rassegnata di una determinata situazione.

Fluctuat nec mergitur
È agitata dai flutti, ma non affonda.

Motto della città di Parigi, che ha come emblema un vascello.

Fugit irreparabile tempus
Il tempo fugge irreparabilmente.

Fine di un verso di Virgilio (*Georgiche*, III, 284). Indica il tempo che fugge.

Gloria victis!
Gloria ai vinti!

Antitesi della locuzione **Vae victis!**

Gnôthi seauton
Conosci te stesso.

Iscrizione scolpita sul frontone del tempio di Apollo a Delfi scelta da Socrate come motto.

Gratis pro Deo
Gratuitamente per l'amore di Dio.

Lavorare **gratis pro Deo.**

Hoc erat in votis
Questo era il mio desiderio.

Parole di Orazio (*Satire*, II, 6, 1) che si usano per indicare la realizzazione di un desiderio.

Homo homini lupus
L'uomo è lupo per l'uomo.

Frase di Plauto (*Asinaria*, II, 4, 88), ripresa e illustrata da Bacone e Hobbes, secondo la quale l'uomo fa spesso del male ai propri simili.

Homo sum: humani nihil a me alienum puto
Io sono uomo: nulla di ciò che è umano mi è estraneo.

Verso di Terenzio (*Heautontimorumenos* o *Il punitore di se stesso*, I, 1, 25) che esprime il sentimento di solidarietà umana.

Horresco referens
Inorridisco nel raccontarlo.

Esclamazione di Enea nel raccontare la morte di Laocoonte (Virgilio, *Eneide*, II, 204). Queste parole assumono a volte un significato ironico.

Ignoti nulla cupido
Non si desidera ciò che non si conosce.

Aforisma di Ovidio (*Ars amatoria*, III, 397). L'indifferenza nasce da varie cause, spesso dall'ignoranza.

In articulo mortis
Al momento della morte.

Confessarsi, fare testamento in articulo mortis.

In cauda venenum
Nella coda il veleno.

Alludendo allo scorpione che porta il veleno nella coda, i romani intendevano indicare una lettera o un discorso che iniziano con tono inoffensivo e terminano inaspettatamente con malignità.

Insciallah!
Se Dio vuole!

Locuzione araba secondo la quale il nostro destino dipende dalla volontà di Dio.

In fine
Alla fine.

Alla fine di un paragrafo o di un capitolo.

In hoc signo vinces
Con questo segno vincerai.

Secondo la tradizione queste parole, insieme a una croce, apparvero in cielo a Costantino mentre marciava contro Massenzio. Con tale vessillo egli riportò la vittoria. Nel linguaggio familiare indicano ciò che, in una determinata circostanza, ci farà superare un ostacolo.

In medias res
Nel mezzo delle cose.

Vale a dire al centro dell'azione, nel mezzo degli avvenimenti. Espressione di Orazio (*Ars poetica*, 148) che caratterizza l'arte narrativa di Omero, il quale conduce il lettore **in medias res** fin dall'inizio del racconto.

In medio stat virtus
La virtù sta nel mezzo.

La virtù è lontana dagli estremismi.

In saecula saeculorum
Nei secoli dei secoli.

Questa formula si usa per indicare la lunga durata di una cosa. La locuzione, come **ad vitam æternam** dallo stesso significato, è tratta dalla liturgia in latino.

In vino veritas
Nel vino si trova la verità.

Quando si beve vino, si diventa espansivi; è allora che ci si lascia sfuggire la verità, tenuta segreta da sobri.

Ira furor brevis est
L'ira è una follia breve.

Massima di Orazio (*Epistole*, I, 2, 62). La collera, come tutte le passioni violente, è un'alienazione mentale passeggera.

Is fecit cui prodest
Lo ha fatto colui al quale è utile.

Il colpevole è quasi sempre colui al quale il delitto o il crimine è utile.

Ita diis placuit
Così piacque agli dei.

Il fatto è compiuto; non occorre più tornarci sopra.

Ite, missa est
Andate, la messa è finita.

Formula liturgica della messa che segue la benedizione finale impartita dal celebrante nel rito in latino.

Ius est ars boni et aequi
Il diritto è l'arte del bene e del giusto

È la definizione che il *Digesto* dà del diritto.

Labor omnia vincit improbus
Il lavoro tenace supera ogni ostacolo.

Proverbio tratto da due versi delle *Georgiche* di Virgilio (I, 145-146).

Last but not least
Ultima cosa ma non meno importante.

Espressione inglese usata in un dibattito per mettere in risalto l'argomentazione finale, oppure in una elencazione per sottolineare l'importanza dell'ultimo elemento.

Lex est quod notamus
Ciò che scriviamo è legge.

Motto della Camera dei notai a Parigi. È attribuita a Santeuil (Parigi 1630 - Digione 1697).

Magister dixit
L'ha detto il maestro.

Formula di origine pitagorica tradotta nel Medioevo dagli scolastici che citavano, come argomentazione senza replica, un testo del maestro (Aristotele). Tale espressione si usa nel fare riferimento al pensiero di qualcuno ritenuto un'autorità in materia.

Maior e longinquo reverentia
La lontananza aumenta il prestigio.

Frase celebre di Tacito (*Annali*, I, 47) spesso citata per intendere che siamo portati ad ammirare senza esitazione ciò che è distante da noi nel tempo o nello spazio.

Malesuada fames
La fame è cattiva consigliera.

Espressione tratta da Virgilio (*Eneide*, VI, 276).

Mane, tekel, peres
Calcolato, pesato, diviso.

Minaccia profetica che una mano misteriosa scrisse in ebraico sul muro del palazzo reale mentre Ciro assaliva Babilonia (*Daniele*, V).

Margaritas ante porcos
[Non gettate] *perle* [davanti] *ai porci.*
Parole del Vangelo (*Matteo*, VII, 6) secondo le quali non bisogna parlare a uno sciocco di cose che non sarà in grado di comprendere.

Medice, cura te ipsum
Medico, cura te stesso.
Massima del Vangelo (*Luca*, IV, 23). È rivolta a coloro che impartiscono consigli che dovrebbero mettere in pratica per primi.

Mehr Licht!
Più luce!
Espressione tedesca. Ultime parole di Goethe che chiedeva che venisse aperta una finestra per avere più luce. Viene citata in senso metaforico per dire: «Più chiarezza intellettuale, più sapere, più verità!»

Memento, homo, quia pulvis es et in pulverem reverteris
Ricorda, uomo, perché polvere sei e in polvere ritornerai.
Parole che pronuncia il sacerdote segnando di cenere la fronte dei fedeli il mercoledì delle Ceneri, in ricordo delle parole della *Genesi* (III, 19) rivolte da Dio ad Adamo dopo il peccato originale.

Mens sana in corpore sano
Mente sana in un corpo sano.
Massima di Giovenale (*Satire*, X, 356). L'uomo veramente saggio, dice il poeta, aspira alla salute dello spirito unita a quella del corpo. Nell'uso corrente questi versi si allontanano spesso dal significato originario per affermare che la salute del corpo è una condizione importante per quella dello spirito.

Minima de malis
Il minore dei mali.
Proverbio tratto dalle favole di Fedro.

Morituri te salutant
V. Ave Caesar.

Mors ultima ratio
La morte è la ragione finale di ogni cosa.
L'odio, l'invidia, tutto si cancella davanti al trapasso: **mors ultima ratio**.

Multi sunt vocati, pauci vero electi
Molti sono chiamati, ma pochi eletti.
Parole del Vangelo (*Matteo*, XXII) che riguardano solo la vita celeste, ma che nell'uso comune si applicano a ogni sorta di circostanza.

Nascuntur poetae, fiunt oratores
Si nasce poeti, si diventa oratori.
Massima attribuita a Cicerone. L'eloquenza è figlia dell'arte, la poesia è figlia della natura.

Naturam expelles furca, tamen usque recurret
Anche se caccerai la natura con il forcone, essa ritornerà.
Verso di Orazio (*Epistole*, I, 10, 24).

Natura non facit saltus
La natura non fa salti.
In natura fra le specie e i generi non esistono mai tagli netti; esiste sempre un essere intermediario che fa da anello di congiunzione. Aforisma scientifico enunciato da Leibniz (*Nuovi Saggi*, IV, 16).

Nec pluribus impar
Non inferiore ai più.
Superiore a tutti, al di sopra del resto degli uomini. Motto di Luigi XIV che aveva come emblema il sole.

Ne quid nimis
Non eccedere.
Traduzione latina della sentenza greca **mêden agan** secondo la quale ogni eccesso è un difetto.

Ne sutor ultra crepidam
V. Sutor, ne supra crepidam.

Nihil (o nil) obstat
Niente è d'ostacolo.
Formula impiegata dalla censura ecclesiastica per autorizzare la stampa di un'opera contro la quale non è possibile fare alcuna obiezione dottrinale. *Il* **nihil obstat** *precede l'***imprimatur**.

Nil admirari
Non commuoversi per alcunché.
Parole di Orazio (*Epistole*, I, 6, 1). Secondo il poeta questa massima stoica è il principio della felicità. L'espressione si usa spesso nel senso di "non stupirsi di niente" ed è considerata il motto degli indifferenti.

Nil novi sub sole
Nulla di nuovo sotto il sole.
Parole dell'*Ecclesiaste* (I, 9).

Nolens, volens
Volente o nolente.
Espressione latina. Di buona o di malavoglia.

Non bis in idem
Non due volte per la stessa cosa.
Assioma della giurisprudenza, in virtù del quale non si può essere giudicati due volte per lo stesso reato.

Non licet omnibus adire Corinthum
Non tutti possono andare a Corinto.
Traduzione latina di un proverbio greco secondo cui a Corinto i passatempi erano così costosi che non tutti potevano permettersi di andarci. Si usa a proposito di tutto ciò a cui bisogna rinunciare per mancanza di denaro, mezzi ecc.

Non, nisi parendo, vincitur
Solo con l'obbedienza si vince.
Assioma che il filosofo Bacone applica alla natura: «Perché la natura soddisfi i bisogni dell'uomo, occorre ubbidire alle sue leggi».

Non nova, sed nove
Non cose nuove, ma in maniera nuova.
Questa espressione viene usata, ad esempio, per un autore che non introduce idee nuove, ma che fa sue idee già note, presentandole in maniera differente, secondo un ordine che gli è proprio.

Non omnia possumus omnes
Non tutti possiamo fare ogni cosa.
Espressione di Virgilio (*Bucoliche*, VIII, 63). Non tutti hanno le stesse doti.

Non possumus
Non possiamo.
Risposta di san Pietro e san Giovanni ai sommi sacerdoti che volevano impedire loro di predicare il Vangelo (*Atti degli Apostoli*, IV, 19-20). Questa espressione si usa per esprimere un rifiuto inappellabile. Si usa anche come sostantivo: *opporre un* **non possumus**.

Nulla dies sine linea
Non un giorno senza linea.

Parole attribuite da Plinio (*Naturalis historia*, 35-36) ad Apelle, che non lasciava trascorrere un giorno senza tracciare una linea, ossia senza dipingere. L'espressione è spesso riferita agli scrittori.

Nunc dimittis servum tuum, Domine
Ora lascia, o Signore, che il tuo servo vada in pace.

Parole del vecchio giudeo Simeone, dopo aver visto il Messia (*Luca*, II, 25). Dopo aver realizzato gli obiettivi più importanti, si può anche morire.

Nunc est bibendum
Adesso si deve bere.

Verso tratto da un'ode di Orazio (*Odi*, I, 37, 1) composta in occasione della vittoria di Azio. Maniera familiare per dire che bisogna celebrare un grande e inatteso successo.

Nutrisco et extinguo
Nutro ed estinguo.

Motto che accompagnava la salamandra sulle armi di Francesco I. Allusione a un'antica credenza secondo la quale le salamandre sarebbero capaci di sopravvivere al fuoco, di accenderlo e spegnerlo.

Oderint, dum metuant
Mi abbiano in odio, purché mi temano.

Espressione che il poeta tragico Accio attribuisce al tiranno Atreo (*Atreo*), citata da Cicerone (*De officiis*, I, 28, 97).

O fortunatos nimium, sua si bona norint, agricolas!
Troppo fortunati sarebbero i contadini se conoscessero la loro fortuna!

Versi di Virgilio (*Georgiche*, II, 458-459), di cui si cita spesso solo la prima parte, che si applica a coloro i quali godono di una fortuna che non sanno apprezzare.

Oleum et operam perdidi
Ho sprecato l'olio e la fatica.

Ho perso tempo e fatica. Gli antichi, riferendosi a discorsi o libri che avessero richiesto troppo lavoro e fatica, dicevano che odoravano di olio; se poi non valevano niente, allora l'autore "aveva sprecato l'olio e la fatica".

Omne tulit punctum, qui miscuit utile dulci
Ha raggiunto la perfezione chi ha saputo unire l'utile e il dilettevole.

Verso di Orazio (*Ars poetica*, 343). Detto di qualcuno che ha ottenuto un successo.

Omnia vincit amor
L'amore trionfa su ogni cosa.

Prima parte di un verso di Virgilio (*Bucoliche*, X, 69). Si tratta dell'Amore personificato, tiranno degli uomini e degli dei.

Omnis homo mendax
Ogni uomo è inganno.

Parole tratte dal salmo CXVI, 11.

O tempora! O mores!
O tempi! O costumi!

Così Cicerone protesta contro la natura perversa degli uomini del proprio tempo (*In Catilinam*, I, 1 e *In Verrem: De signis*, 25, 56).

Panem et circenses
Pane e giochi circensi.

Parole di sprezzo rivolte da Giovenale (*Satire*, X, 81) ai romani, capaci di interessarsi solo alle distribuzioni gratuite di grano e agli spettacoli circensi.

Parturiunt montes; nascetur ridiculus mus
Partoriranno i monti; nascerà un ridicolo topo.

Pensiero di Orazio (*Ars poetica*, 139) che La Fontaine ha commentato nella favola intitolata *La montagna che partorisce*. Si usa per definire progetti grandiosi che sfociano in realizzazioni ridicole.

Paulo maiora canamus
Cantiamo cose un po' più nobili.

Virgilio (*Bucoliche*, IV, 1). Si cita questa locuzione per passare da un argomento frivolo a uno più importante.

Perinde ac cadaver
Come un cadavere.

Espressione con la quale sant'Ignazio di Loyola, nelle sue *Costituzioni*, prescrive ai gesuiti la più assoluta disciplina e obbedienza ai superiori.

Plaudite, cives!
Cittadini, applaudite!

Parole con cui gli attori romani, alla fine di una commedia, incitavano gli applausi del pubblico.

Post hoc, ergo propter hoc
Dopo di ciò, quindi a causa di ciò.

Formula con la quale si indicava, nella scolastica, l'errore che consiste nel considerare causa di qualcosa ciò che è solamente un elemento antecedente nel tempo.

Potius mori quam foedari
Meglio morire che perdere l'onore.

Espressione latina che fa da motto a coloro che preferiscono l'onore alla vita. Attribuita al cardinale Giacomo del Portogallo, morto nel 1459. In forma leggermente diversa, è stata il motto di Anna di Bretagna e Ferdinando di Aragona: **malo mori quam foedari**.

Primum vivere, deinde philosophari
Prima vivere, poi filosofare.

Precetto degli antichi usato per canzonare coloro che sanno solo filosofare o discutere senza essere capaci di guadagnarsi da vivere.

Primus inter pares
Primo tra pari.

Il presidente della repubblica non è che il **primus inter pares**.

Prolem sine matre creatam
Bambino nato senza madre.

Montesquieu ha posto questa epigrafe, tratta da un verso di Ovidio (*Metamorfosi*, II, 553) all'inizio de *Lo spirito delle leggi*, per sottolineare che non si era rifatto ad alcun modello.

Pro rege saepe; pro patria semper
Per il re, spesso; per la patria, sempre.

Motto di Colbert.

Qualis artifex pereo!
Quale grande artista muore con me!

Secondo Svetonio (*Nerone*, 44) fu l'ultima esclamazione di Nerone prima di uccidersi: il tiranno indicava così la perdita che il mondo avrebbe subito con la morte di un uomo come lui che aveva brillato a teatro e nel circo.

Quia nominor leo
Perché mi chiamo leone.

Parole tratte da una favola di Fedro (I, 5). È il motivo secondo il quale il leone vuole accaparrarsi la parte migliore del bottino. Si dice di colui che abusa della propria forza e autorità. Alludendo a questa favola, La Fontaine ha dato origine all'espressione *la parte del leone*, usata con lo stesso significato.

Qui bene amat, bene castigat
Chi ama bene, castiga bene.

Il castigo ha lo scopo di correggere gli errori di coloro che amiamo.

Quid novi?
Qualcosa di nuovo?

Domanda confidenziale che due persone si rivolgono per gioco quando si incontrano.

Qui habet aures audiendi, audiat
Chi ha orecchi per intendere, intenda.

Parole che si trovano spesso nel Vangelo, dopo le parabole di Cristo. Questa espressione si usa per suggerire a qualcuno di approfittare dei consigli dati.

Qui nescit dissimulare, nescit regnare
Colui che non sa dissimulare, non sa regnare.

Massima preferita da Luigi XI.

Quis, quid, ubi, quibus auxiliis, cur, quomodo, quando?
Chi, cosa, dove, con quali mezzi, perché, come, quando?

Esametro mnemotecnico che racchiude quelle che in retorica sono chiamate le circostanze: la persona, il fatto, il luogo, i mezzi, i motivi, il modo e il tempo. Riassume inoltre tutte le informazioni per aprire un'istruttoria: chi è il colpevole? Qual è il crimine? Dove è stato commesso? Con che mezzi o con quali complici? Perché? In che modo? In quale momento? L'espressione ci è stata trasmessa da Quintiliano.

Quo non ascendet?
Dove non salirà?

Motto di Fouquet. Appariva sulle sue armi.

Rara avis in terris
Uccello raro sulla terra.

Iperbole di Giovenale (*Satire*, VI, 165) a proposito di Lucrezia e Penelope. Si dice per estensione di tutto ciò che è straordinario. Più spesso si citano solamente le prime due parole: **rara avis**.

Reddite Caesari quae sunt Caesaris, et quae sunt Dei Deo
Rendete a Cesare quello che è di Cesare e a Dio quello che è di Dio.

Risposta di Gesù ai farisei che gli domandavano insidiosamente se occorreva pagare il tributo all'imperatore romano (*Matteo*, XXII, 21). Si usa più spesso nella forma italiana.

Requiescat in pace!
Riposi in pace!

Parole pronunciate durante l'ufficio per i defunti, spesso incise sulle lapidi (talvolta si usa l'abbreviazione R.I.P.).

Res iudicata pro veritate habetur
La cosa giudicata si ritiene verità.

Assioma dell'antico diritto, sempre in vigore.

Res, non verba
Fatti, non parole.

Espressione latina usata per dire che la situazione esige fatti concreti e non parole.

Rule, Britannia
Governa, Inghilterra.

Prime parole di un canto patriottico con cui gli inglesi celebravano il possesso dell'impero.

Salus populi suprema lex esto
Che la salvezza del popolo sia la legge suprema.

Massima del diritto pubblico romano. Ogni legge individuale scompare quando si tratta di salvare la patria (*Legge delle XII Tavole*).

Sapiens nihil affirmat quod non probet
Il saggio non afferma nulla che non possa provare.

Non si devono affermare cose senza essere in grado di provarle.

Servum pecus
Gregge servile.

Parole con le quali Orazio (*Epistole*, I, 19, 19) ha stigmatizzato gli imitatori in letteratura. L'espressione indica gli adulatori, i plagiari, i cortigiani.

Sic transit gloria mundi
Così passa la gloria del mondo.

Parole (forse tratte da l'*Imitazione*, I, 3, 6) rivolte al pontefice nel momento della sua elezione per ricordargli la fragilità di tutti gli sfarzi umani.

Similia similibus curantur
V. Contraria contrariis curantur.

Sint ut sunt, aut non sint
Siano come sono, o non siano affatto.

Così rispose padre Ricci, generale dei gesuiti, a chi gli proponeva di modificare le *Costituzioni*. Secondo alcuni la frase fu invece pronunciata da papa Clemente XIII. L'espressione si usa per indicare ciò che va accettato così com'è.

Sit tibi terra levis!
Che la terra ti sia leggera!

Iscrizione tombale molto frequente.

Si vis pacem, para bellum
Se vuoi la pace, prepara la guerra.

La maniera migliore per evitare di essere attaccati è prepararsi alla difesa. Vegezio (*Epitoma rei militaris*, III, Prol.) disse: «**Qui desiderat pacem, praeparet bellum**».

Sol lucet omnibus
Il sole risplende per tutti.

Tutti hanno il diritto di godere di determinati beni naturali.

Spiritus promptus est, caro autem infirma
Lo spirito è pronto, ma la carne è debole.

Parole pronunciate da Gesù Cristo sul monte degli Ulivi (*Matteo*, XXVI, 36-41) quando, trovando i discepoli addormentati, consigliò loro di vegliare e di pregare per evitare la tentazione.

Spiritus ubi vult spirat
Il vento soffia dove vuole.

Parole delle Scritture (*Giovanni*, III, 8) impiegate nell'uso comune per affermare che l'ispirazione non dipende dalla nostra volontà, ma è un dono del cielo. Si dice anche: **spiritus fiat ubi vult**. Il testo greco del Vangelo parla di **pnêuma**, termine che indica sia il vento sia lo spirito.

Struggle for life
Lotta per la vita.

Locuzione inglese resa celebre da Darwin. *La selezione tra le specie animali si compie attraverso la* **struggle for life**.

Sublata causa, tollitur effectus
Soppressa la causa, cessa l'effetto.
Conseguenza del principio filosofico secondo cui *non vi sono effetti senza causa*.

Summum ius, summa iniuria
Sommo diritto, somma ingiustizia.
Adagio giuridico latino citato da Cicerone (*De officiis*, I, 10, 33). Attraverso questa locuzione si intende dire che spesso si commettono ingiustizie a causa di un'applicazione troppo rigorosa della legge.

Sursum corda
In alto i cuori.
Parole che il sacerdote pronuncia durante la messa, nel rito in latino, all'inizio del prefazio. Sono citate per incoraggiare i fedeli a rivolgersi al Signore.

Sustine et abstine
Sopporta e astieniti.
Massima degli stoici (traduzione dal greco di **anekhou kai apekhou**). Sopporta tutti i mali senza che la tua anima sia turbata; astieniti da tutti i piaceri che possano nuocere alla tua libertà morale.

Sutor, ne supra crepidam
Calzolaio, limitati alle scarpe.
Parole che il pittore Apelle rivolse a un calzolaio che, dopo aver criticato un sandalo in un suo quadro, volle giudicare il resto (Plinio, *Naturalis historia*, 35-36). Questo proverbio si rivolge a coloro che giudicano cose che vanno oltre la loro competenza.

Tarde venientibus ossa
Coloro che arrivano tardi a tavola non trovano che ossi.
Si usa in senso proprio e figurato. In quest'ultimo caso l'espressione indica tutti coloro che, per negligenza o dimenticanza, perdono una buona occasione.

Tempus edax rerum
Il tempo divora ogni cosa.
Espressione di Ovidio (*Metamorfosi*, XV, 234).

Terminus ad quem...
Limite fino al quale...
Nell'intervallo compreso tra il **terminus a quo** (*limite a partire dal quale...*) e il **terminus ad quem** si colloca temporalmente un fatto di cui si ignora la data certa.

Testis unus, testis nullus
Testimone unico, nessun testimone.
Adagio della giurisprudenza secondo il quale la testimonianza di una sola persona non è sufficiente in tribunale per stabilire la verità di un fatto.

Thalassa! Thalassa!
Il mare! Il mare!
Grido di gioia dei diecimila greci guidati da Senofonte (*Anabasi*, IV, 8) quando, sfiniti dopo una lunga ritirata, scorsero la riva del Ponto Eusino.

The right man in the right place
L'uomo giusto al posto giusto.
Espressione inglese che si applica a chi svolga un compito per il quale è la persona più adatta.

Time is money
Il tempo è denaro.
Proverbio inglese. Il tempo, ben impiegato, costituisce un profitto.

Timeo Danaos et dona ferentes
Temo i greci, anche quando offrono doni.
Parole che Virgilio (*Eneide*, II, 49) fa pronunciare al sacerdote Laocoonte per dissuadere i troiani dall'introdurre fra le mura il famoso cavallo di legno che i greci avevano proditoriamente lasciato sulla riva. Queste parole indicano che occorre sempre diffidare di un nemico, per quanto amabile e generoso possa sembrare.

To be or not to be, that is the question
Essere o non essere, questo è il problema.
Primo verso del monologo dell'*Amleto* di Shakespeare (III, 1). Allude a una situazione in cui l'esistenza stessa di un individuo o di una nazione è in gioco. Talvolta si usa solo la fine del verso per indicare la presenza di un dubbio.

Tolle, lege
Prendi, leggi.
Un giorno sant'Agostino, in preda ai turbamenti che precedettero la sua conversione, si rifugiò in un bosco per riflettere e sentì una voce pronunciare queste parole. Gettò allora lo sguardo su un testo di san Paolo (*Romani*, XIII, 13-14), che fu determinante per la sua conversione.

Trahit sua quemque voluptas
Ciascuno è mosso dal proprio piacere.
Massima tratta da Virgilio (*Bucoliche*, II, 65).

Tu es ille vir
Tu sei quell'uomo.
Parole rivolte dal profeta Natan a Davide (*Samuele*, II, 12, 7) per ricordargli, attraverso una parabola, il crimine di cui si era reso colpevole facendo uccidere Uria per sposarne la moglie Betsabea.

Tu quoque, fili!
Anche tu, o figlio!
Così esclamò Cesare quando si rese conto che tra i suoi assassini figurava anche Bruto, da lui particolarmente amato. Questa frase, in greco, era in realtà un'imprecazione.

Ubi solitudinem faciunt, pacem appellant
Dove fanno il deserto, quello chiamano pace.
Frase che Tacito (*Agricola*, 30) fa dire a Calgaco, eroe britannico, che denunciava gli eccessi dei romani. Queste parole sono riferite ai conquistatori che tentano di giustificare le loro distruzioni con promesse di civilizzazione.

Ultima forsan
Forse per l'ultima volta.
Iscrizione a volte riportata sulle meridiane. *Guardi l'ora,* **ultima forsan**.

Ultima ratio regum
Ultimo argomento dei re.
Motto che Luigi XIV aveva fatto incidere sui suoi cannoni.

Uti, non abuti
Usare, non abusare.
Assioma della moderazione, applicabile universalmente.

Vade in pace
Va' in pace.
Parole del Vangelo, spesso utilizzate nel rituale cattolico.

Vade retro, Satana
Vattene, Satana.
Parole di Gesù che si trovano nel Vangelo in forma leggermente diversa (*Matteo*, IV, 10, e *Marco*, VIII, 33). Si utilizzano per respingere proposte tentatrici.

Vae soli!
Guai a chi è solo!

Parole dell'*Ecclesiaste*, (IV, 10) che esprimono la disgrazia dell'uomo isolato, abbandonato a se stesso.

Vae victis!
Guai ai vinti!

Parole rivolte da Brenno ai romani, nel momento in cui gettò la sua spada sulla bilancia con la quale si doveva pesare l'oro destinato a pagare la partenza dei galli, impadronitisi di Roma nel 390 a.C. Frase con la quale si vuole affermare che il vinto è alla mercé del vincitore.

Vanitas vanitatum, et omnia vanitas
Vanità delle vanità, e tutto è vanità.

Frase dell'*Ecclesiaste* (I, 2) secondo la quale in questo mondo tutto è illusione e delusione.

Varium et mutabile
Varia e mutevole.

Parole di Virgilio (*Eneide*, IV, 569) usate da Mercurio per indicare la donna e spingere Enea a lasciare Cartagine, dove egli è trattenuto dall'amore di Didone.

Veni, vidi, vici
Venni, vidi, vinsi.

Frase celebre con cui Cesare descrive al senato la celerità della vittoria ottenuta vicino a Zela su Farnace, re del Ponto (47 a.C.). Nel linguaggio comune queste parole sono usate per esprimere la facilità e la rapidità di un successo.

Verba volant, scripta manent
Le parole volano, gli scritti rimangono.

Questo proverbio raccomanda prudenza a proposito di ciò che si scrive, poiché può essere incauto lasciare prove materiali di un'opinione, di un fatto ecc. Si usa anche per dire che non ci si deve fidare delle promesse verbali: è meglio chiedere un impegno scritto.

Veritas odium parit
La verità partorisce l'odio.

Fine di un verso di Terenzio (*Andria*, I, I, 68), la cui prima parte è **obsequium amicos**, cioè *la compiacenza* [genera] *l'amicizia.*

Vir bonus, dicendi peritus
Un uomo di valore che sa parlare.

Definizione di oratore che Catone il Vecchio proponeva al figlio, secondo la quale l'oratore necessita di una duplice autorità, basata sulla virtù e sul talento.

Vis comica
La forza comica.

Parole tratte da un epigramma di Cesare dedicato a Terenzio, citate da Svetonio. In realtà, nei versi latini, è probabile che l'aggettivo **comica** non sia posto in relazione a **vis**, ma a un sostantivo che segue.

Vitam impendere vero
Sacrificare la vita alla verità.

Parole di Giovenale (*Satire*, IV, 91), adottate come motto da J.-J. Rousseau.

Volenti non fit iniuria
Non si commette colpa contro chi la consente.

Assioma della giurisprudenza secondo il quale non abbiamo il diritto di lamentarci per un danno cui abbiamo consentito.

Vox clamantis in deserto
La voce di uno che grida nel deserto.

Parole (*Matteo*, III, 3) che alludono alla predicazione di san Giovanni Battista, davanti alla folla nel deserto, e che ne definiscono il ruolo di precursore del Messia: «*Voce di uno che grida nel deserto: preparate la via del Signore, raddrizzate i suoi sentieri!*»

Oggi l'espressione è usata per indicare tutti coloro che parlano senza essere ascoltati.

Vox populi, vox Dei
Voce di popolo, voce di Dio.

Adagio che stabilisce la veridicità di un fatto quando sono i più ad affermarla.

Vulnerant omnes, ultima necat
Tutte feriscono, l'ultima uccide.

Si tratte delle ore. Iscrizione latina posta talvolta sulle meridiane delle chiese o dei monumenti pubblici.

PROVERBI, SENTENZE E MASSIME

Abbondanza genera baldanza:
la ricchezza rende sicuri
di sé (o rende superbi).

A briccone, briccone e mezzo:
quando una persona si comporta in
modo disonesto con noi, è lecito superarlo
in disonestà nel trattare con lui.

A brigante, brigante e mezzo:
per avere ragione di chi è scorretto
bisogna essere ancora più scorretti.

A buon intenditore poche parole:
a chi sa ascoltare, basta un accenno
per capire ogni cosa.

A carnevale ogni scherzo vale:
è un invito ad accettare gli scherzi
durante il periodo di carnevale.

A caval donato non si guarda
in bocca:
chi riceve un regalo dovrebbe
sempre dimostrare gratitudine
e apprezzamento.

Accade in un'ora quel che
non avviene in mille anni:
in un tempo brevissimo possono
verificarsi circostanze che fanno
precipitare una situazione
che sembrava immutabile.

A chi Dio vuol bene,
manda delle pene:
secondo il concetto cristiano
le sofferenze sono inviate da Dio
all'uomo perché egli si purifichi
nella rassegnazione.

Acqua che corre non porta veleno:
l'acqua corrente di fiumi e ruscelli
non si corrompe, come invece avviene
per l'acqua stagnante.

Acqua cheta rovina i ponti:
spesso bisogna diffidare proprio delle
persone dall'aspetto più inoffensivo.

Acqua passata non macina più:
è inutile rimpiangere ciò che è stato.

Ai macelli van più bovi che vitelli:
le persone che si ritengono o che
dovrebbero essere più esperte cadono
più spesso nei pericoli.

Aiutati che il ciel t'aiuta:
per dire che chi si impegna nell'azione
raggiunge il successo.

Altri tempi, altri costumi:
i costumi cambiano di epoca in epoca.

Ama chi t'ama e rispondi
a chi ti chiama:
contraccambia l'affetto e la stima
delle altre persone e mostrati disposto
a intrecciare nuove relazioni
con cordialità.

A mali estremi, estremi rimedi:
in certe situazioni di particolare
gravità, occorre saper prendere
decisioni energiche.

Ambasciator non porta pena:
non ha colpe chi ha il compito
di portare notizie sgradevoli.

Amicizia riconciliata,
piaga mal saldata:
rare volte una riconciliazione tra amici
è pienamente sincera e duratura.

Amico beneficato, nemico
dichiarato:
un amico che abbia ricevuto dei benefici
spesso si allontana da noi per non doverli
ricambiare o mostrare gratitudine.

Amico di tutti, amico di nessuno:
chi si afferma amico di tutti non
è capace di legarsi di vera amicizia
con alcuno.

Amor di signore e vin di fiasco, se
la mattina è buono la sera è guasto:
il favore dei potenti è assai incostante,
così come il vino di qualità corrente
si conserva pochissimo.

Anche i muri hanno orecchie:
durante un colloquio confidenziale,
occorre diffidare di chi sta intorno.

A nemico che fugge ponti d'oro:
è opportuno agevolare al massimo
la partenza di chi è sgradito.

A ogni giorno basta la sua pena:
affrontiamo le difficoltà di oggi senza
pensare in anticipo a quelle che ci può
riservare il futuro.

A ognuno la sua croce:
ognuno ha i suoi guai da risolvere.

A padre avaro, figliuol prodigo:
un vizio fa nascere attorno a sé,
per reazione, il vizio contrario.

Aprile, ogni goccia un barile:
ad aprile è importante che piova
spesso, per avere una buona
vendemmia.

Attacca l'asino dove vuole
il padrone:
bisogna accettare le decisioni
dei superiori.

Batti il ferro finché è caldo:
occorre sfruttare una situazione
favorevole senza indugiare.

Buon sangue non mente:
chi ha buone origini non può deludere
le aspettative.

Buon tempo e mal tempo
non dura tutto il tempo:
dopo il dolore arriva spesso la gioia
(e viceversa).

Can che abbaia non morde:
di persona aggressiva a parole
ma non a fatti.

Cattiva lavandaia non trova
mai la pietra buona:
chi è svogliato difficilmente farà
un buon lavoro.

Chi ben comincia
è a metà dell'opera:
in genere le maggiori difficoltà
sono all'inizio, quindi chi le supera
è già sulla buona strada.

Chi cerca trova:
chi si dà da fare per risolvere
un problema, troverà una soluzione.

Chi di spada ferisce,
di spada perisce:
chi si comporta in maniera violenta,
sarà vittima della violenza stessa.

Chi disse figliuoli disse duoli:
i figli sono motivo di preoccupazioni
continue.

Chi dorme non piglia pesci:
non si ottiene nulla senza darsi da fare.

Chi è bugiardo è ladro:
chi è capace di mentire è capace di qualsiasi altra disonestà.

Chi è causa del suo mal, pianga se stesso:
chi ha causato il proprio male, non può prendersela con gli altri.

Chi è in difetto, è in sospetto:
chi sa di aver sbagliato, crede che tutti parlino male di lui.

Chi è ricco è savio:
chi è ricco è anche stimato intelligente, ecc.

Chi è sano è più del sultano:
la salute è il bene più importante.

Chi fa bene ha bene:
chi tratta bene gli altri sarà ben trattato da essi; oppure, chi fa il bene sarà ricompensato da Dio.

Chi fa da sé, fa per tre:
chi lavora da solo, lavora meglio.

Chi fa il ceppo al sole, fa la Pasqua al fuoco:
quando a Natale (la festa del ceppo) c'è sole la primavera successiva è fredda.

Chi fa l'altrui mestiere fa la zuppa nel paniere:
chi si mette a compiere lavori di cui non è pratico combina pasticci.

Chi guarda a ogni nuvola non fa mai viaggio:
propriamente chi prima di mettersi in viaggio aspetta che il cielo sia completamente sereno non parte mai; in senso fig., chi dà peso a ogni minima circostanza sfavorevole non concluderà mai nulla.

Chi ha arte ha parte:
chi sa esercitare un mestiere troverà sempre di che vivere.

Chi ha compagno ha padrone:
l'avere dei soci comporta limitazioni anche gravi della nostra libertà.

Chi ha da aver bene, dormendo gli viene:
chi è destinato alla fortuna la raggiunge anche senza far nulla.

Chi ha denti non ha pane e chi ha pane non ha denti:
talvolta le opportunità si presentano proprio a chi non è in grado di sfruttarle.

Chi ha fatto il male faccia la penitenza:
la colpa del danno e l'obbligo della riparazione cadono su chi ha compiuto il danno stesso.

Chi ha il buon vicino ha il buon mattino:
l'avere buoni vicini assicura la tranquillità.

Chi ha la rogna se la gratti:
a significare che chi ha una colpa ne deve scontare personalmente i cattivi effetti.

Chi ha paura di ogni foglia non vada al bosco:
chi è troppo pauroso non affronti quelle situazioni che sono appunto le più pericolose. (Si dice anche chi ha paura non vada alla guerra.)

Chi ha tegole di vetro non tiri sassi al vicino:
chi è particolarmente vulnerabile sotto qualche aspetto non deve mostrarsi aggressivo.

Chi il suo cane vuole ammazzare, qualche scusa sa pigliare:
chi è deciso a fare qualcosa riesce sempre a giustificare in qualche modo la propria intenzione.

Chi la dura la vince:
chi si mostra costante o testardo finisce per ottenere ciò che desidera.

Chi la fa, l'aspetti:
chi si rende colpevole di qualcosa, si aspetti una reazione.

Chi lascia la via vecchia per la nuova sa quel che lascia e non sa quel che trova:
chi abbandona le consuetudini tradizionali si affida all'ignoto: è detto per invitare alla prudenza nei cambiamenti.

Chi lava la testa all'asino perde il ranno e il sapone:
è inutile cercare di migliorare chi per natura non è in grado di apprezzare o di portare avanti un miglioramento della propria condizione.

Chi mal fa mal pensa:
le persone che sono esse stesse portate al male tendono ad attribuire anche agli altri cattive intenzioni.

Chi mal pensa, mal abbia:
è giusto che chi non ha fiducia negli altri o attribuisce loro intenzioni sinistre si trovi trattato nello stesso modo.

Chi molto parla, spesso falla:
chi parla troppo si espone a dire sciocchezze, o a rivelare cose che non dovrebbe.

Chi muore esce d'affanni:
la morte è una liberazione definitiva per chi vive nel dolore.

Chi muore giace e chi vive si dà pace:
per dire che i defunti sono presto dimenticati.

Chi nasce asino muore asino:
è impossibile che chi è stupido per natura diventi intelligente.

Chi nasce sfortunato, se cade indietro si rompe il naso:
è impossibile opporsi alla sfortuna.

Chi non fa, non sbaglia:
solo chi non fa nulla non sbaglia mai.

Chi non ha gran voglie è ricco:
chi ha desideri limitati non avverte la propria povertà.

Chi non ha testa abbia gambe:
si dice quando qualcuno, avendo dimenticato qualcosa, è costretto a tornare indietro a prenderla.

Chi non può bere nell'oro beva nel vetro:
chi non può permettersi determinati lussi si deve accontentare delle cose comuni (sottintendendo che non per questo vivrà peggio).

Chi non può fare come vuole, faccia come può:
detto per invitare ad accontentarsi del proprio stato.

Chi non può mordere non mostri i denti:
chi non ha mezzi offensivi non si dimostri minaccioso o aggressivo.

Chi non risica, non rosica:
non si ottiene nulla senza correre qualche rischio.

Chi non sa tacere non sa parlare:
è inutile saper parlare bene se non si sa anche tacere al momento opportuno.

Chi non semina, non raccoglie:
occorre impegnarsi con perseveranza per ottenere qualcosa.

Chi non tien conto del poco non acquista l'assai:
chi non si rende conto del valore del denaro non è portato al risparmio e quindi all'accumulazione di un capitale.

Chiodo scaccia chiodo:
*di cose o persone che ne sostituiscono
altre, facendole dimenticare.*

Chi paga debito acquista credito:
*il pagare puntualmente i propri
debiti fa acquistare fama di solidità
finanziaria.*

**Chi parla semina, chi tace
raccoglie:**
*parlando ci si possono lasciar sfuggire
delle notizie che altri, che ascoltava
in silenzio, può utilizzare a suo
vantaggio.*

Chi pecora si fa, lupo la mangia:
*l'eccessiva mitezza ci espone
all'aggressività degli altri.*

**Chi perdona ai tristi nuoce
ai buoni:**
*trascurando di punire i malvagi
se ne avalla l'operato e li si incoraggia
a danneggiare gli onesti.*

**Chi semina vento, raccoglie
tempesta:**
*chi provoca disordine, ne subirà
le conseguenze.*

Chi si accontenta, gode:
*chi accetta la propria condizione
sa essere felice.*

Chi si assomiglia, si piglia:
*due persone che hanno le stesse
inclinazioni, si cercano reciprocamente.*

Chi si loda, s'imbroda:
l'immodestia è un peccato.

Chi tace, acconsente:
*non sollevare obiezioni equivale
a esprimere il proprio consenso.*

Chi tardi arriva, male alloggia:
*è lo svantaggio di chi non coglie
per primo un'occasione.*

Chi troppo e chi niente:
*purtroppo ricchezza e povertà
non sono suddivise equamente.*

Chi troppo vuole, nulla stringe:
*chi ha ambizioni esagerate,
spesso non ottiene risultati.*

Chi trova un amico, trova un tesoro:
gli amici veri sono rari.

Chi va piano, va sano e lontano:
*chi vuole fare molta strada, non vada
di fretta.*

Chi va via, perde il posto all'osteria:
*chi lascia il proprio posto, corre
il rischio di ritrovarlo occupato.*

Col fuoco non si scherza:
i pericoli non vanno presi alla leggera.

**Dagli amici mi guardi Iddio
che dai nemici mi guardo io:**
*spesso sono le persone più vicine
a tradire.*

**Dal dire al fare c'è di mezzo
il mare:**
*non è detto che chi manifesta grandi
progetti o fa grandi minacce li realizzi
poi veramente.*

Dal frutto si conosce l'albero:
*si conosce il valore di un uomo
in base alle sue azioni.*

**Dalla mano alla bocca si perde
la zuppa:**
*le azioni apparentemente più banali
si rivelano pericolose.*

Dall'opera si conosce il maestro:
*il valore di una persona si giudica
dalle sue realizzazioni.*

Danno fa fare senno:
*sbagliando si impara, si acquista
esperienza.*

D'aquila non nasce colomba:
*i figli di persone malvage non possono
essere buoni.*

Dare tempo al tempo:
*con il tempo e la pazienza si ottiene
ciò che si desidera.*

**Dare un colpo al cerchio
e uno alla botte:**
*l'opportunista non prende mai una
posizione precisa e in una discussione
dà ragione a entrambe le parti.*

**Dei peccati dei signori fanno
penitenza i poveri:**
*le classi più umili scontano errori
commessi dai governanti.*

**Del cuoio d'altri si fanno
le cinghie larghe:**
*per dire che si è portati a usare
con larghezza dei beni altrui.
(Si dice anche della roba d'altri
si spende senza risparmio.)*

Del senno di poi sono piene le fosse:
i ripensamenti tardivi sono inutili.

**Di buone intenzioni è lastricato
l'inferno:**
*le buone intenzioni non bastano,
se non producono risultati.*

Dimmi con chi vai e ti dirò chi sei:
*si giudica una persona in base
a chi frequenta.*

Di notte tutti i gatti sono bigi:
*in certe condizioni è difficile capire
come stanno le cose.*

**Dopo il contento viene
il tormento:**
*alla gioia segue il dolore. (Si dice
anche dopo il dolce vien l'amaro.)*

Dopo la morte non val medicina:
la morte è cosa irreparabile.

Dopo la pioggia viene il sereno:
detto per invitare all'ottimismo.

**Dopo uno scarso e un avaro viene
un prodigo:**
*i figli di genitori avari sono spesso
spendaccioni.*

**Dove entra il sole non entra
il medico:**
*in quanto la luce solare distrugge molti
germi patogeni.*

**Dove la siepe è bassa, ognuno vuol
passare:**
*dove è minore la sorveglianza si
concentrano i pericoli.*

**Dove la voglia è pronta, le gambe
son leggere:**
*quando si è veramente disposti
a fare qualcosa, anche il nostro fisico
ci asseconda.*

Dove meno si crede l'acqua rompe:
*il pericolo si presenta dove meno si
vigila.*

**Dove non ce n'è, non ne porta
via neanche la piena:**
*si usa per dire che a chi non possiede
nulla non si può togliere nulla.*

**Dove non c'è pericolo
non c'è gloria:**
*una vittoria conquistata senza rischi
non procura gloria.*

**Dove non c'è vergogna
non c'è virtù:**
*è impossibile che una persona sfrontata
abbia qualche virtù.*

Dove son carogne son corvi:
*i profittatori si radunano dove c'è
del marcio.*

**Dove stringe la scarpa, non lo sa
altro che chi l'ha in piede:**
*vi son cose su cui nessuno è in grado
di darci consigli.*

Due torti non fanno una ragione:
*rispondere a un torto con un altro torto
non fa giustizia.*

1123

Dura più una pentola fessa
che una nuova:
un oggetto vecchio viene spesso trattato
con maggior cura, e dura perciò a lungo.

È difficile condurre il cane vecchio
a mano:
si usa per dire che le persone vecchie
sono testarde.

È peggio l'invidia dell'amico
che l'insidia del nemico:
significa che è più temibile l'ostilità
nascosta di chi si professa amico,
che quella di un nemico dichiarato.

È più facile fare le piaghe
che sanarle:
è facile fare un danno, meno facile
rimediare.

Esperienza è madre di scienza:
il vero sapere è basato sull'esperienza
concreta.

Far buon viso a cattivo gioco:
occorre affrontare le situazioni
sfavorevoli con ottimismo.

Fatta la legge, trovato l'inganno:
si trova sempre il modo di aggirare
la legge.

Finché c'è vita, c'è speranza:
non bisogna mai perdersi d'animo.

Fortunato al gioco,
sfortunato in amore:
chi vince spesso al gioco è raramente
fortunato nella vita di coppia.

Fra cani grossi non si mordono:
i potenti si rispettano l'un l'altro.

Gallina che canta ha fatto l'uovo:
chi si giustifica subito, ha qualcosa
sulla coscienza.

Gallina vecchia fa buon brodo:
in senso fig. indica che le persone
più anziane sono le più esperte.

Gioco di mano, gioco di villano:
gli scherzi che comportano urti
con le mani sono villani.

Giovane ozioso, vecchio bisognoso:
chi non lavora in gioventù da vecchio
si ritrova in miseria.

Gli accattoni non son mai fuori
strada:
chi vive di espedienti sa sempre
cavarsela.

Gli assenti han sempre torto:
chi è assente non può difendersi
e ha perciò la peggio.

Gli errori dei medici la terra
li copre:
per dire che se il medico sbaglia
l'ammalato muore.

Gobba a ponente luna crescente,
gobba a levante luna calante:
quando la curvatura della falce
lunare è rivolta a occidente la Luna
è crescente, quando è rivolta a oriente
è calante.

Grandi ricchezze, grandi pensieri:
l'avere molti beni procura gravi
preoccupazioni.

Grassa cucina, povertà vicina:
le spese per cibi di lusso possono
impoverire.

Guai a chi crede troppo
e a chi non crede mai:
bisogna saper avere fiducia negli altri
quando la meritano, e viceversa.

Guai a quel topo che ha
un solo buco per salvarsi:
bisogna fare in modo da avere
sottomano più di una possibilità
di salvezza o di ricupero.

Il buon giorno si vede dal mattino:
un buon inizio promette una buona
conclusione.

Il cane scottato dall'acqua calda
ha paura anche dell'acqua fredda:
chi è stato danneggiato una volta,
la seconda sarà più cauto.

Il denaro è un buon servitore
ma un cattivo padrone:
il denaro contribuisce alla felicità
di chi lo sa impiegare bene, ma rende
infelice chi si lascia dominare
dall'avarizia e dalla cupidigia.

Il denaro non ha odore:
per alcuni l'importante è guadagnare,
non importa come.

Il diavolo fa le pentole
ma non i coperchi:
le malefatte finiscono sempre
per essere scoperte.

Il fine giustifica i mezzi:
principio secondo il quale lo scopo
giustificherebbe tutte le azioni
che si sono rese necessarie per ottenerlo.

Il gioco non vale la candela:
di fatica o rischio sproporzionati
allo scopo da raggiungere.

Il lupo perde il pelo ma non il vizio:
chi si comporta male, non cambia mai.

Il mattino ha l'oro in bocca:
le ore del mattino sono
le più produttive.

Il meglio è nemico del bene:
a essere perfezionisti si rischia
di rovinare quel che si è fatto di buono.

Il pesce grosso mangia
il pesce piccolo:
chi è meno forte, soccombe.

Il riso abbonda sulla bocca
degli stolti:
di risata sciocca e senza motivo.

Il riso fa buon sangue:
ridere fa stare meglio.

Il vino buono si vende senza frasca:
ciò che è buono non ha bisogno
di essere pubblicizzato.

Impara l'arte e mettila da parte:
ogni conoscenza o esperienza
può sempre tornare utile.

In tempo di carestia, pan vecciato:
in mancanza di meglio, occorre
accontentarsi di quello che c'è.

L'abito non fa il monaco:
non bisogna giudicare gli altri
in base all'apparenza.

La fame è cattiva consigliera:
la necessità spinge gli uomini
ad agire avventatamente.

La gatta frettolosa fece
i gattini ciechi:
le cose fatte in fretta riescono male.

La lingua batte dove il dente duole:
a ciascuno importa parlare di quello
che più gli sta a cuore.

La malerba non muore mai:
una persona cattiva non cambierà
mai il suo modo di essere.

La notte porta consiglio:
la notte suggerisce sagge riflessioni.

L'apparenza inganna:
ciò che appare non è necessariamente
la realtà.

L'appetito vien mangiando:
più si ha, più si vuole.

La prima acqua è quella che bagna:
i primi problemi sono i più difficili
da superare.

La prudenza non è mai troppa:
con la cautela si evitano i pericoli.

La superbia andò a cavallo
e tornò a piedi:
chi parte con grandi pretese,
torna senza aver concluso nulla.

La verità offende:
i rimproveri più penosi sono
quelli meritati.

Le bugie hanno le gambe corte:
prima o poi la verità si scopre sempre.

L'eccezione conferma la regola:
ciò che è riconosciuto come un'eccezione
non mette in causa la regola, poiché
senza quest'ultima non ci sarebbe
alcuna eccezione.

Le disgrazie non vengono mai sole:
spesso a una disgrazia ne segue un'altra.

L'erba del vicino è sempre più verde:
non si è mai contenti di quello che si ha.

L'erba voglio non cresce
neanche nel giardino del re:
certi desideri sono irrealizzabili.

L'occasione fa l'uomo ladro:
le circostanze possono condurre a
commettere atti reprensibili ai quali
non si sarebbe altrimenti pensato.

Lontano dagli occhi,
lontano dal cuore:
la lontananza distrugge
o affievolisce gli affetti.

L'ospite è come il pesce,
dopo tre giorni puzza:
una permanenza prolungata in casa
d'altri finisce con l'essere fastidiosa.

L'ozio è il padre di tutti i vizi:
non avere niente da fare equivale
a esporsi a tutte le tentazioni.

L'unione fa la forza:
insieme si ottengono risultati migliori.

Lupo non mangia lupo:
i cattivi cercano di non nuocersi
a vicenda.

Mal comune mezzo gaudio:
le sofferenze sembrano meno gravi
quando sono condivise con altri.

Mani fredde, cuore caldo:
le mani fredde indicherebbero
un temperamento caloroso.

Meglio soli che mal accompagnati:
è meglio rimanere soli che essere
in cattiva compagnia.

Meglio tardi che mai:
a volte è meglio agire in ritardo
piuttosto che non agire affatto.

Meglio un uovo oggi
che una gallina domani:
meglio il poco sicuro che il molto
incerto.

Mettere il carro davanti ai buoi:
trarre conclusioni anzitempo.

Moglie e buoi dei paesi tuoi:
sposarsi con chi è del nostro stesso luogo
dovrebbe garantire la buona riuscita
del matrimonio.

Molto rumore per nulla:
titolo di una commedia di Shakespeare,
trasformato in proverbio per indicare
che una cosa insignificante ha assunto
proporzioni eccessive.

Morto un papa, se ne fa un altro:
nessuno è indispensabile e insostituibile.

Natale al balcone, Pasqua al tizzone:
se il tempo è mite a Natale,
a Pasqua sarà freddo.

Necessità fa legge:
in casi estremi, certe azioni
sono giustificate.

Nel dubbio, astieniti:
nell'incertezza, non agire.

Nel regno dei ciechi,
anche un guercio è re:
chi ha un'intelligenza mediocre
brilla in mezzo agli stolti.

Nessuna nuova, buona nuova:
in mancanza di notizie, si può
presumere che vada tutto bene.

Nessuno è profeta in patria:
nel luogo d'origine nessuno
è apprezzato per ciò che vale.

Ne uccide più la lingua
che la spada:
allusione ai danni che può recare
la calunnia.

Non cavare un ragno dal buco:
non concludere nulla.

Non c'è due senza tre:
certi fatti sono destinati a ripetersi.

Non c'è fumo senza arrosto:
dietro alle chiacchiere c'è sempre
un fondo di verità.

Non c'è peggior sordo
di chi non vuol sentire:
chi non porge ascolto perché ragiona
per partito preso, non capirà mai.

Non c'è rosa senza spine:
nella vita le contrarietà sono inevitabili.

Non è tutto oro quello che luccica:
non bisogna lasciarsi ingannare
dalle apparenze.

Non fare ad altri ciò
che non vorresti fosse fatto a te:
regola di condotta, fondamento
della morale.

Non rimandare a domani
quello che puoi fare oggi:
un lavoro va fatto subito.

Non si può avere la botte piena
e la moglie ubriaca:
per ottenere qualcosa bisogna fare
dei sacrifici.

Non svegliare il can che dorme:
è meglio stare alla larga da chi può
essere pericoloso.

Non tutte le ciambelle riescono
con il buco:
non tutti i tentativi vanno
a buon fine.

Non tutto il male vien per nuocere:
gli avvenimenti dolorosi possono avere
un aspetto positivo e far acquisire
esperienza.

Non vendere la pelle dell'orso
prima di averlo ucciso:
non bisogna contare su qualcosa
di non ancora acquisito.

Occhio non vede, cuore non duole:
le cose di cui non siamo a conoscenza
non possono farci male.

Occhio per occhio, dente per dente:
è la legge del taglione.

Oggi a me domani a te:
per ammonire che la disgrazia
(o anche la fortuna) che vediamo
capitare a un altro potrà capitare
in futuro anche a noi.

Oggi in figura, domani
in sepoltura:
per alludere alla fragilità
della vita umana.

Ogni acqua va al mare:
tutto segue il proprio destino.

Ogni agio ha il suo disagio:
in ogni situazione vantaggiosa
vi è sempre un elemento spiacevole.

Ogni bel gioco dura poco:
lo scherzo che dura troppo finisce
con l'annoiare.

Ogni cuore ha il suo dolore:
tutti abbiamo qualche motivo di pena.

Ogni lasciata è persa:
un'occasione mancata è perduta.

Ogni medaglia ha il suo rovescio:
*ogni situazione ha i suoi aspetti
negativi.*

Ogni pelo ha la sua ombra:
*anche le cose più modeste hanno
un loro valore.*

Ogni promessa è debito:
*siamo obbligati a tener fede
alle promesse fatte.*

Ogni vizio ha la sua scusa:
*chi ha qualche vizio ha anche qualche
scusa pronta per scagionarsene.*

Ognun che ha gran coltello
non è boia:
*non è detto che chi fa grandi minacce
sia poi in grado di realizzarle.*

Ognuno è re a casa propria:
*nei propri spazi ognuno è libero
di agire come preferisce.*

Ognuno ha i suoi gusti:
*i gusti sono qualcosa di personale e tali
perciò da non potersi discutere.*

Ognuno per sé e Dio per tutti:
*lasciamo a Dio il compito di occuparsi
degli altri.*

Ognuno sa navigare col buon
vento:
*quando le cose sono facili, tutti le
sanno fare.*

O mangiare questa minestra, o
saltare questa finestra:
*per alludere a una dura scelta alla
quale non si può sfuggire.*

Ospite raro, ospite caro:
*per dire che un ospite che ci viene a
visitare troppo di frequente finisce per
rendersi sgradito. (Si dice
analogamente l'ospite è come il pesce,
dopo tre giorni puzza.)*

Paese che vai, usanza che trovi:
*in ogni paese esistono usi e costumi
diversi.*

Parlar di corda in casa
dell'impiccato:
*parlare a sproposito, in modo non
adeguato ai luoghi e alle circostanze.*

Passata la festa, gabbato lo santo:
*dopo aver ottenuto qualcosa,
ci si dimentica di chi ci ha aiutato.*

Patti chiari, amicizia lunga:
*per restare buoni amici, occorre tenere
un comportamento chiaro.*

Peccato confessato,
mezzo perdonato:
*chi confessa i propri errori ottiene
più facilmente un atteggiamento
indulgente.*

Peggio la toppa del buco:
il rimedio è peggiore del male.

Pietra mossa non fa muschio:
*non ci si arricchisce cambiando
spesso mestiere o paese.*

Piove sempre sul bagnato:
*il denaro arriva sempre a chi è già ricco,
i guai arrivano dove c'è già sofferenza.*

Quando il gatto non c'è, i topi ballano:
*quando chi comanda è assente,
gli altri se ne approfittano per fare
i propri comodi.*

Ride bene chi ride ultimo:
*non conviene cantare vittoria prima
che la questione sia chiusa.*

Risponde il frate come l'abate canta:
*i dipendenti si comportano come
richiedono o permettono i superiori.*

Roba che mangia non si perde:
*usato scherzosamente per dire che i figli
tornano sempre a casa.*

Roba mal acquistata
non dura un'annata:
*ciò che è stato ottenuto in modi
disonesti è destinato a essere perduto
rapidamente.*

Roma non fu fatta in un giorno:
*per portare a termine un compito
difficile occorre tempo.*

Rosso di sera bel tempo si spera:
*un tramonto rosseggiante presagisce
il sereno. (Si dice invece rosso
di mattina, l'acqua s'avvicina.)*

Rosso, mal pelo:
*secondo la superstizione popolare,
le persone coi capelli rossi avrebbero
inclinazioni maligne.*

Santa Lucia, la notte
più lunga che ci sia:
*dopo il 13 dicembre, i giorni
cominciano ad allungarsi
a poco a poco.*

Sbagliando si impara:
*a forza di esercitarsi,
si diventa abili.*

Se son rose fioriranno:
nel dubbio, bisogna essere speranzosi.

Tale padre, tale figlio:
*spesso il figlio assomiglia al padre,
nel bene e nel male.*

Tanto va la gatta al lardo
che ci lascia lo zampino:
non sempre si riesce a farla franca.

Tentar non nuoce:
bisogna sempre fare un tentativo.

Tira, tira, la corda si spezza:
la pazienza ha un limite.

Tra moglie e marito
non mettere il dito:
*non bisogna intervenire in un litigio
tra coniugi.*

Tutte le strade portano a Roma:
*ci sono molti modi per raggiungere
uno scopo.*

Tutti i nodi vengono al pettine:
*ogni cattiva azione prima o poi
avrà il suo castigo.*

Una bugia ne tira dieci:
*una menzogna per sostenersi ne suscita
tutta una serie. (Si dice anche una
bugia tira l'altra.)*

Una rondine non fa primavera:
*da un caso isolato, non si può trarre
alcuna conclusione.*

Uomo avvisato, mezzo salvato:
*chi è avvertito dei rischi che corre,
starà doppiamente attento.*

Via il dente, via il dolore:
*una volta tolto di mezzo, un nemico
non può più nuocere.*

Volere è potere:
*si riesce a fare qualcosa quando
si ha la volontà di farlo.*

Carattere Avant Garde

AACHEN → AQUISGRANA.

AALST, in fr. **Alost**, c. del Belgio, capol. di distr. della Fiandra Orientale, tra Bruxelles e Gand; 76.470 ab. Collegiata di S. Martino della fine del XV sec.; palazzo comunale (XIII-XVI sec.).

AALTER, com. del Belgio (Fiandra Orientale); 18.543 ab.

AALTO (Alvar), *Kuortane 1898 - Helsinki 1976*, architetto e designer finlandese. Tra i maggiori esponenti dell'architettura organica, ha compreso l'importanza di armonizzare gli edifici con il paesaggio, recuperando a tal scopo materiali tipici della tradizione costruttiva locale, come mattoni e legno.

Alvar **AALTO**, *Il Palazzo Finlandia a Helsinki, inaugurato nel 1971*.

AARAU, c. della Svizzera, capol. del cant. di Argovia, ai piedi del Giura, sull'Aare; 15.282 ab. Città vecchia; musei.

AARE, f. della Svizzera, che nasce nel Massiccio dell'A.-Gottardo ed è affl. di sinistra del Reno; 295 km. Attraversa i laghi di Brienz e di Thun, passa per Berna e attraversa il Lago di Biel.

AARE-GOTTARDO (Massiccio dell'), il massiccio più elevato delle Alpi Bernesi (Svizzera). Numerose vette superano i 4000 m (Jungfrau, Finsteraarhorn). Estesi ghiacciai (Aletsch).

AARGAU → ARGOVIA.

AARSCHOT, c. del Belgio (Brabante fiammingo); 27.551 ab. Divenne ducato nel XVI sec. — Chiesa di Notre-Dame (XIV-XV sec.).

ABA, c. della Nigeria sud-orient.; 500.183 ab.

ABACÙC, *600 a.C.*, profeta biblico. Il *Libro di Abacuc* affronta il problema della presenza del male nella storia del popolo di Israele.

ABADAN, c. dell'Iran, presso il delta dello Shatt Al-Arab, nel Golfo Persico; 206.073 ab. Porto.

ABAKAN, c. della Russia, capol. della Hakassia, in Siberia, alla confluenza dell'A. e dell'Enisej; 158.954 ab.

ÀBANO TÈRME, com. in prov. di Padova; 18.577 ab. Centro termale famoso per le sue acque minerali salso-bromo-iodiche e per le proprietà terapeutiche dei suoi fanghi.

ABATANTUÒNO (Diègo), *Milano 1955*, attore cinematografico. Dopo una serie di film comici in cui ha proposto la maschera del trapiantato meridionale rude e ingenuo allo stesso tempo, si è imposto dimostrando notevoli capacità interpretative che vanno dal dramma alla commedia (*Regalo di Natale*, 1986; *Marrakech Express*, 1989; *Mediterraneo*, 1991; *Nirvana*, 1997; *Amnèsia*, 2001; *Io non ho paura*, 2003).

ABÀTE (Niccolò **déll'**) → NICCOLÒ DELL'ABATE.

ABÀTI, famiglia fiorentina di tradizione ghibellina, la cui prima attestazione risale al 1176. — **Neri degli A.**, citato da D. Compagni, fu guelfo nero. — **Bocca degli A.** fu accusato da Dante di tradimento politico (*Inferno*, XXV), per essersi schierato con i senesi durante la battaglia di Montaperti.

ÀBBA (Giusèppe Césare), *Cairo Montenotte 1838 - Brescia 1910*, scrittore. Nel 1860 si arruolò con G. Garibaldi partecipando alla spedizione dei Mille, esperienza importante rievocata in molte sue opere (*Da Quarto al Volturno*, 1880; *Storia dei Mille narrata ai giovinetti*, 1904).

ÀBBA (Màrta), *Milano 1900-1988*, attrice teatrale. È considerata la più grande interprete del teatro di L. Pirandello, con il quale intrattenne un lungo epistolario di recente pubblicazione.

ABBADÌA SAN SALVATÓRE, com. in prov. di Siena, ai piedi del Monte Amiata; 6890 ab. Località turistica. Borgo medievale. Abbazia (1036).

ABBÀDIDI, dinastia araba che regnò a Siviglia nell'XI sec.

ABBÀDO (Clàudio), *Milano 1933*, direttore d'orchestra e pianista. Da sempre interessato alla composizione contemporanea, è stato direttore musicale della Scala di Milano (1968-1986), dove presenta un repertorio che affianca alle opere più conosciute, capolavori poco noti. Diventa poi direttore della Staatsoper di Vienna (1986-1991) prima di succedere a H. von Karajan nella direzione della Berliner Philarmoniker (1989-2002). Nel 1978 fonda l'Orchestra Giovanile Europea da cui nasce, nell'81, la Chamber Orchestra of Europe.

ABBAGNÀLE, famiglia di canottieri. — **Agostino A.**, *Pompei 1966*. Ha vinto 3 ori olimpici e 2 campionati del mondo nel "quattro di coppia" e nel "doppio". — **Carmine A.**, *Pompei 1962* e — **Giuseppe A.**, *Pompei 1959*. Insieme hanno vinto 7 campionati mondiali e 2 ori olimpici tra il 1984 e il 1992 nella specialità del "due con".

ABBAGNÀNO (Nicòla), *Salerno 1901 - Milano 1990*, filosofo. Ha introdotto la filosofia dell'esistenzialismo nella cultura filosofica italiana, elaborandola in senso positivo (*Esistenzialismo positivo*, 1948).

ABBAS, *m. nel 652 ca.*, zio di Maometto.

ABBAS (Ferhat), *Taher 1899 - Algeri 1985*, politico algerino. Fu presidente del governo provvisorio della repubblica algerina (1958-1961).

ABBAS I IL GRÀNDE, *1571- Mazandaran 1629*, scià safawide di Persia (1587-1629). Stabilì la capitale a Esfahan.

ABBAS HILMI II, *Alessandria 1874 - Ginevra 1944*, chedivè d'Egitto (1892-1914). Fu deposto quando i britannici stabilirono il protettorato sul paese.

ABBÀSIDI, dinastia di califfi arabi (750-1258) fondata da Abu Al-Abbas Abd Allah. Gli A. spostarono il centro dell'impero islamico in Iraq e fecero di Baghdad la loro capitale e la culla di una fiorente civiltà. Regnarono fino alla conquista di Baghdad da parte dei mongoli (1258).

ABBAYE (grùppo dell'), gruppo di scrittori e artisti (tra cui G. Duhamel, C. Vildrac e A. Gleizes) che nel 1906 si trasferì a Créteil, dove diede vita a una sorta di falansterio basato su principi di libertà artistica e indipendenza economica

ABBIATEGRÀSSO, com. in prov. di Milano; 27.798 ab. Centro industriale. Castello fatto costruire da Gian Galeazzo Visconti nel 1382.

ABBONDÀNZA MITOL. ROM. Personificazione femminile romana dell'abbondanza, intesa come benessere e prosperità.

ABBÓNE (sànto), *reg. di Orléans 945 ca. - La Réole 1004*, abate di Fleury (att. Saint-Benoît-sur-Loire), teologo e cronista.

ABC, quotidiano spagnolo di orientamento monarchico. È stato fondato a Madrid nel 1905.

ABC (American Broadcasting Company), una delle principali reti televisive americane (insieme a CBS e NBC), fondata nel 1943. ABC News trasmette il noto programma "Good Morning America".

ABD AL-AZIZ, *Istanbul 1830-1876*, sultano ottomano (1861-1876). Fu deposto dall'opposizione liberale con un colpo di Stato.

ABD AL-AZIZ III IBN SAUD, detto **IBN SAUD**, *Riyadh 1880 ca. - 1953*, re dell'Arabia Saudita (1932-1953). Partendo dal Neged, conquistò i territori circostanti e nel 1932, fondò l'Arabia Saudita, dove introdusse istituzioni moderne.

ABD AL-AZIZ IBN AL-HASAN, *Marrakech 1878 o 1881 - Tangeri 1943*, sultano del Marocco (1894-1908). Figlio e successore di Mulay Al Hasan, fu detronizzato dal fratello Mulay Abd Al-Hafiz.

ABD AL-HAMID I, *Istanbul 1725-1789*, sultano ottomano (1774-1789). — **Abd Al-Hamid II**, *Istanbul 1842-1918*, sultano ottomano (1876-1909). Fu deposto dai Giovani turchi.

ABD AL-KADER, in ar. **'Abd Al-Qadir Ibn Muhyi Al-Din**, *presso Mascara 1808 - Damasco 1883*, emiro arabo. Dal 1832 al 1847 guidò la resistenza contro l'occupazione francese dell'Al-

1127

geria. Internato in Francia fino al 1852, si ritirò successivamente a Damasco.

ABD AL-KRIM, in ar. *'Abd Al-Karim, Ajdir 1882 - Il Cairo 1963*, politico marocchino. Nel 1921 sollevò il Rif contro gli spagnoli, poi contro i francesi, ma dovette arrendersi nel 1926. Internato a La Réunion, si rifugiò al Cairo durante il trasferimento in Francia (1947).

ABD ALLAH, *La Mecca 545 o 554-570 ca.*, padre di Maometto.

ABD ALLAH II o **ABDALLAH II**, *Amman 1962*, re di Giordania appartenente alla dinastia hascemita. Figlio maggiore di Husayn, gli è succeduto nel 1999.

ABD ALLAH o **ABDULLAH**, *La Mecca 1882 - Gerusalemme 1951*, emiro (1921-1946) e poi re (1946-1951) della Transgiordania, appartenente alla dinastia hascemita. Sotto il suo regno una parte della Palestina araba fu annessa alla Transgiordania, divenuta regno di Giordania (1950). Morì assassinato.

ABD AL-MEGID I, *Istanbul 1823-1861*, sultano ottomano (1839-1861). Inaugurò l'era delle riforme, il *Tanzimat* (1839-1876).

ABD AL-MUMIN, *m. a Salé nel 1163*, fondatore della dinastia degli Almohadi. Conquistò Marrakech (1147) e in seguito tutta l'Africa settentr.

ABD AL-RAHMAN I, *731 - Cordoba 788*, primo emiro omayyade di Cordoba (756-788). — **Abd Al-Rahman III**, *890 ca. - Cordoba 961*, ottavo emiro omayyade (912-961) e fondatore del califfato di Cordoba (929).

ABDALWADIDI, dinastia berbera di Tlemcen (1235-1550).

ABDEL WAHAB (Muhammad), *Il Cairo 1902 ? - 1991*, compositore e cantante egiziano. Baritono celebre per le improvvisazioni al liuto, rinnovò la tradizione musicale araba introducendo elementi melodici e strumentali occidentali.

ABDÈRA, ant. c. greca della Tracia, sul Mar Egeo.

ABDUH (Muhammad) → MUHAMMAD ABDUH.

ABDUL AL-RAHMAN, *Alor Setar 1903 - Kuala Lumpur 1990*, politico malese. Negoziò l'indipendenza della Malaysia e fu primo ministro dal 1957 al 1970.

ABDULLAH o **ABDALLAH** → ABD ALLAH.

ABÉCHÉ, c. del Ciad orient., capol. dell'Uaddai; 83.000 ab.

ABE KOBO, *Tokyo 1924-1993*, scrittore giapponese, poeta e romanziere (*La donna di sabbia*).

ABEL (Niels), *isola di Finnøy 1802 - Arendal 1829*, matematico norvegese. Enunciò la teoria degli integrali ellittici e dimostrò l'impossibilità di risolvere tramite radicali l'equazione algebrica generale di $5°$ grado.

■ *Niels Abel.*

ABELÀRDO (Piètro), *Le Pallet 1079 - priorato di Saint-Marcel, presso Chalon-sur-Saône, 1142*, teologo e filosofo francese. Allievo e poi rivale di *Guglielmo di Champeaux*, ebbe una carriera movimentata. È noto l'episodio della sua evirazione, a Parigi, per ordine del canonico Fulberto, zio di *Eloisa*. Abile nella dialettica, che applicò ai dogmi cristiani (*Sic et non*), e polemico verso la posizione realista sulla questione degli universali, fu fatto condannare da san Bernardo per la sua dottrina della Trinità.

ABÈLE, personaggio biblico. Secondogenito di Adamo ed Eva, pastore nomade, fu ucciso dal fratello Caino.

ABELL (Kjeld), *Ribe 1901 - Copenaghen 1961*, drammaturgo danese. Rinnovò la tecnica del dramma abbandonando il realismo (*La melodia perduta, Silkeborg, Il grido*).

ABEOKUTA, c. della Nigeria sud-occ.; 376.894 ab.

ABERDEEN, c. della Gran Bretagna (Scozia), sul Mare del Nord; 216.000 ab. Pesca. Centro petrolifero. Metallurgia. — Cattedrale del XV sec.; musei.

ABERDEEN (George **Gordon**, cónte **di**), *Edimburgo 1784 - Londra 1860*, politico britannico. Primo ministro dal 1852 al 1855, si adoperò, invano, per evitare la guerra di Crimea.

ABETÓNE, com. in prov. di Pistoia; 741 ab. Celebre stazione sciistica dell'Appennino Tosco-Emiliano.

ABETZ (Otto), *Schwetzingen 1903 - Langenfeld 1958*, politico tedesco. Ambasciatore a Parigi dal giu. 1940, fu incaricato di coordinare una "collaborazione ufficiale" tra il governo francese e quello tedesco. Processato e incarcerato dopo il 1949, venne liberato nel 1954.

ABGAR, nome di più sovrani di Edessa (II sec. a.C.- III sec. d.C.).

ABHASI o **ABCASI**, popolazione caucasica della Georgia (Abhasia) e della Russia (ca. 95.000 individui). Negli anni '70 del XIX sec., dopo l'annessione della loro regione da parte dei russi (1864), metà degli a. emigrarono verso la Turchia; la loro diaspora interessò le aree mediorientali. In maggioranza musulmani sunniti, parlano l'abhaso, o abcaso, e si identificano con il nome di *apsua*.

ABHASIA o **ABCASIA**, rep. autonoma della Georgia, affacciata sul Mar Nero; 538.000 ab. (*abhasi* o *abcasi*); cap. *Sukumi*. In A. si è sviluppato un movimento separatista osteggiato dal governo georgiano.

ABI (Associazióne bancària italiàna), associazione fondata nel 1919. Rappresenta tutti gli operatori bancari e finanziari operanti in Italia.

ABIDJAN, c. della Costa d'Avorio sulla laguna di Ebrié; 2.877.948 ab. (3.305.000 ab. nell'agglomerato). Città principale del paese, di cui è stata capitale fino al 1983. Porto. Aeroporto.

ABIDJAN. *Quartiere di Plateau (centro degli affari).*

ÀBIDO, ant. c. dell'Alto Egitto. Ritenuta il luogo di sepoltura di Osiride, divenne un'importante meta di pellegrinaggio. — Necropoli delle prime dinastie faraoniche. Templi, tra cui quello di Seti I, in cui è stata rinvenuta la Tavola di A., un elenco dei faraoni da Narmer a Seti.

ÀBILA, una delle due *Colonne d'Ercole*. Ant. nome di *Ceuta*.

ABILENE, c. degli Stati Uniti (Texas); 115.930 ab.

ABISSÌNIA, ant. nome degli altopiani del massiccio etiopico (Tigré, Scioà, Amara, Goggiam).

ABITIBI, reg. del Canada, nel Québec sud-occ. È delimitata a O dal Lago A. (878 km²), diviso tra Québec e Ontario.

ABNER, *XI sec. a.C.*, generale di Saul e poi di Davide. Fu assassinato da un altro generale di Davide, Ioab, che vedeva in lui un rivale.

ABOMEY, c. del Benin; 66.595 ab. Già cap. del regno di Dahomey, fondata nel XVII sec. — Musei nei palazzi reali del XIX sec.

ABORÌGENI, popolazioni autoctone dell'Australia (più di 300.000 individui), dove si stabilirono 40.000 anni fa. Dopo la colonizzazione sono stati vittime di tentativi di sterminio. Venerano i totem e nel loro rapporto con la terra sono guidati dalla mitologia (che chiamano "Sogno"). Abili nel decorare cortecce e tessuti, sono ancora oggi in conflitto con le compagnie minerarie che sfruttano i loro territori.

ABOUT (Edmond), *Dieuze 1828 - Parigi 1885*, scrittore francese. Giornalista e autore di romanzi (*Il re delle montagne, L'uomo dall'orecchio spezzato*).

ABRAHAM (Karl), *Brema 1877 - Berlino 1925*, medico e psicoanalista tedesco. Studiò gli stadi pregenitali della libido.

ABRAHAMS (Peter), *Johannesburg 1919*, romanziere sudafricano di lingua inglese. Le sue opere trattano dei conflitti razziali (*Mine boy, Una ghirlanda per Udomo*).

ABRÀMO, *XIX sec. a.C.*, patriarca biblico. Originario di Ur, si stabilì con il proprio clan in Palestina. È considerato il progenitore del popolo ebraico e di quello arabo attraverso i figli Isacco e Ismaele.

ABRAMOVICH (Shalom Ja'aqov) → MENDELE MOKHER SEFARIM.

ABRÙZZI (dùca degli) → SAVOIA (Luigi Amedeo di).

ABRÙZZO, reg. dell'Italia centrale, che si affaccia a E sul Mare Adriatico e confina a N con le Marche, a SE con il Molise e a SO con il Lazio; 10.794 km²; 1.243.690 ab. (*abruzzesi*). Quattro province: *L'Aquila* (capol. di reg.), *Chieti, Pescara, Teramo*. [V. carta a pagina seguente].

ASPETTI FISICI – L'A. si può dividere in tre zone: una stretta fascia litoranea pianeggiante e sabbiosa, una regione intermedia di colline argillose e il sistema dell'Appennino Abruzzese (Gran Sasso, Maiella, Monti della Meta). Tra i massicci si aprono ampie depressioni (valli dell'Aterno, di Sulmona, del Fucino). I corsi d'acqua principali sono il Liri-Garigliano, l'Aterno-Pescara e il Sangro. Gli elevati rilievi appenninici influenzano il clima, che presenta forti sbalzi di temperatura tra la costa e l'interno.

POPOLAZIONE – La popolazione è stanziata soprattutto sulla costa e nella fascia collinare e risiede generalmente in piccoli centri (pochi tra i comuni abruzzesi superano i 10.000 ab.). La scarsa densità (115,3 ab. per km²), più evidente nelle zone montuose dell'interno, è dovuta in parte al forte movimento migratorio che ha interessato la regione, soprattutto tra il 1950 e il 1980. Il bilancio demografico è negativo e così pure il saldo naturale (–1,9‰).

ECONOMIA – A partire dall'unità d'Italia e fino a pochi decenni fa l'economia della regione è stata caratterizzata da una grave arretratezza, che ha favorito il fenomeno dell'emigrazione; attualmente, tuttavia, l'A. mostra segnali concreti di modernizzazione. Il settore primario occupa solo il 7% della popolazione attiva e i modesti livelli di produttività sono riconducibili alla scarsa estensione del terreno coltivabile (un quarto del territorio è occupato da boschi). Notevole la produzione di mais, frumento, ortaggi, olive e frutta. La liquirizia (Atri) e lo zafferano (conca aquilana) sono coltivazioni tipicamente abruzzesi. Lo sviluppo del settore secondario (30,07% dei redditi complessivi) ha reso l'A. una delle regioni più industrializzate del Mezzogiorno. Agli insediamenti di grandi gruppi nazionali (ENI, FIAT) si accompagnano piccole e medie industrie (pellame, tessuti, mobili, alimentari) e produzioni artigianali (tessuti, ceramica). Il settore terziario occupa il 59,4% della popolazione attiva e si basa principalmente sul turismo, in costante crescita. Le strutture ricettive si concentrano nelle località balneari, nei parchi naturali e nelle stazioni sciistiche.

STORIA – Dalle origini al Seicento. La regione ospita insediamenti di notevole rilievo fin dal Paleolitico inferiore. **I millennio a.C.**: l'A. è abitato da popolazioni italiche, tra cui marsi, marrucini e peligni; **304 a.C.**: viene conquistato dai romani; **I sec. d.C.**: confluisce nella IV regione augustea (*Sabina Samnium*); **II sec.**: sotto Adriano diviene provincia (Valeria); **VI-VIII sec. d.C.**: viene conquistata dai longobardi e annesso al ducato di Spoleto. La zona di Teate (corrispondente all'attuale Chieti) entra a far parte del ducato di Benevento. **843**: la zona interna (Marsia) è eretta a contea autonoma. **XII sec.**: l'A. viene ceduto da papa Adriano IV a Guglielmo I, re di Sicilia. **1233**: Federico II fonda L'Aquila e trasforma la regione in giustizierato, con capitale Sulmona. **XIV-XV sec.**: l'A., coinvolto nei conflitti tra Angioini e Aragonesi, viene frazionato in feudi e latifondi, avviandosi verso la decadenza. **XVI-XVII sec.**: sotto la dominazione spagnola le condizioni economiche della regione peggiorano ulteriormente: si moltiplicano rivolte contadine e atti di brigantaggio.

Dagli Asburgo all'unità d'Italia. 1707-1734: l'A. è sottoposto alla dominazione asburgica; **1734-1806**: viene annesso al regno di Napoli; **1821-1848**: è scosso da moti insurrezionali anti-

Abruzzo

500 1000 1500 2000 m

★ importante località turistica
⬤ oltre 50.000 ab.
━ autostrada
━ strada normale
━ ferrovia
✈ aeroporto
⬤ da 10.000 a 50.000 ab.
⬤ fino a 10.000 ab.

borbonici; **1861**: entra a far parte del regno d'Italia. Anche dopo l'unificazione rimane afflitto dalla piaga del brigantaggio.

ABSTRACTION-CRÉATION, movimento artistico e titolo di una rivista (1931-1936). Fondato a Parigi da G. Vantongerloo e A. Herbin, si sostituì a *Cercle et Carré* di J. Torres García e M. Seuphor (1930). Vi aderirono numerosi artisti internazionali di tendenza costruttivista, tra cui P. Mondrian.

ABU AL-ABBAS ABD ALLAH, detto **Al-Saffah** ("il Sanguinario"), primo califfo abbaside (750-754). Fece massacrare gli Omayyadi (750).

ABU AL-ALA AL-MAARRI, *Maarrat Al-Numan, Siria, 973-1057*, poeta arabo noto per l'audacia delle sue concezioni religiose.

ABU AL-ATAHIYA, *Kufa 748 - Baghdad 826 ca.*, poeta arabo, che canta con una visione pessimista il destino dell'uomo.

ABU AL-FARAG AL-ISFAHANI, *Esfahan 897 - Baghdad 967*, scrittore arabo. È autore di un *Libro dei canti*, antologia critica di antichi poemi arabi.

ABU BAKR, *573 ca. - Medina 634*, suocero di Maometto, al quale succedette diventando il primo califfo (632-634).

ABU DHABI, uno degli Emirati Arabi Uniti, sul Golfo Persico; 942.463 ab.; cap. *Abu Dhabi* 398.695 ab. Petrolio.

ABUJA, cap. della Nigeria, al centro del paese; 403.000 ab.

ABUKIR (battaglia di) (1° ago. 1798), battaglia navale della campagna d'Egitto. Vittoria dell'ammiraglio H. Nelson sulla flotta francese nell'omonima baia. — **Seconda battaglia di Abukir** (25 lug. 1799), battaglia della campagna d'Egitto. Vittoria di Napoleone, che sconfisse un'armata turca sbarcata da navi inglesi.

ABU NUWAS, *Ahvaz 762 ca. - Baghdad 815 ca.*, poeta arabo. Cantore dei piaceri del vino e dell'amore, si può considerare il fondatore della lirica araba moderna.

ABU SIMBEL, località dell'Egitto, a valle della seconda cateratta del Nilo. I due templi rupestri fatti erigere da Ramesse II sono stati smontati per la costruzione della diga di Assuan e riedificati sopra il livello del Nilo.

ABU TAMMAM, *Djasim 804 ca. - Mosul 845*, poeta arabo. Per reazione alla poetica di Abu Nuwas, riscoprì l'ispirazione della poesia beduina.

ABWEHR ("difesa"), servizi segreti dello Stato maggiore tedesco, ricostituiti dopo il 1919. Dal 1935 al 1944 furono diretti dall'ammiraglio W. Canaris.

ABYMES (Les), com. della Guadalupa; 63.290 ab. È il più popoloso centro di questo dipartimento francese d'oltremare.

ACAB, *m. a Ramot Galaad nell'853 a.C.*, re d'Israele (874-853). Sovrano capace ma idolatra, perseguitò il profeta Elia.

ACADÉMIE FRANÇAISE, una delle cinque società dell'Institut de France. Fondata da Richelieu nel 1635, è incaricata della redazione di un dizionario della lingua francese (edizioni dal 1694-1932 al 1986) e di una grammatica (1933). È composta da 40 membri.

ACADEMY OF MOTION PICTURE ARTS AND SCIENCES → AMPAS.

ACADIA, reg. storica del Canada corrispondente grossomodo alla Nuova Scozia, prima colonia francese dell'America settentr. Fu ceduta all'Inghilterra nel 1713. Il termine A. si usa attualmente per indicare le zone costiere del Canada dove si stabilirono gli acadiani.

ACADIÀNI, popolazione di origine francese del Canada (Nuovo Brunswick, Nuova Scozia, Isola Principe Edoardo, Terranova) (ca. 350.000 individui). Quando gli inglesi li espulsero dall'Acadia, nel 1755, gli a. si rifugiarono in Louisiana e in Québec; dopo il 1763 alcuni tornarono in Acadia e nel XIX sec. conobbero una rinascita duratura. Parlano la lingua acadiana.

ACÀIA, reg. dell'ant. Grecia, nel Peloponneso settentr. Dopo la conquista romana (146 a.C.), il nome passò a indicare la Grecia sottomessa a Roma. — Nel 1205 i crociati crearono il principato di A. o di Morea, riconquistato dai bizantini nel 1432.

ACAPULCO, c. del Messico, sull'Oceano Pacifico; 620.656 ab. Porto. Importante centro turistico.

ACÀZ, *m. nel 852 a.C.*, re di Israele dal 853 al 852 a.C., figlio di Acab.

ACÀZ, *m. nel 841 a.C.*, re di Giuda (843), figlio di Atalia.

ACCADÈMIA, scuola filosofica fondata da Platone in un giardino presso Atene dedicato all'eroe Academo. Fu attiva dal IV al I sec. a.C.

ACCADÈMIA NAZIONÀLE DI SÀNTA CECÌLIA, fondazione musicale sorta a Roma nel 1566 per iniziativa di G.P. da Palestrina. Riconosciuta dalla Santa Sede nel 1585, dal 1624 ha avuto il compito di controllare la musica prodotta a Roma e le scuole di musica. Fondazione dal 1998, att. organizza concerti molto apprezzati in ambito nazionale.

ÀCCA LARÈNZIA MITOL. ROM. Divinità romana legata al culto dei Lari. Fu identificata sia con la moglie di Faustolo, nutrice di Romolo e Remo, sia con una fanciulla romana ricevuta in premio da Eracle.

ACCÀRDI (Càrla), *Trapani 1924*, pittrice. Esponente dell'arte informale, nel 1945 ha partecipato alla fondazione del gruppo *Forma 1*, manifesto dell'arte astratta italiana.

ACCÀRDO (Salvatóre), *Torino 1941*, violinista e direttore d'orchestra. Ha esordito giovanissimo, all'età di 13 anni, eseguendo i *Capricci* di N. Paganini. Ha lavorato con le più importanti orchestre, affiancando l'attività di solista a quella di direttore.

ACCÉSI, compagnia di comici attiva tra il 1590 e il 1623 in Italia e all'estero.

ACCÈTTO (Torquàto), *n. a Trani nel 1598*, letterato. È noto soprattutto per il trattato *Della dissimulazione onesta*, stampato a Napoli nel 1641, opera riscoperta da B. Croce nel 1928.

ACCIÀIO (Pàtto d') (22 mag. 1939), patto di alleanza militare tra Italia e Germania, firmato a Berlino da G. Ciano e J. von Ribbentrop.

ACCIAIUÒLI, famiglia fiorentina guelfa che, grazie al successo mercantile ottenuto nel XIII sec., creò nel corso del XIV sec. un potente gruppo bancario. Coinvolta nella crisi del 1345, giunse in breve al fallimento.

ÀCCIO (Lùcio), *Pesaro 170 ca. a.C. - 85 ca. a.C.*, poeta latino tragico ed epico. È noto soprattutto come autore di tragedie di ispirazione greca e romana, caratterizzate da uno stile magniloquente, ricco di figure retoriche e di forme arcaiche.

ACCÒLTI, famiglia del Casentino di fazione ghibellina, trasferitasi ad Arezzo nel 1300 e in seguito a Firenze.

ACCÒNCI (Vito), *New York 1940*, artista statunitense. Esponente di rilievo della *body art*.

ACCÒRSI (Stéfano), *Bologna 1971*, attore cinematografico. Nato artisticamente nel 1992 con *Fratelli e sorelle* di P. Avati, ha raggiunto il successo nel 1996 con *Jack Frusciante è uscito dal gruppo*. Ha poi ottenuto la consacrazione definitiva grazie ai film *La stanza del figlio* (2000), *L'ultimo bacio* (2000) e *Le fate ignoranti* (2001). Nel 2002 ha vinto la Coppa Volpi a Venezia con *Un viaggio chiamato amore*.

ACCRA, cap. del Ghana, sul Golfo di Guinea; 949.000 (1.976.000 ab. nell'agglomerato). Porto.

ACCÙRSIO (Francésco), *Bagnolo 1185 ca. - Bologna 1263 ca.*, giureconsulto della scuola dei glossatori. Autore della *Magna glossa* o *Glossa ordinaria*, in cui raccolse gli studi civilisti della scuola bolognese, fu tra i maggiori artefici della rinascita del diritto romano.

ACEH, reg. dell'Indonesia, nel N di Sumatra; 55.392 km²; 3.847.600 ab.; capol. *Banda Aceh*. Sultanato che controllava quasi interamente il commercio del pepe (XVI-XVII sec.). Potenza principale di Sumatra fino al XIX sec., islamista, A. si oppose all'esercito coloniale olandese (1873-1904) e al governo indonesiano, sviluppando accese rivendicazioni indipendentiste.

ACÈRBO (Giuséppe), *Castelgoffredo 1773-1846*, letterato. Direttore tra il 1816 e il 1826 della rivista *Biblioteca italiana*, ebbe la vocazione del viaggiatore: nel 1802 pubblicò una relazione in inglese del suo viaggio a Capo Nord.

ACÈRBO (Giàcomo), *Loreto Aprutino 1888 - Roma 1969*, politico. Il suo nome è legato principalmente all'emanazione della legge maggioritaria del 1924, da lui elaborata per garantire a B. Mussolini un'ampia maggioranza in parlamento.

ACÈRRA, com. in prov. di Napoli; 44.365 ab. Produzione agricola e industria alimentare. — Conquistata dagli etruschi e poi dai sanniti, dopo la prima guerra sannitica entrò a far parte del territorio controllato dai romani.

ACHAZ, re di Giuda (736-716 a.C.). Diventò il vassallo del re di Assiria Tiglatpileser III, che aveva chiamato in aiuto.

ACHÈA (lèga), confederazione di dodici città del Peloponneso. Creata nel V sec. a.C. e riorganizzata nel 281 a.C., fu sconfitta dai romani nel 146 a.C.

ACHEBE (Chìnua), *Ogidi 1930*, scrittore nigeriano di lingua inglese. I suoi romanzi descrivono il disfacimento delle società africane tradizionali venute a contatto con la civiltà europea (*La freccia di Dio*, *Un uomo del popolo*).

ACHÈI, il più antico gruppo etnico della Grecia. Gli a., provenienti dalle regioni danubiane, invasero la penisola greca all'inizio del II millennio. Fondarono una civiltà fiorente, che aveva come centri principali Micene e Tirinto, distrutta in seguito dai dori (1200 ca. a.C.).

ACHEMÈNIDI, dinastia persiana fondata da Ciro II intorno al 556 a.C. Dalla metà del VI alla fine del IV sec. a.C., gli a. realizzarono progressivamente l'unità dell'Oriente. Si estinsero nel 330 a.C., con la morte del re Dario III. — Persepoli e Susa testimoniano lo splendore dell'arte di questa dinastia, originale elaborazione di elementi precedenti.

ACHÈO MITOL. GR. Mitico progenitore degli achei, figlio di Xuto. Secondo altre genealogie è figlio di Zeus.

ACHERÓNTE MITOL. GR. Fiume degli Inferi.

ACHESON (Dean Gooderham), *Middletown, Connecticut, 1893 - Sandy Spring, Maryland, 1971*, politico statunitense. Successore del generale G. Marshall come segretario di Stato (1949-1953), concluse il Patto atlantico e diresse la politica estera americana durante la guerra di Corea.

ACHILLE MITOL. GR. Personaggio principale dell'*Iliade*, figlio di Teti e Peleo. Uccise Ettore per vendicare l'amico Patroclo e morì per mano di Paride, che lo colpì al tallone con una freccia guidata da Apollo.

ACHILLÌNI (Clàudio), *Bologna 1574-1640*, poeta. Amico e seguace di G. Marino. La sua poetica, caratterizzata dall'uso esasperato delle metafore e dall'accostamento ardito dei vocaboli, lo inserisce a pieno titolo nella letteratura barocca.

ACHMATOVA (Anna Andreevna), *Odessa 1889 - Mosca 1966*, poetessa russa. Principale rappresentante dell'acmeismo, prese le distanze dal simbolismo per tornare a un'arte classica, ispirata a temi popolari (*Il rosario*, *Requiem*).

ACI MITOL. GR. Pastore siciliano amato dalla ninfa Galatea. Il ciclope Polifemo, geloso, lo schiacciò con un enorme masso, e il suo sangue si trasformò in un fiume.

ACI (Automòbile Club d'Itàlia), libera associazione creata nel 1898, poi trasformata in ente morale nel 1926 e in ente pubblico nel 1950. È l'organo che rappresenta e tutela gli interessi degli automobilisti italiani.

AČINSK, c. della Russia, in Siberia; 138.902 ab. Cementifici. Alluminio.

ACIREÀLE, com. in prov. di Catania; 51.560 ab. Centro termale. Città di origine greca, fu chiamata *Aquilia* in epoca romana. Nel 1642 fu battezzata "reale" da Filippo IV di Spagna. Duomo romanico-gotico. Palazzo comunale.

ÀCI TRÉZZA, frazione del com. di Aci Castello. Antico borgo marinaro descritto da G. Verga nel romanzo *I Malavoglia*, oggi rinomata località turistica.

ACLI (Associazioni cristiàne lavoratóri italiàni), fondate nel 1944, oggi si configurano come un movimento civile di cristiani impegnato nell'ambito del lavoro e dello sviluppo sociale, attraverso una fitta rete di circoli e servizi distribuiti sul territorio.

ACNUR (Àlto commissariàto delle Naziòni Unìte per i rifugiàti), in ingl. **UNHCR**, organizzazione internazionale a carattere umanitario che ha come obiettivo assicurare protezione ai profughi. Fondata nel 1951, ha sede a Ginevra. (Premio Nobel per la pace 1954 e 1981.)

ACONCÀGUA, vulcano, la cima più elevata del continente americano e delle Ande, in Argentina; 6959 m.

ACP (African Caribbean Pacific), gruppo di paesi (oggi 71) di Africa, Caraibi e Pacifico legati all'Unione Europea da accordi preferenziali conclusi nel quadro della convenzione di *Lomé* e, in seguito, dell'accordo ACP-UE (firmato a Cotonou nel 2000).

ACQUALÀGNA, com. in prov. di Pesaro-Urbino; 4103 ab. Centro agricolo e commerciale, uno dei maggiori centri in Italia per la produzione e il commercio dei tartufi.

ACQUÀRIO, costellazione zodiacale. — **Acquario**, undicesimo segno dello zodiaco, in cui si trova il Sole dal 20 gen. al 19 feb.

ACQUARÓSSA, località in prov. di Viterbo. Centro termale. Ant. c. etrusca del VII-VI sec. a.C.

ACQUASPÀRTA, com. in prov. di Terni; 4533 ab. Ant. centro termale e di villeggiatura noto già in epoca romana.

ACQUAVÌVA (Sabino), *Padova 1927*, sociologo. Professore di sociologia presso l'Università di Padova, è autore di numerosi saggi e volumi sulla società contemporanea (*Eclisse del sacro nella società industriale*, 1961; *La strategia del gene*, 1983; *La ragazza del ghetto*, 1996).

ACQUAVÌVA DELLE FÓNTI, com. in prov. di Bari; 21.703 ab. Presenza di ricche falde acquifere. Palazzo De Mari.

ÀCQUE ÀLBULE, sorgenti carbonico-sulfuree che scaturiscono nella località termale di Bagni di Tivoli.

ÀCQUI TÈRME, com. in prov. di Alessandria, nell'alto Monferrato; 20.209 ab. I romani ne fecero un'importante stazione termale. Duomo romanico dell'Assunta. Museo archeologico.

ACRE, Stato del Brasile nord-occ.; 557.226 ab.; cap. *Rio Branco*.

ÀCRI, att. **Akko**, c. d'Israele, sul Mar Mediterraneo; 45.000 ab. Porto. — Ant. cittadella dei crociati (*San Giovanni d'Acri*), apparteneva al regno di Gerusalemme.

ÀCRI, com. in prov. di Cosenza; 22.203 ab. Importante centro agricolo, famoso soprattutto per la produzione di olio e vino.

ACRÒPOLI, cittadella dell'ant. Atene edificata in cima a un colle alto un centinaio di metri; luogo sacro ad Atena sin dal periodo miceneo, fu distrutta durante le guerre persiane. Nel V sec. a.C. Pericle incaricò Fidia di riedificarla: vi furono costruiti monumenti magnifici (Partenone, Eretteo), ai quali si accedeva tramite i Propilei. Museo ricco di reperti di età arcaica.

ACTA SANCTORUM, raccolta di documenti relativi alla vita dei santi, redatta principalmente nel XVII sec. da J. Bolland e dai suoi continuatori (bollandisti).

ACTION FRANÇAISE, movimento nazionalista e monarchico nato in Francia nel periodo dell'affaire Dreyfus. Si sviluppò, a partire dal 1905, intorno alla figura di C. Maurras e trovò espressione nell'omonima rivista bimestrale fondata nel 1899, divenuta quotidiano nel 1908 e soppressa nel 1944. J. Bainville e L. Daudet ne furono i principali animatori.

ACTION PAINTING, corrente artistica contemporanea nata negli Stati Uniti intorno al 1950. Si esprime attraverso una pittura immediata, libera, la cui realizzazione coinvolge tutto il corpo dell'artista. Tra i suoi esponenti più significativi J. Pollock.

ACTOR'S STUDIO, scuola d'arte drammatica fondata nel 1947 a New York e diretta dal 1951 al 1982 da Lee Strasberg. Il suo metodo, che trae ispirazione dalle lezioni di K. Stanislavskij, si basa sull'immedesimazione dell'attore con il personaggio e sulla ricerca interiore di emozioni.

ACÙTO (Giovànni), *Hedingham 1320 ca. - Firenze 1394*, condottiero inglese. Dopo aver combattuto nella guerra dei Cent'anni, divenne capitano di ventura al servizio di Pisa, Milano, di papa Gregorio XI e infine dei fiorentini che, dopo la sua morte, lo onorarono con l'affresco di Paolo Uccello *Giovanni Acuto a cavallo*, in S. Maria del Fiore.

AÇVIN, divinità gemelle dell'induismo ant. che guarivano dalle malattie. Corrispondono ai Dioscuri, i gemelli greci Castore e Polluce.

ADAD, dio semitico della tempesta e della pioggia, che divenne particolarmente importante in Assiria.

ADALBERÓNE, *bassa Lorena 920 ca. - Reims 989*, arcivescovo di Reims. Contribuì all'avvento di Ugo Capeto e lo incoronò re (987).

ADALBÈRTO, marchesi toscani. — **Adalberto I**, *827 ca. - 884 ca.* Figlio di Bonifacio II conte di Lucca, parteggiò per l'antipapa Anastasio. — **Adalberto II**, *868 ca. - 915*. Figlio di Adalberto I, sposò Berta, figlia di Lotario II di Lorena.

ADALBÈRTO, *932/936 - Autun 972/975*, re d'Italia. Nel 950, alla morte di Lotario di Provenza, divenne re d'Italia assieme al padre Berengario II d'Ivrea. Fu sconfitto da Ottone I di Sassonia, sceso in Italia per difendere i diritti di Adelaide, vedova di Lotario.

ADAM (Robert), *Kirkcaldy 1728 - Londra 1792*, architetto e decoratore britannico, che collaborò con il fratello — **James A.**, *Kirkcaldy 1730 - Londra 1794*. Ispirandosi all'antichità classica e prendendo al contempo le distanze dai modelli palladiani, gli A. crearono uno stile elegante che porta il loro nome.

ADAMAUA, altopiano del Camerun.

ADAMÈLLO, massiccio delle Alpi Retiche, situato nel Parco naturale A.-Brenta. Numerosi laghi e ghiacciai e presenza di alcuni orsi bruni. La cima principale è la Presanella (3556 m). Durante la prima guerra mondiale i ghiacciai dell'A. furono teatro di aspre battaglie combattute dagli alpini.

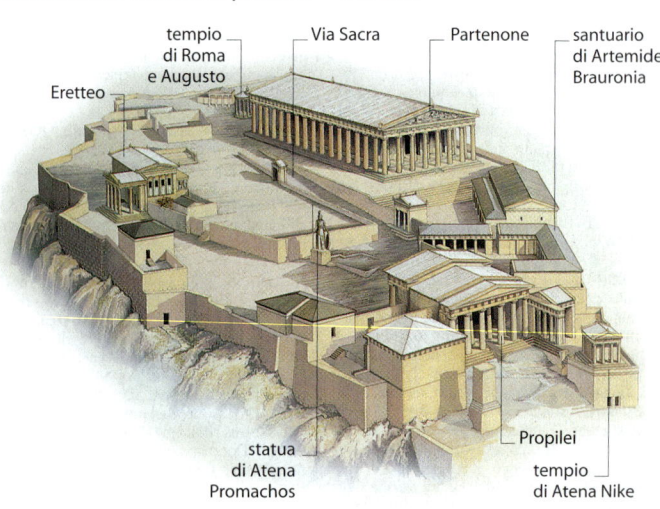

tempio di Roma e Augusto — Via Sacra — Partenone — santuario di Artemide Brauronia — Eretteo — statua di Atena Promachos — Propilei — tempio di Atena Nike

*Ricostruzione dell'***ACROPOLI** *di Atene.*

ADÀMI (Giusèppe), *Verona 1878 - Milano 1946*, commediografo e librettista. Autore di commedie brillanti come *Felicita Colombo* (1935) e di 26 libretti d'opera. È famosa la sua collaborazione con G. Puccini, per il quale scrisse *La rondine* (1917), *Il tabarro* (1918) e la *Turandot* (1926) in collaborazione con R. Simoni.

ADÀMI (Valèrio), *Bologna 1935*, pittore. Nel 1955, a Parigi, si è accostato alle opere di W. Lam e E. Matta. Oggi è un affermato esponente della pop art italiana.

ADÀMO, secondo la Bibbia, il primo uomo. Dio, che l'aveva creato, cacciò lui e la moglie Eva dal Paradiso terrestre in seguito a un atto di disobbedienza.

ADÀMO (Pónte di), catena di scogli tra lo Sri Lanka e l'India.

ADAMOV (Arthur), *Kislovodsk 1908 - Parigi 1970*, drammaturgo francese di origine russa. La sua produzione teatrale parte dal simbolismo tragico (*La parodia*, *Il professor Taranne*) per approdare al realismo politico (*Il ping-pong*, *Paolo Paoli*, *La primavera '71*).

ADAMS (Ansel), *San Francisco 1902 - Monterey 1984*, fotografo statunitense. Ha immortalato i più bei paesaggi dell'America occ. con rigore e sensibilità.

ADAMS (John Couch), *Laneast, Cornovaglia, 1819 - Cambridge 1892*, astronomo britannico. Grazie ai suoi calcoli, indipendentemente dagli studi di Le Verrier, intuì l'esistenza di un pianeta situato oltre Urano, ma il suo lavoro non fu tenuto in considerazione.

ADAMS (Samuel), *Boston 1722-1803*, politico statunitense, uno dei pionieri dell'indipendenza. — **John A.**, *Braintree 1735-1826*, politico statunitense. Cugino di Samuel, partecipò alla stesura della Costituzione e fu il secondo presidente degli Stati Uniti (1797-1801). — **John Quincy A.**, *Braintree 1767 - Washington 1848*, politico statunitense. Figlio di John, fu il sesto presidente degli Stati Uniti (1825-1829).

ADANA, c. della Turchia merid.; 1.041.509 ab.

ADAPAZARI, c. della Turchia nord-occ.; 183.265 ab.

ÀDDA, f. della Lombardia che nasce nelle Alpi Retiche, affl. di sinistra del Po; 313 km. Percorre la Valtellina e attraversa il Lago di Como, da cui esce a S presso il ramo di Lecco; riceve il Brembo e il Serio. Lungo il suo corso si trovano numerose centrali idroelettriche.

ADDÀURA (Grotte dell'), grotte d'origine marina vicino a Palermo, nel versante orient. del Monte Pellegrino, famose per i graffiti neolitici in esse rinvenuti.

ADDINGTON (Henry), viscónte di **Sidmouth**, *Londra 1757-1844*, politico britannico. Primo ministro nel 1801, negoziò la pace di Amiens.

ADDIS ABEBA, cap. dell'Etiopia, a 2500 m d'alt.; 2.639.000 ab. Sede dell'Organizzazione per l'unità africana. — Musei.

ADDISON (Joseph), *Milston 1672 - Kensington 1719*, scrittore inglese. I suoi articoli su *The Spectator*, considerati modelli di giornalismo letterario, contribuirono a definire il tipo ideale del gentleman.

ADDISON (Thomas), *Long Benton, presso Newcastle upon Tyne, 1793 - Brighton 1860*, medico britannico. Descrisse l'insufficienza delle ghiandole surrenali (*morbo di A.*).

ÀDE MITOL. GR. Dio degli Inferi. Fu assimilato al dio romano Plutone.

ADELÀIDE, c. dell'Australia, cap. dell'Australia Meridionale, sull'Oceano Indiano; 978.100 ab. Porto. Università. Industrie metallurgiche.

ADELÀIDE DI TORÌNO, *1020 - Canischio Cuorgnè 1091*, contessa. Figlia del marchese Olderico Manfredi, sposò in terze nozze Oddone di Savoia, al quale portò in dote la marca di Torino e il titolo di marchese.

ADELÀIDE (sànta), *Orb, Svizzera, 931 ca. - monastero di Seltz 999*, moglie del re d'Italia Lotario II, poi dell'imperatore Ottone I.

ADELÀIDE DI ORLÉANS, *Parigi 1777-1847*, principessa francese. Sorella di Luigi Filippo, fu sua consigliera.

ADELÀIDE DI SAVÒIA, *m. nell'abbazia di Montmartre nel 1154*, regina di Francia. Sposò Luigi VI nel 1115.

ADELBODEN, com. della Svizzera, (cant. di Berna); 3572 ab. Stazione di sport invernali (1400-2330 m d'alt.).

ADÈLCHI, *m. nel 778 ca.*, re dei longobardi. Nel 759 fu associato al trono dal padre Desiderio che nel 772 invase lo Stato della Chiesa, costringendo papa Adriano I a chiedere aiuto a Carlo Magno. Questi sconfisse Desiderio alle Chiuse di Val Susa e vinse A. a Verona. Ha ispirato una celebre opera di A. Manzoni.

ADÈLFI, organizzazione segreta sorta in Francia nel 1799. Ebbe tra i membri giacobini e massoni ostili a N. Bonaparte, contro il quale furono organizzati numerosi complotti. In Italia confluì nella setta dei Sublimi Maestri Perfetti e diede l'appoggio ai moti rivoluzionari del 1821.

ADÈLIA (Tèrra), terra antartica francese, 2500 km a S della Tasmania; 350.000 km² ca. Fu scoperta da J. Dumont d'Urville nel 1840. Basi scientifiche.

ADÈLPHI, casa editrice fondata a Milano nel 1962 da L. Foà e R. Olivetti. Ebbe come ispiratore R. Bazlen attorno al quale si raccolsero personalità di grande rilievo, come G. Colli e R. Calasso, che nel 1971 ne divenne direttore editoriale.

ADEN, c. dello Yemen, sul Golfo di A.; 400.783 ab. nell'agglomerato. Porto. È stata la capitale dello Yemen del Sud dal 1970 al 1990.

ADEN (Gólfo di), golfo dell'Oceano Indiano, tra l'Arabia merid. e l'Africa nord-orient.

ADEN (protettoráto di), ex territori del protettorato britannico sul Golfo di Aden. A. e i suoi dintorni sono divenuti una colonia della corona nel 1937. Dal 1959 al 1963 questa colonia e la maggior parte dei sultanati che costituiscono il protettorato sono entrati in una federazione di Stati che ha ottenuto l'indipendenza nel 1967 (→ Yemen).

ADENA, sito archeologico degli Stati Uniti (Ohio). Ha dato il nome a una fase culturale (dal 1000 a.C. al 700 d.C.) caratterizzata da grandi tumuli funerari (tombe a tumulo).

ADENAUER (Konrad), *Colonia 1876 - Rhöndsdorf 1967*, politico tedesco. Cancelliere della Repubblica Federale Tedesca dal 1949 al 1963, presidente dell'Unione cristiano-democratica (CDU), ha svolto un ruolo fondamentale nella ripresa economica della Germania. È stato uno dei sostenitori più attivi della creazione della Comunità Economica Europea e nel 1962-1963 ha accelerato il processo di riavvicinamento tra Francia e Germania.

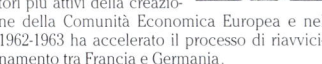

■ *Konrad Adenauer nel 1949.*

ADENET o **ADAM**, detto **le Roi**, *1240 ca. - 1300 ca.*, trovatore della corte di Brabante. Adattò le *chansons de geste* alla tecnica del racconto romanzo (*Beuve de Commarchis*, *Les enfances Ogier*, *Berta dal gran piè*, *Cléomadès*).

ADEODÀTO I, *m. a Roma nel 618*, papa dal 615 al 618. Succedette a Bonifacio IV. — **Adeodato II**, *m. nel 676*, papa dal 672 al 676. Salì sul soglio pontificio alla morte di Vitaliano.

ADER (Clément), *Muret 1841 - Tolosa 1925*, ingegnere francese. Pioniere dell'aviazione francese, costruì vari velivoli tra cui l'*Éole*, con il quale, nel 1890, riuscì a sollevarsi da terra e percorrere qualche decina di metri.

ADÈRBALE, re di Numidia (118-112 a.C.). Figlio di Micipsa, fu assediato e catturato a Cirta da Giugurta, che lo fece condannare a morte.

ÀDIGE, f. del Trentino-Alto Adige e del Veneto, che nasce presso il Passo di Resia, attraversa la Val Venosta e si getta nell'Adriatico; 410 km. È il secondo f. d'Italia per lunghezza. Passa per Merano, Bolzano, Trento, Rovereto e Verona e riceve le acque del Passirio, Isarco, Noce e Avisio.

ADIGÈTTO, canale navigabile di 77 km che collega l'Adige al Po.

ADIGÈZIA (Repùbblica dell'), rep. della Russia, vicina al Mar Nero; 448.900 ab.; capol. *Majkop*.

ADIGHÈ o **CIRCÀSSI**, nome con il quale sono designati tre popoli caucasici affini, gli adighè, i cabardini e i circassi (ca. 1 milione di individui in totale, di cui 560.000 in Russia). Dopo la guerra del Caucaso contro i russi (1817-1864), molti emigrarono in Turchia e in Medio Oriente. Sono musulmani sunniti.

ADIMÀRI (Alessandro), *Firenze 1579-1649*, poeta. Autore di nove raccolte, di cinquanta sonetti ciascuna, intitolate alle Muse e di una traduzione delle *Odi* di Pindaro.

ADIMÀRI (Ludovico), *Napoli 1644 - Firenze 1708*, letterato. Membro dell'Accademia della Crusca e, negli ultimi anni della sua vita, dell'Arcadia. Autore di *Poesie sacre e morali* (1696) e di cinque *Satire* rimaste inedite fino al 1716.

ADIRONDACK (Mónti), massiccio degli Stati Uniti nord-orient. (Stato di New York); 1629 m.

ADJANI (Isabelle), *Parigi 1955*, attrice. A teatro si è rivelata con la Comédie Française (*La scuola delle mogli*, 1972; *Ondine*, 1974); nei film si distingue per l'interpretazione di passioni esacerbate: *Adèle H., una storia d'amore* (F. Truffaut, 1975), *Mia dolce assassina* (J. Becker, 1983), *Camille Claudel* (B. Nuytten, 1988), *La regina Margot* (P. Chéreau, 1994), *Adolphe de Benjamin Constant* (B. Jacquot, 2002).

ADLER (Max), *Vienna 1873-1937*, filosofo e sociologo austriaco. Esponente della corrente austromarxista, tentò una conciliazione tra Kant e Marx.

ADLER (Alfred), *Vienna 1870 - Aberdeen 1937*, medico e psicologo austriaco. Dopo aver preso le distanze dalla psicoanalisi freudiana, sviluppò una teoria del funzionamento psichico incentrata sul senso di inferiorità (*Prassi e teoria della psicologia individuale*, 1918).

ADLER (Viktor), *Praga 1852 - Vienna 1918*, politico austriaco. Fu uno dei fondatori del Partito socialdemocratico.

ADNKRONOS agenzia giornalistica fondata a Roma nel 1966. Tra le maggiori in Italia, conta diverse sedi sparse in tutto il paese e si occupa di numerosi settori di interesse (politica, economia, spettacolo, sport).

ADÒLFO DI NASSAU, *1248 o 1255-1298*, piccolo feudatario, eletto imperatore (1292-1298). Fu sconfitto e ucciso da Alberto I d'Asburgo.

ADÒLFO FEDERÌCO, *Gottorp 1710 - Stoccolma 1771*, re di Svezia (1751-1771). Il suo regno fu segnato dai contrasti tra la fazione dei Berretti e quella dei Cappelli.

ADONAI, nome dato a Dio nell'Antico Testamento e nella Bibbia ebraica.

ADÒNE, dio fenicio della vegetazione, venerato nel mondo greco-romano. Ucciso durante una caccia, trascorrerebbe una parte dell'anno negli Inferi e l'altra tra i viventi, con Afrodite.

ADONE, anello di accumulazione costruito nel 1968 a Frascati. Il fisico austriaco B. Touschek lo progettò più potente rispetto ad ADA, il primo anello di accumulazione a fasci collidenti per elettroni e positroni.

ADONIS (Ali Ahmad Said, detto), *Qassabin 1930*, poeta libanese di origine siriana. Tratta temi filosofici e politici.

ADOR (Gustave), *Ginevra 1845 - Cologny, presso Ginevra, 1928*, politico svizzero. Presidente del Comitato internazionale della Croce Rossa nel 1910, è stato presidente della Confederazione nel 1919, poi rappresentante della Svizzera alla Società delle Nazioni (1920-1924).

ADÒRNO, famiglia genovese. — **Gabriele A.**, *1320 ca. - 1383*, — **Antoniotto I A.**, *Genova 1340 - Finale 1398*, — **Giorgio A.**, *1350 ca. - 1426*, — e **Antoniotto II A.**, *Genova 1479 - Milano 1528*. Presero parte alla vita pubblica genovese schierandosi con la fazione ghibellina.

ADÒRNO (Luisa), *Pisa 1921*, scrittrice. Pseudonimo di Stella Mila, che la scrittrice assunse in occasione dell'uscita di *L'ultima provincia* (1961), la prima delle sue opere, vivaci rappresentazioni di ambiente siciliano.

ADORNO (Theodor), *Francoforte 1903 - Visp, Svizzera, 1969*, filosofo e musicologo tedesco. Esponente della scuola di Francoforte, rinnovò l'estetica partendo da una personale rilettura di K. Marx e S. Freud (*Dialettica dell'illuminismo*,

1947, con M. Horkheimer; *La personalità autoritaria*, 1950; *Minima moralia*, 1950).

ADRÀNO, com. in prov. di Catania; 35.547 ab. Sorge sulle antiche rovine di *Adranon*, fondata da Dionigi I nel 440 a.C. Castello normanno. Chiesa madre risalente alla seconda metà del '500.

ÀDRIA, com. in prov. di Rovigo; 20.653 ab. Centro agricolo. Di origine veneta, divenne un importante nodo di scambi nel periodo etrusco. Cattedrale. Basilica di S. Maria Assunta della Tomba. Museo archeologico.

ADRIÀNA (Mòle), nota come Castel Sant'Angelo, fu fatta costruire dall'imperatore Adriano come mausoleo per sé e i suoi successori. Sovrasta un angelo che risale al 590 d.C.

ADRIÀNA (Villa), complesso architettonico, residenza estiva dell'imperatore Adriano a *Tibur* (att. Tivoli), fatto erigere nel 117-138. Il complesso ha un'estensione di 120 ha ca. e si presenta con una serie di edifici a carattere monumentale che denotano l'eclettismo architettonico dell'epoca e il sincretismo dell'imperatore: il Pecile (vasto quadriportico), un ninfeo, due complessi termali, il Canopo, il palazzo imperiale, la valle di Tempe e un teatro.

VILLA ADRIANA. *Veduta del Canopo, II sec. d.C. (Tivoli).*

ADRIÀNO I, *m. a Roma nel 795*, papa dal 772 al 795. Fece appello a Carlo Magno per contrastare la minaccia longobarda. — **Adriano II**, *m. a Roma nell'872*, papa dall'867 all'872. — **Adriano III** (santo), *m. a Nonantola nell'885*, papa dall'884 all'885. — **Adriano IV** (Nicholas **Breakspear**), *Langley 1100 ca. - Anagni 1159*, papa dal 1154 al 1159. Si scontrò con Arnaldo da Brescia, con il re normanno di Sicilia e con l'imperatore Federico Barbarossa. — **Adriano V** (Ottobono **Fieschi di Lavagna**), *m. a Viterbo nel 1276*, papa per un mese nel 1276. — **Adriano VI** (Adriaan **Florisz Boeyens**), *Utrecht 1459 - Roma 1523*, papa dal 1517 al 1523. Ultimo pontefice non italiano prima di Giovanni Paolo II, reagì alla Riforma ponendo una questione morale alla Chiesa.

ADRIÀNO (Pùblio Èlio), *Italica, Betica, 76 - Baia 138*, imperatore romano (117-138). Successore di Traiano, che l'aveva adottato, intraprese importanti riforme interne: fece del *consilium principis* un organo di governo, a scapito del senato, e cercò di rendere più omogenea la legislazione, fissando i criteri di gestione della giustizia (*Editto perpetuo*, 131). La sua preoccupazione principale fu quella di proteggere l'impero contro i barbari: allo scopo rinunciò a parte delle conquiste di Traiano in Oriente e fece realizzare un solido sistema di fortificazioni (Vallo di A., in Britannia). Letterato, grande viaggiatore, fece erigere presso Tivoli una villa che porta il suo nome (Villa Adriana). Il suo mausoleo è l'attuale Castel Sant'Angelo.

■ *Adriano. (Museo delle Terme, Roma.)*

ADRIANÒPOLI → ÈDIRNE.

ADRIANÒPOLI (pàce di) (14 sett. 1829), pace stipulata tra l'impero russo e quello ottomano. Vennero riconosciute l'indipendenza della Grecia e l'annessione, da parte della Russia, del litorale del Mar Nero nel Caucaso.

ADRIÀTICO (Màre), parte del Mediterraneo compresa tra l'Italia orient. e la penisola balcanica. Lungo 800 km ca. e largo tra i 90 e i 200, a S è posto in comunicazione con lo Ionio dal Ca-

nale d'Otranto. Maggiore tributario è il Po. Mediamente poco profondo (soprattutto a N), ha coste perlopiù basse e sabbiose in Italia, alte e frastagliate nella penisola balcanica. Vi si pratica la pesca e vi si affacciano molti porti (Trieste, Venezia, Zara, Spalato, Dubrovnik). Turismo balneare. Crescente inquinamento delle acque.

ADRUMÈTO, colonia fenicia dell'Africa. Rovine vicino a Susa (Tunisia).

ÀDUA (battàglia di) (1° mar. 1896), vittoria degli etiopi guidati dal negus Menelik II sugli italiani del generale O. Baratieri, nel N dell'Etiopia. Conclusione della prima guerra italo-etiopica, segnò l'insuccesso della politica coloniale di F. Crispi.

ADY (Endre), *Érmindszent 1877 - Budapest 1919*, poeta ungherese. È il caposcuola del lirismo ungherese moderno (*Sangue e oro*, *Vorrei che mi amassero*, *Guidando i morti*).

ADŽARISTAN, rep. autonoma della Georgia, affacciata sul Mar Nero; 393.000 ab.; cap. *Baturi*.

AEF (Àfrica equatoriàle francése), federazione che dal 1910 al 1958 ha riunito le colonie francesi dell'Africa centrale (Gabon, Congo Francese, Ubangi-Sciari e Ciad); 2.510.000 km².

AEG (Allgemeine Elektricitäts-Gesellschaft), società tedesca fondata nel 1883. La sua produzione spazia dalle apparecchiature elettriche ai componenti elettronici, agli elettrodomestici ecc.

AEIOU, abbr. del motto degli Asburgo. Si può leggere sia in latino (*Austriae est imperare orbi universo*: "All'Austria spetta il dominio sul mondo intero") sia in tedesco (*Alles Erdreich ist Österreich untertan*: "Il mondo intero è soggetto all'Austria").

AEM (Aziènda elèttrica municipàle), società elettrica pubblica sorta nel 1910 a Milano per lo sviluppo e la diffusione dell'energia elettrica. Ingranditasi durante il periodo fascista fino a comprendere alcune aree della Lombardia, dagli anni '60 del secolo scorso iniziò la costruzione di diverse centrali. Diventata S.p.A. nel 1996 e quotata in Borsa dal 1998, è oggi una delle aziende energetiche leader in Europa.

AERITÀLIA, azienda aeronautica nata nel 1969. Nel 1990 la sua fusione con Selenia ha portato alla fondazione del gruppo Alenia.

AERTSEN (Pieter), *Amsterdam 1508-1575*, pittore olandese. Attivo ad Anversa e Amsterdam, dipinse quadri di soggetto religioso e composizioni realistiche e monumentali ispirate a soggetti popolari (cuoche, scene di mercato ecc.).

AFAR o **DÀNCALI** o **DANÀCHILI**, etnia della zona sud-orient. dell'Eritrea e delle regioni adiacenti all'Etiopia e a Gibuti (ca. 150.000 individui). Gli a. sono tradizionalmente pastori nomadi e allevatori di cammelli, di religione musulmana. Parlano l'afar, lingua del gruppo cuscitico.

AFÈLTRA (Gaetàno), *Amalfi 1915*, giornalista e scrittore. Prima vicedirettore del *Corriere della Sera*, poi direttore del *Giorno*, ha scritto *Corriere primo amore* (1984), *Spaghetti all'acqua di mare* (1999), *Milano amore mio* (2000).

AFGHANISTAN, Stato dell'Asia centrale; 650.000 km²; 22.474.000 ab. (*afghani*). CAP. *Kabul*. LINGUE: *dari e pashto*. MONETA: *afghani*.

GEOGRAFIA – È un paese prevalentemente montuoso, soprattutto nel N (Hindu Kush), e arido (spesso le precipitazioni sono inferiori ai 250 mm), che si apre su rare vallate quali quelle dell'Amudarja a N e dell'Helmand a S. Alle pendici dei rilievi, dove le piogge sono relativamente abbondanti, si sono sviluppate cerealicoltura e frutticoltura, e sono sorti i principali centri urbani (Kabul, Kandahar, Herat). Il resto del paese è dedito all'allevamento ovino, spesso nomade. La coltivazione dei papaveri (oppio), che ha conosciuto un periodo di grande prosperità, è oggi proibita. La popolazione, islamizzata, presenta una composizione etnica molto eterogenea, con elementi del gruppo iraniano (pashtun 40%, prevalenti a SE, e tagichi 30%, concentrati nel NE) e altri di origine turca (uzbeki, turkmeni, kirghisi). L'economia del paese è stata gravemente danneggiata, all'inizio degli anni '80 del secolo scorso, dall'occupazione sovietica, alla quale ha fatto seguito una guerra civile che ha visto contrapposte tra loro le diverse fazioni mujaheddin, e i mujaheddin ai talebani. Ammontano a 4 milioni i profughi afghani in Pakistan e in Iran.

STORIA – L'Afghanistan nell'antichità e nel Medioevo. Provincia dell'impero persiano sotto la dinastia achemenide (VI-IV sec. a.C.), ellenizzata (soprattutto la Battriana) in seguito alla conquista di Alessandro Magno (329 a.C.), la regione fa parte dell'impero kushana (I sec. a.C. - V sec. d.C.) influenzato dal buddhismo. Successivamente l'A. viene a poco a poco integrato nel mondo musulmano; l'islamizzazione, avviata dalla conquista di Herat da parte degli arabi (651), prosegue sotto i Ghaznavidi (X-XII sec.). **1221-1222**: le invasioni mongole devastano la regione.

L'epoca moderna e contemporanea. XVI-XVII sec.: il paese è dominato da India e Iran, che si

Afghanistan

1000 2000 4000 m

━━━ strada normale
─── ferrovia
✈ aeroporto

● più di 1.000.000 di ab.
● da 100.000 a 1.000.000 di ab.
● da 25.000 a 100.000 ab.
● meno di 25.000 ab.

spartiscono le sfere d'influenza. **1747**: fondazione della prima dinastia nazionale afghana. **1839-1842**: prima guerra anglo-afghana. **1878-1880**: seconda guerra anglo-afghana. **1921**: trattato di amicizia con la Russia sovietica e riconoscimento dell'indipendenza dell'A. **1973**: colpo di Stato che rovescia il regime monarchico di Zahir Shah. Proclamazione della repubblica. **1978**: colpo di Stato comunista. **1979-1989**: intervento militare dell'URSS a sostegno del governo di Kabul nella lotta contro i mujaheddin. **1992**: i mujaheddin, guidati dal comandante tagico Ahmed Shah Massud, rovesciano Muhammad Najibullah (al potere dal 1986) e instaurano un regime islamico. Tuttavia le fazioni rivali si scontrano per il controllo del territorio. **1996**: i talebani, milizie integraliste appoggiate dal Pakistan, s'impadroniscono del potere e, raccoltisi intorno al mullah Muhammad Omar, impongono un islamismo radicale. Per combatterli, nel 1999 le forze dell'opposizione si costituiscono nel Fronte islamico unito, o Alleanza del Nord, con a capo Massud. **2001**: Massud cade vittima di un attentato (9 sett.). In seguito agli attentati perpetrati sul loro territorio l'11 sett., gli Stati Uniti, con l'avallo della comunità internazionale, intervengono militarmente in A. contro la rete islamica Äl-Qaeda capeggiata da Osama Bin Laden, ritenuto responsabile di questi atti terroristici, e contro i talebani, accusati di fornirgli sostegno. Il regime dei talebani cade sotto i bombardamenti americani e gli assalti delle milizie dell'Alleanza del Nord (ott.-dic.). In dicembre, una conferenza che riunisce a Bonn, sotto l'egida dell'ONU, tutte le parti dell'opposizione afghana, istituisce un governo di transizione multietnico, presieduto dal capo pashtun Hamid Karzai; **2002**: questi è confermato a capo dello Stato da una Loya Jirga (assemblea tradizionale), presieduta dall'ex re Zaher Shah. **2004**: la Loya Jirga approva la nuova Costituzione.

AFL-CIO (American Federation of Labor-Congress of Industrial Organizations), organizzazione sindacale statunitense. Creata nel 1886 sul modello britannico delle *trade unions*, raggruppa l'80% ca. dei lavoratori americani iscritti ai sindacati.

AFRAGÒLA, com. in prov. di Napoli; 61.348 ab. Industria alimentare. Chiese di S. Giorgio e di S. Marco in Sylvis.

AFRÀNIO (lùcio), *II sec. a.C.*, commediografo latino. È autore di commedie togate di cui possediamo solo alcuni frammenti.

ÀFRICA, uno dei cinque continenti; 30.310.000 km²; 812.603.000 ab. (*africani*). [*V. carta a pagina seguente.*]

GEOGRAFIA – Tagliata circa a metà dall'equatore e per la maggior parte compresa fra i tropici, l'A. è un continente caratterizzato da un clima caldo; tuttavia, il clima e il tipo di vegetazione mutano più in relazione alle variazioni pluviometriche che alla temperatura. L'intero territorio ha clima costantemente caldo, a parte le estremità settentrionale e meridionale, con clima mediterraneo. La comparsa di una stagione secca, la cui durata si prolunga man mano che ci si allontana dall'equatore, segna il passaggio da un clima equatoriale (vegetazione composta da fitte foreste) a uno tropicale, che caratterizza zone dalle foreste rade, la savana e la steppa. I deserti (Sahara, Kalahari) si estendono nei pressi dei tropici. Non sempre le acque dei piccoli corsi d'acqua (che peraltro scarseggiano) raggiungono i grandi fiumi (Nilo, Congo, Niger, Zambesi). La densità media piuttosto bassa è dovuta alle condizioni climatiche e pedologiche, spesso sfavorevoli all'uomo, e alle conseguenze della tratta degli schiavi (XVI-XVII sec.). La colonizzazione europea, che ha combattuto le epidemie e l'elevata mortalità infantile, ha tuttavia portato a un rinnovamento demografico dalla fine del XIX sec. La crescita demografica è molto rapida (in media del 3% ca. l'anno), la popolazione molto giovane (più della metà degli africani ha meno di 20 anni) e in via di rapida urbanizzazione in conseguenza dell'esodo dalle aree rurali. Al momento il profilo demografico del continente è però fortemente alterato dal diffondersi dell'AIDS. L'attuale struttura politica (frazionamento in numerosi Stati) e la natura dell'economia (con colonie di sfruttamento e di popolamento) sono in gran parte eredità della colonizzazione. Tale retaggio spiega da una parte l'importanza delle piantagioni (cacao, caffè, palma da olio, arachidi), dell'estrazione mineraria (petrolio, rame, manganese, diamanti, metalli rari e preziosi) e, dall'altra, la scarsità di colture per uso alimentare e di industrie di trasformazione.

STORIA – **Dalle origini alla penetrazione europea. VI - III millennio a.C.**: nel Sahara sono insediati pastori, come testimoniato da incisioni e pitture rupestri. **IV millennio**: nella valle del Nilo nasce la civiltà egizia. **II millennio**: in seguito all'inaridimento del Sahara si crea una separazione tra il Maghreb e l'A. nera. **814 ca. - 146**: nel N si afferma e quindi declina la potenza di Cartagine. **450 ca.**: Annone esplora le coste atlantiche. **I sec.**: il Maghreb diviene provincia romana d'A.; **V sec. d.C.**: è occupato dai vandali. **VI sec.**: Bisanzio li respinge. **VII sec.**: la conquista araba avvia l'islamizzazione, che dall'XI sec. si estende all'A. nera, nella direzione dei traffici, nonostante una certa resistenza opposta soprattutto dai principati cristiani (Nubia ed Etiopia). Nel frattempo si costituiscono regni, alcuni dei quali, nella regione del fiume Senegal e dell'ansa del Niger, si trasformano ben presto in veri e propri imperi: i principali sono Ghana (antico regno d'A.; v sec.), Uagadu, apogeo nel XI sec.), Mali (apogeo nel XIII sec.), Songhai (apogeo nel XVI sec.), tutti islamizzati, e Bornu (apogeo nel XVI sec.); più tardi anche nel Golfo di Guinea si formano regni, soprattutto quello del Benin, creato dagli yoruba (apogeo nel XV-XVI sec.) e quello dei mossi, ostili all'islam; infine, a S del 5° parallelo N, i bantu sviluppano un'originale civiltà composta da Stati ben organizzati, i più importanti dei quali sono il regno del Congo (fondato all'inizio del XIV sec.) e, nell'A. centro-orientale, quello di Monomotapa (apogeo intorno al 1500).

L'arte africana

Le opere d'arte tradizionale africana sono sempre state eseguite su commissione: le società segrete richiedevano manufatti artistici per i loro riti di iniziazione, le comunità contadine per i riti agrari, mentre le corti reali associavano l'oggetto d'arte alle pratiche divinatorie (la Portatrice di coppa presso i luba). I canoni figurativi sono quindi fissati dalla tradizione e l'opera diventa una vera e propria forma di codificazione del sacro, il che non esclude la sensibilità plastica del creatore.

Arte dei baga, Guinea. Nimba (dea della fecondità), in legno con chiodi di cuoio. Ornata di un mantello che nasconde i quattro sostegni, questa maschera veniva portata sulle spalle durante i riti per la fecondità. (Museo Barbier-Müller, Ginevra.)

Arte dei luba, Repubblica Democratica del Congo (già Zaire), regione sud-orientale. Portatrice di coppa, attribuita al Maestro di Buli. (Museo reale dell'Africa centrale, Tervuren.)

Arte dei bobo, Burkina. Maschera "Do", in legno dipinto. Do, il principe della rinascita, viene invocato per ottenere la pioggia e la fertilità. La forma a farfalla di questa maschera evoca l'arrivo degli insetti con le prime piogge.

Arte dei dogon, Mali. Il *togu-na* è una grande struttura comunitaria che accoglie i maschi del villaggio riuniti in assemblea. Il tetto, formato da fusti di miglio legati insieme, poggia su robusti tronchi di legno in cui sono scolpiti dei seni in rilievo, a evocare gli antenati ancestrali dei dogon.

Arte della regione Djenné, Mali. Statuetta di donna in terracotta, datata intorno al XIII sec. (Museo nazionale delle arti d'Africa e Oceania, Parigi.)

Africa

200 500 1000 2000 4000 m

● più di 5.000.000 di ab. ● da 100.000 a 1.000.000 di ab.
● da 1.000.000 a 5.000.000 di ab. • meno di 100.000 ab.

Il periodo coloniale. I portoghesi sono i primi ad approdare in A. **1488**: Bartolomeo Diaz doppia il Capo di Buona Speranza. **1497-1498**: Vasco da Gama raggiunge la costa orientale. **XVI-XVII sec.**: cresce la presenza degli europei, soprattutto portoghesi (Angola, Mozambico), inglesi e olandesi (Guinea) o francesi (Guinea, Senegal). L'interno, inesplorato, si spopola per effetto della tratta degli schiavi. **XIX sec.**: comincia la disputa tra le potenze europee per la spartizione del continente. La Francia conquista l'Algeria (1830-1870) e il Senegal (1854-1865); l'interno viene esplorato (Caillié, Nachtigal, Livingstone e Stanley); Lesseps realizza il canale di Suez (1869). Nell'ultimo quarto del XIX sec. ha inizio la vera e propria spartizione dell'A. in sfere d'influenza che, sancita dalla conferenza di Berlino (1884-1885), porterà alla creazione dei grandi imperi coloniali. Ma le potenze europee devono vincere molteplici resistenze e impegnarsi in numerosi conflitti. **1918**: le colonie tedesche passano sotto mandato britannico, belga e francese.

L'Africa indipendente. Il movimento d'emancipazione, iniziato prima della seconda guerra mondiale, conosce un notevole sviluppo. **1955-1966**: la maggior parte delle colonie francesi e britanniche conquista l'indipendenza. **1975-2000**: nell'A. australe le colonie portoghesi (Angola, Mozambico) diventano indipendenti nel 1975, nello Zimbabwe la minoranza bianca resta al potere fino al 1980 e la Namibia si affranca dalla tutela sudafricana nel 1990. Gravato da pesanti difficoltà economiche (carestia in Etiopia, siccità nel Sahel), sconvolto da conflitti locali che spesso hanno implicazioni etniche, fino al 1988 il continente africano è uno dei teatri della lotta tra Oriente e Occidente (spec. in Angola e nel Corno d'Africa). Dal 1990 si è avviato un lento, difficile processo di democratizzazione politica e liberalizzazione economica. Sussistono tuttavia numerosi focolai di tensione e in molti paesi sono tuttora in corso conflitti aperti.

ÀFRICA EQUATORIÀLE FRANCÉSE → AEF.

ÀFRICA NÉRA, zona del continente africano abitata principalmente da popolazioni di colore.

AFRICAN NATIONAL CONGRESS → ANC.

ÀFRICA OCCIDENTÀLE FRANCÉSE → AOF.

ÀFRICA ORIENTÀLE BRITÀNNICA → AOB.

ÀFRICA ORIENTÀLE ITALIÀNA → AOI.

ÀFRICA ORIENTÀLE TEDÉSCA → AOT.

ÀFRICA ROMÀNA, insieme dei territori dell'Africa settentr. che furono colonizzati dai romani dopo la caduta di Cartagine (146 a.C.) e che fecero parte dell'impero fino all'arrivo dei vandali (V sec.).

AFRIKA KORPS, nome dato alle formazioni tedesche, comandate da E. Rommel, che dal 1941 al 1943 combatterono a fianco degli italiani contro gli inglesi in Libia, Egitto e Tunisia.

ÀFRO (Àfro **Basaldèlla**, detto), *Udine 1912 - Zurigo 1976*, pittore. Nacque come pittore impressionista, con una spiccata predilezione per il cubismo. Negli anni '50 del secolo scorso il suo stile si rinnovò, anche per influenza dell'Action Painting statunitense, sfociando nell'astrattismo.

AFRODÌTE MITOL. GR. Dea della bellezza e dell'amore. Nata dalla spuma del mare, è la sposa infedele di Efesto e la madre di Eros. Viene assimilata alla Venere romana. — È rappresentata in numerose statue antiche (l'*Afrodite Cnidia*, Musei Vaticani; la *Venere di Arles* di Prassitele, Louvre, Parigi, e la *Venere di *Milo*).

AFTA (ASEAN Free Trade Association), trattato di libero scambio in vigore dal 2002 tra le nazioni dell'*ASEAN.

AGADIR, c. del Marocco merid., affacciata sull'Atlantico; 155.244 ab. Stazione balneare. Pesca. — Nel 1911 l'invio di una cannoniera tedesca (la *Panther*) nel porto della città provocò un incidente diplomatico tra Francia e Germania.

AGAMÈNNONE MITOL. GR. Figlio di Atreo e fratello di Menelao, re leggendario di Micene e Argo. Capo supremo dei greci che assediarono Troia, sacrificò la figlia Ifigenia, su consiglio dell'indovino Calcante, per placare Artemide e far cessare i venti contrari. Al ritorno in patria fu assassinato dalla moglie Clitennestra e da Egisto.

AGANOOR POMPILJ (Vittòria), *Padova 1855 - Roma 1910*, poetessa. Appartenente a una nobile famiglia di origine armena, manifestò una notevole predisposizione per la poesia. La sua prima raccolta, *Leggenda eterna*, fu pubblicata nel 1900; le *Nuove liriche*, dedicate al marito, del 1908.

AGÀPITO I, *m. a Costantinopoli nel 536*, papa dal 535 al 536. Successore di Giovanni II, tentò di mediare la pace tra Teodato e dei goti e l'imperatore Giustiniano. — **Agapito II**, *m. nel 955*, papa dal 946 al 955. Fu eletto alla morte di Marino II.

AGAR, personaggio biblico. Schiava egiziana di Abramo e madre di Ismaele, fu allontanata con il figlio quando Sara diede alla luce Isacco.

AGASSIZ (Louis), *Môtier, cant. di Friburgo, 1807 - Cambridge, Massachusetts, 1873*, naturalista statunitense di origine svizzera. Condusse numerose ricerche nell'ambito della paleontologia, della glaciologia e della paleoclimatologia; grazie ai suoi studi fu riconosciuta l'esistenza di un'era glaciale.

ÀGATA (sànta), *III sec.*, vergine e martire siciliana.

AGATÀRCO DI SÀMO, *V sec. a.C.*, pittore greco. È attestata la sua presenza ad Atene tra il 465 e il 420 a.C., dove svolse attività di scenografo anche per Eschilo. Famoso il suo trattato sulla prospettiva.

AGÀTOCLE, *Terme 361 ca. - 289 a.C.*, prima tiranno, poi re di Siracusa. Lottò contro la supremazia di Cartagine.

AGATÓNE, *morto a Roma nel 681*, papa dal 678 al 681. Santo.

AGÀZZI (Aldo), *Bergamo 1906-2000*, pedagogista. Ordinario di pedagogia all'Università Cattolica di Milano e membro del Consiglio superiore della pubblica istruzione (*Antinomie e problemi della pedagogia di oggi*, 1963; *I problemi dell'educazione e della pedagogia*, 1985).

AGÀZZI (Ròsa), *Volongo 1866-1951*, pedagogista ed educatrice. Con la sorella Carolina, fondò asili ispirati al metodo attivo, consistente nell'attribuire grande importanza al gioco e al lavoro nell'educazione dei bambini.

AGEN, c. della Francia, capol. del dip. Lot-et-Garonne, sulla Garonna; 32.180 ab. Mercato ortofrutticolo (prugne, uva *chasselas*). Conserve alimentari. Prodotti farmaceutici. — Cattedrale romanica e gotica. Museo.

AGENZÌA INTERNAZIONÀLE PER L'ENERGÌA ATÒMICA → IAEA.

AGENZÌA NAZIONÀLE PARTIGIÀNI D'ITÀLIA → ANPI.

AGENZÌA NAZIONÀLE PER LA PROTEZIÓNE DELL'AMBIÈNTE → ANPA.

AGENZÌA NAZIONÀLE STÀMPA ASSOCIÀTA → ANSA.

AGENZÌA SPAZIÀLE EUROPÈA → ESA.

AGESÀNDRO DI RÒDI, *II-I sec. a.C.*, scultore greco. Famoso per aver realizzato assieme ad Atanodoro e Polidoro il gruppo marmoreo del *Laocoonte*, oggi esposto nei Musei Vaticani.

AGESCI (Associazióne guide e scout cattòlici italiàni), associazione nata nel 1916, con lo scopo di sviluppare nei giovani i valori della socializzazione, solidarietà e autonomia attraverso attività di gruppo, giochi e contatto con la natura.

AGESILÀO II, re di Sparta (399-360 a.C.). Sconfisse i persiani e trionfò a Coronea, in Beozia (394), su Tebe e i suoi alleati.

AGGÈO, *VI sec. a.C.*, profeta biblico.

AGHA KHAN III, *Karachi 1877 - Versoix, Svizzera, 1957*, principe e capo religioso di una parte degli ismailiti. — **Agha Khan IV**, *Creux-de-Genthod, cant. di Ginevra, 1936*, nipote e successore dell'Agha Khan III.

AGI (Agenzìa giornalìstica italiàna) agenzia fondata a Roma nel 1950. È att. uno dei maggiori canali informativi italiani, con 16 sedi sparse in Italia e una a Bruxelles. Realizza e produce quotidianamente gli *AGI notiziari*, utilizzati dai settori industriali e finanziari o da semplici utenti.

ÀGIADI, dinastia reale di Sparta che, con gli Euripontidi, esercitò il potere dal VI al III sec. a.C.

AGIÀRI, popolazione della Georgia (Rep. dell'Adžiaristan; ca. 120.000 individui). Sono musulmani sunniti e parlano il guruli.

ÀGIDE IV, re di Sparta (244-241 a.C.). Promotore di una riforma agraria che gli costò il trono e la vita.

AGILÙLFO, *591 - Milano 616 ca.*, re dei longobardi. Alla morte di Autari ne sposò la vedova Teodolinda e fu incoronato re. Sottrasse ai bizantini Padova, Cremona e Mantova e, influenzato dalla moglie, favorì la diffusione del cattolicesimo.

AGIP (Aziènda generàle italiàna petròli), società petrolifera costituita nel 1926. Nel 1953 il governo italiano fondò l'ENI, e l'AGIP ne divenne la struttura di base. Nel 1984 nacque AGIP Petroli.

AGÌRA, com. in prov. di Enna; 9004 ab. Colonia greca. Diede i natali a Diodoro Siculo, che ne parlò come di una città ricca, seconda solo a Siracusa.

AGLABÌDI, dinastia araba che regnò sulla parte orient. dell'Africa settentr. (800-909).

AGLIÀTE, località del com. di Carate Brianza, in prov. di Milano. Basilica di S. Pietro costruita tra il IX e l'XI sec. (affreschi dell'XI sec.).

AGNADÈLLO (battàglia di), battaglia che si svolse nel XVI sec. nei pressi dell'att. com. in prov. di Cremona tra la lega di Cambrai e la repubblica di Venezia.

AGNÀNO TÈRME, località del com. di Napoli. Stazione termale di epoca romana, è sorta sul sito di un lago craterico formatosi nel Medioevo nella regione dei Campi Flegrei; nelle vicinanze si trova un famoso ippodromo.

AGNÈLLI, famiglia torinese. — **Giovanni A.**, *Villar Perosa 1866 - Torino 1945*. Nel 1899 fondò a Torino la FIAT, azienda automobilistica che tra le due guerre è diventata il primo gruppo industriale in Italia. Fu senatore del regno. — **Giovanni A.**, detto **Gianni**, *Torino 1921-2003*. Presidente della FIAT dal 1966 al 1996, ha avuto un ruolo di spicco nella vita economica italiana. Presidente della Confindustria dal 1974 al 1976, nel 1991 fu nominato senatore a vita. — **Susanna A.**, *Torino 1922*. Sorella di Gianni, scrittrice, è stata eletta in parlamento nelle file del PRI (1976-1992) e deputata del parlamento europeo (1979-1981). Ministro degli esteri dal 1995 al 1996, è autrice di *Vestivamo alla marinara* (1975) e *Addio, addio mio ultimo amore* (1985). — **Umberto A.**, *Losanna 1934*. Fratello di Gianni, amministratore delegato e in seguito vicepresidente della FIAT (1976), è stato amministratore delegato dell'IFI dal 1993. Nel 2003 ha assunto la presidenza della FIAT e dell'IFI.

AGNÈLLO MÌSTICO (L'), politico di Hubert e Jan Van Eyck nella cattedrale di S. Bavone, a Gand. Terminato nel 1432, è il primo capolavoro della scuola fiamminga di pittura.

L'Agnello mistico. Dettaglio del pannello centrale del politico dei Van Eyck, 1432.
(Cattedrale di S. Bavone, Gand.)

AGNÈSE (sànta), *m. nel 303*, vergine romana martirizzata sotto Diocleziano.

AGNÉTTI (Vincènzo), *Milano 1926-1981*, artista. Pittore, saggista e scrittore, fu tra i massimi rappresentanti italiani dell'arte concettuale.

AGNI, fuoco del sacrificio e dio del fuoco nei testi vedici.

AGNI → ANYI.

ÀGNO, f. del Veneto; 110 km. Nasce dai Monti Lessini, percorre la valle omonima e confluisce nel Brenta.

AGNON (Shmuel Josef), *Buczacz, Ucraina, 1888 - Rehovot 1970*, scrittore israeliano. Autore di romanzi dedicati alla vita degli ebrei polacchi e ai pionieri della colonizzazione in Palestina (*Le mogli abbandonate, La dote della sposa, Racconti di Gerusalemme*). (Premio Nobel 1966.)

AGNÓNE, com. in prov. di Isernia; 6042 ab. Artigianato della lana, dell'oro, dell'argento, del rame e del ferro battuto. Centro turistico.

AGÓGNA, torrente del Piemonte; 140 km. Nasce dal Mottarone e sfocia nel Po.

AGORDÌNO, reg. del Veneto, nel cuore delle Dolomiti. La valle principale dell'A. è quella del f. Cordevole, che separa le Dolomiti orient. da quelle occ.

ÀGORDO, com. in prov. di Belluno; 4288 ab. Centro turistico. È ricco di edifici di notevole interesse architettonico, quali l'antica Villa Crotta-De Manzoni.

AGOSTÌNI (Giàcomo) *Lovere 1943*, motociclista. È considerato uno dei più grandi campioni di tutti i tempi. Ha vinto 15 titoli mondiali (8 nella classe 500 cm^3 e 7 in quella 350 cm^3), 13 dei quali con la MV Augusta, e 122 Gran Premi. Si è ritirato nel 1977.

AGOSTÌNO (Aurèlio, sànto), *Tagaste, att. Souk Ahras, Algeria, 354 - Ippona 430*, teologo, padre della Chiesa latina. Romano d'Africa, nato da padre pagano e madre cristiana (santa Monica), si avvicinò tardi alla Chiesa. Maestro di retorica, si convertì al cristianesimo (387) grazie a sant'Ambrogio e divenne vescovo di Ippona (396). "Dottore della grazia", si oppose al manicheismo, al donatismo e al pelagianesimo. Oltre alle *Lettere*, in alcuni casi veri e propri trattati, le sue opere principali sono *De civitate Dei* e le *Confessioni*. Teologo, filosofo e moralista, ha esercitato un'influenza decisiva sulla teologia occidentale. La qualità della sua scrittura ha dato lustro al latino cristiano.

SANT'AGOSTINO. *Dettaglio di un affresco (1480) di S. Botticelli nella chiesa di Ognissanti, a Firenze.*

AGOSTÌNO DI CANTERBURY (sànto), *m. a Canterbury nel 605 ca.*, arcivescovo di Canterbury. Monaco benedettino, fu incaricato da papa Gregorio I di evangelizzare l'Inghilterra. Fondò la sede episcopale di Canterbury.

AGOSTÌNO DI DÙCCIO, *Firenze 1418 - Perugia 1481 ca.*, scultore e architetto. Il suo stile, che risente dell'influenza di Donatello, fu prevalentemente decorativo e trovò la massima espressione nei bassorilievi.

AGOULT (Marie **de Flavigny**, contéssa **di**), *Francoforte 1805 - Parigi 1876*, scrittrice francese. Con lo pseudonimo di **Daniel Stern**, pubblicò *Storia della rivoluzione del 1848* e i *Ricordi*, di notevole interesse. Dalla sua relazione con F. Liszt nacquero tre figli, tra cui due femmine, che sposarono É. Ollivier e R. Wagner.

AGRA, c. dell'India (Uttar Pradesh), sul f. Yamuna; 1.259.979 ab. Città imperiale di Baber. Conserva numerosi monumenti, tra cui il Forte rosso e il celebre **Taj Mahal*, mausoleo del XVII sec.

AGRAM → ZAGABRIA.

AGREDA (Maria **Coronel**, detta Maria **di**), *Ágreda 1602-1665*, religiosa spagnola, celebre per le sue estasi e visioni.

ÀGRI, f. della Basilicata; 136 km. Nasce dall'Appennino Lucano e sfocia nel Mar Ionio. È il più ricco d'acqua della regione.

AGRÌCOLA (Filippo), *Roma 1795-1857*, pittore. Noto ritrattista, con il *Ritratto a Costanza Monti Perticari* (1821), prezioso dipinto su tavola, si guadagnò l'appellativo di "moderno Raffaello".

AGRÌCOLA (Georg **Bauer**, detto), *Glauchau 1494 - Chemnitz 1555*, studioso tedesco. Medico, si occupò anche di mineralogia e approfondì lo studio della metallurgia, campo nel quale fu un innovatore (*De re metallica*, 1556).

AGRÌCOLA (Gnèo Giùlio), *Forum Julii, att. Fréjus, 40-93*, generale romano. Riuscì a conquistare la Britannia. Fu suocero di Tacito, che ne scrisse la biografia.

AGRÌCOLA (Mikael), *Pernaja 1510 ca. - Kuolemajärvi 1557*, scrittore finlandese e vescovo di Turku. Introdusse la Riforma in Finlandia e pubblicò il primo libro stampato in finnico.

AGRIGÈNTO, c. della Sicilia, capol. di prov.; 55.446 ab. Sorge a 326 m d'alt., a 3 km ca. dalla costa sud-occ. Turismo, industrie di trasformazione (distillerie, frantoi, mulini). Nei pressi, porto commerciale di Porto Empedocle. — Fondata nel VI sec. a.C., fu colonia greca, venne distrutta dai cartaginesi nel 406, quindi fu saccheggiata e occupata dai romani (262 e 210 a.C.), dai musulmani nell'829 d.C. (a essi deve il nome di *Gergent*) e infine dai normanni nell'XI sec. — Imponenti resti di templi dorici nella Valle dei Templi (VI-V sec. a.C.). Duomo con campanile del XIV sec., chiese medievali di S. Giorgio e S. Maria dei Greci; Museo archeologico nazionale. — Nella provincia, in gran parte collinare e montuosa, si praticano l'agricoltura (cereali, agrumi, ortaggi, uva, olive) e la pesca. Estrazione di zolfo e salgemma. Centri principali: Canicattì, Porto Empedocle, Sciacca. Turismo.

AGRIGENTO. *Tempio dorico detto "della Concordia". V sec. a.C.*

AGRÌPPA (Màrco Vipsànio), *63-12 a.C.*, generale romano. Genero e stretto collaboratore di Ottaviano Augusto, che gli concesse una sorta di correggenza, si mise in evidenza ad Azio (31 a.C.), e diede inizio alle opere pubbliche monumentali del periodo imperiale di Roma (Pantheon).

AGRÌPPA (Menènio), console romano nel 502 a.C. Avrebbe riconciliato la plebe con i patrizi (494 a.C.) con il suo apologo sulla necessità di cooperazione fra le membra e lo stomaco.

AGRÌPPA VON NETTESHEIM (Heinrich Cornelius), *Colonia 1486 - Grenoble 1535*, medico, filosofo e alchimista tedesco. Le sue opere (*De philosophia occulta*, 1510) costituiscono una vera e propria summa, in cui la magia è considerata superiore a scienza e teologia.

AGRIPPÌNA MAGGIÓRE, *14 a.C. - 33 d.C.*, nobile romana. Nipote di Augusto e figlia di Agrippa e Giulia, sposò Germanico, da cui ebbe Caligola e Agrippina Minore.

AGRIPPÌNA MINÓRE, *15 ca. - 59 d.C.*, nobile romana. Figlia di Agrippina Maggiore e Germanico. Dominata dall'ambizione, sposò in terze nozze l'imperatore Claudio, suo zio, cui fece adottare il figlio Nerone. Quindi avvelenò il marito per porre sul trono Nerone, che in seguito la fece assassinare.

ÀGRO PONTÌNO, reg. del Lazio. Tra il 1926 e il 1939 la pianura costiera, infestata dalle paludi e dalla malaria, fu bonificata per ordine di B. Mussolini.

ÀGRO ROMÀNO, zona pianeggiante del Lazio presso Roma, tra i Colli Albani, i Monti Prenestini, Sabini e Sabatini. È stato oggetto di una bonifica che ha consentito di praticarvi l'agricoltura.

AGUASCALIENTES, c. del Messico, cap. dello Stato omonimo; 594.092 ab. Metallurgia.

AGULHAS (Càpo), estremità merid. dell'Africa, a E del Capo di Buona Speranza. — **Corrente di Capo Agulhas**, corrente marina calda dell'Oceano Indiano. Si dirige da NE a SO lungo le coste del Sudafrica.

AGÙSTA, azienda costruttrice di elicotteri fondata nel 1923 da G. Agusta a Gallarate. I suoi prodotti sono destinati a un'utenza sia civile sia militare.

AHERN (Bertie), *Dublino 1951*, politico irlandese. Leader del Fianna Fáil dal 1994, dal 1997 è primo ministro.

AHIDJO (Ahmadou), *Garoua 1924 - Dakar 1989*, politico camerunense. Dopo aver condotto le trattative per l'indipendenza del Camerun, è stato presidente della repubblica dal 1961 al 1982.

AHLIN (Lars Gustav), *Sundsvall 1915 - Stoccolma 1997*, scrittore svedese. Ha rinnovato il romanzo proletario.

AHMADABAD o **AHMEDABAD**, c. dell'India (Gujarat); 3.515.361 ab. (4.160.000 ab. nell'agglomerato). Industrie tessili. — Città ricca di monumenti del XV-XVII sec.

AHMAD IBN TULUN, *835 - Antiochia 884*, fondatore della dinastia tulunide.

AHMADNAGAR o **AHMEDNAGAR**, c. dell'India (Maharashtra), a E di Bombay; 307.455 ab. Industrie tessili.

AHMADU, *1833 - Maïkulki, Sokoto, 1898*, sovrano toucouleur. Figlio e successore (1864) di Al-Hajj Umar, fu spodestato dai francesi nel 1889.

AHMED I, *Manisa 1590 - Istanbul 1617*, sultano ottomano (1603-1617). — **Ahmed III**, *1673 - Istanbul 1736*, sultano ottomano (1703-1730). Dette asilo a Carlo XII dopo la disfatta subita a opera di Pietro il Grande a Poltava. Firmò la pace di Passarowitz (1718).

AHO (Juhani **Brofeldt**, detto Juhani), *Lapinlahti 1861 - Helsinki 1921*, scrittore finlandese. Autore di romanzi realisti (*La moglie del pastore*).

AHRAM (Al-), quotidiano generalista egiziano, fondato nel 1876.

AHRIMAN, principio del male nello zoroastrismo, contrapposto a *Ahura-Mazdā*, principio del bene.

AHRNTAL → AURINA (VALLE).

AHTISAARI (Martti), *Viipuri, att. Vyborg, 1937*, diplomatico e politico finlandese. Socialdemocratico, è stato presidente della repubblica dal 1994 al 2000.

AHURA MAZDÂ o **ORMÀZD**, dio supremo, creatore e principe del bene nello zoroastrismo.

AHVAZ, c. dell'Iran, cap. del Khuzestan, a N di Abadan; 804.980 ab.

AHVENANMAA → ÅLAND.

ÀIA (L'), in ol. **Den Haag** o **'s-Gravenhage**, c. dei Paesi Bassi, presso il Mare del Nord; 442.356 ab. Sede della corte, del corpo diplomatico e dei pubblici poteri. Città soprattutto residenziale. Palazzo della Pace e Corte internazionale di giustizia. Tribunale penale internazionale (TPI). — Monumenti databili dal XIII al XVIII sec.; musei, tra cui il Museo reale di pittura di Mauritshuis (palazzo del XVII sec.).

AIÀCE D'OÌLÈO MITOL. GR. Personaggio dell'*Iliade*, figlio di Oileo, re dei locresi. Violò Cassandra nel tempio di Atena, la quale lo fece morire in un naufragio.

AIÀCE TELAMÒNIO MITOL. GR. Personaggio dell'*Iliade*, figlio di Telamone, re di Salamina. Divenne pazzo per non aver ottenuto le armi di Achille, che dopo la morte dell'eroe andarono a Ulisse.

AIGOUAL, massiccio francese delle Cevenne, tra i dip. Gard e Lozère; 1565 m. Foresta. Osservatorio.

AIGUES-MORTES, c. della Francia, nel dip. Gard; 6084 ab. Saline. — Bella cinta quadrangolare di mura medievali. — È il porto da cui Luigi IX si imbarcò per l'Egitto (settima crociata, 1248) e per Tunisi (ottava crociata, 1270).

AIGUILLE (Mónte), picco scosceso delle Alpi francesi; 2086 m.

AIGUILLES ROUGES, massiccio delle Alpi francesi, a N del Monte Bianco; 2965 m.

AIHOLE, località dell'India (Deccan). Tra i numerosi templi di questa ant. cap. dei Calukya (VI-VIII sec.) vi sono tra le più antiche costruzioni dell'India.

AIKEN (Howard Hathaway), *Hoboken, New Jersey, 1900 - Saint Louis, Missouri, 1973*, informatico statunitense. Tra il 1939 e il 1943 concepì e realizzò, in collaborazione con l'IBM, il calcolatore elettronico *Mark 1*, programmabile per mezzo di un nastro perforato, che è uno dei primi esempi di computer.

AILEY (Alvin), *Rogers, Texas, 1931 - New York 1989*, ballerino e coreografo statunitense. Fondatore, nel 1959, dell'Alvin Ailey Dance Theatre, è stato uno dei maestri della danza nera americana: *Revelations*, 1960; *Cry*, 1971; *For Bird with Love*, 1986.

Alvin **AILEY** *prova un balletto con la sua compagnia.*

AILLERET (Charles), *Gassicourt, Yvelines, 1907 - Isola Réunion 1968*, generale francese. Incaricato della ricerca militare nucleare (1951-1960), mise a punto la prima bomba atomica francese.

AILLY (Pierre d'), *Compiègne 1350 - Avignone 1420*, teologo e cardinale francese. Legato di Avignone, cancelliere dell'Università di Parigi, fece sentire la sua influenza in occasione del concilio di Costanza (1414-1418), dove affermò la supremazia del concilio sul papa.

AIN, dip. della Francia, nella reg. Rodano-Alpi; capol. *Bourg-en-Bresse*; 5762 km²; 515.270 ab. Montuoso a E (boschi) e pianeggiante a O. Allevamento (bovini, volatili). Industrie metallurgiche e delle materie plastiche; lavorazione di legno e diamanti; centrale nucleare di Bugey.

AINU, popolazione della Russia (Sachalin e Curili) e del Giappone (Hokkaido; 25.000 individui ca.). Di origine sconosciuta, gli a. sono stati via via respinti e resi sedentari dai giapponesi, ai quali si sono in gran parte mescolati.

AIRBUS, famiglia di aerei passeggeri europei. L'azienda costruttrice, la GIE Airbus Industrie, nata nel 1970 dalla collaborazione tra progettisti francesi, tedeschi, britannici e spagnoli, è stata ceduta nel 2001 a una società privata con sede a Tolosa. Gli A. sono tra i primi velivoli della loro categoria a livello mondiale.

AIR FRANCE, compagnia nazionale francese di trasporto aereo. Costituita nel 1948, ha attuato una fusione nel 1997 con la compagnia Air Inter.

AIRÒLA, com. in prov. di Benevento; 7780 ab. Centro agricolo. Chiesa cinquecentesca dell'Annunziata con facciata e campanile del Vanvitelli.

AIRÒLO, com. della Svizzera (Ticino), all'ingresso S dei tunnel, ferroviario e stradale, del San Gottardo; 1734 ab.

AIRY (sir George Biddell), *Alnwick, Northumberland, 1801 - Londra 1892*, astronomo britannico. Elaborò un'ipotesi isostatica e fu il primo a sviluppare una teoria sistematica sulla formazione dell'arcobaleno. Rese l'osservatorio di Greenwich, di cui fu direttore dal 1835 al 1881, un centro astronomico di fama internazionale.

AISHA, *La Mecca 614 ca. - Medina 678*, figlia di Abu Bakr e terza moglie di Maometto.

AISNE, f. della Francia. Nasce nelle Argonne ed è affl. di sinistra dell'Oise, a monte di Compiègne; 280 km.

AISNE dip. della Francia, nella reg. Piccardia; capol. *Laon*; 7369 km²; 535.842 ab. È formato da altopiani in cui all'agricoltura (grano, barbabietola da zucchero) si affianca talvolta l'allevamento bovino. Nelle valli del f. Marne, Aisne e Oise prevale l'orticoltura. Industria metallurgica, del vetro e chimica.

AIX-EN-PROVENCE, c. della Francia, capol. del dip. Bouches-du-Rhône; 137.067 ab. Università. Industrie meccaniche. Festival musicale (lirica). — Aix (*Aquae Sextiae*) fu fondata dai romani nel 123 a.C. Nei suoi pressi Mario batté i teutoni (102 a.C.). — Cattedrale di S. Salvatore (tra l'XI e il XV sec.; trittico del *Roveto ardente* di N. Froment), battistero del V sec. e chiostro del XII sec. Celebre *Annunciazione* (1443) nella chiesa della Madeleine. Monumenti, edifici del XVII e XVIII sec. Musei, tra cui il Musée Granet.

AIX-LES-BAINS, c. della Francia, nel dip. Savoie, sul Lago Bourget; 26.110 ab. Stazione termale. Costruzioni elettriche. — Resti romani.

AJACCIO, c. della Francia, capol. della Corsica e del dip. Corse-du-Sud, sul Golfo di A.; 54.697 ab. Centro turistico e commerciale. — Cattedrale del XVI sec. Musée Fesch. Casa natale di Napoleone.

AJANTA (Mónti), massiccio dell'India settentr., nel Deccan. Complesso di santuari buddhisti (II sec. a.C. - inizi del VII sec. d.C.) dai decori pittorici e scolpiti.

AJAR (Émile), pseudonimo con cui Romain Gary ottiene nel 1975 il premio Goncourt per *La vita davanti a sé*.

AJDUKIEWICZ (Kazimierz), *Ternopol' 1890 - Varsavia 1963*, logico ed epistemologo polacco. A partire dall'empirismo logico, si è occupato di storia delle scienze adottando un punto di vista convenzionalista (*Linguaggio e conoscenza*, 1960-1966).

AJMÓNE (Giusèppe), *Carpignano Sesia 1923*, pittore. Ha studiato pittura all'Accademia di Brera di Milano, dove è stato allievo di A. Funi e di C. Carrà. Il suo stile tende a portare l'immagine della natura ai confini dell'informale.

AJUN (Al-) o **AAIÚN** (Al-), c. del Marocco, capol. del Sahara Occidentale; 94.000 ab.

AKADEMGORODOK, c. della Russia, in Siberia, presso Novosibirsk; 60.000 ab. Istituti di ricerca scientifica.

AKAN, gruppo etnico del Ghana e della Costa d'Avorio. Rinomato per i lavori in oro e ottone, comprende le tribù dei baulé, guro, anyi, fanti e ashanti, la cui lingua appartiene al gruppo kwa.

AKASHI, c. del Giappone (Honshu); 287.606 ab.

AKBAR (Salah Al-Din Muhammad), *Umarkot 1542 - Agra 1605*, sultano indiano della dinastia moghul (1556-1605). Ampliò il suo impero e lo dotò di un'amministrazione ordinata e tollerante.

AKHTAL (Al-), *Hira o Rusafa 640 ca. - Kufa 710 ca.*, poeta arabo. Cristiano nestoriano, visse alla corte degli Omayyadi di Damasco e fu il rivale di Giarir.

AKIHITO, *Tokyo 1933*, imperatore del Giappone dal 1989. È succeduto al padre Hirohito.

AKINARI → UEDA AKINARI.

AKITA, c. del Giappone (Honshu); 311.948 ab.

AKKAD, città, Stato e dinastia della bassa Mesopotamia (2325 ca. - 2160 a.C.). L'impero di A., fondato da Sargon il Grande, fu distrutto dagli invasori barbari provenienti dai Monti Zagros.

AKMOLA → ASTANA.

AKOLA, c. dell'India (Maharashtra); 399.978 ab. Mercato cotoniero.

AKOSOMBO, c. del Ghana, a monte della foce del f. Volta. Importante diga di sbarramento (Lago Volta) e centrale idroelettrica.

AKRON, c. degli Stati Uniti (Ohio), presso il Lago Erie; 217.074 ab. Centro dell'industria degli pneumatici.

AKSAKOV (Sergej Timofejevic), *Ufa 1791 - Mosca 1859*, scrittore russo. Ritrasse la vita di campagna. — **Ivan A.**, *Nadeždino 1823 - Mosca 1886*, giornalista e poeta russo, figlio di Sergej. Fondò il giornale slavofilo *La Russia*.

AKSUM o **AXUM**, c. dell'Etiopia settentr.; 19.000 ab. Antiche rovine. — Il regno di A. (I-IX sec.) deve la sua fortuna al commercio dell'avorio. Culla della civiltà e massimo centro religioso etiope, venne distrutto dagli arabi.

AKTAU, già *Čevčenko*, c. del Kazakistan, sul Mar Caspio; 169.000 ab. Centrale nucleare.

AJACCIO.

L'**AIA** *veduta del Binnenhof (antico palazzo dei conti).*

Monti **AJANTA**. *Particolare delle pitture (VI sec.) di un santuario buddhista.*

AKTOBE, c. del Kazakistan; 264.000 ab. Industria chimica.

AKUTAGAWA RYUNOSUKE, *Tokyo 1892-1927*, scrittore giapponese. I suoi racconti ritraggono personaggi in preda all'angoscia e alla follia (*Rashomon*, *il naso*).

AKWESASNE, già **Saint Regis**, riserva mohawk al confine tra Canada (Québec e Ontario) e Stati Uniti (New York); 10.000 ab. ca.

AKYAB → Sittwe.

AL'MA (battaglia dell') (20 sett. 1854), battaglia della guerra di Crimea. Vittoria anglo-francese sulla Russia, a 10 km dalla foce dell'Al'ma. Essa aprì agli alleati la via per Sebastopoli.

ALABAMA, Stato degli Stati Uniti merid.; 4.447.100 ab.; cap. *Montgomery*.

ALACA-HÜJÜK, zona archeologica della Turchia, in cui sono state rinvenute alcune tombe risalenti alle civiltà anatoliche del III e II millennio a.C.

ALADI (Asociación Latinoamericana de Integración), organizzazione internazionale a vocazione regionale. Istituita a Montevideo nel 1980 da 11 paesi dell'America latina, ha come obiettivo la creazione di un mercato comune sudamericano.

ALADÌNO, personaggio delle *Mille e una notte*. Figlio di un povero sarto, A. trova al centro della Terra una lampada meravigliosa, abitata da un genio che esaudisce ogni suo desiderio.

ALÀGNA VALSÈSIA, com. in prov. di Vercelli, ai piedi del Monte Rosa; 452 ab. Antico insediamento dell'etnia walser, la cui testimonianza più evidente è il Museo Walser. Centro turistico e sciistico.

ALAGOAS, Stato del Brasile nord-orient.; 2.819.172 ab.; cap. *Maceió*.

ALAIN (Émile **Chartier**, detto), *Mortagne-au-Perche 1868 - Le Vésinet 1951*, filosofo francese. I suoi *Cento e un ragionamenti* sono improntati a uno spiritualismo umanistico.

ALAIN-FOURNIER (Henri Alban **Fournier**, detto), *La Chapelle d'Angillon 1886 - Bois de Saint-Rémy 1914*, scrittore francese. È autore di *Il grande Meaulnes* (1913), romanzo che descrive delicati amori adolescenziali immersi in atmosfere misteriose.

ALAMÀNNI o **ALEMÀNNI**, tribù germaniche riunite nel III sec. in una confederazione stanziata sulla riva destra del Reno. La loro avanzata fu arrestata in Alsazia da Clovodeo (496 o 506).

ALAMEIN (battaglia di **El-**) (23 ott. 1942), battaglia della seconda guerra mondiale durante la campagna di Libia. Difficile e decisiva vittoria del generale B. Montgomery sulle forze italo-tedesche guidate da E. Rommel a El-A., 100 km a O di Alessandria d'Egitto.

ALAMO, ant. monastero di San Antonio (Texas) dove ebbe luogo la battaglia di Fort A., al termine della quale i messicani sconfissero i texani (6 mar. 1836) e Davy Crockett fu ucciso.

ÅLAND o **AHVENANMAA**, arcipelago finlandese del Mar Baltico; 1505 km²; 25.776 ab.

ALÀNI, popolazione barbarica che invase la Gallia nel 406. Passati in Spagna (409 ca.), gli a. furono sconfitti dai visigoti.

ALARCÓN (Pedro Antonio **de**), *Guadix 1833 - Madrid 1891*, scrittore spagnolo. Il suo romanzo *Il cappello a tre punte* (1874) ispirò a M. de Falla la musica del celebre balletto.

ALARÌCO I, *delta del Danubio 370 ca. - Cosenza 410*, re dei visigoti (396-410). Dopo aver devastato le regioni balcaniche (impero romano d'Oriente), invase l'Italia e saccheggiò Roma (410). — **Alarico II**, re dei visigoti (484-507). Fu sconfitto e ucciso da Clodoveo a Vouillé, nel 507. Emanò il *Breviario di A.* (506), una raccolta di leggi.

ALASKA, Stato degli Stati Uniti, all'estremità nord-occ. dell'America settentr.; 1.530.000 km²; 626.932 ab.; cap. *Juneau*. Nel 1867 la regione fu ceduta dalla Russia agli Stati Uniti, di cui è diventata uno Stato nel 1959. I Monti Brooks separano le pianure del N dalla depressione centrale, in cui scorre lo Yukon. A S si trova la catena dei Monti dell'A. (Monte McKinley, 6194 m), in parte vulcanica, che prosegue lungo la penisola. La popolazione è concentrata lungo il litorale meridionale, dal clima relativamente mite. La pesca, la silvicultura, il turismo e oggi soprattutto l'estrazione degli idrocarburi sono le principali risorse.

ALASKA (corrente dell') → Aleutine.

ALÀSSIO, com. in prov. di Savona; 11.338 ab. Località turistica balneare della riviera ligure di ponente.

ALÀTRI, com. in prov. di Frosinone; 27.155 ab. Il centro urbano è protetto da una cerchia di mura lunga quasi 4 km. Chiesa di S. Maria Maggiore (XIII sec.).

ALÀTRI (Pàolo), *Roma 1918-1995*, storico. Iscrittosi nel 1948 al Partito comunista italiano, dal 1963 al 1968 è stato deputato parlamentare. Tra i suoi scritti più recenti, *L'Europa delle successioni* (1989), *Introduzione a Voltaire* (1989) e *Le occasioni della storia* (1990).

ALAUÌTI → Alawiti.

ALAUNGPAYA o **ALOMPRA**, *Shwebo 1714-1760*, re della Birmania (1752-1760). Unificò il paese e fondò la dinastia Konbaung.

ÁLAVA, prov. basca della Spagna; 286.497 ab.; capol. *Vitoria*.

ALAWITI o **ALAUÌTI**, detti anche **nusairìti**, setta musulmana sciita fondata nel IX sec. Gli a. sono numerosi soprattutto in Siria.

ALAWITI o **ALAUÌTI** (dinastia degli), dinastia al potere in Marocco dal 1666.

ÀLBA, com. in prov. di Cuneo; 29.926 ab. Centro delle Langhe famoso per la produzione e il commercio di vini e tartufi. Industrie dolciarie.

ALBA (Fernando **Álvarez de Toledo**, dùca **d'**), *Piedrahita 1508 - Lisbona 1582*, politico spagnolo al servizio di Carlo V e Filippo II. Governatore delle Fiandre (1567-1573), attuò, per mezzo del "Consiglio dei Torbidi", una violenta repressione dei protestanti, che fu all'origine della rivolta dei Paesi Bassi. Richiamato in Spagna, fu incaricato di conquistare il Portogallo.

ALBACETE, c. della Spagna (Castiglia-La Mancia), capol. della prov. omonima, a SE di Madrid; 149.667 ab.

ÀLBA FUCÈNTE, ant. insediamento degli equi nel com. di Massa d'Albe, in prov. dell'Aquila, a NO del Lago Fucino. Nel IV sec. a.C. divenne una colonia romana, della quale si possono vedere le rovine (mura, teatro, acquedotto, anfiteatro, terme e templi).

ALBA-IULIA, c. della Romania, in Transilvania; 71.168 ab. Cattedrale romanico-gotica.

ALBA LONGA, ant. c. latina, che secondo la tradizione fu fondata da Ascanio, figlio di Enea. La sua contesa con Roma, resa celebre dalla leggenda di Orazi e Curiazi, ebbe termine con la vittoria della rivale (VII sec. a.C.).

ALBANÉSE (Antònio), *Lecco 1964*, attore teatrale, cinematografico e televisivo. Nato come attore drammatico, ha scoperto ben presto uno straordinario e originale talento comico. Ha esordito come regista nel 1996 con *L'uomo d'acqua dolce*, film di cui è stato anche interprete.

ALBANÉSI, popolazione di origine indoeuropea che vive in Albania (3,2 milioni di individui), Iugoslavia (1,8 milioni in Kosovo, 38.000 in Montenegro) e Macedonia (377.000) e che è caratterizzata da un'imponente diaspora (Italia merid., Germania, Stati Uniti ecc.). Il 60% degli a. è musulmano, ma esiste anche una rilevante comunità di cattolici e una minoranza di ortodossi. Parlano l'albanese.

ALBÀNI, famiglia di origine albanese, presente a Urbino dal 1464. Nel XVII sec. iniziò la tradizione prelatizia degli A. con la nomina di un papa (Giovanni Francesco, con il nome di *Clemente XI*) e quella di cinque cardinali.

ALBÀNI (Còlli), colline del Lazio che dominano il sito di Alba Longa. I centri della zona, rinomata meta turistica, sono noti come Castelli Romani. Vigneti e uliveti.

ALBÀNI (Élsa **Lapìni**, detta Élsa), *Genova 1921*, attrice teatrale. Dopo l'esordio al Piccolo Teatro di Milano (1952), è entrata a far parte della Compagnia dei giovani (De Lullo-Falk-Guarnieri-Valli-Albani), dove ha recitato con successo anche ruoli brillanti fino al 1974. Negli anni '90 del secolo scorso è ritornata sul palcoscenico.

ALBÀNI (Francésco), *Bologna 1578-1660*, pittore. Allievo dei Carracci, dipinse opere di tema religioso e quadri mitologici dai paesaggi sereni e dai toni delicati.

ALBANÌA, in albanese **Shqipëria**, Stato dell'Europa balcanica, sull'Adriatico; 29.000 km²; 3.145.000 ab. (*albanesi*). CAP. *Tirana*. LINGUA: *albanese*. MONETA: *lek*.

GEOGRAFIA – Il territorio è in gran parte occupato dalle Alpi Dinariche e dalle loro foreste, eccetto la fascia litoranea centrale prevalentemente pianeggiante e collinare: qui si concentra la maggior parte della popolazione, in prevalenza islamizzata e in rapido aumento demografico. Il clima è mediterraneo lungo la stretta frangia litoranea, di tipo continentale nel resto del paese. L'agricoltura (frumento, alberi da frutto, tabacco), l'allevamento e l'estrazione del cromo costituiscono le principali risorse, ma l'economia rimane quella di un paese sottosviluppato e con un elevato tasso migratorio.

STORIA – **Prima dell'indipendenza**. Occupata inizialmente dagli illiri, l'A. viene poi colonizzata dai greci (VII sec. a.C.) e dai romani (II sec. a.C.). Alla fine del VI sec., gli slavi vi si stabiliscono in gran numero. XV-XIX sec.: nonostante la ribellione del patriota Skanderberg (1443-1468), il paese cade sotto la dominazione ottomana ed è ampiamente islamizzato. Tra i numerosi tentativi di rivolta si ricorda quella capeggiata dal pascià Alì di Tebelen (1822).
L'Albania indipendente. 1912: l'A. diventa un principato indipendente; **1920**: entra a far parte della Società delle Nazioni. **1925-1939**: Ahmed Zogu è a capo del paese, dapprima come presidente della repubblica, poi come re, col nome di Zogu I. **1939**: invasione dell'A. da parte delle truppe italiane. **1946**: viene proclamata la repubblica popolare e nominato presidente Enver Hoxha. In seguito il governo rompe i rapporti diplomatici con l'URSS (1961) e con la Cina (1978). **1985**: Ramiz Alia succede a E. Hoxha. Sotto la sua presidenza il paese esce dall'isolamento politico ed economico e, a partire dal 1990, intraprende il cammino verso la democrazia. **1992**: in seguito alla vittoria elettorale dell'opposizione democratica, R. Alia rassegna le dimissioni e la carica di presidente della repubblica viene assunta da Sali Berisha. **1997**: un

Albania

● più di 100.000 ab.
● da 30.000 a 100.000 ab.
● da 10.000 a 30.000 ab.
○ meno di 10.000 ab.

⭐ importante località turistica
— strada normale
— ferrovia
✈ aeroporto

200   500   1000   1500 m

movimento insurrezionale popolare destabilizza il paese. Vince le elezioni l'opposizione socialista, il cui leader è Fatos Nano. S. Berisha si dimette e sale alla presidenza della repubblica Rexhep Meidani. **1998**: viene approvata per referendum una nuova Costituzione. Il ruolo di F. Nano alla guida del PSS (l'ex Partito del lavoro, poi Partito socialista) viene messo in discussione da gravissime agitazioni interne: si giunge alle sue dimissioni e la presidenza viene assunta da Pandeli Majko; Ilir Meta riceve l'incarico di formare il governo. **1999**: l'A. deve far fronte all'afflusso massiccio di rifugiati dal Kosovo. **2001**: le elezioni permettono al PSS di conservare la maggioranza assoluta. **2002**: Alfred Moisiu è eletto presidente della repubblica. Il governo è sconvolto da una gravissima crisi politica: porta I. Meta a dimettersi; gli succede nella carica di primo ministro P. Majko. Il nuovo governo è molto vicino al PSS e alla figura di F. Nano. Il paese cerca faticosamente di avviarsi sulla strada della legalità e dello sviluppo economico, sostenuto in questo percorso dagli organismi internazionali e dall'Italia.

ALBÀNO (Làgo di) lago del Lazio, sui Colli Albani; 6 km². Il più profondo dei laghi laziali (170 m), noto anche come Lago di Castel Gandolfo, è originato dall'unione di due crateri vulcanici.

ALBÀNO (sànto), *m. a Verulamium, att. Saint Albans, 303 ca.*, protomartire d'Inghilterra.

ALBÀNO LAZIÀLE, com in prov. di Roma, sui Colli Albani, presso il Lago di Albano; 34.781 ab. È uno dei Castelli Romani. Produzione di vino. Turismo.

ALBANY, c. degli Stati Uniti, cap. dello Stato di New York, sul f. Hudson; 95.658 ab.

ALBANY (Luisa Stolberg-Gedern), *Mons 1752 - Firenze 1824*, contessa d'Albany. Nel 1784 si separò dal marito Carlo Edoardo Stuart e si legò sentimentalmente a V. Alfieri, di cui fu anche musa ispiratrice.

ALBEE (Edward), *Washington 1928*, drammaturgo statunitense. Le sue opere mettono in scena l'incomunicabilità e la solitudine umana (*Lo zoo, Chi ha paura di Virginia Woolf?, Un equilibrio delicato*).

ALBÉNGA, com. in prov. di Savona; 22.688 ab. Industrie vinicole. Fondata intorno al V sec. a.C., nel 181 a.C. fu conquistata dai romani. Cattedrale di S. Michele (XI-XII sec.).

ALBÉNIZ (Isaac Manuel Francisco), *Camprodón 1860 - Cambo-les-Bains 1909*, compositore e pianista spagnolo. Virtuoso del piano, è autore di *Iberia*, una raccolta di componimenti per piano in quattro quaderni (scritti dal 1906 al 1909), molto apprezzati da C. Debussy.

ALBERGÀTI CAPACÈLLI (Francésco), *Bologna 1728-1804*, commediografo. È nota la sua amicizia con C. Goldoni, V. Alfieri e la corrispondenza con Voltaire. Fu autore di commedie satiriche (*Nuovo teatro*, 1774-1778) e di due volumi di lettere.

ALBERÌCO DA BARBIANO, *Barbiano 1348 ca. - Città della Pieve 1409*, condottiero. Discendente della nobile famiglia dei conti di Cunio, fondò nel 1376 la compagnia di S. Giorgio.

ALBERÌCO DI RÒMA, *912 ca. - Roma 954*, patrizio romano. Figlio del marchese Alberico di Spoleto, nel 932 sconfisse Ugo di Provenza, re d'Italia, e divenne signore di Roma.

ALBEROBÈLLO, com. in prov. di Bari; 10.862 ab. Suggestiva cittadina nel cuore della Murgia, meta turistica famosa in tutto il mondo per la presenza dei trulli, abitazioni rurali in pietra di forma circolare e tetto conico.

ALBERÓNI (Francésco), *Piacenza 1929*, sociologo e scrittore. Celebre studioso dei movimenti collettivi e delle emozioni, nei suoi saggi affronta temi complessi con un linguaggio semplice e divulgativo (*Genesi*, 1989; *Innamoramento e amore*, 1979; *L'erotismo*, 1986; *L'arte del comando*, 2002).

ALBERÓNI (Giùlio), *Fiorenzuola d'Arda 1664 - Piacenza 1752*, cardinale e ministro di Spagna. Primo ministro di Filippo V (1716), favorito di Elisabetta Farnese, all'indomani del trattato di Utrecht cercò di risollevare le sorti della Spagna, facendo dono al suo sovrano della reggenza di Francia, ma fallì e fu congedato (1719).

ALBERS (Josef), *Bottrop 1888 - New Haven 1976*, pittore tedesco naturalizzato statunitense. Professore al Bauhaus (1923-1933), astrattista geometrico, ha studiato le interazioni tra colori.

ALBERTA, prov. del Canada, tra Columbia Britannica e Saskatchewan; 661.000 km²; 2.696.826 ab.; capol. *Edmonton*; c. princ. *Calgary*. Negli agglomerati urbani di Edmonton e di Calgary è concentrata più della metà della popolazione della provincia. Importanti giacimenti di petrolio e gas naturali. Colture cerealicole.

ALBERTÀZZI (Adòlfo), *Bologna 1865-1924*, scrittore e critico letterario. Allievo, amico e biografo di G. Carducci, più che per i suoi studi critici (*Il romanzo*, 1902-1904; *Il Carducci in professione d'uomo*, 1921), si affermò come autore di novelle (*Novelle umoristiche*, 1900; *Il zucchetto rosso e storie d'altri colori*, 1910; *Il diavolo nell'ampolla*, 1918).

ALBERTÀZZI (Giórgio), *Fiesole 1925*, attore, regista e autore teatrale. Ha portato in scena J.P. Sartre, A. Camus, W. Faulkner, G. D'Annunzio e L. Pirandello, ricevendo numerosi riconoscimenti e premi. Attualmente è direttore artistico del Festival di Taormina Arte.

ALBÈRTI (Leòn Battista), *Genova 1404 - Roma 1472*, architetto e letterato. A Roma, presso papa Niccolò V, sviluppò una personale concezione dell'architettura ispirata alla classicità romana e al contempo improntata alla ricerca di un equilibrio tipicamente rinascimentale. Trasferitosi a Firenze, fu influenzato dalle teorie sulla prospettiva di F. Brunelleschi. I suoi trattati di pittura e architettura (*De pictura, De statua* e soprattutto *De re aedificatoria*, 10 voll. sui principi dell'architettura) fanno di lui il primo grande teorico d'arte del Rinascimento. Progettò il Tempio Malatestiano di Rimini, Palazzo Rucellai a Firenze, le chiese di S. Sebastiano e S. Andrea a Mantova e completò la facciata di S. Maria Novella a Firenze. È anche autore di romanzi in latino (*Momus o De principe*) e in volgare (*Della famiglia*), moraleggianti e ricchi di precetti pedagogici.

Leon Battista **ALBERTI**. *Facciata di S. Maria Novella, a Firenze (1470).*

ALBERTI MERELLO (Rafael), *Puerto de Santa María 1902-1999*, poeta spagnolo. Le sue opere poetiche e teatrali conciliano la poesia popolare con uno stile raffinato (*Marinaio a terra*), che mette al servizio delle sue convinzioni estetiche (*L'uomo disabitato*) o politiche (*Radio Sevilla, Disprezzo e meraviglia*).

ALBERTÌNA (Palàzzo), edificio di Vienna che contiene l'omonima importante collezione pubblica di disegni e stampe.

ALBERTÌNI (Luigi), *Ancona 1871 - Roma 1941*, giornalista. Direttore del *Corriere della Sera* dal 1900, ne fu allontanato nel 1925 a causa della sua posizione palesemente antifascista. Fu senatore del regno.

ALBÈRTO, nome di più sovrani

AUSTRIA

ALBÈRTO, *Vienna 1817 - Arco 1895*, arciduca e generale austriaco. Zio di Francesco Giuseppe, sconfisse gli italiani a Custoza (1866).

ALBÈRTO D'ASBÙRGO, *Wiener Neustadt 1559 - Bruxelles 1621*, arciduca d'Austria. Governatore dei Paesi Bassi (1596-1621), nel 1599 sposò una figlia di Filippo II.

ALBÈRTO I o **ALBÈRTO I D'ASBÙRGO**, *1255 ca. - Brugg 1308*, duca d'Austria e re di Germania (1298-1308). — **Alberto II** o **Alberto V d'Asburgo**, *1397 - Neszmély 1439*, duca d'Austria (1404-

1439). Divenne re di Boemia e d'Ungheria (1437) e re di Germania (1438-1439).

BELGIO

ALBÈRTO I, *Bruxelles 1875 - Marche-les-Dames 1934*, re del Belgio (1909-1934). Meritò il soprannome di "Re Cavaliere" per il valore dimostrato durante la prima guerra mondiale, quando oppose una strenua resistenza ai tedeschi e guidò le truppe belghe. — **Alberto II**, *Bruxelles 1934*, re del Belgio dal 1993. Figlio di Leopoldo III e alla morte del fratello maggiore Badovino I. Nel 1959 ha sposato Paola Ruffo di Calabria.

■ *Alberto I del Belgio ritratto da J. Madyol. (Musée royal de l'Armée, Bruxelles.)*

GRAN BRETAGNA

ALBÈRTO, *Rosenau 1819 - Windsor 1861*, principe consorte di Gran Bretagna. Secondogenito del duca di Sassonia Coburgo Gotha, sposò nel 1840 la regina Vittoria I, sua cugina.

MONACO

ALBÈRTO I (Onoràto Càrlo **Grimàldi**), *Parigi 1848-1922*, principe di Monaco. Successore di Carlo III, fu uomo di scienza. Nel 1906 fondò il celebre Museo Oceanografico di Monaco.

PRUSSIA

ALBÈRTO DI BRANDEBÙRGO, *Ansbach 1490 - Tapiau 1568*, gran maestro dell'ordine teutonico e primo duca ereditario di Prussia (1525-1568).

ALBÈRTO I DI BALLENSTEDT, detto **l'Òrso**, *1100 ca. - 1170*, primo margravio di Brandeburgo (1134-1170).

ALBÈRTO (canàle), canale del Belgio che collega Schelda e Mosa, tra Anversa e Liegi; 129 km.

ALBÈRTO (làgo), lago dell'Africa equatoriale (Uganda e Rep. Dem. del Congo), attraversato dal Nilo; 4500 km².

ALBÈRTO (sànto), *Liegi 1166 ca. - Reims 1192*, vescovo di Liegi. Fu assassinato dagli emissari dell'imperatore Enrico VI.

ALBÈRTO DA GIUSSÀNO, *XII sec.*, condottiero. Guerriero lombardo che, secondo la tradizione, sconfisse F. Barbarossa comandando la Compagnia della Morte durante la battaglia di Legnano (1176).

ALBÈRTO MÀGNO (sànto), *Lauingen, Baviera, 1200 ca. - Colonia 1280*, domenicano, teologo e filosofo tedesco. Insegnando in Germania e a Parigi, poté divulgare le opere di Aristotele; fu il maestro di san Tommaso d'Aquino.

ALBERTVILLE, c. della Francia, nel dip. Savoie, alla confluenza dei f. Isère e Arly; 18.190 ab. Centro commerciale. Costruzioni elettriche. — Ant. cittadina fortificata di Conflans, con museo savoiardo.

ALBI, c. della Francia, capol. del dip. del Tarn, sul f. Tarn; 49.106 ab. Industria vetraria. Centro termale. — Cattedrale gotica con contrafforti in

ALBI. *La cattedrale di S.te-Cécile (XIII-XV sec.) e il suo jubé (1500 ca.)*

mattoni rossi, a navata unica (XIII-XV sec.; decorazioni ad affresco); l'antico palazzo episcopale ospita oggi il Musée Toulouse-Lautrec.

ALBIGÉSE, reg. storica della Francia, corrispondente alla pianura del Tarn, a valle di Albi.

ALBIGÉSI (crociàta degli) (1208-1244), guerra dichiarata da Innocenzo III contro il conte di Tolosa, Raimondo VI, e gli a. o catari. Scoppiata in occasione dell'assassinio di Pietro di Castelnau, legato pontificio, fu condotta dai feudatari del N guidati da Simone di Montfort. Segnato da atrocità da parte di entrambe le fazioni, il conflitto ebbe fine con la presa del castello albigese di Montségur.

ALBÌNI (Frànco), *Robbiate 1905 - Milano 1977*, architetto, designer e urbanista. Dal movimento moderno derivò una straordinaria capacità di sintesi e concretezza. Famosi i suoi quartieri di edilizia popolare a Milano (quartieri "Fabio Filzi", "Gabriele D'Annunzio" ed "Ettore Ponti", il palazzo della Rinascente a Roma e la prima linea del metrò milanese.

ALBINÓNI (Tomàso), *Venezia 1671-1750*, compositore e violinista. È autore di sonate, concerti e di 48 melodrammi di cui non resta quasi nulla. Il celebre *Adagio di Albinoni*, pastiche realizzato nel XX sec. (R. Giazotto), ha contribuito alla riscoperta del compositore.

ALBIÓNE, ant. nome della Gran Bretagna, attestato in Claudio Tolomeo.

ALBISÒLA MARÌNA, com. in prov. di Savona; 5602 ab. Centro turistico balneare, fin dal XV sec. è rinomato per la produzione di ceramiche artistiche.

ÀLBIZZI, famiglia fiorentina avversaria dei Medici nel XIV-XV sec. I suoi membri si arricchirono con l'arte della lana e ricoprirono importanti cariche cittadine. Di parte guelfa e della fazione dei Neri, furono banditi in occasione della rivolta dei Ciompi (1378) e riacquistarono prestigio alla fine del XIV sec.

ALBOÌNO, re dei longobardi (561-572). Sconfitti i gepidi e sposata la moglie del loro re, Rosmunda, guidò il suo popolo dalla Pannonia in Italia. Qui invase Veneto e Lombardia, conquistando Milano (569) e Pavia (571). Proclamato re dello Stato longobardo, fu ucciso in una congiura a Verona (572).

ÅLBORG, c. della Danimarca, a N della penisola dello Jylland; 161.661 ab. Cattedrale del XIV-XVIII sec. Musei.

ALBORNOZ (Gil **Álvarez Carrillo de**), *Cuenca 1300 ca. - Viterbo 1367*, ecclesiastico e politico spagnolo. Arcivescovo di Toledo e cardinale, legato del papa d'Avignone in Italia, riorganizzò lo Stato pontificio (1353-1360).

ALBRET, famiglia guascone a cui appartenne Giovanna di A., madre di Enrico IV.

ALBRIGHT (Madeleine), *Praga 1937*, politica statunitense d'origine ceca. Democratica, rappresentante permanente degli Stati Uniti al Consiglio di sicurezza dell'ONU (1993-1996), è stata segretario di Stato dal 1997 al 2001.

ALBRÌZZI TEOTÒCHI (Isabèlla), *Corfù 1760 - Venezia 1836*, scrittrice. Presso di lei si riuniva un salotto letterario frequentato, tra gli altri, da U. Foscolo, V. Alfieri e G. Byron. Dedicò al gruppo degli amici l'opera *Ritratti* (1807).

ALBUQUERQUE, c. degli Stati Uniti (New Mexico), sul Rio Grande; 448.607 ab.

ALBUQUERQUE (Alfonso, duca **de**), *Alhandra, presso Lisbona, 1453 - Goa 1515*, conquistatore portoghese. Viceré delle Indie (1509), conquistò Goa e Malacca, stabilendo così le basi della potenza portoghese nelle Indie.

ALBÙRNO (Mónte), massiccio calcareo dell'Appennino merid., tra le valli dei f. Tanagro, Sele e Calore. La vetta più alta è il Panormo (1742 m).

ALCALÁ DE HENARES, c. della Spagna, a NE di Madrid; 166.397 ab. Università fondata nel 1498 dal cardinale Francisco Jimenez de Cisneros. — Monumenti del XVI-XVII sec.

ALCALÁ ZAMORA Y TORRES (Niceto), *Priego 1877 - Buenos Aires 1949*, politico spagnolo. Fu presidente della repubblica dal 1931 al 1936.

ALCÀMENE, *V sec. a.C.*, scultore greco, allievo e rivale di Fidia (gruppo di *Procne e Iti*, rinvenuto nell'Acropoli di Atene).

ÀLCAMO, com. in prov. di Trapani, nell'entroterra del Golfo di Castellammare, 43.553 ab. Industria di trasformazione dei prodotti agricoli, estrazione del travertino. — Fondata dagli arabi nel IX sec., nel XIV sec. divenne feudo aragonese.

ALCÁNTARA, centro della Spagna (Estremadura); 1650 ab. Imponente ponte romano; chiesa romanico-gotica. — La cittadina fu sede di un ordine militare e religioso, fondato nel 1156, che si ispirava a quello dei templari.

ALCÀNTARA, f. della Sicilia orient.; 48 km. Nasce dai monti Nebrodi e sfocia nel Mar Ionio. Dà origine a spettacolari gole, oggi parco regionale.

ALCÀNTARA (Pàrco dell'), parco fluviale regionale, in prov. di Catania; 1927 ha. Istituito nel 2001, comprende siti archeologici, zone di interesse faunistico e botanico e le suggestive gole dell'omonimo fiume.

ALCATEL, società francese. Fondata nel 1898 con il nome di Compagnie générale d'électricité (CGE), divenne nel 1991 A. Alsthom. Dopo aver abbandonato l'attività nel settore dell'energia e dei trasporti, è diventata uno dei maggiori protagonisti nel campo delle telecomunicazioni e di Internet.

ALCÈO, *Mitilene, 630-550 ca. a.C.*, poeta greco. Di famiglia aristocratica, lottò contro i tiranni e subì più volte l'esilio. Esponente, insieme a Saffo, della lirica eolica, produsse versi da cui traspare una forte passione per la politica.

ALCÈSTI MITOL. GR. Figlia di Pelia e sposa di Admeto. Accettò di morire al posto del marito, ma venne strappata agli Inferi da Eracle. — La sua leggenda ha ispirato una tragedia a Euripide (438 a.C.) e un'opera a C.W. Gluck, su libretto di R. de' Calzabigi.

ALCIÀTO (Andrèa), *Alzate Brianza 1492 - Pavia 1550*, giureconsulto. Autore della famosa opera *Emblemata* (1531), arricchì lo studio del diritto romano di approfondimenti storici e linguistici.

ALCIBÌADE, *450 ca. - in Frigia 404 a.C.*, generale ateniese. Discepolo di Socrate, a capo del partito democratico, caldeggiò la spedizione in Sicilia (415). Accusato di sacrilegio (mutilazione delle statue di Hermes), fuggì e visse per qualche tempo a Sparta; si rifugiò quindi presso il satrapo Tissaferne e infine ritornò ad Atene (407) dopo alcuni successi militari. Morì in esilio, assassinato.

ALCÌNOO MITOL. GR. Personaggio dell'*Odissea*, re dei Feaci, padre di Nausicaa. Ospitò Ulisse naufrago.

ALCIÓNE MITOL. GR. Nome di varie eroine, tra cui la figlia di Eolo. Questa, dopo essersi gettata da una rupe per la morte del marito Ceice, fu trasformata da Zeus in un alcione (uccello che ne prende il nome).

ALCMÈNA MITOL. GR. Sposa di Anfitrione. Sedotta da Zeus, diede alla luce Eracle.

ALCMEÒNIDI, famiglia aristocratica ateniese. Si distinse per il sostegno dato alla democrazia. Agli A. appartennero Clistene, Pericle e Alcibiade.

ALCOBAÇA, c. del Portogallo, a N di Lisbona; 5079 ab. Monastero cistercense (XIII-XVIII sec.).

ALCORN (John), *New York 1935 - Lime 1992*, illustratore statunitense. Insieme a M. Glaser è considerato, nel settore della grafica, uno dei più importanti esponenti della pop art. In Italia ha operato soprattutto in ambito editoriale.

ALCOTT (Louisa May), *Germantown 1832 - Boston 1888*, scrittrice statunitense. A 16 anni pubblicò il suo primo libro, *Favole di fiori*. Raggiunse il successo letterario solo nel 1868 con il romanzo autobiografico *Piccole donne*, cui seguirono *Piccole donne crescono* (1869), *Piccoli uomini* (1871), *I ragazzi di Jo* (1886).

ALCUÌNO DI YORK, *York 735 ca. - Tours 804*, monaco ed erudito anglosassone. Fu uno dei maestri della scuola palatina fondata da Carlo Magno e giocò un ruolo fondamentale nella rinascita carolingia.

ALDABRA (Ìsole), arcipelago dell'Oceano Indiano, che fa parte delle Seichelle.

ALDAN, f. della Russia, in Siberia, affl. di destra del Lena; 2242 km.

ALDERNEY, in fr. **Aurigny**, isola britannica all'estremità della penisola del Cotentin; 2400 ab.; capol. *Saint Anne*. Turismo.

ALDOBRANDÉSCHI, famiglia nobile, di probabili origini longobarde, che nel Medioevo dominava un vasto territorio della Toscana meridionale (comitato aldobrandesco). Cominciò a decadere nel XIII sec., ma si estinse solo nel XVII sec.

ALDOBRANDÌNI, famiglia nobile fiorentina, trasferitasi a Roma nel 1500. — **Silvestro A.**, *Firenze 1499 - Roma 1558*. Politico e autore di scritti giuridici. I suoi figli (Giovanni, Ippolito, Tommaso, Pietro) rivestirono alte cariche nella Curia. — **Ippolito A.** → CLEMENTE VIII.

ALDRICH (Robert), *Cranston, Rhode Island, 1918 - Los Angeles 1983*, regista cinematografico statunitense. Ha realizzato film in cui dominano brutalità e frenesia, situazioni opprimenti o parossistiche (*Vera Cruz*, 1954; *Un bacio e una pistola*, 1955; *Il grande coltello*, 1955; *Che fine ha fatto Baby Jane?*, 1962).

ALDRIN (Buzz), *Montclair, New Jersey, 1930*, astronauta statunitense. È stato il secondo uomo, dopo N. Armstrong, a mettere piede sulla Luna (Apollo 11, 21 lug. 1969).

ALDROVÀNDI (Ulisse), *Bologna 1522-1605*, medico e naturalista. Fondò e diresse il primo orto botanico a Bologna nel 1560, e fu autore di numerose opere su piante (raccolse un erbario di ca. 4000 specie) e animali (*Historia animalium*).

ALEÀRDI (Aleàrdo), *Verona 1812-1878*, poeta. Fu amico di G. Prati, con il quale condivise gli ideali risorgimentali. La sua opera poetica si avvicina allo stile di U. Foscolo ed è permeata di temi romantici (amore, patria).

ALECHINSKY (Pierre), *Bruxelles 1927*, pittore e incisore belga. Membro del movimento Cobra. Trasferitosi in Francia, si è distinto, oltre che per le sue doti calligrafiche e coloristiche, per il mordace umorismo.

Pierre **ALECHINSKY**. Volcan ensorcelé, 1974.
(Stedelijk Museum, Ostenda.)

ALECSANDRI (Vasile), *Bacău 1821 - Mircești 1890*, scrittore e politico romeno, autore di poesie, poemi epici e commedie.

ALEGRÍA (Ciro), *Sartimbamba 1909 - Lima 1967*, scrittore peruviano. Nei suoi romanzi ha sostenuto la causa degli indios (*Il serpente d'oro*, *Il mondo è grande e alieno*).

ALEIJADINHO (Antonio Francisco **Lisboa**, detto **l'**), *Ouro Prêto 1730 ? - 1814*, scultore e architetto brasiliano. Decorò le chiese del Minas Gerais con esuberanti opere barocche (Bom Jesus de Congonhas do Campo).

ALEIXANDRE (y Merlo Vicente), *Siviglia 1898 - Madrid 1984*, poeta spagnolo. Passò dall'ispirazione surrealista (*La Distruzione o Amore*) all'interesse per i problemi sociali. (Premio Nobel 1977.)

ALEMÁN (Mateo), *Siviglia 1547 - Messico 1614 ca.*, scrittore spagnolo, autore di *Vita del pícaro Guzmán de Alfarache* (1599), prototipo del romanzo picaresco.

ALEMBERT (Jean-Baptiste **Le Rond d'**), *Parigi 1717-1783*, fisico, matematico e filosofo francese. Scettico nei confronti di religione e metafisica, fautore della tolleranza, nel *Discorso preliminare all'Encyclopédie* espose la filosofia naturale e lo spirito scientifico che guidavano l'opera. Studiò equazioni differenziali, derivate parziali e vari principi dell'analisi matematica; gli si deve la prima formulazione del teorema fondamentale dell'algebra.

ALENCAR (José Martiniano **de**), *Mecejana 1829 - Rio de Janeiro 1877*, scrittore e politico brasiliano. È autore di romanzi storici e sugli indios (*Guarany*, *Iracema*).

ALENÇON, c. della Francia, capol. del dip. Orne, sul f. Sarthe; 30.379 ab. Chiesa di Notre-Dame. Museo. — Famosa per i merletti, realizzati al punto d'A.

ALENIA, società controllata da Finmeccanica (IRI) e originata dalla fusione di Aeritalia e Selenia. Si occupa di costruzioni aerospaziali e sistemi di difesa.

ALENTEJO, reg. del Portogallo, a S del Tago.

ALÈPPO, c. della Siria nord-occ.; 1.542.000 ab. Grande moschea del 715, rimaneggiata nel XII sec. Cittadella. Museo. — La città, la cui esistenza è attestata dal XX sec. a.C., fu un prospero centro arabo dal XII al XIII sec. e uno dei principali scali del Levante (XV-XVIII sec.).

ALERÀMO (Rina **Fàccio**, detta Sibilla), *Alessandria 1876 - Roma 1960*, scrittrice. Dalla vita inquieta e passionale, ha lasciato romanzi (*Il passaggio*, 1919; *Amo, dunque sono*, 1927), poesie (*Momenti*, 1921; *Selva d'amore*, 1947) e articoli di giornale. Uno dei temi a lei più cari, l'emancipazione femminile, è ben espresso nel suo primo libro, *Una donna* (1906).

ALÈRIA, cittadina della Corsica (Haute-Corse), nella piana omonima; 2006 ab. Resti dell'ant. c. romana del V sec. Museo archeologico J. Carcopino.

ALÈS, c. della Francia, capol. del dip. Gard, ai piedi delle Cevenne, sul f. Gardon; 41.051 ab. Industrie siderurgiche. — Cattedrale del XVIII sec. Musei. — Nel 1629 Richelieu vi concluse un trattato con i protestanti (editto di grazia).

ALÈSIA, ant. c. fortificata della Gallia, dove Cesare assediò e catturò Vercingetorige (52 a.C.). Sorgeva nei pressi dell'att. Alise-Sainte-Reine.

ALESSANDRA FÈDOROVNA, *Darmstadt 1872 - Ekaterinburg 1918*, imperatrice di Russia. Figlia del duca di Assia Luigi IV e moglie dello zar Nicola II, fu condannata a morte con il marito e i figli nel 1918. Dopo il ritorno dei suoi resti a San Pietroburgo (1998), nel 2000 è stata canonizzata dalla Chiesa ortodossa russa con la sua famiglia.

ALESSANDRÉTTA → ISKENDERUN.

ALESSÀNDRIA, in ar. **Al-Iskandariyah**, c. dell'Egitto, a O del delta del Nilo; 3.321.844 ab. (*alessandrini*) (4.113.000 ab. nell'agglomerato). Porto. Centro commerciale e finanziario, indu-

ALESSANDRIA. *Ritrovamento (1995) del busto colossale di un Tolomeo, in granito rosa, del periodo ellenistico.*

striale (metallurgico, tessile) e culturale (università, nuova Biblioteca di A., eredità simbolica di quella antica). Turismo. — La città, fondata da Alessandro Magno (332 a.C.), celebre per il faro alto più di 400 piedi che illuminava la rada antistante (una delle sette meraviglie del mondo antico), al tempo di Tolomeo fu il cuore artistico e letterario dell'Oriente, nonché uno dei centri di diffusione della civiltà ellenistica (museo, biblioteca). — Fu sede di un'importante comunità ebraica di lingua greca. La Chiesa di A. contribuì in misura determinante alla diffusione del cristianesimo.

ALESSÀNDRIA, c. del Piemonte, capol. di prov., sul Tanaro; 90.289 ab. (*alessandrini*). Importante nodo stradale e ferroviario. Industrie (chimiche, meccaniche, elettrotecniche, tessili, cartarie) e agricoltura (cereali, viti). Prodotti tradizionali (cappelli). — Fondata nel XII sec. come *Civitas nova*, prese l'attuale nome dal pontefice Alessandro III; dal 1198 libero comune, fu poi annessa al ducato di Milano e passò ai Savoia nel 1707. — Monumenti del XIII-XV sec. (chiese di S. Maria di Castello e S. Maria del Carmine) e del XVIII sec. (palazzi comunale, del governo e di giustizia; chiese di S. Alessandro, S. Stefano e S. Lorenzo). Cattedrale neoclassica. — Nella provincia, in parte collinare (Monferrato) e montuosa, si coltivano cereali, riso e uva, e si allevano bovini.

ALESSÀNDRIA DEL CARRÉTTO, com. in prov. di Cosenza, situato nel Parco nazionale del Pol-

lino; 772 ab. Centro montano di interesse storico e ambientale.

ALESSANDRÌNI (Goffrédo), *Il Cairo 1904 - Roma 1978*, regista cinematografico. Autore di commedie e di film di guerra, ha contribuito alla propaganda del regime fascista. È stato marito dell'attrice A. Magnani.

ALESSÀNDRO, nome di più sovrani

ANTICHITÀ

ALESSÀNDRO (III) MÀGNO, *Pella, Macedonia, 356 - Babilonia 323 a.C.*, re di Macedonia (336-323). Figlio di Filippo II, al quale succedette, e allievo di Aristotele, sottomise la Grecia in rivolta. Nel 334 passò l'Ellesponto (i Dardanelli) e sconfisse sul fiume Granico le truppe persiane di Dario III (334), conquistando la supremazia sull'Asia Minore. Di nuovo vincitore contro i persiani a Isso (333), conquistò il litorale siriaco (in part. Tiro) e penetrò in Egitto, dove fondò Alessandria (332). Attraversati l'Eufrate e il Tigri, sconfisse i persiani a Gaugamela e Arbela (331), mettendo fine al potere degli Achemenidi. Conquistò Babilonia e Susa, incendiò Persepoli e raggiunse l'Indo. Ma, essendo il suo esercito giunto allo stremo delle forze, dovette far ritorno a Babilonia, dove si diede a organizzare il suo impero, cercando di fondere le civiltà greca e persiana. Alla sua morte l'impero non gli sopravvisse e fu diviso tra i suoi generali.

GRECIA

ALESSÀNDRO I, *Tatòi 1893 - Atene 1920*, re di Grecia (1917-1920), figlio di Costantino I.

RUSSIA

ALESSÀNDRO I, *San Pietroburgo 1777 - Taganrog 1825*, imperatore di Russia (1801-1825), della dinastia dei Romanov. Figlio di Paolo I, aderì dapprima alla terza coalizione contro Napoleone I, poi venne a patti con questi (Tilsit, 1807; Erfurt, 1808). Dopo l'insuccesso della campagna di Russia (1812), partecipò alla liberazione dell'Europa (Lipsia, 1813; campagna di Francia, 1814) e concluse la Santa Alleanza con i sovrani di Austria e Prussia (1815). — **Alessandro II**, *Mosca 1818 - San Pietroburgo 1881*, imperatore di Russia (1855-1881), della dinastia dei Romanov. Figlio di Nicola I, attuò un vasto piano di riforme: abolizione della servitù (1861), istituzione degli *zemstvos* (1864), giustizia uguale per tutti e servizio militare obbligatorio (1874). Vincitore della guerra contro gli ottomani nel 1877-1878,

Danubio
MACEDONIA
Pella
334 a.C. Granico
Alessandria di Troade
333 a.C. Alicarnasso
Alessandretta
ARMENIA
Isso 333 a.C.
Tigri
331 a.C. Gaugamela
Arbela
MEDIA
332 a.C. Tiro
Damasco
Eufrate
Alessandria 332 a.C. Gaza
Babilonia
Susa
Menfi
Oasi di Ammone
EGITTO
Tebe
Nilo
ARABIA
Persepoli
Alessandria di Caracene
PARTIA
Alessandria Proftasia
Alessandria Carmana
Amudarja
Syrdarja
Alessandria Escate (Khodjend)
Alessandria Margiana (Mary)
Alessandria (Herat)
Alessandria al Caucaso
326 a.C. Aorno
Indo
Sutlej
Alessandria di Aracosia (Kandahar)
Alessandria

500 km

L'IMPERO DI ALESSANDRO MAGNO — Itinerario di Alessandro ★ Battaglie ● Città assediate ■ Città fondate da Alessandro ▢ Impero di Alessandro

ALESSANDRO MAGNO. (Museo archeologico nazionale, Napoli.)

dovette accettare le disposizioni del congresso di Berlino (1878). Morì assassinato. — **Alessandro III**, *San Pietroburgo 1845 - Livadija 1894*, imperatore di Russia (1881-1894), della dinastia dei Romanov. Figlio di Alessandro II, praticò una politica reazionaria.

■ *Alessando I di Russia ritratto da F. Gérard. (Museo di Belle Arti, Losanna.)*

ALESSÀNDRO I, *? - 115 ca.*, papa dal 106 ca. al 115 ca. Confuso con un martire omonimo. Rimangono scarse notizie del suo pontificato. — **Alessandro II** (Anselmo **da Baggio**), *? - Roma 1073*, papa dal 1061 al 1073. Sostenuto da Ildebrando di Soana (il futuro Gregorio VII), cercò di realizzare la riforma della Chiesa, lottando contro la simonia e schierandosi a favore del celibato ecclesiastico. Ebbe rapporti difficili con l'impero. — **Alessandro III** (Rolando **Bandinelli**), *Siena ? - Civita Castellana 1181*, papa dal 1159 al 1181. Lottò contro Federico Barbarossa, al quale oppose i comuni della Lega lombarda. Nel 1179 indisse il terzo concilio lateranense. — **Alessandro IV** (Rainaldo **dei conti di Segni**), *? - Viterbo 1261*, papa dal 1254 al 1261. Si scontrò con gli svevi, in particolare con Manfredi, che scomunicò. Protesse i francescani. — **Alessandro V** (Pietro **Filargis**), *Creta 1340 ca. - Bologna 1410*, antipapa dal 1409 al 1410. Francescano, legato ai Visconti, fu eletto in contrapposizione ai due pontefici, romano e avignonese. — **Alessandro VI** (Rodrigo **Borgia**), *Játiva, Spagna, 1431 - Roma 1503*, papa dal 1492 al 1503. È celebre per la vita dissoluta, la passione per gli intrighi e il nepotismo. — **Alessandro VII** (Fabio **Chigi**), *Siena 1599 - Roma 1667*, papa dal 1655 al 1667. Avversò il giansenismo. Fece erigere pregevoli monumenti (colonnato di G.L. Bernini in piazza S. Pietro). — **Alessandro VIII** (Pietro Vito **Ottoboni**), *Venezia 1610 - Roma 1691*, papa dal 1689 al 1691. Si oppose al gallicanesimo di Luigi XIV. Ebbe tendenze nepotiste.

ALESSÀNDRO I DI BATTENBERG, *Verona 1857 - Graz 1893*, primo principe di Bulgaria (1879-1886). Fu costretto ad abdicare.

ALESSÀNDRO I KARAGJORGJEVIĆ, *Cettigne 1888 - Marsiglia 1934*, re di Serbia, Croazia e Slovenia (1921-1929) e re di Iugoslavia (1929-1934). Figlio di Pietro I Karagjorgjević, promosse una politica centralizzatrice e autoritaria. Fu assassinato durante una visita ufficiale in Francia.

ALESSÀNDRO I OBRENOVIĆ, *Belgrado 1876-1903*, re di Serbia (1889-1903). Figlio di Milan Obrenović, fu assassinato in una congiura militare.

ALESSÀNDRO (Arcipèlago), arcipelago statunitense dell'Oceano Pacifico, appartenente all'Alaska.

ALESSÀNDRO (sànto), *m. nel 326 ca.*, patriarca di Alessandria (313-326). Fece condannare Ario nel concilio di Nicea (325).

ALESSÀNDRO FARNÈSE, *Roma 1545 - Arras 1592*, duca di Parma (1586-1592), governatore generale dei Paesi Bassi (1578-1592). Inviato da Filippo II di Spagna in aiuto dei cattolici francesi, fu l'avversario di Enrico IV.

ALESSÀNDRO JAGELLÓNE, *Cracovia 1461 - Vilnius 1506*, granduca di Lituania (1492-1506) e re di Polonia (1501-1506).

ALESSANDRO NEVSKIJ, *1220 ca. - Gorodec 1263*, duca di Novgorod (1236-1252), granduca di Vladimir (1252-1263). Sconfisse gli svedesi (1240) e i cavalieri teutonici (1242).

ALESSÀNDRO SEVÈRO → SEVERO ALESSANDRO.

ALÈSSI, *Turi 372 ca. - Atene 270 ca. a.C.*, commediografo greco. Maestro di Menandro, scrisse almeno 136 commedie, di cui non restano che frammenti. Fu l'iniziatore della "commedia di mezzo".

ALÈSSI (Galeàzzo), *Perugia 1512-1572*, architetto. Formatosi a Roma, fu attivo soprattutto a Genova e Milano.

ALÈSSIO, nome di più sovrani

IMPERO BIZANTINO

ALÈSSIO I COMNÈNO, *Costantinopoli 1058-1118*, imperatore bizantino (1081-1118). Il suo regno fu caratterizzato da un'energica ripresa della potenza bizantina. — **Alessio III Angelo**, *m. nel 1210*, imperatore bizantino (1195-1203). — **Alessio IV Angelo**, *1182 ca. - Costantinopoli 1204*, imperatore bizantino (1203-1204).

IMPERO DI TREBISONDA

ALÈSSIO I COMNÈNO, *m. nel 1222*. Dopo l'occupazione latina di Costantinopoli (1204), si impossessò di Trebisonda e si fece proclamare imperatore con il titolo di Gran Comneno. Governarono l'impero anche — **Alessio II**, *m. nel 1330*, e — **Alessio III**, *m. nel 1390*.

ALÈSSIO (sànto), *m. nel 1378*, prelato russo. Metropolita di Mosca (1354), giocò un ruolo di primo piano nella lotta per il primato di questa città.

ALÈSSIO MICHAJLOVIČ, *Mosca 1629-1676*, zar di Russia (1645-1676), della dinastia dei Romanov. Fece adottare il codice del 1649 e le riforme liturgiche del 1666-1667, che furono all'origine della rivolta scismatica dei vecchi credenti.

ALETSCH, ghiacciaio delle Alpi Bernesi, nel Vallese, lungo 24 km.

ALÈUTI, popolazione paleosiberiana degli Stati Uniti (Isole Aleutine, Alaska) e della Russia (Isole del Commodoro) (ca. 3000 individui). Gli esponenti di questa etnia parlano l'aleuto; la famiglia eschimo-aleuta.

ALEUTÌNE (Isole), arcipelago di isole vulcaniche statunitensi, che costituiscono un'appendice dell'Alaska lungo la costa nord-occ. dell'America settentr. Basi aeree. Pesca. — **Corrente dell'Alaska e delle Aleutine**, corrente marina calda della zona artica dell'Oceano Pacifico. Scorre da O verso E, lungo le coste dell'Alaska e delle Isole Aleutine.

ALEVI, importante minoranza religiosa della Turchia (ca. 15 milioni di individui, di cui 5 milioni curdi). Gnostici e deisti, gli a. rappresentano in seno all'islam una corrente scismatica originale, che dimostra una particolare tolleranza anche nei confronti della laicità (a differenza della maggioranza sunnita). Svolgono ormai un ruolo riconosciuto nella vita politica turca.

ALEXANDER (Franz), *Budapest 1891 - New York 1964*, psichiatra e psicoanalista statunitense di origine tedesca. Pioniere della psicoanalisi negli Stati Uniti, contribuì allo sviluppo della medicina psicosomatica.

ALEXANDER (Harold George), cónte **Alexander di Tunisi**, *Londra 1891 - Slough, Buckinghamshire, 1969*, maresciallo britannico. Insieme al generale D. Eisenhower guidò le forze alleate in Italia (1943-1944) e nel Mediterraneo (1944-1945). Fu governatore del Canada (1946-1952), poi ministro della difesa (1952-1954).

ALEXIS (Jacques Stephen), *Gonaïves 1922 - Haiti 1961*, scrittore haitiano. Nei suoi romanzi descrive, con accenti lirici e intensa partecipazione, la realtà sociale del suo paese (*Compère général soleil*).

ALFÀNI (Giànni), *Firenze XIII sec.*, poeta. Stilnovista di identità incerta, fu amico di G. Cavalcanti, cui dedicò un sonetto. Scrisse anche sei ballate.

ALFÀNO (Frànco), *Napoli 1876 - Sanremo 1954*, compositore. Studiò al conservatorio della città natale e a Lipsia. Celebre per aver completato la *Turandot* di G. Puccini, compose opere liriche (*Resurrezione*, 1904; *La leggenda di Sukuntala*, 1921), sinfonie, quartetti e balletti.

ÀLFA ROMÈO, azienda automobilistica, oggi parte del gruppo FIAT che trae origine dalla milanese Società Automobili Darracq, denominata ALFA (Anonima lombarda fabbrica automobili) nel 1909. Ha assunto il nome attuale solo dopo la prima guerra mondiale, sotto la direzione dell'ingegnere N. Romeo.

ALFEDÈNA, com. in prov. dell'Aquila, alle porte del Parco nazionale d'Abruzzo; 702 ab. Centro turistico di origini sannite (necropoli del VIII sec. a.C.).

ALFÈO, in gr. **Alfíos**, f. della Grecia, nel Peloponneso. Scorre presso Olimpia. — Era venerato dagli antichi greci.

ALFIÈRI (Dino Odoàrdo), *Bologna 1886 - Milano 1966*, politico e diplomatico. Deputato fascista dal 1924, fu sottosegretario per la stampa e la propaganda (1935), ministro per la cultura popolare (1936) e ambasciatore presso la Santa Sede (1939) e a Berlino (1940). Al Gran consiglio del 25 lug. 1943 votò contro B. Mussolini e, per sfuggire alla condanna a morte, si rifugiò in Svizzera.

ALFIÈRI (Vittòrio), *Asti 1749 - Firenze 1803*, scrittore. Di nobile famiglia, dopo gli studi a Torino viaggiò per l'Europa, si appassionò poi alla tragedia e, trasferitosi in Toscana con la sua compagna, la contessa d'Albany, si dette allo studio dei classici. È autore di tragedie dall'impianto convenzionale, che propongono un ideale aristocratico di volontà ed eroismo dell'individuo nella lotta contro la tirannide e il fato (tra cui *Antigone, Virginia, Timoleone, Saul, Mirra*), di un'appassionata autobiografia (*Vita*) e di trattati in cui esprime il suo pensiero politico (*Della tirannide, Del principe e delle lettere*). Tra le altre opere le *Satire* e le *Rime*.

ALFIÈRI DI SOSTÉGNO (Cèsare), *Torino 1799 - Firenze 1869*, politico. Dopo un'iniziale carriera diplomatica divenne primo scudiere di Carlo Alberto (1827). Attuò la riforma degli studi del regno e fu nominato ministro della Pubblica istruzione nel 1847. Detenne la carica di presidente del senato dal 1855 al 1860.

ALFÖLD, vasta pianura dell'Ungheria, tra il corso del Danubio e il confine romeno.

ALFONSÍN (Raúl), *Chascomús 1926*, politico argentino. Leader del Partito radicale, è stato presidente della repubblica dal 1983 al 1989.

ALFONSÌNE, com. in prov. di Ravenna; 11.713 ab. Centro agricolo e industriale, nel cui territorio si trova uno dei bacini metaniferi più importanti della Pianura Padana.

ALFONSÌNE (Tàvole), tavole astronomiche pubblicate nel 1252 dal re Alfonso X di Castiglia, contenenti informazioni precise sul moto degli astri. Furono utilizzate fino ai tempi di G. Keplero.

ALFÒNSO, nome di più sovrani

ARAGONA

ALFÒNSO I IL BATTAGLIÈRO, *1073 ca. - 1134*, re d'Aragona e Navarra (1104-1134). Riconquistò Saragozza strappandola ai musulmani (1118) e organizzò un'incursione in Andalusia (1125). — **Alfonso II il Casto**, *1152 - Perpignano 1196*, re d'Aragona (1162-1196). Impose il suo dominio sul Rossiglione ed ereditò, nel 1166, la Provenza. — **Alfonso V il Magnanimo**, *1396 - Napoli 1458*, re d'Aragona e di Sicilia (1416-1458), re (Alfonso I) delle Due Sicilie (1442-1458). Conquistò il regno di Napoli (1435-1442).

ASTURIE E CASTIGLIA

ALFÒNSO III IL GRÀNDE, *838 - Zamora 910*, re delle Asturie (866-910). Riunì le province cristiane nord-occ. (León).

ALFÒNSO VI, *1040-1109*, re di León (1065-1109), Castiglia (1072-1109) e Galizia (1073-1109). Conquistò il regno di Toledo (1085), ma fu battuto dai musulmani a Zalaca (Sagrajas) nel 1086. — **Alfonso VII il Buono**, *1105 - La Fresneda 1157*, re di Castiglia e León (1126-1157). Incoronato imperatore nel 1135, nel 1143 dovette riconoscere l'indipendenza del Portogallo. — **Alfonso VIII il Nobile**, *Soria 1155 - Ávila 1214*, re di Castiglia (1158-1214). Vinse i musulmani a Las Navas de Tolosa (1212). — **Alfonso IX**, *Zamora 1171 - Villanueva de Sarria 1230*, re di León (1188-1230). Riconquistò l'Estremadura e riunì le prime Cortes (1188). — **Alfonso X il Saggio**, *Toledo 1221 - Siviglia 1284*, re di Castiglia e León (1252-1284) e imperatore di Germania (1257-1272). Fece redigere delle tavole astronomiche (*Tavole alfonsine*) e fu autore di cantici dedicati alla Vergine.

PORTOGALLO

ALFÒNSO I IL CONQUISTATÓRE, *Guimarães 1110 ca. - Coimbra 1185*, re del Portogallo (1139-1185), della dinastia di Borgogna. Proclamato re in seguito ai suoi successi contro i musulmani, ottenne l'indipendenza del Portogallo. — **Alfonso III il Riformatore**, *Coimbra 1210 - Lisbona 1279*, re del Portogallo (1248-1279), della dinastia di Borgogna. Proseguì la riconquista ai danni dei musulmani occupando l'Algarve. — **Alfonso V l'Africano**, *Sintra 1432-1481*, re del Portogallo (1438-1481), della dinastia di Aviz. Promosse una serie di spedizioni in Marocco.

SPAGNA

ALFÒNSO XII, *Madrid 1857-1885*, re di Spagna (1874-1885), della dinastia dei Borboni. Restaurò la monarchia e mise fine alla guerra carlista (1876).

ALFÒNSO XIII, *Madrid 1886 - Roma 1941*, re di Spagna (1886-1931), della dinastia dei Borboni. Dovette accettare, nel 1923, la dittatura del generale Primo de Rivera e lasciò il paese dopo la vittoria repubblicana nelle elezioni amministrative del 1931.

ALFÒNSO MARÌA DE' LIGUÒRI (sànto), *Marianella 1696 - Nocera dei Pagani 1787*, ecclesiastico napoletano, fondatore dei redentoristi (1732). Concepì una teologia morale di tendenza antigiansenista. Dottore della Chiesa (1871).

ALFRÉDO IL GRÀNDE, *Wantage, Berkshire, 849 ? - 899*, re del Wessex (871-878) e degli anglosassoni (878-899). Sconfisse i danesi stabilitisi in Inghilterra e favorì la rinascita della civiltà anglosassone.

ALFRINK (Bernardus Johannes), *Nijkerk 1900 - Utrecht 1987*, prelato olandese. Arcivescovo di Utrecht (1955) e cardinale (1960), ha aperto nel 1965 il primo concilio pastorale della storia.

ALFVÉN (Hannes Olof), *Norrköping 1908 - Stoccolma 1995*, fisico svedese. Ha studiato il plasma del la magnetosfera e scoperto le onde che si propagano in questo ambiente. (Premio Nobel 1970.)

ALGÀRDI (Alessàndro), *Bologna 1595 ca. - Roma 1654*, scultore. Rivale di G.L. Bernini, in opposizione al barocco elaborò un proprio linguaggio classico (*Leone I e Attila*, S. Pietro, Roma).

ALGARÒTTI (Francésco), *Venezia 1728-1764*, scrittore. Di famiglia abbiente, ricevette un'educazione letteraria e scientifica. Divulgò la cultura illuministica attraverso dialoghi (*Dialoghi sopra l'ottica newtoniana*, 1752), saggi (*Saggio sopra l'opera in musica*, 1762) e lettere (*Lettere sulla pittura e sull'architettura*).

ALGARVE, reg. all'estremità merid. del Portogallo.

ALGECIRAS, c. della Spagna (Andalusia), sullo Stretto di Gibilterra; 104.087 ab. Porto. — Conferenza internazionale (1906) sulla questione del Marocco, favorevole alla Francia.

ALGÈRI, in ar. **Al-Jaza'ir**, cap. dell'Algeria, capol. del distr. omonimo; 1.855.000 ab. nell'agglomerato. Metropoli politica ed economica del paese. Aeroporto e porto. — Capitale di uno Stato algerino dominato dagli ottomani dal XVI sec., fu poi conquistata dai francesi nel 1830. Dal 1943 fu sede del Comitato francese di liberazione nazionale. Fu teatro delle sanguinose lotte che portarono il paese all'indipendenza (guerra d'Algeria). — La città antica (*casbah*) è del periodo ottomano. Grande Moschea (XI sec.). Musei.

ALGERI.

ALGERÌA, in ar. **Al-Jaza'ir**, Stato dell'Africa sul Mediterraneo; 2.380.000 km²; 30.841.000 ab. (*algerini*). CAP. *Algeri*. LINGUA: *arabo*. MONETA: *dinaro algerino*. [V. *carta a pagina seguente*.]

ISTITUZIONI – Repubblica democratica popolare con Costituzione del 1976, emendata nel 1989 e 1996. Il presidente della repubblica, eletto ogni 5 anni a suffragio universale, nomina il primo ministro. Il parlamento, bicamerale, è composto dall'assemblea popolare nazionale, eletta ogni 5 anni, e dal consiglio della nazione.

GEOGRAFIA – Molto vasta, l'A. è nel complesso ancora poco popolata, anche perché in gran parte occupata dal Sahara. La popolazione, in rapida crescita (più del 2% l'anno), si concentra sul litorale, dal clima mediterraneo, e nelle aree limitrofe. È composta da arabofoni (in larga maggioranza) e berberofoni (nel Massiccio dell'Aurès e in Cabilia), tutti di religione islamica. Il tasso di natalità, molto elevato fino alla metà degli anni '80, spiega la prevalenza di giovani (più della metà degli algerini ha meno di 20 anni) e i problemi che ne conseguono nel campo dell'istruzione e dell'impiego. L'urbanizzazione è progredita più rapidamente dell'industria, nonostante questa sia favorita dagli introiti provenienti dall'estrazione del petrolio e del gas naturale, i prodotti base dell'esportazione. L'allevamento ovino predomina negli altopiani. Nella fascia costiera, lungo la quale sorgono le città principali, si pratica l'agricoltura (frumento, orzo), talvolta irrigua (agrumi). La socializzazione dell'economia, attuata dopo l'indipendenza, non ha stimolato la produttività, né l'emigrazione (verso la Francia) ha frenato la crescita della disoccupazione. Il debito estero è elevato. L'economia risente del clima di violenza diffuso nel paese, scoraggiando gli investimenti e ponendo una pesante ipoteca sulle prospettive di sviluppo.

STORIA – **L'antichità**. Popolata da berberi, l'A. risente dell'influenza della civiltà fenicia (fine del II millennio) e cartaginese (VII-III sec. a.C.). Berberi, mauri e numidi fondano regni potenti in Numidia e Mauritania. **II sec. a.C.**: sotto la dominazione romana (vittoria di Mario su Giugurta nel 105 a.C.) l'A. conosce un'autentica fioritura (Timgad, Tebessa); si diffonde il cristianesimo. **V sec.**: i vandali devastano il paese. **VI-VII sec.**: dominazione bizantina.

Arabi e berberi. VII sec.: con l'arrivo degli arabi nel 681-682 (invasioni di Uqba Ibn Nafi) l'A. viene islamizzata e sottoposta prima al governo di Damasco dai califfi omayyadi, poi a quello di Baghdad dalla dinastia abbaside. I berberi oppongono resistenza alla dominazione araba. **X-XI sec.**: sovranità dei Fatimidi (dinastia sciita). **XI-XII sec.**: due dinastie berbere (Almoravidi prima, Almohadi poi) esercitano il loro potere sul Maghreb e su una parte della Spagna. **XIII-XVI sec.**: il territorio viene frazionato in numerosi principati (tra cui quello di Tlemcen), confederazioni tribali o porti franchi. Il litorale accoglie la civiltà andalusa.

Dalla reggenza di Algeri alla colonizzazione francese. 1518: di fronte alla minaccia spagnola, gli algerini fanno appello ai pirati turchi. Uno di essi, Khayr Al-Dîn (Barbarossa), pone Algeri sotto la protezione ottomana. **1587**: nasce la reggenza di Algeri che, governata da due *dey* a partire dal XVII sec., trae profitto economico dalle scorrerie delle navi corsare nel Mediterraneo. **1830**: le truppe francesi invadono Algeri. **1852-1870**: la conquista del territorio si conclude con l'occupazione della Cabilia e dei confini sahariani. Vi affluiscono molti coloni, soprattutto dopo il 1870. **1870-1940**: anche se l'economia conosce un certo sviluppo, le condizioni della popolazione autoctona non migliorano. **1954**: scoppia una rivolta che segna l'inizio della guerra d'A. (→ Algeria [guerra d']). **1962**: proclamazione dell'indipendenza.

L'Algeria indipendente. 1963: Ahmed Ben Bella, presidente della nuova repubblica, stabilisce un regime socialista a partito unico (Fronte di liberazione nazionale, FLN); **1965**: è destituito da Houari Boumedienne, che orienta la politica estera, inizialmente antimperialista, verso il non allineamento. **1979**: alla sua morte, gli succede il colonnello Benjedid Chadli. **1988**: scoppiano gravi disordini contro il carovita e la penuria di generi alimentari. B. Chadli vara un programma di riforme politiche ed economiche. **1989**: viene adottata un'importante riforma costituzionale. L'FLN perde lo statuto di partito unico. **1992**: dopo il successo ottenuto dal Fronte islamico di salvezza (FIS) nel dic. 1991, in occasione del primo turno elettorale, in gennaio Chadli rassegna le dimissioni. Le elezioni legislative vengono sospese, e un alto comitato di Stato, presieduto da Muhammad Boudiaf, conquista il potere in una provvisoria. Alla proclamazione dello Stato d'emergenza, in febbraio, segue in marzo lo scioglimento del FIS. In giugno Boudiaf viene assassinato, e un mese dopo gli subentra Ali Kafi, chiamato a far fronte all'escalation del terrorismo islamico. **1994**: in gen. un nuovo regime di transizione, presieduto dal generale Liamine Zéroual, risponde a questa emergenza alternando la repressione con tentativi di negoziato. **1995**: le elezioni presidenziali confermano L. Zéroual a capo dello Stato. **1996**: una revisione della Costituzione amplia i poteri del presidente della repubblica. **1997**: le elezioni legislative e locali danno la vittoria al partito del presidente, ma la violenza continua a infuriare (massacri collettivi della popolazione civile). **1999**: Zéroual abbandona la carica prima della fine del mandato. Il nuovo presidente della repubblica, Abdelaziz Bouteflika, si fa interprete di una politica di riconciliazione nazionale, approvata dalla popolazione a larga maggioranza con un referendum (sett.), ma che si rivela incapace di soffocare una violenza ormai quasi quotidiana. **2000**: assume la carica di primo ministro Ali Benflis. **2001**: scoppiano gravi scontri in Cabilia, dove la situazione permane tesa a dispetto del riconoscimento, nel 2002, del tamazight come lingua nazionale. **2002**: l'FNL vince le elezioni legislative (segnate da scarsa partecipazione) e locali (che vedono un notevole rafforzamento del Partito islamico radicale).

Map labels

Oceano / Seas and countries:
SPAGNA, OCEANO ATLANTICO, MAR MEDITERRANEO, MAROCCO, TUNISIA, TUNISI, LIBIA, MAURITANIA, MALI, NIGER, SAHARA

Cities and localities:
Siviglia, Malaga, Cadice, Gibilterra, Stretto di Gibilterra, Tangeri, RABAT, Casablanca (Dar el Beida), Fès, Marrakech, Ouida, Tindouf, ALGERI, Tizi Ouzou, Blida, Bejaïa, Skikda, Annaba, El Tarf, Ténès, Tipaza, Cherchell, U. Chelif, Mitidja, Cabilia, Jijel, Djemila, El Hadjar, Guelma, Mestaghanem, Arzew, Chlef, Bouira, Sétif, Costantina, Mers el Kébir, El Mohammadia, Atlante del Tell, Médéa, Bordj Bou Arreridj, Batna, Souq Ahras, Orano, Ouenza, Ain Temouchent, Relizane, Tiaret, M'Sila, Chott El-Hodna, Tazoult, Tebessa, Sidi Bel Abbès, Mascara, Atlante Ouarsenis, Bou Saada, Aurès, Maghnia, Bou Saada, 2328 m, Khenchela, Tlemcen, Saïda, Djelfa, Biskra, Sfax, Chott Ech-Chergui, M. di Zab, Chott Melrhir, Naama, El Bayadh, Jabal Amour, Laghouat, M. di Ouled Nail, Touggourt, El Oued, Ain Sefra, Hassi Rmel, Ghardaïa, Ouargla, Hassi Messaoud, Béchar, M. del Ksour, Mzab, Marrakech, Béni Abbès, El Golea, El Meniaa, Grande Erg Occidentale, Grande Erg Orientale, Hamada del Guir, Altopiano del Tademaït, Deserto roccioso del Tinghert, U. Draa, Hamada del Dra, Erg er Raoui, Timimoun, Erg Issaouane, In Amenas, Adrar, In Salah, Erg Iguidi, Touat, Reggane, Bassopiano di Tidikelt, Arak, Illizi, Tassili degli Azgher, Jabal Telertheba 2455 m, Janet, Erg d'Admer, Chech, Erg, Tropico del Cancro, Tanezrouft, Hoggar, Monte Tahat 2918 m, Assekrem 2726 m, Tamanrasset, U. Tamanrasset, Tassili Oua-n-Ahaggar

Legenda

Algeria

0 200 500 1000 1500 m

— strada normale
— ferrovia
✈ aeroporto
pozzo petrolifero

● più di 1.000.000 di ab.
● da 100.000 a 1.000.000 di ab.
● da 50.000 a 100.000 ab.
• meno di 50.000 ab.

100 km

ALGERÌA (guèrra d') (1954-1962), conflitto che vide contrapposti, in Algeria, i nazionalisti algerini all'egemonia dello Stato francese. Nel primo dopoguerra il nazionalismo musulmano si radicalizzò fino a sfociare in una rivolta, sedata da una violenta repressione che creò un divario incolmabile tra la comunità musulmana e quella francese. Il 1° nov. 1954, nella Grande Cabilia e nell'Aurès esplose la ribellione guidata dal Fronte nazionale di liberazione nazionale (FLN), fondato da A. Ben Bella, e dal suo braccio armato, l'Armata di liberazione nazionale (ALN). Nel 1955 il governo francese decretò lo stato d'emergenza e un anno dopo inviò 400.000 uomini per pacificare il territorio algerino. A. Ben Bella fu arrestato e nel 1957, ad Algeri, l'attività del FNL venne repressa. Dopo il ritorno al potere, il generale C. De Gaulle avviò una politica per l'autodeterminazione dell'Algeria. Nel 1958 l'FLN instaurò il Governo provvisorio della repubblica algerina (GPRA). Il 18 marzo 1962 gli accordi di Évian misero fine alla guerra d'Algeria e, il 1° lug., l'Algeria scelse, con referendum, l'indipendenza.

ALGHÈRO, com. in prov. di Sassari, sul golfo omonimo; 40.344 ab. Importante centro turistico balneare, conserva ancora i segni della lunga dominazione spagnola (bastioni aragonesi del XVI sec., dialetto catalano).

ALGONCHÌNI, popolazione amerindia del Canada (ca. 7000, tra il Québec e l'Ontario). Gli a. furono soci dei francesi nel commercio delle pellicce e loro alleati nelle guerre contro gli inglesi. Parlano una lingua algonchina.

ALHAMBRA, fortezza e residenza degli emiri arabi a Granada. Eretta nel XIII-XIV sec., è ornata da ricche decorazioni. Carlo V vi fece aggiungere un palazzo all'italiana. Splendidi giardini.

ALHAZEN DI BASRA o **IBN AL-HAITAM**, *Bassora 965 - Il Cairo 1039*, scienziato arabo. Autore di numerose opere di matematica, ottica e astronomia, esperto degli autori greci, Tolemeo in particolare, ispirò gli scienziati del Rinascimento.

ALÌ, marito di Fatima e genero di Maometto. Quarto califfo (656-661), fu assassinato a Kufa, la sua capitale. La sua presunta tomba, a Najaf, è meta di pellegrinaggi.

ALÌ (Cassius **Clay**, poi Muhammad), *Louisville, Kentucky, 1942*, pugile statunitense. Campione olimpico nel 1960 (mediomassimi), è stato più volte campione del mondo dei pesi massimi.

ALHAMBRA. *La Corte dei leoni, XIV sec.*

ALIA (Ramiz), *Scutari 1925*, politico albanese. Capo dello Stato dal 1982 e del Partito comunista dal 1985, ha mantenuto il potere fino al 1992, anno in cui è stato sconfitto dall'opposizione democratica. Incarcerato con l'accusa di malversazione e di violazione dei diritti umani, è riuscito a fuggire in Svizzera nel 1997.

ALIANÈLLO (Càrlo), *Roma 1901-1981*, scrittore. Dopo l'esordio come commediografo, si è dedicato alla stesura di romanzi (*L'alfiere*, 1943; *Soldati del re*, 1952; *L'eredità della priora*, 1963). Ha collaborato anche a diversi quotidiani ed è stato professore di liceo.

ALI BABÀ, personaggio delle *Mille e una notte*. Grazie alla formula magica "Apriti, Sesamo", A. B. entra nella caverna in cui quaranta ladroni hanno nascosto un favoloso bottino.

ALICANTE, c. della Spagna, capol. di prov., sul Mediterraneo; 276.886 ab. Porto. — Musei archeologico e di arte moderna.

ALICARNÀSSO, colonia greca della Caria, in Asia Minore (att. *Bodrum*). Fu arricchita da Mausolo e Artemisia II (IV sec. a.C.). — Frammenti scolpiti del "Mausoleo" (alla cui costruzione parteciparono Scopa e Leocare) al British Museum.

ALÌCE (Pùnta), promontorio del versante ionico della Calabria, tra C. di Stilo e C. Marina. Resti del tempio di Apollo Aleo (V sec. a.C.).

ÀLICE NEL PAÉSE DELLE MERAVÌGLIE, racconto per l'infanzia di L. Carroll (1865). Vi si narra di una bambina di nome Alice che, seguendo in sogno un coniglio bianco, scopre un mondo governato da una logica assurda e destabilizzante.

ALICÙDI, isola di origini vulcaniche, in prov. di Messina; 5,1 km^2. Situata nel Mar Tirreno, è la più occ. delle Eolie. Turismo, agricoltura, pesca.

ÀLIDI, discendenti di Alì, considerati dagli sciiti gli unici eredi spirituali del Profeta.

ALÌFE, com. in prov. di Caserta, nella valle del Volturno; 7203 ab. Di origini sannitiche, nel IV sec. a.C. divenne colonia romana. Mausoleo degli Acili Glabrioni. Cattedrale di S. Sisto.

ALIGARH, c. dell'India (Uttar Pradesh); 667.732 ab. Università.

ALIGHIÈRI, famiglia fiorentina cui appartenne Dante. Come ricorda il poeta nel *Paradiso*, un suo trisavolo, Cacciaguida, partecipò alla seconda crociata in Terra Santa e sposò un'Alighieri di Ferrara, da cui il cognome della famiglia.

ALINÀRI, famiglia fiorentina di fotografi ed editori d'arte. — **Leopoldo A.**, *Firenze 1832-1865*. Insieme ai fratelli Giuseppe e Romualdo, avviò l'attività di riproduzione di opere d'arte che poi sfociò in quella di editore. — **Vittorio A.**, *1859-1932*. Sviluppò la casa editrice (IDEA, Istituto di edizioni artistiche) fondata dal padre Leopoldo.

ALÌ PASCIÀ, *Istanbul 1815 - Bebek 1871*, statista ottomano. Fu uno dei principali sostenitori del movimento riformista Tanzimat (1839-1876).

ALÌ PASCIÀ DI TEPEDELEN, *Tepedelen 1744 ca. - Giannina 1822*, pascià di Giannina. Destituito dal governo ottomano nel 1820, resistette per due anni all'assedio di Giannina.

ALITÀLIA, compagnia aerea fondata nel 1946, tra le più importanti in Europa. Grazie a partnership con diverse aziende del settore (Air France, AeroMexico, Korean Air) permette collegamenti tra l'Italia e il resto del mondo, con una media di 25 milioni di passeggeri l'anno.

ALKMAAR, c. dei Paesi Bassi, a NO di Amsterdam; 93.022 ab. Mercato dei formaggi. — Cittadina pittoresca con monumenti gotici.

ALLAH, nome arabo che designa il solo Dio, adottato dai musulmani e dai cristiani di lingua araba.

ALLAHABAD, già **Ilahabad**, c. dell'India, tra il Gange e lo Yamuna; 990.298 ab. Meta di pellegrinaggio. — Colonna di Ashoka. Forte di Akbar. Museo.

ALLAIS (Maurice), *Parigi 1911*, economista francese. Di tendenza liberale, ha contribuito allo sviluppo dell'economia matematica studiando l'equilibrio economico generale e approfondendo la teoria dei mercati, della moneta e del credito. (Premio Nobel 1988.)

ÀLLA RICÈRCA DEL TÈMPO PERDÙTO, romanzo di M. Proust (1913-1927). È composto di sette parti: *La strada di Swann* (1913), *All'ombra delle fanciulle in fiore* (1918), *I Guermantes* (1920), *Sodoma e Gomorra* (1922), *La prigioniera* (1923), *La fuggitiva* o *Albertine scomparsa* (1925), *Il tempo ritrovato* (1927).

ALLEÀNZA (Quadrùplice) (2 ott. 1718), patto stipulato da Francia, Austria, Gran Bretagna e Province Unite contro la Spagna. Quest'ultima vi aderirà nel 1720, rinunciando così ai suoi possedimenti italiani.

ALLEÀNZA (Quadrùplice) (20 nov. 1815), alleanza stipulata, per iniziativa di R.S. Castlereagh, tra Gran Bretagna, Austria, Prussia e Russia, allo scopo di salvaguardare l'equilibrio europeo.

ALLEÀNZA (Sànta) (26 sett. 1815), patto di reciproca assistenza stipulato dai sovrani di Russia, Austria e Prussia.

ALLEÀNZA (Triplice) (20 mag. 1882), accordo difensivo siglato da Germania, Austria-Ungheria e Italia. Ebbe fine con l'entrata in guerra dell'Italia a fianco dell'Intesa, nel 1915.

ALLEÀNZA ASSICURAZIÓNI, compagnia di assicurazione. Opera principalmente nel settore vita e ha sedi in Italia e in Europa. È controllata in gran parte dalle *Generali*.

ALLEÀNZA NAZIONÀLE (AN), partito politico di destra, fondato nel 1994 dal segretario del Movimento sociale italiano G. Fini. Insieme al Polo delle libertà, nello stesso anno, ha vinto le elezioni, partecipando al primo governo Berlusconi. Dopo un periodo all'opposizione, AN è ritornata al governo con la vittoria alle elezioni politiche del 2001. Fini ne è stato il primo e unico presidente.

ALLEÀNZA POPOLÀRE - UDEUR, partito politico nato nel 2003 dall'unione tra Udeur (fondato nel 1999 da C. Mastella) ed ex componenti della DC. Segretario C. Mastella, presidente M. Martinazzoli.

ALLEÀTI, gruppo di paesi comprendente, tra gli altri, Stati Uniti e Gran Bretagna, che durante il secondo conflitto mondiale si coalizzarono per sconfiggere Germania, Giappone e Italia.

ÀLLEGHE, com. in prov. di Belluno, presso il lago omonimo alimentato dal Cordevole; 1446 ab. Turismo e attività silvo-pastorali.

ALLEGHENY, massiccio e plateau al centro degli Appalachi, negli Stati Uniti.

ALLÈGRE (Claude), *Parigi 1937*, geochimico francese. Le sue scoperte di geologia isotopica hanno contribuito alla comprensione dell'equilibrio chimico su cui si basa la vita sulla Terra.

ALLÉGRI ANTÒNIO → CORREGGIO.

ALLEMÀNDI (Luigi) *S. Damiano d'Asti 1903*, calciatore. Con la nazionale ha vinto la Coppa del mondo del 1934 in Italia. Ha conquistato due scudetti (1925-1926 con la Juventus, 1929-1930 con l'Ambrosiana Inter).

ALLEMANE (Jean), *Sauveterre 1843 - Herblay 1935*, sindacalista e politico francese. Fondò il Partito operaio socialista rivoluzionario (POSR), detto anche allemanista, promuovendo lo sciopero nazionale come strumento d'azione rivoluzionario.

ALLEN (Allen Stuart **Konigsberg**, detto Woody), *New York 1935*, regista e attore cinematografico statunitense. I suoi film, tanto quelli comici quanto quelli più intimisti, sono impregnati di humour tipicamente ebraico e rappresentano lo specchio della società intellettuale newyorkese (*Prendi i soldi e scappa*, 1969; *Io e Annie*, 1977; *Interiors*, 1978; *Manhattan*, 1979; *Un'altra donna*, 1988; *Mariti e mogli*, 1992; *La dea dell'amore*, 1995; *Accordi e disaccordi*, 1999; *Criminali da strapazzo*, 2000; *La maledizione dello scorpione di giada*, 2001; *Hollywood ending*, 2002).

■ *Woody Allen*.

ALLENBY (Edmund, viscónte), *Brackenhurst, Nottinghamshire, 1861 - Londra 1936*, maresciallo britannico. Comandante delle forze inglesi in Palestina (1917-1918), conquistò Gerusalemme, Damasco e Aleppo, costringendo i turchi a capitolare. Alto commissario in Egitto, contribuì a preparare il trattato di indipendenza di questo paese (1922).

ALLENDE (Isabel), *Lima 1942*, scrittrice e giornalista cilena. Nel 1973, dopo il golpe di A. Pinochet, si è trasferita in Venezuela e in seguito negli Stati Uniti, dove vive tuttora. Nei suoi romanzi ha saputo fondere elementi reali e soprannaturali (*La casa degli spiriti*, 1982; *D'amore e ombra*, 1984; *Paula*, 1994; *Eva luna*, 1997; *La figlia della fortuna*, 1999). Recentemente ha pubblicato *La città delle bestie* (2002) e *Il mio paese inventato* (2003).

ALLENDE GOSSENS (Salvador), *Valparaíso 1908 - Santiago 1973*, politico cileno. Socialista, presidente della repubblica, eletto dalla coalizione Unidad popular (1970), intraprese una politica di riforme sociali che tuttavia sortì effetti economici negativi. Destituito da un colpo di Stato militare organizzato dal generale A. Pinochet, morì, probabilmente suicida, durante l'assalto del palazzo presidenziale.

■ *Salvador Allende*.

ALLENTOWN, c. degli Stati Uniti (Pennsylvania); 106.632 ab. Centro industriale.

ALLEPPEY, c. dell'India (Kerala), sulla Costa di Malabar; 177.079 ab. Porto.

ALLGEMEINE ELEKTRICITÄTS GESELLSCHAFT → AEG.

ALLIER, dip. della Francia, nella reg. Alvernia; capol. *Moulins*, 7340 km^2; 344.721 ab. Poco popolato. Allevamento (bovini), industrie (soprattutto produzione siderurgica, di componenti per le automobili ed elettrici). Rinomati centri termale (Vichy) e turistici.

ALLÒBROGI, ant. popolo celtico della Gallia, insediato nel Delfinato e nella Savoia.

ALLÒRI (Alessàndro), *Firenze 1535-1607*, pittore. Subì l'influsso di A. Bronzino, di cui fu allievo e aiutante, e di Michelangelo. Le sue opere, affreschi e pale d'altare, si collocano tra il manierismo e la Controriforma.

ALMA-ATA → ALMATY.

ALMAGÈSTO, trattato di matematica e astronomia scritto da Tolomeo nel II sec., testo fondamentale fino al XVI sec.

ALMAGRO (Diego **de**), *Almagro, prov. di Ciudad Real, 1475 - Cuzco 1538*, conquistatore spagnolo. Partecipò alla conquista del Perù con F. Pizarro, che in seguito decretò la sua morte.

ALMATY, già **Alma-Ata**, c. del Kazakistan, a S del Lago Balchaš; 1.176.000 ab. È stata la capitale del paese fino al 1997.

ALMEIDA-GARRETT (João Baptista **da**), *Porto 1799 - Lisbona 1854*, scrittore e politico portoghese. È autore di opere teatrali nazionaliste e romantiche (*Atto di Gil Vicente*, *Frate Luigi di Sousa*).

ALMELO, c. dei Paesi Bassi orient. (Overijssel); 66.936 ab.

ALMERE, c. dei Paesi Bassi (Flevoland); 150.398 ab.

ALMERÍA, c. della Spagna (Andalusia), capol. di prov. sul Mar Mediterraneo; 168.945 ab. Porto. — Ant. fortezza araba; cattedrale del XVI sec.

ALMIRÀNTE (Giórgio), *Salsomaggiore 1914 - Roma 1988*, giornalista e politico. Discendente di una famiglia di artisti, dopo la laurea in lettere (1937) fu redattore del *Tevere* e della *Difesa della razza*. La sua adesione al fascismo fu generica, ma dopo l'8 sett. 1943 partecipò attivamente alla repubblica di Salò. Nel 1946 contribuì alla fondazione del Movimento sociale italiano, di cui fu segretario dal 1948 al 1954 e poi dal 1969 al 1987. Fu deputato dal 1948 fino alla morte.

ALMODÓVAR (Pedro), *Calzada de Calatrava 1949*, regista cinematografico spagnolo. Miscelando provocazione e humour nero, ritrae con ironia la società spagnola contemporanea: *L'indiscreto fascino del peccato* (1983), *Donne sull'orlo di una crisi di nervi* (1988), *Tacchi a spillo* (1991), *Il fiore del mio segreto* (1995), *Tutto su mia madre* (1999), *Parla con lei* (2002).

ALMOHÀDI, adepti del movimento riformista creato da Muhammad Ibn Tumart (tra 1078 e 1081-1130), i cui capi fondarono una dinastia berbera che regnò sull'Africa settentr. e sull'Andalusia dal 1147 al 1269.

ALMORÀVIDI, confraternita di monaci guerrieri e dinastia berbera che regnò su Maghreb e

Andalusia dal 1061 al 1147, fondata da Yusuf Ibn Tashfin.

ALMQUIST (Carl Jonas Love), *Stoccolma 1793 - Brema 1866*, scrittore svedese. La sua produzione, in prosa e in poesia, è una delle più originali del romanticismo svedese (*Il libro della rosaspina*).

ALOMPRA → ALAUNGPAYA.

ALONG (Bàia di), baia del Vietnam, a NE di Haiphong, disseminata di rocce calcaree.

ALONSO (Dámaso), *Madrid 1898-1990*, poeta, critico e filologo spagnolo. La sua poesia, inizialmente ermetica (*Poemi puri*, 1921), ha acquistato nel tempo un carattere drammatico (*Figli dell'ira* e *Oscura notizia*, entrambi del 1944). Ha fatto parte del gruppo Generazione del '27 che, nel rifarsi a L. de Góngora, ha scoperto e valorizzato le avanguardie artistiche del XX sec.

ALONSO (Alicia **Martínez**, detta Alicia), *L'Havana 1920*, ballerina e coreografa cubana. Grande interprete di *Giselle*, nel 1948 ha fondato il primo nucleo del futuro Ballet Nacional de Cuba e, nel 1951, la scuola che nel 1962 diverrà la Scuola nazionale del balletto di Cuba.

ALOST → AALST.

ALPES-DE-HAUTE-PROVENCE, dip. della Francia, nella reg. Provenza-Alpi-Costa Azzurra; capol. *Digne-les-Bains*; 6925 km²; 139.561 ab. Nel dip., montuoso e poco popolato, si praticano l'allevamento ovino e la frutticoltura (nella valle della Durance). Turismo estivo e invernale.

ALPES-MARITIMES dip. della Francia, nella reg. Provenza-Alpi-Costa Azzurra; capol. *Nizza*; 4299 km²; 1.011.326 ab. Si estende in gran parte su una zona prealpina. La Costa Azzurra è l'area più vitale (notevolmente sviluppati turismo e attività collegate).

ÀLPI, il più grande massiccio d'Europa, diviso tra Germania, Austria, Francia, Italia, Liechtenstein, Slovenia e Svizzera, si estende per più di 1000 km dal Mediterraneo a Vienna; 4808 m il Monte Bianco. Malgrado la loro altezza le A. risultano accessibili grazie a profonde valli (Rodano e Reno, Isère, Inn, Enns, Drava, Adige), ampliate dalle glaciazioni quaternarie. La catena è attraversata da numerose strade e ferrovie (Monte Bianco, Gran San Bernardo, Sempione, San Gottardo, Brennero), spesso per mezzo di tunnel. Nonostante le condizioni naturali (rilievo accidentato, clima rigido) non siano favorevoli all'uomo, la zona è piuttosto densamente popolata, soprattutto nelle valli, in cui sorgono le città. L'economia, un tempo basata su colture alimentari, allevamento transumante, sfruttamento della foresta e talvolta del sottosuolo, ha trovato nuovo impulso, in alcune zone, grazie a industrie idroelettriche e turismo. Lo sviluppo degli scambi, consentito dal miglioramento delle comunicazioni, ha orientato l'economia verso una specializzazione per regioni: allevamento bovino intensivo finalizzato alla produzione casearia; elettrometallurgia ed elettrochimica nelle zone delle centrali (gran parte dell'elettricità è destinata all'esportazione); turismo estivo e invernale ad alte quote o sulle rive dei laghi subalpini (Lago di Ginevra, Lago Maggiore, Lago di Costanza). — Le A. italiane formano un arco di 1300 km ca. che si estende dal Colle di Cadibona al Passo di Vrata, delimitato nella sua parte concava, a S, dalla Pianura Padana. Il versante interno è molto ripido, mentre quello esterno digrada più dolcemente; entrambi sono accompagnati da rilievi meno elevati, detti Prealpi. La catena viene divisa per convenzione nei settori Occidentale (sezioni delle A. Liguri, Marittime, Cozie, Graie), Centrale (A. Pennine, Lepontine, Retiche) e Orientale (A. Tridentine o Atesine, Aurine e Noriche, Carniche, Giulie). Le A. Occidentali comprendono il gruppo del Gran Paradiso, il più elevato completamente italiano, e il Monte Bianco, in parte in territorio francese e svizzero, attraversato da una galleria autostradale. Tra i valichi, il Moncenisio, i colli di Tenda, della Maddalena e del Fréjus o il Passo del Piccolo San Bernardo. Le A. Centrali superano in molti casi i 4000 m: il Monte Rosa (secondo per altezza delle A. italiane) e il Cervino, il Bernina. Tra i valichi il Sempione, il San Gottardo, il Bernina e i passi dello Spluga e dello Stelvio. Le

A. Orientali, sedimentarie e calcaree, sono più basse; vi si distinguono nettamente per morfologie le Dolomiti, calcareo-dolomitiche, che culminano nella Marmolada (3342 m). Mentre nella zona prealpina la flora delle A. è costituita soprattutto da alberi piccoli (pini montani, rododendri), nella zona montana prevalgono latifoglie (faggi, aceri) e conifere (abeti, larici, cembri), nella zona submontana c'è maggiore varietà (querce, faggi, abeti, arbusti caducifogli). La fauna è rappresentata da stambecchi, cervi, caprioli, camosci; roditori (marmotte); insettivori (donnole, ermellini). Tra gli uccelli sono presenti rondoni alpini, rondini montane, aquile reali, galli cedroni, pernici, fagiani, fringuelli, coturnici. L'economia delle A. italiane si basa sull'allevamento (prevalentemente bovino e praticato mediante l'alpeggio, ossia lo spostamento stagionale dei greggi) e l'agricoltura (cereali, alberi da frutto) fino a poco oltre i 1000 m. Tra le attività economiche, spiccano la produzione casearia e la lavorazione del legname. Oltre al ruolo fondamentale svolto dal turismo, grande importanza riveste lo sfruttamento dell'energia idroelettrica. Presenti anche industrie chimiche, metallurgiche, tessili.

ÀLPI APUÀNE → APUANE, ALPI.

ÀLPI AUSTRALIÀNE, massiccio della zona merid. della Cordigliera Australiana.

ALPILLES, già **Alpines**, piccola catena montuosa calcarea della Francia merid.

ÀLPI NEOZELANDÉSI, catena montuosa della Nuova Zelanda, nell'Isola del Sud.

ÀLPI SCANDINAVE, nome talvolta attribuito ai monti al confine tra Svezia e Norvegia.

ALSACE (Ballon d'), monte della zona merid. del Massiccio dei Vosgi, nella Francia orient.; 1247 m. Sport invernali.

ALSÀZIA, in fr. **Alsace**, reg. della Francia; 8280 km²; 1.734.145 ab.; capol. *Strasburgo*; 2 dip. (Bas-Rhin e Haut-Rhin). È compresa tra i Vosgi, boscosi e solcati da valli in cui si concentrano la popolazione e le attività (cerealicoltura, frutticoltura e industrie tessili), e una zona pianeggiante (grano, mais, luppolo, tabacco, colture fruttifere e orticoltura). Crocevia delle vie di comunicazione europee, l'A. è centro di attività commerciali e industriali, e ha un buon potenziale energetico (raffinerie di petrolio, energia idroelettrica e nucleare). Piccola ma densamente popolata, ha tre grandi centri urbani: Mulhouse, Colmar e Strasburgo. — Antica provincia romana, l'A. fu conquistata dai franchi e passò dapprima alla Lotaringia (trattato di Verdun, 843) poi al re di Germania (870). Fu uno dei centri principali dell'Umanesimo (invenzione della stampa da parte di J. Gutenberg a Strasburgo nel 1434 e sviluppo della Riforma). Al termine della guerra dei Trent'anni, nel 1648, l'A. passò alla Francia. Nel 1871, dopo la guerra franco-prussiana, venne annessa, insieme alla Lorena settentr., all'impero tedesco. Dopo essere stata a lungo contesa, nel 1944 tornò definitivamente alla Francia.

ALSÀZIA (Grànde canàle d'), canale laterale del Reno a monte di Vogelgrun. Costellato di centrali idroelettriche e si affacciano zone industriali e portuali.

ALSÀZIA-LORÈNA, in ted. **Elsass-Lothringen**, parte delle ant. prov. francesi di Alsazia e Lorena annessa alla Germania tra il 1871 e il 1919, poi tra il 1940 e il 1944-1945. Corrisponde agli attuali dip. Moselle, Bas-Rhin e Haut-Rhin.

ALSÈNO, com. in prov. di Piacenza, sulla via Emilia; 4659 ab. Nei dintorni, abbazia di Chiaravalle della Colomba (XII sec.), fondata da san Bernardo, abate di Clairvaux.

ALSOP (fratèlli), giornalisti politici statunitensi. — **Joseph Wright A.**, *Avon, Connecticut, 1910 - Washington 1989*, e — **Stewart Johonnot Oliver A.**, *Avon, Connecticut, 1914 - Bethesda, Maryland, 1974*. All'indomani della seconda guerra mondiale, i loro articoli per il *New York Herald Tribune* hanno esercitato una notevole influenza sull'opinione pubblica statunitense e internazionale.

ALTACÓMBA, in fr. **Hautecombe**, ant. abbazia cistercense (XII sec.), poi benedettina (1922),

sul Lago di Bourget, in Francia. Ospita tombe e cenotafi di principi di Savoia.

ALTÀICI, popolazione turco-mongola della Russia (Rep. dell'Altaj), del Kazakistan e dell'Uzbekistan (ca. 71.000 individui). In passato gli a. erano chiamati anche *oirat* e *kalmuk delle montagne*.

ALTAJ, massiccio dell'Asia centrale russa, cinese e mongola; 4506 m.

ALTAJ (Repùbblica dell'), rep. della Russia, a O del Kazakistan; 204.800 ab.; cap. *Gorno-Altajsk*.

ALTAJ (Territòrio dell'), reg. della Russia, al confine con il Kazakistan; 2.653.000 ab.; cap. *Barnaul*.

ALTAMIRA, località della Spagna presso Santillana del Mar (prov. di Santander). Grotte decorate da pitture scoperte nel 1879 e datate al Magdaleniano medio (XIII-XII millennio a.C.).

ALTAMIRA. *Dettaglio di una pittura sul soffitto della grotta dei bisonti. Magdaleniano medio.*

ALTAMÙRA, com. in prov. di Bari, nelle Murge; 63.139 ab. Il centro, abitato fin dal Paleolitico (uomo di A.), si sviluppò nel Medioevo grazie all'imperatore Federico II di Svevia. — Cattedrale dell'Assunta (XIII sec.).

ALTÀN (Francésco Tùllio), *Treviso 1942*, disegnatore e vignettista. Autore di fumetti per bambini e per adulti, ha creato tra l'altro il personaggio di Pimpa (1975) e quello di Cipputi, protagonista di vignette satiriche. Ha scritto e disegnato anche romanzi a fumetti, tra i quali *Colombo* (1977).

ÀLTA NORMANDÌA, reg. amministrativa della Francia; 12.317 km²; 1.780.192 ab.; capol. *Rouen*; 2 dip. (Eure e Seine-Maritime).

ALTAVÌLLA, famiglia normanna di Hauteville-le-Guichard. — **Tancredi**, *XI sec*. Fu il capostipite e i suoi figli (Drogone, Guglielmo, Umfredo, Roberto il Guiscardo, Ruggero I) conquistarono vari territori nell'Italia meridionale. — **Ruggero II**, *1095-1154*. Unificò i possedimenti normanni e fu incoronato re di Sicilia (1130).

ALTDORF, c. della Svizzera, capol. del cant. di Uri, presso il f. Reuss; 8623 ab. Case antiche.

ALTDORFER (Albrecht), *1480 ca. - Ratisbona 1538*, pittore e incisore tedesco. È il più illustre

Albrecht **ALTDORFER.** Riposo durante la fuga in Egitto. (*Gemäldegalerie, Berlino.*)

rappresentante della scuola danubiana, dallo stile lirico e minuzioso (*Natività della Vergine e Battaglia di Alessandro*, Monaco).

ALTHUSIUS (Johannes), in it. Giovanni **Altùsio**, *Diedenshausen 1557 - Emden 1638*, giurista tedesco. Sviluppò la teoria della sovranità di J. Bodin, sostenendo l'inalienabilità della sovranità popolare (*Politica methodice digesta*, 1603).

ALTHUSSER (Louis), *Birmandreis, Algeria, 1918 - La Verrière, 1990*, filosofo francese. Ha rinnovato lo studio del marxismo (*Leggere "Il capitale"*, 1965).

ALTICHIÈRO DA ZÈVIO, *XIV sec.*, pittore. Affrescò la cappella di S. Giacomo, l'oratorio di S. Giorgio, entrambi a Padova, e la chiesa di S. Anastasia a Verona. Subì l'influsso di Giotto.

ALTIPLANO, altopiano delle Ande, in Bolivia, che supera i 4000 m.

ALTMAN (Robert), *Kansas City 1925*, regista cinematografico statunitense. I suoi film, che rivelano un grande estro a livello formale, costituiscono parodie e variazioni dei generi tradizionali (*M.A.S.H.*, 1970; *Gang*, 1974; *Nashville*, 1975; *I protagonisti*, 1991; *America oggi*, 1993; *Gosford Park*, 2001).

ALTMAN (Sidney), *Montreal 1939*, chimico canadese. Ha scoperto che la molecola dell'RNA, in precedenza considerata portatore passivo dell'informazione genetica, è in realtà dotata di un'attività enzimatica. (Premio Nobel 1989.)

ALTOBÈLLI (Alessàndro), *Sonnino, Latina, 1955*, calciatore. Ha giocato come centravanti nell'Inter, vincendo uno scudetto e due Coppe Italia, nella Juventus e nel Brescia. Con la maglia azzurra ha vinto i mondiali di Spagna nel 1982.

ÀLTO COMMISSARIÀTO DELLE NAZIÓNI UNÌTE PER I RIFUGIÀTI → ACNUR.

ALTOPÀSCIO, com. in prov. di Lucca, nella pianura della Valdinievole; 10.653 ab. Centro industriale, commerciale e del terziario. Celebre fin dal Medioevo come sede dell'ordine ospitaliero dei frati o cavalieri di A.

ÀLTO VÒLTA → BURKINA FASO.

ALTUN SHAN, massiccio della Cina che segna il confine tra Tibet e Xinjiang. In alcuni punti supera i 5000 m.

ALTÙSIO (Giovànni) → ALTHUSIUS (JOHANNES).

ALUKU o **BONI**, popolazione nera della Guyana francese e del Suriname (ca. 2500 individui).

ALULA, *1847 - Adua 1897*, ras abissino. Si oppose all'avanzata degli italiani in Etiopia, a Dogali, nel 1887, alleandosi con Giovanni IV d'Abissinia, e ad Adua nel 1896, con Menelik.

ALVARADO (Pedro **de**), *Badajoz 1485 - Guadalajara, Messico, 1541*, conquistatore spagnolo. Giunse in Messico con H. Cortés e conquistò il Guatemala (1524).

ALVÀRO (Corràdo), *S. Luca, Reggio Calabria, 1895 - Roma 1956*, scrittore e giornalista. Collaboratore del *Resto del Carlino*, del *Corriere della Sera*, di *La Stampa* e del *Popolo di Roma*, scrisse poesie, racconti e romanzi (*Gente in Aspromonte*, 1930; *L'uomo è forte*, 1938; *L'età breve*, 1946), in cui rievocò l'esperienza nella prima guerra mondiale e descrisse la vita contadina.

ALVEAR (Carlos María **de**), *Santo Ángel 1789 - New York 1852*, generale argentino. Fu uno degli artefici dell'indipendenza argentina (1816). — Monumento di E.A. Bourdelle a Buenos Aires.

ALVÈRNIA, in fr. *Auvergne*, reg. storica della Francia centrale. Deve il suo nome agli arverni (celti), sconfitti da Cesare ad Alesia (52 a.C.). Nel XIII e nel XIV sec. fu divisa in contee, che vennero poi unite al regno di Francia nel corso del XVII sec.

ALVÈRNIA, in fr. *Auvergne*, reg. amministrativa della Francia; 26.013 km²; 1.308.878 ab.; capol. *Clermont-Ferrand*; 4 dip. (Allier, Cantal, Haute-Loire e Puy-de-Dôme). La regione occupa gran parte del Massiccio Centrale. Ad altopiani cristallini si alternano massicci vulcanici (da N a S: Catena dei Puys, Monte Dore, Cantal). Allevamento; agricoltura (cereali); centri termali.

ALVIÀNO (Bartoloméo d'), *Rocca d'Alviano 1455 - Bergamo 1515*, condottiero. Alle dipendenze dei veneziani, sconfisse l'imperatore Massimiliano d'Asburgo in Cadore nel 1508 e contribuì alla vittoria dei francesi a Marignano nel 1515.

ALZÀNO LOMBÀRDO, com. in prov. di Bergamo, all'inizio della Val Seriana; 12.046 ab. Indu-

strie tessili, della carta e del cemento. Basilica di S. Martino (XVII sec.).

ALZHEIMER (Alois), *Marktbreit 1864 - Breslavia 1915*, neuropsichiatra tedesco. Fu il primo a descrivere, nel 1907, i sintomi del morbo di A., una forma di demenza che colpisce soprattutto gli anziani.

AMADÈO (Giovànni Antònio), *Pavia 1447 ca. - Milano 1522*, architetto e scultore. Personalità di rilievo dell'arte lombarda del XV sec., fu attivo principalmente a Pavia (Certosa), a Bergamo (cappella Colleoni) e a Milano (duomo).

AMADÌGI DI GÀULA, protagonista dell'omonimo romanzo cavalleresco spagnolo, pubblicato da Garci Rodríguez (o Ordóñez) de Montalvo nel 1508. Incarna il tipo ideale del cavaliere errante e dell'amante fedele.

AMADO (Jorge), *Ferradas, presso Itabuna, Bahia, 1912 - Salvador de Bahia 2001*, scrittore brasiliano. Nei suoi romanzi coniuga la critica sociale a spunti legati alla vita popolare (*Jubiabá*, 1935; *Terre del finimondo*, 1942; *Gabriella, garofano e cannella*, 1958; *Dona Flor e i suoi due mariti*, 1966; *Teresa Batista stanca di guerra*, 1972; *Tocaia Grande*, 1984).

AMAGASAKI, c. del Giappone (Honshu), sulla baia di Osaka; 488.586 ab. Centro industriale.

AMAGER, isola danese, comprendente sobborghi di Copenaghen.

AMAL, partito e milizia sciita del Libano, costola del movimento fondato dall'imam Mussa Sadr nel 1974.

AMALARÌCO, *502-531*, re dei visigoti di Spagna. Nipote di Teodorico, re degli ostrogoti, sposò Clotilde, figlia del re dei franchi Clodoveo. Quando impose alla moglie di convertirsi all'arianesimo, questa fece intervenire il cognato Childeberto, che sconfisse A.

AMALASÙNTA, *498 - Bolsena 535*, regina e reggente degli ostrogoti (526-534). Figlia di Teodorico il Grande, volle proseguire la politica di accordo con i romani, ma ciò le valse l'ostilità degli ostrogoti. Fu fatta strangolare dal marito Teodato.

AMÀLDI (Edoàrdo), *Carpaneto Piacentino 1908 - Roma 1989*, matematico. Figlio del matematico Ugo, collaborò con E. Fermi alle ricerche sulla fisica del neutrone (radioattività indotta, neutroni lenti). Contribuì alla nascita dell'Istituto Nazionale di Fisica Nucleare (INFN) e del Consiglio Europeo per la Ricerca Nucleare (CERN).

AMÀLDI (Ùgo), *Verona 1875 - Roma 1957*, matematico. Padre del fisico Edoardo, si laureò a Bologna (1898), dove subì l'influsso di S. Pincherle. Contribuì allo sviluppo della teoria dei gruppi continui di trasformazioni e scrisse un importante trattato, *Lezioni di meccanica razionale*, in collaborazione con T. Levi-Civita.

AMALECITI, tribù nomadi del Negev merid. Avversari degli ebrei, furono sconfitti definitivamente da Davide (X sec. a.C.).

AMÀLFI, com. in prov. di Salerno, a S di Napoli; 5561 ab. Frequentata stazione balneare sulla costa merid. della penisola sorrentina. — Fondata dai romani nel IV sec., fu una delle più an-

tiche repubbliche marinare (dal X-XI sec.) e passò a normanni e svevi prima di decadere. — Duomo con porta bizantina e interni barocchi. Chiostro del Paradiso (XIII sec.).

AMALRÌCO I, *1135-1174*, re di Gerusalemme (1163-1174). — **Amalrico II di Lusignano**, *1144 ca. - Giovanni d'Acri 1205*, re di Cipro e di Gerusalemme (1197-1205).

AMALTÈA MITOL. GR. Capra che nutrì Zeus. La cornucopia non era altro che un suo corno, riempito di fiori e frutti.

AMAN, favorito e ministro del re di Persia nel libro biblico di Ester. Tentò di sterminare gli ebrei, ma la regina Ester li salvò. A. fu fatto giustiziare.

AMAN ALLAH, *Paghman 1892 - Zurigo 1960*, emiro e poi re dell'Afghanistan (1919-1929). Ottenuto il riconoscimento dell'indipendenza dell'Afghanistan da parte dell'Inghilterra (1921), tentò di intraprendere una politica di riforme, ma dovette abdicare.

AMÀNDO (sànto), *Aquitania 584 ca. - Hainaut 676 ca.*, vescovo di Tongres-Maastricht nel 647 ca. Evangelizzò le Fiandre.

AMANTÈA, com. in prov. di Cosenza, ai piedi della Catena Costiera; 13.359 ab. Agricoltura (agrumi, cereali, olive). Industrie di trasformazione. Turismo balneare.

AMAPÁ, Stato del Brasile settentr.; 475.843 ab.; cap. *Macapá*. Manganese.

AMARA, c. dell'Iraq, sul Tigri; 208.797 ab. Mercato agricolo.

AMARAPURA, c. del Myanmar, a S di Mandalay, sull'Irrawaddy; 10.000 ab. Tessitura della seta. È stata capitale di un antico regno birmano.

AMARAVATI, ant. cap. degli Andhra, nel Deccan, e sito archeologico buddhista. Celebre scuola di scultura (II sec. a.C. - IV sec.).

AMÀRI (Michèle), *Palermo 1806 - Firenze 1889*, politico e storico arabista. Dopo la partecipazione ai moti contro i Borboni del 1848 e l'esilio in Francia, fu nominato ministro della pubblica istruzione (1862-1864). Scrisse *La guerra del vespro siciliano* (1842) e *Storia dei musulmani in Sicilia* (1854-1872).

AMARILLO, c. degli Stati Uniti, nel Texas nordocc.; 173.627 ab.

AMARNA (Tell Al-), località dell'Egitto, nella media valle del Nilo. Sorgeva qui l'ant. cap. di Amenofi IV (Ekhnaton), la città di Ahetaton, fondata nel XIV sec. a.C. Tra le sue vestigia (esempio urbanistico unico) sono venuti alla luce resti dell'archivio regale e numerose opere d'arte, tra cui busti di Nefertiti (Berlino, Il Cairo).

AMÀRO (Mónte), la vetta più alta del massiccio della Maiella, in Abruzzo; 2795 m. È attraversato a E dai valloni calcarei di S. Spirito e Taranta (all'imbocco di quest'ultimo si trova la celebre Grotta del Cavallone).

AMÀSI, *attivo tra il 555 e il 525 a.C.*, ceramista ateniese. È uno dei più celebri creatori di ceramiche attiche a figure nere.

AMATERASU, dea del Sole e della fertilità del pantheon shintoista. L'imperatore del Giappone sarebbe un suo discendente.

AMALFI. *Veduta della città con il duomo.*

TELL AL-AMARNA. *Busto di principessa. Calcare dipinto. Nuovo Regno, XIV sec. a.C.* (Louvre, Parigi).

Il bacino del Rìo delle **AMAZZONI**, in Perú.

AMÀTI (Nicòla), *Cremona 1596-1684*, liutaio. Membro di una celebre famiglia di liutai di Cremona; si deve a lui la serie dei "Grandi A.", strumenti perfetti per linea e suono. A. Stradivari, di cui fu maestro, si ispirò a essi per i suoi violini.

AMÀTO (Giuliàno), *Torino 1938*, politico. Dopo la laurea in giurisprudenza, nel 1964 ha ottenuto la libera docenza in diritto costituzionale. Membro del PSI dal 1958, ha ricoperto numerosi incarichi di governo: sottosegretario alla presidenza del consiglio (1983-1987), ministro del tesoro (1987-1988, 1988-1989, 1999-2000), presidente del consiglio (1992-1993, 2000-2001) e dell'Autorità antitrust (1994-1997). Attualmente fa parte del Gruppo parlamentare misto ed è vicepresidente della Convenzione UE incaricata di scrivere la Costituzione europea.

AMATRÌCE, com. in prov. di Rieti, nella valle superiore del f. Tronto; 2876 ab. Chiese di S. Francesco e di S. Agostino.

AMAZONAS, Stato del Brasile; 1.564.000 km²; 2.813.085 ab.; cap. *Manaus*.

AMÀZZONI MITOL. GR. Popolo di donne guerriere insediate sulle coste del Mar Nero. Uccidevano i figli maschi e amputavano il seno destro delle femmine perché potessero tirare con l'arco più facilmente.

AMAZZÒNIA, vasta reg. dell'America merid., corrispondente al bacino medio e inferiore del Rio delle Amazzoni. Si tratta di una zona pianeggiante, pressoché disabitata, dal clima equatoriale, in cui regna l'immensa foresta pluviale attraversata in Brasile da strade, tra cui la Transamazzonica.

AMÀZZONI (Rìo delle), f. dell'America merid., che nasce dalle Ande e si getta nell'Atlantico; 7000 km dalle fonti dell'Apurimac; bacino di 6 milioni di km² ca. Il R. delle A. attraversa il Perú e il Brasile nord-occ. (in gran parte coperto da foreste). È il primo fiume del mondo per portata d'acqua.

AMBA ALAGI, monte dell'Etiopia, nel Tigré; 3438 m. Fu teatro di due storiche sconfitte italiane: il 7 dic. 1895 vi furono annientate le truppe al comando di P. Toselli e durante la seconda guerra mondiale vi cadde l'esercito capitanato da Amedeo d'Aosta.

AMBARTSUMIAN (Viktor Amazaspovič), *Tbilisi 1908 - Biurakan 1996*, astrofisico armeno. Ha scoperto le associazioni stellari e contribuito allo studio dei fenomeni esplosivi nei nuclei delle galassie.

AMBARVALIA, presso i romani, insieme di riti e cerimonie campestri che si celebravano in primavera in onore di Cerere, la dea latina associata al culto della Terra Madre.

AMBATO, c. dell'Ecuador, a NE del Chimborazo; 124.166 ab.

AMBOISE, c. della Francia, sulla Loira; 11.968 ab. Importanti resti del castello reale, gotico e rinascimentale, in cui morì Leonardo da Vinci; chiesa di St-Denis (XII sec.). Musei. — Nel 1563 vi fu firmata la pace di A., con cui si concedeva agli ugonotti la libertà di culto.

AMBON o **AMBÒINA**, isola dell'Indonesia, nell'arcipelago delle Molucche; c. princ. *Ambon*.

AMBON o **AMBÒINA**, c. dell'Indonesia, capol. delle Molucche; 313.100 ab. Nel XVII sec. è stato il principale centro olandese in Indonesia.

AMBRÒGIO (sànto), *Treviri 340 ca. - Milano 397*, Padre e dottore della Chiesa. Vescovo di Milano, avversò i culti pagani e l'arianesimo, battezzò sant'Agostino e cristianizzò le istituzioni imperiali. Riformò il canto sacro e fondò il rito ambrosiano. Scrisse numerose opere, tra cui trattati di esegesi biblica (il più noto è l'*Exameron*) e di morale. È patrono di Milano (festa il 7 dic.).

AMBRÒGIO DA CALÈPIO → CALEPINO.

AMBRÒGIO DA FOSSÀNO → BERGOGNONE.

AMBROSIÀNA (bibliotèca), biblioteca di Milano. Aperta nel 1609, possiede numerosi manoscritti preziosi e libri rari. Pinacoteca annessa.

AMBRÒSIO (Vittòrio), *Torino 1879 - Alassio 1958*, militare. Dopo aver combattuto in Libia durante il primo conflitto mondiale, fu nominato capo di Stato maggiore dell'esercito (1942) e capo di Stato maggiore generale (1943). Contribuì alla caduta del regime fascista.

AMBÙRGO, in ted. **Hamburg**, c. della Germania, capol. del Land omonimo, sull'Elba; 1.704.735 ab. A. è il principale sbocco marittimo della Germania e ospita uno tra i maggiori porti europei. L'industria, legata all'attività portuale, è molto sviluppata (metallurgia, chimica, settore agroalimentare). — Dotata di una carta e di privilegi di navigazione (1189), A. partecipò all'Hansa, grazie alla quale si impose sui mercati stranieri, e soppiantò Lubecca nel XVI sec. Fu occupata (1806), poi annessa da Napoleone Bonaparte (1810). Entrata nella Conferazione germanica (1815) come città libera e sovrana, annessa all'impero tedesco (1871), ottenne lo statuto di porto franco (1881). Fu bombardata dagli Alleati nel 1943. — Musei, tra cui la Kunsthalle (importante pinacoteca).

AMBURGO. Il porto.

AMEDÈO, nome di più conti e duchi di Savoia. — Amedeo V, detto **il Grande**, *Bourget 1253 ca. - Avignone 1323*. Nel 1285 ereditò il titolo di conte dal padre Tommaso II; grazie a Enrico VII di Francia divenne poi vicario di Lombardia espandendo il potere sabaudo. — **Amedeo VI**, detto **il Conte Verde**, *Chambéry 1334 - Santo Stefano, Campobasso, 1383*. Succedette al padre Aimone nel 1343. Con l'aiuto di papa Clemente VII preparò una crociata contro i turchi liberando l'impero di Bisanzio nel 1367. — **Amedeo**

VII, detto **il Conte Rosso**, *Chambéry 1360 - Ripaglia, 1391*, conte di Savoia, succeduto al padre Amedeo VI. Abile diplomatico, strinse accordi con il re di Francia Giovanni II, che appoggiò nella guerra contro l'Inghilterra, e con i Visconti. Fu valente condottiero. — **Amedeo VIII**, *Chambéry 1383 - Ginevra 1451*, conte (1391-1416), poi duca di Savoia (1416-1440). Vero e proprio artefice dello Stato sabaudo, fu l'ultimo antipapa (1439-1449), con il nome di Felice V.

AMEDÈO DI SAVÒIA, *Torino 1845-1890*, re di Spagna (1870-1873). Figlio di Vittorio Emanuele II, capostipite dell'asse ereditario Savoia-Aosta, eletto re dalle Cortes spagnole, fu costretto ad abdicare a causa dell'opposizione di carlisti e repubblicani.

AMÈLIA, com. in prov. di Terni, sui colli tra i f. Tevere e Nera; 11.335 ab. Centro agricolo con costruzioni di epoca etrusca, romana e medievale.

AMÈLIO (Giànni), *San Pietro Magisano, Catanzaro, 1945*, regista cinematografico. Dopo aver lavorato alla RAI, ha esordito al cinema con *Colpire al cuore* (1982). Ha ottenuto riconoscimenti internazionali con *Porte aperte* (1990), *Il ladro di bambini* (1992) e *Lamerica* (1994); ha vinto il Leone d'oro a Venezia con *Così ridevano* (1998).

AMÈNDOLA (Giòrgio), *Roma 1907-1980*, politico. Figlio di Giovanni, nel 1929 aderì al Partito comunista e ne fu uno dei massimi dirigenti durante la Resistenza e nel dopoguerra. Scrisse saggi storici (*Storia del partito comunista italiano 1921-43*, 1978) e memorie (*Un'isola*, 1980).

AMÈNDOLA (Giovànni), *Salerno 1886 - Cannes 1926*, politico. Liberaldemocratico, volontario durante la prima guerra mondiale, deputato e ministro delle colonie durante il governo di L. Facta (1922). Strenuo antifascista, morì in seguito a un'aggressione da parte di sicari del regime.

AMENEMHAT, nome di quattro faraoni egizi della XII dinastia (XX-XVIII sec. a.C.).

AMENÒFI, nome di quattro faraoni egizi della XVIII dinastia (1580-1320 a.C.). — **Amenofi IV** o **Ekhnaton** ("utile ad Aton"), faraone egizio (1372-1354 a.C.). Estremamente religioso, con l'appoggio della regina Nefertiti instaurò il culto di Aton, unico dio degli Egizi, nella capitale Tebe (città del dio Ammone) ad Ahetaton (Amarna), ma la sua morte segnò il ritorno ai culti tradizionali.

AMENOFI IV e *Nefertiti adorano il disco solare che simboleggia il dio Aton. Stele proveniente da Ahetaton, oggi Amarna. (Museo Egizio, Il Cairo.)*

AMÈRICA, uno dei cinque continenti; 42.000.000 km²; 843.600.000 ab.

GEOGRAFIA — L'A. è il continente più esteso in latitudine (oltre 15.000 km da N a S). È formata da due vaste masse triangolari (A. settentr. e A. merid.), collegate da uno stretto istmo (A. centrale). Rilievi, recenti ed elevati a E (Montagne Rocciose e Ande), antichi ed erosi a O (Appalachi, Massiccio della Guyana, Altopiano del Brasile), circondano vasti bacini alluvionali bagnati dai principali corsi d'acqua (Mississippi e Missouri, Rio delle Amazzoni, Paraná e Paraguay). All'estensione in latitudine si deve la varietà dei climi (tendenzialmente temperati e freddi nell'A.

settentr., equatoriali e tropicali nell'A. centrale e merid.) e della vegetazione (tundra del Canada cui si sostituisce, a S, la foresta di conifere; steppe desertiche degli altopiani del Messico settentrionale e di una parte della zona costiera di Cile e Perú; fitta foresta dell'Amazzonia ecc.).

La colonizzazione europea ha completamente trasformato l'A., a cominciare da S. I popoli precolombiani, numericamente svantaggiati, sono stati in molti casi assimilati, soprattutto in A. merid., confinati in riserve (indiani dell'A. settentr.) o sterminati (fuegini), mentre hanno opposto una maggiore resistenza nelle Ande. I neri, introdotti come schiavi, costituiscono una comunità a sé stante negli Stati Uniti, mentre sono più integrati nel resto del continente.

In base all'origine degli immigrati si può distinguere un'A. anglosassone, dove è predominante la radice britannica (Stati Uniti e, in buona parte, Canada, in cui sussiste però una forte minoranza di origine francese), oggi in larga misura urbanizzata e sviluppata economicamente, da un'A. latina (A. merid. e centrale, con il Messico), popolata da spagnoli e portoghesi (Brasile), dai contrasti socio-economici marcati e che in molti casi è ancora soggetta a una sensibile crescita demografica.

STORIA – **L'America precolombiana.** Popolata probabilmente 30.000 anni fa da gruppi etnici giunti dall'Asia attraverso lo Stretto di Bering, all'arrivo degli europei l'A. non è ancora uniformemente sviluppata. Alle evolute civiltà precolombiane dell'A. centrale e delle Ande settentr. si contrappone il resto del continente, in cui la popolazione è sparsa e primitiva (algonchini e Sioux a N, indios dell'Amazzonia a S).

La dominazione europea. 1492: Cristoforo Colombo avvia la conquista europea nel Nuovo Mondo. **XVI sec.:** i portoghesi si stabiliscono lungo la costa del Brasile (1500-1526). Primi insediamenti spagnoli nelle Antille. Dopo la conquista dell'impero azteco del Messico da parte di H. Cortés (1521), la colonizzazione spagnola si espande in A. centrale, in Perú, con Francisco Pizarro e Diego de Almagro (1531-1536) e dopo la spedizione di Pedro de Valdivia, in Cile (1540). Nonostante l'opposizione di religiosi (Bartolomeo de Las Casas), il lavoro forzato e terribili epidemie causano una vera e propria ecatombe tra la popolazione autoctona, che viene sostituita da manodopera nera proveniente dall'Africa: è la nascita della tratta degli schiavi. Nell'A. settentr. il francese Jacques Cartier esplora il corso del San Lorenzo (1534-1541). **XVII sec.:** gli inglesi si insediano a Jamestown (1607), nella Nuova Inghilterra (*Mayflower*, 1620), e i francesi nel Québec (1608). I francesi J. Marquette e Louis Jolliet esplorano il Mississippi (1673). **XVIII sec.:** il contrasto tra inglesi e francesi per la conquista dell'A. settentr. si risolve a favore dei primi (nel 1763 il trattato di Parigi obbliga i francesi a rinunciare al Canada).

L'indipendenza. In seguito alla conquista dell'indipendenza da parte degli Stati Uniti (1783) e all'occupazione napoleonica della penisola iberica, le province dell'A. spagnola, private di un legittimo sovrano, sono costrette a ridefinire la loro forma di governo. **1809-1816:** i primi tentativi di ottenere l'indipendenza vedono la vittoria dei sostenitori della Spagna (tranne che nella repubblica argentina e in Paraguay); **1816-1825:** essi sono sconfitti dai "libertadores", al termine di campagne sanguinose. Partito dall'Argentina, José de San Martín libera il Cile (1818) e il Perú (1821). Dopo aver ottenuto l'indipendenza della Colombia (1819), del Venezuela (1821) e delle province di Quito (1822), Simón Bolívar e Antonio José de Sucre completano la liberazione delle Ande. L'indipendenza del Messico è proclamata da Augustín de Iturbide nel 1821, quella del Brasile, ottenuta in modo incruento, nel 1822. La battaglia di Ayacucho (dic. 1824) pone termine alle lotte nell'A. merid.

Il XX sec. Aumenta il divario tra l'A. settentr., ricca e unita, e l'A. latina, divisa, politicamente instabile e in parte composta da paesi in via di sviluppo. All'ufficiale panamericanismo (Organizzazione degli Stati americani, 1948) si contrappone di fatto l'influenza che gli Stati Uniti esercitano su tutto

America centrale

200   500   1000 2000 4000 m

● più di 500.000 ab.
● da 100.000 a 500.000 ab.
● da 50.000 a 100.000 ab.
• meno di 50.000 ab.

250 km

il continente, con frequenti interventi al di fuori dei loro confini sin dall'inizio del secolo.

AMERICA'S CUP (dal nome di un veliero americano), regata che si disputa periodicamente (circa ogni 4 anni) dal 1851.

AMÈRICA CENTRÀLE, la parte più stretta dell'America, compresa tra gli istmi di Tehuantepec (Messico) e di Panamá. Vi vengono talvolta incluse le Antille.

AMÈRICA LATÌNA, insieme di paesi dell'America centrale (più il Messico) e merid. un tempo colonie spagnole o portoghesi (Brasile). Indipendente dall'inizio del XIX sec. (1816-1825), l'A. l. ha conosciuto da allora uno sviluppo disordinato. Dapprima si sono imposti ai potere i militari che avevano condotto le guerre per l'indipendenza ("caudillismo"), quindi i sistemi politici si sono trasformati in regimi autoritari civili, anche se le dittature militari non sono mai scomparse completamente. Oltre all'instabilità politica sono frequenti i conflitti tra Stati (l'ultimo è la "guerra del fútbol" tra Honduras ed El Salvador, 1969), cui si alternano guerriglie interne (Perú, Nicaragua, El Salvador). L'economia, basata sulla grande proprietà (nonostante le riforme agrarie in Messico e nei paesi andini) e sull'estrazione di materie prime, resta fragile. Due fenomeni caratterizzano gli anni '80: la democratizzazione dei regimi autoritari e una forte recessione economica, tradottasi in pesante indebitamento con l'estero. Nel contempo sono stati conclusi accordi commerciali tra i diversi paesi, allo scopo di realizzare l'integrazione economica in una vasta zona di libero scambio, sull'esempio dei mercati nord-americano e del Pacifico (Giappone, Cina, Corea).

AMÈRICA MERIDIONÀLE, la parte merid. del continente americano, a S dell'Istmo di Panamá. [*V. carta a pagina seguente.*]

AMERICAN BROADCASTING COMPANY →ABC.

AMERICAN FEDERATION OF LABOR →AFL-CIO.

AMERICAN STANDARDS ASSOCIATION →ASA.

AMÈRICA SETTENTRIONÀLE, la parte settentr. del continente americano, che include Canada, Stati Uniti e gran parte del Messico (a N dell'Istmo di Tehuantepec). [*V. carta a pagina 1151.*]

AMERÌNDI, i primi abitanti del continente americano. Dopo aver subito le conseguenze della colonizzazione (massacri, malattie, lotte interne, sfruttamento economico, statuto giuridico di inferiorità), spesso sono ancora oggi confinati in riserve. Molti si sono meticciati. Attualmente cercano di far valere il loro diritto al riconoscimento e alla difesa dei territori. L'appellativo di a. è oggi preferito a quello di "indiani".

AMERSFOORT, c. dei Paesi Bassi (prov. di Utrecht), sull'Eem; 128.035 ab. Quartieri antichi delimitati da canali.

AMHARA, popolazione maggioritaria in Etiopia, cristiani monofisiti, gli a. hanno avuto un ruolo determinante nella formazione dello Stato etiopico. Parlano l'amarico, della famiglia semitica.

AMHERST (Jeffrey, baróne), *Sevenoaks 1717-1797*, maresciallo britannico. Portò a termine la conquista del Canada (1758-1760).

AMIÀTA, monte dell'Antiappennino Toscano di origine vulcanica, tra le valli dei f. Ombrone e Paglia; 1738 m. Con l'esaurimento delle miniere di mercurio e antimonio, note fin dall'antichità, il turismo è diventato la sua risorsa principale.

AMÌCI (Giovànni Battìsta), *Modena 1786 - Firenze 1863*, fisico, naturalista e astronomo. Si diplomò e insegnò all'università di Bologna. Dal 1825 si dedicò alla realizzazione di microscopi e telescopi di alta qualità. Compì studi sulla fecondazione e le malattie delle piante e descrisse le fibre muscolari che portano il suo nome (stria di A.).

AMÌCI (Ìsole degli) →TONGA.

AMIDA → AMITÁBHA.

AMIDÈI (Sèrgio), *Trieste 1904 - Roma 1981*, sceneggiatore cinematografico. Partecipò alla realizzazione di diversi film neorealisti come *Roma città aperta* (1945) e *Paisà* (1946) di R. Rossellini, *Sciuscià* (1946) di V. De Sica.

AMIEL (Henri Frédéric), *Ginevra 1821-1881*, scrittore svizzero di lingua francese. Nel suo vastissimo *Diario* analizza minuziosamente l'inquietudine e la timidezza con cui affronta la vita.

AMIENS, c. della Francia, capol. della regione Piccardia e del dip. della Somme, sulla Somme, a N di Parigi; 139.210 ab. Centro amministrativo, commerciale e industriale (pneumatici, forniture automobilistiche). — Grande cattedrale gotica del XIII sec., capolavoro dello stile a raggiera (celebri, tra l'altro, le statue dei portali). — Nel 1802 vi fu firmata la *pace di Amiens* tra Francia e Gran Bretagna, che pose fine alla guerra della seconda coalizione.

AMIET (Cuno), *Solothurn 1961 - Oschwand 1522*, pittore e scultore svizzero. Si formò a Monaco di Baviera e frequentò in Francia i seguaci di P. Gauguin. Insieme a F. Hodler contribuì al rinnovamento dell'arte svizzera con opere simbolico-espressioniste.

AMIGÓNI (Jàcopo), *Napoli 1682 - Madrid 1752*, pittore. Di formazione veneziana, lavorò presso diverse corti europee. In Baviera è ricordato per la realizzazione di affreschi e pale d'altare, mentre in Inghilterra soprattutto come ritrattista.

AMILCÀRE BÀRCA, *290 - Elche 229 a.C.*, capo cartaginese, padre di Annibale. Dopo aver combattuto i romani in Sicilia, represse la rivolta dei mercenari di Cartagine (240-238) e conquistò la Spagna meridionale (237-229).

AMIN (Samir), *Il Cairo 1931*, economista egiziano. Specialista dei problemi del terzo mondo, di ispirazione marxista, studia le relazioni tra

America meridionale

200 500 1000 2000 4000 m

● più di 5.000.000 di ab.   ● da 100.000 a 1.000.000 di ab.
● da 1.000.000 a 5.000.000 di ab.   • meno di 100.000 ab.

America settentrionale

200   500   1000   2000   4000 m

- ● più di 5.000.000 di ab.
- ● da 1.000.000 a 5.000.000 di ab.
- ● da 100.000 a 1.000.000 di ab.
- ● meno di 100.000 ab.

sottosviluppo e imperialismo (*Lo sviluppo ineguale*, 1973).

AMIN DADA (Idi), *Koboko 1925 - Gidda 2003*, politico ugandese. Presidente della repubblica (1971-1979), instaurò un regime sanguinoso, in seguito al quale fu deposto e quindi esiliato.

AMÌNTA III, re di Macedonia (393 ca. - 370/369 a.C.). È il padre di Filippo II.

AMIRANTE (Isole), arcipelago dell'Oceano Indiano appartenente alle Seicelle.

AMIS (Martin), *Oxford 1949*, scrittore britannico. Figlio di Kingsley (*Jim il fortunato*, 1954), ha saputo dare vita a un genere narrativo ironico e innovativo. Tra le sue opere più recenti: *Il treno della notte* (1997), la raccolta di racconti *Cattive acque* (1998), *Experience* (2000).

AMITABHA, ("Buddha di luce infinita"), il più noto dei buddha del Grande Veicolo. È venerato in Giappone con il nome di Amida.

AMITÈRNO, ant. centro sabino nella valle dell'Aterno, att. S. Vittorino, in prov. dell'Aquila. Città romana dal 293 a.C., diede i natali a Sallustio.

AMLÈTO, protagonista dell'omonima tragedia di William Shakespeare (1601 ca.), ispirata al dramma di un principe danese divenuto leggendario. Di temperamento malinconico, torturato da dubbi e propositi suicidi che si alternano a slanci emotivi e azioni decise, A. si sente schiacciato dal proprio destino: deve vendicare il re suo padre, il cui spettro gli è apparso per rivelargli di essere stato assassinato dal fratello Claudio, uccidendo quest'ultimo. Simula la follia e respinge la fidanzata, Ofelia, che impazzisce e si annega, compie la propria vendetta ai danni dello zio e muore. Il monologo recitato dal protagonista (*To be or not to be...*, "Essere o non essere...") è universalmente noto.

AMMAN, cap. della Giordania; 1.430.000 ab. Resti romani, cittadella. Musei.

AMMANNÀTI (Bartolomèo), *Settignano 1511 - Firenze 1592*, scultore e architetto. Rappresentante del manierismo, fu influenzato da J. Sansovino e Michelangelo. Le opere più significative si trovano a Firenze (fontana di piazza della Signoria, facciata di Palazzo Pitti, palazzi Grifoni e Giugni Ramirez, ponte di S. Trinita).

AMMANNÌTI (Niccolò), *Roma 1966*, scrittore. Ha esordito nel 1994 con il romanzo *Branchie*; nel 1995 ha pubblicato il saggio *Nel nome del figlio* e l'anno seguente i racconti *Fango*. Dal recente *Io non ho paura* (2001) è stato tratto l'omonimo film di G. Salvatores.

AMMIÀNO MARCELLÌNO, *Antiochia 330 ca. - 400 ca.*, storiografo latino. Di origine greca, dopo una lunga carriera militare si trasferì a Roma. I suoi *Rerum gestarum libri*, in latino, coprono il periodo dalla morte di Nerva a quella di Valente (96-378) e costituiscono la prosecuzione dell'opera di Tacito.

AMMIRAGLIÀTO (Isole dell'), arcipelago della Melanesia appartenente alla Papua Nuova Guinea; 33.000 ab.

AMMIRÀTO (Scipiòne), *Lecce 1531 - Firenze 1601*, letterato e storiografo. Di nobile famiglia, studiò diritto a Napoli e soggiornò in varie città italiane. A Firenze fu ben accolto da Cosimo de' Medici e scrisse le sue opere più celebri (*Delle famiglie nobili napoletane*, 1580; *Istorie fiorentine*, 1600; *Delle famiglie nobili fiorentine*, 1615).

AMMON, personaggio biblico. Figlio di Lot e fratello di Moab, è il leggendario capostipite degli ammoniti.

AMMÓNE, divinità egizia, in origine dio dell'aria e della fecondità a Tebe. Più tardi viene assimilato a Ra (culto di Amon-Ra) e considerato "re degli dei".

AMMÒNIO SÀCCA, *inizio del II sec. - III sec. d.C.*, filosofo greco. È considerato il fondatore della scuola neoplatonica di Alessandria.

AMMONÌTI, popolazione di origine semitica che si stabilì a E del Giordano nel XIV sec. a.C. In conflitto con gli ebrei, gli a. furono sottomessi da Davide.

AMNESTY INTERNATIONAL, organizzazione umanitaria internazionale indipendente. È stata fondata nel 1961 allo scopo di difendere chiunque venga imprigionato o comunque perseguito per reati di opinione e per motivi raz-

Amore e Psiche, *scultura di A. Canova, 1787-1793. (Louvre, Parigi.)*

ziali o religiosi; lotta inoltre per l'abolizione della tortura. (Premio Nobel per la pace 1977.)

AMÓRE E PSÌCHE, gruppo scultoreo in marmo di A. Canova (1787-1793, Louvre, Parigi). Appartenente al ciclo di soggetti mitologici, l'opera raffigura Amore e Psiche nell'atto di baciarsi e ben esprime il pathos che lega i due giovani.

AMORRÈI, popolazione semitica stanziatasi in Siria, Palestina e Mesopotamia intorno al 2000 a.C. Fino al 1600 ca., i capi amorriti governarono su alcuni principati, soprattutto Alep, Mari, Larsa e Assur; sotto il segno di Hammurabi (1793-1750 a.C.) la dinastia assicurò la preminenza politica a Babilonia.

AMOS, *VIII sec. a.C.*, profeta biblico. I suoi oracoli e le sue visioni sono raccolti nel *Libro di Amos*.

AMÒSI, faraone egizio (1580-1558 a.C.). Riuscì a scacciare dall'Egitto gli hyksos e fondò la XVI dinastia.

AMOUR, massiccio dell'Atlante sahariano, in Algeria; 1977 m.

AMOY → XIAMEN.

AMPAS (Academy of Motion Picture Arts and Sciences), associazione statunitense fondata nel 1927 per migliorare la produzione cinematografica. Dal 1929 organizza l'assegnazione dei premi Oscar.

AMPÈRE (André Marie), *Lione 1775 - Marsiglia 1836*, fisico francese. Enunciò la teoria dell'elettromagnetismo e gettò le basi della teoria elettronica della materia. Ideò il galvanometro, inventò il primo telegrafo elettrico e, con F. Arago, l'elettromagnete. Notevole fu inoltre il suo contributo nel campo della matematica, della chimica e della filosofia.

■ *André Marie Ampère. Particolare di un autoritratto. (Accademia delle Scienze, Parigi.)*

AMPEZZÀNE (Àlpi), gruppo montuoso che circonda la Valle d'Ampezzo. Comprende alcune imponenti cime delle Dolomiti orient., tra cui Antelao (3264 m), Tofane (3245 m) e Cristallo (3216 m). Dal 1990 costituisce il Parco naturale delle Dolomiti d'Ampezzo.

AMPÉZZO (Vàlle d'), estesa conca delle Dolomiti circondata dalle Alpi Ampezzane e attraversata dal torrente Boite, affl. del Piave. Numerosi centri turistici, tra cui Cortina d'A.

AMPOLLÌNO, f. della Calabria che nasce dal Monte Cardoneto, nella Sila; 28 km. Una diga ne ha sbarrato il corso superiore, portando alla formazione del lago artificiale omonimo, utilizzato per la produzione di elettricità.

AMPURIAS, località della Spagna (Catalogna). Resti dell'ant. *Empòrion*, la colonia focese, e della città romana, fiorente fino al III sec.

AMRAVATI, c. dell'India (Maharashtra); 549.370 ab. Commercio del cotone.

AMR IBN AL-AS, *m. nel 663 ca.*, compagno di Maometto alla conquista dell'Egitto (640-642).

AMRITSAR, c. dell'India (Punjab); 975.695 ab. È la città santa dei sikh. — Tempio d'oro (XVI sec.).

AMSTERDAM, cap. dei Paesi Bassi (Olanda Settentrionale); 734.594 ab. (1.144.000 ab. nel-

AMSTERDAM.

l'agglomerato). Città industriale (taglio dei diamanti, costruzioni meccaniche, stabilimenti chimici e alimentari) e porto sul Golfo dell'Usselmeer, collegata al Mare del Nord e al Reno da due canali. — Dopo il distacco, nel 1578, dalla Spagna, A. ha conosciuto nel XVII sec. una grande prosperità e ha giocato un ruolo importante nel commercio internazionale. — Bei monumenti e prestigiosi musei: il Rijksmuseum (capolavori della pittura olandese), la casa di Rembrandt, lo Stedelijk Museum (arte moderna), il Museo Van Gogh ecc.

AMSTERDAM o **NUÒVA AMSTERDAM** (Isola), isola francese merid. dell'Oceano Indiano. Stazione meteorologica.

AMSTERDAM (trattàto di) (2 ott. 1997), trattato firmato al termine della conferenza intergovernativa dell'Unione Europea (mar. 1996 - giu. 1997) ed entrato in vigore, dopo la ratifica, il 1° mag. 1999. Riprende e completa il trattato di Maastricht.

AMUDARJA, già **Oxus**, f. dell'Asia centrale, che nasce nel Pamir e si getta nel Mar d'Aral; 2540 km. È sfruttato per l'irrigazione.

AMÙLIO MITOL. ROM. Usurpò il trono di Alba Longa spodestando il fratello Numitore e cercò di uccidere i nipoti Romolo e Remo. Questi si salvarono e una volta cresciuti uccisero A., restituendo il trono a Numitore.

AMUNDSEN (Roald), *Borge 1872 - Mare Artico 1928*, esploratore norvegese. Superò per primo il passaggio a Nord-Ovest (1906) e, nel 1911, raggiunse il Polo Sud. Scomparve durante le ricerche della spedizione polare di U. Nobile.

■ *Roald Amundsen nel 1925, prima della spedizione al Polo Nord.*

AMUR, in cin. **Heilong Jiang**, f. dell'Asia nord-orient. Formato dalla confluenza di Argun e Silka, si getta nel Mare di Ohotsk; 4440 km. Separa la Russia (Siberia) e la Cina nord-orient.

AMY (Gilbert), *Parigi 1936*, compositore e direttore d'orchestra francese. Esponente della musica seriale, è autore, tra le altre composizioni, dell'opera *Le premier cercle* (1999).

AMYOT (Jacques), *Melun 1513 - Auxerre 1593*, umanista francese. Già precettore e gran ciambellano di Carlo IX ed Enrico III, divenne in seguito vescovo di Auxerre. Fu acuto traduttore di Plutarco (*Vite parallele*, 1559), Longo Sofista ed Eliodoro.

AN → ALLEANZA NAZIONALE.

ANABAR, altopiano della Russia, nella Siberia orient. È la parte più antica dello zoccolo siberiano, da cui nasce il f. omonimo.

ANABAR, f. russo, che sfocia nel Mar di Laptev.

ANÀBASI, opera storica di Senofonte (IV sec. a.C.). L'autore, che era stato al servizio di Ciro il Giovane nella spedizione contro Artaserse II, vi narra la ritirata dei mercenari greci ("i diecimila") da lui stesso condotta.

ANACÀPRI, com. in prov. di Napoli, nell'isola di Capri; 5894 ab. Centro agricolo (agrumi, olive, uva) e turistico (Grotta Azzurra).

ANACLÈTO I o **CLÈTO** (sànto), *m. a Roma nell'88*, papa dal 76 all'88. Sarebbe stato sottoposto a martirio. — **Anacleto II** (Piètro **Pierleóni**), *m. a Roma nel 1138*, antipapa dal 1130 al 1138. Eletto papa in contrapposizione a Innocenzo II, che era appoggiato da san Bernardo, ebbe il sostegno del normanno Ruggero II, per il quale rese la Sicilia regno ereditario.

ANACREÒNTE, *Teo, Ionia, VI sec. a.C.*, lirico greco. Le *Odi* che gli sono state attribuite celebrano l'amore e i piaceri del cibo e hanno ispirato la poesia rinascimentale chiamata *anacreontica*.

ANADYR, f. della Russia, in Siberia, che sfocia nel Golfo dell'A., nel Mare di Bering; 1145 km.

ANÀGNI, c. del Lazio; 20.144 ab. Cattedrale dell'XI-XIII sec. — Nel 1303 Bonifacio VIII vi fu arrestato dagli emissari di Filippo il Bello (schiaffo di A.).

ANAHEIM, c. degli Stati Uniti (California); 328.014 ab. Turismo (Disneyland).

ANÁHUAC, nome azteco del Messico, con cui oggi è chiamato un altopiano del Messico centrale.

ANANÌA, nome di diversi personaggi biblici. Tra questi, un compagno di Daniele e un cristiano di Gerusalemme che si impadronì di denaro destinato alla comunità e per questo morì all'improvviso.

ÀNAPO, f. della Sicilia; 52 km. Nasce dal Monte Lauro e sfocia nel Porto Grande di Siracusa. È sfruttato per la produzione di energia elettrica.

ANÁPOLIS, c. del Brasile, a NE di Goiânia; 287.666 ab.

ANAS (Azienda nazionàle autònoma delle stràde), ente pubblico che si occupa della gestione e della realizzazione di strade statali.

ANASAZI, cultura preistorica degli Stati Uniti sud-òcc. Il suo sviluppo ha conosciuto diverse fasi: il periodo *basket makers*, tra il 100 a.C. e il 700 d.C., poi la fase *Pueblo* e quella *Gran Pueblo*, di espansione, che ha visto la costruzione dei complessi di Pueblo Bonito e Mesa Verde.

ANASSÀGORA, *Clazomene 500 ca. a.C. - Lampsaco 428 ca. a.C.*, filosofo greco presocratico. Considerava l'intelletto l'elemento originario dell'universo.

ANASSIMÀNDRO, *Mileto 610 ca. a.C. - 547 ca. a.C.*, filosofo greco presocratico della scuola ionica. Considerava l'infinito l'elemento originario dell'universo.

ANASSÌMENE DI MILÈTO, *585 ca. - 525 ca. a.C.*, filosofo greco presocratico della scuola ionica. Considerava l'aria l'elemento originario dell'universo.

ANASTÀSIO I, *Durazzo 431 ? - Costantinopoli ? 518*, imperatore bizantino (491-518). Appoggiò il monofisismo.

ANASTÀSIO I (sànto), *m. a Roma nel 401*, papa dal 399 al 401. Condannò Origene e i donatisti — **Anastasio II**, *m. a Roma nel 498*, papa dal 496 al 498. Intervenne in modo conciliante nella disputa con Acacio. — **Anastasio III**, *m. nel 913*, papa dal 911 al 913. — **Anastasio IV** (**Corrado della Suburra**), *m. a Roma nel 1154*, papa dal 1153 al 1154, succedette a Eugenio III.

ANATÒLIA (dal gr. *anatolē*, levante), nome con cui in passato veniva spesso designata l'Asia Minore; oggi indica la parte interna della Turchia asiatica.

ANÀUNIA → NON (VAL DI).

ANC (African National Congress), organizzazione politica della Rep. Sudafricana, fondata nel 1912. In prima linea nella lotta contro l'apartheid, l'ANC fu messo al bando dal 1960 al 1990. Riconosciuto come interlocutore primario del governo nei negoziati che hanno introdotto una democrazia multirazziale in Sudafrica, dal 1994 è il partito di maggioranza e guida il governo del paese.

ANCÉSCHI (Luciàno), *Milano 1911 - Bologna 1995*, critico letterario. Docente di estetica all'Università di Bologna dal 1952 al 1981, fondò nel 1957 la rivista *Il Verri*. Tra i suoi scritti, *Fenomenologia della critica* (1966), *Che cos'è la poesia* (1982), *Gli specchi della poesia* (1989), *Riflessione, poesia, critica* (1989).

ANCHÌSE MITOL. GR. Principe troiano, padre di Enea.

ANCHORAGE, c. degli Stati Uniti (Alaska); 260.283 ab. Aeroporto.

ANCIEN RÉGIME, regime politico e sociale della Francia dal regno di Francesco I (1515-1547) fino alla rivoluzione del 1789. La società dell'A. R. era divisa in tre ordini dallo status giuridico differente (clero, nobiltà e terzo stato). Il regime era idealmente una monarchia

assoluta a diritto divino, ma nei fatti il potere regale era limitato da organismi intermedi, quali consigli provinciali, assemblee ecc.

ANCIRA, ant. nome di *Ankara.

ÀNCO MÀRZIO, leggendario quarto re di Roma (640-616 a.C.). Nipote di Numa Pompilio, avrebbe fondato il porto di Ostia e contribuito al rinnovamento dell'edilizia romana (ponte Sublicio, fortificazioni del Gianicolo).

ANCÓNA, c. delle Marche, capol. di reg. e di prov., sul Mar Adriatico; 98.329 ab. (*anconetani*). Centro commerciale (pesce) e industriale (cantieri navali, industrie farmaceutiche, alimentari, cementifici e mobilifici); attivo porto. — Colonia siracusana (V sec. a.C.), A. fu poi conquistata dai romani (268 a.C.) che vi eressero importanti monumenti (Arco di Traiano, 115 a.C.). Durante il Medioevo fu legata alla Chiesa e a Ravenna. Gravemente colpita dai bombardamenti nel corso della seconda guerra mondiale, nel 1972 è stata ulteriormente danneggiata dal terremoto. — A. è sede di importanti musei (Museo nazionale delle Marche, Museo diocesano) e di monumenti medievali (duomo di S. Ciriaco, chiese di S. Maria della Piazza, S. Domenico, Loggia dei Mercanti). — Nella provincia, montuosa e collinare, si pratica soprattutto l'agricoltura (viti, con produzione del vino verdicchio, ulivi, frutteti). Turismo balneare (Senigallia, Falconara Marittima). Santuario di Loreto.

ANCRE (maresciàllo **di**) → CONCINI.

ANDALUSÌA, in sp. **Andalucía**, comunità autonoma della Spagna merid.; 87.268 km²; 7.340.052 ab. (*andalusi*); capol. *Siviglia*; 8 prov. (*Almería, Cadice, Cordoba, Granada, Huelva, Jaén, Málaga e Siviglia*). L'A. comprende, da N a S: la parte meridi. della Sierra Morena; la depressione bagnata dal Guadalquivir, dove sono concentrate le città (Cordoba, Siviglia, Jerez, Cadice); la Sierra Nevada, che si apre in fertili bassopiani (Granada) e domina il litorale, dalle piccole piane alluvionali (Málaga, Almería), ad alcuni centri del turismo (Costa del Sol). — Colonizzata dai fenici a partire dal VI sec. a.C. e in seguito dai cartaginesi, conquistata nel 206 a.C. da Roma (*Baetica*), dall'VIII al XIII-XV sec. la regione fu il centro principale della cultura musulmana in Spagna.

ANDAMANE (Ìsole), arcipelago indiano, nel Golfo del Bengala.

ANDAMANE E NICOBARE, territorio dell'India nel Golfo del Bengala; 356.265 ab.; capol. *Port Blair*. È formato dagli arcipelaghi delle Andamane e delle Nicobare; il versante orient. è bagnato dal Mare delle Andamane.

ÀNDE (Cordiglièra delle), grande catena montuosa che domina la parte occ. dell'America merid.; raggiunge la massima altezza (6959 m) nell'Aconcagua. Si estende per una lunghezza di 8000 km ca., dal Venezuela fino alla Terra del Fuoco, ed è costellata da vulcani attivi. La popolazione, ancora in prevalenza amerindia, si concentra negli altopiani dell'interno e nei bacini intramontani, in cui si praticano un'agricoltura per uso alimentare e talvolta commerciale (caffè), e

un allevamento estensivo. Argento, stagno, ferro e soprattutto cuoio e petrolio sono estratti dal sottosuolo delle zone montana e pedemontana.

ANDERLECHT, c. del Belgio (Brabante), sobborgo sud-occ. di Bruxelles, sulla Senna; 88.822 ab. Chiesa dell'XI-XV sec. Casa di Erasmo.

ANDERMATT, com. della Svizzera (Uri); 1338 ab. Stazione di sport invernali (1447-3000 m). — Monumenti storici.

ANDERS (Władysław), *Błonie 1892 - Londra 1970*, generale polacco. Fu al comando delle truppe polacche ricostituitesi in URSS, che si distinsero in Italia (1943-1944).

ANDERSCH (Alfred), *Monaco 1914 - Berzona 1980*, scrittore tedesco naturalizzato svizzero. I suoi racconti sono dominati dal tema della solitudine (*Un amante della penombra*).

ANDERSEN (Hans Christian), *Odense 1805 - Copenaghen 1875*, scrittore danese. È famoso per le sue *Fiabe popolari, a un tempo malinconiche e ricche di umorismo, fantasiose e realistiche.

■ *Hans Christian Andersen ritratto da C.A. Jensen. (Museo Andersen, Odense.)*

ANDERSEN-NEXØ (Martin), *Copenaghen 1869 - Dresda 1954*, scrittore danese. È stato uno dei maggiori rappresentanti del romanzo sociale proletario (*Pelle il Conquistatore, Ditte, creatura umana*).

ANDERSON (Carl David), *New York 1905 - San Marino, California, 1991*, fisico statunitense. Scoprì il positrone (1932) e il mesone (1937). (Premio Nobel 1936.)

ANDERSON (Lindsay), *Bangalore 1923 - Angoulême 1994*, regista e critico cinematografico britannico. Figura rappresentativa del *free cinema*, movimento nato negli anni '60 del secolo scorso che analizza in modo critico la società. Tra le sue opere: *Io sono un campione* (1963), *Se...* (1969), *O Lucky Man!* (1972), *Le balene d'agosto* (1987).

ANDERSON (Philip), *Indianapolis 1923*, fisico statunitense. Ha compiuto studi sul concetto di superfluidità e sui superconduttori. (Premio Nobel 1977.)

ANDERSON (Sherwood), *Camden 1876 - Colón, Panamá, 1941*, scrittore statunitense. Fu uno dei precursori del racconto americano moderno (*Racconti dell'Ohio*, 1919).

ANDERSSON (Birgitta, detta Bibí), *Stoccolma 1935*, attrice teatrale e cinematografica svedese. È celebre per aver interpretato diversi film di I. Bergman (*Il settimo sigillo*, 1956; *Il posto delle fragole*, 1957; *Il volto*, 1958; *L'adultera*, 1971).

ANDHRA, dinastia, chiamata anche Satavahana, che regnò in India, nel Deccan, dal I al III sec. d.C.

ANDHRA PRADESH, Stato dell'India, nel Deccan, sul Golfo del Bengala; 275.000 km²; 75.727.541 ab.; cap. *Hyderabad*.

ANDIŽAN, c. dell'Uzbekistan, nella Fergana; 297.000 ab.

Cordigliera delle **ANDE**. *Laghi ghiacciati, in Argentina.*

Tadao **ANDO**. *Interno del padiglione giapponese all'Esposizione universale di Siviglia, 1992.*

ANDO (Tadao), *Osaka 1941*, architetto giapponese. La sua poetica dello spazio, spesso in armonia con l'ambiente naturale, articola forme essenziali con materiali grezzi (soprattutto cemento) e impalpabili giochi di luce.

ANDÒRA, com. in prov. di Savona, nella riviera di ponente; 6707 ab. Centro agricolo (frutta, ortaggi) e balneare. — Chiesa romanico-gotica di SS. Giacomo e Filippo. Castello medievale.

ANDÒRRA (principáto di), Stato dell'Europa, nei Pirenei; 465 km²; 65.800 ab. (*andorrani*). CAP. *Andorra la Vella* (20.845 ab.). LINGUA: *catalano*. MONETA: *euro*. Turismo. — Dal 1607 A. è sottoposta alla sovranità congiunta del re (oggi del presidente della repubblica) di Francia e del vescovo della cittadina di La Seo d'Urgell (Spagna). All'approvazione per referendum, nel 1993, di una Costituzione basata sul regime parlamentare ha fatto seguito l'ingresso del paese nell'ONU. Alle elezioni del 2001 si è affermato il Partito liberale. Lo sviluppo economico del paese è favorito dalle esenzioni fiscali e dall'afflusso turistico.

Andorra

● più di 15.000 ab.   ● da 5000 a 10.000 ab.
● da 10.000 a 15.000 ab.   ● meno di 5000 ab.

1000 1500 2000 2500 m   ─── strada normale
                             ─── ferrovia

ANDRADE (Alfredo **d'**), *Lisbona 1843 - Genova 1915*, architetto e pittore portoghese naturalizzato italiano. Allievo di A. Calame, si specializzò nella pittura di paesaggi, finché la passione per il restauro non prese in lui il sopravvento. Nel 1884 realizzò il "borgo medievale" di Torino.

ANDRADE (Mário **de**), *São Paulo 1893-1945*, scrittore brasiliano. Poeta e romanziere, fu uno dei padri del "modernismo" (*Folle San Paolo*, 1922).

ANDRADE (Olegario), *Alegrete, Brasile, 1839 - Buenos Aires 1882*, poeta argentino. Ammiratore di V. Hugo, diede forma epica al sentimento nazionale (*Leggenda di Prometeo*).

ANDRADE (Oswald **de**), *São Paulo 1890-1954*, scrittore brasiliano. Fu uno dei promotori del "modernismo" brasiliano (*Legno Brasile*, 1925) e auspicò il ritorno al "cattivo selvaggio", canni-bale nei confronti delle culture straniere (movimento dell'"Antropofagia").

ANDRÁSSY (Gyula, cónte), *Kassa, att. Košice, 1823 - Vološca, presso Rijeka, 1890*, politico ungherese. Fu presidente del consiglio in Ungheria (1867-1871), e in seguito ministro degli esteri dell'impero austro-ungarico (1871-1879).

ANDRE (Carl), *Quincy 1935*, artista statunitense. Allievo di P. Morgan e F. Stella, ha iniziato a esporre nel 1965. Influenzato dalla pop art e dal neodadaismo americano, ha operato soprattutto nella minimal art.

ANDRÈA (sánto), *I sec.*, apostolo di Gesù. Fratello di san Pietro, fu crocefisso a Patrasso.

ANDRÈA II, *1175-1235*, re di Ungheria (1205-1235), della dinastia degli Árpád. Promosse la quinta crociata nel 1217-1218.

ANDRÈA DA BARBERÌNO, *Barberino in Valdelsa 1370 ca. - Firenze dopo il 1431*, letterato e cantastorie. Autore molto popolare di romanzi in volgare, in cui vengono riproposte leggende bretoni e carolinge (*Il Guerin Meschino*, 1437; *I Reali di Francia*, 1491).

ANDRÈA DA PONTEDÈRA → ANDREA PISANO.

ANDRÈA DÉL CASTÀGNO, *Castagno 1420 ca. - Firenze 1457*, pittore. Influenzato da Masaccio (vigoroso plasticismo) e, nella maturità, da Donatello, diede un contributo importante alle nuove concezioni prospettiche con i suoi arditi scorci. È autore di importanti affreschi (refettorio del convento di S. Apollonia, Firenze; loggia di Villa Pandolfini, Legnaia, vicino a Firenze, oggi agli Uffizi; affresco del monumento equestre a Niccolò Tolentino, duomo di Firenze).

ANDRÈA DÉL SÀRTO (Andrèa **d'Àgnolo di Francésco**, detto), *Firenze 1486-1530*, pittore. La sua arte, che concilia euritmia e monumentalità, segna il passaggio dal Rinascimento al manierismo. Tra le sue opere gli affreschi *Storie di san Filippo Benizzi* (1509-1510); *Storie del Battista* (1515-24) e il dipinto *Madonna delle Arpie (1517)*, tutte a Firenze.

ANDRÈA DI BONAIÙTO o **ANDRÈA DA FIRÈNZE**, *Firenze XIV sec.*, pittore. Allievo di A. Orcagna, adottò uno stile molto vicino all'arte senese. Realizzò gli affreschi del Cappellone degli spagnoli in S. Maria Novella (Firenze) e *Vita di san Ranieri* (ora al camposanto di Pisa).

ANDRÈA DI CIÓNE → ORCAGNA.

ANDRÈA FORTEBRÀCCI → BRACCIO DA MONTONE.

ANDRÈA PISÀNO, *Pontedera 1290 ca. - Orvieto 1348 ca.*, scultore e architetto. Le sue decorazioni della porta S del battistero di S. Giovanni a Firenze (1330-1336) forniscono l'esempio di un linguaggio gotico che si distacca dai modi in uso e risente dell'influenza di Giotto e S. Martini. Sue sculture si trovano a S. Maria del Fiore; succedette a Giotto nel completamento del duomo di Firenze e fu capomastro in quello di Orvieto. — **Nino P.**, *m. nel 1368 ca.*, scultore, figlio di Andrea e suo collaboratore. È autore di alcune madonne ispirate alla raffinata eleganza francese del periodo. Succedette al padre come capomastro dei lavori nel duomo di Orvieto.

ANDREAS-SALOMÉ (Lou), *San Pietroburgo 1861 - Gottinga 1937*, scrittrice tedesca. Fece parte dei circoli culturali dell'epoca, e la sua vita a fianco a F. Nietzsche, R.M. Rilke e S. Freud, di cui fu allieva, attesta l'inizio del processo di emancipazione femminile.

ANDRÉ-DESHAYS (Claudie) → HAIGNERÉ.

ANDREEV (Leonid Nikolaevič), *Orël 1871 - Mustamäki, Finlandia, 1919*, scrittore russo. I suoi racconti (*Nella nebbia*) e i suoi drammi per il teatro (*La vita dell'uomo*) fanno di lui uno dei più alti rappresentanti del simbolismo russo.

ANDRÈI (Alessàndro), *Scandicci 1959*, atleta. Nella specialità del lancio del peso, è stato campione olimpico a Los Angeles nel 1984 e ha ottenuto il primato mondiale (22,91 m) nel 1987.

ANDREÌNI, famiglia di attori. — **Francesco A.**, *Pistoia 1548 - Mantova 1624*. Svolse il ruolo di innamorato nella compagnia dei *Gelosi* di cui ne divenne direttore. — **Isabella A.**, *Padova 1562 - Lione 1604*, moglie di Francesco. Fu celebrata, oltre che come attrice, anche per le sue doti letterarie (*Mirtilla, Rime*). — **Giovan Battista A.**, *Firenze 1578 - Reggio Emilia 1654*, figlio di Francesco e Isa-bella. Attore e direttore della compagnia dei *Fedeli*, scrisse tragedie, pastorali e commedie.

ANDREÒLI (Giuseppe), *San Possidonio 1791 - Rubiera 1822*, patriota e sacerdote. Membro della carboneria, fu arrestato nel 1822, scomunicato e condannato a morte.

ANDREOLO (Michèle) *Montevideo 1912 - Potenza 1981*, calciatore uruguaiano naturalizzato italiano. Dopo gli esordi in Uruguay, giunse in Italia, dove con la maglia del Bologna vinse 4 scudetti. Con la nazionale vinse la Coppa del mondo del 1938 in Francia.

ANDREÒTTI (Giùlio), *Roma 1919*, politico. Deputato per la Democrazia cristiana dal 1946, è stato uno degli uomini più influenti della politica italiana. Dapprima collaboratore di A. De Gasperi, sette volte presidente del consiglio (1972-1973, 1976-1979 e 1989-1992), e più volte ministro (interni, 1954; finanze, 1955-1958; tesoro, 1958-1959; difesa, 1959-1966 e 1974; industria, 1966-1968; esteri, 1983-1989) e, dal 1991, senatore a vita. Inquisito per partecipazione ad associazione mafiosa nel 1993, è stato assolto nel 1999 e nel 2003; accusato inoltre di essere il mandante dell'omicidio del giornalista Mino Pecorelli, ucciso nel 1979, è stato assolto assolto nel 2003. Ha scritto numerosi saggi di politica (*Visti da vicino*, 1982; *Il potere logora... ma è meglio non perderlo*, 1990; *A non domanda rispondo*, 1999).

ANDREÒTTI (Libero), *Pescia 1875 - Firenze 1933*, scultore. Insegnò all'istituto d'arte di Firenze e fece parte del movimento *Novecento*. Tra le sue opere ricordiamo il *Monumento ai caduti* di Roncade (1922) e il *Gruppo equestre* per il Tempio dei caduti di Milano (1928).

ANDRÉTTI (Mário), *Montona 1940*, pilota automobilistico statunitense di origine istriana. Vincitore di 12 Gran Premi in Formula 1 e 52 nel campionato CART, si è ritirato nel 1994.

ANDREWS (Julia Wells, detta Julie), *Walton-on-Thames 1935*, attrice teatrale e cinematografica britannica. Vincitrice dell'Oscar con il suo primo film, *Mary Poppins* (1964), è stata protagonista di musical (*Tutti insieme appassionatamente*, 1965), film drammatici (*Il seme del tamarindo*, 1975) e commedie (*Victor Victoria*, 1982).

ANDREWS (Thomas), *Belfast 1813-1885*, fisico irlandese. Scoprì la temperatura critica dei gas e definì la continuità tra stato liquido e aeriforme.

ÀNDRIA, com. in prov. di Bari, nelle Murge; 94.443 ab. Industrie alimentari, meccaniche. Agricoltura (mandorli, uva, cereali). — Di origine greca, fu sede di ordini religiosi (benedettini), e poi centro fiorente sotto i normanni. Federico II, che l'aveva eletta sua residenza, nel 1240 vi fece costruire Castel del Monte. — Conserva monumenti medievali (chiese di S. Francesco e di S. Agostino, duomo di origine romanica).

ANDREA PISANO. *Porta sud del battistero di Firenze (1330-1336).*

ANDRIĆ (Ivo), *Dolac 1892 - Belgrado 1975*, scrittore iugoslavo di lingua serba. Scrisse romanzi sulla Bosnia e sulle lotte politiche del suo paese (*La cronaca di Travnik*, *Il ponte sulla Drina*). (Premio Nobel 1961.)

ÀNDRO o **ÁNDROS**, isola delle Cicladi (Grecia).

ANDRÒMACA MITOL. GR. Eroina dell'*Iliade*, sposa di Ettore e madre di Astianatte. Dopo la caduta di Troia fu condotta prigioniera in Grecia da Neottolemo, figlio di Achille. Rappresenta l'emblema delle virtù familiari e domestiche. — La sua storia ha ispirato, tra gli altri, Euripide (425 ca. a.C.) e Racine (1667).

ANDRÒMEDA MITOL. GR. Figlia di Cefeo, re d'Etiopia, e di Cassiopea. Perseo la salvò da un mostro e la sposò.

ANDRÒMEDA, costellazione boreale. Comprende il più lontano oggetto celeste visibile a occhio nudo, la galassia a spirale M 31 (galassia di A.), distante 2,2 milioni di anni luce.

ANDRONÌCO I COMNÈNO, *Costantinopoli 1122-1185*, imperatore bizantino (1183-1185). Fece uccidere Alessio II per salire al trono, ma fu destituito da Isacco II Angeli. — **Andronico II Paleologo**, *Nicea 1256 - Costantinopoli 1332*, imperatore bizantino (1282-1328). Dopo aver combattuto senza successo contro i turchi e il nipote, dovette abdicare. — **Andronico III Paleologo**, *Costantinopoli 1296 ca. - 1341*, imperatore bizantino (1328-1341). Nipote di Andronico II Paleologo, non riuscì a impedire l'avanzata dei turchi in Asia Minore.

ANDRONÌCO DI RÒDI, *I sec. a.C.*, filosofo greco. Scolarca della scuola peripatetica, curò il riordinamento nonché l'edizione delle opere di Aristotele e Teofrasto.

ANDRONÌCO (Livio) → LIVIO ANDRONICO.

ANDROPOV (Jurij Vladimirovič), *Nagutskaja, reg. di Stavropol', 1914 - Mosca 1984*, politico russo. Capo del KGB (1967-1982), fu segretario generale del partito (1982-1984) e presidente del presidium del soviet supremo (1983-1984).

ÁNDROS → ANDRO.

ANDRZEJEWSKI (Jerzy), *Varsavia 1909-1983*, scrittore polacco. È stato uno degli esponenti del movimento di rivolta degli intellettuali nel 1956 (*Cenere e diamanti*, 1948).

ANÈLLI (Àngelo), *Desenzano 1761 - Pavia 1820*, librettista e letterato. Scrisse numerosi testi per operisti dell'epoca (N. Piccinni, G. Rossini, S. Pavesi, D. Cimarosa, N. Zingarelli) e un poema satirico, *Le cronache di Pindo*, in cui criticò i romantici Italiani.

ANÈLLO DEI NIBELÙNGHI (l') → TETRALOGIA.

ANÈRIO, famiglia di compositori. — **Felice A.**, *1560 ca. - 1614*. Cantore e scrittore di musica sacra e profana, prese il posto di G.P. da Palestrina alla cappella pontificia. — **Giovanni Francesco A.**, *Roma 1567 ca. - Graz 1630*. Fratello di Felice, fu compositore, cantore e maestro di cappella. Con *Teatro armonico spirituale* contribuì allo sviluppo della lauda drammatica.

ANETO (Picco di), la cima più elevata dei Pirenei, in Spagna, nel gruppo della Maladeta; 3404 m.

ANFIARÀO MITOL. GR. Re di Argo e indovino. Spinto dalla moglie Erifile, partecipò alla guerra dei Sette contro Tebe, nonostante le previsioni nefaste. Mentre stava per essere ucciso fu risucchiato in una voragine aperta dal fulmine di Zeus.

ANFIÓNE MITOL. GR. Figlio di Zeus e Antiope, poeta e musico. Avrebbe innalzato le mura di Tebe spostando le pietre col suono della sua lira.

ANFÌPOLI, ant. c. greca della Macedonia, colonia di Atene, sullo Strimone. Tucidide fu esiliato per non essere riuscito a difenderla contro lo spartano Brasida (424 a.C.). Fu conquistata da Filippo di Macedonia (357 a.C.).

ANFITRIÓNE MITOL. GR. Re di Tirinto, figlio di Alceo e sposo di Alcmena. Zeus prese le sue sembianze per abusare di Alcmena, che gli diede Eracle. — La leggenda di A. ha ispirato a Plauto una commedia, ripresa da Molière (1668).

ANFITRÌTE MITOL. GR. Dea del mare, sposa di Poseidone.

ANFÒSSI (Pasquàle), *Taggia, Imperia, 1727 - Roma 1797*, compositore. Allievo di F. Durante a Napoli, scrisse opere serie e buffe, oratori, sinfonie, musica sacra e strumentale. Nel 1792 divenne maestro di cappella in S. Giovanni in Laterano a Roma.

ANGARA, f. della Russia, in Siberia, tributario del Lago Bajkal e affl. dell'Enisej; 1826 km. A Bratsk alimenta una centrale idroelettrica.

ANGARSK, c. della Russia, in Siberia, sul f. Angara; 267.154 ab.

ÀNGELA (Pièro), *Torino, 1928*, giornalista. Corrispondente estero della RAI, conduttore di telegiornale, documentarista, è autore di diversi libri e programmi televisivi di divulgazione scientifica (*La macchina meravigliosa*, *Viaggio nel cosmo*, *Quark*, *Superquark*).

ÀNGELA MERÌCI (sànta), *Desenzano del Garda 1474 - Brescia 1540*, religiosa. Fondò l'ordine delle orsoline (1535).

ANGELES, c. delle Filippine, a NO di Manila; 263.971 ab.

ÀNGELI, dinastia che regnò sull'impero bizantino dal 1185 al 1204.

ANGÈLICA, eroina dell'*Orlando innamorato* (1495) di M.M. Boiardo e dell'*Orlando furioso* (1532) di L. Ariosto. Perfida strega in Boiardo, diventa in Ariosto un'innocente fanciulla proveniente dal Catai, smarritasi in un mondo sconosciuto e pieno di insidie.

ANGÈLICO → BEATO ANGELICO.

ANGELÓPULOS (Theodóros, detto **Theo**), *Atene 1936*, regista e sceneggiatore greco. Vincitore del Leone d'oro a Venezia per *Alessandro il Grande* (1980) e della Palma d'oro a Cannes per *L'eternità e un giorno* (1998), ha realizzato film dal ritmo contemplativo, da cui emerge la realtà storico-culturale greca.

ANGELUS (L'), tela di J.-F. Millet (1857, Musée d'Orsay, Parigi), simbolo surreale della pietà contadina e popolare.

L'Angelus, di J.-F. Millet, 1857.
(Musée d'Orsay, Parigi.)

ANGELUS SILESIUS (Johann **Scheffler**, detto), *Breslavia 1624-1677*, poeta tedesco. La sua mistica barocca e appassionata mescola alchimia e spiritualità cristiana (*Il pellegrino cherubico*).

ANGÈRA, com. in prov. di Varese, sul Lago Maggiore; 5487 ab. Importante centro industriale (prodotti tessili e chimici) e turistico. Di interesse storico la rocca del XIII-XIV sec.

ANGERS, c. della Francia, capol. del dip. Maine-et-Loire, sul f. Maine; 156.327 ab. Centro commerciale e industriale (costruzioni elettroniche, informatica). — Importante centro dei galli e poi ricca città romana, A. è stata capitale dello Stato feudale dei Plantageneti. — Cattedrale (XII-XIII sec.) e altri edifici gotici. Castello dei conti d'Angiò, che ospita il Museo degli arazzi, in cui è conservato quello dell'*Apocalisse*.

ANGHELU RUIU, necropoli preistorica presso Alghero (Sassari). Scoperta casualmente nel 1903, costituisce una delle più vaste concentrazioni di *domus de janas* (ipogei scavati nella roccia).

ANGHIÀRI, com. in prov. di Arezzo, nella Val Tiberina; 5908 ab. Agricoltura (cereali, uva, olive, tabacco) e industria (tessile, calzaturiera). Nel 1440 fu teatro di una celebre battaglia in cui i fiorentini sconfissero i Visconti.

ANGILBÈRTO (sànta), *745 ca. - 814*, abate laico di Saint-Riquier. Consigliere di Carlo Magno, fu uno degli artefici della rinascenza carolingia.

ANGIÒ, in fr. Anjou, reg. storica della Francia occ. (capol. *Angers*), corrispondente all'att. dip. Maine-et-Loire e, in parte, ai dip. Indre-et-Loire, Mayenne e Sarthe. È al crocevia dei f. Loira, Sarthe e Mayenne, che vi formano il Maine, affl. della Loira. Le valli, favorite dalla dolcezza del clima, offrono un ambiente propizio per agricoltura (vigneti, frutticoltura e orticoltura, vivai) e allevamento. — Situata nel cuore del regno dei Plantageneti, nel XII sec. la contea di A. fu conquistata da Filippo Augusto (1205) e ceduta in appannaggio ai principi capetingi e trasformata in ducato da Giovanni il Buono (1360), per ritornare definitivamente alla Francia sotto Luigi XI (1481).

ANGIÒ (prima càsa d'), dinastia degli A. fondata nel X sec.; dette origine a rami che regnarono su Gerusalemme (1131-1186) e sull'Inghilterra (→ **Plantageneti**). — seconda casa **d'A.**, fondata nel 1246 da Carlo I d'A., re di Sicilia (1266-1285). I suoi esponenti, che furono detti Angioini, regnarono su Ungheria e Polonia (XIV sec.) e su Napoli (1266-1435). — terza casa **d'A.**, fondata nel 1290 da Carlo di Valois, fratello di Filippo IV il Bello, che si estinse nel 1481 con la morte di Carlo V, nipote di Renato I il Buono.

ANGIOÌNI, termine che identifica gli appartenenti alla dinastia degli *Angiò*, in particolare coloro che regnarono a Napoli e in Sicilia.

ANGIOLÉTTI (Giovànni Battìsta), *Milano 1896 - Napoli 1961*, scrittore. Fondatore della Comunità europea degli scrittori, ha collaborato a diversi giornali e riviste e scritto soprattutto racconti (*Il giorno del giudizio*, 1927) e saggi (*Le carte parlanti*, 1941; *I grandi ospiti*, 1960).

ANGIOLIÈRI (Cécco), *Siena 1260 ca. - 1312 ca.*, poeta. Partecipò a vari fatti d'arme dell'epoca (presa del castello di Turri, 1281; battaglia di Campaldino, 1289) e produsse un ricco canzoniere in stile burlesco in cui esaltò la sua passione per il gioco dei dadi, le taverne e le donne.

ANGIOLÌNI (Gàsparo), *Firenze 1731 - Milano 1803*, ballerino, coreografo e compositore. Fu uno dei creatori del "ballo pantomimo".

ANGKOR, centro archeologico della Cambogia centrale, nel sito dell'ant. cap. dell'impero khmer, fondata nel 889 da Yashovarman I. I monumentali resti (VII - fine del XIII sec.), dall'architettura fortemente simbolica, presentano ricchi decori scolpiti. I templi di Phnom Bâkheng e Bayon, ricavati su colline, nel nucleo Angkor Thom, e il complesso funerario di Suryavarman II, Angkor Vat (XII sec.), costituiscono l'apogeo dell'arte khmer. [V. foto a pagina seguente.]

ANGLESEY, isola della Gran Bretagna (Galles), nel Mare d'Irlanda; 67.800 ab.

ÀNGLI, popolazione germanica originaria dello Schleswig, che invase la Britannia settentr. e centrale (V sec.). L'Inghilterra deve agli A. il suo nome.

ANGLÓNA, reg. della Sardegna settentr., in prov. di Sassari; 480 km². Economia agricola (cereali, agrumi, uliveti, vigneti).

ANGLOSÀSSONI, popolazione germanica (angli, juti, sassoni), originaria della Germania settentr. e della Danimarca che invase la Britannia nel V-VI sec.

ANGOLA, Stato dell'Africa australe sull'Atlantico; 1.246.700 km²; 13.527.000 ab. (*angolesi*). CAP. *Luanda*. LINGUA: *portoghese*. MONETA: *kwanza*.

ANGERS. *Torri della recinzione del castello, XIII sec.*

ANGKOR. *Il tempio di Angkor Vat. Arte khmer, XII sec.*

GEOGRAFIA – Il territorio dell'A. è costituito da un altopiano dal clima relativamente piovoso e coperto dalla savana, che domina una stretta piana costiera piuttosto arida. La guerra civile, in parte legata alle rivalità etniche, ha danneggiato un'economia la cui risorsa principale è la ricchezza del sottosuolo (diamanti, ferro, ma soprattutto petrolio). L'agricoltura (manioca, mais, caffè) e l'allevamento occupano la maggior parte della popolazione, in una situazione generale oggi catastrofica (combattimenti, siccità, carestie).

STORIA – Popolata sin dal Neolitico, nel I millennio d.C. la regione viene occupata dai bantu, ancora oggi in maggioranza; **XV sec.**: prende il suo nome dalla dinastia Ngola (regno Ndongo). **Prima dell'indipendenza. 1482**: il portoghese Diego Cão scopre la regione. **1580-1625**: i portoghesi combattono contro il regno Ndongo. La tratta degli schiavi diventa la principale attività del paese. **1877-1879**: Serpa Pinto esplora l'interno. **1889-1901**: una serie di trattati fissa i confini dell'A. **1899 e 1911**: i lavori forzati nelle piantagioni e nelle miniere sostituiscono la tratta degli schiavi. **1955**: l'A. assume lo statuto di provincia portoghese. **L'indipendenza. 1961**: l'insurrezione di Luanda inaugura la guerra d'indipendenza, ma il movimento nazionalista è diviso. **1975**: alla proclamazione dell'indipendenza fa seguito lo scoppio della guerra civile. Il Movimento popolare di liberazione dell'A. (MPLA) di Agostinho Neto (divenuto presidente della repubblica) s'impone con l'aiuto di Cuba, ma non riesce a soffocare completamente la ribellione, sostenuta dal Sudafrica. **1979**: alla morte di A. Neto, diviene capo dello Stato José Eduardo Dos Santos. **1988**: un accordo tra A., Sudafrica e Cuba stabilisce il cessate il fuoco nel N della Namibia e nel S dell'A. **1991**: viene avviato il multipartitismo. J.E. Dos Santos firma un accordo di pace con l'UNITA (Union National pour l'indépendance totale de l'Angole). **1992**: le prime elezioni libere vedono la vittoria dell'MPLA. Il rifiuto da parte dell'UNITA di accettare il risultato dello scrutinio causa però una ripresa della guerra civile. **1994**: firma di un nuovo accordo di pace. **1998**: fallito il tentativo di formare un governo di unità nazionale (1997), riprende lo scontro armato. **2002**: il leader storico dell'UNITA, Jonas Savimbi, viene ucciso nel corso di un conflitto a fuoco con le forze governative. I ribelli giungono a un accordo con il potere centrale.

ANGOULÊME, c. della Francia, capol. del dip. Charente, sul f. Charente; 46.324 ab. Industrie. — Bastioni medievali. Cattedrale romanica a cupole. Musei. Festival internazionale del fumetto. Centro nazionale francese del fumetto e dell'immagine.

ANGOULÊME (Louis **di Borbóne**, dùca d'), *Versailles 1775 - Gorizia 1844*, ultimo delfino di Francia. Figlio del conte di Artois (Carlo X), guidò la spedizione francese in Spagna (1823) e morì in esilio.

ANGOUMOIS o **CONTÈA D'ANGOULÊME**, ant. reg. della Francia, parte del dip. Charente; c. princ. *Angoulême*. Annessa per la prima volta alla Francia nel 1308, tornò definitivamente a essa nel 1515.

ÀNGRI, com. in prov. di Salerno, esteso nella piana del Sarno; 30.448 ab. Ha un'economia prevalentemente agricola che alimenta l'industria di trasformazione.

ANGRY YOUNG MEN → ARRABBIATI.

ÅNGSTRÖM (Anders Jonas), *Lögdö 1814 - Uppsala 1874*, fisico svedese. Specialista della spettroscopia, fu il primo a misurare le lunghezze d'onda e a fissare i limiti dello spettro visibile.

ANGUILLA, isola delle Piccole Antille britanniche; 11.300 ab. Possedimento inglese a partire dal 1666, ha ottenuto l'autonomia nel 1976.

ANGUILLÀIA (Ciàcco dell'), *XIII sec.*, poeta fiorentino. È autore di un contrasto amoroso, rielaborazione del tema provenzale della "pastorella".

ANGUISSÒLA (Sofonisba), *Cremona 1530 ca. - Palermo 1625*, pittrice. Ammirata anche da G. Vasari, fu celebre ritrattista e per un lungo periodo lavorò alla corte di Filippo II.

ANHALT, principato tedesco creato all'inizio del XIII sec. Dal 1806-1807 al 1918 costituì un ducato.

ANHUI, prov. della Cina orient., sullo Yangzi Jiang; 140.000 km²; 61.270.000 ab.; capol. *Hefei*.

ANI, ant. cap. dell'Armenia (oggi in Turchia). Fu saccheggiata nel 1064 dai turchi. Importanti resti.

ANIÀNTE (Antònio **Rapisàrda**, detto Antònio), *Viagrande 1900 - Ventimiglia 1983*, scrittore. Fu tra i principali collaboratori della rivista **Novecento*. Avendo soggiornato a lungo in Francia, pubblicò opere in francese; scrisse anche per il teatro. Tra i suoi lavori, *Sara Lilas* (1923), *Memorie di Francia* (1973).

ANICÈTO, *m. nel 166*, papa dal 155 fino alla morte.

ANIÈLLO D'AMÀLFI (Tommàso) → MASANIELLO.

ANIÈNE, f. del Lazio; 99 km. Affl. del Tevere, forma le cascate di Trevi e Tivoli. È detto anche Teverone.

ANKARA, già **Àngora**, cap. della Turchia, nell'Anatolia centrale, a 1000 m ca. d'alt.; 2.984.099 ab. (3.203.000 ab. nell'agglomerato). Con il nome di *Ancyra* (in gr. *Ankura*), fu una delle città più fiorenti dell'antichità. Monumenti romani; forte bizantino; musei, tra cui l'importante Museo delle civiltà anatoliche (Neolitico e periodo ittita).

ÀNNA (sànta), moglie di Gioacchino e madre di Maria, secondo la tradizione cristiana.

ÀNNA settimanale di moda, attualità e tempo libero. Nato come *Annabella*, ha assunto la denominazione attuale nel 1984. Rivolto a un pubblico femminile, ha una tiratura di ca. 900.000 copie.

ANNABA, già **Bona**, c. dell'Algeria orient., capol. del distr. omonimo; 247.701 ab. Università. Metallurgia. — Sito archeologico sulle rovine dell'ant. Ippona.

ÀNNA BOLÈNA, *1507 ca. - Londra 1536*, regina d'Inghilterra. Seconda moglie di Enrico VIII, che ripudiò la moglie Caterina d'Aragona per lei, fu accusata di adulterio e giustiziata.

Angola

100 km

200 500 1000 1500 m

- più di 2.000.000 di ab.
- da 100.000 a 2.000.000 di ab.
- da 50.000 a 100.000 di ab.
- meno di 50.000 ab.

strada normale
ferrovia
aeroporto

ANKARA. *La città vecchia.*

ÀNNA COMNÈNA, *1083-1148*, principessa bizantina. Scrisse la storia del regno del padre, Alessio I Comneno (*Alessiade*).

ÀNNA D'ÀUSTRIA, *Valladolid 1601 - Parigi 1666*, regina di Francia. Figlia di Filippo III di Spagna, moglie di Luigi XIII (1615), si oppose a Richelieu e fu reggente per il figlio Luigi XIV (1643-1661). Governò con l'appoggio del cardinale Mazarino.

■ *Anna d'Austria. (Reggia di Versailles.)*

ÀNNA DI BRETÀGNA, *Nantes 1477 - Blois 1514*, duchessa di Bretagna (1488-1514) e regina di Francia. Figlia del duca Francesco II, moglie di Carlo VIII (1491) e poi di Luigi XII (1499), difese accanitamente l'indipendenza della Bretagna.

ÀNNA DI CLÈVES, *Düsseldorf 1515 - Chelsea 1557*, regina d'Inghilterra. Fu la quarta moglie di Enrico VIII, che la sposò e ripudiò nello stesso anno (1540).

ÀNNA IVANOVNA, *Mosca 1693 - San Pietroburgo 1740*, imperatrice di Russia (1730-1740), della dinastia dei Romanov. Lasciò governare il favorito E.J. Biron e i tedeschi della sua corte.

ÀNNA KARENINA, romanzo psicologico di L. Tolstoj (1875-1877). In esso l'autore contrappose la passione illegittima di Anna e Vronskij all'immagine della tranquillità familiare della coppia formata da Kitty e Levin.

ANNALES, opera di Tacito (II sec.). I 16 libri, di cui alcuni perduti, sono un compendio di storia romana dalla morte di Augusto a quella di Nerone (14-68).

ANNALES (Les), rivista francese di storia. È stata fondata nel 1929 da L. Febvre e M. Bloch con il titolo *Annales d'histoire économique et sociale*, allo scopo di sostituire alla tradizionale concezione cronachistica una storia vista come integrata alle altre scienze umane.

ANNAM, reg. del Vietnam centrale, tra il Tonchino e la Cocincina; c. princ. *Hue* e *Da Nang*. È formato da piccole pianure coltivate a riso sul Mar Cinese Meridionale, dominate a O dalle montagne poco popolate della Catena Annamitica.

ANNAMÌTICA (Caténa), dorsale montuosa dell'Asia, al confine tra Vietnam e Laos.

ANNAN (Kofi), *Kumasi 1938*, diplomatico ghanese. Dopo una lunga carriera nell'ONU, ne è divenuto segretario generale nel 1997. (Premio Nobel per la pace 2001, con l'ONU.)

ANNA PERENNA, dea romana, connessa alle celebrazioni del capodanno. La sua festa cadeva il 15 mar. ed era celebrata nel Campo Marzio.

ANNAPOLIS, f. del Canada, in Nuova Scozia, che si getta nella Baia di Fundy.

ANNAPURNA, massiccio montuoso dell'Himalaya (Nepal); 8078 m. Fu la prima cima oltre gli 8000 m a essere conquistata dall'uomo (nel 1950, dalla spedizione francese di M. Herzog).

ANN ARBOR, c. degli Stati Uniti (Michigan); 114.024 ab. Università.

ÀNNA STUART, *Londra 1665-1714*, regina di Gran Bretagna e Irlanda (1702-1714). Figlia di Giacomo II, si oppose a Luigi XIV e realizzò la fusione di Scozia e Inghilterra nella Gran Bretagna, attraverso l'Atto di unione (1707).

ANNAUD (Jean Jacques), *Draveil 1943*, regista cinematografico francese. Dapprima regista pubblicitario, ha esordito ottenendo il premio Oscar per *Bianco e Nero a colori* (1976). Tra gli altri film, *La guerra del fuoco* (1981), *Il nome della rosa* (1986), *L'orso* (1988), *L'amante* (1991), *Sette anni in Tibet* (1997), *Il nemico alle porte* (2000).

ANNECY, c. della Francia, capol. del dip. Haute-Savoie, sul Lago di A.; 52.100 ab. Industrie meccaniche. — Castello del XIII-XVI sec. e cattedrale del XVI sec. Festival internazionale del film d'animazione.

ANNECY (Làgo di), lago del dip. Haute-Savoie, in Francia; 27 km². Importante stazione turistica.

ANNENSKIJ (Innokentij Fëdorovič), *Omsk 1856 - San Pietroburgo 1909*, poeta russo. Fu uno degli ispiratori del simbolismo russo (*Il cofano di cipresso*, 1910).

ANNÉSE (Gennàro), *Napoli 1604-1648*, agitatore politico. Considerato il successore di Masaniello, guidò la resistenza di Napoli contro gli spagnoli (1647) e proclamò la repubblica. Il duca di Guisa gli contese il dominio della città e A. favorì il ritorno degli spagnoli per spodestarlo. Decaduto il duca, A. fu comunque accusato di cospirazione e condannato a morte.

ANNÌBALE, *247 - Bitinia 183 a.C.*, generale e statista cartaginese. Figlio di Amilcare Barca, nel 221 a.C. fu proclamato capo dell'esercito e accettato dal senato di Cartagine. Nel 219 a.C. attaccò Sagunto (Spagna), alleata di Roma, scatenando la seconda guerra punica. Raggiunse l'Italia con un

potente esercito dopo una difficile traversata di Pirenei e Alpi, in cui portò con sé elefanti. Sconfisse i romani sul Lago Trasimeno (217) e a Canne (216), ma non riuscì a prendere Roma. Richiamato a Cartagine (203), fu battuto a Zama (202) da Scipione l'Africano e, dopo essere stato esiliato in Oriente, si avvelenò per non cadere nelle mani dei nemici.

■ *Annibale, busto in marmo. (Museo archeologico, Napoli.)*

ANNIGÓNI (Pietro), *Milano 1910 - Firenze 1988*, pittore. Autodefinitosi "pittore della realtà", fu un abile ritrattista. Lavorò anche per la famiglia reale britannica.

ANNOBÓN, isola della Guinea Equatoriale; 17 km²; 2000 ab.

ÀNNO MÌLLE → Mille (anno).

ANNÓNE, navigatore cartaginese. Nel 450 ca. a.C. avrebbe costeggiato il versante atlantico del continente africano fino alla Guinea.

ANNUNCIAZIÓNE, affresco del *Beato Angelico (1438 ca., convento di S. Marco, Firenze). Capolavoro dell'arte prerinascimentale, dove l'intuizione della prospettiva si coniuga con l'astrazione ieratica delle figure.

ANNUNZIÀTA (òrdine dell'), ant. ordine cavalleresco fondato nel 1364 dal duca Amedeo VI di Savoia. È stato abolito nel 1946.

ANOUILH (Jean), *Bordeaux 1910 - Losanna 1987*, autore teatrale francese. Le sue opere spaziano dalle commedie "rosa" (*Il ballo dei ladri*) a quelle brillanti e in costume (*La répétition ou l'Amour puni*, *L'allodola*), dalle opere di satira (*Pauvre Bitos ou le Dîner de têtes*) e farsesche (*Le nombril*) alle commedie "nere" (*Antigone*).

ANPA (Agenzìa nazionale per la protezióne dell'ambiènte), agenzia a base regionale, fondata nel 1994. Collabora con il ministero dell'ambiente per la lotta all'inquinamento.

ANPI (Associazione nazionale partigiàni d'Italia), associazione fondata nel 1944 allo scopo di difendere gli ideali e la memoria della resistenza al nazifascismo.

ANQUETIL (Jacques), *Mont-Saint-Aignan 1934 - Rouen 1987*, ciclista francese. Ha stabilito il record assoluto dell'ora (46.159 km) e vinto per cinque volte il Tour de France (1957, 1961, 1962, 1963, 1964).

ANSA (Agenzìa nazionàle stàmpa associàta), agenzia giornalistica fondata a Roma nel 1945. Nata dalla cooperazione tra 50 testate, è la più importante d'Italia, con oltre 80 uffici di corrispondenza nel mondo.

ANSÀLDO, industria fondata a Genova nel 1853 da Giovanni A. In seguito a un processo di privatizzazione è stata suddivisa tra vari gruppi industriali, il principale dei quali è Finmeccanica. Opera in particolare nei settori dell'energia (impianti, componenti), dei sistemi industriali, dei trasporti.

ANSARIYE (Jebal-Al), monte della Siria che domina il Ghab; 1583 m.

ANSCÀRICI, famiglia di origine franca. — **Anscario I**, m. nel 902. Marchese di Ivrea, capostipite della famiglia. — **Adalberto I**, morto nel 929. Figlio di Anscario I, sposò la figlia di *Berengario I. — **Berengario II**, m. nel 966. Figlio del precedente, re d'Italia. — **Adalberto II**, *932-972 ca.* Figlio di Berengario II, con la sua sconfitta da parte di *Ottone I* (963) la dinastia perse ogni potere.

ANSCÀRIO o **ANSGÀRIO** (sànto), *Corbie, Piccardia, 801 - Brema 865*, evangelizzatore della Scandinavia.

ANSCHLUSS ("annessione"), annessione dell'Austria alla Germania nazista. Vietata dagli Alleati con i trattati di pace del 1919, l'A. fu imposta da A. Hitler nel 1938 e durò fino al 1945.

Annunciazione, *affresco di Beato Angelico dal convento di S. Marco a Firenze (1438 ca.).*

Antartide

Stazione geografica permanente

1	Esperanza (Arg.)	8	Arctowski (Polonia)	15	G. von Neumayer (Germ.)
2	Arturo Prat (Cile)	9	Jubany (Arg.)	16	Sanae (Sudaf.)
3	Bellingshausen (Russia)	10	King Séjong (Cor. del S.)	17	Maitri (India)
4	Teniente Rodolfo Marsh (Cile)	11	Signy (G. B.)	18	Novolazarevskaja (Russia)
5	Grande Muraglia (Cina)	12	Orcadas (Arg.)	19	Syowa (Giappone)
6	Artigas (Uruguay)	13	General Belgrano III (Arg.)	20	Molodёžnaja (Russia)
7	Ferraz (Brasile)	14	Halley Bay (G. B.)	21	Mawson (Austr.)

22	Zhongshan (Cina)	29	Amundsen Scott (USA)
23	Davis (Austr.)	30	Rothera (G. B.)
24	Mirnyj (Russia)	31	S. Martin (Arg.)
25	Casey (Austr.)	32	Vernadsky (Ucraina)
26	Dumont d'Urville (Fr.)	33	Palmer (USA)
27	Mc Murdo (USA)	34	Marambio (Arg.)
28	Scott Base (N. Z.)	35	Gal B. O'Higgins (Cile)
		36	Wostok (Russia)

Benedetto **ANTELAMI.** *Il battistero di Parma (1196-1216).*

ANSEDÒNIA, località nel com. di Orbetello in prov. di Grosseto. Zona di interesse archeologico per le rovine della colonia romana di *Cosa* (fondata nel 273 a.C.).

ANSÈLMO (sànto), *Aosta 1033 - Canterbury 1109*, arcivescovo di Canterbury. Teologo, insegnò nel monastero benedettino di Bec ed elaborò la prova ontologica dell'esistenza di Dio.

ANSÈLMO DA BÀGGIO → ALESSANDRO II (PAPA).

ANSÈLMO DA LÙCCA,(sànto), *Milano 1035 ca. - Mantova 1086*, vescovo di Lucca e patrono di Mantova.

ANSHAN, c. della Cina (Liaoning); 2.478.650 ab. Centro siderurgico.

ANTAIMORO, popolazione del Madagascar sud-orient., nota per i rituali d'accesso al sepolcro ancestrale (*kibory*).

ANTAISAKA, popolazione originaria delle regioni basse del Madagascar sud-orient. (ca. 700.000 individui), ma con tendenza a emigrare verso altre aree dell'isola. Gli a. praticano la doppia sepoltura dei morti (a una prima sepoltura provvisoria fa seguito l'inumazione nella tomba collettiva, il *kibory*, dopo due o tre anni).

ANTAKYA → ANTIOCHIA.

ANTÀLCIDA, *IV sec. a.C.*, generale spartano. Concluse con la Persia un trattato in base al quale Sparta cedeva le città greche dell'Asia Minore (386 a.C.).

ANTALL (József), *Budapest 1932-1993*, politico ungherese. Presidente del Forum democratico a partire dal 1989, fu primo ministro dal 1990 alla sua morte.

ANTALYA, in it. **Adàlia**, c. della Turchia, sul Mediterraneo; 512.086 ab. Porto. — Porta di Adriano (II sec.), minareto del XIII sec.; ricco museo.

ANTANANARIVO, già *Tananarive*, cap. del Madagascar, sull'Altopiano dell'Imérina, tra i 1200 e i 1500 m d'alt.; 1.052.835 ab. (1.507.000 ab. nell'agglomerato).

ANTANDROY, popolazione dell'estremità merid. del Madascar. Allevatori di zebù, gli a. hanno la tendenza a emigrare in altre zone dell'isola. Seppelliscono i morti in tombe ancestrali collettive (*kibory*).

ANTÀRTICO (Mar Glaciàle) o **ANTÀRTICO** (Ocèano), appellativo con cui è designata la parte degli oceani Atlantico, Pacifico e Indiano compresa tra il Circolo Polare Antartico e il continente polare.

ANTÀRTICO BRITÀNNICO (Territòrio), colonia costituita dal settore britannico dell'Antartide, dalle Shetland Australi e dalle Orcadi Australi.

ANTÀRTIDE, continente compreso quasi interamente all'interno del Circolo Polare Antartico; 13.000.000 km² ca. Ricoperta in maniera pressoché completa da un'enorme massa di ghiaccio il cui spessore è in genere maggiore di 2000 m, questa zona molto fredda (la temperatura di rado supera i -10 °C ; →**polari** [regioni]), povera di flora e fauna terrestri, è disabitata con l'unica eccezione delle stazioni scientifiche. Talvolta il termine A. è usato per indicare la globalità del continente e delle masse oceaniche che lo circondano.

ANTEGNÀTI, famiglia di organari e musicisti bresciani. — Il capostipite fu **Bartolomeo**, *1450 ca. - 1503 ca.* Abili costruttori furono — **Gian Giacomo**, *n. nel 1501 ca.*, e — **Graziadio**, *n. nel 1525.* — **Costanzo**, *1549-1624*, fu anche compositore e autore del trattato *L'arte organica* (1608).

ANTÈLAMI (Benedétto), *1150 ca. - 1230 ca.*, scultore e architetto. I dettagli della vita sono ignoti, ma le sue opere ne testimoniano l'importanza nel passaggio dal romanico al gotico. Da segnalare, in part., la *Deposizione* (duomo di Parma, 1178) e le decorazioni del battistero (Parma, 1196-1216).

ANTELÀO, monte delle Dolomiti Orientali; 3264 m. Secondo per altezza dopo la Marmolada, è caratterizzato da una grande frana nel versante sud-occ., la Rovina di Borca.

ANTÈMIO DI TRÀLLE, *Tralle VI sec.*, architetto e matematico bizantino. Realizzò il progetto della basilica di S. Sofia a Costantinopoli.

ANTÈMIO PROCÒPIO, *m. nel 472*, imperatore romano d'Occidente. Divenne imperatore nel 467, dopo aver a lungo combattuto i vandali. Fu assediato e ucciso a Roma da *Ricimero*.

ANTÈNORE, *fine del VI sec. a.C.*, scultore greco. È autore di una maestosa *Kore* dell'acropoli di Atene.

ANTÈO MITOL. GR. Gigante figlio di Poseidone e di Gaia. Acquistava forza al contatto con la Terra, da cui era scaturito. Eracle lo soffocò tenendolo sollevato dal suolo.

ÀNTERO, *m. a Roma nel 236*, papa e santo. Secondo la tradizione sarebbe stato martirizzato.

ANTIAPPENÌNO o **PREAPPENNÌNO**, nome attribuito ai piccoli rilievi che costeggiano l'Appennino. Sul versante tirrenico si distinguono: l'A. toscano (Alpi Apuane, Colline Metallifere, Chianti, Amiata, Argentario), l'A. laziale (Volsini, Cimini, Sabatini, Lepini, Ausoni, Aurunci e Colli Albani), l'A. campano (Roccamonfina, Vesuvio e Campi Flegrei); sul versante adriatico l'A. coincide con gli altopiani del Gargano e delle Murge.

ÀNTIATLÀNTE, massiccio del Marocco merid., tra gli uadi Dra e Sous; 2531 m.

ANTIBES, c. della Francia, nel dip. Alpes-Maritimes, sulla Costa Azzurra; 73.383 ab. Centro turistico. Floricoltura. Produzione di profumi. Costruzioni elettriche. — Museo di storia e di archeologia, museo Picasso nel castello Grimaldi.

ANTÌBO (Salvatóre), *Altofonte 1962*, atleta. Mezzofondista, è stato il primo italiano a vincere la Coppa del mondo nei 10.000 m (Barcellona, 1989); secondo alle Olimpiadi di Seul (1988), ha conquistato la medaglia d'oro nei 5000 e nei 10.000 m agli europei di Spalato (1990).

ANTÌCHI E MODÈRNI (dispùta degli), polemica letteraria e artistica che vedeva contrapposti gli epigoni degli autori dell'antichità e gli ammiratori dell'epoca di Luigi XIV. Raggiunse la sua massima espressione con C. Perrault (*Parallèle des Anciens et des Modernes*, 1688-1697) e introdusse il dibattito tra classicismo e romanticismo.

ANTICOMINTERN (pàtto) (25 nov. 1936), patto concluso tra la Germania e il Giappone contro l'Internazionale comunista. L'Italia vi aderì nel 1937.

ANTICOSTI (Ìsola di), isola del Canada (Québec), nel Golfo di San Lorenzo; 8160 km²; 230 ab.

ANTÌFANE, *404 ca. - 330 ca. a.C.*, poeta e commediografo greco. Appartenente all'epoca della Commedia di mezzo, scrisse ca. 300 opere, pervenute in modo frammentario.

ANTÌGONE MITOL. GR. Figlia di Edipo e di Giocasta, sorella di Eteocle e Polinice. Condannata a morte per aver sepolto il fratello Polinice disobbedendo agli ordini del re Creonte, si impiccò. — A., con la sua difesa delle leggi "non scritte" del dovere morale, familiare o religioso contro la falsa giustizia della ragione di Stato, ha ispirato numerosi autori di tragedie, tra cui Sofocle (442 ca. a.C.), L. Alamanni (1533), V. Alfieri (1783).

ANTIGÒNIDI, dinastia (306-168 a.C.) che regnò sulla Macedonia e su una parte della Grecia in epoca ellenistica.

ANTÌGONO, *m. nel 40-37 a.C.*, re dei giudei, l'ultimo degli asmonei.

ANTÌGONO MONOFTÀLMO, *m. nel 301 a.C.*, generale macedone, fondatore della dinastia degli Antigonidi. Nel tentativo di assumere le redini dell'impero creato da Alessandro Magno, si fece proclamare re (306), ma fu sconfitto e ucciso a Ipso.

ANTIGÒRIO, valle del Piemonte, in prov. di Verbano-Cusio-Ossola. Percorsa dal f. Toce, si estende da N a S nella Val d'Ossola, di cui costituisce la sezione mediana.

ANTIGUA, c. del Guatemala merid.; 27.000 ab. Pregevole complesso barocco di epoca coloniale.

ANTIGUA E BARBUDA, Stato delle Antille; 442 km²; 85.000 ab. CAP. *Saint John's.* LINGUA: *inglese.* MONETA: *dollaro dei Caraibi orientali.* Il paese è formato dalle isole di Antigua, Barbuda e Redonda.

ANTILÌBANO, massiccio dell'Asia occ., al confine tra Siria e Libano, la cui vetta più alta raggiunge i 2629 m.

ANTÌLLE, arcipelago che separa l'Oceano Atlantico dal Mar delle A. composto a N dalle Grandi A. (Cuba, Haiti, Giamaica, Portorico) e, a E e a S, dalle Piccole Antille. Caratterizzate da rilievi di diversa origine, spesso vulcanici, le A. hanno un clima tropicale, temperato dagli alisei. Sono interessate da precipitazioni talvolta violente (cicloni), più abbondanti sulle Piccole A. orient. (le "Isole del Vento") che sulle Piccole A. merid. ("Isole Sottovento", al largo del Venezuela). Gli abitanti (quasi 40 milioni di antillani su una superficie di 240.000 km² ca.) appartengono a etnie eterogenee: gli antichi caraibici sono stati sostituiti dai bianchi e soprattutto dagli schiavi neri, che costituiscono oggi, insieme ai meticci, la parte più consistente della popolazione. Il loro tenore di vita, già piuttosto basso, è ulteriormente indebolito dalla forte crescita demografica. Oltre alla bauxite (Giamaica) e al petrolio (Trinidad), le colture tropicali (canna da zucchero, banane, caffè, agrumi ecc.), e localmente il turismo, costituiscono le risorse fondamentali dell'arcipelago.

ANTÌLLE (Mar delle) o **MAR CARAÌBICO** o **MAR DEI CARAÌBI**, bacino dell'Atlantico, tra l'America centrale, l'America merid. e le Antille.

ANTÌLLE FRANCÉSI, la Guadalupa e la Martinica.

ANTÌLLE OLANDÉSI, possedimenti olandesi nelle Antille; 800 km² ca.; 197.000 ab.; capol. *Willemstad.* Corrispondono fondamentalmente alle due isole di Curaçao e Bonaire, situate al largo del Venezuela.

ANTÌMACO, *Colofone IV sec. a.C.*, poeta greco. Autore della *Tebaide*, poema epico in 24 libri quasi interamente perduto, e della raccolta di elegie in stile prealessandrino *Lide*.

ANTÌNOO, *m. nel 130*, giovane originario della Bitinia, favorito dell'imperatore Adriano, che gli tributò onori divini dopo il suo annegamento nel Nilo.

ANTINÒRI (Oràzio), *Perugia 1811 - Let Marefià 1882*, naturalista ed esploratore. Compì una serie di viaggi in Africa e in Asia Minore. Fu tra i fondatori della Società geografica italiana (1867).

ANTIÒCHIA, in turco **Antakya**, c. della Turchia, capol. della prov. di Hatay, sul f. Oronte;

Antigua e Barbuda-Barbados-Dominica-Grenada-Saint Lucia-Saint Kitts e Nevis-Saint Vincent e Grenadine

- ● più di 100.000 ab.
- ● da 30.000 a 100.000 ab.
- ● da 10.000 a 30.000 ab.
- • meno di 10.000 ab.

strada normale
✈ aeroporto

139.046 ab. — Capitale del regno dei Selgiuchidi e in seguito della provincia romana di Siria, A. fu una delle grandi metropoli d'Oriente ed ebbe un ruolo fondamentale nell'avvento del cristianesimo. Il suo prestigio declinò in seguito all'invasione persiana (540) e alla conquista araba (636). Con le crociate divenne capitale del principato di A. (1098), conquistato dai mamelucchi nel 1268. — Museo archeologico (numerosi mosaici antichi). Resti archeologici.

ANTÌOCO, nome di tredici re seleucidi. — **Antioco I Sotere**, *324 - Efeso 261 a.C.*, re di Siria (281-262 a.C.), della dinastia dei Seleucidi. Riuscì a impedire che i galati invadessero l'Asia Minore. — **Antioco II Teo**, *286-247 a.C.*, re di Siria (223-187 a.C.), della dinastia dei Seleucidi. Sposò Berenice, figlia di Tolomeo Filadelfo, suggellando così un accordo di pace con l'Egitto, ma non poté impedire la nascita dei regni di Battria-

na e di Partia. — **Antioco III il Grande**, *m. nel 187 a.C.*, re di Siria (223-187 a.C.), della dinastia dei Seleucidi. Riconquistò Armenia, Partia e Battriana (212-205 a.C.), e si proclamò padrone della Palestina (195). Intervenne in Grecia contro i romani, ma fu sconfitto a Magnesia (189), e con la pace di Apamea (188) fu costretto ad abbandonare ai nemici i territori dell'Asia Minore. — **Antioco IV Epifane**, *m. nel 164 a.C.*, re di Siria (175-164 a.C.), della dinastia dei Seleucidi. La sua politica volta all'ellenizzazione dell'Oriente provocò la rivolta dei Maccabei in Giudea (167).

ANTÌOCO DI ASCALÓNA, *120 ca. - 67 ca. a.C.*, filosofo greco. Si distaccò dallo scetticismo per dare inizio alla scuola eclettica. Fu maestro di Cicerone.

ANTÌOPE MITOL. GR. Figlia di Nitteo, re di Tebe. Amata da Zeus, gli diede i gemelli Anfione e Zeto.

ANTÌPATRO, *397 ca. - 319 a.C.*, generale macedone. Governò la Macedonia durante l'assenza di Alessandro Magno, e alla morte di quest'ultimo domò le regioni greche ribelli (guerra lamiaca, 323-322 a.C.).

ANTÌSTENE, *Atene 444 ca. - 365 a.C.*, filosofo greco, fondatore della scuola cinica.

ANTOFAGASTA, c. del Cile settentr., sul Pacifico; 228.408 ab. Porto. Metallurgia ed esportazione del cuoio.

ANTOGNÓNI (Giancàrlo), *Marsciano 1954*, calciatore. Dal 1972 al 1987 ha militato nella Fiorentina. In nazionale ha disputato 73 incontri, segnando 7 goal e vincendo i mondiali di Spagna del 1982.

ANTOINE (André), *Limoges 1858 - Le Paulignen 1943*, autore e regista teatrale francese. Fondatore del Théâtre-Libre nel 1887 e propugnatore di un'estetica naturalista, inaugurò l'era moderna del teatro francese.

ANTOLÌNI (Giovànni Antònio), *Castel Bolognese 1754 - Milano 1842*, architetto neoclassico e insegnante. Tra le opere architettoniche, sistemazione del Foro Bonaparte a Milano (1800-1802) e *Procuratie novissime* a Venezia (1815). Tra le opere teoriche, *Idee elementari di architettura civile* (1813).

ANTOLISÈI (Francèsco), *S. Severino Marche 1882 - Rapallo 1967*, giurista e insegnante di diritto. Tra le sue opere più significative, *Manuale di diritto penale* (1947-1954).

ANTOLOGÌA (L'), rivista letteraria fondata nel 1821 a Firenze da G.P. Vieusseux. Fautrice di un'ideologia liberale e riformista, ebbe tra i collaboratori i massimi esponenti culturali e politici del Risorgimento, da G. Leopardi a G. Mazzini. Soppressa in seguito a pressioni austriache nel 1833, rinacque nel 1866 come *Nuova antologia*.

ANTOLOGÌA PALATÌNA, raccolta di 3700 epigrammi greci scoperta nel 1607 da C. Salmasio. L'opera corrisponde quasi totalmente a una raccolta di Costantino Cefala che, nel X sec., selezionò diversi poeti greci dal III sec. a.C. al VI sec. d.C., tra cui Callimaco.

ANTONÈLLI (Alessàndro), *Ghemme 1798 - Torino 1888*, architetto. Esperto di urbanistica, ideò i piani regolatori di Torino e Novara. Emblematici del suo stile virtuosistico e funzionale sono la cupola di S. Gaudenzio a Novara (1871-1878) e il tempio israelitico, noto come Mole Antonelliana, a Torino (1863-1888).

ANTONÈLLI (Giàcomo), *Sonnino 1806 - Roma 1876*, prelato e politico. Cardinale e segretario di Stato (1848) di Pio IX, sostenne una politica di intransigenza dello Stato pontificio nei confronti del regno d'Italia.

ANTONÈLLI (Luigi), *Castilenti 1882 - Pescara 1942*, autore e critico teatrale. Ispirate a un senso di grottesco e fiabesco, spesso in aperta antitesi al coevo L. Pirandello, le opere più importanti di A. sono *L'uomo che incontrò se stesso* (1918) e *Il maestro* (1933).

ANTONÈLLO DA MESSÌNA, *Messina 1430 ca. - 1479 ca.*, pittore. Formatosi a Napoli, nei suoi dipinti fu in grado di conciliare il senso mediterraneo del volume, la compiutezza rinascimentale delle forme e l'osservazione meticolosa tipica dei primi fiamminghi. Gli si attribuisce l'introduzione in Italia della tecnica della pittura a olio. Nel 1475-1476 soggiornò a Venezia, dove sperimentò ulteriori innovazioni stilistiche e tecniche (*San Sebastiano, Pietà, L'Annunziata, *San Gerolamo nello studio*). Fu anche autore di ritratti che rivelano grande penetrazione psicologica (*Ritratto d'uomo, Autoritratto*).

ANTONESCU (Ion), *Pitești 1882 - Jilava, att. Bucarest, 1946*, maresciallo e politico romeno. Dittatore della Romania nel 1940, nel 1941 decise l'entrata in guerra del suo paese, alleato con la Germania di A. Hitler, contro l'URSS. Arrestato nel 1944, fu giustiziato.

ANTONÌNI, dinastia imperiale che regnò a Roma dal 96 al 192 d.C e che contò sette imperatori: Nerva, Traiano, Adriano, Antonino Pio, Marco Aurelio, Vero, Commodo.

ANTONÌNO PÌO (Tito Èlio Adriàno), *Lanuvium 86-161*, imperatore romano (138-161). Designato erede da Adriano, gli succedette nel 138, adottando una politica volta al mantenimento

della pace e al rafforzamento dei confini dell'impero, sulla linea già avviata dal suo predecessore. Nel 142 fece costruire il Vallo antonino in Britannia. Il suo regno coincide con l'apogeo dell'impero romano.

■ *Antonino Pio. (Museo Nazionale, Roma.)*

ANTONÌNO PIERÒZZI (sànto), *Firenze 1389 - Montughi 1459*, teologo domenicano. Promotore della riforma domenicana, detta dell'osservanza, commissionò al Beato Angelico gli affreschi nel convento di S. Marco, di cui era priore. Divenne arcivescovo di Firenze nel 1446.

ANTÒNIO DA PÀDOVA (sànto), *Lisbona 1195 ca. - Padova 1231*, francescano portoghese. Predicò in Italia e Francia, soprattutto contro i catari. Viene solitamente invocato per ritrovare gli oggetti smarriti.

ANTÒNIO IL GRÀNDE (sànto), *Qena, in Egitto, 251 ca. - Monte Golzim, sul Mar Rosso, 356*, patriarca del monachesimo cristiano. Eremita nel deserto della Tebaide, fondò, per i numerosi cristiani che lo raggiunsero, i due primi monasteri cenobitici della storia. La tradizione vuole che sia stato per lungo tempo ossessionato da violente tentazioni, sotto forma di visioni.

ANTÒNIO (Màrco), *83-30 a.C.*, generale romano. Nipote e luogotenente di Cesare in Gallia, si oppose a Ottaviano (il futuro Augusto), che lo sconfisse a Modena (43 a.C.). Riconciliatisi, A. e Ottaviano formarono, con Lepido, il secondo triumvirato (43 a.C.) e si spartirono le province dell'impero romano (40 a.C.); ad A. spettò l'Oriente. Dopo aver ripudiato la moglie Ottavia, sorella di Ottaviano, sposò la regina d'Egitto Cleopatra VII; i suoi progetti di fare dell'impero una monarchia di tipo orientale e il ripudio di Ottavia portarono allo scontro definitivo con Ottaviano: sconfitto nella battaglia di Azio nel 31 a.C., si rifugiò con Cleopatra ad Alessandria, dove entrambi si tolsero la vita.

ANTÒNIO (Màrco), *Roma 143-87 a.C.*, politico e oratore romano. Console nel 99 a.C., si occupò di oratoria giudiziaria e retorica. Cicerone ne fece il suo interlocutore nel *De oratore*. Fu assassinato da Mario.

ANTÒNIO MARÌA ZACCARÌA (sànto), *Cremona 1502-1539*, religioso, fondatore dei barnabiti (1530).

ANTONIÒNI (Michelàngelo), *Ferrara 1912*, regista cinematografico. I suoi film, rigorosi, essenziali e caratterizzati da un'accurata ricerca formale, esplorano l'opacità degli esseri umani, la loro solitudine e incomunicabilità: *L'avventura* (1960), *La notte* (1961), *L'eclisse* (1962), *Blow up* (1966), *Professione: reporter* (1975), *Identificazione di una donna* (1982), *Al di là delle nuvole*

(1995), diretto insieme a W. Wenders. Nel 1994 gli è stato conferito l'Oscar alla carriera.

■ *Michelangelo Antonioni.*

ANTRÓNA, valle del Piemonte, in prov. di Verbano-Cusio-Ossola. Percorsa dal torrente Ovesca, ha un'estensione di 25 km ca.

ANTROPOLOGÌA STRUTTURÀLE, opera dell'antropologo C. Lévi-Strauss (1958 e 1973), nella quale l'autore espone il suo metodo di analisi dei fatti sociali (mito, parentela, arte delle maschere).

ANTSERANANA, già *Diégo Suarez*, c. del Madagascar settentr., sulla Baia di A.; 99.936 ab. Porto.

ANTUNES (António **Lobo**), *Lisbona 1942*, scrittore portoghese. Medico, inviato in Angola durante la guerra d'indipendenza, e specialista in psichiatria, è testimone della storia politica del Portogallo e dell'inquietudine umana in romanzi dallo stile al tempo stesso controllato e fluente (*Os cus de Judas*, 1979; *Tratado das paixões da alma*, 1992; *Manual dos inquisidores*, 1996).

ANTWERPEN → ANVERSA.

ANU, dio supremo del pantheon sumero.

ANÙBI, dio dei morti nell'ant. Egitto. Rappresentato con la testa di sciacallo, è la divinità che accompagna i morti nell'aldilà.

ANURADHAPURA, c. dello Sri Lanka settentr.; 36.000 ab. Fondata nel V sec. a.C., fu la capitale di Ceylon fino al X sec. — Importanti vestigia della civiltà buddhista, conservati in una vasta area archeologica.

ANVÈRSA, in fiamm. **Antwerpen**, c. del Belgio, capol. della prov. di A.; 445.570 ab. Università. Situata nei pressi dell'estuario della Schelda, alla sua destra, collegata a Liegi dal canale Alberto, la città è uno dei più vasti porti europei oltre che uno dei principali centri industriali belgi (stabilimenti metallurgici, automobilistici, petrolchimici, raffinerie di petrolio, taglio di diamanti ecc.). — Capitale economica dell'Europa nord-occ. nel XV sec., A. decade nel corso del XVII sec. a favore di Amsterdam. La sua importanza strategica la rese oggetto di contesa in numerose battaglie. Conobbe una ripresa dopo il 1833, quando diventò il principale porto del neonato regno del Belgio. Occupata dai tedeschi nel 1914 e nel 1940, liberata dagli inglesi nel 1944, la città fu bombardata dai V1 e V2 tedeschi nel 1944 e nel 1945. — Maestosa cattedrale gotica (XIV-XV sec.; opere di Rubens), il rinascimentale Hôtel de ville, chiese barocche e altri monumenti. Musei importanti, tra cui quello reale di belle arti (scuola fiamminga di pittura dal XV al XX sec.).

ANVÈRSA (provincia di), prov. del Belgio settentr.; 2867 km²; 1.645.652 ab.; capol. *Anversa*; 3 distr. (*Anversa, Malines, Turnhout*). Occupa la regione delle Campine, collinare, sabbiosa e dedita ad agricoltura e pascolo nella zona occidentale, industriale in quella orientale. L'agglomerato di Anversa raggruppa all'incirca la metà della popolazione totale della provincia.

ANYANG, c. della Cina (Henan); 616.803 ab. Cap. della dinastia Chang dal XIV all'XI sec. a.C., resti della necropoli reale.

ANTONELLO DA MESSINA. *Annunziata, 1475. (Galleria Nazionale, Palermo.)*

ANVERSA. *Grote Markt, la piazza principale, con la Fontana di Brabo, opera di J. Lambeaux (1887).*

ANYANG, c. della Corea del Sud, a S di Seul; 481.291 ab.

ANYI o **AGNI**, sottogruppo degli akan della Costa d'Avorio sud-orient. e del Ghana occ.

ANZÀSCA, valle del Piemonte, in prov. di Verbano-Cusio-Ossola. Percorsa dal torrente Anza, ha un'estensione di 35 km ca. Turismo estivo e invernale, in part. nel centro di Macugnaga.

ANZERO-SUDZENSK, c. della Russia, in Siberia, nel Kuzbass; 100.700 ab. Carbone. Industrie chimiche.

ÀNZIO, com. in prov. di Roma; 42.734 ab. Porto, centro turistico e industriale. Già centro dei volsci, divenne colonia romana nel 338 a.C. È ricca di testimonianze archeologiche, tra cui i ruderi della villa di Nerone (I-II sec.). Fu teatro dello sbarco anglo-americano durante la seconda guerra mondiale (1944).

ANZUS → PACIFICO (Consiglio del).

AOB (Àfrica orientàle britànnica), termine con cui si indicavano i possedimenti britannici in Africa orient.: Kenya, Uganda, Zanzibar, Tanganica.

AOF (Àfrica occidentàle francése), federazione che dal 1895 al 1958 ha riunito le colonie francesi dell'Africa occ. (Senegal, Mauritania, Sudan, Alto Volta, Guinea Francese, Niger, Costa d'Avorio e Dahomey); 4.425.000 km².

AOI (Àfrica orientàle italiàna), nome delle colonie italiane di Eritrea e Somalia e, dal 1936, anche dell'Etiopia. Cessò di esistere con il *trattato di Parigi* (1947).

AOL TIME WARNER, azienda di comunicazione statunitense nata nel 2001 dalla fusione del provider Internet AOL (America Online) e della compagnia specializzata in multimedia Time Warner. Presente nelle aree delle reti telematiche (AOL), del cinema (studios Warner Bros), della televisione (CNN), della stampa (*Time*) e dell'editoria, ha conquistato il ruolo di leader mondiale nel suo settore.

AOMORI, c. del Giappone, nel N di Honshu; 294.167 ab. Porto.

AORANGI → COOK (Monte).

AÒSTA, c. della Valle d'Aosta, capol. di reg. e di prov., situata in una conca cinta da montagne, sulla sinistra della Dora Baltea; 34.741 ab. (*aostani*). Industrie meccaniche, siderurgiche, tessili. Turismo. — Fondata dai romani come colonia militare nel 25 a.C. con il nome di *Augusta praetoria*, dopo varie dominazioni, dall'XI sec. al 1860 fu possesso dei Savoia. — Resti romani (cinta rettangolare di mura, Porta Practoria, teatro, anfiteatro) e monumenti medievali (cattedrale dell'XI-XVI sec., con il tesoro; chiesa di S. Orso, con chiostro del XII sec.). — Nella provincia, completamente montuosa, si praticano agricoltura e allevamento, che fornisce la materia prima per la produzione casearia. Il turismo estivo e invernale è l'attività prevalente.

AOSTA. Resti del teatro romano.

AÒSTA (dùchi di) → SAVOIA.

AÒSTA (Vàlle d'), reg. dell'Italia settentr., che confina a N con la Svizzera, a SE col Piemonte e a O con la Francia; 3263 km²; 120.589 ab. (*valdostani*). Capol. di reg.: Aosta.

ASPETTI FISICI – La regione, racchiusa tra Piemonte, Francia e Svizzera, occupa l'estremo lembo nord-occ. dell'Italia e corrisponde all'alto bacino della Dora Baltea. Interamente montuosa, è delimitata dagli imponenti massicci delle Alpi Pennine e Graie. Il clima è tipicamente alpino, rigido in inverno (con abbondanti precipitazioni nevose) e fresco in estate.

POPOLAZIONE – È la regione meno popolosa d'Italia e quella che presenta la densità più bassa (36,6 ab. per km²), a causa della particolare morfologia del territorio. La popolazione è stanziata soprattutto nel fondovalle e nelle numerose località turistiche. A partire dagli anni '80 la regione ha accolto numerosi immigrati, che trovano impiego nel settore alberghiero e negli alpeggi. Il fenomeno dell'immigrazione ha contribuito a incrementare il numero di abitanti, ma il saldo naturale resta negativo (– 2,4‰). La V. d'A. è caratterizzata dal bilinguismo (italiano e francese) e gode per questo di uno statuto speciale.

ECONOMIA – L'economia della regione è notevolmente sviluppata e il tasso di disoccupazione tra i più bassi d'Italia (3,5%). Fonte principale dei redditi è il terziario, in part. il turismo (66% della popolazione attiva). Le numerose strutture ricettive, concentrate soprattutto nelle località sciistiche, contano oltre 3 milioni di presenze annue. Il settore secondario occupa il 25% degli attivi e dai primi anni '90 del secolo scorso attraversa una fase di crisi che ha colpito soprattutto la siderurgia (acciaierie Cogne) e l'edilizia. Più florida la situazione delle piccole e medie industrie (chimiche, alimentari) e dell'artigianato tradizionale (legno, ferro battuto). Le attività agricole coinvolgono il 9% della popolazione attiva e si basano principalmente sulla viticoltura (20% della produzione agricola) e sull'allevamento bovino. Nel fondovalle sono diffuse le coltivazioni cerealicole e gli alberi da frutto.

STORIA – Dalle origini all'800. IV sec. a.C.: la regione è popolata dai celti salassi; 25 a.C.: viene occupata dai romani e, successivamente, inglobata nella XI regione augustea; fine del V sec. d.C.: è invasa dai burgundi. 522-774: si succedono ostrogoti, bizantini, merovingi. 774: inizia la dominazione carolingia. IX sec.: la regione fa parte del regno di Berengario I; 904: viene annessa al regno di Borgogna; XII sec.: entra nell'orbita dei Savoia; 1302: viene eretta a ducato con l'appoggio dei vescovi di Aosta ed è inglobata nella Savoia. 1800: viene occupata da Napoleone, che la annette alla Francia. 1814: è restaurata la monarchia sabauda.

Il '900. 1943-1945: la regione è un attivo centro di lotta partigiana. Mag. - giu. 1945: breve occupazione militare francese. 1948: la V. d'A. viene riconosciuta come regione autonoma a statuto speciale.

AOT (Àfrica orientàle tedésca), termine con cui si indicavano i possedimenti tedeschi in Africa orient.: Tanganica, Ruanda, Burundi (1884-1919).

AOUITA (Saïd), *Kenitra 1960*, atleta marocchino. Campione olimpico (1984) e del mondo (1987) nei 5000 m (che per primo ha percorso in meno di 13 min), ha detenuto il record mondiale nei 1500, 2000 e 3000 m.

APACHE, insieme di tribù amerinde degli Stati Uniti (riserve in Arizona e Nuovo Messico; ca. 50.000 individui), che comprende tra gli altri kiowa e mescalero. Gli a. furono tra i primi a opporre resistenza all'invasione bianca, sotto la guida di Cocis e Geronimo. La loro lingua è l'apache, della famiglia athabasca.

APAMÈA (pàce di) (188 a.C.), trattato firmato da Antioco III il Grande ad Apamea Kibôtos. Assicurò ai romani il dominio sull'Asia Minore.

APAMÈA SULL'ORÓNTE, ant. c. della Siria. Importante centro di scambi romano. Resti romani e paleocristiani (mosaici).

APEC (Asia Pacific Economic Cooperation, in it. Cooperazione economica Asia-Pacifico), organizzazione economica di Stati. Fondata nel 1989, comprende oggi 21 membri: Cina, Hong Kong, Taiwan, Giappone, Corea del Sud, sette dei dieci paesi dell'ASEAN (esclusi Myanmar, Laos, Cambogia), Australia, Nuova Zelanda, Papua Nuova Guinea, Stati Uniti, Canada, Messico, Cile, Perú e Russia.

APELDOORN, c. dei Paesi Bassi (Gheldria); 153.683 ab. Residenza estiva della famiglia reale (palazzo e giardini della fine del XVII sec.). Industrie elettroniche.

APÈLLE, IV sec. a.C., pittore greco, ritrattista di Alessandro Magno, le cui opere sono tutte andate perdute.

APERGHIS (Georges), *Atene 1945*, compositore francese di origine greca. Si è dedicato soprattutto al teatro musicale, genere di cui è l'inventore, e all'opera (*Pandaemonium*, 1973; *Je vous dis que je suis mort*, da E.A. Poe, 1978; *Énumérations*, 1988; *Sextuor*, 1993; *Machinations*, 2000).

API, toro sacro della mitologia egizia. Venerato a Menfi, incarnava Ptah.

APIA, cap. di Samoa; 34.000 ab. (38.000 ab. nell'agglomerato).

APÌCIO, 25 ca. a.C., gastronomo romano. Gli viene attribuito il *De re coquinaria*, raccolta di un gran numero di ricette insolite.

APO (Mónte), vulcano e cima più elevata delle Filippine, nell'isola di Mindanao; 2954 m.

APOCALÌSSE (aràzzo dell'), la più vasta serie di arazzi medievali pervenutaci, conservata nel castello di Angers, in Francia. Comprende sei paramenti per una lunghezza totale di 107 m, i quali raggruppano 69 scene (originariamente 80); fu eseguito a partire dal 1375 dall'arazziere parigino Nicolas Bataille per incarico di Luigi I d'Angiò, su cartoni di Hennequin de Bruges, pittore di Carlo V. [V. foto a pagina seguente.]

APOCALÌSSE DI GIOVÀNNI, ultimo libro del Nuovo Testamento, attribuito per tradizione

Valle d'Aosta

500	1000	2000	3000 m	

— autostrada   — ferrovia
— strada normale   ✈ aeroporto

★ importante località turistica
● oltre 5000 ab.
● da 1000 a 5000 ab.
● fino a 1000 ab.

Scena dell'arazzo dell'**Apocalisse** ("Le rane"). Fine del XIV sec. (Castello di Angers.)

all'apostolo Giovanni. [*V. parte nomi comuni* → *apocalisse.*]

APOCALÌTTICI, movimento artistico legato al surrealismo, sorto in Gran Bretagna negli anni '40 del XX sec. Composto tra gli altri da H. Treece, J.F. Hendry, G. Barker e G.S. Fraser, il gruppo legò la propria poetica ai temi del mito e del sogno.

APOLLINAIRE (Wilhelm Apollinaris **de Kostrowitzky**, detto Guillaume), *Roma 1880 - Parigi 1918*, scrittore francese. Cantore delle avanguardie artistiche (*I pittori cubisti*, 1913), teorico (*L'esprit nouveau et les poètes*, 1917), autore di un "dramma surrealista", bizzarro e nazionalista (*Le mammelle di Tiresia*, 1917), fu poeta fantasioso e libero (*Alcools*, 1913; *Calligrammi*, 1918).

Guillaume **APOLLINAIRE.** Groupe d'artistes (1908). Quadro di Marie Laurencin in cui sono ritratti Apollinaire, Picasso, M. Laurencin e F. Olivier. (The Baltimore Museum of Art.)

APOLLINÀRE, *II sec.*, santo e martire. Fu il primo vescovo di Ravenna e a lui sono dedicate due famose basiliche.

APÒLLO, programma statunitense finalizzato all'esplorazione lunare. Nel suo ambito dodici astronauti hanno messo piede sulla Luna tra il 1969 e il 1972 (primo allunaggio dell'*A. 11* di N. Armstrong e B. Aldrin, il 21 lug. 1969).

APÒLLO MITOL. GR. Dio della bellezza, della luce e delle arti. Gli era dedicato un celebre santuario a Delfi, dove formulava oracoli per bocca della sua profetessa, la Pizia. — Tra le più note rappresentazioni del dio, il frontone O del tempio di Zeus a Olimpia, l'*Apollo del Pireo* (Museo nazionale, Atene), l'*Apollo Sauroctono* di Prassitele (Louvre, Parigi) e quello *del Belvedere* di Leocare (Museo Vaticano, Roma).

APOLLODÒRO DI DAMÀSCO, *attivo nel II sec. d.C.*, architetto e ingegnere greco. Autore delle opere monumentali sorte durante il regno di Traiano, ideò anche le macchine da guerra raffigurate nei rilievi della colonna di Traiano.

APOLLÒNIA, ant. c. dell'Illiria (Albania), centro di studi nel periodo ellenistico.

APOLLÒNIO DI TIÀNA, *Tiana, Cappadocia, ? - Efeso 97 d.C.*, filosofo greco neopitagorico.

APOLLÒNIO (Mario), *Oriano 1901 - Galliate Lombardo 1971*, critico e storico della letteratura e del teatro, drammaturgo e narratore. Fu autore, in part., della *Storia del teatro italiano* e, sul versante narrativo, de *I raggi-pane* e *Cinquantacinque*.

APOLLÒNIO DI ATÈNE, *I sec. a.C.*, scultore greco di scuola neoattica, ritenuto autore del *Torso del Belvedere* (Museo Vaticano, Roma) e del *Pugilatore* (Museo Nazionale, Roma). Noto anche come A. di Nestore.

APOLLÒNIO DI PÈRGE, *fine del III sec. - inizio del II sec. a.C.*, matematico greco. Nelle *Coniche* ha sistematizzato le conoscenze precedenti sulle curve piane. Il contenuto di altre sue opere, perdute, è noto grazie alla menzione che ne fece Pappo di Alessandria.

APOLLÒNIO RÒDIO, *Alessandria 295 ca. - 230 ca. a.C.*, poeta greco, autore dell'epopea le *Argonautiche*.

APÒRTI (Ferrànte), *S. Martino dall'Argine 1791 - Torino 1858*, sacerdote. Di tendenze liberali, importante pedagogista, fondò gli Asili per l'infanzia (1829). Fu autore di numerosi testi pedagogici e fautore di un avviamento precoce dei bambini alle discipline scolastiche.

APPALÀCHI, massiccio situato nel settore orient. dell'America settentr., tra l'Alabama e l'estuario del f. San Lorenzo; 2037 m con il Monte Mitchell. Gli Appalachi sono preceduti a O dall'Appalachian Plateau e a E dal Piedmont Plateau, che domina la pianura costiera; importanti giacimenti di carbone. Queste montagne hanno dato il nome a un tipo di rilievo classico, il rilievo appalachiano.

APPEL (Karel), *Amsterdam 1921*, pittore olandese, tra i fondatori del gruppo *Cobra*. La sua arte è sottesa da una ricerca continua di nuove forme e nuovi linguaggi. Dalle suggestioni del disegno infantile degli esordi alla forza emotiva dell'espressionismo astratto, è giunto alle più recenti sperimentazioni cromatiche.

APPENDIX VERGILIANA, raccolta di carmi ritenuta opera giovanile di Virgilio, ma la cui attribuzione è ancora discussa. Comprende *Cataleptón, Priapea, Dirae, Lydia, Ciris, Culex, Copa, Moretum, Aetna*.

APPENNÌNI o **APPENNÌNO**, sistema montuoso che si allunga per 1200 km lungo tutta la penisola italiana, dalla provincia di Savona alla Calabria (oltre la quale continua nella Sicilia settentr.), e ha la sua cima più alta in Abruzzo, con i 2914 m del Gran Sasso. Il sistema, la cui formazione risale al Cenozoico, viene generalmente diviso in A. Settentrionale (rocce argillose), Centrale e Meridionale (rocce calcaree), a loro volta ulteriormente suddivisi (A. Ligure, A. Tosco-Emiliano; A. Umbro-Marchigiano, A. Abruzzese; A. Sannita, A. Campano, A. Lucano, A. Calabro, A.

Siculo). Gli A. non costituiscono un'unica catena compatta, ma un insieme di dorsali parallele la cui altezza non raggiunge mai il limite delle nevi perenni. I due versanti sono asimmetrici: mentre quello adriatico degrada dolcemente verso il mare, il tirrenico è ripido e contrastato.

APPENZELL, cant. della Svizzera racchiuso all'interno del cant. San Gallo; 415 km²; 68.500 ab. Entrato nella Confederazione Elvetica dal 1513, nel 1597 è stato diviso, per motivi religiosi, in due semicantoni, Ausser-Rhoden e Inner-Rhoden.

ÀPPIA (via), ant. strada romana fatta realizzare da Appio Claudio nel 312 a.C., che inizialmente collegava Roma a Capua, e in seguito fu prolungata fino a Brindisi. Ai suoi lati furono eretti numerosi monumenti funebri (tra cui quelli di Cecilia Metella e Cotta).

Via **APPIA**, Roma.

Parco dell'**APPIA ANTICA.**
Tomba di Cecilia Metella, I sec. a.C.

ÀPPIA ANTÌCA (Pàrco dell'), tratto laziale della via Appia, caratterizzato dalla presenza di importanti monumenti, tra cui le tombe degli Scipioni e di Cecilia Metella. È parco regionale dal 1988.

APPIÀNI, famiglia originaria di Appiano ed d'Era. Governò Pisa dal 1392 al 1399, quindi Piombino, l'Isola d'Elba, Pianosa e Montecristo fino al 1628.

APPIÀNI (Andrèa), *Milano 1754-1817*, pittore. Esponente del neoclassicismo, si dedicò, in part. alla ritrattistica e a composizioni mitologiche e celebrative. La sua opera più nota è l'*Apoteosi di Napoleone* (Villa Carlotta, Tremezzo).

APPIÀNO, *Alessandria 95 ca. - dopo il 160*, storico greco. È autore di una *Storia romana* dalle origini a Traiano.

ÀPPIO (Clàudio), *V sec. a.C.*, politico romano. Fu il più importante magistrato tra i decemviri che stilarono le *XII Tavole*, cuore della giurisprudenza latina.

ÀPPIO CLÀUDIO CIÈCO → CLAUDIO CIECO (Appio).

APPLE COMPUTER INC., società statunitense produttrice di personal computer, fondata nel 1977 da S. Wozniak e S. Job. Con la produzione della piattaforma Macintosh, nel 1983, ha rivoluzionato il mondo dell'informatica, semplificando l'utilizzo del pc e conquistando il mercato professionale.

APPLETON (sir Edward Victor), *Bradford 1892 - Edimburgo 1965*, fisico britannico. Misurò l'altezza della ionosfera e fornì un importante contributo alla realizzazione del radar. (Premio Nobel 1947.)

APPOMATTOX, villaggio della Virginia (Stati Uniti). Nel 1865 i confederati del generale R.E. Lee vi si arresero alle truppe nordiste del generale U.S. Grant, mettendo fine alla guerra di secessione.

APPONYI (Albert, cónte), *Vienna 1846 - Ginevra 1933*, politico ungherese. Capo dell'opposizione conservatrice, fu rappresentante dell'Ungheria alla conferenza di pace di Parigi (1919-1920), poi alla Società delle Nazioni.

APRÌLIA, com. in prov. di Latina; 57.493 ab. Sorto nel 1936 nei territori bonificati della Pianura Pontina, è un importante centro agricolo e industriale.

APŠERON (Penisola di), estremità orient. del Caucaso, che si protende nel Mar Caspio. Vi sorge Baku.

APT (Azienda di promozióne turistica), organizzazione che dal 1983 sostituisce gli Enti provinciali per il turismo e le Aziende autonome per il turismo.

APUÀNE (Àlpi), catena montuosa toscana, delimitata a O dalla Versilia e a E dalla Garfagnana; estesa 60 km, deve il nome a una morfologia simile a quella delle Alpi.

APUÀNI, ant. popolazione di ceppo ligure stanziata tra il Serchio e la Magra. Si oppose lungamente ai romani, dai quali fu sconfitta nel 180 a.C.

APULÈIO (Lúcio), *Madaura, Numidia, 125 - ? 180 ca.*, scrittore latino. Nato in Africa, dopo avere viaggiato in Asia tornò a Cartagine, dove sposò Prudentila, che fu poi accusato (ma venne assolto) di aver sedotto con la magia. È autore del romanzo *Le *metamorfosi*, conosciuto come *L'asino d'oro*.

APÙLIA, reg. storica dell'Italia merid., in parte corrispondente all'att. Puglia. Prende nome dagli apuli, popolo illirico che dapprima si insediò nel Gargano, quindi estese la propria presenza all'antica Calabria e al territorio di Benevento. Fu occupata dai romani nel 312 a.C.

APURÌMAC, f. del Perú. È uno dei rami sorgiferi del Rio delle Amazzoni.

APUSENI (Mónti), già *Bihor*, massiccio della Romania orient.; 1848 m.

AQABAH (Gólfo di), golfo all'estremità nord-orient. del Mar Rosso, che ospita il porto giordano di A. e quello israeliano di Elat.

ÀQUILA (L'), c. dell'Abruzzo, capol. di reg. e prov., situata in una conca dell'Appennino alla sinistra del f. Aterno; 69.839 ab. (*aquilani*). Mercato agricolo; industrie metalmeccaniche e tessili. Turismo. — Fondata dagli svevi nel 1254, fu un fiorente libero comune e decadde dopo la sottomissione allo Stato della Chiesa, alla fine del XV sec. Distrutta da un terremoto nel 1703, conserva ancora oggi le mura del XIV sec. e monumenti medievali (la chiesa romanico-gotica di S. Maria di Collemaggio) e rinascimentali (S. Bernardino, con facciata di Cola dell'Amatrice, 1527; il castello del XVI sec., sede del Museo nazionale d'Abruzzo). — Nella provincia, montuosa e in gran parte coperta da boschi, si praticano agricoltura (cereali, patate, alberi da frutto, vite, zafferano) e allevamento, soprattutto ovino. Produzione di energia idroelettrica.

AQUILÀNO (Serafino) → SERAFINO AQUILANO.

AQUILÈIA, com. in prov. di Udine, sull'Adriatico; 3350 ab. — Fondata dai romani nel 181 a.C. per proteggere il loro territorio dalla minaccia dei galli, fu città ricca e centro di commerci grazie al suo porto, all'epoca il più importante dell'alto Adriatico, e alla posizione favorevole. Distrutta da Attila nel 452 d.C., nei secoli successivi decadde, a parte un breve periodo di ripresa intorno al Mille. Fu annessa all'Italia con la prima guerra mondiale. — Resti romani (porto fluviale, foro, sepolcreto); basilica romanica dell'XI-XV sec., fatta erigere da Poppone, con pavimento a mosaico del IV sec. Musei archeologico e paleocristiano.

AQUÌLIA (lègge), ant. legge romana (III sec. a.C.), alla base del principio di *responsabilità aquiliana*, secondo cui non si deve recar danno ad altri con il proprio comportamento.

AQUÌNO, com. in prov. di Frosinone; 5464 ab. Ant. municipio romano, diede i natali al poeta Giovenale e a san Tommaso.

AQUINO (Corazón, detta Cory), *Manila 1933*, politica filippina. Leader dell'opposizione dopo l'assassinio del marito, Benigno Aquino (1983), è stata presidente della repubblica dal 1986 al 1992.

AQUISGRÀNA, in ted. **Aachen**, c. della Germania (Renania Settentr.-Westfalia); 243.825 ab. Stazione termale. — Fu la residenza preferita di Carlo Magno. Vi si conclusero due trattati, nel 1668 e nel 1748, che misero fine alla guerra di devoluzione e a quella di successione austriaca. Nel 1818 un congresso stabilì la

fine dell'occupazione della Francia da parte della Santa Alleanza e l'ingresso del governo di Luigi XVIII nella Santa Alleanza stessa. — Bella cattedrale gotica, il cui nucleo centrale è la Cappella Palatina dell'805; tesoro. Musei (belle arti, arte contemporanea).

AQUITÀNIA in fr. **Aquitaine**, reg. storica della Francia sud-occ. Provincia romana, fu occupata dai visigoti nel V sec. Conquistata dai franchi (507), divenne un ducato indipendente (fine del VII sec.), quindi un regno (781-877) e di nuovo un ducato sotto la dinastia di Poitiers. Passata sotto il dominio inglese grazie al matrimonio di Eleonora ed Enrico II Plantageneto (1152), prese il nome di *Guienna*, e venne riconquistata definitivamente dalla Francia nel 1472.

AQUITÀNIA in fr. **Aquitaine**, reg. della Francia; 41.308 km²; 2.908.359 ab.; capol. *Bordeaux*; 5 dip. (Dordogne, Gironde, Landes, Lot-et-Garonne e Pyrénées-Atlantiques). È una delle più vaste regioni francesi, ma è scarsamente popolata. Nonostante lo sviluppo delle vie di comunicazione, l'A. rimane decentrata in ambito sia nazionale che europeo. L'agricoltura (mais, vino, frutta e legumi) resta un'attività essenziale, mentre l'industria è in fase di recessione.

AQUITÀNIA (Bacino di), zona di origine sedimentaria, di forma triangolare, compresa tra il Massiccio Armoricano, il Massiccio Centrale, i Pirenei e l'Oceano Atlantico. In gran parte coincidente con il bacino della Garonna, l'A. è costituita da altopiani e colline. Il clima è caldo in estate e caratterizzato da forte instabilità per via dell'incontro di correnti oceaniche, continentali e mediterranee. All'agricoltura (grano, mais, vigneti, tabacco, frutta, legumi) si affianca l'allevamento di bestiame. L'industria, poco sviluppata, è presente soprattutto nelle città principali, Bordeaux e Tolosa.

ÀRABA (Lèga) → LEGA ARABA.

ÀRABA UNÌTA (Repùbblica) (RAU), Stato del Medio Oriente, formato da Egitto e Siria (1958-1961). L'Egitto ha conservato il nome di Rep. Araba Unita fino al 1971.

ÀRABI, insieme di popolazioni ripartite tra 22 Stati del Medio Oriente e dell'Africa settentr. (ca. 230 milioni di individui). A un primo nucleo, nella penisola araba, si sono aggregate con il tempo numerose popolazioni arabizzate. Una storia e una cultura comuni, la coscienza di far parte di uno stesso ceppo etnico, la condivisione di una medesima lingua (l'arabo) danno al "mondo arabo", per altri versi molto variegato, i suoi tratti di omogeneità. Gli a. sono in gran parte musulmani sunniti, con una minoranza di sciiti, drusi, alawiti, e la presenza di alcune comunità cristiane.

ARÀBIA, vasta penisola, tra il Mar Rosso e il Golfo Persico, sul Mare Arabico (o Mare di Oman); 3.000.000 km²; 48.000.000 ab. Costituisce l'estremità sud-occ. dell'Asia e comprende Arabia Saudita, Yemen, Oman, la federazione degli Emirati Arabi Uniti, Qatar, Bahrain e Kuwait.

AQUISGRANA. *La Cappella Palatina, consacrata nell'805.*

ARÀBIA SAUDÌTA, Stato dell'Asia che occupa la maggior parte della penisola arabica; 2.150.000 km²; 21.028.000 ab. (*sauditi*). CAP. *Riyadh*. C. PRINC. *Gidda, Medina e La Mecca*. LINGUA: *arabo*. MONETA: *riyal*. [*V.* carta a pagina seguente.]

ISTITUZIONI — Monarchia. Una legge fondamentale del 1992 enumera i principi su cui si basa l'esercizio del potere. Il re governa secondo la *sharia*, la legge islamica.

GEOGRAFIA — Il paese, vasto ma per la maggior parte desertico, deve la propria importanza politica ed economica al petrolio. Membro influente dell'OPEC, è il primo produttore ed esportatore di petrolio, di cui detiene circa un quarto delle riserve mondiali. Il petrolio ha attirato numerosi immigrati in questa culla dell'islam in cui si trovano le città sante di Medina e La Mecca, fenomeno che peraltro non ha inciso sulla struttura sociale ancora semifeudale. I proventi del suo commercio hanno finanziato lo sviluppo della raffinazione, ma anche quello dell'agricoltura (frumento), particolarmente oneroso in un ambiente naturale ostile.

STORIA — L'A. S. nasce nel 1932 dall'unificazione in un solo regno dei territori conquistati a partire dal 1902 da Abd Al-Aziz III Ibn Saud; **1932-1953** quest'ultimo modernizza il paese grazie agli introiti garantiti dal petrolio, scoperto nel 1930, il cui sfruttamento comincia nel 1945 per iniziativa degli americani; **1953-1964**: sale al trono suo figlio Saud, che nel 1958 cede di fatto il potere al fratello Faysal, dal quale verrà deposto nel 1964. **1964-1975**: Faysal si propone come campione del panislamismo e protettore dei regimi conservatori arabi; **1975-1982**: il fratello Khaled regna sul paese. **1982**: gli succede il fratello Fahd. **1991**: una forza multinazionale, dispiegata sul territorio saudita, interviene contro l'Iraq (*guerra del Golfo). **1996**: Fahd nomina reggente *pro tempore* il principe ereditario Abdullah. **2001**: pur condannando gli attentati dell'11 settembre, l'A. S. non mette a disposizione degli Stati Uniti le proprie basi in vista della spedizione militare in Afghanistan.

ARÀBICO (Gólfo), ant. nome del Mar *Rosso*.

ÀRABI PASCIÀ → URABI PASCIA.

ÀRABI UNÌTI (Emiràti) → EMIRATI ARABI UNITI.

ÀRABO-ISRAELIÀNE (guèrre) (1948-1985), i cinque conflitti aperti che hanno contrapposto lo Stato d'Israele ad alcuni Stati arabi a partire dal 1948. La nascita, nel 1948, dello Stato d'Israele, in base al progetto di divisione della Palestina approvato dall'ONU nel 1947, non viene accettata da paesi arabi. Ne consegue una tensione permanente che sfocia in più conflitti armati. La prima guerra (mag. 1948 - gen. 1949) si conclude con la sconfitta degli Stati arabi. I trattati d'armistizio stabiliscono che le nuove frontiere d'Israele corrispondano alle linee del cessate il fuoco. La seconda (ott. - nov. 1956) vede Israele ed Egitto schierati su fronti contrapposti nel Sinai, in seguito all'invio di una spedizione franco-britannica nel Canale di Suez. L'ONU ripristina la linea dell'armistizio del 1949. La terza (guerra dei Sei giorni, giu. 1967) termina con una pesante sconfitta araba e l'occupazione israeliana di Cisgiordania, Gaza, alture del Golan e Sinai. Dopo gli iniziali successi di Egitto e Siria, anche la quarta guerra (guerra del Kippur, ott. 1973) volge a favore di Israele. Al suo termine è mantenuto lo *status quo*. Un quinto conflitto si svolge in Libano, invaso dall'esercito israeliano tra il 1982 e il 1983 al fine di espellere i combattenti palestinesi. La resistenza degli sciiti costringe a evacuare il paese, a parte una zona nel S.

ARABO-SWAHILI → SWAHILI.

ARACAJU, c. del Brasile, cap. dello Stato di Sergipe; 461.083 ab. Porto.

ARÀCNE MITOL. GR. Giovane della Lidia, abilissima nell'arte della tessitura, che fu trasformata in ragno per aver sfidato Atena.

ARAD, c. della Romania, vicino al confine ungherese; 190.114 ab. Museo dipartimentale.

ÀRADO, isola e c. della Fenicia, molto fiorente nel II millennio (att. Ru'ad, in Siria).

Arabia Saudita-Bahrain-Emirati Arabi Uniti-Oman-Qatar-Yemen

200 500 1000 2000 3000 m

— strada normale   pozzo petrolifero   ● più di 1.000.000 di ab.   ● da 50.000 a 100.000 ab.

— ferrovia   ✈ aeroporto   ○ oleodotto e gasdotto   ● da 100.000 a 1.000.000 di ab.   • meno di 50.000 ab.

ARAFAT (Yasser o Yasir), *Gerusalemme 1929*, politico palestinese. Presidente dell'Organizzazione per la liberazione della Palestina (OLP) dal 1969, nel 1989 è stato nominato presidente dello "Stato della Palestina" proclamato dall'OLP. Tra gli artefici dell'accordo israelo-palestinese firmato a Washington nel 1993, l'anno seguente ha ricevuto il premio Nobel per la pace insieme a Y. Rabin e S. Peres. Divenuto nel 1994 presidente dell'Autorità palestinese ed eletto nel 1996 *rais* (presidente) del consiglio dell'Autonomia palestinese, dal 2000 ha dovuto fronteggiare forti divergenze con il premier israeliano E. Barak, che lo ha ritenuto responsabile degli attentati terroristici della nuova intifada. Assediato a Ramallah dal dic. 2001 al mag. 2002, è uscito da questa situazione politicamente indebolito.

■ *Yasser Arafat.*

ARAGO, famiglia francese di tradizione politica repubblicana. — **François A.**, *Estagel 1786 - Parigi 1853*, politico, fisico e astronomo francese. Direttore dell'Osservatorio di Parigi, riuscì, con J.-B. Biot, a misurare un meridiano terrestre. Si occupò anche di ottica (polarizzazione della luce) ed elettri-

cità (magnetizzazione del ferro con la corrente). Fu membro del governo provvisorio del 1848 e fece abolire la schiavitù nelle colonie francesi.

ARAGON (Louis), *Parigi 1897-1982*, scrittore francese. Fu tra i fondatori del surrealismo (*Il contadino di Parigi*, 1926). Divenuto comunista, dette ai suoi romanzi un'impronta di critica sociale (*Quartieri alti*, 1936). Durante la resistenza valorizzò l'aspetto tradizionale delle sue poesie (*Crepacuore*, 1941; *Il matto d'Elsa*, 1942). Infine conciliò l'attività di romanziere con una riflessione su arte e scrittura (*Henri Matisse, roman*, 1971; *Théâtre/Roman*, 1974).

■ *Louis Aragon.*

ARAGÓNA, in sp. **Aragón**, comunità autonoma della Spagna nord-orient.; 1.189.909 ab.; cap. *Saragozza*; 3 prov. (*Huesca, Saragozza e Teruel*). Dopo la riunificazione con la contea di Barcellona nel 1137, il regno di A. diventò una grande potenza mediterranea (corona di A.).

ARAGÓNA (coróna di), confederazione di Stati cui parteciparono, dal XII sec., il regno d'Aragona e la contea di Barcellona, poi i regni di Valencia, Maiorca, Sicilia, Sardegna e Napoli (XIII-XV sec.).

Il matrimonio di Ferdinando II il Cattolico e Isabella di Castiglia, avvenuto nel 1469, portò all'unione, nel 1479, dei regni d'Aragona e di Castiglia.

ARAGÓNA (Tùllia **d'**), *Roma 1510-1556*, letterata. Autrice del poema cavalleresco *Il meschino* (1560), le è attribuito anche il dialogo di stile platonico *Della infinità di amore* (1547).

ARAGONÉSI, nome attribuito ai membri della famiglia reale d'Aragona, che dominò i territori della Sicilia e dell'Italia merid. Il capostipite fu — **Pietro I**, il quale, nel 1282, partecipò alla guerra del Vespro. Il figlio di Pietro, — **Giacomo II**, conquistò la Sardegna nel 1323. Nel 1442, — **Alfonso I** salì al trono del Regno di Napoli, sul quale si succedettero — **Ferdinando I**, — **Alfonso II**, — **Ferdinando II** (→FERDINANDO II *A* CATTOLICO) e — **Federico I**. In seguito al matrimonio tra Ferdinando II e Isabella di Castiglia le due dinastie andarono sempre più legandosi, fino all'unificazione della corona nel 1516.

ARAGUAIA, f. del Brasile, affl. di sinistra del Tocantins; 1902 km.

ARAK, c. dell'Iran; 380.755 ab. Tappeti.

ARAKAN, catena montuosa del Myanmar tra l'Irrawaddy e il Golfo del Bengala.

ARAKS, f. dell'Asia che nasce in Turchia, affl. di destra del Kura; 994 km. Delimita il confine tra Iran e Azerbaigian.

ARAL (làgo d'), grande lago salato dell'Asia, al confine tra Kazakistan e Uzbekistan; 34.000 km².

Riceve il Syrdarja e l'Amudarja, ma nonostante ciò la sua superficie continua a diminuire (68.000 km² nel 1960), a causa dell'intensa irrigazione.

ARAM, personaggio biblico. Uno dei figli di Sem, capostipite degli aramei.

ARAMÈI, popolazioni semitiche, in origine nomadi, che fondarono alcuni Stati in Siria. La loro lingua, diffusasi nel Vicino Oriente nell'VIII sec. a.C., cadde in disuso con la conquista araba (VII sec. d.C.).

ARAN (Ìsole di), arcipelago dell'Irlanda, composto da tre isole (Inishmore, Inishmaan e Inisheer), di fronte alla Baia di Galway. Pesca. Turismo.

ARÀNCI (Gólfo degli) insenatura che si apre nel Golfo di Olbia (Sardegna). Importante centro turistico, vi attraccano i traghetti da Genova e Civitavecchia.

ARANDA (Pedro, cónte **degli**), Siétamo, Huesca, 1719 - Épila 1798, generale e politico spagnolo. Presidente del consiglio di Castiglia (1766-1773), collaborò alle riforme di Carlo III.

ARÀNGIO-RUIZ (Vincènzo), Napoli 1884 - Roma 1964, giurista e professore di diritto romano, più volte ministro. Coltivò lo studio di papiri latini, provenienti da Egitto, Pompei ed Ercolano. Tra le sue opere: Storia del diritto romano e Istituzioni di diritto romano.

ARANJUEZ, c. della Spagna, nella prov. di Madrid, sul Tago; 39.652 ab. Palazzo reale del XVI-XVIII sec.; giardini alla francese. — L'insurrezione che vi esplose nel marzo 1808 provocò l'abdicazione di Carlo IV a favore del figlio Ferdinando VII, e fu all'origine dell'intervento di Napoleone I in Spagna.

ARANY (János), Nagyszalonta, att. Salonta, Romania, 1817 - Budapest 1882, poeta ungherese, autore dell'epopea nazionale Toldi.

ARAPAHO, popolazione amerindia delle pianure centrali degli Stati Uniti (riserve in Wyoming, Montana, Oklahoma) (ca. 6500 individui), appartenente alla famiglia algonchina.

ARARAT (Mónte), massiccio vulcanico della Turchia orient.; 5165 m. Secondo la Bibbia, sulle sue pendici si arenò l'arca di Noè al termine del diluvio universale.

ARÀTO DI SÒLI, Soli 320 ca. - Macedonia 240 ca. a.C., poeta greco. È autore dei Fenomeni, poema in esametri di carattere astronomico.

ARÀTO DI SICIÒNE, Sicione 275 ca. - 213 ca. a.C., politico e stratega greco. Fece sì che la sua città aderisse alla lega achea. Avversario dei macedoni, si alleò con essi contro Sparta, determinandone la sconfitta.

ARAUCÀNI, ant. nome dei *mapuche.

ARAVALLI (Mónti), massiccio dell'India nord-occ., che delimita il Deccan.

ARAWAK o **ARUÀCHI**, insieme di popoli amerindi stanziati in Brasile, Perú, Colombia, Venezuela, Guyana e Suriname. Dispersi a causa della pressione dei caribi, all'arrivo degli spagnoli gli a. occupavano anche le Grandi Antille, dove sono sopravvissuti, acculturati, soltanto a Cuba. Le loro lingue costituiscono la famiglia arawak.

ARBASÌNO (Albèrto), Voghera 1930, scrittore. Membro del *Gruppo 63*, è anche poeta e giornalista dalla vena fortemente satirica. È uno degli scrittori più prolifici del panorama contemporaneo. Ha scritto opere di narrativa come Anonimo lombardo (1959), Fratelli d'Italia (1963), Super-Eliogabalo (1969) e La bella di Lodi (1972); saggi come Un paese senza (1980); poesie come Rap! (2001).

ARBÈLA (battàglia di) (331 a.C.), vittoria decisiva di Alessandro Magno sul re persiano Dario III, in Assiria.

ÀRBIA, torrente della Toscana; 51 km. Nasce dalle colline del Chianti e confluisce nell'Ombrone.

ARBOGÀSTE, m. nel 394, generale di origine franca. Fu al servizio di Valentiniano II, che fece uccidere per proclamare imperatore d'Occidente il retore Eugenio. Fu sconfitto da Teodosio (394).

ARBORÈA, reg. storica intorno a Oristano, nella Sardegna centro-occ. Fu indipendente fino alla conquista da parte degli Aragonesi (1417).

ARBUS (Diane), New York 1923-1971, fotografa statunitense. Abbandonò la fotografia di moda per interessarsi al mondo dei diversi e degli squilibrati, ritraendo la solitudine e la sofferenza umana.

ARCACHON, c. della Francia, nel dip. Gironde, sul Bacino di A.; 11.854 ab. Stazione balneare. Casinò. Ostricoltura. — **Bacino di Arcachon**, vasta insenatura sull'Atlantico; importante produzione di ostriche.

ARCÀDIA, reg. dell'ant. Grecia, nel Peloponneso centrale, da cui prende nome un nomo della Grecia moderna. Nella tradizione poetica l'A. corrisponde a un paese idilliaco.

ARCÀDIA, accademia letteraria fondata nel 1690 a Roma da G.M. Crescimbeni e G.V. Gravina. Ispirata agli ideali del classicismo e del razionalismo cartesiano, divenne accademia nazionale ed ebbe tra i suoi membri anche P. Metastasio.

ARCÀDIO, 377 ca. - 408, imperatore romano d'Oriente (395-408), figlio maggiore di Teodosio I.

ARCAND (Denys), Deschambault, Québec, 1941, regista cinematografico canadese. Dopo aver realizzato alcuni documentari, si è imposto con Il declino dell'impero americano (1986), Jesus of Montréal (1989) e Le invasioni barbariche (2003).

ARCANGELO, in russo **Arkhangelsk**, c. della Russia, sul Mar Bianco; 376.178 ab. Porto. Pesca. Lavorazione del legno.

ARCÈTRI, collina a S di Firenze, ultima residenza di G. Galilei. Oggi ospita l'Osservatorio astrofisico, fondato nel 1869.

ARCHELÀO, 23 ca. a.C. - 18 d.C., etnarca di Giudea e Samaria (4 a.C. - 6 d.C.). Figlio di Erode il Grande, fu bandito da Augusto per cattiva amministrazione e dispotismo.

ARCHELÀO, m. nel 399 a.C., re di Macedonia, salito al trono nel 413 a.C. Alleato di Atene, ospitò Euripide, Agatone e Zeusi, diffondendo la cultura greca in Macedonia.

ARCHELÀO, I sec. a.C., generale di Mitridate. Passò al servizio dei romani dopo esser stato sconfitto da Silla. Il pronipote omonimo fu re della Cappadocia fino alla sua morte (17 d.C.).

ÀRCHIA (Àulo Licìnio), I sec. a.C., poeta greco. Si trasferì a Roma nel 102. Cicerone ne difese il diritto di cittadinanza nell'orazione Pro Archia (62 a.C.). Delle sue opere sono pervenuti 35 epigrammi, contenuti nell'*Antologia Palatina.

ARCHIÀNO, torrente della Toscana; 20 km. Affl. dell'Arno, è citato da Dante nel Purgatorio.

ARCHIBÙGI (Francésca), Roma 1961, regista cinematografica. Tra le sue opere, attente ad analizzare il rapporto tra le generazioni e la società contemporanea, Mignon è partita (1988), Verso sera (1990), Il grande cocomero (1993), Con gli occhi chiusi (1994), L'albero delle pere (1998), Domani (2000).

ARCHÌDAMO, nome di cinque re di Sparta, della dinastia degli Euripontidi. — **Archidamo II**, m. nel 427 ca. a.C., diede nome alla prima fase della guerra del *Peloponneso (guerra archidamica).

ARCHÌLOCO, Paros 712 ca. - 664 ca. a.C., poeta greco, autore di giambi.

ARCHIMÈDE, Siracusa 287 ca. - 212 a.C., scienziato greco. Famoso per i suoi studi di matematica, fisica e meccanica, fu il primo a occuparsi di geometria infinitesimale, perfezionò il sistema numerale greco e calcolò con buona approssimazione il π, usando la misura dei poligoni inscritti e circoscritti al cerchio. In fisica, gettò le basi della statica dei solidi e dell'idrostatica, oltre a formulare il principio che porta il suo nome: "ogni corpo immerso in un fluido subisce una spinta verticale, diretta dal basso verso l'alto, pari al peso del fluido spostato". Gli si attribuiscono invenzioni meccaniche, quali leve, muffole e macchine da guerra. In occasione dell'assedio di Siracusa tenne i romani in scacco per tre anni, e fu ucciso durante la presa della città.

ARCHIPENKO (Alexandr), Kiev 1887 - New York 1964, scultore statunitense di origine russa. A Parigi, intorno agli anni 1910-1914, ebbe un ruolo di innovatore (figure geometriche e dalle forme concave, "sculpo-pitture", assemblages).

ARCHÌTA, Taranto 430-360 ca. a.C., filosofo e matematico greco. Pitagorico, si occupò anche di meccanica. Risolse il problema della duplicazione del cubo dando nome alla prima curva gobba nella storia della matematica (curva di A.).

ARCHÌVIO GLOTTOLÒGICO ITALIÀNO, rivista fondata a Firenze nel 1873 da G.I. Ascoli con lo scopo di studiare i dialetti italiani.

ARCHÌVIO STÒRICO ITALIÀNO, rivista fondata nel 1841 a Firenze da G.P. Vieusseux e G. Capponi con lo scopo di raccogliere e studiare materiale storico italiano a partire dal Medioevo. È il più antico periodico d'Italia.

ARCI (Associazione ricreativa e culturàle italiàna), associazione nata nel 1957 dalla fusione di alcuni circoli operai legati al Partito comunista. Organizza iniziative legate alla cultura, allo sport, allo spettacolo.

ARCIDÒSSO, com. in prov. di Grosseto, alle pendici del Monte Amiata; 4039 ab.. Castello Aldobrandesco. Santuario della Madonna Incoronata.

ARCIMBÒLDO o **ARCIMBÒLDI** (Giusèppe), Milano 1527-1593, pittore. Attivo alla corte di Praga, è autore di ritratti fantastici, tipicamente manieristi, composti di fiori e frutta, conchiglie e pesci.

Giuseppe **ARCIMBOLDO**. L'ammiraglio.
(Coll. Tappenbeck, Mouzay.)

ÀRCO, com. in prov. di Trento; 14.157 ab. Centro climatico e industriale. Castello. Chiesa della collegiata.

ÀRCOLE (battàglia di) (15-16 nov. 1796), battaglia svoltasi nei pressi dell'att. com. in prov. di Verona tra gli austriaci e le truppe napoleoniche, con la vittoria di queste ultime.

ARCTÌNO, Mileto VIII sec. a.C., poeta greco. Gli vengono attribuiti i poemi epici Etiopide, Distruzione di Ilio e Titanomachia, di cui restano pochi frammenti.

ÀRDA, f. dell'Emilia-Romagna; 55 km. Nasce nell'Appennino Ligure, bagna Fiorenzuola e si getta nel Po.

ARDABIL, c. dell'Iran, nella prov. dell'Azerbaigian orientale; 340.386 ab.

ARDÈA, com. dell'Iran, nella prov. dell'Azerbaigian orientale; — Abitato fin dall'antichità, fu capitale dei rutuli e colonia romana dal V sec. a.C.

**ARDÈA**, com. in prov. di Roma; 28.699 ab. Centro industriale. — Abitato fin dall'antichità, fu capitale dei rutuli e colonia romana dal V sec. a.C.

ARDEATÌNE (Fòsse), località presso Roma. Il 24 marzo 1944 i nazisti, comandati dal maggiore H. Kappler, vi fucilarono 335 ostaggi e detenuti politici, per rappresaglia all'attentato compiuto il giorno precedente in via Rasella da un gruppo di partigiani contro militari tedeschi.

ARDÈCHE, dip. della Francia, nella reg. Rodano-Alpi; capol. Privas; 5529 km²; 286.023 ab. All'estremità sud-orient. del Massiccio Centrale, è composto da altopiani granitici e vulcanici a NO (foresta, allevamento) e da aride colline calcaree a SE. La popolazione è concentrata nelle città (Annonay, Aubenas, Privas) e nelle valli degli affluenti del Rodano, che attraversa la regione.

ARDEN (John), Barnsley 1930, drammaturgo britannico. La sua opera, carnevalesca e politica, è segnata dall'influenza di B. Brecht (La danza del sergente Musgrave, The workhouse of the donkey).

ARDENNE, massiccio che si estende in Belgio, Francia e Lussemburgo. L'altopiano, tra i 400 e i 700 m, è solcato da profonde valli (Mosa) e coperto da boschi. — Nell'ago. 1914 è stato teatro di battaglie tra francesi e tedeschi e, nel mag. 1940, dello sfondamento presso la Mosa da parte della

Wehrmacht. — **Battaglia delle Ardenne** (dic. 1944), ultima controffensiva dei blindati tedeschi di K.R.G. von Rundstedt, che dovettero cedere di fronte alla resistenza americana a Bastogne.

ARDENNES, dip. della Francia, nella reg. Champagne-Ardenne; capol. *Charleville-Mézières*; 5229 km²; 290.130 ab. Industrie metallurgiche nella valle della Mosa, centrali elettriche di Revin e Chooz, allevamento e lavorazione del legno.

ARDIGÒ (Robèrto), *Casteldidone 1828 - Mantova 1920*, filosofo. Esponente del positivismo italiano, elaborò un'interpretazione psicologica dell'evoluzione come passaggio dall'"indistinto" al "distinto". Tra le opere, *La psicologia come scienza positiva* (1870).

ARDUÌNICI, famiglia piemontese di origine franca (X-XI sec.). Fu fondata dal conte Rogerio, il cui nipote *Arduino fu re d'Italia. La dinastia si estinse con Adelaide, che sposò il capostipite della casa Savoia.

ARDUÌNO, *955 - Fruttuaria 1015*, re d'Italia. Marchese d'Ivrea dal 989, fu incoronato nel 1002 a Pavia con l'appoggio dei piccoli feudatari laici. Fu poi osteggiato dall'imperatore Enrico II, cui dovette infine cedere.

ARDUÌNO (Giovànni), *Caprino Veronese 1714 - Venezia 1795*, geologo. Autore di pubblicazioni e direttore di miniere, fu consulente del Senato Veneto a Venezia. Fondatore della stratigrafia, nel 1795 distinse quattro "ordini" di terreni, che corrispondono alle ere geologiche.

ARE ARE, popolazione delle Isole Salomone (10.000 individui) segnalatasi per la protesta anticoloniale del 1943, detta *Maasina Ruru*. Gli a. parlano l'austronesiano.

ARÈCHI, nome di due duchi longobardi di Benevento. — **Arechi I**, *m. a Benevento nel 640 ca*. Ampliò il regno in Campania e conquistò Salerno. — **Arechi II**, *734 - Salerno 787*. Re dei longobardi dopo la caduta del regno di Desiderio.

ARECIBO, c. della costa settentr. di Portorico; 49.318 ab. Radiotelescopio ad antenna parabolica di 300 m di diametro.

ARÈNA DI VERÓNA, fondazione musicale sorta a Verona nel 1996. Nata dall'esperienza del Teatro lirico di Verona, costituitosi nel 1936 per gestire le rappresentazioni liriche iniziate nel 1913 nell'anfiteatro di epoca romana, organizza gli eventi lirici della città, contribuendo alla diffusione della sua cultura musicale.

ARENDT (Hannah), *Hannover 1906 - New York 1975*, filosofa statunitense di origine tedesca. Ebrea, allieva di K. Jaspers e di M. Heidegger, si trasferì negli Stati Uniti nel 1941, dopo aver lasciato il suo paese nel 1934 per sfuggire al nazismo. Il suo studio del totalitarismo, che mette in risalto i punti di convergenza tra nazismo e stalinismo, prende le mosse da un'analisi della nascita di antisemitismo e imperialismo nel quadro dello Stato-nazione (*Le origini del totalitarismo*, 1951). In seguito si dedicò a sviscerare il rapporto tra uomo e azione (*Vita activa*, 1958).

■ *Hannah Arendt nel 1927*.

AREÒPAGO, nell'ant. Atene, tribunale che aveva sede sulle colline consacrate ad Ares. Vigilava sui magistrati, interpretava la legge e giudicava i delitti.

AREQUIPA, c. del Perú merid., ai piedi del vulcano Misti; 762.000 ab. Commercio e industrie. — Chiese del periodo coloniale.

ARES MITOL. GR. Dio della guerra. Corrisponde al Marte dei romani.

ARÈSE, com. in prov. di Milano; 19.128 ab. È la sede dell'industria automobilistica *Alfa Romeo*.

ARÈSE LUCÌNI (Francésco), *Milano 1805 - Firenze 1881*, politico. Dopo aver partecipato nel 1831 ai moti rivoluzionari, andò in esilio in Svizzera e in America. Tornato in Italia nel 1838, svolse importanti missioni diplomatiche.

ARETÌNO (Piètro), *Arezzo 1492 - Venezia 1556*, scrittore. Durante un periodo trascorso a Roma scrisse le *Pasquinate*, in cui faceva bersaglio di

una satira mordace la corte pontificia. Trasferitosi a Venezia vi compose le *Lettere*, satiriche e licenziose, che ritraggono la vita politica e culturale dei cortigiani, i *Dialoghi*, cinque commedie, alcuni sonetti e scritti religiosi.

ARETÙSA MITOL. GR. Ninfa. Al seguito di Artemide, inseguita dal dio fluviale *Alfeo, fu trasformata dalla dea nella fonte di Ortigia (Siracusa). Il dio si trasformò in fiume e unì le proprie acque con le sue.

ARÉZZO, c. della Toscana, capol. di prov.; 91.729 ab. (*aretini*). Situata in una conca della Val di Chiana, a S dell'Arno. Mercato agricolo (cereali, frutta, ortaggi, viti), industrie meccaniche, tessili, calzaturiere. Artigianato orafo. — Di origine etrusca e in seguito dominata dai romani, nel Medioevo fu un fiorente libero comune, ma conobbe la decadenza dopo la sconfitta di Campaldino a opera dei fiorentini (1289). — Monumenti medievali (le case-torri; la romanica pieve di S. Maria; S. Francesco, con i celebri affreschi di Piero della Francesca; la cattedrale con interni gotici; S. Domenico, con crocefisso di Cimabue; palazzo della Fraternita dei Laici) e rinascimentali (S. Maria delle Grazie, la casa di Giorgio Vasari, Piazza Grande). Museo archeologico, di arte medievale e pinacoteca. — Nella provincia, montuosa e collinare, che comprende Chianti, Valdarno, Val Tiberina e Val di Chiana, si praticano agricoltura e allevamento.

AREZZO. *Il bronzo etrusco La Chimera, V-IV sec. a.C. (Museo archeologico, Firenze.)*

ARGÀN (Giùlio Càrlo), *Torino 1909 - Roma 1992*, storico e critico d'arte. Fondatore e direttore della rivista *Storia dell'arte* (1969), sindaco di Roma dal 1976 al 1979, ha analizzato l'arte antica e contemporanea alla luce della sua importanza storica e sociale. Tra le opere, *Gropius e la Bauhaus* (1951), *Progetto e destino* (1965), *Storia dell'arte italiana* (1968-1971).

ARGELANDER (Friedrich), *Memel 1799 - Bonn 1875*, astronomo tedesco. Redasse un catalogo, il *Bonner Durchmusterung* (*BD*), in cui riportò la posizione e la luminosità di oltre 324.000 stelle. Contribuì inoltre allo studio delle stelle variabili.

ARGÈNTA, com. in prov. di Ferrara, bagnato dal f. Reno; 21.748 ab. Centro agricolo (ortaggi, frutta) e industriale.

ARGENTÀRIO, promontorio montuoso della Toscana. In origine un'isola, è situato presso Orbetello. Coincide con il com. di Monte Argentario e ha la sua altezza massima nel Monte Telegrafo (635 m). Pesca. Turismo.

ARGENTÈRA, massiccio montuoso. Situato nelle Alpi Marittime, al confine con la Francia, è posto all'interno del Parco naturale omonimo. La cima più alta è il Monte A. (3297 m).

ARGENTEUIL, c. della Francia, capol. del dip. Val d'Oise, sulla Senna; 95.416 ab. Industria aeronautica. — Museo Vieil Argenteuil.

ARGENTÌN (Morèno) *S. Donà di Piave 1960*, ciclista. Nel 1986 ha vinto il campionato del mondo su strada. Tra le altre vittorie, il Giro di Lombardia (1987), il Giro delle Fiandre (1990), la Liegi-Bastogne-Liegi (1985, 1986, 1987, 1991) e la Freccia Vallone (1990, 1991, 1994).

ARGENTÌNA, Stato federale dell'America merid.; 2.780.000 km²; 36.027.041 ab. (*argentini*). CAP. *Buenos Aires*. C. PRINC. *Córdoba* e *Rosario*. LINGUA: spagnolo. MONETA: *peso argentino*.

ISTITUZIONI – Repubblica federale comprendente 23 province (ciascuna dotata di un governatore e di una costituzione), con l'aggiunta della capitale federale. Costituzione del 1994. Il

presidente viene eletto ogni 4 anni a suffragio universale. Il congresso è composto dalla camera dei deputati, eletta ogni 4 anni, e dal senato, eletto ogni 6 anni.

GEOGRAFIA – L'A. è costituita da un versante occ. montuoso, appartenente alla Cordigliera delle Ande, da un altopiano a S (Patagonia) e da pianure a E (Pampa) e a N (Gran Chaco). Il clima, subtropicale a N, si fa temperato verso il Río de la Plata, ed è freddo in Patagonia e nella Terra del Fuoco. I prodotti dell'agricoltura e dell'allevamento (cereali, soia, vini, zucchero, carne, pelli, lana) continuano a rappresentare la base dell'economia di uno Stato gravato da un pesante debito pubblico. Il sottosuolo fornisce soprattutto petrolio e gas. L'industria è presente in particolare nei dintorni di Buenos Aires, nei cui agglomerati si concentra un terzo della popolazione totale di un paese la cui densità demografica complessiva non è elevata.

STORIA – **La dominazione spagnola**. 1516: lo spagnolo J. Díaz de Solís scopre il Río de la Plata. 1580: fondazione di Buenos Aires. 1776: la regione, dapprima compresa nel vicereame del Perú, entra successivamente a far parte di quello del Río de la Plata, con capitale Buenos Aires. XVIII sec.: il porto e il suo entroterra vanno incontro a un lento popolamento e conoscono un notevole sviluppo economico.

L'indipendenza. 1806-1807: le milizie locali respingono due offensive britanniche contro Buenos Aires. 1810: il viceré viene deposto da una giunta di notabili. 1816: il congresso di Tucumán proclama l'indipendenza dell'A.

Federalisti, unitari e caudillos. 1820-1829: i federalisti (sotto la guida dei caudillos provinciali) e gli unitari (a Buenos Aires) si combattono accanitamente. 1835-1852: dittatura di Juan Manuel de Rosas. 1853: José Justo de Urquiza, il nuovo capo del governo, promulga una Costituzione federale e liberale. 1862: l'elezione alla presidenza di Bartolomé Mitre suggella la raggiunta unità del paese.

Prosperità economica e popolamento. 1862-1880: si creano condizioni favorevoli allo sviluppo economico, fondato sull'espansione dell'allevamento bovino e ovino e sulla costruzione di una rete ferroviaria. Le minoranze indigene vengono sottomesse o sterminate. 1865-1870: guerra della Triplice Alleanza (A., Brasile, Uruguay) contro il Paraguay. 1874-1879: conflitti contro gli amerindi in Patagonia e nelle Pampas. 1880-1930: in coincidenza con l'arrivo in massa di immigrati europei (per la maggior parte italiani), l'economia conosce uno sviluppo notevole. Contro il predominio dell'oligarchia liberale, formata da grandi proprietari terrieri ed esportatori, si afferma l'opposizione delle classi medie e popolari (radicalismo). Il presidente Hipólito Irigoyen (1916-1922 e 1928-1930), radicale, impone una legislazione sociale lasciando invariate le strutture agrarie.

I militari al potere. La crisi mondiale del 1929 favorisce l'ascesa di un regime militare conservatore. 1943: il presidente Ramón Castillo viene deposto da una giunta di ufficiali nazionalisti, di cui fa parte Juan Domingo Perón. Quest'ultimo, divenuto presidente della repubblica (1946-1955), applica una politica populista detta "giustizialismo" insieme con la moglie Eva Duarte. 1955: alla destituzione di J.D. Perón, da parte di una giunta militare, ha seguito un periodo di crisi permanente. 1973: Perón torna al potere. Alla sua morte (1974), gli succede la terza moglie, Isabel. 1976: una giunta militare presieduta dal generale Jorge Rafael Videla impone un regime repressivo, che si macchia di crimini sanguinosi. 1982: la sconfitta nella guerra delle Falkland riporta al potere i civili.

I civili al potere. 1983: Raúl Alfonsín, leader del Partito radicale, viene eletto presidente della repubblica. Il paese, in piena crisi economica, deve far fronte anche al problema dell'equilibrio precario tra potere civile e militare. 1989: sale alla carica di capo dello Stato il peronista Carlos Saúl Menem (rieletto nel 1995). 1999: gli succede Fernando de la Rúa (Partito radicale); 2001: quest'ultimo, costretto a far fronte a una grave crisi economica e sociale, si dimette (dic.), inaugurando un periodo di grande incertezza politica. **2002**: Eduardo Duhalde, peronista e governatore di Buenos Aires, viene eletto *ad interim* capo dello Stato e del governo. Le severe misure economiche varate (in part. una svalutazione del peso argentino pari al 30%) riducono milioni di argentini, già duramente provati dalla recessione, sotto la soglia di povertà.

ARGENTINA (Antonia **Mercé y Luque**, detta **La**), *Buenos Aires 1890 - Bayonne 1936*, ballerina e coreografa spagnola. Fondatrice nel 1928 della prima compagnia di balletto della Spagna, si affermò per il virtuosismo con cui suonava le nacchere e per le sue invenzioni coreografiche (*L'amore stregone*, 1925; *Triana*, 1929).

ARGÈNTO (Dàrio), *Roma 1940*, regista cinematografico. Ha esordito nel 1970 con *L'uccello dalle piume di cristallo*, dando inizio al filone del cinema thriller all'italiana. Tra gli altri film, *Profondo rosso* (1975), *Suspiria* (1977), *Tenebre* (1982), *Phenomena* (1985), *Opera* (1987), *Trauma* (1992), *La sindrome di Stendhal* (1996), *Nonhosonno* (2000), *Il cartaio* (2003).

ARGERICH (Marta), *Buenos Aires 1941*, pianista argentina. Ha dato prova del suo talento come solista e nell'ambito della musica da camera.

ARGHEZI (Ian N. **Theodorescu**, detto Tudor), *Bucarest 1880-1967*, scrittore romeno. Abbandonata la vita monastica abbracciata in un primo tempo, si dedicò alla lotta politica (*Inno all'uomo*).

ARGINÙSE (battàglia dèlle) (406 a.C.), battaglia navale della guerra del Peloponneso. Vittoria ateniese su Sparta al largo delle Isole A. (Mar Egeo). I generali vincitori furono processati e condannati per non aver raccolto morti e feriti.

ARGIRÒPULO (Giovànni), *Costantinopoli 1410 ca. - Roma 1497*, umanista greco. Dopo la caduta di Costantinopoli si trasferì in Italia, insegnando a Firenze e a Roma. Tradusse Aristotele, contribuendo al rinnovamento della cultura fiorentina.

ÀRGO, c. della Grecia (Peloponneso), presso il Golfo di Nauplia; 22.256 ab. Ant. cap. dell'Argolide, a cui i dorici accordarono la supremazia sui centri micenei.

ÀRGO o **ARGOS** MITOL. GR. Principe di Argo che aveva cento occhi, e ne teneva sempre aperti cinquanta. Incaricato di vegliare su Io, fu ucciso da Ermes ed Era, la quale sparse i suoi occhi sulla coda del pavone.

ARGÒLIDE, reg. montuosa della Grecia, nel Peloponneso nord-orient.; c. princ. *Micene*, *Tirinto*, *Epidauro*, *Argo*.

ARGONÀUTI MITOL. GR. Eroi condotti in Colchide da Giasone, con la nave Argo, per conquistare il vello d'oro.

ARGONNE, reg. francese di colline boscose al confine tra Champagne e Lorena, tra i f. Aisne e Aire. Celebre per i combattimenti del 1914-1915 e del 1918.

ARGÒVIA, in ted. **Aargau**, cant. della Svizzera; 1404 km²; 544.300 ab.; capol. *Aarau*. L'A. fa parte della Confederazione Elvetica dal 1803.

ARGÜEDAS (Alcides), *La Paz 1879 - Santiago, Cile, 1946*, scrittore boliviano. Nei suoi romanzi (*Raza de bronce*) e saggi descrive la drammatica esperienza degli indios.

ARGÜEDAS (José María), *Andahuaylas 1911 - Lima 1969*, scrittore peruviano. I suoi racconti e romanzi colgono il lento declino della cultura degli indios (*Tutte le stirpi*).

ARGUN, f. dell'Asia; 1530 km. Il corso inferiore di questo affl. dell'Amur segna il confine tra Cina e Russia.

ARGYLL (Archibald **Campbell**, marchése **di**), *1607 ca. - Edimburgo 1661*, nobile scozzese. Alleatosi con O. Cromwell, appoggiò la consegna del re Carlo I ai parlamentari inglesi. Fu decapitato con l'avvento della restaurazione.

ÁRHUS, c. della Danimarca, sulla costa occ. dello Jylland; 286.668 ab. Porto. Costruzioni meccaniche. — Cattedrale del XIII-XV sec. Ricco museo della preistoria e di archeologia.

ARIANE, vettore spaziale europeo. Inaugurato nel 1979 e usato a fini commerciali dal 1983, è stato migliorato nelle sue tre versioni successive. Per consentire all'Europa di continuare a essere competitiva, è stato progressivamente sostituito da un nuovo vettore, molto più potente e di un nuovo tipo, A. 5. Sperimentato dal 1996 al 1998, esso ha compiuto il suo primo volo commerciale nel 1999. [V. parte nomi comuni → **vettore**.]

ARIÀNNA MITOL. GR. Figlia di Minosse e Pasifae. Diede a Teseo, giunto a Creta per combattere il Minotauro, il filo che gli permise di uscire dal labirinto dopo aver ucciso il mostro. Teseo la portò con sé per abbandonarla poi sull'Isola di Nasso.

ARIÀNO IRPÍNO, com. in prov. di Avellino; 23.290 ab. Turismo. Sorgenti di acque minerali. Cattedrale. Castello normanno.

ARIAS SÁNCHEZ (Óscar), *Heredia 1941*, politico del Costa Rica. Presidente della repubblica dal 1986 al 1990, ha ottenuto il premio Nobel nel 1987 per l'azione svolta a favore della pace in America centrale.

Argentina

confine di provincia	
S. Luis capoluogo di provincia	
400 1000 2000 4000 m	

autostrada — ferrovia
strada normale — aeroporto
★ importante località turistica

● più di 1.000.000 di ab.
● da 500.000 a 1.000.000 di ab.
● da 100.000 a 500.000 di ab.
● meno di 100.000 di ab.

150 km

ARIBÈRTO DA INTIMIÀNO, *975 ca. - Milano 1045,* arcivescovo di Milano dal 1018 al 1045. Entrato in contrasto con l'imperatore **Corrado II il Salico*, guidò la resistenza alle sue truppe, adottando il carroccio come insegna della città.

ARICA, c. del Cile settentr., presso il confine con il Perú; 169.456 ab. Porto. Turismo.

ARÌCCIA, com. in prov. di Roma, sui Colli Albani; 18.494 ab. Vi si trovano opere di G.L. Bernini quali Palazzo Chigi e piazza della Repubblica (XVII sec.).

ARÌCI (Césare), *Brescia 1782-1836*, poeta. Tradusse Virgilio e scrisse poemi didascalici quali *La coltivazione degli ulivi* (1805), *Il corallo* (1810), *La pastorizia* (1814), *L'origine delle fonti* (1834). *Gli Inni sacri* (1828) risentono dell'influenza manzoniana.

ARICÒ (Rodólfo), *Milano 1930*, artista. Dopo gli esordi improntati al neofigurativismo, a metà degli anni '60 del secolo scorso si è avvicinato a forme artistiche affini alla *minimal art*.

ARIÈGE, dip. della Francia, nella reg. Pirenei Centrali; capol. *Foix*; 137.205 ab. Il territorio è attraversato dal f. omonimo e comprende il versante settentr. dei Pirenei Centrali. Le principali risorse economiche sono l'agricoltura (vite, cereali, frutta), l'allevamento ovino e il turismo, anche termale. L'industria è particolarmente sviluppata nei settori metallurgico, tessile ed estrattivo (talco).

ARIÈNTI (Giovànni Sabadino **degli**), *Bologna 1445 ca. - 1510*, scrittore. Notaio, al servizio di diverse famiglie (Bentivoglio, Este, Gonzaga), fu autore delle *Porretane* (1483), una raccolta di 61 novelle che riprendevano lo schema narrativo del *Decameron*.

ARIÈTE, costellazione zodiacale. — **Ariète**, primo segno dello zodiaco, in cui il Sole entra durante l'equinozio di primavera.

ÀRII (in sansc. *ārya*, "i nobili"), popolazioni di origine indoeuropea che, a partire dal XVIII sec. a.C., si espansero in Iran e nel N dell'India. Dalla loro lingua derivano le lingue indiane (sanscrito, pali) e iraniche (avestico, antico persiano).

ÀRIO, *256 ca. - 336*, sacerdote di Alessandria. Con la sua negazione della natura divina di Cristo, fu causa di una delle crisi più gravi della Chiesa cristiana. La sua dottrina, l'arianesimo, fu condannata durante i concili di Nicea (325) e di Costantinopoli (381).

ARIOÀLDO o **ARIOVÀLDO**, *m. nel 636,* re dei longobardi. Nel 626 guidò l'opposizione ariana contro **Teodolinda* e il figlio Adaloaldo e subentrò a quest'ultimo sul trono fino al 636. Sposò la cattolica Gundeberga, figlia di Agilulfo e Teodolinda.

ARIÒNE, *Lesbo VII sec. a.C.*, poeta lirico greco. Erodoto racconta che fu gettato in mare dai pirati e salvato dai delfini, ammaliati dal suono della sua lira.

ARIÒSTO (Ludovico), *Reggio Emilia 1474 - Ferrara 1533*, tra i più importanti poeti del Rinascimento. A Ferrara, dove si era trasferito con la famiglia, intraprese gli studi giuridici e, intorno al 1494, cominciò a interessarsi alle lettere. Alla morte del padre, nel 1500, dovette prendersi cura dei fratelli mettendosi dapprima al servizio del cardinale Ippolito d'Este, poi, dal 1518, di Alfonso I d'Este, che nel 1522 lo incaricò del governo della Garfagnana. Tornato a Ferrara, trascorse gli ultimi anni della sua vita con la compagna A. Benucci e il figlio. La sua opera più importante, il poema cavalleresco **Orlando furioso* (1516-1532), ideale seguito dell'*Orlando innamorato* di M.M. Boiardo, ha esercitato enorme influenza sulla letteratura italiana. In esso A. riprende i temi popolari di tipo epico-cavalleresco mescolando con grande equilibrio realtà e fantasia grazie all'uso di una misurata forma classica. Tra le opere minori i *Carmina*, in latino, le *Rime*, in volgare, le 7 *Satire* in versi, che trattano temi di attualità, e 5 commedie in endecasillabi sciolti (*Cassaria*, *Suppositi*, *Negromante*, *Lena*, *I studenti*, incompiuta).

ARIOVÀLDO → ARIOALDO.

ARIOVÌSTO, capo dei suebi, battuto da Cesare nel 58 a.C.

ARISTÀGORA, *m. nel 497 a.C.*, tiranno di Mileto. Spinse gli ioni a ribellarsi a Dario I di Persia, cercando aiuto presso Atene ed Eretria. Abbandonata Mileto, morì combattendo contro i traci.

ARISTÀRCO, *215 ca. - 143 ca. a.C.*, grammatico greco, considerato dai suoi contemporanei il prototipo del critico severo.

ARISTÀRCO (Guido), *Mantova 1918 - Roma 1996*, critico e saggista cinematografico. Nel 1952 ha fondato la rivista *Cinema nuovo*, di cui è stato direttore. Tra i saggi, *L'arte del film* (1950), *Neorealismo e nuova critica cinematografica* (1980), *I sussurri e le grida* (1988).

ARISTÀRCO DI SÀMO, *Samo 310-230 ca. a.C.*, astronomo greco. Per primo ipotizzò che la Terra ruotasse su se stessa e attorno al Sole. Elaborò un metodo per calcolare le distanze relative della Terra dalla Luna e dal Sole.

ARISTÈO MITOL. GR. Figlio di Apollo e della ninfa Cirene. Insegnò agli uomini la viticoltura e l'apicoltura. Fu l'involontario responsabile della morte di **Euridice*, di cui era innamorato.

ARÌSTIDE, *540 ca. - 468 ca. a.C.*, generale e politico ateniese, detto "il giusto". Dopo essersi coperto di gloria a Maratona, fu esiliato attraverso ostracismo su istigazione di Temistocle, a lui ostile (483 a.C.). Richiamato in patria in occasione della seconda invasione persiana, combatté a Salamina e a Platea, quindi fu tra gli artefici della Lega di Delo.

ARISTIDE (Jean-Bertrand), *Port-Salut, Haiti, 1953*, sacerdote e politico haitiano. Portavoce della teologia della liberazione, è il primo presidente della repubblica eletto democraticamente a Haiti (dic. 1990). In carica dal feb. 1991, destituito con un colpo di Stato (sett.) e restaurato dal 1994 al 1996 con l'intervento delle truppe statunitensi, è di nuovo a capo dello Stato dal 2001, ma viene allontanato dal paese nel feb. 2004.

ARISTÒBULO II, re di Giudea (67-63 a.C.). Fu imprigionato da Pompeo.

ARISTODÈMO, *VIII sec. a.C.*, leggendario re di Messene. Su consiglio dell'oracolo di Delfi, sacrificò la figlia agli dei in cambio della vittoria contro gli spartani. Il rimorso lo spinse a uccidersi sulla sua tomba.

ARISTÒFANE, *Atene 445 ca. - 386 ca. a.C.*, commediografo greco. Nelle undici commedie giunte fino a noi realizza variazioni in satira su temi di attualità e si schiera a favore delle tradizioni contro il nuovo. Con *I cavalieri*, *Gli acarnesi*, *La pace*, *La Lisistrata* denuncia i fautori della democrazia, che caldeggiavano la guerra contro Sparta; *Le vespe* è una parodia della mania degli ateniesi per i processi; *Le Tesmoforiazuse* e *Le rane* si ispirano a Euripide; *Le nuvole* prendono di mira Socrate; *Le Ecclesiazuse* e *Gli uccelli* scherniscono le utopie politiche; *Pluto* segna il passaggio dal teatro "impegnato" all'allegoria morale.

ARISTÒTELE, *Stagira, Macedonia, 384 - Calcide, Eubea, 322 a.C.*, filosofo greco. Discepolo di Platone all'Accademia, quindi precettore di Alessandro Magno, nel 335 a.C. fondò ad Atene la sua scuola, il Liceo, detta "scuola peripatetica". Seguendo un approccio enciclopedico, sviluppò la concezione di un universo finito, gerarchizzato e determinato dal binomio di forma e materia, comprensibile nella sua totalità a un pensiero umano le cui modalità devono di volta in volta adattarsi all'oggetto di studio. È autore di numerosi trattati di logica, politica, biologia (anatomia comparata, classificazione degli animali), fisica e metafisica, la quale si occupa della causa ultima dell'unità. L'opera di A. ha esercitato una notevole influenza sia sulle origini della scienza e del pensiero islamico, sia sulla filosofia cristiana medievale. Tra le sue opere: *Organon* (scritti di logica), **Etica Nicomachea*, *Politica*, *Fisica* e *Metafisica*.

ARIZONA, Stato degli Stati Uniti sud-occ.; 295.000 km^2; 5.130.632 ab.; cap. *Phoenix*. Turismo (Gran Canyon). Estrazione del rame.

ARKANSAS, Stato degli Stati Uniti merid., a O del Mississippi; 2.673.400 ab.; cap. *Little Rock*. Bauxite. È bagnato dall'Arkansas (2300 km), affl. di destra del Mississippi.

ARKWRIGHT (sir Richard), *Preston, Lancashire, 1732 - Cromford, Derbyshire,1792*, inventore e industriale britannico. Tra i creatori dell'industria cotoniera del suo paese, mise a punto macchine idrauliche per la filatura.

ARLAND (Marcel), *Varennes-sur-Amance 1899 - Saint-Sauveur-sur-École 1986*, scrittore francese. È autore di romanzi (*L'ordine*), di racconti intimisti e pessimistici (*Le grand pardon*) e di saggi critici.

ARLANDA, aeroporto di Stoccolma, a N della città.

ARLANDES (François, marchése **di**), *Anneyron 1742 - ? 1809*, aeronauta francese. Compì, con Pilâtre de Rozier, la prima ascensione in pallone a volo libero (21 nov. 1783).

ARLBERG, valico dell'Austria, tra il Tirolo e il Vorarlberg; 1802 m. Tunnel ferroviario (lungo 10,2 km, aperto nel 1884) e tunnel stradale (lungo 14 km, aperto nel 1978).

ARLECCHÌNO, personaggio della commedia dell'arte. Armato di un manganello di legno, indossa un abito formato da pezzetti triangolari di stoffa di diversi colori e una maschera nera. Dapprima buffone cinico e pigro, ha acquisito una maggiore complessità psicologica nelle opere teatrali di C. Goldoni.

ARLES, c. della Francia, capol. del dip. Bouches-du-Rhône, sul Reno; 51.614 ab. Turismo. — Importanti edifici gallo-romani, tra cui il teatro e le arene. Necropoli degli Alyscamps. Cattedrale romanica di St.-Trophime. Musei (tra cui quello archeologico). — Sede di alcuni concili, il più importante dei quali (314) condannò il donatismo.

ARLETTY (Léonie **Bathiat**, detta), *Courbevoie 1898 - Parigi 1992*, attrice cinematografica francese. Si fece conoscere al grande pubblico soprattutto con i film di M. Carné: *Albergo Nord* (1938), *Alba tragica* (1939), *L'amore e il diavolo* (1942), *Amanti perduti* (1945).

ARLINGTON, c. degli Stati Uniti (Texas); 332.969 ab.

ARLINGTON (cimitèro di), cimitero nazionale degli Stati Uniti, sulle rive del Potomac (Virginia), di fronte a Washington.

ARLINGTON (Henry **Bennet**, cónte **di**), *Little Saxham 1618 - Euston 1685*, statista inglese. Ministro di Carlo II dal 1662 al 1674, fu l'ispiratore della sua politica estera.

ARLIT, giacimento di uranio del Niger.

ARMAGH, c. della Gran Bretagna (Irlanda del Nord); 14.000 ab. Metropoli religiosa dell'isola, residenza dell'arcivescovo cattolico, primate d'Irlanda, e dell'arcivescovo anglicano.

ARMAGNAC, reg. storica della Francia che corrisponde a gran parte del dip. Gers. Il suo territorio è costituito da colline coltivate a cereali e viti (alla base della produzione dell'acquavite di A.) e in cui si pratica l'allevamento. — La contea di A., sorta nel 960 ca., si estese oltre la Garonna e fu riunita al regno di Francia nel 1607.

ARMAGNÀCCHI (fazióne degli), la fazione contrapposta ai Borgognoni dal 1411 al 1435, durante la guerra dei Cent'anni. Capeggiati da Bernardo VII, conte di Armagnac, gli A. appoggiarono Carlo d'Orléans, e poi Carlo VII, contro i duchi di Borgogna Giovanni senza Paura e Filippo III il Buono, alleati all'Inghilterra. Il conflitto si concluse con il trattato di Arras (1435).

ARMAN (Armand **Fernández**, detto), *Nizza 1928*, artista francese naturalizzato statunitense. È uno dei fondatori del Nouveau réalisme ("Accumulazioni", "Colères", "Combustioni").

ARMÀNI (Giórgio), *Piacenza 1934*, stilista. Fondatore nel 1975 della società omonima insieme a Sergio Galeotti, ha raggiunto fama internazionale a partire dagli anni '70 del secolo scorso. Si è imposto disegnando capi comodi ma particolarmente eleganti, fatti di dettagli raffinati, tessuti particolari, ottimo taglio. Famose le giacche destrutturate.

ARMÀTA ITALIÀNA IN RÙSSIA → ARMIR.

ARMÀTA RÓSSA, nome con cui è nota l'Armata rossa degli operai e dei contadini, ossia le forze armate sovietiche dal 1918 al 1948.

ARMAVIR, c. della Russia, a N del Caucaso; 161.799 ab.

ARMELLÌNI (Càrlo), *Roma 1777 - Saint-Josse-ten-Noode 1863,* politico. Contribuì alla costituzione della repubblica romana (1849), di cui fu triumviro con G. Mazzini e A. Saffi.

ARMÈNI, popolazione distribuita tra l'Armenia (ca. 3.300.000 individui) e una diaspora mondiale (ca. 3.500.000 individui). Probabilmente originari della Tracia e della Frigia, gli a. hanno in seguito assimilato altre popolazioni caucasiche. La loro presenza nell'Anatolia orient. e in Transcaucasia è attestata nel VI sec. a.C. La diaspora è iniziata dopo il genocidio del 1915. Gli a. sono cristiani (Chiesa apostolica e autocefala). Parlano l'armeno.

ARMÈNIA, in arm. **Hayastan**, Stato dell'Asia, nel Caucaso; 29.800 km²; 3.788.000 ab. (*armeni*). CAP. *Erevan*. LINGUA: *armeno*. MONETA: *dram*.

GEOGRAFIA – L'A. è un paese montuoso, ricco di corsi d'acqua e di cime elevate (spesso di origine vulcanica). A Erevan si concentra circa un terzo della popolazione, etnicamente omogenea. L'economia si basa, oltre che su agricoltura (cereali, patate) e allevamento (bovini e ovini), su alcune attività industriali (estrazione del rame, metallurgia di trasformazione). L'A. risente del conflitto latente con l'Azerbaigian, che interessa la provincia del Nagorno-Karabah, a maggioranza armena ma in territorio azero.

STORIA – **L'Armenia nell'antichità e nel Medioevo.** IX sec. - VII sec. a.C.: intorno al Lago di Van si forma lo Stato di Urartu, nemico dell'impero assiro. Risale al VII sec. la prima menzione degli armeni, popolazione indoeuropea proveniente dalla Tracia o dall'Asia Minore. **189 a.C.**: sottomessa ai Seleucidi alla fine del IV sec. a.C., l'A. riconquista l'indipendenza. **I sec. a.C.**: il paese, assoggettato dai romani prima, dai parti poi, si converte al cristianesimo alla fine del III sec. **640**: gli arabi invadono l'A. **885-1079**: la dinastia locale dei Bagratidi assicura al paese una relativa prosperità. **X-XIV sec.**: fiorisce una scuola di architettura e pittura murale (Aghtamar, Ani ecc.). **Metà dell'XI sec. - inizio del XV sec.**: la Grande A. viene devastata dalle invasioni turche e mongole. La Piccola A., creata in Cilicia da Rupen (1071), sostiene a vittoria i crociati nella lotta contro l'islam, per poi soccombere sotto i colpi dei mamelucchi (1375). Gli ottomani s'impadroniscono di tutta l'A. (tranne qualche canato annesso all'Iran) e la sottomettono all'autorità del patriarca armeno di Costantinopoli.

L'Armenia contemporanea. 1813-1828: i russi conquistano la parte orientale del territorio. **1915**: 1.500.000 armeni sono vittime del genocidio perpetrato dal governo dei Giovani turchi. La Rep. d'A., proclamata nel 1918, ottiene il riconoscimento dell'Intesa con il trattato di Sèvres, ma le truppe turche e l'Armata rossa occupano il paese. **1922**: la Repubblica d'A. viene assorbita dall'URSS. **1936**: diventa repubblica federata.

Il risveglio nazionale. 1988: la popolazione si solleva reclamando l'annessione del Nagorno-Karabah alla Rep. d'A.; i governi di URSS e Azerbaigian si oppongono. **1990**: il movimento nazionale armeno vince la vittoria in occasione delle prime libere elezioni. **1991**: l'A. ottiene l'indipendenza e aderisce alla CSI. Levonter Petrosian viene eletto presidente della repubblica; **1998**: dimessosi quest'ultimo, diventa capo dello Stato Robert Kotcharian. **2000**: Andranik Markaryan sale alla carica di primo ministro.

ARMÌNIO, *18 ca. a.C. - 19 d.C.*, capo del popolo germanico dei cherusci. Sconfisse le legioni romane di Varo (9 d.C.) nella foresta di Teutoburgo, ma fu battuto da Germanico (16). In Germania è considerato eroe popolare con il nome di Hermann.

ARMINIUS (Jacobus), nome latinizzato di Jacob **Harmensz**, *Oudewater 1560 - Leida 1609*, teologo protestante olandese, fondatore della setta degli arminiani. L'arminianesimo, che metteva in discussione il dogma della predestinazione di G. Calvino, fu avversato dai seguaci di un altro movimento riformista protestante, il gomarismo.

ARMIR (Armàta italiana in Rùssia), corpo militare italiano. Costituito nel 1942, partecipò alla campagna militare in Russia a fianco dell'esercito tedesco, subendo una storica disfatta.

ARMITAGE (Kenneth), *Leeds 1916-2002*, scultore britannico. Autore di figure umane realizzate in bronzo, ne ha deformato la sagoma con sottile vena umoristica. Tra le opere, i cicli *Pandarus* (1962-1964) e *Foreste* (1965).

ARMÒDIO E ARISTOGITÒNE, *VI sec. a.C.*, nobili ateniesi che uccisero *Ipparco*. Dopo il delitto, commesso per motivi personali, entrambi fu-

Armenia

più di 1.000.000 di ab.
da 100.000 a 1.000.000 di ab.
★ importante località turistica
da 30.000 a 100.000 di ab.
— strada normale
— ferrovia
meno di 30.000 ab.

30 km

500   1000   1500   2000 m

rono giustiziati. Fu loro dedicata la scultura dei *Tirannicidi*, opera di Crizio e Nesiote.

ARMONÌA MITOL. GR. Figlia di Ares e di Afrodite e sposa di *Cadmo, re di Tebe. Tra i doni ricevuti per il matrimonio, un peplo e una collana portarono sventura ai suoi discendenti.

ARMOR o **ARVOR** ("il paese del mare"), nome celtico della Bretagna, att. usato per designare il litorale.

ARMÒRICA, parte della Gallia che costituisce att. la Bretagna.

ARMORICÀNO (Massiccio), reg. geologica della Francia occ. (Vandea, Bretagna e Normandia occ.). È un massiccio ercinico appiattito dall'erosione.

ARMSTRONG (Lance), *Plano, Texas, 1971*, ciclista statunitense. Campione del mondo su strada (1993), ha vinto 5 Tour de France consecutivi (dal 1999 al 2003).

ARMSTRONG (Louis), *New Orleans 1901 - New York 1971*, musicista jazz statunitense. Fu il caposcuola del jazz classico e fondò numerose orchestre (Hot Five, Hot Seven, All Stars ecc.). Cantante, poi cornettista e trombettista, lasciò spazio all'improvvisazione e rese fondamentale la presenza del solista (*West End Blues*, 1928; *Mahogany Hall Stomp*, 1929).

ARMSTRONG (Neil), *Wapakoneta, Ohio, 1930*, astronauta statunitense. Pilota dell'aviazione navale e collaudatore di velivoli, selezionato dalla NASA nel 1962, è stato il primo uomo a mettere piede sulla Luna (missione Apollo 11, 21 lug. 1969).

■ *Neil Armstrong.*

ARNÀLDO DA BRÈSCIA, *Brescia fine dell'XI sec. - Roma 1155*, riformatore religioso. Dopo aver intrapreso una lotta contro la corruzione del clero e per il ritorno alla semplicità della Chiesa primitiva, si rifugiò in Francia e sollevò Roma contro il papa. Catturato da Federico Barbarossa, fu condannato a morte.

ARNÀLDO (Daniello), *Ribérac, 1150 ca. - 1200 ca.*, trovatore provenzale. Rinnovatore della canzone trovadorica, creò la sestina e sviluppò uno stile raffinato, da cui trassero ispirazione in seguito poeti trecenteschi come Dante. Di lui restano 17 canzoni e un sirventese.

ARNÀLDO DA VILLANÒVA, *presso Lerida 1240 o 1250 ca. - prima del 1312*, alchimista, astrologo e medico catalano, consigliere di papa Clemente V.

ARNAULD, ARNAUD o **ARNAUT**, famiglia francese legata alla storia del giansenismo e di Port-Royal. — **Angélique A.**, detta **Mère Angélique**, *Parigi 1591-1661*, religiosa francese. Fu badessa e riformatrice di Port-Royal. — **Agnès A.**, detta **Mère Agnès**, *Parigi 1593 - ? 1671*, religiosa francese. Chiamata a Port-Royal dalla sorella Angélique e a sua volta badessa, fu incarcerata sino al 1665 per aver rifiutato di firmare il *Formulario* (1661). — **Antoine A.**, detto **Il Grande Arnauld**, *Parigi 1612 - Bruxelles 1694*, teologo francese. Scrisse il *Traité de la fréquente communion* (1643), nel quale attaccava la morale dei gesuiti, e tradusse in volgare l'*Augustinus*. Fu autore

Louis **ARMSTRONG** *nel 1960.*

inoltre della *Grammatica generale e ragionata* (1660, con C. Lancelot) e della **Logica di Port-Royal* (con P. Nicole).

ARNAUT DANIEL → Arnaldo Daniello.

ARNHEM, c. dei Paesi Bassi, capol. della Gheldria, sul Reno; 139.329 ab. Musei, tra cui il Museo olandese all'aperto. — Nel set. 1944 vi si svolse un'operazione delle truppe alleate aviotrasportate, con l'intento di aprire un varco verso il N della Germania, che si risolse in uno scacco di fronte alla violenza della reazione tedesca.

ARNIM (Ludwig Joachim **von Arnim**, detto Achim von), *Berlino 1781 - Wiepersdorf 1831*, scrittore tedesco. Autore di racconti fantastici, pubblicò, con C. Brentano, una raccolta di canti popolari tedeschi (*Il corno magico del fanciullo*). — **Elisabeth von A.**, detta Bettina, nata **Brentano**, *Francoforte 1785 - Berlino 1859*, letterata tedesca, moglie di Achim. Intrattenne una corrispondenza con W. Goethe e dedicò gli ultimi anni della sua vita agli studi sociali.

ÀRNO, f. della Toscana che nasce dal Monte Falterona, attraversa il Casentino, il Piano di Arezzo e il Valdarno e si getta nel Mar Ligure presso Marina di Pisa; 241 km. Bagna Firenze e Pisa.

ARNÒBIO, *seconda metà del III sec. d.C.*, scrittore latino. Pubblicò un'apologia della religione cristiana (*Adversus nationes*).

ARNOLD (Benedict), *Norwich 1741 - Londra 1801*, generale statunitense. Tentò di consegnare l'arsenale di West Point agli inglesi (1779), tradendo così il suo paese.

ARNOLD DI WINKELRIED, *m. nel 1386*, eroe svizzero. Contadino del cant. di Unterwald, si distinse nella battaglia di Sempach, in cui fu ucciso.

ARNOLD (Matthew), *Laleham 1822 - Liverpool 1888*, scrittore britannico. Nei suoi saggi e poemi propugnò un moralismo panteista.

ARNÒLFO DI CÀMBIO, *Colle di Val d'Elsa 1240 ca. - Firenze 1302*, scultore e architetto. Dopo aver collaborato con il maestro Nicola Pisano alla realizzazione del pulpito del duomo di Siena, si trasferì a Roma. Rinnovò il genere funerario (tomba del cardinale Riccardo Annibaldi, a Roma; tomba del cardinal De Braye in S. Domenico, a Orvieto) e impose un nuovo stile architettonico (ciborio di S. Paolo e di S. Cecilia in Trastevere, a Roma), che espresse al meglio nei suoi ultimi anni, a Firenze (facciata e statue del duomo; interventi in S. Croce e S. Maria del Fiore).

ARNÒLFO DI MILÀNO, *Milano XI sec.*, cronista. Autore di *Gesta harchiepiscoporum mediolanensium* (1085 ca.), opera in 4 libri che narra le vicende della città di Milano dal 925 al 1076.

ARNÒLFO (sànto), *582 ca. - 640 ca.*, vescovo di Metz. Suo nipote, Pipino d'Heristal, è il capostipite dei Carolingi.

ARNÒLFO DI CARÌNZIA, *850 - Ratisbona 899*, re di Germania (887-899), imperatore d'Occidente (896-899), della dinastia dei Carolingi. Nipote di Ludovico il Germanico.

ARON (Raymond), *Parigi 1905-1983*, filosofo e sociologo francese. Nelle sue opere, di respiro interdisciplinare (*Le tappe del pensiero sociologico*, 1967), denunciò ogni forma di sottomissione al marxismo e promosse il pensiero liberale.

ARÓNA, com. in prov. di Novara; 14.642 ab. Centro turistico sul Lago Maggiore. *San Carlone*, statua dedicata a san *Carlo Borromeo.

ARÒNNE, *XIII sec. a.C.*, fratello maggiore di Mosè e primo gran sacerdote ebreo.

ARP (Hans o Jean), *Strasburgo 1887 - Basilea 1966*, scultore, pittore e poeta francese. Cofondatore del movimento dada a Zurigo e a Colonia, nel 1921 sposò Sophie **Taeuber** (1889-1943), pittrice astratta svizzera, e nel 1926 si trasferì a Meudon. Coniugò surrealismo e astrazione nei suoi rilievi policromi e nelle sculture a tutto tondo.

ÁRPÁD, dinastia che regnò sull'Ungheria dal 904 ca. al 1301, trasformando progressivamente una confederazione di tribù in un potente regno medievale. — **Árpád**, *m. nel 907*, capo ungherese, fondatore della dinastia omonima. Conquistò la Pannonia.

ARPAGÓNE, protagonista di **L'avaro* di Molière (1668).

ÀRPALO, *IV sec. a.C.*, tesoriere di Alessandro Magno. Nel 324 fuggì con le ricchezze di Ales-

sandro ad Atene, dove Demostene fu accusato di corruzione per avergli dato asilo.

ARPÌE MITOL. GR. Divinità rappresentate con testa di donna e corpo di uccello. Trasportavano le anime negli Inferi.

ARPÌNO, com. in prov. di Frosinone; 7872 ab. Centro industriale. Ant. c. dei volsci e dei sanniti, diede i natali a Gaio Mario e Cicerone.

ARPÌNO (Giovànni), *Pola 1927 - Torino 1987*, scrittore. Ha indagato i rapporti tra individuo e società utilizzando una grande varietà di registri e stili. Tra i romanzi, *La suora giovane* (1959), *L'ombra delle colline* (1964), *La sposa segreta* (1983), *La trappola amorosa* (1988).

ARQUÀ PETRÀRCA, com. in prov. di Padova, sui Colli Euganei; 1858 ab. Custodisce la casa e la tomba di F. Petrarca.

ARRABAL (Fernando), *Melilla 1932*, scrittore e regista cinematografico spagnolo di lingua spagnola e francese. Il suo teatro dell'assurdo mette in scena un complesso cerimoniale di gusto sadomasochista (*Il cimitero delle automobili*).

ARRABBIÀTI (*Angry Young Men*), movimento letterario affermatosi in Gran Bretagna tra il 1955 e il 1965. Nato intorno a J. Osborne, contestava i valori tradizionali britannici.

ARRAS, c. della Francia, capol. del dip. Pas-de-Calais, sulla Scarpe, 43.566 ab. Già capol. dell'Artois. Materiale elettrico. — Città fiorente nel Medioevo, passò sotto la dominazione spagnola (1492) e fu riconquistata nel 1640 da Luigi XIII. Dopo i bombardamenti del 1914-1918, è stata ampiamente ricostruita (Piazza Grande e Piccola, XVII-XVIII sec.; cattedrale e palazzo di S. Vaast, XVIII sec.). Tra il XIV e il XV sec. A. fu una delle capitali europee della produzione di arazzi.

ARRAU (Claudio), *Chillán 1903 - Mürzzuschlag, Austria, 1991*, pianista cileno naturalizzato statunitense. Eccellente interprete del repertorio tedesco da J.S. Bach e R. Schumann, si è distinto nell'esecuzione di F. Chopin e F. Liszt, unendo il rigore tecnico all'ispirazione poetica.

ARRHENIUS (Svante), *Wijk, presso Uppsala, 1859 - Stoccolma 1927*, fisico e chimico svedese. Autore della teoria degli ioni, mise inoltre in luce il ruolo dell'anidride carbonica nei processi climatici. (Premio Nobel per la chimica 1903.)

ARRIÀNO (Flàvio), *Nicomedia 95 ca. - 175 ca.*, storico e filosofo greco. Cittadino romano, discepolo di Epitteto, di cui trascrisse gli insegnamenti nelle *Diatribe* e nel *Manuale*, è autore di un'*Anabasi* sulla spedizione di Alessandro Magno.

ARRÌGHI (Carlo **Righetti**, détto Clètto), *Milano 1830-1906*, scrittore. Patriota, nel 1862 pubblicò il romanzo *La scapigliatura e il 6 febbraio*, dal quale prese il nome l'omonimo movimento letterario ottocentesco, che identifica la *bohème* letteraria milanese di cui A. faceva parte.

ARRÌGO DA SETTIMÈLLO, *Settimèllo XII sec.*, poeta. Ispirandosi a S. Boezio, compose in latino l'elegia *De diversitate fortunae et philosophiae consolatione* (1193). L'opera, in 4 libri, fu molto diffusa nel Medioevo ed ebbe una successiva volgarizzazione in prosa (*L'Arrighetto*).

ARRÌGO VII DI LUSSEMBÙRGO → Enrico VII (Sacro Romano Impero).

ARROW (Kenneth J.), *New York 1921*, economista statunitense. Specializzatosi nello studio delle scelte collettive e dell'economia del benessere, nel 1972 ha diviso il premio Nobel per le scienze economiche con il britannico sir John R. Hicks.

ARROYO (Eduardo), *Madrid 1937*, pittore spagnolo. Tra i rappresentanti della Nuova figurazione francese, spesso applica il suo approccio allusivo e ironico a un contenuto politico.

ARRUPE (Pedro), *Bilbao 1907 - Roma 1991*, gesuita spagnolo. Dal 1965 al 1981 fu superiore generale della Compagnia di Gesù, che cercò di aprire alle altre confessioni cristiane.

ARSÀCIDI, dinastia partica, che regnò in Persia dal 250 a.C. al 224 d.C.; fondata da Arsace (m. nel 248 ca. a.C.), contò 38 re e fu soppiantata dalla dinastia dei Sasanidi.

ARSÌNOE II FILADÈLFO, *316 ca. - 270 ca. a.C.*, regina d'Egitto, della dinastia dei Lagidi. Sposò il fratello Tolomeo II Filadelfo, sul quale ebbe grande influenza.

ARSONVAL (Arsène **d'**), *presso La Porcherie, Haute-Vienne, 1851-1940*, fisico francese. Perfezionò il telefono e il galvanometro e inventò una bottiglia a doppia parete, con intercapedine (vaso di D'A.-Dewar).

ÀRTA, c. della Grecia, presso il Golfo d'A., nel Mar Ionio; 20.450 ab.

ARTABÀNO, nome di alcuni re della dinastia partica degli Arsacidi.

ARTAGNAN (Charles **de Batz**, cónte **d'**), *Castelmore tra il 1610 e il 1620 - Maastricht 1673*, gentiluomo guascone. Ufficiale dei moschettieri al servizio di Luigi XIV. — A. Dumas si ispirò a lui per tratteggiare l'eroe del suo romanzo *I tre moschettieri* (1844).

ARTASÈRSE I, re persiano (465-424 a.C.), della dinastia achemenide. Figlio di Serse I, firmò con gli ateniesi la pace di Callia (449-448), che pose fine alle guerre persiane. — **Artaserse II**, re persiano (404-358 a.C.), della dinastia achemenide. Sconfisse e uccise a Cunassa (401) il fratello Ciro il Giovane, che aveva organizzato una congiura contro di lui. — **Artaserse III**, re persiano (358-338 a.C.), della dinastia achemenide. Figlio di Artaserse II, riconquistò l'Egitto (343).

ARTAUD (Antonin), *Marsiglia 1896 - Ivry-sur-Seine 1948*, scrittore francese. Dapprima poeta surrealista (*L'ombelico dei limbi, Le pèse-nerfs*), influenzò profondamente la letteratura moderna sia con la sua avventura interiore, che lo portò sulla soglia della follia, sia con la concezione di "teatro della crudeltà" (*Il teatro e il suo doppio*, 1938).

■ *Antonin Artaud.*

ARTE (Association Relative à la Télévision Européenne), canale televisivo europeo di cultura. Operativo dal 1992, è nato con il concorso della società francese *La Sept* e la società tedesca *Arte Deutschland TV GmbH*.

ARTÈMIDE MITOL. GR. Dea della natura selvaggia e della caccia. Corrisponde alla Diana dei romani.

ARTEMÌSIA II, regina della Caria (353-351 a.C.). Fece erigere per Mausolo, suo fratello e sposo, il mausoleo di Alicarnasso, una delle sette meraviglie del mondo antico.

ARTEMÌSIO (battàglia del Càpo) (480 a.C.), battaglia navale delle guerre persiane. Combattimento incerto tra la flotta greca e quella persiana di Serse presso Capo Artemisio, a N dell'Eubea.

ARTÈNA, com. in prov. di Roma; 11.482 ab. Conserva le rovine di un antico centro dei volsci distrutto dai romani.

ARTEVELDE (Van) → Van Artevelde.

ARTHUR (Chester Alan), *presso Fairfield, Vermont, 1830 - New York 1886*, politico statunitense. Repubblicano, fu presidente degli Stati Uniti (1881-1885).

ÀRTICO (Arcipèlago), insieme di isole del Canada tra il continente e la Groenlandia.

ÀRTICO (Mar Glaciàle), insieme dei mari che occupano la zona boreale del globo, delimitato

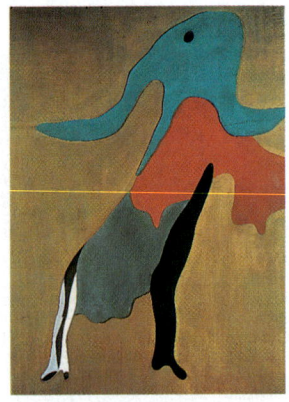

Hans **ARP**. *Danseuse, 1925. (MNAM, Parigi.)*

dalle coste settentr. di Asia, America ed Europa e dal Circolo Polare Artico.

ÀRTIDE, insieme composto dal Mar Glaciale Artico e dalla regione continentale e insulare (terre artiche) situata all'interno del Circolo Polare Artico. L'A. comprende le parti più settentrionali di America, Europa e Siberia, la Groenlandia e le Svalbard. Il clima, molto freddo, consente tuttavia in alcune zone la sopravvivenza di una scarsa vegetazione (tundra) e di una fauna terrestre e marina. I gruppi umani (inuit, lapponi, samoiedi) sono estremamente dispersi nel territorio e vivono di caccia, pesca e allevamento.

ARTIGAS (José), *Montevideo 1764 - Ibiray 1850*, generale uruguayano. Capo rivoluzionario alla testa dei *gauchos*, dal 1810 lottò contro Spagna, Argentina e Brasile per l'indipendenza dell'Uruguay (chiamato all'epoca *Banda Oriental*), ma fu battuto (1820) e andò in esilio. È comunque considerato il padre dell'indipendenza del suo paese (1828).

ARTIN (Emil), *Vienna 1898 - Amburgo 1962*, matematico tedesco. Fondò, con Emmy Noether, l'algebra astratta.

ARTMANN (Hans Carl), *Vienna 1921*, scrittore austriaco. Esponente del Wiener Gruppe dal 1952 al 1958, è uno dei maggiori rappresentanti dell'avanguardia letteraria austriaca. Tra le sue opere, *Con l'inchiostro nero* (1958), *Registro delle lune estive e dei soli invernali* (1994),

ARTOIS, reg. storica della Francia, formata da altopiani e colline, nel dip. Pas-de-Calais; c. princ. *Arras*. Antica contea annessa alla Francia nel 1223, passò alla Borgogna (1384), poi alla casa d'Austria (1493). Fu resa definitivamente alla Francia con i trattati dei Pirenei (1659) e di Nimega (1678).

ARTOIS (Càrlo Filippo **di** Borbóne, cónte **di**) → CARLO X.

ÀRTOM (Alessàndro), *Asti 1867 - Roma 1927*, fisico. Insegnante al Politecnico di Torino, vi fondò l'Istituto superiore di comunicazioni elettriche. I suoi studi sulla direzionalità delle onde elettriche lo portarono a inventare il radiogoniometro a telai incrociati.

ARTÙ o **ARTHUR**, leggendario re del Galles. Animò la resistenza dei celti contro la conquista anglosassone (fine del V sec. - inizi del VI sec.). — Le sue avventure, oltre a costituire l'argomento dei romanzi cortesi del *ciclo bretone* o *ciclo della Tavola rotonda*, hanno ispirato la cronaca di R. Wace e i poemi cavallereschi di Chrétien de Troyes.

ARTÙRO I, *Nantes 1187 - Rouen 1203*, duca di Bretagna (1196-1203). Figlio postumo di Goffredo (figlio di Enrico II Plantageneto) e di Costanza, duchessa di Bretagna, fu deposto dal trono d'Inghilterra nel 1199, a opera dello zio Giovanni Senza Terra. Protetto da Filippo II Augusto di Francia, fu assassinato da Giovanni.

ARTÙSI (Pellegrino), *Forlimpopoli 1820 - Firenze 1911*, gastronomo. È autore della raccolta di ricette *La scienza in cucina e l'arte di mangiar bene* (1891).

ARUBA, isola delle Antille, ex colonia olandese, indipendente dal 1996; 67.000 ab.; cap. *Oranjestad*.

ARUNACHAL PRADESH, Stato dell'India nordorient.; 83.700 km²; 1.091.117 ab.; capol. *Itanagar*.

ARUNDEL (Thomas), *1353-1414*, prelato inglese. Cancelliere sotto Riccardo II, divenne arcivescovo di Canterbury (1396). Sotto il regno di Enrico IV, combatté l'eresia dei lollardi.

ARVÀLI, nell'ant. Roma, collegio di 12 sacerdoti della divinità agricola Dia. Il *Carmen arvale*, inno rituale in saturni, è uno dei più antichi testi poetici latini a noi pervenuti.

ARVÈRNI, popolazione celtica della Gallia che risiedeva nell'att. Alvernia. Guidati da Vercingetorige, gli a. nel 52 a.C. si misero a capo della rivolta dei galli contro Roma.

ARYABHATA, *Pataliputra, att. Patna, 476-550*, matematico e astronomo indiano. Nei suoi scritti è presente il primo riferimento alla numerazione decimale; in astronomia sostenne la tesi della rotazione della Terra.

ARZEW, c. dell'Algeria, sul Golfo di A., a NE di Orano; 66.720 ab. Terminal di un oleodotto e di un gasdotto. Liquefazione del gas e raffinazione del petrolio.

Artide

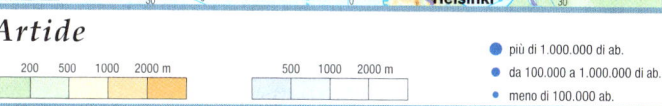

200 500 1000 2000 m · 500 1000 2000 m

● più di 1.000.000 di ab.
● da 100.000 a 1.000.000 di ab.
• meno di 100.000 ab.

ARZIGNÀNO, com. in prov. di Vicenza; 22.833 ab. Mercato delle pelli.

ASA (American Standards Association), associazione statunitense preposta alla normalizzazione delle misure.

ASAD o **ASSAD** (làgo), lago della Siria, creato da una diga sull'Eufrate; 640 km².

ASAHIKAWA, c. del Giappone (Hokkaido), 360.568 ab.

ASAHI SHIMBUN ("Giornale del sol levante"), quotidiano d'informazione giapponese. Fondato nel 1879, è uno dei più importanti quotidiani nipponici grazie alla sua elevata tiratura.

ASAM (fratelli), artisti tedeschi. — **Cosmas Damian A.**, *Benediktbeuern 1686 - Monaco 1739*, pittore e architetto. — **Egid Quirin A.**, *Tegernsee 1692 - Mannheim 1750*, scultore e decoratore. Tra i maggiori esponenti del barocco germanico meridionale, gli A. sono autori dell'*Asamkirche* ("chiesa degli Asam"), del 1733, a Monaco.

ASANSOL, c. dell'India (Bengala Occidentale); 486.304 ab. Carbone. Impianti metallurgici.

ASBÙRGO, casata che regnò sul Sacro Romano Impero Germanico (1273-1291; 1438-1740; 1765-1806), sull'Austria (1278-1918), sulla Spagna (1516-1700), sulla Boemia e sull'Ungheria (1526-1918). Dopo aver acquisito nel XII sec. consistenti territori in Svizzera e Alsazia, gli A. dovettero la loro fortuna all'elezione di Rodolfo I come re di Germania (1273). Nel 1278 acquisirono la Bassa Austria, la Stiria, il Tirolo (1363) e nel XV sec. assunsero il titolo di casa d'Austria. Grazie al gioco di matrimoni ed eredità, ottennero, tra il 1477 e il 1526, i Paesi Bassi, la Castiglia, l'Aragona, la Boemia e l'Ungheria. All'abdicazione di Carlo V (1556), l'impero fu diviso tra il figlio Filippo II (1556-1598), fondatore del ramo spagnolo (che si estese nel '700), e il fratello Ferdinando I (1556-1564), fondatore del ramo tedesco. Con Carlo VI (1711-1740) si estinse la casa degli A., la cui erede, Maria Teresa (1740-1780), sposò nel 1736 Francesco di Lorena, capostipite della casa degli A.-Lorena; quest'ultima regnò su Austria, Boemia e Ungheria fino al 1918.

ASCALÓNA, porto dell'ant. Palestina.

ASCÀNI, dinastia tedesca che regnò sul Brandeburgo fino al XIV sec., sul Lauenburg fino al XVII sec. e in Anhalt fino al 1918.

ASCÀNIO → Iulo.

ASCARÈLLI (Tùllio), *Roma 1903-1959*, giurista. Professore di diritto commerciale in varie università italiane, studiò la scienza giuridica in ogni sua forma. Tra le sue opere, *Studi giuridici sulla moneta* (1952), *Teoria della concorrenza e dei beni immateriali* (1956).

ÀSCARI (Albèrto), *Milano 1918 - Monza 1955*, pilota automobilistico. Vinse il campionato del mondo 1952 e 1953 con la Ferrari, conquistando complessivamente 13 vittorie. Nel 1955 morì tragicamente sul circuito di Monza.

ASCÈA, com. in prov. di Salerno, nel Cilento; 5435 ab. Turismo balneare. Agricoltura. Nei dintorni, resti archeologici di *Elea*.

ASCENSIÓNE (ìsola dell'), isola britannica dell'Atlantico merid.; 1100 ab. Fu scoperta nel 1501, il giorno dell'Ascensione, dal portoghese João da Nova.

AŠCHABAD, già **Achkhabad**, cap. del Turkmenistan; 416.000 ab. (525.000 ab. nell'agglomerato).

ASCHAFFENBURG, c. della Germania (Baviera), sul Meno; 67.028 ab. Castello degli arcivescovi di Magonza (museo).

ASCHIÈRI (Pìetro), *Roma 1889 - 1952*, architetto, urbanista e scenografo. Docente di scenografia, si occupò soprattutto di edilizia popolare (case condominiali, pastificio Pantanella e Istituto di chimica dell'Università a Roma).

ASCIÀNO, com. in prov. di Siena; 6365 ab. Centro medievale. Casa Corboli (XIII sec.). Chiesa romanica di S. Francesco. Museo d'Arte Sacra.

ASCIÒLLA (Dino), *Roma 1920 - Siena 1994*, violinista. Vincitore di molti concorsi internazionali, intraprese la carriera di violinista per poi dedicarsi alla viola. Fu molto attivo a livello concertistico, sia come solista sia all'interno di complessi a più elementi.

ASCLEPÌADE, *Prusa, Bitinia, 124-40 a.C.*, medico greco. Esercitò la professione in Grecia e a Roma, dove combatté la teoria degli umori enunciata da Ippocrate, attribuendo invece particolare importanza a uno stile di vita sano ed equilibrato, basato sulla dieta, l'attività fisica, il massaggio, le cure termali.

ASCLÈPIO MITOL. GR. Dio greco della salute e della medicina. Venerato nella zona di Epidauro, ha come emblema il bastone su cui è attorcigliato un serpente. Corrisponde al romano Esculapio.

ÀSCOLI (Graziadio Isaia), *Gorizia 1829 - Milano 1907*, linguista. Studioso delle lingue indoeuropee, fu il primo a introdurre in Italia il metodo comparativo. Nel 1873 fondò l'*Archivio glottologico italiano*, dove comparvero i *Saggi ladini*. Tra le altre opere, *Corsi di glottologia* (1870) e *Lettere glottologiche* (1887), in cui viene esposta la dottrina del sostrato.

ÀSCOLI PICÈNO, c. delle Marche, capol. di prov., sul f. Tronto; 51.827 ab. (*ascolani*). Sede vescovile. Industrie tessili, meccaniche, alimentari, calzaturiere. — D'origine picena, fu conquistata dai romani nel 286. Occupata dai goti, fu poi inglobata dai longobardi nel ducato di Spoleto. Nel 1502 passò allo Stato pontificio fino al 1860, quando fu unita al regno d'Italia. — Centro culturale e d'arte, A. P. ne conserva resti di epoca romana ed edifici rinascimentali (palazzo comunale, duomo). — Nella provincia, in gran parte montuosa (Monti Sibillini) si praticano l'agricoltura (cereali, patate, ortaggi, viti) e la bachicoltura. Estrazione di travertino. Industrie chimiche, tessili, meccaniche, alimentari. Pesca. Centri principali: San Benedetto del Tronto e Porto San Giorgio.

ÀSCOLI SATRIÀNO, com. in prov. di Foggia; 6597 ab. La c., conosciuta come *Ausculum*, fu teatro della sconfitta dei romani a opera di Pirro (279 a.C.).

ASCOT, località della Gran Bretagna, presso Windsor. Ippodromo.

ASDRÙBALE BÀRCA, *270 ca. - 221 ca. a.C.*, generale cartaginese. Genero di Amilcare, fondò *Carthago Nova* (Cartagena), in Spagna. — **Asdrubale Barca**, *245 ca. - 207 a.C.*, generale cartaginese. Fratello di Annibale, fu sconfitto e ucciso in Italia sul Metauro e non poté raggiungere il fratello, a cui stava portando rinforzi.

ASEAN (Association of SouthEast Asian Nations), organizzazione regionale fondata nel 1967 a Bangkok. Intesa inizialmente a rafforzare i legami tra paesi non comunisti del Sudest asiatico, verso la fine della guerra fredda si è orientata verso una cooperazione regionale, economica e politica più allargata. Raggruppa att. l'Indonesia, la Malaysia, le Filippine, Singapore, la Thailandia (1967), il Brunei (1984), il Vietnam (1995), il Myanmar, il Laos (1997) e la Cambogia (1999). Dal 1° gen. 2002 è in vigore l'**AFTA* (un trattato di libero scambio tra i paesi dell'ASEAN).

ASER, personaggio biblico. Ottavo figlio di Giacobbe e antenato eponimo di una tribù d'Israele stabilitasi nell'alta Galilea.

ASHANINKA, popolazione amazzonica del Perú (50.000 individui), di lingua arawak.

ASHANTI, popolazione del gruppo akan del Ghana centrale (ca. 2,5 milioni di individui). Con l'intensificarsi del commercio, nel corso del XVII sec., gli a. formarono una potente confederazione militare (la cui cap. era Kumasi), simbolicamente rappresentata dal "seggio d'oro", che, dagli inizi del XIX sec. fino alla sottomissione ai britannici (1902), controllava il Ghana e le regioni adiacenti. Parlano l'ashanti, del gruppo linguistico kwa.

ASHBY (Hal), *Ogden 1939 - Malibu 1988*, regista cinematografico statunitense. Ha diretto commedie (*Harold e Maude*, 1971, *L'ultima corvée*, 1973, *Shampoo*, 1975, *Oltre il giardino*, 1980) e film antimilitaristi (*Tornando a casa*, 1978).

ASHDOD, c. d'Israele, a S di Tel Aviv, sul Mediterraneo; 128.800 ab. Porto.

ASHIKAGA, casata giapponese di shogun che governò a Kyoto dal 1338 al 1573. Il primo shogun fu Ashikaga Takauji.

ASHKENAZ, termine ebraico, che nella Bibbia indica una nazione discendente da Iafet, figlio di Noè, stabilitasi nella parte settentrionale della Siria.

ASHKENAZÌTI, denominazione che indica gli ebrei originari dei paesi dell'Europa centrale,

orientale e settentrionale, distinti dagli ebrei **sefarditi*. Prima della Shoah, rappresentavano il 90% ca. della popolazione totale ebraica; parlano yiddish, oltre alla lingua del paese di residenza.

ASHKENAZY (Vladimir), *Gorki 1937*, pianista ucraino naturalizzato islandese. Dotato di un grande virtuosismo tecnico e di una rilevante duttilità esecutiva, è interprete di compositori romantici tedeschi e contemporanei russi. È anche direttore d'orchestra.

ASHOKA o **AŚOKA**, re indiano (269-232 ca. a.C.), della dinastia dei Maurya. Estese il suo impero a quasi tutta l'India; giocò un ruolo decisivo nella diffusione del buddhismo, che ispirò la sua politica.

ASHQELON, in it. **Ascalóna**, c. d'Israele, sul Mediterraneo; 82.600 ab. Porto petrolifero.

ASHTON (William **Mallandaine**, sir Frederick), *Guayaquil 1904 - Eye, Suffolk, 1988*, ballerino e coreografo britannico. Direttore del Royal Ballet dal 1963 al 1970, si impose per lo stile classico e raffinato (*Symphonic Variations*, 1946; *Marguerite and Armand*, 1963; *A Month in the Country*, 1976).

ASI, nome di più divinità guerriere della mitologia germanica.

ÀSIA, uno dei cinque continenti, situato quasi interamente nell'emisfero boreale; 44 milioni di km²; 3,7 miliardi di ab. (*asiatici*). L'A. è principalmente formata da bassopiani nel NO (Siberia occ., depressione caspica), da vasti altopiani di rocce antiche nel S (Arabia, Deccan), separati da sistemi montuosi (Caucaso, Monti Zagros, Himalaya, Tian Shan, Altaj) che a loro volta recingono altre regioni di altopiani (Anatolia, altopiano iraniano, Tibet). La parte orientale è frammentata in penisole (Kamčatka, Corea, Indocina, Malaysia), isole (Sakhalin, Taiwan, Hainan) e cipelaghi (Giappone, Filippine, Indonesia). Fatta eccezione per la Siberia, la Mongolia e il Tibet, dal clima continentale marcato (inverni molto freddi), esistono due grandi fasce climatiche generalmente calde: una secca in Asia occidentale e una umida, che corrisponde ai territori dei monsoni, con forti piogge estive. La distribuzione della popolazione è determinata dal clima più che dai rilievi: quasi il 90% è concentrato, infatti, nelle zone umide (30% della superficie del continente), soprattutto nelle pianure e nei delta dei grandi fiumi: Indo, Gange, Brahmaputra, Mekong, Fiume Rosso, Yangzi Jiang, Huang He. In queste regioni la popolazione è dedita principalmente alla coltura del riso, base di un'alimentazione soprattutto vegetariana. L'aridità dell'A. occ. spiega la scarsità della popolazione e la sopravvivenza locale di forme di allevamento nomade, fatta eccezione per le rive dei corsi d'acqua (dove si pratica l'agricoltura) e nei centri urbani e industriali (petrolio) in cui si va sempre più concentrando la popolazione. Le aree occidentali sono perlopiù islamizzate, mentre nelle zone umide, nonostante vi siano compresi i tre più grandi paesi musulmani del mondo (Indonesia, Pakistan e Bangladesh), si pratica il buddhismo o l'induismo. [V. carta a pagina seguente.]

ÀSIA CENTRÀLE, parte dell'Asia, tra il Mar Caspio e la Cina. Comprende il Kazakistan merid., l'Uzbekistan, il Turkmenistan, il Kirghizistan, il Tagikistan e la parte occ. dello Xinjiang (Cina). A volte viene fatto rientrare in questa regione anche l'Afghanistan.

ASIÀGO, com. in prov. di Vicenza, sull'altopiano omonimo; 6692 ab. Centro industriale e meta del turismo estivo e invernale. Osservatorio astronomico.

ÀSIA MERIDIONÀLE, parte dell'Asia che comprende l'India, il Pakistan, il Bangladesh, lo Sri Lanka e il Sudest asiatico.

ÀSIA MINÓRE, nome dato dagli antichi alla parte occ. dell'Asia, a S del Mar Nero.

ASIA PACIFIC ECONOMIC COOPERATION → APEC.

ASIMOV (Isaac), *Petroviči 1920 - New York 1992*, scrittore statunitense di origine russa. Docente di biochimica, è autore di romanzi di fantascienza (*Trilogia della fondazione*).

ASINÀRA, isola della Sardegna nord-occ.; 50,9 km². In prevalenza montuosa, abitata da poco più di 400 persone, fa parte del com. di Porto

Torres. Per circa un secolo è stata la sede di un carcere, mentre nel 1998 è stata trasformata in Parco nazionale.

ASINÈLLI (tórre degli), torre pendente di Bologna. Fu costruita dalla famiglia degli A. nel XII sec. Alta 97,6 m, con una pendenza di 1,23 m, è posta di fianco alla più bassa torre Garisenda.

ASÌNIO POLLIÓNE (Gàio), *Teate 76 a.C. - 4 d.C.*, politico e scrittore romano. Sostenitore di Cesare e Antonio, fu proconsole in Dalmazia nel 39 a.C. Amico di Virgilio, scrisse le *Storie* sulle guerre civili, oggi perdute.

ÀSINO D'ÒRO (l'), altro titolo con cui sono conosciute le **Metamorfosi* di Apuleio.

ASIR, prov. dell'Arabia Saudita, a S di Higiaz; capol. *Abha*. È un ant. emirato d'Arabia.

ASKIA, dinastia islamica che governò l'impero songhai dal 1492 al 1591. Dopo essere succeduti alla dinastia dei Sonni, gli A. furono sterminati dai marocchini (battaglia di Tondibi).

ASMARA, cap. dell'Eritrea, a 2400 m d'alt.; 514.000 ab.

ASMAT, popolazione della Nuova Guinea (Papuasia Occidentale; ca. 65.000 individui). Gli a., rinomati per le sculture lignee (piroghe, pali rituali ecc.), parlano la lingua papua.

ASMODÈO, demonio dei piaceri impuri nella Bibbia (libro di Tobia) e nella letteratura ebraica.

ASMONÈI, dinastia di sacerdoti giudaici detti anche Maccabei, che regnò sulla Palestina dal 134 al 37 a.C.

ASNÀGO (Màrio), *Barlassina 1896 - Monza 1981*, architetto e pittore. Collaborando con C. Vender, passò da lavori legati al neoclassicismo novecentista a opere contrassegnate da un maggior rigore razionalista e funzionale.

ASNAM (Al-) → CHLEF.

ASO, vulcano attivo del Giappone (Kyushu); 1592 m. Parco nazionale.

AŚOKA → ASHOKA.

ÀSOLO, com. in prov. di Treviso; 7491 ab. Artigianato del pizzo e del merletto. Turismo. Rocca preromana. Duomo. Fu la residenza di intellettuali e artisti (E. Duse).

ÀSOR RÒSA (Albèrto), *Roma 1933*, critico e storico letterario. Ha studiato il rapporto tra la figura dell'intellettuale e la cultura. Tra le opere, *Scrittori e popolo* (1965), *Intellettuali e classe operaia* (1973), *La scrittura e la storia* (1995), *La guerra. Sulle forme attuali della convivenza umana* (2003). Tra il 1982 e il 1995 ha diretto la *Letteratura italiana* Einaudi.

ASPÀSIA, *Mileto, seconda metà del V sec. a.C.*, amante di Pericle. Celebre per la bellezza e lo spirito, fu criticata per l'influenza che esercitò sul politico ateniese.

ASPERTINI (Amico), *Bologna 1474-1552*, pittore e scultore. Operò a Roma, Bologna e Lucca. I suoi lavori sono caratterizzati da forme bizzarre e premanieriste.

ASPROMÓNTE, massiccio montuoso dell'Appennino Calabro; 1956 m. Le numerose erosioni hanno dato forma a quattro ordini di terrazze digradanti, dove scorrono le cosiddette "fiumare". Parco nazionale. Turismo. — **Battaglia dell'Aspromonte** (ago. 1862), scontro che vide fronteggiarsi 2000 volontari garibaldini e le forze regolari inviate dal governo Rattazzi per impedire loro l'accesso a Roma. Durante la battaglia G. Garibaldi fu ferito e fatto prigioniero.

ASQUITH (Anthony), *Londra 1902-1968*, regista e sceneggiatore cinematografico britannico. Collaboratore del commediografo T. Rattigan, si dedicò soprattutto al filone teatrale e ai film di derivazione letteraria: *Pigmalione* (1938), *L'importanza di chiamarsi Ernesto* (1951).

ASQUITH (Herbert Henry), cónte **di Oxford e Asquith**, *Morley 1852 - Londra 1928*, politico britannico. Capo del Partito liberale, primo ministro dal 1908 al 1916, concesse l'Home Rule all'Irlanda e fece entrare la Gran Bretagna in guerra nel 1914.

ASSAB, c. dell'Eritrea, sul Mar Rosso; 40.000 ab. Raffinerie di petrolio.

ASSAD → ASAD.

Asia

200	500	1000	2000	4000 m		

● più di 5.000.000 di ab.　　　● da 100.000 a 1.000.000 di ab.

● da 1.000.000 a 5.000.000 di ab.　　● meno di 100.000 ab.

ASSAD (Hafiz **Al-**), *Latakia 1930 - Damasco 2000*, generale e politico siriano. Salì al potere nel 1970 e ricoprì la carica di presidente della repubblica e segretario generale del partito Baath dal 1971 fino alla morte. Esercitando un forte potere politico all'interno del suo paese, assicurò alla Siria un ruolo di primo piano nell'equilibrio mediorientale. — **Bachar Al-A.**, *Damasco 1965*, politico siriano. Secondogenito di Hafiz Al-Assad, è succeduto al padre a capo del partito Baath e alla presidenza della repubblica (2000).

■ *Hafiz Al-Assad nel 1978.*

ASSALÒNNE, *X sec. a.C.*, figlio di Davide. Ribellatosi al padre, fu sconfitto in battaglia. Si diede allora alla fuga, ma i capelli gli si impigliarono ai rami di un albero, cosicché Joab poté raggiungerlo e ucciderlo.

ASSAM, Stato dell'India, tra il Bangladesh e il Myanmar; 78.400 km²; 26.638.407 ab.; cap. *Dispur*. Attraversata dal Brahmaputra, la regione, molto umida, possiede vaste piantagioni di tè.

ASSARHADDON, re dell'Assiria (680-669 a.C.). Estese il suo regno conquistando l'Egitto settentrionale.

ASSASSÌNI, membri di una setta ismaelita, fondata da Hasan ibn Al-Sabbah, che si stabilì in Iran e in Siria alla fine dell'XI sec. Il nome originario, *hashishiyya* ("inebriati dall'hashish"), fu trasformato dai crociati in a.

ASSÈMINI, com. in prov. di Cagliari; 22.412 ab. Industrie petrolchimiche. Chiesa della Beata Vergine del Carmine (1958). Chiesa di S. Pietro (XI sec.). Oratorio di S. Giovanni (X-XI sec.).

ÀSSE RÓMA-BERLÌNO, alleanza nata nel 1936 tra Germania nazista e Italia fascista. L'espressione "potenze dell'Asse" indica l'insieme costituito da Germania, Italia e loro alleati durante la seconda guerra mondiale. L'alleanza fu poi ribadita dal Patto d'acciaio, firmato nel 1939.

ÀSSIA, in ted. *Hessen*, Land della Germania; 21.114 km²; 6.051.966 ab.; cap. *Wiesbaden*; ss. princ. *Francoforte*. Regione di transito tra la Renania e la Germania settentr., è composta di altopiani boscosi, massicci vulcanici (Vogelsberg, Rhön) e piccole pianure fertili. — L'A. costituì a partire dal 1292 un langraviato con il rango di principato dell'impero. Dopo il 1567 fu divisa in due principati: A.-Kassel, annessa dalla Prussia (1866), che la incorporò all'A.-Nassau (1868), e A.-Darmstadt, che divenne un granducato (1806) e fu annessa alla Prussia (1866). Il Land attuale fu formato nel 1945.

ASSIÈTTA (Còlle dell'), valico del Piemonte, nelle Alpi Cozie; 2522 m. Nel corso della guerra di successione austriaca, le milizie austro-piemontesi vi sconfissero quelle franco-spagnole (1747).

ASSINIBOINE, popolazione amerindia che vive nelle pianure degli Stati Uniti e del Canada (ca. 5500 individui), appartenente alla famiglia dei sioux.

ASSÌRIA, regno della Mesopotamia che, dal XX al VII sec. a.C., governò episodicamente nell'Oriente antico. Dal III millennio alla seconda metà del II, la città-stato di Assur costituì un impero esposto alla rivalità degli accadi, dei babilonesi e del regno di Mitanni. Dal XIV all'XI sec. a.C., con il primo impero, l'A. diventò un potente Stato dell'Asia occidentale (Salmanasar I, 1275-1245). Tuttavia l'impero venne sopraffatto dalle invasioni aramaiche. Dal IX al VII sec., con il secondo impero, l'A. ritrovò la sua potenza, il cui apogeo coincide con il regno di Assurbanipal (669-627 ca.). Nel 612 a.C. la caduta di Ninive, che soccombette sotto i colpi dei medi (Ciassare) alleati con i babilonesi, segnò il crollo definitivo della supremazia assira. — Proporzioni colossali e decorazioni (mattoni smaltati o lastre verticali di pietra in rilievo) ispirate a leggende mitologiche e alle gesta dei sovrani sono i tratti distintivi dell'arte assira, che raggiunse il massimo splendore tra il XIII e il VII sec. a.C.

ASSIRIA. *Bassorilievo raffigurante due guerrieri, proveniente da un palazzo di Ninive, VIII sec. a.C. (Louvre, Parigi.)*

ASSÌSE DI GERUSALÈMME, raccolta di leggi dei regni latini di Gerusalemme e Cipro (XII-XIII sec.).

ASSÌSI, com. in prov. di Perugia; 25.464 ab. Centro agricolo e commerciale, d'arte e turismo. Città natale di san Francesco (che vi istituì l'ordine dei frati minori) e di santa Chiara. — Dapprima insediamento degli umbri, poi municipio romano e possedimento longobardo, divenne un libero comune nel 1129. Nel 1321 passò ai perugini e nel XVI sec. fu annessa allo Stato della Chiesa. — La basilica di S. Francesco, formata da due chiese sovrapposte (XIII sec.), ospita affreschi di Cimabue, Giotto, P. Lorenzetti, S. Martini. L'edificio, danneggiato dal terremoto del 1997, è stato in parte ristrutturato. Altri monumenti: chiesa di S. Maria Maggiore (XIII sec.), basilica di S. Chiara (1257-1265), S. Maria degli Angeli (1569-1679). Musei.

ASSISI. *Basilica superiore di S. Francesco, che conserva affreschi del XIII sec. di Giotto.*

ASSIUT o **ASYÛT**, c. dell'Egitto centrale; 321.000 ab. Diga sul Nilo.

ASSOCIATED PRESS, agenzia di stampa statunitense. Nata nel 1848 per iniziativa di un gruppo di sei quotidiani newyorchesi, è diventata una delle più grandi agenzie mondiali.

ASSOCIAZIÓNE BANCÀRIA ITALIÀNA → ABI.

ASSOCIAZIÓNE DELLE NAZIÓNI DEL SUDÈST ASIÀTICO → ASEAN.

ASSOCIAZIÓNE RICREATÌVA E CULTURÀLE ITALIÀNA → ARCI.

ASSOCIAZIÓNE VOLONTÀRI ITALIÀNI DEL SÀNGUE → AVIS.

ASSUAN, c. dell'Egitto merid., sul Nilo, presso la prima cateratta; 220.000 ab. Vi si trova una delle più grandi dighe del mondo, che dà origine al Lago Nasser.

ASSUÈRO, nome che i commentatori biblici attribuiscono al re persiano Serse I.

ASSUR, ant. c. della Mesopotamia, sulla riva destra del Tigri (att. Al-Charqat, Iraq). Fondata nel XXVI sec. a.C., fu una delle capitali dell'impero assiro. — Dagli scavi che l'hanno riportata alla luce, tra il 1903 e il 1914, sono emersi numerosi oggetti artistici.

Fred **ASTAIRE** *e Ginger Rogers in* Follie d'inverno *di G. Stevens (1936).*

ASSUR, divinità principale della città omonima, e successivamente dell'Assiria.

ASSURBÀNIPAL, re dell'Assiria (669 - 627 ca. a.C.). Conquistò l'Egitto, sottomise Babilonia e distrusse l'impero di Elam, portando l'Assiria all'apogeo. — Parte della sua biblioteca è stata ritrovata tra le rovine del palazzo reale, a Ninive.

ASTAIRE (Frederick E. **Austerlitz**, detto Fred), *Omaha, Nebraska, 1899 - Los Angeles 1987*, ballerino, cantante e attore cinematografico statunitense. Virtuoso del tip tap, fu una delle figure più importanti del musical hollywoodiano (*Follie d'inverno*, G. Stevens, 1936; *Ti amavo senza saperlo*, C. Walters, 1948; *Spettacolo di varietà*, V. Minnelli, 1953), esibendosi in assoli memorabili o in coppia, con G. Rogers o C. Charisse.

ASTANA, già Celinograd, poi Akmola, cap. del Kazakistan (dal 1997); 287.000 ab. (303.000 ab. nell'agglomerato).

ASTÀRTE → ISHTAR.

ASTÈNGO (Giovànni), *Torino 1915 - San Giovanni in Persiceto 1990*, architetto e urbanista. Ha realizzato il quartiere Falchera a Torino (1951-54), oltre ai piani regolatori di diverse città italiane (Torino, Genova, Assisi).

ASTERIX, personaggio dei fumetti creato nel 1959 dal soggettista R. Goscinny e dal disegnatore A. Uderzo, apparso sul settimanale francese *Pilote*. Le avventure umoristiche di questo piccolo guerriero gallico, che combatte con l'amico Obelix contro gli invasori romani, in realtà rappresentano con sarcasmo gli stereotipi dell'uomo contemporaneo.

ÀSTI, c. del Piemonte, capol. di prov.; 73.159 ab. (*astigiani*). Produzione vinicola, industrie meccaniche, alimentari, tessili. — Nel I sec. a.C. fu municipio romano. Successivamente conquistata dai longobardi (VI sec. a.C.), nel 1159 divenne libero comune. Appartenne ai marchesi del Monferrato, poi ai Visconti e agli Orléans.

ASTERIX *e Obelix. Tratto da* Une aventure d'Astérix. *(© 1988 Éditions Albert René/Goscinny-Uderzo.)*

Nel 1575 passò ai Savoia e durante l'epoca napoleonica fu annessa alla Francia. — Centro d'arte (torre romana del I sec. a.C.), romanica e gotica (battistero di S. Pietro del XII sec. a.C., cattedrale gotico-piemontese del 1309-1354). Museo alfieriano. — La provincia, collinare, comprende parte del Monferrato e delle Langhe. Fiorente produzione enologica.

ÀSTI (Adriàna), *Milano 1933*, attrice teatrale e cinematografica. Ha recitato in *Orlando furioso* di L. Ronconi (1968), *Santa Giovanna* di G.B. Shaw (1984), *La locandiera* di C. Goldoni (1986). Tra le interpretazioni cinematografiche, *Prima della rivoluzione* (1964), *Ludwig* (1973) e *La meglio gioventù* (2003).

ASTÌAGE, ultimo re della Media (585 ca. - 550 a.C.). Fu deposto da Ciro II il Grande.

ASTIANÀTTE MITOL. GR. Personaggio dell'*Iliade*, figlio di Ettore e Andromaca. Ulisse lo fece precipitare dalle mura di Troia.

ÀSTICO, torrente del Veneto; 57 km. Nasce dal Monte Pioverna, scorre nella valle dell'A. e confluisce nel *Bacchiglione.

ASTÒLFO, re dei longobardi (749-756). Fu sconfitto da Pipino il Breve.

ASTON (Francis William), *Birmingham 1877 - Cambridge 1945*, fisico britannico. Scoprì gli isotopi di numerosi elementi chimici. (Premio Nobel 1922.)

ASTRACHAN o **ASTRAKHAN**, c. della Russia, sul delta del Volga; 481.171 ab. Porto. Importante centro pescherecccio.

ASTRÈA MITOL. GR. Dea della giustizia. Figlia di Zeus e di Temi, abbandonò la terra a causa della corruzione umana.

■ *Astrid del Belgio.*

ASTRID, *Stoccolma 1905 - Küssnacht, Svizzera, 1935*, regina del Belgio. Figlia del principe Carlo di Svezia, nel 1926 divenne moglie del futuro Leopoldo III, re del Belgio nel 1934. Morì in un incidente stradale, suscitando una forte commozione in tutto il paese.

ASTRÓNI, vulcano della Campania, nei Campi Flegrei. È est. estinto. Il cratere (4 km di diametro) è ricoperto da uno specchio d'acqua, il Lago Grande, profondo 1,5 m.

ASTURIAS (Miguel Àngel), *Guatemala 1899 - Madrid 1974*, scrittore guatemalteco. È autore di romanzi (*Leggende del Guatemala*, *Il signor presidente*) e di opere dedicate alla storia e ai problemi sociali del suo paese. (Premio Nobel 1967.)

ASTÙRIE, in sp. **Asturias**, comunità autonoma della Spagna settentr.; 1.096.155 ab.; cap. *Oviedo*; 1 prov. (*Oviedo*). Miniere di carbone, siderurgia. — Dopo la conquista araba (711), il paese diventò rifugio dei visigoti, che vi crearono nel 718 un regno cristiano. Esso riuniva le province del NO (alla fine del IX sec.) e nel 920 ca. prese il nome di León. L'erede al trono di Castiglia e poi di Spagna dal 1388 porta anche il titolo di principe delle A.

ASUNCIÓN, cap. del Paraguay, sul f. Paraguay (1.262.000 ab. nell'agglomerato).

ATACAMA, reg. desertica del Cile settentr. Estrazione del rame.

ATAHUALPA, *1500 ca. - Cajamarca 1533*, ultimo imperatore inca (1528 ca. - 1533). Fu catturato e giustiziato da F. Pizarro, che in tal modo affermò la supremazia spagnola sul Perú.

ATAKORA, catena montuosa del Benin settentr.

ATALÀNTA MITOL. GR. Vergine cacciatrice. Giurò di sposare solamente colui che l'avrebbe battuta nella corsa, disciplina in cui era invincibile. Ippomene riuscì nell'intento lasciando cadere tre mele d'oro nel giardino delle Esperidi e inducendola a raccoglierle.

ATALARÌCO, *516-534*, re degli ostrogoti. Figlio di Amalasunta e nipote di *Teodorico, nel 526 succedette nominalmente a quest'ultimo, ma il regno fu di fatto governato dalla madre.

ATALÌA, regina di Giudea (841-835 a.C.). Figlia di Acab, re di Israele, e di Gezabel, divenne moglie di Joram, re di Giudea e, alla morte del figlio Ocozia, decise di uccidere tutti gli altri membri della famiglia reale per salire al potere. Una som-

mossa popolare la travolse e come suo successore fu designato il nipote Joas, scampato alla strage dei principi. — La vicenda di A. ha ispirato la tragedia omonima di J. Racine (1691).

ATANÀSIO (sànto), *Alessandria 295 ca. - 373*, patriarca di Alessandria, padre della Chiesa greca. Fu uno dei principali oppositori dell'arianesimo.

ATATÜRK (Mustafà Kemal),  *Salonicco 1881 - Istanbul 1938*, politico turco. Promosso generale nel 1917, assunse il comando del movimento nazionalista che si opponeva alla politica del sultano ottomano (1919) e venne eletto capo del governo provvisorio sostenuto dalla Grande assemblea nazionale di cui si era fatto promotore (apr. 1920). In seguito alla vittoria sugli armeni e all'assoggettamento di curdi e greci (1920-1922), ottenne il riconoscimento dei nuovi confini della Turchia, con il trattato di Losanna (1923). Dopo avere deposto il sultano (1922), proclamò la repubblica, di cui divenne presidente (1923-1938), e si sforzò di creare uno Stato occidentalizzato.

■ *Mustafà Kemal Atatürk.*

ATAÙLFO, *m. a Barcellona nel 415*, re dei visigoti (410-415). Conquistò la Gallia meridionale.

ATBARAH, f. dell'Etiopia e del Sudan, affl. del Nilo; 1100 km.

ATÈLLA, ant. c. osca. Si trova in Campania e corrisponde all'att. *Orta di A. Da qui ebbe origine l'atellana, sorta di antica farsa romana con maschere fisse.

ATÈNA MITOL. GR. Dea della saggezza, delle arti e delle scienze, protettrice di Atene. Uscita dal cervello di Zeus già armata, fu venerata come divinità guerriera. I romani l'identificarono con Minerva. — Dopo l'*Atena Parthénos* di Fidia, conosciuta attraverso copie romane, una delle più famose raffigurazioni di A. è quella di una stele funeraria (museo dell'acropoli) dove la dea viene rappresentata con l'elmo, armata di lancia.

ATENÀGORA I, *Tsaraplaná, Epiro, 1886 - Istanbul 1972*, prelato greco-ortodosso. Patriarca ecumenico di Costantinopoli (1948), lottò per l'unità del mondo ortodosso e per il ripristino dell'intesa con Roma (incontro con Paolo VI a Gerusalemme, il 5 gen. 1964).

ATÈNE, in gr. *Athínai*, cap. della Grecia; 772.072 ab. (*ateniesi*) (3.116.000 ab. nell'agglomerato). Nell'agglomerato urbano, che comprende anche il porto del Pireo, è concentrata la metà del potenziale industriale della Grecia. A. è una delle mete turistiche più frequentate al mondo, grazie ai monumenti dell'acropoli (Partenone, Eretteo, Propilei ecc.) e alla ricchezza dei suoi musei (→ **acropoli**). — Costruita in origine sulla rocca dell'acropoli, la città si è lentamente estesa fino ai piedi dell'antica fortezza, inglobando tutti i sobborghi dei dintorni. Governata in origine dagli Eupatridi, fu successivamente riorganizzata da Solone (594 a.C.); godette di una particolare prosperità sotto Pisistrato (560-

Eugène **ATGET**. *La Place du Tertre à Montmartre (1910 ca.)*

527), mentre Clistene rafforzò le sue istituzioni democratiche (507). All'inizio del V sec. a.C. costituì, con Sparta, uno dei principali centri della Grecia; già all'epoca manifestava il doppio carattere di centro commerciale, con i porti del Pireo, di Falera e di Munichia, e di *polis* democratica, mentre Sparta rimaneva una città militare e aristocratica. La vittoria sui persiani (→ **persiane** [guerre]), nel V sec. a.C., fece di A. la città più importante della Grecia. Il periodo che seguì fu uno dei più brillanti della sua storia: padrona incontrastata dei mari greci, guidò la Lega di Delo e brillò, nell'epoca di Pericle (461-429), di uno splendore incomparabile. Il secolo di Pericle vide l'acropoli riempirsi di splendidi monumenti (Partenone); le opere scultoree di Fidia, le tragedie di Eschilo e di Sofocle conferirono ad A. una celebrità universale. Tuttavia la rivalità con Sparta portò alla guerra del Peloponneso (431-404 a.C.), in occasione della quale A. perse la sua potenza politica a vantaggio della città nemica, conservando comunque una supremazia intellettuale e artistica. Dopo il governo dei Trenta tiranni, ritrovò la propria libertà e grandezza quando Tebe annientò Sparta (371). L'oratore Demostene, con le celebri orazioni volte a contrastare l'ascesa politica di Filippo di Macedonia, ne fece il modello per eccellenza della città libera; tuttavia nel 338 a.C. A. venne sottomessa dalla Macedonia con la sconfitta di Cheronea. Nel vano tentativo di organizzare la resistenza contro i successori di Alessandro Magno, la città cadde, con tutta la Grecia, sotto il dominio romano (146 a.C.). Restò comunque uno dei centri principali della cultura ellenistica, influenzando vistosamente la società e la cultura romana.

ATENÈO, *Naucrati, Egitto, II-III sec. d.C.*, grammatico greco. È autore del *Banchetto dei sofisti*, una raccolta di curiosità accumulate nel corso delle sue letture, che ha permesso di conservare le citazioni di almeno 1500 opere perdute.

ATGET (Eugène), *Libourne 1856 - Parigi 1927*, fotografo francese. Attraverso l'utilizzo del grande formato e di tecniche molto semplici, catturò l'atmosfera magica di una Parigi deserta, ai limiti del reale.

ATH, c. del Belgio, nella prov. dell'Hainaut, sul f. Dendre; 25.708 ab. Fortificazioni del XII sec. Museo.

ATENE. *Quartieri ai piedi dell'acropoli.*

ATHABASCA, f. del Canada occ., che si getta nel Lago Athabasca; 1230 km. È uno dei rami da cui nasce il *Mackenzie. Importanti giacimenti di bitume.

ATHABASCA o **ATHAPASCAN**, famiglia linguistica amerindia, che comprende gli a. del N (Canada nord-occ.) e il gruppo dei navajo-apache (Stati Uniti sud-occ.).

ATHOS, monte della Grecia (Macedonia), situato all'estremità della più orient. delle penisole calcidiche; 2033 m. Centro monastico della Chiesa d'Oriente a partire dal VII sec., il Monte A. è riconosciuto come repubblica autonoma, sotto la giurisdizione canonica del patriarcato di Costantinopoli e il protettorato politico della Grecia. — Nei suoi conventi (XIII-XIX sec., con resti del IX sec.) sono conservati importanti manoscritti e opere d'arte.

Monte **ATHOS**. *Il monastero di Dhokhiaríou, fondato nella seconda metà del X sec.*

ATLAN (Jean Michel), *Costantina 1913 - Parigi 1960*, pittore francese. Fece uso di forme astratte di ascendenza cubista, dai ritmi vigorosi.

ATLANTA, c. degli Stati Uniti, cap. della Georgia; 416.474 ab. (4.112.198 ab. nell'agglomerato). Centro industriale, commerciale e finanziario. Importante aeroporto (al primo posto del mondo per il traffico passeggeri).

ATLÀNTE, sistema montuoso dell'Africa settentr. formato da diverse catene. In Marocco l'Alto A., o Grande A., la parte più elevata di tutto il sistema (tocca i 4165 m nella cima del Toubkal), è separato dal Medio A., a N, dal f. Moulouya e dall'Anti A., a S, dall'uadi Sous. In Algeria, l'A. di Tell e l'A. sahariano o presahariano delimitano gli altopiani.

ATLÀNTE MITOL. GR. Gigante in lotta contro gli dei, che fu condannato da Zeus a portare sulle spalle la volta celeste.

ATLANTIC CITY, c. degli Stati Uniti (New Jersey); 40.517 ab. Stazione balneare.

ATLÀNTICO (battàglia dell'), scontro aeronavale ingaggiato nell'Oceano Atlantico e nei mari adiacenti da tedeschi e Alleati durante la seconda guerra mondiale per il controllo delle vie di comunicazione.

ATLÀNTICO (Ocèano), oceano che separa l'Europa e l'Africa dall'America; 106.000.000 km²; profondità massima: 9218 m. L'A. è costituito da una serie di grandi bacini situati a un livello inferiore rispetto alla piattaforma continentale. Quest'ultima si sviluppa soprattutto nell'emisfero settentrionale, dove si trovano i mari costieri (tra cui il Mediterraneo, il Mare del Nord e il Baltico, a Mare delle Antille). I bacini oceanici sono separati, nella parte mediana, da una lunga dorsale sottomarina, che emerge in corrispondenza delle Azzorre, di Ascensione, Sant'Elena e Tristan da Cunha.

ATLÀNTICO (pàtto) → NATO.

ATLÀNTICO (vàllo), linea difensiva costruita dai tedeschi, nel periodo 1942-1944, lungo le coste del Mare del Nord, della Manica e dell'Atlantico.

ATLÀNTIDE, mitica isola dell'Atlantico, poi inghiottita dal mare. Da Platone in poi ha ispirato diverse leggende.

ATON, dio egizio venerato sotto forma di disco solare. Fu scelto come unica divinità da Amenofi IV, divenuto, in seguito alla riforma religiosa, il faraone Ahenaton.

ATRÀNI, com. in prov. di Salerno; 997 ab. Centro turistico sulla costiera amalfitana. Chiesa di S. Salvatore di Bireto (XI sec.), una delle più antiche della zona.

ATRÈO MITOL. GR. Re di Micene. Padre di Menelao e Agamennone e sposo di Erope, che consegnò al cognato Tieste, suo amante, il vello d'oro. A. si vendicò dando in pasto al fratello le carni dei figli.

ÀTRI, com. in prov. di Teramo; 11.397 ab. Centro industriale e dell'artigianato. Cattedrale (fine del XIII sec.). Palazzo dei Duchi (XIII sec.).

ATRÌDI MITOL. GR. I discendenti di Atreo. Agamennone e Menelao sono i membri più conosciuti di questa famiglia segnata da adulteri, parricidi e incesti, il cui destino tragico cominciò con la rivalità fra Atreo e il fratello Tieste.

ÀTROPO MITOL. GR. Una delle tre Parche; era quella designata a tagliare il filo della vita.

ATT (American Telephone and Telegraph Company), società statunitense di telecomunicazioni. Fondata nel 1885, rappresentava, con le sue filiali, l'insieme societario conosciuto come "Bell System". Nel 1984 ha perso il monopolio sulla rete statunitense. Dopo avere diversificato le proprie attività, nel 1996 ha reso autonomo il settore degli impianti (divenuto Lucent Technologies) e nel 2000 si è scissa in diverse società.

ÀTTA (Tito Quinzio), *m. a Roma nel 77 a.C.*, poeta latino. Scrisse commedie togate (cioè di ambientazione romana), delle quali restano 11 titoli e alcuni frammenti.

ATTÀLIDI, dinastia macedone che regnò su Pergamo dal III al II sec. a.C., in epoca ellenistica.

ÀTTALO I, *m. nel 197 a.C.*, re di Pergamo (241-197 a.C.). Combatté con i romani contro Filippo V di Macedonia. — **Attalo II Filadelfo**, *m. nel 138 a.C.*, re di Pergamo (159-138 a.C.). Partecipò a fianco dei romani all'annientamento della lega achea (146). — **Attalo III**, *m. nel 133 a.C.*, re di Pergamo (138-133 a.C.). Lasciò il regno in eredità a Roma.

ATTAR (Farīd ud-Dīn), *Nishapur 1119 ca. - 1190 ca. o 1220 ca.*, poeta persiano. La sua poesia si ispira alla mistica sufica (*La logica degli uccelli*).

ATTÀRDI (Ùgo), *Sori 1923*, pittore e scultore. Tra i fondatori del movimento astrattista Forma Uno (1947), nel 1950 è passato a un'arte realistica di stampo impressionistico.

ATTENBOROUGH (Richard), *Cambridge 1923*, attore e regista cinematografico britannico. Come attore ha recitato in film quali *La grande fuga* (1963). Tra i film diretti, *Gandhi* (1982, vincitore di 8 premi Oscar), *Chorus Line* (1985), *Charlot* (1992, biografia di C. Chaplin), *Grey Owl - Lupo grigio* (1999).

ATTÈNDOLO (Mùzio, detto Sforza), *Cotignola 1369 - Pescara 1424*, condottiero. Capitano di ventura, capostipite della famiglia Sforza, fu al servizio del regno di Napoli e ottenne in cambio molti feudi.

ATTEÓNE MITOL. GR. Cacciatore che sorprese Artemide al bagno e venne trasformato dalla dea infuriata in cervo. Fu divorato dai propri cani.

ÀTTICA, penisola della Grecia, dove si trova Atene.

ÀTTICO (Tito Pompònio), *Roma 109 - 32 a.C.*, erudito latino. Epicureo, visse ad Atene dall'87 al 65. Curò la pubblicazione di molte opere letterarie. La sua opera *Liber annalis* è oggi perduta.

ÀTTI DEGLI APÒSTOLI, quinto libro del Nuovo Testamento. Scritto tra l'80 e il 90 d.C., è attribuito all'evangelista Luca. Narra le vicende delle prime comunità cristiane, dall'ascensione di Cristo all'arrivo di Paolo a Roma.

ÀTTILA, *m. nel 453*, re degli unni (434-453). Invase l'impero romano d'Oriente nel 441 e successivamente la Gallia, ma fu sconfitto ai Campi Catalaunici, non lontano da Troyes (451), dall'esercito romano comandato da Ezio e dalle milizie visigote di Teodorico. Nel 452 saccheggiò l'Italia, ma risparmiò Roma, in seguito a un colloquio con papa Leone I. L'impero di A. crollò dopo la sua morte.

ATTÌLIO RÈGOLO (Màrco), *III sec. a.C.*, militare romano. Due volte console, nel 256 e nel 267, conquistò Brindisi e sconfisse la flotta cartaginese a Ecnomo (prima guerra punica). Dopo lo sbarco in Africa (254), fu sconfitto e catturato dai cartaginesi, che lo inviarono in patria per trattare la pace. Qui incitò invece i romani alla guerra e, tornato a Cartagine come aveva promesso, fu torturato e ucciso.

ÀTTIS MITOL. GR. Dio della vegetazione, di origine frigia. Amato da Cibele, che lo rese folle per punirlo della sua infedeltà, si uccise evirandosi. Fu trasformato in pino da Zeus.

ATTLEE (Clement, cónte), *Londra 1883-1967*, politico britannico. Fece parte del consiglio di guerra di W. Churchill. Leader laburista, fu primo ministro dal 1945 al 1951.

ÀTTO ÙNICO EUROPÈO, trattato firmato nel 1985 e ratificato dagli Stati membri della CEE nel 1986 e nel 1987. Entrato in vigore il 1° lug. 1987, fissa le modalità di un "grande mercato interno", effettivo dal 1° gen. 1993.

ATWOOD (George), *Londra 1746-1807*, fisico britannico. Inventò un apparecchio per lo studio della caduta dei gravi.

ATWOOD (Margaret), *Ottawa 1939*, scrittrice canadese di lingua inglese. La sua opera denuncia le convenzioni culturali e l'invasione tecnologica, ponendosi a difesa dei diritti dell'uomo (*La donna da mangiare*, *Il racconto dell'ancella*, *L'altra Grace*).

ATYRAU, già Gurjev, c. del Kazakistan, sul Mar Caspio, alla foce dell'Ural; 151.000 ab. Porto.

ATZÒRI (Fernàndo), *Cagliari 1942*, pugile. Ha vinto la medaglia d'oro alle Olimpiadi di Tokyo del 1964 nella categoria pesi mosca. Dal 1967 al 1974 è stato campione europeo nella stessa categoria.

AUBE, dip. della Francia, nella reg. Champagne-Ardenne; capol. Troyes; 6004 km²; 292.131 ab. Agricoltura (cereali, barbabietole) e allevamento dei bovini. Sfruttamento forestale e industrie prevalentemente tessili, agroalimentari e meccaniche; centrale nucleare di Nogent-sur-Seine.

AUBER (Esprit), *Caen 1782 - Parigi 1871*, compositore francese. Direttore del Conservatorio di Parigi (1842-1870), inaugurò la tradizione dei *grand-opéras* (*La muta di Portici*, 1828) e compose numerosi *opéras-comiques* (*Fra Diavolo*, 1830).

AUBIGNAC (abàte François d'), *Parigi 1604 - Nemours 1676*, critico e autore teatrale francese. Nel trattato *La pratica del teatro* (1657) fissò la regola classica delle *tre unità* [V. parte nomi comuni].

AUBIGNÉ (Agrippa d'), *presso Pons 1552 - Ginevra 1630*, scrittore e poeta francese. Calvinista fervente, compagno d'armi di Enrico IV, sostenne con tenacia le proprie convinzioni scrivendo un poema epico dai toni profetici e accusatori (*Le tragiche*, 1616), una *Storia universale* e un romanzo satirico (*Le avventure del barone di Foeneste*). Le sue liriche d'amore (*La primavera*) appartengono a pieno titolo alla poesia barocca.

AUBISQUE, passo dei Pirenei occ., tra la Valle d'Azun e la Valle d'Ossau; 1709 m.

AUBUSSON, c. della Francia, nel dip. Creuse; 5009 ab. Antiche manifatture di arazzi (dal XVI sec.); museo.

AUBUSSON (Pierre d'), *Monteil-au-Vicomte 1423 - Rodi 1503*, gran maestro dell'ordine degli ospedalieri di San Giovanni di Gerusalemme. Nel 1480 prese parte alla difesa di Rodi, posta sotto assedio dai turchi.

AUCKLAND, c. della Nuova Zelanda, situata sull'istmo che collega la penisola omonima all'Isola del Nord; 377.982 ab. Principale porto e centro industriale del paese. — Musei.

AUDE, dip. della Francia, nella reg. Linguadoca-Rossiglione, tra il Massiccio Centrale, i Pirenei orient. e il Mar Mediterraneo; capol. Carcassonne; 6139 km²; 309.770 ab. Regione vinicola, cerealicola e mineraria. Industrie alimentari, calzaturiere e tessili. Turismo.

AUDEN (Wystan Hugh), *York 1907 - Vienna 1973*, scrittore britannico naturalizzato statunitense. La sua opera poetica testimonia l'evoluzione dall'impegno politico e sociale all'accettazione della fede cristiana (*L'età dell'ansia*).

AUDEHARDE → OUDENAARDE.

AUDH, reg. storica dell'India, att. nell'Uttar Pradesh.

AUDIBERTI (Jacques), *Antibes 1899 - Parigi 1965*, scrittore francese. Poeta, romanziere e drammaturgo, epigono del simbolismo e autore d'avanguardia (*Il male corre*, *Il padrone di Milano*, *La formica nel corpo*, *Cavalier seul*).

AUDÌSIO (Wàlter), *Alessandria 1909 - Roma 1973*, politico. Di ispirazione comunista, prese parte alla Resistenza con il nome di *colonnello Valerio*, ordinando la fucilazione di B. Mussolini e C. Petacci. Fu poi deputato e senatore.

AUDITEL (Audience televisiva), sistema di rilevamento degli ascolti televisivi. Fa capo a una società creata nel 1984 da un gruppo di soci. I dati vengono raccolti monitorando quotidianamente i programmi seguiti da un campione di famiglie.

AUDRAN, famiglia francese di artisti del XVII e XVIII sec. — *Gérard II A.*, *Lione 1640 - Parigi 1703*, incisore. Rinnovò le tecniche di riproduzione mutuate da Raffaello, C. Le Brun, N. Mignard, N. Poussin ecc. alternando il bulino all'acquaforte. — *Claude III A.*, *Lione 1657 - Parigi 1734*, pittore e incisore ornatista. Realizzò arabeschi e grottesche con uno stile leggero e raffinato.

AUDUBON (John James), *Les Cayes, Santo Domingo, 1785 - New York 1851*, ornitologo e pittore statunitense. Studiò gli uccelli e i quadrupedi dell'America settentr. e li riprodusse in incisioni dai colori vivaci che riscossero un enorme successo negli Stati Uniti e in Gran Bretagna.

AUER VON WELSBACH (Karl), *Vienna 1858 - Welsbach 1929*, chimico tedesco. Eseguì importanti studi sulle terre rare e realizzò le reticelle a incandescenza che portano il suo nome. Inventò inoltre le lampade elettroniche a filamento di osmio e wolframio.

AUERBACH (Erich), *Berlino 1892 - Wallingford 1957*, filologo e critico tedesco. Insegnò prima in Germania e poi, all'avvento del nazismo, a Istanbul e negli Stati Uniti. Nella sua opera principale, *Mimesis. Il realismo nella letteratura occidentale* (1946), A. analizzò le tendenze realistiche alla base della cultura europea. Notevoli anche gli *Studi su Dante* (1963).

AUERSTÄDT (battaglia di) (14 ott. 1806), battaglia, combattuta 20 km a N di Jena, con la quale il maresciallo francese L.N. Davout ebbe la meglio sui prussiani. Questa vittoria, come quella di Jena, aprì le porte di Berlino a Napoleone.

AUFÌDIO BÀSSO, *I sec. d.C.*, storico latino. Scrisse il *Bellum germanicum* e le *Historiae* dalla morte di Cesare a quella di Tiberio, riprese poi da Plinio il Vecchio, di cui restano alcuni frammenti.

AUFKLÄRUNG (Zeitalter der) ("Illuminismo"), corrente di pensiero razionalista che si propose di favorire l'emancipazione intellettuale nella Germania del XVIII sec.

AUGEREAU (Pierre), dùca **di Castiglióne**, *Parigi 1757 - La Houssaye 1816*, militare francese. Si distinse nella campagna d'Italia (1796) al seguito di Napoleone, partecipò nel 1797 al colpo di Stato del 18 fruttidoro e prese parte a tutte le campagne dell'impero.

AUGÌA MITOL. GR. Re dell'Elide. Eracle ripulì le sue immense stalle inondandole con le acque del fiume Alfeo.

AUGIER (Émile), *Valence 1820 - Parigi 1889*, drammaturgo francese. Le sue commedie sociali illustrano la morale borghese (*Il genero di M. Poirier*).

AUGÙSTA, in ted. **Augsburg**, c. della Germania (Baviera), sul Lech; 254.867 ab. Industrie meccaniche e tessili. — Monumenti medievali e classici; musei.

AUGÙSTA, com. in prov. di Siracusa; 33.897 ab. Si trova nel golfo omonimo, su un'isola collegata alla terraferma da due ponti.

AUGÙSTA (Confessione di), testo redatto da F. Melantone e presentato nella dieta imperiale di Augusta del 1530. I suoi 28 articoli riassumono la professione di fede luterana.

AUGÙSTA (guèrra della léga di) (1688-1697), conflitto che vide coalizzate la lega di Augusta (formata dall'impero, dai principi tedeschi, dalla Spagna e dalla Svizzera), le Province Unite, l'Inghilterra e la Savoia contro la Francia. Scatenata dalla politica espansionistica praticata da Luigi XIV, questa guerra fu caratterizzata dalle vittorie francesi di Fleurus (1690), Steinkerque (1692) e Marsaglia (1693), e dalla sconfitta navale al largo della Hougue (1692). Il conflitto si risolse con i trattati di Rijswijk (1697).

AUGÙSTA (pàce di), compromesso stipulato nel 1555 tra i luterani e cattolici. Ammise entrambe le fedi, cattolica e luterana, all'interno dell'impero germanico, riconoscendo a ciascun principe il diritto di scegliere la religione ufficia-

AUGUSTO. *Cammeo antico. (BNF, Parigi.)*

le del proprio Stato, ma obbligando i sudditi a conformarvisi in base al principio giuridico *cuius regio, eius religio*.

AUGÙSTO (Càio Giùlio Cèsare Ottaviàno), *Roma 63 a.C. - Nola 14 d.C.*, imperatore romano (27 a.C. - 14 d.C.). Chiamato in un primo tempo Ottavio, poi Ottaviano, fu nipote ed erede di Giulio Cesare. Si alleò con Antonio e Lepido nel triumvirato (43 a.C.), tenendo per sé l'Italia e l'Occidente, e sbaragliò l'esercito repubblicano nella battaglia di Filippi (42 a.C.). Dopo aver sconfitto Antonio ad Azio (31 a.C.), ricevette, oltre al titolo di Augusto (27 a.C.), tutti i poteri fino ad allora ripartiti tra diverse magistrature. Provvide alla riorganizzazione della società (ritorno alle tradizioni antiche) e dell'amministrazione, che diventò appannaggio di un corpo di funzionari reclutati nelle classi elevate (ordine senatoriale e ordine equestre). Riorganizzò le province, dividendole in senatorie e imperiali. Portò a termine la conquista della Spagna e spostò la frontiera dell'impero sul Danubio; tuttavia in Germania il sottotenente C. Varo subì una grave disfatta (9 d.C.). A. designò il suo successore (il nipote M. Claudio Marcello, Agrippa, poi Tiberio) e, alla sua morte, fu onorato come un dio. Il regno di A. e una delle epoche più brillanti della storia romana (il secolo di A.).

AUGÙSTO II, *Dresda 1670 - Varsavia 1733*, elettore di Sassonia e re di Polonia (1697-1733). Spodestato da Carlo XII (1704), fu reinsediato sul trono dalle truppe russe (1710). — **Augusto III**, *Dresda 1696-1763*, elettore di Sassonia e re di Polonia (1733-1763). Figlio di Augusto II, ottenne la corona di Polonia contro Stanislao Leszczyński (guerra di successione polacca).

AUGÙSTOLO → ROMOLO AUGUSTOLO.

AULÈNTI (Gàe), *Palazzolo dello Stella 1927*, architetto e designer. Si è dedicata soprattutto al design industriale e agli allestimenti, realizzando anche scenografie teatrali. Tra le opere, la trasformazione in museo della Gare d'Orsay a

Gae **AULENTI.**

Parigi (1980-1985), la ristrutturazione di Palazzo Grassi a Venezia (1986), il padiglione Italia all'Expo di Siviglia (1992).

AÙLIDE MITOL. GR. Nell'*Iliade*, porto della Beozia. Vi fu sacrificata Ifigenia prima della partenza della flotta greca per la guerra di Troia.

AÙLLA, com. in prov. di Massa Carrara, alla confluenza dei f. Aulella e Magra; 10.379 ab. Resti di un'abbazia e rocca cinquecentesca.

AULNOY (Marie Catherine **Le Jumel de Barneville**, contéssa **d'**), *Barneville 1650 ca. - Parigi 1705*, scrittrice francese, autrice di fiabe (*Racconti di fate*).

AUNG SAN SUU KYI, *Rangoon 1945*, politica birmana. Figlia del generale Aung San (1915-47), eroe dell'indipendenza birmana. Leader dell'opposizione democratica, è stata condannata agli arresti domiciliari (1989-1995, 2000-2002 e nuovamente a partire dal 2003) e sottoposta a

un regime di stretta sorveglianza da parte dei militari al potere. (Premio Nobel per la pace 1991.)
■ *Aung San Suu Kyi nel 1997.*

AUNIS, reg. storica della Francia corrispondente alla zona nord-occ. del dip. Charente-Maritime; c. princ. *La Rochelle*. La regione, già possedimento dei duchi d'Aquitania e dei Plantageneti, fu annessa alla corona nel 1271 prima di ritornare inglese dal 1360 al 1373. Roccaforte protestante nel XVI sec., resistette all'autorità reale fino alla presa di La Rochelle (1628).

AURANGABAD, c. dell'India (Maharashtra); 872.667 ab. Templi rupestri buddhisti (caitya e vihara, II-VII sec.), ornati da rilievi scultorei. Edifici moghul.

AURANGZEB, *1618 - Aurangabad 1707*, imperatore indiano (1658-1707), della dinastia moghul. In seguito alle guerre condotte nel Deccan e all'intransigenza nei confronti degli indù, avviò la decadenza dell'impero moghul.

AURÈLIA (via), ant. strada romana che collegava Roma ad Arles, costeggiando il litorale tirrenico e passando per Civitavecchia, Pisa e Genova. Il tratto italiano vide la luce nel II sec. a.C., mentre quello francese fu costruito in età imperiale. Il percorso attuale in territorio italiano segue quasi interamente l'antico tracciato.

AURELIÀNO (Lùcio Domìzio), *214 ca. - 275*, imperatore romano (270-275). Respinse i goti (271) e sconfisse Zenobia, regina di Palmira (273). Fece costruire a Roma un'alta cinta muraria tuttora esistente.

AURÈS, massiccio dell'Algeria orient.; 2328 m. Popolato in gran parte da berberi.

AURIC (Georges), *Lodève 1899 - Parigi 1983*, compositore francese. Membro del **gruppo dei Sei*, scrisse musiche per i balletti di S. Djagilev (*Les Fâcheux*, 1924) e colonne sonore per film di J. Cocteau e R. Clair.

AURÌGA DI DÈLFI, statua greca in bronzo del V sec. a.C., a grandezza naturale. L'auriga e la

Auriga di Delfi. *Bronzo, inizio del V sec. a.C. (Museo di Delfi.)*

quadriga, facente parte dello stesso gruppo monumentale, furono offerti ad Apollo nel tempio di Delfi.

AURIGNAC, c. della Francia, nel dip. Haute-Garonne; 1087 ab. Località d'interesse preistorico, ha dato il nome alla civiltà dell'aurignaziano.

AURILLAC, c. della Francia, capol. del dip. del Cantal, sul f. Jordanne, a 631 m di alt., 547 km a S di Parigi; 32.718 ab. Edifici antichi. Museo dei Vulcani e altri musei.

AURÌNA (Vàlle), in ted. **Ahrntal**, valle del Trentino-Alto Adige, nelle Alpi Aurine. Percorsa dal torrente Aurino, è la valle più settentrionale d'Italia. Turismo estivo e invernale.

AURÌNE (Àlpi), settore delle Alpi Orientali compreso tra il Passo di Vizze e il Pizzo dei Tre Signori. Tra le cime più elevate, il Gran Pilastro (3510 m) e la Vetta d'Italia (2911).

AURIOL (Vincent), *Revel 1884 - Parigi 1966*, politico francese. Socialista, ministro delle finanze del Fronte popolare (1936-1937), fu il primo presidente della IV Repubblica (1947-1954).

AUROBINDO (Sri), *Calcutta 1872 - Pondicherry 1950*, filosofo indiano. Concepì lo yoga come una disciplina che conduce l'individuo a scoprire dentro di sé la verità divina.

AURÒNZO DI CADÓRE, com. in prov. di Bolzano; 3739 ab. È posto in prossimità del lago artificiale di S. Caterina, formato dal f. Ansiei. Turismo estivo e invernale.

AURÒRA MITOL. ROM. Figlia di Iperione e della Terra, era la dea che al mattino annunciava il sorgere del sole e il nuovo giorno. Corrisponde alla dea greca Eos.

AURÙNCI, gruppo montuoso del Lazio. Situato nella parte meridionale della regione, fa parte del Subappennino Tirrenico e si collega ai Monti *Ausoni*. La cima più elevata è il Monte Petrella (1533 m).

AUSCHWITZ, in pol. **Oświęcim**, c. della Polonia, a S di Katowice; 45.100 ab. Campo di concentramento istituito nel 1940. Nelle immediate vicinanze i tedeschi costruirono il maggiore tra i centri di sterminio nazisti (A.-Birkenau) e un campo di lavoro (A.-Monowitz). Tra il 1940 e il 1945 vi morì un milione di deportati ebrei. Museo della Deportazione.

AUSÒNI, gruppo montuoso del Lazio. Situato nella parte meridionale della regione, fa parte del Subappennino Tirrenico e si collega ai Monti *Aurunci*. La cima più elevata è il Monte Calvili (1116 m).

AUSÒNIA, nome con il quale gli scrittori ellenistici identificavano l'Italia merid. non occupata dai greci. Gli scrittori romani lo estesero poi all'intera Italia.

AUSÒNIO (Dècimo Màgno), *Burdigala, att. Bordeaux, 310 ca. - 395 ca.*, poeta latino. Celebrò con lirismo ed erudizione i paesaggi lungo la Mosella e l'Aquitania.

AUSTEN (Jane), *Steventon 1775 - Winchester 1817*, scrittrice britannica. Dipinse in maniera raffinata, ma con toni aspri, la borghesia provinciale inglese (*Senno e sensibilità*, 1811; *Orgoglio e pregiudizio*, 1813).

AUSTER (Paul), *Newark 1947*, scrittore statunitense. I suoi romanzi, in part. la "trilogia di New York" (*Città di vetro*, 1985; *La stanza chiusa*, 1986; *Fantasmi*, 1986), dove gioca brillantemente con lo stile poliziesco, esplorano diversi temi: la perdita, la solitudine e il desiderio di annullamento.

AUSTERLITZ (battàglia di) (2 dic. 1805), battaglia detta "dei tre imperatori", svoltasi in Moravia, nell'att. Slavkov. Vide la vittoria di Napoleone contro la coalizione formata da Inghilterra, Austria e Russia.

AUSTIN, c. degli Stati Uniti, cap. del Texas, sul Colorado; 656.562 ab. Università.

AUSTIN (John Langshaw), *Lancaster 1911 - Oxford 1960*, filosofo britannico. Le sue opere, appartenenti alla corrente di pensiero analitica, hanno rivestito un ruolo di grande importanza in linguistica per lo studio del linguaggio comune (*Quando dire è fare*, 1962).

AUSTRÀLE (Ocèano), denominazione meno diffusa del Mar Glaciale Antartico.

AUSTRÀLI (ìsole), arcipelago della Polinesia francese, a S di Tahiti; 164 km²; 6563 ab.

AUSTRÀLIA, Stato federale dell'Oceania; 7.700.000 km²; 1.830.0000 ab. (*australiani*). CAP. *Canberra*. C. PRINC. *Sydney* e *Melbourne*. LINGUA: *inglese*. MONETA: *dollaro australiano*. Il paese è formato da 6 Stati (Australia Meridionale, Australia Occidentale, Nuovo Galles del Sud, Queensland, Tasmania, Victoria) e da 2 territori (Australian Capital Territory, Territorio del Nord).

ISTITUZIONI – Costituzione del 1901. Lo Stato federale (6 Stati, dotati ciascuno di governo e parlamento propri, e 2 territori) è membro del Commonwealth. Il governatore generale rappresenta la corona britannica. Il primo ministro è responsabile dinanzi alla camera dei rappresentanti, che nomina i ministri. Il parlamento bicamera-

Australia

— strada normale	★ importante località turistica	● più di 2.000.000 di ab.
— ferrovia		● da 1.000.000 a 2.000.000 di ab.
	▭ confine di stato	● da 100.000 a 1.000.000 di ab.
✈ aeroporto	**Perth** capitale di stato	● meno di 100.000 ab.

200 500 1000 m

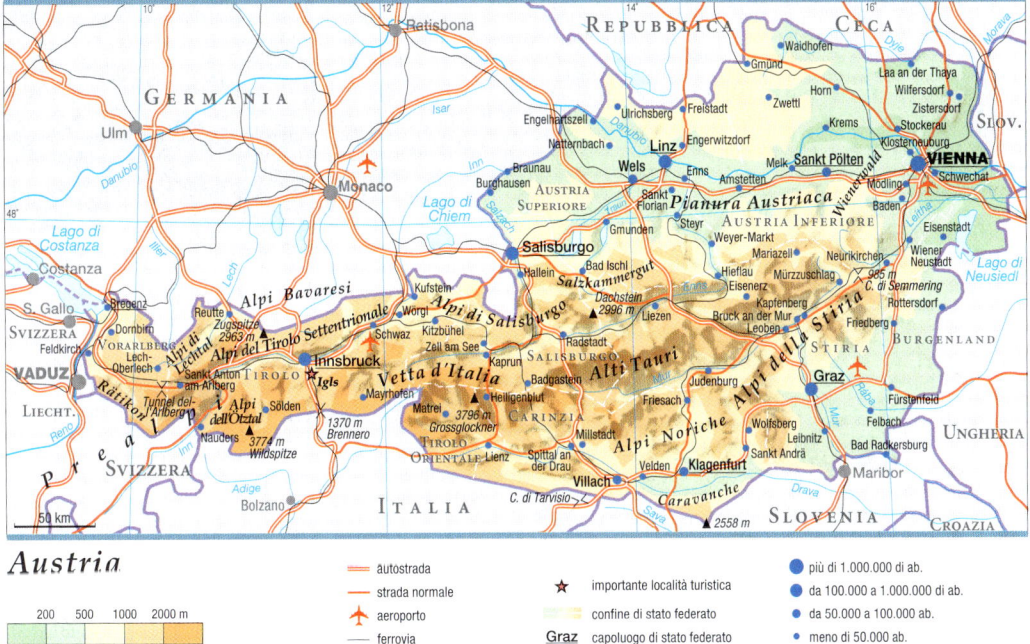

Austria

le comprende la camera dei rappresentanti, eletta ogni 3 anni, e il senato, ogni 6. I residui poteri di intervento diretto detenuti dalla Gran Bretagna sono stati aboliti nel 1986 dall'*Australian Act* (nel 1999 gli australiani hanno però respinto con un referendum il progetto di trasformazione dell'assetto costituzionale del loro paese in repubblica).

GEOGRAFIA – L'A. è nel complesso ancora scarsamente popolata: il suo territorio è in larga misura desertico, tranne che lungo le coste orientale e meridionale dove, per via del clima temperato, si osserva la maggiore concentrazione demografica. Canberra, progettata per essere capitale nel 1908, è la sola grande città dell'interno. Nei cinque agglomerati urbani principali (Sydney, Melbourne, Brisbane, Adelaide e Perth), tutti sulla costa, è concentrato il 60% degli australiani (l'85% dei quali è urbanizzato). Gli aborigeni rappresentano il 2% della popolazione, che comprende anche una minoranza asiatica (in forte aumento). L'agricoltura dà lavoro a meno del 5% degli attivi, ma la produzione, meccanizzata e su grande scala, è notevole: frumento, zucchero, allevamento bovino e, soprattutto, ovino (l'A. occupa il primo posto mondiale per la lana). Il ricchissimo sottosuolo offre fonti energetiche in grandi quantità (carbon fossile, idrocarburi, uranio) e minerali (bauxite, ferro, piombo, zinco). L'industria valorizza soprattutto questo tipo di prodotti (siderurgia e metallurgia di trasformazione, settore chimico, lavorazione dell'alluminio). L'equilibrio del commercio estero dipende dall'andamento delle materie prime, alla base di un'esportazione diretta soprattutto verso il Giappone.

STORIA – **Le origini e l'inizio della colonizzazione britannica.** In parte occupata da popolazioni australoidi (aborigeni), le cui prime tracce risalgono a 40.000 anni fa, l'A. viene scoperta dagli olandesi nel XVII sec. **1770**: James Cook esplora la costa meridionale. **1788**: inizia la colonizzazione britannica nel Nuovo Galles del Sud, a partire da Port Jackson (Sydney). L'A. diventa terra di deportazione per i detenuti.

Popolamento ed espansione. Nel XIX sec. la colonizzazione si estende a tutto il continente. Il territorio viene sfruttato da agricoltori e allevatori di pecore merino. La corsa all'oro (1851) accelera l'immigrazione britannica. Si sviluppa la rete ferroviaria, e con essa l'esportazione di frumento. Parallelamente, nascono l'una dopo l'altra (1823-1859) le 6 colonie corrispondenti agli attuali Stati,

che vengono dotate di governi responsabili dinanzi ai singoli parlamenti (1851-1880). **1901**: proclamazione del *Commonwealth of Australia*. Il paese partecipa attivamente ai due conflitti mondiali, rispettivamente a fianco dell'Intesa e degli Alleati. **L'Australia dopo il 1945.** In quanto nazione dotata di un'industria potente e moderna, l'A. si segnala come il partner privilegiato degli Stati Uniti nell'area del Pacifico. Sviluppa inoltre rapporti economici con il Giappone, la Corea del Sud, la Cina e i paesi aderenti all'ASEAN. La vita politica è contrassegnata dall'alternarsi al potere di laburisti (alla guida del paese dal 1983 al 1996, con Robert Hawke e Paul Keating) e liberali (John Howard, primo ministro dal 1996). **2001**: è governatore generale Peter John Hollyngworth. L'A. prende parte alle operazioni militari in Afghanistan e riceve dall'ONU il mandato di guidare il processo di pacificazione di Timor Orientale.

AUSTRÀLIA MERIDIONÀLE, Stato dell'Australia; 984.000 km²; 1.427.936 ab.; cap. *Adelaide*.

AUSTRÀLIA OCCIDENTÀLE, Stato dell'Australia; 2.530.000 km²; 1.726.095 ab.; cap. *Perth*.

AUSTRÀLI E ANTÀRTICHE FRANCÉSI (Tèrre), territorio francese d'oltremare; 400.000 km² ca. Comprende l'arcipelago delle Kerguelen, la Terra Adelia, le isole San Paolo e Amsterdam, l'arcipelago Crozet.

AUSTRÀSIA, ant. parte dell'Europa che comprendeva il NE della Francia, una parte del Belgio e la Germania occ. Rivale della Neustria, fu un regno merovingio dal 561 al 751. Attorno all'A. ruotò il processo di unificazione dei franchi sotto i merovingi e i carolingi.

ÀUSTRIA, in ted. **Österreich**, Stato federale dell'Europa centrale; 84.000 km²; 8.000.000 di ab. (*austriaci*). CAP. *Vienna*. LINGUA: *tedesco*. MONETA: *euro*. Il paese è formato da 9 province o Länder (Austria Inferiore, Austria Superiore, Burgenland, Carinzia, Salisburgo, Stiria, Tirolo, Vienna e Vorarlberg).

ISTITUZIONI – La Costituzione, promulgata nel 1920 è stata ripristinata nel 1945. Il paese è una repubblica federale (divisa in 9 Länder, ciascuno dei quali dotato della propria assemblea legislativa); il presidente della repubblica viene eletto per 6 anni. Il cancelliere, capo della maggioranza parlamentare, presiede il governo federale. Il parlamento si compone del consiglio nazionale (*Nationalrat*), eletto ogni 4 anni, e dal consiglio federale (*Bundesrat*), eletto dalle assemblee dei Länder.

GEOGRAFIA – La maggior parte del paese è occupata dalle Alpi, che culminano negli Alti

Tauri (la cui cima più elevata, con i suoi 3796 m, è il Grossglockner), spesso ricoperti da uno strato di ghiaccio e solcati da profonde valli (Inn, Salzach, Enns, Mur, Drava), le quali si allargano a formare bacini d'insediamento umano (Klagenfurt è tra i maggiori). Distese pianeggianti e colline si estendono soltanto nella zona settentrionale (valle del Danubio) e orientale (Burgenland). Sul clima del paese influiscono altitudine ed esposizione. L'allevamento (soprattutto di bovini) predomina sui versanti delle valli alpine, mentre l'agricoltura su vasta scala (frumento e barbabietola da zucchero) interessa in particolare le pianure. L'industria, di antica tradizione, è favorita dallo sfruttamento dei bacini idroelettrici; notevolmente diversificata (settori siderurgico, metallurgico di trasformazione, tessile, chimico), essa si concentra principalmente nei grandi centri urbani: Linz, Graz e soprattutto Vienna. Il turismo è molto attivo e dà impulso a regioni montuose un tempo isolate (Vorarlberg e Tirolo), contribuendo a colmare il deficit degli scambi commerciali, che per il 40% ca. sono praticati con la vicina Germania.

STORIA – **Le origini.** Sede della civiltà di Hallstatt nel I millennio a.C., l'A. è occupata dai romani, i cui accampamenti militari costituiscono il nucleo delle prime città. **796 d.C.**: Carlo Magno sconfigge i barbari che hanno invaso la regione tra il III e il VII sec., e nell'803 fonda la Marca Orientale (che dal 996 sarà detta Österreich). **1156**: il territorio diventa un ducato ereditario nelle mani dei Babenberg, che vi aggiungono la Stiria e una parte della Carniola. **1253-1278**: il ducato, annesso alla Boemia, viene conquistato da Rodolfo I d'Asburgo, che nel 1273 è proclamato imperatore.

L'Austria degli Asburgo. Gli Asburgo, signori del paese, detengono dal 1438 anche la corona imperiale. **1493-1519**: Massimiliano I pone le basi per la grandezza della casa d'Austria: sposa Maria di Borgogna (1477), che gli porta in dote Paesi Bassi e Franca Contea, e favorisce i matrimoni del figlio con l'erede di Spagna e dei nipoti i discendenti del re di Boemia e Ungheria. **1521**: Ferdinando I d'Asburgo riceve da Carlo V (imperatore dal 1519) i possedimenti austriaci; **1526**: diventa re di Boemia e Ungheria. **XVI-XVII sec.**: l'A. è il baluardo dell'Europa contro l'avanzata ottomana (i turchi assediano Vienna nel 1529 e nel 1683, ma col trattato di Carlowitz, nel 1699, sono costretti a cedere agli Asburgo la

Transilvania). Culla della Controriforma, durante la guerra dei Trent'anni non riesce a evitare la frammentazione politica e religiosa della Germania (sancita nel 1648 dal trattato di Westfalia). **XVIII sec.**: è contrassegnato dal regno illuminato di Maria Teresa (1740-1780) e dalle mire accentratrici di Giuseppe II (1780-1790), oltre che dalle guerre: quella contro la Francia (cui nel 1714 l'A. sottrae i Paesi Bassi e una parte dell'Italia), quella di successione (che si conclude con la perdita della Slesia) e quella dei Sette anni. Alla prima spartizione della Polonia (1772) gli Asburgo ottengono la Galizia. **1804**: Francesco II, sconfitto due volte da Napoleone Bonaparte (1797-1800), riunisce i suoi Stati sotto la denominazione di impero d'A. (conservando fino al 1806 il titolo di imperatore del Sacro Romano Impero germanico). **1814-1815**: al Congresso di Vienna i territori conquistati da Napoleone I vengono resi all'A., che domina l'Italia settentrionale, presiede la Confederazione germanica e si pone come arbitro in Europa grazie alla mediazione di Metternich. **1859**: l'A. perde la Lombardia, che passa ai franco-piemontesi; **1866**: battuta dalla Prussia a Sadowa, cede il Veneto. **1867**: Francesco Giuseppe I accetta il compromesso franco-ungherese che, mettendo sullo stesso piano regno d'Ungheria e impero d'A., segna la nascita della monarchia austro-ungarica. Le tensioni nazionaliste persistono. **1879-1882**: l'A. stipula la Triplice Alleanza con la Germania e l'Italia. **1908**: annessione della Bosnia-Erzegovina. **1914**: il 28 giu. l'assassinio a Sarajevo dell'erede al trono, l'arciduca Francesco Ferdinando, scatena la prima guerra mondiale. **1916**: Carlo I succede a Francesco Giuseppe. **1918**: la disfatta segna lo smembramento della monarchia austro-ungarica.

La repubblica austriaca. 1919-1920: i trattati di Saint-Germain-en-Laye e Trianon riconoscono l'esistenza degli Stati nazionali nati dalla duplice monarchia. **1930**: viene proclamata la repubblica d'A., che adotta una Costituzione federativa (9 Länder). Nonostante la linea politica portata avanti dai cancellieri cristiano-sociali Seipel, Dollfuss e Schuschnigg, la Germania proclama nel 1938 l'annessione (Anschluss) dell'A., che entra così a far parte del Terzo Reich, al quale rimarrà legata fino al 1945. **1945-1955**: l'A., di nuovo repubblica federale, viene divisa in quattro zone d'occupazione; **1955**: il trattato di pace la rende uno Stato neutrale. Dal 1945 si alternano al potere, separatamente o formando una coalizione, il Partito popolare (ÖVP, conservatore), cancelliere Leopold Figl (1945-1953), e il Partito socialista (SPÖ), presidente Karl Renner (1945-1950) e cancelliere Bruno Kreisky (1970-1983). **1986**: Kurt Waldheim viene eletto presidente della repubblica; diventa cancelliere il socialista Vranitzky. **1992**: Thomas Klestil sale alla presidenza della repubblica. **1995**: l'A. aderisce all'Unione Europea. **1997**: la carica di cancelliere viene assunta dal socialdemocratico Viktor Klima. **1999**: le elezioni legislative segnano l'affermazione del Partito liberale (FPÖ), di estrema destra, guidato da Jörg Haider. **2000**: dopo la sconfitta della rinnovata alleanza SPÖ-ÖVP, il Partito popolare (il cui leader, Wolfgang Schüssel, diventa cancelliere) forma un governo di coalizione con il Partito liberale, alleanza che suscita vive reazioni in seno all'Unione Europea. **2002**: le elezioni sanciscono la vittoria travolgente dei popolari e la netta sconfitta del Partito liberale guidato da J. Haider; quest'ultimo si dimette dalla guida del partito. W. Schüssel mantiene la cancelliere.

ÀUSTRIA INFERIÓRE o **BÀSSA ÀUSTRIA**, prov. dell'Austria; 1.473.813 ab.; capol. *Sankt Pölten*.

ÀUSTRIA SUPERIÓRE o **ÀLTA ÀUSTRIA**, prov. dell'Austria; 1.333.480 ab.; capol. *Linz*.

ÀUSTRO-PRUSSIÀNA (guèrra) (1866), conflitto che oppose la Prussia, alleata dell'Italia, all'Austria, che aveva l'appoggio dei principali Stati tedeschi. Voluta da O. von Bismarck, questa guerra si prefiggeva di scalzare l'Austria dalla sua posizione egemonica in Germania a vantaggio della Prussia. Quest'ultima ottenne una vittoria

schiacciante nella battaglia di Sadowa. L'Austria, sconfitta, dovette cedere il Veneto all'Italia.

ÀUSTRO-UNGÀRICO (impèro), definizione attribuita dal 1867 al 1918 alla doppia monarchia costituita dall'impero d'Austria, o Cisleitania (cap. Vienna), e dal regno d'Ungheria, o Transleitania (cap. Budapest). L'impero, governato dagli Asburgo e popolato da austriaci, ungheresi, cechi, serbi, sloveni, polacchi, ruteni ecc., venne smembrato in diversi Stati nazionali con il trattato di Saint-Germain-en-Laye (1919), firmato dopo la sconfitta degli imperi centrali (1918).

AUTANT-LARA (Claude), *Luzarches 1901 - Antibes 2000*, regista cinematografico francese. La sua produzione rivela un umorismo caustico e doti narrative eccezionali. Opere principali: *Evasione* (1943), *Il diavolo in corpo* (1947), *Arriva fra Cristoforo* (1951), *Quella certa età* (1954), *La traversata di Parigi* (1956).

ÀUTARI, *m. a Pavia nel 590*, re dei longobardi. Salì al trono nel 584 dopo la morte del padre Clefi e dieci anni di anarchia. Durante il suo regno consolidò la dominazione longobarda in Italia. Sposò *Teodolinda*.

AUTOBIÀNCHI, società fondata a Milano nel 1885 da Edoardo Bianchi (Milano 1865 - Varese 1946). Produttrice di biciclette e motociclette, quindi di autovetture, nel 1955 è stata assorbita dalla FIAT.

AUTOMÒBILE CLUB D'ITALIA → ACI.

AUTONOMÌA OPERÀIA, movimento politico di estrema sinistra. Nato in Italia negli anni '70 del secolo scorso, si è opposto al modello capitalistico e alle istituzioni democratiche borghesi. Alcuni suoi leader e ideologi sono stati accusati di contatti con il terrorismo.

AUTUN, c. della Francia, capol. del dip. Saône-et-Loire, sull'Arroux; 18.085 ab. Industria tessile. — Monumenti romani (teatro, porte, templi). Cattedrale di St.-Lazare (1120-1140 ca.). Musei.

AUXERRE, c. della Francia, capol. del dip. Yonne, sul f. Yonne; 40.292 ab. Industria automobilistica. Lavorazione del cartone. — Abbazia di St.-Germain, cattedrale gotica con vetrate del XIII sec. Musei.

AUZOUT (Adrien), *Rouen 1622 - Roma 1691*, astronomo francese. Contribuì a diffondere l'uso del telescopio in astronomia dopo averlo perfezionato con la messa a punto del micrometro a fili mobili.

AVALOKITESHVARA, uno dei principali bodhisattva (saggi illuminati) del buddhismo del Grande Veicolo. Il suo culto è diffuso soprattutto in Giappone e in Tibet.

AVALON, penisola del Canada, a SE di Terranova, collegata all'isola attraverso l'istmo di A. Città e porto princ.: *St. John's*.

ÀVALOS (Ferdinándo Francésco), *Napoli 1489 - Milano 1525*, militare e politico. Marchese di Pescara e condottiero al servizio della Spagna, consolidò il potere in Italia. Contribuì alla vittoria di Pavia (1525) contro Francesco I di Francia.

AVANA (L'), in sp. **La Habana**, cap. di Cuba; 2.256.000 ab. Porto principale e centro delle attività economiche di Cuba; è la città più grande delle Antille. — Fondata nel 1519 dal conquistatore Die-

L'**AVANA**. *In primo piano, l'Istituto nazionale dello sport.*

go Velázquez, la città è stata per la Spagna, dal XVII al XIX sec., un importante centro di commerci, il collegamento con le sue colonie americane. — Monumenti soprattutto del XVIII sec.; musei.

AVÀNTI!, quotidiano, organo nazionale del Partito socialista italiano, fondato nel 1896 a Roma. Alla direzione ha visto succedersi E. Ferri, C. Treves, che trasferì la redazione a Milano, B. Mussolini e P. Nenni. Soppresso con il fascismo, fu fatto comunque uscire a Parigi. Nel 1943 riprese le pubblicazioni, sospese definitivamente nel 1993.

ÀVARI, ant. popolazione originaria dell'Asia centrale, che occupò la pianura ungherese nel corso del VI sec. d.C. Gli a. furono sconfitti da Carlo Magno e integrati nell'impero.

ÀVARI, popolazione caucasica stanziata principalmente in Russia (Dagestan) e in Azerbaigian (600.000 in totale). Musulmani sunniti, gli a. sono conosciuti anche con il nome di maarulal.

AVARICUM, c. della Gallia (att. Bourges).

AVÀRO (l'), commedia in 5 atti e in prosa di Molière (1668). Ispirata all'*Aulularia* di Plauto, l'opera, attraverso il personaggio di Arpagone, racconta come l'avarizia possa diventare follia ossessiva.

AVÀTI (Giusèppe, detto Pùpi), *Bologna 1938*, regista cinematografico e televisivo. Ha diretto film caratterizzati da una vena malinconico-autobiografica: *Una gita scolastica* (1982), *Festa di laurea* (1985), *Regalo di Natale* (1986), *Storia di ragazzi e ragazze* (1989), *Il cuore altrove* (2003), *La rivincita di Natale* (2004).

AVDEJEV (Serghèi Vassiljevič), *Čapajevsk, reg. di Samara, 1956*, astronauta russo. Ha compiuto tre missioni a bordo della stazione Mir (1992, 1995 e 1999) e detiene il record di permanenza nello spazio (747 giorni, 14 ore, 11 minuti).

AVEDON (Richard), *New York 1923*, fotografo statunitense. Famoso fotografo di moda, autore di immagini di estrema ricercatezza, ha realizzato anche ritratti di studiata crudeltà.

AVEIRO, c. del Portogallo, a S di Porto; 35.152 ab. Museo regionale all'interno di un antico convento.

AVELÉNGO in ted. **Hafling**, com. in prov. di Bolzano; 678 ab. Nelle vicinanze di Merano, è un centro turistico estivo e invernale. Allevamento di una particolare razza equina che ha preso il nome dalla località (avelignese o haflinger).

AUTUN. *Eva distesa. Frammento del portale della cattedrale di St.-Lazare. Scultura attribuita a Gisleberto. Inizio del XII sec. (Musée Rolin, Autun.)*

AVELLANEDA (Nicolás), *Tucumán 1836-1885*, statista argentino. Presidente della repubblica (1874-1880), represse l'insurrezione di B. Mitre (1874) e promosse Buenos Aires a capitale federale.

AVELLINO, c. della Campania, capol. di prov.; 56.166 ab. (*avellinesi*). Centro commerciale, con industrie tessili e alimentari. — Colonia romana dal 265 a.C., occupata da longobardi, normanni e angioini, nel 1580 entrò a far parte del regno di Napoli. Nel 1820 i patrioti avellinesi promossero un'insurrezione contro Ferdinando I per ottenere la Costituzione. — Duomo del XII sec., museo irpino. — Nella provincia, montuosa e in gran parte corrispondente all'Irpinia, si praticano soprattutto attività agricole (cereali, frutta, ortaggi, viti). Estrazione dello zolfo. Nel 1980 è stata duramente colpita dal terremoto.

AVEMPACE, in ar. **Ibn Bagiah**, *Saragozza, fine dell'XI sec. - Fez 1138*, filosofo arabo. È autore di un sistema razionalista al centro del quale si trova Dio, l'intelligenza suprema (*Sul regime del solitario*).

AVENARIUS (Richard), *Parigi 1843 - Zurigo 1896*, filosofo tedesco. Fondatore con E. *Mach dell'empiriocriticismo, costruì una filosofia scientifica basata sull'esperienza pura, che esclude ogni dualismo. Tra le opere, *Critica dell'esperienza pura* (1888-1890).

AVENIR (L'), quotidiano francese (ott. 1830 - nov. 1831). Fondato da F. La Mennais, ebbe come collaboratori H.D. Lacordaire e C. Montalembert. Proclamava la libertà di coscienza, la separazione dei poteri tra Stato e Chiesa, il diritto di associazione e la libertà di stampa. Papa Gregorio XVI ne condannò le posizioni nel 1832.

AVENTINO, uno dei sette colli di Roma. La plebe romana che si era ribellata ai patrizi vi si rifugiò finché riuscì a ottenere il riconoscimento dei propri diritti, nel 494 a.C. — **Secessione dell'Aventino**, astensione dal parlamento dei partiti che si opponevano a B. Mussolini, per protesta contro l'assassinio di G. Matteotti. Protrattasi dal giu. 1924 fino al gen. 1925, si concluse in un nulla di fatto, che permise a Mussolini di dichiarare decaduti gli astensionisti e di instaurare la dittatura.

AVENZOAR, in ar. **Abū Marwān Ibn Zuhr**, *Siviglia, Andalusia, 1073-1162*, medico arabo. Fu maestro di Averroè.

AVERCAMP (Hendrick), *Amsterdam 1585 - Kampen 1634*, pittore olandese. Le sue opere rappresentano paesaggi invernali animati da personaggi pittoreschi.

AVERNO, lago della Campania; 0,55 km². Posto nei Campi Flegrei, occupa un cratere vulcanico ed era considerato dagli antichi l'ingresso dell'oltretomba.

AVERROÈ, in ar. **Muhammad Ibn Rushd**, *Cordoba 1126 - Marakech 1198*, filosofo arabo, commentatore di Aristotele. La sua interpretazione della fisica aristotelica alla luce del Corano ha influenzato il pensiero cristiano ed ebraico del Medioevo.

AVERSA, com. in prov. di Caserta, nella Terra di Lavoro; 55.856 ab. Centro agricolo e industriale. — Cupola e abside del duomo sono esempi della commissione stilistica arabo-normanna.

AVERY (Tex), *Taylor, Texas, 1908 - Burbank 1980*, disegnatore e regista cinematografico statunitense. Creatore del maialino Porky Pig, del cane Droopy e, in collaborazione con C. Jones e B. Hardaway, del coniglio Bugs Bunny, ha rinnovato, con la sua vena ironica, il ritmo e lo spirito del cartone animato. È considerato uno dei pionieri del cinema di animazione.

AVESTA, libro sacro dello zoroastrismo, redatto nel IV sec. d.C.

AVEYRON, dip. della Francia, nella reg. Pirenei Centrali, nel versante merid. del Massiccio Centrale; capol. *Rodez*; 8735 km²; 263.808 ab. Agricoltura (cereali), allevamento, industria casearia (roquefort). Lavorazione del cuoio e impianti idroelettrici. Città principali: Rodez, Millau.

AVEZZANO, com. in prov. dell'Aquila; 39.335 ab. Iniziò a svilupparsi nel 1875, all'epoca della bonifica della Piana del Fucino. Centro agricolo e industriale.

AVICEBRÒN, in ar. **Shelomoh ben Jehudah Ibn Gabirol**, *Málaga 1020 ca. - Valencia 1058 ca.*, filosofo e poeta ebreo spagnolo. Espose la propria dottrina panteista nel libro *Fonte della vita*, conosciuto in Occidente grazie a una traduzione latina.

AVICÈNNA, in ar. **Abu Ali al-Husayn Ibn Sina**, *Afshana 980 - Hamadan 1037*, medico e filosofo persiano. Fu uno degli scienziati più famosi d'Oriente. Il *Canone di medicina* e la sua interpretazione di Aristotele ebbero una considerevole influenza sulla cultura europea fino al XVII sec.

AVIGLIÀNA, com. in prov. di Torino; 10.977 ab. Centro industriale. Chiese di S. Giovanni e S. Pietro. Nelle vicinanze, i due laghi omonimi.

AVIGLIÀNO, com. in prov. di Potenza; 12.041 ab. Centro agricolo e industriale. Nei dintorni si trova il castello di Lagopesole, costruito da Federico II di Svevia (1242-1250).

AVIGNÓNE, c. della Francia, capol. del dip. Vaucluse, sul Rodano; 88.312 ab. Sede arcivescovile. Centro commerciale e turistico. — Fu residenza papale dal 1309 al 1376 ("cattività avignonese"). Nel 1348 Giovanna I, regina di Sicilia, contessa di Provenza, vendette la città a Clemente VI. Sede dei papi detti "di Avignone" all'epoca dello scisma d'Occidente (1378-1417), la città rimase proprietà pontificia fino al 1791, quando fu riannessa al regno di Francia. — Cattedrale romanica, palazzo dei papi (XIV sec.) e numerosi altri monumenti. Musei.

ÁVILA, c. della Spagna (Castiglia-León), capol. di prov.; 47.843 ab. È circondata da una cinta muraria di 88 torri; cattedrale gotica, chiese romaniche (S. Vincenzo) e gotiche (convento di S. Tommaso). — Vi nacque santa Teresa.

AVILÉS, c. della Spagna (Asturie); 83.930 ab. Porto. Centro siderurgico e metallurgico.

AVIS (Associazione volontari italiani del sangue), associazione fondata nel 1927 da V. Formentano. Dal 1950 è un ente pubblico. Promuove e gestisce la donazione del sangue per uso terapeutico.

AVÌSIO, f. del Trentino-Alto Adige; 88 km. Tributario dell'Adige, scorre tra le valli di Fassa, Fiemme e Cembra. Alimenta due bacini idroelettrici.

AVÌTO, m. nel 456, imperatore romano d'Occidente. Contribuì alla sconfitta di Attila (451). Affidò a *Ricimero la difesa della penisola, ma questi lo dichiarò decaduto e lo uccise.

AVIZ (dinastia d'), dinastia che regnò sul Portogallo dal 1385 al 1580.

AVOGÀDRO (Amedèo **di Quarégna e Cerétto**, cónte), *Torino 1776-1856*, chimico e fisico. Nel 1811 formulò la legge secondo la quale, a temperatura e pressione uguale, volumi uguali di gas differenti contengono lo stesso numero di molecole. [*V. parte nomi comuni →* **numero di Avogadro**.] Tale legge rappresenta una delle basi della chimica.

ÀVOLA, com. in prov. di Siracusa; 32.012 ab. Centro agricolo presso il Golfo di Noto, celebre per la produzione di mandorle.

AVORIAZ, località della Francia, nel dip. Haute-Savoie. Stazione di sport invernali (1800-2460 m alt.). Festival del cinema francese.

AVVAKUM (Petrovič), *Grigorov 1620 ca. - Pustozersk 1682*, sacerdote e scrittore russo. Contro le riforme liturgiche del patriarca Nikon proclamò lo scisma dei "vecchi credenti", o *raskol*. Condannato a morte, fu arso sul rogo. — È autore di un'autobiografia, una delle prime opere letterarie russe scritte in un linguaggio popolare.

AYUTTHAYA. *Stupa Pra Chedi Chai Mongkon (1593).*

AYACUCHO, c. del Perú, nelle Ande; 105.918 ab. Il generale A.J. de Sucre vi sconfisse gli spagnoli (dic. 1824), ottenendo l'indipendenza dell'America merid.

AYDIN, c. della Turchia occ.; 133.757 ab.

AYER (sir Alfred Jules), *Londra 1910-1989*, filosofo britannico. È stato uno dei fondatori del positivismo logico (*Linguaggio, verità e logica*, 1936).

AYERS ROCK → Uluru.

AYLWIN AZÓCAR (Patricio), *Viña del Mar 1918*, politico cileno. Successore di A. Pinochet, è stato presidente della repubblica dal 1990 al 1994.

AYMARÁ, popolazione amerindia degli altipiani andini della Bolivia, del Perú, dell'Argentina e del Cile (1,6 milioni di individui). Presenti nella regione prima degli inca, dai quali furono sottomessi, gli a. sono in gran parte dediti all'agricoltura e alla pastorizia, e sono animati da un forte spirito d'integrazione. Il loro idioma, l'aymará, è lingua ufficiale insieme al quechua.

AYMÉ (Marcel), *Joigny 1902 - Parigi 1967*, scrittore francese. È autore di novelle (*Il passamura*) e di romanzi dove la satira sulla vita di provincia si mescola con le atmosfere irreali delle fiabe (*La cavalla verde*), di opere teatrali (*Clérambard*) e di racconti (*Les contes du chat perché*).

AYMONÌNO (Càrlo), *Roma 1926*, architetto. Docente e direttore dell'istituto universitario di Architettura di Venezia (1974-79), ha realizzato il quartiere Tiburtino III di Roma (1950-1951), il quartiere Spine Bianche di Matera (1954-1957) e il complesso residenziale Gallaratese di Milano (1967-1972).

AYODHYA, ant. c. indiana, att. sobborgo di Faizabad (Uttar Pradesh). Presunto luogo di nascita del dio Rama, vi fu edificata una moschea nel XVI sec. Nel 1992 la distruzione di quest'ultima da parte di militanti nazionalisti indù scatenò gravi scontri tra le comunità musulmane e quelle indù.

AYUTTHAYA, c. della Thailandia, a N di Bangkok; 75.898 ab. Ant. cap. del Siam (1350-1767); numerosi monumenti del XIV-XVII sec. (templi, stupa).

AVIGNONE. *Resti del ponte St-Bénezet, Petit-Palais, cattedrale e palazzo dei papi.*

Azerbaigian

porto petrolifero

0	500	1000	2000 m

--- strada normale
— ferrovia
✈ aeroporto
→ oleodotto

● più di 1.000.000 di ab.
● da 100.000 a 1.000.000 di ab.
● da 30.000 a 100.000 ab.
● meno di 30.000 ab.

AYYUBÌDI, dinastia musulmana fondata dal *Saladino nel 1171. Gli A. regnarono nel XII-XIII sec. in Egitto, Siria e gran parte della Mesopotamia, dell'Arabia e dello Yemen.

AZAÑA Y DÍAZ (Manuel), *Alcalá de Henares 1880 - Montauban 1940*, politico spagnolo. Presidente del consiglio dal 1931 al 1933 e presidente della repubblica dal 1936 al 1939.

AZAY-LE-RIDEAU, centro della Francia, nel dip. Indre-et-Loire, sull'Indre; 3175 ab. Castello rinascimentale (1518-1529).

AZÈGLIO (Màssimo **Taparèlli** marchése **d'**), *Torino 1798-1866*, scrittore e politico. Uno dei personaggi più importanti del Risorgimento italiano, liberale moderato, fu presidente del consiglio piemontese dal 1849 al 1825. Nel 1860 fu nominato governatore di Milano. Tra i suoi scritti di maggiore rilievo *Ettore Fieramosca, La disfatta di Barletta* e, il più riuscito, *I miei ricordi*.

AZERBAIGIAN, reg. dell'Asia occ., att. compresa tra la Rep. dell'Azerbaigan e l'Iran. L'Iran cedette l'A. settentrionale alla Russia nel 1828.

AZERBAIGIAN, in azerbaigiano **Azärbaycan**, Stato dell'Asia, nel Caucaso; 87.000 km²; 7.200.000 ab. (*azerbaigiani*). CAP. *Baku*. LINGUA: *azerbaigiano*. MONETA: *manat azero*.

GEOGRAFIA – Il paese, popolato per più dell'80% da azeri, di religione musulmana, è formato dalla piana del fiume Kura e dalle montagne che la circondano. L'aridità del clima spiega la diffusione dell'allevamento ovino al di fuori delle zone irrigate, in cui si coltivano invece cotone, vite e tabacco. Sono però gli idrocarburi (soprattutto il petrolio) la risorsa principale di un'economia messa a dura prova dal conflitto relativo al Nagorno-Karabah, che contrappone il paese all'Armenia.

STORIA – Antica provincia dell'Iran, l'A. viene invasa nell'XI sec. dai turchi selgiuchidi. **1828**: l'Iran cede la parte settentrionale del territorio all'impero russo; **1918**: ne nasce una repubblica indipendente. **1920**: il paese è occupato dall'Armata rossa e sottoposto al regime sovietico; **1922**: integrazione nell'URSS. **1923-**

1924: istituzione della repubblica autonoma del Nahiçevan e della provincia autonoma del *Nagorno-Karabah*, che vengono annesse all'A. **1936**: l'A. diventa una repubblica federata; **1988**: si oppone alle rivendicazioni armene sul Nagorno-Karabah. Si afferma il nazionalismo azero e scoppiano pogrom antiarmeni. **1990**: i comunisti ottengono la vittoria in occasione delle prime libere elezioni. **1991**: l'A., ottenuta l'indipendenza, aderisce alla CSI. **1992**: sale al potere l'opposizione nazionalista. **1993**: l'esercito armeno del Nagorno-Karabah assume il controllo di questa regione e occupa il SO dell'A. I comunisti riconquistano il potere. Geidar Aliev diventa presidente della repubblica. **2001**: il partito di G. Aliev, Nuovo Azerbaigian, si conferma vincitore alle elezioni.

AZÈRI, popolazione che vive principalmente in Azerbaigian, Iran e Russia (ca. 17 milioni di individui). Di origini disparate (popolazioni caucasiche a N, tribù di provenienza diversa, non persiana, a S), gli a. sono stati assoggettati dai turchi nell'XI sec.

AZEVEDO (Aluísio), *São Luís 1857 - Buenos Aires 1913*, scrittore brasiliano. È autore del primo romanzo naturalista apparso nel suo paese, *Il Mulatto* (1881).

AZGHER (Tassili degli), massiccio del Sahara algerino, a N di Hoggar. Graffiti rupestri preistorici (VI-III millennio).

AZHAR (Al-), moschea fondata dai Fatimidi al Cairo nel 973. Divenuta, nel corso dei secoli, un autentico repertorio dell'architettura islamica in Egitto, ospita una delle maggiori università del mondo musulmano.

AZIÈNDA DI PROMOZIÒNE TURÌSTICA → APT.

AZIÈNDA GENERÀLE ITALIÀNA PETRÒLI → AGIP.

AZIÈNDA NAZIONÀLE AUTÒNOMA DELLE STRÀDE → ANAS.

AZINCOURT (battàglia di) (25 ott. 1415), una delle principali battaglie della guerra dei Cent'anni. La vittoria di Enrico V d'Inghilterra

sull'esercito francese di Carlo VI permise agli inglesi di conquistare gran parte della Francia.

ÀZIO (battàglia di) (31 a.C.), battaglia combattuta all'ingresso del Golfo di Ambracia (att. Árta), in Grecia. Segnò la vittoria della flotta di Ottaviano e Agrippa su Antonio e Cleopatra. Ottaviano, il futuro Augusto, si assicurò così il dominio sul mondo romano.

AZIÓNE CATTÒLICA, organizzazione laica di ispirazione cattolica fondata in Europa intorno alla metà dell'800 e in Italia nel 1865. Riorganizzata da Pio XI durante il periodo fascista, ha lo scopo di favorire la collaborazione dei laici all'azione apostolica del clero.

AZNAR LÓPEZ (José María), *Madrid 1953*, politico spagnolo. Leader del Partito popolare dal 1990, è diventato primo ministro dopo la vittoria del suo partito alle elezioni del 1996 (successo largamente confermato alle elezioni del 2000).

AZNAVOUR (Varenagh **Aznavourian**, detto Charles), *Parigi 1924*, cantante e attore cinematografico francese di origine armena. Paroliere e compositore, ha saputo imporre uno stile di canzone realista e poetica, supportato da una voce espressiva e da un acuto senso dell'interpretazione drammatica (*Je m'voyais déjà*; *La mamma*). Ha dato una delle prove più alte del suo talento d'attore nel film *Tirate sul pianista* (F. Truffaut, 1960).

AZORÍN (José **Martínez Ruiz**, detto), *Monóvar 1873 - Madrid 1967*, scrittore spagnolo. Anarchico, poi scettico nietzschiano e infine scrittore ufficiale del franchismo, rappresentò minuziosamente le piccole città di provincia (*Castilla*).

AZOV (Mar d'), golfo dell'Europa orient. formato dal Mar Nero; 38.000 km². È compreso tra Ucraina e Russia merid. e riceve le acque del Don.

AZTÈCHI, ant. popolazione del Messico, che fondò un impero nel XV sec. Cap. *Tenochtitlán*. La società degli a. era militarizzata, conquistatrice e fortemente gerarchica. Tendevano ad assimilare l'apporto culturale dei popoli sottomessi (per es. la scrittura ideografica) e la loro arte, di un realismo crudele, era improntata al sincretismo religioso. La conquista spagnola, condotta da H. Cortés (1521), li sottomise definitivamente.

AZUELA (Mariano), *Lagos de Moreno 1873 - Città del Messico 1952*, scrittore messicano. È stato il primo tra i "romanzieri della rivoluzione" (*Quelli di sotto*, 1916).

AZZÒRRE, arcipelago portoghese, nell'Atlantico; 2247 km²; 241.794 ab.; c. princ. *Ponta Delgada*. L'arcipelago è reg. autonoma. Le isole principali, vulcaniche e montuose, sono São Miguel, Pico e Terceira. — Basi aeree americane nelle isole di Santa Maria e di Terceira.

AZZÒRRE (anticiclóne delle), zona di alta pressione, il cui epicentro si trova sull'Oceano Atlantico. Durante l'estate influenza il clima dell'Europa occ.

AZZÙRRI (Mónti), nome di diverse catene montuose: *Blue Mountains*. Catena montuosa dell'India: *Nilgíri*.

AZZÙRRO (Fiùme) → CHANG JIANG.

AZTECHI. *Particolare di un foglio del calendario azteco (XIV-XVI sec.) detto* Codex borbonicus.
(Bibliothèque de l'assemblée nationale, Parigi.)

Carattere Bembo

BÂ (Amadou Hampaté), *Bandiagara 1901 - Abidjan 1991*, scrittore malese di lingua francese. Si è impegnato per salvare il patrimonio della tradizione africana; è autore di racconti autobiografici e di raccolte di storie iniziatiche fulbe.

BA'LABAKK →BAALBEK.

BAADE (Walter), *Schrötinghausen 1893 - Gottinga 1960*, astronomo statunitense di origine tedesca. La sua scoperta che esistono due categorie distinte di stelle (1944), da lui chiamate "popolazioni", ha portato a rivedere il metodo di misurazione della distanza tra galassie.

BAADER-MEINHOF, gruppo anarchico-rivoluzionario tedesco fondato nel 1968 ed entrato a far parte della formazione terrorista RAF (*Rote Armee Fraktion*). I due maggiori esponenti, Andreas Baader e Ulrike Meinhof, responsabili di atti terroristici, furono arrestati nel 1972 e trovati morti in carcere rispettivamente nel 1977 e nel 1976.

BAAL, appellativo semitico che significa "Signore", con cui sono state chiamate numerose divinità e, in part., il dio cananeo Hadad. Nella Bibbia designa tutti i falsi dei.

BAALBEK o **BA'LABAKK**, c. del Libano; 18.000 ab. Ant. c. siriana, chiamata *Heliopolis* in epoca ellenistica, fiorì al tempo degli Antonini. — Resti dei templi di Giove e di Bacco.

BAALBEK. *Tempio di Bacco (II sec. d.C.).*

BAAR, c. della Svizzera (cant. di Zug), a S di Zurigo; 16.147 ab.

BAATH o **BATH**, partito socialista fondato nel 1953 dal siriano Michel Aflak allo scopo di raggruppare in un'unica nazione tutti gli Stati arabi del Vicino Oriente. È al potere in Siria dal 1963 e in Iraq dal 1968 al 2003.

BAB (**Ali Muhammad**, detto **Il**), *Chiraz 1819 - Tabriz 1850*, capo religioso iraniano. Promotore di una riforma mistica, liberale ed egalitaria dell'islam, fu fucilato e i suoi sostenitori massacrati.

BAB AL-MANDAB o **BAB AL-MANDEB** ("Porta dei pianti"), stretto tra Arabia e Africa che collega Mar Rosso e Golfo di Aden.

BABANGIDA (Ibrahim), *Minna 1941*, generale e politico nigeriano. Capo dell'esercito (1984), ha

organizzato un colpo di Stato grazie al quale, nel 1985, ha assunto la carica di presidente della repubblica. Ha lasciato il potere nel 1993.

BABBAGE (Charles), *Teignmouth, Devon, 1792 - Londra 1871*, matematico britannico. Inventò e cercò di realizzare un calcolatore che ricevesse istruzioni da un programma registrato su carta perforata, che può essere considerato l'antenato dei moderni computer.

BABBITT (Milton Byron), *Filadelfia 1916*, compositore statunitense. È stato tra i primi negli Stati Uniti a utilizzare la dodecafonia, occupandosi in seguito della ricerca sulla musica elettronica. Tra le opere, *Three Compositions for Piano* (1947) e *Composition for Synthesizer* (1961).

BABEL' (Isaak Emmanuilovič), *Odessa 1894 - Mosca 1940*, scrittore sovietico. I suoi racconti ritraggono con vivacità la Rivoluzione russa (*L'armata a cavallo*, 1926) e, con umorismo commosso, l'ambiente ebraico dell'epoca (*Racconti di Odessa*, 1931).

BABÈLE (tòrre di), grande torre che, secondo la Bibbia, i discendenti di Noè vollero costruire a B. (nome ebraico di Babilonia), per raggiungere il cielo. Dio avrebbe punito quello sforzo superbo confondendo le lingue degli uomini e disperdendoli.

BABENBERG, famiglia della Franconia che regnò sulla Marca orient. e poi sul ducato d'Austria (1156) fino alla sua estinzione (1246).

BABER o **BABUR**, *Andijan 1483 - Agra 1530*, fondatore dell'impero moghul in India. Discendente di Tamerlano, partì da Kabul alla conquista dell'India (1526-1530).

BABEUF (François Noël, detto Gracchus), *Saint-Quentin 1760 - Parigi 1797*, rivoluzionario francese. Cospirò contro il Direttorio (congiura degli Eguali) e fu ghigliottinato. La sua dottrina (babuvismo), che auspicò la collettivizzazione delle terre, è molto vicina al comunismo.

BÀBILA (santo), *m. nel 250 ca.* vescovo di Antiochia (240 ca.). Morì martire in prigione durante la persecuzione dell'imperatore Decio.

BABILONÉSE (cattività), periodo (587-538 a.C.) durante il quale gli ebrei deportati, per ordine di Nabucodonosor II, rimasero in esilio a Babilonia fino all'editto di liberazione di Ciro II.

BABILÒNIA, c. della bassa Mesopotamia le cui imponenti rovine, sulle rive dell'Eufrate, si trovano 160 km a SE di Baghdad. La sua fondazione è attribuibile agli accadi (2325-2160 a.C.). Fu sede della prima dinastia amorrea (1894 ca. a.C.). Hammurabi, sesto re di tale dinastia, ne fece la sua capitale. Più volte sottomessa all'Assiria, B. continuò a essere la capitale intellettuale e religiosa della Mesopotamia. Alla fine del VII sec. vi si stabilì una dinastia indipendente, detta "caldea", il cui fondatore, Nabopolassar, determinò insieme ai medi la caduta dell'Assiria; suo figlio,

Nabucodonosor II, conquistò Gerusalemme (587 a.C.) e fece deportare gran parte della popolazione. I principali monumenti di B. risalgono a quest'epoca. La città fu in seguito occupata da Ciro II (539 a.C.), che ne fece una provincia dell'impero persiano. Per domare la ribellione, Serse la fece in parte radere al suolo. Alessandro la scelse come capitale dell'Asia e vi morì nel 323 a.C. Il declino di B. cominciò quando i Seleucidi fondarono la città di Seleucia sul Tigri.

BABILÒNIA, parte merid. della Mesopotamia, chiamata, in epoca più tarda, **Caldea*; c. princ. *Babilonia*, *Ur* e *Behistun*.

BABINGTON (Anthony), *Dethick 1561 - Londra 1586*, cospiratore inglese. Ordì un complotto per assassinare la regina Elisabetta I e far salire al trono Maria Stuarda. Scoperto, fu giustiziato.

BABINSKI (Joseph), *Parigi 1857 - 1932*, medico francese di origine polacca. Descrisse varie sindromi caratteristiche delle affezioni neurologiche.

BABITS (Mihály), *Ezekazárd 1883 - Budapest 1941*, scrittore ungherese. Direttore della rivista *Nyugat* (Occidente), fu autore di poemi (*Jónas Imája*) e di romanzi psicologici (*Il califfo della cicogna*).

BÀBRIO, *II sec. d.C.*, poeta greco. Di origine incerta, scrisse la più antica raccolta di favole pervenuta ai giorni nostri, di chiara ispirazione esopica.

BACALL (Betty Joan **Perske**, detta Lauren), *New York 1924*, attrice cinematografica statunitense. Ha esordito recitando in *Acque del sud* a fianco di H. Bogart, di cui sarebbe diventata moglie. Tra gli altri film: *Come le foglie al vento* (1957), *La donna del destino* (1957).

BACĂU, c. della Romania orient.; 204.495 ab.

BACCARAT, c. della Francia, capol. del dip. Meurthe-et-Moselle, sul f. Meurthe; 4817 ab. Cristalleria (museo).

BACCHÈLLI (Riccàrdo), *Bologna 1891 - Monza 1985*, scrittore. Insieme ad altri intellettuali fondò nel 1919 la rivista *La *Ronda*. Poeta (*Poemi lirici*, 1914), saggista e autore di testi teatrali, nella sua opera narrativa riprese la tradizione ottocentesca (*Il mulino del Po*, 1938-1940).

BACCHIGLIÓNE, f. del Veneto; 119 km. Nasce dal Pasubio, bagna Vicenza e Padova e si getta nel Brenta.

BACCHÌLIDE, *Ceo 518 ca. - 450 ca. a.C.*, poeta greco. La sua produzione lirica, caratterizzata da uno stile raffinato e sperimentale, comprende vari tipi di componimenti (ditirambi, peani, epinici).

BÀCCIO D'ÀGNOLO (Bartoloméo **Baglióni**, detto), *Firenze 1462-1543*, architetto e intagliatore. Inizialmente artigiano del legno (coro di S. Maria Novella a Firenze), partecipò ai lavori della Sala Grande di Palazzo Vecchio, di Palazzo Taddei e del campanile di S. Miniato.

BÀCCIO DA MONTELÙPO (Bartoloméo **Sinibàldi**, detto), *Montelupo Fiorentino 1469 - Lucca 1535*, ar-

Bacco adolescente *di Caravaggio,*
1595-1596 ca. (Uffizi, Firenze.)

chitetto e scultore. Lavorò a Bologna (*Pietà*, chiesa di S. Domenico) e a Lucca (S. Paolino). Le sue opere presentano caratteristiche cinquecentesche.
BÀCCO, nome dato al dio *Dioniso dai romani, che ne celebravano il culto durante i baccanali.
BÀCCO ADOLESCÈNTE, dipinto di Caravaggio (1595-1596, Uffizi, Firenze). Opera giovanile del pittore lombardo che rappresenta il dio romano incoronato di tralci e foglie di vite dai tipici colori autunnali, nell'atto di reggere delicatamente un calice di vino.
BACH, famiglia di musicisti tedeschi. — **Johann Sebastian B.**, *Eisenach 1685 - Lipsia 1750*, compositore tedesco. Organista, diresse l'orchestra del principe Leopoldo di Anhalt a Cöthen (1717) e divenne, nel 1723, maestro di cappella della scuola di S. Tommaso a Lipsia, carica che conservò fino alla morte. Le sue

composizioni religiose, cantate e strumentali, si distinguono per la sapiente architettura, l'audacia del linguaggio armonico, la varietà dell'ispirazione e la spiritualità: cantate, *Passioni*, la *Messa in si minore*, il *Magnificat*; preludi, fughe, corali per organo, il *Clavicembalo ben temperato*, partite; i *Concerti brandeburghesi, suite per orchestra, concerti per clavicembalo e orchestra, concerti per violino e orchestra, suite per violoncello solo, sonate per flauto e clavicembalo e per violino e clavicembalo; l'*Offerta musicale*; l'*Arte della fuga*. — **Wilhelm Friedemann B.**, *Weimar 1710 - Berlino 1784*, compositore tedesco. Primogenito di Johann Sebastian, organista e maestro di cappella, fu il pioniere della "forma sonata" e, con le sue *Fantasie* per clavicembalo, uno dei compositori più inventivi della sua epoca. — **Carl Philipp Emanuel B.**, *Weimar 1714 - Amburgo 1788*, compositore tedesco. Secondogenito di Johann Sebastian, clavicembalista, musicista del re di Prussia Federico II, direttore d'orchestra ad Amburgo (1768-1788), fu uno dei primi a scrivere sonate a due temi. — **Johann Christian B.**, *Lipsia 1735 - Londra 1782*, compositore tedesco. Sesto figlio di Johann Sebastian, nominato nel 1760 organista alla cattedrale di Milano, nel 1762 divenne compositore ufficiale del King's Theatre di Londra. Le sue opere strumentali preannunciano W. A. Mozart e la scuola viennese.
■ *Johann Sebastian Bach ritratto da E.G. Haussmann. (Museum der Geschichte der Stadt, Lipsia.)*
BACH (Alexander, baróne **von**), *Loosdorf 1813 - Schöngrabern 1893*, politico austriaco. Ministro degli interni (1849-1859), condusse una politica centralizzatrice.
BACHELARD (Gaston), *Bar-sur-Aube 1884 - Parigi 1962*, filosofo francese. Si occupò di epistemologia storica e di psicoanalisi della conoscenza scientifica (*La formazione dello spirito scientifico*, 1938); scrisse anche un'analisi dell'immaginario poetico (*L'acqua e i sogni*, 1942).

BACHMANN (Ingeborg), *Klagenfurt 1926 - Roma 1973*, scrittrice austriaca. La sua opera poetica e narrativa, segnata dall'influenza di M. Heidegger, analizza la condizione femminile in rapporto a violenza e scrittura (*Malina*).
BACHTIN (Michail Michajlovič), *Orël 1895 - Mosca 1975*, teorico e critico letterario russo. Studioso di F. Dostoevskij (*Dostoevskij, poetica e stilistica*, 1963) e F. Rabelais (*L'opera di Rabelais e la cultura popolare*, 1965), elaborò una ricerca fondata sulla sintesi tra sociologia e formalismo. Tra le altre opere, il saggio *Estetica e romanzo* (1975).
BACÌCCIA o **BACÌCCIO** (Giovànni Battista **Gaùlli**, detto **Il**), *Genova 1639 - Roma 1709*, pittore. Trasferitosi a Roma, divenne protetto di G.L. Bernini e tra gli artisti più stimati dall'aristocrazia dell'epoca. Membro dell'Accademia di S. Luca, fu brillante decoratore (il suo *Trionfo nel nome di Gesù*, 1672-1683, affresco sulla volta della chiesa del Gesù, è una delle più perfette espressioni dello spirito trionfale del barocco romano), ritrattista, pittore di pale d'altare.
BACÌNO RÓSSO, reg. agricola della Cina (Sichuan), attraversata dal Chang Jiang.

Il bacio *(1886), marmo, di A. Rodin.*
(Musée Rodin, Parigi.)

BÀCIO (Il), nome di varie opere, tra cui due sculture di stile opposto, una di A. Rodin (1886-1898, marmo, Musée Rodin) e l'altra di C. Brancusi (a partire dal 1908, diverse versioni in pietra, in part. quella del cimitero di Montparnasse a Parigi). Celebre anche il dipinto di F. Hayez (1859, Brera, Milano), opera fondamentale del romanticismo pittorico italiano, in cui è raffigurato un gesto amoroso tra due giovani in abiti medievali.

Il bacio *di F. Hayez, 1859.*
(Brera, Milano.)

BACIÒCCHI (Elisa) →BONAPARTE (Elisa).
BACIÒKWE →CHOKWE.
BACK (sir George), *Stockport 1796 - Londra 1878*, ammiraglio britannico. Partito nel 1833 alla ricerca di John Ross, esplorò la zona nord-occ. del Canada.
BÀCOLI, com. in prov. di Napoli, sul Golfo di Pozzuoli; 27.916 ab. Mitilicoltura. Industrie elettroniche. Nei dintorni, la frazione di *Baia, importante sito archeologico di età romana.
BACOLOD, c. delle Filippine, sull'Isola Negros; 364.180 ab. Porto.
BACON (Francis), *Dublino 1909 - Madrid 1992*, pittore britannico. Con l'espressione del disagio e del malessere degli esseri umani, resi attraverso deformazioni violente e colori aspri, esercitò, nel dopoguerra, notevole influenza sulla "nuova figurazione" internazionale.
BACÓNE (Francésco), baróne di **Verulàmio**, *Londra 1561-1626*, filosofo inglese. Ricondusse, in modo altamente innovativo, l'idea di progresso umano all'evoluzione del sapere, propose una classificazione delle scienze (*Novum Organum*) e sviluppò un approccio empirista (*Instauratio magna*, 1623). Fu cancelliere d'Inghilterra sotto Giacomo I.

■ *Francesco Bacone. (National Portrait Gallery, Londra.)*
BACÓNE (Ruggèro), *Ilchester, Somerset, o Bisley, Gloucester, 1220 ca. - Oxford 1292*, filosofo e scienziato inglese. Molto importante per i suoi audaci contributi a tutte le branche del sapere del tempo, in primo luogo l'alchimia, nonché per le sue scoperte (in part. segnalò gli errori del calendario giuliano). È considerato il precursore del metodo sperimentale applicato alle scienze (*Opus Majus*, 1267-1268). Divenne francescano e fu soprannominato *Doctor mirabilis*.
BACÒNIA (Sélva), reg. collinare dell'Ungheria, a N del Lago Balaton; 704 m. Bauxite.
BADAJOZ, c. della Spagna (Estremadura), capol. di prov., sulla Guadiana; 136.136 ab. Vestigia arabe, cattedrale del XIII-XVI sec., palazzi antichi.
BADAKHSHĀN, reg. autonoma del Tagikistan, nel Pamir; 161.000 ab.; cap. *Khorog*.
BADALONA, c. della Spagna (Catalogna), presso Barcellona; 208.944 ab.
BADAMI, sito archeologico dell'India (Karnataka), situato nell'area di una delle ant. cap. dei Calukya. Santuari rupestri dedicati al dio Brahma (VI-VII sec.) ornati di bassorilievi.
BADA SHANREN →ZHU DA.
BAD EMS →EMS.
BADEN, reg. storica della Germania renana, att. parte del B.-Württemberg. Margraviato nel 1112, granducato nel 1806, repubblica nel 1919.
BADEN, com. della Svizzera (Argovia), sul f. Limmat; 15.945 ab. Il nucleo antico occupa l'area collinare. Centro termale. — Fondazione Langmatt (arte del XIX-XX sec.; pittura francese).
BADEN (Massimiliàno **di**) →MASSIMILIANO DI BADEN.
BADEN-BADEN, c. della Germania (Baden-Württemberg), sul f. Reno; 52.627 ab. Stazione termale. — Castello del XVI sec., musei e altri monumenti.
BADEN-POWELL (Robert, baróne), *Londra 1857 - Nyeri, Kenya, 1941*, generale britannico, fondatore dello scoutismo (1908).
BADEN-WÜRTTEMBERG, Land della Germania sud-occ.; 35.751 km²; 10.475.932 ab.; cap. *Stoccarda*.
BADGASTEIN, c. dell'Austria, presso Salisburgo; 5662 ab. Stazione termale e centro di sport invernali (1083-2246 m).
BADÌA POLÉSINE, com. in prov. di Rovigo; 10.463 ab. Centro agricolo e industriale. Abbazia della Vangadizza. Teatro Sociale (1813).
BADÌLE (Pizzo), monte delle Alpi Retiche; 3307 m. Chiamato così per la forma simile alla pala di un badile, presenta caratteristiche e maestose pareti granitiche.
BADINTER (Robert), *Parigi 1928*, avvocato francese. Ministro della giustizia (1981-1986), è stato l'artefice dell'abolizione della pena di morte in Francia (9 ott. 1981).

BADÒGLIO (Pietro), *Grazzano Monferrato 1871-1956*, militare e politico. Partecipò alla guerra di Libia e alla prima guerra mondiale. Capo di Stato maggiore generale dal 1925, fu nominato governatore della Libia (1929) e viceré d'Etiopia (1938). Nel 1943 fu chiamato da Vittorio Emanuele III a sostituire B. Mussolini e negoziò l'armistizio di Cassibile con gli Alleati. Seguì poi il re nella fuga a Brindisi, lasciando il paese nel caos. Dopo la liberazione di Roma (1944) si ritirò dalla vita politica per l'ostilità suscitata dal suo atteggiamento filomonarchico.

BADR (battàglia di) (624 d.C.), vittoria di Maometto sulle forze ostili della Mecca, in una località a SO di Medina.

BADÙILA → TOTILA.

BADUY, gruppo etnico dell'Indonesia (Giava Occidentale) (ca. 3000 individui). I b. si distinguono dalle popolazioni indonesiane circostanti per il loro rifiuto di aderire all'islam.

BAEDEKER (Karl), *Essen 1801 - Coblenza 1859*, libraio e scrittore tedesco. Creò una famosa collana di guide turistiche.

BAEKELAND (Leo Hendrik), *Gand 1863 - Beacon, Stato di New York, 1944*, chimico statunitense di origine belga. Fu l'inventore, nel 1907, della bachelite, la prima resina sintetica.

BAEYER (Adolf **von**), *Berlino 1835 - Starnberg, Baviera, 1917*, chimico tedesco. Per le ricerche di chimica organica e gli studi sui coloranti ottenne il premio Nobel nel 1905.

BAEZ (Joan), *Staten Island, New York, 1941*, cantante folk statunitense. Autrice di numerosi testi e compositrice, ha interpretato canzoni improntate agli ideali pacifisti e antirazzisti assumendo un ruolo importante nella contestazione degli anni '70 del XX secolo (*Blow'in the Wind*, di Bob Dylan; *Farewell Angelina*).

BÀFFI (Pàolo), *Broni 1911 - Roma 1989*, economista. Studioso di economia monetaria, fu direttore generale (1960-1974) e governatore (1975-1979) della Banca d'Italia. Tra le opere, *Studi sulla moneta* (1965) e *Nuovi studi sulla moneta* (1973).

BAFFIN (Ìsola di) o **TÈRRA DI BAFFIN**, in inuit **Qikiqtaaluk**, isola del Canada (Nunavut), che fa parte dell'arcipelago artico canadese, separata dalla Groenlandia dal Mare di B.; 470.000 km² ca.

BAFFIN (William), *Londra 1584 ca. - Golfo Persico 1622*, navigatore inglese. Nel 1616 penetrò per la prima volta, attraverso lo Stretto di Davis, nel mare che porta tuttora il suo nome.

BAFOUSSAM, c. del Camerun; 131.000 ab.

BAGANDA → GANDA.

BAGÀUDI O BACÀUDI, bande contadine della Gallia romana che si ribellarono per protestare contro le miserevoli condizioni di vita e furono debellate (III-V sec. d.C.).

BAGEHOT (Walter), *Langport, Somerset, 1826-1877*, economista britannico. Si occupò del mercato finanziario londinese e della Costituzione inglese.

BAGGARA, tribù arabe del Sudan (ca. 1,5 milioni di individui), di religione musulmana. Insediatesi nella regione del Darfour nel XVIII sec., dove si fusero con altre tribù, fornirono un appoggio decisivo al Mahdi alla fine del XIX sec. In seguito alla siccità che colpì la regione negli anni 1980-1990, alcuni gruppi b. scatenarono violenti conflitti contro i vicini popoli dediti all'agricoltura (fur, nuba) o nomadi (dinka).

BÀGGIO (Robèrto), *Caldogno 1967*, calciatore. Ha militato nel Vicenza, nella Fiorentina, nella Juventus, nel Milan, nel Bologna, nell'Inter e nel Brescia. Ha vinto 2 scudetti (1995 Juventus, 1996 Milan). Con la nazionale italiana ha partecipato a 3 edizioni della Coppa del mondo. Pallone d'oro nel 1993.

BAGHDAD, cap. dell'Iraq, sul Tigri; 3.845.000 ab. (4.689.000 ab. nell'agglomerato). Monumenti del XIII-XIV sec. Musei. — La città raggiunse l'apice dello splendore sotto gli Abbasidi (VIII-XIII sec.) e venne distrutta dai mongoli nel 1258. Gravemente danneggiata durante la prima e la seconda guerra del Golfo (1990-1991, 2003).

BAGHDAD (pàtto di) → CENTO.

BAGHERÌA, com. in prov. di Palermo; 54.035 ab. Stazione balneare e centro agricolo. Villa Palagonia (1715). Villa Valguarnera (1721).

BAGLIÓNI, famiglia di Perugia, di parte ghibellina. — **Pandolfo B.**, *XIV sec.* Dal 1384 governò la città. — **Giampaolo B.**, *1470 ca. - 1520*. Fu al servizio di Venezia e del papa. — **Malatesta B.**, *1491-1531*. Figlio di Giampaolo, fu al servizio di Firenze, ma le si volse contro durante l'assedio del 1530. — **Orazio B.**, *1493 ca. - 1528*. Alla morte di Giovanni de' Medici assunse il comando delle Bande Nere.

BAGLIÓNI (Clàudio), *Roma 1951*, cantante e compositore. La sua carriera è iniziata negli anni '70 del secolo scorso (*Questo piccolo grande amore*), ed è proseguita con grandi successi come: *E tu*, *Strada facendo*, *La vita è adesso*, *Oltre*, *Assieme*). Molte le apparizioni televisive (*Anima mia*, *Ultimo Valzer*) e le tournée (*Incanto*).

BAGNACAVÀLLO, com. in prov. di Ravenna; 16.057 ab. Viticoltura, frutta. Pieve di S. Pietro in Sylvis (VII sec.).

BÀGNO (órdine del), ordine cavalleresco inglese fondato nel 1725 da re Giorgio I.

BÀGNO A RÌPOLI, com. in prov. di Firenze; 25.800 ab. Centro industriale e agricolo. Chiese di S. Donnino a Villamagna e S. Pietro a Ripoli, di epoca medievale.

BAGNÒLI, frazione del com. di Napoli; 20.000 ab. Situato nelle vicinanze dei Campi Flegrei, è sede di stabilimenti siderurgici fin dall'inizio del '900.

BAGNORÈGIO, com. in prov. di Viterbo; 3817 ab. Centro medievale ancor oggi intatto, in part. il borgo di Civita, arroccato su una lama di tufo.

BAGOT (sir Charles), *Rugeley 1781 - Kingston, Canada, 1843*, politico britannico, governatore generale del Canada dal 1841 al 1843.

BAGRATION (Pëtr Ivanovič, principe), *Kisbjar, Dagestan, 1765 - Sima 1812*, generale russo. Combatté contro Napoleone e fu ucciso durante la battaglia della Moscova.

BAGUIO, c. delle Filippine (Luzon); 252.386 ab. Stazione climatica.

BAGUIRMI, ant. sultanato musulmano del Sudan centrale (att. in Ciad), fondato nel XVI sec.

BAGÙTTA, premio letterario italiano, il primo in ordine di istituzione (1927); il suo nome deriva da una trattoria nell'omonima via di Milano, celebre luogo d'incontro di intellettuali. È assegnato annualmente da una giuria specializzata.

BAHAMA, Stato delle Antille; 13.900 km²; 280.000 ab. CAP. *Nassau*. LINGUA: *inglese*. MONETA: *dollaro delle Bahama*. [*V. carta dell'*Stati Uniti.] Il paese conta ca. 700 isole, due delle quali (Gran Bahama e, soprattutto, New Providence) raccolgono la maggior parte della popolazione. Importanti per l'economia sono il turismo e il ruolo di centro finanziario assunto dal paese, prescelto come sede da molte società. — Antica colonia britannica, è indipendente dal 1973 nell'ambito del Commonwealth. Il capo dello Stato è la regina del Regno Unito Elisabetta II, rappresentata dal governatore generale Ivy Dumont, in carica dal 2001. Le funzioni di primo ministro vengono svolte da Perry Christie, eletto nel 2002.

BAHAWALPUR, c. del Pakistan; 408.000 ab.

BAHIA, Stato del NE del Brasile; 567.000 km²; 13.066.910 ab.; cap. *Salvador*.

BAHÍA BLANCA, c. dell'Argentina, sulla baia di Bahía Blanca; 271.467 ab. Porto.

BAHRAIN, Stato dell'Asia, sul Golfo Persico; 660 km²; 580.000 ab. CAP. *Manama*. LINGUA: *arabo*. MONETA: *dinaro di Bahrain*. [*V. carta dell'*Arabia Saudita.] È un arcipelago vicino alla costa dell'Arabia (collegato all'Arabia Saudita da un ponte nel 1986). Centro finanziario. Petrolio. — Protettorato britannico nel 1914, il B. acquistò la sua indipendenza nel 1971. Nel 2002 l'emirato diventò una monarchia costituzionale.

BAHR AL-GHAZAL, f. del Sudan, che scorre in una conca paludosa.

BÀIA, frazione del com. di Bacoli (Napoli). In epoca romana fu residenza imperiale e località termale, di cui restano notevoli rovine architettoniche.

BAIA MARE, c. della Romania nord-occ.; 149.205 ab.

BAIE-COMEAU, c. del Canada (Québec), sulla riva N dell'estuario del San Lorenzo. 25.554 ab. Porto. Industrie metallurgiche (alluminio), della carta e agroalimentari.

BAIE-SAINT-PAUL, c. del Canada (Québec), sull'estuario del San Lorenzo; 3569 ab. Centro turistico e culturale.

BAÏF (Lazare **de**), *presso La Flèche 1496 - Parigi 1547*, diplomatico e umanista francese. — **Jean Antoine de B.**, *Venezia 1532 - Parigi 1589*, poeta francese. Figlio di Lazare, membro della *Pléiade*, tentò di introdurre in Francia il verso della poesia antica e di riformare l'ortografica.

BAIKONUR (cosmòdromo di) → TIURATAM.

BAILÉN, c. della Spagna (Andalusia); 17.472 ab. Nel 1808 a B. due divisioni napoleoniche, guidate dal generale francese P.A. Dupont, furono sconfitte dagli spagnoli.

BAILLAIRGÉ, famiglia di scultori e architetti canadesi (Québec) del XVIII e XIX sec.

BAILLON (André), *Anversa 1875 - Saint-Germain-en-Laye 1932*, scrittore belga francofono. Le sue opere sono pregne di uno scarno populismo (*Histoire d'une Marie*) e autoanalisi della follia.

BAILYN (Bernard), *Hartford 1922*, storico statunitense. Ha introdotto una nuova prospettiva nello studio delle relazioni tra l'America e il continente europeo dall'epoca coloniale, oltre ad approfondire la rivoluzione americana (*The Ideological Origins of the American Revolution*, 1967).

BAINSIZZA, altopiano situato al confine tra Italia e Slovenia, presso Gorizia. Teatro della fase conclusiva della battaglia dell'Isonzo, durante la prima guerra mondiale (ago. 1917).

BAINVILLE (Jacques), *Vincennes 1879 - Parigi 1936*, storico francese. Mente del movimento nazionalista dell'*Action française* (*Histoire de deux peuples*, 1916-1923; *Napoléon*, 1931).

BAIRD (John Logie), *Helensburgh, Scozia, 1888 - Bexhill, Sussex, 1946*, ingegnere scozzese. Fu uno dei pionieri della televisione (prima dimostrazione, Londra, 1926; prime immagini a colori, 1928; prima trasmissione a lunga distanza, 1929).

BAIRD (Tadeusz), *Grodzisk Mazowiecki 1928 - Varsavia 1981*, compositore polacco. Fin dai primi componimenti, *String Quartet* (1957) e *Four essays for orchestra* (1958), la sua opera è stata caratterizzata dalla ricerca degli aspetti lirici e drammatici della musica.

BÀJ (Enrico), *Milano 1924 - Varese 2003*, pittore. Fondatore con S. Dangelo del "Movimento nucleare" (1951) e influenzato dai movimenti surrealisti e dada, ha creato una serie di personaggi grotteschi (i *Generali*), sperimentando la tecnica del collage di materiali diversi.

BAJA CALIFORNIA, penisola dell'America settentr., 1200 km. Si estende nell'Oceano Pacifico parallelamente alla costa messicana, delimitando il Golfo di California. Il territorio, che fa parte del Messico, è suddiviso in due Stati (B. C. Norte e B. C. Sur). Le catene montuose e le coste articolate creano scenografici paesaggi.

BAJAU o **BAJO**, gruppo di popoli delle Filippine merid., della Malesia (N del Borneo) e dell'Indonesia orient. (ca. 800.000 individui). I b. si identificano con il nome *sama*.

BAJESID → BAYAZID I.

BA JIN o **PA KIN**, *Chengdu 1904*, scrittore cinese. Ha descritto le trasformazioni sociali della società cinese (*Famiglia*).

BAJKAL (làgo), lago della Russia, nella Siberia merid.; 31.500 km²; lungo 640 km; profondità massima 1620 m. Ha come affl. l'Enisej e come

BAGHDAD. *Grande moschea sciita di Kazimayn (VIII sec.; restaurata nel XIX sec.)*

unico emissario l'Angara. È ricoperto di ghiaccio 6 mesi all'anno. — Principale centro paleolitico e mesolitico della Siberia.

BAKER (Chesney Henry, detto Chet), *Yale, Oklahoma, 1929 - Amsterdam 1988*, trombettista, cantante e compositore di jazz statunitense. Membro del quartetto senza piano del sassofonista Gerry Mulligan all'inizio degli anni '50 del secolo scorso, inventò una sonorità al tempo stesso struggente e romantica (album *Broken Wing*).

BAKER (James), *Houston 1930*, politico statunitense. È stato segretario di Stato del presidente G. Bush dal 1989 al 1992.

BAKER (Joséphine), *Saint Louis 1906 - Parigi 1975*, artista di music-hall francese di origine statunitense. Conobbe notorietà come cantante, ballerina, attrice e cinema.

BAKER (Ray Stannard), *Lansing, Michigan, 1870 - Amherst, Massachusetts, 1946*, giornalista statunitense. Denunciò gli scandali della società industriale e giocò un ruolo importante alla fine della prima guerra mondiale, durante le trattative di pace. La biografia del presidente T.W. Wilson gli valse il premio Pulitzer (1940).

BAKER (sir Samuel White), *Londra 1821 - Standford Orleigh 1893*, esploratore britannico. Esplorò l'Africa centrale e scoprì il lago che denominò Alberto nel 1864.

BAKI (Mahmud **Abdulbaki**, detto), *Istanbul 1526-1600*, poeta turco. Fu autore del *Divan*, dove associa il virtuosismo al lirismo.

BAKIN (Takizawa), *Edo 1767-1848*, scrittore giapponese. Fu autore di romanzi di successo (*Nansù Satomi hakkenden*).

BAKONGO → KONGO.

BAKU, in azero **Bakò**, cap. dell'Azerbaigian, sulla costa occ. del Mar Caspio, a S della penisola di Apšeron; 1.725.000 ab.

BAKUBA → KUBA.

BAKUNIN (Michail Aleksandrovič), *Prjamuchino 1814 - Berna 1876*, rivoluzionario russo. Partecipò alla rivoluzione del 1848 a Parigi e a Praga. Membro della Prima Internazionale (1868-1872), entrato poi in contrasto con K. Marx, fu un teorico dell'anarchia.

BAL'MONT (Konstantin Dmitrjevič), *Gumnišči 1867 - Noisy-le-Grand 1942*, poeta russo, uno dei principali rappresentanti del simbolismo russo (*Saremo come il sole*).

BALACLAVA (battàglia di) (25 ott. 1854), battaglia della guerra di Crimea. Vittoria delle truppe franco-inglesi sulla Russia. La cavalleria britannica si fece onore (carica della brigata leggera).

BALAGUER (Joaquín), *Navarrete, prov. di Santiago, 1907*, politico dominicano. Presidente della repubblica negli anni 1960-1962, 1966-1978 e 1986-1996.

BALAGUER (Víctor), *Barcellona 1824 - Madrid 1901*, scrittore e politico catalano. Fu uno dei promotori della rinascita culturale e linguistica catalana (*Historia de Cataluña y de la Corona de Aragón*).

BALAÏTOUS (Mónte), cima dei Pirenei francesi (nel dip. Hautes-Pyrénées), alla frontiera spagnola; 3144 m.

BALAKIREV (Milij Aleksevič), *Nižnij-Novgorod 1837 - San Pietroburgo 1910*, compositore russo. Anche pianista e direttore d'orchestra, fu il fondatore del gruppo dei *Cinque e l'autore d'Islamey* (1869), per pianoforte.

BALAKOVO, c. della Russia, sul Volga; 208.000 ab. Centrale idroelettrica e centrale nucleare.

BALANCHINE (Georgij Melitonovič **Balančivadze**, detto George), *San Pietroburgo 1904 - New York 1983*, coreografo russo naturalizzato statunitense. Collaboratore di S. Djagilev, cofondatore nel 1934 della School of American Ballet, animatore del New York City Ballet, firmò con uno stile neoclassico rigoroso molti pezzi tra i più rappresentativi del repertorio del XX sec.: *Apollo musagete* (1928); *I quattro temperamenti*, (1946); *Agon* (1957).

BALANZÓNE, maschera bolognese della commedia dell'arte. Nota fin dal XVI sec., rappresenta il "Dottore", ovvero il giurista saccente, trionfo e vanitoso, che fa sfoggio di retorica mescolando disordinatamente termini in italiano e in dialetto.

BALARD (Antoine Jérôme), *Montpellier 1802 - Parigi 1876*, chimico francese. Scoprì il bromo (1826) e separò nell'acqua del mare il sodio e il potassio.

BALASSI o **BALASSA** (Bálint), *Zolyom 1554 - Esztergom 1594*, poeta ungherese. È considerato il più grande lirico ungherese.

BALATON (làgo), lago dell'Ungheria, ai piedi della Selva Baconia e a SO di Budapest; 596 km². Turismo.

BALBÌNO (Dècimo Cèlio Calvìno), *178-238 d.C.*, imperatore romano. Alla morte di Gordiano II (238) fu eletto imperatore dal senato insieme a Pupieno. Entrati in disaccordo tra loro, entrambi gli imperatori furono uccisi dai pretoriani.

BÀLBO (Cèsare), cónte **di Vinàdio**, *Torino 1789-1853*, politico e storico. Fu uno dei capi del Risorgimento, primo presidente del consiglio dopo la concessione dello statuto nel 1848 e sostenitore del neoguelfismo. Scrisse *Le speranze d'Italia* (1844) e *Sommario della storia d'Italia* (1846)

BÀLBO (Ìtalo), *Ferrara 1896 - Tobruq 1940*, politico. Tra i promotori del fascismo, ministro dell'aeronautica (1926-1935), guidò vari raid aerei. Divenuto governatore della Libia nel 1939, cadde vittima di un errore della contraerea italiana.

BALBOA (Vasco **Núñez de**), *Jerez de los Caballeros 1475 - Acla, Panamá, 1517*, conquistatore spagnolo. Scoprì l'Oceano Pacifico nel 1513, dopo aver attraversato l'Istmo di Darién.

BALCÀNI, lunga catena montuosa della Bulgaria; Picco Botev (2376 m).

BALCÀNI (penisola dei) o **PENÌSOLA BALCÀNICA**, la più orient. delle penisole dell'Europa merid., delimitata a N dalla Sava e dal Danubio.

GEOGRAFIA — Alla penisola appartengono l'Albania, la Bosnia-Erzegovina, la Bulgaria, la Croazia, la Grecia, la Macedonia, la Turchia europea e la Serbia e Montenegro. È una regione essenzialmente montuosa (Alpi Dinariche, Monti Balcani, Rodopi, Pindo), dal clima continentale all'interno, mediterraneo sul litorale. Nelle valli (Morava, Vardar, Marica), con i bacini interni (Sofia), si concentra la maggior parte della popolazione.

STORIA — Crogiolo di diversi popoli, la penisola balcanica fu sottomessa dai turchi a partire dal XIV sec. L'Europa cristiana (e in particolar modo la casata d'Austria e la Russia) iniziò la sua riconquista nel XVIII sec. La lotta delle popolazioni balcaniche contro la dominazione ottomana, i dissidi religiosi tra ortodossi, cattolici e musulmani e la rivalità tra le grandi potenze diedero vita a numerosi conflitti: guerra russo-turca (1877-1878) e greco-turca (1897), guerre balcaniche (1912-1913), campagne dei Dardanelli, di Serbia e di Macedonia durante la prima guerra mondiale, campagna dei Balcani (1940-1941). I problemi legati alle minoranze nazionali e alle frontiere statali hanno condotto allo smembramento della Iugoslavia nel 1991-1992 e sono all'origine della guerra in Croazia (1991-1992) e in Bosnia-Erzegovina (1992-1995), così come del conflitto del Kosovo (1999).

BALDACCINI (César) → CÉSAR.

BALDASSÀRRE, nome di uno dei tre re magi.

BALDASSÀRRE, *m. nel 539 a.C.*, re di Babilonia. Figlio del re Nabonide, fu sconfitto e ucciso quando Ciro II conquistò Babilonia.

BALDER o **BALDR**, dio germanico, il più saggio degli Asi. Figlio di Odino e di Frigg, imprigionato nel regno della morte, presiederà alla rinascita universale.

BALDÌNI (Antònio), *Roma 1889-1962*, scrittore. Fu tra i fondatori della rivista *La Ronda*. Tra le sue opere, caratterizzate da una prosa elegante e raffinata: *Michelaccio* (1924).

BALDÌNI CASTÒLDI DALÀI, casa editrice fondata a Milano nel 1896 da E. Baldini e A. Castoldi, con il nome di Baldini & Castoldi. Ha assunto la nuova denominazione nel mag. 2003.

BALDÌNI (Èrcole), *Villanova di Forlì 1933*, ciclista. Dopo aver stabilito il record dell'ora nel 1954, è stato campione olimpico a Melbourne nel 1956 e campione italiano nel 1957. Nel 1958 ha vinto il Giro d'Italia e il campionato del mondo.

BÀLDO (Mónte), massiccio montuoso lungo 35 km. Situato tra la valle dell'f. Adige e il Garda, ha il suo punto culminante nella Cima Valdritta (2218 m). Interessante l'ambiente naturalistico.

BÀLDO DEGLI UBÀLDI, *Perugia 1327 - Pavia 1400*, giurista. Scrisse una serie di commentari a testi di diritto come il *Corpus iuris civilis* e i *Libri feudorum*, e sistematizzò la dottrina del diritto commerciale con l'opera *Summula respiciens facta mercatorum*.

BALDOVÌNO, nome di più sovrani

BELGIO

BALDOVÌNO I, *Bruxelles 1930 - Motril, Spagna, 1993*, re del Belgio (1951-1993). Divenne re in seguito all'abdicazione del padre, Leopoldo III. Sposò Fabiola de Mora y Aragón nel 1960.

■ *Baldovino I del Belgio.*

GERUSALEMME

BALDOVÌNO I, *m. a Al-Arish nel 1118*, re di Gerusalemme (1100-1118). Fratello di Goffredo di Buglione, fu il fondatore del regno di Gerusalemme, che ingrandì e dotò di istituzioni solide.

IMPERO LATINO D'ORIENTE

BALDOVÌNO I, *Valenciennes 1171-1205*, conte di Fiandra e di Hainaut (Baldovino IX) e imperatore latino di Costantinopoli (1204-1205). Tra i promotori della quarta crociata, fu eletto imperatore dopo la presa di Costantinopoli da parte dei crociati.
— Baldovino II, *Costantinopoli 1217 ca. - 1273*, imperatore latino di Costantinopoli (1228-1261).

BALDUNG (Hans), detto **Baldung Grien**, *Schwäbisch Gmünd 1484/1485 - Strasburgo 1545*, pittore e incisore tedesco stabilitosi a Strasburgo nel 1509. Nelle sue opere associò spesso aspetti fantastici e macabri alla sensualità.

BALDWIN (James), *New York 1924 - Saint-Paul-de-Vence 1987*, scrittore statunitense. Figlio di un pastore nero, cercò di dare soluzione ai conflitti razziali tramite una rivoluzione morale (*Sviluppo mentale nel bimbo e nella razza*).

BALDWIN (James Mark), *Columbia, Carolina del Sud, 1861 - Parigi 1934*, psicologo e sociologo statunitense. Fu uno dei primi a occuparsi delle fasi di sviluppo dell'infanzia.

BALDWIN (Robert), *Toronto 1804-1858*, politico canadese. Fu primo ministro dal 1842 al 1843 e dal 1848 al 1851.

BALDWIN (Stanley, cónte), *Bewdley 1867 - Stourport 1947*, politico britannico. Conservatore, fu primo ministro nel 1923, dal 1924 al 1929, poi dal 1935 al 1937.

BALEÀRI (Ìsole), comunità autonoma della Spagna, formata da un arcipelago del Mediterraneo occ.; 5014 km²; 845.630 ab.; capol. *Palma de Mallorca*. Le B. comprendono quattro isole principali (Maiorca, Minorca, Ibiza e Formentera), dal territorio collinare e montuoso e dal litorale frastagliato. Il turismo costituisce la risorsa principale. — Occupate da Giacomo I il Conquistatore, re di Aragona, e costituite in regno di Maiorca (1276), nel 1343 furono annesse alla corona di Aragona.

BALEN, com. del Belgio (prov. di Anversa); 19.410 ab. Industria metallurgica.

BALENCIAGA (Cristóbal), *Guetaria, Guipúzcoa, 1895 - Valencia, Spagna, 1972*, creatore di moda spagnolo. Stabilitosi a Parigi nel 1937, influenzò tutta una generazione di stilisti con le sue creazioni note per lo stile austero e i tagli impeccabili.

BALESTRÌNI (Nànni), *Milano 1935*, poeta e romanziere. È stato membro del *Gruppo 63 ed esponente della neoavanguardia. Tra le opere, le raccolte poetiche *Come si agisce* (1963) e *Blackout* (1980) e i romanzi *Vogliamo tutto* (1971) e *Gli invisibili* (1987).

BALFOUR (Arthur James, cónte **di**), *Whittingehame, Scozia, 1848 - Woking 1930*, politico britannico. Primo ministro conservatore a capo di un governo unionista (1902-1906), ministro degli affari esteri (1916-1922), si dichiarò favorevole, nel 1917, alla costituzione di una sede nazionale per la popolazione ebraica in Palestina (*dichiarazione B.*).

BALI, isola dell'Indonesia, a E di Giava; 5561 km²; 2.895.600 ab. (*balinesi*). Turismo. — Dall'VIII al XV sec. vi fiorì un'interessante arte di ispirazione buddhista.

BALIKESIR, c. della Turchia occ.; 189.987 ab.

BALIKPAPAN, c. dell'Indonesia (Borneo); 416.200 ab. Porto petrolifero.

BALINÉSI, popolazione dell'Indonesia (Bali, Lombok; 3 milioni di individui). I b. sono principalmente risicoltori. Convertitisi all'islam nell'VIII sec., praticano una forma di induismo, intriso di cultura locale, che non prevede il sistema delle caste. I villaggi (*desa*) sono ricchi di templi; i b. sono famosi per le loro feste, i rituali (cremazione), il teatro, le danze e la musica (*gamelan*). Parlano balinese, lingua della famiglia maleo-polinesiana occ.

BALINT (Michael), *Budapest 1896 - Londra 1970*, psichiatra e psicoanalista britannico di origine ungherese. È autore di una tecnica che consiste nel riunire regolarmente i medici per uno scambio di opinioni sui pazienti (*gruppo B.*).

BALIOL, **BAILLIOL** o **BAILLEUL**, famiglia di origine normanna che salì al trono di Scozia nel 1292.

BALKARI, popolazione turca della Russia (79.000 individui, soprattutto in Kabardino-Balkaria e nel Kirghizistan). Montanari musulmani del Caucaso settentr., furono deportati in Asia centrale (1944-1957).

BALKHAŠ (làgo), lago del Kazakistan orient.; 17.300 km².

BALL (John), *m. a Saint Albans nel 1381*, ecclesiastico inglese. Predicando l'uguaglianza, condusse, con Wat Tyler, la rivolta dei contadini a Londra nel 1381. Fu ucciso.

BÀLLA (Giàcomo), *Torino 1871 - Roma 1958*, pittore. Tra i firmatari del Manifesto del futurismo, adottò inizialmente una tecnica divisionista, per passare poi allo studio del movimento con esperimenti fotodinamici. Dagli anni '20 del secolo scorso i suoi lavori furono caratterizzati dalla stilizzazione di elementi naturali e da un cromatismo intenso e violento. Nel 1925 partecipò alla Biennale di Roma e la sua pittura subì un'ulteriore trasformazione con il ritorno ai temi della vita quotidiana, al ritratto e al paesaggio. *Lampada ad arco* (1909), *Automobile in corsa* (1912), *Compenetrazione iridescente* (1914).

Giacomo **BALLA**. Dinamismo di un cane al guinzaglio, 1912. (Coll. A. Conger Goodyear, New York.)

BALLADUR (Édouard), *Izmir 1929*, politico francese. Membro del RPR, ministro dell'economia, delle finanze e della privatizzazione dal 1986 al 1988, è stato primo ministro all'epoca della coabitazione (1993-1995) e candidato alle presidenziali del 1995.

BALLARD (James Graham), *Shanghai 1930*, scrittore britannico. Autore di numerosi racconti e romanzi di fantascienza, tra cui *Crash* (1973), ha scritto anche *L'impero del sole* (1984), ispirato agli anni trascorsi in un campo di concentramento giapponese in Cina. Recentemente si è dedicato al thriller psicologico (*Cocaine Nights*, 1996).

BALLÈSTRA (Silvia), *S. Benedetto del Tronto 1969*, scrittrice. Ha esordito nel 1991 con *Il compleanno dell'iguana*. I suoi romanzi sviluppano una commistione tra il linguaggio dialettale e la realtà giovanile. Tra le altre opere, *La guerra degli Antò* (1992), la raccolta *Gli orsi* (1994) e *Nina* (2001).

BALLETS RUSSES, compagnia di danza, fondata da S. Djagilev e da lui diretta dal 1909 al 1929.

BALLO EXCELSIOR, allestimento scenografico. Fu realizzato nel 1881 da L. Manzotti, sulla base di una partitura musicale di R. Marenco, distinguendosi immediatamente per l'elevata qualità coreografica e le notevole tecnica rivelata dai ballerini.

BALLONS DES VOSGES (Pàrco naturale regionàle deí), parco naturale francese che ingloba la parte merid., la più elevata, del massiccio dei Vosgi; 300.000 ha. ca.

BALLY (Charles), *Ginevra 1865-1947*, linguista svizzero. Discepolo di F. de Saussure, è autore del *Traité de stylistique française*.

BALMAT (Jacques), *Les Pélérins, Chamonix, 1762 - valle di Sixt 1834*, guida alpina francese. Nel 1786 compì la prima ascensione al Monte Bianco, accompagnato dal medico M.G. Paccard; nel 1787 ripeté l'impresa con H.B. de Saussure.

BALMER (Johann Jakob), *Lausen 1825 - Basilea 1898*, fisico svizzero. Teorizzò la ripartizione delle righe nello spettro dell'idrogeno.

BÀLSAMO (Giusèppe) → CAGLIOSTRO.

BALTARD (Victor), *Parigi 1805-1874*, architetto francese. Facendo ampio uso del ferro, costruì a Parigi le Halles Centrales (1851) e la chiesa di St-Augustin.

BALTAZARÌNI DI BELGIOIÓSO (Baldassàrre), *Lombardia inizio del XVI sec. - Parigi 1587*, compositore e coreografo. Visse alla corte francese, dove nel 1581 realizzò il *Ballet comique de la reine*, spettacolo di dimensioni colossali che viene considerato il primo balletto della storia.

BALTHASAR (Hans Urs **von**), *Lucerna 1905 - Basilea 1988*, teologo cattolico svizzero di lingua tedesca. Influenzato da H. de Lubac e K. Barth, fu uno dei più grandi teologi del XX sec. (*Gloria*, 1961-1969; *Teodrammatica*, 1973-1983; *Teologica* 1985-1987). Fu nominato cardinale poco prima della morte.

BALTHUS (Balthasar **Klossowski de Rola**, detto), *Parigi 1908 - Rossinière, cant. di Vaud, 2001*, pittore francese. Autore molto originale, ha dipinto paesaggi velati da una pallida luce che smorza il colore e interni popolati da inquietanti figure adolescenziali.

BALTHUS. I ragazzi Blanchard, 1937. (Musée Picasso, Parigi.)

BÀLTICI, abitanti dei paesi baltici; in senso stretto, chi parla le lingue baltiche (lettoni, lituani e, ant., prussiani della Bassa Vistola).

BÀLTICI (paési), insieme formato dalle rep. di Estonia, Lettonia e Lituania.

BÀLTICO (Màre), mare interno dell'Europa settentr., parte dell'Oceano Atlantico, che bagna la Germania, i paesi baltici, la Danimarca, la Finlandia, la Polonia, la Russia e la Svezia; 385.000 km². In genere poco profondo, poco salato, senza maree di rilievo, spesso ghiacciato in inverno, il B. comunica con il Mare del Nord attraverso gli stretti danesi e forma il Golfo di Botnia tra Svezia e Finlandia.

BALTIMÒRA, in ing. **Baltimore**, c. degli Stati Uniti (Maryland), sulla Baia di Chesapeake; 651.154 ab. (2.522.994 ab. nell'agglomerato). Porto. Centro industriale. Università Johns Hopkins. — Musei importanti.

BALTRUŠAITIS (Jurgis), *presso Kaunas 1903 - Parigi 1988*, storico dell'arte francese di origine lituana. Tra le sue opere: *Anamorfosi* (1978), *Il medioevo fantastico* (1979), *La ricerca di Iside* (1985).

BÀLȚŠI, c. della Moldavia; 159. 000 ab.

BALÙBA → LUBA.

BALUCHISTAN, reg. dell'Asia merid. È compresa tra l'Iran e il Pakistan, al quale appartiene l'omonima prov. (capol. *Quetta*) (347.190 km²). Il territorio è in gran parte montuoso e arido.

BALÙCI, popolazione iranica del Pakistan, dell'Iran, dell'Afghanistan e del Turkmenistan (ca. 5 milioni di individui). Originari delle sponde del Mar Caspio, si stabilirono tra il XVI e il XVII sec.

nell'att. Baluchistan, dove si mescolarono alle popolazioni dravidiche (*brahui*). Indipendenti dal XVIII al XIX sec., sono pastori nomadi (cammelli, montoni). Di maggioranza sunnita, parlano il baluci, lingua appartenente alla famiglia iraniana.

BALZAC (Honoré **de**), *Tours 1799 - Parigi 1850*, scrittore francese. È autore della *Commedia umana*, grandioso affresco della società francese dall'epoca della Rivoluzione alla fine della Monarchia di Luglio. Nei 90 romanzi che la compongono, divisi in *Studi di costume, Studi filosofici* e *Studi analitici*, compaiono

oltre 2000 personaggi, ossessionati dalla ricerca del denaro e del potere, vittime di passioni divoranti. I titoli principali sono: *La pelle di zigrino* (1831), *Il medico di campagna* (1833), *Eugenia Grandet* (1833), *Papà Goriot* (1834-1835), *Il giglio della valle* (1835), *Le illusioni perdute* (1837-1843), *Splendori e miserie delle cortigiane* (1838-1847), *La cugina Betta* (1846), *Il cugino Pons* (1847).

■ *Honoré de Balzac ritratto da L. Boulanger.*

BALZAC (Jean-Louis **Guez de**), *Angoulême 1595-1654*, scrittore francese. Le sue *Lettere* e i suoi saggi politici (*Il principe*) e critici (*Socrate cristiano*) contribuirono alla formazione della prosa classica.

BÀLZI RÓSSI, località ligure presso Grimaldi (Ventimiglia). Il nome deriva dal colore delle pareti rocciose a picco sul mare. È famosa per le caverne con resti del Paleolitico (scheletri di Cro-Magnon e graffiti).

BAMAKO, cap. del Mali, sul f. Niger; 658.300 ab. (1.131.000 ab. nell'agglomerato). Aeroporto.

BAMANANKE o **BAMBARA**, popolazione mandinga stanziata nel Mali, in Senegal, in Costa d'Avorio e nel Burkina (ca. 2 milioni di individui). I b. fondarono nel XVII sec. i regni di Ségou e di Kaarta, distrutti nel XIX sec. dai Toucouleur. Sono soprattutto agricoltori, e la loro resistenza all'islam dimostra la forza delle loro società iniziatiche (N'Domo, Komo, Korè, Tyi Wara), nelle quali è fiorita un'arte rinomata (maschere). Parlano il bambara, o bamanankan, lingua del gruppo nigero-congolese.

BAMBERG in it. **Bambèrga**, c. della Germania (Baviera); 69.708 ab. Porto fluviale (sul canale Reno-Meno-Danubio). — Cattedrale del XIII sec. (sculture), monumenti barocchi e complesso di abitazioni antiche. Musei.

BAMBÒCCIO (il) → VAN LAER (Pieter).

BAMENDA, c. del Camerun occ.; 138.000 ab.

BAMILEKE, popolazione del Camerun sud-occ. (ca. 700.000 individui), suddivisa in piccoli regni.

BAMIYAN, c. dell'Afghanistan, tra l'Hindu Kush e i Monti Baba; 8000 ab. Centro buddhista sulla strada delle carovane, con monasteri rupestri del II-VII sec. (dipinti e sculture, tra cui due Buddha monumentali, scolpiti nella roccia, distrutti dai talebani nel 2001).

BAMIYAN. Statua monumentale (55 m) di Buddha scolpita nella roccia (V-VII sec.), distrutta dai talebani.

BAMUM, popolazione del Camerun sud-occ. (ca. 140.000 individui), organizzata in regni.

BANA, scrittore indiano del VII sec., di lingua sanscrita. Poeta alla corte del re Harsa (*Le gesta di Harsa*), è uno dei maestri del romanzo sanscrito (*Kadambari*).

BANACH (Stefan), *Cracovia 1892 - Leopoli 1945*, matematico polacco. Attraverso le sue ricerche sugli spazi vettoriali topologici introdusse il concetto degli spazi completi dotati di norma.

BANÀTO, reg. dell'Europa, corrispondente alla parte sud-orient. del bacino pannonico. Nel 1919 fu spartito tra Romania, Ungheria e Iugoslavia.

BÀNCA CENTRÀLE EUROPÈA (BCE), istituzione europea. Nata dal trattato di Maastricht (1992) e subentrata all'Istituto monetario europeo (IME, 1994-1998), è stata creata nel 1998. Dopo l'adozione dell'euro (1° gen. 1999), ha la funzione di definire e mettere in opera una politica monetaria europea comune, in collaborazione con le banche nazionali centrali (con le quali forma il Sistema europeo di banche centrali, o SEBC). La sua sede è a Francoforte.

BÀNCA DEI REGOLAMÉNTI INTERNAZIONÀLI (BRI), organizzazione e banca internazionale. È stata creata nel 1930 allo scopo di favorire la cooperazione delle banche centrali e di facilitare le operazioni finanziarie internazionali. Ha sede a Basilea.

BÀNCA EUROPÈA PER GLI INVESTIMÉNTI (BEI), istituzione finanziaria dell'Unione Europea. Nata dal trattato di Roma, ha contribuito allo sviluppo dell'Unione Europea, facilitando il finanziamento di progetti economici all'interno e all'esterno dell'Unione.

BÀNCA EUROPÈA PER LA RICOSTRUZIÓNE E LO SVILÙPPO DELL'EURÒPA DELL'EST, (BERS), organizzazione bancaria internazionale creata nel 1990 per favorire la transizione delle economie dei paesi dell'Europa dell'Est verso un'economia di mercato.

BÀNCA INTERNAZIONÀLE PER LA RICOSTRUZIÓNE E LO SVILÙPPO (BIRS), organismo internazionale. Appartiene al gruppo della *Banca mondiale*.

BÀNCA INTÉSA, gruppo bancario nato nel 1998 dall'integrazione di CARIPLO e Banco Ambrosiano Veneto. Acquisito nel 1999 il controllo della Banca Commerciale Italiana, ha assunto questa denominazione nel 2003. Oggi è uno dei gruppi bancari più importanti in Italia e all'estero.

BÀNCA MONDIÀLE, insieme di cinque associazioni internazionali che forniscono assistenza tecnica e finanziaria ai paesi in via di sviluppo: la Banca internazionale per la ricostruzione e lo sviluppo (BIRS), creata nel 1946; l'Associazione internazionale dello sviluppo (AID), fondata nel 1960; la Società finanziaria internazionale (SFI), creata nel 1956; l'Agenzia multilaterale di garanzia degli investimenti (AMGI), creata nel 1988; il Centro internazionale per la composizione delle controversie relative agli investimenti (CIRDI), nato nel 1966.

BÀNCA NAZIONÀLE DEL LAVÒRO (BNL), istituto di credito fondato nel 1913, che oltre al credito ordinario esercita diversi crediti speciali (fondiario, turistico, cinematografico). Società per azioni dal 1992, si è avviata dal 1998 alla privatizzazione.

BÀNCA POPOLÀRE DI LÒDI, istituto bancario fondato nel 1964 da T. Zalli. Prima banca popolare italiana per anno di fondazione, ha conosciuto una notevole espansione a partire dagli anni '50 del secolo scorso, caratterizzata dall'apertura della sede centrale e da una progressiva diffusione. Nel 1999 è entrata a far parte del Gruppo Bipielle, uno dei principali in Italia.

BANCARÈLLA, premio letterario istituito nel 1953 a Pontremoli (Massa-Carrara). Viene assegnato annualmente da una giuria di librai a un'opera di narrativa o saggistica. Nel corso della sua storia ha premiato alcuni tra i maggiori scrittori del '900.

BANCROFT (George), *Worcester, Massachusetts, 1800 - Washington 1891*, storico e politico statunitense. Scrisse, tra il 1834 e il 1874, un'imponente *Storia degli Stati Uniti*.

BANDA(Màre di), mare dell'Indonesia. Raggiunge una profondità massima di 7440 m ed è delimitato dalle Molucche, da Celebes e dalle Piccole Isole della Sonda.

BÀNDA DEI QUÀTTRO, denominazione attribuita a un gruppo di quattro dirigenti cinesi: Jiang Qing, vedova di Mao Zedong, Wang Hongwen, Yao Wenyuan e Zhang Chunqiao. Accusati di complotto, furono arrestati nel 1976, dopo la morte di Mao Zedong.

BANDAR ABBAS, c. dell'Iran, sullo Stretto di Ormuz; 249.504 ab. Porto.

BANDARANAIKE (Sirimavo), *Ratnapura 1916 - Kadawata, presso Colombo, 2000*, politica dello Sri Lanka. Succeduta al marito Solomon B. (1899-1959), assassinato, fu presidente dello Sri Lanka Freedom Party (dal 1960 alla morte) e primo ministro (1960-1965, 1970-1977, 1994-2000). — **Chandrika B. Kumaratunga**, *Colombo 1945*, politica dello Sri Lanka. Figlia di Solomon e di Sirimavo, è diventata primo ministro nel 1994 (ago.), poi presidente della repubblica (nov.). È stata rieletta alla guida dello Stato nel 1999.

BANDAR SERI BEGAWAN, cap. del Brunei; 85.000 ab.

BANDEIRA (Manuel), *Recife 1886 - Rio de Janeiro 1968*, poeta brasiliano. La sua opera unisce il virtuosismo formale alla semplicità dei temi quotidiani (*Carnevale, Stella della sera*).

BANDÈLLO (Mattèo), *Castelnuovo Scrivia 1485 ca. - Bazens, presso Agen, 1561*, frate domenicano e scrittore. Fu al servizio degli Sforza, di Francesco Gonzaga, di Giovanni dalle Bande Nere e di Cesare Fregoso. Resse il vescovado di Agen dal 1550 al 1555. Oltre ai quattro libri di *Novelle*, un vastissimo *corpus* che si distingue dal *Decameron* di G. Boccaccio per lo stile quotidiano e per la mancanza di una cornice narrativa, scrisse *Canti XI delle lodi della signora Lucrezia Gonzaga*, *Le tre Parche* e *Alcuni fragmenti de le rime*.

BÀNDI (Giusèppe), *Gavorrano 1834 - Livorno 1894*, patriota e scrittore. Fondatore della *Gazzetta Livornese* e del *Telegrafo*, partecipò alla spedizione dei Mille, di cui scrisse in *I Mille. Da Genova a Capua* (1902).

BANDIAGARA, villaggio del Mali, sull'altopiano del B. L'altopiano è delimitato da alte falesie, ai piedi delle quali vivono i dogon.

BANDIÈRA, famiglia di patrioti. — **Attilio B.**, *Venezia 1810 - Rovito 1844*, ed — **Emilio B.**, *Venezia 1819 - Rovito 1844*, fratello di Attilio. Ufficiali della marina austriaca, si unirono alla Giovine Italia e furono fucilati in seguito a una fallita insurrezione in Calabria.

BANDINÈLLI (Bàccio), *Firenze 1488-1560*, scultore. Lavorò a Firenze e a Roma dove diventò concorrente e imitatore di Michelangelo e B. Cellini. Protetto dalla famiglia dei Medici, fu chiamato a realizzare *Ercole e Caco* (1534), in piazza della Signoria a Firenze. Realizzò inoltre una copia del Laocoonte e le tombe di Leone X e Clemente VII in S. Maria sopra Minerva, a Roma.

BANDUNDU, c. della Rep. Dem. del Congo, capol. di reg., sul Kasai; 97.000 ab.

BANDUNG (conferènza afro-asiàtica di) (18-24 apr. 1955), conferenza che riunì i rappresentanti di 29 paesi africani e asiatici. Condannò l'imperialismo e il colonialismo, affermando la volontà di emancipazione dai "Grandi" (neutralismo) e portò il problema del terzo mondo sulla scena internazionale.

BANDUNG o **BANDOENG**, c. dell'Indonesia (Giava); 2.368.200 ab.

BANÉR (Johan Gustafsson), *Djursholm 1596 - Halberstadt, presso Magdeburgo, 1641*, generale svedese. Si distinse nella guerra dei Trent'anni: la vittoria di Chemnitz sulle truppe imperiali (1639) gli permise di invadere la Boemia.

BANFF (Pàrco nazionale di), parco nazionale del Canada (Alberta), nelle Montagne Rocciose.

BÀNFI (Giàn Luigi) → BBPR.

BÀNFI (Antònio), *Vimercate 1886 - Milano 1957*, filosofo. Nel 1940 fondò la rivista *Studi filosofici*. La sua riflessione filosofica, partita da un'analisi della fenomenologia, confluì poi nel marxismo. Tra le opere, *Principi di una teoria della ragione* (1926).

BANGALORE, c. dell'India, cap. del Karnataka; 4.292.223 ab. (5.561.000 ab. nell'agglomerato). Informatica. — *Monumenti antichi; musei*.

BANGKA o **BANKA**, isola dell'Indonesia, a SE di Sumatra. Miniere di stagno.

BANGKOK, in thai **Krung Thep** ("Città degli angeli"), cap. della Thailandia, presso la foce del Chao Phraya; 6.320.174 ab. (7.281.000 ab. nell'agglomerato). Aeroporto. Turismo. — *Monumenti del XVIII sec.*

BANGKOK. *Mercato galleggiante.*

BANGLADESH, Stato dell'Asia, sul Golfo del Bengala; 143.000 km²; 130.000.000 ab. (*bengalesi*). CAP. *Dacca*. C. PRINC. *Chittagong*. LINGUA: *bengali*. MONETA: *taka*.

GEOGRAFIA – Il B. si estende su un'immensa pianura alluvionale formata dai fiumi Gange e Brahmaputra. È una regione molto umida (soggetta a frequenti inondazioni, spesso provocate dal passaggio di cicloni), in cui si produce soprattutto riso e che esporta in primo luogo la iuta. Il paese, povero di risorse minerarie e industrie, è fortemente sovrappopolato, fenomeno aggravato da una rapida crescita demografica. Popolato in larga maggioranza da musulmani, è uno degli Stati più poveri del mondo, che sopravvive solo grazie agli aiuti internazionali.

STORIA – **1971**: il Pakistan orient., formatosi nel 1947 in seguito alla spartizione del Bengala, ottiene l'indipendenza con il nome di B. **1975**: Mujibur Rahman, a capo del paese dal 1971, viene deposto e assassinato in seguito a un colpo di Stato capeggiato da Zia ur-Rahman; **1978-1981**: quest'ultimo detiene la carica di presidente della repubblica. **1982**: le forze armate portano al potere il generale Muhammad Ershad, eletto presidente della repubblica nel 1983; **1990**: l'opposizione politica lo costringe a dimettersi. **1991**: la begum Khaleda Zia, vedova di Zia ur-Rahman, appartenente al Partito nazionalista, diventa primo ministro. Si ritorna al sistema parlamentare. **1996**: viene designata a capo del governo Hasina Wajed (Lega Awami), figlia di Mujibur Rahman. **2001**: Khaleda Zia torna a ricoprire la carica di primo ministro, mentre Badruddoza Chowdhury (Partito nazionalista) sale alla presidenza della repubblica.

BANGUI, cap. della Rep. Centrafricana, sull'Ubangui; 622.000 ab.

BANGWEULU (làgo), lago paludoso dello Zambia; 5000 km².

BANJA LUKA, c. della Bosnia-Erzegovina settentr.; 195.135 ab. Ant. fortezza; moschea del XVI sec.

BANJAR, popolazione dell'Indonesia (S del Borneo; ca. 3.110.135 individui). Risicoltori e rinomati artigiani del ferro, musulmani dopo il XVII sec., i b. parlano il banjar, lingua simile al malese.

BANJERMASSIN, c. dell'Indonesia (Borneo); 534.000 ab.

BANJUL, già **Bathurst**, cap. del Gambia, sull'estuario del f. Gambia; 418.000 ab. nell'agglomerato.

BANKS, isola del Canada, la più occ. dell'Arcipelago Artico.

BANNA (Hasan **Al-**), *Mahmudieh 1906 - Il Cairo 1949*, teorico egiziano, fondatore nel 1928 dei Fratelli musulmani. Morì assassinato.

Bangladesh

☆ importante località turistica — strada normale ● più di 1.000.000 di ab.
confine di divisione ---- ferrovia ● da 100.000 a 1.000.000 di ab.
Sylhet capitale di divisione ✈ aeroporto ● da 30.000 a 100.000 ab.
● meno di 30.000 ab.

100   200 m

50 km

BANNOCKBURN (battàglia di) (24 giu. 1314), vittoria riportata nella contea di Stirling da Robert Bruce sugli inglesi, che garantì l'indipendenza della Scozia.

BANSKÁ BYSTRICA, c. della Slovacchia centrale; 84.272 ab. Monumenti e dimore storiche del XV-XVI sec.

BANSKÁ ŠTIAVNIKA, c. della Slovacchia; 10.000 ab. Ant. cittadina mineraria (argento), scoscesa e pittoresca; monumenti e case del XV-XVIII sec.

BÀNTI (Guido), Montebicchieri 1852 - Firenze 1925, medico. Considerato uno dei maggiori patologi del primo '900, concentrò i suoi studi sulle anemie, scoprendone una forma particolare che prese il suo nome (morbo di B.).

BÀNTI (Lucia Lònghi Loprèsti, detta Ànna), Firenze 1895 - Ronchi di Massa 1985, scrittrice. Elaborò un'acuta riflessione sul mondo femminile. Tra le opere, Il coraggio delle donne (1940), Artemisia (1947), Le donne muoiono (1951), Un grido lacerante (1981).

BANTING (sir Frederick Grant), Alliston 1891 - Musgrave Harbor 1941, medico canadese. Contribuì alla scoperta dell'insulina. (Premio Nobel 1923.)

BANTU, popolazione dell'Africa centrale e merid. di lingua bantu. Il nucleo originario, stanziato in una regione corrispondente all'att. Nigeria, 3000 anni fa avviò la colonizzazione dei territori occupati da gruppi di cacciatori-raccoglitori pigmei e boscimani.

BANVILLE (Théodore de), Moulins 1823 - Parigi 1891, poeta francese. Autore famoso per i suoi virtuosismi letterari (Odi funambolesche, 1857), fu membro della scuola parnassiana.

BANZER SUÁREZ (Hugo), Santa Cruz 1926, generale e politico boliviano. Salito al potere per la prima volta in seguito a un colpo di Stato (1971-1978), è ridiventato presidente della repubblica con l'elezione del 1997. Si è dimesso per ragioni di salute nel 2001.

BAO DAI, Hue 1913 - Parigi 1997, imperatore del Vietnam (1932-1945). Costretto dal Viet-Minh ad abdicare (1945), fu dal 1949 al 1955 capo dello Stato vietnamita.

BAODING, c. della Cina (Hebei), a SO di Pechino; 594.966 ab. Giardini dell'epoca Ming.

BAOTOU, c. della Cina (Mongolia Interna), sul Huang He; 1.228.772 ab. Siderurgia.

BARÀBBA, nel Nuovo Testamento, agitatore politico di cui gli ebrei reclamarono la liberazione al posto di Gesù.

BARABUDUR o **BOROBUDUR**, grande monumento buddhista (800 ca.) del centro di Giava. La struttura architettonica consiste in una solida base piramidale dalla quale si elevano sei terrazze quadrangolari ornate di bassorilievi che riproducono un mandala. Sulla sommità del tempio c'è uno stupa di enormi dimensioni.

BARACALDO, c. della Spagna (Paesi Baschi), sobborgo di Bilbao; 97.281 ab. Metallurgia.

BARADÈO (Giàcomo), m. a Edessa nel 578, monaco e vescovo siriano monofisita. Il suo apostolato fu all'origine della Chiesa detta "giacobita".

BARAJAS, aeroporto di Madrid.

BARAK (Ehud), Mishmar-Hasharon, presso Netanya, 1942, generale e politico israeliano. Capo di Stato maggiore dell'esercito (1991-1994), presidente del Partito laburista (1997-2001), è stato primo ministro dal 1999 al 2001.

BARANOVIČI, c. della Bielorussia, a SO di Minsk; 167 000 ab.

BARANY (Robert), Vienna 1876 - Uppsala 1936, medico austriaco. Ottenne nel 1914 il premio Nobel per il suo lavoro su fisiologia e malattie dell'apparato uditivo.

BARATIÈRI (Orèste), Condino 1841 - Sterzing, att. Vipiteno, 1901, generale. Nel 1860 prese parte alla spedizione dei Mille. Partecipò alla spedizione geografica del 1875 nel Sahara tunisino. Governatore dell'Eritrea, fu sconfitto da Menelik II a Adua (1896).

BARAZZÙTTI (Corràdo), Udine 1953, tennista. Vincitore dell'Orange Bowl nel 1971, è stato campione italiano di singolare dal 1975 al 1981. Nel 1976 ha fatto parte della rappresentativa nazionale che ha vinto la Coppa *Davis*.

BÀRBA (Eugènio), Gallipoli 1936, regista teatrale. Collocabile tra i principali registi sperimentali contemporanei, è il fondatore dell'Odin Teatret (1964). A partire dal 1966 ha lavorato in Danimarca, rifacendosi a J. Grotowski per le sue ricerche sulla formazione dell'attore. Nei i suoi lavori (Ferai, 1969; Talabot, 1988; Kaosmos, 1994), indaga il rapporto fondamentale tra attore e pubblico.

BARBABLÙ, personaggio di un racconto di C. Perrault (1697), omicida di sei mogli, che muore per mano del fratello della settima. Spesso accostato a figure storiche o leggendarie, è stato ripreso dai fratelli Grimm (1812). — Ha ispirato a M. Maeterlinck e a P. Dukas un'opera musicale, Arianna e Barbablù (1907), e a B. Bartók Il castello del principe Barbablù (1918).

BARBADOS, Stato delle Piccole Antille; 431 km²; 268.000 ab. CAP. Bridgetown. LINGUA: inglese. MONETA: dollaro di Barbados. [V. carta di **Antigua e Barbuda**.] Isola dell'Oceano Atlantico dal clima mite, circondata da barriere coralline. Le sue principali risorse sono la coltivazione della canna da zucchero e il turismo. Antica colonia britannica, è indipendente dal 1966 nell'ambito del Commonwealth. Il capo dello Stato è la regina del Regno Unito Elisabetta II, rappresentata dal governatore generale Clifford Husbands, in carica dal 1996. Dal 1994 Arthur Owen ricopre la carica di primo ministro.

BARBÀGIA, reg. montuosa della Sardegna, presso il massiccio del Gennargentu. Interessante meta turistica, vi sono diffuse la pastorizia e usanze ancora primitive.

BÀRBARA (sànta), vergine e martire leggendaria. Morì decapitata da suo padre. Patrona degli artisti, degli studiosi, dei minatori, degli artificieri e dei pompieri.

BARBARÀNI (Tibèrio Umbèrto), Verona 1872-1945, poeta. Fu autore di liriche in dialetto veronese, dal tono crepuscolare. Tra le raccolte, I pitocchi (1896), I sogni (1922), I due canzonieri (1926), L'autunno del poeta (1937).

BARBARÉSCO, com. in prov. di Cuneo; 642 ab. È noto per la produzione dell'omonimo vino rosso, molto pregiato. Allevamento bovino.

BÀRBARI, nome attribuito prima dai greci a tutti i popoli non assimilati alla cultura greca, romani compresi, poi dai romani a tutti quelli che non facevano parte del mondo greco-romano. In seguito sono stati chiamati b. i goti, i vandali, i burgundi, gli svevi, gli unni, gli alani, i franchi

BARABUDUR. Il tempio a terrazze (IX sec.).

ecc. che, dal III al VI sec., invasero l'impero romano e fondarono Stati più o meno duraturi.

BÀRBARO (Ermolào), *Venezia 1454 - Roma 1493*, umanista. Ricoprì gli incarichi di ambasciatore della Serenissima e patriarca di Aquileia. Eccellente filologo, tradusse e commentò Aristotele e criticò l'averroismo. Scrisse un importante epistolario, poesie e trattati in latino.

BARBARÓSSA → FEDERICO I (Sacro Romano Impero).

BARBARÓSSA (Khayr Al-Din, detto), *m. a Istanbul nel 1546*, corsaro turco. Signore di Algeri, che strappò agli spagnoli (1518), poi grande ammiraglio della flotta ottomana (1533), sconfisse Carlo V.

BARBARÓSSA (piàno), piano d'attacco contro l'URSS approvato da A. Hitler nel dic. 1940 e attuato il 22 giu. 1941. L'offensiva tedesca spezzò il patto tedesco-russo (1939).

BARBÀTO (Andrèa), *Roma 1934-1996*, giornalista. Collaboratore di quotidiani (*La Stampa, La Repubblica*), lavorò in televisione come direttore del TG2 (1976-1980) e autore (*Va' pensiero, La cartolina*). Fu anche sceneggiatore (*Una storia semplice*, 1991) e scrittore (*A sinistra nella foto*, 1987).

BARBE ACARIE (Avrillot) detta **Maria dell'Incarnazione**, *Parigi 1566 - Pontoise 1618*, religiosa francese. Promosse il movimento spirituale in Francia, dove nel 1604 introdusse l'ordine delle carmelitane.

BARBERÌA o **STÀTI BARBARÉSCHI**, nome che indicava in passato le reg. dell'Africa settentr. situate a O dell'Egitto (Libia e Maghreb).

BARBERÌNI, famiglia romana di origine fiorentina, di cui fece parte il cardinale Maffeo (→ URBANO VIII); alla morte di quest'ultimo, inviso per la sua politica nepotista e ambiziosa, i B. furono cacciati da Roma.

BARBERÌNO DI MUGÉLLO, com. in prov. di Firenze; 9268 ab. Castello. Palazzo pretorio. Nei dintorni, Villa dei Medici a Cafaggiolo, costruita per Cosimo il Vecchio (1451).

BARBERÌNO VAL D'ÉLSA, com. in prov. di Firenze; 3753 ab. Vigneti di Chianti. Pieve di S. Appiano (XIII sec.). Chiesa di S. Maria a Marcialla.

BÀRBERI SQUARÒTTI (Giórgio), *Torino 1929*, critico letterario e poeta. Tra i saggi, *Poesia e narrativa del secondo Novecento* (1961), *Il codice di Babele* (1971), *Il romanzo contro la storia* (1980). Tra le raccolte poetiche, *Il marinaio del Mar Nero e altre poesie* (1980).

BARBÈRO (Alessàndro), *Torino 1959*, scrittore e medievista. Premio Strega nel 1996 per *Bella vita e guerre altrui di Mr. Pyle, gentiluomo*, ha scritto anche *Romanzo russo* (1998), *L'ultima rosa di Lautrec* (2001) e *Poeta al comando* (2003). Tra gli studi medievali, *Dizionario del Medioevo* (1998).

BARBÈS (Armand), *Pointe-à-Pitre 1809 - L'Aia 1870*, politico francese. Repubblicano, cospirò contro Luigi Filippo. Nel mag. 1848 tentò di creare un governo d'insurrezione. Fu imprigionato fino al 1854 e morì in esilio.

BARBEY D'AUREVILLY (Jules), *Saint-Sauveur-le-Vicomte 1808 - Parigi 1889*, scrittore francese. Noto per lo stile di vita dandy e per il cattolicesimo virulento e provocatorio, è autore di racconti (*Le diaboliche*), di romanzi (*Il cavaliere Des Touches*) e di feroci pamphlet.

BÀRBI (Michèle), *Sambuca Pistoiese 1867 - Firenze 1941*, filologo. Svolse una fondamentale attività di dantista, soprattutto con la rivista *Studi danteschi* (1920) e il saggio *Dante* (1933). Tra le altre opere, *La nuova filologia e l'edizione dei nostri scrittori da Boccaccio al Manzoni* (1938).

BARBIÀNO DI BELGIOIÓSO - ÈSTE TRIVÙLZIO (Cristìna), *Milano 1808-1871*, patriota e scrittrice. Finanziatrice di G. Mazzini, sostenne la fusione di Milano con il Piemonte. Nel 1846 fondò a Parigi la rivista *L'Ausonio*. Tra le opere, *Asia Minore* (1858), *Osservazioni sullo stato attuale dell'Italia* (1868).

BARBIÈRE DI SIVÌGLIA (Il) → FIGARO.

BARBIZON, com. della Francia, nel dip. Seine-et-Marne; 1499 ab. Vi si trasferirono molti artisti, tra cui T. Rousseau, C. Corot, J.-F. Millet, Narcisse Diaz de La Peña (1807-1876), C. Troyon (1810-1865) ecc., dando vita alla "scuola di B.", un movimento della pittura romantica francese d'ispirazione naturalistica, improntato al verismo.

BÀRBO, famiglia veneziana. — **Pantaleone B.**, *m. nel 1398*. Senatore e ambasciatore. — **Pietro B.**, *1417-1471*. Divenne papa con il nome di Paolo II. — **Paolo B.**, *1416-1462*. Negoziò la pace di Lodi (1454).

BARBUDA, isola delle Antille, facente parte dello Stato di Antigua e Barbuda.

BARBUSSE (Henri), *Asnières 1873 - Mosca 1935*, scrittore francese. Comunista e pacifista, nel suo romanzo *Il fuoco* (1916) descrisse in modo realista e non convenzionale la vita dei soldati.

BÀRCA, famiglia cartaginese cui appartennero — **Amilcare B.** → AMILCARE, — **Annibale B.** → ANNIBALE e — **Asdrubale B.** → ASDRUBALE.

BARCELLÓNA, in sp. **Barcelona**, c. della Spagna, capol. della Catalogna; 1.496.266 ab. (ca. 2.819.000 ab. nell'agglomerato). Principale polo industriale del paese. — Annessa alla corona d'Aragona (1137), B. conobbe un periodo di notevole prosperità dal XII al XV sec. e un nuovo sviluppo dal XIX sec. È stata il centro della resistenza dei repubblicani durante la guerra civile (1936-1939). — Edifici gotici, soprattutto del XIV sec. (la cattedrale). Chiesa della Sagrada Familia, opera di A. Gaudí. Museo archeologico, Museu d'Art de Catalunya (pittura romanica, *retablos* gotici), Museo Picasso, Fondazione Joan Miró.

BARCELLONA. *Parco Güell, progettato da A. Gaudí (1900-1914).*

BARCELONA, c. del Venezuela, sul Mar delle Antille; 221.792 ab.

BARCELONNETTE, c. della Francia nel dip. Alpes de Haute-Provence, sull'Ubaye; 3316 ab. Località turistica montana (1132 m). Sport invernali in prossimità. — Centro d'emigrazione verso il Messico nel XIX sec.

BARCLAY DE TOLLY (Michaìl Bogdanovič, principe), *Luhde-Grosshoff, Livonia, 1761 - Insterburg 1818*, maresciallo russo di origine scozzese. Abile avversario di Napoleone I, fu nel 1815 comandante delle truppe russe.

BARCLAYS BANK LTD., banca britannica. Fondata a Londra nel 1736, è una delle banche più importanti del mondo. È stata la prima, nel 1966, a lanciare con successo la carta di credito in Gran Bretagna.

BARD, com. in prov. di Aosta; 150 ab. Celebre il forte, costruito dai Savoia, poi distrutto da Napoleone (1800) e ricostruito da Carlo Alberto (1830).

BARDDHAMAN, già **Burdwan**, c. dell'India (Bengala Occidentale); 285.871 ab.

BARDEEN (John), *Madison, Wisconsin, 1908 - Boston 1991*, fisico statunitense. Mise a punto il transistor al germanio e propose una teoria sulla superconduttività. (Premio Nobel 1956 e 1972.)

BÀRDI, famiglia fiorentina. Nel XIII sec. fu proprietaria di un'importante compagnia mercantile e bancaria, che fallì nel 1345 in seguito al rifiuto di Edoardo III di restituire una cospicua somma di denaro.

BÀRDI (Giovànni), *Firenze 1534 - Roma 1612*, letterato e musicista. La sua abitazione divenne il luogo di incontro di un gruppo di artisti e intellettuali che prese il nome di *Camerata fiorentina* o Camerata de' B. e contribuì al rinnovamento del melodramma.

BARDO (Il), c. della Tunisia, sobborgo di Tunisi; 72.707 ab. Palazzo del Bey. Musei (di antichità e mosaici). — Nel 1881 vi fu firmato il trattato che stabilva il protettorato francese.

BARDONÉCCHIA, com. in prov. di Torino, all'imbocco della galleria del Fréjus; 3055 ab. Prestigiosa stazione di sport invernali (alt. 1312-2700 m). Tra il XV e il XVIII sec. sorse in località Mélezet una famosa scuola d'arte d'intaglio dove operarono importanti maestri lignei.

BARDOT (Brigitte), *Parigi 1934*, attrice cinematografica francese. Consacrata al successo con il film di R. Vadim *E Dio creò la donna* (1956), simbolo della bellezza e della sensualità libera e gioiosa (*La verità*, 1960; *Vita privata*, 1962; *Il disprezzo*, 1963).

Brigitte **BARDOT** in *Il disprezzo di J.-L. Godard (1963).*

BAREILLY, c. dell'India (Uttar Pradesh); 699.893 ab.

BARENBOIM (Daniel), *Buenos Aires 1942*, pianista e direttore d'orchestra israeliano. Ha diretto l'Orchestra di Parigi (1975-1989), assumendo poi l'incarico, nel 1991, di direttore musicale dell'Orchestra sinfonica di Chicago e, nel 1992, di direttore artistico e musicale alla Staatsoper di Berlino.

BARENTS (Màre di), parte del Mar Glaciale Artico, a N della penisola scandinava e della Russia occ.

BARENTS (Willem), *Terschelling 1550 ca. - Novaja Zemlja 1597 ca.*, navigatore olandese. Esplorò la Novaja Zemlja (1594) e Spitzbergen (1596).

BARÉSI (Frànco), *Travagliato 1960*, calciatore. Nel ruolo di libero, dal 1978 al 1997 ha militato nel Milan, con il quale ha conquistato 6 scudetti e 3 Coppe dei campioni. Con la nazionale ha disputato 3 mondiali.

BARÉTTI (Giusèppe), *Torino 1719 - Londra 1789*, critico e polemista. Nel 1763, con lo pseudonimo di Aristarco Scannabue, fondò la rivista *La *frusta letteraria*, che propugnava ideali antiarcadici. Visse a lungo a Londra e descrisse i suoi viaggi in Europa nelle *Lettere familiari* (1762).

BARÉTTI (Il), rivista letteraria. Fondata a Torino nel 1924 da P. Gobetti, aperta alle influenze europee, si propose di approfondire la cultura italiana. Nel 1928 fu chiusa dalla censura fascista.

BÀRGA, com. in prov. di Lucca; 10.021 ab. Centro industriale. Duomo di S. Cristoforo, uno dei più importanti monumenti medievali della Garfagnana. La frazione Castelvecchio ospita la casa di G. Pascoli.

BARGELLÌNI (Pièro), *Firenze 1897-1980*, saggista. Nel 1929 fondò la rivista cattolica *Il *Frontespizio*. Sindaco di Firenze dal 1966 al 1967, fu divulgatore e biografo religioso. Tra le opere, *Città di pittori* (1939), *Via Larga* (1940), *Santi del giorno* (1958).

BARGÈLLO (Muséo nazionale del), palazzo del podestà, poi del capitano di giustizia (*bargello*) a Firenze. Dal 1865 è diventato museo nazionale della scultura e ospita, oltre alle sculture medicee, la prestigiosa collezione Carrand (avori, maioliche, stoffe, bronzetti, medaglie), la collezione Ressman (armi), la collezione Franchetti (stoffe rinascimentali). Vi sono conservate opere di Donatello (*David*), Verrocchio (*Dama delle primule*), Michelangelo (*La Madonna, il Bambino e san Giovannino*), B. Cellini (busto di Cosimo I).

BAR-HILLEL (Yehoshua), *Vienna 1915 - Gerusalemme 1975*, logico israeliano di origine polacca.

Neopositivista del circolo di Vienna, studiò i rapporti tra i linguaggi e la logica, e si interessò alla traduzione e alla documentazione automatica.

BÀRI, c. della Puglia, capol. di reg. e di prov., sul Mar Adriatico; 331.848 ab. (*baresi*). Porto. Sede arcivescovile. Università. Industrie (chimiche, petrolchimiche, tessili, alimentari). — Antico centro illirico, B. diventò municipio romano. Occupata nell'alto Medioevo da saraceni (840) e bizantini (875), passò ai normanni e agli svevi (XII-XIII sec.), agli Angioini e agli Aragonesi, per poi seguire le vicende del regno di Napoli. La città fu un porto importante nel Medioevo e una tappa per raggiungere la Terra Santa. — Castello-fortezza (eretto da Federico II); cattedrale e basilica di S. Nicola, capolavoro dell'arte romanica della Puglia. Musei. — Nella provincia, pianeggiante sulla costa e collinare nell'entroterra (Murge), sono sviluppate l'industria (chimica e petrolchimica) e l'agricoltura (viti, tabacco, olive).

BARÌCCO (Alessàndro), *Torino 1958*, scrittore e musicologo. In ambito musicale ha scritto *Il genio in fuga* (1988) e *L'anima di Hegel e le mucche del Wisconsin* (1992). Tra le opere, *Oceano mare* (1993), il monologo teatrale *Novecento* (1994), da cui è stato tratto il film di G. Tornatore *La leggenda del pianista sull'oceano* (1998), *Seta* (1996), *City* (1999), *Senza sangue* (2002). È anche conduttore televisivo (*Pickwick*, 1994).

BARÌLE (Àngelo), *Albisola Marina 1888-1967*, poeta. Le sue liriche sono permeate di una vena religiosa che sfiora l'ermetismo. Tra le raccolte, *Primasera* (1933), *Quasi sereno* (1957), *Poesie* (1965), *Al paese dei vasai* (1970).

BARÌLLA, gruppo alimentare. Fondato a Parma da Pietro B. (1877) e tuttora controllato dalla famiglia B., è uno dei leader europei nella produzione di paste alimentari, prodotti da forno e pasticceria.

BARÌLLI (Brùno), *Fano 1880 - Roma 1952*, scrittore, compositore e critico musicale. Tra i fondatori della *Ronda, sostenne il melodramma italiano (*Il paese del melodramma*, 1930). Tra le altre opere, *Delirama* (1924), *Il sole in trappola* (1941).

BARISAL, c. del Bangladesh, sul delta del Gange; 188.274 ab.

BARISAN (Mónti), massiccio vulcanico dell'Indonesia (Sumatra); 3801 m il Monte Kerintji.

BARJAVEL (Renè), *Nyons 1911 - Parigi 1985*, scrittore francese. È considerato uno dei maestri della fantascienza francese (*Devastazione, Il viaggiatore imprudente, La notte dei tempi*).

BARKLA (Charles Glover), *Widnes, Lancashire, 1877 - Edimburgo 1944*, fisico britannico. Le sue ricerche portarono alla scoperta dei raggi X e delle onde radioelettriche. (Premio Nobel 1917.)

BAR-KOKHBA, m. nel 135, nome dal significato messianico ("Figlio della Stella") dato a Simon Bar Kozeba, capo della seconda rivolta ebraica (132-135). Le lettere di Simon sono state trovate nel 1951 in alcune grotte presso il Mar *Morto.

BARLACH (Ernst), *Wedel, Holstein, 1870 - Rostock 1938*, scultore tedesco. Il suo stile si rifà a un espressionismo contenuto.

BARLÉTTA, com. in prov. di Bari, sul Mar Adriatico; 91.904 ab. Porto. Industria chimica, enologica e olearia. Città romana, fu dominata da goti, bizantini e longobardi. Chiesa di S. Sepolcro (ricostruita alla fine del XII sec.). Il Colosso, statua in bronzo di epoca romana (IV o V sec.). — Nel 1503 vi si svolse la celebre disfida, episodio della guerra franco-spagnola in cui 13 italiani guidati da E. Fieramosca sconfissero 13 francesi guidati da G. de la Motte.

BARLOW (Joel), *Redding 1754 - Żarnowiec, presso Cracovia, 1812*, diplomatico e poeta statunitense. Amico di La Fayette, ambasciatore in Francia, dedicò un poema epico alla fondazione del Nuovo Mondo (*La Columbiade*).

BARLOW (Peter), *Norwich 1776 - Woolwich 1862*, studioso britannico. Professore di matematica, inventò la ruota che porta il suo nome, il prototipo del motore elettrico e la lente utilizzata per il cannocchiale astronomico e il telescopio.

BÀRNA DA SIÈNA, *XIV sec.*, pittore. Ispirandosi a S. Martini, dipinse gli affreschi della collegiata di San Gimignano con le *Storie del Nuovo Testamento* (1350).

BÀRNABA (sànto), apostolo, amico di san Paolo. L'epistola che gli è stata attribuita è apocrifa

(inizio del II sec.) Secondo la tradizione evangelizzò Cipro, Alessandria e Milano.

BARNARD (Christiaan Neethling), *Beaufort-West, Provincia del Capo, 1922 - Pafo, Cipro, 2001*, chirurgo sudafricano naturalizzato greco. Eseguì il primo trapianto cardiaco nel 1967.

BARNARD (Edward Emerson), *Nashville 1857 - Williams Bay, Wisconsin, 1923*, astronomo statunitense. Realizzò migliaia di fotografie della Via Lattea e scoprì 19 comete e un satellite di Giove (1892).

BARNAUL, c. della Russia, in Siberia, sull'Ob; 593.043 ab. Industrie metallurgiche e chimiche.

BARNES (Djuna), *Cornwall-on-Hudson 1892 - New York 1982*, scrittrice statunitense. La sua opera, appassionata e noir, supera con la creatività le barriere linguistiche scandagliando il mondo femminile (*Bosco di notte*).

BARNET (Boris), *Mosca 1902 - Riga 1965*, regista cinematografico russo. È stato autore di film intimistici, ricchi di umorismo e poesia: *La ragazza dello scatolone* (1927), *Sobborghi* (1933), *generosa estate* (1951).

BARNUM (Phineas Taylor), *Bethel, Connecticut, 1810 - Bridgeport 1891*, impresario di spettacolo statunitense. Specializzato in esibizioni di fenomeni, creò nel 1871 un grande circo itinerante, sotto l'insegna di Ringling Bros. and Barnum & Bailey Circus.

BARÒCCI o **BARÒCCIO** (Federico **Fiòri**, detto), *Urbino 1535 ca. - 1612*, pittore e incisore. Autore di composizioni religiose, influenzato dal Correggio e dai manieristi, anticipò il barocco. (*Deposizione*,1569, duomo di Perugia; *Madonna del popolo*, 1579, Uffizi, Firenze).

BARODA → VADODARA.

BAROJAY NESSI (Pìo), *San Sebastian 1872 - Madrid 1956*, scrittore spagnolo, autore di racconti e romanzi realisti (*Memorie di un uomo d'azione*).

BARÒLO, com. in prov. di Cuneo; 688 ab. Situato tra le colline delle Langhe, dà il nome al pregiato vino rosso. Vi si trovano industrie enologiche. Agricoltura.

BARÒNE (Francèsco), *Torino 1923-1992*, filosofo. Affrontò la ricerca sul rapporto tra filosofia e scienza, senza tralasciare un approccio etico-politico. Tra le opere, *Il neopositivismo logico* (1953), *Immagini filosofiche della scienza* (1983).

BARÒNE RAMPÀNTE (Il), romanzo di I. Calvino (1957). Seconda opera del ciclo *I nostri antenati*, testimonia la predilezione dell'autore per le storie grottesche e fantastiche.

BARONÌE, territorio situato sulla costa nord-orient. della Sardegna, confinante con la Barbagia e la Gallura. La costa è formata da spiagge sabbiose; notevole la presenza della macchia mediterranea. L'interno è montuoso.

BARQUISIMETO, c. del Venezuela; 625.450 ab.

BARR (Murray Llewellyn), *Belmont, Ontario, 1908 - Londra 1995*, genetista canadese. Mise a punto un esame biologico che permette di determinare il sesso e la diagnosi di alcune anomalie cromosomiche.

BARRANCABERMEJA, c. della Colombia, sul Magdalena; 157.433 ab.

BARRANQUILLA, c. della Colombia, sull'Oceano Atlantico, presso la foce del Magdalena; 993.759 ab. Industria chimica.

BARRAQUÉ (Jean), *Puteaux 1928 - Parigi 1973*, compositore francese. Fu uno dei principali rappresentanti della tradizione seriale: *Sonate pour piano* (1950-1952), *Chant après chant* (1966).

BARRAS (Paul, viscónte **di**), *Fox-Amphoux, Var, 1755 - Parigi 1829*, politico francese. Eletto deputato alla Convenzione (1792), contribuì alla caduta di M. Robespierre (1794), fu un membro influente del Direttorio (1795-1799) e favorì l'ascesa di Napoleone.

BARRAULT (Jean-Louis), *Le Vésinet 1910 - Parigi 1994*, attore e regista teatrale francese. Alla Comédie-Française fino al 1946, quando fondò una sua compagnia, mise in scena e interpretò opere sia moderne (P. Claudel, S. Beckett, J. Genet) sia classiche (Molière), ricercando un linguaggio drammatico e sempre più "corporeo". Attore cinematografico in *Les Enfants du paradis* (M. Carné, 1945).

BARRE (Raymond), *Saint-Denis-de-la-Réunion, 1924*, economista e politico francese. È stato primo mi-

nistro (1976-1981) e ministro dell'economia e delle finanze (1976-1978).

BARREIRO, c. del Portogallo, sul Tago, di fronte a Lisbona; 75.944 ab.

BARRÈS (Maurice), *Charmes, Vosgi, 1862 - Neuilly-sur-Seine 1923*, scrittore francese. Guida intellettuale del movimento nazionalista, cercò di conciliare lo slancio romantico con le convinzioni conservatrici (*Il sangue, la voluttà, la morte*, 1893-1909; *Les déracinés*, 1897; *La collina ispirata*, 1913), passando dal culto dell'io al bisogno di tradizione e di disciplina per approdare a un costante disincanto (*Un jardin sur l'Oronte, I miei quaderni*).

BARRIE, c. del Canada (Ontario); 79.191 ab.

BARRIE (James Matthew), *Kirriemuir 1860 - Londra 1937*, scrittore britannico. Creò il personaggio di *Peter Pan, protagonista di *Peter Pan o il ragazzo che non voleva crescere* (1904), che in breve tempo divenne uno dei classici della letteratura per l'infanzia.

BARROT (Odilon), *Villefort, Lozère, 1791 - Bougival 1873*, politico francese. Contribuì alla caduta di Luigi Filippo con la sua partecipazione alla campagna dei "banchetti" (1847). Fu ministro della giustizia con Napoleone III nel 1849, poi tornò all'opposizione.

BARROW (Isaac), *Londra 1630-1677*, matematico inglese. Fu il maestro di I. Newton e uno dei precursori del calcolo differenziale.

BARRY (Jeanne **Bécu**, contéssa **Du**) → DU BARRY.

BARSACQ (Andrè), *Feodossia 1909 - Parigi 1973*, scenografo e regista teatrale francese. Dopo aver realizzato scenografie per J. Copeau e C. Dullin, diresse, a partire dal 1940, il Théâtre de l'Atelier.

BARSÀNTI (Eugènio), *Pietrasanta 1821 - Liegi 1864*, padre scolopio, scienziato. Professore di fisica, nel 1854, insieme a F. Matteucci, inventò il motore a scoppio.

BÀRTALI (Gino), *Ponte a Ema 1914 - Firenze 2000*, ciclista. Ha vinto 3 Giri d'Italia (1936, 1937, 1946) e 2 Tour de France (1938, 1948). Formidabile scalatore, è il ciclista italiano che ha ottenuto il maggior numero di vittorie in assoluto.

BARTAS (Du) → DU BARTAS.

BARTH (Heinrich), *Amburgo 1821 - Berlino 1865*, esploratore e geografo tedesco. Ricavò una precisa documentazione etnografica dalla sua spedizione in Africa centrale (1850-1855).

BARTH (Karl), *Basilea 1886-1968*, teologo protestante svizzero. Professore in Germania e a Basilea, denunciò il nazismo, promuovendo un ritorno alle Scritture e si fece difensore dell'intelligenza della fede e della trascendenza divina (*Dogmatica ecclesiastica*).

BARTHES (Roland), *Cherbourg 1915 - Parigi 1980*, scrittore e critico francese. La sua opera critica e teorica si ispira allo studio della linguistica, della psicoanalisi e dell'antropologia moderna (*Il grado zero della scrittura*, 1953; *Miti d'oggi*, 1957; *S/Z*, 1970; *Il piacere del testo*, 1973).

BARTHOLOMÉE (Pierre), *Bruxelles 1937*, compositore e direttore d'orchestra belga. Da pianista, ha fondato nel 1962 a Bruxelles Ensemble Musique Nouvelle. Tra i suoi componimenti: *Tombeau de Marin Marais* (1967), *Polithophonie* (1984), *Fin de série* (1996).

BARTHOU (Louis), *Oloron-Sainte-Marie 1862 - Marsiglia 1934*, politico francese. Presidente del

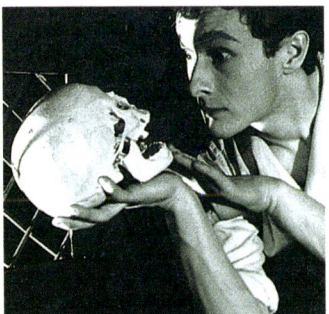

Jean-Louis **BARRAULT** nell'Amleto (messa in scena di J. Laforgue, Parigi, 1939).

consiglio nel 1913, ministro degli affari esteri nel 1934, accerchiò diplomaticamente la Germania nazista. Morì durante l'attentato ad Alessandro I di Iugoslavia.

BARTÓK (Béla), *Nagyszentmiklós, Romania, 1881 - New York 1945*, compositore e pianista ungherese. Il suo lavoro dotto si arricchisce delle ricerche etnomusicologiche sul folclore ungherese, rumeno e bulgaro. Compose la celebre opera *Il canto di Barbablù* (1911) il balletto *Il mandarino meraviglioso* (1918-1919), 6 quartetti (1908-1939), 6 raccolte di studi per pianoforte (*Mikrokosmos*, 1926-1937), 3 concerti per piano (1926-1945).

■ *Béla Bartók.*

BÀRTOLO DI FRÈDI, *Siena 1330-1410*, pittore. Imitatore dello stile di S. Martini e dei Lorenzetti, affrescò la collegiata di S. Gimignano con scene del Vecchio Testamento. Sua anche un'*Adorazione dei Magi*, conservata nella Pinacoteca di Siena.

BÀRTOLO DA SASSOFERRÀTO, *Venatura, Sassoferrato, 1314 - Perugia 1357*, giurista. Allievo di Cino da Pistoia, fu uno dei maggiori giuristi italiani. La sua autorità si estese anche fuori dall'Italia e durò per molti secoli dopo la sua morte. Scrisse commentari al *Corpus Iuris Civilis* e opere di diritto pubblico.

BARTOLOMÈO (Bàccio délla Pòrta, fra), *Firenze 1472-1517*, pittore. Domenicano dal 1500, il suo stile tende a un classicismo monumentale rivelando l'influenza di Leonardo e Raffaello (*Madonna e santi*, Uffizi, Firenze; *Sposalizio di santa Caterina*, Galleria dell'Accademia, Firenze).

BARTOLOMÈO DÉLLA GÀTTA (Piètro **d'Antònio Dèi**, detto), *Firenze 1448 - Arezzo 1502*, pittore. Partecipò ai lavori della Cappella Sistina, affrescando *Gli ultimi giorni di Mosè* (1482). Attivo anche a S. Sepolcro, con le *Stimmate di san Francesco*.

BARTOLOMÈO DI GIOVÀNNI, *Firenze XV-XVI sec.*, pittore. Allievo del Ghirlandaio, lavorò all'*Adorazione dei Magi* (Ospedale degli Innocenti, Firenze). Collaborò con il Pinturicchio agli affreschi dell'appartamento Borgia in Vaticano (1491-1494).

BARTOLOMÈO (sànto), uno dei dodici apostoli. Viene identificato con il Natanaele citato nel Vangelo di Giovanni.

BARTOLOMÈO DA SAN CONCÒRDIO, *Pisa 1262 ca. - 1347*, predicatore domenicano e scrittore. Tradusse Sallustio e scrisse la celebre opera sulla confessione *Summa casuum conscientiae* (1338), detta anche *Pisanella o Maestruzzo*. È autore anche della raccolta di sentenze *Ammaestramenti degli antichi*.

BARTON (sir Derek Harold Richard), *Gravesend, Kent, 1918 - College Station, Texas, 1998*, chimico britannico. Le sue ricerche hanno condotto alla sintesi delle molecole e allo studio delle relazioni che esistono tra queste ultime e la reattività chimica. (Premio Nobel 1969.)

BARUC, personaggio biblico. Discepolo e collaboratore del profeta Geremia.

BARÙMINI, com. in prov. di Cagliari; 1478 ab. Nei dintorni, il nuraghe *Su Nuraxi*, uno dei più importanti siti archeologici sardi (II millennio a.C.).

BARYE (Antoine Louis), *Parigi 1796-1875*, scultore e acquarellista francese. Diventò famoso per le sculture in bronzo di animali.

BARYŠNIKOV (Michaïl Nikolaievič), *Riga 1948*, ballerino russo naturalizzato statunitense. Profugo in Occidente dal 1974, ha diretto l'American Ballet Theatre dal 1980 al 1989 e ha fondato nel 1990 la compagnia White Oak Dance Project. Virtuoso della scuola classica russa, ha fatto suoi anche altri stili.

BARZANI (Mulla Mustafa Al-), *Barzan 1902 ca. - Washington 1979*, capo curdo. Guidò l'insurrezione (1961-1970) contro il governo iracheno.

BARZÌNI (Luigi), *Orvieto 1874 - Milano 1947*, giornalista. Corrispondente estero del *Corriere della Sera*, descrisse il raid automobilistico Pechino-Parigi (1907). Fondò il *Corriere dei Piccoli* (1908) e il *Corriere d'America* (1923-1931) e diresse il *Mattino* (1932-1933).

BASÀGLIA (Fránco), *Venezia 1924-1980*, psichiatra. Tra i più autorevoli rappresentanti dell'antipsi-

chiatria in Italia, sostenne l'abolizione degli ospedali psichiatrici (*legge B.*, mag. 1978). Tra le opere, *L'istituzione negata* (1968), *Morire di classe* (1969).

BASALDÈLLA (Àfro) → AFRO.

BASARAB I, *1310 ca. - 1352*, voivoda di Valacchia. Riunì sotto la sua autorità tutta la Valacchia.

BÀSCHE (Province), in sp. *País Vasco*, comunità autonoma della Spagna; 2.098.596 ab. (*baschi*); cap. *Vitoria*; c. princ. *Bilbao*; 3 prov. (*Biscaglia, Guipúzcoa e Álava*). Le Province, con la Navarra, costituiscono i territori baschi spagnoli. Riunite alla Castiglia nel XIII-XIV sec., conservarono i loro privilegi (*fueros*) sino al XIX sec. In seguito dovettero scontrarsi con il centralismo dei Borboni, di Primo de Rivera, poi del franchismo. Nonostante le P. B. abbiano acquisito l'autonomia (1980), l'ETA, nato nel 1959, non rinuncia alla lotta contro il governo di Madrid.

BÀSCHI, popolazione che vive sui due versanti dei Pirenei occ., in Spagna e Francia. La cultura dei b., antica e tuttora vitale, è caratterizzata da una ricca letteratura orale, declamata dai *bersolari*, dalla pratica del gioco della pelota basca e da un artigianato originale (ricamo). Parlano il basco.

BASCHÌRI, popolazione turca della Russia (1.350.000 individui, di cui 870.000 solo nel Baškortostan), dell'Ucraina e dell'Asia centrale (1.500.000 ca. in totale). I b. furono assoggettati ai bulgari del Volga, all'Orda d'oro (XIII-XIV sec.), al canato tartaro di Kazan (XV-XVI sec.) e infine ai russi, cui opposero una lunga resistenza. La loro cultura, che si rifà a un'importante tradizione (racconti epici), sta conoscendo una fase di nuova vivacità. Sono musulmani sunniti e parlano il baschiri.

BASÉLGA DI PINÉ, com. in prov. di Trento; 4321 ab. Turismo estivo e invernale (Lago di Serraia).

BASÉLICE, com. in prov. di Benevento; 2902 ab. Centro agricolo dell'Appennino sannita.

BASELITZ (Hans-Georg **Kern**, detto Georg), *Deutschbaselitz, Sassonia, 1938*, artista tedesco. Esponente del "neoespressionismo". I suoi quadri (i cui soggetti appaiono spesso capovolti), le sue sculture di legno e le sue tele incise presentano un carattere monumentale.

BASENTÈLLO, f. della Basilicata; 51 km. Nasce nel Piano di Palazzo ed è affluente di sinistra del Bradano.

BASÈNTO, f. della Basilicata; 149 km. Nasce dal Monte Arioso (1722 m) e sfocia nel Golfo di Taranto, nelle vicinanze di Metaponto.

BASF (Badische Anilin und Soda Fabrik), società tedesca di prodotti chimici. Fondata nel 1865, forma il primo cartello dell'industria dei coloranti. Malgrado il suo smantellamento dopo la seconda guerra mondiale, la società è oggi una delle maggiori industrie chimiche mondiali.

BASHO (Matsuo Munefusa, detto), *Ueno 1644-Osaka 1694*, poeta giapponese. Fu uno dei maestri di *haikai* (*Lo stretto sentiero del profondo paese*).

BASIE (William, detto Count), *Red Bank, New Jersey, 1904 - Hollywood, Florida, 1984*, musicista di jazz statunitense. Compositore, organista e soprattutto pianista, fondatore di due orchestre (1935 e 1952), scoprì numerosi solisti (Lester Young, Roy Eldridge ecc.) e fu un maestro dello swing (*One o'Clock Jump*, 1937).

BASILDON, c. della Gran Bretagna (Inghilterra), a NE di Londra; 152.000 ab.

BASÌLE (Ernèsto), *Palermo 1857-1932*, architetto. Combinò elementi della tradizione architettonica siciliana con uno stile floreale, passando dall'iniziale classicismo (Teatro Massimo di Palermo) al liberty (ville palermitane).

BASÌLE (Giambattista), *Napoli 1575 - Giugliano in Campania 1632*, novelliere e poeta. La sua opera più famosa è *Lo cunto de li cunti* o *Pentamerone* (1634-1636), una raccolta di 50 fiabe in dialetto napoletano che ispirò C. Perrault, C. Gozzi e L. Tieck. Notevole la produzione lirica in italiano e napoletano.

BASILÈA, in ted. *Basel*, c. della Svizzera, capol. del semicant. di Bâle Ville, sul Reno; 166.009 ab. (ca. 365.000 ab. nell'agglomerato). Importante porto fluviale. Industrie meccaniche e chimiche. — Cattedrale romanico-gotica, municipio del XVI sec., palazzi antichi. Ricchi musei. Fiera annuale

BASILEA. *Municipio (1503-1512), con affreschi (1608) di Hans Bock.*

dell'arte contemporanea. — Vi si tenne un concilio, che proseguì a Ferrara e a Firenze, e che stabilì la superiorità del concilio sul papa (1431-1449). — Nel 1795 la Francia vi concluse due trattati: uno con la Prussia, l'altro con la Spagna.

BASILÈA (cantóne di), cant. della Svizzera; 555 km²; 447.700 ab. Entrò nella Confederazione Elvetica nel 1501 e si divise dopo il 1833 (al termine della guerra civile) in due semicant. — **B. Campagna**, semicant. del cant. di Basilea (Svizzera); 518 km²; 260.000 ab.; capol. *Liestal*. — **B. Città**, semicant. del cant. di Basilea (Svizzera); 37 km²; 187.700 ab.; capol. *Basilea*.

BASILICÀTA reg. dell'Italia merid., che si affaccia a SE sul Mar Ionio e a SO sul Mar Tirreno. Confina a NE con la Puglia, a S con la Calabria e a O con la Campania; 9992 km²; 604.807 ab. (*lucani*). Due prov.: *Potenza* (capol. di reg.), *Matera*.

ASPETTI FISICI – Il territorio è prevalentemente montuoso e collinare. A O si estende l'Appennino lucano, costituito da massicci isolati (Pollino, Vulture, Sirino). Al centro i rilievi digradano progressivamente formando una fascia collinare. L'unica vera pianura della regione si sviluppa lungo le coste dello Ionio, dove sfociano i fiumi principali: Bradano, Basento, Agri e Sinni. Il clima è tipicamente mediterraneo lungo le coste e più rigido nell'interno.

POPOLAZIONE – La B. presenta una scarsa densità di popolazione (59,6 ab. per km²), dovuta al forte movimento migratorio degli anni '50 e '60 del secolo scorso. È ancora frequente l'abbandono dei piccoli centri di montagna a favore dei due capoluoghi. Il saldo naturale, grazie all'attuale incremento della popolazione, è positivo (5‰).

ECONOMIA – La povertà del suolo e delle risorse naturali in genere, la scarsità di insediamenti industriali e l'isolamento rispetto alle aree più sviluppate del Meridione spiegano la condizione di arretratezza della B. L'agricoltura occupa ancora il 21% degli attivi ed è praticata soprattutto nella piana di Metaponto, grazie a moderni sistemi di irrigazione; notevole la produzione di cereali (grano duro e avena), pomodori, agrumi, vite e olive. Molto diffusa è la pastorizia tradizionale (ovini e caprini). Le attività industriali (dal settore secondario deriva il 22,1% dei redditi complessivi) si concentrano nella valle del Basento, a Matera e a Potenza; nel 1994, a Melfi, è stato inaugurato un importante stabilimento FIAT. Abbastanza diffusi i complessi manifatturieri, soprattutto tessili e alimentari. La valle dell'Agri, inoltre, è ricca di giacimenti di gas naturale e di petrolio. Fonte principale dei redditi (70,1%) è il terziario, favorito da politiche assistenziali. Il turismo, penalizzato dall'isolamento della regione e dalle insufficienti strutture ricettive, è localizzato soprattutto lungo i tratti costieri di Maratea e Metaponto.

STORIA – Dalle origini al '700. VII-V sec. a.C.: la regione è abitata dai lucani e diviene sede di prospere colonie greche, stanziate sulla costa ionica; IV-III sec.: è conquistata dai romani in seguito alle guerre sannitiche e agli scontri con Pirro; I sec. d.C.: costituisce, con il Bruzio, la III regione augustea (*Lucania*); VI-VIII sec.: è teatro delle lotte tra bizantini, goti e longobardi. Questi ultimi la annettono al principato di Salerno. **XII sec.**: i normanni conquistano la regione ribattezzandola B. e stabiliscono a Melfi la propria capitale (1130). **XIII sec.**: la B. cade sotto il dominio svevo; **XIV sec.**: è sottoposta al controllo degli Angioini; **XV sec.**: viene parzialmente conquistata dagli Aragonesi; **XVI sec.**: entra a far parte dei possedimenti borbonici. **1707**: l'esercito austro-sabaudo occupa la regione, che con i trattati di Utrecht e Rastadt passa a Carlo VI d'Austria. **1748**: con la pace di Aquisgrana il potere torna nelle mani dei Borbone.

Dopo l'unità d'Italia. 1860: la regione viene annessa al regno d'Italia; **1861-1868**: è afflitta dal fenomeno del brigantaggio. **Inizio del XX sec.**: la forte emigrazione, causata da un'estrema indigenza, tocca la sua punta massima. **1943**: Matera è la prima provincia del Meridione a ribellarsi all'occupazione nazifascista.

BASÌLICO (Gabrièle), *Milano 1944*, fotografo. Documentarista, ha focalizzato la sua attenzione sui paesaggi urbani e industriali, utilizzando esclusivamente il bianco e nero. Tra i reportage, *Ritratti di fabbriche* (1982), *Nelle altre città* (1997), *Bord de mer* (2003).

BASÌLIDE, *II sec. d.C.*, gnostico cristiano di Alessandria. Fondò una setta (*basilidiani*) che scomparve nel IV sec.

BASÌLIO, nome di più sovrani

IMPERO BIZANTINO

BASÌLIO I IL MACÈDONE, *Adrianopoli 812 ca. - 886*, imperatore bizantino (867-886), fondatore della dinastia macedone. — **Basilio II il Bulgaroctono**, *957-1025*, imperatore bizantino (963-1025). Sottomise l'aristocrazia, sconfisse i Fatimidi e conquistò la Bulgaria. Portò l'impero al massimo dello splendore.

RUSSIA

BASÌLIO I, *1371-1425*, gran principe di Vladimir e di Mosca (1389-1425). — **Basilio II il Cieco**, *1415-1462*, gran principe di Vladimir e di Mosca (1425-1462). Il suo regno fu segnato da una successione di gravi crisi politiche. Rifiutò l'unione della Chiesa russa a quella di Roma, sottoscritta nel 1439. — **Basilio III**, *1479-1533*, gran principe

di Vladimir e di Mosca (1503-1533). Figlio di Ivan III e di Zoe (Sofia) Paleologa, nipote dell'ultimo imperatore di Bisanzio, proseguì l'opera del padre. — **Basilio IV**, *1552 - Gotsynin, presso Varsavia, 1612*, zar di Russia (1606-1610). Fu destituito in occasione dell'invasione da parte della Polonia.

BASÌLIO (sànto), detto **il Grànde**, *Cesarea 329-379*, padre della Chiesa greca. Vescovo di Cesarea, lottò contro l'arianesimo e contribuì allo sviluppo del monachesimo.

BASILÙZZO, isola del Mar Tirreno. Posta nell'arcipelago delle Eolie, a NE di Panarea, ha la forma di una cupola, con pareti scoscese che scendono a picco sul mare.

BASIN (Thomas), *Caudebec 1412 - Utrecht 1491*, cronista e prelato francese. Lottò per la riabilitazione di Giovanna d'Arco e fu lo storiografo di Carlo VII e Luigi XI.

BAŠKORTOSTAN o **BASCHÌRIA**, rep. della Russia, negli Urali merid.; 4.008.000 ab.; capol. *Ufa*. Abitata in gran parte da russi e tartari, che sono più numerosi dell'etnia dei baschiri. Petrolio.

BASOV (Nikolaj Guennàdievič), *Usman, presso Voronež, 1922 - Mosca 2001*, fisico russo. Nel 1956 ha realizzato un oscillatore molecolare ad ammoniaca, e in seguito si è occupato di laser. (Premio Nobel 1964.)

BASQUIAT (Jean-Michel), *New York 1960-1988*, pittore statunitense. Vicino alla pop art, nelle sue tele, tempestate da parole-simbolo e poesie, unisce figure storpiate, fiamme, totem vudù (riferimento alle sue origini haitiane e portoricane) e simboli della società dei consumi americana.

BASS (Strétto di), stretto che separa l'Australia continentale dalla Tasmania.

BÀSSA CALIFÒRNIA → BAJA CALIFORNIA.

BASSÀNI (Giòrgio), *Bologna 1916 - Roma 2000*, scrittore. Nei suoi romanzi e racconti la società di Ferrara fa da cornice alla rappresentazione della comunità ebraica e della diversità in genere (*Gli occhiali d'oro*, 1958; *Il *giardino dei Finzi-Contini*, 1962). Ha scritto anche poesie (*In rima e senza*, 1982) e saggi (*Le parole preparate e altri scritti di letteratura*, 1966; *Di là dal cuore*, 1984).

BASSÀNO (Jàcopo **da Pónte**, detto Jàcopo), *Bassano, Venezia, 1515-1592*, pittore. Formatosi a Venezia (influsso di L. Lotto e Tiziano), sviluppò uno stile naturalista e manierista. Nei suoi quadri biblici e religiosi privilegiò il paesaggio rurale e gli effetti luministici, utilizzando colori accesi in senso realistico (*Riposo durante la fuga in Egitto*, Milano; *San Valentino battezza santa Lucilla*, Bassano). I suoi figli, soprattutto Francesco e Leandro, proseguirono la sua opera.

BASSÀNO DEL GRÀPPA, c. del Veneto, sul f. Brenta; 39.973 ab. Centro agricolo e industriale. Distillerie di grappa. Artigianato. Ponte di legno, simbolo della città, progettato da A. Palladio. Torre di Ezzelino (XII sec.).

BASSA NORMANDIA reg. della Francia; 17.589 km² ; 1.422.193 ab.; capol. *Caen*; 3 dip. (Calvados, Manche e Orne).

BASSÀNO ROMÀNO, com. in prov. di Viterbo; 4293 ab. Centro storico medievale. Palazzo Giustiniani-Odescalchi (XVI-XVII sec.). Nei dintorni, chiesa di S. Gratiniano (XVI sec.).

BÀSSE, sito archeologico greco (Arcadia). Il suo tempio dorico, eretto da Ictino (fine del V sec. a.C.) e consacrato ad Apollo, è uno dei meglio conservati del paese.

BASSEIN, c. del Myanmar; 144.000 ab.

BÀSSI (Ùgo), *Cento 1801 - Bologna 1849*, sacerdote e patriota. Impegnato nella difesa di Venezia e della repubblica romana, poi seguace di G. Garibaldi, fu catturato dagli austriaci e fucilato.

BASSIÀNO, com. in prov. di Latina; 1604 ab. Patria di A. Manuzio il Vecchio. Museo Aldino e delle Scritture. Collegiata di S. Erasmo (XII-XIII sec.).

BÀSSO IMPÈRO, periodo della storia romana che va dalla morte di Severo Alessandro (235) alla fine dell'impero romano d'Occidente (476). Successivo a un periodo di anarchia militare (235-284), è segnato dall'instaurazione di un potere imperiale assoluto, dallo sviluppo del cristianesimo e dalla scissione dell'impero tra Oriente e Occidente, con il disgregamento delle istituzioni e l'affermarsi dei particolarismi.

BASSOMPIERRE (François **de**), *Haroué 1579 - Provins 1646*, maresciallo di Francia e diplomatico. Complottò contro Richelieu e fu rinchiuso alla Bastiglia (1631-1643).

BÀSSORA o **AL-BASRAH**, c. dell'Iraq, sullo Shatt Al-Arab; 617.000 ab. (2.369.000 ab. nell'agglomerato). Porto. Grande palmeto. Industrie chimiche e alimentari. È stata duramente colpita dai bombardamenti durante la guerra con l'Iran (1980-1988) e dall'assedio durante la seconda guerra del Golfo (2003).

BASTIA, c. della Corsica, capol. del dip. Haute-Corse; 39.016 ab. Porto. Aeroporto. Centro commerciale. — Fortezza con il museo di etnografia corsa. Chiese del XVII sec.

BASTIAT (Frédéric), *Bayonne 1801 - Roma 1850*, economista francese. Difensore di un libero mercato del lavoro e del libero scambio, autore di *Armonie economiche*, credette in una naturale regolamentazione del mercato.

BASTÌA ÙMBRA, com. in prov. di Perugia; 18.094 ab. Centro agricolo e industriale. Chiamato in epoca romana *Insula romana*, perché circondato dal *Lacus Umber*, conserva intatti alcuni resti medievali.

BASTIDE (Roger), *Nîmes 1898 - Maisons-Laffitte 1974*, antropologo francese. Si interessò alla devianza e alla religione (*Sociologia delle malattie mentali*, 1965).

BASTIÉ (Marie-Louise, detta Maryse), nata **Bombec**, *Limoges 1898 - Saint-Priest 1952*, aviatrice francese. Attraversò l'Atlantico merid. in solitario nel 1936 e detenne dieci record internazionali di distanza e durata del volo.

BASTÌGLIA, fortezza eretta nella zona orient. di Parigi (1370-1382). Dapprima cittadella militare, sotto Luigi XIII divenne una prigione di Stato. La presa della B. da parte dei rivoluzionari il 14 lug. 1789 divenne il simbolo della vittoria del popolo sull'arbitrio del re. Fu distrutta l'anno successivo.

BASTOGNE, c. del Belgio, nella prov. di Lussemburgo, nelle Ardenne; 13.644 ab. Turismo estivo. — Chiesa romanico-gotica. — Centro della resistenza delle truppe americane durante l'offensiva tedesca delle Ardenne (dic. 1944).

Basilicata

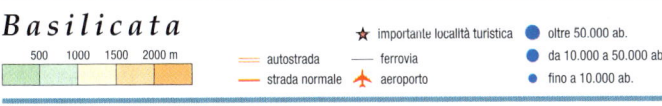

500 1000 1500 2000 m	⭐ importante località turistica	● oltre 50.000 ab.
autostrada	ferrovia	● da 10.000 a 50.000 ab.
strada normale	✈ aeroporto	● fino a 10.000 ab.

Particolare della **Battaglia di San Romano** *di Paolo Uccello, 1456. (Uffizi, Firenze.)*

BASUTOLAND, protettorato britannico dell'Africa merid. (1868-1966). [*V. carta del* **Lesotho**]

BATA, c. della Guinea Equatoriale, capol. dello Mbini; 50.023 ab. Porto. Aeroporto.

BAT'A (Tomáš), *Zlín 1876 - Otrokovice 1932*, industriale ceco. Fondatore di una manifattura di calzature, fu uno dei primi industriali a far partecipare il personale alla spartizione degli utili.

BATAILLE (Georges), *Billom 1897 - Parigi 1962*, scrittore francese. La sua opera è incentrata sull'erotismo e sull'ossessione della morte (*L'esperienza interiore, La parte maledetta, Le lacrime di Eros*).

BATAILLE (Henry), *Nîmes 1872 - Rueil-Malmaison 1922*, autore drammatico francese. Le sue rappresentazioni tratteggiano gli "istinti" di una società decadente (*Mamma Colibrì*).

BATAK o **BATÀCCHI**, gruppo di popolazioni indonesiane (Sumatra, 3,6 milioni di individui). I b. hanno difeso strenuamente la loro indipendenza fino al XIX sec., e sono attualmente islamizzati a S e cristianizzati a N. Apprezzati per la loro architettura in legno e i loro manufatti tessili.

BATALHA, c. del Portogallo, a N di Lisbona; 14.995 ab. Splendido monastero reale del XIV-XVI sec.

BATANGAS, c. delle Filippine (Luzon); 247.588 ab. Porto.

BÀTAVI, ant. popolazione germanica originariamente stanziata alle foci del Reno (nell'att. Olanda merid.).

BATÀVIA → GIACARTA.

BATÀVIA (Repùbblica di), nome assunto dalle Province Unite tra il 1795 e il 1806.

BATEKE → TEKE.

BATESON (Gregory), *Grantchester, presso Cambridge, 1904 - San Francisco 1980*, antropologo statunitense di origine britannica. Dopo aver studiato le popolazioni di Bali e della Nuova Guinea, si interessò alla cibernetica e, con la scuola di Palo Alto, applicò la teoria della comunicazione all'ambito psichiatrico (*Communication: the social matrix of psychiatry*, 1951), per giungere a un approccio globale delle culture (*Verso un'ecologia della mente*, 1972).

BATH, c. della Gran Bretagna (Inghilterra), sull'Avon; 79.900 ab. Stazione termale. — Particolare sviluppo urbanistico del XVIII sec. Musei.

BATH → BAATH.

BÁTHORY, famiglia ungherese alla quale apparteneva Stefano I, re di Polonia, e che diede due principi alla Transilvania.

BATHURST → BANJUL.

BATÌLDE (sànta), *m. a Chelles nel 680*, regina dei franchi. Sposò Clodoveo II e governò fino alla maggiore età del figlio Clotario III.

BATISTA (Fulgencio), *Banes 1901 - Guadalmina 1973*, ufficiale e politico cubano. Presidente della repubblica (1940-1944; 1952-1958), fu destituito da F. Castro.

BATMAN, personaggio dei fumetti. È un giustiziere mascherato travestito da pipistrello. Creato nel 1939 da B. Finger (1917-1974) e B. Kane (1916-1998) per *Detective Comics*, ha ispirato numerosi film.

BATNA, c. dell'Algeria, capol. di distr., a N dell'Aurès; 247.512 ab.

BATON ROUGE, c. degli Stati Uniti, cap. della Louisiana, sul Mississippi; 219.531 ab. Raffinerie di petrolio e industrie chimiche.

BATTÀGLIA (Salvatóre), *Catania 1904 - Napoli 1971*, filologo e critico. Diresse il *Grande dizionario della lingua italiana* fino al VII volume. Fu anche autore di importanti saggi critici su G. Boccaccio (*Schermi lirici nell'arte del Boccaccio*, 1935), sulla lirica provenzale e sulla letteratura italiana, francese e castigliana.

BATTÀGLIA DI SAN ROMÀNO (La), dipinto di P. Uccello, in tre pannelli (1456-1460 ca., Uffizi, Firenze; Louvre, Parigi; National Gallery, Londra). Rievoca la battaglia del giug. 1432 che vide contrapposti gli eserciti fiorentino e senese.

BATTAGLÌN (Giovànni), *Marostica 1951*, ciclista. Nel 1981 ha vinto il Giro d'Italia e quello di Spagna.

BATTAMBANG, c. della Cambogia, capol. di prov.; 94.000 ab.

BATTANI (Al-) o **ALBATÈNIO**, *Harran, Mesopotamia, att. Turchia, 858 ca. - Qasr Al-Jiss, presso Samarra, 929*, astronomo arabo. Le sue osservazioni portarono a conoscere meglio i movimenti apparenti del Sole e dei pianeti. Lasciò un grande trattato di astronomia, lo *Zig*.

BATTÉSIMO DI CRÌSTO, dipinto di P. della Francesca (1448-1450, National Gallery, Londra). La tela rivela evidenti rapporti con la prima arte rinascimentale, nonché una ricerca formale sulla composizione e sul colore.

BATTHYÁNY (Lajos), *Presburgo 1806 - Pest 1849*, politico ungherese. Presidente del consiglio

Il **Battesimo di Cristo** *di P. della Francesca, 1448-1450. (National Gallery, Londra.)*

(mar.-ott. 1848) del primo governo ungherese uscito dalla rivoluzione del 1848, fu fucilato.

BATTIÀTO (Frànco), *Jonia 1945*, cantante e compositore. Le sue canzoni mescolano la tradizione classica con le tendenze della musica etnica. Tra gli album, *Fetus* (1971), *La voce del padrone* (1981). È anche regista cinematografico (*Perduto amor*, 2003).

BATTIPÀGLIA, com. in prov. di Salerno; 50.952 ab. Centro industriale e mercato agricolo. Allevamento, industria del tabacco.

BATTÌSTI (Césare), *Trento 1875-1916*, politico. Iscritto al Partito socialista, fu deputato del parlamento austriaco e sostenne l'autonomia del Trentino. Arruolatosi volontario nell'esercito italiano durante la prima guerra mondiale e fatto prigioniero dagli austriaci, fu impiccato nel castello del Buon Consiglio.

BATTÌSTI (Lùcio), *Poggio Bustone 1943 - Milano 1998*, cantante e compositore. Con la collaborazione ai testi di *Mogol ha composto canzoni pop di grande successo. Tra i brani più noti, *Emozioni, Mi ritorni in mente, Pensieri e parole, Il mio canto libero*.

■ *Lucio Battisti.*

BATTRIÀNA, reg. storica dell'Asia centrale, nell'Afghanistan settentr.; cap. *Bactra* (att. *Balkh*). Satrapia dell'impero persiano e poi del regno dei Seleucidi, fu sede di un regno greco (III-II sec. a.C.).

BATU, *1204-1255 ca.*, principe mongolo, fondatore dell'Orda d'oro. Nipote di Gengis Khan, conquistò la Russia (1238-1240), l'Ungheria e giunse sino all'Adriatico (1242).

BATUMI, c. della Georgia, capol. dell'Adžaristan, sul Mar Nero; 138.000 ab. Porto.

BATY (Gaston), *Pélussin 1885-1952*, regista teatrale francese. Mise in discussione il predominio del testo e dell'attore, e diede alle scenografie e all'illuminazione un ruolo via via più importante. Fu tra i fondatori dell'associazione Cartel, volta al rinnovamento del teatro.

BAT YAM, c. d'Israele, sobborgo di Tel Aviv-Giaffa; 138.900 ab.

BÀUCI → FILEMONE E BAUCI

BAUDELAIRE (Charles), *Parigi 1821-1867*, poeta francese. Epigono del romanticismo, fu fedele alla prosodia tradizionale; le sue poesie sono a un tempo espressione della tragicità del destino umano e di una visione dell'universo in cui egli scopre segrete "corrispondenze". Dopo *I fiori del male* (1857), che gli valse una condanna per immoralità, le sue opere di critica (*Curiosità estetiche, L'arte romantica*, 1868) e i suoi *Poemetti in prosa* (1869) sono alla base delle successive riflessioni sulla modernità.

■ *Charles Baudelaire.*

BAUDOT (Anatole de), *Sarrebourg 1834 - Parigi 1915*, architetto francese. Allievo di Viollet-le-Duc, razionalista, restaurò la cattedrale di Puy e utilizzò il cemento armato per St.-Jean Evangéliste a Montmartre (1897).

BAUDOUIN DE COURTENAY (Jan Ignacy), *Radzymin 1845 - Varsavia 1929*, linguista polacco, precursore della fonologia.

BAUDRILLARD (Jean), *Reims 1929*, sociologo e filosofo francese. Le sue iniziali ricerche sulla relazione tra la produzione degli oggetti e i desideri dei consumatori (*Il sistema degli oggetti*, 1968) lo hanno portato a indagare la dissoluzione della realtà nella nostra società (*Il delitto perfetto*, 1994; *Lo scambio impossibile*, 1999).

BAUER (Bruno), *Eisenberg 1809 - Rixdorf, presso Berlino, 1882*, critico e filosofo tedesco. Influenzato dall'hegelismo, svolse una critica del cristianesimo che, in origine rivoluzionaria, sarebbe divenuto un ostacolo al progresso.

BAUER (Otto), *Vienna 1881 - Parigi 1938*, politico e teorico austriaco. Fu uno dei dirigenti del Partito socialdemocratico austriaco.

BÀUER (Riccàrdo), *Milano 1896-1982*, politico. Collaboratore di **Rivoluzione liberale*, partecipò alla fondazione del movimento **Giustizia e libertà*. Condannato al carcere dal regime fascista, fu responsabile della giunta militare del CLN e dopo la guerra segretario del Partito d'azione.

BAUGES, massiccio delle Prealpi francesi; 2217 m. Parco naturale regionale di 80.000 ha. ca.

BAUHAUS, scuola di architettura e arti applicate, fondata a Weimar nel 1919 da W. Gropius e trasferita, dal 1925 al 1932, a Dessau. Il B. ha svolto un ruolo fondamentale nell'evoluzione delle idee e delle tecniche moderne. Vi insegnarono il pittore svizzero J. Itten (1888-1967), i pittori L. Feininger, P. Klee, O. Schlemmer (1888-1943), V. Kandinskij, L. Moholy-Nagy, l'architetto svizzero H. Meyer (1889-1954), L. Mies van der Rohe; furono "apprendisti" e in seguito insegnanti: M. Breuer, J. Albers e il grafico austriaco H. Bayer (1900-1985).

BAULÉ, popolazione akan del centro della Costa d'Avorio.

BAULIEU (Étienne Émile), *Strasburgo 1926*, medico e biochimico francese. Endocrinologo, specialista degli ormoni steroidei, ha effettuato scoperte nel campo delle ghiandole surrenali umane e dell'invecchiamento, e messo a punto la pillola abortiva RU 486.

BAUMGARTEN (Alexander), *Berlino 1714 - Francoforte sull'Oder 1762*, filosofo tedesco. Distinse l'estetica dalla filosofia, definendola "la scienza del bello".

BAUMGARTNER (Gallus Jakob), *Altstatten 1797 - San Gallo 1869*, editore e politico svizzero. Attivo nei disordini che agitarono il cantone di San Gallo, è autore di un'opera sulla storia della Svizzera tra il 1830 e il 1850.

BAUR (Harry), *Montrouge 1880 - Parigi 1943*, attore cinematografico francese. Star del cinema francese degli anni '30 del secolo scorso, rivestì ruoli importanti nei film di J. Duvivier (*Carnet di ballo*, 1937) e M. Tourneur (*L'avventuriero di Venezia*, 1941).

BAURU, c. del Brasile, a O-NO di São Paulo; 315.835 ab.

BAUSCH (Philippine, detta Pina), *Solingen 1940*, danzatrice e coreografa tedesca. Direttrice del Tanztheater di Wuppertal dal 1973, figura cardinale della danza espressionista contemporanea, si è imposta con uno stile scabro e di grande impatto (*Barbablù*, 1977; *Nelken*, 1982; *Palermo, Palermo*, 1989; *Danzón*, 1995; *Il lavavetri*, 1997; *Wiesenland*, 2000; *Água*, 2001).

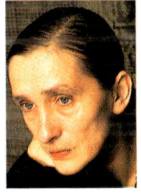

■ *Pina Bausch nel 1991.*

BAUTZEN, c. della Germania (Sassonia), e E di Dresda; 44.033 ab.

BAVÉNO, com. in prov. di Verbano-Cusio-Ossola; 4584 ab. Centro turistico sul Lago Maggiore. Cave di granito rosso. Chiesa medievale e battistero rinascimentale.

BAVIÈRA, in ted. **Bayern**, Land della Germania; 70.553 km²; 12.154.967 ab. (*bavaresi*); cap. *Monaco*; c. princ. *Augusta, Norimberga, Ratisbona, Bayreuth*. Comprende la B. propriamente detta (zona pedemontana alpina a S del Danubio) e la parte settentr. del bacino di Svevia e di Franconia.

STORIA – All'inizio del X sec. la B. è uno dei più importanti ducati dell'impero germanico. **1070-1180**: la dinastia dei Welfen governa il paese, che nel 1180 passa nelle mani dei duchi di Wittelsbach. Questi rimangono al potere fino al 1918. **1467-1508**: il duca Alberto IV il Saggio unifica i suoi Stati, che diventano in seguito un bastione della Controriforma. **1623**: Massimiliano I ottiene il titolo di elettore. **1806**: alleatosi con Napoleone I, Massimiliano I Giuseppe diviene re. **1825-1886**: sotto i regni di Luigi I (1825-1848) e Luigi II (1864-1886) la B. acquista grande prestigio. **1866**: alleata dell'Austria, la B. viene sconfitta dalla Prussia; **1871**: viene annessa all'impero tedesco; **1918-1919**: diventa un Land della repubblica di Weimar. **1923**: il putsch organizzato da A. Hitler a Monaco fallisce. **1949**: lo Stato libero di B. si costituisce come Land della RFT.

BAYAMO, c. della zona sud-orient. di Cuba; 137.663 ab.

BAYAMÓN, c. del Portorico, sobborgo sud-occ. di San Juan; 220.262 ab.

BAYARD (Hippolyte), *Breteuil 1801 - Nemours 1887*, fotografo francese. Perfezionando il procedimento di W.H.F. Talbot, ottenne i primi positivi diretti su carta (1839).

BAYARD (Pierre **Terrail**, signóre **di**), *Pontcharra 1476 - Romagnano Sesia 1524*, uomo d'armi francese. Celebre per il coraggio dimostrato durante la guerra franco-spagnola (difesa del ponte di Garigliano, 1503), fu soprannominato "il cavaliere senza macchia e senza paura".

BAYAZID I, *1360 ca. - Akşehirn 1403*, sultano ottomano (1389-1403). Sconfisse una lega cristiana a Nicopoli (1396), ma fu battuto e fatto prigioniero da Tamerlano ad Ankara (1402).

BAYER, società tedesca di prodotti chimici. Fondata nel 1863, è divenuta una delle prime imprese mondiali nel suo settore.

BAYER (Johann), *Rhain, Baviera, 1572 - Augusta 1625*, astronomo tedesco. Autore del primo atlante celeste stampato (1603), introduce l'uso di designare le stelle delle costellazioni usando lettere greche, diverse a seconda della loro luminosità apparente.

BAYES (Thomas), *Londra 1702 - Tunbridge Wells 1761*, matematico britannico. Cercò di determinare la probabilità delle cause utilizzando gli effetti osservati, studio ripreso da P.S. de Laplace e M.J.-A. Condorcet.

BAYEUX, c. della Francia, nel dip. Calvados; 15.403 ab. Prima città francese liberata dagli Alleati, il 7 giugno 1944. C. de Gaulle pronunciò qui un discorso ispirato alle idee che sono alla base della Costituzione francese del 1958. — Cattedrale del XII-XV sec.

BAYLE (Pierre), *Carlat 1647 - Rotterdam 1706*, scrittore francese. La sua critica delle superstizioni popolari (*Pensieri sulla cometa*) e il suo monumentale *Dizionario storico-critico* (1696-1697) anticipano l'era dello spirito filosofico del XVIII sec.

BAYONNE, c. della Francia, nel dip. Pyrénées-Atlantiques, sull'Adour; 41.778 ab. Porto e centro industriale (elettronica). — Resti di fortificazioni romane, medievali e classiche. Cattedrale del XIII-XVI sec. Museo Bonnat e Museo basco.

BAYREUTH, c. della Germania (Baviera), sul Meno; 73.676 ab. Antichi monumenti, tra cui il teatro del XVIII sec. di C. Galli Bibiena. Teatro realizzato per la rappresentazione delle opere di R. Wagner (1876), in cui da allora ogni anno si tiene un festival di opere wagneriane.

BAYROU (François), *Bordères, Pyrénées-Atlantiques, 1951*, politico francese. È deputato europeo e, dal 1998, presidente dei democratici dell'UDF, per i quali si è candidato alle presidenziali nel 2002.

BAZAINE (Achille), *Versailles 1811 - Madrid 1888*, maresciallo francese. Dopo aver partecipato alla guerra di Crimea (1855), fu comandante in Messico (1863) e in Lorena (1870). Bloccato a Metz, dovette capitolare (ott.). Dopo che la sua condanna a morte (1873) era stata commutata in detenzione, evase e raggiunse Madrid.

BAZARD (Saint-Amand), *Parigi 1791 - Courtry 1832*, socialista francese. Fondatore della carboneria in Francia, fu con B.P. Enfantin un promotore del sansimonismo.

BAZILLE (Frédéric), *Montpellier 1841 - Beaune-la-Rolande 1870*, pittore francese. Fu uno dei caposcuola dell'impressionismo (*Riunione di famiglia*, 1867, Musée d'Orsay, Parigi).

BAZIN (André), *Angers 1918 - Nogent-sur-Marne 1958*, critico cinematografico francese. Fondatore dei *Cahiers du cinéma* con J. Doniol-Valcroze e G.M. Lo Duca nel 1951, è autore del saggio *Che cos'è il cinema?* (1958-1963), uno studio fondamentale per la storia del cinema.

BAZZÌNI (Antònio), *Brescia 1818 - Milano 1897*, violinista e compositore. Insegnante e direttore al Conservatorio di Milano, fu uno dei maggiori rappresentanti dello stile strumentale. Scrisse musica sacra, per orchestra e da camera.

BBC (British Broadcasting Corporation), ente radio-televisivo britannico fondato nel 1922.

BBPR, gruppo di architetti costituito nel 1932 a Milano da — **Gian Luigi Banfi**, *Milano 1910 - Mauthausen 1945*, — **Lodovico Barbiano di Belgioioso**, *Milano 1909*, — **Enrico Peressutti**, *Pinzano al Tagliamento 1908 - Milano 1976*, ed — **Ernesto Nathan Rogers**, *Trieste 1909 - Gardone Riviera 1969*. Tra le opere, colonia elioterapica a Legnano (1936-1938), Torre Velasca (1958) e Chase Manhattan Bank (1969) a Milano.

BCE → BANCA CENTRALE EUROPEA.

BE'ER SHEVA o **BEER SHEBA**, c. d'Israele, ai margini del Deserto del Negev; 153.900 ab. Resti dell'ant. *Bersabea* dei re di Giudea, e delle epoche achemenide, ellenistica e romana. Museo.

BEA (Augustinus), *Riedböhringen 1881 - Roma 1968*, teologo cattolico tedesco. Gesuita, cardinale (1959), partecipò al Concilio vaticano II e contribuì alla diffusione dell'ecumenismo.

BEACHY HEAD (battàglia di) (10 lug. 1690), battaglia navale della guerra condotta dalla lega di Augusta contro la Francia. Vittoria dell'ammiraglio A. Tourville sulla flotta anglo-olandese al largo del capo di Beachy Head, presso la costa meridionale dell'Inghilterra.

BEACONSFIELD, ant. c. del Canada (Québec), att. integrata nel nucleo di Montréal.

BEACONSFIELD (cónte **di**) → DISRAELI.

BEAGLE (Canàle), stretto che collega l'Atlantico al Pacifico. È situato a S della principale isola della Terra del Fuoco.

BEAMON (Robert, detto Bob), *Jamaica, Stato di New York, 1946*, atleta statunitense. È stato campione olimpico nel 1968, e recordman del mondo, dal 1968 al 1991, nel salto in lungo (8,90 m).

BEARDSLEY (Aubrey), *Brighton 1872 - Mentone 1898*, disegnatore britannico. Appassionato esteta, raggiunse la celebrità con le sue illustrazioni, vicine al gusto dell'Art Nouveau (*Salomé*, di O. Wilde, 1894; *Mademoiselle de Maupin*, di T. Gautier, 1898).

Aubrey **BEARDSLEY**. *Illustrazione per* Salomé *(1894) di O. Wilde. (BNF, Parigi.)*

BÉARN, parte orient. del dip. Pyrénées-Atlantiques; c. princ. *Pau*. Ant. viscontado francese, fu governato, tra gli altri, dagli Albret e dai Borbone di Navarra. Il B. fu riannesso al regno di Francia nel 1620.

BEARZÒT (Ènzo), *Gorizia 1927*, calciatore e allenatore. Come giocatore ha militato nel Torino e nell'Inter. È stato commissario tecnico della nazionale italiana dal 1975 al 1986, guidandola alla vittoria della Coppa del mondo nel 1982.

BEAT GENERATION, movimento letterario e artistico sviluppatosi negli Stati Uniti negli anni '50-'60 del secolo scorso. I suoi rappresentanti (J. Kerouac, W. Burroughs, A. Ginsberg ecc.) erano accomunati dal rifiuto della società industrializzata e dal desiderio di ritrovare le radici della cultura americana nel viaggio (*Sulla strada*, 1957, di J. Kerouac), nella meditazione (influenzati, in questo, dal buddhismo zen) e nelle esperienze estatiche (gli allucinogeni).

BEATLES (The), gruppo musicale britannico. Composto da — **Richard Starkey**, detto **Ringo Starr**, *Liverpool 1940*, — **John Lennon**, *Liverpool 1940 - New York 1980*, — **Paul McCartney**, *Liver-*

The **BEATLES** nel 1968: da sinistra Ringo Starr, Paul McCartney e John Lennon, in primo piano George Harrison.

pool 1942, e — George Harrison, *Liverpool 1943 - Los Angeles 2001*. La loro musica è stata, dal 1962 al 1970, all'origine del successo del genere pop (*She loves you*, 1962; *Yesterday*, 1965; *Sergeant Pepper's Lonely Hearts Club Band*, 1967; *Let it be*, 1970).

BEÀTO ANGÈLICO (Gùido **di Piètro**, detto), *Vicchio 1400 ca. - Roma 1455*, pittore. Frate domenicano, fu uno dei maestri della scuola fiorentina e uno dei più intensi interpreti dell'iconografia cristiana (*Trittico di san Pietro martire*, *Tabernacolo dei Linaioli*). Nelle sue opere riuscì a combinare stilizzazione tardo-gotica e naturalismo rinascimentale (affreschi per il convento di S. Marco, a Firenze, con la celebre *Annunciazione; affreschi della Cappella Niccolina in Vaticano), aprendo la strada alle innovazioni della pittura toscana successiva. Fu beatificato nel 1982.

BEATON (Cecil Walter Hardy), *Londra 1904 - Broadchalke 1980*, fotografo britannico. Lavorò soprattutto nella moda, distinguendosi come ritrattista di personaggi celebri. Notevole anche l'attività di scenografo per il teatro e il cinema (premio Oscar nel 1964 per il film *My Fair Lady*).

BEATRÌCE, personaggio della *Vita nuova* (1292-1294) e della *Divina Commedia, ispirato a Dante dalla fiorentina Beatrice Portinari (1265 ca. - 1290). Incarnazione della bellezza e della bontà, oggetto d'amore e di contemplazione, è la musa e la guida del poeta nella sua ricerca di Dio. Compare nel XXX canto del *Purgatorio*, sostituendo Virgilio nel viaggio dantesco, e accompagna il poeta fino al XXXI canto del *Paradiso*, quando, all'apparizione della Vergine, il suo posto verrà preso da san Bernardo.

BEATRÌCE o **BEATRIX**, *Soestdijk 1938*, regina dei Paesi Bassi. Nel 1966 ha sposato il diplomatico tedesco Claus von Amsberg. Nel 1980 ha ereditato il trono dalla madre Giuliana.

■ *Beatrice, regina dei Paesi Bassi.*

BEATTY (David), *Borodale, Irlanda, 1871 - Londra 1936*, ammiraglio britannico. Dopo essersi distinto nella battaglia dello Jütland (1916), comandò la flotta britannica (1916-1918) e fu primo lord dell'Ammiragliato, dal 1919 al 1927.

BEATTY (Warren **Beaty**, detto Warren), *Richmond 1937*, attore e regista cinematografico statunitense. Fratello di S. MacLaine, ha esordito nel 1961 in *Splendore nell'erba*, raggiungendo la fama con *Gangster Story* (1967). Come regista, ha diretto tra gli altri *Il paradiso può attendere* (1978), *Reds* (1981, premio Oscar per la miglior regia) e *Dick Tracy* (1990). Leone d'oro alla carriera nel 1998 e premio Oscar alla carriera nel 2000.

BEAUBOURG CENTRE → CENTRE NATIONAL D'ART ET DE CULTURE GEORGES-POMPIDOU.

BEAUCHEMIN (Yves), *Noranda, Québec, 1941*, scrittore canadese di lingua francese. Famoso per i romanzi *Le Matou*, *Juliette Pomerleau*, *Les Émois d'un marchand de café*, ha scritto anche per l'infanzia (*Antoine et Alfred*).

BEAUFORT (François **de Bourbon**, dùca di), *Parigi 1616 - Candia 1669*, gentiluomo francese. Nipote di Enrico IV, fu un cospiratore e sostenne il cardinale di Retz durante la Fronda, quando la

popolarità raggiunta gli valse il soprannome di "re delle Halles".

BEAUFORT (Màre di), sezione del Mare Glaciale Artico, a N dell'Alaska e del Canada.

BEAUFORT (Massiccio di) o **BEAUFORTIN**, massiccio delle Alpi francesi, nel dip. Savoie, tra l'Arly e la Tarentaise; 2889 m.

BEAUFORT (sir Francis), *1774-1857*, ufficiale della marina inglese. Inventò nel 1805 una scala per misurare la forza dei venti. [*V. parte nomi comuni* scala di → Beaufort.]

BEAUFRE (André), *Neuilly-sur-Seine 1902 - Belgrado 1975*, generale francese. Nei suoi scritti ha spiegato le trasformazioni radicali che l'avvento della bomba atomica ha apportato alla strategia bellica classica (*Dissuasion et Stratégie*, 1964).

BEAUHARNAIS (Alexandre, viscónte **di**), *Fort-Royal 1760 - Parigi 1794*, generale francese. Generale nell'esercito del Reno nel 1793, non riuscì a salvare Magonza e morì giustiziato sul patibolo. Aveva sposato Giuseppina (1779), futura imperatrice di Francia.

BEAUHARNAIS (Eugènio **di**), *Parigi 1781 - Monaco 1824*, viceré d'Italia (1805-1814). Figlio di Alexandre de Beauharnais e di Giuseppina, fu adottato da Napoleone I.

BEAUHARNAIS (Ortènsia **di**) → ORTENSIA DI BEAUHARNAIS.

BEAUJOLAIS, reg. della Francia, nel margine orient. del Massiccio Centrale, tra la Loira e la Saona. Comprende i monti del B. Il versante orient. costituisce una delle più importanti zone vinicole della Francia.

BEAULIEU-LÈS-LOCHES, centro della Francia, presso Tours. Vi fu proclamato l'editto del duca di Alençon che concedeva libertà di culto ai protestanti (6 mag. 1576).

BEAUMARCHAIS (Pierre Augustin **Caronde**), *Parigi 1732-1799*, autore teatrale francese. Avventuriero e libertino, celebre per le speculazioni che lo arricchirono in fretta e i processi, espresse nel *Barbiere di Siviglia* (1775) e in *Il matrimonio di Figaro* (1784) una forte critica alla società francese. La rivoluzione, che lui stesso aveva contribuito a preparare, gli ispirò un unico dramma sentimentale, *La madre colpevole* (1792).

■ *Beaumarchais ritratto da J.-M. Nattier. (Coll. priv.)*

BEAUMONT, c. degli Stati Uniti (Texas); 114.323 ab. Porto petrolifero. Stabilimenti chimici.

BEAUMONT (Francis), *Grâce-Dieu 1584 - Londra 1616*, drammaturgo britannico. Insieme a J. Fletcher fu autore di tragedie e commedie d'intreccio (*Il cavaliere del pestello ardente*).

BEAUNEVEU (André), scultore e miniaturista francese, nato a Valenciennes, citato dal 1360 al 1400. Artista di corte, lavorò per Carlo V e per il duca di Berry.

BEAUPERTHUY (Louis Daniel), *Guadalupa 1807 - Bartica Grove, Guyana, 1871*, medico francese. Fu il primo scienziato a scoprire che la febbre gialla viene trasmessa dalle zanzare (1854).

BEAUVAIS, c. della Francia, capol. del dip. Oise; 57.355 ab. Sede vescovile. Industrie meccaniche, alimentari e chimiche. — Chiesa di S. Stefano (in parte romanica) e cattedrale incompiuta (XIII-XVI sec.). — Assediata da Carlo il Temerario, la città fu difesa da J. Hachette (1472).

BEAUVOIR (Simone **de**), *Parigi 1908-1986*, scrittrice francese. Allieva e poi compagna di J.-P. Sartre, convinta femminista, è autrice di saggi (*Il secondo sesso*, 1949), romanzi (*I mandarini*, 1954) e memorie (*Memorie di una ragazza perbene*, 1958).

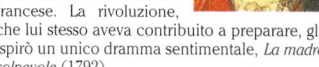

■ *Simone de Beauvoir.*

BEBEL (August), *Colonia 1840 - Passug, Svizzera, 1913*, politico tedesco. Fu uno dei capi della socialdemocrazia.

BÉCAUD (François **Silly**, detto Gilbert), *Tolone 1927 - Parigi 2001*, cantante francese. Composi-

tore, grazie alla collaborazione di brillanti parolieri ha espresso la gioia di vivere con grande senso dello spettacolo (*Le Jour où la pluie viendra*, *Et maintenant*).

BECCAFÙMI (Doménico), *Montaperti 1486 ca. - Siena 1551*, pittore e scultore. Tra i principali rappresentanti del manierismo toscano, pur essendo influenzato da artisti dell'epoca, si distinse per le atmosfere suggestive e i giochi di luce ispirati all'arte nordica (affreschi nel Palazzo Bindi-Segardi, a Siena, 1524; *Natività della Vergine*, 1528, Pinacoteca di Siena).

BECCÀLI (Luigi), *Milano 1907 - Rapallo 1990*, atleta. Mezzofondista, nei 1500 m vinse la medaglia d'oro alle Olimpiadi di Los Angeles del 1932. Sulla stessa distanza, l'anno successivo stabilì il record del mondo.

BECCÀRI (Agostino), *Ferrara 1510 ca. - 1590*, poeta. Scrisse *Il sacrificio*, primo esempio di favola pastorale italiana, che fu rappresentato a Ferrara nel 1554 (musicato da A. della Viola). L'opera ispirò T. Tasso per la composizione dell'*Aminta*.

BECCARÌA (Césare **Bonesàna**, marchése **di**), *Milano 1738-1794*, economista e letterato. Illuminista, collaboratore del *Caffè*, ricoprì diversi incarichi da giurista in Lombardia. Sua figlia Giulia fu la madre di A. Manzoni. Tra le sue opere si ricorda il trattato **Dei delitti e delle pene*.

BECCARÌA (Giàn Lùigi), *Costigliole Saluzzo 1936*, linguista e critico letterario. Tra le sue opere, *L'autonomia del significante* (1975), *Italiano. Antico e nuovo* (1988), *Le forme della lontananza* (1989), *I nomi del mondo* (1995).

BÉCHAR, c. dell'Algeria, capol. di distr., nel Sahara; 134.954 ab.

BECHET (Sidney), *New Orleans 1897 - Garces 1959*, musicista jazz statunitense. Clarinettista, sassofonista, compositore e direttore d'orchestra, grande improvvisatore, fu uno dei più famosi rappresentanti dello stile "New Orleans" (*Petite Fleur*, 1952; *Dans les rues d'Antibes*, 1952).

BECHTEREV (Vladimir Michailòvič, *Vjatka 1857 - Leningrado 1927*, neuropatologo russo. Partendo dalla teoria del riflesso condizionato di I. Pavlov, sviluppò, anticipando J. Watson, la psicologia comportamentale.

BECHUANALAND → BOTSWANA.

BECK (Julian), *New York 1925-1985*, regista, attore e teorico teatrale statunitense. Allievo di E. Piscator, rielaborò le teorie del "teatro della crudeltà" di A. Artaud e le concezioni di B. Brecht. Nel 1951, insieme alla compagna Judith Malina, fondò il *Living Theater, spettacolo itinerante che propugnava il rinnovamento del teatro e l'anarchismo esistenziale.

BECKENBAUER (Franz), *Monaco 1945*, calciatore tedesco. Nel ruolo di libero, è stato capitano della nazionale tedesca occidentale, che ha vinto il campionato europeo nel 1972, la Coppa del mondo 1974, 3 Coppe dei campioni con il Bayern di Monaco e 2 palloni d'oro (1972 e 1976). Da allenatore ha guidato la nazionale tedesca in 2 mondiali, vincendo la Coppa del mondo nel 1990.

BECKER (Gary Stanley), *Pottsville, Pennsylvania, 1930*, economista statunitense. Ha applicato l'analisi economica allo studio delle relazioni e dei comportamenti umani. (Premio Nobel 1992.)

BECKER (Jacques), *Parigi 1906-1960*, regista cinematografico francese. È autore di film sociali a risvolto psicologico: *La casa degli incubi* (1943), *Casco d'oro* (1952), *Il buco* (1960).

BECKET (Thomas) → TOMMASO BECKET.

BECKETT (Samuel), *Foxrock, Dublino, 1906 - Parigi 1989*, scrittore e drammaturgo irlandese. È autore, prima in lingua inglese, poi in francese, di romanzi (*Molloy*) e di testi teatrali che esprimono l'assurdità della condizione umana (*Aspettando Godot*, 1953; *Finale di partita*, 1957; *Giorni felici* 1961). (Premio Nobel 1969.)

■ *Samuel Beckett.*

BECKMANN (Max), *Lipsia 1884 - New York 1950*, pittore tedesco. È uno dei più famosi rappresentanti dell'espressionismo e della Nuova oggettività.

BECQUE (Henry), *Parigi 1837-1899*, autore teatrale francese. Scrisse commedie di genere *boulevardier* (*La Parigina*) e drammi naturalisti (*I corvi*).

BÉCQUER (Gustavo Adolfo), *Siviglia 1836 - Madrid 1870*, poeta spagnolo. La sua opera sobria ed essenziale si situa tra romanticismo e poesia popolare.

BECQUEREL, famiglia di fisici francesi. — **Antoine B.**, *Châtillon-Coligny 1788 - Parigi 1878*, fisico francese. I suoi lavori apportarono un contributo essenziale ai progressi dell'elettricità e alle sue applicazioni. — **Alexandre Edmond B.**, *Parigi 1820-1891*, fisico francese. Figlio di Antoine, studiò la spettrografia. — **Henri B.**, *Parigi 1852 - Le Croisic 1908*, fisico francese. Nipote di Antoine, nel 1896 scoprì la radioattività dei sali di uranio. (Premio Nobel 1903.)

BÈDA IL VENERÀBILE (*santo*), *Wearmouth 672 ca. - Jarrow 735*, benedettino anglosassone. Poeta, teologo e storico, lasciò una *Historia ecclesiastica gentis anglorum*. Padre della Chiesa.

BÉDARD (Pierre Stanislas), *Charlesbourg 1762 - Trois-Rivières 1829*, avvocato, politico e giornalista canadese. Deputato dal 1792 al 1819, fu il primo dirigente del Partito canadese (o Partito patriota). Fu uno dei precursori della teoria della responsabilità ministeriale.

BEDDOES (Thomas Lovell), *Clifton 1803 - Basilea 1849*, poeta e drammaturgo britannico. La sua opera è contrassegnata da un romanticismo macabro (*Raccolta di facezie sulla morte*).

BEDFORD, c. della Gran Bretagna (Inghilterra), capol. del Bedfordshire; 75.600 ab.

BEDFORD (Giovànni Plantagenéto **di Lancaster**, dúca **di**), *1389 - Rouen 1435*, principe inglese. Partecipò alla spedizione guidata dal fratello Enrico V in Inghilterra (1415), poi divenne reggente di Francia per il nipote Enrico VI (1422). La sua azione politica e militare venne compromessa dalla riconciliazione dei borgognoni con il re di Francia, siglata dai trattati di Arras (1435).

BÉDIÉ (Henri Konan), *Dadiékro 1934*, politico della Costa d'Avorio. Presidente dell'assemblea nazionale (1980-1993), è diventato presidente della repubblica dopo la morte di F. Houphouët-Boigny (1993). Riconfermato capo dello Stato nel 1995 da un'elezione presidenziale, è stato destituito nel 1999.

BÉDIER (Joseph), *Parigi 1864 - Le Grand-Serre 1938*, medievista francese. Diede una personale interpretazione delle *chansons de geste*, secondo cui i racconti sarebbero stati composti dai clerici nei santuari che si trovavano lungo le strade di pellegrinaggio.

BEDNORZ (Johannes Georg), *Neuenkirchen 1950*, fisico tedesco. Con K. Müller, ha condotto studi su materiali superconduttori ad alte temperature. (Premio Nobel 1987.)

BEDUÌNI, popolazione nomade dell'Arabia, della Siria, dell'Iraq, della Giordania e del Sahara. Cammellieri, in maggioranza musulmani sunniti, i b. stanno in parte andando incontro a un processo di sedentarizzazione.

BEECHAM (sir Thomas), *St. Helens, Lancashire, 1879 - Londra 1961*, direttore d'orchestra britannico. Fondò nel 1947 la Royal Philharmonic Orchestra.

BEECHER-STOWE (Harriet), *Lichfield, Connecticut, 1811 - Hartford 1896*, scrittrice statunitense. È l'autrice di *La *Capanna dello zio Tom*.

BEERNAERT (Auguste), *Ostenda 1829 - Lucerna 1912*, politico belga. Fu uno dei leader del Partito cattolico, e presidente del consiglio dal 1884 al 1894. (Premio Nobel per la pace 1909.)

BEERSEL, com. del Belgio (Brabante fiammingo), a S di Bruxelles; 22.919 ab. Roccaforte costruita intorno al 1300.

BEETHOVEN (Ludwig **van**), *Bonn 1770 - Vienna 1827*, compositore tedesco. Bambino prodigio (tenne il suo primo concerto a otto anni), fu seguace delle idee rivoluzionarie francesi, ma successivamente si mostrò ostile all'egemonia napoleonica. Nonostante la sordità che lo colpì nel 1802, si affermò come compositore ed erede di W.A. Mozart e del classicismo viennese (*Fidelio*, 1814). Fu il precursore del romanticismo tedesco con i suoi 17 quartetti per archi, le 32 sonate per piano (*Patetica, Al chiaro di luna, Appassionata*), i concerti per piano e le 9 sinfonie (la terza detta *Eroica*, 1804; la sesta detta *Pastorale*, 1808; la nona con i cori, 1824).

■ *Ludwig van Beethoven. Incisione del 1814. (Kunsthistorisches Museum, Vienna.)*

BEGIN (Menahem), *Brest-Litovsk 1913 - Tel Aviv-Giaffa 1992*, politico israeliano. Capo dell'organizzazione terroristica dell'Irgun (1942), poi leader del Likud. Primo ministro (1977-1983), firmò nel 1979 il trattato di pace con l'Egitto. (Premio Nobel per la pace 1978.)

BEGO (Mónte), massiccio delle Alpi francesi (Alpi Marittime), vicino a Tenda; 2873 m.

BEHAIM (Martin), *Norimberga 1459 - Lisbona 1507*, cosmografo e navigatore tedesco. È autore di un globo terrestre in cui venivano raffigurate le conoscenze geografiche antecedenti alle scoperte di C. Colombo.

BEHAN (Brendan), *Dublino 1923-1964*, scrittore irlandese. È autore di romanzi autobiografici (*Un ragazzo da Borstal*) e di commedie (*L'ostaggio*).

BÉHANZIN, *1844 - Algeri 1906*, ultimo re del Dahomey (1889-1893). Figlio di Glélé, fu deportato in Algeria dopo che i francesi conquistarono il suo regno (durante la campagna del 1890 e quella del 1892-1893).

BEHRENS (Peter), *Amburgo 1868 - Berlino 1940*, architetto e designer tedesco. Sviluppò un indirizzo razionalista; nel suo studio lavorarono W. Gropius, L. Mies van der Rohe, Le Corbusier.

BEHRING (Emil **von**), *Hansdorf 1854 - Marburg 1917*, medico tedesco, fu uno degli inventori della sieroterapia. (Premio Nobel nel 1901.)

BEI → BANCA EUROPEA PER GLI INVESTIMENTI.

BEIDA (Al-), c. della Libia; 67.000 ab.

BEIDERBECKE (Leon **Beiderbecke**, detto Bix), *Davenport, Iowa, 1903 - New York 1931*, musicista jazz statunitense. Cornettista, pianista e compositore, fu uno dei primi bianchi a dedicarsi al jazz e all'improvvisazione. Tra le sue registrazioni, *Singin' the Blues* (1927).

BÈIGUA (Pàrco del), parco naturale regionale ligure. Situato tra le prov. di Genova e Savona, è il più vasto parco della regione (8700 ha). È caratterizzato da diversi ambienti naturali, e da una grande ricchezza di flora e fauna.

BEIJING → PECHINO.

BEIPIAO, c. della Cina (Liaoning); 605.000 ab.

BEIRA, c. del Mozambico, sull'Oceano Indiano; 397.368 ab. Porto.

BEIRA, ant. prov. del Portogallo centrale.

BEIRUT, in ar. **Bayrût**, cap. del Libano, sul Mediterraneo; 1.500.000 ab. (2.055.000 ab. nell'agglomerato). Importante museo archeologico. — La città è stata devastata, dal 1975 al 1990, dalle diverse guerre che hanno colpito il Libano.

BÉJA, c. della Tunisia settentr.; 53.224 ab. Zuccherifici.

BEIRUT. *La città in via di ricostruzione.*

BEJA o **BEDJA**, popolazione del Sudan orient. Allevatori nomadi, colpiti dalle siccità, i b. diventano sedentari o si rifugiano a Port-Sudan. Sono musulmani e di lingua cuscitica.

BEJAÏA, già **Bugia**, c. dell'Algeria, capol. di distr., sul golfo omonimo; 150.195 ab. Porto petrolifero. Raffineria.

BÉJART, famiglia di attori della compagnia di Molière. — **Madeleine B.**, *Parigi 1618-1672*, attrice francese. Fondò l'Illustre-Théâtre con Molière e fu la sua compagna fino al 1662. — **Armande B.**, *1642 ? - Parigi 1700*, attrice francese. Sposò Molière nel 1662.

BÉJART (Maurice **Berger**, detto Maurice), *Marsiglia 1927*, ballerino e coreografo francese. Animatore del Ballet du XX siècle da lui fondato nel 1960 a Bruxelles, divenuto nel 1987 Béjart Ballet Lausanne, e del centro coreografico Mudra-Bruxelles (1970-1987), dirige la Compagnia M, per giovani ballerini, creata nel 2002. Ha portato in scena, tra le altre, *Symphonie pour un homme seul*, 1955; *Le Sacre du printemps*, 1959; *Messe pour le temps présent*, 1967; *Le Voyage nocturne*, 1997.

■ *Maurice Béjart nel 1991.*

BEKAA → BEQAA.

BÉKÉSCSABA, c. dell'Ungheria sud-orient. (capol. di dip.); 67.600 ab.

BEKTASHI o **BEKTASI**, ordine di dervisci; conosciuto dal XVI sec., fu soppresso dal governo turco nel 1925. Chiamati così in onore di Hadjdji Wali Bektach (in turco Veli Haci Bektaş) (1210 ca. - 1271), mistici musulmani, gli appartenenti all'ordine erano in stretta relazione con i giannizzeri. La loro dottrina comprendeva elementi sciiti e cristiani.

BÊL, divinità mesopotamica assimilata a Marduk. Il suo nome è legato anche al Baal di Caana menzionato nella Bibbia.

BÉLA IV, *1206 - Budapest 1270*, re d'Ungheria (1235-1270), della dinastia degli Árpád. Dopo l'invasione mongola (1241-1242), si dedicò interamente alla ricostruzione del paese.

BEL-AMI, romanzo di G. de Maupassant (1885) sulla scalata sociale di un seduttore senza scrupoli.

BELAU → PALAOS.

BÈLBO, torrente del Piemonte; 86 km. Nasce nelle Alpi Marittime e si getta nel f. Tanaro dopo aver attraversato le Langhe e il Monferrato.

BELÉM, già **Pará**, c. del Brasile, cap. dello Stato di Pará; 1.279.861 ab. Porto all'imboccatura del Rio delle Amazzoni.

BELÉM, quartiere di *Lisbona. Torre fortificata sul Tago e monastero dei geronimiti. Musei.

BELFAGÒR, divinità dei moabiti cui si tributava un culto licenzioso.

BELFAST, c. della Gran Bretagna, cap. dell'Irlanda del Nord; 325.000 ab. (ca. 600.000 ab. nell'agglomerato). Porto. Cantieri navali. Industrie tessili. — Museo dell'Ulster.

BELFIÓRE (mártiri di), gruppo di patrioti mazziniani impiccati dagli austriaci nel 1852-1853 a B., presso Mantova, per avere cospirato contro l'impero asburgico: B. de Canal, P.D. Frattini, don B. Grazioli, C. Montanari, C. Poma, A. Scarsellini, T. Speri, don E. Tazzoli e G. Zambelli.

BELFORT, capol. del Territorio di B.; 52.521 ab. Sede vescovile. Industrie meccaniche e informatiche. — **Leone di Belfort**, monumento di F. Bartholdi scavato nella roccia rossa, che simboleggia la resistenza della città durante la guerra franco-prussiana (1870-1871).

BELFORT (Territòrio di), dip. della Francia, nella reg. Franca Contea; capol. *Belfort*; 609 km²; 137.408 ab. Il T. di B., che corrisponde alla parte francese dell'Alto Reno, si estende fino al versante merid. dei Vosgi. L'industria è sviluppata soprattutto nell'agglomerato di Belfort.

BELGAUM, c. dell'India (Karnataka); 399.600 ab.

BÈLGIO, in fiamm. **België**, Stato membro dell'Europa, sul Mare del Nord; 30.500 km²; 10.263.000 ab. (*belgi*). CAP. *Bruxelles*. C. PRINC. *Anversa, Liegi, Gand*. LINGUE: *tedesco, francese e neerlandese*. MONETA: *euro*. Il B. è formato da tre regioni (Fiandre,

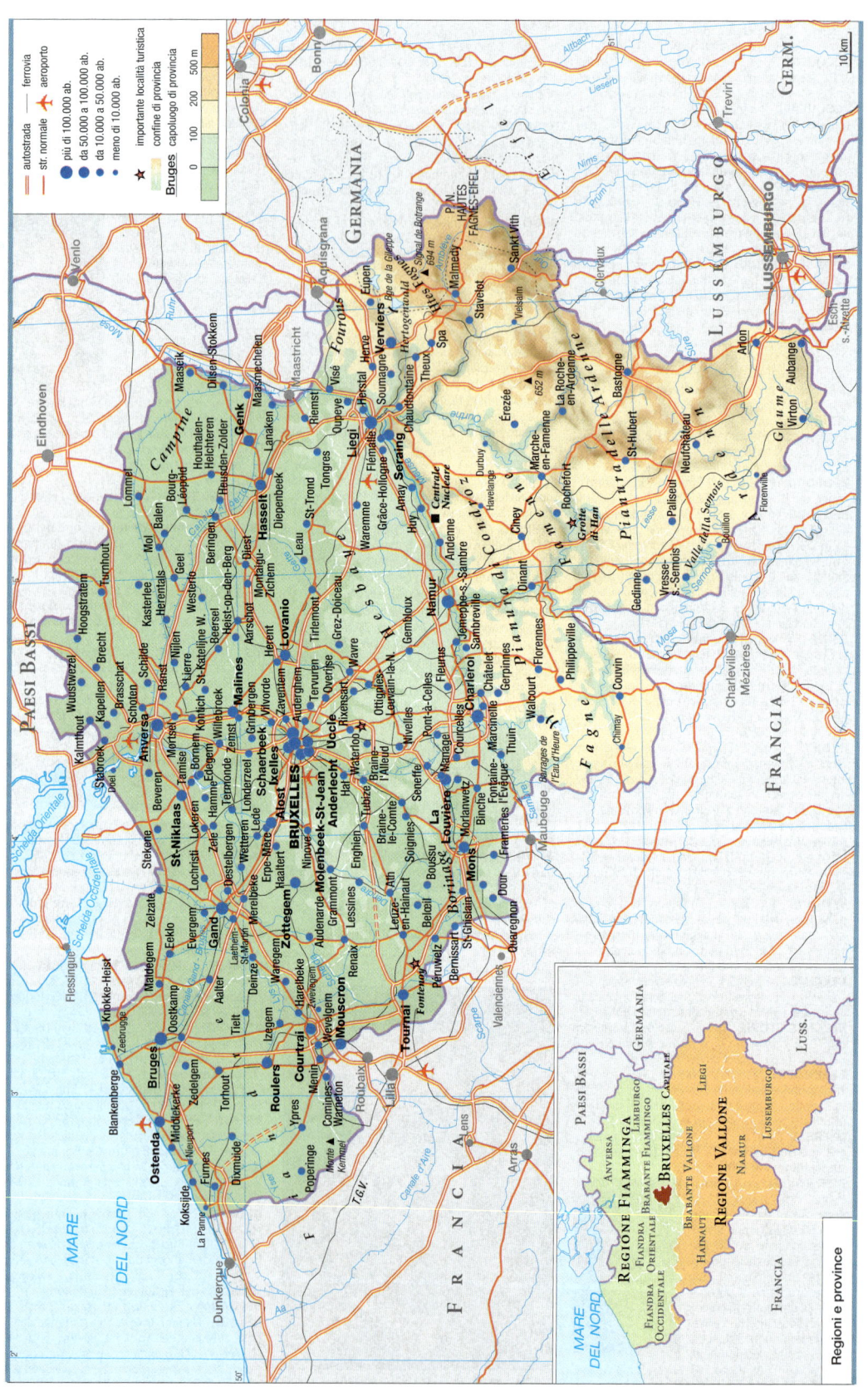

Vallonia e Bruxelles); le prime due sono divise in 10 province (Anversa, Brabante Fiammingo, Brabante Vallone, Fiandra Occidentale, Fiandra Orientale, Hainaut, Liegi, Limburgo, Lussemburgo, Namur).

ISTITUZIONI – Monarchia costituzionale ereditaria basata sulla Costituzione del 1831. La revisione della Costituzione, avvenuta nel 1993, fa del B. uno Stato federale composto da 3 comunità e da altrettante regioni. La guida del governo federale è affidata al primo ministro, che è chiamato a rispondere davanti a un parlamento federale costituito da 2 camere con identici poteri (la camera dei rappresentanti e il senato), eletto a suffragio universale diretto ogni 4 anni. Il governo federale si occupa delle questioni di interesse generale (finanze, giustizia, sicurezza ecc.), mentre alle comunità (francese, fiamminga e germanofona), dotate ciascuna di un parlamento (detto consiglio) e di un proprio organismo esecutivo, è delegato tutto ciò che attiene alla lingua e al suo utilizzo, alla cultura e all'istruzione. Alle regioni è demandata invece soprattutto la gestione degli aspetti economici.

GEOGRAFIA – Paese di dimensioni ridotte, perlopiù pianeggiante (i rilievi si concentrano nel settore sud-orient., dalla pianura delle Fiandre alle Ardenne, la cui cima più alta non supera comunque i 694 m), dal clima oceanico dolce e umido, il B. è uno degli Stati più densamente popolati al mondo (ca. 330 ab. per km²). Deve la sua prosperità alle vicende storiche, alla posizione geografica privilegiata nel cuore dell'Europa nord-occ., l'area più dinamica del continente, e allo sbocco sul Mare del Nord. L'ampiezza degli scambi (le esportazioni rappresentano circa la metà del PIL) dipende soprattutto dal volume e dalla natura della produzione, ma anche dalle piccole dimensioni del mercato interno, ed è stata favorita dapprima dall'ingresso nel Benelux, poi nell'att. Unione Europea. L'industria, basata su siderurgia e metallurgia di trasformazione, sui settori tessile, chimico e agroalimentare, conosce la crisi in alcuni ambiti (industria pesante, tessile) e aree geografiche (soprattutto nella regione vallone). L'agricoltura dà lavoro solo a una piccola percentuale di popolazione attiva (meno del 3%), ma è molto intensiva, in quanto si basa sull'associazione di cereali e piante d'interesse industriale (barbabietola da zucchero). Fiorente è pure l'allevamento di bovini e suini. I servizi sono molto diversificati (particolare rilievo ha assunto l'infrastruttura dei trasporti) e occupano più dei due terzi della popolazione attiva, proporzione in gran parte legata a un tasso di urbanizzazione elevato e ben strutturato. Nonostante oggi la popolazione si mantenga stabile, è in atto una crescita della disoccupazione, fenomeno che rappresenta uno dei problemi principali del B., insieme al debito pubblico (superiore al PIL) e al persistente antagonismo tra maggioranza fiamminga e minoranza vallone, che rispecchia l'esistenza di una frontiera linguistica e la struttura federale dello Stato.

STORIA – **Dalle origini alla dominazione austriaca. 57-51 a.C.:** la Gallia Belgica, occupata dai celti, viene conquistata da Cesare. In epoca imperiale, gioca un ruolo importante nei piani strategici e nell'economia di Roma. **IV-VI sec.:** il N viene invaso dai franchi. **843:** in base al trattato di Verdun, il paese viene diviso in due parti, separate dal corso della Schelda e corrispondenti rispettivamente alla futura Francia e alla Lotaringia, quest'ultima riunita al regno di Germania nel 925. **IX-XV sec.:** si formano alcuni principati, mentre le città diventano importanti centri commerciali (tessuti fiamminghi). **XIV-XV sec.:** i "Paesi Bassi", comprendenti il B., si costituiscono in un insieme progressivamente unificato sotto il dominio dei duchi di Borgogna. **La dominazione asburgica. 1477:** il matrimonio di Maria di Borgogna con Massimiliano I determina il passaggio dei Paesi Bassi alla casa degli Asburgo. **1555-1556:** sale al trono Filippo II di Spagna; **1572:** il suo assolutismo e gli eccessi del duca d'Alba provocano la rivolta dei Paesi Bassi. **1579:** le sette province del N conquistano l'indipendenza e formano le Province Unite,

mentre quelle meridionali si sottomettono all'autorità spagnola. **XVII sec.:** in seguito alle guerre condotte da Luigi XIV si precisano i confini del B. **1713:** il trattato di Utrecht restituisce i Paesi Bassi spagnoli alla casa d'Austria. **Dalla rivolta all'indipendenza. 1789:** le riforme tese a imporre Giuseppe II come imperatore provocano l'insurrezione e la proclamazione dell'indipendenza (1790) degli Stati Belgi Uniti. **1795-1815:** i francesi occupano il paese unificandolo amministrativamente. **1815:** le future province belghe e le antiche Province Unite si riuniscono dando luogo al regno dei Paesi Bassi, affidato al conte Guglielmo d'Orange (Guglielmo I). **1830:** la politica incauta del re provoca la secessione delle province belghe, che si proclamano indipendenti. **Il regno del Belgio. 1831:** la conferenza di Londra riconosce l'indipendenza del B., monarchia costituzionale ed ereditaria, di cui Leopoldo I diventa il primo sovrano. **1865-1909:** sotto il regno di Leopoldo II lo sviluppo industriale si accompagna a un insediamento in Africa. **1908:** il re impone il dominio del B. sul Congo. **1909-1945:** sotto Alberto I (1909-1934) e Leopoldo III (1934-1951) il B., Stato neutrale, viene occupato dai tedeschi nel corso dei due conflitti mondiali. **Il Belgio dopo il 1945. 1951:** Leopoldo III, accusato di avere tenuto un atteggiamento equivoco nei confronti dei tedeschi, viene costretto ad abdicare in favore del figlio, Baldovino I. Sul piano internazionale, il B. aderisce all'ONU (1945), al Benelux (1948), alla NATO (1949) e diventa membro della CEE (1958). **1958:** l'annosa questione scolastica, che dal XIX sec. vede la Chiesa contrapposta a liberali e socialisti, viene risolta tramite la stipula di una specifica intesa. **1960:** il Congo belga viene proclamato indipendente. **1977:** sotto il governo di Léo Tindemans, il patto di Egmont divide il B. in tre regioni: Fiandre, Vallonia e Bruxelles. Per Fiandre e Vallonia tale regionalizzazione viene riconosciuta dal parlamento nel 1980. **1979-1992:** Wilfried Martens riveste la carica di capo del governo, avviando un processo di decentramento che attribuisce ulteriori poteri alle regioni e alle comunità. **1989:** viene adottato in via definitiva lo statuto di Bruxelles. **1992:** Jean-Luc Dehaene diventa primo ministro. **1993:** la revisione costituzionale trasforma il B. unitario in uno Stato federale dai poteri decentrati. Alberto II succede al fratello Baldovino I. **1999:** Guy Verhofstadt diventa primo ministro. Alle elezioni ottiene forti consensi la formazione xenofoba di estrema destra dei Vlaams Blok.

BELGIOIÓSO (Lodovico **Barbiàno di**) → BBPR.

BELGOROD o **BIELGOROD**, c. della Russia, capol. della prov. omonima; 317.925 ab. Musei.

BELGRÀDO, in serbo *Beograd*, cap. della Serbia e Montenegro, alla confluenza del Danubio con la Sava; 1.168.454 ab. Centro commerciale e industriale. — Musei. — Occupata dagli ottomani (1521-1867), la città divenne capitale della Serbia nel 1878, poi del regno iugoslavo (Serbia, Croazia e Slovenia) nel 1918, che nel 1929 prese il nome di Iugoslavia (federazione ristretta nel 1992 alla Serbia e Montenegro e dal 2003 chiamata solo *Serbia e Montenegro*).

BELGRANO (Manuel), *Buenos Aires 1770-1820*, generale e patriota argentino. Guidò il movimento indipendentista sud-americano.

BELIAL, altro nome del diavolo, nella Bibbia e nella religione giudaica.

BÈLICE, f. della Sicilia; 77 km. Formato dall'unione del B. destro e del B. sinistro, sfocia nel Mar Mediterraneo nelle vicinanze di Selinunte.

BELIN (Édouard), *Vesoul 1876 - Territet 1963*, inventore francese. Progettò un apparecchio per riprodurre le immagini a distanza (belinografo, 1907) e perfezionò un sistema per la trasmissione delle immagini fotografiche.

BELINSKIJ (Vissarion Grigorevič), *Sveaborg 1811 - San Pietroburgo 1848*, critico e giornalista russo. Contribuì ad appoggiare il realismo nella letteratura russa.

BELISÀRIO, *in Tracia 500 ca. - Costantinopoli 565*, generale bizantino. Sotto Giustiniano, sconfisse i vandali e riconquistò l'Africa (533), la Si-

cilia (535) e l'Italia, dove combatté anche contro gli ostrogoti (537-538).

BELITUNG o **BILLITON**, isola dell'Indonesia, tra Sumatra e Borneo. Giacimenti di stagno.

BELIZE, già *Honduras britannico*, Stato dell'America centrale, sul Mar delle Antille; 23.000 km²; 231.000 ab. CAP. *Belmopan*. C. PRINC. *Belize City* (44.000 ab.). LINGUA: *inglese*. MONETA: *dollaro del Belize*. Il paese, corrispondente alla parte sud-occ. della penisola di Yucatán, è coperto dalle foreste, cui sfruttamento rappresenta una voce importante dell'economia, accanto alla coltivazione della canna da zucchero. — Colonia britannica dal 1862 al 1973, il paese ha assunto il nome attuale nel 1973 e ha conquistato l'indipendenza nel 1981, nell'ambito del Commonwealth. Il capo dello Stato è la regina del Regno Unito Elisabetta II, rappresentata dal governatore generale Colville Young, in carica dal 1994. Primo ministro è Said Musa, nominato nel 1998. [*V. carta a pagina seguente.*]

BELL (Alexander Graham), *Edimburgo 1847 - Baddeck, Canada, 1922*, scienziato statunitense di origine britannica. Conobbe grande notorietà grazie al sistema telefonico da lui ideato e brevettato (1876), anche se oggi è stata stabilita l'anteriorità dell'invenzione di A. Meucci.

BELL (Daniel), *New York 1919*, sociologo statunitense. Ha analizzato e teorizzato l'evoluzione moderna della società (*L'avvento della società postindustriale*, 1973).

BELL (sir Charles), *Edimburgo 1774 - North Hallow 1842*, fisiologo britannico. È noto per le sue ricerche sul sistema nervoso.

BÈLLA ADDORMENTÀTA NEL BÒSCO (La), personaggio di una favola di C. Perrault (1697). È una giovane principessa che a causa di un incantesimo sprofonda in un sonno di cento anni, dal quale si sveglierà solo grazie al bacio del principe azzurro. — Il personaggio ha ispirato il balletto di M. Petipa su musica di P. Čajkovskij (1890) e, nel 1959, il cartone animato prodotto da W. Disney.

BÈLLA E LA BÈSTIA (La), personaggi della favola omonima di Mme Leprince de Beaumont (1757), già presenti nelle fiabe di Mme d'Aulnoy (1698) e Mme de Villeneuve (1740). La Bestia, principe azzurro trasformato in mostro da una strega, riesce a sedurre la Bella con il suo amore e la sua bontà. Nel momento in cui la fanciulla accetta di sposarlo, riconquista il suo aspetto originario. — La favola ha ispirato l'omonimo film di J. Cocteau (1946) e il cartone animato prodotto dalla Disney (1991).

BELLÀGIO, com. in prov. di Como; 2961 ab. Centro turistico sul Lago di Como, alla biforcazione tra il ramo di Lecco e quello di Como. Nei dintorni, ville patrizie (XVI-XIX sec.).

BELLÀRIA-IGÈA MARÌNA, com. in prov. di Rimini; 13.657 ab. Centro balneare costituito da due centri distinti: Bellaria e Igea Marina.

BELLARMÌNO → Roberto BELLARMINO.

BELLARY, c. dell'India (Karnataka); 317.000 ab.

BELLEAU (Rémi), *Nogent-le-Rotrou 1528 - Parigi 1577*, poeta francese. Membro della Pléiade, è autore di poesie pastorali (*La Pastorale*).

BELGRADO.

Belize-Guatemala

★ importante località turistica

200 500 1500 3000 m

— strada normale
— ferrovia
✈ aeroporto

● più di 500.000 ab.
● da 100.000 a 500.000 ab.
● da 10.000 a 100.000 ab.
● meno di 10.000 ab.

BELLEDONNE (Massiccio di), massiccio delle Alpi francesi (Isère), che domina la reg. di Grésivaudan; 2978 m.

BELLEGAMBE (Jean), *Douai 1470 ca. - ? 1534/1540*, pittore fiammingo, autore del monumentale *Polittico di Anchin* (intorno al 1510) nel museo di Douai.

BELLE-ÎLE, isola della Francia, al largo della costa della Bretagna (Morbihan), di fronte a Quiberon; 90 km²; 4735 ab. Capol. *Le Palais*. Turismo.

BELLE-ISLE (Strétto di), braccio di mare largo 20 km che separa il Labrador e la parte settentr. dell'isola di Terranova (Canada).

BELLERÓFONTE MITOL. GR. Eroe corinzio, figlio di Poseidone. Domò Pegaso e uccise la Chimera.

BELLEVILLE, c. del Canada (Ontario); 37.083 ab.

BELLÉZZA (Dàrio), *Roma 1944-1996*, poeta e romanziere. Tra le raccolte poetiche, *Invettive e licenze* (1971), *Morte segreta* (1976), *Proclama sul fascino* (1996). Tra i romanzi, *L'innocenza* (1970), *Lettere da Sodoma* (1972), *Nozze col diavolo* (1995).

BÈLLI (Giuséppe Gioachino), *Roma 1791-1863*, poeta. Autore di 2279 sonetti in dialetto romanesco (pubblicati integralmente solo nel 1952), fu tra i fondatori dell'Accademia Tiberina. Rappresentante del realismo romantico, è considerato uno dei più grandi poeti dialettali italiani per la forza descrittiva dei versi e l'aderenza ai sentimenti popolari, in contraddizione con le tendenze conservatrici e la moralità censoria.

BELLÌNI, famiglia di pittori. — **Jacopo B.**, *Venezia 1400-1470*, pittore. Allievo di Gentile da Fabriano, mostrò nella sua opera decisi influssi tardogotici. Tra le opere, *Madonna col bambino e Lionello d'Este*. — **Giovanni B.**, detto *il Giambellino*, *1430 ca. - Venezia 1516*, pittore. Diede un orientamento decisivo alla scuola veneziana attraverso un senso rinnovato dell'organizzazione dello spazio (in parte mutuata da A. Mantegna), della luce, del colore. Tra le opere, *Orazione nell'orto* (1460); **Pietà; Pala di Pesaro* (1471-1474); *Madonna con il bambino* (1510). — **Gentile B.**, *1429-1507*, pittore. Si formò nella bottega del padre Jacopo, ma subì il deciso influsso di Mantegna. Divenne eccellente ritrattista e fine vedutista grazie alle precise doti di osservazione. Tra le opere, *Ritratto di san Lorenzo Giustiniani* (1465); *Maometto II* (1480-1481).

BELLÌNI (Vincénzo), *Catania 1801 - Puteaux 1835*, compositore. Dopo aver studiato a Napoli, si trasferì a Milano, poi a Parigi, dove, sotto l'influsso rossiniano, compose *I puritani* (1835). Le sue opere più famose (*Sonnambula*, 1831; *Norma*, 1831) esprimono appieno la sua vocazione per la melodia e il lirismo.

BELLINZÓNA, c. della Svizzera, capol. del Canton Ticino; 16.757 ab. Roccaforte; chiese medievali e rinascimentali.

BELLMAN (Carl Michael), *Stoccolma 1740-1795*, poeta svedese. È autore di poesie popolari e idilliche (*Lettere di Fredman*).

BELLMER (Hans), *Kattowitz, att. Katowice, 1902 - Parigi 1975*, pittore e incisore tedesco. Il suo gusto per l'erotismo esacerbato lo avvicina al gruppo dei surrealisti (disegni, stampe, quadri, sculture, *Bambole* in alluminio, fotografie).

BELLO (Andrés), *Caracas 1781 - Santiago del Cile 1865*, scrittore e politico cileno. Fondatore dell'Università del Cile (1842), fu una delle guide spirituali del movimento indipendentista dell'America latina.

BELLÒCCHIO (Màrco), *Piacenza 1939*, regista cinematografico. Nel film d'esordio, *I pugni in tasca* (1965), ha affrontato i temi della contestazione giovanile e della comunicazione tra le generazioni. La società è rimasta protagonista dei lavori successivi, da *Sbatti il mostro in prima pagina* (1972) a *Nel nome del padre* (1972), *L'ora di religione* (2001), *Buongiorno, notte* (2003).

BELLÓNA, dea romana della guerra.

BELLÓNCI (Maria), *Roma 1902-1986*, scrittrice. Promotrice, insieme al marito Goffredo B., del premio Strega (1947), scrisse saggi storici (*Lucrezia Borgia, la sua vita e i suoi tempi*, 1939; *Rinascimento privato*, 1985) e testi autobiografici (*Pubblici segreti*, 1965; *Come un racconto gli anni del premio Strega*, 1971).

BELLONTE (Maurice), *Méru, Oise, 1896 - Parigi 1984*, aviatore francese. Con D. Costes effettuò la prima trasvolata Parigi-New York senza scalo (1-2 sett. 1930, a bordo del *Breguet XIX Point-d'Interrogation*).

BELLÒTTO (Bernàrdo), *Venezia 1720 - Varsavia 1780*. Nipote del Canaletto, vedutista con accenti naturalistici, fu attivo soprattutto all'estero (Vienna, Varsavia, Dresda). Detto anche Canaletto il Giovane.

BELLOW (Saul), *Lachine, Québec, 1915*, scrittore statunitense di origine canadese. I suoi romanzi prendono spunto dalle vicissitudini delle comunità ebraiche nord-americane per descrivere le angosce e il destino dell'intera umanità (*Le avventure di Augie March, Herzog, Il dono di Humboldt, Ravelstein*). (Premio Nobel 1976.)

BELLÙCCI (Mònica), *Città di Castello 1969*, attrice cinematografica. Ex modella, ha esordito nel cinema con *La riffa* (1991). Ha interpretato ruoli da protagonista in film come *Malèna* (2000) e *Ricordati di me* (2003).

BELLÙNO, c. del Veneto, capol. di prov.; 35.077 ab. (*bellunesi*). Situata tra le Dolomiti a N e le Prealpi a S, è un centro agricolo e commerciale. — Fondata dai veneti, dal I sec. rientrò tra i domini romani. Longobarda (IV sec.) e poi franca (VIII sec.), fu libero comune e quindi città della Serenissima. Dal 1797 sotto la dominazione austriaca, nel 1866 entrò nel regno d'Italia. — La città conserva tracce architettoniche del suo passato medievale (torre civica, XI-XII sec.) e rinascimentale (Palazzo dei Rettori, XV sec.). — La provincia si estende lungo il f. Piave e confina a N con l'Austria. Il suo territorio, interamente montuoso, è stato sfruttato per il legname fin dall'epoca della dominazione venezia-

Giovanni **BELLINI**. Madonna con il bambino. *(1510, Brera, Milano.)*

na. Oggi è sede di località turistiche e di interesse sportivo (Cortina d'Ampezzo), nonché di industrie di abbigliamento, occhiali e calzature.

BELLÙTTI (Antonélla), *Bolzano 1968*, ciclista. Nel 1996 ha stabilito il record del mondo nei 3 km su pista. Ha conquistato la medaglia d'oro nell'inseguimento alle Olimpiadi di Atlanta (1996) e nell'individuale a punti di Sidney (2000).

BELMONDO (Jean-Paul), *Neuilly-sur-Seine 1933*, attore cinematografico francese. Figlio di P. Belmondo, lanciato dalla *nouvelle vague* (*À bout de souffle*, 1960; *Pierrot le fou*, 1965, entrambi di J.-L. Godard), ha interpretato i suoi personaggi con grande disinvoltura e spirito sarcastico. Con il tempo si è sempre più rivolto al teatro.

■ *Jean-Paul Belmondo.*

BELMONDO (Paul), *Algeri 1898 - Ivry-sur-Seine 1982*, scultore francese. Le sue opere sono di un realismo raffinato e sereno (*Apollon*, *Jeannette*).

BELMÓNDO (Stefània), *Vinadio 1969*, sciatrice di fondo. Ha conquistato la medaglia d'oro alle Olimpiadi del 1992 (nella 30 km) e del 2002 (nei 15 km in linea) e ai campionati mondiali del 1993 (nella combinata 5 + 10 km) e del 1999 (nella 15 km skating e nella 10 km a inseguimento). Si è ritirata nel 2002.

BELMOPAN, cap. del Belize; 9000 ab.

BELŒIL, com. del Belgio (Hainaut); 13.255 ab. Sfarzoso castello dei principi di Ligne, con giardini.

BELŒIL, c. del Canada (Québec), sobborgo orient. di Montréal; 19.294 ab.

BELO HORIZONTE, c. del Brasile, cap. dello Stato di Minas Gerais; 2.232.747 ab. (3.461.905 ab. nell'agglomerato). Centro industriale.

BELON o **BÉLON**, f. costiero della Francia, in Bretagna, presso Pont-Aven; 25 km. Ostricoltura.

BELT (Grànde) e **PÌCCOLO BELT**, stretti: il primo tra le isole Fyn e Sjælland; il secondo tra l'isola Fyn e lo Jutland. Prolungati dagli stretti di Kattegat e Skagerrak, uniscono il Mar Baltico al Mare del Nord.

BELTRÀME (Achille), *Arzignano 1871 - Milano 1945*, illustratore. Per oltre 40 anni (dal 1899) creò le copertine della *Domenica del Corriere*.

BELUCISTAN → BALUCHISTAN.

BELUSHI (John), *Chicago 1949 - Los Angeles 1982*, attore cinematografico statunitense. Dapprima conduttore di show televisivi, si dedicò al cinema interpretando grandi successi quali *Animal House* (1978), *1941 - Allarme a Hollywood* (1979), *The Blues Brothers* (1980).

BELVEDÉRE (il), gruppo di edifici nel Vaticano, costruiti sotto Innocenzo VIII e Giulio II. Ospita una collezione di sculture classiche (*Laocoonte*, *Apollo*).

BELYJ (Boris Nikolaevič **Bugaev**, detto Andrej), *Mosca 1880-1934*, scrittore russo. Poeta e romanziere simbolista. Interpretò la Rivoluzione d'Ottobre come la rinascita di una civiltà particolare, a metà strada tra Oriente e Occidente (*Sinfonie*, *Il colombo d'argento*, *Pietroburgo*, *Mosca*).

BELZEBÙ, divinità cananea, divenuta presso gli ebrei e i cristiani il principe dei demoni.

BEŁZEC, c. della Polonia, a SE di Lublino. Campo di sterminio tedesco (1942-1943) dove morirono 550.000 ebrei.

BELZÓNI (Giovànni Battìsta), *Padova 1778 - Gwato 1823*, archeologo. Scoprì la tomba di Seti I (1817) e l'ingresso della piramide di Chefren (1818). Morì durante una spedizione alla ricerca delle sorgenti del Niger.

BEMBA, popolazione di lingua bantu dello Zambia nord-orient., organizzata in regno.

BÈMBO (Piètro), *Venezia 1470 - Roma 1547*, cardinale e umanista. Attivo nelle corti di Ferrara e Urbino, a Roma divenne segretario di Leone X, e in seguito (1539) cardinale. È autore di dialoghi amorosi in stile platonico (*Asolani*) e di *Rime* petrarchesche. Nelle *Prose della volgar lingua* (1526) e nel *De imitatione* (1513) codificò le regole della lingua italiana, ponendo la questione della dignità letteraria della lingua volgare.

BEN ALI, in ar. **Zin Al-'Abidin**, *Hammam-Sousse 1936*, politico tunisino. È diventato presidente della repubblica subentrando a H. Burghiba (1987).

■ *Ben Ali.*

BENARES o **VARANASI**, c. dell'India (Uttar Pradesh), sul Gange; 1.100.748 ab. È una delle sette città sante dell'induismo, venerata anche dai buddhisti in onore dei primi sermoni che Buddha vi pronunciò.

BENARES. *Pellegrini induisti che si purificano nel Gange.*

BENAVENTE (Jacinto), *Madrid 1866-1954*, drammaturgo spagnolo. Il suo teatro di genere deve il successo alla scelta di soggetti scandalosi e alla sua abilità nel costruire intrecci. (Premio Nobel 1922.)

BEN BELLA (Ahmed), *Maghnia 1916*, politico algerino. È stato uno dei capi dell'insurrezione del 1954; imprigionato in Francia dal 1956 al 1962, è divenuto il primo presidente della repubblica d'Algeria (1963-1965). Destituito dal colpo di Stato di H. Boumedienne, è stato nuovamente imprigionato nel 1980 e poi esiliato.

■ *Ahmed Ben Bella.*

BÈNCO (Silvio), *Trieste 1874 - Turiaco 1949*, critico letterario e giornalista. Irredentista, lavorò per *Il Piccolo* e *L'Indipendente*. Tra le opere, la raccolta di articoli di critica letteraria *La corsa del tempo* (1922) e il saggio sociologico *Contemplazione del disordine* (1946).

BENDA (Julien), *Parigi 1867 - Fontenay-aux-Roses 1956*, saggista francese. Si oppose alla letteratura d'impegno politico (*Il tradimento dei chierici*, 1927).

BÈNE (Carmèlo), *Campi, Lecce, 1937 - Roma 2002*, attore, regista, autore teatrale e cinematografico. Ha debuttato negli anni '60 del secolo scorso con spettacoli di avanguardia, dove ha sperimentato variazioni provocatorie di testi classici. Nel 1965 ha scritto il romanzo *Nostra signora dei Turchi*, che in seguito (1968) ha portato sul grande schermo (il film ha vinto il premio speciale della giuria a Venezia). I suoi adattamenti di drammi e opere letterarie per il cinema (*Don Giovanni*, 1970; *Salomè*, 1972; *Un Amleto di meno*, 1973) e per il teatro (*Pinocchio*, 1981; *Adelchi*, 1984; *Hommelette for Hamlet*, 1987) sono caratterizzati da un'estetica barocca e dal gusto per la polemica e l'eccesso.

■ *Carmelo Bene.*

BENEDEK (Ludwig **von**), *Ödenburg 1804 - Graz 1881*, generale austriaco. Fu sconfitto nel 1866 a Sadowa dai prussiani.

BENEDÉTTI (Arrìgo), *Lucca 1910 - Roma 1976*, giornalista e scrittore. Fondatore e direttore di *L'Europeo* (1945) e *L'Espresso* (1955), si dedicò anche alla narrativa (*Tempo di guerra*, 1933; *Una donna all'inferno*, 1945; *Cos'è un figlio*, 1977).

BENEDÉTTI MICHELÀNGELI (Artùro), *Orzinuovi, presso Brescia, 1920 - Lugano 1995*, pianista. Giovanissimo (1939), ha iniziato l'attività concertistica in Italia e all'estero, distinguendosi per la ricerca di sonorità dense e raffinate, che lo hanno reso, nel tempo, uno dei maggiori interpreti del repertorio romantico e impressionista francese.

■ *Arturo Benedetti Michelangeli.*

BENEDÉTTO DA MAIÀNO, fratello di *Giuliano da Maiano*.

BENEDÉTTO DA NÒRCIA (sànto), *Norcia 480 ca. - Montecassino 547 ca.*, padre e iniziatore del monachesimo cristiano occidentale. Cresciuto in una nobile famiglia romana, intorno al 500 si ritirò in eremitaggio a Subiaco; nel 529 si recò a Montecassino dove fondò il celebre monastero, culla dell'ordine benedettino. La sua *Regola* (540) per i monaci prevedeva l'alternanza tra ascetismo, preghiera e lavoro manuale (*Ora et labora*). La sorella Scolastica lo raggiunse a Montecassino dove fondò una comunità femminile.

San **BENEDETTO DA NORCIA.** *"Donna che offre del pane avvelenato a san Benedetto", particolare degli affreschi nel monastero di Subiaco (fine del XIII sec.).*

BENEDÉTTO DI ANIÀNE (sànto), *750 ca. - 821*, benedettino francese. Fondatore dell'abbazia di Aniane, rinnovò la regola benedettina.

BENEDÉTTO DI SAINTE-MAURE, poeta trovatore anglo-normanno del XII sec. È autore di una *Chronique des ducs de Normandie* e di un romanzo cortese *ante-litteram*, il *Roman de Troie*.

BENEDÉTTO I, *m. nel 579*, papa dal 575 al 579. — **Benedetto II** (sànto), *m. nel 685*, papa dal 684 al 985. — **Benedetto III**, *m. a Roma nel l'858*, papa dall'855 all'858. Gli fu contrapposto l'antipapa Anastasio. — **Benedetto IV**, *m. a Roma nel 903*, papa dal 900 al 903. — **Benedetto V**, *m. ad Amburgo nel 966*, papa dal 964, fu deposto da Ottone I e morì in esilio. — **Benedetto VI**, *m. a Roma nel 974*, papa dal 973 al 974. Gli fu contrapposto Bonifacio VII che, eletto, lo fece uccidere. — **Benedetto VII**, *m. a Roma nel 983*, papa dal 974 al 983. Successore di B. VI e oppositore di Bonifacio VII, sostenne la riforma di Cluny. — **Benedetto VIII** (Teofilatto **dei Conti di Tuscolo**), *m. a Roma nel 1024*, papa dal 1012 al 1024. Gli fu opposto l'antipapa Gregorio, ma ebbe l'appoggio di Enrico II di Germania. — **Benedetto IX** (Teofilatto **dei Conti di Tuscolo**), *m. nel 1055 ca.* Nipote di B. VIII, fu papa dal 1032, con alterne vicende. Dovette infatti combattere contro Silvestro III e Gregorio VI. Deposto nel 1046, riacquistò il seggio papale l'anno dopo. — **Benedetto X** (Giovanni **di Velletri**), antipapa. Eletto nel 1058 in opposizione a Niccolò II, fu deposto nel 1059. Per l'annoverato tra i papi fino al 1904. — **Benedetto XI** (Niccolò **Boccasini**) *Treviso 1240 - Perugia 1304*, papa dal 1303 al 1304. Operò per il riavvicinamento tra Francia e papato. — **Benedetto XII** (Jacques **Fournier**), *Saverdun - Avignone 1342*, papa dal 1334 al 1342. Cercò di riformare la Chiesa, ristabilendo la pace tra Francia e Inghilterra, e iniziò la costruzione del palazzo dei papi di Avignone. — **Benedetto XIII** (Pedro **Martínez de Luna**), *Illueca 1328 ca. - Peñíscola 1423*, antipapa dal 1394 al 1423. Rifiutò di abdicare in seguito alla sua deposizione nel 1417 e si rifugiò in Spagna. — **Benedetto XIII** (Pietro Francesco **Orsini**), *Gravina 1649 - Roma 1730*, papa dal 1724 al 1730. Tentò invano di fare accettare ai giansenisti la bolla papale *Unigenitus* (1725). — **Benedetto XIV** (Prospero **Lambertini**), *Bologna 1675 - Roma 1758*, papa dal 1740 al 1758. Sotto il suo erudito pontificato furono codificati i riti della beatificazione e canonizzazione. — **Benedetto XV** (Giàcomo **Della Chièsa**), *Genova 1854 - Roma 1922*, papa dal 1914 al 1922. Durante la prima guerra mondiale intervenne per fare cessare le ostilità, ma rimase inascoltato; diede nuova organizzazione alle missioni; promulgò il Codice di diritto canonico (1917) e fondò l'Università Cattolica di Milano (1921).

BENELUX (Belgique, Nederland, Luxembourg), unione monetaria e doganale. Istituita a Londra nel 1943 e nel 1944, come accordo doganale tra Belgio, Paesi Bassi e Lussemburgo, nel 1958 è diventata intesa di integrazione economica.

BENEŠ (Edvard), *Kožlany 1884 - Sezimovo-Ústí 1948*, politico ceco. Fu ministro degli esteri, poi presidente della repubblica cecoslovacca dal 1935 al 1938 e dal 1945 al 1948.

BENETTÒN, gruppo industriale fondato a Treviso nel 1965 dall'omonima famiglia. Nato come marchio nel settore dell'abbigliamento, si è imposto nel mondo grazie al franchising. Oggi ha interessi nelle telecomunicazioni (Telecom Italia e Olivetti), nelle infrastrutture e nella ristorazione (Autogrill), tramite la finanziaria Edizione Holding.

BENETÙTTI, com. in prov. di Sassari; 2278 ab. Centro agricolo e termale. Resti di nuraghi.

BENEVÈNTO, c. della Campania, capol. di prov.; 63.284 ab. (*beneventani*). Sviluppo recente delle attività economiche: agricoltura (cereali, tabacco, frutta), industrie (metalmeccaniche, poligrafiche e alimentari). — Dopo la vittoria dei romani su Pirro II (275 a.C.), venne distrutta dai goti. Fu capitale del ducato longobardo dal 571 al 1051, quando passò sotto lo Stato pontificio. Da allora la città divenne oggetto di contesa tra papa e regno di Napoli, fino al 1860, quando entrò a far parte del regno d'Italia. — Monumenti romani (teatro, II sec.; arco di Traiano, 114 a.C.) e medievali (duomo, XIII sec.); museo del Sannio. — Nella provincia, montuosa e collinare (Appennino sannita), produzione enologica (vini di Solopaca).

BENÈVOLO (Leonàrdo), *Orta 1923*, architetto. Esponente del movimento moderno, è autore di numerosi saggi, tra i quali *Storia dell'architettura moderna* (1960), *Storia della città* (1975), *La cattura dell'infinito* (1991). Tra i principali progetti, la Fiera di Bologna e il piano di ristrutturazione del centro storico di Bologna.

BÉNEZET (sànto), *1165-1184*, pastore della Provenza. Ricevette da Dio la missione di costruire, ad Avignone, il ponte che porta il suo nome.

BENGALA, reg. orient. della penisola indiana. È spartita tra India (*Bengala Occidentale*; 88.700 km²; 68.078.000 ab.; cap. *Calcutta [Kolkata]*) e Bangladesh. Territorio sovrappopolato. Produzione di riso e iuta. — Conquistato dai musulmani alla fine del XII sec., il B. passò sotto dominio britannico dopo il 1757. Nel 1947, il B. Occidentale (cap. Calcutta) fu annesso all'Unione Indiana e il B. Orientale (cap. Dacca) divenne il Pakistan Orientale, att. Bangladesh.

BENGALA (Gólfo del), golfo dell'Oceano Indiano, tra l'India, il Bangladesh e il Myanmar.

BENGALÉSI, popolazione del Bengala, in India e Bangladesh (180 milioni di individui). Accomunati da lingua e cultura, i b. si dividono in induisti e musulmani. Sono stati i partiti delle lotte indipendentiste dell'India. Parlano il bengali.

BENGÀSI, c. della Libia, in Cirenaica; 485.000 ab.

BENGBU, c. della Cina (Anhui); 695.040 ab.
BENGKULU, c. dell'Indonesia, a SO di Sumatra, nell'Oceano Indiano; 262.100 ab.
BENGUELA, c. dell'Angola, sull'Atlantico; 155.000 ab. Porto.

BENGUELA (corrènte del), corrente marina fredda dell'Atlantico merid. Risale verso l'equatore lungo la costa africana.

BEN GURION, aeroporto di Tel Aviv-Giaffa.

BEN GURION (David), *Płońsk, Polonia, 1886 - Tel Aviv 1973*, politico israeliano, segretario dell'Histadrut (sindacato ebraico) e del partito Mapai, fu primo ministro dal 1948 al 1953 e dal 1955 al 1963. È stato uno dei fondatori dello Stato di Israele.

■ *David Ben Gurion.*

BENI (Rio), f. della Bolivia; 1600 km. È il ramo principale del Madeira.

BENIAMÌNO, personaggio biblico. Ultimo dei dodici figli di Giacobbe (il secondo avuto con la seconda moglie Rachele), è l'antenato eponimo di alcune tribù, stabilitesi nel S della Palestina.

BENIDORM, c. della Spagna, vicino ad Alicante (Valencia); 54.321 ab. Stazione balneare.

BENÌGNI (Robèrto), *Misericordia, Castiglion Fiorentino, 1952*, attore e regista cinematografico. Ha interpretato film comico-grotteschi come *Berlinguer ti voglio bene* (1977), *Daunbailò* (1986), *La voce della luna* (1990). Insieme a M. Troisi ha diretto *Non ci resta che piangere* (1984). Tra i film come regista e interprete, *Il piccolo diavolo* (1988), *La vita è bella* (1997, tre premi Oscar, di cui uno come miglior attore protagonista), *Pinocchio* (2002).

BENÌGNO (sànto), *II-III sec.*, martire. Patrono di Digione.

BENI MELLAL, c. del Marocco, nella piana di Tadla; 140.212 ab.

BENIN, ant. regno della costa del Golfo di Guinea (l'att. Nigeria). Fondato poco prima del 1300 da un principe proveniente da Ife, dominò tra il XIV e il XVII sec. La regione che si estende tra il delta del Niger e Lagos, grazie alle conquiste dell'*oba* (re) Ewuare. Ebbe grande fortuna grazie al commercio con i portoghesi (schiavi, avorio). Protettorato britannico nel 1892, fu, nel 1897, incorporato alla colonia inglese della Nigeria. — Il suo apogeo (XVII sec.) è attestato in particolare dai bronzi che hanno influenzato l'arte di **Ife* e dagli avori scolpiti.

BENIN, già **Dahomey**, Stato dell'Africa occ., sul Golfo omonimo; 113.000 km²; 6.446.000 ab. (*beninesi*). CAP. *Porto Novo*. C. PRINC. *Cotonou*. LINGUA: *francese*. MONETA: *franco CFA*.

GEOGRAFIA — Il N, tropicale e occupato dalla savana, si distingue nettamente da un S equatoriale e in parte ricoperto da foreste. Base dell'alimentazione è la manioca, mentre principali prodotti d'esportazione sono olio di palma, cotone e arachidi, che transitano dal porto di Cotonou.

STORIA — Una corrente migratoria di adja-fon proveniente dal Tado (att. Togo) intorno al XVI sec. dà origine al regno di Allada, da cui si sviluppano i regni di Porto Novo e Abomey. Verso il 1720 quest'ultimo (detto anche Dan Homé o Dahomey) s'impadronisce del porto di Ouidah, che gli consente di inserirsi nel commercio atlantico. **XIX sec.**: il Dahomey abbandona la tratta degli schiavi per dedicarsi al commercio dell'olio di palma. L'influenza francese aumenta, nonostante gli sforzi del re Glélé e del figlio Béhanzin, fatto prigioniero nel 1894. **XX sec.**: il Dahomey, colonia facente parte dell'Africa occidentale francese (1895), territorio d'oltremare (1946) e membro dell'Unione francese (1958), nel 1960 diventa repubblica indipendente. Il paese, dal 1972 sotto la guida di Mathieu Kérékou, che vi instaura un regime marxista-leninista, nel 1975 diventa Rep. Popolare del B. **1990**: viene avviato un processo di democratizzazione (nuova Costituzione che instaura un regime presidenziale). **1991**: Nicéphore Soglo viene eletto capo dello Stato. **1996 e 2001**: M. Kérékou vince le elezioni presidenziali.

BENIN (Gólfo del), parte del Golfo di Guinea, a O del delta del Niger.

BENIN CITY, c. della Nigeria merid.; 207.000 ab.

BENIOFF (piàno di), piano tettonico. Sede di ipocentri di terremoti, ha un'inclinazione media di 45° e corrisponde alla subduzione di una placca tettonica che si incurva e si introflette.

BENJAMIN (Walter), *Berlino 1892 - Port-Bou 1940*, scrittore e filosofo tedesco. È autore di saggi di storia ed estetica, in linea con la scuola di Francoforte (*L'opera d'arte nell'epoca della sua riproducibilità tecnica*, 1936).

BEN JEHUDA (Eliezer **Perelman**, detto Eliezer), *Luchki, Lituania, 1858 - Gerusalemme 1922*, scrittore ebreo. È autore del *Grande dizionario della lingua ebraica antica e moderna*, all'origine della rinascita dell'ebraico.

BEN JELLOUN (Tahar), *Fès 1944*, scrittore marocchino di lingua francese. La sua tendenza alla scrittura autobiografica si è sviluppata progressivamente attraverso la descrizione di personaggi emarginati e sradicati (*Notte fatale*, 1987; *Corrotto*, 1994; *Il razzismo spiegato a mia figlia*, 1997; *L'albergo dei poveri*, 1999).

BEN JONSON → JONSON (Ben).

BENN (Gottfried), *Mansfeld 1886 - Berlino 1956*, scrittore tedesco. Influenzato inizialmente da F. Nietzsche e dal nazismo, cercò nel lirismo la soluzione ai suoi problemi di uomo e scrittore (*Doppia vita*, *Poesie statiche*).

BENNÀTO (Edoàrdo), *Napoli 1946*, cantante. Esponente del rock italiano, ha esordito nel 1966 con *Le ombre*, cui hanno fatto seguito, tra gli altri, *Non farti cadere le braccia* (1973), *Burattino senza fili* (1977), *Sono solo canzonette* (1980), *Abbi dubbi* (1989), *L'uomo occidentale* (2003).

BENNETT (James Gordon), *New Mill, Scozia, 1795 - New York 1872*, giornalista statunitense. Fondò nel 1835 il *New York Herald*, che sarebbe diventato il *New York Herald Tribune* (1924-1966).

BENNETT (Richard Bedford), *Hopewell 1870 - Mickleham 1947*, politico canadese. Fu leader del partito conservatore (1927-1938) e primo ministro (1930-1935).

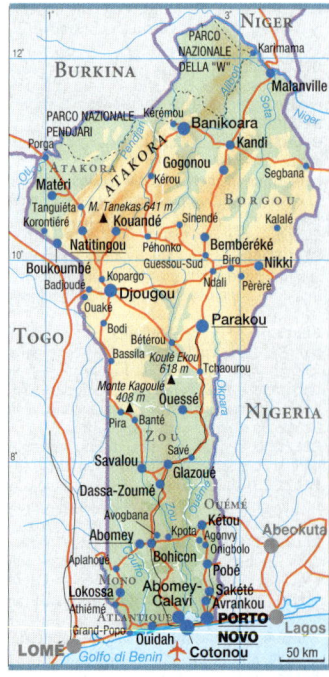

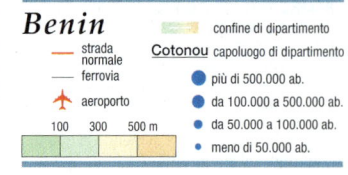

Benin

Cotonou	capoluogo di dipartimento

confine di dipartimento
strada normale
ferrovia
✈ aeroporto

● più di 500.000 ab.
● da 100.000 a 500.000 ab.
● da 50.000 a 100.000 ab.
• meno di 50.000 ab.

100 300 500 m

BEN NEVIS, la cima più elevata della Gran Bretagna, in Scozia, nei Grampiani; 1344 m.

BÈNNI (Stéfano), *Bologna 1947*, scrittore. Autore di testi ironici e graffianti: *Bar Sport* (1976), *Terra!* (1981), *Il bar sotto il mare* (1987), *Baol* (1990), *La compagnia dei Celestini* (1992), *Bar sport duemila* (1997), *Saltatempo* (2001), *Achille piè veloce* (2003).

BENNÓNE (sànto), *m. nel 1105 ca.*, vescovo di Meissen e patrono di Monaco di Baviera.

BENOÎT (Pierre), *Albi 1886 - Ciboure 1962*, scrittore francese. I suoi romanzi ad ambientazione esotica sono caratterizzati da un intreccio avventuroso (*Atlantide*).

BENONI, c. della Rep. Sudafricana, vicino a Johannesburg; 207.000 ab. Miniere d'oro.

BENÒZZO GÒZZOLI → GOZZOLI (Benozzo).

BENTHAM (Jeremy), *Londra 1748-1832*, filosofo e giurista britannico. La sua morale improntata all'utilitarismo è basata su un calcolo del piacere in rapporto alla pena. È autore di un vasto progetto riguardante l'architettura delle prigioni.

BENTIVÒGLIO, famiglia nobile bolognese, che ebbe la signoria della città nel XV e XVI sec. Di parte guelfa, nel 1506 dovette cedere la città a Giulio II e trasferirsi a Ferrara. Qui ebbe illustri membri, tra cui — **Guido B.**, *Ferrara 1579 - Roma 1644*, storico, cardinale nel 1621, che firmò la condanna di G. Galilei.

BENTIVÒGLIO (Fabrizio), *Roma 1957*, attore cinematografico. Tra le sue interpretazioni, *Marrakech Express* (1989), *Un eroe borghese* (1995), *Testimone a rischio* (1997), *Ricordati di me* (2003).

BENUE, f. del Camerun e della Nigeria, affl. del Niger; 1400 km.

BENÙSSI (Vittòrio), *Trieste 1878 - Padova 1927*, psicologo. Insegnante di psicologia sperimentale a Padova, fu tra i primi psicanalisti italiani. Studiò l'ipnosi e i fenomeni percettivi, tra cui le illusioni ottiche.

BENVENISTE (Émile), *Aleppo 1902 - Versailles 1976*, linguista francese. È autore di un importante lavoro dedicato alla linguistica generale e alle lingue indoeuropee.

BENVENÙTI (Giovànni, detto Nino), *Isola d'Istria 1940*, pugile. Ha disputato 90 incontri da professionista, conseguendo 82 vittorie. È stato campione olimpico dei superwelter (1960) e campione del mondo dei medi (1967, 1968).

BENXI o **PEN CHI**, c. della Cina (Liaoning); 937.805 ab. Centro metallurgico.

BENZ (Karl), *Karlsruhe 1844 - Ladenburg 1929*, ingegnere tedesco. Mise a punto un motore a combustione a due tempi (1878) e fece brevettare nel 1886 la sua prima automobile, un triciclo mosso da un motore a benzina.

BEOGRAD → BELGRADO.

BEÓLCO (Àngelo) → RUZZANTE.

BEOWULF, eroe leggendario dell'omonimo poema epico anglosassone in due parti (VIII-X sec.). B. è un cavaliere che uccide il mostro Grendel e la madre di questo; poi, in tarda età, muore combattendo vittoriosamente contro un drago.

BEÒZIA, reg. storica dell'ant. Grecia, a NE del Golfo di Corinto, il cui centro principale era Tebe. La B., sotto a Epaminonda, impose la sua egemonia sulla Grecia dal 371 al 362 a.C.

BEQAA o **BEKAA**, altopiano arido (ma parzialmente irrigato) del Libano, tra i Monti del Libano e dell'Antilibano.

BÉRANGER (Pierre Jean **de**), *Parigi 1780-1857*, poeta francese. Le sue *Canzoni*, molto popolari, idealizzano l'epopea napoleonica (*Parlez-nous de lui*, *Grand-Mère*) e celebrano il popolo (*Le Dieu des bonnes gens*).

BERARDINÈLLI (Alfònso), *Roma 1943*, poeta e critico letterario. Docente di letteratura all'università di Venezia, ha pubblicato, tra gli altri, il saggio *L'esteta e il politico* (1986). Tra le raccolte poetiche, *Lezione all'aperto* (1979).

BERBERA, c. della Somalia; 65.000 ab. Porto.

BERBERATI, c. della Rep. Centrafricana; 41.891 ab.

BÈRBERI, popolazione del Marocco (ca. 11 milioni di individui), dell'Algeria (ca. 6 milioni), del Mali e del Niger (ca. 19 milioni in totale). Presenti nella regione sin dai tempi preistorici, a partire dal VII sec. i b. ebbero rapporti complessi con gli arabi. Comprendono, in Marocco, i chleuh e gli imazighen; in Algeria, i cabili, i chaouia, i b. del

Sud-oranese, i mozabiti e i tuareg di Hoggar. Sono rappresentati anche in Tunisia, Libia, Egitto (oasi di Sivah), Burkina, Mali e Niger (tuareg). Conducono una lotta talvolta violenta per difendere la propria identità ("Primavera cabila" nel 1980, guerriglia tuareg in atto dal 1990). Sono musulmani e parlano il berbero, o tamazight.

BERBEROVA (Nina Nikolàevna), *San Pietroburgo 1901 - Filadèlfia 1993*, scrittrice russa, naturalizzata statunitense. I suoi romanzi (*L'accompagnatrice*, *Il giunco mormorante*) ritraggono i destini degli emigrati russi. È anche autrice di biografie (*Čajkòvskij*) e di un'autobiografia (*Il corsivo è mio*).

BERCHEM (Nicolaes), *Haarlem 1620 - Amsterdam 1683*, pittore olandese. È famoso per i suoi paesaggi all'italiana, animati da contrasti di luce.

BERCHET (Giovànni), *Milano 1783 - Torino 1851*, poeta. Collaboratore del *Conciliatore*, scrisse versi di impegno politico e patriottico. La sua *Lettera semiseria di Grisostomo* (1816) è considerata il manifesto del romanticismo italiano.

BERCHTESGADEN, c. della Germania (Baviera), nelle Alpi Salisburghesi; 7660 ab. Monumenti e palazzi antichi. — Residenza di A. Hitler (il "nido d'aquila").

BÉRÉGOVOY (Pierre), *Déville-lès-Rouen 1925 - Pithiviers 1993*, politico francese. Socialista, ministro degli affari sociali e della solidarietà nazionale (1982-1984), ministro dell'economia e delle finanze (1984-1986 e 1988-1992), è stato anche primo ministro (1992-1993). Si è suicidato.

BERENGÀRIA, *1181-1244*, regina di Castiglia. Moglie di Alfonso IX, re di León, reggente (1214), poi regina di Castiglia (1217), abdicò in favore del figlio Ferdinando III, che fece riconoscere di León alla morte del padre.

BERENGÀRIO I, *m. a Verona nel 924*, re d'Italia (888-924), imperatore d'Occidente (915-924). Fu sconfitto a Piacenza e spodestato definitivamente da Rodolfo di Borgogna. — **Berengario II**, *m. a Bamberg nel 966*, re d'Italia (950-961). Nipote di Berengario I, fu eletto re d'Italia, col figlio Adalberto; fu detronizzato una prima volta da Ottone I nel 951. Un secondo intervento di Ottone, nel 961, lo costrinse definitivamente all'esilio.

BERÉNGO (Marino), *Venezia 1928-2000*, storico. Autore, di vari saggi, tra cui *La società veneta alla fine del '700* (1956) e *L'Europa delle città* (1999).

BERÉNGO GARDÌN (Giànni), *Santa Margherita Ligure 1930*, fotografo. Reporter di grande impegno sociale, autore di inchieste di forte impatto drammatico, ha pubblicato tra gli altri *Morire di classe* (1968), *Dentro il lavoro* (1977), *India dei villaggi* (1981), *La disperata allegria* (1995).

BERENÌCE, *I sec. d.C.*, principessa ebrea. Fu condotta a Roma da Tito, in seguito alla conquista di Gerusalemme (70), ma, per non scontentare il popolo romano, l'imperatore rinunciò a sposarla. — La sua storia ha ispirato le tragedie di J. Racine (1670) e di P. Corneille (*Tito e Berenice*, 1670).

BERENSON (Bernard), *Vilnius 1865 - Settignano, 1959*, critico d'arte e collezionista statunitense, esperto di pittura italiana del XIII sec. e studioso del Rinascimento.

BERESÌNA, f. della Bielorussia, affl. del Dnepr; 613 km. — **Battaglia della B.** (25-29 nov. 1812), battaglia sostenuta dalle truppe napoleoniche in Russia. Alla fine della spedizione in Russia, i superstiti della Grande Armata tentarono di attraversare la B. gelata, ma furono sorpresi dai tre eserciti russi che li accerchiavano.

BERÉTTA PIÈTRO S.P.A., fabbrica d'armi fondata nel 1680. Ha sede a Brescia ed è una tra le principali produttrici di armi al mondo.

BEREZNIKI, c. della Russia, negli Urali; 185.672 ab. Attività estrattive (potassio).

BERG (Alban), *Vienna 1885-1935*, compositore austriaco. Allievo di A. Schönberg, tra i pionieri della musica dodecafonica, è autore dell'opera *Woyzeck* (1925) e dell'incompiuta *Lulu* (1937).

■ *Alban Berg.*

BERG (ducàto di), ant. Stato della Germania, sulla riva destra del Reno. Cap. Düsseldorf. Creato nel 1101, a partire dal 1806 fu un granducato della Confederazione del Reno, prima di diventare una provincia prussiana (1815).

BERGAMÀSCHE (Preàlpi) → PREALPI.

BERGAMÍN (José), *Madrid 1895 - San Sebastián 1983*, scrittore spagnolo. Cattolico progressista, attraverso i suoi saggi, le poesie e le opere teatrali ha dimostrato il suo attaccamento alla Spagna (*El cohete y la estrella*, *Velado desvelo*).

BERGAMO. *La Piazza Vecchia, con il palazzo della Ragione al centro e la torre del municipio sulla destra.*

BÈRGAMO, c. della Lombardia, capol. di prov., ai piedi delle Prealpi; 117.837 ab. (*bergamaschi*). È divisa in due parti: la città antica, sopra un colle, che mantiene la tipica struttura medievale, e la città nuova, in pianura, che va ampliandosi in conseguenza all'espansione industriale e dell'incremento demografico. Industrie metalmeccaniche, tessili, chimiche, poligrafiche. Commercio. — In origine etrusca, divenne municipio

*Il fotografo Gianni **BERENGO GARDIN** con una delle sue opere.*

romano. Dopo diverse occupazioni dei barbari, fu governata dai Visconti (XIV sec.) e apparteneva alla Repubblica veneta (1428-1796). Dopo l'occupazione napoleonica, entrò nel Lombardo-Veneto e nel 1859 fu annessa al regno d'Italia. — Chiesa di S. Maria Maggiore (XII-XVI sec.), chiesa di S. Bartolomeo (XIII sec.) con dipinti di Lotto, Cappella Colleoni (XV sec.) con affreschi di G. Tiepolo e altri monumenti. Pinacoteca dell'Accademia Carrara. — La provincia è attraversata dalle Prealpi orobie. Industrie siderurgiche e produzione di energia elettrica.

BERGANZA (Teresa), *Madrid 1935*, mezzosoprano spagnolo. È interprete notevole di W.A. Mozart, G. Rossini e della musica spagnola, in part. di M. de Falla.

BERGEN, c. della Norvegia, sull'Atlantico; 230.948 ab. Porto. — Monumenti antichi, musei.

BERGEN-BELSEN, campo di concentramento tedesco, a 65 km da Hannover, costruito nel 1943. Vi furono internati più di 75.000 ebrei.

BERGEN OP ZOOM, c. dei Paesi Bassi (Brabante Settentrionale); 65.363 ab. Monumenti antichi.

BERGERAC, c. della Francia, capol. del dip. Dordogne, sul f. Dordogna; 27.201 ab. Museo del tabacco.

BERGISCH GLADBACH, c. della Germania (Renania Settentrionale-Westfalia), a E di Colonia; 106.150 ab.

BERGIUS (Friedrich), *Goldschmieden 1884 - Buenos Aires 1949*, chimico tedesco. Realizzò nel 1921 la sintesi industriale delle benzine. (Premio Nobel 1931.)

BERGMAN (Ingmar), *Uppsala 1918*, regista cinematografico e teatrale svedese. Ha messo in scena le problematiche di coppie che, con ironia e tenerezza, si interrogano sulla verità dei sentimenti, sulla paura dell'altro e sul timore della realtà circostante (*Un'estate d'amore*, 1951; *Il settimo sigillo*, 1956; *Il posto delle fragole*, 1957; *Persona*, 1966; *Sussurri e grida*, 1972; *Scene da un matrimonio*, 1973; *Fanny e Alexander*, 1982).

Ingmar **BERGMAN**. Il settimo sigillo (1957).

BERGMAN (Ingrid), *Stoccolma 1915 - Londra 1982*, attrice cinematografica svedese. Si è imposta prima in ruoli di giovane donna semplice e onesta, poi in parti più articolate (*Casablanca*, M. Curtiz, 1943; *Viaggio in Italia*, R. Rossellini, 1954; *Sinfonia d'autunno*, Ingmar Bergman, 1978).
■ *Ingrid Bergman nel 1946.*

BERGMAN (Torbern), *Katrineberg 1735 - Medevi 1784*, chimico e naturalista svedese. Pose le basi della chimica analitica moderna e sviluppò una teoria reticolare dei cristalli.

BERGOGNÓNE (Ambrògio **da Fossàno**, detto), *XV-XVI sec.*, pittore. Massimo esponente della pittura lombarda preleonardesca, conciliò realismo e poesia, in part. nelle opere più mature, tra cui le pale dell'Incoronata (Lodi) e l'*Incoronazione della vergine* (S. Simpliciano, Milano).

BÉRGOMI (Giuseppe), *Milano 1963*, calciatore. Con la nazionale ha vinto la Coppa del mondo del 1982 in Spagna e giocato 4 campionati mondiali. Terzino, ha militato nell'Inter dal 1979 al 1999, vincendo 1 scudetto (1988-1989), 3 Coppe UEFA (1990-1991, 1993-1994, 1997-1998) e 1 Coppa Italia (1981-1982).

BERGSON (Henri), *Parigi 1859-1941*, filosofo francese. La sua filosofia spiritualista considera l'intuizione come unico mezzo di conoscenza del tempo e dell'esistenza (*Materia e memoria*, 1896; *L'evoluzione creatrice*, 1907). (Premio Nobel per la letteratura 1927.)
■ *Henri Bergson nel 1912.*

BÈRICI (Còlli), gruppo collinare a S di Vicenza. Ha origini vulcaniche e raggiunge i 444 m d'alt.

BERIJA (Lavrentij Pavlovič), *Mercheuli, Georgia, 1899 - Mosca 1953*, politico sovietico. Capo dell'NKVD (la polizia politica comunista) a partire dal 1938, fu giustiziato nel 1953, dopo la morte di Stalin.

BERING (Màre di), sezione settentr. del Pacifico, tra Asia e America.

BERING (Strétto di), stretto tra Asia e America, che collega l'Oceano Pacifico (*Mare di Bering*) al Mar Glaciale Artico. Deve il suo nome al navigatore danese Vitus B. (1681-1741).

BERINGEN, com. del Belgio (Limburgo); 39.565 ab.

BERINGIA, nome dato all'istmo che univa ant. l'Asia all'America (l'att. Stretto di Bering). Dall'istmo passarono (25.000 a 10.000 prec. alla nostra era) le popolazioni asiatiche che si stanziarono nel continente americano.

BÈRIO (Luciàno), *Oneglia 1925 - Roma 2003*, compositore. Influenzato inizialmente dalla musica seriale (*Nones*, 1954), si è dedicato successivamente a ricerche sulle diverse sonorità di strumenti e voci. Nel 1955 ha fondato con B. Maderna lo Studio di fonologia musicale della RAI di Milano, dove ha proseguito la sua attività di compositore, alla ricerca di sperimentazioni foniche sempre più moderne ed elaborate (*Divertimento*, 1957). Pioniere della musica elettronica, è autore di composizioni per voce (*Circles*, 1960), strumentali (*Sequenza I-XI*, 1958-1980; *Chemins I-IV*, 1965-1975) e teatrali (*La vera storia*, 1982, da un testo di I. Calvino; *Cronaca del luogo*, 1999). B. ha svolto un'intensa attività didattica negli Stati Uniti e in Europa; nel 2000 è diventato presidente dell'Accademia di S. Cecilia.

BERKANE, c. del Marocco nord-orient.; 77.026 ab.

BERKELEY, c. degli Stati Uniti (California), vicino a San Francisco; 102.743 ab. Università.

BERKELEY (George), *Kilkenny 1685 - Oxford 1753*, vescovo e filosofo irlandese. Secondo il suo pensiero, la conoscenza è basata sulla sensazione e la realtà è costituita da percezioni dello spirito.

BERL (Emmanuel), *Le Vésinet 1892 - Parigi 1976*, saggista francese. La sua ostilità al pensiero borghese e il suo pacifismo lo portarono a occuparsi di H. Barbusse e P. Pétain (*Mort de la morale bourgeoise*, 1930).

BERLAGE (Hendrik), *Amsterdam 1856 - L'Aia 1934*, architetto olandese. Fu uno dei primi rappresentanti del funzionalismo (*Borsa d'Amsterdam*; 1897).

BERLIN (Israel **Balin**, detto Irving), *Temoun ?, Siberia, 1888 - New York 1989*, compositore e autore di canzoni statunitense di origine russa. Durante l'età d'oro di Broadway, contribuì al successo della commedia musicale e si affermò come uno dei principali autori di musical hollywoodiani (*Easter Parade*, 1948) e di musica popolare americana.

BERLIN (sir Isaiah), *Riga 1909 - Oxford 1997*, filosofo britannico. Nelle sue riflessioni sulla libertà, ha tentato di salvaguardare il pluralismo radicale dagli influssi del relativismo (*Quattro saggi sulla libertà*, 1969).

BERLINER ENSEMBLE, compagnia teatrale fondata da B. Brecht nel 1949 a Berlino Est.

BERLINGUÈR (Enrico), *Sassari 1922 - Padova 1984*, politico. Iscrittosi al Partito comunista nel 1943, fu discepolo di P. Togliatti, che lo mise alla guida del movimento giovanile comunista. Nel 1958 entrò nella segreteria del partito e due anni dopo nella direzione. Vicesegretario insieme a L. Longo, nel 1969 poi segretario generale nel 1972, si fece promotore di diverse riforme e proposte innovative, tra cui quella del "compromesso sto-

rico" con la Democrazia cristiana. La sua politica prendeva le distanze dal comunismo autoritario e burocratico sovietico, cui contrapponeva la via democratica dell'"eurocomunismo".
■ *Enrico Berlinguer.*

BERLÌNO, cap. della Germania e cap. del Land omonimo, sulla Sprea; 3.386.667 ab. (*berlinesi*). Centro amministrativo, industriale (costruzioni meccaniche ed elettriche, editoria) e commerciale. — La fortuna di B. risale all'epoca in cui era capitale della marca di Brandeburgo (1415). Capitale del regno di Prussia, diventò successivamente capitale dell'impero germanico (1871) e poi del Secondo e Terzo Reich. Conquistata dalle truppe sovietiche nel 1945, venne divisa in quattro zone occupate, amministrate da Stati Uniti, Francia, Gran Bretagna, URSS (statuto quadripartito). I tre settori occidentali vennero unificati nel 1948, e l'URSS rispose con il blocco di B. (fino al 1949). Mentre il settore sovietico, B. Est, venne proclamato capitale della RDT nel 1949, B. Ovest fu di fatto annessa alla RFT. Dal 1961 al 1989, il *muro di Berlino* separò la zona occidentale della città da quella orientale. Nel 1990, B. è ritornata capitale della Germania. Le ultime truppe alleate hanno lasciato la città nel 1994. Il parlamento e il governo si sono installati a B. nel 1999. — Monumenti del XVIII-XX sec. Numerosi e importanti musei, tra cui quelli nell'isola della Sprea (Altes Museum, Pergamonmuseum ecc.), quello del Kulturforum, non lontano da Potsdamerplatz (Alte Nationalgalerie, Neue Nationalgalerie), i musei di Dahlem (museo etnografico ecc.), il museo ebraico (progettato da D. Libeskind). — Festival del cinema.

BERLÌNO, Land della Germania; 889 km²; 3.386.667 ab.

BERLÌNO (conferènza di) (15 nov. 1884 - 26 feb. 1885), conferenza internazionale riunita a B., per iniziativa di O. von Bismarck, e che anticipò la questione della divisione coloniale dell'Africa da parte delle potenze europee.

BERLÌNO (congrèsso di) (13 giu. - 13 lug. 1878), congresso tenutosi a B. per rivedere il *trattato di S. Stefano* e che tentò di ristabilire l'equilibrio europeo a scapito della Russia.

BERLÌNO (mùro di), barriera fortificata costruita nel 1961 dalla RDT per isolare B. Est da B. Ovest e contenere l'esodo dei suoi abitanti. L'apertura del muro, nel nov. 1989, che permise di circolare liberamente nella città, e la sua distruzione hanno simboleggiato la scomparsa della frontiera tra le due Germanie, preludio alla riunificazione del 1990.

Muro di **BERLINO**. Apertura del muro che separava Berlino Est da Berlino Ovest nel novembre 1989.

BERLIOZ (Hector), *La Côte-Saint-André, Isère, 1803 - Parigi 1869*, compositore francese. Le sue opere sono caratterizzate dalla potenza del sentimento drammatico e dalla maestosità della partitura orchestrale: la *Sinfonia fantastica* (1830), *Harold in Italia* (1834), la *Grande messa dei morti* (1837), *Benvenuto Cellini* (1838), *Romeo e Giulietta* (1839), *La dannazione di Faust* (1846), *L'infanzia di Cristo* (1854), *I troiani* (1863). Lasciò numerosi saggi sulla musica.
■ *Hector Berlioz ritratto da Gustave Courbet. (Musée d'Orsay, Parigi.)*

BERLUSCÓNI (Silvio), *Milano 1936*, imprenditore e politico. Dopo gli inizi come imprenditore nell'edilizia, ha esteso la sua attività ad altri settori nell'ambito del gruppo Fininvest, fondato negli anni '70 del secolo scorso. Nel 1980 ha avviato il primo network televisivo nazionale privato, *Canale 5*, per poi acquisire la proprietà delle emittenti *Rete 4* e *Italia 1*. Successivamente ha acquistato la Standa (grande distribuzione), il Milan calcio e il gruppo editoriale Mondadori. Nel gennaio 1994, in seguito ai cambiamenti intervenuti nel panorama politico, ha fondato il movimento politico Forza Italia, che nello stesso anno ha vinto le elezioni alla guida di una coalizione di centro-destra. È stato presidente del consiglio per soli sette mesi, a causa dell'uscita dalla coalizione della Lega Nord. Nel 2001, con la vittoria delle elezioni politiche da parte del centro-destra, è stato nuovamente designato presidente del consiglio.

BERMEJO, f. dell'America merid., affl. del Paraguay; 1500 km.

BERMEJO (Bartolomé), pittore spagnolo. Fu attivo, in Aragona soprattutto, durante l'ultimo terzo del XV sec. (*Pietà*, 1490, Barcellona).

BERMUDA, arcipelago britannico dell'Atlantico, a NE delle Antille; 53 km²; 74.000 ab. Turismo. — Scoperte nel 1515 dagli spagnoli, divenute inglesi nel 1612, le B. beneficiano dal 1968 di un regime di autonomia interna.

BÈRNA, in ted. **Bern**, cap. della Svizzera, capol. del cant. omonimo, sull'Aar; 122.484 ab. (344.000 ab. nell'agglomerato). Università. Sede dell'Unione postale universale. — Città imperiale nel 1218, entrò, con il suo cantone, nella Confederazione Elvetica nel 1353. È diventata capitale federale nel 1848. — Monumenti antichi e musei.

BERNA. *Edifici sulla riva sinistra dell'Aar.*

BÈRNA, cant. della Svizzera; 5961 km²; 943.700 ab.; capol. *Berna*.

BERNABÒ VISCÓNTI, *1323 - Trezzo d'Adda 1385*, signore di Milano. Scomunicato per essersi opposto al papa nel dominio di Bologna, si impossessò di Reggio Emilia e combatté al fianco di Luigi d'Angiò. Unificò il territorio di Milano grazie a una politica autoritaria e coercitiva.

BERNÁCER (Germán), *Alicante 1883 - San Juan de Alicante 1965*, economista spagnolo. Ha apportato importanti contributi alla scienza economica, che anticipano i lavori di J.M. Keynes.

BERNADETTE SOUBIROUS (santa), *Lourdes 1844 - Nevers 1879*, religiosa francese. Le sue visioni (1858) sono all'origine dei pellegrinaggi di Lourdes. Nel 1866 entrò tra le suore della carità di Nevers.

BERNADOTTE (Jean-Baptiste) → CARLO XIV (Svezia).

BERNÀLDA, com. in prov. di Matera (Basilicata); 12.326 ab. Centro agricolo (tabacco). Sorge nei pressi dell'antica Metaponto.

BERNANOS (Georges), *Parigi 1888 - Neuilly-sur-Seine 1948*, scrittore francese. Cattolico combattuto tra misticismo e ribellione, nei suoi romanzi (*Sotto il sole di Satana*, 1926; *Diario di un curato di campagna*, 1936), nei saggi (*I grandi cimiteri sotto la luna*, 1938) e nell'unica commedia per il teatro (*Dialoghi delle carmelitane*, 1949) si oppose alla mediocrità e all'indifferenza.

■ *Georges Bernanos.*

BERNARD (Claude), *Saint-Julien 1813 - Parigi 1878*, fisiologo francese. Dimostrò la funzione glicogenetica del fegato ed enunciò una teoria patogenica del diabete. Scoprì l'esistenza del sistema nervoso simpatico, indipendente dal sistema nervoso cerebrospinale. Il suo *Introduzione allo studio della medicina sperimentale* (1865) definì i principali fondamenti della ricerca scientifica.

BERNARD (Emile), *Lilla 1868 - Parigi 1941*, pittore e scrittore francese. Insieme a P. Gauguin, influenzò i pittori della scuola di Pont-Aven. Importante corrispondenza con P. Cézanne, P. Gauguin, V. Van Gogh.

BERNARDO GUI, *Royère 1261 ca. - Lauroux 1331*, domenicano francese. Inquisitore di Tolosa (1307-1323) e vescovo di Lodève, è autore di un *Manuale dell'Inquisitore*.

BERNARDIN DE SAINT-PIERRE (Henri), *Le Havre 1737 - Éragny-sur-Oise 1814*, scrittore francese. Il suo romanzo *Paul e Virginie*, i suoi *Studi sulla natura* (1784) e le *Armonie della natura* anticipano i temi poetici e spirituali del romanticismo.

BERNARDÍNI (Gilberto), *Firenze 1906-1995*, fisico. Docente ed esperto di radiazioni cosmiche, pioniere nelle ricerche sulle particelle elementari, fu presidente dell'Istituto nazionale di fisica nucleare e direttore del *CERN.

BERNARDÍNO DA SIÈNA o **BERNARDÍNO OCHÍNO**, *Siena 1487 - Austerlitz 1564*, frate cappuccino. Famoso predicatore, sostenne la Riforma (1542).

BERNARDÍNO DA SIÈNA (santo), *Massa Marittima 1380 - L'Aquila 1444*, francescano. Predicò a favore della riforma dei costumi e diede vita al culto del santo nome di Gesù.

BERNÀRDO DI CHIARAVÀLLE (santo), *Fontaine-lès-Dijon 1090 - Chiaravalle 1153*, religioso, teologo e dottore della Chiesa. Monaco a Cîteaux (1113), culla dei cistercensi, fondò l'abbazia di Clairvaux (Chiaravalle) nel 1115, dando forte sviluppo al suo ordine e predicando a favore della seconda crociata. Mistico, avversario di Abelardo, fu consigliere di re e papi. Fu canonizzato nel 1173.

San **BERNARDO DI CHIARAVALLE**, *miniatura del XV sec. (BNF, Parigi.)*

BERNÀRDO DI MENTÓNE (santo), *Mentone, presso Annecy - Novara X o XI sec.*, canonico regolare, fondatore degli ospizi del Gran e Piccolo S. Bernardo, nelle Alpi. Patrono degli alpinisti.

BERNÀRDO DI SASSÒNIA-WEIMAR
→ SASSONIA-WEIMAR.

BERNART DE VENTADORN, *castello di Ventadour 1125 - abbazia di Dalon ? fine del XII sec.*, trovatore limosino. Visse alla corte di Eleonora d'Aquitania e fu uno dei maestri della monodia profana medievale.

BERNHARD (Thomas), *Heerlen 1931 - Gmunden, Austria, 1989*, scrittore austriaco. Disperazione, autodistruzione e odio nei confronti dell'esistenza costituiscono la trama della sua opera poetica, romanzesca (*Antichi maestri*) e teatrale (*Piazza degli eroi*).

BERNHARDT (Rosine **Bernard**, detta Sarah), *Parigi 1844-1923*, attrice teatrale francese. Con la sua ''voce d'oro'' e la sua sensibilità drammatica fu un'interprete acclamata del repertorio classico.

BÈRNI (Francésco), *Lamporecchio 1497 ca. - Firenze 1535*, poeta. Fu uno dei massimi esponenti della poesia burlesca (*Rime burlesche*), in opposizione al petrarchismo. Scrisse anche un rifacimento in lingua toscana dell'*Orlando innamorato* di M.M. Boiardo, tentando di modificarne lo stile in direzione ariostesca.

BERNIÈRES-SAINT-NICOLAS, c. del Canada (Québec), a SO di Québec; 15.594 ab.

BERNÌNA, massiccio delle Alpi svizzere e italiane, tra l'Inn e l'Adda; 4052 m. Culmina nel Pizzo B. (4050 m). Il Passo del B. (2323 m) collega l'Engadina (Svizzera) e la Valtellina (Italia), ed è attraversato dalla ferrovia Tirano-Saint Moritz.

BERNÌNI (Gian Lorènzo), *Napoli 1598 - Roma 1680*, scultore e architetto. Maestro del barocco monumentale e decorativo, realizzò, a Roma, una serie di opere di straordinaria inventiva, caratterizzate dal movimento a spirale e da un pittoricismo dinamico. Fu autore di gruppi marmorei (*Apollo e Dafne*, 1622-1625, Galleria Borghese), di opere architettoniche (in S. Pietro: baldacchino, 1624-1633; cattedra, 1661; colonnato, 1657-1667; Scala Regia ai Palazzi Vaticani, 1663-1666; completamento di Palazzo Barberini, progetto di Palazzo Montecitorio), di fontane (fontana dei Quattro fiumi, 1648-1651; fontana del Tritone, 1640). Fu chiamato in Francia da Luigi XIV, per il quale progettò la facciata del Louvre, che non riuscì mai a realizzare.

Gian Lorenzo **BERNINI.** *Particolare dell'altare nella Cappella Cornaro della chiesa di S. Maria della Vittoria (Roma, metà del XVII sec.), con l'Estasi di santa Teresa.*

BERNÌNI (Pjètro), *Sesto Fiorentino 1562 - Roma 1629*, pittore e scultore. Padre di Gian Lorenzo, artista di gusto barocco, di lui restano poche opere certe, tra cui *Madonna col bambino e san Giovannino* e *San Giovanni Battista*.

BERNISSART, com. del Belgio (Hainaut), sulla frontiera francese; 11.398 ab.

BERNOULLI, famiglia di scienziati, originaria di Anversa, rifugiatasi a Basilea alla fine del XVI sec. — **Jacob I B.**, *Basilea 1654-1705*, matematico svizzero. Portò a compimento il calcolo infinitesimale di G.W. Leibniz. La sua opera postuma *Ars conjectandi* (1713) pose le basi del calcolo delle

Sarah **BERNHARDT** *fotografata da Nadar (1864).*

probabilità. — **Johann I B.**, *Basilea 1667-1748*, matematico svizzero. Fratello di Jacob, sviluppò e sistematizzò i lavori analitici di Leibniz. — **Daniel B.**, *Groninga 1700 - Basilea 1782*, fisico svizzero. Secondogenito di Johann, fu uno dei fondatori dell'idrodinamica (teorema di B.) e condusse fondamentali ricerche nel campo della meccanica.

BERNSTEIN (Eduard), *Berlino 1850-1932*, politico tedesco. Marxista, introdusse una corrente riformista all'interno della socialdemocrazia tedesca.

BERNSTEIN (Leonard), *Lawrence, Massachusetts, 1918 - New York 1990*, compositore e direttore d'orchestra statunitense. Fu direttore dell'Orchestra filarmonica di New York (1958-1969) e compose la partitura del musical *West Side Story* (1957).

BERÒSSO, *III sec. a.C.*, cronista babilonese. Autore di una storia della Babilonia fino ad Alessandro Magno, di cui restano pochi frammenti citati da autori greci, tra cui Eusebio.

BÉROUL, trovatore anglo-normanno del XII sec., autore di un romanzo di *Tristano.

BERR (Henri), *Lunéville 1863 - Parigi 1954*, filosofo e storico francese. Fondò la *Revue de synthèse historique* (1900) e la collana di testi storici l'"'Évolution de l'humanité" (1920).

BERRUGUETE (Pedro), *Paredes de Nava 1450 ca. - 1503/1504*, pittore spagnolo. Attivo in Italia, è autore di ritratti di *Uomini illustri* (palazzo di Urbino e Louvre) e di retabli (Ávila, Prado ecc.). — **Alonso B.**, *Paredes de Nava 1488 ca. - Toledo 1561*, scultore e pittore spagnolo. Figlio di Pedro, espresse la sua spiritualità nelle statue da altare, di legno policromo, in cui subì l'influenza classica e manierista.

BERRÙTI (Livio), *Torino 1939*, atleta. Velocista, conseguì la medaglia d'oro alle Olimpiadi di Roma (1960) nei 200 m piani.

BERRY, reg. della Francia centrale (dip. Cher e Indre). C. princ. *Bourges*.

BERRY, ant. prov. della Francia. Contea indipendente sotto i carolingi, fu integrata nel regno di Francia nel XIII sec. Nel 1360 fu eretta a ducato e nel 1584 venne definitivamente annessa alla corona. Il titolo di *duca di B.* venne portato in seguito da diversi principi.

BERRY (Chuck), *Saint Louis 1926*, cantante rock statunitense. Pioniere del genere rock dal 1955, vi ha introdotto influenze della cultura nera (blues e rhythm and blues). Chitarrista, ha scritto, composto e interpretato tutte le sue canzoni.

BERS → BANCA EUROPEA PER LA RICOSTRUZIONE E LO SVILUPPO DELL'EUROPA DELL'EST.

BÈRTA (da *Bertha* Krupp, figlia di un industriale tedesco), soprannome dato ai cannoni pesanti tedeschi che, a più di 100 km, bombardarono Parigi nel 1918, con riferimento al mortaio di 420 mm (*Grosse Bertha*) utilizzato dai tedeschi contro Anversa nel 1914.

BERTÀCCHI (Giovànni), *Chiavenna 1869 - Milano 1942*, poeta e critico letterario. Autore di poesie di gusto pascoliano, scrisse *Il canzoniere delle Alpi* (1895), *Liriche umane* (1903) e, tra i saggi, *Un maestro di vita* (1917), dedicato a G. Leopardi.

BERTARÈLLI (Achille), *Milano 1863-1938*, collezionista. Esperto di incisioni e stampe, autore di testi sull'argomento, lasciò al comune di Milano la collezione che porta il suo nome, una tra le più grandi al mondo.

BERTÀRIO (sànto), *m. a Montecassino nell'883*, abate di Montecassino. Fu ucciso dai saraceni che attaccarono l'abbazia.

BERTELSMANN, casa editrice tedesca fondata nel 1835. È uno dei più grandi gruppi internazionali di editoria e comunicazione.

BERTHELOT (Marcellin), *Parigi 1827-1907*, chimico francese. Studiò l'esterificazione, realizzò diverse sintesi organiche e creò la termochimica.

BERTHIER (Louis Alexandre), **principe di Neuchâtel** e **di Wagram**, *Versailles 1753 - Bamberg 1815*, maresciallo di Francia. Ministro della guerra dal 1800 al 1807, generale dell'armata napoleonica dal 1805 al 1814, fu collaboratore diretto di Napoleone I.

BERTHOLLET (Claude, cónte), *Talloires 1748 - Arcueil 1822*, chimico francese. Scoprì gli ipocloriti e li utilizzò per la decolorazione delle tele; mise a punto alcuni esplosivi clorati. Accompagnò Napoleone Bonaparte in Egitto.

BERTILLON (Alphonse), *Parigi 1853-1914*, criminologo francese. Creò nel 1879 il sistema di identificazione dei criminali attraverso la loro misurazione (antropometria o *bertillonnage*).

BERTÌNI (Francèsca Èlena **Seracìni Vitièllo**, detta), *Firenze 1892 - Roma 1985*, attrice cinematografica. Diva del cinema muto, interpretò *Assunta Spina* (1915), *La signora delle camelie* (1916), *Serpe* (1919) e comparve in *Novecento* (1976) di B. Bertolucci.

BERTINÒRO, com. in prov. di Forlì-Cesena; 9131 ab. Ant. centro medievale, noto per la produzione di uva e vino da tavola.

BERTIÒLO, com. in prov. di Udine; 2543 ab. Produzioni agricole e industriali, in part. lavorazione della seta.

BÈRTO (Giusèppe), *Mogliano Veneto 1914 - Roma 1978*, scrittore. Iniziò l'attività di romanziere durante la prigionia in Texas con *Il cielo è rosso* (1947). Tra le altre opere, *Il brigante* (1951), *Il male oscuro* (1964), *La cosa buffa* (1966), *Oh, Serafina!* (1973), *Colloqui col cane* (postumo, 1986).

BERTÒLA DE' GIÒRGI (Aurèlio), *Rimini 1753-1798*, poeta e letterato. Fece conoscere i poeti tedeschi in Italia e diffuse gli ideali preromantici. Tra le opere, *Notti clementine* (1775), *Saggio sopra la grazia nelle lettere e arti* (1786), *Viaggio sul Reno* (1797).

BERTÒLDO DI RATISBÓNA (in ted. **Berthold von Regensburg**), *Ratisbona 1210 ca. - 1272*, predicatore. Monaco francescano, viaggiò per l'Europa predicando con grande fervore. Raccolse i suoi sermoni nei volumi *De dominicis*, *De communi sanctorum*, *De sanctis*.

BERTOLÍNI (Luigi), *Busalla 1904*, calciatore. Con la nazionale ha vinto la Coppa del mondo del 1934 in Italia. Ha conquistato 4 scudetti con la maglia della Juventus (dal 1931 al 1935).

BERTOLÙCCI (Bernàrdo), *Parma 1941*, regista cinematografico. Nei suoi film, attraversati da una costante preoccupazione formale, evoca le ossessioni intime dell'uomo. Dalle ricostruzioni di un passato prossimo (*Il conformista*, 1970; *Novecento*, 1976) a dimensioni più oniriche (*La strategia del ragno*, 1970), B. ha messo in scena la condizione umana, in bilico tra intellettualismo e politica (*Prima della rivoluzione*, 1964). Con *L'ultimo imperatore* (1987), ha riscosso un enorme successo negli Stati Uniti, vincendo 9 Oscar. Con *Il tè nel deserto* (1990) e *Piccolo Buddha* (1993) ha seguito la strada delle grandi produzioni in ambienti esotici, per tornare a vicende più intimiste in *Io ballo da sola* (1996) e *L'assedio* (1998). Nel film *The Dreamers* (2003) fornisce una personale rilettura della contestazione parigina del 1968. Il suo capolavoro *Ultimo tango a Parigi* (1972) è stato al centro di una vicenda di censura, conclusasi solo nel 1987, quando la Cassazione ha revocato la condanna al rogo della pellicola.

Bernardo **BERTOLUCCI**. *Una scena del film* The dreamers *(2003)*.

BERTOLÙCCI (Pàolo), *Forte dei Marmi 1951*, tennista. Ottimo doppista, ha fatto parte della squadra che ha ottenuto la vittoria nella Coppa Davis nel 1976 in Cile.

BERTRÀDA DI MONTFORT, *1070 ? - Fontevrault 1117 ?*, regina di Francia. Filippo I la sottrasse al marito, il conte d'Angiò Folco IV il Rissoso, e la sposò malgrado l'opposizione della Chiesa (1092).

BERTRAN DE BORN, *1140 ca. - abbazia di Dalon prec. al 1215*, trovatore provenzale. È autore di composizioni di ispirazione politica e morale.

BERTRAND (Louis, detto Aloysius), *Ceva 1807 - Parigi 1841*, poeta francese. I quadretti cesellati e fantastici di *Gaspard de la nuit* (1842) ne fanno l'iniziatore dei poemi in prosa romantici.

BERTRAND (Marcel), *Parigi 1847-1907*, geologo francese. Fondatore della tettonica moderna, studiò le dislocazioni.

BERTRÀNDO DEL POGGÈTTO, (in fr. **Bertrand du Pouget**), *Pouget 1280 - Avignone 1352*, cardinale francese. Era nipote di papa Giovanni XXII, dal quale fu inviato in Italia nel 1319 per ricostituire lo Stato pontificio.

BÉRULLE (Pierre **de**), *Sérilly, Champagne, 1575 - Parigi 1629*, teologo francese. Prete nel 1599, cardinale nel 1627, introdusse in Francia l'ordine delle carmelitane (1604) e fondò la congregazione dell'Oratorio di Gesù. È considerato il fondatore della scuola spirituale francese.

BERWICK (James **Stuart Fitz-James**, **dùca di**), *Moulins 1670 - Philippsburg 1734*, maresciallo di Francia. Figlio naturale di Giacomo II, re d'Inghilterra, non riuscì a riportare il padre sul trono (1689) e si pose al servizio di Luigi XIV.

BERZELIUS (Jöns Jacob, baróne), *Väversunda, Sörgård, 1779 - Stoccolma 1848*, chimico svedese. Uno dei padri della chimica moderna, istituì la notazione chimica per simboli, enunciò le leggi dell'elettrochimica, isolò numerosi corpi semplici, studiò fenomeni quali la catalisi e l'isomeria.

■ *Jöns Jacob Berzelius ritratto da J. Way. (Accademia reale delle scienze, Stoccolma.)*

BÈS, divinità della mitologia egizia. Rappresentato come un nano scimmiesco, era il protettore delle partorienti.

BESANÇON, c. della Francia, capol. della reg. Franca Contea e del dip. Doubs; 122.308 ab. Sede vescovile, accademia e università, corte d'appello. Industrie meccaniche ed elettriche. Fibre tessili. — Resti romani; edifici rinascimentali e del XVII-XVIII sec. Museo di Belle Arti e archeologico.

BESCHÌDI, massiccio dei Carpazi nord-occ. (Slovacchia e Polonia).

BESSARÀBIA, reg. situata fra il Prut e il Dnestr, att. divisa tra la Moldavia e l'Ucraina. Fu annessa prima all'impero ottomano (1538), poi all'impero russo (1812), alla Romania (1918) e all'URSS (1940).

BESSARIÓNE (Giovànni), *Trebisonda 1403 - Ravenna 1472*, umanista bizantino. Cardinale, sostenitore dell'unione delle Chiese d'Oriente e d'Occidente, fu tra i promotori della rinascita dell'ellenismo nel mondo latino.

BESSEL (Friedrich Wilhelm), *Minden 1784 - Königsberg 1846*, astronomo tedesco. Determinò nel 1838 la prima distanza stellare, dando un grande sviluppo all'astronomia. Elaborò funzioni matematiche con numerose applicazioni in campo fisico.

BESSEMER (sir Henry), *Charlton, Hertfordshire, 1813 - Londra 1898*, industriale britannico. Mise a punto un processo economico di trasformazione dell'acciaio (1855) tuttora utilizzato.

BÈSSO, *m. a Ecbatana nel 329 a.C.*, satrapo della Battriana e della Sogdiana. Combatté per Dario III contro Alessandro Magno; sconfitto a Gaugamela (331) e diventato re, fu imprigionato e condannato a morte.

BESSON (Benno), *Yverdon 1922*, regista teatrale svizzero. Inizialmente collaboratore di B. Brecht al Berliner Ensemble, si è fatto promotore, nel suo Volksbühne di Berlino e poi alla Comédie di Ginevra, di un teatro rivoluzionario e sociale, caratterizzato dal gusto del grottesco (*Come vi piace*, *Il cerchio di gesso del Caucaso*).

BETANCOURT (Rómulo), *Guatire 1908 - New York 1981*, politico venezuelano. È stato presidente della repubblica dal 1959 al 1964.

BETÀNIA, villaggio presso Gerusalemme (att. Al-Azariije) nei Vangeli è la dimora di Marta, Maria e Lazzaro.

BETHE (Hans Albrecht), *Strasburgo 1906*, fisico statunitense di origine tedesca. Ha scoperto, nel 1938, il ciclo di trasformazioni termonucleari che spiegano l'origine dell'energia solare e stellare. (Premio Nobel 1967.)

BÉTHENCOURT (Jean **de**), *Grainville-la-Teinturière 1360 ca. - 1425*, navigatore normanno. Colonizzò le Canarie a beneficio del regno di Castiglia.

BETHLEHEM, c. degli Stati Uniti (Pennsylvania); 71.329 ab. Centro siderurgico.

BETHLEN (Gabriel o Gábor), *Illye 1580 - Gyulafehérvár 1629*, principe di Transilvania (1613-1629). Intervenne nella guerra dei Trent'anni alleandosi con i protestanti.

BETHMANN-HOLLWEG (Theobald **von**), *Hohenfinow, Brandeburgo, 1856-1921*, politico tedesco. Fu cancelliere dell'impero tedesco (1909-1917).

BETI, popolazione del Camerun merid.

BÈTICA, prov. romana della Spagna istituita da Augusto, e corrispondente all'att. Andalusia.

BÈTICA (Cordiglièra), sistema montuoso della Spagna merid.; raggiunge il 3478 m nel Mulhacén, nella Sierra Nevada.

BETLÈMME, in ar. *Bayt Láhm*, c. della Cisgiordania, a S di Gerusalemme; 21.947 ab. Patria di Davide e, secondo i Vangeli, luogo di nascita di Gesù.

BETÒCCHI (Càrlo), *Torino 1899 - Bordighera 1986*, poeta. Le sue liriche, permeate da suggestioni religiose, si caratterizzano per l'attenzione al realismo, e l'esaltazione della natura. Tra le raccolte, *Realtà vince il sogno* (1932), *L'estate di San Martino* (1961), *Confessioni minori* (1985).

BETSABÈA, personaggio biblico, moglie di un generale di Davide, Uria l'Ittita. Davide si innamorò di lei e, per sposarla, inviò il marito in battaglia perché rimanesse ucciso. Con lei ebbe un figlio, Salomone.

BETSILÉO, popolazione degli altopiani del Madagascar centrale (ca. 1,3 milioni di individui).

BETSIMISARAKA, popolazione della costa orient. del Madagascar (ca. 1,6 milioni di individui).

BÈTTEGA (Robèrto), *Torino 1950*, calciatore. Ha esordito in serie A nel 1970 con la Juventus, squadra nella quale ha militato fino al 1983. Ha vinto 7 scudetti, 2 Coppe Italia e 1 Coppa UEFA. Vanta anche 42 presenze e 19 reti in nazionale.

BETTELHEIM (Bruno), *Vienna 1903 - Silver Spring, Maryland, 1990*, psicoanalista statunitense di origine austriaca. Si è dedicato al trattamento delle psicosi infantili e in particolar modo alle problematiche legate all'autismo (*La fortezza vuota*, 1967).

BÈTTI (Làura **Trombètti**, detta Làura), *Bologna 1934*, cantante di cabaret e attrice cinematografica. Segnalatasi negli anni '50 e '60 del secolo scorso come cantante, si è poi affermata nel cinema, lavorando con importanti registi. Tra le sue interpretazioni, *Teorema* (1968, coppa Volpi a Venezia), *Nel nome del padre* (1971), *Novecento* (1976), *Il piccolo Archimede* (1979), *Il grande cocomero* (1993), *Il quaderno della spesa* (2003).

BÈTTI (Ùgo), *Camerino 1892 - Roma 1953*, drammaturgo. La sua estetica teatrale, influenzata dall'attività di giudice e da suggestioni kafkiane, fu tesa a rappresentare atmosfere misteriose e opprimenti e problematiche esistenziali. Tra le opere, *Frana allo scalo nord* (1936), *Corruzione al palazzo di giustizia* (1944), *Ispezione* (1947).

BETTINÈLLI (Brùno), *Milano 1913*, compositore. Insegnante al Conservatorio di Milano, ha sviluppato una ricerca orientata alla dodecafonia e al contrappunto. Tra le opere, *Musica per archi* (1958), *Il pozzo e il pendolo* (1967, per il teatro), *Musica per sette* (1976), *Concerto per violino e orchestra* (1982).

BETTINÈLLI (Savèrio), *Mantova 1718-1808*, letterato gesuita. Autore di saggi letterari, scrisse le *Lettere virgiliane* (1757), in cui criticava l'Arcadia, la *Divina Commedia* e l'imitazione di Dante. Importante anche il saggio *Dell'entusiasmo delle belle arti* (1769).

BETTÓNA, com. in prov. di Perugia; 3704 ab. Situato nelle vicinanze del f. Chiascio, è di origine etrusca (l'ant. *Vettona*). Palazzo del podestà (XIV sec.).

BÈURA-CARDÈZZA, com. in prov. di Verbano-Cusio-Ossola, posto nella media Val d'Ossola, sul f. Toce. Legname; 1320 ab. Industrie estrattive.

BEUVE-MÉRY (Hubert), *Parigi 1902 - Fontainebleau 1989*, giornalista francese. Fondatore, nel 1944, del giornale *Le Monde*, ne fu anche il direttore fino al 1969.

BEUYS (Joseph), *Clèves 1921 - Düsseldorf 1986*, artista tedesco. Tra i massimi protagonisti dell'avanguardia a partire dalla fine degli anni '50 del secolo scorso, ha utilizzato materiali (feltro, grasso ecc.) e modalità espressive (installazioni e performance) non tradizionali.

BEVÀGNA, com. in prov. di Perugia; 4794 ab. Ant. c. umbra con il nome di *Mevania*, sulla via Flaminia. Importanti monumenti medievali (palazzo dei Consoli, 1270).

BEVAN (Aneurin), *Tredegar 1897 - Asheridge Farm 1960*, politico britannico, uno dei leader del Partito laburista.

BEVEREN, com. del Belgio (Fiandra Orientali); 45.105 ab. Chiese del XV e XVII sec.

BEVERIDGE (lord William Henry), *Rangpur, Bengala, 1879 - Oxford 1963*, economista e amministratore britannico. Istituì l'assicurazione contro la disoccupazione (1911) e promosse un sistema di assistenza sociale nazionale (*piano B.*, 1942).

BEVERLY HILLS, c. degli Stati Uniti (California), sobborgo di Los Angeles; 33.784 ab. Residenza di diversi attori cinematografici.

BEVILÀCQUA (Albèrto), *Parma 1934*, scrittore e regista cinematografico. Prolifico autore di narrativa (*La califfa*, 1964; *I sensi incantati*, 1991; *Anima amante*, 1996; *Attraverso il tuo corpo*, 2003), ha diretto alcuni film tratti dai suoi romanzi. È anche poeta (*Messaggi segreti*, 1993).

BEVIN (Ernest), *Winsford 1881 - Londra 1951*, politico britannico. Sindacalista, laburista, ministro del lavoro (1940-1945), fu segretario di Stato agli affari esteri (1945-1951).

BEYLE (Henri) → STENDHAL.

BÈZA (Teodòro **di**), *Vézelay 1519 - Ginevra 1605*, scrittore e teologo protestante francese. Luogotenente di G. Calvino, acuto polemista, curò la redazione della *Storia ecclesiastica delle Chiese riformate di Francia* (1580) e fu inoltre un promotore del Rinascimento in letteratura.

BÉZIERS, c. della Francia, capol. del dip. Hérault; 71.428 ab. Mercato vinicolo. Industria meccanica. — Cattedrale fortificata (XII-XIV sec.) e altri monumenti. Musei.

BEZNAU, centrale nucleare della Svizzera (Argovia), sull'Aar.

BÉZOUT (Étienne), *Nemours 1730 - Les Basses-Loges, presso Fontainebleau, 1783*, matematico francese. È autore di una teoria generale delle equazioni algebriche.

BEZWADA → VIJAYAVADA.

BEZZÉCCA (battàglia della) (21 lug. 1866), celebre battaglia della terza guerra d'indipendenza. Fu combattuta nell'omonima località del Trentino-Alto Adige tra gli austriaci e le truppe guidate da G. Garibaldi, che ottennero la vittoria.

BHADGAON o **BHATGAON**, c. del Nepal; 61.405 ab. Ant. c. fondata nel IX sec., fu la cap. reale dal XII al XV sec. Monumenti databili tra il XV e il XVII sec.

BHAGALPUR, c. dell'India (Bihar), sul Gange; 340.349 ab.

BHAGAVADGITA → MAHABHARATA.

BHARHUT, sito archeologico dell'India (Madhya Pradesh). Resti di uno stupa con un decoro arcaico scolpito (museo di Calcutta) che preannuncia lo stile di Sanchi.

BHARTRIHARI, poeta e grammatico indiano del VII sec., autore di opere in sanscrito. Probabilmente il nome identifica due persone differenti.

BHATGAON → BHADGAON.

BHATPARA, c. dell'India (Bengala Occidentale); 441.956 ab.

BHAVABHUTI, drammaturgo indiano vissuto a cavallo tra il VII e l'VIII sec., autore di opere in sanscrito. La sua produzione teatrale si ispirò spesso al *Ramayana.

BHAVNAGAR, c. dell'India (Gujarat), nella penisola di Kathiawar; 510.958 ab. Porto.

BHIL, popolazione indiana (Gujarat, Madhya Pradesh, Rajasthan) (ca. 6 milioni di individui), una delle cinque tribù indiane principali.

BHOPAL, c. dell'India, cap. del Madhya Pradesh; 1.433.875 ab. Nel 1984 la fuoriuscita di una nube tossica da un impianto chimico provocò la morte di oltre 3800 persone.

BHUBANESWAR, c. dell'India, cap. dell'Orissa; 647.302 ab. Cuore del sivaismo dal V sec. Numerosi templi caratterizzati da una torre curvilinea (*sikhara*) e ricche decorazioni scultoree, tra cui il celeberrimo Lingaraja (XI sec.). Interessante museo.

BHUMIBOL ADULYADEJ, *Cambridge, Massachusetts, 1927*, re di Thailandia dal 1950 con il nome di Rama IX.

BHUTAN, Stato dell'Asia, sul versante merid. dell'Himalaya; 47.000 km²; 2.141.000 ab. CAP. *Thimphu*. LINGUA: *tibetano*. MONETA: *ngultrum e rupia indiana*. Prevalentemente coperto da foreste. La popolazione, a maggioranza buddhista, ha al suo interno una consistente minoranza nepalese, induista. — Lo Stato, vassallo dell'India nel 1865 e divenuto prima protettorato inglese (1910) poi semiprotettorato indiano (1949), è indipendente dal 1971. [*V. carta a pagina seguente*.]

BHUTTO (Zulfikar Alì), *Larkana 1928 - Rawalpindi 1979*, politico pakistano. Presidente della repubblica (1971-1973), poi primo ministro fino al 1977, fu deposto dal generale Zia ul-Haq e giustiziato. — **Benazir B.**, *Karachi 1953*, politica pakistana. Figlia di Zulfikar Alì e primo capo del governo donna in un paese musulmano, è stata primo ministro dal 1988 al 1990, e dal 1993 al 1996.

BIAFRA (repùbblica del), nome assunto dalla reg. sud-orient. della Nigeria, popolata in maggioranza da ibo, durante un tentativo di secessione, protrattosi dal 1967 al 1970, che scatenò la guerra del Biafra.

BIÀGGI (Max), *Roma 1971*, pilota motociclista. Ha esordito nel 1991 nella classe 250, nella quale ha vinto per 4 volte il titolo mondiale (dal 1994 al 1997). Dal 1998 al 2001 ha corso nella classe 500, quindi nel 2002 è passato alla MotoGp.

BIÀGI (Ènzo), *Lizzano in Belvedere 1920*, giornalista e scrittore. È uno dei simboli del giornalismo italiano. È stato direttore di alcune testate (*Epoca*, *Il Resto del Carlino*), collaboratore e *columnist* dei maggiori quotidiani nazionali (*Corriere della Sera*, *La Repubblica*) e periodici (*L'Espresso*, *Panorama*), autore di saggi divulgativi (*Disonora il padre*, 1975; *1935 e dintorni*, 1982; *1943 e dintorni*, 1983; *Il boss è solo*, 1986; *Addio a questi mondi*, 2002) e conduttore di programmi televisivi (*Il Fatto*, 1995-2002).

BIÀGIO (sànto), *m. 316*, vescovo di Sebaste (Armenia). Martirizzato durante la persecuzione di Licinio, è invocato contro il mal di gola.

BIAGIÒTTI (Làura), *Roma 1943*, stilista. Esponente del *made in Italy* dal 1972, si caratterizza per la predilezione del bianco e dei materiali pregiati (cachemire).

BIALIK (Hayim Nahman), *Rady, Ucraina, 1873 - Vienna 1934*, poeta di lingua ebraica. Esercitò una notevole influenza sul movimento sionista (*Nella città del massacro*, 1905).

BHADGAON. *Il tempio di Nyatapola (inizio del XVIII sec.).*

Bhutan-Nepal

400 1000 2000 4000 m

— strada normale ☆ importante località turistica ● più di 500.000 ab.
— ferrovia ✈ aeroporto ● da 100.000 a 500.000 ab.
● da 30.000 a 100.000 ab.
● meno di 30.000 ab.

BIALYSTOK, c. della Polonia nord-orient., capol. del voivodato di Podlachia; 285.030 ab. Palazzo del XVIII sec.

BIÀNCA, satellite del pianeta Urano. Scoperto dalla sonda *Voyager 2* nel 1986, è il terzo satellite in ordine di distanza dal pianeta. Il nome deriva da un personaggio di *La bisbetica domata* di Shakespeare.

BIÀNCA DI CASTÌGLIA, *Palencia 1188 - Parigi 1252*, regina di Francia. Moglie di Luigi VIII (1200) e madre di Luigi IX, fu reggente per il figlio (1226-1234) e durante la settima crociata (1248-1252).

BIÀNCA MARÌA SFÒRZA, *Milano 1472 - Innsbruck 1510*, imperatrice. Figlia di Galeazzo Maria, nel 1494 fu data in sposa dallo zio Ludovico il Moro a Massimiliano I d'Asburgo, in cambio di una somma di denaro e del ducato di Milano.

BIÀNCA MARÌA VISCONTI, *Settimo Bornasco 1425 - Melegnano 1468*, duchessa di Milano. Nel 1441 sposò Francesco Sforza, affiancandolo nella conduzione del ducato.

BIANCANÉVE, personaggio di una favola dei fratelli Grimm (1812). Giovane principessa, rifugiatasi nella casetta dei sette nani e avvelenata dalla matrigna, si risveglierà solo all'arrivo del principe azzurro. Alla favola si ispira il film d'animazione di W. Disney *Biancaneve e i sette nani* (1937).

BIANCAVÌLLA, com. in prov. di Catania, sulle pendici dell'Etna; 22.993 ab. Centro agricolo.

BIANCHÉDI (Diàna), *Milano 1969*, fiorettista. Ha conquistato 2 medaglie d'oro alle Olimpiadi (fioretto a squadre, 1992 e 2000), è stata 5 volte campionessa del mondo (1991, 1995, 1997, 1998, 2001) e 7 volte campionessa d'Italia.

BIÀNCHI E NÉRI, fazioni politiche fiorentine nate nel 1300 da una scissione dei guelfi. I B., capeggiati dai Cerchi, propugnavano l'indipendenza della città. I N., capeggiati dai Donati, erano favorevoli al papato e agli Angioini.

BIANCIOTTI (Hector), *Córdoba 1930*, scrittore argentino naturalizzato francese. Autore di romanzi fantastici e di racconti autobiografici in spagnolo (*I deserti d'oro*, 1967) e in francese (*Senza la misericordia di Cristo*, 1985; *Ciò che la notte racconta al giorno*, 1992; *Comme la trace de l'oiseau dans l'air*, 1999).

BIÀNCO (Càpo), promontorio dell'Africa, in Mauritania.

BIÀNCO (Màr), mare formato dal Mar Glaciale Artico, a NO della Russia.

BIÀNCO (Mónte), la cima più elevata delle Alpi, al confine tra Italia e Francia, nel massiccio omonimo; 4808 m (misurazione effettuata nel 2003). Fu scalato per la prima volta dal versante francese

Monte **BIANCO**.

nel 1786 da M.G. Paccard e J. Balmat. — Tunnel autostradale che collega Chamonix e Courmayeur, lungo 11,6 km, aperto nel 1965, chiuso nel 1999 in seguito a un grave incidente e riaperto dopo una ristrutturazione nel 2002. Stazione alpinistica e di sport invernali.

BIANCOLÈLLI, famiglia di attori della commedia dell'arte, attiva nel XVII-XVIII sec. — **Giuseppe Domenico B.**, detto **Dominique**, *Bologna 1636 - Parigi 1688*. Fu un celebre interprete di *Arlecchino*.

BIARRITZ, c. della Francia, nel dip. Pyrénées-Atlantiques, sul Golfo di Guascogna; 30.739 ab. Aeronautica. Centro balneare.

BIAVÀTI (Amedèo), *Bologna 1915-1979*, calciatore. Con la nazionale vinse la Coppa del mondo del 1938 in Francia. Ala destra, militò nel Bologna dal 1935-1936 al 1947-1948, vincendo 3 scudetti. Inventò il gesto tecnico chiamato "passo-doppio".

BIBANS (Catèna dei), massiccio dell'Algeria, nella Grande Cabilia merid.; 1735 m. È attraversato dalla gola dalla gola delle Portes de Fer.

BÌBBIA, raccolta di libri sacri della tradizione ebraica ai quali furono aggiunti quelli appartenenti alla tradizione cristiana, conosciuti come Nuovo Testamento. Tra il II sec. a.C. e la fine del I sec. d.C. venne fissato il canone ebraico, ossia la suddivisione della B. ebraica (Antico Testamento dei cristiani), scritta in ebraico con qualche passaggio in aramaico e comprendente 46 libri, relativi alla storia e alla religione del popolo ebraico, divisi in *Torah* (*Pentateuco* per i cristiani), *Libri Storici*, *Libri profetici* e *Libri poetici e sapienziali* (o *Agiografie*). Il

Nuovo Testamento, in lingua greca, concerne la rivelazione di Cristo e le origini della Chiesa. Nel IV sec., san Girolamo curò la traduzione in latino dell'Antico e del Nuovo Testamento, destinata a divenire, sotto il nome di *Vulgata*, la versione ufficiale della Bibbia per la Chiesa occidentale.

BIBBIÀNO, com. in prov. di Reggio nell'Emilia; 7495 ab. Produzione di formaggi (parmigiano-reggiano).

BIBBIÈNA, com. in prov. di Arezzo; 11.370 ab. Centro industriale e agricolo nel Casentino. Chiesa dei SS. Ippolito e Donato (XII sec.). Palazzo Dovizi (XVI sec.).

BIBIÈNA (Gàlli da), famiglia di architetti e scenografi bolognesi (fine del XVII e XVIII sec.). — **Giovanni Maria B.**, *Bibbiena 1625-1665*, capostipite. Assunse il nome di B. dalla località di nascita per non confondersi con un pittore rivale omonimo. — **Ferdinando Maria B.**, *Bologna 1657-1743*, figlio di Giovanni Maria, introdusse una nuova concezione della prospettiva scenica. — **Francesco B.**, *Bologna 1659-1739*, fratello di Ferdinando Maria, realizzò architetture scenografiche oltre che per il teatro, anche per cerimonie religiose e civili. — **Alessandro B.**, *1687-1769*, — **Giuseppe B.**, *1696-1757*, — **Antonio B.**, *1700-1774*, — **Giovanni Carlo B.**, *1728-1787*, — **Carlo B.**, *1725-1760*, nipoti di Giovanni Maria, affianca-

BIBBIA di san Sulpicio. Lettera ornata con la visione d'Isaia. Francia, XII sec.
(Biblioteca municipale, Bourges.)

LA BIBBIA

A parte i casi indicati (catt., prot.), i libri elencati dell'Antico Testamento sono stati approvati dai tre canoni (ebreo, cattolico, protestante), mentre i libri del Nuovo Testamento sono stati accettati nei canoni protestante e cattolico.

ANTICO TESTAMENTO
Pentateuco (per gli ebrei Torah):
  Genesi
  Esodo
  Levitico
  Numeri
  Deuteronomio

Libri storici:
  Giosuè
  Giudici
  Rut
  Primo libro di Samuele
  Secondo libro di Samuele
  Primo libro dei Re
  Secondo libro dei Re
  Primo libro delle Cronache
  Secondo libro delle Cronache
  Esdra
  Neemia
  Tobia
  Giuditta
  Ester
  Primo libro dei Maccabei
  Secondo libro dei Maccabei (catt.)

Libri profetici:
  Isaia
  Geremia
  Lamentazioni (catt., prot.)
  Baruc (catt.)
  Ezechiele
  Daniele (catt., prot.)
  Profeti minori
  Osea
  Gioele
  Amos
  Abdia
  Giona
  Michea
  Naum
  Abacuc
  Sofonia
  Aggeo
  Zaccaria
  Malachia

Libri poetici e sapienzali (per gli ebrei agiografi):
  Giobbe
  Salmi
  Proverbi
  Qoèlet
  Cantico dei cantici
  Sapienza
  Siracide (catt.)

NUOVO TESTAMENTO
Vangeli
  Matteo
  Marco
  Luca
  Giovanni

Atti degli Apostoli

Lettere di Paolo
  Lettera ai Romani
  Prima lettera ai Corinti
  Seconda lettera ai Corinti
  Lettera ai Galati
  Lettera agli Efesini
  Lettera ai Filippesi
  Lettera ai Colossesi
  Prima lettera ai Tessalonicesi
  Seconda lettera ai Tessalonicesi
  Prima lettera a Timoteo
  Seconda lettera a Timoteo
  Lettera a Tito
  Lettera a Filemone
  Lettera agli Ebrei

Lettere cattoliche
  Lettera di Giacomo
  Prima lettera di Pietro
  Seconda lettera di Pietro
  Prima lettera di Giovanni
  Seconda lettera di Giovanni
  Terza lettera di Giovanni
  Lettera di Giuda

Apocalisse

---

rono Ferdinando Maria e Francesco nella progettazione, nella costruzione e nel restauro di numerosi teatri italiani, tra cui il Comunale di Bologna.

BIBIÓNE, frazione del com. di S. Michele al Tagliamento (Venezia). Località balneare posta su un'isola tra il f. Tagliamento e il Mar Adriatico.

BIBLIOTÈCA NAZIONÀLE CENTRÀLE DI FIRÈNZE, biblioteca pubblica fiorentina, sorta nel 1714 dalla biblioteca privata di A. Magliabechi. Aperta al pubblico per la prima volta nel 1747 con il nome di Magliabechiana, nel 1861 fu unificata con la Biblioteca Palatina. Nel 1935 fu trasferita nella sede attuale, gravemente colpita nel 1966 dall'alluvione. Att. conta ca. 5.300.000 volumi a stampa, 115.000 periodici, 3700 incunaboli e 25.000 manoscritti.

BIBRATTE, c. della Gallia, cap. e *oppidum* degli edui, sul Monte Beuvray. Museo. Numerosi reperti di templi, abitazioni ecc. (museo di Autun).

BICH (Marcel), *Torino 1914 - Parigi 1994*, industriale francese di origine italiana. Dopo aver fondato un gruppo che porta il suo nome nel 1950, divenne noto nel 1953 grazie alla diffusione della penna a sfera "Bic".

BICHAT (Xavier), *Thoirette, 1771 - Parigi 1802*, anatomista e fisiologo francese. Scrisse l'*Anatomie générale* e contribuì allo sviluppo dell'istologia.

BICÒCCA (battàglia della) (27 aprile 1522), battaglia combattuta nei pressi di Milano tra le truppe imperiali al servizio di Carlo V, guidate da P. Colonna, e quelle francesi comandate da O. de *Lautrec*, che furono sconfitte.

BIDASOA o **BIDASSOA**, f. costiero della Francia, nei Pirenei occ., che sfocia nel Golfo di Guascogna; 70 km. Segna per 12 km il confine tra la Francia e la Spagna.

BIDAULT (Georges), *Moulins 1899 - Cambo-les-Bains 1983*, politico francese. Presidente del Consiglio nazionale della resistenza, fu tra i fondatori dell'MRP (Movimento repubblicano popolare), presidente del consiglio (1949-1950) e ministro degli esteri sotto la IV Repubblica. Oppositore della politica algerina di C. de Gaulle, visse in esilio dal 1962 al 1968.

BIDPAI o **PILPAY**, brahmano indù (III sec.). A questo personaggio semileggendario viene attribuita una raccolta di favole in sanscrito a cui si dice si sia ispirato J. de La Fontaine.

BIEDERMEIER, stile della pittura e delle arti applicate affermatosi tra le classi medie, in Germania e in Austria, negli anni 1815-1848.

BIEL, in fr. **Bienne**, c. della Svizzera (cant. di Berna), sul Lago di B.; 48.840 ab. Industria orologiera. — Centro medievale su un'altura. Museo delle preistoria.

BIEL (làgo di), in fr. **Bienne**, lago della Svizzera, nella parte occ. del cant. di Berna; 40 km².

BIELEFELD, c. della Germania (Renania Settentrionale-Westfalia); 321.125 ab. Industrie metallurgiche.

BIELGOROD → BELGOROD.

BIÈLLA, c. del Piemonte, capol. di prov.; 47.121 ab. Maggiore centro laniero in Italia, conta anche numerose industrie alimentari, meccaniche e conciarie. — Feudo dei vescovi di Vercelli tra il X e il XIV sec., passò ai Savoia nel 1559 con brevi intervalli di occupazione francese e spagnola. La città è divisa in due parti, B. Piano e B. Piazzo, sulla collina. La città bassa costituisce il nucleo più antico e conserva splendidi monumenti medievali, tra cui un notevole battistero (XIV sec.) e il campanile duecentesco della chiesa di S. Stefano. La parte alta ospita palazzi rinascimentali di grande interesse, tra cui il palazzo della Cisterna e la chiesa tardo-romanica di S. Giacomo. — La provincia, istituita nel 1992, comprende una parte pianeggiante e una collinare (fascia prealpina). Industria tessile e del legno.

BIELORÙSSIA, in bielor. **Belarus**, Stato dell'Europa orient., al confine con la Polonia; 208.000 km²; 10.147.000 ab. (*bielorussi*). CAP. Minsk. LINGUE: *bielorusso* e *russo*. MONETA: *rublo bielorusso*.

GEOGRAFIA – La B. è un paese dal clima freddo e umido, il cui territorio pianeggiante, in parte boscoso e paludoso, è segnato da scarsi rilievi poco accentuati. Il settore primario, con l'allevamento (bovini e suini) e le coltivazioni di patate, orzo e barbabietole, è stato colpito dalle conseguenze dell'incidente nucleare di Černobyl, che ha penalizzato anche il settore agroalimentare, essenziale per un'industria carente di altre materie prime. Restano forti i legami economici e culturali con la Russia. La popolazione è costituita per l'80% ca. da bielorussi e per oltre il 10% da russi.

STORIA – IX-XII sec.: la regione, popolata da slavi orientali, fa parte dello Stato di Kiev. XIII-XIV sec.: col nome di Russia Bianca viene integrata

Bielorussia

200 m

Brest capoluogo di regione

confine di regione

— strada normale
— ferrovia
✈ aeroporto

● più di 1.000.000 di ab.
● da 250.000 a 1.000.000 di ab.
● da 100.000 a 250.000 ab.
• meno di 100.000 ab.

50 km

al granducato di Lituania, unito alla Polonia a partire dal 1385. **XIV-XVII sec.**: la differenziazione tra i tre gruppi degli slavi orientali, dei bielorussi e dei russi e ucraini si fa più netta. L'influenza polacca diviene preponderante. **1772-1793**: a seguito delle prime due spartizioni della Polonia, la B. viene ceduta all'impero russo. **1919**: la B. è proclamata Repubblica socialista sovietica (RSS) indipendente; **1921**: la sua parte occid. viene riannessa alla Polonia. **1922**: la RSS di B. aderisce all'URSS. **1939**: anche la B. occid. viene annessa all'URSS. **1945**: la RSS di B. diviene membro dell'ONU. **1991**: in agosto il soviet supremo proclama l'indipendenza del paese, che aderisce alla CSI. **1994**: viene eletto presidente della repubblica Aleksandr Lukašenko, che esercita un potere di tipo autoritario ed è l'artefice di un riavvicinamento alla Russia. **1996**: attraverso un referendum viene approvata la nuova Costituzione, che attribuisce ampi poteri al presidente e ne prolunga il mandato fino al 2001. **2001**: le elezioni presidenziali riconfermano in carica Lukašenko per altri 7 anni, anche se l'opposizione denuncia gravi brogli elettorali.

BIELSKO-BIALA, c. della Polonia, in Slesia; 179.639 ab.

BIÊN HOA, c. del Vietnam; 274.000 ab.

BIENNÀLE DI VENÈZIA, esposizione internazionale d'arte contemporanea. È stata inaugurata nel 1895 e si tiene ogni due anni nella sede permanente dei Giardini. Presenta padiglioni di tutti i paesi cui si affiancano anche sezioni tematiche. Nel corso degli anni ha acquisito un'importanza sempre maggiore nella diffusione delle forme più attuali di espressione artistica.

BIENNE → BIEL.

BIENVENÜE (Fulgence), *Uzel 1852 - Parigi 1936*, ingegnere francese. Diresse i lavori di ampliamento della rete idrica parigina individuando nuove fonti di acqua di sorgente, progettò la metropolitana e ne seguì i lavori di realizzazione.

BIERMANN (Ludwig), *Hamm, Westfalia, 1907 - Monaco 1986*, astrofisico tedesco. Autore di studi su fisica del plasma, Sole e comete, è stato il primo a suggerire l'esistenza del vento solare (1951).

BIERUT (Bolesław), *presso Lublino 1892 - Mosca 1956*, politico polacco. Presidente del governo provvisorio (1945) poi della repubblica (1947-1952), presidente del consiglio dei ministri (1952-1954) e segretario generale del Partito operaio unificato polacco (1948-1956), allineò il suo paese al modello sovietico.

BIFÈRNO, f. del Molise; 89,5 km. Nasce dall'unione di alcuni torrenti nei Monti del Matese e sfocia nel Mar Adriatico, nelle vicinanze di Termoli.

BIG BEN, soprannome che identifica la principale campana della torre del Parlamento a Londra. Deriva dal nome del presidente del comitato dei lavori, sir Benjamin Hall.

BIGÒLLO → FIBONACCI (Leonardo).

BIHAR, Stato dell'India, nella reg. nord-orient. del Deccan e a E della pianura del Gange; 94.150 km^2; 82.878.796 ab.; cap. *Patna*.

BIHOR → APUSENI.

BIHZAD (Kamal Ad-Din), *1455 ca. - 1536 ca.*, miniaturista persiano. Rinnovò i principi della composizione e fu all'origine della scuola dei safawidi di Tabriz.

BIJAPUR, c. dell'India (Karnataka); 245.946 ab. Monumenti indù e musulmani del XVI e XVII sec., tra cui il Gol Gunbadh, celebre mausoleo del XVII sec.

BIJSK, c. della Russia, in Siberia, sull'Ob; 227.348 ab. Centro industriale.

BIKANER, c. dell'India (Rajasthan); 529.007 ab. Industria tessile. — Fortezza del XVI sec. Museo.

BIKILA (Abebe), *Jato, presso Addis Abeba, 1932 - Addis Abeba 1973*, atleta etiope. Due volte campione olimpico nella maratona (nel 1960, a Roma, dove nacque la leggenda del "corridore a piedi nudi", e nel 1964), inaugurò la stagione dei grandi fondisti dell'Africa orientale.

BIKINI, atollo dell'Oceano Pacifico (Isole Marshall). Poligono di esperimenti atomici americani a partire dal 1946.

BILAL (Enki), *Belgrado 1951*, autore e disegnatore di fumetti francese, nato nella ex Iugoslavia. Nei suoi fumetti mescola fantapolitica e realismo (*La fiera degli immortali*, 1980; *Partita di caccia*, sceneggiatura di Pierre Christin, 1983; *Il sonno del mostro*, 1998; *Il sarcofago*, con P. Christin, 2000).

BILÀNCIA, costellazione zodiacale. — **Bilancia**, settimo segno dello zodiaco, in cui entra il Sole nell'equinozio d'autunno.

BILASPUR, c. dell'India (Chhatisgarh); 256.178 ab.

BILBAO, c. della Spagna (Province Basche), capol. della prov. di Biscaglia; 354.271 ab. (oltre 800.000 ab. nell'agglomerato). Porto canalizzato sul Nerviόn. È la c. princ. delle Province Basche. Centro industriale. — Musei, tra cui il Museo di Belle Arti e il museo Guggenheim.

BÌLBILI, ant. c. della Spagna. Corrispondente all'att. Calatayud, fu conquistata dai romani, che ne fecero un municipio. È celebre per le fabbriche d'armi e per essere stata la patria del poeta Marziale.

BILDT (Carl), *Halmstad 1949*, politico svedese. Presidente del Partito liberale (1986-1999), è stato primo ministro dal 1991 al 1994. Dal 1995 ha svolto più volte la funzione di emissario internazionale nei Balcani.

BILDUNGSROMAN, in it. **romànzo di formazióne**, tipo di romanzo che descrive la formazione morale e intellettuale di un personaggio nelle varie fasi della vita. Si sviluppò soprattutto nel XIX sec., con esponenti quali J.W. Goethe e Stendhal.

BILD ZEITUNG, quotidiano popolare tedesco, fondato nel 1952 da A. Springer, e divenuto, in virtù della sua tiratura, il maggiore quotidiano della Germania.

BILL (Max), *Winterthur 1908 - Berlino 1994*, architetto, designer, pittore e scultore svizzero. Pioniere dell'astrazione razionale ("arte concreta"), concepì una sintesi delle varie arti.

BILLAUD-VARENNE (Jean Nicolas), *La Rochelle 1756 - Port-au-Prince 1819*, politico francese. Membro del Comitato di salute pubblica (1793) e fedele alla linea di M. de Robespierre, si schierò contro di lui nella congiura del 9 termidoro. Vittima della reazione termidoriana, fu deportato a Cayenne, in Guayana (1795).

BILLE (Corinna S.), *Veyras 1912 - Losanna 1979*, scrittrice svizzera di lingua francese. Le sue raccolte di racconti e i suoi romanzi, pervasi da elementi onirici e fantastici, denotano un forte attaccamento al Vallese (*Le sabot de Vénus*, *La fraise noire*).

BILLETDOUX (François), *Parigi 1927-1991*, drammaturgo francese. Nel suo teatro, insolito e ironico, l'insensatezza dei personaggi testimonia l'assurdità di un mondo prossimo alla scomparsa (*Cin cin*, *Svegliati, Filadelfia!*).

BILL OF RIGHTS, testo costituzionale inglese elaborato nel 1689 dal parlamento. Con questa dichiarazione si stabilì l'abdicazione del sovrano Giacomo II e si affermarono le libertà e i diritti fondamentali del regno.

BÌNDA (Alfrédo), *Cittiglio 1902-1986*, ciclista. Vinse cinque Giri d'Italia (1925, 1927, 1928, 1929, 1933) e fu tre volte campione del mondo (1927, 1930, 1932). Il suo *palmarès* comprende anche due Milano-Sanremo e quattro Giri di Lombardia.

BINET (Alfred), *Nizza 1857 - Parigi 1911*, psicologo francese. Fondatore della psicologia sperimentale in Francia, concepì il test per la misurazione dell'intelligenza (*scala di B.-Simon*).

BINET (Léon), *Saint-Martin 1891 - Parigi 1971*, medico e fisiologo francese. Studiò differenti tecniche di rianimazione e la fisiologia del polmone.

BINFORD (Lewis), *Norfolk, Virginia, 1929 o 1931*, antropologo e archeologo statunitense. Studia i processi di evoluzione culturale (*New Perspectives in Archaeology*, 1968).

BÌNNI (Wàlter), *Perugia 1913 - Roma 1997*, critico letterario. Tra i suoi saggi, *La poetica del decadentismo italiano* (1936), *La nuova poetica leopardiana* (1947), *Poetica, critica e storia letteraria* (1963), *Studi alfieriani* (1995).

BINNIG (Gerd), *Francoforte 1947*, fisico tedesco. Ha inventato, con H. Rohrer, il microscopio elettronico a scansione a effetto tunnel. (Premio Nobel 1986.)

BIOKO, già **Fernando Póo**, isola della Guinea Equatoriale; 2017 km^2; 80.000 ab. ca.; c. princ. *Malabo*.

BION (Wilfred Ruprecht), *Muttra, att. Mathura, India, 1897 - Oxford 1979*, psichiatra e psicoanalista britannico. Studiò la genesi e i disturbi del pensiero nel bambino.

BIÓNDO (Flàvio), detto Bióndo **Bióndi**, *Forlì 1392 - Roma 1463*, umanista. Notaio della Camera apostolica, quindi segretario apostolico, fu il primo a utilizzare criticamente le fonti negli studi storici. L'opera più nota è *Historiarum ab inclinatione romani imperii decades*.

BIOT (Jean-Baptiste), *Parigi 1774-1862*, astronomo e fisico francese. Condusse ricerche in astronomia (origine dei meteoriti), geofisica (magnetismo terrestre) e, soprattutto, fisica (elettromagnetismo, polarizzazione della luce ecc.).

BIOY CASARES (Adolfo), *Buenos Aires 1914-1999*, scrittore argentino. Autore di racconti fantastici (*L'invenzione di Morel*).

BIRATNAGAR, c. del Nepal orient.; 129.388 ab.

BIRD (Junius Bouton), *Rye, Stato di New York, 1907 - New York 1982*, archeologo statunitense. Si recò in diversi siti della Patagonia contribuendo a riportare alla luce e a studiare reperti di popolazioni dedite alla caccia e al raccolto che si rivelarono indispensabili per precisare la cronologia del popolamento paleoindiano in America meridionale.

BIR HAKEIM (battàglia di) (1942), battaglia della seconda guerra mondiale svoltasi nel deserto libico. Accerchiati dai tedeschi e dagli italiani a B. H., i francesi del generale Kœnig opposero una disperata resistenza, durata 16 giorni, poi riuscirono a raggiungere la linea britannica.

BIRKENAU, in pol. **Brzezinka**, località della Polonia, nei pressi di Auschwitz. Campo di sterminio tedesco istituito nel 1941, 3 km a SO di Auschwitz, le cui vittime furono in maggioranza ebrei.

BIRKENHEAD, c. della Gran Bretagna (Inghilterra), sull'estuario del Mersey; 280.000 ab.

BIRKHOFF (George David), *Overisel, Michigan, 1884 - Cambridge, Massachusetts, 1944*, matematico statunitense. Formulò la teoria generale della dinamica dei sistemi, portando avanti l'opera dello scienziato francese H. Poincaré.

BIRMÀNIA → MYANMAR.

BIRMÀNIA (stràda della), strada che collega Rangoon a Kunming (Yunnan), costruita nel 1938. Durante la seconda guerra mondiale costituì una pista di rifornimento che permise agli Alleati di approvigionare la Cina (1939-1942, 1945).

BIRMINGHAM, c. della Gran Bretagna (Inghilterra), capol. della contea metropolitana di West Midlands; 934.900 ab. (2.500.400 ab. nell'agglomerato). Industrie metallurgiche. — Grazie ai giacimenti di ferro e carbone, la città fu, nel XVI-II e XIX sec., uno dei principali centri attorno a cui ruotò lo sviluppo industriale del paese. — Prestigioso museo.

BIRMINGHAM, c. degli Stati Uniti (Alabama); 242.820 ab. Industrie metallurgiche.

BIROBIDŽAN, c. della Russia, capol. della Provincia Autonoma degli Ebrei (già Birobidjan), a O di Khabarovsk; 86.300 ab.

BIRS → BANCA INTERNAZIONALE PER LA RICOSTRUZIONE E LO SVILUPPO.

BIRUNI (**Al-**), *Kath, Kharezm, 973 ca. - Ghazni ? dopo il 1050*, scienziato ed erudito di origine persiana. Viaggiò molto, spec. in India con il sultano Mahmud de Ghazni. Scrisse numerosi trattati di matematica, astronomia, botanica, mineralogia e cronologia.

BISÀNZIO, colonia greca costruita nel VII sec. a.C. sul Bosforo. Sul suo sito venne edificata Costantinopoli, la capitale dell'impero bizantino che poi, con il nome di *Istanbul*, divenne capitale dell'impero ottomano.

BISAYA → VISAYA.

BISCÀGLIA, in sp. **Vizcaya**, prov. basca della Spagna; 1.132.729 ab.; capol. *Bilbao*.

BISCÀGLIA (Gólfo di), golfo dell'Atlantico, tra la Francia e la Spagna.

BISCÉGLIE, com. in prov. di Bari; 50.937 ab. Situato sulla costa adriatica, è un importante porto peschereccio e mercato ortofrutticolo. Turismo. Chiesa di S. Margherita (1197).

BISÉGNA, com. in prov. dell'Aquila; 384 ab. Centro agricolo situato al margine settentr. del Parco nazionale d'Abruzzo.

BISÈNZIO, f. della Toscana; 47 km. Nasce a Ponte B., bagna Prato e si getta nell'Arno, nei pressi di Ponte a Signa.

BISÈRTA, c. della Tunisia; 98.865 ab. Porto. Raffinerie di petrolio. — Base navale sul Mediterraneo, all'imbocco del Lago di B.

BISKRA, c. dell'Algeria, capol. del distr. omonimo, alle pendici dell'Atlante; 178.064 ab. Oasi. Turismo.

BISMARCK (Arcipèlago di), arcipelago della Melanesia, al largo della Nuova Guinea nord-orient. L'isola principale è la Nuova Britannia. — Già colonia tedesca (1884-1914), oggi appartiene alla Papua Nuova Guinea.

BISMARCK (Otto, príncipe von), Schönhausen 1815 - Friedrichsruh 1898, statista prussiano. Nominato cancelliere dal re di Prussia Guglielmo I (1862), unificò tutti gli Stati tedeschi sotto l'egida prussiana dal 1864 al 1871. Dopo avere sconfitto l'Austria a Sadowa (1866), istituì la Confederazione della Germania del Nord. Poi, alla vigilia della guerra franco-prussiana (1870-1871), che si concluse con l'annessione dell'Alsazia-Lorena, proclamò l'impero tedesco, il Secondo Reich, a Versailles, il 18 gen. 1871. Perseguì una politica autoritaria intraprendendo contro i cattolici il Kulturkampf (1871-1878) e reprimendo duramente i socialdemocratici, e adottò un'efficiente legislazione sociale. Dovendo rinunciare all'alleanza con l'Austria-Ungheria e la Russia (la "lega dei tre imperatori"), stipulò con l'Italia e l'Austria-Ungheria la Triplice Alleanza (1882). Abbandonò il potere nel 1890, poco dopo l'ascesa al trono di Guglielmo II.

Otto von **BISMARCK**. (Fotografia di K. Hahn.)

BISSAGOS o BIJAGOS (Ìsole), arcipelago della Guinea Bissau.

BISSAU, cap. della Guinea Bissau; 274.000 ab. Aeroporto.

BISSIÈRE (Roger), Villeréal 1886 - Boissiérette 1964, pittore francese. Dopo essersi accostato al cubismo, si dedicò a un genere di astrattismo allusivo e lirico.

BISSOLÀTI-BERGAMÀSCHI (Leònida), Cremona 1857 - Roma 1920, politico. Riformista, fu tra i fondatori del Partito socialista (1892), ma ne venne espulso nel 1912 perché favorevole alla campagna di Libia. Sostenne l'intervento nella prima guerra mondiale, quindi fu ministro nei governi di P. Boselli e V.E. Orlando, prima di ritirarsi nel 1918.

BISÙSCHIO, com. in prov. di Varese, in Valceresio; 3774 ab. Industrie di mobili e delle materie plastiche. Allevamento. Turismo. Villa rinascimentale Cicogna Mozzoni.

BISUTUN o BEHISTÙN, sito del Kurdistan iraniano. Vi si trovano le rocce coperte da bassorilievi e iscrizioni utilizzate dall'archeologo inglese Henry Rawlinson (1810-1895) per la decifrazione della scrittura cuneiforme.

BIT (Bureau International du Travail), ufficio internazionale del lavoro che opera come esecutivo dell'OIL (Organizzazione internazionale del lavoro).

BITÉTTO, com. in prov. di Bari, al margine orient. delle Murge; 9944 ab. Agricoltura (mandorle, olive, uva). Casa dei cavalieri di Malta di epoca medievale. Cattedrale romanica.

BITÌNIA, ant. reg. e regno dell'Asia Minore nord-occ., affacciata sul Ponto Eusino (Mar Nero) e sulla Propontide (Mar di Marmara). Indipendente dal III sec. al 74 a.C., fu annessa a Roma.

BITÒLA o BITOLJ, già Monastir, c. della Macedonia; 86.176 ab. Moschea del XVI sec. Museo archeologico (→ Monastir).

BITÓNTO, com. in prov. di Bari, nelle basse Murge; 57.747 ab. Agricoltura, industrie vinicole e olearie, turismo. Cattedrale romanica di S. Valentino.

BÌTTI, com. in prov. di Nuoro, nell'alto bacino del f. Posada; 3701 ab. Agricoltura (uva, cereali). Artigianato (arazzi, tappeti). Complesso nuragico di Noddule.

BITURIGI (" re del mondo "), popolazione gallica divisa in due gruppi con cap., l'uno, Burdigala (Bordeaux), e l'altro, Avaricum (Bourges).

BIYA (Paul), Mvomékoa 1933, politico camerunese. È presidente della repubblica dal 1982.

■ Paul Biya nel 1985.

BIZANTÌNO (impèro), nome attribuito all'impero romano d'Oriente (cap. Costantinopoli), che durò dal 395 al 1453. **324-330**: Costantino fonda Costantinopoli sul sito dell'ant. Bisanzio. **395**: Teodosio I divide l'impero romano in due parti; l'Oriente tocca ad Arcadio. **527-565**: Giustiniano tenta di riportare l'impero romano ai confini di un tempo. Tuttavia i bizantini sono assediati dai barbari: gli slavi nei Balcani, i longobardi in Italia, i persiani in Siria. **610-711**: sotto gli Eraclidi, l'impero non è più romano ma greco-orientale; **636-642**: la Siria e l'Egitto vengono conquistati dagli arabi. **717-802**: sotto la dinastia degli Isaurici si diffonde l'iconoclastia. I bizantini sono cacciati da Ravenna (751). **820-867**: sotto la dinastia di Amorio viene ristabilito definitivamente il culto delle immagini (843). **867-1057**: l'impero raggiunge l'apogeo sotto la dinastia macedone. **1054**: il papa Leone IX e il patriarca Michele Cerulario si scomunicano reciprocamente: è lo scisma d'Oriente, che porta alla separazione tra cattolici e ortodossi. **1071**: i turchi si espandono in Asia Minore. **1081-1185**: i Comneni sono costretti a concedere alcuni vantaggi commerciali a Venezia e non possono opporsi ai turchi e ai normanni. **1185-1204**: la dinastia degli Angeli non riesce a evitare la decadenza dell'impero. **1204**: i crociati occupano Costantinopoli. Si formano principati greci in Epiro, a Trebisonda e a Nicea. **1204-1258**: i Lascaris di Nicea restaurano l'impero. **1258-1453**: la dinastia dei Paleologhi, che nel 1261 riconquista Costantinopoli, assicura la sopravvivenza dell'impero. **1453**: i turchi conquistano definitivamente Costantinopoli. [V. box a pagina seguente.]

BIZET (Georges), Parigi 1838 - Bougival 1875, compositore francese. Autore di capolavori pieni di vitalità e di realismo per il teatro d'opera (I pescatori di perle, 1863; L'Arlesiana, 1872; Carmen, 1875).

■ Georges Bizet.

BIZZÓNI (Achille), Pavia 1841 - Milano 1904, scrittore e giornalista. Garibaldino e anticlericale, fu direttore di vari giornali (Gazzettino rosa, 1868-1873; Il popolo, 1874; La provincia pavese, 1880-1883). Tra gli scritti più celebri, Impressioni di un volontario all'esercito dei Vosgi (1874), sull'ultima campagna di G. Garibaldi, e L'onorevole (1895), sullo scandalo della Banca romana.

BIZZÒZERO (Giùlio), Varese 1846 - Torino 1901, medico. Docente di patologia generale all'Università di Torino, diede un enorme impulso allo sviluppo dell'istologia. Scoprì la funzione delle piastrine e l'origine dei globuli rossi.

BJALIK (Hajim Nachmàn), Radi 1873 - Vienna 1934, poeta ebreo di origine ucraina. Fondatore della casa editrice ebraica Debhir, divenne il poeta ufficiale di Israele. Scrisse la celebre Nella città del massacro (1903) sul pogrom di Kišinev.

BJERKNES (Vilhelm), Cristiania, att. Oslo, 1862-1951, geofisico norvegese. Considerato il fondatore della scuola meteorologica norvegese, nei suoi lavori principali trattò l'applicazione dell'idrodinamica ai movimenti atmosferici e oceanici.

BJØRNSON (Bjørnstjerne), Kvikne 1832 - Parigi 1910, scrittore norvegese. Tra i maggiori drammaturghi del suo paese (Fallimento, Al di là delle forze umane), partecipò attivamente al movimento indipendentista che portò alla riconquista dell'autonomia della Norvegia dalla Svezia. (Premio Nobel 1903.)

■ Bjørnstjerne Bjørnson ritratto da E. Werenskjold. (Nasjonalgalleriet, Oslo.)

BLACK (Joseph), Bordeaux 1728 - Edimburgo 1799, fisico e chimico britannico. Fu il primo a istituire una distinzione tra temperatura e quantità di calore.

BLACKBURN, c. della Gran Bretagna (Inghilterra), a NO di Manchester; 110.000 ab.

BLACKFEET → PIEDI NERI.

BLACK MUSLIMS ("musulmani neri"), movimento nord-americano, fondato nel 1930. Sostenuto dall'islam, si oppone all'integrazione dei neri nella società americana.

BLACK PANTHERS ("pantere nere"), organizzazione di autodifesa formata nel 1966, negli Stati Uniti, da militanti neri rivoluzionari che rivendicavano il "potere nero" (black power).

BLACKPOOL, c. della Gran Bretagna (Inghilterra), sul Mare d'Irlanda; 144.500 ab. Centro balneare.

BLACKSTONE (sir William), Londra 1723-1780, giurista britannico. I suoi Commentaries on the Laws of England (1765-1769) divulgarono il diritto inglese ed esercitarono una forte influenza sul pensiero costituzionale inglese.

BLAGA (Lucian), Lancrăm 1895 - Cluj 1961, drammaturgo, poeta e filosofo romeno. Attraverso miti, spiritualità e descrizione di paesaggi, colse l'essenza della cultura romena (I poemi della luce, Trilogia della conoscenza).

BLAGOVEŠČENSK, c. della Russia, sulla frontiera cinese; 214.000 ab.

BLAIR (Anthony, detto Tony), Edimburgo 1953, politico britannico. Leader del Partito laburista dal 1994, è diventato primo ministro in seguito alla vittoria del suo partito alle elezioni del 1997 (successo confermato alle elezioni del 2001).

BLAIS (Marie-Claire), Québec 1939, scrittrice canadese di lingua francese. La sua opera è una critica disincantata al conformismo (Una stagione nella vita di Emanuele, Sonno d'inverno, Soifs, Dans la foudre et la lumière).

BLAKE (Robert), Bridgwater 1599 - al largo di Plymouth 1657, ammiraglio inglese. Comandò la flotta al servizio di O. Cromwell, assicurando all'Inghilterra il dominio sulla Manica.

BLAKE (sir Peter), Auckland 1948 - Balneário da Fazendinha, a S di Macapá, 2001, navigatore neozelandese. Detentore, dal 1994 al 1997, del record del giro del mondo a vela senza scalo (trofeo Jules Verne), ha vinto nel 1995 e nel 2000 la Coppa America. È stato assassinato, a bordo della sua imbarcazione, durante una missione ecologica in Brasile.

BLAKE (William), Londra 1757-1827, poeta, pittore e incisore britannico. Le sue liriche (Canti dell'innocenza, 1789; Canti d'esperienza, 1794) sono caratterizzate da un'ingenua meraviglia e dall'invenzione di una mitologia che rimanda contemporaneamente alla Rivoluzione francese e a una metafisica personale. Illustrò inoltre le proprie opere (incisioni, acquarelli). [V. foto a pagina 1213.]

BLAKEY (Art), Pittsburgh 1919 - New York 1990, musicista jazz statunitense. Batterista e direttore d'orchestra, ispiratore di diverse generazioni di musicisti jazz dell'epoca del be-bop, nel 1955 ha fondato il gruppo di hard-bop Jazz Messengers.

BLANC (Louis), Madrid 1811 - Cannes 1882, storico e politico francese. Sostenitore del socialismo, contribuì con i suoi scritti ad accrescere l'opposizione contro la monarchia di Luglio. Membro del governo provvisorio del 1848, assi-

L'arte bizantina

La sintesi tra ellenismo, Oriente e romanità, perfettamente compiuta, conferisce all'arte bizantina una grande originalità. Essenzialmente spirituale, l'arte deve garantire il dogma e propagare la fede cristiana. L'architettura e l'iconografia sono parte integrante del simbolismo religioso. La cupola, evocazione del cielo, è riservata alla figura di Cristo, l'abside all'Immacolata, mentre l'universo terrestre si dispiega lungo le pareti della navata.

Santa Sofia, Costantinopoli. VI sec. La pianta è ispirata alla classicità, ma con una concezione innovatrice: l'immenso spazio centrale è illuminato a raggiera, e la cupola domina tutte le altre strutture.

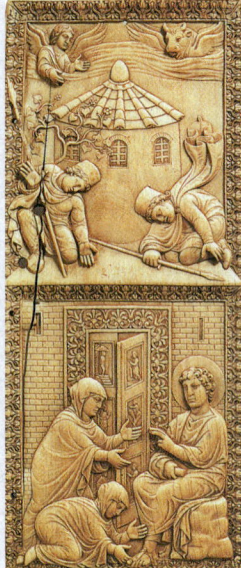

Tavola della porta di un coro. In avorio, VIII sec. Le guardie assopite davanti al sepolcro di Cristo e, in basso, le due Marie di fronte al Cristo resuscitato. (Museo del Castello Sforzesco, Milano.)

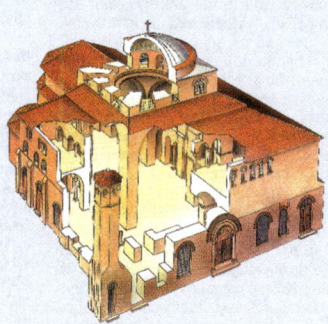

Santa Sofia, Tessalonica. VIII sec. Il compromesso tra pianta allungata e pianta centrale e la cupola appena accennata preludono agli ulteriori sviluppi della croce greca e della cupola a tamburo.

Mosè riceve le Tavole della Legge. Miniatura dal Salterio di Parigi (prima metà del X sec.). Tutti gli elementi (la composizione, lo stile) richeggiano l'antichità e illustrano la rinascita dell'epoca macedone. (Bibliothèque Nationale de France, Parigi.)

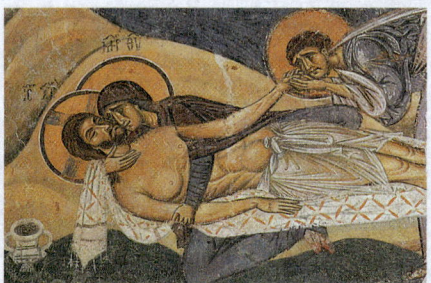

La trenodia, o compianto di Cristo. Affresco (XII sec.) della chiesa di S. Panteleimon a Nerezi, vicino a Skopje. Il ritmo della composizione, la morbidezza delle linee, la tendenza al realismo si uniscono a una sobria tensione drammatica in quest'opera probabilmente dovuta ad artisti provenienti da Costantinopoli.

Vergine di Vladimir. Questa icona del XII sec., portata a Mosca da un principe russo per essere offerta alla cattedrale di Vladimir, è all'origine delle icone dedicate alla cosiddetta "Vergine della tenerezza". (Galleria Tretiakov, Mosca.)

Chiesa di S. Teodoro. Mistra, XIII sec. La linearità della pianta e la disposizione a gradini dei volumi sono ormai acquisiti. Costruita su un tamburo alto, la cupola a 16 lati e arcate accentua la verticalità e l'impressione di leggerezza. Il gioco decorativo delle pietre e dei mattoni è proprio della tradizione greca.

William **BLAKE**. Il grande drago rosso e la donna vestita di sole, *1805*.
(National Gallery of Art, Washington.)

stette al fallimento dei suoi *Ateliers nationaux* e fu costretto all'esilio. Rientrato in Francia nel 1870, fu deputato dell'estrema sinistra all'assemblea nazionale.

BLANCHARD (Jean-Pierre), *Les Andelys 1753 - Parigi 1809*, aviatore francese. Inventore del paracadute, che sperimentò sugli animali; fu il primo ad attraversare la Manica in pallone (1785).

BLANCHE (Vallée), alta valle del massiccio del Monte Bianco (Francia), occupata da un ghiacciaio.

BLANCHOT (Maurice), *Quain 1907*, scrittore francese. La sua opera narrativa e saggistica (*Lo spazio letterario, Il libro a venire*) riconduce la creazione letteraria all'esperienza dell'assenza e della morte.

BLANDÌNA (santa), *m. nel 177*, martire di Lione. Fu torturata e gettata in pasto alle fiere. Una lettera dei cristiani di Lione testimonia il suo martirio.

BLANKENBERGE, com. del Belgio (Fiandra Occidentale); 17.538 ab. Centro balneare. — Chiesa del XIV sec.

BLANQUI (Louis Auguste), *Puget-Théniers 1805 - Parigi 1881*, teorico socialista e politico francese. Affiliato alla carboneria (1824), capo dell'opposizione repubblicana e socialista dopo il 1830, fu tra i promotori delle manifestazioni operaie del 1848 ed ebbe un ruolo di rilievo all'interno della Comune di Parigi. Le sue idee, che gli costarono 36 anni di prigionia, ispirarono il sindacalismo rivoluzionario di fine secolo (blanquismo).

■ *Louis Auguste Blanqui.*

BLANTYRE, c. del Malawi; 403.000 ab. Principale centro del paese.

BLASCO IBÁÑEZ (Vicente), *Valencia 1867 - Mentone 1928*, scrittore spagnolo. È autore di romanzi d'azione e storici (*Sangue e arena, I quattro cavalieri dell'Apocalisse*).

BLASÉTTI (Alessandro), *Roma 1900-1987*, regista cinematografico. Esponente del primo cinema sonoro in Italia, riflettè in parte l'ideologia fascista (*Vecchia guardia*, 1935), per poi distaccarsene, sviluppando un percorso personale tra film storici (*1860*, 1934; *Ettore Fieramosca*, 1938), in costume (*La corona di ferro*, 1941) e di critica sociale (*Quattro passi fra le nuvole*, 1942; *Un giorno nella vita*, 1946).

BLÀSIS (Càrlo), *Napoli 1795 - Cernobbio 1878*, danzatore e coreografo. Autore di opere didattiche sulla danza classica (*Trattato elementare teorico e pratico dell'arte della danza*, 1820), insegnò alla scuola della Scala ed ebbe come allieve alcune tra le più grandi ballerine del secolo.

BLAUE REITER (Der), in it. **Il cavalière azzùrro**, movimento artistico (1911-1914) fondato a Monaco da V. Kandinskij, dai tedeschi F. Marc (1880-1916) e A. Macke (1887-1914), dal russo A. von Jawlenskij (1864-1941) e altri. Era caratte-

rizzato da uno stile in cui confluivano il fauvismo, l'astrattismo, una spontaneità lirica e "primitivista" e l'espressionismo. Tra gli altri parteciparono alle esposizioni del movimento (Monaco, Berlino) R. Delaunay e P. Klee.

BLAVATSKIJ o **BLAVATSKAJA** (Elena Petrovna), *Ekaterinoslav, att. Dnipropetrovsk, 1831 - Londra 1891*, cofondatrice, con il colonnello H.S. Olcott, della Società teosofica (1875).

BLENHEIM (battàglia di) (13 ago. 1704), nome dato dai britannici alla battaglia di Höchstädt.

BLENKINSOP (John), *Leeds 1783-1831*, ingegnere britannico. Costruì, dal 1811, le locomotive che per prime effettuarono un regolare servizio nelle miniere di carbone.

BLÉRIOT (Louis), *Cambrai 1872 - Parigi 1936*, aviatore e costruttore di aerei francese. Titolare del primo brevetto di pilota rilasciato in Francia, attraversò per primo la Manica in aereo, da Calais a Dover (25 lug. 1909), e fu uno dei primi industriali aeronautici del suo paese.

BLEULER (Eugen), *Zollikon, presso Zurigo, 1857-1939*, psichiatra svizzero. Si dedicò allo studio della schizofrenia.

BLIDA, c. dell'Algeria, capol. di distr., ai piedi dell'Atlante del Tell; 144.255 ab.

BLIER (Bernard), *Buenos Aires 1916 - Saint-Cloud 1989*, attore teatrale e cinematografico francese. Ha debuttato in teatro prima di avviare al cinema una carriera ricca di ruoli da caratterista: *Ragazze folli* (M. Allégret, 1938), *Alba tragica* (M. Carné, 1939), *Amici miei - Atto III* (N. Loy, 1985). — **Bertrand B.**, *Boulogne-Billancourt 1939*, regista cinematografico francese. Figlio di Bernard, si è imposto con *I santissimi* (1974), *Buffet freddo* (1979), *Lui portava i tacchi a spillo* (1986), *Troppo bella per te!* (1989), *Un, due, tre, stella!* (1993).

BLIN (Roger), *Neuilly-sur-Seine 1907 - Evecquemont 1984*, regista e attore teatrale francese. Prima con A. Artaud, poi nell'ambito del teatro di avanguardia degli anni '50 del secolo scorso, interpretò e mise in scena numerosi testi di S. Beckett e J. Genet.

BLIXEN (Karen), *Rungsted 1885-1962*, scrittrice danese, autrice di racconti (*Sette storie gotiche*, 1934) e romanzi (*La mia Africa*, 1937).

BLÒCCO CONTINENTÀLE, misure prese da Napoleone I tra il 1806 e il 1808 per impedire ai porti del continente il commercio con la Gran Bretagna e danneggiare così la marina inglese. La loro applicazione contribuì a suscitare un sentimento antifrancese e a far coalizzare l'Europa contro Napoleone.

BLOCH (Ernst), *Ludwigshafen 1885 - Tubinga 1977*, filosofo tedesco. Elaborò una rivisitazione marxista dell'utopia (*Il principio speranza*, 1954-1959).

BLOCH (Marc), *Lione 1886 - Saint-Didier-de-Formans 1944*, storico francese. La sua opera ha esercitato un'influenza fondamentale sul rinnovamento della storiografia, aprendo ai metodi delle altre scienze sociali. Autore di *I re taumaturghi* (1924) e *I caratteri originali della storia rurale francese* (1931), fondò, con L. Febvre, gli *Annales d'histoire économique et sociale* (1929). Venne fucilato dai tedeschi.

BLOEMAERT (Abraham), *Gorinchem 1564 - Utrecht 1651*, pittore olandese della scuola di Utrecht. Dapprima manierista, la sua opera è molto mutevole e rivela grande virtuosismo. Influenzò numerosi allievi (tra cui i figli, incisori o pittori), soprattutto con i suoi disegni di paesaggio.

BLOEMFONTEIN, c. della Rep. Sudafricana, capol. dello Stato Libero; 300.150 ab.

BLOIS, c. della Francia, capol. del dip. Loir-et-Cher, sulla Loira; 51.832 ab. Industrie automobilistiche e alimentari (cioccolato). Tipografia. — Celebre castello costruito o rifatto dal XIII al XVII sec., in gran parte restaurato nel XIX sec. — Nel XVI sec. i re di Francia risiedettero a B., e vi riunirono gli Stati generali nel 1576 e nel 1588.

BLOK (Aleksandr Aleksandrovič), *San Pietroburgo 1880-1921*, poeta russo. Uno dei principali rappresentanti del simbolismo russo (*Canti bolscevichi, I dodici*).

BLONDEL (Enrichètta), *Casirate 1792 - Brusuglio 1833*, prima moglie di A. Manzoni. Figlia di un banchiere di Ginevra, sposò Manzoni all'età di sedici anni, prima con rito calvinista poi cattolico.

BLONDEL (Jacques François), *Rouen 1705 - Parigi 1774*, architetto e urbanista francese. Di gusto classicista, lavorò per le città di Metz e Strasburgo. Scrisse trattati che esercitarono una notevole influenza.

BLONDEL (Maurice), *Digione 1861 - Aix-en-Provence 1949*, filosofo francese. Elaborò una filosofia dell'immanenza (*L'azione*, 1893, rimaneggiato nel 1936-1937).

BLONDIN (Antoine), *Parigi 1922-1991*, scrittore francese. Appartenente al corpo degli *ussari*, scrisse romanzi anticonformisti e impertinenti (*L'Europe buissonnière, Quando torna l'inverno*).

BLOOMFIELD (Leonard), *Chicago 1887 - New Haven, Connecticut, 1949*, linguista statunitense. La sua opera intitolata *Il linguaggio* (1933) pose le basi della scuola strutturalista americana.

BLOOMSBURY GROUP, circolo intellettuale di scrittori e artisti britannici che nacque negli anni '20 del secolo scorso nell'omonimo quartiere di Londra. Si riuniva nell'abitazione di V. e L. Woolf e si ispirava a valori quali la soggettività, il piacere estetico e la sperimentazione. Tra i principali aderenti, E.M. Forster, J.M. Keynes, A. Huxley, L. Strachey.

BLOW (John), *Newark 1648 o 1649 - Londra 1708*, compositore britannico. È autore di musica sacra e del *masque Venere e Adone* (1685 ca.).

BLOY (Léon), *Périgueux 1846 - Bourg-la-Reine 1917*, scrittore francese. Cattolico intransigente e ribelle, è autore di *pamphlet* e romanzi caratterizzati da misticismo estremo e toni violenti (*Il disperato*, 1886; *La donna povera*, 1897) e di un *Diario* (1892-1917).

BLÜCHER (Gebhard Leberecht), principe **Blücher von Wahlstatt**, *Rostock 1742 - Krieblowitz 1819*, maresciallo prussiano. Comandante del esercito (1813-1815), contribuì alla vittoria di Lipsia (1813). Sconfitto da Napoleone a Ligny, svolse un ruolo decisivo nella disfatta francese a Waterloo (1815).

BLUE MOUNTAINS, in it. **Mónti Azzùrri**, nome di diverse catene montuose, le più conosciute delle quali si trovano in Australia e negli Stati Uniti (Monti Appalachi).

BLUM (Léon), *Parigi 1872 - Jouy-en-Josas 1950*, politico francese. Membro del Partito socialista francese dal 1902, fece parte, al congresso di Tours del 1920, della minoranza che rifiutò di aderire alla Terza Internazionale. Segretario della SFIO (Sezione francese dell'Internazionale operaia), costituì un governo di "Fronte popolare" (1936-1937) e ritornò al potere nel 1938. Arrestato nel 1940 e deportato in Germania (1943), fu di nuovo a capo del governo dal dic. 1946 al gen. 1947.

■ *Léon Blum nel 1937.*

BLUMENAU, c. del Brasile sud-orient. (Santa Catarina); 261.505 ab.

BLUNT (Anthony), *Bournemouth 1907 - Londra 1983*, storico dell'arte britannico. Fu curatore delle opere d'arte di proprietà della corona inglese e studioso di arte italiana e francese.

BLUNTSCHLI (Johann Kaspar), *Zurigo 1808 - Karlsruhe 1881*, giurista tedesco di origine svizzera. Fu uno dei fondatori del diritto internazionale.

BMW (Bayerische Motoren Werke), azienda tedesca creata a Monaco di Baviera nel 1916, che si occupa della produzione di auto, moto e motori per l'aviazione. Ha acquisito la Rover nel 1994, cedendola in seguito alla Ford, e la Rolls Royce/Bentley nel 1998.

BNL → BANCA NAZIONALE DEL LAVORO.

BÒ (Càrlo), *Sestri Levante 1911 - Genova 2001*, critico letterario. Senatore a vita e rettore dell'Università di Urbino per 50 anni, è considerato insieme a E. Vittorini e V. Pratolini uno dei massimi esponenti dell'ermetismo italiano (*Letteratura come vita*, 1938).

BOABDIL, (Abu Abd Allah, detto), re musulmano di Grenada con il nome di Muhammad XI (1482-1483 e 1486-1492). Fu sconfitto dai re cattolici.

BOAL (Augusto Pinto), *Rio de Janeiro 1931*, regista teatrale e drammaturgo brasiliano. Ha scritto opere politiche (*Rivoluzione alla sudamericana*) e sperimentato diverse forme di teatro d'intervento (il "teatro degli oppressi", il "teatro invisibile").

BOÀRIO TÈRME, frazione del com. di Darfo-Boario Terme, sull'Oglio. Centro termale conosciuto fin dal XV sec., dotato di quattro sorgenti (Antica Fonte, Fausta, Igea, Silia) con acque solfato-calcico-alcalino-terrose.

BOAS (Franz), Minden, Westfalia, 1858 - New York 1942, antropologo statunitense di origine tedesca. Studiò sul campo numerose popolazioni indiane dell'America settentr., definendo i principi di un approccio rigoroso alle loro culture (La mente dell'uomo primitivo, 1911).

BÒBBIO, com. in prov. di Piacenza, nella Val Trebbia; 3865 ab. Centro commerciale e turistico. — Abbazia benedettina di S. Colombano (612), celebre scriptorium, che permise la conservazione di alcuni dei più importanti manoscritti dell'antichità classica (Cicerone, Virgilio). Ponte "gobbo", di origine medievale, sul Trebbia.

BÒBBIO (Norbèrto), Torino 1909-2004, filosofo e giurista. Professore di filosofia del diritto e direttore della Rivista di filosofia, ha studiato il rapporto tra filosofia e diritto. Si è inserito nel dibattito politico con posizioni socialiste liberali, impegnandosi nella definizione delle condizioni di realizzazione della democrazia. È stato senatore a vita dal 1984. Tra le opere, Teoria della scienza giuridica (1950), Giusnaturalismo e positivismo giuridico (1965), Il problema della guerra e le vie della pace (1979), Destra e sinistra (1994).
■ Norberto Bobbio.

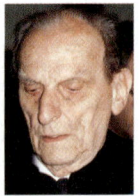

BÒBBIO PÈLLICE, com. in prov. di Torino, ai confini della Val Pellice; 616 ab. Turismo estivo.

BOBET (Louis, detto Louison), Saint-Méen-le-Grand 1925 - Biarritz 1983, ciclista francese. Vinse per tre volte il Tour de France (dal 1953 al 1955) e fu campione del mondo (1954).

BOBO, popolazione del Burkina, di lingua voltaica.

BOBO-DIOULASSO, c. del Burkina sud-occ.; 309.771 ab.

BÒBOLI, giardino all'italiana di Palazzo Pitti, a Firenze. Progettato dal Tribolo (1550), allievo di I. Sansovino, su commissione dei Medici, divenne un modello per tutti i giardini reali europei. Fu aperto al pubblico a partire dal 1776.

BOBOLI. Particolare del giardino.

BOBRUJSK, c. della Bielorussia, sulla Beresina; 221.000 ab.

BÓCCA (Giórgio), Cuneo 1920, giornalista e scrittore. Comandante partigiano, ha iniziato l'attività giornalistica nel dopoguerra. È stato uno dei fondatori del quotidiano La Repubblica. Di recente ha pubblicato Il secolo sbagliato (1999), Il dio denaro, ricchezza per pochi povertà per molti (2001), Piccolo Cesare (2002), Basso Impero (2003).

BOCCACCÍNO (Camillo), Cremona 1501-1546, pittore. Fu allievo del padre Boccaccio, quindi del Correggio; sue opere sono presenti nella chiesa di S. Sigismondo e nel duomo di Cremona.

BOCCÀCCIO (Giovànni), Firenze o Parigi 1313 - Certaldo 1375, scrittore. Figlio illegittimo di un mercante, il giovane B. fu mandato a Napoli per

Giovanni **BOCCACCIO**, affresco di Andrea del Castagno (1450 ca.). (Uffizi, Firenze.)

imparare la professione del padre, ma alla corte angioina si appassionò agli studi letterari, che intraprese da autodidatta. Tornato nel 1340 a Firenze, dove il padre era stato coinvolto nel fallimento del Banco dei Bardi, cominciò a interessarsi alla poesia e compose idilli mitologici e allegorici (Il ninfale fiesolano) e più realistici (Elegia di madonna Fiammetta) che culminarono, tra il 1349 e il 1351, nella composizione del *Decameron. In questo periodo gli furono affidati numerosi e importanti incarichi pubblici. L'amicizia con F. Petrarca (1350) segnò una svolta nella vita e nell'opera di B. che, abbracciata la causa dell'umanesimo, abbandonò l'uso del volgare (tranne che nel Corbaccio, feroce satira misogina, 1366) a favore del latino e si diede a disquisizioni dotte e agli studi danteschi (De casibus virorum illustrium, Trattatello in laude di Dante, Esposizioni della Commedia).

BOCCANÉGRA (Simóne), 1301 ca. - Genova 1363, primo doge di Genova. Fu eletto dal popolo nel 1339 e in seguito confermato dal parlamento, ma dovette rinunciare alla carica nel 1344. Tornato a Genova nel 1356, governò nuovamente fino al 1363, quando morì avvelenato. La sua vita ispirò a G. Verdi l'opera Simon Boccanegra (1857).

BÓCCHE DI BONIFÀCIO → BONIFACIO.

BÓCCHE DI CÀTTARO → KOTOR.

BOCCHÉTTA D'ALTARE → CADIBONA.

BOCCHERÌNI (Luigi), Lucca 1743 - Madrid 1805, compositore e violoncellista. Trasferitosi in Spagna nel 1768, vi trascorse il resto della vita. Compose moltissimi lavori strumentali, sinfonie, messe, concerti; è notevole anche la sua produzione di musica da camera (quintetti per archi).

BOCCIÓNI (Umbèrto), Reggio Calabria 1882 - Verona 1916, pittore, scultore e teorico. Inizialmente influenzato dal divisionismo, dall'arabesco dell'Art Nouveau e dal cubismo, aderì in seguito al *futurismo, firmandone il manifesto (1910) e diventandone il teorico. Sviluppò quindi la ricerca sul tema della forma degli oggetti nello spazio, oltre che sui concetti di movimento e dinamismo. Tra le opere, La *città che sale (1910), *Forme uniche nella continuità dello spazio (1913).

BOCCÓNI (Ferdinàndo), Milano 1836-1908, commerciante. Venditore ambulante di abiti usati, nel 1865 aprì il primo grande magazzino, che venne ribattezzato "la Rinascente" (1917) da G. D'Annunzio. In memoria del figlio Luigi, morto ad Adua (Africa), fondò nel 1902 l'università commerciale L. Bocconi.

BOCHUM, c. della Germania (Renania Settentrionale-Westfalia), nel bacino della Ruhr; 392.830 ab. Università. Metallurgia (automobili).

BOCK (Fedor von), Küstrin 1880 - Lehnsahn, Holstein, 1945, maresciallo tedesco. Fu al comando di uno squadrone in Polonia, Francia e Russia (1939-1942). Sollevato dall'incarico dopo la sconfitta alle porte di Mosca (1941), fu definitivamente estromesso da A. Hitler.

BÖCKLIN (Arnold), Basilea 1827 - presso Fiesole 1901, pittore svizzero. Autore di composizioni mitologiche e simboliche, visse a lungo in Italia.

BOCSKAY (Stéfano o István), Cluj 1557 - Kassa 1606, principe di Transilvania (1605-1606). Capo dell'insurrezione contro gli Asburgo (1604), ottenne il riconoscimento dell'indipendenza della Transilvania (1606).

BOCUSE (Paul), Collonges-au-Mont-d'Or 1926, cuoco francese. Discendente da una famiglia di capocuochi e conosciuto in tutto il mondo, è uno dei rinnovatori dell'arte culinaria francese ed è considerato il "padre" della nouvelle cuisine.

BODEL (Jean), m. nel 1210 ca., trovatore della regione di Arras. Fu l'autore di *Rappresentazioni di san Nicola e di un poema epico, I Sassoni.

BODENSEE → COSTANZA (Lago di).

BODH GAYA, località dell'India (Bihar), il più importante meta di pellegrinaggio del buddhismo (Shakyamuni vi raggiunse la condizione di "buddha"). Grande tempio Mahabodhi fondato nel II-III sec. ca., più volte ricostruito.

BODÌCCA → BOUDICCA.

BODIN (Jean), Angers 1530 - Laon 1596, filosofo e magistrato francese. Il suo trattato Sei libri della repubblica (1576) sviluppa il principio di una monarchia moderata dagli Stati generali.

BODLEIÀNA (biblioteca), biblioteca di Oxford organizzata da sir Thomas Bodley (Exeter 1545 - Londra 1613). Contribuì notevolmente al movimento intellettuale del Rinascimento inglese.

BODMER (Fondazióne Martin), fondazione privata istituita nel 1971 a Cologny (presso Ginevra). Conserva e diffonde l'opera del collezionista svizzero Martin Bodmer (Zurigo 1899 - Ginevra 1971), che, nel 1919, fondò a Zurigo una biblioteca universitaria (Bibliotheca Bodmeriana) e, nel 1921, creò un premio finalizzato a incoraggiare la creazione letteraria.

BODMER (Johann Jakob), Greifensee 1698 - Zurigo 1783, scrittore svizzero di lingua tedesca. Difese la poesia popolare tedesca dall'influenza della letteratura francese.

BODÓNI (Giambattista), Saluzzo 1740 - Parma 1813, tipografo ed editore. Fu attivo a Parma, dove creò nuovi caratteri e pubblicò molte opere pregiate ed eleganti. Tra le opere, Manuale del tipografo (1818).

BOEING COMPANY, industria statunitense di costruzioni aeronautiche. Fondata nel 1916, è la prima società mondiale del settore (nel 1997 si è fusa con la McDonnell Douglas).

BOÈLY (Alexandre Pierre François), Versailles 1785 - Parigi 1858, compositore francese. Anche organista, scrisse opere per tastiera che riprendevano l'estetica di J.S. Bach, aprendo la strada a C.-A. Franck e C. Saint-Saëns.

BOÈMIA, reg. dell'Europa centrale che costituisce la parte occ. della Rep. Ceca. Il suo territorio è formato da massicci ercinici che circondano un altopiano e la zona pianeggiante (Polabi) bagnata dall'Elba. Cap. Praga.

STORIA – **La Boemia medievale. Fine dell'VIII sec. - inizio del X sec.:** gli slavi, stabilitisi nella regione a partire dal V sec., organizzano l'impero della Grande Moravia. **X sec.:** i principi cechi Přemyslidi accorpano le diverse tribù slave della regione; **1212:** vassalli del Sacro Romano Impero, ottengono il titolo di re per Ottocaro I Přemysl. **1278:** Ottocaro II (1253-1278), signore d'Austria dal 1251 e rivale di Rodolfo d'Asburgo è sconfitto da quest'ultimo. **1306:** la dinastia dei Přemyslidi si estingue. A partire dal XIII sec. i coloni tedeschi si stabiliscono in B. **1310-1437:** la dinastia dei Lussemburgo porta a termine l'unione di Moravia, Slesia e Lusazia alla corona di B. Sotto Carlo IV (1346-1378), che fa di Praga la capitale del Sacro Romano Impero, la B. medievale raggiunge il suo apogeo. Dopo la condanna a morte di Jan Hus, una guerra civile (1420-1436) oppone i suoi seguaci, gli hussiti, ai crociati di Sigismondo IV. **1458-1526:** la dieta elegge re Giorgio di Poděbrady (1458-1471), a cui succedono gli Jagelloni Ladislao II (1471-1516) e Luigi II (1516-1526), poi detto Ferdinando I d'Asburgo (1526).

La dominazione degli Asburgo. 1526-1648: L'unione con l'Austria, riconfermata in occasione di ogni elezione reale, è sancita dalla Costituzione del 1627, che assegna la corona di B., trasmessa per via ereditaria, agli Asburgo. I protestanti si ribellano (defenestrazione di Praga, 1618) e sono sconfitti alla Montagna Bianca (1620). Il paese è devastato dalla guerra dei Trent'anni (1618-1648). **XIX sec.**: i cechi, che prendono parte alle insurrezioni del 1848, reclamano l'uguaglianza con i tedeschi e anche, dopo il compromesso austro-ungarico (1867), un regime analogo a quello dell'Ungheria. **1918**: il paese ottiene l'indipendenza e dà vita, con la Slovacchia, alla Cecoslovacchia. A partire dal 1969, e sino alla separazione del 1993, la B. costituisce con la Moravia la Repubblica Ceca, una delle due repubbliche federate della Cecoslovacchia.

BOEMÓNDO I D'ALTAVÌLLA, *1050 ca. - Canosa di Puglia 1111*, principe d'Antiochia (1098-1111). Figlio di Roberto il Guiscardo, fu uno dei capi della prima crociata e fondò il principato di Antiochia.

BOÈRI (in ol., "contadini"), coloni dell'Africa australe, di origine olandese. I loro discendenti sono gli Afrikaners, o Afrikaanders. La guerra anglo-boera (1899-1902) li oppose ai britannici, che, vittoriosi, conquistarono l'Orange e il Transvaal.

BOÈZIO DI DÀCIA, *XIII sec.*, filosofo danese. Averroista, commentò i testi aristotelici (*De interpretatione, Analitici, Topici*). La sua opera più significativa, *De aeternitate mundi*, esprime una visione razionalistica della vita.

BOÈZIO (Mànlio Anìcio Torquáto Severìno), *Roma 480 ca. - presso Pavia 524*, filosofo e poeta latino. Appartenente a una nobile famiglia romana, ricoprì importanti cariche politiche (console nel 510). Ministro di Teodorico il Grande, ma segretamente ostile all'imperatore, fu scoperto, rinchiuso nella torre di Pavia e infine giustiziato. B. ebbe un ruolo centrale nella cultura medievale; cercò infatti di tramandare il sapere classico attraverso la traduzione e la diffusione dell'opera di Platone e Aristotele. Venerato come santo e martire a partire dal VII sec., esercitò una grande influenza sul pensiero filosofico successivo. Durante la prigionia scrisse la sua opera più importante, *De consolatione philosophiae* (5 libri in prosa e in versi), riflessione su filosofia, divinità e felicità alla luce del pensiero platonico.

BOFF (Leonardo), *Concordia, Santa Catarina, 1938*, teologo cattolico brasiliano. Francescano, è uno dei principali esponenti della teologia della liberazione.

BOFILL I LEVI (Ricardo), *Barcellona 1939*, architetto spagnolo. Fondato a Barcellona nel 1963, il suo "Taller de arquitectura" produce inizialmente opere di stampo neo-espressionista. Negli anni '80 del secolo scorso, il periodo francese è caratterizzato da un neoclassicismo monumentale, nella regione parigina e a Montpellier (complesso *Antigone*). La sua attività si è estesa successivamente al di fuori dell'ambito europeo.

BOGARDE (sir Derek **Van den Bogaerde**, detto Dirk), *Londra 1921-1999*, attore cinematografico britannico. Elegante e impassibile, ha impersonato con maestria personaggi enigmatici (*Il servo*, J. Losey, 1963), strazianti (*Morte a Venezia*, L. Visconti, 1971) o raffinati (*Providence*, A. Resnais, 1976).

BOGART (Bram), *Delft 1921*, pittore olandese naturalizzato belga. Le sue tele astratte mettono in risalto il ruolo di colore e materia a partire da forme elementari.

BOGART (Humphrey), *New York 1899 - Hollywood 1957*, attore cinematografico statunitense. Nel ruolo dell'investigatore privato o dell'avventuriero, si affermò come eroe caustico e disincantato, ma vulnerabile all'amore (*Il mistero del falco*, J. Huston, 1941; *La regina d'Africa*, id., 1952; *Casablanca*, M. Curtiz, 1943; *Il grande sonno*; H. Hawks, 1946).

BOĞAZKÖY, località della Cappadocia, sul sito dell'ant. Hattusas. Fondata nel XXIV sec. a.C., fu cap. degli ittiti (1600-1200). Rovine. Sono state ritrovate numerose tavolette che hanno consentito (1906) la sua identificazione.

BOGDAN I, principe (voivoda) di Moldavia (1359-1365). Emancipò la Moldavia dalla sovranità ungherese (1359).

BOGOR, già **Buitenzorg**, c. dell'Indonesia (Giava); 285.000 ab. Giardino botanico.

BOGOTÁ o **SANTA FÉ DE BOGOTÁ**, cap. della Colombia, nella Cordigliera Orientale, a 2600 m d'alt.; 4.945.448 ab. (6.288.000 ab. nell'agglomerato). Fondata nel 1538, fu dal 1739 capitale del vicereame spagnolo della Nuova Granada, poi della repubblica della Grande Colombia sino al 1831, e dal 1886 della Colombia. — Monumenti di epoca coloniale. Museo del Oro (gioielli precolombiani).

BOGOTÁ. *Via del moderno quartiere amministrativo, con le Ande sullo sfondo.*

BO HAI (Gòlfo del), golfo della Cina, sul Mar Giallo.

BÖHM (Karl), *Graz 1894 - Salisburgo 1981*, direttore d'orchestra austriaco. Direttore dell'Opera di Vienna (1943-1945; 1954-1957), interprete della *Tetralogia* di R.W. Wagner a Bayreuth, fu anche un fine conoscitore di W.A. Mozart e A. Berg.

BÖHM-BAWERK (Eugen **von**), *Brünn, att. Brno, 1851 - Vienna 1914*, economista austriaco. Fu uno degli esponenti principali della scuola marginalista.

BÖHME (Jakob), *Altseidenberg 1575 - Görlitz 1624*, mistico tedesco. Autore del *Mysterium magnum* (1623), in Germania esercitò una grande influenza sul pensiero moderno.

BOHR (Niels), *Copenaghen 1885-1962*, fisico danese. Nel suo istituto di Copenaghen fu uno dei fondatori della fisica quantistica. Elaborò una teoria della struttura dell'atomo conciliando il modello "planetario" di E. Rutherford e il quanto d'azione di M. Planck. Propose un'interpretazione della meccanica quantistica che fu contestata da A. Einstein. (Premio Nobel 1922.) — **Aage B.**, *Copenaghen 1922*, fisico danese. Figlio di Niels, ha contribuito a elaborare la teoria della struttura a strati del nucleo atomico e della ripartizione dei nucleoni, detta "modello unificato". (Premio Nobel 1975.)

■ *Niels Bohr.*

BOIÀNO → BOJANO.

BOIÀRDO (Mattèo Marìa), *Scandiano 1441 - Reggio nell'Emilia 1494*, poeta. Trascorse la maggior

Humphrey **BOGART** *e Lauren Bacall in* L'isola di corallo *(1948) di John Huston.*

parte della vita alla corte di Ferrara, dove divenne amico di Ercole d'Este e ricevette importanti incarichi di governo (fu capitano ducale a Modena). Compose egloghe in latino (*Carmina de laudibus Estensium, Pastoralia*) e in volgare, prima di mettere mano all'incompiuto poema epico in ottave *L'Orlando innamorato* (1495), di cui L. Ariosto scrisse l'ideale prosecuzione (*Orlando furioso*), e che è ispirato all'epopea carolingia e ai romanzi bretoni. In esso B., pur non raggiungendo la perfezione formale di Ariosto, realizza un fantasioso intreccio, complesso e spesso imperfetto, con protagonisti pieni di vitalità.

BOIELDIEU (François Adrien), *Rouen 1775 - Jarcy 1834*, compositore francese. Nel 1825 compose l'opera *La dama bianca*.

BOILEAU (Nicolas), detto **Boileau-Despréaux**, *Parigi 1636-1711*, scrittore francese. Emulo di Orazio nei poemi satici (*Satire*, 1666-1668; 1694-1705) o morali (*Epistole*, 1669-1695), a capo della fazione favorevole agli antichi nella disputa degli *antichi e moderni*, contribuì a fissare l'ideale letterario del classicismo (*Arte poetica*, 1674; *Il leggio*, 1674-1683).

■ *Nicolas Boileau ritratto da Rigaud. (Reggia di Versailles.)*

BÒINE (Giovànni), *Finale Marina 1887 - Porto Maurizio 1917*, scrittore. Si formò in ambiente milanese, laureandosi in lettere e frequentando i modernisti della rivista *Rinnovamento*. Le sue opere più celebri sono il romanzo *Il peccato* (1914), le prose poetiche *Frantumi* (1918) e gli scritti pubblicati sulla *Riviera Ligure* (rubrica *Plausi e botte*).

BOISE, c. degli Stati Uniti, cap. dell'Idaho; 185.787 ab.

BÒITE, torrente del Veneto settentr.; 42 km. Nasce nelle Dolomiti, attraversa la Valle d'Ampezzo e confluisce da destra nel Piave.

BÒITO (Arrigo), *Padova 1842 - Milano 1918*, compositore e scrittore. Autore, nell'ambito della scapigliatura milanese, di liriche dai toni cupi (*Re Orso*, 1865; *Il libro dei versi*, 1877) e di novelle, redasse, tra gli altri, i libretti del *Falstaff* e dell'*Otello* per G. Verdi. Compose inoltre la partitura e il libretto di opere in musica che si discostano dallo stile italiano del periodo (*Mefistofele*, 1868-1875; l'incompiuto *Nerone*).

BOJADOR (Càpo), capo del Sahara occ.

BOJÀNO, com. in prov. di Campobasso, alle falde del Matese, sul versante adriatico; 8629 ab. Fu capitale sannita, colonia romana e castaldato longobardo (rocca di Civita di B.).

BOJER (Johan), *Orkanger, presso Trondheim, 1872 - Oslo 1959*, scrittore norvegese, autore di drammi e romanzi realisti.

BO JUYI, *Xinzheng 772 - Luoyang 846*, poeta cinese. Ostile alla poesia erudita, si dedicò alla rappresentazione della vita quotidiana (*Il canto del rimpianto eterno*).

BOKARO STEEL CITY, c. dell'India (Jharkhand); 394.173 ab. Acciaierie.

BOKASSA (Jean Bédel), *Bobangi 1921 - Bangui 1996*, politico della Rep. Centrafricana. Presidente dal 1966, nel 1976 si proclamò imperatore, e fu destituito nel 1979.

BOKÉ, c. della Guinea; 10.000 ab. Bauxite.

BOKSBURG, c. della Rep. Sudafricana, presso Johannesburg; 150.000 ab. Miniere d'oro.

BOL'ŠOJ, teatro di Mosca in stile neoclassico, inaugurato nel 1825. Vi vengono rappresentate solo opere liriche e balletti classici.

BOLDÌNI (Giovànni), *Ferrara 1842 - Parigi 1931*, pittore. Dopo aver adottato la tecnica dei macchiaioli (*Ritratto di Beppe Abbati*), a Londra cominciò a dedicarsi ai ritratti, che elaborò in modo personale attraverso uno stile vitale e sensuale, facendo uso di colori accesi. Trasferitosi a Parigi all'inizio degli anni '70 dell'800, si specializzò in questo genere, divenendo uno dei ritrattisti preferiti della società parigina del periodo (*Ritratto di Giuseppe Verdi*).

BOLESLÀO, nome di più sovrani

BOEMIA

BOLESLÀO I, *909-967*. Estese i domini del ducato fino alla Russia. — **Boleslao II**, *m. 967*. Fece istituire il vescovado di Praga. — **Boleslao III**, *955-1037*. Fu spodestato da B. I re di Polonia.

POLONIA

BOLESLÀO I, *967-1025*. Fondò lo Stato polacco. — **Boleslao II**, *1039-1081 ca*. Salì al trono con il consenso papale (Gregorio VII). — **Boleslao III**, *1086-1138*. Conquistò la Pomerania, ma alla sua morte il regno si smembrò.

BÓLGHERI, frazione del com. di Castagneto Carducci, posta su una piccola altura al termine del viale di S. Guido (celebrato da G. Carducci in *Davanti San Guido*). Di interesse naturalistico il Rifugio faunistico di B.

BOLINGBROKE (Henri **Saint John**, viscónte), *Battersea 1678-1751*, politico britannico. Primo ministro tory nel 1714-1715, dal 1723 avversò la politica di H. Walpole. Amico di A. Pope e di J. Swift, il suo deismo e la sua filosofia della storia influenzarono il pensiero di Voltaire e H. Rousseau.

BOLÍVAR (Simón), *Caracas 1783 - Santa Marta, Colombia, 1830*, generale e politico venezuelano. Prese parte alla guerra di indipendenza del Venezuela (ricevette nel 1813 il titolo di *Libertador*), giungendo a liberare il Venezuela (1818), la Nuova Granada (1819) e il regno di Quito (1822), e dando vita alla Grande Colombia (1822-1830). Portò a termine la liberazione delle Ande e chiamò Bolivia la regione dell'Alto Perú. La sua azione politica, che mirava alla costituzione di una confederazione ispano-americana (congresso di Panamá, 1826), si risolse in un fallimento; si ritirò quindi dalla vita pubblica.

■ *Simón Bolívar ritratto da A. Michelena. (Museo Bolívar, Caracas.)*

BOLIVIA, Stato dell'America merid.; 1.100.000 km²; 8.516.000 ab. (*boliviani*). CAP. *Sucre* (legale) e *La Paz* (sede del governo). LINGUE: *spagnolo*, *aymará* e *quechua*. MONETA: *boliviano*.

GEOGRAFIA – Il settore orientale, scarsamente popolato, fa parte della foresta amazzonica. Nel settore occidentale, andino, occupato da altopiani (3000 e 4000 m), si concentra la maggior parte della popolazione (amerindi e meticci) e sorgono le città principali (tra cui La Paz). I giacimenti minerari (soprattutto stagno, ma anche argento e tungsteno), insieme con l'allevamento e l'agricoltura (orzo, patate, coca), costituiscono i capisaldi di un'economia penalizzata dall'isolamento geografico dovuto alla mancanza di sbocchi sul mare.

STORIA – La dominazione spagnola. 1535-**1538**: i conquistatori spagnoli, guidati da Francisco Pizarro, si stabiliscono nella regione dell'Alto Perú, sede di importanti civiltà fin dall'epoca preistorica e incorporata nell'impero degli incas nel 1438. **1544**: in seguito alla scoperta delle miniere d'argento di Potosí, la regione diventa la provincia più ricca dell'impero spagnolo e Potosí la città più popolosa dell'America del XVII sec. **1776**: dipendente dal vicereame del Perú a partire dal XVI sec., l'Alto Perú (Audiencia di Charcas) entra a far parte del vicereame del Río de la Plata.

Il XIX sec. 1824-1825: dopo la vittoria di Ayacucho (1824), riportata dal generale Antonio José de Sucre sulle truppe coloniali spagnole, viene proclamata l'indipendenza della B., cui fa seguito la stesura della prima Costituzione. **1829-1839**: sotto la presidenza del maresciallo Andrés Santa Cruz il paese si organizza, ma il tentativo di fondare un grande Stato andino (Confederazione B.-Perú, 1836-1839) si scontra con l'ostilità del Cile e si risolve in un fallimento. **1879-1883**: guerra del Pacifico, in conseguenza della quale la B. perde ogni accesso al mare, a vantaggio del Cile. A partire dagli anni '70 dell'800 lo sfruttamento delle risorse minerarie (inizialmente argento, poi stagno) determina un'ineguale distribuzione della ricchezza all'interno del paese, accompagnata però da una relativa stabilità.

Il XX e il XXI sec. A partire dal 1930 i militari si riaffacciano sulla scena politica. **1932-1935**: sconfitta durante la sanguinosa guerra del Chaco, la B. è costretta a cedere questa fertile regione al Paraguay. **1936-1952**: si succedono i regimi militari, alcuni dei quali (presidenti Germán

Busch e José David Toro) propugnano una politica nazionale e riformista. **1952**: il Movimento nazionalista rivoluzionario (MNR), giunto al potere con una rivoluzione, nazionalizza le miniere, principale risorsa del paese, e avvia una riforma agraria (Victor Paz Estenssoro e Hernán Siles Zuazo). **1964-1982**: si susseguono colpi di Stato militari e regimi straordinari (in particolare dal 1971 al 1978, con Hugo Banzer Suárez), fino all'elezione di Hernán Siles Zuazo alla presidenza della repubblica (1982). **1985**: V. Paz Estenssoro torna a ricoprire la carica di capo dello Stato. **1989**: gli succede Jaime Paz Zamora. **1993**: Gonzalo Sánchez de Lozada viene eletto alla presidenza della repubblica. **1997**: H. Banzer Suárez riconquista il potere per via democratica; **2001**: dimessosi per motivi di salute, viene sostituito dal vicepresidente Jorge Quiroga Ramírez. **2002**: G. Sánchez de Lozada riveste per la seconda volta la carica di capo dello Stato e del governo, ma è costretto a dimettersi nel 2003, a causa della forte opposizione popolare.

BOLKAN (Florinda), *Ceara 1941*, attrice cinematografica brasiliana. Tra le sue interpretazioni, *Metti una sera a cena* (1969), *La caduta degli dei* (1969), *Indagine su un cittadino al di sopra di ogni sospetto* (1970), *Anonimo veneziano* (1970), *Il comune senso del pudore* (1976). Ha lavorato anche per la televisione (*La Piovra*, 1984; *Incantesimo 5*, 2002).

BÖLL (Heinrich), *Colonia 1917 - Bornheim 1985*, scrittore tedesco. Nei suoi romanzi, in cui è visibile l'impronta della fede cattolica, ha ritratto la Germania della sconfitta (*Il treno era in orario*, 1949), e poi quella della rinascita basata sui valori materiali (*Ritratto di gruppo con signora*, 1971; *Katharina Blum*, 1974). (Premio Nobel 1972.)

BÒLLA D'ÒRO, atto contrassegnato dalla capsula d'oro del sigillo imperiale, promulgato nel 1356 da Carlo IV. Fissò le regole dell'elezione al Sacro Romano Impero, affidata a tre ecclesiastici e quattro laici.

BOLLAND (Jean), detto **Bollandus**, *Julémont 1596 - Anversa 1665*, gesuita dei Paesi Bassi merid. Avviò la vasta raccolta degli *Acta sanctorum*. Coloro che la continuarono presero il nome di *bollandisti*.

BOLLÀTE, com. in prov. di Milano, a S del canale Villoresi; 46.999 ab. Centro industriale. Villa Arconati (XVIII sec.).

BOLÓGNA, c. dell'Emilia-Romagna, capol. di reg. e di prov., situata nella Pianura Padana lungo la via Emilia, ai piedi dell'Appennino tosco-emiliano, presso lo sbocco della valle del Reno; 381.161 ab. (*bolognesi*). Università. Industrie alimentari, metallurgiche e meccaniche, farmaceutiche, delle calzature. Importante centro commerciale situato in un nodo della rete viaria nazionale. — Di origine villanoviana (X-IX sec. a.C.), occupata dagli etruschi alla fine del VI

Bolivia

★ importante località turistica

400 1000 2000 4000 m

— strada normale
— ferrovia
▢ confine di dipartimento
Oruro capoluogo di dipartimento

● più di 1.000.000 di ab.
● da 100.000 a 1.000.000 di ab.
● da 50.000 a 100.000 di ab.
• meno di 50.000 ab.

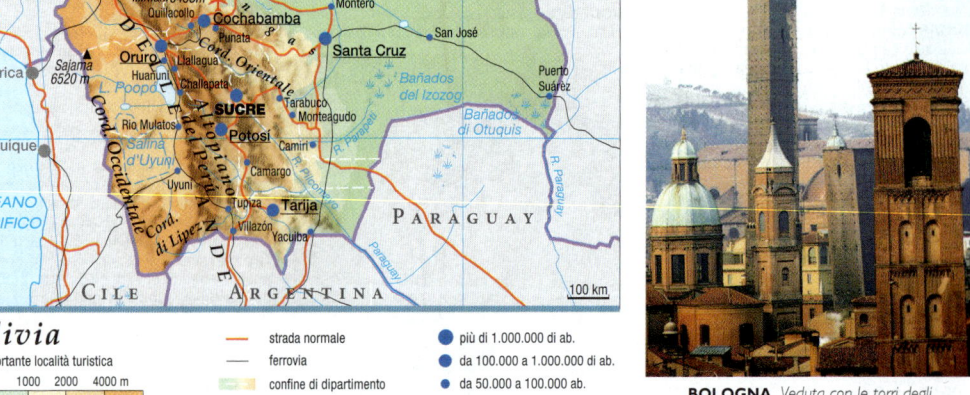

BOLOGNA. *Veduta con le torri degli Asinelli e della Garisenda (XII sec.).*

sec. a.C. e successivamente colonia romana, acquisì importanza nel periodo comunale, durante il quale conobbe una grande fioritura artistica (scuola di diritto molto importante nel XII e XIII sec.). Nel 1516 vi fu firmato un concordato tra Francesco I e Leone X, in virtù del quale era concesso al re di Francia il diritto di nominare i prelati. — Centro storico dall'impianto urbanistico medievale a raggiera. Numerosi monumenti tra cui torri medievali (Asinelli e Garisenda), chiese (la gotica S. Petronio, iniziata nel XIV sec.; S. Francesco, XIII sec.; S. Domenico, XIII sec.; il complesso di S. Stefano, del X e XII sec.), palazzi (palazzo comunale e palazzo di re Enzo, XIII sec.) e bella fontana del Nettuno di Giambologna (1566). Pinacoteca nazionale, musei civico archeologico e medievale e museo Morandi. Fiera del libro per ragazzi. — La provincia, pianeggiante e collinare, è importante zona agricola (cereali, ortaggi, frutta) e sede di industrie alimentari e di trasformazione.

BOLOGNÉSI (Aureliàno), *Genova 1930*, pugile. Nella categoria pesi leggeri ha disputato numerosi tornei da dilettante e professionista. Ha vinto la medaglia d'oro alle Olimpiadi di Helsinki nel 1952.

BOLOGNÌNI (Màuro), *Pistoia 1922 - Roma 2001*, regista cinematografico. Tra i suoi film, *Gli innamorati* (1955), *La notte brava* (1959), *Il bell'Antonio* (1960), *La viaccia* (1961), *Senilità* (1962), *Metello* (1970), *Fatti di gente per bene* (1974), *Per le antiche scale* (1975), *La Venexiana* (1986), *Mosca addio* (1987).

BOLSÈNA (Làgo di), lago del Lazio, a N di Viterbo; 115 km². Al centro dei Monti Volsini, è un vasto bacino di origine vulcanica (il maggiore in Italia di questo tipo) soggetto al fenomeno delle sesse, oscillazioni periodiche del livello delle acque. Comprende due isole, Bisentina e Martana. Suo emissario è il Marta, che sfocia nel Tirreno.

BOLTANSKI (Christian), *Parigi 1944*, artista francese. Utilizzando vecchie fotografie, documenti e oggetti banali, si dedica a una metodica ricerca dell'individualità delle persone, in una vita minata da ripetizione, umiliazione e oblio.

BOLTON, c. della Gran Bretagna (Inghilterra), nel Lancashire); 154.000 ab. Settore tessile.

BOLTZMANN (Ludwig), *Vienna 1844 - Duino 1906*, fisico austriaco. Padre della teoria cinetica dei gas, che successivamente estese elaborando una meccanica statistica.

BOLYAI (János), *Kolozsvár, att. Cluj-Napoca, 1802 - Marosvásárhely 1860*, matematico ungherese, teorico di una geometria non euclidea.

BOLZÀNO, in ted. **Bozen**, c. del Trentino-Alto Adige, capol. della prov. autonoma omonima; 97.232 ab. (*bolzanini*). Situata in una conca alla confluenza dei f. Adige e Isarco. Turismo. Industrie metallurgiche, tessili, di trasformazione. Centro commerciale all'incrocio di importanti vie di comunicazione (tra cui il Brennero). Bilingue (italiano e tedesco) con presenza di una minoranza

BOLZANO. *Uno scorcio caratteristico.*

ladina. — Conquistata dai romani nel 14 a.C. e dai franchi nell'VIII sec., fu in seguito contesa tra i duchi di Trento e di Baviera. Passata agli Asburgo nel XIV sec., poi alla Baviera (1806) e al regno d'Italia dal 1810 al 1814, andò all'Austria prima di tornare all'Italia nel 1918. — Chiesa gotica dei domenicani, duomo del XIII-XVI sec., palazzo mercantile barocco, portici ed edifici del XVI-XVIII sec. Museo civico con sculture gotiche e pitture. La provincia è interamente montuosa (boschi), con importanti centri turistici (Bressanone, Brunico, Merano) e dedita ad attività estrattive (marmo, porfido).

BOLZANO (Bernard), *Praga 1781-1848*, matematico e logico ceco di origine italiana. Chiarì alcuni dei concetti fondamentali della semantica moderna. I suoi lavori sull'infinito diedero origine alla teoria degli insiemi.

BOMÀRZO, com. in prov. di Viterbo, situato tra le pendici dei Monti Cimini e la valle del Tevere; 1556 ab. Centro etrusco e romano. Di epoca rinascimentale il celebre Parco dei mostri, fatto costruire da V. Orsini e adornato con bizzarre sculture manieriste in pietra vulcanica.

BOMARZO. *Particolare del giardino.*

BOMBARD (Alain), *Parigi 1924*, medico e biologo francese. La sua traversata dell'Atlantico in solitario a bordo di un canotto pneumatico, nel 1952, ha consentito di sperimentare le condizioni di sopravvivenza in mare.

BOMBARDIER (J.-Armand), *Valcourt 1908 - Sherbrooke 1964*, industriale canadese. Inventore della motoslitta, diede il suo nome a un'impresa specializzata in mezzi di trasporto.

BOMBAY o **MUMBAI**, c. dell'India, cap. del Maharashtra, sull'Oceano Indiano; 11.914.398 ab. (18.066.000 ab. nell'agglomerato). Porto. Industrie tessili, meccaniche e chimiche. — Museo. — Nel XVII sec. la città divenne un'importante colonia inglese, e in seguito, nel XIX sec., fu una delle capitali dell'India britannica.

BOMBAY. *Gateway of India, arco di trionfo eretto in occasione della visita del re Giorgio V nel nov. 1911.*

BOMBÈLLI (Raffaèle), *Borgo Panigale 1526 - Bologna 1572*, matematico. Formulò le regole per il calcolo dei numeri complessi.

BOMPIÀNI (Valentino), *Ascoli Piceno 1898 - Milano 1992*, editore e scrittore. Fondò la casa editrice omonima (Milano, 1929), che si distinse per la pubblicazione di opere di importanti autori (A. Moravia, E. Vittorini, J. Steinbeck). Scrisse commedie (*L'amante virtuosa*, 1931; *Albertina*,

1945) e autobiografie (*Vita privata*, 1971; *Il mestiere dell'editore*, 1988).

BON, capo e penisola della Tunisia.

BÒNA → Annaba.

BÒNA SFÒRZA, *Vigevano 1493 - Bari 1557*, regina di Polonia. Figlia di Gian Galeazzo Sforza, nel 1518 sposò Sigismondo I re di Polonia, divenendo mecenate del Rinascimento nella nuova patria. Alla morte del marito (1548) tornò in Italia per governare il ducato di Bari.

BÒNA DI SAVÒIA, *Avigliana 1449 - Fossano 1503*, duchessa di Milano. Alla morte del marito Galeazzo Maria Sforza (1476) assunse la reggenza in vece del figlio Gian Galeazzo. Nel 1480 cedette al cognato Ludovico il Moro la tutela del figlio e il potere.

BONACÒLSI, famiglia di Mantova. Governò la città dal 1276, con la nomina di Pinamonte B. a capitano del popolo, al 1328 (presa del potere da parte dei Gonzaga).

BONA DEA, MITOL. ROM. Divinità pastorale detta anche Fauna, perché moglie, figlia o sorella del dio Fauno. Il suo culto era riservato alle donne.

BONAGIÙNTA ORBICCIÀNI → Orbicciani (Bonagiùnta).

BONAIRE, isola delle Antille olandesi.

BONAMPAK, sito maya del Messico (Stato del Chiapas). Centro cerimoniale (VII-IX sec.) celebre per le sue pitture murali policrome (VIII sec.).

BONÀNNO PISÀNO, *Pisa XII sec.*, scultore e architetto. Secondo G. Vasari ideò il campanile di Campo dei miracoli. Realizzò la porta bronzea del duomo di Pisa (1180) e quella del duomo di Monreale (1185).

BONAPARTE, famiglia francese di origine italiana un ramo della quale si stabilì in Corsica nel XVI sec. Dal matrimonio di Carlo Maria (Ajaccio 1746 - Montpellier 1785) con Maria Letizia **Ramolino** (Ajaccio 1750 - Roma 1836), nel 1764, derivò una numerosa discendenza. — **Giuseppe B.**, *Corte 1768 - Firenze 1844*, re di Napoli (1806-1808), poi re di Spagna (1808-1813), fratello maggiore di Na-

Maria Letizia Bonaparte ritratta da F. Gérard. (Castello di Malmaison.)

Giuseppe Bonaparte ritratto da F. Gérard. (Castello di Fontainebleau.)

Luciano Bonaparte, ritratto da F.X. Gérard. (Musée Fabre, Montpellier.)

Elisa Bonaparte. (Coll. priv.)

Carolina Bonaparte ritratta da R. Le Fèvre. (Musée Frédéric-Masson, Parigi.)

Paolina Bonaparte ritratta da R. Le Fèvre. (Reggia di Versailles.)

poleone I. — **Napoleone B.** → NAPOLEONE I. — **Napoleone Francesco Carlo Giuseppe B.** → NAPOLEONE II. — **Luciano B.**, *Ajaccio 1775 - Viterbo 1840*, principe di Canino. Fratello di Napoleone I, giocò un ruolo decisivo in occasione del colpo di Stato del 18 brumaio dell'anno VIII. — **Maria Anna**, detta **Elisa B.**, *Ajaccio 1777 - presso Trieste 1820*, principessa di Lucca e Piombino. Sorella di Napoleone I, fu granduchessa di Toscana (1809-1814). — **Luigi B.**, *Ajaccio 1778 - Livorno 1846*, re d'Olanda (1806-1810). Fratello di Napoleone I, fu costretto da questi ad abdicare. — **Carlo Luigi B.** → NAPOLEONE III. — **Eugenio Luigi Napoleone B.**, *Parigi 1856 - Ulundi, Kwazulu, 1879*, principe imperiale. Figlio di Napoleone III, fu ucciso dagli zulù in Sudafrica, dove aveva raggiunto lo Stato maggiore dell'armata britannica. — **Maria Paolina**, detta **Paolina B.**, *Ajaccio 1780 - Firenze 1825*. Sorella di Napoleone I, sposò il generale C.E. Leclerc (1797), poi il principe Camillo Borghese (1803). — **Maria Annunciata**, detta **Carolina B.**, *Ajaccio 1782 - Firenze 1839*. Sorella di Napoleone I, sposò Gioacchino Murat e divenne granduchessa di Berg e di Clèves (1806), poi regina di Napoli (1808-1814). — **Girolamo B.**, *Ajaccio 1784 - Villegenis 1860*, re di Westfalia (1807-1813). Fratello di Napoleone I, maresciallo di Francia (1850), fu presidente del senato nel 1852. — **Matilde B.**, *Trieste 1820 - Parigi 1904*, figlia di Girolamo, divenuta principessa Demidov in seguito al matrimonio, tenne a Parigi un brillante salotto.

BONAPARTE (Marie), *Saint-Cloud 1882 - Gassin 1962*, psicoanalista francese. Discendente di Luciano B., moglie del principe Giorgio di Grecia e Danimarca, fu paziente e poi traduttrice di S. Freud; promosse la nascita del movimento psicoanalitico in Francia.

BONÀTTI (Wàlter), *Bergamo 1930*, alpinista. Ha compiuto memorabili imprese alpinistiche (Grand Capucin, Cervino, K2), descritte in diverse opere (*Montagne di una vita*, 1995; *K2. Storia di un caso*, 1996; *In terre lontane*, 1997). Dopo aver lasciato l'alpinismo estremo (1965), ha scelto una forma diversa di esplorazione: come inviato del settimanale *Epoca*, ha descritto in reportage indimenticabili aree del mondo all'epoca inesplorate, diventando protagonista di straordinarie avventure (Amazzonia, Orinoco, Australia, Patagonia, Polinesia).

BONAVENTÙRA (Ènzo), *Pisa 1891 - Gerusalemme 1948*, psicoanalista. Docente all'Università di Firenze, poi in quella ebraica di Gerusalemme, si interessò soprattutto di psicologia sperimentale e applicata (*Il problema psicologico del tempo*, 1929; *Psicologia dell'età evolutiva*, 1930; *La psicanalisi*, 1938).

BONAVENTÙRA (sànto), *Bagnorea, att. Bagnoregio, 1221 - Lione 1274*, teologo. Generale dei francescani (1257), cardinale e vescovo di Albano (1273), fu legato del papa al concilio di Lione. Le sue numerose opere di teologia (*Commentario alle Sentenze di Pietro Lombardo*, 1250-1254; *Breviloquium*, 1254-1257; *Itinerarium mentis in Deum*, 1259), ispirate alla dottrina di sant'Agostino, gli valsero l'appellativo di "Dottore serafico".

BONCOMPÀGNI, famiglia bolognese i cui membri rivestirono importanti cariche ecclesiastiche. — **Ugo B.**, è papa (*Gregorio XIII*). Nel 1681 i B. si legarono ai Ludovisi, ottenendo il principato di Piombino e Verona, che cedettero poi al Granducato di Toscana.

BONCOMPÀGNO DA SÌGNA, *Signa 1165 ca. - Firenze 1250 ca.* Maestro di retorica, scrisse il *Boncompagnus* e la *Rhetorica novissima*.

BOND (Edward), *Londra 1934*, autore teatrale britannico. I suoi drammi, in molti casi ispirati a W. Shakespeare (*Bingo, Lear*), mescolano poesia e denuncia sociale e politica (*Salvo, Il crimine del XXI secolo*).

BOND (James), eroe dei romanzi di spionaggio di Ian Fleming (1908-1964). Agente segreto, seduttore instancabile, fu reso popolare al cinema da T. Young in *Agente 007, licenza di uccidere* (1962), primo di una serie di film dedicati al personaggio.

BONDÓNE, com. in prov. di Trento; 674 ab. Cittadina nei pressi del gruppo montuoso omonimo, sede di impianti sciistici per il turismo invernale.

BONDY (Luc), *Zurigo 1948*, regista teatrale e operistico svizzero. Lavora soprattutto in Fran-

cia e nel mondo germanofono. Il suo stile privilegia la libertà e la leggerezza, al servizio di un approccio raffinato al testo.

BONÈLLI (Gian Luigi), *Milano 1908 - Alessandria 2001*, sceneggiatore ed editore di fumetti. Ideatore, insieme ad A. Galoppini, del personaggio di Tex Willer (1948), nel 1940 rilevò la casa editrice Edizioni Audace, divenuta poi B. Il figlio Sergio (Milano 1932) è anch'egli editore e sceneggiatore.

BONGO (Omar), *Lewai 1935*, politico gabonese, presidente della repubblica dal 1967.

■ *Omar Bongo nel 1991.*

BONG RANGE, massiccio della Liberia. Miniere di ferro.

BONHOEFFER (Dietrich), *Breslavia 1906 - Flossenbürg 1945*, teologo protestante tedesco. Dopo aver lottato dal 1933 contro il nazismo e aver aiutato gruppi di ebrei a lasciare la Germania, nel 1943 fu arrestato e condannato a morte. La sua teologia si incentrava sul ruolo del cristiano in un mondo profondamente secolarizzato (*Etica*).

BÒNI (Giàcomo), *Venezia 1859 - Roma 1925*, archeologo. Riportò alla luce il Foro e il Palatino, a Roma.

BONÌCHI (Bìndo), *Siena 1260 ca. - 1338*, poeta. Di lui restano 20 canzoni e una trentina di sonetti, in alcuni casi anticipatori dello stilnovo.

BONIFACIO, c. della Corsica merid., a N delle Bocche di B. (stretto che si trova tra la Corsica e la Sardegna); 2705 ab. Porto. Turismo. — Nella città alta, cittadella e due chiese medievali.

BONIFÀCIO VERONÉSE (Bonifàcio dé Pitàti, detto), *Verona 1487 ca. - Venezia 1553*, pittore. Maestro del Tintoretto, manierista. La sua opera più rappresentativa è il *Convito di Epulone* (Galleria dell'Accademia, Venezia).

BONIFÀCIO I, (santo) *m. a Roma nel 422*, papa dal 418 al 422. Eletto in contrapposizione a Eulalio, ottenne il riconoscimento di Onorio. Combatté il pelagianesimo. — **Bonifacio II**, *m. a Roma nel 532*, papa dal 530 al 532. Primo pontefice di origine germanica. Confermò la condanna del semipelagianesimo espressa dal consiglio di Orange (529). — **Bonifacio III**, *m. a Roma nel 607*, papa nel 607. Ottenne per Roma il titolo di "caput omnium ecclesiarum" dall'imperatore Foca. Vietò la candidatura al papato prima della morte del predecessore. — **Bonifacio IV**, (santo) *m. a Roma nel 615*, papa dal 608 al 615. Trasformò il Pantheon romano in chiesa di tutti i santi. — **Bonifacio V**, *m. a Roma nel 625*, papa dal 619 al 625. Si occupò dell'evangelizzazione della Britannia. — **Bonifacio VI**, *m. a Roma nell'896*, papa nell'869. Mantenne la carica solo per 15 giorni. — **Bonifacio VII**, *m. a Roma nel 985*. Antipapa. Fece uccidere il rivale Benedetto VI. Quando fu eletto Benedetto VII fuggì a Costantinopoli portando con sé il tesoro di S. Pietro. All'elezione di Giovanni XIV ritornò a Roma, fece incarcerare e uccidere il papa e prese il suo posto. — **Bonifacio VIII** (Benedetto **Caetani**), *Anagni 1235 ca. - Roma nel 1303*, papa dal 1294 al 1303. Indusse alle dimissioni Celestino V, di cui fu successore. Convinto della superiorità spirituale e temporale della Santa Sede, venne in conflitto con Filippo il Bello, che nel 1303 lo umiliò ad Anagni (schiaffo di Anagni). Dante lo condannò all'inferno per simonia. — **Bonifacio IX** (Pietro **Tomacelli**), *Napoli 1355 ca. - Roma nel 1404*, papa di Roma (1389-1404) durante lo scisma d'Occidente. La soluzione del conflitto fu rallentata dalla sua intransigenza.

BONIFÀCIO (**Wynfrith**, sànto), *Kirton, Wessex, 675 ca. - presso Dokkum 754*, arcivescovo di Magonza. Evangelizzò la Germania e riorganizzò il clero franco.

BONIFÀCIO DI TOSCÀNA, *Mantova 985 ca. - S. Martino dell'Argine 1052*, duca e marchese di Toscana. Padre di Matilde di Canossa, si ribellò a Enrico III, ma fallì e fu ucciso dai propri vassalli.

BONIFÀCIO VERONÈSE (Bonifàcio **de' Pitati**, detto), *Verona 1487 ca. - Venezia 1553*, pittore. Allievo di Palma il Vecchio, elaborò uno stile manierista influenzato dalla pittura romana. Tra le sue opere il *Convito di Epulone* (Gallerie dell'Accademia, Venezia) e il *Ritrovamento di Mosè* (Brera, Milano).

BONIN (Ìsole), in giapp. **Ogasawara shoto**, arcipelago giapponese del Pacifico, Giappone sudorient. A E profonda fossa marina (10.347 m).

BONINGTON (Richard Parkes), *Arnold, presso Nottingham, 1802 - Londra 1828*, pittore britannico. Pittore del genere "troubadour" ed eccellente acquerellista, visse soprattutto in Francia e fu amico di E. Delacroix.

BONÌTO OLÌVA (Achille), *Caggiano 1939*, critico d'arte. Vicino al *Gruppo 63*, ha approfondito il tema delle avanguardie nell'arte, creando il concetto di "transavanguardia". Tra le opere, *L'ideologia del traditore* (1976), *La transavanguardia italiana* (1980), *Artae* (1991), *M.D.* (1997).

BONIZÓNE DI SÙTRI, *Cremona 1045 ca. - Piacenza 1090 ca.*, ecclesiastico. Prima vescovo di Sutri, poi, dopo essere sfuggito a Enrico IV che lo aveva fatto prigioniero, vescovo di Piacenza. Seguace della pataria, scrisse una storia della Chiesa (*Liber ad amicum*, 1085 ca.) dai toni severi.

BONN, c. della Germania (Renania Settentrionale-Westfalia), sul Reno; 301.048 ab. Università. — Antichi monumenti. Importanti musei. — È stata la capitale della RFT dal 1949 al 1990 (sede del governo e del parlamento fino al 1999).

BONNARD (Pierre), *Fontenay-aux-Roses 1867 - Le Cannet 1947*, pittore e litografo francese. Fece parte del gruppo dei *nabis*, fu influenzato dalle stampe giapponesi e fu, tra i postimpressionisti, il più raffinato e lirico nell'uso del colore (*La partita di croquet*, Musée d'Orsay, Parigi; *Place Clichy*, Besançon; *Interno bianco*, Grenoble; *Nudo nella vasca da bagno*, Petit Palais, Parigi).

Pierre **BONNARD**. *Tovaglia a quadri o La colazione del cane, 1910. (Coll. priv.)*

BONNEFOY (Yves), *Tours 1923*, poeta francese. All'attività poetica, segnata dalla ricerca del luogo e dal sentimento di presenza (*Movimento e immobilità di Douve, Nell'insidia della soglia, L'uva di Zeusi*), si aggiungono traduzioni (W. Shakespeare) e riflessioni sull'arte (*Alberto Giacometti*).

BONNET (Charles), *Ginevra 1720 - Genthod, presso Ginevra, 1793*, filosofo e naturalista svizzero. Scopritore della partenogenesi naturale, è autore di opere sugli insetti, di filosofia della natura e psicologia.

BONNOT (bànda), gruppo di anarchici con a capo Jules Joseph B. (Pont-de-Roide 1876 - Choisy-le-Roi 1912), celebre per le sanguinose rapine in banca. I suoi capi furoni uccisi al momento dell'arresto (1912).

BONÒMI (Ivànoe), *Mantova 1873 - Roma 1951*, politico. Militante socialista, nel 1912 fu espulso dal partito per aver sostenuto la campagna di Libia e fondò il Partito socialista riformista. Più volte ministro (lavori pubblici, 1916-1917, 1919; guerra, 1920-1921), come presidente del consiglio (1921-1922) non riuscì a fronteggiare la situazione creata con l'avvento del fascismo e dovette dimettersi. Tornò alla presidenza del consiglio nel 1944-1945.

BONÒMI (Pàolo), *Romentino 1910 - Roma 1985*, politico. Parlamentare democristiano, membro della Costituente, fondò la Confederazione nazionale coltivatori diretti (1944), mantenendone la direzione fino al 1980.

BONÒRVA, com. in prov. di Sassari; 4320 ab. Centro agricolo. Nel suo territorio, resti di nuraghi e tombe ipogee (grotte di S. Andria Priu, 2000-1800 a.C.).

BONTEMPÈLLI (Màssimo) *Como 1878 - Roma 1960*, scrittore. Fondatore con C. Malaparte della rivista *Novecento* (1926-1929), vi esaltò l'utilizzo letterario della fantasia ("realismo magico"). Tra le opere, *La vita operosa* (1921), *Gente nel tempo* (1937), *L'avventura novecentista* (saggio, 1938). È anche drammaturgo (*Minnie la candida*, 1927).

BONVESÌN DE LA RÌVA, *Milano 1245 ca. - 1315 ca.*, poeta e letterato. Oltre a scrivere diverse opere in latino, fu tra i primi ad adottare il volgare per testi didascalici: contrasti, vite di santi, leggende e soprattutto *Il libro delle tre scritture* (*nigra, rubra, aurea*), anticipatore di temi danteschi.

BÓNVI (Frànco **Bonvincini**, detto), *Parma 1941 - Bologna 1995*, disegnatore e sceneggiatore di fumetti. Autore di fumetti satirico-grotteschi, come *Sturmtruppen* (1968), *Storie dallo spazio profondo* (1969), *Cattìwik* (1969), *Nick Carter* (1971), tutti di grande successo.

BOOK OF COMMON PRAYER (The) ("libro della preghiera comune"), raccolta ufficiale di preghiere della liturgia della Chiesa anglicana (1549, rivisto nel 1552, 1559, 1604 e 1662).

BOOLE (George), *Lincoln 1815 - Ballintemple, presso Cork, 1864*, matematico e logico britannico. Pose le basi della logica matematica moderna (*algebra booleana*).

BOONE (Daniel), *presso Reading, Pennsylvania, 1734 - presso Saint Charles, Missouri, 1820*, pioniere statunitense. Esplorò il Kentucky. F. Cooper ne narrò le gesta sotto i nomi di "Calza di cuoio" e "Lunga Carabina".

BOORMAN (John), *Shepperton, Surrey, 1933*, regista cinematografico britannico. Al centro dei suoi film è una riflessione allegorica sul divenire delle civiltà (*Un tranquillo week-end di paura*, 1972; *Zardoz*, 1974; *Excalibur*, 1981; *Oltre Rangoon*, 1995; *Il sarto di Panama*, 2001).

BOOTH (William), *Nottingham 1829 - Londra 1912*, predicatore evangelico britannico. Nel 1865 fondò la Missione cristiana, che divenne nel 1878 l'Esercito della salvezza.

BOOTHIA, penisola del Canada settentr., separata dall'Isola di Baffin dal Golfo di B.

BOOZ, personaggio biblico. Sposo di Ruth e avo di Gesù.

BOPHUTHATSWANA, ant. bantustan della Rep. Sudafricana.

BOPP (Franz), *Magonza 1791 - Berlino 1867*, linguista tedesco. La sua *Grammatica comparata delle lingue indoeuropee* (1833-1852) è all'origine della linguistica comparata.

BOR, c. della Serbia e Montenegro (Serbia); 29.000 ab. Estrazione e metallurgia del rame.

BORA BORA, isola della Polinesia Francese; 5767 ab.

BORÅS, c. della Svezia; 97.409 ab.

BORBÓNE (Càrlo **di**), *La Ferté-sous-Jouarre 1523 - Fontenay-le-Comte 1590*, prelato francese. Cardinale, diventò arcivescovo di Rouen nel 1550. La Lega lo proclamò re di Francia con il nome di Carlo X (1589).

BORBÓNE (Carlo III, dùca **di**), *1490 - Roma 1527*, conestabile di Francia. Si distinse ad Agnadello (1509) e a Marignano (1515). Quando Luisa di Savoia, madre di Francesco I, reclamò l'eredità borbonica, passò al servizio di Carlo V (1523) e fu ucciso a Roma.

BORBÓNE (casàta dei), dinastia di sovrani di origine francese, nata dai Capetingi, i cui membri regnarono in Francia (XVI-XIX sec.) a Napoli, in Sicilia, a Parma (XVIII-XIX sec.) e in Spagna dopo il XVIII sec.

La casata feudale. Fondata nel X sec., la casata dei B. comincia a prosperare dopo il 1272, anno in cui assume il potere Roberto di Francia, conte di Clermont, figlio di Luigi IX il Santo. Il figlio di Roberto, Luigi I il Grande, diventa duca di Borgogna nel 1327. Si succedono otto duchi di Borgogna, da Luigi I a Carlo III, conestabile di Francesco I, i cui beni sono confiscati nel 1527. Il ra-

mo di sangue reale dei *La Marche-Vendôme* diventa allora il ramo principale della famiglia.

La casata reale. La casata dei B. sale al trono di Navarra con Antonio di Borgogna (1555), il cui fratello ha dato avvio al ramo Borbone-Condé. Conquista il trono di Francia con Enrico IV (1589) che regna fino al 1792 (Luigi XIII, Luigi XIV, Luigi XV, Luigi XVI) e, dopo la caduta di Napoleone, con Luigi VIII e Carlo X. Il principale ramo francese eredita il trono di Francia fino al 1830 e si estingue con il conte di Chambord (Enrico V) nel 1883; il ramo spagnolo va incontro a ulteriori divisioni: il principale ramo reale di Spagna, il cui rappresentante oggi è Juan Carlos I, il ramo delle Due Sicilie e il ramo ducale di Parma. La stirpe cadetta, chiamata ramo d'Orléans, è originata da Filippo, duca d'Orléans, secondogenito di Luigi XIII; è salita al trono di Francia con Luigi Filippo I (1830-1848), e il suo attuale esponente è Enrico d'*Orléans, conte di Parigi.

BORBÓNE (Louis **di**), dùca **d'Angoulême** →ANGOULÊME (duca d').

BORBÓNE (Luìgi Augùsto **di**) →MAINE (duca del).

BORDA (Jean-Charles), *Dax 1733 - Parigi 1799*, militare della marina e matematico francese. I perfezionamenti da lui apportati agli strumenti di navigazione e di geodesia furono utili per definire il sistema metrico.

BORDEAUX, c. della Francia, capol. della reg. Aquitania e del dip. Gironda, sulla Garonna; 218.948 ab. (ca. 760.000 ab. nell'agglomerato). Attivo porto (tradizionale importazione di prodotti tropicali). Commercio dei vini del bordolese. Industria aeronautica. Stampa. — Capitale del ducato di Aquitania (1032) poi porto inglese (1154-1453), Bordeaux trasse la sua prosperità dal commercio con le Antille nel XVIII sec. (zucchero e schiavi). Il governo centrale vi si trasferì nel 1870, 1914 e 1940. — Monumenti medievali, tra cui la chiesa di St-Seurin (XI-XIV sec.) e la cattedrale (XII-XIV sec.). Edifici classici, soprattutto del XVIII sec. (piazza della Borsa, dei Gabriel; Grand Théâtre di V. Louis ecc.). Musei (della preistoria e dell'arte da romana a contemporanea).

BORDEAUX. *Ponte di pietra sulla Garonna (1810-1822).*

BORDES (Charles), *Vouvray 1863 - Tolone 1909*, compositore francese. Tra i fondatori della *Schola cantorum*, ebbe il merito di riscoprire e diffondere la polifonia del XVI sec.

BORDET (Jules), *Soignies 1870 - Bruxelles 1961*, medico e microbiologo belga. Scoprì il bacillo della pertosse. (Premio Nobel 1919.)

BORDÌGA (Amadèo), *Resina 1889 - Napoli 1970*, politico. Tra i fondatori del Partito comunista italiano, ne fu il segretario fino al 1926. Ostile alla linea della Terza Internazionale, fu messo in minoranza da A. Gramsci e P. Togliatti e poi espulso dal partito.

BORDIGHÈRA, com. in prov. di Imperia, sulla riviera di ponente; 10.735 ab. Centro balneare molto frequentato. È costituita da una parte vecchia, sul Capo Sant'Ampelio, e da una nuova, a O, lungo il mare. Floricoltura.

BORDÌN (Gelìndo), *Longare 1959*, atleta. Maratoneta, medaglia d'oro alle Olimpiadi di Seul (1988), ha ottenuto il primo posto anche agli europei di Stoccarda (1986) e Spalato (1990).

BORDJ BOU ARRERIDJ, c. dell'Algeria, ai piedi dei Bibans; 84.000 ab.

BORDOLÉSE, grande reg. viticola del dip. Gironde, attorno a Bordeaux.

BORDÓN o **BORDÓNE** (Paris), *Treviso 1500 - Venezia 1571*, pittore. Allievo di Tiziano, lavorò in Italia e all'estero venendo in contatto con gli ambienti manieristi. Tra le opere, *Consegna dell'anello al doge*.

BORDÓN (Ivàno), *Marghera 1951*, calciatore. È stato portiere di riserva della nazionale vincitrice della Coppa del mondo del 1982 in Spagna. Ha militato nell'Inter dal 1970 al 1983, vincendo 2 scudetti (1970-1971 e 1979-1980).

BORDUAS (Paul Émile), *Saint Hilaire, Québec, 1905 - Parigi 1960*, pittore canadese. Capofila dell'"automatismo" di Montreal (1948), è stato un maestro dell'astrazione lirica.

BÒREA MITOL. GR. Dio dei venti di settentrione, figlio di Astreo e Aurora (Eos).

BOREL (Émile), *Saint-Affrique 1871 - Parigi 1956*, matematico francese. Fu tra i capofila della scuola francese della teoria delle funzioni.

BOREL (Pétrus), *Lione 1809 - Mostaganem 1859*, scrittore francese. Vicino ai romantici (*Madame Putiphar*) e soprannominato "le Lycanthrope", fu molto amato dai surrealisti.

BORG (Björn), *Södertälje, presso Stoccolma, 1956*, tennista svedese. Tra i suoi successi vi sono cinque vittorie riportate a Wimbledon (dal 1976 al 1980) e sei al Roland Garros (1974 e 1975, dal 1978 al 1981). Con la Svezia ha vinto la Coppa Davis nel 1975.

BORGÀTTA (Gino), *Donnaz 1888 - Alessandria 1949*, economista. Docente universitario, si occupò prevalentemente di problemi finanziari e monetari. Tra le opere, *Studio scientifico dei problemi finanziari* (1920), *L'imposta sul reddito* (1946).

BORGES (Jorge Luis), *Buenos Aires 1899 - Ginevra 1986*, scrittore argentino. Nelle sue poesie (*Quaderno di San Martín*, 1929), nei racconti fantastici (*Finzioni*, 1944; *Il libro di sabbia*, 1975) e nei saggi (*Storia universale dell'infamia*, 1935; *Storia dell'eternità*, 1936), ha scandagliato mitologie, incubi e

labirinti di una biblioteca reale e immaginaria.
■ *Jorge Luis Borges.*

BORGÉTTO, com. in prov. di Palermo; 6453 ab. Centro agricolo. Nel suo territorio sorge il santuario del Romitello.

BORGHÈSE, famiglia originaria di Siena (XIII sec.) e stabilitasi a Roma nel XVI sec. con Marcantonio B. Diede alla Chiesa prelati, tra cui **Camillo B.** → PAOLO V. — **Camillo B.**, *Roma 1775 - Firenze 1832*, ufficiale dell'armata napoleonica. Sposò Paolina Bonaparte, sorella di Napoleone I. — **Scipione B.**, *Roma 1576-1633*, nipote di Carlo V, fu cardinale dal 1605, legato ad Avignone e protettore di letterati e artisti, tra cui G.L. Bernini. Gli si deve la costruzione di Villa B.

BORGHÈSE (Villa), grande parco pubblico di Roma fatto realizzare da Scipione Borghese nel XVII sec. Al suo interno sono presenti la Galleria B., costruita da F. Ponzio e G. Vasanzio a partire dal 1620 (ospita un'eccezionale collezione di pittura e scultura), il museo B. di scultura, nella palazzina di G. Vasanzio (statue greche e moderne, tra cui la *Venere vincitrice* di A. Canova), e Villa Giulia (museo etrusco).

BÒRGIA, famiglia di origine spagnola, dell'Aragona, che si trasferì a Roma nel 1455. — **Alessandro B.** → ALESSANDRO VI. — **Cesare B.**, *Roma 1475 ca. - Pamplona 1507*, principe e condottiero. Figlio di Alessandro, avviato inizialmente alla carriera ecclesiastica, la abbandonò e ottenne dal re di Francia la contea di Valentinois (da cui il nome "il Valentino"). Cercò di creare un principato nell'Italia centrale, conquistando parte della Romagna, Urbino e Camerino, ma dovette cedere i suoi territori al papa e rifugiarsi in Spagna. Uomo di Stato abile e senza scrupoli, N. Machiavelli ne prese come modello per il suo trattato *Il principe*. — **Lucrezia B.**, *Roma 1480 - Ferrara 1519*, duchessa di Ferrara. Sorella di Cesare e moglie di Giovanni Sforza, di Alfonso d'Aragona e poi di Alfonso d'Este. Celebre per la sua bellezza e intelligenza, fu protettrice delle arti e delle lettere (L. Ariosto fu alla sua corte). La leggenda la vuole criminale (secondo la tradizione avrebbe fatto assassinare il marito Alfonso d'Aragona), ma fu piuttosto strumento dei giochi politici della sua famiglia. — **Francesco B.** → FRANCESCO BORGIA (santo).

BORGÓGNA, reg. della Francia orient., più un'unità storica che geografica.

STORIA – Abitata prima dagli edui, entra poi a far parte dell'impero romano. La B. deve il suo nome ai burgundi, che l'invadono nel V sec. d.C. **534**: il primo regno, fondato da burgundi, passa ai Merovingi. **879**: Bosone si fa proclamare re della B. merid. e della Provenza. **888**: Rodolfo I viene riconosciuto re della B. settentr. o B. del Giura. **934**: Rodolfo II unisce la B. provenzale e quella del Giura. **IX sec.**: mentre la contea di B., sulla riva sinistra del Saona, resta di proprietà imperiale, con Riccardo il Giustiziere (m. nel 921) si costituisce (IX sec.) il ducato di B. (riva destra), incamerato poi da Giovanni II il Buono, re di Francia. **1363**: Filippo l'Ardito, figlio di Giovanni II il Buono, eredita il ducato e fonda la seconda casata di B. (→ **Borgognoni** [Stati]).

BORGÓGNA, reg. amministrativa della Francia; 31.582 km²; 1.610.067 ab.; capol. Digione; 4 dip. (Côte-d'Or, Nièvre, Saône-et-Loire e Yonne). È un punto di passaggio tra Parigi e Lione. L'industria delle costruzioni meccaniche e agroalimentare sono i due settori principali. I vigneti e, talvolta, l'allevamento favoriscono la prosperità locale, in un territorio a tratti sottopopolato.

BORGÓGNA (canàle di), canale che unisce i bacini della Senna e del Rodano.

BORGÓGNA (dinastìa di), prima dinastia che regnò in Portogallo (1128-1383).

BORGÓGNA (Luìgi, dùca **di**) → LUIGI DI FRANCIA.

BORGOGNÓNI (partito dei), partito che si oppose agli Armagnacchi durante la guerra dei Cent'anni. Guidato in un primo tempo da Giovanni Senza Paura, si alleò con gli inglesi dopo l'assassinio di quest'ultimo (1419), prima di riconciliarsi con Carlo VII (1435).

BORGOGNÓNI (Stàti), Stati uniti tra il 1363 e 1477 intorno alla Borgogna e alle Fiandre a costituire una delle più grandi potenze europee del XV sec. Divenuti a poco a poco indipendenti dalla corona di Francia, giocarono un ruolo decisivo nella guerra dei Cent'anni. Alla morte di Carlo il Temerario (1477), furono spartiti tra Francia e casa d'Austria.

BORGOMANÈRO, com. in prov. di Novara; 19.512 ab. Centro industriale. Conserva importanti tracce del suo passato medievale, tra cui una cappella protoromanica (X sec.), la chiesa di S. Bartolomeo (XII-XIII sec.), il castello di Vergano (XV sec.).

BORGOMÀRO, com. in prov. di Imperia; 890 ab. Centro agricolo (produzione di lavanda). Conserva una chiesa del XV sec. e due ponti medievali.

BÓRGO PANIGÀLE, quartiere di Bologna, con autonomo fino al 1937. Aeroporto. Centro storico di origine medievale.

BÓRGO SAN LORÈNZO, com. in prov. di Firenze; 15.814 ab. Borgo di origine medievale. Conserva importanti chiese, tra cui S. Lorenzo, romanica, e S. Francesco, gotica.

BORGOSÈSIA, com. in prov. di Vercelli; 14.123 ab. Centro industriale importante per le produzioni tessili. Di origine romana, fu borgo franco fino al XIV sec., quando passò ai Visconti.

BÓRGO VALSUGÀNA, com. in prov. di Trento; 6020 ab. Ant. centro romano, poi longobardo e franco, conserva importanti esempi di architettura veneta.

BÓRGO VELÌNO, com. in prov. di Rieti; 916 ab. Centro agricolo. Conserva la chiesa romanica di S. Maria e l'annesso battistero a pianta esagonale.

BORINAGE, reg. carbonifera del Belgio (Hainaut).

BORINGHIÈRI, casa editrice fondata nel 1957 a Torino da Paolo B. Composto di testi scientifici e divulgativi, il suo catalogo comprende tutte le opere di S. Freud e C.G. Jung. Dal 1988 ha mutato nome e oggi pubblica come Bollati-B.

BORIS I, m. nel 907, khan dei bulgari (852-889). Proclamò il cristianesimo religione ufficiale del suo Stato (865).

BORIS III, Sofia 1894-1943, re dei bulgari (1918-1943). Figlio del principe Ferdinando, si schierò con la Germania durante la seconda guerra mondiale. Morì assassinato.

BORIS GODUNOV, 1552 ca. - Mosca 1605, zar di Russia (1598-1605). Il suo regno fu caratterizzato dai tumulti legati alla carestia del 1601-1603. — Ispirò ad A.S. Pukin una tragedia (1831), da cui M.P. Musorgskij trasse un'opera (Boris Godunov, 1874), notevole per l'originalità, il realismo del recitativo e i cori.

BORKOU o **BORKU**, reg. del Ciad, ai piedi del Tibesti.

BORMANN (Martin), Halberstadt 1900 - Berlino 1945 ?, politico tedesco. Tra i capi del Partito nazista, generale delle SS nel 1933 e capo di Stato maggiore di R. Hess, fu dato per disperso in cambattimento nel 1945.

BÒRMIDA, f. del Piemonte; 64 km. Affl. del Tanaro, si forma dalla confluenza della B. di Millesimo e di quella di Spigno, provenienti dalle Alpi Liguri.

BÒRMIO, com. in prov. di Sondrio; 4128 ab. Di antica origine ligure, con curtis regia longobarda, è oggi un importante centro turistico, in part. invernale. Fonti termali. Edifici medievali.

BORN (Bertran **de**) → BERTRAN DE BORN.

BORN (Max), Breslavia 1882 - Gottinga 1970, fisico britannico di origine tedesca. Si deve a lui l'interpretazione probabilistica della meccanica quantistica. (Premio Nobel 1954.)

BORNEM, com. del Belgio (prov. di Anversa); 19.841 ab.

BORNEO, isola dell'Asia, la più grande dell'Insulindia; 750.000 km²; 11.311.906 ab. Appartiene in gran parte (Kalimantan, a S, 540.000 km²; 10.470.543 ab.) alla Rep. d'Indonesia; la zona settentr. dell'isola comprende invece due territori che fanno parte della Malaysia (Sabah, l'ant. Borneo Settentrionale, e Sarawak) e un sultanato indipendente (Brunei). È un paese di altopiani, dominati a N da catene montuose e delimitati a S dalle vaste pianure del Mahakam. Attraversata dall'equatore, l'isola del B. è ricoperta da una fitta foresta. Giacimenti di petrolio e gas.

BORNES (Massìccio di), massiccio delle Prealpi francesi (Haute-Savoie), tra il f. Arve e il Lago di Annecy; 2437 m.

BORNHOLM, isola della Danimarca, nel Baltico; 44.126 ab. Pietre runiche; chiese fortificate a pianta circolare.

BORNU, ant. impero della zona sudanese, a SO del Lago Ciad. Prese il nome di Kanem-B. nel XVI sec. e fu annientato dai francesi (sconfitta di Rabah, 1900).

BOROBUDUR → BARABUDUR.

BORODIN (Aleksandr), San Pietroburgo 1833-1887, compositore russo. È autore di Il principe Igor, completato da N. Rimskij-Korsakov e A. Glazunov (1890), di quartetti, sinfonie e di Nelle steppe dell'Asia centrale (1880).

BORODINO (battàglia di), nome dato dai russi alla battaglia di *Moscova.

BORORO, tribù amerindie del centro del Brasile (ca. 800 individui), appartenente ai gé.

BOROTRA (Jean), Biarritz 1898 - Arbonne, presso Biarritz, 1994, tennista francese. Due volte vincitore a Wimbledon (1924 e 1926) e a Parigi (1924 e 1931), ha conquistato 6 volte la Coppa Davis (dal 1927 al 1932).

BORRASSÁ (Lluís), Girona 1360 ca. - Barcellona 1425 ca., pittore catalano. È il primo importante esponente del "gotico internazionale" a Barcellona, dove aprì un importante atelier.

BORROMÈE (Isole), gruppo di pittoresche isole (Isola Bella, in cui si trova il Palazzo Borromeo, che ospita att. una pinacoteca; Isola Madre; Iso-

Isole **BORROMEE**. Veduta dell'Isola Bella.

la dei Pescatori; isolotti di S. Giovanni e Malgher), situate nel Lago Maggiore.

BORROMÈO (Càrlo) → CARLO BORROMEO.

BORROMÌNI (Francésco Castèlli, detto), Bissone 1599 - Roma 1667, architetto. Tra i maestri del barocco italiano, propugnò uno stile complesso e movimentato, in cui esasperò i particolari decorativi e la coerenza dell'insieme all'opposto di quello del maestro, poi rivale, G.L. Bernini. Avviato alla professione da C. Maderno e scalpellino nella fabbrica di S. Pietro per il Bernini, realizzò a Roma le chiese di S. Carlo alle Quattro Fontane, S. Agnese in piazza Navona e S. Ivo alla Sapienza, e restaurò S. Giovanni in Laterano.

BORSELLÌNO (Pàolo), Palermo 1938-1992, magistrato. Protagonista della lotta alla mafia insieme a G. Falcone. È stato ucciso in un attentato insieme a cinque uomini della scorta.

■ Paolo Borsellino.

BORZAGE (Frank), Salt Lake City 1893 - Hollywood 1962, regista statunitense. I suoi film esaltano, in un'ambientazione realistica, la potenza dell'amore (Settimo cielo, 1927; Addio alle armi, 1932; Vicino alle stelle, 1933).

BÒSA, com. in prov. di Nuoro; 7827 ab. Centro di origine preistorica, scalo dei fenici e colonia cartaginese. Conserva il castello di Serravalle (XII sec.) eretto dai Malaspina, che governarono la città fino al 1308.

BOSCH (Carl), Colonia 1874 - Heidelberg 1940, chimico e industriale tedesco. Con F. Haber mise a punto, nel 1909, la sintesi industriale dell'ammoniaca. (Premio Nobel 1931.)

BOSCH (Hieronymus Van Aeken, detto Hieronymus), Bois-le-Duc 1450 ca. - 1516, pittore fiammingo. Dipinse soggetti religiosi e popolari usando un suo particolare simbolismo e unendo a un'ineguagliabile fantasia una grande perizia pittorica (Il *giardino delle delizie, Prado; La tentazione di sant'Antonio, trittico, Lisbona).

Hieronymus **BOSCH**. Particolare del Gesù che porta la croce, tra il 1500 e il 1516. (Museo di Belle Arti, Gand.)

BOSCH (Juan), La Vega 1909 - Santo Domingo 2001, politico dominicano. Figura di spicco della politica dominicana, fondatore del Partito rivoluzionario dominicano (1939) e del Partito della liberazione dominicana (1973), è stato presidente della repubblica nel 1962-1963.

BOSCÌMANI o **SAN**, popolazione del Botswana (ca. 30.000 individui), della Namibia (ca. 26.000) e dell'Angola (ca. 4000). Di bassa statura e pelle chiara, erano un tempo stanziati in tutta la zona interna dell'Africa merid., prima di essere respinti sino al Deserto del Kalahari. Parlano la lingua khoisan.

BÒSCO (Giovànni) → GIOVANNI BOSCO.

BOSCO (Henri), Avignone 1888 - Nizza 1976, scrittore francese. Nei suoi romanzi ha raccontato la Provenza (L'asino Culotte, Il fanciullo e il fiume).

BÒSCO DELLA MÉSOLA, riserva statale in prov. di Ferrara, nel delta del Po. Istituito nel 1977, ha un'estensione di 1058 ha. Fauna e flora tipici, come il cervo della Mesola e la testuggine palustre (Emys orbicularis).

BOSCOREÀLE, com. in prov. di Napoli; 29.304 ab. Nel territorio comunale sorgono i resti di antiche ville romane, tra le quali quella detta Sette Termini, da cui proviene il Tesoro di B., una raccolta di argenterie oggi esposta al Louvre.

BOSCOTRECÀSE, com. in prov. di Napoli; 11.135 ab. Centro agricolo e industriale alle falde del Vesuvio. Travolto dalle eruzioni del 1631 e del 1906, fu danneggiato anche dal terremoto del 1980.

BOSE (Satyendranath), *Calcutta 1894-1974*, fisico indiano. Elaborò una teoria statistica applicabile ai fotoni, che A. Einstein riprese per adattarla ai bosoni.

BOSÈLLI (Pàolo), *Savona 1838 - Roma 1932*, politico. Deputato della destra dal 1870, senatore dal 1921, fu più volte ministro e presidente della Dante Alighieri (1907). Presidente del consiglio nel 1916, mantenne la carica fino alla sconfitta di Caporetto (ott. 1917).

BÒSFORO, già **Strétto di Costantinòpoli**, stretto tra l'Europa e l'Asia, che collega il Mar di Marmara al Mar Nero. Può essere attraversato grazie a due ponti mobili. Istanbul sorge sulla sua riva occ.

BÒSFORO (régno del) → CRIMEA.

BOSÌSIO PARÌNI, com. in prov. di Lecco, aulla sponda orient. del Lago di Pusiano; 3012 ab. Città natale di G. Parini.

BÒSNIA-ERZEGOVÌNA, in serbo-croato *Bosna i Hercegovina*, Stato dell'Europa balcanica; 51.100 km²; 4.067.000 ab. (*bosniaci*). CAP. *Sarajevo*. LINGUE: *bosniaco, croato* e *serbo*. MONETA: *marco convertibile*.

ISTITUZIONI – Repubblica federale costituita da due entità: la Federazione di B.-E. (croato-musulmana) e la Rep. Serba di Bosnia. Costituzione in vigore dal 1995. Presidenza collegiale composta da 3 membri (un croato, un musulmano, un serbo), eletti per una durata di 4 anni (a rotazione, ciascuno ricopre la presidenza dell'organismo per 8 mesi). Il parlamento è costituito dalla camera dei rappresentanti e dalla camera popolare; ciascuna delle due entità dispone di un presidente e di un parlamento.

GEOGRAFIA – Nel paese sono presenti tre nazionalità con tradizioni religiose differenti: musulmani o bosniaci (44% nel 1991; dotati dello statuto di nazionalità dal 1969), serbi (31%; ortodossi) e croati (17%; cattolici). La rete stradale del nuovo Stato (in prevalenza montuoso e praticamente privo di accesso al mare) è stata compromessa dalla guerra civile, che ha provocato distruzioni, migrazioni interne e una spartizione su basi etnico-religiose.

STORIA – La regione viene conquistata dagli ottomani (la Bosnia nel 1463, l'Erzegovina nel 1482) e islamizzata. Successivamente amministrata dall'impero austro-ungarico (1878), poi annessa a quest'ultimo (1908), nel 1918 viene integrata al regno serbo-croato-sloveno, divenendo in seguito una delle repubbliche iugoslave (1945-1946). **1990**: il musulmano Alija Izetbegović viene eletto presidente della B.-E. Di fronte alla frattura della Federazione iugoslava, serbi, musulmani e croati assumono posizioni contrapposte: i serbi vogliono restare all'interno della Iugoslavia e sono disposti a separarsi dalla Bosnia nel caso in cui questa dovesse lasciare la federazione, i musulmani auspicano uno Stato bosniaco indipendente e multinazionale, mentre i croati sostengono o uno Stato bosniaco unitario o una sua spartizione basata su criteri etnici. **1992**: dopo la proclamazione d'indipendenza, riconosciuta dalla comunità internazionale, una guerra estremamente feroce contrappone serbi (guidati da Radovan Karadzić e sostenuti dall'appena formata Rep. iugoslava), musulmani e croati. I serbi, che in gennaio proclamano unilateralmente la Rep. Serba di B.-E., occupano la maggior parte del paese perseguendo una politica di pulizia etnica. L'ONU istituisce una forza di protezione (UNPROFOR). **1993**: vengono proposti ulteriori piani di spartizione e suddivisione. Croati e musulmani si affrontano. L'ONU dichiara zona di sicurezza Sarajevo e altre cinque città assediate dai serbi. **1994**: gli Stati Uniti invitano croati e musulmani a formare una federazione croato-musulmana in Bosnia. I rappresentanti di Germania, Stati Uniti, Francia, Gran Bretagna e Russia (gruppo di contatto) tentano di imporre un nuovo piano di spartizione. **1995**: in giugno viene creata una forza multinazionale per appoggiare l'UNPROFOR. In lug. i serbi si impadroniscono delle zone di sicurezza di Srebrenica e Zepa. In ago.-sett. una vasta controffensiva appoggiata dall'esercito croato restituisce alle for-

ze croato-musulmane il controllo di metà del territorio. In ottobre viene negoziata una tregua e il mese successivo, sotto l'egida degli Stati Uniti, si conclude a Dayton un accordo (firmato a Parigi in dicembre) tra i presidenti della Serbia (in rappresentanza dei serbi di Bosnia), della Croazia e della Bosnia. Si gettano così le premesse per la costituzione di un unico Stato di B.-E., suddiviso in due entità: la Federazione croato-musulmana e la Rep. Serba di Bosnia. Una forza multinazionale che si occupa degli aspetti militari degli accordi di pace (IFOR), posta sotto il comando della NATO, sostituisce l'UNPROFOR. Una forza di stabilizzazione (SFOR) succede all'IFOR. **1998 e 2000**: la vittoria elettorale dei partiti nazionalisti, riflette la difficoltà della ricostruzione politica e civile del paese.

BOSQUET (Anatole **Bisk**, detto Alain), *Odessa 1919 - Parigi 1998*, scrittore francese. Poeta (*Langue morte*, 1953; *Sonnets pour une fin de siècle*, 1981; *Demain sans moi*, 1994), ha pubblicato anche numerosi romanzi (*La confession mexicaine*, 1965; *Une mère russe*, 1978) e saggi critici.

BOSSCHÈRE (Jean **de**), *Uccle 1878 - Châteauroux 1953*, scrittore belga di lingua francese. La sua opera poetica e narrativa è caratterizzata da un'impronta mistica ed esoterica.

BÒSSI (Umberto), *Cassano Magnago 1941*, politico. Fondatore della Lega lombarda nel 1979 (dal 1991 Lega Nord, di cui è sempre stato segretario), parlamentare dal 1987, nel 2001 è divenuto ministro per le riforme istituzionali nel secondo governo Berlusconi.

BOSSUET (Jacques Bénigne), *Digione 1627 - Parigi 1704*, scrittore e prelato francese. Celebre dal 1659 per le sue prediche, vescovo di Condom (1669), fu scelto come precettore del Delfino di Francia, per il quale scrisse il *Discorso sulla storia universale*. Vescovo di Meaux nel 1681, sostenne la politica religiosa di Luigi XIV combattendo i protestanti (*Storia delle variazioni delle chiese protestanti*, 1688), ispirando nel 1682 la dichiarazione sulle libertà gallicane e facendo condannare il quietismo di F. Fénelon. La sua opera oratoria,

che comprende i *Sermoni* e le *Orazioni funebri*, lo colloca tra i grandi scrittori classici francesi.

BOSTON, c. degli Stati Uniti, cap. del Massachusetts; 574.283 ab. (2.870.669 ab. nell'agglomerato). Porto. Centro industriale, culturale e finanziario. — Importante museo d'arte.

BOSWORTH (battàglia di) (22 ago. 1485), battaglia, a O di Leicester, che mise fine alla guerra delle Due Rose. Vittoria riportata dell'esercito di Enrico Tudor (futuro Enrico VII) su Riccardo III, che vi trovò la morte.

BOTERO (Fernando), *Medellín 1932*, pittore e scultore colombiano. Esagera le forme e i volumi dei suoi soggetti con il proposito di creare effetti sensuali e parodistici.

BOTEV (Christo), *Kalofer 1848 - presso Vraca 1876*, scrittore e patriota bulgaro, autore di poesie d'ispirazione rivoluzionaria e nazionale.

BOTEV (Picco), la cima più elevata dei Balcani, in Bulgaria; 2376 m.

BOTHA (Louis), *Greytown 1862 - Pretoria 1919*, generale e politico sudafricano. Riorganizzatore dell'esercito boero, avversario spietato degli inglesi, fu il primo ministro del Transvaal (1907), poi dell'Unione sudafricana (1910).

BOTHA (Pieter Willem), *Paul Roux, Orange, 1916*, politico sudafricano. leader del partito nazionale, è stato primo ministro (1978-1984), poi presidente della repubblica (1984-1989).

BOTHE (Walter), *Oranienburg 1891 - Heidelberg 1957*, fisico tedesco. Nel 1930, per azione dei raggi alfa sul berillio, ottenne una radiazione penetrante identificata in seguito come quella dei neutroni. (Premio Nobel 1954.)

BOTHWELL (James **Hepburn**, cónte **di**), *1535 ? - Dragsholm, Danimarca, 1578*, signore scozzese. Uccise Enrico VIII, conte di Darnley, secondo marito di Maria Stuarda (1567), che sposò, ma fu costretto a esiliare poco dopo.

BÒTNIA (Gólfo di), estremità settentr. del Mar Baltico, tra la Svezia e la Finlandia.

BOTRANGE (Mónte), punto culminante delle Ardenne, in Belgio; 694 m.

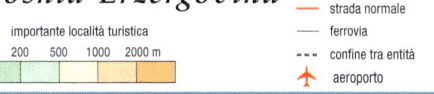

Bosnia-Erzergovina

★ importante località turistica

| 200 | 500 | 1000 | 2000 m |

— strada normale
— ferrovia
--- confine tra entità
✈ aeroporto

● più di 500.000 ab.
● da 100.000 a 500.000 ab.
● da 30.000 a 100.000 ab.
• meno di 30.000 ab.

25 km

Botswana-Namibia

★ importante località turistica

400 1000 1500 2000 m

══ autostrada
── strada normale
── ferrovia
✈ aeroporto

● più di 100.000 ab.
● da 50.000 a 100.000 ab.
● da 10.000 a 50.000 ab.
• meno di 10.000 ab.

BOTSWANA, già **Bechuanaland**, Stato dell'Africa australe; 570.000 km² 1.554.000 ab. (*botswanesi*). cap. *Gaborone*. lingua: *inglese*. moneta: *pula*. Esteso per la maggior parte sul Kalahari, è un paese desertico, in cui si pratica l'allevamento bovino estensivo. Importante produzione di diamanti. — Protettorato britannico dal 1885 al 1966, anno in cui è diventato repubblica indipendente nell'ambito del Commonwealth. Dal 1998 le cariche di presidente e di primo ministro sono ricoperte rispettivamente da Festus Mogae e Seretse Ian Khama, esponenti del Partito democratico.

BÒTTA (Màrio), *Mendrisio, Ticino, 1943*, architetto svizzero. Ha conseguito la laurea a Venezia, all'Istituto di architettura, dove è entrato in contatto e ha collaborato con Le Corbusier e L. Kahn. I suoi progetti architettonici nascono da un'attenta valutazione delle condizioni topografiche. Tra le sue opere principali: le case unifamiliari del Canton Ticino (1965-1984), la biblioteca del convento dei cappuccini a Lugano (1977-1979), il teatro di Chambery (1982-1985), il museo Watari di Tokyo (1990), il museo d'arte moderna di San Francisco (1995), la cattedrale di Evry (Francia, 1996), il museo del Mart a Rovereto (2002).

BOTTÉCCHIA (Ottàvio), *Colle Umberto 1894 - Gemona 1927*, ciclista. Due volte vincitore del Tour de France (1924 e 1925) e primo italiano a conseguire questo titolo, morì durante un allenamento.

BOTTICÈLLI (Alessàndro **di Mariàno Filipépi**, detto Sàndro), *Firenze 1445-1510*, pittore. È autore di numerose madonne, opere influenzate dal Verrocchio e dal Pollaiolo, e di quadri d'ispirazione religiosa o mitologica, caratterizzati da linee flessuose e intensi volumi cromatici come l'*Allegoria della *Primavera*. Nel 1482 B. venne chiamato a Roma per realizzare tre grandi affreschi nella Cappella Sistina (*Mosè e le figlie di Jetro, La punizione di Core, Le prove di Cristo*). Seguirono altre composizioni allegoriche pagane come la **Nascita di Venere*, che rappresenta non solo l'unione della natura celeste e terrestre ma anche l'ideale rinascita della classicità dell'anima, purificata dal battesimo. L'inquietudine spirituale e la mistica caratterizzano il suo ultimo periodo (*La calunnia di Apelle*, Uffizi; *Pietà*, Monaco).

BOTTICÌNO, com. in prov. di Brescia; 9709 ab. Nel suo territorio si estrae l'omonimo calcare utilizzato in edilizia.

BOTTROP, c. della Germania (Renania Settentrionale-Westfalia), nella Ruhr; 121.097 ab. Carbone. Industria chimica.

BOTZARIS o **BOTSARIS** (Màrkos), *Suli 1786 - Karpenìsion 1823*, eroe della guerra d'indipendenza greca, difensore di Missolungi (1822-1823).

BOUAKÉ, c. della Costa d'Avorio; 461.618 ab.

BOUBAT (Edouard), *Parigi 1923-1999*, fotografo francese. Privilegiò un realismo sereno, ritraendo paesaggi e uomini intenti nelle loro attività quotidiane, inondati da una luce sottile (*La sourvivance*, 1976).

BOUCHARDON (Edme), *Chaumont 1698 - Parigi 1762*, scultore francese. Artista ufficiale di gusto classico e realista, si oppose al rococò (*Amore che ricava l'arco dalla clava di Ercole*, marmo, 1747-1750, Louvre, Parigi).

BOUCHER (François), *Parigi 1703-1770*, pittore, incisore e decoratore francese. Protetto da Mme de Pompadour, dipinse scene pastorali o mitologiche di un grazioso virtuosismo (al Louvre: *Il trionfo di Venere, Il nido, Rinaldo e Armida, Diana al bagno, L'odalisca bruna* ecc.).

François **BOUCHER.** Diana al bagno, *1742.*
(Louvre, Parigi.)

BOUCHES-DU-RHÔNE, dip. della Francia, nella reg. Provenza-Alpi-Costa Azzurra; capol. *Marsiglia*; 5087 km²; 1.835.719 ab. Il territorio è costituito da pianure a O e da contrafforti calcarei a E. Poco sviluppata l'agricoltura. Industrie e servizi sono concentrati nell'agglomerato di Marsiglia.

BOUDÌCCA o **BOADICÈA**, *m. nel 61 d.C.* Moglie del re di Britannia, combatté contro i romani. Sconfitta, si avvelenò.

BOUDIN (Eugène), *Honfleur 1824 - Deauville 1898*, pittore francese. Con i suoi soggetti marini e paesaggi anticipò l'impressionismo (musei di Le Havre e Honfleur).

BOUDON (Raymond), *Parigi 1934*, sociologo francese. Promotore di una sociologia fondata

sulla comprensione delle azioni individuali (*L'inégalité des chances*, 1973), si oppone al relativismo nei suoi lavori di sociologia della conoscenza (*Il vero e il giusto*, 1995).

BOUGAINVILLE (Ìsola), la più grande dell'arcipelago Salomone; 9000 km² ca.; 120.000 ab. Rame. Appartiene dal 1975 alla Papuasia-Nuova Guinea. — L'isola fu scoperta da L.A. de Bougainville nel 1768.

BOUGAINVILLE (Louis Antoine **de**), *Parigi 1729-1811*, navigatore e scrittore francese. Scrisse *Viaggio intorno al mondo*, resoconto delle spedizioni compiute dal 1766 al 1769.

BOUGUER (Pierre), *Le Croisic 1698 - Parigi 1758*, studioso francese. Partecipò alla missione in Perú incaricata di misurare un arco di meridiano all'altezza dell'equatore e in questa occasione fece osservazioni gravimetriche. Fondò la fotometria.

BOUILLON, c. del Belgio (prov. del Lussemburgo), sul Semois; 5443 ab. Centro turistico. — Roccaforte, ant. residenza dei duchi di Bouillon. Museo ducale.

BOUILLON (Henri **de La Tour d'Auvergne**, viscónte **di Turenne**, dùca **di**), *Joze 1555 - Sedan 1623*, maresciallo francese. Fu a capo del partito protestante e partigiano fedele a Enrico IV.

BOULANGER (Georges), *Rennes 1837 - Ixelles, Belgio, 1891*, generale e politico francese. Ministro della guerra (1886-1887) molto popolare, raccolse intorno a sé un movimento di scontenti (*boulangismo*). Ritiratosi dalla vita politica (1888), fu eletto trionfalmente in molti dipartimenti e a Parigi. Accusato di complotto (1889), si rifugiò in Belgio, dove si suicidò.

BOULDER DAM → HOOVER DAM.

BOULE (Marcellin), *Montsalvy 1861-1942*, geologo e paleontologo francese. Direttore dell'Institut de paléontologie humaine parigino (1920), autore del trattato *Hommes fossiles* (1921), fondò la scuola francese di paleontologia umana.

BOULEZ (Pierre), *Montbrison 1925*, compositore e direttore d'orchestra. Erede di C. Debussy e A. Webern, ha portato avanti la tradizione del serialismo (*Il martello senza padrone*, 1955; *Pli selon Pli*, 1960 e 1969) e della musica aleatoria (*Troisième sonate per piano*, 1957). Con *Répons* (1981) ha divulgato i risultati del lavoro dell'IRCAM, che ha diretto dal 1976 al 1991.

Pierre **BOULEZ.**

BOULLE (André Charles), *Parigi 1642-1732*, ebanista francese. Creò un tipo di mobile pregiato intarsiato in tartaruga e ottone, arricchito di bronzi cesellati.

BOULLE (Pierre), *Avignone 1912 - Parigi 1994*, scrittore francese. È autore di romanzi d'avventura (*Le pont de la rivière Kwaï*) e di fantascienza (*Il pianeta delle scimmie*).

BOULLÉE (Étienne Louis), *Parigi 1728-1799*, architetto francese. Realizzò progetti utopici ispirati sia al neoclassicismo dell'Illuminismo sia al preromanticismo visionario (progetto del Cenotafio a Newton, 1784).

BOULMERKA (Hassiba), *Costantina 1968*, atleta algerina, campionessa del mondo (1991, 1995) e olimpica (1992) dei 1500 m.

BOULOGNE (Jean) → GIAMBOLOGNA.

BOULOGNE-BILLANCOURT, c. della Francia nel dip. Hauts-de-Seine; 107.042 ab. I quartieri residenziali sono estesi fino al Bois de Boulogne. Ant. stabilimento della Renault. Aeronautica. — Giardini Albert-Kahn. Musei.

BOULOGNE-SUR-MER, c. della Francia, nel dip. Pas-de-Calais, sulla Manica, alla foce del

Liane; 45.508 ab. Principale porto peschereccio francese (industria conserviera). Metallurgia. — Cinta muraria del XIII sec. intorno alla città alta; museo nella roccaforte. Centro nazionale del mare ("Nausicaa").

BOUMEDIENNE (Muhammad **Bukharruba**, detto Houari), *Heliopolis 1932 - Algeri 1978*, militare e politico algerino. Capo di Stato maggiore dell'Esercito di liberazione nazionale (1960), è stato presidente della repubblica (1965-1978).

BOUNTY, vascello britannico il cui equipaggio si ammutinò (1789) abbandonando il capitano, W. Bligh, in una scialuppa in mare aperto.

BOUQUET (Michel), *Parigi 1925*, attore cinematografico e teatrale francese. Al teatro e al cinema (*Stéphane una moglie infedele*, C. Chabrol, 1969; *Toto le héros - Un eroe di fine millennio*, J. Van Dormael, 1990; *Come ho ucciso mio padre*, A Fontaine, 2001), ha intepretato personaggi complessi ed enigmatici.

BOURASSA (Robert), *Montreal 1933-1996*, politico canadese. Capo del Partito liberale, è stato primo ministro del Québec dal 1970 al 1976 e dal 1985 al 1994.

BOURBAKI (Nicolas), pseudonimo collettivo di un gruppo di matematici. Per la maggior parte francesi, intrapresero, dopo il 1939, un esame della matematica a partire dalla logica e proponendo una sistemazione (*Elementi di matematica*).

BOURBON (Louis **de**), dùca **di Penthièvre** → PENTHIÈVRE (dùca di).

BOURDALOUE (Louis), *Bourges 1632 - Parigi 1704*, predicatore francese. Gesuita, predicò con notevole successo alla corte reale dal 1670 al 1693.

BOURDELLE (Antoine), *Montauban 1861 - Vésinet 1929*, scultore francese. È autore di bronzi come l'*Ercole saettante* (1909), o la statua equestre del generale C.M. de Alvéar che si trova a Buenos Aires (circondata da 4 allegorie, 1913-1923), e dei bassorilievi del Théâtre des Champs-Élysées, a Parigi. Il suo studio, a Parigi, è oggi un museo.

BOURDICHON (Jean), *Tours ? 1457-1521 ca.*, pittore e miniaturista francese. La sua opera più conosciuta è il *Gran libro d'ore di Anna di Bretagna* (1500-1508 ca. , Biblioteca nazionale, Parigi).

BOURDIEU (Pierre), *Denguin 1930 - Parigi 2002*, sociologo francese. Fondatore della sociologia critica della modernità, ha proposto un approccio nuovo al mondo sociale, riconoscendo una funzione maggiore alle strutture simboliche nel campo dell'educazione, della cultura, dell'arte, dei media, della politica ecc. (*La riproduzione*, 1970; *La distinzione*, 1979; *La miseria del mondo*, 1993, opera collettiva; *Le strutture sociali dell'economia*, 2000).

BOURGAIN (Jean), *Ostenda 1954*, matematico belga. Lavora in molti campi dell'analisi funzionale e dell'analisi armonica.

BOURG-EN-BRESSE, c. della Francia, capol. del dip. Ain; 43.008 ab. Stabilimenti agroalimentari. Industria automobilistica. — Collegiale del XVI-XVII sec. Ant. monastero di Brou.

BOURGEOIS (Léon), *Parigi 1851 - Oger 1925*, politico francese. Due volte ministro (1888-1917), presidente del consiglio (1895-1896), è stato uno dei promotori della Società delle Nazioni. (Premio Nobel per la pace 1920.)

BOURGEOIS (Louise), *Parigi 1911*, scultrice statunitense di origine francese. Nel 1938 ha seguito il marito a New York, dove ha frequentato l'ambiente surrealista. Le sue opere, grazie alle forme allusive e simboliche, vanno al cuore della vita.

BOURGEOIS (Victor), *Charleroi 1897 - Bruxelles 1962*, architetto belga. Esponente del movimento moderno, progettò la Cité Moderne di Bruxelles (1922-1925) e il centro medico Reine Astrid di Bruxelles.

BOURGES, c. della Francia, capol. del dip. Cher; 76.075 ab. Fabbriche di armi. Pneumatici. — Riunita sotto il dominio reale nel XII sec., la città è diventata la residenza del "re di B." (Carlo VII) e il centro della resistenza contro gli inglesi alla fine della guerra dei Cent'anni. — Importante cattedrale gotica (1195-1255; portali scolpiti, vetrate). Hôtel Jacques-Cœur (XV sec.). Musei. — Festival musicale ("le Printemps de B.").

BOURGET (làgo del), lago della Francia (Savoia), 45 km² (lungo 18 km).

BOURGET (Le), c. della Francia, sobborgo nord-orient. di Parigi; 12.151 ab. Aeroporto. Salone internazionale dell'aeronautica e dello spazio. Museo dell'aria e dello spazio. Costuzioni meccaniche e aeronautiche.

BOURGET (Paul), *Amiens 1852 - Parigi 1935*, scrittore francese. Contrario al culto della scienza e dell'estetica naturalista, celebrò i valori tradizionali nei suoi romanzi psicologici (*Il discepolo*).

BOURG LÉOPOLD, in fiamm. **Leopoldsburg**, com. del Belgio (Limburgo); 13.857 ab.

BOURNEMOUTH, c. della Gran Bretagna (Inghilterra), sulla Manica; 154.400 ab. Stabilimenti balneari.

BOURNONVILLE (August), *Copenaghen 1805-1879*, coreografo danese. Ballerino e pedagogo, erede della tradizione francese, è considerato il fondatore della danza danese. Il Teatro reale di Copenaghen continua a mettere in scena il suo repertorio (*Sylphide*, 1836; *Napoli*, 1842).

BOURSAULT (Edme), *Mussy-l'Evêque 1638 - Parigi 1701*, scrittore francese. Autore di commedie (*Il Mercurio galante*) e di *Lettere*, attaccò violentemente Molière.

BOU SAADA, c. dell'Algeria; 104.336 ab. Oasi.

BOUSQUET (Joë), *Narbonne 1897 - Carcassonne 1950*, poeta francese. Paralizzato a causa di una ferita di guerra nel 1918, ha incentrato la sua opera sul corpo, arricchendo la materia autobiografica di venature erotiche ed esoteriche, alla luce della tradizione occitanica (*Tradotto dal silenzio*).

BOUTEFLIKA (Abdelaziz), *Oujda 1937*, politico algerino. Ministro degli affari esteri dal 1963 al 1979, è presidente della repubblica dal 1999.

■ *Abdelaziz Bouteflika.*

BOUTROS GHALI (Boutros), *Il Cairo 1922*, giurista, diplomatico e politico egiziano. Ministro egiziano degli affari esteri dal 1977 al 1991, segretario generale dell'ONU dal 1992 al 1996, è segretario generale dell'Organizzazione internazionale dei paesi francofoni dal 1997.

BOUTS (Dirk o Dieric), *Haarlem 1415 ca. - Lovanio 1475*, pittore fiammingo. Influenzato da J. Van Eyck e Van der Weyden, è autore di soggetti religiosi a carattere intimista (trittico dell'*Ultima cena*, Lovanio).

BOUVERESSE (Jacques), *Epenoy 1940*, filosofo francese. La sua riflessione, sulla linea della filosofia analitica, lo porta a una difesa vigorosa delle esigenze della razionalità (*La parole malheureuse*, 1971; *Rationalité et cynisme*, 1984).

BOUVET, isola vulcanica nell'Oceano Atlantico merid., annessa alla Norvegia.

BOUVIER (Nicolas), *Ginevra 1929-1998*, scrittore svizzero di lingua francese. Anche fotografo, mescola nei suoi racconti di viaggi humour e una visione ascetica dello sdradicamento (*L'Usage du monde*, *Le Poisson-Scorpion*).

BOUVINES (battàglia di) (27 lug. 1214), vittoria riportata a SE di Lilla dal re di Francia Filippo Augusto, sostenuto dalle milizie comunali, sull'imperatore germanico Ottone IV e sui suoi alleati, Giovanni senza Terra e il conte di Fiandra. La vittoria stabilì la superiorità della regalità capetingia sui grandi vassalli.

BÒVA, com. in prov. di Reggio Calabria; 550 ab. Castello medievale (X-XI sec.). Chiesa bizantina. Il dialetto locale è di chiara matrice greca.

BÒVA MARÌNA, com. in prov. di Reggio Calabria; 4384 ab. Centro agricolo e balneare. Produzione e lavorazione del bergamotto.

BÒVES, com. in prov. di Cuneo; 9161 ab. Centro agricolo e industriale. Nel 1945 si oppose ai tedeschi, che la incendiarono e fecero 243 vittime; medaglia d'oro per la Resistenza.

BOVET (Daniel), *Neuchâtel 1907 - Roma 1992*, farmacologo italiano di origine svizzera. Ha svolto ricerche nel campo degli antistaminici e dei derivati curarici. (Premio Nobel per la medicina 1957.)

BOVÌLLE ÈRNICA, com. in prov. di Frosinone; 8910 ab. Centro agricolo e industriale. Di fondazione medievale, conserva l'ant. cinta muraria e importanti costruzioni di epoche successive.

BOVÌNO, com. in prov. di Foggia; 4041 ab. Centro agricolo. Di fondazione sannitica, divenne un'importante città bizantina; di questo periodo conserva il duomo (X sec.).

BOWEN (Norman Levi), *Kingston, Ontario, 1887 - Washington 1956*, geologo statunitense di origine canadese. È stato il fondatore della petrologia sperimentale moderna.

BOWIE (David Robert **Jones**, detto David), *Londra 1947*, cantante rock britannico. Chitarrista e compositore, ha influenzato la *new wave*, sviluppando un "rock decadente", eclettico e sensuale (*Ziggy Stardust*, 1972).

BOWLBY (John), *Londra 1907 - Skye 1990*, medico e psichiatra britannico. Ha sviluppato la teoria dell'attaccamento del lattante alla madre (*Attaccamento e perdita*, 1969).

BOWLES (Paul), *New York 1910 - Tangeri 1999*, compositore e scrittore statunitense. Romanziere (*Il tè nel deserto*, 1949; *La casa del ragno*, 1955) e poeta, con il suo stile ha influenzato la **beat generation*.

BOXERS, membri di una società segreta cinese che, a partire dal 1895, ispirò un movimento xenofobo rivolto contro gli europei stabilitisi in Cina. Il malcontento fomentato culminò nel 1900 con una sommossa che minacciò le legazioni europee a Pechino, provocando una spedizione militare internazionale che ebbe la meglio.

BOYACÁ (battàglia di) (7 ago. 1819), battaglia d'indipendenza dell'America latina. Vittoria di S. Bolívar sugli spagnoli che rappresentò una tappa importante nel cammino della Colombia verso l'indipendenza.

BOYER (Charles), *Figeac 1897 - Phoenix 1978*, attore cinematografico francese naturalizzato statunitense. Ha incarnato i ruoli del seduttore francese: *Back Street* (R. Stevenson, 1941), *Angoscia* (G. Cukor, 1944).

BOYLE (Robert), *Lismore Castle 1627 - Londra 1691*, fisico e chimico irlandese. Enunciò, prima di E. Mariotte, la legge della compressibilità dei gas, introdusse il concetto moderno di elemento chimico in opposizione alla teoria aristotelica degli elementi e scoprì il ruolo dell'ossigeno durante la combustione e la respirazione.

BOZEN → BOLZANO.

BÒZZOLO, com. in prov. di Mantova; 4138 ab. Centro agricolo. Edifici rinascimentali: palazzo dei Principi, tribunale, chiesa di S. Francesco.

BP (British Petroleum), gruppo petrolifero internazionale. Sorto nel 1954 dalla compagnia anglo-iraniana Oil Company (fondata nel 1909) e ulteriormente rafforzato dalla fusione con i gruppi statunitensi Amoco, nel 1998, e Arco, nel 2000, è uno dei leader mondiali del settore.

BR (Brigàte Rósse), gruppo terroristico clandestino. Nato nel 1969, ha propugnato, negli anni '70 del secolo scorso, la lotta armata come unica modalità di opposizione al capitalismo e al riformismo politico. Le BR hanno organizzato attentati, sequestri e uccisioni contro esponenti del mondo politico, sindacale, giudiziario e giornalistico, culminati con il rapimento (16 mar. 1978) e l'assassinio (9 mag. 1978) del presidente della DC A. Moro.

BRA, com. in prov. di Cuneo; 27.636 ab. Centro agricolo e industriale. Il centro, fondato dai romani e dominato dai longobardi, conserva una casa quattrocentesca, la Traversa, e molti edifici barocchi, tra cui la chiesa di S. Andrea.

BRABÀNTE, ant. prov. del Belgio centrale. Comprendeva le attuali prov. del B. fiammingo e del B. vallone (create nel 1995), oltre alla reg. Bruxelles-Capitale.

BRABÀNTE, reg. storica divisa att. tra Belgio e Paesi Bassi. Il ducato nacque nell'XI sec. dall'unificazione delle contee di Lovanio e Bruxelles. Nel 1430 divenne possesso di Filippo III il Buono, duca di Borgogna, quindi nel 1477 della casata d'Austria (Asburgo). Nel 1609, gli Asburgo di Spagna furono costretti a riconoscere alle Province Unite il possesso della parte settentr.

BRABÀNTE FIAMMÌNGO, prov. del Belgio; 2119 km²; 1.018.403 ab.; capol. *Lovanio*. Corrisponde alla parte settentr. dell'ant. Brabante belga.

BRABÀNTE SETTENTRIONÀLE, prov. dei Paesi Bassi merid.; 2.356.004 ab.; capol. *Bois-le-Duc*; c. princ. *Eindhoven*.

BRABÀNTE VALLÓNE, prov. del Belgio; 1097 km²; 352.018 ab.; capol. *Wavre*. Corrisponde alla parte settentr. dell'ant. Brabante belga.

BRABHAM (sir Jack), *Hurstville, periferia di Sydney, 1926*, pilota e costruttore automobilistico australiano. Ha vinto il campionato del mondo dei piloti nel 1959, 1960 e 1966.

BRACCIÀNO, com. in prov. di Roma; 13.677 ab. È situato sulle rive del lago omonimo. Castello Orsini-Odescalchi (1470-1485).

BRÀCCIO DA MONTÓNE (Andrèa **Fortebràcci**, detto), *Perugia 1368 - L'Aquila 1424*, condottiero. Conquistò diversi territori in Umbria, che poi trasformò in uno Stato personale con capitale Perugia. Fu sconfitto dalla coalizione creata da papa *Martino V.*

BRÀCCIO DI FÈRRO, → POPEYE.

BRACHET (Jean), *Bruxelles 1909 - Braine-l'Alleud 1988*, biochimico belga. Ha studiato gli acidi nucleici (in part. RNA) e i meccanismi della differenziazione cellulare.

BRÀDANO, f. della Basilicata; 114 km. Nasce dal Monte Caruso, forma il Lago S. Giuliano e sfocia nel Golfo di Taranto presso Metaponto.

BRADBURY (Ray Douglas), *Waukegan, Illinois, 1920*, scrittore statunitense. È uno dei più grandi autori di romanzi e racconti di fantascienza (*Cronache marziane*, 1950; *Fahrenheit 451*, 1953).

BRADFORD, c. della Gran Bretagna (Inghilterra); 295.000 ab. Industrie tessili ed elettroniche. — Museo nazionale della fotografia, del film e della televisione.

BRADLEY (Francis Herbert), *Clapham, att. Londra, 1846 - Oxford 1924*, filosofo britannico, idealista hegeliano.

BRADLEY (James), *Sherborne, Gloucestershire, 1693 - Chalford, Gloucestershire, 1762*, astronomo britannico. Scoprì l'aberrazione della luce stellare (1727) e la nutazione dell'asse di rotazione della Terra (1748).

BRADLEY (Omar), *Clark, Missouri, 1893 - New York 1981*, generale statunitense. Si distinse in Tunisia e in Sicilia (1943) e comandò il 12° gruppo d'armata in marcia dalla Normandia alla Germania (1944-1945).

BRAGA, c. del Portogallo settentr.; 165.048 ab. Cattedrale del XII-XVIII sec. (opere d'arte; tesoro); santuario di Bom Jesus do Monte (XVIII sec.).

BRAGA (Teòfilo), *Ponta Delgada 1843 - Lisbona 1924*, politico e scrittore portoghese. Fu presidente della repubblica nel 1915.

BRAGANÇA, c. del Portogallo settentr.; 37.170 ab. Città alta fortificata.

BRAGÀNZA, dinastia reale che regnò sul Portogallo dal 1640 al 1910 e sul Brasile dal 1822 al 1889. Il capostipite è Alfonso I, duca di B., figlio naturale di Giovanni I, re del Portogallo.

BRAGG (sir William Henry), *Wigton, Cumberland, 1862 - Londra 1942*, fisico britannico. Con il figlio costruì il primo spettrografo ad alta frequenza, scoprendo la struttura di diversi cristalli. (Premio Nobel 1915.) — sir **William Lawrence B.**, *Adelaide, Australia, 1890 - Ipswich, Suffolk, 1971*, fisico britannico. Lavorò con il padre, William Henry, alla diffrazione dei raggi X causata dai cristalli. (Premio Nobel 1915.)

BRÀGLIA (Albèrto), *Modena 1883-1954*, ginnasta. Vinse la medaglia d'oro (specialità individuale) alle Olimpiadi di Londra del 1908 e 2 medaglie d'oro (specialità individuale e a squadre) a quelle di Stoccolma del 1912.

BRAHE (Tycho), *Knudstrup 1546 - Praga 1601*, astronomo danese. A partire dal 1576, fece costruire sull'isola di Hveen, nel Sund, un osservatorio astronomico che fornì di strumenti, grazie ai quali effettuò le più precise osservazioni astronomiche precedenti l'invenzione del cannocchiale. I suoi studi su Marte permisero a G. Keplero di enunciare le leggi del movimento dei pianeti.

■ *Tycho Brahe.*

BRAHMA. *Legno intagliato, India, XVIII sec. (Museo di Trivandrum, India.)*

BRAHMA, una delle principali divinità del pantheon indù. Primo essere creato e creatore di tutte le cose, è spesso rappresentato con quattro braccia e quattro teste, che simboleggiano la sua onniscienza e onnipresenza.

BRAHMAGUPTA, *598 ca. - 665 ca.*, matematico indiano. Fu il primo a utilizzare i numeri negativi e a enunciare le quattro operazioni fondamentali.

BRAHMANA, testi religiosi dell'induismo. Risalgono al IX-VI sec. a.C. e comprendono norme relative al culto, oltre alla trattazione del simbolismo delle leggende.

BRAHMAPUTRA, f. dell'Asia, che nasce nel Tibet e sfocia nel Golfo del Bengala; 2900 km; bacino di 900.000 km². Con il Gange forma un grande delta.

BRAHMS (Johannes), *Amburgo 1833 - Vienna 1897*, compositore tedesco. È autore di *Lieder*, musica da camera, composizioni per piano, quattro sinfonie dal commovente lirismo, *ouverture*, concerti (*Concerto per violoncello*, 1879) e di un *Requiem tedesco* (1869).
■ *Johannes Brahms, ritratto da Laurens. (Coll. priv., Bonn.)*

BRÀIES in ted. **Prags**, com. in prov. di Bolzano; 634 ab. È situato nelle vicinanze del lago omonimo.

BRǍILA, c. della Romania, sul Danubio; 234.110 ab. Porto fluviale. Cellulosa e carta.

BRAILLE (Louis), *Coupvray 1809 - Parigi 1852*, inventore francese. Diventato cieco all'età di 3 anni, creò per i non vedenti il sistema di scrittura a punti sporgenti che porta il suo nome.

BRAMAH (Joseph), *Stainborough 1748 - Londra 1814*, industriale britannico. Precursore della costruzione di macchine-utensili industriali, mise a punto in part. una pressa idraulica e una piallatrice per il legno a 28 utensili.

BRAMÀNTE (Donàto **di Pascùccio d'Antònio**, detto), *Monte Asdruvaldo, Pesaro 1444 - Roma 1514*, architetto e pittore. La sua opera architettonica anticipa l'arte rinascimentale attraverso un uso suggestivo dei giochi prospettici e della luce. Dopo l'iniziale soggiorno presso la corte del Monte-

BRAMANTE. *L'abside della chiesa di S. Maria delle Grazie a Milano (1492).*

feltro, lavorò a Milano (chiostro di S. Ambrogio, abside di S. Maria delle Grazie) e a Pavia (duomo e Certosa). Nel 1499 fu a Roma, dove realizzò, su incarico di papa Giulio II, il tempietto di S. Pietro in Montorio, il cortile del Belvedere in Vaticano e i primi lavori della basilica di S. Pietro.

BRAMANTÌNO (Bartolomèo **Suàrdi**, detto), *1465 ca. - Milano 1530*, pittore e architetto. Influenzato dal Bramante, sviluppò uno stile tendente all'astrazione. Progettò la Cappella Trivulzio e la chiesa dei SS. Nazzaro e Celso a Milano. Tra le opere, *Crocifissione*.

BRAMPTON, c. del Canada (Ontario); 268.251 ab. Industrie automobilistiche.

BRANCÀCCI (Cappèlla), cappella della chiesa di S. Maria del Carmine, a Firenze. Costruita nel 1422 e affrescata da Masaccio, Masolino e F. Lippi, è uno dei capolavori dell'arte sacra fiorentina. Di particolare rilievo *La cacciata di Adamo ed Eva dal Paradiso terrestre* di Masaccio, un'opera di straordinaria drammaticità, pur nel rigore prospettico e volumetrico delle figure.

Cappella **BRANCACCI.** *Masaccio, La cacciata di Adamo ed Eva dal Paradiso terrestre, 1425-1428. (S. Maria del Carmine, Firenze.)*

BRANCÀTI (Vitaliàno), *Pachino 1907 - Torino 1954*, scrittore e giornalista. Scrisse romanzi satirici e grotteschi sull'Italia del periodo fascista e sui miti siciliani (il "gallismo"). Tra le opere, *Don Giovanni in Sicilia* (1941), *Il bell'Antonio* (1949), *Paolo il caldo* (1955).

BRANCUSI (Constantin), *Peştişani, Oltenia, 1876 - Parigi 1957*, scultore romeno della scuola di Parigi. Ricercò un'essenza simbolica della forma (*La musa addormentata*, *L'uccello nello spazio*, diverse versioni), e riprese una tradizione grezza, arcaica (*Il bacio*); le *Colonne senza fine* sono espressione di un minimalismo *ante litteram*. Il suo atelier parigino è stato ricostruito di fianco al Centro G. Pompidou.

BRANDÀNO (sànto), *Tralee 848 ca. - Clonfert 577 ca.*, monaco irlandese. Secondo la leggenda, compì un lungo viaggio alla ricerca del paradiso, descritto nell'opera *Navigatio sancti Brandani*.

BRANDEBÙRGO, in ted. **Brandenburg**, Land della Germania; 29.059 km²; 2.601.207 ab.; cap. *Potsdam*. Occupa la parte occ. della reg. storica del B. (c. princ. Berlino) che fece parte della RDT dal 1949 al 1990. La parte orientale è stata attribuita alla Polonia nel 1945. Territorio di incontro tra slavi e germani fin dal VII sec., il B. passò agli Ascani (XII sec.), poi ai Wittelsbach e ai Lussemburgo. Nel 1356, il margraviato fu trasformato in elettorato, che passò agli Hohenzollern (1415) e venne unificato al ducato di *Prussia nel 1618.

BRANDEBÙRGO, in ted. **Brandenburg**, c. della Germania (Brandeburgo), sul f. Havel, a O di Berlino; 78.958 ab. Cattedrale del XII-XV sec. e altri monumenti.

BRANDES (Georg Morris Cohen), *Copenaghen 1842-1927*, critico danese. Introdusse nei paesi scandinavi la letteratura europea moderna e sostenne l'estetica realista.

BRANDO (Marlon), *Omaha 1924*, attore teatrale e cinematografico statunitense. Formatosi all'Actor's Studio, interprete dalla recitazione potente, complessa ed eccessiva, ha lavorato con E. Kazan (*Un tram che si chiama desiderio*, 1951; *Fronte del porto*, 1954), L. Benedek (*Il selvaggio*, 1954), F.F. Coppola (*Il Padrino*, 1972), B. Bertolucci (*Ultimo tango a Parigi*, 1972).

■ *Marlon Brando.*

BRANDON, c. del Canada (Manitoba), sull'Assiniboine; 39.175 ab.

BRANDT (Bill), *Londra 1904-1983*, fotografo britannico. Le sue fotografie di corpi impietriti, visti da prospettive straordinarie, fanno di lui un innovatore del nudo femminile. Ha realizzato anche importanti reportage sui londinesi nel corso di attacchi aerei.

BRANDT (Herbert Karl **Frahm**, detto Willy), *Lubecca 1913 - Unkel, presso Bonn, 1992*, politico tedesco. Presidente del Partito socialdemocratico (1964-1987), cancelliere della RFT (1969-1974), ha orientato la diplomazia tedesca verso l'apertura nei confronti dell'Est comunista (*Ostpolitik*). (Premio Nobel per la pace 1971.)

■ *Willy Brandt.*

BRANDUÀRDI (Àngelo), *Cuggiono 1950*, cantautore e violinista. Ha esordito nel 1974 con l'album *Angelo Branduardi*. La sua musica si ispira alla tradizione classica e medievale, con testi di tono favolistico. Tra gli altri album, *Alla fiera dell'Est* (1976), *Cogli la prima mela* (1979).

BRANLY (Édouard), *Amiens 1844 - Parigi 1940*, fisico francese. Nel 1890 concepì il *coherer* a limatura, primo rilevatore di onde hertziane. Stabilì il principio dell'antenna trasmittente (1891) e compì esperimenti con il telecomando (1902).

BRANNER (Hans Christian), *Ordrup 1903 - Copenaghen 1966*, scrittore danese. I suoi romanzi e le sue opere teatrali risentono dell'influenza della psicoanalisi (*Il cavaliere*).

BRANTFORD, c. del Canada (Ontario); 84.764 ab. Musei (collezioni irochesi).

BRANTING (Hjalmar), *Stoccolma 1860-1925*, politico svedese. Fondatore del Partito socialdemocratico (1889), contribuì alla separazione pacifica tra Norvegia e Svezia (1905). Alla guida di tre governi socialisti tra il 1920 e il 1925, attuò una politica sociale avanzata. (Premio Nobel per la pace 1921.)

BRANTÔME (Pierre **de Bourdeille**, signóre **di**), *Bourdeille ca. 1540 - ? 1614*, scrittore francese. È autore delle *Vite dei grandi capitani* e delle *Vite delle dame galanti*.

BRAQUE (Georges), *Argenteuil 1882 - Parigi 1963*, pittore francese. Caposcuola del *cubismo [V. parte nomi comuni]* con Picasso, è celebre per i collages severamente ritmati (1912-1914), le nature morte di una sensibilità trattenuta, gli "Atelier", gli "Uccelli", le illustrazioni di Esiodo e Reverdy ecc.

BRÀSIDA, m. ad Anfipoli nel 422 a.C., generale spartano. Combatté contro gli ateniesi nella guerra del Peloponneso a Pilo e Megara, respingendo gli attacchi di *Cleone.

BRASILE, in port. **Brasil**, Stato federale dell'America merid.; 8.512.000 km²; 172.559.000 ab. (*brasiliani*). CAP. *Brasilia*. C. PRINC. *São Paulo* e *Rio de Janeiro*. LINGUA: *portoghese*. MONETA: *real*. [V. carta a pagina seguente.]

ISTITUZIONI – Repubblica federale, formata da 26 Stati (dotati ciascuno di un governo e un par-

lamento) e un distretto federale. La Costituzione del 1988 è stata emendata nel 1994 e nel 1997. Il presidente della repubblica, eletto a suffragio universale, rimane in carica 4 anni. Il congresso è composto dalla camera dei deputati, eletta ogni 4 anni, e dal senato federale, eletto ogni 8 anni.

GEOGRAFIA – Il territorio del B. è il più esteso e popoloso del Sudamerica (comprende, infatti, metà della popolazione dell'intera America merid.). La popolazione brasiliana è formata da bianchi, neri, amerindi, asiatici e meticci. In rapida crescita (a un ritmo che sfiora il 2% annuo), si concentra per più di tre quarti nei centri urbani, una dozzina dei quali supera il milione di abitanti. Nelle grandi città, dove confluiscono le masse rurali per effetto della sottoccupazione, si sono moltiplicate le bidonville (*favelas*). La densità demografica è maggiore sul litorale. L'interno (a NO la foresta amazzonica, dal clima caldo-umido; più a E e a S gli altopiani, spesso aridi e poco fertili) è in larga parte spopolato, con l'eccezione dei siti minerari e dei centri coloniali lungo le strade transamazzoniche (causa della progressiva deforestazione dell'Amazzonia). L'agricoltura impiega tuttora più del 20% della popolazione attiva. Il B. è il primo o secondo produttore mondiale di caffè, cacao, agrumi, zucchero e soia. Molto fiorente è pure l'allevamento bovino. L'industria è alimentata da abbondanti risorse minerarie: soprattutto ferro (cui è legato lo sviluppo della siderurgia), ma anche bauxite, manganese e persino petrolio. Il potenziale idroelettrico è solo parzialmente sfruttato. Nonostante le risorse non manchino, l'economia del paese è frenata dalla struttura agraria arcaica (molte grandi proprietà poco sfruttate e una massa di contadini senza terra), dalla variabilità del clima, oltre che dalla crescita demografica troppo rapida. Alle disuguaglianze sociali si sovrappongono i contrasti regionali, soprattutto tra il NE, spesso in condizioni di miseria, e le città del SE, più dinamiche. Una parte importante dell'industria di trasformazione (assemblaggio delle automobili, settori chimico ed elettronico) è controllata da paesi stranieri. Infine il debito estero, legato in primo luogo alla politica di industrializzazione rapida condotta negli anni '60 e '70 del secolo scorso, permane ingentissimo e pone una pesante ipoteca su qualunque prospettiva di crescita durevole.

STORIA – **Il periodo coloniale. 1500**: Pedro Alvares Cabral scopre il B., che diventa possedimento portoghese. **1532-1560**: nonostante i tentativi di insediamento da parte dei francesi, alla fine sono i portoghesi ad avere la meglio. **1624-1654**: gli olandesi, attirati dall'abbondanza di canna da zucchero, occupano le coste brasiliane, ma presto ne vengono espulsi. **1720-1770**: la ricerca dell'oro fa sì che gli amerindi si concentrino nell'interno del paese, lasciando le coste ai bianchi. Si sviluppano le grandi piantagioni (cotone, cacao, tabacco), che assicurano un rinnovamento economico del paese. **1775**: con l'abolizione della schiavitù degli amerindi, aumenta la richiesta di manodopera nera. **1808-1821**: la famiglia reale portoghese, messa in fuga dalle armate napoleoniche, si stabilisce a Rio de Janeiro. **1815**: Giovanni VI eleva il paese al rango di regno.

L'impero brasiliano. 1822-1889: sotto Pedro I (1822-1831) e Pedro II (1831-1889) il B., impero indipendente, conosce un'esplosione demografica (immigrazione) e una notevole crescita economica (caffè, ferrovie). I suoi confini vengono modificati dopo la guerra con il Paraguay. L'abolizione della schiavitù dei neri semina il malcontento tra l'aristocrazia terriera (1888).

La repubblica dei "colonnelli". 1889: in seguito alla deposizione di Pedro II a opera dell'esercito, viene proclamata la repubblica. Tuttavia a detenere di fatto il potere sono le oligarchie, che possiedono uomini e terre. La coltura del caffè è ancora prevalente e assicura la prosperità al paese, ma si sviluppa anche la produzione di caucciù. **1917**: il B. dichiara guerra alla Germania.

L'era Vargas. 1930: la crisi economica provoca la caduta del regime. Getulio Vargas sale al potere: eletto presidente nel 1934, tre anni dopo instaura una dittatura. **1942**: la partecipazione del B. alla seconda guerra mondiale a fianco degli Alleati stimola lo sviluppo economico del paese. **1945**: G. Vargas è deposto dai militari; **1950**: viene rieletto presidente. Tuttavia l'opposizione, legata agli interessi stranieri, lo spinge al suicidio (1954).

I militari al potere. 1956-1964: si susseguono i governi riformisti, che risentono però dell'influenza delle società multinazionali. **1960**: Brasilia diventa capitale. **1964-1985**: in seguito a un golpe, i generali salgono al potere (Humberto Castelo Branco, Artur da Costa e Silva, Emilio Garrastazu Médici, Ernesto Geisel, João Baptista de Oliveira Figueiredo). L'economia nazionale è largamente subordinata agli interessi nord-americani.

Il ritorno alla democrazia. 1985: i civili riconquistano il potere. Il presidente José Sarney (1985-1990) e il suo successore, Fernando Collor de Mello (eletto nel 1989, per la prima volta a suffragio universale), devono fronteggiare una situazione economica e finanziaria particolarmente difficile. **1992**: accusato di corruzione, F. Collor de Mello viene sospeso dalle sue funzioni e costretto a dimettersi. Il vicepresidente Itamar Franco assicura la transizione alla guida dello Stato. **1995**: Fernando Henrique Cardoso sale alla presidenza della repubblica; **1999**: all'inizio del suo secondo mandato, è chiamato a far fronte a una grave crisi finanziaria. **2003**: gli subentra alla presidenza Luiz Inacio "Lula" da Silva.

BRASILE (corrente del), corrente marina calda. Si dirige da N verso S lungo la costa del Brasile.

BRASILIA, cap. del Brasile, sugli altopiani interni, a ca. 1100 m d'alt.; 2.043.169 ab. Capol. del Distretto Federale (5814 km²). Centro amministrativo e commerciale. — Fu audacemente edificata dal nulla a partire dal 1957; i principali artefici furono l'urbanista L. *Costa (1902-1998) e l'architetto O. *Niemeyer.

BRASILLACH (Robert), *Perpignan 1909 - Montrouge 1945*, scrittore francese. Critico, romanziere e giornalista politico, dal 1934 sostenne il fascismo e in seguito la Germania nazista; condannato a morte e giustiziato dopo la Liberazione (*Come passa il tempo...*, 1937; *Il nostro anteguerra*, 1941).

BRASIMÓNE (lago), bacino artificiale dell'Appennino bolognese. È racchiuso da una diga la cui costruzione è stata ultimata nel 1911.

BRAȘOV, c. della Romania, in Transilvania; 323.736 ab. Industrie meccaniche. — Monumenti medievali.

Georges **BRAQUE**. *Atelier IX, 1954-1956.*
(Fondation Maeght, Saint-Paul-de-Vence.)

BRASILIA. *Edifici del Palazzo dei Congressi, sulla piazza dei Tre Poteri (1957-1960; architetto O. Niemeyer).*

Brasile

▬ autostrada	● più di 3.000.000 di ab.
▬ strada normale	● da 1.000.000 a 3.000.000 di ab.
▬ ferrovia	● da 500.000 a 1.000.000 di ab.
☆ importante località turistica	● da 100.000 a 500.000 ab.
✈ aeroporto	• meno di 100.000 ab.
▬ confine di stato federale	
Manaus capitale di stato federale	

200 500 1000 m

300 km

BRASSAÏ (Gyula **Halász**, detto), Braşov 1899 - Nizza 1984, fotografo francese di origine ungherese. Un'atmosfera spettrale di ombre e luci amplifica, nella sua opera, gli aspetti strani e insoliti, che sottolineano i suoi legami con i surrealisti.

BRASSENS (Georges), Sète 1921 - Saint-Gély-du-Fesc 1981, cantautore francese. Paroliere e compositore, è autore di canzoni poetiche, vigorose e anticonformiste (*Chanson pour l'Auvergnat, Le gorille, Supplique pour être enterré sur la plage de Sète*).

BRASSEUR (Pierre **Espinasse**, detto Pierre), Parigi 1905 - Brunico 1972, attore teatrale e cinematografico francese. La presenza scenica e la verve gli hanno permesso di imporsi a teatro (*Kean*, di J.P. Sartre, tratto dalla commedia di A. Dumas, 1953) e al cinema (*Amanti perduti*, M. Carné, 1945).

BRĂTIANU (Ion), Piteşti 1821 - Florica 1891, politico romeno. Fu primo ministro dal 1876 al 1888. — **Ion (Ionel) B.**, Florica 1864 - Bucarest 1927, politico romeno. Figlio di Ion, fu primo ministro, in part. negli anni 1914-1918 e 1922-1926.

BRATISLÀVA, cap. della Slovacchia, sul Danubio; 448.292 ab. Centro commerciale, culturale e industriale. È l'ant. *Presburgo* (in ted. *Pressburg*). — Monumenti antichi e musei.

BRATSK, c. della Russia, in Siberia; 259.095 ab. Grande centrale idroelettrica sull'Angara. Industrie per la lavorazione del legname. Alluminio.

BRATTAIN (Walter Houser), Amoy, Cina, 1902 - Seattle 1987, fisico e tecnico statunitense. Ha contribuito alla realizzazione del transistor a germanio. (Premio Nobel 1956.)

BRAUCHITSCH (Walther **von**), Berlino 1881 - Amburgo 1948, maresciallo tedesco. Comandante in capo delle truppe terrestri nel 1938, fu sollevato dall'incarico da A. Hitler nel 1941.

BRAUDEL (Fernand), Luméville-en-Ornois 1902 - Cluses 1985, storico francese. Ha introdotto la ricerca storica allo studio dei grandi spazi e dei fenomeni di lunga durata (*Civiltà e imperi nel Mediterraneo nell'età di Filippo II*, 1949), occupandosi anche dell'economia dell'Europa preindustriale (*Civiltà materiale e capitalismo, XV-XVIII sec.*, 1979).

È autore inoltre del saggio *L'identità della Francia* (1986, postumo).
■ *Fernand Braudel.*
BRAULT (Michel), *Montreal 1928*, regista cinematografico canadese. Come capo operatore ha lavorato per P. Perrault e J. Rouch ed è uno dei pionieri del **cinema diretto*: *Pour la suite du monde* (con P. Perrault, 1963), *Les ordres* (1974).
BRAUN (Karl Ferdinand), *Fulda 1850 - New York 1918*, fisico tedesco. Inventò l'oscillografo catodico. (Premio Nobel 1909.)
BRAUN (Matyáš Bernard), *Oetz, Tirolo, 1684 - Praga 1738*, scultore ceco. Artista barocco, è autore delle celebri statue sul ponte Carlo a Praga. Tra le altre opere, i gruppi della foresta di Kuks, nella Boemia settentr.
BRAUN (Wernher **von**), *Wirsitz, att. Wyrzysk, Polonia, 1912 - Alexandria, Virginia, 1977*, ingegnere tedesco naturalizzato statunitense. A partire dal 1930 eseguì ricerche sui missili sperimentali con H.J. Oberth. Nel 1937 divenne direttore tecnico del centro di prove missilistiche di Peenemünde, dove lavorò alla costruzione della *V2*. Trasferitosi negli Stati Uniti nel 1945, sviluppò, a partire dal 1950, il primo missile balistico guidato americano, quindi divenne uno dei principali artefici del programma spaziale statunitense: diresse la costruzione del razzo *Saturn V*, che rese possibile la spedizione sulla Luna.
BRAUNER (Victor), *Piatra Neamţ 1903 - Parigi 1966*, pittore francese di origine romena, esponente del surrealismo.
BRAVAIS (Auguste), *Annonay 1811 - Versailles 1863*, fisico francese. Enunciò la teoria della struttura reticolare cristallina.
BRAZZÀ (Piètro **Savorgnàn di**) → SAVORGNAN DI BRAZZÀ.
BRAZZAVILLE, cap. del Congo, sul Malebo Pool (f. Congo); 1.234.000 ab. Una linea ferroviaria (Congo-Oceano) collega la città all'Atlantico. Università. Aeroporto.
BRAZZAVILLE (conferènza di) (30 gen. - 8 feb. 1944), conferenza dei governatori delle colonie organizzata dal generale C. de Gaulle e dal Comitato francese di liberazione nazionale di Algeri. Stabilì i principi di una nuova organizzazione delle colonie francesi in Africa.
BRÉBBIA, com. in prov. di Varese, presso il Lago Maggiore; 3170 ab. Industrie tessili e delle pipe.
BRECHT (Bertolt), *Augusta 1898 - Berlino 1956*, drammaturgo e teorico teatrale tedesco. Poeta (*Elegie di Buckow*) e narratore (*Storie da calendario*), ha creato, in opposizione al teatro tradizionale, dove lo spettatore si identifica con l'eroe, il "teatro epico", che invita l'attore a presentare il suo personaggio senza confondersi con lui ("effetto di straniamento") e lo spettatore a considerare lo spettacolo teatrale con lo sguardo critico e obiettivo con il quale abitualmente analizza la realtà (*L'opera da tre soldi*, 1928; *Madre Coraggio e i suoi figli*, 1940; *Il signor Puntila e il suo servo Matti*, 1948; *Il cerchio di gesso del Caucaso*, 1945; *La resistibile ascesa di Arturo Ui*, 1959). Nel 1949 ha fondato e diretto il gruppo teatrale del Berliner Ensemble.

■ *Bertolt Brecht nel 1955.*
BREDA, c. dei Paesi Bassi (Brabante Settentrionale); 162.308 ab. Castello; Grande chiesa del XV sec.; museo etnografico (reperti indonesiani). — Fu conquistata da A. de Spinola nel 1625. — **Trattato di Breda** (1667), trattato ratificato da Inghilterra, Province Unite, Francia e Danimarca. Pose fine al conflitto tra inglesi e Province Unite; queste ultime e la Francia ne ottennero vantaggi territoriali e commerciali.
BRÈDA, società meccanica. Fu fondata a Milano nel 1886 da Ernesto B. per la costruzione di locomotive, macchine agricole e belliche. Dagli anni '50 del secolo scorso è una finanziaria a capitale pubblico.
BREENDONK, villaggio del Belgio (prov. di Anversa), a O di Malines. Campo di concentramento tedesco dal 1940 al 1944, è stato trasformato in Museo nazionale.
BREGÀGLIA (Val), valle delle Alpi Retiche. Lunga 32 km, si estende sul territorio italiano e svizzero ed è attraversata dal f. Mera. È circondata da rilievi (Cima di Castello, 3378 m).
BREGENZ, c. dell'Austria, capol. del Vorarlberg, sul Lago di Costanza; 27.097 ab. Vecchia città alta. Museo del Vorarlberg. — Turismo.
BREGUET (Abraham Louis), *Neuchâtel 1747 - Parigi 1823*, orologiaio francese. Fu uno specialista dell'orologeria di lusso e della cronometria subacquea. — **Louis B.**, *Parigi 1804-1883*, costruttore francese di strumenti scientifici. Nipote di Abraham Louis, specialista di strumenti di precisione, fabbricò i primi telegrafi francesi. — **Louis B.**, *Parigi 1880 - Saint-Germain-en-Laye 1955*, industriale francese. Nipote di Louis, fu uno dei pionieri della costruzione aeronautica in Francia.
BREISGAU → BRISGOVIA.
BREL (Jacques), *Schaerbeek 1929 - Bobigny 1978*, cantautore belga. Paroliere e compositore, divenne famoso per la qualità dei suoi testi poetici (*Le plat pays*), appassionati (*Ne me quitte pas*) o satirici (*Les bourgeois*).

■ *Jacques Brel nel 1961.*
BRÈMA, in ted. **Bremen**, c. della Germania, cap. del Land di B., sul Weser; 540.330 ab. Porto. Centro commerciale, finanziario e industriale. — Porto commerciale, che fu uno dei più attivi dell'Hansa (XIII sec.). Città libera dell'impero nel 1646. — Monumenti antichi. Importanti musei (pittura, culture extraeuropee).
BRÈMA (Land di), Land della Germania; 404 km^2; 663.065 ab.
BREMBÀNA (Val), valle della Lombardia. Estesa dalla Pianura Padana alle Alpi Orobie e percorsa dal f. Brembo, abitata fin dalla preistoria, è oggi una rinomata area turistica.
BRÈMBO, f. della Lombardia; 72 km. Nasce dalle Alpi Orobie, scorre nella Val Brembana (prov. di Bergamo) e sfocia nell'Adda.
BREMEN → BREMA.
BREMERHAVEN, c. della Germania (Land di Brema), alla foce del f. Weser; 128.944 ab. Museo tedesco della marina.
BRENDEL (Alfred), *Loučná nad Desnou, Moravia, 1931*, pianista austriaco, uno dei più grandi interpreti di L. van Beethoven, F. Schubert e F. Liszt.
BRÈNNERO, valico della frontiera italo-austriaca; 1375 m. Situato tra le Alpi Retiche e le Alpi Noriche e utilizzato già nell'antichità, è oggi la principale via di comunicazione con i paesi dell'Europa continentale.
BRÈNNERO (Pàsso del), in ted. **Brenner**, passo delle Alpi, alla frontiera italo-austriaca, tra Bolzano e Innsbruck; 1370 m. Utilizzato fin dall'antichità, oggi è la principale via di comunicazione italiana con i paesi dell'Europa continentale.
BRÈNNO, nome di capi gallici. La leggenda romana narra di un capo dei senoni che, nel 390 ca. a.C., saccheggiò Roma.
BRÈNTA, f. del Veneto; 174 km. Nasce dagli emissari dei laghi Caldonazzo e Levico, scorre in Valsugana e, giunto in pianura, si divide in due rami: il primo sfocia nel Mar Adriatico presso Chioggia, il secondo diventa il Naviglio di B.
BRÈNTA (Dolomiti di), gruppo montuoso del Trentino. Fa parte delle Alpi Retiche ed è delimitato dai f. Noce a NE e Sarca a SO. Le vette più elevate sono la Cima Tosa (3173 m) e la Cima B. (3150 m). Note località turistiche (Andalo, Molveno, Madonna di Campiglio).
BRENTANO (Bettina) → ARNIM (Elisabeth **von**).
BRENTANO (Clemens), *Ehrenbreitstein 1778 - Aschaffenburg 1842*, scrittore tedesco. Fratello di Bettina von Arnim e collaboratore di *Achim von *Arnim* per *La cornucopia del fanciullo*, fu uno dei principali esponenti del romanticismo tedesco.
BRENTANO (Franz), *Marienberg 1838 - Zurigo 1917*, filosofo e psicologo tedesco, nipote di Clemens B. Distinguendo la psicologia dalla logica, sviluppò la nozione di intenzionalità della coscienza (*Psicologia dal punto di vista empirico*, 1874).
BRÈRA (Giovànni Luigi, detto Giànni), *San Zenone Po 1919 - Codogno 1992*, giornalista e scrittore. Collaboratore di diverse testate (*La Gazzetta dello Sport*, di cui fu codirettore dal 1949 al 1954, *Il Giorno*, *La Repubblica*), ha sviluppato uno stile arguto e personale. Tra le pubblicazioni, *Il corpo della ragassa* (1974), *Storia critica del calcio italiano* (1975).
BRÈRA (palàzzo di), nel centro di Milano, palazzo del XVII sec. Edificato nel 1171 dai religiosi Umiliati, quindi di proprietà dei gesuiti dal 1572, diventò una scuola laica nel 1773. Negli anni successivi all'architetto G. Piermarini furono affidati i lavori di ampliamento e ristrutturazione, al termine dei quali il palazzo raggiunse l'aspetto attuale. Oggi è sede di importanti istituzioni, quali la Pinacoteca, l'Accademia di Belle Arti, la Biblioteca Braidense e l'Osservatorio astronomico.
BRESCÈLLO, com. in prov. di Reggio nell'Emilia; 4795 ab. Agricoltura (frumento, barbabietole). Industrie metalmeccaniche. Statua di Ercole del Sansovino.
BRÉSCIA, c. della Lombardia, capol. di prov.; 191.317 ab. (*bresciani*). Situata alle pendici delle Prealpi lombarde, allo sbocco della Val Trompia. Importante centro industriale, in part. nei settori metalmeccanico, chimico, alimentare. Molto sviluppati il commercio e il settore dei servizi. — Fondata dai galli cenomani, nel 220 a.C. fu conquistata dai romani e chiamata *Brixia*. Dopo il saccheggio a opera di Attila, nel Medioevo fu sede di un ducato longobardo, quindi divenne un libero comune. Conquistata da Venezia nel 1426, restò sotto il suo controllo fino al 1797. Nel 1815 passò sotto la dominazione austriaca, alla quale resistette eroicamente (Dieci giornate di Brescia, 23 mar. - 1° apr. 1849). — Notevoli monumenti storici: basilica di S. Salvatore (IX sec.); duomo vecchio (XI sec.) e Broletto (XIII sec.); chiesa di S. Francesco (XIII sec.); chiesa di S. Maria dei Miracoli (XV sec.); duomo nuovo (XVII sec.). Museo archeologico; museo dell'età cristiana; Pinacoteca Tosio Martinengo. — Nella provincia, collinare e montuosa nella parte settentr. e pianeggiante in quella merid., sono sviluppati le industrie meccaniche e tessili, l'agricoltura e l'allevamento ovino. Il turismo è in espansione.
BRESLAU → BRESLAVIA.
BRESLÀVIA, in ted. **Breslau**, c. della Polonia, capol. del voivodato omonimo, in Bassa Slesia, sull'Odra; 636.765 ab. Centro amministrativo, culturale e industriale. — Cattedrale e municipio gotici, altri monumenti; museo di Slesia.
BRESSANÓNE, in ted. **Brixen**, com. in prov. di Bolzano; 18.379 ab. Centro turistico posto alla confluenza del torrente Rienza con il f. Isarco. Importanti monumenti: duomo romanico, battistero di S. Giovanni (XI sec.). Nei dintorni, abbazia di Novacella (XII-XVIII sec.).
BRESSE, reg. argillosa della Francia orient., tra la la Saône e il Giura; c. princ. *Bourg-en-Bresse*. Allevamento (bovini, polli).
BRÈSSO, com. in prov. di Milano; 27.615 ab. Centro industriale (chimico, meccanico).
BRESSON (Robert), *Bromont-Lamothe, 1901 - Droue-sur-Drouette 1999*, regista cinematografico francese. I suoi film esplorano, con una rigorosa economia dei gesti, degli sguardi e delle voci, il percorso spirituale dei protagonisti (*Perfidia*, 1945; *Diario di un curato di campagna*, 1951; *Pickpocket*, 1960; *Mouchette*, 1967; *L'argent*, 1983).
BREST, c. della Francia, capol. del dip. Finistère, sulla riva settentr. della rada di B.; 156.217 ab. Arsenale. Costruzioni elettriche. Musei. — Castello del XV-XVI sec. — Porto militare della Marina di Ponente. Sede, dal 1830 al 1940, della Scuola navale, ricostruita nel 1961 a Lanvéoc-Poulmic, a S della rada; nell'Île Longue, dal 1968, base di sottomarini nucleari lanciamissili. Sede del Servizio idrografico e oceanografico della marina. Parco dedicato agli oceani ("Océanopolis"). — Base sottomarina tedesca dal 1940 al 1944, B. è stata distrutta dai bombardamenti alleati.
BREST, già **Brest-Litovsk**, c. della Bielorussia, sulla frontiera polacca; 289.000 ab.
BREST-LITOVSK (trattàto di) (3 mar. 1918), trattato di pace firmato tra Germania, Austria-Ungheria, impero ottomano e Russia sovietica, che rinunciò alla Polonia e ai paesi baltici. Fu annullato dal successivo trattato di Versailles.

BRETÀGNA, reg. amministrativa della Francia; 27.208 km^2; 2.906.197 ab.; capol. *Rennes*. La B., che costituisce la parte più estesa del Massiccio Armoricano e la reg. più occ. della Francia, ha un clima generalmente mite e umido, dovuto alla vicinanza del mare. La pesca e le attività a essa connesse (industria conserviera), oltre al turismo estivo, rendono la B. marittima la zona più vivace e popolata della provincia. La B. interna sviluppa le colture cerealicole e soprattutto l'allevamento (bovini, maiali, pollame). — L'ant. Armorica prese il nome di B. nel V sec., quando i bretoni della Britannia (l'attuale Gran Bretagna) vi emigrano in massa. Nell'845 Nominoe ne assicurò l'indipendenza e nel 939 essa diventò un ducato. Sotto la dinastia dei Montfort, che divennero duchi con Giovanni di Montfort (Giovanni IV) al termine di una guerra di successione (1341-1365), il ducato conquistò la reale indipendenza. In seguito, grazie al matrimonio della duchessa Anna con Carlo VIII (1491), poi Luigi XII (1499), re di Francia, si creò tra Francia e Gran Bretagna un legame personale, che consentì di salvaguardare l'indipendenza del ducato. Nel 1532 la B. divenne parte della Francia (editto di Unione), legame che ha portato nei secoli a varie rivolte (insurrezione degli *chouans*, tra il 1793 e il 1795). Nel XX sec. il particolarismo bretone si è affermato nei movimenti regionalisti e culturali.

BRETÉCHER (Claire), *Nantes 1940*, disegnatrice e sceneggiatrice di fumetti francese. Ha fornito un ritratto acuto della borghesia, dipingendo intellettuali parigini (*I frustrati*, 1973-1980) e adolescenti in crisi (*Agrippina*, dal 1988).

BRÉTIGNY (trattàto di) (8 mag. 1360), trattato ratificato tra Francia e Inghilterra durante la guerra dei Cent'anni. Firmato a B. (Beauce), sancì la liberazione di Giovanni II il Buono, ma consegnò la Francia sud-occ. a Edoardo III in cambio della sua rinuncia al trono.

BRETON (André), *Tinchebray 1896 - Parigi 1966*, scrittore francese. Principale fondatore del surrealismo, teorizzò e salvaguardò l'originalità del movimento (*Manifesti del surrealismo*, 1924-1930), che diffuse attraverso la sua opera poetica e narrativa (*Nadja*, 1928; *Vasi comunicanti*, 1932; *L'amore folle*, 1937).

■ *André Breton fotografato da Man Ray.*

BRETTON WOODS (accòrdi di), accordi finanziari internazionali. Conclusi nel lug. 1944 a B. W. (New Hampshire, Stati Uniti) tra 44 paesi, instaurarono un sistema monetario internazionale che favorì il dollaro.

BREUER (Josef), *Vienna 1842-1925*, psichiatra austriaco. Collaborò con S. Freud nel porre le basi della teoria psicoanalitica, elaborando il metodo catartico, che prevede l'utilizzo dell'ipnosi nella cura dell'isteria. Con Freud pubblicò *Studi sull'isteria* (1895).

BREUER (Marcel), *Pécs 1902 - New York 1981*, architetto e designer statunitense di origine ungherese. Membro del Bauhaus, costruì a Parigi la sede dell'Unesco (1953) con P.L. Nervi e B. Zehrfuss.

BREUGHEL(Peter)→ BRUEGEL (Peter).

BREUIL-CERVÌNIA, frazione del com. di Valtournenche, in Valle d'Aosta; 2050 m d'alt. Importante e rinomata località di soggiorno estivo e di sport invernali ai piedi del Cervino.

BREWSTER (sir David), *Jedburgh, Scozia, 1781 - Melrose 1868*, fisico britannico. Le sue ricerche sull'ottica condussero alla scoperta delle leggi della polarizzazione attraverso la riflessione.

BREŽNEV (Leonid Il'ič), *Kamenskoe, att. Dneprodzerinsk, 1906 - Mosca 1982*, politico sovietico. Prima segretario del Partito comunista (1964), maresciallo (1976), fu presidente del presidium del soviet supremo a partire dal 1977. Dopo aver firmato con R. Nixon gli accordi SALT-I (1972) e aver sottoscritto gli accordi SALT-II (1979), pose fine alla politica di distensione con l'intervento militare in Afghanistan (dic. 1979).

BRI→ BANCA DEI REGOLAMENTI INTERNAZIONALI.

BRIANÇON, c. della Francia, capol. del dip. Hautes-Alpes; 11.287 ab. Stazione climatica a 1321 m d'alt. — Fortificazioni e chiesa su progetto di S. de Vauban.

BRIAND (Aristide), *Nantes 1862 - Parigi 1932*, politico francese. Militante socialista, ebbe per 25 volte l'incarico di ministro (in part. degli esteri) e per 11 quello di presidente del consiglio. Pacifista convinto e sostenitore di una politica di riconciliazione con la Germania, firmò l'accordo di Locarno (1925) e fu uno degli animatori della Società delle Nazioni (Premio Nobel per la pace 1926.)

BRIAND-KELLOGG (pàtto) (27 ago. 1928), patto di rinuncia alla guerra, elaborato da A. Briand e F.B. Kellogg, cui aderirono ca. 60 Stati nel 1928-1929.

BRIÀNZA, reg. della Lombardia, compresa tra i f. Seveso e Adda e le colline pedemontane tra Como e Lecco. Prevalentemente collinare e densamente popolata, ha un forte carattere industriale (mobili, industrie tessili).

BRIARÈO o **EGEÓNE** MITOL. GR. Mitico gigante. Figlio di Urano e Gea e provvisto di cento mani, insieme ai suoi fratelli aiutò Zeus nella lotta contro i **Titani*.

BRIÀSSIDE, *IV sec. a.C.*, scultore greco. Lavorò alle decorazioni plastiche del Mausoleo di Alicarnasso (ma l'attribuzione è incerta), oggi conservate al British Museum di Londra.

BRIDGEPORT, c. degli Stati Uniti (Connecticut); 139.529 ab. Porto.

BRIDGMAN (Percy Williams), *Cambridge, Massachusetts, 1882 - Randolph, New Hampshire, 1961*, fisico statunitense. Condusse importanti ricerche sulle alte pressioni (Premio Nobel 1946).

BRIE, reg. dell'area parigina, tra la Marna e la Senna. È un altopiano argilloso, parzialmente ricoperto dal fango, favorevole alle coltivazioni (frumento, barbabietole) e all'allevamento. Industria casearia (formaggio omonimo).

BRIENNE, famiglia della Champagne. — **Gualtieri VI di B.**, *m. a Poitiers nel 1356*, duca di Atene e governatore di Firenze (1342-1343).

BRIENZ (Làgo di), lago della Svizzera (cant. di Berna), formato dall'Aare; 30 km^2.

BRÌGA ÀLTA com. in prov. di Cuneo; 63 ab. Fu creato nel 1947 con la sezione orient. del com. di B. Marittima, la cui sezione settentr. venne ceduta alla Francia.

BRÌGA-GLIS, in ted. **Brig-Glis**, com. della Svizzera (Vallese), sul Rodano, all'imbocco ferroviario della galleria del Sempione; 11.846 ab. palazzo Stockalper, del XVII sec.

BRIGÀTE INTERNAZIONÀLI, formazioni militari di volontari stranieri, in maggioranza comunisti, provenienti da 50 Stati, che combatterono al fianco dei repubblicani durante la guerra civile spagnola (1936-1939).

BRIGÀTE RÓSSE → BR.

BRIGHÈLLA, maschera della commedia dell'arte. Di origine bergamasca, rappresenta in prima istanza il servo grossolano e maldestro, che in seguito acquista una connotazione diversa, diventando più saggio, furbo e scaltro.

BRIGHT (Richard), *Bristol 1789 - Londra 1858*, medico britannico, noto per le sue ricerche sulle malattie dei reni.

BRIGHTON, c. della Gran Bretagna (Inghilterra), sulla Manica; 133.400 ab. Stazione balneare e città di congressi. — Complesso urbano in stile Regency.

BRÌGIDA (sànta), *Fochart 455 ca. - Kildare 524 ca.*, religiosa irlandese, patrona d'Irlanda. Fondatrice del monastero di Kildare, con san Patrizio e Colomba forma la "triade taumaturgica" d'Irlanda.

BRÌGIDA (sànta), *Finstad ca. 1303 - Roma 1373*, mistica svedese. Madre di Santa Caterina di Svezia, scrisse le *Revelationes* sulla Passione.

BRIGNÀNO GÈRA D'ÀDDA, com. in prov. di Bergamo; 4719 ab. Centro agricolo e industriale (meccanica, tessile, abbigliamento). Castello dei Visconti.

BRIGNÓNE (Guido), *Milano 1887 - Roma 1959*, regista cinematografico. Tra i suoi film, *Odette* (1915), *Maciste all'inferno* (1926), *Rubacuori* (1931), *Teresa Confalonieri* (1934), *Vivere* (1937), *Vertigine* (1941), *Beatrice Cenci* (1941), *Romanzo di un giovane povero* (1942), *Core 'ngrato* (1951), *Nel segno di Roma* (1959).

BRIGUE (La), com. della Francia, nel dip. Alpes-Maritimes; 600 ab. Chiesa di St.-Martin (pale d'altare dell'inizio del XV sec.); nei dintorni, Cappella des Fontaines (affreschi della fine del XV sec.).

BRIL (Paul o Paulus), *Anversa 1554 - Roma 1626*, pittore fiammingo. Paesaggista della campagna romana, anticipò C. Lorrain.

BRILLAT-SAVARIN (Anthelme), *Belley 1755 - Parigi 1826*, gastronomo francese, autore di **La fisiologia del gusto* (1826).

BRILLOUIN (Léon), *Sèvres 1889 - New York 1969*, fisico francese. Specialista in fisica quantistica, studioso della teoria dei semiconduttori, dimostrò l'analogia tra informazione ed entropia, sviluppando il concetto di "energia negativa".

BRÌNDISI, c. della Puglia, capol. di prov., sul Mare Adriatico; 93.454 ab. (*brindisini*). Porto commerciale e per il traffico di passeggeri. Industrie petrolchimiche, alimentari, meccaniche. Mercato agricolo (frumento, ortaggi, olive, mandorle). — In epoca romana, fu uno dei principali porti verso l'Oriente. Nel Medioevo fu porto di imbarco per le crociate, ma nel 1456 fu distrutta da un terremoto. Dopo l'annessione al regno d'Italia, tra la fine dell'800 e l'inizio del '900 riprese la sua attività di porto per il traffico di passeggeri. Nel 1944 fu sede del governo Badoglio. — Resti romani, castello svevo, chiese medievali. — La provincia di B. comprende un territorio fertile, coltivato a viti, olivi e ortaggi. I centri principali sono Ostuni, Meseglie e Francavilla Fontana.

BRINK (André Philippus), *Vrede, 1935*, scrittore sudafricano di lingua afrikaans. I suoi romanzi, che denotano un'attenta ricerca formale, denunciano l'apartheid (*Guardando nel buio*, *Un'arida stagione bianca*).

BRION (Marcel), *Marsiglia 1895 - Parigi 1984*, scrittore francese. È autore di racconti fantastici e di saggi sull'arte.

BRISBANE, c. dell'Australia, cap. del Queensland; 1.291.117 ab. Porto. Centro industriale.

BRISGÒVIA, in ted. **Breisgau**, reg. della Germania; capol. *Friburgo*. Territorio montuoso a S e a E, comprende un tratto della valle del f. Reno. Nel capol. importanti produzioni industriali.

BRISIGHÈLLA, com. in prov. di Ravenna; 7570 ab. Centro agricolo e industriale. Rocca (XV sec.). Pieve romanica di S. Giovanni in Ottavo.

BRISSOT DE WARVILLE (Jacques Pierre **Brissot**, detto), *Chartres 1754 - Parigi 1793*, giornalista e politico francese. Deputato all'assemblea legislativa e membro della Convenzione, sostenitore della guerra, fu uno dei capi dei girondini; i giacobini lo catturarono e lo fecero ghigliottinare.

BRISTOL, c. della Gran Bretagna (Inghilterra), nei pressi del Canale di B.; 370.300 ab. Porto. — Cattedrale e chiesa gotica di St. Mary Redcliffe. Musei.

BRISTOL (canàle di), braccio di mare nell'Atlantico, tra il Galles e la Cornovaglia.

BRITÀNNIA, nome dato dai romani alla Gran Bretagna prima delle invasioni anglosassoni (V-VI sec.).

BRITÀNNICHE (Ìsole), insieme formato dalla Gran Bretagna, da alcune isole minori e dall'Irlanda.

BRITÀNNICO (Tibèrio Clàudio), *41 ? - 55 d.C.*, principe romano. Figlio dell'imperatore Claudio e di Messalina, erede del trono imperiale, fu scacciato da Agrippina e avvelenato dal fratellastro Nerone. — La sua storia ha ispirato l'omonima tragedia a J. Racine (1669).

BRITISH MUSEUM, museo di Londra, fondato nel 1753. Ricche collezioni, tra le altre, di antichità mediorientali, di arte greca (fregi del Partenone) e romana.

BRITISH PETROLEUM→ BP.

BRITTEN (Benjamin), *Lowestoft 1913 - Aldeburgh 1976*, compositore britannico. Pianista e direttore d'orchestra, ha composto opere (*Peter Grimes*, 1945; *Il giro di vite*, 1954) e musica religiosa (*Requiem di guerra*).

BRIXEN → BRESSANONE.

BRJANSK, c. della Russia, a SO di Mosca; 456.949 ab.

BRNO, in ted. **Brünn**, c. della Rep. Ceca, in Moravia; 379.185 ab. Fiera internazionale. — Monumenti medievali e di epoca barocca. Musei.

BROADWAY, grande arteria che attraversa New York, a Manhattan. Centro di produzione teatrale (sale per spettacoli di musical e di prosa).

BROCA (Paul), *Sainte-Foy-la-Grande 1824 - Parigi 1880*, chirurgo e antropologo francese. Fondatore di una scuola di antropologia, studiò il cervello e il linguaggio umano.

BROCÉLIANDE, vasta foresta leggendaria bretone, spesso identificata con l'att. foresta di Paimpont. Il ciclo di *Artù* vuole che qui viva il mago *Merlino*.

BROCH (Hermann), *Vienna 1886 - New Haven, Connecticut, 1951*, scrittore austriaco. La sua opera letteraria è una meditazione sull'evoluzione della società tedesca e sul senso dell'arte (*I sonnambuli*, 1931-1932; *La morte di Virgilio*, 1945).

BROCKEN, cima dei Monti dell'Harz (Germania); 1142 m. Secondo la leggenda, sarebbe luogo di raduni di streghe durante la notte di Valpurga (30 apr. - 1° mag.).

BRODSKIJ (Josif), *Leningrado 1940 - New York 1996*, poeta statunitense di origine sovietica. Condannato nel 1964 in URSS per "parassitismo sociale", si stabilì negli Stati Uniti nel 1972. La sua poesia, imbevuta di cultura classica, mescola il quotidiano a temi filosofici (*Versi e poemi*, *Urania*). (Premio Nobel 1987.)

BROEDERLAM (Melchior), pittore fiammingo, la cui presenza a Ypres è documentata dal 1381 al 1409. È autore degli sportelli di una delle pale per la certosa di Champmol (1394 ca., museo di Digione).

BROGLIE (dùchi di), famiglia francese originaria del Piemonte. — **Victor François**, duca **di B.**, *1718 - Munster 1804*, maresciallo di Francia. Si distinse nella guerra dei Sette anni e comandò il primo esercito di emigrati nel 1792. — **Victor**, duca **di B.**, *Parigi 1785-1870*, politico francese. Nipote di Victor François, fu presidente del consiglio (1835-1836). — **Albert**, duca **di B.**, *Parigi 1821-1901*, politico francese. Figlio di Victor, capo dell'opposizione monarchica durante la III Repubblica, presidente del consiglio (1873-1874 e 1877). — **Maurice**, duca **di B.**, *Parigi 1875 - Neuilly-sur-Seine 1960*, fisico francese. Nipote di Albert, si dedicò allo studio degli spettri dei raggi X. Nel 1921, scoprì l'effetto fotoelettrico nucleare. — **Louis**, duca **di B.**, *Dieppe 1892 - Louveciennes 1987*, fisico francese. Fratello di Maurice, stabilì una relazione che confermava la sua ipotesi secondo cui le particelle materiali, come l'elettrone, presentano un carattere ondulatorio, permettendo l'associazione a ciascuna di esse di una lunghezza d'onda determinata. La meccanica ondulatoria così sviluppata è all'origine della meccanica quantistica. (Premio Nobel 1929.)
■ *Louis de Broglie*.

BROMFIELD (Louis), *Mansfield 1896 - Columbus 1956*, scrittore statunitense, autore di *La grande pioggia* (1937).

BRONGNIART (Alexandre Théodore), *Parigi 1739-1813*, architetto francese. Neoclassicista, costruì a Parigi diversi palazzi, il convento dei cappuccini (1789, att. liceo Condorcet) e la Borsa (1807). — **Alexandre B.**, *Parigi 1770-1847*, geologo francese. Figlio di Alexandre Théodore, fu membro della Società geologica di Francia e diresse la Manifattura delle porcellane di Sèvres. — **Adolphe B.**, *Parigi 1801-1876*, botanico francese. Figlio di Alexandre, pose i fondamenti della paleobotanica.

BRONSON (Charles Buchinski, detto Charles), *Ehrenfeld, Pennsylvania, 1920 - Los Angeles 2003*, attore cinematografico statunitense. Ha recitato in numerosi film d'azione: *I magnifici sette* (1960), *C'era una volta il West* (1968), la serie de *Il giustiziere della notte* (dal 1974), *Assassination* (1987).

BRØNSTED (Johannes Nicolaus), *Varde, Jylland, 1879 - Copenaghen 1947*, chimico danese. Studiò la cinetica delle reazioni chimiche, la termodinamica delle soluzioni e ridefinì la teoria degli ioni di S. Arrhenius.

BRÓNTE com. in prov. di Catania; 19.481 ab. Centro agricolo ai piedi dell'Etna. Produzione di pistacchi e mandorle. Nel 1860 vi ebbe luogo una rivolta contadina duramente repressa da N. Bixio.

BRONTË (Charlotte), *Thornton 1816 - Haworth 1855*, scrittrice britannica. Nei suoi romanzi mise in luce le aspirazioni sociali e le passioni della donna (*Jane Eyre*, 1847). — **Emily B.**, *Thornton 1818 - Haworth 1848*, scrittrice e poetessa britannica. Sorella di Charlotte, è autrice del romanzo *Cime tempestose* (1847). — **Anne B.**, *Thornton 1820 - Scarborough 1849*, scrittrice britannica. Sorella di Charlotte e di Emily, pubblicò romanzi didattici e morali (*Agnes Grey*).

BRONX, quartiere (*borough*) di New York; 1.332.650 ab.

BRONZÌNO (Àgnolo **di Còsimo**, detto **il**), *Firenze 1503-1572*, pittore. Allievo del Pontormo, influenzato da Michelangelo, fu uno dei più importanti rappresentanti del manierismo toscano. Tra le sue opere, si segnalano numerosi ritratti (*Guidobaldo d'Urbino*, Palazzo Pitti, Firenze; *Bartolomeo e Lucrezia Panciatichi*, Uffizi, Firenze) e il ciclo di affreschi delle *Storie bibliche* a palazzo Vecchio, Firenze.

BROODTHAERS (Marcel), *Bruxelles 1924 - Colonia 1976*, artista belga. Seguace del dadaismo, ha sviluppato una modalità di espressione originale, che mescola umorismo, senso dell'assurdo e brio critico (oggetti, disegni, testi, foto, film).

BROOK (Peter), *Londra 1925*, regista teatrale e cinematografico britannico. Influenzato da A. Artaud e da forme teatrali non occidentali (Africa, Asia), ha esposto la propria estetica teatrale, basata su una scena completamente svuotata, nel saggio *Lo spazio vuoto* (1970), e ha rinnovato la messa in scena del repertorio tradizionale (W. Shakespeare soprattutto). È anche regista di film (*Moderato cantabile*, 1960; *Il Mahabharata*, 1990).

Peter **BROOK**. Il Mahabharata *(1990)*.

BROOKLYN, quartiere (*borough*) di New York, all'estremità occ. di Long Island; 2.465.326 ab.

BROOKS (Louise), *Cherryvale, Kansas, 1906 - Rochester, Stato di New York, 1985*, attrice cinematografica statunitense. Fu diretta, nei suoi ruoli più celebri, da G.W. Pabst, che la fece lavorare in Germania (*Lulù*, 1929; *Diario di una donna perduta*, 1929).

■ *Louise Brooks in* Lulù *di G.W. Pabst*.

BROOKS (Melvin Kaminsky, detto Mel), *New York 1926*, regista e attore cinematografico statunitense. È autore di film comici, di cui ha curato anche la sceneggiatura: *Per favore non toccate le vecchiette* (1968), *Mezzogiorno e mezzo di fuoco* (1972), *Frankenstein junior* (1974), *Balle spaziali* (1987), *Dracula, morto e contento* (1995).

BROONZY (William Lee Conley **Broonzy**, detto Big Bill), *Scott, Mississippi, 1893 - Chicago 1958*, cantante e chitarrista blues statunitense. Influenzò notevolmente la storia del blues, grazie alla potenza e alla limpidezza della sua voce.

BROSSES (Charles **de**), *Digione 1709 - Parigi 1777*, scrittore e magistrato francese. Etnologo, linguista, è autore di *Lettere familiari scritte dall'Italia nel 1739 e nel 1740*.

BROUCKÈRE (Charles **de**), *Bruges 1796 - Bruxelles 1860*, politico belga. Ebbe un ruolo importante nella rivoluzione belga del 1830. — **Henri de B.**, *Bruges 1801 - Bruxelles 1891*, politico belga. Fratello di Charles, membro del Partito liberale, fu presidente del consiglio e ministro degli esteri dal 1852 al 1855.

BROUWER (Adriaen), *Oudenaarde 1605/1606 - Anversa 1638*, pittore fiammingo. Artista dalla vita inquieta, è autore di scene di taverna di grande qualità plastica.

BROUWER (Luitzen Egbertus Jan), *Overschie 1881 - Laren 1966*, matematico e logico olandese. Sviluppò la logica detta "intuizionista", che affermava che la matematica non poteva essere dedotta dalla logica.

BROWN (Earle), *Lunenburg, Massachusetts, 1926*, compositore statunitense. È stato influenzato da J. Cage e dalle teorie matematiche (*Available Forms, I e II*, 1961-1962).

BROWN (Herbert Charles), *Londra 1912*, chimico statunitense di origine britannica. I suoi studi di chimica organica riguardano gli idruri e i composti del boro, come agenti di sintesi. (Premio Nobel 1979.)

BROWN (James), *Augusta, Georgia, 1928*, cantante statunitense di rhythm and blues. Ha contribuito all'avvento del soul e proclamato l'identità nera.

BROWN (John), *Torrington, Connecticut, 1800 - Charlestown, Virginia, 1859*, politico statunitense. Avversario tenace della schiavitù, fu giustiziato per aver organizzato un colpo di mano contro un arsenale.

BROWN (Robert), *Montrose, Scozia, 1773 - Londra 1858*, naturalista britannico. Analizzò la flora australiana e scoprì quello che in seguito fu chiamato moto *browniano* [V. parte nomi comuni].

BROWN (Trisha), *Aberdeen, Stato di Washington, 1936*, ballerina e coreografa statunitense. Cofondatrice del Judson Dance Theater a New York nel 1962, è passata da realizzazioni sperimentali (*Walking on the Wall*, 1971) a opere concepite esclusivamente per la sua compagnia, creata nel 1970 (*Glacial Decoy*, 1979; *Newark*, 1987; *M.O.*, 1995).

BROWNE (sir Thomas), *Londra 1605 - Norwich 1682*, scrittore e medico inglese. Una riflessione tollerante, influenzata da Montaigne, è alla base del suo famoso *Religio medici* e di altri curiosi saggi autobiografici.

BROWNING (Elizabeth), nata **Barrett**, *presso Durham 1806 - Firenze 1861*, scrittrice britannica. È autrice dei *Sonetti dal portoghese* e del romanzo in versi *Aurora Leigh*. — **Robert B.**, *Camberwell, Londra, 1812 - Venezia 1889*, poeta britannico, marito di Elizabeth. Poeta d'ispirazione romantica (*Sordello, L'anello e il libro*), si fece profeta della disillusione amorosa in epoca vittoriana.

BROWNING (Kurt), *Rocky Mountain House, Alberta, 1966*, pattinatore canadese. Campione del mondo di pattinaggio artistico nel 1989, 1990, 1991 e nel 1993, è stato il primo a riuscire in un salto quadruplo in gara.

BROWN-SÉQUARD (Edouard), *Port Louis 1817 - Parigi 1894*, medico e fisiologo francese. Studiò la fisiologia del midollo spinale e definì il ruolo delle ghiandole endocrine.

BRUANT (Aristide), *Courtenay 1851 - Parigi 1925*, chansonnier francese. Scrisse canzoni realistiche, in *argot*.

BRÜCKE (Die), movimento artistico che fu il nucleo dell'*espressionismo* [V. parte nomi comuni] tedesco.

BRUCKNER (Anton), *Ansfelden 1824 - Vienna 1896*, compositore e organista austriaco. È autore di sinfonie monumentali, di mottetti, di messe, con una scrittura spesso contrappuntistica.

BRUCKNER (Theodor **Tagger**, detto Ferdinand), *Vienna 1891 - Berlino 1958*, autore teatrale svizzero. Fu uno degli animatori del teatro d'avanguardia dopo la prima guerra mondiale (*I delinquenti*).

BRUEGEL o **BREUGHEL** (Pieter), detto **il Vècchio**, *? 1525-1530 ca. - Bruxelles 1569*, pittore fiammingo. Stabilitosi a Bruxelles nel 1563, fu autore di opere ispirate al folclore brabantino (*I proverbi fiamminghi*, Berlino; *Margot la Folle*, Anversa), e di paesaggi campestri (*Cacciatori nella neve*) o soggetti storici (*Censimento a Betlemme*, Bruxelles), tutti caratterizzati da un'alta qualità pittorica. — **Pieter II B.**, detto **il Giovane** o **Bruegel degli Inferni**, *Bruxelles 1564 - Anversa 1638*, pittore fiammingo. Figlio di Bruegel il Vecchio, lavorò

BRUEGEL IL VECCHIO. Danza dei contadini (1568 ca.). (Kunsthistorisches Museum, Vienna.)

sullo orme del padre. — **Jan B.**, detto **Bruegel dei Velluti**, *Bruxelles 1568 - Anversa 1625*, pittore fiammingo. Fratello di Pieter il Giovane, fu autore di quadri floreali e di paesaggi biblici e allegorici.

BRUGES, com. della Francia, nel dip. Gironde, a NO di Bordeaux; 10.737 ab. Orticoltura. Chiesa di St-Pierre (XI-XII sec.).

BRUGES, in fiamm. **Brugge**, c. del Belgio, capol. della Fiandra Occidentale; 116.559 ab. Porto collegato a Zeebrugge da un canale marittimo. Industrie meccaniche e tessili. — Centro di scambi internazionali a partire dal XIII sec., indipendente di fatto dai conti delle Fiandre, B. ebbe grande prosperità nel corso del XIV sec. Il suo declino economico iniziò nel XV sec., a vantaggio di Anversa. — Ha conservato monumenti famosi, soprattutto del XIII e del XVI sec.: il palazzo dei mercati (Le Halles) con la torre campanaria; il palazzo del municipio; la basilica del Preziosissimo Sangue; la chiesa di Notre-Dame; il Béguinage; l'ospedale di St-Jean, che ospita diversi capolavori di H. Memling. Il museo municipale è ricco di quadri di scuola fiamminga.

BRUGES. Antiche case nel centro della città.

BRUGHÈRIO, com. in prov. di Milano; 30.814 ab. Importante centro industriale (gomma, plastica, tessili).

BRÜHL, c. della Germania (Renania Settentrionale-Westfalia); 43.849 ab. Castello rococò di Augustusburg, residenza dei vescovi di Colonia, realizzato da F. de Cuvilliés e J.B. Neumann (1725-1765 ca.); giardini.

BRUMMELL (George), *Londra 1778 - Caen 1840*, proverbiale dandy britannico. Fu soprannominato "re della moda".

BRUNÀTE, com. in prov. di Como; 1728 ab. Grazie alla sua posizione (su un altopiano nei pressi del Lago di Como) è un importante centro turistico.

BRUNDTLAND (Gro Harlem), *Oslo 1939*, politica norvegese. Presidente del Partito laburista (1981-1992), è stata primo ministro nel 1981, dal 1986 al 1989 e dal 1990 al 1996. Promotrice all'ONU, negli anni '80 del secolo scorso, della Commissione mondiale per l'ambiente e lo sviluppo (*Commissione B.*), dal 1998 è direttore generale dell'Organizzazione mondiale della sanità.

BRUNECHÌLDE o **BRUNÌLDE**, *Spagna 543 ca. - Renève, Borgogna, 613*, regina d'Austrasia. Moglie di Sigeberto, re d'Austrasia, ingaggiò con Fredegonda, regina di Neustria, una lotta che insanguinò i due regni. Fu catturata da Clotario II, figlio di Fredegonda, che la fece uccidere.

BRUNECK → BRUNICO.

BRUNEI, Stato dell'Asia sud-orient., nell'isola del Borneo; 5765 km^2; 335.000 ab. CAP. *Bandar Seri Begawan*. LINGUA: *malese*. MONETA: *dollaro del Brunei*. [V. *carta della* **Malaysia**.] Petrolio e gas naturale. — Protettorato britannico nel 1906, è diventato indipendente (1984) nell'ambito del Commonwealth.

BRUNEL (sir Marc Isambard), *Hacqueville, Vexin, 1769 - Londra 1849*, ingegnere britannico di origine francese. Realizzò diverse macchine e costruì il primo tunnel sotto il Tamigi (1824-1842). — **Isambard Kingdom B.**, *Portsmouth 1806 - Westminster 1859*, ingegnere britannico. Figlio di Marc Isambard, costruì le prime navi in ferro a elica propulsiva: *Great Western* (1837), *Great Britain* (1845) e *Great Eastern* o *Leviathan* (1858).

BRUNELLÉSCHI (Filippo), *Firenze 1377-1446*, architetto e scultore. Esordì come orafo e scultore a Firenze e successivamente, dopo aver visitato le rovine di Roma, ritornò nella città natale dove divenne il padre del classicismo rinascimentale, rivoluzionando profondamente le concezioni tecniche, spaziali e compositive dell'architettura del periodo: tra le sue innovazioni sono da ricordare la volta della cupola senza armatura di sostegno, l'equilibrio dei rapporti proporzionali tra i volumi, dato da esatti calcoli sulla prospettiva, il nuovo ruolo della luce, utilizzata per definire lo spazio. Nel 1418 vinse il concorso per la cupola di S. Maria del Fiore, che realizzò a più riprese (dal 1423 al 1438). Altre opere: chiesa di S. Lorenzo (1421-1460); chiesa di S. Spirito (1444-1487); Ospedale degli Innocenti (1421-1445); Cappella Pazzi (1429-1446) in S. Croce; il nucleo centrale di Palazzo Pitti (1440-1470).

BRUNER (Jerome), *New York 1915*, psicologo statunitense. Ha studiato l'acquisizione del linguaggio e lo sviluppo cognitivo del bambino (*Il pensiero*, 1956; *La ricerca del significato: per una psicologia culturale*, 1990).

BRUNETIÈRE (Ferdinand), *Tolone 1849 - Parigi 1906*, critico francese. Fu uno dei maggiori oppositori del naturalismo.

BRUNÉTTO LATÌNI → LATINI (Brunetto).

BRÙNICO, in ted. **Bruneck**, com. in prov. di Bolzano; 13.628 ab. Capol. della Val Pusteria, è di

fondazione romana. Centro storico medievale, con un castello del XIII-XIV sec.

BRUNÌLDE → BRUNECHILDE.

BRÜNING (Heinrich), *Münster 1885 - Norwich, Vermont, 1970*, politico tedesco. Deputato del Centro cattolico (1924-1929), fu cancelliere del Reich (1930-1932); nel 1933 gli successe P. Hindenburg.

BRÜNN → BRNO.

BRUNNEN, stazione turistica della Svizzera (cant. di Schwyz), sul Lago dei Quattro Cantoni.

BRÙNO (Giordàno), *Nola 1548 - Roma 1600*, filosofo. Sacerdote domenicano, accusato dai suoi superiori di eresia, abbandonò l'ordine e viaggiò per l'Europa. Rientrato in Italia su invito del patrizio G. Mocenigo, nel 1591 si stabilì a Venezia. L'anno successivo fu denunciato dal suo stesso protettore e, dopo un processo durato sette anni, fu trasferito a Roma e condannato al rogo. Fu uno dei primi a violare la concezione aristotelica dell'universo chiuso e a difendere la tesi copernicana (*Cena delle ceneri*, 1584; *De l'infinito universo e mondi*, 1584), approdando a un umanesimo panteista, che rivoluzionava il rapporto tradizionale di Dio con il mondo e che per questo si scontrava con le concezioni della Chiesa.

BRÙNO I, *925 - Reims 965*, arcivescovo di Colonia e reggente della Lorena. Fratello di Ottone I, di cui fu cancelliere (940), difese la regola benedettina e l'autorità imperiale. — **Bruno di Querfurt**, *974-1009*, santo e martire. Apostolo della Germania e degli slavi, fu ucciso nel corso di una missione in Ucraina. — **Bruno** (santo), *Colonia ca. 1030 - Serra San Bruno, Calabria, 1101*, santo fondatore dell'ordine dei certosini. Nel 1084 si stabilì a La Chartreuse, vicino a Grenoble, e vi fondò un importante eremo. — **Bruno di Segni** o **di Asti**, *Asti 1044 ca. - Segni 1123*, teologo e polemista. Divenne vescovo di Segni (1080) e abate di Montecassino (1108-1111).

BRUNSCHVICG (Léon), *Parigi 1869 - Aix-les-Bains 1944*, filosofo francese. Attraverso gli studi di epistemologia, concepì l'idea di una filosofia spiritualista. Curò la pubblicazione dei *Pensieri* di B. Pascal.

BRUNSWICK, in ted. **Braunschweig**, c. della Germania (Bassa Sassonia); 246.322 ab. Centro industriale. — Cattedrale romanico-gotica. Musei. — La città fu capitale dello Stato di Brunswick.

BRUNSWICK (Càrlo, dùca **di**), *Wolfenbüttel 1735 - Ottensen, presso Altona, 1806*, generale tedesco. Comandante dell'esercito austro-prussiano nel 1792, lanciò da Colonia il proclama che, minacciando la distruzione di Parigi se la famiglia di Luigi XVI fosse stata oltraggiata, provocò la caduta della monarchia. Sconfitto a Valmy (1792), fu ferito mortalmente durante la battaglia di Auerstedt.

BRUNSWICK (Stàto **di**), in ted. **Braunschweig**, ant. Stato della Germania. Ducato dal 1235 fino al 1918, poi repubblica, fu incorporato al Terzo Reich nel 1934.

BRUSILOV (Aleksej Alekseevič), *San Pietroburgo 1853 - Mosca 1926*, generale russo. Celebre per l'offensiva vittoriosa in Galizia (1916), comandante supremo dopo l'abdicazione di Nicola II (1917), aderì al regime sovietico.

Filippo **BRUNELLESCHI.** Interno della Cappella Pazzi (1430 ca.), a Firenze.

BRUSSA → Bursa.

BRÙTO (Lúcio Giùnio), personaggio della tradizione romana. Avrebbe cacciato il re Tarquinio il Superbo, di cui era nipote, contribuendo così alla fine della monarchia a Roma (509 a.C.). In seguito divenne il primo console della repubblica romana.

BRÙTO (Màrco Giùnio), *Roma 85-42 ca. a.C.*, politico romano. Figlio adottivo di Cesare, governò la Gallia Cisalpina e poi, deluso dalla politica del patrigno, organizzò con Cassio la congiura contro di lui e lo uccise (idi di marzo 44). In seguito si rifugiò in Oriente, ma, dopo essere stato sconfitto a Filippi da Antonio e Ottaviano, si uccise.

BRUTTIUM, ant. nome della Calabria.

BRUXELLES, in fiamm. **Brussel**, cap. del Belgio, capol. della reg. Bruxelles-Capitale, sulla Senna; 134.395 ab. (l'insieme di Bruxelles e agglomerati costituisce la reg. Bruxelles-Capitale: formata da 19 comuni, si estende per 162 km² e conta 959.318 ab., a netta maggioranza francofona.) Sede arcivescovile (con Malines). Università. Centro amministrativo, commerciale, intellettuale e industriale. — Favorita dalla collocazione e dalla congiuntura storica, B. conobbe un rapido sviluppo nel XIII sec. e divenne la città principale dei Paesi Bassi dopo la fusione del Brabante con gli Stati borgognoni (1430). Dopo la ribellione contro il re Guglielmo I d'Orange, divenne la capitale del regno indipendente del Belgio nel 1830. B. è una delle capitali dell'Unione Europea (sede della commissione UE) e, dal 1967, la sede del Consiglio permanente della NATO. — Cattedrale di St-Michel, antica collegiale del XIII-XV sec. (vetrate, opere d'arte); magnifico Hôtel de Ville del XV sec. sulla *Grand-Place*; chiesa di Notre-Dame du Sablon (XV sec.); chiesa barocca di St-Jean-Baptiste-au-Béguinage (XVII sec.); Place Royale (XVIII sec.); edifici di V. Horta. Numerosi musei, tra i quali il museo reale di belle arti e il museo reale d'arte e di storia.

BRUXELLES. *Parte della Grand-Place.*

BRUXELLES (trattato di) (17 mar. 1948), alleanza difensiva conclusa tra la Francia, la Gran Bretagna e i paesi del Benelux. Esteso nel 1954 alla Germania federale e all'Italia dagli accordi di Parigi, è servito come base per l'Unione dell'Europa Occidentale (UEO), organizzazione politica e militare sostituita nel 2000 dalla PESC, l'organizzazione che si occupa della politica estera e della sicurezza comune dell'Unione Europea.

BRUZÒLO, com. in prov. di Torino, nella Val di Susa; 1336 ab. Selvicoltura. Nel 1610 Enrico IV di Francia e Carlo Emanuele I di Savoia vi firmarono uno storico trattato.

BRYAN (William Jennings), *Salem, Illinois, 1860 - Dayton, Tennessee, 1925*, politico statunitense. Per tre volte candidato democratico alla presidenza degli Stati Uniti, si ritirò a favore di W. Wilson nel 1912 e contribuì al suo successo.

BUACHE (Freddy), *Losanna 1924*, critico cinematografico svizzero. Ha fondato nel 1948 la Cinémathèque suisse, che ha diretto dal 1950 al 1996. È autore di *Trente Ans de cinéma suisse 1965-1995* (1995).

BUBÀSTI, ant. c. dell'Egitto sul delta del Nilo, di cui rimangono rovine presso l'att. Tell Basta. Luogo di culto della dea Bast o Bastet, rappresentata come donna con testa di gatto.

BUBER (Martin), *Vienna 1878 - Gerusalemme 1965*, filosofo israeliano di origine austriaca.

Rinnovò lo studio della tradizione ebraica (*Io e tu*, 1923; *Gog e Magog*, 1941).

BUBKA (Sergej), *Donetsk 1963*, atleta ucraino. Sei volte campione del mondo di salto con l'asta (1983, 1987, 1991, 1993, 1995 e 1997) e campione olimpico nel 1988, ha superato 17 volte il record del mondo, tra il 1984 e il 1994, portandolo da 5,85 a 6,14 m (primo saltatore con l'asta a superare i 6 m, nel 1985).

BUCARAMANGA, c. della Colombia; 414.365 ab.

BÙCAREST, in rum. **Bucureşti**, cap. della Romania, sulla Dîmboviţa, subaffl. del Danubio; 2.054.000 ab. Centro amministrativo e industriale. — Nota fin dal 1459, la città divenne nel 1862 la capitale dei principati uniti di Moldavia e Valacchia. Vi sono stati firmati numerosi trattati (1812, 1913, 1918). — Chiese di origine bizantina (XVI-XVIII sec.). Sede di numerosi musei, tra i quali il museo nazionale d'arte e il museo del Villaggio (etnografico).

BUCAREST. *Palazzo del parlamento.*

BÙCCARI, in serbo-croato **Bakar**, porto della Croazia sul Golfo di Fiume; 4000 ab. Pesca, coltivazione di uva, cementifici, turismo. Nel 1918 vi si svolse un'azione navale contro gli austriaci, che G. D'Annunzio definì "beffa di B."

BUCCIARÈLLI DÙCCI (Brunètto), *Terranova Bracciolini 1914 - Arezzo 1994*, politico. Deputato della Democrazia cristiana dal 1948, fu presidente della camera dal 1963 al 1968.

BUCÉFALO, nome del cavallo di Alessandro Magno.

BUCÈRO o **BUTZER** (Martino), *Schlettstadt 1491 - Cambridge 1551*, riformatore alsaziano. Domenicano legato a M. Lutero, diffuse la Riforma in Alsazia e in Inghilterra.

BUCHANAN (George), *Killearn 1506 - Edimburgo 1582*, umanista scozzese. Precettore del futuro Giacomo I d'Inghilterra, sostenne l'idea della monarchia limitata (*De jure regni apud Scotos*, 1579).

BUCHANAN (James), *presso Mercersburg, Pennsylvania, 1791 - Wheatland, Pennsylvania, 1868*, politico statunitense. Presidente degli Stati Uniti dal 1857 al 1861, finì per allinearsi sulle posizioni degli schiavisti.

BUCHANAN (James M.), *Murfreesboro, Tennessee, 1919*, economista statunitense. È autore di importanti ricerche sulle scelte collettive e sulle spese pubbliche. (Premio Nobel 1986.)

BUCHARIN (Nikolaj Ivanovič), *Mosca 1888-1938*, economista e politico sovietico. Teorico di partito, sostenitore di una politica economica moderata, fu estromesso da J.V. Stalin dalla presidenza dell'Internazionale comunista (1928), poi condannato e ucciso (1938). È stato riabilitato nel 1988.

BUCHENWALD, campo di concentramento tedesco (1937-1945) nelle vicinanze di Weimar.

BUCHNER (Eduard), *Monaco 1860 - Focşani, Romania, 1917*, chimico tedesco. Le sue ricerche dimostrarono il ruolo degli enzimi nell'azione dei fermenti. (Premio Nobel 1907.)

BÜCHNER (Georg), *Goddelau 1813 - Zurigo 1837*, drammaturgo tedesco. Nei suoi drammi rivoluzionari e spregiudicati indagò "l'abisso che è l'uomo", introducendo una nuova forma di drammaturgia (*La morte di Danton*, 1835; *Woyzeck*).

BUCINTÒRO, imbarcazione sulla quale il doge di Venezia saliva nel giorno dell'Ascensione, per celebrare il matrimonio simbolico della città con il mare.

BUCK (Pearl), *Hillsboro, Virginia, 1892 - Danby, Vermont, 1973*, scrittrice statunitense. Nei romanzi descrisse la Cina, paese in cui aveva lungamente vissuto. (Premio Nobel 1938.)

BUCKINGHAM (George **Villiers**, dúca **di**), *Brooksby 1592 - Portsmouth 1628*, politico inglese. Favorito dei re Giacomo I e Carlo I, attirò su di sé, a causa dei suoi compromessi, l'odio dei parlamentari inglesi. Mentre si preparava a soccorrere gli ugonotti assediati a La Rochelle, fu assassinato da un ufficiale puritano.

BUCKINGHAM PALACE, palazzo di Londra. Costruito nel 1705 e più volte rimaneggiato, è la residenza ufficiale dei sovrani britannici dal 1837.

BUCKINGHAMSHIRE, contea della Gran Bretagna, a NO di Londra; 619.500 ab.; capol. *Aylesbury*.

BUCÒLICHE o **ÈGLOGHE** (Le), raccolta di dieci liriche di Virgilio (42-39 a.C.). Si tratta di brevi dialoghi tra pastori, a imitazione di Teocrito.

BUCOVÌNA, reg. europea suddivisa tra Ucraina e Romania. Parte settentr. della Moldavia, fu ceduta all'Austria (1775), quindi unita alla Romania nel 1918. La B. settentr. è stata annessa all'URSS nel 1947.

BU CRAA, centro del Sahara Occidentale. Giacimento di fosfato.

BUDAPEST, cap. dell'Ungheria, sul Danubio; 1.825.000 ab. È costituita dalla fusione (1872) di *Buda* (la città alta), sulla riva destra del fiume, e di *Pest*, sulla riva sinistra. Centro amministrativo, intellettuale, commerciale e industriale. — Buda, che fu occupata dagli ottomani dal 1541 al 1686, divenne la capitale dell'Ungheria nel 1867. — Resti romani; monumenti barocchi e neoclassici. Musei, tra i quali quello, molto ricco, di Belle Arti.

BUDAPEST. *La chiesa dell'Incoronazione. A destra, il tempio calvinista.*

BUDDHA, nome con cui è designato il fondatore del buddhismo, Siddharta Gautama, chiamato anche Shakyamuni, perché appartenente alla famiglia dei Shakya. Nato a Kapilavastu (VI-V sec. a.C.), prese il nome di B. dopo aver ricevuto l'"illuminazione", o "risveglio" (*bodhi*), a Bodh Gaya. La sua predicazione cominciò con il Sermone di Benares e si diffuse attraverso l'India nord-orient.

BUDÉ (Guillaume), *Parigi 1467-1540*, umanista francese. Diffuse in Francia lo studio del greco e

BUDDHA *mentre tiene il primo sermone. Arte gupta; V sec. a.C. (Museo di Samath, India.)*

contribuì alla creazione dei "lettori reali", il futuro Collegio di Francia.

BÙDRIO, com. in prov. di Bologna, sulla destra del torrente Idice; 15.346 ab. Importante centro agricolo e industriale. Nella seconda metà dell'800 vi fu inventata l'ocarina, uno strumento musicale in argilla.

BUENAVENTURA, c. della Colombia, sul Pacifico; 227.478 ab. Porto.

BUENOS AIRES, cap. dell'Argentina; 2.960.976 ab. (12.560.000 ab. nell'agglomerato). Porto (esportazioni di cereali e di carne). Centro commerciale, industriale e culturale (università, Museo di Belle Arti, Opera). — La città, fondata nel XVI sec., capitale nel 1776 del vicereame di La Plata, poi dell'Argentina indipendente (1816), si sviluppò soltanto a partire dalla seconda metà del XIX sec.

BUENOS AIRES. Veduta del centro della città.

BUFALÌNO (Gesualdo), Comiso 1920-1996, scrittore. Il suo romanzo d'esordio, Diceria dell'untore, scritto nel secondo dopoguerra ma pubblicato soltanto nel 1981, gli è valso un immediato successo. Tra le altre opere, Argo il cieco (1984), L'uomo invaso (1986), Le menzogne della notte (1988), Qui pro quo (1991), Tommaso e il fotografo cieco (1996).

BUFFALMÀCCO (Bonàmico di Cristòforo, detto), Firenze XIV sec., pittore. Contemporaneo di Giotto, è il probabile autore del Trionfo della morte e di altri affreschi del camposanto di Pisa.

BUFFALO, c. degli Stati Uniti (Stato di New York), sul Lago Erie, nelle vicinanze del Niagara; 292.648 ab. (1.170.111 ab. nell'agglomerato). Università. Porto fluviale. Centro industriale. — Museo d'arte.

BUFFALO BILL (William Frederick **Cody**, detto), Scott Country, Iowa, 1846 - Denver 1917, pioniere statunitense. Partecipò alle operazioni contro i cheyenne e i sioux. Celebre per la precisione della sua mira, divenne in seguito direttore di un circo.

BUFFET (Bernard), Parigi 1928 - Tourtour 1999, pittore e incisore francese. Ha creato un'iconografia di grande impatto, dal grafismo nervoso e tagliente.

BUFFET (Marie-George), Sceaux 1949, politico francese. Comunista (segretario nazionale del PCF dal 2001), è stata ministro della gioventù e dello sport dal 1997 al 2002.

BUFFON (Georges Louis **Leclerc**, cónte **di**), Montbard 1707 - Parigi 1788, naturalista francese. Autore della Storia naturale (40 voll. ca., dal 1749 al 1804), che conobbe un immenso successo, contribuì alla nascita del Giardino del re (futuro museo di storia naturale di Parigi) e fu un gran-de promotore della divulgazione scientifica.

BUG MERIDIONÀLE, f. dell'Ucraina, che sfocia nel Mar Nero; 806 km.

BUG OCCIDENTÀLE, f. della Bielorussia e della Polonia, che confluisce nel Narew; 810 km.

BUGÀNDA, ant. e potente regno fortemente centralizzato dell'Africa orient. (l'att. Uganda).

BUGÀTTI (Èttore), Milano 1881 - Parigi 1947, industriale italiano naturalizzato francese. Fu uno dei pionieri della costruzione di automobili sportive, da corsa e di lusso in Francia. A lui si devono anche le prime autostrade francesi (1933).

BUGHINÈSI o **BÙGI**, popolazione di Celebes, in Indonesia; 3.670.000 individui). Convertitisi all'islam nel XVII sec., i b. si sono presto indirizzati verso il controllo e il commercio dei prodotti ad alto valore di mercato; dal XVIII sec. sono anche famosi navigatori. La loro lingua appartiene alla famiglia maleo-polinesiana.

BUGIA → Béjaïa.

BUGLIÒNE (Goffrédo **di**) → GOFFREDO DI BUGLIONE.

BUGNÀRA, com. in prov. dell'Aquila, ai piedi del colle Rotondo; 1197 ab. Produzione di organi; cave di pozzolana. Chiesa della Madonna del Rosario (XVI sec.). Chiesa di S. Maria della Neve (edificata su un tempio pagano).

BÙGNO (Giànni), Brugg, Svizzera, 1964, ciclista. Professionista dal 1985, ha vinto il Giro d'Italia e la Milano-Sanremo nel 1990, il campionato del mondo nel 1991 e 1992 e il Giro delle Fiandre nel 1994. Si è ritirato nel 1998.

BUISSON (Ferdinand), Parigi 1841 - Thieuloy-Saint-Antoine 1932, pedagogo e politico francese. Collaboratore di J. Ferry, fu uno dei fondatori della Lega dei diritti dell'uomo. (Premio Nobel per la pace 1927.)

BUJUMBURA, già **Usumbura**, cap. del Burundi; 321.000 ab.

BUKAVU, c. della Rep. Dem. del Congo, presso il Lago Kivu; 418.000 ab.

BUKHARA, c. dell'Uzbekistan centrale; 228.000 ab. Turismo. — Monumenti del IX-XVI sec., tra i quali il mausoleo (907 ca.) di Ismail il Samanide.

BUKHARA. Mausoleo (907 ca.) di Ismail il Samanide (sovrano della Transoxiana).

BÜLACH, c. della Svizzera (cant. di Zurigo), a N di Zurigo; 13.922 ab.

BULAWAYO, c. dello Zimbabwe; 621.742 ab.

BULGAKOV (Michail Afanas'evič), Kiev 1891 - Mosca 1940, scrittore russo. Autore di racconti sulla guerra civile (La guardia bianca, 1925) e sulla NEP (Nuova politica economica), di commedie satiriche e drammi storici, affrontò il tema dell'artista condannato al compromesso con il potere (Il Maestro e Margherita, 1928-1940, pubblicato nel 1966).

BULGANIN (Nikolaj Aleksandrovič), Nižnij Novgorod 1895 - Mosca 1975, maresciallo sovietico. È stato presidente del consiglio dal 1955 al 1958.

BÙLGARI, famiglia di gioiellieri di origine greca. Il primo negozio fu aperto nel 1884 da Soti-

rio B., ma la notorietà arrivò nel 1905 con l'inaugurazione del celebre negozio di Via Condotti a Roma. Grazie all'intervento dei figli Costantino e Giorgio B., l'azienda si sviluppò notevolmente a partire dagli anni '70 del secolo scorso. Quotata in Borsa dal 1995, la società è oggi una delle più prestigiose sul mercato mondiale.

BULGARÌA, in bulg. **Baǎlgarija**, Stato dell'Europa balcanica, sul Mar Nero; 111.000 km²; 7.867.000 ab. (bulgari). CAP. Sofia. LINGUA: bulgaro. MONETA: nuovo lev.

ISTITUZIONI — Costituzione in vigore dal 1991. Il presidente della repubblica è eletto a suffragio universale per un periodo di 5 anni. L'assemblea nazionale, eletta ogni 4 anni, esercita il potere legislativo.

GEOGRAFIA — La popolazione, che conta una minoranza di origine turca, si concentra nelle regioni interne (Sofia) e nelle pianure (zona meridionale della valle del Danubio e della Marica, separate dai Balcani. Il Massiccio dei Rodopi occupa la parte meridionale del paese. Il clima è continentale, tendenzialmente arido. Basata sulla produzione di frumento e mais, l'agricoltura fornisce anche tabacco, frutta, rose e vino, i principali prodotti d'esportazione. Accanto alle tradizionali industrie tessili e alimentari si sono sviluppate la siderurgia, la metallurgia e l'industria chimica, con una notevole valorizzazione dei prodotti del sottosuolo (soprattutto lignite e rame). Il turismo è attivo sulle coste del Mar Nero.

STORIA — Le origini. Abitata dai traci, nel I sec. d.C. la regione è conquistata dai romani e successivamente passa sotto il dominio dell'impero bizantino. Gli slavi vi si stabiliscono a partire dal VI sec.

Dagli imperi bulgari alla dominazione ottomana. 680 ca.: alcune popolazioni di origine turca si stanziano sul basso Danubio e fondano il primo impero bulgaro. 852-889: dopo essersi convertito al cristianesimo (865), Boris I istituisce una Chiesa nazionale di lingua slava. 893-927: Simeone I il Grande instaura un patriarcato indipendente. 1018: i bizantini vincono lo zar Samuele e consolidano la loro dominazione sulla B. 1187: fondazione del secondo impero bulgaro. Metà del XIV sec.: minacciata dai mongoli, stanziati lungo i suoi confini dal 1241, e dai tartari, la B. viene suddivisa in numerosi principati. 1396-1878: sotto la dominazione ottomana, il paese viene parzialmente islamizzato. La Chiesa bulgara, dipendente dal patriarcato di Costantinopoli, ottiene nel 1870 la creazione di un esarcato autonomo.

La Bulgaria indipendente. 1878: al termine della guerra russo-turca (1877-1878), il congresso di Ber-

Bulgaria

★ importante località turistica

200 500 1000 2000 m

— autostrada
— strada normale
— ferrovia
✈ aeroporto

● più di 1.000.000 di ab.
● da 250.000 a 1.000.000 di ab.
● da 100.000 a 250.000 ab.
● da 50.000 a 100.000 ab.
• meno di 50.000 ab.

lino decide di creare una B. autonoma e di mantenere l'amministrazione ottomana in Macedonia e nella Rumelia Orientale; **1885**: quest'ultima è riannessa alla B. **1908**: il paese conquista l'indipendenza sotto Ferdinando I di Sassonia-Coburgo (1887-1918). **1912**: la B. entra in guerra contro l'impero ottomano a fianco di Serbia, Grecia e Montenegro. **1913**: trovandosi in disaccordo con i suoi alleati a proposito della spartizione della Macedonia, la B. dichiara loro guerra e viene sconfitta. **1915**: la B. partecipa alla prima guerra mondiale schierandosi a fianco degli imperi centrali; **1919**: in base al trattato di Neuilly perde l'accesso al Mar Egeo. **1935**: lo zar Boris III instaura una dittatura personale. **1941**: durante la seconda guerra mondiale, dopo l'iniziale neutralità la B. si schiera con la Germania. **1944**: dopo l'occupazione da parte dell'Armata rossa, un governo formatosi in seguito all'insurrezione del 9 sett. fa entrare il paese in guerra a fianco all'URSS. Nel 1946 è proclamata la repubblica, guidata dai comunisti V. Kolarov e Georgi Dimitrov, che impegnano il paese nella costruzione del socialismo (1948). Primi segretari del Partito comunista, Vălko Červenkov (1950-1954) e Todor Živkov restano fedeli all'allineamento con l'Unione Sovietica. **1990**: il partito rinuncia al suo ruolo dirigente; si indicono le prime elezioni libere. Viene istituito un governo d'unione nazionale. Zelju Želev, portavoce dell'opposizione, diviene presidente della repubblica. **1991**: l'opposizione democratica forma un nuovo governo. **1994**: i socialisti vincono le elezioni legislative. **1995**: la B. chiede di aderire all'Unione Europea. **1997**: il leader democratico Petar Stojanov (eletto nel 1996) diventa presidente della repubblica. Le elezioni legislative riportano al potere l'opposizione democratica. **2001**: una coalizione riunita attorno a Simeone di Sassonia-Coburgo-Gotha (re di B. dal 1943 al 1946 con il nome di Simeone II) vince le elezioni legislative; l'ex sovrano viene nominato primo ministro. **2002**: il socialista Georgi Parvanov (eletto nel 2001) diviene presidente della repubblica.

BULL (Frederik Rosing), *Oslo 1882-1925*, ingegnere norvegese. Mettendo a punto la tabulatrice stampante e la selezionatrice (1922) sviluppò la meccanografia con schede perforate.

BULL (John), *Somerset ca. 1562 - Anversa 1628*, compositore inglese. Organista e suonatore di virginale, è autore di composizioni per tastiera.

BULL (John) → JOHN BULL.

BULL (Olaf), *Christiania, att. Oslo, 1883-1933*, poeta norvegese d'ispirazione filosofica (*Stelle*).

BULLANT (Jean), *Écouen 1520-1578 ca.*, architetto francese. Lavorò per i Montmorency (castello di Écouen; piccolo castello di Chantilly, 1560 ca.) e per Caterina de' Medici (tra le altre cose, continuazione delle opere di P. Delorme).

BÜLOW (Bernhard, principe **von**), *Klein-Flottbeck 1849 - Roma 1929*, politico tedesco. Fu cancelliere dal 1900 al 1909.

BÜLOW (Friedrich Wilhelm), *Falkenberg 1755 - Königsberg 1816*, generale prussiano. Vincitore di Ney a Dennewitz (1813), si distinse a Waterloo (1815).

BÜLOW (Karl **von**), *Berlino 1846-1921*, maresciallo tedesco. Comandante della II armata, fu sconfitto sulla Marna (1914).

BULTMANN (Rudolf), *Wiefelstede, presso Oldenburg, 1884 - Marburgo 1976*, esegeta e teologo protestante tedesco. La sua opera è incentrata sull'interpretazione dell'elemento miracoloso nel Nuovo Testamento, con l'obiettivo di estrarne il fulcro della dottrina ("demitologizzazione").

BUNAQ, popolazione di Timor, in Indonesia (ca. 80.000 individui). Cristianizzati nel XX sec., i b. riescono tuttavia a mantenere in vita la tradizione autoctona. La loro lingua appartiene al gruppo papuasico.

BUND o **UNIÓNE GENERÀLE EBRÀICA DÈI LAVORATÓRI DI LITUÀNIA, POLÒNIA E RÙSSIA**, partito socialista ebraico fondato in Russia nel 1897, attivo in Polonia fino al 1948.

BUNDESBANK, (**Deutsche Bundesbank**, detta **Buba**), banca federale della RFT. Fondata nel 1957, istituto di base del sistema monetario e bancario tedesco, fa parte, dopo l'introduzione dell'euro, del Sistema europeo delle banche centrali.

BUNDESRAT, consiglio federale della Germania, composto da 69 membri eletti dai Landër. È stata una delle assemblee legislative della Confederazione della Germania del Nord (1867-1870), dell'impero tedesco (1871-1918) e, dal 1949, della RFT.

BUNDESTAG, camera dei deputati della Germania, composta da 656 membri eletti ogni 4 anni. Fino al 1990 è stata una delle assemblee legislative della RFT.

BUNDESWEHR, nome assegnato nel 1956 alle forze armate della Germania federale.

BUNIN (Ivan Alekseevič), *Vorone 1870 - Parigi 1953*, scrittore russo. Fedele al realismo classico nei suoi romanzi e racconti (*Il villaggio*, 1910), sviluppò in seguito una prosa più lirica e sensuale (*L'amore di Mitja*, 1925). (Premio Nobel 1933.)

BUNKER (Edward), *Hollywood 1933*, scrittore statunitense. Un'infanzia e un'adolescenza difficili lo hanno portato prima in riformatorio e poi in carcere, dove ha iniziato la carriera letteraria. Ha lavorato anche nel cinema come attore e sceneggiatore. I suoi libri sono tradotti in tutto il mondo (*Cane mangia cane*, 1999; *Come una bestia feroce*, 2001; *Educazione di una canaglia*, 2002).

BUNSEN (Robert Wilhelm), *Gottinga 1811 - Heidelberg 1899*, chimico e fisico tedesco. Costruì un particolare tipo di pila elettrica, ideò un bruciatore a gas e inventò, con G.R. Kirchhoff, l'analisi spettrale.

BUÑUEL (Luis), *Calanda, Aragona, 1900 - Città del Messico 1983*, regista cinematografico spagnolo naturalizzato messicano. Seguace del surrealismo, indagò, attraverso il filtro della commedia sociale, la verità del sogno e l'irruzione del desiderio (*Un chien andalou*, 1928; *L'âge d'or*, 1930; *I figli della violenza*, 1950; *Nazarin*, 1958; *Bella di giorno*, 1967; *Quell'oscuro oggetto del desiderio*, 1977).

Luis **BUÑUEL.** Nazarin (*1958*).

BUNYAN (John), *Elstow 1628 - Londra 1688*, scrittore inglese. La sua allegoria religiosa (*Il viaggio del pellegrino*, 1678-1684) esercitò una profonda influenza sul pubblico popolare.

BUÒN o **BÒN**, famiglia di scultori e architetti. — **Giovanni B.**, *Venezia 1350 ca. - 1442*. Collaborò con il figlio Bartolomeo, di cui fu anche maestro, ai lavori per la Ca' d'Oro (1422-1430) e la Porta della Carta (1438-1442) del palazzo ducale. — **Bartolomeo B.**, *1374 ca. - 1467 ca.* Arricchì il gotico veneziano con elementi tipici dell'arte toscana e lombarda.

BUONARRÒTI (Filippo), *Pisa 1761 - Parigi 1837*, politico. Seguace della rivoluzione, fu esiliato in Corsica e divenne cittadino francese (1793). Ritornato in Italia, fu arrestato e in carcere conobbe F.N. Babeuf, con il quale organizzò la congiura degli eguali (1796) e di cui raccontò la vita e l'opera in *La congiura per l'eguaglianza*, detta *di Babeuf* (1828). Dall'esilio creò e diresse numerose società segrete con un programma anarco-rivoluzionario.

BUONARRÒTI (Michelàngelo) → MICHELANGELO.

BUÒNA SPERÀNZA (Càpo di), già **Càpo delle Tempèste**, capo situato in Sudafrica. Scoperto da B. Diaz nel 1488, fu doppiato da V. da Gama, in viaggio verso le Indie, nel 1497.

BUÒN CONSÌGLIO (castèllo del), castello di Trento, alle pendici del Monte Calisio. È costituito da tre nuclei: Castelvecchio (XIII sec.), Magno palazzo (XVI sec.), Giunta Albertina (XVII sec.). Residenza medievale dei principi-vescovi, ospita att. il Museo provinciale di arte antica, medievale e moderna.

BUONCONVÈNTO, com. in prov. di Siena, alla confluenza dell'Ombrone e dell'Arbia; 3155 ab. Centro agricolo. Vestigia medievali: mura, Porta senese, palazzo pretorio.

BUONTALÈNTI (Bernàrdo), *Firenze 1536-1608*, architetto, pittore e scultore. Uno dei maggiori rappresentanti del manierismo toscano, lavorò a Palazzo Corsini, alla fortezza del Belvedere e alla grotta di Boboli a Firenze. Fu il decoratore delle feste della corte medicea.

BURANÈLLO → GALUPPI (Baldassarre).

BURÀNO, frazione del com. di Venezia, su quattro isolette della laguna; 5700 ab. Pesca; lavorazione dei merletti ad ago dal XVI sec.

BURAYDA, c. dell'Arabia Saudita; 184.000 ab. Mercato dei cammelli.

BURBAGE (Richard), *Londra 1567-1619 ca.*, attore inglese, interprete dei ruoli principali nei drammi di W. Shakespeare.

BURCHIÈLLO (Doménico di Giovànni, detto **il**), *Firenze 1404 - Roma 1449*, poeta. Barbiere di mestiere, subì l'esilio nel 1434 perché nemico dei Medici. I suoi sonetti, perlopiù caudati, divennero subito molto popolari e diedero vita a un modo di poetare detto "alla burchia".

BURCKHARDT (Jacob), *Basilea 1818-1897*, storico svizzero di lingua tedesca. Sviluppò la storia della cultura (*Kulturgeschichte*) sotto tutti i suoi aspetti (spec. quello artistico), in part. in *Il Cicerone* (1855) e *La civiltà del Rinascimento in Italia* (1860).

BURCKHARDT (Johann Ludwig), *Losanna 1784 - Il Cairo 1817*, esploratore svizzero. Scoprì il sito di Petra (1812) e visitò La Mecca (1814).

BURDWAN → BARDDHAMAN.

BUREAU DES LONGITUDES, organismo scientifico francese. Creato nel 1795 per determinare con maggior precisione le longitudini in mare, costituisce oggi un'accademia associata all'Istituto di meccanica celeste e di calcolo delle effemeridi.

BUREJA, f. della Russia, in Siberia, affl. dell'Amur; 623 km. Giacimenti minerari (ferro e carbone) nella vallata.

BUREN (Daniel), *Boulogne-sur-Seine 1938*, artista francese. La sua critica sociologica dell'arte passa attraverso un lavoro sull'ambiente: installazioni che strutturano lo spazio grazie a tele bianche con strisce verticali monocromatiche (dal 1966); "colonne" del Palais-Royal a Parigi (*Les deux plateaux*, 1985-1986).

BURGAS, c. della Bulgaria, sul Mar Nero; 195.686 ab. Porto. Raffineria di petrolio. Impianti chimici.

BURGDORF, c. della Svizzera (cant. di Berna); 14.416 ab. Castello del XII-XVIII sec.

BURGENLAND, prov. dell'Austria, al confine con l'Ungheria; 270.880 ab.; capol. *Eisenstadt*.

BÜRGER (Gottfried August), *Molmerswende 1747 - Gottinga 1794*, poeta tedesco, autore di ballate (*Lenore*).

BURGESS (Anthony), *Manchester 1917 - Londra 1993*, scrittore britannico. Nei suoi romanzi ha denunciato la violenza moderna (*Un'arancia a orologeria*) attraverso un culto ambiguo degli eroi (*Napoleon Symphony*).

BURGHIBA (Habib ibn Ali), *Monastir 1903-2000*, politico tunisino. Fondatore (1934) del Neo-Destur, partito modernista e laico, fu il principale artefice dell'indipendenza del suo paese. Presidente della repubblica tunisina a partire dal 1957, eletto presidente a vita nel 1975, fu destituito nel 1987.

BURGKMAIR (Hans), *Augusta 1473-1531*, pittore e incisore tedesco. Fu un seguace del Rinascimento italiano.

BURGOS, c. della Spagna (Castiglia-León), capol. di prov., nella Castiglia settentr.; 163.358 ab. Turismo. — Cap. della Castiglia dal 1037 al 1492. Sede del governo nazionalista dal 1936 al 1939. — Capitale dell'arte gotica in Castiglia: cattedrale iniziata nel 1221 (opere d'arte), monastero di Las Huelgas, certosa di Miraflores. Musei. [*V. foto a pag. seg.*]

BURGOYNE (John), *Sutton 1722 - Londra 1792*, generale inglese. Comandante dei rinforzi inglesi inviati in Canada contro gli insorti americani, fu sconfitto a Saratoga (1777).

BURGÙNDI, popolazione germanica stabilitasi nel V sec. in Gallia e Germania. Inizialmente sconfitti dal generale romano Ezio (436), conquistarono il bacino della Saona e del Rodano. Sottomessi dai franchi nel 532, hanno dato il loro nome alla Borgogna.

BURIÀTI, popolazione mongola della Russia (420.000 individui, di cui 250.000 nella Rep. dei Buriati) e della Mongolia (70.000 individui).

BURGOS. *La cattedrale, XIII-XV sec.*

BURIÀTI (Repùbblica autònoma dei), rep. della Russia, confinante con la Mongolia; 1.034.800 ab.; cap. *Ulan-Ude*. Soltanto il 25% della popolazione è composto da buriati (il 70% ca. da russi).

BURIDÀNO (àsino di), favola erroneamente attribuita a Buridano. Narra di un asino che, assetato e affamato allo stesso tempo, si lascerebbe morire piuttosto che scegliere tra un secchio d'acqua e una razione di biada.

BURIDÀNO (Giovànni), *Béthune 1300 ca. - dopo il 1358*, filosofo scolastico francese. Esponente del *nominalismo.

BURKE (Edmund), *Dublino 1729 ca. - Beaconsfield 1797*, politico e scrittore britannico. Deputato whig, si oppose alla politica colonialista inglese in America. La sua opera *Riflessioni sulla Rivoluzione francese* (1790), di ispirazione contro-rivoluzionaria, ebbe un grande successo.

BURKINA FASO, già **Alto Volta**, Stato dell'Africa occ.; 275.000 km²; 11.586.000 ab. (*burkinesi*). CAP. *Ouagadougou*. LINGUA: *francese*. MONETA: *franco CFA*.

GEOGRAFIA — Posto nel cuore del Sahel, il B. è un paese povero, in gran parte arido, nel quale si pratica un'agricoltura di sussistenza (sorgo, miglio), con qualche piantagione d'interesse commerciale (cotone, arachidi). L'allevamento (bovino e soprattutto ovino) soffre dei frequenti periodi di siccità. I mossi costituiscono l'etnia principale del paese, oggi in larga parte islamizzato.

STORIA — XII-XVI sec.: i cavalieri mossi, provenienti dal S, assoggettano le popolazioni autoctone, dedite all'agricoltura e nel XVI sec. fondano lo Stato di Ouagadougou, da cui avranno origine in epoche diverse altri regni. La loro lingua, il moro, conosce un'ampia diffusione. I mossi resistono a lungo all'islamizzazione. **1960**: è proclamata la repubblica indipendente. **1966-1980**: il paese è governato dal generale Sangoulé Lamizana, autore di un colpo di Stato. **1984**: il capitano Thomas Sankara, salito al potere l'anno precedente, attribuisce al paese il nome odierno. **1987**: T. Sankara cade vittima di un golpe guidato dal capitano Blaise Compaoré, che gli subentra a capo dello Stato. **1991**: apertura ufficiale al multipartitismo, l'opposizione boicotta le elezioni presidenziali (1991, 1998), che permettono a B. Compaoré di conservare il potere. **2000**: diviene primo ministro Paramanga Ernest Yonli.

BURLINGTON, c. del Canada (Ontario), sul Lago Ontario; 136.976 ab.

BURNABY, c. del Canada (Columbia Britannica), sobborgo di Vancouver; 179.209 ab.

BURNE-JONES (sir Edward), *Birmingham 1833 - Londra 1898*, pittore britannico. Preraffaelita, con i temi tratti dalla mitologia antica o dalle leggende medievali influenzò il simbolismo europeo.

BURNS (Robert), *Alloway 1759 - Dumfries 1796*, poeta britannico. Preromantico, seguace di J.-J. Rousseau, utilizzò il dialetto scozzese per esaltare la natura e la vita semplice.

BÙRRI (Albèrto), *Città di Castello 1915 - Nizza 1995*, pittore. Laureato in medicina, ha cominciato a dipingere in Texas, dov'era prigioniero di guerra (1944). Artista informale, si è servito di vari materiali per realizzare le sue opere (serie delle "muf-

fe", dei "catrami", dei "sacchi", dei "cretti"). Ha esposto in numerose c. italiane (Venezia, Roma, Torino) e straniere (New York, São Paulo, Parigi).

BÙRRO (Sèsto Afrànio), *m. nel 62 d.C.*, politico romano. Prefettto del pretorio, fu precettore e consigliere di Nerone.

BURROUGHS (Edgar Rice), *Chicago 1875 - Encino, California, 1950*, romanziere statunitense, creatore di *Tarzan.

BURROUGHS (William), *Saint Louis, Missouri, 1914 - Lawrence, Kansas, 1997*, scrittore statunitense. È stato uno dei principali esponenti della *beat generation* (*Il pasto nudo*, *Il biglietto che è esploso*).

BURSA, in it. **Brùssa**, c. della Turchia, a SE del Mar di Marmara; 1.066.559 ab. Cap. dell'impero ottomano dal 1326 al 1402. — Monumenti sontuosamente decorati, tra i quali la Moschea verde (1414-1424).

BURTON (sir Richard), *Torquay 1821 - Trieste 1890*, esploratore britannico. Scoprì il Lago Tanganica con J.H.S. Speke (1858).

BURTON (Richard Walter Jenkins Jr., detto Richard), *Pontrhydyfen, Galles, 1925 - Ginevra 1984*, attore teatrale e cinematografico britannico. Famoso per i matrimoni burrascosi con Liz Taylor e per la partecipazione a film storici, divise la carriera tra teatro e cinema: *Cleopatra* (J.L. Mankiewicz, 1963), *La notte dell'iguana* (J. Huston, 1964).

BURTON (Robert), *Lindley, Leicestershire, 1577 - Oxford 1640*, umanista inglese, autore di *L'anatomia della malinconia* (1621).

BURTON (Tim), *Burbank 1958*, regista cinematografico statunitense. Dopo il diploma al California Institute of Art, è stato assunto alla Disney come animatore. Ha esordito con due cortometraggi (*Vincent*, 1982; *Frankenweenie*, 1984), ma ha ottenuto i primi riconoscimenti con *Beetlejuice* (1988), cui hanno fatto seguito altri film di successo come *Batman* (1989), *Edward mani di forbice* (1990), *Ed Wood* (1994), *Mars Attacks!* (1996), *Il pianeta delle scimmie* (2001).

BURUGIRD o **BORUGIARD**, c. dell'Iran, a SO di Teheran; 217.804 ab.

BURUNDI, già **Urundi**, Stato dell'Africa centrale; 28.000 km²; 6.502.000 ab. (*burundi*). CAP. *Bujumbura*. LINGUE: *francese e kirundi*. MONETA: *franco del Burundi*.

GEOGRAFIA — Parte merid. dell'antico territorio del Ruanda-Urundi, è un paese di altopiani, esclusivamente agricolo e densamente popolato (etnie hutu e tutsi).

STORIA — XIX sec.: fondazione del regno tribale del B., a maggioranza hutu ma governato da esponenti dell'etnia tutsi. **Fine del XIX sec.**: il B. entra a far parte dell'Africa orientale tedesca.

1916: il paese, insieme con il Ruanda-Urundi, è sottoposto al mandato del Belgio; **1962**: diventa indipendente. **1966**: il capitano Michel Micombero rovescia la monarchia con un colpo di Stato e si proclama presidente della repubblica. **Dal 1970**: la vita politica è dominata da conflitti etnici (massacri nel 1972 e 1988) che contrappongono hutu a tutsi, in minoranza ma detentori del potere. **1976**: il tenente colonnello Jean-Baptiste Bazaga s'impadronisce del potere; **1987**: viene a sua volta destituito da un colpo di Stato incruento, guidato dal maggiore Pierre Buyoya. **1988**: si avvia un processo di democratizzazione che porta a un maggiore equilibrio nella distribuzione delle cariche pubbliche tra le due etnie rivali (con la nomina a primo ministro di un hutu). **1992**: entra in vigore una nuova Costituzione, che apre al multipartitismo. **1993**: elezione del primo presidente hutu della storia del paese: Melchior Ndadaye. Pochi mesi dopo, il suo assassinio provoca però una recrudescenza della guerra civile. **1996**: i militari tutsi impongono Pierre Buyoya come capo dello Stato. **2001**: si forma un governo di unità nazionale, fondato su un accordo che prevede l'alternanza di un presidente tutsi (P. Buyoya) e uno hutu (Domitien Ndayizeye a partire dal 2003). Ciononostante, non accennano a placarsi gli scontri tra l'esercito regolare e i ribelli hutu appartenenti al Fronte nazionale di liberazione.

BURY (Pol), *Haine-Saint-Pierre, att. La Louvière, 1922*, artista belga. Le sue opere, cinetiche, esprimono la magia dell'insolito: sculture-assemblaggi dai movimenti ultralenti, fontane con elementi mobili, "cinetizzazione" delle immagini ecc.

BUSCHÉTO, *Pisa XI-XII sec.*, architetto. Ideatore del duomo di Pisa, come testimonia l'iscrizione funeraria sulla facciata dello stesso. L'edificio fu terminato da Rainaldo nel XII sec.

BUSÉNTO, f. della Calabria, affl. di sinistra del Crati; 17 km. Secondo la tradizione, nell'alveo del B. fu sepolto il re dei visigoti Alarico.

BUSH (George Herbert Walker), *Milton, Massachusetts, 1924*, politico statunitense. Repubblicano, direttore della CIA, è stato vicepresidente degli Stati Uniti dal 1981 al 1989 e presidente dal 1989 al 1993. Molto attivo in politica estera (guerra del Golfo, 1991), ha dovuto fronteggiare seri problemi economico-sociali.

■ *George Bush.*

Burkina Faso

★ importante località turistica
— strada normale
— ferrovia
✈ aeroporto

● più di 400.000 ab.
● da 50.000 a 400.000 ab.
● da 20.000 a 50.000 ab.
● meno di 20.000 ab.

200 300 500 m

— **George Walker B.**, *New Haven 1946*, politico statunitense. Figlio di H.W. Bush, repubblicano, governatore del Texas (1995-2000), diventa presidente degli Stati Uniti nel 2001. Affronta il grave trauma subito dal suo paese (attentati dell'11 *settembre 2001*) dichiarando guerra al terrorismo islamico e agli Stati accusati di sostenerlo, prima con l'attacco all'Afghanistan (2001), poi con la guerra all'Iraq (2003).

BUSHEHR o **BUSHIHR**, c. dell'Iran, sul Golfo Persico; 143.641 ab. Porto.

BUSHNELL (David), *Saybrook, Connecticut, 1742 - Warrenton, Georgia, 1824*, inventore statunitense. Fu un precursore della realizzazione del sottomarino (*American Turtle*, 1775) e dell'impiego dell'elica come mezzo di propulsione delle navi.

BUSON (Yosa Buson Taniguchi, detto), *Kema 1716 - Kyoto 1784*, poeta e pittore giapponese. Rinnovò l'arte dell'haiku introducendovi umorismo e libertà di tono e combinandola con la pittura. Insieme a Ike No Taiga, è tra gli artisti che meglio si sono ispirati ai pittori letterati cinesi.

BUSÓNI (Ferrùccio Benvenùto), *Empoli 1866 - Berlino 1924*, compositore, pianista et teorico. Bambino prodigio al pianoforte e compositore prolifico, sviluppò ricerche sui pianisti tedeschi e sul linguaggio musicale. È autore delle opere *Turandot* (1917) e *Dottor Faust* (1917-1924, incompiuta), di musica sinfonica e da camera e del trattato *Saggio su una nuova estetica della musica* (1907).

BUSSÉTO, com. in prov. di Parma, nella pianura emiliana; 6826 ab. Centro agricolo e industriale. Nella vicina Roncole si trova la casa natale di G. Verdi.

BUSSÒTTI (Sylvàno), *Firenze 1931*, compositore. Artista teatrale, ha diretto il teatro della Fenice a Venezia (1976-1980). La sua opera, caratterizzata da uno stile raffinato, fonde avanguardia e autobiografismo attraverso l'utilizzo del gesto teatrale. Tra le opere, *La Passion selon Sade* (1965), *Rara Requiem* (1969-1970), *Madrelingua* (1995).

BUTE (John **Stuart**, cónte **di**), *Edimburgo 1713 - Londra 1792*, politico britannico. Primo ministro del re Giorgio III dal 1761 al 1763, negoziò il trattato di Parigi (1763).

BUTENANDT (Adolf), *Lehe 1903 - Monaco 1995*, chimico tedesco. Ricevette il premio Nobel per le sue ricerche sugli ormoni sessuali.

BUTÈRA, com. in prov. di Caltanissetta, a N della piana di Gela; 5822 ab. Agricoltura (cereali, ortaggi, agrumi, olive). Necropoli siculo-greca (VII-IV sec. a.C.). Castello normanno.

BUTLER (James, dùca **di Ormonde**), *Londra 1610-1688*, statista irlandese. Protestante e convinto monarchico, come viceré d'Irlanda (1641-1647, 1662-1669, 1677-1684) tentò di difendere gli interessi del suo paese.

BUTLER (Samuel), *Langar 1835 - Londra 1902*, scrittore britannico. I suoi romanzi descrivono con vena satirica la società vittoriana (*Erewhon, Così muore la carne*).

BUTOR (Michel), *Mons-en-Barœul 1926*, scrittore francese. La sua opera poetica, critica (*Saggio sui Saggi*) e romanzesca (*Passaggio da Milano,*

L'emploi du temps, La modificazione, Degrés, Mobile, Boomerang) ha sperimentato forme nuove (*nouveau roman*) ed esplorato con disinvoltura le diramazioni del senso nella cultura contemporanea.

BUTT (Isaac), *Glenfin 1813 - presso Dundrum 1879*, politico irlandese. Nel 1870 creò il movimento per la diffusione dell'Home rule.

BUTUAN, c. delle Filippine, nella parte settentr. di Mindanao; 267.279 ab.

BUXTEHUDE (Dietrich), *Oldesloe 1637 - Lubecca 1707*, compositore tedesco. Organista di Lubecca, vi fondò i concerti serali (*Abendmusiken*). È autore di cantate, partiture per organo e per clavicembalo.

BUY (Margherita), attrice teatrale e cinematografica. Diplomata all'Accademia d'arte drammatica, ha lavorato con importanti registi italiani (S. Rubini, D. Lucchetti, U. Marino, G. Piccioni). Ha vinto il David di Donatello come attrice protagonista con *La stazione* (1990) e *Fuori dal mondo* (1999).

BUYS BALLOT (Christophorus Henricus Didericus), *Kloetinge 1817 - Utrecht 1890*, meteorologo olandese. Organizzatore della meteorologia nel suo paese e a livello internazionale, stabilì la regola che determina la posizione del centro di una depressione attraverso l'osservazione del vento e l'importanza del deficit barometrico.

BUYSSE (Cyriel), *Nevele 1859 - Afsnee 1932*, scrittore belga di lingua olandese. Autore di romanzi, drammi e racconti realisti (*Le zie*).

BUZĂU, c. della Romania sud-occ.; 148.087 ab.

BUZZÀTI (Dino **Buzzàti-Travèrso**, detto Dino), *Belluno 1906 - Milano 1972*, scrittore. I suoi romanzi (*Barnabo delle montagne*, 1933; *Il segreto del bosco vecchio*, 1935; *Il *deserto dei tartari*) e racconti (*Sessanta racconti*, 1958) mescolano realtà e temi fantastici e surreali e sono caratterizzati da una continua tensione simbolica. È stato anche poeta (*Due poemetti*, 1967), drammaturgo (*Un caso clinico*, 1953) e autore di testi illustrati (*Poema a fumetti*, 1969). Ha a lungo collaborato con il *Corriere della Sera*, di cui è stato anche inviato speciale.

BYBLOS, c. dell'ant. Fenicia, a N di Beirut (att. Jubayl, Libano). Attiva dal IV al I millennio come centro commerciale legato all'Egitto, fu poi messa in secondo piano da Tiro. — Gli scavi archeologici hanno portato alla luce il sarcofago di Ahiram (XIII-XII sec. a.C.), che riporta l'iscrizione fenicia più antica (tra il XIII e il X sec. a.C.). Vestigia antiche e medievali.

BYDGOSZCZ, c. della Polonia, capol. di voivodato, a NE di Poznań; 386.273 ab. Importante nodo di comunicazioni.

BYNG (George), visconte di **Torrington**, *Wrotham 1663 - Southill 1733*, ammiraglio inglese. Distrusse la flotta spagnola al largo di Capo Passero (1718).

BYRD (Richard Evelyn), *Winchester, Virginia, 1888 - Boston 1957*, ammiraglio, aviatore ed esploratore statunitense. Ha sorvolato il Polo Nord (1926) e il Polo Sud (1929), oltre a compiere diverse esplorazioni nel continente antartico (1933-1935, 1939-1941, 1946-1947).

BYRD (William), *1543 - Stondon Massey 1623*, compositore e organista inglese. Organista della Cappella reale, compose messe, mottetti, canzoni, brani per clavicembalo e viola.

BYRON (George **Gordon**, lord), *Londra 1788 - Missolungi 1824*, poeta britannico. I suoi poemi lasciano trapelare il male di vivere (*Pellegrinaggio del giovane Aroldo*, 1812) o esaltano gli eroi ribelli (*Manfred*, 1817; *Don Giovanni*, 1824). La sua morte tra gli insorti greci che combattevano per l'indipendenza contro i turchi ne fece l'incarnazione dell'eroe e dello scrittore romantico.

■ *Lord Byron ritratto da T. Phillips. (National Portrait Gallery, Londra.)*

BYTOM, c. della Polonia (Slesia); 203.795 ab. Miniere di carbone. Siderurgia. — Chiese medievali; museo.

Burundi-Ruanda

strada
aeroporto
importante località turistica

più di 200.000 ab.
da 20.000 a 200.000 ab.
meno di 20.000 ab.

500   1000   1500 m

25 km

Carattere Cochin

CA' D'ÒRO, *sul Canal Grande; sullo sfondo la chiesa della Salute (Venezia)*.

CA' D'ÒRO, edificio sul Canal Grande, a Venezia. Costruito da M. Raverti, G. e B. Bon tra il 1420 e il 1440, in stile gotico-veneziano, è oggi sede della Galleria G. Franchetti.

CABALLÉ (Montserrat), *Barcellona 1933*, soprano spagnolo. Notevole interprete della musica italiana classica e romantica.

■ *Montserrat Caballé nel 1985.*

CABALLERO (Cecilia **Böhl de Faber**, detta Fernán), *Morges, Svizzera, 1796 - Siviglia 1877*, letterata spagnola, autrice di romanzi di costume (*La gabbiana*).

CABANATUAN, c. delle Filippine (Luzon), a N di Manila; 222.859 ab.

CABARDINI, popolazione adighè stanziata in Russia, nella reg. caucasica, soprattutto nella Rep. di Cabardino-Balcaria (ca. 400.000 individui). Sono in gran parte musulmani sunniti.

CABARDÌNO-BALCÀRIA (Repùbblica di), rep. della Russia, confinante con la Georgia; 791.600 ab.; capol. *Nalčik*. La sua popolazione è composta per il 60% ca. da discendenti di cabardini e balkari, e per un terzo da russi.

CABET (Étienne), *Digione 1788 - Saint Louis, Stati Uniti, 1856*, teorico e politico francese. Per propagandare il comunismo ideale che descrisse in un'opera utopica, il *Viaggio in Icaria* (1842), si basò sull'esempio di piccole comunità, simili a quelle che tentò invano di creare in America con i suoi discepoli.

CABEZA DE VACA (Álvaro Núñez), *Jerez de la Frontera 1507 - Siviglia 1559*, esploratore spagnolo. Esplorò la Florida (1527) e, in seguito, il Río de la Plata fino ad Asunción (1542).

CABEZÓN (Antonio **de**), *Castrillo de Matajudíos, presso Burgos, 1510 - Madrid 1566*, compositore e organista spagnolo. Musicista alla corte di Filippo II di Spagna, scrisse numerosi brani per clavicembalo (*tientos*, variazioni).

CABÌLIA, reg. montuosa dell'Algeria settentr. (ab. *cabili*). È suddivisa in Grande C. e Piccola C.

CABIMAS, c. del Venezuela, sul Lago di Maracaibo; 165.755 ab. Petrolio.

CABINDA, territorio dell'Angola, sull'Atlantico, tra le due rep. del Congo; 7270 km^2; 152.100 ab.; capol. *Cabinda*. Petrolio.

CABORA BASSA o **CAHORA BASSA**, diga e centrale idroelettrica della valle dello Zambesi, nel Mozambico.

CABÒTO (Giovànni), *Genova ? 1450 ca. - Inghilterra 1500 ca.*, navigatore. Ottenne dal re d'Inghilterra Enrico VII il privilegio esclusivo per la scoperta di nuove terre e raggiunse, con tutta probabilità, l'Isola di Capo Bretone (1497). — **Sebastiano C.**, *Venezia tra il 1476 e il 1482 - Londra 1557*, navigatore. Figlio di Giovanni, prese parte alle spedizioni del padre e, al servizio di Carlo V, esplorò il Río de la Plata (1527).

CABÒTO (Strétto di), braccio di mare tra Terranova e l'Isola di Capo Bretone.

CABRAL (Amilcar), *Bafata 1925 ca. - Conakry 1973*, politico guineano. Creò nel 1956 il Partito africano per l'indipendenza della Guinea portoghese e delle isole di Capo Verde (PAIGC). Fu assassinato.

CABRAL (Pedro Álvares), *Belmonte 1467 ca. - Santarém ? 1520 o 1526*, navigatore portoghese. Preso possesso del Brasile in nome del Portogallo nel 1500, esplorò in seguito le coste del Mozambico e giunse fino alle Indie.

CÀBRAS, com. in prov. di Oristano, nei pressi dell'omonimo stagno; 9006 ab. Agricoltura, pesca. Chiesa di S. Giovanni in Sinis (V sec.) e resti della città fenicia di *Tharros*.

CABRERA INFANTE (Guillermo), *Gibara 1929*, scrittore cubano naturalizzato britannico, di lingua spagnola e inglese. Partigiano e membro del governo castrista, poi dissidente esiliato, è influenzato da W. Faulkner (*Tre tristi tigri, L'Avana per un infante defunto*).

CABRÌNI (Àngiolo), *Codogno 1869 - Roma 1973*, politico e sindacalista. Deputato socialista (1900-1919), fu tra i fondatori della Confederazione generale del lavoro (1906) e del Partito socialista riformista (1912). Si interessò ai problemi dell'emigrazione e alle riforme sociali.

CABRÌNI (António), *Cremona 1957*, calciatore. Con la nazionale ha vinto la Coppa del mondo del 1982 in Spagna. Terzino, ha militato, tra le altre squadre, nel Bologna e nella Juventus, con la quale ha vinto 6 scudetti, la Coppa dei campioni, la Coppa delle coppe, la Coppa UEFA e la Coppa intercontinentale.

CABU (Jean **Cabut**, detto), *Châlons-sur-Marne 1938*, disegnatore e sceneggiatore francese di fumetti. Caricaturista d'attualità, ha creato i personaggi di *Grand Duduche* (1962) e del "borghesuccio" (*Mon beauf*, 1976).

CÀCCAMO, com. in prov. di Palermo, alle pendici del Monte S. Calogero; 8618 ab. Centro agricolo. Castello medievale e duomo normanno.

CÀCCIA (càpo), promontorio della Sardegna nord-occ., all'estremità del Golfo di Porto Conte. Area marina protetta, ospita una fauna e una flora peculiari. Turismo (grotta del Nettuno).

CÀCCIA DOMINIÒNI (Luigi), *Milano 1913*, architetto e designer. Laureato in architettura al Politecnico di Milano (1936), ha progettato edifici (uffici, negozi, ville, complessi residenziali) e oggetti di arredamento (lampade, poltrone, maniglie).

CACCIAGUÌDA, trisavolo di Dante di cui si hanno scarse notizie storiche. Secondo il poeta (*Paradiso* XV-XVII) morì al seguito di Corrado III nella seconda crociata.

CACCIÀRI (Màssimo), *Venezia 1944*, filosofo. Docente di estetica all'Università di Venezia, ha fondato prestigiose riviste di cultura (*Laboratorio politico, Paradosso, Il centauro*) e scritto diverse opere storico-filosofiche (*Geo-filosofia dell'Europa*, 1994; *L'arcipelago*, 1997). Attivo anche in politica, è stato deputato dal 1976 al 1983 e sindaco della sua città (1993-2000).

CACCIÀTA DI ADÀMO ED ÈVA → BRANCACCI (CAPPELLA).

CACCIATÓRI NELLA NÉVE (I), opera pittorica di P. Bruegel il Vecchio (1565, Kunsthistorisches Museum, Vienna), uno dei quadri che compongono la serie dei *mesi*, esempio compiuto di paesaggio composito nel quale si inserisce armoniosamente una scena contadina.

CACCÌNI (Giùlio), *Tivoli 1550 ca. - Firenze 1618*, compositore e cantante. Anche strumentista, contribuì alla rinascita dello stile recitativo e alla valorizzazione del testo in musica (*Le nuove musiche*, 1602), oltre a essere tra gli iniziatori dell'opera fiorentina (*Euridice*, 1600).

CACCIÒPPOLI (Renàto), *Napoli 1904-1959*, matematico. Professore di analisi algebrica all'Università di Padova, poi presso quella di Napoli, ha scritto numerose opere sull'analisi funzionale, la quadratura delle superfici, il calcolo delle variazioni, la teoria dell'integrazione. Sulla sua vita, conclusasi tragicamente con il suicidio, il regista M. Martone ha girato *Morte di un matematico napoletano* (1992).

CÁCERES, c. della Spagna (Estremadura), capol. di prov.; 82.235 ab. Cinta muraria di origine romana, palazzi dei XV-XVI sec., chiese.

CACHIN (Marcel), *Paimpol 1869 - Choisy-le-Roi 1958*, politico francese. Fu il fondatore del Partito comunista francese (1920) e direttore di *L'humanité* (1918-1958).

CÀCO MITOL. ROM. Ladrone che viveva sull'Aventino. Rubò a Eracle i buoi di Gerone trascinandoli per la coda, ma l'eroe lo scoprì e lo uccise.

CACOYANNIS MICHAEL (Mikhalis **Kakogiannis** detto), *Limassol, Cipro, 1922*, regista cinematografico greco. Dopo il debutto come attore teatrale, si è dedicato con successo alla regia (*Stella*, 1955; *Elettra*, 1962; *Zorba il greco*, 1964; *Ifigenia*, 1977).

CADALÒRA (Lúca), *Modena 1963*, motociclista. È stato tre volte campione del mondo: nel 1986 con la Garelli, nella classe 125, e nel 1991 e 1992 con la Honda, nella classe 250.

CA' DA MÒSTO (Alvise), *Venezia 1432-1488*, navigatore veneziano. Esplorò, al servizio del Portogallo, le coste del Senegal e scoprì alcune isole di Capo Verde (1456).

CADENÀBBIA, frazione del com. di Griante (Como), sul Lago di Como. Luogo di villeggiatura conosciuto fin dall'800, celebre per le sue ville (Villa Carlotta, Villa Maria, Villa Collina) e i suoi parchi (Parco dei faggi, Parco delle betulle).

CADIBÓNA (Còlle di), passo della Liguria (435 m) che collega Savona con la valle del Bormida. Detto anche Bocchetta d'Altare, segna il punto di demarcazione tra Alpi e Appennini.

CÀDICE, in sp. **Cádiz**, c. della Spagna (Andalusia), capol. di prov., sul Golfo di C.; 140.061 ab. Porto. — Museo archeologico e pinacoteca. — Fu occupata dai francesi nel 1823.

CÀDICE (Gólfo di), golfo dell'Atlantico, nel S della penisola iberica.

CADILLAC, casa automobilistica statunitense fondata a Detroit nel 1902 da H.M. Leland, oggi parte del gruppo General Motors. Specializzata nella produzione di modelli di lusso, ha introdotto innovazioni tecnologiche importanti, come l'avviamento elettrico (1912), il cambio sincronizzato (1929), l'airbag (1974), fino al più recente NightVision (2000).

CADMÈA, cittadella di Tebe, in Beozia (Grecia).

CADMO MITOL. GR. Eroe fenicio, leggendario fondatore di Tebe, in Beozia.

CADÓRE, reg. storico-geografica del Veneto settentr., comprendente il bacino superiore del Piave. Sfruttamento forestale, allevamento bovino e turismo. Sotto il dominio veneziano dal 1420 al 1797, passò all'Austria nel 1815 e all'Italia nel 1866.

CADÓRNA (Luigi, cónte), *Pallanza 1850 - Bordighera 1928*, maresciallo. Capo di Stato maggiore nel 1914, preparò l'esercito a scendere in campo nella prima guerra mondiale. Tra il 1915 e il 1917 arrestò l'offensiva austriaca e conquistò Gorizia, seppure con grandissime perdite. In seguito alla disfatta di Caporetto si dimise, cedendo il comando ad A. Diaz.

CADOU (René Guy), *Sainte-Reine-de-Bretagne 1920 - Louisfert 1951*, poeta francese. È stato il primo rappresentante della scuola di *Rochefort*, gruppo letterario formatosi nel 1941 per affermare, in piena occupazione nazista, l'indipendenza della poesia (*La vie rêvée*, *Hélène ou le règne végétal*).

CADOUDAL (Georges), *Kerléano, presso Auray, 1771 - Parigi 1804*, politico francese. Capo della *chouannerie* in Bretagna, partecipò allo sbarco di Quiberon (1795) e fu implicato nell'attentato della "macchina infernale" contro Napoleone Bonaparte (1800). Avendo organizzato con J.-Ch. Pichegru e J.-V. Moreau un nuovo complotto (1803), fu arrestato nel 1804 e ghigliottinato.

CAEN, c. della Francia, capol. della Bassa Normandia e del dip. Calvados; 117.157 ab. (ca. 200.000 ab. nell'agglomerato). Accademia e università; laboratori scientifici; corte d'appello. Industria automobilistica, cartaria ed elettronica. — Abbazie romaniche e gotiche a Hommes e a Dames, fondate da Guglielmo il Conquistatore e dalla regina Matilde; chiese. Museo di Belle Arti e museo della Normandia.

CAERE → CERVETERI.

CAETÀNO (cardinàle, al sec. Tommàso **de Vio**, detto), *Gaeta 1468 - Roma 1533*, teologo. Generale dell'ordine dei domenicani, cardinale, legato pontificio, fu incaricato da papa Leone X di riportare M. Lutero in seno alla Chiesa cattolica (dieta di Augusta, ott. 1518), ma fallì. Fu uno dei grandi commentatori di san Tommaso d'Aquino.

CAETANO (Marcelo), *Arganil 1906 - Rio de Janeiro 1980*, politico portoghese. Collaboratore e successore (1968) di A. *Salazar, fu destituito dal colpo di Stato del 1974 ed esiliato in Brasile.

CAFAGGIÒLO, località presso Barberino di Mugello, in prov. di Firenze. Intorno alla metà del XV sec. Cosimo de' Medici vi fece edificare da Michelozzo una villa.

CAFÀRNAO, c. della Galilea, sul Lago Tiberiade, dove, secondo i Vangeli, Gesù predicava.

CÀFFARO, *Caschifellone San Cipriano 1080 ca. - Genova 1164 ca.*, politico e cronista. Fu ambasciatore presso Callisto II e Federico Barbarossa. Compose gli *Annali* di Genova, storia della città fino al 1163.

CAFFÈ (Il), rivista ispirata ai principi dell'Illuminismo, fondata e diretta da P. Verri nel 1764. Espressione dell'Accademia dei Pugni, sostenne la necessità di una lingua viva, capace di ridare vigore alla cultura italiana e al suo rapporto con il popolo. Interruppe le pubblicazioni nel 1766.

CAFFÈ (Federico), *Pescara 1914*, economista. Docente e autore di numerosi saggi, tra cui *Politica economica* (1967-1970) e *L'economia contemporanea* (1984). È misteriosamente scomparso a Roma nel 1987.

CAFFI (Ippòlito), *Belluno 1809 - Lissa 1866*, pittore. Abile vedutista, dipinse scorci cittadini ed eventi della sua vita. Morì nella battaglia di Lissa, che si era recato a ritrarre.

CAFFIÈRI, famiglia di scultori e artigiani, attiva tra il XVII e il XVIII sec. — **Daniele C.**, *1603-1639*. Capostipite della famiglia, fu ingegnere presso Urbano VIII. — **Filippo C.**, *1634-1716*. Fu abile ebanista e lavorò per la corte di Francia. — **Jean-Jacques C.**, *1725-1792*. Fu uno dei massimi scultori del '700 francese, autore di una serie di busti (*P. Corneille, Voltaire, J. de La Fontaine*).

CAFIÈRO (Càrlo), *Barletta 1846 - Nocera Inferiore 1892*, politico. Socialista, fu tra i promotori della Prima Internazionale in Italia. La lettura di M.A.

Bakunin lo indirizzò verso le idee anarchiche. Alla guida di insurrezioni quali quelle di Bologna (1874) e del Matese (1877), fu più volte in carcere.

CÀFRO (dall'ar. *kāfir*, "infedele"), denominazione data dai geografi del XVII e XVIII sec. alle popolazioni di origine bantu a S dell'equatore.

CAGAYAN DE ORO, c. delle Filippine, a N di Mindanao; 461.877 ab. Porto.

CAGE (John), *Los Angeles 1912 - New York 1992*, compositore statunitense. Allievo di A. Schönberg e inventore del "pianoforte preparato", è stato uno dei primi a introdurre il concetto di non intenzionalità nella composizione musicale. Ha messo in scena nel 1952 uno spettacolo precursore degli *happening*.

CÀGLI, com. in prov. di Pesaro e Urbino; 9130 ab. Fondata dai sabini e poi abitata dagli etruschi, fu una base romana sulla via Flaminia. Conserva un ponte romano.

CÀGLI (Corrádo), *Ancona 1910 - Roma 1976*, pittore. Fu autore di opere di ispirazione "primitiva", geometriche e astratte, realizzate con una molteplicità di tecniche e strumenti (tra cui la fotografia); fu anche scenografo. Tra le opere, *Impronte* (1950) e *Similitudine* (1966).

CÀGLIARI, c. della Sardegna, capol. di reg. e prov.; 162.993 ab. (*cagliaritani*). Industrie petrolchimiche, chimiche, tessili e alimentari. Turismo balneare. — Colonia cartaginese, nel 238 fu conquistata dai romani che la portarono al massimo splendore. Ridotta in rovina dai saraceni, passò poi agli aragonesi (1324) e agli spagnoli (1492). — Necropoli puniche. Anfiteatro romano. Cattedrale del XIII sec. Ricchi musei archeologici. — La provincia, nonostante la rilevanza dell'agricoltura nella pianura del Campidano, basa la propria economia soprattutto sul terziario e sull'industria (settori meccanico, metallurgico, petrolchimico). Centri principali: Carbonia e Iglesias.

CAGLIÒSTRO (Giuseppe **Bàlsamo**, detto Alessàndro, cónte **di**), *Palermo 1743 - prigione pontificia di San Leo, presso San Marino, 1795*, avventuriero. Studioso di medicina, dedito all'occultismo, divenne famoso in tutta Europa come guaritore e mago. A Londra fondò una loggia massonica di rito egizio. Implicato nel processo per il furto della collana della regina Maria Antonietta, fu costretto ad abbandonare la Francia. Una volta tornato a Roma, fu condannato a morte, pena che gli venne commutata nel carcere a vita per intervento del papa.

CÀGNA (Achille Giovànni), *Vercelli 1847-1931*, scrittore. Narratore dalla vena ottimista e bonaria, scrisse opere ispirate alla vita di provincia, tra cui *Provinciali* (1886), *La rivincita dell'amore* (1891), *Contrada dei gatti* (1924).

CAGNES-SUR-MER, c. della Francia, capol. del dip. Alpes-Maritimes; 44.207 ab. Castello del XIV e XVII sec. (musei). — Stazione balneare e ippodromo a Cros-de-Cagnes.

CAGNÒLA (Luigi), *Milano 1762 - Inverigo 1833*, architetto. Applicò i principi del neoclassicismo realizzando opere spesso celebrative, come l'Arco del Sempione (1807). Fu tra gli estensori del piano regolatore di Milano.

CAGOULE, (Comité Secret d'Action Révolutionnaire, CSAR), organizzazione clandestina d'estrema destra attiva in Francia tra il 1936 e il 1941.

CAHOKIA, sito archeologico degli Stati Uniti, a E di Saint Louis (Illinois). Resti di un complesso per pratiche cerimoniali del X sec. Numerosi tumuli (900-1050). Riserva naturale.

CAHORA BASSA → CABORA BASSA.

CAHORS, c. della Francia, capol. del dip. Lot, sul f. Lot; 21.432 ab. Industria tessile, alimentare. — Cattedrale romanico-gotica dell'inizio del XII sec. Museo.

CAI (Club alpino italiàno), associazione fondata nel 1863 da Q. Sella. Ha lo scopo di promuovere l'alpinismo, selezionare le guide e provvedere al soccorso e alla manutenzione dei percorsi e dei rifugi in montagna.

CAIÀZZO (battàglie di), battaglie svoltesi nel XVIII-XIX sec. nei pressi dell'att. località in prov. di Caserta: nella prima (1799) i napoletani prevalsero sui francesi, nella seconda (1860) i garibaldini furono sconfitti dai borbonici.

CAICOS → TURKS.

I cacciatori nella neve di P. Bruegel il Vecchio, 1565. (Kunsthistorisches Museum, Vienna.)

CÀIFA, sacerdote ebreo (18-36), capo del sinedrio durante il processo a Gesù.

CAILLAUX (Joseph), *Le Mans 1863 - Mamers 1944*, politico francese. Più volte ministro delle finanze tra il 1899 e il 1926, si prodigò per l'introduzione dell'imposta sul reddito, fu presidente del consiglio (1911-1912) e negoziò la convenzione franco-tedesca su Marocco. Arrestato nel 1917 per "complotto con il nemico", fu riabilitato dopo l'amnistia.

CAILLEBOTTE (Gustave), *Parigi 1848 - Gennevilliers 1894*, pittore francese. Membro di un gruppo impressionista, lasciò allo Stato un'importante collezione di quadri di maestri di questa scuola.

CAILLIÉ (René), *Mauzé 1799 - La Baderre 1838*, esploratore francese. Fu il primo a visitare Timbuctù (1828).

CAILLOIS (Roger), *Reims 1913 - Parigi 1978*, scrittore e antropologo francese. È autore di saggi sulla poesia, sul mito e sulla fantascienza (*L'uomo e il sacro*, 1939; *Al cuore del fantastico*, 1965).

CAIN (James Mallahan), *Annapolis 1892 - University Park 1977*, scrittore statunitense. Esponente della narrativa *hard-boiled*, scrisse *Il postino suona sempre due volte* (1934) e *Le radici del male* (1954).

CAÌNO, personaggio biblico. Primogenito di Adamo ed Eva, agricoltore, uccise il fratello Abele.

CÀIO, m. nel 926, papa dal 283 al 296. Santo.

CAIRO (Il), in ar. **Al-Qahirah**, cap. dell'Egitto, sul Nilo; 6.735.172 ab. (10.552.000 ab. nell'agglomerato). È la più grande città dell'Africa. Centro commerciale, amministrativo, intellettuale (università) e turistico. — La città, fondata dai Fatimidi nel 969, diventò una grande metropoli economica e intellettuale, di cui Ismail Pascià intraprese la modernizzazione alla fine del XIX sec. Sede della Lega araba (1945-1979 e dopo il 1990). — Moschee antiche (Ibn Tulun, IX sec.; Al-*Azhar); bastioni, porte monumentali e cittadella del Medioevo; palazzi e mausolei. Museo dell'arte egizia.

CAIRÒLI, famiglia di politici e patrioti. — **Benedetto C.**, *Pavia 1825 - Capodimonte 1889*. Partecipò alla spedizione dei Mille e fu due volte presidente del consiglio (1878 e 1879-1881). Nel 1881, dopo aver firmato il trattato del Bardo, che aveva creato un forte malcontento popolare, dovette dimettersi. — **Ernesto C.**, *Pavia 1832 - Biumo Inferiore 1859*. Fratello di Benedetto, seguace di G. Mazzini e poi monarchico, si arruolò nei Cacciatori delle Alpi e morì in battaglia nei pressi di Varese. — **Luigi C.**, *Pavia 1838 - Napoli 1860*. Fratello dei precedenti, dopo aver abbandonato l'esercito sardo, partecipò alla spedizione dei Mille. — **Enrico C.**, *Pavia 1840 - Villa Glori 1867*. Fratello dei precedenti, volontario nella seconda e terza guerra d'indipendenza, morì in battaglia combattendo contro le truppe pontificie. — **Giovanni C.**, *Pavia 1842 - Belgirate 1869*. Fratello dei precedenti, comandò un drappello di volontari a Villa Glori, ma fu ferito e imprigionato.

CÀIRO MONTENÒTTE, com. in prov. di Savona; 13.749 ab. Centro industriale (settori chimico, meccanico, cartario). Resti di epoca medievale. Ponti romani. — (*battàglie di*), battaglie combattute nel XVIII sec. nei pressi dell'att. località in prov. di Savona: nel 1794 tra austro-sardi e francesi, senza vincitori, e nel 1796 tra piemontesi e Napoleone, che conquistò così la pianura di Alessandria.

CAIVÀNO, com. in prov. di Napoli; 37.991 ab. Centro agricolo e industriale. Nel suo territorio sorgono le rovine di Atella, centro sannitico-romano, mentre il nucleo urbano conserva importanti tracce del passato medievale.

CAJAL (Santiago **Ramón y**) →RAMÓN Y CAJAL (Santiago).

ČAJKOVSKIJ (Pëtr Il'ič), *Votkinsk 1840 - San Pietroburgo 1893*, compositore russo. Fu insegnante al Conservatorio di Mosca, direttore d'orchestra e compositore. La sua opera, nutrita di lirica italiana e romanticismo tedesco, si situa ai margini del movimento promosso dal gruppo dei Cinque. Scrisse sonate per pianoforte, sei sinfonie, tra cui la *Patetica* (1893), *ouverture* (*Romeo e Giulietta*, 1870), balletti (*Il lago dei cigni*, 1876; *La bella addormentata nel bosco*, 1890; *Lo schiaccianoci*, 1892), alcuni concerti (tre dei quali per pianoforte) e varie opere (*Evgenij Onegin*, 1879; *La dama di picche*, 1890).

CAJUN, popolazione di origine francese residente negli Stati Uniti (Louisiana); 1,1 milioni di individui, di cui 270.000 ca. francofoni. Provenienti dall'Acadia, i c. hanno mantenuto le loro tradizioni e dato vita a una cultura originale, prima di essere vittime di una pesante repressione linguistica.

CAKCHIQUEL, popolazione amerindia del Guatemala (ca. 500.000 individui). Agricoltori degli altopiani, rinomati per le loro stoffe colorate, i c. sono stati duramente provati dalla recente guerra civile. Parlano la lingua quiché.

CALÀBRIA, reg. dell'Italia merid. che si affaccia a O sul Mar Tirreno e a E sul Mar Ionio. Confina a N con la Basilicata; 15.080 km²; 1.993.274 ab. (*calabresi*). Cinque prov.: *Catanzaro* (capol. di reg.), *Cosenza, Crotone, Reggio di Calabria, Vibo Valentia*.

ASPETTI FISICI – Il territorio è prevalentemente collinare e montuoso. L'Appennino Calabro, che attraversa la regione da N a S, è costituito da cinque massicci isolati (Pollino, Catena Costiera, Sila, Serre, Aspromonte). Le pianure sono limitate a strette fasce litoranee, in cui si alternano tratti rocciosi e sabbiosi. I principali corsi d'acqua (Neto, Crati) sono piuttosto brevi e hanno carattere torrentizio. Il clima, mediterraneo lungo le coste, diviene più rigido nelle zone montuose.

POPOLAZIONE – Negli anni '50 e '60 del secolo scorso la C. è stata caratterizzata da un fenomeno migratorio piuttosto intenso (verso il N e il Centro Italia), che spiega la modesta densità di popolazione (132,2 ab. per km²). È sempre più frequente l'abbandono dei centri dell'interno a favore degli insediamenti costieri. Il saldo naturale è positivo (9‰).

ECONOMIA – Nonostante i considerevoli investimenti statali stanziati negli anni '60 e '70 del secolo scorso, le condizioni economiche della C. restano problematiche. Discreto lo sviluppo agricolo: tra le coltivazioni più diffuse, agrumi (la regione è al primo posto in Italia per la produzione di bergamotto e clementine e al secondo per i mandarini), ulivi, ortaggi. Le abbondanti risorse forestali, inoltre, hanno un alto valore economico. Il settore secondario è particolarmente arretrato e vede la prevalenza delle piccole imprese (soprattutto alimentari). Il progetto di un grande centro siderurgico a Gioia Tauro, che avrebbe dovuto rilanciare l'economia della regione, è stato abbandonato. Fonte principale dei redditi (76%) è il settore terziario, basato principalmente sul turismo marittimo, tuttora in forte espansione.

STORIA – Dalle origini al '700. VIII sec. a.C.: il territorio corrispondente all'attuale C. è colonizzato da popolazioni greche. III sec.: la regione cade sotto il dominio romano dopo la seconda guerra punica; I sec. d.C.: insieme al Bruzio costituisce la III regione augustea; V-VI sec.: viene invasa da visigoti e goti. 553: il dominio dei bizantini succede a quello dei goti. XI-XII sec.: i normanni istituiscono in C. un sistema feudale. XIII sec.: la regione è sot-

Calabria

500 1000 1500 2000 m

★ importante località turistica

═══ autostrada
─── ferrovia
═══ strada normale
✈ aeroporto

● oltre 50.000 ab.
● da 10.000 a 50.000 ab.
● fino a 10.000 ab.

20 km

toposta alla dominazione sveva; **XIV-XV sec.**: viene conquistata da angioini e aragonesi. **XVI-XVII sec.**: l'avvento al potere degli spagnoli conduce la C. verso una progressiva decadenza. **XVIII sec.**: dominazione borbonica. Il sistema feudale si indebolisce ed emerge il nuovo ceto borghese.
L'800. 1806-1814: la C. viene occupata dai francesi. **1815**: viene restaurato il potere dei Borbone. **1860**: la regione è annessa al regno d'Italia; **1861-1866**: deve affrontare il fenomeno del brigantaggio.

CALAIS, c. della Francia, capol. del dip. Pas-de-Calais, sul Passo di Calais; 78.170 ab. (più di 100.000 ab. nell'agglomerato). Primo porto passeggeri francese. Industrie elettriche e automobilistiche. Telecomunicazioni. — Museo di Belle Arti. — Durante la guerra dei Cent'anni, C. venne conquistata dagli inglesi nel 1347 per poi essere definitivamente restituita alla Francia nel 1598. Il nucleo antico è andato distrutto durante la seconda guerra mondiale.

CALAMANDRÈI (Pièro), *Firenze 1889-1956*, giurista e politico. Studioso e docente di diritto processuale, fu membro della Costituente e difensore dei valori dell'antifascismo, ai quali diede voce attraverso la rivista *Il Ponte*, da lui diretta fin dall'anno della fondazione, nel 1945.

CALAMÀTA → KALAMATA.

CALÀMIDE, *V sec. a.C.*, scultore greco. Delle sue opere, che anticipano i motivi e simmetrie tipiche dell'età classica, sono pervenute copie romane o effigi su monete, come l'*Afrodite Sosandra*.

CALÀNDRA (Edoàrdo), *Torino 1852-1911*, scrittore. È autore di romanzi e racconti in stile manzoniano: *Vecchio Piemonte* (1859), *A guerra aperta* (1906).

CALÀSSO (Francésco), *Lecce 1904 - Roma 1965*, storico e docente di diritto. Approfondì la nozione di "diritto comune", rinnovando la storiografia giuridica. Tra le opere, *Storia e sistema delle fonti del diritto comune* (1938), *Il negozio giuridico* (1957).

CALÀSSO (Robèrto), *Firenze 1941*, scrittore. Direttore editoriale della casa editrice Adelphi dal 1971, ha scritto, tra gli altri, i romanzi *Monologo fatale* (1969), *Le nozze di Cadmo e Armonia* (1988), *K.* (2002).

CALATAFÌMI, com. in prov. di Trapani; 7328 ab. Centro agricolo e industriale, ospita nel suo territorio le rovine di *Segesta. Nel 1860 i garibaldini vi sconfissero i borbonici.

CALATRAVA (Órdine di), ordine religioso spagnolo fondato nel 1158 a Calatrava (Castiglia-La Mancia) per difendere la regione dai mori.

CALATRAVA (Santiago), *Benimamet 1951*, architetto spagnolo. Ha progettato torri, ponti e stazioni per molte città europee e ha creato la Città delle arti e delle scienze di Valencia (1998-2000).

CALCÀGNO (Giànni), *Genova 1943 - Mount Mc Kinley 1992*, alpinista. È stato protagonista di numerose scalate in Italia e all'estero, tra cui quella del K2 e, nel 1984, del Broad Peak (primo italiano a compiere l'impresa). È morto durante un'ascensione in Alaska.

CALCÀNTE MITOL. GR. Nell'*Iliade*, indovino al seguito dei greci, che ordina il sacrificio di Ifigenia e consiglia di costruire il cavallo di Troia.

CALCATÈRRA (Càrlo), *Premia 1884 - Santa Maria Maggiore 1952*, critico e storico letterario. Si occupò in part. di F. Petrarca, del barocco e del risorgimento piemontese. Tra le opere, *Nella selva del Petrarca* (1942), *Il Barocco in Arcadia* (1950).

CALCEDÒNIA, ant. c. dell'Asia Minore (Bitinia), sul Bosforo di fronte a Bisanzio. Fu sede del IV concilio ecumenico (451) che condannò il monofisismo.

CÀLCIDE, c. della Grecia, sulla costa occ. dell'Eubea; 51.482 ab.

CALCÌDICA, penisola greca che si articola in oltre tre penisole, tra cui quella del Monte Athos.

CALCINÀTO (battàglia di) (1706), battaglia svoltasi nell'ambito della guerra di successione spagnola. Combattuta tra austriaci e francesi, vide vincitori questi ultimi.

CALCÒNDILA (Demétrio), *Atene 1423 - Milano 1511*, grammatico greco. Stabilitosi in Italia dopo il 1447, contribuì alla rinascita degli studi greci.

CALCUTTA o **KOLKATA**, c. dell'India, cap. del Bengala Occidentale, sul f. Hooghly; 4.580.544 ab. Commercio di iuta. Industrie meccaniche, chimi-

CALCUTTA.

che e tessili. — Importante Museo di arte indiana. — La città fu fondata nel 1690 dai britannici, che ne fecero la capitale dell'India (1772-1912).

CALDÀRA (Antònio), *Venezia 1670 - Vienna 1736*, compositore. Esponente del barocco italiano, lasciò ca. 80 opere teatrali, oltre a numerosi oratori e messe cantate, tra cui *Santa Flavia Domitilla* (1713) e *Dafne* (1719).

CALDÀRO SULLA STRÀDA DEL VÌNO, in ted. **Kaltern an der Weinstrasse**, com. in prov. di Bolzano, situato sul lago omonimo; 6727 ab. Agricoltura (frutta, uva). Turismo. Edifici storici: casa Ruedl (1584-1595), castel Ringberg (XVII sec.).

CALDÈA, nome dato a una parte della reg. di Sumer, poi all'intera Babilonia (VII-VI sec. a.C.).

CALDER (Alexander), *Filadelfia 1898 - New York 1976*, scultore statunitense. Con sottili lamine metalliche sospese a fili, ha realizzato opere che oscillano nell'aria, dette *mobiles* (a partire dal 1932-1934, a Parigi), contrapposte a strutture appoggiate al suolo, chiamate *stabiles*.

CALDERÀRI, setta segreta sorta nel regno di Napoli nel XIX sec. allo scopo di opporsi alla massoneria e alla carboneria. Perseguì una politica reazionaria e terrorista.

CALDERA RODRÍGUEZ (Rafael), *San Felipe 1916*, politico venezuelano. Presidente della repubblica dal 1969 al 1974 e dal 1994 al 1999, ha varato importanti riforme economiche e sociali.

CALDERÌNI (Guglièlmo), *Perugia 1837 - Roma 1916*, architetto. Esponente dell'eclettismo architettonico, lavorò soprattutto a Perugia e a Roma; in quest'ultima città realizzò la sua opera più importante, il palazzo di Giustizia (1888-1910).

CALDERÓN DE LA BARCA (Pedro), *Madrid 1600-1681*, poeta e drammaturgo spagnolo. Scrisse *autos sacramentales* (*Il grande teatro del mondo*, 1649), drammi e commedie di tema storico o religioso (*La devozione della croce*, 1634; *La vita è sogno*, 1635 ca.; *Il medico del suo onore*, 1635; *L'alcalde di Zalamea*, 1642).
■ *Pedro Calderón de la Barca. (BN, Madrid.)*

CALDERÓNE, monte degli Appennini, nel gruppo del Gran Sasso (Abruzzo); 2870 m. È il solo ghiacciaio degli Appennini, att. in fase di marcata regressione.

CALDERÓNI (Màrio), *Ferrara 1879 - Imola 1914*, filosofo. Esponente del pragmatismo italiano, si occupò di morale e diritto. Tra le opere, *Disarmonie economiche e disarmonie morali* (1906) e *Il pragmatismo* (1920, con G. Vailati).

CALDONÀZZO, com. in prov. di Trento; 2698 ab. Centro turistico a S del lago omonimo, nella Val Sugana.

CALDWELL (Erskine), *White Oak, Georgia, 1903 - Paradise Valley, Arizona, 1987*, scrittore statunitense. È autore di romanzi che hanno per protagonisti i "poveri bianchi" degli Stati Uniti merid. (*La via del tabacco, Fermento di luglio*).

CALEDÒNIA, ant. nome della Scozia.

CALÉTTI-BRÙNI (Pièr Francésco) → CAVALLI (Pier Francesco).

CALGARY, c. del Canada (Alberta), ai piedi delle Montagne Rocciose; 768.082 ab. Centro ferroviario, commerciale e industriale. — Museo dell'arte e dell'etnologia.

CALI, c. della Colombia, nella Cordigliera Occidentale; 1.666.468 ab. Monastero di S. Francisco (XVIII sec.).

ČALIAPIN (Feodor), *Kazan 1873 - Parigi 1938*, baritono-basso russo. Fu interprete del *Don Chisciotte* (J.-E. Massenet, 1910) e contribuì a rendere popolare l'opera russa grazie alla sua interpretazione del *Boris Godunov* (M. Musorgskij).

CALIÀRI (Pàolo) → VERONESE.

CALIBÀNO, personaggio della *Tempesta* di W. Shakespeare (1611). Figlio di una strega, incarnazione della forza bruta (in opposizione ad Ariel, spirito dell'aria), questo mostro oscilla tra la devozione e la rivolta contro Prospero, suo padrone.

CALICUT, att. **Kozhikode**, c. dell'India (Kerala), sulle coste del Malabar; 436.527 ab. Porto. Aeroporto. — Il porto, frequentato da mercanti arabi del VII sec., fu attaccato da V. da Gama nel 1498.

CALIFORNIA, Stato della costa occ. degli Stati Uniti, sul Pacifico; 411.000 km², 33.871.648 ab. (*californiani*); cap. *Sacramento*; c. princ. *Los Angeles, San Francisco, San Diego*. È lo Stato più popoloso del paese. Caratterizzata da un clima caldo e spesso secco, la C. è formata da una lunga depressione (Great Valley), delimitata a E dalla Sierra Nevada e a O da montagne non particolarmente elevate (Coast Range), che si affacciano sul litorale dove si trovano le principali città. Le colture di alberi da frutto e i vigneti sono concentrati nella zona della Great Valley. Sono presenti tutti i tipi di industria (idrocarburi, chimica, agroalimentare, elettronica ecc.). — Appartenente al Messico dal 1822 al 1848, la C. entrò a far parte degli Stati Uniti nel 1848, ma fu dichiarata Stato solo nel 1850. La scoperta dei primi giacimenti d'oro e la costruzione della prima ferrovia transcontinentale le assicurarono prosperità nel corso del XIX sec.

CALIFORNIA, (corrènte della), corrente marina fredda del Pacifico che si dirige verso S, lungo il litorale della C.

CALIFORNIA, (Gólfo della), golfo del Pacifico, sulla costa occ. del Messico, limitata a O dalla penisola della Baja C.

CALÌGOLA (Càio Giùlio Césare Germànico), *Anzio 12 d.C. - Roma 41*, imperatore romano (37-41). Figlio di Germanico, fu soprannominato C. dalla calzatura militare *caliga*. Promosse amnistie, diminuì le tasse, organizzò giochi e feste. Pochi mesi dopo la sua nomina, fu colto da una malattia che lo sconvolse nel fisico e nella mente togliendogli il senno e spingendolo a macchiarsi di gravi delitti. Morì trucidato nel suo palazzo.

CĂLINESCU (George), *Bucarest 1899-1965*, scrittore romeno. I suoi romanzi e saggi riflettono la crisi di coscienza dei letterati romeni (*Vita di Eminescu, La casa nera*).

CALÌPSO MITOL. GR. Ninfa dell'isola d'Ogigia (Ceuta ?). Nell'*Odissea*, raccoglie Ulisse naufrago e lo trattiene per sette anni.

CALLAGHAN (James), *Portsmouth 1912*, politico britannico. Leader del Partito laburista (1976-1980), è stato primo ministro dal 1976 al 1979.

CALLAO, c. del Perú, presso Lima; 637.755 ab. Principale porto del paese (pesca e commercio).

CALLAS (María **Kalogherópou**, detta), *New York 1923 - Parigi 1977*, soprano statunitense di origine greca. Famosa per i virtuosismi vocali e l'espressività drammatica, è stata interprete eccelsa delle opere di V. Bellini, G. Verdi e G.Puccini.

■ *Maria Callas nel 1964.*

CÀLLIA (pàce di) (449-448 a.C.), pace stipulata da ateniesi e persiani, che pose fine alle guerre persiane. Garantiva l'autonomia delle città greche dell'Asia e assicurava l'egemonia ateniese sul Mar Egeo.

CALLÌCRATE, architetto greco del V sec. a.C. Collaborò con Fidia e Ictino alla costruzione del Partenone.

CALLIGÀRIS (Novèlla), *Padova 1954*, nuotatrice. Medaglia d'argento alle Olimpiadi di Monaco (1972) nei 400 stile libero, è stata campionessa del mondo a Belgrado, nel 1973, negli 800 stile libero (primo record mondiale di un nuotatore italiano).

CALLÌMACO, scultore greco attivo ad Atene alla fine del V sec. a.C., discepolo di Fidia.

CALLÌMACO, *Cirene 305 ca. - 240 ca. a.C.*, poeta e grammatico greco, uno dei principali esponenti della poesia alessandrina.

CALLÌNO, *Efeso VII sec. a.C.*, poeta greco. Primo poeta elegiaco di cui si abbia traccia, di lui restano pochi frammenti di argomento guerresco.

CALLÌOPE MITOL. GR. Musa della poesia epica e dell'eloquenza.

CALLÌSTENE, *Olinto IV sec. a.C.*, storico greco. Seguace di Aristotele e storiografo ufficiale di Alessandro Magno, fu coinvolto nella "congiura dei paggi" e condannato a morte. Tra le opere, *Elleniche* e *Gesta di Alessandro*.

CALLÌSTO MITOL. GR. Ninfa d'Arcadia. Amata da Zeus, venne trasformata in orsa da Era e uccisa da Artemide durante una battuta di caccia. Zeus la mutò nella costellazione dell'Orsa Maggiore.

CALLÌSTO I (sànto), *155 ca. - 222*, papa dal 217 al 222. — **Callisto II** (Guido **di Borgogna**), *m. nel 1124*, papa dal 1119 al 1124. Ebbe un ruolo importante nella lotta per le investiture stipulando il concordato di Worms (1122). — **Callisto III** (Alfonso **Borgia**), *Játiva 1378 - Roma 1458*, papa dal 1455 al 1458. Tentò invano di organizzare una crociata contro i turchi. — **Callisto IV** (Giovanni **di Strumi**), antipapa. Eletto nel 1168 per volere di Federico di Borbone, restò in carica fino al 1178.

CALLOT (Jacques), *Nancy 1592-1635*, incisore e pittore francese. Genio ardito e fantasioso, lavorò soprattutto in Italia e in Lorena. Maestro nella tecnica dell'acquaforte, ebbe una grande influenza sugli incisori del XVII sec. (*Capricci*, 1617; *Le miserie della guerra*, 1633).

CALLOWAY (Cabell, detto Cab), *Rochester 1907 - Hockessin, Delaware, 1994*, musicista jazz statunitense. Cantante conosciuto per la sua fantasia scenica, è stato un virtuoso dello scat (*Minnie The Moocher*, 1931) e ha contribuito all'affermazione del be-bop. Ha diretto diverse orchestre.

CALMETTE (Albert), *Nizza 1863 - Parigi 1933*, medico e microbiologo francese. Ha scoperto, con C. Guérin, il vaccino antitubercolare, detto BCG.

CÀLMO (Andrèa), *Venezia 1510 ca. - 1571*, commediografo e attore. Precursore della commedia dell'arte e apprezzato interprete, ha lasciato tra l'altro *Il Saltuzza* (1551), *Il Travaglia* (1556), *Lettere* (1547-1556).

CALMÙCCHI, popolazione mongola stanziata soprattutto in Russia (Rep. dei c.) (ca. 190.000 individui). Discendenti dai oirati insediatisi nella reg. del basso Volga nel XVII sec. e spostatisi verso lo Xinjiang nel XVIII sec., nel 1943 i c. furono accusati di collaborazionismo con il regime nazista e deportati, e solo nel 1957 furono riabilitati e autorizzati a tornare nelle loro terre. Buddhisti lamaisti, parlano il calmucco, lingua del ceppo mongolo occ.

CALMÙCCHI (Repùbblica dei), rep. della Russia, sul Mar Caspio; 315.700 ab.; cap. *Elista*. La popolazione è composta da meno del 5% di c. e da oltre un terzo di russi.

CALÒGERO (Guido), *Roma 1904-1986*, filosofo. Si occupò soprattutto di problemi etici e gnoseologici. Tra le opere, *La conclusione della filosofia del conoscere* (1938), *Logo e dialogo* (1950).

CALONNE (Charles Alexandre **de**), *Douai 1734 - Parigi 1802*, statista francese. Amministratore generale delle finanze (1783-1787), si adoperò per riformare la gestione dei fondi pubblici e il sistema di ripartizione delle imposte, ma un'assemblea di notabili si rifiutò di avallare il suo piano.

CALOOCAN, c. delle Filippine (Luzon), sobborgo di Manila; 1.177.604 ab.

CALÒRE, nome di due f. della Campania: C. Irpino (116 km), affl. del Volturno, e C. Lucano (72 km), affl. del Sele.

CÀLPE, una delle due Colonne d'Ercole. Ant. nome di Gibilterra.

CALPÙRNI, esponenti di un ramo della *gens Calpurnia*. — **Caio Calpurnio Pisone**, politico romano. Console nel 67 a.C., fu accusato di furto da Cesare e difeso da Cicerone. — **Caio Calpurnio Pisone**, *m. nel 65 d.C.*, politico romano. Organizzò la cospirazione, detta dei Pisoni, contro Nerone.

CALTABELLÒTTA (pàce di), pace siglata nel 1302 tra angioini e aragonesi nell'att. località nei pressi di Agrigento. Segnò la conclusione della guerra del Vespro, in seguito alla quale i territori siciliani furono concessi a Federico II d'Aragona fino alla sua morte.

CALTAGIRÓNE, com. in prov. di Catania; 38.200 ab. Insediamento preistorico, poi colonia greca, in seguito occupata da normanni e aragonesi, è celebre per il fiorente artigianato della ceramica, esportata in tutto il mondo.

CALTANISSÉTTA, c. della Sicilia, capol. di prov.; 62.274 ab. (nisseni). Industrie alimentari e meccaniche; terziario particolarmente sviluppato. — Città romana (*Nissa*), subì la conquista araba. Feudo normanno nel 1087, poi ducato degli Aragonesi, passò ai Moncada nel 1407. — Edifici barocchi (Palazzo Moncada, S. Maria la Nova). Chiese di S. Sebastiano e S. Croce. Museo mineralogico. — La provincia, in prevalenza collinare, è al centro di un distretto zolfifero non più sfruttato. Importante complesso petrolchimico a Gela.

CALUKYA, nome di due dinastie dell'India: C. occ. (543 ca. - 755 ca.) e C. orient. (973 ca. - 1190 ca.).

CALVADOS, dip. della Francia, nella reg. Bassa Normandia; capol. *Caen*; 5548 km²; 648.385 ab. Ricco territorio agricolo dove predomina l'allevamento bovino, che alimenta l'industria casearia. L'industria (automobilistica, elettrica ed elettronica) è concentrata nell'agglomerato di Caen. Il turismo anima il litorale (Deauville, Cabourg).

CALVAERT (Denijs), detto **Dionisio Fiammingo**, *Anversa 1540 - Bologna 1619*, pittore fiammingo. Trasferitosi in Italia, nel 1574 fondò a Bologna una scuola di pittura che ebbe tra gli allievi il Domenichino, F. Albani e G. Reni. Tra le opere, *La vigilanza*.

CALVÀRIO (Mónte) → PODGORA.

CALVÉSI (Maurizio), *Roma 1927*, storico e critico d'arte. Le sue ricerche spaziano dal '500 alle avanguardie novecentesche. Tra le opere, *Le incisioni dei Carracci* (1965), *Il futurismo* (1967), *Avanguardia di massa* (1978), *Storia della seduzione* (1999).

CALVI, c. della Corsica, nel dip. Haute-Corse; 5275 ab. Porto passeggeri. Stazione balneare. — Vecchia cittadella.

CÀLVI (Pièr Fortunàto), *Briana di Noale 1817 - Belfiore 1855*, patriota. Seguace di G. Mazzini, si recò in Trentino per preparare la rivolta contro gli austriaci. Catturato nel Cadore, fu giustiziato.

CALVIN (Melvin), *Saint Paul 1911 - Berkeley 1997*, biochimico statunitense. Ha descritto la fotosintesi clorofilliana delle piante. (Premio Nobel per la chimica 1961.)

CALVÌNO (Giovànni), *Noyon 1509 - Ginevra 1564*, riformatore religioso francese. Sostenitore delle idee luterane (1533), dovette lasciare Parigi. Dopo aver soggiornato a Strasburgo e Basilea, nel 1541 si stabilì a Ginevra, che volle trasformare in una città modello introducendovi una rigorosa disciplina. La sua opera principale, l'*Institutio christianae religionis* (1536), è un inno alla maestà di Dio, unica fonte di salvezza per l'uomo grazie alla predestinazione.

■ *Giovanni Calvino. (Boymans-Van Beuningen Museen, Rotterdam.)*

CALVÌNO (Ìtalo), *Santiago de Las Vegas, Cuba, 1923 - Siena 1985*, scrittore. Dopo i primi racconti ispirati alla Resistenza (*Il sentiero dei nidi di ragno*, 1948; *Ultimo viene il corvo*, 1949), C. ha scritto romanzi in cui l'estetica neorealista si arricchisce di humour e invenzioni fantastiche (*Il visconte dimezzato*, 1952; *Il barone rampante*, 1957; *Il cavaliere inesistente*, 1960; *Marcovaldo*, 1963; *Le cosmico-miche*, 1965), per poi concentrare l'attenzione sulla semiotica, alla ricerca di abilissimi meccanismi narrativi (*Le città invisibili*, 1972; *Il castello dei destini incrociati*, 1973; *Sotto il sole giaguaro*, 1986; *Palomar*, 1983; *Lezioni americane*, 1988; *Prima che tu dica "pronto"*, 1993; *Eremita a Parigi: pagine autobiografiche*, 1994).

■ *Italo Calvino.*

CÀLVI RISÒRTA, com. in prov. di Caserta; 5851 ab. Ant. c. degli aurunci con il nome di *Calves*, di cui rimangono alcune vestigia.

CÀLVO (Gàio Licìnio), *Roma 82-47 ca. a.C.*, poeta latino. Appartenente al gruppo dei *neoteroi*, scrisse componimenti di varia natura: epitalami, epigrammi, elegie, carmi erotici.

CALVO SOTELO (José), *Tuy 1893 - Madrid 1936*, politico spagnolo, capo del Partito monarchico. Il suo assassinio scatenò la guerra civile.

CALZABÌGI (Ranièri de'), *Livorno 1714 - Napoli 1795*, letterato e librettista. Grande viaggiatore (Napoli, Parigi, Vienna), scrisse per W.C. Gluck i libretti di *Orfeo* (1762), *Alceste* (1768) e *Paride ed Elena* (1770). Collaborò alla riforma dell'opera e al rinnovamento del modello di P. Metastasio.

CALZÉCCHI ONÈSTI (Temìstocle), *Lapedona 1853 - Monterubbiano 1922*, fisico. Dimostrò la conducibilità elettrica della limatura metallica. Le sue ricerche permisero l'invenzione del *coherer* (1884), un rivelatore di onde elettromagnetiche utilizzato da G. Marconi.

CAM, personaggio biblico. Secondogenito di Noè, fu maledetto, insieme a tutta la sua discendenza (cananei), per essersi preso gioco del padre.

CAM (Diogo) → CÃO.

CAMAGÜEY, c. di Cuba, capol. di prov., nella parte interna dell'isola; 294.332 ab. Chiese barocche.

CAMAIÓRE, com. in prov. di Lucca; 30.491 ab. Centro agricolo (ortofrutticoli, cereali) e industriale (metallurgia, meccanica) alle pendici delle Alpi Apuane. Turismo balneare nel vicino Lido.

CAMÀLDOLI, località nel com. di Poppi (Arezzo). Vi si trova un insieme di edifici (foresteria, monastero, chiesa) eretti successivamente alla costruzione di un eremo (1012) da parte di San Romualdo.

CÀMARA (Hélder Pessôa), *Fortaleza 1909 - Recife 1999*, ecclesiastico brasiliano. Arcivescovo di Recife (1964-1985), ha dedicato la sua vita alla difesa dei diritti dei poveri e degli oppressi del terzo mondo.

CAMARET-SUR-MER, c. della Francia, com. di Finistère, nella penisola di Crozon; 2733 ab. Stazione balneare. Pesca.

CAMARGO (Marie-Anne **de Cupis de**), *Bruxelles 1710 - Parigi 1770*, ballerina francese di origine belga. Trionfò nell'opera e negli *opéras-ballets* di J.-Ph. Rameau e A. Campra grazie ai suoi virtuosismi tecnici.

CAMARGUE, reg. della Francia, nel dip. Bouches-du-Rhône, compresa tra i due principali bracci del delta del Rodano; 60.000 ha. Nella parte merid., disseminata di paludi e stagni salmastri, si pratica l'allevamento bovino ed equino. A N si stendono risaie, vigneti e campi da foraggio. Parco naturale regionale, che copre 86.000 ha ca.

CAMARÌNA, ant. colonia dorica della Sicilia sud-orient. Corrispondente all'att. Vittoria, fu colonia di Siracusa e venne distrutta definitivamente nel 258 a.C.

CAMÀSIO (Sàndro), *Isola della Scala 1886 - Torino 1913*, commediografo. La sua opera più nota è la commedia *Addio giovinezza!* (1911), scritta con N. *Oxilia, raffigurazione crepuscolare del mondo studentesco torinese e della piccola borghesia, da cui fu tratto un film.

CA MAU (Càpo), punta S dell'Indocina (Vietnam).

CAMBACÉRÈS (Jean-Jacques **de**), dùca **di Pàrma**, *Montpellier 1753 - Parigi 1824*, giurista e politico francese. Deputato alla Convenzione, poi al Direttorio, secondo console (1799), fu uno dei principali redattori del Codice civile (1804).

CAMBAY (Gólfo di), insenatura della costa occ. dell'India, sul Mare Arabico.

CÀMBER (Irène), *Trieste 1926*, schermitrice. Ha vinto la medaglia d'oro nel fioretto individuale alle Olimpiadi di Helsinki del 1952. Nella stessa specialità è stata campionessa del mondo a Bruxelles nel 1953.

CAMBIÀSO (Lùca), *Moneglia 1527 - Madrid 1585*, pittore. È considerato il più importante pittore del '500 genovese. Abile disegnatore ed esponente del manierismo, nel 1583 fu chiamato in Spagna per la decorazione dell' *Escorial.

CAMBÌNI (Giusèppe María Gioacchíno), *Livorno 1746 - Parigi 1825*, compositore e violinista. Fu allievo di G.B. Martini a Bologna e visse a Parigi dal 1770. La sua produzione comprende quartetti, quintetti e sinfonie.

CAMBÌSE II, re della Persia (530-522 a.C.), della dinastia achemenide. Figlio e successore di Ciro II il Grande, conquistò l'Egitto (525).

CAMBÒGIA, Stato dell'Asia sud-orient.: 181.000 km²; 13.441.000 ab. (*cambogiani*). CAP. *Phnom Penh*. LINGUA: *khmer*. MONETA: *riel*.

GEOGRAFIA – Il paese, dal clima caldo-umido, è costituito da pianure e altopiani, coperti di foreste o savane, che circondano una depressione centrale, occupata dal Lago Tonle Sap e bagnata dal Mekong. È in questa zona che si concentra la popolazione (composta essenzialmente da khmer e per la maggior parte di religione buddhista), che trae il proprio sostentamento soprattutto dalla risicoltura.

STORIA – **Dalle origini al protettorato francese. I sec. - inizio del IX sec.:** il regno di Fu-nan, influenzato dalla cultura indiana, si stabilisce sul delta e sul medio corso del Mekong (I-VI sec.). Verso la metà del VI sec. viene conquistato dai kambuja, progenitori dei khmer. **Inizio del IX sec. - 1432:** Jayavarman II (802-836 ca.) introduce il culto del sovrano divinizzato, d'ispirazione shivaita. I suoi successori, tra cui Yasovarman I (889-900 ca.), fondatore di Angkor, con le loro conquiste creano un impero i cui confini raggiungono i territori del Myanmar e del Vietnam odierni. Nel XIII sec. la gloriosa civiltà cambogiana tramonta e trionfa il buddhismo. Nel 1432 la capitale viene trasferita da Angkor a Phnom Penh. **1432-1863:** la nuova capitale, Lovĕk, viene saccheggiata dai siamesi nel 1594. Lacerato dalle contese tra i suoi principi, il paese perde il delta del Mekong, colonizzato nel XVIII sec. dai vietnamiti, e verso la metà del XIX sec. diventa campo di battaglia per Siam e Vietnam. **1863:** il territorio viene dichiarato protettorato francese. **L'indipendenza.** Norodom Sihanouk, sul trono dal 1941, ottiene nel 1953 la completa indipendenza della C.; **1955-1970:** capo di Stato dal 1960, gode del sostegno dei paesi socialisti e della Francia, pur conservando la neutralità; **1970:** viene deposto da un golpe militare appoggiato dagli Stati Uniti; gli succede il generale Lon Nol. **1975:** i khmer rossi prendono il potere. Con il nome di *Kampuchea democratica*, il paese è sottoposto alla spietata dittatura di Pol Pot. **1978-1979:** grazie all'appoggio degli avversari del regime, l'esercito vietnamita occupa la C. Viene proclamata la Rep. popolare di Kampuchea. **1982:** dall'esilio Norodom Sihanouk riunisce in un governo di coalizione le diverse correnti della resistenza cambogiana. **1989:** le truppe vietnamite lasciano il paese. **1990:** creazione di un consiglio nazionale supremo (CNS) composto da diverse fazioni, tra cui quella dei khmer rossi. **1991:** ritorno a Phnom Penh di Norodom Sihanouk, che viene eletto presidente del CNS. Un accordo, concluso a Parigi, pone il paese sotto la tutela dell'ONU. **1993:** dopo le libere elezioni di maggio, una nuova Costituzione ristabilisce la monarchia parlamentare. Norodom Siahnouk sale di nuovo sul trono mentre si forma un governo di coalizione presieduto congiuntamente da Norodom Ranariddh, figlio di Norodom Siahnouk, leader del Partito monarchico, e Hun Sen, capo del Partito del popolo cambogiano. **1997:** Hun Sen destituisce il principe Ranariddh, che viene sostituito da Ung Huot. **1998:** muore Pol Pot. Dopo la vittoria elettorale del suo partito, Hun Sen guida un governo di coalizione. Gli ultimi capi dei khmer rossi si arrendono. **1999:** la C. aderisce all'ASEAN.

CAMBRAI, c. della Francia, capol. del dip. Nord, sulla Schelda; 34.993 ab. Industrie tessili e alimentari. — Base aerea. — Monumenti del XVII e XVIII sec.; museo municipale. — C. fu annessa alla Francia da Luigi XIV (1677). — **Trattato di Cambrai** o **pace delle due dame** (1529), trattato negoziato da Luisa di Savoia e Margherita d'Austria, a nome rispettivamente di Francesco I e Carlo V. Francesco I rinunciò all'Italia e Carlo V alla Borgogna.

CAMBRAI (léga di) (1508), alleanza contro i veneziani cui aderirono il papa Giulio II, l'imperatore Massimiliano I, Luigi XII e Ferdinando II il Cattolico. Venezia fu sconfitta da Luigi XII ad Agnadello (magg. 1509), ma riuscì a ottenere lo scioglimento della coalizione (1510).

CAMBRAY-DIGNY (Luigi Guglièlmo, cónte di), *Firenze 1820-1906*, politico. Tra i sostenitori della restaurazione granducale, fu senatore (1860), sindaco di Firenze (1865-1867) e ministro delle finanze (1987-1869). Sostenne la tassa sul macinato (1868).

CAMBRÉSIS, reg. della Francia, che occupa essenzialmente l'estremità sud-occ. del dip. Nord; c. princ. *Cambrai*. Fu annessa al regno di Francia con il trattato di Nimega (1678).

CÀMBRIA, nome latino del *Galles.

CAMBRIDGE, c. degli Stati Uniti (Massachusetts); 101.355 ab. Università di Harvard (musei). MIT (Massachusetts Institute of Technology).

CAMBRIDGE, c. della Gran Bretagna (Inghilterra), capol. del Cambridgeshire; 101.000 ab. Famosa università con college (il primo fu istituito nel 1284). — Cappella gotica (XV sec.) del King's College. Museo Fitzwilliam.

CAMBRIDGE. *La cappella (XV sec.) del King's College di F. Mackenzie. (Guildhall Library, Londra.)*

CAMBRIDGE UNIVERSITY PRESS, casa editrice inglese fondata nel 1534 a C. da J. Siberch. Affermatasi nella seconda metà del '600, dal 1758 diretta da J. Baskerville. Att. è gestita dall'università locale e ha succursali sparse in tutto il mondo. Pubblica opere di saggistica, edizioni della Bibbia, volumi accademici.

CAMBRONNE (Pierre, baróne), *Nantes 1770-1842*, generale francese. Partecipò alle campagne militari della Rivoluzione e dell'impero e venne nominato generale nel 1813. Ferito a Waterloo, rispose alle intimidazioni inglesi con una parola che lo rese celebre (*merde!*).

CAMCIATCA → KAMCATKA.

CÀMERA DEGLI SPÒSI, stanza del castello di S. Giorgio, all'interno del Palazzo ducale di Mantova. Chiamata anche *Camera Picta*, è considerata il capolavoro di A. Mantegna, che la affrescò tra il 1465 e il 1474. I dipinti raffigurano con straordinario realismo la famiglia Gonzaga, che appare autorevole e solenne, ma non priva di una toccante umanità.

Cambogia

★ importante località turistica
— strada normale
— ferrovia
✈ aeroporto

● più di 1.000.000 di ab.
● da 250.000 a 1.000.000 di ab.
● da 10.000 a 250.000 ab.
• meno di 10.000 ab.

200   500   1000 m

CAMERA DEGLI SPOSI. *Affresco dell'oculo del soffitto, di A. Mantegna, 1465-1474. (Palazzo ducale, Mantova.)*

CÀMERA DEI COMÙNI → COMUNI.

CÀMERA DEI LORD → LORDS.

CÀMERA DI COMMÈRCIO INTERNAZIONÀLE, organizzazione internazionale non governativa che riunisce imprese e associazioni economiche. Fondata nel 1919, rappresenta il mondo degli affari di fronte ad alcune organizzazioni intergovernative. Nel 1923 ha istituito la Corte internazionale di giustizia. Ha sede a Parigi.

CAMERÀNA (Giovànni), *Casale Monferrato 1845 - Torino 1905*, poeta. Seguace della Scapigliatura, scrisse liriche di ispirazione decadente, che rivelano una sensibilità malinconica e tragica. Morì suicida. I suoi componimenti sono raccolti nei *Versi* (postumi, 1907).

CAMERÀNO, com. in prov. di Ancona, situato sul promontorio del Conero; 6462 ab. Centro agricolo (uva, cereali) e industriale (strumenti musicali).

CAMERARIUS (Joachim), *Bamberg 1500 - Lipsia 1574*, umanista tedesco. Collaborò con F. Melantone alla stesura della *Confessione di Augusta* (1530).

CAMERÀTA FIORENTÌNA, gruppo di letterati formatosi a Firenze nel XVI sec. Detta anche Camerata de' Bardi, si riunì intorno a G. Bardi ed ebbe tra i suoi membri V. Galilei, G. Caccini e I. Peri. Il gruppo fu determinante per la nascita del melodramma e il rinnovamento musicale del periodo.

CAMERÌNI (Màrio), *Roma 1895 - Gardone Riviera 1981*, regista cinematografico. Si è dedicato in part. alla commedia brillante: *Gli uomini, che mascalzoni!* (1932), *Il signor Max* (1937), *Grandi magazzini* (1939), *Una romantica avventura* (1940).

CAMERÌNO, com. in prov. di Macerata; 7297 ab. È situato su un colle, tra le valli dei f. Potenza e Chienti. Antica università (1727) all'interno del Palazzo ducale. Duomo.

CAMERON (James), *Kapuskasing 1954*, regista cinematografico statunitense. Ha diretto film di grande impatto spettacolare, ricchi di effetti speciali: *Piranha paura* (1981), *Terminator* (1984), *Aliens - Scontro finale* (1986), *The Abyss* (1989), *Terminator 2: il giorno del giudizio* (1991), *True Lies* (1994). *Titanic* (1997), ispirato alla tragedia dell'omonimo transatlantico, ha conquistato 11 premi Oscar.

CAMERON (Julia Margaret), *Calcutta 1815 - Kalutara 1879*, fotografa britannica. Dal 1865 si dedicò ai ritratti di personalità celebri, tra le quali C. Darwin e A. Tennyson, e alla fotografia di oggetti dell'epoca vittoriana.

CAMERON (Verney Lovett), *Radipole 1844 - Leighton Buzzard 1894*, esploratore britannico. Partì da Zanzibar (1873), attraversò l'Africa da E a O e raggiunse Benguela (1875).

CAMERUN, Stato dell'Africa centrale, sul Golfo di Guinea; 475.000 km²; 15.203.000 ab. (*camerunensi*). CAP. *Yaoundé*. LINGUE: *inglese* e *francese*. MONETA: *franco CFA*.

GEOGRAFIA – Il territorio del C. è costituito al centro da pianure costiere, cime vulcaniche isolate (M. Camerun, 4070 m) e massicce catene montuose (Adamaoua), mentre alle estremità settentrionale e meridionale prevalgono colline e altopiani. Il clima, sempre caldo, si fa più secco nel N. Quanto alla vegetazione, si passa dalla foresta più fitta (che fornisce legname pregiato ed è intervallata da piantagioni di cacao e caffè) alla savana, in cui predominano l'allevamento bovino e le colture di sussistenza (miglio, sorgo, manioca). Oltre che sul settore alimentare, l'industria si regge sulla produzione di alluminio (Edéa) e soprattutto di petrolio. Douala è il porto principale e la capitale economica del paese.

STORIA – **Prima della colonizzazione. XIII sec.**: giunge da S la prima ondata di immigranti bantu (in particolare i duala), seguita da quella dei fang. Il N è occupato da popolazioni di lingua sudanese (sao, fulbe), che affluiscono in due ondate (XI e XIX sec.) dalla valle del Niger. I pigmei sono i più antichi abitanti della foresta.

L'epoca coloniale e l'indipendenza. 1860: giungono gli europei (inglesi, tedeschi) che aprono le prime imprese commerciali. **1884**: con le esplorazioni di Gustav Nachtigal, la Germania instaura un protettorato sul C., che diventa così colonia tedesca. **1911**: un trattato franco-tedesco estende i possedimenti coloniali della Germania in C. **1916**: i paesi dell'Intesa espellono i tedeschi. **1919 e 1922**: il C. viene diviso in due zone, affidate al mandato britannico e francese.

Camerun

★ importante località turistica

500 1000 1500 2000 m

━━━ autostrada
─── strada normale
─── ferrovia
✈ aeroporto

━━━ confine di regione
Douala capoluogo di regione
─ ─ progetto di oleodotto

● più di 1.000.000 di ab.
● da 100.000 a 1.000.000 di ab.
● da 50.000 a 100.000 di ab.
● meno di 50.000 ab.

1946: il mandato si trasforma in amministrazione fiduciaria. Si affermano le rivendicazioni nazionali. **1960**: l'ex C. francese viene dichiarato indipendente. Ahmadou Ahidjo sale alla presidenza della repubblica. **1961**: dopo la fusione con la parte merid. dell'ex C. britannico (quella settentr. si unisce alla Nigeria), la repubblica diviene federale. **1966**: A. Ahidjo instaura un regime a partito unico. **1972**: la federazione si trasforma in una repubblica unitaria. **1982**: Paul Biya (rieletto nel 1997) succede ad Ahidjo. **1990**: reintroduzione del multipartitismo. **Dal 1991**: il governo in carica, molto contestato, assiste all'ascesa dell'opposizione. **1995**: il C. entra a far parte del Commonwealth. **1996**: Peter Mafany Musonge viene eletto primo ministro.

CAMILLÈRI (Andrèa), *Porto Empedocle 1925*, scrittore. Dopo l'esordio con *Il corso delle cose* (1978), ha scritto una serie di romanzi ambientati nella Sicilia ottocentesca (tra i quali *Un filo di fumo*, 1980), creando in seguito il personaggio del commissario Montalbano in un ciclo di romanzi polizieschi (*La forma dell'acqua*, 1994; *Il ladro di merendine*, 1996; *La gita a Tindari*, 2000; *Il giro di boa*, 2003). Ha scritto anche *Biografia del figlio cambiato* (2000), biografia di L. Pirandello.

CAMÌLLO (Màrco Fùrio), *fine del V sec. - 365 ? a.C.*, generale romano. Conquistò Veio (396) e liberò Roma dai galli (390 ca.).

CAMÌLLO DE LÈLLIS (sànto), *Bucchianico di Chieti 1550 - Roma 1614*, fondatore dell'ordine dei ministri degli infermi. Dedicò la sua attività pastorale alla cura dei malati e dei sofferenti. Fu canonizzato nel 1746.

CAMÌNO (Da), famiglia di origine longobarda del XII sec. Proprietari di possedimenti nella Marca Trevigiana, si divise nel XIII sec. nei rami dei Caminesi di sopra e di sotto, i quali, frequentemente in lotta tra loro, si estinsero lasciando i feudi ai veneziani.

CAMMARÀNO (Michèle), *Napoli 1835-1920*, pittore. Figlio di Salvatore, dalla forte impronta verista, dipinse anche molti soggetti storici: *Battaglia di san Martino*, *Piazza S. Marco* (1869), *Carica di Porta Pia* (1872).

— **Salvatóre**, *Napoli 1801-1852*, librettista. Padre di Michele, fu un prolifico autore melodrammatico. Scrisse libretti per G. Verdi (*La battaglia di Legnano*, 1849; *Il trovatore*, 1853) e G. Donizetti (*Lucia di Lammermoor*, 1835; *L'assedio di Calais*, 1836).

CAMMÈLLI (Antònio), detto **il Pistòia**, *Pistoia 1436 - Ferrara 1502*, poeta. Fu attivo alle corti di Niccolò da Correggio e di Ercole I d'Este. È autore dei *Sonetti faceti* (550 ca.), dalle tematiche burlesche ma attenti alla società del tempo e ricchi di spunti autobiografici.

CAMÕES (Luís **Vaz de**), *Lisbona 1524 o 1525 - 1580*, poeta portoghese. È autore di poemi lega-

Luís de **CAMÕES** (*1570 ca.*).

ti alla tradizione medievale (*redondilhas*), commedie pastorali, sonetti ispirati al Rinascimento italiano e del poema epico *I lusiadi* (1572).

CAMÒGLI, com. in prov. di Genova; 5772 ab. Situato sulla riviera di levante, è un importante centro turistico. Nei dintorni, abbazia di S. Fruttuoso (X-XII sec.).

CAMÒN (Ferdinàndo), *San Salvaro d'Urbana 1935*, scrittore. Dopo l'esordio con *Il quinto Stato* (1970), ha pubblicato romanzi (*Occidente*, 1975; *Un altare per la madre*, 1978, premio Strega; *La terra è di tutti*, 1996; *Il canto delle balene*, 1989), raccolte poetiche (*Liberare l'animale*, 1973) e saggi (*Letteratura e classi subalterne*, 1974).

CAMÒNICA (Vàl) → VALCAMONICA.

CAMPALDÌNO, pianura alluvionale del Casentino. Posta tra i com. di Poppi e Stia, è lunga 3 km ca. Nel 1289 vi si combatté una battaglia che vide contrapposti i guelfi fiorentini (tra i quali Dante) e i ghibellini aretini, che furono sconfitti.

CAMPÀNA (Dìno), *Marradi 1885 - Castel Pulci 1932*, poeta. La sua vita è stata segnata da una grave malattia mentale che lo ha costretto a numerosi ricoveri in ospedali psichiatrici. La sua opera principale (*Canti orfici*) testimonia un'allucinata trasposizione della realtà in sogno. Tra le opere postume, *Inediti* (1942), *Taccuino* (1949), *Lettere* (1958).

CAMPANÈLLA (Pùnta della), estrema punta della penisola sorrentina. Posta a pochi chilometri dall'isola di Capri, separa la costiera sorrentina da quella amalfitana.

CAMPANÈLLA (Tommàso), *Stilo, Calabria, 1568 - Parigi 1639*, filosofo domenicano. Accusato di eresia e implicato in una cospirazione ai danni della Spagna, fu imprigionato più volte. Nel 1633 si rifugiò in Francia dove venne accolto da Luigi VIII e pubblicò le opere scritte nei 27 anni trascorsi in carcere. Il suo pensiero è pervaso dall'ansia rinascimentale di un contatto diretto con la natura. C. dà all'universo una spiegazione razionale, considerando la natura il "codice originale e autografo" di Dio. Nella *Città del sole* (1602) illustra la sua utopia di uno Stato comunista e teocratico. Tra le altre opere, *Poetica italiana* (1596), *Il senso delle cose e la magia* (1604), *Theologia* (1624).

CAMPÀNIA, reg. dell'Italia merid., che si affaccia a SO sul Mar Tirreno. Confina a NO con il Lazio, a N con il Molise, a NE con la Puglia e a SE con la Basilicata; 13.595 km²; 5.782.244 ab. (*campani*). Cinque prov.: *Napoli* (capol. di reg.), *Avellino, Benevento, Caserta, Salerno*.

ASPETTI FISICI – La reg., prevalentemente montuosa e collinare, comprende i rilievi del Preappennino e dell'Appennino Campano (Monti del Matese, Picentini, del Cilento). I complessi vulcanici di Roccamonfina, dei Campi Flegrei e del Vesuvio si estendono a O del sistema appenninico. La costa, spesso frastagliata e rocciosa, è articolata nei golfi di Gaeta, Napoli, Salerno e Policastro. All'imboccatura del Golfo di Napoli si trovano le isole di Capri, Ischia e Procida. I f. Volturno e Sele scorrono in due bacini alluvionali particolarmente fertili. Il clima, mite e relativamente secco lungo il litorale, diviene più rigido nelle zone montuose dell'interno.

POPOLAZIONE – La C. è la prima reg. italiana per densità di popolazione (415,9 ab. per km²) e la seconda per numero di abitanti. Questi dati si spiegano con l'alto tasso di crescita demografica, che ha compensato il forte movimento migratorio del secondo dopoguerra. La popolazione si concentra lungo la costa, in part. nelle prov. di Napoli e Salerno. Il saldo naturale è pari al 3,6‰.

ECONOMIA – Lo sviluppo economico della regione è ostacolato dalla carenza di infrastrutture e dalla rete della criminalità organizzata. Particolarmente preoccupante il tasso di disoccupazione (23,7%). Dal settore primario deriva solo il 3,8% dei redditi complessivi. La produzione agricola (ortaggi, frutta, vite, ulivo, cereali) è notevole nelle pianure costiere e nelle fasce collinari. Tipico della C. è l'allevamento dei bufali, da cui si ricava una pregiata mozzarella. Le attività del settore secondario (20,2% dei redditi complessivi) sono concentrate nell'area di Napoli, Salerno e Caserta. Piuttosto diffuse le industrie alimentari, meccaniche, elettroniche, chimiche, metallurgiche. Il settore terziario, che fornisce il 76% dei redditi, si basa prevalentemente sulle attività commerciali, i trasporti e la pubblica amministrazione. Significativo, inoltre, il ruolo del turismo: la regione accoglie ca. 3 milioni di visitatori l'anno (costiera amalfitana, Napoli, Pompei, Ercolano).

STORIA – Dalle origini agli Aragonesi. **VIII sec. a.C.**: la regione viene colonizzata dai greci, che si stanziano prevalentemente sulla costa; **VI sec.**: è conquistata dagli etruschi; **V sec.**: subisce l'invasione dei sanniti; **IV-III sec.**: cade sotto il dominio romano; **I sec. d.C.**: costituisce, insieme al Lazio, la I regione augustea; **V sec.**: viene occupata dai goti. **VI sec.**: i bizantini sottomettono la regione, ma nel 570 i longobardi annettono Capua e parte dell'entroterra al ducato di Benevento. **XI sec.**: la C. viene riunificata dai normanni e annessa al regno di Sicilia. **1197**: ha inizio la dominazione sveva. **1268-1412**: la regione è sottoposta al controllo degli Angioini; **1412-1503**: viene conquistata dagli Aragonesi.

Dai viceré all'unità d'Italia. **1503-1707**: si afferma la dominazione spagnola (viceré). **1707-1734**: la C. è governata dagli austriaci; **1734-1799**: cade sotto il dominio dei Borbone. **1799**: viene instaurata la repubblica partenopea. **1806-1814**: la regione è occupata dai francesi; **1815**: torna nelle mani dei Borbone; **1860**: viene annessa al regno d'Italia.

CAMPANÌLE (Achille), *Roma 1889 - Velletri 1977*, scrittore e giornalista. Autore della forte vena umoristica e paradossale, ha scritto commedie teatrali (*Centocinquanta la gallina canta*, 1924; *L'inventore del cavallo*, 1925) e romanzi (*Ma cos'è questo amore?*, 1927; *Agosto, moglie mia non ti conosco*, 1930; *Il povero Piero*, 1959).

CAMPÀRI, azienda di liquori. Fondata da Gaspare C. nel 1860, fu sviluppata dal figlio Davide (Milano 1867 - Sanremo 1936), che le diede un considerevole impulso, conquistando anche il mercato estero.

CAMPBELL-BANNERMAN (sir Henry), *Glasgow 1836 - Londra 1908*, politico britannico. Leader del Partito liberale alla camera dei comuni (1899), primo ministro (1905-1908), avviò importanti riforme (nuovo statuto dei sindacati) e pose le basi dell'autonomia del Sudafrica.

CAMP DAVID (accórdi di) (17 sett. 1978), accordi di sottoscritti a Washington a suggello del vertice americano-egiziano-israeliano. Oltre a prevedere la stipulazione di un trattato di pace tra Israele ed Egitto (firmato nel mar. 1979), sollevavano il problema di Gaza e della Cisgiordania.

CAMPECHE (Bàia di), parte sud-orient. del Golfo del Messico, sul litorale messicano. Idrocarburi. Sulla costa orient. si trova la città portuale di C. (173.700 ab.).

CAMPÈLLO SUL CLITÙNNO, com. in prov. di Perugia, in prossimità delle sorgenti del f. Clitunno; 2356 ab. Tempietto del Clitunno (IV-V sec. d.C.). Nei dintorni, castello di Campello Alto.

CAMPENDONCK (Heinrich), *Krefeld 1889 - Amsterdam 1957*, pittore tedesco. Esponente dell'espressionismo, dal 1991 prese parte al movimento *Blaue Reiter*. Tra le opere, *Natura morta con contrabbasso* (1912).

CÀMPI, famiglia di pittori e architetti cremonesi.
— **Galeazzo C.**, *1447-1536*. Capostipite della fami-

Campania

500	1000	1500	2000 m	

⭐ importante località turistica

━━ autostrada
━━ strada normale

━━ ferrovia
✈ aeroporto

● oltre 80.000 ab.
● da 50.000 a 80.000 ab.
● da 20.000 a 50.000 ab.
● fino a 20.000 ab.

20 km

1243

glia, fu allievo di B. Bembo e del Boccaccino (pala con *Madonna e santi*). — **Giulio C.**, *1500 ca. - 1572*. Figlio di Galeazzo, passò ad un classicismo raffinato a influssi manieristi. — **Antonio C.**, *1525-1591*. Figlio di Galeazzo, offrì ispirazioni al luminismo caravaggesco (*San Gerolamo*). — **Bernardino C.**, *Cremona 1522 - Reggio Emilia 1591*. Cugino di Giulio, dal manierismo ricercato, si ispirò alle opere del Correggio e del Parmigianino (*Pietà*).

CÀMPI BISÈNZIO, com. in prov. di Firenze; 37.387 ab. Sul f. Bisenzio, è un centro industriale (tessile, abbigliamento, mobili).

CAMPIDÀNO, reg. pianeggiante nella Sardegna merid., che si estende diagonalmente tra il Golfo di Oristano e quello di Cagliari. Oggi una delle zone più fertili dell'isola (viti, frutteti, cereali), era un tempo paludosa e malarica.

CAMPIDÒGLIO, palazzo di Washington, sede del senato e della camera dei rappresentanti degli Stati Uniti (la posa della prima pietra avvenne nel 1793).

CAMPIDÒGLIO o **CAPITOLÌNO** (Mónte), uno dei sette colli di Roma, dove, secondo la tradizione, Tarquinio il Superbo fece erigere il tempio consacrato a Giove Capitolino, protettore della città, più volte raso al suolo. Sull'att. piazza del C., il cui assetto è stato curato da Michelangelo, si affacciano il Palazzo senatorio, i palazzi gemelli dei Conservatori e il Museo capitolino.

Piazza del **CAMPIDOGLIO**, *progettata da Michelangelo (1544-1547); sulla destra la statua equestre di Marco Aurelio.*

CÀMPI ELÌSI MITOL. GR. Luogo dell'aldilà in cui dimorano le anime virtuose.

CAMPIÈLLO, premio letterario. Istituito a Venezia nel 1963, premia annualmente un'opera di narrativa italiana. È assegnato da una giuria popolare formata da lettori, che effettua la scelta tra cinque opere selezionate da una giuria specializzata (premio Selezione Campiello).

CAMPÌGLI (Màssimo), *Firenze 1895 - Saint-Tropez 1971*, pittore. Le sue opere sono ispirate alla corrente cubista e all'arte etrusca (*Le spose dei marinai*, 1934; *Donne sul divano*, 1952). È anche autore di imponenti decorazioni murali.

CAMPÌGLIA MARÌTTIMA, com. in prov. di Livorno; 12.545 ab. Importanti miniere (pirite, zinco) e industria estrattiva. Nei dintorni, Rocca S. Silvestro.

CAMPIN (Robert) → MAESTRO DI FLÉMALLE.

CAMPINA GRANDE, c. del Brasile nord-orient.; 354.546 ab.

CAMPINAS, c. del Brasile (Stato di São Paulo); 968.172 ab.

CAMPINE in fiammingo **Kempen**, reg. del Belgio setentr. (che si estende fino ai Paesi Bassi). Allevamento di bovini.

CAMPION (Jane), *Wellington 1954*, regista cinematografica neozelandese. Il suo cinema oscilla tra reminiscenze letterarie (*Un angelo alla mia tavola*, 1990; *Ritratto di signora*, 1996) e analisi dei rapporti sia interni alla famiglia (*Sweetie*, 1989;

Holy Smoke, 1999) sia tra individuo e società (*Lezioni di piano*, 1993).

CAMPIÓNE D'ITÀLIA, com. in prov. di Como, sul Lago di Lugano; 2395 ab. Enclave italiana in territorio svizzero, ha un'economia prevalentemente turistica (Casinò municipale).

CÀMPO (Rossàna), *Genova 1963*, scrittrice. Di origini napoletane, vive tra Parigi e Roma. Ha scritto, tra gli altri, *In principio erano le mutande* (1992), *Mai sentita così bene* (1995), *L'attore americano* (1997), *Sono pazza di te* (2001), *L'uomo che non ho sposato* (2003).

CAMPOBÀSSO, c. del Molise, capol. di reg. e di prov.; 51.413 ab. (*campobassiani*).Industria alimentare e tessile. Turismo. La città, sviluppatasi intorno a un castello longobardo dell'XI sec., mantenne l'ordinamento feudale fino al 1732. — Chiese conventuali (S. Giorgio, S. Bartolomeo, S. Leo). Castello Monforte (1549). Museo sannitico e Museo permanente del presepio. — Nella provincia, in prevalenza collinare e montuosa, si praticano l'agricoltura (viti, ulivi, cereali) e l'allevamento. Distretto industriale a Termoli (settore metalmeccanico, alimentare, tessile).

CÀMPO DEI FIÓRI, frazione del com. di Varese, sull'omonimo monte (1226 m). Il territorio, divenuto Parco nazionale nel 1984, ospita l'osservatorio astronomico più grande d'Italia.

CAMPOFÒRMIO o **CAMPOFÒRMIDO**(trattàto di) (18 ott. 1797), trattato firmato a C. (att. Campoformido) da Francia e Austria, a conclusione della vittoriosa campagna di Napoleone Bonaparte in Italia. L'Austria cedette alla Francia il Belgio, la Repubblica cisalpina e i paesi della riva sinistra del Reno e ricevette la parte orient. dell'ant. repubblica di Venezia.

CAMPOFREGÓSO → FREGOSO.

CAMPOGALLIÀNI, famiglia di burattinai che operò tra il XVIII e il XIX sec. **Luigi Rimini C.**, *1775-1839*. Capostipite della famiglia, fu l'inventore della maschera modenese di Sandrone. I figli Francesco, Paolo ed Ermenegilda ne proseguirono l'attività.

CAMPO GRANDE, c. del Brasile, cap. del Mato Grosso do Sul; 662.534 ab.

CÀMPO IMPERATÓRE, conca del massiccio del Gran Sasso (L'Aquila), a 1800-2100 m. d'alt. Importante zona sciistica dell'Italia centrale. Nel 1943 vi fu imprigionato B. Mussolini.

CAMPOLÒNGO AL TÓRRE, com. in prov. di Udine, sulla destra del corso inferiore dell'Isonzo; 692 ab. Agricoltura, allevamento, lavorazione del legno. Parrocchiale del 1651, Villa Antonini (XVII sec.), Villa Marcotti (XVIII sec.).

CÀMPO MÀRZIO, vasta area pianeggiante dell'ant. Roma, sulla sinistra del Tevere. Collocata al di fuori del pomerio, era consacrata a Marte, dio della guerra, e vi si svolgevano esercitazioni militari, elezioni, rituali.

CÀMPO NELL'ÈLBA, com. in prov. di Livorno; 4358 ab. Si estende a SO dell'isola d'Elba e sull'isola di Pianosa. Turismo, pesca, viticoltura, estrazione del granito.

CAMPORÉSE, famiglia di architetti neoclassici. — **Pietro C. il Vecchio**, *Roma 1726-1781*. A Roma realizzò la facciata di S. Maria d'Aquiro (1774) e il Collegio germanico, mentre a Subiaco iniziò i lavori del duomo, conclusi dai figli Giulio e Giuseppe. — **Pietro C. il Giovane**, *Roma 1792-1873*. Figlio di Giulio, restaurò diversi edifici romani (S. Paolo, 1824-1854; il Teatro Argentina, 1837).

CAMPORÉSI (Francésco), *Bologna 1747 - Mosca 1831*, architetto. Su invito di Caterina II si recò in Russia (1782), dove realizzò il palazzo dell'imperatrice a Mosca e altri edifici per la nobiltà. Fu un protagonista dell'arte neoclassica.

CAMPORÉSI (Pièro), *Forlì 1926 - Bologna 1997*, antropologo. Docente di letteratura italiana all'Università di Bologna, si è dedicato allo studio del rapporto tra mito popolare, alimentazione e letteratura. Ha scritto, tra gli altri, *Il pane selvaggio* (1980), *La carne impassibile* (1983), *Il brodo indiano* (1990), *Le vie del latte* (1993), *Il governo del corpo* (1995).

CAMPORÓSSO (Sélla di), valico tra le Alpi Carniche e Giulie; 818 m. Vi si trova lo spartiacque tra Mar Mediterraneo e Mar Nero. Turismo invernale.

CAMPOS, c. del Brasile (Stato di Rio de Janeiro); 406.511 ab. Chiese del XVII e XVIII sec.

CAMPOTENÉSE, valico tra Basilicata e Calabria; 1022 m. È attraversato dalla statale Salerno-Cosenza e dall'autostrada Salerno-Reggio Calabria.

CAMPRA (André), *Aix-en-Provence 1660 - Versailles 1744*, compositore francese. Fu tra i creatori delle *opéra-ballets* (*L'Europe galante*, 1697) e compose musica sacra.

CAM RANH, c. del Vietnam; 118.000 ab.

CAMUS (Albert), *Mondovi, att. Deraan, Algeria, 1913 - Villeblevin 1960*, scrittore francese. Tutte le sue opere, dai saggi (*Il mito di Sisifo*, 1942) ai romanzi (*Lo straniero*, 1942; *La peste*, 1947; *La caduta*, 1956), ai drammi (*Caligola*, 1945; *I giusti*, 1949), sono permeate dal sentimento esistenziale dell'assurdo che domina il destino umano, scaturito dall'esperienza traumatica della seconda guerra mondiale. (Premio Nobel 1957.)

■ *Albert Camus nel 1947.*

CANA, ant. c. della Galilea, dove Gesù compì il suo primo miracolo, trasformando l'acqua in vino (Vangelo di Giovanni).

CANAAN, personaggio biblico. Figlio di Cam e nipote di Noè, ant. eponimo dei cananei.

CANAAN (tèrra di), nome biblico della terra promessa da Dio agli ebrei. Originariamente occupata dai cananei, può designare l'insieme di Siria e Palestina, oppure soltanto la fascia litoranea sul Mediterraneo.

CANÀCHI, popolazione della *Nuova Caledonia (ca. 85.000 individui). Le origini dei c. sono da ricercare in una migrazione melanesiana avvenuta ca. 4000 anni fa. Nonostante la colonizzazione e la cristianizzazione, hanno conservato il senso dell'identità sociale caratterizzata da forti legami con la terra e da scambi cerimoniali. Nel XIX sec. opposero strenua resistenza alla colonizzazione. Parlano 28 diverse lingue austronesiane.

CANADA, Stato federale dell'America settentr.; 9.975.000 km²; 31.081.900 ab. (*canadesi*). CAP. Ottawa. C. PRINC. Montreal, Toronto e Vancouver. LINGUE: *inglese* e *francese*. MONETA: *dollaro canadese*. [*V. carta a pagina seguente.*]

ISTITUZIONI – Stato federale che si regge sul *British North American Act* del 1867, emendato, in particolare, dalla Legge costituzionale del 1982. A quest'ultima, che sottrae definitivamente la Costituzione all'autorità del parlamento britannico, si aggiunge una Carta dei diritti e delle libertà, volta a garantire gli stessi diritti a tutti i cittadini canadesi. Il governatore generale, rappresentante della corona britannica, riveste la funzione di capo dello Stato. Il primo ministro, capo della maggioranza parlamentare, è responsabile dinanzi al parlamento, composto dalla camera dei comuni (301 membri eletti ogni 5 anni) e dal senato (104 membri di età non superiore ai 75 anni, designati dal governatore generale su proposta del primo ministro). Ciascuna provincia è dotata di un parlamento e un governo.

GEOGRAFIA – Il paese è diviso in dieci province (Alberta, Columbia Britannica, Isola Principe Edoardo, Manitoba, Nuova Scozia, Nuovo Brunswick, Ontario, Québec, Saskatchewan, Terranova) e tre territori (Territori del Nord-Ovest, Nunavut, Yukon). Il C., il paese più vasto del mondo dopo la Russia, presenta una distribuzione demografica disomogenea. Il clima, che si fa più rigido procedendo verso N, oltre il 50° parallelo, spiega la scarsa densità media (3 abitanti per km²) e l'elevata concentrazione di insediamenti nella regione del San Lorenzo e dei Grandi Laghi (province dell'Ontario e del Québec). Quasi l'80% della popolazione è urbanizzato. Tra le città spiccano le metropoli di Toronto e Montreal. Come retaggio delle vicende storiche, la popolazione (a crescita demografica ridotta per la flessione del tasso di natalità) è divisa dal dualismo tra anglofoni (in larga maggioranza) e francofoni (che rappresentano quasi il 30% del totale, ma più dell'80% nel Québec). Il C. è un grande produttore agricolo e minerario. Compare tra i primi dieci fornitori mondiali di frumento, legname (la foresta copre circa un terzo del territorio), gas naturale, ferro, piombo, zinco, rame, nichel, uranio

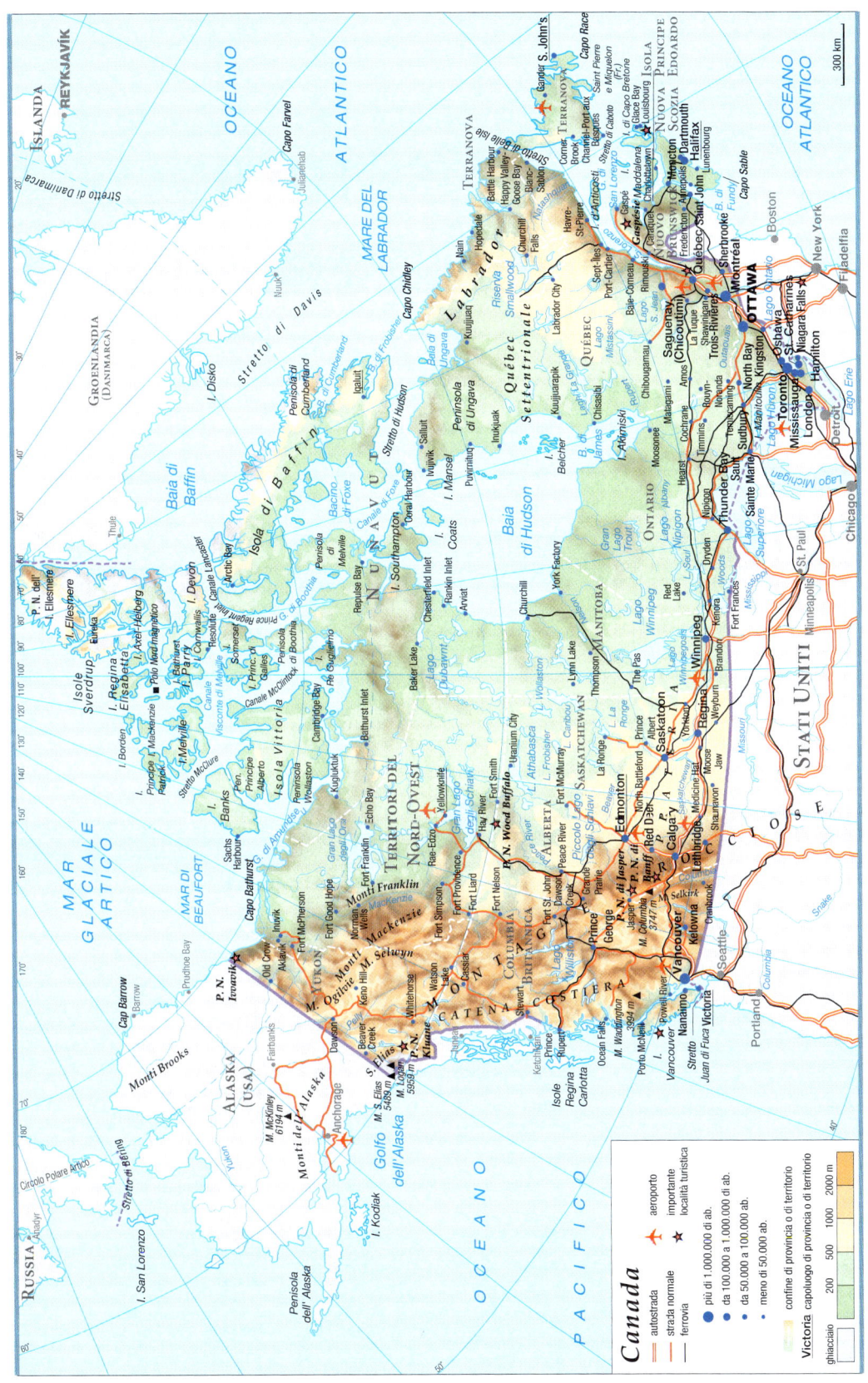

e oro. Agli idrocarburi (petrolio) si aggiunge l'energia elettrica di origine naturale e, soprattutto, idraulica. Tali risorse sono valorizzate dall'industria: comparto agroalimentare (legato anche all'allevamento bovino), lavorazione del legno e settore metallurgico (produzione di alluminio a partire dai minerali importati). I settori di trasformazione, come quello automobilistico e chimico, hanno ricevuto impulso dall'apporto finanziario degli Stati Uniti, importante partner economico del C. (circa due terzi del commercio con l'estero coinvolgono infatti questo potente Stato vicino). L'economia trae vantaggio in particolare dall'eccezionale potenziale agricolo e minerario (soprattutto energetico), che tuttavia non risolve il problema dell'occupazione e non è riuscito ad affrancare il paese dall'influenza statunitense.

STORIA – La colonizzazione. I primi abitanti del C. sono amerindi riuniti in tribù. **XVI sec.**: il territorio diventa meta degli esploratori europei, tra cui Giovanni Caboto (al servizio della corona britannica), Giovanni da Verrazzano e Jacques Cartier (al servizio del re di Francia). **1608**: Samuel de Champlain fonda la città di Québec. **1663**: nasce la colonia francese del C., cui viene assegnato il nome di Nuova Francia. **1672**: iniziano gli scontri tra i coloni francesi e inglesi, insediatisi sulla costa atlantica. **1713**: la pace di Utrecht assegna agli inglesi la Baia di Hudson, la Nuova Scozia e Terranova. **1756-1763**: (guerra dei Sette anni): gli inglesi s'impadroniscono del Québec e di Montreal. **1763**: con il trattato di Parigi la Francia cede tutto il C. alla Gran Bretagna. **1783**: alla firma del trattato di Versailles, che riconosce l'indipendenza agli Stati Uniti, fa seguito l'arrivo in massa dei lealisti americani nelle province del Québec e della Nuova Scozia, che dà luogo alla creazione della provincia del Nuovo Brunswick (1784) e nella divisione del Québec in due colonie distinte: Alto C. (att. Ontario), anglofono, e Basso C. (att. Québec), francofono. **1812-1814**: in occasione della guerra tra Stati Uniti e Gran Bretagna, Alto e Basso C. danno il loro appoggio alla corona. Gli anni seguenti vedono svilupparsi un movimento di opposizione (guidato da William Lyon Mckenzie nell'Alto C. e Louis Joseph Papineau nel Basso C.), che reclama un vero regime parlamentare. **1837**: il rifiuto di Londra provoca la ribellione di entrambe le colonie. **1840**: una volta domata la rivolta, il governo britannico riunisce i due territori sotto uno stesso parlamento. **La Confederazione canadese.** **1867**: il *British North American Act* segna la nascita del *dominion* del C., composto da Ontario, Québec, Nuova Scozia e Nuovo Brunswick. **1870**: in seguito a una rivolta dei meticci capeggiata da Louis Riel, si costituisce la provincia di Manitoba, cui si aggiungeranno la Colombia Britannica (1871) e l'Isola Principe Edoardo (1873). **1882-1885**: la costruzione della Canadian Pacific Railway, che collega Vancouver a Montreal, contribuisce a dare nuovo slancio alla colonizzazione. **1905**: vengono istituite le province di Saskatchewan e dell'Alberta. **1896-1911**: il primo ministro Wilfrid Laurier stringe legami commerciali con la Gran Bretagna, rafforzando l'autonomia del *dominion*. **1914-1918**: il C. si afferma come potenza internazionale partecipando alla prima guerra mondiale a fianco dell'Intesa. **1921-1948**: William Lyon Mackenzie King, capo del Partito liberale, vigila quasi ininterrottamente sulle sorti del paese. **1926**: il C. entra a far parte del Commonwealth e nel 1931, con lo statuto di Westminster, viene riconosciuto indipendente; **1940-1945**: dichiara guerra alla Germania e sviluppa una potente industria bellica. **1949**: l'isola di Terranova diventa provincia canadese. **1948-1984**: sotto la guida dei liberali, che dominano la vita politica con i primi ministri Louis Saint-Laurent (1948-1957), Lester Pearson (1963-1968) e Pierre Elliott Trudeau (1968-1969, 1980-1984), il C. attua una politica di progressivo avvicinamento agli Stati Uniti. Tuttavia, nel corso di questi anni, la Confederazione deve far costantemente fronte alle rivendicazioni autonomiste della provincia francofona del Québec, che sfociano in un referendum per l'indipendenza (1980). **1982**: dopo la sconfitta degli indipendentisti, viene promulgata una nuova Costituzione, che potrà essere modificata senza l'au-

Il **CANALETTO**. *Bacino di S. Marco*, 1738. *(Museum of Fine Arts, Boston.)*

torizzazione del parlamento britannico. Le popolazioni autoctone ottengono importanti garanzie. Il Québec rifiuta il suo avallo alla Legge costituzionale del 1982. **1984**: sale al potere il conservatore Brian Mulroney; **1988**: quest'ultimo torna a ricoprire la carica di capo del governo dopo la vittoria dei conservatori alle elezioni, che ratificano l'accordo di libero scambio con gli Stati Uniti. **1989**: il C. aderisce all'OAS. **1990**: il naufragio del progetto di accordo costituzionale destinato a soddisfare alcune richieste del Québec provoca una crisi politica senza precedenti, aggravata dalle rivendicazioni territoriali degli amerindi. **1992**: un referendum respinge un progetto di riforma costituzionale che prevede un nuovo statuto per le popolazioni autoctone. **1993**: quando B. Mulroney rassegna le dimissioni, gli succede Kim Campbell, nuovo leader del Partito conservatore. Quest'ultimo subisce una dura sconfitta in occasione delle elezioni generali. Il Bloc Québécois (BQ), partito indipendentista guidato (fino al 1986) da Lucien Boichard, rappresenta ormai l'opposizione ufficiale. Jean Chrétien, leader dei liberali, diventa primo ministro. **1994**: entra in vigore l'accordo di libero scambio negoziato nel 1992 con Stati Uniti e Messico (NAFTA). **1995**: il referendum sulla sovranità del Québec, che vede i sostenitori dell'unità nazionale riportare una vittoria di stretta misura sugli indipendentisti, mette a dura prova la stabilità della Confederazione. **1997**: il Partito liberale di J. Chrétien ottiene la maggioranza assoluta alle elezioni, davanti all'Alleanza riformista conservatrice (nuova opposizione ufficiale). **1999**: i Territori del Nord-Ovest vedono la secessione della loro parte orientale che va a formare il Nunavut, a maggioranza eschimese. Adrienne Clarkson è nominato governatore generale. **2000**: J. Chrétien si conferma capo del governo dopo la nuova, ampia vittoria elettorale (maggioranza assoluta) del Partito liberale.

CANADA-FRANCE-HAWAII (telescòpio) (CFH), telescopio franco-canadese di 3,60 m di diametro, installato nel 1979 sul vulcano Mauna Kea (Hawaii).

CANADÉSE (scùdo), reg. geologica del Canada, corrispondente a un'ampia conca creata dalle glaciazioni, che circonda la Baia di Hudson.

CANADIAN RIVER, f. degli Stati Uniti, affl. di destra dell'Arkansas; 1544 km.

CANÀL (Giovànni Antònio) → CANALETTO.

CANAL + (Canal Plus), emittente televisiva francese a pagamento. Creato nel 1984, trasmette film e spot. C. +, att. componente di Vivendi Universal, ha creato delle filiali in Europa e Africa, fondato una società di produzione cinematografica e lanciato nel 1996 una serie di canali digitali, CanalSatellite.

CANALA, com. della Nuova Caledonia; 3374 ab. Nichel.

CANÀLE (Ìsole del), in ingl. **Channel Islands**, gruppo di isole della Manica, di fronte alla costa normanna, che dipendono dalla corona britannica: Jersey, Guernésey, Aldemey (Aurigny), Sark (Sercq); 195 km²; 120.000 ab. Turismo. Floricoltura e frutticoltura. Allevamento. — La corona d'Inghilterra vi esercita la sovranità in virtù della discendenza dai duchi di Normandia.

CANÀLE (Vàl), valle delle Alpi Orientali. Estesa in territorio sia italiano (prov. di Udine) sia austriaco (Carinzia), separa le Alpi Carniche dalle Giulie ed è attraversata dai f. Fella e Gailitz.

CANALÉTTO (Giovànni Antònio **Canàl**, detto **il**), *Venezia 1697-1768*, pittore e incisore. Esaltò il genere della veduta urbana, ritraendo la sua città natale minuziosamente, con le infinite variazioni cromatiche del cielo e delle acque. Intorno al 1745 si recò a Londra, dove fu accolto con grandi onori e dove si stabilì fino al 1755. Tra le sue opere principali, *Veduta di piazza S. Marco* (castello di Windsor); *La festa di san Rocco* (National Gallery, Londra); *Veduta del Tamigi* (Collezione Richmond e Gordon, Londra).

CANÀL GRÀNDE, principale canale di Venezia (lunghezza 3800 m, larghezza 30-70 m), attraversato da diversi ponti, tra cui quello di Rialto. Nel mese di settembre vi si svolge la Regata storica.

CANÀLI (Lùca), *Roma 1925*, scrittore e filologo. Docente di letteratura lat. nelle università di Roma e Pisa, è autore di saggi, libri di narrativa e poesie. Inoltre ha collaborato con riviste di prestigio (*Il Verri, Nuovi Argomenti, Paragone*) e tradotto classici latini come Virgilio, Orazio e Petronio.

CANANÈI, popolazioni semitiche insediatesi in Siria e in Palestina nel III millennio a.C. Le loro città continentali finirono per soccombere agli ebrei e agli aramei (XIII-XII sec.). I c. sopravvissero sul litorale sotto il nome di fenici.

CANARD ENCHAÎNÉ (le) ("L'anatra incatenata") settimanale satirico illustrato francese. Fondato a Parigi nel 1916, beffeggia con i *pamphlet* e le caricature gli ambienti politici e finanziari così come quelli letterari e artistici.

CANÀRIE (corrènte delle), corrente marina fredda dell'Atlantico. Si sposta verso S, costeggiando il Marocco e la Mauritania.

CANÀRIE (Ìsole), in sp. **Canarias**, arcipelago dell'Atlantico (che costituisce una comunità autonoma della Spagna); 7300 km²; 1.601.812 ab.; capol. *Las Palmas*; 2 prov. (*Las Palmas e Santa Cruz de Tenerife*). Comprende le isole Gran Canaria, Fuerteventura, Lanzarote, Tenerife, Gomera, Palma e Hierro. Clima caldo e secco in estate. Turismo. — Le C., di cui il normanno Jean de Béthencourt avviò la conquista nel 1402, fanno parte della Spagna dal 1479.

CANARIS (Constantìn) → KANARIS.

CANARIS (Wilhelm), *Aplerbeck 1887 - Flossenbürg 1945*, ammiraglio tedesco. Capo dei servizi segreti militari tedeschi (1935-1944), fu impiccato per ordine di A. Hitler.

CANAVÉSE, reg. storico-geografica situata nella zona centro-settentr. del Piemonte, tra il Po, la Serra d'Ivrea, le Alpi e la Stura di Lanzo. Risorse principali: agricoltura, silvicoltura, allevamento, industria (meccanica, chimica e tessile), turismo. — Terra di Arduino, primo re d'Italia, restò a lungo sotto il dominio dei Savoia.

CANAZÈI, com. in prov. di Trento, in Val di Fassa; 1788 ab. Attrezzato centro turistico estivo e invernale. Lavorazione del legno.

CANBERRA, cap. federale dell'Australia, 250 km a SO di Sydney (368.000 ab. nell'agglomerato). Università. — Galleria nazionale e Museo nazionale d'Australia.

CANCÓGNI (Mànlio), *Bologna 1916*, giornalista e scrittore. Cronista di costume, ha collaborato con prestigiosi periodici (*L'Espresso*, *L'Europeo*). Tra le opere più recenti, *Gli angeli neri* (1994), *Lettere a Manhattan* (1997), *Matelda* (1998).

CÀNCRO, costellazione zodiacale. — **Cancro**, quarto segno dello zodiaco, nel quale entra il Sole durante il solstizio d'estate.

CANCÚN, località balneare del Messico, a NE della penisola dello Yucatán. Turismo.

CÀNDIA, ant. nome di Creta e della c. di Herákleion.

CANDIÀNO, famiglia veneziana del X sec. — **Pietro II C.** Doge dal 932 al 939, conquistò Comacchio. — **Pietro III C.** Doge dal 942 al 959, rese la carica ereditaria. — **Pietro IV C.** Figlio del precedente, doge dal 959 al 976, cercò di rendere il dogato un potere assoluto, ma fu ucciso dai veneziani. — **Vitale C.** Fratello del precedente, doge dal 976 al 978, si ritirò a vita monastica.

CÀNDIDO O L'OTTIMÌSMO, racconto di Voltaire (1759). Le sofferenze che Candido vede intorno a sé e sperimenta in prima persona sono confutate dall'ottimismo filosofico di G.W. Leibniz e C. Wolff, di cui si fa interprete il precettore Pangloss, convinto assertore della formula secondo la quale questo mondo è il migliore dei mondi possibili.

CANDIGLIÀNO, f. delle Marche, affl. del Metauro; 61 km. Nasce dal Monte Valmeronte, attraversa la Gola del Furlo, dove si trova un bacino artificiale per la produzione di energia idroelettrica, e confluisce nel Metauro.

CANDOLLE (Augustin **Pyrame de**), *Ginevra 1778-1841*, botanico svizzero. Autore di *Théorie élémentaire de la botanique* (1813), descrisse e classificò il mondo vegetale.

CANDRAGUPTA o **CIANDRAGUPTA**, re dell'India (320 ca. - 296 ca. a.C.), fondatore della dinastia Maurya. — **Candragupta I**, sovrano indiano (320 ca. - 330 ca. d.C.), fondatore della dinastia Gupta. — **Candragupta II**, sovrano indiano (375 ca. - 414) della dinastia Gupta.

CÀNE (Facino), *Casale Monferrato 1360 ca. - Pavia 1412*, condottiero. Discendente da famiglia ghibellina, servì gli Scaligeri, i Carraresi e i Visconti, riuscendo a impadronirsi di un esteso dominio (Alessandria, Novara, Tortona, Pavia).

CANEA (La) → KHANIÁ.

CANÈLLA (Guido), *Bucarest 1931*, architetto. Docente del Politecnico di Milano dal 1970, è stato uno dei protagonisti del neoliberty. Ha realizzato diverse opere nei dintorni di Milano, tra cui i municipi di Segrate (1963-1966), di Pieve Emanuele (1971) e di Seggiano di Pioltello (1976-1980).

CANETTI (Elias), *Rusčuk, Bulgaria, 1905 - Zurigo 1994*, scrittore britannico di lingua tedesca. Nei romanzi allegorici (*Auto da fé*, 1936), nei saggi (*Massa e potere*, 1960) e nell'autobiografia (1977-1985) analizza i meccanismi che regolano i comportamenti umani. (Premio Nobel 1981.)

CANGRÀNDE DELLA SCÀLA → DELLA SCALA O SCALIGERI.

CANGUILHEM (Georges), *Castelnaudary 1904 - Marly-le-Roi 1995*, filosofo francese. Rinnovatore dell'epistemologia in Francia, si è particolarmente interessato alle scienze della vita (*Il normale e il patologico*, 1966).

CANICATTÌ, com. in prov. di Agrigento, sul versante merid. della Serra Bardaro; 33.208 ab. Agricoltura (cereali, uva, mandorle, olive). Industria (alimentare, molitoria, del legno, calzaturiera). Chiese barocche di S. Diego, del Purgatorio, dello Spirito Santo.

CANIFF (Milton), *Hillsboro, Ohio, 1907 - New York 1988*, disegnatore e sceneggiatore di fumetti statunitense. Il suo stile, fondato sui contrasti tra bianco e nero, ha influenzato molti autori di fumetti (*Steve Canyon*, 1947).

CANIGOU, massiccio dei Pirenei francesi (Pirenei orient.); 2784 m.

CANÌNA (Luigi), *Casale Monferrato 1795 - Firenze 1856*, architetto e archeologo. Figura rappresentativa del neoclassicismo, diresse a Roma i lavori di completamento di Villa Borghese (propilei d'ingresso) e di restauro dell'Appia antica.

CANÌNO (Brùno), *Napoli 1935*, pianista e compositore. Si è formato al Conservatorio di Milano, dove ha in seguito insegnato. Interprete di musiche d'avanguardia, fa parte del duo pianistico Canino-Ballista e del Trio di Milano. Nel 1997 ha pubblicato *Vademecum del pianista da camera*.

CANÌSIO (Piètro) → PIETRO CANISIO.

CANNAVÒ (Càndido), *Catania 1930*, giornalista. È stato direttore della *Gazzetta dello Sport* dal 1983 al 2002. Ha scritto *Una vita in rosa* (2002), *Libertà dietro le sbarre* (2004).

CÀNNE, ant. c. della Puglia, sulla destra dell'Ofanto; att. C. della Battaglia (Barletta). — (battàglia di) (216 a.C.), battaglia della seconda guerra punica, svoltasi in Puglia, nei pressi del f. Aufidus (att. Ofanto) presso l'omonima città (oggi c. della Battaglia). Vide la vittoria dei cartaginesi di Annibale sui romani, guidati dai consoli L. Emilio Paolo e G. Terenzio Varrone. La tattica militare, con cui i cartaginesi accerchiarono l'esercito nemico chiudendolo a tenaglia con le ali, è passata alla storia.

CÀNNE AL VÈNTO, romanzo di G. Deledda, pubblicato nel 1913. Ambientato in un piccolo paese della Sardegna, narra la vicenda delle tre sorelle Pintor, del loro servo Efis e del nipote Giacinto, che sarà foriero di guai per le zie, nonostante le sue buone intenzioni. Considerato il capolavoro della scrittrice, le aprì le porte del successo, che culminerà con l'assegnazione del premio Nobel per la letteratura.

CANNES, c. della Francia, nel dip. Alpes-Maritimes; 68.214 ab. Turismo balneare e invernale. Industria aeronautica. — Festival internazionale del cinema, rassegna annuale che ha avuto inizio nel 1946. — Musée de la Castre.

CANNING (George), *Londra 1770 - Chiswick 1827*, politico britannico. Tory, ministro degli affari esteri (1807-1809), lottò energicamente contro Napoleone. Direttore del Foreign Office (1822-1827), primo ministro (1827), favorì i movimenti nazionalisti e liberali in tutto il mondo.

CANNIZZÀRO (Stanislào), *Palermo 1826 - Roma 1910*, chimico. Enunciò formalmente una teoria atomica (*legge di C.*) basandosi sul principio di Avogadro (1858) e scoprì gli alcol aromatici.

CANNÒBIO, com. in prov. di Novara, sul Lago Maggiore; 5148 ab. Industrie tessili e cartarie. Turismo. Palazzo della Ragione (XIII sec.). Santuario della Pietà (XIV sec.).

CANO (Alonso), *Granada 1601-1667*, pittore e scultore spagnolo. Attivo a Siviglia, Madrid e Granada, è autore di statue policrome e di opere pittoriche religiose caratterizzate dal lirismo e dalla ricerca della bellezza ideale.

CANON, industria giapponese fondata nel 1937 da Takeshi Mitarai, medico con la passione per la fotografia. Specializzata nella produzione di macchine fotografiche e apparecchi elettronici, ha unità produttive e commerciali in tutto il mondo.

CANÒNICA (Luigi), *Roveredo di Tesserete, Lugano, 1762 - Milano 1844*, architetto. Esponente del neoclassicismo, fu nominato soprintendente alle fabbriche nazionali e architetto di corte da Napoleone. Tra le opere, l'Arena di Milano, il parco della Villa reale di Monza e diversi teatri (Brescia, Sondrio, Cremona, Mantova).

CANÒPO, ant. c. del Basso Egitto, sul delta del Nilo. Celebre sin dall'antichità per i suoi templi (a quello di Serapide si rifanno alcune parti di Villa Adriana) e per le urne cinerarie (chiamate appunto canopi).

CANÓSA (Antònio **Capéce**, **Minùtolo** principe **di**), *Napoli 1768 - Pesaro 1838*, politico. Ministro di polizia nel regno delle Due Sicilie durante la Restaurazione (1816, 1821), attuò una crudele repressione nei confronti dei liberali, che lo portò a essere destituito dall'incarico.

CANÓSA DI PÙGLIA, com. in prov. di Bari, sulla destra del f. Ofanto; 31.533 ab. Centro agricolo (olive, uva, ortaggi, cereali) e commerciale. Basilica paleocristiana di S. Leucio (IV-VI sec.).

CANÒSSA, com. dell'Emilia-Romagna, in prov. di Reggio nell'Emilia. Il futuro imperatore Enrico IV vi si umiliò di fronte a papa Gregorio VII (gen. 1077) durante la lotta per le investiture. Resti della chiesa di S. Apollonia (X sec.).

CANÒVA (Antònio), *Possagno, prov. di Treviso, 1757 - Venezia 1822*, scultore. Principale rappresentante del neoclassicismo, lavorò in Italia e in Francia. Realizzò monumenti funerari (*Clemente XIV*, SS. Apostoli, Roma; *Clemente XIII*, S. Pietro, Roma; *Maria Cristina d'Austria*, chiesa degli Agostiniani, Vienna) e statue (**Amore e Psiche*; **Paolina Borghese*; *Venere italica*, Palazzo Pitti, Firenze).

CANSADO, c. della Mauritania, presso Nouadhibou; 5000 ab. Porto. Esportazione di minerali di ferro.

CANSÌGLIO (Piàn del), altopiano delle Prealpi Carniche, di natura carsica, tra le prov. di Treviso, Belluno e Pordenone. Nella foresta del C., ricca di faggi e conifere, si insediarono all'inizio del XVIII sec. i **cimbri*, ultimi discendenti di un popolo di origine germanica.

CÀNTABRI, ant. popolazione spagnola, stanziata a S del Golfo di Biscaglia e sottomessa dai romani nel 25-19 a.C.

CANTABRIA, comunità autonoma della Spagna; 531.159 ab.; capol. *Santander*.

CANTÀBRICI (Mónti), catena montuosa della Spagna nord-occ. (cima più elevata *Picos d'Europa*, 2648 m), che si prolunga fino ai Pirenei, lungo il Golfo di Biscaglia.

CANTACUZÈNO, famiglia dell'aristocrazia bizantina. Diede imperatori a Bisanzio, despoti a Mistra e ospodari ai principati di Valacchia e Moldavia.

CANTAL, massiccio vulcanico della Francia, in Alvernia; cima più elevata *Plomb du C.* (1855 m). Soggetto a intensa erosione, è bordato da placche basaltiche di forma triangolare.

CANTAL, dip. della Francia, in Alvernia; capol. *Aurillac*; 5726 km^2; 150.778 ab. È formato da terreno vulcanico (massiccio di C. e parte dell'Aubrac) e cristallino (Margeride, Châtaigneraie). Nell'ambito di un'economia ancora rurale, l'allevamento bovino per la produzione casearia costituisce la risorsa fondamentale, insieme al turismo.

CANTATÓRE (Doménico), *Ruvo di Puglia 1906 - Parigi 1998*, pittore figurativo. Insegnò al liceo artistico di Milano e all'Accademia di Brera e partecipò a diverse edizioni della Biennale di Venezia e della Quadriennale di Roma. Dipinse soggetti strettamente legati alla sua terra d'origine.

CANTÈLLI (Guido), *Novara 1920 - Orly 1956*, direttore d'orchestra. Esordì giovanissimo (1942), affermandosi in Italia e all'estero anche grazie al sostegno di A. Toscanini. Nel 1956 fu nominato direttore del Teatro alla Scala di Milano; perì in un disastro aereo.

CANTEMIR (Dimitri), *Fălciu 1673 - Charkov 1723*, principe della Moldavia (1693 e 1710-1711) e storico. Alleato di Pietro il Grande, che fu sconfitto dagli ottomani nel 1711, si rifugiò in Russia. — Mente enciclopedica, eccellente erudito, dimostrò le origini latine dei popoli romeni.

CANTERBURY, c. della Gran Bretagna (Inghilterra, Kent); 33.000 ab. Sede del primate della Chiesa anglicana. — Importante cattedrale dell'XI-XV sec.; altri monumenti e resti medievali.

CAN THO, c. del Vietmam merid.; 208.078 ab.

CÀNTICO DEI CÀNTICI, libro biblico (450 ca. a.C.), attribuito a Salomone. È una raccolta di canti d'amore, divisa in otto capitoli e interpretata in senso allegorico come simbolo dell'unione tra Dio e il suo popolo (secondo la tradizione ebraica) o tra Dio e la Chiesa (secondo la tradizione cristiana).

CÀNTICO DI FRÀTE SÓLE, componimento poetico di san Francesco d'Assisi (1224 ca.), che celebra le lodi del Signore attraverso l'esaltazione delle sue creature: il sole, la luna, le stelle e persino la morte. Conosciuto anche come *Cantico delle creature*, è considerato uno dei primi esempi di letteratura italiana.

CÀNTI DI LEOPÀRDI, nome dato da G. Leopardi alla sua raccolta di poesie, pubblicata per la prima volta nel 1831 e poi ampliata nel 1835 e nel 1845 (edizione postuma). Comprende canzoni civili come *All'Italia*, "piccoli" idilli come *L'infinito* e *La sera del dì di festa* e "grandi" idilli come *A Silvia* e *Il sabato del villaggio*. I 41 canti hanno un carattere fortemente lirico e rivelano vari aspetti della poetica leopardiana: l'impegno intellettuale, la forza speculativa, l'adesione ai temi più alti del romanticismo.

CANTILLON (Richard), *1680 ca. - Londra 1734*, banchiere, economista e demografo irlandese. Autore del *Saggio sulla natura del commercio in generale* (1755), ispirò i fisiocratici e A. Smith.

CANTIMÒRI (Dèlio), *Russi 1904 - Firenze 1996*, storico. Insegnò storia moderna nelle università di Messina (1940), Pisa (1941) e Firenze (1951) e si interessò allo studio della religione e dei movimenti sociali e politici (*Eretici italiani del Cinquecento*, 1939; *Utopisti e riformatori italiani*, 1943).

CANTON, in cin. **Guangzhou**, c. della Cina, capol. del Guangdong, sul delta dello Xi Jiang; 3.893.000 ab. Centro industriale e commerciale (fiera internazionale). — Monumenti antichi; musei; giardini. — In rapporti commerciali con l'India e l'impero musulmano nel VII sec., la città ha avuto contatti con l'Occidente dal 1514.

CANTÓNE (Simóne), *Muggio di Mendrisio 1736 - Gorgonzola 1818*, architetto. Membro di una celebre famiglia di architetti, si formò a Genova, Roma e Parma (Accademia Reale). Fu attivo principalmente in Lombardia, dove realizzò costruzioni e ristrutturazioni di palazzi e ville nobiliari.

CANTÓNI, cotonificio. Fondato nel 1832 a Gallarate da Costanzo C. (Gallarate 1800-1876), divenne la prima azienda cotoniera italiana sotto la direzione del figlio Eugenio (Gallarate 1824 - Roma 1888).

CANTÓNI (Albèrto), *Pomponesco 1841 - Mantova 1904*, scrittore. Nei suoi romanzi tratteggiò la società con un umorismo accostabile a quello pirandelliano. Tra le opere, *Il re umorista* (1891), *Scaricalasino* (1901), *L'illustrissimo* (postumo, 1906).

CANTÓNI (Rèmo), *Milano 1914-1978*, filosofo. Fondatore di *Studi filosofici* e *Il pensiero critico*, propugnò un "umanesimo critico", ispirato allo storicismo e legato a tematiche etico-sociali. Tra le opere, *Il pensiero dei primitivi* (1941), *Umano e disumano* (1958).

CANTOR (Georg), *San Pietroburgo 1845 - Halle 1918*, matematico tedesco. Considerato il fondatore, con J.W.R. Dedekind, della teoria degli insiemi, estese le sue ricerche alla topologia e alla teoria dei numeri.

CANTÙ, com. in prov. di Como, nella Brianza centrale; 35.595 ab. Commercio e industria (mobilifici, setifici). Artigianato del merletto a tombolo. Chiesa romanica di S. Teodoro, torri medievali.

CANTÙ (Césare), *Brivio 1804 - Milano 1895*, storico e scrittore. Insegnante e deputato (1861-1867), fondò l'Archivio storico lombardo e fu il primo presidente della Società storica lombarda. Scrisse soprattutto opere di carattere divulgativo (*La Lombardia nel sec. XVII*, 1832; *Storia universale*, 35 voll., 1838-1846).

CANULÈIO (Gàio), *V sec. a.C.*, tribuno della plebe. Nel 445 a.C. propose l'approvazione di una legge (*lex Canuleia*) che permetteva di celebrare matrimoni tra patrizi e plebei, vietati dalle XII tavole.

CANÙTO → KNUD.

CÀNZIO (Stéfano), *Genova 1837-1909*, patriota. Partecipò alla spedizione dei Mille (1860), distinguendosi poi a Bezzecca (1866), dove guadagnò la medaglia d'oro. Seguace di G. Garibaldi, ne sposò la figlia Teresita.

CANZONIÈRE DI PETRÀRCA, raccolta di liriche di F. Petrarca, (1335-1374). Chiamata dal poeta *Rerum vulgarium fragmenta* e conosciuta anche con il titolo di *Rime sparse*, è composta da 366 componimenti (sonetti, canzoni, sestine, ballate e madrigali), suddivisi in due parti. Opera fondamentale della letteratura italiana, il C. è il racconto di un percorso spirituale segnato dall'amore del poeta per Laura, la donna protagonista dell'intera produzione di P.

CÃO o **CAM** (Diego), *XV sec.*, esploratore portoghese. Scoprì nel 1483 le foci del Congo.

CAO BANG, c. del Vietnam settentr. Prima vittoria delle forze del Vietminh sulle truppe francesi (1950).

CÀORLE, com. in prov. di Venezia; 11.416 ab. Situato alla foce del f. Livenza, in zona lagunare, è un importante centro turistico sulla costa adriatica. Duomo romanico (II sec.).

CÀOS MITOL. GR. Vuoto originario che precede la creazione.

CAPA (Andrei **Friedmann**, detto Robert), *Budapest 1913 - Thai Binh, Vietnam, 1954*, fotografo statunitense di origine ungherese. Dalla guerra di Spagna a quella d'Indocina, dove morì, ha sempre testimoniato non le imprese ma le miserie umane. È stato uno dei fondatori dell'agenzia fotografica Magnum.

CAPANÈO MITOL. GR. Mitico eroe che partecipò alla spedizione dei Sette contro Tebe. Gigantesco, sfidò Zeus tentando di scalare le mura della città, ma fu colpito da fulmine divino.

CAPÀNNA (Màrio), *Città di Castello 1945*, politico e scrittore. Leader del Movimento studentesco del 1968, è stato segretario di Democrazia proletaria (1982-1987) e parlamentare europeo. Tra le opere, *Formidabili quegli anni* (1988), *Lettera a mio figlio sul Sessantotto* (1998).

CAPÀNNA DELLO ZÌO TOM (La), romanzo di H. Beecher-Stowe contro la schiavitù (1852).

CAPÀNNORI, com. in prov. di Lucca; 43.635 ab. Centro agricolo e industriale (alimentare, tessile). Pieve (XIII sec.). Chiesa di S. Margherita (XII sec.).

CAPE CANAVERAL, dal 1964 al 1973 **Cape Kennedy**, promontorio sabbioso degli Stati Uniti, sulla costa orient. della Florida. Principale base americana di lancio dei velivoli spaziali.

CAPE COD, penisola degli Stati Uniti, nel Massachusetts. Di forma semicircolare, racchiude la baia omonima e la c. di Provincetown, dove nel 1620 sbarcarono i padri pellegrini con la **Mayflower*. Turismo. Parco nazionale.

ČAPEK (Karel), *Malé-Svatoňovice 1890 - Praga 1938*, scrittore ceco. Nei suoi romanzi (*La fabbrica dell'assoluto*) e drammi teatrali (*R.U.R.*) denuncia l'asservimento dell'uomo alle scoperte scientifiche e tecnologiche.

CAPÈLLI (Alfrédo), *Milano 1855 - Napoli 1910*, matematico. Concentrò i suoi studi sull'algebra, formulando il teorema di C. (sviluppato contestualmente anche da E. Rouché) sulla risolubilità di sistemi a *m* equazioni lineari con *n* incognite.

CAPÈLLO (Biànca), *Venezia 1548 - Poggio a Caiano 1587*, granduchessa di Toscana. Nobildonna veneziana, fu amante e poi moglie (1579) di Francesco de' Medici. Il matrimonio, osteggiato dalla corte e dal cardinale Ferdinando de' Medici, finì con la morte dei due sposi per sospetto avvelenamento.

CAPÈLLO (Luigi), *Intra 1859 - Roma 1941*, generale. Fu a capo delle milizie italiane nella presa di Gorizia e della Bainsizza (1917), ma venne estromesso dall'incarico dopo la disfatta di Caporetto. In seguito partecipò al complotto organizzato da T. Zaniboni contro B. Mussolini.

CAPESTRÀNO, com. in prov. dell'Aquila; 1042 ab. Ampia necropoli (VII-VI sec. a.C.) con tombe ricche di oggetti; nel 1934 vi fu ritrovato il *Guerriero di C.*, statua risalente al VI sec. a.C.

CAPETÌNGI, dinastia di sovrani che regnarono sulla Francia dal 987 al 1328. Fondata da Ugo Capeto, subentrò a quella dei Carolingi ed ebbe come successori i Valois, nati da un ramo collaterale.

CAPETOWN o **CAPE TOWN** → CITTÀ DEL CAPO.

CAP HAÏTIEN, c. di Haiti, sulla costa settentr. dell'isola; 76.000 ab. È stata la cap. di Santo Domingo fino al 1770. — Nei dintorni, rovine della cittadella del re Christophe.

CAPIRÓSSI (Lòris), *Castel San Pietro 1973*, motociclista. Nel 1990 ha vinto il campionato del mondo nella classe 125, diventando il più giovane motociclista a conquistare un titolo. Ha replicato il successo nel 1991, vincendo poi nel 1998 nella classe 250.

CAPITÀLE (Il), opera di K. Marx (I libro, 1867), che analizza le leggi su cui si basa il sistema capitalistico. I libri II, III e IV furono pubblicati postumi.

CAPITANÀTA, reg. storica della Puglia. È compresa tra i f. Fortore e Ofanto e corrisponde alla prov. di Foggia. Prende il nome dai catapani, funzionari preposti all'amministrazione durante il dominio bizantino.

Robert **CAPA.** *Miliziano colpito durante la guerra di Spagna (1936-1939).*

CAPITÀNO, maschera della commedia dell'arte. Rappresenta il soldato presuntuoso, dall'atteggiamento spavaldo e tracotante. Interpretato da molti attori, ne ha assunto i nomi: C. Rinoceronte, Matamoros, Terremoto, Sbranaleoni, Fracassa.

CAPITÌNI (Àldo), *Perugia 1899-1968*, filosofo. Professore di pedagogia, sostenitore degli ideali antifascisti e fondatore del Partito d'azione, fu convinto assertore della non violenza. Tra le opere, *Elementi di un'esperienza religiosa* (1937), *L'obiezione di coscienza in Italia* (1959), *La non violenza oggi* (1962).

CÀPO (Provincia dél), ant. prov. della Rep. Sudafricana il cui territorio nel 1994 è stato diviso nelle *prov. di Capo Orientale, Capo Settentrionale, Capo Occidentale* e in una zona nord-occ.

CÀPO BRÉTONE (Ìsola di), isola del Canada (Nuova Scozia), all'ingresso del Golfo di San Lorenzo (collegata al continente da una strada); c. princ. *Sydney*. Parco nazionale.

CAPODICHÌNO, sobborgo di Napoli. Vi si trova l'aeroporto internazionale.

CAPODIMÓNTE, quartiere di Napoli. Posto nella parte settentr. della città, è noto per la manifattura della porcellana, produzione avviata nel 1743 da Carlo III di Borbone. Osservatorio astronomico (XIX sec.).

CAPODÌSTRIA (Giovànni Antònio, cónte **di**), *Corfù 1776 - Napoli 1831*, politico greco. Già al servizio della Russia (1809-1822), fu eletto presidente del nuovo Stato greco (1827), di cui gettò le basi. Fu assassinato.

CAPOGRÒSSI (Giusèppe), *Roma 1900-1972*, pittore. Esponente della "scuola romana" dal 1930, intorno al 1949 iniziò a dedicarsi alla pittura astratta, realizzando dipinti (*Superfici*) caratterizzati da una costante ripetizione, con poche variazioni, dei medesimi segni grafici "a forchetta", che richiamano antiche scritture.

CAPONE (Alfònso, detto **Al**), *Brooklyn 1899 - Miami 1947*, gangster statunitense. Si arricchì con il traffico clandestino di alcolici durante il proibizionismo.

CAPONNÈTTO (Antonino), *Caltanissetta 1920 - Firenze 2002*, magistrato. Entrato in magistratura nel 1954, nel 1983 è stato nominato capo dell'ufficio istruzione di Palermo. Ha in seguito creato il pool antimafia, che ha portato al primo maxiprocesso alla criminalità organizzata, coordinando l'azione di giudici come G. **Falcone* e P. **Borsellino*.

CAPORÉTTO (battàglia di) (24-28 ott. 1917), battaglia della prima guerra mondiale. La vittoria delle truppe austro-ungariche e tedesche sugli italiani a Caporetto, sull'Isonzo (att. Kobarid, Slovenia), costò ingenti perdite al nostro esercito e provocò un sussulto patriottico in Italia.

CAPOSÈLE, com. in prov. di Avellino, nella valle del f. Sele; 3902 ab. Centro agricolo (uva, olio). Artigianato del legno.

CAPOTE (Truman), *New Orleans 1924 - Los Angeles 1984*, scrittore e sceneggiatore statunitense. Nelle sue opere narrative mescola estro fantastico e delicata nostalgia (*Colazione da Tiffany*, 1958) per poi approdare al "romanzo-documento" (*A sangue freddo*, 1965).

CÀPO VÉRDE (Ìsola di), Stato insulare dell'Africa a O del Senegal; 4000 km^2; 437.000 ab. (*capoverdiani*). CAP. *Praia*. LINGUA: *portoghese*. MONETA: *escudo di Capo Verde*. [*V. carta del* **Senegal**.] Il paese conta una decina di isole abitate e numerosi isolotti. — Ant. possedimento portoghese, ha conquistato l'indipendenza nel 1975. Dal 2001 Pedro Verona Pires è presidente della repubblica, mentre Martin Ziguélé riveste la carica di primo ministro.

CAPPADÒCIA, reg. storica dell'Anatolia (Turchia). Già fulcro dell'impero ittita (III-II millennio a.C.), alla fine del IV sec. diventò centro di irradiazione del cristianesimo. — Numerose chiese rupestri con pitture (VI-XIII sec.).

CAPPÈLLI E BERRÈTTI, nome delle due fazioni che si disputarono il potere nelle diete svedesi dal 1738 al 1772. I Berretti sostenevano una politica pacifista, tesa a mantenere buoni rapporti con la Russia, mentre i Cappelli volevano impadronirsi dei territori conquistati dai russi. Le due fazioni furono annientate da Gustavo III (1772).

CAPPIÈLLO (Leonètto), *Livorno 1875 - Grasse 1942*, cartellonista, caricaturista e pittore francese di origine italiana. È stato tra i primi a semplificare i

motivi grafici per rendere più incisivo il messaggio pubblicitario.

CAPPÓNI (Gino), *Firenze 1792-1876*, scrittore e politico. Nel 1821 fondò, insieme a G.P. Vieusseux, la rivista *Antologia* e fu uno dei principali promotori culturali nella Firenze dell'epoca. Senatore dal 1860, scrisse, in part., *Frammento sull'educazione* (1845) e *Storia della Repubblica di Firenze* (1875).

CAPPÓNI (Pièro), *Firenze 1446-1496*, politico. Amico di Lorenzo de' Medici e suo ambasciatore presso la corte aragonese, nel 1494 si oppose alle richieste di Carlo VIII di Francia, che aveva occupato Firenze.

CAPPUCCÉTTO RÓSSO, racconto di C. Perrault (1697), ripreso dai fratelli Grimm (1812). Una bambina si reca in visita dalla nonna, ma al suo posto trova il lupo camuffato, che la inganna e la divora.

CAPPUCCÌLLI (Pièro), *Trieste 1929*, baritono. Il suo esordio è avvenuto nel 1957 al Teatro Nuovo di Milano, nei *Pagliacci*. Successivamente ha interpretato soprattutto opere di G. Verdi (*Rigoletto*), distinguendosi per le qualità vocali e interpretative.

CAPRA (Frank), *Palermo 1897 - Los Angeles 1991*, regista cinematografico statunitense. È autore di commedie sofisticate e brillanti, all'insegna dell'ottimismo: *Accadde una notte* (1934), *È arrivata la felicità* (1936), *Arsenico e vecchi merletti* (1944), *La vita è meravigliosa* (1947).

CAPRÀIA ÌSOLA, com. in prov. di Livorno; 355 ab. Il territorio coincide con l'omonima isola dell'arcipelago toscano (19,3 km²). Situata al largo di Piombino, è chiamata così per la presenza di capre selvatiche. Località turistica, fa parte del Parco naturale dell'arcipelago toscano ed è stata per molti anni una colonia penale agricola. Fortezza di S. Giorgio (XV sec.).

CAPRARÒLA, com. in prov. di Viterbo; 5231 ab. Vi si trova il Palazzo Farnese, costruito dal Vignola tra il 1559 e il 1575, dalla scenografica facciata. Al suo interno, ricche decorazioni pittoriche.

CAPRÈRA, isola nei pressi della costa settentr. della Sardegna, collegata all'Isola della Maddalena con un ponte. Fa parte del Parco nazionale della Maddalena. Turismo. Rinomata scuola di vela. — Casa e tomba di G. Garibaldi, monumento nazionale.

CAPRÉSE MICHELÀNGELO, com. in prov. di Arezzo; 1593 ab. Centro agricolo (olive, frumento) e turistico. Nel 1475 vi nacque Michelangelo Buonarroti.

CÀPRI, isola nel Golfo di Napoli; 7270 ab. Le sue coste a strapiombo sul mare sono disseminate di grotte (Grotta Azzurra). Grande centro turistico. — Abitata sin dal Paleolitico, fu colonizzata dai greci e dai romani. Tiberio ne fece la sua residenza favorita. Resti di due dimore imperiali: Villa Jovis e Villa Damecuta.

CAPRICÒRNO, costellazione zodiacale. — **Capricorno**, decimo segno dello zodiaco, nel quale entra il Sole nel solstizio d'inverno.

CAPRÌVI (Lèo von), *Charlottenburg 1831 - Skyren 1899*, generale e politico tedesco. Fu capo dell'ammiragliato (1883-1888), presidente del consiglio di Prussia (1890-1892) e cancelliere del Reich (1890-1894).

CAPRÓNI, industria aeronautica e meccanica. Fondata nel 1917 a Vizzola Ticino da Giovanni C. (Arco 1886 - Roma 1957), realizzò diversi modelli innovativi, tra i quali l'aereo a reazione CC2 (1940).

CAPRÓNI (Giórgio), *Livorno 1912 - Roma 1990*, poeta. Traduttore di narratori e poeti francesi, nelle sue liriche coniuga autobiografismo e riflessione sull'esistenza, con un linguaggio in equilibrio tra raffinatezza e sobrietà. Tra le opere, *Come un'allegoria* (1936), *Il seme del piangere* (1952).

CÀPUA, com. in prov. di Caserta, sul Volturno; 19.412 ab. Centro agricolo (cereali, frutta) e industriale (cave di marmo e stabilimenti farmaceutici). — Durante la seconda guerra punica Annibale se ne impossessò (215 a.C.), ma il suo esercito nel 211 fu soppraffatto dai romani, che riconquistarono la città. Nell'856 vi si insediarono i longobardi, nel 1059 la c. passò ai normanni e nel 1155 venne annessa al regno di Sicilia. — Resti romani. Duomo normanno (IX sec.). Museo campano.

CAPUÀNA (Luìgi), *Mineo 1839-1915*, scrittore e critico letterario. Esponente del verismo, ne sostenne la poetica in *Studi sulla letteratura contemporanea* (1880). I romanzi mescolano l'analisi naturalistica della realtà con l'indagine psicologica: *Giacinta* (1879), *Profumo* (1890), *Il marchese di Roccaverdina* (1901).

CAPÙRRO (Giovànni), *Napoli 1859-1920*, poeta e paroliere. Amico del compositore E. Di Capua, scrisse numerosi testi di canzoni, tra i quali quello della celebre *'O sole mio* (1898).

CARABOBO (battàglia di) (24 giu. 1821), vittoria di S. Bolivar sugli spagnoli, che assicurò l'indipendenza al Venezuela.

CARACÀLLA (Màrco Aurèlio Antonino Bassiàno, detto), *Lione 188 - Carre, att. Harran, 217*, imperatore romano (211-217). Figlio di Settimio Severo e di Giulia Domna, fu proclamato augusto insieme al fratello Geta (211), che fece uccidere (212). Condusse con successo una campagna espansionistica ai danni degli alamanni (213), rafforzando il confine sul Reno. Sul fronte della politica interna la sua iniziativa più importante fu l'emanazione della *Constitutio antoniniana*, o editto di C. (212), che estese a tutti i sudditi dell'impero il diritto della cittadinanza romana. Fece costruire a Roma le terme che portano il suo nome.
■ *Busto di Caracalla.*

CARACAS, cap. del Venezuela, a 900 m ca. d'alt., a 17 km ca. dal Mare delle Antille; 1.822.465 ab. (3.153.000 ab. nell'agglomerato). Porto a La Guaira. Aeroporto a Maiquetía. — Musei.

CARÀCCIOLO, famiglia napoletana conosciuta a partire dal X sec.; molti suoi membri furono uomini di Chiesa, condottieri e politici. Da Giovanni (m. nel 1431), detto "Sergianni", gran siniscalco del regno di Napoli, ebbero origine quattro rami minori: C. Cannella, C. Rossi, C. da Capua e C. Carafa. — **Francesco C.**, *Napoli 1752-1799*, militare napoletano. Ammiraglio della repubblica partenopea, fu impiccato, per ordine di H. Nelson, all'albero maestro della sua nave.

CARACIÀI, popolazione della Rep. di Karačaevo-Čerkesija, in Russia (ca. 155.000 individui). Stanziati nelle reg. montuose del centro del Caucaso, nel 1943 i c. furono accusati di collaborazionismo con il regime nazista e deportati in Asia centrale e Kazakistan, e solo nel 1957 poterono tornare nelle loro terre. Sono musulmani sunniti e parlano una lingua di ceppo turco.

CARÀFA, famiglia napoletana, ramo dei Caracciolo. Ebbe origine dal capostipite Gregorio (XII sec.) e vantò importanti membri nel mondo politico e letterario, tra cui Gian Pietro, che divenne papa con il nome di Paolo IV.

CARAGIALE (Ion Luca), *Haimanale 1852 - Berlino 1912*, scrittore e commediografo romeno. Fu un precursore del teatro dell'assurdo (*Una lettera smarrita*, 1884).

CARÀGLIO, com. in prov. di Cuneo; 6105 ab. Centro agricolo (cereali, frutta) e commerciale. Resti della cinta muraria e del centro medievale.

CARÀIBI, nome con cui un tempo si designava l'arcipelago delle Antille e la reg. del Mare Caribico.

CARÀIBI (Màre dei) o **CARÌBICO** (Màre)→Antille (Mar delle).

CARAÌTI, setta ebraica, i cui componenti vivono soprattutto in Israele, Russia e Ucraina (in totale ca. 25.000 individui). I c. discendono probabilmente da una setta ebraica di Baghdad (VIII sec.), che afferma la superiorità della legge scritta (Torah) su quella orale (in part. il Talmud). A partire dal XIII sec. molti di loro si sono insediati in Crimea.

CARAJÁS (Serra dos), altopiano del Brasile (Stato del Pará). Minerali di ferro.

CARAMANLÍS (Constantín) →Karamanlís (Konstantín).

CARAPALPÀCHI (República autònoma di) o **KARAKALPAKISTAN**, territorio dell'Uzbekistan occ., sul Lago d'Aral; 1.245.000 ab.; cap. Nukus. La popolazione è composta per un terzo da c., per un terzo da uzbeki e dal 25% da kazaki.

CARAVÀGGIO, com. in prov. di Bergamo; 14.293 ab. Importante centro industriale (alimentare, chimica, tessile). Turismo al santuario della Madonna di C. (XVI-XVIII sec.). Luogo d'origine della famiglia del celebre pittore.

CARAVÀGGIO (Michelàngelo **Merisi**, detto), *Milano ? 1571 ca. - Porto Ercole, Grosseto, 1610*, pittore. Artista dalla vita tumultuosa, si formò a Milano sulle opere dei maestri del realismo lombardo e del rinascimento veneto. Dal 1590 fu a Roma dove realizzò opere a carattere mitologico-allegorico (*Bacco adolescente*). Centrale nella sua pittura è la luce, che fa emergere i soggetti dall'ombra e con violenta e drammatica immediatezza ne costruisce i volumi (*Vocazione di san Matteo* e

CARACAS. *Una veduta della città.*

CARAVAGGIO. *Conversione di san Paolo, 1601 ca. (Chiesa di S. Maria del Popolo, Roma.)*

CAPRI. *Un tratto della costa con i caratteristici faraglioni.*

Martirio di san Matteo, 1600, S. Luigi dei Francesi, Roma; **Incredulità di san Tommaso*; *Crocifissione di san Pietro* e *Conversione di san Paolo*, 1600-1601, S. Maria del Popolo, Roma; *Sette opere di misericordia*, 1607, Napoli; *Decollazione del Battista*, 1608, cattedrale della Valletta, Malta).

CARAVANCHE, in ted. **Karawanken**, massiccio delle Alpi Orientali, al confine tra Austria e Slovenia.

CARBONERÌA, società segreta nata all'inizio del XIX sec. Forse di origine francese (si suppone abbia preso il nome dagli *charbonniers*, i carbonai della Franca Contea), si affermò nell'Italia merid., per poi diffondersi nel resto del paese. Nel 1830 i suoi membri entrarono nella Giovine Italia di G. Mazzini.

CARBÒNIA, com. in prov. di Cagliari; 32.644 ab. Fu costruita a partire dal 1936 per sfruttare il bacino carbonifero del Sulcis. Oggi è un centro agricolo e industriale.

CÀRCANO (Filippo), *Milano 1840-1914*, pittore. Fu allievo di F. Hayez, ma in seguito si avvicinò al verismo, dipingendo paesaggi con una tecnica puntinistica anticipatrice del divisionismo. Tra le opere, *La partita di biliardo* (1867).

CÀRCANO (Giùlio), *Milano 1812 - Lesa 1882*, scrittore. Il suo romanzo sentimentale *Angiola Maria* (1839) rivela evidenti influenze manzoniane. Traduttore delle opere di W. Shakespeare, fu anche un convinto patriota e nel 1876 fu nominato senatore.

CARCASSONNE, c. della Francia, capol. del dip. Aude, sul f. Aude e sul Canal du Midi; 46.216 ab. Cittadella medievale con doppia cinta muraria (XII-XIII sec.); castello comitale; chiesa di St-Nazaire (XII-XIV sec.).

CARCO (François **Carcopino-Tusoli**, detto Françis), *Nouméa 1886 - Parigi 1958*, scrittore francese. Nelle sue opere liriche e narrative ha descritto l'ambiente della bohème (*Jésus la Caille*).

CARCOPINO (Jérôme), *Verneuil-sur-Avre 1881 - Parigi 1970*, storico francese. Esperto di antichità romane, è autore di *Cesare* (1936) e *La vita quotidiana a Roma all'apogeo dell'impero* (1939).

CARDÀNO (Geròlamo), *Pavia 1501 - Roma 1576*, matematico e medico. Noto soprattutto come autore (dopo N. Tartaglia) della formula di risoluzione delle equazioni di terzo grado, ebbe anche il merito di introdurre il concetto di risoluzione numerica. In fisica, si deve a lui l'invenzione della sospensione detta giunto cardanico.

CARDARÈLLI (Nazarèno, detto Vincènzo), *Tarquinia 1887 - Roma 1959*, scrittore e poeta. Fu tra i fondatori della **Ronda* nel 1919 e direttore della *Fiera letteraria* (1949-1956). Tra le raccolte poetiche, *Viaggi nel tempo* (1920), *Favole e memorie* (1925), *Il cielo sulle città* (1939).

CÁRDENAS (Lázaro), *Jiquilpan 1895 - Messico 1970*, politico messicano. È stato presidente del Messico dal 1934 al 1940.

CARDIFF, c. della Gran Bretagna, sulla costa merid. del Galles; 272.600 ab. Porto. Stadio di rugby. — Museo nazionale del Galles.

CARDIJN (Joseph), *Schaerbeek 1882 - Lovanio 1967*, cardinale belga. Vicario di una parrocchia popolare, gettò le basi della JOG (Gioventù operaia cristiana) e divenne cardinale nel 1965.

CARDIN (Pierre), *Sant'Andrea di Barbarana 1922*, sarto francese di origine italiana. Ha liberato la moda maschile dal rigore britannico imponendo un abbigliamento unisex e uno stile futurista molto strutturato.

CARDINÀLE (Clàudia), *Tunisi 1938*, attrice cinematografica. Interprete versatile, apprezzata non solo in Italia: *Il gattopardo* (L. Visconti, 1963), *La pantera rosa* (B. Edwards, 1964), *La storia* (L. Comencini, 1986), *Gesù di Nazareth* (F. Zeffirelli, 1977), *Si salvi chi vuole (La vita)* (J.-L. Godard, 1980), *Fitzcarraldo* (W. Herzog, 1981), *Li chiamarono briganti!* (P. Squitieri, 1991).

■ *Claudia Cardinale nel* Gattopardo *(1963) di L. Visconti.*

CARDÌTO, com. in prov. di Napoli; 22.047 ab. Centro agricolo, con produzione di latticini (mozzarelle di C.).

CARDOSO (Fernando Henrique), *Rio de Janeiro 1931*, politico brasiliano. Presidente della repubblica dal 1995 al 2003.

CARDÙCCI (Giosuè), *Valdicastello 1835 - Bologna 1907*, scrittore. Mazziniano e repubblicano, fondò nel 1856 a Firenze la Brigata degli amici pedanti, che propugnava, contro i sentimentalismi della seconda generazione romantica, un romanticismo ricco di realismo e di motivi naturalistici. In età matura C. mutò i suoi ideali politici, diventando un cantore della monarchia e della patria. Poeta ufficiale dell'Italia unificata, cercò di realizzare la fusione tra ballata romantica e prosodia greco-latina. Nel 1890 fu nominato senatore a vita. Fu il primo scrittore italiano a ricevere il premio Nobel nel 1906. Tra le sue opere poetiche: *Juvenilia* (1850-1860), *Levia gravia* (1861-1871), *Rime Nuove* (1861-1887), *Giambi ed epodi* (1867-1879), *Odi barbare* (1877-1889), *Rime e ritmi* (1898), *Confessioni e battaglie* (1882-1884). Tra le opere in prosa: *Parini minore* (1903) e *Parini maggiore* (1907).

CARÉGGI, località nelle vicinanze di Firenze. Vi si trova una magnifica villa medicea, costruita nel 1459 su progetto di M. Michelozzi. Il Verrocchio vi realizzò alcune fontane.

CARÈLI, popolazione ugro-finnica della Russia (125.000 individui), soprattutto nella Rep. di Carelia) e della Finlandia.

CARÈLIA, reg. dell'Europa settentr., tra il Mar Bianco e il Golfo di Finlandia. La maggior parte del territorio appartiene alla Russia, il resto fa parte della Finlandia.

CARÈLIA (Repùbblica di), rep. settentr. della Russia nord-occ.; 800.000 ab.; cap. *Petrozavodsk*.

CARÈMA, com. in prov. di Torino, nel Canavese; 751 ab. Vi si produce l'omonimo vino rosso. Resti del castello di Castruzzone.

CARÈNA (Giacinto), *Carmagnola 1778 - Torino 1859*, letterato. Fu autore di *Osservazioni intorno ai vocabolari della lingua italiana* (1831) e di *Prontuario di vocaboli attinenti a parecchie arti...* (1845), nei quali sosteneva la discendenza toscana dell'italiano. A. Manzoni gli rispose con la celebre lettera *Sulla lingua italiana* (1845).

CARÈTE, *400 ca. - 330 a.C.*, generale ateniese. Fu sconfitto a Cheronea (338) da Filippo di Macedonia.

CARÉTTI (Lanfrànco), *Ferrara 1915 - Firenze 1995*, filologo e critico letterario. Ha condotto studi filologici (*Studi e ricerche di letteratura italiana*, 1951; *Filologia e critica*, 1955), curando l'edizione critica dell'epistolario di V. Alfieri (1963-1981) e dei *Promessi sposi* (1971). Importanti anche i saggi *Ariosto e Tasso* (1961) e *Antichi e moderni* (1976).

CAREY (Henry Charles), *Filadelfia 1793-1879*, economista statunitense. Favorevole alle misure protezioniste, sostenne, contro Th. Malthus, la tesi della rendita crescente delle terre in agricoltura.

CARÉZZA (Làgo di) in ted. **Karersee**, piccolo lago dell'Alto Adige. Posto nella Val d'Ega, in prov. di Bolzano, a 1530 m d'alt., è un noto centro turistico.

CÀRIA, ant. reg. dell'Asia Minore sud-occ., sul Mare Egeo; c. princ. *Mileto* e *Alicarnasso*. Il suo sovrano più famoso fu Mausolo.

CARÌBI, gruppo etno-linguistico amerindio del N dell'America latina. Originario della Guyana, si diffuse dall'area del bacino amazzonico alle Piccole Antille, ma fu pressoché sterminato all'arrivo degli europei colonizzatori.

CARÌDDI MITOL. Temibile vortice nello Stretto di Messina. I naviganti che riuscivano a evitarlo si imbattevano comunque di lì a poco nello scoglio di Scilla.

CARIGNÀNO, com. in prov. di Torino; 8558 ab. Centro industriale (legname, tessile). Cattedrale di S. Giovanni Battista, progettata da B. Alfieri (1757-1767).

CARIGNÀNO (Palàzzo), edificio di Torino. In stile barocco, fu progettato da G. Guarini e realizzato tra il 1679 e il 1685. Già sede del primo parlamento italiano, oggi ospita il Museo nazionale del Risorgimento.

CARÌNI, com. in prov. di Palermo, è posto alle pendici del Monte Saraceno; 25.029 ab. Castello (XII sec.).

CARÌNO (Màrco Aurèlio), *m. nel 285*, imperatore romano. Figlio e successore di M. Aurelio Caro, regnò dal 283 al 285. Si scontrò con l'imperatore d'Oriente Diocleziano e morì assassinato a Viminacio.

CARÌNZIA, prov. dell'Austria merid.; 547.798 ab.; capol. *Klagenfurt*.

CARIPLO (Càssa di rispàrmio delle provìnce lombàrde), istituto bancario. Fondato a Milano nel 1823, nel 1991 è diventato una S.p.A. Nel 1998, fondendosi con il Banco Ambrosiano Veneto, ha dato vita al Gruppo Intesa, che è oggi uno dei primi cinque al mondo per dimensioni del capitale.

CARISÒLO, com. in prov. di Trento, in val Rendena, alle pendici di Cima Lancia; 908 ab. Centro turistico. Cascate Nardis. Chiesa di S. Stefano (XIV sec.).

CARÌSSIMI (Giàcomo), *Marino, presso Roma, 1605 - Roma 1674*, compositore. Contribuì a definire la struttura dell'oratorio in latino.

CARITAS INTERNATIONALIS, confederazione internazionale di associazioni cattoliche. Istituita nel 1950, opera in 198 paesi di tutto il mondo coordinando le Caritas nazionali; si occupa di sviluppo, aiuti e servizi sociali. La Caritas Italiana è sorta nel 1971.

CÀRITI MITOL. GR. Divinità dell'ant. Grecia. Figlie di Zeus ed Eurinome, Talia, Aglaia ed Eufrosine corrispondevano alle Grazie romane, dee della vita, della grazia e della bellezza.

CARITÓNE, *Afrodisia I-II sec.*, scrittore greco. Scrisse il romanzo *Le avventure di Cherea e Calliroe*, in 8 libri, racconto della vicenda amorosa e avventurosa di due giovani siracusani, con frequenti citazioni omeriche.

CARLE (Gilles), *Maniwaki, Québec, 1929*, regista cinematografico canadese. È autore di film realisti e favole utopiche (*Les mâles*, 1970; *La mort d'un bûcheron*, 1973; *Maria Chapdelaine*, 1983).

CARCASSONNE. *Cittadella fortificata.*

CARLETON (Guy), baróne **Dorchester**, *Strabane, Irlanda, 1724 - Stubbings 1808*, generale britannico. Governatore della prov. del Québec (1768-1778 e 1786-1796), fece approvare l'Atto del Québec (1774).

CARLEVARIJS (Lúca), *Udine 1663 - Venezia 1729*, pittore. Maestro del Canaletto, lavorò soprattutto a Venezia, anticipando la pittura dei vedutisti veneti. Fu anche incisore. Tra le opere, *Riva degli Schiavoni*.

CÀRLI (Giàn Rinàldo), *Capodistria 1720 - Cusano Milanino 1795*, economista e poligrafo. Professore di astronomia e nautica, presidente del Supremo consiglio di economia voluto dagli austriaci, sostenne l'ingerenza dello Stato in materia di produzione e scambi. Tra le opere, *Nuove osservazioni sulla riforma della moneta* (1770).

CÀRLI (Guido), *Brescia 1914 - Spoleto 1993*, economista. È stato governatore della Banca d'Italia (1960-1975), presidente di Confindustria (1976-1980) e ministro (commercio estero, 1957-1958; tesoro, 1989-1992). Tra le opere, *La disciplina dei prezzi* (1943).

CARLISLE, c. della Gran Bretagna (Inghilterra), capol. della Cumbria; 73.200 ab. Cattedrale del XII-XIV sec.

CARLITTE o **CARLIT** (Massiccio del), massiccio dei Pirenei francesi (Pirenei Orientali); la cima più elevata è il *Pic Carlitte* (2921 m).

CÀRLO, nome di più sovrani

CÀRLO D'ASBÙRGO, *Firenze 1771 - Vienna 1847*, arciduca d'Austria. Terzogenito di Leopoldo II, ministro della guerra a partire dal 1805 e feldmaresciallo, combatté contro Napoleone a Essling (mag. 1809) e fu sconfitto a Wagram (lug.).

CÀRLO I, *Persenbeug 1887 - Funchal 1922*, imperatore d'Austria e d'Ungheria (Carlo IV) (1916-1918), della casa degli Asburgo-Lorena. Nipote e successore di Francesco Giuseppe I, nel 1917 avviò negoziati segreti con l'Intesa. In seguito alla proclamazione della repubblica in Austria (1918), tentò invano di riconquistare il potere in Ungheria (1921).

CÀRLO DEL BÈLGIO, *Bruxelles 1903 - Ostenda 1983*, conte delle Fiandre. Secondogenito di Alberto I, fu reggente del Belgio dal 1944 al 1950.

CÀRLO I IL TEMERÀRIO, *Digione 1433 - Nancy 1477*, duca di Borgogna (1467-1477). Figlio di Filippo il Buono, tentò di costituire un principato potente a spese della monarchia capetingia. Capo della "Lega del bene pubblico", ottenne da Luigi XI di Francia la restituzione delle città delle

la Somme (trattati di Conflans e di Saint-Maur), dopo l'incerta battaglia di Montlhéry (1465). Domò la rivolta di Liegi e fece prigioniero a Péronne Luigi XI, che l'aveva appoggiata (1468). Sottomise la Lorena, ma fu sconfitto dagli svizzeri a Granson e Morat (1476). La sua morte, avvenuta l'anno successivo per mano del duca di Lorena, segnò la decadenza degli Stati borgognoni.
■ *Carlo I Il Temerario in un ritratto attribuito a Van der Weyden. (Museo di Berlino-Dahlem.)*

CÀRLO I → CÀRLO MAGNO.

CÀRLO II IL CÀLVO, *Francoforte 823 - Avrieux 877*, re di Francia (843-877) e imperatore d'Occidente (875-877), della dinastia carolingia. Figlio di Ludovico I il Pio e di Giuditta di Baviera, sconfisse, a Fontenoy-en-Puisaye (841), il fratello Lotario, con l'aiuto dell'altro fratello Ludovico il Germanico (alleanza confermata dai *Giuramenti di Strasburgo*, 842). Firmò con loro il trattato di Verdun (843), che lo riconobbe sovrano della *Francia occidentalis*. Il suo regno fu segnato dalle invasioni normanne, dalle guerre franco-germaniche e dalla fioritura del feudalesimo. Alla morte del fratello Ludovico II (875), ricevette la corona imperiale e ottenne la Provenza.

CÀRLO III IL SÉMPLICE, *879 - Péronne 929*, re di Francia (898-923), della dinastia carolingia. Figlio

postumo di Ludovico II il Balbo, divise il trono con il conte di Parigi, Eudes, nell'893, e alla morte di questi (898) divenne unico sovrano di Francia. Affidò la Normandia a Rollone con il trattato di Saint-Clair-sur-Epte (911). Fu sconfitto da Ugo il Grande a Soissons, e detronizzato nel 923.

CÀRLO IV IL BÈLLO, *1295 - Vincennes 1328*, re di Francia e di Navarra (Carlo I) (1322-1328), l'ultimo della linea diretta dei Capetingi. Terzogenito di Filippo IV il Bello e di Giovanna I di Navarra.

CÀRLO V IL SÀGGIO, *Vincennes 1338 - Nogent-sur-Marne 1380*, re di Francia (1364-1380), della dinastia dei Valois. Figlio di Giovanni II il Buono, assunse la reggenza durante la prigionia del padre (1356-1360). Dovette far fronte agli intrighi di Carlo II il Malvagio, re di Navarra, e assistette

impotente alla rivolta parigina guidata da E. Marcel e a quella contadina (*jacquerie*) che devastò il N del regno. Con l'Inghilterra negoziò il trattato di Brétigny (1360). Divenuto re, impose la pace a Carlo il Malvagio e riconquistò tutte le province precedentemente sottratte dall'Inghilterra. I suoi successi sono da ascrivere alla sua prudente politica e all'azione militare di B. Du Guesclin. Carlo V promosse riforme economiche, ampliò i privilegi dell'università, fece costruire e abbellire diversi palazzi (Palazzo St.-Pol, Louvre ecc.) e raccolse una collezione di importanti manoscritti.
■ *Carlo V il Saggio. (Louvre, Parigi.)*

CÀRLO VI IL FÒLLE, *Parigi 1368-1422*, re di Francia (1380-1422), della dinastia dei Valois. Figlio di Carlo V, governò inizialmente sotto la tutela dei suoi zii, che dilapidarono il tesoro e provocarono rivolte interne imponendo nuove tasse. Sconfisse i fiamminghi a Rozebeke (1382) e assunse il potere nel 1385. Tuttavia nel 1392 cominciò a dare segni di squilibrio mentale, e il suo regno, lacerato dalla rivalità tra Armagnacchi e Borgognoni, cadde in preda all'anarchia. Sotto la tutela della regina Isabella di Baviera, fu costretto a firmare il trattato di Troyes (1420) a favore del re d'Inghilterra Enrico V.

CÀRLO VII, *Parigi 1403 - Mehun-sur-Yèvre 1461*, re di Francia (1422-1461), della dinastia dei Valois. Figlio di Carlo VI e di Isabella di Baviera, fu inizialmente chiamato "il re di Bourges", poiché la sua autorità era riconosciuta solo a S della Loira. Dopo aver subito varie sconfitte per ma-

no degli inglesi, ricevette l'aiuto di Giovanna d'Arco, che lo fece incoronare a Reims (1429). Riconciliatosi con il duca di Borgogna (trattato di Arras, 1435), riconquistò il regno con le vittorie di Formigny (1450) e Castillon (1453). Sul versante interno riformò il governo, le finanze e l'esercito; emanò la *Prammatica sanzione* (1438), che assoggettava il clero alla monarchia, e soffocò la rivolta della *praguerie*, sostenuta, tra gli altri, anche dal figlio Luigi XI.
■ *Carlo VII ritratto da J. Fouquet. (Louvre, Parigi.)*

CÀRLO VIII, *Amboise 1470-1498*, re di Francia (1483-1498), della dinastia dei Valois. Figlio di Luigi XI e di Carlotta di Savoia, regnò fino al 1494 sotto la tutela della sorella Anna, nominata reggente, e del marito di questa, Pierre de Beaujeu. Sposò Anna di Bretagna (1491) per preparare l'annessione di questa provincia alla Francia. Nel 1494 scese in Italia e occupò Firenze, Roma e Napoli. Si formò ben presto una coalizione (Lega santa) per combatterlo e respingerlo oltralpe.

CÀRLO IX, *Saint-Germain-en-Laye 1550 - Vincennes 1574*, re di Francia (1560-1574), della dinastia dei Valois. Figlio di Enrico II e di Caterina de' Medici, fu soggetto alla tutela della madre, che esercitava di fatto il potere. Dopo la pace di Saint-Germain (1570) subì l'influenza del protestante G. de Coligny, ma non riuscì a opporsi al massacro di San Bartolomeo (1572), durante il quale il suo consigliere fu assassinato.

CÀRLO X, *Versailles 1757 - Görz, att. Gorizia, 1836*, re di Francia (1824-1830), della dinastia dei Borbone. Ultimogenito di Luigi, delfino di Francia, e di Maria Giuseppina di Sassonia; nipote di Luigi XV, fratello di Luigi XVI e di Luigi XVIII, fu, durante la rivoluzione, uno dei capi degli emigrati.

Alla testa degli ultrarealisti durante il regno di Luigi XVIII (1814-1824), salì al trono alla morte di quest'ultimo. Il ministero autoritario e reazionario di J.B. Villèle (1824-1828) gli valse un'impopolarità che non diminuì sotto il governo più liberale di J.B. Martignac (1828). Nel 1829 nominò primo ministro il principe di Polignac e disciolse il parlamento che non aveva concesso la fiducia, ma le elezioni risultarono favorevoli all'opposizione. Malgrado il successo della spedizione di Algeri (4 lug.), C. reagì con le ordinanze del 25 lug. 1830, che limitavano il diritto di voto e sopprimevano la libertà di stampa; tali iniziative provocarono la rivoluzione del luglio 1830 e l'abdicazione del sovrano (2 ago.).
■ *Carlo X ritratto da H. Vernet. (Museo di Belle Arti, Dunkerque.)*

CÀRLO I, *Dunfermline 1600 - Londra 1649*, re d'Inghilterra, Scozia e Irlanda (1625-1649), della dinastia degli Stuart. Figlio di Giacomo I, il despotismo cui lo spinsero i suoi ministri (il duca di Buckingham, T. Strafford, il vescovo W. Laud) e la moglie Enrichetta Maria di Francia, suscitò una violenta opposizione

parlamentare; la *Petizione dei diritti* (1628) lo portò a sciogliere il parlamento (1629) e a governare da solo. Ma una rivolta scozzese lo costrinse a convocare, nel 1640, un nuovo parlamento ("Corto", poi "Lungo parlamento"), che condannò a morte Strafford e Laud. Queste esecuzioni, alle quali C. non ebbe il coraggio di opporsi, e la sua indulgenza verso i cattolici provocarono una nuova rottura col parlamento (1642). Scoppiò allora una guerra civile tra i sostenitori del re e quelli del parlamento, alleati agli scozzesi. Quando l'esercito reale fu sconfitto a Naseby (1645), C. riparò presso gli scozzesi, che lo consegnarono al parlamento. La sua evasione (1647) provocò una seconda guerra civile, terminata con la vittoria dell'esercito nazionale guidato da O. Cromwell, il quale ottenne dal parlamento la condanna a morte del re, che fu decapitato a Whitehall.
■ *Carlo I d'Inghilterra ritratto da A. Van Dyck. (Louvre, Parigi.)*

CÀRLO II, *Londra 1630-1685*, re d'Inghilterra, Scozia e Irlanda (1660-1685), della dinastia degli Stuart. Figlio di Carlo I e di Enrichetta Maria di Francia, fuggì in esilio dopo la vittoria di O. Cromwell. Il suo ritorno in Inghilterra (1660) fu reso possibile dall'appoggio del generale G. Monck. Ferì il sentimento nazionale inglese, alleandosi con la Francia contro l'Olanda per assicurarsi il sostegno finanziario di Luigi XIV (1664-1667) e mostrando tolleranza verso i cattolici. Dinanzi all'opposizione del parlamento, favorevole all'anglicanesimo, fu costretto ad accettare il *Test Act* (1673) e l'*Habeas corpus* (1679). Nel 1681 sciolse il parlamento che aveva tentato di escludere dalla successione reale il futuro Giacomo II.

CÀRLO I → CÀRLO IV IL BELLO (Francia).

CÀRLO II IL MALVÀGIO, *Évreux 1332-1387*, re di Navarra (1349-1387). Nipote di Luigi X, re di Francia, combatté contro Giovanni II il Buono, poi contro Carlo V e fu sconfitto a Cocherel da B. Du Guesclin (1364).

CÀRLO III IL NÒBILE, *Mantes 1361 - Olite 1425*, re di Navarra (1387-1425), figlio di Carlo II il Malvagio.

SICILIA E NAPOLI

CÀRLO I D'ANGIÒ, *1226 - Foggia 1285*, principe capetingio, conte d'Angiò, del Maine e della Provenza (1246-1285), re di Napoli e Sicilia (1266-1285). Fratello di Luigi IX il Santo, volle fare dei suoi possedimenti in Italia il fulcro di un impero mediterraneo esteso fino all'Oriente. Fu re di Albania (1272) e di Gerusalemme (1277). Venne spodestato dalla rivolta dei Vespri siciliani (1282) che provocò la formazione di due regni di Sicilia, uno insulare, l'altro peninsulare.

CÀRLO II LO ZÒPPO, *ca. 1248 - Napoli 1309*, re della Sicilia peninsulare (Napoli) (1285-1309), figlio di Carlo I d'Angiò.

CÀRLO III, *1345 - Buda 1386*, re di Napoli (1381-1386), re di Ungheria (Carlo II) (1385-1386).

CÀRLO IV → CARLO V (Sacro Romano Impero).

CÀRLO V → CARLO II (Spagna).

CÀRLO VI → CARLO VI (Sacro Romano Impero).

CÀRLO VII → CARLO III (Spagna).

ROMANIA

CÀRLO I o **CAROL I**, *Sigmaringen 1839 - Sinaia 1914*, principe (1866-1881), poi re (1881-1914) di Romania, della casa di Hohenzollern. Sotto il suo regno, la Romania proclamò l'indipendenza (1878).

CÀRLO II o **CAROL II**, *Sinaia 1893 - Estoril, Portogallo, 1953*, re di Romania (1930-1940). Figlio di Ferdinando I, rinunciò al trono in favore del figlio Michele (1926), che a sua volta abdicò cedendogli il potere (1930). Nel 1938 sospese la Costituzione e instaurò una sorta di dittatura personale, ma nel 1940 fu costretto ad abdicare.

SACRO ROMANO IMPERO

CÀRLO I → CARLO MAGNO.

CÀRLO II → CARLO II IL CALVO (Francia).

CÀRLO III IL GRÒSSO, *Neudingen 839-888*, imperatore d'Occidente (881-887), re di Germania (882-887), re di Francia (884-887), della dinastia carolingia. Figlio cadetto di Ludovico II, riunificò virtualmente l'impero di Carlo Magno, ma a causa della sua debolezza di fronte ai feudatari e alle invasioni normanne fu deposto a Treviri nell'887.

CÀRLO IV DI LUSSEMBÙRGO, *Praga 1316-1378*, re di Germania (1346-1378), e di Boemia (Carlo I) (1346-1378), imperatore germanico (1355-1378). Figlio di Giovanni I di Lussemburgo, promulgò la *Bolla d'oro* (1356) e, con l'istituzione dell'università (1348), fece di Praga il centro culturale dell'impero.

CÀRLO V, *Gand 1500 - Yuste, Estremadura, 1558*, imperatore germanico (1519-1556), re di Spagna (Carlo I) (1516-1556) e di Sicilia (Carlo IV) (1516-1556), della dinastia degli Asburgo. Figlio di Filippo il Bello, arciduca d'Austria, e di Giovanna la Pazza, regina di Castiglia, nel 1515 ottenne i Paesi Bassi e, alla morte di Ferdinando il Cattolico (1516), ereditò la corona di Castiglia, quella di Napoli e della Sicilia, da cui dipendevano diverse colonie in America. Posto a capo del Sacro Romano Impero dalla dieta di Francoforte (1519), governò un immenso territorio sul quale "non tramontava mai il sole". Rivale di Francesco I, che ambiva alla corona imperiale, gli condusse contro tre guerre (1521-1529, 1536-1538, 1539-1544), culminanti nella battaglia di Pavia (1525) e nel sacco di Roma (1527). Lottò contro l'espansione ottomana di Solimano il Magnifico, assediando vittoriosamente Tunisi (1535) e subendo una dura sconfitta ad Algeri (1541). In seguito continuò la guerra contro la Francia di Enrico II (1547-1556). Nel frattempo si scontrò con i sostenitori della Riforma, in Germania, e fu costretto ad accettare la pace di Augusta (1555). Abdicò nel 1556 e si ritirò nel convento di Yuste.

■ *Carlo V ritratto da Tiziano. (Alte Pinakothek, Monaco.)*

CÀRLO VI, *Vienna 1685-1740*, imperatore germanico (1711-1740), re di Ungheria (Carlo III) (1711-1740) e di Sicilia (Carlo VI) (1714-1734), della dinastia degli Asburgo. Secondogenito di Leopoldo I di Asburgo, dovette rinunciare alle sue pretese sulla Spagna (trattato di Rastadt, 1714). Si adoperò per fare accettare in Europa la *Prammatica sanzione* del 1713, con la quale garantiva alla figlia Maria Teresa la successione austriaca. Perse definitivamente Napoli e la Sicilia nel 1738.

CÀRLO VII ALBÈRTO, *Bruxelles 1697 - Monaco 1745*, elettore di Baviera (1726-1745), imperatore germanico (1742-1745). Fu l'avversario di Maria Teresa nella successione austriaca.

SPAGNA

CÀRLO DI BORBÓNE → CARLOS (don).

CÀRLO I → CARLO V (Sacro Romano Impero).

CÀRLO II, *Madrid 1661-1700*, re di Spagna e di Sicilia (Carlo V) (1665-1700), l'ultimo degli Asburgo di Spagna. Figlio di Filippo IV, designò come successore Filippo d'Angiò, nipote di Luigi XIV, provocando così la guerra di successione spagnola.

CÀRLO III, *Madrid 1716-1788*, re di Spagna (1759-1788), duca di Parma (1731-1735), re di Napoli e di Sicilia (Carlo VII) (1734-1759), della dinastia dei Borbone. Figlio di Filippo V, concluse con la Francia il Patto di famiglia (1761), che lo trascinò nella guerra dei Sette anni. Sostenitore del dispotismo illuminato, si impegnò nel rinnovamento del paese con l'aiuto dei ministri Aranda e Floridablanca.

CÀRLO IV, *Portici 1748 - Roma 1819*, re di Spagna (1788-1808), della dinastia dei Borbone. Figlio di Carlo III, fu sottomesso alle volontà della moglie, Maria Luisa di Parma, e del favorito di questa, M. Godoy. Trascinato dalla Francia nella lotta contro l'impero britannico a partire dal 1796, fu costretto ad abdicare nel 1808 a favore del figlio Ferdinando VII e si rimise alle decisioni di Napoleone I, che affidò la corona di Spagna al fratello Giuseppe.

SVEZIA

CÀRLO IX, *Stoccolma 1550 - Nyköping 1611*, reggente (1595) e poi re di Svezia (1607-1611). Terzogenito di G. Vasa e padre di Gustavo II Adolfo, assicurò l'unità politica e religiosa del regno.

CÀRLO X GUSTÀVO, *Nyköping 1622 - Göteborg 1660*, re di Svezia (1654-1660). Successore della regina Cristina, impose alla Danimarca la pace di Roskilde (1658), con la quale ottenne la Scania.

CÀRLO XI, *Stoccolma 1655-1697*, re di Svezia (1660-1697). Figlio e successore di Carlo X Gustavo, si alleò con la Francia nel 1675 contro le Province Unite e instaurò la monarchia assoluta.

CÀRLO XII, *Stoccolma 1682 - Fredrikshald, att. Halden, Norvegia, 1718*, re di Svezia (1697-1718). Figlio di Carlo XI, impegnò il paese nella guerra del Nord (1700-1721). Sconfitti i danesi a Copenaghen e i russi a Narva (1700), invase la Polonia e detronizzò Augusto II (1704). Tuttavia non riuscì ad avere la meglio su Pietro il Grande a Poltava (1709) e fu costretto a rifugiarsi presso i turchi, che lo fecero prigioniero. Nel 1715 fece ritorno in patria e attaccò la Norvegia, ma fu ucciso durante l'assedio di Fredrikshald.

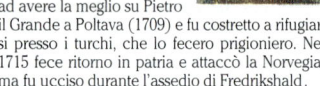

■ *Carlo XII di Svezia. (Musée Condé, Chantilly.)*

CÀRLO XIII, *Stoccolma 1748-1818*, re di Svezia (1809-1818) e di Norvegia (1814-1818). Cedette la Finlandia alla Russia e ricevette nel 1814 la corona di Norvegia. Nominò come successore J.B. Bernadotte.

CARLO XIV (Jean-Baptiste **Bernadotte**), *Pau 1763 - Stoccolma 1844*, maresciallo di Francia, re di Svezia e di Norvegia (1818-1844). Distintosi durante la Rivoluzione francese e nelle campagne militari napoleoniche, fu nominato maresciallo nel 1804 e principe di Pontecorvo nel 1806. Divenuto principe ereditario di Svezia (1810), combatté contro Napoleone nella campagna di Russia e a Lipsia; nel 1818 succedette a Carlo XIII, fondando l'att. dinastia di Svezia.

CÀRLO XV, *Stoccolma 1826 - Malmö 1872*, re di Svezia e di Norvegia (1859-1872). Primogenito di Oscar I, favorì la democratizzazione della Svezia.

CÀRLO XVI GUSTÀVO, *castello di Haga, Stoccolma, 1946*, re di Svezia dal 1973. È succeduto al nonno Gustavo VI Adolfo.

UNGHERIA

CÀRLO I ROBÈRTO, detto **Carobèrto**, *Napoli 1288 - Visegrád 1342*, re di Ungheria (1301-1342), della casa degli Angiò.

CÀRLO II → CARLO III (Sicilia e Napoli).

CÀRLO III → CARLO VI (Sacro Romano Impero).

CÀRLO IV → CARLO I (Austria).

CÀRLO ALBÈRTO, *Torino 1798 - Porto, Portogallo, 1849*, re di Sardegna (1831-1849). Figlio di Carlo Emanuele di Savoia, assunse la reggenza all'abdicazione di Vittorio Emanuele I. Nel 1821 concesse la Costituzione, subito sconfessata da Carlo Felice. Salito al trono (1831), mantenne una politica reazionaria, reprimendo i moti mazziniani della Giovine Italia (1833), ma attuò una serie di riforme ispirate da un assolutismo illuminato. Dopo il 1840 adottò una politica antiaustriaca che lo avvicinò a posizioni liberali. Nel 1848 promulgò lo *Statuto albertino*, atto di nascita di una monarchia costituzionale che, pur lasciando ampi poteri al sovrano, di fatto prefigurava un regime di tipo parlamentare. In seguito alle Cinque giornate di Milano, dichiarò guerra all'Austria, ma, sconfitto a Custoza nel 1848 e a Novara nel 1849, fu costretto ad abdicare a favore del figlio Vittorio Emanuele II.

CÀRLO AUGÙSTO, *Weimar 1757 - Graditz 1828*, duca e granduca di Sassonia-Weimar. Sostenitore dell'autonomia nazionale, nel 1805 si schierò con la Prussia contro Napoleone. Trasformò la sua corte in un prestigioso centro intellettuale.

CÀRLO BORROMÈO (sànto), *Arona 1538 - Milano 1584*, prelato. Chiamato a Roma dallo zio Pio IV, divenne segretario di Stato, cardinale e arcivescovo di Milano (1565). Si adoperò per l'attuazione della riforma cattolica stabilita dal Concilio di Trento, divenendo uno dei principali protagonisti della Controriforma. Ripristinò la tradizione della visita pastorale, riorganizzò le chiese locali e si dedicò alla formazione del clero, istituendo diversi seminari. Si distinse in modo particolare per la sua opera di assistenza durante la peste che nel 1576-1577 colpì Milano. Venne proclamato santo nel 1610.

CÀRLO DI VALOIS (Senzatèrra), *1270 - Le Peray 1325*, principe capetingio. Figlio di Filippo III, nel 1310 fu chiamato in Italia da papa Bonifacio VIII per risolvere la controversa tra i Bianchi e i Neri a Firenze. C. appoggiò i Neri costringendo i Bianchi all'esilio.

CÀRLO EMANUÈLE, nome di più duchi di Savoia e re di Sardegna. — **Carlo Emanuele I**, *Rivoli 1562 - Savigliano 1630*, duca di Savoia. Succedette al padre Emanuele Filiberto nel 1580. La sua fu una politica di espansione: nel 1601 combatté contro i francesi e ottenne il marchesato di Saluzzo; nel 1613 entrò in conflitto con la Spagna e di nuovo, pochi anni dopo, con la Francia per la successione nel Monferrato. Sconfitto, morì lasciando il regno in condizioni di miseria. — **Carlo Emanuele II**, *Torino 1634-1675*, duca di Savoia. Secondogenito di Vittorio Amedeo I, regnò fino alla maggiore età sotto la tutela della madre Cristina di Borbone. La sua linea politica fu sempre influenzata dalla Francia. A Torino fece costruire diversi monumenti, tra cui il Valentino e Palazzo Reale. — **Carlo Emanuele III**, *Torino 1701-1773*, re di Sardegna. Succedette al padre Vittorio Amedeo II nel 1730. Combatté contro gli austriaci e con la pace di Vienna (1738) ottenne Novara e Tortona. Nella guerra di successione austriaca invece appoggiò l'Austria contro la Francia e la Spagna, e con la pace di Aquisgrana (1748) ottenne Vigevano, l'alto Novarese e il Pavese. Fu promotore di numerose riforme in Sardegna. — **Carlo Emanuele IV**, *Torino 1751-1819*, re di Sardegna. Succedette al padre Vittorio Amedeo II nel 1796. Nel 1798 riparò in Sardegna per sfuggire alle truppe napoleoniche e nel 1802 abdicò in favore del fratello Vittorio Emanuele I.

CÀRLO FELÌCE, *Torino 1765-1831*, re di Sardegna (1821-1831). Figlio di Vittorio Amedeo III, succedette al fratello Vittorio Emanuele I nel 1821. Viceré di Sardegna (1799-1821), sconfessò la Costituzione di Carlo Alberto e chiese l'intervento dell'Austria per reprimere i moti rivoluzionari. Da sovrano combatté contro il liberalismo, in nome della monarchia assoluta.

CARLOFÒRTE, com. in prov. di Cagliari, sull'isola di San Pietro; 6714 ab. Porto. Turismo. Ospita un osservatorio astronomico.

CÀRLO LUÌGI GIOVÀNNI D'ASBÙRGO, *Firenze 1771 - Vienna 1847*, maresciallo austriaco. Figlio del granduca di Toscana Pietro Leopoldo,

CARLO MAGNO. *Ritratto presunto (1350 ca.); reliquiario in argento dorato. (Cattedrale di Aquisgrana.)*

governatore dei Paesi Bassi (1793-1794), combatté in Italia contro Napoleone.

CÀRLO MÀGNO o **CÀRLO I IL GRÀNDE**, *742 o 747 - Aquisgrana 814*, re dei franchi (768-814) e dei longobardi (774-814), imperatore d'Occidente (800-814), della dinastia carolingia. Primogenito di Pipino il Breve, alla morte del fratello Carlomanno (771) regnò come unico sovrano. Sconfitti i longobardi, divenne padrone dell'Italia settentrionale (774). Dopo aver fondato il regno di Aquitania e assoggettato la Baviera, sottomise i frisoni (785), gli avari di Pannonia (796) e i sassoni (804), al termine di una guerra durata più di trent'anni. Fallita la conquista della Spagna musulmana, creò comunque una marca spagnola a S dei Pirenei. Il giorno di Natale dell'800 venne incoronato imperatore dei romani dal papa. Da Aquisgrana, dove risiedeva abitualmente, esercitava il controllo sull'amministrazione territoriale dei conti e dei vescovi attraverso i *missi dominici* e l'assemblea annuale dei notabili, le cui deliberazioni venivano riassunte nei *capitularia*. Promotore di una vera e propria rinascita culturale, raccogliendo intorno a sé, nella scuola palatina da lui fondata, molti letterati (Alcuino). All'interno dei monasteri moltiplicò le scuole d'arte. Promosse lo sviluppo del cristianesimo e allo stesso tempo ristabilì contatti commerciali con l'Oriente. Nell'813 fece incoronare il figlio Ludovico. Personaggio divenuto ben presto leggendario, C. è l'eroe di numerose *chansons de geste*.

CARLOMÀNNO, *715 ca. - Vienne, Isère, 754*, maestro di palazzo in Austrasia (741-747), primogenito di Carlo Martello.

CARLOMÀNNO, *751 ca. - Samoussy o Chaumuzy 771*, re dei franchi (768-771), della dinastia carolingia. Diviso il regno con il fratello Carlo Magno, entrò in disaccordo con lui (769-770). Alla sua morte, il fratello lo estromise i figli dalla successione.

CARLOMÀNNO, re di Francia (879-884), della dinastia carolingia. Figlio di Ludovico II il Germanico, regnò con il fratello Ludovico III fino all'882.

CÀRLO MARTÈLLO, *688 ca.- Quierzy 741*, maestro di palazzo di Austrasia e Neustria. Figlio di Pipino di Héristal, sconfisse gli arabi a Poitiers nel 732 e sottomise l'Aquitania, la Provenza e la Borgogna, ripristinando così l'unità del regno franco, che divise tra i figli Carlomanno e Pipino il Breve.

CÀRLO MARTÈLLO D'ANGIÒ, *Napoli 1271-1295*, re d'Ungheria. Vicario del padre Carlo II d'Angiò in Sicilia dal 1289 al 1294, fu incoronato re d'Ungheria nel 1929, ma il suo regno fu solo nominale. È menzionato da Dante nella *Divina Commedia*.

CARLOS (Don) o **CARLOS MARIA ISIDRO DI BORBÓNE**, *Madrid 1788 - Trieste 1855*, infante di Spagna, conte di Molina. Rivendicando la successione al trono di Spagna contro Isabella II, provocò la prima guerra carlista (1833-1839).

CARLOS (Luis) o **CÀRLO DI BORBÓNE-SPÀGNA**, *Madrid 1818 - Trieste 1861*, principe spagnolo, conte di Montemolin. Figlio de Carlos di Borbone, conte di Molina, provocò la seconda guerra carlista (1846-1849).

CARLÒTTA, *Laeken 1840 - castello di Bouchout, presso Bruxelles, 1927*, principessa di Sassonia-Coburgo-Gotha e del Belgio. Figlia di Leopoldo I, re del Belgio, sposò (1857) l'arciduca Massimiliano, divenuto nel 1864 imperatore del Messico, e perse la ragione in seguito all'esecuzione del marito.

CARLÒTTA DI NASSAU, *castello di Berg 1896 - castello di Fischbach 1985*, granduchessa di Lussemburgo (1919-1964). Abdicò in favore del primogenito Giovanni, nel 1964.

CARLÒTTA ELISABÈTTA DI BAVIÈRA, *Heidelberg 1652 - Saint-Cloud 1722*, principessa palatina. Figlia di Carlo Ludovico, elettore palatino, fu la seconda moglie del duca Filippo I di Orléans, fratello di Luigi XIV, e madre di Filippo di Orléans, il futuro reggente. La sua corrispondenza è un prezioso documento sui costumi dell'epoca.

CARLÒTTO (Màssimo), *Padova 1956*, scrittore. Ha esordito nel 1995 con il romanzo *Il fuggiasco*. Tra i romanzi successivi, *Il mistero di Mangiabarche* (1997), *La verità dell'alligatore* (1998), *Nessuna cortesia all'uscita* (1999), *Jimmy della Collina* (2002).

CARLOWITZ (pàce di) (26 gen. 1699), trattato stipulato tra impero ottomano e Austria, Polonia, Russia e Venezia. Gli ottomani dovettero cedere Ungheria, Transilvania, Podolia, Dalmazia e Morea.

CARLSBAD, c. degli Stati Uniti (New Mexico); 25.625 ab. Celebri grotte. Potassio.

CARLSON (Carolyn), *Oakland 1943*, ballerina e coreografa statunitense. In Europa dal 1974, ha avuto un ruolo fondamentale nello sviluppo della danza contemporanea, in part. in Francia, dove ha fondato il Groupe de recherches théâtrales de l'Opéra di Parigi (1975-1980) (*Density 21,5*, 1973; *Wind, Water, Sand*, 1976; *Blue Lady*, 1983; *Signes*, 1997).

Carolyn **CARLSON** *in Song (1985).*

CARLSSON (Ingvar), *Borås 1934*, politico svedese. Presidente del Partito socialdemocratico (1986-1996), è stato primo ministro dal 1986 al 1991 e dal 1994 al 1996.

CARLYLE (Thomas), *Ecclefechan, Scozia, 1795 - Londra 1881*, storico e scrittore britannico. Influenzato dall'idealismo tedesco, affascinato dagli eroi carismatici, è autore di un potente romanzo autobiografico, *Sartor Resartus*, e di una *Storia della Rivoluzione francese*.

CARMAGNÒLA, com. in prov. di Torino; 24.485 ab. È situato in pianura, nei pressi delle colline del Monferrato. Industrie tessili e meccaniche.

CARMAGNÒLA (Francésco **Bussóne**, detto), *Carmagnola 1380 ca. - Venezia 1432*, condottiero. Nel 1422 occupò Genova e, messosi poi al servizio della Milano viscontea, conquistò vasti territori. Nel 1425 passò a Venezia, alleata di Firenze contro i Visconti. L'accusa di complicità con i Visconti e una serie di insuccessi militari lo portarono a una condanna a morte per tradimento.

CARMAGNÒLA (la), canto e girotondo dei sanculotti, all'epoca in cui Luigi XVI era prigioniero al Tempio (1792).

CARMÉLO o **CÀRMINE**, rilievo montuoso d'Israele, a N di Haifa; 546 m. È considerato la culla dell'ordine dei carmelitani, fondato da un crociato, Bertoldo, che vi si era ritirato nel XII sec., ben presto raggiunto da numerosi discepoli.

CARMEN, personaggio di una novella di P. Mérimée (1845). Zingara sensuale e passionale, incarna la *femme fatale* per eccellenza. — La novella ha ispirato l'opera omonima di G. Bizet (*Carmen*, 1875, libretto di H. Meilhac e L. Halévy) e gli adattamenti coreografici di R. Petit (Londra, 1949), A. Alonso (*Carmen suite*, Mosca, 1967), A. Gadés (Parigi, 1983) e Mats Ek (1992). Al cinema, E. Lubitsch (1918), C. Saura (1983) e F. Rosi (1984) hanno realizzato film con questo titolo, così come O. Preminger (*Carmen Jones*, 1954).

CARMINA BURANA, raccolta di canti medievali goliardici. Composti in latino, tedesco e francese, prendono il nome dal luogo del loro ritrovamento, il monastero di Benediktbeuren (*Bura Sancti Benedicti*). Hanno ispirato il musicista C. *Orff nella composizione delle omonime opere-cantate.

CÀRMINE → CARMÉLO.

CARMONA (António Óscar **de Fragoso**), *Lisbona 1869 - Lumiar 1951*, maresciallo e politico portoghese. Presidente della repubblica dal 1928 alla sua morte, designò O. Salazar a capo del governo (1932).

CARMONTELLE (Louis **Carrogis**, detto), *Parigi 1717-1806*, drammaturgo e artista francese. I suoi ritratti, a penna e acquerello, sono vivaci e spiritosi. Intorno al 1774 realizzò il Parc Monceau, a Parigi, secondo i canoni del giardino inglese. A lui si devono anche commedie leggere (*Proverbi drammatici*).

CARNAC, cittadina della Francia, com. di Morbihan, sulla Baia di Quiberon; 4569 ab. Località balneare. — Complesso megalitico (neolitico finale, 2000 ca. a.C.).

CARNAP (Rudolf), *Ronsdorf, att. Wuppertal, 1891 - Santa Monica 1970*, logico e filosofo statunitense di origine tedesca. Esponente del circolo di Vienna, ha cercato di formalizzare ogni forma di linguaggio partendo dall'approccio sintattico di D. Hilbert (*Sintassi logica del linguaggio*, 1934).

CARNÀRO → QUARNARO.

CARNARVON (George Edward Stanhope), *Highclere 1866 - Il Cairo 1923*, egittologo britannico. Dal 1906 collaborò con H. *Carter agli scavi presso Tebe, in Egitto, che portarono al ritrovamento di tombe dei faraoni, tra cui quella di Tutankhamon (1922).

CARNÀTICO, ant. regno dell'India merid., che corrisponde agli Stati att. del Tamil Nadu e del Karnataka.

CARNÉ (Marcel), *Parigi 1906 - Clamart 1996*, regista cinematografico francese. Grazie alla collaborazione di J. Prévert, sceneggiatore della maggior parte dei suoi film, è stato segnalato come uno dei maggiori esponenti del realismo poetico, privilegiando le atmosfere tenebrose e gli epiloghi fatali: *Lo strano dramma del dottor Molyneaux* (1937), *Il porto delle nebbie* e *Albergo nord* (1938), *Alba tragica* (1939), *L'amore e il diavolo* (1942), *Amanti perduti* (1945), *Mentre Parigi dorme* (1946), *Peccatori in blue jeans* (1958).

CARNÈADE, *Cirene 215 ca. a.C. - Atene 129 ca. a.C.*, filosofo greco. Fu il fondatore dell'Accademia, dove insegnò lo scetticismo e il probabilismo.

CARNEGIE (Andrew), *Dunfermline, Scozia, 1835 - Lenox, Massachusetts, 1919*, industriale statunitense. Self-made-man, fondatore di un trust siderurgico, accumulò un'enorme ricchezza, con la quale sovvenzionò enti benefici e istituti scientifici e culturali.

CARNELÙTTI (Francésco), *Udine 1879 - Milano 1965*, giurista. Insegnò diritto industriale e commerciale, indirizzando le sue ricerche al rinnovamento della dottrina del diritto. Tra le opere, *Studi di diritto civile* (1916), *Metodologia del diritto* (1939), *Arte del diritto* (1949).

CARNÈRA (Primo), *Sequals 1906-1967*, pugile. Campione italiano ed europeo dei pesi massimi, conquistò il titolo mondiale nel 1933, difendendolo per due volte fino al 1934. Negli anni successivi si dedicò alla lotta libera.

CARNESÉCCHI (Piètro), *Firenze 1508 - Roma 1567*, riformatore. Seguace di papa Clemente VII, si avvicinò al luteranesimo. Ricercato dall'Inquisizione dal 1557, fu arrestato nel 1566 a Firenze e giustiziato l'anno successivo a Roma.

CÀRNIA, reg. delle Alpi Orientali; 1220 km². È compresa tra il bacino del f. Tagliamento e le Alpi Carniche. Il territorio è montuoso.

CÀRNICHE (Àlpi), catena delle Alpi Orientali, compresa tra i passi di Camporosso e Monte Croce Comelico. Le vette più alte sono il Sand Spitze (2863 m), il Cogliàns (2780 m) e il Peralba (2693 m), sorgente del f. Piave.

CARNÌOLA, ant. prov. dell'Austria; la maggior parte della sua popolazione, slovena, entrò a far parte del regno dei serbi, croati e sloveni nel 1918.

CARNOT (Lazare), Nolay 1753 - Magdeburgo 1823, politico e studioso francese. Ingegnere militare, deputato dell'Assemblea legislativa (1791) e della Convenzione (1792), membro del Comitato di salute pubblica (1793). Membro del Direttorio (1795), ministro della guerra (1800), si oppose al potere personale di Napoleone, ma accettò la carica di ministro degli interni durante la guerra dei Cento giorni (1815). Durante la Restaurazione fu accusato di regicidio ed esiliato. Importanti furono le sue opere scientifiche, relative alla meccanica e alla matematica; fu, con G. Monge, uno degli iniziatori della geometria moderna.

■ *Lazare Carnot ritratto da F. Bouchot. (Dir. du génie, Parigi.)*

— **Sadi C.**, Parigi 1796-1832, fisico francese. Figlio primogenito di Lazare, è considerato il padre della termodinamica; enunciò, nelle *Riflessioni sulla forza motrice del fuoco* (1824), il secondo principio della termodinamica; i suoi appunti contengono le nozioni che sono alla base del primo principio. — **Marie François Sadi**, detto **Sadi C.**, Limoges 1837 - Lione 1894, politico francese. Figlio di Hippolyte, presidente della repubblica nel 1887, fu assassinato dall'anarchico S.I. Caserio.

CARNOVÀLI (Giovànni) → Piccio.

CARNÙTI, ant. popolazione della Gallia, stanziata nel territorio corrispondente alla futura provincia di Orléans, con due c. princ.: Chartres e Orléans. La *foresta dei C.* era il luogo di raduno dei druidi della Gallia.

CÀRO (Annibale), Civitanova Marche 1507 - Roma 1566, letterato. Segretario di G. Gaddi e della famiglia Farnese, diede vita con L. *Castelvetro a una celebre polemica (*Apologia*, 1558). Scrisse anche la commedia *Gli straccioni* (1544) e tradusse l'*Eneide* in versi sciolti (1581).

CARO (Anthony), Londra 1924, scultore britannico. Negli anni '60 dello scorso ha forgiato il metallo in assemblage policromi, dalla geometria essenziale, per poi dedicarsi a opere più complesse e barocche, realizzate con rottami industriali.

CÀRO (Màrco Aurèlio), 235 ca. - 283, imperatore romano. Prefetto del pretorio di Probo, gli si ribellò e fu proclamato imperatore dall'esercito. Nominò cesari i figli Carino e Numeriano, prima di morire vittima di una congiura.

CAROBÈRTO → Carlo I Roberto (Ungheria).

CAROL I → Carlo I (Romania).

CAROLÌNA DI BRUNSWICK, Brunswick 1768 - Londra 1821, principessa britannica. Sposò (1795) il futuro Giorgio IV, re di Gran Bretagna, che la fece processare per adulterio e la ripudiò.

CAROLÌNA BONAPÀRTE → Bonaparte.

CAROLINA DEL NORD, Stato degli Stati Uniti, sull'Atlantico; 8.049.313 ab.; cap. Raleigh.

CAROLINA DEL SUD, Stato degli Stati Uniti, sull'Atlantico; 4.012.012 ab.; cap. Columbia.

CAROLÌNE (Ìsole), arcipelago dell'Oceania. Inizialmente spagnolo, poi tedesco (1899), infine giapponese (1919), questo arcipelago è amministrato dall'ONU per conto degli Stati Uniti, a partire dal 1947. La parte orient. è diventata indipendente nel 1979 (Stati federali di Micronesia); a O le Palau costituiscono una repubblica dal 1994.

CAROLÌNGI, dinastia franca, succeduta ai Merovingi nel 751, che restaurò l'impero d'Occidente (800-887), regnando in Germania fino al 911 e in Francia fino al 987. Fondata da Pipino il Breve, deve il nome al suo rappresentante più illustre, Carlo Magno.

CAROLUS DURAN (Charles **Durand**, detto), Lilla 1837 - Parigi 1917, pittore francese. Ritrasse personaggi dell'alta società.

CARONÍ (Rìo), f. del Venezuela, affl. di destra dell'Orinoco; 690 km.

CARONÌE → Nebrodi.

CARÓNTE MITOL. GR. Nocchiero infernale che traghettava i morti, imponendo loro un obolo.

CAROTHERS (Wallace Hume), Burlington, Iowa, 1896 - Filadelfia 1937, chimico statunitense. Inventò il neoprene (1931) e il nylon (1937).

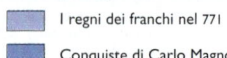

L'IMPERO CAROLINGIO

(colore)	I regni dei franchi nel 771
(colore)	Conquiste di Carlo Magno
(simbolo)	Incoronazione imperiale di Carlo Magno nell'800
(simbolo)	Popoli e Stati dipendenti nell'814

Spartizione di Verdun (843)

(colore)	Regno di Carlo il Calvo (Francia occidentale)
(colore)	Regno di Lotario
(colore)	Regno di Ludovico il Germanico (Francia orientale)
△	Abbazie
■	Arcivescovati

400 km

Vittore **CARPACCIO**. Ritratto di cavaliere, 1510. (Coll. Thyssen-Bornemisza, Madrid.)

CARPÀCCIO (Vittóre), *Venezia 1460 ca. - 1525 ca.*, pittore. Tra i maggiori esponenti del Rinascimento veneziano, subì l'influsso di Antonello da Messina e Gentile Bellini. Narratore ricco di inventiva, dipinse le *Storie di sant'Orsola* (1490-1495, Galleria dell'Accademia, Venezia), le *Storie di san Girolamo, san Trifone e san Giorgio*, per la scuola di S. Giorgio degli Schiavoni, e le *Storie di santo Stefano* (1511-1520).

CARPÀZI, catena montuosa dell'Europa orient., che si sviluppa attraverso la Slovacchia, la Polonia, l'Ucraina e, soprattutto, la Romania. Meno elevati delle Alpi, coperti da fitte foreste, i C. raggiungono l'alt. massima di 2655 m.

CARPÀZIA, reg. dell'Europa centrale. Compresa tra la catena dei Carpazi a N e a E e il f. Danubio a S e a O, è divisa tra Romania, Slovacchia, Ucraina e Ungheria.

CARPEAUX (Jean-Baptiste), *Valenciennes 1827 - Courbevoie 1875*, scultore e pittore francese. Nei suoi dipinti seppe rendere la grazia (*Il Trionfo di Flora*, per la facciata del Louvre; *La danza*, per l'Opéra di Parigi). Realizzò inoltre numerosi busti.

CARPENÉDOLO (battáglia di) (1797), battaglia combattuta tra austriaci e francesi nei pressi dell'att. com. in prov. di Brescia.

CARPENTÀRIA (Gólfo di), golfo della costa settentr. dell'Australia.

CARPENTER (John), *Carthage 1948*, regista cinematografico statunitense. Autore di film dell'orrore e di fantascienza: *Halloween, la notte delle streghe* (1978), *1997 - Fuga da New York* (1981), *Grosso guaio a Chinatown* (1986), *Il seme della follia* (1995), *Vampires* (1998), *Fantasmi da Marte* (2002).

CARPENTIER (Alejo), *L'Avana 1904 - Parigi 1980*, scrittore cubano. Nei suoi romanzi tesse, intorno a fatti storici, intrecci narrativi che evocano la composita identità culturale delle Antille (*Il regno di questo mondo, Il secolo dei lumi*).

CARPENTIER (Georges), *Liévin 1894 - Parigi 1975*, pugile francese. È stato campione del mondo dei pesi medi (1920).

CARPENTRAS, c. della Francia, nel dip. Vaucluse; 27.249 ab. Mercato. — Monumenti di varia datazione (dall'epoca romana al XVIII sec.). Musei. — Ant. cap. del Comtat Venaissin.

CÀRPI, com. in prov. di Modena; 61.154 ab. Agricoltura e viticoltura. Industrie alimentari, meccaniche. Castello dei Pio (XIV-XVI sec.).

CÀRPI (Àldo), *Milano 1886-1973*, pittore. Entrato in contatto con i movimenti futurista e novecentista, restò fedele alla propria ispirazione, realizzando dipinti paesaggistici, composizioni religiose e ritratti. — **Fiorènzo**, *Milano 1818 - Roma 1997*, musicista. Figlio di Aldo, si è affermato come compositore di musiche per il cinema (*Zazie nel metrò*, 1959; *Incompreso*, 1966) e per il teatro. È anche autore di composizioni da camera e per orchestra.

CARPITÈLLA (Diègo), *Reggio Calabria 1924 - Roma 1990*, etnomusicologo. Ha raccolto un'imponente documentazione relativa alla musica popolare italiana, conservata nell'archivio statale. Tra le opere divulgative, *Folklore come analisi differenziale della cultura* (1975).

CARR (Edward Hallett), *Londra 1892 - Cambridge 1982*, storico e pubblicista britannico. Ha alternato l'attività diplomatica a quella di saggista e giornalista. Tra le opere, *Karl Marx* (1934), *Storia della Russia sovietica* (1950-1954), *Sei lezioni sulla storia* (1966).

CARRÀ (Càrlo), *Quargnento, prov. di Alessandria, 1881 - Milano 1966*, pittore. Dopo una prima esperienza divisionista, nel 1910 firmò il *Manifesto dei pittori futuristi*, aderendo alla corrente "metafisica" (*I funerali dell'anarchico Galli*, 1911). Intorno al 1920 tuttavia avvertì il richiamo del figurativo, della tradizione culturale italiana, e si impegnò nel recupero dei "valori plastici" (*Il pino sul mare*, 1921; *Vele nel porto*, 1923).

CARRÀCCI, famiglia di pittori e incisori. — **Agostino C.**, *Bologna 1557 - Parma 1602*, pittore e incisore. Decorò la galleria di Palazzo Farnese in collaborazione con Annibale. Tra il 1588 e il 1589 venne a contatto con il colorismo della pittura veneta (*Comunione di san Gerolamo e Assunzione*, Pinacoteca nazionale, Bologna). — **Annibale C.**, *Bologna 1560 - Roma 1609*, fratello minore di Agostino, ritenuto tra i maggiori artisti della pittura bolognese. Decorò con affreschi mitologici la volta di Palazzo Farnese a Roma. Tra le sue opere più significative, *Fuga in Egitto* (Galleria Doria Pamphili, Roma), *San Giovanni nel deserto* (1598-1601, National Gallery, Londra), *Il martirio di san Sebastiano* (1604 ca., Louvre, Parigi). Intorno al 1585 fondò a Bologna l'Accademia del Desiderosi dove si formarono G. Reni, il Domenichino, il Guercino. Promosse lo studio dell'antichità e dei grandi maestri del Rinascimento, mai disgiunto dall'osservazione diretta della natura e dalla ricerca della verità espressiva, per reazione ai manieristi. — **Ludovico C.**, *Bologna 1555-1619*, cugino di Agostino e di Annibale. La sua prima opera nota è il ciclo pittorico di Giasone a Palazzo Fava (Bologna, 1583-1584). Opere di grande impegno sono l'*Elemosina di san Rocco* (Gemäldegalerie, Dresda), gli affreschi per il chiostro del convento di S. Michele in Bosco a Bologna (1605 ca.) e l'*Adorazione dei Magi* (1616, Brera, Milano).

CARRANZA (Venustiano), *Cuátro Ciénegas 1859 - Tlaxcalaltongo 1920*, politico messicano. Lottò per le riforme, fu sostenitore di F. Madero e, dopo il suo assassinio (1913), si mise a capo dell'esercito contro V. Huerta. Eletto presidente provvisorio, fu ucciso durante la rivolta guidata da A. Obregón.

CARRÀRA, com. in prov. di Massa-C., nei pressi della costa tirrenica; 65.564 ab. Cave di marmo. — Centro balneare di Marina di C. Duomo romanico-gotico (XI-XIV sec.). Palazzo Cybo Malaspina e Palazzo Diana.

CARRÀRA (Francésco), *Lucca 1805-1888*, giurista. È considerato il capostipite della scuola classica del diritto penale, che sistematizzò nella sua opera principale, *Programma di diritto criminale* (1867-1870, 9 voll.).

CARRÀRA (da), famiglia nobile padovana, il cui nome deriva dal castello omonimo. — **Giaco-**

mo da C. Vicario imperiale a Padova, divenne signore della città nel 1318. — **Francesco I il Vecchio da C.**, *m. nel 1393*. Combatté contro Venezia, conquistando numerose città e tentando di unificarle in un solo Stato, ma fu imprigionato e morì in carcere. — **Francesco II il Giovane da C.**, *m. nel 1406*. Fu sconfitto e deposto dai veneziani.

CARRARÉSI → Carrara (da).

CARRÀRO (Tino), *Milano 1910-1995*, attore teatrale. Dopo l'esordio nel 1939, dal 1952 ha lavorato al Piccolo Teatro di Milano con G. Strehler, interpretando sia personaggi classici sia moderni, con una recitazione rigorosa e disinvolta.

CÀRRE, ant. c. della Mesopotamia. Nel 53 a.C. vi si svolse una battaglia tra i parti e l'esercito romano comandato da C. Licinio Crasso: i romani vi furono sconfitti e Crasso perse la vita. Nel 297 d.C. i romani vi subirono una nuova sconfitta a opera dei persiani.

CARRÈGA (Bóschi di), parco naturale dell'Emilia-Romagna; 1270 ha. Creato nel 1982, è posto in una zona pedecollinare tra la pianura e l'Appennino parmense, tra i f. Taro e Baganza. Ospita numerose specie arboree e una ricca fauna.

CARREL (Alexis), *Sainte-Foy-les-Lyon 1873 - Parigi 1944*, chirurgo e biologo francese. È autore di importanti scoperte sui vasi sanguigni, sui trapianti e sulla coltura dei tessuti. (Premio Nobel 1912.)

CARREÑO DE MIRANDA (Juan), *Avilés 1614 - Madrid 1685*, pittore spagnolo. È autore di pale d'altare, come la magistrale *Fondazione dell'ordine trinitario* (Louvre, Parigi), e di ritratti.

CARRERAS (José), *Barcellona 1946*, tenore spagnolo. Dopo il debutto nel 1970 a Barcellona, ha intrapreso una brillante carriera internazionale, segnalandosi soprattutto nel repertorio italiano.

CARRERO BLANCO (Luis), *Santoña 1903 - Madrid 1973*, ammiraglio e politico spagnolo. Ministro di F. Franco a partire dal 1951, capo del governo (1973), è stato assassinato dai terroristi dell'ETA.

CARRIÈRA (Rosàlba), *Venezia 1675-1757*, pittrice. In qualità di ritrattista ottenne un grande successo nelle capitali europee. Tra le sue opere più famose, *Ritratto di fanciulla* (1720, Louvre, Parigi), e *Ritratto di un procuratore veneziano* (1730, Gemäldegalerie, Dresda).

CARRIÈRE (Eugène), *Gournay-sur-Marne 1849 - Parigi 1906*, pittore e litografo francese. Dipinse soprattutto ritratti e scene familiari, in cui i personaggi e le forme essenziali si stagliano chiari su uno sfondo monocromatico grigio.

CARRILLO (Santiago), *Gijón 1915*, politico spagnolo. Esiliato dal 1937 al 1976, dal 1960 al 1982 è stato segretario generale del Partito comunista spagnolo, che ha avviato all'eurocomunismo.

CARROLL (Charles **Dodgson**, detto Lewis), *Daresbury 1832 - Guildford 1898*, matematico e scrittore britannico. Dai suoi racconti emerge la passione per i giochi logici, unita a una grande ammirazione per la fantasia infantile. (*Alice nel paese delle meraviglie*; *La caccia allo Snark*, 1876).

■ *Lewis Carroll ritratto da H. von Herkomer. (Oxford.)*

Annibale **CARRACCI**. Il trionfo di Bacco e Arianna, *affresco della volta della galleria di Palazzo Farnese (1595).*

CARSON (Christopher **Carson**, detto Kit), *Madison County, Kentucky, 1809 - Fort Lyon, Colorado, 1868*, pioniere statunitense. Guida ed esploratore, a partire dal 1831 partecipò a molte spedizioni nel Far West e combatté contro gli indiani.

CARTAGENA, c. della Colombia, sul Mar delle Antille; 656.632 ab. Monumenti antichi.

CARTAGENA, c. della Spagna, nella reg. della Murcia, sul Mediterraneo; 179.939 ab. Porto. Industrie metallurgiche e raffinerie di petrolio. — Museo archeologico. — La città è stata fondata dai cartaginesi nel 226 ca. a.C.

CARTÀGINE, c. dell'Africa settentr., presso l'att. Tunisi. Fondata dai fenici di Tiro (814 a.C.), C. divenne la capitale di un impero marittimo molto potente. Si sostituì a Tiro in Occidente, fondò colonie in Sicilia e Spagna e inviò navigatori nell'Atlantico settentr. e sulle coste occ. dell'Africa. Sostenne contro Roma, sua rivale, lunghe battaglie (guerre puniche, 264-146 a.C.). Sconfitta, malgrado gli sforzi di Annibale, che poneva l'Africano (201 a.C.), C. fu distrutta da Scipione l'Emiliano (146 a.C.). Riedificata come colonia romana (I sec. a.C.), divenne la capitale dell'Africa romana e cristiana. Conquistata dai vandali nel 439, fu definitivamente distrutta dagli arabi (698 ca.). — Antiche rovine dichiarate patrimonio dell'umanità dall'Unesco.

CARTAGINE. *La terrazza della casa della voliera.*

CARTAN (Élie), *Dolomieu 1869 - Parigi 1951*, matematico francese. Sviluppò la teoria dei gruppi. — **Henri C.**, *Nancy 1904*, matematico francese. Figlio di Élie, ha studiato soprattutto le funzioni di più variabili complesse. È stato tra i fondatori del gruppo Nicolas *Bourbaki.

CARTER (Angela **Olive Stalker**, detta Angela) *Eastbourne 1940 - Londra 1992*, scrittrice britannica. Al centro della sua narrativa sono la riflessione sulla sessualità, le influenze del postmodernismo e del movimento pop. Tra le opere, *La passione della nuova Eva* (1977), *La donna sadiana* (1979), *La camera di sangue* (1979), *Venere nera* (1985).

CARTER (Bennet Lester, detto Benny), *New York 1907 - Los Angeles 2003*, musicista jazz statunitense. Virtuoso di diversi strumenti (clarinetto, tromba, pianoforte, sassofono), si è distinto anche come cantante e compositore, dando vita a interpretazioni personali ricche di equilibrio ed eleganza.

CARTER (Elliott), *New York 1908-2001*, compositore statunitense. È famoso soprattutto per le sue ricerche ritmiche (*Sinfonie a tre orchestre*, quartetto a corde).

CARTER (Howard), *Shaffham 1873 - Londra 1939*, archeologo britannico. Operò in Egitto, dove dette l'avvio all'esplorazione della Valle dei Re. Le sue ricerche, condotte insieme a G. *Carnarvon, permisero la scoperta di alcune tombe, tra cui quella di Tutankhamon (1922).

CARTER (James Earl, detto Jimmy), *Plains, Georgia, 1924*, politico statunitense. Democratico, presidente degli Stati Uniti dal 1977 al 1981, è stato l'artefice degli accordi di Camp David. Dopo aver lasciato la presidenza, è stato impegnato in numerose missioni diplomatiche in tutto il mondo. (Premio Nobel per la pace 2002.)

CARTERET (Philip), *m. a Southampton nel 1796*, navigatore britannico. Fece il giro del mondo (1766-1769), esplorando in part. le zone equatoriali del Pacifico.

CARTÈSIO (Renàto), in fr. René **Descartes**, *La Haye, att. Descartes 1596 - Stoccolma 1650*, filosofo, matematico e fisico francese. Dopo gli studi nel collegio gesuita di La Flèche, intraprese la carriera militare e viaggiò per l'Europa. A partire dal 1629, visse principalmente in Olanda. Convinto dell'unità fondamentale del pensiero scientifico, in contrasto con Aristotele e la Scolastica, C. definì un metodo deduttivo, che poneva l'evidenza a criterio principale e che, partendo da questo presupposto, permetteva di ricostruire tutta la struttura del sapere umano. Alla ricerca di una base metafisica, nel *Discorsi sul metodo* (1637) fissò le tappe di un percorso che andava dal dubbio alla conquista di una prima certezza assoluta (il "cogito"), alla distinzione delle due *res* (*cogitans*, sostanza pensante, ed *extensa*, sostanza estesa), alla dimostrazione dell'esistenza di Dio e alla deduzione dell'esistenza del mondo. Questo processo, sviluppato nelle *Meditazioni metafisiche* (1641) ed esposto anche nei *Principi della filosofia* (1644), gli permise di formulare una nuova etica (*Le passioni dell'anima*, 1649), atta a sostituire la morale provvisoria fino a quel momento ammessa. Sul piano scientifico, C. semplificò la scrittura matematica e gettò le basi della geometria analitica. Inoltre formulò le leggi della rifrazione della luce e scoprì la nozione di lavoro. La sua fisica meccanicistica e la sua teoria dell'"animale-macchina" già preludono alla scienza moderna (*Geometria*, 1637).

■ *Renato Cartesio ritratto da F. Hals (Louvre, Parigi).*

CARTIER (Jacques), *Saint-Malo 1491 ?-1557*, esploratore francese. Iniziò la colonizzazione del Canada, a Gaspé, a nome di Francesco I (24 lug. 1534) e risalì il San Lorenzo (1535); ritornò in Canada nel 1541.

CARTIER-BRESSON (Henri), *Chanteloup 1908*, fotografo francese. Ha realizzato molti reportage, rivelatori di quella che lui stesso ha definito la capacità di cogliere "l'istante decisivo".

CARTWRIGHT (Edmund), *Marnham, Nottinghamshire, 1743 - Hastings 1823*, inventore britannico. Inventò il primo telaio meccanico (1785), ma fallì con le applicazioni industriali.

CARUARU, c. del Brasile, a O di Recife; 253.312 ab.

CARÙSO (Enrico), *Napoli 1873-1921*, tenore. Famoso per la bellezza del timbro vocale e per il calore interpretativo, cantò nei maggiori teatri d'Europa e di New York. Ottenne importanti affermazioni, eccellendo dapprima nel repertorio verista, poi in quello drammatico (*Aida* e *Trovatore* di G. Verdi, *Gli ugonotti* di G. Meyerbeer).

CARVER (Raymond), *Clatskanie 1938 - Port Angeles 1988*, scrittore statunitense. Autore di magistrali racconti, genere di cui ha contribuito a rinnovare forme e modelli, è stato uno dei maggiori esponenti del minimalismo. Tra le raccolte, *Vuoi star zitta per favore?* (1977), *Di cosa parliamo quando parliamo d'amore?* (1981), *Cattedrale* (1983).

CÀSA BIÀNCA, nome dato alla residenza del presidente degli Stati Uniti a Washington a partire dal 1902.

CASABLANCA, in ar. **Dar Al-Beida**, c. del Marocco, sull'Atlantico; 3.500.000 ab. nell'agglomerato. Centro commerciale e industriale. Esportazione di fosfati. — Moschea di Hassan II. — Teatro di combattimenti all'epoca dello sbarco degli Alleati nel 1942.

CASA DE CONTRATACIÓN, organismo commerciale spagnolo, creato dal re Ferdinando il Cattolico al fine di stimolare e tutelare gli scambi commerciali con l'America (1503-1790).

CÀSA DELLE LIBERTÀ → LIBERTÀ, (Càsa delle).

CASADESUS (Robert), *Parigi 1899-1972*, compositore e pianista francese. Ha fatto conoscere in tutto il mondo il repertorio francese.

CASÀLE (Luigi), *Langosco Lomellina 1882 - Vigevano 1927*, chimico. Nel 1919 ideò un processo di sintesi dell'ammoniaca. Lavorò inoltre alla sintesi del metanolo e alle cellule elettrolitiche utilizzate per preparare l'idrogeno.

CASALÉCCHIO DI RÈNO, com. in prov. di Bologna, posto sul f. Reno, in corrispondenza della chiusa; 33.182 ab. Centro industriale (profumi, gomma) e commerciale.

CASALNUÒVO DI NÀPOLI, com. in prov. di Napoli; 46.871 ab. Situato a pochi chilometri dal capol. di reg., è un centro industriale e nodo ferroviario.

CASALS (Pablo, o, in catalano, Pau), *Vendrell, Tarragona, 1876 - San Juan, Porto Rico, 1973*, violoncellista, compositore e direttore d'orchestra spagnolo, fondatore nel 1919 dell'orchestra Pau C. di Barcellona.

CASAMANCE, reg. del Senegal merid., tra il Gambia e il f. Casamance (320 km).

CASAMÀRI (abbazia di), abbazia nel com. di Veroli (Frosinone). Fu fondata nel 1035 nella località natale di Caio Mario, da cui prese il nome. Nel 1217 venne consacrata da papa Onorio III.

CASAMÌCCIOLA TÈRME, com. in prov. di Napoli, posto sulla costa settentr. dell'isola di Ischia; 7373 ab. Centro turistico (stazione termale). Produzione di vino pregiato.

CASANÒVA (Giovànni Giàcomo Giròlamo), detto cavaliere **di Seingalt**, *Venezia 1725 - Dux, Boemia, 1798*, avventuriero e scrittore. È famoso per la vita romanzesca (l'evasione dai Piombi di Venezia, narrata nella *Storia della mia fuga*, 1788, in francese) e per le imprese amorose documentate nelle *Mémoires*, colorito affresco della società settecentesca.

CASARÀNO, com. in prov. di Lecce nelle Murge salentine; 20.686 ab. Industrie olearie, vinicole e delle calzature.

CASARÈS (Maria), *La Coruña 1922 - La Vergne, Charente, 1996*, attrice teatrale e cinematografica francese di origine spagnola. È diventata famosa interpretando ruoli drammatici per il teatro (*Fedra*, 1958; *I paraventi*, 1966) e per il cinema (*Amanti perduti*, M. Carné, 1945; *La Certosa di Parma*, Christian-Jaque, 1948; *Il testamento di Orfeo*, J. Cocteau, 1960).

CASARÒLI (Agostino), *Castel San Giovanni 1914 - Roma 1998*, cardinale. Ordinato vescovo nel 1967 e cardinale nel 1979, è stato segretario di Stato vaticano dal 1979 al 1990. La sua attività diplomatica è stata caratterizzata da frequenti viaggi all'estero per conto di papa Giovanni Paolo II.

CASARTÈLLI (Fàbio), *Como 1970 - Portet d'Aspet 1995*, ciclista. Medaglia d'oro tra i dilettanti alle Olimpiadi di Barcellona del 1992, è morto tragicamente al Tour del France del 1995, cadendo nella discesa del Col de Portet d'Aspet.

CASAS (Bartolomé de las) → LAS CASAS, (Bartolomé de).

CASATENÒVO, com. in prov. di Lecco, in Brianza, in prossimità del f. Lambro; 11.494 ab. Industrie alimentari e tessili. Nei dintorni, Villa d'Adda Mariani (XVI sec.).

CASÀTI (Gàbrio), *Milano 1798-1873*, politico. Dal 1837 podestà di Milano, partecipò attivamente alle Cinque giornate (1848). Fu poi presidente del governo provvisorio e ministro della pubblica istruzione (1859).

CASAVATÓRE, com. in prov. di Napoli; 21.416 ab. È posto in un'area ad alta densità industriale (industrie vetrarie, alimentari).

CASCÀTE (Caténa delle), sistema montuoso nel settore occ. degli Stati Uniti e del Canada, sul

CASABLANCA. *Moschea di Hassan II.*

Pacifico; la cima più elevata è il Monte Rainier (4391 m).

CASCÈLLA, famiglia di pittori e scultori. — **Michele C.**, *Ortona a Mare 1892 - Milano 1989*. Paesaggista e ritrattista, fu virtuoso di diverse tecniche. — **Andrea C.**, *Pescara 1920 - Milano 1990*. Ceramista e scultore, esponente della corrente costruttivista, ha realizzato sculture (soprattutto in pietra) dalle forme semplici e geometriche. — **Pietro C.**, *Pescara 1921*. Fratello e collaboratore di Andrea, ceramista e scultore, ne ha condiviso la poetica scultorea, geometricamente essenziale.

CÀSCIA, com. in prov. di Perugia; 3274 ab. Luogo natale di santa Rita, è meta di frequenti pellegrinaggi. Collegiata romanica di S. Maria. Chiesa di S. Agostino (XIV sec.).

CASCÌNA, com. in prov. di Pisa, sul f. Arno; 37.843 ab. Industrie tessili e dei mobili. Agricoltura (barbabietole). Pieve di S. Maria (XII sec.). Oratorio di S. Giovanni (XIV sec.). Nei dintorni, Madonna dell'Acqua (XVIII sec.).

CASÈLLA (Alfrédo), *Torino 1883 - Roma 1947*, musicista. Influenzato dal post-romanticismo (A. Schönberg) e da I. Stravinskij, sviluppò uno stile fantasioso ma rigorosamente sobrio. Intensa l'attività di pianista e direttore d'orchestra. Tra le composizioni, *La donna serpente* (1932), *La rosa del sogno* (1943).

CASÈLLE TORINÉSE, com. in prov. di Torino, in prossimità della Stura di Lanzo; 15.404 ab. Industrie tessili, dell'abbigliamento, meccaniche. Aeroporto.

CASÈLLI (Caterìna), *Sassuolo 1946*, cantante. Soprannominata "casco d'oro" per la caratteristica pettinatura, si è affermata a metà degli anni '60 del secolo scorso (*Nessuno mi può giudicare*, *Insieme a te non ci sto più*). In seguito si è dedicata alla produzione discografica e alla scoperta di nuovi talenti.

CASENTÌNO, reg. della Toscana; 830 km^2 ca. Corrisponde a un'ampia pianura a N di Arezzo, circondata da montagne. Dal 1993 Parco nazionale delle foreste casentinesi. Monte Falterona (1654 m), foresta di Campigna.

CASÈRIO (Sànte), *Motta Visconti 1873 - Lione 1894*, anarchico. Assassinò M.-F.-S. Carnot.

CASÈRTA, c. della Campania, capol. di prov., a N di Napoli; 74.459 ab. (*casertani*). Prodotti agricoli (olio, cereali, frutta). Industria tessile, meccanica e alimentare. Turismo. — Vi fu firmata la resa delle truppe tedesche di occupazione nel 1945. — L'edificio più importante del nucleo medievale (*C. Vecchia*) è la cattedrale del XII sec. La città nuova si è sviluppata intorno alla Reggia di C., palazzo edificato da L. Vanvitelli per volere di Carlo di Borbone (XVIII sec.), con annesso parco reale. — Nella provincia l'attività prevalente è l'agricoltura (cereali, canapa, ortaggi), ma non mancano le industrie meccaniche, alimentari e tessili, che hanno conosciuto un intenso sviluppo a partire dagli anni '60 del secolo scorso. Centri balneari lungo la costa.

CASERTA. *La reggia, costruita da L. Vanvitelli tra il 1750 e il 1773.*

CÀSES (Césare), *Milano 1920*, critico letterario e germanista. Vicino alle posizioni di G. Lukács, ha scritto tra l'altro *Marxismo e neopositivismo* (1958), *Il boom di Roscellino* (1990).

CASH AND CARRY (clàusola), clausola (1939) che modifica la legge di neutralità americana e autorizza la vendita di armamenti ai belligeranti mediante pagamento contante (*cash*) e trasporto (*carry*) a carico dell'acquirente.

CASIMÌRO, nome di cinque duchi e re di Polonia. — **Casimiro III il Grande**, *Kowal 1310 - Cracovia 1370*, re di Polonia (1333-1370), della dinastia dei Piasti. Con le sue conquiste ingrandì la Polonia. Fondò l'Università di Cracovia. — **Casimiro IV Jagellone**, *Cracovia 1427 - Grodno 1492*, granduca di Lituania (1440-1492) e re di Polonia (1445-1492). — **Casimiro V** →GIOVANNI II CASIMIRO.

CASIMÌRO (sànto), *Cracovia 1458 - Grodno 1484*, principe polacco, figlio del re Casimiro IV. Patrono della Polonia e della Lituania.

CASIMIR-PERIER (Auguste), *Parigi 1811-1876*, politico francese. Sostenne la politica di L.-A. Thiers di cui fu ministro degli interni (1871-1872). — **Jean C.-P.**, *Parigi 1847-1907*, politico francese. Figlio di Auguste, fu presidente del consiglio (1893-1894) e presidente della repubblica (1894-1895).

CASÌNI (Pièr Ferdinàndo), *Bologna 1955*, politico. Deputato della Democrazia cristiana dal 1983, nel 1993 ha fondato il Centro cristiano democratico, di cui è stato segretario e presidente. Dal 2001 è presidente della camera dei deputati.

CASLÌNO D'ÈRBA, com. in prov. di Como; 1773 ab. Produzione di forbici, coltelli e strumenti chirurgici. Nel suo territorio si trova il santuario romanico di S. Calogero.

CÀSOLA IN LUNIGIÀNA, com. in prov. di Massa-Carrara; 1327 ab. Centro agricolo, ospita la pieve romanica di Codiponte e le chiese medievali di Regnano e Offiano.

CÀSOLE BRÙZIO, com. in prov. di Cosenza; 2412 ab. Centro agricolo sul versante occ. della Sila. Turismo estivo. Parrocchiale del XVII sec.

CÀSOLE D'ÈLSA, com. in prov. di Siena; 2796 ab. Centro agricolo e minerario, conserva alcune tombe etrusche e diverse testimonianze del suo passato medievale.

CASORÀTI (Felìce), *Novara 1886 - Torino 1963*, pittore e scenografo teatrale. Nella produzione giovanile si accostò al simbolismo e al secessionismo viennese, per approdare poi al neoclassicismo e alla metafisica. Tra le opere, *L'attesa* (1921), *Silvana Cenni* (1922), *Nudo seduto* (1946).

CASÒRIA, com. in prov. di Napoli, contiguo al capol.; 84.085 ab. Industrie siderurgiche, tessili, cartarie.

CÀSPIO (Màr), il più grande lago del mondo, tra la Russia, il Kazakistan, il Turkmenistan, l'Iran e l'Azerbaigian; 360.000 km^2 ca. Il suo principale tributario è il Volga. Il livello del C. si trova 28 m sotto il livello del mare. Il sottosuolo è ricco di giacimenti di petrolio.

CASSÀNDRA MITOL. GR. Eroina dell'*Iliade*, figlia di Priamo e di Ecuba. Ebbe da Apollo il dono della profezia ma, avendo respinto l'amore del dio, fu condannata a non essere mai creduta.

CASSANDRE (Adolphe **Mouron**, detto), *Harkov 1901 - Parigi 1968*, pittore e cartellonista francese. Autore di cartelloni pubblicitari dallo stile audacemente sintetico (*L'intransigeant*, 1925), ha anche realizzato scenografie per il teatro.

CASSÀNDRO, *354 ca. - 297 a.C.*, re di Macedonia. Figlio di Antipatro, sottomise la Grecia (319-317) e sposò Tessalonica, sorella di Alessandro Magno.

CASSÀNO ALLO IÒNIO, com. in prov. di Cosenza; 18.125 ab. Centro agricolo e termale. Municipio romano e in seguito feudo angioino, fu poi ducato e signoria. Nel suo territorio si trovano i resti dell'ant. Sibari.

CASSÀNO D'ÀDDA, com. in prov. di Milano; 16.690 ab. Centro industriale. Campanile trecentesco e castello (XIII-XV sec.). Nel 1158 i milanesi vi sconfissero Federico Barbarossa e, nel 1259, Ezzelino III. I francesi vi sconfissero, nel 1705, Eugenio di Savoia e furono sconfitti a loro volta, nel 1799, dagli austro-russi.

CASSÀNO MAGNÀGO, com. in prov. di Varese; 20.909 ab. Importante centro industriale: produzioni tessili, tipografiche, del legno, metalmeccaniche.

CASSATT (Mary), *Pittsburgh 1844 - Le Mesnil-Théribus 1926*, pittrice statunitense. Stabilitasi a Parigi, seguì i consigli di E. Degas che la introdusse nel movimento impressionista. Si dedicò anche all'incisione.

CASSAVETES (John), *New York 1929 - Los Angeles 1989*, regista cinematografico statunitense. Anche attore (*Rosemary's Baby*, R. Polanski, 1968),

in contrasto con Hollywood, nei suoi film privilegia l'espressione delle emozioni. Si è avvalso spesso dell'interpretazione della moglie Gena Rowlands: *Volti* (1968), *Una moglie* (1974), *Gloria - Una notte d'estate* (1980).

CÀSSIA (via), via consolare che collegava Roma ad Arezzo e, successivamente, a Firenze. Di origine molto antica, fu pavimentata nel II sec. a.C. Oggi la SS 2 ne ripercorre in gran parte il tracciato.

CASSÌBILE (armistizio di), armistizio firmato il 3 sett. 1943 da italiani e americani e reso noto l'8 sett. Pose fine alla partecipazione dell'Italia alla seconda guerra mondiale.

CASSIÈRI (Giusèppe), *Rodi Garganico 1926*, scrittore. Autore di romanzi venati di sottile ironia sociale, tra cui *Ingannare l'attesa* (1979), *L'uomo in cuffia* (1982), *La campana di mezzanotte* (1995).

CASSIN (René), *Bayonne 1887 - Parigi 1976*, giurista francese. Ebbe un ruolo importante nella fondazione dell'UNESCO e fece adottare la Dichiarazione universale dei diritti dell'uomo (1948). Membro del Consiglio costituzionale, presiedette la Corte europea dei diritti dell'uomo (1965). (Premio Nobel per la pace 1968.)

CASSÌN (Riccàrdo), *Lecco 1909*, alpinista. Ha compiuto oltre 2500 ascensioni, di cui 100 prime assolute. Tra le imprese di maggiore rilievo la parete N della cima O di Lavaredo, la NE del Pizzo Badile, lo sperone Walker delle Grandes Jorasses, il McKinley. Elemento di punta dei famosi Ragni di Lecco.

CASSINÀRI (Brùno), *Piacenza 1912 - Milano 1992*, pittore. Attratto dal cubismo e dal fauvismo, ha dipinto in part. interni, ritratti e nature morte. Tra le opere, *Deposizione* (1942), *Atelier con modella* (1956).

CASSÌNE, com. in prov. di Alessandria; 3063 ab. Centro agricolo, conserva le chiese di S. Giacomo (romanica) e di S. Francesco (romanico-gotica).

CASSÌNI, famiglia di studiosi francesi, d'origine italiana. — **Gian Domenico C.**, detto **Cassini I**, *Perinaldo, Imperia, 1625 - Parigi 1712*, astronomo. Chiamato in Francia da J.-B. Colbert (1669) per organizzare l'Osservatorio di Parigi, con i suoi studi contribuì a migliorare le conoscenze relative al sistema solare. —

Jacques C., *Parigi 1677 - Thury, Oise, 1756*, studioso. Figlio di Gian Domenico, è noto soprattutto per i suoi lavori di geodesia. — **César-François C. di Thury**, *Thury 1714 - Parigi 1784*, astronomo e geografo, figlio di Jacques. Iniziò la stesura della più grande carta della Francia, chiamata *carta di C.*, scala 1:86.400. — **Jean Dominique C. di Thury**, *Parigi 1748 - Thury 1845*, astronomo e geografo, figlio di César-François. Portò a termine la carta topografica della Francia e prese parte attiva alla divisione del paese in dipartimenti.

■ *Gian Domenico Cassini ritratto da Durantel. (Osservatorio di Parigi.)*

CASSÌNO, com. in prov. di Frosinone; 35.048 ab. Centro agricolo e industriale, di origine preromana, conserva importanti siti archeologici e la celebre abbazia di *Montecassino*.

CASSÌNO (battàglie di) (18 gen. - 18 mag. 1944), battaglie della seconda guerra mondiale. Violenti combattimenti tra i soldati tedeschi e le forze anglo-americane in Italia, ai piedi del Monte Cassino (caposaldo delle linee tedesche), durante la quale si distinsero i nordafricani guidati dal generale A. Juin.

CASSÌNO (Mònte), montagna dell'Italia merid., presso Cassino; 516 m. San Benedetto vi fondò nel 529 un monastero benedettino, principale centro culturale della cristianità nel Medioevo.

CASSIODÒRO (Flàvio Màgno Aurèlio), *Squillace, Calabria, 490 ca. - Vivario 580 ca.*, politico ed erudito latino. Prefetto del pretorio sotto Teodorico. — La sua enciclopedia, *Institutiones divinarum et humanarum rerum*, servì per l'insegnamento nel Medioevo.

CÀSSIO LONGÌNO (Gàio), *Filippi 42 a.C.*, politico romano. Partecipò all'uccisione di G. Cesare e divenne governatore della Siria. Si uccise durante la battaglia di Filippi, credendosi sconfitto.

CASSIRER (Ernst), *Breslavia 1874 - New York 1945*, filosofo tedesco. Precursore dell'ermeneutica contemporanea, analizzò i miti, le religioni e i linguaggi (*Filosofia delle forme simboliche*, 1923-1929) seguendo l'impostazione kantiana, e si occupò di storia della filosofia (*Individuo e cosmo nella filosofia del Rinascimento*, 1927).

CASSITÈRIDI (Ìsole), ant. nome di un arcipelago formato forse dalle att. Isole Scilly. Vi si produceva lo stagno.

CASSÌTI, ant. popolazione dello Zagros centrale, a O dell'Iran. Una dinastia cassita regnò a Babilonia dal 1595 ca. al 1156 a.C.

CASSÒLA (Càrlo), *Roma 1917 - Montecarlo, Toscana, 1987*, scrittore. Le sue opere narrative, pervase da un sentimento acuto dell'esistenza e delle relazioni amorose, hanno come sfondo il paesaggio toscano (*Fausto e Anna*, 1952; *Esiliati*, *La casa di via Valadier*, 1957; *La ragazza di Bube*, 1960; *Storia di Ada*, 1967; *Ferrovia locale*, 1968; *Gli anni passano*, 1982).

CASTAGNÉTO CARDÙCCI, com. in prov. di Livorno; 8288 ab. Centro agricolo. G. Carducci vi trascorse alcuni anni; la sua casa, in frazione Bolgheri, è aperta al pubblico.

CASTAGNO (Andrèa del) → ANDREA DEL CASTAGNO.

CASTÀLDI (Pànfilo), *Feltre 1400 ca. - Venezia 1480 ca.*, stampatore. Lavorò a Milano e a Venezia. La tradizione lo vorrebbe ideatore della stampa a caratteri mobili prima di J. Gutenberg.

CASTÉGGIO, com. in prov. di Pavia; 6705 ab. Centro industriale. Di fondazione romana (*Clastidium*), nel 222 a.C. M. Claudio Marcello vi sconfisse i galli cisalpini.

CASTELBÀLDO, com. in prov. di Padova; 1714 ab. Centro agricolo. Nel 1331 si costituì la lega di C., che vide guelfi e ghibellini alleati e vincitori su Giovanni di Boemia e le truppe pontificie.

CASTELBUÒNO, com. in prov. di Palermo; 9723 ab. È situato nelle Madonie, in prossimità del torrente omonimo. Centro agricolo e turistico. Castello medievale (XIV sec.).

CASTÈL DEL MÓNTE, castello che sorge nell'omonima località, presso Andria (prov. di Bari). A pianta ottagonale, con corte centrale e 8 torri per ogni spigolo, C. del M., in stile gotico primitivo, fu fatto costruire da Federico II di Hohenstaufen (1240-1250 ca.).

CASTEL DEL MONTE, *presso Andria (1240-1250).*

CASTÈL DEL RÌO, com. in prov. di Bologna; 1190 ab. Agricoltura (frumento) e allevamento. Palazzo degli Alidosi (XVI sec.). Nei dintorni, Ponte d'Osta (1499).

CASTELFIDÀRDO, com. in prov. di Ancona, su un'altura tra i f. Misa e Musone; 16.414 ab. Produzione di strumenti musicali (fisarmoniche). — (battàglia di)(1860), battaglia combattuta tra i piemontesi e le truppe pontificie.

CASTELFIORENTÌNO, com. in prov. di Firenze, presso il f. Elsa; 16.968 ab. Agricoltura (barbabietole, uva). Industrie calzaturiere, del mobile, del vetro.

CASTELFRÀNCO DI SÓTTO, com. in prov. di Pisa, nel Valdarno, presso il f. Arno; 11.376 ab. Centro agricolo (ortaggi, cereali). Palazzo del pretorio.

CASTELFRÀNCO EMÌLIA, com. in prov. di Modena; 23.573 ab. È il *Forum Gallorum* romano. Forte Urbano (XVII sec.). Chiesa dell'Assunta.

CASTELFRÀNCO VÈNETO, com. in prov. di Treviso; 31.162 ab. È un importante centro commerciale, sede di industrie tessili, alimentari, meccaniche. Vi nacque Giorgione. Duomo (XVIII sec.).

CASTÈL GANDÒLFO, com. in prov. di Roma, sul Lago di Albano; 8347 ab. Agricoltura (olio, vini). Località turistica. Palazzo papale (1624-1629), residenza estiva dei pontefici, risalente al XVII sec. Chiesa di S. Tommaso di G.L. Bernini.

CASTELGOMBÈRTO, com. in prov. di Vicenza, nella Val d'Agno; 5306 ab. Villa Da Schio (XVII sec.) e Villa Trissino (XVIII sec.).

CASTÈLL'ARQUÀTO, com. in prov. di Piacenza; 4606 ab. Centro agricolo (cereali, uva) e turistico. Borgo medievale con il Palazzo del podestà (XIII sec.), la collegiata (XII sec.), il castello (XIV sec.).

CASTELLAMMÀRE DEL GÓLFO, com. in prov. di Trapani; 13.981 ab. Corrisponde all'ant. *Segesta*. Porto commerciale e località turistica. Castello trecentesco.

CASTELLAMMÀRE DI STÀBIA, com. in prov. di Napoli; 65.869 ab. Corrisponde all'antica *Stabiae* e si stende a semicerchio nel Golfo di Napoli. Importanti cantieri navali. Stazione termale e località turistica.

CASTELLAMÓNTE (Amedèo **di**), *Torino 1610-1683*, architetto. Lavorò a Torino, dove Carlo Emanuele II lo incaricò di completare l'ampliamento della città verso il Po: castello del Valentino (1633, con il padre Carlo), Palazzo Reale (1646), chiesa di S. Salvario (1646), via Po (1673). — (Càrlo **di**), *Torino 1560-1641*, architetto. Fu artefice dello sviluppo urbanistico di Torino in stile barocco: via Roma (1621), castello del Valentino (1633, con il figlio Amedeo), piazza S. Carlo (1637).

CASTELLÀNA GRÒTTE, com. in prov. di Bari; 18.386 ab. È posto in un'area carsica, nella quale si trovano le celebri grotte, scoperte nel 1938.

CASTELLANÉTA, com. in prov. di Taranto; 17.860 ab. Centro agricolo, industriale e turistico posto su un'altura, nelle Murge.

CASTELLANÉTA (Càrlo), *Milano 1930*, scrittore. La sua narrativa è incentrata da un lato sulla rievocazione lirico-sentimentale (*Viaggio col padre*, 1958; *Villa di delizia*, 1965; *L'amore immaginario*, 1998), dall'altro sul rapporto con la città natale (*La mia Milano*, 1988; *Amare Milano*, 1994).

CASTELLÀNI (Enrìco), *Castelmassa 1930*, pittore. La sua ricerca artistica lo ha condotto all'abbandono della rappresentazione tradizionale in favore della manipolazione della tela con elementi di supporto (assi, chiodi), tesa a creare variazioni nella superficie.

CASTELLÀNI (Renàto), *Varigotti 1913 - Roma 1985*, regista cinematografico. Esordì nel 1941 con *Un colpo di pistola*, affermandosi poi come esponente della commedia neorealista (*Sotto il sole di Roma*, 1948; *È primavera...*, 1950; *Due soldi di speranza*, 1951). Leone d'oro a Venezia nel 1954 per *Giulietta e Romeo*.

CASTELLEÓNE, com. in prov. di Cremona; 8857 ab. Centro agricolo e industriale presso la confluenza dei f. Adda e Serio. Pieve di S. Maria di Bressanoro (XIV sec.). Torre del leone (XI sec.).

CASTÈLLI (Benedètto), *Brescia 1577 - Roma 1643*, matematico. Frate benedettino e discepolo di G. Galilei, che difese nel processo, condusse ricerche nel campo dell'idraulica (*Della misura delle acque correnti*, 1628). Importante il *Discorso sopra la calamita* (pubblicato nel 1883).

CASTÈLLI (Francésco) → BORROMINI.

CASTELLÌNA IN CHIÀNTI, com. in prov. di Siena, su un'altura, nelle colline del Chianti; 2857 ab. Produzione vinicola. Rocca e palazzo del XVI sec.

CASTÈLLI ROMÀNI, nome con il quale vengono identificate alcune località dei Colli Albani, nel Lazio. La zona è ricca di ville patrizie del periodo rinascimentale. Notevole e rinomata la produzione vinicola.

Villa Tuscolana a Frascati, nella zona dei **CASTELLI ROMANI.**

CASTELLÌTTO (Sèrgio), *Roma 1953*, attore cinematografico. Tra le sue interpretazioni, *Stasera a casa di Alice* (1990), *Tre colonne in cronaca* (1990), *La carne* (1991), *Il grande cocomero* (1993), *L'uomo delle stelle* (1995), *Libero Burro* (1999, anche regista), *L'ultimo bacio* (2001), *L'ora di religione* (2002), *Caterina va in città* (2003). Ha lavorato anche in televisione (*Il grande Fausto*, 1995; *Padre Pio*, 2002; *Ferrari*, 2003).

CASTÈLLO, località a NO di Firenze. Vi si trovano le ville medicee di Castello, nota per il giardino del Tribolo (XVI sec.) e sede dell'Accademia della Crusca, e della Petraia.

CASTELLÓN DE LA PLANA, c. della Spagna, nella reg. di Valencia, capol. di prov., sul Mediterraneo; 142.285 ab. Maiolica.

CASTELLÙCCIO (piàna di), bacino carsico all'interno del Parco nazionale dei Monti Sibillini, in Umbria. È suddiviso in tre piani (Grande, Piccolo, Perduto) e sovrastato dal Monte Vettore (2478 m). Zona di pascolo estivo. Agricoltura (lenticchie).

CASTELNUÒVO (Guido), *Venezia 1865 - Roma 1952*, matematico. Fu uno dei maggiori studiosi della geometria algebrica e del calcolo delle probabilità. Si interessò anche ai rapporti tra fisica e filosofia della scienza. Tra le opere, *Geometria analitica e proiettiva* (1903), *Calcolo delle probabilità* (1919).

CASTELNUÒVO DON BÒSCO, com. in prov. di Asti; 2984 ab. Situato nel Monferrato, è un centro di produzione vinicola. Vi nacque san Giovanni Bosco. Nel vicino Colle Don Bosco, santuario (1965).

La piana di **CASTELLUCCIO**, *nelle Marche.*

CASTELNUÒVO MÀGRA, com. in prov. della Spezia; 8009 ab. Agricoltura (ortaggi, uva). Industrie tessili. Chiesa parrocchiale rinascimentale.

CASTELNUÒVO-TEDÉSCO (Màrio), *Firenze 1895 - Los Angeles 1968*, compositore. Dopo il diploma, ottenuto a Firenze con I. Pizzetti, nel 1939 si trasferì negli Stati Uniti, insegnando dal 1946 al Conservatorio di Los Angeles. Tra le opere, *La mandragola* (1925).

CASTELO BRANCO (Camilo), *Lisbona 1825 - São Miguel de Ceide, presso Braga, 1890*, scrittore portoghese. Fu uno dei maestri del romanzo realista nel suo paese (*Le novelle di Minho*).

CASTÈL SAN PIÈTRO TÈRME, com. in prov. di Bologna; 19.163 ab. Allevamento. Apicoltura. Industria del mobile e degli ombrelli. Centro termale.

CASTÈL SÀNT'ÀNGELO → ADRIANA, mole.

CASTELSÀRDO, com. in prov. di Sassari; 5317 ab. Centro turistico, è situato sul Golfo dell'Asinara. Cattedrale cinquecentesca.

CASTELSÈPRIO, com. in prov. di Varese; 1243 ab. Complesso monumentale con ruderi di epoca longobarda. Basilica di S. Giovanni Evangelista (V sec.).

CASTELVETRÀNO, com. in prov. di Trapani; 30.045 ab. Agricoltura (olive, agrumi). Industrie del legno e meccaniche. Chiesa Madre (XVI sec.). Fontana della Ninfa (XVII sec.).

CASTELVÈTRO (Lodovico), *Modena 1505 - Chiavenna 1571*, letterato. Protagonista di una celebre polemica con A. *Caro, fu accusato di eresia e dovette riparare all'estero per sfuggire all'Inquisizione. Tradusse e commentò la *Poetica* di Aristotele (1570).

CASTELVÈTRO DI MÒDENA, com. in prov. di Modena; 9279 ab. Agricoltura (frutta, uva, cereali). Industrie della ceramica e della carta. Produzione di lambrusco. Nei dintorni, oratorio romanico.

CASTÈL VISCÀRDO, com. in prov. di Terni; 3028 ab. Centro agricolo (frumento, olive) e industriale. Castello (XV sec.).

CÀSTI (Giovanni Bàttista), *Acquapendente 1724 - Parigi 1803*, letterato. I suoi viaggi lo condussero presso numerose corti europee (Vienna, San Pietroburgo, Parigi). Scrisse il *Poema tartaro* (1787), le *Novelle galanti* (1793) e *Gli animali parlanti* (1801), satira della società dell'epoca.

CASTÌGLIA, in sp. *Castilla*, reg. al centro della penisola iberica. La Sierra de Gredos e la Sierra de Guadarrama la dividono in *Castilla la Vieja* a N, solcata dal Douro, e *Castilla la Nueva* a S, attraversata dal Tago e dalla Guadiana, dove si trova Madrid. Nella regione, dal clima torrido in estate e freddo in inverno, si praticano la coltura di cereali e l'allevamento, mentre diversa è la produzione nelle aree climaticamente più favorite (vigneti) o irrigate (frutticoltura e orticoltura). — Dapprima contea con capitale Burgos (IX sec.), poi regno (XI sec.), la C. occupò progressivamente la maggior parte del territorio della penisola iberica grazie alla *reconquista* (presa di Toledo nel 1085, Siviglia nel 1248, Granada nel 1492) e alla fusione con il regno di Léon (1230) e la corona aragonese (1479).

CASTÌGLIA-LA MANCIA, comunità autonoma della Spagna; 79.500 km²; 1.734.261 ab.; capol. *Toledo*; 5 prov. (*Albacete, Ciudad Real, Cuenca, Guadalajara e Toledo*).

CASTÌGLIA-LEÓN, comunità autonoma della Spagna; 94.200 km²; 2.479.118 ab.; capol. *Valladolid*; 9 prov. (*Ávila, Burgos, León, Palencia, Salamanca, Segovia, Soria, Valladolid e Zamora*).

CASTIGLIÓNE (Baldesàr), *Casatico, prov. di Mantova, 1478 - Toledo 1529*, scrittore e diplomatico. Svolse un'intensa attività politico-diplomatica a servizio di Ludovico il Moro, dei Gonzaga e dei Montefeltro di Urbino, alla cui corte venne in contatto con gli ingegni più illustri del tempo. Nel 1527 fu nominato nunzio apostolico a Madrid. Il suo trattato *Il libro del cortigiano*, che descrive il perfetto gentiluomo di corte del Rinascimento, ebbe notevole successo ed eco in tutta Europa. Fu amico di Raffaello che lo immortalò in un famoso ritratto (Louvre, Parigi).

CASTIGLIÓNE (Virginia **Oldoini Veràsis** contéssa **di**), *Firenze 1837 - Parigi 1899*, nobildonna toscana. Nel 1856, su invito di Cavour, fu inviata a Parigi, dove divenne l'amante di Napoleone III e concorse a rinsaldare l'alleanza franco-piemontese.

CASTIGLIÓNE D'ÒRCIA, com. in prov. di Siena, alle pendici del Monte Amiata; 2530 ab. Rocca degli Aldobrandeschi. Eremo medievale di Vivo d'Òrcia.

CASTIGLIÓNE DEI PÈPOLI, com. in prov. di Bologna; 6059 ab. Situato sull'Appennino Emiliano, è un centro agricolo e di turismo estivo.

CASTIGLIÓNE DEL LÀGO, com. in prov. di Perugia, sulla sponda occ. del Lago Trasimeno; 13.982 ab. Pesca. Turismo balneare. Castello (X sec.).

CASTIGLIÓNE DELLE STIVIÈRE, com. in prov. di Mantova; 18.139 ab. Patria di san Luigi Gonzaga. Nel 1796 le truppe napoleoniche vi sconfissero gli austriaci.

CASTIGLIÓNE DI SICÌLIA, com. in prov. di Catania, sul versante nord-orient. dell'Etna; 4054 ab. Produzione di agrumi e uva. Borgo medievale.

CASTIGLIÓNE OLÓNA, com. in prov. di Varese; 7606 ab. Industrie chimiche, tessili, della carta. Chiesa di Villa (1430). Battistero (XV sec.). Casa Castiglione.

CASTIGLIÓN FIORENTÌNO, com. in prov. di Arezzo; 11.644 ab. Resti del borgo medievale e della cinta muraria. Chiesa del Gesù (XVI sec.). Chiesa di S. Francesco (XIII sec.).

CASTIGLIÓNI (Achille), *Milano 1928*, architetto e designer. Ha condotto ricerche nell'ambito del design industriale, ottenendo importanti riconoscimenti professionali (sette Compassi d'oro). Tra le opere, la poltroncina *Babela* (1957), la lampada *Taccia* (1963).

CASTIGLIÓNI (Enrico), *Busto Arsizio 1914*, architetto. Ha realizzato numerose opere urbanistiche, concentrate soprattutto nella zona natale e contrassegnate dall'utilizzo del cemento armato e dalla ricerca sugli elementi strutturali: scuola elementare di Gorla Minore (1959), casa Apollonio a Galliate (1965).

CASTIGLIÓNI (Luigi), *Azzate 1882 - Milano 1965*, filologo. Dal 1926 direttore del *Corpus Paravianum*, si è dedicato allo studio di numerosi autori greci e latini. La sua ricca produzione è caratterizzata dall'acutezza e dalla precisione dell'indagine critica.

CASTIGLIÓNI (Niccolò), *Milano 1932-1996*, compositore. Ha attraversato molteplici tendenze stilistiche, passando dagli orientamenti tradizionali alla sperimentazione delle avanguardie. Tra le opere, *Inizio di movimento* (1958), *Tropi* (1959), *The Lords' Masque* (1981).

CASTILLO (Mònte), monte della Spagna settentr., che domina Puente Viesgo, presso Santander. Ospita numerose grotte con pitture parietali (el Castillo, la Pasiega ecc.) che ne fanno uno dei più importanti siti archeologici del Paleolitico superiore.

CASTLEREAGH (Robert **Stewart**, viscónte di), *Mount Stewart Down 1769 - North Craig Kent 1822*, politico britannico. Ministro della guerra (1805-1809) e degli affari esteri (1812), fu l'anima della coalizione contro Napoleone I e giocò un ruolo di spicco durante il Congresso di Vienna (1814-1815).

CÀSTORE E POLLÙCE, detti i **Dióscuri** MITOL. GR. Eroi di Sparta, figli gemelli di Zeus e di Leda. Furono identificati con la costellazione dei Gemelli. Il loro culto fu molto popolare nell'ant. Roma.

CASTRACÀNI DÉGLI ANTELMINÈLLI (Castrùccio), *Lucca 1281-1328*, signore di Lucca. Seguace dei Bianchi e poi ghibellino, divenne signore della città nel 1316. Combatté contro i fiorentini, sconfiggendoli ad Altopascio (1325).

CASTRIÒTA (Giórgio) → SKANDERBEG.

CASTRO (Fidel), *Biran, distr. di Mayarí, 1926*, politico cubano. Impegnato nella lotta contro F. Batista (1952), imprigionato (1953-1955) e costretto all'esilio, è sbarcato a Cuba nel 1956, organizzando una guerriglia che nel 1959 gli ha consentito di impadronirsi del potere. Primo ministro nel 1959, è salito alla carica di capo dello Stato nel 1976. Leader carismatico, all'epoca sostenuto dall'URSS, si è fatto portavoce del terzo mondo. Dopo la caduta dei paesi socialisti partner di Cuba, nei primi anni '90 del secolo scorso, ha dovuto far fronte a una forte crisi economica.

■ *Fidel Castro*

CASTRO (João de), *Lisbona 1500 - Goa 1548*, esploratore e governatore portoghese. Fu viceré delle Indie portoghesi.

CASTRO (Josué de), *Recife 1908 - Parigi 1973*, medico ed economista brasiliano. Ha dedicato gran parte dei suoi studi al problema della fame nel mondo (*Geopolitica della fame*, 1952).

CASTROCÀRO TÈRME E TÈRRA DEL SÓLE, com. in prov. di Forlì; 5992 ab. Turismo termale. Battistero (VII sec.) e castello medievale. A Terra del Sole, cittadella medicea.

CASTROGIOVÀNNI → ENNA.

CASTROREÀLE, com. in prov. di Messina, nei Monti Peloritani; 3029 ab. Centro agricolo (agrumi, uva, olive, foraggi). Torre di Federico II d'Aragona (XIV sec.).

CASTROVÌLLARI, com. in prov. di Cosenza, sul versante merid. del Pollino; 23.265 ab. Agricoltura (uva, olive, cereali, frutta). Industrie alimentari, meccaniche, del legno. Castello aragonese (XV sec.).

CASTRO Y BELLVÍS (Guillén o Guilhem de), *Valencia 1569 - Madrid 1631*, drammaturgo spagnolo. È autore della *Gesta di Cid*, dramma che ispirò P. Corneille.

CATÀI, nome con cui era conosciuta la Cina nel Medioevo, come si evince dal *Milione* di M. Polo. Il termine deriva dal popolo tunguso qïtan, che governò il N del paese dal 907 al 1125 (dinastia Liao).

CATALÀNI (Alfrédo), *Lucca 1854 - Milano 1893*, compositore. Studiò al Conservatorio di Milano, città dove operò le insegnò a partire dal 1890. Si dedicò soprattutto alla musica operistica (*Loreley*, 1890; *La Wally*, 1892), ma scrisse anche brani orchestrali come *Ero e Leandro* (1881).

CATALÀUNICI (battàglia dei càmpi) (451), vittoria dell'esercito romano guidato dal generale Ezio, alleato con i visigoti di Teodorico, sugli unni di Attila. Il luogo esatto dove si tenne la battaglia, nell'att. pianura della Champagne, non è stato ancora identificato.

ÇATAL HÜYÜK, sito archeologico della Turchia, a SE di Konya. Insediamenti neolitici (metà VII millennio - metà VI millennio), ornati di pitture rupestri e di rilievi conservati al museo delle Civiltà anatoliche di Ankara.

ÇATAL HÜYÜK. *Pittura rupestre che rappresenta la cattura di un cervo. Neolitico.*

CATALÓGNA, in sp. **Cataluña**, in catal. **Catalunya**, comunità autonoma nord-orient. della Spagna; 32.100 km²; 6.008.245 ab. (*catalani*); capol. *Barcellona*; 4 prov. (*Barcellona, Girona, Lleida* e *Tarragona*). La reg. si estende nell'estremità orient. dei Pirenei, a bassa densità demografica, e nella valle dell'Ebro. La fascia costiera è meta del turismo estivo (Costa Brava). Nell'agglomerato di Barcellona si concentra la metà degli abitanti e la maggior parte delle industrie catalane. — Occupata dagli arabi (717-718) e riconquistata da Carlo Magno (801), la C. era il cuore della contea di Barcellona (X-XII sec.) che si estendeva nella parte merid. della Francia. Insieme al regno di Aragona, al quale venne unita (1150), costituì un vasto impero mediterraneo. Riannessa alla monarchia spagnola all'inizio del XVI sec., nel 1659 fu privata del Rossiglione e di una parte della Cerdagna. Lo statuto autonomo (1931), soppresso con il franchismo, venne ripristinato nel 1979. La C. è retta da un governo regionale (*Generalitat de Catalunya*), presieduto dal 1980 al 2003 da Jordi Pujol e att. da Pasqual Maragall.

CATÀNIA, c. sulla costa orient. della Sicilia, capol. di prov.; 336.222 ab. (*catanesi*). Centro commerciale e amministrativo. Industrie alimentari, chimiche, farmaceutiche. Porto. — C., il cui assetto fondamentale risale al XVII sec., appartenne ai siracusani (V sec.) e venne conquistata dai romani (263 a.C.), che le concessero status di colonia sotto Augusto. Sottoposta alla dominazione ostrogota, araba e bizantina, fiorì sotto i normanni e gli aragonesi. Fu distrutta dal terremoto nel 1669 e nel 1693. — Si conservano testimonianze che vanno dall'epoca greca al XVIII sec. Duomo dell'XI sec. con absidi normanne e Castello Ursino (1239-1250). — Nella provincia, in gran parte collinare e occupata, al centro, dalla vasta piana di C., prevalgono le attività agricole (colture di agrumi, viti, cereali e ortaggi). Centri princ.: *Acireale, Caltagirone, Paternò*.

CATANZÀRO, c. della Calabria, capol. di reg. e di prov.; 96.700 ab. (*catanzaresi*). Mercato di prodotti agricoli locali. — Fondata alla fine del IX sec. dai bizantini, venne poi conquistata dai normanni (1059) e, in seguito, ceduta in feudo da Federico II ai Rufo. Dopo un periodo di decadenza legato agli spagnoli, conobbe una rinascita nel periodo napoleonico. — La provincia è prevalentemente montuosa. Vi si pratica la coltivazione di agrumi e olive. Turismo balneare sulla costa ionica.

CATEAU-CAMBRÉSIS (Le), c. della Francia, nel dip. Nord; 7688 ab. Chiesa del XVII sec. Musée H. Matisse. — Vi furono firmati due trattati di pace nel 1559: uno, tra la Francia e l'Inghilterra, permise a Enrico II di conservare Calais; l'altro, tra la Francia e la Spagna, pose fine alle guerre d'Italia e riconobbe alla Francia il possesso di Metz, Toul, Verdun.

CATERÌNA, nome di più sovrane

CATERÌNA DE' MÈDICI, Firenze 1519 - Blois 1589, regina di Francia. Figlia di Lorenzo II de' Medici, moglie di Enrico II, madre di Francesco II, Carlo IX ed Enrico III, assunse la reggenza in nome di Carlo IX (1560) acquistando un notevole peso politico. Per portare pace nel paese, lacerato dalle guerre di religione, e preservare l'autorità monarchica, negoziò con i protestanti (pace di Saint-Germain, 1570), ma fu l'istigatrice del massacro della notte di San Bartolomeo (1572).

■ *Caterina de' Medici. (Musée Carnavalet, Parigi.)*

INGHILTERRA

CATERÌNA D'ARAGÓNA, Alcalá de Henares 1485 - Kimbolton 1536, regina d'Inghilterra. Figlia di Ferdinando il Cattolico, sposò nel 1509 Enrico VIII, che la ripudiò (1533) provocando così lo scisma anglicano. È la madre di Maria Tudor.

CATERÌNA HOWARD, 1522 ca. - Londra 1542, regina d'Inghilterra. Quinta moglie di Enrico VIII, fu decapitata per condotta indegna.

CATERÌNA PARR, 1512 - Sudeley Castle 1548, regina d'Inghilterra. Fu la sesta e ultima moglie di Enrico VIII (1543).

RUSSIA

CATERÌNA I, Malbork 1684 - San Pietroburgo 1727, imperatrice di Russia (1725-1727), della dinastia dei Romanov. Moglie di Pietro il Grande, al quale succedette.

CATERÌNA II LA GRÀNDE, Stettino 1729 - Carskoe Selo 1796, imperatrice di Russia (1762-1796), della dinastia dei Romanov. Moglie di Pietro III, che privò del potere, C. cercò di governare secondo i principi dell'Illuminismo, intrattenendo rapporti epistolari con Voltaire e ricevendo D. Diderot alla sua corte. Varò riforme amministrative (1775) ed economiche, ma troncò la rivolta di E. Pugačëv (1773-1774) e introdusse la servitù in Ucraina. Codificò i privilegi della nobiltà e i diritti dei contadini (carta del 1785). Sotto il suo regno, la Russia si ingrandì a spese dell'impero ottomano (trattato di Küçük-Kaynarca, 1774) e della Polonia (tre spartizioni, 1792, 1793 e 1795).

■ *Caterina la Grande ritratta da D.G. Levitski. (Museo di Petrodvorets.)*

CATERÌNA DI ALESSÀNDRIA, martire leggendaria. Indicata da una lunga tradizione come patrona degli studenti e delle ragazze da marito, è stata cancellata dal calendario romano nel 1970, a causa del carattere leggendario della sua biografia.

CATERÌNA DA SIÈNA (sànta), Siena 1347 - Roma 1380, religiosa. Terziaria domenicana, autrice mistica (*Dialogo della divina provvidenza* o *Libro della divina dottrina*), intervenne pubblicamente nelle vicende della Chiesa chiedendo a papa Gregorio XI di lasciare Avignone per Roma e in seguito lottando per mettere fine al grande scisma d'Occidente. Dottore della Chiesa (1970).

CATILÌNA (Lùcio Sèrgio), 108 ca. - Pistoia 62 a.C., politico romano. La sua congiura contro il senato fu condannata da Cicerone nelle quattro orazioni *Catilinariae*. Dopo aver raggiunto le sue truppe, C. fu ucciso in battaglia presso Pistoia.

CATINÀCCIO (in ted. **Rosengarten**), gruppo montuoso delle Dolomiti, tra le valli di Tires, d'Ega e di Fassa. Tra le cime principali, le Torri del Vaiolet (2813 m) e il C. d'Antermoia (3002 m). Attività turistica e alpinistica.

CATÓNE (Màrco Pòrcio), detto **il Censóre**, Tuscolo 234-149 a.C., politico romano. Console nel 195 a.C., si fece interprete della politica conservatrice dell'oligarchia senatoriale, e si accanì contro il potere degli Scipioni e la potenza di Cartagine. Censore nel 184 a.C., combatté il dilagare del lusso e dei costumi greci a Roma. — Fu anche uno dei primi grandi scrittori in lingua latina (*De agricultura, Origines*).

■ *Catone il Censore.*

CATÓNE (Màrco Pòrcio), detto **l'Uticènse**, 95 - Utica 46 a.C., politico romano. Pronipote di Catone il Censore, tribuno della plebe (63) e senatore, si oppose dapprima a Pompeo, poi a Cesare. Si suicidò dopo la sconfitta di Tapso. Fu un modello di stoicismo.

CÀTRIA, principale cima dell'Appennino Umbro-Marchigiano; 1701 m. Flora e fauna tipiche delle alte quote. Monastero di S. Croce di Fonte Avellana.

CATTÀFI (Bàrtolo), Barcellona Pozzo di Gotto 1922 - Milano 1979, poeta. Visse perlopiù a Milano, ma fece anche frequenti viaggi. Celebri le raccolte poetiche *L'osso, l'anima* (1964) e *L'aria secca del fuoco* (1972).

CATTÀNEO (Càrlo), Milano 1801 - Castagnola di Lugano 1869, storico e politico. Compì studi giuridici e fondò la rivista *Politecnico* (1839), su cui pubblicò scritti di economia, scienze, politica e storia. Prese parte attiva alle Cinque giornate di Milano e sostenne il federalismo repubblicano.

CATTÀNEO (Cèsare), Como 1912-1943, architetto. Razionalista, insieme a G. Terragni e P. Lingeri fu uno dei massimi esponenti dell'architettura italiana moderna. Scrisse *Giovanni e Giuseppe. Dialogo architettonico* (1941).

CATTELL (James McKeen), Easton, California, 1860 - Lancaster, Pennsylvania, 1944, psicologo statunitense. Si occupò di psicologia differenziale.

CATÙLLO (Gàio Valèrio), Verona 87 ca. - Roma 54 ca. a.C., poeta latino. Influenzato dalla poesia alessandrina, si distinse per la ricerca dell'eleganza formale e per la raffinata erudizione. Cantò l'amicizia e le sue vicissitudini amorose per Clodia, che chiamò Lesbia, in versi malinconici e appassionati. I 116 carmi che compongono il *Liber* sono divisi in 3 sezioni secondo un criterio metrico anziché cronologico (*nugae, carmina docta*, epigrammi ed elegie). È autore anche di poemi mitologici (*Epitalamio di Peleo e Teti*).

CÀTULO (Quinto Lutàzio), 150 ca. - 87 a.C., politico romano. Abile oratore e console dal 102 a.C., sconfisse insieme a Mario i cimbri.

CAUCA, f. della Colombia, affl. di sinistra del Magdalena; 1250 km.

CÀUCASO, catena montuosa che segna un confine convenzionale tra l'Europa e l'Asia, estendendosi per 1250 km tra il Mar Nero e il Mar Caspio. Forma un'alta barriera che raramente scende sotto i 2000 m e culmina nei vulcani Elbrus (5642 m) e Kazbek (5047 m). Territorio impervio, il C. ha offerto rifugio a popolazioni di diversa origine, che costituiscono un vero e proprio mosaico etnico. Vengono considerati appartenenti a questa catena montuosa anche i massicci situati a S di Tbilisi (cosiddetto *Piccolo C.*). La reg. comprende le rep. russe che formano il C. del Nord (quella di Dagestan, di Cabardino-Balcaria, dell'Ossezia Settentrionale, della Cecenia, d'Inguscezia, dell'Adigezia, di Karačajevo-Čerkessia) e le tre rep. transcaucasiche (Armenia, Azerbaigian e Georgia).

CAUCHY (Augustin Louis, barône), Parigi 1789 - Sceaux 1857, matematico francese. Innovatore nel campo dell'analisi matematica, introdusse il rigore nello studio delle funzioni elementari e di serie. È autore della teoria delle funzioni a una variabile complessa.

CAUDÌNE (Fórche), valico presso l'ant. c. di Caudium nel Sannio, att. Montesarchio. L'esercito romano, battuto dai sanniti (321 a.C.) in questa località, dovette passare sotto un giogo formato da lance, da cui l'espressione "passare sotto le forche", che indica la resa a condizioni umilianti.

CÀUSIO (Frànco), Lecce 1949, calciatore. Con la nazionale ha vinto la Coppa del mondo del 1982 in Spagna. È stato uno dei più grandi ali del calcio italiano. Con la Juventus, squadra nella quale ha militato dal 1967 al 1981, ha ottenuto i successi più importanti: 6 scudetti, Coppa UEFA e Coppa Italia. Ha giocato anche con Reggina, Udinese, Inter e Lecce.

CAUSSES, reg. geografica di altopiani calcarei a SO del Massiccio Centrale, nella Francia merid. (Lozère, Aveyron, Tarn-et-Garonne e Lot). I *Grands C.*, dove i fenomeni carsici sono marcati, danno il nome a un Parco naturale di 315.000 ha ca., nell'Aveyron. A O i *Petit C.* presentano un profilo più morbido e ondulato. Nella regione è sviluppato soprattutto l'allevamento.

CAUVERY o **KOVERI**, f. dell'India, che sfocia nel Golfo del Bengala; 764 km.

CAUVIN (Jean) → CALVINO (Giovanni).

CAVACO SILVA (Aníbal), Loulé, distr. di Faro, 1939, politico portoghese. Leader del Partito socialdemocratico, è stato primo ministro dal 1985 al 1995.

CÀVA DE' TIRRÈNI, com. in prov. di Salerno, presso la piana del Sarno; 53.385 ab. Centro agricolo, commerciale e industriale. Abbazia della Trinità della Cava (1011).

CAVAIGNAC, famiglia di politici francesi. — **Godefroy C.**, Parigi 1801-1845, politico francese. Fu capo del Partito repubblicano sotto Carlo X e Luigi Filippo. — **Louis Eugène C.**, Parigi 1802 - Ourne 1857, generale e politico francese. Fratello di Godefroy, governatore dell'Algeria e ministro della guerra, nel giu. 1848 fu investito di poteri dittatoriali che gli permisero di soffocare una rivolta operaia. Nominato capo del potere esecutivo, si candidò alla presidenza della repubblica nel dicembre dello stesso anno, ma fu sconfitto da Luigi Napoleone, il futuro Napoleone III.

CAVAILLÈS (Jean), *Saint-Maixent 1903 - Arras 1944*, matematico e filosofo francese. È autore di importanti lavori di logica matematica sui fondamenti della teoria degli insiemi.

CAVAIÓN VERONÉSE, com. in prov. di Verona, nell'anfiteatro morenico del Garda; 4065 ab. Coltivazione di uva e olive. Lavorazione del marmo.

CAVÀLCA (Domènico), *Vico Pisano 1270 ca. - Pisa 1342*, letterato. Predicatore domenicano, scrisse operette morali (*Specchio di Croce*, *Disciplina degli spirituali*) e volgarizzazioni (*Vite dei Santi Padri*, *Atti degli Apostoli*).

CAVALCÀNTI (Guido), *Firenze 1225 ca. - 1300*, poeta. Uno dei maggiori esponenti del *dolce stil-novo*. Guelfo bianco, nel 1300 fu costretto all'esilio a Sarzana a causa degli attriti con i guelfi neri e poté ritornare a Firenze solo pochi mesi prima di morire. Compose canzoni (*Donna me prega*), ballate (*Perch'io prego di non tornar giammai*) e sonetti, in cui interpreta le tematiche stilnovistiche in senso filosofico e con toni tragici. Fu amico di Dante Alighieri, che gli dedicò la *Vita nuova*.

CAVALCASÈLLE (Giovàn Battista), *Legnano 1819-1897*, storico e critico d'arte. Viaggiò per l'Europa, raccogliendo il materiale che utilizzò per la stesura di importanti saggi (*Storia dell'antica pittura fiamminga*, 1899; *Storia della pittura in Italia, secc. II-XVI*, 11 voll., 1886-1908).

CAVALIÈR D'ARPÌNO (Giusèppe **Césari**, detto), *Arpino 1568 - Roma 1640*, pittore. Allievo del **Pomarancio*, fu uno dei più importanti esponenti del tardo manierismo romano (affreschi della loggia Orsini, della sala dei Conservatori in Campidoglio, della Cappella paolina in S. Maria Maggiore).

CAVALIÈRE (Alik), *Roma 1926 - Milano 1998*, scultore. Assistente di M. Marini all'Accademia di Brera, ha rappresentato in modo surrealista e simbolico il mondo vegetale. Ha preso parte a importanti rassegne d'arte (Biennale di Venezia, Quadriennale di Roma, Biennale di Milano).

CAVALIÈRE AZZÙRRO (Il) → BLAUE REITER (Der).

CAVALIÈRI (Bonaventùra), *Milano 1598 - Bologna 1647*, religioso e matematico. Padre gesuita, discepolo di G. Galilei, fu il precursore del calcolo integrale e formulò la teoria degli "indivisibili".

CAVALIÈRI (Emìlio **de'**), *Roma 1550 ca. - 1602*, compositore. Fu uno dei creatori del recitativo accompagnato e dell'oratorio.

CAVALLÀRI (Albèrto), *Piacenza 1927 - Levanto 1998*, giornalista e scrittore. Direttore del *Gazzettino* di Venezia (1969-1970) e del *Corriere della Sera* (1981-1984), ha scritto numerosi saggi (*La fabbrica del presente*, 1990; *L'atlante del disordine*, 1994) e il romanzo *La fuga di Tolstoj* (1986).

CAVALLÈRO (Ùgo), *Casale Monferrato 1880 - Frascati 1943*, militare. Comandò le truppe italiane in Africa orient. (1937-1939) e fu capo di Stato maggiore generale (1940-1943). Arrestato dopo la caduta del fascismo, fu liberato dai tedeschi, ma morì in circostanze misteriose.

CAVÀLLI (Giovànni), *Novara 1808 - Torino 1879*, militare. Generale e comandante dell'Accademia militare di Torino, a lui si devono il cannone a retrocarica e le bocche da fuoco rigate.

CAVÀLLI (Pièr Francésco **Calétti-Brùni**, detto Pièr Francésco), *Crema 1602 - Venezia 1676*, compositore. Organista, poi maestro di cappella a Venezia, compose alcune delle opere più significative della scuola veneziana (*L'Egisto*, 1643; *La Calisto*, 1651).

CAVALLÌNI (Piètro), pittore e mosaicista, figura principale della scuola romana negli anni 1270-1330.

CAVÀLLI-SFÒRZA (Luìgi Lùca), *Genova 1922*, genetista. Professore emerito di genetica alla Stanford University, in California, ha studiato i meccanismi genetici collegandoli con dati demografici, culturali e linguistici. È autore di libri (*Geni, popoli e lingue*, 1996; *La scienza della felicità*, 1999) e articoli per riviste specializzate.

CAVALLÒTTI (Felice), *Milano 1842 - Roma 1898*, politico e letterato. Garibaldino, fondò (1866) e diresse il *Gazzettino Rosa* di Milano e fu deputato della sinistra dal 1873. Scrisse drammi in versi (*I pezzenti*, 1872; *Il cantico dei cantici*, 1882).

CÀVA MANÀRA, com. in prov. di Pavia, tra il Po e il Ticino; 5363 ab. Centro agricolo (cereali, tabacco, foraggi). Nel 1849 L. Manara vi fermò le truppe austriache.

CAVÀNI (Liliàna), *Carpi 1937*, regista televisiva e cinematografica. Ha esordito negli anni '60 del secolo scorso con documentari per la RAI, cui sono seguiti lungometraggi come *Francesco d'Assisi* (1966) e *Milarepa* (1974). In seguito ha lavorato soprattutto nel cinema (*Il portiere di notte*, 1974; *Interno berlinese*, 1985; *Dove siete? Io sono qui*, 1993; *Il gioco di Ripley*, 2002).

CAVAZZÒLA (Pàolo **Moràndo**, detto), *Verona 1486-1522*, pittore. Allievo di D. Morone, assimilò i caratteri della pittura veronese, ma fu influenzato anche da Raffaello. Tra le opere più significative, il *Polittico della passione* (1517, museo di Castelvecchio).

CAVAZZÓNI (Màrco Antònio), *Bologna 1490 ca. - Venezia 1570 ca.*, organista e compositore. Cantore presso la Cappella di S. Marco a Venezia, fu il primo a comporre musica esclusivamente strumentale (*Ricercari*, 1523).

CÀVE, com. in prov. di Roma, nella valle superiore del Sacco; 9458 ab. Centro agricolo. Turismo estivo. Borgo medievale.

CAVELL (Edith), *Swardeston 1865 - Bruxelles 1915*, eroina britannica. Venne fucilata dai tedeschi a causa della sua attività a servizio dell'Intesa nel Belgio occupato.

CAVELL (Stanley), *Atlanta 1926*, filosofo statunitense. Professore di estetica ad Harvard, traendo ispirazione da diverse fonti, e in part. da R.W. Emerson, ha introdotto una filosofia dell'esperienza quotidiana.

CAVENDISH (Henry), *Nizza 1731 - Londra 1810*, fisico e chimico britannico. Mediante la bilancia di torsione, determinò la densità media del globo. Fu uno dei fondatori dell'elettrostatica, isolò l'idrogeno e realizzò la sintesi dell'acqua.

CAVÌGLIA (Enrìco), *Finale Ligure 1862-1945*, maresciallo d'Italia. Comandò l'VIII armata nella prima guerra mondiale, fu ministro della guerra (1919) e cacciò i legionari di G. d'Annunzio da Fiume (1920).

CAVOUR (Camillo **Bènso**, cónte **di**), *Torino 1810-1861*, statista. Fondatore, insieme a C. Balbo, del giornale *Il Risorgimento* (1847), difensore delle idee liberali, fu deputato al parlamento di Torino (1848), ministro piemontese dell'agricoltura e del commercio (1850), poi delle finanze (1851). Alleatosi con U. Rattazzi, divenne presidente del consiglio nel 1852, attuò una politica di riassesto economico-finanziario dello Stato sabaudo e cercò di realizzare l'unità d'Italia. Nel 1855 appoggiò la partecipazione del Piemonte alla guerra di Crimea, a fianco della Francia e dell'Inghilterra. Avviò negoziati con Napoleone III (accordi di Plombières, 1858) ottenendone l'appoggio armato per cacciare gli austriaci dalla penisola. Malgrado le vittorie franco-piemontesi (Magenta, Solferino, 1859), Napoleone III firmò l'armistizio di Villafranca, in conseguenza del quale C. si dimise. Tornato al potere nel 1860, realizzò in gran parte l'unità del paese (annettendo Lombardia e Italia centrale) sotto lo scettro sabaudo, ma non riuscì a risolvere la questione romana.

■ *Cavour ritratto da F. Hayez. (Brera, Milano.)*

CAWNPORE → KANPUR.

CAXIAS DO SUL, c. del Brasile merid.; 360.223 ab.

CAYATTE (André), *Carcassonne 1909 - Parigi 1989*, regista cinematografico francese. Avvocato, ha realizzato film a sfondo sociale come *Giustizia è fatta* (1950), *Siamo tutti assassini* (1951), *Fascicolo nero* (1955), *Attentato al pudore* (1967), *Ragione di Stato* (1978).

CAYENNE, capol. della Guayana Francese; 50.675 ab. Stabilimenti della colonia penale nei pressi del convento del XVIII sec. (Isola del Diavolo). Museo.

CAYEUX (Lucien), *Semousies 1864 - Mauves-sur-Loire 1944*, geologo francese. Fu uno dei pionieri della petrografica delle rocce sedimentarie con l'aiuto del microscopio polarizzante.

CAYLEY (Arthur), *Richmond 1821 - Cambridge 1895*, matematico britannico. Introdusse la teoria del calcolo delle matrici (1858) e fu uno dei rappresentanti più eminenti della scuola d'algebra britannica del XIX sec.

CAYLEY (sir George), *Scarborough, Yorkshire, 1773 - Brompton 1857*, inventore britannico. Fu il primo a esporre il principio dell'aereo e a determinare tutti i componenti dell'aereo moderno, raccomandando l'utilizzo dell'elica e del motore a gas o a scoppio.

CAYLUS (Anne-Claude-Philippe, cónte **di**), *Parigi 1692-1765*, incisore e archeologo francese. È autore di una *Raccolta di antichità* e di scritti su A. Watteau.

CAYMAN, arcipelago britannico delle Antille, a S di Cuba; 260 km^2; 33.600 ab.; capol. *Georgetown*.

CAYOLLE (Col de la), passo delle Alpi francesi, tra l'Ubaye e l'alto Var; 2327 m.

CAYROL (Jean), *Bordeaux 1911*, scrittore francese. Le sue opere poetiche e romantiche, inizialmente segnate dall'esperienza nei campi di concentramento tedeschi (*Poemi della notte e della nebbia*, 1946), si orientano verso un'arte discreta in cui si avverte una forte, seppur pudica, ispirazione religiosa (*I corpi estranei*, 1959).

CBS (Columbia Broadcasting Systems), una delle tre grandi reti televisive statunitensi (con ABC e NBC), nata nel 1927.

CCD → CENTRO CRISTIANO DEMOCRATICO.

CCI → CAMERA DI COMMERCIO INTERNAZIONALE.

CDU (Christlich-Demokratische Union, in it. Unione cristiano-democratica), partito politico tedesco fondato nel 1945, la cui ala bavarese è la CSU (Christlich-Soziale Union). Al potere nella RFT dal 1949 al 1969 e dal 1982 al 1998, ha giocato un ruolo di rilievo nella riunificazione della Germania.

CDU → CRISTIANI DEMOCRATICI UNITI.

CE (Comunità Europèa), organizzazione internazionale a vocazione europea, che ha preso il posto della CEE, e che costituisce oggi uno dei cardini dell' **Unione Europea*.

CEARÁ, Stato del Brasile nord-orient.; 150.630 km^2; 7.418.476 ab.; cap. *Fortaleza*.

CEAUȘESCU (Nicolae), *Scornicești 1918 - Targoviște 1989*, politico romeno. Segretario generale del Partito comunista (1965), presidente del consiglio di Stato (1967), presidente della repubblica (1974), instaurò un regime autoritario. Destituito da un'insurrezione nel 1989, subì la condanna capitale dopo un processo sommario.

■ *Nicolae Ceaușescu.*

ČEBOKSARY, c. della Russia, cap. della Rep. dei Ciuvasci, sul Volga; 448.437 ab.

CEBU, isola delle Filippine; 3.356.137 ab.; c. princ. *Cebu*, 718.821 ab.

ČEBYŠEV (Pafnutij Lvovič), *Okatovo 1821 - San Pietroburgo 1894*, matematico russo. Fondatore e direttore di un'importante scuola matematica, si interessò a questioni di approssimazione e, soprattutto, di probabilità, alle funzioni ellittiche e alla teoria dei numeri.

CECA (Comunità Europèa del Carbóne e dell'Acciàio), organizzazione internazionale a vocazione europea. Creata dal trattato del 18 apr. 1951 nell'ambito del piano Schuman ed entrata in vigore nel 1952, ha instaurato un mercato comune del carbone e dell'acciaio. Dopo la sua fusione con la CEE e l'Euratom in seno alla Comunità europea (1967), dal 1993 alla sua soppressione, nel 2002, allo scadere del trattato, è stata uno dei componenti dell' **Unione Europea*.

CÈCA (Repùbblica), in cec. **Česká republika**, Stato dell'Europa centrale; 79.000 km^2; 10.260.000 ab. (*cechi*). CAP. *Praga*. LINGUA: *ceco*. MONETA: *corona ceca*. [V. carta a pagina seguente]

GEOGRAFIA – Il paese è costituito dalla Boemia, un quadrilatero delimitato da monti di media altezza con al centro la fertile pianura del Polabi, bagnata da Elba e Moldava, e dalla Moravia, solcata dalla Morava e dal corso superiore dell'Oder. Alle colture (cereali, barbabietola da zucchero) si affiancano attività estrattive (soprattutto carbone) e industrie di trasformazione (chimi-

Repubblica Ceca

più di 1.000.000 di ab.
da 100.000 a 1.000.000 di ab.
da 50.000 a 100.000 di ab.
meno di 50.000 ab.

200   500   1000 m

autostrada — ferrovia
strada normale — aeroporto

50 km

ČECHOV (Anton Pavlovič), *Taganrog 1860 - Badenweiler, Germania, 1904*, scrittore russo. Autore di racconti (*La corsia n. 6, La signora col cagnolino*) e di opere teatrali, mise in scena il dramma di vite soffocate dalle convenzioni della società provinciale o dalle aspirazioni disattese (*Il gabbiano*, 1895; *Zio Vania*, 1897; *Le tre sorelle*, 1901; *Il giardino dei ciliegi*, 1904).
■ *Anton Čechov ritratto da I.E. Bras. (Galleria Tretiakov, Mosca.)*

CECIL (William), *barône* **Burghley** o **Burleigh**, *Bourne 1520 - Londra 1598*, statista inglese. Segretario di Stato di Edoardo VI dal 1550 al 1553 e della regina Elisabetta I dal 1558 al 1572, fu lord tesoriere dal 1572 al 1598.

CECÌLIA (sànta), *m. nel 232 ca.*, vergine e martire romana. Sposa del pagano Valeriano, che convertì, è patrona dei musicisti.

CECÌLIA METÈLLA, *I sec. a.C.*, figlia di Quinto Metello Cretico (console nel 69 a.C.) e moglie del primogenito di Crasso, che in sua memoria fece erigere un mausoleo di forma cilindrica sull'Appia antica.

CECÌLIO, *Calatte I sec. a.C.*, retore greco. Affrancato dalla condizione di schiavo, divenne maestro di retorica a Roma. Tra le sue opere, di cui non rimangono che frammenti, *Sullo stile dei dieci oratori*.

CECÌLIO STÀZIO, *Milano 230 ca. - 167 a.C.*, commediografo latino. Considerato uno dei più importanti esponenti del teatro comico romano, si ispirò ai greci (Menandro). Scrisse numerose palliate, di cui restano all'incirca 40 titoli e 300 versi.

CÈCINA, *f. della Toscana; 74 km*. Nasce alle pendici del Poggio di Montieri e sfocia nel Mar Tirreno a Marina di C.

CÈCINA, *com. in prov. di Livorno, sul f. omonimo; 26.341 ab.* Industrie alimentari, meccaniche, calzaturiere, del legno, dei laterizi e della gomma. Turismo balneare nella vicina Marina di C.

CECIÒNI (Adriàno), *Firenze 1836-1886*, scultore, pittore e critico d'arte. Fondò a Napoli la scuola naturalistica di Resina e fu il teorico dei macchiaioli. Tra le opere, *Bambino con gallo* (1868), *La madre* (1880).

CECOSLOVÀCCHIA, in cec. *Československo*, Stato dell'Europa centrale, oggi smembrato, che era costituito da Boemia, Moravia (che formano att. la Rep. Ceca) e Slovacchia. Cap. *Praga*.
STORIA – **1918**: viene costituita la repubblica di C., che raggruppa i cechi e gli slovacchi dell'ant. Austria-Ungheria. **1919-1920**: viene annessa la Rutenia Subcarpatica; i trattati di Saint-Germain e di Trianon fissano le frontiere dello Stato, che dal 1918 al 1935 ha come presidente Tomáš Masaryk. **1935-1938**: diventa capo dello Stato Edvard E. Beneš. **1938**: il paese deve accettare le decisioni della conferenza di Monaco, cedendo i Sudeti alla Germania. **1939**: la Germania occupa Boemia e Moravia e vi instaura un protettorato; la Slovacchia forma uno Stato separato. **1940**: a Londra Beneš dà vita a un governo in esilio. **1945**: Praga viene liberata dall'esercito sovietico. L'URSS ottiene la Rutenia Subcarpatica. Beneš ritorna alla presidenza delle repubblica. **1946**: il comunista Klement Gottwald è eletto capo del governo. **1947**: l'URSS obbliga la C. a rinunciare al piano Marshall. **Feb. 1948**: i comunisti si impadroniscono del potere ("colpo di Praga"). **1948-1953**: K. Gottwald procede all'allineamento con l'URSS. Rudolf Slánský e i "nazionalisti slovacchi" sono processati e condannati (1952-1954). **1953-1957**: Antonín Novotný assume la direzione del Partito comunista e Antonín Zápotocký quella dello Stato. **1957-1968**: A. Novotný assume entrambe le cariche. A partire dal 1962-1963 si crea una fronda di intellettuali e cresce il malcontento slovacco. **1968**: con la "primavera di Praga", il partito, con a capo Alexander Dubček, tenta di realizzare un "socialismo dal volto umano". In agosto l'intervento sovietico mette fine al nuovo corso. **1969**: la C. diviene uno Stato federale formato dalle rep. ceca e slovacca. Gustav Husák prende il posto di A. Dubček alla testa del partito. Ha inizio la "normalizzazione". **1975**: G. Husák

che, del vetro, agroalimentari, costruzioni meccaniche), presenti soprattutto nelle città principali (Praga, Ostrava, Brno, Pilsen). Il paese, interessato da una precoce urbanizzazione, sin dal XIX sec. è centro di attività commerciali e industriali. Il nuovo Stato, omogeneo dal punto di vista etnico e convertito all'economia di mercato, si è oggi avvicinato alla Germania, suo principale partner commerciale e primo investitore.
STORIA – I cechi, che hanno costituito gli Stati di Boemia e Moravia, sono sottoposti al dominio degli Asburgo d'Austria. Nel 1918 formano con la Slovacchia la rep. di Cecoslovacchia. **1969**: con l'entrata in vigore dello statuto federale della Cecoslovacchia, la R. C. viene dotata di istituzioni proprie. **1992**: Václav Klaus, capo del governo, prepara con il suo omologo polacco la divisione della federazione. **1993**: la R. C. diviene indipendente (1° gen.). Václav Havel è eletto presidente del nuovo Stato. Il liberale V. Klaus resta a capo del governo. **1996**: la R. C. si candida per entrare nell'Unione Europea. **1997**: Klaus rassegna le dimissioni. **1998**: V. Havel si riconferma presidente. I cristiano-democratici vincono le elezioni legislative; il loro leader, Miloš Zeman, diviene primo ministro. **1999**: la R. C. entra a far parte della NATO. **2003**: Klaus viene eletto presidente della repubblica. Il referendum sull'adesione all'UE ottiene un consenso quasi plebiscitario.

CECCÀNO, *com. in prov. di Frosinone*, nella valle del Sacco; *22.547 ab.* Coltivazione di cereali, foraggio, tabacco. Industrie tessili, chimiche, alimentari. Monumenti di epoca medievale.

CECCÀTO (Silvio), *Montecchio Maggiore 1914 - Milano 1997*, scienziato. Cibernetico e linguista, realizzò diverse macchine automatiche tra cui *Adamo II*, in grado di simulare 23 stati mentali. Autore di saggi come *Cibernetica per tutti* (1968-1970) e *Ingegneria della felicità* (1985).

CECCHÉTTI (Enrico), *Roma 1850 - Milano 1928*, ballerino. Virtuoso della danza, lavorò soprattutto in Russia ed ebbe come allievi numerose étoiles del balletto classico dell'inizio del XX sec.

CÉCCHI (Càrlo), *Firenze 1939*, regista e attore teatrale e cinematografico. Dopo il debutto nella compagnia di E. De Filippo, ha fondato il Granteatro (1971), riuscendo a coniugare forme popolari e d'avanguardia. Ha messo in scena opere di V. Majakovskij, B. Brecht, S. Beckett, Molière, W. Shakespeare. Nel cinema ha dato conferma delle sue doti di interprete in *Morte di un matematico napoletano* (1992) di M. Martone.

CÉCCHI (Emilio), *Firenze 1884 - Roma 1966*, scrittore. Tra i fondatori della rivista *La *Ronda*, svolse un'intensa attività di critica letteraria e artistica. Fu anche eccellente prosatore (*Pesci rossi*, 1920; *Osteria del cattivo tempo*, 1927) e autore di libri di viaggio (*Messico*, 1932).

CÉCCHI (Giovànni Marìa), *Firenze 1518 - Gangalandi 1587*, commediografo e letterato. Prolifico autore di teatro, scrisse drammi spirituali, farse popolaresche e commedie erudite (*L'assiuolo*, 1549).

CÉCCHI D'AMÌCO (Giovànna detta Sùso), *Roma 1914*, sceneggiatrice cinematografica. Moglie del musicologo F. D'Amico, ha lavorato per i maggiori registi italiani tra cui V. De Sica (*Ladri di Biciclette*, 1948; *Miracolo a Milano*, 1951), M. Antonioni (*I vinti*, 1952; *La signora senza camelie*, 1953), F. Zeffirelli (*Fratello sole e sorella luna*, 1972; *Gesù di Nazareth*, 1977), L. Visconti (*Bellissima*, 1951; *L'innocente*, 1976), M. Monicelli (*Speriamo che sia femmina*, 1986; *Il male oscuro*, 1992).

CÉCCO D'ÀSCOLI (Francésco **Stàbili**, detto), *Ancarano 1269 ca. - Firenze 1327*, poeta, medico e astrologo. Compose opere di astrologia in latino e il poema *L'acerba*, animato da spirito polemico nei confronti di Dante. Accusato di eresia, fu condannato al rogo.

CECÈNI, popolazione caucasica della Russia (Cecenia, Inguscezia) (ca. 900.000 individui). Discendenti (come gli **ingusci*) dagli ant. gargari, i c. furono pagani, cristiani e infine si convertirono all'islam (1790 ca.), soprattutto per reazione all'invasione russa. In prima fila nelle lotte contro i colonizzatori (in part. nel 1828-1859), subirono massacri, deportazioni e l'esilio forzato nell'impero ottomano. Accusati di collaborazionismo con i tedeschi, nel 1944 furono tutti deportati in Asia centrale. In seguito furono "riabilitati" e autorizzati a tornare nelle loro terre (1956). Parlano il ceceno, lingua caucasica, e danno a se stessi il nome di nokhtchi.

CECÈNIA, rep. della Russia, all'estremità del Caucaso; *980.000 ab.; capol. Grozny.* Dopo aver proclamato una repubblica indipendente nel 1991, i ceceni hanno opposto una strenua resistenza all'esercito russo che, a partire dal dic. 1994, è intervenuto per reintegrare il paese nella Fed. Russa. Un accordo di pace concluso nel 1996 ha comportato il ritiro delle truppe russe, che tuttavia nel 1999 hanno sferrato una nuova offensiva, portando la repubblica a una guerra sanguinosa. Il conflitto si è inasprito nel 2002, dopo l'episodio del sequestro di tutti i presenti in un teatro moscovita da parte di terroristi ceceni, conclusosi con una strage. Nel 2003 è stato concesso alla C. uno statuto di maggiore autonomia.

CECÈNO-INGUSCÈZIA (Repùbblica della), rep. autonoma compresa nel territorio della Fed. Russa, estesa sulle pendici settentr. del Caucaso, che dal 1992 si è separata nelle due rep. di **Cecenia* e **Inguscezia*.

CECH (Thomas Robert), *Chicago 1947*, biochimico statunitense. Ha scoperto che l'RNA può fungere da catalizzatore in una reazione chimica. (Premio Nobel per la chimica 1989.)

succede a Ludvik Svoboda alla presidenza della repubblica. **1987**: M. Jakeš gli subentra a capo del partito. **1989**: importanti manifestazioni contro il regime (nov.) provocano le dimissioni dei maggiori dirigenti (Jakeš, Husák), l'abolizione del ruolo preminente del partito e la formazione di un governo di intesa nazionale, diretto da Marian Calfa, in cui i comunisti sono minoritari. Il dissidente Václav Havel è eletto alla presidenza della repubblica. Viene smantellata la cortina di ferro tra C. e Austria. Questa transizione pacifica è chiamata "rivoluzione di velluto". **1990**: il paese prende il nome di "Rep. federativa ceca e slovacca". Le prime elezioni libere (giu.) decretano la vittoria dei movimenti democratici (tra cui il Forum civico). **1991**: le truppe sovietiche completano la ritirata del paese. **1992**: V. Havel dà le dimissioni. Il governo ceco di Václav Klaus e quello slovacco di Vladimir Mečiar negoziano il processo di divisione della C. in due Stati indipendenti. **1993**: la C. viene divisa in due Stati, la Slovacchia e la Rep. Ceca (1° art.).

CÈCROPE, mitico eroe greco, primo re dell'Attica. È rappresentato con busto di uomo e corpo di serpente.

CEDAR RAPIDS, c. degli Stati Uniti (Iowa); 120.758 ab. Industrie elettroniche.

CEDÈRNA (Antònio), *Milano 1921 - Sondrio 1996*, saggista e giornalista. Fratello di Camilla, si è interessato di problemi urbanistici e ambientali (*La distruzione della natura in Italia*, 1975; *Mussolini urbanista*, 1979). Ha collaborato con *Il Mondo*, *L'Espresso* e *La Repubblica*. — **Camilla**, *Milano 1911-1997*, giornalista e saggista. Sorella di Antonio, collaboratrice di *L'Espresso* e *Panorama*, ha scritto libri di costume e politica (*Giovanni Leone, la carriera di un presidente*, 1978; *Casa nostra*, 1983; *Il lato forte e il lato debole*, 1992).

CEDRON, f. della Giudea che separa Gerusalemme dal Monte degli Ulivi.

CEDRÓNI (Morèno), *Ancona 1964*, cuoco. Membro dell'Associazione dei giovani cuochi d'Europa, gestisce un celebre ristorante a Senigallia. Ha scritto *Sushi & susci*, nel quale propone rielaborazioni del piatto giapponese.

CEE (Comunità econòmica europèa), organizzazione internazionale fondata da alcuni Stati dell'Europa. Nel 1993 è stata trasformata in CE (Comunità Europea) in applicazione del trattato di Maastricht (1992).

CEFALÀ DIÀNA, com. in prov. di Palermo, sul versante settentr. della Rocca Busambra; 1005 ab. Agricoltura (cereali, ortaggi, olive). Terme di origine araba (XI sec.).

CEFALÒNIA, isola della Grecia, la maggiore delle Isole Ionie; 73 km²; 39.579 ab. Nonostante il territorio sia in gran parte montuoso, vi si pratica l'agricoltura. Centro principale è Argostòli (acropoli premicenea). A Mazarakàta necropoli micenea. Nel sett. del 1943 i tedeschi massacrarono la guarnigione italiana che aveva rifiutato di deporre le armi.

CEFALÙ, c. della Sicilia, in prov. di Palermo; 14.006 ab. Porto. Turismo. — Di origine preellenica, è situata su un rilievo sulla cui sommità si trova un santuario del IX sec. (il cosiddetto Tempio di Diana). Cattedrale normanna iniziata nel 1131 (sontuosi mosaici bizantini). Museo Mandralisca.

CÈGLIE MESSÀPICO, com. in prov. di Brindisi, all'estremo margine merid. delle Murge; 20.400 ab. Agricoltura (uva, olive, frutta). Industrie chimiche, meccaniche, olearie. Resti della civiltà messapica (IV-III sec. a.C.).

CEI (Conferènza episcopàle italiàna), istituzione ecclesiastica fondata nel 1954, che riunisce tutti i vescovi d'Italia.

CEKA (dal russo *Črezvyčajnaja Komissija*, Commissione straordinària), organizzazione che aveva lo scopo di combattere la controrivoluzione e il sabotaggio nella Russia sovietica (fine del 1917-1922).

CELA (Camilo Josè), *Padrón, La Coruña, 1916 - Madrid 2002*, scrittore spagnolo. Nei suoi romanzi ha descritto, con grande abilità formale, la violenza degli istinti (*La famiglia di Pascal Duarte*, 1942; *L'alveare*, 1951). (Premio Nobel 1989.)

CELAN (Paul Anczel, detto Paul), *Černovcy 1920 - Parigi 1970*, poeta romeno di lingua tedesca, na-

turalizzato francese. Segnato dall'esperienza della deportazione e da un rapporto tormentato con la lingua tedesca, ha espresso in uno stile asciutto la disperazione dell'uomo di fronte alla solitudine e alla morte (*La rosa di nessuno*, 1963).

CELÀNO, com. in prov. dell'Aquila, nella Marsica; 11.567 ab. Agricoltura (cereali, uva, patate, barbabietole di zucchero). Industrie alimentari. Castello Piccolomini (XIV sec.).

CELÀNO (Tommàso **da**) → Tommaso da Celano.

CELÀTI (Giànni), *Sondrio 1937*, scrittore. Docente di letteratura anglo-americana all'Università di Bologna, ha tradotto autori di lingua inglese e francese. Tra le opere più recenti, *Parlamenti buffi* (1989), *Avventure in Africa* (1998), *Cinema naturale* (2001).

CELAYA, c. del Messico, a NO di Città del Messico; 382.140 ab. Chiese del periodo coloniale.

CELAYA (Rafael **Múgica**, detto Gabriel), *Hernani 1911 - Madrid 1991*, poeta spagnolo. Antifranchista e autore di poesie sociali (*Las Cosas como son*), ha sostenuto la causa basca e, nell'ultimo periodo, ha dato un respiro cosmico alla sua opera (*El Mundo abierto*).

CELEBES, in indon. **Sulawesi**, isola dell'Indonesia articolata in quattro penisole; 189.000 km²; 13.732.449 ab. Scoperta nel 1512 dai portoghesi, divenuta olandese nel 1667, C. fa parte dell'Indonesia dal 1950.

CELEBES (Mar di), mare dell'Indonesia compreso tra C., Borneo e Mindanao.

CELENTÀNO (Adriàno), *Milano 1938*, cantante e attore cinematografico. Interprete di brani rock e ballate di successo (*Il tuo bacio è come un rock*, *24.000 baci*, *Il ragazzo della via Gluck*, *Azzurro*). Negli anni '80 del secolo scorso si è dedicato in part. al cinema (*Il bisbetico domato*, 1980; *Innamorato pazzo*, 1981; *Joan Lui*, 1985).

CELESTÌNO I, m. nel 432, papa dal 422. Lottò contro il nestorianesimo e, dopo il concilio di Efeso (431), scomunicò Nestorio. — **Celestino II** (Tebaldo **Buccapeco**), m. nel 1126 ca., antipapa dal 1124. Rinunciò al papato quasi subito in favore di Onorio II, che aveva il sostegno dei Frangipane. — **Celestino II** (Guido di Città di Castello), m. nel 1144, papa dal 1143. Discepolo di Abelardo, non riuscì a domare la rivolta capeggiata da Arnaldo da Brescia, nella quale rimase ucciso. — **Celestino III** (Giacinto **di Pietro Boboni**), m. nel 1198, papa dal 1191. Incoronò imperatore il re vevo Enrico IV, ma non riuscì a contrastare il suo strapotere, preferendo evitare ogni conflitto. Fu teologo erudito. — **Celestino IV** (Goffredo **Castiglioni**), m. nel 1241, papa dal 1241. Rimase sul soglio pontificio per 17 giorni. — **Celestino V** (sànto) (Pietro **Angeleri**), detto anche Pietro **del Morrone**, *Isernia 1215 - Castello di Fumone 1296*, papa dal 1294. Eremita in Puglia ed eletto al pontificato suo malgrado, in un momento di profonda crisi per la Chiesa, abdicò cinque mesi dopo essere salito al soglio, cedendo alle pressioni del futuro Bonifacio VIII. Fu canonizzato nel 1313 come Pietro Celestino.

CELIBIDACHE (Sergiu), *Roman 1912 - Parigi 1996*, direttore d'orchestra romeno. Ha diretto i Berliner Philharmoniker (1946-1952) e dal 1979 la Filarmonica di Monaco di Baviera, interpretando musiche romantiche e impressionistiche.

CÈLICO, com. in prov. di Cosenza, nella Sila Grande; 3017 ab. Agricoltura (cereali, patate). Attività silvo-pastorali.

CÉLINE (Louis Ferdinand **Destouches**, detto Louis-Ferdinand), *Courbevoie 1894 - Meudon 1961*, scrittore francese. I suoi romanzi (*Viaggio al termine della notte*, 1932; *Morte a credito*, 1936; *Il castello dei rifugiati*, 1957) e i suoi *pamphlet*, volti dapprima alla denuncia della società benpensante, poi, durante il regime di Vichy, all'invettiva antisemita, riproducono, in un flusso epico, un parlato triviale e quotidiano talvolta eccessivo.

■ *Louis Ferdinand Céline.*

CÈLIO, uno dei sette colli di Roma. Probabilmente prese nome da Celio Vibenna, condottiero etrusco che vi si stabilì all'epoca dei Tarquini.

ČELJABINSK, c. della Russia, negli Urali; 1.087.609 ab. Metallurgia.

ČELJUSKIN, promontorio della Siberia, che costituisce l'estremità settentr. dell'Asia. Prende il nome dall'esploratore russo che raggiunse il capo nel 1742, guidando una spedizione incaricata di esplorare le reg. settentr. del territorio russo.

CELLAMÀRE (Antònio **dél Giùdice**, principe di), *Napoli 1657 - Siviglia 1733*, diplomatico spagnolo. Ambasciatore di Spagna alla corte francese, cospirò inutilmente con il duca e la duchessa del Maine per sostituire Filippo V al reggente (1718).

CELLE, c. della Germania (Bassa Sassonia); 72.583 ab. Abitazioni e monumenti del XV-XVIII secolo.

CELLÌNI (Benvenùto), *Firenze 1500-1571*, orafo, scultore e letterato. Formatosi come orafo a Firenze e Siena, lavorò come medaglista alla corte papale a Roma. Chiamato da Francesco I, nel 1540 si trasferì a Parigi, dove aderì alla scuola di Fontainebleau (*Ninfa di Fontainebleau*, altorilievo in bronzo, 1543 ca., Louvre, Parigi; *Saliera*, 1543, Vienna). Tornato a Firenze, nel 1545 realizzò il suo capolavoro, il *Perseo* della Loggia dei Lanzi. Tra le sue opere letterarie, oltre ai trattati, la *Vita scritta da lui medesimo*, in cui dà prova di grande abilità descrittiva.

Benvenuto **CELLINI**. *Saliera in oro e smalti di Francesco I, 1543.* (Kunsthistorisches Museum, Vienna.)

CELSIUS (Anders), *Uppsala 1701-1744*, astronomo e fisico svedese. Come astronomo fece parte della spedizione di P.L. Maupertuis in Lapponia (1737). Concepì la scala termometrica centigrada a cui è stato dato il suo nome (1742).

CÈLSO, filosofo greco del II sec. d.C. Se ne ha notizia grazie a Origene, che confutò i suoi attacchi al cristianesimo.

CÈLSO (Àulo Cornèlio), medico ed erudito contemporaneo di Augusto. Scrisse il *De medicina*, che offre un quadro della medicina del suo tempo.

CÈLTI, insieme di popoli di lingua indoeuropea, documentati a partire dal II millennio, che nell'antichità occupavano gran parte dell'Europa. Certamente provenienti dalla zona sud-occ. della Germania, durante la civiltà di Hallstatt (900-450 a.C.) migrarono in Gallia, poi, all'epoca di La Tène (V-I sec. a.C.), in Spagna (celtiberi), in Italia, nei Balcani e in Asia Minore (con il nome di galati). Nel I millennio si stabilirono anche nelle isole britanniche. Nel III-I sec. a.C. i germani prima e i romani poi sottomisero le popolazioni celtiche; resistettero solamente i regni dell'Irlanda. — I tratti principali dell'arte celtica, nota attraverso la decorazione delle armi, le monete e la statuaria religiosa, sono dinamismo, schematicità e trionfo degli arabeschi che trasfigurano il reale.

CELTÌBERI, ant. popolazione della Spagna (VI sec. a.C.), sottomessa dai romani nel II sec. a.C.

Arte dei **CELTI**. *Bacile di Gundestrup; Jylland, Danimarca, I sec. ca. a.C.; argento lavorato a rilievo, decori con guerrieri e animali.* (Museo nazionale di Copenaghen.)

CÉNA (Giovànni), *Montanaro Canavese 1870 - Roma 1917*, scrittore. Si batté per i contadini dell'Agro Pontino, fondando scuole e asili. Scrisse poesie (*Poesie complete*, 1922) e il romanzo *Gli ammonitori* (1903).

CENÀCOLO, gruppo di giovani scrittori romantici che si riunirono tra il 1823 e il 1830 intorno a C. Nodier e V. Hugo.

CÈNCI, famiglia romana (XVI sec.), nota per il crimine di Beatrice (Roma 1577-1599), che nel 1598 fece assassinare il padre dall'amante O. Cavalletti, con la complicità dei fratelli, e fu condannata a morte da Clemente VIII. Le sue vicende hanno ispirato una tragedia di P.B. Shelley (1819), adattata da A. Artaud nel 1935, e un racconto di Stendhal (1837).

CENDRARS (Frédéric **Sauser**, detto *Blaise*), *La Chaux-de-Fonds 1887 - Parigi 1961*, scrittore francese di origine svizzera. Grande viaggiatore, ha cantato la passione per l'avventura nelle sue poesie (*La prosa del transiberiano e della piccola Giovanna di Francia*, 1913) e nei suoi romanzi (*L'oro*, 1925; *Moravagine*, 1926; *La mano mozza*, 1946).

CÉNE → CENNE DA LA CHITARRA.

CENERÈNTOLA, personaggio fiabesco. La storia della fanciulla maltrattata dalla matrigna, che sconfigge le avversità con il solo aiuto della sua bellezza e sposa il figlio del re, ha ispirato scrittori (C. Perrault, 1697; M.-C. d'Aulnoy, 1698; i fratelli Grimm, 1812), compositori (S. Prokofiev, 1945), coreografi tra cui E. Cecchetti, L. Ivanov e probabilmente M. Petipa (1893), su partitura di B. Schell, M. Marin (1985) e R. Nureiev (1986) su partitura di Prokofiev. La W. Disney ha dedicato al personaggio un film di animazione nel 1950.

CÉNGIO (Mónte), rilievo delle Prealpi Venete, presso l'altopiano di Asiago; 1351 m. Fu teatro di battaglie durante la prima guerra mondiale.

CÈNNE DA LA CHITÀRRA o **CÉNE** o **BENCIVÉNNE**, *Arezzo XIII-XIV sec.*, poeta e giullare. Scrisse una collana di 13 sonetti, che parodiavano quelli di *Folgore da San Gimignano*.

CENNÌNI (Cennino), *presso Siena 1370 ca. - Padova ? inizio del XV sec.*, pittore e scrittore d'arte. Il suo *Libro dell'arte* è un prezioso trattato che illustra le tecniche e i dibattiti nel mondo dell'arte alla vigilia del Rinascimento.

CENSIS (Cèntro stùdi investiménti sociàli), fondazione romana istituita nel 1973, che pubblica periodicamente analisi di carattere socio-economico e annualmente il rapporto C., una fotografia sociologica e statistica dell'Italia.

CENSORÌNO, *III sec.*, scrittore latino. Dei suoi scritti è rimasto, seppur incompleto, il trattato di astrologia *De die natali*.

CÈNT'ÀNNI (guèrra dei), nome attribuito a una serie di conflitti che videro contrapposte Francia e Inghilterra tra il 1337 e il 1453. Due le cause principali: la rivendicazione del trono di Francia fatta da Edoardo III d'Inghilterra, nipote per parte di madre di Filippo IV il Bello, e l'intenzione del re d'Inghilterra di annettere le ricche città fiamminghe legate al commercio inglese della lana. Nel 1337 Edoardo III scese in campo aperto contro Filippo VI, sotto il cui regno i francesi furono battuti a Crécy (1346) e persero Calais (1347). Sconfitta presso Poitiers (1356), la Francia, indebolita dalle rivolte scoppiate a Parigi e devastata dalla *jacquerie*, dovette accettare lo svantaggioso trattato di Brétigny (1360), che concedeva a Edoardo III il quarto sud-occ. del paese. Carlo V e B. Du Guesclin riuscirono tuttavia a volgere la situazione a proprio vantaggio e, nel 1380, gli inglesi si ritirarono da Calais e Guienna. Sotto Carlo VI la guerra civile (tra gli Armagnacchi e i Borgognoni) e la follia del re favorirono gli inglesi, che vinsero la battaglia di Azincourt (1415) e imposero il trattato di Troyes, che sanciva la deposizione del re di Francia e la reggenza del re d'Inghilterra (1420). Sotto Carlo VII, Giovanna d'Arco risvegliò il patriottismo francese: liberò Orléans e fece incoronare il re a Reims, ma fu catturata a Compiègne e arsa sul rogo a Rouen (1431). Il suo sacrificio non fu comunque vano: gli inglesi, battuti a Formigny (1450) e a Castillon (1453), furono cacciati e conservarono soltanto Calais (sino al 1558).

CENTÀURI MITOL. GR. Abitanti dei monti della Tessaglia, più tardi rappresentati come mostri fantastici per metà uomini e per metà cavalli. Furono sterminati dai lapiti.

CENTÀURO, costellazione australe, le cui due stelle principali, α (*Alfa Centauri*) e β (*Beta Centauri*), sono tra le più brillanti visibili. A essa appartiene anche la stella più vicina al sistema solare, *Proxima*, distante 4,2 anni luce.

CENTO (Central Treaty Organization), organizzazione di mutua assistenza formata da Gran Bretagna, Iran, Pakistan e Turchia, creata nel 1959 dopo la rottura del patto di Baghdad (firmato nel 1955) da parte dell'Iraq, e disciolta nel 1979.

CÈNTO, com. in prov. di Ferrara, sulla sinistra del Reno; 29.330 ab. Centro commerciale, agricolo e industriale. Pinacoteca civica con opere del Guercino. Famoso il carnevale.

CÈNTO GIÓRNI (20 mar. - 22 giu. 1815), ultimo periodo del regno di Napoleone I. Lasciata l'Isola d'Elba, Napoleone attraversò la Francia (*volo dell'aquila*) ed entrò a Parigi (20 mar.). Sconfitto a Waterloo da una coalizione di potenze europee (18 giu.), abdicò (22 giu.).

CÈNTO LÀGHI, parco regionale in prov. di Parma, istituito nel 1995. Alle altitudini più elevate (1500-1800 m) si trovano numerose conche di origine glaciale. Presenza di rare specie floristiche (Primula appennina).

CENTRAFRICÀNA (Repùbblica), Stato dell'Africa centrale; 620.000 km²; 3.782.000 ab. (*centrafricani*). CAP. *Bangui*. LINGUA: *francese*. MONETA: *franco CFA*. È un paese di foreste e savane in cui alle colture di sussistenza (miglio, mais, manioca) si affiancano piantagioni (cotone, caffè) e giacimenti di diamanti (con l'uranio, la principale ricchezza del sottosuolo), che alimentano l'esportazione.

STORIA – In epoca antica il paese è abitato da pigmei e gruppi tribali bantu; dal XIX sec. cominciano ad affluirvi in massa baya e banda (anch'essi di etnia bantu), emigrati dal Sudan, dal Congo e dal Ciad per sfuggire alla tratta degli schiavi. **1877**: con l'esplorazione del f. Congo da parte di Henry Morton Stanley hanno inizio le spedizioni europee. **1889-1910**: dopo aver creato un avamposto a Bangui, la Francia consolida la propria presenza nel territorio con la missione Marchand (1896-1898) e fonda la colonia dell'Oubangui Chari (1905), che poi integra nell'Africa equatoriale francese. **1946**: l'Oubangui Chari diventa territorio d'oltremare. **1960**: la R. C., proclamata nel 1958, si rende indipendente sotto la guida di David Dacko. **1965**: un colpo di Stato porta al potere Jean Bédel Bokassa, che si proclama dapprima presidente a vita (1972), quindi imperatore (1976). **1979**: D. Dacko destituisce J.B. Bokassa e ripristina la repubblica. **1981**: golpe di André Kolingba. **1991-1992**: il

CENTRE NATIONAL D'ART ET DE CULTURE GEORGES POMPIDOU, *progettato da R. Piano e R. Rogers.*

paese si apre al multipartitismo. **1993**: diventa presidente della repubblica Ange-Félix Patassé (rieletto nel 1999). **Dal 1996**: la R. C. versa in una crisi militare e politica permanente. **2001**: diviene primo ministro Ziguélé.

CENTRAL PARK, grande parco di New York (Manhattan).

CENTRE NATIONAL D'ART ET DE CULTURE GEORGES POMPIDOU, ente pubblico parigino dedicato alla cultura (centro di documentazione, biblioteca, videoteca) e all'arte (collezione di arte moderna e mostre temporanee).

CENTRO, reg. della Francia; 39.151 km²; 2.440.329 ab.; capol. *Orléans*; 6 dip. (Cher, Eure-et-Loir, Indre, Indre-et-Loire, Loir-et-Cher e Loiret). Tra l'Île-de-France e l'Alvernia, è una regione di pianure e altopiani bagnati dalla Loira (in cui sono situate le c. princ., Orléans e Tours).

CÈNTRO CRISTIÀNO DEMOCRÀTICO (CCD), gruppo politico istituito nel 1994 da ex democristiani non confluiti nel PPI guidati da P.F. Casini. Ha sostenuto il primo e secondo governo Berlusconi. Unico segretario P.F. Casini. Nel 2002 è confluito nell'UDC.

CEPRÀNO, com. in prov. di Frosinone, sulla destra del Liri; 8634 ab. Agricoltura (cereali, frutta, ortaggi, foraggi). Industrie metalmeccaniche, alimentari, della carta). Nel 1266 Carlo d'Angiò vi sconfisse Manfredi di Svevia, e nel 1815 G. Murat vi fu sconfitto dagli austriaci.

CERÀMI (Vincènzo), *Roma 1940*, scrittore, sceneggiatore cinematografico e drammaturgo. Allievo di P.P. Pasolini, ha esordito con il romanzo *Un borghese piccolo piccolo* (1976). Nel cinema ha collaborato con registi come M. Bellocchio, G. Bertolucci, G. Amelio e R. Benigni.

Repubblica Centrafricana

500 1000 m

— strada normale
— ferrovia
✈ aeroporto

● più di 100.000 ab.
● da 40.000 a 100.000 ab.
● da 20.000 a 40.000 ab.
• meno di 20.000 ab.

150 km

CERÀMICO, quartiere dell'ant. Atene, così chiamato per le numerose botteghe dei vasai. Necropoli (steli scolpite).

CÈRBERO MITOL. GR. Mostruoso cane a tre teste, guardiano degli Inferi.

CERCEMAGGIÓRE, com. in prov. di Campobasso, tra i Monti del Matese; 4517 ab. Centro agricolo (cereali, frutta). Castello medievale. Santuario di S. Maria della Libera (XV sec.).

CÈRCHI, famiglia fiorentina di origine plebea, che si arricchì e divenne molto influente nel XIII sec. Postasi a capo della fazione guelfa dei Bianchi, fu nemica della famiglia nobile dei Donati, che era schierata con i Neri.

CERDÀGNA, in catal. **La Cerdania**, in fr. **Cerdagne**, reg. dei Pirenei francesi (Pyrénées-Orientales) e spagnoli (Catalogna). È un'alta valle (1200 m ca.) bagnata in Spagna dal f. Segre. — Questa regione fu divisa tra Francia e Spagna nel 1659 (pace dei Pirenei).

CERDAN (Marcel), *Sidi Bel Abbès 1916 - in un incidente aereo nei cieli delle Azzorre, 1949*, pugile francese. È stato campione del mondo dei pesi medi (1948).

CÈRE, f. della Francia, in Alvernia, affl. di sinistra della Dordogna; 110 km. Gole.

ČEREMHOVO, c. della Russia, a O del Lago Bajkal; 73.600 ab. Carbone.

CEREMÌSSI → MARI.

ČERENKOV (Pavel Alekseevič), *Čigla, reg. di Voronej, 1904 - Mosca 1990*, fisico sovietico. Ha scoperto, nel 1934, che le particelle cariche che si muovono in un ambiente a una velocità superiore a quella della luce emettono luce. (Premio Nobel 1958.)

ČEREPOVEC, c. della Russia, a E di San Pietroburgo; 318.758 ab. Centro industriale.

CÈRERE MITOL. ROM. Dea delle messi. Corrisponde alla Demetra greca.

CÈRERE, il primo asteroide scoperto (1801). Diametro: 930 km.

CERHA (Friedrich), *Vienna 1926*, compositore e direttore d'orchestra austriaco. Fondatore dell'ensemble di musica contemporanea *Die Reihe*, ha completato l'orchestrazione dell'opera *Lulu* di A. Berg.

CERIÒNI (Stéfano), *Madrid 1964*, schermidore. Ha vinto 2 medaglie d'oro, nel fioretto a squadre alle Olimpiadi di Los Angeles (1984) e nel fioretto individuale alle Olimpiadi di Seul (1988). Dopo il ritiro (1999) si è dedicato all'attività di allenatore.

ČERKASSY, c. dell'Ucraina, sul Dnepr; 302.000 ab. Centro industriale.

CERLÉTTI (Ùgo), *Conegliano Veneto 1877 - Roma 1963*, neuropsichiatra. Docente universitario (Bari, Genova, Roma) e direttore di cliniche psichiatriche (Montello, Genova, Roma), nel 1938 sperimentò sull'uomo la terapia con elettroshock.

CERN, (Consìglio europèo per la ricèrca nucleàre, o, secondo la dicitura più comune, Laboratorio europeo per la fisica delle particelle). Istituito tra il 1952 e il 1954, ha sede a Meyrin (al confine franco-svizzero). Ha realizzato e utilizza un insieme di acceleratori o collisionatori di particelle; nel 2005 deve entrare in funzione un grande collisionatore di protoni (LHC) al posto di un collisionatore di elettroni-positroni (LEP, 1989-2000).

CERNÀIA (battàglia della) (1855), battaglia combattuta presso l'omonimo f. della Crimea merid. Francesi e piemontesi vi sconfissero i russi.

ČERNENKO (Konstantin Ustinovič), *Bol'šaja Tes 1911 - Mosca 1985*, politico sovietico. È stato segretario generale del PCUS e presidente del presidium del soviet supremo nel 1984-1985.

ČERNICHOVSKIJ (Sha'ul), *Michajlovka, Ucraina, 1875 - Gerusalemme 1943*, poeta di lingua ebraica. Ha conciliato la tradizione ebraica con i principi estetici occ. (*Visioni e melodie*).

ČERNIHIV, già **Černigov**, c. dell'Ucraina settentr.; 306.000 ab. Centro industriale. — Cattedrali e chiese, soprattutto dell'XI-XIII sec.

ČERNIVCI, già **Černovcy**, c. dell'Ucraina sudocc.; 259.000 ab. Centro industriale. — Museo regionale di storia.

CERNÒBBIO, com. in prov. di Como, sul Lago di Como; 6995 ab. Turismo. Floricoltura. Industrie tessili, della carta, chimiche. Villa d'Este (XVI sec.).

ČERNOBYL, c. dell'Ucraina in cui, il 26 apr. 1986, si è verificata l'esplosione di uno dei reattori della centrale nucleare con conseguente emissione di radioattività, così rilevante ed estesa da interessare, seppur in misura variabile, tutta l'Europa. (La centrale è stata chiusa nel dic. 2000.)

CERNÙNNO, divinità gallica dalla testa di cervo, che simboleggiava la fecondità.

CERNÙSCHI (Enrico), *Milano 1821 - Mentone 1896*, patriota ed economista. Prese parte alle Cinque giornate di Milano (1848) e difese la Repubblica Romana (1849). Sostenne l'efficacia del bimetallismo.

CERNUSCHI (Musèo), a Parigi, museo municipale dedicato all'arte dell'Estremo Oriente. È ubicato nel palazzo del parco Monceau che il banchiere e collezionista italiano E. Cernuschi donò alla città alla sua morte.

ČERNYSEVSKIJ (Nikolaj Gavrilovič), *Saratov 1828-1889*, scrittore russo. Il suo romanzo **Che fare?* illustra la sua concezione della letteratura come strumento d'azione sociale.

CÈROLI (Màrio), *Castel Frentano 1938*, scultore. Artista di fama mondiale, ha realizzato soprattutto opere in legno. Ha curato anche l'allestimento di scenografie per il teatro, il cinema e la televisione.

CERONÉTTI (Guido), *Torino 1927*, poeta e saggista. Traduttore di testi classici e biblici, ha pubblicato numerosi saggi (*Albergo Italia*, 1983; *Deliri disarmati*, 1993), aforismi (*I pensieri del tè*, 1987), raccolte di poesie (*La distanza*, 1996). Ha anche allestito uno spettacolo di marionette (*Viaggia, viaggia Rimbaud*, 1991).

CERRÉTO (Pàsso del), valico dell'Appennino Tosco-Emiliano, tra la valle del f. Magra e la Val di Secchia; 1261 m. Attività escursionistiche.

CERRO BOLÍVAR, giacimento di ferro del Venezuela.

CERRO DE PASCO, c. del Perú; 66.373 ab. Centro minerario.

CERRÓNI (Piètro de') → CAVALLINI (Pietro).

CERRO PARANAL → PARANAL.

CERSKI (Mónti), massiccio della Russia, nella Siberia orient.; 3147 m.

CERTÀLDO, com. in prov. di Firenze, sulla destra dell'Elsa; 15.792 ab. Agricoltura (uva, olive, frumento). Industrie calzaturiere, alimentari, meccaniche. Palazzo pretorio (XV sec.), casa di G. Boccaccio.

CERTÓSA DI PAVÌA, com. in prov. di Pavia, alla sinistra del Ticino; 3374 ab. Nei pressi si trova la certosa della Madonna delle Grazie, la cui costruzione, iniziata da G.G. Visconti nel 1396, proseguì per tre secoli. Presero parte alla decorazione artisti di fama come G.A. Amadeo, B. Briosco e F. Solari.

CERULÀRIO (Michèle), *Costantinopoli 1000 ca. - 1059*, patriarca di Costantinopoli (1043-1059). Nel 1054 provocò lo scisma che separò le Chiese d'Oriente e d'Occidente.

CERÙTI (Giàcomo), detto **il Pitocchetto**, *Brescia 1698-1767 ca.*, pittore. Fu un eccelso ritrattista (*Giovanni Maria Fenaroli*, 1724; *Attilio Lampugnani Visconti*, 1757). Nelle sue opere rappresentò soprattutto gli umili (mendicanti, contadini, lavandaie).

CERVANTES SAAVEDRA (Miguel **de**), *Alcalá de Henares 1547 - Madrid 1616*, scrittore spagnolo. Ebbe una vita molto travagliata: dopo aver combattuto a Lepanto (dove perse l'uso di una mano) e aver partecipato alla conquista di Tunisi, fu per cinque anni prigioniero dei pirati barbareschi. Tornato in Spagna, fu commissario incaricato della fornitura di viveri all'Invencible Armada, ma dovette conoscere la scomunica e il carcere prima di essere accolto alla corte di Filippo III, dove compose gran parte delle sue opere, permeate dal senso dell'umorismo e dal gusto per la satira: i romanzi **Don Chisciotte della Mancia* e *I travagli di Persile e Sigismonda* (1617), le 12 *Novelle esemplari* (1613), alcune commedie e la tragedia (*L'assedio di Numanzia* (scritta nel 1582 ca. ma pubblicata solo nel 1784).

■ *Miguel de Cervantes ritratto da J. de Jáuregui. (Accademia spagnola di Madrid.)*

CERVÈTERI, com. in prov. di Roma; 25.763 ab. Necropoli etrusca sul sito di *Caere*, con tombe a

CERVETERI. *La necropoli etrusca.*

fossa, a pozzo e a tumulo. — Tra le più potenti città etrusche, in rapporti con la Grecia, nel 351 a.C. cadde sotto il dominio di Roma, da cui ottenne particolari privilegi.

CÈRVI, sette fratelli partigiani di Campegine (Reggio nell'Emilia), figli di Alcide (1875-1970). Attivi nella Resistenza, furono catturati dai tedeschi e sottoposti a fucilazione (1943).

CÈRVI (Gino), *Bologna 1901 - Punta Ala 1974*, attore teatrale e cinematografico. Figlio di Antonio, critico del *Resto del Carlino*, divenne popolare con personaggi come Peppone, della serie di film su Don Camillo tratti dai racconti di G. Guareschi, e il televisivo commissario Maigret.

CÈRVI (Màrio), *Crema 1921*, giornalista. Collaboratore di alcune tra le maggiori testate italiane (*Corriere della Sera*, *La Voce*), è stato direttore del *Giornale*. Insieme a I. Montanelli ha scritto numerose opere sulla storia italiana (*L'Italia littoria*, 1979; *L'Italia della Repubblica*, 1985; *L'Italia degli anni di piombo*, 1991; *L'Italia del Novecento*, 1998).

CÈRVIA, com. in prov. di Ravenna, sul Mar Adriatico; 25.591 ab. Stazione balneare della riviera romagnola, dotata di un centro termale. Estrazione di salmarino.

CÈRVIA (salina di), zona umida-salmastra, situata nell'omonimo com. e adibita alla coltivazione del sale fin dall'epoca etrusca. Divenuta riserva naturale nel 1979, è ricca di canali artificiali per l'afflusso e il deflusso delle acque marine. Interessante presenza faunistica (fenicotteri).

CERVÌNIA → BREUIL-CERVINIA.

CERVÌNO (Mónte), in ted. **Matterhorn**, massiccio delle Alpi, al confine tra Italia e Svizzera. Sovrasta in Italia la Valtournenche (Breuil) e in Svizzera la valle di Zermatt; 4478 m. Fu scalato da E. Whymper nel 1865.

Il Monte **CERVINO.**

CÉSAIRE (Aimè), *Basse-Pointe, Martinica, 1913*, scrittore e politico francese. Influenzato dal surrealismo (*Soleil cou coupé*, 1948), cerca di ritrovare le radici della "negritudine" (*Diario di un ritorno alla terra natia*, 1939; *La tragedia del re Christophe*, 1963).

CESALPÌNO (Andrèa), *Arezzo 1519 - Roma 1603*, naturalista e medico. Scoprì che i fiori sono organi di organi sessuali.

CESÀNO BOSCÓNE, com. in prov. di Milano, a N del Naviglio Grande; 24.833 ab. Centro industriale (alimentare, chimica, meccanica, elettrotecnica).

CESÀNO MADÈRNO, com. in prov. di Milano, sul torrente Seveso; 32.804 ab. Produzione di cellulosa, carta, coloranti e mobili. Villa Jacini e Palazzo Borromeo (XVII sec.).

CÉSAR (César **Baldaccini**, detto), *Marsiglia 1921 - Parigi 1998*, scultore francese. Attivo nell'ambito del Nouveau réalisme, ha lavorato soprattutto metalli (ferro saldato e piombo), con cui ha realizzato le cosiddette "compressioni" d'automobili (1960), e materie plastiche ("espansioni", 1967). Il suo *Pollice* gigante è del 1965, il *Centauro* di bronzo del 1985.

CESARÀNO (Giórgio), *Milano 1928-1975*, poeta, prosatore e critico. Membro del gruppo "Ludd - Consigli proletari", scrisse raccolte poetiche (*La tartaruga di Jastov*, 1966), sceneggiati televisivi (*Il mestiere di vivere*, 1967) e saggi (*Critica dell'utopia capitale*, 1979).

CÉSARE (Càio Giùlio), *Roma 100 o 101 - 44 a.C.*, statista e scrittore romano. Patrizio, ma legato agli ambienti plebei (sua zia Giulia sposò Mario), si oppose alla dittatura di Silla e andò in esilio in Asia (82-78). Al ritorno intraprese la carriera politica, approfittando sia dei finanziamenti di Licinio Crasso, sia dello scontento popolare (appoggiò in segreto la congiura di Catilina). Questore (68), pretore (62) e propretore (61) in Spagna, formò un triumvirato con Pompeo e Licinio Crasso (60). Console nel 59 e nel 56, partì alla conquista della Gallia (58-51); tale impresa gli valse la gloria militare e la fedeltà dell'esercito, con la quale attraversò il Rubicone (49) e marciò su Roma, facendo scoppiare la guerra civile contro Pompeo e il senato: vittorioso a Farsalo (48), pose Cleopatra sul trono d'Egitto. Sconfitti gli ultimi pompeiani a Tapso (46) e a Munda (45), divenne console e dittatore a vita di Roma (feb. 44). Ma contro di lui fu intessuta una cospirazione (a cui prese parte il suo protetto Bruto), e fu assassinato nell'aula del senato alle idi di marzo (15 mar. 44). Aveva adottato suo nipote Ottaviano, il futuro Augusto. Come storico, C. ha lasciato delle memorie, i *Commentarii.*

■ *Giulio Cesare. (Museo nazionale, Napoli.)*

CESARÈA, ant. c. della Palestina settentr., sul Mediterraneo. Abbellita da Erode il Grande, nel III sec. possedeva una ricca biblioteca.

CESARÈA → KAYSERI.

CÉSARI (Antònio), *Verona 1760 - San Michele, Ravenna 1828*, letterato. Sacerdote, sostenne il purismo linguistico schierandosi a favore di un ritorno alla lingua trecentesca (*Dissertazione sullo stato presente della lingua italiana*, 1810).

CÉSARI (Giuseppe) → CAVALIER D'ARPINO.

CESARIÀNO (Cesare), *Milano 1483-1543*, architetto e trattatista. Classicista, tradusse e commentò il *De architectura* di Vitruvio (1521). A Milano realizzò i bastioni del Castello sforzesco (1527) e diresse la fabbrica del duomo (1535-1537).

CESÀRIO (sànto), *Chalon-sur-Saône 470 ca. - Arles 543*, vescovo di Arles. Esercitò una notevole influenza sulla Chiesa franca.

CESARIÓNE, *47-30 a.C.*, figlio di Cesare e Cleopatra. Associato dalla madre al trono (Tolomeo XV), fu ucciso per volere di Ottaviano.

CESARÒTTI (Melchiòrre), *Padova 1730 - Selvazzano 1808*, letterato. Preromantico e democratico, tradusse le liriche del poeta celtico Ossian (*Canti di Ossian*, 1763, 1772, 1801), che si rivelarono però un falso di J. Macpherson.

CESÈNA, nella prov. di Forlì-Cesena; 89.852 ab. Situata lungo la via Emilia, sul f. Savio. Industrie alimentari e del legno. Importante municipio romano (*Caesena*), C. fiorì nel XIV-XV sec. sotto la signoria dei Malatesta. Biblioteca malatestiana (1452) e cattedrale del XIV-XV sec.

CESENÀTICO, com. in prov. di Forlì-Cesena, sulla riviera adriatica; 21.669 ab. Turismo balneare. Agricoltura (frutta, ortaggi). Industrie alimentari e del mobile. Pesca.

CÈSI (Federico), *Roma 1585 - Acquasparta 1630*, naturalista. Fondatore dell'Accademia dei Lincei (1609), propose una sistematizzazione delle piante (*Theatrum totius naturae*, 1628) e scoprì le spore delle felci.

CÈSIO BÀSSO, *I sec. d.C.*, poeta lirico latino. Curò l'edizione postuma delle *Satire* dell'amico Persio. Delle sue opere non restano che frammenti.

ČESKÉ BUDĚJOVICE, c. della Rep. Ceca, in Boemia, sulla Moldava; 98.876 ab. Centro industriale. — Monumenti antichi.

ČESKÝ KRUMLOV, c. della Rep. Ceca; 14.582 ab. Grande castello, numerosi monumenti e case rinascimentali.

CÉSTI (Antònio o Piètro), *Arezzo 1623 - Firenze 1669*, compositore. Frate francescano, fu attivo a Innsbruck e alla corte di Vienna. Scrisse opere teatrali (*Orontea*, 1649), cantate e mottetti.

CÈSTIO (Gàio Epulóne), *I sec. a.C.*, tribuno e pretore romano. Membro del Collegio degli *epulones* (gli addetti ai banchetti per gli dei), si fece costruire una tomba piramidale presso l'att. porta S. Paolo.

CEUTA, c. della Spagna, sulla costa dell'Africa settentr., di fronte a Gibilterra; 75.241 ab. Porto.

CÈVA, com. in prov. di Cuneo, nell'alta Val Tanaro; 5692 ab. Centro agricolo e industriale. Castello Pallavicino (costruito nel XVI sec. sui resti di un edificio dell'XI sec.).

CÈVA (Giovànni), *Milano 1647 - Mantova 1734*, matematico. Fratello di Tommaso, scrisse *De lineis rectis se invicem secantibus* (1678), nel quale dimostrò diversi teoremi geometrici, tra cui quello che porta il suo nome. È considerato l'iniziatore dell'economia matematica. — (Tommàso), *Milano 1649-1736*, letterato e matematico. Fratello di Giovanni, gesuita, fu autore di versi in latino (*Jesus puer*, 1690). Inventò uno strumento per la trisezione dell'angolo (1695).

CEVEDÀLE, monte delle Alpi Retiche facente parte del massiccio dell'Ortles; 3764 m. Attività alpinistica e attrezzature per lo sci invernale ed estivo.

CEVÈNNE, catena montuosa della Francia, al margine orient. del Massiccio Centrale; 1699 m il Monte Lozère. (Parco nazionale.)

CEYLON → SRI LANKA.

CÉZANNE (Paul), *Aix-en-Provence 1839-1906*, pittore francese. Come i suoi amici impressionisti preferì dipingere davanti al modello, ma si sforzò di trasporre su tela la percezione visiva senza rinunciare a una rigorosa costruzione plastica. Suoi temi prediletti sono ritratti, figure umane (*I giocatori di carte*), nature morte, paesaggi (tra cui quelli su la montagna Sainte-Victoire), bagnanti *en plein air*. Esercitò un'influenza decisiva su alcune delle grandi correnti artistiche del XX sec. (fauvismo, cubismo, astrattismo).

CGIL (Confederazióne generàle italiàna del lavóro), organizzazione sindacale fondata nel 1944, di ispirazione socialista e comunista. Nel 1972 ha firmato un patto di unità con la *CISL* e la *UIL*. Segretari principali: G. Di Vittorio, L. Lama, A. Pizzinato, B. Trentin, S. Cofferati, G. Epifani.

CHABAN-DELMAS (Jacques), *Parigi 1915-2000*, politico francese. Gollista e militante della Resistenza (generale nel 1944), sindaco di Bordeaux dal 1947 al 1995, fu primo ministro (1969-1972) e presidente dell'assemblea nazionale (1958-1969, 1978-1981 e 1986-1988).

CHABAROVSK o **HABAROVSK**, c. della Russia, in Siberia, sul f. Amur; 601.000 ab. Centro amministrativo e industriale.

CHABLIS, c. della Francia, nel dip. Yonne; 2690 ab. Produzione di vini bianchi. — Chiesa del XIII sec.

CHABOD (Federico), *Aosta 1901 - Roma 1960*, storico. Docente universitario di storia moderna, diresse la *Rivista storica italiana* e l'Istituto italiano per gli studi storici. Tra le opere, *Per la storia religiosa del ducato di Milano durante il dominio di Carlo V* (1938), *La politica estera italiana dal 1871 al 1896* (1951), *L'idea di nazione* (1961).

CHABRIER (Emmanuel), *Ambert 1841 - Parigi 1894*, compositore e pianista francese. È autore di sonate per pianoforte (*Pièces pittoresques*, 1881; *Bourrée fantasque*, 1891), rapsodie per orchestra (*España*, 1883) e opere per il teatro (*Gwendoline*, 1886; *Le Roi malgré lui*, 1887).

CHABROL (Claude), *Parigi 1930*, regista cinematografico francese. Pioniere della *nouvelle vague* (*Le beau Serge*, 1959), il suo spirito emerge soprattutto nei film che ritraggono la vita borghese: *Stéphane, una moglie infedele* (1969), *Il tagliagole* (1970), *L'ispettore Lavardin* (1986), *Un affare di donne* (1988), *Madame Bovary* (1991), *Betty* (1992), *L'inferno* (1994), *Il buio nella mente* (1995), *Grazie per la cioccolata* (2000).

CHACO (guèrra del), conflitto che vide contrapposti Bolivia e Paraguay per il possesso del bassopiano del C. e che si concluse con la vittoria del Paraguay (1932-1935).

CHACO o, talvolta, **GRAN CHACO**, reg. di steppe, poco popolata, nell'America merid., divisa tra Argentina e Paraguay.

CHADLI (Chadli **Benjedid**, detto), *Boutedlja 1929*, militare e politico algerino. È stato presidente della repubblica dal 1979 al 1992.

CHADWICK (sir James), *Bollington, Cheshire, 1891 - Cambridge 1974*, fisico britannico. Nel 1932, durante alcuni esperimenti sulla disintegrazione nucleare, scoprì il neutrone. (Premio Nobel 1935.)

CHAFARINAS (Ìsole), isole spagnole della costa mediterranea del Marocco.

CHAGALL (Marc), *Vitebsk 1887 - Saint-Paul-de-Vence 1985*, pittore e illustratore francese di origine russa. Dopo aver lavorato a Parigi dal 1910 al 1914, si stabilì definitivamente in Francia nel 1923. Dotato di una spiccata capacità immaginativa, si ispirò alla sua patria d'origine e al folclore ebraico, ma fu influenzato anche da suggestioni parigine e provenzali. Oltre a illustrare

Paul **CÉZANNE**. La montagna Sainte-Victoire, *1904-1906*. (Museum of Art, Filadelfia.)

Marc **CHAGALL**. Doppio ritratto con bicchiere di vino, *1917. (MNAM, Parigi.)*

libri, realizzò ceramiche, vetrate e altre opere di tipo decorativo. A Nizza c'è un museo nazionale dedicato al suo *Message biblique*.

CHAGOS (Ìsole), arcipelago britannico nell'Oceano Indiano.

CHAHINÉ (Youssef), *Alessandria 1926*, regista cinematografico egiziano. Attore, produttore e distributore, è uno dei più importanti autori del cinema egiziano (*Stazione centrale*, 1958; *La Terra*, 1969; *Adieu Bonaparte*, 1985; *Il sesto giorno*, 1986; *Alessandria ancora e sempre*, 1990; *L'emigrato*, 1994; *Il destino*, 1997).

CHAILLY (Luciàno), *Ferrara 1920*, compositore. Padre di Riccardo, è stato il direttore artistico di diversi enti lirici, tra cui La Scala di Milano (1968-1971) e l'Opera di Genova (1983-1985). Oltre a musica da camera, di scena, per film e balletti, ha composto diversi lavori teatrali. — **Riccàrdo**, *Milano 1953*, direttore d'orchestra. Figlio di Luciano, è stato assistente di C. Abbado alla Scala di Milano. Ha lavorato alla radio di Berlino (1982-1988), al Teatro comunale di Bologna (1986-1989) e al Concertgebouw di Amsterdam (dal 1988). Att. è direttore artistico dell'orchestra Verdi presso l'Auditorium di Milano.

CHAIN (sir Ernst Boris), *Berlino 1906 - Irlanda 1979*, biochimico britannico. Collaborò con V. Fleming e H.W. Florey alla scoperta della penicillina. (Premio Nobel 1945.)

CHAKA, *1787-1828*, fondatore dell'impero zulu nel 1816. Soprannominato "il Napoleone nero" per le vittorie riportate sui popoli vicini, si impadronì del Natal. Fu assassinato dai suoi fratelli.

CHAM, popolazione del Vietnam merid. e della Cambogia (ca. 100.000 individui). Di probabile origine indonesiana, i c. fondarono il regno di Champa. Sono di religione musulmana e brahmanica, e di lingua maleo-polinesiana.

CHAMBERLAIN (Joseph), *Londra 1836 - Birmingham 1914*, politico britannico. Ministro del commercio (1880-1886), poi delle colonie (1895-1903), fu tra i promotori del movimento imperialista e provocò la scissione del Partito liberale, raggruppando nel Partito liberale unionista gli avversari dell'*Home Rule* in Irlanda. — sir **Joseph Austen C.**, *Birmingham 1863 - Londra 1937*, politico britannico. Figlio di Joseph, cancelliere dello scacchiere (1903-1906, 1919-1921), capo del Partito liberale unionista, ministro degli esteri (1924-1929), praticò una politica di distensione all'interno della Società delle Nazioni. (Premio Nobel per la pace 1925.) — **Arthur Neville C.**, *Birmingham 1869 - Heckfield 1940*, politico britannico. Fratellastro di Joseph Austen, deputato conservatore, fu cancelliere del-

lo scacchiere (1931-1937) e primo ministro (1937-1940). Cercò invano di risolvere pacificamente i problemi relativi alla guerra di Spagna, all'aggressione dell'Italia contro l'Etiopia e alle rivendicazioni tedesche (patto di Monaco, 1938), ma dovette dichiarare guerra alla Germania nel 1939.

CHAMBERLAIN (Owen), *San Francisco 1920*, fisico statunitense. Con E. Segrè, è riuscito per la prima volta a dimostrare l'esistenza dell'antiprotone, attraverso il sincrotrone dell'Università di Berkeley chiamato bevatrone (1955). (Premio Nobel 1959.)

CHAMBERS (Ephraim), *Kendal 1680 - Islington, presso Londra, 1740*, letterato britannico. La sua *Cyclopaedia* suggerì a D. Diderot l'idea dell'**Encyclopédie*.

CHAMBERS (sir William), *Göteborg 1723 o 1726 - Londra 1796*, architetto britannico. Raggiunse un certo successo combinando influenze francesi e italiane, neoclassicismo ed esotismo (fece viaggi anche in Cina). È autore della pagoda di Kew Garden a SO di Londra (1760) e di Somerset House (palazzo londinese, 1780 ca.).

CHAMBÉRY, c. della Francia, capol. del dip. Savoie; 57.592 ab. (più di 110.000 ab. nell'agglomerato). Sede vescovile. Corte d'appello. Università. — Castello medievale restaurato, cattedrale del XV-XVI sec., musei.

CHAMBORD, c. della Francia, nel dip. Loir-et-Cher; 204 ab. Imponente castello costruito per Francesco I nel 1519, capolavoro del primo rinascimento (scala a spirale a doppia rampa; terrazze decorate).

CHAMBORD (Enrico **di Borbóne**, dùca **di Bordeaux**, cónte **di**), *Parigi 1820 - Frohsdorf, Austria, 1883*, principe francese, ultimo rappresentante del ramo cadetto dei Borbone. Figlio postumo del duca di Berry, divenne il legittimo pretendente (Enrico V) al trono di Francia, dopo la morte di Carlo X. Nel 1873 la restaurazione della monarchia si dimostrò impossibile a causa della sua intransigenza, quando rifiutò il tricolore come emblema nazionale.

CHAMFORT (Sébastien Roch **Nicolas**, detto Nicolas **de**), *presso Clermont-Ferrand 1740 - Parigi 1794*, scrittore francese. Di spirito tagliente e pessimista, repubblicano, raccolse motti di spirito (*Massime e pensieri*); si suicidò durante gli anni del Terrore.

CHAMISSO DI BONCOURT (Adelbert **von**), *castello di Boncourt 1781 - Berlino 1838*, scrittore e naturalista tedesco di origine francese. Autore della *Meravigliosa storia di Peter Schlemihl*, fu direttore del giardino botanico di Berlino.

CHAMONIX-MONT-BLANC, cittadina della Francia, nel dip. Haute-Savoie, ai piedi del Monte Bianco; 10.109 ab. Situata nella valle del f. Arve, è rinomata per i suoi ghiacciai. Centro alpinistico e stazione di sport invernali (1037-3842 m d'alt.).

CHAMORRO (Violeta **Barrios de**), *Rivas 1929*, politica nicaraguense, presidente della repubblica dal 1990 al 1997.

CHAMOUN (Camille), *Deir al-Kamal 1900 - Beirut 1987*, politico libanese. Presidente della repubblica (1952-1958), fu uno dei principali leader della comunità maronita.

CHAMPA o **TCHAMPA**, regno dell'Indocina centrale, fondato nel 192 nella reg. di Huê. Dopo il 1471 fu lentamente assorbito dal Vietnam, finché scomparve nel 1822. — Mi Son ne era il principale centro religioso.

CHAMPAGNE, reg. storica e geografica della Francia orient., che corrisponde in parte alla reg. amministrativa C.-Ardenne. Terra un tempo povera, la C. è oggi una zona boschiva e collinare, coltivata a cereali e rinomata per i suoi vigneti (dal XVII sec. vi si produce il vino-spumante detto "champagne"). Le città principali si trovano nelle valli della Senna (Troyes), della Marna (Châlons-en-Champagne ed Épernay) e della Vesle (Reims). — Feudo dei conti di Blois dall'XI sec., la C. conobbe, nel corso del XII e del XIII sec., una grande prosperità economica legata alle fiere commerciali. Il matrimonio di Filippo IV il Bello con Giovanna I di Navarra fece sì che la reg. venisse incorporata nel regno di Francia.

CHAMPAGNE (Adonaï **Desparois**, detto Claude), *Montreal 1891-1965*, compositore canadese. Influenzato dal folclore del Québec e dalla musi-

ca francese, è uno dei padri della scuola musicale canadese contemporanea.

CHAMPAGNE-ARDENNE, reg. amministrativa della Francia; 25.606 km²; 1.342.363 ab.; capol. *Châlons-en-Champagne*; è suddivisa in 4 dip. (Ardennes, Aube, Marne e Haute-Marne).

CHAMPAIGNE (Philippe **de**), *Bruxelles 1602 - Parigi 1674*, pittore francese di origine brabantina. Tra i maggiori rappresentanti del classicismo, è autore di ritratti (Richelieu; giansenisti e religiosi di Port-Royal) e di quadri a soggetto religioso.

CHAMP-DE-MARS, a Parigi, vasto territorio che si estende dalla facciata settentr. della scuola militare alla Senna. Negli anni 1867, 1878, 1889 (inaugurazione della Tour Eiffel), 1900, 1937 fu il luogo deputato delle Esposizioni universali.

CHAMPFLEURY (Jules **Husson**, detto **Fleury**, e in seguito), *Laon 1821 - Sèvres 1889*, scrittore e critico d'arte francese. Difese l'estetica realista (Le Nain, Daumier, Courbet), alla quale si attenne anche nei suoi romanzi (*Chien-Caillou*).

CHAMPLAIN (Làgo), lago sulla frontiera tra il Canada (Québec) e gli Stati Uniti, scoperto da S. de Champlain; 1269 km². Turismo.

CHAMPLAIN (Samuel **de**), *Brouage 1567 - Québec 1635*, esploratore e colonizzatore francese. Fu a capo della prima spedizione effettuata in Canada (Nouvelle-France, 1603), esplorò l'Acadia e le coste della Nuova Inghilterra (1604-1607), fondò Québec nel 1608 e perlustrò una parte della reg. dei Grandi Laghi (1615-1616). Dopo il 1620, si dedicò alla valorizzazione delle nuove colonie.

CHAMPOLLION (Jean-François), *Figeac 1790 - Parigi 1832*, egittologo francese. Decifrò i primi geroglifici egizi (*Sommario del sistema geroglifico degli antichi egizi*, 1824).

■ *Jean-François Champollion ritratto da L. Cogniet. (Louvre, Parigi.)*

CHAMPS-ÉLYSÉES, viale di Parigi, lungo 1880 m, da place de la Concorde fino a place Charles-de-Gaulle (già place de l'Étoile).

CHAMSON (André), *Nîmes 1900 - Parigi 1983*, scrittore francese. Nelle sue opere ha ritratto la natura e i contadini delle Cevenne (*Rosso il bandito*, *Gli uomini della strada*).

CHANCELLOR (Richard), *m. sulle coste scozzesi nel 1556*, navigatore scozzese. Raggiunse il Mar Bianco.

CHAN CHAN, sito archeologico sulla costa settentr. del Perù, presso Trujillo. Vestigia (di 20 km²) dell'ant. cap. (XII-XV sec.) del regno Chimú; cinta muraria che racchiude palazzi, centri cerimoniali, case ecc.

CHANDERNAGOR, c. dell'India (Bengala Occidentale), sull'Hooghly; 162.166 ab. Ant. mercato francese (1686-1951).

CHANDIGARH, c. dell'India, cap. del Punjab e dell'Haryana; 808.796 ab. Costituisce un Territorio dell'India (114 km²). — Fu costruita su un progetto di Le Corbusier a partire dal 1951.

CHANDLER (Raymond Thornton), *Chicago 1888 - La Jolla, California, 1959*, scrittore statunitense. I suoi romanzi noir (*Il grande sonno*, *Addio mia amata*) sono incentrati sulla figura del detective privato Philip Marlowe.

CHANDOS (sir John), *XIV sec.*, uomo d'armi inglese. Conestabile della Guyana (1362) e siniscalco del Poitou, fu ferito a morte a Lussac-les-Châteaux nel 1370.

CHANDRASEKHAR (Subrahmanyan), *Lahore 1910 - Chicago 1995*, astrofisico statunitense di origine pakistana. Autore di studi sul trasporto di energia nelle stelle e sull'evoluzione stellare, ha stabilito che le nane bianche non possono avere una massa superiore a quella del Sole (1,4 masse solari, limite di C.). (Premio Nobel 1983.)

CHANEL (Gabrielle **Chasnel**, detta Coco), *Saumur 1883 - Parigi 1971*, stilista francese. A partire dal 1916, diede una svolta alla moda, adattando in chiave femminile abiti appartenenti per tradizione al guardaroba maschile, come le giacche dei tailleur, utilizzando tessuti come il jersey e prendendo a regola di eleganza l'estrema semplicità. [*V. foto a pagina seguente.*]

Coco **CHANEL** nel 1936.

CHANG-AN, ant. nome di *Xi'an.

CHANGCHUN, c. della Cina nord-orient., capol. della prov. del Jilin; 2.980.870 ab. Centro industriale.

CHANGEUX (Jean-Pierre), *Domont 1936*, biologo francese. Ha studiato lo sviluppo del sistema nervoso e ha divulgato a un vasto pubblico le neuroscienze. È stato presidente del comitato nazionale di etica dal 1992 al 1999.

CHANG-HAI → SHANGHAI.

CHANGHUA, c. di Taiwan; 227.715 ab.

CHANG JIANG o **YANGTZE KIANG**, il più lungo f. della Cina; nasce in Tibet e sfocia nel Mar Cinese Orientale formando un estuario, a S del quale sorge Shanghai; 5980 km; bacino di 1.830.000 km². Nel suo tratto iniziale attraversa gole profonde con andamento serpeggiante; solo a valle di Yichang il suo corso si fa più regolare. Controllato, a monte, dalla gigantesca diga delle Tre Gole, tuttora in costruzione, costituisce la principale via navigabile del paese, attraversando Wuhan e Nanchino. Veniva ant. chiamato "Fiume Azzurro".

CHANGSHA, c. della Cina, capol. dello Hunan; 1.328.950 ab. Centro industriale. — Resti della necropoli dell'ant. capit. del regno Chou (periodo degli Stati combattenti, V-III sec. a.C.) conservati al museo cittadino.

CHANGZHOU, c. della Cina (Jiangsu); 729.893 ab.

CHANNEL (The), nome ingl. della Manica.

CHANSON DE ROLAND, la più ant. e famosa *chanson de geste* (fine dell'XI sec.). Composta in decasillabi raggruppati in lasse con assonanze, racconta le battaglie di Carlo Magno contro i mori e, in part., la resistenza eroica di *Orlando* a *Roncisvalle.

CHANTILLY, c. della Francia, nel dip. Oise, ai margini della foresta di C.; 11.200 ab. Ippodromo. — Castello di Montmorency e di Condé, ricostruito nel XIX sec., eccetto il Petit Château (di J. Bullant, 1560 ca.) e le sontuose scuderie (opera di J. Aubert, 1720 ca.).

CHANTY, **HANTY** o **KHANTY**, popolazione ugro-finnica della Russia (Siberia occ.) (ca. 23.000 individui). Gli c., spesso raggruppati con i mansi sotto il nome di ugrici dell'Ob, venivano chiamati anche ostiachi.

CHAO MENG-FU, *Huzhou, Zhenjiang, 1254-1322*, pittore cinese, celebre per il suo stile arcaizzante e per le raffigurazioni realistiche di cavalli.

CHAO PHRAYA, talvolta **MENAM**, principale f. della Thailandia; 1200 km. Attraversa Bangkok e raggiunge il Golfo del Siam.

CHAOUÏA, pianura del Marocco atlantico, entroterra di Casablanca.

CHAOUIA, popolazione berbera dell'Algeria (ca. 1,6 milioni di individui), che vive nella reg. dell'Aurès.

CHAPALA (lago), lago del Messico centrale; 1080 km².

CHAPELAIN (Jean), *Parigi 1595-1674*, scrittore francese. Poeta mediocre, deriso da N. Boileau, ebbe però un ruolo importante nella creazione dell'*Académie française* e nella definizione dei canoni classicisti.

CHAPLIN (sir Charles Spencer **Chaplin**, detto Charlie), *Londra 1889 - Corsier-sur-Vevey, Svizzera, 1977*, attore e regista cinematografico britannico. Stabilitosi per lungo tempo negli Stati Uniti, creatore del famoso personaggio di *Charlot, C. si è imposto

come uno dei più originali artisti del secolo scorso, coniugando, nelle sue opere, comicità, satira ed emozione: *La febbre dell'oro* (1925), *Luci della città* (1931), *Tempi moderni* (1936), *Il grande dittatore* (1940), *Monsieur Verdoux* (1947), *Luci della ribalta* (1952), *La contessa di Hong Kong* (1967).

CHAPPE (Claude), *Brûlon 1763 - Parigi 1805*, ingegnere francese. Mise a punto un sistema per la trasmissione a distanza delle informazioni (telegrafo ottico), la cui prima linea fu installata tra Parigi e Lilla.

CHAR (René), *L'Isle-sur-la-Sorgue 1907 - Parigi 1988*, poeta francese. La sua opera, influenzata dal surrealismo (*Il martello senza padrone*) e dall'impegno nella Resistenza (*Pagine di Hypnos*), ricerca una consonanza profonda tra forze della natura e aspirazioni umane (*Canti della balandrane*).

CHARCOT (Jean Martin), *Parigi 1825 - presso Lac des Settons 1893*, medico francese. Fondatore di una scuola di neurologia, tenne alcuni famosi corsi frequentati da futuri scienziati (tra cui S. Freud). — **Jean C.**, *Neuilly-sur-Seine 1867 - in mare 1936*, medico, naturalista ed esploratore francese. Figlio di Jean Martin, compì spedizioni e studi oceanografici nelle regioni polari. La sua nave, il *Pourquoi-Pas?*, naufragò.

CHARDIN (Jean Siméon), *Parigi 1699-1779*, pittore francese. Autore di nature morte e scene di genere (*Buffet*), tradusse su tela con una tecnica senza pari l'intensità della "vita silenziosa" dei soggetti scelti.

CHAREAU (Pierre), *Le Havre 1883 - New York 1950*, architetto e designer francese. Ha progettato il primo edificio di abitazione in metallo e vetro costruito in Francia (Casa Dalsace, Parigi, 1928).

CHARENTE, dip. della Francia, nella reg. Poitou-Charentes; capol. *Angoulême*; 5956 km²; 339.628 ab. Allevamento bovino e coltura dei cereali. Vigneti nei dintorni di Cognac (Champagne); produzione di una rinomata acquavite (cognac). L'industria è localizzata principalmente ad Angoulême.

CHARENTE-MARITIME, dip. della Francia, nella reg. Poitou-Charentes; capol. *La Rochelle*; 6864 km²; 557.024 ab. È formata da pianure e bassopiani in cui si è sviluppato l'allevamento bovino. Produzione di grano. Turismo estivo, ostricoltura e mitilicoltura sulla costa. Industrie meccaniche, automobilistiche e aeronautiche.

CHARI, f. dell'Africa, che sfocia nel Lago Ciad; 1200 km. Riceve il Logone a N'Djamena.

CHARIATI (Ali), *nel Khorasan 1933 - Londra 1977*, filosofo iraniano. Ha rinnovato profondamente la *shia* islamica.

CHARISSE (Tula Ellice **Finklea**, detta Cyd), *Amarillo, Texas, 1921*, ballerina e attrice cinematografica statunitense. È stata una delle principali interpreti, sulla scena e sullo schermo, del musical americano, in part. come partner di G. Kelly (*Cantando sotto la pioggia*, S. Donen, G. Kelly, 1952) e di F. Astaire (*Spettacolo di varietà*, V. Minnelli, 1953).

CHARLEROI, c. del Belgio, capol. dell'Hainaut, sul f. Sambre; 200.233 ab. Centro industriale. — Museo del vetro e della fotografia. — Nel corso

Charlie **CHAPLIN** nel ruolo di Charlot
nel film Il monello (1921).

della prima guerra mondiale, i tedeschi vi sconfissero l'esercito francese (21-23 ago. 1914).

CHARLES (Jacques), *Beaugency 1746 - Parigi 1823*, fisico francese. Fu il primo a utilizzare l'idrogeno per gonfiare gli aerostati. Studiò le variazioni della pressione del gas a volume costante.

CHARLES (Ray Charles **Robinson**, detto Ray), *Albany, Georgia, 1930*, cantante e pianista statunitense. Cieco dall'età di sei anni, compositore, arrangiatore e direttore d'orchestra, ha conosciuto il successo nel 1954, adottando un registro intermedio tra il jazz, il rhythm and blues e il rock allora nascente, ed è stato uno degli artefici della nascita del soul (*Yes Indeed*, 1956; *What'd I Say*, 1959).

■ *Ray Charles nel 1999.*

CHARLES D'ORLÉANS, *Parigi 1394 - Amboise 1465*, poeta francese. Figlio di Luigi d'Orléans, fu prigioniero degli inglesi dal 1415 al 1440. È autore di rondò e ballate segnati dai temi dell'amor cortese e della nostalgia per il tempo che fugge.

CHARLES-DE-GAULLE (aeroporto), aeroporto della reg. parigina, vicino a Roissy-en-France.

CHARLESTON, c. degli Stati Uniti (Carolina del Sud), sull'Atlantico; 96.650 ab. Porto.

CHARLESTON, c. degli Stati Uniti, cap. della Virginia Occidentale; 53.421 ab. Palazzi del XVI-II-XIX sec. nel nucleo antico della città.

CHARLEVILLE-MÉZIÈRES, c. della Francia, capol. del dip. Ardennes, sulla Mosa; 58.092 ab. Industrie automobilistiche ed elettriche. — Piazza ducale (1611). Musei. Scuola nazionale superiore dell'arte della marionetta.

CHARLIER (Jean-Michel), *Liegi 1924 - Saint-Cloud 1989*, sceneggiatore di fumetti belga. Ha creato numerose serie di avventure per le riviste *Spirou* e *Pilote* (*Buck Danny*, 1947; *Tanguy et Laverdure*, 1959; *Blueberry*, 1963).

CHARLOT, personaggio interpretato da C. *Chaplin nei teatri di varietà, poi al cinema. Buffo omino con bastone e bombetta, burlone, sentimentale e ostinato, incarna un eroe solitario che, nei suoi vani tentativi di integrazione, si scontra con una società ostile. Appare in un centinaio di film, compresi i primi cortometraggi muti di Chaplin (1914).

CHARLOTTE, c. degli Stati Uniti (Carolina del Nord); 395.934 ab. Industrie tessili e chimiche.

CHARLOTTESVILLE, c. degli Stati Uniti (Virginia); 45.049 ab. T. Jefferson vi progettò l'università della Virginia, in stile neoclassico (1819), e la propria dimora personale di Monticello (1771).

CHARLOTTETOWN, c. del Canada, capol. della prov. dell'Isola Principe Edoardo; 32.531 ab. Università. Pesca.

CHARNEY (Jule Gregory), *San Francisco 1917 - Boston 1981*, meteorologo statunitense. Fu (con J. von Neumann) un pioniere nell'utilizzo del computer per le previsioni meteorologiche.

CHARPAK (Georges), *Dabrowica, Polonia, 1924*, fisico francese. Ricercatore al Cern di Ginevra, ha elaborato diversi tipi di rivelatori di particelle. I suoi macchinari sono tuttora utilizzati in biologia e in medicina. (Premio Nobel 1992.)

CHARPENTIER (Marc Antoine), *Parigi 1643-1704*, compositore francese. Allievo di G. Carissimi, fu maestro di cappella al collegio dei gesuiti (1684) e alla Sainte Chapelle (1698). Autore di mottetti, messe e oratori (*Histoires sacrées*), di un'opera (*Médée*, 1693) e di *divertissements* (*Les arts florissants*), fu tra i creatori in Francia della cantata profana (*Orphée*, 1683 ca.).

CHARRAT (Janine), *Grenoble 1924*, ballerina e coreografa francese. Con le sue creazioni (*Les algues*, 1953; *Les liens*, 1957) si è imposta come una delle figure più rappresentative del balletto neoclassico francese.

CHARRON (Pierre), *Parigi 1541-1603*, scrittore francese. La sua opera *Della saggezza* riprende le idee dei *Saggi* di M. de Montaigne elaborandole in forma più sistematica.

CHARTA '77, manifesto dei dissidenti cecoslovacchi redatto nel 1977 e sottoscritto da numerosi intellettuali (tra cui V. Havel), che chiedeva il rispetto dei diritti umani sulla base degli accordi di Helsinki. Il movimento che a esso si ispirò nel 1989 è confluito nel Forum civico, vincitore delle prime libere elezioni; si è poi sciolto nel 1992.

CHARTIER (Alain), *Bayeux 1385 ca. - 1435 ca.*, scrittore francese. Segretario di Carlo VII, lasciò scritti politici (*Il quadrilogo*) e alcune poesie (*La bella dama senza pietà*).

CHARTRES, c. della Francia, capol. del dip. Eure-et-Loir, sul f. Eure; 42.059 ab. Sede vescovile. Industrie automobilistiche e farmaceutiche. — Cattedrale costruita quasi interamente dal 1194 al 1260, capolavoro dell'arte gotica francese; cripta (XI sec.); portali scolpiti (facciata O, con il "portale reale": 1134-1150; facciata del transetto: 1200-1250 ca.); vetrate (XII-XIII sec.). Palazzi antichi. Musei di Belle Arti.

CHARTRES (scuòla di), scuola filosofica e teologica. Fondata dal vescovo Fulberto, fu frequentata da Guglielmo di Conches e Gilberto Porretano.

CHARTREUSE o **GRANDE CHARTREUSE**, massiccio delle Prealpi francesi (Isère e Savoie), che domina il Grésivaudan; 2082 m. Parco naturale regionale (69.000 ha ca.).

CHASE (James Hadley), *Londra 1906 - Corseaux, cant. di Vaud, Svizzera, 1985*, scrittore britannico. I suoi romanzi noir sono a base di sesso e violenza (*Niente orchidee per Miss Blandish*).

CHASLES (Michel), *Épemon 1793 - Parigi 1880*, matematico francese. I suoi studi sulla geometria proiettiva segnarono un ritorno alla geometria pura.

CHASSÉRIAU (Théodore), *Samaná 1819 - Parigi 1856*, pittore francese. Allievo di J.D. Ingres, fu un artista eclettico dalla vena nostalgica (*Lacordaire*, Louvre, Parigi; *Tepidarium*, Musée d'Orsay, Parigi; resti di alcuni affreschi monumentali nell'antica Corte dei Conti).

CHASTEL (André), *Parigi 1912-1990*, storico dell'arte francese. Autore di fondamentali saggi sul Rinascimento italiano e sull'arte francese, si battè per la salvaguardia del patrimonio artistico.

CHASTELLAIN (Georges), *contea di Aalst 1415 - Valenciennes 1475*, scrittore francese. È autore di poemi e di una cronaca sulla corte di Borgogna.

CHATEAUBRIAND (Franç012 René, visconte **di**), *Saint-Malo 1768 - Parigi 1848*, scrittore francese. Assistente all'inizio della rivoluzione, prima di emigrare in America (*Viaggio in America*, scritto nel 1791 e pubblicato nel 1827). Rientrato in patria, combatté nell'esercito controrivoluzionario. Esiliato in

Inghilterra, dove conobbe la miseria, scrisse il *Saggio storico sulle rivoluzioni* (1797), opera nella quale espresse un giudizio non solo sulle vicende contemporanee, ma anche sulla propria vita. Nel 1800 rientrò in Francia dove contribuì alla nascente sensibilità romantica (*Atala*, 1801; *René*, 1802) e al ripristino dell'ordine morale (*Il genio del cristianesimo*, 1802). Deluso da Napoleone e dalla Restaurazione (che lo vide ambasciatore a Londra e ministro degli esteri), ma legittimista per fede, raccolse intorno a sé la gioventù romantica e liberale, prima di dedicarsi al poema nostalgico della sua vita (*Memorie d'oltretomba*, 1848-1850).
■ *Chateaubriand ritratto da Girodet-Trioson. (Reggia di Versailles.)*

CHÂTEAUGUAY, f. degli Stati Uniti e del Canada, affl. del San Lorenzo; 81 km. Gli americani vi furono sconfitti dai canadesi (1813).

CHÂTEAUROUX, c. della Francia, capol. del dip. Indre; 52.345 ab. Centro ferroviario e industriale. Foreste. — Convento dei Cordiglieri (XIII sec.). Museo.

CHATHAM, c. del Canada (Ontario); 43.409 ab.

CHATHAM (cónti di) → PITT.

CHATHAM (ìsole), arcipelago dell'Oceano Pacifico, a E della Nuova Zelanda.

CHATTANOOGA, c. degli Stati Uniti (Tennessee), nei Monti Appalachi; 155.554 ab. Il generale U. Grant vi sconfisse i sudisti (1863) durante la guerra di secessione.

CHATTERJI (Bankin Chandra), *Kantalpada 1838 - Calcutta 1894*, scrittore indiano di lingua bengali, autore di romanzi popolari (*Rajani*).

CHATTERTON (Thomas), *Bristol 1752 - Londra 1770*, poeta britannico. Autore di poemi in stile

medievale, mise fine ai suoi giorni avvelenandosi. Il suo destino di "poeta martire" ha ispirato ad A. Vigny il dramma *Chatterton* (1835).

CHATTISGARH → CHHATTISGARH.

CHATWIN (Bruce), *Sheffield 1940 - Nizza 1989*, scrittore britannico. Lavorò per più di dieci anni nella casa d'aste londinese Sotheby's, poi, stanco della vita sedentaria, cominciò a girare il mondo. Scrisse libri sulle eperienze di viaggio, tra cui *In Patagonia* (1977), *Il viceré di Ouidah* (1980) e *Le vie dei canti* (1987).

CHAUCER (Geoffrey), *Londra 1340 ca. - 1400*, poeta inglese. Tradusse il *Roman de la rose* e imitò i poeti italiani. I suoi **Racconti di Canterbury* contribuirono all'ingresso della lingua inglese nell'ambito della letteratura europea.

CHAUMONT, c. della Francia, capol. del dip. Haute-Marne, sulla Marna; 28.365 ab. Chiesa del XIII-XVI sec.; museo. Incontri internazionali delle arti grafiche.

CHAUMONT-SUR-LOIRE, centro della Francia, nel dip. Loir-et-Cher; 1041 ab. Castello costruito dal 1465 al 1510 ca.

CHAUSSON (Ernest), *Parigi 1855 - Limay 1899*, compositore francese. È autore del dramma *Re Artù*, di un *Concerto* (1891), di alcune melodie (*Chanson perpétuelle*), di un *Poème* per violino e orchestra (1896).

CHAUTEMPS (Camille), *Parigi 1885 - Washington 1963*, politico francese. Deputato radical-socialista, fu presidente del consiglio (1930, 1933-1934, 1937-1938). Membro del gabinetto Reynaud, si dichiarò a favore dell'armistizio con la Germania (1940) ma poco dopo si ritirò negli Stati Uniti.

CHAUVET (gròtta), grotta preistorica della Francia situata nel com. di Vallon-Pont-d'Arc (Ardèche). Scoperta nel 1994 da Jean-Marie Chauvet e da altri due speleologi, ospita pitture rupestri notevoli, tra le più antiche conosciute (aurignaziano, dal 30.000 al 25.000 a.C.).

CHAUX-DE-FONDS (La), c. della Svizzera, nel cant. di Neuchâtel; 36.747 ab. Industria orologiera. — Museo dell'orologeria e di Belle Arti.

CHÁVEZ FRÍAS (Hugo), *Sabaneta 1954*, colonnello e politico venezuelano. È presidente della repubblica dal 1999.

CHAVÍN DE HUANTAR, sito archeologico nel Perù settentr. Vi si sviluppò la cultura-madre delle Ande occ. (IX-III sec. a.C.), che ebbe vasta influenza economica e artistica (tema del felino) sulle civiltà successive. Rovine di un complesso sacrificale in granito.

CHAVÍN DE HUANTAR. *Incisione su pietra (VIII-VI sec. a.C.).*

CHAYEFSKY (Paddy), *New York 1923-1981*, commediografo e sceneggiatore cinematografico statunitense. Di origine ebraica, si dedicò al genere dell'originale televisivo (*Marty*, 1953; *Pranzo di nozze*, 1955; *La notte degli scapoli*, 1956). Nel 1977 vinse il premio Oscar per la sceneggiatura di *Quinto potere*.

CHAZAL (Malcolm **de**), *Vacaos 1902 - Port-Louis 1981*, scrittore mauriziano di lingua francese. Vicino al surrealismo, nella sua poesia sensuale e raffinata sviluppa, partendo da analogie e sensazioni, una cosmogonia fantastica (*Sens plastique*).

CHÉCCOLI (Màuro), *Bologna 1943*, cavallerizzo. Vincitore di 2 medaglie d'oro, nel concorso individuale e a squadre, alle Olimpiadi di Tokyo del 1964, è stato per molti anni presidente della Federazione sport equestri.

CHÈCHI (Yuri), *Prato 1969*, ginnasta. Nella specialità degli anelli ha vinto per 5 volte i mondiali, dal 1993 al 1997, e l'oro olimpico ad Atlanta nel 1996.

CHEDID (Andrée), *Il Cairo 1920*, scrittrice egiziana di lingua francese, di origine libanese. È autrice di poesie (*Textes pour une figure*, 1949; *Visage premier*, 1972), romanzi (*La maison sans racines*, 1985), racconti (*Mondes Miroirs Magies*, 1988) e drammi per il teatro (*Bérénice d'Égypte*, 1968), pregni di cultura mediorientale e improntati a un profondo umanesimo.

CHE FARE?, romanzo di N.G. Černyševskij (1863), considerato per lungo tempo la bibbia della gioventù rivoluzionaria russa per lo spirito libertario e il radicalismo politico che lo permeano.

CHE FARE?, opera di Lenin (1902) (che riprende il titolo del romanzo di N.G. Černyševskij), in cui l'autore sostiene la necessità di costituire un partito rivoluzionario fortemente strutturato.

CHÈFREN, *intorno al 2500 a.C.*, faraone egizio, della IV dinastia. Figlio di Cheope, fece costruire la seconda piramide di El-Giza.

CHEJU o **JEJU**, isola della Corea del Sud, separata dal continente dallo *stretto di C.*; 1820 km²; 515.000 ab.

CHELIFF o **CHÉLIF** → CHLEF.

CHELMNO, in ted. **Culm**, c. della Polonia, sulla Vistola; 21.900 ab. Campo di sterminio tedesco (1941-1945) dove morirono 200.000 ebrei.

CHELSEA, quartiere della zona occ. di Londra, sul Tamigi. Nel XVIII sec. fu sede di una manifattura di porcellana.

CHELTENHAM, c. della Gran Bretagna (Inghilterra, nel Gloucestershire); 85.900 ab. Stazione termale.

CHEMETOV (Paul), *Parigi 1928*, architetto francese. Ha realizzato numerosi palazzi e impianti cittadini. Associato a B. Huidobro, ha progettato il ministero dell'economia e delle finanze a Parigi (1982-1989).

CHEMIN DES DAMES, strada della Francia settentr., in Piccardia, tra i corsi dei f. Aisne e Ailette. Deve il suo nome alle figlie di Luigi XV (*Dames de France*) che la percorsero nel XVIII sec. Fu teatro di due violente offensive (una francese, nel 1917; l'altra tedesca, nel 1918) durante la prima guerra mondiale.

CHEMNITZ, dal 1953 al 1990 **Karl-Marx-Stadt**, c. della Germania (Sassonia); 263.222 ab. Industrie metallurgiche e tessili. — Chiesa gotica inclusa in un convento, poi trasformato in un castello; musei.

CHEMULPO → INCHON.

CHENAB, f. dell'India e del Pakistan; 1210 km. È uno dei cinque grandi fiumi del Punjab.

CHENGDU, c. della Cina, capol. della prov. dello Sichuan; 3.483.834 ab. Centro commerciale e industriale (industrie elettroniche). — Ant. cap. della dinastia Tang; città vecchia con quartieri pittoreschi. Musei.

CHÉNIER (André **de**), *Costantinopoli 1762 - Parigi 1794*, poeta francese. Inizialmente rivoluzionario, si oppose in seguito agli eccessi del Terrore e morì sul patibolo. Lirico elegiaco (*La jeune captive*), si dedicò anche alla satira politica (*Giambi*). — Marie-Joseph de C., *Costantinopoli 1764 - Parigi 1811*, drammaturgo francese, fratello di André. Membro della Convenzione, scrisse inni patriottici e tragedie (*Carlo IX o la scuola dei re*, 1789).

CHENNAI → MADRAS.

CHENONCEAUX, località della Francia, nel dip. Indre-et-Loire, sul f. Cher; 326 ab. Elegante castello le cui ali formano un ponte sul fiume (1515-1580 ca.).

CHÈOPE, *intorno al 2600 a.C.*, faraone egizio, della IV dinastia. Fece costruire la maggiore delle piramidi di El-Giza.

CHER, dip. della Francia centrale, esteso per la maggior parte nel Berry e nella Sologne; capol. *Bourges*; 7235 km²; 314.428 ab. Coltivazioni di grano e vigneti; allevamento bovino. L'industria (spec. metallurgica) è sviluppata a Bourges e a Vierzon. Centrale nucleare a Belleville-sur-Loire.

CHERÀSCO, com. in prov. di Cuneo, alla confluenza tra i f. Tanaro e Stura di Demonte; 7054 ab. Centro agricolo e industriale. Chiesa di S. Pietro (XIII sec.). — Firma della pace di C. (1631), tra Luigi XIII, Ferdinando II e Vittorio Amedeo I di Savoia, e dell'armistizio di C. (1796), tra Napoleone e Vittorio Amedeo III di Sardegna.

CHERBOURG-OCTEVILLE già **Cherbourg**, c. della Francia, capol. del dip. Manche; 44.108 ab. Porto militare. Industrie meccaniche. — Basilica della Trinità (XV sec.); museo Thomas-Henry (pinacoteca).

CHÈRCHI (Gràzia), *Piacenza 1937 - Milano 1995*, giornalista e scrittrice. Fondatrice e collaboratrice della rivista *Quaderni piacentini*, è stata consulente editoriale e critica letteraria. Ha pubblicato i racconti *Basta poco per sentirsi soli* (1986) e il romanzo *Fatiche d'amore perdute* (1993).

CHÉREAU (Patrice), *Lézigné 1944*, regista teatrale, lirico e cinematografico francese. Direttore, dal 1972 al 1981, con R. Planchon e R. Gilbert, del Théâtre national populaire e, dal 1982 al 1990, del Théâtre des Amandiers, a Nanterre, nelle sue messe in scena coniuga ricerca plastica e prospettiva politica. Al cinema ha diretto *Un'orchidea rosso sangue* (1975), *La regina Margot* (1994), *Ceux qui m'aiment prendront le train* (1998), *Intimacy - Nell'intimità* (2001).

■ *Patrice Chéreau.*

CHÉRET (Jules), *Parigi 1836 - Nizza 1932*, pittore e cartellonista francese. Grazie alla cromolitografia, durante l'ultimo terzo del XIX sec., lanciò la produzione dei manifesti a colori, ai quali conferì uno stile dinamico e estroso.

CHEROKEE, popolazione amerindia della famiglia irochese, presente negli Stati Uniti (riserve in Oklahoma e nella Carolina del Nord) (ca. 70.000 individui).

CHERONÈA (battàglia di) (338 a.C.), vittoria di Filippo di Macedonia su ateniesi e tebani, che segnò l'inizio della dominazione macedone sulla Grecia. — (86 a.C.), vittoria riportata dall'esercito romano di Silla sulle truppe di Mitridate VI, re del Ponto.

CHERRAPUNJI o **TCHERRAPOUNDJI**, c. dell'India nord-orient. (Meghalaya). È una delle località più piovose del mondo (più di 10 m di precipitazioni all'anno).

CHERSONÈSO (dal gr. *khersos*, continente, e *nêsos*, isola), nome dato dagli ant. greci a più penisole, tra cui il *C.Tracico* (att. penisola di Gelibolu) e il *C.Taurico* (att. Crimea).

CHERUBÌNI (Luigi), *Firenze 1760 - Parigi 1842*, compositore. Dopo aver studiato musica a Firenze, Bologna e Milano, nel 1788 si stabilì a Parigi dove divenne ispettore e insegnante di composizione al Conservatorio. In Francia si dedicò all'opera (*Medea*, 1797; *Le due giornate*, 1800) e alla musica sacra (*Messa in fa maggiore*). Con la Restaurazione ottenne grandi riconoscimenti, culminati nell'elezione a direttore del Conservatorio nel 1822.

CHERUBÌNO, personaggio di *Le nozze di Figaro*, di P.-A. Beaumarchais (1784), che incarna il giovane innamorato.

CHERÙSCI, ant. popolo germanico della reg. del Weser. Il loro capo Arminio sconfisse i romani (9 d.C.) prima di essere battuto da Germanico (17).

CHESAPEAKE (Bàia di), baia degli Stati Uniti (Maryland e Virginia), sull'Atlantico. È attraversata da un complesso di ponti e gallerie. Vi si trova Baltimora.

CHESHIRE, contea della Gran Bretagna, nell'Inghilterra nord-orient.; 937.300 ab.; capol. *Chester*.

CHESTER, c. della Gran Bretagna (Inghilterra), capol. del *Cheshire*, a S di Liverpool; 61.000 ab. Formaggi rinomati. — Mura di origine romana; cattedrale romanico-gotica; quartieri medievali.

CHESTERFIELD (Philip **Stanhope**, cónte **di**), *Londra 1694-1773*, politico e scrittore britannico. Con le *Letters to his son* (1774) inaugurò l'età d'oro della prosa inglese.

CHESTERTON (Gilbert Keith), *Londra 1874 - Beaconsfield, Buckinghamshire, 1936*, scrittore britannico. Nei suoi saggi, romanzi e racconti polizieschi (la serie di padre Brown) l'ispirazione cattolica si mescola a una spiccata vena satirica.

CHEVALIER (Maurice), *Parigi 1888 - Marnes-la-Coquette 1972*, cantante e attore cinematografico francese. Celebre per l'ironia e per la fisionomia inconfondibile (paglietta, smoking, papillon), ha interpretato canzoni popolari (*Valentine*, *Prosper*).

■ *Maurice Chevalier.*

CHEVERNY (castèllo di), castello della Francia nel dip. Loir-et-Cher, a SE di Blois. Edificio della prima metà del XVII sec., con quadri di Jean Mosnier, di Blois, e arazzi di S. Vouet.

CHEVROLET (Louis Joseph), *La Chaux-de-Fonds 1878 - Detroit 1941*, costruttore di automobili statunitense di origine svizzera. Emigrato negli Stati Uniti nel 1900, lavorò per Renault e De Dion Bouton, prima di fondare la propria fabbrica.

CHEYENNE, c. degli Stati Uniti, cap. del Wyoming; 53.011 ab. Musei.

CHEYENNE, popolazione amerindia della famiglia algonchina presente nelle grandi pianure degli Stati Uniti (riserve in Montana e in Oklahoma) (11.500 individui). Cacciatori di bisonti, vittime di ripetuti massacri da parte dell'esercito americano (1864, 1868), i c. furono tra coloro che sconfissero G.A. Custer nella battaglia di Little Big Horn (1876).

CHEYNEY (Peter **Southouse-Cheyney**, detto Peter), *Londra 1896-1951*, scrittore britannico. Nei suoi romanzi polizieschi sostituì il detective tradizionale con il personaggio dell'avventuriero seduttore e crudele (*È arrivato Lemmy Caution*).

CHHATTISGARH o **CHATTISGARH**, Stato dell'India centrale; 135.100 km²; 20.795.956 ab.; cap. Raipur.

CHI, rivista di costume e attualità. Fa parte del gruppo Mondadori ed è diretta da Silvana Giacobini.

CHÌA (Sàndro), *Firenze 1946*, pittore. Tra i protagonisti della Transavanguardia, ha esposto nei principali musei europei e americani. Le sue figure monumentali, dai colori accesi, rappresentano il connubio tra classicità e modernità.

CHIABLÉSE o **SCIABLÉSE**, in fr. **Chablais**, massiccio delle Prealpi francesi (Haute-Savoie), a S del Lago di Lemano; 2464 m. Allevamento. Turismo.

CHIABRÈRA (Gabrièllo), *Savona 1552-1638*, poeta. Dopo una giovinezza irrequieta (subì anche l'esilio), si dedicò a una copiosa attività letteraria (poemi eroici, tragedie, poemetti, favole, melodrammi). Fu al servizio dei granduchi di Toscana dal 1600.

CHIÀMPO, com. in prov. di Vicenza, ai piedi dei Monti Lessini; 12.046 ab. Industrie conciarie, chimiche, del mobile. Cave di marmo. Villa Chiericati (XVIII sec.).

CHIÀNA (Vàl di) (o **VALDICHIÀNA**), esteso solco vallivo della Toscana (100 km ca.) tra Arezzo e la valle del Paglia. Bonificata dal XVI sec. Agricoltura (cereali, viti, frutta, foraggi). Allevamento bovino (razza chianina).

CHIANCIÀNO TÈRME, com. in prov. di Siena, nella Val di Chiana; 7203 ab. Importante stazione idrotermale.

CHIANG CHIN-KUO → JIANG JINGUO.

CHIANG KAI-SHEK → JIANG JIESHI.

CHIANG MAI, c. della Thailandia; 167.776 ab. Ant. cap. dei lanna thai (XIII sec.). Numerosi monumenti e pagode dentro e fuori le mura, caratteristiche dell'arte della Thailandia settentr. (XIII-XX sec.); musei.

CHIÀNTI, reg. collinare della Toscana, che comprende il bacino dell'Arno, a S di Firenze, e la parte settentr. della prov. di Siena. Il territorio, in parte boscoso, è coltivato a cereali, olivo e soprattutto vite, da cui deriva la produzione del rinomato vino del C. I centri principali sono: Greve, Gaiole in C., Castellina in C., Castelnuovo Berardenga, Radda in C.

CHIAPAS, Stato del Messico, sul Pacifico; 3.920.892 ab.; cap. *Tuxtla Gutiérrez*. Idrocarburi.

CHIÀRA (Piéro), *Luino 1913 - Varese 1986*, scrittore. Autore di romanzi (*Il balordo*, 1967; *La stanza del vescovo*, 1976; *Una spina nel cuore*, 1979) e racconti (*L'uovo al cianuro e altre storie*, 1969; *Sotto la sua mano*, 1974), è stato anche giornalista e saggista.

CHIÀRA (sànta), *Assisi 1193 ca. - 1253*, fondatrice delle clarisse, religiosa dell'ordine di san Francesco d'Assisi. Dopo aver creato il primo monastero nel 1219, redasse la regola dell'ordine nel 1247. Fu canonizzata nel 1255.

CHIARAMÓNTE, famiglia nobile, di probabili origini francesi, che si affermò in Sicilia nel XIV sec. — **Manfredi I C.**, *m. nel 1321*. Signore di Modica e di Caccamo. — **Manfredi II C.**, *m. nel 1353*. Vicario generale del regno — **Manfredi III C.**, *m. nel 1391*. Conte di Malta e di Modica, conquistò Gerba.

CHIARAVÀLLE, com. in prov. di Ancona, nella valle del f. Esino; 13.919 ab. Industrie metalmeccaniche, del tabacco, del mobile. Abbazia gotico-cistercense (XII sec.).

CHIARAVÀLLE → CLAIRVAUX, (abbazia di).

CHIARAVÀLLE DELLA COLÓMBA, frazione del com. di Alseno (Piacenza), nella Val d'Arda. Abbazia cistercense (XII sec.).

CHIARAVÀLLE DI FIÀSTRA, località delle Marche, nel com. di Fiastra (Macerata). Abbazia di S. Maria, fondata da monaci cistercensi (XII sec.), all'interno di una riserva naturale.

CHIARAVÀLLE MILANÉSE, sobborgo della periferia di Milano, con abbazia cistercense fondata da san Bernardo nel 1135. Nella chiesa (1172-1221) sono presenti affreschi di scuola giottesca.

CHIARÈLLI (Luigi), *Trani 1880 - Roma 1947*, drammaturgo e critico teatrale. In antitesi con gli stili teatrali borghesi, propose un genere definito "grottesco" (*La maschera e il volto*, 1916).

CHIÀRI (Piéro), *Brescia 1711-1785*, scrittore e drammaturgo. Gesuita e antigoldoniano, fu autore di poesie, romanzi e commedie.

CHIÀRI (Wàlter, **Annichiàrico**, detto Walter), *Verona 1924 - Milano 1991*, attore teatrale e cinematografico. Dotato di rare doti di improvvisazione, fu protagonista della scena teatrale (rivista, musical, commedia brillante) e cinematografica (*Bellissima*, 1951; *La rimpatriata*, 1963). In televisione condusse spettacoli come *Studio Uno* e *Canzonissima*.

CHIARÌNI (Luigi), *Roma 1900-1975*, teorico, critico e regista cinematografico. Direttore del Centro sperimentale di cinematografia di Roma, fondò la rivista *Bianco e nero* (1937). Tra i suoi film, *Via delle cinque lune* (1942), *Ultimo amore* (1947), *Patto col diavolo* (1950).

CHIAROMÓNTE (Giovànni), *Varese 1948*, fotografo. Direttore della collana di fotografia della casa editrice SEI di Torino, ha pubblicato *Terre del ritorno* (1991) e *Westwards* (1996).

CHIÀSSO, com. della Svizzera (Canton Ticino), al confine con l'Italia; 7875 ab. Stazione doganale sulla linea del Gottardo e importante valico stradale. Industrie alimentari, chimiche, metallurgiche. Turismo.

CHIATTÓNE (Màrio), *Bergamo 1891 - Lugano 1957*, architetto e pittore. Futurista e membro del gruppo "Nuove tendenze", fu influenzato dai disegni di A. Sant'Elia.

CHIÀVARI, com. in prov. di Genova, sulla riviera di levante; 28.072 ab. Industrie alimentari, della gomma, meccaniche. Artigianato (mobile e ricamo). Floricoltura. Pesca. Turismo. Necropoli dell'età del ferro.

CHIAVÉNNA, com. in prov. di Sondrio, sul f. Mera; 7340 ab. Commercio. Industrie metalmeccaniche, alimentari, del legno. Turismo. Collegiata di S. Lorenzo (XVI-XVII sec.) e palazzi Balbiani (XV sec.) e Pestalozzi (XVI sec.).

CHIÀVES (Càrlo), *Torino 1882-1919*, poeta. Amico di G. Gozzano, scrisse versi di carattere crepuscolare (*Sogno e ironia*, 1910). Collaborò con il *Corriere dei Piccoli*.

CHIAYI o **CHIAI**, c. di Taiwan; 265.109 ab.

CHICAGO. *La riva del Lago Michigan, su cui sorge la città.*

CHIBA, c. del Giappone (Honshu), sulla Baia di Tokyo; 856.878 ab. Porto e centro industriale.

CHIBCHA, famiglia linguistica dell'America centrale e del N dell'America meridionale. Comprendeva gli ant. idiomi dei muisca e dei tairona, e oggi raggruppa le lingue ancora parlate da numerose popolazioni autoctone.

CHIBOUGAMAU, c. del Canada (Québec); 8664 ab. Cuoio. Si trova vicino al Lago Chibougamau (206 km²). Riserva naturale.

CHICAGO, c. degli Stati Uniti (Illinois), nella reg. dei Grandi Laghi, sul Lago Michigan; 2.896.016 ab. (8.272.768 ab. nell'agglomerato). Porto attivo e grande centro industriale (siderurgia, costruzioni meccaniche, industrie alimentari), commerciale (Borsa delle materie prime) e culturale. — Pregevoli esempi di architettura moderna (1880-1900) e contemporanea. Grandi musei (arti, scienze).

CHIC-CHOCS (Mónti), massiccio del Canada (Québec), in Gaspésie, sull'estuario del San Lorenzo; culmina nel Monte Jacques-Cartier, che raggiunge i 1268 m.

CHICHÉN ITZÁ, località maya del Messico, nello Yucatán settentr. Abbandonata dagli itzá nel XV sec., presenta grandiosi edifici in cui si combinano tradizioni architettoniche maya e tolteche.

CHICHESTER (Francis Charles), *Barnstable 1901 - Plymouth 1972*, navigatore britannico. Su un'imbarcazione a vela circumnavigò per la prima volta il globo in solitario (1966-1967).

CHICHIMÉCHI, ant. cacciatori-raccoglitori nomadi del Messico settentr. Furono gli aztechi a introdurre questo nome generico per indicare popolazioni di diversa origine, tra cui i futuri apache.

CHICLAYO, c. del Perú, sul Pacifico; 410.468 ab.

CHICOUTIMI, ant. c. del Canada (Québec), alla confluenza del f. Chicoutimi col Saguenay, att. integrata nel nucleo di Saguenay.

CHIÈNTI, f. delle Marche; 91 km. Nasce a Pieve Torina e sfocia nell'Adriatico, vicino a Porto Sant'Elpidio.

CHIÉRI, com. in prov. di Torino, sulla collina torinese; 32.954 ab. Agricoltura (uva, cereali, ortaggi). Industrie vinicole, tessili, meccaniche, chimiche. Duomo (XV sec.). Chiese di S. Domenico (XIII sec.) e S. Giorgio (XV sec.).

CHIÈSA (Damiàno), *Rovereto 1894 - Trento 1916*, patriota. Tra i fondatori del giornale interventista *L'ora presente*, durante la prima guerra mondiale si arruolò nell'esercito italiano. Catturato dagli austriaci, fu condannato a morte.

CHICHÉN ITZÁ. *Il tempio piramidale di Kukulcán (detto anche "il Castillo"); arte maya-tolteca, epoca post-classica (950-1500).*

CHIÈSA CATTÒLICA o **CHIÈSA ROMÀNA**, chiesa cristiana che riconosce il magistero supremo del papa, vescovo di Roma.

CHIÈSA IN VALMALÈNCO, com. in prov. di Sondrio, ai piedi del Bernina e del Disgrazia; 2759 ab. Turismo. Estrazione e lavorazione della pietra ollare.

CHIÈSE, f. del Trentino e della Lombardia; 160 km. Nasce dal Monte Fumo (Adamello) e confluisce nell'Oglio.

CHIÈSE ORIENTÀLI → ORIENTE (chiese cristiane d').

CHIÈSE PROTESTÀNTI, insieme di Chiese nate dalla Riforma. Si organizzarono intorno a tre correnti principali, il luteranesimo, il calvinismo e l'anglicanesimo, che hanno dato origine a diverse altre comunità religiose.

CHIÈTI, c. dell'Abruzzo, capol. di prov., sulla dorsale di un colle nella valle del f. Pescara; 56.768 ab. (chietini o teatini). Lo sviluppo della città è avvenuto recentemente verso il fondovalle, in direzione di Pescara. Intorno alla linea ferroviaria Roma-Pescara si è formata la concentrazione di C. Scalo, dove si concentrano le industrie (tabacco, vetro, carta, ceramica, alimentari). Mercato agricolo. — In origine centro dei marrucini (*Teate*), divenne municipio romano nel I sec. a.C. In seguito alle invasioni barbariche, fu dominio normanno, svevo, angioino e aragonese. Ottenne l'indipendenza nel corso del XVII sec. — Resti di epoca romana (teatro, acquedotto, terme). Cattedrale (XI sec.), chiese barocche di S. Francesco della Scarpa e S. Domenico. Museo archeologico nazionale. — La provincia, che comprende il versante orient. della Maiella e le fasce collinare e costiera, vede una concentrazione di attività agricole (cereali, viti, olivi). Porti pescherecci e stazioni balneari (Francavilla, Ortona, Vasto).

CHIGASAKI, c. del Giappone (Honshu), sobborgo sud-occ. di Yokohama; 212.874 ab.

CHÌGHINE (Alfrédo), *Milano 1914 - Pisa 1974*, pittore. Allievo di G. Manzù, si dedicò inizialmente alla scultura. Si orientò poi verso la pittura informale, realizzando composizioni astratte ispirate al naturalismo.

CHÌGI, famiglia romana originaria di Siena (XVI-XVII sec.). — **Mariano C.**, *Siena 1439 - Roma 1504*. Ambasciatore a Roma, avviò alla pratica bancaria il figlio Agostino. — **Agostino C.**, *Siena 1465 - Roma 1520*. Banchiere, figlio di Mariano, fece costruire la *Farnesina*. — **Fabio C.**, pontefice con il nome di *Alessandro VII*. Grazie a lui la famiglia entrò a far parte dell'aristocrazia romana. — **Palazzo Chigi**, palazzo romano commissionato dalla famiglia C., nel corso del XVI sec., agli architetti G. Della Porta e G. Maderno. Nel 1919 fu acquistato dallo Stato e dal 1961 è la sede del presidente del consiglio.

CHIHUAHUA, c. del Messico settentr., ai piedi della Sierra Madre occ.; 657.876 ab. Centro minerario.

CHIKAMATSU MONZAEMON (Suginomori Nobumori, detto), *Kyoto 1653 - Osaka 1724*, drammaturgo giapponese. Scrisse per il teatro delle marionette (*bunraku*) numerosi drammi storici (*Le battaglie di Coxinga*) e realisti (*Doppio suicidio d'amore a Sonezaki*).

CHILDE (Vere Gordon), *Sydney 1892 - Mount Victoria 1957*, paletnologo australiano, autore di studi sull'economia e sulle correnti culturali del III e II millennio a.C.

CHILDEBÈRTO I, *m. nel 558*, re franco (511-558), della dinastia merovingia. Figlio di Clodoveo e di Clotilde, regnò su un territorio che comprendeva Parigi. — **Childeberto II**, *570-595*, re dell'Austrasia (575-595), della Borgogna e di Orléans (592-595), della dinastia merovingia, figlio di Sigeberto I e di Brunechilde. — **Childeberto III**, *683-711*, re di Neustria e Borgogna (695-711), della dinastia merovingia. Figlio di Teodorico III, regnò sotto la tutela di Pipino di Héristal.

CHILDERÌCO I, *436-481*, re dei franchi salii (457-481), della dinastia merovingia. Figlio di Meroveo e padre di Clodoveo. — **Childerico II**, *650-675*, re dell'Austrasia (662-675), della dinastia merovingia, figlio di Clodoveo II e di Batilde. — **Childerico III**, *m. a Sithin, presso l'att. Saint-Omer, nel 754*, re dei franchi (743-751), l'ultimo sovrano della dinastia merovingia. Figlio di Chilperico II, fu deposto da Pipino il Breve.

CHILDS (Lucinda), *New York 1940*, ballerina e coreografa statunitense. Seguace dello stile ripetitivo, ha contribuito alla diffusione della *post modern dance* (*Dance*, 1979; *Commencement*, 1995); ha collaborato spesso con registi di teatro (B. Wilson, L. Bondy, P. Stein).

CHILLÁN, c. del Cile centrale; 166.225 ab.

CHILLIDA (Eduardo), *San Sebastián 1924*, scultore spagnolo. Ha realizzato sculture in ferro di forte impatto visivo. Alla sua opera è stato dedicato un museo a Hernani, presso San Sebastián.

CHILOÉ, isola del Cile centrale.

CHILPERÌCO I, *539 - Chelles 584*, re della Neustria (561-584), della dinastia merovingia. Figlio di Clotario I e sposo di Fredegonda, venne assassinato. — **Chilperico II**, *670-721*, re di Neustria (715-721), della dinastia merovingia.

CHIMAY, c. del Belgio (Hainaut); 9812 ab. Luogo d'origine di una famiglia principesca. — Castello; collegiata del XIII-XVI sec.

CHIMBORAZO, vulcano delle Ande (Ecuador); 6310 m.

CHIMBOTE, c. del Perú settentr.; 223.341 ab. Porto. Industrie siderurgiche. Pesca.

CHIMÉNTI (Jàcopo) → EMPOLI.

CHIMÈRA MITOL. GR. Mostro con testa e corpo di leone, una seconda testa di capra sul dorso e coda di serpente. Figlia di Tifone ed Echidna, fu uccisa da Bellerofonte.

CHIMÚ, ant. popolazione del Perú, che intorno al 1200, prese il posto dei precedenti abitanti della valle del Moche, sulla costa settentr. L'impero dei c. conobbe il massimo sviluppo durante il XIV sec., quando *Chan Chan* era capitale, per poi venire sottomesso (intorno al 1470) agli incas. I c. si distinsero per la loro perizia nell'arte dell'oreficeria.

CHINDWIN, f. del Myanmar, princ. affl. dell'Irrawaddy; 800 km.

CHINGCHU o **JINGJU**, c. della Corea del Sud, a O di Busan; 255.695 ab.

CHÌNI (Galiléo), *Firenze 1873 - Lido di Camaiore 1956*, affreschista, pittore, ceramista e scenografo. Realizzò decorazioni murali (terme di Montecatini e Salsomaggiore, Palazzo del trono di Bangkok), dipinti e ceramiche in stile liberty ed elementi scenici (*Turandot* di G. Puccini).

CHINON, c. della Francia, capol. del dip. Indre-et-Loire; 9117 ab. Foreste. Centrale nucleare ad Avoine. — Resti di una fortezza che comprendeva tre castelli (X-XV sec.), in uno dei quali Giovanna d'Arco incontrò Carlo VII nel 1429.

CHÌO, in gr. **Chíos**, isola greca sull'Egeo; 52.098 ab.; capol. Chio (24.070) ab. Vini. Frutta. — Chiesa di Néa Moní (1045) con notevoli mosaici.

CHIÒGGIA, com. in prov. di Venezia, all'estremità merid. della Laguna Veneta; 52.039 ab. Porto peschereccio. Industrie (meccaniche, chimiche, alimentari). Turismo balneare nella frazione di Sottomarina. La città è attraversata da canali e ponti. Palazzi in stile veneziano. — **Guerra di Chioggia**, guerra che Genova dichiarò a Venezia (XIV sec.), per impedirle l'accesso alla terraferma. Si concluse grazie all'intervento di Amedeo VI di Savoia che restituì C. ai veneziani, in cambio dell'isola di Tenedo e della libertà di Trieste (pace di Torino, 1381).

CHÍOS → CHIO.

CHIPPENDALE (Thomas), *Otley, Yorkshire, 1718 - Londra 1779*, ebanista britannico. Pubblicò nel 1754 una guida in cui codificò con gusto eclettico i caratteri degli stili rococò, "gotico", "cinese" ecc.

CHIPPEWA → OJIBWA.

CHIRAC (Jacques), *Parigi 1932*, politico francese. Primo ministro (1974-1976), presidente del RPR (1976-1994), sindaco di Parigi (1977-1995), nuovamente primo ministro dal 1986 al 1988, è stato chiamato a dirigere, sotto la presidenza di F. Mitterrand, il primo governo di "coabitazione" della V

Repubblica. Eletto presidente della repubblica nel 1995, dal 1997 al 2002 ha dovuto convivere con un governo di sinistra. È stato rieletto nel 2002.

■ *Jacques Chirac nel 1998.*

CHIRIAEFF (Ludmilla), *Riga 1924*, ballerina e coreografa canadese. Ha lavorato con M. Fokine e L. Massine prima di stabilirsi in Québec (1952). Fondatrice nel 1955 del Ballets C., divenuto Grands Ballets Canadiens nel 1957, ne è stata direttore artistico fino al 1974.

CHÍRICO (Giórgio **de**) → DE CHIRICO.

CHIRÓNE MITOL. GR. Centauro saggio e generoso, che fu maestro di Achille.

CHISASIBI, villaggio del Canada (Québec), sulla foce del Grande Rivière, nella Baia di James; 3251 ab.

CHISIMÀIO, in somalo **Kismaayo**, c. della Somalia, presso la foce del Giuba; 70.000 ab. Porto.

CHIŞINĂU, già **Kişinău**, cap. della Moldavia; 655.000 ab. Musei.

CHISÓNE, torrente del Piemonte; 57 km. Nasce dal Monte Appenna (Alpi Cozie) e confluisce nel Pellice presso Pinerolo. Attività turistica nella valle omonima (Sestrière).

CHITTAGONG, c. del Bangladesh; 1.430.785 ab. (3.581.000 ab. nell'agglomerato). Seconda città e porto principale del paese. Esportazione di iuta.

CHIÙSA, in ted. **Klausen**, com. in prov. di Bolzano, nella media Val d'Isarco; 4548 ab. Turismo. Monastero di Sabiona (IV sec.). Castello Branzollo o torre del capitano (XIII sec.).

CHIÙSA DI SAN MICHÈLE, com. in prov. di Torino, sulla destra della Dora Riparia; 1585 ab. Nell'VIII sec. fu teatro di battaglie tra franchi e longobardi. Arroccata in cima al Monte Pirchiriano, alle spalle del paese, l'abbazia Sacra di S. Michele (X sec.).

CHIUSÀNO (Ítalo Alighièro), *Breslavia 1926 - Frascati 1995*, scrittore. Germanista, traduttore, critico letterario, ha scritto saggi (*Vita di Goethe*, 1981), romanzi (*L'ordalia*, 1979), racconti (*Eroi di vetro*, 1989), poesie (*Preghiere selvatiche*, 1994) e drammi.

CHIÙSI, com. in prov. di Siena; 8594 ab. Mercato agricolo (cereali, vino); industrie del mobile e della ceramica. Fu un importante centro etrusco (*Chamars*), di cui sono conservate notevoli necropoli e sculture funerarie. Museo nazionale etrusco, istituito nel 1870.

CHIÙSI DELLA VÈRNA, com. in prov. di Arezzo, sul Monte Penna; 2249 ab. Centro agricolo. Turismo estivo. Santuario della Verna, fondato da san Francesco (1213).

CHIVÀSSO, com. in prov. di Torino, sulla sinistra del Po; 23.992 ab. Mercato agricolo e zootecnico. Industrie automobilistiche, meccaniche, tessili, alimentari. Duomo gotico (XV sec.).

CHLEBNIKOV (Viktor Vladìmirovič, detto Velimir), *presso Astrakhan 1885 - Santalov 1922*, scrittore russo. Teorico del futurismo, poeta, tentò di creare una lingua universale, fondata su giochi fonetici e numerici.

CHLEF, già **Cheliff** o **Chélif**, il f. più lungo dell'Algeria, lunga 700 km.

CHLEF, già **Orléansville**, poi **Al-Asnam**, c. dell'Algeria, capol. di distr.; 146.157 ab. La città è stata gravemente danneggiata da due terremoti (1954 e 1980).

CHLEUH, tribù berbera del Marocco (ca. 6 milioni di individui). I c. popolano la valle del Sous, l'Alto e Medio Atlante e costituiscono il nucleo centrale dell'emigrazione marocchina in Europa.

CHMEL'NICKIJ (Bogdan), *1595 - Čirigin 1657*, atamano dei cosacchi ucraini (1648-1657). Sollevò il suo popolo contro la Polonia e si alleò con lo zar di Russia, al quale riconobbe la sovranità sull'Ucraina orient. (1654).

CHOCANO (José Santos), *Lima 1875 - Santiago del Cile 1934*, poeta peruviano. Contemporaneo del modernismo, fu il cantore dell'identità latinoamericana.

CHODERLOS DE LACLOS (Pierre), *Amiens 1741 - Taranto 1803*, scrittore francese. È autore delle *Relazioni pericolose* (1782), capolavoro della letteratura epistolare e impietosa rappresentazione della corrotta società libertina.

CHOISEUL (Étienne François, dùca **di**), *Nancy 1719 - Parigi 1785*, statista francese. Protetto da Mme de Pompadour, fu ambasciatore a Roma (1754-1757) e a Vienna (1757-1758), poi ministro degli esteri (1758-1761 e 1766-1770), della guerra (1761-1770) e della marina (1761-1766). Nel 1763 dovette firmare il trattato di Parigi che pose fine alla guerra dei Sette anni; in seguito riuscì ad annettere alla Francia la Lorena (1766) e la Corsica (1768).

CHOKWE o **BACIÒKWE**, popolazione dell'Angola nord-orient. e del S della Rep. Dem. del Congo (ca. 1 milione di individui). Dal 1830 i c. si diedero al commercio dell'avorio, della cera e degli schiavi e conquistarono immensi territori. Interessante la loro arte plastica. Parlano una lingua bantu.

CHOL, gruppo etnico di stirpe maya, del Guatemala e dell'Honduras. Comprende i chortì e i lacandon-chol (lacandon del Guatemala).

CHOLA, dinastia dell'India merid. (VII-XIII sec.). Raggiunse il suo apogeo nel X-XI sec., quando regnò su Ceylon.

CHOLTITZ (Dietrich **von**), *Schloss Wiese, Slesia, 1894 - Baden-Baden 1966*, generale tedesco. Comandante delle forze tedesche a Parigi nel 1944, si rifiutò di obbedire all'ordine di A. Hitler di distruggere la capitale e si arrese al generale Leclerc.

CHOMSKY (Noam), *Filadelfia 1928*, linguista statunitense. Ha proposto un nuovo modello di analisi linguistica: la grammatica generativa (*Le strutture della sintassi*, 1957; *Aspetti della teoria della sintassi*, 1965).

CH'ONGJIN, c. della Corea del Nord, sul Mar del Giappone; 754.000 ab. Porto.

CH'ONGJU, c. della Corea del Sud; 477.783 ab.

CHONGQING, c. della Cina, sullo Chang Jiang; 3.122.704 ab. (5.312.000 ab. nell'agglomerato). Municipalità dipendente dal potere centrale. Centro industriale. — Antico quartiere. Museo. — Sede del governo cinese (1938-1946).

CH'ONJU, c. della Corea del Sud; 517.059 ab.

CHO OYU, cima dell'Himalaya, ai confini del Nepal e della Cina (Tibet); 8154 m.

CHOPIN (Fryderyk Franciszek), *Żelazowa Wola 1810 - Parigi 1849*, pianista e compositore polacco. Le sue composizioni (mazurke, valzer, notturni, polacche, preludi ecc.), di carattere romantico, appassionate e spesso malinconiche, rinnovarono lo stile pianistico dal punto di vista dell'armonia e della tecnica. Ebbe una lunga relazione con G. Sand (1837-1848).

■ *Fryderyk Chopin ritratto da E. Delacroix. (Louvre, Parigi).*

CHORS, popolazione turco-mongola della Russia (sulle rive del f. Tom e Kondoma, rep. dell'Hakassia e dell'Altaj) (ca. 17.000 individui).

CHORTÍ, popolazione amerindia del Guatemala sud-occ. e dell'Honduras nord-occ. (ca. 60.000 individui), del gruppo linguistico chol.

CHORZÓW, c. della Polonia, nell'Alta Slesia; 128.000 ab. Centro siderurgico.

CHOTIN (battáglia di) (11 nov. 1673), vittoria del futuro Giovanni III Sobieski sui turchi in Ucraina, a C. (in pol. Chocim), sul Dnestr. L'impresa facilitò l'ascesa di Giovanni III al trono polacco (1674).

CHOUANNERIE, insurrezione contadina scoppiata nel Maine nel 1793, sotto la guida di J. Cottereau (detto "Chouan") e dei suoi fratelli. Coinvolse anche le zone della Normandia e della Bretagna e fu domata nel 1800.

CHOU EN-LAI → ZHOU ENLAI.

CHOUF, reg. del Libano, a S di Beirut.

CHRAÏBI (Driss), *Mazagan 1926*, scrittore marocchino di lingua francese. Critico nei confronti della società marocchina tradizionale (*Le Passé simple*, 1954), esiliato in Francia, in un secondo tempo si è dedicato alla salvaguardia della memoria berbera e nazionale (*Une enquête au pays*, 1981).

CHRÉTIEN (Jean-Loup), *La Rochelle 1938*, generale e astronauta francese. Pilota di caccia, poi collaudatore, è stato il primo europeo a partecipare a un volo spaziale (missione franco-sovietica a bordo della Sojuz T 6, 24 giu. - 2 lug. 1982).

CHRÉTIEN DE TROYES, *1135 ca. - 1183 ca.*, poeta francese. Autore di poemi cavallereschi dove entra il folclore si intrecciano mirabilmente, è il padre della letteratura cortese in Francia: *Erec e Enide*, *Cligès*, *Lancillotto o Il cavaliere della carretta*, *Ivano o Il cavaliere del leone*, **Perceval o Il racconto del Graal*.

CHRISTALLER (Walter), *Berneck 1893 - Königstein 1969*, geografo tedesco. È il padre delle ricerche sul concetto di "località centrale" (città, mercati).

CHRISTCHURCH, c. della Nuova Zelanda; 322.191 ab. È la città principale dell'Isola del Sud. Lana. — Monumenti neogotici.

CHRISTIAN (Charles, detto Charlie), *Bonham, Texas, 1916 - New York 1942*, chitarrista jazz statunitense. Partecipò alle prime esperienze del be-bop e fu un brillante solista con la chitarra elettrica (*Star Dust*, 1939; *From Swing to Bop*, 1941).

CHRISTIAN-JAQUE (Christian **Maudet**, detto), *Parigi 1904-1994*, regista cinematografic o francese. L'estro e la verve che traspaiono dai suoi film l'hanno portato al successo: *Gli scomparsi di Saint-Agil*, *Fanfan la Tulipe* (1952).

CHRISTIE (Agatha), *Torquay 1890 - Wallingford 1976*, scrittrice britannica. I suoi romanzi gialli (*L'assassinio di Roger Ackroyd*, *Dieci piccoli indiani*, *Assassinio sull'Orient-Express*) hanno per protagonisti Miss Marple e Hercule *Poirot.

CHRISTIE (William), *Buffalo, Stato di New York, 1944*, clavicembalista e direttore d'orchestra statunitense. Esperto di musica barocca, in part. di quella francese, ha fondato nel 1979 l'ensemble strumentale e vocale "Les Arts florissants".

CHRISTIE'S, la più ant. casa d'aste, una delle più importanti del mondo, fondata a Londra nel 1766.

CHRISTINE DE PIZAN, *Venezia 1365 ca. - 1430 ca.*, scrittrice francese. La sua opera poetica (*Racconto su Giovanna d'Arco*) e gli scritti storici (*Les livre des faits et bonnes mœurs du sage roi Charles V*) rappresentano una presa di posizione in difesa della condizione femminile.

CHRISTLICH-DEMOKRATISCHE UNION → CDU.

CHRISTMAS (Ìsola), isola dell'Oceano Indiano, sotto la sovranità dell'Australia; 135 km²; 1906 ab. Depositi di fosfati.

CHRISTMAS (Ìsola) → KIRITIMATI.

CHRISTO E JEANNE-CLAUDE, artisti statunitensi (**Christo Javacheff**, *Gabrovo 1935*, di origine bulgara, e **Jeanne-Claude de Guillebon**, *Casablanca 1935*, di origine francese). Realizzano installazioni non permanenti utilizzando la tela per avvolgere edifici e luoghi urbani ("impacchettamento" di monumenti: Pont-Neuf, Parigi, 1985; Reichstag, Berlino, 1995) o paesaggi (*Surrounded Islands*, Biscayne Bay, Miami, 1983).

CHRISTOFLE (Charles), *Parigi 1805 - Brunoy 1863*, industriale francese. Creò l'industria di oreficeria che porta il suo nome.

CHRISTOPHE (Georges **Colomb**, detto), *Lure 1856 - Nyons 1945*, scrittore e disegnatore francese. Fu uno dei pionieri del fumetto francese (*La famille Fenouillard*, 1889-1893; *Les facéties du sapeur Camember*, 1890-1896).

CHRISTOPHE (Henri), *Grenada 1767 - Port-au-Prince 1820*, re di Haiti (1811-1820). Schiavo affrancato, luogotenente di P.D. Toussaint Louverture, fu al servizio di J.J. Dessalines. Presidente della repubblica di Haiti (1807), fu proclamato re nel N dell'isola (1811).

CHRISTUS (Petrus), *m. nel 1472 o 1473*, pittore fiammingo. Maestro a Bruges nel 1444, si ispirò dapprima a J. Van Eyck, poi a R. Van der Weyden.

CHRUŠČÉV (Nikita Sergeè vič), *Kalinovka 1894 - Mosca 1971*, politico sovietico. Primo segretario del comitato centrale del Partito comunista (1953-1964) dopo la morte di Stalin, presidente del consiglio dei ministri dell'URSS (1958-1964), fu, a partire dal XX Congresso del PCUS (1956), convinto sostenitore della "destalinizzazione" e della coesistenza pacifica, e intraprese numerose riforme economiche.

■ *Nikita Chruščëv.*

CHRYSLER, casa automobilistica statunitense fondata nel 1925 da Walter Percy C. Superata la crisi degli anni '80 del secolo scorso, ha conquistato il mercato dei minivan e dei fuoristrada. Nel 1998 si è fusa con la tedesca Daimler-Benz.

CHU (Steven), *Saint Louis, Missouri, 1948*, fisico statunitense. Specialista di spettroscopia laser, nel 1985 riuscì a immobilizzare alcuni atomi di sodio in una melassa ottica, a una temperatura vicina allo zero assoluto. (Premio Nobel 1997.)

CHUANG-TZU, opera fondamentale del taoismo detto "filosofico". Il suo autore, Chuang-tzu, visse alla fine del IV sec. a.C.

CHU HSI, *You Xi 1130 ca. - 1200*, filosofo cinese. La sua concezione del confucianesimo, che ha esercitato il suo influsso fino al XX sec., è legata a una riflessione sui rapporti tra *li*, principio "formale", e *qi*, principio "materiale". Scrisse anche una storia della Cina.

CHUQUICAMATA, c. del Cile settentr.; 22.000 ab. Estrazione e metallurgia del rame.

CHUQUISACA → SUCRE.

CHUR, nome tedesco di *Coira.

CHURCH (Alonzo), *Washington 1903 - Hudson, Ohio, 1995*, matematico e logico statunitense. Ha dimostrato l'indecidibilità del calcolo dei predicati di primo ordine e analizzato i criteri di calcolabilità delle funzioni.

CHURCHILL, f. del Canada, che sfocia nella Baia di Hudson; 1609 km. Alla sua foce si trova il porto di Churchill (1300 ab.).

CHURCHILL, già **Hamilton**, f. del Canada orient., nel Labrador, che sfocia nell'Atlantico; 856 km. Centrale idroelettrica (*Churchill Falls*).

CHURCHILL (sir Winston Leonard **Spencer**), *Blenheim Palace 1874 - Londra 1965*, politico britannico. Deputato conservatore nel 1900, più volte ministro liberale nel periodo dal 1906 al 1911, divenne primo lord dell'ammiragliato (1911-1915). Preoccupato dall'avanzata del comunismo,

aderì al Partito conservatore (1924) e divenne cancelliere dello scacchiere durante il governo Baldwin (1924-1929). Succeduto a A.N. Chamberlain come primo ministro (1940-1945), seppe incarnare lo spirito bellico britannico (battaglia d'Inghilterra, 1940) e fu tra gli artefici della vittoria alleata sull'Asse. Contribuì in modo determinante a fissare l'assetto politico dell'Europa alla fine della seconda guerra mondiale (conferenza di Yalta, 1945). Battuto alle elezioni del 1945, ridiventò primo ministro dal 1951 al 1955. Scrisse *La seconda guerra mondiale* (1948-1954). (Premio Nobel per la letteratura 1953.)

■ *Sir Winston Churchill nel 1951.*

CHURRIGUERA, famiglia di artisti spagnoli, autori di *retablos* scolpiti con colonne ritorte, dall'ornato così esuberante che la ricchezza decorativa del barocco spagnolo ha preso il nome di *stile churrigueresco*. — **José Benito de C.**, *Madrid 1665-1725*, scultore e architetto. Progettò nel 1709 la cittadina di Nuevo Baztán, vicino a Madrid. — **Joaquín de C.**, *Madrid 1674 - Salamanca ? 1724 ca.*, scultore e architetto, fratello di José Benito e di Alberto. È autore del collegio di Calatrava a Salamanca (1717). — **Alberto de C.**, *Madrid 1676 - Orgaz ? 1740 ca.*, architetto e scultore, fratello di José Benito e di Joaquín. Realizzò, a partire dal 1729, l'armoniosa Plaza Mayor di Salamanca.

CH'U YUAN, *343 ca. - 278 ? ca. a.C.*, poeta cinese. È autore del primo poema della letteratura cinese (*Lisao*).

CIA (Central Intelligence Agency), servizio di spionaggio e di controspionaggio degli Stati Uniti. Creato nel 1946 dal presidente H. Truman, divenuto un'istituzione a livello nazionale nel 1947, è sottoposto direttamente all'autorità del presidente degli Stati Uniti. Dispone di unità militari speciali, i "berretti verdi".

CIAD, Stato dell'Africa, a S della Libia e a E del Lago C.; 1.284.000 km²; 8.135.000 ab. CAP. *N'Djamena*. LINGUE: *arabo* e *francese*. MONETA: *franco CFA*.

GEOGRAFIA – A N il C. comprende il Sahara merid., parzialmente montuoso e vulcanico (massiccio del Tibesti), poco popolato, dove si pratica l'allevamento transumante (bovino, ovino, caprino). La popolazione, formata so-

prattutto da neri e arabi, è in gran parte islamizzata; più della metà di essa si concentra nelle valli dei f. Chari e Logone, dove si trovano colture di miglio, arachidi e cotone. Il paese, privo di sbocchi al mare e di sistemi di trasporto interni, dipende dagli aiuti internazionali.

STORIA – Le origini e l'epoca coloniale. Preistoria: popolazioni dedite alla caccia e all'allevamento, di cui rimane testimonianza nelle pitture rupestri, vivono nella regione, che tuttavia abbandonano dopo il 7000 a.C. a causa del suo inaridimento. **Fine del IX sec. d.C.**: creazione del regno di Kanem, rapidamente islamizzato. Dopo aver toccato l'apogeo nel XIII sec., rinasce nel XVI con centro a Bornu e sottomette gli altri regni, in part. quello schiavista di Baguirmi, fiorito nel XVI sec. Gli arabi si stabiliscono nel paese. **XIX sec.**: il Lago C. rappresenta il luogo in cui convergono gli esploratori europei. L'emiro sudanese Rabah fa del paese un impero negriero (1886-1893) ma, attaccato dai francesi, viene ucciso in battaglia (1900); tra il 1884 e il 1899 i confini del C. vengono fissati attraverso accordi franco-tedeschi e franco-inglesi. **1920**: il C. entra a far parte dell'Africa occidentale francese; **1940**: grazie al suo governatore, Félix Éboué, si unisce alla Francia libera di C. de Gaulle; **1958**: diventa repubblica autonoma, in seno all'Unione francese.

Lo Stato indipendente. 1960: proclamazione dell'indipendenza. **1962**: François Tombalbaye diventa presidente della repubblica. **1968**: secessione del N islamizzato, guidata dal Fronte di liberazione nazionale del C. (Frolinat) e sostenuta dalla Libia. **1975**: un colpo di Stato, durante il quale F. Tombalbaye viene assassinato, porta al potere Félix Malloum; **1979**: quest'ultimo è costretto a ritirarsi. Una guerra civile infuria in tutto il paese, e in part. a N'Djamena. **1980**: diventa presidente Goukouni Oueddei, che gode dell'appoggio libico. **1981**: viene concluso un accordo di fusione tra C. e Libia. **1982**: N'Djamena è invasa dalle truppe di Hissène Habré, che sale alla carica di presidente della repubblica. La Francia interviene in suo aiuto quando l'esercito libico occupa il N del paese. **1987**: le truppe di H. Habré riportano importanti vittorie sulla Libia. **1990**: Habré viene destituito da Idriss Déby. **1994**: restituzione al C. della fascia di Aozou, occupata dalla Libia nel 1973. **1996 e 2001**: I. Déby ottiene la vittoria alle elezioni presidenziali. **1999**: Nagoum Yamassoum diventa primo ministro; **2002**: viene sostituito da Haroun Kabadi.

CIAD (lago), grande lago, poco profondo e palustre, dell'Africa centrale, sui confini di Nigeria, Niger, Camerun e C. La sua sup. varia tra i 13.000 km² e i 26.000 km².

Ciad

‒ ‒ ‒ progetto di oleodotto	● più di 500.000 ab.
── strada normale	● da 50.000 a 500.000 ab.
✈ aeroporto	● da 10.000 a 50.000 ab.
	• meno di 10.000 ab.

200   500   1000   2000 m

CIALDÌNI (Enrico), *Castelvetro di Modena 1811 - Livorno 1892*, militare. Partecipò alla prima guerra d'indipendenza (1848) e sconfisse l'esercito pontificio a Castelfidardo (1860). Contribuì all'arresto di G. Garibaldi sull'Aspromonte e partecipò alla campagna del 1866 (terza guerra d'indipendenza).

CIALÈNTE (Fàusta), *Cagliari 1898 - Pangbourne 1994*, scrittrice. Visse a lungo in Egitto, dove fondò *Fronte unito* (1943), un giornale per i prigionieri italiani. Tra i romanzi, *Natalia* (1930), *Ballata levantina* (1961), *Interno con figure* (1976).

CIÀMPI (Càrlo Azèglio), *Livorno 1920*, economista e politico. Governatore della Banca d'Italia (1979-1993), presidente del consiglio (1993-1994), ministro del tesoro e del bilancio (1996-1999), è presidente della repubblica dal 1999, eletto al primo scrutinio.

■ *Carlo Azeglio Ciampi.*

CIÀMPI (Pièro), *Livorno 1934-1980*, cantautore. Conosciuto in Francia come "L'italiano", produsse gli LP di maggior successo agli inizi degli anni '70 del secolo scorso (*Piero Ciampi*, 1971; *Io e te abbiamo perso la bussola*, 1973).

CIAMPÌNO, com. in prov. di Roma, tra la capitale e i Castelli Romani; 36.469 ab. Aeroporto.

CIÀNCA (Albèrto), *Roma 1884-1966*, politico. Antifascista, fu ministro del governo Bonomi (1944) e membro del Partito d'azione.

CIANDRAGUPTA → CANDRAGUPTA.

CIÀNO (Costànzo), *Livorno 1876 - Ponte a Moriano 1939*, ufficiale di marina e politico. Padre di Galeazzo, deputato fascista dal 1921, fu ministro delle comunicazioni (1924-1934) e presidente della Camera (1934-1939). — **Galeàzzo**, cónte **di Cortellàzzo**, *Livorno 1903 - Verona 1944*, politico. Dopo il matrimonio con Edda Mussolini (1930), fu ministro della cultura popolare (1935) e degli affari esteri (1936-1943). Sostenitore di una politica antitedesca, non riuscì però a evitare l'ingresso dell'Italia nella seconda guerra mondiale. Ambasciatore presso la Santa Sede (1943), alla seduta del Gran Consiglio del 24-25 lug. 1943 votò l'ordine del giorno Grandi contro B. Mussolini. Catturato in Germania e consegnato ai tedeschi, fu processato e giustiziato a Verona.

CIÀRDI (Guglièlmo), *Venezia 1842-1917*, pittore. Influenzato dai macchiaioli, fu prevalentemente paesaggista (*Canale della Giudecca*, 1869). Dal 1894 insegnò pittura di paesaggio all'Accademia di Venezia.

CIÀRDI (John), *Boston 1916 - Edison 1986*, poeta statunitense. Italo-americano, tradusse in inglese la *Divina Commedia* di Dante (1954-1970) e scrisse numerosi volumi di versi. Fu direttore della rivista *Saturday Review*.

CIÀSSARE, primo re dei medi di cui si abbia notizia (625-585 ca. a.C.). Mise fine all'impero assiro con la distruzione di Ninive (612 a.C.).

CIATURA, c. della Georgia; 25.000 ab. Manganese.

CIBA-GEIGY, industria chimica fondata nel 1884 come Ciba, allargatasi al settore farmaceutico dal 1945. Nel 1970 si è fusa con la Geigy e nel 1996, insieme alla Sandoz, ha dato vita alla Novartis.

CIBÈLE, dea frigia della fecondità. Il suo culto, collegato a quello di Atti e fondato su cerimonie iniziatiche, si diffuse nel III sec. nel mondo greco-romano (fu il primo culto orientale introdotto ufficialmente a Roma).

CICCOLÌNI (Àldo), *Napoli 1925*, pianista. Naturalizzato francese, ha insegnato al Conservatorio di Parigi dal 1971 al 1989. Nel suo repertorio spiccano autori francesi come C. Saint-Saëns, C. Debussy ed E. Satie.

CÌCERIN (Georgij Vasil'evič), *Karaul 1872 - Mosca 1936*, politico sovietico. Commissario del popolo agli esteri (1918-1930), firmò il trattato di Rapallo (1922).

CICERÓNE (Màrco Tùllio), *Arpino 106 - Formia 43 a.C.*, politico e oratore romano. Nato da una famiglia plebea entrata nell'ordine equestre, avvocato,

fece il suo debutto in politica attaccando Silla attraverso uno dei suoi schiavi (*Pro Roscio Amerino*), poi difendendo i siciliani contro l'esosità fiscale del governatore Verre (*Verrinae*). Console (63), smascherò la congiura di Catilina condannando a morte i suoi complici (*Catilinariae*). Sostenitore del partito di Pompeo, si avvicinò a Cesare dopo la battaglia di Farsalo (48 a.C.). Alla morte del dittatore, attaccò con vigore Antonio, opponendogli Ottaviano. Proscritto dal secondo triumvirato, fu ucciso. Politico mediocre, C. ha tuttavia portato l'eloquenza latina al suo apogeo: le sue arringhe e i suoi discorsi hanno costituito un modello per tutta la retorica latina (*De oratore*). Scrisse inoltre trattati (*De finibus, De officiis*) che introdussero a Roma le dottrine filosofiche greche. Si è conservata una parte considerevole della sua corrispondenza (*Ad Atticum*).

■ *Busto di Cicerone. (Uffizi, Firenze.)*

CICERUÀCCHIO (Àngelo **Brunétti**, detto), *Roma 1800 - Rovigo 1849*, patriota. Organizzò sommosse popolari in favore delle riforme promosse da Pio IX (1846-1848) e difese la Repubblica Romana (1849). Fu ucciso dagli austriaci.

CÌCLADI, in gr. **Kykládes**, arcipelago greco situato nel Mar Egeo, a forma di cerchio (gr. *kýklos*) intorno all'isola di Delo. Le altre isole principali sono: *Andro, Nasso, Paro, Santorino, Sira, Milo, Micono* (111.181 ab.). Vi fiorì, nel III millennio a.C., una brillante civiltà (celebri gli idoli di marmo stilizzati).

CICLADI. *Idolo marmoreo proveniente dall'isola di Sira, III millennio. (Museo archeologico nazionale, Atene.)*

CICLÒPI MITOL. GR. Giganti dotati di un occhio solo in mezzo alla fronte, dediti all'attività di fabbri e costruttori di imponenti edifici.

CICOGNÀNI (Brùno), *Firenze 1879-1971*, scrittore e drammaturgo. In campo narrativo si ispirò al bozzettismo toscano (*La velia*, 1926; *Viaggio nella vita*, 1952). Per il teatro scrisse *Bellinda e il mostro* (1927) e *Yo, el Rey* (1949).

CID (Il), tragicommedia di P. Corneille (1637), ispirata a *Le gesta giovanili del Cid* di Guillén de Castro. Per vendicare l'onore di suo padre, Rodrigo (il C.) uccide il padre della fidanzata Chimene. Quest'ultima perseguita l'omicida, senza tuttavia smettere di amarlo; il compimento del proprio dovere intensifica l'amore che le due anime generose provano l'una per l'altra. Accolto con entusiasmo dal pubblico, *Il Cid* fu criticato dall'Accademia, in quanto non rispettava le regole della tragedia (→ CID CAMPEADOR).

CIDAMBARAM, c. dell'India (Tamil Nadu); 58.968 ab. Importante meta di pellegrinaggio shivaita. Numerosi edifici religiosi, tra cui il grande tempio di Shiva (X-XVII sec.).

CID CAMPEADOR (Rodrigo **Díaz De Vivar**, detto **il**), *Vivar 1043 ca. - Valencia 1099*, eroe nazionale spagnolo. Messo al bando dal re Alfonso VI di Castiglia (1081), fu al servizio dell'emiro di Saragozza e conquistò Valencia (1095), dove regnò fino alla morte. — È l'eroe di un gran numero di opere letterarie (*Cantar del mio Cid*, 1140 ca.; *Romancero spagnolo*, 1612; *Le gesta*

CIDAMBARAM. *Vasca del grande tempio di Shiva, X-XVII sec.*

giovanili del Cid, di G. de Castro, 1618; **Il Cid*, di P. Corneille).

CIÈLO D'ÀLCAMO o **CIÙLLO D'ÀLCAMO**, *XIII sec.*, poeta siciliano. È il probabile autore del contrasto *Rosa fresca aulentissima*, componimento in volgare scritto tra il 1231 e il 1250.

CIÉNAGA, c. della Colombia, sul Mar delle Antille; 130.610 ab. Porto.

CIENFUEGOS, c. di Cuba, sulla costa merid.; 130.000 ab.

CIGÀLA (Lanfrànco), *m. nel 1257 o 1258*, giudice e trovatore genovese. Ambasciatore alla corte di Berengario IV di Provenza (1241), fu autore di 35 componimenti poetici in provenzale.

CÌLE, Stato dell'America merid.; 757.000 km²; 15.402.000 ab. (*cileni*). CAP. *Santiago*. LINGUA: *spagnolo*. MONETA: *peso cileno*.

ISTITUZIONI – Regime parlamentare. Costituzione del 1980, emendata nel 1989 e nel 1994. Il presidente della repubblica, eletto ogni 6 anni, è al tempo stesso capo dello Stato e del governo. Il congresso nazionale si compone della camera dei deputati, eletta ogni 4 anni, e del senato, i cui membri vengono eletti (nella maggior parte dei casi) o designati ogni 8 anni (gli ex presidenti sono senatori a vita).

GEOGRAFIA – Esteso per più di 4000 km da N a S, per una larghezza media di soli 100-200 km, il C. presenta una depressione centrale discontinua, compresa tra le Ande propriamente dette, a E, e una catena costiera, a O. L'estensione nel senso della latitudine spiega in parte la successione dei climi e dei paesaggi (Deserto di Atacama a N). Il clima è mediterraneo nella regione di Santiago, oceanico verso Osorno, freddo e umido più a S, dove la foresta si dirada progressivamente, fino a scomparire. A Santiago si concentra circa un terzo della popolazione, fortemente urbanizzata e ancora soggetta a una crescita sensibile. Alla coltura del frumento e della vite si affianca l'allevamento (bovino, ovino). Anche la pesca costituisce una risorsa rilevante. Il sottosuolo fornisce ferro, ma soprattutto rame (di cui il C. è il primo produttore a livello mondiale), principale prodotto d'esportazione. Anche se il debito pubblico permane notevole, il paese ha conosciuto un autentico exploit economico nell'ultimo decennio del 1900.

STORIA – **Il periodo coloniale.** Il C. precolombiano è abitato da gruppi etnici che resistono alla conquista inca e, per tre secoli, spagnola. **1541**: Pedro de Valdivia fonda Santiago; **1553**: viene sconfitto e ucciso dagli araucani. **1778**: il paese, fino ad allora dipendente dal viceameame del Perú, diventa capitaneria generale. **L'indipendenza e il XIX sec. 1810**: a Santiago si forma una giunta patriottica. **1814**: gli insorti cileni, capeggiati da Bernardo O'Higgins e José Miguel Carrera, vengono sconfitti dagli spagnoli a Rancagua. **1817**: José de San Martín batte gli spagnoli a Chacabuco; B. O'Higgins riceve il titolo di comandante supremo del C. **1818**: la vittoria di Maipú libera definitivamente il paese, che viene proclamato repubblica indipendente. **1823-1831**: alla dittatura di O'Higgins fa seguito un periodo di anarchia. **1831-1871**: i conservatori detengono il potere e promulgano la

Cile

- ● più di 1.000.000 di ab.
- ● da 100.000 a 1.000.000 di ab.
- ● da 50.000 a 100.000 ab.
- ● meno di 50.000 ab.
- ━━ autostrada
- ━━ strada normale
- ─── ferrovia
- ✈ aeroporto
- confine di regione
- ★ importante località turistica

ghiacciaio 400 1000 2000 4000 m

200 km

Costituzione (1833). **1871-1891**: una coalizione di liberali e radicali guida il paese, trascinandolo nella guerra del Pacifico (1879-1884) contro il Perú e la Bolivia; uscitone vincitore, il C. s'impadronisce di tutta la costa boliviana e delle province di Tarapacá, Tacna e Arica, a scapito del Perú.

Il xx sec. 1891-1925: la guerra civile del 1891 si conclude con il trionfo del regime parlamentare su quello presidenziale. Durante la prima guerra mondiale il C. conosce un periodo di prosperità dovuto allo sfruttamento delle ricchezze minerarie (rame, nitrati). **1925**: l'esercito ristabilisce il regime presidenziale. **1938-1952**: l'ingresso nella vita politica dei ceti medi conduce al potere alcuni governi di centro-sinistra (Fronte popolare) e, in seguito, di centro-destra. **1964-1970**: alla coalizione reazionaria, guidata dal conservatore Jorge Alessandri (1958-1964), subentra il governo del democratico-cristiano Eduardo Frei. **1970**: il candidato della sinistra, Salvador Allende, vincitore delle elezioni presidenziali, avvia la nazionalizzazione delle miniere e delle banche; **1973**: viene eliminato dal colpo di Stato organizzato da una giunta militare. Il generale Augusto Pinochet, "capo supremo della nazione", instaura un regime dittatoriale. **1980**: una nuova Costituzione ribadisce il carattere autoritario del regime, che deve tuttavia fare i conti con una contestazione crescente. **1988**: A. Pinochet organizza un plebiscito con l'intento di consolidare il proprio potere. Nonostante la vittoria del "no", decide di conservare la carica di capo dello Stato fino al 1990, termine legale del suo mandato; **1990**: suo successore è il democratico-cristiano Patricio Aylwin (eletto nel 1989). **1994**: diventa capo dello Stato il democratico-cristiano Eduardo Frei Ruíz-Tagle, figlio dell'ex presidente Eduardo Frei Montalva (1964-1970). **1998**: l'arresto e la detenzione, a Londra, del generale Pinochet (rilasciato nel 2000) riaprono il dibattito interno sul decennio 1970-1980. **2000**: il socialista Ricardo Lagos Escobar viene eletto alla presidenza della repubblica.

CILÈA (Francésco), *Palmi 1866 - Varazze 1950*, compositore. Direttore dei Conservatori di Palermo (1913-1916) e di Napoli (1935-1935), appartenne alla scuola verista. Compose l'*Arlesiana* (1897) e *Adriana Lecouvreur* (1902).

CILÈNTO, reg. della Campania merid., tra i golfi di Salerno e Policastro; 2400 km² ca. Affacciato sul Tirreno, ha un territorio prevalentemente montuoso. Turismo costiero.

CILÌCIA, reg. merid. della Turchia asiatica; c. princ. *Adana* e *Tarso*.

CIMABÙE (Cènni di Pèpo, detto), *Firenze 1240 ca. - Pisa 1302*, pittore. Maestro di Giotto, fu il primo ad affrancarsi dalle convenzioni dell'arte bizantina. A Roma nel 1272, fu poi a Firenze dal 1280, dove realizzò il *Crocifisso* di S. Croce (1280) e la *Madonna di santissima Trinità* (1290 ca., Uffizi). Tra il 1288 e il 1295 dipinse gli affreschi della chiesa di S. Francesco ad Assisi.

CÌMA DA CONEGLIÀNO (Giovànni Battista, detto), *Conegliano, 1459 ca. -1517/1518*, pittore. Allievo di A. Mantegna, subì l'influenza, a Venezia, del Giambellino e dei pittori veneti del '400. I suoi dipinti, armoniose composizioni religiose su sfondi paesaggistici (*Battesimo di Gesù*, 1494, S. Giovanni in Bragora, Venezia; *Madonna dell'Arancio*, 1495 ca., Gallerie dell'Accademia, Venezia), hanno una costruzione classica e strutture architettoniche che ne esaltano la luminosità.

CIMARÒSA (Doménico), *Aversa 1749 - Venezia 1801*, compositore. Studiò a Napoli, dove nel 1772 venne rappresentata la sua prima opera. Fu musicista di corte a San Pietroburgo (chiamato da Caterina II) e a Vienna, dove scrisse il suo capolavoro, *Il matrimonio segreto* (1792). Autore di opere, composizioni religiose e sinfonie, è considerato uno dei maggiori rappresentanti della scuola operistica napoletana, grazie allo stile personale e innovativo e alla vena patetica che lo contraddistinguono.

CÌMBRI, ant. popolazione germanica che, con i teutoni, invase la Gallia nel II sec. a.C. I c. furono sconfitti da C. Mario a Vercelli (101 a.C.).

CIMÉNTO (Accadèmia del), accademia scientifico-culturale fondata nel 1657 a Firenze da Leopoldo de' Medici. Nei suoi dieci anni di attività si propose di applicare la metodologia sperimentale galileiana al campo delle scienze naturali.

CIMÌNI (Mónti), rilievi dell'Antiappennino Toscano, tra il Lago di Vico e Viterbo. Di origine vulcanica, sono ricoperti da una folta vegetazione (faggi, castagni). La cima più elevata è il Monte Cimino (1053 m).

CIMINO (Michael), *New York 1943*, regista cinematografico statunitense. Dopo l'esordio come sceneggiatore, si è dedicato alla regia con *Una calibro 20 per lo specialista* (1974), cui sono seguiti *Il cacciatore* (1978), *I cancelli del cielo* (1980), *L'anno del dragone* (1985), *Il siciliano* (1987), *Verso il sole* (1996).

CÌMKENT, c. del Kazakistan merid.; 439.000 ab. Centro industriale.

CÌMMERI, ant. popolazione nomade di origine tracia, che invase l'Asia Minore nel VII sec. a.C.

CIMÓNE, *510-450 ca. a.C.*, stratega ateniese. Figlio di Milziade, consolidò la lega di Delo e combatté contro i persiani (vittoria dell'Eurimedonte, 468 a.C.).

CIMÓNE, *V sec. a.C.*, incisore di monete greco. Attivo in Sicilia, realizzò coni con testa di Aretusa per il decagramma e il tetragramma di Siracusa.

CIMÓNE (Mónte), rilievo princ. dell'Appennino Tosco-Emiliano, nella prov. di Modena; 2165 m. Osservatorio meteorologico.

CÌNA, Stato dell'Asia, sul Pacifico; 9.600.000 km²; 1.284.972.000 ab. (*cinesi*). CAP. *Pechino*. C. PRINC. *Shanghai, Hong Kong, Tianjin, Shenyang, Wuhan* e *Canton*. LINGUA: *cinese*. MONETA: *yuan*. [V. carta a pagina 1277.]

ISTITUZIONI – Democrazia popolare dal 1949, la C. è composta da 22 province (escludendo Taiwan), 5 regioni autonome, 4 municipalità autonome e 2 regioni amministrative speciali (Hong Kong e Macao). La Costituzione risale al 1982. Il presidente della repubblica viene eletto ogni 5 anni dall'assemblea nazionale del popolo, cui spetta anche la nomina del primo ministro. L'assemblea nazionale del popolo, organo supremo, conta 3000 deputati ca., eletti ogni 5 anni dai membri delle province, delle regioni, delle municipalità e dell'esercito popolare. I membri del Partito comunista cinese (PCC) occupano le principali cariche a livello nazionale e regionale.

GEOGRAFIA – La C. accoglie più di un quinto della popolazione mondiale. La politica di controllo delle nascite ha ridotto la crescita demografica, oggi nell'ordine dell'1% annuo. La den-

CIMABUE. Maestà, *detta* Madonna di santissima Trinità, *1290 ca. (Uffizi, Firenze).*

L'arte tradizionale cinese

I principi urbanistici fondamentali, perfettamente codificati a partire dal X sec. a.C. sotto la dinastia Zhou, sono ispirati alla cosmogonia tradizionale, che privilegia l'armonia e la simmetria di universi chiusi, tra loro intrecciati. Nel corso dei millenni, la simbologia e il valore rituale conferiscono alle sculture di giada e alle ceramiche un'importanza sempre maggiore. Ma sono le arti del pennello (calligrafia e pittura), alle quali si associa spesso la creazione letteraria, a rappresentare la quintessenza dell'espressione artistica cinese.

Tripode. Usato per riscaldare i liquidi nelle cerimonie dedicate al culto degli antenati. Risale all'epoca Shang di Zhengzhou (XVI-XV sec. a.C., Repubblica Popolare Cinese).

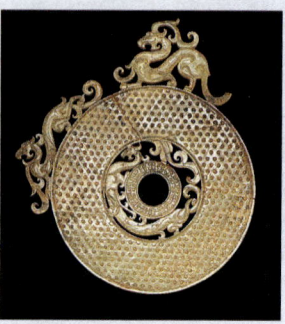

Disco *bi* con dragoni. Simbolo celeste e oggetto rituale, fa parte del corredo funerario a partire dal Neolitico. Questo, in giada, risale al periodo dei Regni combattenti. (The Nelson-Atkins Museum of Art, Kansas City.)

Torre funeraria. Le offerte funerarie sotto forma di modellini offrono preziose informazioni sull'architettura del passato. Terracotta verniciata (1,23 m, partic.), epoca Han. (Museo Cernuschi, Parigi.)

Tempio principale del monastero della Gioia solitaria. Costruito a Jixian (Hebei), dedicato a Guanyin (l'incarnazione di Avalokiteshvara in Cina), è uno degli esempi più antichi giunti fino a noi di architettura in legno senza muri portanti, con i tetti ricurvi sorretti dalla struttura.

Pagoda delle Oche selvatiche, a Xi'an (Shaanxi). La pagoda cinese, la cui forma è ispirata all'antica torre di guardia dell'epoca Han, ha la stessa funzione dello stupa in India.

Huang Gongwang. *Vivere tra i monti Fuchun.* Quest'opera, dalla composizione solida e ritmata, per la trasparenza dell'aria, la complessità del segno grafico, la visione grandiosa e sensibile della natura, è una delle più innovative nel genere paesaggistico. Inchiostro su carta, particolare di un rotolo (6,36 m), XIV sec. (The National Palace Museum, Taipei.)

Piatto in porcellana. Narcisi della felicità, rose di buon augurio e funghi della longevità con la luminosità dello smalto illustrano i voti del nuovo anno. Dinastia Qing. (Museo Guimet, Parigi.)

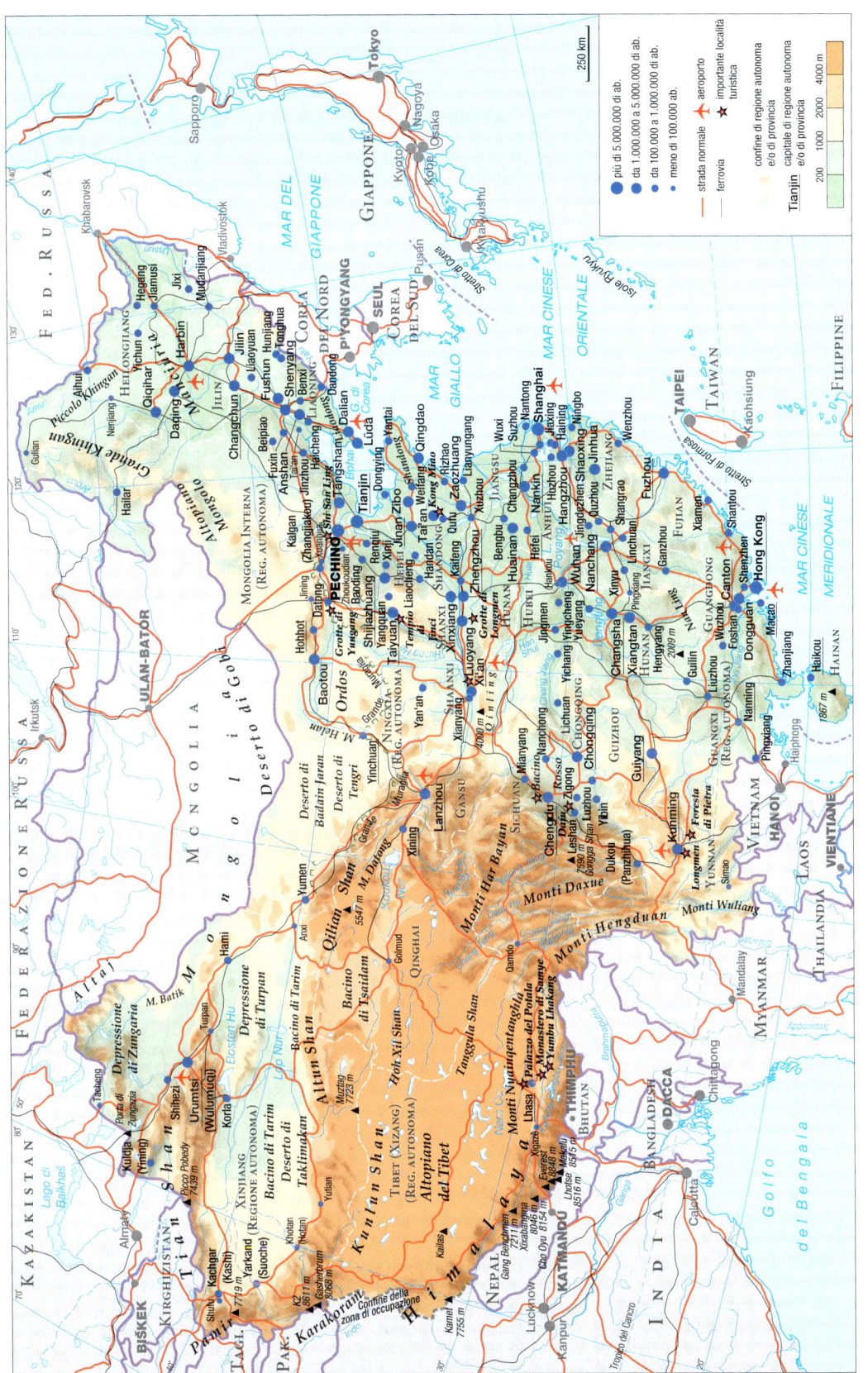

sità media (ca. 130 ab. per km^2) in realtà non è significativa.
La C. occ., un susseguirsi di catene montuose e altopiani (Tibet e Mongolia) dal clima rigido alternati a bacini desertici (Xinjiang), è scarsamente abitata e ospita soprattutto minoranze etniche (tibetani, mongoli ecc.), che tuttavia non costituiscono più del 5% della popolazione totale. Quest'ultima è formata per la maggior parte da cinesi appartenenti all'etnia han, stanziati nel settore orient. Qui, grazie al clima che si fa progressivamente più mite verso S, in un paesaggio di colline, pianure e vallate (tra cui quelle dello Huang He e dello Chang Jiang), su appena il 15% del territorio, si concentra il 90% della popolazione. Quasi il 70% dei cinesi vive ancora in ambito rurale, ma l'urbanizzazione si è fortemente accentuata a partire dal 1949. Oggi una quarantina di città supera il milione di abitanti. Shanghai, Pechino, Hong Kong e Tianjin rientrano tra le grandi metropoli del mondo. L'agricoltura ha ricevuto notevole impulso, favorito da un processo di modernizzazione (grandi opere idrauliche, impiego di fertilizzanti chimici, meccanizzazione), nell'ambito di un'economia in un primo tempo centralizzata (comuni agricole popolari). L'autosufficienza alimentare è stata praticamente raggiunta. La C. è il primo produttore mondiale di frumento e, soprattutto, di riso, ma si colloca ai primi posti anche per quanto riguarda cotone, tabacco, mais, semi oleaginosi, tè, zucchero, allevamento (suini e volatili) e pesca. L'industria pesante (estrazione di carbone e idrocarburi, siderurgia) ha conosciuto un notevole sviluppo, come pure i settori del comparto chimico e la metallurgia di trasformazione, che però si sono affermati più di recente, andando ad aggiungersi al tradizionale settore tessile. L'allargamento degli scambi commerciali, la domanda di capitali e tecnologie dall'estero e la ristrutturazione delle imprese statali sono tutti segnali di un'apertura verso l'esterno (in part. Occidente e Giappone). Quest'apertura è insieme causa ed effetto di uno spettacolare incremento della produzione, i cui risvolti negativi sono l'aumento delle diseguaglianze sociali e regionali, l'accelerazione dell'esodo rurale (a sua volta fonte di sottoccupazione) e l'inflazione.

STORIA – L'esistenza della leggendaria dinastia Xia (XXI-XVIII sec. a.C.) è attestata da reperti archeologici. La civiltà del bronzo, nata sotto la dinastia Shang (XVIII sec. - 1025 a.C.), si afferma con quella Zhou (1025-256 a.C.). **V-III sec.**: periodo degli Stati combattenti, caratterizzato dal frazionamento politico e dal fermento spirituale promosso da Confucio.

La Cina imperiale fino alla conquista mongola. 221-206 a.C.: l'impero Qin viene fondato da Qin Shi Huangdi, che unifica tutti i regni cinesi, dalla Manciuria fino alla parte settentr. dell'att. Vietnam. **206 a.C. - 220 d.C.**: la dinastia Han estende il suo dominio su Manciuria, Corea, Mongolia, Vietnam e Asia centrale. I suoi esponenti creano una classe di funzionari preposti all'amministrazione delle province (mandarini), ridanno lustro al confucianesimo, controllano la Via della seta e si aprono alle influenze esterne, in particolare al buddhismo. **220-581**: periodo di frazionamento territoriale e di conflitti. Si accentua l'influsso del buddhismo. Al periodo dei tre regni (220-265) fa seguito quello delle dinastie del N e del S (317-589). **581-618**: la dinastia Sui riunifica il paese e fa costruire il Grande canale. **618-907**: con la dinastia Tang la C. viene dotata di un'amministrazione efficiente e prosegue l'espansione militare sotto gli imperatori Tang Taizong (627-649) e Tang Gaozong (650-683). **907-960**: l'impero è di nuovo frammentato durante il periodo delle Cinque Dinastie. **960-1279**: la dinastia Song governa su un territorio molto meno esteso di quello su cui regnavano i Tang, in seguito alla creazione degli imperi Liao (947-1124) e Jin (1115-1234) da parte dei "barbari del N". Le conoscenze scientifiche e tecniche dei cinesi sono di gran lunga più avanzate di quelle occidentali. Costretti a ripiegare a S nel 1127, i Song vengono eliminati dai mongoli, che conquistano il paese. **1279-1368**: la dinastia mongola degli Yuan governa la C., che si solleva sotto la guida di Zhu Yuanzhang (Hongwu), destinato a fondare la dinastia Ming.

La Cina dei Ming e dei Qing. 1368-1644: dinastia Ming. Gli imperatori si rifanno alla tradizione nazionale, ma instaurano una politica autocratica. Yongle (1403-1424) conquista la Manciuria. **1573-1620**: regno di Wanli, durante il quale ha inizio il declino dei Ming. **1644**: i manciù, dopo aver invaso il paese, fondano la dinastia Qing, destinata a regnare fino al 1911. I Qing, con gli imperatori Kangxi (1662-1722), Yongzheng (1723-1736) e Qianlong (1736-1796), stabiliscono il loro dominio su un territorio più che mai esteso (protettorato sul Tibet, 1751; avanzata in Mongolia e Asia centrale).

Il XIX sec. Indebolita dai problemi economici e sociali, la C., militarmente fragile, si vede costretta a cedere agli occidentali la sovranità sui porti. **1839-1842**: guerra dell'oppio. **1851-1864**: insurrezione di Taiping. **1875-1908**: l'imperatrice Cixi detiene il potere. Sconfitta dal Giappone (1894-1895), la C. deve cedergli il Liaodong e Taiwan (già Formosa). Russia, Germania, Gran Bretagna e Francia si spartiscono il paese in zone d'influenza. **1900**: la rivolta dei Boxers viene repressa.

La repubblica cinese. 1911-1937: la repubblica, instaurata nel 1911, è presieduta da Yuan Shikai (1913-1916). I nazionalisti del Guomindang, sotto la guida di Sun Zhongshan prima, di Jiang Jieshi (Chiang Kai-shek) poi (1925), rompono con i comunisti nel 1927. Questi ultimi con la Lunga marcia (1934-1935) ripiegano verso N. **1937-1945**: le truppe giapponesi, che occupano il N della Cina nel 1937, avanzano verso S nel 1944. **1945-1949**: dopo la capitolazione giapponese, la guerra civile contrappone i nazionalisti ai comunisti.

La Repubblica Popolare Cinese fino al 1976. 1949: creazione della Rep. Popolare Cinese. Mao Zedong ne assume la guida, mentre Zhou Enlai diventa primo ministro e ministro degli esteri. I nazionalisti si ritirano a Taiwan. **1956**: dinanzi alle resistenze e alle difficoltà economiche, Mao lancia la campagna dei "Cento fiori" per incoraggiare la partecipazione degli intellettuali al progresso nazionale; **1958**: con il "Grande balzo in avanti" impone la collettivizzazione delle terre e la creazione delle comuni popolari, iniziativa che si risolverà in un completo fallimento economico. **1960**: l'URSS richiama in patria i suoi esperti bloccando così i grandi progetti industriali. **1966**: Mao promuove la Grande rivoluzione culturale proletaria. Durante dieci anni di contrasti (1966-1976) i responsabili del Partito comunista vengono destituiti dagli studenti, organizzati nel movimento delle Guardie rosse, e dall'esercito, sotto la guida di Lin Piao fino al 1971. **1969**: il deterioramento dei rapporti con l'URSS provoca incidenti alle frontiere. **1971**: ammissione nell'ONU della Rep. Popolare Cinese (che comporta l'espulsione di Taiwan). Avvicinamento con gli Stati Uniti.

I nuovi orientamenti. 1976: morte di Mao Zedong; arresto della Banda dei quattro. **1977**: Hua Guofeng, capo del partito e del governo, e Deng Xiaoping, riabilitato per la seconda volta, conducono una politica di riforme economiche, di apertura internazionale e di revisione del maoismo. **1979**: un conflitto armato contrappone C. e Vietnam. **1980-1987**: Hua Guofeng viene sostituito da Zhao Ziyang alla guida del governo. Hu Yaobang, segretario generale del partito, prosegue sulla linea delle riforme, mentre Li Xiannian diventa presidente della repubblica nel 1983. Lo sviluppo del settore privato, che ingenera corruzione e forti rincari dei prezzi, provoca, a partire dal 1986, una grave crisi sociale. **1987**: Zhao Ziyang, nominato capo del partito, cede la guida del governo a Li Peng. **1988**: Yang Shangkun è eletto presidente della repubblica. **1989**: la visita di Michail Gorbačëv a Pechino attesta l'avvenuta normalizzazione dei rapporti con l'URSS. Gli studenti e la popolazione reclamano la liberalizzazione del regime. Deng Xiaoping fa intervenire l'esercito contro i manifestanti, che sono vittime di una repressione sanguinosa (giugno, piazza Tian'anmen, Pechino). Zhao Ziyang viene sostituito da Jiang Zemin. **1991**: riprendono i rapporti diplomatici tra C. e Vietnam. **1992**: nascono contrasti tra conservatori e pragmatici (i quali, guidati da Deng Xiaoping, sostengono un'economia basata sulla reintroduzione della proprietà privata e del libero mercato). Il Partito comunista aderisce ufficialmente all'economia di mercato socialista. Si normalizzano anche i rapporti con la Corea del Sud. **1993**: Jiang Zemin succede a Yang Shangkun alla guida dello Stato. **1997**: morte di Deng Xiaoping. La Gran Bretagna restituisce Hong Kong alla C. (lug.). **1998**: Zhu Rongji subentra a Li Peng nella carica di primo ministro. **1999**: il Portogallo restituisce Macao alla C. (dic.). **2001**: la C. vede rafforzato il proprio ruolo sulla scena internazionale (attribuzione della sede dei Giochi olimpici del 2008 a Pechino; adesione alla WTO). **2003**: Hu Jintao diventa presidente.

CÌNA NAZIONÀLE (Repùbblica della) → TAIWAN.

CINCINNATI, c. degli Stati Uniti (Ohio), sul f. Ohio; 331.285 ab. (1.452.645 ab. nell'agglomerato). Centro industriale. — Musei.

CINCINNÀTO (Lùcio Quìnzio), *n. nel 519 ca. a.C.*, politico romano. Console nel 460 a.C., fu eletto per due volte dittatore (458 e 439), ma alla fine del mandato ritornò a coltivare i campi. È rimasta celebre l'austerità dei suoi costumi.

CÌNCIO ALIMÉNTO (Lùcio), *III sec. a.C.*, annalista e politico romano. Pretore nel 210 a.C., nel corso della seconda guerra punica cadde prigioniero di Annibale. Scrisse una storia di Roma in lingua greca.

CINÈA, *III sec. a.C.*, oratore e diplomatico greco. Fu ambasciatore di Pirro, re dell'Epiro, presso i tarentini (281 a.C.), i romani (279 a.C.) e i sicelioti (278 a.C.).

CINECITTÀ, complesso cinematografico situato a Roma, nella zona sud-orient. Costruito nel 1936-1937, comprende studi, laboratori e tutte le strutture necessarie alla realizzazione di film.

CINÉSE (Mar), settore dell'Oceano Pacifico che si estende lungo le coste della Cina e dell'Indocina. Comprende il *M. C. Orientale* (tra Corea, Isole Ryukyu e Taiwan) e il *M. C. Meridionale* (delimitato a E dalle Filippine e dal Borneo).

CÌNGOLI, com. in prov. di Macerata, tra le valli dei f. Musone e Potenza; 10.172 ab. Agricoltura (foraggi, frumento, olive). Industrie meccaniche, dell'abbigliamento. Centro di villeggiatura estiva. Importanti monumenti medievali (chiesa di S. Francesco, palazzo comunale).

CÌNI (Fondazióne), istituzione culturale fondata nel 1951 dal conte Vittorio C. in ricordo del figlio Giorgio. Ha sede nell'isola di San Giorgio Maggiore, a Venezia.

CINISÈLLO BÀLSAMO, com. in prov. di Milano, nell'alta pianura milanese; 74.770 ab. Centro industriale. Villa Ghirlanda Silva (XVII sec.).

CÌNNA (Gàio Èlvio), *I sec. a.C.*, poeta latino. Appartenente al gruppo dei *neoteroi* e amico di Catullo, scrisse il poema *Zmyrna*, sulla passione tra Mirra e il padre, e un *Propempticon* dedicato ad Asinio Pollione.

CÌNNA (Lùcio Cornèlio), *m. ad Ancona nell'84 a.C.*, generale romano. Capo del partito popolare dopo la morte di Mario, esercitò un dominio tirannico sull'Italia (86-84 a.C.).

CÌNNA MÀGNO (Gnèo Cornèlio), I sec. a. C., politico romano. Pronipote di Pompeo, cospirò ai danni di Augusto che tuttavia lo trattò con clemenza, tanto che lo nominò console nel 5 d.C.

CINOCÈFALE → CINOSCÈFALE, (battaglia di).

CÌNO DA PISTÒIA (Guittoncino **de' Sighibùldi**, detto), *Pistoia 1270 - 1337 ca.*, poeta e giureconsulto. Amico di Dante, propugnò un ritorno alle fonti nella disciplina giuridica, adattandole però alle esigenze della società contemporanea. Di grande importanza l'opera *Lectura in codicem*, raccolta di commenti al codice di Giustiniano. Scrisse inoltre liriche di ispirazione amorosa, raccolte in un canzoniere (165 componimenti), che preludono alla poesia petrarchesca.

CINOSCÈFALE (battàglia di) (197 a.C.), vittoria dell'esercito romano guidato dal console Flaminio su Filippo V di Macedonia, in Tessaglia. Rivelò la superiorità della legione romana sulla falange macedone.

CÌNQUE (grùppo dei), circolo di musicisti russi. Istituito nel 1857 da M.A. Balakirev, riunì fino al 1872 ca. C.A. Kjui e M. Musorgskij, cui si aggiunsero in seguito N. Rimskij-Korsakov e A.P. Borodin. Condividendo l'idea di una musica fondata sul folclore dei rispettivi paesi, essi diedero avvio al rinnovamento della scuola russa.

CÌNQUE GIORNÀTE (18-22 mar. 1848), rivolta antiaustriaca scoppiata a Milano alla notizia del buon esito dell'insurrezione di Vienna. Dopo aspri combattimenti tra le truppe austriache, al comando del generale J. Radetzky, furono costrette al ritiro.

CÌNQUE TÈRRE, reg. costiera della Liguria orient. (La Spezia), che comprende i centri di Monterosso al Mare, Vernazza, Riomaggiore, Corniglia e Manarola. Produzione vinicola e turismo. Parco nazionale.

CÌNTO, monte dell'isola di Delo, nell'arcipelago delle Cicladi; 112 m. Luogo di nascita di Apollo e Artemide, figli di Zeus e Latona.

CÌNTO (Mónte), la vetta più alta della Corsica (Haute-Corse); 2710 m.

CINZÀNO, ditta produttrice di liquori, vini e spumanti, fondata nel 1922 a Torino da Francesco C. Dal 1999 fa parte del gruppo Campari.

CIO → AFL-CIO.

CIO, sigla del Comitato internazionale olimpico.

CIOCIARÌA, reg. del Lazio merid., attraversata dai f. Liri e Sacco; 3400 km². Prende il nome dalla ciocia, una tipica calzatura locale.

CIOMBE (Moise) in fr. M. Tshombé, Musumba 1919 - Algeri 1919, politico congolese. Dopo l'indipendenza del Congo belga (1960), proclamò la secessione del Katanga, che fallì grazie all'intervento dell'ONU. Condannato a morte per alto tradimento, fu internato in Algeria fino alla morte.

CIÓMPI, artigiani della lana, attivi a Firenze nel XIV sec. Privati di ogni diritto politico e della possibilità di riunirsi, videro ulteriormente aggravate le loro condizioni economiche dalla profonda crisi che investì la città. Come conseguenza di questa situazione, nel lug. 1378 scoppiò il tumulto dei C., guidato da Michele di Lando; i rivoltosi ottennero l'istituzione di tre corporazioni per la loro arte, ma ben presto, con il passaggio del loro capo nelle file della borghesia, la sommossa venne sedata e le corporazioni cancellate (1379).

CIORAN (Émile Michel), Răşinari 1911 - Parigi 1995, saggista e moralista francese di origine romena. Ha sviluppato una filosofia pessimista sotto forma di aforismi (Compendio di decomposizione, 1949; Confessioni e anatemi, 1987).

CIPE (Comitàto Interministeriale per la programmazione econòmica), organo fondato nel 1967 e preposto al coordinamento della politica economica nazionale.

CIPI (Comitàto interministeriàle per il coordinaménto della politica industriàle), organo istituito nel 1977 nell'ambito del CIPE per incentivare lo sviluppo dell'industria.

CIPÓLLA (Càrlo Marìa), Pavia 1922-2000, storico dell'economia. Professore emerito di storia economica alla Scuola Normale di Pisa, ha approfondito gli studi sull'epoca medievale e moderna. Tra gli scritti più recenti, Allegro ma non troppo (1988), Il governo della moneta a Firenze e Milano nei secoli XIV-XVI (1990), Il burocrate e il marinaio (1992).

CIPRIÀNI (Amìlcare), Anzio 1844 - Parigi 1918, politico. Luogotenente di G. Garibaldi, partecipò alla fondazione della Prima Internazionale (1864) e fu uno dei capi della Comune di Parigi (1871).

CIPRIÀNO (sànto), Cartagine inizio del III sec. - 258, padre della Chiesa latina. Vescovo di Cartagine (249-258), assunse un atteggiamento moderato di fronte al fenomeno dei lapsi, che chiedevano di ritornare in seno alla Chiesa, ma non accettò la validità del battesimo impartito dagli eretici. Morì martire durante la persecuzione voluta dall'imperatore Valeriano.

CÌPRO, Stato insulare dell'Asia, nel Mediterraneo orient.; 9251 km²; 790.000 ab.(ciprioti). CAP. Nicosia. LINGUE: greco e turco. MONETA: lira sterlina di Cipro.

GEOGRAFIA – Due catene montuose delimitano una depressione centrale, dove sorge Nicosia. L'economia, in prevalenza agricola (agrumi, vite, cereali), e il turismo hanno risentito della spartizione dell'isola tra la comunità greca

Cipro

più di 100.000 ab.
da 30.000 a 100.000 ab.
meno di 30.000 ab.
importanti località turistiche
strada normale
aeroporto
confine della zona di occupazione turca (agosto 1974)

(l'80% ca. della popolazione totale) e quella turca. Tuttavia, il paese sta godendo di una rapida ripresa, soprattutto nella parte merid.

STORIA – L'antichità. Abitata fin dal VII millennio, l'isola di C., ambita per il sottosuolo ricco di rame, viene colonizzata da greci e fenici. **III-I sec. a.C.:** l'isola passa sotto il dominio dei Tolomei prima, dei Lagidi poi; **58 a.C.:** diventa una provincia romana; **395 d.C.:** entra a far parte dell'impero bizantino.

Il Medioevo e l'età moderna. 1191-1489: conquistata da Riccardo Cuor di Leone, C. passa poi nelle mani del Lusignano (1192), che ne fanno un regno latino (1197); diventa base dei crociati e, dopo la caduta di San Giovanni d'Acri (1291), il principale centro latino d'Oriente; **1489:** passa ai veneziani; **1570-1571:** viene conquistata dai turchi.

L'epoca contemporanea. 1878: l'isola è sottoposta all'amministrazione britannica, senza che venga meno per questo la sovranità ottomana; **1925:** annessa dalla Gran Bretagna, subito dopo l'entrata in guerra della Turchia (1914), diventa colonia britannica nonostante le proteste della Grecia. **1955-1959:** i ciprioti greci lottano contro la dominazione britannica e reclamano l'unione con la Grecia (enosis). **1959:** l'isola ottiene l'indipendenza ed entra a far parte del Commonwealth. **1960:** viene proclamata la repubblica, con un presidente greco (monsignor Michail Makarios) e un vicepresidente turco. **1974:** un colpo di Stato favorevole all'enosis provoca lo sbarco dei turchi a N dell'isola. **1977:** alla morte di M. Makarios sale al potere Sporos Kyprianoú. **1983:** proclamazione unilaterale della Rep. turca di C. del Nord, con a capo Rauf Denktaş, che la comunità internazionale rifiuta di riconoscere. **1988:** Gheorghios Vassiliou succede a S. Kyprianoú. **1990:** la rep. di C. presenta domanda di adesione alla CEE. **1993:** Glafkos Clerides viene nominato capo dello Stato (sarà rieletto nel 1998). **1997:** avviene respinge la proposta, avanzata da R. Denktaş, di trasformare C. in una confederazione greco-turca. **2002:** vengono avviati negoziati con la controparte turca per ristabilire l'unità dell'isola. **2004:** la parte greca di Cipro entra nell'UE; si intensificano i tentativi di accordo diplomatico con la minoranza turca.

CÌPSELO, tiranno di Corinto (657-627 a.C.), padre di Periandro.

CIRCÀSSI, popolazione caucasica della Russia (Rep. di Karačajevo-Čerkessia) (ca. 55.000 individui). I c. costituiscono, con gli *adighè e i *cabardini, uno dei tre popoli degli adighè. (In senso lato, il termine c. designa quasi sempre l'insieme degli adighè.)

CIRCÀSSIA, ant. nome della contrada situata sul versante settentr. del Caucaso.

CÌRCE MITOL. GR. Personaggio dell'Odissea. Maga, trasformò i compagni di Ulisse in maiali.

CIRCÈO, promontorio del Lazio affacciato sul Tirreno, che si eleva fino a 541 m (Picco di Circe). Ricco di numerose grotte con importanti reperti. Fa parte del Parco nazionale del C., istituito nel 1934.

ČIRČIK, c. dell'Uzbekistan; 159.000 ab.

CIREBON o TJIREBON, c. dell'Indonesia, sulla costa settentr. di Giava; 262.300 ab. Porto.

CIRENÀICA, reg. nord-orient. della Libia; c. princ. Bengasi. Petrolio.

CIRÈNE, c. princ. dell'ant. Cirenaica (Libia). Importanti rovine (agorà, tempio di Apollo, terme).

CIRÌLLO E METÒDIO (sànti), evangelizzatori degli slavi. — Cirillo, Tessalonica 827 ca. - Roma 869, e suo fratello — Metodio, Tessalonica 825-885 ca. Tradussero la Bibbia e i libri liturgici in lingua slava. Secondo la tradizione religiosa, C. ideò un alfabeto particolare, detto "glagolitico" che, opportunamente semplificato, dette luogo all'alfabeto cirillico.

CIRÌLLO (Doménico), Grumo Nevano 1739 - Napoli 1799, patriota. Entomologo e botanico, nel 1799 aderì alla Repubblica Partenopea, ma al ritorno dei Borbone fu impiccato.

CIRÌLLO (sànto), Gerusalemme 315-386 ca., vescovo di Gerusalemme e dottore della Chiesa. Fu uno dei principali avversari dell'arianesimo.

CIRÌLLO (sànto), Alessandria 380-444 ca., patriarca di Alessandria e padre della Chiesa ortodossa. Combatté il nestorianesimo e lo fece condannare dal concilio di Efeso (431).

CÌRIO (Francésco), Nizza Monferrato 1836 - Roma 1900, industriale. Fondò il primo stabilimento per la produzione di conserve alimentari (1875), che divenne poi una delle principali aziende del settore.

CÌRO II IL GRÀNDE, m. nel 530 ca. a.C., re persiano (556-530 ca. a.C.) della dinastia degli Achemenidi. Figlio di Cambise I, rovesciò il re dei medi Astiage (550 a.C.), sconfisse Creso (546), si impadronì di Babilonia (539) e giunse a dominare tutta l'Asia occ. Adottò una politica religiosa basata sulla tolleranza e permise agli ebrei di rientrare a Gerusalemme. Morì in battaglia contro i massageti.

CÌRO IL GIÓVANE, 424 ca. - Cunassa 401 a.C., principe persiano della dinastia degli Achemenidi. Fu ucciso a Cunassa mentre guidava i mercenari greci e asiatici che aveva riunito contro suo fratello Artaserse II.

CÌRTA, ant. cap. della Numidia, att. Costantina.

CÌSA (Pàsso della), valico dell'Appennino settentr. tra le valli del f. Magra e Taro; 1041 m. Percorso dall'autostrada A15, segna il confine tra l'Appennino Ligure e quello Tosco-Emiliano.

CISALPÌNA (Gàllia), nome attribuito dai romani alla parte settentr. dell'Italia, situata al di qua delle Alpi.

CISALPÌNA (Repùbblica), Stato creato nell'Italia settentr. da Bonaparte (1797) e costituito in regno d'Italia nel 1805.

CISCAUCÀSIA, reg. storica della Russia, tra il Mar d'Azov e il Caspio. Situata a N del Caucaso, ha un territorio prevalentemente pianeggiante, ricco di risorse minerarie (piombo, zinco, petrolio, gas naturale).

CISGIORDÀNIA, reg. della Palestina, a O del Giordano. [V. carta della Giordania.]

STORIA – 1949: la C. è annessa dal regno achemita di Giordania; Dal 1967 (guerra dei Sei giorni): è occupata e amministrata militarmente, con il nome di Giudea-Samaria, da Israele, che vi favorisce l'insediamento di colonie ebraiche. Dal 1987: l'occupazione si scontra con una sollevazione popolare palestinese (Intifada). 1988: re Husayn rompe gli accordi legali e amministrativi con la C. 1994: nella zona di Gerico entra in vigore uno statuto autonomo, conformemente all'accordo israelo-palestinese di Washington. 1995: un nuovo accordo sancisce l'estensione dell'autonomia alle grandi città arabe della C. (Djenin, Naplouse, Tulkarm, Qalqilya, Ramallah, Betlemme e in parte Hebron). Dal 2000: la regione è sconvolta da una nuova esplosione di violenza.

CISKEI, ant. bantustan della Rep. Sudafricana.

CISL (Confederazióne italiàna sindacàti dei lavoratóri), organizzazione sindacale di matrice cattolica fondata nel 1950 da democratici, repubblicani e socialdemocratici staccatisi dalla *CGIL. Segretari principali: G. Pastore, P. Carniti, F. Marini, S. D'Antoni, S. Pezzotta.

CISLEITÀNIA, parte austriaca dell'Austria-Ungheria (1867-1918), in parte separata dalla Transleitania ungherese dal f. Leitha.

CISMÓN, torrente del Veneto; 50 km ca. Nasce dal Passo di Rolle e confluisce da sinistra nel Brenta.

La città che sale, *di U. Boccioni, 1910-1911. (Museum of Modern Art, New York.)*

CISNAL (Confederazióne italiàna sindacàti nazionàli lavoratóri), organizzazione sindacale fondata nel 1950 da membri del Movimento sociale italiano.

CISNEROS (Francisco **Jiménez de**),  *Torrelaguna, Castiglia, 1436 - Roa 1517*, prelato spagnolo. Francescano, confessore della regina Isabella I la Cattolica (1492), divenne arcivescovo di Toledo (1495), cardinale, poi grande inquisitore di Castiglia (1507-1516). Fondatore dell'Università di Alcalá de Henares, fece redigere una Bibbia poliglotta e diede impulso all'umanesimo.
■ *Il cardinale de Cisneros ritratto da P. Biguerny. (Rettorato dell'università, Madrid.)*

CISPADÀNA (Gàllia), per gli ant. romani, parte della Gallia Cisalpina situata a S del Po.

CISPADÀNA (Repùbblica), repubblica organizzata da Bonaparte nel 1796 a S del Po, dal 1797 unita alla Repubblica Cisalpina.

CISSÉ (Souleymane), *Bamako 1940*, regista cinematografico del Mali. Ispirato dall'Africa e dalle sue civiltà, analizza con sguardo critico la società e le forme di potere: *Den Mousso* (La ragazza), 1975; *Finyé - Il vento*, 1982; *Yeelen* (La luce), 1987; *Waati* (Il tempo), 1995.

ČISTJAKOVO → THOREZ.

ČITA, c. della Russia, a E del Lago Bajkal; 320.002 ab. Centro industriale.

CITÀTI (Piètro), *Firenze 1930*, critico letterario, narratore e saggista. Collaboratore di riviste e quotidiani, è stato condirettore della collana di classici della Fondazione Valla. Ha pubblicato raccolte di saggi (*Il tè dell'cappellaio matto*, 1972; *Il sogno della camera rossa*, 1986; *L'armonia del mondo. Miti d'oggi*, 1998) e monografie (*Goethe*, 1970; *Kafka*, 1987).

CÎTEAUX (abbazia di), monastero francese (att. a Saint-Nicolas-lès-Cîteaux in Côte-d'Or) fondato nel 1098 da Roberto di Molesme per accogliervi un ramo riformato dei monaci benedettini, l'ordine cistercense. San Bernardo vi fece professione di fede nel 1113.

CITÈRA, isola della Grecia, nel Mar Egeo, tra il Peloponneso e Creta. Celebre santuario di Afrodite. — J.-A.Watteau evocò questa mitica patria dell'amore nella sua opera **Pellegrinaggio all'isola di Citera.*

CITÈRNA, com. in prov. di Perugia, nell'alta Val Tiberina; 3136 ab. Agricoltura, allevamento, turismo estivo. Palazzo Vitelli (XV sec.).

CITLALTÉPETL → ORIZABA.

CITROËN (André), *Parigi 1878-1935*, ingegnere e industriale francese. Fondatore di un'importante azienda di costruzioni automobilistiche, introdusse in Francia la fabbricazione di auto in serie (1919). Organizzò la prima traversata dell'Africa in automobile ("Crociera nera", 1924-1925) e una traversata dell'Asia centrale ("Crociera gialla", 1931-1932).

CITTÀ CHE SÀLE (La), dipinto di U. Boccioni, (1910-1911, Museum of Modern Art, New York). È la prima opera futurista dell'artista.

CITTÀ DEL CÀPO, in ingl. **Capetown**, in afrik. **Kaapstad**, cap. (sede del parlamento) della Rep. Sudafricana, capol. della prov. del *Capo Occidentale* (2.350.000 ab. nell'agglomerato). Porto attivo nell'estremo S del continente africano, sulla Table Bay, a 50 km dal Capo di Buona Speranza. Centro industriale (agroalimentare). — La città, fondata dagli olandesi nel 1652, diventò britannica, con tutta la provincia del Capo, nel 1814.

CITTADÈLLA, com. in prov. di Padova, sulla sinistra del Brenta; 18.605 ab. Centro commerciale e industriale. Cinta muraria con 32 torri e 4 porte (XIII sec.).

CITTÀ DELLA PIÈVE, com. in prov. di Perugia, tra il f. Nestore e il torrente Chiani; 6960 ab. Località turistica. Città natale del Perugino, conserva importanti opere dell'artista.

CITTÀ DELLE STÉLLE, nome assegnato al centro russo di preparazione degli astronauti, 35 km a NE di Mosca.

CITTÀ DEL MÈSSICO, cap. del Messico, nel Distrito Federal, sull'altopiano dell'Anáhuac, a 2250 m d'alt.; 8.236.960 ab. (18.131.000 ab. nell'agglomerato). Università. Grande centro commerciale e turistico. — Fondata con il nome di Tenochtitlan nel 1325 (o 1345) dagli aztechi, distrutta da H. Cortés nel 1521, poi ricostruita con una pianta a scacchiera, la città è la capitale del Messico dal 1824. — Resti dell'antica città azteca. Cattedrale del XVI-XVIII sec. e altri monumenti del periodo coloniale (ricchi di decorazioni barocche). Musei, tra cui il recente Museo nazionale di antropologia (collezioni precolombiane e indiane).

CITTÀ DEL VATICÀNO → VATICANO (città del).

CITTÀ DI CASTÈLLO, com. in prov. di Perugia, nell'alta valle del Tevere; 38.476 ab. Agricoltura (cereali, tabacco, olive, uva). Industrie alimentari, tessili, meccaniche, delle ceramiche, tipografiche. Duomo romanico (XI sec.). Pinacoteca comunale.

CITTÀ DI DÌO (La), opera di sant'Agostino (413-426). È una difesa dei cristiani accusati dai pagani di essere i responsabili del saccheggio di Roma (410). L'autore contrappone alla città temporale la città mistica, luogo delle anime predestinate.

CITTADUCÀLE, com. in prov. di Rieti, nella media valle del f. Velino; 6747 ab. Località turistica con monumenti di pregio (duomo).

CITTÀ IDEÀLE (La), dipinto attribuito a L. Laurana (1470 ca., Galleria nazionale delle Marche, Urbino). Rappresenta il manifesto del Rinascimento.

CITTÀ PROIBÌTA, palazzo imperiale di Pechino (o Gugong). Luogo riservato all'imperatore e alla sua corte, costruito nel 1406, è stato restaurato dal XVII al XIX sec. Museo.

CITTÀ SÀNT'ÀNGELO, com. in prov. di Pescara, tra il torrente Piomba e il f. Fino; 11.403 ab. Agricoltura, allevamento e industria alimentare. Collegiata di S. Michele. Duomo (XIV sec.).

CITY (La), quartiere finanziario nel centro di Londra.

CIUDAD BOLÍVAR, c. del Venezuela, sull'Orinoco; 225.340 ab. Metallurgia.

CIUDAD DEL ESTE, c. del Paraguay; 133.881 ab.

CIUDAD GUAYANA, c. del Venezuela, alla confluenza dell'Orinoco e del Caroní; 453.047 ab. Centro metallurgico.

CIUDAD JUÁREZ, c. del Messico, sulla frontiera con gli Stati Uniti; 1.187.275 ab.

CIUDAD OBREGÓN, c. del Messico nord-occ.; 534.289 ab.

CIUDAD REAL, c. della Spagna (Castiglia-La Mancia), capol. di prov.; 60.243 ab. Monumenti antichi; musei.

CIUDAD TRUJILLO → SANTO DOMINGO.

CIUDAD VICTORIA, c. del Messico nord-occ.; 249.029 ab.

ČIÙDI (Làgo dei) → PEIPUS (Lago).

ČIÙKCI, popolazione autonoma della Russia (nella Siberia nord-orient.; ca. 15.000 individui). I c. sono cacciatori e allevatori di renne. La loro cultura (che si basa sullo sciamanesimo) e la loro lingua (della famiglia paleo-siberiana) sono fortemente minacciate.

CIÙLLO D'ÀLCAMO → CIELO D'ALCAMO.

CIUVÀSCI, popolazione che vive in Russia (soprattutto nella Rep. dei ciuvasci), Ucraina e Kazakistan (ca. 1,9 milioni di individui). Discendenti dai bulgari del Volga, i c. hanno assimilato elementi ugro-finnici; il loro territorio è stato annesso alla Russia nel 1551. Per tradizione agricoltori e apicoltori, si sono in gran parte convertiti all'ortodossia. Parlano il ciuvascio, della famiglia delle lingue turche.

CIUVÀSCI (Repùbblica autònoma dei), rep. della Russia, a E di Mosca; 1.356.700 ab.; capol. *Čeboksary*. La popolazione è costituita per ca. due terzi da ciuvasci e per più del 25% da russi.

CIVÀTE, com. in prov. di Lecco, in Brianza; 3773 ab. Agricoltura (cereali, foraggi). Industrie

CITTÀ DEL CAPO.

La **città ideale**, dipinto attribuito a L. Laurana, 1472 ca. (Galleria nazionale delle Marche, Urbino.)

meccaniche, elettrotecniche, della carta). Monastero benedettino (IX sec.).

CIVÉTTA (Mónte), gruppo montuoso delle Dolomiti, tra le valli di Zoldo e Cordevole; 3220 m. Il versante nord-settentr. è caratterizzato da una spettacolare parete, lunga 7 km e alta fino a 1200 m.

CIVIDÀLE DEL FRIÙLI, com. in prov. di Udine, ai piedi delle Prealpi Giulie; 11.292 ab. Viticoltura e silvicoltura. Industrie del legno e dei materiali da costruzione. Turismo. Tempietto longobardo (VIII sec.). Duomo (XV sec.).

CIVIDÀTE CAMÙNO, com. in prov. di Brescia, nella media Val Camonica; 2615 ab. Centro agricolo e industriale. Resti di epoca romana.

CIVÌLE (Clàudio Giùlio), *I sec. d.C.*, capo batavo. Nel 69 si ribellò ai romani; sconfitto, fu costretto ad accettare la condizione di alleato di Roma (70).

CIVILTÀ CATTÒLICA (La), rivista quindicinale di cultura, fondata a Napoli nel 1850 da un gruppo di gesuiti guidati da C.M. Curci. Si propose di difendere la "civiltà cattolica" in opposizione alle idee liberali dell'epoca.

CIVININI (Guèlfo), *Livorno 1873 - Roma 1954*, scrittore. Redattore e corrispondente di guerra del *Corriere della Sera*, è stato poeta crepuscolare (*I sentieri e le nuvole*, 1911; *Cantilene di bimbi*, 1920) e narratore (*Odor d'erbe buone*, 1931; *Trattoria di paese*, 1938). Coautore, con C. Zangarini, del libretto per *La fanciulla del West* di G. Puccini.

CIVITA CASTELLANA, com. in prov. di Viterbo, a S dei Monti Cimini; 15.955 ab. Viticoltura. Industrie della ceramica, del tabacco, chimiche, meccaniche. Cattedrale (XII sec.). Rocca pentagonale (XV sec.).

CIVITANÒVA MÀRCHE, com. in prov. di Macerata, sul Mar Adriatico; 38.780 ab. Industrie calzaturiere, cantieristiche, meccaniche. Turismo balneare. Pesca. Mura (XV sec.), edifici gotici e rinascimentali.

CIVITAVÈCCHIA, com. in prov. di Roma; 50.945 ab. Porto mercantile e turistico. Fondata nel 106 da Traiano come porto con il nome di *Centumcellae*, fu ricostruita nel IX sec. dopo essere stata distrutta dai saraceni. Forte Michelangelo (XVI sec.), museo archeologico.

CIVITÈLLA ALFEDÉNA, com. in prov. dell'Aquila, nella valle del Sangro; 292 ab. Località turistica nel cuore del Parco nazionale d'Abruzzo.

CIVITÈLLA DI ROMÀGNA, com. in prov. di Forlì-Cesena, sulla destra del Bidente; 3763 ab. Centro agricolo e industriale. Santuario della Madonna della Suasia (XVI sec.).

CIXI o **TZ'U-HSI**, *Pechino 1835-1908*, imperatrice della Cina. Dominatrice della vita politica della Cina dal 1875 al 1908, mantenne il potere mettendo in competizione modernisti e conservatori.

CÌZICO, ant. c. della Frigia, sulla Propontide.

CL → COMUNIONE E LIBERAZIONE.

CLAIR (René **Chomette**, detto René), *Parigi 1898-1981*, regista cinematografico francese. I suoi film, dalla fantasia poetica e dall'ironia gioiosa, hanno lasciato una forte impronta nel cinema francese degli anni '20 e '30 del secolo scorso (*Entr'acte*, 1924; *Un cappello di paglia di Firenze*, 1928; *Sotto i tetti di Parigi*, 1930; *A me la libertà*, 1931; *Il silenzio è d'oro*, 1947; *Le grandi manovre*, 1955; *Quartiere dei lillà*, 1957).

CLAIRAUT (Alexis), *Parigi 1713-1765*, matematico francese. Entrato all'Accademia delle scienze a 18 anni, nel 1736 fu inviato con P.L. de Maupertuis in Lapponia per stabilire la misura di un grado di meridiano. Autore di studi di meccanica celeste, diede un contributo alla teoria delle equazioni differenziali.

CLAIRVAUX (abbazia di), in it. **Chiaravàlle**, resti di un'abbazia francese (dip. Aube) fondata dall'abate di Cîteaux nel 1115. Fu in questo monastero che san Bernardo, il suo primo abate, diede grande impulso all'ordine cistercense, destinato a conoscere un'ampia diffusione.

CLANCY (Tom), *Baltimora 1947*, scrittore statunitense. Broker assicurativo con la passione per il mondo militare, ha esordito nel 1984 con il romanzo *La grande fuga dell'Ottobre Rosso*. Padre del thriller tecnologico, è autore di numerosi best-seller (*Pericolo imminente*, 1989; *Paura senza limiti*, 1991; *Rainbow Six*, 1998).

CLAPARÈDE (Édouard), *Ginevra 1873-1940*, psicologo e pedagogo svizzero. Pioniere di studi sull'intelligenza basati su presupposti contrari all'associazionismo, nel 1912 fondò l'Institut J.-J. Rousseau, per ricerche nel campo della psicologia infantile (*Psicologia del bambino e pedagogia sperimentale*, 1909).

CLAPEYRON (Émile), *Parigi 1799-1864*, fisico francese. Tra i fondatori della termodinamica, divulgò lo studio di S. Carnot sulla "potenza motrice del calore".

CLAPPERTON (Hugh), *Annan, contea di Dumfries, Scozia, 1788 - presso Sokoto, Nigeria, 1827*, viaggiatore britannico. Fu il primo europeo a raggiungere il Lago Ciad (1823) ed esplorò la zona settentr. dell'att. Nigeria.

CLAPTON (Eric), *Ripley 1945*, chitarrista e cantante pop britannico. Anche compositore, è fortemente influenzato dalla tradizione del blues nero americano. Ha dato un contributo alla nascita del blues-rock inglese con il gruppo degli Yardbirds.

CLARENCE (George, dùca **di**), *Dublino 1449 - Londra 1478*, nobile inglese. Complottò contro il fratello Edoardo IV e fu condannato a morte.

CLARENDON (Costituzióni di) (1164), statuti sul rapporto tra Stato e Chiesa che il re d'Inghilterra Enrico II presentò a C. Park (Wiltshire) con l'in-

tento di porre la Chiesa inglese sotto il controllo monarchico. Questi statuti furono risolutamente contestati da T. *Beckett*.

CLARENDON (Edward **Hyde**, cónte **di**), *Dinton 1609 - Rouen 1674*, statista inglese. Sostenitore di Carlo I durante la prima rivoluzione d'Inghilterra (1642-1649), fu primo ministro di Carlo II dal 1660 al 1667.

CLARÍN (Leopoldo **Alas y Ureña**, detto), *Zamora 1852 - Oviedo 1901*, scrittore e critico spagnolo. La sua opera narrativa concilia la rappresentazione satirica e grottesca della società asturiana con l'indagine psicologica (*La presidentessa*, 1885).

CLARK (lord Kenneth), *Londra 1903-1983*, storico dell'arte britannico (*Leonardo da Vinci*, 1939; *Piero della Francesca*, 1951; *Il nudo*, 1955; *Civiltà*, 1969).

CLARK (Mark Wayne), *Madison Barracks 1896 - Charleston 1984*, generale statunitense. Si distinse dapprima in Tunisia e in Italia (1943-1945), poi in Corea (1952-1953), come comandante in capo delle forze dell'ONU e delle truppe americane in Estremo Oriente.

CLARKE (Arthur Charles), *Minehead 1917*, scrittore britannico. Laureato in fisica e matematica, è autore di celebri romanzi di fantascienza (*Le sabbie di Marte*, 1951; *La città e le stelle*, 1956; *2001 Odissea nello spazio*, 1968; *3001 Odissea finale*, 1997).

CLARKE (Kenneth **Spearman**, detto Kenny), *Pittsburgh 1914 - Montreuil-sous-Bois 1985*, batterista jazz statunitense. Pioniere del be-bop, è stato tra i fondatori del Modern Jazz Quartet (1952).

CLARKE (Samuel), *Norwich 1675 - Leicestershire 1729*, filosofo e teologo inglese. Si dedicò alla lotta contro l'ateismo e fu allievo di I. Newton, di cui difese le tesi relative a spazio e tempo in una corrispondenza con G.W. Leibniz (1715-1716).

CLARO, c. della Lidia (att. Turchia), prov. di Smirne. Vi sorgeva uno dei più antichi santuari di Apollo. Importanti rovine.

CLÀSSE, ant. porto militare e commerciale romano, presso Ravenna. Nell'omonimo centro, in epoca bizantina, fu costruita la celebre basilica di Sant'Apollinare in C. (VI sec.).

CLAUDE (Georges), *Parigi 1870 - Saint-Cloud 1960*, fisico e industriale francese. Ideatore di un metodo per la liquefazione dell'aria (1902), mise a punto i tubi luminescenti al neon (1910) e altre invenzioni dalle notevoli conseguenze pratiche; inoltre, svolse ricerche sull'energia termica dei mari (1926).

CLAUDEL (Paul), *Villeneuve-sur-Fère 1868 - Parigi 1955*, scrittore francese. Poeta (*Conoscenza dell'Est*, 1895-1905; *Cinque grandi odi*, 1900-1908), nei suoi drammi mostrò che le aspirazioni contraddittorie dell'uomo, il conflitto tra la carne e lo spirito, non possono essere risolti se non trascendendo la propria individualità e riconoscendo l'amore salvifico di Dio (*Testa d'oro*, 1890; *Partage de midi*, 1905; *L'annunzio a Maria*, 1912; *La scarpina di raso*, 1943). ■ *Paul Claudel*.

— **Camille C.**, *Fère-en-Tardenois 1864 - Montfavet 1943*, scultrice francese. Sorella di Paul, fu artista di talento, collaboratrice e amante di A. Rodin dal 1883 al 1898. Nel 1913 fu internata in manicomio.

CLÀUDIA DI FRÀNCIA, *Romorantin 1499 - Blois 1524*, regina di Francia. Figlia di Luigi XII, fu la prima moglie di Francesco I, cui portò in dote il ducato di Bretagna.

CLAUDIÀNO (Clàudio), *Alessandria d'Egitto 370 ca. - Roma 404 ca.*, poeta latino, tardo esponente della poesia latina (*Laus Stilichonis*, *De bello Gildonico*, *De bello Gothico*, *Gigantomachia*, *De raptu Proserpinae*).

CLÀUDIO I, (Tibèrio Clàudio Césare Augùsto Germànico), *Lione 10 a.C. - Roma 54 d.C.*, imperatore romano (41-54). Figlio di Druso, succedette a Caligola e sposò prima Messalina, poi Agrippina. Potenziò l'amministrazione centrale e, nel 43, si mise in luce nella conquista della Britannia. Fece completare l'acquedotto che porta il suo nome e realizzare il porto di Ostia. Colto ma debole, si lasciò dominare da Agrippina, che l'avvelenò. — **Claudio II il Gotico**, *214 ca. - Sir-*

La **CITTÀ PROBITA** a Pechino.

mio 270, imperatore romano (268-270). Combatté i germani e i goti.
CLÀUDIO (sànto), vescovo di Besançon nel VII sec.
CLÀUDIO CIÈCO (Àppio), *IV-III sec. a.C.*, politico romano. Due volte console (307 e 296 a.C.), dittatore e censore, fece realizzare la via Appia e il primo acquedotto di Roma.
CLÀUDIO MARCÈLLO (Màrco) → MARCELLO (Marco Claudio).
CLAUS (Hugo), *Bruges 1929*, scrittore belga di lingua fiamm. È autore di poesie, romanzi (*La sofferenza del Belgio*) e drammi (*Zucchero*) che coniugano realismo ed espressionismo.
CLAUSEWITZ (Carl **von**), *Burg 1780 - Breslavia 1831*, generale e teorico militare prussiano. Dopo aver combattutto contro Napoleone, nel 1818 divenne direttore della scuola di guerra di Berlino. Il suo trattato *Della guerra* esercitò una notevole influenza non solo sulla preparazione dello Stato maggiore tedesco, ma anche sulla concezione bellica marxista. In esso C. sottolinea il carattere intrinsecamente violento della guerra e il fatto che essa sia del tutto subordinata alla politica, di cui non costituisce che uno strumento.
CLAUSIUS (Rudolf), *Köslin, Pomerania, 1822 - Bonn 1888*, fisico tedesco. Introdusse il concetto di entropia in termodinamica (1850) e sviluppò la teoria cinetica dei gas.
CLAY (Cassius) → ALI.
CLAY (Henry), *Hanover County, Virginia, 1777 - Washington 1852*, politico statunitense. Fu presidente del Congresso (1811-1821) e tra i sostenitori del protezionismo.
CLAZÒMENE, ant. c. sulla costa ionica dell'Asia Minore. Fondata dagli ioni, subì diverse occupazioni (persiani, macedoni, seleucidi, tolomei) e fu provincia romana. Patria di Anassagora.
CLEÀRCO, *450-401 a.C.*, generale spartano. Durante la guerra del Peloponneso organizzò per Ciro il Giovane un esercito di mercenari che fu sconfitto a Cunassa (401 a.C.). Fu ucciso da Tissaferne.
CLÈLIA, eroina romana data in ostaggio al re etrusco Porsenna insieme ad altre fanciulle. Fuggì attraversando il Tevere, e questo atto di coraggio le valse la libertà.

CLEMENCEAU (Georges), *Mouilleron-en-Pareds 1841 - Parigi 1929*, politico francese. Deputato dal 1876, capo della sinistra radicale, si oppose alla politica coloniale di J. Ferry. Implicato nello scandalo di Panamá, pubblicò su *Aurore* il "J'accuse" di E. Zola a favore di A. Dreyfus (1898). Ministro dell'interno e poi presidente del consiglio (1906-1909), represse violentemente gli scioperi e ruppe con i socialisti. Principale artefice della vittoria nella prima guerra mondiale, condusse i negoziati per il trattato di Versailles (1919).
■ *Georges Clemenceau nel 1917.*
CLÉMENT (René), *Bordeaux 1913 - Monaco 1996*, regista cinematografico francese. I suoi film sono caratterizzati da uno stile rigoroso e un realismo spesso pessimista (*Operazione Apfelkern*, 1946; *Giochi proibiti*, 1952; *Le amanti di Monsieur Ripois*, 1954; *L'uomo venuto dalla pioggia*, 1969).
CLEMÈNTE ALESSANDRÌNO, *Atene 150 ca. - tra il 211 e il 216*, padre della Chiesa greca. Fu il primo filosofo cristiano a considerare il pensiero antico come una preparazione al Vangelo (*Stromata*).
CLEMÈNTE (Francésco), *Napoli 1952*, pittore. Membro del gruppo Transavanguardia, ha accolto le suggestioni della cultura indiana. Dal 1980 a New York, ha collaborato con artisti quali A. Warhol e J.-M. Basquiat.
CLEMÈNTE I (sànto), *m. nel 97*, papa dall'88 al 97. È autore di un'importante epistola alla Chiesa di Corinto. — **Clemente II** (Suitgero **di Morsleben e Hornburg**), *m. a Pesaro nel 1047*, papa dal 1046 al 1047. Incoronò imperatore Enrico III di Germania e condannò la simonia. — **Clemente III** (Paolo **Scolari**), *m. a Roma nel 1191*, papa dal 1187 al 1191. Allestì la terza crociata. — **Clemente III** (Guilberto **di Ravenna**), *Parma 1023 - Civita Castellana 1100*, papa di Avignone dal 1080 al 1098. Scomunicato da papa Gregorio VII nel 1078, salì al soglio pontificio per volontà di Enrico IV. — **Clemente IV** (Gui **Foulques**), *Saint-Gilles fine del XII sec. - Viterbo 1268*, papa dal 1265 al 1268. Sostenne Carlo d'Angiò in Sicilia, contro Manfredi e Corradino. — **Clemente V** (Bertrand **de Got**), *Villandraut ? - Roquemaure 1314*, papa di Avignone dal 1305 al 1314. Arcivescovo di Bordeaux, trasferì la Santa Sede ad Avignone. Durante il concilio di Vienna (1311-1312) soppresse l'ordine dei templari. — **Clemente VI** (Pierre **Roger**), *Maumont 1291 - Avignone 1352*, papa dal 1342 al 1352. Trasformò la sua residenza ad Avignone in un magnifico palazzo e fu protettore delle arti. — **Clemente VII** (Roberto **di Ginevra**), *Ginevra 1342 - Avignone 1394*, antipapa dal 1378 al 1394. La sua elezione da parte dei cardinali che non riconoscevano Urbano VI provocò lo scisma d'Occidente. — **Clemente VII** (Giulio **de' Medici**), *Firenze 1478 - Roma 1534*, papa dal 1523 al 1534. Celebre per i suoi contrasti con Carlo V, fu segregato a Roma dalle truppe imperiali (sacco di Roma, 1527); negò l'autorizzazione al divorzio di Enrico VIII, provocando lo scisma anglicano. — **Clemente VIII** (Gil **Sánchez de Muñoz**), *m. a Maiorca nel 1447*, antipapa dal 1423 al 1429. Godette del sostegno di Alfonso di Aragona. — **Clemente VIII** (Ippolito **Aldobrandini**), *Fano 1536 - Roma 1605*, papa dal 1592 al 1605. Fu inflessibile nella difesa del dogma (condanna di G. Bruno) e nella repressione del brigantaggio e del malcostume (esecuzione di B. Cenci). — **Clemente IX** (Giulio **Rospigliosi**), *Pistoia 1600 - Roma 1669*, papa dal 1667 al 1669. Nel 1668, con la pace clementina, cercò di risolvere la questione giansenista. — **Clemente X** (Emilio **Altieri**), *Roma 1590-1676*, papa dal 1670 al 1676. Lasciò che a gestire il potere fosse il nipote, il cardinale Paluzzo Paluzzi. — **Clemente XI** (Giovanni Francesco **Albani**), *Urbino 1649 - Roma 1721*, papa dal 1700 al 1721. Pubblicò la bolla *Unigenitus* contro i giansenisti (1713). — **Clemente XII** (Lorenzo **Corsini**), *Firenze 1652 - Roma 1740*, papa dal 1730 al 1740. Fu il primo a condannare la massoneria (1738). — **Clemente XIII** (Carlo **Rezzonico**), *Venezia 1693 - Roma 1769*, papa dal 1758 al 1769. Difese i gesuiti e condannò l'Illuminismo. — **Clemente XIV** (Giovanni Vincenzo **Ganganelli**), *Sant'Arcangelo di Romagna 1705 - Roma 1774*, papa dal 1769 al 1774. Soppresse la Compagnia di Gesù.
CLEMÈNTI (Mùzio), *Roma 1752 - Evesham, Inghilterra, 1832*, compositore. Pianista, direttore d'orchestra e costruttore di pianoforti, fu uno dei maestri della scuola moderna di pianoforte. Scrisse sonate e sinfonie.
CLEÒMENE III, *m. ad Alessandria d'Egitto nel 219 a.C.*, re di Sparta (235-222 a.C.). Cercò di restaurare la potenza di Sparta, ma fu sconfitto dalla coalizione della lega achea con la Macedonia.
CLEÓNE, *V sec. a.C.*, politico ateniese. Capo del partito democratico radicale, sconfisse gli spartani a Sfacteria nel 425 a.C. Fu ucciso da Brasida nella battaglia di Anfipoli (422 a.C.).

CLEOPÀTRA, nome di sette regine d'Egitto. — **Cleopatra VII**, *Alessandria d'Egitto 69-30 a.C.*, regina d'Egitto (51-30 a.C.). Amata da Cesare e da Antonio, regnò sul Mediterraneo orientale. Sconfitti da Ottaviano ad Azio (31 a.C.), Antonio e C. fuggirono in Egitto, dove si suicidarono (lei si sarebbe fatta mordere da un aspide). Con C. ebbe termine la dinastia dei Lagidi e l'indipendenza dell'Egitto ellenistico.
■ *Cleopatra VII. (British Museum, Londra.)*
CLÈRICI (Fabrizio), *Milano 1913 - Roma 1993*, pittore e incisore. Laureato in architettura, è stato uno dei più importanti esponenti del surrealismo italiano (*Venezia senz'acqua*, *Corpus ermeticum*, *Il minotauro accusa pubblicamente sua madre*). Ha curato l'allestimento di opere teatrali e balletti.
CLERMONT-FERRAND, c. della Francia, capol. della reg. Alvernia e del dip. Puy-de-Dôme; 141.004 ab. Industria degli pneumatici. — Cattedrale gotica completata da Viollet-le-Duc; chiesa romanica di Notre-Dame du Port (XII sec.); edifici gotici e rinascimentali. — Festival internazionale dei cortometraggi. — Nel 1095 papa Urbano II vi presiedette il concilio che bandì la prima crociata.
CLÈS, com. in prov. di Trento, sulla destra del Noce, in Val di Non; 6349 ab. Frutticoltura, industria del legno. Nei pressi, castello di C. (XV sec.).
CLÈTO → ANACLETO.
CLEVE, in ted. **Kleve**, c. della Germania (Renania Settentr.-Westfalia); 48.647 ab. Capitale di un antico ducato.
CLEVELAND, c. degli Stati Uniti (Ohio), sul Lago Erie; 478.403 ab. (2.250.871 ab. nell'agglomerato). Centro industriale. — Museo d'arte. Museo del rock and roll.
CLEVELAND (Stephen Grover), *Caldwell, New Jersey, 1837 - Princeton 1908*, politico statunitense. Presidente democratico degli Stati Uniti (1885-1889; 1893-1897), si oppose al protezionismo e al potere dei partiti politici.
CLIFT (Edward M. **Clift**, detto Montgomery), *Omaha 1920 - New York 1966*, attore cinematografico statunitense. Esordì nel 1948 (*Il fiume rosso*, *Odissea tragica*) e divenne una delle star più richieste di Hollywood. Lavorò con J. Houston, A. Hitchcock, V. De Sica ed E. Kazan.

CLINTON (William Jefferson, detto Bill), *Hope, Arkansas, 1946*, politico statunitense. Democratico, governatore dell'Arkansas (1979-1981 e 1983-1992), è divenuto presidente degli Stati Uniti nel 1993. In conseguenza dell'energica attività diplomatica (Medio Oriente, Bosnia) e di una congiuntura economica favorevole, è stato rieletto nel 1996. Indebolito dallo scandalo per una relazione extraconiugale con la stagista M. Lewinsky (sottoposto a *impeachment* nel 1998, è stato prosciolto dal senato nel 1999), ha ritrovato in seguito una certa popolarità.
■ *Bill Clinton.*
CLÌO MITOL. GR. Musa della poesia epica e della storia.
CLIPPERTON, isolotto disabitato francese, nel Pacifico, a 1300 km dal Messico; 5 km^2.
CLISSON (Olivier, signóre **di**), *Clisson 1336 - Josselin 1407*, conestabile di Francia. Combatté gli inglesi a fianco a Du Guesclin, divenne conestabile (1380) ed ebbe grande influenza su Carlo VI, nei primi tempi del suo regno.
CLÌSTENE, *seconda metà del VI sec. a.C.*, statista ateniese. Dopo aver realizzato nuove divisioni territoriali ad Atene, in modo da rafforzarne l'unità grazie alla coesione dei cittadini, riformò in senso democratico le istituzioni della città.
CLITENNÈSTRA MITOL. GR. Figlia di Leda e Tindaro, mitico re di Sparta, o, secondo un'altra versione della leggenda, di Zeus. Moglie di Agamennone e madre di Oreste, Elettra e Ifigenia, non potendo perdonare il sacrificio di quest'ultima, uccise il marito al suo ritorno da Troia, con la complicità dell'amante Egisto. Entrambi furono poi uccisi da Oreste.
CLITÙNNO, f. dell'Umbria, che nasce presso Campello sul C., in prov. di Perugia; 40 km. Presso le fonti del C. si trova un tempietto paleocristiano (IV o V sec.).
CLIVE (Robert), baróne **Clive of Plassey**, *Styche 1725 - Londra 1774*, generale e politico britannico. Governatore del Bengala (1765), fu il fondatore dell'impero britannico in India. Accusato di concussione, si uccise.
CLÌZIA, *VI sec. a.C.*, ceramografo greco. Con il vasaio Ergotimo realizzò il celebre *vaso François* a figure nere (Museo archeologico di Firenze).
CLN (Comitàto di liberazióne nazionàle), organizzazione politica unitaria di direzione della lotta contro il fascismo e l'occupazione tedesca in Italia che, dopo l'armistizio del sett. 1943, guidò la Resistenza.
CLÒDIO (Albìno), *III sec.*, imperatore romano. Militare brillante, governò la Britannia e fu acclamato imperatore dai militari (193). Fu ucciso da Settimio Severo a Lione nel 197.

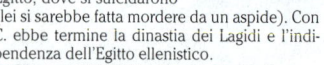

CLÒDIO (Pùblio Àppio), *93 ca. - 52 a.C.*, agitatore romano. Tribuno della plebe (58 a.C.), celebre per le sue violenze, fece esiliare Cicerone e fu ucciso da Milone.

CLODIÓNE IL CAPELLÙTO, *m. nel 460 ca.*, capo della tribù dei franchi salii. Viene considerato il capostipite dei merovingi.

CLODOMÌRO, *495 ca. - Vézeronce 524*, re d'Orléans (511-524), della dinastia merovingia. Figlio di Clodoveo e Clotilde, morì combattendo contro i burgundi.

CLODOVÈO I, *465 ca. - Parigi 511*, re dei franchi (481/482-511), della dinastia merovingia. Divenuto re dei franchi salii di Tournai alla morte del padre Childerico I (481 o 482), batté Siagrio (Soissons, 486), gli alamanni (495 ca. e/o 505-506), i burgundi (500) e i visigoti (Vouillé, 507). Fondatore della monarchia franca e unico sovrano di tutta la Gallia, fu protettore del cattolicesimo (ricevette il battesimo da san Remigio a Reims, 498 ca.), e primo re barbaro cristiano. Alla sua morte il regno fu diviso tra i quattro figli. — **Clodoveo II**, *635-657*, re di Neustria e Borgogna (639-657), della dinastia merovingia. Figlio di Dagoberto I, sposò Batilde. — **Clodoveo III**, *m. nel 676 ca.*, re dei franchi (675), della dinastia merovingia. — **Clodoveo IV**, *681 ca. - 695*, re dei franchi (691 ca. - 695), della dinastia merovingia. A detenere il potere durante il suo regno fu di fatto Pipino di Héristal.

CLOSTERMANN (Pierre), *Curitiba, Brasile, 1921*, aviatore francese. Asso della seconda guerra mondiale (33 vittorie), più volte deputato dal 1946 al 1969, è autore di *La grande giostra* (1948).

CLOTÀRIO I, *497 ca. - 561*, re dei franchi (511-561), della dinastia merovingia. Figlio di Clodoveo, fece uccidere, con l'appoggio di Childeberto I, i figli del fratello Clodomiro. — **Clotario II**, *584-629*, re di Neustria (584-629), della dinastia merovingia. Figlio di Chilperico I e Fredegonda, divenne unico sovrano del regno franco nel 613. Fece uccidere Brunechilde. — **Clotario III**, *m. nel 673*, re di Neustria (657-673), della dinastia merovingia, figlio di Clodoveo II. — **Clotario IV**, *m. nel 719*, re di Austrasia (718-719), della dinastia merovingia. Fu designato da Carlo Martello, che lo preferì a Chilperico II.

CLOTÌLDE (sànta), *475 ca. - Tours 545*, regina dei franchi. Figlia di Chilperico, re dei burgundi, e moglie di Clodoveo I, contribuì alla conversione del marito al cattolicesimo.

CLOUD o **CLODOÀLDO** (sànto), *522 ca. - Novigentum, att. Saint-Cloud, 560 ca.*, principe merovingio. Figlio di Clodomiro, sfuggito al massacro della famiglia da parte degli zii Childeberto e Clotario, fondò presso Parigi il monastero che porta il suo nome.

CLOUET (Jean), *1485 ca. ? - Parigi 1540/1541*, pittore e disegnatore francese di origine fiamminga. Artista di corte al servizio di Francesco I dal 1516, è autore di ritratti realistici, dipinti a olio o disegnati (matita nera, sanguigna, gesso). — **François C.**, *Tours 1510/1515 ca. - Parigi 1572*, pittore francese, figlio di Jean. Epigono del padre, ma dal disegno più complesso, lavorò per Francesco I e i suoi successori. Alcune scene di genere e quadri mitologici (*Diana al bagno*, Rouen) rivelano la sua affinità con la scuola di Fontainebleau.

CLOUZOT (Henri Georges), *Niort 1907 - Parigi 1977*, regista cinematografico francese. Maestro della suspense e delle atmosfere noir, ha realizzato *L'assassino abita al 21* (1942), *Il corvo* (1943), *Legittima difesa* (1947), *Vite perdute* (1953), *I diabolici* (1955), *La verità* (1960), *La prigioniera* (1968).

CLOVIS, località degli Stati Uniti (New Mexico). Ha dato nome a una cultura preistorica caratterizzata dall'uso di punte di lancia scanalate, finemente lavorate.

CLUB ALPÌNO ITALIÀNO → CAI.

CLUB DI PARÌGI, gruppo informale che raggruppa Stati creditori dei paesi in via di sviluppo. Si è costituito nel 1956 al fine di scaglionare il debito dei paesi in via di sviluppo nel caso in cui possa essere rinegoziato.

CLUB DI RÓMA, gruppo composto da economisti e scienziati che si occupano dei problemi legati al futuro dell'umanità. Il primo incontro si è svolto a Parigi nel 1968.

CLUJ-NAPOCA, già **Cluj**, in ung. **Kolozsvár**, c. della Romania, in Transilvania; 328.602 ab. Centro industriale e universitario. — Monumenti gotici e barocchi. Musei.

CLUNY, c. della Francia, capol. del dip. Saône-et-Loire; 4866 ab. L'abbazia romanica costruita a partire dal 1088, il più vasto monumento dell'Occidente medievale, è stata quasi interamente demolita all'inizio del XIX sec.; edifici di varie epoche (dal XIII al XVIII sec.).

CLUNY (abbazìa di), abbazia fondata da monaci benedettini sulla terra donata nel 910 da Guglielmo, duca di Aquitania. Sotto la guida dei primi abati (Odone, Odilone, Ugo, Pietro il Venerabile), divenne ben presto fulcro di un movimento monastico, spirituale, culturale e artistico, la cui influenza si estese a tutta la cristianità. Al suo apogeo, all'inizio del XII sec., l'ordine cluniacense contava più di 1000 monasteri.

CLYDE, f. della Gran Bretagna, in Scozia, che si getta nel Mare d'Irlanda; 170 km. Attraversa Glasgow.

CNEL (Consìglio nazionàle dell'economìa e del lavóro), organo costituzionale che fornisce consulenza al governo e al parlamento su questioni economiche e sociali.

CNEN (Comitàto nazionàle per l'energìa nucleàre), ente di diritto pubblico fondato nel 1960 per incentivare la ricerca sull'utilizzo pacifico dell'energia nucleare. Ha preso il nome di *ENEA nel 1982.

CNGEI (Còrpo nazionàle gióvani esploratóri italiàni), associazione scoutistica fondata nel 1912.

CNÌDO, c. ant. della Caria. È celebre per il tempio di Afrodite che conteneva la statua della dea, capolavoro di Prassitele, oggi nota solo grazie a copie antiche.

CNN (Cable News Network), rete televisiva via cavo statunitense, fondata nel 1980. Trasmette, anche via satellite, 24 ore su 24 programmi di informazioni a tutto il mondo.

CNÒSSO, princ. c. della Creta ant. (in cui viveva il leggendario re Minosse), occupata dai micenei nel XV sec. a.C. Gli scavi, avviati da A. Evans, hanno portato alla luce un vasto complesso palaziale, ricostruito più volte tra il II millennio e il 1600 a.C., data in cui fecero la loro comparsa le prime pitture parietali.

CNOSSO. L'uccello blu *(1500 a.C. ca.)*.
Particolare di un affresco proveniente
dal Palazzo di Cnosso. *(Museo di Iraklion.)*

CNR (Consìglio nazionàle delle ricérche), organo istituito nel 1923, preposto al coordinamento delle ricerche in ambito scientifico.

CÔA (vallàta del), vallata percorsa dal Côa, affl. del Duero, nel Portogallo nord-orientale. Negli anni '90 del secolo scorso vi è stato scoperto il più grande complesso di arte rupestre paleolitica all'aria aperta mai rinvenuto (complesso detto di *Foz Côa*, 22.000-10.000 a.C.).

COALIZIÓNI, alleanze militari e politiche concluse dagli Stati europei contro la Francia rivoluzionaria e napoleonica. Le sette c. videro uniti i principali paesi europei, in part. Gran Bretagna, Austria (che non partecipò alla quarta) e Russia (che non prese parte alla quinta). La *prima coali-

zione* (1793-1797) si sciolse dopo la campagna di Napoleone in Italia e il trattato di Campoformio. La *seconda* (1799-1802) si concluse con la pace di Lunéville, con l'Austria, e quella di Amiens, con la Gran Bretagna. La *terza* si formò nel 1805 (battaglia di Austerlitz; pace di Presburgo), la *quarta* nel 1806-1807 (battaglie di Jena, di Eylau, di Friedland; pace di Tilsit), la *quinta* nel 1809 (battaglia di Wagram; pace di Vienna). La *sesta* (1813-1814) costrinse Napoleone I ad abdicare una prima volta. La *settima* (1815), che terminò con la battaglia di Waterloo, portò alla seconda abdicazione di Bonaparte.

COASE (Ronald), *Willesden 1910*, economista britannico. È stato tra i primi, nel 1937, a sottolineare l'importanza dei costi nella coordinazione delle attività del processo di produzione. (Premio Nobel 1991.)

COAST RANGES ("Caténa Costièra"), monti del Canada e degli Stati Uniti, che costeggiano il Pacifico. Si estendono dalla Columbia Britannica alla California.

COATZACOALCOS, c. del Messico, sul Golfo del Messico; 225.973 ab. Porto petrolifero. Raffinerie.

COBAS (Comitàti di bàse), organizzazioni spontanee dei lavoratori sorte a partire dal 1987 nei settori del pubblico impiego (scuola, trasporti, sanità), in contrapposizione ai sindacati confederali.

COBBETT (William), *Farnham 1762 - Guildford 1835*, politico e giornalista britannico. Fu uno dei capifila dei radicali inglesi.

COBDEN (Richard), *Dunford Farm 1804 - Londra 1865*, economista e politico britannico. Liberoscambista, nel 1846 ottenne la soppressione delle *Corn Laws*. Condusse le trattative per il patto commerciale franco-britannico del 1860, che abbassava le barriere doganali tra i due paesi.

COBÈLLI (Giancarlo), *Milano 1931*, attore e regista teatrale. Artista eclettico, si è affermato con il personaggio televisivo per bambini Pippotto e l'innovativo spettacolo *Cabaret '59*. Ha curato la regia di testi classici (W. Shakespeare, T. Tasso, G. D'Annunzio).

COBLÈNZA, in ted. **Koblenz**, c. della Germania (Renania-Palatinato), alla confluenza del Reno e della Mosella; 108.003 ab. Chiesa di S. Kastor (XII e XV sec.); museo del medio Reno.

COBRA (da *CO*penaghen, *BR*uxelles, *A*msterdam), movimento artistico europeo attivo negli anni 1948-1951. Ha esercitato una grande e durevole influenza con la sua esaltazione di tutte le forme di creazione spontanea (arti primitive e popolari, arte brut, disegni infantili). Ne hanno fatto parte il poeta belga C. Dotremont e i pittori A. Jorn (danese), P. Alechinsky (belga) e Karel Appel (olandese).

COBÙRGO (Friederich Josias, principe **di Sassònia-Cobùrgo**, detto), *Coburgo 1737-1815*, maresciallo austriaco. Vincitore su C.-F. Dumouriez a Neerwinden, fu sconfitto da J. Jourdan a Fleurus (1794).

COCA-COLA®, società alimentare statunitense, fondata ad Atlanta nel 1892 (*Coca-Cola Company*), specializzata nella produzione e nella vendita della bevanda omonima. La formula, inventata da J. Pemberton, nacque come tonico e antidolorifico. Oggi è la bibita più diffusa nel mondo.

COCANADA → KAKINADA.

COCCHIÀRA (Giuseppe), *Mistretta 1904 - Palermo 1965*, storico del folclore. A Palermo ha insegnato storia delle tradizioni popolari e ha diretto il Museo etnografico G. Pitré (1935-1965). Tra i suoi scritti, *Storia del folclore in Europa* (1952), *Il paese della cuccagna* (1956), *L'eterno selvaggio* (1961).

COCCIÀNTE (Riccàrdo), *Saigon 1946*, cantautore. Di origine franco-italiana, si è affermato con canzoni d'amore come *Bella senz'anima* (1974) e *Margherita* (1976). Ha vinto il Festival di Sanremo nel 1991 con *Se stiamo insieme*. Tra gli album di maggiore successo, *Io canto* (1979), *Cervo a primavera* (1981), *Innamorato* (1997).

COCHABAMBA, c. della Bolivia, a SE di La Paz, a oltre 2500 m d'alt.; 616.222 ab. Nucleo urbano di epoca coloniale.

COCHET (Henri), *Villeurbanne 1901 - Saint-Germain-en-Laye 1987*, tennista francese. 2 volte vincitore a Wimbledon (1927 e 1929) e 5 a Parigi (1922, 1926, 1928, 1930 e 1932), ha conquistato 6 coppe Davis (dal 1927 al 1932).

COCHIN, c. dell'India (Kerala), sulla costa del Malabar; 596.473 ab. Porto. — Colonia portoghese (1502-1663), poi olandese (1663-1795).

COCHISE, *m. in Arizona nel 1874*, capo apache della tribù dei chiricahua. Oppose una feroce resistenza alle incursioni dei bianchi in Arizona e si arrese soltanto quando in quello Stato venne creata una riserva per il suo popolo.

COCINCÌNA, zona merid. del Vietnam, che si estende soprattutto lungo il corso inferiore e sul delta del Mekong. Possedimento francese dal 1859 al 1867, colonia dell'Unione Indocinese nel 1887, la C. fa parte del Vietnam dal 1949.

COCÌTO MITOL. GR. Uno dei fiumi degli Inferi.

COCKCROFT (sir John Douglas), *Todmorden 1897 - Cambridge 1967*, fisico britannico. Con E.T.S. Walton (Waterford, Irlanda, 1903 - Belfast 1995), realizzò la prima trasmutazione di atomi per mezzo di particelle artificialmente accelerate. (Premio Nobel 1951.)

COCKER (John Robert, detto Joe), *Sheffield 1944*, cantante britannico. Dotato di un'eccezionale voce roca, eroe della generazione di Woodstock (*With a little help from my friends, The letter*), è divenuto un grande interprete di rhythm and blues.

COCKERILL (John), *Haslington, Lancashire, 1790 - Varsavia 1840*, ingegnere e industriale belga di origine britannica. La sua società installò il primo altoforno a carbone del continente (1830).

COCOS o **KEELING** (Ìsole), arcipelago australiano dell'Oceano Indiano, a SO di Giava.

COCTEAU (Jean), *Maisons-Laffitte 1889 - Milly-la-Forêt 1963*, scrittore e regista cinematografico francese. Il suo talento e la sua vivacità intellettuale hanno trovato espressione in poesie, romanzi (*I ragazzi terribili*, 1929), drammi (*I parenti terribili*, 1938), sceneggiature e film (*Il sangue del poeta*, 1931; *La bella e la bestia*, 1946; *Il testamento di Orfeo*, 1950), oltre che in numerosi disegni.

Jean **COCTEAU**. Autoritratto.

COD (Cape) → CAPE COD.

CODACONS (Coordinaménto delle associazióni per la difésa dell'ambiènte e dei dirìtti degli utènti e dei consumatóri), associazione senza fini di lucro che si occupa della tutela degli interessi di consumatori e utenti.

CODIGNÒLA (Ernèsto), *Genova 1895 - Firenze 1965*, pedagogista. Sostenitore dell'idealismo pedagogico, fondò diverse riviste (*La nuova scuola italiana*, 1923-1938; *Scuola e città*, 1950), la casa editrice La Nuova Italia (1926) e la Scuola-Città Pestalozzi (1944).

CODIGNÒLA (Tristàno), *Assisi 1913 - Bologna 1981*, politico. Figlio di Ernesto, fu condirettore della casa editrice La Nuova Italia e aderì prima al Partito d'azione, poi al PSI. Deputato dal 1958 al 1972, si occupò soprattutto di riforme scolastiche.

CODIGÒRO, com. in prov. di Ferrara, sul Po di Volano; 13.205 ab. Agricoltura (barbabietole, cereali). Industrie dei materiali da costruzione, della carta, del vetro. Abbazia di Pomposa (VII sec.).

CODRÒIPO, com. in prov. di Udine, tra i f. Tagliamento e Corno; 14.295 ab. Agricoltura (cereali, uva, tabacco). Industrie alimentari, meccaniche, tessili. Nei dintorni, villa Manin (XVIII sec.).

CODRONGIÀNOS, com. in prov. di Sassari, nel Logudoro; 1315 ab. Agricoltura, pastorizia. Nei dintorni si trova la più importante chiesa romanico-pisana della regione (S. Trinità di Saccargia, XII sec.).

CODÙCCI o **CODÙSSI** (Màuro), *Lenna 1440 ca. - Venezia 1504*, architetto e lapicida. Fu attivo soprattutto a Venezia, dove iniziò come capomastro e arrivò a progettare opere grandiose (Torre dell'orologio di piazza S. Marco, 1496; Palazzo Corner-Spinelli, fine del XV sec.; S. Michele in Isola, 1469-1478).

COE (Jonathan), *Birmingham 1961*, scrittore britannico. Ha scritto due biografie (su H. Bogart e J. Stewart) e diversi romanzi (*Donna per caso*, 1987; *L'amore non guasta*, 1989; *Questa notte mi ha aperto gli occhi*, 1990; *La famiglia Winshaw*, 1994; *La casa del sonno*, 1997; *La banda dei brocchi*, 2001).

COECKE (Pieter), detto **Van Aelst**, *Aalst 1502 - Bruxelles 1550*, pittore e decoratore fiammingo. I suoi dipinti, disegni, cartoni per arazzi, pur essendo espressione del manierismo gotico, risentono l'influsso dello stile degli italiani (contatti con B. Van Orley, soggiorno in Italia). Esercitò grande influenza come traduttore di Vitruvio (1539) e di S. Serlio.

COEFORE, tragedia di Eschilo della trilogia *Orestea.

COELHO (Paulo), *Rio de Janeiro 1947*, scrittore brasiliano. Commediografo, giornalista e paroliere, è autore di romanzi tradotti in molte lingue e divenuti best-seller (*L'alchimista*, 1988; *Monte cinque*, 1996; *Veronika decide di morire*, 1998; *Undici minuti*, 2003).

COETZEE (John), *Città del Capo 1940*, scrittore sudafricano di lingua inglese. Nella sua opera concilia ricerche formali e riferimenti alla realtà del suo paese (*La vita e i tempi di Michele K*, 1983; *Vergogna*, 2000; *Elizabeth Costello*, 2003). (Premio Nobel per la letteratura 2003.)

CŒUR (Jacques), *Bourges 1395 ca. - Chio 1456*, mercante e finanziere francese. Arricchitosi speculando sui metalli preziosi, creò un impero commerciale basato sugli scambi con l'Oriente e curò le finanze per Carlo VII. Creditore del papa e dei nobili, fu arrestato, ma trovò rifugio presso la Santa Sede.

■ *Jacques Cœur. (Municipio di Bourges.)*

COGHÌNAS, f. della Sardegna settentr., emissario del lago omonimo; 123 km. Si getta nel Golfo dell'Asinara.

COGLIÀNS (Mónte), in ted. **Hohe Warte**, massima cima delle Alpi Carniche, in Friuli; 2780 m.

COGNAC, c. della Francia, nel dip. Charente, sul f. Charente; 20.126 ab. Centro del commercio del cognac. Lavorazione del vetro.

CÒGNE, com. in prov. di Aosta, nella valle del torrente Grand'Éyvia; 1466 ab. Località turistica nel Parco nazionale del Gran Paradiso.

COHEN (Hermann), *Coswig 1842 - Berlino 1918*, filosofo tedesco. Fondatore della scuola di Marburgo, è autore di un'interpretazione del pensiero di I. Kant e di una riflessione sul giudaismo.

COHEN (Leonard), *Montreal 1934*, cantante e scrittore canadese di lingua inglese. Poeta (*Flowers for Hitler*), romanziere (*Beautiful Losers*), compositore, interpreta i suoi testi intimisti nella tradizione di un *folksong* urbano malinconico e talvolta contestatario (*Suzanne, So Long Marianne*).

COHEN (Paul), *Long Branch, New Jersey, 1934*, matematico statunitense. Ha dimostrato l'indecidibilità dell'ipotesi del continuo, elaborata da G. Cantor. (Medaglia Fields 1966.)

COHEN-TANNOUDJI (Claude), *Costantina 1933*, fisico francese. Specialista di fisica atomica, ha elaborato la teoria del raffreddamento e della cattura degli atomi per mezzo del laser. Interpretando le esperienze di S. Chu e W.D. Phillips, ha messo a punto una procedura per raggiungere temperature molto vicine allo zero assoluto. (Premio Nobel 1997.)

COIMBATORE, c. dell'India (Tamil Nadu); 923.085 ab.

COIMBRA, c. del Portogallo, sul f. Mondego; 96.142 ab. Università. — Cattedrale del XII sec.,

monastero manuelino di S. Cruz, edifici dell'università e altri monumenti. Musei.

CÒIRA, in ted. **Chur**, c. della Svizzera, capol. dei Grigioni, sul Reno; 31.310 ab. Nucleo medievale (cattedrale e altri monumenti); musei.

CÒJBALSAN (Chorlogijn), *Cecenkhanski, att. Vostochnij, 1895 - Mosca 1952*, politico mongolo. Comandante in capo dell'esercito popolare (1924-1928), fu primo ministro e segretario di partito (1939-1952). Instaurò in Mongolia un regime stalinista.

COJEDES, Stato del Venezuela nord-occ., tra la Cordigliera della Costa e i *llanos*; 14.800 km²; 227.000 ab.; Cap.: *San Carlos*. Agricoltura, allevamento, pesca fluviale.

CÒLA DI RIÈNZO, *Roma 1313 o 1314-1354*, politico. Con l'appoggio del papato di Avignone, attuò una serie di riforme a favore del popolo e si fece proclamare tribuno e liberatore dello Stato romano (1347), contro l'aristocrazia della città. Accusato di autoritarismo, fu espulso da Roma nel 1350 a causa dell'ostilità del papato e al suo rientro fu massacrato nel corso di una rivolta.

COLAJÀNNI (Napoleóne), *Enna 1847-1921*, politico. Deputato repubblicano, denunciò in parlamento lo scandalo della Banca Romana (1892). Si interessò di fenomeni criminali (*Sociologia criminale*, 1889; *L'Italia del 1898: tumulti e reazione*, 1898).

COLAÙSSI (Luigi), *Gradisca d'Isonzo 1914 - 1991*, calciatore. Con la nazionale vinse la Coppa del mondo del 1938 in Francia. Ala sinistra, esordì nella Triestina, disputandovi undici stagioni (dal 1930 al 1940), e giocando poi anche nella Juventus e nel Vicenza.

COLBERT (Claudette Lily **Chauchoin**, detta Claudette), *Parigi 1905 - Bridgetown 1996*, attrice teatrale e cinematografica statunitense. Protagonista soprattutto di commedie rosa, vinse il premio Oscar con *Accadde una notte* (1934).

COLBERT (Jean-Baptiste), *Reims 1619 - Parigi 1683*, statista francese. Fu un personaggio chiave alla corte di Luigi XIV, per il quale ricoprì le principali cariche della pubblica amministrazione. Adottando misure protezionistiche e ispirandosi a teorie mercantiliste (*colbertismo*), promosse l'industria e il commercio,

fece giungere in Francia artigiani dall'estero, valorizzò le manifatture di Stato, riorganizzò le finanze, la giustizia, la marina. Fondò compagnie commerciali (delle Indie orientali e occidentali, del Levante) e incoraggiò il popolamento del Canada. Pubblicò una serie di ordinanze finalizzate a uniformare e razionalizzare la legislazione secondo i principi dell'assolutismo monarchico.
■ *Jean-Baptiste Colbert ritratto da R. Nanteuil. (Reggia di Versailles.)*

COLCHESTER, c. della Gran Bretagna (Inghilterra, nell'Essex); 82.000 ab. Università. — Resti romani; musei.

CÒLCHIDE, ant. reg. dell'Asia Minore, sulla costa orient. del Ponto Eusino. Gli Argonauti vi si recarono per conquistare il vello d'oro.

CÒL DI LÀNA, monte delle Dolomiti, tra le valli del Cordevole e dell'Andraz; 2452 m. Durante la prima guerra mondiale vi si svolsero cruente battaglie.

COLDIRÈTTI (Confederazióne nazionàle dei coltivatóri dirètti), organizzazione di rappresentanza dei piccoli proprietari terrieri. Voluta dalla DC nel 1944, fu guidata per quasi 40 anni da P. Bonomi ed ebbe una grande rilevanza nelle scelte di politica economica.

COLE (Jack), *New Brunswick 1913 - Los Angeles 1974*, ballerino e coreografo statunitense. Tra i maestri della danza jazz, ha lavorato soprattutto per Broadway e Hollywood (*Gli uomini preferiscono le bionde*, H. Hawks, 1953; *Uno straniero tra gli angeli*, V. Minnelli, 1955; *Les girls*, G. Cukor, 1957).

COLEMAN (Ornette), *Fort Worth 1930*, compositore e sassofonista jazz statunitense. Proponendo uno stravolgimento dei tradizionali principi di improvvisazione, intorno al 1960 è diventato uno dei capifila del free jazz (*Free Jazz*, 1960).

COLERIDGE (Samuel Taylor), *Ottery Saint Mary, Devon, 1772 - Londra 1834*, poeta britannico. Le sue poesie geniali, visionarie e fantastiche si conciliano con una concezione filosofica dell'immaginazione. Le sue *Ballate liriche*, scritte con W. Wordsworth (1798), segnano l'avvento del romanticismo.

COLETTE (Sidonie Gabrielle), *Saint-Sauveur-en-Puisaye 1873 - Parigi 1954*, scrittrice francese. Nella sua opera narrativa, spesso autobiografica, la sensualità femminile permea la descrizione fortemente evocativa dei paesaggi della Borgogna (*Claudine*, 1900-1903; *La vagabonda*, 1910; *Il grano in erba*, 1923; *Sido*, 1930).

■ *Colette.*

COLIGNY, famiglia francese i cui esponenti si misero in luce nell'esercito e in ambito ecclesiastico. — **Odet de C.**, detto il cardinale **di Châtillon**, *Châtillon-sur-Loing*, att. *Châtillon-Coligny, 1517 - Canterbury 1571*, prelato francese. Cardinale-arcivescovo di Tolosa, poi vescovo di Beauvais, si convertì al calvinismo. — **Gaspard de C.**, *Châtillon-sur-Loing, att. Châtillon-Coligny, 1519 - Parigi 1572*, signore francese. Fratello di Odet, difese la fortezza di San Quintino contro gli spagnoli (1557), quindi si convertì al calvinismo (1559) e divenne uno dei capi del partito ugonotto. Caterina de' Medici lo fece uccidere durante il massacro di San Bartolomeo.

■ *Gaspard de Coligny. (Louvre, Parigi.)*

CÒLLA, famiglia di marionettisti. L'attività fu avviata da Giuseppe (*Milano 1805 - Soresina 1861*), i cui figli diedero vita a diverse compagnie tra cui la Carlo Colla e Figli, che operò al Teatro Gerolamo di Milano per più di mezzo secolo.

CÒLLA (Èttore), *Parma 1899 - Roma 1968*, scultore. A partire dagli anni '50 del secolo scorso, realizzò opere con l'assemblaggio di materiali di recupero, come pezzi di macchine, ferri arrugginiti e lamiere (*Pigmalione*, 1955; *Minerva*, 1958).

COLLATÌNO (Lùcio Tarquìnio), *VI sec. a.C.*, personaggio della storia romana. Secondo la tradizione, nel vendicare la violenza subita dalla moglie Lucrezia per opera di Sesto (figlio di Tarquinio il Superbo), contribuì alla cacciata dei re etruschi da Roma.

COLLÉCCHIO, com. in prov. di Parma, sulla destra del Taro; 11.765 ab. Industrie alimentari, delle ceramiche e dei laterizi. Parrocchiale (XII sec.).

CÒLLE DI VAL D'ÉLSA, com. in prov. di Siena, sulla sinistra dell'Elsa; 18.916 ab. Agricoltura e industria. Monumenti medievali, romanici e rinascimentali.

COLLEFÈRRO, com. in prov. di Roma, sulla destra del Sacco; 21.377 ab. Centro industriale. Nei pressi, resti del castello di Piombinara (XIII sec.).

COLLÉGNO, com. in prov. di Torino, sulla destra della Dora Riparia; 48.091 ab. Industrie tessili, alimentari, metalliche, dolciarie, chimiche.

COLLÉGNO (Giacìnto **Provàna di**), *Torino 1794 - Baveno 1856*, politico. Prese parte ai moti piemontesi del 1821 e fu ministro della guerra nel governo provvisorio lombardo (1848). Insegnò geologia all'Università di Bordeaux.

COLLENÙCCIO (Pandòlfo), *Pesaro 1444-1504*, umanista e politico. Fu al servizio degli Sforza, di Lorenzo de' Medici e di Ercole d'Este; fu condannato a morte da G. Sforza per aver appoggiato C. Borgia. Scrisse opere in latino e volgare.

COLLEÓNI (Bartolomèo), *Solza 1400 - Malpaga 1475*, condottiero. Combatté dapprima per Venezia nella guerra contro Filippo Maria Visconti, quindi, nell'Italia meridionale, per il Gattamelata. Tornato al soldo di Venezia, fu poi al servizio dei Visconti e degli Sforza. Solo nel 1454 riuscì a ottenere il comando degli eserciti di Venezia, ma, relegato nel castello di Malpaga, non poté intervenire in aiuto della Francia e del papa. — La sua statua equestre, a Venezia, è un capolavoro del Verrocchio.

COLLEPÀRDO, com. in prov. di Frosinone, nei Monti Ernici; 905 ab. Il territorio offre diverse attrattive turistiche (certosa di Trisulti, grotta dei Bambocci, pozzo di Santullo).

COLLÈTTA (Piètro), *Napoli 1775 - Firenze 1831*, storico e politico. Fu ufficiale del genio sotto i Borbone e tenente generale durante il regno di G. Murat. Scrisse *Storia del reame di Napoli dal 1734 al 1825*, pubblicato postumo nel 1834.

COLLÉTTI (Lùcio), *Roma 1924 - Venturina 2001*, filosofo. Docente all'Università di Roma fino al 1995, ha contribuito alla diffusione e alla conoscenza del pensiero marxista in Italia (*Il marxismo e Hegel*, 1969; *Il marxismo e il crollo del capitalismo*, 1977).

COLLEZIÓNE PEGGY GUGGENHEIM, raccolta d'arte contemporanea, costituita dalle opere della collezionista statunitense P. Guggenheim, arricchita da apporti di altre collezioni private, come quella di Gianni Mattioli. Ha sede presso Palazzo Venier dei Leoni, sul Canal Grande a Venezia, dove la stessa collezionista visse dal 1949 fino alla morte. Documenta le principali avanguardie del '900 e molti aspetti dell'arte contemporanea (opere di P. Picasso, G. Braque, F. Léger, C. Brancusi, P. Klee, W. Kandinsky, P. Mondrian, K. Malevič, M. Chagall, G. De Chirico, M. Duchamp, M. Ernst, S. Dalí, R. Magritte, Y. Tanguy, J. Miró, J. Pollock).

CÒLLI (Giórgio), *Torino 1918 - Firenze 1979*, storico della filosofia. Si è occupato in modo specifico dello studio dei filosofi greci antichi (*La sapienza greca*, 1977-1982) e di F. Nietzsche, di cui ha curato un'edizione critica delle opere insieme a M. Montinari.

CÒLLI EUGÀNEI → EUGÀNEI (colli).

COLLINÈLLI (Andrèa), *Ravenna 1969*, ciclista. Agente forestale, si è specializzato nella corsa su pista, vincendo 2 medaglie d'oro: nell'inseguimento individuale (Olimpiadi del 1996) e in quello a squadre (mondiali del 1997).

COLLINS (Michael), *Clonakilty 1890 - Bandon 1922*, politico e capo militare irlandese. Tra i capi del Sinn Fein, fu presidente del governo provvisorio dello Stato libero d'Irlanda (1921), ma non poté impedire la guerra civile, nel corso della quale fu ucciso.

COLLINS (Wilkie), *Londra 1824-1889*, scrittore britannico. I suoi romanzi intrisi di suspense (*La pietra lunare*) hanno gettato le basi del genere poliziesco.

COLLINS (William), *Chichester 1721-1759*, poeta britannico. Le sue *Odi* ne fanno un precursore del romanticismo.

Bartolomeo **COLLEONI**. *La cappella funebre, costruita e decorata da G.A. Amadeo a Bergamo, 1470-1475.*

COLLÒDI, frazione del com. di Pescia (Pistoia). Villa Garzoni (XVII sec.); parco divertimenti ispirato a Pinocchio (1956-1987), realizzato da noti scultori (E. Greco, P. Consagra) e architetti (G. Michelucci, M. Zanuso, M. Botta). — C. Lorenzini, autore di *Le avventure di Pinocchio*, assunse il nome del paese come pseudonimo.

COLLÒDI (Càrlo **Lorenzini**, detto Càrlo), *Firenze 1826-1890*, giornalista e scrittore. Fondatore delle riviste satiriche *Il lampione* (1848) e *La scaramuccia* (1853) e direttore del *Giornale per i bambini*, si impose come autore di letteratura per l'infanzia (*Le avventure di Pinocchio*, 1883).

COLLORÉDO DI MÓNTE ALBÀNO, com. in prov. di Udine, sulla sinistra del Tagliamento; 2179 ab. Agricoltura, allevamento e industria. Castello (XIV sec.).

COLLOVÀTI (Fùlvio), *Teor 1957*, calciatore. Con la nazionale ha vinto la Coppa del mondo del 1982 in Spagna. Ha militato nel Milan dal 1976 al 1982, vincendo 1 scudetto e 1 Coppa Italia. Ha poi giocato nell'Inter (1982-1986), nell'Udinese (1986-1987) e nella Roma (1987-1989), chiudendo la carriera nel Genoa (1989-1993).

COLMAR, c. della Francia, capol. del dip. Haut-Rhin, sul Lauch; 67.163 ab. Industrie meccaniche e tessili. — Antica città franca. — Chiese e case medievali. Museo di Unterlinden (*retablo* di Schongauer e celebre Altare di Issenheim di *Grünewald*).

COLÒ (Zèno), *Abetone 1920 - San Marcello Pistoiese 1993*, sciatore. Inventore della posizione "a uovo" nella discesa libera, vinse 17 titoli nazionali e la medaglia d'oro alle Olimpiadi di Oslo (1952). Nel 1947 stabilì il record di velocità (160 km/h ca.).

COLOCOTRONIS → KOLOKOTRONIS.

COLOFÓNE, ant. c. della Ionia, a N di Efeso. Famosa per la prosperità economica e il lusso degli abitanti, subì la dominazione dei lidi e dei persiani.

COLÓGNA VÈNETA, com. in prov. di Verona, ai piedi dei Monti Berici; 7854 ab. Agricoltura (cereali, ortaggi). Industrie alimentari, tessili, calzaturiere. Colonia romana, passò a Venezia nel 1496.

COLÓGNO MONZÉSE, com. in prov. di Milano, tra il Lambro e il Naviglio della Martesana; 49.095 ab. Centro industriale. Studi televisivi.

COLÓMBA (sànto), *contea di Donegal 521 ca. - isola di Iona, Ebridi, 597*, monaco irlandese. Abate di Iona, evangelizzò la Scozia.

COLOMBÀNO (sànto), *prov. di Leinster 540 ca. - Bobbio 615*, monaco irlandese. Fondò numerosi monasteri nell'Europa continentale (Luxeuil, 590 ca.; Bobbio, 614).

COLOMBIA, Stato dell'America merid.; 1.140.000 km²; 42.803.000 ab. (*colombiani*). CAP. *Bogotá*. LINGUA: *spagnolo*. MONETA: *peso colombiano*. [*V. carta a pagina seguente*].

ISTITUZIONI – Regime parlamentare. Costituzione del 1991. Il presidente della repubblica, che rimane in carica per 4 anni, viene eletto contemporaneamente al vicepresidente. Il parlamento, bicamerale (congresso), è composto da senato e camera dei rappresentanti, eletti ogni 4 anni.

GEOGRAFIA – Il settore settentr. delle Ande, solcato dalle valli dei f. Cauca e Magdalena, che delimitano alcuni altopiani, separa il litorale, acquitrinoso e insalubre, dall'E amazzonico, coperto di foreste e savane. La popolazione, in rapida crescita e formata in prevalenza da meticci, si concentra nelle città portuali e nella regione andina, parte vitale del paese. Qui si pratica un'agricoltura diversificata in funzione dell'altitudine: cotone, canna da zucchero, riso e, soprattutto, caffè, principale prodotto d'esportazione, al di sotto dei 2000 m; cereali e allevamento bovino fino ai 3000 m e oltre. Il sottosuolo fornisce petrolio e carbone. Il paese, gravato da un forte debito pubblico, fatica anche a risolvere il problema della produzione e del commercio della droga. Gran parte del commercio estero avviene con gli Stati Uniti; le merci transitano dai porti di Buenaventura, Cartagena e Barranquilla (quarta città del paese, dopo Bogotá, Medellín e Cali).

STORIA – La colonizzazione. 1500: gli spagnoli iniziano la conquista del paese, abitato da comunità chibcha (muisca). 1538: Gonzalo Jiménez de Quesada fonda Bogotá. 1739: si costituisce il vicereame di Nueva Granada. La colonia

Colombia

★ importante località turistica

400 1000 2000 3000 m

— strada normale

— ferrovia

✈ aeroporto

● più di 1.000.000 di ab.
● da 250.000 a 1.000.000 di ab.
● da 100.000 a 250.000 ab.
● meno di 100.000 ab.

---

conosce una certa prosperità grazie all'esportazione dei prodotti minerari verso la metropoli.

L'indipendenza. 1810-1815: l'insurrezione per l'indipendenza viene repressa dagli spagnoli. **1817-1819**: Simón Bolívar riprende la lotta e ottiene la vittoria di Boyacá (1819), che gli permette, al congresso d'Angostura (dic.), di proclamare la repubblica della Grande C. (Venezuela e Nueva Grenada), a cui annetterà l'Ecuador nel 1822. **1830**: alla morte di S. Bolívar fa seguito la secessione del Venezuela e dell'Ecuador.

Liberali e conservatori al potere. 1833-1849: dopo la presidenza autoritaria di Francisco de Paula Santander (1833-1837), i conservatori, centralisti, detengono il potere. **1849-1852**: i liberali, federalisti e anticlericali, varano una politica di riforme. **1861-1864**: sotto la presidenza di Tomás Cipriano de Mosquera avviene la confisca dei beni ecclesiastici ed entra in vigore una Costituzione federale (1863). **1880-1888**: il presidente Rafael Núñez ristabilisce i rapporti con la Chiesa (concordato del 1883) e adotta una Costituzione unitaria (1886). **1899-1903**: la "guerra dei Mille giorni" devasta il paese.

Il XX sec. 1903: la C., cedendo alle pressioni degli Stati Uniti, abbandona Panamá. **1904-1930**: alla stabilità politica si accompagna l'espansione economica (caffè, petrolio). **1930-1948**: i liberali, di nuovo al potere, tentano di attuare una politica riformista. **1948-1958**: l'assassinio del liberale Jorge Eliecer Gaitán provoca violente sommosse. **1958-1970**: liberali e conservatori costituiscono un Fronte nazionale e si alternano al potere, mentre si va sviluppando una guerriglia di ispirazione castrista. **1978**: l'aggravarsi della situazione, dovuta alla presenza di grandi

organizzazioni mafiose (i "cartelli" del narcotraffico) e di gruppi petroliferi costringe all'adozione di leggi speciali. **1982**: Belisario Betancur, eletto presidente, concede un'amnistia per i prigionieri politici. I suoi successori, Virgilio Barco (1986-1990), César Gaviria (1990-1994), Ernesto Samper (1994-1998) e Andrés Pastrana (1998-2002), devono far fronte alla violenza legata alle tensioni politiche e al narcotraffico. **2002**: Álvaro Uribe Vélez sale alla carica di presidente.

COLOMBÌNA, personaggio della commedia dell'arte, il tipo della servetta vivace.

COLÓMBO (Cristòforo), _Genova 1450 o 1451 - Valladolid 1506_, navigatore genovese, scopritore dell'America. Figlio di un tessitore, si stabilì in Portogallo nel 1476 o 1477. Convinto di poter raggiungere l'Oriente attraversando l'Oceano Atlantico, non riuscì a persuadere Giovanni II, re del Portogallo, a sostenere il suo

progetto e si recò in Spagna (1485). Nel 1492 i sovrani Ferdinando II e Isabella I la Cattolica si interessarono alla sua causa e gli accordarono il titolo di viceré sulle terre che avesse scoperto. La spedizione, composta da tre navi (la _Niña_, la _Pinta_ e la _Santa Maria_), lasciò Palos de Moguer il 3 ago. 1492. C. toccò terra il 12 ott. (si trattava probabilmente di un'isola delle Bahama); raggiunse quindi Cuba e Haiti, che chiamò _Hispaniola_, per poi far ritorno in Spagna (1493). In un secondo viaggio (1493-1496), approdato in Dominica e Guadalupa, proseguì per Cuba. In un terzo viag-

gio (1498), dopo aver scoperto Trinidad, raggiunse il continente e costeggiò l'America merid. a E dell'Orinoco. Non riuscì però ad arginare la violenza dei primi coloni di Hispaniola. In un quarto viaggio (1502-1504), esplorò la costa dell'America centrale, dall'Honduras al Golfo del Darién. Convinto di aver raggiunto le coste orientali dell'Asia, non seppe mai di avere in realtà dato inizio all'esplorazione di un nuovo continente.

■ _Cristoforo Colombo. (Musée de Cluny, Parigi.)_

COLÓMBO (Diègo), _Lisbona 1478 - Puebla de Montalbán 1526_, ammiraglio delle Indie. Figlio di Cristoforo, fu governatore di Hispaniola dal 1509 e ricevette il titolo di viceré da Carlo V.

COLÓMBO (Emilio), _Potenza 1920_, politico. Democristiano, deputato parlamentare dal 1948, è stato più volte membro del governo in qualità di ministro (agricoltura, tesoro, finanze, esteri) e presidente del consiglio (1970-1972). È senatore a vita dal 2003.

COLÓMBO (Fernàndo), _Córdoba 1488 - Siviglia 1539_, umanista, cosmografo e bibliografo. Figlio naturale di Cristoforo, scrisse diverse opere (_Historie_, 1571) e fondò la Biblioteca Colombina di Siviglia (1526-1530).

COLÓMBO (Fùrio), _Chatillon 1931_, giornalista e scrittore. A New York, ha insegnato alla Columbia University ed è stato direttore dell'Istituto italiano di cultura. Dal 2000 è direttore dell'_Unità_. Tra i saggi, _Da Kennedy al Watergate_ (1974), _Il dio d'America_ (1983), _Confucio e il computer. Memoria occidentale del futuro_ (1995).

COLÓMBO (Giànni), _Milano 1937-1993_, artista. Membro del Gruppo T, negli anni '60 del secolo scorso è stato uno dei principali esponenti dell'arte cinetica-programmata.

COLÓMBO (Giusèppe), _Milano 1836-1921_, ingegnere e industriale. Pioniere dell'industria elettrica, fondò la società Edison nel 1882. Scrisse _Il manuale dell'ingegnere_ (1877).

COLÓMBO (Césare **Colómbo**, detto Joe), _Milano 1930-1971_, architetto e designer. Progettista di arredi, ha sperimentato nuovi materiali e tecnologie produttive (sedia _Kartell_, 1965; lampada _Colombo_, 1972). Vincitore del Compasso d'oro nel 1967 e nel 1970.

COLOMBO o **KOLAMBA**, cap. dello Sri Lanka, sulla costa occ. dell'isola; 690.000 ab. Porto.

COLÓMBO (Vittorìno), _1925-1983_, politico. Esponente della DC, fu ministro della sanità (1974) e dei trasporti e della marina mercantile (1978-1979), oltre che presidente del senato per due mesi, dal mag. al lug. 1983.

COLÓN, c. di Panamá, all'estremità del Canale di Panamá, sull'Atlantico; 140.908 ab. Porto.

COLÒNIA, in ted. **Köln**, c. della Germania (Renania Settentr.-Westfalia), sul Reno; 962.507 ab. Centro amministrativo, intellettuale, finanziario, commerciale e industriale (chimica, costruzioni meccaniche). — Accampamento romano (I sec. d.C.), capitale dei franchi del Reno (V sec.), sede arcivescovile (785), C. fu dal XIII sec. una libera città imperiale il cui arcivescovo era elettore del Sacro Romano Impero. La città è stata molto danneggiata dai bombardamenti alleati durante la seconda guerra mondiale. — Importanti chiese, notevolmente restaurate, delle epoche ottoniana

COLONIA. _Riva del Reno con la torre della chiesa di S. Martino e, in secondo piano, la cattedrale (1248-XIX sec.)._

e romanica; grandiosa cattedrale gotica (XIII-XIX sec.); ricchi musei (romano-germanico, Schnütgen, Wallraf-Richartz-Ludwig ecc.).

COLONIA DEL SACRAMENTO, c. dell'Uruguay, sul Río de la Plata; 22.200 ab. Bei monumenti e pittoresco nucleo urbano di epoca coloniale.

COLÓNNA, famiglia romana cui sono appartenuti, dal XIII al XVII sec., un papa (*Martino V*), cardinali, condottieri. — **Fabrizio C.**, *m. ad Aversa nel 1520*. Capitano di ventura per gli Aragonesi di Napoli, presiedette alla scelta dei combattenti italiani nella disfida di Barletta, fu governatore delle forze spagnole in Italia e gran conestabile del regno di Napoli. — **Prospero C.**, *1452 - Milano 1523*. Capitano di ventura, cugino di Fabrizio, fu al servizio della Spagna insieme a questi. Combatté per gli Sforza contro i francesi, che poi sconfisse come comandante dell'esercito di Carlo V (battaglia della Bicocca). — **Pompeo C.**, *Roma 1479 - Napoli 1532*. Cardinale e uomo d'armi, fu alleato di Carlo V contro Clemente VII e prese parte al sacco di Roma. — **Vittoria C.**, *Marino, Roma, 1492 - Roma 1547*. Poetessa, è nota per la vita virtuosa, i nobili costumi e lo spirito di carità. Michelangelo le dedicò alcune liriche. Scrisse le *Rime* per il marito morto. — **Marcantonio C.**, *Civita Latina 1535 - Medinaceli, Spagna, 1584*. Ammiraglio della flotta papale, vinse la battaglia di Lepanto contro i turchi.

COLÓNNE (Cápo delle) o **Càpo Colónna**, promontorio della Calabria sullo Ionio. Resti del tempio dorico di Era Lacinia (V sec. a.C.).

COLÓNNE D'ÈRCOLE, nome con cui nell'antichità erano chiamati il Monte Calpe (Europa) e il Promontorio di Abyla (Africa), posti ai due lati dello Stretto di Gibilterra.

COLÒNO, demo dell'Attica, nei pressi dell'ant. Atene, paese natale di Sofocle. Vi si trovava un boschetto sacro alle Eumenidi, che custodiva la tomba di Edipo.

COLORADO, Stato degli Stati Uniti, nelle Montagne Rocciose; 270.000 km²; 4.301.261 ab.; cap. *Denver*.

COLORADO (Rio), f. degli Stati Uniti, che nasce dalle Montagne Rocciose e si getta nel Golfo di California, in Messico; 2250 km. Dopo aver attraversato gli aridi altopiani del C., scava profondi cañon in Arizona.

COLORADO (Rio), f. degli Stati Uniti (Texas), che si getta nel Golfo del Messico; 1560 km.

COLORADO (Rio), f. dell'Argentina, che nasce dalle Ande e si getta nell'Atlantico; 1300 km.

COLORADO SPRINGS, c. degli Stati Uniti (Colorado); 360.890 ab. Turismo. — Scuola e base dell'aviazione statunitense.

COLÓRNI (Eugénio), *Mantova 1909 - Roma 1944*, politico e filosofo. Di origine ebraica, aderì al socialismo e fu tra i fondatori del Movimento federalista europeo. Morì assassinato dalla banda Koch, un reparto speciale della polizia fascista.

COLÓRNO, com. in prov. di Parma, sul torrente omonimo; 7932 ab. Centro agricolo e industriale. Palazzo ducale (XVII sec.).

COLOSSÈO o **ANFITEÀTRO FLÀVIO**, anfiteatro di Roma. Iniziato nel 75 sotto Vespasiano, fu fatto completare da Tito nell'80. Ha proporzioni grandiose (conteneva ca. 50.000 spettatori) e una bella facciata con tre ordini di arcate in travertino. Ospitava i *ludi gladiatorii*, duelli tra gladiatori, e le *venationes*, combattimenti con belve feroci.

COLT (Samuel), *Hartford 1814-1862*, industriale statunitense. Inventore del revolver a sei colpi (1835), fondò una propria fabbrica di armi nel 1852.

COLOSSEO. *Roma, I sec. a.C.*

COLTRANE (John William), *Hamlet, Carolina del Nord, 1926 - Huntington, New York, 1967*, compositore e sassofonista jazz statunitense. Audace improvvisatore, nel 1960 fondò il suo quartetto e influenzò, con uno stile veemente e ammaliante, i migliori esponenti del free jazz (*Giant Steps*, 1959; l'album *A Love Supreme*, 1964).

COLUCHE (Michel Colucci, detto), *Parigi 1944 - Opio 1986*, artista comico e attore cinematografico francese. Nei suoi sketch denunciava gli stereotipi della società contemporanea. Al cinema ha interpretato sia ruoli comici che drammatici (*Ciao, amico*, C. Berri, 1983).

COLUMBIA, f. dell'America settentr., che nasce dalle Montagne Rocciose canadesi e si getta nel Pacifico a valle di Portland; 1930 km. Attraversa il Columbia Plateau. Energia idroelettrica.

COLUMBIA, c. degli Stati Uniti, cap. della Carolina del Sud; 116.278 ab. Università. — Museo.

COLÙMBIA (distretto di), distretto federale degli Stati Uniti; 175 km²; 572.059 ab.; cap. *Washington*. Corrisponde alla sola città di Washington, il cui agglomerato supera ampiamente i confini del distretto.

COLUMBIA UNIVERSITY, università di New York fondata nel 1912.

COLÙMBIA BRITÀNNICA, prov. del Canada occ., sul Pacifico; 950.000 km²; 3.724.500 ab.; capol. *Victoria*; c. princ. *Vancouver*. Lo sfruttamento della foresta e del sottosuolo (carbone, idrocarburi, rame, zinco) e gli impianti idroelettrici, favoriti dalla presenza di rilievi, alimentano un'industria (cartiere, elettrometallurgia, elettrochimica ecc.) presente soprattutto a Vancouver, il cui agglomerato raccoglie la metà della popolazione della provincia.

COLUMBIA PICTURES, società statunitense di produzione e distribuzione cinematografica. Fu fondata da H. e J. Cohn e J. Brandt nel 1919 con il nome di Cohn Brothers e assunse la denominazione di C. P. nel 1924. Produsse celebri film di F. Capra, E. Kazan, J. Huston, D. Lean, F. Zinnemann.

COLUMBUS, c. degli Stati Uniti (Georgia); 186.291 ab.

COLUMBUS, c. degli Stati Uniti, cap. dell'Ohio; 711.470 ab. (1.540.157 ab. nell'agglomerato). Musei.

COLUMÈLLA (Lúcio Giùnio **Moderàto**), *Cadice I sec. d.C.*, scrittore latino, autore del trattato di agronomia *De re rustica*.

COMÀCCHIO, com. in prov. di Ferrara, situato nelle omonime valli, su 13 isole unite da ponti; 21.812 ab. Agricoltura (cereali, foraggi). Allevamento di anguille. Monumenti del XVII-XVIII sec. (Trepponti, 1634).

COMÀCCHIO (Vàlli di), territorio lagunare dell'Emilia-Romagna, situato a S del delta del Po. Vasti cordoni sabbiosi lo separano dal Mar Adriatico. Le opere di bonifica attuate nel XX sec. ne hanno ridotto la superficie da 50.000 a 11.000 ha.

COMACCHIO. *Tipico casone affacciato su una "valle".*

COMACÌNA, unica isola del Lago di Como, di fronte alla località di Sala Comacina. Conserva resti di un castello e di alcune chiese romaniche.

COMANCHE, popolazione amerindia delle pianure del S degli Stati Uniti (oggi confinati in una riserva, in Oklahoma; 11.400 individui). Apparentati con gli shoshone, ottimi cavalieri, i c. andavano a caccia di bisonti.

COMANECI (Nadia), *Gheorghe Gheorghiu-Dej, att. Onești, 1961*, ginnasta romena, pluricampionessa olimpica nel 1976.

COMATA (Gallia), parte della Gallia che rimase indipendente fino alla conquista di Cesare (in contrapposizione con la Gallia Narbonese).

COMBES (Émile), *Roquecourbe 1835 - Pons 1921*, politico francese. Presidente del consiglio dal 1902 al 1905, violentemente anticlericale, fu ostile alle congregazioni religiose e propugnò una legge che portò alla separazione della Chiesa dallo Stato.

CÓMBI (Giampièro), *Torino 1902 - Imperia 1956*, calciatore. Con la nazionale vinse la Coppa del mondo del 1934 in Italia. Considerato uno dei più grandi portieri della storia del calcio italiano, militò nella Juventus dal 1920 al 1934, vincendo 5 scudetti.

COMECON (Council for Mutual Economic Assistance), organizzazione per la cooperazione economica creata nel 1949 e disciolta nel 1991, formata da URSS, Albania (1950-1961), RDT (1950-1990), Bulgaria, Ungheria, Polonia, Romania, Cecoslovacchia, Mongolia, Cuba e Vietnam.

COMÉDIE-FRANÇAISE, compagnia teatrale francese, nata nel 1680 per volere di Luigi XIV dalla fusione della compagnia di Molière con gli attori del Marais e dell'Hôtel de Bourgogne. Sciolta nel 1792, ricostituita nel 1804 e riorganizzata nel 1812, la C.-F. è sovvenzionata dallo Stato e si dedica oggi soprattutto al repertorio classico.

COMÉDIE-ITALIENNE, nome assunto ufficialmente dal teatro dell'Hôtel de Bourgogne a Parigi, alla fine del XVII sec., quando accolse alcuni attori della commedia dell'arte italiana. Nel corso del tempo l'improvvisazione su canovacci, tipica della commedia dell'arte, venne sostituita da testi scritti appositamente da autori (tra gli altri C. Goldoni). Nel 1762 la compagnia si associò all'Opéra-Comique.

COMENCÌNI (Luigi), *Salò 1916*, regista cinematografico. Dopo le prime opere, caratterizzate da una forma mitigata di neorealismo, è diventato uno dei protagonisti della nascita della commedia all'italiana, riuscendo a conciliare il genere brillante con una particolare sensibilità nella rappresentazione della società. Tra i suoi film, *Pane amore e fantasia* (1967), *Tutti a casa* (1960), *Incompreso* (1967), *Infanzia, vocazione e prime esperienze di Giacomo Casanova veneziano* (1969), *Lo scopone scientifico* (1972), *La storia* (1986), *Marcellino pane e vino* (1992). Per la televisione ha diretto lo sceneggiato *Le avventure di Pinocchio* (1971).

COMÉNIO, nome italianizzato di Jan Amos **Komenský**, *Nivnice, Moravia, 1592 - Amsterdam 1670*, umanista ceco. Vescovo dei Fratelli moravi, fu esiliato in Polonia. È considerato uno dei precursori della pedagogia moderna.

■ *Comenio.*

CÒMICI (Emilio), *Trieste 1901 - Selva di Val Gardena 1940*, alpinista. Fu il primo italiano ad aprire una via di VI grado nella Sorella di Mezzo del Sorapis e a scalare la parete NO del Monte Civetta e la parete N della Cima Grande di Lavaredo. Morì durante un'arrampicata.

COMINFORM → KOMINFORM.

COMINTERN → KOMINTERN.

CÒMISO, com. in prov. di Ragusa, ai piedi dei Monti Iblei; 29.150 ab. Agricoltura. Industrie alimentari. Terme romane (II sec.), chiesa di S. Francesco (XIII sec.). Base militare statunitense dal 1981 al 1988.

COMÌSSO (Giovànni), *Treviso 1895-1969*, giornalista e scrittore. Collaboratore della rivista *Solaria* e di vari quotidiani, scrisse articoli, racconti e romanzi che mettono in evidenza il suo rifiuto dell'intellettualismo e il gusto dell'avventura. Tra le opere, *Il porto dell'amore* (1924), *Gente di mare* (1928), *Giorni di guerra* (1930), *Diario 1951-1964* (1969).

COMITÀTO DI SALÙTE PÙBBLICA, organismo rivoluzionario francese istituito durante la Convenzione, il 6 apr. 1793. Creato per far fronte alle urgenti questioni di difesa generale, sotto M. de Robespierre divenne il principale strumento del Terrore. Fu soppresso nell'ott. 1795.

COMITÀTO DI SICURÉZZA GENERÀLE, organismo rivoluzionario francese creato dalla Convenzione nel 1792, per coordinare il sistema di polizia. Fu soppresso nel 1795, quando venne istituito il Direttorio.

COMMAGÈNE, reg. storica della Siria nord-orient. Regno indipendente nel II sec. a.C., divenne un protettorato romano nel 64 a.C.

COMMÈDIA UMÀNA, titolo sotto il quale H. de Balzac riunì i suoi romanzi a partire dal 1842.

COMMENTARII, memorie storiche di C. Giulio Cesare sulla guerra contro i galli (*C. de bello gallico*, 7 libri che costituiscono un prezioso documento etnografico) e sulla guerra civile (*C. de bello civile*, 3 libri che trattano della guerra contro Pompeo). In essi Cesare adottò uno stile asciutto e conciso, allontanandosi volutamente dalla storiografia "narrata" di Cicerone.

COMMISSIÓNE EUROPÈA, istituzione dell'Unione Europea. Dotata di diritto di iniziativa in campo legislativo, è incaricata dell'esecuzione delle politiche comunitarie e di vigilare sul rispetto dei trattati. È composta da 20 commissari, nominati per 5 anni.

COMMODIÀNO, *III-IV sec. d.C.*, poeta latino. Fu autore delle *Instructiones*, raccolta di 80 carmi in difesa del cristianesimo, e del *Carmen apologeticum*, componimento denso di motivi escatologici. Fece uso di un linguaggio popolare, arricchito da grecismi e barbarismi.

CÒMMODO (Màrco Aurèlio), *Lanuvio 161 - Roma 192*, imperatore romano (180-192). Figlio di Marco Aurelio, abbandonò la politica militare del padre (pace con i quadi e i marcomanni). Fu assassinato a causa delle sue stravaganze (si identificò con Eracle) e del dispotismo.

COMMODORO (Ìsole del), arcipelago russo del Pacifico, a E della Penisola di Kamčatka.

COMMONWEALTH, associazione di antichi possedimenti dell'impero britannico (a esclusione del Mozambico) divenuti Stati indipendenti, firmatari di un patto di solidarietà, più morale che giuridica. Si tratta di Stati che accettano la sovranità della corona britannica oppure riconoscono il sovrano di Gran Bretagna come capo simbolico. Il C. ha preso il posto del *British Commonwealth of Nations* (1931-1946). Oltre al Regno Unito i membri del C. sono: Antigua e Barbuda, Australia, Bahama, Bangladesh, Barbados, Belize, Botswana, Brunei, Camerun, Canada, Cipro, Dominica, Figi, Gambia, Ghana, Giamaica, Grenada, Guyana, India, Kenya, Kiribati, Lesotho, Malawi, Malaysia, Maldive, Malta, Maurizio, Mozambico, Namibia, Nauru, Nigeria, Nuova Zelanda, Uganda, Pakistan (sospeso nel 1999), Papua Nuova Guinea, Rep. Sudafricana, Saint Kitts e Nevis, Saint Lucia, Saint Vincent e Grenadine, Salomone, Samoa, Seicelle, Sierra Leone, Singapore, Sri Lanka, Swaziland, Tanzania, Tonga, Trinidad e Tobago, Tuvalu, Vanuatu, Zambia, Zimbabwe (sospeso nel 2002).

COMNÈNI, famiglia bizantina che ebbe tra i suoi membri numerosi dignitari bizantini e sei imperatori: Isacco I, Alessio I, Giovanni II, Manuele I, Alessio II (1180-1183), Andronico I.

CÒMO, c. della Lombardia, capol. di prov., a S del Lago di Como (146 km²); 82.989 ab. (*comaschi*). Centro commerciale e industriale (setifici, abbigliamento, industrie meccaniche). Turismo. — Centro gallico conquistato dai romani nel 196 a.C., C. fu patria di Plinio il Vecchio e Plinio il Giovane. Fiorente sotto i franchi, nel XIV sec. passò ai Visconti e poi agli Sforza, per essere quindi associata alle sorti del ducato di Milano. Monumenti romanici (S. Abbondio, S. Fedele) e gotici (Broletto, sede comunale del 1215, e duomo). Interessanti anche la Porta Torre del 1192, Villa Olmo (fine del XVIII sec.), la Casa del fascio del comasco G. Terragni e il

COMO. *Veduta della città e del lago.*

museo civico. — Nella provincia, montuosa a N, collinare a S (Brianza) e ricca di laghi (di Como, Mezzola, Pusiano e parte del Lago di Lugano) si pratica l'agricoltura (cereali, frutta, ortaggi) e sono presenti industrie tessili, metalmeccaniche e del mobile. Tra i centri più importanti, Campione d'Italia, Cernobbio ed Erba.

COMODORO RIVADAVIA, c. dell'Argentina, in Patagonia; 73.000 ab. Centro petrolifero.

COMÒLLI (Giampiero), *Milano 1950*, scrittore e saggista. Ha dimostrato particolare interesse per il misticismo e le filosofie orientali. Tra le opere, *La foresta intelligente* (1981), *Le sette storie doppie* (1986), *Il suono del mondo* (1992), *I pellegrini dell'assoluto* (2002).

COMÒRE, Stato insulare dell'Africa, nell'Oceano Indiano, a NO del Madagascar; 1900 km²; 727.000 ab. (*comoriani*). CAP. *Moroni*. LINGUE: *arabo* e *francese*. MONETA: *franco delle Comore*. [*V. carta del* **Madagascar**.] Il paese comprende le isole di Gran Comore (Ngazidja), Moheli (Mwalì) e Anjouan (Nzwani). La quarta isola dell'arcipelago, Mayotte (Mahoré), nel 1976 ha scelto di rimanere unita alla Francia. La popolazione, di origini etniche eterogenee, è di religione musulmana. Produzione di vaniglia, copra e oli essenziali. **1886**: le C. diventano protettorato francese; **1958-1975**: si costituiscono in territorio d'oltremare. **1978**: viene proclamata la repubblica federale islamica, ben presto costretta a fronteggiare movimenti separatisti. **1999**: Azali Assoumani assume le redini del potere con un colpo di Stato militare.

COMORIN (Càpo), capo dell'India merid.

COMPÀGNI (Dino), *Firenze 1255 ca. - 1324*, scrittore e politico. Di fazione guelfa, fu gonfaloniere di giustizia e si ritirò dalla scena politica dopo la vittoria dei Neri (1302). Tra il 1310 e il 1312 scrisse la *Cronica delle cose occorrenti ne' tempi suoi*, puntuale e vivida rappresentazione della storia fiorentina dal 1280 al 1312.

COMPAGNÌA DI GESÙ → GESUITI.

COMPAGNÓNE (Luigi), *Napoli 1915-1998*, scrittore e giornalista. È autore di raccolte poetiche e romanzi pervasi da un'atmosfera ironica e surreale: *L'amara scienza* (1969), *Epigrammi e nonsense* (1973), *La ballata di Pinocchio* (1980), *Mater camorra* (1987), *Totò, ovvero il pasticcio napoletano* (1994).

COMPAGNÓNI (Achille), *Santa Caterina Valfurva 1914*, alpinista e sciatore. Nel 1954 conquistò la cima del K2 insieme a Lino Lacedelli.

COMPAGNÓNI (Dèborah), *Santa Caterina Valfurva 1970*, sciatrice. È stata campionessa olimpionica di slalom supergigante nel 1992 e di gigante nel 1994 e nel 1998. Ha conquistato la medaglia d'oro nello slalom gigante ai campionati mondiali del 1996 e del 1997.

COMPAGNÓNI (Giuseppe), *Lugo 1754 - Milano 1833*, politico e letterato. Fu segretario generale della Confederazione Cispadana e promosse l'adozione del tricolore come bandiera nazionale. Scrisse *Le veglie del Tasso* (1800), opera intrisa di suggestioni preromantiche.

COMPARÉTTI (Domènico), *Roma 1835 - Firenze 1927*, filologo. Si dedicò a significative ricerche in ambito linguistico, archeologico, papirologico ed epigrafico. Di particolare rilievo lo studio *Virgilio nel Medioevo* (1872), panoramica sulla cultura occ. da Augusto a Dante.

COMPIÀNTO SUL CRÌSTO MÒRTO, dipinto di A. Mantegna (1506, Brera, Milano). L'opera rappresenta, con estrema precisione anatomica, il corpo di Cristo disteso e parzialmente ricoperto dal sudario. L'ardita visione di scorcio contribuisce alla drammaticità della scena.

COMPIÈGNE, c. della Francia, capol. del dip. Oise, sul f. Oise; 43.380 ab. Lavorazione del vetro. Industrie automobilistiche. — Il castello, ricostruito per Luigi XV su progetto di J.A. Gabriel, fu la residenza preferita di Napoleone III; museo nazionale del Secondo impero, della vettura e del turismo. — Nel 1430 Giovanna d'Arco vi fu fatta prigioniera. — **forèsta di Compiègne**, foresta che si estende tra le valli dell'Aisne, dell'Oise e dell'Automne (14.500 ha ca.).

COMPIÙTA DONZÈLLA, *XIII sec.*, pseudonimo di una poetessa fiorentina autrice di tre sonetti riconducibili, per tecnica e linguaggio, alla lirica cortese prestilnovistica.

COMPOSTELA (Santiago de) → SANTIAGO DE COMPOSTELA.

COMPTON (Arthur Holly), *Wooster, Ohio, 1892 - Berkeley 1962*, fisico statunitense. Nel 1923 ha scoperto che la lunghezza d'onda dei raggi X diffusi da elementi a basso peso atomico aumenta (*effetto C.*). (Premio Nobel 1927.)

COMPTON-BURNETT (Ivy), *Pinner 1884 - Londra 1969*, scrittrice britannica. I suoi romanzi, in cui hanno grande importanza i dialoghi, offrono una visione negativa dell'alta società sul finire del periodo vittoriano (*Fratelli e sorelle*).

COMTE (Auguste), *Montpellier 1798 - Parigi 1857*, filosofo francese. Il suo *Corso di filosofia positiva* (1830-1842) segna la nascita del positivismo. È considerato tra i fondatori della sociologia.

■ *Auguste Comte ritratto da Etex. (Maison Auguste Comte, Parigi.)*

COMÙNE DI PARÌGI (18 mar. - 27 mag. 1871), governo rivoluzionario francese. La C., costituitasi a Parigi dopo l'assedio della città da parte dei prussiani e il trasferimento dell'Assemblea nazionale a Versailles, fu opera di socialisti e operai che cercarono di realizzare una gestione pubblica indipendente dallo Stato. Fu sconfitta al termine della settimana di durissimi scontri (21-27 mag.) che seguì l'ingresso delle truppe di A. Thiers a Parigi, e fatta oggetto di una dura repressione.

COMÙNI (Càmera dei), camera bassa del parlamento britannico. È eletta a suffragio universale diretto ogni 5 anni e nomina il suo presidente (*speaker*). Esercita un'attività di controllo sul governo e detiene il potere legislativo.

COMUNIÓNE E LIBERAZIÓNE (CL), movimento di ispirazione cattolica fondato a Milano alla fine degli anni '60 del secolo scorso da don L. Giussani. Particolarmente radicato in ambiente studentesco, mira a intensificare l'impegno sociale dei cattolici. Dal 1975 al 1983, attraverso il Movimento popolare, CL ha partecipato attivamente al dibattito politico. In seguito alla creazione della Compagnia delle opere ha avviato numerose attività imprenditoriali.

COMUNÌSMO (Picco del) → SAMANI (Picco Ismail).

COMUNÌSTA CINÉSE (Partito), partito unico della Rep. Popolare Cinese, fondato nel 1921. La sua segreteria politica esercita di fatto il potere nel paese.

COMUNÌSTA DELL'URSS (Partito) (PCUS), partito politico dell'URSS. Costola del POSDR, è stato fondato in Russia nel 1918. Esteso all'URSS nel 1925, ne è stato il partito unico sino al 1990. Scioltosi nel 1991, ha dato origine a più partiti negli Stati nati dalla disgregazione dell'URSS. In epoca sovietica, il segretario del PCUS è stato di fatto la carica più importante dello Stato e il responsabile della direzione politica del paese.

COMUNÌSTA FRANCÉSE (Partito) (PCF), partito politico francese nato dalla scissione del Partito socialista (SFIO) durante il congresso di Tours (1920). Dominato dalla personalità di M. Thorez dal 1930 al 1964, il PCF è in seguito diretto da G. Marchais (segretario generale dal 1972 al 1994), R. Hue (segretario nazionale dal 1994 al 2001), M.-G. Buffet (segretario nazionale) e Hue (nel nuovo ruolo di presidente, dal 2001).

COMUNÌSTA ITALIÀNO (Partito) (PCI), partito politico fondato come Partito comunista d'Italia (PCd'I) nel 1921, durante il congresso di Livorno, in seguito al distacco dal PSI per iniziativa di A. Bordiga (suo primo segretario), A. Gramsci e P. Togliatti. In prima linea nella Resistenza (l'attività clandestina fu organizzata da Gramsci), nel 1943 assunse il nuovo nome di PCI e, sotto la guida di P. Togliatti, dal 1948 rappresentò il principale partito dell'opposizione al governo della repubblica italiana. Nel 1964 L. Longo succedette a Togliatti, e dal 1972 fu segretario E. Berlinguer, che tentò una collaborazione tra i maggiori partiti popolari ("compromesso storico"). Dal 1984 al 1988 A. Natta prese il suo posto. Il successivo segretario, A. Occhetto, nel 1991 ne promosse la trasformazione in Partito democratico della sinistra (PDS), da cui si è separata una minoranza che ha costituito il Partito della rifondazione comunista.

COMUNÌSTI ITALIÀNI (PDCI), partito politico di sinistra fondato a Roma nel 1998 da un gruppo di parlamentari provenienti dal Partito della rifondazione comunista. O. Diliberto ne è l'attuale segretario e A. Cossutta il presidente.

COMUNÌSTI UNITÀRI, partito politico di sinistra fondato nel 1995 da un gruppo di parlamentari, tra cui S. Garavini, provenienti dal Partito della rifondazione comunista. Nel 1998 sono confluiti nei Democratici di sinistra.

COMUNITÀ, casa editrice e rivista mensile fondate a Roma nel 1946 da A. Olivetti. Divennero espressione dell'omonimo movimento politicoculturale cui Olivetti diede vita nel 1947, improntato a un rifiuto del modello capitalistico e alla ricerca di una democrazia non autoritaria.

COMUNITÀ DI STÀTI INDIPENDÈNTI → CSI.

COMUNITÀ EUROPÈE, insieme di organismi (CECA, CEE, Euratom) creati da paesi dell'Europa occ. e mediterranea, con l'intento di attuare una progressiva integrazione delle proprie economie. La loro fusione ufficiale, decisa nel 1965, è stata realizzata nel 1967. Con il trattato di Maastricht (1992, entrato in vigore nel 1993) la CEE, divenuta CE, o Comunità Europea, viene a rappresentare il solo quadro istituzionale dell'*Unione Europea.

CONAKRY, cap. della Guinea, sull'Atlantico; 1.092.936 ab. (1.824.000 ab. l'agglomerato).

CONAN DOYLE (Arthur) → DOYLE (Arthur Conan).

CÓNCA D'ÒRO, reg. pianeggiante che circonda la città di Palermo, fertile e ricca di coltivazioni (soprattutto agrumi e ortaggi).

CONCEPCIÓN, c. della zona centrale del Cile; 331.027 ab.

CONCÈRTI BRANDEBURGHÉSI o **CONCÈRTO BRANDEBURGHÉSE**, serie di sei concerti di J.S. Bach. Furono dedicati, nel 1721, a Cristiano Ludovico di Brandeburgo.

CONCÈTTO SPAZIÀLE, titolo di una serie di opere pittoriche e scultoree realizzate da L. *Fontana negli anni '50 e '60 del secolo scorso. Rappresentano una tipica espressione del movimento spazialista fondato dallo stesso Fontana, che mirava all'integrazione di materia, colore e suono nello spazio.

CONCILIATÓRE (Il), periodico letterario pubblicato a Milano dal sett. 1818 all'ott. 1819. Fondato da L. Porro Lambertenghi e F. *Confalonieri, fu il primo giornale romantico italiano e divenne espressione delle tendenze anticlassiciste e liberali.

CONCÌNI (Concino), Firenze 1575 - Parigi 1617, politico. Al servizio della Francia con la moglie, Eleonora Galigai, esercitò una grande influenza su Maria de' Medici, che lo nominò marchese d'Ancre e maresciallo di Francia. Fu fatto assassinare da Luigi XIII, su istigazione di C. de Luynes; la moglie, accusata di stregoneria, fu decapitata e bruciata.

CONCORDÀTO, nome attribuito ad alcuni specifici accordi intercorsi tra Chiesa e Stato. In part. quello del 1929 (Patti lateranensi), riconosceva il carattere cattolico dello Stato italiano, mentre quello del 18 feb. 1984 tra Giovanni Paolo II e il governo di B. Craxi modificava il precedente patto, pur ribadendo i legami esistenti tra sfera civile e religiosa. — Noto anche quello firmato dai rappresentanti di Pio VII e da Napoleone.

CONCORDE, aereo di linea supersonico francobritannico. Ha volato per la prima volta nel 1969, ma è entrato in servizio solo nel 1976.

CONCÒRDIA SAGITTÀRIA, com. in prov. di Venezia; 10.543 ab. Agricoltura, allevamento, industrie alimentari. In epoca romana fu sede di una fabbrica di frecce. Conserva anche resti di epoca paleocristiana e un battistero romanico (XI-XII sec.).

CONCÒRDIA SULLA SÉCCHIA, com. in prov. di Modena; 8332 ab. Agricoltura, allevamento. La chiesa parrocchiale custodisce dipinti di A. Carracci (XVI sec.).

CONDÉ, ramo collaterale della famiglia di Borbone.
— **Luigi I di Borbone**, 1° principe **di C.**, Vendôme 1530 - Jarnac 1569, principe francese. Capo dei calvinisti, morì assassinato. — **Enrico I di Borbone**, 2° principe **di C.**, La Ferté-sous-Jouarre 1552 - Saint-Jean-d'Angély 1588, principe francese. Figlio di Luigi

I, fu a capo del partito protestante con il re Enrico III di Navarra. — **Luigi II di Borbone**, 4° principe **di C.**, detto **il Gran C.**, Parigi 1621 - Fontainebleau 1686, principe francese. Si distinse in battaglia (vittorie di Rocroi, 1643, sugli spagnoli; di Friburgo, 1644, Nördlingen, 1645, e Lens, 1648, sul Sacro Romano Impero). Postosi alla testa della Fronda dei principi, passò temporaneamente al servizio della Spagna, per poi tornare a mettersi in luce nella guerra di devoluzione e contro l'Olanda.

■ *Il Gran Condé ritratto da Teniers il Giovane. (Musée Condé, Chantilly.)*

CONDILLAC (Étienne **Bonnot de**), Grenoble 1714 - Flux, presso Beaugency, 1780, filosofo francese. Il suo radicale empirismo (*Trattato delle sensazioni*, 1754), definito sensismo, attribuisce un ruolo di rilievo alla riflessione sul linguaggio.

CONDOR (legione), unità formata da volontari tedeschi, che parteciparono alla guerra civile spagnola (1936-1939) a fianco delle truppe nazionaliste di F. Franco.

CONDORCET (Marie Jean Antoine **Caritat**, marchese **di**), Ribemont 1743 - Bourg-la-Reine 1794, scienziato e politico francese. Deputato all'assemblea legislativa (1791) e membro della Convenzione (1792), presentò un importante progetto di istruzione pubblica. Accusato di essere girondino, sfuggì alla cattura e durante gli 8 mesi di clandestinità scrisse *Abbozzo di un quadro storico dei progressi dello spirito umano*; arrestato, si avvelenò. Autore di numerose opere scientifiche e filosofiche, collaborò all'*Encyclopédie*.

CONEGLIÀNO, com. in prov. di Treviso; 35.060 ab. Agricoltura (cereali, vigneti, frutta). Allevamento. Industrie elettrotecniche, tessili, alimentari. Conserva una cattedrale del XIV sec. e numerosi edifici signorili del XV e XVI sec.

CÒNERO (Monte), promontorio calcareo della costa marchigiana, a SE di Ancona; 572 m. Sulla Riviera del C. si affacciano numerose località turistiche balneari (Sirolo, Numana, Marcelli).

CONFAGRICOLTÙRA (Confederazione generàle dell'agricoltùra), organizzazione sindacale che raggruppa gli imprenditori agricoli, fondata a Bologna nel 1911. L'attuale denominazione risale al 1949.

CONFALONIÈRI (Federico), Milano 1785 - Hospenthal 1846, patriota. Esponente di spicco del liberalismo lombardo, fondatore del *Conciliatore* insieme a L. Porro Lambertenghi, fu arrestato dagli austriaci nel 1821 e rinchiuso nella fortezza dello Spielberg fino al 1835.

CONFÀPI (Confederazione italiana della pìccola e mèdia indùstria), organizzazione sindacale fondata nel 1947 per rappresentare gli interessi degli imprenditori alla guida di piccole e medie imprese.

CONFARTIGIANÀTO (Confederazione generàle italiana dell'artigianàto), organizzazione istituita nel 1945 per rappresentare i titolari di imprese artigiane e le associazioni artigiane territoriali.

CONFCOMMÈRCIO (Confederazione generàle italiana del commèrcio e del turismo), organizzazione sindacale fondata nel 1946 per rappresentare i titolari di attività commerciali e turistiche.

CONFÉDÉRATION PAYSANNE, organizzazione sindacale francese creata nel 1987. Il suo leader, J. Bové, difende l'uso di metodi naturali e biologici in agricoltura e partecipa attivamente al movimento contrario alla globalizzazione.

CONFEDERAZIÓNE DELL'ORATÒRIO, congregazione clericale che non prevede la professione dei voti, fondata nel 1564 da san Filippo Neri. I suoi membri si dedicano all'educazione di giovani e alla predicazione.

CONFEDERAZIÓNE DELLA GERMÀNIA DEL NORD, unione politica creata da O. von Bismarck che riunì, dal 1867 al 1870, 22 Stati tedeschi a N del Meno.

CONFEDERAZIÓNE DEL RÈNO, unione politica di Stati tedeschi (1806-1813). Posta sotto l'egida di Napoleone I, nel 1808 comprendeva tutta la Germania, esclusa la Prussia. Si sciolse dopo la battaglia di Lipsia (ott. 1813).

CONFEDERAZIÓNE ELVÈTICA, nome ufficiale della Svizzera (che dal 1874 costituisce un vero e proprio Stato federale).

CONFEDERAZIÓNE EUROPÈA DEI SINDACÀTI (CES), organizzazione sindacale europea creata nel 1973. Si tratta della maggiore associazione dei salariati su scala europea e riunisce confederazioni sindacali nazionali e federazioni professionali europee.

CONFEDERAZIÓNE GERMÀNICA, unione politica degli Stati tedeschi (1815-1866). Creata dal Congresso di Vienna (1815), riuniva 34 Stati sovrani e 4 città libere sotto la presidenza dell'imperatore d'Austria; fu oggetto dell'inasprimento dei contrasti tra Austria e Prussia. La vittoria prussiana a Sadowa (1866) ne sancì lo scioglimento.

CONFEDERAZIÓNE INTERNAZIONÀLE DEI SINDACÀTI LÌBERI (CISL), organizzazione costituita nel 1949 dai sindacati che avevano lasciato la Federazione sindacale mondiale.

CONFESSIÓNE DI AUGÙSTA → AUGUSTA.

CONFIÈNZA (battàglia della) (31 mag. 1859), vittoria delle truppe piemontesi sugli austriaci presso C., in prov. di Pavia.

CONFINDÙSTRIA (Confederazione generàle dell'indùstria italiàna), organizzazione sindacale che raggruppa gli industriali italiani, fondata nel 1919. Da principio sostenitrice del regime fascista, fu rifondata nel 1944 da A. *Costa. I suoi scopi principali sono la tutela degli interessi dell'industria e lo studio dei problemi a essa attinenti.

CONFUCIO, in cin. Kongzi o Kongfuzi, 551 ca. - 479 a.C., letterato e filosofo cinese. La sua principale preoccupazione fu di far regnare l'ordine all'interno dello Stato educando i cittadini a una vita virtuosa. La sua opera ha dato origine al confucianesimo.

■ *Confucio. Acquerello del XVII sec. (BNF, Parigi.)*

CONGIÙRA DELLE PÓLVERI (1605), complotto ordito dai cattolici inglesi, che decisero di eliminare il governo facendo esplodere il parlamento il giorno in cui i suoi membri dovevano ricevere il re Giacomo I e i suoi ministri. Il governo, scoperto l'intrigo, condannò a morte gran parte dei cospiratori.

CONGO, f. dell'Africa centrale che nasce dall'altopiano del Katanga e si getta nell'Atlantico; 4700 km; bacino di 3.800.000 km². Ha il nome di Lualaba fino a Kisangani. Riceve le acque dell'Oubangui e del Kasai, e attraversa il Malebo Pool, dove sorgono Kinshasa e Brazzaville. Quasi a valle, il porto di Matadi è accessibile a imbarcazioni di grandi dimensioni. Navigabile per brevi tratti, il C. ha un regime abbastanza regolare. Vi si pratica la pesca.

CONGO, Stato dell'Africa centrale, sull'Atlantico; 342.000 km²; 3.110.000 ab. (congolesi). CAP. Brazzaville. LINGUA: francese. MONETA: franco CFA. [V. carta a pagina seguente.]

GEOGRAFIA — Attraversato dall'equatore, il paese è in gran parte ricoperto da una fitta foresta, in alcune zone sottoposta a sfruttamento. Base dell'alimentazione è la manioca. Le esportazioni sono costituite soprattutto dal petrolio. La capitale e il porto di Pointe-Noire sono gli unici centri urbani di rilievo.

STORIA — Prima dell'indipendenza. XV-XVIII sec.: il territorio è diviso in due regni: quello dei teke a N e quello di loango a S. Nella foresta vivono i pigmei (binga). **1875**: Pietro Savorgnan di Brazza esplora la regione. **1910**: la colonia del C. francese (1891) entra a far parte dell'Africa equatoriale francese (cap. Brazzaville). **1926-1942**: il matswanismo, movimento sincretista guidato da André Matswa (m. nel 1942), provoca una serie di tumulti. **La repubblica del Congo. 1958**: il C. diventa repubblica autonoma. **1959**: viene eletto presidente Fulbert Youlou. **1960**: la Rep. del C., detta "C.-Brazzaville", ottiene l'indipendenza. **1963**: F.

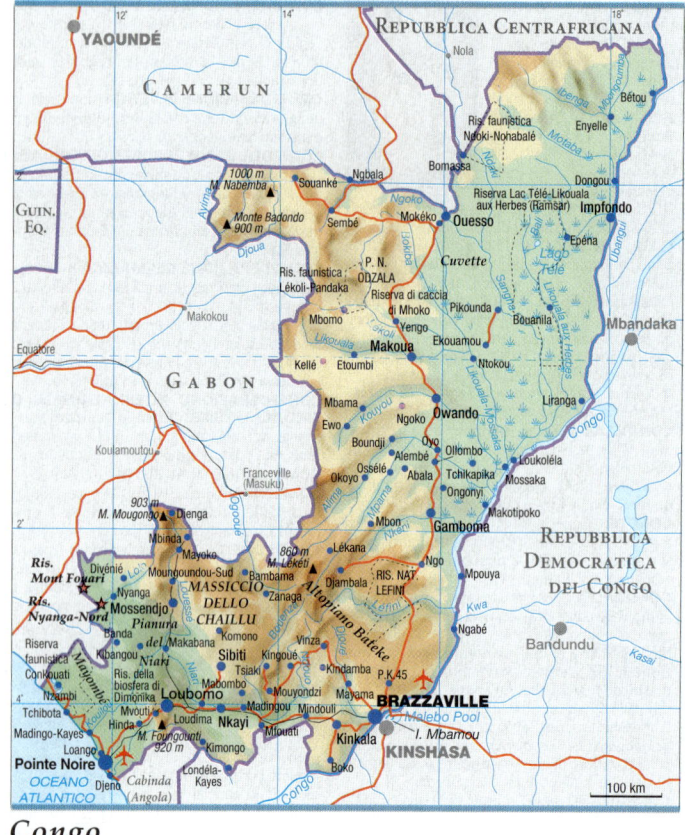

Congo

più di 1.000.000 di ab.

— strada normale
da 100.000 a 1.000.000 di ab.

— ferrovia
da 50.000 a 100.000 di ab.

✈ aeroporto
meno di 50.000 ab.

200 400 600 800 m

100 km

Youlou è sostituito da Alphonse Massamba-Débat, che avvia il paese sulla strada socialista. **1969-1977**: guidato da Marien Ngouabi, il C. diviene repubblica popolare e consolida i legami con la Cina e i paesi del Patto di Varsavia. **1977**: M. Ngouabi viene ucciso. **1979**: Denis Sassou-Nguesso è presidente della repubblica. **Dal 1990**: viene avviato un processo di democratizzazione, con il ritorno al multipartitismo e l'abbandono dei riferimenti al marxismo. **1992**: è approvata per referendum una nuova Costituzione. Pascal Lissouba, uno dei leader dell'opposizione democratica, sale alla carica di capo dello Stato. **1997**: scoppiano violenti scontri tra i sostenitori di P. Lissouba e quelli del suo predecessore, D. Sassou-Nguesso, che ha la meglio e si fa proclamare presidente della repubblica; **2002**: le elezioni presidenziali (boicottate dall'opposizione) lo confermano alla guida dello Stato.

CONGO (règno dél) → KONGO.

CONGO (Repùbblica Democràtica del Congo), già **Congo belga**, e, dal 1971 al 1997, **Zaire**, Stato dell'Africa centrale; 2.345.000 km², 47.069.000 ab. (congolési). CAP. Kinshasa. LINGUA: francese. MONETA: franco congolese.

GEOGRAFIA – Attraversato dall'equatore, il paese è formato da una pianura coperta di foreste, umida e calda, che corrisponde a gran parte del bacino del f. Congo, e da altopiani e monti nella zona orientale. La popolazione (più di 500 etnie), non omogeneamente ripartita, conosce una forte crescita demografica; l'esodo rurale ha fatto aumentare rapidamente il numero di abitanti delle città (in part. Kinshasa). L'agricoltura, settore dominante, produce soprattutto colture per uso alimentare (manioca, mais, banane), ma non riesce a soddisfare il fabbisogno

nazionale. Le piantagioni danno olio di palma, caffè e cacao. Il sottosuolo fornisce risorse abbondanti e varie (rame, cobalto e diamanti, soprattutto per uso industriale). Il potenziale idroelettrico, uno dei maggiori al mondo, è sottoutilizzato. La rete dei trasporti è insufficiente. Le poche industrie sono concentrate a Kinshasa, Lubumbashi e Kisangani. La difficile situazione politica si ripercuote sull'economia.

STORIA – **Le origini e il periodo coloniale.** Nella regione vivono pigmei e bantu. XVII-XVIII sec.: sul fiume Kasai nasce il regno dei kuba mentre nel Katanga fiorisce la civiltà dei lunda; il regno dei lunda se ne distacca nel 1750 ca. **1876**: il re del Belgio Leopoldo II crea l'Associazione internazionale africana (AIA), presto trasformata in Associazione internazionale del C. **1885**: a Berlino lo Stato indipendente del C. ottiene un riconoscimento a livello internazionale. Leopoldo II ne diviene il sovrano, ma il paese è una sua proprietà personale. **1908**: il Belgio eredita il C. da Leopoldo II (C. belga). **1918-1939**: inizia lo sviluppo economico.

L'indipendenza. 1960: dopo quattro anni di fermenti nazionalisti, il C. belga conquista l'indipendenza e diventa Repubblica del C., detta "C.-Kinshasa". Patrice Lumumba diviene primo ministro, Joseph Kasavubu è presidente della repubblica. Il Katanga, con Moise Ciombe, si distacca dal C. **1961-1965**: continuano i disordini: dopo l'assassinio di P. Lumumba (1961) intervengono i caschi blu dell'ONU (1961-1963), che fanno rientrare la secessione del Katanga, e i paracadutisti belgi (1964) per sedare la ribellione dei "lumumbisti". **Nov. 1965**: con Sese Seko Mobutu, presidente della repubblica in seguito a un colpo di Stato, si inaugura un periodo di re-

lativa stabilità. **1970**: l'istituzione di un regime a partito unico (Movimento popolare della rivoluzione), rappresenta una svolta autoritaria. **1971**: la Rep. del C. assume il nome di Zaire. **Dal 1990**: di fronte alla crescente opposizione, S.S. Mobutu fa alcune concessioni (apertura al multipartismo, formazione di un organismo di transizione) pur negando la completa democratizzazione delle istituzioni. **1994**: alla crisi politica si aggiunge il problema del massiccio afflusso di rifugiati ruandesi. **1997**: truppe ribelli, che avanzano da E verso O, assumono il controllo del paese e costringono Mobutu ad abbandonare il potere. Il loro capo, Laurent Désiré Kabila, si fa proclamare capo dello Stato, ribattezzato R. D. del C. **1998**: la sollevazione degli antichi alleati di L.D. Kabila contro il potere centrale, appoggiata da Ruanda e Uganda, porta a una nuova guerra. **2001**: assassinio di Kabila. Sale al potere il figlio Joseph, ma la guerra continua.

CONGO BÈLGA, nome della colonia belga dell'Africa centrale dal 1908 alla proclamazione dell'indipendenza nel 1960 (→ Congo [Repubblica Democratica del]).

CONGRÈSSO (bibliotèca del) (in ingl. Library of Congress), biblioteca del parlamento statunitense, fondata nel 1800 a Washington. Biblioteca nazionale degli Stati Uniti, raccoglie libri da tutto il mondo.

CONGRÈSSO (Partito del), movimento e poi partito politico indiano. Fondato nel 1885, dal 1929 lotta per l'indipendenza dell'India. È stato al potere dal 1947 al 1977, dal 1980 al 1989 e dal 1991 al 1996.

CONGREVE (William), Bardsey, presso Leeds, 1670 - Londra 1729, drammaturgo britannico. Nelle sue commedie (Così va il mondo) condanna il rigore puritano.

CONGREVE (sir William), Londra 1772 - Tolosa 1828, ufficiale britannico. Nel 1804 inventò i razzi che portano il suo nome.

CONI (Comitàto olìmpico nazionàle italiàno), ente di diritto pubblico fondato nel 1914 allo scopo di tutelare e coordinare le discipline sportive. Ha sede a Roma e comprende le singole federazioni sportive nazionali.

CONNACHT o **CONNAUGHT**, prov. dell'Irlanda; 433.231 ab.

CONNECTICUT, f. degli Stati Uniti orient., che sfocia nella Long Island Sound; 650 km.

CONNECTICUT, Stato degli Stati Uniti, nel New England; 13.000 km²; 3.450.565 ab.; cap. Hartford.

CONNEMARA, reg. dell'Irlanda occ.

CONNERY (sir Thomas, detto Sean), Edimburgo 1930, attore cinematografico britannico. Messosi in luce grazie alla serie dedicata a James Bond (inaugurata da Agente 007, licenza di uccidere, 1962), ha dato prova delle proprie capacità recitative soprattutto in Marnie (1964), L'uomo che volle farsi re (1975), Il nome della rosa (1986), Gli intoccabili (1987).

CONÓNE, 444 ca. - 390 a.C., generale ateniese. Sconfitto a Egospotami (405), sbaragliò la flotta spartana presso Cnido (394 a.C.).

CONÓNE, m. nel 687, papa dal 686 al 687.

CONQUES, località della Francia, nel dip. Aveyron; 314 ab. Grande abbazia romanica di Sainte-Foy; timpano del Giudizio universale; tesoro con rari esemplari di oreficeria medievale; vetrate di P. Soulages.

CONRAD (Józef Konrad **Korzeniowski**, detto Joseph), Berdicēv 1857 - Bishopsbourne 1924, scrittore britannico di origine polacca. Nei suoi romanzi di avventura e nelle storie di mare, da cui emerge un'eccezionale padronanza della lingua d'adozione, esplora la solitudine umana (Lord Jim, 1900; Cuore di tenebra, 1902).

■ Joseph Conrad.

CONRAD VON HÖTZENDORF (Franz, cónte), Penzing 1852 - Bad Mergentheim 1925, maresciallo austriaco. Fu a capo dello Stato maggiore austro-ungarico dal 1906 al 1911 e dal 1912 al 1917.

CONSÀGRA (Piètro), Mazara del Vallo 1920, scultore. Dopo una prima fase espressionista, nel

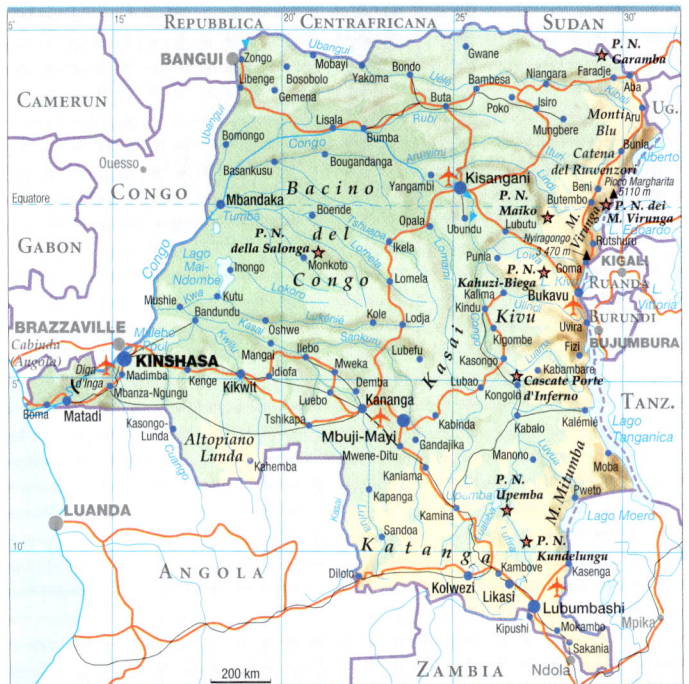

Repubblica Democratica del Congo

⭑ importante località turistica — strada normale ● più di 1.000.000 di ab. ● da 100.000 a 500.000 ab.
500 1000 2000 m — ferrovia ● da 500.000 a 1.000.000 ab. • meno di 100.000 ab.
✈ aeroporto

1947 aderì al gruppo Forma I, orientandosi verso l'astrattismo. Le sue composizioni, nate dall'accostamento di pannelli metallici, sono riconducibili alla tradizione del bassorilievo.

CONSÀLVI (Èrcole), *Roma 1757 - Anzio 1824*, prelato. Cardinale, segretario di Stato di Pio VII (1800), stipulò il concordato con Napoleone (1801).

CONSÀLVO DI CÓRDOBA, *Montilla 1453 - Granada 1515*, generale spagnolo. Batté le truppe di Luigi XII e conquistò il regno di Napoli, di cui divenne viceré (1504-1507).

CONSCIENCE (Hendrik), *Anversa 1812 - Bruxelles 1883*, scrittore belga di lingua fiamminga, autore di romanzi morali e novelle storiche (*Il leone delle Fiandre*).

CONSÉGNA DELLE CHIÀVI, affresco del Perugino (1481, Cappella Sistina, Vaticano). L'armonioso schema compositivo e le linee classicistiche dello sfondo architettonico ispirarono *Lo *sposalizio della Vergine* di Raffaello.

CONSERVATÓRE (Partito), partito politico britannico. Il termine "conservatore" ha sostituito ufficialmente "tory" dopo la riforma elettorale del 1832. Questo partito, per tradizione aristocratico, ha progressivamente guadagnato consensi anche presso il ceto medio. Principali leader: R. Peel, B. Disraeli, lord Salisbury, W. Churchill, A. Eden, H. Macmillan, E. Heath, M. Thatcher, J. Major, W. Hague. Dal 2001 è guidato da I. Duncan Smith.

CONSÌGLIO D'EURÒPA, organismo di cooperazione europea. Creato nel 1949 con sede a Strasburgo, comprende oggi 44 Stati. Sua emanazione è la Corte europea dei diritti dell'uomo, che assicura, tra l'altro, il rispetto della Convenzione europea per i diritti dell'uomo (1950).

CONSÌGLIO DI SICURÉZZA, organo permanente dell'ONU. È composto da 15 membri, 5 dei quali permanenti (Cina, Francia, Regno Unito, Russia, Stati Uniti), dotati del "diritto di veto", gli altri eletti a rotazione per 2 anni. Il consiglio ha come principale compito la salvaguardia della pace.

CONSÌGLIO EUROPÈO, organo dell'Unione Europea incaricato di definirne gli orientamenti politici principali. Creato nel 1974 come assemblea periodica dei capi di Stato o di governo, del governo della CEE e del presidente della Commissione europea, è di fatto il principale organismo politico dell'UE, in attesa che vengano ampliati i compiti delle istituzioni comunitarie. Si riunisce almeno due volte l'anno. La nuova Costituzione europea apreveda una ridefinizione dei compiti del C.E.

CONSÌGLIO MONDIÀLE DELLE CHIÈSE (CMC) o **CONSÌGLIO ECUMÈNICO DELLE CHIÈSE**, organismo creato ad Amsterdam nel 1948 al fine di coordinare l'azione delle confessioni protestanti e degli ortodossi orientali. Ha sede a Ginevra. Alle sue riunioni partecipano osservatori cattolici.

CONSOB (Commissióne nazionàle per le società e la Bórsa), organismo istituito nel 1974 al fine di vigilare sulle società quotate in Borsa e garantire il corretto svolgimento delle contrattazioni borsistiche.

CONSOLÌNI (Adólfo), *Costermano 1917 - Milano 1969*, sportivo. 3 volte primatista mondiale di lancio del disco (1941, 1946, 1948), conquistò la medaglia d'oro alle Olimpiadi di Londra (1948).

CÒNSOLO (Vincènzo), *Sant'Agata di Militello 1933*, scrittore. Tra le opere, *La ferita dell'aprile* (1968), *Il sorriso dell'ignoto marinaio* (1976), *Retablo* (1986), *L'olivo e l'olivastro* (1994). Si distingue per lo stile barocco e prezioso, arricchito da forme dialettali.

CONSTABLE (John), *East Bergholt, Suffolk, 1776 - Londra 1837*, pittore britannico. Romantico e realista, fu uno dei grandi anticipatori del paesaggio moderno (*Il mulino di Flatford*, 1816-1817, Tate Gallery, Londra).

CONSTANT (Benjamin Henri **Constant de Rebecque**, detto Benjamin), *Losanna 1767 - Parigi 1830*, politico e scrittore francese. Amico di Mᵐᵉ de Staël, deve la sua fama al romanzo psicologico *Adolphe* (1816). Ostile al dispotismo, collaborò però con Napoleone durante i Cento giorni (1815), fece parte dell'opposizione liberale durante la restaurazione e appoggiò Luigi Filippo ne il 1830.

CONSTANT (Marius), *Bucarest 1925*, compositore e direttore d'orchestra francese. Autore di *24 préludes pour orchestre* (1959), si è dedicato anche alla musica aleatoria (*Les chants de Maldoror*, 1962).

CONSTITUTIO DE FEUDIS, editto emanato a Milano il 28 mag. 1037 dall'imperatore Corrado II il Salico. Con quest'atto venne riconosciuta e regolamentata l'ereditarietà dei feudi minori, per rafforzare il potere dell'imperatore a scapito dei principali vassalli dell'impero.

CONTADÌNI (guèrra dei) (1524-1526), insurrezione contadina e cittadina che scoppiò nel Sacro Romano Impero. Guidata da alcuni riformatori radicali (tra cui T. Müntzer, in Turingia), fu repressa da una coalizione di principi cattolici e luterani.

CONTARÌNI, famiglia di Venezia che alla repubblica diede otto dogi (XI-XVII sec.). — **Iacopo C.**, *m. nel 1280*, doge di Venezia. Dovette fronteggiare la ribellione delle città istriane, che si erano avvicinate ad Aquileia, e rinunciare all'alleanza con Pisa. — **Gaspare C.**,*Venezia 1483 - Bologna 1542*, cardinale. Promosse la riforma della Chiesa cercando un accordo con i luterani e presiedette la commissione che preparò le basi del concilio di Trento.

CÒNTE (Giusèppe), *Porto Maurizio 1945*, scrittore. È autore di varie raccolte poetiche, come *L'ultimo aprile bianco* (1979) e *Dialogo del poeta e del messaggero* (1987). Tra i romanzi, *Il ragazzo che parla col sole* (1997), *Il terzo ufficiale* (2002).

CÒNTE (Pàolo), *Asti 1937*, cantautore. Avvocato, nel 1965 ha iniziato a scrivere canzoni portate al successo da artisti come A. *Celentano (*Azzurro*), per poi iniziare personalmente a incidere dal 1974 (*Aguaplano*, *Bartali*, *Un gelato al limone*). La sua vena da *chansonnier* si fonde con uno stile tipicamente jazzistico.

CONTÉSSA LÀRA (Evelina **Cattermòle Mancini**, detta), *Firenze 1849 - Roma 1896*, scrittrice. Scrisse articoli giornalistici di costume e poesie intrise di malinconico lirismo: *Canti e ghirlande* (1867), *Versi* (1833), *Nuovi versi* (1897).

CÒNTI (Brùno), *Nettuno 1955*, calciatore. Con la nazionale ha vinto la Coppa del mondo di 1982 in Spagna. Attaccante, ha esordito nella Roma, squadra nella quale ha militato, tranne due stagioni al Genoa, fino al 1991. Ha vinto 1 scudetto (1982-1983) e 4 Coppe Italia.

CÒNTI (Giùsto de'), *Valmontone o Roma 1379 ca. - Rimini 1449*, poeta. Consigliere di Pandolfo Malatesta, signore di Rimini, scrisse *La bella mano*, canzoniere di chiara ispirazione petrarchesca.

CÒNTI (Primo), *Firenze 1900 - Fiesole 1988*, pittore. Autodidatta, aderì inizialmente al futurismo, per poi orientarsi, nel primo dopoguerra, verso l'arte metafisica. Dopo una fase romantica giunse, negli ultimi anni della sua attività, a una rielaborazione dello stile futurista.

CONTÌLLI (Gino), *Roma 1907 - Genova 1978*, compositore. Fu tra i primi in Italia a utilizzare la tecnica dodecafonica.

CONTÌNI (Gianfrànco), *Domodossola 1912-1990*, critico e filologo. Ha sviluppato un metodo di analisi filologica che considera l'opera letteraria come una struttura linguistica autonoma. Tra i saggi principali, *Esercizi di lettura* (1939), *Letteratura dell'Italia unita 1861-1968* (1968), *Varianti e altra linguistica* (1970), *Un'idea di Dante* (1976).

CONTRÀTTO SOCIÀLE o **PRINCÌPI DI DIRÌTTO POLÌTICO**, trattato di J.-J. Rousseau (1762). In esso l'autore afferma che l'unico presupposto possibile della libertà civile è la rinuncia ai propri diritti naturali da parte dell'individuo, e indica nel concetto di volontà generale il principio cardine della democrazia.

CONTRORIFÓRMA → Riforma cattolica.

CONTÙCCI (Andrèa) → Sansovino (Andrea).

John **CONSTABLE**. Il carro di fieno, *1821*.
(National Gallery, Londra).

CONVERSÀNO, com. in prov. di Bari, nelle Murge; 23.517 ab. Agricoltura (olive, uva). Industrie alimentari. Castello (XIV sec.). Duomo (XI sec.).

CONVERSAZIÓNE IN SICÌLIA, romanzo di E. Vittorini, pubblicato nel 1941. Il romanzo, fortemente allegorico, è imperniato sul tema del risveglio interiore e dell'impegno civile.

CONVÌTO (Il), dialogo di Platone sull'amore e sulla teoria del bello (385 ca. a.C.).

CÒO, in gr. *Kós*, isola greca del Dodecaneso; capol. *Kos*. Reperti archeologici.

COOK (Isole), arcipelago dell'Oceania, tra le isole Tonga e Tahiti, 1600 km a NE della Nuova Zelanda, di cui fa parte; 241 km²; 18.904 ab.; capol. *Avarua*, nell'Isola di Rarotonga.

COOK (James), *Marton-in-Cleveland 1728 - Baia di Kealakekua, Hawaii, 1779*, navigatore britannico. Durante una prima spedizione scoprì le Isole della Società ed esplorò la Nuova Zelanda (1768-1771). Un secondo viaggio lo portò nel Circolo Polare Antartico (1772-1775). In occasione della terza spedizione, iniziata nel 1776, scoprì le Isole Sandwich (Hawaii, 1778), dove fu ucciso dagli indigeni.

COOK (Mónte) o **AORANGI**, la vetta più elevata della Nuova Zelanda, nell'Isola del Sud; 3754 m.

COOK (Strétto di), braccio di mare che divide le due isole principali della Nuova Zelanda (Isola del Nord e Isola del Sud).

COOK (Thomas), *Melbourne, Inghilterra, 1808 - Leicester 1892*, imprenditore britannico. Nel 1841 allestì il primo "viaggio organizzato", tra Leicester e Loughborough, e in seguito inaugurò le agenzie di viaggio che portano il suo nome.

COOLIDGE (Calvin), *Plymouth, Vermont, 1872 - Northampton, Massachusetts, 1933*, politico statunitense. Repubblicano, fu presidente degli Stati Uniti (1923-1929).

COOLIDGE (William David), *Hudson 1873 - Schenectady 1975*, fisico statunitense, inventore del tubo a raggi X a catodo incandescente (1913).

COOPER (David), *Città del Capo 1931 - Parigi 1986*, psichiatra britannico. Insieme a R. Laing fondò l'antipsichiatria (*La morte della famiglia*, 1971).

COOPER (Gary), *Helena, Montana, 1901 - Los Angeles 1961*, attore cinematografico statunitense. Nei suoi film ha incarnato l'americano virile, riservato e leale: *È arrivata la felicità* (F. Capra, 1936), *Mezzogiorno di fuoco* (F. Zinneman, 1952).

■ *Gary Cooper in una scena di* Il sergente York *(1941) di H. Hawks.*

COOPER (James Fenimore), *Burlington 1789 - Cooperstown 1851*, scrittore statunitense. Nei suoi romanzi d'avventura tratteggia il conflitto tra civiltà e culture primitive mettendo in scena personaggi idealizzati (*L'ultimo dei mohicani*, 1826).

COOPER (Leon N.), *New York 1930*, fisico statunitense. Ha lavorato, con J. Bardeen e J.R. Schrieffer, a una teoria sulla superconduttività nota come *teoria BCS* (Premio Nobel 1972).

COPACABANA, quartiere di Rio de Janeiro. Stazione balneare.

COPÁN, località dell'Honduras, nota per le imponenti rovine di una città maya risalente al periodo classico (250-950); glifi e decorazioni scolpite.

COPEAU (Jacques), *Parigi 1879 - Beaune 1949*, attore, regista teatrale e scrittore francese. Tra i promotori della *Nouvelle Revue française*, fondò il teatro del Vieux Colombier e rinnovò il genere drammatico risalendo alle fonti del teatro popolare.

COPENÀGHEN, in dan. **København**, cap. della Danimarca, sulla costa orient. dell'Isola Sjælland, sull'Øresund; 499.148 ab. (1.388.000 ab. nell'agglomerato). Principale porto e aeroporto (Kastrup), centro politico, intellettuale e industriale del paese. — Nel 1443 C. divenne capitale della Danimarca. Regina del commercio baltico, nel XVII e XVIII sec. conobbe una grande fioritura per aver aderito alla "lega dei neutri" e stretto alleanza con Napoleone. Fu bombardata dagli inglesi nel 1801 e nel 1807. — Interessanti monumenti, soprattutto del XVII-XIX sec. Importanti musei.

COPÈRNICO (Nicolò), in pol. **Mikołaj Kopernik**, *Toruń 1473 - Frauenburg, att. Frombork, 1543*, astronomo polacco. Dopo lunghi anni di studi e riflessioni, elaborò l'ipotesi del movimento della Terra e degli altri pianeti attorno al Sole. La sua intuizione, esposta nel 1543 in un trattato dal titolo *De revolutionibus orbium coelestium*, forniva una spiegazione dei principali fenomeni astronomici all'epoca noti in contrasto con il sistema tolemaico, fino a quel momento accettato. La confutazione di un ruolo privilegiato della Terra nell'universo, però, sollevò numerose critiche, soprattutto in seno alla Chiesa: soltanto dopo l'invenzione del cannocchiale, nel XVII sec., la sua fondatezza sarà ufficialmente riconosciuta. L'opera di C. ha rappresentato una svolta nella storia del pensiero e del progresso scientifico.

■ *Nicolò Copernico. (Università di Cracovia.)*

COPERTÌNO, com. in prov. di Lecce, nella pianura salentina; 23.989 ab. Agricoltura (vite, olivo). Industrie alimentari. Castello cinquecentesco.

COPI (Raúl **Damonte**, detto), *Buenos Aires 1939 - Parigi 1987*, autore drammatico e umorista argentino. Nei suoi disegni (*La donna seduta*) e nelle sue opere teatrali (*Eva Perón, La torre della Défense*), rappresenta il disagio della società contemporanea con umorismo e gusto della provocazione.

COPLAND (Aaron), *Brooklyn 1900 - North Tarrytown, Stato di New York, 1990*, compositore statunitense dallo stile neoclassico (*El Salón México*, per orchestra, 1936; *Appalachian Spring*, balletto, 1944).

COPPEDÈ (Adólfo), *Firenze 1871 - Montemurlo 1951*, architetto. Realizzò edifici in stile medievale (Palazzo Viviani Cova, Milano, 1910-1915), moresco e manierista. — **Gino C.**, *Firenze 1866 - Roma 1927*, architetto. Fratello di Adolfo, sviluppò uno stile architettonico eclettico ed enfatico, che in parte si richiama all'Art Nouveau. Celebri le sue ville, che evocano castelli medievali (Castello Mackenzie, Genova, 1897-1902; Villa Cattaneo, Lugano, 1913 ca.).

COPPÉE (François), *Parigi 1842-1908*, poeta francese. La sua opera offre una visione sentimentale della vita del popolo (*Gli umili*).

CÓPPI (Fàusto), *Castellania 1919 - Novi Ligure 1960*, ciclista. Tra i più grandi e più completi ciclisti di tutti i tempi, ha vinto 5 Giri d'Italia (1940, 1947, 1949, 1952, 1953), 2 Tour de France (1949 e 1952), 4 campionati italiani (1942, 1947, 1949, 1955), 2 campionati del mondo d'inseguimento (1947, 1949). Inoltre ha battuto il record del mondo dell'ora ed è stato campione del mondo su strada (1953).

COPPÌNO (Michèle), *Alba 1871 - Torino 1901*, politico e letterato. Più volte ministro della pubblica istruzione (1867, 1876-1978, 1878-1979, 1884-1988), fu promotore della legge sull'istruzione elementare gratuita e obbligatoria (Legge C., 1877).

CÒPPO DI MARCOVÀLDO, *Firenze 1225-1280 ca.*, pittore. Tra i principali artisti del '200 toscano, realizzò affreschi e mosaici il cui stile anticipa la svolta antibizantina di Cimabue. Tra le opere di maggior rilievo, mosaici del battistero di Firenze, *Madonna col bambino e due angeli* (Siena, 1261), *Crocifisso con storie* (Pistoia, 1275).

COPENAGHEN. *Municipio, opera di M. Nyrop (fine del XIX sec.)*

COPPOLA (Francis Ford), *Detroit 1939*, regista cinematografico statunitense. Negli anni '70 del secolo scorso è diventato portavoce delle nuove generazioni di cineasti hollywoodiani realizzando film che si segnalano per i risultati spettacolari e le ardite sperimentazioni tecniche: *Il padrino* (1972), *La conversazione* (1974), *Apocalypse Now* (1979), *Cotton Club* (1984), *Giardini di pietra* (1987), *Tucker* (1988), *Dracula* (1992), *L'uomo della pioggia* (1997).

CÒPTI, in Egitto, membri della Chiesa cristiana ortodossa, facente parte del ramo monofisita. Quest'ultimo si oppose ai dogmi cristologici stabiliti dal concilio di Calcedonia (451) e si diffuse rapidamente in tutto il paese, prima di essere travolto dall'islam. Conta attualmente 7 milioni di fedeli, riconosce come capo il patriarca di Alessandria, che risiede al Cairo, e segue il rito copto (in lingua copta). Il termine "copto", che in origine designava il popolo egiziano, con la sua lingua e la sua cultura, in seguito è passato a indicare soltanto una confessione religiosa. Oggi è esteso anche alla Chiesa ortodossa etiopica, che si inserisce anch'essa nella tradizione monofisita e che, con 14 milioni di fedeli in Etiopia e in Eritrea, ha adottato il rito copto, ma in amarico.

COQUILHATVILLE → MBANDAKA.

COQUIMBO, c. del Cile settentr.; 122.766 ab.

CÒRE → PERSEFONE.

CORÀLLI (battàglia del Mar dei) (4-8 mag. 1942), battaglia aeronavale svoltasi nel Pacifico, durante la seconda guerra mondiale. Si concluse con la vittoria americana sui giapponesi, che dovettero rinunciare allo sbarco in Nuova Guinea.

CORÀLLI (Mar dei), parte dell'Oceano Pacifico, tra l'Australia e la Melanesia.

CORALLÌNA, nella commedia dell'arte, variazione del tipo della servetta, molto simile a *Colombina*. Introdotta nel XVII sec. da D. Costantini, ispirò il personaggio di Mirandolina nella *Locandiera* di C. Goldoni.

CORÀNO (dall'arabo *qur'ān*, recitazione), libro sacro dei musulmani. Contiene la rivelazione che Allah, il solo Dio, ha trasmesso a Maometto per mezzo dell'arcangelo Gabriele dal 612 al 632, alla Mecca e poi a Medina. Scritto in arabo e composto di 114 capitoli, o *sure*, in esso si distinguono: sentenze (parte giuridica e normativa), storie (parte leggendaria) e parenesi (ammonizioni ed esortazioni). Il C. rappresenta sia la fonte del dogma sia (con gli *hadith*) della legge islamica (*sharia*).

CORANO. *(BNF, Parigi.)*

CORÀSMIA, reg. storica dell'Asia centro-occ., a S del Lago d'Aral, att. divisa tra Uzbekistan e Turkmenistan. Divenuta un potente Stato islamico, raggiunse il suo massimo splendore nel XII sec. Fu dominata dai mongoli dal 1224 al 1379, per poi passare, fino al 1507, alla dinastia timuride. Nel 1512 gli uzbechi vi istituirono il canato di Khiwa, conquistato dai russi nel 1920.

CORÀTO, com. in prov. di Bari, nelle Murge; 44.725 ab. Agricoltura (vite, olivo, ortaggi). Industrie alimentari. Artigianato (ceramiche, legno). Chiese di S. Maria Maggiore (XIII sec.) e di S. Domenico (XIV sec.).

CORAZZÌNI (Sèrgio), *Roma 1886-1907*, poeta. Esponente di spicco del crepuscolarismo, è autore di liriche caratterizzate da una sensibilità malinconica e decadente. Tra le opere, *L'amaro calice* (1905), *Piccolo libro inutile* (1906).

CORBIÈRE (Édouard Joachim, detto Tristan), *presso Morlaix 1845 - Morlaix 1875*, poeta francese. "Poeta maledetto" scoperto da P. Verlaine, scrisse *Gli amori gialli* (1873).

CORBÌNO (Òrso Màrio), *Augusta 1876 - Roma 1937*, fisico e politico. Nel 1918 fu nominato direttore dell'istituto di fisica dell'Università di Roma e nel 1921 divenne ministro della pubblica istruzione. Compì significative ricerche nel campo dell'ottica e dell'elettrotecnica.

CORCIÀNO, com. in prov. di Perugia; 13.576 ab. Agricoltura (cereali, olivo, vite). Industrie metalmeccaniche e calzaturiere. Il centro storico conserva mura medievali e un palazzo comunale cinquecentesco.

CORCÌRA → CORFÙ.

CORDAY (Charlotte **de Corday d'Armont**, detta Charlotte), *Saint-Saturnin-des-Ligneries, presso Vimoutiers, 1768 - Parigi 1793*, rivoluzionaria francese. Per vendicare i girondini, pugnalò J.-P. Marat nella vasca da bagno e fu ghigliottinata.

CORDÈLLI (Frànco), *Roma 1943*, scrittore, traduttore e critico letterario. Tra le opere, *Fuoco celeste* (1976, poesie), *Le forze in campo* (1979, romanzo), *La mia America. Antologia della letteratura americana dal 1945 a oggi* (1991).

CORDÈRO LÀNZA DI MONTEZÈMOLO (Giusèppe), *Roma 1901-1944*, ufficiale. Dopo l'armistizio dell'8 sett. 1943 organizzò a Roma il primo nucleo militare clandestino di resistenza. Catturato e torturato dai nazisti, venne fucilato alle Fosse Ardeatine.

CORDÉVOLE, f. del Veneto, affl. di destra del Piave; 72 km. Nasce nel Gruppo del Sella, presso il Passo Pordoi, e forma il Lago di Alleghe.

CORDIGLIÈRI (club dei), associazione rivoluzionaria fondata a Parigi nell'apr. 1790, con a capo G.-J. Danton, J.-P. Marat, C. Desmoulins, J.-R. Hébert, P.-G. Chaumette. Nel mar. 1794, con l'uccisione degli hebertisti, perse ogni influenza politica.

CÓRDOBA, c. dell'Argentina, ai piedi delle Sierras de Córdoba; 1.179.067 ab. Seconda città e centro industriale del paese. — Chiese barocche del XVII e XVIII sec.; musei.

CÓRDOBA, c. della Spagna (Andalusia), capol. di prov., sul Guadalquivir; 310.488 ab. — Colonia romana (169 a.C.), conquistata dagli arabi nel 711, C. fu sede di un emirato (756), quindi di un califfato (929). Entrò a far parte del regno di Castiglia nel 1236. — Grande Moschea (785-987), capolavoro dell'architettura omayyade, convertita in cattedrale sotto Carlo V. Chiese *mudéjar*, gotiche e barocche. Musei. Un tempo la città era famosa per la lavorazione del cuoio.

CÓRDOBA. *Doppia fila di archi, nella navata della Grande Moschea (VIII-X sec.).*

CÓRDOBA (Consàlvo di) → CONSALVO.

CÒRDOVA → CÓRDOBA.

CORÈA, penisola compresa tra il Mar del Giappone (qui chiamato Mare dell'Est) e il Mar Giallo, divisa in due unità politiche: la Corea del Nord (Rep. democratica popolare di C.) e la Corea del Sud (Rep. di C.).

STORIA – I cinesi annettono la regione al loro regno nel I sec. a.C. **57 a.C. - 935 d.C.**: il paese,

dapprima diviso nei regni di Silla (57 a.C. - 935), Koguryo (37 a.C. - 668) e Paikche (18 a.C. - 660), è unificato da Silla nel 735. **935-1392**: sotto la dinastia Koryo, la C. è invasa dai mongoli (1231). **1392-1910**: la dinastia Choson (detta anche dinastia Li, o Yï) adotta il confucianesimo e proibisce il buddhismo. Respinge i giapponesi (1592, 1597), ma nel 1637 deve riconoscere la sovranità manciù (dinastia cinese dei Qing). **1910**: sbaragliati i Qing di C. nel 1895, il Giappone annette il paese. **1945**: occupazione da parte delle truppe sovietiche e americane. **1948**: a Seul si stabilisce il governo della Rep. di C.; a Pyongyang viene proclamata la Rep. dem. popolare di C. **1953**: al termine della guerra di C. (1950-1953), il paese resta diviso.

COREA (Armando, detto Chick), *Chelsea 1941*, tastierista e compositore statunitense. Artista di notevole eclettismo, si è dedicato al jazz, alla *fusion* e a composizioni pianistiche di stampo classico.

CORÈA (guerra di) (giu. 1950 - lug. 1953), conflitto che vide contrapposte Corea del Sud, sostenuta dalle forze dell'ONU (costituite soprattutto da Stati Uniti, ma anche da Francia, Gran Bretagna, Benelux e Turchia), e Corea del Nord, appoggiata dal 1951 dalle truppe della Cina popolare. Rappresentò l'acme della guerra fredda e portò al riconoscimento dei due Stati coreani da parte di Stati Uniti e URSS.

CORÈA (Strétto di), stretto che collega il Mar del Giappone al Mar Cinese Orientale, tra la Corea e il Giappone.

CORÈA DEL NORD (Repùbblica democràtica popolàre di), Stato dell'Asia orient., situato nella parte settentr. della penisola coreana; 120.500 km²; 22.428.000 ab. (*nordcoreani*). CAP. *Pyongyang*. LINGUA: *coreano*. MONETA: *won nordcoreano*.

GEOGRAFIA – Si tratta di un paese montuoso dal clima rigido, in cui il grano, il riso e il mais costituiscono, con i prodotti della pesca, la base dell'alimentazione. La presenza di carbone e soprattutto di ferro, unita allo sfruttamento idroelettrico (sullo Yalu), ha favorito lo sviluppo dell'industria di base (siderurgica, chimica) nel quadro di un'economia collettivistica e chiusa a ogni

contatto con l'esterno. La C. del N. deve attualmente fare i conti con il crollo della produzione agricola (carestia) e il fallimento dell'economia.

STORIA – Il paese si trasforma in repubblica sotto Kim Il Sung (1948), che instaura un regime socialista a partito unico (Partito del lavoro), ispirato al modello sovietico. **1991**: le due Coree entrano nell'ONU e firmano un accordo di riconciliazione. **1994**: muore Kim Il Sung; **1998**: il figlio Kim Jong-il, suo successore designato, diventa capo dello Stato. **2000**: cenni di distensione con la Corea del Sud. **2002**: si riaccendono forti tensioni con la comunità internazionale.

CORÈA DEL SUD (Repùbblica della), Stato dell'Asia orient., situato nella parte merid. della penisola coreana; 99.000 km²; 47.201.900 ab. (*sudcoreani*). CAP. *Seul*. C. PRINC. *Pusan*. LINGUA: *coreano*. MONETA: *won sudcoreano*. [*V. carta a pagina seguente.*]

GEOGRAFIA – Meno estesa della Corea del Nord, è molto più popolata. La preponderanza della coltura del riso è dovuta alla presenza di estese pianure e colline, oltre che al clima mite. Anche la pesca è attiva. Alla povertà del sottosuolo suppliscono in parte l'abbondanza della manodopera e i capitali stranieri, che hanno contribuito allo sviluppo delle industrie (accanto ai settori tessile, chimico, siderurgico, elettrico ed elettronico, hanno conosciuto notevole impulso i cantieri navali e il comparto automobilistico). Concentrata nelle grandi città di Pusan (sbocco sul mare) e di Seul, l'industria esporta gran parte dei suoi prodotti (in Giappone e soprattutto negli Stati Uniti). Dopo una fase di eccezionale crescita, l'economia è entrata in un periodo difficile (crisi finanziaria che nel 1997-1998 ha colpito i paesi asiatici emergenti, unita a problemi strutturali), cui sta facendo seguito una fase di rinnovamento e ripresa.

STORIA – Sotto la presidenza di Syngman Rhee (1948-1960), poi di Park Chung-hee (1963-1979) e Chun Doo-hwan (1980-1988), la Rep. di Corea è sottoposta a un regime autoritario. Nel 1987 viene avviato un processo di democratizzazione. **1988**: sale alla presidenza della repubblica Roh Tae-

Corea del Nord

500   1000   2000 m

— ferrovia
— strada normale
✈ aeroporto

● più di 2.000.000 di ab.
● da 500.000 a 2.000.000 di ab.
● da 100.000 a 500.000 ab.
• meno di 100.000 ab.

Corea del Sud

★ importante località turistica
— strada normale
— ferrovia
✈ aeroporto

● più di 2.000.000 di ab.
● da 500.000 a 2.000.000 di ab.
● da 100.000 a 500.000 ab.
• meno di 100.000 ab.

200   500   1000 m

---

woo (eletto a suffragio universale, dic. 1987). **1991**: le due Coree entrano nell'ONU e firmano un accordo di riconciliazione. **1993**: il nuovo capo dello Stato è Kim Young-sam. **1998**: Kim Daejung, leader storico dell'opposizione, diviene presidente della repubblica. **2000**: le due Coree intraprendono un dialogo (storico incontro dei due capi di Stato, in giugno, a Pyongyang). **2003**: è eletto presidente della repubblica Roh Moo-hyun.

COREÀNI, popolazione della Corea del Nord e della Corea del Sud, con un'importante diaspora (Cina, Giappone, Stati Uniti, ex URSS; ca. 70 milioni di individui complessivamente). Di origine austronesiana, paleoasiatica e soprattutto protoaltaica, i c. si sono costituiti in un'unica etnia tra il X e il XIV sec., sotto la dinastia di Koryo (→Corea). In maggioranza buddhisti, parlano coreano.

CORÈLLI (Arcàngelo), *Fusignano 1653 - Roma 1713*, compositore e violinista. Autore di sonate da chiesa e da camera e di concerti grossi, ebbe un ruolo fondamentale nello sviluppo della scuola classica di violino.

CORÈLLI (Dàrio, detto Frànco), *Ancona 1921*, tenore. Ha debuttato nel 1951, distinguendosi come uno dei più celebri tenori di forza negli anni '50 e '60 del secolo scorso. Tra le opere principali interpretate, *Poliuto, Aida, Turandot, Il trovatore, Andrea Chénier*.

COREY (Elias James), *Methuen, Massachusetts, 1928*, chimico statunitense. Ha elaborato un metodo semplice e sistematico per la sintesi delle molecole organiche, detto "analisi *retrosintetica*" [*V. parte nomi comuni*]. (Premio Nobel 1990.)

CORFÌNIO, com. in prov. dell'Aquila; 969 ab. Agricoltura (cereali, uva, frutta). Basiliche di S. Pelino (XII sec.) e S. Alessandro (XI-XII sec.).

CORFÙ, in gr. *Kérkyra*, già **Corcira**, una delle Isole Ionie (Grecia); 113.479 ab.; capol. *Corfù* (36.901 ab.). Porto. Turismo. — Museo (frontone del tempio di Artemide, 600 ca. a.C.). — L'isola divenne una colonia di Corinto alla fine dell'VIII sec. a.C.

CÒRI, com. in prov. di Latina, ai piedi dei Monti Lepini; 10.567 ab. Agricoltura (cereali, uva, frutta). Industrie estrattive, meccaniche, alimentari. Conserva resti di mura ciclopiche (una porta), un tempio di Ercole (I sec. a.C.) e alcuni edifici medievali.

CORI (Carl Ferdinand), *Praga 1896 - Cambridge, Massachusetts, 1984*, biologo statunitense. Con la moglie, **Gerty Theresa Radnitz** (*Praga 1896 - Saint Louis, Missouri, 1957*), ottenne il premio Nobel per la medicina nel 1947 per gli studi sul metabolismo dei glucidi.

CORIÀCHI o **CORIÀCCHI**, popolazione paleosiberiana della Russia (Kamčatka, reg. di Magadan; ca. 9500 individui).

CORIGLIÀNO CÀLABRO, com. in prov. di Cosenza; 36.883 ab. Agricoltura (vite, olivo, agrumi). Allevamento. Industrie alimentari. Castello Compagna (XV sec.).

CORINÀLDO, com. in prov. di Ancona; 5219 ab. Agricoltura (vite, cereali, barbabietole). Allevamento bovino. Industrie enologiche e calzaturiere. Conserva una cinta muraria quattrocentesca.

CORÌNNA, *Tanagra VI-V sec. a.C.*, poetessa greca. Secondo una tradizione leggendaria fu maestra e rivale di *Pindaro*. Le sue poesie, in dialetto beotico e a soggetto mitologico, sono pervenute soltanto in frammenti.

CORINTH (Lovis), *Tapiau, Prussia Orientale, 1858 - Zandwoort, Paesi Bassi, 1925*, pittore e incisore tedesco. Autore di paesaggi, ritratti e composizioni religiose caratterizzati da un'inquietudine prossima all'espressionismo.

CORÌNTO, in gr. *Kórinthos*, c. della Grecia, sul Golfo di Corinto; 28.903 ab. Porto, presso il Canale di Corinto (6,3 km), che taglia l'omonimo istmo il quale collega il Peloponneso al resto della Grecia. — Rivale di Atene e Sparta, C. fu una prospera e attiva città commerciale nel VII-VI sec. a.C. Fondò numerose colonie nella parte occidentale della Magna Grecia. Fu distrutta dai romani nel 146 a.C. e in seguito divenne la capitale della provincia di Acaia. — Museo. Vasto complesso archeologico di età greca e romana.

CORIOLÀNO (Gnèo Màrcio), semileggendario generale romano del V sec. a.C. Vincitore dei volsci (493 a.C.), esiliato per aver attentato ai diritti della plebe, tentò di attaccare Roma. Soltanto le preghiere della madre e della moglie lo fecero desistere dal suo proposito di vendetta.

CORIOLIS (Gaspard), *Parigi 1792-1843*, fisico francese. Studiò la forza della deviazione dovuta alla rotazione di un punto di riferimento (per esempio la Terra) osservando i corpi in movimento sulla sua superficie.

CORK, in gael. **Corcaigh**, c. dell'Irlanda, sulla costa merid. dell'isola; 127.187 ab. Porto.

CORMACK (Allan Macleod), *Johannesburg 1924 - Winchester, Massachusetts, 1998*, fisico statunitense di origine sudafricana. Ha contribuito, con G.N. Hounsfield, allo sviluppo della TAC. (Premio Nobel per la medicina 1979.)

CORMAN (Roger), *Detroit 1926*, regista e produttore cinematografico statunitense. Ha esplorato prevalentemente il tema dell'avventura e del fantastico, oltre alle problematiche sociali. Di particolare rilievo il ciclo di film tratti dall'opera narrativa di E.A. Poe (1960-1964), come *Il pozzo e il pendolo* (1961), *La maschera della morte rossa* (1964), *La tomba di Ligeia* (1964).

CORMÒNS, com. in prov. di Gorizia; 7520 ab. Agricoltura (vite, foraggi), allevamento, industrie elettrotecniche. Resti di mura medievali. — Nel 1866 vi fu concluso l'armistizio tra Italia e Austria, che segnò la conclusione della terza guerra d'indipendenza.

CORNÀRO o **CORNÈR**, famiglia patrizia veneziana (XV-XVI sec.). — **Caterina C.**, *Venezia 1454-1510*. Moglie di Giacomo II dei Lusignano, re di Cipro, regnò sull'isola alla morte del marito (1473), ma dovette abdicare a favore di Venezia (1489). — **Luigi (o Alvise) C.**, *Venezia 1475 - Padova 1566*. Studioso di architettura, fu artefice della costruzione di numerose ville nel Veneto. Scrisse il trattato *Della vita sobria* (1558).

CORNAZZÀNO (Antònio), *Piacenza 1429 - Ferrara 1484*, letterato. Visse presso le corti degli Sforza e degli Estensi. Fu autore del trattato *Libro dell'arte del danzare* (1455), del poema *Sforzeide* (1466), nonché di *Opera bellissima de l'arte militare* (1493) e *Proverbi in facetie* (1525).

CORNEILLE (Pierre), *Rouen 1606 - Parigi 1684*, drammaturgo francese. Debuttò con commedie (*Melito*, 1629; *La galleria del palazzo*, 1632-1633) per poi diventare famoso con la tragicommedia *Il* **Cid** (1637), che scatenò una polemica letteraria. Sensibile alle critiche, si dedicò allora alla tragedia classica (*Orazio*, 1640; *Cinna*, 1642; *Poliuto*, 1643), pur senza abbandonare la commedia di tipo spagnolo (*Il bugiardo*, 1643) e i *divertissement* di corte (*Andromeda*, 1650). Si dedicò quindi a opere patetiche, dagli intrecci più complessi (*La morte di Pompeo*, 1643; *Rodoguna*, 1644-1645; *Nicomede*,

1651), per ritornare infine alla tragedia (*Edipo*, 1659; *Sofonisba*, 1663; *Attila*, 1667).
■ *Pierre Corneille ritratto da F. Sicre. (Musée Carnavalet, Parigi.)*

CORNÈLIA, *189 ca. - 110 ca. a.C.*, figlia di Scipione l'Africano e moglie di T. Sempronio Gracco. Rimasta vedova, rifiutò di sposare Tolomeo VIII per prendersi cura dei figli Tiberio, Gaio e Sempronia. Incarna il tipo ideale della donna romana.

CORNÈLIO (sànto), *m. nel 253*, papa dal 251 al 253. Si oppose allo scisma di Novaziano. Morto in esilio, fu riconosciuto martire dalla Chiesa.

CORNÈLIO NEPÓTE, *Gallia Cisalpina 99 ca. - 24 ca. a.C.*, storico latino. Scrisse biografie di condottieri e uomini illustri dal titolo *De viris illustribus* (16 libri, di cui restano alcuni frammenti) con stile semplice e intento moraleggiante. Sono andati perduti i *Chronica* e gli *Exempla*.

CORNER BROOK, c. del Canada, prov. di Terranova; 21.893 ab. Industria cartaria.

CORNFORTH (sir John Warcup), *Sydney 1917*, chimico australiano. Si è dedicato alla stereochimica dei processi enzimatici e in part. alla biosintesi di steroli e terpenoidi. (Premio Nobel 1975.)

CORN LAWS ("leggi sul grano"), legislazione protezionista britannica relativa alla produzione di cereali. In vigore dal 1815, scatenò nel 1838 un movimento di protesta raccolto intorno all'*Anti Corn Law League*, fondata da R. Cobden, che ne ottenne l'abolizione nel 1846.

CÒRNO ALLE SCÀLE, parco naturale dell'Emilia-Romagna, sull'Appennino bolognese. Istituito nel 1988, ha una superficie di 5000 ha ca. Vi si trovano diversi laghi (Scaffaiolo, Pratignano) e alcune vette elevate (Corno alle Scale, 1945 m).

CÒRNO D'ÀFRICA, estremità orient. dell'Africa, sull'Oceano Indiano, attorno a Capo Guardafui (Somalia). Talvolta si indica con questa espressione il territorio che comprende Somalia, Etiopia, Gibuti ed Eritrea.

CÒRNO D'ÒRO, baia del Bosforo, a Istanbul.

CORNOVÀGLIA, reg. della Francia (Finistère); c. princ. *Quimper*.

CORNOVÀGLIA, in ingl. *Cornwall*, estremità sud-occ. dell'Inghilterra. Lunga penisola dalle coste frastagliate.

CORNWALL, c. del Canada (Ontario), sul San Lorenzo; 47.403 ab. Elettrochimica.

CORNWALLIS (Charles), *Londra 1738 - Ghazipur, Uttar Pradesh, 1805*, generale e politico britannico. Dovette capitolare di fronte agli americani a Yorktown (1781). Comandante in capo in India, sconfisse Tippoo Sahib (1792). Fu viceré d'Irlanda, dove nel 1798 represse una ribellione.

CORNWELL (Patricia), *Miami 1956*, scrittrice statunitense. È autrice di thriller che hanno come protagonista l'investigatrice Kay Scarpetta: *Post mortem* (1990), *Oggetti di reato* (1991), *La fabbrica dei corpi* (1994), *Il cimitero dei senza nome* (1995), *Il nido dei calabroni* (1997), *Punto di origine* (1998), *L'ultimo distretto* (2000), *L'isola dei cani* (2003).

CORO, c. del Venezuela nord-occ.; 124.506 ab. Edifici di epoca coloniale.

COROMANDEL (Còsta del), tratto della costa orient. dell'India, sul Golfo del Bengala. Nel XVII e XVIII sec. fu centro di esportazione verso l'Europa di resine provenienti dalla Cina.

COROT (Jean-Baptiste Camille), *Parigi 1796-1875*, pittore e incisore francese. Con la sua resa attenta dei valori luminosi e atmosferici nei paesaggi dell'Italia e della Francia, le sue scene storiche e "architettoniche" e le sue figure femminili nel contempo vigorose e delicate, portò avanti la tradizione classica conciliandola con il realismo e con un contenuto lirico.

CÓRPORA (Antònio), *Tunisi 1909*, pittore. Inizialmente vicino all'esperienza neocubista, ha poi partecipato al movimento Fronte nuovo delle arti ed è stato membro del gruppo degli *Otto, di tendenza astrattista.

CÒRPO VOLONTÀRI DELLA LIBERTÀ (CVL), organizzazione militare partigiana creata nel giu. 1944. Sorta per iniziativa del CLNAI, fu diretta dal generale R. Cadorna con F. Parri e L. Longo, con l'obiettivo di coordinare le forze della Resistenza contro i fascisti. Fu sciolta nel mag. 1945.

CORPUS CHRISTI, c. degli Stati Uniti (Texas); 277.454 ab. Porto. Raffineria di petrolio.

CORPUS DOMINI (Còrpo del Signóre), solenne festività cattolica. Istituita nel 1264 da papa Urbano IV per celebrare il sacramento dell'eucarestia, cade il secondo giovedì dopo la Pentecoste.

CORPUS IURIS CIVILIS (528-529 e 534), opera giuridica, redatta per ordine dell'imperatore Giustiniano, che riordina le leggi romane a partire da Adriano.

CORRADÌNI (Enrico), *San Miniatello di Montelupo 1865 - Roma 1931*, politico. Fondò la rivista *Il Regno* (1903) e il giornale *Idea nazionale* (1911) e fu il principale esponente del nazionalismo italiano; sostenne l'intervento in Libia e poi nella prima guerra mondiale. Nel 1923 aderì al fascismo.

CORRADÌNO DI SVÈVIA, *Wolfstein 1252 - Napoli 1268*, ultimo discendente della dinastia degli Svevi. Alla morte dello zio Manfredi, nel 1266, scese in Italia, ma fu sconfitto e fatto decapitare da Carlo d'Angiò.

CORRÀDO I, *m. nel 1192*, marchese di Monferrato (1188-1192), signore di Tiro e re di Gerusalemme (1192). Riuscì a difendere Tiro assediata dal Saladino; fu ucciso dagli ismailiti.

CORRÀDO II IL SÀLICO, *990 ca. - Utrecht 1039*, imperatore germanico (1027-1039). Fu eletto re di Germania nel 1024, re d'Italia nel 1026. Fondatore della dinastia di Franconia, unì la Borgogna all'impero (1032). — **Corrado III di Hohenstaufen**, *1093 ca. - Bamberga 1152*, re dei romani (1138-1152). — **Corrado IV di Hohenstaufen**, *Andria 1228 - Lavello 1254*, re dei romani (1250-1254). Regnò anche sulla Sicilia (1250-1254) e fu il re titolare di Gerusalemme (1228-1254). — **Corrado V** o **Corradino**, *Wolfstein 1252 - Napoli 1268*, re titolare di Gerusalemme (1254-1268). Figlio di Corrado IV e ultimo degli Hohenstaufen, nel 1268 fu sconfitto da Carlo I d'Angiò, che lo fece condannare a morte.

CORRÉGGIO (Antònio Allégri, detto), *Correggio 1489 ca. - 1534*, pittore. Nella sua formazione ebbe un'influenza notevole l'opera di A. Mantegna, conosciuta durante un soggiorno a Mantova, e quella di Raffaello, ammirata a Roma. Tornato a Parma, realizzò l'affresco della Camera della badessa e le cupole di S. Giovanni Evangelista (1520-1523) e del duomo (1526-1530), ricche di effetti, le cui composizioni preludono al barocco. L'abile uso della luce, la fluidità e la grazia sensuale tanto delle pale d'altare (*Madonna di san Gerolamo*, Parma) quanto delle composizioni mitologiche (*Io e Ganimede*, Vienna) contribuirono allo sviluppo del manierismo in Europa.

CORRÉGGIO (da), famiglia nobile emiliana. — **Gherardo da C.**, *XIII sec.* Fu podestà di Modena, Parma, Reggio, Genova. — **Siro da C.**, *m. nel 1645*. Accusato di aver agevolato il conio di monete false, fu spodestato dall'imperatore Ferdinando. — **Camillo da C.**, *m. nel 1711*. La sua morte segnò la fine della famiglia.

CORRÈNTE (gruppo di), movimento artistico e culturale nato a Milano nel 1938 e associato alla rivista *Corrente*. Si proponeva di uscire dall'isolamento culturale dovuto al fascismo. Vi fecero parte, tra gli altri, L. Anceschi, R. Birolli, A. Sassu, E. Treccani.

CORRÈNTI (Césare), *Milano 1815 - Meina 1888*, politico. Partecipò alle Cinque giornate di Milano, quindi si schierò con C. Cavour, diventando ministro della pubblica istruzione ed esponente della destra storica. In seguito fu sostenitore di A. Depretis (1876).

CORRÈZE, dip. della Francia, nel Limosino; capol. *Tulle*; 5857 km²; 232.576 ab. Nella zona meridionale del Limosino, è un territorio poco popolato, le cui attività principali sono allevamento (nelle valli) e sfruttamento idroelettrico. Modesta la produzione industriale (agroalimentare, costruzioni meccaniche ed elettriche).

CORRIDÓNI (Filippo), *Pausula, att. Corridonia, 1888 - Carso 1915*, sindacalista. Dal 1913 fu uno dei dirigenti dell'Unione sindacale italiana; sostenne in seguito l'intervento italiano nella prima guerra mondiale.

CORRIENTES, c. dell'Argentina settent., capol. di prov., sul Paraná; 267.742 ab.

CORRIÈRE DELLA SÉRA (Il), quotidiano con sede a Milano, fondato nel 1876 da E. Torelli-Viollier. Att. è il più venduto in Italia. Tra i diret-

CORREGGIO. *Ganimede, 1530.*
(Kunsthistorisches Museum, Vienna.)

tori, L. Albertini, M. Missiroli, A. Russo, G. Spadolini, P. Ottone, F. di Bella, A. Cavallari, P. Ostellino, U. Stille, P. Mieli, F. De Bortoli; quello attuale è S. Folli.

CORRIÈRE DELLO SPÒRT - STÀDIO, quotidiano sportivo sorto a Roma nel 1977 dalla fusione del *Corriere dello Sport* e di *Stadio*. È una delle principali testate sportive italiane.

CORSE-DU-SUD, dip. della Francia, in Corsica; capol. *Ajaccio*; 4014 km²; 118.593 ab.

CÒRSICA, isola e collettività territoriale della Francia, nel Mar Mediterraneo; 8680 km²; 260.196 ab. (*corsi*); capol. *Ajaccio*; 2 dip. (Corse-du-Sud e Haute-Corse).

GEOGRAFIA – Fatta eccezione per gran parte del versante orient., la C. è occupata da rilievi, interrotti da alcuni bacini orografici (Corte). Il clima mediterraneo è influenzato dall'insularità e dall'altitudine (aumento delle precipitazioni, vegetazione diversificata a seconda dei livelli altimetrici, con predominanza della macchia mediterranea). Il turismo, più sviluppato sulla costa, è la fonte di reddito primaria (l'isola ha un parco naturale regionale, che copre 375.000 ha ca. e comprende le principali vette dell'interno); l'allevamento ovino (per la produzione dei formaggi), la vite, le coltivazioni di frutta e l'orticoltura (nella piana orient.) costituiscono risorse essenziali. Più della metà della popolazione attiva è impiegata nel settore terziario, fiorente soprattutto nelle due città principali, Ajaccio e Bastia. Il limitato sviluppo industriale dipende da cause naturali e umane difficili da combattere (povertà del sottosuolo, problemi legati all'insularità, modesto popolamento). Il fenomeno contribuisce a spiegare il tradizionale flusso migratorio (comunque in diminuzione) verso la Francia continentale e l'aumento della sottoccupazione.

STORIA – Le origini. III millennio: a questo periodo risale il primo insediamento megalitico. La popolazione è formata dai discendenti dei celto-liguri e degli iberici. **XIV-XII sec. a.C.**: gli invasori (torreani) soppiantano le popolazioni locali. **565 ca.**: i focesi fondano *Alalia* (att. Aleria). **535**: etruschi e cartaginesi prendono il posto dei focesi. **238-162 a.C.**: Roma governa l'isola.

Il Medioevo. VI-VII sec.: Bisanzio domina la C. **IX sec.**: il potere pontificio sull'isola si rafforza. **1077**: il papa ne affida l'amministrazione a Pisa. **XII sec.**: Genova e Pisa si alternano nell'amministrazione. **1284**: Genova impone definitivamente il suo dominio in seguito alla vittoria navale della Meloria. **XIV sec.**: la resistenza corsa contro Genova culmina nella rivolta popolare del 1347. **Tra Francia e Italia. 1559**: la C., nelle mani dei francesi dal 1553, ritorna ai genovesi (trattato di Cateau-Cambrésis). **1755**: Pascal Paoli organizza la rivolta contro la dominazione genovese. **1768**: Genova cede l'isola alla Francia. **1769**: P. Paoli, sconfitto a Pontenuovo, è costretto all'esilio. **1789**: la C. è proclamata parte integrante della Francia. **1793-1796**: Paoli, sostenuto dall'Inghilterra, prosegue nell'organizzazione della resistenza, ma viene sconfitto da Bonaparte. **La Corsica francese. XIX sec. e prima metà del XX sec.**: priva di risorse industriali, con un'agricoltura arretrata, la C. subisce una grave crisi economica che provoca l'esodo in Francia di una parte della popolazione. **1942-1943**: le truppe italiane e, successivamente, quelle tedesche occupano l'isola, che viene poi liberata dal movimento di resistenza, sostenuto da forze provenienti dall'Algeria. **A partire dal 1970**: le tendenze autonomiste e indipendentiste si sviluppano e si radicalizzano in seguito a episodi violenti (Aleria, 1975). **1982**: nel quadro della legge sul decentramento, un nuovo statuto definisce la C. regione francese. **1991**: l'isola diventa una collettività territoriale a statuto speciale. **1998**: l'assassinio del prefetto della C. acutizza la necessità di garantire lo Stato di diritto nell'isola. **1999**: il governo francese apre un dialogo con tutti i partiti politici locali, iniziativa che nel 2000 sfocia nel progetto di un nuovo accordo tra la C. e il governo stesso, convalidato nel 2002.

CORSÌNI, famiglia fiorentina (XIII sec.). Esercitò grande influenza politica ed economica sulla città, cui diede molti personaggi di rilievo; si legò ai Medici. Lorenzo C. divenne papa con il nome di *Clemente XII.

CORSÌNI (Bartolomèo), *Barberino di Mugello 1606-1673*, poeta. Autore di liriche e celebre per il poema *Il torracchione desolato* (1768).

CÒRSO (Càpo), penisola che costituisce la parte settentr. della Corsica.

CORSO (Gregòrio Nùnzio **Córso**, detto Gregory), *New York 1930 - Minneapolis 2001*, poeta statunitense. Esponente della *beat generation, ha criticato con toni umoristici la società post-industriale. Tra le opere, *Benzina* (1958), *Lunga vita all'uomo* (1962), *Elegiaci sentimenti americani* (1970).

CORSO DI FILOSOFÌA POSITÌVA, opera di A. Comte (1830-1842) in cui l'autore formula la legge dei tre stati dello sviluppo dello spirito umano ed espone la sua classificazione delle scienze.

CORSO DI LINGUÌSTICA GENERÀLE, opera postuma redatta sulla base degli appunti dei corsi di F. de Saussure (1916). Questo libro, in cui sono definiti i concetti fondamentali della linguistica strutturale, ha esercitato una forte influenza sulle scienze umane.

CORTÁZAR (Julio), *Bruxelles 1914 - Parigi 1984*, scrittore argentino naturalizzato francese. I suoi racconti (*Bestiario*, 1951) e romanzi (*Il gioco del mondo*, 1963) coniugano realismo sociale e politico a suggestioni fantastiche.

■ *Julio Cortázar.*

CORTE, località della Corsica centrale, nel dip. Haute-Corse; 6693 ab. Cittadella del XV sec.; museo di etnografia corsa.

CÓRTE DI GIUSTÌZIA DELL'UNIONE EUROPÈA, organo giudiziario comunitario. Vigila sulla legalità degli atti emanati dalle istituzioni comunitarie e sul rispetto del diritto comunitario da parte degli Stati membri. Dal 1989 è affiancata da un tribunale di primo grado. Ha sede a Lussemburgo.

CÓRTE EUROPÈA DEI DIRÌTTI DELL'UÒMO, organo giudiziario internazionale creato nel 1959 in seno al Consiglio d'Europa. È composta da un numero di giudici pari al numero degli Stati membri del Consiglio d'Europa. Ha sede a Strasburgo.

CÓRTE INTERNAZIONÀLE DI GIUSTÌZIA, organo giudiziario dell'ONU. Creata nel 1945, giudica i contenziosi tra Stati. Ha sede a L'Aia.

CORTEMAGGIÓRE, com. in prov. di Piacenza, in prossimità del f. Arda; 4214 ab. Giacimenti di petrolio e metano. Chiesa di S. Maria delle Grazie (XV sec.).

CORTENUÒVA (battàglia di) (1237), battaglia svoltasi nei pressi del com. di C., in prov. di Bergamo. Le truppe della Lega lombarda vi sconfissero quelle dell'imperatore Federico II.

CORTEOLÓNA, com. in prov. di Pavia, nelle vicinanze del f. Olona; 1868 ab. Fu fondata da Liutprando nell'VIII sec.

CÓRTE PERMANÈNTE D'ARBITRÀTO, organo giudiziario internazionale. Creata a L'Aia nel 1899, ha lo scopo di agevolare l'arbitrato di controversie internazionali.

CORTÉS (Hernán), *Medellín 1485 - Castilleja de la Cuesta 1547*, conquistatore spagnolo. Nel 1519 partì alla conquista del Messico, dove assoggettò l'impero azteco (1521) e divenne governatore generale della Nuova Spagna (1522). Rientrato in Spagna (1540), morì dimenticato.

■ *Hernán Cortés ritratto da Saldana. (Museo nazionale di storia, Città del Messico.)*

CORTÉSE (Giùlio Césare), *Napoli 1575 ca. - 1625 ca.*, poeta dialettale. Fu autore di poemi comici di ambientazione popolare, come *La Vaiasseide* (1615) e *Micco Passaro 'nnammurato* (1621).

CORTÉSE (Valentina), *Milano 1924*, attrice teatrale e cinematografica. Ha lavorato con G. Strehler in opere di L. Pirandello e W. Shakespeare. Al cinema, ha recitato in *Effetto notte* (1973) di F. Truffaut.

CÓRTE SUPRÈMA DEGLI STÀTI UNÌTI, il livello più elevato della giurisdizione federale statunitense. Composta da 9 giudici a vita nominati dal presidente degli Stati Uniti, vigila sulla costituzionalità delle leggi statali e federali.

CÓRTI (Alfónso), *Gambarana 1822 - Corvino San Quirico 1876*, medico. Si dedicò allo studio dell'organo a forma di spirale posto nell'orecchio interno, che permette la trasformazione dei suoni in sensazioni uditive, chiamato appunto *organo del C.*

CÓRTI (María), *Milano 1915-2002*, scrittrice e critica letteraria. Studiosa di letteratura contemporanea (*Metodi e fantasmi*, 1969), ha curato l'edizione critica dell'opera di B. Fenoglio, contribuendo alla diffusione in Italia della ricerca semiologica (*Principi della comunicazione letteraria*, 1976). Tra i romanzi, *L'ora di tutti* (1962), *Catasto magico* (1999).

CORTINA D'AMPÈZZO, com. in prov. di Belluno; 6427 ab. Rinomata stazione di sport invernali situata in una conca delle Dolomiti tra i gruppi Sorapis, Cristallo, Tofane (1224-3243 m d'alt.). Di origine medievale, conserva la parrocchiale barocca (XVII sec.), con bel tabernacolo in legno.

CORTINA D'AMPEZZO. *Sullo sfondo il Monte Pomagagnon.*

CORTÓNA, com. in prov. di Arezzo; 22.436 ab. Centro agricolo e commerciale. Edifici medievali e rinascimentali: palazzo comunale (XIII sec.), fortezza medicea (XVI sec.), duomo (XV sec.).

CORTÓNA (Pìetro da) → PIETRO DA CORTONA.

CORTOT (Alfred), *Nyon, Svizzera, 1877 - Losanna 1962*, pianista svizzero. Direttore d'orchestra e professore, ha fondato, con A. Mangeot, l'École

Normale de musique. Celebri le sue interpretazioni di F. Chopin e R.A. Schumann.

CORUÑA (La), c. della Spagna (Galizia), capol. di prov., sull'Atlantico; 241.769 ab. Porto.

CORVÌNO (Mattia) → MATTIA I CORVINO.

CÒSA, ant. c. dell'Etruria. Posta a S di Orbetello, dove sorge l'att. Ansedonia, fu colonia latina dal 273 a.C. e venne in seguito devastata dai barbari. Resti delle mura e del *Capitolium*.

COSÀCCHI, popolazione della Russia (reg. del Don, Caucaso settentr., Urali, Siberia) e dell'Ucraina (ca. 2 milioni di individui). I c., in origine organizzati in comunità di contadini liberi, vivevano (XV sec.) nelle steppe della Russia merid. Sottomessi dalla Russia nel 1654, nel XVIII sec. persero la loro autonomia e furono sfruttati per la difesa militare e con compiti repressivi. In maggioranza ostili al regime sovietico, negli anni '30 del secolo scorso furono decimati. Riabilitati ufficialmente nel 1992, sono in fase di crescita dal 1989.

CÒSA NÒSTRA, organizzazione mafiosa costituita negli Stati Uniti nel 1920 da famiglie italoamericane. Iniziò l'attività criminale all'epoca del proibizionismo con il commercio di alcolici e si dedicò al racket, al gioco d'azzardo e alle estorsioni. Per estensione, il termine indica att. anche la mafia italiana.

COSCIÈNZA DI ZÉNO (La), romanzo di I. Svevo, pubblicato nel 1923. Segna il passaggio dalla tradizione verista a una nuova forma letteraria, che trae ispirazione dalla psicoanalisi per un'esplorazione dell'inconscio in chiave individuale.

CÒSENZ (Enrico), *Gaeta 1820 - Roma 1898*, militare. Partecipò alla difesa di Venezia nel 1848 e in seguito alla spedizione dei Mille. Negli anni successivi fu capo di Stato maggiore dell'esercito, deputato e senatore.

COSÈNZA, c. della Calabria, capol. di prov.; 74.185 ab. (*cosentini*). Situata nella valle del Crati alla confluenza con il Busento. Mercato agricolo, industrie alimentari, meccaniche, chimiche, del legno. Università. — Fondata dai bruzi con il nome di *Consentia*, passò ai romani e fu in seguito sottoposta alla dominazione dei barbari. Rifiorì dal XIV sec., sotto i normanni, gli Angioini e gli Aragonesi. — Tra i monumenti, il castello normanno-gotico del XIII sec., il duomo (XII-XIII sec.), la chiesa di S. Caterina (XV sec.), l'Accademia di C. (XVI sec.); museo archeologico. — Nella provincia, prevalentemente montuosa, si praticano l'agricoltura (cereali, patate, olivi, viti), l'allevamento ovino e lo sfruttamento forestale.

COSÈNZA (Luigi), *Napoli 1905-1984*, architetto. Attivo in ambito urbanistico, si occupò soprattutto di costruzioni popolari e di edifici pubblici. Tra le opere, il complesso industriale Olivetti a Pozzuoli (1951-1955).

COSGRAVE (William Thomas), *Dublino 1880-1965*, politico irlandese. Capo dell'ala moderata del Sinn Fein, presidente del consiglio esecutivo del Libero Stato (1922-1932), diresse il suo partito, divenuto Fine Gael, fino al 1944.

CÒSIMO (Pìero di) → PIERO DI COSIMO.

COSÌ PARLÒ ZARATHUSTRA, opera di F. Nietzsche (1883-1885) in cui il filosofo elabora i temi del superuomo e dell'eterno ritorno.

CÒSMA e DAMIÀNO (sànti), *m. a Cirro, Siria, 295 ca. ?*, fratelli martirizzati sotto Diocleziano. Patroni dei medici e dei chirurghi.

COSMÀTI, marmorari che svolsero la loro attività nel Lazio (XII-XIII sec.). Caratterizzati da un gusto decorativo influenzato dall'arte bizantina e gotica, che mescolava tecniche diverse, realizzarono, tra le altre opere, il pavimento di S. Maria in Cosmedin a Roma e la facciata del duomo di Civita Castellana.

COSMOS, serie di satelliti artificiali sovietici. Furono messi in orbita intorno alla Terra a partire dagli anni '60 del secolo scorso, allo scopo di studiare le condizioni esterne del pianeta.

CÒSROE I o **KHUSRAW I**, *VI sec.*, re di Persia (531-579), della dinastia sasanide. Le guerre contro Giustiniano terminarono nel 562, con una pace senza vincitori né vinti. Riorganizzò l'amministrazione dell'impero. — Cosroe II, *VI-VII sec.*, re di Persia (590-628), della dinastia sasanide. Lottò contro i bizantini (presa di Gerusalemme nel 614, assedio di Costantinopoli nel 626), ma fu sconfitto da Eraclio I nel 628.

CÒSSA (Francésco **dél**), *Ferrara 1436 ca. - Bologna 1478*, pittore. Influenzato dall'opera di C. Tura e di Piero della Francesca, fu attivo dapprima a Ferrara, dove realizzò l'affresco dei *Mesi* a Palazzo Schifanoia, poi a Bologna (*Annunciazione*, oggi a Dresda, e *Polittico Griffoni*, a Londra).

CÒSSA (Piètro), *Roma 1830 - Livorno 1881*, drammaturgo. Scrisse drammi storici in versi, tra i quali *Nerone* (1872) e *Messalina* (1876).

COSSÌGA (Francésco), *Sassari 1928*, politico. Democristiano, ministro degli interni (1976-1978), carica da cui si è dimesso in seguito all'assassinio di A. Moro, è stato presidente del consiglio (1979-1980), del senato (1983-1985) e della repubblica (1985-1992). Nel 1998 ha fondato l'UDR, partito politico entrato nella coalizione di centro-sinistra, che ha abbandonato nel 1999. È senatore a vita. Tra le opere, *La passione e la politica* (2000).

COSSÒTTO (Fiorènza), *Crescentino 1935*, mezzosoprano. Ha debuttato alla Scala nel 1957, distinguendosi in seguito in opere dell'800 (*Don Carlos*, *Il trovatore*, *Il barbiere di Siviglia*, *L'Aida*).

CÒSTA (Andrèa), *Imola 1851-1910*, politico. Anarchico, nel 1880 fondò la *Rivista Internazionale del Socialismo* e nel 1881 il settimanale *Avanti!*. Nello stesso anno fondò anche il Partito socialista di Romagna, di cui fu il primo deputato eletto.

CÒSTA (Àngelo), *Genova 1901-1976*, imprenditore. Ha operato come armatore, fondando la Società di navigazione Costa. Negli anni 1945-1955 e 1966-1970 è stato presidente della Confindustria.

CÒSTA (Giovànni, detto Nino), *Roma 1826 - Marina di Pisa 1903*, pittore. Paesaggista, visse a Firenze, Parigi e Londra e fu influenzato dalla pittura dei macchiaioli e dei preraffaelliti. Nel 1886 fondò la società *In arte libertas*.

CÒSTA (Lèlla), *Milano 1952*, attrice teatrale. Ha debuttato nel 1980 con il monologo *Repertorio, cioè l'orfana e il reggicalze*. Tra gli altri spettacoli, *Magoni (e altri miracoli)* (1994), *La daga nel loden* (1995), *Stanca di guerra* (1996), *Un'altra storia* (1998), *Precise parole* (2001), *Traviata* (2002).

CÒSTA (Lúcio), *Tolone 1902 - Rio de Janeiro 1998*, urbanista e architetto brasiliano. Introdusse il movimento moderno in Brasile. È celebre per la realizzazione del piano urbanistico di Brasilia (1957) e del ministero dell'educazione e della sanità di Rio de Janeiro (1937-1943).

CÒSTA (Pasquàle Mário), *Taranto 1858 - Montecarlo 1933*, compositore. Scrisse e musicò un gran numero di romanze e canzoni napoletane, tra cui *Serenata napulitana*, *Luna nova*, *Era de maggio*, *Catarì*.

CÒSTA AZZÙRRA, parte orient. del litorale francese, sul Mediterraneo, da Cassis a Mentone. È una rinomata meta del turismo estivo e invernale, grazie al clima molto mite in inverno, caldo e assolato in estate.

COSTA BRAVA, fascia litoranea della Spagna (Catalogna), sul Mediterraneo, a N della foce del Tordera. Turismo.

CÒSTA D'ÒRO, in ingl. *Gold Coast*, ant. nome del *Ghana.

CÒSTA D'AVÒRIO, Stato dell'Africa occ., sul Golfo di Guinea; 322.000 km²; 16.349.000 ab. (*ivoriani*). CAP. *Yamoussoukro*. C. PRINC. *Abidjan*. LINGUA: *francese*. MONETA: *franco CFA*.

ISTITUZIONI – Repubblica con Costituzione del 2000. Il presidente della repubblica, eletto a suffragio universale ogni 5 anni, nomina il primo ministro. L'assemblea nazionale rimane in carica 5 anni.

GEOGRAFIA – A una fascia costiera bordata di lagune, e in parte occupata da una fitta foresta, si contrappongono a N altopiani coperti dalla savana. Oltre alle colture commerciali (frutta, cotone, caffè e soprattutto cacao, di cui la C. d'A. è primo produttore mondiale) e di sussistenza (manioca, riso), le risorse principali sono lo sfruttamento forestale (mogano). Nono-

stante abbia conosciuto una notevole espansione, l'economia continua a dipendere dall'andamento delle materie prime e dalla situazione politica. Abidjan, affacciata sul mare, è a tutt'oggi l'unica città di grandi dimensioni.

STORIA – **Prima dell'indipendenza**. A insediarsi per primi nel territorio sono i kru (nel SO), seguiti dai senufo (nel NE). Intorno al XV sec., i kru devono ripiegare sotto la spinta dei mande, che fondano il regno di Kong. Anche gli akan (agni e baulè), insediatisi nel XVIII sec., danno vita ad alcuni regni, nel SE. **1842**: i francesi occupano la zona lagunare. **1895-1896**: la colonia della C. d'A., creata nel 1893, entra a far parte dell'Africa occidentale francese. **1934**: Abidjan diviene capitale.

La repubblica. **1958**: territorio d'oltremare dal 1946, la C. d'A. diventa repubblica autonoma. **1960**: alla proclamazione dell'indipendenza, Félix Houphouët-Boigny viene eletto presidente. **1990**: una grave crisi politica e sociale induce ad adottare un regime multipartitico. **1993**: H. Konan Bédié diviene capo dello Stato (riconfermato nel 1995). **1999**: H.K. Bédié viene destituito da un gruppo di militari sotto la guida del generale Robert Guéi. **2000**: il leader storico dell'opposizione, Laurent Gbagbo, è eletto presidente della repubblica, mentre la carica di capo del governo va ad Affi N'Guessan. L'esclusione dallo scrutinio di molti candidati di origine straniera (tra cui l'ex primo ministro Alassane Ouattara) ravviva le tensioni etniche e religiose. **Dal 2002**: si scatenano tumulti e i ribelli assumono il controllo di più della metà del paese (zone settentr. e occ.). Francia e paesi dell'Africa Occidentale provvedono all'invio di forze di pace.

CÒSTA DEI PIRÀTI, reg. costiera degli Emirati Arabi Uniti.

COSTA DEL SOL, zona litoranea della Spagna, sul Mediterraneo, comprendente la città di Malaga.

COSTA GAVRAS (Konstantinos **Gavras**, detto), *Atene 1933*, regista cinematografico francese di origine greca. Trae riflessioni sul potere dalle vicende politiche contemporanee: *Z, l'orgia del potere* (1969), *Missing* (1982), *Music Box* (1990), *Mad City* (1997), *Amen* (2002).

CÒSTA GIOVANGÌGLI (Oràzio), *Roma 1911 - Firenze 1999*, regista teatrale. È stato allievo e assistente di J. Copeau, quindi fondatore e direttore del Teatro Stabile di Roma, per il quale ha messo in scena rappresentazioni classiche e drammi moderni.

COSTALÙNGA (Pàsso di), in ted. **Karerpass**, valico delle Dolomiti, che collega la val di Fassa con l'altopiano di Nova Levante, 1745 m. Nei dintorni si trova il celebre Lago di Carezza.

COSTÀNTE I, *320-350*, imperatore romano (337-350). Figlio di Costantino I, ottenne il governo di Italia, Illirico e Africa. Dopo aver sconfitto i fratelli dominò anche su Gallia, Spagna e Britannia. Fu fatto uccidere da Magnenzio.

COSTANTÌNA, in ar. **Qacentina**, c. dell'Algeria, capol. di distr., in posizione elevata sulle gole del Rhumel; 481.947 ab. Centro commerciale. Università. – È l'ant. *Cirta*. Museo archeologico.

COSTANTÌNO I, m. nel 715, papa dal 708 al 715. Si oppose al monotelismo e a Filippico Bardane. — **Costantino II**, antipapa dal 767 al 768. Fu destituito con l'elezione di Stefano IV.

COSTANTINO, nome di più sovrani

GRECIA

COSTANTÌNO I, *Atene 1868 - Palermo 1923*, re di Grecia (1913-1917; 1920-1922). Figlio e successore di Giorgio I, nel 1917 fu costretto dall'Intesa e da E. Venizelos a rinunciare al trono. Tornato al potere (1920), dovette abdicare di nuovo a causa della sconfitta subita dalla Turchia. — **Costantino II**, *Psychiko 1940*, re di Grecia (1964-1973). Figlio e successore di Paolo I, andò in esilio nel 1967 dopo il "colpo di Stato dei colonnelli".

Costa d'Avorio

★ importante località turistica

200 300 400 500 m

━━ autostrada
━━ strada normale
┄┄ ferrovia
✈ aeroporto

● più di 2.000.000 di ab.
● da 100.000 a 2.000.000 di ab.
● da 50.000 a 100.000 di ab.
• meno di 50.000 ab.

IMPERO ROMANO E BIZANTINO

COSTANTÌNO I IL GRÀNDE

(Flàvio Valèrio Aurèlio), *Naissus, att. Niš, tra 270 e 288 - Nicomedia 337*, imperatore romano (306-337). Figlio di Costanzo Cloro, fu proclamato imperatore alla morte del padre. La sua vittoria contro Massenzio presso il ponte Milvio, nel 312, fu decisiva per l'affermazione del cristianesimo; nel 313 emanò l'editto di Milano, col quale riconobbe la libertà di culto. Nel 324 batté Licinio, che regnava sull'Oriente, ridando unità all'impero. Poiché considerava la Chiesa come uno dei fondamenti dello Stato, intervenne direttamente nelle questioni religiose e nel 325 convocò un concilio ecumenico a Nicea. Per tenere sotto controllo la frontiera del Danubio e le mire espansionistiche dei persiani, nel 324-330 fondò una nuova capitale, Costantinopoli. Sotto la sua guida, l'impero assunse la forma di una monarchia di diritto divino, centralizzata, con alla base una società fortemente gerarchizzata.

■ *Costantino I il Grande. (Museo del Palazzo dei Conservatori, Roma.)*

— **Costantino II**, *317 - Aquileia 340*, imperatore romano (337-340), figlio di Costantino I. — **Costantino III**, *612 - Calcedonia 641*, imperatore bizantino (641), padre di Teodosio. — **Costantino IV**, *654-685*, imperatore bizantino (668-685). Arrestò definitivamente l'avanzata araba in Oriente. — **Costantino V**, *718-775*, imperatore bizantino (741-775). Si oppose al culto delle immagini. — **Costantino VI**, *771-800 ca.*, imperatore bizantino (780-797). Figlio di Leone IV e di Irene, fu sconfitto dai bulgari (792) e dagli arabi (797). Fu detronizzato dalla madre. — **Costantino VII Porfirogenito**, *905-959*, imperatore bizantino (913-959). Dopo aver regnato sotto la tutela della madre Zoe, fu sottoposto all'autorità del suocero Romano I Lacapeno e dei suoi figli. Regnò da solo dal 945. — **Costantino VIII**, *960 ca. - 1028*, imperatore bizantino (961-1028). Dapprima associato a Basilio II dal 961 al 1025, regnò da solo dal 1025 al 1028. — **Costantino IX Monomaco**, *m. nel 1055*, imperatore bizantino (1042-1055). Durante il suo regno avvenne lo scisma tra le Chiese di Roma e Bisanzio (1054). — **Costantino X Ducas**, *m. nel 1067*, imperatore bizantino (1059-1067). Sotto il suo regno i Selgiuchidi penetrarono in Cappadocia. — **Costantino XII Paleologo** o **Costantino XI**, detto **Dragazes**, *1403 - Costantinopoli 1453*, imperatore bizantino (1449-1453). Cadde sul campo di battaglia, mentre difendeva Costantinopoli dai turchi di Maometto II.

COSTANTINO PAVLOVIČ

Carskoe Selo 1779 - Vitebsk 1831, granduca di Russia. Figlio di Paolo I, fu comandante in capo dell'armata del regno di Polonia (1815-1830). Cedette il diritto al trono di Russia al fratello Nicola I.

COSTANTINÒPOLI

nome dato da Costantino I all'ant. Bisanzio, chiamata più tardi dai turchi *Istanbul*. Fatta ampliare da Costantino nel 324-336 e inaugurata nel 330, residenza dell'imperatore, sede del patriarcato d'Oriente dal 451, C. divenne in breve la capitale politica, religiosa e intellettuale dell'impero bizantino. Porto molto attivo, attirò molti stranieri, in part. italiani. Capitale dell'impero latino dal 1204 al 1261, resistette agli avari, agli arabi, ai russi e ai bulgari, ma cadde, il 29 mag. 1453, nelle mani degli ottomani, che ne fecero la loro capitale. — Vi si tennero quattro concili ecumenici (381, 553, 680-681, 869-870).

COSTÀNZA

in ted. **Konstanz**, c. della Germania (Baden-Württemberg), sul Lago di C.; 78.087 ab. Cattedrale dell'XI-XVII sec. e altri monumenti. — Vi si tenne il XVI concilio ecumenico (1414-1418), che mise fine al grande scisma d'Occidente e condannò Jan Hus.

COSTÀNZA o COSTÀNŢA

c. della Romania, sul Mar Nero; 350.581 ab. Porto. Centro industriale. — Resti greci e romani; museo archeologico.

COSTÀNZA

(làgo di), in ted. **Bodensee**, lago formato dal Reno, tra Svizzera, Austria e Germania; 540 km².

COSTÀNZA D'ALTAVÌLLA

1150 ca. - 1198, imperatrice. Moglie di Enrico VI, fu incoronata nel 1191. Rapita dal nipote Tancredi e poi liberata, ottenne per il figlio Federico II il trono di Sicilia.

COSTÀNZA D'ARAGÒNA

nome di due regine. — **Costanza d'Aragona**, *m. nel 1222*, imperatrice. Sposò in seconde nozze Federico II, sostituendolo nel governo della Sicilia durante il suo soggiorno in Germania. — **Costanza d'Aragona**, *1247 - Barcellona 1302*. Moglie di Pietro III, unì alla corona di lui quella del regno di Sicilia.

COSTÀNZO I CLÒRO

(Màrco Flàvio Valèrio), *225 ca. - Eboracum, att. York, 306*, imperatore romano della tetrarchia di Diocleziano (305-306). Padre di Costantino I, riconquistò la Britannia e fu augusto dal 305.

COSTÀNZO II

317-361, imperatore romano (337-361). Figlio di Costantino I, regnò da solo dal 351. Protesse gli ariani, pur attribuendo al cristianesimo un ruolo di primaria importanza nell'impero, e accentrò il potere nelle sue mani. Morì mentre si preparava ad affrontare Giuliano l'Apostata, che l'esercito dei galli aveva proclamato imperatore.

COSTA RICA

Stato dell'America centrale; 51.000 km²; 4.112.000 ab. (*costaricani*). CAP. *San José*. LINGUA: *spagnolo*. MONETA: *colón*.

GEOGRAFIA — È un paese parzialmente coperto da foreste, montuoso al centro (dove si concentra la popolazione) e dotato di pianure costiere che si affacciano sul Mar delle Antille. Caffè e banane sono i principali prodotti d'esportazione, destinati soprattutto agli Stati Uniti, che detengono il primato anche come fornitori.

STORIA — 1502: il C. R. viene scoperto da Cristoforo Colombo; 1569: entra a far parte della capitaneria generale del Guatemala. 1822-1823: il paese conquista l'indipendenza in modo pacifico; 1824-1838: diventa una delle cinque repubbliche delle Province unite dell'America centrale, prima di costituirsi come Stato sovrano (1839). 1840: l'espansione della coltivazione del caffè apporta prosperità economica e pone le basi per una vita democratica durevole. 1857: il C. R. respinge l'esercito dell'avventuriero statunitense W. Walker. 1871: la United Fruit Company si impossessa di vasti territori per installarvi piantagioni di banani; il paese comincia a dipendere economicamente dagli Stati Uniti. 1949-1974: la vita politica è dominata dalla personalità di José Figueres (abolizione dell'esercito, 1949). 1986:

Oscar Arias succede a Luis Alberto Monge. Per sua iniziativa, C. R., Guatemala, Honduras, Nicaragua e Salvador concludono accordi intesi a ristabilire la pace in America centrale (1987; 1989). 1990: Rafael Angel Calderón viene eletto alla presidenza della repubblica; 1994: gli succede José Maria Figueres (figlio del presidente J. Figueres). 1998: Miguel Angel Rodríguez sale alla carica di presidente della repubblica; 2002: gli subentra Abel Pacheco de la Espriella.

CÒSTA SMERÀLDA

costa della Sardegna nordorient., a N di Olbia, di grande valore paesaggistico. Ospita diverse rinomate località balneari.

COSTA SMERALDA. *Una spiaggetta a Liscia di Vacca.*

CÒSTA VOLPÌNO

com. in prov. di Bergamo; 8534 ab. Situato in Val Camonica, è noto per l'estrazione della volpinite.

COSTELLO

(John Aloysius), *Dublino 1891-1976*, politico irlandese. Alla guida del partito Fine Gael, guidò da primo ministro l'EIRE verso l'indipendenza (1949).

COSTIÈRA

(Caténa), catena montuosa della Calabria occ. Rocce scistose e ampie zone boschive.

COSTIGLIÒLE D'ÀSTI

com. in prov. di Asti, sul f. Tanaro, nel Monferrato; 5861 ab. Produzione di vino. Castello medievale (XIV sec.).

COSTITUZIONÀLE DEMOCRÀTICO

(Partito) (KD), detto **dei cadétti**, partito liberale russo (1905-1917).

COSTNER

(Kevin), *Lynwood 1955*, attore e regista cinematografico statunitense. Ha recitato in film

Costa Rica

—— strada normale	▲ vulcano	● più di 100.000 ab.
—— ferrovia	✈ aeroporto	● da 30.000 a 100.000 ab.
★ importante località turistica	▭ confine di provincia	● da 10.000 a 30.000 ab.
200 500 1500 3000 m	**Limón** capoluogo di provincia	• meno di 10.000 ab.

quali *Fandango* (1985), *Gli intoccabili* (1987), *JFK* (1991), *Waterworld* (1997), *Dragonfly* (2002). Come regista, ha diretto tra gli altri *Balla coi lupi* (1990, 7 premi Oscar), *L'uomo del giorno dopo* (1997).

CÔTE-D'OR, dip. della Francia, in Borgogna; capol. *Digione*; 8765 km²; 506.755 ab. Il dip. ha un territorio molto vario e la sua zona più vitale corrisponde alla dorsale collinare, coltivata a vigneti che danno vini pregiati. Industrie (agroalimentari, costruzioni meccaniche ed elettriche) e servizi hanno in gran parte sede a Digione.

COTENTIN, penisola della Francia, nella Normandia occ. Si protende nella Manica. Allevamento bovino. Industria nucleare.

CÔTES-D'ARMOR, dip. della Francia, in Bretagna; capol. *Saint-Brieuc*; 6878 km²; 542.373 ab. Territorio collinare, delimitato a N da una costa frastagliata, a *rias*. Agricoltura (cereali, foraggio, legumi), allevamento (bovini, suini, volatili) e pesca. Turismo.

COTONOU, c. del Benin; 536.827 ab. Maggiore città e porto del paese.

COTOPAXI, vulcano attivo delle Ande (Ecuador); 5897 m.

COTRONÈO (Robèrto), *Alessandria 1961*, scrittore e giornalista. Tra le opere, *All'indice* (1991), *Se una mattina d'estate un bambino* (1994), *Presto con fuoco* (1995), *Otranto* (1997), *L'età perfetta* (1999).

COTTBUS, c. della Germania (Brandeburgo), sulla Sprea; 110.894 ab. Industrie tessili. — Antichi monumenti.

COTTON (Aimé), *Bourg-en-Bresse 1869 - Sèvres 1951*, fisico francese. Ha compiuto studi su ottica, magnetismo e fenomeni connessi a questi due campi. Ha inventato la bilancia per la misura dei campi magnetici.

COTTRÀU (Teodòro), *Napoli 1827-1879*, compositore. È autore di canzonette e romanze napoletane, tra cui la celeberrima *Santa Lucia*.

COTÙGNO (Doménico), *Ruvo di Puglia 1736 - Napoli 1822*, anatomista. Precursore nella lotta alla tubercolosi, scoprì il liquido cefalo-rachidiano e descrisse il quadro clinico dell'ischialgia.

COTY (René), *Le Havre 1882-1962*, politico francese. È stato presidente della repubblica (1954-1959).

COUBERTIN (Pierre **de**), *Parigi 1863 - Ginevra 1937*, pedagogista francese. Ha organizzato le prime Olimpiadi dell'era moderna.

COUDENHOVE-KALERGI (cónte Richard), *Tokyo 1894 - Schruns, Austria, 1972*, diplomatico austriaco. Promotore dell'unificazione europea dagli anni '20 del secolo scorso, presiedette alla creazione del Consiglio d'Europa (1949).

COULOMB (Charles **de**), *Angoulême 1736 - Parigi 1806*, fisico francese. Elaborò le leggi sperimentali e teoriche del magnetismo e dell'elettrostatica, introducendo tra gli altri i concetti di momento magnetico e polarizzazione.

COUPER (Archibald Scott), *Kirkintilloch, presso Glasgow, 1831-1892*, chimico britannico. Scoprì, parallelamente ad A. Kekulé, la tetravalenza del carbone e fu tra i fondatori della chimica organica moderna (1858).

COUPERIN, famiglia di musicisti francesi. — **Louis C.**, *Chaumes-en-Brie 1626 - Parigi 1661*, violista e organista francese. Nel 1653 fu nominato titolare dell'organo di St-Gervais a Parigi; lasciò numerose composizioni per clavicembalo. — **François C.**, detto **il Grande**, *Parigi 1668-1733*, compositore francese. Nipote di Louis, fu il più importante maestro francese di clavicembalo (4 voll. di 27 serie, o "ordini", di brani) e compose mottetti, sonate, concerti, pezzi per viola e musica sacra (*Lezioni di tenebre*).

■ *François Couperin (incisione del 1735)*.

COUPERUS (Louis), *L'Aia 1863 - De Steeg 1923*, scrittore olandese. I suoi romanzi storici (*La montagna di luce*) e i suoi racconti simbolici (*Fidessa*) conciliano ispirazione naturalista ed estetismo decadente.

COUPLAND (Douglas), *Baden-Sollingen 1961*, scrittore canadese. Tra le sue opere, ispirate al disagio generazionale, *Generazione X* (1991), *Fidanzata in coma* (1997), *La sacra famiglia* (2001).

COURBET (Gustave), *Ornans 1819 - La Tour-de-Peilz, Svizzera, 1877*, pittore francese. Capofila della scuola realista, ha realizzato tele fortemente espressive, dalla corposa plasticità: *Gli spaccapietre* (1849), *Funerale a Ornans* (1850), *L'atelier del pittore* (1855), *Fanciulle sulla riva della Senna* (1856).

COURMAYEUR, com. in prov. di Aosta, sulla Dora Baltea, ai piedi del Monte Bianco; 30.414 ab. Stazione di sport invernali (1224-3456 m d'alt.) e centro per l'alpinismo, è situato presso l'imbocco del traforo del Monte Bianco. Località romana (*Curia major*) in seguito signoria di famiglie valdostane, conserva la torre Maluquin (XIII sec.) e la parrocchiale con campanile romanico.

COURMAYEUR. *Sullo sfondo il gruppo delle Grandes Jorasses.*

COURNAND (André), *Parigi 1895 - Great Barrington, Massachusetts, 1988*, medico statunitense di origine francese. Nel 1956 ha ricevuto il premio Nobel per le sue ricerche sull'insufficienza cardiaca.

COURNOT (Antoine Augustin), *Gray 1801 - Parigi 1877*, economista, matematico e filosofo francese. Precursore della scuola matematica in economia, in filosofia cercò di applicare gli esiti delle sue riflessioni al calcolo della probabilità.

COURRÈGES (André), *Pau 1923*, stilista francese. Negli anni '60 del secolo scorso ha rivoluzionato l'alta moda con uno stile che privilegiava il corto, le geometrie e il bianco puro.

COURTELINE (Georges **Moinaux**, detto Georges), *Tours 1858 - Parigi 1929*, scrittore francese. I suoi romanzi (*Il treno delle 8 e 47, Quelli dalle mezze maniche*) e le sue commedie (*Boubouroche*) ritraggono con ironia l'assurdo della vita borghese e impiegatizia.

COURTOIS (Jacques), detto **Borgognóne**, *Saint-Hippolyte 1621 - Roma 1675*, pittore francese. Stabilitosi a Roma intorno al 1640, deve la sua fama ai dipinti di battaglie.

COURTRAI, in fiamm. **Kortrijk**, c. del Belgio, capol. della Fiandra Occidentale, sul Lys; 74.543 ab. Industrie tessili. — Monumenti del XIII-XVII sec.; musei.

COUSIN (Victor), *Parigi 1792 - Cannes 1867*, filosofo e politico francese. Scrisse opere fondamentali di storia della filosofia e diede vita all'eclettismo spiritualistico (*Du vrai, du beau et du bien*, 1853).

COUSTEAU (Jacques-Yves), *Saint-André-de-Cubzac 1910 - Parigi 1997*, oceanografo francese. Ha condotto ricerche a bordo della *Calypso* e realizzato numerosi film (*Il mondo del silenzio*, 1955, con L. Malle) e documentari sul mondo sottomarino. È stato un attivo militante per la protezione dell'ambiente.

■ *Jacques-Yves Cousteau.*

COUSTOU (Nicolas), *Lione 1658 - Parigi 1733*, scultore francese. È autore di una *Pietà* conservata nella chiesa di Notre-Dame, a Parigi. — **Guillaume I C.**, *Lione 1677 - Parigi 1746*, scultore francese, fratello Nicolas. Tra il 1740 e il 1745 realizzò i due focosi *Cavalli di Marly* (copia a Place de la Concorde, a Parigi, originali al Louvre). — **Guillaume II C.**, *Parigi 1716-1777*, scultore francese, figlio di Guillaume I. È autore della tomba del Delfino, a Sens.

CÒVA (Albèrto), *Cremnago di Inverigo 1958*, mezzofondista. È stato medaglia d'oro nei 10.000 m agli europei (1982), ai mondiali (1983) e alle Olimpiadi (1984). Si è ritirato dall'attività agonistica nel 1990.

COVENANTERS (dall'ingl. *covenant*, patto), presbiteriani scozzesi che nel XVII sec., dopo aver proclamato il *National Covenant* (1638), si opposero all'introduzione dell'anglicanesimo in Scozia.

COVENT GARDEN, teatro di Londra inaugurato nel 1732. Sede dapprima di un teatro di prosa e poi, dal 1858, del teatro lirico Royal Opera House.

COVENTRY, c. della Gran Bretagna (Inghilterra), nelle Midlands; 292.600 ab. Università. Costruzioni meccaniche. — Cattedrale ricostruita dopo la seconda guerra mondiale. — Nel 1940 la città fu violentemente bombardata dai tedeschi.

COVIÈLLO (Nicòla), *Avigliano 1867 - Napoli 1913*, giurista. Professore di diritto civile, è autore del celebre *Manuale di diritto civile italiano* (1910).

COVILHÃ (Pêro **da**), *Covilhã - in Etiopia dopo il 1545*, viaggiatore portoghese. Incaricato da Giovanni II, re di Portogallo, di cercare la via per le Indie, raggiunse le coste del Deccan per poi recarsi in Etiopia (1490).

COWARD (sir Noel), *Teddington 1899 - Giamaica 1973*, drammaturgo britannico. Attore, autore e regista teatrale, ha realizzato lavori che spaziano dalla commedia brillante alla farsa, al dramma (*Il vortice, Vite private, Spirito allegro*).

COWES, c. della Gran Bretagna (Inghilterra), nell'Isola di Wight; 19.000 ab. Porto. Regate internazionali.

COWLEY (Abraham), *Londra 1618 - Chertsey 1667*, scrittore inglese, autore di saggi e di poesie a imitazione di Anacreonte e Pindaro.

COWPER (William), *Great Berkhamsted 1731 - East Dereham 1800*, poeta britannico, cantore della campagna e del focolare domestico (*Il compito*).

COYPEL (Noël), *Parigi 1628-1707*, pittore francese. Dipinse affreschi di ispirazione classica alle Tuileries e a Versailles. — **Antoine C.**, *Parigi 1661-1722*, pittore francese, figlio di Noël. Influenzato dal barocco romano e da P.P. Rubens, fu pittore di opere storiche e direttore dell'Accademia francese a Roma. — **Charles Antoine C.**, *Parigi 1694-1752*, pittore francese, figlio di Antoine. Realizzò cartoni per gli arazzi dei Gobelins (storie di *Don Chisciotte*).

CÒZIE (Àlpi), sezione delle Alpi Occidentali, tra il Colle della Maddalena e il Moncenisio. La vetta più alta è il Monviso (3841), dove si trovano le sorgenti del Po.

CRABBE (George), *Aldeburgh 1754 - Trowbridge 1832*, poeta britannico. Ritrasse la vita di contadini e pescatori (*Il villaggio*).

CRACÒVIA, in pol. **Kraków**, c. della Polonia merid., capol. del voivodato omonimo, sulla Vistola; 738.150 ab. Università. Sede arcivescovile. Industrie chimiche e tessili. — C., sede vescovile a partire dall'XI sec. e di un'università nel 1364, fu la capitale della Polonia dal 1320 al 1596. — Chiesa di Notre-Dame (XIII-XV sec.); piazza del mercato e torre campanaria (XIII-XVII sec.); fortezza detta Barbacane (XV sec.); cattedrale (XII-XIV sec.) e castello reale di Wawel. Musei. [V. foto a pagina seguente.]

CRAFOORD (prèmio) (da Anna-Greta e Holger Crafoord), premio scientifico conferito dall'Accademia reale delle scienze di Svezia. È attribuito a tutti gli anni, dal 1982, in uno dei seguenti

Guillaume **COUSTOU.** *Uno dei due Cavalli di Marly a Place de la Concorde, Parigi.*

Lucas **CRANACH IL VECCHIO**. *La malinconia, 1532. (Statens Museum for Kunst, Copenaghen).*

campi del sapere: matematica, biologia, astronomia, scienze della Terra.

CRAIG (Edward Gordon), *Stevenage 1872 - Vence, Francia, 1966*, regista teatrale britannico. Con gli allestimenti scenici, i saggi e l'insegnamento nella sua scuola di teatro fiorentina, si è adoperato a diffondere la sua concezione di "teatro totale".

CRAIOVA, c. della Romania merid.; 303.959 ab.

CRAM (Donald James), *Chester, Vermont, 1919 - Palm Desert, California, 2001*, chimico statunitense. Ha compiuto ricerche sui complessi stabili di ioni alcalini legati a molecole organiche. (Premio Nobel 1987).

CRAMER (Gabriel), *Ginevra 1704 - Bagnols-sur-Cèze 1752*, matematico svizzero. È autore di lavori di algebra lineare.

CRAMPTON (Thomas Russell), *Broadstairs 1816 - Londra 1888*, ingegnere britannico. Realizzò un tipo di locomotiva molto utilizzato in Europa e costruì, nel 1855, la rete idraulica di Berlino.

CRANACH (Lucas), detto **il Vecchio**, *Kronach, Franconia, 1472 - Weimar 1553*, pittore e incisore tedesco. Stabilitosi, a partire dal 1505, alla corte di Sassonia, a Wittenberg, spaziò in tutti i generi: composizioni religiose o mitologiche, ritratti (Martin Lutero), nudi femminili di fascino sottile. — **Lucas C.**, detto **il Giovane**, *Wittenberg 1515 - Weimar 1586*, pittore tedesco. Figlio di Lucas il Vecchio, subentrò al padre nella direzione dell'atelier familiare.

CRANE (Hart), *Garettsville, Ohio, 1899 - Golfo del Messico 1932*, poeta statunitense. Tentò di colmare il divario tra tradizione e modernità celebrando nei suoi versi l'industrializzazione americana (*Il ponte*).

CRANE (Stephen), *Newark, New Jersey, 1871 - Badenweiler, Germania, 1900*, scrittore statunitense. È uno dei creatori del racconto americano contemporaneo (*Il segno rosso del coraggio*, 1895).

CRANKO (John), *Rustenburg, Transvaal, 1927 - in volo, sopra Dublino, 1973*, ballerino e coreografo britannico. Direttore artistico del balletto di Stoccarda (1961-1973), divenne famoso per le

grandi composizioni drammatiche (*Romeo e Giulietta*, 1962).

CRANMER (Thomas), *Aslacton, Nottinghamshire, 1489 - Oxford 1556*, teologo anglicano e arcivescovo di Canterbury. Contribuì in modo determinante all'avvento della Riforma in Inghilterra e fu messo a morte sotto il regno di Maria I Tudor.

CRANS-MONTANA, stazione di sport invernali (1500-3000 m d'alt.) della Svizzera (Vallese).

CRASHAW (Richard), *Londra 1613 ca. - Loreto 1649*, poeta inglese, di ispirazione metafisica.

CRÀSSO (Màrco Licinio), *Roma 115 - Carre 53 a.C.*, politico romano. Sostenitore di Silla, contribuì alla repressione della rivolta degli schiavi guidata da Spartaco (72 a.C.). Console nel 70, insieme a Pompeo e Cesare diede vita al primo triumvirato (60). Nel 55 ottenne un comando straordinario in Siria, dove, nel corso della guerra contro i parti, fu ucciso.

CRATÈTE DI MÀLLO, *II sec. a.C.*, grammatico greco. Fondò la scuola di Pergamo e fu fautore di un'esegesi dei testi basata sullo stile più che sulla sintassi. A Roma conquistò il favore degli Scipioni.

CRÀTI, f. della Calabria settentr.; 93 km. Nasce dalla Sila Grande e sfocia nel Golfo di Taranto dopo aver lambito Cosenza.

CRATÌNO, *Atene 500 ca. - 422 ca. a.C.*, commediografo greco. È ritenuto il creatore della commedia satirica politica. Tra le opere, *La bottiglia*.

CRAWFORD (Lucille **Le Sueur**, detta Joan), *San Antonio 1904 - New York 1977*, attrice cinematografica statunitense. Diva del muto, riscosse un grande successo anche dopo l'avvento del sonoro (*Sally, Irene and Mary*, E. Goulding, 1925; *La donna che voglio*, F. Borzage, 1938; *Johnny Guitar*, N. Ray, 1954).

CRAWLEY, c. della Gran Bretagna (Inghilterra), a S di Londra; 87.100 ab. È una delle *new towns*.

CRÀXI (Bettino), *Milano 1934 - Hammamet, Tunisia, 2000*, politico. Segretario del PSI (1976-1993), fu il primo socialista a rivestire la carica di presidente del consiglio in Italia (1983-1987). Durante il suo governo perseguì una politica pragmatica in ambito riformista. Coinvolto, insieme al partito, in una serie di inchieste giudi-

ziarie ("Mani pulite"), rassegnò le dimissioni (1993) e lasciò l'Italia.

CRÈA (santuário di), santuario romanico-gotico nel com. di Serralunga di Crea, nel Monferrato. Fu fondato, secondo la tradizione, da Arduino, primo re d'Italia.

CREAZIÓNE DI ADÀMO (La), affresco di Michelangelo nella Cappella *Sistina*, in Vaticano (1511 ca.). È una delle nove composizioni sui temi della Genesi, disposte perpendicolarmente rispetto all'asse della volta dell'edificio, che formano la zona superiore di un complesso insieme architettonico e iconografico.

CRÉBILLON (Prosper **Jolyot**, signóre di Crais-Billon, detto), *Digione 1674 - Parigi 1762*, drammaturgo francese. Le sue tragedie sono un susseguirsi di effetti patetici e colpi di scena (*Rhadamiste e Zénobie*). — **Claude Jolyot**, signóre di Crais-Billon, detto **C. figlio**, *Parigi 1707-1777*, scrittore francese, figlio di Prosper. Scrisse romanzi di costume (*I turbamenti del cuore e della mente*) e licenziosi (*Il sofà*).

CREDIOP (Consòrzio di crédito per le òpere pùbbliche), ente costituito nel 1919; dal 1996 Dexia-C., gruppo bancario europeo.

CRÉDIT LYONNAIS, banca francese. Fondata a Lione nel 1863, nazionalizzata nel 1945, è ritornata al settore privato nel 1999.

CRÉDITO ITALIÀNO, istituto bancario fondato nel 1870 come Banca di Genova. Dal 1998 fa parte del gruppo UniCredito Italiano.

CREE → Cri.

CRÈMA, com. in prov. di Cremona; 33.218 ab. Libero comune, fu poi dominata da Milano e Venezia e dal 1815 entrò a far parte del Lombardo-Veneto. Duomo (XII sec.) e palazzo del comune (XVI sec.).

CREMLÌNO, fortezza e quartier generale di Mosca, che domina la riva sinistra della Moscova. Antica residenza degli zar, il C. è stato la sede del governo sovietico (1918-1991), poi di quello russo (dal 1991). — Numerosi monumenti, alcuni dei quali realizzati da architetti italiani tra la fine del XV sec. e l'inizio del XVI.

CREMÓNA, c. della Lombardia, capol. di prov.; 71.611 ab. (*cremonesi*). Industria alimentare e di macchine agricole. — Città di origine gallica, fu conquistata dai romani e successivamente dai longobardi. Sede vescovile nel X sec., libero comune nell'XI sec., fece parte del ducato di Milano dal 1499 al 1509. Occupata dai veneziani, passò poi sotto il dominio spagnolo e austriaco. Rinomata per la produzione di violini, è stata la patria di celebri liutai (A. e N. Amati, A. Guarneri, A. Stradivari). — Duomo romanico-gotico, Torrazzo (torre campanaria) del XIII sec., basilica di S. Michele del XII sec., museo stradivariano — La provincia, interamente pianeggiante, è ricca di coltivazioni (riso, barbabietole da zucchero). Allevamento bovino e industrie casearie. Centri principali: Casalmaggiore e Crema.

CREMÓNA (Luigi), *Pavia 1830 - Roma 1903*, matematico. Fratello di Tranquillo, autore dell'*Introduzione ad una teoria geometrica delle curve piane* (1862), studiò le trasformazioni birazionali, dette appunto cremoniane. Ideò il metodo grafico per

CRACOVIA. *La cattedrale di Wawel.*

Il **CREMLINO** di Mosca, con il Gran Palazzo (XIX sec., a sinistra) e l'orologio di Ivan il Grande (XVI sec.).

determinare gli sforzi che agiscono sulle aste di una travatura reticolare piana (*diagramma di C.*).

CREMÓNA (Tranquillo), *Pavia 1837 - Milano 1878*, pittore. Fratello di Luigi, fu esponente della scapigliatura. Tra le opere, *I cugini* (1870), *Silenzio amoroso* (1873), *L'edera* (1878).

CREMONÌNI (Cèsare), *Cento 1550 ca. - Padova 1631*, filosofo e scienziato. Aristotelico, fu in polemica con G. Galilei e con il suo metodo empirico.

CREMONÌNI (Leonàrdo), *Bologna 1925*, pittore. Esponente del neofigurativismo, nel 1951 si è trasferito a Parigi. Tra le opere, il ciclo *Les parenthèses de l'été* (1965-1966).

CREMÙZIO CÒRDO (Àulo), *m. nel 25 d.C.*, storico latino. Autore di *Annales* in cui difendeva Bruto e Cassio, fu indotto al suicidio da Seiano e la sua opera venne messa al rogo.

CREÓNTE MITOL. GR. Re di Tebe nel mito di Edipo.

CREPAX (Guido), *Milano 1933-2003*, disegnatore di fumetti. Autore complesso e raffinato, ha legato il suo nome soprattutto al personaggio di Valentina (1965). Ha realizzato anche versioni a fumetti di celebri romanzi, tra cui l'*Histoire d'O*, di P. Réage.

CREPÙSCOLO DEGLI DÈI (Il), opera di S. Wagner, ultima parte della **Tetralogia*.

CRESCÈNZI, famiglia romana (X-XI sec.). — **Giovanni C.** fu papa con il nome di Giovanni XIII (965). — **Crescenzio C.** uccise Benedetto VI e gli sostituì l'antipapa Bonifacio VII (974). — **Giovanni II C.** fu signore di Roma ma, con la morte di Giovanni III (1012), la signoria passò a Tuscolo.

CRÈSCI (Màrio), *Chiavari 1942*, fotografo. Ha unito all'attività artistica quella di insegnante e animatore culturale. Tra le opere, i fotografici *La terra inquieta* (1981), *Uno sguardo tra gli altri* (1984).

CRESCIMBÈNI (Giovàn Màrio), *Macerata 1663 - Roma 1728*, letterato. Fu tra i fondatori dell'**Arcadia*. Tra le opere, di ispirazione petrarchesca, *Arcadia* (1709).

CRÈSO, ultimo re di Lidia (560-546 ca. a.C.). Accumulò una leggendaria ricchezza grazie alle miniere d'oro e ai traffici commerciali del suo regno. Fu sconfitto e ucciso da Ciro il Grande.

CRÉSPI (Giuseppe Maria), *Bologna 1665-1747*, pittore e incisore. Influenzato dai Carracci e dal Guercino, grazie alla straordinaria capacità di rendere luci e colori si impose come uno dei maestri del naturalismo (*Sant'Antonio flagellato dai demoni*, 1690, S. Niccolò degli Albari, Bologna; soffitti di Palazzo Pepoli, Bologna, 1691; *La fiera di Poggio a Caiano*, 1709, Uffizi, Firenze).

CRESSON (Edith), *Boulogne-Billancourt 1934*, politica francese. Socialista, ministro dell'agricoltura (1981-1983), per il commercio estero (1983-1986), poi degli affari europei (1988-1990), è stata la prima donna, in Francia, a ricoprire la carica di primo ministro (1991-1992).

CREMONA. *La facciata del duomo.*

CRETA. *La corte centrale del palazzo di Mallia, 1650 a.C.*

CRÈTA, in gr. **Krìti**, già **Càndia**, isola greca del Mediterraneo; 8336 km²; 536.980 ab. (*cretesi*); c. princ. *Heràkleion* e *Khanià*. Si allunga da O a E ed è formata da dorsali calcaree che si alternano a pianure (grano, viti, agrumi e olivi). Turismo.

STORIA — Nel III-II millennio l'isola è la culla di una brillante civiltà detta "minoica", di cui sono a testimonianza i palazzi di Cnosso, Mallia e Festo. XV-XII sec. a.C.: sotto il dominio parziale dei micenei, declina irrimediabilmente con l'invasione dei dori (XII sec.). VI-I sec. a.C.: l'isola diventa un mercato di mercenari, trattenuti qui dalle guerre che vedono contrapposte le città cretesi. 67 a.C.: conquista romana. 395-1204: possesso bizantino, C. viene occupata dai musulmani dall'827-828 al 960-961. 1204-1669: l'isola appartiene ai veneziani, che non riescono ad opporre resistenza alla conquista turca, cominciata nel 1645. 1669-1913: sotto il dominio ottomano, caratterizzato da numerose rivolte, C. ottiene l'autonomia (1898), proclama la sua unione con la Grecia (1908) e si libera completamente della sovranità ottomana (1913).

CREUS (Càpo), capo della Spagna nord-occ.

CREÙSA, MITOL. GR. Moglie di Enea, smarritasi durante la fuga da Troia.

CREUSE, dip. della Francia, nel Limosino; capol. *Guéret*; 5565 km²; 124.470 ab. Esteso sugli altopiani della Marche e della Combraille, il dip. è dedito soprattutto all'allevamento bovino. La scarsità di industrie e la limitata urbanizzazione giustificano l'esodo della popolazione.

CREVEL (René), *Parigi 1900-1935*, scrittore francese. Artista tormentato, combattuto tra adesione al surrealismo e impegno comunista, si suicidò lasciando un corpus di opere frammentario e straziante (*Deviazioni*).

CRI o **CREE**, popolazione amerindia di Ontario, Alberta e Québec, in Canada (ca. 51.000 individui). Occupando un immenso territorio a S e a E della Baia di Hudson e intorno alla Baia di James, i c. hanno assunto, dopo l'arrivo degli europei, un ruolo importante nel commercio delle pellicce. Hanno avuto importanti riconoscimenti territoriali. Parlano il cri, lingua algonchina.

CRICHTON (Michael), *Chicago 1942*, scrittore statunitense. È autore di romanzi d'avventura e fantascienza, tra cui *Andromeda* (1969), *Congo* (1981), *Sfera* (1985), *Jurassic Park* (1990), *Il mondo perduto* (1995), *Timeline* (1999).

CRICK (Francis Harry .Compton), *Northampton 1916*, biologo britannico. Con J.D. Watson e M.H.F. Wilkins, ha scoperto la struttura a doppia elica del DNA e ha contribuito alla comprensione della vera natura del codice genetico. (Premio Nobel 1962.)

CRIMÈA, penisola dell'Ucraina, che separa il Mar Nero e il Mar d'Azov. Le montagne, sul versante merid. (1545 m), dominano una costa pittoresca in cui sono presenti diverse stazioni balneari, tra cui Yalta.

STORIA — Popolata dai cimmeri, poi dagli sciti, la regione è colonizzata dai greci a partire dal VII sec. a.C. V sec. a.C.: nasce il regno del Bosforo; 63 a.C.: questo passa sotto protettorato romano; III-IV sec. d.C.: viene invaso dai goti e dagli unni. VIII-XIII sec.: popolazioni di origine turca (chazari, cumani) e successivamente i mongoli (XIII sec.) occupano la penisola. I veneziani e i genovesi allacciano importanti relazioni commerciali soprattutto con Caffa (1266-1475) e Tana. XVI sec.: i principi mongoli riconoscono la sovranità degli ottomani. 1783: la C. viene an-

nessa alla Russia. 1945: i tartari di C. subiscono la deportazione e la loro repubblica autonoma (creata nel 1921) viene soppressa. 1954: la penisola, abitata per la maggior parte da russi, viene annessa all'Ucraina. 1991: l'indipendenza dell'Ucraina scatena rivendicazioni separatiste dei russi di C., sostenitori della dipendenza dalla Russia. 1992: la C. diventa una repubblica autonoma in seno all'Ucraina.

CRIMÈA (guèrra di) (1854-1855), conflitto che oppose la Francia, la Gran Bretagna, l'impero ottomano e il Piemonte alla Russia. Famosa per le battaglie del fiume Al'ma e di Sebastopoli, terminò con la sconfitta della Russia, sancita dal trattato di Parigi (1856).

CRÌPPA (Robèrto), *Milano 1921 - Bresso 1972*, pittore e scultore. Applicò le tecniche dello spazialismo per poi passare all'*action painting*. Sperimentò l'utilizzo dei materiali più diversi, dalla corteccia all'oro. Tra le opere, *Spirali* (1948-1953), *Totem* (1955).

CRIPPS (sir Stafford), *Londra 1889 - Zurigo 1952*, politico britannico. Laburista, ministro dell'economia e cancelliere dello scacchiere (1947-1950), attuò un efficace programma d'austerità.

CRISAFÙLLI (Vèzio), *Genova 1910 - Roma 1986*, giurista. È stato giudice della Corte costituzionale e autore di *La Costituzione e le sue disposizioni di principio* (1952).

CRISÌPPO, *Soli, Cilicia, 281 ca. - Atene 205 ca. a.C.*, filosofo greco. Diede allo stoicismo (spec. nei campi della fisica e della logica) una sistemazione dottrinale.

CRISÒSTOMO → GIOVANNI CRISOSTOMO.

CRÌSPI (Francésco), *Ribera, Sicilia, 1818 - Napoli 1901*, politico. Repubblicano, nel 1859 ebbe un ruolo determinante a fianco di G. Garibaldi nell'organizzazione della spedizione dei Mille e nell'opposizione a C. Cavour. Deputato dal 1861 per la sinistra, se ne allontanò gradualmente, aderendo, nel 1864, alla monarchia sabauda. Ministro dell'interno (1877-1878), presidente del consiglio (1887-1891), fu autore di numerose riforme amministrative e giuridiche. Antifrancese, strinse rapporti con l'Austria e con la Germania, e avviò una forte politica coloniale in Africa. Costretto alle dimissioni (1891), riassunse la carica di presidente del consiglio dal 1893 al 1896, quando dovette rinunciare definitivamente al potere, a causa della disfatta di Adua, in Abissinia.

CRISPÌNO e **CRESPINIÀNO** (sànti), fratelli martirizzati, forse a Soissons, sotto Diocleziano. Patroni dei calzolai.

CRISPÌNO DA VITÈRBO (sànto), *Viterbo 1668 - Roma 1750*. Si festeggia il 19 mag.

CRISSÒLO, com. in prov. di Cuneo; 214 ab. Località ai piedi del Monviso, presso Piano del Re (2020 m), dove si trovano le sorgenti del Po.

CRISTÀLLO (Mònte), gruppo montuoso delle Dolomiti, presso Cortina d'Ampezzo; 3221 m.

CRISTÀLLO (Mònti di), catena montuosa dell'Africa equatoriale (Gabon), a N dell'Ogooué.

CRISTIANIA, nome di Oslo dal 1624 al 1924.

CRISTIANI DEMOCRÀTICI UNÌTI (CDU), partito di ispirazione cattolica nato nel 1995, erede dei principi che animarono la DC ha sostenuto il primo e il secondo governo Berlusconi. Dal 2002 è confluito nell'UDC. Segretario R. Buttiglione.

CRISTIÀNO I, *1426 - Copenaghen 1481*, re di Danimarca (1448), Norvegia (1450-1481) e Svezia (1457-1464). Nel 1460 divenne duca di Schleswig e conte di Holstein. Fondò l'Università di

Copenaghen (1479). — **Cristiano II**, *Nyborg 1481 - Kalundborg 1559*, re di Danimarca, Norvegia (1513-1523) e Svezia (1520-1523). La rivolta di Gustavo Vasa segnò la fine del suo regno sulla Svezia (1523). — **Cristiano III**, *Gottorp 1503 - Kolding 1559*, re di Danimarca e Norvegia (1534-1559). Impose il luteranesimo come religione di Stato. — **Cristiano IV**, *Frederiksborg 1577 - Copenaghen 1648*, re di Danimarca e Norvegia (1588-1648). Prese parte alla guerra dei Trent'anni e fu sconfitto da J. Tilly (1629). — **Cristiano V**, *Flensborg 1646 - Copenaghen 1699*, re di Danimarca e Norvegia (1670-1699). Primo re ereditario della Danimarca, si alleò alle Province Unite contro la Svezia e Luigi XIV, ma dovette restituire i territori conquistati nel 1679. — **Cristiano VI**, *Copenaghen 1699 - Hirscholm 1746*, re di Danimarca e Norvegia (1730-1746). Diede impulso al commercio e all'industria. — **Cristiano VII**, *Copenaghen 1749 - Rendsborg 1808*, re di Danimarca e Norvegia (1766-1808). Lasciò che a governare fossero i suoi ministri, in partic. J.F. Struensee. — **Cristiano VIII**, *Copenaghen 1786 - Amalienborg 1848*, re di Danimarca (1839-1848). Eletto re di Norvegia nel 1814, fu costretto dalle grandi potenze a rinunciare alla corona. — **Cristiano IX**, *Gottorp 1818 - Copenaghen 1906*, re di Danimarca (1863-1906). Non appena salito al trono, suo malgrado adottò la nuova Costituzione che incorporava lo Schleswig nella Danimarca; questo provocò la reazione di Prussia e Austria (1864), alle quali fu successivamente costretto a cedere lo Schlewig e l'Holstein. — **Cristiano X**, *Charlottenlund 1870 - Copenaghen 1947*, re di Danimarca (1912-1947) e Islanda (1918-1944). Nel 1919 riconquistò lo Schlewig settentr. Nel corso dell'occupazione tedesca (1940-1944) oppose strenua resistenza agli invasori.

CRISTÌNA, *Stoccolma 1626 - Roma 1689*, regina di Svezia (1632-1654). Figlia di Gustavo II Adolfo, accelerò i negoziati dei trattati di Westfalia (1648). La sua corte fu un luogo di incontro di diversi artisti e intellettuali; tra gli altri, vi ospitò R. Cartesio. Abdicò nel 1654 a favore del cugino Carlo X Gustavo e si convertì al cattolicesimo. Visitò parte dell'Europa e si stabilì a Roma.

■ *Cristina di Svezia ritratta da S. Bourdon. (Museo di Belle Arti, Béziers.)*

CRISTÌNA DI FRÀNCIA, *Parigi 1606 - Torino 1663*, duchessa di Savoia. Figlia di Enrico IV e di Maria de' Medici, sposò Vittorio Amedeo I, duca di Savoia.

CRÌSTO (órdine di), ordine di cavalieri fondato nel 1319 dal re di Portogallo Dionigi I per accogliere i templari, il cui ordine era stato disciolto.

CRISTÒFORI (Bartolomèo), *Padova 1655 - Firenze 1731*, costruttore di clavicembali. Al servizio dei Medici, costruì un nuovo tipo di cembalo a martelletti, che consentiva di graduare l'intensità del suono a seconda della pressione sui tasti. Lo strumento fu il primo esemplare di pianoforte.

CRISTÒFORO, antipapa dal 903 al 904. Deposto da Sergio III, in alcuni cataloghi è annoverato tra i papi.

CRISTÒFORO, nome di tre re di Danimarca. — **Cristoforo I**, *1219 ca. - 1259*. Riconobbe l'indipendenza dello Schleswing. — **Cristoforo II**, *1276-1332*. Fu deposto nel 1326, ma ritornò sul trono nel 1331. — **Cristoforo III**, *1418-1448*. Re di Danimarca, Svezia e Norvegia, riformò la legislazione svedese e rafforzò le prerogative nobiliari.

CRISTÒFORO (sànto), martire leggendario. Secondo la leggenda avrebbe portato il Bambino Gesù sulle spalle per attraversare un fiume. Patrono dei viaggiatori e degli automobilisti.

CRÌSTO SI È FERMÀTO A ÈBOLI, romanzo autobiografico di C. Levi, pubblicato nel 1945.

CRÌTICA DEL GIUDÌZIO, opera di I. Kant (1790) che tratta del giudizio estetico e di quello teleologico.

CRÌTICA DELLA RAGIÓN PRÀTICA, opera di I. Kant (1788) nella quale si dimostra che la moralità, intesa come imperativo categorico, vale a

dire come legge a priori, costituisce il principio determinante dell'azione umana.

CRÌTICA DELLA RAGIÓN PÙRA, opera di I. Kant (1781). Il filosofo vi analizza il potere della ragione, determinandone l'entità e i limiti a partire da principi aprioristici.

CRIVÈLLI (Càrlo), *Venezia 1430-1435 ca. - Ascoli Piceno prima del 1501*, pittore. Influenzato dallo Squarcione e da A. Mantegna, è autore di polittici da altare, caratterizzati da effetti cromatici vivaci e preziosi (*Madonna col Bambino*, 1460 ca.).

CRIVÈLLI (Taddèo), *1420 ca. - 1479 ca.*, miniatore. Attivo a Bologna e Ferrara, illustrò la *Bibbia di Borso d'Este* (1455-1461).

CRÌZIA, *450-404 a.C.*, politico ateniese. Zio di Platone, fece parte del consiglio dei Trenta tiranni; fu ucciso mentre tentava di riconquistare il Pireo combattendo contro Trasibulo.

CRÌZIO, *Atene V sec. a.C.*, scultore greco. Realizzò, insieme a Nesiote, il gruppo bronzeo *I tirannicidi Armodio e Aristogitone*, di cui restano copie marmoree.

CRNA GORA, nome serbo del Montenegro.

CROÀZIA, in croato **Hrvatska**, Stato dell'Europa balcanica, sul Mar Adriatico; 56.500 km²; 4.655.000 ab. (*croati*). CAP. *Zagabria*. LINGUA: *croato*. MONETA: *kuna*.

GEOGRAFIA – A forma di ferro di cavallo che si estende dal Danubio all'Adriatico, la C. è costituita a N e a E da colline e pianure, mentre a O i rilievi montuosi delle Alpi Dinariche dominano la costa dalmata. Nel 1991 il territorio era popolato per il 75% da croati (cattolici), ma contava oltre il 10% di serbi (ortodossi). L'agricoltura è l'attività predominante in Slavonia, la parte orient. del paese; gli stabilimenti industriali sono concentrati nei dintorni di Zagabria, mentre la costa è meta turistica (nei pressi di Spalato e Dubrovnik).

STORIA – Popolata dagli illiri, a partire dal 6-9 d.C. la regione viene incorporata nell'impero romano; nel VI sec. viene invasa dagli slavi. 925: Tomislav (910-928) riunisce sotto la sua autorità i croati di Pannonia e Dalmazia assumendo il titolo di re. 1102: il re d'Ungheria è riconosciuto re di C. 1526-1527: una parte del paese cade sotto la dominazione ottomana, mentre quella restante è integrata nei domini della casa d'Au-

stria. 1867-1868: il compromesso austro-ungarico riannette la C. all'Ungheria, con la quale viene stipulato il compromesso ungaro-croato. 1918-1941: la C. aderisce al regno serbo-croato-sloveno, che nel 1929 prenderà il nome di *Iugoslavia*. I croati respingono il centralismo serbo; alcuni oppositori danno vita alla società segreta Ustascia (1929) e fanno ricorso al terrorismo. 1941-1945: lo Stato indipendente croato, sotto il controllo di tedeschi e italiani, è governato da Ante Pavelić. 1945: la C. diviene una delle sei repubbliche della Rep. federativa popolare di Iugoslavia, ma il movimento nazionalista croato non abbandona la lotta. 1990: le elezioni amministrative danno la vittoria all'Unione democratica croata (HDZ), guidata da Franjo Tudjman, che diviene presidente. 1991: in giugno la C. dichiara l'indipendenza. Violenti combattimenti oppongono i croati al serbi e all'esercito federale. 1992: in gennaio l'indipendenza è riconosciuta dalla comunità internazionale. La C. accetta il piano di pace proposto dall'ONU e lo spiegamento di una forza di interposizione (UN-PROFOR), sottolineando la volontà di restaurare la propria autorità sull'intero territorio (compresa la Krajina, dove nel 1991 i serbi hanno proclamato una repubblica). 1995: in agosto l'esercito croato riconquista la Krajina e appoggia la controffensiva delle forze croato-musulmane in Bosnia. Il presidente F. Tudjman sottoscrive l'accordo di pace per la Bosnia-Erzegovina. 1999: F. Tudjman, che era stato rieletto alla guida del paese nel 1997, muore. 2000: l'opposizione vince le elezioni legislative (grave sconfitta dell'HDZ). Uno dei suoi leader, il centrista Stipe Mesić, sale alla presidenza della repubblica.

CRÓCE (Benedètto), *Pescasseroli 1866 - Napoli 1952*, filosofo, storico e politico. Influenzato inizialmente da A. Labriola e da K. Marx, ne studiò le teorie, arrivando a posizioni di forte critica. Il sodalizio con G. Gentile (1896) lo portò a sviluppare una filosofia spiritualista e idealista, ispirata da G. Vico e F. Hegel, che accordava all'arte un ruolo privilegiato (*Estetica*, 1902), e che sosteneva la coincidenza tra storia e filosofia ("storicismo assoluto"; *La storia come pensiero e come azione*, 1938). Politicamente C. partì

Croazia

★ importante località turistica

| 200 | 500 | 1000 m |

autostrada
strada normale
ferrovia
✈ aeroporto

● più di 500.000 ab.
● da 100.000 a 500.000 ab.
● da 50.000 a 100.000 ab.
• meno di 50.000 ab.

da posizioni conservatrici e, dopo un'iniziale simpatia per B. Mussolini, si dichiarò apertamente antifascista (*Manifesto degli intellettuali antifascisti*, 1925). Ministro della pubblica istruzione nel governo Giolitti (1920), dopo la seconda guerra mondiale fu presidente del Partito liberale e ministro nei governi Badoglio e Bonomi. Negli ultimi anni di vita si dedicò esclusivamente alla filosofia e fondò l'Istituto per i Beni storici a Napoli. Altre opere: *Breviario di estetica*, 1912; *Teoria e storia della storiografia*, 1917; *Storia d'Italia dal 1871 al 1915*.

CRÓCE (Giùlio Césare), *San Giovanni in Persiceto 1550 - Bologna 1609*, poeta. Scrisse in italiano e in dialetto bolognese. Celeberrimi i suoi *Bertoldo* (1606) e *Bertoldino* (1608).

CRÓCE DEL SUD, costellazione australe. Le sue quattro stelle più luminose formano una croce, il cui braccio principale è orientato verso il Polo Sud e serve da riferimento per i naviganti.

CRÓCE RÓSSA INTERNAZIONÀLE, organizzazione internazionale a carattere umanitario. Fu fondata da H. Dunant a Ginevra nel 1863, per soccorrere i feriti e le vittime di guerra; il suo ruolo fu riconosciuto dalla conferenza di Ginevra del 22 ago. 1864, durante la quale fu adottato il simbolo di una croce rossa su sfondo bianco (la mezzaluna dei paesi islamici fu riconosciuta nel 1949). In tempo di pace, la C. R. I. partecipa a diverse azioni umanitarie. Dal 1986 la sua denominazione ufficiale è *Movimento internazionale della Croce Rossa e della Mezzaluna Rossa*.

CROCIÀTA DEI BAMBÌNI (1212), crociata di giovani pellegrini, a torto chiamati "bambini", che, dalla Francia alla Germania, partirono per la Terra Santa.

CROCIÀTE, spedizioni militari intraprese dall'XI al XIII sec. dall'Europa cristiana, sotto la spinta del papato. Lo scopo era proteggere i cristiani d'Oriente, riconquistare il Santo Sepolcro strappandolo ai musulmani e difendere i regni cristiani d'Oriente, fondati dai crociati in Siria e Palestina.

CROCKETT (David, detto Davy), *Rogersville, Tennessee, 1786 - Fort Alamo, Texas, 1836*, pioniere statunitense. Deputato del Tennessee, divenne famoso per la sua partecipazione eroica alla resistenza di Fort Alamo, contro i messicani (1836).

CRÒDO, com. in prov. di Verbano-Cusio-Ossola; 1562 ab. Località termale (Bagni di C.), produzione di acque minerali e bibite.

CROLLIUS (Oswaldus) o **CROLL** (Oswald), *Wetter, Assia, 1580 - Praga ? 1609*, alchimista e chimico tedesco. Il suo *Basilica chymica* (1608) postula l'analogia perfetta tra microcosmo (l'uomo) e macrocosmo (il mondo).

CRO-MAGNON, località della Francia, nel dip. Dordogne. È nota per il ritrovamento, nel 1868, dei primi resti fossili dell'*Homo sapiens*, che popolava l'Europa occ. e centrale nel Paleolitico superiore.

CROMMELYNCK (Fernand), *Parigi 1886 - Saint-Germain-en-Laye 1970*, autore teatrale belga di lingua francese. Ha scritto diverse commedie (*Il magnifico cornuto*).

CROMWELL (Oliver), *Huntingdon 1599 - Londra 1658*, statista inglese. Gentiluomo puritano, venne eletto deputato alla camera dei comuni (1640) e divenne capo dell'opposizione contro l'arbitrio reale e l'episcopato anglicano. Nel corso della prima guerra civile (1642-1646) le sue truppe, dette *Ironsides*, sconfissero l'esercito reale a Marston Moor (1644) e a Naseby (1645). Moderato, nemico dei seguaci dell'uniformità religiosa, C. divenne avversario di Carlo I al momento dello scoppio della seconda guerra civile (1648). Dopo avere epurato il parlamento, eliminò la camera dei lord e fece condannare a morte il re (1649). Lo Stato inglese si chiamò allora Commonwealth. Impossessatosi del potere, C. sottomise con la forza l'Irlanda e la Scozia (1650-1651). Dopo aver votare il *Navigation Act* (1651), si trovò trascinato in una guerra contro le Province Unite (1652-1654), che contribuì a confermare l'Inghilterra come una delle più grandi potenze navali. Dive-

nuto lord protettore (1653), divise inizialmente il potere con un Consiglio di Stato, poi, dopo aver inasprito il regime nel 1655, agì da sovrano.

■ *Oliver Cromwell ritratto da S. Cooper. (Coll. priv.)*

— **Richard C.**, *Huntingdon 1626 - Cheshunt 1712*, statista inglese. Figlio di Oliver, alla morte del padre gli succedette, ma si dimise nel 1659.

CROMWELL (Thomas), cónte **di Essex**, *Putney 1485 - Londra 1540*, statista inglese. Cancelliere dello scacchiere (1533) e segretario del re Enrico VIII, si fece promotore della Riforma in Inghilterra; fu decapitato.

CRÒNACA (Simóne **del Pollaiòlo**, detto), *Firenze 1457-1508*, architetto. Fu erede di F. Brunelleschi e precursore del pieno Rinascimento. Tra le opere, cortile di Palazzo Strozzi (1493-1504), chiesa di S. Salvatore al Monte (1500 ca.), Palazzo Guadagni (1503-1506).

CRÒNACHE, libro della Bibbia, diviso in due parti. Scritte tra il 350 e il 300 a.C., le C. ricostruiscono la storia del popolo ebraico da Saul alla presa di Gerusalemme (587 a.C.), rispecchiando lo spirito del giudaismo successivo all'esilio.

CRONENBERG (David), *Toronto 1943*, regista cinematografico canadese. Ha analizzato il rapporto tra l'essere umano e le sue ossessioni in film dell'orrore e di fantascienza: *Il demone sotto la pelle* (1975), *Scanners* (1981), *Videodrome* (1982), *La zona morta* (1983), *La mosca* (1986), *Inseparabili* (1988), *Il pasto nudo* (1991), *M. Butterfly* (1993), *Crash* (1996), *Spider* (2002).

CRONIN (Archibald Joseph), *Cardross 1896 - Montreux 1981*, scrittore britannico. È autore di grandi successi come *E le stelle stanno a guardare* (1935), *Anni verdi* (1944).

CRÒNO o **KRONOS** MITOL. GR. Titano, padre di Zeus. Evirò il padre Urano e divorò tutti i suoi figli, tranne Zeus, dal quale fu detronizzato. Identificato dai romani con Saturno.

CRONQUIST (Arthur), *New York 1919 - Provo, Utah, 1992*, botanico statunitense. Conosciuto per i suoi lavori sulla tassonomia e l'evoluzione delle piante, è autore di una classificazione dei fiori.

CROOKES (sir William), *Londra 1832-1919*, chimico e fisico britannico. Scoprì il tallio (1861), inventò un tubo elettronico (1872) e dimostrò che i raggi catodici sono corpuscoli elettrizzati (1878).

CROS (Charles), *Fabrezan 1842 - Parigi 1888*, scienziato e scrittore francese. Scoprì un procedimento indiretto per la fotografia a colori nel 1869 (parallelamente a Ducos du Hauron) e inventò nel 1877 (anticipando di poco T.A. Edi-

son) un dispositivo di registrazione e riproduzione dei suoni. — Umanista e poeta (*Il cofanetto di sandalo*), dal 1920 divenne uno degli ispiratori del surrealismo.

CROSBY (Harry Lillis, detto Bing), *Tacoma 1904 - Madrid 1977*, attore cinematografico e cantante statunitense. Fu una delle più belle voci del jazz e interpretò film di grande successo, tra i quali *La mia via* (1944), con il quale vinse il premio Oscar.

CROTÓNE, c. della Calabria, capol. di prov., sulla costa ionica; 59.757 ab. (*crotoniati*). Mercato agricolo (cereali, vino, olio) e centro industriale (industrie chimiche, meccaniche, alimentari ecc.). — È l'ant. *Croton* greca, residenza di Pitagora e patria di Milone. Decaduta sotto i romani (277 a.C.), rifiorì con i normanni. Marchesato sotto gli angioini, entrò nel regno di Napoli nel 1444. Resti del santuario di Era Lacinia. Museo archeologico. — La provincia di C., istituita nel 1992, si estende dalle pendici orientali della Sila fino allo Ionio. Agricoltura. Turismo balneare. Centri principali: Cirò Marina e Isola di Capo Rizzuto.

CROVIÀNA, com. in prov. di Trento; 576 ab. Chiesa di S. Giorgio (XV sec.) e castello (XVII sec.).

CROW, popolazione amerindia delle pianure centrali degli Stati Uniti (Montana, Wyoming; ca. 5000 individui), della famiglia dei sioux.

CROWLEY (Edward Alexander, detto Aleister), *Leamington, Warwickshire, 1875 - Hastings 1947*, occultista britannico. Mago satanista, esaltò la sessualità sotto tutte le sue forme, e credette di essere la "Bestia dell'Apocalisse".

CROZET (Ìsole) o **ARCIPÈLAGO CROZET**, arcipelago francese dell'Oceano Indiano merid., a S del Madagascar; 500 km^2 ca. Base scientifica.

CRUIKSHANK (George), *Londra 1792-1878*, caricaturista e illustratore britannico. Le sue violente satire politiche sono contraddistinte da un forte senso del grottesco e della violenza, ma a dargli fama furono soprattutto le cronache di vita popolare.

CRUMB (Robert), *Filadelfia 1943*, disegnatore e sceneggiatore di fumetti statunitense. Si è imposto con *Fritz il Gatto* (1965) come leader di una corrente underground.

CRUMÌRIA, reg. montuosa presso il confine algero-tunisino.

CRÙSCA (Accadèmia della), accademia letteraria fondata a Firenze nel 1583. Dal 1612 pubblicò il *Vocabolario degli accademici della Crusca*, opera in cui si cercò di sistematizzare la lingua italiana, partendo dal linguaggio letterario senza tra

---

LE CROCIATE

1ª CROCIATA (1096-1099)

Bandita da Urbano II nel concilio di Clermont.

Guidata dal monaco Pietro l'Eremita e da Gualtiero Senza Averi, la crociata popolare viene sconfitta dai turchi. La crociata dei signori feudali conquista Antiochia, Edessa e finalmente Gerusalemme (1099). Vengono fondati gli Stati latini d'Oriente: il principato di Antiochia, la contea di Edessa, il regno di Gerusalemme (affidato a Goffredo di Buglione) e la contea di Tripoli.

2ª CROCIATA (1147-1149)

Predicata da Bernardo di Chiaravalle.

Sotto la guida di Corrado III di Hohenstaufen e Luigi VII di Francia, i crociati assediano invano Damasco e non riescono a liberare Edessa, caduta nelle mani dei turchi.

3ª CROCIATA (1189-1192)

Bandita da Gregorio VIII.

Guidata da Federico Barbarossa, Filippo Augusto di Francia e Riccardo Cuor di Leone, si pone come obiettivo la liberazione di Gerusalemme, riconquistata dal Saladino nel 1187, ma non ottiene che la conquista di Cipro e di San Giovanni d'Acri.

4ª CROCIATA (1202-1204)

Bandita da Innocenzo III.

Guidata da Bonifacio di Monferrato e Baldovino di Fiandra, rispetto all'obiettivo iniziale (l'Egitto) è deviata dai veneziani verso Costan-

tinopoli, saccheggiata nel 1204. Conduce alla fondazione dell'impero latino d'Oriente. I veneziani ottengono enormi vantaggi commerciali e territoriali.

5ª CROCIATA (1217-1219)

Bandita da Innocenzo III.

Viene proclamata nel 1215 dal IV concilio lateranense. Sotto la guida di Andrea II, re d'Ungheria, e di Giovanni di Brienne, re di Gerusalemme, i crociati non riescono a liberare il Monte Thabor dall'occupazione musulmana e conquistano temporaneamente Damietta, in Egitto (1219-1221).

6ª CROCIATA (1228-1229)

Bandita da Onorio III.

È condotta da Federico II di Hohenstaufen, che negozia con i musulmani la restituzione di Gerusalemme, Betlemme e Nazareth.

7ª CROCIATA (1248-1254)

Per alcuni storici la vera 7ª crociata è quella proclamata da Innocenzo IV (1248-1254). La spedizione, sotto il comando di Luigi IX di Francia (san Luigi), tenta di conquistare l'Egitto, che controlla i luoghi santi. I crociati si impadroniscono di Damietta, ma vengono sconfitti ad Al-Mansura e devono abbandonare l'Egitto.

8ª CROCIATA (1270)

Organizzata da Luigi IX e Carlo I d'Angiò, si dirige verso Tunisi, dove il re di Francia trova la morte.

scurare l'evoluzione della lingua viva. Oggi si dedica ad attività di ricerca filologica, lessicografica e grammaticale.

CRUZ (Juana Inés **de Asbaje**, detta sor Juana Inés **de la**), *San Miguel de Nepantla 1651 - Città del Messico 1695*, poetessa e religiosa messicana. Autrice di commedie e di *autos sacramentales* (*El divino Narciso*), mescolò nella sua poesia religiosa e profana virtuosismo barocco, sentimenti profondi e curiosità scientifiche.

CRUZ (Ramón **de la**), *Madrid 1731-1794*, drammaturgo spagnolo. I suoi atti unici (*Sainete*) ritraggono con realismo il popolo madrileno.

CSCE (Conferènza per la sicurézza e la cooperazióne europèa) → OSCE.

CSI (Comunità di Stàti indipendènti), organizzazione creata nel dic. 1991, che riunisce dodici repubbliche dell'ex URSS (Armenia, Azerbaigian, Bielorussia, Kazakistan, Kirghizistan, Moldavia, Uzbekistan, Russia, Tagikistan, Turkmenistan, Ucraina e, dal 1993, Georgia). Ha come obiettivo l'integrazione economica e militare di questi paesi all'interno di uno spazio comune.

CSM (Consiglio superióre della magistratùra), organo di autogoverno della magistratura, garante dell'autonomia e dell'indipendenza del potere giudiziario. Costituito da 26 membri, è presieduto dal presidente della repubblica.

CSOKONAI VITÉZ (Mihály), *Debrecen 1773-1805*, poeta ungherese, autore di poemi lirici e filosofici.

CSU → CDU.

CTÈSIA, *Cnido V sec. a.C.*, storico greco. È autore di opere sulla Persia e sull'India.

CTESIFÓNTE, ant. c. dei parti a SE di Baghdad, residenza degli Arsacidi e dei Sasanidi. Rovine del palazzo di Sapore I.

CUANZA o **KWANZA**, f. dell'Angola; 1000 km ca.

CUBA, Stato delle Antille, a S della Florida; 111.000 km²; 11.237.000 ab. (*cubani*). CAP. *L'Avana*. LINGUA: spagnolo. MONETA: *peso cubano*.

GEOGRAFIA – Il paese, dal clima tropicale, è composto da pianure e altopiani calcarei, a eccezione del settore sud-orient., che è montuoso. C. è un importante produttore di zucchero, ma fornisce anche tabacco e frutti tropicali. Il sottosuolo è ricco di nichel. Il settore industriale trainante è quello alimentare. L'Avana, dove vive quasi il 20% della popolazione, costituisce il principale porto marittimo. Nonostante una relativa liberalizzazione e la rinascita del turismo, la situazione economica permane precaria.

STORIA – **Il periodo coloniale**. **1492**: abitata in origine da indigeni arauchi, l'isola viene scoperta da Cristoforo Colombo. **1511-1513**: C. è conquistata da Diego Velásquez. Fin dai primi tempi della colonizzazione, gli schiavi neri prendono il posto della popolazione autoctona, che viene sterminata. **XVIII sec.**: ricca colonia sede di piantagioni (tabacco), l'isola diventa un grande produttore di canna da zucchero. **1818**:

i cubani ottengono la libertà di commercio. Temendo una rivolta degli schiavi neri, l'élite creola si mantiene fedele alla Spagna. **1868-1878**: gli abusi dell'amministrazione coloniale provocano un'insurrezione generale, grazie alla quale l'isola ottiene una relativa autonomia. **1880**: abolizione della schiavitù. **1895**: ha inizio la guerra d'indipendenza, i cui ispiratori sono il poeta José Martí e i generali Máximo Gómez e Antonio Maceo. **1898**: in seguito all'esplosione della corazzata *Maine* nella rada dell'Avana, gli Stati Uniti entrano in guerra contro la Spagna, che deve rinunciare a C. (trattato di Parigi). **1898-1901**: nell'isola si stabilisce un governo militare statunitense.

L'indipendenza. **1901**: la repubblica cubana riceve una Costituzione di tipo presidenziale, ma resta strettamente dipendente dagli Stati Uniti, che intervengono sull'isola nel 1906, 1912 e 1917, rafforzando il proprio predominio economico. **1925-1933**: il paese è governato da un dittatore, Gerardo Machado, che viene esautorato dall'esercito. **1933-1944**: il generale Fulgencio Batista, protetto dagli Stati Uniti, esercita di fatto il potere fino al 1940, dopodiché diventa presidente. **1952**: tornato al potere in seguito a un colpo di Stato, F. Batista sospende la Costituzione. **1953**: dopo il fallimento di una prima ribellione, Fidel Castro viene imprigionato e costretto all'esilio. **1956**: F. Castro sbarca a C. e si dà alla macchia nella Sierra Maestra, organizzando la guerriglia insieme al fratello Raúl e Che Guevara. **1959**: l'offensiva generale dei guerriglieri costringe Batista a lasciare il paese. Manuel Urrutia viene proclamato presidente della repubblica.

Il regime castrista. Assunta la carica di primo ministro, F. Castro vara una politica di nazionalizzazione che provoca l'embargo degli Stati Uniti sul commercio cubano, mentre l'URSS fornisce il suo appoggio al nuovo regime. **1961**: fallisce un tentativo di sbarco dei cubani anticastristi, sostenuto dagli Stati Uniti (Baia dei Porci). **1962**: l'installazione di missili sovietici sull'isola provoca una crisi internazionale. **1965-1972**: l'irrigidimento del regime (nazionalizzazione del commercio privato, esercitazioni militari nelle scuole) si accompagna a un'emigrazione di massa; C. aderisce al Comecon e si allinea con l'URSS. **1976**: F. Castro diventa presidente della repubblica e concentra nelle proprie mani tutto il potere. Le truppe cubane intervengono militarmente in Africa (Angola, 1975; Etiopia, 1977). **1979**: C. assume la presidenza del movimento dei paesi non allineati, la cui conferenza si tiene all'Avana. **1980**: distensione dei rapporti con gli Stati Uniti e nuova ondata migratoria di cubani in Florida. **1989-1990**: le truppe cubane si ritirano dal continente africano. **1994**: una nuova ondata migratoria in Florida crea tensioni con gli Stati Uniti. Indebolito dal crollo del comunismo

nei paesi dell'Est e dallo smembramento dell'Unione Sovietica, il regime persevera nell'ortodossia marxista, nonostante qualche concessione all'economia di mercato. **1998**: la visita del papa Giovanni Paolo II segna il ritorno di C. sulla scena internazionale. **1999**: il regime si inasprisce ulteriormente. **2002**: in maggio, con la visita ufficiale dell'ex presidente statunitense Jimmy Carter, ha luogo il primo contatto pubblico ad alto livello tra i due paesi dal 1959.

CUBA (crisi di) (ott.-nov. 1962), crisi che oppose gli Stati Uniti e l'URSS in seguito all'installazione di missili sovietici a C. J. Kennedy decise per il blocco delle armi consegnate a C. dai russi. La crisi si risolse in seguito alla proposta di N. Chruščëv di ritirare i missili, impegnando C. a non accettare armi e gli Stati Uniti a non invadere l'isola.

CÙCCHI (Ènzo), *Morro d'Alba 1950*, pittore e scultore. Esponente della Transavanguardia, si è occupato anche di scenografia teatrale.

CÙCCHI (Maurìzio), *Milano 1945*, poeta. Tra le opere, *Il disperso* (1976), *Donna del gioco* (1987), *Poesia della fonte* (1993), *Per un secondo o un secolo* (2003).

ČUCHRAJ (Grigòrij Naumòvič), *Melitopol' 1921 - Mosca 2001*, regista cinematografico ucraino. La sua celebre trilogia (*Il quarantunesimo*, 1956; *La ballata di un soldato*, 1959; *Cieli puliti*, 1961) rappresentò la svolta poststaliniana della cinematografia sovietica. Nel 1979 diresse una coproduzione italiana dal titolo *La vita è bella*.

CÚCUTA o **SAN JOSÉ DE CÚCUTA**, c. della Colombia settentr.; 482.490 ab. Caffè. Tabacco.

CUDDAPAH, c. dell'India, a NO di Madras; 125.725 ab.

CUELLO, sito archeologico maya del Belize settentr., risalente all'epoca preclassica (intorno al 1000 a.C.). Vi sono state ritrovate le più antiche manifestazioni culturali della civiltà maya.

CUENCA, c. dell'Ecuador, nelle Ande, a più di 2500 m di alt.; 194.981 ab. Chiese di epoca coloniale; museo.

CUENCA, c. della Spagna (Castiglia-La Mancia), capol. di prov.; 45.707 ab. Cattedrale del XIII sec. Museo di arte astratta spagnola.

CUÉNOT (Lucien), *Parigi 1866 - Nancy 1951*, biologo francese. Studiò le leggi dell'ereditarietà negli animali (dimostrando l'esistenza di caratteri letali); inoltre analizzò l'adattamento e l'evoluzione delle specie.

CUERNAVACA, c. del Messico, a S di Città del Messico; 327.162 ab. Università. — Palazzo Cortés (museo archeologico).

CUEVAS (Georges **de Piedrablanca de Guana**, marchése **di**), *Santiago del Cile 1885 - Cannes 1961*, mecenate statunitense di origine cilena. A partire dal 1944 si dedicò alla danza e alla compagnia di ballo che porta il suo nome.

Cuba

200	500	1000 m		strada normale			più di 1.000.000 di ab.		da 10.000 a 100.000 ab.
				ferrovia	aeroporto		da 100.000 a 1.000.000 di ab.		meno di 10.000 ab.

CUFRA, gruppo di oasi della Libia, occupate dagli italiani e conquistate dai francesi di J.-P. Leclerc nel 1941.

CUGNOT (Joseph), *Void 1725 - Parigi 1804*, ingegnere francese. Realizzò nel 1770 il primo veicolo a vapore e, nel 1771, un secondo modello, chiamato "fardier", destinato al trasporto dell'artiglieria.

CUI (César) o **KJUI**, *Vilnius 1835 - Pietrogrado 1918*, compositore russo. Cofondatore del gruppo dei Cinque, è autore di opere (*Il prigioniero del Caucaso*, 1883) e di numerose melodie.

CUIABÁ, c. del Brasile, cap. dello Stato di Mato Grosso; 483.044 ab. Turismo.

CUKOR (George), *New York 1899 - Los Angeles 1983*, regista cinematografico statunitense. È autore di commedie al tempo stesso sarcastiche e sentimentali: *David Copperfield* (1935), *Angoscia* (1944), *È nata una stella* (1954), *Facciamo l'amore* (1960), *My Fair Lady* (1964).

CULIACÁN, c. del Messico, ai piedi della Sierra Madre occ.; 540.823 ab.

CULLBERG (Birgit Ragnhild), *Nyköping 1908 - Stoccolma 1999*, ballerina e coreografa svedese. Nel 1967 ha fondato la compagnia Ballet Cullberg. Tra le sue coreografie: *La signorina Giulia* (1950), *La rivolta* (1973).

CULLMANN (Oscar), *Strasburgo 1902 - Chamonix 1999*, teologo e protestante francese, autore di lavori sull'esegesi del Nuovo Testamento e sulle origini del cristianesimo.

CULLODEN (battàglia di) (16 apr. 1746), disfatta subita dal pretendente al trono inglese Carlo Edoardo Stuart a opera del duca di Cumberland, non lontano da Inverness (Scozia). La battaglia segnò definitivamente la fine delle ambizioni degli Stuart sul regno britannico.

CÙMA, in lat. **Cumae**, ant. c. della Campania, nei pressi dei Campi Flegrei. Colonia greca dall'VIII sec. a.C., nel VI sec. estromise gli etruschi dalla regione. Nel secolo successivo fu soprafatta dai sanniti ed entrò nell'orbita di Roma che, nel 202, in virtù dell'alleanza stipulata durante la prima guerra punica, le concesse la cittadinanza. Resti del tempio di Apollo; antro della Sibilla Cumana.

CUMANÁ, c. del Venezuela, cap. dello Stato di Sucre; 212.432 ab.

CUMÀNI, popolazione turca che si stabilì nelle steppe tra il Dnepr e il Volga a partire dall'XI sec.

CUMBERLAND (William Augustus, dùca **di**), *Londra 1721-1765*, principe e generale britannico. Figlio di Giorgio II, battuto dai francesi a Fontenoy (1745) e a Lawfeld (1747), sconfisse il pretendente al trono Carlo Edoardo Stuart a Culloden (1746).

CUMBRIA, contea dell'Inghilterra nord-occid., estesa sulla catena del Cumberland (1070 m); 487.000 ab.; capol. Carlisle. Turismo (Lake District).

CUMMINGS (Edward Estlin, detto E.E.), *Cambridge, Massachusetts, 1894 - North Conway, New Hampshire, 1962*, scrittore statunitense. Romanziere della *Generazione perduta* (*La stanza enorme*), drammaturgo e pittore, è autore anche di versi raffinati e intensi, estremamente innovativi dal punto di vista formale (*Tulipani e camini*).

CUMÙCCHI, popolazione della Russia (soprattutto del Dagestan; ca. 290.000 individui). Derivati da tribù autoctone di origine turca che risalgono all'XI-XIII sec., musulmani sunniti, parlano una lingua turca.

CUNA, popolazione amerindia del Panamá (ca. 55.000 individui). I c., che occupano l'arcipelago Las Mulatas, la costa caraibica adiacente e la cordigliera di San Blas, godono di un regime di semiautonomia e parlano la lingua chibcha.

CUNÀSSA (battàglia di) (401 a.C.), vittoria, nei pressi di Babilonia, dell'esercito di Artaserse II su quello del fratello Ciro il Giovane, che vi rimase ucciso. I mercenari greci al servizio di quest'ultimo iniziarono allora la ritirata dei *Diecimila*.

CUNAULT, località della Francia, nel dip. Maine-et-Loire. Maestosa chiesa romanica di un antico priorato. Nei dintorni dolmen, anfiteatro e chiese (con resti preromanici).

CÙNEO, c. del Piemonte, capol. di prov.; 54.624 ab. (*cuneesi*). Centro agricolo, commerciale e industriale (meccanica, tessile, alimentare). Sede episcopale. — Fondata nel 1198, fu libero comune fino al XIII sec., quando cadde

sotto il dominio angioino. Nel 1382 passò ai Savoia, e successivamente subì sette assedi (dal 1542 al 1799). Ebbe un ruolo importante durante la Resistenza. — Monumenti principali: chiesa di S. Francesco, gotica (XV sec.); Palazzo Audifreddi (XVIII sec.). — La provincia di C. si estende dal versante interno delle Alpi Marittime fino alle colline delle Langhe, a E. Agricoltura, viticoltura e allevamento. Prodotti tipici: i vini rossi, il tartufo (Alba) e la frutta (Saluzzo). Centri principali: Savigliano, Saluzzo, Mondovì.

CUNHA (Tristão o Tristan **da**), *Lisbona 1460 - in mare 1540*, navigatore portoghese. Scoprì diverse isole dell'Atlantico merid., tra cui quella che oggi porta il suo nome, ed esplorò il Madagascar.

CUNNINGHAM (Merce), *Centralia, Stato di Washington, 1919*, ballerino e coreografo statunitense. Allievo di M. Graham, ha collaborato con J. Cage e ha fondato la propria compagnia nel 1953. Concepisce la danza come indipendente da supporti narrativi, psicologici o musicali (*Walkaround Time*, 1968; *Changing Steps*, 1975; *Roaratorio*, 1983; *Enter*, 1992; *Windows*, 1995; *Biped*, 1999; *Interscape*, 2000).

Merce **CUNNINGHAM**
in *Five Stone Wind* (1988).

CUNY (Alain), *Saint-Malo 1908 - Parigi 1994*, attore teatrale e cinematografico. Tra le sue interpretazioni, *L'amore e il diavolo* (1942), *La dolce vita* (1960), *Uomini contro* (1970).

CUÒCO (Vincènzo), *Civitacampomarano 1770 - Napoli 1823*, storico e politico. Partecipò alla Repubblica Partenopea e, al ritorno dei Borbone, fu esiliato. Nel 1806, dopo la vittoria di G. Bonaparte, tornò a Napoli, dove ricoprì cariche istituzionali. Scrisse il *Saggio storico sulla rivoluzione napoletana* (1801).

CUPÌDO MITOL. ROM. Dio dell'amore. Corrisponde al greco Eros.

CÙPOLA DELLA RÒCCIA, in ar. **Qubbat Al-Şakhra**, moschea di Gerusalemme. Eretta nel 691 sulla roccia sacra legata al sacrificio di Abramo e al viaggio celeste di Maometto, è un edificio che si inserisce nella tradizione bizantina, con pianta ottagonale, copertura a cupola su tamburo e decorazioni a mosaico.

CÙPRA MARÌTTIMA, com. in prov. di Ascoli Piceno; 4936 ab. L'antico borgo medievale conserva ancora una cinta muraria del XV sec.

CUPRAMONTÀNA, com. in prov. di Ancona; 4752 ab. Centro agricolo, produzione di vino pregiato (verdicchio). Resti di un tempio romano.

CURAÇAO, isola delle Antille Olandesi, nei pressi della costa venezuelana; 147.000 ab.; capol. *Willemstad*. Arance (liquore). Raffinerie di petrolio.

CÙRDI, popolazione sparsa sul territorio di Turchia, Iraq e Iran, ma anche di Siria e Transcaucasia (ca. 25 milioni di individui). I c., le cui origini risalgono al VII sec., hanno resistito a numerose invasioni tra le montagne del Kurdistan, senza trova-

re un'effettiva unità. Nel 1923, dopo che le grandi potenze erano venute meno alla promessa, siglata con il trattato di Sèvres (1920), di costituire uno Stato indipendente, diedero vita a un movimento di guerriglia duramente represso. Allevatori e coltivatori, sono in maggioranza musulmani sunniti. Parlano il curdu, della famiglia indo-iraniana.

CURDISTAN → KURDISTAN.

CURIAZI → ORAZI E CURIAZI.

CURIÀZIO MATÈRNO, *I sec. a.C.*, poeta e oratore latino. Autore di tragedie andate perdute, compare nel *Dialogus de oratoribus* di Tacito.

CURIE (Marie), nata Skło-dowska, *Varsavia 1867 - Passy 1934*, fisica francese di origine polacca. Arrivata a Parigi nel 1892, sposò P. Curie nel 1895. Prima donna titolare di una cattedra alla Sorbona, scoprì la radioattività del torio e identificò, con il marito, il polonio nel 1898; con A. Debierne isolò il radio nel 1910. (Premio Nobel per la fisica 1903, per la chimica 1911.)

■ *Marie Curie.*

CURIE (Pierre), *Parigi 1859-1906*, fisico francese. Scoprì, con il fratello Jacques, la piezoelettricità (1880); studiò inoltre il magnetismo dei corpi in funzione della temperatura e dedusse il "principio di simmetria" (1894), in base al quale gli elementi di simmetria delle cause di un fenomeno fisico devono ritrovarsi negli effetti prodotti. Infine, si dedicò con la moglie allo studio dei fenomeni radioattivi. (Premio Nobel 1903.)

CÙRIEL (Eugènio), *Trieste 1912 - Milano 1945*, politico antifascista. Condannato al confino e liberato nel 1943, aderì al Partito comunista e lavorò clandestinamente alla redazione dell'*Unità*. Fu ucciso dai repubblichini.

CURILI (Isole), arcipelago russo, esteso dalla penisola di Kamčatka all'isola giapponese di Hokkaido. Industria peschereccia e conserviera. Dopo la sua annessione all'URSS nel 1945, il Giappone rivendica le isole merid.

CÙRIO DENTÀTO (Mànio), *270 ca. a.C.*, politico romano. Più volte console, sconfisse i galli senoni (284 a.C.) e Pirro (275 a.C.). È considerato un emblema delle virtù dell'uomo romano.

CURITIBA, c. del Brasile, cap. dello Stato del Paraná; 1.586.848 ab. Musei.

CURLÀNDIA, in letto. **Kurzeme**, ant. reg. della Lettonia, a O del Golfo di Riga.

CURTATÓNE E MONTANÀRA (battàglia di), gli austriaci sconfissero truppe di volontari toscani, per poi essere sconfitti a loro volta dall'esercito di Carlo Alberto (1848).

CURTIUS (Ernst Robert), *Thann, Alsazia, 1886 - Roma 1956*, critico letterario tedesco. Ha definito i temi ricorrenti della letteratura europea (*La letteratura europea e il medioevo latino*, 1948).

CURTIZ (Mihály **Kertész**, detto Michael), *Budapest 1888 - Hollywood 1962*, regista cinematografico statunitense di origine ungherese. Prolifico e popolare, si è cimentato in tutti i generi cinematografici: *Capitan Blood* (1935), *La carica dei 600* (1936), *Casablanca* (1943).

CÙRZIO RÙFO (Quìnto), *I sec. d.C.*, storico latino, autore di *Historiarum Alexandri Magni libri X*, opera pittoresca ma approssimativa.

CÙRZOLA, in serbo-croato **Korčula**, isola croata dell'Adriatico. Monumenti medievali e rinascimentali.

CURZON (lìnea), linea di confine proposta nel 1919 dagli Alleati come confine orient. della Polonia, da un'idea di lord Curzon. Coincide approssimativamente con la frontiera tra URSS e Polonia del 1945.

CURZON OF KEDLESTON (George Nathaniel Curzon, marchése), *Kedleston Hall 1859 - Londra 1925*, politico britannico. Segretario di Stato agli affari esteri dal 1919 al 1924, ebbe un ruolo importante nei negoziati di pace e fu il principale sostenitore dei trattati di Losanna (1923).

CUSÀNO (Nicòla) → NICOLA CUSANO.

CUSÀNO MILANÌNO, com. in prov. di Milano; 20.172 ab. Centro industriale, produzioni meccaniche, tessili e chimiche.

CUZCO. *In primo piano, le mura ciclopiche della fortezza di Sacsahuamán, XV sec.*

CUSHING (Harvey), *Cleveland 1869 - New Haven 1939*, neurochirurgo statunitense. È considerato il padre della neurochirurgia.

CÙSIO (làgo di) → ÒRTA.

CUSSAC (gròtta di), grotta preistorica che si trova in Francia, nel dip. Dordogne. Nel 2000 vi sono state scoperte importanti incisioni (animali e figure femminili) che risalgono al Paleolitico superiore (Gravettiano, dal 25.000 a.C. al 20.000 a.C., se non addirittura Aurignaziano).

CUSTER (George Armstrong), *New Rumley 1839 - presso Little Big Horn 1876*, militare statunitense. Distintosi nella guerra civile, combatté spietatamente contro gli indiani. Fu sconfitto e ucciso dai sioux guidati da Toro Seduto nella battaglia di Little Big Horn.

CUSTÒZA (battàglie di) (23-25 lug. 1848 e 24 giu. 1866), battaglie delle guerre di indipendenza che si svolsero a C., nei pressi di Sommacampagna (Verona). La prima (prima guerra di indipendenza) fu vinta dagli austriaci del generale Radetzky che sconfissero i piemontesi. La seconda (terza guerra di indipendenza) fu vinta sempre dagli austriaci contro le truppe guidate dal generale A. La Marmora.

CUTTACK, c. dell'India (Orissa), nel delta del f. Mahanadi; 535.139 ab.

CÙVIA (Vàl), valle delle Prealpi, in prov. di Varese. Si estende tra il Lago Maggiore e il Lago di Lugano. Villeggiatura estiva.

CUVIER (Georges, baróne), *Montbéliard 1769 - Parigi 1832*, zoologo e paleontologo francese. Fondatore dell'anatomia comparata e della paleontologia dei vertebrati, enunciò le leggi della subordinazione degli organi e della correlazione tra le forme degli organismi viventi; ricostruì lo scheletro di alcuni mammiferi fossili a partire da poche ossa; si oppose tenacemente alle teorie evoluzionistiche (*Ricerche sulle ossa fossili, Il regno animale*). — **Frédéric C.**, *Montbéliard 1773 - Strasburgo 1838*, zoologo francese, fratello di Georges. Con G. Saint-Hilaire intraprese la stesura di una *Storia dei mammiferi*, rimasta incompiuta, dopo avere scritto una *Storia dei cetacei*.

CUVILLIÉS (François **de**), *Soignies 1695 - Monaco 1768*, architetto e decoratore tedesco di origine belga. Fu il maestro dell'arte rococò presso la corte di Baviera (padiglione di Amalienburg, teatro della Residenza).

CUYP (Albert), *Dordrecht 1620-1691*, pittore olandese. È autore di scene campestri ambientate sulle rive della Mosa, dai poetici effetti luministici.

CUZA (Alessàndro Giovànni I), *Galaţi 1820 - Heidelberg 1873*, principe di Moldavia e Valacchia (1859-1866). Il suo programma di riforme susci-

tò l'opposizione degli ambienti conservatori che lo costrinsero ad abdicare nel 1866.

CUZCO, c. del Perú, nelle Ande, a 3500 m ca. d'alt.; 257.751 ab. Ant. cap. degli incas e centro di grande importanza dell'America spagnola. — Numerosi edifici coloniali, talvolta costruiti su basamenti che risalgono a costruzioni incas: fortezza di Sacsahuamán (XV sec.), cattedrale (XVI-XVII sec.); musei.

CVETAEVA (Marina Ivanovna), *Mosca 1892 - Jelabuga 1941*, poetessa russa. È autrice di poesie, saggi autobiografici e critici (*Il mio Puškin*, 1937) appassionati e intrisi di tradizione popolare, che rivelano grande audacia sintattica e ritmica.

CVL → CORPO VOLONTARI DELLA LIBERTÀ.

CYBO, famiglia genovese. — **Arano C.**, *1377-1457*. Capostipite della famiglia. — **Giovanni Battista C.** Divenne papa con il nome di *Innocenzo VIII*. — **Lorenzo C.**, *1500-1549*. Sposò Ricciarda Malaspina; la famiglia, assunto così il cognome di C.-Malaspina, governò Massa Carrara fino al 1829.

CYNEWULF, poeta anglosassone della seconda metà dell'VIII sec., autore di poemi religiosi.

CYRANO DE BERGERAC (Savinien **de**), *Parigi 1619-1655*, scrittore francese. Autore di commedie e di una tragedia, espresse la propria filosofia materialista attraverso il racconto di viaggi immaginari (*Storia comica degli Stati e Imperi della Luna, Storia comica degli Stati e Imperi del Sole*). E. Rostand, nella commedia *Cyrano de Bergerac* (1897), ne fece un personaggio picaresco e generoso che ha ispirato anche cineasti come A. Gance (*Cyrano contro d'Artagnan*, 1963) o J.-P. Rappeneau (*Cyrano di Bergerac*, 1990).

CZARTORYSKI, famiglia di principi polacchi che giocò un ruolo preminente in Polonia nel XVIII-XIX sec. — **Adam Jerzy C.**, *Varsavia 1770 - Montfermeil 1861*, politico polacco. Amico di Alessandro I, nel 1815 ottenne la restaurazione del regno di Polonia e nel 1831 divenne presidente del governo nazionale nato dalla rivoluzione del 1830.

CZERNY (Carl), *Vienna 1791-1857*, pianista e compositore austriaco, autore di opere fondamentali per l'insegnamento del pianoforte.

ČZESTOCHOWA, c. della Polonia merid., in Slesia; 256.487 ab. Centro di pellegrinaggio mariano (Madonna nera) molto frequentato.

CZIFFRA (Georges), *Budapest 1921 - Longpont-sur-Orge 1994*, pianista ungherese naturalizzato francese. Eccezionale virtuoso, è stato un grande interprete di F. Liszt, F. Chopin e R. Schumann.

Carattere Didot

DABIT (Eugène), *Mers 1898 - Sebastopoli 1936*, scrittore francese. È autore del romanzo populista *Hôtel du Nord* (1929).

DABÒRMIDA (Giusèppe), *Verrua 1799 - Buriasco di Pinerolo 1869*, militare e politico. Ministro della guerra nel 1848, fu più volte ministro degli esteri (1852-1855, 1859-1860).

DABROWSKA (Maria), *Rusów 1889 - Varsavia 1965*, scrittrice polacca. Nei suoi romanzi offre un'analisi realistica e dettagliata della vita contadina e della società polacca tradizionale (*Gente di laggiù*).

DABROWSKI o **DOMBROWSKI** (Jan Henryk), *Pierszowice, presso Cracovia, 1755 - Winnogóra 1818*, generale polacco. Combatté contro i russi e, in Francia, comandò le "legioni polacche" nelle campagne napoleoniche (1797-1814).

DA CAMÌNO → CAMÌNO (da).

DA CARRÀRA → CARRÀRA (da).

DACCA o **DHAKA**, cap. del Bangladesh, sul delta del Gange; 6.105.160 ab. (12.317.000 ab. nell'agglomerato). È il fulcro amministrativo, commerciale e industriale del paese. — Edifici di L.I. Kahn.

DACHAU, c. della Germania (Baviera); 38.107 ab. Vi sorse il primo campo di concentramento nazista (1933-1945).

DÀCIA, ant. reg. dell'Europa che corrisponde all'att. Romania. Conquistata da Traiano nel 101-107, vi si insediarono coloni romani che sfruttarono le sue miniere d'oro. Aureliano la abbandonò ai goti (271).

D'ACQUÌSTO (Sálvo), *Napoli 1920 - Palidoro 1943*. Carabiniere, durante la seconda guerra mondiale si accusò di un attentato contro i tedeschi, pur non essendone responsabile, e fu fucilato, salvando la vita di 22 ostaggi.

DADDAH (Moktar **Ould**), *Boutilimit 1924*, politico mauritano. È stato presidente della repubblica islamica di Mauritania (1961-1978).

DÀDDI (Bernárdo), *Firenze 1290 ca. - 1350 ca.*, pittore. Erede di Giotto, fu aperto alle suggestioni cromatiche dell'arte senese. Tra le opere, *Martirio dei santi Stefano e Lorenzo* (1328-1330), *Maestà* (1346-1347).

DÀFNE MITOL. GR. Ninfa amata da Apollo che fu trasformata in alloro.

DÀFNI, località della Grecia, presso Atene. Luogo di culto fin dall'antichità, ospitò un tempio di Apollo e, in seguito, un complesso religioso, un monastero dedicato alla dormizione della Vergine (V sec.).

DÀFNI MITOL. GR. Pastore siciliano, abile nel suonare il flauto, dal quale, secondo la tradizione, sarebbe nata la poesia bucolica.

DÀFNE E CLÒE, protagonisti dell'omonimo romanzo pastorale di Longo (III sec.), che rappresentano la coppia ideale di giovani innamorati belli e innocenti. Nel 1912 M. Fokine prese spunto dal romanzo per una sinfonia coreografica su musica di M. Ravel per i Ballets Russes.

DAGERMAN (Stig), *Älvkarleby 1923 - Eneby-berg 1954*, scrittore svedese. L'influenza di F. Kafka e l'esperienza della seconda guerra mondiale segnano i suoi romanzi (*Il serpente, Bambino bruciato*).

DAGESTAN o **DAGHESTAN**, rep. della Russia, sul Mar Caspio; 2.148.800 ab.; capol. *Mahačkala*.

DAGÖ → HIIUMAA.

DAGOBÈRTO I, *inizio del VII sec. - Saint-Denis 638 ca.*, re dei franchi (629-638), della dinastia merovingia. Figlio di Clotario II, si occupò della riorganizzazione e della riunificazione del regno con l'aiuto del suo ministro sant'Eligio. — **Dagoberto II**, *m. nel 679*, re d'Austrasia (676-679), della dinastia merovingia. Nipote di Dagoberto I, fu assassinato. — **Dagoberto III**, *m. nel 715*, re dei franchi (711-715), della dinastia merovingia. Figlio di Childeberto III, regnò sotto la tutela di Pipino di Heristal.

DAGUERRE (Louis Jacques), *Cormeilles-en-Parisis 1787 - Bry-sur-Marne 1851*, inventore francese. Perfezionò i procedimenti fotografici realizzando, nel 1837, i primi dagherrotipi.

DAHL (Roald), *Llandaff 1916 - Oxford 1990*, scrittore britannico, autore di romanzi e racconti per l'infanzia (*Charlie e la fabbrica di cioccolato*).

DAHOMEY → BENIN.

DAHRENDORF (Ralph), *Amburgo 1929*, sociologo tedesco. Autore e docente, ha formulato una teoria della società basata sull'equilibrio tra conflitto e integrazione. Tra le opere, *Classi e conflitto di classe nella società industriale* (1959), *Legge e ordine* (1985), *Quadrare il cerchio* (1995).

DAILY EXPRESS, quotidiano britannico. Fondato nel 1900 da A. Pearson, fu la prima testata del Regno Unito a ispirarsi ai giornali americani.

DAILY MAIL, quotidiano britannico. Fondato nel 1896 dai fratelli Alfred (lord Northcliffe) e Harold Harmsworth, è stato il quotidiano con maggiore tiratura a livello mondiale tra il 1920 e il 1930.

DAILY MIRROR, quotidiano britannico. Fondato nel 1903 da A. Harmsworth (lord Northcliffe) come giornale femminile, è stato il primo quotidiano di informazione illustrato.

DAILY TELEGRAPH (The), quotidiano britannico. Fondato nel 1855 da A.B. Sleigh come *D. T. and Courrier*, nel 1937 assorbì il *Morning Post*.

DAIMLER (Gottlieb), *Schorndorf, Württemberg, 1834 - Cannstatt, att. Stuttgart-Bad Cannstatt, 1900*, ingegnere tedesco. Nel 1883 realizzò, in collaborazione con il compatriota W. Maybach, i primi motori a benzina leggeri ad alta velocità di rotazione, poi utilizzati nelle automobili. Entrati in società, i due fondarono nel 1890 una casa produttrice di automobili, che si fuse nel 1926 con quella creata da C. Benz (1883), dando vita alla Daimler-Benz.

DAIMLER-CHRYSLER, gruppo produttore di automobili nato nel 1998 dalla fusione tra la società tedesca Daimler-Benz e l'americana Chrysler (fondata nel 1925).

DAIREN → DALIAN.

DAISHIMIZU, tunnel ferroviario del Giappone, nella zona occ. di Honshu (lungo 22,2 km, aperto nel 1982).

DAISNE (Herman **Thiery**, detto Johan), *Gand 1912-1978*, scrittore belga di lingua neerlandese. Nei suoi romanzi (*L'uomo dai capelli corti*) e testi per il teatro esplora il mondo soprannaturale che si cela sotto la superficie della quotidianità.

DAKAR, cap. del Senegal, sull'Atlantico; 2.079.000 ab. Università. Porto e scalo aereo. Centro industriale. — Fu fondata dai francesi intorno alla metà del XIX sec.

DAKAR. Minareto della Grande Moschea.

DALADIER (Édouard), *Carpentras 1884 - Parigi 1970*, politico francese. Radical-socialista, fu presidente del consiglio (1933 e 1934), ministro della difesa nazionale del governo del Fronte popolare (1936-1937) e di nuovo primo ministro nel 1938, quando sottoscrisse il patto di Monaco. Dichiarata guerra alla Germania (1939), nel 1940 si dimise. Deportato dal 1943 al 1945, fu poi presidente del Partito radicale (1957-1958).

DALAI LAMA → TENZIN (Gyatso).

DA LAT, c. del Vietnam, nella reg. degli altopiani Moi; 102.583 ab. Stazione climatica.

DALBERG (Karl Theodor, baróne **von**), *Herrnsheim 1744 - Ratisbona 1817*, prelato e politico tedesco. Ultimo arcivescovo-elettore di Magonza, per volere di Napoleone I fu principe-primate della Confederazione del Reno (1806-1813).

Salvador **DALÍ**. Metamorfosi di Narciso, 1937. (Tate Modern, Londra.)

DALE (sir Henry Hallett) *Londra 1875 - Cambridge 1968*, medico britannico. Premio Nobel (1936) insieme ad O. Loewi per gli studi di farmacologia sul meccanismo degli scambi chimici nel sistema nervoso.

DALECÀRLIA, reg. della Svezia centrale.

D'ALÈMA (Màssimo), *Roma 1949*, politico. Dal 1975 segretario nazionale della FGCI (Federazione giovanile comunista italiana), dal 1987 è stato deputato del PCI, e in seguito del PDS. Per questo partito, e poi per i DS, ha ricoperto la carica di segretario nazionale dal 1994 al 1998. È stato presidente del consiglio dal 1998 al 2000. Ha diretto il quotidiano *L'Unità* (1988-1990).

DAL FÀBBRO (Beniamino), *Belluno 1910 - Milano 1989*, poeta e scrittore. Fu anche giornalista e traduttore (opera completa di P. Valéry). Tra le opere, *Villapluvia* (1942), *Lettere a un provinciale* (1961), *Un autunno in Russia* (1967).

DAL FÈRRO (Scipióne), *Bologna 1465-1526*, matematico. Scoprì il metodo per la risoluzione algebrica delle equazioni cubiche.

DALHOUSIE (James **Ramsay**, marchése **di**), *Dalhousie Castle, Scozia, 1812-1860*, politico britannico. Come governatore dell'India (1848-1856) realizzò l'annessione del Punjab e una riforma dell'amministrazione, ma la sua politica scarsamente rispettosa delle tradizioni locali portò all'"ammutinamento dei sepoy" (1857).

DALÍ (Salvador), *Figueras, prov. di Girona, 1904-1989*, pittore e incisore spagnolo. A Parigi, dove si trasferì nel 1929, fu il più sconcertante inventore d'immagini oniriche del surrealismo, con visioni basate sul metodo della "paranoia critica" e della "libera interpretazione di associazioni deliranti" (*Persistenza della memoria*, con orologi liquidi, 1931, MOMA, New York; *Sei apparizioni di Lenin su un grande piano*, 1933, MNAM, Parigi; *Costruzione morbida con fagioli bollenti*, noto anche come *Premonizione di guerra civile*, 1936, Filadelfia; *Cristo di San Giovanni della Croce*, 1951, Glasgow).

DALIAN, già *Dairen*, c. della Cina (Liaoning); 2.628.000 ab. Porto e centro industriale.

DALIDA (Yolande **Gigliotti**, detta), *Il Cairo 1933 - Parigi 1987*, cantante francese di origine italiana. Simbolo glamour e incarnazione di un esotismo mediterraneo, ha portato al successo *Bambino, 18 anni* e *Gigi l'amoroso*.
■ *Dalida nel 1985.*

DÀLILA, personaggio biblico. Tagliò i capelli al suo amante Sansone, che traeva da essi la propria forza, e lo consegnò ai propri compatrioti filistei.

DÀLLA (Lùcio), *Bologna 1943*, cantautore. Tra i più popolari interpreti della musica d'autore, ha esordito con *4 marzo 1943* (1971). Tra i suoi grandi successi, *Piazza Grande* (1972), *Com'è profondo il mare* (1977), *L'anno che verrà* (1979), *Attenti al lupo* (2000).

DÀLLA CHIÈSA (Càrlo Albèrto), *Saluzzo 1920 - Palermo 1982*, generale dei carabinieri. Protagonista della lotta al terrorismo, fu ucciso con la moglie e la scorta in un attentato.

DALLAPÌCCOLA (Lùigi), *Pisino d'Istria 1904 - Firenze 1975*, compositore. La sua musica, intensamente lirica, ha reso omaggio alla tradizione italiana per approdare in seguito alla dodecafonia. Il suo impegno contro il totalitarismo si riflette nelle sue composizioni, in gran parte vocali, e soprattutto nelle opere (*Il Prigioniero*, 1950; *Ulisse*, 1968).

DALLAS, c. degli Stati Uniti (Texas); 1.188.580 ab. nell'agglomerato. Nodo di vie di comunicazione. Aeroporto (D.-Fort Worth, comune alle due città). Centro industriale. — Musei. — Nel 1963 vi fu assassinato il presidente J.F. Kennedy.

DÀLLE MASÉGNE (Iacobèllo e Pier Pàolo), *Venezia XIV-XV sec.*, architetti e scultori. Parteciparono ai lavori del duomo di Milano. Tra le opere, *Iconostasi di san Marco* (Venezia 1394).

DALL'ÓNGARO (Francésco), *Mansuè 1808 - Napoli 1873*, scrittore e giornalista. Partecipò alle vicende del Risorgimento e fu deputato alla costituente della Repubblica Romana. Tra le opere, *Alghe della laguna* (1866), *Il fornaretto di Venezia* (1855).

DALMÀZIA, reg. della Croazia, sulla costa adriatica, lungo la cui costa sono presenti numerose isole. Turismo. — Nel X-XI sec. fu annessa alla Croazia; in seguito la sua zona costiera fu occupata da Venezia (1420-1797). Passata all'Austria nel 1797, nel 1920 fu incorporata nel regno dei serbi, dei croati e degli sloveni (dal 1929 Iugoslavia).

DÀLMINE, com. in prov. di Bergamo; 21.061 ab. Centro industriale, sede di importanti industrie siderurgiche.

DÀLMINE, società siderurgica fondata nella cittadina omonima nel 1920. Fu assorbita nell'IRI nel 1937 e privatizzata nel 1995.

DAL MÓNTE (Antoniétta **Meneghèlli**, detta Tòti), *Mogliano Veneto 1893 - Pieve di Soligo 1975*, soprano leggero. Ha esordito alla Scala di Milano nel 1910 nella *Francesca da Rimini*, raggiungendo poi la fama internazionale con un vasto repertorio (*Lucia di Lammermoor*).

DALOA, c. della Costa d'Avorio, capol. di dip., a O di Yamoussoukro; 173.707 ab.

DAL PÓZZO TOSCANÈLLI (Pàolo) → TOSCANELLI DAL POZZO (Paolo).

DAL PRA (Mário), *Montecchio Maggiore 1914 - Milano 1992*, storico della filosofia. Nel 1946 ha fondato la *Rivista critica di storia della filosofia*, concentrando i suoi studi sulla "trascendenza pratica" e in seguito sul pensiero di K. Marx. Tra le opere, *Il realismo e il trascendente* (1937), *Sommario di storia della filosofia* (1963-1964).

DALTON (John), *Eaglesfield, Cumberland, 1766 - Manchester 1844*, fisico e chimico britannico. Elaborò i primi fondamenti scientifici della teoria atomica. Enunciò la legge delle proporzioni multiple e delle miscele di gas. Studiò su di sé il difetto della percezione visiva dei colori in seguito chiamato daltonismo.

DAL VÈRME, famiglia lombarda originaria di Verona, sorta nel XIII sec. — **Luchino D. V.**, *m. in Siria nel 1372*. Combatté al servizio degli Scaligeri, dei Visconti e di Venezia. — **Iacopo D. V.**, *1350 - Venezia 1409*. Figlio di Luchino, nel 1391 sconfisse Giovanni d'Armagnac ad Alessandria. — **Luigi D. V.**, *m. nel 1449*. Figlio di Iacopo, combatté con Francesco Sforza, contribuendo alla conquista del ducato milanese.

DAL ZÒTTO (Fábio), *Mestre 1957*, fiorettista. Alle Olimpiadi di Monaco del 1976 ha vinto la medaglia d'oro nel fioretto individuale e quella d'argento nel fioretto a squadre.

DAM (Henrik), *Copenaghen 1895-1976*, biochimico danese. Premio Nobel per la fisiologia o la medicina (1943) con Edward Doisy (1883-1986) per la scoperta della sintesi della vitamina K.

DÀMA CON L'ERMELLÌNO, dipinto di Leonardo da Vinci (1490 ca., Czartoryski Muzeum, Cracovia). Raffigura Cecilia Gallerani, donna milanese amata da Ludovico il Moro, ritratta di tre quarti con un ermellino tra le braccia.

Dama con l'ermellino, di Leonardo da Vinci, 1485-1490. (Czartoryski Muzeum, Cracovia.)

DAMAN o **DAMÃO**, c. dell'India, a N di Bombay; 35.743 ab. Porto. — Antico possedimento portoghese (1558-1961).

DAMAN E DIU, territorio dell'India; 112 km²; 158.059 ab.; capol. *Daman*.

DAMANHUR, c. dell'Egitto, presso Alessandria; 222.000 ab.

DAMÀSCO, cap. della Siria, in un'oasi bagnata dal Barada; 1.497.000 ab. (2.335.000 ab. nell'agglomerato). — Capitale di un vitale regno aramaico (XI-VIII sec. a.C.), conquistata dai romani nel 64 a.C., D. fu un importante centro cristiano. Occupata dagli arabi nel 635, divenne residenza dei califfi omayyadi (661-750), e in seguito fu a capo di principati e province più o meno autonomi. Dopo la dominazione ottomana (1516-1918) ha visto la nascita del nazionalismo arabo. — Grande Moschea degli Omayyadi (iniziata nel 705), primo edificio islamico di un certo rilievo. Musei. Numerosi edifici medievali.

DAMASCO. *Cortile della Grande Moschea degli Omayyadi (fondata nel 705).*

DAMASKINÓS (Dimítrios Papandréu), *Dobritsa 1890 - presso Atene 1949*, prelato e politico greco. Arcivescovo di Atene, si oppose all'occupazione tedesca e fu reggente dal 1944 al 1946.

DÀMASO I (sànto), *m. nel 384*, papa dal 366 al 384. Dietro suo incarico san Girolamo si dedicò alla revisione della traduzione latina della Bibbia, la cosiddetta *Vulgata*. — **Damaso II**, *m. a Palestrina nel 1048*, papa per pochissimo tempo nel 1048.

DAMAVAND, vulcano che costituisce la cima più alta dei Monti Elburz in Iran, a NE di Teheran; 5671 m.

D'ÀMBRA (Renàto Eduàrdo **Manganèlla**, detto lúcio), *Roma 1880-1939*, scrittore. Fu autore di molti romanzi (*Il mestiere di marito*, 1924; *La professione di moglie*, 1930) e commedie (*Gli esuli*, 1932; *Il cavallino rosso*, 1932).

DAMIÀNI (Damiàno), *Pasiano 1922*, regista cinematografico. Dagli anni '60 del secolo scorso ha diretto film di notevole impegno civile: *Il sicario* (1961), *L'isola di Arturo* (1962), *La noia* (1963), *Quien sabe?* (1967), *Il giorno della civetta* (1968), *Perché si uccide un magistrato?* (1974), *Pizza Connection* (1985). Per la televisione ha diretto lo sceneggiato *La Piovra* (1984).

DAMIÀNI (Francèsco), *Bagnacavallo 1958*, pugile. Medaglia di bronzo alle Olimpiadi di Los Angeles nel 1984, è stato campione europeo nei pesi massimi nel 1987 e campione del mondo WBO, nella stessa categoria, dal 1989 al 1991.

DAMIÀNI (**Pièr**) → PIER DAMIANI.

DAMIÀNO (sànto) → COSMA E DAMIANO.

D'AMÌCO (Fedéle), *Roma 1912-1990*, critico musicale. Figlio di Silvio, compositore, insegnante e pubblicista su riviste specializzate, ha collaborato all'*Enciclopedia dello spettacolo*. Tra le opere, *I casi della musica* (1962).

D'AMÌCO (Silvio), *Roma 1887-1955*, critico teatrale. Fondatore e direttore dell'Accademia nazionale di arte drammatica (1935) e dell'*Enciclopedia dello spettacolo* (1954-1962), ha scritto una monumentale *Storia del teatro drammatico* (1939-1940, 4 voll.).

DAMIÉTTA, c. dell'Egitto, in prossimità del Mediterraneo; 113.000 ab. Porto. — Conquistata da Luigi IX durante la settima crociata (1249), fu poi restituita come riscatto.

DAMILÀNO (Maurízio), *Scarnafigi 1957*, marciatore. Medaglia d'oro alle Olimpiadi di Mosca del 1980 e di bronzo a quelle di Los Angeles (1984) e Seul (1988). Campione mondiale a Roma nel 1987 e a Tokyo nel 1991.

DAMMAM, c. dell'Arabia Saudita, capol. dell'Al-Hasa, sul Golfo Persico; 128.000 ab. Porto.

DÀMOCLE, *IV sec. a.C.*, cortigiano del tiranno di Siracusa Dionigi il Vecchio. Questi, per far capire a D. quanto sia fragile la fortuna di un re, durante un banchetto fece pendere sopra il suo capo una pesante spada fissata a un crine di cavallo.

DAMODAR, f. dell'India, che confluisce nell'estuario dell'Hooghly; 545 km. La sua media valle è la zona dell'India in cui è maggiormente concentrata l'industria pesante.

DA MÓSTO (Alvise) → CA' DA MÒSTO (Alvise).

DAMPIER (William), *East Coker 1652 - Londra 1715*, navigatore inglese. Come corsaro saccheggiò gli insediamenti spagnoli in America (1678-1691). Durante le sue esplorazioni del Pacifico scoprì l'arcipelago e lo stretto che portano il suo nome.

DAN, popolazione stanziata in Costa d'Avorio nella regione di Man.

DANA (James Dwight), *Utica 1813 - New Haven, Connecticut, 1895*, naturalista statunitense. Fornì la prima descrizione di numerosi minerali.

DÀNAE MITOL. GR. Figlia del re di Argo. Rinchiusa dal padre in una torre, si congiunse con Zeus trasformatosi in pioggia d'oro e generò Perseo.

DANÀIDI MITOL. GR. Le cinquanta figlie del re di Argo, Danao. Tutte, tranne Ipermestra, uccisero i loro sposi la prima notte di nozze. Nell'oltretomba furono condannate a riempire d'acqua dei recipienti senza fondo.

DA NANG, già **Tourane**, c. del Vietnam; 369.734 ab. Porto.

DÀNCALI → AFAR.

D'ANCÓNA (Alessàndro), *Pisa 1835 - Firenze 1914*, filologo e critico. Esponente del metodo storico, insegnò letteratura italiana all'Università di Pisa.

Tra le opere, *Origini del teatro in Italia* (1877), *Poesia popolare italiana* (1878).

DÀNDOLO, famiglia di Venezia che diede alla repubblica alcuni dogi. — **Enrico D.**, *Venezia 1107 ca. - Constantinopoli 1205*, doge di Venezia (1192-1205). Contribuì a volgere la quarta crociata verso Costantinopoli e ottenne per Venezia, a discapito dell'impero bizantino, Candia, alcune delle Isole Ionie e i porti della Morea. — **Giovanni D.**, *m. a Venezia nel 1289*, doge di Venezia (1280-1288). Dovette affrontare un periodo di instabilità dello Stato, che cercò di rinsaldare. — **Francesco D.**, *m. a Venezia nel 1339*, doge di Venezia (1329-1339). Fronteggiò con successo la minaccia scaligera. — **Andrea D.**, *Venezia 1307 ca. - 1354*, doge di Venezia (1343-1354). Combatté contro i turchi e contro Genova.

DANDONG, c. della Cina, al confine con la Corea del Nord; 660.518 ab.

DANÉRI (Luigi Càrlo), *Ronco Scrivia 1900 - Genova 1972*, architetto. Si è imposto tra gli anni '30 del secolo scorso con opere caratterizzate da un evidente rigore funzionale: case alte alla Foce a Genova (1934), colonia montana a Santo Stefano d'Aveto (1938), alloggi di Forte Quezzi (1956).

DANICAN-PHILIDOR → PHILIDOR.

DANIÈLE, eroe del libro della Bibbia che porta il suo nome, scritto intorno al 165 a.C., all'epoca della rivolta dei Maccabei. Ebreo, fu deportato a Babilonia dove acquisì sempre maggior credito. Calunniato dai sacerdoti babilonesi, fu gettato nella fossa dei leoni, ma per miracolo ne uscì vivo.

DANIÈLE DA VOLTÈRRA (Danièle **Ricciarèlli**, detto), *Volterra 1509 - Roma 1566*, pittore e scultore. Il suo stile fu fortemente influenzato da Michelangelo; fu attivo a Roma (*Deposizione* 1541, Trinità dei Monti).

DANIELL (John Frederic), *Londra 1790-1845*, fisico britannico. Inventò la pila elettrica a due liquidi che porta il suo nome.

DANIÉLOU (Jean), *Neuilly-sur-Seine 1905 - Parigi 1974*, storico e teologo cattolico francese. Gesuita, cardinale (1969), si occupò soprattutto delle influenze elleniche ed ebraiche sul cristianesimo primitivo.

DANIEL-ROPS (Henri **Petiot**, detto), *Épinal 1901 - Chambéry 1965*, scrittore e storico francese, autore di opere di storia religiosa (*Storia della Chiesa di Cristo*, 1948-1963).

DANIMÀRCA, in dan. *Danmark*, Stato dell'Europa settentr.; 43.000 km²; 5.333.000 ab. (*danesi*). CAP. *Copenaghen*. LINGUA: *danese*. MONETA: *corona danese*.

ISTITUZIONI — Monarchia costituzionale. Costituzione in vigore dal 1953. Il re nomina il primo ministro in seno al parlamento (il *Folketing*), monocamerale, eletto ogni 4 anni a suffragio universale diretto.

GEOGRAFIA — Paese pianeggiante, i cui rilievi non superano i 173 m, la D. è uno Stato continentale (Penisola dello Jutland, o Jylland) e insulare (Sjælland, Fionia, Lolland ecc.), dal clima mite e piuttosto umido. L'estensione delle pianure ha favorito lo sviluppo di coltivazioni cerealicole (orzo e frumento) e foraggiere; queste alimentano in parte il fiorente allevamento bovino e suino, i cui prodotti (latte, burro, carne) sono essenziali per le esportazioni. Anche la pesca è assai sviluppata. Benché l'estrazione di petrolio e di gas naturale dal Mare del Nord sia stata avviata solo di recente, la D. rappresenta ormai una potenza industriale grazie agli stabilimenti di trasformazione (costruzioni meccaniche e navali, industrie chimiche, tessili e alimentari), localizzati nelle principali città (Copenaghen, Århus, Odense, Ålborg). Il reddito è ripartito in maniera abbastanza equa e il tenore di vita è elevato.

STORIA – **Le origini e la formazione del regno**. Popolato dall'epoca neolitica, nell'Età del bronzo il paese vede fiorire una cultura avanzata. IX sec.: i danesi partecipano alle spedizioni vichinghe che devastano le coste dell'Europa occ. X sec.: la dinastia dello Jylland unifica il paese, che progressivamente si converte al cristianesimo. XI sec.: Sven I (986-1014 ca.) conquista l'Inghilterra. Suo figlio, Canuto I il Grande, regna su Inghilterra, D. e una parte della Scandinavia. **1042**: l'Inghilterra si affranca dal dominio danese. **Il Medioevo cristiano**. XII sec.: si afferma il regime feudale, mentre l'influenza della Chiesa di Roma si rafforza, via via che si moltiplicano chiese e monasteri. **1167**: il vescovo Absalone (1128-1201) fonda Copenaghen. **1157-1241**: "l'età di Valdemaro" rappresenta il culmine della civiltà medievale in D. XIII sec.: a questo periodo fa seguito un indebolimento politico ed economico: le città anseatiche fanno concorrenza al commercio danese. XIV sec.: la ripresa viene favorita da Valdemaro IV (1340-1375) e soprattutto da sua figlia, Margherita Valdemarsdotter, che realizza l'unione dei tre regni scandinavi sotto la dominazione danese (unione di Kalmar, 1397). **L'epoca della Riforma**. Il XVI sec. è caratterizzato dall'egemonia culturale tedesca e dall'affermazione di una prospera borghesia mercantile nelle città portuali. **1523**: l'unione di Kalmar si

Danimarca

0 m

★ importante località turistica

━━━ autostrada
━━━ strada normale
──── ferrovia
✈ aeroporto

● più di 1.000.000 di ab.
● da 100.000 a 1.000.000 di ab.
● da 50.000 a 100.000 ab.
● meno di 50.000 ab.

sgretola definitivamente con l'elezione al trono di Svezia di Gustavo Vasa. **1536**: il luteranesimo diviene religione di Stato. **1563-1570**: la guerra con la Svezia per il possesso degli stretti (Sund) sancisce la supremazia della D. sul Baltico e la fine della dominazione anseatica.
La guerra con la Svezia. 1625-1629: la D. partecipa alla guerra dei Trent'anni, che ne decreta la disfatta. **1645**: attaccata e battuta dagli svedesi, deve rinunciare a riscuotere dalla Svezia i pedaggi del Sund e dei Belt (trattato di Brönsebro). **1658**: la pace di Roskilde attribuisce la Scania alla Svezia. **1720**: con il trattato di Frederiksborg la D. ottiene la parte merid. dello Schleswig. **XVIII sec.**: il paese attraversa un periodo di espansione economica e commerciale. **1770-1772**: Cristiano VII cede il potere a Johann Friedrich Struensee, che esercita un dispotismo illuminato.
Il XIX sec. 1801: la D. si unisce al fronte dei paesi neutrali contro la Gran Bretagna, ma l'attacco inglese (Copenaghen viene bombardata nel 1801 e 1808) la spinge a schierarsi con la Francia. **1814**: con la pace di Kiel la D. perde la Norvegia, ma ottiene il Lauenburg. **1849**: Federico VII promulga una Costituzione democratica. **1864**: in seguito alla guerra dei Ducati, la D. deve cedere lo Schleswig, l'Holstein e il Lauenburg alla Prussia e all'Austria.
Il XX e il XXI sec. 1901: la formazione di una classe operaia fortemente sindacalizzata agevola l'ascesa al potere di una maggioranza radicale e socialista. **1918**: l'Islanda si rende indipendente, pur continuando a sottostare alla sovranità danese. **1920**: un plebiscito restituisce il N dello Schleswig alla D., rimasta neutrale durante la prima guerra mondiale. **1924-1940**: il potere è quasi costantemente in mano ai socialdemocratici, che introducono importanti riforme sociali. **1940-1945**: occupazione tedesca. Il re Cristiano X resta al potere e intanto incoraggia la resistenza. **1944**: l'Islanda si stacca completamente dalla D. **Il dopoguerra. 1945-1970**: il partito socialdemocratico, guidato da J.O. Krag, domina la scena politica e restituisce prosperità al paese. **1972**: la regina Margherita II succede al padre, Federico IX. **1973**: la D. entra a far parte della CEE. **1982**: i conservatori giungono al potere sotto la guida di Poul Schlüter. **1993**: dopo le dimissioni di P. Schlüter, il leader del Partito socialdemocratico, Poul Nyrup Rasmussen, forma un nuovo governo. I danesi approvano l'adesione al trattato di Maastricht, rovesciando il risultato di un primo referendum, tenutosi nel 1992. **2001**: dopo la vittoria elettorale di una coalizione di centro-destra, il liberale Anders Fogh Rasmussen diviene primo ministro. Si afferma il Partito popolare danese, che persegue una politica contro l'immigrazione.
D'ANNÙNZIO (Gabriele), *Pescara 1863 - Gardone Riviera 1938*, scrittore. Esordì a Roma come giornalista e poeta (*Canto novo*, 1882, in cui è evidente l'influenza di G. Carducci; *Intermezzo di rime* e soprattutto *Laudi del cielo, del mare, della terra e degli eroi*, 1903, con cui raggiunse la maturità poetica), prima di dedicarsi a romanzi in cui aderì a uno stile decadentistico ed estetizzante e venne influenzato dal mito del superuomo nietzschiano (*Il piacere*, 1889; *Il fuoco*,1900), e in seguito a testi per il teatro (*Francesca da Rimini*, 1901; *La figlia di Iorio*, 1904; *La fiaccola sotto il moggio*, 1905). Il suo atteggiamento letterario dandy si espresse anche in una vita sentimentale irrequieta (ebbe numerose amanti, tra cui E. Duse), nelle prese di posizione politiche (si schierò a favore degli interventisti) e nelle imprese ardimentose (beffa di Buccari, volo su Vienna). Trasformò la sua villa a Gardone in una sorta di mausoleo.
DANÓNE (grùppo), gruppo agroalimentare francese, fino al 1994 BSN (Boussois-Souchon-Neuvesel). D. è al primo posto in Francia nel suo settore (latticini, biscotti e bevande) ed è tra i leader a livello mondiale.
DÀNTE ALIGHIÈRI, *Firenze 1265 - Ravenna 1321*, scrittore e poeta. Proveniente da una famiglia della piccola nobiltà, compì gli studi a Firenze, dove fu fortemente influenzato da B. Latini e strinse amicizia con gli stilnovisti G. Cavalcanti e L. Gianni. Nel 1285 sposò Gemma Donati, da cui ebbe tre figli: Jacopo, Pietro e Antonia. Partecipò alla battaglia di Campaldino (1289) e, dopo essersi

DANTE ALIGHIERI. *Particolare del Paradiso (1336 ca.), affresco della bottega di Giotto. (Museo nazionale del Bargello, Firenze.)*

iscritto alla corporazione dei medici e speziali, si schierò con i guelfi bianchi prendendo parte attiva alla vita politica della sua città, da cui ricevette incarichi diplomatici e di cui fu uno dei sei priori (1300). Nel 1302, mentre si trovava a Roma, fu condannato a morte dai guelfi neri, che avevano preso il potere: iniziarono così le peregrinazioni dell'esilio, che lo portarono dapprima a Treviso, poi in Lunigiana, nel Casentino e forse a Parigi. Dal 1313 al 1318 si stabilì a Verona, presso Cangrande della Scala, e infine fu a Ravenna, presso Guido da Polenta, dove visse gli ultimi anni. L'opera di D. rivela una continua sperimentazione linguistica che si esprime nella varietà di registri, stili, tipi di composizioni. Nella *Vita nuova* (1292-1293), costituita da liriche e prose, celebra l'amore per *Beatrice Portinari, la donna incontrata nel 1274, che rappresentò per lui il simbolo della grazia divina e un mezzo di elevazione religiosa. Seguirono la *Tenzone* per Forese Donati e le *Rime* (di cui fanno parte le cosiddette *rime petrose*). Durante l'esilio scrisse il *Convivio*, un trattato di filosofia in volgare (1304-1307), parte di un'opera in latino in cui analizzò i livelli linguistici della retorica medievale (*De vulgari eloquentia*, 1304-1305) e il *De monarchia*, in cui sostenne l'autonomia del potere imperiale rispetto alla Chiesa. Intorno al 1307 procedette alla stesura della *Divina Commedia*, perfetta espressione dell'umanesimo cristiano medievale, che è il fondamento della letteratura nazionale.
DÀNTE DA MAIÀNO, *XIII sec.*, rimatore. Influenzato dai siciliani e toscani, scrisse un cospicuo canzoniere di rime e liriche sparse. È celebre la tenzone poetica con Dante Alighieri.
DANTON (Georges Jacques), *Arcis-sur-Aube 1759 - Parigi 1794*, politico francese. Avvocato, nel 1790 fondò il club dei Cordiglieri e in seguito fu ministro della giustizia e deputato alla Convenzione. Oratore d'eccezione, aderì alla Montagna e *fu* il principale responsabile della difesa nazionale. Nel 1793 fu allontanato dal Comitato di salute pubblica perché ritenuto troppo moderato. Cercando di porre fine al Terrore, avviò in segreto trattative con l'estero. Accusato di tradimento e corruzione da M. Robespierre, fu ghigliottinato con C. Desmoulins.
■ *Danton ritratto da C. Charpentier. (Musée Carnavalet, Parigi.)*
D'ANTONI (Mike), *Mullens, Virginia Occidentale, 1951*, cestista e allenatore statunitense. Dopo una breve carriera nell'NBA, si è trasferito in Italia nel 1977. Ha militato nell'Olimpia Milano, vincendo numerosi trofei. Come allenatore ha guidato l'Olimpia Milano e la Benetton Treviso.

DANÙBIO, in ted. **Donau**, f. dell'Europa che nasce in Germania, nella Selva Nera, e sfocia nel Mar Nero (estremità orient. della Romania) con un vasto delta; 2850 km; bacino di oltre 800.000 km². È il secondo fiume d'Europa (dopo il Volga) per lunghezza e superficie del bacino. Attraversa o costeggia Germania, Austria, Slovacchia, Ungheria, Croazia, Iugoslavia, Bulgaria, Ucraina e Romania. Bagna, tra le altre città, Vienna, Budapest e Belgrado, e scorre nelle gole delle Porte di Ferro (tra i Carpazi e i Balcani). Il D. ha regime variabile, è navigabile e viene sfruttato sia per l'irrigazione delle terre circostanti sia per la produzione di energia idroelettrica.

Il **DANUBIO** *alle Porte di Ferro.*

DÀNZA (la), quadro di grandi dimensioni di H. Matisse (1910, Ermitage, San Pietroburgo). Lo stile essenziale, il vigore cromatico e l'unità ritmica di questo dipinto (e di *La musica*) hanno segnato un'epoca. L'autore ha in seguito dedicato altre opere allo stesso tema.
DÀNZICA, in pol. **Gdańsk**, c. della Polonia, capol. di voivodato, sul Golfo di D., presso la foce della Vistola; 457.937 ab. Porto. Costruzioni navali. — Numerosi monumenti restaurati; museo di Pomerania. — Membro dell'Hansa (1361), D. godette di un regime di semi-autonomia sotto i re di Polonia (XV-XVIII sec.); nel 1793 fu unita alla Prussia. Durante l'occupazione francese (1807-1815), divenne capoluogo della Prussia Occidentale (1815-1919) e in seguito fu città libera. La sua annessione al Reich il 1° sett. 1939 portò allo scoppio della seconda guerra mondiale. D. è passata alla Polonia nel 1945. Nel 1980 è stata teatro di scioperi in massa e ha visto la nascita del sindacato Solidarność.
DAO (Nguyên Thien Dao, detto), *Hanoi 1940*, compositore francese di origine vietnamita. Le sue composizioni rivelano l'influenza di O.E. Messiaen, della musica elettroacustica e della tradizione orientale (*Écouter-mourir*, 1980).
DAÓNE, com. in prov. di Trento; 595 ab. È situato nella valle omonima, nei pressi del f. Chiese. Chiesa di S. Bartolomeo.
DA POLÈNTA →POLÈNTA (da).
DA PÓNTE (Emanuèle Coneglià no, detto Lorènzo), *Ceneda, att. Vittorio Veneto, 1749 - New York 1838*, librettista. Nelle sue *Memorie* racconta di una vita avventurosa e spesso in fuga (nonostante fosse stato ordinato prete). Fu librettista per A. Salieri e W.A. Mozart (*Le nozze di Figaro*, *Don Giovanni*, *Così fan tutte*).
DA PÒRTO (Luigi), *Vicenza 1485-1529*, scrittore. Nella sua opera più celebre, la *Historia novellamente ritrovata di due nobili amanti* (postuma, 1530), è narrata la vicenda di Giulietta e Romeo. La storia, sviluppata da M. Bandello, ispirò la tragedia di W. Shakespeare.
DAQING, c. della Cina nord-orient. (Heilongjiang); 996.860 ab. Centro petrolifero.
D'ARAGÓNA (Ludovìco), *Cernusco sul Naviglio 1876 - Roma 1961*, politico e sindacalista. Socialista, fu segretario della Confederazione generale del lavoro dal 1918 al 1925. Deputato alla Costituente (1946-1948) e membro del Partito socialista dei lavoratori italiani, ricoprì più volte ministro.
DARBHANGA, c. dell'India (Bihar); 266.834 ab.
DARD (Frédéric), *Jallieu 1921 - Bonnefontaine, cant. di Friburgo, 2000*, scrittore francese. È autore di romanzi polizieschi dallo stile brillante e

La danza *(1910) di H. Matisse. (Ermitage, San Pietroburgo.)*

ricco di invenzioni linguistiche, che hanno per protagonista il commissario Sanantonio.

DARDANÈLLI (Strétto dei), stretto della Turchia, tra Europa (penisola balcanica) e Asia (Anatolia), che mette in comunicazione il Mar Egeo e il Mar di Marmara. Nel 1915, nel corso della prima guerra mondiale, fu teatro di una fallimentare spedizione franco-britannica intesa a costringere la Turchia ad abbandonare il campo.

DÀRDANO MITOL. GR. Mitico fondatore di Troia.

DÀRDI (Costantino), *Cervignano del Friuli 1936 - Tivoli 1991*, architetto. Nelle sue opere si nota un uso massiccio di geometrie elementari: stazioni di servizio Agip (1968), padiglione per l'esposizione universale di Osaka (1968). È stato anche saggista (*Il gioco sapiente*, 1973).

DAR EL-BEIDA, già **Maison-Blanche**, c. dell'Algeria. Aeroporto di Algeri.

DAR EL-BEIDA → CASABLANCA.

DAREMBERG (Charles), *Digione 1817 - Mesnil-le-Roi 1872*, medico ed erudito francese. Redasse, con l'archeologo Edmond **Saglio** (1828-1911), un *Dictionnaire des antiquités grecques et romaines*.

DAR ES SALAAM, cap. della Tanzania, sull'Oceano Indiano; 2.347.000 ab.

DÀRFO-BOÀRIO TÈRME, com. in prov. di Brescia; 13.467 ab. Stazione termale della Valcamonica. Industrie chimiche, tessili, metallurgiche.

DARFUR, reg. montuosa del Sudan occ.

DARGOMYŽKIJČ (Aleksandr Sergeevič), *Troickoe 1813 - San Pietroburgo 1869*, compositore russo. Fu tra i promotori del rinnovamento della musica russa (*Il convitato di pietra*, 1860, opera incompiuta completata da C. Kjui e rappresentata la prima volta nel 1872).

DÀRGUA o **DARGWA**, popolazione caucasica della Russia (particolarmente numerosa nella zona centrale del Dagestan; ca. 365.000 individui). Nel XIX sec. il si opposero alla colonizzazione russa. Musulmani sunniti, parlano il dargua (o dargwa).

DARHAN, c. della Mongolia; 88.600 ab.

DARIÉN (Gòlfo del), golfo del Mar delle Antille (Panamá e Colombia).

DARÍO (Félix Rubén **García Sarmiento**, detto Rubén), *Metapa, att. Ciudad-Darío, 1867 - León 1916*, poeta nicaraguense. Fu il fondatore del movimento modernista in America latina (*Azzurro*, 1888; *Canti di vita e di speranza*).

DÀRIO I, *m. nel 486 a.C.*, re di Persia (522-486 a.C.), della dinastia achemènide. Ricompose l'impero di Ciro II, conquistò il Punjab, a E, e la Tracia e la Macedonia, a O. Fu sconfitto dai greci a Maratona (490 a.C.). Divise l'impero in satrapie e fondò Persepoli. — **Dario III Codomano**, *m. nel 330 a.C.*, re di Persia (336-330 a.C.), della dinastia achemènide. Sconfitto da Alessandro Magno a Isso e presso Arbela, fu ucciso da uno dei suoi satrapi.

D'ÀRZO (Èzio **Comparóni**, detto Silvio), *Reggio Emilia 1920-1952*, scrittore. Ha scritto i romanzi

DARJEELING o **DARJILING**, c. dell'India (Bengala Occidentale), ai piedi dell'Himalaya, a 2185 m d'alt. Celebri giardini del tè.

DARLAN (François), *Nérac 1881 - Algeri 1942*, ammiraglio e politico francese. Comandante della flotta (1939-1940), ministro della marina, condusse una politica di attiva collaborazione con la Germania. Nel 1942 firmò un accordo con gli americani in occasione del loro sbarco in Africa del Nord. Fu assassinato nel 1942.

DARLING, f. dell'Australia, princ. affl. di destra del Murray; 2700 km.

DARLINGTON, c. della Gran Bretagna (Inghilterra); 85.000 ab. Chiesa del XII-XIII sec.

DARMSTADT, c. della Germania (Assia); 137.776 ab. Complesso di edifici Jugendstil della Mathildenhöhe; musei.

DARNLEY (Henry **Stuart**, barône), cónte **di Ross**, dúca **d'Albany**, *Temple Newsam 1545 - Edimburgo 1567*, principe scozzese. Nipote di Enrico VII e secondo marito di Maria I Stuart, ebbe da questa un figlio, il futuro Giacomo I d'Inghilterra. Fu fatto assassinare dal conte di Bothwell, amante della regina.

D'ARÓNCO (Raimóndo), *Gemona del Friuli 1857 - Sanremo 1932*, architetto. Uno dei maggiori rappresentanti del liberty italiano, realizzò in Turchia il padiglione per l'Esposizione nazionale ottomana (1896) e a Torino quello per l'Esposizione di arti decorative (1902).

DARRIEUX (Danielle), *Bordeaux 1917*, attrice cinematografica francese. Ha interpretato sia commedie sia ruoli drammatici: *Mayerling* (1936), *Piccola ladra* (1939), *I gioielli di Madame de...* (1953).

D'ARRÌGO (Stéfano), *Alì Marina 1919 - Roma 1992*, scrittore. Critico d'arte, ha pubblicato nel 1957 la raccolta poetica *Codice siciliano*. Ha scritto un solo romanzo, *Horcynus Orca* (1975), opera sperimentale e ricca di invenzioni stilistiche.

DARTMOUTH, c. del Canada (Nuova Scozia), sulla Baia di Halifax; 65.629 ab. Porto.

DARWIN, c. dell'Australia, cap. del Territorio del Nord; 70.251 ab.

DARWIN (Charles), *Shrewsbury 1809 - Down, Kent, 1882*, naturalista britannico. Nel corso di un viaggio attorno al mondo sulla nave *Beagle* (1831-1836) ebbe modo di effettuare numerose osservazioni sulla variabilità delle specie, che lo portarono a elaborare la dottrina evoluzionista, da allora chiamata "darwinismo", divulgata nella sua opera più importante: *Sull'origine delle specie per selezione naturale* (1859).

■ *Charles Darwin.*

All'insegna del buon corsiero (1942), *Casa d'altri* (1953), *L'osteria* (1960) ed *Essi pensano ad altro* (1976). È stato anche poeta e saggista (*Nostro lunedì*, 1960).

DASSAULT (Marcel **Bloch**, poi), *Parigi 1892 - Neuilly-sur-Seine 1986*, costruttore aeronautico francese. Dopo la seconda guerra mondiale ha fondato un gruppo comprendente un'importante azienda costruttrice di aeroplani civili e militari (Falcon, Mirage ecc.).

DÀTI (Càrlo Robèrto), *Firenze 1619-1676*, letterato e scienziato. Fu discepolo di G. Galilei e segretario dell'Accademia della Crusca. Curò la terza edizione del *Vocabolario* e scrisse numerosi trattati scientifici e linguistici (*Prose fiorentine*, 1661), nonché le *Vite dei pittori antichi* (1667).

DÀTI (Gregòrio), *Firenze 1362-1435*, politico e storico. Console dell'arte e gonfaloniere a Firenze, scrisse l'*Istoria di Firenze* (1380-1406) e un volume di memorie familiari, *Libro segreto* (1428).

DÀTI (Leonàrdo), *Firenze 1408 - Roma 1472*, umanista. Segretario di diversi papi e vescovo di Massa, scrisse in latino egloghe, epistole, una tragedia (*Hiempsal*) e in volgare un'azione drammatica (*De amicitia*, 1441).

DATONG, c. della Cina (Shanxi); 798.000 ab. Nucleo urbano antico, parte del quale risalente all'epoca Ming, e resti di un monastero dell'VIII e XI sec. Pregevole statuaria e vasto tempio buddhista dell'XI sec.

DAUBIGNY (Charles François), *Parigi 1817-1878*, pittore e incisore francese. Amico di J.-B.-C. Corot, fu un paesaggista della scuola di Barbizon vicino all'impressionismo.

DÄUBLER (Theodor), *Trieste 1876 - Sankt Blasien 1934*, scrittore tedesco. La sua opera fu influenzata dai frequenti viaggi, dai quali trasse un'ispirazione variegata (simbolismo, futurismo, misticismo). Tra le opere, *L'aurora boreale* (1910).

DAUDET (Alphonse), *Nîmes 1840 - Parigi 1897*, scrittore francese. Dall'iniziale naturalismo approdò, nei suoi racconti (*Lettere dal mio mulino*, 1866; *Racconti del lunedì*, 1873) e romanzi (*Tartarino di Tarascona*, *Saffo*, 1884) a un felice connubio tra rappresentazione della vita quotidiana e invenzione.

■ *Alphonse Daudet fotografato da Carjat.*

— **Léon D.**, *Parigi 1867 - Saint-Rémy-de-Provence 1942*, scrittore e politico francese. Figlio di Alphonse, diresse con C. Maurras il giornale *L'*action française*.

DAUGAVPILS, c. della Lettonia; 114.829 ab.

DAUM, linea di vetri e cristallerie francesi. Nel 1875 l'alsaziano Jean Daum (1825-1885) aprì a Nancy una vetreria che intorno al 1890 cominciò a produrre oggetti in stile Art Nouveau. Dal 1945 la D. realizza soprattutto cristalli e "pasta di vetro". Collezioni esposte al Museo di Belle Arti di Nancy.

Antonin **DAUM**. *Vaso decorato con libellule e ranuncoli, 1904. (Museo di Belle Arti, Nancy.)*

DAUMAL (Renè), *Boulzicourt 1908 - Parigi 1944*, scrittore francese. Tra i fondatori della rivista *Le grand jeu*, dopo l'iniziale interesse per il surrealismo si appassionò alla mistica orientale e cercò di conciliare rivoluzione e rivelazione.

DAUMIER (Honorè), *Marsiglia 1808 - Valmondois 1879*, pittore e grafico francese. Divenuto famoso con le caricature pubblicate dalle riviste *La caricature* e *Le charivari*, realizzò anche quadri (*Il vagone di terza classe*, 1862 ca., New York; *Don Chisciotte*) e alcune sculture.

DAUNOU (Pierre Claude François), *Boulogne-sur-Mer 1761 - Parigi 1840*, politico ed erudito francese. Sacerdote, redattore della Costituzione dell'anno terzo, deputato alla Convenzione (1792), contribuì a organizzare l'istruzione pubblica e l'Istituto di Francia; nel 1804 divenne archivista dell'impero.

DAUSSET (Jean), *Tolosa 1916*, medico francese. Ha scoperto il sistema HLA (*Human Leukocyte Antigens*). (Premio Nobel 1980.)

DAVANGERE, c. dell'India (Karnataka); 363.780 ab.

DAVANZÀTI (Chiàro), *Firenze XIII sec.*, poeta. Precursore dello stilnovo, partecipò alla battaglia di Montaperti (1260). La sua opera è composta da 100 sonetti e 60 canzoni ca., che oscillano tra realismo, temi politici e amorosi.

DAVANZÀTI BOSTÌCHI (Bernàrdo), *Firenze 1529-1606*, erudito. Scrisse importanti trattati di economia (*Lezione della moneta*, 1582; *Notizia de' cambi*, 1588). È celebre la sua traduzione degli *Annali* di Tacito (1637), esempio di concisione linguistica.

DAVAO, c. delle Filippine (Mindanao), sul golfo omonimo; 1.147.116 ab. Porto.

DAVEL (Jean Daniel Abraham), *Morrens 1670 - Vidy 1723*, patriota svizzero. Venne giustiziato per aver scatenato una rivolta a Losanna nel tentativo di liberare il cantone di Vaud dalla dominazione di Berna.

DA VERÓNA (Guìdo **Veróna**, detto Guìdo), *Saliceto Panaro 1881 - Milano 1939*, scrittore. Scrisse romanzi di grande successo, di influenza dannunziana, dal tono sentimental-poetico: *Colei che non si deve amare* (1910), *La vita comincia domani* (1912), *La mia vita in un raggio di sole* (1922).

DAVES (Delmer), *San Francisco 1904 - La Jolla 1977*, regista cinematografico statunitense. Sceneggiatore e regista, ha realizzato western e film drammatici: *L'amante indiana* (1950), *Scandalo al sole* (1959).

DAVID, c. del Panamá, capol. di prov.; 102.678 ab.

DÀVID, grande statua (più di 4 m) di Michelangelo (marmo, 1501-1504, Galleria dell'Accademia, Firenze; copia in piazza della Signoria). L'opera, i cui pregi tecnici ed estetici sono al servizio del contenuto simbolico (rappresenta l'ideale del cittadino-guerriero), fece del giovane Michelangelo uno degli artisti più apprezzati a Firenze.

DÀVID, scultura di Donatello (bronzo, 1430 ca., Museo nazionale del Bargello, Firenze). Rivela un'accennata sensualità giocata sull'uso sapiente di luci e ombre.

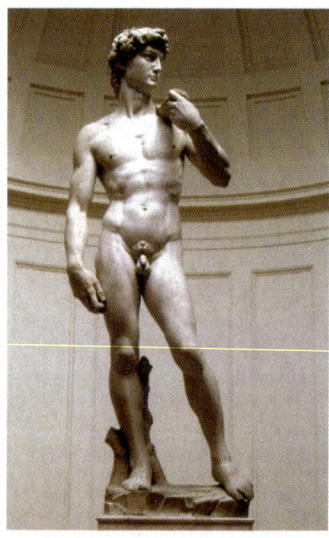
Il **David** di Michelangelo, 1501-1504.
(Galleria dell'Accademia, Firenze.)

DAVID (Gerard), *Oudewater, 1460 ca. - Bruges 1523*, pittore fiammingo. Stabilitosi a Bruges, fu l'ultimo erede della tradizione pittorica locale.

DAVID (Jacques-Louis), *Parigi 1748 - Bruxelles 1825*, pittore francese. Membro della Convenzione e poi pittore ufficiale di Napoleone, a Roma si appassionò alla cultura classica, al punto da diventare il capofila del neoclassicismo; morì in esilio. Tra le sue opere spiccano *Il giuramento degli Orazi* (1784, Louvre, Parigi), *Marat assassinato* (Bruxelles), *Amore e psiche* (Cleveland). Diede prova della sua maestria anche in numerosi ritratti.

Louis **DAVID**. Marat assassinato.
(Musées royaux des Beaux-Arts, Bruxelles.)

DAVID COPPERFIELD, romanzo autobiografico di C. Dickens (1849-1850) che narra le vicissitudini di un orfano.

DAVID D'ANGERS (Pierre Jean **David**, detto), *Angers 1788 - Parigi 1856*, scultore francese. Realizzò il frontone del Pantheon di Parigi, statue, numerosi busti e più di 500 medaglioni con ritratti. Gli è stato dedicato un museo nella città natale.

DÀVIDE, secondo re d'Israele (1010 ca. - 970 a.C. ca.). Succedette a Saul, la cui malinconia leniva suonando l'arpa. Sconfisse i filistei e, presa Gerusalemme, la rese la sua capitale. Gli viene attribuita la composizione di canti religiosi e salmi. — Lo scontro tra D. e il gigante filisteo Golia è fonte di una ricca iconografia.

DÀVIDE I, *1084 - Carlisle 1153*, re di Scozia (1124-1153). Consolidò il suo regno. — **Davide II** o **Davide Bruce**, *Dunfermline 1324 - Edimburgo 1371*, re di Scozia (1329-1371). Non riuscì a impedire all'Inghilterra di intervenire nelle vicende del suo paese.

DAVID-NEEL (Alexandra), *Saint-Mandé 1868 - Digne 1969*, esploratrice francese. Fu la prima donna europea a raggiungere Lhasa (1924). Scrisse saggi su buddhismo, India, Tibet e Cina.

DAVIDSON (Donald), *Springfield, Massachusetts, 1917*, filosofo statunitense. La sua riflessione, che rientra nell'ambito della "filosofia analitica", si concentra sul rapporto tra linguaggio e realtà e sui fondamenti dell'azione morale (*Essays on actions and events*, 1980).

DAVIES (Robertson), *Thamesville 1913 - Orangeville 1995*, scrittore canadese di lingua inglese. Giornalista e drammaturgo (*Fortune My Foe*), nei suoi romanzi (*Il mondo delle meraviglie, Gli angeli ribelli*) ha fornito un ironico ritratto delle piccole città canadesi.

DÀVILA (Arrigo Caterìno), *Piove di Sacco 1576 - S. Michele di Campagna 1631*, storico. In Francia fu al servizio della regina Caterina de' Medici, quindi visse a Padova e a Venezia. È celebre per la *Historia delle guerre civili di Francia* (1630).

DAVIS (còppa), torneo internazionale annuale di tennis. Creata nel 1900, vede squadre nazionali di quattro giocatori sfidarsi in cinque incontri (quattro singolari e un doppio).

DAVIS (sir Colin), *Weybridge, Surrey, 1927*, direttore d'orchestra britannico. È stato direttore dell'orchestra sinfonica della BBC (1967-1971), direttore musicale della Royal Opera House al Covent Gar-

den (1971-1986) e in seguito ha diretto l'orchestra della Radio bavarese (1983-1992) e la London Symphony Orchestra. È apprezzato soprattutto per le interpretazioni del repertorio lirico.

DAVIS (Jefferson), *Fairview, Todd County, Kentucky, 1808 - New Orleans 1889*, ufficiale e politico statunitense. Fu presidente degli Stati confederati del S durante la guerra di secessione (1861-1865).

DAVIS (John), *Sandridge 1550 ca. - Stretto di Malacca 1605*, navigatore inglese. Nel 1585 scoprì lo stretto che porta il suo nome.

DAVIS (Miles), *Alton, Illinois, 1926 - Santa Monica 1991*, compositore e trombettista jazz statunitense. Tra i più grandi trombettisti solisti, dotato di straordinarie capacità di improvvisazione, è stato un pioniere del cool jazz e del jazz-rock (*Walkin'*, 1954; *Bye Bye Blackbird*, 1956).

DAVIS (Ruth Elizabeth, detta Bette), *Lowell, Massachusetts, 1908 - Parigi 1989*, attrice cinematografica statunitense. È stata una delle più grandi attrici di Hollywood (*La figlia del vento*, W. Wyler, 1938; *Ombre malesi*, id., 1941; *Eva contro Eva*, J.L. Mankiewicz, 1950; *Lo scopone scientifico*, L. Comencini, 1972).

DAVIS (Strétto di), braccio di mare dell'Atlantico, tra la Groenlandia e il Canada (Isola di Baffin).

DAVIS (William Morris), *Filadelfia 1850 - Pasadena 1934*, geografo statunitense. Fu uno dei primi studiosi di geografia fisica, e in part. di geomorfologia.

DAVISSON (Clinton Joseph), *Bloomington, Illinois, 1881 - Charlottesville 1958*, fisico statunitense. Scoprì la diffrazione degli elettroni da parte dei cristalli (1927), avvalorando le teorie di L. de Broglie sulla meccanica ondulatoria. (Premio Nobel 1937.)

DÀVOLI (Ninétto), *San Pietro a Maida 1948*, attore cinematografico. È stato lanciato da P.P. Pasolini, di cui ha interpretato gran parte dei film: *Uccellacci e uccellini* (1966), *Edipo Re* (1967), *Teorema* (1968), *Porcile* (1969), *Il Decameron* (1970), *I racconti di Canterbury* (1971).

DAVOS, com. della Svizzera (cant. di Grigioni); 12.013 ab. Sport invernali (1560-2844 m d'alt.). Forum economico mondiale annuale.

DAVOUT (Louis Nicolas), dùca **d'Auerstaedt**, prìncipe **d'Eckmühl**, *Annoux 1770 - Parigi 1823*, militare francese. Tra i migliori luogotenenti di Napoleone, sconfisse i prussiani nel 1806 e gli austriaci nel 1809.

DAVY (sir Humphry), *Penzance 1778 - Ginevra 1829*, chimico e fisico britannico. Scoprì l'arco elettrico, le proprietà catalitiche del platino e isolò i metalli alcalini per mezzo dell'elettrolisi.

DAWAH (Ad-) → DOHA.

DAWES (Charles Gates), *Marietta, Ohio, 1865 - Evanston, Illinois, 1951*, finanziere e politico statunitense. Capo della commissione per le riparazioni di guerra (1923), contribuì a mettere a punto il piano che porta il suo nome. Tra il 1925 e il 1929 fu vicepresidente degli Stati Uniti. (Premio Nobel per la pace 1925.)

DAWES (piàno) (1923), piano elaborato per dirimere la questione delle riparazioni di guerra dovute dalla Germania ai paesi vincitori dopo la prima guerra mondiale, salvaguardando l'equilibrio economico del paese. Nel 1930 fu sostituito dal piano Young.

DAWSON, già Dawson City, località del Canada; 700 ab. Già cap. dello Yukon e ant. centro aurifero.

DAYAK o **DAIÀCCHI**, denominazione attribuita all'insieme delle popolazioni non islamizzate del Borneo dedite all'agricoltura (più di 3 milioni di individui). I d. sono organizzati per piccole comunità e vivono in villaggi oppure in case collettive che sorgono lungo i corsi d'acqua. In gran parte convertiti al cristianesimo, parlano lingue appartenenti alla famiglia maleo-polinesiana delle aree occidentali.

DAYAN (Moshe), *Deganya 1915 - Ramat Gan 1981*, generale e politico israeliano. Fu capo di Stato maggiore (1953-1958), ministro della difesa (1967, 1969-1974) e degli esteri (1977-1979).

DAYTON, c. degli Stati Uniti (Ohio); 166.179 ab. Nelle vicinanze sorge la base militare in cui, il 21 nov. 1995, furono conclusi gli accordi di pace sull'ex Iugoslavia (→ **Bosnia-Erzegovina**).

DAYTONA BEACH, c. degli Stati Uniti (Florida); 64.112 ab. Stazione balneare. Circuito automobilistico.

D'AZÈGLIO (Màssimo) → Azeglio (Massimo Taparelli d').

DC → Democrazia cristiana.

DE → Democrazia europea.

DE AGOSTÌNI (Giovànni), *Pollone 1863 - Milano 1941*, cartografo ed editore. Nel 1901 fondò a Roma l'Istituto geografico, che fu poi trasferito a Novara nel 1908. Rimasto alla sua guida fino al 1920, in seguito fu attivo, a Torino e a Milano, in ambito geografico e cartografico. Attualmente il gruppo, presente in 30 paesi, ha potenziato, oltre all'editoria tradizionale, i prodotti collezionabili e quelli multimediali.

DEÀK (Ferenc), *Söjtör 1803 - Pest 1876*, politico ungherese. Fu uno dei principali artefici del compromesso austro-ungarico del 1867.

DE ÀMBRIS (Alcèste), *Licciana Nardi 1874 - Brive 1934*, politico. Membro del Partito socialista dal 1892, aderì al sindacalismo rivoluzionario. Direttore della Camera del lavoro di Parma e de *L'Internazionale* dal 1907, fu deputato (1913) e interventista. Oppositore del fascismo, fu esule in Francia.

DE AMÌCIS (Edmóndo), *Oneglia 1846 - Bordighera 1908*, scrittore. Esordì con bozzetti di vita militare per poi approdare ai racconti di viaggio (*Spagna*, 1872; *Ricordi di Londra*, 1874). Con la sua opera più famosa, *Cuore* (1886), diede inizio alla produzione a sfondo moralistico e patriottico, che proseguì durante la maturità (*Il romanzo di un maestro*, 1890; *Amore e ginnastica*, 1892).

DEAN (James), *Marion, Indiana, 1931 - Paso Robles, California, 1955*, attore cinematografico statunitense. Tre film (*La valle dell'Eden*, E. Kazan, 1955; *Gioventù bruciata*, N. Ray, 1955; *Il gigante*, G. Stevens, 1956) e la sua morte improvvisa fecero di lui l'incarnazione mitica della gioventù inquieta e ribelle.

■ *James Dean in* La valle dell'Eden *(1955) di E. Kazan.*

DE ANDRÉ (Fabrizio), *Genova 1940 - Milano 1999*, cantautore. Le sue canzoni, ispirate anche da artisti quali B. Dylan e L. Cohen, attuano un recupero della musica popolare. Tra i successi, *Carlo Martello* (1963), *La guerra di Piero* (1964), *La canzone di Marinella* (1964, con Mina), *Creuza de mä* (1984).

■ *Fabrizio De André.*

DEARBORN, c. degli Stati Uniti (Michigan); 97.775 ab. Industrie automobilistiche.

DEATH VALLEY, nome inglese della Valle della *Morte.

DEAUVILLE, c. della Francia, nel dip. Calvadòs; 4518 ab. Stazione balneare. Ippodromo. Casinò. — Festival del cinema americano.

DE BENEDÉTTI (Àldo), *Roma 1892-1970*, commediografo. Fu autore di numerose commedie brillanti e di genere sentimentale. Tra le opere, *Non ti conosco più* (1932), *Due dozzine di rose scarlatte* (1936).

DE BENEDÉTTI (Càrlo), *Torino 1934*, industriale. Già amministratore delegato della FIAT, nel 1976 ha fondato la CIR (Compagnie industriali riunite). Nel 1978 ha assunto il controllo della Olivetti, diventata, sotto la sua conduzione, leader europeo nel settore elettronico. Dal 1991 è presidente del gruppo editoriale *L'Espresso*.

DEBENEDÉTTI (Giàcomo), *Biella 1901 - Roma 1967*, scrittore e critico letterario. Nel 1922 fondò a Torino con M. Gromo e S. Solmi la rivista *Primo tempo*. Collaborò inoltre a *Solaria* e al *Baretti*, interessandosi di letteratura italiana e francese. Tra le opere, *Saggi critici* (1929, 1945, 1959), *Otto ebrei* (1944), *16 ottobre 1943* (1945), *Intermezzo* (1963), *Il romanzo del novecento* (1971), *Poesia italiana del novecento* (1974).

DE BERARDÌNIS (Lèo), *Salerno 1940*, attore e regista teatrale. È stato uno dei protagonisti della ricerca e dell'avanguardia sperimentale italiana. Tra le opere, *La faticosa messinscena di Amleto* (1967), *O' Zappatore* (1972), *Sudd* (1974), *Quintett* (1988), *Totò principe di Danimarca* (1990).

DE BIÀSI (Màrio), *Belluno 1923*, fotografo. Dopo l'allestimento della prima personale nel 1948, ha iniziato nel 1953 l'attività di fotoreporter, documentando alcuni tra i più importanti eventi mondiali. È autore di numerose raccolte fotografiche, molte delle quali dedicate a Milano.

DE BÒNO (Emìlio), *Cassano d'Adda 1866 - Verona 1944*, militare e politico. Generale dell'esercito italiano e gerarca fascista, fu quadrumviro della marcia su Roma. Fu nominato generale di pubblica sicurezza (1922), governatore della Tripolitania (1925) e ministro delle colonie (1929). Guidò le truppe italiane contro l'Etiopia fino al 1935, quando venne sostituito da P. Badoglio. Nel 1944 fu condannato alla fucilazione per essersi schierato contro B. Mussolini.

DÈBORA, profetessa e giudice d'Israele. Celebrò la vittoria degli israeliti sui cananei con un canto contenuto nella Bibbia (*Giudici*).

DEBORD (Guy), *Parigi 1931 - Bellevue-la-Montagne 1994*, scrittore e regista cinematografico francese. Esponente del lettrismo, poi principale animatore del movimento situazionista (1957), ha elaborato, nei suoi saggi (*La società dello spettacolo*, 1967) e in film di avanguardia, una critica radicale e premonitrice della società contemporanea, segnata dal suo compromesso con il capitalismo e i media. È morto suicida.

DE BÒSIO (Gianfrànco), *Verona 1924*, regista teatrale, cinematografico e televisivo. Dal 1957 al 1968 ha diretto il Teatro Stabile di Torino. Artefice della moderna riscoperta del Ruzante, ha realizzato celebri messe in scena delle opere di B. Brecht, C. Goldoni e J.-P. Sartre, oltre a due pellicole cinematografiche, *Il terrorista* (1963) e *La Betìa* (1971).

DE BÒSIS (Adòlfo), *Ancona 1863 - Pietralacroce 1924*, scrittore e traduttore. Padre di Lauro, cultore del decadentismo e dell'estetismo dannunziano, diresse la rivista *Il Convito* (1895-1907) le sue liriche confluirono nelle raccolte *Amori ac silentio sacrum* (1900) e *Rime sparse* (1914). Tradusse Omero, P.B. Shelley e W. Whitman.

DE BÒSIS (Làuro), *Roma 1901 - Mar Tirreno 1931*, letterato. Figlio di Adolfo, emigrò negli Stati Uniti dopo l'avvento del fascismo. Nel 1931, partito da Marsiglia, volò su Roma per lanciare volantini di propaganda contro il regime, ma il suo aereo precipitò durante il viaggio di ritorno. Scrisse il dramma *Icaro* (1930) e *Storia della mia morte* (1932, postumo), considerato il suo testamento spirituale.

DEBRÉ (Michel), *Parigi 1912 - Montlouis-sur-Loire 1996*, politico francese. Guardasigilli nel 1958, ebbe un ruolo importante nell'organizzazione della Costituzione della Quinta repubblica. Oltre che primo ministro (1959-1962), fu ministro degli esteri (1968-1969) e della difesa (1969-1973).

DEBRECEN, c. dell'Ungheria orient.; 212.235 ab. Università. — Monumenti del XVIII sec.

DEBREU (Gerard), *Calais 1921*, economista statunitense di origine francese. Studioso di economia matematica e di econometria, ha dedicato gran parte della sua riflessione alla teoria dell'equilibrio generale. (Premio Nobel 1983.)

DEBUSSY (Claude), *Saint-Germain-en-Laye 1862 - Parigi 1918*, compositore francese. Il suo spirito indipendente lo portò a sottrarsi all'influenza wagneriana e gli permise di creare uno stile nuovo nell'opera (*Pelléas e Mélisande*, 1902); propose nuove raffinate soluzioni sia nelle sonate per piano (*Préludes*, *Études*), sia in quelle per orchestra (*Prélude à l'après-midi d'un faune*, 1894; *La mer*, 1905).

■ *Claude Debussy ritratto da M. Baschet (1884). (Reggia di Versailles.)*

DEBYE (Peter), *Maastricht 1884 - Ithaca, Stato di New York, 1966*, fisico e chimico statunitense di origine olandese. Studiò la struttura della materia alle basse temperature e determinò per interferenza dei raggi X le dimensioni delle molecole gassose. (Premio Nobel per la chimica 1936.)

DECÀMERON, raccolta di novelle di G. Boccaccio (1349-1351), che rappresenta un affresco della società e dei costumi del XIV sec. La cornice, in cui si situano le novelle vere e proprie, è costituita dalle vicende di dieci giovani i quali, per sfuggire alla peste di Firenze del 1348, si ritirano per dieci giorni in una villa in campagna. Qui stabiliscono di raccontare ciascuno una novella al giorno, a tema obbligato (fatta eccezione per due giornate); da questo passatempo emergerà via via un intreccio di fatti e personaggi così complesso da riprodurre ogni aspetto dell'esistenza umana, continuamente sospesa tra vizi e virtù, bassezze e atti di eroismo. Il D. si inserisce nel panorama letterario trecentesco italiano, costituendo uno specchio fedele della civiltà borghese del periodo.

DECAMPS (Alexandre), *Parigi 1803 - Fontainebleau 1860*, pittore francese. Predilesse soggetti esotici mutuati dall'Oriente (*Enfants turcs près d'une fontaine*, Chantilly).

DECÀPOLI, confederazione di dieci città palestinesi situate a E del Giordano (I sec. a.C. - II sec. d.C.).

DE CÀRLO (Andrèa), *Milano 1952*, scrittore. I suoi romanzi sono caratterizzati da uno stile vivace, quasi cinematografico. Tra i principali: *Treno di panna* (1981), *Due di due* (1989), *Uto* (1995), *Di noi tre* (1997), *Nel momento* (1999), *Pura vita* (2001), *I veri nomi* (2002).

DE CÀRLO (Giancàrlo), *Genova 1919*, architetto, urbanista e scrittore. La sua attività di progettista è sempre stata affiancata dall'insegnamento universitario e dalla pubblicazione di saggi. Tra le opere, piano regolatore e collegi universitari di Urbino (1960, 1963-1966), piano regolatore di Rimini (1968-1972), insediamento residenziale dell'isola di Mazzorbo, presso Venezia (1980-1986).

DE CÀROLIS (Adòlfo), *Montefiore dell'Aso 1874 - Roma 1928*, pittore e xilografo. Artista di gusto preraffaellita e decadente, collaborò con numerose riviste e illustrò le opere di G. D'Annunzio e G. Pascoli. Tra il 1910 e il 1928 affrescò il salone del Palazzo del Podestà a Bologna.

DE CAVALIÈRI (Emìlio) → Cavalieri (Emilio de').

DECAZES (Élie), dùca di Glücksberg, *Saint-Martin-de-Laye 1780 - Decazeville 1860*, politico francese. Ministro di polizia (1815) e presidente del consiglio (1819) sotto Luigi XVIII, fu costretto alle dimissioni dopo l'assassinio del duca di Berry (1820). — **Louis D.**, duca di Glücksberg, *Parigi 1819 - castello della Grave 1886*, politico francese, figlio di Élie. Ministro degli esteri (1873-1877), strinse rapporti pacifici con la Germania di O. von Bismarck.

DECCAN o **DEKKAN**, parte peninsulare dell'India. È un altopiano i cui bordi rialzati formano i rilievi montuosi dei Ghati.

DECÈBALO, nome attribuito al re dei daci; il più noto dei quali annientò l'esercito romano (87) e poi, sconfitto da Traiano, si suicidò (106).

DECÈMBRIO, famiglia di umanisti. — **Uberto D.**, *Vigevano 1350 ca. - Treviglio 1427*. Tradusse la *Repubblica* di Platone. — **Pier Candido D.**, *Pavia 1392 - Milano 1477*. Figlio di Uberto, abile politico, tradusse Omero, Plutarco, Appiano, Cesare e Polibio; fu autore di epigrammi e biografie e lasciò un ricchissimo epistolario.

DE CÈSPEDES (Àlba), *Roma 1911 - Parigi 1997*, scrittrice. Di origine cubana, ha dato un contributo attivo alla Resistenza italiana. Le sue opere sono incentrate su tematiche sociali e femministe. Tra le principali, *Nessuno torna indietro* (1938), *La bambolona* (1967), *Il rimorso* (1978).

DE CHÌRICO (Giórgio), *Volos, Grecia, 1888 - Roma 1978*, pittore. Dopo gli studi in Grecia e in Germania, nel 1911 si stabilì a Parigi, dove la sua formazione pittorica si svolse sotto l'influenza del simbolismo. A questo periodo risalgono i primi esempi di pittura "metafisica" (la serie di *Torri e Piazze*), in cui l'artista ricrea su tela spazi onirici e indefiniti, popolati di richiami alla classicità (*Le *muse inquietanti*; *Ettore e Andromaca*, 1917). Allo scoppio della guerra si trasferì in Italia, dove l'incontro con C. Carrà (1915) infuse nuova linfa alla sua concezione artistica (dal 1918 collaborò con lui e con il fratello A. Savinio alla rivista *Valori plastici*). Dopo il 1926 reinterpretò i temi della classicità in chiave barocca, avvicinandosi a grandi maestri come P.P. Rubens e E. Delacroix.

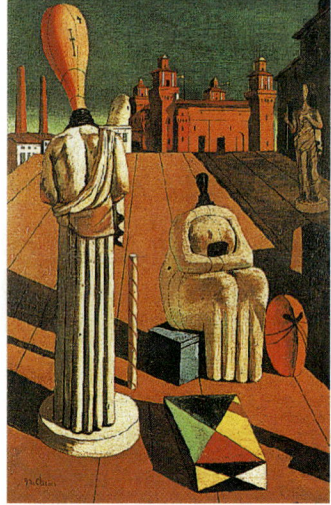

Giorgio **DE CHIRICO.** Le muse inquietanti, 1916. (Coll. Gianni Mattioli, Milano.)

DÈCIO (Càio Mèssio Quìnto Valeriàno Traiàno), *Budalia, Pannonia, 201 - Abritto 251*, imperatore romano (249-251). Proclamato nel 248 imperatore dalle legioni della Pannonia, si ribellò contro Filippo e lo sconfisse a Verona. Promosse una sistematica persecuzione ai danni dei cristiani e nominò apposite commissioni per controllare che i cittadini seguissero i culti a lui prescritti. Morì in battaglia, mentre tentava di respingere i goti sul Danubio.

DÈCIO MÙRE (Pùblio), nome di tre consoli romani. — **Publio Decio Mure**, console nel 340 a.C. Secondo una tradizione leggendaria, si sarebbe immolato per propiziare la vittoria dei romani contro i latini. — **Publio Decio Mure**, figlio del precedente, console per la quarta volta nel 295 a.C. Avrebbe imitato il gesto del padre nella battaglia del Sentino contro i sanniti e i loro alleati. — **Publio Decio Mure**, figlio del precedente e console nel 279 a.C. Fu sconfitto da Pirro ad Ascoli Satriano.

DE COSTER (Charles), *Monaco 1827 - Ixelles 1879*, scrittore belga di lingua francese, autore di *La leggenda di Uylenspiegel*.

DE COSTER (Roger), *Bruxelles 1944*, motociclista belga. È stato campione del mondo di motocross (500 cm³) nel 1971, 1972, 1973, 1975 e 1976.

DE COUBERTIN (Pierre) → COUBERTIN (Pierre De).

DECOUFLÉ (Philippe), *Parigi 1961*, ballerino, coreografo e regista di spettacoli di danza francese. Direttore, dal 1983, della compagnia (DCA) da lui fondata, ha creato un tipo di danza contemporanea ludica (*Codex*, 1986; cerimonia per i giochi olimpici invernali di Albertville, 1992; *Petites Pièces montées*, 1993; *Shazam!*, 1998).

DE CRAYER (Gaspar), *Anversa 1582 - Gand 1669*, pittore fiammingo, discepolo di P.P. Rubens e autore prolifico di quadri a soggetto religioso.

DECUMATES (Agri), ant. territori tra il Reno e l'alto Danubio. Annessi all'impero da Domizia-

no, venivano protetti da un *limes* che gli alemanni violarono nel 260.

DÈDALO MITOL. GR. Architetto e scultore, fu il creatore del labirinto di Creta, nel quale venne rinchiuso il Minotauro. Lui stesso vi fu imprigionato per ordine di Minosse, ma riuscì a fuggire con il figlio Icaro, fabbricandosi delle ali di cera.

DEDEKIND (Richard), *Brunswick 1831-1916*, matematico tedesco. I suoi lavori sugli insiemi di numeri detti "ideali" e sulla divisibilità nei corpi di numeri algebrici hanno posto (insieme ai contributi di G. Cantor) le basi della teoria degli insiemi.

DE DOMÌNICIS (Gino), *Ancona 1947 - Roma 1998*, artista. Si è dedicato alla pittura e alla scultura e ha organizzato numerose performance. Le sue opere, riconducibili all'arte povera e concettuale, rivelano un intento provocatorio e sono incentrate sul tema della morte.

DEE (John), *Londra 1527 - Mortlake 1608*, matematico e occultista inglese. Scienziato di fama, astrologo consultato anche da Elisabetta I, formò nel 1581 insieme a un certo Edward Kelley (1555-1597) la prima coppia medianica di cui si abbia notizia.

DE FELÌCE (Rènzo), *Rieti 1929 - Roma 1996*, storico. Dedicatosi inizialmente alla storia politico-economica di fine '700, in seguito ha rivolto il suo interesse agli anni del fascismo, sottolineandone le differenze tra movimento e regime. La sua fama è in buona parte legata alla biografia di B. Mussolini, pubblicata in 8 voll. dal 1965 al 1990. Tra le altre opere, *Storia degli ebrei italiani sotto il fascismo* (1961), *Intervista sul fascismo* (1975).

DE FELÌCE GIUFFRÌDA (Giusèppe), *Catania 1859-1920*, politico. Tra il 1893 e il 1894 organizzò i Fasci dei lavoratori in Sicilia. In seguito alla repressione del movimento, ordinata da F. Crispi, fu incarcerato (1894-1896). Iscrittosi al Partito socialista, ne venne espulso per aver appoggiato la guerra di Libia (1911).

DE FERRÀRI (Gregòrio), *Porto Maurizio 1644 ca. - Genova 1726*, pittore. Influenzato dall'opera del Correggio, realizzò numerose pale d'altare e decorò svariati palazzi genovesi (Palazzo Rosso, Palazzo di Fossatello, villa Balbi), con un gusto enfatico che anticipa il rococò.

DE FERRÀRI (Raffaèle Luigi), *Genova 1803-1876*, imprenditore. Finanziò la costruzione del molo omonimo nel porto di Genova. Nel 1858 divenne senatore del regno d'Italia.

DE FILÌPPO, famiglia di artisti di teatro. — **Eduardo D.**, *Napoli 1900 - Roma 1984*, attore, drammaturgo e regista teatrale. Figlio di E. Scarpetta, esordì sulla scena con i fratelli Peppino e Titina, nella compagnia del Teatro umoristico (1932). Nel 1945, dopo una lunga esperienza di attore (con incursioni anche nel mondo del cinema: *Il cappello a tre punte*, 1934), distaccatosi dal fratello, fondò il Teatro di Eduardo; qui rappresentò, con una compagnia stabile, le sue commedie (*Natale in casa Cupiello*, 1931; *Napoli milionaria*, 1945; *Questi fantasmi*, 1946; *Filumena Marturano*, 1946), nelle quali riprese la tradizione dialettale napoletana, vivificandola con temi e interrogativi attuali, richiamandosi, in questo, alla lezione pirandelliana (la ricerca della propria identità, la pazzia, il rapporto individuo-società). Successivamente ripropose alcune delle sue opere teatrali sul grande schermo, in chiave neorealistica. — **Peppino D.**, *Napoli 1903 - Roma 1980*, attore teatrale e cinematografico e drammaturgo. Dopo il distacco dalla compagnia di E. Scarpetta, in cui recitava a fianco del fratello Eduardo e della sorella Titina, fondò una propria compagnia e scrisse diverse commedie (*Metamorfosi di un suonatore ambulante*). Memorabili le sue interpretazioni come spalla di Totò sul grande schermo (*La banda degli onesti*, 1956; *Totò, Peppino e... la malafemmina*, 1957). — **Titina D.**, *Napoli 1898 - Roma 1963*, attrice teatrale, sorella di Eduardo e di Peppino. Fu grande interprete delle commedie di Eduardo (*Filumena Marturano*) a teatro e al cinema.

— **Luca D.**, *Roma 1948*, attore teatrale e cinematografico. Figlio di Eduardo, ha riproposto sui palcoscenici italiani i capolavori del padre, mantenendo viva la tradizione del teatro napoletano.

■ *Eduardo de Filippo ne* Il berretto a sonagli, *di L. Pirandello (1936).*

DE FINÉTTI (Brùno), *Innsbruck 1906 - Roma 1985*, matematico e statistico. Ha realizzato studi di fondamentale importanza sul concetto di probabilità: *Teoria della probabilità* (1970), *Probabilità, induzione e statistica* (1972), *Filosofia della probabilità* (postumo, 1995).

DE FINÉTTI (Giusèppe), *Milano 1892-1952*, architetto e urbanista. Allievo di A. Loos a Vienna, si legò alle correnti del movimento moderno europeo. Fondò e diresse la rivista *La città* (1945-1946). Tra le opere, casa della Meridiana a Milano (1924-1925) e casa di caccia Crespi a Vigevano (1938).

DEFOE o **DE FOE** (Daniel), *Londra 1660 ca. - 1731*, scrittore britannico. Avventuriero, commerciante, informatore del governo, giunse alla fama con un romanzo d'avventura (*Robinson Crusoe*) e con una serie di opere di stampo più realistico (*Moll Flanders*).

■ *Daniel Defoe. (London Library.)*

DE FOREST (Lee), *Council Bluffs, Iowa, 1873 - Hollywood 1961*, ingegnere statunitense. Inventò il triodo (1906).

DEGAS (Edgar), *Parigi 1834-1917*, pittore, incisore e scultore francese. Rappresentante dell'impressionismo, proveniente da un ambiente colto, fu influenzato da J.-A.-D. Ingres ed E. Delacroix e tentato dal naturalismo; raggiunse un modo del tutto personale di sintetizzare spazio, luce, forme, movimenti (temi ricorrenti: corse dei cavalli, ballerine, donne alla toilette).

Edgar **DEGAS.** Le stiratrici, 1884. (Musée d'Orsay, Parigi.)

DE GÀSPERI (Alcide), *Pieve Tesino 1881 - Sella di Valsugana 1954*, politico. Nato nel Trentino ancora asburgico, partecipò attivamente alle esperienze irredentiste cattoliche della regione (esponente dell'Unione politica popolare, deputato al parlamento austro-ungarico). Dopo l'annessione del Trentino all'Italia, militò nel nascente Partito popolare e fu eletto deputato nel parlamento italiano (1921). Appoggiando il Patto atlantico e l'Unione Europea, fu tra i principali artefici della ripresa economica e politica del secondo dopoguerra. Ottenuta la carica di segretario del partito nel 1923, per aver guidato la coalizione su posizioni contrarie al regime fascista, fu costretto a dimettersi (1926) e condannato a quattro anni di carcere (1927). Graziato, si rifugiò in Vaticano dove pose le basi della futura DC (1942), nata dalla riorganizzazione del Partito popolare, di cui fu segretario fino al 1946 e dal 1953 al 1954. Ministro degli esteri (1944-1945), presidente del consiglio (1945), protagonista della svolta centrista del 1947, portò la DC al trionfo elettorale del 1948. Rigido nei confronti del comunismo e preoccupato dalla nascita di movimenti neofascisti, fu un sostenitore del "centrismo" e di una politica moderata e liberista.

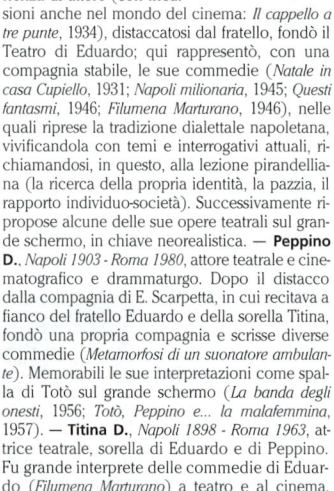

DE GAULLE (Charles), *Lilla 1890 - Colombey-les-Deux-Églises 1970*, generale e politico francese. Generale di brigata, poi sottosegretario di Stato alla difesa nel governo Reynaud (1940), rifiutò l'armistizio di P. Pétain e lanciò da Londra uno storico appello alla resistenza.  Imposto, non senza difficoltà, come il capo della Francia libera, presiedette ad Algeri, nel 1943, il comitato francese di liberazione nazionale, divenuto nel 1944 Governo provvisorio della repubblica, che si installò in Francia in seguito alla liberazione di Parigi. Deciso a ristabilire l'ordine, ma estraneo ai "giochi di partito", diede le dimissioni nel gen. 1946. Fondatore e capo dell'RPF (1947-1953), si ritirò dalla vita politica per dedicarsi alla redazione delle sue *Memorie* (1954-1959). Richiamato al potere in occasione della crisi algerina (1958), fece approvare una nuova Costituzione, che diede origine alla V Repubblica. Presidente della repubblica (1959), pose fine, non senza drammi, alla guerra di Algeria e consolidò l'autorità presidenziale introducendo l'elezione a suffragio universale (1962). Rieletto nel 1965, portò avanti una politica estera di indipendenza nazionale (sviluppo di una forza nucleare autonoma e uscita dalla NATO nel 1966). Danneggiato dalla contestazione del Maggio 1968, l'anno successivo vide respinto per referendum il suo progetto di riforma del senato e si dimise.
■ *Charles De Gaulle.*

DE GEER (Louis, baróne), *Finspång 1818 - Truedstorp 1896*, politico svedese. In qualità di primo ministro (1858-1870; 1876-1880), fece votare l'istituzione delle due camere elette a suffragio censitario (1866).

DÈGO (battáglia di) (1796), battaglia combattuta nei pressi dell'omonimo com. in prov. di Savona. Napoleone vi sconfisse gli austro-piemontesi.

DE GRAAF (Reinier), *Schoonhoven, presso Utrecht, 1641 - Delft 1673*, medico e fisiologo olandese. Condusse le prime analisi scientifiche sul pancreas e scoprì i follicoli ovarici.

DE GRÀDA (Raffaéle), *Milano 1885-1957*, pittore. Rientrato in Italia dopo aver aderito alla Secessione bavarese e svizzera, partecipò alle esposizioni di Novecento e alla Quadriennale di Roma. I suoi paesaggi risentono dell'influenza di P. Cézanne e G. Fattori.

DE GREGÒRI (Francésco), *Roma 1951*, cantautore. Si è formato al Folkstudio di Roma e ha realizzato nel 1973 il suo primo album da solista, *Alice non lo sa*. Tra gli altri album, *Rimmel* (1975), *Titanic* (1982), *Miramare 19.4.89* (1989), *Prendere e lasciare* (1996). Ha al suo attivo importanti collaborazioni con altri artisti, quali F. De André, A. Venditti, L. Dalla, G. Marini.

DE HAVILLAND (sir Geoffrey), *Haslemere, Surrey, 1882 - Londra 1965*, costruttore di aerei britannico. Dal 1909 al 1954, realizzò 112 tipi di apparecchi civili e militari, tra cui il primo aereo civile a reazione (*Comet*, in servizio dal 1952).

DE HAVILLAND (Olivia), *Tokyo 1916*, attrice cinematografica statunitense. Si è distinta soprattutto in ruoli drammatici: *Via col vento* (1939), *A ciascuno il suo destino* (1946, premio Oscar), *La fossa dei serpenti* (1948, coppa Volpi a Venezia), *L'ereditiera* (1949, premio Oscar), *Piano piano dolce Carlotta* (1965).

DEHMELT. (Hans Georg), *Görlitz 1922*, fisico statunitense di origine tedesca. Grazie ai suoi studi sulla spettroscopia atomica di precisione, è giunto ad analizzare il comportamento di un elettrone isolato. (Premio Nobel 1989.)

DE HOOCH, DE HOOGHE o **DE HOOGH** (Pieter), *Rotterdam 1629 - Amsterdam 1684 ca.*, pittore olandese. È autore di vedute di interni borghesi caratterizzate da un realismo poetico (spec. quelle che risalgono al periodo di Delft: 1654-1662).

DEHRA DUN, c. dell'India, cap. dell'Uttaranchal; 447.808 ab.

DÈI (Piètro D'Antònio) → BARTOLOMEO DELLA GATTA.

DEIANÌRA MITOL. GR. Moglie di Eracle, ne causò la morte donandogli la tunica di *Nesso*.

DEIDÀMIA MITOL. GR. Figlia del re di Sciro Licomede, amò Achille, che si era nascosto nel suo palazzo in abiti femminili per sfuggire alla guerra, e con lui concepì Pirro Neottolemo.

DEI DELÌTTI E DELLE PÉNE, saggio di C. Beccaria, pubblicato nel 1764. Quest'opera, i cui principi sono oggi alla base di ogni legislazura moderna, è una delle più significative dell'Illuminismo italiano. In essa l'autore condanna alcune procedure all'epoca legali (quali la segretezza delle accuse e del processo, l'uso della tortura in fase istruttoria, la disuguaglianza e l'atrocità delle pene inflitte) e sostiene l'abolizione della pena di morte

DEIR EL-BAHARI, sito archeologico dell'Egitto, presso Tebe. Notevoli monumenti funerari di Mentuhotep I, di Tutmosi III e soprattutto della regina Hatshepsut.

DEIR EL-BAHARI. *Tempio della regina Hatshepsut, nuovo impero, XVIII dinastia.*

DEIR EZ-ZOR, c. della Siria, sull'Eufrate; 133.000 ab. In prossimità, giacimenti di petrolio.

DÉJEUNER SUR L'HERBE (le), grande tela di E. Manet (1862-1863, Musée d'Orsay, Parigi). La sua modernità (nonostante sia chiaro l'influsso di Raffaello e a Giorgione) fece scandalo al "Salon des refusés" del 1863.

DE KEERSMAEKER (Anne Teresa), *Malines 1960*, ballerina e coreografa belga. Formatasi al centro Mudra-Bruxelles di M. Béjart e a New York, nel 1983 ha fondato la sua compagnia (Rosas), ospitata nel Théâtre de la Monnaie di Bruxelles dal 1992. Tra le sue creazioni: *Fase* (1982), *Rosas danst rosas* (1983), *Mozart Concert Arias* (1992), *Just Before* (1997), *Rain* (2001).

DEKKAN → DECCAN.

DEKKER (Thomas), *Londra 1572 ca. - 1632 ca.*, scrittore inglese. Le sue commedie per il teatro (*La festa del calzolaio*) e le sue cronache descrivono con humour i londinesi.

DE KLERK (Frederik Willem), *Johannesburg 1936*, politico sudafricano. Leader del Partito nazionale (1989-1997), presidente della repubblica dal 1989 al 1994, è stato, insieme a Nelson Mandela, protagonista delle lotte per l'abolizione dell'apartheid e del processo di democratizzazione del Sudafrica.  Nominato vicepresidente in seguito alla vittoria dell'ANC alle elezioni multirazziali del 1994, si è dimesso nel 1996. (Premio Nobel per la pace 1993.)
■ *Frederik De Klerk nel 1991.*

DE KOONING (Willem), *Rotterdam 1904 - East Hampton, Long Island, Stato di New York, 1997*, pittore statunitense di origine olandese. Stabilitosi a New York nel 1926, si è affermato alla fine degli anni '40 del secolo scorso come uno dei maestri dell'espressionismo astratto e figurativo (tema della *Donna*, smembrata e ricomposta).

DELACROIX (Eugène), *Charenton-Saint-Maurice, att. Saint-Maurice, 1798 - Parigi 1863*, pittore francese. Grande colorista e innovatore ponderato, fu realizzò grandi imprese decorative a Parigi (biblioteca del Palazzo Borbone; soffitto della galleria

Eugène **DELACROIX.** *Il massacro di Scio, 1824. (Louvre, Parigi.)*

Le déjeuner sur l'herbe *di E. Manet, 1862-1863. (Musée d'Orsay, Parigi.)*

Robert **DELAUNAY**. Omaggio a Blériot,
1914. (MNAM, Parigi.)

d'Apollo al Louvre, 1850-1851). Tra i suoi quadri
più noti, tutti conservati al Louvre: *La barca di
Dante* (1822), *Il massacro di Scio* (1824), *La morte
di Sardanapalo* (1827), *La *Libertà che guida il popolo, Donne d'Algeri* (1834). È inoltre autore di litografie per il *Faust* di J.W. Goethe. Il suo *Diario*
riveste notevole interesse.

DELAGOA (Bàia), baia dell'Oceano Indiano,
nel Mozambico.

DELALANDE (Michel Richard), *Parigi 1657 - Versailles 1726*, compositore francese. Ebbe diversi incarichi a corte; lasciò 71 grandi mottetti, capolavori
del genere, e 12 *Sinfonie per il desinare del re*.

DE LA MARE (Walter), *Charlton, Kent, 1873 -
Twickenham, Middlesex, 1956*, scrittore britannico. La sua opera narrativa (*Memorie di una donna
in miniatura*) e poetica (*Canti dell'infanzia*) mescola ai ricordi d'infanzia visioni e fantasticherie.

DELANNOY (Jean), *Noisy-le-Sec 1908*, regista cinematografico francese. È autore di film drammatici in cui predomina la componente psicologica (*L'immortale leggenda*, 1943; *Sinfonia pastorale*, 1946; *La principessa di Clèves*, 1961).

DELAROCHE (Hippolyte, detto Paul), *Parigi 1797-
1856*, pittore francese. Artista eclettico, tentò di
conciliare classicismo e romanticismo in soggetti storici dall'effetto teatrale.

DE LAUNAY (Clàudio Gabrièle), *Duingt 1786 - Torino 1850*, militare e politico. Conservatore, fedele
alla monarchia, fu viceré di Sardegna (1843-1848),
senatore (1848), presidente del consiglio e ministro degli esteri (mar.-mag. 1849). Il 7 mag. 1849 fu
costretto a cedere il potere a M. D'Azeglio.

DELAUNAY (Robert), *Parigi 1885 - Montpellier
1941*, pittore francese. Appartenente all'*orfismo*,
termine inventato da G. Apollinaire, ha arricchito
il cubismo con nuovi giochi di contrasti cromatici
e luminosi, spezzando e ricomponendo forme
(serie delle "Tour Eiffel", 1909-1910; delle "Finestre", 1912) e approdando, in alcune opere, al-
l'astrazione ("Forme circolari", "Ritmi" ecc.).
— **Sonia D.**, nata Terk, *Odessa 1885 - Parigi 1979*,
pittrice francese di origine russa, moglie di Robert. Ha compiuto le stesse ricerche del marito
sul colore puro e sul ritmo (*Prismi elettrici*, 1914,
MNAM, Parigi) applicandole alle arti grafiche e
decorative, ai tessuti e alla moda in generale.

DE LAURÈNTIS (Dino), *Torre Annunziata 1919*,
produttore cinematografico. Attivo dall'inizio
degli anni '40 del secolo scorso, ha prodotto
alcuni dei capolavori del cinema italiano (*Riso
amaro*, 1949; *Europa '51*, 1951; *La strada*, 1954;
Le notti di Cabiria, 1957; *La grande guerra*, 1959;
Una vita difficile, 1961). Notevole anche la sua
attività negli Stati Uniti (*La Bibbia*, 1966; *King
Kong*, 1976; *L'anno del dragone*, 1985; *Hannibal*,
2001). Nel 2003 ha ricevuto il Leone d'oro alla
carriera.

DE LAVAL (Gustaf), *Orsa 1845 - Stoccolma 1913*,
ingegnere svedese. È inventore della turbina a
vapore che porta il suo nome (1883).

DELAWARE, f. degli Stati Uniti, che sfocia nella
baia omonima, nell'Atlantico; 400 km. Attraversa Filadelfia.

DELAWARE, Stato degli Stati Uniti, sull'Atlantico; 783.600 ab.; cap. *Dover*.

DELAWARE, popolazione amerindia degli Stati
Uniti (Oklahoma, Missouri, Kansas) e del Canada (Ontario), della famiglia algonchina.

DÉL BÈNE (Sennùccio), *Firenze 1270 ca. - 1349*,
poeta. Guelfo di parte bianca, esiliato nel 1311,
lavorò presso la curia di Avignone, dove strinse
amicizia con F. Petrarca; nel 1326 poté rientrare
a Firenze. È pervenuta solo una minima parte
delle sue rime, di chiara tendenza stilnovista,
tra cui *Amor, tu sai ch'i' son col capo cano* e *Da
poi ch'i' ho perduta ogni speranza* (canzone per la
morte di Arrigo VII).

DELBRÜCK (Max), *Berlino 1906 - Pasadena 1981*,
biofisico statunitense di origine tedesca. Ha ricevuto nel 1969 il premio Nobel per la medicina
grazie ai suoi lavori di biologia molecolare sul
DNA e sul suo ruolo genetico.

DÉL BUÒNO (Orèste), *Poggio nell'Elba 1923 - Roma 2003*, scrittore e giornalista. Tra i principali
opere narrative, *Racconto d'inverno* (1945), *I peggiori anni della nostra vita* (1971), *Amori neri*
(1985). La sua ampia produzione saggistica include *Il comune spettatore* (1979) ed *Era Cinecittà*
(1980). Ha svolto anche attività di consulente editoriale e traduttore, oltre a dirigere la rivista *Linus*.

DÉL CARRÉTTO, famiglia ligure originaria del
Monferrato, titolare del marchesato di Finale,
venduto da Andrea Sforza alla Spagna nel
1598.— **Enrico I il Guercio Del C.**, *XII-XIII* sec.
Capostipite della famiglia, fu uno stretto collaboratore di Federico Barbarossa. — **Enrico II
Del C.**, *XIII* sec. Lottò a lungo contro Genova,
ma ne fu sottomesso. — **Jacopo Del C.**, *XIII* sec.
Guidò i ghibellini contro la guelfa Genova.
— **Ilaria Del C.**, *m. nel 1405*. Le fu dedicato un
monumento funebre realizzato da J. Della Quercia nel duomo di Lucca.

DÉL CARRÉTTO (Francésco Savèrio), *Barletta 1777
ca. - Napoli 1861*, militare e politico. Ufficiale borbonico, dopo la restaurazione ebbe il comando
militare della Basilicata. Represse la rivolta del
Cilento (1828) e perseguì spietatamente i moti liberali. Fu ministro di polizia dal 1831 al 1848.

DELCASSÉ (Théophile), *Pamiers 1852 - Nizza
1923*, politico francese. Ministro degli esteri
(1898-1905), strinse un'alleanza con la Russia
(1900) e fu l'artefice dell'"intesa cordiale" con
la Gran Bretagna (1904).

DÉL CÒSSA (Francésco) → COSSA (Francesco Del).

DELÉDDA (Gràzia), *Nuoro 1871 - Roma 1936*,
scrittrice. A metà strada tra verismo e decadentismo, i suoi romanzi indagano il mondo sardo, attraverso atmosfere mitiche e storie intrise di profonda religiosità (*Cenere*, 1904; **Canne al vento*;
Marianna Sirca, 1915). (Premio Nobel 1926.)

DELERUE (Georges), *Roubaix 1925 - Los Angeles
1992*, compositore francese. È conosciuto per le
sue musiche da film (*Hiroshima mon amour*, A.
Resnais, 1959; *La calda amante*, F. Truffaut, 1964;
Diên Biên Phu, P. Schoendoerffer, 1992).

DELEUZE (Gilles), *Parigi 1925-1995*, filosofo francese. Teorico della "differenza", ha difeso dagli
attacchi delle istituzioni il diritto umano di desiderare e la produzione dell'inconscio (*L'Anti-
Edipo*, 1972; *Mille piani. Capitalismo e schizofrenia*,
1980; *Che cos'è la filosofia?*, 1991, tutti in collaborazione con F. Guattari). Storico della filosofia
(*Nietzsche e la filosofia*, 1962), si è interessato anche al cinema e alla pittura.

DE LEYVA (Marianna), *Milano 1575-1650*, nobildonna. Nel 1591 fu costretta a prendere i voti ed
entrò nel monastero benedettino di S. Margherita a Monza. Per mantenere segreta una relazione da cui nacquero due figli, si fece coinvolgere
in una serie di delitti. Dopo la condanna (1608)
visse in clausura in un convento milanese. Ispirò il personaggio di Gertrude dei *Promessi sposi*.

DÈLFI, c. dell'ant. Grecia, nella Focide, sul versante sud-occ. del Parnaso. Ospitava il santuario
di Apollo, che dispensava oracoli attraverso la Pizia. Importante centro religioso, sede dei giochi
pitici, D. fu un punto di riferimento per il mondo
antico dal VII sec. a.C. fino all'epoca romana.
— Gli scavi condotti dopo il 1860 da una missione francese nella zona dell'ant. villaggio di Kastrí
hanno portato alla luce i templi di Apollo e di
Atena, i tesori (tra cui quello della città di Atene,
V sec. a.C.), il teatro, lo stadio. Ricco museo.

DÈLFICO (Melchiòrre), *Leognano 1744 - Teramo
1835*, filosofo, storico e politico. Di tendenze illuministe, partecipò alla Repubblica Partenope-
a, dispensò *Memorie storiche sulla Repubblica di San Marino* (1804), *Pensieri su l'istoria e su
l'incertezza e l'inutilità della medesima* (1808),
Nuove ricerche sul bello (1818).

DELFINATO, reg. storica della Francia (dip. Isère,
Hautes-Alpes e Drôme), formata da una zona
montuosa e da altopiani; c. princ. *Grenoble*. Nel
1349 la provincia del D. fu ceduta al re di Francia
Filippo VI a condizione che divenisse appannaggio del primogenito della famiglia reale, da quel
momento chiamato delfino. Le riforme reclamate
dagli Stati del D. nel 1788 furono all'origine della
riunione degli Stati generali del 1789.

DELFÌNI (Antònio), *Modena 1908-1963*, scrittore e
giornalista. Fondò e diresse numerosi periodici.
Tra le opere, *Il ricordo della Basca* (1938), *La Rosina Perduta* (1957), *Poesie della fine del mondo*
(1961). Si distinse per l'attenzione alla vita di
provincia e per la vena surreale.

DELFÌNO (Giuseppe), *Torino 1921-1999*, schermidore. Specialista della spada, è stato più volte
campione italiano individuale e campione del
mondo a squadre. Ha conquistato la medaglia
d'oro alle Olimpiadi di Roma nel 1960.

DELFT, c. dei Paesi Bassi (Olanda Merid.);
96.180 ab. Centro di produzione di maioliche, il
cui apogeo si situa nei XVII e nel XVIII sec.
— Monumenti del XIII-XVII sec.; musei.

DELGADO (Càpo), promontorio del Mozambico, sull'Oceano Indiano.

DELFI. Resti della tholos, edificio del IV sec. a.C.

DELHI. *Mausoleo di Humayun (1564 ca.).*

DÉL GIÙDICE (Danièle), *Roma 1949*, scrittore. Tra le opere, *Lo stadio di Wimbledon* (1983), *Atlante occidentale* (1985), *Staccando l'ombra da terra* (1994), *Mania* (1997). Il suo stile rivela, sulla scia di I. Calvino, una notevole attenzione per i dettagli e una marcata tendenza all'oggettività.

DÉL GRÀNDE (Antònio), *Roma 1625-1671*, architetto. Attivo a Roma, realizzò opere influenzate in parte dallo stile di F. Borromini: carceri nuove (1652), galleria di Palazzo Colonna (1654), Palazzo Doria-Pamphili (facciata sulla piazza del Collegio Romano, 1659-1661).

DELHI, c. dell'India, capol. del Territorio di D., sul f. Yamuna; 9.817.439 ab. (11.695.000 ab. nell'agglomerato, 13.782.000 ab. nel territorio). Ingloba Nuova D., capitale federale dell'India, ed è la terza città del paese. — Antica città hindu, dal XIII al XIX sec. fu la capitale degli Stati musulmani dell'India del N. — Numerosi monumenti: pilastro di ferro (IV sec.), notevoli edifici del XIII-XVI sec. in stile "indo-musulmano", tra cui il Qutb Al-Minar (1229 ca.); importanti complessi architettonici di epoca moghul (mausoleo di Humayun, 1564 ca.; Forte Rosso, 1639-1647; la Grande Moschea, 1644-1658 ecc.).

DE LÌBERO (Lìbero), *Fondi 1906 - Roma 1981*, poeta e romanziere. Le sue raccolte poetiche sono caratterizzate da una vena surreale ed ermetica: *Solstizio* (1934), *Eclisse* (1940), *Ascolta la Ciociara* (1953), *Circostanze* (1976). La sua produzione narrativa include *Amore e morte* (1951) e *Camera oscura* (1952).

DELIBES (Léo), *Saint-Germain-du-Val 1836 - Parigi 1891*, compositore francese. È autore di musiche per balletti (*Coppelia*, 1870; *Sylvia*, 1876) e di *opéras-comique* (*Lakmé*, 1883).

DELILLE (abàte Jacques), *Clermont-Ferrand 1738 - Parigi 1813*, poeta francese. Traduttore di Virgilio, è autore di poemi didascalici e descrittivi (*I giardini*).

DELILLO (Don), *New York 1936*, romanziere statunitense. La sua produzione è riconducibile alla corrente postmoderna ed esplora le innumerevoli potenzialità del linguaggio per rappresentare la società statunitense: *Americana* (1971), *End Zone* (1972), *Giocatori* (1977), *Rumore bianco* (1985), *Libra* (1988), *Underworld* (1997), *Body art* (2001), *Cosmopolis* (2003).

DÉLL'ABÀTE (Nicolò), *Modena 1509 ca. - Fontainebleau 1571*, pittore. Allievo di A. Begarelli e A. Fontana, fu attivo soprattutto a Modena, Bologna e nella regione parigina, distinguendosi come esponente del manierismo. Tra le opere, affreschi della rocca di Scandiano (ciclo dell'*Eneide*) e di Palazzo Poggi a Bologna (*Storia di Camilla, Paesaggi e Concerti*). In Francia si dedicò anche alle arti applicate.

DÉLLA CÀSA (Giovànni), *Mugello 1503 - Roma 1556*, letterato e poeta. Fu arcivescovo di Benevento, nunzio apostolico a Venezia e segretario di Stato di Paolo IV. Le sue *Rime* (1558), di chiara ispirazione petrarchesca, sono caratterizzate da una vena malinconica e raffinata. La sua opera più celebre resta, tuttavia, il *Galateo* (1558), trattato che suggerisce le norme della "civile conversazione" e guida i giovani nelle diverse occasioni della vita mondana.

DÉLLA FRANCÉSCA → PIERO DELLA FRANCESCA.

DÉLLA GÀTTA (Bartolomèo) → BARTOLOMEO DELLA GATTA.

DÉLLA PÒRTA (Antònio), detto **il Tamagnino**, *attivo tra il 1490 e il 1520 ca.*, scultore. Lavorò alla decorazione della certosa di Pavia, del Palazzo della Loggia a Brescia e della chiesa di S. Teodoro a Genova.

DÉLLA PÒRTA (Bartolomèo) → BARTOLOMEO DELLA PORTA.

DÉLLA PÒRTA (Giàcomo), *in Lombardia 1540 ca. - Roma 1602*, architetto. Terminò, a Roma, alcuni edifici iniziati da Michelangelo (cupola di S. Pietro, 1585-1590 ca.). La facciata per la chiesa del Gesù progettata dal Vignola è tipica dello stile della Controriforma.

DÉLLA PÒRTA (Giambattista), *Napoli 1535-1615*, umanista e fisico. Si adoperò a promuovere la "magia naturale" (*Magia naturalis*, 1558), indicando nell'osservazione il fondamento della scienza.

DÉLLA PÒRTA (Gugliélmo), *1500 ca. - Roma 1577*, scultore. Trascorse la giovinezza a Genova, collaborando con Perin del Vaga (stucchi di Palazzo Doria) e con lo zio Giovanni Giacomo (statue di profeti per la cattedrale). Intorno al 1537 si trasferì a Roma, dove lavorò per la famiglia Farnese realizzando, tra l'altro, il sepolcro di Paolo III in S. Pietro.

DÉLL'ARCO (Màrio **Fagiòlo**, detto Màrio), *Roma 1905-1996*, poeta. Ha pubblicato diverse raccolte in dialetto romanesco, tra cui *Una striscia de sole* (1951) e *La peste a Roma* (1952). Insieme a P.P. Pasolini ha curato l'antologia *Poesia dialettale del novecento* (1952).

DÉLLA QUÈRCIA → JACOPO DELLA QUERCIA.

DÉLLA RÓBBIA (Lùca), *Firenze 1400-1482*, scultore e ceramista. Autore dei rilievi marmorei nel duomo di Firenze (*Cantoria*, 1431-1438), fu il primo ad applicare decorazioni in terracotta invetriata e policroma a complessi architettonici e scultorei. — **Andrea Della R.**, *Firenze 1435-1525*, scultore e ceramista, nipote di Luca. Continuò l'opera dello zio, dedicandosi a opere prevalentemente decorative (*Putti*, portico dell'Ospedale degli Innocenti a Firenze).

DÉLLA RÓVERE, famiglia nobile originaria di Savona. — **Francesco Della R.** → SISTO IV. — **Giuliano Della R.** → GIULIO II. — **Francesco Maria I Della R.**, *Senigallia 1490 - Pesaro 1538*. Ottenne il ducato di Urbino nel 1508 e divenne signore di Pesaro nel 1512. Guidò le truppe pontificie contro Venezia e Ferrara. — **Francesco Maria II Della R.**, *1548 - Casteldurante 1631*. Nel 1625 consegnò il ducato allo Stato pontificio. Con lui si estinse la dinastia.

DÉLLA SCÀLA o **SCALÌGERI**, famiglia veneta ghibellina, titolare della signoria di Verona. — **Mastino I Della S.** *m. nel 1277*, signore di Verona. Podestà e capitano del popolo, a partire dal 1263 esercitò il potere assoluto sulla città. Fu assassinato. — **Cangrande Della S.**, *Verona 1291 - Treviso 1329*, signore di Verona (1311-1329). In seguito alla morte del fratello Alboino (1311), governò da solo la città. Capitano della lega ghibellina, adottò una politica espansionistica e conquistò Vicenza, Feltre, Belluno, Padova e Treviso. Scomunicato dal papa Giovanni XXII (1320), fu ammirato da Dante, che ne fece menzione nella *Divina Commedia* (*Paradiso*, XVII). — **Mastino II Della S.** *1308-1351*, signore di Verona. Perseguendo la linea politica di Cangrande, conquistò Brescia, Parma e Lucca. Contrastato da Firenze e Venezia, fu costretto a ridurre il dominio alle sole Verona e Vicenza.

La **Rocca Scaligera**, *residenza della famiglia Della Scala fin dal 1259 (Sirmione).*

DÉLLA TÓRRE o **TORRIÀNI**, nobile famiglia milanese originaria della Valsassina. — **Martino Della T.**, *m. nel 1263*. Ottenne la signoria di Milano. — **Filippo Della T.**, *m. nel 1265*. Estese il proprio dominio in Lombardia e in Piemonte. — **Napoleone Della T.**, *m. nel 1278*. Fu nominato vicario imperiale da Rodolfo d'Asburgo. Fu sconfitto a Desio da Ottone Visconti (1277) e la sua famiglia venne costretta all'esilio. — **Guido Della T.**, *m. nel 1312*. Riportò brevemente al potere la famiglia a Milano, dal 1302 al 1311.

DÉLLA VÀLLE (Federìgo), *Asti 1560 ca. - Milano 1628*, drammaturgo e poeta. Le sue tragedie *Judith* (1627), *Ester* (1627) e *La Reina di Scotia* (1628) sono riconducibili al clima politico-culturale della Controriforma e rivelano un'accurata caratterizzazione dei personaggi femminili.

DÉLLA VÀLLE (Filìppo), *Firenze 1697 - Roma 1768*, scultore. Artista di gusto barocco, allievo di C. Rusconi, realizzò il gruppo della *Temperanza* (1733 ca.) e, insieme a P. Bracci, il complesso scultoreo della Fontana di Trevi, a Roma.

DÉLLA VÀLLE (Piètro), *Roma 1586-1652*, scrittore. Compì viaggi nel medio e lontano Oriente, di cui lasciò testimonianza in 54 lettere che compongono la raccolta *Viaggi di Pietro Della Valle il Pellegrino*. Fu anche musicologo (*Discorso sulla musica dell'età nostra*, 1640).

DÉLLA VÓLPE (Galvàno), *Imola 1895 - Roma 1968*, filosofo. Pensatore d'ispirazione marxista, sostenitore di un "umanesimo positivo", si occupò di logica ed estetica. Tra le opere, *Logica come scienza positiva* (1950), *Critica del gusto* (1960).

DELLER (Alfred), *Margate 1912 - Bologna 1979*, falsettista britannico. Fondatore del Deller Consort, contribuì alla riscoperta dell'interpretazione vocale del repertorio inglese rinascimentale (J. Dowland) e barocco (H. Purcell).

DELLUC (Louis), *Cadouin 1890 - Parigi 1924*, scrittore e regista cinematografico francese. Fu uno dei fondatori del cine-club e il pioniere della critica cinematografica (il premio che porta il suo nome venne istituito nel 1936). Girò diversi film, tra cui *La femme de nulle part* (1922) e *L'inondation* (1924).

DÉL LÙNGO (Isidòro), *Montevarchi 1841 - Firenze 1927*, critico letterario. Fu arciconsole e presidente dell'Accademia della Crusca. Tra le opere, *Dell'esilio di Dante* (1881), *Da Bonifacio VIII ad Arrigo VII* (1899).

DÉL MÒNACO (Màrio), *Firenze 1915 - Mestre 1982*, tenore. Fu il più celebre interprete dell'*Otello* di G. Verdi.

DÉL NÓCE (Augùsto), *Pistoia 1910 - Roma 1989*, filosofo. Cattolico e idealista, si è opposto ad ateismo e materialismo. Tra le opere, *Marxismo e salto qualitativo* (1948), *Il problema politico dei cattolici* (1967), *Il suicidio della rivoluzione* (1978), *Il cattolico comunista* (1981).

DÈLO, in gr. **Délos**, isola della Grecia, la più piccola delle Cicladi. Ospitava il grande santuario di Apollo e fu, nel V sec. a.C., la sede della Lega di D. Fu distrutta da Mitridate VI (88 a.C.). — Complesso archeologico tra i più importanti della Grecia (santuari, teatro, case con notevoli mosaici, portici ecc.).

DÈLO (lèga di) o **PRÌMA CONFEDERAZIÓNE ATENIÉSE** (477-404 a.C.), alleanza che univa numerose città greche sotto la guida di Atene. Formatasi dopo la battaglia di Micale per fronteggiare la minaccia persiana, fu di fatto lo strumento principale dell'egemonia di Atene sull'Egeo.

DE LÓLLIS (Cèsare), *Casalincontrada 1863 - Roma 1928*, critico letterario. Direttore di *La Cultura*, scrisse tra l'altro *Cristoforo Colombo nella leggenda e nella storia* (1892), *Alessandro Manzoni e gli storici liberali francesi della restaurazione* (1926).

DELON (Alain), *Sceaux 1935*, attore cinematografico francese. Una delle star più popolari del cinema francese, è stato diretto, tra gli altri, da R. Clément (*Delitto in pieno sole*, 1960), L. Visconti (*Rocco e i suoi fratelli*, id.), J.-P. Melville (*Frank Costello faccia d'angelo*, 1967), J. Losey (*Mr. Klein*, 1976), J.-L. Godard (*Nouvelle Vague*, 1990).

■ *Alain Delon.*

DELORME o **DE L'ORME** (Philibert), *Lione 1514 - Parigi 1570*, architetto francese. Costruttore, artista e teorico, è il maggior rappresentante del secondo rinascimento francese (castello di Anet, 1547-1555; diverse opere sotto Enrico II; castello delle Tuileries, 1564).

DELORS (Jacques), *Parigi 1925*, economista e politico francese. Socialista, ministro dell'economia e delle finanze (1981-1984), è stato presidente della Commissione europea dal 1985 al 1995.

DÉL PÈZZO (Lùcio), *Napoli 1933*, pittore e scultore. Membro del Gruppo 58, ha approfondito temi e stili propri della nuova figurazione. Tra le opere, *Specchio magico* (1962), *Mondiale* (1990).

DÉL PÓNTE (Càrla), *Lugano 1947*, magistrato svizzero. Procuratore nel Ticino e poi, dal 1994 al 1999, procuratore generale della Svizzera, stimata per il suo impegno nella lotta contro la corruzione e la mafia, dal 1999 è procuratore dei tribunali internazionali per l'ex Iugoslavia e il Ruanda.

DÈLTA (piàno), nome dato al complesso delle dighe che collegano le isole dell'Olanda Merid. e della Zelanda ai Paesi Bassi; è stato realizzato tra il 1958 e il 1986 allo scopo di contrastare le inondazioni.

DELTA AMACURO, Stato del Venezuela; 111.000 ab. Cap. *Tucupita*. Agricoltura, estrazione del petrolio.

DE LÙCA (Èrri), *Napoli 1950*, scrittore. Ha esordito nel 1989 con *Non ora, non qui*. Avendo studiato da autodidatta l'ebraico, si è dedicato alla traduzione della Bibbia. Tra le opere, *Aceto arcobaleno* (1992), *Montedidio* (2001), *Il contrario di uno* (2003).

DE LÙLLO (Giòrgio), *Roma 1921-1981*, attore e regista teatrale. Interprete di grandi successi, fu anche regista lirico. Insieme a R. Valli e R. Falk, fondò nel 1954 la Compagnia dei Giovani.

DELVAUX (André), *Heverlee 1926*, regista cinematografico belga. Nei suoi film ha ricreato un universo affascinante e raffinato in cui il reale si coniuga con una dimensione onirica: *Una sera, un treno...* (1968), *Appuntamento a Bray* (1971), *L'opera al nero* (1988).

Paul **DELVAUX**. *Femme au miroir*, *1936*.
(Coll. Thyssen-Bornemisza, Madrid.)

DELVAUX (Paul), *Antheit, prov. di Liegi, 1897 - Furnes 1994*, pittore belga. I suoi quadri, di fattura classica, si rifanno a un surrealismo onirico (*Pigmalione*, 1939, MAM, Bruxelles; *I treni della sera*, 1957, ibid.). A Saint-Idesbald (com. di Koksijde) vi è un museo a lui dedicato.

DÉL VÈCCHIO (Gustàvo), *Lugo di Romagna 1883 - Roma 1973*, economista. Docente di economia politica e autore di testi fondamentali, come *Teoria generale della moneta* (1933) e *Capitale e interesse* (1956), fu anche ministro del tesoro (1947-1948).

DÉL VIRGÌLIO (Giovànni), *Bologna XIII-XIV sec. ca.*, letterato. Scrisse un'epistola e un'egloga a Dante, esortando il poeta a utilizzare il latino.

DE MAN (Henri), *Anversa 1885 - Murten 1953*, teorico e politico belga. Vicepresidente del Partito operaio belga (1933), dopo il 1940 si mostrò favorevole alla collaborazione con la Germania e fu costretto a rifugiarsi in Svizzera. I suoi scritti rappresentano una critica e allo stesso tempo un tentativo di superamento del marxismo (*Al di là del marxismo*, 1929).

DE MÀRCHI (Emìlio), *Milano 1851-1901*, scrittore. Vicino agli ambienti della Scapigliatura, attento ai temi della vita quotidiana di provincia, scrisse opere in stile realista: *Il cappello del prete* (1888), *Demetrio Pianelli* (1890).

DE' MARÌA (Màrio), detto **Marius Pictor**, *Bologna 1852 - Venezia 1924*, pittore. Lavorò in Italia e all'estero, studiando in part. gli effetti cromatici della luce lunare.

DE MARIA (Walter), *Albany 1935*, pittore statunitense. È tra i massimi esponenti della *land art*. Tra le opere, *The Lightning Field* (1977).

DE MARTÌNO (Ernèsto), *Napoli 1908 - Roma 1965*, etnologo. Affrontò in un'ottica storicista lo studio delle religioni e della magia, attribuendo grande valore a fenomeni persistenti nel folclore e nelle credenze popolari. Tra le opere, *Morte e pianto rituale nel mondo antico* (1958), *Sud e magia* (1959), *La terra del rimorso* (1961).

DE MARTÌNO (Francésco), *Napoli 1907-2002*, politico. Segretario del PSI dal 1964 al 1966 e dal 1972 al 1976, fu vicepresidente del consiglio (1970-1972) e senatore a vita.

DE MÀURO (Tùllio), *Torre Annunziata 1932*, linguista. Studioso dell'unificazione linguistica in Italia, ha curato l'edizione italiana del *Corso di linguistica generale* di F. de Saussure. Tra le opere, *Storia linguistica dell'Italia unita* (1963), *Linguistica elementare* (1998).

DEMÈTRA MITOL. GR. Dea della fertilità, simbolo della fecondità della terra. Identificata con la Cerere romana, è la madre di Persefone. I suoi misteri venivano celebrati a Eleusi.

DEMÈTRIO FALERÈO, *Falero 350 ca. - Egitto 283 ca. a.C.*, politico e oratore ateniese. Fu posto dal macedone Cassandro alla guida del governo di Atene.

DEMÈTRIO I POLIORCÈTE, *336-282 a.C.*, re di Macedonia (294-287 a.C.), della dinastia antigonide. Figlio di Antigono I Monoftalmo, fu, con il padre, padrone del mondo egeo fino alla disfatta di Ipso (301 a.C.). Seleuco I lo fece prigioniero nel 285.

DEMÈTRIO I SOTÈRE, *m. nel 150 a.C.*, re di Siria (162-150 a.C.), della dinastia seleucide, nipote di Antioco III il Grande.

DEMÈTRIO DONSKOJ, *Mosca 1350-1389*, granduca di Mosca (1362-1389). Sconfisse i mongoli a Kulikovo (1380).

DEMÌDOV o **DEMIDOF**, famiglia di industriali russi, nobilitata nel 1720, alcuni membri della quale ebbero rapporti con la corte, nel corso del XIX sec. — **Nikita D.**, *Tula 1656-1725*, industriale russo. Padrone di fabbriche per la lavorazione del ferro a Tula, estese l'attività negli Urali, sotto Pietro il Grande. — **Anatoli Nikolaevič D.**, principe **di San Donato**, *Firenze 1812 - Parigi 1870*, marito di Matilde Bonaparte.

DE MILLE (Agnes), *New York 1905-1993*, ballerina e coreografa statunitense. Nipote di Cecil B. De Mille, contribuì a dotare di uno stile proprio il balletto americano e a portarne alla luce le radici folcloristiche.

DE MILLE (Cecil Blount), *Ashfield, Massachusetts, 1881 - Hollywood 1959*, regista cinematografico statunitense. Specializzato nelle ricostruzioni storiche e nei kolossal, ha realizzato: *I prevaricatori* (1915), *I dieci comandamenti* (1923, 1956), *Cleopatra* (1934), *Il più grande spettacolo del mondo* (1952).

DEMIREL (Süleyman), *Islâmköy 1924*, politico turco. Primo ministro a più riprese (1965-1971; 1975-1978; 1979-1980), è stato imprigionato due volte dopo il colpo di Stato militare del 1980. Di nuovo capo del governo nel 1991, ha rivestito la carica di presidente della repubblica dal 1993 al 2000.

DE MÌTA (Luigi Ciriaco), *Nusco 1928*, politico. Deputato democristiano dal 1963, più volte ministro, è stato presidente del consiglio (1988-1989) e segretario della DC (1982-1988), quindi presidente dello stesso partito dal 1989 al 1992.

DEMME (Jonathan), *Baldwin, New York, 1944*, regista cinematografico statunitense. Tra i film diretti, *Stop Making Sense* (1984), *Una vedova allegra ma non troppo* (1986), *Il silenzio degli innocenti* (1991, premio Oscar), *Philadelphia* (1993), *The Truth About Charlie* (2002).

DEMOCRÀTICI DI SINÌSTRA (DS), denominazione assunta nel 1998 dal Partito democratico della sinistra, a sua volta erede del Partito comunista italiano, in seguito alla confluenza di altre formazioni della sinistra italiana. Sostenitore dei governi D'Alema (1998-2000) e Amato (2000-2001), è il principale partito nella coalizione dell'Ulivo. Segretari: M. D'Alema, W. Veltroni, P. Fassino.

DEMOCRÀTICO (Partito), il partito politico più antico degli Stati Uniti. Sostenitore, alle origini, di una politica a favore degli agricoltori e della decentralizzazione del governo, prese il nome di "democratico" sotto la presidenza di A. Jackson (1829-1837). Con la crisi del 1929, appoggiò l'intervento dei poteri pubblici nel sistema economico e sociale. Da allora ha dato agli Stati Uniti numerosi presidenti: F.D. Roosevelt, H. Truman, J. Kennedy, L. Johnson, J. Carter, B. Clinton.

DEMOCRÀTICO CRISTIÀNO, formazione politica fondata nel 1999 da F. Piccoli, ispirata ai valori della destra cristiana. È una corrente interna alla *Casa delle* *Libertà e fa parte del Partito popolare europeo. Segretari: F. Piccoli, C. Darida.

DEMOCRÀTICO DELLA SINÌSTRA (Partito) (PDS), denominazione assunta nel 1991 dal Partito comunista italiano. Sostenitore dei governi Dini (1995-1996) e Prodi (1996-1998), nel 1998 è confluito nei Democratici di sinistra. Segretari: A. Occhetto, M. D'Alema.

DEMOCRAZÌA CRISTIÀNA (DC), partito politico, costituito nel 1943 a Milano da esponenti del vecchio Partito popolare, da gruppi cattolici antifascisti e da membri dell'Azione cattolica. Nel 1946 si affermò alle elezioni come partito di maggioranza relativa e, grazie a una politica anticomunista, nel 1948 ottenne la maggioranza assoluta. Successivamente la DC guidò la ricostruzione del paese nel secondo dopoguerra, grazie ai rapporti stretti con gli americani (piano Marshall e annessione alla NATO). Dopo il 1953 e le dimissioni di A. De Gasperi a causa della "legge truffa", la segreteria fu assunta da A. Fanfani (1954-59) e successivamente da A. Moro che aprì il governo alla partecipazione del centro-sinistra, per garantire l'attuazione di una serie di riforme, soprattutto economiche. Dopo un lungo periodo di crisi (sconfitta al referendum per l'abolizione del divorzio, movimenti studenteschi e sindacali ecc.) durante il quale la segreteria fu affidata a B. Zaccagnini, la DC ritrovò l'unità e il consenso popolare nella lotta al terrorismo, dopo il rapimento e l'uccisione di A. Moro (1978). Con la segreteria di C. De Mita (1982-1989), per la prima volta la guida del governo fu affidata a elementi non democristiani (G. Spadolini, B. Craxi). Nel 1989 fu nominato segretario A. Forlani, ma alle elezioni del 1992 il partito subì un forte calo di voti, mentre le inchieste della magistratura coinvolgevano diversi suoi esponenti. Dopo un tentativo di rinnovamento radicale attuato da M. Martinazzoli (1993), in cui venne ripristinato l'antico nome "Partito popolare italiano", la DC si è frammentata in diverse formazioni politiche, tra cui: Centro cristiano democratico (CCD, 1994); Cristiani democratici uniti (CDU, 1995); Unione democratica per la repubblica (UDR, 1998); Unione democratici per l'Europa (UDEUR, 1999).

DEMOCRAZÌA EUROPÈA, partito politico fondato nel 2000 da Sergio D'Antoni (Caltanissetta 1946). Erede dei valori moderati di centro, è salito al potere nel 2001 alleandosi con la *Casa delle *Libertà*. In seguito è confluito con **CCD* e **CDU* nell'UDC. Dalla sua fondazione il segretario è D'Antoni.

DEMOCRAZÌA IN AMÈRICA (La), opera di A. de Tocqueville (1835-1840), che analizza la società americana e l'evoluzione dei governi democratici.

DEMOCRAZÌA PROLETÀRIA (DP), partito politico fondato nel 1977, di ispirazione marxista. Nel 1991 è confluito in gran parte nel Partito della Rifondazione comunista.

DEMÒCRITO, *Abdera 460 ca. - 370 ca. a.C.*, filosofo greco presocratico. Discepolo di Leucippo, ridusse la natura a un coacervo di atomi in evoluzione nel vuoto infinito, e propose una morale improntata alla moderazione e alla quiete. Influenzò l'epicureismo.

DEMOISELLES D'AVIGNON (les), quadro-manifesto di P. Picasso (1906-1907, MOMA, New York), preludio al **cubismo* [V. parte nomi comuni].

Les demoiselles d'Avignon di P. Picasso, 1906-1907. (MOMA, New York.)

DE MOMPER (Joos), *Anversa 1564-1635*, pittore fiammingo, autore di paesaggi di montagna dalle grandi vedute pittoresche.

DEMÒNTE, com. in prov. di Cuneo; 2099 ab. Centro agricolo e turistico. Estrazione di gesso e ardesia.

DE MONTICÈLLI (Robèrto), *Firenze 1919 - Milano 1987*, giornalista e critico teatrale. Tra le opere, *L'attore* (1988).

DE MORGAN (Augustus), *Madura, att. Madurai, 1806 - Londra 1871*, matematico e logico britannico. Fondò, indipendentemente da G. Boole, la logica delle classi e delle relazioni.

DEMÒSTENE, *Atene 384 - Calauria 322 a.C.*, politico e oratore ateniese. Impiegò il suo talento oratorio inizialmente come avvocato, poi in campo politico, scagliandosi contro Filippo di Macedonia (*Olintiache, Filippiche*). Dal 340 al 338 dominò la vita politica della città e ottenne l'alleanza di Tebe. Nel 338 a.C., però, ateniesi e tebani furono sconfitti a Cheronea. Costretto

all'esilio, D. approfittò della morte di Alessandro Magno per spronare i greci alla rivolta, ma si avvelenò subito dopo la loro disfatta.

DEMPSEY (William **Harrison Dempsey**, detto Jack), *Manassa, Colorado, 1895 - New York 1983*, pugile statunitense. È stato campione del mondo dei pesi massimi (1919-1926).

DEMPSTER (Arthur Jeffrey), *Toronto 1886 - Stuart 1950*, fisico canadese. Nel 1937 scoprì l'uranio 235.

DEMY (Jacques), *Pontchâteau 1931 - Parigi 1990*, regista cinematografico francese. I suoi film, sensibili e duri allo stesso tempo, sono in bilico tra realismo e dimensioni oniriche (*Lola, donna di vita*, 1961; *La favolosa storia di Pelle d'Asino*, 1970); ha girato anche dei musical (*Les parapluies de Cherbourg*, 1964; *Les demoiselles de Rochefort*, 1967; *Une chambre en ville*, 1982).

DENDERLEEUW, com. del Belgio (Fiandra Orientale); 16.903 ab.

DENEUVE (Catherine **Dorléac**, detta Catherine), *Parigi 1943*, attrice cinematografica francese. Si è messa in luce nel musical *Les parapluies de Cherbourg* (J. Demy, 1964), per poi imporsi con il film di L. Buñuel *Bella di giorno* (1967). Ha inoltre interpretato *La cagna* (M. Ferreri, 1972), *L'ultimo metrò* (F. Truffaut, 1980), *Speriamo che sia femmina* (M. Monicelli, 1985), *Indocina* (R. Wargnier, 1992), *Genealogia di un crimine* (R. Ruiz, 1997), *Otto donne e un mistero* (F. Ozon, 2002).

DENG XIAOPING, *Paifan 1904 - Pechino 1997*, politico cinese. Segretario generale del PCC dal 1956, fu destituito durante la rivoluzione culturale (1966). Principale responsabile del nuovo orientamento politico del paese a partire dal 1977, si ritirò ufficialmente nel 1987, restando comunque un personaggio molto influente.

■ *Deng Xiaoping.*

DEN HAAG → AIA (L').

DE NICÒLA (Enrico), *Napoli 1877 - Torre del Greco 1959*, politico. Svolse importanti incarichi nei governi Giolitti (1913-1914) e Orlando (1919). Presidente della camera nel primo periodo fascista (1920-1923), nel 1948 fu eletto primo presidente della repubblica italiana. Fu poi presidente del senato (1951-1952) e della corte costituzionale (1956-1957).

DENIKIN (Anton Ivanovič), *presso Varsavia 1872 - Ann Arbor 1947*, generale russo. Uno dei capi dell'esercito "bianco", combatté contro i bolscevichi, soprattutto in Ucraina, nel 1919.

DENÌNA (Càrlo), *Revello 1731 - Parigi 1813*, storico e poligrafo. Biografo di Federico II, scrisse numerosi saggi, il più celebre dei quali è *Rivoluzioni d'Italia* (1768-1772).

DE NIRO (Robert), *New York 1943*, attore cinematografico statunitense. Interprete eclettico, ha recitato in vari film di M. Scorsese (*Taxi Driver*, 1976; *Toro scatenato*, 1980; *Quei bravi ragazzi*, 1990; *Casinò*, 1995) e di altri grandi registi (*Il padrino - parte II*, F.F. Coppola, 1974; *Gli ultimi fuochi*, E. Kazan, 1976; *C'era una volta in America*, S. Leone, 1984; *Ronin*, J. Frankenheimer, 1998).

DENIS (Maurice), *Granville 1870 - Parigi 1943*, pittore francese. Partecipò al movimento dei *nabis*, di cui fu uno dei teorici; nel 1919 fondò gli "Ateliers d'art sacré". La sua abitazione a Saint-Germain-en-Laye, *Le prieuré*, è attualmente un museo.

DE NÌTTIS (Giuseppe), *Barletta 1846 - Saint-Germain-en-Laye 1884*, pittore. Ostile ai dettami della tradizione accademica, si avvicinò ai macchiaioli e, dopo essersi trasferito a Parigi, all'impressionismo. Dipinse paesaggi naturali e cittadini e scene di vita mondana.

DENIZLI, c. della Turchia sud-occ.; 233.651 ab.

DENPASAR, c. dell'Indonesia, nell'isola di Bali; 435.000 ab.

DÈNTE DEL GIGÀNTE, cima del Monte Bianco; 4014 m. È posto tra il colle del Gigante e le Jorasses. Fu conquistato dai fratelli Sella nel 1882.

DENVER, c. degli Stati Uniti, cap. del Colorado, ai piedi delle Montagne Rocciose; 554.636 ab. (2.109.282 ab. nell'agglomerato). Costruzioni aeronautiche. — Museo.

DÉON (Michel), *Parigi 1919*, scrittore francese. I suoi romanzi testimoniano una concezione aristocratica della vita e dei sentimenti (*Tutto l'amore del mondo*).

DE PALMA (Brian), *Newark 1940*, regista cinematografico statunitense. Tra le opere, *Ciao America* (1968), *Scarface* (1983), *Omicidio a luci rosse* (1984), *Gli intoccabili* (1987), *Il falò delle vanità* (1990), *Carlito's Way* (1993), *Mission: Impossible* (1996), *Mission to Mars* (2000), *Femme fatale* (2002).

DEPARDIEU (Gérard), *Châteauroux 1948*, attore cinematografico francese. Rivelatosi in *I santissimi* (1974), la sua forte personalità lo ha imposto in numerosi film: *Novecento* (1976), *L'ultimo metrò* (1980), *Danton* (1983), *Sotto il sole di Satana* (1987), *Cyrano de Bergerac* (1990), *Il colonnello Chabert* (1994), *Vatel* (2000).

■ *Gérard Depardieu.*

DE' PÀSTI (Mattèo), *m. a Rimini nel 1468*, medaglista e architetto. Collaborò con L.B. Alberti ai lavori del Tempio Malatestiano, curandone le decorazioni interne. Fu celebre medaglista alla corte dei Malatesta.

DEPÈRO (Fortunàto), *Fondo 1892 - Rovereto 1960*, pittore. Tra i principali esponenti del futurismo, firmatario del *Manifesto dell'aeropittura* (1926), compose opere dagli accenti umoristici. Lavorò anche per la pubblicità e il teatro.

Fortunato **DEPERO**.
Ballerina idolo + meccanica di ballerini, 1917. *(Museo d'Arte Moderna e Contemporanea, Trento.)*

DEPESTRE (Renè), *Jacmel 1926*, scrittore haitiano. Esiliato a Cuba e poi in Francia, ha conferito alla sua condizione di uomo di colore una dimensione universale, sia nelle poesie (*Journal d'un animal marin*) sia nei romanzi (*Hadriana in tutti i miei sogni*).

DE PÌCCOLI (Francésco), *Mestre 1937*, pugile. Ha vinto la medaglia d'oro nei pesi massimi alle Olimpiadi di Roma del 1960.

DE PINÉDO (Francésco), *Napoli 1890 - New York 1933*, aviatore. Nel 1925 sorvolò i "tre continenti", giungendo fino a Tokyo, per un totale di 55.000 km; nel 1927 attraversò l'Atlantico, l'America da S a N e quindi di nuovo l'oceano. Morì in un incidente di volo.

DE PÌSIS (Luigi Filippo **Tibertèlli**, detto Filippo), *Ferrara 1896 - Milano 1956*, pittore. Nelle sue opere più mature coniugò lo stile metafisico del suo primo periodo alle influenze impressionistiche e allo studio dei classici. Svolse anche attività di critico e scrittore.

DE PRÈDIS (Giovànni Ambrògio), *Milano 1455 - m. dopo il 1508*, pittore. Collaborò con L. da Vinci alle decorazioni della chiesa di S. Francesco a Milano, realizzando una copia della *Vergine delle rocce* oggi conservata a Londra. Fu un ritrattista di fama europea.

DEPRÈTIS (Agostino), *Mezzana Corti 1813 - Stradella 1887*, politico. In origine mazziniano, deputato al parlamento piemontese nel 1848, fu uno dei rappresentanti della sinistra italiana del periodo. Produttatore in Sicilia (1860), ministro dei lavori pubblici (1862) e delle finanze (1866-1867), nel 1876 formò il primo governo di sinistra, dirigendo, per circa undici anni, otto ministeri. Varò numerose riforme interne (istruzione, sistema elettorale) e dette impulso all'economia (sviluppo delle ferrovie e delle industrie). In politica estera concluse la Triplice Alleanza e dette inizio all'espansione coloniale in Africa.

DE QUINCEY (Thomas), *Manchester 1785 - Edimburgo 1859*, scrittore britannico. È famoso soprattutto per le *Confessioni di un mangiatore di oppio* (1821) e per il saggio *L'assassinio come una delle belle arti* (1827).

DERAIN (André), *Chatou 1880 - Garches 1954*, pittore francese. Tra i più brillanti esponenti del fauvismo, se ne distaccò per avvicinarsi a P. Cézanne; dopo una parentesi arcaizzante (periodo "gotico" o "bizantino", 1910-1914 ca.), approdò a un'interpretazione molto personale del classicismo. Ha creato anche scenografie e costumi per balletti e illustrato le opere di Petronio, Ovidio, F. Rabelais.

DERBY, c. della Gran Bretagna (Inghilterra, Derbyshire); 214.000 ab. Industrie aeronautiche, ferroviarie. — Musei.

DERBY (Edward **Stanley**, 14° cónte **di**), *Knowsley 1799-1869*, politico britannico. Uno dei capi del Partito conservatore, primo ministro (1852; 1858; 1866-1868), fu un accanito protezionista. — **Edward Stanley**, 15° conte **di D.**, *Knowsley 1826-1893*, politico britannico. Figlio del 14° conte di Derby, ministro degli esteri (1866-1868, 1874-1878), si oppose all'imperialismo di B. Disraeli.

DE ROBÈRTIS (Giuseppe), *Matera 1888 - Firenze 1963*, critico letterario. Studiò la componente stilistica dell'opera letteraria in un'ottica antistoricista. Dal 1914 al 1916 diresse *La Voce*. Tra le opere, *Saggio su Leopardi* (1944), *Altro Novecento* (1962).

DE ROBÈRTO (Federìco), *Napoli 1861 - Catania 1927*, scrittore. Esponente del verismo, fu amico e interprete (con gli studi verghiani) di G. Verga. Oltre alla sua opera più celebre, *I vicerè* (1894), scrisse anche *Documenti umani* (1888), *L'illusione* (1891).

DE RÒSA (Gabrièle), *Castellammare di Stabia 1917*, storico. È un esperto degli aspetti politico-sociali del cattolicesimo. Tra le opere, *Storia del movimento cattolico* (1966), *La storia che non passa* (1999).

DE RÓSSI (Giovànni Gheràrdo), *Roma 1754-1827*, poeta e commediografo. Scrisse poesie, opere critiche e commedie in stile goldoniano, tra le quali *Il cortigiano onesto*.

DERRIDA (Jacques), *Al-Biar, Algeria, 1930*, filosofo francese. Ha teorizzato un processo di "destruzione" dei testi e del pensiero, che parte dalla ridefinizione dei rapporti tra letteratura e filosofia (*La scrittura e la differenza*, 1967) per approdare a un'interpretazione critica generalizzata (*I margini della filosofia*, 1972; *Glas*, 1974; *Speculare su Freud*, 1980; *Donare la morte*, 1999).

DE RUGGIÈRO (Guido), *Napoli 1888 - Roma 1948*, storico della filosofia. Oppositore del fascismo, fu tra i fondatori del Partito d'azione. Scrisse *Storia della filosofia* (13 voll., 1918-1948) e *Filosofi del '900* (1934).

DERÙTA, com. in prov. di Perugia; 8001 ab. Importante centro di produzione di ceramiche artistiche fin dal Medioevo, ha dato il nome a un tipo di maiolica.

DÉRY (Tibor), *Budapest 1894-1977*, scrittore ungherese. È autore di romanzi che ritraggono con realismo la società contemporanea ironizzando sulle illusioni umane (*L'uomo dall'orecchio mozzato*).

DERŽAVIN (Gavriìl Romanovìč), *Kazan 1743 - Zvanka 1816*, poeta russo. Le sue poesie (*A Felìca*) sono di ispirazione classicista.

DE SÀBATA (Victor), *Trieste 1892 - Santa Margherita Ligure 1967*, musicista e direttore d'orchestra. Fu direttore artistico alla Scala di Milano (1929-1953).

DESAIX (Louis Charles Antoine **Des Aix**, detto), *castello di Ayat, presso Riom, 1768 - Marengo 1800*, generale francese. Si distinse sul Reno (1796) e

nella campagna d'Egitto (1798). Il suo intervento nella battaglia di Marengo (1800) decise la vittoria dell'esercito francese.

DE SÀNCTIS (Francésco), *Roma 1693-1740*, architetto. Celebre per la scalinata di Trinità dei Monti in Piazza di Spagna, a Roma, realizzata tra il 1723 e il 1726.

DE SÀNCTIS (Francésco), *Morra Irpina 1817 - Napoli 1883*, critico letterario. Allievo di B. Puoti, abbandonò le concezioni puriste per formulare una propria teoria dell'opera letteraria, legata al concetto idealista di "proprietà linguistica". Successivamente approdò alla celebre definizione dell'opera d'arte come identità tra forma e contenuto. Partecipò ai moti del 1848 e fu quindi imprigionato e condannato all'esilio. Dopo l'unificazione, svolse importanti cariche istituzionali. La sua opera più importante è la *Storia della letteratura italiana* (1870-1871).

DE SÀNCTIS (Gaetàno), *Roma 1870-1957*, storico. Docente di storia greca, perse la cattedra a causa della sua opposizione al fascismo. Dal 1950 fu presidente dell'Istituto dell'enciclopedia italiana Treccani. Tra le opere, *Studi di storia della storiografia greca* (1951).

DE SÀNCTIS (Sànte), *Parrano 1862 - Roma 1935*, neuropsichiatra. Fu il primo in Italia a occuparsi di neuropsichiatria infantile. Fondò l'Istituto di psicologia sperimentale di Roma (1907). Tra le opere, *Trattato di psicologia sperimentale* (1930).

DE SÀNTIS (Giusèppe), *Fondi 1917 - Roma 1997*, regista cinematografico. Fu tra i principali esponenti del neorealismo. Tra le opere, *Riso amaro* (1949), *Non c'è pace tra gli ulivi* (1950), *Roma ore 11* (1952), *Uomini e lupi* (1956). Lavorò con L. Visconti alla sceneggiatura di *Ossessione* (1943).

DE SAUSSURE (Ferdinand) → SAUSSURE (Ferdinand de).

DESCARTES (René) → CARTESIO (Renato).

DESCHANEL (Paul), *Schaerbeek 1855 - Parigi 1922*, politico francese. Presidente della repubblica (feb.-sett. 1920), fu costretto alle dimissioni dal suo stato di salute.

DESENZÀNO DEL GÀRDA, com. in prov. di Brescia; 23.790 ab. Centro turistico e industriale sul Lago di Garda. Nel suo territorio si trovano i resti di una villa romana (IV sec. d.C.).

DESÈRTO DEI TÀRTARI, romanzo di D. Buzzati, pubblicato nel 1940. Narra l'inutile attesa del nemico da parte di Giovanni Drogo, tenente in un forte ai confini del deserto. L'opera è quasi un'allegoria della condizione umana, sospesa e mai pienamente compiuta.

DE SÈTA (Vittòrio), *Palermo 1923*, regista cinematografico. Documentarista, ha girato lungometraggi di impronta realista. Tra le opere, *Banditi a Orgosolo* (1961), *Un uomo a metà* (1966).

DE SÌCA (Vittòrio), *Sora 1901 - Parigi 1974*, attore e regista cinematografico. Attore di teatro, divo del cinema degli anni '30 del secolo scorso (*Il signor Max*, 1937), nel 1940 passò alla regia e diresse alcuni capolavori neorealisti: *Sciuscià* (1946), *Ladri di biciclette* (1948), entrambi Oscar per il miglior film straniero, *Miracolo a Milano* (1951), *Umberto D* (1952). Tra gli altri film: *La ciociara* (1960), *Ieri, oggi e domani* (1963), *Matrimonio all'italiana* (1964), *Il giardino dei Finzi-Contini* (1970, anch'esso Oscar come miglior film straniero).

■ *Vittorio De Sica.*

DESIDÈRIO, (m. dopo il 774), ultimo re dei longobardi (756-774). Incoronato da papa Stefano II, fu fatto prigioniero a Pavia e detronizzato da Carlo Magno.

DESIDÈRIO DA SETTIGNÀNO, *Settignano 1430 ca. - Firenze 1464*, scultore. Forse allievo di Donatello, realizzò capolavori come il *Monumento funebre a Carlo Marsuppini* (1450 ca.) e il *Tabernacolo del Sacramento* (1461).

DE SIMÓNE (Robèrto), *Napoli 1933*, compositore e regista teatrale. Fondatore, insieme a Euge-

nio Bennato, della Nuova compagnia di canto popolare (1966), ha recuperato il patrimonio della cultura partenopea. Tra le opere, *La gatta Cenerentola* (1976), *Eleonora* (1998).

DÈSIO (Ardito), *Palmanova 1897 - Roma 2001*, geologo e alpinista. Guidò la spedizione che conquistò il K2 nel 1954.

DÉSIRÉE, *Marsiglia 1777 - Stoccolma 1860*, regina di Svezia. Figlia del negoziante François Clary, sposò (1798) il generale J.-B.-J. Bernadotte, che divenne re di Svezia nel 1818.

DE SITTER (Willem), *Sneek 1872 - Leida 1934*, astronomo e matematico olandese. Fu tra i primi ad applicare la teoria della relatività alla cosmologia, dimostrando nel 1917 che il modello statico di universo proposto da A. Einstein non era l'unico concepibile.

DESLANDRES (Henri), *Parigi 1853-1948*, astrofisico francese. Specializzato in ricerche di fisica solare, inventò lo spettroeliografo, indipendentemente da G. Hale. Fu il primo a ipotizzare l'emissione da parte del Sole di radiazioni elettromagnetiche.

DES MOINES, c. degli Stati Uniti, cap. dell'Iowa, sul f. omonimo, affl. del Mississippi; 198.682 ab. Musei.

DESMOULINS (Camille), *Guise 1760 - Parigi 1794*, giornalista e politico francese. Avvocato repubblicano, fu colui che richiamò alle armi la folla riunita ai giardini di Palazzo Reale, il 12 lug. 1789. Membro del club dei Cordiglieri, partecipò al movimento rivoluzionario con il periodico di lui fondato, *Les révolutions de France et de Brabant* (1789-1791). Avversario degli hebertisti, che attaccò dalle pagine dell'altro suo giornale, *Le vieux Cordelier* (1793), fu ghigliottinato con G.J. Danton.

DESNOS (Robert), *Parigi 1900 - Terezín, Rep. Ceca, 1945*, poeta francese. Mutuò dal surrealismo la tendenza all'esplorazione onirica, la vena umoristica e il gusto per il gioco verbale (*Corpi e beni*, 1930), approdando a un lirismo familiare (*Pubblico dominio*, 1953).

DES PÉRIERS (Bonaventure), *Arnay-le-Duc 1500 ca. - 1543 ca.*, scrittore francese. Scrisse *Il cembalo del mondo*, satira della religione cristiana, e i racconti della raccolta *Nuove ricreazioni e giocondi ragionari*, affresco realista dei costumi dell'epoca.

DESPORTES (Philippe), *Chartres 1546 - abbazia di Bonport, Normandia, 1606*, poeta francese. Rivale vittorioso di P. de Ronsard come poeta di corte, fu criticato da F. Malherbe.

DESSALINES (Jean-Jacques), *Guinea prima del 1758 - Jacmel 1806*, imperatore di Haiti. Schiavo nero, luogotenente di P.D. Toussaint-Louverture, proclamò l'indipendenza di Haiti e si fece nominare imperatore (1804) con il nome di Giacomo I. Fu assassinato da H. Christophe e A. Pétion.

DESSAU, c. della Germania (Sassonia-Anhalt), a SO di Berlino; 85.000 ab. Materiale ferroviario.

DESSAU (Paul), *Amburgo 1894 - Berlino 1979*, compositore tedesco. Scrisse la musica di scena di molte opere di B. Brecht, del quale condivideva la vocazione politico-sociale. Tra le opere, *La condanna di Lucullo* (1951).

DESSÌ (Giusèppe), *Villacidro 1909 - Roma 1977*, scrittore. Tra le opere, *Michele Boschino* (1942), *Storia del principe Lui* (1949), *Disertore* (1961), *Paese d'ombre* (1972). Scrisse anche per il teatro e la televisione.

DE STÉFANI (Albèrto), *Verona 1879 - Roma 1969*, economista e politico. Tra i fondatori dei movimento fascista, fu ministro delle finanze (1922-1925) e del Tesoro (1923-1925). Nel 1943 votò contro B. Mussolini e nel dopoguerra fu assolto dall'accusa di criminale fascista.

DE STIJL → STIJL (De).

DESTOUCHES (Philippe **Néricault**, detto), *Tours 1680 - Villiers-en-Bière 1754*, drammaturgo francese. È autore di commedie moraleggianti (*Il vanaglorioso*).

DESTOUR (dall'ar. *dustūr*, Costituzione), partito politico tunisino fondato nel 1920. Dalla sua scissione, nel 1934, nacque il Neo-D. che, sotto la guida di H. Burghiba, reclamò l'indipendenza. Partito presidenziale dal 1957, prese il nome di Partito socialista destouriano (1964-1988), poi di Riunione costituzionale democratica.

DESTUTT DE TRACY (Antoine, cónte), *Parigi 1754-1836*, filosofo francese. Padre di una nuova scienza, l'ideologia, sviluppò il suo materialismo fondato sulle sensazioni in *Elementi d'ideologia* (1803-1815).

DETROIT, c. degli Stati Uniti (Michigan), sul f. omonimo che collega i laghi Erie e Saint Clair; 951.270 ab. (4.441.551 ab. nell'agglomerato). Costruzioni automobilistiche. — Museo.

DÉTTO D'AMÓRE, poemetto attribuito a Dante, rielaborazione del *Roman de la Rose*, di cui sono pervenuti 480 versi settenari.

DETTÓRI (Lanfrànco, detto Frankie), *Milano 1970*, fantino. Ha conquistato numerosi successi: vincitore di tutte le gare ad Ascot nel 1996, ha riportato tre vittorie (1995, 2001 e 2002) all'Arc de Triomphe di Parigi.

DEUCALIÓNE MITOL. GR. Figlio di Prometeo e marito di Pirra. Unici sopravvissuti al diluvio scatenato da Zeus, D. e Pirra ripopolarono il mondo gettando alle proprie spalle pietre che si trasformarono in uomini e donne.

DEUTERONÒMIO, quinto libro del Pentateuco, codice di leggi civili e religiose (622 a.C.).

DEUTSCHE BANK AG, istituto bancario tedesco fondato a Berlino nel 1870, la prima banca commerciale in Germania.

DEUTSCHLANDLIED, inno nazionale della RFT, secondo una strofa del canto popolare tedesco, *Deutschland über alles*, scritto nel 1841.

DEUX-MONTAGNES, c. del Canada (Québec), a NE del Lago Deux-Montagnes; 15.953 ab.

DE VALERA (Eamon), *New York 1882 - Dublino 1975*, politico irlandese. Leader del movimento nazionalista Sinn Fein, capo del governo rivoluzionario irlandese (1918), fondò il Fianna Fail e fu presidente del consiglio dello Stato libero (1932-1937). Dopo avere rotto tutti i legami con la Gran Bretagna, fece votare nel 1937 la nuova Costituzione d'Irlanda; rivestì più volte la carica di primo ministro (1937-1948; 1951-1954; 1957) e fu presidente della repubblica dal 1959 al 1973.

■ *Eamon De Valera.*

DE VALOIS o **DEVALOIS** (Edris **Stannus**, detta **Dame Ninette**), *Blessington, Irlanda, 1898 - Londra 2001*, ballerina e coreografa irlandese. Figura emblematica del balletto inglese, fondò il Sadler's Wells Ballet (1931), divenuto poi il Royal Ballet (1956).

DE VÈCCHI (Césare Maria), *Casale Monferrato 1884 - Roma 1959*, politico. Tra i quadrumviri della marcia su Roma, svolse importanti cariche per il governo fascista. Nel 1943 votò contro B. Mussolini. Nel 1947 fu condannato come fascista e poi amnistiato.

DE VEGA (Lope) → VEGA CARPIO.

DEVENTER, c. dei Paesi Bassi (Overijssel), sul f. IJssel; 85.008 ab. Monumenti di epoche diverse (dal Medioevo al XVII sec.).

DEVEREUX (Georges), *Lugos, att. Lugoj, 1908 - Parigi 1985*, antropologo e psichiatra statunitense di origine ungherese, fondatore dell'etnopsichiatria (*Saggi di etnopsichiatria generale*, 1970).

DEVÉRIA (Achille), *Parigi 1800-1857*, disegnatore e litografo francese. È autore di litografie che raffigurano personaggi famosi della letteratura romantica e scene di vita elegante dell'epoca. — **Eugène D.**, *Parigi 1805 - Pau 1865*, pittore francese, fratello di Achille. Trattò soggetti storici.

DE VÌO (Tommàso) → CAETANO (Cardinale).

DE VISSCHER (Charles), *Gand 1884 - Bruxelles 1973*, giurista belga. Membro della Corte permanente d'arbitrato (1923), giudice nel 1937 alla Corte permanente di giustizia internazionale (futura Corte internazionale di giustizia), scrisse un'opera fondamentale: *Théories et réalités en droit international public* (1953, 1955, 1960).

DE VÌTI DE MÀRCO (Antònio), *Lecce 1858 - Roma 1943*, economista e politico. Studioso di scienza della finanza, liberista, fu deputato del Partito radicale (1900-1921). Antifascista, dovette abbandonare la cattedra universitaria. Tra le opere, *Principi di economia finanziaria* (1928).

DÉVOLUY, massiccio delle Alpi francesi, a S dell'alta valle del Drac; raggiunge i 2790 m nella vetta dell'Obiou.

DEVOLUZIÓNE (guèrra di) (1667-1668), conflitto che oppose la Francia alla Spagna. Alla morte di Filippo IV di Spagna, Luigi XIV rivendicò i Paesi Bassi in nome della moglie, Maria Teresa d'Austria, figlia del re defunto, dando l'ordine di invadere le Fiandre (1667) e la Franca Contea (1668). Con il trattato di Aquisgrana (1668), la Francia conservò le dodici città fiamminghe conquistate da H. Turenne (tra cui Lilla e Douai).

DEVON (Ìsola), isola artica canadese.

DEVON o **DEVONSHIRE**, contea sud-occ. della Gran Bretagna; 1.008.300 ab.; capol. *Exeter*, c. princ. *Plymouth*.

DE VOS (Cornelis), *Hulst 1584 - Anversa 1651*, pittore fiammingo. Dopo A. Van Dyck, è il più famoso ritrattista del XVII sec. fiammingo (bambini, gruppi familiari). — **Paul De V.**, *1595 ca. - 1678*, pittore fiammingo. Fratello di Cornelis, cognato di F. Snyders, dipinse soprattutto scene di caccia e nature morte con animali.

DE VOS (Maarten), *Anversa 1532-1603*, pittore fiammingo, manierista eclettico, allievo di F. Floris.

DEVOTIO MODERNA, movimento ascetico e mistico nato alla fine del XIV sec. nei Paesi Bassi. Promuoveva una spiritualità accessibile a chiunque, fondata sulla meditazione della passione di Cristo. Il testo fondamentale era l' **Imitazione di Cristo*.

DEVÒTO (Giàcomo), *Genova 1897 - Firenze 1974*, linguista. Fu tra i massimi linguisti italiani, autore tra l'altro (insieme a G.C. Olì) del *Dizionario della lingua italiana* (1971), che ancora oggi conserva il suo nome. Tra le opere, *Gli antichi italici* (1931), *Storia della lingua di Roma* (1940), *Il linguaggio d'Italia* (1974).

DE VRIES (Hugo), *Haarlem 1848 - Lunteren 1935*, botanico olandese. Scoprì il fenomeno delle mutazioni, che considerava come unico motore dell'evoluzione (mutazionismo).

DE WAILLY (Charles), uno degli architetti dell'*Odéon* di Parigi.

DEWAR (sir James), *Kincardine-on-Forth, Scozia, 1842 - Londra 1923*, chimico e fisico britannico. Riuscì a liquefare l'idrogeno e il fluoro e inventò un recipiente isolante (il [d'Arsonval-] D.) per la conservazione dei gas liquefatti.

DEWEY (John), *Burlington, Vermont, 1859 - New York 1952*, filosofo e pedagogista statunitense. La sua pedagogia si fonda sulla dottrina da lui teorizzata, lo *strumentalismo*, che a sua volta deriva dal pragmatismo.

DEWEY (Melvil), *Adams Center, Stato di New York, 1851 - Lake Placid 1931*, bibliografo statunitense. Inventò il sistema di classificazione decimale dei libri in uso nelle biblioteche.

DE WITTE (Emmanuel), *Alkmaar 1615 ca. - Amsterdam 1691 o 1692*, pittore olandese. Fu ammirato in part. per la resa spaziale e l'animazione dei suoi dipinti.

DEZFUL, c. dell'Iran, nel Khuzestan; 202.369 ab.

DE ZÒLT (Maurilio), *Presenaio di Cadore 1950*, sciatore. Membro della nazionale dal 1977, vincitore dell'oro olimpico nel 1994 a Lillehammer nella staffetta 4×10 km di fondo.

DHAHRAN, c. dell'E dell'Arabia Saudita. Base aerea. Petrolchimica.

DHAKA → DACCA.

DHANBAD, c. dell'India (Jharkhand); 198.963 ab. Estrazione del carbone.

DHAULAGIRI, cima dell'Himalaya, nel Nepal; 8172 m.

DHULIA, c. dell'India (Maharashtra); 341.473 ab.

DIA (Direzione investigativa antimàfia), organismo investigativo istituito nel 1991 nell'ambito del Dipartimento di pubblica sicurezza, con compiti di investigazione preventiva e indagine relative all'associazione di tipo mafioso. Comprende carabinieri, agenti della Polizia di Stato e della Guardia di finanza.

DIABLERETS (les), massiccio della Svizzera, che domina la valle del Reno; 3210 m. Sport invernali.

DIÀLOGO SÓPRA I DUE MÀSSIMI SISTÈMI DEL MÓNDO, opera di G. Galilei (1632) nella quale viene sostenuta la fondatezza del sistema copernicano a discapito di quello tolemaico. Galileo venne per questo processato dal Sant'Uffizio e costretto all'abiura.

DIÀNA MITOL. ROM. Dea della caccia e della natura selvaggia. Corrisponde all'Artemide greca.

DIÀNA DI POITIERS, *1499 - Anet 1566*, favorita di Enrico II, che per lei fece costruire il castello d'Anet.

DIÀSPORA, dispersione della comunità ebraica fuori della Palestina, soprattutto dopo l'esilio (VI sec.); si parla di diaspora anche per gli ebrei che rimasero fuori da Israele dopo la creazione di questo Stato.

DÌAZ (Armàndo), *Napoli 1861 - Roma 1928*, militare. Tra le alte cariche dell'esercito allo scoppio della prima guerra mondiale, diresse le operazioni sul Carso e nel 1917, dopo la disfatta di Caporetto, divenne capo di Stato maggiore. Fermati gli austriaci sul Piave (1918), li sconfisse a Vittorio Veneto. Fu ministro della guerra nel primo governo Mussolini (1922-1924).

DÌAZ (Bartolomèo), in port. Bartholomeu Dias, *Algarve 1450 ca. - Capo di Buona Speranza 1500*, navigatore portoghese. Nel 1487 doppiò per primo l'estremità merid. dell'Africa, che chiamò Capo delle Tempeste (poi ribattezzato Capo di Buona Speranza). Lì trovò la morte in un naufragio, durante una successiva spedizione.

DÍAZ (Porfirio), *Oaxaca 1830 - Parigi 1915*, generale e politico messicano. Presidente della repubblica (1876-1880 e 1884-1911), stabilì un regime autoritario e pose le basi per un'economia moderna.

DIB (Mohammad), *Tlemcen 1920*, scrittore algerino di lingua francese. Nei suoi romanzi (*L'incendio*, *Un'estate africana*) e nelle sue poesie, alle descrizioni della realtà algerina si mescolano interrogativi sul potere del linguaggio.

DI BÌASI (Klaus), *Solbad Hall 1947*, tuffatore. Medaglia d'oro alle Olimpiadi di Città del Messico (1968), Monaco (1972) e Montreal (1976), è stato anche campione del mondo nel 1973 e nel 1975.

DIBÒNA (Angelo), *Cortina d'Ampezzo 1879-1956*, guida alpina, divenne celebre per le ascensioni della parete N della Cima Grande di Lavaredo, compiuta con E. Stübler nel 1909, e della Seconda Torre dell'Aiguille Noire de Peutérey (Monte Bianco), con G. Mayer, nel 1913.

DI BRÈME (Ludovico Arbòrio Gattinàra), *Torino 1780-1820*, letterato. Convinto fautore del romanticismo e del progressismo liberale, combatté il purismo letterario e collaborò al *Conciliatore* (1818). Tra le opere, *Intorno all'ingiustizia di alcuni giudizi letterari italiani* (1816).

DI CÀPUA (Eduàrdo), *Napoli 1869-1917*, compositore. Scrisse alcune tra le più celebri canzoni napoletane, tra le quali *O' sole mio* (1898), con testo di G. Capurro.

DI CÈNTA (Manuèla), *Paluzza 1963*, sciatrice. Specialista del fondo, ha conquistato due ori olimpici a Lillehammer (1994) nei 15 km a tecnica libera e nei 30 km a tecnica classica. Ha vinto la Coppa del mondo nel 1993-1994 e nel 1995-1996.

DICHIARAZIÓNE DEI DIRÌTTI DELL'UÒMO E DEL CITTADÌNO → DIRITTI DELL'UOMO E DEL CITTADINO (Dichiarazione dei).

DICHIARAZIÓNE UNIVERSÀLE DEI DIRÌTTI DELL'UÒMO → DIRITTI DELL'UOMO (Dichiarazione universale dei).

DICK (Philip K.), *Chicago 1928 - Los Angeles 1982*, scrittore statunitense. Autore di romanzi di fantascienza profondamente innovativi sia nella tecnica narrativa sia nei temi, pervasi da un comune senso di indeterminatezza della realtà. Tra le opere, *La svastica sul sole* (1962), *I giocatori di Titano* (1963), *Cacciatore di androidi* (1968). A quest'ultimo romanzo si ispira il film *Blade Runner* di R. Scott.

DICKENS (Charles), *Landport, presso Portsmouth, 1812 - Gadshill, presso Rochester, 1870*, scrittore britannico. Prese spunto dalla propria infanzia infelice per scrivere romanzi sensibili e umoristici, in cui la ferma denuncia delle piaghe sociali e dei valori vittoriani si concilia con descrizioni improntate al realismo poetico (*Oliver Twist; *Il circolo Pickwick*, 1836; *Nicolas Nickleby*, 1839; **Racconti di Natale*; **David Copperfield*; *Grandi speranze*, 1861).

■ *Charles Dickens nel 1839 ritratto da D. Maclise. (Tate Britain, Londra.)*

DICKINSON (Emily), *Amherst, Massachusetts, 1830-1886*, poetessa statunitense. I suoi componimenti in versi brevi e introspettivi, pubblicati perlopiù dopo la sua morte, esercitarono una grande influenza sulla poesia americana.

DICOMÀNO, com. in prov. di Firenze; 4781 ab. Centro agricolo. Chiesa del XII sec. con dipinti di G. Vasari e A. Bronzino.

DI COSTÀNZO (Àngelo), *Napoli 1507-1591*, storico e poeta. È autore della *Istoria del Regno di Napoli* (1572-1581), in versi latini e volgari.

DIDEROT (Denis), *Langres 1713 - Parigi 1784*, scrittore e filosofo francese. Considerato "il filosofo" per eccellenza dai suoi contemporanei, diede prova di un ingegno multiforme. Infatti, oltre a gettare le basi della critica d'arte (*Salons*, 1759-1781), creò un nuovo genere letterario, il romanzo filosofico (**Giacomo il fatalista e il suo padrone*), chiarì il rapporto tra scienza e metafisica (*Lettera sui ciechi a uso di quelli che vedono*, 1749), propose una nuova estetica del dramma (*Il paradosso sull'attore*, 1830), ben illustrata dai suoi "drammi borghesi" (*Il figlio naturale*, 1757), e dipinse un ritratto tumultuoso della sua vita e della sua arte (*Il *nipote di Rameau*, 1760-1772). Tuttavia la sua fama è legata soprattutto all'*Encyclopédie, alla quale lavorò per vent'anni.

■ *Denis Diderot ritratto da L.M. Van Loo. (Louvre, Parigi.)*

DÌDIME, in gr. *Didyma*, c. dell'Asia Minore (att. in Turchia), presso Mileto, sullo Ionio. Rovine dell'immenso santuario di Apollo, risalente all'epoca arcaica e ricostruito nel 313 a.C. all'inizio del I sec. d.C.

DÌDIMO DI ALESSÀNDRIA, detto **il Cièco**, *Alessandria d'Egitto 313 ca. - 398 ca.*, teologo. Seguace di Origene, fu maestro di Rufino e Girolamo. Tra le opere pervenuteci, *Sulla Trinità*.

DÌDIO GIULIÀNO (Màrco), *Milano 133 - Roma 193*, imperatore romano. Comprò la carica di imperatore in opposizione a Settimio Severo, ma fu ucciso dopo 66 giorni di regno.

DIDÒNE o **ELÌSSA**, principessa di Tiro, leggendaria fondatrice di Cartagine (814 ca. a.C.). Secondo l'*Eneide* di Virgilio, amò Enea, fuggitivo, che tuttavia l'abbandonò per ordine di Giove; D. allora, disperata, si diede la morte. — Questo episodio ispirò a H. Purcell l'opera *Didone ed Enea* (1689).

DIDÒNI (Michèle), *Milano 1974*, atleta. Ai campionati del mondo di Goteborg del 1995 ha vinto la medaglia d'oro nei 20 km di marcia.

DI DÒNNA (Robèrto), *Roma 1968*, specialista di tiro a segno. Medaglia d'oro alle Olimpiadi di Atlanta (1996) e più volte vincitore della Coppa del mondo.

DIDOT (François Ambroise), *Parigi 1730-1804*, editore e stampatore francese. Mise a punto un sistema di misura tipografico basato sul cosiddetto punto D. — **Firmin D.**, *Parigi 1764 - Le-Mesnil-sur-l'Estrée 1836*, figlio di François Ambroise. Grande incisore e fonditore di caratteri, inventò la stereotipia.

DIÈCI (consiglio dèi), magistratura straordinaria istituita a Venezia nel 1310 in conseguenza della congiura ordita da Baiamonte Tiepolo. Progressivamente la sua autorità crebbe e fu, dal XVI sec. al 1797, il vero potere esecutivo della repubblica. Il c. era composto da dieci consiglieri (Neri), che rimanevano in carica un anno, a cui se ne affiancavano altri sette (Rossi), eletti ogni sei mesi, e il doge.

DIECIMÌLA (ritiràta dei) (401 a.C.), ritirata effettuata attraverso l'Armenia dai mercenari greci di Ciro il Giovane dopo la morte del loro capo a Cunassa. Senofonte, che ricevette l'incarico di condurla, la descrisse nell'*Anabasi*.

DIEFENBAKER (John George), *Newstadt, Ontario, 1895 - Ottawa 1979*, politico canadese. Presidente del Partito conservatore, è stato primo ministro del Canada (1957-1963).

DIEGO GARCIA, isola dell'arcipelago britannico di Chagos (Oceano Indiano). Base militare britannica e statunitense.

DIEKIRCH, c. di Lussemburgo, sul Sûre; 5586 ab. Chiesa paleocristiana e gotica; museo (mosaici romani).

DIELS (Otto), *Amburgo 1876 - Kiel 1954*, chimico tedesco. Con il suo allievo K. Alder mise a punto, nel 1928, la *sintesi dienica*, procedimento di condensazione dei composti organici che comportano un certo numero di doppi legami. (Premio Nobel 1950.)

DIEM → NGÔ ĐÌNH DIEM.

DIEN BIEN PHU (battàglia del) (13 mar. - 7 mag. 1954), battaglia decisiva della prima guerra d'Indocina. Questa sconfitta subita dai francesi a opera delle truppe vietminh del generale Vo Nguyên Giap, presso una località del Tonchino, segnò la fine della prima guerra d'Indocina.

DIENTZENHOFER (Kilian Ignaz), *Praga 1689 - 1751*, architetto tedesco. Il più celebre di una numerosa famiglia di architetti di origine bavarese, fu attivo a Praga e in Boemia, dove realizzò chiese barocche con piante molto varie, dagli effetti spesso teatrali.

DIEPPE, c. della Francia, capol. del dip. Seine-Maritime, sulla Manica; 35.694 ab. Località balneare. Porto viaggiatori e di commercio. Industria dell'automobile. — Castello del XV sec. (museo); due chiese antiche.

DIESEL (Rudolf), *Parigi 1858 - in mare 1913*, ingegnere tedesco. Inventò (1893) e realizzò (1897) il motore a combustione interna che porta il suo nome.

DIEST, c. del Belgio (Brabante fiammingo); 22.249 ab. Beghinaggio (chiesa del XIV sec.), monumenti e palazzi antichi.

DIETERLEN (Germaine), *Valleraugue 1903 - Parigi 1999*, etnologa francese. Autrice di numerosi studi su bamanan, malinke, dogon e soninke, ha contribuito a una migliore conoscenza dei grandi riti iniziatici (*Essai sur la religion bambara*, 1951; *Le Renard pâle*, con M. Griaule, 1965).

DIETIKON, com. della Svizzera (cant. di Zurigo), nella valle del Limmat; 21.060 ab.

DIETRICH (Maria Magdalena **von Losch**, detta **Marlene**), *Berlino 1901 - Parigi 1992*, attrice statunitense di origine tedesca. Incarnazione della *femme fatale*, misteriosa e sofisticata, diventò famosa interpretando i film di J. von Sternberg (*L'angelo azzurro* e *Marocco*, 1930; *Shanghai Express*, 1932; *L'imperatrice Caterina*, 1934).

■ *Marlene Dietrich.*

DIEUDONNÉ (Jean), *Lilla 1906 - Parigi 1992*, matematico francese. Ha svolto ricerche in vari campi (analisi, algebra e topologia), è stato uno dei fondatori del gruppo Nicolas *Bourbaki, per conto del quale ha curato la redazione di un trattato monumentale intitolato *Elementi di matematica*.

DIEZ (Friedrich), *Giessen 1794 - Bonn 1876*, filologo tedesco. Fu uno specialista di lingue romanze, alle quali applicò i principi della grammatica comparata.

DI GIÀCOMO (Salvatóre), *Napoli 1860-1934*, poeta e scrittore. Autore di racconti in stile verista e di rime di notevole musicalità. Tra le opere, *Assunta Spina* (1911), *Novelle napoletane* (1914).

DIGIÓNE, in fr. *Dijon*, c. della Francia, capol. del dip. Côte-d'Or e della reg. Bourgogne, sull'Ouche e sul canale di Borgogna; 153.813 ab. Centro industriale. — Cattedrale di St-Bénigne (XIII-XIV sec.; cripta del XI sec.); chiese di Notre-Dame (XIII sec.) e St-Michel (XVI sec.); resti dell'ant. Palazzo Ducale (che oggi ospita il municipio e il ricco Museo di Belle Arti).

DIGOS (Divisione investigazióni generàli e operazióni speciàli), organo dell'Ispettorato antiterrorismo, istituito nel 1974. Svolge attività informativa e di investigazione preventiva.

DIKSMUIDE → DIXMUIDE.

DIKTONIUS (Elmer), *Helsinki 1896-1961*, poeta finlandese di lingua finlandese e svedese. Le sue opere poetiche, cariche di senso ritmico, rispecchiano gli ideali socialisti (*Canti duri, Forte ma scuro*).

DILBEEK, com. del Belgio (Brabante fiammingo); 37.818 ab. Chiesa del XIII-XV sec.

DILI, cap. di Timor Orientale; 85.000 ab.

DILLON (John), *Blackrock, presso Dublino, 1851 - Londra 1927*, politico irlandese. Divenne capo del Partito nazionale irlandese nel 1918.

DILSEN-STOKKEM, com. del Belgio (Limburgo); 18.364 ab.

DILTHEY (Wilhelm), *Biebrich, att. Wiesbaden, 1833 - Siusi, Bolzano, 1911*, filosofo tedesco. Fu il primo ad assegnare uno statuto autonomo alle scienze umane.

DIMÀI (Àngelo), *Cortina d'Ampezzo 1818-1869*. Guida alpina, divenne celebre per le ascensioni della Punta Penia (Marmolada) e della Tofana di Dentro, entrambe nel 1864, compiute con P. Grohman.

DIMITROV (Georgi Michailovič), *Kovačevci, presso Pernik, 1882 - Mosca 1949*, politico bulgaro. Segretario generale del Komintern (1935-1943), è stato presidente del consiglio della repubblica di Bulgaria (1946-1949).

DIMITROVO → PERNIK.

DINÀRICHE (Àlpi) o **ALPI BÈBIE**, massiccio dei Balcani, tra le Alpi di Slovenia e la catena del Rodope (Bulgaria).

DINE (Jim), *Cincinnati 1935*, pittore e scultore statunitense. Esponente della pop art, è noto per i suoi *ready-made* e *combine painting*.

DINGLER (Hugo), *Monaco 1881-1954*, filosofo e matematico tedesco. Importante esponente dell'operazionismo, studiò sua logiche e problemi epistemologici e gnoseologici. Tra le opere, *Manuale delle scienze esatte* (1944).

DÌNI (Lambèrto), *Firenze 1931*, politico ed economista. Direttore della Banca d'Italia dal 1979 al 1994, è stato ministro del tesoro (1994), presidente del consiglio (1995-1996) e ministro degli esteri (1996-2001). Nel 1996 ha fondato una propria lista nell'ambito dell'Ulivo.

DÌNI (Ulisse), *Pisa 1845-1918*, matematico. Studiò in part. l'analisi infinitesimale e la teoria delle funzioni, formulando il teorema omonimo. Tra le opere, *Fondamenti per la teoria delle funzioni di variabili reali* (1878).

DINKA, popolazione del Sudan merid. (ca. 2 milioni di individui). I d., allevatori di bovini legati alle tradizioni, appartengono allo stesso ceppo dei nuer e, come questi ultimi, sono vittime della guerra civile. Parlano una lingua nilotica.

D'INZÈO (Raimóndo), *Poggio Mirteto 1925*, campione di equitazione. Campione del mondo ad Aquisgrana (1955) e Venezia (1960), ha vinto l'oro olimpico a Roma nel 1960. Il fratello — **Piero**, *Roma 1923*, è stato campione d'Europa di equitazione nel 1959.

DIOCLEZIÀNO (Gàio Aurèlio Valèrio), *presso Salona, Dalmazia, 245-313*, imperatore romano (284-305). Proclamato imperatore nel 284, si associò a Massimiano (286) e gli affidò l'Occidente, riservandosi l'Oriente. Nel 293, per meglio difendere l'impero, stabilì la tetrarchia: due "cesari" (Costanzo Cloro e Galerio) furono adottati dagli imperatori (i due "augusti"),

con diritto di successione. D. intraprese una vasta riforma amministrativa (suddivise l'impero in 12 diocesi, di cui 2 in Italia, e 101 province), militare, giudiziaria e finanziaria (cercò di frenare l'inflazione imponendo un alto corso al denaro di rame e un calmiere: "editto dei prezzi", 301). Iniziò a perseguitare i cristiani a partire dal 303. Si ritirò a vita privata presso Salona, mentre il sistema tetrarchico entrava in crisi alla morte di Costanzo Cloro.

■ *Diocleziano. (Museo archeologico, Izmir.)*

DIÒDORO CRÒNO, *IV sec. a.C.*, filosofo greco. Seguace della scuola megarica, sostenne la coincidenza tra il reale e il necessario, negando la verità del possibile.

DIÒDORO SÌCULO, *Agirio 90 ca. - fine del I sec. a.C.*, storico greco. È autore della *Biblioteca*, storia universale dalle origini al 58 a.C.

DIOFÀNTO, *tra il II sec. a.C. e il IV sec. d.C.*, matematico greco. Membro della scuola d'Alessandria, scrisse l'*Aritmetica*, che esercitò una notevole influenza sui matematici arabi e ispirò gli algebristi del Rinascimento.

DIÒGENE DI SÌNOPE, detto **il Cinico**, *Sinope 410 ca. - 323 ca. a.C.*, filosofo greco, il più illustre rappresentante della scuola cinica. Allievo di Antistene, sprezzò in ugual modo ricchezze e convenzioni sociali (viveva in una botte).

DIÒGENE LAÈRZIO, *Laerte, Cilicia, III sec. d.C.*, scrittore greco. Il suo *excursus* biografico delle scuole filosofiche (intitolato *Vite e sentenze dei filosofi*) contiene preziose citazioni di numerose opere andate perdute.

DIOIS, massiccio delle Prealpi francesi, bagnato dal f. Drôme; 2041 m.

DIOLA, popolazione del Senegal (Casamance merid.). I d. manifestano rivendicazioni indipendentiste. La loro lingua appartiene al gruppo nigero-congolese.

DIOMÈDE MITOL. GR. Re leggendario della Tracia. Eracle lo fece divorare dalle sue giumente, che si nutrivano di carne umana.

DIOMÈDE MITOL. GR. Personaggio dell'*Iliade*, un eroe argivo che partecipò alla guerra di Troia, distinguendosi per il suo coraggio.

DION (Céline), *Charlemagne, Québec, 1968*, cantante canadese. Una delle voci più celebri degli anni '90 del secolo scorso, è una star di fama mondiale (*Pour que tu m'aimes encore*; *My Heart Will Go On*, canzone del film *Titanic* di J. Cameron).

DIÓNE MITOL. GR. Dea greca, figlia di Oceano e Teti o Urano e Gaia. Secondo alcune versioni fu madre di Afrodite. Considerata una delle mogli di Zeus, era venerata con lui nel tempio di Dodona.

DIÓNE CÀSSIO COCCEIÀNO, *Nicea 155 ca. - 235 ca.*, storico greco. Autore di una *Storia romana*, dallo sbarco di Enea in Italia al 229 d.C.

DIÓNE CRISÒSTOMO, *Prusa, Bitinia, 30 ca. - Roma 117*, retore greco. Divulgò i precetti dei filosofi stoici.

DIÓNE DI SIRACÙSA, *Siracusa 409 - 354 a.C.*, politico siracusano. Appoggiato da Cartagine, fu tiranno di Siracusa dal 357 al 354 a.C.

DIONÌGI, in fr. **Denis** (santo), *III sec.*, primo vescovo di Parigi. Sarebbe stato decapitato sulla collina di Montmartre. Dagoberto gli dedicò una famosa abbazia (oggi basilica di St.-Denis).

DIONÌGI AREOPAGÌTA (santo), *I sec. d.C.*, primo vescovo di Atene, secondo la tradizione. Membro dell'Areopago, convertito da san Paolo, gli si attribuiscono diverse opere teologiche del V sec. che ebbero grande influenza sulla Scolastica.

DIONÌGI DI ALICARNÀSSO, *m. nel 7 a.C.*, storico greco. La sua *Storia antica di Roma* ripercorre la storia di Roma dalle origini alla seconda guerra punica.

DIONÌGI IL GIÓVANE, *397 ca. - 344 a.C.*, tiranno di Siracusa. Figlio e successore di Dionigi il Vecchio nel 367 a.C., dopo essere stato cacciato da Siracusa nel 356 e nel 344, fu costretto all'esilio a Corinto.

DIONÌGI I IL LIBERÀLE, *Lisbona 1261 - Odivelas 1325*, re del Portogallo (1279-1325), della dinastia di Borgogna. Consolidò il suo regno e fondò l'Università di Coimbra (1308).

DIONÌGI IL PÌCCOLO, *in Scizia o in Armenia alla fine del V sec. - 540 ca.*, scrittore ecclesiastico. I suoi studi sul computo degli anni dalla nascita di Cristo sono alla base del nostro calendario.

DIONÌGI IL VÈCCHIO, *Siracusa 430 ca. - 367 a.C.*, tiranno di Siracusa (405-367 a.C.). Cacciò i cartaginesi dalla Sicilia e fondò numerose colonie sulle coste dell'Adriatico (Ancona). Protesse uomini di lettere (Platone) e fece di Siracusa un importante centro economico.

DIONÌSIO (santo), *m. a Roma nel 268*, papa dal 259 al 268. Combatté l'eresia del subordinazionismo.

DIÒNISO MITOL. GR. Dio della vegetazione, in part. del vino e dell'ebbrezza, figlio di Zeus e di Semele. Chiamato anche Báckhos, divenne Bacco per i romani. Il culto di D. contribuì allo sviluppo della tragedia e dell'arte lirica.

DIONISÒTTI (Càrlo), *Torino 1908 - Londra 1998*, critico e storico della letteratura. Tra le opere, *Geografia e storia della letteratura italiana* (1967), *Machiavellerie* (1980), *Appunti sui moderni* (1988).

DIOP (Birago), *Ouakam, presso Dakar, 1906 - Dakar 1989*, scrittore senegalese. Ha ripreso la tradizione orale africana nei suoi racconti (*I racconti di Amadou Koumba*) e ha infuso un animismo ancestrale nelle poesie (*Illusioni e bagliori*).

DIOR (Christian), *Granville 1905 - Montecatini 1957*, stilista francese. Fin dalla sua prima collezione (1947) riscosse un successo immediato introducendo lo stile "new-look", caratterizzato dal ritorno al fasto, alle guêpière e alle gonne lunghe e ampie.

Christian **DIOR** nel 1948.

DIORI (Hamani), *Soudouré 1916 - Rabat 1989*, politico nigeriano. È stato il presidente della repubblica del Niger (1960-1974).

DIÒSCURI → CASTORE E POLLUCE.

DIOTISÀLVI, *XII sec.*, architetto. Progettò il battistero di Pisa, di cui iniziò la costruzione nel 1153 in Piazza dei Miracoli.

DIOUF (Abdou), *Louga 1935*, politico senegalese. Primo ministro (1970-1980), è succeduto a L.S. Senghor alla presidenza della repubblica nel 1981 ed è restato a capo dello Stato fino al 2000.

DI PIÈTRO (Antònio), *Montenero di Bisaccia 1950*, magistrato e politico. Come magistrato, ha dato il via all'inchiesta "Mani pulite" (1992), da cui è scaturito lo scandalo politico noto come "Tangentopoli". Ministro dei lavori pubblici nel 1996 con il governo Prodi, nel 1998 ha creato una propria lista (L'Italia dei valori).

DIPYLON, porta della cinta muraria di Atene, dalla quale si accedeva alla principale necropoli della città. Qui furono trovate importanti testimonianze della ceramica attica, chiamata appunto ceramica del D. (VIII sec. a.C.).

DIRAC (Paul), *Bristol 1902 - Tallahassee 1984*, fisico britannico. Tra i fondatori della meccanica quantistica, ha introdotto un formalismo matematico che gli ha permesso di prevedere l'esistenza dell'elettrone positivo o positrone. Ha contribuito all'elaborazione di una statistica, detta *di *Fermi-D.*, relativa al comportamento delle particelle. (Premio Nobel 1933.)

■ *Paul Dirac.*

DIREDAUA, c. dell'Etiopia; 194.587 ab.

DIRETTÒRIO, collegio direttivo di cinque membri attivo in Francia dal 1795 al 1799, dotato di potere esecutivo; per est., il regime politico di quel periodo.

DIRICHLET (Peter Gustav **Lejeune**), *Düren 1805 - Gottinga 1859*, matematico tedesco. Autore di ricerche sulle serie trigonometriche e sulla teoria dei numeri, definì il concetto di funzione nella sua accezione moderna di corrispondenza.

DIRITTI DELL'UÒMO (Convenzione europea sui), documento approvato dal Consiglio d'Europa (Roma, 4 nov. 1950) e volto a fornire una garanzia giuridica delle libertà individuali. È entrata in vigore nel 1953.

DIRITTI DELL'UÒMO (Dichiarazione universale dei), testo che enuncia i diritti civili, politici, economici, sociali e culturali di "tutti i membri della famiglia umana". È stata approvata il 10 dic. 1948 dall'assemblea generale delle Nazioni Unite e integrata, nel 1966, da due patti internazionali a carattere obbligatorio sulla garanzia dei diritti (uno relativo ai diritti economici, sociali e culturali, l'altro ai diritti civili e politici).

DIRITTI DELL'UÒMO E DEL CITTADÌNO (Dichiarazione dei), testo approvato il 26 ago. 1789 dall'Assemblea costituente francese e posto a premessa della Costituzione francese del 1791. La Dichiarazione, composta da 17 articoli, enuncia i diritti dell'uomo e della nazione, tra cui eguaglianza politica e sociale di tutti i cittadini, rispetto della proprietà, sovranità della nazione, rispetto delle opinioni e delle fedi, libertà di parola e di stampa.

DISCÒBOLO (Il), statua in bronzo di Mirone. Realizzata nel 450 ca. a.C., raffigura un atleta che si cimenta nel lancio del disco (Museo nazionale, Roma). L'opera testimonia la perfezione raggiunta dall'arte greca nella riproduzione del movimento.

DISCÓRSO SULL'ORÌGINE DELL'INEGUAGLIÀNZA, opera di J.-J. Rousseau (1755). L'autore cerca di spiegare lo snaturamento progressivo dell'essere umano mentre cresce e progredisce, come conseguenza del passaggio da uno stato di natura caratterizzato dall'isolamento e dalla bontà dell'individuo, a uno stato sociale governato dall'ineguaglianza e dall'egoismo.

DISCÓRSO SUL MÈTODO, opera di R. Cartesio (1637). L'autore vi espone un metodo critico al quale intende conformarsi; poi, dopo avere affidato la propria condotta di vita a una morale provvisoria, si sottopone alla prova del dubbio radicale, al quale solo il pensiero puro (il "cogito") si dimostra in grado di resistere; partendo da questi presupposti, egli prova l'esistenza di Dio, si accerta della verità dei matematici, passa alla descrizione dei corpi e ipotizza la possibilità di dominare la natura (grazie alla meccanica e alla medicina).

DISGRÀZIA (Mónte), cima delle Alpi Retiche; 3678 m. Ospita imponenti ghiacciai, tra i quali quelli del D. e del Ventina.

DISNEY (Walter Elias, detto Walt), *Chicago 1901 - Burbank, Los Angeles, 1966*, disegnatore, regista cinematografico e produttore statunitense. Creatore di Topolino (*Mickey Mouse*) e Paperino (*Donald Duck*), divenne famoso in tutto il mondo con i lungometraggi *Biancaneve e i sette nani* (1937), *Fantasia* (1940), *Bambi* (1942), *Alice nel paese delle meraviglie* (1951), fondando un impero commerciale (creazione di *Disneyland).

Walt **DISNEY.**

DISNEYLAND, parco di divertimenti. Situato presso Anaheim (California) e inaugurato nel 1955, è stato il primo dei parchi a tema della società di W. Disney: Walt Disney World Resort (presso Orlando, Florida, 1971); Tokyo Disneyland (Giappone, 1983); Disneyland Resort Parigi (Marne-la-Vallée, parchi Disneyland [1992] e Walt Disney Studios [2002]).

DISRAELI (Benjamin), cónte di **Beaconsfield**, *Londra 1804 - 1881*, politico e scrittore britannico. Deputato conservatore nel 1837, difensore del protezionismo, si affermò come capo del suo partito. Cancelliere dello scacchiere (1852, 1858, 1866-1868), fu due volte primo ministro: nel 1868 e dal 1874 al 1880. Oltre a realizzare importanti riforme sociali, condusse una politica estera espansionistica, consolidando il prestigio dell'Inghilterra: nel 1876 fece proclamare la regina Vittoria imperatrice delle Indie. Nel 1878, al congresso di Berlino, fece fallire i progetti espansionistici della Russia nei Balcani.

■ *Benjamin Disraeli ritratto J.E. Millais. (National Portrait Gallery, Londra.)*

DI STÉFANO (Alfrédo), *Buenos Aires 1926*, calciatore spagnolo di origine argentina. Centravanti, stratega e cannoniere, ha vinto 5 volte la Coppa dei campioni (1956-1960) con il Real Madrid.

DI STÉFANO (Giuséppe), *Motta S. Anastasia 1921*, tenore. Ha debuttato nel 1943 a Reggio nell'Emilia nella *Manon*. Ha poi raccolto un ampio consenso in tutto il mondo, distinguendosi per la brillantezza della voce e le elevate qualità espressive.

DISTINGUISHED SERVICE ORDER (DSO), ordine militare britannico creato nel 1886.

DI SUVERO (Mark), *Shanghai 1933*, scultore statunitense. Legato alla corrente espressionista, dagli anni '60 del secolo scorso si è dedicato alla costruzione di enormi *assemblage* di oggetti di rifiuto, fra cui *Aurora* (1992-1993).

DI TÀRSIA (Galeàzzo), *Napoli 1520-1553*, poeta. Signore di Belmonte Calabro, fu confinato a Lipari nel 1549 e in seguito graziato. Le sue rime, alcune delle quali dedicate alla moglie Camilla Carafa e a Vittoria Colonna, sono raccolte nel *Canzoniere* (1617).

DÌTE MITOL. ROM. Dio dell'oltretomba e della ricchezza. Corrisponde al greco Plutone, sposo di Proserpina.

DÌTTI CRETÉSE, presunto autore di una narrazione della guerra di Troia, scritta in realtà da un autore greco ignoto e poi tradotta in latino nel IV sec.

DIU, isola dell'India, a NO di Bombay, facente parte del territorio di Daman e Diu; 40 km²; 39.485 ab.; c. princ. *Diu* (21.576 ab.). Ant. colonia portoghese (1535-1670; 1717-1961).

DIULA, gruppo sociale dei mande (soprattutto malinke) rappresentato principalmente in Costa d'Avorio e nel Burkina. I d. devono il loro nome al mestiere che svolgono ("venditori ambulanti"); parlano il diula.

DIVÌNA COMMÈDIA (la), poema di Dante Alighieri (1307-1321 ca.), composto da cento canti suddivisi in tre cantiche (*Inferno*, *Purgatorio*, *Paradiso*) di 33 canti ciascuna, più un canto introduttivo, in endecasillabi. Dante scrisse quest'opera in esilio, immaginando un viaggio attraverso i tre regni dell'aldilà sotto la guida di Virgilio, *Beatrice* e san Bernardo. La D. C. rappresenta l'allegoria del percorso che l'uomo deve compiere per fuggire le passioni terrene e ricevere l'illuminazione delle libertà morali e della fede; una fuga dall'ignoranza per raggiungere la conoscenza della verità e della salvezza.

DI VITTÒRIO (Giuséppe), *Cerignola 1892 - Lecco 1957*, politico e sindacalista. Deputato socialista dal 1921, nel 1924 divenne comunista. Condannato dal tribunale speciale, fuggì in Francia. Nel dopoguerra fu segretario generale della CGIL (1945-1957) e presidente della Federazione sindacale mondiale.

DIX (Otto), *presso Gera 1891 - Singen, presso Constanza, 1969*, pittore e incisore tedesco. Influenzato dall'espressionismo, poi legato al movimento dadaista, negli anni '20 del secolo scorso fu uno dei maestri della corrente Nuova oggettività.

DIXMUDE, in fiamm. **Diksmuide**, c. del Belgio (Fiandra Occidentale), sull'Yser; 15.465 ab.

DIYARBAKIR, c. della Turchia, sul Tigri; 511.640 ab. Cinta muraria (XI-XIII sec.) e Grande Moschea risalente all'XI sec.

DJAGILEV (Sergej Pavlovič), *Nižnij Novgorod 1872 - Venezia 1929*, impresario teatrale russo. Fondò la compagnia di danza Ballets Russes (1909-1929).

DJAKARTA → GIACARTA.

DJELFA, c. dell'Algeria, capol. di distr.; 164.126 ab.

DJEM (El-), località della Tunisia, tra Sousse e Sfax. Rovine di Thysdrus (anfiteatro), una delle principali città romane del II-III sec.

DJEMILA, c. dell'Algeria, a NE di Sétif; 25.765 ab. Rovine dell'ant. c. di Cuicul, che raggiunse il massimo splendore nel III sec. È un bell'esempio di urbanizzazione romana. Museo (mosaico).

DJENNÉ, c. del Mali; 9500 ab. Importante crocevia degli scambi commerciali e centro musulmano dal XVI al XVIII sec. — Moschea molto antica, più volte restaurata.

DJERASSI (Carl), *Vienna 1923*, chimico statunitense di origine austriaca. Ha studiato la chimica di sostanze naturali (steroidi, come cortisone e progesterone), in vista della loro sintesi e produzione industriale (in part. ha messo a punto il contraccettivo orale noto come "pillola").

DJERBA, in it. **Gèrba**, isola della Tunisia (unita al continente da un ponte), all'ingresso del Golfo di Gabès. Pesca. Turismo.

DJERID (Chott El-), depressione della Tunisia merid., al confine con il Sahara, occupata da lagune più o meno prosciugate.

DJEZIREH, reg. del Medio Oriente, che comprende il N e il centro dell'ant. Mesopotamia (Iraq e Siria).

DJIDJELLI → JIJEL.

DJURDJURA, massiccio dell'Algeria, al confine merid. della Grande Cabilia; 2308 m. Parco nazionale.

DMOWSKI (Roman), *Kanionek, presso Varsavia, 1864 - Drozdowo 1939*, politico polacco. Fondatore del Partito nazionale democratico (1897) che lottò per l'indipendenza della Polonia, guidò con I. Paderewski la delegazione polacca alla conferenza di pace di Parigi (1919).

DMYTRYK (Edward), *Grand Forks 1908 - Los Angeles 1999*, regista cinematografico statunitense. Tra i film, *Tragico oriente* (1943), *Anime ferite* (1946), *Odio implacabile* (1947), *Cristo fra i muratori* (1949), *L'ammutinamento del Caine* (1954), *I giovani leoni* (1958).

DNEPR, f. della Russia, della Bielorussia e dell'Ucraina, che nasce dal rialto del Valdaj e sfocia nel Mar Nero; 2200 km. Attraversa Kiev. Sfruttamento idroelettrico.

DNEPRODZERŽINSK, già **Dnieprodzerjinsk**, c. dell'Ucraina, sul Dnepr; 284.000 ab. Centrale idroelettrica. Metallurgia.

DNEPROPETROVSK, già **Dniepropetrovsk**, c. dell'Ucraina, sull'ansa del Dnepr; 1.189.000 ab. Porto fluviale e centro industriale.

DNESTR, f. della Moldavia e dell'Ucraina, che nasce nei Carpazi e sfocia nel Mar Nero, in Ucraina; 1352 km.

DOBBIÀCO, in ted. **Toblach**, com. in prov. di Bolzano; 3285 ab. Centro turistico invernale situato nella Val Pusteria. Nei dintorni, Lago di D. e Sella di D., spartiacque tra il bacino dell'Adige e quello della Drava.

DOBERDÒ DEL LÀGO, com. in prov. di Gorizia; 1415 ab. Situato ai margini del Carso, fu distrutto dagli austriaci durante la prima guerra mondiale. Nei dintorni, il lago di D.

DÖBLIN (Alfred), *Stettino 1878 - Emmendingen 1957*, scrittore tedesco naturalizzato francese. I suoi romanzi realizzano la sintesi tra espressionismo e futurismo (*Berlin Alexanderplatz*).

DOBRIČ, c. della Bulgaria, capol. di distr., a N di Varna; 100.379 ab.

DOBRO POLJE, cima della Macedonia, a E di Bitola.

DOBRÙGIA, in rum. **Dobrogea**, in bulg. **Dobrudža**, reg. della Romania (che ne ingloba la maggior parte) e della Bulgaria, compresa tra il Mar Nero e il Danubio. Nel 1878, il N della D. fu riunito alla Romania; il S, in quell'occasione attribuito alla Bulgaria, nel 1913 fu annesso alla Romania, che dovette rinunciarvi nel 1940.

DOBZHANSKY (Theodosius), *Nemirov, Ucraina, 1900 - Davis, California, 1975*, genetista statunitense di origine russa. Specialista della genetica delle popolazioni, apportò un contributo rilevante allo sviluppo del neodarwinismo.

DODDS (Johnny), *New Orleans 1892 - Chicago 1940*, clarinettista jazz statunitense. Tra i pionieri del jazz *New Orleans* (*High Society Rag*, 1923), raggiunse King Oliver a Chicago e diresse alcune orchestre (*Weary City*, 1928).

DODECANÈSO, arcipelago greco del Mar Egeo, al largo della Turchia, di cui Rodi è l'isola principale; 187.564 ab. Sotto il dominio ottomano, poi occupato nel 1912 dagli italiani, fu congiunto alla Grecia nel 1947-1948.

DODERER (Heimito **von**), *Weidlingen, presso Vienna, 1896 - Vienna 1966*, scrittore austriaco. I suoi romanzi raccontano la fine della società austro-ungarica (*Il segreto dell'Impero*, *I demoni*).

DÓDICI TÀVOLE (*léggi delle*), la prima legislazione scritta dell'ant. Roma, incisa su dodici tavole di bronzo (451 ca. a.C.).

DODOMA, cap. della Tanzania; 264.000 ab.

DODÓNA, ant. c. dell'Epiro, sede di un tempio dedicato a Zeus. I sacerdoti traevano presagi dal fruscio delle foglie, nel sacro bosco di querce.

DOESBURG (Théo Van) → VAN DOESBURG (Théo).

DÒGALI, località dell'Eritrea, a O di Massaua. Nel 1887, nel corso della prima guerra italo-etiopica, 500 soldati italiani guidati da T. De Cristoforis vi furono massacrati dalle truppe del ras Alula.

DOGLIÀNI, com. in prov. di Cuneo; 4546 ab. Centro agricolo delle Langhe. Produzione vinicola (dolcetto, barolo, barbera).

DOGON, popolazione del centro del Mali e del N del Burkina Faso (ca. 500.000 individui). Agricoltori che vivono ai piedi delle falesie di Bandiagara, i d. sono celebri per la loro arte austera e spoglia (maschere, statue) e per la loro cosmogonia complessa; hanno conservato la religione e la cultura tradizionali. La loro lingua rappresenta un fenomeno isolato in seno al gruppo nigero-congolese.

DOHA o **DAWAH** (Ad-), cap. del Qatar, sul Golfo Persico; 285.000 ab. nell'agglomerato.

DOISNEAU (Robert), *Gentilly 1912 - Parigi 1994*, fotografo francese. Parigi e la sua periferia gli hanno ispirato molte foto, dove brio e humour si uniscono a una calorosa complicità.

Robert **DOISNEAU**. La Récréation, rue Buffon (1959).

DOKUČAEV (Vassilij Vassilievič), *Miljukov, prov. di Smolensk, 1846 - San Pietroburgo 1903*, geografo e naturalista russo. Scoprì la disposizione zonale del suolo, orientò la geografia russa verso l'analisi sintetica del territorio e creò la pedologia moderna.

DOLABÈLLA (Pùblio Cornèlio), *79 ca. - Laodicea 43 a.C.*, politico romano. Marito di Tullia, figlia di Cicerone, fu al fianco di Cesare in Gallia e nella guerra civile. Fu poi console (44 a.C.) e governatore della Siria.

DÓLCE & GABBÀNA, marchio creato nel 1985 dagli stilisti Domenico D. (*Polizzi Generosa 1958*) e Štefano G. (*Milano 1962*). Diffuso a livello mondiale, il gruppo omonimo opera nei settori abbigliamento (alta moda, prêt-à-porter), calzature, occhiali e profumi.

DÓLCE (Ludovìco), *Venezia 1508-1568*, poligrafo e letterato. Autore di una vastissima e versatile produzione letteraria, fu traduttore di testi classici, trattatista, commentatore, autore di rime e poemi epici, drammaturgo. Importanti le *Osservazioni sulla volgar lingua* (1550).

DOLCEÀCQUA, com. in prov. di Imperia; 1886 ab. Centro agricolo e dell'artigianato. Rovine del castello dei Doria (XV sec.).

DOLCEBUÒNO (Giangiàcomo), *Milano 1440-1506*, architetto e scultore. Insieme a G. Battagio realizzò la chiesa dell'Incoronata a Lodi (1489) e nel 1490 vinse con G.A. Amadeo il concorso per il tiburio del duomo di Milano. Diresse i lavori per la chiesa di S. Maria presso S. Celso (1493-1497).

DÓLCI (Càrlo), *Firenze 1616-1686*, pittore. Celebri sono le sue Madonne (*Madonna col Bambino*) e altri dipinti sacri. È noto anche per i ritratti, dalla notevole raffinatezza cromatica (*Autoritratto*, 1674).

DÓLCI (Danìlo), *Sesana 1924 - Partinico 1997*, scrittore. Nelle sue opere si avverte l'impegno sociale che mira al riscatto della Sicilia dall'arretratezza: *Banditi a Partinico* (1955), *Inchiesta a Palermo* (1956), *Non esiste il silenzio* (1974). È stato anche poeta (*Voci dalla città di Dio*, 1951).

DOLCÌNO (Dolcìno Tornièlli, detto **fra**), *Val D'Ossola 1250 - Novara 1307*, riformatore religioso. Capo della setta degli Apostolici, raccolse molti seguaci nell'Italia settentr. Osteggiato dagli ordini ufficiali, dovette soccombere alle truppe inviate contro di lui da papa Clemente V e fu condannato al rogo.

DOLGÀNI, popolazione della Russia (presso la Penisola di Tajmyr, Rep. Jacuzia-Saha) (ca. 7000 individui). I d., nati dall'incrocio di evenki con jacuti, neneti, eneti e russi, sono allevatori di renne, cacciatori e pescatori. La loro lingua, il dolgano, è un dialetto jacuto.

DOLGORUKIJ, famiglia principesca russa che rivestì un ruolo di primo piano sotto Pietro il Grande, Caterina I e Pietro II (1727-1730).

DOLIN (Patrick **Healey-Kay**, detto Anton), *Slinford, Sussex, 1904 Neuilly-sur-Seine 1983*, ballerino e coreografo britannico. Affermatosi come il più grande ballerino inglese della prima metà del XX sec., ha fondato con A. Markova la compagnia Markova-Dolin (1935) e il Festival Ballet (1950), che in seguito ha preso il nome di English National Ballet.

DOLLFUSS (Engelbert), *Texing 1892 - Vienna 1934*, politico austriaco. Cancelliere (dal 1932 al 1934), riorganizzò lo Stato sulla base di principi autoritari e corporativi. Ostile all'Anschluss, fu assassinato dai nazisti.

DÖLLINGER (Johann Ignaz **von**), *Bamberg 1799 - Monaco 1890*, sacerdote e storico tedesco. Per essersi opposto alla dottrina dell'infallibilità del papa, fu scomunicato (1871) e divenne capo dei "Vecchi cattolici".

DOLNÍ VĚSTONICE, sito preistorico della Rep. Ceca, presso Břeclav. Accampamenti di cacciatori del Paleolitico superiore in cui sono state portate alla luce statuette femminili (25.000 ca. a.C.).

DÒLO, com. in prov. di Venezia; 14.524 ab. È situato sul Naviglio del Brenta, lungo il quale si trovano ville palladiane (XVII-XVIII sec.).

DOLOMIEU (Dieudonné o Déodat **de Gratet de**), *Dolomieu 1750 - Châteauneuf 1801*, geologo francese. Grande viaggiatore, autore di studi sui sismi e sui vulcani, identificò e diede il nome a

molti minerali e rocce, tra cui la dolomite e la dolomia. Partecipò alla spedizione d'Egitto.

DOLOMÌTI o **ÀLPI DOLOMÌTI**, gruppo montuoso del Trentino-Alto Adige e del Veneto, tra l'Adige e il Piave; la cima più elevata è la Marmolada (3342 m). Di origine sedimentaria (calcari e dolomie), che fanno scogliere di origine corallina, le D. presentano una caratteristica morfologia a guglie e torrioni. Due sono i corpi principali: *D. Occidentali* (con i seguenti gruppi: Sella, Sassolungo, Odle, Marmolada, Latemar e Catinaccio) e *D. Orientali* (con i seguenti gruppi: Braies, Croda Rossa, Tofane, Cristallo, Pelmo e Civetta). Numerosi i laghi (Misurina, Carezza, Dobbiaco, Alleghe, Braies), rari i ghiacciai (Marmolada). Le D. furono così denominate nel 1876 in omaggio a D. de Dolomieu.

DOLOMÌTI DI SÈSTO, parco naturale del Trentino-Alto Adige, in prov. di Bolzano. Istituito nel 1981, si estende su una superficie di 11.600 ha ca. Comprende celebri vette come le Tre Cime di Lavaredo (2999 m) e la Cima Dodici (3094 m).

*Le **DOLOMITI DI SESTO** sovrastano la Val Fiscalina.*

DOMAGK (Gerhard), *Lagow, Brandeburgo, 1895 - Burgberg 1964*, medico tedesco. Ha scoperto il primo sulfamidico utilizzato in ambito terapeutico, aprendo così la strada alla chemioterapia antinfettiva. (Premio Nobel 1939.)

DOMBROWSKI (Jan Henryk) → DABROWSKI.

DÔME (Mónti) → PUYS DE DÔME.

DOMÉNICA DEL CORRIÈRE, settimanale di informazione e attualità. Supplemento del *Corriere della Sera* dal 1899, ha cessato le pubblicazioni nel 1989.

DOMENICHÌNO (Doménico **Zampièri**, detto **il**), *Bologna 1581 - Napoli 1641*, pittore. Discepolo dei Carracci, realizzò a Roma gli affreschi della chiesa di S. Luigi dei Francesi e S. Andrea della Valle; il dipinto *Caccia di Diana* si trova alla Galleria Borghese.

DOMÉNICO DI BÀRTOLO, *Asciano 1400-1445*, pittore. Allievo di Taddeo di B. e influenzato dal Masaccio, attuò un superamento della tradizio-

ne senese. Tra le opere, *Madonna* (1433), *Polittico di S. Giuliana* (1438).

DOMÉNICO DI GUZMÁN (sànto), *Calervega 1170 ca. - Bologna 1221*, religioso castigliano. Fondò l'ordine dei domenicani, o frati predicatori, confermato da Onorio III nel 1216, predicò fra i catari nella regione di Tolosa e fu canonizzato nel 1234.

*San **DOMENICO** in meditazione, ritratto da Beato Angelico. (Convento di S. Marco, Firenze.)*

DOMÉNICO VENEZIÀNO, *Venezia ? inizio del XV sec. - Firenze 1461*, pittore. Interpretò poeticamente i colori e lo spazio ed ebbe come allievo P. della Francesca.

DOMESDAY BOOK, in it. **Libro del giórno del giudizio**, registrazione catastale che riporta la situazione di tutte le terre inglesi alla fine dell'XI sec. Fu realizzato per ordine di Guglielmo il Conquistatore.

DOMINGO (Plácido), *Madrid 1941*, tenore spagnolo. Ha cantato i repertori completi di numerosi autori, da G.F. Händel a R. Wagner, e ha partecipato a diversi film ispirati a opere liriche (*La traviata*, F. Zeffirelli, 1983; *Carmen*, F. Rosi, 1984).

DOMINICA, Stato dell'America centrale, nell'arcipelago delle Piccole Antille; 751 km²; 71.000 ab. (*dominicani*). CAP. *Roseau*. LINGUA: *inglese*. MONETA: *dollaro dei Caraibi orient.* [*V. carta di Antigua e Barbuda.*]. Dal 1978 Stato indipendente nell'ambito del Commonwealth.

DOMINICÀNA (Repùbblica), Stato che occupa la parte orient. dell'isola di Haiti; 48.400 km²; 8.507.000 ab. CAP. *Santo Domingo*. LINGUA: *spagnolo*. MONETA: *peso dominicano*. [*V. carta di Haiti*.]

GEOGRAFIA – Al settore occ., montuoso, si contrappone quello orient., formato soprattutto da pianure e colline, dove si coltivano canna da

*Il gruppo del Sassolungo, nelle **DOLOMITI**.*

zucchero (risorsa principale), caffè, cacao e tabacco. La popolazione (il 25% della quale si concentra a Santo Domingo) è in rapida crescita e composta in prevalenza da meticci.

STORIA – Il periodo coloniale. 1492: Cristoforo Colombo raggiunge l'isola di Haiti, da lui battezzata Hispaniola. **XVI-XVIII sec.:** la prima colonizzazione spagnola provoca la scomparsa delle etnie autoctone (aruachi). **1697:** il trattato di Ryswick sancisce la spartizione dell'isola tra Francia (Haiti) e Spagna. **1795:** la colonia spagnola viene ceduta alla Francia con il trattato di Basilea.
Il XIX sec. 1809: i dominicani si liberano delle truppe francesi. **1822-1844:** tutta l'isola è sottomessa a Haiti. **1844:** una rivolta porta alla proclamazione della repubblica. **1865:** il paese conquista l'indipendenza; **1870-1916:** scosso da ripetuti colpi di Stato, subisce l'ingerenza degli Stati Uniti.
Il XX e il XXI sec. 1924: a causa del suo indebitamento, il paese è occupato militarmente dagli Stati Uniti con l'avvento al potere di Rafael Leónidas Trujillo. **1930-1961:** quest'ultimo impone una spietata dittatura che si conclude con il suo assassinio, nel 1961. **1962-1963:** Juan Bosch, eletto presidente, viene deposto dai militari. **1965:** temendo il contagio castrista, gli Stati Uniti intervengono militarmente. **1966-1978:** Joaquín Balaguer conserva il potere facendo leva sull'esercito. **1978:** Antonio Guzmán diventa presidente. **1982:** gli succede Jorge Blanco. **1986-1996:** J. Balaguer torna a ricoprire la carica di presidente. **1996:** Leonel Fernández è il suo successore. **2000:** Rafael Hipólito Mejía Domínguez viene eletto capo dello Stato.

DOMÌNICI (Giovànni, beàto), *Firenze 1337 - Buda 1419,* scrittore e padre domenicano. Vicario generale dell'ordine nel 1391, quindi cardinale (1408), fu inviato in Boemia per reprimere l'eresia ussita. Fu un importante riformatore religioso e si oppose all'umanesimo. Tra le opere, *Il libro dell'amore di carità* (1397), *Lucula noctis* (1405).

DOMITÌLLA (Flàvia), *m. nel 100,* santa. Moglie di Flavio Clemente, nel 95 fu accusata insieme a lui di ateismo ed esiliata. In una sua proprietà sulla via Ardeatina furono scavate le celebri catacombe.

DOMIZIÀNO (Tito Flàvio), *Roma 51-96 d.C.,* imperatore romano (81-96). Fratello e successore di Tito, risollevò le sorti di Roma dopo gli incendi del 64 e dell'80. Oltre a rendere più sicuro il confine sul Danubio respingendo i daci, condusse guerre contro i catti e i sarmati. A Roma portò a termine importanti opere edilizie (Colosseo, tempio di Giove Capitolino) e fece costruire lo stadio nel Campo Marzio. Instaurò un regime assolutista perseguitando il senato e morì assassinato.

DOMÌZIO ENOBÀRBO, nome di numerosi politici romani. — Gneo **D. E.,** console nel 192 a.C., sconfisse i boi e guidò l'esercito romano nella battaglia di Magnesia contro i siriani (190 a.C.). — Gneo D.E., *104 ca. a.C.* Console nel 122 a.C., ottenne vittorie contro gli allobrogi (121 a.C.) e gli alverni. Censore nel 115 a.C., fece costruire la via Domizia.

DOMODEDOVO, uno degli aeroporti di Mosca.

DOMODÒSSOLA, com. in prov. di Verbano-Cusio-Ossola, all'imbocco del traforo del Sempione; 18.394 ab. Industria chimica, meccanica, siderurgica. Palazzo Silva (XV-XVIII sec.), palazzo di S. Francesco e numerosi esempi di architettura alpina.

DOMUS AUREA, complesso di edifici e giardini costruito, per ordine di Nerone, dagli architetti Severo e Celere nel 64. Edificata tra i colli Palatino e Celio, la residenza imperiale restò incompiuta e, dopo la sua distruzione, il palazzo principale fu interrato da Traiano per costruirvi le terme. Oggi restano rovine con importanti dipinti. Restauri recenti.

DOMUSNÒVAS, com. in prov. di Cagliari; 6841 ab. Nei dintorni, la grotta di S. Giovanni, di origine carsica.

DON, f. della Russia, che nasce a S di Mosca e sfocia nel Mar d'Azov, a valle di Rostov; 1870 km. È collegato al Volga da un canale.

DONATÈLLO (Donàto **di Niccolò Bètto Bàrdi,** detto), *Firenze 1386-1466,* scultore. Fu uno dei

DONATELLO. David, *statua in bronzo della maturità dell'artista. (Museo Nazionale del Bargello, Firenze.)*

massimi rappresentanti dell'arte del Rinascimento, insieme a F. Brunelleschi e al Masaccio. Si accostò, allievo di L. Ghiberti, allo studio dell'arte antica, associando la monumentalità del gotico al realismo e alla religiosità del Medioevo. Famosi, oltre ai potenti bassorilievi: a Firenze, il *S. Giorgio* in marmo per la chiesa di Orsanmichele (1417 ca., oggi al Bargello) e i Profeti del campanile di Giotto (*Geremia, Abacuc,* ora al Museo dell'Opera del duomo); a Siena, il *Banchetto di Erode,* pannello in bronzo dorato del battistero (1423-25); a Padova, la statua equestre di *Gattamelata* (1450 ca.).

DONÀTI, famiglia fiorentina dell'XI sec. — Cor-so **D.,** *m. a Firenze nel 1308.* Podestà di Firenze, capo dei Neri, nel 1300 fu costretto all'esilio. Tornato a Firenze con Carlo di Valois, scacciò i Bianchi ma rimase ucciso nelle lotte interne. — Forese **D.,** *Firenze 1250-1296.* Rimatore, fu protagonista con Dante di una tenzone poetica. — Gemma **D.,** *m. nel 1340.* Sposò Dante Alighieri. — Piccarda **D.,** *XIII sec.* Fu strappata al convento dal fratello Corso e costretta al matrimonio. Il fatto ispirò un celebre episodio della *Divina Commedia* (*Paradiso,* III).

DONÀTI (Giovànni Battìsta), *Pisa 1826 - Firenze 1973,* astronomo. Direttore dell'osservatorio di Firenze, scoprì sei comete, tra le quali, nel 1858, quella che porta il suo nome. Fu anche uno dei pionieri dell'astrofisica e della spettroscopia.

DONÀTI (Giuséppe), *Granarolo dell'Emilia 1889 - Parigi 1931,* politico. Aderì nel 1821 al Partito popolare, dirigendo il quotidiano *Il popolo* (1922-1924). Oppositore del fascismo, fu uno degli animatori dell'Aventino, e nel 1925 dovette fuggire in Francia, dove diresse il *Corriere degli Italiani* e *Il pungolo.*

DONÀTO, *270 ca. - in Gallia o in Spagna 355 ca.,* vescovo di Casae Nigrae, in Numidia. Mostrandosi inflessibile nei confronti dei cristiani che avevano rinnegato la loro fede sotto Dioclezianо (*lapsi*), fu all'origine di un movimento scismatico, il donatismo, combattuto da sant'Agostino.

DONÀTO (Èlio), grammatico latino del IV sec., precettore di san Girolamo.

DONATÓNI (Frànco), *Verona 1927 - Milano 2000,* compositore. Influenzato inizialmente da B. Bartok, si è in seguito avvicinato alle posizioni neo-avanguardiste. Tra le opere, *Puppenspiel I* (1961), *Puppenspiel II* (1966), *Lumen* (1975), *In Cauda* (1982), *Luci II* (1996).

DONAU →DANUBIO.

DONAUESCHINGEN (Fèstival di), festival della musica contemporanea, istituito in Germania (Baden-Württemberg) nel 1921.

DONAZIÓNE DI COSTANTÌNO, documento apocrifo attribuito a Costantino il Grande e indirizzato al pontefice Silvestro I. Scritto nella seconda metà dell'VIII sec. e utilizzato durante tutto il Medioevo per giustificare l'autorità spirituale e temporale del papato, questo documento fu dichiarato falso nel 1440 dall'umanista L. Valla.

DONBASS, bacino carbonifero e reg. industriale, al confine dell'Ucraina e della Russia, tra il corso del Donec e il Mar d'Azov; c. princ. *Doneck.*

DONCASTER, c. della Gran Bretagna (Inghilterra), presso Sheffield; 86.000 ab.

DON CHISCIÒTTE DELLA MÀNCIA, eroe dell'omonimo romanzo di M. Cervantes (1605-1615). È un vecchio hidalgo idealista e generoso, dall'immaginazione folle e utopica, sempre accompagnato nelle sue peregrinazioni da *Sancho Panza* e innamorato di *Dulcinea.* L'opera di Cervantes segna la nascita del romanzo moderno. — A questo personaggio nel 1869 M. Petipa dedicò un balletto per il teatro Bol'šoj di Mosca, su musica di L. Minkus.

DÓNDE VENIÀMO? CHI SIÀMO? DÓVE ANDIÀMO?, grande tela realizzata a Tahiti da P. Gauguin (1897, museo di Boston). Costituisce una sorta di testamento artistico e, nel contempo, l'espressione di un profondo tormento interiore.

DONECK, dal 1924 al 1961 Stalino, c. dell'Ucraina, nel bacino di Donbass; 1.121.000 ab. Metallurgia. Chimica. — Museo di Belle Arti.

DONEC o **DONEZ,** f. dell'Ucraina e della Russia, affl. di destra del Don; 1016 km. Bagna il bacino carbonifero del Donbass.

DONEGÀNI (Guido), *Livorno 1877 - Bordighera 1947,* industriale. Fu amministratore delegato (1910) e presidente (1918-1945) della società mineraria Montecatini, che sotto la sua guida divenne uno dei gruppi industriali più potenti d'Europa.

DONEN (Stanley), *Columbia 1924,* regista cinematografico statunitense. Inizialmente ballerino e coreografo, avvalendosi spesso dell'interpretazione di G. Kelly (*Cantando sotto la pioggia,* 1952; *Sette spose per sette fratelli,* 1954), e film dall'intreccio rosa (*Sciarada,* 1963; *Arabesque,* 1966).

DONG, popolazione della Cina (Hunan, Guizhou; ca. 1,5 milioni di individui), la cui lingua si collega a quella thai.

DONGGUAN, c. della Cina, tra Canton e Hong Kong; 1.736.869 ab.

DÒN GIOVÀNNI, leggendario personaggio di origine spagnola. Seduttore spietato e crudele, compare per la prima volta nel *Beffatore di Siviglia* (1625 ca.) di Tirso de Molina. In seguito ha ispirato numerose opere letterarie e artistiche: la commedia *Don Giovanni o il convitato di pietra* di Molière (1665), l'omonima opera di W.A. Mozart (1787, su libretto di L. Da Ponte), il poema sinfonico di R. Strauss (1887) e alcuni film.

DÒNGO, com. in prov. di Como; 3450 ab. Centro industriale sul Lago di Como. Nel 1945 i partigiani vi arrestarono B. Mussolini e C. Petacci.

DONG QICHANG o **TUNG CH'I-CH'ANG,** *presso Shanghai 1555 - ? 1636,* calligrafo, pittore e teorico dell'arte cinese. Definì i principi della "pittura dei letterati" e fu all'origine della teoria che contrapponeva i paesaggisti della scuola del nord a quelli della scuola del sud.

DONG SON, villaggio del Vietnam, a NE di Thanh Hoa. Sito eponimo della fase finale (500-250 a.C.) di una cultura dell'Età del bronzo del Sudest asiatico, è famoso soprattutto per i tamburi di bronzo.

DONGTING (làgo), grande lago della Cina centrale (Hunan); 5000 km² ca.

DONGYING, c. della Cina, presso la foce dello Huang He; 644.494 ab.

DONG YUAN o **TUNG YUAN,** *Zhongling, att. Nanchino,* pittore cinese attivo tra il 932 e il 976. Fu il primo dei grandi paesaggisti cinesi e le sue opere divennero modelli per la "pittura dei letterati".

DÓNI (Antòn Francésco), *Firenze 1513 - Monselice 1574,* scrittore. Nel 1540 abbandonò gli ordini e viaggiò in tutta Italia, ospite delle corti signorili. Fu autore di molte opere, tra le quali *I marmi* (1553), rappresentazione della vita sociale e intellettuale dell'epoca.

DÓNI (Giovànni Battìsta), *Firenze 1594-1647,* letterato e musicologo. Creò strumenti musicali innovativi, tra cui la doppia lira, alla quale dedicò un testo descrittivo (*Opere,* 1763). Fu il primo a cambiare il nome della prima nota da *ut* in *do,* prima sillaba del suo cognome.

DONIAMBO (Pùnta), capo della Nuova Caledonia. Fonderie di nichel.

DÖNITZ (Karl), *Berlino 1891 - Aumühle 1980*, militare tedesco. Al comando della flotta dei sommergibili (1935-1942), condusse la guerra contro gli Alleati, divenne comandante supremo della marina tedesca (1943-1945) e succedette ad A. Hitler nel mag. 1945. Fu responsabile della capitolazione del Reich.

DONIZÉTTI (Gaetàno Doménico Maria), *Bergamo 1797-1848*, compositore. Sotto la guida di S. Mayr, che in seguito lo mandò a Bologna per completare la sua formazione, scoprì W.A. Mozart e F.J. Haydn. Autore di 73 opere liriche, si affermò a Roma con *Zoraide di Granada* (1822) e a Napoli con *La zingara* (1822). Tra le sue opere più celebri: *Anna Bolena* (1830), *L'elisir d'amore*, (1832), *Lucrezia Borgia* (1833), *Lucia di Lammermoor* (1835), *La favorita* (1840), *Don Pasquale* (1843).

DÒNNA MODÈRNA, settimanale di attualità, moda e costume fondato nel 1990. Diretto da P. Avoledo, fa parte del gruppo Mondadori ed è att. il settimanale femminile più venduto in Italia.

DONNAS, com. in prov. di Aosta, sulla riva sinistra del f. Dora Baltea; 2628 ab. Resti di una via romana.

DONNE (John), *Londra 1572-1631*, poeta e religioso inglese. La sua poesia "metafisica" è segnata dall'ossessione della morte.

DÓNO, *m. a Roma nel 678*, papa dal 676 al 678. Romano, succedette ad Adeodato. Si occupò dei rapporti con l'impero bizantino, sollecitando un concilio a Costantinopoli per condannare il monotelismo.

DONOSO (José), *Santiago 1924 - 1996*, romanziere cileno. L'atmosfera soffocante e ambigua dei suoi racconti (*Il posto senza confini*, *L'osceno uccello della notte*) trasse alimento dalla disperazione che nasceva dalla situazione politica del suo paese (*La disperanza*).

DONSKOJ (Mark Seménovič), *Odessa 1901 - Mosca 1981*, regista cinematografico sovietico. Famoso per i suoi adattamenti di M. Gor'kij, di cui condivise le preoccupazioni umanistiche (*L'infanzia di Gor'kij*, 1938; *Tra la gente*, 1939; *Le mie università*, 1940), realizzò anche *Arcobaleno* (1944) e *La madre* (1956).

DONZÈLLI (Doménico), *Bergamo 1790 - Bologna 1873*, tenore. Ultimo esponente del belcanto, esordì in Italia nel 1816 e riscosse un notevole successo in tutto il mondo, distinguendosi nelle opere dei maestri italiani.

DOORS (**The**), gruppo rock statunitense formatosi nel 1965 e disciolto nel 1973, il cui cantante era Jim Morrison (Melbourne 1943 - Parigi 1971). Conquistò il successo grazie alla musica psichedelica, ai testi contestatari, disperati, rabbiosamente erotici, e alle messe in scena provocatorie.

DOPPLER (Christian), *Salisburgo 1803 - Venezia 1853*, fisico austriaco. Scoprì che la frequenza del suono percepito subisce una variazione quando una sorgente sonora si sposta rispetto a un osservatore (*effetto D.[-Fizeau]*).

The **DOORS**: *Jim Morrison (a destra), Robbie Krieger, Ray Manzarek e John Densmore (dall'alto in basso).*

DÒRA BÀLTEA, f. della Valle d'Aosta e del Piemonte; 160 km. Nasce dal massiccio del Monte Bianco, bagna Aosta e si getta nel Po presso Chivasso.

DORA MITTELBAU, campo di concentramento creato dai tedeschi nel 1943 a Nordhausen, presso il massiccio del Harz (Turingia).

DÒRA RIPÀRIA, f. del Piemonte; 125 km. Nasce presso il colle del Monginevro, nelle Alpi Cozie, percorre la Val di Susa e si getta nel Po a Torino.

DORÀZIO (Pièro), *Roma 1927*, pittore. Nel 1947 ha firmato, insieme a C. Accardi, G. Turcato e altri, il manifesto *Forma I*. In seguito è diventato uno dei più importanti esponenti dell'*optical art*, ottenendo premi e riconoscimenti in tutto il mondo.

DORCHESTER (Guy **Carleton**, baróne) →CARLETON.

DORDÓGNA, in fr. **Dordogne**, f. della Francia sud-occ., che nasce ai piedi del Puy de Sancy e confluisce nella Garonna all'altezza di Punta Ambès; 472 km. Scorre verso O, raccogliendo via via le acque del Cère, del Vézère e dell'Isle, e attraversa Bergerac e Libourne. Sfruttamento idroelettrico lungo il corso superiore (Bort-les-Orgues, Marèges, l'Aigle, Chastang).

DORDOGNE, dip. della Francia sud-occ., nella reg. Aquitania; capol. *Périgueux*; 9060 km²; 388.293 ab. La maggior parte del dip. si estende nel Périgord: le colture (cereali, frutta, primizie, vigne, tabacco) e l'allevamento bovino si concentrano nelle valli. L'industria e il settore terziario sono poco sviluppati.

DORDRECHT, c. dei Paesi Bassi (Olanda Meridionale), sulla foce della Mosa; 120.021 ab. Porto. — Pittoresca città vecchia (chiesa del XIV-XV sec.); musei. — Importante palazzo commerciale del XIV sec. Fu sede di un grande sinodo, alle cui decisioni si attiene tuttora la Chiesa riformata d'Olanda.

DORÉ (Gustave), *Strasburgo 1832 - Parigi 1883*, disegnatore e pittore francese. Illustrò F. Rabelais, C. Perrault, H. Balzac, M. de Cervantes, ma raggiunse la popolarità soprattutto grazie alle incisioni eseguite per la *Divina Commedia*.

Gustave **DORÉ**. *Illustrazione per l'edizione del 1873 del Gargantua e Pantagruel di F. Rabelais.*

DORE (Mònti), massiccio vulcanico della Francia, in Alvernia; la sua cima più elevata è il Puy de Sancy (1885 m). Allevamento e turismo.

DÒRFLES (Gillo), *Trieste 1910*, critico d'arte e studioso di estetica. Nel 1948 ha fondato, con B. Munari, G. Monnet e A. Soldati, il MAC (Movimento arte concreta). Tra le opere, *Discorso tecnico delle arti* (1952), *Ultime tendenze dell'arte d'oggi* (1961), *Elogio della disarmonia* (1986).

DORGÀLI, com. in prov. di Nuoro; 8115 ab. Centro artigianale (cuoio, ceramiche). Nei dintorni, resti di villaggi nuragici e *domus de janas*.

DÒRI, popolazione indoeuropea che invase la Grecia alla fine del II millennio a.C. Respinti gli achei, i d. occuparono Tessaglia, Peloponneso, Creta, le Cicladi e si insediarono nella zona sud-occ. dell'Asia Minore. La loro società, di tipo guerriero, ispirò Sparta.

DÒRIA, famiglia nobile di Genova, che nel Medioevo fu a capo della fazione ghibellina della città. — Oberto D., *m. nel 1295*, sconfisse i pisani nel 1284 alla Meloria. — Percivalle D., *m. nel 1264*, fu vicario nel ducato di Spoleto e nella marca anconetana. — Andrea D., *Oneglia 1466 - Genova 1560*, condottiero genovese. Guidò le flotte di Francesco I e di Carlo V prima di instaurare a Genova (1528) una "repubblica aristocratica". — Gian Andrea D., *Genova 1466-1560*, principe di Menfi. Impose alla città una nuova Costituzione (1576) che mise fine ai contrasti tra aristocrazia e nuova nobiltà cittadina.

DÒRIDE, ant. reg. della Grecia centrale.

DÒRIDE, ant. reg. lungo la costa sud-occ. dell'Asia Minore.

DÒRIDE MITOL. GR. Figlia di Oceano e Teti. Sposò Nereo, da cui ebbe cinquanta figlie, le Nereidi.

DÒRIO (Gabrièlla), *Veggiano 1957*, atleta. Nei 1500 m piani ha vinto la medaglia d'oro alle Olimpiadi di Los Angeles del 1984 e quella di bronzo agli europei di Atene del 1982. Ha conquistato anche 23 titoli italiani in varie specialità.

DORIOT (Jacques), *Bresles 1898 - Menningen 1945*, politico francese. Dirigente comunista, nel 1934 fu espulso dal PCF poiché non approvava l'influenza sovietica e nel 1936 fondò il Partito popolare francese (PPF), di tendenze fasciste. Durante l'occupazione della Francia collaborò con i tedeschi e combatté al loro fianco.

DORNIER (Claude, detto Claudius), *Kempten, Baviera, 1884 - Zug, Svizzera, 1969*, costruttore di aerei tedesco. Ha fondato, nel 1922, l'omonima industria, produttrice di 150 tipi di aerei di varie categorie.

DOROTÈA (sànta), vergine e martire del IV sec., che pare sia morta decapitata; è patrona dei giardinieri. Il suo nome è stato eliminato dal calendario romano.

DORPAT →TARTU.

DORSET, contea della Gran Bretagna, sulla Manica; 645.200 ab.; capol. *Dorchester*.

DORSET (cultùra del), cultura preistorica dell'Artide centrale e orient. Si sviluppò 3500 anni fa e il suo declino iniziò intorno al X sec. d.C. Era caratterizzata da grandi villaggi seminterrati, dalla produzione di sottili lame in pietra e da vari tipi di manifestazioni artistiche.

DÒRSO (Guido), *Avellino 1892-1947*, scrittore e politico. Antifascista, nel 1943 entrò nel Partito d'azione. In *La rivoluzione meridionale* (1925), attribuì all'incapacità delle classi dirigenti meridionali i problemi del Mezzogiorno, propugnando la nascita di una nuova forza politica.

DORTMUND, c. della Germania (Renania Settentrionale-Westfalia), nel bacino della Ruhr; 590.213 ab. Porto fluviale. Centro industriale. — Chiese medievali, musei. — Canale Dortmund-Ems, canale che collega la Ruhr al Mare del Nord (269 km).

DÒSIO (Giovànni Antònio), *Firenze o San Gimignano 1533 - Roma o Napoli dopo il 1606*, architetto e scultore. Artista di gusto manierista, lavorò a Roma, Napoli e Firenze. Tra le opere, cappelle Gaddi in S. Maria Novella a Firenze (1580).

DOS PASSOS (John Roderigo), *Chicago 1896 - Baltimora 1970*, scrittore statunitense. Romanziere della **Generazione perduta* (*Manhattan Transfer*, 1925; *Un mucchio di quattrini*, 1936), ha cercato di fornire una rappresentazione compiuta e lucidamente critica della società americana utilizzando stili e registri diversi (per esempio mescolando reportage, poesia, canzoni ecc.).

■ *John Dos Passos.*

DOS SANTOS (José Eduardo), *Luanda 1942*, politico angolano. È presidente della repubblica dal 1979.

DOSSÉTTI (Giuséppe), *Genova 1913 - Monteveglio 1996*, sacerdote e politico. Antifascista, esponente della DC, fu membro della Costituente e quindi deputato (1948). Abbandonò la politica nel

1956 per diventare sacerdote. Fondò a Bologna un centro studi e a Monteveglio una comunità religiosa. Prese parte al Concilio vaticano II e visse in un convento dal 1978 al 1994.

DÒSSI (Càrlo Albèrto **Pisàni**, detto Càrlo), *Zenevredo 1849 - Cardina 1910*, scrittore. Vicino alla Scapigliatura, scrisse in part. *L'altrieri* (1868), *Vita di Alberto Pisani* (1870).

DÒSSO DÒSSI (Giovànni **Lutèri**, detto), *1480 ca. - Ferrara 1542 ca.*, pittore della scuola di Ferrara. Influenzato dalla pittura di Giorgione e Tiziano, lavorò soprattutto alla corte estense; realizzò composizioni religiose (pala dei *Santi Giovanni Battista e Bartolomeo*) e mitologiche (*La partenza degli Argonauti*, *La maga Circe*) elaborando uno stile molto personale, basato soprattutto sui contrasti cromatici.

DOSTOEVSKIJ (Fëdor Michajlovič), *Mosca 1821 - San Pietroburgo 1881*, scrittore russo. Figlio di un aristocratico dal temperamento tirannico, destinato a morire per mano dei suoi contadini, venne incoraggiato a dedicarsi alla letteratura (*Povera gente*, 1846) da N. Nekrasov e V. Belinskij, ma i primi insuccessi di critica (*Il sosia*, 1846; *L'affittacamere*, 1847; *Le notti bianche*, 1848) lo spinsero verso i circoli politici liberali. Condannato a morte e graziato al momento dell'esecuzione, venne deportato in Siberia. Questa prova (*Memorie da una casa di morti*, 1862), unita all'instabilità della sua vita dopo il ritorno dalla prigionia (i matrimoni, le crisi epilettiche, la morte della figlia, la passione per il gioco), gli permisero di trovare nel dolore e nell'umiliazione le ragioni dell'esistenza (*Umiliati e offesi*; *Memorie dal sottosuolo*; *Delitto e castigo*, 1866; *Il giocatore*, 1867; *L'*idiota*; *I demoni*, 1872; *L'adolescente*); i suoi romanzi testimoniano che la vita può trovare il suo equilibrio, sul piano individuale, solo nella pietà (*I *fratelli Karamazov*) e, sul piano collettivo, nella sintesi delle culture orientale e occidentale realizzata dal popolo russo (*Diario di uno scrittore*).

■ *Fëdor Dostoevskij ritratto da V.G. Perov. (Galleria Tretiakov, Mosca.)*

DOTREMONT (Christian), *Tervuren 1922 - Bruxelles 1979*, poeta e disegnatore belga di lingua francese. Fondatore del movimento **Cobra*, è autore di "logogrammi", manoscritti in cui le parole si mescolano a tracce pittoriche.

DOTTÈSIO (Luìgi), *Como 1814 - Venezia 1851*, patriota. Oltre ad avere diffuso stampa clandestina antiasburgica, combatté volontario in Trentino nel 1848. Fu arrestato dagli austriaci e condannato a morte.

DÒTTI (Bartolomèo), *Valcamonica 1649 - Venezia 1713*, poeta. Fu autore di sonetti satirici piuttosto violenti, a causa dei quali subì il carcere. Evaso, si recò a Venezia, dove fu assassinato.

DÒTTI (Càrlo Francésco), *Bologna 1670-1759*, architetto. Artista di gusto neoclassico. Tra le opere, santuario della Madonna di S. Luca (1723-1757).

DOTTÓRI (Càrlo **de'**), *Padova 1618-1685*, scrittore. Scrisse in prosa e in versi. Tra le opere, *L'Asino* (1652), *Aristodemo* (1675).

DOTTÓRI (Geràrdo), *Perugia 1884-1977*, pittore. Futurista, sottoscrisse il *Manifesto dell'aeropittura* (1929). Tra le opere, soffitto dell'aeroporto di Ostia (1929).

DOTTÓR ZIVAGO (Il), romanzo di B. Pasternak (1957). È l'odissea di un medico durante la prima guerra mondiale e i primi anni della rivoluzione russa. Dal romanzo è stato tratto l'omonimo film di D. Lean (1965).

DOU (Gerrit), *Leida 1613-1675*, pittore olandese. Allievo di H. Rembrandt, dipinse scene di genere della vita borghese, con minuzia estrema e sguardo distaccato.

DOUALA o **DUALA**, c. del Camerun, sull'estuario del Wouri; 1.670.000 ab. Porto. Centro industriale (alluminio, carta, settore tessile). Aeroporto.

DOUBS, dip. della Francia, nella reg. Franca Contea; capol. *Besançon*; 5234 km²; 499.062 ab. Allevamento, sfruttamento forestale. Coltura dei cereali e della vite. Industria (meccanica, automobilistica).

DOUGGA, villaggio della Tunisia settentr., presso Tebersouk. Numerose vestigia dell'antico centro di *Thugga*, residenza dei principi numidici, che fiorì nel II e III sec. sotto i romani.

DOUGLAS, c. della Gran Bretagna, capol. dell'Isola di Man; 20.000 ab.

DOUGLAS, famiglia scozzese che ebbe un ruolo importante dal XIV al XVI sec., grazie alla resistenza che oppose agli inglesi e alla sua rivalità con gli Stuart.

DOUGLAS (Donalds Wills), *New York 1892 - Palm Springs, California, 1981*, ingegnere aeronautico statunitense. La società da lui fondata (1920) ha prodotto diversi aerei da trasporto, tra cui il famoso DC-3 (primo volo nel 1935).

DOUGLAS (Kirk), *Amsterdam, Stato di New York, 1916*, attore cinematografico statunitense. Ha recitato in ruoli di eroe tragico, vulnerabile e ostinato (*L'asso nella manica*, B. Wilder, 1951; *Brama di vivere*, V. Minnelli, 1956; *Spartacus*, 1960; *Uomini e cobra*, J. Mankiewicz, 1970).

DOUGLAS-HOME (sir Alexander Frederick), *Londra 1903 - Coldstream, Berwickshire, 1995*, politico britannico. È stato primo ministro (1963-1964), presidente del Partito conservatore (1964-1965) e ministro degli esteri (1970-1974).

DOUGLASS (Frederick), *Tuckahoe, Maryland, 1817 ca. - Washington 1895*, politico statunitense. Abolizionista, fu il consigliere di A. Lincoln durante la guerra di secessione e il primo cittadino nero a occupare alte cariche.

DOUHET (Giùlio), *Caserta 1869 - Roma 1930*, generale. Comandò nel 1912 il primo battaglione dell'aviazione italiana. La sua opera *Il dominio dell'aria* (1921) è stata presa a esempio per le strategie aeree della seconda guerra mondiale.

DOUILLET (David), *Rouen 1969*, judoka francese. Tre volte campione del mondo (1993, 1995, 1997) e due volte campione olimpico (1996, 2000) nella categoria dei massimi, è stato, nel 1995, il primo atleta non giapponese a vincere il titolo mondiale nei massimi e in tutte le altre categorie.

DOUMERGUE (Gaston), *Aigues-Vives 1863-1937*, politico francese. Deputato, poi senatore radical-socialista, fu presidente del consiglio (1913-1914), del senato (1923) e della repubblica (1924-1931). Richiamato all'indomani del 6 feb. 1934, costituì un governo di "Unione nazionale", che durò fino all'8 nov. successivo.

DOURO, in sp. **Duero**, f. della Spagna e del Portogallo; nasce nella Vecchia Castiglia e sfocia nell'Atlantico, nei pressi di Porto; 850 km. Gole. Sfruttamento idroelettrico.

DOUWES DEKKER (Eduard) → MULTATULI.

DÓVA (Giànni), *Roma 1925 - Pisa 1991*, pittore. Vicino allo spazialismo e al surrealismo, è stato tra i maggiori rappresentanti dell'avanguardia italiana. Tra le opere, *Nel paesaggio* (1956), *Uccelli sul filo e Uccelli azzurri* (1972).

DOVÀDOLA, com. in prov. di Forlì-Cesena; 1560 ab. Nel suo territorio si trova l'abbazia cluniacense di S. Andrea (XI sec.).

DOVE (Arthur), *Canandaigua 1880 - Centerport 1946*, pittore statunitense. Esponente dell'arte astratta. Tra le opere, *Musica sentimentale* (1917).

DOVER, c. della Gran Bretagna (Inghilterra), nel Kent, sullo stretto omonimo; 34.000 ab. Porto passeggeri. — Imponente castello che risale al XII sec.

DOVER (Strétto di), stretto tra la Francia e l'Inghilterra, che unisce la Manica al Mare del Nord. Poco profondo, misura 185 km ca. di lunghezza e 30 km di larghezza.

D'OVÌDIO (Francésco), *Campobasso 1849 - Napoli 1925*, critico letterario e filologo. Tra le opere, *Studi sulla Divina Commedia* (1901), *Versificazione italiana ed arte poetica medievale* (1910).

DOVÌZI (Bernàrdo), detto **il Bibbièna**, *Bibbiena 1470 - Roma 1520*, letterato e diplomatico. Cardinale dal 1513, svolse un intenso lavoro diplomatico al servizio di Leone X. Autore di numerose lettere, è noto per la commedia *Calandria* (1513), di derivazione plautina.

DOVŽENKO (Aleksandr Petrovič), *Sosnicy, Ucraina, 1894 - Mosca 1956*, regista cinematografico sovietico. La sua terra natia gli ha ispirato grandi affreschi pervasi di lirismo, nei quali viene esaltata la comunione tra uomo e natura in seno a un socialismo cosmico: *Zvenigora* (1928), *Arsenale* (1929), *La terra* (1930), *Aerograd* (1935).

DOWDING (sir Hugh), *Moffat, Scozia, 1882 - Tunbridge Wells 1970*, maresciallo dell'aeronautica britannica. Fu pilota di caccia ed ebbe un ruolo decisivo nella sconfitta tedesca durante la battaglia d'Inghilterra (ago.-ott. 1940).

DOW JONES (indice), il più importante indice della Borsa di Wall Street, a New York; media di 30 tra i più importanti titoli industriali, elaborato da C.H. Dow ed E.D. Jones, è in uso dal 1884.

DOWLAND (John), *Londra 1563-1626*, compositore e liutista inglese. Le sue arie a una o più voci, le sue fantasie per liuto e le sue composizioni per viole sono da considerarsi tra i capolavori del periodo elisabettiano.

DOWN (John Langdon), *Torpoint 1828 - Hampton Wick 1896*, scienziato britannico. Studiò l'anomalia cromosomica che da lui prende il nome (*sindrome di D.*), un tempo comunemente nota come *mongolismo*.

DOWNING STREET, strada di Londra. Al n. 10 si trova la residenza del primo ministro.

DOWNS, catena collinare calcarea nella parte merid. del bacino di Londra, che incornicia la depressione del Weald.

DOXA, istituto di ricerca fondato a Milano nel 1946. Si occupa prevalentemente di sondaggi dell'opinione pubblica.

DOYLE (sir Arthur **Conan**), *Edimburgo 1859 - Crowborough, Sussex, 1930*, scrittore britannico. Il protagonista dei suoi romanzi polizieschi è Sherlock Holmes.

DOYLE (Roddy), *Dublino 1958*, scrittore irlandese. Tra le opere, *The Commitments* (1986), *Due sulla strada* (1991), *Una stella di nome Henry* (1999).

DP → DEMOCRAZIA PROLETARIA.

DRA o **DRÂA**, f. dell'Africa nord-occ. (Algeria e soprattutto Marocco), che nasce nell'Alto Atlante e si getta nell'Atlantico; 1000 km ca. Lungo il suo corso si trovano numerose oasi.

DRAC, f. della Francia, nelle Alpi, affl. di sinistra dell'Isère; 150 km. Energia idroelettrica.

DRACHMANN (Holger), *Copenaghen 1846 - Hornbaek, Sjælland, 1908*, scrittore danese. Autore di poesie e romanzi a sfondo sociale o di ispirazione romantica.

DRACÓNE, *VII sec. a.C.*, legislatore di Atene. Nel 621 ca. a.C. redasse un codice divenuto celebre per la sua severità.

DRACÒNZIO (Blòssio Emìlio), *V sec.*, poeta latino. Autore di un poema di argomento cristiano, *De laudibus Dei*, in 3 libri.

DRÀCULA, personaggio dell'omonimo romanzo di B. Stoker (1897), ispirato a un principe di Transilvania del XV sec. Divenuto l'archetipo del vampiro, ha ispirato numerosi registi, in parti.: F.W. Murnau (*Nosferatu il vampiro*, 1922), T. Browning (*Dracula*, 1931), T. Fisher (*Dracula il vampiro*, 1958, e *Dracula, principe delle tenebre*, 1966), W. Herzog (*Nosferatu, il principe della notte*, 1979), F.F. Coppola (*Dracula di Bram Stoker*, 1992).

DRAGONÉTTI (Doménico Càrlo Marìa), *Venezia 1763 - Londra 1846*, musicista. Virtuoso del contrabbasso, si dedicò anche alla composizione. Le sue opere sono tuttora alla base delle moderne tecniche esecutive.

DRAIS (Karl Friedrich), baróne **von Sauerbronn**, *Karlsruhe 1785-1851*, ingegnere tedesco. Inventò la *draisina* (1816), prototipo della bicicletta.

DRAKE (Canàle di), largo braccio di mare che divide la Terra del Fuoco dall'Antartide e collega Atlantico e Pacifico.

DRAKE (Edwin Laurentine), detto **Il colonnèllo**, *Greenville, New York, 1819 - Bethlehem, Pennsylvania, 1880*, industriale statunitense. Nel 1859 avviò l'estrazione del petrolio in Pennsylvania (Titusville).

DRAKE (sir Francis), *presso Tavistock 1540 ca. - al largo di Portobelo 1596*, navigatore e corsaro inglese. Attaccò gli spagnoli a Cadice, sbaragliando la loro flotta (1587), ed ebbe un ruolo di rilievo nella sconfitta dell'Invencible Armada (1588). Fu il primo inglese a compiere la circumnavigazione del globo.

DRAKENSBERG o **MÓNTI DEI DRÀGHI**, massiccio dell'Africa australe, al confine tra Sudafrica e Lesotho; 3482 m.

DRAPER (Henry), *Prince Edward County, Virginia, 1837 - New York 1882*, astrofisico statunitense. Fu un pioniere della spettroscopia stellare.

DRÀVA, f. dell'Europa, affl. di destra del Danubio; 700 km. Nasce dalle Alpi, in Italia, attraversa Austria e Slovenia e, dopo aver ricevuto le acque del Mur, segna il confine tra Ungheria e Croazia.

DRÀVIDA, insieme di popolazioni dell'India merid. (ca. 200 milioni di individui). Con questa denominazione si indicavano impropriamente gli aborigeni dell'India sospinti verso S dalle invasioni indoeuropee, applicando categorie in seguito messe in discussione dagli antropologi. Oggi il termine designa sia alcuni gruppi linguistici (tamil, telugu, kanara, malayalam) sia alcune società castali dell'India merid.

DRAYTON (Michael), *Hartshill, Warwickshire, 1563 - Londra 1631*, poeta inglese. Autore di poesie pastorali e storiche, nel *Polyolbion* tracciò una geografia poetica dell'Inghilterra.

DREES (Willem), *Amsterdam 1886 - L'Aia 1988*, politico olandese. Tra i dirigenti del Partito socialista, fu capo del governo dal 1948 al 1958.

DREISER (Theodore), *Terre-Haute, Indiana, 1871 - Hollywood 1945*, scrittore statunitense. Autore di romanzi, è il caposcuola del naturalismo nel suo paese (*Nostra sorella Carrie, Jennie Gerhardt, Una tragedia americana*).

DRENTHE, prov. dei Paesi Bassi nord-orient.; 474.506 ab.; capol. *Assen*.

DRÈSDA, in ted. *Dresden*, c. della Germania, cap. della Sassonia, sull'Elba; 476.668 ab. Centro industriale. — Palazzo barocco dello Zwinger (1720 ca., ampiamente restaurato), opera dell'architetto M.D. Pöppelmann, che ospita una ricca pinacoteca; altri monumenti e musei. — Durante la seconda guerra mondiale, nel feb. 1945, è stata distrutta dai bombardamenti aerei alleati (ca. 35.000 morti).

DREYER (Carl Theodor), *Copenaghen 1889-1968*, regista cinematografico danese. Nei suoi film ha studiato l'animo umano con uno stile scarno basato sulla resa plastica del bianco e nero, sul ritmo e sull'espressività dei volti (*L'angelo del focolare*, 1925; *La passione di Giovanna d'Arco*, 1928; *Dies Irae*, 1943; *Ordet*, 1955; *Gertrud*, 1964).

DREYER (Johan), *Copenaghen 1852 - Oxford 1926*, astronomo danese. Nel 1888 redasse un catalogo, noto con le iniziali NGC (New General Catalogue), in cui fornì la posizione di migliaia di nebulose, ammassi stellari e galassie da lui osservati.

DREYFUS (Affaire), scandalo giudiziario e politico che divise l'opinione pubblica francese. Nel 1894, Alfred Dreyfus (Mulhouse 1859 - Parigi 1935), ufficiale francese di religione ebraica, fu ingiustamente condannato con l'accusa di spionaggio a favore della Germania. La sinistra antimilitarista si impegnò in una campagna di revisione del processo (cui si oppose la destra antisemita e ultranazionalista, sostenuta da É. Zola, che pubblicò una violenta requisitoria contro le gerarchie militari ("J'accuse", 1898). A. Dreyfus fu graziato nel 1899 e riabilitato nel 1906.

DRIESCH (Hans), *Bad Kreuznach 1867 - Lipsia 1941*, biologo e filosofo tedesco. Elaborò una teoria vitalista, all'origine della corrente di pensiero nota come neovitalismo.

DRIEU LA ROCHELLE (Pierre), *Parigi 1893-1945*, scrittore francese. Romanziere simpatizzante fascista (*Fuoco fatuo, Gilles*), fu direttore della *Nouvelle revue française* durante l'occupazione tedesca. Morì suicida.

DRÌGO (Pàola), *Castelfranco Veneto 1876 - Padova 1938*, scrittrice. Attenta al destino degli umili, scrisse opere di gusto verista come *La signorina Anna* (1932), *Maria Zef* (1936).

DROGHEDA, in irland. **Droichead Átha**, c. dell'Irlanda, sul Mare d'Irlanda; 24.460 ab. Porto. — Centro della resistenza monarchica, la città fu presa da O. Cromwell (1649), che massacrò i suoi abitanti. — Resti medievali. Nei pressi, tombe di Newgrange (2500 a.C.?).

DRÔME, dip. della Francia, nella reg. Rodano-Alpi; capol. *Valence*; 6530 km²; 437.778 ab. Alle-

vamento bovino, frutticoltura, orticoltura, frutticoltura, vigne. Produzione di energia idroelettrica e nucleare.

DRONÈRO, com. in prov. di Cuneo; 6946 ab. Centro agricolo. Conserva la chiesa parrocchiale, un ponte merlato e la loggia del mercato, tutti del XV sec.

DROSTE-HÜLSHOFF (Annette, baronéssa **von**), *Hülshoff, presso Münster, 1797 - castello di Meersburg 1848*, poetessa tedesca. Compose poesie epiche e d'ispirazione religiosa.

DRU, vetta delle Alpi francesi, nel massiccio del Monte Bianco; 3754 m.

DRUMEV (Vasil), *Šumen 1838 ca. - Tirnovo, att. Veliko Tărnovo 1901*, scrittore e prelato bulgaro. Fu metropolita di Tirnovo con il nome di Clemente. Autore di racconti (*Un'infelice famiglia*) e di un dramma storico (*Ivanko, l'assassino di Asen*), ricoprì importanti cariche nel partito filorusso.

DRUON (Maurice), *Parigi 1918*, scrittore francese. In *Le grandi famiglie* ha delineato un affresco della società francese tra le due guerre. È autore di romanzi storici (*I re maledetti*) e testi teatrali.

DRÙSI, popolazione del Vicino Oriente (Libano, Siria, Israele; ca. 300.000 individui), che dall'XI sec. pratica una religione iniziatica derivata dal credo sciita ismailita dei Fatimidi. In Libano, dove sono oggi i maroniti a ricoprire le principali cariche politiche, i d. hanno avuto grande peso dal XVII al XIX sec.

DRÙSO (Clàudio Neróne), detto **Maggióre**, *38-39 a.C.*, militare romano. Fu tra i principali collaboratori di Ottaviano, suo patrigno. Governatore della Gallia, guidò una spedizione in Germania.

DRÙSO (Giùlio Cèsare), detto **Minóre**, *13 ca. a.C. - 23 d.C.*, militare romano. Figlio dell'imperatore Tiberio, fu da questi designato alla successione. Morì per mano della moglie Livilla in un complotto per favorire l'elezione di Caligola.

DRÙSO (Màrco Lìvio), nome di due politici romani. — **Marco Livio Druso**, *m. nel 109 a.C.* Oppositore di C. Gracco, impedì l'estensione della cittadinanza romana ai latini. — **Marco Livio Druso**, *130 ca. - 91 ca. a.C.* Figlio del precedente, si oppose al dominio della classe equestre, provocando un forte malcontento. Rimase ucciso in un tumulto.

DRUZE (Jabal), massiccio vulcanico della Siria merid.; 1801 m.

DRYDEN (John), *Aldwinkle, Northamptonshire, 1631 - Londra 1700*, scrittore inglese. È autore di tragedie, satire politiche (*Absalom e Achitophel*), favole e poesie in stile classico.

DS → DEMOCRATICI DI SINISTRA.

DUALA → DOUALA.

DUANE (William), *Fladelfia 1872 - Devon 1935*, fisico statunitense. Condusse importanti ricerche sulle radiazioni, dimostrando come anche i raggi X ricadano sotto le leggi della fisica quantistica.

DUARTE (José Napoleón), *San Salvador 1925-1990*, politico del Salvador, presidente della repubblica dal 1980 al 1982 e dal 1984 al 1989.

DUBAI, uno degli Emirati Arabi Uniti, sul Golfo Persico; 689.420 ab.; cap. *Dubai* (669.181 ab.). Petrolio.

DU BARRY (Jeanne **Bécu**, contéssa), *Vaucouleurs 1743 - Parigi 1793*, amante di Luigi XV. Succedette alla marchesa di Pompadour come favorita (1769). Fu ghigliottinata sotto il Terrore.

DU BARTAS (Guillaume **de Salluste**), *Montfort 1544 - Condom 1590*, poeta francese. Protestante e discepolo di P. de Ronsard, è autore di *La settimana*, poema enciclopedico di ispirazione biblica.

DUBČEK (Alexander), *Uhroveč, Slovacchia, 1921 - Praga 1992*, politico slovacco. Primo segretario del Partito comunista (gen. 1968), assunse il comando del movimento di liberazione dal regime, chiamato "Primavera di Praga", interrotto dall'intervento militare sovietico (ago.). Fu sostituito nell'apr. 1969 da G. Husák. In seguito alle trasformazioni politiche del 1989, divenne presidente dell'assemblea federale (dic. 1989 - giu. 1992).

■ *Alexander Dubček nel 1968.*

DÜBENDORF, com. della Svizzera, (cant. di Zurigo); 22.011 ab. Aeroporto militare.

DUBLÌNO, in irland. **Baile Átha Cliath**, cap. dell'Irlanda, sul Mare d'Irlanda; 481.854 ab. (*dublinesi*) (985.000 ab. nell'agglomerato). Porto. Università. Industrie tessili e chimiche. — Monumenti soprattutto neoclassici. Ricchi musei (archeologia celtica; manoscritti miniati del VII-VIII sec.; dipinti ecc.).

DUBLINO. *L'O'Connel Bridge sul fiume Liffey.*

DUBOIS (Guillaume), *Brive-la-Gaillarde 1656 - Versailles 1723*, prelato e politico francese. Cardinale (1721), poi primo ministro (1722), fu l'artefice della Quadruplice Alleanza (1718).

DU BOIS (William Edward Burghardt), *Great Barrington, Massachusetts, 1869 - Accra, Ghana, 1963*, scrittore statunitense naturalizzato ghanese nel 1963. Discendente da schiavi, assunse la difesa dei neri negli Stati Uniti e fu uno dei fondatori del panafricanismo.

DU BOS (Charles), *Parigi 1882 - La Celle-Saint-Cloud 1939*, scrittore francese. Autore di saggi critici (*Approssimazioni*) e di un *Diario*, intrattenne rapporti epistolari con A. Gide.

DUBOS o **DU BOS** (Jean-Baptiste, abàte), *Beauvais 1670 - Parigi 1742*, storico francese. È autore di *Riflessioni critiche sulla poesia e la pittura* (1719), che mettono in causa il dogmatismo degli "antichi", e di una *Storia critica della monarchia francese nelle Gallie* (1734).

DUBOS (René Jules), *Saint-Brice-sous-Forêt 1901 - New York 1982*, biochimico e batteriologo statunitense di origine francese. È autore di lavori sui microrganismi, sugli antibiotici e sull'ecologia applicata all'uomo.

DUBROVNIK, già **Ragùsa**, c. della Croazia; 49.729 ab. Porto. Centro turistico sulla costa dalmata. — Fondata nel VII sec., la città passò sotto la sovranità di Venezia (1205-1358), dell'Ungheria (1358-1526), degli ottomani (1526-1806), poi sotto quella degli Asburgo (1815-1918). Divenuta nel XV-XVI sec. una "repubblica", conobbe un'intensa attività commerciale e culturale. — Numerosi monumenti di epoca preromanica e barocca. Musei.

DUBUFFET (Jean), *Le Havre 1901 - Parigi 1985*, pittore e scultore francese. Teorico dell'*art brut*, si è ispirato ai graffiti e ai disegni dei bambini (serie "Métro", 1943; "Portraits", 1947), utilizzando nelle sue opere ogni tipo di materiale (ghiaia, mastice, catrame nella serie "Mirobolus, Macadam et Cie", 1944) prima di concepire il ciclo dell'"Hourloupe" (1962-1974: pitture; sculture in plastica dipinta; piccole architetture). Le ultime serie ("Théâtres de mémoire", "Non-lieux" ecc.) sono caratterizzate da un'assoluta libertà espressiva. [V. foto a pagina seguente.]

DUBY (Georges), *Parigi 1919 - Aix-en-Provence 1996*, storico francese. Professore al Collegio di Francia (1970-1991), è autore di opere fondamentali sul periodo feudale (*L'arte e la società medievale*, 1977; *Il matrimonio nella Francia feudale*, 1982).

DU CAMP (Maxime), *Parigi 1822 - Baden-Baden 1894*, scrittore francese. Amico di G. Flaubert, è autore di racconti di viaggio e di memorie; fu anche reporter fotografico.

DU CANGE (Charles **Du Fresne**), *Amiens 1610 - Parigi 1688*, erudito francese. È autore di opere su Bisanzio e l'Oriente latino, e di glossari sul latino e greco non classici.

Jean **DUBUFFET**. Le Train de pendules *(1965)*,
uno dei quadri del ciclo dell'Hourloupe. *(MNAM, Parigi.)*

DUCAS, famiglia bizantina alla quale appartennero diversi imperatori, tra cui Costantino X e Michele VII.

DUCASSE (Alain), *Orthez 1956*, cuoco francese. La sua ricerca di qualità e la grande creatività hanno contribuito alla fama dei suoi due più prestigiosi ristoranti, a Montecarlo e Parigi.

DUCÀTI (guèrra dei) (1864), conflitto che oppose la Danimarca all'Austria e alla Prussia per il possesso dei ducati di Schleswig, Holstein e Lauenburg. Sconfitta, la Danimarca fu costretta a cedere l'amministrazione di questi territori all'Austria e alla Prussia.

DÙCCIO DI BUONINSÉGNA, *Siena 1260 ca. - 1318 o 1319*, pittore. Le sue opere, caratterizzate da un perfetto equilibrio compositivo da giochi cromatici innovativi, tra tradizione bizantina e influenze gotiche, segnano l'inizio della pittura senese del '300 (*Madonna Rucellai*). Il suo capolavoro è la grande pala della *Maestà* per il duomo di Siena (1308-1311).

DUCHAMP (Marcel), *Blainville 1887 - Neuilly-sur-Seine 1968*, artista francese naturalizzato statunitense. Rese omaggio al futurismo con la tela *Nudo che scende le scale* (1912, museo di Filadelfia), ma si allontanò dalla pittura intorno al 1913 per realizzare i primi *ready-made*, oggetti quotidiani promossi ironicamente al rango di opere d'arte. A New York, a partire dal 1915, fu uno dei precursori del *dadaismo* [*V. parte nomi comuni*], corrente alla quale si riconduce la sua opera più complessa, *La *mariée mise à nu par ses célibataires, même*. Gli *happening*, la pop art, Fluxus, l'arte concettuale ecc. hanno spesso fatto ricorso alle pratiche e agli atteggiamenti "antiartistici" di D.

DUCHAMP-VILLON (Raymond **Duchamp**, detto), *Damville 1876 - Cannes 1918*, scultore francese, fratello di M. Duchamp e di J. Villon. Per la realizzazione del suo *Cavallo* (1914) si rifece ai principi del cubismo e del futurismo.

DUCHAMP-VILLON. Cavallo *(1914)*, bronzo. *(MNAM, Parigi.)*

DUCHESNE (Louis), *Saint-Servan 1843 - Roma 1922*, storico ed ecclesiastico francese. Fu uno dei primi a studiare le origini del cristianesimo secondo i metodi della critica storica.

DUCLOS (Jacques), *Louey 1896 - Montreuil 1975*, politico francese. Dal 1926 alla morte, fu uno dei principali dirigenti del Partito comunista francese.

DUDLEY, c. della Gran Bretagna (Inghilterra), vicino a Birmingham; 187.000 ab. Musei.

DUDLEY (John), cónte **di Warwick**, dùca **di Northumberland**, *1502 ? - Londra 1553*, statista inglese. Grande maresciallo d'Inghilterra, ebbe una forte influenza su Edoardo VI, orientando la Chiesa inglese verso il protestantesimo. Suocero di Jane Grey (pronipote di Enrico VIII), fu giustiziato sotto Maria Tudor. — **Robert D.**, cónte **di Leicester**, *1532 ca. - Cornbury 1588*, figlio di John Dudley, favorito della regina Elisabetta I.

DÙDOVICH (Marcèllo), *Trieste 1878 - Milano 1962*, illustratore. Tra i massimi esponenti della grafica liberty italiana, lavorò all'illustrazione di riviste e nella pubblicità.

DUDREVÌLLE (Leonàrdo), *Venezia 1885 - Ghiffa 1976*, pittore. Esponente del futurismo, fu poi tra i fondatori del gruppo Novecento.

DUECARRÀRE, com. in prov. di Padova; 7842 ab. Centro costituito nel 1995 dalla fusione di Carrara S. Giorgio e Carrara S. Stefano. Conserva la chiesa romanica di S. Stefano (XI sec.).

DUERO → DOURO.

DÙE RÒSE (guèrra delle) (1455-1485), conflitto per il possesso della corona britannica che oppose i due rami dei Plantageneti: la famiglia degli York (rosa bianca) e quella dei Lancaster (rosa rossa). Si concluse con il trionfo di Enrico Tudor, ultimo rappresentante dei Lancaster, che, divenuto re (Enrico VII), sposò Elisabetta di York.

DÙE SICÌLIE (régno delle), ant. regno sorto dall'unificazione del regno di Sicilia con quello di Napoli, sotto Alfonso V di Aragona (1443). Durò fino al 1458. Nel 1816 Ferdinando IV di Borbone ne ripristinò il nome, assumendo il titolo di re delle due S.

DU FAY (Charles François **de Cisternay**), *Parigi 1698-1739*, scienziato francese. Riconobbe l'esistenza di due tipi di elettricità, resinosa e vetrosa, successivamente denominate da B. Franklin elettricità positiva e negativa.

DUFAY (Guillaume), *1400 ca. - Cambrai 1474*, compositore della scuola franco-fiamminga. È autore di messe, mottetti, canzoni polifoniche.

DUFOUR (Pùnta), la cima più alta del Monte Rosa e della Svizzera, al confine tra Svizzera e Italia; 4634 m.

DU FU, *Duling, Shaanxi, 712 - Leiyang, Hunan, 770*, poeta cinese. Amico di Li Po, soprannominato "il Saggio della poesia", trasse ispirazione per le sue raffinate liriche dall'esperienza della guerra civile e dalle miserie di una vita da esule.

DUFY (Raoul), *Le Havre 1877 - Forcalquier 1953*, pittore e decoratore francese. Colorista, dotato di grande freschezza, si formò in ambiente *fauve*; le sue opere sono caratterizzate da un tratto essenziale, ma estremamente decorativo (museo d'arte moderna di Parigi).

DU GUESCLIN (Bertrand), *La Motte-Broons 1320 ca. - Châteauneuf-de-Randon 1380*, generale francese. Al servizio del re di Francia, sconfisse a Cocherel (1364) le truppe di Carlo II il Malvagio, ma fu fatto prigioniero durante la battaglia di Auray. Carlo V, riscattatolo, lo incaricò di liberare il paese dai mercenari, che egli condusse in Spagna e utilizzò per assicurare il trionfo di Enrico di Trastamara, futuro Enrico II il Magnifico (1369). Al suo rientro, nominato conestabile di Francia (1370), condusse contro gli inglesi un'efficace guerra di logoramento. Fu sepolto a Saint-Denis.

DU GUILLET (Pernette), *Lione 1520 ca. - 1545*, poetessa francese. Amica e ispiratrice di M. Scève, è autrice di *Rime* vivaci e ardite.

DUHAMEL (Georges), *Parigi 1884 - Valmondois 1966*, scrittore francese. Nei suoi cicli romanzeschi (*Vita e avventure di Salavin*, *Cronaca della famiglia Pasquier*) e nei suoi saggi si mostrò sensibile alle trasformazioni e ai problemi della società moderna.

DUHEM (Pierre), *Parigi 1861 - Cabrespine 1916*, filosofo e fisico francese. Fu il promotore di un'epistemologia fondata sulla storia delle scienze.

DUIKER (Johannes), *L'Aia 1890 - Amsterdam 1935*, architetto olandese. Esponente del razionalismo, fece parte del movimento De *Stijl. Tra le opere, sanatorio Zonnestraal a Hilversum.

DUÌLIO (Gàio), *III sec. a.C.*, politico e militare romano. Console dal 260 a.C., sconfisse i cartaginesi a Milazzo. Gli fu dedicata una colonna ornata con i rostri delle navi nemiche.

DUÌNO-AURISÌNA, com. in prov. di Trieste; 8952 ab. Centro turistico. Conserva i ruderi del Castello vecchio (XI sec.) e il Castello nuovo (XIV-XV sec.).

DUISBURG, c. della Germania (Renania Settentrionale-Westfalia), sul Reno; 519.793 ab. Porto fluviale, sbocco sul bacino della Ruhr e centro industriale. — Museo W.-Lehmbruck (arte moderna).

DUJARDIN (Karel), *Amsterdam 1622 ca. - Venezia 1678*, pittore e illustratore olandese. Influenzato dall'arte italiana, è autore di paesaggi luminosi e di composizioni religiose e mitologiche.

DUKAS (Paul), *Parigi 1865-1935*, compositore francese. Autore di *L'apprendista stregone* (scherzo sinfonico ispirato a J.W. Goethe, 1897), *Arianna e Barbablù* (1907), *La péri* (1912), è uno dei padri dell'orchestrazione.

DUKOU, c. della Cina (Sichuan); 380.000 ab. Industrie siderurgiche.

DULAC (Germaine **Saisset-Schneider**, detta Germaine), *Amiens 1882 - Parigi 1942*, regista cinematografica francese. Teorica dell'avanguardia, alla continua ricerca di soluzioni estetiche, ha diretto *La fête espagnole* (1920), *La souriante Madame Beudet* (1923), *La coquille et le clergyman* (1927).

DULBÉCCO (Renàto), *Catanzaro 1914*, biologo. Ha operato negli Stati Uniti, compiendo studi sulle cellule tumorali che gli hanno valso il premio Nobel per la medicina nel 1975. È tra i promotori del progetto per la mappatura del genoma umano.

DULCINÈA, personaggio del *Don Chisciotte della Mancia* di M. Cervantes, contadina che l'eroe definisce "signora dei suoi pensieri".

DULLES (John Foster), *Washington 1888-1959*, politico statunitense. Segretario di Stato agli esteri (1953-1959) all'epoca della guerra fredda, tentò di contenere l'espansione del comunismo.

DULLIN (Charles), *Yenne 1885 - Parigi 1949*, attore e regista teatrale francese. Fondatore del Théâtre de l'Atelier, animatore dei Teatri del Cartel, con le sue regie rinnovò l'interpretazione e la messa in scena del repertorio classico e moderno.

DULONG (Pierre Louis), *Rouen 1785 - Parigi 1838*, chimico e fisico francese. È autore di lavori sul calore, sulla dilatazione e sugli indici di rifrazione dei gas.

DULUTH, c. degli Stati Uniti (Minnesota), sul Lago Superiore; 86.918 ab. Porto attivo (ferro). Industrie metallurgiche. — Musei.

DUMAS (Alexandre), detto **Dumas padre**, *Villers-Cotterêts 1802 - Puys, presso Dieppe, 1870*, scrittore francese. Aiutato da diversi collaboratori, scrisse più di trecento opere, diventando lo scrittore più popolare del romanticismo francese, grazie ai suoi drammi per il teatro (*Enrico III e la sua corte*, *Antony*, *Kean*) e ai romanzi (*I *tre moschettieri*, *Vent'anni dopo*, *Il conte di Montecristo*, *La regina Margot*). — **Alexandre D.**, detto **Dumas figlio**, *Parigi 1824 - Marly-le-Roi 1895*, scrittore francese, figlio di Alexandre. Si fece apostolo di un "teatro utile" di ispirazione sociale (*La *signora delle camelie*, *La società equivoca*, *Il figlio naturale*).

DUMAS (Jean-Baptiste), *Alès 1800 - Cannes 1884*, chimico francese. Determinò la massa atomica di numerosi elementi, utilizzò sistematicamente le equazioni chimiche e introdusse la nozione di funzione chimica.

■ *Jean-Baptiste Dumas.*

DU MAURIER (Daphne), *Londra 1907 - Par, Cornovaglia, 1989*, scrittrice britannica, autrice di romanzi popolari (*Taverna alla Giamaica*, 1936; *La prima moglie: Rebecca*, 1938; *Mia cugina Rachele*, 1951).

DUMBARTON OAKS (conferènza di) (1944), progetto che servì come base per la futura Organizzazione delle nazioni unite (ONU). Si tenne a D. O., località nei pressi di Washington, tra i delegati americani, britannici, cinesi e sovietici.

DUMÉZIL (Georges), *Parigi 1898-1986*, storico francese. Oltre a essere specialista di studi comparati di mitologia, ha approfondito le ricerche nel campo dell'organizzazione sociale dei popoli indoeuropei (*L'ideologia tripartita degli indoeuropei*, 1958; *Mito ed epopea*, 1968-1973).

DUMONT D'URVILLE (Jules), *Condé-sur-Noireau 1790 - Meudon 1842*, navigatore francese. Partito a bordo dell'*Astrolabe*, esplorò le coste della Nuova Zelanda e della Nuova Guinea, ritrovò in Melanesia i resti della spedizione La Pérouse (1828) e scoprì nell'Antartico la Terra Adelia (1840).

■ *Jules Dumont d'Urville ritratto da J. Cartellier. (Reggia di Versailles.)*

DUMOURIEZ (Charles François **Du Périer**, detto), *Cambrai 1739 - Turville Park, Inghilterra, 1823*, generale francese. Ministro girondino degli esteri nel 1792, poi comandante dell'esercito del nord, sconfisse i prussiani a Valmy e gli austriaci a Jemappes, conquistando il Belgio. Battuto a Neerwinden (1793) e rimosso dall'incarico, si schierò dalla parte degli austriaci.

DUNA, nome ungherese del *Danubio.

DUNANT (Henri o Henry), *Ginevra 1828 - Heiden 1910*, filantropo svizzero. Pioniere dell'azione umanitaria, promosse la prima conferenza di Ginevra (1864) e fu il principale fondatore della Croce Rossa. (Premio Nobel per la pace 1901.)

■ *Henri Dunant.*

DUNAÚJVÁROS, c. dell'Ungheria, a S di Budapest; 59.028 ab. Industrie siderurgiche.

DUNCAN I, *m. presso Elgin nel 1040*, re di Scozia (1034-1040). Fu assassinato da Macbeth.

DUNCAN (Isadora), *San Francisco 1878 - Nizza 1927*, ballerina e coreografa statunitense. Oltrepassando i limiti del balletto classico e teorizzando una "danza libera", aprì la via alla danza moderna americana.

■ *Isadora Duncan.*

DUNDEE, c. della Gran Bretagna (Scozia), sull'estuario del Tay; 175.000 ab. Porto. — Chiesa di St. Mary, con torre del XV sec. Musei.

DUNEDIN, c. della Nuova Zelanda, nell'Isola del Sud; 119.613 ab. Porto. Università.

DUNGANI → HUI.

DUNGENESS (Càpo), capo dell'Inghilterra sudorient. (Kent), sullo Stretto di Dover. Centrale nucleare.

DUNHAM (Katherine), *presso Chicago 1912*, ballerina e coreografa statunitense. Specializzata in danze afro-americane, è stata una delle prime ballerine di colore e ha influenzato la danza jazz attraverso la sua attività didattica e le sue creazioni (*Tropical Revue*, 1943).

DUNHUANG, c. della Cina (Gansu), ai confini con il Deserto del Gobi. Grande centro carovaniero, tappa importante della *via della *seta*. Nei dintorni, a Mo Gao, monastero rupestre buddhista che fiorì dal IV al X sec., con 492 grotte che costituiscono un insieme unico di pitture rupestri. In una delle caverne sono state rinvenute la biblioteca e un prezioso tesoro di vessilli votivi dipinti su seta (Musée Guimet, Parigi, e British Museum).

DÙNI (Egìdio Romoàldo), *Matera 1709 - Parigi 1775*, compositore. Allievo di F. Durante, fu attivo a Parigi. Compose musica sacra e *opéra-comiques*.

DUNKERQUE, c. della Francia, capol. del dip. Nord; 72.333 ab. (quasi 200.000 ab. nell'agglomerato). Porto, industria siderurgica. — Fu oggetto di contesa in una violenta battaglia della seconda guerra mondiale (1940), che permise il reimbarco per l'Inghilterra di quasi 340.000 soldati alleati. — Museo delle Belle Arti e di arte contemporanea.

DÚN LAOGHAIRE, già **Kingstown**, c. dell'Irlanda; 54.000 ab. Stazione balneare e avamporto di Dublino.

DUNLOP (John Boyd), *Dreghorn, contea di Ayr, 1840 - Dublino 1921*, inventore britannico. Realizzò il primo pneumatico (1887) e fondò l'azienda che porta il suo nome (1889).

DUNS SCOTUS (John) o **DUNS SCÒTO** (Giovànni), *Maxton, Scozia, 1266 ca. - Colonia 1308*, filosofo e teologo inglese. Mise al centro del suo pensiero l'univocità dell'Essere e difese in nome della fede la conoscenza reale che parte dal mondo sensibile per raggiungere Dio. Francescano, fu soprannominato "doctor subtilis"; è stato beatificato nel 1993.

DUNSTABLE (John), *1385 ca. - Londra 1453*, compositore inglese. È autore di opere polifoniche, soprattutto religiose.

DUNSTANO (sànto), *presso Glastonbury 924 - Canterbury 988*, arcivescovo di Canterbury. Favorì lo sviluppo del monachesimo inglese e si impegnò nella riforma della Chiesa.

DUPARC (Henri **Fouques-**), *Parigi 1848 - Mont-de-Marsan 1933*, compositore francese. Musicò alcune poesie di C. Baudelaire (*L'invitation au voyage*), di Leconte de Lisle (*Phidylé*) e di F. Coppée (*La vague et la cloche*).

DU PERRON (Jacques **Davy**), *1556 - Parigi 1618*, prelato francese. Primo cappellano di Enrico IV, si fece notare per le numerose controversie con i protestanti. Cardinale (1604), entrò nel consiglio di reggenza (1610).

DUPLESSIS-MORNAY → MORNAY.

DÙPLICE ALLEÀNZA (7 ott. 1879), alleanza stipulata a Vienna tra Germania e Austria-Ungheria.

DUPOND (Patrick), *Parigi 1959*, ballerino francese. Primo ballerino all'Opéra di Parigi, è stato direttore del teatro dal 1990 al 1995. È stato inoltre direttore artistico del Ballet de Nancy (1988-1990).

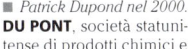

■ *Patrick Dupond nel 2000.*

DU PONT, società statunitense di prodotti chimici e biotecnologici. Fondata nel 1802 nei pressi di Wilmington da E. Du Pont de Nemours, ha avuto un notevole sviluppo nel corso del XX sec., grazie alla fabbricazione, in part., di esplosivi, di tessuti sintetici e alla realizzazione della gomma sintetica, del nylon e del DDT. Ha poi ampliato il raggio d'azione, dedicandosi ad altri campi scientifici (agricoltura, salute e nutrizione).

DUPONT DE NEMOURS (Pierre Samuel), *Parigi 1739 - Eleutherian Mills, Delaware, 1817*, economista francese. Allievo di F. Quesnay, ispirò le principali riforme finanziarie della fine dell'*Ancien Régime*. — **Éleuthère Irénée D. de N.**, *Parigi 1771 - Filadelfia 1834*, chimico e industriale francese, figlio di Pierre Samuel. Lavorò alla fabbricazione di un tipo di polvere da sparo con A.L. Lavoisier e fondò negli Stati Uniti un'azienda, inizialmente chiamata *Du Pont de Nemours*, e att. *Du Pont*.

DUPRÉ (Giovànni), *Siena 1817 - Firenze 1882*, scultore. Artista di gusto neoclassico di notevole successo. Tra le opere, *Abele morente* (1842).

DUPRÉ (Marcel), *Rouen 1886 - Meudon 1971*, compositore e organista francese. Compose musiche per organo.

DUPUYTREN (Guillaume, barône), *Pierre-Buffière 1777 - Parigi 1835*, chirurgo francese. Chirurgo di

Luigi XVIII e di Carlo X, fu uno dei padri dell'anatomopatologia.

DUQUE DE CAXIAS, c. del Brasile, sobborgo di Rio de Janeiro; 770.865 ab.

DUQUESNOY (François), detto Francésco **Fiammìngo**, *Bruxelles 1597 - Livorno 1643*, scultore fiammingo. Visse principalmente a Roma, dove la sua statua di *Santa Susanna* (1633, chiesa di S. Maria a Loreto), di spirito classico, lo rese famoso. Figlio di **Jérôme D. il Vecchio**, autore della statua del *Manneken-Pis*, simbolo di Bruxelles (1619), e fratello di **Jérôme il Giovane**.

DURA EUROPOS, ant. c. della Siria, costruita sull'Eufrate nel III sec. a.C. dai Seleucidi. Fu distrutta da Sapore I (256 d.C.). — Antiche vestigia. Sinagoga ed edifici cristiani con battistero, ornati da affreschi del III sec.

DURANCE, f. della Francia, affl. del Rodano; 305 km. Nasce dal Monginevro e attraversa Briançon, Embrun, Sisteron. Sfruttamento idroelettrico.

DURÀNDO (Giàcomo), *Mondovì 1807 - Roma 1894*, politico. Fratello di Giovanni, comandò un corpo di volontari contro gli austriaci nel 1848. Liberale, fu deputato (1848-1857), ministro degli Esteri (1862) e presidente del senato (1884-1887).

DURÀNDO (Giovànni), *Mondovì 1804 - Firenze 1869*, militare. Fratello di Giacomo, guidò le forze pontificie contro gli austriaci (1848), poi passò al servizio del Piemonte. Combatté la seconda e la terza guerra d'indipendenza. Nel 1860 fu eletto senatore e generale.

DURANGO, c. del Messico, ai piedi della Sierra Madre occ.; 427.135 ab. Cattedrale barocca (XVII sec.).

DURÀNTE (Francésco), *Frattamaggiore 1684 - Napoli 1755*, compositore. Autore di musica sacra e strumentale, si dedicò all'insegnamento ed ebbe come allievi alcuni tra i più grandi musicisti dell'epoca (G.B. Pergolesi, G. Paisiello).

DURÀNTI (Francésca), *Genova 1935*, scrittrice. Tra le opere, *La casa sul lago della luna* (1984), *Progetto Burlamacchi* (1994), *Sogni mancini* (1996), *Il comune senso delle proporzioni* (2000), *L'ultimo viaggio della Canaria* (2003).

DURÃO (José **de Santa Rita**), *Cata Preta, Minas Gerais, 1722 - Lisbona 1784*, poeta brasiliano, autore dell'epopea nazionale *Caramuru*.

DURÃO BARROSO (José Manuel), *Lisbona 1956*, politico portoghese. Presidente del Partito socialdemocratico dal 1999, è diventato primo ministro dopo la vittoria del suo partito alle elezioni del 2002.

DURAS (Marguerite), *Gia Dinh, Vietnam, 1914 - Parigi 1996*, scrittrice, sceneggiatrice e regista cinematografica francese. Con stile scarno ha rievocato in romanzi (*Una diga sul Pacifico*, *Il marinaio di Gibilterra*, *Moderato cantabile*, *L'amante*), testi per il teatro (*Savannah Bay*) e film (*India Song*, *Il camion*) i ricordi ossessivi della sua infanzia e una violenta passione amorosa.

■ *Marguerite Duras.*

DURÀZZO, in albanese **Durrës**, c. dell'Albania, sull'Adriatico; 82.700 ab. Porto. — Resti antichi (ant. *Epidamno*, poi *Dyrrachium*).

DURBAN, c. del Sudafrica (KwaZulu-Natal), sull'Oceano Indiano; 982.000 ab. Porto. Centro industriale.

DÜREN, c. della Germania (Renania Settentr.-Westfalia); 91.092 ab. Metallurgia.

DÜRER (Albrecht), *Norimberga 1471-1528*, pittore e incisore tedesco. Soggiornò, nel corso di un viaggio di formazione, a Colmar, Basilea e Strasburgo, trascorse due periodi a Venezia, ma lavorò per gran parte della sua vita a Norimberga. Espresse il suo talento in dipinti a olio (*La festa del rosario*, 1506, Praga), disegni, acquerelli (Albertina, Vienna) e incisioni, che gli diedero ben presto fama europea. In quest'ultimo ambito eseguì sia xilografie, il cui gra-

Albrecht **DÜRER**. Zolla erbosa, *1503*, *acquerello e guazzo*. (Albertina, Vienna.)

tismo esuberante palesa uno stile ancora medievale (*Apocalisse*, 15 pezzi, 1498; *Grande passione* ecc.), sia incisioni a bulino, in cui trasse esempio dagli italiani e tradì influenze umanistiche (*Nemesis*, 1500 ca.; *Il cavaliere, la morte e il diavolo*, 1513; *San Girolamo nello studio*, 1514; *Melancholia*, 1514). Interessato ai principi matematici e ottici della prospettiva, negli ultimi anni della sua vita pubblicò numerose opere teoriche e scientifiche, tra cui un *Trattato sulle proporzioni del corpo umano*.

DURG, c. dell'India (Chhattisgarh); 553.837 ab. nell'agglomerato. Siderurgia.

DURGA. , una delle sembianze più note della dea indù Shakti, sposa di Shiva. È rappresentata come guerriera crudele.

DURGAPUR. , c. dell'India (Bengala Occidentale); 492.966 ab. Centro industriale.

DURHAM. , c. degli Stati Uniti (Carolina del Nord); 187.035 ab.

DURHAM. , c. della Gran Bretagna (Inghilterra), capol. della contea omonima; 26.000 ab. Interessante cattedrale romanica del primo terzo del XII sec.; castello dell'XI-XVII sec.; edifici antichi.

DURHAM. (John George **Lambton**, cónte **di**), Londra 1792 - Cowes 1840, politico britannico. Governatore del Canada (1838), presentò un rapporto nel quale auspicava l'unione di Alto e Basso Canada.

DURKHEIM (Émile), *Épinal 1858 - Parigi 1917*, sociologo francese. Tra i fondatori della sociologia, ricondusse i fatti morali ai fatti sociali, che considerò indipendenti dalle coscienze individuali (*La divisione del lavoro sociale*, 1893; *Le regole del metodo sociologico*, 1895; *Sociologia del suicidio*, 1897).

■ *Émile Durkheim.*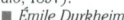

DURLINDÀNA, nome della spada di *Orlando nella **Chanson de Roland*.

DURRELL (Lawrence George), *Jullundur, India, 1912 - Sommières, Francia, 1990*, scrittore britannico. Nei suoi romanzi esalta, attraverso sperimentazioni stilistiche, il fascino del paesaggio mediterraneo (*Quartetto d'Alessandria*).

DÜRRENMATT (Friedrich), *Konolfingen, presso Berna, 1921 - Neuchâtel 1990*, scrittore svizzero di lingua tedesca. Nei suoi testi per il teatro (*La visita della vecchia signora*, 1956) analizza illusioni e soprusi conciliando il rigore protestante con un bizzarro senso dell'umorismo. Centro Dürrenmatt a Neuchâtel.

DURRÈS → DURAZZO.

DURRUTI (Buenaventura), *prov. di León 1896 - Madrid 1936*, anarchico spagnolo. Fu l'organizzatore della *Colonna D.*, che tentò senza successo di liberare Saragozza occupata dai franchisti. In seguito partecipò alla difesa di Madrid, dove trovò la morte.

DUR-SHARRUKIN → KHORSABAD.

DUŠANBE, dal 1929 al 1961 **Stalinabad**, cap. del Tagikistan; 595.000 ab.

DÙSE (Eleonòra), *Vigevano 1858 - Pittsburgh 1924*, attrice. Si guadagnò, grazie alle sue doti interpretative, il soprannome di "Divina". Interprete di A. Dumas figlio, H. Ibsen e G. D'Annunzio (*La Gioconda, Francesca da Rimini*), di cui fu la compagna, recitò anche nel film *Cenere* (1916).

DÜSSELDORF, c. della Germania, cap. della Renania Settentr.-Westfalia, sul Reno; 568.855 ab. Centro commerciale e finanziario. Metallurgia. Chimica. — Chiese gotiche e barocche; musei.

DUST MOHAMMAD, *1793-1863*, sovrano dell'Afghanistan. Emiro di Kabul dal 1834, fu estromesso dai britannici (1839) e ritornò al potere nel 1843.

DUTERT (Ferdinand), *Douai 1845 - Parigi 1906*, architetto francese. Sperimentò l'impiego del ferro in architettura, realizzando a Parigi l'immensa Galerie des machines, per l'Esposizione Universale del 1889; è inoltre autore delle nuove gallerie del Museo di storia naturale.

DUTTON (Clarence Edward), *Wallingford, Connecticut, 1841 - Englewood, New Jersey, 1912*, geologo statunitense. Elaborò e applicò la teoria dell'isostasia alla formazione delle catene montuose (1892).

DUUN (Olav), *Stem 1876 - Tønsberg 1939*, scrittore norvegese. Nei suoi romanzi offre una rappresentazione della natura e degli abitanti dei fiordi (*La gente di Juvik*).

DUVALIER (François), detto **Papa Doc**, *Port-au-Prince 1907-1971*, politico haitiano. Presidente della repubblica nel 1957 e presidente a vita dal 1964, ha esercitato un potere dittatoriale. — **Jean-Claude D.**, *Port-au-Prince 1951*, politico haitiano. Succeduto al padre François nel 1971, è stato costretto all'esilio nel 1986.

DUVIVIER (Julien), *Lilla 1896 - Parigi 1967*, regista cinematografico francese. Autore di numerosi film di vario genere, caratterizzati da brillanti soluzioni tecniche (*La bandera*, 1935; *La bella brigata*,1936; *Il bandito della Casbah*, 1936; *Carnet di ballo*, id.; *Panico*, 1946; *Don Camillo*, 1952).

DVÌNA OCCIDENTÀLE. , in letto. **Daugava**, f. dell'Europa orient. che attraversa Russia, Bielorussia e Lettonia, e si getta nel Golfo di Riga; 1020 km.

DVÌNA SETTENTRIONÀLE. , f. della Russia, che si getta nel Mar Bianco presso Arcangelo; 744 km.

DVOŘÁK. (Antonín), *Nelahozeves, Boemia, 1841 - Praga 1904*, compositore ceco. Diresse i conservatori di New York e di Praga. Compose 9 sinfonie (*La sinfonia dal Nuovo Mondo*, 1893), concerti, poemi sinfonici e quartetti.

DYLAN (Robert **Zimmerman**, detto Bob), *Duluth 1941*, autore e cantante folk e rock statunitense. Paroliere e chitarrista, è stato il portavoce della protesta della generazione degli anni '60 del secolo scorso. Dalle melodie folk con testi improntati all'impegno politico è passato al rock e a una poetica più libera.

■ *Bob Dylan.*

DŽAMBUL → TARAZ.

DZERŽINSK, c. della Russia, a O di Nižnij Novgorod; 285.540 ab.

DZERŽINSKIJ (Feliks Edmundovič), *Dzeržinovo 1877 - Mosca 1926*, politico sovietico. Dal 1895 si mise in luce come rivoluzionario in Lituania e Polonia e, nel 1917, fu tra gli organizzatori della Rivoluzione d'ottobre. Fu a capo della Čeka (1917-1922), poi Ghepeù (1922-1926).

DZUNGARIA → ZUNGARIA.

Carattere Eras

ÈACO MITOL. GR. Uno dei tre giudici dell'Ade, insieme a Minosse e Radamanto.

EADS (European Aeronautic Defence and Space Company), gruppo aeronautico europeo, creato nel 2000. Raggruppa le attività delle tre società originarie: Aerospatiale Matra (Francia), Daimler-Chrysler Aerospace (DASA, Germania) e Construcciones Aeronáuticas (CASA, Spagna).

EAMES (Charles), *Saint Louis 1907-1978*, architetto e designer statunitense. Pioniere del design moderno, è stato un innovatore dal punto di vista sia delle tecniche costruttive sia delle forme espressive.

EANES (António **Dos Santos Ramalho**), *Alcains 1935*, generale e politico portoghese. Appoggiò il colpo di Stato del 25 apr. 1974 e fu presidente della repubblica dal 1976 al 1986.

EAST ANGLIA o **ANGLIA ORIENTÀLE**, regno fondato dagli angli nel VI sec. e annesso nell'VIII sec. da Offa, re della Mercia.

EASTBOURNE, c. della Gran Bretagna (Inghilterra), sulla Manica; 83.200 ab. Stazione balneare del Sussex.

EAST KILDRIDE, c. della Gran Bretagna (Scozia), vicino a Glasgow; 70.000 ab.

EAST LONDON, c. della Rep. Sudafricana, prov. del Capo Orientale, sull'Oceano Indiano; 102.325 ab. Porto.

EASTMAIN, località del Canada (Québec), sulla foce del f. omonimo, nella Baia di James; 527 ab. Ant. centro del commercio delle pellicce.

EASTMAN (George), *Waterville, Stato di New York, 1854 - Rochester 1932*, industriale statunitense. Inventò la pellicola fotografica trasparente con supporto in celluloide (1889) e fondò la E. Kodak Company (1892).

EASTWOOD (Clint), *San Francisco 1930*, attore e regista cinematografico statunitense. Impostosi inizialmente come attore di film western, in qualità di regista e produttore ha spaziato tra diversi generi: *Brivido nella notte* (1971), *Il cavaliere pallido* (1985), *Bird* (1988), *I ponti di Madison County* (1995), *Potere assoluto* (1997), *Space Cowboys* (2000).

EBBINGHAUS (Hermann), *Barmen 1850 - Halle 1909*, psicologo tedesco. Per i suoi studi sulla memoria (*Sulla memoria*, 1885), fu tra i fondatori della psicologia sperimentale.

ÈBE MITOL. GR. Dea greca della giovinezza, sposa di Eracle e figlia di Zeus ed Era.

EBERT (Friedrich), *Heidelberg 1871 - Berlino 1925*, politico tedesco. Presidente del Partito socialdemocratico tedesco (1913), contribuì alla caduta di Guglielmo II (1918). Da cancelliere, represse i movimenti spartachisti; fu il primo presidente della repubblica tedesca (1919-1925).

EBERTH (Karl), *Würzburg 1835 - Berlino 1926*, patologo tedesco. Scoprì l'agente patogeno della febbre tifoide.

ÈBLA, ant. c. della Siria (att. Tell Mardikh), 70 km a SO di Aleppo. Nel III millennio, il regno di E. fu uno dei più grandi centri dell'Asia. Reperti archeologici e importante biblioteca che conserva tavolette incise.

ÈBOLI, com. in prov. di Salerno; 36.106 ab. Centro agricolo. Importanti monumenti di epoca medievale e rinascimentale (castello Colonna, XV sec.).

EBRÈI, popolazione che in parte risiede in Israele e in parte è dispersa in tutto il mondo in seguito alla diaspora (ca. 12 milioni di individui). Discendenti da tribù semi-nomadi dell'estremità orient. del deserto siriano, all'inizio del II millennio a.C. gli e. si stabilirono nella terra di Canaan; secondo la tradizione biblica si succedettero i patriarchi Abramo, Isacco e Giacobbe. Durante la dominazione degli hyksos, gli e. si trasferirono nel delta del Nilo, ma intorno al 1250 lasciano l'Egitto, sotto la guida di Mosè (*esodo*). Insediatisi in Palestina, dapprima costituirono una federazione di tribù ("età dei Giudici", 1200 ca. - 1030 ca.) e in seguito diedero vita a una monarchia, alla cui testa si succedettero i re Saul, Davide e Salomone (1030 ca. - 931). Nel 931 fondarono due regni, quello di Israele a N (fino al 721) e quello di Giuda a S (fino al 587), che sarebbero stati conquistati l'uno dagli assiri e l'altro dai babilonesi. Questi ultimi furono responsabili (tra il 587 e il 538) di una massiccia deportazione, la "cattività babilonese"; solo con la conquista persiana di Babilonia gli esuli poterono far ritorno e Gerusalemme venne ricostruita (515). Dopo le dominazioni di Lagidi e Seleucidi, la dinastia degli Asmonei (134-37) assicurò un periodo di indipendenza. Nel 63 lo Stato ebraico divenne vassallo di Roma e nel 135 d.C. la repressione di una rivolta portò alla distruzione di Gerusalemme, cui fece seguito la diaspora. Durante il Medioevo gli e. conobbero un periodo di grande sviluppo della loro cultura e instaurarono rapporti di pacifica convivenza con l'islam (soprattutto in Spagna, dal X sec.). Alla fine del XIII sec. ebbe però inizio una politica di persecuzione e isolamento nei confronti delle comunità ebraiche di Inghilterra, Francia, Spagna e Italia, che si concluse con la loro reintegrazione nel XVII-XVIII sec. Il XX sec. segna una terribile recrudescenza dell'antisemitismo con lo sterminio nazista degli e. durante la seconda guerra mondiale (*Shoah), al cui termine venne fondato lo Stato di Israele. — Gli e. per tradizione si considerano frutto della discendenza di Abramo e del patto di alleanza gnati per tutta la loro storia, nel corso della quale l'appartenenza alla religione ebraica è divenuta caratteristica imprescindibile e tale da connotare una collettività storica ed etnica. Durante l'esilio, quando erano dispersi in tutto il mondo, agli e. è stato attribuito lo statuto di popolo o di minoranza (la "nazione ebraica") in seno alle società pre-

moderne. Con l'inizio dell'era moderna (fine del XVIII-XIX sec.) si sono affermate due tendenze: una ha posto l'accento sulla religione (giudaismo, reso confessione moderna e riformato in relazione alle istanze di una società democratica), l'altra ha assunto connotati politici (sionismo). Oggi, dopo la nascita dello Stato di Israele, oltre a una nazione israeliana in cui si parla l'ebraico, esistono comunità ebraiche (differenti da paese a paese e che non includono tutti gli e.) che condividono ricordi e simboli comuni e sono tra loro in contatto.

EBRÈO ERRÀNTE (**Ahasverus**, detto l'), personaggio leggendario, fu condannato a errare in eterno per aver deriso Cristo sulla via del Calvario. Incarnazione del destino del popolo ebraico, ha ispirato a E. Sue un romanzo d'appendice (1844-1845).

ÈBRIDI (isole), arcipelago della Gran Bretagna, a O della Scozia. Isole principali: Lewis e Skye.

EBRO, f. della Spagna, che nasce dai Monti Cantabrici e sfocia nel Mediterraneo; 928 km. Attraversa Saragozza. Sfruttamento delle acque per la produzione idroelettrica e per l'irrigazione.

EBROÌNO, *m. nel 683 ca.*, maggiordomo di Neustria sotto Clotario III. Fece giustiziare il suo avversario san Léger, vescovo di Autun, e sconfisse l'esercito dell'Austrasia a Latofao, nei pressi di Laon (680). Fu assassinato.

EBRON → HEBRON.

EBURÓNI, ant. popolo germanico della Gallia Belgica, stanziato tra la Mosa e il Reno. Fu sconfitto da Cesare.

EÇA DE QUEIRÓS → QUEIRÓS.

ÈCATE MITOL. GR. Dea della Luna e degli Inferi discendente dei Titani. È signora della magia.

ECATÈO DI MILÉTO, *VI sec. a.C.*, storico e geografo della Ionia (Grecia). Visitò l'impero persiano; lasciò le prime opere in prosa di carattere storico e geografico.

ECATEPEC DE MORELOS, c. del Messico, a N di Città del Messico; 1.621.827 ab.

ECBÀTANA, cap. dei medi (612 ca. - 550 a.C.), poi residenza dei re persiani. Antiche rovine (att. Hamadan).

ECCLESIÀSTE (libro dell'), libro della Bibbia (III sec. a.C.) in cui viene sottolineato il carattere precario dell'esistenza: "ogni cosa è vanità".

ECCLESIÀSTICO (libro dell') o **il SIRÀCIDE**, libro della Bibbia (200 ca. a.C.), raccolta di massime e di sentenze.

ECEVIT (Bülent), *Istanbul 1925*, politico turco. Primo ministro nel 1974, 1977 e 1978-1979, è stato incarcerato diverse volte in seguito al colpo di Stato militare del 1980. Leader della sinistra democratica, è ritornato al governo nel 1999.

ECHEGARAY (José), *Madrid 1832-1916*, drammaturgo spagnolo. Professore di matematica, autore di opere di divulgazione scientifica e politico, scrisse *Il gran galeotto*. (Premio Nobel 1904.)

ECHEVERRÍA ÁLVAREZ (Luis), *Città del Messico 1922*, politico messicano. È stato presidente della repubblica dal 1970 al 1976.

ECHTERNACH, c. del Lussemburgo, capol. di cant., sul f. Süre; 4211 ab. Basilica (diverse epoche) di un'ant. abbazia fondata nel 698.

ÉCIJA, c. della Spagna, in Andalusia, in prov. di Siviglia; 37.652 ab. Complesso urbano e monumentale in tipico stile andaluso.

ECK (Johann **Maier**, detto Johann), *Egg an der Günz 1486 - Ingolstadt 1543*, teologo cattolico tedesco. Avversario di M. Lutero, fu un convinto difensore della Chiesa romana.

ECKART o **ECKHART** (Johannes **Eckhart**, detto Meister), *Hochheim 1260 - Avignone o Colonia 1328 ca.*, teologo e filosofo tedesco. Domenicano, insegnò a Parigi e a Colonia. La sua opera, composta da trattati e sermoni, è all'origine della corrente mistica tedesca e si propone di elevare il sapere teologico al rango di vera e propria scienza. Diverse sue tesi furono condannate da papa Giovanni XXII.

ECKERSBERG (Christoffer Wilhelm), *Blåkrog 1783 - Copenaghen 1853*, pittore danese. Il suo stile preciso, chiaro ed elegante è caratteristico dell'"età d'oro" della pittura danese.

ECKERT (John), *Filadelfia 1919 - Bryn Mawr, Pennsylvania, 1995*, ingegnere statunitense. Con John William Mauchly (Cincinnati 1907 - Ambler, Pennsylvania, 1980), fabbricò il primo elaboratore completamente elettronico, l'ENIAC (*Electronic Numerical Integrator And Calculator*), nel 1946, e fondò l'azienda che produsse il primo computer di gestione, l'UNIVAC (1952).

ECKMÜHL (battaglia di) (22 apr. 1809), battaglia dell'epoca napoleonica. Napoleone I e L.N. Davout vi sconfissero gli austriaci, 20 km a S di Ratisbona.

EČMIADZIN, c. dell'Armenia, a O di Erevan; 65.500 ab. Sede del primate della Chiesa armena; meta di pellegrinaggio.

ÈCNOMO, nome greco del promontorio di Poggio S. Angelo, in Sicilia. Qui nel 310 a.C. Agatocle fu sconfitto dai cartaginesi, che furono a loro volta sconfitti da L. Manlio Vulsone e M. Attilio Regolo, nella prima grande vittoria navale di Roma su Cartagine (256 a.C.).

ÈCO MITOL. GR. Ninfa delle fonti e delle foreste, personificazione dell'eco.

ÈCO (Umbérto), *Alessandria 1932*, critico e scrittore. Docente e teorico di semiotica, è autore di fondamentali saggi che hanno per oggetto l'arte in rapporto ai mezzi di comunicazione di massa (*Opera aperta*, 1962; *Lector in fabula*, 1979; *I limiti dell'interpretazione*,

1990). Noto anche per le sue analisi critiche dell'attualità, caratterizzate da un'inesauribile curiosità intellettuale (*Diario minimo*, 1963; *Il secondo diario minimo*, 1992), si è fatto conoscere al grande pubblico con la sua attività di romanziere (*Il nome della rosa*, 1980; *Il pendolo di Foucault*, 1988; *L'isola del giorno prima*, 1994; *Baudolino*, 2000).
■ *Umberto Eco.*

ECOLAMPÀDIO (Johann **Husschin**, detto Giovànni), *Weinsberg 1482 - Basilea 1531*, riformatore tedesco. Professore a Basilea, organizzò la Chiesa secondo i principi della Riforma.

ÉCOLE NORMALE SUPÉRIEURE (ENS), istituto superiore d'insegnamento superiore fondato a Parigi nel 1794, al fine di formare futuri insegnanti. Sul suo modello sono sorte in Francia numerose altre ENS.

ÉCRINS (Massiccio degli) o **GRÙPPO DEL PELVOUX**, massiccio delle Alpi francesi (Isère e Hautes-Alpes); raggiunge i 4102 m nella cima Barre des É. Parco nazionale (90.000 ha ca.).

ECU (European Currency Unit), unità monetaria europea convenzionale, istituita nel 1979 come base dello *SME e calcolata su una media delle singole valute nazionali. Nel 2002 è stata sostituita dall'euro.

ECUADOR, Stato dell'America merid., sull'Oceano Pacifico; 270.670 km²; 12.880.000 ab. (*ecuadoregni*). CAP. *Quito*. C. PRINC. *Guayaquil*. LINGUA: *spagnolo*. MONETA: *dollaro degli Stati Uniti*.

GEOGRAFIA – Gli altopiani delle Ande, su cui svettano cime di carattere vulcanico, separano la pianura costiera, più ampia e umida al N, dalla reg. orient., amazzonica, ricoperta da una fitta foresta. La popolazione, in rapido aumento e urbanizzata per circa due terzi, è composta per l'80% da meticci e amerindi. Riso e mais sono le principali colture di sussistenza, mentre cacao, caffè e, soprattutto, banane rivestono maggior interesse commerciale. Risorsa principale del paese è oggi il petrolio, fulcro delle esportazioni.

STORIA – **La colonizzazione e l'indipendenza. 1534**: entrato a far parte dell'impero inca nel XV sec., il paese viene conquistato da un luogotenente di Francisco Pizarro, Sebastián de Belalcázar. **1563**: gli spagnoli istituiscono l'*audiencia* di Quito, annessa in un primo tempo al vicereame del Perú e in seguito a quello della Nuova Granada (1739). **1822**: il generale Antonio José de Sucre libera il paese dall'occupazione militare spagnola. **1830**: integrato da Simón Bolívar nella Grande Colombia, l'E. ottiene l'indipendenza.

La fine del XIX sec. 1830-1845: il generale Juan José de Flores governa in modo autoritario. **1845-1859**: vanno al potere i liberali. **1861-1875**: il conservatore Gabriel García Moreno si adopera per modernizzare il paese con l'appoggio della Chiesa; **1875-1895**: dopo il suo assassinio, i conservatori dominano la vita politica.

Il XX e il XXI sec. 1895-1930: di nuovo al potere, i liberali laicizzano lo Stato (Costituzioni del 1897 e del 1906). L'E. diventa primo produttore mondiale di cacao. **1934**: viene eletto presidente José María Velasco Ibarra, che incarna le aspirazioni delle classi popolari. Confermato al potere per cinque volte, dominerà la vita politica fino al 1972. **1941-1942**: nella guerra contro il Perú l'E. perde la provincia amazzonica. **1972**: sale al potere il generale Guillermo Rodríguez Lara; **1976**: una giunta militare lo esautora. **1979**: viene eletto presidente della repubblica il candidato della sinistra moderata Jaime Roldós; **1981**: dopo la sua morte accidentale, Osvaldo Hurtado pratica una politica di austerità; **1984**: gli succede il conservatore León Febres Cordero. **1988**: sale alla presidenza della repubblica il socialdemocratico Rodrigo Borja; **1992**: il suo successore, il conservatore Sixto Durán Ballén, eredita una situazione economica difficile. Continua intanto a crescere la protesta dei movimenti che rappresentano le comunità amerindie. **1997**: destituzione del presidente Abdala Bucaram (che era stato eletto nel 1996). **1998**: vince le elezioni presi-

denziali il democratico-cristiano Jamil Mahuad. La questione frontaliera che da decenni contrappone l'E. al Perú è appianata da un accordo. **2000**: alla destituzione di J. Mahuad, diviene capo dello Stato il vicepresidente Gustavo Noboa. **2002**: Lucio Gutierrez è il nuovo presidente.

ÈCUBA MITOL. GR. Personaggio dell'*Iliade*, sposa di Priamo.

EDDA, titolo dato a due raccolte islandesi di tradizioni mitologiche e leggendarie degli antichi popoli scandinavi. L'*E. in poesia* è un insieme di poemi anonimi, redatti probabilmente nel corso del XII sec. L'*E. in prosa* è opera di Snorri Sturluson (1220 ca.).

EDDINGTON (sir Arthur Stanley), *Kendal 1882 - Cambridge 1944*, astrofisico britannico. Pioniere dell'astrofisica, sviluppò la teoria dell'equilibrio radioattivo delle stelle (1916-1924), che gli permise di elaborare per primo un modello di struttura interna degli astri; nel 1924 scoprì la relazione tra massa e luminosità stellare.

EDDY (Mary **Baker**), *Bow, New Hampshire, 1821 - Chestnut Hill, Massachusetts, 1910*, riformatrice statunitense, fondatrice del movimento Christian Science (1883).

EDE, c. della Nigeria sud-occ.; 142.363 ab.

EDE, c. dei Paesi Bassi (Gheldria); 102.405 ab.

ÉDÉA, c. del Camerun, sul Sanaga; 31.000 ab. Fabbriche di alluminio.

ÉDEN, parola ebraica con cui la tradizione biblica (*Genesi*) indica il paradiso terrestre. In it. delizia.

EDEN (Anthony), cónte **di Avon**, *Windlestone Hall 1897 - Alvediston 1977*, politico britannico. Conservatore, fu più volte ministro degli esteri a partire dal 1935, poi primo ministro dal 1955 al 1957.

EDÈSSA, c. della Mesopotamia (att. Urfa, Turchia), che fu dal II al X sec. un importante centro intellettuale di lingua siriaca. Fu la capitale di uno degli Stati latini d'Oriente, la contea di E. (1098-1144), fondata da Baldovino I di Fiandra.

ED È SÙBITO SÉRA, raccolta poetica di S. Quasimodo, pubblicata nel 1942. Prende il nome da una delle liriche più celebri del poeta, simbolo dell'ermetismo e della capacità di evocare i sentimenti attraverso l'immediatezza delle immagini.

EDF-GDF (Électricité de France-Gaz de France), imprese francesi nazionalizzate di servizi pubblici. Create nel 1946, gestiscono la produzione, il trasporto e la distribuzione dell'energia elettrica e del gas per uso domestico in Francia.

Ecuador

200   500   1000   2000   3000 m

— strada normale
✈ aeroporto
★ importante località turistica

● più di 1.000.000 di ab.
● da 100.000 a 1.000.000 di ab.
● da 30.000 a 100.000 ab.
• meno di 30.000 ab.

EDFU o **IDFU**, c. dell'Egitto, sul Nilo; 28.000 ab. Tempio tolemaico di Horus, uno dei meglio conservati d'Egitto.

EDGÀRDO IL PACÌFICO, 944-975, re degli anglosassoni (959-975). Rafforzò la monarchia attraverso riforme amministrative.

EDGÀRDO ATHELING o **AETHELING**, 1050 ca. - 1125 ca., principe anglosassone. Si oppose invano ad Aroldo II (1066), e a Guglielmo il Conquistatore per il possesso del trono d'Inghilterra.

EDIACARA, sito paleontologico dell'Australia merid., a N di Adelaide. Vi sono stati scoperti eccezionali fossili di animali del Precambriano (600 milioni di anni), alcuni dei quali non sono ricollegabili a nessun gruppo conosciuto.

EDIMBÙRGO, in ingl. **Edinburgh**, c. della Gran Bretagna, cap. della Scozia, sull'estuario del Forth; 420.000 ab. Centro finanziario, commerciale e universitario. Turismo. — Nella parte antica della città, castello in parte medievale, cattedrale gotica e palazzo di Holyrood, del XVII sec. Complesso neoclassico (XVIII-XIX sec.) della "città nuova". Musei, tra cui la National Gallery of Scotland e il Museum of Scotland. — Festival annuale (musica, danza, teatro).

EDÌPO MITOL. GR. Figlio di Laio, re di Tebe, e di Giocasta. Laio, cui un oracolo aveva predetto che sarebbe stato ucciso dal figlio, il quale avrebbe poi sposato la madre, abbandonò il bambino su un monte. Il piccolo E. fu trovato da pastori e cresciuto dal re di Corinto. Divenuto adulto, decise di recarsi a Delfi per consultare l'oracolo sul mistero della sua nascita, ma, durante il cammino, litigò con un viandante e lo uccise, senza sapere che si trattava di Laio. Liberò Tebe dalla Sfinge, risolvendo l'enigma che questa gli aveva posto alle porte della città, e per ricompensarlo i tebani lo designarono loro sovrano. Sposò la regina Giocasta, vedova di Laio, sua madre, che gli diede due figli, Eteocle e Polinice, e due figlie, Antigone e Ismene. Quando però vennero alla luce il parricidio e l'incesto, Giocasta si uccise ed E. si accecò. Cacciato da Tebe, cominciò a errare guidato dalla figlia Antigone e morì a Colono, nei pressi di Atene. — Il mito di E. ha ispirato le celebri tragedie di Sofocle (Edipo re, 425 ca. a.C.; Edipo a Colono, 401 a.C.), Seneca (I sec. d.C.) e P. Corneille (1659).

EDIRNE, già **Adrianòpoli**, c. della Turchia; 115.083 ab. Residenza dei sultani ottomani: moschea Selemiye (1569-1574), capolavoro di *Sinan.

EDISON (Thomas), Milan, Ohio, 1847 - West Orange, New Jersey, 1931, inventore statunitense. Tra le sue numerose invenzioni, sono da ricordare il telegrafo duplex (1864), il fonografo e il microfono a carbone (1877), la lampada a incandescenza (1878). Scoprì l'emissione di elettroni da parte di un conduttore riscaldato ad alta temperatura (1883), principio su cui si basa il funzionamento dei tubi elettronici.

Thomas **EDISON** con il suo fonografo.
(Coll. G. Sirot.)

EDITÓRI RIUNÌTI, casa editrice fondata a Roma nel 1953. Nata dalla fusione delle Edizioni di cultura sociale e delle Edizioni Rinascita, ha pubblicato importanti collane dedicate al marxismo, nonché al pensiero politico, alle scienze sociali e alle teorie letterarie. Recentemente ha diversificato la produzione, pubblicando anche volumi di carattere economico.

EDMÓNDO I, 921 - Pucklechurch, Gloucestershire, 946, re degli anglosassoni (939-946). Sottomise Malcolm I, re di Scozia (945).

EDMOND RICH (sànto), Abingdon 1170 ca. - Soisy 1240, prelato inglese. Arcivescovo di Canterbury, si oppose al re d'Inghilterra Enrico III in

merito alla collazione dei benefici ecclesiastici e andò in esilio in Francia.

EDMONTON, c. del Canada, capol. dell'Alberta; 616.306 ab. Centro commerciale e industriale (raffinerie di petrolio e industrie chimiche). Università.

EDMUNDSTON, c. del Canada (Nuovo Brunswick), sul f. Saint John; 11.033 ab.

EDO, popolazione della Nigeria sud-occ. Fondatori del regno del Benin, per lungo tempo gli e. sono stati assimilati a uno dei rami degli yoruba. Parlano la lingua kwa.

EDO o **YEDO**, cap. della dinastia shogunale dei Tokugawa. Nel 1868 cambiò nome in Tokyo.

EDOÀRDO, nome di più sovrani

INGHILTERRA E GRAN BRETAGNA

EDOÀRDO I, Westminster 1239 - Burgh by Sands 1307, re d'Inghilterra (1272-1307), della dinastia dei Plantageneti. Figlio e successore di Enrico III, sottomise i galli (1282-1284) e obbligò la Scozia a riconoscere la sua sovranità (1292), prima di avviarne la conquista (1296). Stabilì un'importante legislazione e ripristinò l'autorità regale. — **Edoardo II**, Caernarfon 1284 - Berkeley 1327, re d'Inghilterra (1307-1327), della dinastia dei Plantageneti. Figlio di Edoardo I, non riuscì a sottomettere gli scozzesi (Bannockburn, 1314); dopo anni di lotta contro la grande aristocrazia britannica, fu tradito dalla moglie Isabella di Francia, deposto e assassinato. — **Edoardo III**, Windsor 1312 - Sheen 1377, re d'Inghilterra (1327-1377), della dinastia dei Plantageneti. Figlio di Edoardo II e di Isabella di Francia, rivendicando, in qualità di nipote di Filippo IV il Bello, il trono capetingio, diede inizio alla guerra dei Cent'anni contro la Francia; vincitore a Crécy (1346), conquistò Calais (1347) e impose a Giovanni il Buono la pace di Brétigny (1360). Fondò l'ordine della Giarrettiera.

EDOARDO III. Miniatura (XV sec.) delle Cronache di Froissart in cui sono raffigurati sei borghesi di Calais che si consegnano al re dopo la conquista della città, nel 1347. (BNF, Parigi.)

— **Edoardo IV**, Rouen 1442 - Westminster 1483, re d'Inghilterra (1461-1483), della casa di York. Figlio di Riccardo, duca di York, firmò con la Francia il trattato di Picquigny (1475) che pose fine alla guerra dei Cent'anni. — **Edoardo V**, Westminster 1470 - torre di Londra 1483, re d'Inghilterra (1483), della casa di York. Figlio e successore di Edoardo IV, fu imprigionato e assassinato insieme al fratello Riccardo dallo zio, il futuro Riccardo III. — **Edoardo VI**, Hampton Court 1537 - Greenwich 1553, re d'Inghilterra e Irlanda (1547-1553), della dinastia dei Tudor. Figlio di Enrico VIII e di Jane Seymour, salì al trono giovanissimo, ma il potere

fu esercitato dallo zio, Edoardo di Seymour, duca di Somerset, e poi da John Dudley. Favorì il protestantesimo. — **Edoardo VII**, Londra 1841-1910, re di Gran Bretagna e Irlanda (1901-1910), della dinastia di Hannover. Figlio della regina Vittoria, si occupò soprattutto di politica estera e fu l'ideatore dell'"intesa cordiale" con la Francia (1904). — **Edoardo VIII**, Richmond, att. Richmond upon Thames, 1894 - Parigi 1972, re di Gran Bretagna e Irlanda del Nord nel 1936, della dinastia dei Windsor. Primogenito di Giorgio V, abdicò nel 1936 per sposare una donna americana divorziata, Wallis Simpson, e ricevette il titolo di duca di Windsor.

EDOÀRDO IL CONFESSÓRE (sànto), Islip 1003 ca. - Londra 1066, re d'Inghilterra (1042-1066). Restaurò la monarchia anglosassone.

EDOÀRDO IL VÈCCHIO, m. a Farndon nel 924, re degli anglosassoni (899-924). Respinse i danesi oltre il f. Humber.

PORTOGALLO

EDOÀRDO, in port. **Duarte**, Lisbona 1391 - Tomar 1438, re del Portogallo (1433-1438), della dinastia di Aviz. Figlio di Giovanni I, codificò la legislazione in Portogallo.

EDOÀRDO (detto **il Principe Néro**), Woodstock 1330 - Westminster 1376, principe di Galles. Primogenito di Edoardo III, vinse i francesi nella battaglia di Poitiers, in cui catturò Giovanni il Buono (1356). Principe di Aquitania (1362-1372), combatté in Castiglia contro Enrico II il Magnifico (battaglia di Nájera, 1367).

EDOÀRDO (làgo), lago dell'Africa equatoriale, tra l'Uganda e la Rep. Dem. del Congo; 2150 km².

EDOM o **IDUMÈA**, reg. della Palestina merid., un tempo abitata dagli edomiti.

EDOMÌTI o **IDUMÈI**, tribù semitiche che si stabilirono a SE del Mar Morto (Edom) e furono sottomesse da Davide (X sec. a.C.). Il nome di "idumei" entrò in uso in epoca greco-romana.

EDRISI (El→) → IDRISI (Al→).

ÈDUI, ant. popolazione della Gallia celtica, stanziatasi negli attuali dip. Saône-et-Loire e Nièvre. Bibracte era la città principale. Alleati dei romani, gli e. si unirono in seguito a Vercingetorige.

EDWARDS (bàse), base dell'Air Force statunitense, nel deserto di Mohave, a N di Los Angeles. Centro di collaudo della NASA e pista di atterraggio della navetta spaziale americana.

EDWARDS (William Blake **McEdwards**, detto Blake), Tulsa, Oklahoma, 1922, regista cinematografico statunitense. Noto per la serie di film sulla Pantera rosa (1964), ha diretto anche diverse commedie (Operazione sottoveste, 1959; Colazione da Tiffany 1961; Victor Victoria, 1982).

EEKHOUD (Georges), Anversa 1854 - Bruxelles 1927, scrittore belga di lingua francese. Nei suoi romanzi ritrasse realisticamente la vita nella campagna fiamminga (Kermesses, 1885).

ÈFESO, ant. c. dell'Asia Minore, sul Mare Egeo. Grande centro commerciale a partire dall'VIII sec. a.C., noto per il tempio di Artemide, considerato una delle sette meraviglie del mondo. L'apostolo Paolo la evangelizzò; secondo la tradizione vi morì la Vergine. Il concilio di E. (431) condannò il nestorianesimo. — Vestigia ellenistiche, romane e bizantine.

EFÈSTO MITOL. GR. Dio del fuoco e dei metalli. Corrisponde al romano Vulcano.

EFFÈTTI DEL BUÒN GOVÈRNO, affresco di A. Lorenzetti (1338-1340, Palazzo pubblico, Siena).

Effetti del buon governo (particolare), di A. Lorenzetti, 1338-1340.
(Palazzo pubblico, Sala dei Nove, Siena.)

L'opera fa parte del ciclo del Buon Governo; divisa in due parti (città e campagna), raffigura la vita dell'epoca con notevole qualità espressiva e cromatica.

EFIÀLTE, *Atene 495 ca. - 461 ca. a.C.*, politico ateniese. Fu il capo della fazione democratica prima di Pericle.

ÈFORO, *Cuma eolica 400-340 ca. a.C.*, storico greco. Scrisse una *Storia* in 30 libri, comprendente il periodo dal ritorno degli Eraclidi (1104 a.C.) all'assedio di Perinto (340 a.C.). L'opera, di cui restano solo alcuni frammenti, denota grande erudizione.

EFRAIM, personaggio biblico. Figlio secondogenito di Giuseppe, è l'antenato eponimo di una tribù d'Israele.

EFREM (sànto), *Nisibi 306 ca. - Edessa 373*, diacono e dottore della Chiesa. Grande teologo della Chiesa siriaca, gettò le basi della scuola di Edessa.

EFTA (European Free Trade Association), organizzazione internazionale a vocazione regionale, creata nel 1960 da un gruppo di paesi allo scopo di favorire la libera circolazione delle merci. Dopo l'adesione all'Unione Europea di Danimarca, Gran Bretagna, Portogallo, Austria, Finlandia e Svezia, nell'EFTA restano solo Islanda, Liechtenstein, Norvegia e Svizzera.

ÈGADI (battàglia delle Ìsole) (241 a.C.), battaglia navale che mise fine alla prima guerra punica con la vittoria dei romani, al largo della Sicilia, sui cartaginesi.

EGAS (Enrique), architetto spagnolo del primo terzo del XVI sec., d'ascendenza fiamminga. Costruì in stile plateresco l'ospedale reale di S. Giacomo di Compostela (1501-1512) e lavorò alla cattedrale di Granada.

EGBÈRTO, *775 ca. - 839*, re del Wessex (802-839). Riunì sotto il suo dominio l'eptarchia anglosassone e combatté gli invasori scandinavi.

EGEDE (Hans), *Hinnøy, Norvegia, 1686 - Stubbekøbing, Falster, 1758*, pastore luterano norvegese, evangelizzatore della Groenlandia.

EGÈO MITOL. GR. Re d'Atene. Credendo che il figlio Teseo fosse stato divorato dal Minotauro, si gettò nel mare che da lui prese il nome.

EGÈO (Màre), parte del Mar Mediterraneo tra la Grecia e la Turchia.

EGER → OHŘE.

EGER, c. dell'Ungheria, ai piedi dei Monti Matra; 61.892 ab. Monumenti soprattutto d'epoca gotica e barocca.

EGÈRIA MITOL. ROM. Ninfa che secondo la leggenda sarebbe stata la consigliera segreta del re Numa Pompilio.

EGÌDIO (sànto), *fine del VII sec. - inizio dell'VIII sec. ?*, monaco di origine ateniese, fondatore dell'abbazia e della città di Saint-Gilles, in Francia. Nel Medioevo divenne popolare grazie a numerose leggende.

EGÌNA, isola della Grecia, nel Golfo di E., tra il Peloponneso e l'Attica; 12.430 ab., di cui 6373 nel centro urbano omonimo. La città, ricca e potente dall'VIII al V sec. a.C., impose il suo sistema monetario al mondo greco. Cadde sotto la dominazione ateniese nel V sec. a.C. — Tempio di Atena Afaia (500-490; decorazioni scultoree, restaurate, conservate nella gliptoteca di Monaco).

EGINÀRDO (Einhart), *Maingau, Franconia, 770 ca. - Seligenstadt 840*, cronista franco. Uno dei principali rappresentanti della rinascenza carolingia, è autore della *Vita Karoli* (830 ca.).

EGÌSTO MITOL. GR. Re di Micene, della famiglia degli Atridi. Amante di Clitennestra e uccisore di Agamennone, fu assassinato da Oreste.

EGÌTTO, in ar. *Misr*, Stato dell'Africa nord-orient., sul Mediterraneo; 1.000.000 km²; 69.080.000 ab. (*egiziani*). CAP. *Il Cairo*. C. PRINC. *Alessandria*. LINGUA: *arabo*. MONETA: *lira egiziana*.

ISTITUZIONI – Repubblica dal giu. 1953. La Costituzione del 1971, sottoposta a emendamenti nel 1980, proclama il paese uno Stato democratico socialista, nel quale la *sharia* (legge islamica) rappresenta la principale fonte del diritto. Il presidente della repubblica viene eletto ogni 6 anni mediante referendum, su proposta dell'assemblea nazionale. Il primo ministro è responsabile di fronte all'assemblea nazionale, eletta ogni 5 anni (a parte 10 dei suoi 454 membri, designati dal presidente della repubblica).

GEOGRAFIA – La popolazione è quasi tutta concentrata nella valle del Nilo, che rappresenta meno del 5% della superficie del paese; il resto del territorio è occupato dal deserto, punteggiato di oasi. La costruzione di dighe-serbatoio (tra cui la "diga alta" di Assuan) ha permesso di adottare un sistema d'irrigazione, oggi indipendente dalla piena stagionale del Nilo, che ha reso possibile lo sviluppo di colture commerciali (cotone e canna da zucchero) a fianco della tradizionale cerealicoltura (frumento, mais, riso). Nonostante la presenza del petrolio, l'industria (soprattutto tessile) è poco sviluppata. A

causa del suo rapido aumento, la popolazione ha un tenore di vita sempre più basso: il sovrappopolamento costituisce un grave problema, in particolare al Cairo, città più grande dell'Africa. L'emigrazione e le entrate assicurate, oltre che dal canale di Suez, dal turismo (per altro minacciato dal terrorismo islamico e dal clima di incertezza che ne deriva) non bastano a colmare il pesante deficit della bilancia commerciale.

STORIA – **VII-V millennio a.C.**: insediamenti neolitici e, intorno al 5500, civiltà basata su un'economia agricola, che vede la nascita delle prime necropoli. Nel 4500 ca. comincia il periodo predinastico antico, il cui rituale e arredo funerario prefigurano alcune caratteristiche della civiltà faraonica. **L'Egitto dei faraoni. 3150-2700 a.C.** (epoca tinita, I-II dinastia): il re Menes (o Narmer) unifica l'E. Apparizione del rilievo e della scrittura geroglifica. **2700-2190** (Antico Regno, III-VI dinastia): Menfi diventa capitale dell'E. Epoca delle piramidi: tomba a gradoni di Zoser a Saqqara (III dinastia), piramidi di Cheope, Chefren e Micerino a Giza (IV dinastia). Necropoli di dignitari con mastabe ornate di rilievi policromi. **2160 ca. - 2060 ca.** (primo periodo intermedio, VII ?-XI dinastia): fase di instabilità politica e sociale. **2060 ca. - 1785** (Medio Regno o primo Impero tebano, fine delle dinastie XI-XII): l'E. conquista Siria e Nubia. La XII dinastia promuove il culto di Ammone. Costruzione del complesso funerario di Deir Al-Bahari, sfruttamento dell'oasi del Fayyum. **1780 ca. - 1550 ca.** (secondo periodo intermedio, XIII-XVII dinastia): invasione degli hyksos, di provenienza asiatica. Introduzione del carro trainato dai cavalli. **1580 ca. - 1085** (Nuovo Regno o secondo Impero tebano, XVIII-XX dinastia): con capitale Tebe, l'E. è una delle grandi potenze del Vicino Oriente. Sotto i regni di Tutmosi III, Amenofi (con il nome di Ekhnaton introduce il culto di Aton, abbandonato al termine del suo regno) e Ramesse II, il paese conosce una fioritura artistica senza uguali, legata alla costruzione di complessi monumentali: Karnak, templi funerari di Hatshepsut, Ramesse II e Ramesse III a Deir Al-Bahari, ipogei reali della Valle dei re; completamento del tempio di Ammone (Luxor). La pittura parietale raggiunge il suo apogeo. Realismo e sensualità caratterizzano la scultura del regno di Ekhnaton (busto di Nefertiti, statue colossali di Ekhnaton). **1085-VI sec. a.C.** (epoca tarda, XX-XXVI dinastia): il 1085 segna la fine dell'unità dell'E. Si alternano al potere dinastie straniere o nazionali (XXI -XXV dinastia, regno saitico): grande fervore architettonico (templi di File, Dendera, Edfu). Dopo l'invasione assira, nel 525 il paese subisce la conquista da parte del re persiano Cambise. **VI-IV sec. a.C.** (XXVII-XXX dinastia): si succedono re persiani e indigeni. **L'Egitto ellenistico, romano e bizantino. 332**: Alessandro Magno occupa l'E. **305-30**: i Lagidi, dinastia greca, regnano sul paese. **30 a.C. - 395 d.C.**: il territorio rientra nella sfera d'influenza romana. Si diffonde il cristianesimo. **395-639**: l'E. fa parte dell'impero bizantino. I cristiani danno vita alla Chiesa copta. **L'Egitto musulmano fino a Mehmet Ali. 640-642**: le truppe arabe del generale Amr ibn Al-As conquistano il paese. **642-868**: integrato nell'impero musulmano degli Omayyadi e degli Abbasidi, l'E. viene islamizzato. Nel 750 i copti non rappresentano più di un quarto della popolazione. **868-905**: salgono al potere i Tulunidi, affrancatisi dalla tutela abbaside. **969-1171**: la dinastia sciita ismailita dei Fatimidi fonda Il Cairo e l'università di Al-Azhar (973). **1171**: Salah Al-Din (Saladino) prende il potere. **1171-1250**: la dinastia degli Ayyubidi fondata da Saladino s'impossessa della quasi totalità degli Stati latini del Levante e ristabilisce il credo sunnita. **1250-1517**: la casta militare dei mamelucchi, detentrice del potere, instaura un'amministrazione efficace. **1517-1805**: l'E., che ormai è una provincia ottomana, viene occupato dalle truppe francesi guidate da Napoleone Bonaparte (1798-1801).

Egitto

autostrada
strada normale
ferrovia

★ importante località turistica
✈ aeroporto

● più di 9.000.000 di ab.
● da 1.000.000 a 9.000.000 di ab.
● da 100.000 a 1.000.000 di ab.
• da 50.000 a 100.000 di ab.
• meno di 50.000 ab.

0 200 500 1000 m

L'arte egizia

In apparenza sembra ispirata agli aspetti reali e pittoreschi del quotidiano, tuttavia l'arte egizia dei faraoni è essenzialmente funeraria. Il defunto viene guidato, attraverso i riti di passaggio, verso l'accesso all'eternità da un simbolismo religioso tra i più elaborati.

La necropoli di Giza. Le piramidi furono costruite sotto la IV dinastia come tombe per i faraoni: Cheope, la più grande, Chefren, in mezzo, e Micerino, la più bassa, precedono quelle, più piccole, delle regine.

La tavoletta di Narmer. Creato per commemorare una vittoria del faraone, è il più antico documento che attesta l'unificazione dell'Egitto. Scisto, epoca tinita, 3200 a.C. ca. (Museo egizio, Il Cairo.)

Chefren protetto dal falco del dio Horus. Il re è assiso su un trono ornato di piante emblematiche dell'Alto e del Basso Egitto. Diorite, IV dinastia. (Museo egizio, Il Cairo.)

Mastaba di Ti. Bassorilievi della cappella: il guado di un fiume. Gli elementi della tomba (architettura, decorazioni, offerte) sono concepiti in funzione dell'immortalità del defunto. Saqqarah, IV dinastia.

Ipogeo di Nakht. Più di mille anni dopo l'epoca di Ti, i piaceri terrestri continuano ad accompagnare l'immortalità. Qui le partecipanti al banchetto sono adorne di gioielli e di coni profumati posti sulle parrucche. Valle dei Nobili a Tebe, XVIII dinastia.

Lo scriba Nebmertuf. Protetto dal babbuino del dio Thot, lo scriba (che visse nel 1400 a.C.) è un'immagine emblematica dell'Egitto. Scisto, XVIII dinastia.(Louvre, Parigi.)

Cucchiaio da trucco. Oggetto rituale dal simbolismo elaborato: segno di vita per la forma, decorato da piante acquatiche che indicano la rinascita. Legno, XVIII dinastia.(Louvre, Parigi.)

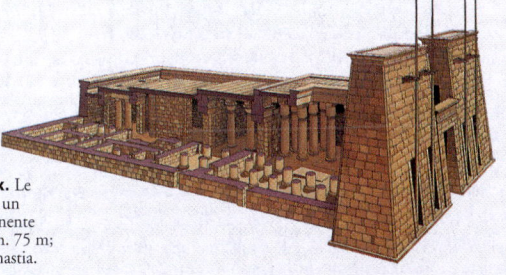

Il tempio di Khonsu a Karnak. Le strutture essenziali e immutabili di un tempio si sviluppano dietro l'imponente struttura muraria del pilone. Lungh. 75 m; iniziato nel 1190 a.C., XIX-XX dinastia.

L'Egitto moderno. 1805-1848: Mehmet Ali, dichiaratosi pascià a vita, compie un massacro di mamelucchi (1811), modernizza il paese e conquista il Sudan (1820). **1867**: Ismail pascià ottiene il titolo di chedivè (viceré). **1869**: inaugurazione del canale di Suez. L'E., non potendo più garantire il pagamento dei debiti che ha contratto, deve accettare che i posti chiave al governo siano affidati prima a francesi e inglesi, poi solamente a questi ultimi, i quali stabilizzano sul paese una dominazione di fatto sin dal 1882. **1914-1922**: la regione è sottoposta al protettorato britannico, che pone fine alla sovranità ottomana. **1922**: soppresso il protettorato, l'E. si trasforma in una monarchia. **1922-1936**: sotto il regno di Fuad I, il partito nazionalista WAFD lotta per ottenere l'indipendenza. **1936**: il trattato anglo-egiziano conferma l'indipendenza dell'E., che accetta di accogliere le truppe britanniche sul suo territorio. **1936-1952**: sotto Faruk I, i Fratelli musulmani radicalizzano il movimento nazionalista, che si rafforza ulteriormente dopo la disfatta inflitta all'esercito arabo da Israele (1948-1949). **L'Egitto repubblicano. 1952**: prendono il potere gli ufficiali liberi guidati da Muhammad Neguib e Gamal Abdel Nasser. **1953**: proclamazione della repubblica. **1954**: G.A. Nasser diventa il capo unico del paese; **1956**: ottiene dall'Unione Sovietica i finanziamenti per la costruzione della "diga alta" di Assuan e nazionalizza il canale di Suez, mossa che provoca un conflitto con Israele e l'intervento militare franco-britannico. **1958-1961**: E. e Siria formano la Rep. araba unita, presieduta da Nasser. **1967**: la guerra dei Sei giorni determina la chiusura del canale di Suez e l'occupazione del Sinai da parte di Israele. **1970**: Anwar Sadat succede a Nasser. **1973**: guerra del Kippur, con la quale l'E. recupera il controllo del canale di Suez. **1976**: l'E. rompe le relazioni diplomatiche con l'URSS ed espelle gli ultimi consiglieri sovietici. **1979**: firma a Washington del trattato di pace, in conformità con gli accordi di Camp David. **1981**: A. Sadat cade vittima degli estremisti islamici. Diventa presidente della repubblica Hosni Mubarak (rieletto nel 1993 e nel 1999). **1982**: l'E. torna in possesso del Sinai. Dopo la pace con Israele, viene messo al bando dal mondo arabo, al quale si riavvicinerà a partire dal 1983-1984. Cedendo alle pressioni dei fondamentalisti, il governo attua una progressiva islamizzazione delle leggi, della Costituzione e dell'istruzione. **1989**: l'E. viene riammesso in seno alla Lega araba; **1991**: in occasione della guerra del Golfo, partecipa alla spedizione multinazionale contro l'Iraq. **A partire dal 1993**: gli islamici, fatti oggetto di una severa repressione, rispondono intensificando gli attentati. **2001**: dopo l'11 *settembre, l'E. concede il suo appoggio agli Stati Uniti contro il terrorismo.

EGÌTTO MITOL. Re eponimo dell'E., fratello di Danao e figlio di Belo. Alla morte del padre, non rispettò il patto con il fratello, invadendo l'E. e costringendolo a fuggire. I cinquanta figli di E. chiesero in spose le cinquanta figlie di Danao, ma furono da queste uccisi.

EGÌTTO (campàgna d') (1798-1801), azione intrapresa da Napoleone allo scopo di ottenere una base per le operazioni contro la dominazione britannica in India. Dopo i successi iniziali (vittoria delle Piramidi sui mamelucchi, 1798), la flotta francese venne distrutta ad Abukir da H. Nelson (1798).

EGMONT (Lamoral, cónte **d'**), prìncipe **di Gavre**, *La Hamaide 1522 - Bruxelles 1568*, gentiluomo dell'Hainaut. Governatore delle Fiandre e consigliere di Stato, fu decapitato con il conte di Hornes in seguito a una rivolta dei Paesi Bassi contro Filippo II. — La sua vicenda ha ispirato a J.W. Goethe una tragedia (1788), per la quale L. van Beethoven compose una musica di scena (1810).

EGNÀZIA, località in prov. di Brindisi. Corrispondente all'ant. *Gnathia*, è uno dei siti archeologici più importanti della Puglia. Comprende i resti di un'acropoli, di una necropoli e mura antiche.

EGOLZWIL, sito archeologico della Svizzera, presso Lucerna. Resti di un villaggio di agricoltori nomadi del Neolitico medio (prima metà del IV millennio).

EGOSPÒTAMI (battàglia di) (405 a.C.), battaglia della guerra del Peloponneso. Vittoria dello spartano Lisandro sulla flotta ateniese alla foce dell'Egospotami (penisola di Gallipoli).

EGOYAN (Atom), *Il Cairo 1960*, regista cinematografico canadese di origine armena. Tra i film, *Black Comedy* (1987), *Il perito* (1991), *Calendar* (1993), *Exotica* (1994), *Il dolce domani* (1997), *Il viaggio di Felicia* (1999), *Ararat - Il monte dell'Arca* (2002).

EGUÀLI (congiùra degli) (1796-1797), cospirazione contro il Direttorio, guidata da F. Babeuf. Fu sventata da un informatore della polizia e i suoi istigatori vennero ghigliottinati.

EHRENBURG (Ilja Grigorievič), *Kiev 1891 - Mosca 1967*, scrittore sovietico. Autore di racconti sociali e patriottici, fu uno dei primi a criticare il clima morale dello stalinismo (*Il disgelo*, 1954).

EHRENFELS (Christian, baróne **von**), *Rodaun, presso Vienna, 1859 - Lichtenau 1932*, psicologo austriaco. I suoi lavori sulla percezione hanno fatto di lui uno dei fondatori della teoria della forma.

EHRLICH (Paul), *Strehlen, Slesia, 1854 - Bad Homburg 1915*, medico tedesco. Scoprì l'azione di certe molecole sulla sifilide. (Premio Nobel 1908.)

EIAR (Énte italiàno audizióni radiofòniche) → RAI.

EICHENDORFF (Joseph, baróne **von**), *castello di Lubowitz, Alta Slesia, 1788 - Neisse, att. Nysa, 1857*, scrittore tedesco. Le sue opere poetiche e narrative (*Storia di un fannullone*) esprimono un romanticismo venato di misticismo.

EICHMANN (Karl Adolf), *Solingen 1906 - Ramla, Israele, 1962*, militare tedesco. Membro del Partito nazista, poi delle SS, a partire dal 1938 fu tra i più attivi organizzatori della deportazione e dello sterminio degli ebrei. Dopo la guerra si rifugiò in Argentina, dove fu trovato dai servizi segreti israeliani nel 1960; venne processato e condannato a morte per impiccagione.

EIFEL, altopiano boschivo della Germania (Renania-Palatinato); 747 m.

EIFFEL (Gustave **Bonickausen**, detto **Eiffel**, poi Gustave), *Digione 1832 - Parigi 1923*, ingegnere francese. Specializzato in costruzioni metalliche, realizzò numerose opere d'arte (ponti, viadotti, spec. quello di Garabit) e la torre che porta il suo nome. Mise a punto la struttura portante della statua della Libertà, a New York.

EIFFEL (tórre), monumento metallico, eretto da G. Eiffel nel Champ-de-Mars, a Parigi, per l'Esposizione universale del 1889; è alta 324 m (300 m all'origine).

Torre **EIFFEL**, *vista dal Trocadero.*

EIGEN (Manfred), *Bochum 1927*, chimico tedesco. Ha determinato i meccanismi di reazioni chimiche estremamente rapide. (Premio Nobel per la chimica 1967.)

EIGER, monte delle Alpi Bernesi (Svizzera); 3970 m. La prima ascensione fu portata a termine da C. Barrington, C. Almer e P. Bohren nel 1858.

EIJKMAN (Christiaan), *Nijkerk 1858 - Utrecht 1930*, fisiologo olandese. I suoi studi sul beriberi (1896) portarono alla scoperta delle vitamine. (Premio Nobel 1929.)

EINÀUDI, casa editrice fondata a Torino nel 1933 da Giulio E. (*Torino 1912 - Roma 1999*). Ha avuto tra i primi collaboratori intellettuali quali V. Foa, C. Pavese, C. Levi, N. Bobbio, L. e N. Ginzburg, E. Vittorini, che ne hanno determinato l'impronta antifascista e di rinnovamento della cultura italiana. La sua produzione è sempre stata una delle più importanti a livello nazionale.

EINÀUDI (Luigi), *Camù 1874 - Roma 1961*, economista e politico. Professore universitario di scienza della finanza a Torino e alla Bocconi di Milano, collaborò come giornalista con *Il Corriere della Sera, La Stampa, La Riforma Sociale*. Contrario al fascismo, fu governatore della Banca d'Italia (1945), deputato liberale alla Costituente e ministro del bilancio nel IV ministero De Gasperi. Attuò una politica monetaria che fece uscire l'Italia dall'inflazione del dopoguerra. Rivestì la carica di presidente della repubblica dal 1948 al 1955. Tra le sue opere: *Principi di scienza delle finanze* (1932), *Il buon governo* (1954), *Prediche inutili* (1956-1959).

■ *Luigi Einaudi.*

EINDHOVEN, c. dei Paesi Bassi merid.; 203.397 ab. Costruzioni elettriche ed elettroniche. — Museo dell'arte moderna e Museo della scienza e della tecnica.

EINHARD → EGINÀRDO.

EINSTEIN (Albert), *Ulm 1879 - Princeton 1955*, fisico di origine tedesca naturalizzato svizzero, poi statunitense. Elaborò la teoria del moto browniano e quella della propagazione della luce, introducendo il concetto di fotone. È soprattutto autore della teoria sulla relatività (relatività ristretta, 1905; relatività generale, 1916), che ha segnato la scienza moderna, grazie alla quale rielaborò le nozioni di fisica dello spazio e del tempo e stabilì l'equivalenza tra massa ed energia ($E = mc^2$). Paladino della giustizia e della pace, consegnò una lettera al presidente degli Stati Uniti T. Roosevelt con la quale, davanti alla minaccia tedesca, accettava di partecipare alle ricerche per la costruzione della bomba atomica. Dopo la guerra, tuttavia, lottò assiduamente contro la proliferazione dell'armamento nucleare, in particolare con B. Russell. (Premio Nobel 1921.)

■ *Albert Einstein.*

EINTHOVEN (Willem), *Samarang, Giava, 1860 - Leida 1927*, fisiologo olandese. Inventò l'elettrocardiografia. (Premio Nobel 1924.)

EIRE, nome gaelico dell'Irlanda, adottato dallo Stato libero nel 1937.

EISENACH, c. della Germania (Turingia); 44.499 ab. Castello di *Wartburg e altri monumenti. Museo della Turingia; case-museo di M. Lutero e di J.S. Bach.

EISENHOWER (Dwight David), *Denison, Texas, 1890 - Washington 1969*, generale e politico statunitense. Guidò lo sbarco degli Alleati nell'Africa settentr. (1942), in Italia (1943) e in Normandia (1944). Comandante supremo delle forze alleate, costrinse i tedeschi a firmare la resa a Reims, il 7 mag. 1945. Nominato nel 1950 alla testa delle forze del Patto atlantico in Europa, fu presidente repubblicano degli Stati Uniti dal 1953 al 1961.

■ *Dwight David Eisenhower.*

EISENHÜTTENSTADT, già **Stalinstadt**, c. della Germania (Brandeburgo), sull'Oder; 42.884 ab. Siderurgia.

EISENMAN (Peter), *Newark 1932*, architetto e teorico statunitense. Esponente del gruppo newyorkese *Five Architects*, sorto nel 1969, ha studiato il razionalismo architettonico attraverso una continua ricerca sperimentale. Tra le opere, *House I* (1967), *House VI* (1972).

EISENSTADT, c. dell'Austria, capol. del Burgenland; 10.349 ab. Castello dei principi Esterházy, in gran parte del XVII sec.; museo.

EITOKU → Kano.

EJZENŠTEJN (Sergej Michajlovič), *Riga 1898 - Mosca 1948*, regista cinematografico sovietico. Ha giocato un ruolo fondamentale nella storia del cinema, per i suoi scritti teorici e i suoi film che coniugano ispirazione rivoluzionaria e ricerca estetica: *Sciopero* (1925), *La corazzata Potëmkin* (id.), *Ottobre* (1927), *Que viva México!* (1931, incompiuto), *Aleksandr Nevskij* (1938), *Ivan il Terribile* (in due parti, 1942-1946).

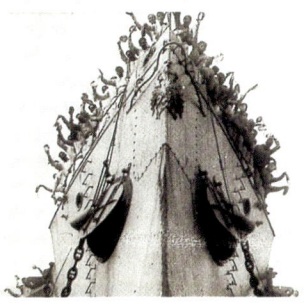

Sergej **EJZENVTEJN**. La corazzata Potëmkin *(1925)*.

EK (Mats), *Malmö 1945*, ballerino e coreografo svedese. Condirettore (1980-1985) e direttore (1985-1993) della compagnia di ballo fondata dalla madre, Birgit Cullberg, è diventato famoso per le sue rivisitazioni dei balletti classici (*Giselle*, 1982; *Il lago dei cigni*, 1987; *La bella addormentata nel bosco*, 1996).

EKATERINBURG, dal 1924 al 1991 **Sverdlovsk**, c. della Russia, negli Urali; 1.277.963 ab. Centro industriale. — Nicola II e la sua famiglia vi furono giustiziati nel lug. 1918.

EKELÖF (Gunnar), *Stoccolma 1907 - Sigtuna 1968*, poeta svedese. Unì ricerche stilistiche nell'ambito del surrealismo ai temi lirici tradizionali.

EKELUND (Vilhelm Otto), *Stehag 1880 - Saltsjöbaden 1949*, poeta svedese. Influenzato dai simbolisti francesi, fu uno dei precursori della poesia moderna svedese.

EKHNATON → Amenofi.

EKOFISK, giacimento di idrocarburi del Mare del Nord, nella zona gestita dalla Norvegia.

ELAGÀBALO o **ELIOGÀBALO** (Màrco Aurèlio Antonino, detto), *204 - Roma 222*, imperatore romano (218-222). Proclamato imperatore dall'esercito siriaco, decretò dio supremo dell'impero El Gabal, divinità solare di cui divenne sacerdote. Si abbandonò a ogni sorta di stravaganza e fu assassinato dai pretoriani.

ELAM, ant. Stato situato a SO dell'att. Iran (la Susiana dei greci). Sede di una grande civiltà nel V millennio, l'E. diventò nel XIII-XII sec. a.C. un potente impero. Susa, la capitale, fu distrutta da Assurbanipal nel 646 ca. a.C.; gli abitanti di E. vennero allora incorporati nell'impero dei medi (612), poi in quello dei persiani.

ELAT, c. d'Israele, sul Mar Rosso, sul Golfo di Aqabah; 24.700 ab. Porto e località balneare.

ELÂZIĞ, c. della Turchia orient.; 205.534 ab.

ÉLBA, in cec. **Labe**, f. della Rep. Ceca e della Germania, che nasce in Boemia e sfocia nel Mare del Nord; 1165 km. Bagna Dresda, Magdeburgo e Amburgo (all'interno dell'estuario).

ÉLBA (Ìsola d'), la maggiore isola dell'arcipelago toscano; situata nel Tirreno, appartiene alla prov. di Livorno. Agricoltura (olivi, frutteti, vigne), pesca e industria enologica. Attività estrattiva del ferro, un tempo molto fiorente. Turismo. — Abitata già in epoca preistorica, venne conquistata dai romani (453 a.C.), dai longobardi e fu lungamente contesa durante il Medioevo tra Pisa, Lucca e Genova. Nel corso del XVI sec. subì numerosi attacchi da parte dei pirati greci, turchi, normanni. Fu acquistata nel 1546 dai Medici e ceduta nel 1802 alla Francia. Napoleone I vi si recò in esilio (3 mag. 1814 - 26 feb. 1815). Il 22 mar. 1860 fu annessa al regno d'Italia.

ELBASAN, c. dell'Albania centrale; 80.700 ab. Siderurgia.

ELBLĄG, c. della Polonia, nei pressi del Baltico; 130.014 ab.

ELBRUS, vulcano spento che rappresenta il punto culminante del Caucaso, in Russia; 5642 m.

ELBURZ, massiccio dell'Iran, a S del Mar Caspio; il vulcano Damavand rappresenta la sua cima più elevata (5671 m).

ELCANO (Juan Sebastián **de**), *Guetaria 1476 ca. - nell'Oceano Pacifico 1526*, navigatore spagnolo. Partecipò al viaggio di F. Magellano e ritornò in Europa con l'ultima nave superstite della spedizione, nel 1522. Fu il primo marinaio a fare il giro del mondo.

ELCHE, c. della Spagna, nella reg. di Valencia, in prov. di Alicante; 195.791 ab. Palmeti. — Nel 1897 vi fu rinvenuto un busto in pietra, noto come *La dama di E.* (Museo archeologico di Madrid). L'opera, databile tra il V e il III sec. a.C., rivela l'influsso dell'arte greca.

ELDORÀDO, mitica reg. dell'America, ricca d'oro, che i *conquistadores* collocavano tra il Rio delle Amazzoni e l'Orinoco.

ELÈA, ant. c. dell'Italia (Lucania), nella Magna Grecia. Colonia fenicia e sede della scuola eleatica [*V. parte nomi comuni* → **eleatica**].

ELÈCTA, casa editrice fondata a Firenze nel 1945 e trasferita a Milano alla fine degli anni '50 del secolo scorso. Si è specializzata nella pubblicazione di volumi, caratterizzati da un'ottima veste editoriale, su artisti e periodi artistici, diversificando nel corso degli anni la produzione, fino a coprire anche le arti minori.

ELEFÀNTE (òrdine dell'), ordine danese, fondato nel 1462 dal re Cristiano I e riorganizzato nel 1808.

ELEFANTÌNA (Ìsola), isola del Nilo, di fronte ad Assuan (Egitto). Fu una roccaforte e punto di partenza delle spedizioni verso il Sudan all'epoca dei faraoni. — Rovine; museo.

ELEKTROSTAL, c. della Russia, a E di Mosca; 150.481 ab.

ELEMÉNTI, trattato di Euclide, sintesi delle conoscenze matematiche del tempo. Quest'opera è stata nei secoli un punto di riferimento per tutti i matematici.

ELEMÉNTI DI MATEMÀTICA, trattato collettivo del gruppo Nicolas *Bourbaki, pubblicato dopo il 1930. Quest'opera monumentale, suddivisa in dieci libri, procede scrupolosamente alla sistemazione della matematica moderna.

ÈLENA MITOL. GR. Eroina dell'*Iliade*, figlia di Leda è sorella dei Dioscuri. Sposa di Menelao, fu rapita da Paride, che provocò così la guerra di Troia.

ÈLENA (Flàvia Giùlia Augùsta, sànta), *Drepanum, Bitinia, metà del III sec. - Nicomedia ? 335 ca.*, madre dell'imperatore Costantino. La sua difesa della causa cristiana esercitò una grande influenza sul figlio. Secondo una tradizione successiva avrebbe ritrovato la croce di Cristo.

ÈLENA DI SAVÒIA, *Cettinge 1873 - Montpellier 1952*, regina d'Italia. Figlia del re del Montenegro Nicola I Petrovič Njegoš, nel 1896 sposò l'erede al trono d'Italia Vittorio Emanuele III. Nel 1946 seguì il marito in esilio.

ÈLENO MITOL. GR. Mitico guerriero e indovino figlio di Priamo ed Ecuba. Fallito il tentativo di sposare Elena, aiutò i greci a espugnare Troia, quindi sposò Andromaca.

ELEONÒRA D'ASBÙRGO, *Loviano 1498 - Talavera 1558*, arciduchessa d'Austria, regina di Portogallo, poi di Francia. Figlia di Filippo I il Bello, re di Castiglia e arciduca d'Austria, sposò nel 1518 Emanuele I il Grande, re di Portogallo, poi, nel 1530, Francesco I, re di Francia.

ELEONÒRA D'AQUITÀNIA, *1122 - Fontevrault 1204*, regina di Francia, poi d'Inghilterra. Duchessa d'Aquitania (1137-1204), moglie di Luigi VII, re di Francia e da questi ripudiata, si risposò con il futuro re d'Inghilterra, Enrico II Plantageneto. Imprigionata per aver sostenuto la rivolta dei suoi figli (1173), tornò a giocare un nuovo ruolo politico importante per due di loro: Riccardo I Cuor di Leone e Giovanni Senza Terra. Favorì la fioritura della poesia di corte.

ELEPHANTA o **ELEFANTA**, isoletta indiana nel Golfo di Bombay. Luogo sacro a Shiva, famoso per una serie di grotte decorate risalente al VII sec. (rilievi della *Discesa di Gange sulla terra*, colossale busto tricefalo di Shiva).

ELÈTTRA MITOL. GR. Figlia di Agamennone e di Clitennestra. Per vendicare il padre, convinse il fratello Oreste a uccidere la madre e l'amante di questa, Egisto. — La vendetta di E. ha ispirato le tragedie di Eschilo (*Orestea*, 458 a.C.), Sofocle (415 ca. a.C.) ed Euripide (413 ca. a.C.).

ELÈUSI, in gr. **Eleusís**, c. della Grecia (Attica), a NE di Atene; 23.041 ab. Siderurgia. — Ant. centro di culto di Demetra, vi si celebravano i misteri eleusini. — Rovine imponenti (dal VII sec. a.C. all'epoca romana). Gli scavi hanno riportato alla luce, in part., la *Missione di Trittolemo*, rilievo originale di Fidia (Museo nazionale, Atene).

ELEUTÈRIE, antiche feste greche indette per festeggiare la liberazione di una città. Celebri quelle di Platea, istituite da Aristide nel 479 a.C. per ricordare la vittoria sui persiani.

ELEUTÈRIO (sànto), *m. a Roma nel 189*, papa dal 175 al 189. Oppositore del montanismo.

ELGAR (sir Edward), *Broadheath 1857 - Worcester 1934*, compositore britannico. Musicista di corte, è autore di oratori (*The Dream of Gerontius*, 1900), di sinfonie, di concerti e dei famosi *Pomp and Circumstance Marches*.

ELGIN (Thomas **Bruce**, 7° conte **di**), *1766 - Parigi 1841*, diplomatico britannico. Ambasciatore in Turchia (1799-1802), fece trasportare al londinese British Museum una parte delle sculture del Partenone. — **James Bruce**, 8° conte **di E.**, *Londra 1811 - Dharmsala 1863*, politico britannico. Figlio del 7° conte di E., fu governatore del Canada dal 1846 al 1854 e viceré delle Indie (1862).

EL-HADJ OMAR, *presso Podor 1797 ca. - presso Bandiagara, Mali, 1864*, capo musulmano tou-

Isola d'**ELBA**. *Veduta di Portoferraio.*

couleur. Promotore di una guerra santa, iniziata nel 1854, tentò di costituire un impero nelle regioni degli attuali Senegal e Mali e conquistò l'impero peul del Macina (1862).

ÈLI, *XI sec. a.C.*, giudice e gran sacerdote biblico.

ELÌA, *IX sec. a.C.*, profeta biblico. Esercitò il suo ministero nel regno di Israele e lottò contro i culti idolatrici cananei.

ELÌA D'ASSÌSI o **FRATÈLLO ELÌA**, *Castel dei Britti 1171 - Cortona 1253*, francescano. Fu generale dei francescani dopo san Francesco (1232).

ELIADE (Mircea), *Bucarest 1907 - Chicago 1986*, storico delle religioni e scrittore romeno. Nei suoi saggi, che trattano essenzialmente di storia, confronta le religioni con i miti (*Trattato di storia delle religioni*, 1949).

ELIAS (Norbert), *Breslavia 1897 - Amsterdam 1990*, sociologo tedesco. Ha condotto un'indagine accurata sui processi di formazione della società in Europa (*La civiltà delle buone maniere*, 1937; *La società di corte*, 1969), per poi allargare i suoi studi all'umanità nel suo insieme (*Saggio sui tempi*, 1984) sviluppando una riflessione epistemologica (*Coinvolgimento e distacco*, 1988).

ELICÓNA, monte della Grecia (Beozia); 1748 m. Per tradizione era la sede delle Muse.

ÈLIDE, paese dell'ant. Grecia, sulla costa occ. del Peloponneso. Nel suo centro principale, Olimpia, si celebravano i giochi panellenici.

ELIÈA, tribunale popolare di Atene, i cui membri (*eliastì*) erano estratti a sorte ogni anno.

ELÌGIO (santo), *presso Limoges 588 ca. - 660*, vescovo di Noyon. Orefice e monetiere di Clotario II, poi di Dagoberto I, succedette a Medardo come vescovo di Noyon-Tournai (641). Patrono degli orefici e degli artigiani che lavorano i metalli.

ELIODÒRO, *Emesa III sec. d.C.*, scrittore greco. Le sue *Etiopiche* ebbero grande influenza sulla letteratura europea del XVI-XVII sec.

ELIOGÀBALO → ELAGABALO.

ELIÒPOLI, c. dell'ant. Egitto, al margine merid. del delta del Nilo. Fu molto importante dal punto di vista religioso e politico, poiché vi risiedeva un potente clero che officiava nel tempio del dio Ra. — Obelisco di Sesostri I.

ELIÒPOLI → BAALBEK.

ÈLIOS MITOL. GR. Dio del Sole. Era rappresentato con una corona di raggi intorno al capo, alla guida di un carro di fuoco con il quale percorreva ogni giorno il cielo da oriente a occidente.

ELIOT (John), *Widford, Hertfordshire, 1604 - Roxbury, Massachusetts, 1690*, missionario protestante inglese. Fervente puritano, evangelizzò la Nuova Inghilterra.

ELIOT (Mary Ann **Evans**, detta George), *Chilvers Coton, Warwickshire, 1819 - Londra 1880*, scrittrice britannica. Nei suoi romanzi realisti rappresenta la vita quotidiana nella provincia inglese (*Adam Bede*, *Il mulino sulla Floss*, *Silas Marner*).

ELIOT (Thomas Stearns), *Saint Louis 1888 - Londra 1965*, scrittore britannico di origine statunitense. Poeta, critico e drammaturgo, sviluppò una critica della società moderna attraverso i miti antichi (*La terra desolata*, 1922) per poi approdare a un cattolicesimo mistico (*Assassinio nella cattedrale*, 1935). (Premio Nobel 1948.)

■ *Thomas Stearns Eliot.*

ELISABETHVILLE → LUBUMBASHI.

ELISABÈTTA, nome di più sovrane

AUSTRIA

ELISABÈTTA DI WITTELSBACH, detta **Sissi**, *Monaco 1837 - Ginevra 1898*, imperatrice d'Austria. Moglie di Francesco Giuseppe I, fu assassinata da un anarchico italiano.

BELGIO

ELISABÈTTA, *Possenhofen, Baviera, 1876 - Bruxelles 1965*, regina del Belgio. Figlia del duca di Baviera Carlo Teodoro, moglie di Alberto I.

FRANCIA

ELISABÈTTA D'AUSTRIA, *Vienna 1554-1592*, regina di Francia. Figlia dell'imperatore Massimiliano II, sposò Carlo IX (1570).

GRAN BRETAGNA

ELISABÈTTA I, *Greenwich 1533 - Richmond 1603*, regina d'Inghilterra e d'Irlanda (1558-1603), l'ultima dei Tudor. Figlia di Enrico VIII e di Anna Bolena, sovrana energica e autoritaria, consolidò il prestigio della Chiesa anglicana, considerata come la "via di mezzo" tra cattolicesimo e protestantesimo (Atto di supremazia e Atto d'uniformità, 1559; Trentanove articoli, 1563). Si scontrò con l'opposizione dei puritani, che perseguitò, e dei cattolici, che colpì facendo decapitare la loro protettrice, sua cugina Maria Stuart (1587). Questa esecuzione scatenò le ostilità tra Inghilterra e Spagna, durante le quali l'Invencibile Armada fu dispersa (1588). Tale vittoria consacrò la supremazia marittima dell'Inghilterra e incoraggiò il suo espansionismo (fondazione della Compagnia delle Indie orientali, 1600). Il periodo elisabettiano fu contraddistinto da un grande sviluppo culturale e artistico, soprattutto nel teatro (C. Marlowe, W. Shakespeare) e nella musica.

ELISABETTA I *ritratta da M. Gheeraerts.*
(National Maritime Museum, Greenwich.)

ELISABÈTTA II, *Londra 1926*, regina di Gran Bretagna e Irlanda del Nord e capo del Commonwealth dopo il 1952, della dinastia di Windsor. Figlia di Giorgio VI, ha sposato Filippo, duca di Edimburgo, nel 1947 e gli ha dato quattro figli: Carlo (principe di Galles), Anna, Andrea ed Edoardo.

ELISABETTA II *e il duca di Edimburgo.*

RUSSIA

ELISABÈTTA, *Kolomenskoje 1709 - San Pietroburgo 1762*, imperatrice di Russia (1741-1762), della dinastia dei Romanov. Figlia di Pietro il Grande e di Caterina I, favorì l'influenza francese, fu artefice dell'alleanza della Russia con la Francia e trascinò l'Austria nella guerra dei Sette anni (1756-1763).

SPAGNA

ELISABÈTTA DI BORBÓNE, *Fontainebleau 1602 - Madrid 1644*, regina di Spagna. Figlia di Enrico IV e di Maria de' Medici, sposò il futuro Filippo IV (1615) e fu la madre di Maria Teresa, moglie di Luigi XIV.

ELISABÈTTA DI VALOIS, *Fontainebleau 1545 - Madrid 1568*, regina di Spagna. Figlia di Enrico II e di Caterina de' Medici, sposò Filippo II nel 1559.

ELISABÈTTA FARNÈSE, *Parma 1692 - Madrid 1766*, regina di Spagna. Seconda moglie (1714) di Filippo V, contribuì a ristabilire il dominio spagnolo sull'Italia.

ELISABÈTTA (santa), madre di Giovanni Battista, moglie del sacerdote ebraico Zaccaria e parente di Maria.

ELISABÈTTA D'UNGHERÌA (santa), *Saxospatak 1207 - Marburgo 1231*, principessa ungherese, figlia di Andrea II, re d'Ungheria.

ELISÈO, *IX sec. a.C.*, profeta biblico, successore di Elia.

ELISÈO (palàzzo dell'), palazzo parigino, realizzato nel 1718 dall'architetto Claude Mollet per il conte d'Evreux. L'edificio, già dimora di Napoleone Bonaparte, a partire dal 1873 divenne la residenza ufficiale del presidente della repubblica francese.

ELIZABETH, c. degli Stati Uniti (New Jersey); 120.586 ab. Porto.

ÈLLADE, in gr. *Ellàs*, termine con cui in origine si indicava il centro della Grecia antica, in contrapposizione col Peloponneso. In seguito è passato a indicare tutta la Grecia.

ELLÀNICO, *Mitilene V sec. a.C.*, storico greco. Della sua produzione, di cui rimangono pochi frammenti, facevano parte 4 libri di mitologia, opere cronologiche ed etnografiche e l'*Atthis*, prima storia dell'Attica.

ELLESMERE (Ìsola d'), isola dell'arcipelago artico canadese (Nunavut). È in gran parte ricoperta dai ghiacci.

ELLESPÓNTO, ant. nome dello Stretto dei *Dardanelli.

ELLICE → TUVALU.

ELLINGTON (Edward Kennedy **Ellington**, detto Duke), *Washington 1899 - New York 1974*, compositore e direttore d'orchestra jazz statunitense. Capo del gruppo Washingtonians, in seguito ribattezzato Duke Ellington Orchestra, divenne il divo del Cotton Club di Harlem (1927-1932), dove sviluppò lo stile detto "jungle". Anche pianista, fu uno dei grandi creatori del jazz, teso a conciliare forma musicale composta e improvvisazione (*Mood Indigo*, 1930; *Satin Doll*, 1958).

■ *Duke Ellington.*

ELLIS (Bret Easton), *Los Angeles 1964*, scrittore statunitense. Ha esordito nel 1985 con *Meno di zero*, diventando uno dei maggiori rappresentanti del minimalismo. Tra le altre opere, *Le regole dell'attrazione* (1987), *American Psycho* (1991), *Glamorama* (1999).

ELLORA, sito archeologico dell'India, a NO di Aurangabad. Più di trenta templi rupestri o scavati nella roccia, databili dal VI al IX sec., tra cui il tempio di Kailasa (VIII sec.), testimoniano la compresenza di culti buddhisti, brahmanici e giainisti; decorazioni scultoree in altorilievo.

ELLORA. *Dettaglio del tempio di Kailasa (VIII sec.), dedicato a Shiva.*

ELLROY (Lee Earle, detto James), *Los Angeles 1948*, scrittore statunitense. È autore di romanzi noir, in parte ispirati alla propria vita, ambientati in una società americana violenta e cinica: *Prega Detec-*

tive (1981), *Strade dell'innocenza* (1984), *Dalia nera* (1987), *L.A. Confidential* (1990), *Sei pezzi da mille* (2001), *Destination: Morgue* (2003).

ELÒGIO DELLA FOLLÌA, opera in latino di Erasmo da Rotterdam (1511), nella quale l'autore fa una satira sociale che colpisce soprattutto il clero ed esalta la "pazzia" che spinge il vero cristiano a vivere secondo la fede.

ELOÌSA, *Parigi 1101 - Troyes 1164*, sposa di Abelardo. Allieva di Abelardo, lo sposò in segreto ed entrò in convento quando venne separata da lui. I due intrecciarono però una corrispondenza in cui, oltre a esprimere la loro passione, dissertarono di pietà e di questioni dottrinali.

ELÒRO, ant. c. greca della Sicilia. Posta nelle vicinanze della foce del f. Tellaro, fu teatro di importanti battaglie nel V sec. a.C. Restano alcuni edifici religiosi e civili e la Torre Pizzuta, mausoleo di epoca romana.

EL PASO, c. degli Stati Uniti (Texas), sul Rio Grande; 563.662 ab. Musei.

ÉLSA, f. della Toscana; 63 km. Nasce nelle Colline Metallifere, percorre la Val d'E. e confluisce nell'Arno presso Empoli.

EL SALVADOR, Stato dell'America centrale, sul Pacifico; 21.040 km²; 6.400.000 ab. (*salvadoregni*). CAP. *San Salvador*. LINGUA: *spagnolo*. MONETA: *colón, dollaro USA*. [*V. carta dell'**Honduras**.*]

GEOGRAFIA – Il paese, dal clima tropicale, formato da massicci vulcanici interrotti dalla valle del Lempa, basa la propria economia essenzialmente su colture di sussistenza (mais, riso) e commerciali (cotone, agrumi e soprattutto caffè). La densità della popolazione, composta in maggioranza da meticci e ancora in larga misura rurale, è molto alta.

STORIA – XVI sec.: la regione, conquistata dalla Spagna, viene annessa alla Capitania general de Guatemala. **1822**: dopo la proclamazione dell'indipendenza (1821), il paese è annesso con la forza al Messico; **1823-1838**: fa parte della confederazione delle Province unite dell'America centrale. **1841**: El S. diventa una repubblica; **Fine del XIX sec.**: è teatro di una serie di scontri tra liberali e conservatori. **1931-1944**: il generale Maximiliano Hernández Martínez impone un regime dittatoriale. **1950-1956**: sotto la presidenza del colonnello Oscar Osorio vengono avviate alcune riforme sociali. **1969**: una guerra contrappone il S. e Honduras. **1972**: i militari riescono a far prevalere il loro candidato José Napoleón Duarte su quello dell'opposizione. **1980-1982**: un putsch impone una guida dello Stato J.N. Duarte; **1984-1989**: eletto presidente della repubblica, questi tenta di avviare un processo di pace nel paese. **A partire dal 1987**: El S. conclude con Costa Rica, Guatemala, Honduras e Nicaragua alcuni accordi (1987 e 1989) intesi a ristabilire la pace in America centrale. **1989**: Alfredo Cristiani, candidato dell'Alleanza repubblicana nazionalista (ARENA, partito di destra), viene eletto alla presidenza della repubblica. **1992**: i negoziati tra governo e guerriglieri sfociano in un accordo di pace che segna la fine di una guerra civile durata undici anni. **1994**: Armando Calderón Sol (ARENA) viene eletto capo dello Stato; **1999**: gli succede Francisco Flores Pérez, dello stesso partito. **2000**: il Fronte di liberazione nazionale Farabundo Martí (ex movimento della guerriglia trasformatosi in partito di sinistra) vince le elezioni legislative.

ELSHEIMER (Adam), *Francoforte sul Meno 1578 - Roma 1610*, pittore e incisore tedesco. Fu uno dei primi a coltivare il genere del paesaggio storico, realizzando dipinti di piccolo formato.

ELSINORE → HELSINGØR.

ELSKAMP (Max), *Anversa 1862-1931*, poeta belga di lingua francese. La sua poesia si ispira alla tradizione popolare e alle filosofie orientali.

ELSSLER (Franziska, detta Fanny), *Gumpendorf, Vienna, 1810 - Vienna 1884*, ballerina austriaca. Rivale di Maria Taglioni, fu una delle più grandi ballerine romantiche.

ELSTER BIÀNCO, f. della Germania (Sassonia), affl. di destra del Saale; 257 km. Attraversa Lipsia.

ELSTER NÉRO, f. della Germania (Sassonia), affl. di destra dell'Elba; 188 km.

ELTSIN (Boris), *Sverdlovsk 1931*, politico russo. Dirigente dell'opposizione democratica, presidente del soviet supremo (1990), nel giu. 1991 è stato eletto a suffragio universale presidente della Federazione Russa. Dopo essersi opposto al tentativo di colpo di Stato ai danni di M. Gorbačëv (ago.), nel dic. 1991 ha partecipato allo scioglimento dell'URSS. Come presidente della Russia ha dovuto fronteggiare una forte opposizione; nel 1993, vincendo la resistenza del parlamento, ha fatto adottare una Costituzione che ampliava il potere presidenziale. Rieletto nel 1996, la sua azione politica è stata compromessa da problemi di salute. Si è dimesso il 31 dic. 1999.

■ *Boris Eltsin nel 1990.*

ÉLUARD (Eugène **Grindel**, detto Paul), *Saint-Denis 1895 - Charenton-le-Pont 1952*, poeta francese. Dopo le prime esperienze surrealiste (*Capitale del dolore*, 1926) partecipò alla Resistenza (*Poesia e verità*, 1942) e aderì al Partito comunista, senza mai venir meno alla propria vena poetica, alimentata dall'esaltazione dell'amore e delle sensazioni immediate (*L'amore e la poesia*, 1929; *La rosa pubblica*, 1934).

ELURU o **ELLORE**, c. dell'India (Andhra Pradesh); 189.772 ab.

ELVÈTICA (Confederazione) → SVIZZERA.

ELVÈZI, popolazione celtica che nel I sec. a.C. era stanziata in Elvezia.

ELVÈZIA, ant. reg. della Gallia, che corrisponde in gran parte all'att. Svizzera.

ELY, c. della Gran Bretagna (Inghilterra), a NE di Cambridge; 10.000 ab. Maestosa cattedrale di diversi stili, dal normanno al gotico primitivo.

ELYTIS (Odhysseus **Alepoudhelis**, detto Odhysseus), *Iraklion, Creta, 1911 - Atene 1996*, poeta greco. Nelle sue poesie influenza surrealista e impegno sociale si conciliano (*Sole primo, Diario di un invisibile aprile*). (Premio Nobel 1979.)

ELZEVIER o **ELSEVIER**, editori-stampatori e librai olandesi del XVI e XVII sec. Esercitarono la loro attività a Leida, L'Aia, Utrecht e Amsterdam, stampando opere considerate modelli di eleganza tipografica.

EMANUÈLE I, in port. **Manoel**, *Alcochete 1469 - Lisbona 1521*, re del Portogallo (1495-1521), della dinastia d'Aviz. Durante il suo regno furono gettate le basi dell'impero coloniale e nacque l'architettura in stile manuelino.

EMANUÈLE FILIBÈRTO TÈSTA DI FÈRRO, *Chambéry 1528 - Torino 1580*, duca di Savoia (1553-1580). Al servizio prima di Carlo V, poi di Filippo II, tentò, con l'aiuto di Francesco di Sales, di restaurare il cattolicesimo nei suoi Stati.

EMANUÈLLI (Enrico), *Novara 1909 - Milano 1967*, scrittore e giornalista. La sua narrativa è caratterizzata da un tono intimista, vicino ai sentimenti dei personaggi. Tra le opere, *Memolo* (1929), *Storie crudeli* (1940), *La congiura dei sentimenti* (1943). È autore anche di libri di viaggio e reportage (*La Cina è vicina*, 1957).

EMBA, f. del Kazakistan, che sfocia nel Mar Caspio; 712 km. Dà nome a una regione petrolifera tra gli Urali e il Mar Caspio.

EMDEN, c. della Germania (Bassa Sassonia), presso l'estuario dell'Ems; 51.173 ab. Porto.

EMERSON (Ralph Waldo), *Boston 1803 - Concord, Massachusetts, 1882*, filosofo statunitense. Elaborò un sistema idealista, mistico e panteista, il trascendentalismo.

EMÌLIA (via), antica strada romana costruita nel 187 a.C. su ordine del console M.E. Lepido. Andava da Piacenza a Rimini, raggiungendo in epoca imperiale Aosta a O e Aquileia a E. Il tracciato è pressoché identico a quello della via E. attuale.

EMILIÀNI GIÙDICI (Pàolo), *Mussomeli 1812 - Tunbridge 1872*, letterato e critico. Domenicano, nel 1867 lasciò l'ordine e si trasferì a Firenze. È autore della *Storia delle belle lettere in Italia* (1844), ripubblicata nel 1855 con il titolo *Storia della letteratura italiana*. Scrisse anche un romanzo polemico e scandalistico, *Beppe Arpia* (1852).

EMILIÀNO (Màrco Emilio), *Mauritania 206 - Spoleto 253*, imperatore romano. Vincitore dei goti in Mesia (253), fu acclamato imperatore dalle truppe e riconosciuto dal senato, ma gli stessi soldati lo uccisero dopo tre mesi di regno.

EMÌLIA-ROMÀGNA, reg. dell'Italia settentr., che si affaccia a E sul Mare Adriatico. Confina a N con la Lombardia e il Veneto, a S con la Toscana, le Marche e la Rep. di San Marino, a SO con la Liguria, a O con il Piemonte; 22.124 km²; 3.960.549 ab. (*emiliani, romagnoli*). Nove prov.: *Bologna*, capol. di reg., *Ferrara, Forlì, Modena, Parma, Piacenza, Ravenna, Reggio nell'Emilia, Rimini*. [*V. carta a pagina seguente.*]

ASPETTI FISICI – La regione comprende l'estremo lembo merid. della Pianura Padana, sulla riva destra del Po, il versante settentr. dell'Appennino Tosco-Emiliano (Monte Cimone, Monte Cusna) e una piccola porzione dell'Appennino Ligure. La catena appenninica è incisa da numerose valli, solcate da fiumi di considerevole lunghezza (Trebbia, Taro, Secchia, Panaro, Reno, Savio). Le colline subappenniniche, formate da argille, danno luogo a caratteristiche forme di erosione, i calanchi. Il litorale adriatico si presenta basso e sabbioso, costellato di lagune a N (Valli di Comacchio). Il clima è rigido nelle zone montuose e continentale in pianura.

POPOLAZIONE – La popolazione, che presenta una densità media di 179 ab. per km², si concentra lungo l'asse della Pianura Padana e nella fascia litoranea in corrispondenza di Rimini.

*Il palazzo dell'**ELISEO**.*

Dalla metà degli anni '70 del secolo scorso il saldo naturale (att. pari a –3,2‰) è negativo. Nella regione è in atto un processo d'invecchiamento della popolazione e una forte diminuzione del numero medio dei componenti delle famiglie. Significativo il flusso migratorio proveniente dai paesi europei ed extraeuropei.

ECONOMIA – L'economia della regione è stata caratterizzata, fino all'inizio degli anni '70 del secolo scorso, da un forte sviluppo dell'agricoltura, da un tasso medio di industrializzazione e da un'espansione del terziario nel settore del turismo. Questa tendenza si è sviluppata seguendo tre direttrici: potenziamento e razionalizzazione dell'agricoltura, sviluppo di insediamenti industriali piccoli e medi soprattutto nel settore agroalimentare e differenziazione del terziario (62% dei redditi complessivi), con il ruolo sempre trainante ma meno esclusivo delle attività turistiche (il litorale adriatico dispone di un'enorme concentrazione di strutture ricettive, che accolgono oltre 30 milioni di presenze annue). In E.-R. opera il 54% delle aziende agricole nazionali. Particolarmente diffusa la coltivazione di cereali, leguminose, barbabietole, ortaggi, vite, frutta. Di grande rilievo l'allevamento del bestiame (i bovini costituiscono l'11,1% del totale nazionale e i suini il 20,8% del totale nazionale) e, di conseguenza, la produzione di carni bovine e suine fresche, latticini (di fama mondiale il parmigiano reggiano), insaccati. Significativa anche la produzione ittica.

STORIA – Dalle origini al Rinascimento. IX-VIII sec. a.C.: le tracce della civiltà appenninica e dei villaggi palafitticoli delle terremare testimoniano l'importanza degli insediamenti paleolitici nel territorio. VI-V sec.: la regione è popolata dagli etruschi. Fioriscono gli insediamenti di Felsina, Spina e Marzabotto. IV sec.: l'E.-R. viene invasa dai galli. III sec.: viene progressivamente conquistata dai romani, confluendo prima nella Gallia Cisalpina e in seguito nell'VIII regione augustea. Lungo la via Emilia, voluta dal console Marco Emilio Lepido, si sviluppano centri di notevole rilievo (Rimini, Bologna, Modena, Ravenna). 402 d.C.: Ravenna diviene capitale dell'impero romano d'Occidente. 550: la regione cade sotto il dominio bizantino (esarcato di Roma-

nia). 568: la parte occ. dell'E.-R. viene conquistata dai longobardi. 751: la regione è sottoposta al dominio dei franchi; XIV-XV sec.: si formano le signorie dei Bentivoglio (Bologna), dei Visconti (Parma e Piacenza) e degli Este (Ferrara, Modena e Reggio nell'Emilia). XVI sec.: Bologna, Ferrara e Ravenna sono sottoposte al dominio dello Stato pontificio; il ducato di Modena e Reggio è retto dagli Estensi e quello di Parma e Piacenza dai Farnese.

Verso l'unità d'Italia. 1796: la regione è occupata dalla Francia ed entra a far parte della repubblica cispadana, poi cisalpina (1797) e italiana (1802). 1815: dopo il Congresso di Vienna la Romagna cade nuovamente sotto il dominio dello Stato pontificio; la dinastia austro-estense controlla Modena e Reggio, mentre Parma e Piacenza sono rette da Maria Luisa d'Asburgo-Lorena, ex imperatrice di Francia. 1860: la regione, tramite un plebiscito, sceglie di unirsi al regno d'Italia.

EMÌLIO O DELL'EDUCAZIÓNE, romanzo pedagogico di J.-J. Rousseau (1762). Nei suoi 5 libri l'autore delinea un programma educativo da applicare lontano dai tumulti della vita sociale, in modo che la bontà naturale dell'uomo non ne risulti corrotta. L'opera ha ispirato la pedagogia moderna.

EMINESCU (Mihail), Ipoteşti 1850 - Bucarest 1889, scrittore romeno. Autore di liriche di ispirazione filosofica, sociale o erotica, è considerato il poeta nazionale romeno.

EMIRÀTI ÀRABI UNÌTI, Stato federale dell'Asia nel settore nord-orient. della penisola arabica, sul Golfo Persico; 80.000 km²; 2.654.000 ab. (arabi). CAP. Abu Dhabi. LINGUA: arabo. MONETA: dirham. [V. carta dell'Arabia.] Il paese raggruppa 7 emirati (Abu Dhabi, Dubai, Ash Shariqah, Ajman, Umm Al-Qaiwayn, Ras Al-Khaimah, Al-Fujayrah). Questa regione desertica, abitata da una minoranza di immigrati, è un importante produttore di petrolio. — Gli Stati della Tregua (Trucial States), che hanno preso il nome dal trattato di pace perpetua stipulato con la Gran Bretagna nel 1853, rimangono sotto protettorato britannico fino al 1971. Nel 1971-72 formano la federazione indipendente degli Emirati Arabi Uniti sotto la guida dello sceicco Zaid bin Sultan Al-Nahayan. Dal

1990 lo sceicco Maktum bin Rashid Al-Maktum riveste la carica di primo ministro.

EMMANUEL (Noël Mathieu, detto Pierre), Gan 1916 - Parigi 1984, scrittore francese. In saggi e raccolte di poesie (Evangeliario, Viso nuvola) ha affrontato il tema del rapporto tra fede cristiana e problemi della civiltà moderna.

EMMAUS, villaggio della Palestina, nei pressi di Gerusalemme. Secondo il Vangelo di Giovanni, Gesù risorto vi apparve a due discepoli.

EMMEN, c. dei Paesi Bassi (Drenthe); 107.422 ab. Industria tessile.

EMMENTAL o EMMENTHAL, valle della Svizzera (cant. di Berna). Industria casearia.

ÈMO (Àngelo), Malta 1731-1792, ammiraglio veneziano. Tra il 1784 e il 1786 si distinse nella lotta contro i pirati barbareschi, costringendoli alla firma di un trattato.

EMPÈDOCLE, Agrigento 490 ca. - 435 ca. a.C., filosofo greco presocratico. Delineò una cosmogonia in cui il divenire del mondo è ciclico e i rapporti tra i quattro elementi sono governati da Amore e Odio, le forze che uniscono e disgregano. Sarebbe morto gettandosi nell'Etna.

ÈMPOLI, com. in prov. di Firenze, a sinistra del f. Arno; 43.887 ab. Centro industriale e commerciale. Collegiata di S. Andrea (1093). Museo della collegiata. Chiesa della Madonna del Pozzo (1621).

ÈMPOLI (Jàcopo Chimènti, detto), Firenze 1554 ca. -1640, pittore. Estimatore del Caravaggio, ne subì lo stile, mescolandolo con le influenze della pittura fiorentina. Tra le opere, l'Immacolata Concezione (1591), il Miracolo di san Carlo (1613) e pregevoli nature morte.

EMS, f. della Germania, che sfocia nel Mare del Nord; 371 km.

EMS, att. Bad Ems, c. della Germania (Renania-Palatinato), presso Coblenza; 9695 ab. Stazione termale. — È detto dispaccio di E. la versione divulgata da O. von Bismarck, il 13 lug. 1870, del comunicato che Guglielmo I gli aveva telegrafato da E., riferendo di aver rifiutato all'ambasciatore di Francia il ritiro della candidatura di un Hohenzollern al trono di Spagna. Questo dispaccio portò allo scoppio della guerra franco-prussiana.

ENA (École nationale d'administration), istituzione pubblica creata in Francia nel 1945. Ha il compito di selezionare per concorso e formare i

Emilia-Romagna

500 1000 1500 2000 m

★ importante località turistica
● oltre 60.000 ab.
● da 30.000 a 60.000 ab.
● da 15.000 a 30.000 ab.
● fino a 15.000 ab.

= autostrada
— ferrovia
— strada normale
✈ aeroporto

dirigenti dell'amministrazione francese. Oggi ha sede a Strasburgo.

ENAC (Ènte nazionàle aviazióne civìle), ente pubblico istituito nel 1997. Sottoposto al controllo del ministero dei trasporti e della navigazione, svolge funzioni amministrative e tecniche nel settore dell'aviazione civile.

ENALÒTTO, concorso settimanale di pronostici istituito nel 1958 e legato alle estrazioni del lotto. Il meccanismo, simile a quello del Totocalcio, prevedeva la vincita con 12, 11 o 10 punti. Nel 1997 è stato sostituito dal Superenalotto e prevede due estrazioni settimanali.

ENCINA (Juan del), *Encina, presso Salamanca, 1469 - León 1529 ca.*, poeta e compositore spagnolo. I suoi poemi drammatici (*egloghe*) segnano il passaggio dalla drammaturgia medievale a quella del Rinascimento. È anche autore di numerose composizioni musicali.

ENCYCLOPÉDIE OU DICTIONNAIRE RAISONNÉ DES SCIENCES, DES ARTS ET DES MÉTIERS, opera enciclopedica in 35 voll., di cui 11 di tavole, pubblicata a Parigi tra il 1751 e il 1772. Diretta da D. Diderot, intendeva esporre i progressi compiuti dall'umanità in tutti i campi, con particolare riguardo alla tecnica. Le voci furono scritte da letterati, specialisti, medici e ingegneri, tra cui J.-B. D'Alembert, Voltaire, C. Montesquieu, J.-J. Rousseau, E. Condillac.

ENDE (Michael), *Garmish 1929 - Stoccarda 1995*, scrittore tedesco. Ha esordito come autore di libri per l'infanzia (*Momo*, 1972), raggiungendo la notorietà con *La storia infinita* (1979), rappresentazione di un mondo fantastico.

ENDELL (August), *Berlino 1871-1925*, architetto e designer tedesco. Intervenne nel dibattito dell'epoca con il saggio *La bellezza della grande città* (1908); progettò inoltre mobili, oggetti, arredi. Tra le opere, l'Atelier Elvira a Monaco (1897-1898).

ENDIMIÓNE MITOL. GR. Pastore amato da Selene che ottenne da Zeus di dormire in eterno per poter conservare la sua bellezza.

ÈNDINE, lago della Lombardia; 2,1 km². Posto nella Val Cavallina, è formato dal f. Cherio. Pesca e turismo.

ENDRÌGO (Sèrgio), *Pola 1933*, cantautore. È stato tra i protagonisti della musica italiana degli anni '60 del secolo scorso, autore di canzoni d'ispirazione lirica e raffinata. Tra i pezzi più celebri, *Io che amo solo te* (1962), *Canzone per te* (1968, vincitrice del Festival di Sanremo).

ENÈA MITOL. GR. Principe troiano, figlio di Anchise e Afrodite, eroe dell'*Eneide* di Virgilio.

ENEA (Ènte per le nuòve tecnologìe, l'energìa e l'ambiènte), ente pubblico che si occupa della ricerca nei settori delle nuove tecnologie, dell'energia alternativa e dell'ambiente. È stato istituito nel 1982 in seguito alla trasformazione del *CNEN*.

ENÈIDE (L'), poema epico in 12 canti, scritto da Virgilio tra il 29 e il 19 a.C. Ispirata all'*Iliade* e all'*Odissea*, è un'epopea nazionale in cui si narra delle peregrinazioni di Enea dopo l'incendio di Troia, dell'arrivo dei troiani in Italia e della fondazione di Roma.

ENEL (Ènte nazionàle per l'energìa elèttrica), ente pubblico che ha il compito di gestire tutte le attività legate all'energia elettrica. Istituito nel 1962, è diventato una S.p.A. nel 1992; nel 1997 ha riorganizzato la propria struttura.

ENESCO o **ENESCU** (George), *Liveni 1881 - Parigi 1955*, compositore e violinista romeno. Compose le *Rapsodie rumene* (1901), 3 sonate per violino e pianoforte e l'opera *Edipo* (1936).

ENESIDÈMO, *Cnosso II-I sec. a.C.*, filosofo greco. Esponente della rinascita dello scetticismo, scrisse i *Discorsi pirroniani* (8 libri), ispirati alla figura di *Pirrone di Elide*, oggi perduti.

ENFANTIN (Barthélemy Prosper), detto **padre Enfantin**, *Parigi 1796-1864*, ingegnere ed economista francese. Con A. Bazard, trasformò il movimento di C.-H. Saint-Simon in una setta religiosa (1828-1832).

ENGADÌNA, parte svizzera (Grigioni) della valle dell'Inn. Turismo.

ENGEL (Ernst), *Dresda 1821 - Oberlössnitz 1896*, economista e statistico tedesco. Direttore dell'ufficio di statistica nazionale (1860-1882), formulò una legge, che porta il suo nome, relativa alle variazioni dei rapporti tra le parti in funzione del livello di reddito.

ENGELS → POKROVSK.

ENGELS (Friedrich), *Barmen, att. sobborgo di Wuppertal, 1820 - Londra 1895*, filosofo e politico tedesco. Insieme a K. Marx, di cui fu fedele amico, scrisse molti dei testi fondamentali del marxismo, tra cui *L'ideologia tedesca* (1845-1846) e il *Manifesto del partito comunista* (1848); fece inoltre pubblicare, postumi, il secondo e il terzo volume del *Capitale* di K. Marx. Grande importanza rivestono sia la sua attività militante sia il suo apporto teorico all'elaborazione del marxismo storico e dialettico (*La situazione della classe operaia in Inghilterra*, 1845; *Antidühring*, 1878; *L'origine della famiglia, della proprietà privata e dello Stato*, 1884); fu tra i promotori della Seconda Internazionale.

■ *Friedrich Engels.*

ENGHIEN, in fiamm. **Edingen**, c. del Belgio (Hainaut); 10.982 ab. Due chiese antiche (opere d'arte); parco di proprietà dei duchi d'Arenberg.

ENI (Ènte nazionàle idrocarbùri), ente nazionale istituito nel 1953 per coordinare le attività nazionali relative alle risorse energetiche e al loro sfruttamento. Dal 1953 al 1962 fu diretto da E. Mattei.

ENISEJ, f. dell'Asia, che sfocia nel Mar Glaciale Artico (Mar di Kara); 3354 km; bacino di 2.600.000 km². Nasce in Mongolia e attraversa la Russia, separando la Siberia occ. da quella centrale. Centrali idroelettriche.

ENKI, dio mesopotamico delle acque profonde sulle quali poggia la Terra. È anche signore della magia.

ÈNKOMI o **ÈNGOMI**, sito archeologico di Cipro. Probabilmente sorgeva qui la cap. del regno di Alasia; nella tarda Età del bronzo (XIV-XII sec. a.C.) fu uno dei centri principali dell'isola.

ENLIL, dio mesopotamico, signore della terraferma.

ÈNNA, c. della Sicilia, capol. di prov.; 28.401 ab. (*ennesi*). Situata su un altopiano dei Monti Erei è il capol. di prov. più alto d'Italia. Centro agricolo e sede di industrie alimentari, chimiche e meccaniche. — Colonia greca fino al VI sec. a.C., in seguito passò ai romani nel Medioevo subì, tra le altre, le dominazioni bizantina e araba. Fino al 1927 si è chiamata Castrogiovanni. — Duomo del XIV-XVI sec. e imponente Castello di Lombardia, con elementi bizantini, normanni e svevi. — La provincia, in cui si pratica l'agricoltura e l'attività estrattiva (zolfo e salgemma), si estende sui Monti Erei e Nebrodi. Tra i centri principali, Piazza Armerina.

ENNÈADI, raccolta di opere di Plotino, pubblicata da Porfirio (III sec. d.C.), in cui sono esposti i principi del neoplatonismo.

ÈNNIO (Quinto) *Rudiae 239 - Roma 169 a.C.*, poeta latino. Scrisse opere in versi d'intento filosofico e moraleggiante (*Satire*) e un'epopea in esametri sulla grandezza di Roma, gli *Annales*.

ENNS, f. dell'Austria, nelle Alpi, affl. di destra del Danubio; 254 km.

ENOCH, patriarca biblico, padre di Matusalemme. Nel II-I sec. a.C. gli fu attribuita una serie di Apocalissi.

ENÒTRIA, nome con il quale era ant. conosciuta l'Italia merid. Abitata dagli enotri (da cui prese il nome), corrispondeva all'att. Lucania. In seguito il nome passò a indicare, per est., tutta l'Italia.

ENPAS (Ènte nazionàle di previdènza e assistènza per i dipendènti statàli), ente di diritto pubblico istituito nel 1942. Ha il compito di provvedere alla previdenza e all'assistenza sanitaria dei dipendenti statali e dei loro familiari.

ENPI (Ènte nazionàle per la prevenzióne degli infortùni), ente istituito nel 1938 per la prevenzione degli infortuni sul lavoro e delle malattie

professionali. Fu sciolto nel 1978, contestualmente all'attribuzione delle sue funzioni a comuni e regioni.

ENRICHÈTTA MARÌA DI FRÀNCIA, *Parigi 1609 - Colombes 1669*, regina d'Inghilterra. Figlia del re Enrico IV e di Maria de' Medici, sposò (1625) Carlo I, re d'Inghilterra.

ENRÌCO, nome di più sovrani

BAVIERA E SASSONIA

ENRÌCO IL LEÓNE, *Ravensburg 1129 - Brunswick 1195*, duca di Sassonia (1142-1180) e di Baviera (1156-1180). Fu mandato in esilio da Federico I Barbarossa e privato dei suoi possedimenti (1180).

CASTIGLIA E LEÓN

ENRÌCO II IL MAGNÌFICO, *Siviglia 1333 o 1334 - Santo Domingo de la Calzada 1379*, conte di Trastamara, re di Castiglia e León (1369-1379). Conservò il trono grazie all'intervento di Carlo V di Francia e B. Du Guesclin, che l'aiutarono a sconfiggere il fratellastro Pietro il Crudele. — **Enrico III il Malaticcio**, *Burgos 1379 - Toledo 1406*, re di Castiglia e León (1390-1406). Condusse una politica espansionistica. — **Enrico IV l'Impotente**, *Valladolid 1425 - Madrid 1474*, re di Castiglia e León (1454-1474). Sposò Giovanna di Portogallo e designò erede al trono la sorella Isabella (la futura Isabella la Cattolica).

FRANCIA

ENRÌCO I, *1008 ca. - Vitry-aux-Loges 1060*, re di Francia (1031-1060), della dinastia capetingia. Figlio di Roberto II il Pio, dovette cedere al fratello Roberto il ducato di Borgogna (1032).

— **Enrico II**, *Saint-Germain-en-Laye 1519 - Parigi 1559*, re di Francia (1547-1559), della dinastia di Valois. Figlio di Francesco I e Claudia di Francia, sposò Caterina de' Medici nel 1533. Proseguì la lotta contro Carlo V e, grazie a un accordo con i protestanti tedeschi, ottenne Metz, Toul e Verdun (1552). Fu sconfitto da Filippo II a San Quintino (1557), tolse Calais all'Inghilterra (1558) e mise fine alla guerra in Italia con il trattato di Cateau-Cambrésis (1559). Fu ferito a morte durante un torneo.

■ *Enrico II, re di Francia. (Reggia di Versailles.)*

— **Enrico III**, *Fontainebleau 1551 - Saint-Cloud 1589*, re di Francia (1574-1589), ultimo dei Valois. Terzogenito di Enrico II, fu eletto re di Polonia, ma dovette far ritorno in Francia alla morte del fratello Carlo IX. Debole di carattere, diede il suo sostegno sia ai protestanti, appoggiato da Enrico di Navarra, sia alla lega cattolica, capeggiata dai Guisa, e fu costretto da questi ultimi alla fuga (giornata delle barricate, 12 mag. 1588). Nel tentativo di rientrare a Parigi fece assassinare Enrico di Guisa e il fratello, Luigi di Lorena, e si riconciliò con Enrico di Navarra, ma fu ucciso durante l'assedio della città.

— **Enrico IV**, *Pau 1553 - Parigi 1610*, re di Navarra (Enrico III, 1572-1610) e di Francia (1589-1610), della dinastia di Borbone. Figlio di Antonio di Borbone e di Giovanna III d'Albret, nel 1572 sposò Margherita di Valois, figlia di Enrico II. Tra i capi del partito ugonotto, sfuggì al massacro di San Bartolomeo abiurando il protestantesimo. Nel 1589 Enrico III lo designò suo successore, ma il popolo francese si oppose e solo dopo essersi convertito al cattolicesimo (1593) poté essere incoronato a Chartres ed entrare a Parigi (1594). Con il trattato di Vervins ristabilì la pace con la Spagna e con l'editto di Nantes (1598) pose fine alla questione religiosa. In seguito si dedicò a restaurare il potere regio e a risanare le finanze, l'agricoltura e l'industria (creazione delle manifatture). Fu assassinato da F. Ravaillac.

■ *Enrico IV, re di Francia. (Reggia di Versailles.)*

— **Enrico di Borbone** → CHAMBORD (conte di).

INGHILTERRA

ENRÌCO I BEAUCLERC, *Selby, Yorkshire, 1069 - Lyons-la-Forêt 1135*, re d'Inghilterra (1100-1135) e duca di Normandia (1106-1135). Quartogenito di Guglielmo il Conquistatore, riunì la Normandia all'Inghilterra. — **Enrico II Plantageneto**, *Le Mans 1133 - Chinon 1189*, re d'Inghilterra (1154-1189), duca di Normandia (1150-1189), conte d'Angiò (1151-1189) e, grazie al matrimonio con Eleonora, duca d'Aquitania (1152-1189). La sua opera di rafforzamento dell'autorità monarchica e di riorganizzazione dell'amministrazione di Inghilterra e Normandia lo portò a scontrarsi con l'opposizione dei baroni e della Chiesa (nel 1170 fece assassinare T. Becket). Combatté vittoriosamente contro Luigi VII, consolidando così i possedimenti francesi. — **Enrico III**, *Winchester 1207 - Westminster 1272*, re d'Inghilterra (1216-1272), della dinastia dei Plantageneti. Rifiutò di firmare le *Provisions of Oxford*, causando in tal modo una lunga guerra civile (1258-1265). — **Enrico IV**, *Bolingbroke 1366 - Westminster 1413*, re d'Inghilterra (1399-1413), della casa di Lancaster. Succedette a Riccardo II, che aveva costretto ad abdicare. Dovette affrontare una rivolta in Galles (1400-1408).

— **Enrico V**, *Monmouth 1387 - Vincennes 1422*, re d'Inghilterra (1413-1422), della casa di Lancaster. Sconfisse la Francia ad Azincourt (1415) e, con il trattato di Troyes (1420), ne ottenne la reggenza, con la promessa di garantire la successione ai figli nati dal matrimonio con Caterina di Francia, figlia di Carlo VI.

■ *Enrico V, re d'Inghilterra. (National Portrait Gallery, Londra.)*

— **Enrico VI**, *Windsor 1421 - Londra 1471*, re d'Inghilterra (1422-1461 e 1470-1471), della casa di Lancaster. Figlio di Enrico V e di Caterina di Francia, divenne re di Francia alla morte di Carlo VI (1422). Screditato dalla perdita di tutti i possedimenti inglesi in Francia, vide minacciati i suoi diritti alla corona d'Inghilterra; ne nacquero contrasti che portarono allo scoppio della guerra delle Due Rose. — **Enrico VII**, *castello di Pembroke 1457 - Richmond, Londra, 1509*, re d'Inghilterra (1485-1509), primo della dinastia dei Tudor, discendente dei Lancaster. Sconfisse a Bosworth (1485) l'ultimo York, Riccardo III. Mise fine alla guerra delle Due Rose sposando una discendente degli York e rafforzò l'autorità reale.

— **Enrico VIII**, *Greenwich 1491 - Westminster 1547*, re d'Inghilterra (1509-1547) e d'Irlanda (1541-1547), della dinastia dei Tudor. Figlio di Enrico VII, mise in atto una politica di equilibrio tra Francesco I e Carlo V. Dapprima fervente cattolico, giunse allo scisma dalla Chiesa di Roma quando il papa non gli

concesse l'annullamento del matrimonio con Caterina d'Aragona (madre di Maria Tudor), che ripudiò (1533) per sposare Anna Bolena. Fattosi proclamare capo supremo della Chiesa d'Inghilterra (Atto di supremazia, 1534), perseguitò sia i cattolici sia i protestanti. Dopo Caterina d'Aragona e Anna Bolena (madre di Elisabetta I), che fece decapitare nel 1536, sposò Jeanne Seymour (madre del futuro Edoardo VI), Anna di Clèves, Caterina Howard (giustiziata nel 1542) e Caterina Parr. Accentrò il potere, contribuendo al consolidamento dell'autorità reale.

■ *Enrico VIII, ritratto di Holbein il Giovane. (Galleria nazionale d'arte antica, Roma.)*

PORTOGALLO

ENRÌCO DI BORGÓGNA, *Digione 1057 ca. - Astorga 1112 ca.*, conte di Portogallo (1097-1112 ca.). Nipote di Roberto I, duca di Borgogna, ricevette dal suocero, Alfonso VI, la contea del Portogallo, che rese indipendente alla morte di quest'ultimo.

ENRÌCO IL NAVIGATÓRE, *Porto 1394 - Sagres 1460*, principe portoghese. Figlio di Giovanni I, organizzò i viaggi di esplorazione delle coste africane che portarono alla scoperta, tra le altre terre, di Madera, delle Azzorre e del Senegal.

SACRO ROMANO IMPERO

ENRÌCO I L'UCCELLATÓRE, *875 ca. - Memleben 936*, re di Germania (919-936). Conquistò la Lorena (925) e sconfisse slavi e ungari. — **Enrico II il Santo**, *Abbach, Baviera, 973 - Grone, att. sobborgo di Gottinga, 1024*, re di Germania e imperatore (1014-1024). Duca di Baviera (995), eletto re di Germania nel 1002, fu canonizzato nel 1146. — **Enrico III**, *1017 - Bodfeld, Harz, 1056*, imperatore (1046-1056). Re di Germania dal 1039, impose la sua autorità in Italia dopo aver deposto i papi Gregorio VI, Silvestro III e Benedetto IX, e favorì l'elezione di Clemente II. — **Enrico IV**, *Goslar ? 1050 - Liegi 1106*, imperatore (1084-1105/1106). Figlio di Enrico III, salì al trono di Germania nel 1056. Avversario di papa Gregorio VII nella lotta per le investiture, lo fece deporre e fu per questo prima scomunicato e poi costretto dai principi tedeschi a recarsi a Canossa per chiedere al pontefice l'assoluzione (1077). In seguito a un nuovo conflitto, entrò a Roma (1084) e si fece incoronare imperatore, ma il figlio lo costrinse ad abdicare. — **Enrico V**, *1081 o 1086 - Utrecht 1125*, imperatore (1111-1125). Figlio di Enrico IV, fu costretto a firmare il concordato di Worms (1122) con Callisto II. — **Enrico VI**, *Nimega 1165 - Messina 1197*, imperatore (1191-1197), della dinastia degli Hohenstaufen. Figlio di Federico Barbarossa, estese il suo dominio al regno di Sicilia (1194). — **Enrico VII di Lussemburgo**, *Valenciennes ? 1274 ca. - Buonconvento, presso Siena, 1313*, imperatore (1312-1313).

ENRÌCO DI FIÀNDRA E HAINAUT, *Valenciennes 1174 - Tessalonica 1216*, imperatore latino di Costantinopoli (1206-1216). Partecipò alla quarta crociata e succedette al fratello Baldovino.

ENRÌQUES (Federigo), *Livorno 1871 - Roma 1946*, matematico. Tra i maggiori studiosi di geometria algebrica, espose le sue teorie in *Lezioni di geometria proiettiva* (1898). Si occupò anche di epistemologia e filosofia della scienza (*Scienza e razionalismo*, 1912).

ENRÌQUEZ (Frànco), *Firenze 1927 - Ancona 1980*, regista teatrale. Aiuto regista di L. Visconti e G. Strehler, debuttò come regista nel 1951, passando con disinvoltura da allestimenti classici a opere contemporanee. Fu direttore del Teatro Stabile di Napoli (1955-1960), Torino (1965-1970) e Roma (1972-1976).

ENSCHEDE, c. dei Paesi Bassi (Overijssel); 150.449 ab.

ENSENADA, c. del Messico, sul Pacifico; 223.492 ab. Porto.

ENSOR (James), *Ostenda 1860-1949*, pittore e incisore belga. Autore sia di quadri realisti, sia di opere espressioniste e visionarie, è considerato uno dei grandi precursori dell'arte contemporanea (*Entrata di Cristo a Bruxelles*, 1888, J. Paul Getty Museum, Los Angeles; *L'intrigo*, 1890, Museo Reale di Belle Arti, Anversa).

ENTEBBE, c. dell'Uganda, sul Lago Vittoria; 42.763 ab. Ant. cap. Aeroporto.

ENTÈLLA, torrente della Liguria; 34 km. Nasce nell'entroterra ligure e sfocia nel Mar Ligure, tra Chiavari e Lavagna.

ENUGU, c. della Nigeria orient.; 464.514 ab.

ENVER PASCIÀ, *Istanbul 1881 - presso Dušanbe 1922*, generale e politico ottomano. Ministro della guerra, durante la prima guerra mondiale fece sì che l'impero ottomano si schierasse a fianco alla Germania. Nel 1921 raggiunse i ribelli musulmani nell'Asia centrale e morì in combattimento.

ÈNZA, torrente dell'Emilia-Romagna; 112 km. Nasce dall'Alpe di Succiso e confluisce nel Po a Brescello.

ENZENSBERGER (Hans Magnus), *Kaufbeuren 1929*, scrittore tedesco. È autore di saggi (*Questioni di dettaglio*), poesie (*Difesa dei lupi*) e romanzi con cui muove aspre critiche alla società borghese tedesca e all'imperialismo americano.

ÈNZO, in ted. **Heinz**, *Palermo 1220 ca. - Bologna 1272*, re di Sardegna. Figlio naturale dell'imperatore Federico II di Hohenstaufen, fu il miglior

James **ENSOR**. Maschere scandalizzate, *1892.* (*Musées royaux des Beaux-Arts, Bruxelles.*)

luogotenente del padre in Italia, dove combatté contro i guelfi. Catturato nella battaglia di Fossalta, morì prigioniero a Bologna.

EÒLIDE, ant. reg. nel NO dell'Asia Minore.

EÒLIE o **LÌPARI** (Ìsole), arcipelago del Mar Tirreno, a N della Sicilia. Le isole principali, tutte di natura vulcanica con coste scoscese e suolo roccioso, sono sette: Lipari, Salina, Vulcano, Stromboli, Panarea, Filicudi, Alicudi. Agricoltura (vino, olive, mandorle), pesca, attività estrattive. Turismo. — Abitate sin dalla preistoria, colonizzate dai greci, entrarono a far parte dell'impero romano nel 252 a.C. — Resti preistorici e numerosi edifici e necropoli di epoca ellenistica e romana.

Veduta di Stromboli, una delle Isole **EOLIE** *o Lipari.*

ÈOLO MITOL. GR. e ROM. Dio dei venti.

EÖTVÖS (Loránd, baróne), *Pest 1848 - Budapest 1919*, fisico ungherese. Dimostrò la coincidenza dei due concetti di massa (inerte e gravitazionale), raggiungendo così un risultato destinato a rivelarsi fondamentale per la teoria della relatività di A. Einstein.

EPAMINÓNDA, *Tebe 418 ca. - Mantinea 362 a.C.*, generale e politico tebano. Uno dei capi della fazione democratica a Tebe, sconfisse gli spartani a Leuttra (371). La sua morte coincise con la fine dell'egemonia tebana.

ÉPHRUSSI (Boris), *Mosca 1901 - Gif-sur-Yvette 1979*, genetista francese di origine russa. È stato uno dei fondatori della genetica molecolare.

EPICÀRMO, *528 ca. - 438 ca. a.C.*, commediografo greco. Vissuto a Siracusa, scrisse numerose commedie, di cui restano oggi soltanto una trentina di titoli e qualche centinaio di frammenti.

EPICÙRO, *Samo o Atene 341 - Atene 270 a.C.*, filosofo greco. Fondò ad Atene una scuola, il Giardino. Alla ricerca della tranquillità dell'anima, fu il precursore dell'*epicureismo*, una delle maggiori correnti del pensiero antico. Della sua vasta opera restano solo alcune epistole dottrinali, a Pitocle, Erodoto e Meneceo.

EPIDAURO. *Il teatro (IV sec. a.C.).*

EPIDÀURO, ant. c. dell'Argolide, famosa per il santuario di Asclepio, che accoglieva migliaia di pellegrini in cerca di guarigione. Importanti rovine, tra cui quelle del teatro greco (fine del IV sec. a.C.), perfettamente conservate.

EPIFÂNIO (sànto), *presso Eleuteropoli, Palestina, 315 ca. - in mare 403,* scrittore greco cristiano. Fu uno dei più rigidi difensori dell'ortodossia, in part. contro Ario o Origene.

EPIMETÈO MITOL. GR. Titano, fratello di Prometeo. Commise l'imprudenza di prendere in moglie Pandora.

EPINÌCI, nome generico attribuito a 4 libri di odi di Pindaro (V sec. a.C.), poesie liriche dedicate alle vittorie degli atleti.

EPÌRO, reg. della Grecia, ai confini con l'Albania; 339.210 ab.; c. princ. *Giannina.* Il *regno d'E.,* fondato alla fine del V sec. a.C., raggiunse l'apogeo con Pirro II (295-272). Sottomessa dai romani nel 168 a.C., la regione costituì, all'interno dell'impero bizantino, un *despotato d'E.* (1204-1318) a vantaggio dei Comneni.

EPISCOPÌA, com. in prov. di Potenza, nella valle del f. Sinni; 1666 ab. Agricoltura e artigianato. Castello (XI sec.).

EPISTULAE AD LUCILIUM, raccolta di 124 lettere scritte da Seneca dopo il 62, anno in cui cadde in disgrazia presso l'imperatore, nelle quali guida il suo amico Lucilio sulla via della saggezza stoica.

EPITTÈTO, *Ierapoli 50 ca. - Nicopoli, Epiro, 125 ca.,* filosofo greco, uno dei principali esponenti dello stoicismo latino. Schiavo a Roma, fu riscattato e poi bandito dalla città in seguito alla cacciata dei filosofi decretata da Domiziano. Cercò di ricondurre lo stoicismo a una predicazione morale fondata sulla differenza tra ciò che dipende dall'individuo e ciò che ne è svincolato; le sue *Dissertazioni* e il suo *Manuale,* opere che hanno ulteriormente inciso sull'interpretazione dello stoicismo, sono state raccolte dal discepolo Arriano.

EPOMÈO (Mònte), la cima più elevata (788 m) dell'isola di Ischia. Di origine vulcanica, costituito in prevalenza da tufo verde, è inattivo dal 1301.

ÈPONA, dea celtica, protettrice dei cavalli e dei cavalieri.

EPSOM, c. della Gran Bretagna (Inghilterra), a S di Londra; 71.000 ab. È nota per la corsa di cavalli (*derby*) che vi si tiene ogni anno dal 1780.

EPSTEIN (sir Jacob), *New York 1880 - Londra 1959,* scultore britannico di origine russo-polacca. Influenzato da A. Rodin, dalle arti primitive e dall'avanguardia parigina, con le sue opere contribuì, inizialmente, ad affrancare la scultura inglese dall'accademismo (intorno al 1913-1915 si avvicinò al "vorticismo", movimento fondato dal pittore Percy Wyndham Lewis).

EPSTEIN (Jean), *Varsavia 1897 - Parigi 1953,* regista cinematografico francese. Tra i principali teorici dell'avanguardia, è autore di *Cœur fidèle* (1923), *La caduta della casa Usher* (1928), *Finis terrae* (1929).

EPTARCHÌA, insieme dei 7 regni anglosassoni di Kent, Sussex, Wessex, Essex, Northumbria, East Anglia e Mercia (VI-IX sec.).

ÈRA MITOL. GR. Dea protettrice dei matrimoni, sposa di Zeus. I romani la assimilarono a Giunone.

ÈRACLE MITOL. GR. e ROM. Eroe greco, figlio di Zeus e Alcmena, incarnava la forza e fu assimilato a Ercole dai romani. Per espiare l'uccisione della moglie Megara e dei figli dovette affrontare dodici prove (le "fatiche di Ercole") impostegli dal re di Corinto, Euristeo. Nella prima E. strozzò il leone di Nemea; nella seconda uccise l'idra di Lerna; nella terza catturò vivo il cinghiale d'Erimanto; nella quarta la cerva di Cerinea dai piedi di bronzo; nella quinta uccise con le frecce gli uccelli della palude di Stinfalo; nella sesta, inviato da Poseidone contro Minosse, domò il toro di Creta; nella settima uccise Diomede, re di Tracia, che nutriva i suoi cavalli con carne umana; nell'ottava sconfisse le amazzoni; nella nona pulì le stalle di Augia; nella decima, dopo aver affrontato e ucciso Gerione, rubò il suo gregge; nell'undicesima raccolse i pomi d'oro dal giardino delle Esperidi; nella dodicesima, infine, incatenò Cerbero. Morì gettandosi nelle fiamme di una pira sul Monte Eta, dilaniato dalle sofferenze provocate dalla tunica avvelenata di *Nesso.*

ERACLIÀNI, dinastia di origine armena che, tra il VII e l'VIII sec., diede sei imperatori a Bisanzio, tra cui Eraclio I.

ERACLÌDI MITOL. GR. I discendenti di Eracle.

ERÀCLIO I, *in Cappadocia 575 ca. - 641,* imperatore bizantino (610-641). Riorganizzò l'amministrazione e adottò il greco come lingua ufficiale dell'impero. Sconfisse i persiani, ma non riuscì a respingere gli arabi, che conquistarono Siria ed Egitto.

ERÀCLITO, *Efeso 550 ca. - 480 ca. a.C.,* filosofo greco presocratico, della scuola ionica. Riteneva il fuoco, che chiamava anche l'Uno o il *logos,* fosse l'elemento originario di un universo in continuo divenire, all'interno del quale si realizzava l'unità degli opposti. Della sua opera, concisa ed enigmatica, restano solo alcuni frammenti.

ERÀSMO DA ROTTERDAM, in lat. **Desiderius Erasmus Roteradamus,** *Rotterdam 1469 ca. - Basilea 1536,* umanista olandese, sacerdote e filologo. Combatté il dogmatismo e il fanatismo religiosi, e si oppose al protestantesimo luterano. Oltre alla sua opera più famosa, *Elogio della follia,* scrisse *Colloquia familiaria* (1518) e *Istituzione del principe cristiano* (1515). Fu anche autore di un'importante edizione critica del Nuovo Testamento (1516).

ÈRATO MITOL. GR. Musa della poesia lirica.

ERATÒSTENE, *Cirene 284 ca. - Alessandria 192 ca. a.C.,* scienziato e filosofo greco, direttore della biblioteca di Alessandria. Grazie a un ingegnoso metodo per misurare l'arco di un meridiano, fu il primo a calcolare correttamente la circonferenza della Terra. Gli si attribuisce anche un metodo di individuazione dei numeri primi (*crivello di E.*).

ÈRBA, com. in prov. di Como; 16.456 ab. Centro industriale e dell'artigianato (mobili, abbigliamento). Chiesa romanica di S. Eufemia.

ÈRBA (Càrlo), *Vigevano 1811 - Milano 1888,* farmacista e industriale. Iniziò la sua attività nel 1837; nel 1853 fondò il primo laboratorio farmaceutico italiano, poi trasformato in un'industria cui diede il nome.

ÈRBA (Luciàno), *Milano 1922,* poeta. Le sue liriche presentano un gusto manierista e ironico. Tra le raccolte, *Linea K* (1951), *Il male minore* (1960), *Il nastro di Moebius* (1980, premio Viareggio), *L'ipotesi circense* (1995). Studioso di letteratura francese e traduttore, ha anche scritto un breve romanzo (*Françoise,* 1982).

ERBIL o **ARBIL**, c. dell'Iraq, ai piedi dei Monti Zagros; 485.968 ab. È l'ant. *Arbela.*

ERCILLA Y ZÚÑIGA (Alonso **de**), *Madrid 1533-1594,* poeta spagnolo. Prese parte a una spedizione in Cile, che gli ispirò il poema epico *La Araucana* (→ **Mapuche**).

ERCKMANN-CHATRIAN, nome collettivo con il quale due scrittori francesi firmavano le loro opere: — Émile Erckmann, *Phalsbourg 1822 - Lunéville 1899,* e — Alexandre Chatrian, *Abreschviller 1826 - Villemomble 1890.* Insieme scrissero numerosi racconti, romanzi (*L'amico Fritz,* 1864; *Storia di un coscritto del 1813,* 1864) e opere teatrali (*Les Rantzau*), che danno vita a una sorta di epopea popolare dell'antica Alsazia.

ERCOLÀNO, com. in prov. di Napoli; 57.638 ab. Agricoltura, industrie conciarie e alimentari. — Ant. c. romana distrutta dall'eruzione del Vesuvio nel 79. Il sito, scoperto nel 1709, è stato oggetto di scavi scientifici dal 1927. Del nucleo urbano, dalla pianta regolare, sono stati portati alla luce resti delle terme e di ville signorili (Casa dei Cervi, dei Papiri, dei Pisoni), con mosaici e pitture parietali.

ERCOLANO. *Scena di banchetto. Affresco del I sec. d.C. (Museo nazionale, Napoli.)*

ÈRCOLE, eroe romano identificato con il greco *Eracle.* Era il nume tutelare dell'agricoltura, del commercio e degli eserciti.

ÈRCOLE I D'ÈSTE, *Ferrara 1431-1505,* marchese d'Este, secondo duca di Ferrara, Modena e Reggio. Sposò Eleonora d'Aragona e combatté contro Venezia la guerra del sale. Protettore di artisti e letterati, portò Ferrara al massimo splendore. — Ercole II d'Este, *Ferrara 1508-1559,* quarto duca di Ferrara, Modena e Reggio. Figlio di Alfonso I e Lucrezia Borgia, gli succedette nel 1534. Nel 1556 si schierò con la Francia contro gli spagnoli, ma poco dopo uscì dall'alleanza e stipulò un accordo con questi ultimi. — Ercole III d'Este, *Modena 1727 - Treviso 1803,* duca di Modena e Reggio. Succedette al padre Francesco III nel 1780, attuando alcune riforme. L'arrivo di Napoleone nel 1796 lo costrinse alla fuga a Venezia e poi a Treviso.

EREBUS, vulcano attivo dell'Antartide, nell'Isola di Ross; 3794 m.

ERÈI (Mónti), gruppo montuoso della Sicilia centrale, in prov. di Enna. Formato prevalentemente da rocce calcaree, raggiunge i 1192 m (Monte Altesina).

ERETTÈO, tempio greco ad Atene. Dedicato ad Atena e a Poseidone, associato agli eroi mitici Eretteo e Cecrope, fu innalzato sull'acropoli tra il 421 e il 406 a.C. Capolavoro dello stile ionico,

L'**ERETTEO** *sull'acropoli di Atene (421-406 a.C.).*

presenta tre porticati, tra cui quello delle Cariatidi, nel lato merid.

ERETTÈO MITOL. GR. Mitico re di Atene. Figlio e successore di Pandione, fu a lungo identificato con Erittonio. Morì fulminato da Zeus come punizione per aver ucciso Eumolpo.

EREVAN o **ERIVAN**, cap. dell'Armenia, a 1040 m di alt.; 1.249.000 ab. Musei e biblioteche. Sorge al centro di una regione di ricche colture (cotone, vigneti e frutteti). Industrie.

ERFURT, c. della Germania, cap. della Turingia, sul f. Gera; 201.267 ab. Centro industriale. — Cattedrale gotica e altre testimonianze di epoca medievale. — Sede dell'incontro tra Napoleone e lo zar Alessandro I (27 sett. - 14 ott. 1808), nel corso del quale fu rinsaldata l'alleanza con la Russia, stipulata a Tilsit.

ERHARD (Ludwig), *Fürth 1897 - Bonn 1977*, politico tedesco. Deputato cristiano-democratico, ministro dell'economia della RFT (1949-1963) e in seguito cancelliere (1963-1966), è stato l'artefice della ripresa economica in Germania.

ERI (Nuòva ERI - Edizióni RAI), società editrice fondata nel 1949 a Torino con il compito di pubblicare rotocalchi informativi e riviste riguardanti la produzione radiofonica e televisiva della RAI.

ÈRICE, com. in prov. di Trapani; 30.026 ab. Centro agricolo (cereali, uva, olive) e stazione turistica. — Ant. *Elymian*, nota nel mondo mediterraneo per il tempio dedicato alla Venere Ericina, dopo lunghe contese tra siracusani e cartaginesi, fu conquistata dai romani (244 a.C.) e successivamente dagli arabi. — Il centro conserva l'antico impianto medievale. Chiesa (1314) e castello di Venere (XII-XIII sec.).

ERIDU, sito archeologico dell'Iraq, presso l'ant. Ur. Conserva le vestigia di uno dei più antichi nuclei abitati (IV millennio) della regione. Importante centro religioso a partire dal VI millennio.

ERIE, c. degli Stati Uniti (Pennsylvania), sul Lago omonimo; 103.717 ab. Porto.

ERIE (canále), canale che collega il Lago E. (Buffalo) all'Hudson (Albany); 590 km.

ERIE (làgo), uno dei cinque grandi laghi americani, tra il Lago Huron e l'Ontario; 25.900 km².

ERIK, nome di quattordici sovrani di Svezia e di sette re di Danimarca. — **Erik Jedvardsson**, detto **il Santo**, *m. a Uppsala nel 1160*, re di Svezia (1156-1160), fondatore della dinastia degli Erik. — **Erik di Pomerania**, *1382 - Rügenwalde 1459*, re di Norvegia (1389-1442), di Danimarca e di Svezia (Erik XIII) (1396-1439). Nipote della regina Margherita I, fu incoronato re dei tre Stati in seguito alla dieta di Kalmar (1397). — **Erik XIV**, *Stoccolma 1533 - Örbyhus 1577*, re di Svezia (1560-1568). Figlio di Gustavo Vasa, dovette lottare contro la Danimarca, la Polonia e Lubecca (1563-1570).

ERIK IL RÒSSO, *Jaeren 940 ca. - 1010 ca.*, esploratore norvegese. Scoprì la Groenlandia intorno al 985 e ne promosse la colonizzazione nel 988.

ERIKSON (Erik), *Francoforte 1902 - Harwich, Massachusetts, 1994*, psicoanalista statunitense. Rappresentante della tendenza culturalista della psicoanalisi, si è interessato soprattutto ai problemi legati all'adolescenza.

ERIMÀNTO MITOL. GR. Montagna dell'Arcadia, rifugio di un terribile cinghiale catturato da Eracle.

ERIN, nome poetico dell'Irlanda.

ERÌNNI (le) MITOL. GR. Dee greche della vendetta (Aletto, Tisifone e Megera). Note anche come *Eumenidi*, furono chiamate *Furie* dai romani.

ERITRÈA, Stato dell'Africa orient., sul Mar Rosso; 120.000 km²; 3.816.000 ab. (*eritrei*). CAP. *Asmara*. LINGUE: *tigrino* e *arabo*. MONETA: *nakfa*.

GEOGRAFIA – Su una stretta e arida pianura costiera incombe un altopiano dal clima più piovoso, sul quale si praticano un'agricoltura stentata (cereali, frutta, caffè) e un allevamento estensivo, talvolta ancora nomade. La popolazione è formata da musulmani (sunniti) e cristiani (monofisiti).

STORIA – **L'antichità**. L'E. ha a lungo rappresentato la sola provincia marittima dell'Etiopia, di cui ha condiviso le vicende precedenti alla colonizzazione.

Il periodo coloniale. **1869**: l'Italia acquista la Baia di Assab dalla società di navigazione genovese Rubattino. **1885-1889**: entrata in possesso di Massaua, Asmara e Keren, grazie al trattato di Uccialli (1889) stipulato con il negus etiopico Menelik II, l'Italia estende i propri possedimenti fino al corso del f. Mareb. **1890**: i territori conquistati sul Mar Rosso sono riuniti in un'unica colonia chiamata E. **1894**: viene repressa la ribellione guidata dal capo locale Bahta Hagos. **1895**: offensiva italiana sull'altopiano. Dopo alcune vittorie, in dicembre il battaglione di Pietro Toselli è decimato all'Amba Alagi: ha inizio la controffensiva abissina. **1896**: le truppe comandate dal generale Baratteri, governatore dell'Eritrea, subiscono una completa disfatta ad Adua. **1928**: Italia ed Etiopia firmano un patto di amicizia e di arbitrato. **1930**: Hailé Sellasié è eletto imperatore d'Etiopia. **1936**: l'E. costituisce la base dell'attacco sferrato da Benito Mussolini contro l'Etiopia. Con quest'ultima e con la Somalia entra a far parte dell'Africa orientale italiana. Si scatena la guerriglia anti-italiana.

L'Eritrea contemporanea. **1941-1952**: gli inglesi occupano la regione: dopo aver sconfitto gli italiani, grazie anche all'alleanza con gli etiopi, nel dopoguerra la sottopongono alla loro amministrazione. **1952**: in seguito a una risoluzione dell'ONU, l'E. viene riunita all'Etiopia in qualità di Stato federato dotato di una certa autonomia. **1962**: divenuta una provincia dell'Etiopia, si oppone alla politica autoritaria del governo di Addis Abeba, contro il quale si batte il Fronte popolare di liberazione eritreo (FPLE), fondato nel 1960. **1974**: il negus Hailé Sellasié viene destituito da un colpo di Stato militare; **1977**: gli subentra la dittatura militare del colonnello Hailé Mariam Menghistu, che si trova a dover fronteggiare una guerriglia sempre più accesa. Il paese diviene repubblica popolare, fortemente legata all'Unione Sovietica. **1987-1991**: l'offensiva indipendentista si conclude con la caduta del regime di Addis Abeba. Viene proclamato lo stato d'emergenza, con evacuazione in massa dei civili.

L'indipendenza. **1991**: con la caduta di H.M. Menghistu e la democratizzazione dell'Etiopia, le diverse etnie che convivono nel territorio vedono riconosciuto il loro diritto all'autodeterminazione. **1993**: un referendum, svoltosi sotto l'egida dell'ONU, permette al paese di guadagnare l'indipendenza. Isaias Afeworki, leader dell'FPLE, assomma le funzioni di presidente e capo del governo. **1994**: viene promulgata una nuova Costituzione. **1998-2000**: E. ed Etiopia entrano in conflitto per un territorio di confine sul Mar Rosso, tra Bedammé e Assab, che consentirebbe alla seconda di recuperare il perduto sbocco sul mare. L'E. viene invasa e, in base agli accordi stipulati all'Aia, deve cedere vaste zone.

ERITRÈO (Màre), nome dato nell'antichità al Mar Rosso, al Golfo Persico e alla parte nord-occ. dell'Oceano Indiano.

ERIÙGENA (Giovànni **Scòto**) → SCOTO ERIUGENA.

ERIVAN → EREVAN.

ÈRIZZO (Sebastiàno), *Venezia 1525-1585*, letterato. Membro del consiglio dei Dieci e senatore, fu traduttore di Platone. È autore di *Le sei giornate* (1567), raccolta di 36 novelle di impostazione moralistica.

ERLANGEN, c. della Germania (Baviera); 100.750 ab. Università. Industrie elettrotecniche. — Monumenti del XVII e XVIII sec.

ERLANGER (Joseph), *San Francisco 1874 - Saint Louis 1965*, fisiologo statunitense. Effettuò studi sulle funzioni differenziate delle fibre nervose. (Premio Nobel 1944.)

ERMAFRODÌTO MITOL. GR. Figlio di Ermes e di Afrodite, dalla doppia natura, maschile e femminile.

ERMENGÀRDA o **DESIDERÀTA**, *VIII sec.*, figlia di Desiderio, re dei longobardi. Nel 770, per volere di Bertrada, madre di Carlo Magno, fu data in sposa al sovrano. Ripudiata l'anno successivo, tornò a Pavia, dove morì. Il personaggio compare nell'*Adelchi* di A. Manzoni.

ÈRMES MITOL. GR. Dio protettore dei viaggiatori, dei mercanti e dei ladri, messaggero degli dei, guida delle anime, identificato con il romano Mercurio. In epoca ellenistica i greci lo assi-

Eritrea

⭐ importante località turistica

0   200   500   1000 m

━━━ strada normale
━━━ ferrovia
✈ aeroporto

● più di 300.000 ab.
● da 50.000 a 300.000 ab.
● da 20.000 a 50.000 ab.
• meno di 20.000 ab.

milarono al dio egizio Thot, dal II-III sec. d.C. denominato *Ermete Trismegisto*.

ERMESIANÀTTE, *Colofone III sec. a.C.*, poeta greco. La sua opera principale, la raccolta di elegie *Leonzio* (3 libri), intitolata alla donna amata, è un esempio di poesia erudita e ricercata, di cui restano pochi frammenti.

ERMÈTE TRISMEGÌSTO, presunto autore di scritti ermetici dei II-III sec. E. (T. significa "tre volte grandissimo"), denominazione greca del dio egiziano Thoth, è in realtà una figura inesistente, cui furono attribuite opere composte da filosofi platonici posteriori.

ÈRMIA, *m. nel 341 a.C.*, politico e filosofo greco. Dopo un soggiorno ad Atene, dove frequentò l'Accademia, divenne il tiranno di Atarneo. Ad Asso fondò una comunità ispirata alla dottrina platonica.

ERMIÓNE MITOL. GR. L'unica figlia di Menelao ed Elena, moglie di Neottolemo (figlio di Achille) e poi di Oreste.

ERMITAGE (Muséo dell'), museo di San Pietroburgo. Istituito nel 1762 da Caterina II per ospitare le sue collezioni d'arte, il complesso di edifici comprende il Palazzo d'Inverno, residenza degli zar fino al 1917, e costituisce uno dei musei più importanti del mondo, con raccolte di archeologia, arti decorative, dipinti e capolavori dell'arte occidentale.

ERMÒGENE DI PRIÈNE, *III-II sec. a.C.*, architetto greco. Progettò il tempio di Dioniso a Teo e quelli di Zeus Sosipolis e Artemide Leucofriene a Magnesia. Fu anche teorico dell'architettura.

ERMÒPOLI, nome greco della c. dell'ant. Egitto in cui era praticato il culto del dio Thot (Ermes).

ERNE, f. dell'Irlanda, che sfocia nell'Atlantico; 115 km. Attraversa i due laghi Upper E. e Lower E.

ERNÉSTO AUGÙSTO DI BRUNSWICK-LÜNEBURG, *Herzberg 1629 - Herrenhausen 1698*, principe elettore di Hannover. Partecipò alle guerre contro Luigi XIV. Il figlio Giorgio divenne re d'Inghilterra (Giorgio I).

ERNI (Hans), *Lucerna 1909*, pittore svizzero. Scultore, ceramista, litografo, ha messo il suo talento eclettico al servizio della ricerca della "completa armonia tra la dimensione sensibile e quella razionale".

ÈRNICI (Mónti), gruppo montuoso dell'Italia centrale, nel Lazio. Di natura calcarea, è compreso tra i corsi dei f. Liri, Sacco e Aniene.

ERNST (Max), *Brühl 1891 - Parigi 1976*, pittore tedesco. I suoi collages del periodo dadaista (1919) colpirono i surrealisti, a cui l'artista si unì nel 1922 a Parigi. Incisore, scultore, scrittore, diede uno dei più alti contributi al surrealismo sul piano teorico e tecnico. È famoso per aver utilizzato diverse tecniche, tra cui il "frottage", il "grattage", la decalcomania, "romans-collages" come in *La femme 100 têtes*.

ERNST (Richard), *Winterthur 1933*, chimico svizzero. Ha perfezionato lo spettroscopio di risonanza magnetica nucleare, facendone una po-

Max **ERNST**. Coppia zoomorfica, *1933*.
(Museo Guggenheim, Venezia.)

tente tecnica di analisi della struttura molecolare. (Premio Nobel 1991.)

ERODE, c. dell'India (Tamil Nadu); 151.184 ab.

ERÒDE I IL GRÀNDE, *Ascalona 73 - Gerico 4 a.C.*, re dei giudei (37-4 a.C.). Regnò grazie all'appoggio dei romani, con determinazione e crudeltà. Fece ricostruire il tempio di Gerusalemme. Secondo i Vangeli fu responsabile della strage degli *innocenti*. — **Erode Antipa**, *22 ca. a.C. - 39 d.C.*, tetrarca di Galilea e di Perea (4 a.C. - 39 d.C.). Fondò Tiberiade e fece decapitare Giovanni Battista. Processò Gesù rimandandolo a Pilato. — **Erode Agrippa I**, *10 a.C. - 44 d.C.*, re dei giudei (41-44), nipote di Erode il Grande e padre di Berenice. — **Erode Agrippa II**, *27 ca. - Roma 93 ca. o 100*, re dei giudei (50-93 ca. o 100). Figlio di Erode Agrippa I, dovette affrontare la rivolta giudaica (66-70).

ERODÌADE, *7 a.C. - 39 d.C.*, principessa di Giudea. Nipote di Erode il Grande, sposò due suoi zii: Erode Filippo (da cui ebbe Salomè) ed Erode Antipa. Secondo i Vangeli istigò all'uccisione di Giovanni Battista.

ERÒDOTO, *Alicarnasso 484 ca. - Turi 420 ca. a.C.*, storico greco. Ad Atene fu amico di Pericle e Sofocle. Nelle sue *Storie*, che costituiscono la principale fonte per la conoscenza delle guerre persiane, sottolineò le differenze tra i barbari (egizi, medi, persiani) e la civiltà greca.

ERÓNE DI ALESSÀNDRIA, *Alessandria I sec. d.C.*, matematico e fisico greco. Inventò numerose macchine e vari strumenti di misura. In ottica formulò la legge della riflessione della luce.

ÈROS MITOL. GR. Dio dell'amore. Considerato il più giovane degli dei, veniva rappresentato come un bambino che colpiva al cuore le sue vittime con le frecce del suo arco.

ERÒSTRATO, cittadino di Efeso che, volendo passare alla storia grazie a un'azione memorabile, incendiò il tempio di Artemide a Efeso (356 a.C.).

ERSHAD (Hussain Muhammad), *Rangpur 1930*, generale e politico del Bangladesh. È stato presidente della repubblica dal 1983 al 1990.

ERTÉ (Romain de Tirtoff, detto), *San Pietroburgo 1892 - Parigi 1990*, pittore, scenografo e disegnatore russo naturalizzato francese. Ha trovato uno stile personale, vicino all'Art Deco, nei disegni di moda, nei bozzetti di costumi e nelle scenografie per il teatro e per il cinema (a Hollywood).

ÉRTO E CÀSSO, com. in prov. di Pordenone, sulla riva del bacino artificiale del Vajont; 438 ab. Nel 1963 fu quasi interamente distrutto da un'inondazione provocata da una frana caduta nel lago.

ÈRULI, ant. popolazione germanica. Guidati dal re Odoacre, che sfiorò l'Italia nel 476 ponendo fine all'impero romano d'Occidente. Scomparvero nel VI sec.

ERWIN, detto **di Steinbach**, *1244 ca. - Strasburgo 1318*, architetto tedesco. Partecipò alla costruzione della cattedrale di Strasburgo.

ERZBERGER (Matthias), *Buttenhausen 1875 - presso Griesbach 1921*, politico tedesco. Principale negoziatore dell'armistizio dell'11 nov. 1918, poi ministro delle finanze (1919), fu assassinato dai nazionalisti.

ERZEGOVÌNA, reg. dei Balcani, che fa parte della repubblica di Bosnia-Erzegovina.

ERZGEBIRGE, in it. **Mónti Metalliferi**, in ceco. **Krušné Hory**, catena montuosa al confine tra Germania e Rep. Ceca; 1244 m. È stata zona di sfruttamento minerario (piombo, zinco, rame, argento).

ERZURUM, c. della Turchia orient., a 1800 m d'alt.; 298.735 ab. Diversi monumenti, tra cui la grande moschea di Çifteminare (1253), capolavoro di epoca selgiuchide, successivamente trasformata in museo.

ESA (European Space Agency), agenzia spaziale europea, creata nel 1975. Ha sede a Parigi.

ESAKI (Leo), *Osaka 1925*, fisico giapponese. Per primo ha ottenuto, nel 1957, l'effetto tunnel degli elettroni in un semiconduttore. (Premio Nobel 1973.)

ESAÙ, personaggio biblico. Figlio di Isacco e Rebecca e fratello maggiore di Giacobbe, cui vendette il diritto della primogenitura in cambio di un piatto di lenticchie.

ESBJERG, c. della Danimarca (Jylland); 82.676 ab. Porto. Pesca. Industrie conserviere. — Musei.

ESBO → ESPOO.

ESCHER (Maurits Cornelis), *Leeuwarden 1898 - Laren 1972*, incisore olandese. Nelle sue opere ha attuato un'efficace e suggestiva combinazione di elementi fantastici e realistici, utilizzando metamorfosi (*Rettili*, 1943), illusioni spaziali (*Relatività*, 1953) e serie infinite (*Cerchio-limite III*, 1959).

ÈSCHILO, *Eleusi 525 ca. - Gela 456 a.C.*, tragediografo greco. Può essere considerato il fondatore della tragedia antica. Gli sono attribuite opere ispirate ad antiche leggende tebane ed elleniche (*Sette contro Tebe*, 467; *Orestea*; *Le supplici*, 463 ca.), a miti della tradizione (*Prometeo incatenato*) e alle guerre persiane (*I persiani*, 472).

ESCHIMÉSI o **ESQUIMÉSI**, denominazione di un gruppo di popolazioni dell'Artide (Groenlandia, Canada, Alaska, Siberia), che parlano lingue appartenenti a due diversi ceppi: *inuit* e *yuit*. I progenitori degli e., giunti in America dalla Siberia tra 10.000 e 4000 anni prima della nascita Cristo, attraversarono tutta la zona artica americana e giunsero in Groenlandia ca. 2000 anni prima della nostra era. Il loro stile di vita tradizionale, basato sulla caccia ai mammiferi marini e caratterizzato da una grande capacità di adattamento (costruzione di igloo, invenzione del kayak), e la loro ricca cultura (sciamanesimo) sono stati in parte contaminati dal contatto con la civiltà occidentale (alcolismo e altre patologie sociali). Oggi gli e. lottano per la sopravvivenza della loro società, col sostegno di apposite organizzazioni di tutela.

ÈSCHINE, *390 ca. - 314 a.C.*, oratore ateniese. Dapprima ostile a Filippo II di Macedonia, si schierò in seguito a favore della pace, giungendo così a posizioni contrarie a quelle di Demostene. In seguito alla sconfitta nel processo per la corona che aveva intentato contro Demostene (330 a.C.), dovette andare in esilio. — Le sue orazioni (*Sulla corrotta ambasceria*, *Contro Ctesifonte*) rappresentano esempi di eleganza attica.

ESCOFFIER (Auguste), *Villeneuve-Loubet 1846 - Montecarlo 1935*, cuoco francese. I suoi manuali rappresentano pietre miliari della gastronomia. Tra le tante ricette di cui è autore spicca quella della pesca Melba.

ESCORIAL (El), cittadella della Spagna, ai piedi della Sierra de Guadarrama, a NO di Madrid. È sede del palazzo e monastero fatti realizzare da Filippo II per adempiere a un voto dopo la presa di San Quintino. Alla costruzione dell'edificio, in rigoroso stile classico, (1563-1584), parteciparono J.B. de Toledo, G. Castello e J. de Herrera. Fu concepito come mausoleo per la famiglia reale e centro di studi al servizio della Controriforma. Numerose le opere d'arte: bronzi di L. e P. Leoni, dipinti di pittori fiamminghi, Tiziano, El Greco, J. de Ribera, D. Velázquez, affreschi di L. Giordano, arazzi eseguiti su cartoni di F. Goya [V. foto a pagina seguente.].

ESCRIVÁ DE BALAGUER (José María), *Barbastro 1902 - Roma 1975*, prelato spagnolo. Fondatore dell'Opus Dei (1928), è stato dichiarato santo nel 2002.

ESCUDERO (Vicente), *Valladolid 1892 - Barcellona 1980*, ballerino spagnolo. È stato partner di La Argentina, con cui ha realizzato *El Amor brujo* (1925).

ESCULÀPIO MITOL. ROM. Dio della medicina. Corrisponde al greco Asclepio.

ÈSDRA o **ÈZRA**, *V sec. a.C.*, sacerdote ebreo. Al ritorno dall'esilio babilonese, riformò l'ebraismo e fece restaurare il Tempio.

ESENIN (Sergej Aleksandrovič), *Konstantinovo 1895 - Leningrado 1925*, poeta sovietico. Tra i capifila della scuola "imaginista", cantò con accenti nostalgici il mondo contadino (*Radunica*), e dipinse la disperazione della vita urbana (*Confessione di un teppista*). Celebrò la Rivoluzione d'ottobre in nome di un oscuro messianismo (*Altra terra*). Minato dall'alcolismo, morì suicida.

ESFAHAN, c. dell'Iran, a S di Teheran; 1.266.072 ab. Monumenti dall'XI al XVIII sec., tra cui la Grande Moschea (XI-XVIII sec.); notevoli esempi di architettura dei Safawidi (padiglione di Ali Qapu, moschee reali, Lotfollah ecc.).

El **ESCORIAL**, *palazzo-monastero (seconda metà del XVI sec.), 45 km a NO di Madrid.*

ESHKOL (Levi), *Oratovo, Ucraina, 1895 - Gerusalemme 1969*, politico israeliano. Fu primo ministro dal 1963 al 1969.

ESHNUNNA, ant. c. mesopotamica, corrispondente all'att. Tell Asmar (Iraq). Controllata dai sumeri, fu poi conquistata dai babilonesi. È un notevole sito archeologico, nel quale è stato rinvenuto un codice giuridico risalente al 1800 a.C.

ESÌNO, f. delle Marche; 90 km. Nasce dal Monte Cafaggi, bagna Jesi e sfocia nel Mar Adriatico presso Falconara Marittima.

ESÌODO, *Ascra, Beozia, metà dell'VIII sec. a.C.*, poeta greco. Autore della *Teogonia, introdusse il genere della poesia didascalica (*Le *opere e i giorni*).

ESKILSTUNA, c. della Svezia, presso il Lago Mälaren; 88.659 ab. Metallurgia. — Musei.

ESKIŞEHIR, c. della Turchia, a O di Ankara; 454.536 ab.

ESMERALDAS, c. dell'Ecuador; 98.558 ab. Porto.

ESNA o **ISNA**, c. dell'Egitto (Alto Egitto), sul Nilo; 34.000 ab. Resti della sala ipostila del tempio tolemaico (colonne con incisi importanti testi relativi al mito della creazione).

ESNAULT-PELTERIE (Robert), *Parigi 1881 - Nizza 1957*, ingegnere francese. Ha introdotto importanti innovazioni nel campo dell'aviazione. È stato tra i teorici della navigazione interplanetaria su razzi.

ESO (European Southern Observatory), consorzio europeo creato nel 1962 allo scopo di effettuare ricerche astronomiche nell'emisfero australe. Ha sede a Garching (Germania). In Cile, dispone di un osservatorio a La Silla e di un enorme telescopio (*VLT) sul Cerro Paranal.

ÈSODO, fuga degli ebrei dall'Egitto sotto la guida di Mosè. Il libro biblico dell'*E.* narra questa vicenda, che gli storici fanno risalire al 1250 ca. a.C.

ESÒPO, *VII-VI sec. a.C.*, favolista greco. Autore semileggendario cui è attribuito un corpus di *Favole*, noto dalla fine del V sec. a.C., che ha esercitato una grande influenza su favolisti moderni quali J. La Fontaine.

ESPARTERO (Baldomero), dùca **della Vittòria**, *Granátula 1793 - Logroño 1879*, generale e politico spagnolo. Sconfisse i carlisti a Luchana (1836). Fu reggente dal 1840 al 1843.

ESPÈRIA, nome con il quale nel mondo greco erano conosciute le terre occ. (Italia e Spagna).

ESPÈRIDI MITOL. GR. Ninfe custodi del giardino degli dei, dove cresceva l'albero dai pomi d'oro, grazie ai quali si otteneva l'immortalità.

ESPÈRIDI, mitiche isole dell'Atlantico, corrispondenti alle Canarie.

ESPINEL (Vicente), *Ronda 1550 - Madrid 1624*, scrittore spagnolo. Poeta e compositore, scrisse il romanzo picaresco *Marcos de Obregón* (1618).

ESPÍRITO SANTO, Stato del Brasile, sull'Atlantico; 3.094.390 ab.; cap. *Vitória*.

ESPOO o **ESBO**, c. della Finlandia, sobborgo di Helsinki; 213.271 ab.

ESPRÈSSO (L'), settimanale politico, economico e culturale fondato a Roma nel 1955 da A. Benedetti. È stato uno dei protagonisti del dibattito socio-politico, mettendo a nudo la corruzione e le anomalie riguardanti il governo e la vita pubblica italiana. Direttori: A. Benedetti, E. Scalfari, G. Corbi, L. Zanetti, G. Valentini, C. Rinaldi, D. Hamaui.

ESPRIT NOUVEAU (L'), rivista fondata nel 1919 a Parigi da Le Corbusier con P. Dermée e A. Ozenfant e pubblicata fino al 1925. Organo del movimento purista, si occupò di ogni forma d'arte, con un interesse prevalente per l'architettura.

ESPRIU (Salvador), *Santa Coloma de Farnés 1913 - Barcellona 1985*, scrittore spagnolo di lingua catalana. Si ispira alle vicende del popolo catalano.

ESPRONCEDA (José **de**), *Almendralejo 1808 - Madrid 1842*, poeta spagnolo. Tra i più importanti poeti romantici spagnoli (*Il mondo diavolo*).

ESQUILÌNO, uno dei sette colli di Roma, nella zona orient. della città. In epoca imperiale vi sorsero la Domus Aurea e le terme di Tito e Traiano.

ESQUIMÉSI → ESCHIMESI.

ESSAOUIRA, già **Mogador**, c. del Marocco, sull'Atlantico; 56.074 ab. Pesca. Stazione balneare. — Fortificazioni, in gran parte del XVIII sec.

ESSEN, c. della Germania (Renania Settentrionale-Westfalia), nella Ruhr; 599.515 ab. Centro industriale. Sviluppato il settore terziario. — Cattedrale gotica, sorta su un complesso abbaziale dell'XI sec. Folkwang Museum (arte contemporanea; dipartimento di fotografia).

ESSEQUIBO, f. della Guyana; 1000 km ca. Bacino ricco di bauxite.

ÈSSERE E IL NÙLLA (L'), opera di J.-P. Sartre (1943) che rappresenta l'atto di nascita dell'esistenzialismo.

ÈSSERE E TÈMPO, opera di M. Heidegger (1927). In essa l'autore, partendo da un approccio fenomenologico, delineò il senso dell'essere, ben distinto dagli enti determinati che sono nel presente, e descrisse la condizione di finitezza dell'uomo (*Dasein*, o *esserci*).

ESSEX, contea dell'Inghilterra, sull'estuario del Tamigi; 1.495.600 ab.; capol. *Chelmsford*. Ant. regno sassone fondato nel VI sec. e riunito all'Essex nel 825, che aveva per cap. l'att. Londra.

ESSEX (Robert **Devereux**, 2° cónte **di**), *Netherwood 1566 o 1567 - Londra 1601*, militare e cortigiano inglese. Fu il favorito di Elisabetta I. Caduto in disgrazia (1600), ordì una cospirazione ai danni della regina e fu giustiziato. — **Robert Devereux**, 3° cónte **di E.**, *Londra 1591-1646*, nobile inglese. Figlio del 2° conte di Essex, guidò l'esercito del parlamento durante la guerra civile.

ESSLINGEN AM NECKAR, c. della Germania (Baden-Württemberg), sul Neckar; 89.667 ab. Costruzioni meccaniche. — Monumenti medievali.

ESSONNE, dip. della Francia, nella reg. Île-de-France; capol. *Évry*; 1804 km²; 1.134.238 ab. A un N urbanizzato, e in alcune zone industrializzato, si contrappone un S in gran parte rurale. Frutticoltura, orticoltura e cerealicoltura.

ÈSTE, c. in prov. di Padova, situato al margine merid. dei Colli Euganei; 17.031 ab. Industrie meccaniche. Fiorente centro nell'Età del ferro, dall'XI sec. fu feudo degli Este per poi passare a Padova, nel XIII sec. Fu in seguito contesa tra Carraresi e Scaligeri e nel 1405 divenne proprietà di Venezia. Castello ricostruito nel XIV sec. Museo archeologico.

ÈSTE o **ESTÈNSI**, famiglia principesca, le cui origini sono riconducibili agli Obertenghi, che regnò su Ferrara, Modena e Reggio nell'Emilia. — **Alberto Azzo II d'E.**, *996 ca. - 1097*, fu il capostipite. — **Obizzo II d'E.**, *1247-1293*, divenne ufficialmente signore di Ferrara e, in seguito, di Modena e

Reggio. — **Borso d'E.**, *1413-1471*, ottenne da Federico III il titolo di duca di Modena e Reggio e quello di conte di Rovigo, e da papa Paolo VI il titolo di duca di Ferrara. Patrocinò la cultura e le arti. — **Alfonso I d'E.**, *1476-1534*, si alleò con Giulio II contro Venezia nella Lega di Cambrai, sconfisse i veneziani a Polesella (1509), si avvicinò poi alla Francia. Grande mecenate, protesse L. Ariosto, P. Bembo e Tiziano. — **Ercole d'E.** →ERCOLE I D'E. — **Maria Beatrice d'E.** →MARIA BEATRICE D'E.

ÈSTE (Villa d'), residenza del XVI sec., a Tivoli. Commissionata dal cardinale Ippolito d'Este a P. Ligorio (dal 1550), è celebre per i suoi giardini a terrazze animati da numerose fontane (Fontana del Bicchierone attribuita a G.L. Bernini, Fontana dell'Organo di C. Venard).

Villa d'**ESTE**, *Fontana del Nettuno, Tivoli.*

ÈSTER, *V sec. a.C.*, ebrea deportata a Babilonia. Secondo il biblico *Libro di E.* (II sec. a.C.), divenne regina dei persiani e salvò gli ebrei dal massacro.

ESTERHÁZY o **ESZTERHÁZY**, famiglia dell'aristocrazia ungherese (XVII-XIX sec.) i cui membri ricoprirono importanti cariche per gli Asburgo. — **Miklós E.**, *1714 - Vienna 1790*, aristocratico ungherese. Fece erigere il barocco Palazzo degli E. (oggi Fertöd).

ESTÈVE (Maurice), *Culan 1904-2001*, pittore francese. Nelle forme astratte dei suoi dipinti le tinte vivaci usate in funzione espressiva si conciliano con le strutture fluide e complesse. Museo a Bourges.

ESTÌA MITOL. GR. Divinità del focolare. Corrisponde alla romana Vesta.

ESTIENNE, famiglia di umanisti ed editori francesi. — **Robert I E.**, *Parigi 1503 - Ginevra 1559*. Pubblicò un dizionario di latino. — **Henri II E.**, *Parigi 1528 ? - Lione 1598*, figlio di Robert I. Ellenista, scrisse un *Thesaurus graecae linguae*.

ESTÒNIA, in eston. **Eesti**, Stato dell'Europa orient., sul Baltico; 45.000 km²; 1.377.000 ab. (*estoni*). CAP. *Tallinn*. LINGUA: estone. MONETA: *corona estone*.

GEOGRAFIA – È un paese pianeggiante, dal clima piuttosto freddo, più favorevole all'allevamento che all'agricoltura. I settori industriali a maggiore sviluppo sono quelli agroalimentare, tessile, chimico, meccanico ed elettronico, mentre la principale risorsa del sottosuolo è costituita dagli scisti bituminosi. La popolazione, urbanizzata, è composta per oltre il 60% da estoni, ma conta anche elementi russi (quasi un terzo), la cui integrazione è peraltro problematica.

STORIA – Gli estoni, di origine ugro-finnica, si uniscono contro gli invasori vichinghi (IX sec.) e russi (XI-XII sec.), ma nel 1217 vengono annientati dai danesi e dai cavalieri dell'Ordine teutonico. **1346-1561**: la regione viene governata dai cavalieri dell'Ordine teutonico; **1629**: passa sotto il dominio svedese; **1721**: entra a far parte dell'impero russo; **1920**: la Russia sovietica ne riconosce l'indipendenza. **1940**: in base al patto stipulato tra tedeschi e sovietici, l'E. viene incorporata nell'URSS. **1941-1944**: occupazione tedesca. **1944**: l'E. è di nuovo una repub-

Estonia

★ importante località turistica

autostrada — più di 400.000 ab.
— strada normale ● da 100.000 a 400.000 ab.
— ferrovia ● da 50.000 a 100.000 ab.
✈ aeroporto ● meno di 50.000 ab.

---

blica sovietica. **1991**: in settembre l'indipendenza riconquistata viene riconosciuta dalla comunità internazionale. **1994**: le ultime truppe dell'Armata rossa si ritirano dal territorio. **1995**: l'E. presenta domanda di adesione all'Unione Europea. **1998**: viene abolita la pena di morte. **2001**: Arnold Rüütel viene eletto presidente della repubblica. **2002**: Siim Kallas, esponente del Partito riformista, diventa primo ministro.

ESTORIL, c. del Portogallo. Stazione balneare. Circuito automobilistico.

ESTRELA (*Serra da*), massiccio del Portogallo, che comprende la cima più alta del paese; 1991 m.

ESTREMADURA, in sp. **Extremadura**, reg. della penisola iberica (Spagna e Portogallo).

ESTREMADURA, in sp. **Extremadura**, comunità autonoma della Spagna; 41.602 km²; 1.069.420 ab.; capol. *Mérida*; 2 prov. (*Badajoz* e *Cáceres*).

ESTREMADURA, reg. del Portogallo. Corrisponde in parte ai distretti di Leiria, Santarém e Lisbona.

ESTRÈMO ORIÈNTE, insieme di paesi dell'Asia orient. (Cina, Giappone, Corea, Stati dell'Indocina e dell'Insulindia, estremità orient. della Russia).

ESUS, una delle tre divinità galliche più importanti, insieme a Taranis e Teutates.

ESZTERGOM, c. dell'Ungheria, sul Danubio; 29.841 ab. Sede del primate di Ungheria. — Monumenti del XVIII sec. e immensa cattedrale neoclassica del XIX sec.; musei.

ETA (Euzkadi ta Azkatasuna, in it. Paese basco e libertà), organizzazione indipendentista nata nel 1959 dall'ala estremista del movimento nazionalista basco. Rivendica l'indipendenza delle Province Basche, anche mediante azioni terroristiche.

ÈTA, catena montuosa della Grecia (Tessaglia); 2152 m.

ETÈOCLE MITOL. GR. Figlio di Edipo e Giocasta. Nella contesa con il fratello Polinice per il governo di Tebe, i due finirono per uccidersi l'un l'altro.

ETERÌA, società greca fondata a Odessa nel 1814, diretta da A. Ypsilanti. Nel 1821 scatenò un'insurrezione in Moldavia, Valacchia e Grecia.

ETHICA MORE GEOMETRICO DEMONSTRATA, l'opera più importante di B. Spinoza, in latino, pubblicata postuma nel 1677. Il filosofo vi espone il suo sistema, procedendo per assiomi, definizioni e dimostrazioni. La sua dissertazione, divisa in cinque parti, prende le mosse dalla definizione di Dio, visto come immanente, per giungere alla disamina delle condizioni della libertà umana: solo l'accesso alla vera conoscenza conduce il saggio alla felicità.

ÈTICA NICOMACHÈA, trattato di Aristotele. Il filosofo, dopo aver dimostrato che la felicità è il bene supremo cui tende l'uomo, vi espone la

sua concezione delle virtù, intese come "giusto mezzo" tra due estremi.

ÉTIENNE-MARTIN (*Étienne* **Martin**, detto), *Loriol-sur-Drôme 1913 - Parigi 1995*, scultore francese. È autore di sculture in legno e in bronzo che celebrano la natura e rimandano ai primordi della civiltà (serie "Dimore").

ETIÒPIA, in amarico **Tyop'iya**, Stato dell'Africa orient.; 1.100.000 km²; 64.459.000 ab. (*etiopi*). CAP. *Addis Abeba*. LINGUA: *amarico*. MONETA: *birr*.

GEOGRAFIA – Eccezion fatta per le pianure orient. (Ogaden) e, più a N, per la depressione della Dancalia, dove si pratica l'allevamento nomade, l'E. è una regione montuosa (caratteristica che, a questa latitudine, impedisce la desertificazione), in cui il tipo di attività agraria e

di allevamento mutano in funzione dell'altitudine. Al di sotto dei 1800 m la foresta tropicale è interrotta da colture di cotone, mais e tabacco; oltre i 2500 m le condizioni climatiche consentono solamente la coltivazione dell'orzo e l'allevamento. La zona tra i 1800 e i 2500 m è la più ricca: vi si coltivano cereali, legumi, frutta e caffè, il principale prodotto d'esportazione. In questa fascia si concentra inoltre la maggior parte di una popolazione in cui si mescolano abissini e galla, di fede cristiana monofisita o musulmana. Il paese è devastato in alcune zone (Tigré, Ogaden) dalla guerra civile e dalla siccità, causa di carestie e di importanti movimenti migratori. Privo di accesso diretto al mare dai tempi della secessione dell'Eritrea, è uno dei paesi più poveri del mondo e dipende dagli aiuti internazionali.

STORIA – **Il regno di Aksum**. I-IX sec. d.C.: il regno di Aksum, il cui capo si fregia del titolo di "re dei re" (negus), estende la propria dominazione fino al Nilo Azzurro. Cristianizzato dalla Chiesa egiziana copta nel IV sec., conosce la massima fioritura nel VI sec.

L'apogeo medievale e la lotta contro l'islam. X sec.: il regno di Aksum cade sotto i colpi dell'islam. **1140 ca. - 1270**: a E del Lago Tana si stabilisce la dinastia degli Zaguè, che erige a propria capitale Roha, l'att. Lalibelà. **1270-1285**: Yekuno Amlak tenta di far rinascere il regno di Aksum battendo gli Zaguè. XVI sec.: i portoghesi scoprono il paese, lo identificano con il regno favoloso del "prete Gianni" e lo liberano (1543) dall'occupazione musulmana imposta nel 1527. XVII-XVIII sec.: dopo la penetrazione di popolazioni pagane (tra cui i galla), il territorio è pesto sconvolto dalle lotte tra signori feudali, i ras. **Il periodo coloniale**. **1855-1868**: Teodoro II umilia la potenza dei ras e si fa proclamare "re dei re". **1869**: gli italiani occupano Assab; **1885**: conquistano Massaua. **1889**: il ras dello Scioa viene incoronato negus con il nome di Menelik II grazie all'appoggio degli italiani, che in cambio ottengono la regione di Asmara e, con il trattato di Uccialli, stabiliscono di fatto un protettorato su Massaua e parte dell'Eritrea. **1893**: una controversia in merito all'interpretazione del trattato sfocia nella prima guerra italo-etiopica

Etiopia-Gibuti

★ importante sito turistico

0 500 1000 2000 3000 m

— strada normale ● più di 2.000.000 di ab.
— ferrovia ● da 100.000 a 2.000.000 di ab.
✈ aeroporto ● da 50.000 a 100.000 ab.
● meno di 50.000 ab.

(1894-1896), che si conclude con la totale disfatta delle truppe italiane nella battaglia di Adua. **1917**: gli europei, padroni dei territori costieri, impongono come reggente Tafari Makkonen; **1930**: quest'ultimo, negus dal 1928, diventa imperatore con il nome di Hailé Sellasié I. **1931**: entra in vigore una Costituzione di tipo occidentale. **1935-1936**: seconda guerra italo-etiopica, in seguito alla quale l'E. costituisce, con Eritrea e Somalia, l'Africa orientale italiana.
L'Etiopia contemporanea. 1941: le truppe franco-inglesi liberano il paese e ristabiliscono sul trono il negus. **1962**: l'Eritrea, riunita all'E. nel 1952 in qualità di Stato federato, si costituisce in provincia. Inizia a serpeggiare la ribellione contro il governo centrale. **1963**: Addis Abeba è sede dell'OUA (Organizzazione dell'unità africana, oggi UA, Unione africana). **1974**: alcuni ufficiali riformisti destituiscono il negus. L'E. imbocca la strada del socialismo autoritario. **1977**: Hailé Mariam Menghistu, diventato capo dello Stato, consolida i legami con l'URSS e Cuba, da cui riceve sostegno nel conflitto con l'Eritrea e nella lotta contro la Somalia per il controllo dell'Ogaden. **1987**: una nuova Costituzione trasforma l'E. in repubblica popolare democratica, a partito unico (costituitosi nel 1984). **1988**: accordo di pace con la Somalia. **1989-1990**: il disimpegno dell'URSS indebolisce il regime di fronte all'escalation della guerra civile. **1991**: H.M. Menghistu deve abbandonare il potere. Meles Zenawi, leader del Fronte popolare rivoluzionario del popolo etiopico (FPRPE), viene eletto capo dello Stato. **1993** l'Eritrea conquista l'indipendenza. **1994**: una nuova Costituzione fa dell'E. uno Stato federale costituito da 9 regioni, formate su basi etniche. **1995**: l'FPRPE vince le prime elezioni pluraliste. M. Zenawi lascia la presidenza per ricoprire la carica di primo ministro. **1998-2000**: un conflitto di frontiera contrappone l'Eritrea all'E. **2001**: Girma Wolde Giyorgis diventa capo dello Stato. **2002**: la corte internazionale dell'Aia riconosce all'E. il possesso della maggior parte dei territori rivendicati, nel Tigré nord-occ.

ÈTNA, vulcano attivo nella zona nord-orient. della Sicilia; 3345 m. Detto anche Mongibello, è il vulcano più grande d'Europa e comprende 260 crateri ca. Ad alta quota le sue pendici sono ricoperte di neve per quasi tutto l'anno. Osservatorio vulcanologico V. Bellini.

L'**ETNA** visto dalle pendici.

ETOBICOKE, c. del Canada (Ontario), sobborgo di Toronto; 328.718 ab.
ETÒLIA, reg. della Grecia, a N del Golfo di Corinto. Nel IV sec. a.C. le sue città si unirono nella lega etolica, in funzione antimacedone, che fu sconfitta da Roma nel 189 a.C.
ETON, c. della Gran Bretagna (Inghilterra), sul Tamigi; 4000 ab. College fondato nel 1440.
ETRÙRIA, ant. reg. che corrisponde in parte all'att. Toscana. Fu la culla della civiltà etrusca. — Napoleone creò per il duca di Parma il regno di E. (1801-1808), in seguito unito all'impero francese, trasformato in granducato di Toscana e assegnato a Elisa Bonaparte (1809-1814).
ETRÙSCHI, popolazione attestata in Etruria dalla fine dell'VIII sec. a.C. La sua origine è controversa, ma è probabile si tratti di una civiltà autoctona derivata da quella villanoviana. Gli e. fondarono 12 potenti e ricche città-stato dette "lucumonie" (Volterra, Arezzo, Perugia, Cortona, Chiusi, Volsini, Populonia, Vetulonia, Vulci, Veio, Cere e Tarquinia), raggruppate in confederazioni e governate dapprima da re e poi, verso la fine del VI sec. a.C., da oligarchi. Erano

abili navigatori e sfruttarono il mare sia per i commerci (materie prime e manufatti) sia per accrescere la loro potenza nel Tirreno (conquista della Corsica, con la battaglia di Alalia, nel 535 a.C.). Tra il VII e il VI sec. a.C. estesero il loro dominio a S fino alla Campania (fondazione di Capua, Acerra, Nola e Nocera), e a N alla pianura padana (fondazione di Felsina, Marzabotto, Adria, Spina, Modena, Parma, Piacenza e Mantova). Nel 575 ca. a.C. giunsero a conquistare Roma (regni di Servio Tullio e dei Tarquini). Il frazionamento interno dovuto alla presenza di città-stato rese però gli e. vulnerabili all'attacco di greci, sanniti, galli e soprattutto romani, che conquistarono tutta la Toscana a partire dal IV sec. a.C. La civiltà etrusca, che rimase viva nonostante queste disfatte, esercitò una profonda influenza sulla religione e sulle istituzioni romane. — L'evoluzione artistica di questo popolo, il cui apogeo (610-460 a.C.) corrisponde al periodo detto "arcaico", copre un arco di sette secoli circa. Gli e. erano molto abili nella lavorazione dei metalli e nella produzione di terrecotte e ceramiche. Quanto alla loro attività struttiva, se da una parte ci sono giunte scarsissime testimonianze architettoniche (ci è noto l'uso delle tecniche dell'arco e della volta), dall'altra restano vaste necropoli (Cerveteri, Chiusi, Tarquinia, Volterra ecc.) di varie tipologie, con camere funerarie ornate di pitture parietali e ricche di suppellettili, quali statue fittili, buccheri, canopi.
ETTERBEEK, c. del Belgio (Bruxelles), sobborgo all'estremità sud-orient. di Bruxelles; 39.634 ab. Palais du Cinquantenaire (Museo reale d'arte e di storia) con parco.
ÈTTORE MITOL. GR. Eroe troiano, figlio di Priamo, marito di Andromaca e padre di Astianatte, tra le figure principali dell'*Iliade*. Capo dell'esercito troiano, responsabile della morte di Patroclo, fu ucciso da Achille.
ETTÒREO (Pietro) o **HEKTOROVIĆ** (Petar), *Hvar 1487-Starigrad 1572*, letterato dalmata. Fu uno dei più importanti esponenti della scuola di Dubrovnik. Scrisse un'egloga in lingua croata, *La pesca e i discorsi pescerecci* (1568), in cui introduse alcuni canti epici popolari.
ETZIONI (Amitai Werner), *Colonia 1929*, sociologo statunitense. Autore di studi di sociologia delle organizzazioni (*Modern organizations*, 1971), è anche uno tra i principali rappresentanti del comunitarismo americano.
EUBÈA, isola greca del Mar Egeo; 218.078 ab. Nell'antichità le città dell'E., in part. Calcide ed Eretria, fondarono numerose colonie. Nel Medioevo l'isola fu chiamata *Negroponte* e occupata dai crociati.
EUCLÌDE, *Alessandria ? III sec. a.C.*, matematico greco. Nella sua opera più importante, **Elementi*, usò il metodo deduttivo per ottenere proposizioni via via più complesse a partire da postulati e assiomi. Il *quinto postulato* di E., secondo cui per un punto in un piano può passare una sola parallela a una retta data, provocò accese discussioni tra i matematici fino al XIX sec.
EUDÒCIA, *Atene - Gerusalemme 460*, imperatrice d'Oriente. Moglie di Teodosio II, promosse la cultura ellenistica nell'impero d'Oriente.
EUDÒSSIA, *m. a Costantinopoli nel 404*, imperatrice d'Oriente. Moglie di Arcadio, dominata da una sfrenata ambizione, fece condannare all'esilio Giovanni Crisostomo.
EUDÒSSIA (licinia), *V sec.*, imperatrice d'Occidente. Moglie (437) di Valentiniano III, nel 455 chiamò in Italia i vandali di Genserico, che la tenne prigioniera per sette anni. Fece costruire a Roma la chiesa di S. Pietro in Vincoli.
EUDÒSSO DI CNÌDO, *Cnido 406 ca. - 355 a.C.*, erudito greco. Fornì una spiegazione dei movimenti celesti attraverso il sistema cosmologico delle sfere omocentriche, basato su una combinazione di movimenti circolari uniformi, in accordo con le teorie di Platone.
EUFORIÓNE, *Calcide nell'Eubea 276 ca. - Siria 187 ca. a.C.*, poeta greco. Autore di epigrammi ed epilli mitologici, fu imitato a Roma dai *poetae novi*, che Cicerone definì *cantores Euphorionis*.

EUFRÀTE, f. dell'Asia, che nasce nell'Armenia turca, attraversa la Siria e si congiunge al Tigri in Iraq, per formare lo Shatt Al-Arab; 2780 km.
EUFRÒNIO, pittore greco e ceramista ateniese, attivo tra la fine del VI sec. e l'inizio del V sec. a.C. È il principale esponente dello stile severo a figure rosse.
EUGÀNEI (Còlli), gruppo collinare situato a SO di Padova. Di origine vulcanica, raggiunge i 603 m di alt. (Monte Venda). Vi si trova un parco regionale, istituito nel 1989. Di notevole importanza il turismo, con centri come Abano Terme e Arquà Petrarca.
EUGENE, c. degli Stati Uniti (Oregon); 137.893 ab.
EUGÈNE DE BEAUHARNAIS → BEAUHARNAIS (Eugénio di)
EUGÈNIA BONAPÀRTE (Eugenia María de Montijo de Guzmán), *Granada 1826 - Madrid 1920*, imperatrice dei francesi. Sposò Napoleone III (1853), su cui ebbe una grande influenza.

■ *L'imperatrice Eugenia ritratta da Winterhalter. (Castello di Compiègne.)*

EUGÈNIO (Flàvio), *394*, imperatore romano d'Occidente. Alla morte di Valentiniano II, nel 392, si proclamò augusto d'Occidente, ma Teodosio non lo riconobbe. Rimase ucciso nella battaglia combattuta presso il f. Frigido.
EUGÈNIO I (sànto), *m. nel 657*, papa dal 654 al 657. — **Eugenio II**, *Roma ? - 827*, papa dal 824 all'827. Giunse a un accordo con l'imperatore Lotario e riorganizzò lo Stato pontificio. — **Eugenio III** (Bernardo **Paganelli di Montemagno**), *Pisa - Tivoli 1153*, papa dal 1145 al 1153. Cistercense, grazie all'appoggio di san Bernardo poté continuare l'opera di riforma di Gregorio VII. — **Eugenio IV** (Gabriele **Condulmer**), *Venezia 1383 - Roma 1447*, papa dal 1431 al 1447. Con il concilio di Firenze (1439) proclamò l'unione, meramente formale, delle Chiese d'Oriente e d'Occidente.
EUGÈNIO DI SAVÒIA-CARIGNÀNO, *Parigi 1663 - Vienna 1736*, militare al servizio dell'Austria. Nella guerra di successione spagnola sconfisse Luigi XIV a Malplaquet (1709), ma fu poi battuto dai francesi a Villars (1712). Nel 1717 conquistò Belgrado strappandola ai turchi.
EULÀLIA (sànta), vergine che subì il martirio a Mérida (III sec.). La sua passione è il tema della *Cantilena di santa Eulalia* (880 ca.), il più antico documento in lingua d'oil.
EULENSPIEGEL (Till), leggendario personaggio, celebre per le sue facezie. C. De Coster ne fece il simbolo della resistenza dei Paesi Bassi contro la Spagna (*La leggenda di Eulenspiegel*, 1867).
EULÈRO (Leonhard **Euler**, detto), *Basilea 1707 - San Pietroburgo 1783*, matematico svizzero. Nel XVIII sec. fu il principale artefice dello sviluppo dell'analisi matematica, che riorganizzò intorno al concetto base di funzione. Dimostrò il suo genio in numerosi campi della fisica matematica.
ÈUMENE II, re di Pergamo (197-159 a.C.). Alleato di Roma, con la pace di Apamea (188 a.C.) ottenne una parte dell'Asia Minore.
EUMÈNIDI, terza tragedia dell'**Orestea*.
ÈUPOLI, *Atene 446-411 a.C.*, commediografo greco. Inizialmente amico di Aristofane, entrò poi in polemica con lui per questioni di plagio. Scrisse 19 commedie, di cui restano soltanto i titoli e pochissimi frammenti.
EUR, quartiere di Roma realizzato per l'Esposizione universale del 1942 (da cui la sigla), che fu poi sospesa a causa della guerra. Oggi comprende anche gli edifici costruiti negli anni successivi e la zona residenziale che li circonda.
EURÀFRICA, appellativo con cui talvolta si indica l'insieme dell'Europa e dell'Africa.
EURÀSIA, appellativo con cui talvolta si indica l'insieme dell'Europa e dell'Asia.
EURATOM, così è chiamata la Comunità europea dell'energia atomica, organizzazione internazionale a vocazione europea. L'E. fa parte dell'**Unione Europea*; i suoi organi si sono fusi con quelli della CEE e della CECA nel 1967.

L'arte etrusca La civiltà degli etruschi, eredi delle antiche culture autoctone, in particolare di quella villanoviana, si sviluppò nell'arco di sette secoli. Eccellenti navigatori, abili nella metallurgia, avviarono traffici non solo in tutto il Mediterraneo, ma anche nell'area dei principi celti di Hallstatt. Se gli scambi commerciali aumentarono la diffusione degli oggetti e delle tecniche etrusche, al tempo stesso permisero a questo popolo di arricchire la propria espressività artistica senza smarrire la genialità.

Cerveteri, la necropoli a tumulo. Vere e proprie città dei morti, le necropoli sono organizzate secondo il modello delle città dei vivi, come a Cerveteri (VII-VI sec. a.C.).

Ciondolo a forma di testa del dio del fiume Acheloo. Abili orafi, gli etruschi raggiunsero la perfezione nella tecnica della granulazione. I corredi funerari del VII e VI secolo riflettono il loro apogeo economico. Oro, VI sec. a.C. (Louvre, Parigi.)

Statuetta votiva. Grazie agli etruschi, le armature e la strategia degli opliti greci furono conosciute anche dai romani. Bronzo, inizio del IV sec a.C. (Museo archeologico, Firenze.)

Tarquinia, Tomba del triclinio. Tarquinia possedeva una vera e propria scuola di pittura funeraria: la tradizionale riproduzione dei banchetti e delle danze, apparsa nel IV sec., prosegue sino all'inizio del V, ma il tratto si è consolidato e i personaggi si integrano felicemente nel paesaggio. Affresco, 470 ca. a.C.; partic.: il suonatore di doppio flauto. (Museo nazionale, Tarquinia.)

Sarcofago delle amazzoni. Le forme, il bassorilievo, i giochi di luce e ombra e il tema malinconico testimoniano un'arte pittorica che non ignora le conquiste della pittura greca. Calcare levigato e dipinto, 360 ca. a.C. (Museo archeologico, Firenze.)

EURE, dip. della Francia, nella reg. Alta Normandia; capol. *Évreux*; 6040 km^2; 541.054 ab. Agricoltura (grano, barbabietola da zucchero, foraggi); allevamento. Industria agroalimentare, tessile, costruzioni meccaniche ed elettriche.

EURE-ET-LOIR, dip. della Francia, nella reg. Centro; capol. *Chartres*; 5880 km^2; 407.665 ab. Allevamento bovino nelle zone collinari e agricoltura (grano, barbabietola da zucchero e mais) in quelle pianeggianti. Costruzioni meccaniche ed elettriche.

EUREKA, programma europeo, lanciato a Parigi nel 1985, che promuove progetti di ricerca e sviluppo nell'ambito delle tecnologie di punta.

EURIDÌCE MITOL. GR. Sposa di Orfeo.

EURIMEDÓNTE, f. della Panfilia (att. Köprüsu, Turchia). Alla sua foce Cimone sconfisse i persiani nel 468 a.C.

EURÌPIDE, *Salamina 480 - Pella 406 a.C.*, tragediografo greco. Le sue tragedie, segnate dal clima di instabilità creato dalla guerra del Peloponneso, turbarono i contemporanei (*Alcesti*, 438; *Medea*, 431; *Ippolito*, 428; *Andromaca*, 425 ca.; *Ecuba*, 424 ca.; *Supplici*, 423 ca.; *Elettra*, 416 ca.; *Ifigenia in Tauride*, 413 ca.; *Elena*, 412; *Fenicie*, 410 ca.; *Baccanti*, dopo il 406). Introdusse innovazioni (importanza dell'analisi psicologica, svecchiamento dei miti, indipendenza del coro in rapporto all'azione) che ebbero una profonda influenza sui tragediografi successivi. Scrisse anche il dramma satirico *Il ciclope*.

EURIPO, stretto canale, percorso da forti correnti, che separa l'Eubea e la Beozia.

EURISTÈO MITOL. GR. Re di Micene. Impose a Eracle le "dodici fatiche" per liberarsi di lui.

EUROCITY (EC), treno rapido internazionale che garantisce collegamenti veloci tra città di diversi paesi europei.

EUROCORPS, corpo militare europeo creato nel 1992 per iniziativa di Francia e Germania, operativo dal 1995.

EURÒPA, uno dei cinque continenti, compreso tra il Mar Glaciale Artico a N, l'Oceano Atlantico a O, il Mediterraneo e, per convenzione, la catena del Caucaso a S, il Mar Caspio e gli Urali a E; 10.500.000 km^2; 726.312.000 ab. (*europei*). Sulla base delle variazioni morfologiche e orografiche è possibile distinguere tra un'E. settentr., formata da vaste pianure (pianure nord-europee) e da uno zoccolo antico (sistemi caledoniano ed ercinico), in alcune parti più recente (Scandinavia), e un'E. merid., occupata da catene risalenti al terziario (Pirenei, Alpi, Carpazi), che circondano territori pianeggianti in genere poco estesi. L'E. appartiene alla fascia di clima temperato, ma, a seconda della distanza dall'oceano, della latitudine e della disposizione dei rilievi, è possibile individuare variazioni termiche e pluviometriche in base a cui si distinguono un'E. oceanica a O, continentale a E, mediterranea a S. Queste zone sono caratterizzate da differenti formazioni vegetali: latifoglie a O, conifere a E e nell'estremo N, macchia e arbusti, ciò che resta della foresta mediterranea, a S. Il popolamento dell'E. è stato favorito dalla sua posizione nella fascia temperata, al centro dell'emisfero boreale, e dalla profonda penetrazione dei mari nelle sue terre, elementi che rendono conto anche della densità e della varietà demografica. L'E., abitata sin dal Paleolitico, ospita, su una superficie corrispondente a meno del 10% delle terre emerse, più del 12% della popolazione mondiale, percentuale che è comunque in rapida diminuzione a causa del basso tasso di natalità. Gli europei presentano grandi differenziazioni etniche e linguistiche (anche se vi è una netta prevalenza delle lingue indoeuropee). Grazie all'Unione Europea è stato possibile realizzare l'unificazione economica e monetaria, con l'adozione, da parte della maggioranza dei paesi, di una moneta comune, l'euro. L'UE, che comprende gli Stati più ricchi del continente, a parte Svizzera e Norvegia, si prepara a uno storico allargamento con l'integrazione, prevista per il 2004, di dieci nuovi paesi dell'E. centrale, orientale (dell'ex blocco socialista e dell'ex Unione Sovietica) e meridionale. La divisione tra E. occidentale e orientale resta comunque molto marcata, almeno per quel che riguarda il livello di sviluppo.

L'EUROPA MEDIEVALE
FINE XII SECOLO- INIZIO XIII SECOLO

Capetingi e Plantageneti

Possedimenti di Enrico II Plantageneto 1154-1189

Possedimenti inglesi in Francia alla fine del regno di Filippo Augusto

Lotta tra papato e impero

Sacro Romano Impero germanico

Città della Lega lombarda nel 1167

Cristiani e musulmani

Riconquista cristiana in Spagna

Conquista musulmana in Medio Oriente

Confine dell'impero bizantino nel 1180

Crociate

Venezia e i suoi possedimenti

REGNO DI NORVEGIA
REGNO DI SVEZIA
Stoccolma
1219
Novgorod
CANATO DI Bolgar
BULGARIA
PRINCIPATO RUSSO
REGNO DI SCOZIA
IRLANDA
MAN
Dublino
REGNO D'INGHILTERRA
REGNO DI DANIMARCA
DANESI
Amburgo
Brema
Londra
REGNO DI GERMANIA
Worms
REGNO DI POLONIA
Cracovia
Kiev
BOEMIA
Costanza
Vienna
Parigi
3° crociata
REGNO DI FRANCIA
BORGOGNA
REGNO D'ITALIA
REGNO D'UNGHERIA
TRANSILVANIA
Danubio
1223
LEÓN
NAVARRA
Tolosa
Genova
Venezia
STATO DELLA CHIESA
Zara
SERBIA
Trebisonda
REGNO DI PORTOGALLO
CASTIGLIA
ARAGONA
PROVENZA
Pisa
Corsica
Roma
BULGARIA
Costantinopoli
Nicea
SELGIUCHIDI
Lisbona
Toledo
Baleari
Sardegna
REGNO DI
IMPERO LATINO 1204-1261
Edessa
Iconio
Granada
Palermo
SICILIA
4° crociata
CIPRO
PRINCIPATI LATINO- ORIENTALI
CRETA 1206 a Venezia
Acri
Gerusalemme
Il Cairo
500 km

L'EUROPA DEL CONGRESSO DI VIENNA
1814-1815

Acquisizioni

○ del Regno Unito

dell'Austria

della Prussia

della Russia

della Svezia

del Piemonte

Confederazione germanica

■ Trattato di Parigi (1814 e 1815)

● Congresso di Vienna (giugno 1814-giugno 1815)

Frontiere del 1815

1 REGNO LOMBARDO-VENETO
2 REGNO DI PIEMONTE E SARDEGNA

REGNO DI NORVEGIA
REGNO DI SVEZIA
Cristiania
Stoccolma
Volga
Mosca
REGNO UNITO DI GRAN BRETAGNA E IRLANDA
Irlanda
REGNO DI DANIMARCA
Helgoland
PRUSSIA
IMPERO DI RUSSIA
Londra
R. DEI PAESI BASSI
HANNOVER
REGNO DI PRUSSIA
Berlino
REGNO DI POLONIA
Varsavia
Kiev
Dnepr
Rostov
Don
Parigi
LUSS.
Francoforte
SASSONIA
Rep. di Cracovia
BESSARABIA
REGNO DI FRANCIA
BOEMIA
IMPERO
Vienna
BAVIERA
AUSTRIACO
REGNO D'UNGHERIA
MOLDAVIA
SAVOIA
TRANSILVANIA
VALACCHIA
REGNO DI PORTOGALLO
Madrid
2
Parma
STATO DELLA CHIESA
SERBIA
MONTENEGRO
Danubio
BULGARIA
Istanbul
Costantinopoli
ARMENIA
Nizza
TOSCANA
Lisbona
REGNO DI SPAGNA
Corsica
Baleari
Roma
REGNO DELLE DUE SICILIE
IMPERO OTTOMANO
Gibilterra (G. B.)
Napoli
2
GRECIA
Ceuta (Sp.)
Melilla (Sp.)
Algeri
Palermo
Isole Ioniche
Atene
Tunisi
Malta
Cipro
Creta
Gerusalemme
EGITTO
500 km

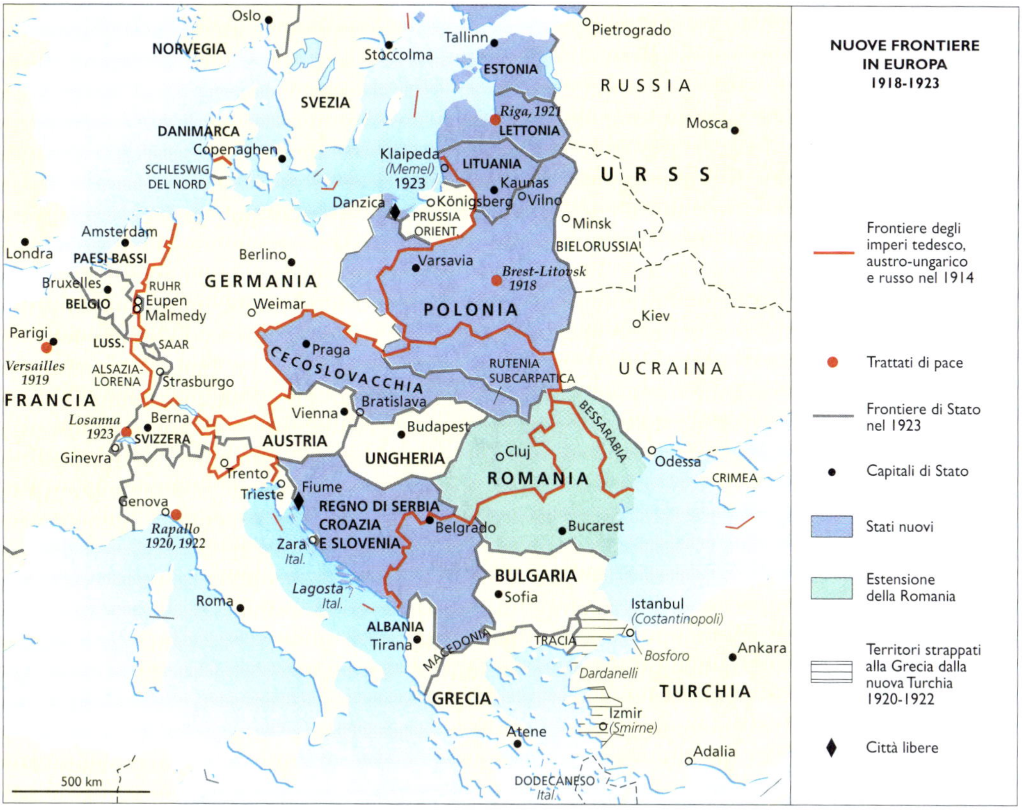
NUOVE FRONTIERE IN EUROPA 1918-1923
Frontiere degli imperi tedesco, austro-ungarico e russo nel 1914
Trattati di pace
Frontiere di Stato nel 1923
Capitali di Stato
Stati nuovi
Estensione della Romania
Territori strappati alla Grecia dalla nuova Turchia 1920-1922
Città libere
Oslo
NORVEGIA
Stoccolma
SVEZIA
Tallinn
ESTONIA
Pietrogrado
RUSSIA
Riga, 1921
LETTONIA
Mosca
DANIMARCA
Copenaghen
SCHLESWIG DEL NORD
Klaipeda (Memel) 1923
LITUANIA
Kaunas
URSS
Danzica
Königsberg
Vilno
PRUSSIA ORIENT.
Minsk
BIELORUSSIA
Amsterdam
Londra
PAESI BASSI
Berlino
Varsavia
Brest-Litovsk 1918
Bruxelles
RUHR
GERMANIA
BELGIO
Eupen
Malmedy
Weimar
POLONIA
Kiev
Parigi
LUSS.
SAAR
Praga
Versailles 1919
ALSAZIA-LORENA
Strasburgo
CECOSLOVACCHIA
RUTENIA SUBCARPATICA
UCRAINA
FRANCIA
Bratislava
BESSARABIA
Losanna 1923
Berna
Vienna
SVIZZERA
AUSTRIA
Budapest
Ginevra
UNGHERIA
Cluj
Odessa
Trento
CRIMEA
Trieste
Fiume
ROMANIA
Genova
REGNO DI SERBIA
CROAZIA
E SLOVENIA
Belgrado
Rapallo 1920, 1922
Bucarest
Zara Ital.
BULGARIA
Lagosta Ital.
Sofia
Roma
Istanbul (Costantinopoli)
ALBANIA
Tirana
MACEDONIA
TRACIA
Bosforo
Ankara
Dardanelli
TURCHIA
GRECIA
Izmir (Smirne)
Atene
Adalia
DODECANESO Ital.
500 km

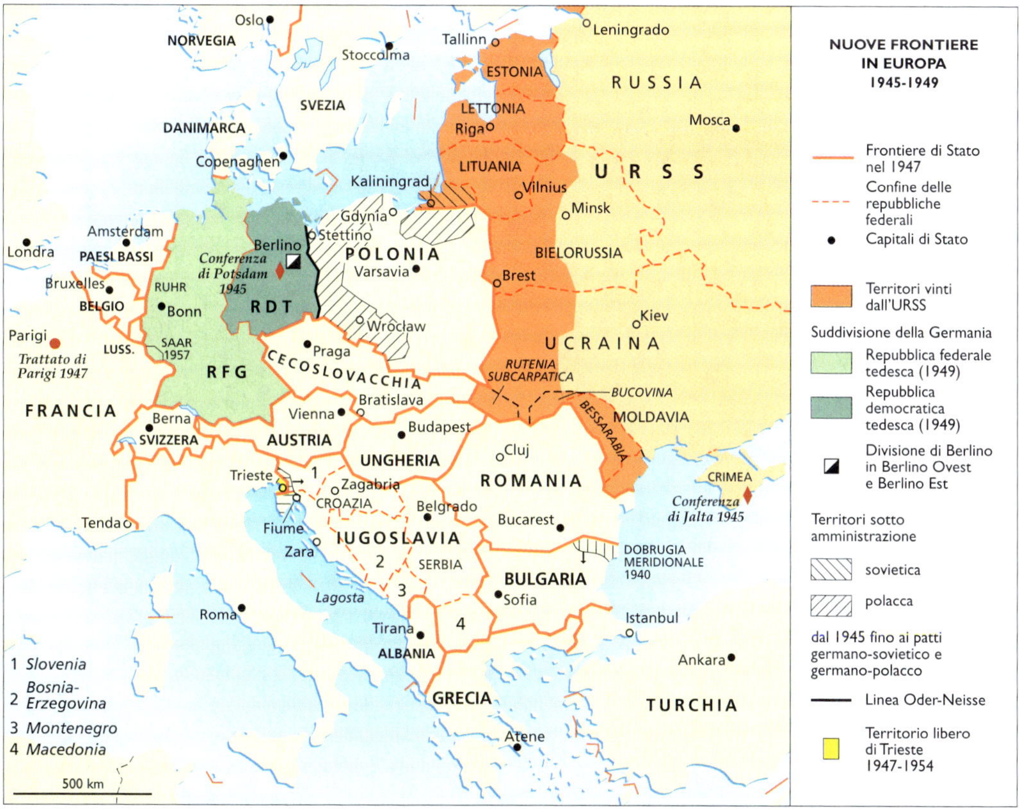
NUOVE FRONTIERE IN EUROPA 1945-1949
Frontiere di Stato nel 1947
Confine delle repubbliche federali
Capitali di Stato
Territori vinti dall'URSS
Suddivisione della Germania
Repubblica federale tedesca (1949)
Repubblica democratica tedesca (1949)
Divisione di Berlino in Berlino Ovest e Berlino Est
Territori sotto amministrazione
sovietica
polacca
dal 1945 fino ai patti germano-sovietico e germano-polacco
Linea Oder-Neisse
Territorio libero di Trieste 1947-1954
Oslo
NORVEGIA
Stoccolma
Tallinn
Leningrado
ESTONIA
RUSSIA
SVEZIA
LETTONIA
Riga
Mosca
DANIMARCA
Copenaghen
LITUANIA
URSS
Kaliningrad
Vilnius
Minsk
Gdynia
Amsterdam
Stettino
Londra
PAESI BASSI
Berlino
POLONIA
BIELORUSSIA
Conferenza di Potsdam 1945
Varsavia
Bruxelles
RUHR
Brest
BELGIO
Bonn
RDT
Kiev
Wrocław
Parigi
SAAR 1957
LUSS.
UCRAINA
Praga
Trattato di Parigi 1947
RFG
CECOSLOVACCHIA
RUTENIA SUBCARPATICA
BUCOVINA
Bratislava
FRANCIA
Vienna
MOLDAVIA
Berna
BESSARABIA
AUSTRIA
Budapest
SVIZZERA
UNGHERIA
Cluj
Trieste
1
ROMANIA
CRIMEA
Zagabria
CROAZIA
Belgrado
Conferenza di Jalta 1945
Tenda
Bucarest
Fiume
IUGOSLAVIA
Zara
DOBRUGIA MERIDIONALE 1940
2
SERBIA
BULGARIA
3
Lagosta
Sofia
Roma
4
Istanbul
Tirana
ALBANIA
Ankara
1 Slovenia
2 Bosnia-Erzegovina
GRECIA
TURCHIA
3 Montenegro
4 Macedonia
Atene
500 km

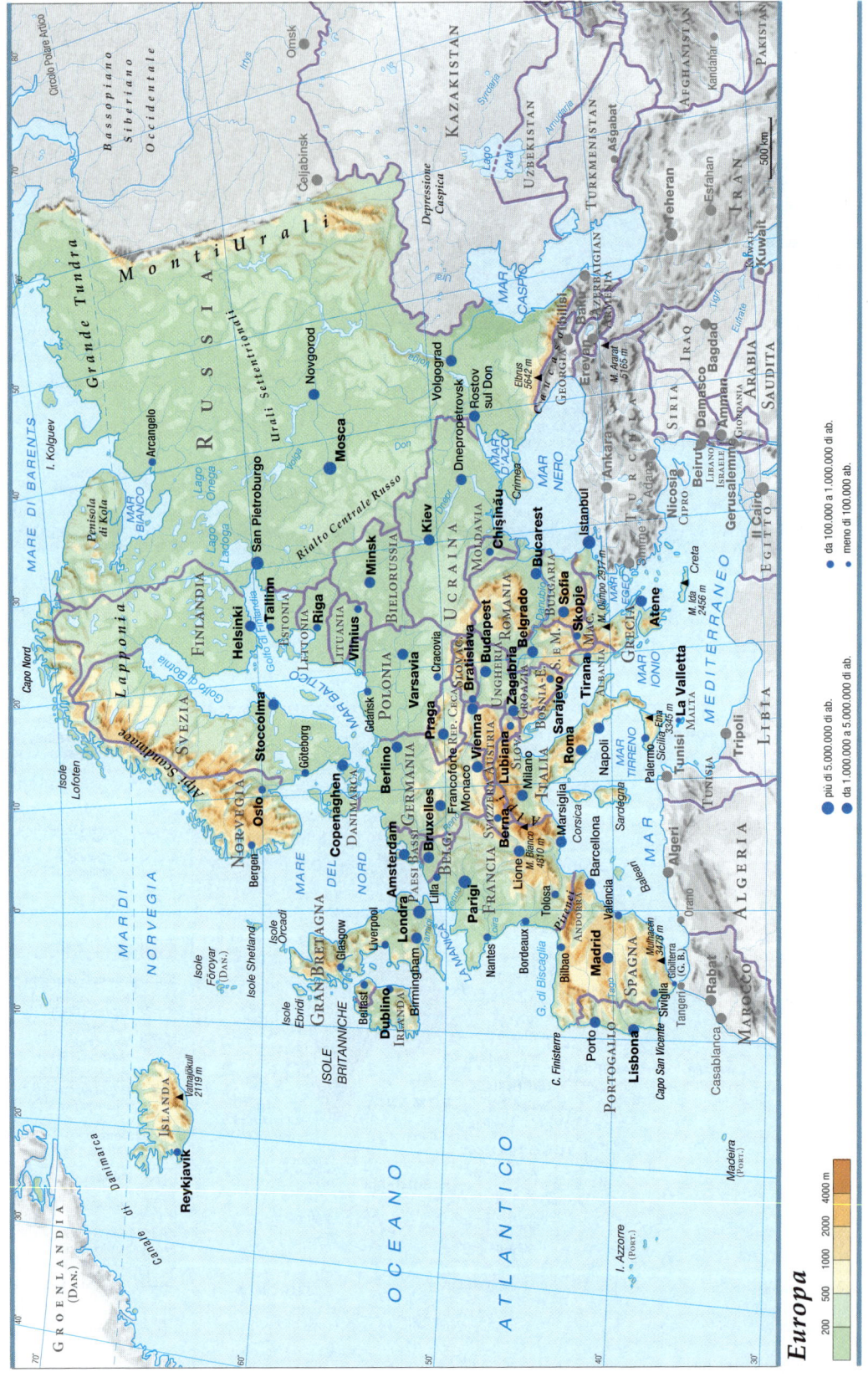

Europa

EURÒPA MITOL. GR. Mortale amata da Zeus. Trasformatosi in toro bianco, questi la rapì e la portò a Creta, dove la fanciulla diede alla luce Minosse.

EUROPE 1 COMMUNICATION, società di radiodiffusione e comunicazione. Fondata nel 1949, nel 1954 ha lanciato la stazione Europe1.

EUROPOORT, porto esterno di Rotterdam (Paesi Bassi). Raffinerie di petrolio e petrolchimica.

EURÒTA, f. della Grecia, in Laconia; 80 km. Sparta fu costruita sulle sue rive.

EUROVISIÓNE, organismo internazionale che coordina, in seno all'UER (Unione europea di radiotelevisione), lo scambio di programmi televisivi tra paesi dell'Europa occidentale e del bacino mediterraneo. Ha sede a Ginevra.

EUSÈBIO (sànto), *m. in Sicilia nel 310*, papa dal 309 al 310. Fu deportato in Sicilia per ordine di Massenzio.

EUSÈBIO DI CESARÈA, *Palestina 265 ca. - 340*, scrittore greco. Vescovo di Cesarea, coinvolto nelle controversie sull'arianesimo, scrisse una *Storia ecclesiastica* (dalle origini a Costantino).

EUSKALDUNAK, appellativo con cui i baschi chiamano se stessi nella propria lingua.

EUSTACHE (Jean), *Pessac 1938 - Parigi 1981*, regista cinematografico francese. I suoi film degli anni '70 del secolo scorso (tra cui *La maman et la putain*, 1973) sono caratterizzati da dialoghi incisivi e da uno sguardo franco.

EUSTÀCHIO (sànto), martire. Secondo la tradizione si convertì dopo essersi imbattuto in un cervo che portava per i boschi una croce luminosa. Patrono dei cacciatori (con sant'Uberto). Il suo nome è stato soppresso dal calendario romano.

EUTÈRPE MITOL. GR. Musa della musica.

ÈUTICHE, *prima del 378-454 ca.*, monaco bizantino. Difensore del monofisismo, fu condannato dal concilio di Calcedonia (451).

EUTICHIÀNO (sànto), *m. nel 283*, papa dal 275 al 283.

ÈVA, nella Bibbia, la prima donna, sposa di Adamo e progenitrice del genere umano.

EVANS (sir Arthur John), *Nash Mills 1851 - Youlbury 1941*, archeologo britannico. A partire dal 1900 compì scavi a Cnosso, nell'isola di Creta, facendo importanti scoperte sulla civiltà minoica.

EVANS (Oliver), *presso Newport, Delaware, 1755 - New York 1819*, ingegnere statunitense. Realizzò macchine a vapore ad alta pressione.

EVANS (Walker), *Saint Louis 1903 - New Haven 1975*, fotografo statunitense. Con il suo sguardo fermo e impietoso sulla realtà (reportage degli anni 1935-1940 sulle misere condizioni dei contadini negli Stati Uniti), e il suo tratto scarno, prototipo dello stile documentario, ha esercitato una grande influenza sul linguaggio fotografico.

EVANS (William John, detto Bill), *Plainfield, New Jersey, 1929 - New York 1980*, pianista e compositore jazz statunitense. Influenzato dal be-bop di B. Powell, fondatore, all'inizio degli anni '60, di un trio jazz, sviluppò soluzioni armoniche originali (*Waltz for Debby*, 1956; *Peace Piece*, 1958).

EVANS-PRITCHARD (Edward), *Crowborough, Sussex, 1902 - Oxford 1973*, antropologo britannico. Ha messo in evidenza il legame tra la struttura sociale e politica delle società africane (*I Nuer*, 1940).

EVANSVILLE, c. degli Stati Uniti (Indiana), sull'Ohio; 121.582 ab. Produzione di attrezzi agricoli.

EVARÌSTO (sànto), *m. nel 105*, papa dal 97 al 105, forse martire.

EVÈMERO, *340 ca. - 260 a.C. ca.*, erudito greco. Riteneva che gli dei della mitologia fossero in realtà antichi re divinizzati dopo la loro morte. La sua teoria fu ripresa da alcuni storici delle religioni, soprattutto tra il XVIII e il XIX sec., con il nome di *evemerismo*.

L' **EVEREST**, *il "tetto del mondo".*

EVENKI, popolazione della Russia (circondario autonomo nel bacino della Tunguska Inferiore; ca. 30.000 individui), della Cina (ca. 20.000) e della Mongolia. Gli e. sono perlopiù cacciatori e allevatori nomadi di renne. La denominazione **tungusi* è ormai obsoleta.

EVERE, com. del Belgio (Bruxelles), sobborgo di Bruxelles; 31.610 ab.

EVEREST (Mónte), la cima più alta del mondo, nell'Himalaya, al confine tra Nepal e Cina (Tibet); 8848 m (alt. convenzionalmente ammessa; secondo altre misurazioni: 8846 m nel 1993, 8850 m nel 1999). In tibetano si chiama *Chomolungma* ("dea madre del mondo"). Il neozelandese E. Hillary e lo sherpa Tenzing Norgay ne hanno raggiunto per primi la vetta nel 1953.

EVERGEM, com. del Belgio (Fiandra Orientale); 31.271 ab.

EVERGLADES, reg. palustre degli Stati Uniti, nella Florida merid. Parco nazionale.

EVERT (Chris), *Fort Lauderdale, Florida, 1954*, tennista statunitense. Ha vinto 7 volte gli Internazionali di Francia (1974, 1975, 1979, 1980, 1983, 1985 e 1986), 3 Wimbledon (1974, 1976 e 1981) e 6 Forest Hills e Flushing Meadow (dal 1975 al 1978, 1980 e 1982).

ÉVIAN-LES-BAINS, c. della Francia, nel dip. Haute-Savoie, sul Lago di Ginevra; 7528 ab. Stazione termale. Acque minerali. Casinò.

EVOLUZIÓNE CREATRÌCE (L'), opera di H. Bergson (1907). In essa il filosofo spiega l'evoluzione dell'universo sulla base della sua teoria dello "slancio vitale" e approfondisce i temi fondamentali di una nuova forma di spiritualismo basato sulla distinzione tra intuizione e intelligenza.

ÉVORA, c. del Portogallo (Alentejo); 38.938 ab. Tempio romano del II sec., cattedrale del XII-XIII sec. e numerosi altri monumenti. Museo.

EVORA (Cesaria), *Mindelo, Sao Vincente, 1941*, cantante capoverdiana. Ha fatto conoscere in tutto il mondo la *morna*, un tipo di canzone intimista, con i toni nostalgici tipici del fado.

EVTUŠENKO (Evgenij Aleksandrovič), *Zima, Siberia, 1933*, scrittore russo. Le sue poesie hanno per tema il desiderio di libertà dei giovani dopo la fine del periodo staliniano (*La stazione di Zima, Babi Yar*).

EWE, popolazione del Ghana sud-orient. e del Togo merid. (ca. 4 milioni di individui), di lingua kwa.

EWING (sir James), *Dundee, Scozia, 1855 - Cambridge 1935*, fisico britannico. Scoprì l'isteresi magnetica (1882).

EXECHÌA, vasaio e ceramografo ateniese, attivo alla fine del VI sec. a.C. Fu uno dei pittori più ricchi d'inventiva nell'ambito dello stile attico a figure nere.

EXETER, c. della Gran Bretagna (Inghilterra), capol. del Devon; 101.100 ab. Porto. — Cattedrale del XII-XIV sec.

EXODUS, nave con a bordo 4500 emigranti ebrei, cui, nel lug. 1947, la marina britannica impedì di raggiungere le coste della Palestina. I passeggeri furono fatti sbarcare ad Amburgo.

EXXON MOBIL CORPORATION o **EXXONMOBIL**, compagnia petrolifera statunitense. È nata nel 1999 dalla fusione di Exxon Corporation (all'estero nota soprattutto con il marchio Esso) e di Mobil Corporation, società le cui origini risalgono alla creazione, nel 1882, della Standard Oil Company of New Jersey. Il gruppo è tra i primi a livello mondiale nei settori petrolifero e petrolchimico.

EYADEMA (Étienne Gnassingbé), *Pya 1935*, politico del Togo. È presidente della repubblica dal 1967.

■ *Étienne Eyadema.*

EYRE (làgo), grande laguna salata dell'Australia merid., a N della Penisola omonima; 10.000 km² ca.

EYRING (Henry), *Colonia Juárez, Chihuahua, 1901 - Salt Lake City 1981*, fisico-chimico statunitense di origine messicana. Ha elaborato una teoria degli stati di transizione che ha consentito, in part., di prevedere la velocità di reazione.

EYSENCK (Hans Jürgen), *Berlino 1916 - Londra 1997*, psicologo britannico di origine tedesca. Ha compiuto studi sulla personalità e sulle nevrosi.

EZECHIÈLE, profeta biblico del VI sec. a.C. Deportato a Babilonia, rinsaldò negli altri ebrei esiliati la speranza che il popolo eletto sarebbe rinato. È autore di un libro dell'Antico Testamento.

ÈZIO (Flàvio), *Durostorum, Mesia, ?-454*, generale romano. Divenuto primo comandante dell'impero romano d'Occidente, difese la Gallia da franchi e burgundi, poi, nel 451, sconfisse Attila ai Campi Catalaunici. Fu fatto uccidere da Valentiniano III.

ÈZRA → ÈSDRA.

Carattere Frutiger

FAAA, com. della Polinesia francese (Tahiti); 25.888 ab. Aeroporto di Papeete.

FÀBBRI (Agènore), *Barba 1911 - Savona 1998*, scultore. Nella sua carriera artistica ha sperimentato diverse tecniche espressive, dalle terrecotte (anni 1940-1950) al bronzo (dopo il 1960).

FÀBBRI (Diègo), *Forlì 1911 - Riccione 1980*, drammaturgo. Ha analizzato le istanze psicologiche dei suoi personaggi in una prospettiva cattolica. Tra le opere, *Inquisizione* (1950), *Il seduttore* (1951), *Processo a Gesù* (1955), *Il vizio assurdo* (1974), *Al Dio ignoto* (1980).

FÀBBRI EDITÓRI, casa editrice fondata nel 1947 a Milano dai fratelli Giovanni (Milano 1920), Dino (Milano 1922 - Miami 2001) e Rino (Milano 1927), F. ha pubblicato inizialmente testi scolastici e libri per ragazzi, passando poi alle enciclopedie. Nel 1980 è entrata a far parte del gruppo editoriale F., Bompiani, Etas, Sonzogno, confluito nel 1990 nel gruppo RCS Mediagroup.

FABERGÉ (Carl), *San Pietroburgo 1846 - Losanna 1920*, orafo e gioielliere russo. Realizzò sia raffinati gioielli sia oggetti in oro e argento con pietre dure e smalti (uova pasquali per la corte degli zar).

FABIÀNI (Max), *San Daniele del Carso 1865 - Gorizia 1962*, architetto e urbanista. Collaboratore di O. Wagner a Vienna, vi lavorò a molte opere, tra le quali il palazzo per uffici Portois & Fix (1899) e la casa Artaria (1900). Partecipò inoltre ai piani regolatori di Gorizia (1921) e Venezia (1922).

FABIÀNO (sànto), *m. a Roma nel 250*, papa dal 236 al 250. Divise la Roma cristiana in sette circoscrizioni; morì vittima della persecuzione di Decio.

FABIAN SOCIETY, associazione socialista britannica fondata a Londra nel 1884. Ebbe un ruolo di rilievo nella nascita del Partito laburista.

FABÌOLA (sànta), *m. a Roma nel 399*, matrona romana. Rimasta vedova, distribuì tutti i suoi beni ai poveri e si ritirò nel monastero di S. Paola sotto la guida di san Gerolamo.

FABIOLA DE MORA Y ARAGÓN, *Madrid 1928*, regina del Belgio. Nel 1960 ha sposato Baldovino I.

FÀBIO MÀSSIMO (Quinto), detto **il Temporeggiatóre**, *275 ca. - 203 a.C.*, politico romano. Cinque volte console, nominato dittatore dopo la sconfitta del Trasimeno (217 a.C.), grazie alla sua tattica prudente riuscì ad arrestare momentaneamente l'avanzata di Annibale.

FÀBIO MÀSSIMO RULLIÀNO (Quinto), politico romano. Cinque volte console, fu dittatore nel 315 a.C. Nel 295 a.C. sconfisse a Sentino una coalizione di sanniti, etruschi e galli.

FÀBIO PITTÓRE (Quinto), *260 ca. a.C.*, uno dei primi storiografi latini.

FABIUS (Laurent), *Parigi 1946*, politico francese. Segretario del Partito socialista dal 1992 al 1993, è stato titolare di vari ministeri tra il 1984 e il 2002 e capo del governo dal 1984 al 1986.

FABRE (Jean Henri), *Saint-Léons 1823 - Sérignan-du-Comtat 1915*, entomologo francese. Raccontò la sua esperienza in *Ricordi di un entomologo* (10 voll.).

FABRIÀNO, com. in prov. di Ancona situato alle pendici dell'Appennino Umbro-Marchigiano; 29.523 ab. Centro commerciale e industriale, è rinomato per la produzione di carta. Piazza del Comune con il palazzo del podestà (1255). Duomo (XIV-XVII sec.).

FABRÌCI D'ACQUAPENDÈNTE (Giròlamo) o **FABRICIUS**, *Acquapendente 1533 - Padova 1619*, medico. Docente all'Università di Padova, studioso di chirurgia, promosse la costruzione del primo teatro anatomico (1594). Tra le opere, *Opera chirurgica* (1617).

FABRITIUS (Carel **Pietersz**, detto Carel), *Middenbeemster 1622 - Delft 1654*, pittore olandese. Influenzato da H.V.R. Rembrandt, dipinse opere di grande originalità ed espressività: l'*Autoritratto* (1646), la *Sentinella* (1654), il *Cardellino* (1654).

FABRÌZI (Àldo), *Roma 1906-1990*, attore cinematografico. Ha interpretato macchiette romanesche dalla comicità genuina e popolare. Tra i film, *Campo de' Fiori* (1943), *Roma città aperta* (1945), *Guardie e ladri* (1952), *Totò, Fabrizi e i giovani d'oggi* (1960), *C'eravamo tanto amati* (1974).

FABRÌZI (Nicòla), *Modena 1804 - Roma 1885*, patriota. Partecipò ai moti modenesi del 1831 per poi fuggire a Marsiglia, dove aderì alla Giovine Italia. Nel 1839 fondò a Malta l'organizzazione segreta Legione italica. Una volta tornato in Italia, partecipò alla difesa della Repubblica Romana (1849). In seguito prese parte alle spedizioni di C. Pisacane (1857) e G. Garibaldi (1860, 1862), oltre a combattere nella terza guerra d'indipendenza (1866).

FÀBRO (Luciàno), *Torino 1936*, scultore. Le sue opere, spesso realizzate con materiali di recupero, sono riconducibili all'arte povera e all'arte concettuale.

FABRY (Charles), *Marsiglia 1867 - Parigi 1945*, fisico francese. Effettuò studi di ottica e inventò un interferometro grazie al quale, tra l'altro, scoprì la presenza dell'ozono nell'alta atmosfera.

FÀCTA (Luìgi), *Pinerolo 1861-1930*, politico. Fu ministro delle finanze (1910-1911, 1911-1914, 1920-1921) e della giustizia (1939). Divenuto presidente del consiglio (1922), mantenne una condotta ambigua nei confronti del fascismo e in part. della Marcia su Roma. Nel 1924 B. Mussolini lo nominò senatore a vita.

FADEEV (Aleksandr Aleksandrovič), *Kimry, reg. di Tver', 1901 - Mosca 1956*, scrittore sovietico. Nei suoi romanzi celebra la Rivoluzione sovietica (*La disfatta*).

FAÈNZA, com. in prov. di Ravenna; 53.452 ab. Mercato agricolo e del bestiame. Industrie alimentari e dell'abbigliamento. — A partire dal XIV sec. importante centro di produzione della maiolica. — Cattedrale del XV sec.; Museo internazionale delle ceramiche; pinacoteca.

FAÈNZA (Robèrto), *Torino 1943*, regista. Si è dedicato in part. alla trasposizione cinematografica di opere letterarie. Tra i film diretti, *Jona che visse nella balena* (1993), *Sostiene Pereira* (1995), *Marianna Ucrìa* (1997), *L'amante perduto* (1999), *Prendimi l'anima* (2002).

FAGGIÀNO, com. in prov. di Taranto, nelle Murge tarantine; 3528 ab. Agricoltura (ortaggi, olive, uva). Allevamento. Cripta di S. Teodoro (XI sec.).

FAGGÌN (Leàndro), *Padova 1933-1970*, ciclista. Specialista delle prove a inseguimento, conquistò 2 medaglie d'oro alle Olimpiadi di Melbourne del 1956 e stabilì numerosi record mondiali.

FAGNÀNO OLÓNA, com. in prov. di Varese; 10.437 ab. Industrie tessili, meccaniche, chimiche. Castello medievale rimaneggiato in epoca rinascimentale.

FAHD, *Riyad 1923*, re dell'Arabia Saudita dal 1982.

FAHRENHEIT (Daniel Gabriel), *Danzica 1686 - L'Aia 1736*, fisico tedesco. Costruì aerometri e termometri e graduò sulla base della scala che porta il suo nome.

FAI (Fóndo per l'ambiente italiano), organismo creato nel 1975 a Milano al fine di salvaguardare e valorizzare il patrimonio artistico e naturale italiano. Tra le principali proprietà gestite dal FAI ricordiamo l'abbazia di San Fruttuoso (Genova), il castello della Manta (Cuneo) e la villa del Balbianello (Como).

FAÌCCHIO, com. in prov. di Benevento; 4005 ab. Agricoltura (cereali, uva, frutta). Allevamento ovino e bovino. Industrie agroalimentari. Resti di una rocca sannitica (VI sec. a.C.), di un ponte romano e di un castello quattrocentesco.

FAIRBANKS (Douglas Elton **Ullman**, detto Douglas), *Denver 1883 - Santa Monica 1939*, attore cinematografico statunitense. Rappresentò l'incarnazione del giovane avventuroso, atletico e ottimista (*Il segno di Zorro*, F. Niblo, 1920; *Robin Hood*, A. Dwan, 1922; *Il ladro di Baghdad*, R. Walsh, 1924).

FAIRFAX (Thomas, barône), *Denton 1612 - Nunappleton 1671*, generale inglese. A capo delle truppe parlamentari durante la guerra civile, sconfisse Carlo I a Naseby (1645). In seguito favorì la restaurazione di Carlo II.

FAIRUZ o **FAYRUZ** (Nouhad **Haddad**, detta), *Beirut 1935*, cantante libanese. Interpreta canzoni sentimentali arabe in una lingua dialettale.

FAISALABAD, già **Lyallpur**, c. del Pakistan (Punjab); 1.977.000 ab. Industrie tessili.

FAKHR AL-DIN, *1572 ca. - Istanbul 1635*, emiro druso del Libano (1585-1633). Grazie all'alleanza con i maroniti governò su gran parte del Libano, per la prima volta unificato. Rifugiatosi alla corte dei Medici (1614-1618), nel 1633 fu sconfitto dagli ottomani, che lo giustiziarono.

FALÀNGE LIBANÉSE, in ar. **Katà'ib**, movimento politico e militare maronita fondato nel 1936 da P. Gemayel.

FALÀNGE SPAGNÒLA, in sp. **Falange Española**, movimento politico paramilitare spagnolo di ispirazione fascista fondato a Madrid (1933) da J.A. Primo de Rivera. Nel 1937 si fuse con formazioni di destra nel partito unico di cui F. Franco fu il *caudillo*. La sua influenza andò diminuendo a partire dal 1942.

FALÀRIDE, tiranno di Agrigento (570 ca. - 554 a.C.). Si racconta uccidesse gli avversari facendoli bruciare dentro un toro di bronzo.

FALASCIÀ, **FALASHA** o **FALASA**, popolazione nera dell'Etiopia settentr., att. stanziata in Israele. I f., agricoltori di lingua semitica e religione ebraica, si considerano discendenti dei dan (una delle tribù perdute di Israele). Sono emigrati in massa in Israele tra il 1980 e il 1990, dopo che è stata ufficialmente riconosciuta la loro appartenenza al giudaismo.

FALCÀNDO (Ugo), *XII sec.*, cronista. Particolarmente attento alle questioni di politica interna, scrisse una *Historia de Regno Siciliae* e una *Epistula ad Petrum Panormitane ecclesie thesaurarium*, opere caratterizzate da uno stile classico e al contempo vivace.

FALCK, famiglia di industriali di origine alsaziana. — **Giorgio Enrico F.**, *Dongo 1866 - Sanremo 1947*. Fu tra i pionieri dell'industria siderurgica in Italia. Nel 1906 fondò a Sesto San Giovanni le Acciaierie e ferriere lombarde Falck (la cui attività è cessata nel 1995). — **Enrico F.**, *Laorca 1899 - Milano 1953*. Fu uno dei fondatori della DC.

FÀLCO (Ènnio), *Capua 1968*, specialista di tiro a volo. Ha conquistato la medaglia d'oro alle Olimpiadi del 1996.

FALCONÀRA MARÌTTIMA, com. in prov. di Ancona, sul litorale adriatico; 28.540 ab. Agricoltura (cereali, ortaggi). Industrie petrolchimiche, chimiche e calzaturiere. Turismo balneare.

FALCÓNE (Giovànni), *Palermo 1938 - Capaci 1992*, magistrato. Giudice istruttore al tribunale di Palermo, durante gli anni '80 del secolo scorso fu uno dei protagonisti della lotta contro le organizzazioni mafiose. Nel 1991 venne trasferito a Roma, alla direzione affari penali del ministero di grazia e giustizia. L'anno successivo fu ucciso, con la moglie e la scorta, in un attentato di matrice mafiosa.
■ *Giovanni Falcone.*

FALCONET (Étienne), *Parigi 1716-1791*, scultore e teorico francese. Lavorò per Mme de Pompadour e produsse molte piccole sculture per le manifatture di Sèvres. Il suo capolavoro è la statua equestre in bronzo di Pietro il Grande a San Pietroburgo (1767-1778).

FALÉMÉ, f. dell'Africa occ., affl. di sinistra del Senegal; 650 km ca. Segna il confine tra Senegal e Mali.

FALERII VETERES, ant. c. dei falisci (att. *Civita Castellana*). Nel 241 a.C. fu distrutta dai romani, a seguito di una ribellione dei suoi abitanti. Resti di templi e mura; numerosi i vasi in ceramica rinvenuti nelle necropoli.

FALIÈRO o **FALIÈR** (Marìno), *Venezia 1274-1355*, doge di Venezia (1354-1355). Fu condannato alla decapitazione con l'accusa di aver cospirato contro il governo aristocratico della città.

FALK (Rossèlla **Falzacàppa**, detta Rossèlla), *Roma 1926*, attrice teatrale. Nel 1953 creò, insieme ad alcuni colleghi, la Compagnia dei Giovani, il cui repertorio includeva opere di L. Pirandello, W. Shakespeare e C. Goldoni.

FALKENHAYN (Erich **von**), *Burg Belchau 1861 - presso Potsdam 1922*, generale tedesco. Capo di stato maggiore dal 1914 al 1916, fu a capo dell'esercito in Romania (1916) e in Palestina (1917-1918).

FALKLAND (battaglia navàle delle) (8 dic. 1914), battaglia della prima guerra mondiale, che si concluse con la vittoria della flotta britannica su quella tedesca di M. von Spee.

FALKLAND (corrènte delle), corrente marina fredda dell'Oceano Atlantico. Scorre da S a N lungo le coste dell'Argentina.

FALKLAND (ìsole), in italiano **Malvìne**, in sp. **Malvinas**, arcipelago dell'Atlantico, al largo dell'Argentina; 2121 ab. Furono occupate dall'Inghilterra nel 1832; l'Argentina ne ha rivendicato il possesso e ha tentato invano di conquistarle, giungendo a un conflitto armato con la Gran Bretagna (apr. - giu. 1982).

FALLA (Manuel **de**), *Cadice 1876 - Alta Gracia, Argentina, 1946*, compositore spagnolo. Compose l'opera *La vida breve* (1913), la musica dei balletti *L'amore stregone* (1915) e *Il cappello a tre punte* (1919), melodie e musica da camera (*Concerto per clavicembalo e cinque strumenti*, 1926).
■ *Manuel de Falla.*

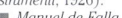

FALLÀCI (Orìana), *Firenze 1929*, giornalista e scrittrice. I suoi saggi e i suoi romanzi sono conosciuti e tradotti in tutto il mondo: *Intervista con la storia* (1974), *Lettera a un bambino mai nato* (1975), *Un uomo* (1979), *Insciallah* (1990), *La rabbia e l'orgoglio* (2001), *La forza della ragione* (2004).

FALLADA (Rudolf **Ditzen**, detto Hans), *Greifswald 1893 - Berlino 1947*, scrittore tedesco. Nei suoi romanzi ritrae la vita quotidiana della gente qualunque (*Contadini, bonzi e bombe*).

FALLIÈRES (Armand), *Mézin 1841-1931*, politico francese. Più volte ministro tra il 1882 e il 1892, fu presidente della repubblica dal 1906 al 1913.

FALLÒPPIO (Gabrièle), *Modena 1523 - Padova 1562*, chirurgo e anatomista. Studiò gli importanti elementi anatomici che da lui prendono nome (*acquedotto di F.*, nell'orecchio interno e, soprattutto, *tube di F.*, canali uterini).

FALSTAFF, personaggio vigliacco, sbruffone e corpulento che compare nell'*Enrico IV* (1597-1598) e in *Le allegre comari di Windsor* (1600 ca.) di W. Shakespeare. A questa figura si sono ispirati G. Verdi per una commedia lirica, *Falstaff* (1893, su libretto di A. Boito), e O. Welles per un film drammatico (*Falstaff*, 1966).

FALSTER, isola danese del Mar Baltico, a S di Sjælland; capol. *Nykøbing Falster*.

FALTERÓNA, monte dell'Appennino Tosco-Emiliano, tra l'estremità settentr. del Casentino e l'Alpe di San Benedetto; 1654 m. Dal suo versante sud-occ. nasce il f. Arno.

FALZÀREGO (Pàsso di), valico delle Dolomiti, 2105 m. Mette in comunicazione le valli dei torrenti Boite e Cordevole.

FAMAGÓSTA, c. della costa orient. di Cipro; 39.000 ab. Porto. — Monumenti gotici.

FAMÌGLIA (pàtto di) (1761), trattato concluso da E.-F. Choiseul, durante la guerra dei Sette anni, tra i Borbone di Francia, Spagna, Parma e Napoli, per fronteggiare la potenza navale britannica.

FAMÌGLIA CRISTIÀNA, settimanale di orientamento cattolico fondato nel 1931 ad Alba da don G. Alberione. Direttori: don M.B. Borgogno, don E. Capra, don L.P. Occelli (1932-1934), don P. Marazza (1934-1937), don L. Zanoni (1937-1954), don G. Zilli (1954-1980), don L. Zega (1980-1998), don F. Pierini (1998-1999), don A. Sciortino (dal 1999).

FANARIÒTI, gruppo sociale greco che prende nome dal quartiere greco di Fanar, a Istanbul. Giocarono un ruolo influente in seno all'impero ottomano dal XVII sec. alla prima metà del XIX sec.

FÀNES-SÈNNES-BRÀIES (Pàrco naturàle), area protetta del Trentino-Alto Adige, in prov. di Bolzano; 257 km². Fiancheggia a E la Val Badia, estendendosi fino alla piana di Pratopiazza.

FANFÀNI (Amìntore), *Pieve Santo Stefano 1908 - Roma 1999*, politico. Segretario (1954-1959, 1973-1975) e presidente (1976) della DC. È stato ministro del lavoro (1947-1950), dell'agricoltura (1951-1953), degli interni (1953-1954 e 1987-1988), degli esteri (1965-1968) e del bilancio (1988-1989). Più volte presidente del consiglio (1954, 1958-1959, 1960-1963, 1982-1983 e 1987) e del senato (1968-1973, 1976-1982, 1985-1987), ha guidato il primo governo di centro-sinistra. È stato nominato senatore a vita nel 1972.

Il Lago di Braies, nel Parco di **FANES- SENNES-BRAIES.**

FANFÙLLA (Il), quotidiano politico di ispirazione liberale-moderata, fondato a Firenze nel 1870. Trasferito a Roma nel 1871, cessò la propria attività nel 1899. Il suo supplemento letterario, *Il Fanfulla della domenica*, fu pubblicato fino al 1919 ed ebbe tra i propri collaboratori G. Carducci, G. Verga, L. Capuana, G. D'Annunzio, S. Di Giacomo, C. Collodi.

FANG, popolazione pahouin del Camerun sud-occ., del Gabon nord-orient. e della Guinea Equatoriale (ca. 400.000 individui). I f. sono celebri per le loro maschere e le statue di antenati che pongono in cima ai reliquiari.

FANGATAUFA, atollo della Polinesia francese, nell'arcipelago delle Tuamotu. Qui è avvenuta la prima esplosione termonucleare francese (24 ago. 1968) e, dal 1975 al 1996, si sono susseguite esplosioni nucleari sotterranee.

FANGIO (Juan Manuel), *Balcarce 1911 - Buenos Aires 1995*, pilota automobilistico argentino. Fu 5 volte campione del mondo di Formula 1 (1951, 1954, 1955, 1956 e 1957).

FAN K'UAN, *metà del X sec. - inizio dell'XI sec.*, pittore cinese. Asceta taoista, fu uno dei più importanti paesaggisti della scuola dei Song settentr.

FÀNO, com. in prov. di Pesaro e Urbino, sul litorale adriatico; 56.175 ab. Porto peschereccio. Industrie tessili e calzaturiere. Turismo balneare. Arco di Augusto. Palazzo della Ragione (1299). Rocca e sepolcro di Pandolfo Malatesta (XV sec.).

FAN K'UAN. *Viaggiando in mezzo a montagne e fiumi, inchiostro su seta. (Museo nazionale del Palazzo, Taipei, Taiwan.)*

FANTE (John), *Boulder, Colorado, 1909 - Malibu 1983*, scrittore statunitense. Precursore della beat generation, nei suoi romanzi descrisse la comunità italo-americana, cui apparteneva (*Aspetta primavera, Bandini*, 1938), oltre a immortalare Los Angeles (*Chiedi alla polvere*, 1939), e a raccontare la sua esperienza di sceneggiatore a Hollywood (*Sogni di Bunker Hill*, 1982).

FANTI, popolazione akan del Ghana merid.

FANTIN-LATOUR (Henri), *Grenoble 1836 - Buré 1904*, pittore e litografo francese. Realizzò ritratti e scene di gruppo (*Studio a Batignolles*, omaggio a É. Manet, 1870, Musée d'Orsay), nature morte, dipinti floreali e composizioni ispirate alla musica.

FAO (Food and Agriculture Organization, in it. Organizzazione per l'alimentazione e l'agricoltura), organizzazione dell'ONU. È stata fondata nel 1945 allo scopo di condurre un'azione internazionale contro la fame e per il miglioramento delle condizioni di vita. Ha sede a Roma.

FARABI (Abu **Al-**), *Wasig, Turkestan, 870 ca. - Damasco 950*, filosofo musulmano. Commentatore di Platone e Aristotele, cercò di conciliare le loro dottrine ed elaborò un sistema in cui una metafisica e politica, interpretate alla luce delle dottrine coraniche (*La città virtuosa*). Maestro di Avicenna, esercitò una grande influenza su Avempace, Averroè e sulla filosofia ebraica.

FARADAY (Michael), *Newington, Surrey, 1791 - Hampton Court 1867*, chimico e fisico britannico. Scoprì il benzene, ottenne la liquefazione di gran parte dei gas noti all'epoca ed enunciò il principio del motore elettrico. Si devono a lui anche la descrizione dell'induzione elettromagnetica (che lo avrebbe portato all'invenzione della dinamo), la teoria dell'elettrolisi e quella dell'elettrizzazione per influenza. Dimostrò che un conduttore concavo (*gabbia di F.*) fa da schermo alle azioni elettrostatiche.

■ *Michael Faraday ritratto da S.W. Stancase. (Museo delle Scienze, Londra.)*

FARAMOND, leggendario capo dei franchi, discendente del troiano Priamo.

FARAZDAQ (**Al-**), *Yamama 641 ca. - Bassora 728 o 730 ca.*, poeta arabo. Esponente della poesia dei nomadi dell'Arabia orient., fu in competizione con *Giarir*.

FAREL (Guillaume), *Les Fareaux, presso Gap, 1489 - Neuchâtel 1565*, riformatore francese. Promosse la Riforma nella Svizzera francofona, in part. a Ginevra (dove riuscì a far trasferire G. Calvino) e a Neuchâtel.

FARÈS (Nabile), *Collo 1940*, scrittore algerino di lingua francese. Le sue poesie e i suoi romanzi (*le Champ des oliviers, Mémoire de l'absent*) raccontano lo strazio dell'esilio.

FÀRFA, frazione del com. di Fara in Sabina, in prov. di Rieti. È celebre per la sua abbazia, fondata alla fine del VII sec., importante centro politico e culturale. Nell'XI sec. vi sorse uno *scriptorium*, la cui attività è testimoniata da codici di grande raffinatezza.

FÀRFA (Vittorio **Tommasini**, detto), *Trieste 1879 - Sanremo 1964*, pittore e poeta. Fu uno dei fondatori del gruppo futurista torinese. È celebre per le "cartapitture" collages caratterizzati da insoliti accostamenti di forme.

FARGUE (Léon-Paul), *Parigi 1876-1947*, poeta francese. La sua opera, dai toni nostalgici e ironici, ha come tema principale il continuo vagabondaggio in un'insolita Parigi (*Il pedone di Parigi*, 1939).

FARIDABAD, c. dell'India, a SE di Delhi; 1.054.981 ab.

FARÌNA (Giovanni Mària), *Santa Maria Maggiore, Novara, 1685 - Colonia 1766*, chimico. Aprì un negozio di profumi a Colonia e creò l'*aqua admirabilis*, in seguito chiamata *acqua di Colonia*.

FARÌNA (Nino), *Torino 1906 - Chambéry 1966*, pilota automobilistico. Conquistò il titolo di campione del mondo nel 1950 con l'Alfa Romeo.

FARINÀCCI (Robèrto), *Isernia 1892 - Vimercate 1945*, politico. Aderì al movimento fascista sin dalle sue origini e fu il principale organizzatore dello squadrismo a Cremona. Segretario del Partito nazionale fascista dal 1925 al 1926, fu deposto da B. Mussolini a causa delle sue posizioni radicali. Sostenne pienamente l'alleanza con il regime nazista e ne avallò la politica antisemita. Dopo la liberazione venne fucilato dai partigiani.

FARINÈLLI (Càrlo **Bròschi**, detto), *Andria 1705 - Bologna 1782*, sopranista. Voce della musica barocca, debuttò a Napoli nel 1720 e si esibì in tutta Europa. Si fermò a lungo a Madrid, alla corte di Ferdinando VI, dove divenne direttore dei Reali Teatri.

FARÌNI (Luigi Càrlo), *Russi 1812 - Quarto al Mare 1866*, politico e storico. Di tendenze moderate, partecipò ai moti liberali del 1831 e del 1843 e collaborò alla stesura del proclama di Rimini (1845). Fu ministro dell'interno (1860), luogotenente generale a Napoli (1860-1861) e presidente del consiglio (1862-1863). Tra le opere, *Storia d'Italia dall'anno 1814 sino ai giorni nostri* (1854).

FARMITÀLIA-CÀRLO ÈRBA, società farmaceutica nata nel 1978 dalla fusione tra la Farmitalia (fondata nel 1935) e la Carlo Erba (sorta nel 1853). Nel 1994 è stata acquistata dalla società svedese Pharmacia.

FÀRNACE II, *97 ca. - 47 a.C.*, re del Bosforo (63-47 a.C.). Con l'appoggio dei romani riconquistò il regno del Ponto, ma fu sconfitto da Cesare nel 47 a.C.

FARNBOROUGH, c. della Gran Bretagna (Inghilterra), a SO di Londra; 41.000 ab. Esposizione aeronautica biennale.

FARNÈSE, famiglia romana originaria di Orvieto, che regnò sul ducato di Parma e Piacenza dal 1545 al 1731. Cominciò ad acquistare potenza con Ranuccio il Vecchio (XIV sec.). I suoi membri più famosi furono — **Alessandro F.**, divenuto papa con il nome di → PAOLO III; — **Pier Luigi F.** → PIER LUIGI; — **Ottavio F.** → OTTAVIO; — **Alessandro F.** → ALESSANDRO; — **Ranuccio F.** → RANUCCIO I; — **Odoardo F.** → ODOARDO ed — **Elisabetta F.** → ELISABETTA. I F. furono famosi mecenati e a loro si deve l'edificazione di numerosi monumenti a Roma (*Palazzo Farnese*) e a Parma (il teatro).

FARNÉSE (Palàzzo), palazzo dei XVI sec., a Roma, att. sede dell'ambasciata di Francia. L'edificio fu iniziato da A. da Sangallo il Giovane per Alessandro Farnese (poi papa Paolo III), e continuato da Michelangelo, dal Vignola e da G. Della Porta. Al suo interno si trovano, tra gli altri, affreschi dei Carracci e del Domenichino.

FARNESÌNA, villa del XVI sec., a Roma. Costruita intorno al 1510 da B. Peruzzi per A. Chigi, passò nel 1580 ai Farnese. Affrescata da Raffaello e dai suoi allievi, ospita att. il Gabinetto nazionale dei disegni e delle stampe. Con lo stesso nome viene indicata la sede del ministero degli affari esteri.

FARO, c. del Portogallo, nell'Algarve; 31.966 ab. Porto. Aeroporto. Turismo.

FARO, isola dell'ant. Egitto, presso Alessandria. Tolomeo II Filadelfo vi fece erigere una torre alta 135 m (crollata nel 1302), alla cui sommità ardeva un fuoco che veniva riflesso da specchi in modo da essere visibile a grande distanza. Si trattava di una delle sette meraviglie del mondo. Nel 1994 ricerche subacquee ne hanno portato alla luce i resti.

FARQUHAR (George), *Londonderry, Irlanda, 1678 - Londra 1707*, drammaturgo britannico. È autore di diverse commedie (*Lo stratagemma dei bellimbusti*).

FARRAGUT (David), *presso Knoxville 1801 - Portsmouth, New Hampshire, 1870*, ammiraglio statunitense. Si distinse combattendo per i nordisti e fu messo a capo della squadra navale dell'Atlantico (1867).

FARRELL (Suzanne **Ficker**, detta Suzanne), *Cincinnati 1945*, ballerina statunitense. Prima ballerina del New York City Ballet, è stata la musa di G. Balanchine; ha lavorato inoltre con M. Béjart.

FARS, reg. merid. dell'Iran; c. princ. *Shiraz*.

FÀRSALO, c. della Grecia (Tessaglia); 8413 ab. Cesare vi sconfisse Pompeo (48 a.C.).

FARUK o **FARUQ**, *Il Cairo 1920 - Roma 1965*, re d'Egitto (1937-1952). Figlio e successore di Fuad I, abdicò nel 1952 in seguito al colpo di Stato di M. Neguib e G.A. Nasser.

FARVEL (Càpo), in ingl. **Cape Farewell**, estremità merid. della Groenlandia.

FAR WEST ("lontano ovest"), nome con cui, nel corso del XIX sec., negli Stati Uniti si indicavano i territori di là del Mississippi.

FASÀNO, com. in prov. di Brindisi, nella Murgia costiera; 40.280 ab. Agricoltura (cereali, uva, ortaggi, frutta). Industrie alimentari, tessili, estrattive (marmo). Artigianato. Turismo. Importanti resti archeologici (*Egnazia*) e numerosi trulli.

FÀSCI, denominazione di varie organizzazioni politiche a partire dal XIX sec. — **F. dei lavoratori**, movimento di ispirazione socialista sviluppatosi in Sicilia dal 1891 al 1894. Formato soprattutto da agricoltori, perseguiva il miglioramento delle condizioni di lavoro. Fu aspramente represso da F. Crispi nel 1894. — **F. d'azione rivoluzionaria**, movimento creato nel 1915 da B. Mussolini per appoggiare l'intervento dell'Italia nella prima guerra mondiale. — **F. di combattimento**, movimento di stampo nazionalista fondato nel 1919 a Milano da B. Mussolini. Rappresentò la prima tappa verso il fascismo.

FASCÌSTA (Partito nazionale) (PNF), partito politico fondato da B. Mussolini nel 1921. Nato dal movimento dei Fasci italiani di combattimento (Milano, 1919), prese il nome dal fascio (insegna di epoca romana) e ottenne il potere con la *Marcia su Roma* (28 ott. 1922). Negli anni successivi, e in part. dopo il delitto *Matteotti*, instaurò un regime totalitario, diventando l'unico partito italiano e procedendo a una radicale fascistizzazione del paese. La sua politica estera aggressiva spinse l'Italia alle campagne in Etiopia e Albania, al Patto d'acciaio con la Germania e alla partecipazione alla seconda guerra mondiale. La sconfitta condusse alla caduta del regime e alla scomparsa del partito, del quale, secondo la Costituzione, è att. vietata la riorganizzazione.

FÀSSA (Vàl di), valle delle Dolomiti, estesa dal Passo di Fedaia alla Val di Fiemme. Percorsa dal f. Avisio, è dominata dai gruppi montuosi del Sella, della Marmolada, del Catinaccio e del Sassolungo. Comprende numerose località di villeggiatura (Canazei, Campitello di Fassa, Vigo di Fassa, Moena).

FASSBINDER (Rainer Werner), *Bad Wörishofen 1945 - Monaco 1982*, regista cinematografico e teatrale tedesco. È stato uno dei principali esponenti del "nuovo cinema tedesco". Tra i suoi numerosi film: *Le lacrime amare di Petra von Kant* (1972), *Il matrimonio di Maria Braun* (1979), *Querelle de Brest* (1982).

FASTNET, isolotto della costa sud-occ. dell'Irlanda. Ha dato il nome a una famosa regata velica.

FATEHPUR-SIKRI, c. dell'India (Uttar Pradesh), a 38 km da Agra. Capitale (1569-1586) durante il regno di Akbar, la città è un perfetto esempio dell'arte dei Gran Mogul e del loro sincretismo architettonico.

FATEHPUR-SIKRI. *La tomba di Salim Chisti (1580-1581).*

FÁTIMA, c. del Portogallo, a NE di Lisbona; 7693 ab. È diventata luogo di pellegrinaggio da quando, nel 1917, tre giovani pastori affermarono di avervi assistito a sei apparizioni della Madonna.

FATIMA, *La Mecca 616 ca. - Medina 633*, figlia di Maometto e di Cadigia. Sposa di Ali e madre di Hasan e Husayn, è venerata dai musulmani.

FATÌMIDI, dinastia sciita ismailita che regnò nell'Africa settentr. nel X-XI sec., e in Egitto dal 969 al 1171. Fu fondata da Ubayd Allah a Kairouan (909-910). I F. conquistarono l'Egitto (969) e fondarono Il Cairo, dove si stabilirono (973). L'ultimo califfo fatimide fu deposto da Saladino (1171).

FATTÒRI (Giovanni), *Livorno 1825 - Firenze 1908*, pittore. La sua produzione si ispirò, in una prima fase, a un gusto tipicamente romantico, per poi avvicinarsi al verismo e all'esperienza dei macchiaioli, di cui divenne il maggior esponente. Tra le opere, *Campo italiano dopo la battaglia di Magenta* (1861), *Ritratto di Diego Martelli* (1866), *La rotonda del bagno Palmieri* (1866), *Ritratto della figliastra* (1889).

FAULKNER (William Harrison **Falkner**, detto William), *New Albany 1897 - Oxford, Mississippi, 1962*, scrittore statunitense. I suoi romanzi psicologici, intrisi di simbolismo (*L'urlo e il furore*, 1929; *Santuario*, 1931; *Luce d'agosto*, 1932; *Assalonne! Assalonne!*, 1936), sono ambientati nel S degli Stati Uniti e mescolano umorismo stralunato e vicende sordide e tragiche. (Premio Nobel 1949.)

■ *William Faulkner.*

FAURE (Edgar), *Béziers 1908 - Parigi 1988*, politico francese. Fu presidente del consiglio (1952 e 1955-1956) e presidente dell'assemblea nazionale (1973-1978).

FAURE (Félix), *Parigi 1841-1899*, politico francese. Presidente della repubblica (1895-1899), contribuì a rafforzare l'alleanza franco-russa.

FAURÉ (Gabriel), *Pamiers 1845 - Parigi 1924*, compositore francese. Organista, fu direttore del Conservatorio di Parigi (1905-1920). Compose tre raccolte di melodie, musica da camera, sonate per piano, un *Requiem* (1900), opere liriche (*Prometeo*, 1900; *Penelope*, 1913). Il suo linguaggio musicale fu caratterizzato da una particolare ricchezza armonica.

FAUST, protagonista di numerose opere letterarie, musicali e cinematografiche. L'origine della leggenda sarebbe da ricercare in un certo J. Faust, medico e astrologo (Knittlingen, Württemberg, 1480 ca. - Staufen 1540 ca.). In base alla prima versione apparsa nel 1587 a Francoforte sul Meno, il dottor F. vende l'anima al diavolo Mefistofele in cambio della saggezza e di beni terreni. C. Marlowe (*La tragica storia del dottor Faust*, 1590 ca.) e poi J.W. Goethe (1808-1832) svilupparono il mito rendendo F. un eroe, interpretazione che in seguito il regista F.W. Murnau fece propria (*Faust*, 1926). Il dramma di Goethe ha ispirato inoltre *La dannazione di Faust*, di H. Berlioz, composta a Parigi nel 1846, e l'opera *Faust* di C. Gounod (prima versione, 1859), su libretto di M. Carré e J. Barbier.

FAUSTINO I → SOLILOUQUE.

FAUTRIER (Jean), *Parigi 1898 - Châtenay-Malabry 1964*, pittore francese. Artista raffinato, è passato da un realismo cupo all'informale e a una concezione materica della pittura (serie degli "Ostaggi", 1943-1945).

FAVÀRA, com. in prov. di Agrigento; 32.879 ab. Agricoltura (cereali, uva, olive, mandorle). Allevamento ovino e caprino. Artigianato del legno. Castello del Chiaramonte (XIII sec.).

FAVART (Charles Simon), *Parigi 1710 - Belleville 1792*, drammaturgo francese. Scrisse diverse commedie (*La maliziosa*) e fu direttore dell'Opéra-Comique.

FAVIGNÀNA, com. in prov. di Trapani, sull'isola omonima; 4410 ab. Pesca del tonno. Industrie estrattive (marmo, tufo) e conserviere. Turismo.

FÀVOLE, raccolta di favole in versi di La Fontaine, ispirate alle *Favole* attribuite a Esopo e raggruppate in 12 libri (1668-1694). Gli argomenti spaziano dalla satira ai temi pastorali, elegiaci e politici. I comportamenti umani sono spesso trasposti nel mondo animale.

FAVRE (Jules), *Lione 1809 - Versailles 1880*, politico e avvocato francese. Ministro degli esteri, negoziò con O. von Bismarck l'armistizio del 28 gen. 1871 e il trattato di Francoforte (10 mag.).

FAWCETT (Dame Millicent), nata **Garrett**, *Aldeburgh, Suffolk, 1847 - Londra 1929*, riformatrice britannica. Si batté per il diritto al voto delle donne inglesi (legge del 1918 e del 1928).

FAYA-LARGEAU, c. del Ciad settentr., capol. della prefettura di Borkou-Ennedi-Tibesti; 5000 ab.

FAYDHERBE o **FAYD'HERBE** (Luc), *Malines 1617-1697*, scultore e architetto fiammingo. Fu allievo di P.P. Rubens; le sue sculture ornano le chiese di Malines, dove edificò e decorò Notre-Dame d'Hanswijk (1663-1681).

FAYSAL, *Riyadh 1906-1975*, re dell'Arabia Saudita (1964-1975). Fu primo ministro (1958-1960; 1962-1964) durante il regno del fratello Saud, che costrinse a dimettersi nel 1964, avviando una politica di risanamento finanziario e di unione tra i paesi islamici. Morì assassinato.

■ *Faysal nel 1965.*

FAYSAL I, *Taif, Arabia Saudita, 1883 - Berna 1933*, re dell'Iraq (1921-1933), della dinastia hashemita. Capeggiò la rivolta araba contro gli ottomani (1916) e divenne re di Siria (1920). Espulso da Damasco dai francesi, divenne re dell'Iraq (1921) grazie all'appoggio della Gran Bretagna. — **Faysal II**, *Baghdad 1935-1958*, re dell'Iraq (1939-1958), della dinastia hashemita. Nipote di Faysal I, fu assassinato nel corso della rivoluzione del 1958.

FAYYUM, prov. nell'Egitto, a SO del Cairo. Nota per i suoi giacimenti paleontologici (eocene e oligocene) e per i resti archeologici: sistema di irrigazione, templi della XII dinastia, città tolemaiche e, soprattutto, necropoli in cui sono stati portati alla luce diversi ritratti funerari dipinti su tavolette di legno (I-IV sec.), che sostituivano le antiche maschere delle mummie.

FAYYUM. *Particolare del sarcofago di Artemidoro (II sec. d.C.) proveniente dal sito di Hawara. (British Museum, Londra.)*

FÀZIO DEGLI UBÈRTI → UBERTI.

FBI (Federal Bureau of Investigation), servizio investigativo della polizia federale degli Stati Uniti.

F'DÉRICK, già **Fort-Gouraud**, c. della Mauritania, nella reg. del Kedia d'Idjil; 4700 ab. Minerali di ferro. Linea ferroviaria per Nouadhibou.

FEÀCI MITOL. GR. Popolo di cui si parla nell'*Odissea*. L'isola dei f., su cui Nausicaa accolse Ulisse naufrago, è stata identificata con Corcira (att. Corfù).

FÈBO, appellativo di Apollo.

FEBVRE (Lucien), *Nancy 1878 - Saint-Amour 1956*, storico francese. Fondatore con M. Bloch degli *Annales* (1929).

FECHNER (Gustav Theodor), *Gross-Särchen 1801 - Lipsia 1887*, fisiologo e filosofo tedesco. Tra i fondatori della psicofisica, formulò la *legge di Weber-F.*, secondo la quale "la sensazione varia secondo una scala logaritmica di intensità".

FEDÉLI, compagnia di comici dell'arte, fondata da G.B. Andreini intorno al 1601. Costituita da celebri attori, tra cui Andreini stesso, T. Martinelli e G. Garavini, fu part. attiva alla corte di Mantova, ma riportò un grande successo anche all'estero.

FEDÉLI (Domènico) → MAGGIOTTO.

FEDERAL RESERVE BANK (Fed), banca centrale degli Stati Uniti. È costituita da un sistema di 12 banche locali, con il compito di applicare la politica monetaria elaborata dal Federal Reserve Board. Quest'ultimo controlla il sistema monetario e bancario (Federal Reserve System) nato dal Federal Reserve Act del 1913.

FEDERAZIÓNE LABURÌSTA, partito politico di sinistra fondato nel 1994 da V. Spini in seguito allo scioglimento del PSI.

FEDERAZIÓNE SINDACÀLE MONDIÀLE (FSM), organizzazione sindacale internazionale fondata nel 1945. Diversi sindacati se ne distaccarono nel 1948 e nel 1949 per costituire la *Confederazione internazionale dei sindacati liberi*.

FEDERCONSÒRZI (Federazione italiana dei consòrzi agràri), organizzazione istituita nel 1892 al fine di tutelare gli interessi degli agricoltori dal punto di vista tecnico, produttivo, distributivo e finanziario. In seguito a una grave crisi finanziaria, è stata commissariata nel 1991.

FEDERÌCO, nome di più sovrani

DANIMARCA E NORVEGIA

FEDERÌCO I, *Copenaghen 1471 - Gottorp 1533*, re di Danimarca e Norvegia (1523-1533). Favorì la diffusione della Riforma. — **Federico II**, *Haderslev 1534 - Antvorskov 1588*, re di Danimarca e Norvegia (1559-1588). Lottò contro la Svezia (1563-1570). — **Federico III**, *Haderslev 1609 - Copenaghen 1670*, re di Danimarca e Norvegia (1648-1670). Ristabilì il carattere assoluto del potere reale. — **Federico IV**, *Copenaghen 1671 - Odense 1730*, re di Danimarca e Norvegia (1699-1730). Nemico di Carlo XII di Svezia, riuscì a strappargli la parte meridionale dello Schleswig (1720). — **Federico V**, *Copenaghen 1723-1766*, re di Danimarca e Norvegia (1746-1766). Fu artefice di numerose riforme. — **Federico VI**, *Copenaghen 1768-1839*, re di Danimarca (1808-1839) e Norvegia (1808-1814). Alleatosi alla Francia (1807), fu costretto a cedere la Norvegia alla Svezia (1814). — **Federico VII**, *Copenaghen 1808 - Glücksburg 1863*, re di Danimarca (1848-1863). Sotto il suo regno scoppiò la guerra dei *ducati*. — **Federico VIII**, *Copenaghen 1843 - Amburgo 1912*, re di Danimarca (1906-1912). — **Federico IX**, *castello di Sorgenfri 1899 - Copenaghen 1972*, re di Danimarca (1947-1972). Gli succedette la figlia Margherita II.

PALATINATO

FEDERÌCO V, *Amberg 1596 - Magonza 1632*, elettore del Palatinato (1610-1623) e re di Boemia (1619-1620). Capo del partito protestante (Unione evangelica) durante la guerra dei Trent'anni, fu sconfitto alla Montagna Bianca (1620) da Ferdinando II di Asburgo.

PRUSSIA

FEDERÌCO I, *Königsberg 1657 - Berlino 1713*, elettore di Brandeburgo (1688), primo re in Prussia (1701-1713) della dinastia degli Hohenzollern. Figlio di Federico Guglielmo, il Grande Elettore.

FEDERÌCO II IL GRÀNDE, *Berlino 1712 - Potsdam 1786*, re di Prussia (1740-1786), della dinastia degli Hohenzollern. A conclusione delle guerre di Slesia (1740-1742; 1744-1745), riuscì, nonostante i rovesci subiti durante la guerra dei Sette anni (1756-1763), a conservare la regione. Nella spartizione della Polonia (1772), ottenne la Prussia occ. Riorganizzò i suoi Stati, dotandoli di un'amministrazione moderna, colonizzando nuovi territori e preparando un esercito che di lì a poco sarebbe divenuto il più efficiente d'Europa. Amante della letteratura, grande collezionista d'arte, autore di un *Antimachiavelli* (1739), compositore di sonate per flauto, accolse nella sua residenza di Sans-Souci Voltaire e numerosi altri intellettuali francesi, divenendo così il simbolo del sovrano illuminato.

■ *Federico II il Grande ritratto da J-G. Ziesenis. (Kurpfälzisches Museum, Heidelberg.)*

FEDERÌCO III, *Potsdam 1831-1888*, re di Prussia e imperatore di Germania (1888). Figlio e successore di Guglielmo I, regnò solamente per pochi mesi.

REGNO DI NAPOLI

FEDERÌCO I, *Napoli 1452 - Tours 1504*, re di Napoli 1496-1501. Dovette cedere il trono al re di Francia Luigi XII e ottenne in cambio la contea del Maine.

REGNO DI SICILIA

FEDERÌCO I → FEDERICO II (Sacro Romano Impero).
FEDERÌCO II, *1272 - Palermo 1337*, re di Sicilia (1296-1337). Combatté la guerra del Vespro contro gli Angioini, che rivendicavano il possesso

del regno, e li sconfisse, imponendo loro la pace di Caltabellotta (1302). — **Federico III**, detto **il Semplice**, *Catania 1342 - Messina 1377*, re di Sicilia e duca di Atene dal 1355 al 1377. Lottò contro gli Angioini e firmò con essi una pace (1372) in cui si riconosceva loro vassallo.

SACRO ROMANO IMPERO

FEDERÌCO I BARBARÓSSA, *Waiblingen 1122 - Cilicia 1190*, imperatore germanico (1155-1190), della dinastia degli Hohenstaufen. In Germania tentò di riaffermare l'autorità imperiale e, dopo essere sceso in Italia (1154), fu incoronato a Monza re d'Italia (1155). Dopo una serie di battaglie (Milano, Crema) per ridurre all'obbedienza le città ribelli, e a seguito dell'inasprirsi del dissidio con il papato in merito alla superiorità del potere temporale su quello spirituale, si scontrò con la Lega lombarda, che gli inflisse una sconfitta a Legnano (1176) e gli impose la pace. Morì annegato in Cilicia nel corso della terza crociata.
FEDERÌCO II, *Jesi 1194 - Castello di Fiorentino, Foggia, 1250*, re di Sicilia con il nome di Federico I (1197-1250), imperatore germanico (1220-1250), della dinastia degli Hohenstaufen. Padrone della Germania dopo la battaglia di Bouvines (1214), fu in costante dissidio con il papato. Scomunicato (1227), prese parte a una crociata che condusse diplomaticamente, ottenendo la restituzione di Gerusalemme (1229). Riconciliatosi con il papa (1230), riprese la guerra contro la Lega lombarda e si fece di nuovo scomunicare (1239), e in seguito deporre (1245). Sotto il suo regno Palermo divenne una grandiosa capitale; fece della sua corte un luogo di incontro di artisti e letterati.
FEDERÌCO III DI STÌRIA, *Innsbruck 1415 - Linz 1493*, incoronato re dei romani a Roma (1440), imperatore germanico (1452-1493), della dinastia degli Asburgo.

SASSONIA

FEDERÌCO III IL SÀGGIO, *Torgau 1463 - Lochau 1525*, duca elettore di Sassonia (1486-1525). Sostenne M. Lutero contro il papa e Carlo V.

SVEZIA

FEDERÌCO I, *Kassel 1676 - Stoccolma 1751*, re di Svezia (1720-1751). Cognato di Carlo XII, succedette alla moglie Ulrica Eleonora, regina di Svezia dal 1718 al 1720.
FEDERÌCO AUGÙSTO I IL GIÙSTO, *Dresda 1750-1827*, re di Sassonia (1806-1827). Fu l'alleato fedele di Napoleone, che con il trattato di Tilsit gli concesse il granducato di Varsavia (1807).
FEDERÌCO CÀRLO, *Berlino 1828 - Potsdam 1885*, generale e principe prussiano. Nipote di Guglielmo I, combatté a Sadowa (1866) e comandò la seconda armata durante la guerra franco-prussiana (1870-1871).
FEDERÌCO DA MONTEFÉLTRO, *Gubbio 1422 - Ferrara 1482*, duca di Urbino. Figlio naturale di Guidantonio, conte di Montefeltro e Urbino, nel 1441 ne ampliò il dominio conquistando San Leo, Fano e Fossombrone. Nel 1444 divenne signore di Urbino. Abile condottiero, fu al servizio di vari principi italiani e si distinse per il suo ruolo di mecenate: la corte di Urbino attirò artisti e letterati, divenendo uno dei centri propulsori della cultura umanistica.
FEDERÌCO ENRÌCO, *Delft 1584 - L'Aia 1647*, principe di Orange-Nassau. Statolder delle Province Unite (1625-1647), lottò contro gli spagnoli durante la guerra dei Trent'anni.
FEDERÌCO GUGLIÈLMO, detto **il Grànde Elettóre**, *Berlino 1620 - Potsdam 1688*, elettore di Brandeburgo e duca di Prussia, della dinastia degli Hohenzollern. Salì al trono nel 1640 e, dopo aver firmato il trattato di Westfalia (1648), tentò di impossessarsi del Brandeburgo. Capo dell'opposizione calvinista, accolse i protestanti francesi dopo la revoca dell'editto di Nantes (1685).
FEDERÌCO GUGLIÈLMO I, detto **il Re Sergènte**, *Berlino 1688 - Potsdam 1740*, re di Prussia (1713-1740), della dinastia degli Hohenzollern. Figlio di Federico I, portò avanti l'opera di centralizzazione e sviluppo economico avviata dai suoi predecessori e lasciò al figlio Federico II un regno potente. — **Federico Guglielmo II**, *Berlino 1744-1797*, re di Prussia (1786-1797), della dinastia degli Hohenzollern. Nipote e successore di

Federico II, partecipò alle coalizioni contro la Francia rivoluzionaria, ma, con la pace di Basilea (1795), fu costretto a cedere i territori della riva sinistra del Reno. Partecipò alla seconda e terza spartizione della Polonia (1793-1795). — **Federico Guglielmo III**, *Potsdam 1770 - Berlino 1840*, re di Prussia (1797-1840), della dinastia degli Hohenzollern. Dopo il crollo dell'impero prussiano a opera di Napoleone (1806-1807), riuscì, con l'aiuto di uomini come H.F. Stein, K. Hardenberg, G. Scharnhorst, A. Gneisenau e K. Clausewitz, a risanare il paese e a innalzarlo di nuovo al rango di grande potenza al Congresso di Vienna (1815). — **Federico Guglielmo IV**, *Berlino 1795 - castello di Sans-Souci 1861*, re di Prussia (1840-1861), della dinastia degli Hohenzollern. Fu costretto ad accordare al popolo una Costituzione nel 1848. Infermo di mente, lasciò la reggenza al fratello, Guglielmo I, nel 1858.
FEDERZÓNI (Luìgi), *Bologna 1878 - Roma 1967*, politico e scrittore. Fondò nel 1911 il periodico *L'idea nazionale*, organo del movimento nazionalista. Durante il regime mussoliniano fu ministro delle colonie (1922-1924; 1926-1928) e degli interni (1924-1926). In seguito fu eletto presidente del senato (1929-1934) e dell'Accademia d'Italia (1938-1943). Il 25 lug. 1943 votò a favore dell'ordine del giorno Grandi e fu quindi condannato a morte in contumacia (1944). Dopo la liberazione venne condannato all'ergastolo e si rifugiò in Portogallo. In seguito a un'amnistia rientrò in Italia (1951).
FEDIN (Konstantin Aleksandrovič), *Saratov 1892 - Mosca 1977*, scrittore sovietico. È autore di romanzi sociali a sfondo psicologico (*Le città e gli anni, Falò*).
FEDÓNE, dialogo di Platone in cui sono raccontate le ultime ore di vita di Socrate e si disserta sull'immortalità dell'anima.
FËDOR, nome di tre zar di Russia. — **Fëdor I**, *Mosca 1557-1598*, zar di Russia (1584-1598), della dinastia dei Rjurikidi. Figlio di Ivan IV il Terribile, fu assistito da un consiglio di reggenza guidato da Boris Godunov (1587).
FÈDRA MITOL. GR. Sposa di Teseo e figlia di Minosse e di Pasifae. Innamoratasi del figliastro Ippolito e da questi respinta, lo accusò di avere tentato di usarle violenza, ma si impiccò quando fu giustiziato. La passione divorante di F., straziata dalla coscienza dei suoi errori, ma incapace di assumersene la responsabilità, ha ispirato tragedie, in part., a Euripide (*Ippolito*, 428 a.C.), Seneca (I sec. d.C.) e Racine (1677).
FÈDRO (Càio Giùlio), *in Macedonia 10 ca. a.C. - 54 ca. d.C.*, favolista latino. Scrisse favole ispirate a quelle di Esopo.
FEININGER (Lyonel), *New York 1871-1956*, pittore statunitense di origine tedesca. Ha diretto lo studio d'incisione del Bauhaus dal 1919 al 1933. La sua pittura associa un forte schematismo delle forme a una sottile trasparenza del colore.
FEIRA DE SANTANA, c. del Brasile (Stato di Bahia); 481.137 ab.
FÉLIBIEN (André), *Chartres 1619-1695*, architetto, teorico e storico dell'arte francese. Difensore dei principi accademici, ammiratore di N. Poussin, pubblicò delle *Interviste* su vita e opere dei grandi pittori e un volume sui *Principi delle diverse arti* (1676, accompagnato da un *Dizionario*).
FELÌCE I (sànto), *m. a Roma nel 274*, papa dal 269 al 274. Sostenne l'unicità della persona di Cristo, in contrasto con Paolo di Samosata. — **Felice II**, *m. a Roma nel 365*, antipapa dal 355 al 358. — **Felice III**, *m. a Roma nel 492*, papa dal 483 al 492, santo. Scomunicò il patriarca di Costantinopoli Acacio, sostenitore del monofisismo. — **Felice IV** (sànto), *m. a Roma nel 530*, papa dal 526 al 530. Eletto su designazione di Teodorico, fece erigere la chiesa dei SS. Cosma e Damiano a Roma. — **Felice V** →AMEDEO VIII DI SAVOIA.
FELÌCITA (sànta), *m. a Cartagine nel 203*, martire africana. Fu data in pasto alle belve insieme ad altre compagne, tra le quali la matrona Perpetua.
FÉLIX IL GÀTTO, personaggio dei cartoni animati creato nel 1919 da Pat Sullivan (1887-1933) e Otto Messmer (1892-1983) e riproposto come fumetto nel 1923; è un gatto dotato di spirito estremamente logico e di un temperamento irritabile.

FELLÌNI (Federìco), *Rimini 1920 - Roma 1993*, regista cinematografico. Visionario e ironico, creatore di grandi rappresentazioni in cui emerge un universo popolato di fantasmi e ricordi d'infanzia (*Amarcord*, 1973, premio Oscar), nei primi film ha aderito a una concezione neorealista (*I vitelloni*, 1953; *La Strada*, 1954, premio Oscar), per distaccarsene lentamente e sviluppare un linguaggio barocco, intriso di forti simbologie (*Le notti di Cabiria*, 1958, premio Oscar; *La dolce vita*, 1960, premio Oscar; *Otto e mezzo*, 1963; *Satyricon*, 1969; *Roma*, 1972; *La città delle donne*, 1980; *E la nave va*, (1983); *Ginger e Fred*, (1986); *La voce della luna* (1990). Nel 1993 gli è stato assegnato il premio Oscar alla carriera.

Federico **FELLINI**. A. Ekberg e M. Mastroianni in La dolce vita (1960).

FÈLSINA, nome etrusco di Bologna. Il sito di F. ospitò insediamenti sin dall'epoca neolitica e nel X-IX sec. a.C. vide fiorire la cultura villanoviana. La c. etrusca iniziò a svilupparsi nel VI sec. a.C., per poi essere conquistata dai galli boi intorno alla metà del IV sec. a.C. Nel 189 a.C. i romani vi fondarono la colonia di *Bononia*.
FÉLTRE, com. in prov. di Belluno, alla destra del f. Piave; 19.404 ab. Mercato agricolo (cereali, foraggi, ortofrutta) e zootecnico. Industrie meccaniche, tessili, chimiche, metallurgiche. Chiesa di S. Rocco (1599). Porta Imperiale (XVIsec.). Duomo (XIV-XVI sec.). Museo civico con significativi dipinti della scuola veneta.
FELTRINÈLLI, casa editrice fondata a Milano nel 1955 da Giangiacomo F. (Milano 1926 - Segrate 1972). Ha orientato le sue pubblicazioni soprattutto nell'ambito della saggistica e della narrativa italiana e straniera, creando anche una catena di librerie in molte città. L'Istituto G. F., fondato nel 1960, è diventato nel 1974 Fondazione G. F.
FEMINA (prèmio), premio letterario fondato nel 1904 in Francia e conferito ogni anno da un gruppo di scrittrici a un'opera letteraria in lingua francese. La stessa giuria premia anche un'opera straniera, un saggio e un'opera prima di narrativa.
FÈNDI, famiglia di imprenditori dell'abbigliamento. L'azienda, che ha conosciuto il successo negli anni '60 del secolo scorso, si è sviluppata a partire da un laboratorio aperto a Roma nel 1925. Nel 1965 è stato creato il celebre marchio con la doppia effe.
FÉNELON (François **de Salignac de La Mothe-**), *castello di Fénelon, Périgord, 1651 - Cambrai 1715*, prelato e scrittore francese. Scrisse per il duca di Borgogna, di cui fu precettore (1689), delle *Favole* in prosa (1701), i *Dialoghi dei morti* (pubblicati nel 1712) e le *Avventure di Telemaco* (1699). La sua *Spiegazione delle massime dei Santi* (1697), che appoggiava la dottrina quietista, fu condannata dalla Chiesa (1699). F. concluse la vita nella sede vescovile di Cambrai, dedicandosi alla riflessione politica ed estetica.
FENÌCE, mitico uccello della mitologia egizia. Poiché, secondo la leggenda, era in grado di ri-

nascere dalle proprie ceneri, è divenuto simbolo di immortalità.

FENÌCE (la), fondazione istituita per curare le attività dell'omonimo teatro di Venezia. Costruito nel 1792, il teatro fu più volte restaurato, anche in seguito all'incendio del 1836. Diventato ente morale nel 1892, ha subito un nuovo incendio nel 1996, dopo il quale è stato ricostruito e inaugurato nel dic. 2003.

FENÌCIA, reg. costiera siro-palestinese, delimitata a S dal Monte Carmelo e a N dalla reg. di Ugarit (att. Ras Shamra, a N di Latakia). Tra il III millennio e il XIII sec. a.C., nella zona costiera della Siria vivevano popolazioni semitiche, i cananei. A partire dal XII sec. vi si insediarono altri popoli (aramei, ebrei, filistei) che ridussero il territorio cananeo a una stretta fascia, dai greci chiamata F. La F. era costituita da un insieme di città-Stato, le maggiori delle quali erano Byblos, Tiro e Sidone. Costretti a vivere sul mare, i fenici divennero abili navigatori e fondarono, lungo tutta la costa mediterranea fino alla Spagna, numerose colonie; tra queste vi era Cartagine (IX sec.), che si affermò sulle altre potenze marittime dell'Occidente. Anche se furono sottomesse al dominio dell'impero assiro (743 a.C.) e babilonese (dal 605 a.C.), persiano e infine greco, le città fenice continuarono a svolgere un ruolo fondamentale negli scambi commerciali del Mediterraneo orient. Furono custodi della cultura cananea (continuarono a esservi praticati i culti di Baal e Astarte), e rappresentarono il centro a partire dal quale si diffuse nel mondo antico l'uso della scrittura alfabetica.

FÉNIS, com. in prov. di Aosta; 1591 ab. Bagnato dalla Dora Baltea, meta del turismo estivo. Castello costruito nel 1340 dagli Challant, di forma pentagonale, con doppia cinta muraria.

FENÒGLIO (Bèppe), *Alba 1922-1963*, scrittore. Tra realismo e sperimentazione letteraria, nei suoi romanzi rievocò la Resistenza (*I ventitré giorni della città di Alba*, 1952; *Il *partigiano Johnny*), alternandola con la descrizione della vita contadina nelle Langhe (*La malora*, 1954). Elaborò uno stile personale, basato sull'impiego di un singolare impasto linguistico (dialetto, italiano letterario, inglese).

FENOMENOLOGÍA DELLO SPÌRITO, opera di G.W.F. Hegel (1807). Il filosofo vi traccia il percorso dialettico della coscienza dal livello di "coscienza sensibile" al "sapere assoluto".

FENTON (Roger), *Crimble Hall 1819 - Londra 1869*, fotografo britannico. Nel 1853 fu inviato a documentare la guerra di Crimea, dove realizzò il primo reportage fotografico della storia.

FERAOUN (Mouloud), *Tizi Hibel 1913 - El-Biar 1962*, scrittore algerino di lingua francese. Insegnante, umanista, nei suoi romanzi ha descritto la crisi del mondo della Cabilia (*Le fils du pauvre*, *La terre et le sang*). Fu assassinato dall'OAS.

FERDINÀNDO, nome di più sovrani

ARAGONA

FERDINÀNDO I IL GIÙSTO, *Medina del Campo 1380 - Igualada 1416*, re di Aragona e di Sicilia (1412-1416). — **Ferdinando II il Cattolico**, *Sos, Saragozza, 1452 - Madrigalejo 1516*, re di Sicilia (1468-1516), Aragona (1479-1516), Castiglia come Ferdinando V (1474-1504), poi di Napoli come Ferdinando III (1504-1516). Sposando Isabella di Castiglia (1469), preparò l'unificazione spagnola, tramite la quale riuscì a rinsaldare l'autorità monarchica e portò a termine la *reconquista* (presa di Granada, 1492), adoperandosi per l'unità religiosa del regno (rafforzamento dell'Inquisizione, espulsione degli ebrei). All'estero, combatté contro Luigi XII nel Milanese.

AUSTRIA

FERDINÀNDO I, *Vienna 1793 - Praga 1875*, imperatore d'Austria (1835-1848), re di Boemia e di Ungheria (1830-1848), della casa degli Asburgo-Lorena. Fu costretto ad abdicare durante la rivoluzione del 1848.

BULGARIA

FERDINÀNDO, principe di **Sassònia-Còburgo-Gotha**, *Vienna 1861 - Coburgo 1948*, principe (1887-1908), poi zar di Bulgaria (1908-1918). Proclamata l'indipendenza della Bulgaria (1908), allo scoppio della prima guerra balcanica (1912)

attaccò i serbi e i greci (1913) uscendone sconfitto. Si alleò agli imperi centrali (1915) e abdicò nel 1918.

CASTIGLIA E SPAGNA

FERDINÀNDO I IL GRÀNDE, *m. nel 1065*, re di Castiglia (1035-1065) e di León (1037-1065). Si distinse nella lotta contro i musulmani, riuscendo ad annettere una parte della Navarra (1054). — **Ferdinando III il Santo**, *1201 ca. - Siviglia 1252*, re di Castiglia (1217-1252) e di León (1230-1252). Partecipò alla *reconquista*, che grazie a lui fece progressi decisivi. — **Ferdinando V** → FERDINANDO II IL CATTOLICO (Aragona). — **Ferdinando VI**, *Madrid 1713 - Villaviciosa de Odón 1759*, re di Spagna (1746-1759), della dinastia dei Borbone. Figlio di Filippo V, firmò la pace di Aquisgrana (1748), che pose fine alla guerra di successione austriaca. — **Ferdinando VII**, *Escorial 1784 - Madrid 1833*, re di Spagna (1808 e 1814-1833), della dinastia dei Borbone. Figlio di Carlo IV, nel 1808 fu relegato da Napoleone nel castello di Valençay, ma riottenne il trono nel 1814. La sua politica assolutista provocò una rivoluzione, repressa grazie all'intervento di Luigi XVIII (1823). Non riuscì a opporsi all'emancipazione delle colonie americane.

FIANDRE

FERDINÀNDO DI PORTOGÀLLO, *1186-1233*, conte delle Fiandre e dell'Hainaut (1211-1233). Figlio di Sancho I, re del Portogallo, e marito di Giovanna di Fiandra, si alleò a Ottone IV e a Giovanni Senza Terra, al quale rese omaggio, contro l'antico sovrano Filippo Augusto.

REGNO DELLE DUE SICILIE

FERDINÀNDO I DI BORBÓNE, *Napoli 1751-1825*, re delle Due Sicilie (1816-1825). Re di Sicilia (Ferdinando III) e di Napoli (Ferdinando IV) a partire dal 1759, fu privato del regno di Napoli a più riprese. Tornatone in possesso nel 1815, riunì i suoi due Stati nel regno delle Due Sicilie e prese il nome di Ferdinando I (1816). — **Ferdinando II di Borbone**, *Palermo 1810 - Caserta 1859*, re delle Due Sicilie (1830-1859).

REGNO DI NAPOLI

FERDINÀNDO I, detto **Ferrànte**, *1431 ca. - 1494*, re di Napoli (1458-1494). — **Ferdinando III** → FERDINANDO II IL CATTOLICO (Aragona). — **Ferdinando IV** → FERDINANDO I DI BORBONE (regno delle Due Sicilie).

ROMANIA

FERDINÀNDO I, *Sigmaringen 1865 - Sinaia 1927*, re della Romania (1914-1927). Si alleò nel 1916 con le potenze dell'Intesa.

SACRO ROMANO IMPERO

FERDINÀNDO I D'ASBÙRGO, *Alcalá de Henares 1503 - Vienna 1564*, re di Boemia e di Ungheria (1526), re dei romani (1531), imperatore germanico (1556-1564). Fratello cadetto di Carlo V, che gli affidò i possedimenti ereditari degli Asburgo in Austria (1521), lottò contro gli ottomani e si adoperò per mantenere la pace religiosa (pace di Augusta, 1555). Divenne imperatore in seguito all'abdicazione di Carlo V (1556). — **Ferdinando II d'Asburgo**, *Graz 1578 - Vienna 1637*, re di Boemia (1617) e di Ungheria (1618), imperatore germanico (1619-1637). Cugino e successore di Mattia, sostenitore della Controriforma e di una linea assolutista, scatenò contro i protestanti la guerra dei Trent'anni (1618-1648). — **Ferdinando III d'Asburgo**, *Graz 1608 - Vienna 1657*, re di Ungheria (1625) e di Boemia (1627), imperatore germanico (1637-1657). Figlio di Ferdinando II, portò avanti la linea politica adottata dal padre e fu costretto a firmare nel 1648 i trattati di Westfalia.

■ *Ferdinando I d'Asburgo nel 1524 ritratto da H. Maler. (Uffizi, Firenze.)*

TOSCANA

FERDINÀNDO I → MEDICI. — **Ferdinando II** → MEDICI. — **Ferdinando III**, *Firenze 1769-1824*, granduca di Toscana (1790). Cacciato dai francesi nel 1799 e nel 1801, tornò al potere nel 1814.

FERENCZI (Sándor), *Miskolc 1873 - Budapest 1933*, medico e psicoanalista ungherese. In disaccordo

con S. Freud (1923), formulò nuovi metodi terapeutici ed estese la teoria psicoanalitica alla biologia.

FERENTÌNO, com. in prov. di Frosinone; 20.318 ab. Centro agricolo (ortaggi, olive) e industriale. Duomo romanico. Chiesa di S. Maria Maggiore (XIII sec.).

FERGANA, c. dell'Uzbekistan, nel bacino di F.; 198.000 ab.

FERGANA, reg. dell'Uzbekistan, nel bacino del f. Syrdarja; c. princ. *Fergana*. Petrolio, cotone, frutteti.

FERLINGHETTI (Lawrence), *Yonkers 1919*, poeta statunitense. Tra i più importanti esponenti della *beat generation, nel 1957 ha aperto a San Francisco la libreria e casa editrice City Lights, punto di ritrovo del movimento. Tra le opere, *Immagini del mondo trascorso* (1955), *Coney Island della mente* (1958), *Occhio aperto, cuore aperto* (1973), *Dov'è il Vietnam?* (1965).

FERMAT (Pierre de), *Beaumont-de-Lomagne 1601 - Castres 1665*, matematico francese. Precursore in vari campi (calcolo differenziale, geometria analitica, teoria dei numeri e calcolo delle probabilità), è autore di una famosa ipotesi sui numeri, il *grande teorema di F.*, che fu dimostrato solamente nel 1993-1994.

FÈRMI (Enrico), *Roma 1901 - Chicago 1954*, fisico. Docente, dal 1926, all'Università di Roma, si dedicò agli studi di meccanica ed elettrodinamica relativistica. Nel 1927, insieme a F. Dirac, pose le basi di una teoria che permetteva di spiegare il comportamento di elettroni e neuroni (*statistica di F.-Dirac*). Nel 1938 si trasferì negli Stati Uniti, a Chicago, dove nel 1942 mise a punto la prima pila atomica all'uranio e dove ebbe un ruolo rilevante nello sviluppo delle armi nucleari (collaborò con R. Oppenheimer alle ricerche sulla bomba atomica). Fu un precursore della fisica delle particelle. (Premio Nobel 1938.)

■ *Enrico Fermi.*

FÉRMO, com. in prov. di Ascoli Piceno; 35.617 ab. Centro agricolo (frutta, barbabietole), industriale e dell'allevamento. Duomo (1227). Chiese gotiche. Pinacoteca civica.

FERNANDEL (Fernand **Contandin**, detto), *Marsiglia 1903 - Parigi 1971*, attore cinematografico francese. Esordì nel caffè-concerto, prima di diventare uno degli attori comici più popolari del grande schermo (*Angèle* di M. Pagnol, 1934) e di proporre il personaggio di Don Camillo nella fortunata serie

(*Don Camillo*, J. Duvivier, 1952; *Il compagno Don Camillo*, L. Comencini, 1965).

■ *Fernandel.*

FERNÁNDEZ (Gregorio) → HERNÁNDEZ (Gregorio).

FERNANDO PÓO → BIOKO.

FERRABÌNO (Àldo), *Cuneo 1892 - Roma 1972*, storico. Presidente dell'Istituto dell'enciclopedia italiana dal 1954 al 1972, fu allievo di G. De Sanctis. Propose una visione della storia di ispirazione cristiana. Tra le opere, *La dissoluzione della libertà nella Grecia antica* (1929), *Cristo* (1961).

FERRABÒSCO, famiglia di musicisti. — **Domenico Maria F.**, *Bologna 1513-1574*. Cantore e maestro di cappella, compose diversi madrigali, tra i quali *Io mi son giovinetta e volentieri*. — **Alfonso I F.**, *Bologna 1543-1588*. Soggiornò a lungo in Inghilterra, al servizio di Elisabetta I, dove pubblicò due libri di madrigali. — **Alfonso II F.**, *Londra 1575 ca. - Greenwich 1628*. Fu musicista alla corte di Elisabetta I e Carlo I.

FERRÀNIA, località in prov. di Savona. Nel 1917 vi fu fondata l'omonima industria fotografica, a cui si deve il sistema Ferraniacolor, a lungo impiegato nel cinema.

FERRÀNTE D'ARAGÓNA → FERDINANDO I (Regno di Napoli).

FERRÀRA, c. dell'Emilia-Romagna, capol. di prov., sul Po; 132.127 ab. (*ferraresi*). Centro commerciale fiorente; industrie (alimentari, meccaniche, chimiche e petrolchimiche). — Fondata nel Medioevo, successivamente sede vescovile e possesso della Chiesa (774), nel 1100 divenne libero comune. Contesa tra diverse famiglie nobiliari, nel 1667 divenne signoria degli Estensi, che ne fecero uno dei centri culturali e artistici più importanti d'Europa (università fondata nel 1391). In questo periodo la corte fu frequentata da artisti della cosiddetta scuola ferrarese (A. Mantegna, P. della Francesca) e da letterati (L. Ariosto, T. Tasso). Tornata alla Chiesa nel corso del XVI sec., F. fu annessa al regno d'Italia nel 1860. — Cattedrale romanico-gotica del XII-XVI sec.; castello degli Estensi, del XIV-XVI sec.; Palazzo Schifanoia (con affreschi di F. del Cossa e di E. de' Roberti; museo), Palazzo di Ludovico il Moro (museo greco-etrusco), Palazzo dei Diamanti (pinacoteca). — Nella provincia di F., compresa tra il Po e l'Adriatico, predomina l'attività agricola (barbabietola, cereali, frutta). Industrie (meccaniche, alimentari, dell'abbigliamento). Turismo nei lidi ferraresi. Centri principali: Comacchio, Codigoro, Argenta. — **Concilio di F.**, concilio ecumenico (1438-1445) che seguì quello di Firenze, proclamando la riunificazione della Chiesa occ. con quella orient. — **Guerra di F.**, guerra scoppiata nel 1482, che vide scendere in campo la coalizione capeggiata dal duca Ercole I d'Este contro il papa Sisto IV e la repubblica di Venezia, per arginare le mire espansionistiche dei veneziani sui territori del delta del Po. Si concluse nel 1484 con la cessione del Polesine ai veneziani da parte di F.

FERRÀRA (Abel), *New York 1952*, regista cinematografico statunitense. Il suo cinema, cupo e provocatorio, propone una cinica riflessione sulla violenza della società. Tra i film, *L'angelo della vendetta* (1981), *Il cattivo tenente* (1992), *Occhi di serpente* (1993), *Fratelli* (1996), *'R Xmas* (2001).

FERRÀRA (Francésco), *Palermo 1810 - Venezia 1900*, economista e politico. Insegnò economia politica a Torino, Pisa e Venezia. Artefice dell'unità d'Italia, fu ministro delle finanze (1867), deputato e senatore. Liberista convinto, sostenne il concetto di "valore" basandolo sul principio dei costi di riproduzione.

FERRÀRI (Andrèa Càrlo), *Parma 1850 - Milano 1921*, cardinale. Arcivescovo di Milano dal 1894, fondò la rivista *L'Unione* e contribuì alla nascita dell'Università cattolica del Sacro Cuore (1920).

FERRÀRI (Benedétto), *Reggio Emilia 1597 - Modena 1681*, librettista e compositore. Virtuoso della tiorba (fu detto anche Benedetto della Tiorba), scrisse per F. Mannelli il libretto dell'*Andromeda*, con la quale fu inaugurato nel 1637 il Teatro S. Cassiano di Venezia.

FERRÀRI (Ènzo), *Modena 1898-1988*, pilota e costruttore di automobili. Dopo gli esordi come pilota automobilistico, nel 1920 aprì una scuderia con macchine Alfa. Nel 1939 fondò a Modena la società Ferrari per la produzione di automobili sportive e da corsa, destinata a diventare uno dei simboli dell'industria automobilistica italiana. Dopo la sua morte, il controllo della società è stato assunto dalla FIAT. In Formula 1 la F. ha riportato più volte la vittoria nei campionati del mondo (piloti e costruttori).

FERRÀRI (Gaudènzio), *Valduggia, Piemonte, 1475 ca. - Milano 1546*, pittore e scultore. Manierista eclettico, autore di affreschi caratterizzati da inconsuete scelte stilistiche, fu attivo a Varallo, Vercelli e Saronno.

FERRÀRI (Giovànni), *Alessandria 1907-1982*, calciatore. Con la nazionale vinse la Coppa del mondo del 1934 e 1938. Ha conquistato 8 scudetti: 5 con la Juventus (1931, 1932, 1933, 1934, 1935); 2 con l'Inter (1938, 1940) e 1 con il Bologna (1941).

FERRÀRI (Giusèppe), *Milano 1811 - Roma 1876*, filosofo e politico. Rientrato in Italia nel 1859 dopo un soggiorno a Parigi, fu eletto deputato. Sostenitore di idee rivoluzionarie e radicali, propugnò un federalismo repubblicano. Tra le opere, *La filosofia della rivoluzione* (1851).

FERRÀRI (Ludovìco), *Bologna 1522-1565*, matematico. Fu allievo di G. Cardano e uno dei più importanti esponenti della scuola algebrica di Bologna. È celebre la sua scoperta della risoluzione delle equazioni generali di quarto grado, pubblicata nell'*Ars Magna* di Cardano.

FERRÀRI (Pàolo), *Modena 1822 - Milano 1889*, commediografo. Influenzato da C. Goldoni, gli rese omaggio con la commedia *Goldoni e le sue sedici commedie nuove* (1851). Tra le altre opere, *La bottega del cappellaio* (1863), *La satira e il Parini* (1868).

FERRÀRI (Severino), *Alberino di Molinella 1856 - Collegligiato 1905*, poeta e critico. Fu amico e collaboratore di G. Carducci, con il quale pubblicò un commento al *Canzoniere* di F. Petrarca. Fu anche prolifico autore di saggi. Tra le raccolte poetiche, *Il mago* (1884) e *Bordatini* (1885).

FERRÀRIS (Galilèo), *Livorno Vercellese 1847 - Torino 1897*, ingegnere e fisico. Fondatore dell'Istituto elettrotecnico nazionale, in seguito a lui intitolato, nel 1888 scoprì il campo magnetico rotante, alla base del motore elettrico asincrono (a corrente alternata).

FERRÀRIS IV (Attìlio), *Roma 1904 - Montecatini 1947*, calciatore. Con la nazionale vinse la Coppa del mondo del 1934. Giocò in prevalenza nella Roma, con la quale vinse la Coppa Coni nel 1928.

FERRARÒTTI (Frànco), *Palazzolo Vercellese 1926*, sociologo. Ha contribuito alla diffusione della sociologia in Italia nel dopoguerra, dedicandosi a ricerche metodologiche e sulle trasformazioni della società. Tra le opere, *La protesta operaia* (1955), *L'Italia tra storia e memoria* (1996).

FERRÀTI (Sàrah), *Firenze 1906 - Roma 1982*, attrice teatrale e televisiva. Si è imposta come interprete della tragedia classica (*Medea*, 1952), misurandosi anche con il repertorio moderno (*Chi ha paura di Virginia Woolf?*, 1964).

FERRAVÌLLA (Edoàrdo **Villàni**, detto Edoàrdo), *Milano 1846-1915*, attore teatrale. Fin dagli esordi rivelò un notevole talento comico, interpretando in dialetto milanese una serie di personaggi proverbiali (Massinelli, El sindech Finocchi, Tecoppa, El maester Pastizza).

FERRÉ (Gianfrànco), *Legnano 1944*, stilista. Nel 1978 ha presentato la sua prima collezione di prêt-à-porter, debuttando poi nell'alta moda. Dal 1989 al 1996 ha collaborato con la Maison Dior. Nel 2000 ha ceduto il 90% della sua casa di moda, conservando però la carica di presidente e proseguendo nell'attività creativa.

FERREIRA (Vergìlio), *Melo, Serra da Estrela, 1916 - presso Sintra 1996*, scrittore portoghese. Nei suoi romanzi (*Apariçao, Rapida, a sombra*) ha elaborato una riflessione sul destino dell'uomo nella società contemporanea.

FERRER GUARDIA (Francisco), *Alella 1859 - Barcellona 1909*, anarchico e pedagogista spagnolo. Fondò nel 1901 a Barcellona una scuola di ispirazione libertaria. Giudicato responsabile di un'insurrezione anticolonialista, fu processato e giustiziato.

FERRÈRI (Màrco), *Milano 1928 - Parigi 1997*, regista cinematografico. I suoi film, ironici e provocatori, sono allegorie dell'alienazione dell'uomo nella società contemporanea (*La donna scimmia*, 1963; *Dillinger è morto*, 1969; *La grande abbuffata*, 1973; *L'ultima donna*, 1976; *Chiedo asilo*, 1980; *La carne*, 1991; *Nitrato d'argento*, 1996).

FERRÈRO (P. Ferrèro & C.), industria alimentare fondata ad Alba nel 1946 da Pietro e Giovanni F. Attiva nel settore dolciario, diventata S.p.A. nel 1962, è oggi una delle più importanti industrie europee del settore, con filiali in diversi paesi e un fatturato tra i maggiori in Italia.

FERRÈRO (Ernèsto), *Torino 1938*, scrittore e critico letterario. Direttore editoriale dell'Einaudi e della Fiera del libro di Torino, ha scritto saggi su C.E. Gadda, P. Levi e I. Calvino. È autore dei romanzi *Cervo bianco* (1980) e *N.* (2000, premio Strega).

FERRÈRO (Gugliélmo), *Portici 1871 - Mont Pélerin 1943*, storico. Allievo e collaboratore di C. Lombroso, scrisse *Grandezza e decadenza di Roma* (5 voll., 1902-1907), in cui inserì nell'analisi storica un costante interesse sociologico. Tra le altre opere, *Roma antica* (3 voll., 1921-1922).

FERRET (Vàl), nome di due valli dell'Italia e della Svizzera, ai piedi del massiccio del Monte Bianco.

FERRÈTI (Ferréto **de'**), *Vicenza 1297 ca. - 1337*, letterato. Celebre l'*Historia* (5 voll.) in latino, che narra gli avvenimenti di Vicenza dal 1250 al 1318. Scrisse anche *De Scaligerorum origine* (1328-1329), poema in onore di Cangrande della Scala.

FERRÉTTI (Giancàrlo), *Pisa 1930*, critico letterario. Giornalista e docente universitario, ha analizzato il rapporto tra scrittori e società e il ruolo dell'intellettuale. Tra le opere, *La letteratura del rifiuto* (1969), *Il mercato delle lettere* (1979), *Il best seller all'italiana* (1983).

FÈRRI (Enrico), *San Benedetto Po 1856 - Roma 1929*, politico e criminologo. Considerato uno dei fondatori della criminologia moderna, insieme a C. Lombroso, fu il principale esponente della scuola positiva del diritto penale, che studiava il delitto nelle sue implicazioni sociali (*Sociologia criminale*, 1881). Dal 1893 militò nelle file del Partito socialista e dal 1900 al 1905 diresse il quotidiano *L'Avanti!* Nel 1924 aderì al fascismo e nel 1929 fu nominato senatore.

FERRIER (Kathleen), *Higher Walton 1912 - Londra 1953*, contralto britannico. Si distinse, grazie al caldo timbro di voce, in un vastissimo repertorio, spec. nelle opere di C.W. Gluck, G. Mahler e B. Britten (*Rapimento di Lucrezia*, nel 1946).

FERRIÈRE (Adolphe), *Ginevra 1879-1960*, pedagogista svizzero. Fu uno dei pionieri della *nouvelle éducation* e dell'attivismo.

FÈRRO (Cróce di), ordine militare prussiano, fondato da Federico Guglielmo III nel 1813 e riconosciuto nel 1956 dal governo federale tedesco.

FÈRRO (Ìsola di), in sp. **Hierro**, l'isola più occ. delle Canarie (Spagna); 8533 ab.

FÈRRO (Tùri), *Catania 1921-2001*, attore teatrale e cinematografico. Grande interprete del teatro

FERRARA. *La cattedrale (XIII-XVI sec.).*

dialettale siciliano, ha lavorato al Teatro Stabile di Catania, interpretando molte opere di L. Pirandello. Ha riscosso consensi anche al cinema (*Malizia*, 1973).

FERROL, c. della Spagna (Galizia), sull'Atlantico; 81.255 ab. Porto. Cantieri navali.

FERRÙCCI (Francésco), *Firenze 1489 - Gavinana 1530*, militare. Comandante plenipotenziario a Empoli (1529), intervenne in aiuto di Firenze assediata dalle truppe imperiali (1529-1530). Sconfitto a Gavinana, fu ucciso da F. Maramaldo.

FERRÙZZI, gruppo agro-industriale fondato da Serafino F. (Ravenna 1908-1979). Tra i leader nel settore fin dagli anni '50 del secolo scorso, nel 1988 ha acquisito il controllo di Montedison, ma è scomparso in seguito alla crisi degli anni '90.

FERRY (Jules), *Saint-Dié 1832 - Parigi 1893*, avvocato e politico francese. Deputato repubblicano alla fine dell'Impero (1869), membro del governo della difesa nazionale e sindaco di Parigi (1870), ministro dell'istruzione (1879-1883), presidente del consiglio (1880-1881, 1883-1885), fece votare le leggi relative alla libertà di riunione, stampa e sindacati; il suo nome fu legato a una nuova legislazione scolastica: obbligo, gratuità e laicità dell'insegnamento primario. La sua politica coloniale (conquista del Tonchino) ne causò la caduta.

FERSEN (Hans Axel, cónte **di**), *Stoccolma 1755-1810*, maresciallo svedese. Ufficiale, soggiornò a lungo alla corte di Francia. Molto legato a Maria Antonietta, nel 1791 favorì la fuga della famiglia reale francese.

FERTÖ (lágo) → NEUSIEDL (lago di).

FERZÉTTI (Pasquàle, detto Gabrièle), *Roma 1925*, attore teatrale e cinematografico. Ha interpretato personaggi incerti ed enigmatici sia in ruoli da protagonista (*La provinciale*, 1953; *L'avventura*, 1960; *La lunga notte del '43*, 1960) sia in parti di secondo piano (*A ciascuno il suo*, 1967).

FÈS o **FEZ**, c. del Marocco, sull'uadi omonimo, affl. del Sebou; 448.823 ab. Centro religioso, turistico e universitario. Artigianato nella pittoresca medina. — La città fu fondata da Idris II all'inizio del IX sec. — Numerosi monumenti, tra cui la moschea Qaraouiyyin (IX-XII sec.) e, all'interno della cinta muraria con porte monumentali, alcuni dei migliori esempi di arte musulmana del Maghreb (moschea Bu-Inaniyya, 1350-1357).

FÈS. *Corte della moschea Qaraouiyyin (IX-XII sec.).*

FÈSTA (Costànzo), *Villafranca Sabauda 1480 ca. - Roma 1545*, compositore. Scrisse molti componimenti sacri (tra i quali un *Magnificat* e un *Te Deum*, 1596). Si dedicò anche al madrigale, del quale contribuì a definire lo stile.

FÈSTA (Tàno), *Roma 1938-1988*, pittore. Dopo l'esordio nel 1960 in ambito informale, si affermò come uno dei più importanti esponenti della pop art italiana. Tra le opere, *Della creazione dell'uomo* (1964).

FÈSTA CAMPANÌLE (Pasquàle), *Melfi 1927 - Roma 1986*, scrittore e regista cinematografico. Esordiente nella narrativa con *La nonna Sabella* (1957), scrisse in part. *Conviene far bene l'amore*

(1975) e *La strega innamorata* (1986). Tra i film, *Le voci bianche* (1964), *Il merlo maschio* (1971), *Uno scandalo perbene* (1984).

FESTINGER (Leon), *New York 1919-1989*, psicosociologo statunitense. È autore della teoria della dissonanza cognitiva.

FÈSTO, sito archeologico della zona sud-occ. di Creta. Resti di un complesso palaziale (distrutto nel XV sec. a.C.).

FÉTIS (François Joseph), *Mons 1784 - Bruxelles 1871*, musicologo belga. È autore di una *Biografia universale dei musicisti e bibliografia generale della musica* (8 voll., 1835-1844).

FETÓNTE MITOL. GR. Figlio di Elios. Volle provare a condurre il carro del padre, ma non riuscì a mantenerne il controllo e incendiò l'universo. Per questo fu fulminato da Zeus.

FÉTTI (Doménico **Féti**, detto Doménico), *Roma 1589 - Venezia 1624*, pittore. Allievo di L. Cigoli a Roma, fu influenzato da Caravaggio, P.P. Rubens e dalla pittura veneziana. Soggiornò a Mantova (*Moltiplicazione dei pani e dei pesci*) e a Venezia (*Il buon samaritano*, *La meditazione*).

FEUERBACH (Ludwig), *Landshut 1804 - Rechenberg, presso Norimberga, 1872*, filosofo tedesco, figlio di Paul Johann Anselm. Si allontanò progressivamente dall'idealismo hegeliano per sviluppare una teoria materialista che partiva dalla critica alla religione e all'idea di Dio (*L'essenza del cristianesimo*, 1841). — (Paul Johann Anselm), *Hainichen, presso Jena, 1775 - Francoforte 1833*, criminologo tedesco. Autore del codice penale bavarese (1813), elaborò anche la teoria della violenza psicologica.

FEUILLADE (Louis), *Lunet 1873 - Nizza 1925*, regista cinematografico francese. Fu il maestro dei film seriali: *Fantômas* (1913-1914), *Les vampires* (1915), *Judex* (1917).

FEUILLÈRE (Edwige **Cunati**), *Vesoul 1907 - Parigi 1998*, attrice teatrale e cinematografica francese. Interprete in teatro di J. Giraudoux (*Sodoma e Gomorra*, 1943), P. Claudel e J. Cocteau, ha recitato anche per il cinema (*La duchesse de Langeais*, J. di Baroncelli, 1942).

FEUILLET (Octave), *Saint Lô 1821 - Parigi 1890*, scrittore francese. Ottenne un grande successo nella seconda metà del XIX sec. con opere teatrali ispirate a quelle di A. De Musset. Celebre *Il romanzo di un giovane povero* (1857).

FEYDEAU (Georges), *Parigi 1862 - Rueil 1921*, drammaturgo francese. È autore di famosi vaudeville (*La dama del "Chez Maxim"*, *Occupati di Amelia!*).

FEYDER (Jacques **Frédérix**, detto Jacques), *Ixelles 1885 - Rives-de-Prangins, Svizzera, 1948*, regista cinematografico francese di origine belga. Tra i film, *La donna dai due volti* (1934), *La kermesse eroica* (1935).

FEYERABEND (Paul), *Vienna 1924 - Genolier, Svizzera, 1994*, filosofo austriaco. Promotore di un'epistemologia "anarchica", si oppose al positivismo, denunciò il compromesso tra ricerca e potere di Stato (*Contro il metodo*, 1975) e, più in generale, rimise in discussione tutto il razionalismo occ. (*Addio alla ragione*, 1987).

FEYNMAN (Richard P.), *New York 1918 - Los Angeles 1988*, fisico statunitense. Ha dedicato le sue ricerche alla teoria delle interazioni tra elettroni e fotoni (*elettrodinamica quantistica*) e alla fisica della materia condensata. (Premio Nobel 1965.)

■ *Richard P. Feynman.*

FEZZAN, reg. desertica della Libia sud-occ., con numerose oasi (palmeti); c. princ. *Sebha*. Conquistata dagli italiani nel 1913-1914 e nel 1929-1930, nel 1941-1942 fu occupata dalle truppe francesi, che si ritirarono nel 1955.

FIÀBE, raccolta di favole di H.C. Andersen (1835-1872), ispirate da temi popolari, leggende scandinave, fonti letterarie e ricordi personali dell'autore (*La sirenetta*, *La piccola fiammiferaia*, *Gli abiti nuovi dell'imperatore*, *La pastorella e lo spazzacamino*, *Il brutto anatroccolo*).

FIÀBE, raccolta di favole di C. Perrault. Riunisce otto fiabe che furono pubblicate nel 1697 con il titolo di *Racconti di mamma Oca* (tra cui *La *bella

addormentata nel bosco, **Cappuccetto rosso*, **Barbablù*, *Il *gatto con gli stivali*, **Cenerentola*, **Pollicino*), e tre fiabe in versi (tra cui **Pelle d'asino*).

FIÀCRIO (sànto), *610 ca. - 670 ca.*, eremita irlandese giunto in Gallia. Patrono dei giardinieri, viene invocato contro le emorroidi.

FIÀMMA (Galvàno), *Milano 1283-1344*, cronista. Domenicano, fu cappellano di Galeazzo Visconti. Scrisse alcune opere sulla storia di Milano, tra le quali *Chronica maior*, di cui restano solo 4 libri, e *Manipulus florum*.

FIANARANTSOA, c. del Madagascar sud-orient.; 124.000 ab.

FIÀNDRA o **FIÀNDRE**, reg. del Belgio di lingua fiamminga; 13.523 km²; 5.952.552 ab.; 5 prov. (Anversa, Brabante, Fiandra Occidentale, Fiandra Orientale e Limburgo). Territorio pianeggiante esteso lungo il Mare del Nord, tra le colline dell'Artois e la foce della Schelda.

GEOGRAFIA – Il territorio, che si eleva appena verso l'interno, è ondulato da collinette sabbiose (Monti della F.). Agricoltura (cereali, foraggi, ortaggi, barbabietola da zucchero, lino, luppolo). Importante regione industriale (tessile, metallurgica), densamente popolata e molto urbanizzata (Anversa, Bruges e Gand, agglomerato di Lilla). Il litorale, frastagliato, è costellato di porti e stazioni balneari (Dunkerque, Ostenda).

STORIA – **Le origini. I sec. a.C.:** popolata sin dal Neolitico, il territorio è conquistato da Cesare e annesso alla provincia romana della Gallia Belgica. **V sec.:** i franchi salii occupano la regione e la germanizzano. **VI-VII sec.:** la F. viene evangelizzata (fondazione dell'abbazia di Saint-Omer). **VII-X sec.:** sviluppo economico e commerciale legato alla lavorazione dei tessuti di lana. **Costituzione ed evoluzione della contea. 879-918:** Baldovino II crea la contea delle Fiandre occupando Boulonnais, Artois e Ternois; **XI sec.:** i suoi successori danno alla contea numerose istituzioni. Il commercio della lana si sviluppa. Il movimento comunale si rafforza. **XII sec.:** i grandi centri urbani (Arras, Bruges, Douai ecc.) ottengono lo status di città libere. **1297:** Filippo il Bello occupa la F. **1302:** le truppe reali sono sconfitte dalle milizie comunali a Courtrai. **Declino e rinascita. 1384:** il duca di Borgogna Filippo l'Ardito eredita la contea. **1477:** dopo la morte di Carlo il Temerario, il paese diventa dominio degli Asburgo d'Austria, poi di Spagna. **XVII sec.:** alcune città sono annesse da Luigi XIV. **1713:** l'antica F. spagnola passa sotto l'Austria. **1794:** la F. è annessa alla Francia. **XIX sec.:** provincia dei Paesi Bassi (1815), poi il Belgio (1830), la F. conosce un periodo di rinascita industriale e culturale. **1898:** l'olandese diventa lingua ufficiale del Belgio insieme al francese. **1970:** la F. acquista un'autonomia parziale; **1993:** diventa una delle tre regioni dello Stato federale del Belgio.

FIÀNDRA OCCIDENTÀLE, prov. del Belgio, corrispondente alla parte nord-occ. della Fiandra, sul Mare del Nord; 3134 km²; 1.106.829 ab.; capol. *Bruges*.

FIÀNDRA ORIENTÀLE, prov. del Belgio, attraversata dalla Schelda; 2982 km²; 1.335.793 ab.; capol. *Gand*.

FIANNA FAIL ("Soldati del destino"), partito politico irlandese, fondato nel 1926 da E. De Valera. È protagonista, insieme al Fine Gael, della vita politica del paese dal 1932.

FIÀSTRA, com. in prov. di Macerata, sul lago omonimo; 635 ab. Centro agricolo (patate, cereali) e turistico. Nei dintorni, abbazia romanica di S. Paolo Apostolo, castello dei Megalotti (XI sec.).

FIAT (**Fàbbrica italiàna automobili Torìno**), società automobilistica fondata a Torino nel 1899 da un gruppo di industriali, tra cui G. Agnelli. Fu la prima impresa privata italiana e una delle prime fabbriche europee a introdurre la catena di montaggio (1912). Iniziò producendo veicoli industriali, ma nel corso della prima guerra mondiale estese la propria attività ai veicoli militari fino a specializzarsi, in seguito, anche nei settori siderurgico, ferroviario e agricolo. Negli anni '50 del secolo scorso, sotto la direzione di V. Valletta, divenne il maggiore gruppo industriale privato italiano, grazie anche alla costruzione di nuovi modelli automobilistici di grande successo

(Topolino, Cinquecento ecc.). Dal 1966, sotto la presidenza di G. Agnelli, è diventata una holding internazionale e ha assorbito diverse altre case automobilistiche (Lancia, Maserati, Alfa Romeo, Ferrari), stabilendo un monopolio quasi completo nel settore. Nel 2000 ha attuato uno scambio azionario con la General Motors, mentre nel 2002 una profonda crisi nel settore ha costretto l'azienda a diversi mutamenti amministrativi e a riduzioni del personale.

FIBONÀCCI (Leonàrdo), detto **Bigòllo**, *Pisa 1175 ca. - 1240 ca.*, matematico. Nel suo *Liber abbaci* (1202) divulgò in Occidente la scienza matematica degli arabi e dei greci, introducendo la numerazione araba, la teoria dei numeri interi e delle frazioni, i radicali quadratici e cubici. La sua fama è legata alla *successione di F.*, serie di numeri naturali, ciascuno dei quali è dato dalla somma dei due precedenti.

FICHTE (Johann Gottlieb), *Rammenau, Sassonia, 1762 - Berlino 1814*, filosofo tedesco. Allievo di I. Kant, concepì un idealismo assoluto in cui l'Io giustificava l'esistenza e il senso del mondo (*Teoria della scienza*, 1801-1804). La sua influenza su F.W.J. Schelling e G.W.F. Hegel fu notevole. Esortò i tedeschi al risveglio nazionale (*Discorso alla nazione tedesca*, 1807).

FICÌNO (Marsìlio), *Figline Valdarno 1433 - Careggi, presso Firenze, 1499*, umanista e filosofo. Sacerdote, dedicatosi allo studio di Platone, divenne uno dei principali esponenti dell'umanesimo e del platonismo. All'interno dell'Accademia platonica fiorentina fu attivo come traduttore di Platone, Omero, Esiodo, oltre che dell'intero *corpus* di Dionigi Areopagita. La sua filosofia concilia le posizioni classiche con la dottrina cristiana, in una concezione armonica e antropocentrica dell'universo, secondo la quale l'anima è il punto di contatto tra il mondo terreno e Dio (*Theologia platonica*, 1482).

FIDÈNZA, com. in prov. di Parma sulla via Emilia, a destra del torrente Stirone; 23.066 ab. Importante centro agricolo e industriale. Cattedrale di S. Donnino (XII-XIII sec.).

FÌDIA, scultore greco del V sec. a.C. Ricevette da Pericle l'incarico di dirigere i lavori del Partenone, di cui realizzò la decorazione scultorea (fregio delle Panatenee, 442-438 a.C.), apogeo dello stile classico greco (alcuni rilievi ancora presenti in loco, altri conservati al Louvre di Parigi e soprattutto al British Museum di Londra).

FIDIA. *Particolare del fregio delle Panatenee, eseguito per il Partenone di Atene. (Louvre, Parigi).*

FIEDLER (Leslie Aaron), *Newark 1917 - Buffalo 2003*, scrittore e critico statunitense. Ha studiato la letteratura statunitense utilizzando approcci diversi, tra cui quello psicoanalitico. Tra le opere, il saggio *Amore e morte nel romanzo americano* (1960) e il romanzo *La macchia* (1969).

FIELD (Cyrus West), *Stockbridge, Massachusetts, 1819 - New York 1892*, industriale statunitense. Progettò il primo cavo sottomarino che collegava l'America all'Europa (1858-1866).

FIELD (John), *Dublino 1782 - Mosca 1837*, compositore e pianista irlandese. Virtuoso del pianoforte, compose numerosi notturni, pubblicati a partire dal 1812.

FIELDING (Henry), *Sharpham Park, Somerset, 1707 - Lisbona 1754*, scrittore inglese. Le sue commedie e i suoi romanzi (*Tom Jones*) mettono a confronto con crudo realismo l'innocenza degli uomini onesti coi vizi e le ipocrisie della società.

FIELDS (medàglia), premio internazionale dei matematici, introdotto dal matematico canadese John Charles Fields (1863-1932). Prestigiosa quanto il Nobel, viene attribuita ogni quattro

La **MEDAGLIA FIELDS.**

anni, a partire dal 1936, a matematici di età inferiore ai 40 anni.

FIELDS (William Claude Dukinfield, detto W.C.), *Filadelfia 1879 - Pasadena 1946*, attore cinematografico statunitense. Star del *music-hall*, fu uno degli artisti più fantasiosi del cinema comico (*David Copperfield*, 1935; *What a Man*, 1941).

FIÈMME (Vàl di), valle del Trentino, compresa tra la Val di Fassa e la Val di Cembra e percorsa dal f. Avisio. Turismo estivo e invernale. I centri principali sono Cavalese, Tesero, Predazzo.

FIÈRA DI PRIMIÈRO, com. in prov. di Trento; 528 ab. Centro turistico situato nella Val Cismon. Chiesa romanica di S. Martino. Casa del Dazio (XV sec.).

FIERAMÓSCA (Èttore), *Capua 1476 ca. - Valladolid 1515*, condottiero di ventura. La sua fama è legata alla disfida di Barletta (1503), nella quale comandò i tredici cavalieri italiani che sconfissero i francesi. L'episodio fu esaltato da M. d'Azeglio nell'omonimo romanzo (1833).

FIERAVÀNTI (Aristòtele **Fioravànti**, detto Aristòtele), *Bologna 1415/1420 - Mosca 1486 ca.*, architetto. Operò a Bologna come ingegnere comunale, quindi a Mantova e Milano. A Mosca, chiamato dallo zar Ivan III, lavorò al Cremlino e alla cattedrale della Dormizione (1475-1479).

FIÉSCHI, famiglia genovese del XIII-XIV sec., di parte guelfa, tra i cui membri figurano alcuni cardinali e due papi (— Sinibaldo F. →INNOCENZO IV e — Ottobono F. → ADRIANO V). — Gianluigi F., *Genova 1522 ca. - 1547*, nobile genovese. Fu il capo della congiura contro Andrea Doria (1547), nel corso della quale morì. F. Schiller si ispirò alla sua figura per il dramma *La congiura del Fiesco a Genova* (1783).

FIÉSCHI (Giusèppe), *Murato 1790 - Parigi 1836*, cospiratore corso. Avendo attentato alla vita di Luigi Filippo d'Orléans (1835), fu giustiziato.

FIÈSOLE, com. in prov. di Firenze; 14.876 ab. Agricoltura (viti, olivi) e industrie collegate. Turismo. — Di origine etrusca, sotto i romani fu distrutta e poi ricostruita. In epoca rinascimentale fu luogo di villeggiatura di numerose famiglie, che vi costruirono ville (Medici, Salviati ecc.). — Resti delle mura etrusche (III sec. a.C.); teatro romano (I sec. a.C.); duomo romanico e palazzi trecenteschi. Museo con reperti di epoca etrusca e romana.

FIFA (Fédération internationale football association), ente, fondato a Zurigo nel 1904, che coordina le attività legate al calcio a livello mondiale.

FÌGARO, personaggio della trilogia drammatica di P.-A. Beaumarchais, composta da *Il barbiere di Siviglia* (1775), *Il matrimonio di Figaro* (1784) e *La madre colpevole* (1792). Barbiere al servizio del conte di Almaviva, arguto e intrigante, incarna il popolano in rivolta contro gli abusi dell'*Ancien Régime*. *Il barbiere di Siviglia* ha ispirato a G. Rossini un'opera del 1816 con lo stesso titolo, mentre *Il matrimonio di Figaro* ha ispirato a W.A. Mozart *Le nozze di Figaro* (1786), opera buffa in 4 atti, su libretto di L. Da Ponte.

FIGARO (le), quotidiano francese. Inizialmente settimanale satirico (1854), divenne quotidiano nel 1866. Per aver essersi opposto alla politica nazista, dovette sospendere la pubblicazione dal 1942 al 1944.

FIGI (Ìsole), Stato dell'Oceania; 18.300 km²; 823.000 ab. CAP. *Suva*. LINGUA: *inglese*. MONETA: *dollaro figiano*. Lo Stato è formato da un arcipelago, che conta più di 300 isole tra cui Viti Levu e Vanua Levu. Canna da zucchero. Turismo. Oro. — Conquistate dai britannici nel 1874, le F. hanno ottenuto l'indipendenza nel 1970 nell'ambito del Commonwealth (dal quale sono state escluse dal 1987 al 1997 e sospese nel 2000-2001).

FIGIÀNI, termine che indica sia l'insieme della popolazione delle Isole Figi, sia la componente autoctona (ca. la metà). Quest'ultima, evangelizzata dopo il 1835 da alcuni missionari metodisti, è tuttora organizzata in ordini sociali riuniti sotto l'egida delle circoscrizioni territoriali. I. f. parlano una lingua del gruppo maleo-polinesiana.

FIGÌNI (Luìgi), *Milano 1903-1984*, architetto. Insieme a Gino Pollini (Rovereto 1903 - Milano 1991) è stato tra i fondatori del Gruppo 7 ed esponente di primo piano del funzionalismo italiano. Tra le loro opere, Bar Craja a Milano (1931), officina Olivetti di Ivrea (1939-1941).

FIGL (Leopold), *Rust 1902 - Vienna 1965*, politico austriaco. Fu cancelliere della repubblica dal 1945 al 1953.

FÌGLIE DI MARÌA AUSILIATRÌCE o **Salesiàne di Dón Bósco**, congregazione religiosa istituita da Don Bosco nel 1872 per l'educazione e l'istruzione femminile.

FIGLÌNE VALDÀRNO, com. in prov. di Firenze; 16.355 ab. Centro agricolo e industriale. Importanti tracce di epoca medievale: collegiata di S. Maria (XII-XV sec.), chiesa di S. Francesco (XIII sec.).

FIGUIG, oasi del Sahara marocchino.

FILADÈLFIA, in ingl. Philadelphia, c. degli Stati Uniti (Pennsylvania), sul Delaware; 1.517.550 ab. (5.100.931 ab. nell'agglomerato). Università. Porto. Centro industriale. — In questa città, fondata da W. Penn nel 1682, si riunirono i coloni americani per proclamare l'indipendenza della federazione (1776). Tra il 1790 e il 1800 fu sede del governo federale. — Importante museo d'arte, fondazione Barnes (a Merion) e altri musei.

FILANGÌERI (Càrlo), *Cava dei Tirreni 1784 - Napoli 1867*, militare. Figlio di Gaetano, combatté con Napoleone; dopo la restaurazione guidò l'esercito borbonico. Fu presidente del consiglio e ministro della guerra nel 1859. Rifiutatosi di combattere contro G. Garibaldi in Sicilia, si ritirò a vita privata.

FILANGÌERI (Gaetàno), *Napoli 1752 - Vico Equense 1788*, economista e giurista. Padre di Carlo, nell'opera *Scienza della legislazione* (1780-1785) elaborò le idee politiche ed etiche dell'Illuminismo, analizzando la società del suo tempo e proponendo riforme in campo economico, giuridico e scolastico. A lui si ispirarono gli artefici della Repubblica Partenopea del 1799.

FILARÈTE (Antònio **Averulino**, detto il), *Firenze 1400 ca. - Roma 1469 ca.*, architetto e scultore. Formatosi a Firenze come scultore, si trasferì poi a Roma (porta di bronzo per S. Pietro, 1433-1445). Nel 1451 fu chiamato da Francesco Sforza a Milano, dove operò fino al 1465 (Castello Sforzesco, progetto per le torri, 1451-1455; Ospedale Maggiore, 1456-1465). Fu autore di un famoso *Trattato di architettura* (1461-1464), primo scritto teorico del genere in volgare, in cui delineava la struttura di una città ideale, "Sforzinda".

FILE, isola del Nilo, a monte di Assuan, importante centro del culto di Iside dal IV sec. a.C. al V sec. d.C. Con la costruzione della diga di

FIESOLE. *Il teatro romano, I sec. d.C.*

Assuan i suoi monumenti tolemaici (i templi di Iside, di Hathor e di Nectanebo I, il tempio della natività, o Mammisi, il chiosco di Traiano) sono stati trasferiti sulla vicina isola di Agilkia.

FILÈLFO (Francésco), *Tolentino 1398 - Firenze 1481*, umanista. Al servizio della corte degli Sforza, scrisse in latino e greco *Satyrae* (1448), *Odae* (1498) e un poemetto su Francesco Sforza (*Sphortias*).

FILÈMONE E BÀUCI MITOL. GR. Coppia di poveri contadini della Frigia. Per sdebitarsi dell'ospitalità ricevuta, Zeus ed Ermes li tramutarono, una volta vecchi, in due alberi dai rami intrecciati.

FILIBÈRTO II IL BÈLLO, *Pont d'Ain 1480-1504*, duca di Savoia (1497-1504). Sposò Margherita di Borbone (1501), che fece erigere in sua memoria la chiesa di Brou, in cui è collocata la sua tomba.

FILICÀIA (Vincènzo **da**), *Firenze 1642-1707*, poeta. Chiamato a Roma da Cristina di Svezia, fu tra i fondatori dell'*Arcadia.

FILICÙDI, isola delle Eolie, frazione del com. di Lipari, in prov. di Messina; 9,5 km²; 160 ab. Conserva tracce di un villaggio neolitico appartenente alla cultura detta di *Capo Graziano* (dal promontorio in cui sono stati rinvenuti i resti).

FILÌPPI, c. macedone della Tracia, dove Antonio e Ottaviano sconfissero Bruto e Cassio nel 42 a.C. Nel 50 vi soggiornò san Paolo.

FILÌPPICHE, appellativo con cui sono note le orazioni politiche (351-340 ? a.C.) di Demostene contro Filippo II di Macedonia. Sono divenute sinonimo di attacco polemico.

FILIPPÌNE, Stato dell'Asia sud-orient.; 300.000 km²; 77.131.000 ab. (*filippini*). CAP. *Manila*. LINGUA: *tagalog*. MONETA: *peso filippino*.

GEOGRAFIA – L'arcipelago, dal clima tropicale, è formato da più di 7000 isole e isolotti, spesso montuosi e vulcanici. Le due isole maggiori,

Luzon e Mindanao, coprono due terzi della superficie e raccolgono i due terzi della popolazione. Quest'ultima, in rapida crescita e oggi perlopiù urbanizzata, è a forte maggioranza cattolica, ma presenta anche una minoranza musulmana. Il paese è ancora in gran parte agricolo. Riso e mais sono destinati a soddisfare il fabbisogno alimentare interno. Canna da zucchero, copra, tabacco e caucciù vengono in parte esportati. Nonostante sia in atto lo sfruttamento di alcune risorse minerarie (oro, cromo, rame), il debito pubblico è ingente e il problema della sottoccupazione molto sentito.

STORIA – **Dalle origini all'indipendenza. VIII millennio - XIII sec. d.C.**: l'arcipelago viene occupato a ondate successive da *negritos*, protoindonesiani e malesi. **Fine del** XIV **sec.**: affermazione dell'islam, soprattutto nel S. **1521**: Ferdinando Magellano scopre l'arcipelago. **1565**: le F. passano sotto la sovranità spagnola. **1571**: Manila diventa capitale. In seguito alla cristianizzazione del paese, vasti territori vengono concessi al clero. **1896**: scoppia un'insurrezione nazionalista. Lo scrittore José Rizal viene fucilato. **1898**: Emilio Aguinaldo chiama in soccorso gli Stati Uniti, che entrano in guerra contro la Spagna togliendole le F. L'intervento provoca una guerriglia antiamericana nell'arcipelago. **1901**: E. Aguinaldo, a capo degli insorti, si arrende. **1916**: il Philippine Autonomy Act istituisce un sistema bicamerale all'americana. **1935**: Manuel Quezón diventa presidente del Commonwealth delle F. **1941-1942**: il Giappone occupa l'arcipelago. **1944-1945**: gli Stati Uniti riconquistano il paese. **L'indipendenza. 1946**: proclamazione dell'indipendenza e della repubblica; la guerriglia degli huks (resistenza contadina alla guida comuni-

sta) si propaga a diverse province. Gli Stati Uniti ottengono 23 basi militari (1947). **1948-1957**: il ministro degli interni Ramón Magsaysay, dopo aver soffocato la ribellione degli huks, sale alla carica di capo dello Stato (1953) e presiede la conferenza di Manila, che rappresenta l'atto di nascita della SEATO. **1965**: il nazionalista Ferdinando Marcos viene eletto alla presidenza della repubblica. In un primo tempo molto popolare, F. Marcos, rieletto nel 1969, deve far fronte al malcontento dei contadini e all'affermazione di un Partito comunista filocinese. **1972**: entra in vigore la legge marziale. **1986**: vince le elezioni Cory Aquino, capo dell'opposizione dopo l'assassinio del marito, il senatore Benigno Aquino. Marcos è costretto all'esilio. **1987**: viene approvata per referendum una nuova Costituzione. C. Aquino si trova a fronteggiare vari tentativi di colpo di Stato militare. **1992**: il generale Fidel Ramos viene eletto alla presidenza della repubblica. Gli Stati Uniti evacuano la loro ultima base. **1998**: J. Estrada viene nominato capo dello Stato. **2001**: accusato di corruzione, si dimette e viene sostituito dalla vicepresidente, Maria Gloria Magapagal Arroyo. Il potere centrale deve fare i conti con la recrudescenza dell'indipendentismo musulmano nel S del paese (Isola di Mindanao ecc.). **2002**: gli Stati Uniti inviano un corpo di spedizione speciale contro i guerriglieri di Abu Sayaf, sospettati di legami con Al-Qaida.

FILIPPÌNE (Mar delle), parte dell'Oceano Pacifico tra l'Arcipelago delle F. e le Isole Marianne.

FILÌPPO (sànto), *I sec.*, uno dei dodici apostoli. Secondo la tradizione avrebbe evangelizzato la Frigia, dove sarebbe morto crocifisso.

FILÌPPO (sànto), *m. nel I sec.*, uno dei primi sette diaconi della comunità cristiana di Gerusalemme. Evangelizzò la Samaria e battezzò l'eunuco della regina d'Etiopia, Candace.

FILÌPPO, nome di più sovrani

ANTICHITÀ

FILÌPPO II, *382 ca. - Ege 336 a.C.*, reggente (359), poi re di Macedonia (356-336 a.C.). Consolidò il potere regale, riorganizzò le finanze e l'esercito (perfezionò la formazione di fanteria detta "falange"). Dopo aver consolidato il potere in Illiria e Tracia, rivolse le sue mire alla Grecia. Sordi ai moniti di Demostene, gli ateniesi tardarono a reagire alla conquista delle città della Tracia e della penisola Calcidica, e solo quando F. acquisì il controllo di Delfi si coalizzarono con i tebani contro di lui. F. li sconfisse a Cheronea (338), affermando la supremazia macedone sulla Grecia, destinata a durare per due secoli. Si accingeva a combattere contro i persiani quando fu fatto uccidere dalla moglie Olimpiade. Gli succedette il figlio Alessandro.

FILÌPPO L'ÀRABO (Màrco Giùlio), *in Traconitide, Arabia, 204 ca. - Verona 249*, imperatore romano (244-249). Celebrò il millenario di Roma (248). Fu sconfitto Decio.

FILÌPPO V, *237 ca. a.C. - 179 a.C.*, re di Macedonia (221-179 a.C.). Fu sconfitto dal console romano Flaminino nella battaglia di Cinoscefale (197), prima avvisaglia del declino macedone.

ASSIA

FILÌPPO IL MAGNÀNIMO, *Marburgo 1504 - Kassel 1567*, langravio d'Assia. Capo della lega di Smalcalda (1530-1531), fu sconfitto da Carlo V a Mühlberg (1547).

BORGOGNA

FILÌPPO III IL BUÒNO, *Digione 1396 - Bruges 1467*, duca di Borgogna (1419-1467). Figlio di Giovanni Senza Paura, si riconciliò con Carlo VII (trattato di Arras, 1435). Anche grazie al matrimonio con la figlia di Carlo VI creò un grande Stato, che comprendeva Borgogna, Paesi Bassi e Piccardia, di cui unificò le province, dotandole di solide istituzioni. Creò l'ordine del Toson d'oro (1429).

■ *Filippo III il Buono ritratto da R. Van der Weyden. (Palais des États de Borgogne, Digione.)*

FILÌPPO II L'ARDÌTO, *Pontoise 1342 - Hal 1404*, duca di Borgogna (1363-1404). Figlio di Giovanni

Filippine

━━ autostrada	● più di 1.000.000 di ab.
━━ strada normale	● da 250.000 a 1.000.000 di ab.
─── ferrovia	● da 100.000 a 250.000 di ab.
✈ aeroporto	• meno di 100.000 ab.

200 1000 2000 m

100 km

II il Buono, sposando (1369) Margherita di Fiandra ereditò, nel 1384, le contee di Fiandra, Artois, Rethel, Nevers, Borgogna (Franca Contea).

FRANCIA

FILÌPPO ÉGALITÉ → ORLÉANS (Luigi Filippo Giuseppe, duca di).

FILÌPPO I, *1053 ca. - Melun 1108*, re di Francia (1060-1108), della dinastia dei Capetingi. Figlio di Enrico I e di Anna di Kiev, estese il suo regno a spese di Guglielmo il Conquistatore (Vermandois, Gâtinais, Vexin).

FILÌPPO II AUGÙSTO, *Parigi 1165 - Mantes 1223*, re di Francia (1180-1223), della dinastia dei Capetingi. Figlio di Luigi VII, combatté i re inglesi Enrico II e Riccardo Cuor di Leone. Alla morte di quest'ultimo (1199), in seguito alla vittoria dei Capetingi sui Plantageneti, confiscò i feudi di Giovanni Senza Terra, ottenendo Normandia (1204), Maine, Angiò, Turenna, gran parte del Poitou e dell'Alvernia. Sconfisse una coalizione tra il re d'Inghilterra, l'imperatore e il conte di Fiandra, a Bouvines (1214). All'interno rafforzò la monarchia e diede impulso ai commerci e all'urbanizzazione.

FILIPPO II AUGUSTO. *(Archivi nazionali, Parigi.)*

FILÌPPO III L'ARDÌTO, *Poissy 1245 - Perpignan 1285*, re di Francia (1270-1285), della dinastia dei Capetingi. Figlio di Luigi IX, ottenne la contea di Tolosa (1271) e sostenne lo zio Carlo d'Angiò contro il re d'Aragona Pietro III.

FILÌPPO IV IL BÈLLO, *Fontainebleau 1268-1314*, re di Francia (1285-1314), della dinastia dei Capetingi. Figlio di Filippo III l'Ardito e di Isabella d'Aragona, estese il suo dominio a Oriente e, nel 1304, sottomise le città delle Fiandre. Si scontrò con papa Bonifacio VIII sulla riscossione delle decime (1296). Ebbe infine il meglio sul papa grazie alla congiura di Anagni e all'elezione di Clemente V (1305), che fissò la propria sede ad Avignone. Internamente, intraprese una politica accentratrice. Per risollevare le finanze, intentò un processo ai templari, ricchi banchieri, facendone arrestare i capi (1307) e condannandone diversi al rogo.

■ *Filippo IV il Bello. (Basilica di Saint-Denis.)*

FILÌPPO VI DI VALOIS, *1293 - Nogent-le-Roi 1350*, re di Francia (1328-1350). Succeduto a Carlo IV, morto senza eredi, sconfisse le città della Fiandra a Kassel (1328). Nello scontro con Edoardo III, che rivendicava la corona (guerra dei Cent'anni), fu battuto a L'Écluse (1340) e a Crécy (1346), e, nel 1347, perse Calais.

FILÌPPO V IL LÙNGO, *1293 ca. - Longchamp 1322*, re di Francia (1316-1322), della dinastia dei Capetingi. Secondogenito di Filippo IV, salì al trono (1316) a scapito della nipote Giovanna. Migliorò la gestione delle finanze.

GRAN BRETAGNA

FILÌPPO DI GRÈCIA E DI DANIMÀRCA (principe), *Corfù 1921*, duca di Edimburgo. Figlio del principe Andrea di Grecia, ha rinunciato al diritto alla successione ellenica e sposato (1947) la futura regina Elisabetta II di Inghilterra.

SACRO ROMANO IMPERO

FILÌPPO DI SVÈVIA, *1177 ca. - Bamberga 1208*, re di Germania (1198-1208). Ultimogenito di Federico Barbarossa, morì assassinato.

SPAGNA

FILÌPPO I IL BÈLLO, *Bruges 1478 - Burgos 1506*, sovrano dei Paesi Bassi (1482-1506), re di Castiglia (1504-1506). Figlio di Massimiliano I e di Maria di Borgogna, sposò Giovanna la Pazza, da cui ebbe Carlo V e Ferdinando I.

FILÌPPO II, *Valladolid 1527 - El Escorial 1598*, re di Spagna e dei suoi domini (1556-1598), re di Napoli, Sicilia e Portogallo (1580-1598), della dinastia degli Asburgo. Figlio e successore di Carlo V, da cui ereditò un impero immenso, nel 1559 firmò la pace di Cateau-Cambrésis con Enrico II, ottenendo il controllo dell'Italia. Proseguì la politica del padre, ma istituì una complessa burocrazia. Trasferì la capitale spagnola a Madrid (1561) e sfruttò ampiamente i giacimenti di metalli preziosi in America. Difensore zelante della fede cattolica, favorì la Controriforma in Spagna, represse i *moriscos* di Granada (1568-1571) e sconfisse i turchi a Lepanto (1571). Nei Paesi Bassi condusse una politica assolutista e ostile al protestantesimo, che portò a una ribellione (1572) e alla secessione delle Province Unite (1579). In Francia sostenne la lega cattolica contro Enrico IV e i protestanti. Sposò Maria Tudor (1554-1558) e tentò di invadere l'Inghilterra, ma l'Invencible Armada subì una disastrosa sconfitta (1588).

■ *Filippo II di Spagna ritratto da Tiziano. (Palazzo Barberini, Roma.)*

FILÌPPO III, *Madrid 1578-1621*, re di Spagna, Portogallo, Napoli, Sicilia e Sardegna (1598-1621), della dinastia degli Asburgo, figlio di Filippo II. Sotto il suo regno si aggravarono le difficoltà economiche, ma la Spagna conobbe una grande fioritura culturale (M. de Cervantes, F. Lope de Vega).

FILÌPPO IV, *Valladolid 1605 - Madrid 1665*, re di Spagna, Napoli, Sicilia e Sardegna (1621-1665) e Portogallo (1621-1640), della dinastia degli Asburgo. Fu fortemente condizionato dal suo primo ministro G. Olivares. Al termine della guerra dei Trent'anni dovette riconoscere l'indipendenza delle Province Unite e, nel 1640, quella del Portogallo. Nel 1659 firmò la pace dei Pirenei.

FILÌPPO V, *Versailles 1683 - Madrid 1746*, re di Spagna (1700-1746), della dinastia dei Borbone. Al termine della guerra di successione spagnola (1701-1714) dovette rinunciare a Paesi Bassi, Sicilia, Sardegna, Minorca e Gibilterra. Spinto dalla moglie Elisabetta Farnese e dal ministro G. Alberoni, tentò invano di conquistare i territori spagnoli in Italia (1717-1720). Centralizzatore in politica interna, si alleò con la Francia nelle guerre di successione polacca (1733-1738) e austriaca (1740-1748).

■ *Filippo V di Spagna. (Coll. priv., Madrid.)*

FILÌPPO MARÌA VISCÓNTI, *Milano 1392-1447*, duca di Milano. Figlio di Gian Galeazzo e Caterina Visconti, ricevette Pavia dal padre. Alla morte del fratello Giovanni Maria ottenne anche il ducato di Milano (1413), quindi sposò Beatrice di Tenda, vedova di Facino Cane. Condusse una politica espansionistica, che fu osteggiata da Firenze, Venezia e dal papato. Sconfitto a Maclodio (1427), dovette cedere Brescia, Bergamo e Ravenna. La figlia Bianca Maria sposò Francesco Sforza, che succedette al suocero alla guida del ducato.

FILIPPO MARIA VISCONTI.

FILÌPPO NÈRI (santo), *Firenze 1515 - Roma 1595*, sacerdote. Insegnò teologia e filosofia a Roma, dove si dedicò a opere di carità. Presi i voti nel 1551, nel 1575 fondò la congregazione dell'Oratorio. Fu strenuo difensore della Controriforma.

FILISTÈI, popolazione indoeuropea che faceva parte dei "popoli del mare". Nel XII sec. a.C. i f. si insediarono sulla costa della Palestina, che prese nome da loro ("il paese dei f."). Leggendari nemici degli israeliti, furono sottomessi da Davide.

FILITOSA, sito archeologico della Corsica, nella valle del Taravo. Statue-menhir, testimonianze di una cultura megalitica che si sviluppò a partire dal III millennio.

FÌLLIA (Luigi **Colómbo**, detto), *Revello 1904 - Torino 1936*, pittore. Futurista, firmò il *Manifesto dell'aeropittura* (1929). Fu anche attivo divulgatore delle tematiche futuriste.

FILÒCRATE, *Atene IV sec. a.C.*, politico ateniese. Promosse e diede il nome alla pace con Filippo II di Macedonia (346 a.C.) che costò agli ateniesi un duro compromesso. Accusato di aver infranto le leggi, morì in esilio.

FILODÈMO, *Gadara 110 ca. - 30 ca. a.C.*, filosofo greco. Epicureo, fu vicino a Virgilio, Cicerone e Orazio. Gli sono attribuiti alcuni epigrammi dell'*Antologia palatina*.

FILOLÀO, *Crotone V sec. a.C.*, filosofo e matematico greco. Pitagorico, formulò una teoria cosmologica, secondo cui la Terra ruota intorno a un punto al centro dell'universo.

FILOMÈLA MITOL. GR. Figlia di Pandione, re di Atene, e sorella di Procne. Il marito di questa, Tereo, la sedusse e le tagliò la lingua per impedirle di raccontarlo, ma la fanciulla rivelò il suo segreto ricamandolo su un arazzo. Per salvare le due sorelle dalla vendetta di Tereo, gli dèi trasformarono Procne in rondine e F. in usignolo (o viceversa, secondo un'altra versione).

FILÓNE DI ALESSÀNDRIA, *Alessandria tra il 13 e il 20 a.C. - 50 ca. d.C.*, filosofo ebreo di lingua greca. Tentò di conciliare la legge mosaica e la filosofia greca, in part. quella platonica.

FILOPÀNTI (Giuseppe **Barilli**, detto Quirico), *Budrio 1812 - Bologna 1894*, scrittore e patriota. Volontario nella prima guerra d'indipendenza (1848), partecipò alla Repubblica Romana (1849) e combatté con G. Garibaldi (1866-1867). Fu deputato dal 1876. Tra le opere, *Discorso sull'incivilimento* (1837).

FILOPÈMENE, *Megalopoli 253 - Messene 183 a.C.*, stratega della lega achea. Difensore della libertà della Grecia dalla supremazia di Sparta e poi da Roma, fu soprannominato "l'ultimo dei greci".

FILÒSTRATO, nome di tre filosofi greci. — **F. l'Ateniese**, *II-III sec.* Autore di alcune *Vite*. — **F. l'Asiatico**, *190*, e — **F. il Giovane**, *III sec.* Autori entrambi di *Immagini*, contenenti descrizioni di opere pittoriche.

FILOTTÈTE MITOL. GR. Arciere della guerra di Troia, a cui Eracle aveva lasciato in eredità arco e frecce. Abbandonato dai greci perché la sua ferita purulenta emanava un fetore terribile, fu curato e contribuì alla presa di Troia uccidendo Paride.

FILZI (Fàbio), *Pisino d'Istria 1884 - Trento 1916*, patriota. Irredentista, allo scoppio della prima guerra mondiale combatté nell'esercito italiano contro gli austriaci. Catturato, fu condannato a morte.

FINÀLE EMÌLIA, com. in prov. di Modena; 15.037 ab. Centro agricolo, conserva il castello degli Estensi (XV sec.) e una collegiata con opere del Guercino.

FINÀLE LÌGURE, com. in prov. di Savona; 12.297 ab. Centro turistico, agricolo e industriale. Numerose grotte con reperti preistorici, tra le quali *Arene candide*.

FINDEL, aeroporto della c. di Lussemburgo.

FINÈCO GROUP, società finanziaria del gruppo Capitalia, sorta nel 2002 in seguito alla fusione tra Bipop-Carire e Bancaroma. Opera nei settori degli investimenti finanziari, dell'intermediazione mobiliare e della consulenza ed è uno dei maggiori gruppi a livello europeo.

FINE GAEL ("Famiglia gaelica"), partito politico irlandese, fondato nel 1923 (con il nome di Comunità di Gael) da W.T. Cosgrave. Dal 1948 si alterna al governo dell'Irlanda con il Fianna Fail.

FINÈLLI (Giuliàno), *Carrara 1602 - Roma 1655 ca.*, scultore. Collaborò con G.L. Bernini. Tra le opere, baldacchino di san Pietro a Roma e busto di Michelangelo il Giovane in casa Buonarroti a Firenze.

FÌNI (Gianfrànco), *Bologna 1952*, politico. Membro dell'MSI dal 1971 e deputato dal 1983, nel 1987 è stato eletto segretario del partito. Nel 1994 ha fondato AN, che nello stesso anno ha fatto parte della coalizione che ha vinto le elezioni. Dopo la vittoria alle elezioni del 2001 ha assunto la carica di vicepresidente del consiglio, attuando una trasformazione del partito in senso moderato.

FINI (Leonor), *Buenos Aires 1908 - Parigi 1996*, pittrice di origine argentina. Creatrice di figure oniriche ambigue e delicate, riprese dai surrealisti con cui ebbe contatti a Parigi, fu anche autrice di libri illustrati, maschere e scenografie teatrali.

FINIGUÈRRA (Màso), *Firenze 1426 ca. - 1464*, orafo. Collaborò con L. Ghiberti a realizzare le formelle del battistero fiorentino (1452). Fu autore di alcuni nielli che stampò su carta; per questo G. Vasari gli attribuì, a torto, l'invenzione della stampa "a taglio dolce".

FININVEST, gruppo finanziario fondato da S. Berlusconi nel 1978. Opera nei settori immobiliare, editoriale, della comunicazione e pubblicità, dello sport, delle assicurazioni e intermediazioni finanziarie.

FINISTÈRE, dip. della Francia, in Bretagna; capol. *Quimper*; 6733 km²; 852.418 ab. Nel bacino di Châteaulin, circondato da due linee di colline, si pratica soprattutto l'allevamento. Sulla costa pesca e turismo. Le industrie (agroalimentari) sono concentrate a Brest, la città principale.

FINISTERRE (Càpo), promontorio situato all'estremità nord-occ. della Spagna.

FINLÀNDIA, in finn. **Suomi**, Stato dell'Europa settentr., sul Baltico; 338.000 km²; 5.181.115 ab. (*finlandesi*). CAP. *Helsinki*. LINGUE: *finlandese e svedese*. MONETA: *euro*.

ISTITUZIONI – Repubblica. La Costituzione, del 1999, è entrata in vigore nel 2000. Il potere esecutivo è detenuto da un presidente eletto ogni 6 anni a suffragio universale diretto. Il primo ministro è designato dal parlamento, organismo monocamerale (Eduskunta) eletto ogni 4 anni a suffragio universale.

GEOGRAFIA – La F. è un vasto penepiano di rocce antiche, disseminato di depositi morenici e di migliaia di laghi. Tranne la zona settentr., dove regna la tundra, il territorio è coperto da conifere, il cui sfruttamento (segherie e industria cartaria) rappresenta la principale risorsa del paese. L'agricoltura (orzo, patate) e l'allevamento (bovini da latte) sono sviluppati a S, dove il clima è più mite. Il settore energetico, per cui la F. dipende dalle importazioni, alimenta le industrie metallurgiche, tessili e chimiche, attive nonostante il tasso di disoccupazione si mantenga elevato.

STORIA – Il periodo svedese. I sec. a.C. - I sec. d.C.: i finnici occupano progressivamente il territorio. 1157: il re di Svezia Erik IX organizza una crociata contro la F. 1323: la Russia riconosce alla Svezia il possesso della F., che viene trasformata in un ducato (1353). XVI sec.: si afferma la Riforma luterana. 1550: Gustavo Vasa fonda Helsinki. Riprende il conflitto tra Svezia e Russia. 1595: la pace di Täyssinä fissa il confine orient. della F. 1710-1721: le armate di Pietro il Grande devastano il paese che, in seguito alla pace di Nystad (1721), perde la Carelia.

Il periodo russo. 1809: la F. diventa un granducato dell'impero russo dotato di autonomia. Sotto il regno di Alessandro III e di Nicola II la Russia intensifica il controllo sul paese, dove si sviluppa un movimento di resistenza nazionale (assassinio del governatore Bobrikov nel 1904).

L'indipendenza. 1917: in seguito alla Rivoluzione russa, la F. proclama l'indipendenza. 1918: una guerra civile contrappone i fautori del regime sovietico alla guardia civica di Carl Gustav Mannerheim, che ha la meglio. 1920: la Russia sovietica riconosce la nuova repubblica di F. 1939-1940: al termine di una lotta eroica contro l'Armata rossa, il paese è costretto ad accettare le condizioni di Stalin, che annette la Carelia. 1941-1944: la F. si batte contro l'URSS a fianco del Terzo Reich. 1944-1946: C.G. Mannerheim ricopre la carica di presidente della repubblica. 1946-1956: durante la presidenza di Juho Kusti Paasikivi viene firmata, a Parigi, la pace con gli Alleati (1947). 1948: la F. sottoscrive un trattato di mutua assistenza con l'URSS (rinnovato nel 1970 e nel 1983). 1956-1981: il presidente Urho Kekkonen persegue una politica di intesa con i paesi vicini. 1982: il socialdemocratico Mauno Koivisto viene eletto presidente della repubblica. 1994: gli succede il socialdemocratico Martti

Ahtisaari. **1995**: la F. aderisce all'Unione Europea. **2000**: la socialdemocratica Tarja Halonen viene eletta alla presidenza della repubblica.

FINLÀNDIA (Gólfo di), golfo formato dal Baltico, tra Finlandia, Russia ed Estonia, sul quale sorgono Helsinki, Tallinn e San Pietroburgo.

FINLAY (Carlos Juan), *Puerto Principe 1833 - L'Avana 1915*, medico cubano. Scoprì la trasmissione della febbre gialla attraverso le zanzare.

FINNBOGADOTTIR (Vigdis), *Reykjavik 1930*, politica islandese. Presidente della repubblica dal 1980 al 1996, è stata la prima donna al mondo eletta alla presidenza di uno Stato attraverso il suffragio universale.

FINNMARK, reg. della Norvegia settentr.

FINOCCHÌARO APRÌLE (Andrèa), *Palermo 1880-1964*, politico. Deputato dal 1913 al 1924, guidò il Movimento indipendentista siciliano e fu membro della Costituente.

FINSEN (Niels), *Thorshavn 1860 - Copenaghen 1904*, medico e biologo danese. Ricevette il premio Nobel nel 1903 per le sue ricerche sulle applicazioni terapeutiche della luce e dei raggi ultravioletti.

FINSTERAARHORN, cima delle Alpi bernesi (Svizzera); 4274 m.

FIONIA, in dan. **Fyn**, isola della Danimarca. Il Piccolo Belt la separa dallo Jylland e il Grande Belt da Sjælland; c. princ. *Odense*.

FIORÀNO MODENÉSE, com. in prov. di Modena; 15.951 ab. Centro agricolo e industriale, vi ha sede un autodromo destinato ai collaudi e alle prove della Ferrari.

FIORAVÀNTI, famiglia di compositori e cantanti. — **Valentino F.**, *Roma 1764 - Capua 1837*. Ultimo esponente della scuola napoletana, fu direttore del Teatro S. Carlos di Lisbona (1803-1807) e maestro di cappella in S. Pietro a Roma (1816). — **Vincenzo F.**, *Roma 1799 - Napoli 1877*. Figlio del precedente, fu autore di opere buffe.

— **Valentino F.**, *Napoli 1827 - Milano 1879*. Nipote dell'omonimo, fu un celebre cantante.

FIORAVÀNTI (Aristòtele) → FIERAVÀNTI (Aristotele).

FIORAVÀNTI (Doménico), *Novara 1977*, nuotatore. Medaglia d'oro nei 100 rana ai campionati europei del 1999 e del 2000, alle Olimpiadi di Sidney del 2000 è stato il primo nuotatore italiano a vincere la medaglia d'oro (100 e 200 rana).

FIORENTÌNO (Francésco), *Sambiàse 1834 - Napoli 1884*, storico della filosofia. Vicino al positivismo, ne applicò il metodo storico alla filosofia. Tra le opere, *Saggio storico sulla filosofia greca* (1864), *Elementi di filosofia* (1877).

FIORENTÌNO (Màrio), *Roma 1918-1982*, architetto e urbanista. Tra i maggiori architetti italiani del XX sec., lavorò al Mausoleo delle Fosse Ardeatine (1945-1947), alla stazione Termini, al quartiere Tiburtino e ad altri quartieri romani.

FIORENTÌNO (Salomóne), *Monte San Savino 1743 - Firenze 1815*, poeta. Tra gli esponenti del preromanticismo italiano, scrisse versi in cui convivono profondi sentimenti religiosi e affetti terreni.

FIORENZUÒLA D'ÀRDA, com. in prov. di Piacenza; 13.431 ab. Centro agricolo e industriale (petrolchimico). Collegiata di S. Fiorenzo (XIV-XV sec.).

FIORÉTTI DI SAN FRANCÉSCO, versione in volgare di 53 episodi estrapolati dall'opera di Ugolino di Monte Santa Maria in Georgio: *Actus beati Francisci et sociorum eius* (XIII sec.). Vi si narrano, in stile più fiabesco che agiografico, alcune vicende della vita di san Francesco d'Assisi.

FIORÌLLI (Tibèrio), *Napoli 1608 - Parigi 1694*, attore teatrale. Interprete della commedia dell'arte, divenne famoso per il personaggio di Scaramouche. Lavorò soprattutto a Parigi per Luigi XIV.

FIORÓNI (Giuseppìna, detta Giosétta), *Roma 1932*, pittrice. Vicina alla pop art italiana, ha sperimentato diverse tecniche espressive, dal collage alla fotografia, dalle vernici ai materiali preziosi.

FIRDUSI, *Tus 932 ca. - 1020*, poeta persiano, autore del poema *Shahnamah*.

Finlandia

			autostrada
100	200	500 m	strada normale
			ferrovia

● da 50.000 a 100.000 ab.   ● più di 500.000 ab.
● meno di 50.000 ab.   ● da 100.000 a 500.000 ab.

FIRENZE. *A destra, la torre di Palazzo Vecchio e, al centro, S. Maria del Fiore (XIV-XV sec., con la cupola di F. Brunelleschi).*

FIRÈNZE, c. della Toscana, capol. di reg. e prov., sull'Arno; 376.662 ab. (*fiorentini*). Meta del turismo internazionale, che a sua volta alimenta il commercio e l'artigianato (ricamo, oreficeria). Industrie (tessili, dell'abbigliamento, metalmeccaniche, ottiche, chimiche, farmaceutiche). — Municipio romano (*Florentia*), F. si sviluppò a partire dall'età comunale (XII sec.), contrassegnata da una progressiva acquisizione di potere da parte del ceto mercantile, ma anche dai contrasti tra le fazioni guelfa e ghibellina. Nel XIV sec. alle difficoltà economiche (fallimento dei banchieri Bardi e Peruzzi) si accompagnò l'inasprirsi delle lotte politiche (tumulto dei ciompi). Tali circostanze fecero sì che F. adottasse una nuova forma di governo, trasformandosi in una signoria retta dai Medici, famiglia che dominò la città dal XIV al XVII sec., con l'interruzione dell'esperimento repubblicano di G. Savonarola e della seconda repubblica del 1527. Tra il 1439 e il 1443 vi si tenne il concilio di F., che continuò i lavori dei concili di Basilea e Ferrara, portando alla riunione della Chiesa occ. con quella orient.. Nel 1569 F. fu capitale del granducato di Toscana e, dal 1865 al 1870, del regno d'Italia. — La città, dal XIV al XVII sec., fu all'origine di uno straordinario fermento innovatore in tutte le espressioni artistiche: letteratura (Dante), pittura (Giotto, Masaccio, Paolo Uccello, S. Botticelli), scultura (Michelangelo) e architettura (F. Brunelleschi, L.B. Alberti). È sede di importantissimi monumenti: edifici civili (Palazzo Vecchio, XIV sec.; Palazzo *Medici-Riccardi*, XV sec.; Palazzo Pitti, XV sec.; Palazzo Strozzi, XVI sec.); chiese (S. Miniato al Monte, XI-XII sec.; S. Maria del Carmine, con affreschi di Masaccio nella Cappella Brancacci, XIII-XV sec.; S. Maria del Fiore, con la cupola di Brunelleschi, il battistero e il campanile di Giotto, XI-XIV sec.; S. Croce, con le tombe di uomini illustri, XIII sec.; S. Maria Novella, XII-XIV sec.; Orsammichele, XIV-XV sec.; S. Spirito, XV sec.; S. Lorenzo, XV sec.); conventi (S. Marco, XIII-XV sec.). Tra gli altri monumenti: il Ponte Vecchio (1345), la Loggia della Signoria (XIV sec.) e l'Ospedale degli Innocenti (1426). Numerosi i musei, ricchi di capolavori (*Uffizi, *Bargello, *Pitti, Gallerie dell'Accademia, Museo archeologico). — Nella provincia, in gran parte montuosa e collinare (Appennino Tosco-Emiliano, Monti del Chianti e Colline Metallifere), si praticano agricoltura (cereali, viti, olivi, frutta) e allevamento (bovini e suini). Industrie metalmeccaniche e tessili.

FIRENZUÒLA (Michelàngiolo **Giovannini**, detto Àgnolo), *Firenze 1493 - Prato 1543*, scrittore. Fu autore di opere comiche e di argomento popolare, scritte però con un linguaggio raffinato: i *Ragionamenti d'amore* (1523-524), il rifacimento dell'*Asino d'oro* di Apuleio, il *Discorso sulla bellezza delle donne* (1540).

FIRMIAN (Karl Joseph), *Mezzocorona 1718 - Milano 1782*, politico austriaco. Fu plenipotenziario a Napoli (1752) e a Milano (1759). Applicò i principi riformatori di Maria Teresa, soprattutto in materia scolastica e amministrativa.

FIRMIÀNO LATTÀNZIO → LATTANZIO (Firmiano).
FÌRMICO MÀTERNO (Giùlio), *Siracusa IV sec.*, scrittore. Scrisse un trattato di astrologia neoplatonica, *Matheseos*, prima di convertirsi al cristianesimo (*De errore profanarum religionum*).
FIROZABAD, c. dell'India (Uttar Pradesh); 278.801 ab.
FÌRPO (Edoàrdo), *Genova 1889-1957*, poeta. Autore di versi in dialetto genovese, pubblicò tra l'altro *O grillo cantado* (1931) e *Cigae* (1968).
FÌRPO (Luigi), *Torino 1915-1989*, storico. Studiò soprattutto il XVI e il XVII sec. Tra le opere, *Il pensiero politico nel Rinascimento* (1964), *L'utopia della Controriforma* (1977), *Il supplizio di Tommaso Campanella* (1985).
FIRTH (sir Raymond William), *Auckland 1901*, antropologo britannico. Ha studiato l'organizzazione socio-economica delle società non industriali, occupandosi in particolare dei maori polinesiani.
FIS (Frónte islàmico di salvézza), partito politico algerino fondato nel 1989. Principale partito islamico, fu disciolto nel 1992 in seguito all'annullamento delle elezioni legislative, in occasione delle quali aveva ottenuto la vittoria al primo turno (dic. 1991).
FISCHART (Johann), *Strasburgo 1546 ca. - Forbach 1590*, scrittore tedesco. È autore di alcuni *pamphlet* contro il cattolicesimo e di un rifacimento del *Gargantua* di F. Rabelais.
FISCHER (Emil), *Euskirchen 1852 - Berlino 1919*, chimico tedesco. Stabilì un legame tra chimica organica, stereochimica e biologia. Realizzò inoltre la sintesi di numerosi zuccheri. (Premio Nobel 1902.)
FISCHER (Ernst Otto), *Monaco 1918*, chimico tedesco. I suoi lavori riguardano la chimica dei complessi organometallici dei metalli di transizione, spec. quelli detti "composti sandwich". (Premio Nobel 1973.)
FISCHER (Hans), *Höchst am Main 1881 - Monaco 1945*, chimico tedesco. Approfondì la composizione dell'emoglobina, realizzò la sintesi dell'emina (1929) e studiò la costituzione della clorofilla. (Premio Nobel 1930.)
FISCHER (Johann Michael), *Burglengenfeld 1692 - Monaco 1766*, architetto tedesco. Diffuse in Baviera e in Svevia uno stile rococò ricco e luminoso (abbazie di Zwiefalten, 1740-1750 ca., e di *Ottobeuren).
FISCHER-DIESKAU (Dietrich), *Berlino 1925*, baritono tedesco. Ha interpretato J.S. Bach ed è stato un grande specialista del *Lied*, dell'opera romantica e del repertorio vocale del XX sec.
FISCHER VON ERLACH (Johann Bernhard), *Graz 1656 - Vienna 1723*, architetto austriaco. Fautore di uno stile barocco con maestose reminiscenze classicheggianti, fu attivo a Salisburgo (chiese), Praga (palazzi) e soprattutto Vienna (chiesa di S. Carlo, 1716; biblioteca imperiale, 1723).
FISHER (Irving), *Saugerties, Stato di New York, 1867 - New York 1947*, matematico ed economista statunitense. Stabilì una relazione tra la quantità di moneta in circolazione, la velocità con cui la valuta circola e il livello dei prezzi.
FISHER OF KILVERSTONE (John Arbuthnot **Fisher**, baróne), *Ramboda, Sri Lanka, 1841 - Londra 1920*, ammiraglio britannico. Inventore del *dreadnought* (corazzata veloce equipaggiata con cannoni di grosso calibro), fu al comando della flotta britannica dal 1904 al 1909 e nel 1914-1915.
FITZGERALD (Ella), *Newport News 1917 - Beverly Hills 1996*, cantante jazz statunitense. Ha interpretato ballate, ma anche musica swing e duetti con i migliori solisti di jazz.

■ *Ella Fitzgerald.*

FITZGERALD (Francis Scott), *Saint Paul, Minnesota, 1896 - Hollywood 1940*, scrittore statunitense. I suoi romanzi esprimono il disincanto della *Generazione perduta* (*Il grande Gatsby*, 1925; *Tenera è la notte*, 1934; *Gli ultimi fuochi*, 1941).

■ *Francis Scott Fitzgerald.*

FITZ-JAMES, famiglia francese di origine inglese. Il suo primo membro, figlio naturale di Giacomo II, si fece naturalizzare francese e conquistò la fama col titolo di *maresciallo di *Berwick*.
FIÙGGI, com. in prov. di Frosinone; 8853 ab. Stazione idrotermale, produzione di acque minerali. Centro di villeggiatura, è dotato di importanti impianti per l'idroterapia.
FIÙME → RIJEKA.
FIÙME (Salvatóre), *Comiso 1915 - Milano 1997*, pittore. Vicino allo stile metafisico di G. De Chirico, è stato anche scenografo e scultore.
FIUMEFRÉDDO BRÙZIO, com. in prov. di Cosenza; 3590 ab. Monastero di Fonte Laureto (XI sec.) e castello settecentesco.
FIUMICÌNO, aeroporto di Roma, dal 1992 com. autonomo in prov. di Roma. Sorge sui resti dell'antico porto costruito dall'imperatore Claudio.
FIZEAU (Hippolyte), *Parigi 1819 - presso La Ferté-sous-Jouarre 1896*, fisico francese. Effettuò la prima misurazione diretta della velocità della luce (1849) e studiò la polarizzazione ottica e lo spettro degli infrarossi. Scoprì, indipendentemente da C.J. Doppler, l'effetto dello spostamento delle frequenze di una sorgente luminosa in movimento (*effetto Doppler-F.*). Dimostrò inoltre che la propagazione dell'elettricità non è istantanea.
FLÀCIO ILLÌRICO (Matthias **Vlačič**, detto), *Albona 1520 - Francoforte 1575*, storico e teologo croato. Luterano, fu autore delle *Centurie di Magdeburgo* (1559-1574), prima storia della Chiesa vista da un'ottica protestante.
FLAGSTAD (Kirsten), *Hamar 1895 - Oslo 1962*, soprano norvegese. Ha interpretato brillantemente il repertorio wagneriano.
FLAHERTY (Robert), *Iron Mountain, Michigan, 1884 - Dummerston, Vermont, 1951*, regista cinematografico statunitense. Impose il documentario come genere autonomo, realizzando *Nanuk l'esquimese* (1922), *Moana* (1926), *L'uomo di Aran* (1934), *Louisiana Story* (1948) e, in collaborazione con F.W. Murnau, *Tabù* (1931).
FLAIÀNO (Énnio), *Pescara 1910 - Roma 1972*, scrittore e giornalista. Autore eclettico, maestro di ironia, è stato anche sceneggiatore (con F. Fellini) e commediografo. Tra le opere, *Tempo di uccidere* (1947), *Diario notturno* (1956), *Un marziano a Roma* (1960), *Le ombre bianche* (1972).
FLAMÌNIA (via), ant. strada romana voluta da Gaio Flaminio (220 a.C.) per collegare Roma a Rimini, dove incontrava la via Emilia.
FLAMINÌNO (Tito Quinzio), *228-174 a.C.*, generale romano. Console nel 198 a.C., sconfisse a Cinoscefale Filippo V di Macedonia (197) e liberò la Grecia dalla dominazione macedone.
FLAMÌNIO (Gàio), *m. sul Trasimeno nel 217 a.C.*, politico romano. Tribuno della plebe, distribuì ai plebei le terre del Piceno. Fu censore e due volte console. A lui si deve la costruzione della via omonima. Fu sconfitto e ucciso da Annibale.
FLAMMARION (Camille), *Montigny-le-Roi 1842 - Juvisy-sur-Orge 1925*, astronomo francese. Autore di numerose opere divulgative, tra le quali la celebre *Astronomia popolare* (1879), fondò la Société astronomique de France (1887).
FLAMSTEED (John), *Denby 1646 - Greenwich 1719*, astronomo inglese. Primo astronomo reale (1675), organizzò l'osservatorio di Greenwich, perfezionò strumenti e metodi di osservazione delle posizioni astrali e mise a punto un catalogo delle stelle.
FLAUBERT (Gustave), *Rouen 1821 - Croisset, presso Rouen, 1880*, scrittore francese. Autore di romanzi di estremo rigore stilistico, di impianto realista e dai toni romantici, smascherò la stupidità della borghesia con sguardo disincantato. Tra le sue opere: *Madame Bovary*, *Salammbô* (1862), *L'educazione sentimentale* (1869), *La tentazione di Sant'Antonio* (1874), *Tre racconti* (1875-1877), *Bouvard e Pécuchet* (1881).
■ *Gustave Flaubert ritratto da E. Giraud. (Reggia di Versailles.)*
FLÀVI, nome di due dinastie romane. La prima, di origine sabina, governò l'impero dal 69 al 96

con Vespasiano, Tito e Domiziano; la seconda ebbe inizio nel IV sec. con gli imperatori della casa costantiniana: da C. Cloro, che assunse il prenome Flavio, fino a Teodosio.

FLÀVIA (via), ant. strada romana voluta da Vespasiano (78-79) per collegare Trieste a Pola.

FLAVIÀNO (sànto), *390 ca. - 449 ca.*, patriarca di Costantinopoli (446-449). Avversario di Eutiche, venne deposto ed esiliato per istigazione di quest'ultimo.

FLAVIN (Dan), *New York 1933-1996*, artista statunitense. Esponente del minimalismo e tra i fondatori dello spazialismo, è noto per i giochi di luce realizzati con tubi al neon, che rappresentano gran parte della sua produzione più tarda.

FLÀVIO (Gnèo), *IV sec. a.C.*, giurista romano. Figlio di un liberto e segretario di Appio Claudio Cieco, pubblicò il primo codice romano di procedura legale, detto *ius flavianum*.

FLÀVIO BIÓNDO → BIONDO (Flavio).

FLÀVIO GIUSÈPPE → GIUSEPPE FLAVIO.

FLAXMAN (John), *York 1755 - Londra 1826*, scultore e disegnatore britannico. Neoclassico, fornì modelli per porcellane (Wedgwood), illustrò l'*Iliade* e l'*Odissea* (1690 ca., a Roma) ed eseguì numerosi monumenti, tra cui quello a lord Nelson (cattedrale di St. Paul, Londra).

FLEGRÈI (Càmpi), parco regionale situato in prov. di Napoli. Ha un'estensione di 7300 ha ca. e si trova su un territorio caratterizzato da bassi rilievi vulcanici e da frequenti fenomeni eruttivi.

FLEISCHER (Richard), *New York 1916*, regista cinematografico statunitense. Ha diretto film spettacolari, misurandosi con diversi generi: *Ventimila leghe sotto i mari* (1954), *Barabba* (1962), *Viaggio allucinante* (1966), *Il favoloso dottor Doolittle* (1967), *Tora! Tora! Tora!* (1970).

FLEMING (sir Alexander), *Darvel, Ayrshire, 1881 - Londra 1955*, medico britannico. Scoprì la penicillina nel 1928. (Premio Nobel 1945.)

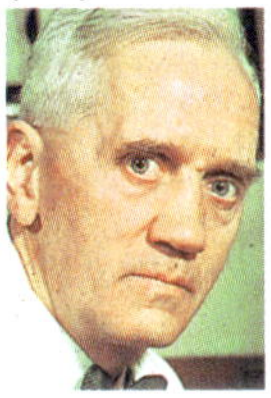

■ *Sir Alexander Fleming. (Imperial War Museum, Londra.)*

FLEMING (Ian), *Londra 1908 - Canterbury 1964*, scrittore britannico. Ha creato il personaggio di James Bond, agente 007, protagonista di numerosi romanzi, diventati poi celebri film: *Casino Royal* (1953), *Dottor No* (1958), *Goldfinger* (1959), *Thunderball* (1961).

FLEMING (sir John Ambrose), *Lancaster 1849 - Sidmouth 1945*, ingegnere britannico. Fu l'inventore del diodo (1904).

FLEMING (Victor), *Pasadena, California, 1883 - Phoenix, Arizona, 1949*, regista cinematografico statunitense. Realizzò film di successo come *L'isola del tesoro* (1934), *Via col vento* (1939) e *Il mago di Oz* (1939).

FLENSBURG, c. della Germania (Schleswig-Holstein), sul Baltico; 84.449 ab. Porto. — Antico complesso monumentale; musei.

FLESSINGA, in ol. **Vlissingen**, c. dei Paesi Bassi (Zelanda); 44.776 ab. Porto. Alluminio.

FLETCHER (John), *Rye, Sussex, 1579 - Londra 1625*, drammaturgo inglese. Da solo o in collaborazione dapprima con F. Beaumont, poi spec. con P. Massinger, scrisse numerose opere che fecero di lui un rivale, spesso fortunato, di W. Shakespeare (*La pastorella fedele*).

FLEURUS, com. del Belgio (prov. dell'Hainaut); 22.313 ab. — **battaglia di F.** (26 giu. 1794), vittoria delle truppe rivoluzionarie francesi guidate dal generale J. Jourdan sulla coalizione anglo-olandese.

FLEVOLAND, prov. dei Paesi Bassi; 328.936 ab.; capol. *Lelystad*.

FLINT, c. degli Stati Uniti (Michigan), presso Detroit; 124.943 ab. Industria automobilistica.

FLN (Front de libération nationale), movimento nazionalista algerino formatosi nel 1954, che ha promosso l'insurrezione durante la guerra d'Algeria (1954-1962) per poi dominare a lungo la vita politica algerina (partito unico dal 1963 al 1989).

FLÒRA, divinità italica dei fiori e dei giardini. I romani celebravano in suo onore i *Floralia*.

FLÒRA (Francésco), *Colle Sannita 1891 - Bologna 1962*, critico letterario. Di orientamento crociano, contribuì all'affermazione dell'idealismo. Fu redattore capo della rivista *Critica*. Tra le opere, *I miti della parola* (1931), *Civiltà del Novecento* (1934), *Storia della letteratura italiana* (1940-1942).

FLORES, una delle isole dell'arcipelago delle Azzorre. Installazioni militari francesi dal 1964.

FLORES, isola dell'Indonesia, separata da Celebes dal Mare di F.

FLOREY (baróne Howard), *Adelaide, Australia, 1898 - Oxford 1968*, medico britannico. I suoi studi sulla produzione della penicillina nel 1945 gli valsero il premio Nobel per la medicina, che divise con E.B. Chain e A. Fleming.

FLORIÀNO (Màrco Ànnio), *m. a Tarso nel 276*, imperatore romano. Proclamato imperatore nel 276 alla morte del fratellastro Tacito, gli fu contrapposto M. Aurelio Probo. Fu ucciso dai suoi stessi soldati.

FLORIANÓPOLIS, c. del Brasile, cap. dello Stato di Santa Catarina; 341.781 ab. Monumenti antichi.

FLORIDA, Stato degli Stati Uniti sud-orient.; 15.982.378 ab.; cap. *Tallahassee*; c. princ. *Miami*. La F. è formata da una penisola separata da Cuba dallo Stretto di F. Agrumi. Fosfati. Turismo (Miami, Palm Beach, parchi Everglades, Disneyworld a Orlando). — Scoperta nel 1513 dagli spagnoli, la F. fu acquistata nel 1819 dagli Stati Uniti e divenne stato degli USA nel 1845.

FLORIDABLANCA (José Moñino, cónte **di**), *Murcia 1728 - Siviglia 1808*, statista spagnolo. Primo ministro di Carlo III, poi di Carlo IV (1777-1792), fu fautore del dispotismo illuminato.

FLORÌDIA, com. in prov. di Siracusa, in prossimità dei Monti Iblei; 20.591 ab. Industrie alimentari e agricoltura (mandorle, agrumi, cereali).

FLORIS DE VRIENDT (Cornelis), *Anversa 1514-1575*, architetto e scultore fiammingo. Conoscitore dell'arte italiana, è autore del municipio di Anversa (1561) e della tribuna della cattedrale di Tournai (1570 ca.). — **Frans F. de V.**, *Anversa 1516/1520-1570 ca.*, pittore fiammingo, fratello di Cornelis. Ammiratore di Michelangelo, fu il caposcuola della corrente "romanizzante".

FLÒRO (Lùcio Annèo), *I-II sec.*, storico latino. È autore di una storia di Roma dalle origini ad Augusto. Si tende a identificare in F. anche il retore che scrisse *Vergilius orator an poeta*, di cui resta un solo frammento.

FLORY (Paul John), *Sterling, Illinois, 1910 - Big Sur, California, 1985*, chimico statunitense. Ha concentrato le sue ricerche sulle macromolecole coinvolte nella produzione della plastica. (Premio Nobel 1974.)

FLOSSENBÜRG, campo di concentramento tedesco (1938-1945), presso la frontiera ceca.

FLUMENDÒSA, f. della Sardegna; 122 km. Nasce sul versante orient. del Gennargentu, forma il lago omonimo e sfocia presso Porto Corallo.

FLUSHING MEADOWS PARK, impianto in cui si disputano i campionati internazionali di tennis degli Stati Uniti, a New York (Queens).

FLUXUS, movimento artistico affermatosi negli Stati Uniti e in Europa a partire dal 1960. Legato alla corrente degli *happening*, che contrappone alla sacralizzazione dell'arte uno spirito di contestazione ludico, si è espresso con concerti (J. Cage, T. Riley ecc.), performances e interventi vari. Tra i suoi esponenti di maggiore spicco figurano gli statunitensi George Maciunas (1931-1978), George Brecht, Dick Higgins, N.J. Paik, i tedeschi Joseph Beuys e Wolf Vostell, lo svizzero Benjamin Vautier, detto Ben, e il francese Robert Filliou (1926-1987).

FLYNN (Errol), *Hobart, Tasmania, 1909 - Los Angeles 1959*, attore cinematografico statunitense. Interpretò il ruolo dell'avventuriero, spec. nei film di M. Curtiz (*Capitan Blood*, 1935) e di R. Walsh (*Il sentiero della gloria*, 1942).

FMI (Fóndo monetàrio internazionàle), organismo internazionale di cooperazione monetaria e finanziaria. Creato nel 1945 in applicazione degli accordi di Bretton Woods e inizialmente incaricato di vegliare sul buon funzionamento del sistema monetario internazionale, assicura il controllo delle politiche di scambio, gestisce la concessione di crediti ai paesi che hanno difficoltà con la bilancia dei pagamenti e supervisiona il processo di liberalizzazione dei movimenti di capitale a livello mondiale. Ha sede a Washington e vi aderiscono quasi tutti gli Stati.

FO (Dàrio), *Sangiano, Varese, 1926*, autore, regista e attore teatrale. Ha debuttato come autore per la radio e la televisione (RAI), ma nel 1963 ha dovuto rinunciare a comparire sul piccolo schermo a causa delle frequenti censure. Ha fondato, insieme alla moglie F. Rame, una propria compagnia con la quale ha allestito spettacoli caratterizzati dal connubio tra comicità paradossale e impegno politico. Le sue opere si ispirano alla cultura medievale e a forme di teatro popolare (creazione del "grammelot", una lingua teatrale che nasce dalla mescolanza di dialetti padani) interpretando la realtà in chiave satirica e farsesca (**Mistero buffo*; *Isabella, tre caravelle e un cacciaballe*, 1963; *Morte accidentale di un anarchico*, 1970; *Marino libero, Marino è innocente*, 1998; *Una carriera da... Nobel*, 2002; *L'anomalo bicefalo*, 2003). (Premio Nobel 1997.)

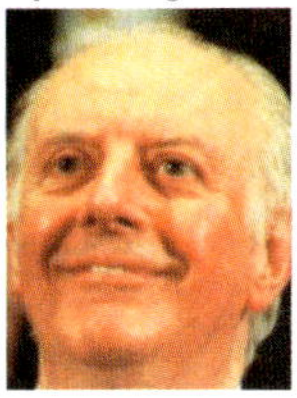

■ *Dario Fo.*

FOÀ (Arnòldo), *Ferrara 1916*, attore teatrale e cinematografico. Interprete di lavori classici e contemporanei (*Zio Vanja*, 1968), ha scritto la commedia *Signori buonasera* (1975). Tra le interpretazioni cinematografiche, *Il processo* (1962), *Borsalino* (1970), *Il giocattolo* (1979), *Cento giorni a Palermo* (1984), *Asini* (1999), *Ti spiace se bacio mamma?* (2003).

FÒCA, *m. a Costantinopoli nel 610*, imperatore di Bisanzio. Salì al trono nel 602 capeggiando una rivolta militare che spodestò l'imperatore Maurizio. Contro di lui si levò Eraclio, che lo uccise e ne prese il posto.

FÒCA, famiglia bizantina originaria della Cappadocia.

FOCÈA, ant. c. dell'Asia Minore (Ionia). Importante centro commerciale nel VII sec. a.C., ebbe un ruolo di primo piano nella colonizzazione dell'Occidente.

FOCH (Ferdinand), *Tarbes 1851 - Parigi 1929*, militare francese. Si distinse nel corso della prima guerra mondiale (battaglia della Somme, 1916). Comandante in capo delle truppe alleate dal 1918, le condusse alla vittoria. Nel 1918 fu nominato maresciallo di Francia.

FÒCIDE, reg. della Grecia centrale, a N del Golfo di Corinto, in cui sorgeva il santuario di Apollo delfico.

FOCILLON (Henri), *Digione 1881 - New Haven 1943*, storico dell'arte francese. I suoi scritti (*L'arte degli scultori romanici*, 1931; *La vita delle forme*, 1934; *L'arte dell'Occidente*, 1938) hanno esercitato una notevole influenza sugli storici dell'arte.

FOCIÓNE, *402 ca. - Atene 318 a.C.*, generale e politico ateniese. Avversario di Demostene, raccomandò una politica prudente nei confronti della Macedonia. Dopo la morte di Alessandro (323 a.C.), la sua propensione alla pace ne causò la condanna a morte.

FÒFI (Goffrédo), *Gubbio 1937*, critico cinematografico e scrittore. Collaboratore di *Ombre rosse* e dei *Quaderni piacentini*, nel 1983 ha fondato *Linea d'ombra*. Tra i saggi, *Il cinema italiano: servi e padroni* (1971), *Pasqua di maggio* (1988), *Strade maestre* (1996).

FOGAZZÀRO (Antònio), *Vicenza 1842-1911*, scrittore. Nei romanzi (*Malombra*, 1881; *Piccolo mondo antico*, 1895; *Piccolo mondo moderno*, 1900; *Il santo*, 1905) e nelle poesie descrive la borghesia ottocentesca mescolando misticismo e morbosità, ispirazione cattolica e sentimentalismo. Aderì a tendenze moderniste.

FÒGGIA, c. della Puglia, capol. di prov.; 154.891 ab. (*foggiani*). Situata nel Tavoliere. Importante mercato agricolo e centro industriale (stabilimenti alimentari, tessili, chimici e cartari). — Fondata nell'XI sec., fiorì sotto gli svevi. — Cattedrale costruita nel XII sec. e rifatta nel XVIII sec. — La provincia, in gran parte pianeggiante, basa la propria economia sul turismo balneare (Gargano) e sull'agricoltura (cereali, ortaggi, viti, olivi).

FÒGLIA, f. delle Marche; 90 km. Nasce dall'Appennino Tosco-Emiliano, attraversa la prov. di Pesaro e sfocia nel Mar Adriatico, presso Pesaro.

FOGLIÀNO (da), famiglia emiliana a capo dei guelfi, distintasi nella vita politica a Reggio nell'Emilia fin dal XII sec. — **Guidoriccio da F.**, *m. a Siena nel 1352*. Condusse i senesi alla vittoria a Montemurlo (1311). — **Gilberto II da F.**, *XIV sec.* Fu signore di Reggio, ma dovette poi cederla agli Scaligeri.

FOGLIÀNO REDIPÙGLIA, com. in prov. di Gorizia, su alcuni rilievi a sinistra del f. Isonzo; 2722 ab. Nei dintorni, il sacrario militare con le spoglie dei caduti della prima guerra mondiale.

FOGLIÀNTI (club dei), circolo politico della Rivoluzione francese (1791-1792), frequentato dai sostenitori della monarchia costituzionale (M.J. La Fayette, A.P. Barnave, A. Du Port e altri). Aveva sede a Parigi, nell'antico convento dei monaci foglianti, vicino alle Tuileries.

FOIX (Gaston de) → GASTON DE FOIX.

FOKINE (Michel), *San Pietroburgo 1880 - New York 1942*, ballerino e coreografo russo. Autore delle coreografie di numerosi balletti di S. Djagilev (*Le spectre de la rose*, 1911; *Petruška*, 1911), si dedicò alla ricerca dell'espressività e favorì il rinnovamento della danza classica in senso neoclassico.

Michel **FOKINE** in Shahrazad *(1910)*.

FOKKER (Anthony), *Kediri, Giava, 1890 - New York 1939*, aviatore e costruttore aeronautico olandese. La sua società, una delle più importanti dell'industria aeronautica tedesca, costruì in part. rinomati aerei da caccia. Dopo la prima guerra mondiale fondò fabbriche nei Paesi Bassi e negli Stati Uniti, e realizzò numerosi velivoli commerciali.

FOLCACCHIÈRI (Folcacchièro **de'**), *Siena XIII sec.*, rimatore. È considerato uno dei più antichi poeti italiani. Di lui resta soltanto un lamento d'amore, la canzone *Tutto lo mondo vive sanza guerra.*

FOLCHÉTTO DI MARSÌGLIA in fr. **Folquet de Marseille**, *Marsiglia 1160 ca. - Tolosa 1231*, trovatore provenzale. Diventato monaco cistercense nel 1200 e vescovo di Tolosa nel 1205, avversò gli eretici albigesi. Di lui restano 27 canzoni, in prevalenza d'amore. È citato da Dante nel *De vulgari eloquentia* e nel *Paradiso.*

FOLÈNA (Gianfrànco), *Savigliano 1920 - Padova 1992*, filologo e linguista. Si è occupato della storia della lingua italiana, contribuendo alla diffusione degli studi filologici e critici. Tra le opere, *La crisi linguistica del Quattrocento e l'"Arcadia" di I. Sannazaro* (1952), *La storia della lingua oggi* (1977).

FOLÈNGO (Geròlamo, detto Teòfilo), *Mantova 1491 - Bassano 1544*, poeta. Monaco benedettino, fu autore di poesie maccheroniche, in alcuni casi pubblicate con lo pseudonimo di Merlin Cocai, e di un poema cavalleresco (*Baldus*).

FOLGÀRIDA, frazione del com. di Dimaro (Trento). Centro turistico di sport invernali.

FÓLGORE (Omèro **Vècchi**, detto Luciàno), *Roma 1888-1966*, scrittore. Dopo l'iniziale adesione al futurismo (*Il canto dei motori*, 1912), scrisse alcune parodie della poesia italiana contemporanea (*Poeti controluce*, 1922; *Poeti allo specchio*, 1926; *Il libro delle parodie*, 1965).

FOLGÓRE DA SÀN GIMIGNÀNO (Iàcopo **di Michèle**, detto), *1270 ca. - 1330 ca.*, poeta. Di parte guelfa, scrisse sdegnosi sonetti politici contro i ghibellini e due corone di sonetti, modellati sul *plazer* provenzali, nei quali esaltava gli ideali cortesi e una vita dedita al godimento dei beni materiali.

FOLÌGNO, com. in prov. di Perugia, sul f. Topino, al margine della Valle Umbra; 52.318 ab. Mercato agricolo e centro industriale. Duomo (XII sec.). Nei dintorni, abbazia di Sassovivo (chiostro del 1229).

FOLKESTONE, c. della Gran Bretagna (Inghilterra); 46.000 ab. Porto passeggeri sullo Stretto di Dover. Stazione balneare. Nei pressi, accesso al tunnel sotto la Manica.

FOLLETT (Ken), *Cardiff 1949*, scrittore britannico. È autore di numerosi thriller, tra i quali *La cruna dell'ago* (1978), *Codice Rebecca* (1980), *I pilastri della terra* (1989), *Il terzo gemello* (1996), *Il martello dell'Eden* (1998), *Codice a zero* (2000), *Le gazze ladre* (2002), *Il volo del calabrone* (2003).

FOLLÒNICA, com. in prov. di Grosseto, sull'omonimo golfo, nella costa tirrenica; 21.433 ab. Industrie cartarie, del legno, alimentari. Turismo balneare.

FOLON (Jean-Michel), *Bruxelles 1934*, artista belga. Nei suoi acquerelli, nei manifesti e nei cartoni animati dà vita a un universo dai colori delicati, in cui mette in scena l'assurdità di un mondo minacciosamente disumanizzato.

FON, popolazione del Benin merid. (ca. 3 milioni di individui), che nel XVII sec. creò il regno del Dahomey. I f. parlano una lingua kwa.

FONDA (Henry), *Grand Island, Nebraska, 1905 - Los Angeles 1982*, attore cinematografico statunitense. Ha recitato per importanti registi, tra cui F. Lang (*Sono innocente*, 1937) e J. Ford (*Furore*, 1940), incarnando l'uomo forte e dotato di integrità morale. Nel 1981 ha vinto il premio Oscar per il film *Sul lago dorato.*

FONDAZIÓNE GIOVÀNNI AGNÈLLI, istituto culturale fondato nel 1966 a Torino dalla FIAT e dall'IFI. Creato in occasione del centenario della nascita di G. A., fondatore della FIAT, si occupa della ricerca nell'ambito delle scienze umane e sociali attraverso l'organizzazione di convegni, seminari e pubblicazioni.

FÓNDI, com. in prov. di Latina; 33.258 ab. Allevamento bovino, agricoltura, turismo. La città ricalca la planimetria romana, con resti delle mura (I sec. a.C.). Rocca Caetani (XIII-XV sec.).

FÓNDO MONETÀRIO INTERNAZIONÀLE → FMI.

FÓNDO PER L'AMBIÈNTE ITALIÀNO → FAI.

FÓNI (Alfrédo), *Udine 1911 - Breganzona 1985*, calciatore. Con la nazionale vinse la Coppa del mondo del 1938. Fu anche campione olimpico a Berlino nel 1936. Da allenatore vinse 2 Campionati italiani con l'Inter.

FONSECA (Gólfo di), golfo del Pacifico, lungo le coste di El Salvador, Honduras e Nicaragua.

FONSECA (Pedro **da**), *Cortiçada, presso Crato, 1528 - Lisbona 1599*, filosofo portoghese. Gesuita, autore di un commentario aristotelico, concepì la dottrina della "scienza media", rielaborata da L. de Molina, in cui conciliava libero arbitrio umano e predestinazione divina.

FONSECA PIMENTEL (Eleonora **de**), *Roma 1752 - Napoli 1799*, letterata e patriota. Di origine portoghese, svolse la sua attività letteraria a Napoli. Sostenne le idee giacobine e rivoluzionarie, propugnate attraverso il *Monitore napoletano* (1799). Condannata a morte dai Borbone, fu giustiziata.

FONTAINE (Joan, **De Beauvoir de Havilland**, detta Joan), *Tokyo 1917*, attrice cinematografica statunitense. Sorella dell'attrice Olivia de Havilland. Tra i film, *Rebecca - La prima moglie* (1940), *Il sospetto* (1941, premio Oscar), *Lettere da una sconosciuta* (1948), *Ivanhoe* (1952), *Tenera è la notte* (1952).

FONTAINE (Nicole), *Grainville-Ymauville 1942*, politica francese. Appartenente all'UDF, deputato europeo dal 1984, è stata presidente del parlamento europeo dal 1999 al 2002.

FONTAINE (Pierre), *Pontoise 1762 - Parigi 1853*, architetto francese. Si devono a lui l'apertura di rue de Rivoli e l'Arc du Carrousel.

FONTAINEBLEAU, c. della Francia, capol. del dip. Seine-et-Marne; 17.811 ab. Castello reale di origine medievale fatto ricostruire da Francesco I (dal 1528), e in seguito ampliato. — Grande foresta.

FONTAINEBLEAU (scuòla di), insieme di artisti italiani attivi in Francia nel XVI sec. Suoi esponenti furono Rosso Fiorentino, Primaticcio, N. dell'Abate e altri, che Francesco I chiamò alla sua corte intorno al 1530 per decorare il castello di F.

FONTÀNA (Càrlo), *Bruciato 1634 - Roma 1714*, architetto di origine svizzera. Assistente di G.L. Bernini a Roma, ne apprese la lezione conciliandola con tendenze classiciste. Esercitò una profonda influenza in architettura.

FONTÀNA (Domènico), *Melide, Ticino, 1543 - Napoli 1607*, architetto di origine svizzera. Chiamato a Roma, realizzò, tra gli altri, il Palazzo Lateranense (1587) e avviò un rinnovamento urbanistico.

FONTÀNA (Ferdinàndo), *Milano 1850 - Lugano 1919*, poeta e commediografo. Esponente della scapigliatura milanese, scrisse commedie di successo (*La Pina madamin*, 1875; *La statua del sur Incioda*, 1899) e libretti d'opera (*Le Villi*, 1884 ed *Edgar*, 1889, musicati da G. Puccini).

FONTÀNA (Frànco), *Modena 1933*, fotografo. Ha lavorato sulla sperimentazione e sulla ricerca cromatica, portando la raffigurazione paesaggistica fino ai limiti dell'astrattismo (*Paesaggio in codice*, 1970; *Modena, una città*, 1970). Più recente la produzione dedicata alla figura umana.

Franco **FONTANA**. Scuola di nudo.

Il Castello di **FONTAINEBLEAU**. Il cortile del Cavallo bianco o "degli addii".

FONTÀNA (Lúcio), *Rosario, Argentina, 1899 - Comabbio 1968*, pittore, scultore e teorico dell'arte. Dopo aver aderito, a Parigi, al movimento Abstraction-Création, nel 1947 fondò a Milano lo *spazialismo*, nel cui ambito realizzò gli *Ambienti* (negli anni del dopoguerra) e, dagli anni '50 del secolo scorso, la serie intitolata **Concetto spaziale* (tele e sculture monocrome di vari materiali perforate, lacerate, tagliate).

FONTANARÒSSA, aeroporto civile di Catania.

FONTANE (Theodor), *Neuruppin, Brandeburgo, 1819 - Berlino 1898*, scrittore tedesco. Nei suoi romanzi tratta i problemi sociali con tono ironico (*Jenny Treibel*).

FONTANÈLLA (Giròlamo), *Reggio nell'Emilia 1612 ca. - Napoli 1644*, poeta. Marinista, compose tre volumi di rime: *Ode* (1633), *I nove cieli* (1640), *Elegie* (1643).

FONTANÉSI (António), *Reggio nell'Emilia 1818 - Torino 1882*, pittore e incisore. Amico di C. Corot e studioso dei paesaggisti inglesi, dipinse soprattutto vedute impiegando la tecnica del chiaroscuro. Tra le opere, *Mattino* (1855-1860), *Tramonto sull'Arno* (1867), *Aprile* (1873).

FONT-DE-GAUME, località della Francia (Dordogne). Grotta con pitture e graffiti del Magdaleniano superiore.

FÓNTE AVELLÀNA, località delle Marche, nel com. di Serra Sant'Abbondio (Pesaro-Urbino). Vi ha sede un eremo (X sec.), posto alle pendici del Monte Catria. La chiesa ha subito ampliamenti in stile romanico nel XII-XIII sec.

FONTENELLE (Bernard **Le Bovier de**), *Rouen 1657 - Parigi 1757*, scrittore francese. Nipote di Corneille, deve la sua fama a trattati di divulgazione scientifica, che anticipano le tendenze illuministiche (*Conversazioni sulla pluralità dei mondi*).

FONTENOY (battaglia di) (11 mag. 1745), battaglia della guerra di successione austriaca combattuta a F. (Belgio), in cui i francesi sconfissero le truppe anglo-olandesi, creando così le condizioni per la conquista dei Paesi Bassi.

FONTEYN (Margaret **Hookham**, detta Margot), *Reigate, Surrey, 1919 - Panamá 1991*, ballerina britannica. Ha portato sulla scena gran parte delle opere che F. Ashton ha composto per lei (*Symphonic Variations*, 1946; *Ondine*, 1958) ed è stata una formidabile interprete del repertorio classico (*Giselle*, *La bella addormentata*, *Il lago dei cigni*).

FONVIZIN (Denis Ivanovič), *Mosca 1745 - San Pietroburgo 1792*, commediografo russo. Rinnovò il teatro russo (*Il minorenne*, 1782).

FOOTIT (Tudor Hall, detto George), *Manchester 1864 - Parigi 1921*, artista circense e attore di origine britannica. Celebre clown che, in coppia con **Rafael Padilla**, detto **Chocolat** (*L'Havana 1868 - Bordeaux 1917*), introdusse la distinzione tra clown e augusto.

FÒPPA (Vincènzo), *Brescia 1427 ca. - 1515 ca.*, pittore. Nelle sue opere fornì una personale interpretazione del Rinascimento lombardo, di cui fu tra i primi esponenti, in senso naturalista e poetico (affreschi di S. Eustorgio, Milano, 1467 ca.).

FORAIN (Jean-Louis), *Reims 1852 - Parigi 1931*, pittore, disegnatore e incisore francese. Realizzò disegni satirici mordaci e dal tratto preciso.

FORCELLÌNI (Egìdio), *Capo sul Piave 1688-1768*, filologo. Scrisse il *Lexicon totius latinitatis* (postumo, 1771), pubblicato in varie edizioni, che divenne un punto di riferimento fondamentale della lessicografia latina.

FÓRCHE CAUDÌNE → Caudine (Forche).

FORD (Ford Hermann **Hueffer**, detto F. Madox), *Merton 1873 - Deauville 1939*, scrittore britannico. Fondò le riviste *The English Review* (1908) e *The Transatlantic Review* (1924), che pubblicarono i lavori di molti giovani autori dell'epoca. Tra le opere, *La buona regina* (1904-1906), *Il buon soldato* (1915), *Fine della parata* (4 voll., 1924-1928).

FORD (Gerald), *Omaha 1913*, politico statunitense. Repubblicano, ha rivestito la carica di presidente degli Stati Uniti dopo le dimissioni di R. Nixon (1974-1977).

FORD (Harrison), *Chicago 1942*, attore cinematografico statunitense. Interprete del cinema di avventura sotto la direzione di S. Spielberg (i tre film della serie che ha per protagonista *Indiana Jones*, dal 1981 al 1989), ha dimostrato grande versatilità

recitando con molti altri registi: tra le pellicole, *Guerre stellari* (1977), *Blade Runner* (1982), *Sabrina* (1995), *K-19: The Widowmaker* (2002).

FORD (Henry), *Wayne County, presso Dearborn, 1863 - Dearborn 1947*, industriale statunitense. Pioniere dell'industria automobilistica statunitense, introdusse la produzione in serie e la standardizzazione dei componenti di uno stesso insieme. Concesse ai suoi operai salari insolitamente alti per l'epoca ed elaborò un metodo di organizzazione industriale detto "fordismo".

■ Henry Ford.

FORD (John), *Ilsington, Devon, 1586 - Devon dopo il 1639*, drammaturgo inglese. Autore di tragedie, tra i più originali epigoni del teatro elisabettiano (*Peccato che sia una sgualdrina*, *Il cuore infranto*).

FORD (Sean Aloysius **O'Feeney** o **O'Fearna**, detto John), *Cape Elizabeth, Maine, 1895 - Palm Desert, California, 1973*, regista cinematografico statunitense. Ha realizzato oltre cento film, in gran parte western, in cui ha esaltato l'eroismo e la nobiltà degli umili (*Ombre rosse* (1939), *Furore* (1940), *Il sole splende alto* (1953), *La conquista del west* (1962).

John **FORD**. Ombre rosse *(1939)*.

FORD MOTOR COMPANY, società statunitense di automobili. Fondata nel 1903 da Henry Ford, nel 1908 produsse 15 milioni di esemplari del celebre modello "T".

FOREIGN OFFICE, ministero degli esteri britannico.

FOREMAN (George), *Marshall 1949*, pugile statunitense. Campione olimpico dei pesi massimi a Città del Messico nel 1968, fu campione mondiale negli anni 1973-1974. Nel 1974 fu sconfitto in uno storico incontro da Muhammad Alì (Cassius Clay), cui dovette cedere la corona.

FORÈSTA NÉRA → Selva Nera.

FORÈSTA ÙMBRA, parco naturale situato sul promontorio del Gargano, in Puglia. Si estende su una superficie di 10.500 ha ca. e ospita numerose specie vegetali (faggi, abeti, aceri, macchia mediterranea) e animali (daini, cervi).

FORÈSTE CASENTINÉSI, parco nazionale situato sull'Appennino Tosco-Emiliano, tra le prov. di Cesena, Forlì, Arezzo e Firenze. Istituito nel 1993, copre un'area di 36.400 ha ca. Di notevole interesse i boschi, ricchi di flora e fauna.

FORLÀNI (Arnàldo), *Pesaro 1925*, politico. Segretario della DC (1969-1973 e 1989-1992) e suo presidente (1980-1982), è stato presidente del consiglio (1980-1981) e più volte ministro. Inquisito per finanziamento illecito ai partiti, si è ritirato dalla politica nel 1993.

FORLANÌNI (Càrlo), *Milano 1847 - Nervi 1918*, medico. Nel 1882 introdusse lo pneumotorace artificiale nella cura della tubercolosi polmonare. Compì anche numerosi studi sull'enfisema polmonare.

FORLANÌNI (Enrico), *Milano 1848-1930*, ingegnere. Nel 1877 costruì un elicottero con due eliche azionate da un motore a vapore, che si sollevò fino a 13 m da terra. In seguito progettò dirigibili di tipo semirigido (*Leonardo da Vinci*, 1909; *Città di Milano*, 1913).

FORLÌ, c. dell'Emilia-Romagna, capol. della prov. di F.-Cesena; 107.475 ab. (*forlivesi*). Situata lungo la via Emilia, è mercato agricolo e sede di industrie alimentari, meccaniche, tessili. — Fondata dai romani nel II sec. a.C. con il nome di *Forum Livii*, fu in seguito libero comune e signoria degli Ordelaffi. Palazzo del Podestà, chiesa di S. Mercuriale (XII-XIII sec.), duomo di S. Croce (XII sec.). — La provincia comprende parte della Romagna, dal Mare Adriatico all'Appennino Tosco-Emiliano. Le sue principali risorse sono l'agricoltura (cereali, vite, frutta, barbabietole), le industrie (soprattutto alimentari) e il turismo balneare (Cesenatico).

FORMÀGGIO (Dino), *Milano 1914*, filosofo. Ha studiato la teoria e la prassi dell'arte, occupandosi anche del suo rapporto con la società e le scienze umane. Tra le opere, *Fenomenologia della tecnica artistica* (1953), *I giorni dell'arte* (1991), *Problemi di estetica* (1991).

FORMAN (Miloš), *Čáslav 1932*, regista cinematografico ceco naturalizzato statunitense. Ha cominciato la sua carriera in Cecoslovacchia (*L'asso di picche*, 1963; *Gli amori di una bionda*, 1965), ma lavora soprattutto negli Stati Uniti (*Taking off*, 1971; *Qualcuno volò sul nido del cuculo*, 1975; *Amadeus*, 1984; *Larry Flynt, oltre lo scandalo*, 1996; *Man on the Moon*, 2000). I suoi film sono un felice connubio di toni malinconici e ironici.

FORMA URBIS, pianta di Roma antica incisa su marmo all'epoca di Settimio Severo, tra il 205 e il 208. Di grandi dimensioni (13×18 m), in origine era esposta nel Forum Pacis, poi trasformato nella chiesa dei SS. Cosma e Damiano.

FORMENTERA, isola delle Baleari, a S di Ibiza.

FÒRME ÙNICHE NELLA CONTINUITÀ DELLO SPÀZIO, scultura di U. Boccioni (1913, Museum of Modern Art, New York). Scolpita in bronzo, l'opera è una delle più emblematiche del futurismo.

FÒRMIA, com. in prov. di Latina, sul Golfo di Gaeta; 36.702 ab. Agricoltura (agrumi, ortaggi, uva). Industrie alimentari, meccaniche e chimiche. Turismo balneare. Resti di alcune ville romane, di un anfiteatro e di un tempio.

FORMÌCA, isolotto dell'arcipelago delle Egadi, appartenente al com. di Favignana.

FORMÌGGINI (Àngelo Fortunàto), *Collegara 1878 - Modena 1938*, editore. Nel 1908 fondò a Bologna l'omonima casa editrice, in seguito trasferitasi a Genova (1911) e poi a Roma (1916). Creò le celebri collane, tra cui i "Profili" e i "Classici del ridere", e nel 1918 fondò la rivista *L'Italia che scrive*. Ebreo di nascita, si uccise in un estremo gesto di protesta contro le leggi razziali varate dal fascismo.

FORMÌGINE, com. in prov. di Modena, alla destra del f. Secchia; 29.275 ab. Agricoltura (cereali, foraggi, uva, frutta). Allevamento. Industrie alimentari, meccaniche, tessili. Rocca trecentesca.

FORMOSA → Taiwan.

FORMÓSO, *Ostia 816 ca. - Roma 896*, papa. Arcivescovo di Porto dall'864, svolse varie missioni diplomatiche. Eletto pontefice nell'891, condusse una politica intransigente verso la Chiesa orient. Incoronò imperatore Lamberto di Spoleto (892) e in seguito Arnolfo di Carinzia (896). Un anno dopo la morte, Lamberto, con l'appoggio di papa Stefano VI, ne fece riesumare il cadavere e ordinò che fosse gettato nel Tevere.

FORNÀRI (Frànco), *Rivergaro 1921 - Milano 1985*, psicoanalista. Allievo di C. Musatti, ha sviluppato un'interpretazione semiotica della psicoanalisi, concentrandosi sul ruolo del linguaggio. Tra le opere, *Simbolo e codice* (1976), *I fondamenti di una teoria psicoanalitica del linguaggio* (1979), *Il codice vivente* (1981).

FORNÒVO (battaglia di) (lug. 1495), battaglia combattuta nei pressi dell'att. com. in prov. di Parma. Si affrontarono le truppe di Carlo VIII e l'esercito della lega antifrancese capeggiata da Francesco I Gonzaga.

FORNÒVO DI TÀRO, com. in prov. di Parma, sulla destra del f. Taro; 6003 ab. Agricoltura (cereali, uva). Allevamento. Industrie petrolchimiche, meccaniche e alimentari. Parrocchiale romanica (XI sec.).

FÖROYAR, in dan. **Fær Øer**, arcipelago danese, a N della Scozia; 45.349 ab.; capol. *Thorshavn*. Pesca. — Ha conquistato l'autonomia nel 1948.

FORRESTER (Maureen), *Montreal 1930*, contralto canadese. Dotata di una voce molto duttile e di uno stile personale, si è distinta nel *Lied* (G. Mahler) e nell'opera (spaziando da C. Monteverdi a G.C. Menotti).

FORSTER (Edward Morgan), *Londra 1879 - Coventry 1970*, romanziere e saggista britannico. La sua produzione letteraria è incentrata sul contrasto tra gli elementi spontanei e naturali dell'esistenza e il conformismo legato alle convenzioni sociali. *Passaggio in India* (1924), considerato il suo capolavoro, dà un'efficace rappresentazione del difficile incontro tra cultura inglese e indiana. Tra le altre opere, *Monteriano* (1905), *Camera con vista* (1908), *Casa Howard* (1910), *Maurice* (postumo, 1971).

FORSYTH (Frederick), *Ashfort 1938*, giornalista e scrittore britannico. Corrispondente dell'agenzia Reuters e della BBC negli anni '60 del secolo scorso, si è in seguito affermato come autore di romanzi polizieschi di grande successo. Tra le opere, *Il giorno dello sciacallo* (1971), *Dossier Odessa* (1972), *I mastini della guerra* (1974), *Il quarto protocollo* (1984), *Il simulatore* (1991), *Icona* (1996), *Il veterano e altre storie* (2001), *Il vendicatore* (2003).

FORSYTHE (William), *New York 1949*, coreografo statunitense. Direttore del Balletto di Francoforte dal 1984, lavora anche per altre compagnie prestigiose. Basandosi sul linguaggio della danza classica, esplora i limiti del movimento corporeo, talvolta in modo provocatorio (*Artifact*, 1984; *Impressing the Czar*, 1988; *Limb's Theorem*, 1990; *Pas./Parts*, 1999; *One Flat Thing*, 2000).

FORT (Paul), *Reims 1872 - Argenlieu 1960*, poeta francese. Le sue *Ballate francesi*, dalla struttura semplice e dai toni familiari, sono un inno alla gioia di vivere.

FORTALEZA, c. del Brasile, cap. dello Stato di Ceará; 2.138.234 ab. Porto.

FORT-DE-FRANCE, capol. della Martinica; 94.778 ab. Museo dipartimentale (antiche culture degli aruachi e dei caribi).

FÒRTE DEI MÀRMI, com. in prov. di Lucca, sulla costa della Versilia; 8620 ab. Pesca, turismo balneare. Il nome deriva dal forte fatto erigere dal granduca di Toscana Leopoldo I nel 1788.

FORT-GOURAUD → F'DERICK.

FORTH, f. della Gran Bretagna (Scozia), che sfocia nel Firth di F. (Mare del Nord); 186 km.

FORTÌNI (Frànco **Làttes**, detto Frànco), *Firenze 1917 - Milano 1994*, poeta e critico letterario. Autore di numerosi saggi e opere poetiche, si è cimentato anche con la narrativa. Tra le opere, *Una volta per sempre* (1978), *Paesaggio con serpente* (1984).

FORTÌNI (Piètro), *Siena 1500 ca. - Monaciano 1562*, scrittore. Autore dialettale, di gusto boccaccesco, lasciò due raccolte di novelle: *Le giornate delle novelle de' novizi* e *Le piacevoli e amorose notti de' novizi*.

FÒRTIS (Albèrto), *Padova 1741 - Bologna 1803*, naturalista e letterato. Illuminista, scrisse numerosi resoconti dei suoi viaggi di studio, tra cui *Viaggio in Dalmazia* (1774).

FÒRTIS (Alessàndro), *Forlì 1842 - Roma 1909*, politico. Garibaldino e mazziniano, partì da posizioni repubblicane per poi avvicinarsi a G. Giolitti. Fu presidente del consiglio nel 1905.

FÒRTIS (Leóne), *Trieste 1824 - Roma 1896*, giornalista e patriota. Combatté nella prima guerra di indipendenza e prese parte alla Repubblica Romana. Fondò il *Corriere di Venezia* (1866) e la *Nuova Roma* (1870). Fu anche drammaturgo e musicologo.

FORT-LAMY → N'DJAMENA.

FORT LAUDERDALE, c. degli Stati Uniti (Florida), a N di Miami, sull'Atlantico; 152.397 ab.

FORT MCMURRAY, c. del Canada (Alberta); 35.213 ab. Trattamento delle sabbie bituminose.

FORTÓRE, f. della Puglia; 86 km. Nasce dal versante adriatico dell'Appennino Sannita e segna per un tratto il confine con il Molise, dove alimenta il lago artificiale di Occhito, prima di sfociare nel Mar Adriatico.

FORTÙNA MITOL. ROM. Dea del destino.

FORTUNÀTE (Ìsole), ant. nome delle Canarie.

FORTUNÀTO (Giustìno), nome di due politici.
— **Giustino F.**, *Rionero in Vulture 1777 - Napoli 1862*. Pur avendo partecipato alle vicende della Repubblica Partenopea, dopo la restaurazione conservò importanti cariche istituzionali, fino a essere presidente del consiglio (1849-1852).
— **Giustino F.**, *Rionero in Vulture 1848 - Napoli 1932*. Nipote del precedente, fu convinto liberale e antifascista. Si dedicò alla questione merid., sulla quale scrisse numerosi saggi.

FORTUNÀTO (Venànzio) → VENANZIO FORTUNATO.

FORTUNÀTO (Valentìna), *Milano 1928*, attrice teatrale. Interprete di un vasto repertorio, dalla commedia dell'arte a L. Pirandello, da W. Shakespeare ad A. Camus, ha fondato nel 1955 la Compagnia degli Associati.

FORT WAYNE, c. degli Stati Uniti (Indiana); 205.727 ab.

FORT WORTH, c. degli Stati Uniti (Texas), presso Dallas; 534.694 ab. Industrie aeronautiche. — Musei.

FÒRZA ITÀLIA, partito politico di centro-destra fondato da S. Berlusconi nel 1993. Nel 1994 ha guidando una coalizione alla vittoria delle elezioni. Con la crisi e la conseguente caduta del governo nello stesso anno, è passato all'opposizione, per poi ritornare al governo con la Casa delle *Libertà* nel 2001.

FORZÀNO (Giovacchino), *Borgo San Lorenzo 1884 - Roma 1970*, commediografo e librettista. Oltre a svolgere attività teatrale, scrisse libretti d'opera per G. Puccini, P. Mascagni e altri compositori.

FÓSCARI (Francésco), *Venezia 1373-1457*, doge di Venezia. Doge dal 1423, conquistò Bergamo strappandola ai Visconti (1427-1428). La rivalità interna con i Loredan valse al figlio Jacopo l'accusa di tradimento e l'esilio e portò alla sua deposizione da parte del Consiglio dei dieci.

FOSCARÌNI, famiglia veneziana di cui si ha notizia fin dall'XI sec. — **Ludovico F.**, *XV sec.* Fu podestà e diplomatico. — **Giacomo F.**, *1523-1602*. Capo della flotta veneziana, firmò la pace di Costantinopoli (1572). — **Michele F.**, *1632-1692*. Storiografo, scrisse *Historia della Repubblica Veneta*; fu anche governatore di Corfù (1664). — **Marco F.**, *1695-1763*. Fu doge (1762) e ambasciatore; scrisse inoltre il *Ragionamento politico sulla perfezione della Repubblica*.

FÓSCOLO (Ùgo), *Zante 1778 - Turnham Green, presso Londra, 1827*, scrittore, tragediografo, critico letterario. Dalla Grecia, sua patria di origine, nel 1792 si trasferì a Venezia dove aderì agli ideali repubblicani d'oltralpe. Nel 1797, in seguito al trattato di Campoformio, fu costretto a spostarsi in varie città, tra cui Milano, Bologna (dove portò a termine la prima stesura del romanzo epistolare *Le *ultime lettere di Jacopo Ortis*) e Firenze, continuando la sua attività letteraria e giornalistica. Dopo essersi arruolato e schierato dapprima con la coalizione napoleonica e poi, nel 1804, a fianco di Napoleone, alla caduta del regno d'Italia si ritirò, esule volontario, in Svizzera (1815) e a Londra (1816), dove si dedicò in part. alla critica letteraria (*Saggi sul Petrarca*, 1821). D'indole tipicamente romantica, nelle sue opere riuscì a tradurre i tumulti interiori in forme misurate, di classicheggiante armonia (alcuni dei famosi *Sonetti*: *A Zacinto*, *Alla Musa*, *In morte del fratello Giovanni*, 1797-1803), attraversando una fase di cupa meditazione (il carme *Dei sepolcri*, 1807) per poi ritrovare la serenità nella contemplazione della bellezza (il poema *Le Grazie*, 1848).

FOSHAN, c. della Cina (Guangdong); 429.410 ab. Tempio risalente al X sec.

FOSSACÈSIA, com. in prov. di Chieti; 5209 ab. Chiesa di S. Giovanni in Venere (VIII sec.) in stile gotico-cisterciense.

FOSSÀNO, com. in prov. di Cuneo; 23.828 ab. Centro agricolo e industriale. Antico borgo medievale: castello dei principi d'Acaia e casa comunale, entrambi del XIV sec.

FOSSANÒVA, frazione del com. di Priverno, in prov. di Latina. L'abbazia benedettina (IX sec.),

donata ai cistercensi nel 1135, fu affiancata dalla chiesa di S. Maria e S. Stefano. Qui morì Tommaso d'Aquino.

FOSSÀTI (Ivàno), *Genova 1951*, cantautore. Ha raggiunto il successo nel 1979 con *La mia banda suona il rock*, elaborando negli anni uno stile personale e meditato e scrivendo anche per altri artisti. Tra i suoi album, *Discanto* (1990), *Lindbergh* (1992), *Anime salve* (con F. De André, 1996), *Lampo viaggiatore* (2003).

FOSSE (Robert Louis, detto Bob), *Chicago 1927 - Washington 1987*, ballerino, coreografo e regista cinematografico statunitense. Specialista di tip tap e danza jazz, conquistò il successo con commedie musicali per Broadway, da cui trasse celebri film (*Sweet Charity, una ragazza che voleva essere amata, Cabaret, Lenny, All that Jazz*).

FÒSSE ARDEATÌNE → ARDEATINE (Fosse).

FÒSSOLI, frazione del com. di Carpi, in prov. di Modena. Vi fu istituito un campo di concentramento tedesco durante la seconda guerra mondiale.

FOSSOMBRÓNE, com. in prov. di Pesaro-Urbino; 9553 ab. Antico centro romano (*Forum Sempronii*), dominio malatestiano e poi dei Della Rovere, conserva importanti monumenti: Corte alta (XIII sec.), palazzo vescovile (XV sec.), palazzo comunale (XVI sec.).

FOSSOMBRÓNI (Vittòrio), *Arezzo 1754 - Firenze 1844*, politico e ingegnere idraulico. Curò la bonifica della Val di Chiana, delle Paludi Pontine e dell'Agro romano. Ministro degli esteri nel 1796 con Ferdinando III, fu primo ministro del granducato di Toscana dal 1815.

FOSTER (Alicia Christian, detta Jodie), *Los Angeles 1962*, attrice cinematografica statunitense. Esordì giovanissima in *Taxi Driver* (1976); ha vinto due premi Oscar come miglior attrice in *Sotto accusa* (1988) e *Il silenzio degli innocenti* (1991). Si è cimentata per la prima volta nella regia con *Il mio piccolo genio* (1991).

FOSTER (Harold), *Halifax, Nuova Scozia, 1892 - Spring Hill, Florida, 1982*, disegnatore e fumettista statunitense. Ha realizzato un *Tarzan* e la serie *Prince Valiant* (1937).

FOSTER (lord Norman), *Manchester 1935*, architetto britannico. Dalla fine degli anni '60 del secolo scorso ha realizzato numerosi edifici dall'architettura high tech sfruttando tecnologie avanzate (Sainsbury Centre for Visual Arts, Norwich, 1974-1978; Carré d'art, Nîmes, 1984-1993; aeroporto Chek Lap Kok, Hong Kong, 1992-1998; restauro del Reichstag, Berlino, 1995-1999; nuovo allestimento della Great Court del British Museum, Londra, 1997-2000).

FOUCAULT (Charles), *Strasburgo 1858 - Tamanrasset 1916*, missionario francese. Dopo aver abbandonato la carriera militare per prendere i voti (1901), si trasferì nel S dell'Algeria (1905), dove studiò la lingua dei tuareg. Fu ucciso da predoni senussi. Ha esercitato una grande influenza sulla spiritualità cristiana.

FOUCAULT (Léon), *Parigi 1819-1868*, fisico francese. Dimostrò il movimento di rotazione della Terra per mezzo del pendolo (1851). Scoprì le correnti indotte nelle masse metalliche (*correnti di F.*), determinò la velocità della luce in differenti ambienti (1850) e inventò il giroscopio (1852).

■ *Léon Foucault. (BNF, Parigi.)*

FOUCAULT (Michel), *Poitiers 1926 - Parigi 1984*, filosofo francese. La sua analisi delle istituzioni repressive (il manicomio, la prigione) prende le mosse da una nuova concezione della storia, mostrando uno spiccato interesse per l'epistemologia, e da una critica radicale delle scienze umane (*Le parole e le cose*, 1966).

■ *Michel Foucault nel 1977.*

FOUCHÉ (Joseph), dùca **d'Ò-tranto**, *Le Pellerin, presso Nantes, 1759 - Trieste 1820*, politico francese. Montagnardo, membro della Convenzione, represse brutalmente l'insurrezione di Lione (1793), promosse una politica antireligiosa e caldeggiò l'azione rivoluzionaria. Fu ministro di polizia sotto il Direttorio, il Consolato e l'Impero (fino al 1810), poi durante i Cento giorni e la restaurazione (fino al 1816).

■ *Joseph Fouché ritratto da E.L. Dubufe. (Reggia di Versailles.)*

FOUJITA (Fujita **Tsuguharu**, detto), *Tokyo 1886 - Zurigo 1968*, pittore e incisore giapponese naturalizzato francese. Si è affermato a Parigi, dal 1915, con una pittura che concilia realismo e poesia, tecnica occ. e squisita raffinatezza, retaggio della tradizione orient.

FOUQUET (Jean), *Tours 1420 ca. - tra il 1478 e il 1481*, pittore francese. Accostatosi al Rinascimento italiano durante un soggiorno a Roma (1445 ca.), elaborò uno stile monumentale e ricco di sensibilità, nei dipinti e nelle miniature.

Jean **FOUQUET**. Étienne Chevalier con santo Stefano, *pannello sinistro del Dittico di Melun, 1452 ca. (Staatliche Museen, Berlino.)*

FOUQUET o **FOUCQUET** (Nicolas), viscónte **de Vaux**, *Parigi 1615 - Pinerolo 1680*, politico francese. Sovrintendente generale delle finanze (1653), fu mecenate di artisti e scrittori (Molière). J.B. Colbert (1664) lo fece arrestare e imprigionare nel castello di Pinerolo.

FOURIER (Charles), *Besançon 1772 - Parigi 1837*, teorico francese del socialismo. Immaginò un'organizzazione sociale fondata su piccole unità autonome, i **falansteri* [V. parte nomi comuni.], che descrisse in *Nuovo mondo industriale e societario* (1829) e, tra il 1832 e il 1849, attraverso la rivista *La réforme industrielle* ou *Le phalanstère* (poi *La phalange*).

■ *Charles Fourier ritratto da J. Gigoux. (Musée Granvelle, Besançon.)*

FOURIER (Joseph, barône), *Auxerre 1768 - Parigi 1830*, matematico francese. Studiando la propagazione del calore scoprì le serie trigonometriche dette *serie di F.*, potente strumento matematico utilizzato per studi di fisica.

FOURNAISE (Piton de la), vulcano attivo della zona sud-orient. dell'Isola della Réunion; 2631 m.

FOURNEAU (Ernest), *Biarritz 1872 - Parigi 1949*, farmacologo francese. Tra i pionieri della chemioterapia, è autore di studi sui sulfamidici e sugli antimalarici di sintesi.

FOURNIER (Pierre), *Parigi 1906 - Ginevra 1986*, violoncellista francese. Ha insegnato al Conservatorio di Parigi (1941-1949) ed è stato un sostenitore della musica contemporanea.

FOUTA-DJALON, massiccio della Guinea; 1515 m.

FOVEAUX (Strétto di), stretto della Nuova Zelanda, tra l'Isola del Sud e l'Isola Stewart.

FOWLER (William Alfred), *Pittsburgh 1911 - Pasadena 1995*, astrofisico statunitense. Ha studiato i processi che nelle stelle portano alla formazione di elementi chimici più pesanti dell'idrogeno (nucleosintesi stellare). (Premio Nobel per la fisica 1983.)

FOX (Charles), *Londra 1749 - Chiswick 1806*, politico britannico. Capo del partito whig e avversario di W. Pitt, tentò invano di giungere alla pace con Napoleone. Creò le condizioni per l'abolizione della tratta dei neri.

FOX (George), *Drayton 1624 - Londra 1691*, mistico inglese, fondatore della setta dei quaccheri (1652).

FOX QUESADA (Vicente), *Città del Messico 1942*, politico messicano. Leader dell'opposizione moderata al PRI (Partito rivoluzionario istituzionale), è presidente della repubblica dal 2000.

FOZ CÔA → CÔA (vallata del).

FÒZIO, *Costantinopoli 820 ca. - 895 ca.*, teologo ed erudito bizantino, patriarca di Costantinopoli (858-867, 877-886). Deposto da papa Niccolò I, a sua volta accusò il pontefice di eresia. Tale conflitto tra Roma e Costantinopoli fu all'origine dello scisma del 1054.

FRAATE, nome di più sovrani parti.

FRACASTÒRO (Giròlamo), *Verona 1478 - Incaffi 1553*, medico e letterato. Studiò le origini delle infezioni e scrisse importanti opere di patologia: *De contagione et contagiosis morbis* (1546), *Syphilis sive de morbo gallico* (1530).

FRACCARÒLI (Arnàldo), *Villa Bartolomea 1883 - Milano 1956*, giornalista e commediografo. Tra le opere, *La dolce vita* (1912), *Siamo tutti milanesi* (1952).

FRACCARÒLI (Giuséppe), *Valpolicella 1849 - Milano 1918*, filologo. Si dedicò soprattutto allo studio dei classici greci. Tra le opere, *L'irrazionale nella letteratura* (1900).

FRÀCCHIA (Umbèrto), *Lucca 1889 - Roma 1930*, scrittore e giornalista. Fondatore e direttore della *Fiera letteraria* (1925-1927), scrisse *Il perduto amore* (1921), *Angela* (1923).

FRÀCCI (Càrla), *Milano 1936*, ballerina. Artista di fama internazionale, ha lavorato soprattutto alla Scala di Milano, interpretando ruoli sia classici sia moderni. Dal 2002 è direttrice del corpo di ballo dell'Opera di Roma.

La ballerina Carla **FRACCI**.

FRA DIÀVOLO (Michèle **Pèzza**, detto), *Itri 1771 - Napoli 1806*, brigante. Guidò i briganti calabresi contro la Repubblica Partenopea. Sconfitto e catturato dai francesi, fu condannato a morte.

FRA DOLCÌNO → DOLCINO (fra).

FRAENKEL (Adolf Abraham), *Monaco 1891 - Gerusalemme 1965*, matematico israeliano di origine tedesca. Nel 1922 riformulò l'assiomatizzazione della teoria degli insiemi, proposta da E. Zermelo.

FRAGONARD (Jean Honoré), *Grasse 1732 - Parigi 1806*, pittore e illustratore francese. È autore di scene galanti (serie di *Progrès de l'amour*, coll. Frick, New York), scene di genere e ritratti in cui gli slanci pittorici si mescolano alla grazia del tocco. Uno dei suoi capolavori è la *Fête à Saint-Cloud* (Banque de France, Parigi).

— *Évariste F.*, *Grasse 1780 - Parigi 1850*, figlio di Jean Honoré, fu un pittore di stile troubadour.

Jean Honoré **FRAGONARD**.
Portrait d'un jeune artiste, *1769 ca. (Louvre, Parigi.)*

FRÀNCA CONTÈA, ant. prov. della Francia orient. Incorporata nella Lotaringia con il trattato di Verdun (843), la regione tornò sotto il regno di Borgogna nel 879. Divenuta contea nel corso dell'XI sec., fece parte del Sacro Romano Impero. Dalla fine del XV sec. fu contesa tra Francia e Sacro Romano Impero, poi passò nel 1556 alla Spagna e fu infine ceduta definitivamente alla Francia grazie al trattato di Nimega (1678). — Reg. della Francia; 16.202 km²; 1.117.059 ab.; capol. *Besançon*. Piccola regione che occupa la parte settentr. dei monti del Giura (allevamento, artigianato e turismo) e le pianure del bacino della Saône (allevamento bovino, colture e viti). Industrie automobilistiche e della lavorazione del legno. Centri principali: Besançon e la conurbazione Belfort-Montbéliard.

FRANCAVÌLLA AL MÀRE, com. in prov. di Chieti; 24.418 ab. Centro turistico, conserva l'antico borgo medievale e la cinta muraria.

FRANCAVÌLLA FONTÀNA, com. in prov. di Brindisi; 36.677 ab. Palazzo imperiale (XV-XVIII sec.). Duomo di matrice barocca.

FRANCE (Anatole François **Thibault**, detto Anatole), *Parigi 1844 - La Béchellerie 1924*, scrittore francese. I suoi romanzi (*Il delitto dell'accademico Sylvestre Bonnard*, 1881; *La rosticceria della regina Pedoca*, 1893; *Il giardino di Epicuro*, 1894; *Gli dei hanno sete*, 1912) sono pervasi di ironia e scetticismo. (Premio Nobel 1921.)

FRANCE (Île de), ant. nome dell'isola **Maurizio*.

FRANCÉSCA (Pièro délla) → PIERO DELLA FRANCESCA.

FRANCÉSCA DA RÌMINI → POLENTA (da).

FRANCÉSCA ROMÀNA (Franceschèlla **di Pàolo de Bùscis**, detta [sànta]), *Roma 1384-1440*, santa. Fondatrice della congregazione delle oblate benedettine di Monte Oliveto.

FRANCÉSCA SAVÈRIO CABRÌNI (sànta), *Sant'Angelo Lodigiano 1850 - Chicago 1917*. Fondatrice dell'istituto delle missionarie del Sacro Cuore. Nel 1889 si recò negli Stati Uniti per assistere gli emigrati italiani.

FRANCESCHÌNI (Baldassàrre) → VOLTERRANO (il).

FRANCÉSCO, nome di più sovrani

BRETAGNA

FRANCÉSCO I, *Vannes 1414 - Plaisance, presso Vannes, 1450*, duca di Bretagna (1442-1450). Sostenne Carlo VII nella sua lotta contro l'Inghilterra.

— **Francesco II**, *1435 - Couëron, presso Nantes, 1488*, duca di Bretagna (1458-1488). Partecipò dapprima alla Lega del bene pubblico contro Luigi XI, poi alla "guerra folle" contro Anna de Beaujeu.

FRANCIA

FRANCÉSCO I, *Cognac 1494 - Rambouillet 1547*, re di Francia (1515-1547), della dinastia dei Valois. Figlio di Carlo d'Orléans e di Luisa di Savoia, succedette al cugino Luigi XII. Continuò la linea politica espansionistica dei suoi predecessori, che lo portò a conquistare il ducato di Milano sconfiggendo gli svizzeri a Marignano (1515).

Tentò, senza successo, di farsi eleggere imperatore contro Carlo I di Spagna (il futuro Carlo V) e si impegnò nella lotta contro l'Austria, risoltasi in un insuccesso (pace di Madrid, 1526) in seguito alla sconfitta di Pavia (1525). Alleatosi poi con il papa Clemente VII, F. riprese la guerra contro Carlo V, ma, con il trattato di Cambrai (1529), dovette rinunciare alle pretese sull'Italia. Il conflitto con Carlo V si concluse con la pace di Crépy (1544), con la quale F. dovette cedere Savoia, Piemonte, Fiandre, Artois e regno di Napoli e ottenne la Borgogna. A corte, appoggiò le lettere e le arti, favorendo lo sviluppo del Rinascimento francese e accogliendo poeti e pittori (Leonardo da Vinci e gli italiani della scuola di *Fontainebleau*).

■ *Francesco I ritratto da J. Clouet. (Louvre, Parigi.)*
FRANCÉSCO II, *Fontainebleau 1544 - Orléans 1560*, re di Francia (1559-1560), della dinastia dei Valois. Primogenito di Enrico II e di Caterina de' Medici, marito di Maria I Stuart, nipote dei duchi di Guisa, subì l'influenza di questi ultimi, che perseguitarono i protestanti e repressero con violenza la congiura di Amboise (mar. 1560).

REGNO DELLE DUE SICILIE

FRANCÉSCO I, *Napoli 1777-1830*, re delle Due Sicilie (1825-1830). Represse severamente le rivolte liberali. — **Francesco II**, *Napoli 1836 - Arco 1894*, re delle Due Sicilie (1859-1860). Non riuscì a impedire ai Mille di G. Garibaldi di occupare la Sicilia (1860).

SACRO ROMANO IMPERO

FRANCÉSCO I DI ASBÙRGO-LORÈNA, *Nancy 1708 - Innsbruck 1765*, imperatore germanico (1745-1765), duca di Lorena con il nome di Francesco III (1729-1736), granduca di Toscana (1737-1765), fondatore della casa degli Asburgo-Lorena. Sposò Maria Teresa d'Austria nel 1736. — **Francesco II**, *Firenze 1768 - Vienna 1835*, imperatore germanico (1792-1806), poi imperatore ereditario d'Austria con il nome di Francesco I (1804-1835), della casa degli Asburgo-Lorena. Lottò senza successo contro la Rivoluzione francese e contro Napoleone I che, dopo la soppressione del Sacro Romano Impero (1806), lo ridusse al rango di imperatore d'Austria e al quale dovette accordare la mano della figlia Maria Luigia (1810). Consigliato da Metternich, partecipò nel 1813 alla coalizione antifrancese. Presidente della confederazione germanica (1815), represse i movimenti liberali in Germania e in Italia.

FRANCÉSCO DA BARBERÍNO (Francésco **di Nèri di Ranùccio**, detto), *Barberino val d'Elsa 1264 - Firenze 1348*, poeta. Scrisse versi in volgare: *Documenti d'amore* (1314) e *Reggimento e costumi di donna* (1318-1320).

FRANCÉSCO DA BÙTI, *Buti 1324 - Pisa 1406*, grammatico. Scrisse il *Commento sopra la Divina Commedia* (1395).

FRANCÉSCO DA MILÀNO (Francésco **Canòva**, detto), *Monza 1497 - Milano 1543*, liutista e compositore. Virtuoso, compose oltre 92 opere per liuto.

FRANCÉSCO BÒRGIA (sànto), *Gandia 1510 - Roma 1572*, gesuita di origine spagnola. Viceré di Catalogna, rimasto vedovo nel 1546, nel 1551 entrò a far parte della Compagnia di Gesù, di cui fu il terzo generale.

FRANCÉSCO D'ASSÍSI (sànto), *Assisi 1182 ca. - 1226*, santo e patrono d'Italia, fondatore dell'ordine dei francescani. Figlio di un ricco mercante, dopo una giovinezza spensierata, nel 1206 si convertì, rinunciò alle ricchezze e, circondatosi di discepoli, si consacrò totalmente alla povertà evangelica. Fondò così il primo nucleo dei frati minori (1209), ordine religioso riconosciuto ufficialmente nel 1223, al quale nel 1212 si aggiunse l'ordine femminile delle clarisse, la cui fondatrice fu Chiara d'Assisi. Dopo un viaggio in Marocco e in Egitto, per cercare di convertire i musulmani, tornò ad Assisi (1224) dove ricevette le stimmate. Malato, morì pochi anni dopo nell'eremo della Porziuncola, presso la sua città natale. — Il suo ideale di purezza e di gioia evangelica si espresse nel *Cantico di frate sole* o *Cantico delle creature*, uno dei primi testi della letteratura italiana in volgare. — Dopo la sua morte, la leggenda fu mantenuta in vita nei *Fioretti* (raccolta di fatti e racconti sulla vita del santo) e negli affreschi di grandi artisti (Giotto, Cimabue).

FRANCESCO D'ASSISI.
Parte di una pala di Giotto. (Louvre, Parigi.)

FRANCÉSCO DI GIÓRGIO MARTÍNI, *Siena 1439-1501*, architetto, pittore e scultore. Dopo gli esordi come pittore e scultore a Siena, Napoli e Milano, si dedicò a importanti realizzazioni architettoniche, soprattutto durante il soggiorno (1477-1489) presso la corte di Federico da Montefeltro, a Urbino, dove lavorò al Palazzo Ducale e attuò un piano di ristrutturazione territoriale. Nel 1489 rientrò a Siena in qualità di architetto ufficiale della città e nel 1490 fu chiamato come consulente in Lombardia, dove, insieme a Leonardo, lavorò al duomo di Pavia. Altre opere: la chiesa della Madonna al Calcinaio presso Cortona (1784-1785); il progetto del Palazzo Comunale a Jesi (1486-1498); pale d'altare per il duomo di Siena (1472-1475).

FRANCÉSCO DI PÀOLA (sànto), *Paola 1416 - Plessis-lez-Tours 1507*, religioso, fondatore dell'ordine dei minimi. Nel 1482, Luigi XI lo invitò in Francia nella speranza che le sue doti taumaturgiche gli prolungassero la vita.

FRANCÉSCO DI SALES (sànto), *Sales 1567 - Lione 1622*, prelato e teologo francese. Vescovo di Genève-Annecy (1602), tentò di promuovere il rinnovamento spirituale dei cattolici nello spirito della Controriforma. Con santa Giovanna di Chantal, fondò l'ordine della Visitazione della Signora. È autore dell'*Introduzione alla vita devota* (1609) e del *Trattato dell'amor di Dio* (1616).

FRANCÉSCO FERDINÀNDO D'ASBÙRGO, *Graz 1863 - Sarajevo 1914*, arciduca d'Austria. Nipote dell'imperatore Francesco Giuseppe, erede al trono dal 1889. Il suo assassinio, a Sarajevo, il 28 giu. 1914, scatenò la prima guerra mondiale.

FRANCÉSCO GIUSÈPPE I, *Schönbrunn 1830 - Vienna 1916*, imperatore d'Austria (1848-1916) e re d'Ungheria (1867-1916), della dinastia degli Asburgo. Nipote e successore di Ferdinando I, impose inizialmente un regime autoritario appoggiato dall'esercito, ma la perdita della Lombardia (1859) lo spinse a una politica più liberale. In guerra contro la Prussia (1866), sconfitto a Sadowa, accettò il compromesso austro-ungarico (1867) che equiparava l'Ungheria all'Austria, ma non riuscì a sedare le spinte nazionaliste ungheresi. Si alleò con gli imperatori di Russia e di Germania (1873), concluse con la Germania la Duplice Alleanza (1879) e annetté al regno la Bosnia-Erzegovina (1908). Nel 1914 dichiarò guerra alla Serbia, scatenando così la prima guerra mondiale.

■ *Francesco Giuseppe I ritratto da H. Wassmuth. (Hofburg, Vienna.)*

FRANCÉSCO-GIUSÈPPE (Tèrra di), arcipelago russo nel Mar Glaciale Artico, a E delle Svalbard.

FRANCÉSCO MARÍA DÉLLA RÓVERE → DELLA ROVERE.

FRANCÉSCO SAVÈRIO (Francisco **de Jaso**, detto [sànto]), *Javier, Navarra, 1506 - Cina 1552*, gesuita e missionario spagnolo. Uno dei primi membri della Compagnia di Gesù, evangelizzò l'India portoghese e il Giappone.

■ *San Francesco Saverio. (Museo di Kobe.)*

FRANCEVILLE o **MASUKU**, c. del Gabon sud-orient.; 31.183 ab.

FRANCHÉTTI (Albèrto), *Torino 1860 - Viareggio 1942*, compositore. Tra le opere, *Cristoforo Colombo* (1892), *Germania* (1902).

FRANCHÉTTI (Leopòldo), *Firenze 1847 - Roma 1917*, politico. Studioso della questione merid. (in part. della Sicilia) e del colonialismo, pubblicò insieme a S. Sonnino alcune inchieste sul Mezzogiorno e fondò la rivista *Rassegna settimanale* (1876). Fu deputato (1882) e senatore (1909).

FRÀNCHI, popolazione germanica che diede nome alla Francia. Stabilitisi nel corso del III sec. sul Reno inferiore, i f. parteciparono alle incursioni barbariche nella Gallia romana. Erano divisi in due grandi gruppi: i f. salii, che si stanziarono nell'att. Brabante nel 358, al servizio dei romani; i f. del Reno, che vivevano sulle rive del Reno e della Mosella (ai quali per molto tempo fu attribuito erroneamente il nome di f. ripuarii). I f., riunificati da Clodoveo, conquistarono la Gallia nel corso del V-VI sec. e la governarono (Merovingi e successivamente Carolingi).

FRÀNCHI (Francésco **Benenàto**, detto Frànco), *Palermo 1922 - Roma 1992*, attore cinematografico. Insieme a C. Ingrassia ha dato vita a una delle coppie comiche più popolari, attiva sia nel cinema (moltissimi film a carattere parodistico) sia in televisione.

FRANCHÌNA (Níno), *Palmanova 1912 - Roma 1987*, scultore. Membro dal 1947 del Fronte nuovo delle arti, approdò poi a posizioni astrattiste, evidenti nelle forme geometriche delle sue opere: *Spoleto* (1962), *La grande Araldica* (1982).

FRÀNCIA, Stato dell'Europa occ.; 549.000 km^2; 60.186.184 ab. (*francesi*). CAP. *Parigi*. C. PRINC. *Marsiglia* e *Lione*. LINGUA: *francese*. MONETA: *euro*. [V. carta a pagina seguente.]

ISTITUZIONI – Repubblica presidenziale con Costituzione del 1958. Il presidente della repubblica, eletto ogni 5 anni a suffragio universale diretto, nomina il primo ministro e, su proposta di questi, i membri del governo. Il potere legislativo è detenuto dal parlamento, composto da assemblea nazionale (eletta ogni 5 anni a suffragio diretto) e senato (eletto ogni 9 anni con rinnovo triennale per suffragio indiretto). Il governo è responsabile dinanzi all'assemblea nazionale.

GEOGRAFIA – La F. è oggi una media potenza, che conta solo l'1% della popolazione mondiale. Ciononostante fa parte del G7 ed esercita un notevole influsso politico e soprattutto culturale in ambito europeo, eredità di un passato glorioso. Il territorio è caratterizzato da estese pianure e bassopiani (oltre i due terzi della superficie del paese non raggiungono quota 250 m); i rilievi montuosi sono spesso bordati o incisi da vallate, vie di comunicazione importanti dove si addensa la popolazione. L'altitudine, la vicinanza dell'Atlantico e l'orografia spiegano la dominante oceanica del clima, caratterizzato da instabilità, deboli escursioni termiche e precipitazioni relativamente abbondanti e frequenti. La crescita demografica ha un ritmo lento (0,4% ca. all'anno), legato a un tasso di natalità molto ridotto (13‰ ca.). Un sesto dei francesi si concentra nell'agglomerato parigino. Poiché l'agricoltura oggi occupa soltanto il 4% della popolazione attiva e l'industria poco più del 25%, il settore dei servizi dà lavoro a più di due terzi dei francesi; ciononostante il paese resta di gran lunga la prima potenza agricola dell'Unione Europea. Nel quadro della globalizzazione degli scambi, l'industria ha conosciuto alterne vicende: i più penalizzati sono oggi i settori tradizionali, come quello tessile e metallurgico, mentre risentono meno della crisi quelli più avanzati, in part. le costruzioni meccaniche (automobile,

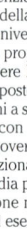

Francia

★ importante località turistica	⸺ autostrada e superstrada	▦ confine di regione
200 500 1000 2000 m	⸺ strada normale	**Tours** capoluogo di regione
	✈ aeroporto	Chartres capoluogo di dipartimento
	⸺ ferrovia	

- ● più di 1.000.000 di ab.
- ● da 500.000 a 1.000.000 di ab.
- ● da 100.000 a 500.000 di ab.
- • meno di 100.000 ab.

50 km

aeronautica) e i comparti elettrico e chimico; resiste anche il settore agroalimentare. La F. esporta il 20% ca. della produzione totale (di cui più della metà destinata ai partner europei), vendendo soprattutto prodotti industriali ed eccedenze agricole. Nonostante il debito pubblico, sulla bilancia commerciale incidono positivamente gli introiti del turismo. La disoccupazione rappresenta uno dei principali problemi.

STORIA – Le origini. I millennio a.C.: le prime testimonianze della presenza umana risalgono al Paleolitico inferiore, circa un milione di anni fa. I celti, il cui arrivo risale all'Età del ferro (I millennio a.C.), si sovrappongono a popolazioni preesistenti (liguri, iberi) fondando *oppida* e costruendo santuari. **58-51 a.C.**: Giulio Cesare conquista la Gallia vincendo la resistenza iniziale (Vercingetorige). Verso la metà del IV sec. iniziano le invasioni barbariche.

Il Medioevo. V sec.: le grandi invasioni segnano la fine della dominazione romana: mentre torme di vandali e visigoti attraversano il paese, l'avanzata degli unni viene arrestata ai Campi Catalaunici. I franchi di Clodoveo, capostipite della dinastia merovingia, s'impossessano della maggior parte del territorio. **511**: alla morte di Clodoveo si formano i tre regni d'Austrasia, Neustria e Borgogna, in lotta tra loro. **Metà del VII sec. - metà dell'VIII sec.**: Pipino di Heristal riunifica il regno franco sotto il suo scettro (687) e suo figlio, Carlo Martello, sconfigge gli arabi a Poitiers (732). **751**: Pipino il Breve depone l'ultimo sovrano merovingio fondando la dinastia carolingia. **768-814**: incoronato imperatore a Roma da Leone III (800), Carlo Magno, protettore del papato, crea un impero che si estende dall'Ebro all'Elba e promuove il rinnovamento culturale e artistico. **843**: in base al trattato di Verdun, l'impero è smembrato in tre regni. **843-987**: Carlo II il Calvo, primo re di Francia, e i suoi successori devono fronteggiare l'invasione vichinga in Normandia; nel frattempo si va affermando il regime feudale. **987**: Ugo Capeto fonda la dinastia capetingia. **XII sec.**: Luigi VI il Grosso e Luigi II il Giovane consolidano il loro potere a scapito dei signori feudali. **1180-1223**: Filippo Augusto conferisce carattere nazionale alla monarchia combattendo contro la coalizione formata da Inghilterra, Fiandre e Sacro Romano Impero (vittoria di Bouvines, 1214). **1285-1314**: Filippo IV il Bello rafforza l'apparato amministrativo e afferma la propria indipendenza rispetto al papato. **1328**: alla morte di Carlo IV il Bello la corona passa a un Valois, Filippo VI. **1337-1453**: la guerra dei Cent'anni vede i francesi schierati contro gli inglesi. La monarchia non può opporsi all'alleanza tra ducato di Borgogna e Inghilterra e quest'ultima, trionfatrice ad Azincourt (1415), s'impadronisce del paese in virtù del trattato di Troyes. Con l'aiuto di Giovanna d'Arco Carlo VII (1422-1461) scaccia gli invasori. **1461-1483**: Luigi XI trionfa sui feudatari e, grazie alla vittoria su Carlo il Temerario, acquisisce il ducato di Borgogna.

Dal Rinascimento all'Illuminismo. 1515: Carlo VIII porta la guerra in Italia. **1515-1547**: Francesco I, impadronitosi del ducato di Milano (Marignano, 1515), stipula accordi con il papa e gli ottomani contro gli Asburgo, ma non può evitare che questi si alleino con l'Inghilterra. Sul piano interno consolida la monarchia e favorisce la rinascita culturale e artistica. **1547-1589**: sotto Enrico II (1547-1589) l'affermazione del calvinismo provoca guerre di religione che culminano nel massacro della notte di San Bartolomeo (1572). **1589-1610**: estintasi la dinastia dei Valois alla morte di Enrico III, salgono al trono i Borbone con Enrico IV di Navarra, genero di Enrico II, il quale assicura la libertà di culto ai protestanti (editto di Nantes, 1598). **1610-1643**: con l'appoggio di Richelieu Luigi XIII sottomette nobili e protestanti. Creatore del primo impero coloniale (con l'annessione del Canada), trascina la Francia nella guerra dei Trent'anni. **1661-1715**: alla morte di Mazarino, Luigi XIV instaura la monarchia assoluta. La F. tocca il suo apogeo in politica estera, ma già la guerra di successione spagnola (1701-1714), che si conclude con la pace di Utrecht, ne ridimensiona la potenza. **1715-1774**: oltre che dalle difficoltà finanziarie, il regno di Luigi XV è segnato dalla guerra dei Sette anni, che porta alla perdita di gran parte dei possedimenti coloniali a vantaggio dell'Inghilterra (trattato di Parigi, 1763). L'Illuminismo mette in discussione tanto l'autorità della Chiesa quanto quella del re. **1774-1789**: Luigi XVI è impotente di fronte alla crisi economica e sociale; i riformatori (A.-R.-J. Turgot, J. Necker) si scagliano contro i privilegi nobiliari.

Dalla Rivoluzione all'impero napoleonico. 1789: convocati in maggio, in giugno gli Stati generali si proclamano Assemblea nazionale costituente. Il 14 lug., a Parigi, il popolo dà l'assalto alla Bastiglia, carcere di Stato, liberando i prigionieri: la presa della Bastiglia diviene il simbolo della vittoria del popolo sul potere del re. Aboliti privilegi e diritti feudali, in agosto viene emanata la Dichiarazione dei diritti dell'uomo; il clero si vede espropriato dei propri beni. **1791-1792**: l'Assemblea costituente viene sostituita prima dall'Assemblea legislativa, poi dalla Convenzione nazionale. La fuga del re a Varenne provoca la caduta della monarchia: il 21 sett. 1792 viene proclamata la Prima repubblica. **1793-1795**: dopo l'esecuzione di Luigi XVI, un governo rivoluzionario con a capo Maximilien de Robespierre instaura il Terrore. La caduta di M. Robespierre è seguita dalla reazione termidoriana e il Direttorio prende il posto della Convenzione. **1796-1799**: Napoleone Bonaparte esce vittorioso dalle campagne d'Italia (1796-1797) e d'Egitto. **1799**: tornato in Francia, assume il potere in qualità di primo console. **1799-1804**: N. Bonaparte pacifica il paese (Concordato, 1801) e pone così le basi di uno Stato forte e centralizzato (istituisce prefetture, corte d'appello, banca di Francia, codice civile ecc.). **1804-1814**: con il nome di Napoleone I, instaura un potere sempre più autoritario e costituisce un vasto impero. **1814**: alla sua abdicazione fa seguito la restaurazione dei Borbone. Luigi XVIII concede una carta costituzionale. **1815**: il ritorno di Napoleone, in marzo, segna l'inizio dei Cento giorni, che si concludono il 18 giu. con la disfatta di Waterloo. Il 22 giu. Napoleone abdica per la seconda volta e viene restaurata la monarchia borbonica.

La Restaurazione e la Seconda repubblica. 1815-1830: la Restaurazione porta sul trono prima Luigi XVIII, poi Carlo X. **1830-1848**: in seguito alla rivoluzione di luglio, diventa re di Francia Luigi Filippo d'Orléans. **1848-1851**: la Seconda repubblica, inizialmente basata su principi di fraternità e democrazia (suffragio universale, libertà di stampa e di riunione), ben presto ripiega su posizioni conservatrici, che favoriscono le ambizioni di Luigi Napoleone Bonaparte; quest'ultimo, eletto presidente nel 1848, tre anni dopo instaura un regime autoritario con un colpo di Stato.

Il Secondo impero. 1852-1870: diventato imperatore con il nome di Napoleone III (2 dic. 1852), Luigi Napoleone consolida il proprio potere; **1860**: in Italia, in cambio dell'appoggio fornito al Piemonte contro l'Austria (accordi di Plombières, 1858), ottiene Nizza e la Savoia. Il regime fa alcune concessioni al liberalismo.

La Terza repubblica. 1870: in seguito alla disfatta dell'impero con la guerra franco-prussiana, si giunge alla proclamazione della Terza repubblica. **1871**: viene eletta un'assemblea nazionale, a maggioranza monarchica. I preliminari di pace tolgono alla F. l'Alsazia e parte della Lorena. La Comune di Parigi (18 mar. - 28 mag.) viene soffocata nel sangue. **1879-1885**: mentre all'interno infuria la crisi economica, in Africa e in Asia riprende la conquista coloniale. **1914-1918**: schierata a fianco di Gran Bretagna e Russia, la F. esce vittoriosa ma profondamente indebolita dalla prima guerra mondiale; **1919**: grazie al trattato di Versailles ritorna in possesso di Alsazia e Lorena. **1929-1936**: vittoria elettorale del Fronte popolare costituito da socialisti, radicali e comunisti. **1936-1938**: Léon Blum, a capo dei due gabinetti del Fronte popolare, attua importanti riforme sociali. **1938-1939**: il governo Daladier tenta invano di allontanare la minaccia di un conflitto (patto di Monaco con la Germania nazista). **1939-1940**: inizia la seconda guerra mondiale: l'offensiva tedesca sul fronte occ. si conclude con l'occupazione della F.

Dall'occupazione alla Quarta repubblica. 1940: il 22 giu. viene firmato l'armistizio che lascia in mano ai tedeschi tre quinti del territorio (parte settentrionale, compresa Parigi), mentre a S il maresciallo Philippe Pétain instaura il regime filonazista di Vichy. **1942**: le truppe tedesche invadono la zona meridionale. **1944**: gli Alleati sbarcano in Normandia; si stabilisce a Parigi il governo provvisorio della repubblica francese, formatosi ad Algeri sotto la presidenza del generale Charles de Gaulle. **1946-1958**: la Quarta repubblica avvia il risanamento economico, favorito dagli aiuti americani (piano Marshall), e adotta un'importante legislazione sociale. **1951**: la F. aderisce alla CECA. Le guerre d'Indocina e d'Algeria, congiunte all'instabilità del governo, minano il sistema politico.

La Quinta repubblica. 1958: la crisi algerina riporta alla presidenza della repubblica C. de Gaulle: la Costituzione della cosiddetta Quinta repubblica consolida il potere dell'esecutivo. La F. diventa membro della CEE. Dopo la guerra d'Algeria (1954-1962) si ricostituisce una forte opposizione di sinistra. **1968**: in maggio scoppia una crisi che vede uniti sullo stesso fronte il movimento operaio e quello studentesco. **1969**: De Gaulle si dimette. **1969-1974**: Georges Pompidou, secondo presidente della Quinta repubblica, si pone come obiettivo prioritario l'espansione industriale e commerciale. **1974-1981**: nel 1974 è eletto presidente Valéry Giscard d'Estaing, che conduce una politica di apertura europea. **1981**: l'elezione di François Mitterrand alla presidenza della repubblica segna una svolta. La sinistra ritorna al potere e partecipano al governo anche ministri comunisti. Viene varato un programma di riforme (abolizione della pena di morte, regionalizzazione). **1986-1988**: la vittoria dell'opposizione alle elezioni legislative e regionali crea una situazione inedita nella storia della Quinta repubblica, la "coabitazione" di un presidente di sinistra con un primo ministro di destra (Jacques Chirac). **1988**: F. Mitterrand è rieletto alla presidenza della repubblica. **1991**: la F. si impegna militarmente nella guerra del Golfo. **1993-1995**: Edouard Balladur diventa primo ministro. **1995**: J. Chirac viene eletto presidente della repubblica. **1997**: il primo ministro Lionel Jospin forma un governo a maggioranza socialista. **1999**: la F. partecipa all'intervento militare nel Kosovo. **2002**: Chirac è rieletto presidente. La carica di primo ministro viene assunta da Jean-Pierre Raffarin (Democrazia liberale).

FRÀNCIA (campàgna di) (gen.-mar. 1814), operazione che, alla fine dell'Impero, vide Napoleone I opporsi agli eserciti coalizzati. L'ultima battaglia nei pressi di Parigi costrinse l'imperatore ad abdicare.

FRÀNCIA (Francésco **Raibolìni**, detto), *Bologna 1450 ca. - 1517*, pittore. Le sue opere, influenzate dall'arte fiorentina dell'epoca, sono caratterizzate da una grande eleganza e compostezza formale: *Pala Felicini* (1494), *Adorazione del Bambino* (1499).

FRANCIABÌGIO (Francésco **di Cristòforo**, detto), *Firenze 1482 ca. - 1525*, pittore. Influenzato da Pietro di Cosimo e Andrea del Sarto, combinò il classicismo fiorentino con elementi naturalistici. Tra le opere, *Sposalizio della Vergine* (1513), *Storie di san Giacomo* (1518).

FRANCIACÓRTA, reg. della Lombardia, in prov. di Brescia. È posta a S del Lago d'Iseo e compresa tra la pianura di Cellatica e il f. Oglio. Il centro principale è Rovato. Produzione del vino omonimo.

FRÀNCIA LÌBERA (La), nome dato al movimento creato nel 1940 dal generale C. de Gaulle. Inizialmente designava le forze volontarie che aderirono all'appello del giu. 1940, e in seguito fu allargato a tutte le truppe e a tutti i territori che proseguirono la guerra contro la Germania, nonostante l'armistizio. Nel 1942 il movimento fu ribattezzato "Francia combattente".

FRANCIS (James Bicheno), *Southleigh, Devon, 1815 - Lowell, Massachusetts, 1892*, ingegnere statunitense di origine britannica. Realizzò la turbina idraulica a reazione che porta il suo nome (1849).

FRANCIS (Sam), *San Mateo, California, 1923 - Santa Monica 1994*, pittore statunitense. Macchiaiolo, maestro nell'uso del colore e nella modulazione degli spazi, lavorò a Parigi negli anni '50 del secolo scorso.

FRANCK (César), *Liegi 1822 - Parigi 1890*, compositore e organista francese di origine belga. Attraverso l'utilizzo della forma ciclica, del cromatismo, di un'ampia melodia, rinnovò lo stile francese nel contesto dell'estetica germanica: *Preludio, corale e fuga*, per piano (1885), *Sonata per piano e violino* (1887), *Sinfonia in re minore* (1889), *Tre corali*, per organo (1890).

FRANCK (James), *Amburgo 1882 - Gottinga 1964*, fisico tedesco naturalizzato statunitense. Studiò l'eccitazione degli atomi e formulò una teoria della luminescenza introducendo la nozione di livello di energia. (Premio Nobel 1925.)

FRANCO (Francisco), *El Ferrol 1892 - Madrid 1975*, generale e politico spagnolo. Combatté dal 1921 al 1927 come comandante della legione straniera (*Tercio*) in Marocco e, nel 1936, guidò il movimento nazionalista alla morte del generale José Sanjurjo. Nominato capo del governo e "generalissimo", partecipò attivamente alla guerra civile (1936-1939). Proclamato *caudillo* e poi capo dello Stato, del governo e dell'esercito (1938), a guerra conclusa instaurò un regime dittatoriale. Sciolse le istituzioni nel 1966 e designò (1969) alla sua successione, con il titolo di re, don Juan Carlos di Borbone.

■ *Francisco Franco.*

FRANCO (Niccolò), *Benevento 1515 - Roma 1570*, letterato. Segretario di P. Aretino, entrò in polemica con lui e fu licenziato. Scrisse sonetti ed epigrammi feroci e ingiuriosi, che gli causarono una condanna dell'Inquisizione e l'impiccagione. Tra le opere, *Hisabella* (1535), *Pistole vulgari* (1538), *Il petrarchista* (1539).

FRANCO (Veronica), *Venezia 1546-1591*, poetessa e cortigiana. Celebre per la sua bellezza e intelligenza, fu apprezzata da molti politici e artisti dell'epoca. Processata e poi assolta dall'Inquisizione, si dedicò a opere di carità. Tra le opere, *Terze rime* (1575) e *Lettere familiari a diversi* (1580).

FRANCOFÒRTE o **FRANCOFÒRTE SUL MÈNO**, in ted. **Frankfurt am Main**, c. della Germania (Assia), sul Meno; 643.821 ab. Centro finanziario (Borsa, Bundesbank, Banca centrale europea) e industriale (industrie meccaniche di precisione, ottiche, chimiche, macchine agricole). Università. Importante aeroporto. Annuale fiera internazionale del libro.— Occupata dai romani, la città fu teatro dell'elezione e poi, a partire dal XII sec., dell'incoronazione dell'imperatore (1562-1792). Capitale della Confederazione del Reno (1806-1813) e della Confederazione germanica (1815-1866), fu annessa alla Prussia nel 1866. — Cattedrale del XIII-XV sec. e palazzi gotici restaurati. Numerosi e importanti musei, tra cui quello di Belle arti (Städelsches Kunstinstitut) e delle Arti decorative. Casa di J.W. Goethe.

FRANCOFÒRTE (scuòla di), scuola filosofica tedesca. A partire dal 1923 con M. Horkheimer e H. Marcuse, poi dal 1950 con T. Adorno e J. Habermas, tentò di riformulare una teoria marxista indipendente dai partiti politici, basata sulla teoria critica e sulla psicoanalisi.

FRANCOFÒRTE (trattato di) (10 mag. 1871), trattato firmato dalla Francia e dall'impero prussiano, con il quale si conclude la guerra francoprussiana. Con esso la Francia fu costretta a cedere alla Germania l'Alsazia e la parte nordorient. dell'altopiano della Lorena, e si impegnò al versamento di un'indennità di cinque miliardi di franchi.

FRANCOFÒRTE SULL'ODER, in ted. **Frankfurt an der Oder**, c. della Germania (Brandeburgo), sulla riva sinistra dell'Oder, al confine con la Polonia; 73.832 ab. Ant. città della lega anseatica. Musei.

FRANÇOIS (André **Farkas**, detto André), *Timişoara 1915*, pittore e illustratore francese di origine romena. Le sue vignette umoristiche, le illustrazioni e i manifesti creano un mondo ambiguamente beffardo, in cui l'immaginario si mescola al quotidiano.

FRANCÒNIA, in ted. **Franken**, reg. della Germania, la maggior parte della quale appartiene att. alla Baviera. La F. fu uno dei primi ducati del Sacro Romano Impero germanico.

FRÀNCO-PRUSSIÀNA (guèrra) (1870-1871), conflitto che vide la Prussia e tutto l'insieme degli Stati tedeschi schierati contro la Francia. Voluto da O. von Bismarck per realizzare l'unità tedesca in seguito alla guerra dei Ducati (1864) e a quella austro-prussiana (1866), fu scatenato dalla candidatura di un Hohenzollern al trono di Spagna. La guerra volse subito a svantaggio dei francesi, che si rivelarono inadeguati di fronte all'esercito prussiano, molto meglio organizzato e diretto da uno stato maggiore competente. La caduta del secondo impero francese giunse dopo una serie di sconfitte in Alsazia e in Lorena e la resa di Napoleone III a Sedan (2 sett. 1870). Gli sforzi del nuovo governo di difesa nazionale (L. Gambetta) non riuscirono, in seguito, a impedire le capitolazioni di Strasburgo, Metz e Parigi (28 gen. 1871). Il trattato di Francoforte (10 mag. 1871) sancì la vittoria dell'impero prussiano, proclamata a Versailles il 18 gen. 1871, e la sconfitta della Francia, che fu costretta a cedere l'Alsazia e parte della Lorena.

FRÀNCO-RÙSSA (alleànza), alleanza tra Francia e Russia, stipulata tra il 1891 e il 1894 e rimasta in vigore fino al 1917. La Francia otteneva così garanzie militari ai fini difensivi, mentre la Russia piazzava sul mercato francese i prestiti di Stato per finanziare la propria industrializzazione.

FRANGIÉ (Sulejman), *Zghorta 1910 - Beirut 1992*, politico libanese. Presidente della repubblica (1970-1976), ha appoggiato l'intervento siriano nel 1976.

FRANJU (Georges), *Fougères 1912 - Parigi 1987*, regista cinematografico francese. È autore di documentari (*Le sang des bêtes*, 1949) e di lungometraggi (*Occhi senza volto*, 1959; *Thérèse Desqueyroux*, 1962), in cui la violenza delle immagini si mescola al sogno.

FRANK (Anna), *Francoforte sul Meno 1929 - Bergen-Belsen 1945*, autrice del celebre *Diario*. Giovane ebrea tedesca emigrata con la famiglia nei Paesi Bassi nel 1933, lasciò in quest'opera, scritta tra il 1942 e il 1944, una testimonianza commovente sulla clandestinità sotto l'occupazione nazista.

FRANK (Robert), *Zurigo 1924*, fotografo e regista cinematografico statunitense di origine svizzera. Il suo sguardo soggettivo sulla banalità quotidiane, la prevalenza dei grigi e l'utilizzo del flou fanno di lui uno degli antesignani della fotografia contemporanea (*Les Américains*, 1958).

FRANKENHEIMER (John), *Malba 1930 - Los Angeles 2002*, regista cinematografico statunitense. Tra i film (1961), *Colpevole innocente* (1957), *L'uomo di Alcatraz* (1962), *Va' e uccidi* (1962), *Il treno* (1964), *I temerari* (1969), *Il braccio violento della legge n. 2* (1975), *La quarta guerra* (1990), *Ronin* (1998).

FRANKENSTEIN, personaggio dello scienziato pazzo, protagonista del romanzo horror di Mary Shelley *Frankenstein o il moderno Prometeo* (1818). Ha ispirato numerosi film.

FRANKFURTER ALLGEMEINE ZEITUNG, quotidiano tedesco di tendenza conservatrice, fondato nel 1949.

FRANKLAND (sir Edward), *Churchtown, presso Lancaster, 1825 - Golaa, Norvegia, 1899*, chimico britannico. Scoprì, insieme a H. Kolbe, i composti organometallici (1849), contribuì a introdurre il concetto di valenza chimica e, parallelamente a J.N. Lockyer, intuì la presenza dell'elio nell'atmosfera solare.

FRANKLIN (Aretha), *Memphis 1942*, cantante statunitense di rhythm and blues. Con la sua voce espressiva si è resa interprete del gospel tradizionale e del rinnovamento della musica soul (*Respect* di Otis Redding; *Chain of Fools* di Don Covay).

FRANKLIN (Benjamin), *Boston 1706 - Filadelfia 1790*, politico, fisico e pubblicista statunitense. Sostenitore dell'Illuminismo, deputato al primo congresso americano (1774), fu autore, insieme a T. Jefferson e J. Adams, della Dichiarazione d'indipendenza (1776) e si recò a Versailles per negoziare l'alleanza con la Francia, resa effettiva nel 1778. — Scoprì la natura elettrica del lampo e, intuendo il potere delle punte, inventò il parafulmine (1752).

■ *Benjamin Franklin. (National Portrait Gallery, Londra.)*

FRANKLIN (sir John), *Spilsby 1786 - Isola del re Guglielmo 1847*, esploratore britannico. Esplorò le coste artiche del Canada, fu governatore della Tasmania (1836-1843) e morì tentando di scoprire il passaggio a NO nella regione artica canadese.

FRASÀSSI, località in prov. di Ancona. Vi si trova un complesso di grotte, tra cui la Grotta Grande del Vento, una delle più imponenti d'Italia. La gola del Sentino, presso cui si trovano le grotte, è ricca di numerosi resti preistorici.

FRASCÀTI, c. in prov. di Roma, sui Colli Albani; 20.674 ab. Agricoltura (viti, olivi). Industrie. Centro di ricerche nucleari. — Era l'antica *Tusculum*, dimora di molte famiglie patrizie. Numerose ville del XVI sec., ricche di opere d'arte e circondate da parchi grandiosi.

FRASER, f. del Canada, che nasce dalle Montagne Rocciose e sfocia nel Pacifico; 1200 km. Gole.

FRASER (Dawn), *Sydney 1937*, nuotatrice australiana. 3 volte campionessa olimpica (1956, 1960 e 1964) dei 100 m stile libero, è stata la prima donna a coprire la distanza in meno di un minuto (1962).

FRASSINÈLLI, casa editrice fondata a Torino nel 1931 da Carlo F. (Alessandria d'Egitto 1896 - Torino 1983). Specializzata nella narrativa, fu ceduta nel 1965 all'editore Adelphi. Dal 1982 continua la sua attività editoriale nel gruppo Sperling & Kupfer.

FRATÈLLI DI SERAPIÓNE (I), raccolta di novelle di E.T.A. Hoffmann (1819-1821), in cui l'autore coniuga vocazione fantastica e realismo minuzioso (*Schiaccianoci e il re dei topi*, *Le miniere di Falun*).

FRATÈLLI KARAMAZOV (I), romanzo di F. Dostoevskij (1879-1880). Tre fratelli (Ivan, razionale e ateo; Dmitrij, passionale e violento; Aleša, novizio innocente e puro) e Smerdiakov, il figlio illegittimo, attraverso la morte violenta del padre, scoprono il senso profondo della loro esistenza.

FRATÈLLI MUSULMÀNI, movimento politicoreligioso sunnita che persegue l'instaurazione di un regime conforme alla legge canonica (*sharia*). Fondato in Egitto nel 1927-1928, il movimento si è diffuso intorno al 1940 in Siria e in Palestina.

FRATELLINI, famiglia di artisti di circo equestre, tre membri della quale, dal 1922 al 1940, formarono un famoso trio di clown: — Paul F., *Catania 1877 - Le Perreux-sur-Marne 1940*, — François F., *Parigi 1879-1951*, e — Albert F., *Mosca 1885 - Épinay-sur-Seine 1961*.

FRATERNITÀ REPUBBLICÀNA IRLANDÉSE, movimento rivoluzionario irlandese fondato nel 1858 negli Stati Uniti. I suoi membri, i feniani, lottarono per l'indipendenza dell'Irlanda.

FRATTAMAGGIÒRE, com. in prov. di Napoli, nella pianura campana; 33.499 ab. Agricoltura (uva, ortaggi). Industrie metalmeccaniche. Lavorazione della canapa.

FRÀTTA POLÉSINE, com. in prov. di Rovigo; 2798 ab. È situato tra il f. Adige e il Canal Bianco. Villa Badoer (1568-1570) di A. Palladio. Villa Bragadin (XVII sec.).

FRAUENLOB (Heinrich **von Meissen**, detto), *Meissen 1250 ca. - Magonza 1318*, poeta tedesco. Visse spostandosi da una corte all'altra. Scrisse componimenti amorosi che ricalcavano la tradizione cortese (*Minnesang*), con uno stile elaborato e ricercato.

FRAUNHOFER (Joseph **von**), *Straubing, Baviera, 1787 - Monaco 1826*, ottico e fisico tedesco. Inventò lo spettroscopio, con il quale scoprì le righe scure nello spettro solare (1814).

FRAZER (sir James George), *Glasgow 1854 - Cambridge 1941*, antropologo britannico. Profondo conoscitore delle antiche società greche e latine, si dedicò allo studio delle credenze totemiche, approfondendo la trasformazione della magia in religione, per poi occuparsi dell'Antico Testamento (*Il ramo d'oro*, 1890-1915).

FRAZIER (Joe), *Beaufort 1944*, pugile statunitense. Campione olimpico dei pesi massimi a Tokyo nel 1964, fu campione mondiale dal 1970 al 1973. Celebri sono rimasti i suoi incontri per il titolo con Muhammad Ali e George Foreman.

FREARS (Stephen), *Leicester 1941*, regista cinematografico britannico. Tra i film diretti, *My beautiful laundrette* (1985), *Sammy e Rosie vanno a letto* (1987), *Le relazioni pericolose* (1988), *The Snapper* (1993), *The Van - Due sulla strada* (1996), *Alta fedeltà* (2000), *Liam* (2000), *Piccoli affari sporchi* (2003).

FREDEGÓNDA, *545-597*, regina merovingia. Moglie di Chilperico I, che sposò dopo averne fatto strangolare la prima moglie Galsvinda, lottò contro la sorella di questa, Brunechilde, alla quale uccise il marito, Sigeberto I (575).

FREDERICTON, c. del Canada, capol. del New Brunswick; 46.507 ab. Università.

FREDERIKSBERG, c. della Danimarca, sobborgo di Copenaghen; 91.076 ab.

FREDERIKSBORG, castello reale della Danimarca (XVII e XIX sec.) a Hillerød, a NO di Copenaghen. Museo nazionale di storia.

FREETOWN, cap. della Sierra Leone; 822.000 ab. Porto. Raffinerie di petrolio.

FREGE (Gottlob), *Wismar 1848 - Bad Kleinen 1925*, logico e matematico tedesco. Con la sua convinzione di poter ricavare le verità matematiche fondamentali da un ristretto novero di postulati logici, diede un contributo decisivo alla dottrina della logica formale.

FREGÓSO o **CAMPOFREGÓSO**, famiglia di ricchi mercanti genovesi, affermatasi nel XIV sec. — **Domenico F.**, *Genova 1325 ca. - 1390 ca.* Divenne doge nel 1370, ma fu scacciato dopo l'inizio della guerra contro Chioggia. — **Paolo F.**, *Genova 1430 - Roma 1498*. Eletto doge nel 1480 per combattere i turchi, fu costretto a fuggire dalla città nel 1488. — **Ottaviano F.**, *Genova 1470 - Ischia 1524*. Eletto doge nel 1513, governò la città in accordo con i francesi, ma nel 1522 l'arrivo del marchese di Pescara lo costrinse all'esilio a Ischia. — **Federico F.**, *Genova 1480 - Gubbio 1541*. Fratello di Ottaviano, cardinale nel 1539, è ricordato da B. Castiglione in *Il libro del cortigiano* e da P. Bembo nelle *Prose della volgar lingua*.

FREIBERG, c. della Germania (Sassonia), a SO di Dresda; 46.027 ab. Industrie metallurgiche. — Cattedrale del XII-XVI sec. (opere d'arte), monumenti e musei.

FREILIGRATH (Ferdinand), *Detmold 1810 - Stoccarda 1876*, poeta tedesco, autore di ballate romantiche e di poemi politici.

FREI MONTALVA (Eduardo), *Santiago 1911-1982*, politico cileno. Capo del Partito democratico cristiano, fu presidente della repubblica dal 1964 al 1970. — **Eduardo Frei Ruiz-Tagle**, *Santiago 1942*, politico cileno. Figlio di Eduardo Frei Montalva, democratico cristiano, è stato presidente della repubblica dal 1994 al 2000.

FREINET (Célestin), *Gars 1896 - Vence 1966*, pedagogista francese. Ha sviluppato una pedagogia fondata sul lavoro di gruppo, per favorire la libera espressività del bambino (giornalini scolastici redatti e stampati dagli alunni) e una formazione personale (*L'educazione del lavoro*, 1947).

FREIR o **FREYR**, divinità germanica della fecondità, della famiglia di Vanes.

FREIRE (Paulo), *Recife 1921 - São Paulo 1997*, pedagogista brasiliano. Ha introdotto un metodo di alfabetizzazione basato sulla presa di coscienza della condizione sociale del discente (*La pedagogia degli oppressi*, 1969).

FRÉJUS, c. della Francia, nel dip. Var; 47.897 ab. Sede vescovile. Stazione balneare. — Resti romanici; cattedrale romanico-gotica, con battistero del IV sec.

FRÉJUS (Còlle del), valico delle Alpi, al confine tra Francia e Italia; 2542 m. In prossimità, galle-

ria ferroviaria (detta anche "del Cenisio", lunga 13,5 km, aperta nel 1871) e stradale (lunga 12,9 km, aperta nel 1980).

FRÉMIET (Emmanuel), *Parigi 1824-1910*, scultore francese. Nipote e allievo di F. Rude, è autore del *Monumento equestre di Giovanna d'Arco* a Parigi (bronzo dorato, 1874).

FRÉNAUD (André), *Montceau-les-Mines 1907 - Parigi 1993*, poeta francese. La sua vena nostalgica e sognatrice, la rievocazione di una terra contadina si alternano a un'ironia rabbiosa e a un'amarezza pessimista (*I re magi*, *Le nozze nere*).

FRENCH (John), *Ripple, Kent, 1852 - Deal Castle, Kent, 1925*, maresciallo britannico. Capo di Stato maggiore imperiale nel 1913, comandò le truppe britanniche in Francia nel 1914 e nel 1915.

FRÉNI (Mirèlla **Frègni**, detta Mirèlla), *Modena 1935*, soprano. Ha esordito nel 1955 con la *Carmen*, nel ruolo di Micaela. In seguito si è affermata a livello mondiale soprattutto nel repertorio lirico, interpretando opere di G. Verdi, G. Puccini e W.A. Mozart.

FRÉRON (Élie), *Quimper 1718 - Montrouge 1776*, critico francese. Avversario di Voltaire e degli illuministi, fondò nel 1754 la rivista *L'année littéraire*. — **Stanislas F.**, *Parigi 1754 - Santo Domingo 1802*, politico francese. Figlio di Élie, deputato alla Convenzione (1792), represse le insurrezioni girondine e realiste a Marsiglia e a Tolone, prima di guidare il colpo di Stato del 9 termidoro (27 lug. 1794).

FRESCOBÀLDI (Dino), *Firenze 1271 ca. - 1316*, poeta. È autore di un canzoniere (22 componimenti) che racconta, secondo i dettami dello stilnovo, il suo amore non ricambiato per una fanciulla.

FRESCOBÀLDI (Giròlamo), *Ferrara 1583 - Roma 1643*, compositore. Organista della Cappella Giulia in S. Pietro (1608), scrisse principalmente composizioni per cembalo (*Toccate*, 1615 e 1627) e per organo (*I fiori musicali*, 1635). Le sue opere, per l'ampio uso di principi contrappuntistici e la complessità ritmica, si pongono a cavallo tra lo stile polifonico del '500 e le nuove tendenze inquiete ed estrose del '600.

FRESNAY (Pierre **Laudenbach**, detto Pierre), *Parigi 1897 - Neuilly-sur-Seine 1975*, attore cinematografico francese. Attore comico raffinato, si affermò in teatro e al cinema (*Marius, Fanny, César*, M. Pagnol, 1931-1936; *La grande illusione*, J. Renoir, 1937; *Il corvo*, H.G. Clouzot, 1943).

FRESNEL (Augustin), *Chambrais 1788 - Ville-d'Avray 1827*, fisico francese. Diede impulso agli studi sull'ottica ondulatoria, fondò l'ottica cristallina, spiegò la polarizzazione della luce e perfezionò le lenti usate nei sistemi ottici dei fari (lenti di F.).

FRESNO, c. degli Stati Uniti (California); 427.652 ab.

FREUD (Anna), *Vienna 1895 - Londra 1982*, psicoanalista britannica di origine austriaca, figlia di S. Freud. Si dedicò alla psicoanalisi infantile.

FREUD (Lucian), *Berlino 1922*, pittore britannico, nipote di S. Freud. Nelle sue opere, in gran parte costituite da nudi e ritratti fortemente realistici, pone l'uso dei colori brillanti e pastosi al servizio di una visione impietosa della realtà.

FREUD (Sigmund), *Freiberg, Moravia, 1856 - Londra 1939*, medico austriaco, fondatore della psicoanalisi. Specializzato in neurologia, si dedicò soprattutto allo studio dell'isteria, prendendo le distanze da concetti e metodi della psicologia e psichiatria tradizionali (tale distanza si approfondì in part. dopo il 1896). All'origine dei disturbi nevrotici si trovano, a suo avviso, i desideri rimossi scatenati dal complesso di Edipo, che sopravvivono nell'inconscio e possono fare irruzione nella coscienza solo in modo mascherato. Tale meccanismo è alla base dei sintomi nevrotici, ma anche dei sogni e degli atti mancati (*L'interpretazione dei sogni*, 1900; *Tre saggi sulla teoria della sessualità*, 1905; *Totem e tabù*, 1912). A partire dal 1920, con la pubblicazione di *Al di là del principio del sapere*, F. evidenziò la

dicotomia tra pulsione di vita e di morte e sostituì la sua prima "triade topica" (inconscio, subconscio e conscio) con una seconda (Es, Io e Super-Io). Estese l'approccio psicoanalitico allo studio dei grandi problemi della società (*L'avvenire di un'illusione*, 1927; *Il disagio della civiltà*, 1930; *Mosè e il monoteismo*, 1939) e si adoperò per l'istituzionalizzazione della disciplina, fondando nel 1910 l'*Internationale Zeitschrift für Psychoanalyse* (IPA).

■ *Sigmund Freud*.

FREUND (Gisèle), *Berlino 1912 - Parigi 2000*, fotografa francese di origine tedesca. Numerosi ritratti di scrittori offrono testimonianza del suo sguardo perspicace e discreto.

Gisèle **FREUND** *nel 1992. In secondo piano, un ritratto della scrittrice V. Sackville-West.*

FREYSSINET (Eugène), *Objat 1879 - Saint-Martin-Vésubie 1962*, ingegnere francese. Ha dato un contributo di primaria importanza alla tecnologia del cemento, mettendo a punto il calcestruzzo vibrato (1917), precompresso (1926) e totalmente prefabbricato.

FRÉZZI (Federico), *Foligno 1346 ca. - Costanza 1416*, poeta. Domenicano, vescovo di Foligno dal 1404, scrisse tra il 1394 e il 1403 il poema allegorico *Quadriregio* (74 canti).

FRIA, c. della Guinea, presso Konkouré; 12.000 ab. Stabilimento d'alluminio.

FRIBÙRGO, c. della Svizzera, capol. del cant. di F., nel bacino della Saane; 31.691 ab. Università cattolica. Industrie metalmeccaniche e alimentari. — Cattedrale del XIII-XV sec. (arredi, opere d'arte) e altri monumenti. Museo d'arte e di storia.

FRIBÙRGO (cantone di), cant. della Svizzera; 1671 km^2; 236.300 ab.; capol. *Friburgo*. È entrata nella Confederazione Elvetica nel 1481.

FRIBÙRGO IN BRISGÒVIA, in ted. *Freiburg im Breisgau*, c. della Germania (Baden-Württemberg); 202.455 ab. Università. — Cattedrale del XIII-XVI sec. (restaurata da H. Baldung). Museo presso un ant. convento agostiniano.

FRIDMAN o **FRIEDMANN** (Aleksandr Aleksandrovič), *San Pietroburgo 1888-1925*, astronomo e matematico russo. Nel 1922 sviluppò modelli dell'universo isotropo, in cui la densità media e il raggio variano nel corso del tempo, ponendo così le basi della cosmologia moderna.

FRIEDEL (Charles), *Strasburgo 1832 - Montauban 1899*, chimico e studioso di mineralogia francese. Autore, insieme allo statunitense James M. Crafts, di un metodo di sintesi organica (*reazione di F.-Crafts*), uno dei primi francesi ad appoggiare la teoria atomica.

FRIEDKIN (William), *Chicago 1939*, regista cinematografico statunitense. Tra i film diretti, *L'esorcista* (1973), *Il braccio violento della legge* (1975, premio Oscar), *Cruising* (1980), *Vivere e morire a Los Angeles* (1986), *L'albero del male* (1990), *Jade* (1995), *Regole d'onore* (2000), *The Hunted - La preda* (2003).

FRIEDLINGEN (battaglia di) (14 ott. 1702), battaglia della guerra di successione spagnola. Vittoria di C. Villars sulla coalizione (Austria, Inghilterra, Province Unite) a Friedlingen (Germania), davanti a Huningue.

FRIEDMAN (Jerome Isaac), *Chicago 1930*, fisico statunitense. Ha partecipato alle ricerche, condotte tra il 1967 e il 1973, che hanno dimostrato in via sperimentale l'esistenza dei quark. (Premio Nobel 1990.)

FRIEDMAN (Milton), *New York 1912*, economista statunitense. Tra i principali esponenti della scuola monetarista detta "di Chicago", ha elaborato una rigida politica di controllo della crescita della massa monetaria. (Premio Nobel 1976.)

FRIEDRICH (Caspar David), *Greifswald, presso Stralsund, 1774 - Dresda 1840*, pittore tedesco. Trattò soprattutto il tema romantico dell'uomo solo di fronte a grandi spazi e alle forze della natura.

FRIEDRICHSHAFEN, c. della Germania (Baden-Württemberg), sul Lago di Costanza; 57.213 ab. Chiesa barocca e castello.

FRIGG, nella mitologia germanica, dea dell'amore, della casa e della felicità coniugale.

FRÌGIA, ant. reg. dell'Asia Minore occ., separata dal Mar Egeo dalla Lidia. Nel XII sec. a.C., un popolo di origine balcanica vi fondò un regno i cui sovrani, che risiedevano a Gordio, portavano alternativamente il nome di Gordia e Mida. Il regno fu distrutto dall'invasione dei cimmeri (VII sec. a.C.) e annesso alla Lidia da Creso nel VI sec.

FRÌNE, *Tespie IV sec. a.C.*, cortigiana greca. Fu amante e modella di Prassitele. Iperide, che la difese dall'accusa di empietà, ne ottenne la scarcerazione facendola spogliare e mostrando la sua bellezza.

FRISCH (Karl **von**), *Vienna 1886 - Monaco 1982*, zoologo ed etologo austriaco. Scoprì le modalità di comunicazione delle api, oltre a studiare gli organi di percezione e l'universo sensoriale degli invertebrati. (Premio Nobel 1973.)

FRISCH (Max), *Zurigo 1911-1991*, scrittore svizzero di lingua tedesca. I suoi romanzi (*Homo faber*) e le opere teatrali (*Il signor Biedermann e gli incendiari, Andorra*) denotano l'influenza di B. Brecht e dell'esistenzialismo.

FRISCH (Ragnar), *Oslo 1895-1973*, economista norvegese. Tra i fondatori dell'econometria (1931), ha diviso con J. Tinbergen il primo premio Nobel per le scienze economiche (1969).

FRÌSIA, in ol. e ted. **Friesland**, reg. dei Paesi Bassi (di cui forma una prov.; 598.000 ab.; *capol. Leeuwarden*) e della Germania (già *F. Orient.*), sul Mare del Nord. Disposto ad arco lungo le coste l'arcipelago delle Isole Frisone.

FRIÙLI-VENÈZIA GIÙLIA, reg. dell'Italia settentr., che si affaccia a S sul Mare Adriatico. Confina a N con l'Austria, a E con la Slovenia, a SO con il Veneto; 7844 km²; 1.180.375 ab. (*friulani, giuliani*). Quattro prov.: Trieste (capol. di reg.), *Gorizia, Pordenone, Udine.*

ASPETTI FISICI – Il F. corrisponde approssimativamente al bacino del Tagliamento, mentre la V. G. occupa parte del bacino dell'Isonzo. La zona alpina (Alpi Carniche, Alpi Giulie) e quella prealpina (Carnia, Prealpi Venete) si estendono nella parte settentr. della regione, per poi digradare in una stretta fascia di colline. La vasta pianura merid. raggiunge il mare ed è delimitata a SE dai rilievi del Carso. I corsi d'acqua principali sono Tagliamento e Isonzo, che sfociano nell'Adriatico. Il litorale è basso e caratterizzato da lagune. Il clima, fresco e piovoso a N per la presenza dei rilievi, diviene più mite a S.

POPOLAZIONE – Il F.-V. G. presenta una densità media di 150,2 ab. per km² e un saldo naturale pari a – 4‰. La popolazione si addensa prevalentemente nelle province di Gorizia e Trieste (che nel tempo hanno accolto numerosi profughi provenienti dai territori passati alla Iugoslavia), in part. negli agglomerati urbani. Le aree alpine e prealpine sono tuttora soggette a un progressivo spopolamento. Significativa la presenza di minoranze di lingua slovena e tedesca.

ECONOMIA – I sussidi e gli incentivi statali ottenuti dalla regione in seguito al disastroso terremoto del 1976 hanno favorito lo sviluppo del settore secondario (27,4% dei redditi complessivi). I maggiori insediamenti industriali si concentrano nella zona di Pordenone (elettrodomestici), Monfalcone (cantieri navali), Trieste (cantieri navali, industrie siderurgiche, impianti petroliferi), Udine e Gorizia (macchine tessili, birrifici). Il settore primario occupa solo il 5,1% della popolazione attiva ed è penalizzato dalla scarsa estensione delle aree coltivabili. Frumen-

to, mais, barbabietole, frutta, tabacco, vite sono le produzioni di maggiore rilievo. L'allevamento suino è molto sviluppato (celebre il prosciutto di San Daniele). Il settore terziario (69,9% dei redditi) si basa principalmente sulle attività commerciali legate ai porti di Trieste e Monfalcone e in misura minore sul turismo, balneare e montano.

STORIA – Dalle origini al Rinascimento. II sec. a.C.: la regione entra nell'orbita romana; **V sec. d.C.**: è invasa da visigoti e unni e in seguito cade sotto il dominio bizantino; **568-776**: viene conquistata dai longobardi (a eccezione dell'Istria e di Trieste, che restano bizantine): è eretta a ducato, con capitale Cividale. **Fine dell'VIII sec.**: Carlo Magno fonda la marca del F. e Istria, annettendola ai possedimenti franchi. **X sec.**: devastata dagli ungari, la regione è soggetta all'influenza dei ducati di Baviera e di Carinzia; **XI sec.**: risorge in parte con il patriarcato di Aquileia. **XII sec.**: la regione costiera si organizza in liberi comuni o signorie ecclesiastiche, mentre nelle zone interne prevalgono le signorie feudali. **1382**: gli austriaci occupano Trieste. **1420**: Aquileia e la parte nord-orient. della regione passano sotto il dominio di Venezia. **1508**: gli austriaci aderiscono alla Lega di Cambrai, promossa da papa Giulio II contro Venezia, e occupano la regione. **1515**: Venezia conquista Pordenone; gli Asburgo mantengono il controllo su Trieste, Gorizia e Gradisca.

Verso l'unità d'Italia. 1797: Napoleone occupa la regione e la cede agli austriaci in seguito alla pace di Campoformio. **1805**: il F.-V. G. cade nuovamente sotto il dominio francese (Trieste e Gorizia nel 1809); **1815**: dopo il Congresso di Vienna torna agli Asburgo, che lo inglobano nel regno Lombardo-Veneto; **1866**: la zona di Udine viene annessa all'Italia. Trieste e il territorio giuliano restano all'Austria. **1943**: dopo l'8 sett. la regione è amministrata dai tedeschi. Diviene un attivo focolaio della Resistenza.

La regione dopo la seconda guerra mondiale. 1947: il trattato di Parigi assegna il territorio della V. G. alla Iugoslavia. La parte rimasta all'Italia (province di Trieste e Gorizia), unita al F., va a

costituire la regione del F.-V. G. **1954**: l'accordo di Londra riconosce all'Italia l'amministrazione della fascia costiera e alla iugoslava quella dell'entroterra giuliano. **1964**: il F.-V. G. viene riconosciuto come regione autonoma a statuto speciale. **1975**: il trattato di Osimo ratifica la spartizione del 1954.

FRÖBEL (Friedrich), *Oberweissbach, Turingia, 1782 - Marienthal 1852*, pedagogista tedesco. Fondò, nel 1837, il primo "giardino d'infanzia" e applicò i metodi del gioco educativo.

FROBENIUS (Leo), *Berlino 1873 - Biganzolo, Lago Maggiore, 1938*, antropologo tedesco. Ha attribuito a un'origine comune alle culture dell'Oceania e dell'Africa e introdotto il cosiddetto "diffusionismo" per spiegare la nascita delle varie culture.

FROBERGER (Johann Jakob), *Stoccarda 1616 - Héricourt, Haute-Saône, 1667*, compositore e organista tedesco. È autore di *suites* per strumenti a tastiera.

FROBISHER (Bàia di), golfo del Canada, sulla costa orient. dell'Isola di Baffin. Vi si trova Iqaluit, cap. del Nunavut.

FROBISHER (sir Martin), *Altofts 1535 ca. - Plymouth 1594*, navigatore inglese. Esplorò la Groenlandia e l'Isola di Baffin.

FROISSART (Jean), *Valenciennes 1337 ca. - Chimay dopo il 1404*, cronista francese. Le sue *Cronache* offrono un quadro vivace e prezioso della vita feudale dal 1325 al 1400.

FROMENT (Nicolas), *m. ad Avignone nel 1483/1484*, pittore francese, originario della Francia settentr. Trasferitosi a Uzès, poi ad Avignone, fu al servizio del re Renato d'Angiò (trittico *Vergine del Roveto ardente*, 1476, cattedrale di Aix-en-Provence).

FROMENTIN (Eugène), *La Rochelle 1820-1876*, pittore e scrittore francese. Appassionato dell'Oriente, descrisse scene e paesaggi osservati in Nordafrica. *I maestri antichi* (1876) è un importante libro di critica d'arte sulla pittura fiamminga e olandese. — Il suo capolavoro, *Dominique* (1863), è un romanzo psicologico.

FROMM (Erich), *Francoforte 1900 - Muralto, Ticino, 1980*, psicoanalista statunitense di origine tedesca. Ha propugnato l'adattamento della psi-

Friuli-Venezia Giulia

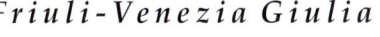

500 1000 1500 2000 m

autostrada — ferrovia
strada normale ✈ aeroporto

● oltre 30.000 ab.
● da 10.000 a 30.000 ab.
● fino a 10.000 ab.

coanalisi alle dinamiche sociali a partire da una lettura umanistica di K. Marx (*Fuga dalla libertà*, 1941; *L'arte d'amare*, 1956).

FRÓNDA (1648-1653), agitazioni che ebbero luogo in Francia al fine di contrastare l'assolutismo monarchico. Diretta contro il cardinale Mazarino, impopolare a causa della sua politica fiscale, la F. ebbe due fasi: la F. parlamentare (1648-1649) e la F. dei principi (1650-1653), con l'appoggio segreto della Spagna. La rivolta fallì, e la monarchia e Mazarino ne uscirono rafforzati.

FRONT DE LIBÉRATION NATIONALE → FLN.

FRÓNTE ISLÀMICO DI SALVÈZZA → FIS.

FRÓNTE NAZIONÀLE, movimento di resistenza francese, creato nel mag. 1941 su impulso del Partito comunista.

FRÓNTE NAZIONÀLE (FN), partito politico francese di estrema destra, fondato nel 1972 e att. presieduto da J.-M. Le Pen. Una scissione, nel 1999, ha portato alla nascita del Movimento nazionale repubblicano (MNR), guidato da Bruno Mégret.

FRÓNTE NUÒVO DELLE ÀRTI, movimento artistico nato a Milano nel 1947. Vi presero parte, tra gli altri, R. Guttuso, B. Cassinari e R. Birolli, con l'obiettivo di rinnovare la cultura artistica italiana aprendola agli stimoli europei. Si sciolse nel 1948.

FRÓNTE POPOLÀRE (mag. 1936 - apr. 1938), periodo durante il quale la Francia fu governata da una coalizione di partiti di sinistra. Formata da un'alleanza tra comunisti, radicali, socialisti, confederazioni sindacali e altre forze minori, la coalizione salì al governo dopo le elezioni del 1936 sotto la guida del socialista L. Blum. Realizzò importanti riforme sociali e politiche. Sotto la pressione degli avvenimenti esterni (guerra di Spagna), il F. P. si smembrò ed ebbe fine nel 1938, quando salì al potere É. Daladier. Il termine è passato a indicare, per estensione, le alleanze tra comunisti e socialisti, come quella che si presntò in Italia alle elezioni del 1948.

FRONTE POPOLARE. *L. Blum, M. Thorez, R. Salengro (da sinistra a destra) durante la manifestazione del 14 luglio 1936 a Parigi.*

FRONTESPÌZIO (Il), rivista letteraria pubblicata a Firenze tra il 1929 e il 1940. Diretta da E. Lucatello e P. Bargellini, raccolse le voci più autorevoli dell'ideologia cattolica, tra cui C. Bo, G. Papini, M. Luzi.

FRONTÌNO (Sèsto Giùlio), *30-101*, politico e scrittore romano. Fu console, governatore della Britannia (74-78) e sovrintendente alle acque a Roma nel 97. Di lui restano i trattati *De acquae ductu urbis Romae* sugli acquedotti e *Stratagemata* sulle tattiche militari.

FRONTÓNE (Màrco Cornèlio), *Cirta 110 ca. - Roma 170 ca.*, retore latino. Avvocato a Roma, fu precettore dei figli adottivi di Antonino Pio e console (143). La sua produzione, scoperta nel 1814 da A. Mai in un palinsesto della Biblioteca Ambrosiana, comprende epistole, saggi e orazioni.

FROSINÓNE, c. del Lazio, capol. di prov.; 47.742 ab. (*frusinati*) Importante centro agricolo. Industrie meccaniche, elettrotecniche, del vetro e alimentari. — Città dei volsci, fu sottomessa dai romani nel 306 a.C. Passata alla Chiesa nel XIII sec., venne saccheggiata nel 1527 dai lanzichenecchi, nel 1556 dagli spagnoli e nel 1798 dai francesi. — Nella provincia, in gran parte montuosa e collinare, si praticano soprattutto l'agricoltura (cereali, ortaggi, frutta, viti,

olivi) e le attività industriali (meccaniche, chimiche, alimentari, tessili). Centri princ.: Cassino, Fiuggi, Sora, Alatri.

FROST (Robert Lee), *San Francisco 1874 - Boston 1963*, poeta statunitense. Le sue opere, ispirate ai paesaggi della Nuova Inghilterra, sono contraddistinte da un sobrio realismo, unito al rigore formale.

FROUDE (William), *Dartington, Devon, 1810 - Simonstown, Sudafrica, 1879*, ingegnere britannico. Autore di lavori sulla meccanica dei fluidi, creò il primo bacino per le prove di modelli.

FRUGÓNI (Càrlo Innocènzo), *Genova 1692 - Parma 1768*, poeta. Dal 1749 fu poeta ufficiale della corte di Parma. La sua abbondante produzione, raccolta nelle *Opere poetiche* (postume, 1779), comprende canzoni d'amore e liriche di gusto arcadico sul mondo dell'aristocrazia.

FRUGÓNI (Francésco Fùlvio), *Genova 1620 ca. - Venezia 1686 ca.*, scrittore. Autore versatile, scrisse romanzi (*La vergine parigina*), liriche, melodrammi. La sua opera più nota è *Il cane di Diogene* (postumo, 1689), satira di gusto barocco dal grande virtuosismo lessicale e linguistico.

FRUNZE (Michail Vasil'evič), *Biškek 1885 - Mosca 1925*, generale sovietico. Tra gli organizzatori delle forze bolsceviche in Bielorussia, capo di Stato maggiore generale nel 1924, fu nominato lo stesso anno capo dell'accademia militare di Mosca, che porta il suo nome.

FRÙSTA LETTERÀRIA (La), rivista letteraria quindicinale fondata e diretta da G. Baretti nel 1763. Uscì per pochi mesi, prima di essere vietata dal governo. Gli articoli erano scritti in gran parte da Baretti, che si firmava con lo pseudonimo di Aristarco Scannabue.

FRUTTÉRO & LUCENTÌNI, sigla che identifica le opere scritte in collaborazione da Carlo F. (Torino 1926) e Franco L. (Roma 1920 - Torino 2002). A lungo direttori della collana di fantascienza *Urania*, hanno dato vita a numerosi romanzi di grande successo: *La donna della domenica* (1972), *A che punto è la notte* (1979), *Il palio delle contrade morte* (1984), *Nottambuli* (2002).

FRY (Christopher), *Bristol 1907*, drammaturgo britannico. I suoi drammi poetici sono pervasi da una visione cosmica della natura (*La signora non è da bruciare*).

FRYE (Northrop), *Sherbrooke 1912 - Toronto 1991*, critico e teorico letterario canadese. Ha teorizzato, nel saggio *Anatomia della critica* (1957), la ricorrenza di simboli e miti nella letteratura mondiale. Tra le altre opere, *Agghiacciante simmetria: saggio su William Blake* (1947), *Cultura e miti del nostro tempo* (1967).

FUAD I, *Il Cairo 1868-1936*, sultano (1917-1922), poi re (1922-1936) d'Egitto.

FUBINI (Guido), *Venezia 1879 - New York 1943*, matematico. Ha compiuto importanti studi in vari campi della matematica, tra i quali la teoria dei gruppi continui e discontinui, il calcolo delle variazioni e la geometria proiettiva differenziale.

FUBINI (Màrio), *Torino 1900-1977*, critico letterario. Influenzato dalla scuola crociana, si è poi indirizzato verso la critica stilistica. Tra i saggi, *Ugo Foscolo* (1928), *Alfieri* (1937), *Arcadia e Illuminismo* (1950), *Romanticismo italiano* (1953), *Critica e poesia* (1956).

FUCÉCCHIO, com. in prov. di Firenze; 21.040 ab. Mercato agricolo (vino, olive). Industrie conciarie, dei fiammiferi e dei materiali da costruzione. Rocca medievale. Chiesa della Vergine (XVIII sec.).

FUCI (Federazióne universitària cattòlica italiàna), associazione fondata nel 1896 per organizzare i circoli universitari cattolici. Osteggiata dal fascismo, rifiorì nel dopoguerra e fu presieduta, tra gli altri, da A. Moro e G. Andreotti.

FUCÌNI (Renàto), *Monterotondo Marittimo 1843 - Empoli 1921*, scrittore. Esordì nel 1872 con i *Cento sonetti in vernacolo pisano*, pubblicati con lo pseudonimo di Tanfucio Neri, cui fecero seguito, tra le altre opere, *Cinquanta nuovi sonetti* (1881) e *Le veglie di Neri* (1887).

FÙCINO, conca appenninica dell'Abruzzo, nella Marsica, tra i Monti Simbruini e i Monti del Si-

rente. È un territorio intensamente coltivato, il cui centro princ. è Avezzano.

FUEGÌNI, insieme di popoli nomadi che abitarono l'estremo S del continente americano (dalla Terra del Fuoco alla Patagonia), e che comprende gli yaghan, gli alakaluf e gli ona. I f. sono ormai estinti o assimilati.

FUENTERRABÍA, c. della Spagna, nelle Provincie Basche, sulla Bidasoa; 14.863 ab.

FUENTES (Carlos), *Città del Messico 1928*, scrittore messicano. I suoi romanzi, legati alla realtà latino-americana, testimoniano una grande attenzione alla ricerca formale (*La morte di Artemio Cruz*).

FUERTEVENTURA, una delle Isole Canarie.

FÙGA (Ferdinàndo), *Firenze 1699 - Roma 1781*, architetto. Operò a Roma e a Napoli, fondendo in un unico stile gli influssi del classicismo e del barocco. Tra le opere, Palazzo Corsini (1732-1736) e facciata di S. Maria Maggiore (1743) a Roma, Albergo dei poveri (1750) a Napoli.

FUGGER, famiglia di banchieri di Augusta, che concesse forti prestiti agli Asburgo (XV-XVI sec.).

FUJI, c. del Giappone (Honshu); 229.187 ab. Centro industriale.

FUJIAN, prov. della Cina sud-orient.; 32.820.000 ab.; capol. *Fuzhou*.

FUJIMORI (Alberto), *Lima 1938*, politico peruviano di origine giapponese. È stato presidente della repubblica dal 1990 al 2000 (destituito nel nov. 2000).

FUJISAWA, c. del Giappone (Honshu); 368.650 ab.

FUJIWARA, famiglia aristocratica giapponese che usurpò il potere deponendo gli imperatori del periodo Heian e governò dal IX al XII sec.

FUJI YAMA, massima cima del Giappone (Honshu); 3776 m. È un vulcano inattivo.

FUJI YAMA.

FUKUI, c. del Giappone (Honshu); 255.604 ab.

FUKUI (Kenichi), *pref. di Nara 1918 - Kyoto 1998*, chimico giapponese. Introdusse in chimica i risultati della fisica quantistica. (Premio Nobel 1981.)

FUKUOKA, c. del Giappone (Kyushu), sullo Stretto di Corea; 1.284.795 ab. Tempio (XII sec.); musei. — Porto.

FUKUSHIMA, c. del Giappone, nello Honshu settentr.; 285.745 ab.

FUKUYAMA, c. del Giappone (Honshu); 374.517 ab. Monastero Myoo-in (IX sec.). — Siderurgia.

FULANI → PEUL.

FULBÈRTO DI CHARTRES, *in Italia 960 ca. - Chartres 1028*, filosofo e teologo francese. Vescovo di Chartres, fondò in questa città una scuola famosa.

FULDA, c. della Germania (Assia), sul f. Fulda (principale ramo del Weser); 62.266 ab. Ant. abbazia benedettina fondata nel 744, centro religioso e culturale nel Medioevo. — Chiesa di S. Michele, con rotonda del IX sec.; cattedrale barocca (inizio del XVIII sec.); musei.

FULGÈNZIO (Fàbio **Plànciade**, sànto), *Telepte, presso Gafsa, 467 - Ruspe, presso Sfax, 533*, religioso e teologo africano. Vescovo di Ruspe, fu un discepolo di sant'Agostino.

FULLER (Marie-Louise **Fuller**, detta Loïe), *Fullersburg, presso Chicago, 1862 - Parigi 1928*, ballerina statunitense. Artista di *music-hall*, conquistò il successo facendo uso di giochi di luce su costumi leggeri e fluttuanti.

FULLER (Richard Buckminster), *Milton, Massachusetts, 1895 - Los Angeles 1983*, ingegnere statunitense. Ha progettato le cupole geodetiche, costruzioni emisferiche con struttura in acciaio a reticoli, utilizzate in cartografia (*proiezione di F.*).

FULLER (Samuel), *Worcester, Massachusetts, 1911 - Hollywood 1997*, regista cinematografico statunitense. Anche scrittore, è autore anticonformista ed eclettico di film violenti (*Quaranta pistole*, 1957; *Il corridoio della paura*, 1963; *Cane bianco*, 1982).

FULTON (Robert), *Little Britain, att. Fulton, Pennsylvania, 1765 - New York 1815*, inventore statunitense. Costruì il primo sottomarino a elica, il *Nautulus* (più tardi *Nautilus*), nel 1800, e sfruttò il vapore per la propulsione delle navi (1807).

FÙLVIA, *m. a Sicione nel 40 a.C.*, matrona romana. Due volte vedova, sposò Marco Antonio, chiedendo la condanna di Cicerone. Avversò Ottaviano e dopo la sconfitta di Perugia fu costretta alla fuga.

FÙLVIO NOBILIÓRE (Màrco), *III-II sec. a.C.*, politico romano. Console nel 189 a.C., combatté vittoriosamente contro gli etoli. Fu quindi censore (179 a.C.) con Marco Emilio Lepido, insieme al quale fece erigere la basilica Emilia.

FUMAIÒLO, monte dell'Appennino Tosco-Emiliano, in prov. di Forlì; 1407 m. dal suo versante orient. (Poggio delle Vene, 1268 m) nasce il f. Tevere.

FU MATTÌA PASCÀL (Il), romanzo di L. Pirandello, pubblicato nel 1904. In esso trova espressione un'amara critica della società contemporanea.

FUNABASHI, c. del Giappone (Honshu); 533.270 ab.

FUNCHAL, c. del Portogallo, capol. della reg. di Madeira; 112.362 ab. Porto. — Cattedrale manuelina e barocca; monumenti; bei giardini; musei.

FUNDY (Bàia di), baia del Canada e degli Stati Uniti, sull'Atlantico. Maree di grande ampiezza.

FUNERÀLE A ORNANS, immensa tela di G. Courbet (1849, Musée d'Orsay). Esposta al Salon del 1850-1851, quest'opera suscitò scalpore per il suo realismo e fece del pittore un caposcuola

FUNÈS (Louis **de**), *Courbevoie 1914 - Nantes 1983*, attore cinematografico francese. È stato un comico molto popolare negli anni 1960-1970 (*Una ragazza a Saint-Tropez*, 1964; *Tre uomini in fuga*, 1967).

■ *Louis de Funès.*

FÙNI (Achille), *Ferrara 1890 - Milano 1972*, pittore. Tra i fondatori del futurismo, aderì poi al gruppo Novecento, incarnandone lo stile classicheggiante. Notevole importanza rivestono i suoi affreschi e mosaici.

FURET (François), *Parigi 1927 - Tolosa 1997*, storico francese. Dal 1966 è stato direttore dell'École des hautes études en sciences sociales. Si è dedicato in part. all'analisi della Rivoluzione francese (*Critica della Rivoluzione francese*, 1978; *Dizionario critico della rivoluzione francese*, con M. Ozouf, 1988).

FURETIÈRE (Antoine), *Parigi 1619-1688*, scrittore francese. Autore del *Romanzo borghese*, espulso dall'Académie Française, diede alle stampe anche un *Dizionario universale* (1690), che rappresenta una fonte preziosa per lo studio del francese del XVII sec.

FURGLER (Kurt), *San Gallo 1924*, politico svizzero. Membro del Partito popolare democratico, consigliere federale (1972-1986), è stato per tre volte presidente della Confederazione Elvetica (1977, 1981, 1985).

FÙRIE → ERINNI (le).

FURÌNI (Francésco), *Firenze 1603-1646*, pittore. Esponente del manierismo fiorentino, predilesse soggetti mitologici (*Aci e Galatea, Ila e le Ninfe*) e biblici (*Lot e le figlie*), che dipinse con delicata raffinatezza, mettendone in risalto la sensualità.

FÙRIO CAMÌLLO (Màrco) → CAMILLO (Marco Furio).

FURKA, valico delle Alpi svizzere; 2431 m. Nei pressi le fonti del Rodano.

FÙRLO, gola dell'Appennino Umbro-Marchigiano, in prov. di Pesaro e Urbino. È percorsa dal f. Candigliano e dalla via Flaminia, che la attraversa grazie a una galleria scavata per ordine dell'imperatore Vespasiano nel 77 d.C.

FÙRST (Walter), eroe dell'indipendenza svizzera. Compagno di G. Tell, avrebbe sottoscritto il giuramento del Rütli (1291) a nome del cant. di Uri.

FÜRSTENBERG, famiglia tedesca, originaria della Svevia. — **Wilhelm Egon von F.**, *Heiligen-*

berg 1629 - Parigi 1704, prelato tedesco. Vescovo di Strasburgo (1682) e cardinale (1686), favorì l'espansionismo della Francia in Alsazia.

FURTADO (Celso), *Pombal, Stato di Paraíba, 1920*, economista brasiliano. Ministro per lo sviluppo economico (1962-1963), ha svolto un ruolo importante nella crescita del Nordeste (1959-1964).

FÜRTH, c. della Germania (Baviera); 109.771 ab. Costruzioni elettriche.

FURTWÄNGLER (Wilhelm), *Berlino 1886 - Ebersteinburg, att. parte di Baden-Baden, 1954*, direttore d'orchestra e compositore tedesco. Ha diretto le orchestre filarmoniche di Vienna e Berlino e ha interpretato con eccezionale intensità emotiva le opere di L. Beethoven, J. Brahms e A. Bruckner.

FUSHUN, c. della Cina (Liaoning); 1.388.011 ab. Metallurgia. Raffineria di petrolio.

FÜSSLI (Johann Heinrich), in ingl. Henry **Fuseli**, *Zurigo 1741 - Londra 1825*, pittore svizzero trasferitosi in Inghilterra nel 1779. I temi fantastici, il senso drammatico, lo stile visionario ne fanno un precursore del romanticismo.

FUST (Johann), *Magonza 1400 ca. - Parigi 1466*, stampatore tedesco. Socio di J. Gutenberg fino al 1455, pubblicò con P. Schöffer il primo libro stampato con l'indicazione della data (*Psalterium Magontinum*, 1457).

FÜST (Milán), *Budapest 1888-1967*, scrittore ungherese. Tra i fondatori della rivista *Nyugat* ("Occidente"), ha scritto poesie (*Válogatott versek*), romanzi (*La storia di mia moglie*) e drammi, ricchi di speculazioni filosofiche.

FUSTEL DE COULANGES (Numa Denis), *Parigi 1830 - Massy 1889*, storico francese. Scrisse *La città antica* (1864) e *Storia delle istituzioni politiche della Francia antica* (1875-1892). Basò i suoi studi su una disamina rigorosa dei documenti scritti.

FUTUNA, isola della Melanesia, Territorio d'oltremare francese con Wallis; 4638 ab.

FUXIN, c. della Cina (Liaoning); 743.165 ab. Carbone. Siderurgia.

FUZHOU, c. della Cina, capol. del Fujian; 1.395.739 ab. Museo. — Centro commerciale.

FUZULI (Mehmed bin Süleyman), *Karbala ? 1480-1556*, poeta turco di origine curda. Compose *diwan* in turco, arabo e persiano.

FYN → FIONIA.

FYT (Jan), *Anversa 1611-1661*, pittore fiammingo. Dipinse nature morte, animali e fiori realizzando opere pervase da intimo lirismo e di grande valore plastico.

Carattere Goudy

G7 (Grùppo dei 7), gruppo che riunisce i sette paesi più industrializzati del mondo (Germania, Canada, Stati Uniti, Francia, Gran Bretagna, Italia e Giappone). Dal 1975 organizza summit annuali, dedicati soprattutto a questioni economiche. Dal 1997 la Russia ha spesso partecipato alle riunioni del G7, trasformandolo così in G8.

G77 (Grùppo dei 77), gruppo formatosi nel 1964 in occasione della prima riunione del CNUCED (Conferenza delle Nazioni Unite sul commercio e lo sviluppo), a Ginevra. Il nucleo originario, che riuniva 77 Stati per la difesa degli interessi del S del mondo, si è allargato includendo altri paesi in via di sviluppo.

G8 →G7.

GABÈLLI (Aristide), *Belluno 1830 - Padova 1891*, pedagogista. Nel 1888 redasse i programmi della scuola elementare, con impronta positivista. Tra le opere, *Istruzioni ai programmi delle scuole elementari* (1888), *L'istruzione in Italia* (1891).

GÀBER (Giórgio **Gaberscik**, detto Giórgio), *Milano 1939 - Lucca 2003*, cantautore. Le sue composizioni sono attraversate da una vena umoristica e polemica e testimoniano un impegno sociale e politico: *Non arrossire, La ballata del Cerutti, Torpedo blu, Io non mi sento italiano*. Ha scritto e interpretato anche numerosi monologhi teatrali (*Il signor G.*).
■ *Giorgio Gaber.*

GABÈS, c. della Tunisia, sul Golfo di G.; 98.935 ab. Porto. Palmeto. Industria dei fertilizzanti.

GABÉTTI (Pierìno), *m. nel 1971*, pesista. Nella categoria piuma, vinse la medaglia d'oro alle Olimpiadi di Parigi del 1924 e quella d'argento alle Olimpiadi di Amsterdam del 1928.

GABÉTTI E ÌSOLA, architetti. Roberto G., *Torino 1925-2000*, e Aimaro d'I., *Oreglia d'Isola 1928*. Si sono opposti allo stile internazionale introducendo la tendenza neoliberty. Tra le opere, la "Bottega d'Erasmo" a Torino (1953-1954).

GABIN (Jean Alexis **Moncorgé**, detto Jean), *Parigi 1904 - Neuilly-sur-Seine 1976*, attore cinematografico francese. Si impose in un centinaio di film interpretando personaggi molto diversi tra loro, dall'uomo buono e testardo all'anziano brontolone e autoritario: *La bandera* (J. Duvivier, 1935); *La grande illusione* (J. Renoir, id.); *Il porto delle nebbie* (M. Carné, 1938); *Alba tragica* (id., 1939).
■ *Jean Gabin nel 1937.*

GABLE (Clark), *Cadiz, Ohio, 1901 - Hollywood 1960*, attore cinematografico statunitense. Incarnazione dell'avventuriero seduttore, a volte cinico, fu una delle grandi star di Hollywood: *Accadde una notte* (F. Capra, 1934); *La tragedia del "Bounty"* (F. Lloyd, 1935); *Via col vento* (V. Fleming, 1939); *Gli spostati* (J. Huston, 1961).

GABO (Naoum **Pevsner**, detto Naum) →PEVSNER.

GABON, estuario dell'Africa, sull'Atlantico. Ha dato il suo nome alla rep. del Gabon.

GABON, Stato dell'Africa centrale, sull'Atlantico; 268.000 km²; 1.262.000 ab. CAP. *Libreville*. LINGUA: *francese*. MONETA: *franco CFA*.

GEOGRAFIA – Il G., il cui territorio corrisponde grosso modo al bacino dell'Ogooué, è un paese poco popolato, dal clima equatoriale caldo e umido. È ricoperto da grandi foreste, il cui sfruttamento costituisce una risorsa economica importante, insieme alle industrie estrattive (uranio, manganese e, soprattutto, petrolio, voce principale delle esportazioni).

STORIA – **La colonia**. I primi abitanti sono stati probabilmente i pigmei, che vivevano nell'entroterra. Il gruppo bantu più numeroso è quello dei fang, a N; a S si trovano i gruppi bantu nzabi, pounou, myene. **1471 o 1473**: sulle coste sbarcano i portoghesi. XVII - inizio del XIX sec.: gli europei praticano la tratta degli schiavi, insieme al commercio di avorio ed ebano. **1843**: i francesi si stabiliscono definitivamente in G., mentre i fang venuti dal NE scacciano le popolazioni locali. **1849**: alcuni schiavi liberati fondano Libreville. **1875**: Pietro Savorgnan di Brazza esplora l'Ogooué. **1886**: il G. diventa colonia francese. Si fonde con il Congo (1888-1904) per venire integrato nell'Africa equatoriale francese (1910).

L'indipendenza. 1956: la colonia diviene autonoma. **1958**: viene proclamata la repubblica. **1960**: il G. ottiene l'indipendenza. **1961-1967**: Léon M'Ba è presidente della repubblica. **Dopo il 1967**: Omar Bongo detiene il potere. **1990**: dopo più di venti anni di regime a partito unico, il governo è costretto, sotto la pressione di manifestazioni popolari, ad aprirsi al multipartitismo. Tuttavia, i risultati delle elezioni presidenziali che, nel 1993 e nel 1998, vedono O. Bongo ancora vincitore, vengono fortemente contestati dall'opposizione. **2002**: l'opposizione va al governo.

GABOR (Dennis), *Budapest 1900 - Londra 1979*, fisico britannico di origine ungherese. Ha inventato l'olografia nel 1948. (Premio Nobel 1971.)

GABORIAU (Émile), *Saujon 1832 - Parigi 1873*, scrittore francese; fu il padre del romanzo poliziesco moderno in Francia (*L'affare Lerouge*, 1866).

GABORONE, cap. del Botswana; 254.000 ab.

GABRIÈLE, angelo della tradizione ebraica, cristiana e islamica. Nel Vangelo, annuncia la nascita di Giovanni Battista e di Gesù. La letteratura successiva ne ha fatto un arcangelo. Nell'islam, è colui che trasmette il messaggio di Allah a Maometto.

GABRIÈLE DELL'ADDOLORÀTA (Francésco **Possènti**, sànto), *Assisi 1838 - Isola del Gran Sasso 1862*, religioso. Di famiglia aristocratica, entrò come novizio nel convento dei passionisti di Morrovalle (1856). Fu canonizzato nel 1920.

GABRIÈLI (Andrèa), *Venezia 1510 ca. - 1586*, compositore e organista. Si dedicò soprattutto alla musica religiosa e fu uno dei padri dello stile concertante, grazie all'utilizzo di due e più cori. — **Giovanni G.**, *Venezia 1557 ca. - 1612*, compositore e organista. Nipote di Andrea, fu uno dei precursori dell'orchestrazione, componendo opere sempre più vicine allo stile concertante (*Sacrae symphoniae*, 1597; *Canzoni e Sonate*, 1615).

GABRIÈLI (Francésco), *Roma 1904-1996*, orientalista. Ha studiato la civiltà islamica, occupandosi di letteratura araba e persiana. Tra le opere, *Storia della letteratura araba* (1951), *Gli arabi* (1958), *Viaggi e viaggiatori arabi* (1975), *Cultura araba del Novecento* (1983).

GABROVO, c. della Bulgaria, ai piedi dei Balcani; 67.350 ab. Museo della satira; artigianato, industrie.

GADAMER (Hans Georg), *Marburg 1900 - Heidelberg 2002*, filosofo tedesco. È stato il padre dell'ermeneutica moderna; ha esplorato in part. l'esperienza linguistica e artistica (*Verità e metodo*, 1960).

GADAMES o **GHADAMES**, oasi della Libia occ.

GÀDDA (Càrlo Emilio), *Milano 1893 - Roma 1973*, scrittore. Ingegnere, coltivò la passione per la scrittura e, durante un soggiorno a Firenze, entrò in contatto con l'ambiente culturale locale. Qui pubblicò la raccolta *Adalgisa* (1944): fu però durante il soggiorno a Roma (dal 1950 fino alla morte)

che scrisse i suoi capolavori, * *Quer pasticciaccio brutto de via Merulana* e *La cognizione del dolore* (1970). Attraversate da un personale stile grottesco, le opere di G. sono caratterizzate da un forte sperimentalismo linguistico, tutto giocato su metafore accentuate, mescolanze stilistiche, commistioni tra dialetti e lingue diverse.
■ *Carlo Emilio Gadda.*

GÀDDI, famiglia di pittori fiorentini. — **Taddeo G.**, *documentato tra il 1327 e il 1366*, allievo di Giotto e autore degli affreschi di influenza giottesca delle *Storie della vita della Vergine* (1328 ca., in S. Croce, Firenze). — **Agnolo G.**, *documentato tra il 1369 al 1396*, figlio di Taddeo, attivo anch'egli a Firenze (affreschi delle *Storie degli anacoreti* e della *Leggenda della Croce*, in S. Croce, Firenze).

Gabon-Guinea Equatoriale-São Tomé e Principe

✈ aeroporto	━ strada normale	⚓ palude
	━ ferrovia	→ oleodotto

● da 50.000 a 400.000 ab.
● da 20.000 a 50.000 ab.
● più di 400.000 ab.
• meno di 20.000 ab.

200   500   1000 m

GADES (Antonio **Esteve Ródenas**, detto Antonio), *Elda 1936*, ballerino e coreografo spagnolo. Direttore della compagnia da lui fondata nel 1964, ha reso popolare il flamenco moderno, salvaguardandone il rigore (*Nozze di sangue*, 1979; *Carmen*, 1983).

GADES o **GADÈS**, ant. nome di *Cadice*.

GAÈLI, popolazione celtica stabilitasi in Irlanda e in Scozia verso la fine del I millennio a.C.

GAÈTA, com. in prov. di Latina, sul Mar Tirreno; 22.687 ab. Industrie alimentari, petrolchimiche, della ceramica. Centro balneare. — Sviluppatasi come porto in epoca romana, la città acquistò importanza durante il Medioevo, come piazzaforte militare dapprima del regno di Sicilia, poi di quello di Napoli. – Duomo (XII-XVIII sec.), mausolei romani. — **Assedio di G.** (1860-1861), assedio subìto dalle truppe borboniche a opera dell'esercito garibaldino. — **Golfo di G.** insenatura del Mar Tirreno, tra la costa laziale e quella campana. Centri principali: Terracina, G., Formia.

GAÈTA (Francésco), *Napoli 1879-1927*, poeta. Scrisse versi ispirati a un decadentismo sensuale e mistico. Tra le opere, *Sonetti voluttuosi e altre poesie* (1906), *Poesie d'amore* (1920).

GAÈTA (Frànco), *Venezia 1926 - Roma 1984*, storico. Studioso del pensiero umanista e rinascimentale, curò la pubblicazione delle opere di N. Machiavelli. Scrisse, tra l'altro, *Il nazionalismo italiano* (1965), *Il Rinascimento e la Riforma* (1976).

GAETÀNO (Salvatóre Antònio **Gaetàno**, detto Rino), *Crotone 1950 - Roma 1981*, cantautore. Dopo l'esordio con *Ingresso libero* (1974), ottenne grande successo con *Mio fratello è figlio unico* (1976), *Aida* (1977), *Nuntereggae più* (1978), *Resta vile maschio, dove vai?* (1979), *E io ci sto* (1980).

GAETÀNO DA THIENE (sànto), *Vicenza 1480 - Napoli 1547*, religioso, fondatore dell'ordine dei teatini (1524).

GAFSA, c. della Tunisia merid.; 71.107 ab. Giacimenti di fosfati.

GAGARIN (Jurij Alekseevič), *Smolensk 1934 - reg. di Vladimir 1968*, pilota militare e astronauta sovietico. È stato il primo uomo a compiere un volo nello spazio (12 apr. 1961, a bordo della navicella *Vostok 1*).

■ *Jurij Gagarin nel 1961.*

GAGAUZ, popolazione turca che vive principalmente nella parte merid. della Moldavia (ca. 150.000 individui) e dell'Ucraina (ca. 200.000 in totale). Cristianizzati nel XIII secolo, i g. emigrarono dai Balcani verso la Bessarabia nel corso del XVIII e del XIX sec. Nel 1994 hanno ottenuto uno statuto di autonomia in Moldavia. Allevatori e viticultori, parlano il gagauz, della famiglia linguistica turca.

GAGÌNI, famiglia di architetti e scultori. — **Domenico G.**, *Bissone 1420 ca. - Palermo 1492*. Lavo-

rò, oltre che in Sicilia, anche a Genova e a Napoli. — **Antonello G.**, *Palermo 1478-1536*. Figlio del precedente, lavorò alle decorazioni del duomo di Palermo ed ebbe una fiorente bottega.

GAGLIÀNO (Màrco **da**), *Gagliano 1575 - Firenze 1642*, compositore. Maestro di cappella in S. Lorenzo a Firenze, contribuì a elaborare la poetica della *Camerata fiorentina*. Scrisse, tra l'altro, sei libri di madrigali e musicò la *Dafne* di O. Rinuccini.

GÀGLIOLE, com. in prov. di Macerata; 647 ab. Conserva un castello e la cinta muraria (XIV sec.).

GAGNOA, c. della Costa d'Avorio; 107.124 ab.

GÀIA o **GÈA** MITOL. GR. Divinità femminile, personificazione della Terra. Unitasi a Urano, diede alla luce i Titani, i Ciclopi e i mostri marini.

GÀI MATTIÒLO, *Roma 1968*, stilista. Dopo il debutto nel 1987 al Modit di Milano, la linea G. M. Couture ha ottenuto grande successo e la sua distribuzione ha assunto dimensione internazionale.

GAINSBOROUGH (Thomas), *Sudbury, Suffolk, 1727 - Londra 1788*, pittore britannico. Oltre a eseguire ritratti di aristocratici, dipinse paesaggi che ebbero un notevole influsso sugli impressionisti.

GAINSBOURG (Lucien **Ginsburg**, detto Serge), *Parigi 1928-1991*, cantante francese. Anche attore e regista cinematografico, ha scritto numerose canzoni, caratterizzate da giochi di parole e innovazioni musicali, da cui emerge il gusto della provocazione (*Le poinçonneur des Lilas, La javanaise, Je t'aime... moi non plus*).

■ *Serge Gainsbourg nel 1975.*

GÀIO, *II sec. d.C.*, giurista romano. Le sue *Institutiones* gettarono le basi per il *Corpus iuris civilis* di Giustiniano.

GALÀNTE GARRÓNE (Alessàndro), *Vercelli 1909 - Torino 2003*, storico. Ha svolto importanti ricerche sulla Rivoluzione francese e sul Risorgimento. Tra le opere, *I radicali in Italia 1849-1925* (1973), *L'albero della libertà: dai giacobini a Garibaldi* (1987), *Amalek: il dovere della memoria* (1989), *Il mito giacobino* (1994).

GALÁPAGOS (Isole), arcipelago del Pacifico, a O dell'Ecuador, da cui dipende dal 1832; 8010 km²; 9800 ab. Riserva faunistica.

GALÀSSIA (la), galassia nella quale è situato il sistema solare, detta anche Via Lattea. [*V. parte nomi comuni* → **galassia**.]

GALÀSSO (Giusèppe), *Napoli 1929*, storico e politico. Deputato per il PRI nel 1983 e nel 1987, ha scritto tra l'altro *Mezzogiorno medievale e moderno* (1965), *Croce e lo spirito del suo tempo* (1990), *Storia d'Europa* (1996), *L'Italia s'è desta* (2002).

GALATA, quartiere di Istanbul.

GALATÈA MITOL. GR. Divinità marina. Tramutò in fiume il suo amante, il pastore Aci, vittima della gelosia del ciclope Polifemo.

GALAȚI, c. della Romania, sul Danubio; 326.141 ab. Porto. Impianti siderurgici.

GALATÌNA, com. in prov. di Lecce; 28.669 ab. Centro agricolo, conserva la chiesa francescana di S. Caterina, del XIV sec.

GALATÓNE, com. in prov. di Lecce; 16.037 ab. Centro agricolo. Resti della cinta muraria medievale e santuario settecentesco del Crocifisso della Pietà.

GALÀZIA, ant. reg. dell'Asia Minore centrale. Nel corso del III sec. a.C. vi si stanziarono popolazioni di origine celtica (in gr. *galatai*). Provincia romana nel 25 a.C., la G. fu evangelizzata da san Paolo (*Lettera ai galati*).

GÀLBA (Sèrvio Sulpìcio), *Teracina 3 ca. a.C. - Roma 69 d.C.*, imperatore romano (68-69). Successore di Nerone, fu assassinato dai sostenitori di Otone.

GALBIÀTI (Giovànni), *Carugo 1881 - Milano 1966*, filologo e semitista. Docente di lingua e letteratura araba ed ebraica alla Cattolica di Milano, fu prefetto della Biblioteca Ambrosiana dal 1924. Tra le opere, *Silloge epigrafica* (1960).

GALBRAITH (John Kenneth), *Iona Station, Ontario, 1908*, economista statunitense. Collaboratore di F.D. Roosevelt, nelle sue opere ha analizzato la società dei consumi (*La società opulenta*, 1958; *Il nuovo Stato industriale*, 1967; *Storia dell'economia*,

1987). Nel 2000 è uscito *Facce note. Quasi un'autobiografia.*

GÀLDI (Mattèo Àngelo), *Coperchia 1765 - Napoli 1821*, politico e giornalista. Fondatore a Milano di *Effemeridi repubblicane* (1796) e del *Giornale dei patrioti italiani* (1797), fu preposto all'istruzione pubblica a Napoli, con G. Murat. Dopo la restaurazione mantenne l'incarico e, nel 1820, divenne presidente del parlamento.

GALDÓS (Benito **Pérez**) → PÉREZ GALDÓS (Benito).

GALEÀNI NAPIÓNE (Giàn Francésco), *Torino 1748-1830*, politico e letterato. Sostenitore di una federazione di Stati italiani sotto la duplice guida del pontefice e del re, nel saggio *Dell'uso e dei pregi della lingua italiana* (1791-1792) difese l'adozione dell'italiano come lingua ufficiale dello Stato sabaudo.

GALEÀZZO MARÌA SFÒRZA, *Fermo 1444 - Milano 1476*, duca di Milano. Figlio di Francesco Sforza e Bianca Maria Visconti, sposò Bona di Savoia. Prodigo mecenate, favorì l'arte e la letteratura. Fu ucciso da alcuni nobili congiurati.

GALEÀZZO VISCÓNTI, nome di due signori di Milano. — **Galeazzo I**, *1277 ca. - Pescia 1328.* Respinse le milizie guelfe al servizio di Giovanni XXII e affrontò Ludovico il Bavaro, dal quale fu sconfitto e tratto prigioniero (1327). — **Galeazzo II**, *1320 ca. - Pavia 1378.* Spartì con i fratelli Matteo II e Bernabò i territori ereditati dallo zio Giovanni (1354), conservando Milano e Genova. Stabilì la propria corte a Pavia, dove svolse attività di mecenate.

GALÈNO (Clàudio), *Pergamo 131 ca. - Roma o Pergamo 201 ca.*, medico greco. Fece importanti scoperte di anatomia ed elaborò la teoria degli "umori". I suoi scritti godettero di grande prestigio fino al Rinascimento.

GALÈRIO (Massimiàno), *Dacia 250 ca. - Nicomedia 311*, imperatore romano della tetrarchia. Nominato cesare nel 293, divenne augusto all'abdicazione del suocero Diocleziano (305). Poco prima della morte, promulgò un editto di tolleranza a favore dei cristiani.

GALIÀNI (Ferdinàndo **Galiàni**, detto **l'abàte**), *Chieti 1728 - Napoli 1787*, economista. Nel suo *Della moneta* (1751), anticipò alcuni concetti del marginalismo, come la teoria soggettiva del valore. In *Dialoghi sul commercio dei grani* (1770) criticò invece le teorie fisiocratiche.

GALIGÀI (Leonòra **Dòri**, detta Leonòra), *Firenze 1571 ca. - Parigi 1617*, avventuriera. Moglie di C. Concini, favorita di Maria de' Medici, seguì la sorte del marito e venne decapitata per stregoneria.

GALILÈA, prov. della Palestina settentr. Le città della G., Nazareth, Tiberiade, Cana e Cafarnao, in cui Gesù visse per circa trent'anni e svolse la sua missione, sono nominate nei Vangeli.

GALILÈI (Alessàndro), *Firenze 1691 - Roma 1736*, architetto. Al servizio di Clemente XII, eseguì la Cappella Corsini e la facciata di S. Giovanni in Laterano (1732-1736), oltre alla facciata di S. Giovanni dei Fiorentini (1734).

GALILÈI (Vincènzo), *Santa Maria a Monte 1520 ca. - Firenze 1591*, compositore. Padre di Galileo, con il *Dialogo della musica antica e della moderna* (1581) fu l'ispiratore della **Camerata fiorentina.* Scrisse inoltre due libri di madrigali e numerose opere teoriche e tecniche, in part. sull'intavolatura del liuto, di cui era virtuoso.

GALILÈO (Galilèo **Galilèi**, detto), *Pisa 1564 - Arcetri 1642*, scienziato, fisico e filosofo. Per l'utilizzo del metodo sperimentale nelle scienze, che ebbe notevole influenza nei secoli successivi, per le innovazioni e le scoperte nel campo della fisica, della matematica e dell'astronomia, G. è da considerarsi uno dei più grandi scienziati di tutti i tempi. Nel 1589 fu professore a Pisa, dove scoprì la legge che regola le oscillazioni del pendolo. Nel 1592 fu professore di matematica a Padova, dove rimase fino al 1610. Fu in questo periodo che sperimentò e utilizzò a scopo scientifico il cannocchiale, con il quale fece le prime grandi scoperte astronomiche (i rilievi della Luna, i satelliti di Giove, le fasi di Venere e le stelle della Via Lattea), enunciate nel *Sidereus Nuncius* (1610). Trasferitosi nuovamente in Toscana, si dedicò alla ricerca e inventò il microscopio (1624). Per aver aderito alla teoria elio-

centrica di N. Copernico, la cui opera era appena stata messa all'indice (1616), G. fu processato dall'Inquisizione e le sue teorie messe al bando, in seguito alla pubblicazione del **Dialogo sopra i due massimi sistemi del mondo*; la condanna lo portò alla carcerazione fu trasformata in isolamento, durante il quale G. non sospese la sua ricerca ed elaborò le prime leggi della meccanica moderna nei *Discorsi e dimostrazioni matematiche intorno a due nuove scienze attinenti alla meccanica.* Tra i numerosi studi, si ricordano inoltre le osservazioni sulla caduta dei corpi nel vuoto, che posero le basi della futura dinamica, e le prime formulazioni del principio della relatività. La Chiesa lo ha riabilitato nel 1992.

GALILEO. *Il processo a Galileo (seduto a destra). Particolare di un dipinto anonimo del XVII sec. (Coll. priv.)*

GALIMBÈRTI (Càrlo), *Rosario 1894 - Milano 1939*, pesista. Medaglia d'oro alle Olimpiadi di Parigi (1924), argento ad Amsterdam (1928) e Los Angeles (1932), fu campione italiano dal 1921 al 1939 e campione europeo dal 1930 al 1934.

GALIMBÈRTI (Tancrédi), detto **Dùccio**, *Cuneo 1906 - Centallo 1944*, antifascista e partigiano. Organizzò in Piemonte il nucleo "Italia libera", in seguito parte di Giustizia e Libertà. Firmò gli accordi di Barcellonette (1944) con i partigiani francesi. Fu catturato e ucciso dai fascisti.

GALÌZIA, comunità autonoma della Spagna nord-occ.; 2.731.900 ab.; cap. *Santiago de Compostela*; 4 prov. (*La Coruña, Lugo, Orense e Pontevedra*).

GALÌZIA, reg. dell'Europa centrale, a N dei Carpazi, divisa tra Polonia (c. princ. *Cracovia*) e Ucraina (c. princ. *Leopoli*). Principato russo, indipendente dal XII al XIV sec., appartenne prima alla Polonia e poi all'Austria (1772-1918). La G. orient., attribuita alla Polonia nel 1923, fu annessa dall'URSS nel 1939.

GALL (Franz Josef), *Tiefenbronn, Baden-Württemberg, 1758 - Montrouge 1828*, medico tedesco. Fu il fondatore della frenologia.

GALLA → OROMO.

GALLANT (Mavis), *Montreal 1922*, scrittrice canadese di lingua inglese. Nei suoi racconti (*Sospeso in un pallone: dodici storie parigine*) ritrae con stile ironico i piccoli avvenimenti della vita quotidiana.

GÀLLA PLACÌDIA, *389 o 392 - Roma 450*, principessa romana. Figlia di Teodosio I, fu fatta prigioniera durante il sacco di Roma e costretta a sposare Ataulfo (414). In seguito alla morte del marito, sposò Costanzo III (417) da cui ebbe Valentiniano. Dopo avere ottenuto per il figlio la reggenza dell'impero d'Occidente, si stabilì a Ravenna. — Il mausoleo in suo onore, a Ravenna, è noto per gli splendidi mosaici.

GALLARÀTE, com. in prov. di Varese; 46.428 ab. Centro industriale e commerciale. Chiesa romanica di S. Pietro (1145).

GALLE, c. dello Sri Lanka; 109.000 ab. Porto.

GALLÉ (Émile), *Nancy 1846-1904*, ceramista ed ebanista francese. Animatore della scuola di Nancy (Art Nouveau), indirizzò le arti decorative verso un simbolismo poetico.

GALLE (Johann), *Pabsthaus 1812 - Potsdam 1910*, astronomo tedesco. Nel 1846 scoprì il pianeta Nettuno, la cui esistenza e posizione erano state previste da U. Le Verrier.

GALLEGOS (Rómulo), *Caracas 1884-1969*, scrittore e politico venezuelano. I suoi romanzi tratteggiano un vivace ritratto della società venezuelana (*Doña Bárbara, Canaima*). — È stato presidente della repubblica nel 1948.

GALLERÌA DELL'ACCADÈMIA, galleria di Firenze, voluta nel 1784 da Leopoldo di Lorena per gli allievi dell'annessa accademia. Tra le numerose opere d'arte, è qui custodito il *David* di Michelangelo.

GALLERÌA NAZIONÀLE D'ÀRTE MODÈRNA, galleria fondata a Roma nel 1883, come primo contributo istituzionale alla nascita di un'arte "nazionale". Ospita opere dei più grandi artisti del XIX e XX sec. e organizza ogni anno eventi culturali di grande rilievo.

GALLERÌA SPÀDA, galleria romana nata nel 1927 dai lasciti della famiglia omonima. L'iniziatore della collezione fu il cardinale Bernardino S. (1594-1661), che nel 1632 acquistò il palazzo dove la galleria ha tuttora sede. Tra i numerosi artisti ospitati, P. Rubens, Caravaggio, A. Carracci, Guercino, Parmigianino, ecc.

GALLERÌE DELL'ACCADÈMIA, collezione veneziana voluta da Napoleone nel 1807, a partire da un primo nucleo di opere conservate per gli allievi dell'Accademia dei pittori e degli scultori. Vi sono esposti i più grandi esponenti dell'arte veneta, da Canaletto a Giorgione, da V. Carpaccio a Tiziano, da G. Tiepolo a Giambellino, da A. Mantegna a Tintoretto.

GALLES, in ingl. **Wales**, reg. della Gran Bretagna occ.; 20.800 km²; 2.798.200 ab.; capol. *Cardiff.* Regione di altipiani, dal clima mite, dove agricoltura e allevamento rivestono un ruolo secondario, il G. basa la propria economia sul settore industriale (metallurgia), sviluppatosi dalle miniere di carbone situate nei pressi del canale di Bristol (centri urbani di Swansea, Port Talbot, Cardiff, Newport).

STORIA — I paesi del Galles fino alla conquista normanna. I sec. a.C. - V sec. d.C.: la popolazione adotta la lingua celtica e la religione druidica. **I-V sec. d.C.**: i romani occupano il paese. **VII sec.**: i gallesi respingono gli anglosassoni, che invadono l'Inghilterra. **IX-XI sec.**: nonostante la divisione in più regni, il paese riesce a contenere le incursioni scandinave.

La conquista inglese. 1066-1139: tutto il S del paese cade nelle mani degli anglo-normanni, ma la resistenza continua. **XIII sec.**: i re Llewelyn ap Iorwerth (1194-1240) e Llewelyn ap Gruffydd (1246-1282) ostacolano i tentativi di conquista da parte inglesi. **1282-1284**: Edoardo I sottomette il paese. **1536-1542**: il G. viene definitivamente integrato nel regno di Inghilterra sotto Enrico VIII.

Il Galles contemporaneo. 1997: in seguito a un referendum che sancisce il diritto dei gallesi all'autogoverno, il governo britannico accorda al G. uno statuto di autonomia (elezione, nel 1999, di un'assemblea regionale).

GALLES (principe di), titolo britannico creato nel 1301 e conferito ai figli primogeniti del sovrano.

GALLÈSE, com. in prov. di Viterbo; 2816 ab. Palazzo ducale, di origine medievale e rimaneggiato nel XVI sec.

GÀLLI (Dina), *Milano 1877 - Roma 1951*, attrice teatrale e cinematografica. Interprete brillante di commedie, lavorò in teatro con D. Niccodemi e G. Adami, e al cinema con M. Mattoli.

Émile **GALLÉ.** *Vaso smerlato "clair de lune", 1880-1884. (Musée d'Orsay, Parigi.)*

GÀLLIA, nome dato nell'antichità alla reg. compresa tra il corso del Reno, le Alpi, il Mediterraneo, i Pirenei e l'Atlantico, corrispondente alle att. Francia, Svizzera, Belgio e parte della Germania. Chiamata dai romani *G. Transalpina*, per distinguerla dalla *G. Cisalpina* (Italia settentr.), comprendeva, intorno al 60 a.C., da una parte la *G. Comata*, ulteriormente suddivisa in tre zone (la *G. Belgica*, la *G. Celtica* e l'*Aquitania*), e dall'altra la *Provincia Narbonensis*, sottomessa a Roma.

STORIA – **La Gallia indipendente. 1100 ca. - 150 a.C.**: i celti si stanziano in territorio gallico. La popolazione è divisa in 90 tribù (*civitates*), governate da un'aristocrazia di grandi proprietari che condividono il potere con i druidi. III sec. a.C.: cominciano a circolare le monete galliche. **125-121 a.C.**: fondazione della prima provincia (*Provincia Narbonensis*) fuori dall'Italia, con cap. Narbona.
La Gallia romana. 58-51 a.C.: Giulio Cesare muove alla conquista del paese. **52 a.C.**: Vercingetorige capitola ad Alesia. **27 a.C.**: la G. viene divisa in quattro province, la Narbonese (già Provincia), l'Aquitania, la Celtica e la Belgica. — I-III sec. d.C.: la creazione di una rete stradale, il dissodamento del territorio e lo sviluppo dell'artigianato favoriscono una notevole espansione economica. Il latino sostituisce il dialetto gallico, mentre il druidismo scompare. Ha inizio il processo di romanizzazione della regione (arene e palazzi a Nîmes, teatro a Orange, ponti, ville ecc.). Le divinità autoctone convivono con gli dei ufficiali. Il cristianesimo si diffonde nelle campagne. — III sec.: prime invasioni germaniche. **481-511**: Clodoveo, re dei franchi, conquista la G. e ripristina l'unità territoriale.

GALLIÀNO, località nel com. di Cantù. Vi si trova un complesso romanico formato dalla basilica di S. Vincenzo, ricostruita nell'XI sec. sulla precedente del V sec., e dal battistero di S. Giovanna (X sec.).

GALLIÀNO (Giuseppe), *Vicoforte 1846 - Adua 1896*, militare. Durante la prima guerra italo-etiopica fronteggiò l'assedio da parte del negus Menelik a Macallè, dal quale uscì arrendendosi con l'onore delle armi (1895-1896). Fu ucciso in battaglia.

GALLIARI, famiglia di pittori e scenografi. — **Bernardino G.**, *Andorno 1707-1794*, — **Fabrizio G.**, *Andorno 1709 - Treviglio 1790*, e — **Giovanni Antonio G.**, *Andorno 1714 - Milano 1783*. Lavorarono tutti alle scenografie della Scala di Milano e del Teatro Regio di Torino.

GALLIÀTE, com. in prov. di Novara; 13.631 ab. Castello visconteo-sforzesco (XV sec.).

GALLIENI (Joseph), *Saint-Béat 1849 - Versailles 1916*, maresciallo di Francia. Dopo aver prestato servizio in Sudan e nel Tonchino, pacificò e organizzò il Madagascar (1896-1905). Governatore di Parigi nel 1914, ebbe un ruolo decisivo nella vittoria della Marna. Ministro della guerra nel 1915-1916, gli fu riconosciuto postumo il titolo di maresciallo, nel 1921.

■ *Il maresciallo Gallieni ritratto da Calderé. (Musée de l'Armée, Parigi.)*

GALLIÈNO (Pùblio Licinio), *218 ca. - Milano 268*, imperatore romano (253-268). Inizialmente associato al trono del padre Valeriano (253-260), difese l'Italia dagli alemanni e dai goti e, divenuto unico imperatore, affidò il governo delle province a cavalieri regionali, mantenendo una rigida distinzione tra potere amministrativo e militare. Importanti furono la sua opera di riorganizzazione dell'esercito e la sospensione delle persecuzioni dei cristiani.

GALLIÈRA VÈNETA, com. in prov. di Padova; 6613 ab. Villa imperiale (XVI sec.), dal 1858 proprietà di Maria Pia di Savoia, moglie di Ferdinando I d'Austria.

GALLIMARD (Gaston), *Parigi 1881 - Neuilly-sur-Seine 1975*, editore francese. Fondò nel 1911 le Éditions G., ben presto specializzatesi nella pubblicazione di autori contemporanei, francesi ma anche di altre nazionalità.

GALLÌNA (Giacìnto), *Venezia 1852-1897*, commediografo. Autore di commedie in dialetto veneziano, in una prima fase di gusto goldoniano, raggiunse uno stile più personale in *La famegia del santolo* (1892).

GALLÌNO (Luciàno), *Torino 1927*, sociologo. Esperto di sociologia del lavoro, ha scritto tra l'altro *Personalità e industrializzazione* (1968), *Dizionario di sociologia* (1978), *Disuguaglianze ed equità in Europa* (1994).

GALLÌPOLI, in turco Gelibolu, c. della Turchia, sul versante orient. della penisola di G., che domina i *Dardanelli; 18.670 ab. Fu teatro di una famosa battaglia durante la prima guerra mondiale (spedizione dei Dardanelli, 1915).

GALLÌPOLI, com. in prov. di Lecce; 20.966 ab. Il centro storico si trova su un'isola, collegata alla città nuova da un ponte del XVII sec. Castello angioino (XVI sec.) e cattedrale barocca.

GÀLLO (sànto), *560 ca. - Arbon 650 ca.*, eremita. Di origine irlandese, nel 612 si stabilì sul Lago di Costanza. Qui sorse la celebre abbazia di *San Gallo e la città cap. del cant. omonimo.

GÀLLO (Francèsco), *Mondovì 1672-1750*, architetto. Architetto militare per i Savoia, completò la costruzione del santuario di Vicoforte, presso Mondovì (1728).

GÀLLO (Gàio Cornèlio), *69-26 a.C.*, poeta latino. Fu considerato l'iniziatore dell'elegia latina per i suoi versi dedicati a Licoride, la donna amata. Tutta la sua produzione è andata perduta.

GALLÓNE (Càrmine), *Taggia 1886 - Frascati 1973*, regista e sceneggiatore cinematografico. Fu autore di kolossal storici e film musicali. Tra le opere, *Il bacio di Cirano* (1913), *Gli ultimi giorni di Pompei* (1926), *Casa Ricordi* (1954), *Don Camillo e l'On. Peppone* (1955), *Carmen di Trastevere* (1962).

GALLUP (George Horace), *Jefferson, Iowa, 1901 - Tschingel, cant. di Berna, 1984*, statistico statunitense. Ha fondato, nel 1935, un importante istituto di sondaggi.

GALLÙPPI (Pasquàle), *Tropea 1770 - Napoli 1846*, filosofo. Attento alle novità della filosofia europea, contribuì a diffonderla in Italia. Tra le opere, *Elementi di filosofia* (1820), *Lettere filosofiche* (1827).

GALLÙRA, reg. storico-geografica della Sardegna, che occupa l'estremità nord-orient. dell'isola, in prov. di Sassari. Sulle sue coste, frastagliate e fronteggiate da isole (La Maddalena, Caprera), si è sviluppato un intenso turismo balneare (Costa Smeralda). – Durante il Medioevo fu uno dei giudicati sardi; passò sotto il dominio dei pisani, dei genovesi, degli aragonesi e infine (1720) dei Savoia.

GALLÙZZO-CERTÓSA, frazione del com. di Firenze dove sorge una certosa cistercense, iniziata nel 1341 da N. Acciaiuoli. Il complesso architettonico oggi comprende il convento, il palazzo degli Studi (XIV sec.) e la chiesa di S. Lorenzo (XVI sec.).

GALOIS (Évariste), *Bourg-la-Reine 1811 - Parigi 1832*, matematico francese. La notte prima di morire enunciò in una lettera i risultati delle sue ricerche, riguardo al ruolo dei gruppi matematici nella risoluzione delle equazioni algebriche. Questi appunti si rivelarono successivamente di un'eccezionale importanza.

■ *Évariste Galois. (Académie des sciences, Parigi.)*

GALSWORTHY (John), *Coombe 1867 - Londra 1933*, scrittore britannico. Nei romanzi (*La saga dei Forsyte*) e nelle opere teatrali (*Lealtà*) propone una visione critica dell'alta borghesia e delle convenzioni sociali. (Premio Nobel 1932.)

GALTON (Sir Francis), *Sparkbrook, presso Birmingham, 1822 - Haslemere, Surrey, 1911*, fisiologo britannico. Cugino di C. Darwin, fu tra i fondatori dell'eugenetica, del metodo statistico e della psicologia differenziale.

GALÙPPI (Baldassàrre), detto **il Buranèllo**, *Burano 1706 - Venezia 1785*, compositore. Maestro di cappella in S. Marco a Venezia, compositore di corte per Caterina di Russia, tornato a Venezia si dedicò all'opera buffa di cui fu profondo innovatore. Tra le opere, *Il mondo della luna* (1750) e

Il filosofo di campagna (1754), entrambe con libretto di C. Goldoni.

GALVÀNI (Luigi), *Bologna 1737-1798*, medico e scienziato. Professore di anatomia, osservò che, toccando i muscoli di una rana scorticata con una macchina elettrostatica, si provocavano delle contrazioni, fenomeno da lui spiegato come conseguenza dell'elettricità animale. Fu smentito da A. Volta, ma le sue ricerche furono basilari per la successiva invenzione della pila elettrica.

GALWAY, c. dell'Irlanda, capol. della contea omonima, sulla Baia di G.; 57.241 ab. Belle ville del XVII sec.

GAMA (Vasco da), *Sines 1469 ca. - Cochin 1524*, navigatore portoghese. Scoprì la via delle Indie doppiando il Capo di Buona Speranza (nov. 1497), fece scalo in Mozambico e raggiunse Calicut (1498); qui convinse il sovrano a sottoscrivere un accordo commerciale. Ripartito nel 1502, fondò i primi mercati portoghesi in Asia, in Mozambico e a Cochin (India). Rientrato in patria nel 1503, fu nominato viceré delle Indie portoghesi solamente nel 1524.

Vasco da **GAMA**. *Particolare di una miniatura del XVII sec. (BNF, Parigi.)*

GÀMBARA (Verònica), *Pralboino 1485 - Correggio 1550*, poetessa. Signora di Correggio, donna di grande cultura, scrisse rime di gusto petrarchesco.

GAMBETTA (Léon), *Cahors 1838 - Ville-d'Avray 1882*, avvocato e politico francese. In seguito alla disfatta di Sedan, proclamò la repubblica (4 sett. 1870). Ministro della guerra nel governo provvisorio, riorganizzò la difesa nazionale. Successivamente difese la repubblica dalle minacce di una restaurazione monarchica e contribuì all'emanazione di leggi costituzionali (1875).

GÀMBIA, f. della Guinea, del Senegal e del Gambia, che sfocia nell'Atlantico; 1100 km.

GÀMBIA, Stato dell'Africa, sull'Atlantico, il cui territorio è costituito da una fascia allungata, incuneata nel corso inferiore del f. G.; 11.300 km²; 1.337.000 ab. CAP. Banjul. LINGUA: *inglese*. MONETA: *dalasi*. [V. *carta del* **Senegal**.] Il G., il più piccolo Stato dell'Africa continentale, è quasi interamente islamizzato; la sua economia si basa principalmente sulla coltura delle arachidi e, in alcune zone, sul turismo.

STORIA – **XIII-XVII sec.**: incluso nel regno del Mali, l'attuale G. viene scoperto dai portoghesi nel 1455-1456. **XVII sec.**: vi affluiscono i mercanti di schiavi provenienti dall'Europa. **XIX sec.**: la Gran Bretagna acquisisce il controllo esclusivo del paese e vi fonda Bathurst (1815); **1888**: trasforma la zona costiera in colonia e l'interno in protettorato. **1965**: il G. passa dall'autonomia all'indipendenza nell'ambito del Commonwealth. **1970**: proclamazione della repubblica, il cui presidente è Dawda Jawara. **1982**: G. e Senegal si uniscono in una confederazione (Senegambia), che viene sciolta nel 1989. **1994**: un colpo di Stato militare, guidato da Yayah Jammeh, destituisce D. Jawara. **1996**: Y. Jammeh vince le elezioni presidenziali; **2001**: viene riconfermato.

GAMBIER (ìsole), arcipelago della Polinesia francese; 1087 ab. Scoperto nel 1797 dai britannici, l'arcipelago divenne francese nel 1881.

GAMBOLÒ, com. in prov. di Pavia; 8170 ab. Castello medievale e parte delle mura di fortificazione. Chiesa di S. Eusebio (XII sec.).

GAMELIN (Maurice), *Parigi 1872-1958*, generale francese. Capo di Stato maggiore della difesa nazionale nel 1938, comandò le forze franco-britanniche dal sett. 1939 al mag. 1940.

GAMOW (George Anthony), *Odessa 1904 - Boulder, Colorado, 1968*, fisico e astrofisico statunitense di origine russa. Ha dato il nome alla barriera che difende il nucleo di un atomo. In cosmologia, ha ripreso e sviluppato l'ipotesi secondo cui l'universo, attualmente in espansione, avrebbe avuto origine da un'esplosione primordiale (1948).

GANCE (Abel), *Parigi 1889-1981*, regista cinematografico francese. Inventore del triplo schermo, autore ambizioso (*La roue*, 1923; *Napoléon*, 1927), fu uno dei pionieri del linguaggio cinematografico.

GAND, in fiamm. **Gent**, c. del Belgio, capol. della Fiandra Orientale, alla confluenza della Schelda con il Lys; 224.685 ab. Centro tessile, metallurgico e chimico. Porto collegato al Mare del Nord dal canale di Terneuzen. Università. — Nel XIII sec. la città divenne il primo centro produttore di lana d'Europa. Il XIV sec. fu caratterizzato da rivolte popolari e dall'alleanza di J. Van Artevelde con gli inglesi. Nel XV sec., G. diventò una città borgognona e tentò invano di riconquistare la propria autonomia comunale, mentre l'industria laniera cominciava a decadere. Annessa alla Francia nel 1794 e passata al Belgio nel 1830, nel XIX sec. tornò a essere un grande centro tessile. — Castello (XI-XIII sec., restaurato), cattedrale di Sint Baafs (XII-XVI sec.; polittico dell'*Agnello mistico* di J. Van Eyck), torre (XIV sec.), numerosi altri monumenti e palazzi antichi. Importanti musei.

GAND. *Il "Graslei", lungo la sponda del Lys.*

GAND (trattato di) (24 dic. 1814), trattato firmato da Gran Bretagna e Stati Uniti, che mise fine alla seconda guerra di indipendenza americana (1812-1814). La frontiera tra Canada e Stati Uniti fu fissata lungo il 49° parallelo.

GANDA, popolazione dell'Uganda centrale, di lingua bantu. L'antica denominazione di "baganda" non è ancora caduta in disuso.

GANDER, c. del Canada, nell'Isola di Terranova; 10.364 ab. Base aerea.

GANDHARA, prov. dell'ant. India (att. distr. di Peshawar, Pakistan). Fu il centro di una scuola artistica (chiamata ant. greco-buddhistica), che fiorì tra il I e il IV sec., nota per le statue di Buddha.

GANDHI (Indira), *Allahabad 1917 - New Delhi 1984*, politica indiana. Figlia di Nehru, capo del governo a più riprese (1966-1977; 1980-1984), fu assassinata da estremisti sik.
■ *Indira Gandhi.*
— **Rajiv G.**, *Bombay 1944 - Sriperumbudur 1991*, politico indiano. Figlio di Indira, succedette alla madre come leader del Partito del congresso e, dal 1984 al 1989, come capo del governo. Cadde a sua volta vittima di un attentato.

GANDHI (Mohandas Karamchand), detto **il Mahatma**, *Porbandar 1869 - Nuova Delhi 1948*, politico indiano. Da avvocato, nel corso di un soggiorno in Sudafrica (tra il 1893 e il 1914), si dedicò alla difesa degli indiani dalle discriminazioni razziali ed elaborò la dottrina della non violenza. Ritornato in India, si impegnò nella lotta contro gli inglesi, che lo imprigionarono diverse volte. Leader del movimento nazionale a partire dal 1920, ne lasciò la direzione a J. Nehru nel 1928. Si dedicò all'educazione del popolo e ai problemi dei paria, guidò azioni di massa (disobbedienza civile del 1930; Quit India, 1942) e intervenne per comporre i dissidi tra indù e musulmani (1946-1947). Fu assassinato nel 1948 da un estremista indù.
■ *Il Mahatma Gandhi nel 1947.*

GANESHA o **GANAPATI**, divinità indù dalla testa di elefante, con quattro braccia e corpo di topo. È il dio della saggezza e dell'intelligenza.

GANGE, f. dell'India, che nasce dall'Himalaya e sfocia nel Golfo del Bengala formando un vasto delta ricoperto di risaie; 3090 km. Attraversa Kanpur, Benares e Patna. — Nelle sue acque sacre si bagnano i pellegrini.

GANIMÈDE MITOL. GR. Principe di Troia. Zeus, sotto forma di aquila, lo rapì e ne fece il coppiere degli dei.

GANIVET (Ángel), *Granada 1865 - Riga 1898*, scrittore spagnolo. I suoi romanzi realisti e il suo *Idearium spagnolo* hanno anticipato il rinnovamento letterario spagnolo dei primi del '900.

GÀNNA (Luigi), *Induno Olona 1883 - Varese 1957*, ciclista. Vincitore del primo Giro d'Italia (1909), nel 1912 cominciò la produzione di una propria linea di biciclette. Il marchio è tuttora presente sul mercato.

GANSU, prov. della Cina settentr.; 24.940.000 ab.; capol. *Lanzhou*.

GANTT (Henry Laurence), *Calvert County, Maryland, 1861 - Pine Island, Stato di New York, 1919*, ingegnere statunitense. Continuò l'opera di F.W. Taylor approfondendo l'impatto sociale dell'organizzazione del lavoro.

GANZHOU, c. della Cina (Kiangsi); 391.454 ab.

GAO, c. del Mali, sul Niger; 55.300 ab. Fondata intorno all'VIII sec., fu la cap. dell'impero songhai (1464-1591). — Moschea (XIV sec.) e necropoli.

GAO XINGJIAN, *Ganzhou 1940*, scrittore e pittore francese di origine cinese. Figura importante del modernismo, vittima dell'ostilità delle autorità di Pechino, si è rifugiato in Francia nel 1988. Saggista, drammaturgo e romanziere (*La montagna dell'anima*, 1995), si è dedicato anche alla pittura. (Premio Nobel per la letteratura 2000.)

GAP, c. della Francia, capol. del dip. Hautes-Alpes; 38.612 ab. Sede vescovile. Centro amministrativo e commerciale. — Musei.

GAP (Grùppi di azióne patriòttica), unità di combattimento partigiane formatesi all'indomani dell'8 sett. 1943, con compiti di guerriglia e boicottaggio, nell'ambito della Resistenza al nazifascismo.

GARAMONT o **GARAMOND** (Claude), *Parigi 1499-1561*, tipografo francese. Autore della creazione di diversi caratteri tipografici, tra cui quello che porta il suo nome.

GARBAGNÀTE MILANÉSE, com. in prov. di Milano; 28.093 ab. Importante centro industriale, produzione di materiale chimico e farmaceutico.

GARBAGNÀTE MONASTÈRO, com. in prov. di Lecco; 2091 ab. Chiesa romanica dei SS. Nazario e Celso (XI sec.).

GARBO (Greta Louisa Gustafsson, detta Greta), *Stoccolma 1905 - New York 1990*, attrice cinematografica svedese naturalizzata statunitense. Soprannominata "la Divina", per via dell'incredibile bellezza e della personalità affascinante, incarnò il prototipo della star: *La regina Cristina* (R. Mamoulian, 1933), *An-*

na Karenina (C. Brown, 1935), *Ninotchka* (E. Lubitsch, 1939).
■ *Greta Garbo nel film* La regina Cristina *(1933), di R. Mamoulian.*

GÀRBOLI (Césare), *Viareggio 1928*, scrittore e critico letterario. Traduttore dal francese (Molière, A. Gide), ha scritto saggi su E. Morante (*Il gioco segreto*, 1995) e curato pubblicazioni di G. Pascoli (*Poesie familiari*, 1995). Tra le opere, *La stanza separata* (1971), *Penna papers* (1984), *Scritti servili* (1989).

GARBORG (Arne), *Time 1851 - Asker 1924*, scrittore norvegese. È autore di opere in landsmaal, una lingua nazionale creata sulla base del norvegese antico, e di romanzi, che affrontano la questione della libertà di pensiero.

GARCÍA CALDERÓN (Ventura), *Parigi 1886-1959*, diplomatico e scrittore peruviano, autore di racconti e novelle (*La vendetta del condor*).

GARCÍA GUTIÉRREZ (Antonio), *Chiclana de la Frontera 1813 - Madrid 1884*, drammaturgo spagnolo. I suoi drammi sono contrassegnati da un tetro romanticismo; da alcuni di essi furono tratti i libretti delle omonime opere di G. Verdi (*Il trovatore*, 1836; *Simon Boccanegra*, 1843).

GARCÍA LORCA (Federico), *Fuente Vaqueros 1898 - Víznar 1936*, poeta e drammaturgo spagnolo. Autore di poemi lirici (*Romancero gitano*, 1928; *Poeta a New York*, 1940) e di opere teatrali (*Nozze di sangue*, 1933; *Yerma*, 1934; *La casa di Bernarda Alba*, 1936), fu fucilato dai franchisti all'inizio della guerra civile.
■ *Federico García Lorca ritratto da G. Prieto.*

GARCÍA MÁRQUEZ (Gabriel), *Aracataca 1928*, scrittore colombiano. I suoi romanzi, dalla prosa ricca di suggestione, compongono un affresco realistico e allo stesso tempo barocco e fantastico dell'America latina (*Cent'anni di solitudine*, 1967). (Premio Nobel 1982.)

■ *Gabriel García Márquez.*

GARCÍA PÉREZ (Alan), *Lima 1949*, politico peruviano. Presidente della repubblica dal 1985 al 1990, ha messo in atto misure economiche radicali (nazionalizzazione delle banche, 1987), prima della recessione del 1988.

GARCILASO DE LA VEGA, *Toledo 1501 o 1503 - Nizza 1536*, cortigiano e poeta spagnolo, autore di poemi lirici e pastorali.

GARCILASO DE LA VEGA (Sebastián), *Badajoz 1495 - Cuzco 1559*, conquistatore spagnolo. Partecipò alla conquista del Perú. Governatore di Cuzco (1548), si segnalò per l'umanità dimostrata nei confronti degli indigeni. — **Garcilaso de la Vega**, detto **El Inca**, *Cuzco 1539 - Cordoba 1616*, scrittore peruviano. Figlio di Sebastián e di una principessa inca, si stabilì in Spagna a partire dal 1560. I suoi *Commentari reali* (1609) influenzarono per secoli la visione che gli europei avevano dell'impero inca.

GARD, dip. della Francia, nella reg. Linguadoca-Rossiglione; capol. *Nîmes*; 5853 km²; 623.125 ab. Vigneti; agricoltura (frutta, ortaggi). Industrie presenti soprattutto a Nîmes e sul Rodano.

GARD (pónte di), ponte-acquedotto romano, del I sec. d.C. Formato da tre arcate sovrapposte, è lungo 273 m e alto 49 m. Nel XVIII sec. vi fu affiancato un ponte stradale.

GÀRDA (lágo di), lago prealpino di origine glaciale, il più esteso d'Italia (370 km²). Agricoltura, turismo nei centri sulla costa (Riva del G., Sirmione, Peschiera del G., Desenzano).

GARDAFÙI (Càpo) → GUARDAFUI (Capo).

GARDÀNO, famiglia di editori musicali di origine francese. — **Antonio G.**, *Francia 1509 - Venezia 1569*. Nel 1537 iniziò l'attività, che fu proseguita dai figli: — **Alessandro G.**, *XVI sec.*, e — **Angelo G.**, *1540-1611*. La casa editrice pubblicò antologie e raccolte dei maggiori musicisti dell'epoca.

LAGO DI GARDA. *Punta Belvedere e l'isoletta San Biagio.*

GARDEL (Charles **Gardés**, detto Carlos), *Tolosa 1890 - Medellín, Colombia, 1935*, compositore argentino di origine francese. Scrisse, compose e interpretò molti tanghi, diventati popolari in tutto il mondo (*Mano a mano, Amor*).

GARDÈLLA (Ignàzio), *Milano 1905 - Oleggio 1999*, architetto. È stato uno dei maggiori esponenti del razionalismo e, nel dopoguerra, dell'architettura italiana. Tra le opere, Casa alle Zattere a Venezia (1957), Facoltà di architettura di Genova (1990).

GARDÈNA (Vàl), in ted. **Grödnertal**, valle delle Alpi Dolomitiche, in Trentino-Alto Adige. Percorsa dal f. omonimo, si estende dal Passo Sella a Ponte Gardena. Agricoltura (legno, foraggi), allevamento del bestiame, turismo. Centri principali: Ortisei, Selva.

GARDINER (Stephen), *Bury Saint Edmunds 1482 ca. - Londra 1555*, prelato e statista inglese. Sostenne Enrico VIII contro il papa nel 1533. Divenuto lord cancelliere sotto Maria Tudor (1553), perseguitò i protestanti.

GARDNER (Ava), *Smithfield, Carolina del Nord, 1922 - Londra 1990*, attrice cinematografica statunitense, una delle grandi dive di Hollywood (*Pandora*, A. Lewin, 1951; *La contessa scalza*, J. Mankiewicz, 1954; *La notte dell'iguana*, J. Huston, 1964).

GARDÓNE RIVIÈRA, com. in prov. di Brescia; 2521 ab. Posto sulla riva occ. del Lago di Garda, è formato da due nuclei, G. di Sotto e G. di Sopra. Villorie degli Italiani, complesso di edifici e giardini residenza di G. D'Annunzio dal 1920 al 1938.

GARDÓNE VAL TRÓMPIA, com. in prov. di Brescia; 10.825 ab. Industrie di armi leggere, meccaniche, metallurgiche. Chiesa di S. Maria degli Angeli (1442).

GARFAGNÀNA, reg. della Toscana nord-occ., in prov. di Lucca. Percorsa dal f. Serchio, è compresa tra l'Appennino Tosco-Emiliano a NO e le Alpi Apuane a SO. Il territorio è montuoso e collinare. Centro principale: Barga.

GARGALLO (Pablo), *Maella, Saragozza, 1881 - Reus 1934*, scultore spagnolo. Partito dal cubismo, utilizzò soprattutto il ferro per creare figure caratterizzate da un elegante gusto barocco.

GARGÀLLO (Tommàso), *Siracusa 1760-1842*, letterato. Studioso dei classici latini, subì anche l'influenza romantica. Tradusse in partic. le *Odi* di Orazio (1809), il *De officiis* di Cicerone (1814), le *Satire* di Giovenale (1842).

GARGÀNO, promontorio calcareo della Puglia settentr., sul Mare Adriatico; 1056 m. Ricco di boschi (la Foresta umbra nell'interno), il G. presenta una costa alta e rocciosa, fatta eccezione per le zone in corrispondenza dei laghi costieri di Lesina e Varano. Coltivazioni (viti, olivi, frutteti); turismo nei centri sulla costa (Rodi Garganico, Peschici, Vieste). Nel 1995 è stato istituito il Parco nazionale del G.

GARGANTUA E PANTAGRUEL, romanzo in cinque libri di F. Rabelais (1532-1564). Vi sono narrate, in un tono comico-fantastico che contrasta con il realismo descrittivo, le mirabolanti avventure di due giganti, padre e figlio. L'ultimo libro uscì postumo.

GARGNÀNO, com. in prov. di Brescia, sulla sponda occ. del Lago di Garda; 3009 ab. Chiesa di S. Francesco (1289). Villa Feltrinelli.

GARIBÀLDI (Giusèppe), *Nizza 1807 - Caprera 1882*, generale e patriota. Entrato nella Giovine Italia, coinvolto nel fallito tentativo insurrezionale di Genova (1834), fu condannato a morte e costretto a fuggire in Brasile, dove combatté con i secessionisti. Da lì si recò in Uruguay dove creò un corpo italiano all'interno del movimento indipendentista. Tornato in Italia (1848), radunò alcuni volontari per combattere contro gli austriaci. A Roma comandò le truppe della legione italiana contro i francesi che, nonostante le sconfitte subite (Palestrina, Velletri), fecero cadere la città. G. riparò a San Marino e poi in Veneto, prima di ripartire per l'America. Nel 1854 tornò in Italia, si stabilì a Caprera e fu nominato generale dell'esercito piemontese da C. Cavour (1859). Dopo aver riportato diverse vittorie sugli austriaci, in seguito all'armistizio di Villafranca si dimise dall'incarico. Nel 1860 si mise a capo del Partito d'azione, all'interno del quale organizzò un gruppo di volontari (i Mille) allo scopo di cacciare i Borbone. Dopo aver occupato quasi interamente il regno delle Due Sicilie, G. accettò di incontrare Vittorio Emanuele a Teano. In seguito si ritirò a Caprera, senza per questo rinunciare al proposito di liberare Roma. La nuova spedizione fu però bloccata sull'Aspromonte e G. fu ferito e imprigionato. Successivamente liberato, allo scoppio della terza guerra d'indipendenza, accettò di nuovo il comando di un corpo di volontari, che guidò alla vittoria in Trentino. Nel 1867 tentò una seconda spedizione su Roma ma fu sconfitto dai francesi, più forti e meglio organizzati militarmente. Si ritirò quindi a Caprera, continuando a svolgere attività politica (appoggiò la Prima Internazionale e fu parlamentare tra le file dei democratici).

■ *Giuseppe Garibaldi. (Museo del Risorgimento, Roma.)*

GARIFUNA, popolazione della costa caraibica dell'America centrale, dal Nicaragua al Belize (ca. 250.000 individui).

GARIGLIÀNO, f. dell'Italia centrale, tra il Lazio e la Campania; 38 km.

GARIN (Eugènio), *Rieti 1909*, storico della filosofia. Ha studiato i rapporti tra Medioevo e Rinascimento, dedicandosi poi a un'analisi della filosofia italiana contemporanea. Tra le opere, *Medioevo e Rinascimento* (1954), *Filosofia e scienze del Novecento* (1978).

GARINÈI & GIOVANNÌNI, coppia di autori e registi teatrali formata da Pietro Garinei (Trieste 1919) e Sandro Giovannini (Roma 1915-1977). Sono stati tra i maggiori esponenti del teatro musicale italiano del dopoguerra: *Gran baldoria* (1951), *Rugantino* (1962), *Aggiungi un posto a tavola* (1973).

GARIZIM (Mônte), montagna della Palestina, a S di Sichem. Luogo di culto dei samaritani.

GARLAND (Frances **Gumm**, detta Judy), *Grand Rapids, Minnesota, 1922 - Londra 1969*, attrice cinematografica statunitense. Rivelatasi da bambina nel *Mago di Oz* (V. Fleming, 1939), ha recitato e cantato in diversi musical ed è stata la protagonista di numerosi film: *Incontriamoci a Saint-Louis* (V. Minnelli, 1944), *Il pirata* (id., 1948), *È nata una stella* (G. Cukor, 1954).

GARMISCH-PARTENKIRCHEN, c. della Germania (Baviera); 26.448 ab. Stazione di sport invernali (708-2963 m d'alt.). — Chiese antiche.

GARNER (Erroll), *Pittsburgh 1921 - Los Angeles 1977*, pianista jazz statunitense. Formatosi nell'ambito del be-bop, in qualità di solista e come leader del suo trio, è stato uno dei più grandi improvvisatori di jazz e ha sviluppato uno stile melodico, basato su un originale trattamento dello swing.

GARNERIN (André), *Parigi 1770-1823*, aeronauta francese. Compì la prima discesa in paracadute lanciandosi da una mongolfiera (Parigi, 1797). — **Jeanne Labrosse G.**, *1775-1847*, aeronauta francese. Moglie di André, fu la prima donna paracadutista.

GARNIER (Charles), *Parigi 1825-1898*, architetto francese. Affascinato dalla Roma e dall'Italia, realizzò il suo capolavoro, l'Opéra di Parigi (1862-1874), seguendo canoni razionali e allo stesso tempo di un eclettismo esuberante.

GARNIER (Robert), *La Ferté-Bernard 1544 o 1545 - Le Mans 1590*, poeta francese. Scrisse tragedie (*Le ebree*) e una tragicommedia (*Bradamante*) rifacendosi all'impianto classico introdotto da Seneca.

GARNIER (Tony), *Lione 1869 - Carnoux 1948*, architetto francese. Affascinato da Roma, autore di un progetto innovatore di *cité industrielle* (1901-1917), lavorò soprattutto a Lione.

GARO, popolazione tribale del Meghalaya, in India (ca. 600.000 individui). I g., antichi cacciatori di teste, in parte cristianizzati, professano un culto degli antenati vicino all'induismo. Oggi sono dediti all'agricoltura e parlano il boro, idioma della famiglia tibeto-birmana.

GARÒFALO (Benvenùto **Tisi**, detto), *Ferrara 1481-1559*, pittore. Influenzato inizialmente da B. Boccaccino e L. Costa, ricalcò in seguito il cromatismo di Giorgione (*Presepe*, 1505-1508), avvicinandosi infine al modello di Raffaello.

GARÒNNA, f. della Francia sud-occ., che nasce in Spagna (Valle di Aran) e, insieme alla Dordogna, forma l'estuario della Gironda; 650 km.

GAROUA, c. del Camerun settentr., sul f. Bénoué; 313.000 ab.

GARRETT (Almeida) → ALMEIDA-GARRETT (Soão Baptista da).

GARRICK (David), *Hereford 1717 - Londra 1779*, attore teatrale e drammaturgo britannico. Interprete di W. Shakespeare e autore di diverse commedie, riformò la tradizione scenica inglese.

GARROS (Roland), *Saint-Denis, La Réunion, 1888 - presso Vouziers 1918*, aviatore e ufficiale francese. Più volte detentore del record mondiale di altitudine, compì la prima traversata del Mediterraneo (1913). Fu ucciso in un combattimento aereo.

GARY, c. degli Stati Uniti (Indiana), sul Lago Michigan; 102.746 ab. Industrie siderurgiche.

GARY (Romain **Kacew**, detto Roman), *Vilna, att. Vilnius, 1914 - Parigi 1980*, scrittore francese. Ha smascherato le menzogne del mondo contemporaneo (*Le radici del cielo*) e messo in luce l'angoscia dell'uomo di fronte alla vecchiaia e alla morte (*La vita davanti a sé*). È morto suicida. Ha firmato diverse opere con lo pseudonimo di Émile Ajar.

GARZÀNTI (Àldo), *Forlì 1888 - San Pellegrino 1961*, editore. Nel 1938 rilevò la casa editrice Treves, attribuendole il proprio nome. Alla sua morte, l'attività passò sotto la direzione del figlio Livio (Milano 1921); nel 1995 è passata sotto il controllo della UTET. La G. si è specializzata in narrativa italiana e straniera e saggistica; ha realizzato importanti opere, quali la *Storia della letteratura italiana* (1969) e l'*Enciclopedia Europea* (1978).

*Un tratto di costa del **GARGANO** con il caratteristico Architiello.*

GARZÓNI (Ottaviàno, detto Tommàso), *Bagnacavallo 1549-1589*, scrittore. Fu autore di numerose opere, che rivelano ironia ed erudizione, ricche di notizie e commenti sui costumi dell'epoca: *Teatro dei vizi e dei diversi cervelli umani* (1583), *La sinagoga degli ignoranti* (1589).

GASCOIGNE (George), *Cardington 1525 ca. - Bernack 1577*, scrittore inglese. Fu il primo inglese a redigere un trattato di arte poetica.

GASHERBRUM, massiccio del Karakoram, ai confini tra Cina e Pakistan; la sua vetta più elevata, l'Hidden Peak, o Gasherbrum I, raggiunge gli 8068 m.

GASLÌNI (Giórgio), *Milano 1929*, pianista, direttore d'orchestra e compositore. Nella sua vasta produzione ha mescolato diversi generi, raggiungendo vette espressive con il jazz (*Oltre, Nuovi sentimenti*) e la musica da film (colonna sonora per *La notte* di M. Antonioni).

GÀSPARO DA SALÒ (Gàsparo **Bertolòtti**, detto), *Salò 1540 - Brescia 1609*, liutaio. È considerato da alcuni il creatore del violino (1562, "invenzione" più spesso attribuita ad A. Amati). Proprietario di un celebre laboratorio, realizzò strumenti musicali molto apprezzati all'epoca.

GASPÀRRE, nome che una tradizione tarda attribuisce a uno dei tre re magi.

GASPÀRRI (Piètro), *Ussita 1852 - Roma 1934*, ecclesiastico. Eletto cardinale nel 1907, collaborò alla stesura del *Codex iuris canonici* (1917) e negoziò i patti lateranensi del 1929.

GASSENDI (Pierre **Gassend**, detto), *Champtercier, presso Digne, 1592 - Parigi 1655*, filosofo francese. Autore di diversi trattati di matematica, acustica e astronomia, criticò le teorie cartesiane e cercò di conciliare l'antico atomismo e la morale epicurea con il cristianesimo.

GASSER (Herbert), *Platteville, Wisconsin, 1888 - New York 1963*, fisiologo statunitense. Ha compiuto vari studi sulle fibre nervose. (Premio Nobel 1944.)

GÀSSMAN (Vittòrio), *Genova 1922 - Roma 2000*, attore cinematografico e teatrale. Ha esordito in ambito teatrale, dove si è affermato come l'erede della tradizione dei grandi attori ottocenteschi, interprete di un repertorio vasto, che spazia dai classici (W. Shakespeare, soprattutto) ai contemporanei (*Affabulazione*, 1977). Ha anche avuto una fortunata carriera cinematografica, imponendosi come uno dei più grandi attori del '900, protagonista indiscusso della commedia all'italiana (*Riso amaro*, G. De Santis, 1949; *La grande guerra*, M. Monicelli, 1959; *Il sorpasso*, D. Risi, 1962; *Profumo di donna*, id., 1974; *C'eravamo tanto amati*, E. Scola, 1974; *La famiglia*, id., 1987).

■ *Vittorio Gassman.*

GASTÒLDI (Giovànni Giàcomo), *Caravaggio 1555 ca. - Milano 1619 ca.*, compositore. Maestro di cappella del duomo di Milano (1609), compose numerose opere sacre e profane, tra le quali i celebri *Balletti* a 5 voci (1591), che ebbero notevole influenza sulla musica successiva.

GASTON DE FOIX, *Foix 1489-1512*, duca di Nemours. Nipote di Luigi XII, nel 1505 gli fu assegnato il trono di Navarra. Nel 1511 combatté la Lega santa in Italia e morì in battaglia.

GATES (William, detto Bill), *Seattle 1955*, imprenditore statunitense. Nel 1975 ha fondato la società produttrice di software *Microsoft*, estendendo poi la sua attività a tutti i settori della comunicazione. Accusato di violazione della legge antitrust, nel 2000 ha abbandonato la guida operativa della Microsoft.

GATINEAU, c. del Canada (Québec), sobborgo settentr. di Ottawa, sul f. G. (400 km); 218.064 ab. Cartiere, industrie chimiche. Centro universitario.

GATT (General Agreement on Tariffs and Trade, in it. accordo generale sulle tariffe doganali e il commercio), accordo siglato nel 1947 a Ginevra,

su cui si fondano i grandi negoziati commerciali internazionali. Dal 1995 è diventato *WTO.

GATTAMELÀTA (Eràsmo **da Nàrni**, detto il), *Narni 1370 ca. - Padova 1443*, condottiero. Al servizio di Firenze, poi dello Stato pontificio (1427-1434) e dei veneziani, fu nominato capo dell'esercito (1437). Donatello gli dedicò una famosa statua equestre a Padova (1446-1453 ca.).

GATTI (Dante, detto Armand), *Monaco 1924*, giornalista, drammaturgo e regista teatrale francese. È autore di opere sulle lotte sindacali (*La vita immaginaria dello spazzino Auguste G.*), sul fascismo (*La passione del generale Franco*), sui campi di concentramento.

GATTINÀRA, com. in prov. di Vercelli; 8543 ab. Agricoltura (riso, uva). Industrie del legno, meccaniche, tessili. Nei dintorni, santuario di S. Maria di Rado (XVII sec.).

GÀTTO (Alfònso), *Salerno 1909 - Capalbio 1976*, poeta. Dopo le prime raccolte di stampo surrealista (*Isola*, 1932; *Morto ai paesi*, 1937), scrisse versi sulla Resistenza (*Il capo sulla neve*, 1949), tornando poi a liriche di carattere ermetico (*La forza degli occhi*, 1954; *Osteria flegrea*, 1962).

GÀTTO CON GLI STIVÀLI (Il), favola di C. Perrault (1697) che ha per protagonista un gatto ingegnoso, dotato di stivali magici, che fa la fortuna del suo padrone.

GATTOPÀRDO (Il), romanzo di G. Tomasi di Lampedusa, pubblicato nel 1958. Ambientato in Sicilia sul finire della dominazione borbonica, racconta lucidamente il passaggio del potere dall'aristocrazia alla borghesia.

GATWICK, uno degli aeroporti di Londra, 40 km a S della città.

GAUDÍ (Antoni o Antonio), *Reus 1852 - Barcellona 1926*, architetto e scultore spagnolo. Si ispirò all'arte gotica per concepire, nel solco del "modernismo catalano", uno stile architettonico audace e singolare. A Barcellona: chiesa della Sagrada Familia (cominciata nel 1883, incompiuta); casa Milá detta "la Pedrera"; parco Güell.

GAUGUIN (Paul), *Parigi 1848 - Isole Marchesi 1903*, pittore francese. Inizialmente seguace dell'impressionismo, se ne allontanò per realizzare dipinti dalle larghe pennellate e dal tratto conciso, cui conferì un'intensa spiritualità, di ascendenza simbolista. Desideroso di risalire alle origini dell'atto creativo, dal 1886 soggiornò in Bretagna con É. Bernard e altri artisti (scuola di Pont-Aven, nascita del sintetismo); raggiunse poi ad Arles V. Van Gogh, e nel 1891 si stabilì in Polinesia (Tahiti, Hiva-Oa). La sua opera esercitò un notevole influsso su *nabis* e *fauves*. (*La visione dopo il sermone*, 1888, Edimburgo; *Donde veniamo? dove siamo? dove andiamo?*).

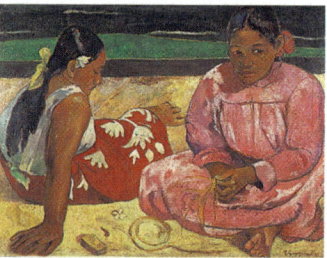

Paul **GAUGUIN**. Donne di Tahiti, 1891.
(Musée d'Orsay, Parigi.)

GAUHATI, c. dell'India (Assam), sul Brahmaputra; 808.021 ab.

GAULTIER (Jean-Paul), *Arcueil 1952*, stilista francese. Nelle sue provocatorie creazioni coniuga ironia, ispirazione etnica e gusto per gli accostamenti inediti.

GAUME o **LORÈNA BELGA**, la reg. più merid. del Belgio (prov. di Lussemburgo).

GAUMONT (Léon), *Parigi 1863 - Sainte-Maxime 1946*, inventore e imprenditore francese. Fu uno dei fondatori dell'industria cinematografica. A lui si devono i primi esperimenti di cinema muto (1902) e di cinema a colori (1912).

GAUSS (Carl Friedrich), *Brunswick 1777 - Gottinga 1855*, astronomo, fisico e matematico tedesco. I suoi numerosi lavori hanno per oggetto, in part., la meccanica celeste, la geodesia, il magnetismo, l'elettromagnetismo e l'ottica. La sua concezione moderna della natura astratta della matematica gli permise di ampliare la teoria dei numeri. Convinto dell'indimostrabilità del teorema di Euclide sulle parallele, intuì l'esistenza di geometrie non euclidee.

■ *Carl Friedrich Gauss ritratto da C.A. Jensen. (Osservatorio di Gottinga.)*

GAUTIER (Théophile), *Tarbes 1811 - Neuilly 1872*, scrittore francese. Sostenitore del romanticismo, critico teatrale e d'arte, autore di resoconti di viaggio, di racconti fantastici e di romanzi (*Capitan Fracassa*, 1863), difese strenuamente "l'arte per l'arte" (*Smalti e cammei*, 1852).

■ *Théophile Gautier ritratto da A. de Châtillon. (Musée Carnavalet, Parigi.)*

GAVÀRDO, com. in prov. di Brescia; 9695 ab. Centro agricolo (ortaggi, frutta). Industrie calzaturiere, del legno. Cave di marmo.

GAVARNI (Sulpice Guillaume **Chevalier**, detto Paul), *Parigi 1804-1866*, disegnatore e litografo francese. Collaboratore del periodico *Charivari*, rappresentò con arguzia i costumi della borghesia e degli studenti francesi.

GAVAZZÈNI (Gianadrèa), *Bergamo 1909 - 1996*, direttore d'orchestra. Ha svolto un'intensa attività nei maggiori teatri mondiali, specializzandosi nel repertorio ottocentesco italiano. È stato anche direttore artistico della Scala di Milano.

GÀVIA (Pàsso di), valico delle Alpi Retiche, in Lombardia; 2621 m. Collega la Valfurva con la Val Camonica.

GÄVLE, c. della Svezia, sul Golfo di Botnia; 90.886 ab. Porto.

GAVRINIS, isola della Bretagna, nel Golfo di Morbihan. Dolmen del IV millennio con incisioni a motivi vari.

GAY (John), *Barnstaple 1685 - Londra 1732*, scrittore inglese. B. Brecht e K. Weill si ispirarono alla sua *Opera dei mendicanti* (1728) per l'*Opera da tre soldi*.

GAYA, c. dell'India (Bihar); 383.197 ab. Nei dintorni, *Bodh Gaya*, importante meta di pellegrinaggio.

GAYE (Marvin Pentz **Gay Jr**, detto Marvin), *Washington 1939 - Los Angeles 1984*, cantante statunitense. Noto anche come batterista, è stato uno dei padri del soul (*How sweet it is to be loved by you*, 1965). Il suo capolavoro *What's going on* (1971) è un manifesto per i diritti dei neri.

GAY-LUSSAC (Louis Joseph), *Saint-Léonard-de-Noblat 1778 - Parigi 1850*, fisico e chimico francese. Scoprì, nel 1802, la legge di dilatazione dei gas. Nel 1804, nel corso di due viaggi in mongolfiera, studiò il magnetismo terrestre e dimostrò la costante della composizione dell'aria. Enunciò le leggi della combinazione del volume dei gas (1805). Con L.J. Thenard, dimostrò che il cloro è un corpo semplice. Scoprì il boro, analogo allo iodio e, in chimica industriale, perfezionò i procedimenti di raffinazione dei metalli preziosi.

■ *Louis Joseph Gay-Lussac.*

GAZA, c. e territorio della Palestina (detto anche striscia di G.); 363 km^2; 1.001.569 ab. Aeroporto. Contesa tra Israele ed Egitto, G. è stata inizialmente sotto il controllo degli egiziani (1948-1962), poi degli israeliani (1967-1994), i quali hanno favorito l'insediamento di colonie ebraiche. Teatro, a partire dal 1987, di una rivolta popolare palestinese, dal 1994 gode di uno statuto di autonomia secondo l'accordo israelo-palestinese del 1993. Tuttavia, dal 2000, il territorio ha conosciuto un riacutizzarsi degli scontri con Israele.

GÀZA (Teodòro), *Salonicco 1400 ca. - San Giovanni di Piro 1475*, umanista greco. Giunse in Italia nel 1438 e vi insegnò il greco in numerose città. Scrisse una *Grammatica greca* e opere storiche; fu anche un prolifico traduttore.

GAZIANTEP, c. della Turchia, a N di Aleppo; 712.800 ab.

GAZLI, c. dell'Uzbekistan; 12.000 ab. Gas naturale.

GAZNÀVIDI → GHAZNAVIDI.

GAZZANÌGA (Giusèppe), *Verona 1743 - Crema 1818*, compositore. Dopo il debutto a Napoli nel 1768 con *Il barone di Trocchia*, fu attivo a Crema. Scrisse 70 opere ca., tra le quali *Don Giovanni Tenorio o sia Il convitato di pietra* (1787), che ispirò il *Don Giovanni* di W.A. Mozart.

GAZZELLÓNI (Severino), *Roccasecca 1919 - Cassino 1992*, flautista. È stato flauto solista dell'orchestra sinfonica della RAI di Roma, contribuendo alla diffusione della musica contemporanea, ma prestando anche un'attenzione costante al repertorio tradizionale.

GAZZÉTTA DELLO SPÒRT (La), il più diffuso quotidiano di informazioni sportive in Italia. Fondato a Milano nel 1896, divenne quotidiano nel 1919. È stampato su carta di colore rosa e organizza importanti manifestazioni sportive (Giro d'Italia).

GAZZÉTTA UFFICIÀLE DELLA COMUNITÀ EUROPÈA (GUCE), pubblicazione ufficiale che diffonde testi e documenti dell'Unione Europea a tutti gli Stati membri.

GAZZÉTTA UFFICIÀLE DELLA REPÙBBLICA ITALIÀNA, organo ufficiale dello Stato italiano. Fondata a Roma nel 1871, pubblica quotidianamente le leggi, i regolamenti e i decreti dello Stato, che entrano in vigore, salvo diverse disposizioni, a partire dal quindicesimo giorno successivo alla pubblicazione.

GAZZETTÍNO (Il), quotidiano di orientamento moderato fondato nel 1887 a Venezia da G.P. Talamini. È att. il più diffuso quotidiano del Veneto.

GBAGBO (Laurent), *Gagnoa 1945*, politico della Costa d'Avorio. Leader dell'opposizione a F. Houphouët-Boigny, fondatore (1982) del Fronte popolare ivoriano, riveste la carica di presidente della repubblica dal 2000.

GDAŃSK, nome polacco di *Danzica.

GDYNIA, c. della Polonia, sul Mar Baltico, a NO di Danzica; 255.014 ab. Porto.

GÊ, famiglia etnolinguistica dell'America merid. (essenzialmente del centro del Brasile e del N del Paraguay; ca. 20.000 locutori).

GEBER (Abu Musa Giabir ibn Hayyan, detto), *Kufa, sull'Eufrate, '800 ca.*, alchimista arabo. Le sue opere esercitarono un influsso considerevole sugli alchimisti del Medioevo.

GEBRESELASSIE (Hailé), *Assella, prov. d'Arsi, 1973*, atleta etiope. Primatista del mondo dei 5000 m e dei 10.000 m, ha lungamente dominato quest'ultima specialità con 3 titoli mondiali (1993, 1997 e 1999) e 2 titoli olimpici (1996 e 2000).

GEBUSÈI, popolazione preisraelita della reg. di Gerusalemme, sottomessa da Davide.

GEDEÓNE, *XII sec. o XI sec. a.C.*, giudice d'Israele. Sconfisse i madianiti, una popolazione palestinese.

GEDIMINO, *m. a Wielona, sul Neman, nel 1341*, granduca di Lituania (1316-1341). Fu il fondatore dello Stato della Lituania.

GEEL, com. del Belgio (prov. di Anversa); 33.879 ab. Industrie elettrotecniche. — Chiesa gotica di S. Dimpna (XV sec.).

GEELONG, c. dell'Australia (Victoria); 125.382 ab. Raffinerie di petrolio. Alluminio.

GEHRY (Frank O.), *Toronto 1929*, architetto e designer statunitense. Nelle sue opere il barocco formale crea un contrasto con la policromia e l'assemblaggio di materiali (Aerospace Museum, Los Angeles, 1984; Museo Vitra, Weil am Rhein, Germania, 1989; Museo Guggenheim, Bilbao, 1997).

GEIGER (Hans), *Neustadt an der Weinstrasse 1882 - Potsdam 1945*, fisico tedesco. Dopo aver compiuto ricerche nel campo della fisica nucleare, con

Frank O. **GEHRY.** *Il Museo Guggenheim (1997) a Bilbao.*

E. Rutherford, nel 1913 ideò il dispositivo per la rilevazione delle particelle che porta il suo nome.

GEISERÌCO → GENSERICO.

GÈLA, com. in prov. di Caltanissetta; 79.058 ab. Agricoltura (cereali, cotone, legumi). Porto. Industria estrattiva e petrolchimica. — Fondata nel VII sec. dai greci, la città raggiunse il suo apogeo sotto Gelone (V sec. a.C.), che vi instaurò un regime tirannico e, dopo essere passata ai siracusani, venne distrutta nel III sec. a.C. dai mamertini. Nel 1230 Federico II fondò un altro nucleo urbano, Terranova, che ha assunto di nuovo il nome di G. nel 1927. — Museo nazionale archeologico.

GELÀSIO I (sànto), *m. a Roma nel 496*, papa (492-496), originario dell'Africa. Combatté il manicheismo, il pelagianesimo e l'arianesimo. – Gelasio II, *m. a Cluny nel 1119*, papa dal 1118 al 1119. Poco dopo l'elezione gli fu contrapposto l'antipapa Gregorio VIII.

GELIMÈRO, ultimo re dei vandali d'Africa (530-534). Venne sconfitto da Belisario nel 534.

GELLÉE (Claude) → LORRAIN (Claude Gellée).

GÈLLI (Giambattista), *Firenze 1498-1563*, scrittore. Compì studi da autodidatta e partecipò agli incontri che si tenevano agli Orti Oricellari. Si oppose alle teorie di P. Bembo, difendendo il valore della lingua parlata. Tra le opere, i dialoghi *I capricci del bottaio* (1546) e *La circe* (1549) e le commedie *La sporta* (1543) e *L'errore* (1556).

GÈLLI (Licio), *Pistoia 1919*, "maestro venerabile" della loggia massonica P2. Implicato in uno scandalo politico e finanziario nel 1981, poi arrestato, è evaso e fuggito all'estero nel 1983. Estradato in Italia, è stato condannato per la bancarotta del Banco Ambrosiano; resosi irreperibile e successivamente arrestato, ha ottenuto la sospensione della pena per motivi di salute (1999).

GÈLLIO (Àulo), *II sec. d.C.*, erudito latino. Le sue *Notti attiche* costituiscono una miniera di informazioni sulla letteratura e sulla civiltà antica.

GELL-MANN (Murray), *New York 1929*, fisico statunitense. Ha contribuito alla classificazione delle particelle a interazioni forti (adroni), introducendo la nozione di "stranezza" (carica conservata durante le interazioni elettromagnetiche). Ha inoltre postulato l'esistenza di costituenti elementari degli adroni, i quark. (Premio Nobel 1969.)

■ *Murray Gell-Mann.*

GELÓNE, *Gela 540 - Siracusa 478 a.C.*, tiranno di Gela (491-485) e di Siracusa (485-478). Sconfissei cartaginesi a Imera (480).

GELÓSI (compagnia dei), compagnia teatrale della commedia dell'arte. Attiva dal 1568 al 1604, fu la più importante dell'epoca. Diretta da F. Andreini dal 1583, ebbe un notevole successo a Firenze, Parigi e Vienna.

GELSENKIRCHEN, c. della Germania (Renania Settentrionale-Westfalia), nella Ruhr; 281.979 ab. Raffineria di petrolio. Stabilimenti chimici.

GEMAYEL (Pierre), *Mansourah 1905 - Bikfaya 1984*, politico libanese. Maronita, fondatore delle falangi libanesi (1936), lottò contro i nazionalisti arabi nel 1958 e contro i palestinesi a partire dal 1975. — Amin G., *Bikfaya 1942*, politico libanese. Figlio di Pierre, presidente della repubbli-

ca dal 1982 al 1988, ha cercato di salvaguardare le posizioni politiche dei cristiani.

GEMÈLLI, costellazione zodiacale. Le sue due stelle più brillanti sono Castore e Polluce. — Gemelli, terzo segno dello zodiaco, che il Sole lascia durante il solstizio d'giugno.

GEMÈLLI (Agostino), *Milano 1878-1959*, psicologo. Entrato nell'ordine dei frati minori, nel 1919 fondò l'Università cattolica del Sacro Cuore di Milano. Contribuì a diffondere lo studio della psicologia nelle sue varie forme, fondando nel 1909 la *Rivista di filosofia neoscolastica.*

GEMÈLLI CARÉRI (Giovànni Francésco), *Radicena 1651 - Napoli 1725*, viaggiatore. Descrisse le sue peregrinazioni nei volumi *Viaggi per l'Europa* (1693) e *Giro intorno al mondo* (1699-1700), racconto di un viaggio compiuto tra il 1693 e il 1698.

GEMINIÀNI (Francésco Savèrio), *Lucca 1680 ca. - Dublino 1762*, compositore e violinista. Considerato uno dei padri del violino moderno, fu allievo di A. Corelli e A. Scarlatti. Tra le opere, *L'arte di suonare il violino* (1731), *Guida armonica* (1742) e il balletto *La foresta incantata* (1754).

GEMÌSTO PLETÓNE (Giòrgio), *Costantinopoli 1355 ca. - nel Peloponneso 1450 ca.*, filosofo e umanista bizantino. Esercitò un'influenza notevole durante il Rinascimento, per aver diffuso il pensiero platonico in Italia.

GÈMITO (Vincènzo), *Napoli 1852-1929*, scultore. Vicino al verismo, predilesse l'utilizzo della terracotta, realizzando opere a soggetto popolare (*Il malatiello*, 1870). Celebri anche i ritratti di personaggi famosi (*Giuseppe Verdi*, 1873).

GEMÓNA DEL FRIÙLI, com. in prov. di Udine; 11.210 ab. Agricoltura (frutta, mais). Industrie della carta, tessili. Fu gravemente danneggiato dal terremoto del mag. 1976.

GENAZZÀNO, com. in prov. di Roma; 5376 ab. Agricoltura (cereali, ortaggi, olive). Borgo medievale con edifici religiosi.

GENERAL ELECTRIC, società statunitense fondata nel 1892 a New York. Nata dalla fusione della Thomson Houston Co. con la Edison General Electric, opera nel settore industriale e della costruzione di apparecchiature elettriche.

GENERÀLI, compagnia di assicurazione. Fondata a Trieste nel 1831, è la prima impresa italiana del settore. Opera anche in molti paesi esteri, occupando rilevanti quote di mercato in diversi settori (privati, aziende, trasporti, banche).

GENERAL SANTOS, c. delle Filippine, sulla costa merid. di Mindanao; 411.822 ab.

GENERAZIÓNE PERDÙTA, in ingl. **lost generation**, nome con cui venivano identificati gli scrittori statunitensi (J.R. Dos Passos, F.S. Fitzgerald, E. Hemingway, E.E. Cummings) che, all'indomani della prima guerra mondiale, cercarono nei viaggi e nel socialismo un rimedio al loro disagio nell'Europa degli anni ruggenti.

GÈNESI, primo libro della Bibbia e primo dei cinque libri che compongono il *Pentateuco*. Racconta le origini dell'umanità e le vicende dei patriarchi e del popolo ebraico.

GENEST (sànto), martire romano identificato con Genès d'Arles, martire dell'inizio del IV sec.

GENET (Jean), *Parigi 1910-1986*, scrittore francese. Cantore del desiderio omosessuale, dei ladri (*Diario del ladro*, 1949) e degli emarginati, nei romanzi (*Nostra Signora dei Fiori*, 1944; *Miracle de la rose*, 1946), nelle poesie e nelle opere teatrali (*Le cameriere*, 1947; *Il balcone*, 1957; *I paraventi*, 1961) rievocò la sua gioventù maledetta, condannando il disprezzo dei benpensanti e messa al bando dall'ipocrisia del mondo contemporaneo.

■ *Jean Genet nel 1981.*

GENEZARETH (Làgo di), nome con cui nei Vangeli si indica il Lago di Tiberiade.

GÈNGA, com. in prov. di Ancona; 1966 ab. Agricoltura (foraggi, patate). Industrie metalmeccaniche. Nei dintorni, chiesa romanica di S. Vittore delle Chiuse.

GÈNGA (Giròlamo), *Urbino 1476-1551*, pittore e architetto. Influenzato dal Perugino e da Raffaello, fu un esponente del manierismo sia nella pittura

(*Martirio di san Sebastiano*, 1535) sia nell'architettura (villa dell'Imperiale a Pesaro, 1523-1535).

GENGIS KHAN, *pressi il Lago Bajkal 1167 ca. - Qingshui, Gansu, 1227*, appellativo di Temucin, fondatore dell'impero mongolo. Riconosciuto dai mongoli come *khan*, ossia "signore universale" (1206), conquistò la Cina settentr. (1211-1216), la Transoxiana (1219-1221), l'Afghanistan e la Persia orient. (1221-1222).

GENGIS KHAN *a cavallo. Particolare di un dipinto su seta; Cina, epoca Yuan. (Coll. priv.)*

GENIL, f. della Spagna, affl. di sinistra del Guadalquivir; 358 km. Attraversa Granada.

GENINA (Augùsto), *Roma 1892-1957*, regista e sceneggiatore cinematografico. Tra i suoi film, *La maschera e il volto* (1919), *Addio giovinezza* (1927), *Miss Europa* (1930), *Squadrone bianco* (1936), *L'assedio dell'Alcazar* (1940), *Bengasi* (1942), *Cielo sulla palude* (1949).

GENNARGÈNTU, massiccio montuoso della Sardegna centro-orient. È costituito da scisti e graniti del Paleozoico e in gran parte ricoperto da boschi. La vetta più elevata è la Punta La Marmora (1834 m). Pastorizia, sfruttamento forestale.

GENNÀRO (sànto), *Napoli o Benevento 250 ca. - Pozzuoli 305*, vescovo di Benevento. Fu decapitato durante le persecuzioni dell'imperatore Diocleziano. A Napoli ogni anno, a maggio e a settembre, i fedeli attendono il "miracolo di san G.", ossia la liquefazione del suo sangue coagulato in una teca conservata nel duomo.

GENNES (Pierre-Gilles **de**), *Parigi 1932*, fisico francese. Specialista di fisica dello stato fluido, ha dato significativi contributi teorici alla descrizione di sistemi disordinati: semiconduttori, superconduttività, cristalli liquidi, polimeri ecc. (Premio Nobel 1991.)

GÈNOVA, c. della Liguria, capol. di reg. e di prov., sul Golfo di G.; 636.104 ab. (*genovési*). Principale porto italiano. Centro industriale (raffinerie di petrolio, acciaierie, industrie metalmeccaniche, alimentari, del legno). — Fondata dai liguri nel VI sec. a.C., G. venne distrutta dai cartaginesi nel 202 sec. a.C. perché alleata di Roma. Più tardi subì i domini bizantino, longobardo e franco. Dotata, a partire dall'XI sec., di una flotta potente, G. partecipò alla prima crociata (1097), nel corso della quale gettò le basi del suo impero marittimo, malgrado la concorrenza di Pisa e poi la rivalità con Venezia (XIII sec.). Nel 1339 la città affidò il potere a un doge; tra il XIV e il XV sec. il suo impero fu distrutto da Venezia e dai turchi. Capitale della repubblica ligure nel 1797, venne annessa all'impero francese (1805), poi al regno di Sardegna (1815). – Tra i numerosi monumenti, la cattedrale di S. Lorenzo (XII-XVI sec.) e le chiese medievali di S. Donato, S. Maria del Castello, S. Stefano, S. Agostino. Ricchi palazzi (palazzo del Banco di S. Giorgio, 1260; Palazzo Doria-Tursi, XVI sec.; Palazzo ducale, XVI sec.). Palazzo Spinola, Palazzo Rosso e Palazzo Bianco ospitano importanti collezioni d'arte (dipinti, spec. della scuola genovese dei XVII-XVIII sec.). Pinacoteca dell'Accademia linguistica; acquario. — Nella provincia, quasi completamente montuosa e collinare, si praticano soprattutto attività industriali e floricoltura. Turismo balneare. Tra i centri principali Rapallo e Sestri Levante.

GENOVA. *Veduta del porto.*

GÈNOVA (Gólfo di), ampia insenatura del Mar Ligure, tra Capo Mele a O e il promontorio di La Spezia a E. La fascia costiera si divide in riviera di levante e di ponente, separate da Genova.

GENOVÈFFA (sànta), in fr. **Geneviève**, *Nanterre 422 ca. - Parigi 502 ca.*, patrona di Parigi. Salvò gli abitanti di Parigi dall'invasione di Attila (451).

GENOVÉSI (Antònio), *Castiglione 1713 - Napoli 1769*, filosofo ed economista. Fu il primo a tenere una cattedra di economia a Napoli (1754). La sua opera più celebre è *Lezioni sul commercio* (1765-1767), nella quale descrisse i problemi economici dell'epoca.

GENSERÌCO o **GEISERÌCO**, *m. nel 477*, primo re dei vandali d'Africa (428-477). Fondò uno Stato potente in Africa sett. e nelle isole del Mediterraneo occid. Nel 455 saccheggiò Roma.

GÈNTE, settimanale di informazione fondato nel 1957 a Milano da E. Rusconi, uno dei più diffusi in Italia.

GENTÌLE (Clàudio), *Tripoli 1953*, calciatore. Con la nazionale ha vinto la Coppa del mondo del 1982 in Spagna. Ha militato dal 1973 al 1984 nella Juventus, con la quale ha conquistato 6 scudetti, 2 Coppe Italia, 1 Coppa delle Coppe (1984) e 1 Coppa Uefa (1977), e dal 1984 al 1986 nella Fiorentina. Dal 2000 è responsabile della nazionale Under 21.

GENTÌLE (Giovànni), *Castelvetrano 1875 - Firenze 1944*, filosofo e politico. Concepì una dottrina filosofica ispirata al pensiero di G.W.F. Hegel e denominata "attualismo", che riduce tutta la realtà a puri atti dello spirito. Ministro dell'istruzione pubblica sotto B. Mussolini, elaborò una ri-

forma della scuola secondaria e redasse il *Manifesto degli intellettuali del fascismo* (1925); fu ucciso dai partigiani. Tra le sue opere: *Sommario di pedagogia come scienza filosofica*, *I fondamenti della teoria del diritto*, *Studi sul Rinascimento*.

GENTÌLE DA FABRIÀNO, *Fabriano 1370 ca. - Roma 1427*, pittore. Maestro dello stile gotico internazionale, erede dei miniaturisti, fu attivo a Venezia, Brescia, Firenze (*Adorazione dei magi*, 1423, Uffizi) e Roma. Tra le sue opere: *Madonna col bambino tra i santi Nicola e Caterina* (1390-1395, Staatlischen Museen, Berlino), *Incoronazione della Vergine e santi* (Brera, Milano).

GENTILÉSCHI (Oràzio **Lòmi**, detto Oràzio), *Pisa 1563 - Londra 1639*, pittore. Influenzato dal Caravaggio, durante il soggiorno romano elaborò uno stile personale ed elegante. Lavorò nelle Marche (1615 ca.), a Genova, a Parigi (1624), poi a Londra. Tra le opere: *Riposo della fuga in Egitto* (Kunsthistorisches Museum, Vienna). — **Artemisia G.**, *Roma 1597 - Napoli dopo il 1651*, pittrice, figlia di Orazio. Attiva soprattutto a Firenze e a Napoli, dipinse in stile caravaggesco. Tra le sue opere: *Giuditta e Oloferne* (1620 ca., Uffizi, Firenze).

GENTILÌNI (Frànco), *Faenza 1909 - Roma 1981*, pittore. Vicino a suggestioni "primitiviste" nell'uso delle forme e dei colori, si dedicò alla rappresentazione di figure umane, nature morte, scene di genere, monumenti.

GENTILÓNI (Vincènzo Ottorìno), *Filottrano 1865 - Roma 1916*, politico. Presidente dell'Unione elettorale cattolica (1909-1916), firmò con G. Giolitti l'accordo elettorale che porta il suo nome (1913).

GENTILE DA FABRIANO. *Adorazione dei magi, 1423. (Uffizi, Firenze.)*

GENTZEN (Gerhard), *Greifswald 1909 - Praga 1945*, logico-matematico tedesco. Sviluppò un sistema logico non assiomatico.

GENZÀNO DI RÓMA, com. in prov. di Roma; 22.359 ab. Adagiato sul Lago di Nemi, è uno dei com. del Parco regionale dei Castelli Romani.

GEORGE (Lloyd) → LLOYD GEORGE (David).

GEORGE (Stefan), *Büdesheim, Renania, 1868 - Minusio, presso Locarno, 1933*, poeta tedesco. Influenzato dai simbolisti francesi, diede una dimensione profetica alla sua poesia (*Il settimo cerchio, Il nuovo regno*).

GEORGE CROSS, decorazione britannica voluta nel 1940 dal re Giorgio VI.

GEORGETOWN, cap. della Guyana; 275.000 ab. nell'agglomerato. Porto.

GEORGE TOWN, c. della Malaysia, cap. dello Stato di Penang; 180.573 ab. Porto. Industria elettronica e tessile.

GEÒRGIA, in georg. **Sakartvelo**, Stato dell'Asia, nel Caucaso; 70.000 km^2; 5.239.000 ab. (*georgiani*). CAP. *Tbilisi*. LINGUA: *georgiano*. MONETA: *lari*.

GEOGRAFIA – Il paese è abitato per il 70% da georgiani (con minoranze di armeni, russi, osseti, abhasi, azeri ecc.). A S del Grande Caucaso il clima è subtropicale, almeno nella pianura del f. Rioni e sul litorale (meta turistica). Il territorio produce agrumi, tè e uva. Il sottosuolo è ricco soprattutto di manganese.

STORIA – Colonizzata da greci e romani (Colchide), poi dominata dai Sasanidi (Iberia), la regione viene conquistata dagli arabi intorno al 650. IX-XIII SEC.: il paese conosce una notevole fioritura e raggiunge l'apogeo sotto la regina Thamar (1184-1213), ma in seguito viene devastato dai mongoli. XVI-XVIII SEC.: la G., costretta a cedere parte del territorio all'Iran e all'impero ottomano, si pone sotto la protezione russa (1783); **1801**: viene annessa alla Russia; **1918**: diventa una repubblica indipendente. **1921**: in seguito all'intervento dell'Armata rossa, si instaura un regime di stampo sovietico. **1922**: la G., con le repubbliche autonome di Abhasia e dell'Adžaristan e la regione autonoma dell'Ossezia Meridionale, viene integrata nell'URSS; **1936**: diventa una repubblica federale. **1990**: le prime elezioni repubblicane libere decretano la vittoria degli indipendentisti. **1991**: la G. ottiene l'indipendenza. **1992**: Eduard Shevardnadze assume la guida del nuovo Stato, che deve far fronte ai movimenti separatisti nell'Ossezia Meridionale e in Abhasia. **1993**: dinanzi ai gravi conflitti interni, E. Shevardnadze fa appello alle forze armate russe e in cambio accetta l'ingresso nella CSI. **1995**: dopo l'adozione di una nuova Costituzione, Shevardnadze è eletto presidente della repubblica a suffragio universale (verrà confermato in carica nel 2000). **2001**: Avtandil Djorbenadze diventa primo ministro. **2003**: Shevardnadze è costretto ad abbandonare la sede del parlamento da un'accesa manifestazione. **2004**: è eletto presidente della repubblica Mikhail Saakashvili.

GEORGIA, Stato degli Stati Uniti, sull'Atlantico; 8.186.453 ab.; cap. *Atlanta*.

GEÒRGIA (Strétto di), braccio di mare (Pacifico) che separa l'Isola di Vancouver dal litorale canadese.

GEÒRGIA AUSTRÀLE o **GEÒRGIA DEL SUD**, isola britannica dell'Atlantico merid., dipendenza delle Falkland.

GEORGIÀNI, popolazione caucasica che vive soprattutto in Georgia ma anche in Russia, in Turchia e in Iran (ca. 4 milioni di individui). I g., che furono i primi abitanti della zona merid. del Caucaso, si dividono in g. propriamente detti e vari sottogruppi etnolinguistici (mingreli, lazi e svani). Sono principalmente cristiani ortodossi (patriarcato di Tbilisi) e parlano il georgiano. Si sono dati il nome di kartvelis.

GEÒRGICHE, poema didascalico in quattro canti di Virgilio (39-29 a.C.). Si tratta di una vera e propria epopea del rapporto uomo-natura, in cui si mescolano precetti tecnici e digressioni poetiche.

GEORGÒFILI (Accadèmia dei), istituto per lo studio e lo sviluppo dell'agricoltura, fondato a Firenze nel 1753 da Ubaldo Montelatici e tuttora attivo.

GÈOVA, forma italianizzata del nome ebraico *Jehovah*, che nasce dall'errata vocalizzazione di *YHWH* con l'aggiunta delle vocali di Adonaj (voce ebraica che significa "mio signore").

GÈOVA (testimòni di), gruppo religioso fondato negli Stati Uniti (1874 ca.) da Charles Taze Russell. Partiti da un'interpretazione molto letterale della Bibbia e conosciuti per il loro proselitismo, professano credenze millenariste.

GERA, c. della Germania (Turingia), sul f. Elster Bianco; 114.718 ab. Monumenti antichi.

GERÀCE, com. in prov. di Reggio Calabria; 2919 ab. Cattedrale normanna (XI sec.). Chiesa di S. Francesco (XIII sec.).

GERÀCE (Vincènzo), *Cittanova di Calabria 1876 - Roma 1930*, poeta. Polemizzò con il decadentismo, in nome della tradizione leopardiana e carducciana. Tra le opere, *La fontana nella foresta* (1928).

GERÀCI SÌCULO, com. in prov. di Palermo; 2151 ab. Resti di un castello normanno (XI sec.), con annessa chiesa di S. Anna (XIV sec.). Chiesa di S. Stefano (XVII sec.).

GÉRARD (François, baróne), *Roma 1770 - Parigi 1837*, pittore francese. Autore di un *Ossian* per Malmaison, fu soprattutto, sotto la restaurazione come sotto l'impero, un ritrattista molto apprezzato.

GÈRASA, ant. c. della Palestina, che sorgeva nel sito dell'att. Jerash (Giordania). Numerose vestigia romane e soprattutto cristiane del V-VI sec.

GERBÈRTO DI AURILLAC → SILVESTRO II.

GERDÌL (Giacìnto Sigismóndo), *Samoens 1718 - Roma 1802*, pedagogista e filosofo. Precettore di Carlo Emanuele IV di Savoia, polemizzò con le teorie pedagogiche di J.J. Rousseau nell'*Anti-Emilio* (1763).

GERDT (Pavel Andreevič), *presso San Pietroburgo 1844 - Vommola, Finlandia, 1917*, ballerino russo. Ha interpretato numerosi ruoli nei balletti di M. Petipa ed è stato il maestro di A. Pavlova, V. Nijinski e M. Fokine.

GEREMÌA, *Anathot 650/645 ca. a.C. - in Egitto 580 ca. a.C.*, profeta biblico. Fu testimone della fine del regno di Giuda e della caduta di Gerusalemme (587). La sua predicazione preparò il popolo ebraico a superare la prova dell'esilio. Le *Lamentazioni di G.* esprimono il dolore e l'angoscia di fronte alla distruzione di Gerusalemme; la tradizionale attribuzione di quest'opera al profeta in realtà non ha alcun fondamento storico.

GERGÒVIA, ant. centro della Gallia a S di Clermont-Ferrand. Vercingetorige lo difese con successo contro Cesare (52 a.C.). — Vestigia storiche.

GERHARDT (Charles), *Strasburgo 1816-1856*, chimico francese. Fu uno dei creatori della notazione atomica e introdusse la nozione di "funzione" in chimica organica.

GÉRICAULT (Théodore), *Rouen 1791 - Parigi 1824*, pittore e litografo francese. Artista dalla carriera folgorante, fu il primo dei romantici, ma anche un precursore del realismo (al Louvre: *Ufficiale dei cacciatori a cavallo della guardia imperiale alla carica*, 1812; *Corsa dei berberi*, 1816 ca.; *La *zattera della Medusa*; *Donna con la mania del gioco*, 1822).

Théodore **GÉRICAULT**. Derby di Epsom, *1821. (Louvre, Parigi.)*

Georgia

- più di 1.000.000 di ab.
- da 100.000 a 1.000.000 di ab.
- da 30.000 a 100.000 di ab.
- meno di 30.000 ab.

confine di regione
strada normale
ferrovia

200 500 1000 2000 m

GÈRICO, c. della Palestina. Abitata sin dall'VIII millennio, fu uno dei primi siti occupati dagli ebrei nel XIII sec. a.C.: il suono delle loro trombe avrebbe fatto crollare le mura della città. — Occupata da Israele a partire dal 1967, come il resto della Cisgiordania, G. è stata dotata nel 1994 di un regime d'autonomia, conformemente al piano fissato dagli accordi israelo-palestinesi del 1993. — Vestigia della città biblica in prossimità del nucleo abitato moderno.

GERIÓNE MITOL. GR. Gigante con tre busti e tre teste, ucciso da Eracle.

GERLACH (Walther), *Biebrich 1889 - Monaco 1979*, fisico tedesco. Studiò la struttura dell'atomo e nel 1921 determinò, insieme a O. Stern, il momento magnetico elementare, o *magnetone*.

GERLACHE DE GOMERY (Adrien **de**), *Hasselt 1866 - Bruxelles 1934*, esploratore belga. Diresse la spedizione a bordo del *Belgica* nell'Antartico, dove per primo svernò (1897-1899).

GERLACHOVSKY (Picco), punto culminante dei Carpazi, in Slovacchia; 2655 m.

GERMAIN (Sophie), *Parigi 1776-1831*, matematica francese. In fisica matematica svolse importanti ricerche sulla teoria dell'elasticità.

GERMANA (Germana **Cousin**, sànta), *Pibrac, presso Tolosa, 1579-1601 ca.*, mistica francese. Pastorella inferma e maltrattata, offrì le sue sofferenze per la riparazione dei sacrilegi attribuiti ai protestanti.

GERMÀNI, popolo indoeuropeo, proveniente dalla Scandinavia merid., che nel I millennio a.C. emigrò verso la grande pianura europea. I g. (goti, vandali, burgundi, sassoni, franchi ecc.) nel I e II sec. d.C. si stabilirono nell'Europa centrale e settentr., stringendo rapporti con Roma, a cui fornivano schiavi e mercenari. Alla metà del II sec., invasero il N dell'Italia e dei Balcani; questo fu il preludio a molti secoli di invasioni in Occidente, dove formarono numerosi regni (V sec.).

GERMÀNIA, in ted. **Deutschland**, Stato federale dell'Europa centrale; 357.000 km^2; 82.007.000 ab. (*tedeschi*). CAP. *Berlino*. LINGUA: *tedesco*. MONETA: *euro*. Il paese è formato da 16 Länder (Stati confederati): Amburgo, Assia, Baden-Württemberg, Bassa Sassonia, Baviera, Berlino, Brandeburgo, Brema, Meclemburgo-Pomerania Anteriore, Renania Palatinato, Renania Settentrionale-Westfalia, Saarland, Sassonia, Sassonia-Anhalt, Schleswig-Holstein, Turingia.

ISTITUZIONI – Nome ufficiale: Repubblica Federale Tedesca. Costituzione del 1949. I 16 Länder sono dotati ciascuno di una propria assemblea legislativa. Il presidente della repubblica (capo dello Stato) viene eletto ogni 5 anni dal parlamento federale (Bundestag e alcuni rappresentanti dei singoli Länder). Guida del governo federale è il cancelliere (eletto dal Bundestag su proposta del capo dello Stato). Il parlamento bicamerale è composto dal Bundestag, eletto ogni 4 anni a suffragio universale diretto, e dal Bundesrat, designato dai governi dei Länder.

GEOGRAFIA – La G. è la prima potenza economica dell'Europa ed è anche lo Stato più popolato dopo la Russia. Questo primato, più che alle condizioni ambientali, è dovuto a fattori di carattere storico, e in part. alla precocità e alle proporzioni dello sviluppo industriale e commerciale (peraltro favorito dall'abbondanza di carbon fossile nella Ruhr). All'origine relativamente recente dell'unità tedesca (seconda metà del XIX sec.) va inoltre ascritta la presenza di grandi città (Amburgo, Monaco, Francoforte, Colonia, Stoccarda, Brema, Hannover, Lipsia, Dresda), che svolgono tutte un ruolo importante nella vita economica, sociale e culturale del paese, nonostante il peso assunto da Berlino. Inoltre, più dell'85% dei tedeschi vive nelle aree urbane. La densità della popolazione è elevata (vicina ai 230 ab. per km^2), soprattutto nelle regioni renane, anche se di recente ha registrato una diminuzione dovuta a un tasso di natalità molto basso, inferiore a quello di mortalità. L'industria, a spiccata vocazione esportatrice, diversificata nella produzione, dà lavoro a circa un terzo della popolazione attiva. Al primo posto si collocano le costruzioni meccaniche (settore automobilistico), l'industria elettrica e quella chimica, seguite con notevole distacco dai settori tradizionali, spesso in difficoltà (come l'estrazione di carbone, la siderurgia o il settore tessile). Anche se non occupa più del 4% della popolazione attiva, l'agricoltura soddisfa la maggior parte del fabbisogno nazionale di cereali, latticini, zucchero, patate, carne, frutta e legumi. Il settore trainante è quindi rappresentato dai servizi, a testimonianza del livello di sviluppo raggiunto dall'economia. Circa il 30% della produzione viene esportato (essenzialmente prodotti industriali) e di questa quota quasi la metà va ai partner dell'Unione Europea. Simile percentuale, eccezionalmente elevata tenuto conto dell'importanza del mercato interno, permette di compensare il tradizionale deficit nel bilancio dei servizi (investimenti all'estero, saldo negativo del turismo). L'integrazione dei Länder dell'ex RDT ha inciso in misura notevole sulla spesa pubblica (in part. per quanto riguarda la modernizzazione delle infrastrutture e degli impianti), senza contare che la parte orient. del paese è afflitta da un alto tasso di disoccupazione. La G. peraltro risente, come tutti i paesi sviluppati, della concorrenza delle nuove potenze industriali.

STORIA – Le origini. **I millennio a.C.**: i germani si insediano tra il Reno e la Vistola, respingendo i celti in Gallia. Vengono ricacciati verso oriente dai romani, che stabiliscono una frontiera fortificata (*limes*) tra Coblenza e Ratisbona. **V-VI sec.**: all'epoca delle grandi invasioni i barbari di stirpe germanica fondano alcuni regni, tra cui quello dei franchi, che si imporrà sugli altri. **800**: nascita dell'impero carolingio. **843**: il trattato di Verdun divide l'impero in tre regioni: a E, la *Francia orientalis* di Ludovico il Germanico costituisce il nucleo da cui si svilupperà la G. **919**: Enrico I l'Uccellatore, duca di Sassonia, viene incoronato re di G.

Il Sacro Romano Impero. **962**: il sassone Ottone I il Grande, re di G. e d'Italia, fonda il Sacro Romano Impero Germanico. **1024-1138**: la dinastia francone entra in conflitto con il papato: si scatena la lotta per le investiture (1076-1122), culminata nell'umiliazione di Enrico IV a Canossa (1077). **1138-1250**: la dinastia sveva (Hohenstaufen), con Federico I Barbarossa (1152-1190) e Federico II (1220-1250), combatte per affermare la superiorità del potere temporale su quello spirituale. **1250-1273**: il Grande interregno, periodo di anarchia, favorisce l'emancipazione dei principati. **1273-1291**: Rodolfo I d'Asburgo assume la guida dell'impero con il titolo di re dei romani. **1356**: Carlo IV di Lussemburgo promulga la Bolla d'oro, vera e propria Costituzione del Sacro Romano Impero. **XVI sec.**: l'impero, al suo apogeo con Massimiliano I (1493-1519) e Carlo V (1519-1556), vede infranta dalla Riforma protestante la propria unità religiosa. **1618-1648**: la guerra dei Trent'anni devasta il paese. **1648**: il trattato di Westfalia conferma la divisione religiosa e politica (350 Stati) del paese e la debolezza del potere imperiale. **XVIII sec.**: il regno di Prussia, dal 1701 guidato degli Hohenzollern, domina la G. e si afferma come grande potenza sotto Federico II. **1806**: Napoleone annienta la Prussia a Iena, dichiara decaduto il Sacro Romano Impero e proclama la Confederazione del Reno, da cui sono escluse Austria e Prussia.

L'unità tedesca. **1815**: al Congresso di Vienna la Confederazione del Reno viene sostituita da una Confederazione germanica (39 Stati autonomi) che comprende Austria e Prussia. **1834**: gli Stati tedeschi formano un'unione doganale (*Zollverein*). **1848-1850**: fallimento dei movimenti nazionali e liberali. Austria e Prussia lottano per costituire, ciascuna a proprio vantaggio, una "Grande" o una "Piccola" G. **1862-1871**: dopo aver sconfitto l'Austria (a Sadowa, nel 1866) e la Francia (1870-1871), Otto von Bismarck realizza l'unità tedesca. **1871**: a Versailles è proclamato il Secondo Reich tedesco (il re di Prussia assume il titolo di *Kaiser*). **1871-1890**: O. von Bismarck attua la politica del *Kulturkampf* (battaglia per la civilizzazione). La notevole espansione industriale va di pari passo con la costituzione di un potente Partito socialista. **1890-1914**: ottenute le dimissioni di Bismarck, Guglielmo II conduce una politica coloniale che non nasconde pretese pangermanistiche. **1914-1918**: la prima guerra mondiale si conclude con la disfatta della G. (sancita il 28 giu. 1919 dal trattato di Versailles).

Da Weimar al Terzo Reich. **1919**: viene promulgata la prima Costituzione democratica. Il socialdemocratico Friedrich Ebert viene eletto presidente della repubblica. La repubblica di Weimar (17 Stati o Länder) reprime il Movimento spartachista (1919). L'umiliazione causata dal trattato di Versailles, l'occupazione della Ruhr da parte della Francia (1923-1925) e la crisi economica favoriscono la lenta ascesa del nazismo. **1925**: Paul von Hindenburg prende il posto di F. Ebert. **1933-1934**: Adolf Hitler, cancelliere e Führer, fonda il Terzo Reich, uno Stato dittatoriale e centralizzato. **1936**: militarizzazione della Renania. **1938-1939**: dopo aver annesso l'Austria (Anschluss) e una parte della Cecoslovacchia, la G. attacca la Polonia. **1939-1945**: seconda guerra mondiale. La G. invade e occupa la Francia e la maggior parte dei paesi europei, ma, scontratasi con la resistenza di Gran Bretagna e URSS, alleatesi con gli Stati Uniti, l'8 mag. 1945 è costretta a capitolare.

Dall'occupazione alla divisione. **1945-1946**: la G. sconfitta viene occupata dagli eserciti alleati di Stati Uniti, Francia, Gran Bretagna e URSS; il nuovo confine con la Polonia viene stabilito lungo la linea Oder-Neisse. **1948**: Stati Uniti, Francia e Gran Bretagna decidono di creare uno Stato federale nelle zone occupate. L'URSS impedisce l'accesso a Berlino Ovest fino al mag. 1949. **1949**: la divisione creatasi viene sancita dalla nascita della Repubblica Federale Tedesca o RFT (23 mag.) e, nella zona d'occupazione sovietica, della Repubblica Democratica Tedesca o RDT (7 ott.). Nonostante tutto, questi due Stati precisano nelle rispettive Costituzioni che la G. è una repubblica indivisibile e che compito del popolo tedesco sarà perseguire la propria unità.

La Repubblica Federale Tedesca. **1949**: in seguito alla vittoria elettorale della CDU (Unione cristiano-democratica) sale alla carica di cancelliere Konrad Adenauer. Grazie agli aiuti americani del piano Marshall la G. si avvia verso una rapida rinascita economica e accoglie milioni di profughi tedeschi espulsi dall'Ungheria, dalla Polonia e dalla Cecoslovacchia. **1951**: revisione dello statuto d'occupazione. La RFT fa il suo ingresso nella CECA; **1955**: diventa membro della NATO. **1956**: creazione della Bundeswehr (forze armate). **1958**: la RFT fa il suo ingresso nella CEE. **1963-1966**: sotto il cancellierato di Ludwig Erhard (cristiano-democratico) continua il "miracolo economico" tedesco. **1966-1969**: il cancelliere Kurt Kiesinger, cristiano-democratico, forma un governo di "grande coalizione" CDU-SPD (Partito socialdemocratico). **1969-1974**: il cancelliere Willy Brandt, socialdemocratico, costituisce un governo di "piccola coalizione" con il Partito liberale e impernia la propria politica sull'apertura ai paesi dell'Est comunista (*Ostpolitik*). Dopo aver concluso un trattato con l'URSS e riconosciuto la linea Oder-Neisser come confine con la Polonia, la RFT sottoscrive con la RDT il trattato di riconoscimento reciproco (1972). **1974-1982**: il cancelliere Helmut Schmidt, socialdemocratico, mantiene la coalizione con i liberali. **1982-1987**: il cancelliere Helmut Kohl, cristiano-democratico, forma un governo di coalizione con il Partito liberale. Nel 1983 i Verdi fanno il loro ingresso nel Bundestag. **1984**: Richard von Weiszäcker viene eletto alla presidenza della repubblica. **1987**: la coalizione CDU-Partito liberale vince le elezioni e H. Kohl conserva la carica di cancelliere. **1989**: la RFT deve affrontare i problemi sollevati da un afflusso massiccio di tedeschi dell'Est e dai cambiamenti in atto nella RDT.

La Repubblica Democratica Tedesca. Organizzata dal punto di vista economico e politico sul modello sovietico, la RDT è di fatto guidata dal Partito socialista unificato (SED). **1949**: Wilhelm Pieck diventa presidente della repubblica e Otto Grotewohl capo del governo. **1950**:

Germania

— autostrada	★ importante località turistica
— strada normale	✈ aeroporto
— ferrovia	confine di Länd

Monaco capoluogo di Länd

● più di 1.000.000 di ab. ● da 100.000 a 500.000 ab.

● da 500.000 a 1.000.000 di ab. • meno di 100.000 ab.

200 500 1000 m

Walter Ulbricht viene eletto primo segretario del SED. La RDT aderisce al Comecon. **1953**: scoppia la rivolta operaia. **1955**: la RDT sottoscrive il patto di Varsavia. **1960**: alla morte di W. Pieck, la carica di presidente della repubblica viene meno, sostituita dalla creazione di un organo collettivo, il consiglio di Stato, presieduto da W. Ulbricht. **1961**: per frenare la forte emigrazione dei tedeschi orientali verso la RFT viene costruito un muro che divide Berlino in due settori: Est e Ovest. **1963**: il sistema di pianificazione economica diventa meno rigido. **1964**: Willi Stoph succede a O. Grotewohl come capo del governo. **1972**: viene firmato un trattato di riconoscimento reciproco, che apre la strada al riconoscimento della RDT da parte dei paesi occidentali. **1973**: alla morte di W. Ulbricht, W. Stoph assume la carica di capo di Stato. **1976**: Erich Honecker (diventato primo segretario del SED nel 1971) succede a W. Stoph, che torna a capo del governo. **1989**: l'esodo massiccio dei tedeschi dell'Est verso la RFT e una serie di importanti manifestazioni a favore di una trasformazione del regime in senso democratico portano, a partire da ottobre, alle dimissioni dei principali dirigenti (tra cui Honecker e Stoph), alla caduta del muro di Berlino, all'apertura della frontiera tra le due Germanie e alla perdita del ruolo di direzione da parte del SED. **1990**: in occasione delle prime elezioni libere (tenutesi nel mese di marzo), l'Alleanza per la G., di cui la CDU rappresenta la formazione maggioritaria, ottiene una netta vittoria. Il suo leader, Lothar de Maizière, forma un governo di coalizione.

La Germania dopo la riunificazione. **1990**: in luglio viene sancita l'unione economica e monetaria tra RFT e RDT. Il trattato di Mosca (sett.), sottoscritto, oltre che dai due Stati tedeschi, da Stati Uniti, Francia, Gran Bretagna e URSS, stabilisce i confini della G. unita. Nella G. orientale vengono ricostituiti in luglio i Länder di Brandeburgo, Meclemburgo-Pomerania Anteriore, Sassonia, Sassonia-Anhalt e Turingia che, insieme con il Land di Berlino, aderiscono alla RFT. Il 3 ott. viene proclamata l'unificazione del paese; in dicembre, le prime elezioni della G. unita assegnano la vittoria alla coalizione CDU-Partito liberale, guidata da Kohl. **1992**: alcuni estremisti di destra commettono violenze contro gli immigrati. **1993**: il diritto d'asilo viene limitato per mezzo di una revisione costituzionale. **1994**: le elezioni rafforzano il potere della coalizione CDU-Partito liberale diretta da Kohl, confermato capo del governo per la quarta volta. Roman Herzog viene eletto presidente della repubblica. **1998**: dopo la netta vittoria dell'SPD (Partito socialdemocratico) il nuovo cancelliere, Gerhard Schröder, forma un governo di coalizione con i Verdi. **1999**: la G. partecipa all'intervento militare della NATO e alla forza multinazionale di pace in Kosovo. Johannes Rau viene eletto alla presidenza della repubblica. **2000**: con la partecipazione alla guerra in Afghanistan la G. compie il primo intervento militare extraeuropeo dopo il 1945; **2002-2003**: si oppone all'intervento militare in Iraq (seconda guerra del Golfo). La coalizione SPV-Verdi vince di misura le elezioni, mentre lo sviluppo economico del paese conosce una fase di crisi.

GERMÀNIA, antica contrada dell'Europa centrale, tra il Reno e la Vistola, popolata nel corso del I millennio a.C. dai germani.

GERMÀNIA (règno di), Stato formato nel 843 (trattato di Verdun) da una parte dell'impero carolingio e attribuito a Ludovico il Germanico. Il titolo di "re di G." fu portato (fino al XV sec.) dagli imperatori del Sacro Romano Impero designati dai principi elettori, ma non ancora incoronati dal papa.

GERMÀNICO (Giùlio Cèsare), Roma 15 a.C. - Antiochia 19 d.C., generale romano. Nipote di Augusto, adottato da Tiberio, sconfisse Arminio in Germania (16 d.C.). Morì in Oriente, probabilmente avvelenato.

GERMÀNO D'AUXERRE (sànto), Auxerre 378 ca. - Ravenna 448, vescovo di Auxerre. Fu inviato in Gran Bretagna a combattere i pelagiani.

GERMÀNO (sànto), presso Autun 496 ca. - Parigi 576 ca., vescovo di Parigi.

GERMER (Lester Halbert), Chicago 1896 - Gardiner, Stato di New York, 1971, fisico statunitense. Scoprì, con C.J. Davisson, la diffrazione degli elettroni in un cristallo, confermando così la teoria della meccanica ondulatoria (1927).

GÈRMI (Piètro), Genova 1914 - Roma 1974, regista e attore cinematografico. Tra i film diretti, In nome della legge (1949), Il ferroviere (1956), Un maledetto imbroglio (1960), Divorzio all'italiana (1961, premio Oscar per la sceneggiatura), Signore e signori (1965, Palma d'oro a Cannes).

GERMISTON, c. del Sudafrica, presso Johannesburg; 134.005 ab. Centro di raffinazione dell'oro.

GERNSBACK (Hugo), Lussemburgo 1884 - New York 1967, ingegnere e scrittore statunitense. Pioniere della radio e della televisione, fu il primo a enunciare il principio del radar (1911). A lui si deve il termine "science-fiction".

GEROBOÀMO I, m. nel 910 a.C., fondatore e primo sovrano del regno d'Israele (931-910 a.C.). — **Geroboamo II**, m. nel 743 a.C., re d'Israele (783-743 a.C.). Il suo lungo regno fu un periodo di prosperità.

GERONA, in catal. **Girona**, c. della Spagna (Catalogna), capol. della prov. omonima; 73.637 ab. Cattedrale gotica con un'unica maestosa navata (chiostro e tesoro) e altri monumenti; museo d'arte.

GERÓNE II, Siracusa 306 ca. - 215 a.C., re di Siracusa (265-215 a.C.). Si alleò con i romani durante la prima guerra punica.

GERÒNIMO, No-Doyohn Canyon, att. Clifton, Arizona, 1829 - Fort Sill, Oklahoma, 1909, capo apache. Condusse guerriglie nel SE degli Stati Uniti (1882-1885) e ottenne per la sua tribù un territorio in Oklahoma.

GERÓNTE, personaggio della commedia classica, un vecchio gretto e ridicolo, caro spec. a Molière (Il medico per forza, Le furberie di Scapino).

GERS, dip. della Francia, nella reg. Pirenei Centrali; capol. Auch; 6257 km²; 172.335 ab. Il dipartimento, dal territorio collinare percorso dagli affluenti della Garonna, si basa su agricoltura (cereali, viti) e allevamento (bovini e volatili). Distillerie di Armagnac.

GERSHWIN (George), Brooklyn 1898 - Hollywood 1937, compositore e pianista statunitense. Compose Rhapsody in Blue (1924), Concerto in F, per pianoforte (1925), An American in Paris (1928), e l'opera Porgy and Bess, mescolando jazz e musica postromantica.

GERSON (Jean **Charlier**, detto Jean **de**), Gerson 1363 - Lione 1429, filosofo e teologo francese. Cancelliere dell'Università di Parigi, uno dei grandi mistici dei suoi tempi, pose fine al grande scisma d'Occidente e interviene al concilio di Costanza (1414-1418).

GERSÒNIDE (Levi **ben Gerson**, detto), Bagnols-sur-Cèze 1288 - Perpignan 1344 ca., filosofo e studioso ebreo. Tentò una sintesi tra l'aristotelismo, la filosofia di M. Maimonide e il giudaismo. Tra le sue opere spicca un trattato di trigonometria.

GERTRÙDE LA GRÀNDE (sànta), Eisleben 1256 - Helfta, Sassonia, 1302 ca., monaca di clausura e mistica tedesca.

GERUSALÈMME, c. della Palestina; 573.000 ab. Città santa della Palestina e luogo di pellerinaggio per cristiani, ebrei e musulmani, G. è stata proclamata capitale d'Israele dalla Knesset nel 1980. — La fondazione di G. risale al 2000 ca. a.C. La città fu conquistata da Davide (X sec. a.C.), che ne fece la capitale e il centro religioso (X sec.). Celebre per la sontuosità del tempio fatto edificare da Salomone (969 ca.- 962 ca. a.C.), fu distrutta da Nabucodonosor (587 a.C.), poi dai romani (70, 135 d.C.). Caduta nelle mani degli arabi (638), fu riconquistata dai crociati e divenne la capitale di un regno cristiano (1099-1187, 1229-1244), prima di subire nuovamente la dominazione musulmana (mamelucchi dal 1260 al 1517, ottomani dal 1517 al 1917). Capitale del protettorato britannico della Palestina, dopo il ritiro delle truppe britanniche, nel 1948, G. fu divisa in due zone, una annessa allo Stato d'Israele, l'altra alla Giordania. Dopo la guerra dei Sei giorni, nel 1967, l'esercito israelia-

no si è impossessato dei quartieri arabi che costituiscono la "città vecchia", ma l'annessione non ha ottenuto il riconoscimento dalla comunità internazionale. — Monumenti famosi: "Muro del Pianto"; Cupola della Roccia, il più antico monumento dell'islam (VII sec.); moschea di Al-Aqsa (XI sec.); edifici dell'epoca dei crociati. Museo nazionale d'Israele.

GERUSALEMME. Il "Muro del Pianto" e la Cupola della Roccia (VII sec.)

GERUSALÈMME (règno latino di), Stato latino del Levante, fondato nel 1099 dai crociati e distrutto nel 1291 dai mamelucchi.

GERUSALÈMME LIBERÀTA (La), poema epico in venti canti di T. Tasso (1581). L'opera, dedicata ad Alfonso II d'Este, ha come argomento centrale la fase finale della prima crociata quando i cristiani, guidati da Goffredo di Buglione, riescono a liberare il Santo Sepolcro sconfiggendo i saraceni, comandati da Argante e Solimano. Al racconto dell'assedio si intrecciano storie d'amore (la passione di Tancredi per la saracena Clorinda), incantesimi e interventi soprannaturali e delle potenze infernali e di quelle angeliche.

GERVÀSO E PROTÀSIO (sànti), fratelli martiri, della cui vita non si sa nulla. Le loro reliquie sono state oggetto di culto in Occidente, per tutto il Medioevo.

GESELL (Arnold), Alma, Wisconsin, 1880 - New Haven, Connecticut, 1961, psicologo statunitense. Si è dedicato alla psicologia infantile, approfondendo lo studio della maturazione neuropsicologica.

GESNER (Conrad), Zurigo 1516-1565, medico e naturalista svizzero. Tra i suoi numerosi scritti figura una Historia animalium (1551), considerata uno dei capisaldi della zoologia moderna.

GÈSSI (Rômolo), Istanbul 1831 - Suez 1881, esploratore. Risalì il corso del Nilo fino al Lago Alberto, lasciandone la prima descrizione cartografica. Scrisse Sette anni nel Sudan egiziano (1891).

GESSNER (Salomon), Zurigo 1730-1788, poeta e pittore svizzero di lingua tedesca. I suoi Idilli, illustrati, preannunciano il romanticismo.

GESSOPALÉNA, com. in prov. di Chieti; 1728 ab. Centro di produzione artigianale di ferro battuto e merletti.

GESTALT (psicologia della), scuola di psicologia nata in Germania all'inizio del XX sec., in opposizione all'associazionismo e al comportamentismo, secondo la quale la percezione si basa su unità strutturate (gestalt, "forma") e non su sintesi di singoli elementi sensoriali. I primi a elaborare questa teoria furono M. Wertheimer, K. Koffka, K. Lewin e W. Köhler.

GESTAPO (Geheime Staats Polizei, in it. "polizia segreta di Stato"), polizia politica della Germania nazista. Creata nel 1933 dal Terzo Reich, fu dal 1936 al 1945 lo strumento più temibile del regime hitleriano.

GÈSTURI, com. in prov. di Cagliari; 1442 ab. Nel suo territorio sorgono numerosi nuraghi. A NO dell'abitato si trova l'altopiano della Giara di G., dove vivono branchi di piccoli cavalli selvatici.

GESUÀLDO (Càrlo), principe **di Venósa**, Napoli 1560 ca.- 1614 ca., compositore. Scrisse madrigali molto ricercati.

GESÙ CRÌSTO, ebreo della Palestina, fondatore del cristianesimo, la cui nascita coincide teoricamente con l'inizio dell'era cristiana. Per i cristiani è il Messia, figlio di Dio nato dalla Vergine Maria e redentore dell'umanità. Mettendo a confronto i dati dei Vangeli e i rari documenti non cristiani che lo menzionano nel I sec., si può stabilire il seguente schema cronologico: nascita di G. C. sotto Erode, prima del 7-8 a.C.; inizio dell'attività apostolica nel 28 ca.; passione e morte nell'apr. 30. La predicazione di G. C. ebbe inizialmente come cornice la Galilea, di cui era originario. Alla fine di questo periodo, G. C. si scontrò definitivamente con l'incomprensione dei suoi contemporanei; i due principali partiti ebraici, farisei e sadducei, vedevano nel suo annuncio dell'avvento del regno di Dio un messaggio sacrilego, foriero di pericolose agitazioni. Dopo l'ingresso a Gerusalemme per la Pasqua, G. C., inviso alla casta sacerdotale ebraica, fu arrestato, condannato a morte e crocifisso per ordine del procuratore romano Ponzio Pilato. Secondo la testimonianza degli apostoli, resuscitò tre giorni dopo. La resurrezione di G. C., sostenuta dai cristiani come un fatto storico e un dogma, trascende in realtà il campo della storia per inscriversi in quello della fede.

GESUÌTI, membri della Compagnia di Gesù, ordine religioso fondato da Ignazio di Loyola nel 1540. Inizialmente compagnia missionaria (soprattutto in America Latina, dove ebbe forti contrasti con i governatori spagnoli e portoghesi), la Compagnia di Gesù ben presto optò per il ministero dell'insegnamento, reso indispensabile dalla Controriforma. In conflitto con i giansenisti, i g. furono accusati di essere al servizio del papato (voto speciale d'ubbidienza) e alcuni appartenenti all'ordine vennero tacciati di lassismo. Soppressa nella maggior parte dei paesi dell'Europa illuminista tra il 1762 e 1767, poi dal papa Clemente XIV nel 1773, la compagnia fu ricostituita da Pio VII nel 1814.

GÈTA (Lùcio Settìmio), *189-212*, imperatore romano (211-212). Secondogenito di Settimio Severo, divise il potere con il fratello Caracalla, che fece assassinare.

GETSÈMANI, giardino presso Gerusalemme, ai piedi del Monte degli Ulivi, dove, secondo i Vangeli, Gesù sostò in preghiera prima di essere arrestato.

GÈTTO (Giovànni), *Ivrea 1913 - Torino 2002*, critico letterario. Tra le opere, *Letteratura e critica nel tempo* (1954), *Storia della letteratura italiana* (1972), *Poeti del Novecento e altre cose* (1977).

GETTY (Jean Paul), *Minneapolis 1892 - Sutton Place, Surrey, 1976*, industriale e collezionista statunitense. Con i ricavati dell'azienda petrolifera di sua proprietà ha potuto raccogliere un'importante collezione di antichità greche e romane, oggetti d'arte e quadri, collocati nel 1974 nel museo costruito a Malibu (California), che riproduce la Villa dei Papiri di Ercolano; questa collezione, fatta eccezione per le antichità, è stata trasferita nel 1997 al J. Paul Getty Museum di Los Angeles (uno dei più grandi centri culturali del mondo, progettato da R. Meier). La fondazione che porta il suo nome continua ad acquisire nuovi reperti e a finanziare studi e pubblicazioni di storia dell'arte.

GETTYSBURG, c. degli Stati Uniti (Pennsylvania); 7490 ab. Vittoria dei nordisti durante la guerra di secessione (1-3 lug. 1863).

GÈTULI, ant. popolazione berbera nomade, originaria del Sahara, alleatisi con Giugurta contro i romani.

GETZ (Stanley, detto Stan), *Filadelfia 1927 - Malibu 1991*, sassofonista jazz statunitense. Personalità di spicco del *cool jazz* alla fine degli anni '40 del secolo scorso, è stato l'artefice del riavvicinamento tra jazz e bossa nova. Grande improvvisatore e virtuoso del sax tenore, nelle sue interpretazioni mescolava interiorità sognante e veemenza.

GEZABÈLE, *IX sec. a.C.*, sposa di Acab, re di Israele, e madre di Atalia. Adoratrice di divinità orientali, fu stigmatizzata dal profeta Elia.

GEZELLE (Guido), *Bruges 1830-1899*, poeta belga di lingua fiamminga. Il suo stile impressionista anticipa la poesia moderna (*La corona del tempo*).

GEZIREH, reg. agricola (cotone) del Sudan, parte vitale del paese, tra il Nilo Bianco e il Nilo Azzurro.

GHAB, depressione della Siria, bagnata dall'Oronte.

GHALIB (Mirza Asadullah Khan, detto), *Agra 1797 - Delhi 1869*, scrittore indiano di lingua persiana e urdu. È l'ultimo poeta classico persiano nonché il primo prosatore moderno di lingua urdu.

GHANA, ant. regno del Sudan occ. (V-XI sec.), in territorio soninke, tra gli att. Mauritania e Mali. Situato al centro del Sahel, traeva la sua ricchezza dal commercio transahariano (sale e oro). Raggiunse l'apogeo nell'XI sec. e fu distrutto dagli Almoravidi nel 1076.

GHANA, Stato dell'Africa occ., sull'Atlantico; 240.000 km^2; 19.734.000 ab. (*ghanesi*). CAP. *Accra*. LINGUA: *inglese*. MONETA: *cedi*.

GEOGRAFIA – Il territorio è caratterizzato da una netta contrapposizione tra il N, dove prevale la savana, e il S, ricoperto fittamente da foreste, interrotte qua e là da piantagioni di cacao (principale risorsa del paese). Il sottosuolo fornisce in piccole quantità oro, diamanti, manganese e bauxite (la produzione di alluminio è legata alle opere idrauliche di Akosombo).

STORIA – **L'epoca coloniale. 1471**: i portoghesi raggiungono le coste del futuro G., che riceverà la denominazione di Costa d'Oro o Gold Coast. Vi costruiscono il forte di Elmina e per un secolo e mezzo conservano il monopolio del commercio dell'oro; **XVII-XVIII** sec.: sono soppiantati dagli olandesi, che spartiscono il litorale con gli inglesi e con altri mercanti europei. **Metà del XVII sec.**: il commercio dell'oro declina mentre si afferma la tratta degli schiavi. All'interno nascono potenti Stati akan. **1701**: all'egemonia dei denkyera si sostituisce quella degli ashanti. **XIX sec.**: numerose guerre contrappongono gli ashanti agli inglesi, con cui si allea l'etnia dei fanti (conquista di Kumasi, 1896). La Gran Bretagna domina incontrastata sul paese, che poco a poco passa sotto il suo protettorato. Dal 1807, anno che segna l'abolizione della tratta degli schiavi, la notevole fioritura economica si basa sulle risorse minerarie e sul cacao.

Il Ghana indipendente. 1949: Kwame Nkrumah dà vita al Convention People's Party (CPP), che reclama l'indipendenza immediata; **1952**: diventa primo ministro di un governo cui viene accordata un'autonomia sempre più ampia. **1957**: la Costa d'Oro si rende indipendente nell'ambito del Commonwealth, acquisendo il nome di G. **1960**: il nuovo Stato adotta una Costituzione repubblicana. Il suo presidente orienta il paese in senso socialista. **1966**: un colpo di Stato soppianta K. Nkrumah; vengono ristabilite le relazioni con l'Occidente. Si succedono vari governi. **1972**: un nuovo colpo di Stato instaura il regime autoritario del generale Ignatius Kutus Acheampong, a sua volta rovesciato nel 1978. Dopo un susseguirsi di colpi di

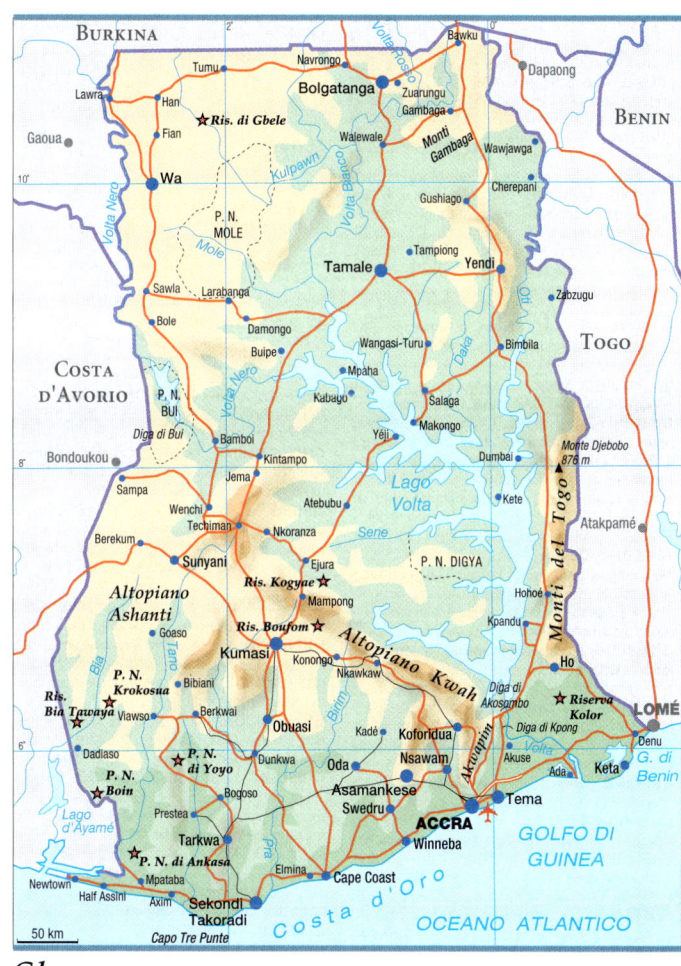

Ghana

★ importante località turistica

100   200   400 m

━━━ autostrada
━━━ strada normale
──── ferrovia
✈ aeroporto

● più di 1.000.000 di ab.
● da 100.000 a 1.000.000 di ab.
● da 20.000 a 100.000 di ab.
• meno di 20.000 di ab.

Stato, nel 1981 prende il potere il capitano Jerry Rawlings. **1992**: una nuova Costituzione, approvata per referendum, restaura il multipartitismo. In occasione delle elezioni presidenziali a suffragio universale, J. Rawlings viene riconfermato capo dello Stato (verrà rieletto nel 1996). **2001**: John Agyekum Kufuor, leader dell'opposizione, diventa presidente della repubblica e capo del governo.

GHARB o **RHARB**, pianura del Marocco, sull'Atlantico, bagnata dal Sebou.

GHARDAÏA, oasi del Sahara algerino; 87.599 ab.

GHATI, rilievi montuosi dell'India, nel Deccan, che dominano la Costa del Malabar e la Costa del Coromandel.

GHAZALI (Al-), *Tus, Khorasan, 1058-1111*, filosofo e teologo islamico. Aderì al sufismo e redasse, oltre a trattati di diritto, una summa del sapere islamico (*Ihya ulum al-din*, "La rivivificazione delle scienze religiose") segnando il pensiero successivo con il suo conservatorismo dottrinale. Nel Medioevo cristiano era noto con il nome latinizzato di *Algazelus*.

GHAZIABAD, c. dell'India, sobborgo orient. di Delhi; 968.521 ab.

GHAZNÀVIDI o **GAZNÀVIDI**, dinastia turca che regnò sull'Afghanistan, su una parte dell'Iran e sul Punjab nel X-XIII sec.

GHEDDAFI o **QADAFI** (Muammar **Al-**), *Sirte 1942*, politico libico. Principale artefice del colpo di Stato che destituì il re Idris I (1969), presidente del consiglio della rivoluzione (1969-1977) e in seguito segretario generale del Congresso generale del popolo (1977), nel 1979 si è dimesso dalle cariche ufficiali,

pur restando l'effettivo capo dello Stato. Promotore della rivoluzione culturale islamica, ha seguito senza successo una politica di avvicinamento ai paesi arabi (nel confronti di Egitto, Siria e poi Tunisia) e di espansione (verso il Ciad).
■ *Muammar Gheddafi.*

GHÈDI, com. in prov. di Brescia; 15.302 ab. Centro industriale, sede di un aeroporto militare.

GHEDÌNA (Kristian), *Cortina d'Ampezzo 1969*, sciatore. Vincitore della Coppa del mondo di discesa libera nel 2000, medaglia d'argento ai mondiali di Sierra Nevada (1996), è stato più volte campione italiano di discesa libera e Super-G.

GHEDÌNI (Giórgio Federico), *Cuneo 1892 - Genova Nervi 1965*, compositore. Inizialmente propugnatore di un ritorno a forme di composizione barocche, andò avvicinandosi all'atonalità e a strutture musicali più essenziali. Tra le opere, *Architetture* (1940), *Concerto dell'albatro* (1945), *Concerto funebre per Duccio Galimberti* (1948).

GHELDERODE (Michel de), *Ixelles 1898 - Schaerbeek 1962*, drammaturgo belga di lingua francese. Il suo teatro, dai toni espressionisti, concilia farsa carnascialesca e misticismo religioso (*Barabba*, *La scuola dei buffoni*, *I ciechi*).

GHÈLDRIA, in ol. **Gelderland**, prov. dei Paesi Bassi; 1.934.314 ab.; capol. *Arnhem*. Contea (1079), poi ducato (1339), la G. fu annessa da Carlo V nel 1543. La zona settentr. del paese entrò a far parte delle Province Unite nel 1578, mentre quella merid., divisa tra Austria e Prussia, vi fu annessa solo nel 1814.

GHÈMME, com. in prov. di Novara; 3797 ab. Produzione di vini DOCG.

GHEORGHIU-DEJ (Gheorghe), *Bârlad 1901 - Bucarest 1965*, politico romeno. Segretario generale del Partito comunista dal 1945, è stato presidente del consiglio (1952-1955) e capo dello Stato (1961-1965).

GHEPEU (GPU), organismo politico incaricato di vigilare sulla sicurezza dell'Unione Sovietica (1922-1934). Succedette alla *Ceka* e anticipò l'*NKVD*, svolgendo un ruolo di primo piano nell'URSS staliniana del 1929.

GHERARDÉSCA (Délla), famiglia toscana di origine longobarda. Esercitò il suo dominio sui territori di Pisa, a partire dal X sec., ma la sua fortuna declinò nel XIV sec. — **Ugolino della G.**, *m.*

nel 1288. Reso celebre dal XXXIII canto dell'*Inferno* di Dante, fu podestà (1284) e capitano del popolo (285); il suo governo dispotico gli costò la prigionia e la condanna a morte per fame.

GHIBÈRTI (Lorènzo), *Firenze 1378-1455*, scultore, orafo e architetto. Nelle sue opere di oreficeria e scultura concilia la lezione degli antichi con la fedeltà alla cultura medievale. Fu attivo soprattutto a Firenze, dove realizzò quattro statue in bronzo per Orsanmichele e la seconda e la terza porta del battistero, decorate da rilievi narrativi (la terza, completata nel 1452, fu detta da Michelangelo "porta del Paradiso"). Scrisse inoltre i *Commentari*, in 3 libri, uno dei quali costituisce una storia dell'arte italiana a partire da Giotto.

Lorenzo **GHIBERTI**. Giuseppe venduto dai suoi fratelli, *uno dei rilievi della "porta del Paradiso"* (bronzo dorato, 1425-1452) *del battistero di Firenze.*

GHILÀRZA, com. in prov. di Oristano; 4622 ab. Nel suo territorio si trovano resti di nuraghi. Conserva la chiesa medievale di S. Palmerio (XII sec.). Casa-museo di A. Gramsci.

GHIRLANDÀIO (Doménico **Bigòrdi**, detto **il**), *Firenze 1449-1494*, pittore. Lavorò soprattutto a Firenze, dove dipinse numerosi affreschi (*Storie della Vergine e del Battista*, S. Maria Novella; *Ultima Cena*, Museo di S. Marco) e pale d'altare, dagli accenti realistici, i cui personaggi hanno spesso l'aspetto di borghesi di città. Nel 1481 si recò a Roma per dipingere la *Chiamata degli apostoli* nella Cappella Sistina. Aprì a Firenze una bottega con i fratelli **Davide** (1452-1523) e **Benedetto** (1458-1497). Il figlio **Ridolfo** (1483-1561) fu un abile ritrattista.

GHIRLANDÌNA, torre campanaria del duomo di Modena (XII-XIV sec.), dalla caratteristica forma a ghirlanda, simbolo della città.

GHÌRRI (Luigi), *Scandiano 1943 - Roncocesi 1992*, fotografo. Si è dedicato soprattutto alla rappresentazione del paesaggio emiliano-romagnolo, cogliendone sia l'umanità sia il fascino formale e cromatico.

GHISÀLBA, com. in prov. di Bergamo; 4495 ab. Rotonda neoclassica di L. Cagnola (XIX sec.).

GHISLÀNDI (Vittóre), detto **Fra Galgàrio**, *Bergamo 1655-1743*, pittore. Autore di ritratti di impronta realista, fu tra i più importanti esponenti di questo genere in Europa.

GHISLANZÓNI (Antònio), *Barco 1824 - Caprino Bergamasco 1893*, librettista. È autore di numerosi libretti d'opera, tra cui l'*Aida* di G. Verdi (1871).

GHISLÈRI (Arcàngelo), *Persico 1855 - Bergamo 1938*, geografo e politico. Esponente del Partito repubblicano e antifascista, si dedicò alla divulgazione di studi geografici, in part. tramite la rivista *La geografia per tutti*, di cui fu direttore.

GHOR, depressione della Palestina, di forma allungata, comprendente la valle del Giordano, il Lago di Tiberiade e il Mar Morto.

GHORIDI → GORIDI.

GIACÀRTA o **JAKARTA**, già **Batavia**, cap. dell'Indonesia, nella parte occ. di Giava; 11.018.000 ab. Ricco museo nazionale. — È la più grande città del Sudest asiatico.

GIACCÓNI (Riccàrdo), *Genova 1931*, astrofisico statunitense di origine italiana. Trasferitosi negli Stati Uniti, ha insegnato in prestigiose università

e ha assunto la responsabilità del telescopio spaziale Hubble. Ha scoperto l'emissione di raggi X da parte di alcuni oggetti celesti, creando così un nuovo ambito di studio, l'astrofisica a raggi X. (Premio Nobel per la fisica 2002.)

GIACÌNTO (sànto), *Kamień, Slesia, 1183 - Cracovia 1257*, religioso polacco. Domenicano, introdusse il suo ordine in Polonia (1221).

GIACÒBBE, l'ultimo patriarca biblico. Figlio di Isacco, apprese in sogno che i suoi dodici figli sarebbero stati i capostipiti delle dodici tribù d'Israele.

GIACOBÌNI (club dei), gruppo politico formatosi durante la Rivoluzione francese (1789-1799). L'associazione, creata a Versailles, ebbe sede a Parigi, nell'antico convento dei Jacobins. Dapprima moderata, assunse un orientamento rivoluzionario con J. Pétion e soprattutto con M. Robespierre, che ne fu a capo dal 1792. Soppressa dopo il colpo di Stato del 9 termidoro (1794), fu ricostituita sotto il Direttorio.

GIACOMÈLLI (Mário), *Senigallia 1925-2000*, fotografo. Artista dagli accenti fortemente lirici, ha dato vita a raccolte di immagini in cui la narrazione e la vicinanza empatica ai soggetti si coniugano con forme astratte e purissime. Tra le opere, *Scanno* (1957-1959), *Io non ho le mani che mi accarezzino il viso* (1962-1963).

GIACOMÉTTI (Albèrto), *Stampa 1901 - Coira 1966*, scultore e pittore svizzero. Gli inizi surrealisti (1930-1935) hanno messo in luce il suo lato visionario. In seguito ha realizzato sculture in bronzo dalle forme fortemente allungate e dagli accenti espressionisti, sulle quali predomina lo spazio circostante.

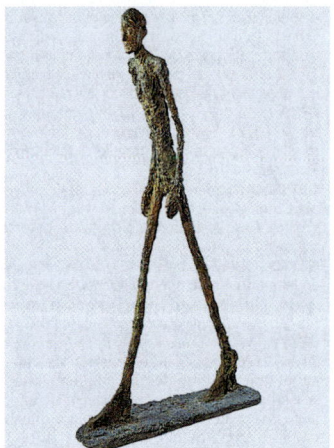

Alberto **GIACOMETTI**. Uomo che cammina (bronzo), *una delle versioni del 1960.*

GIACOMÉTTI (Pàolo), *Novi Ligure 1816 - Gazzuolo 1882*, drammaturgo. Si dedicò a un teatro di impegno sociale attento alla vita quotidiana. Tra le opere, *La colpa vendica la colpa* (1854), *La morte civile* (1861).

GIACOMÌNA DI BAVIÈRA, *Le Quesnoy 1401 - Teilingen 1436*, duchessa di Baviera, contessa di Hainaut, d'Olanda, di Frisia e di Zelanda. Nel 1428 dovette designare erede dei suoi possedimenti il duca di Borgogna, Filippo il Buono.

GIACARTA. La città nuova.

GIÀCOMO, nome di più sovrani

ARAGONA

GIÀCOMO I IL CONQUISTATÓRE, *Montpellier 1207 ca. - Valencia 1276*, re d'Aragona (1213-1276). Conquistò le Baleari, i regni di Valencia e di Murcia. — **Giacomo II il Giusto**, *Valencia 1267 ca. - Barcellona 1327*, re d'Aragona (1291-1327) e di Sicilia (1285-1295). Ottenne dal papa Corsica e Sardegna (1324).

INGHILTERRA E IRLANDA

GIÀCOMO I, *Edimburgo 1566 - Theobalds Park, Hertfordshire, 1625*, re d'Inghilterra e d'Irlanda (1603-1625) e, con il nome di Giacomo VI, di Scozia (1567-1625), della dinastia degli Stuart. Figlio di Maria Stuarda, nel 1603 succedette a Elisabetta I sul trono d'Inghilterra. Ostile ai cattolici, riuscì a sfuggire alla congiura delle polveri (1605). Perseguitò i puritani e ne incoraggiò l'emigrazione in America. In contrasto con il parlamento, appoggiò il duca di Buckingham, suscitando l'ostilità degli inglesi.

— **Giacomo II**, *Londra 1633 - Saint-Germain-en-Laye 1701*, re d'Inghilterra, d'Irlanda e, con il nome di Giacomo VII, di Scozia (1685-1688), della dinastia degli Stuart. Fratello di Carlo II, si convertì al cattolicesimo e nel 1685 succedette al fratello, in violazione del *Test Act*. Il suo disprezzo per il parlamento e la nascita del figlio Giacomo Edoardo (1688), suo successore cattolico, gli valsero l'opposizione dei whig. Questi si appellarono al genero Guglielmo d'Orange, il quale, giunto in Inghilterra, lo costrinse all'esilio in Francia. G. tentò di tornare al trono, ma fu sconfitto a Boyne, in Irlanda (1690).

■ *Giacomo II ritratto da G. Kneller. (National Portrait Gallery, Londra.)*

SCOZIA

GIÀCOMO I, *Dunfermline 1394 - Perth 1437*, re di Scozia (1406/1424-1437), della dinastia degli Stuart. Dopo 19 anni di prigionia in Inghilterra, cercò di limitare il potere dei baroni e si riavvicinò alla Francia. — **Giacomo II**, *Edimburgo 1430 - Roxburgh Castle 1460*, re di Scozia (1437-1460), della dinastia degli Stuart. Approfittò della guerra delle Due Rose per tentare di riconquistare gli ultimi possedimenti inglesi in Scozia. — **Giacomo III**, *1452 - presso Stirling 1488*, re di Scozia (1460-1488), della dinastia degli Stuart. Grazie al matrimonio con Margherita (1469), figlia di Cristiano I di Danimarca, annetté alla Scozia le Orcadi e le Shetland. — **Giacomo IV**, *1473 - Flodden 1513*, re di Scozia (1488-1513), della dinastia degli Stuart. Trovò la morte nella disfatta di Flodden, nel corso della guerra contro l'Inghilterra (ripresa nel 1513). — **Giacomo V**, *Linlithgow 1512 - Falkland 1542*, re di Scozia (1513-1542), della dinastia degli Stuart. Padre di Maria I Stuart, fu fedele alleato della Francia. — **Giacomo VI** →GIACOMO I (Inghilterra e Irlanda). — **Giacomo VII** →GIACOMO II (Inghilterra e Irlanda).

GIÀCOMO (santo), detto **il Maggiòre**, *Betsaida, Galilea - Gerusalemme 44*, apostolo di Gesù, figlio di Zebedeo, fratello di Giovanni Evangelista. Secondo una leggenda predicò il cristianesimo in Spagna. Le sue reliquie, che si trovano a Santiago de Compostela, sono divenute meta di un celebre pellegrinaggio (il Camino de Santiago) a partire dal X sec.

GIÀCOMO (santo), detto **il Minóre**, discepolo di Gesù, di cui era parente. Capo della comunità giudaico-cristiana di Gerusalemme, secondo Giuseppe Flavio fu lapidato intorno al 62. È stato spesso confuso con un secondo G., apostolo, figlio di Alfeo, citato nei Vangeli.

GIÀCOMO BARADÈO → BARADEO (Giacomo).

GIÀCOMO EDOÀRDO STUART, detto **Il vècchio pretendènte**, *Londra 1688 - Roma 1766*, figlio di Giacomo II, re d'Inghilterra. Riconosciuto re da Luigi XIV alla morte del padre (1701), non riuscì a salire al trono, nonostante il sostegno dei giacobiti.

GIÀCOMO IL FATALÌSTA E IL SUO PADRÓNE, romanzo di D. Diderot, pubblicato integralmente nel 1796. È un dialogo tra un servo, razio-

cinante, eloquente e determinista, e il suo padrone, intervallato da diversi racconti di avventura e da digressioni.

GIACÓSA (Giusèppe), *Colleretto Parella 1847-1906*, commediografo. Autore di opere intimistiche, di ambiente borghese, riscosse un grande successo soprattutto con *Come le foglie* (1900). Insieme a L. Illica scrisse i libretti per *La Bohème*, *Tosca* e *Madama Butterfly* di G. Puccini.

GIÀFFA o **JAFÔ**, conurbazione di Tel Aviv-Giaffa (Israele).

GIAHIZ (Abu Othman Al-Bahr **Al-**), *Bassora 776 ca. - 868 o 869*, scrittore e teologo arabo, fu uno dei creatori della prosa letteraria araba.

GIALAL AL-DIN RUMI, *Balkh, Khorasan, 1207 - Konya 1273*, poeta persiano di religione musulmana, fondatore dei dervisci danzanti e principale interprete del sufismo.

GIÀLLO (Fiùme) → HUANG HE.

GIÀLLO (Mar), settore del Pacifico, tra la Cina e la Corea.

GIA LONG, *Hue 1762-1820*, imperatore del Vietnam (1802-1820). Prima di autoproclamarsi imperatore (1802), il principe Nguyên Anh riconquistò i suoi Stati togliendoli ai ribelli Tay Sön e diede loro il nome di "Vietnam".

GIAMÀICA, in ingl. **Jamaica**, Stato delle Antille, a S di Cuba; 11.425 km²; 2.598.000 ab. (*giamaicani*). CAP. Kingston. LINGUA: *inglese*. MONETA: *dollaro giamaicano*.

GEOGRAFIA – Abitata da una maggioranza di neri, la G. vanta del clima tropicale, in parte montuosa, con importanti piantagioni (canna da zucchero, banani). La G. è inoltre grande produttore di bauxite e alluminio, e gode di un fiorente turismo.

STORIA – **1494**: l'isola viene scoperta da Cristoforo Colombo. **1655**: parzialmente colonizzata dagli spagnoli, viene conquistata dagli inglesi, che danno impulso alla coltura della canna da zucchero. **XVIII sec.**: la G. diviene centro del traffico degli schiavi verso l'America merid. **1833**: l'abolizione della schiavitù e dei privilegi doganali (1846) fa scomparire le grandi piantagioni. **1866-1884**: l'isola è posta sotto l'amministrazione diretta della corona. **1870**: le grandi compagnie straniere (*United Fruit Company*) introducono la bananicoltura. **1938-1940**: si sviluppa il movimento autonomista. **1962**: il paese diventa indipendente nell'ambito del Commonwealth. **1972**: dopo dieci anni di governo laburista, diventa primo ministro Michael Norman Manley, del Partito nazionale popolare (PNP). **1980**: i laburisti ritornano al potere. **1989**: M.N. Manley è di nuovo primo ministro. **1991**: l'incarico di governatore generale per conto della regina del Regno Unito è assunto da Howard Cooke. **1992**: in seguito alle dimissioni di Manley, diventa primo ministro Percival Patterson (PNP), rieletto nel 1998.

GIAMAL AL-DIN AL-AFGHANI, *Asadabad 1838 - Istanbul 1897*, pensatore musulmano di origine persiana. Fu uno dei principali artefici del rinnovamento dell'islam nel XIX sec.

GIÀMBLICO, *Calcide, Celesiria, 250 ca. - 330*, filosofo greco. Introdusse elementi esoterici, e in

part. pitagorici, nel neoplatonismo, e tentò di trasformarlo in una religione razionale in grado di competere con il cristianesimo.

GIAMBOLÓGNA (Jean **Boulogne**, detto), *Douai 1529 - Firenze 1608*, scultore fiammingo attivo in Italia. Dopo aver trascorso un periodo a Roma, realizzò gran parte delle sue opere, dal manierismo carico, a Firenze (*Venere* del giardino dei Boboli, 1573 ca.; *Ratto delle Sabine*, 1582). Celebre anche la sua *Fontana di Nettuno* (1563-1566), a Bologna. Furono suoi allievi il fiorentino P. Tacca, l'olandese A. De Vries, il francese P. Francheville.

GIAMBÓNI (Bòno), *Firenze 1235 ca. - 1295 ca.*, letterato. Tradusse in volgare numerose opere in latino, tra cui il *De miseria humanae conditionis* di Lotario. Scrisse il *Libro de' vizi e delle virtudi*, un viaggio allegorico alla ricerca della perfezione.

GIAMBULLÀRI (Pièr Francésco), *Firenze 1495-1555*, letterato e storico. Si dedicò allo studio e alla difesa del fiorentino in opere come *Il Gello* (1546) e *Della lingua che si parla e si scrive in Firenze* (1551). Come storico fu autore del primo testo in lingua italiana sulla storia europea (887-947), *Historia dell'Europa* (1566).

GIAMI (Abd Al-Rahman), *Khardjird, Khorasan, 1414 - Herat 1492*, scrittore persiano, autore dell'epopea cortese *Yusuf e Zulaykha*.

GIÀNI (Felice), *San Sebastiano Curone 1758 - Roma 1823*, pittore. Tra i precursori del Romanticismo, lavorò in molte città italiane ed europee. Tra l'altro, realizzò gli affreschi di Palazzo Doria a Roma (1780) e dell'Ermitage a San Pietroburgo (1788).

GIANÌCOLO, colle di Roma, non compreso tra i sette tradizionali, sulla riva destra del Tevere. Deve il nome a Giano, al cui culto era dedicato.

GIÀNNI (Francésco), *Roma 1750 - Parigi 1822*, poeta. Ottenuto il favore di Napoleone, visse soprattutto a Parigi. Tra le opere, *Versi estemporanei* (1794).

GIÀNNI (Làpo) → LAPO GIANNI.

GIÀNNINA o **IOÀNNINA**, c. della Grecia, in Epiro, sul Lago di G.; 56.496 ab. Moschea del XVII sec. entro la cinta muraria fortificata; musei.

GIANNÌNI (Giancarlo), *La Spezia 1942*, attore cinematografico. Tra le sue interpretazioni, *Mimì metallurgico ferito nell'onore* (L. Wertmuller, 1972), *Film d'amore e d'anarchia* (id., 1973, Palma d'oro a Cannes), *Travolti da un insolito destino nell'azzurro mare d'agosto* (id., 1974), *L'innocente* (L. Visconti, 1976), *Lili Marlene* (R.W. Fassbinder, 1980), *La cena* (E. Scola, 1998), *Piazza delle cinque lune* (R. Martinelli, 2003).

GIANNÌNI (Guglièlmo), *Pozzuoli 1891 - Roma 1960*, giornalista e politico. Nel 1946 fondò il settimanale *L'*uomo qualunque*, intorno al quale nacque un partito politico che alle elezioni per la Costituente ottenne il 5,3% dei voti.

GIANNÓNE (Piètro), *Foggia 1676 - Torino 1748*, storico e pensatore politico. Scomunicato per aver accusato la Chiesa di indebite ingerenze nella vita politica, fu costretto all'esilio. Arrestato in Piemonte, morì prigioniero. Tra le opere, *Istoria civile del Regno di Napoli* (1723).

GIANNÒTTI (Donàto), *Firenze 1492 - Roma 1573*, politico e letterato. Sostenitore della repubblica fiorentina, fu costretto all'esilio dal ritorno dei

Giamaica

200 500 1000 m	strada normale aeroporto confine di regione
	● più di 100.000 ab. ● da 50.000 a 100.000 ab. ● da 10.000 a 50.000 ab. ● meno di 10.000 ab.

20 km

Medici (1530). Appoggiò attivamente il modello repubblicano. Tra le opere, *Trattato della repubblica fiorentina* (1531-1538), *Libro della repubblica de' Viniziani* (1540).

GIANNÙTRI, isola dell'Arcipelago Toscano, nel com. dell'Isola del Giglio; 2,62 km². Resti della villa romana dei Domizi Enobarbi (I sec.).

GIÀNO MITOL. ROM. Tra le divinità più antiche, era il guardiano delle porte, di cui sorvegliava entrate e uscite: per questo è rappresentato con due volti contrapposti (G. bifronte).

GIÀNO DELL'ÙMBRIA, com. in prov. di Perugia; 3306 ab. Allevamento bovino. Agricoltura (uva, cereali). Industrie alimentari. Resti della cinta muraria, pieve duecentesca e chiese di S. Francesco e S. Michele (XIV sec.).

GIÀNO DÉLLA BÈLLA, *XIII sec.*, politico fiorentino. Guelfo, promosse i moti popolari che portarono alla promulgazione degli *Ordinamenti di giustizia* (1293). Vittima di una congiura, fu esiliato in Francia.

GIANSÈNIO (Cornèlio), in ol. **Cornelis Jansen**, *Acquoy, presso Leerdam, 1585 - Ypres 1638*, teologo olandese. L'abate di Saint-Cyran, che conobbe all'Università di Lovanio, lo incoraggiò a scrivere l'*Augustinus*, opera che è alla base del giansenismo e cui si dedicò dopo essere stato eletto vescovo di Ypres (1635).

■ *Cornelio Giansenio ritratto da L. Dutielt. (Reggia di Versailles.)*

GIAP (Võ Nguyên) → Võ Nguyên Giap.

GIAPPÓNE, in giapp. **Nippon** "paese del Sol Levante", Stato dell'Asia orient.; 373.000 km²; 127.335.000 ab. (*giapponesi*). CAP. *Tokyo*. LINGUA: *giapponese*. MONETA: *yen*. [*V. carta a pagina seguente*.]

ISTITUZIONI – Monarchia costituzionale ereditaria. La Costituzione risale al 1946. L'imperatore ha un ruolo simbolico. Il primo ministro viene eletto dal parlamento (o dieta), formato dalla camera dei rappresentanti (eletta ogni 4 anni) e dalla camera dei consiglieri (eletta ogni 6 anni).

GEOGRAFIA – Il paese è un arcipelago formato essenzialmente da quattro isole maggiori (Honshu, Hokkaido, Shikoku e Kyushu). Di medie dimensioni ma densamente popolato, il G. rappresenta la seconda potenza economica mondiale, anche se l'ambiente naturale non è favorevole. Il territorio, prevalentemente montuoso, per più di due terzi è ricoperto dalla foresta; l'attività vulcanica è talvolta intensa e ai fenomeni sismici si accompagnano maremoti. L'inverno è rigido a N, mentre l'estate è mite e umida nella maggior parte dell'arcipelago, soggetto a un regime monsonico. Il notevole sviluppo economico si deve a circostanze storiche come l'apertura all'Occidente sotto la dinastia Meiji (1968), responsabile di un'urbanizzazione crescente (att. nelle città vive l'80% ca. della popolazione), che ha portato alla formazione di alcune megalopoli (Tokyo, Osaka, Nagoya). Oggi l'incremento demografico è molto lento a causa del basso tasso di natalità. L'industria è diventata una delle più potenti del mondo grazie soprattutto all'organizzazione strutturale e finanziaria, oltre che all'aggressività della politica commerciale. Il G. occupa i primi posti come produttore di numerosi beni (acciaio, navi, automobili e moto, materie plastiche, televisori, magnetoscopi, apparecchi fotografici ecc.), che vengono largamente esportati. Anche la bilancia commerciale è regolarmente attiva, malgrado la massiccia importazione di energia (l'estrazione di carbon fossile è modesta e soltanto un terzo della produzione di elettricità avviene internamente) e gli alti costi sostenuti per soddisfare il fabbisogno interno (nonostante la modernissima flotta pescherecccia e la risicoltura).Uscito distrutto dalla seconda guerra mondiale, il G. ha conosciuto in seguito una crescita eccezionalmente rapida, per quanto caratterizzata da alcuni aspetti negativi: dipendenza dai mercati esteri (con la concorrenza sempre più agguerrita dei paesi di recente industrializzazio-

ne e la periodica minaccia di misure protezionistiche mossa dalle altre nazioni sviluppate), scarso rispetto per l'ambiente (inquinamento urbano e industriale) e malessere sociale, causato dalla crescente difficoltà ad accettare il tradizionale sacrificio dell'individuo per il bene dell'impresa o della nazione. L'economia giapponese, coinvolta nel 1997-1998 nella crisi finanziaria che ha colpito i paesi asiatici emergenti, attraversa oggi un nuovo periodo di stagnazione, se non addirittura di recessione.

STORIA – **Le origini**. IX millennio: il territorio viene occupato da popolazioni paleolitiche provenienti dalle regioni settentrionali del continente asiatico. VII millennio (periodo pre-Jomon): si afferma una cultura che non conosce l'uso della ceramica e prelude al Neolitico. VI millennio - III sec. a.C. (periodo Jomon): vasellame decorato, manufatti litici levigati, mortai in pietra. III sec. a.C. - III sec. d.C. (periodo Yahoi): coltura del riso, metallurgia del bronzo e del ferro, tessitura e fabbricazione di vasi con il tornio. Nello stesso periodo, tribù provenienti dalla Siberia (ainu) raggiungono l'estremità settentrionale delle isole. III-VI sec. (periodo Kofun): risalgono a questo periodo i *kofun*: tombe a tumulo con pitture murali ispirate alla vita quotidiana, vicino alle quali si trovano gli *haniwa*, oggetti in terracotta a forma di animali o di guerrieri. Architettura religiosa scintoista (santuari di Ise e Izumo).

L'antichità. V-VI sec.: la dinastia Yamato beneficia dell'influenza cinese attraverso la mediazione dei coreani. 538 ca.: introduzione del buddhismo, proveniente dalla Corea. 600-622: il reggente S. Taishi fa erigere il santuario di Horyu-ji. 645: il clan dei Nakatomi elimina quello dei Soga e instaura un sistema di governo che verrà preso a modello dalla Cina dei Tang. 710-794 (periodo di Nara): sei sette buddhiste impongono le loro concezioni religiose alla corte imperiale, stabiliti a Nara. 794: fondazione della nuova capitale, Heian (la futura Kyoto). 794-1185 (periodo di Heian): un gruppo di coloni-guerrieri si stabilisce nel N di Honshu. 858 - metà del XII sec.: i Fujiwara detengono il potere. 1185: i Taira sono sconfitti dai Minamoto.

Lo shogunato. 1192: il capo del clan Minamoto, Yoritomo, viene nominato generale (*shogun*). Si è ormai creato uno sdoppiamento del potere centrale: da una parte la corte dell'imperatore (*tenno*), dall'altra lo shogun e il suo governo (*bakufu*). 1185/1192-1333 (periodo di Kamakura): il bakufu, insediatosi a Kamakura, è dominato prima da Yoritomo e dai suoi figli, in seguito dagli Hojo. 1274-1281: i tentativi d'invasione da parte dei mongoli vengono respinti. 1338-1573 (periodo di Muromachi): gli shogun del clan Ashikaga si stabiliscono a Kyoto. Le guerre civili insanguinano il paese: prima la guerra delle Due corti (1336-1392), poi gli incessanti conflitti tra nobili (*daimyo*). Nel frattempo (1542), penetrano in G. alcuni commercianti portoghesi e gesuiti, tra cui san Francesco Saverio (1549), che intraprende l'evangelizzazione. 1582: dopo nove anni di lotte, Oda Nobunaga si sbarazza degli Ashikaga. 1585-1598: Hideyoshi Toyotomi, primo ministro dell'imperatore, unifica il G. sottomettendo i daimyo indipendenti. 1603-1616: Ieyasu Tokugawa si stabilisce a Edo (Tokyo), si proclama shogun ereditario e dà al paese salde istituzioni. 1616-1867 (periodo di Edo o dei Tokagawa): viene impedito l'ingresso agli stranieri (tranne che ai cinesi e agli olandesi), dopo la ribellione del 1637. 1854-1864: gli occidentali intervengono militarmente per obbligare il G. ad aprirsi al commercio internazionale.

Il Giappone contemporaneo. 1867: l'ultimo shogun, Yoshinobu, abdica e l'imperatore Mutsuhito (1867-1912) stabilisce la corte a Tokyo. 1868-1912 (periodo Meiji): vengono adottati mezzi e istituzioni occidentali (Costituzione del 1889) per rendere il G. una grande potenza economica e politica. Il paese attraversa una fase espansionistica: al termine della guerra sino-giapponese (1894-1895) acquisisce Formosa; uscito vincitore dal conflitto con i russi (1905), occupa Manciuria e Corea, che annette nel 1910. 1912-1926: durante il regno di Yoshihito (periodo Taisho), il G. partecipa alla prima guerra mondiale a fianco dell'Intesa e ottiene i possedimenti te-

deschi nel Pacifico. 1926: Hirohito succede al padre: ha inizio il periodo Showa. 1931: l'estrema destra nazionalista, salita al potere, dà ordine di invadere la Manciuria. 1937-1938: il G. s'impossessa della Cina nord-orient.; 1940: firma un trattato tripartito con Germania e Italia. Dic. 1941: l'aviazione giapponese attacca la flotta statunitense a Pearl Harbor. 1942: il G. occupa la maggior parte del Sudest asiatico e il Pacifico; Ago. 1945: capitola dopo il lancio della bomba atomica su Hiroshima e Nagasaki. 1946 la nuova Costituzione instaura una monarchia costituzionale. 1951: il trattato di pace di San Francisco restaura la sovranità del paese. Da questo momento, arbitro della vita politica sarà il Partito liberaldemocratico (PLD). 1960: viene stipulato un trattato di alleanza militare con gli Stati Uniti. 1960-1970: il G. si afferma come una delle prime potenze economiche del mondo; 1978: conclude con la Cina un trattato di pace e d'amicizia. 1982: Yasuhiro Nakasone viene nominato primo ministro; 1987: gli succede Noboru Takeshita. 1989: alla morte di Hirohito sale al trono suo figlio Akihito (periodo Heisei). Una serie di scandali politico-finanziari costringe N. Takeshita a dimettersi. 1993: in occasione delle elezioni legislative, il PLD perde la maggioranza assoluta. Si forma un governo di coalizione, che riunisce molti partiti dell'opposizione sotto la guida di Morihiro Hosowaka. 1994: un socialista, Tomiichi Murayama, dirige un nuovo governo di coalizione, dominato dal PLD. 1996: la coalizione si rinnova e diventa primo ministro Ryutaro Hashimoto, segretario del PLD (gen.). In seguito alle elezioni di ottobre, il PLD recupera il ruolo dirigente. 1998: R. Hashimoto si dimette e al suo posto subentra, a capo del partito e del governo, Keizo Obuchi, 2000: quest'ultimo viene sostituito da Yoshiro Mori. 2001: Junichiro Koizumi diventa segretario del PLD e primo ministro. Il governo fornisce il suo appoggio agli Stati Uniti partecipando alla lotta contro il terrorismo (ott.-nov.).

GIAPPÓNE (Màre del), settore del Pacifico, compreso tra Russia, Corea e Giappone.

GIAQUÍNTO (Corràdo), *Molfetta 1703 - Napoli 1765*, pittore. Influenzato da L. Giordano e S. Conca, eseguì decorazioni a Torino (Villa della regina) e a Roma. A Madrid, dal 1753 al 1762, fu pittore di corte e direttore dell'Accademia di San Fernando.

GIARDÌNI (Felìce), *Torino 1716 - Mosca 1796*, compositore e violinista. Fu attivo a Londra, dove compose numerose opere (sonate, trii, quartetti) e influenzò notevolmente la musica dell'epoca.

GIARDÌNO (Gaetàno), *Montemagno 1864 - Torino 1935*, militare. Comandante di divisione nella prima guerra mondiale, fu ministro della guerra nel 1917. Guidò la quarta armata dal 1918 e nel 1926 fu nominato maresciallo d'Italia.

GIARDÌNO DEI FÌNZI-CONTÌNI (Il), romanzo di G. Bassani, pubblicato nel 1962. Ambientato a Ferrara intorno al 1930, conduce a una riflessione amara e malinconica sulla caducità dei sentimenti e sulla tragedia della deportazione ebraica.

GIARDÌNO DELLE DELÌZIE (Il), grande trittico di J. Bosch (1500 ca. - 1505 ?, Prado, Madrid). L'opera, che appartenne al re di Spagna Filippo II, è tra le più enigmatiche del pittore.

Il giardino delle delizie *di J. Bosch, particolare del pannello centrale. (Prado, Madrid.)*

Giappone

200	1000	2000 m	

———	strada normale e autostrada
———	ferrovia

✈	aeroporto
★	importante località turistica

●	più di 5.000.000 di ab.		
●	da 1.000.000 a 5.000.000 di ab.	•	da 100.000 a 500.000 di ab.
●	da 500.000 a 1.000.000 di ab.	•	meno di 100.000 ab.

L'arte dell'antico Giappone

Il Giappone e le sue espressioni artistiche sono stati, in epoche diverse, più o meno segnati da influssi coreani e cinesi. Ma la capacità del paese di assimilare gli apporti culturali esterni e il sincretismo tra confucianesimo, buddhismo e scintoismo, la religione nazionale, hanno contribuito alla fioritura di un'arte originale tipicamente giapponese.

Statuetta funeraria (*haniwa*). Terracotta, V sec. Collocate intorno ai tumuli dei capi locali, le *haniwa* (qui un guerriero) evocano il corteo che segue il defunto durante l'inumazione, praticata secondo il rito sciamanico.

Il buddha Amida. Legno laccato e dorato, 1053. Eseguita dallo scultore Jocho per il reggente Fujiwara no Yorimichi a Uji, dov'è ancora conservata, l'opera è stata il modello della rappresentazione di Amida per molte generazioni di artisti giapponesi.

Il padiglione della Fenice a Uji. Costruito nel 1053 insieme al tempio di Byodo-in. Mentre la forma evoca la fenice immortale dalle ali spiegate, la decorazione interna e il paesaggio creato tutt'intorno evocano l'immagine del paradiso del buddhismo, luogo della beatitudine eterna. L'influenza cinese resta percepibile, anche se la ricerca dell'integrazione con la natura circostante è propriamente giapponese.

La pagoda di Yakushi-ji a Nara. Costruita nel 698, fu riedificata poco tempo dopo a Nara. La leggerezza dei supporti e i tetti distanziati e prolungati con pensiline ne fanno un'opera tipica dell'architettura giapponese.

Il principe Genji nel tempio di Sumiyoshi. Paravento dipinto da Sotatsu, 1630. Durante il periodo Heian (794-1185) l'illustrazione dei romanzi scritti in giapponese consolida un'arte pittorica profana nazionale, lo *yamato-e*. Sotatsu si ispira ai lunghi rotoli antichi, sia per i temi sia per il rifiuto della prospettiva e i colori stesi in modo uniforme. Privilegiando le linee diagonali, egli ottiene un effetto di movimento; la capacità di stilizzazione e l'audacia ne fanno l'iniziatore dell'arte di Korin e della sua scuola.(Fondazione Seikado, Tokyo.)

Vassoio a forma di ventaglio. Ceramica policroma di Kenzan, inizio del XVIII sec. Associata alla cerimonia del tè, la ceramica è una delle arti principali, qui contraddistinta dalla spontaneità del tratto tipica dello spirito zen.(Seattle Art Museum.)

Un attore del kabuki. Stampa policroma dal fondo micaceo, fine del XVIII sec. Sharaku ha saputo immortalare, con un tratto vivo e affilato, la straordinaria mobilità espressiva degli attori del kabuki. (Musée Guimet, Parigi.)

GIARIR, *m. a Uthayfiyya nel 729 ca.*, poeta arabo, autore di poemi satirici e di panegirici.

GIÀRRE, com. in prov. di Catania, sul versante orient. dell'Etna; 4733 ab. Agricoltura (agrumi, ortaggi). Industrie meccaniche e alimentari.

GIARRETTIÈRA (órdine della), ordine cavalleresco inglese, istituito da Edoardo III nel 1348. (Motto: *Honni soit qui mal y pense*, "Vergogna a chi ne pensa male".)

GIASÓNE MITOL. GR. Eroe della Tessaglia. Per conquistare il vello d'oro, organizzò la spedizione degli Argonauti in Colchide, che andò a buon fine grazie alle magie di Medea.

GIAUQUE (William Francis), *Niagara Falls, Canada, 1895 - Oakland 1982*, fisico e chimico statunitense di origine canadese. Nel 1924 sperimentò, parallelamente a P. Debye, il metodo di produzione del freddo basato sulla smagnetizzazione adiabatica, riuscendo in tal modo a ottenere le più basse temperature raggiunte all'epoca. (Premio Nobel per la chimica 1949.)

GIÀVA, isola dell'Indonesia; 130.000 km²; 114.733.486 ab. (*giavanesi*). Si tratta di un'isola allungata, dal clima equatoriale, costituita da pianure e altopiani dominati da una lunga catena montuosa vulcanica. Sul suo territorio si concentrano oltre la metà della popolazione indonesiana e le città principali (Giacarta, Bandung, Surabaya). Vi si pratica un'agricoltura intensiva (riso, canna da zucchero, tabacco). — Templi induisti, tra cui il Prambanan (X sec.).

GIÀVA (Màr di), settore del Pacifico, compreso tra Giava, Sumatra e Borneo.

GIAVANÉSI, il popolo maggioritario in Indonesia (zone centrale e orient. di Giava; ca. 68 milioni di individui). Indianizzati (V-XIV sec.), poi islamizzati a partire dal XV sec., i g. si dividono in santri, musulmani ortodossi, e abangan, musulmani "nominali", che conservano i culti locali e si vanno convertendo al cristianesimo, o stanno ritornando a induismo e buddhismo. La loro lingua appartiene alla famiglia maleo-polinesiana.

GIBBON (Edward), *Putney, Londra, 1737 - Londra 1794*, storico britannico. Con la sua *Storia della decadenza e caduta dell'impero romano* (1776-1788), fu e resta tuttora uno dei più importanti studiosi del declino dell'impero romano.

GIBBONS (Orlando), *Oxford 1583 - Canterbury 1625*, compositore inglese. Tra i maggiori esponenti della musica elisabettiana, compose madrigali, mottetti e opere strumentali.

GIBBS (James), *presso Aberdeen 1682 - Londra 1754*, architetto britannico. Allievo di C. Fontana e C. Wren, realizzò chiese a Londra e la Radcliffe Library a Oxford.

GIBBS (Willard), *New Haven, Connecticut, 1839-1903*, fisico statunitense. Applicando la chimica-fisica, la termodinamica alla chimica. Perfezionò la meccanica statistica di L. Boltzmann ed enunciò la *regola delle fasi*, alla base degli studi sugli equilibri fisico-chimici.

■ *Willard Gibbs.*

GIBELLÌNA, com. in prov. di Trapani; 4733 ab. Situato lungo il corso del f. Belice, fu quasi completamente distrutto dal sisma del 1968.

GIBILÌSCO (Giuséppe), *Siracusa 1979*, atleta. Ai campionati mondiali di Parigi del 2003 ha vinto la medaglia d'oro nel salto con l'asta.

GIBILTÈRRA, territorio britannico, sullo stretto omonimo, all'estremità merid. della penisola iberica; 6 km²; 27.192 ab. Famosa fin dall'antichità (*Colonne d'Ercole*), G. dal 711 fu il punto di partenza per la conquista musulmana della Spagna (il suo nome viene da *djabal Al-Tariq*, "il monte di Tariq", dal capo berbero Tariq ibn Ziyad, che varcò lo stretto e si impadronì del promontorio). Conquistata nel 1704 dagli inglesi (nel 1713 il trattato di Utrecht ne sancì il dominio) e divenuta in seguito una potente base navale britannica, G. è sempre stata rivendicata dagli spagnoli.

GIBILTÈRRA (Strétto di), stretto tra la Spagna e il Marocco, che unisce il Mediterraneo e l'Atlantico (15 km di larghezza).

GIBRAN KHALIL GIBRAN, *Bsarri 1883 - New York 1931*, scrittore libanese di lingua araba e inglese. Nelle sue opere un romanticismo quasi mistico si coniuga con l'aspirazione al cambiamento sociale (*Il profeta*).

GIBSON (Ralph), *Los Angeles 1939*, fotografo statunitense. Le sue immagini, di grande rigore formale, curate anche nella fase di stampa, colgono frammenti della realtà in una visione distaccata ma soggettiva (*The Somnambulist*, 1970).

GIBSON (William), *Conway 1948*, scrittore statunitense. Autore di romanzi di fantascienza, è stato l'inventore del genere *cyberpunk*. Tra le opere, *Neuromante* (1984), *Monnalisa cyberpunk* (1986), *Luce virtuale* (1993), *Aidoru* (1996), *Cuori elettrici* (1996).

GIBUTI, cap. della Rep. di G.; 329.000 ab. Porto e capolinea della ferrovia che collega G. ad Addis Abeba.

GIBUTI (Repùbblica di), Stato dell'Africa orientale, sull'Oceano Indiano; 23.000 km²; 644.000 ab. CAP. *Gibuti*. LINGUE: *arabo e francese*. MONETA: *franco di Gibuti*. [*V. carta dell'*Etiopia.] Il paese, dal clima arido, è situato in posizione strategica, sull'estremità merid. del Mar Rosso. La popolazione, islamizzata, è composta prevalentemente da due etnie (afar e issa) e trae sostentamento soprattutto dall'allevamento nelle città principali (Giacarta, Bandung, più della metà degli abitanti si concentra in Gibuti. — Creata nel 1896, la colonia della "Somalia francese" assunse lo statuto di Territorio d'oltremare nel 1946, per diventare nel 1967 Territorio francese degli Afar e Issa. Nel 1977 la regione ottenne l'indipendenza e prese il nome di Repubblica di G., presieduta da Hassan Gouled Aptidon (destinato a restare in carica fino al 1999), poi da Ismail Omar Guelleh. Dal 2001 la carica di primo ministro è ricoperta da Dileita Muhammad Dileita.

GIDDA, **GEDDA** o **JIDDAH**, c. dell'Arabia Saudita, sul Mar Rosso; 1.500.000 ab. Aeroporto e porto per La Mecca e Medina. Sede delle rappresentanze diplomatiche estere.

GIDE (André), *Parigi 1869-1951*, scrittore francese. La sua opera, pervasa dal desiderio di libertà (*I nutrimenti terrestri*, 1897) e di sincerità (*L'immoralista*, 1902), e segnata dall'impegno (*Viaggio al Congo*, 1927; *Ritorno dall'URSS*, 1936), si propone come espressione di un moderno umanesimo che concilia la lucidità dell'intelligenza al vigore degli istinti (*I sotterranei del Vaticano*, 1914; *La sinfonia pastorale*, 1919; *I falsari*, 1926; *Diario*, dal 1939). (Premio Nobel 1947.)

■ *André Gide.*

GIELGUD (sir Arthur John), *Londra 1904 - Wotton Underwood, presso Aylesbury, 2000*, regista teatrale e attore britannico. Grande interprete shakespeariano (nei ruoli di Amleto, Romeo, Lear), ha recitato anche in opere di autori contemporanei (T. Williams, E. Bond, H. Pinter) e in film (*Providence*, A. Resnais, 1977; *Direttore d'orchestra*, A. Wajda, 1980).

GIEREK (Edward), *Porabka 1913 - Cieszyn 2001*, politico polacco. È stato il successore di W. Gomułka alla guida del Partito operaio unificato (1970-1980).

GIERS (Nikolaj Karlovič **de**), *Radziwilov 1820 - San Pietroburgo 1895*, diplomatico e politico russo. Ministro degli esteri (1882-1895), rinnovò il patto

di alleanza con la Germania (1884, 1887), e, nel 1891, dovette risolversi ad allearsi con la Francia.

GIESEKING (Walter), *Lione 1895 - Londra 1956*, pianista tedesco. È stato sensibile interprete di W.A. Mozart, C. Debussy e M. Ravel.

GIFU, c. del Giappone (Honshu); 407.134 ab.

GIGÀNTE (Giacinto), *Napoli 1806-1876*, pittore. Influenzato da W. Huber e A. Pitloo, fu uno dei maggiori esponenti della scuola di Posillipo. Realizzò paesaggi con diverse tecniche. Tra le opere, *Pozzuoli* (1849).

GIGÀNTI MITOL. GR. Esseri di origine divina, ma mortali, generati dalla Terra (Gaia) e dal sangue di Urano evirato.

GIGÀNTI (Mónti dei), in pol. **Karkonosze**, in cec. **Krkonoše**, in ted. **Riesengebirge**, monti della Polonia e della Rep. Ceca, che costituiscono il margine nord-orient. della Boemia; 1602 m.

GÌGE, *m. nel 644 ca. a.C.*, re della Lidia. Secondo la tradizione possedeva un anello che rendeva invisibili.

GÌGLI (Beniamino), *Recanati 1890 - Roma 1957*, tenore. Dopo l'esordio a Rovigo nel 1914, si affermò a New York e in Europa. Erede di E. *Caruso*, interpretò un vasto repertorio lirico e drammatico, diventando uno dei tenori più popolari del XX sec.

GÌGLI (Giròlamo), *Siena 1660 - Roma 1722*, commediografo e letterato. Suscitò scalpore col *Vocabolario cateriniano* (1717), nel quale condannava l'Accademia della Crusca. Prolifica la sua attività di commediografo (*La Geneviefa*, 1685; *Il Don Pilone*, 1707).

GÌGLIO (Isola del), isola del Mar Tirreno, nell'Arcipelago toscano; 21,2 km². Seconda per estensione dopo l'Elba, ha un territorio montuoso (Poggio della Pagana, 496 m) ed è costituita da rocce granitiche. Agricoltura, pesca e turismo. Con Giannutri forma il comune di *Isola del Giglio*.

GIJÓN, c. della Spagna (Asturie), sull'Atlantico; 267.426 ab. Porto (pesca). Metallurgia.

GIL (Gioventù italiana del littòrio), organizzazione fascista nata nel 1937 dalla fusione dell'Opera nazionale Balilla e dei Fasci giovanili di combattimento. La sua finalità era l'inquadramento dei giovani fino ai ventun anni. Fu sciolta nel 1943.

GILÀRDI (Pièro), *Torino 1942*, scultore. Dopo l'esordio nel 1963 con tappezzerie di gusto pop, dal 1965 ha iniziato a realizzare i "tappeti-natura", utilizzando materiali plastici. Dopo l'adesione al movimento del Sessantotto, è ritornato alle tematiche iniziali

GILBERT & GEORGE, Gilbert Proesch, *San Martino 1943*, e George Passmore, *Devon 1942*, artisti britannici. La loro esperienza artistica, affine alla *body art*, si fonda sull'utilizzo del corpo nell'allestimento di performance e sfrutta tecniche diverse (fotografia, video).

GILBERT (Ìsole) → KIRIBATI.

GILBERT (Kenneth), *Montreal 1931*, clavicembalista e organista canadese. Specialista del repertorio francese per clavicembalo (F. Couperin, J.-P. Rameau), ha contribuito alla diffusione della musica barocca.

GILBERT (Walter), *Boston 1932*, biochimico statunitense. Ha isolato la proteina che svolge un'azione inibitoria nel controllo genetico (1966) e studiato la sequenza delle basi nel DNA. (Premio Nobel per la chimica 1980.)

GILBERT (William), *Colchester 1544 - Londra o Colchester 1603*, fisico inglese. Medico alla corte d'Inghilterra, effettuò i primi esperimenti relativi a elettrostatica ed elettromagnetismo, e formulò l'ipotesi del geomagnetismo.

GIL BLAS DI SANTILLANA (Stòria di), romanzo di A.R. Lesage (1715-1735). Tratta delle numerose peripezie che ostacolano la faticosa ascesa sociale del figlio di uno scudiero.

GILBRETH (Frank Bunker), *Fairfield, Maine, 1868 - Montclair, New Jersey, 1924*, ingegnere statunitense. Collaboratore di F.W. Taylor, tra i primi a occuparsi di organizzazione del lavoro, stabilì principi di semplificazione dei movimenti, al fine di ridurre durata e intensità dello sforzo.

GILDA (sànto), detto **il Sàggio**, *Dumbarton 500 ca. - Isola di Houat 570*, missionario britannico. Riorganizzò la Chiesa celtica e fondò il monastero di Rhuys.

GIBILTERRA *vista dalla costa andalusa.*

GILÈRA, società produttrice di motociclette fondata nel 1909 ad Arcore da Giuseppe G. (Milano 1887 - Arcore 1971). Fa parte del gruppo Piaggio ed è una delle maggiori fabbriche del settore a livello mondiale.

GILGAMESH, leggendario re di Uruk, eroe dei poemi epici mesopotamici, raccolti in un'unica opera intorno al XVIII sec. a.C.

GILLESPIE (John **Birks**, detto Dizzy), *Cheraw, Carolina del Sud, 1917 - Englewood, New Jersey, 1993*, musicista jazz statunitense. Compositore, trombettista e cantante, è stato, con C. Parker, tra i creatori del be-bop; ha inoltre diretto numerose orchestre e introdotto ritmi afrocubani nel jazz (*A Night in Tunisia*, 1946; *Manteca*, 1947).

GILLETTE (King Camp), *Fond du Lac 1855 - Los Angeles 1932*, inventore statunitense. Nel 1895 realizzò il primo rasoio di sicurezza. La società omonima, fondata nel 1901, è oggi una delle più importanti del mondo nel settore degli articoli per l'igiene.

GILLIAM (Terry), *Minneapolis 1940*, regista cinematografico statunitense. Membro del gruppo satirico dei Monty Python, ha realizzato una serie di film grotteschi e paradossali: *I banditi del tempo* (1980), *Monty Python - Il senso della vita* (1983), *Brazil* (1984), *La leggenda del re pescatore* (1991), *Paura e delirio a Las Vegas* (1998).

GILLINGHAM, c. della Gran Bretagna (Inghilterra), sul Mare del Nord; 93.700 ab. Porto.

GILLRAY (James), *Chelsea 1756 - Londra 1815*, incisore e caricaturista britannico. La sua satira grottesca e feroce ebbe come bersaglio prima la Rivoluzione francese, poi Napoleone.

GILSON (Étienne), *Parigi 1884 - Cravant 1978*, filosofo francese. Ha contribuito a risvegliare l'interesse per la filosofia medievale e in part. per il tomismo.

GIMÓNDI (Felice), *Sedrina 1942*, ciclista. Ha vinto 3 Giri d'Italia (1967, 1969, 1976), 1 Tour de France (1965), 1 campionato del mondo (1973) e numerose classiche (Milano-Sanremo nel 1974, Giro di Lombardia nel 1966 e nel 1973).

GINÉVRA, in fr. Genève, in ted. **Genf**, c. della Svizzera, capol. del cant. di G., all'estremità sud-occ. del Lago di G.; 174.999 ab. (372.000 ab. nell'agglomerato). Università fondata da G. Calvino. Centro finanziario e commerciale. Industria orologiera e meccanica di precisione. — Annessa al regno di Borgogna e poi al Sacro Romano Impero (1032), a partire dal 1290 entrò in conflitto con i conti, poi duchi, di Savoia. Nel 1536 G. Calvino ne fece la sede del suo movimento, e in seguito fu capitale del protestantesimo. Nel 1814 entrò nella Confederazione Elvetica e, tra il 1920 e il 1947, ospitò gli organismi della Società delle Nazioni. Attualmente è sede della Croce rossa e di varie organizzazioni internazionali. — Cattedrale di St-Pierre (XII-XIII sec.), altri monumenti e pregevoli edifici nella città vecchia; numerosi musei, tra cui quello di arte e di storia.

GINEVRA. *Le rive del Lago di Ginevra, con l'Isola Rousseau, il ponte del Mont-Blanc e il molo delle Eaux-Vives.*

GINÉVRA (accòrdi di) (lug. 1954), accordi che posero fine alla guerra d'Indocina. Fecero seguito alla conferenza internazionale che vide riuniti, a G., i rappresentanti dei due blocchi (occidentale e comunista) e dei paesi non allineati, e che portò a un cessate il fuoco in Indocina e alla divisione del Vietnam nelle due zone separate dal 17° parallelo.

GINÉVRA (cantóne di), cant. della Svizzera; 282 km²; 408.800 ab.

GINÉVRA (convenzióni di), insieme di convenzioni internazionali (1864, 1907, 1929 e 1949) finalizzate alla tutela dei diritti umani in tempo di guerra (hanno per oggetto la difesa di feriti, prigionieri di guerra e civili).

GINÉVRA o **LEMÀNO** (làgo di), lago dell'Europa, diviso tra Svizzera (riva settentr.) e Francia (riva merid.), a N delle Alpi, attraversato dal Rodano. Situato a 375 m d'alt., misura 72 km di lunghezza e ha una superficie di 582 km².

GÌNI (Corràdo), *Motta di Livenza 1884 - Roma 1965*, statistico e sociologo. Direttore dell'ISTAT dal 1926 al 1932, analizzò il funzionamento della società e studiò l'indice di disuguaglianza del reddito, noto come "indice del G.".

GINÒRI, fabbrica di ceramiche fondata a Doccia nel 1735 da Carlo Lorenzo G. (Firenze 1702 - Livorno 1757). Fusasi nel 1896 con la società Richard, ha assunto la denominazione Richard-G.

GINÒSA, com. in prov. di Taranto; 22.216 ab. Agricoltura (mandorle, tabacco, agrumi). Industrie alimentari e del tabacco. Castello medievale.

GINSBERG (Allen), *Newark 1926 - New York 1997*, poeta statunitense. Le sue poesie visionarie e di protesta, influenzate da W. Whitman, si inseriscono nel solco della *beat generation* e costituiscono un esempio di affermazione omosessuale (*Urlo, Kaddish*).

GINZBURG (Càrlo), *Torino 1939*, storico. Ha studiato le culture popolari, prestando particolare attenzione alle superstizioni. Tra le opere, *I benandanti* (1966), *Il formaggio e i vermi* (1976), *Storia notturna* (1989), *Il giudice e lo storico* (1991), *Nessuna isola è un'isola* (2002).

GINZBURG (Leóne), *Odessa 1909 - Roma 1944*, critico e politico. Militante antifascista, fu tra i primi collaboratori della casa editrice Einaudi. Perseguitato dal regime, fu arrestato e condannato al confino in Abruzzo (1940-1943). Esponente del Partito d'azione, morì in carcere a causa delle torture subite.

GINZBURG (Natalìa), nata **Lèvi**, *Palermo 1916 - Roma 1991*, scrittrice. Moglie di Leone, subì con lui il confino in Abruzzo. Nei suoi romanzi rievocò temi autobiografici, legati alla memoria: *La strada che va in città* (1942), *Lessico famigliare* (1963), *Caro Michele* (1973), *La famiglia Manzoni* (1983).

GIOACCHÌNO, secondo la tradizione cristiana, marito di sant'Anna e padre della Vergine Maria.

GIOACCHÌNO DA FIÓRE, *Celico 1130 ca. - San Giovanni in Fiore 1202*, mistico. Abate cistercense, abbandonò il suo ordine per fondare la congregazione dei monaci florensi. Disgustato dagli eccessi della Chiesa, elaborò una dottrina che annunciava il regno dello Spirito, in cui gli umili avrebbero occupato un ruolo preminente. Esercitò grande influenza sui francescani spirituali.

GIÒBBE, protagonista dell'omonimo libro biblico (V sec. a.C.). La sua vicenda di uomo ricco e potente caduto in miseria mostra come il giusto accetti la volontà di Dio anche nella disgrazia.

GIOBÈRTI (Vincènzo), *Torino 1801 - Parigi 1852*, politico e filosofo. Sacerdote, fu condannato all'esilio (che trascorse a Parigi e a Bruxelles) per aver aderito a società segrete. Ritornato in Italia, ispirò la corrente detta neoguelfismo, che mirava a realizzare una federazione di Stati italiani sottoposta all'autorità del pontefice (*Primato morale e civile degli italiani*, 1843). Fu ministro e presidente del consiglio (1848-1849) del regno di Sardegna.

GIOCÀSTA MITOL. GR. Moglie di Laio, re di Tebe, e madre di Edipo. Sposò Edipo ignorando chi fosse e quando scoprì la verità si uccise.

GIOCÓNDA (La), quadro di Leonardo da Vinci (1503-1507 ca.), acquistato da Francesco I e oggi al Louvre. Si tratta del ritratto su legno della fiorentina Monna Lisa, moglie di un certo Francesco del Giocondo.

La Gioconda *di Leonardo da Vinci, 1503-1507 ca.* (Louvre, Parigi).

GIOCÓNDO (Giovànni **Monsignóri**, detto **fra**), *Verona 1433 - Roma 1515*, architetto e umanista. Operò soprattutto in Veneto e in Francia, realizzando progetti per edifici civili e militari (Loggia del Consiglio a Verona, 1476-1488). Chiamato a Roma nel 1514 da papa Leone X, lavorò alla costruzione di S. Pietro.

GIOÈLE, *IV sec. a.C.*, l'ultimo profeta della Bibbia.

GIOFRA (Al-), oasi della Libia.

GIÒIA (Melchiòrre), *Piacenza 1767 - Milano 1829*, filosofo ed economista. Direttore de *Il monitore italiano* e collaboratore degli *Annali universali di statistica*, scrisse il *Nuovo prospetto delle scienze economiche* (1815-1819), diventando il fondatore della statistica italiana.

GIÒIA DEL CÒLLE, com. in prov. di Bari; 27.355 ab. Centro agricolo (mandorle, olive, uva). Industrie alimentari. Castello normanno (1230) nel nucleo medievale.

GIÒIA DI VÌVERE (La), grande tela di H. Matisse (1905-1906; Fondazione Barnes, Merion, Pennsylvania). È un manifesto della rappresentazione antinaturalistica di spazi e colori che preannuncia la maturità dell'artista.

GIÒIA TÀURO, com. in prov. di Reggio Calabria, sul Golfo di G.; 18.471 ab. Agricoltura (agrumi, ortaggi). Industrie alimentari e chimiche.

GIOLÌTTI (Giovànni), *Mondovì 1842 - Cavour 1928*, politico. Ministro del tesoro del governo Crispi (1889-1890), nel 1892 fu per la prima volta presidente del consiglio, incarico da cui si dimise perché coinvolto nello scandalo della Banca romana. Ministro degli interni dal 1901 al 1903, G. fu quasi ininterrottamente a capo del governo tra il 1903 e il 1913, periodo in cui promosse una legislazione sociale, la nazionalizzazione delle ferrovie, il suffragio universale maschile (1912) e la guerra contro la Turchia (1911-1912) che portò all'annessione di Libia, Rodi e Dodecaneso. Accusato di trasformismo per aver cercato l'appoggio prima delle sinistre, poi, con il patto Gentiloni, dei cattolici, fu definito da G. Salvemini "ministro della malavita" per le ingerenze nella campagna elettorale in meridione. Neutralista durante la prima guerra mondiale, fu di nuovo presidente del consiglio tra il 1920 e il 1921, ma non comprese la portata del fascismo, di cui credette di potersi servire per porre un freno ai socialisti, e si dimise dopo i deludenti risultati elettorali.

■ *Giovanni Giolitti ritratto da A. Piatti.*

GIÒLLI (Raffaèllo), *Alessandria 1889 - Mauthausen 1945*, storico e critico d'arte. Collaboratore del quotidiano *La sera* e di riviste (*Casabella*, *Domus*), fondò e diresse *Problemi d'arte attuale* (1927-1929) e *Poligono* (1930-1931). Perseguitato dal fascismo, fu deportato a Mauthausen, dove morì.

GIÒNA, protagonista dell'omonimo libro biblico, considerato per tradizione uno dei libri profetici, ma in realtà opera letteraria del IV sec. a.C. Il personaggio storico visse nell'VIII sec. a.C. Il G. biblico trascorre tre giorni nel ventre di una balena.

GIONO (Jean), *Manosque 1895-1970*, scrittore francese. Cantore della Provenza (*Collina*, 1929; *Risveglio*, 1930), e di un ideale di vita a contatto con la natura (*Che la mia gioia resti*, 1935), in seguito si è dedicato a temi più classici (*L'ussaro sul tetto*, 1951; *Una pazza felicità*, 1957).

GIORDÀNA (Màrco Tùllio), *Milano 1950*, regista cinematografico. Attento a tematiche politiche e sociali, ha diretto, tra l'altro, *Maledetti vi amerò* (1980), *La caduta degli angeli ribelli* (1981), *Notti e nebbie* (1984), *Pasolini: un delitto italiano* (1995), *I cento passi* (2000), *La meglio gioventù* (2003).

GIORDÀNI (Piètro), *Piacenza 1774 - Parma 1848*, letterato. Visse in numerose città italiane (Bologna, Piacenza, Firenze, Parma). Tra i fondatori della *Biblioteca italiana*, sostenne i classicisti nella disputa contro i romantici. Fu tra i primi a riconoscere la grandezza di G. Leopardi, con il quale instaurò un rapporto di amicizia.

GIORDÀNIA, Stato dell'Asia, nel Medio Oriente; 92.000 km²; 5.051.000 ab. (*giordani*). CAP. *Amman*. LINGUA: *arabo*. MONETA: *dinaro giordano*.

ISTITUZIONI – Monarchia costituzionale. La Costituzione risale al 1952. Il re è assistito dal primo ministro, capo del governo. Il parlamento (assemblea nazionale) è composto dal senato o *Majlis Al-Ayan* (40 senatori, nominati dal re ogni 4 anni) e da una camera dei rappresentanti (80 deputati, in carica per 4 anni).

GEOGRAFIA – La depressione del Ghor (bagnata dal Giordano) e le alture circostanti rappresentano la parte vitale del paese, che produce frumento, orzo, vini e olio d'oliva. L'allevamento nomade (ovini e caprini) è la sola risorsa della G. orient., arida distesa calcarea. Il sottosuolo è ricco soprattutto di fosfati. Il turismo rappresenta una voce importante dell'economia, ma in compenso l'industrializzazione è inesistente e la bilancia commerciale in deficit. Inoltre, il paese (dove vivono molti palestinesi) è pesantemente indebitato.

STORIA – **1949**: il regno di G. nasce dall'annessione da parte dell'emirato hashemita di Transgiordania (creato nel 1921) della Cisgiordania (facente parte dello Stato arabo previsto dal piano di spartizione della Palestina del 1947). **1951**: il re Abd Allah ibn Al-Husayn viene assassinato da un palestinese; **1952**: gli succede il nipote Husayn. **1967**: la G. rimane coinvolta nella terza guerra arabo-israeliana, al termine della quale Israele occupa il settore orient. di Gerusalemme e la Cisgiordania; un movimento palestinese armato si contrappone all'autorità regale. **1970**: le truppe del re intervengono contro i palestinesi, che vengono respinti verso il Libano e la Siria. **1978**: in seguito agli accordi sottoscritti a Camp David da Israele ed Egitto, si assiste a un avvicinamento tra giordani e palestinesi. **1984**: la G. riallaccia i rapporti con l'Egitto. **1988**: re Husayn tronca qualunque vincolo legale e amministrativo con la Cisgiordania. **1994**: la G. conclude trattative di pace con Israele. **1999**: alla morte di re Husayn, sale sul trono il figlio primogenito con il nome di Abd Allah II. **2000**: diventa primo ministro Ali Abu Ragheb.

GIORDÀNO, f. del Vicino Oriente, che nasce in Libano e sfocia nel Mar Morto; 360 km. Separa Israele da Siria e Giordania, formando il Lago di Tiberiade, e segna il confine tra Cisgiordania e Giordania.

GIORDÀNO (Lùca), *Napoli 1634-1705*, pittore. Lavorò nello studio di J. Ribera e soggiornò in varie città italiane, dove assorbì l'influenza dei maestri del Rinascimento giungendo a una personale interpretazione del barocco. Realizzò affreschi nel Palazzo Medici-Riccardi (Firenze) e per l'Escorial (Madrid).

GIORDÀNO (Umbèrto), *Foggia 1867 - Milano 1948*, compositore. Fu autore di opere di ispirazione verista, tra le quali *Malavita* (1892), *Andrea Chenier* (1896), *Fedora* (1898), *Siberia* (1903). Nelle ultime opere si avverte un tentativo di mutamento stilistico verso toni umoristici (*Madame Sans-Gêne*, 1915).

GIÒRGI (Giovànni), *Lucca 1871 - Castiglioncello 1950*, ingegnere e fisico. Studioso di misure elettriche e problemi riguardanti i trasporti, propose nel 1901 un sistema di unità di misura che comprendeva anche l'ohm. Esso fu adottato in sede internazionale nel 1935 e chiamato "sistema G.".

GIÒRGIO, nome di più sovrani

BOEMIA

GIÒRGIO PODĚBRAD, *Poděbrad 1420 - Praga 1471*, re di Boemia (1458-1471). Scomunicato da Paolo II, riuscì a conservare il potere nonostante i nobili cattolici avessero eletto re di Boemia Mattia Corvino (1469).

GRAN BRETAGNA E IRLANDA

GIÒRGIO I, *Osnabrück 1660-1727*, elettore di Hannover (1698-1727), re di Gran Bretagna e Irlanda (1714-1727). Succedette ad Anna Stuart in virtù dell'Act of Settlement (1701). Si appoggiò ai whig e affidò il governo ai ministri C. Stanhope (1717-1721) e R. Walpole (1715-1717 e dal 1721). — **Giorgio II**, *Herrenhausen 1683 - Kensington 1760*, re di Gran Bretagna e Irlanda, elettore di Hannover (1727-1760). Figlio di Giorgio I, confermò nella carica di primo ministro Walpole, che gettò le basi dell'impero britannico. — **Giorgio III**, *Londra 1738 - Windsor 1820*, re di Gran Bretagna e Irlanda (1760-1820), elettore (1760-1815) poi re (1815-1820) di Hannover. Nipote di Giorgio II, dovette rinunciare alle colonie inglesi in America e fu ostile alla Francia rivoluzionaria. Fu il primo Hannover a interessarsi all'Inghilterra. — **Giorgio IV**, *Londra 1762 - Windsor 1830*, re di Gran Bretagna e Irlanda, re di Hannover (1820-1830). Primogenito di Giorgio III, dovette accettare l'emancipazione dei cattolici d'Irlanda. — **Giorgio V**, *Londra 1865 - Sandringham 1936*, re di Gran Bretagna e Irlanda, imperatore delle Indie (1910-1936), della dinastia di Hannover. Figlio di Edoardo VII, il suo regno fu segnato dall'intervento dell'impero inglese nella prima guerra mondiale. Mutò il nome della dinastia di Sassonia-Coburgo-Hannover (1917) in Windsor. — **Giorgio VI**, *Sandringham 1895 - 1952*, re di Gran Bretagna e Irlanda del Nord (1936-1952), imperatore delle Indie (1936-1947), della dinastia dei Windsor. Secondogenito di Giorgio V, succedette a Edoardo VIII. Sotto il suo regno la Gran Bretagna partecipò alla seconda guerra mondiale.

GRECIA

GIÒRGIO I, *Copenaghen 1845 - Tessalonica 1913*, re di Grecia (1863-1913). Fu designato da Gran Bretagna, Francia e Russia, potenze protettrici della Grecia, come successore di Ottone, ma fu assassinato. — **Giorgio II**, *Tatói 1890 - Atene 1947*, re di Grecia (1922-1924 e 1935-1947). Figlio di Costantino I, al momento dell'invasione tedesca (1941) si rifugiò a Creta, poi al Cairo e a Londra. Tornò sul trono nel 1946.

GIÒRGIO (sànto), martire del IV sec. Santo combattente, secondo la leggenda avrebbe ucciso un drago per liberare una principessa. È il patrono dell'Inghilterra.

GIÒRGIO DA SEBENÌCO (Giòrgio Orsìni, detto), *m. a Sebenico nel 1475*, architetto e scultore dalmata. Fu attivo in varie città (Sebenico, Spalato, Ragusa, Venezia), dove realizzò opere che mescolano la tradizione classicista alle influenze gotiche e rinascimentali.

GIORGIÓNE (Giòrgio **da Castelfrànco**, detto), *Castelfranco Veneto 1477 ca. - Venezia 1510*, pittore. Formatosi probabilmente nella bottega del Giambellino, realizzò opere caratterizzate da una grande originalità compositiva, da luce diffusa e dall'uso dei colori, anziché del tratto, per definire le figure, accorgimenti che concorrono a creare un'atmosfera lirica e raccolta (*La *tempesta*; *I tre filosofi*, Vienna; *Concerto campestre*, Parigi). Influenzò in part. Tiziano, che portò a termine la sua *Venere dormiente* (Dresda).

GIORGIONE. La tempesta.
(Gallerie dell'Accademia, Venezia.)

Giordania

★ importante località turistica

200 500 1000 m

━━━ strada normale
─── ferrovia
✈ aeroporto

● più di 1.000.000 di ab.
● da 100.000 a 1.000.000 di ab.
● da 50.000 a 100.000 ab.
● meno di 50.000 ab.

50 km

GIÓRNÀLE (il), quotidiano fondato da I. Montanelli a Milano, nel 1974. Direttori: I. Montanelli, V. Feltri, M. Belpietro.

GIÓRNO DELLA CIVÉTTA (il), romanzo di L. Sciascia, pubblicato nel 1961. L'indagine su un omicidio avvenuto in un paesino della Sicilia fa emergere un clima di omertà che allontana il raggiungimento della verità.

GIÒSAFAT, quarto re di Giuda (870-848 a.C.). Il suo regno godette di notevole prosperità.

GIÒSAFAT (valle di), luogo in cui Dio, secondo il libro di Gioele, separerà i giusti dai malvagi nel giorno del giudizio universale. È stata identificata con la valle di Cedron, a E di Gerusalemme.

GIOSER → ZOSER.

GIOSÌA, m. nel 609 a.C., sedicesimo re di Giuda (640-609 a.C.). Durante il suo regno fu attuata una rilevante riforma religiosa.

GIOSUÈ, successore di Mosè (fine del XIII sec. a.C.). Guidò gli ebrei nella conquista della terra promessa. Il libro biblico di G. narra, in tono epico, l'insediamento del popolo eletto in Palestina.

GIÒTTI (Virgilio **Schönbeck**, detto Virgilio), Trieste 1885-1957, poeta. Ha scritto numerose liriche in dialetto triestino, raccolte in Piccolo canzoniere in dialetto triestino (1914), Colori (1943 e 1957), Sera (1948), Versi (1953). Tra le raccolte in lingua, Liriche e idilli (1931).

GIOTTÌNO (Giòtto **di maèstro Stéfano**, detto), Firenze XIV sec., pittore. Dubbie sono la sua provenienza e la sua opera. Gli si attribuiscono vari affreschi, tra i quali quelli della basilica inferiore di Assisi e la Pietà (1350), opere che sviluppano il modello giottesco con una nuova vitalità cromatica.

GIÒTTO DI BONDÓNE, Colle di Vespignano 1266 - Firenze 1337, pittore e architetto. Allievo di Cimabue, realizzò gli affreschi nella basilica superiore di Assisi, di cui fanno parte le celebri storie della *vita di san Francesco* (fine del XIII sec.). In seguito affrescò la Cappella degli *Scrovegni* a Padova (Giudizio universale, Storie della vita della Vergine e del Cristo, 1303-1305 ca.), oltre a realizzare dipinti su tavola (Crocefisso di S. Maria Novella) e affreschi (S. Croce), a Firenze e in altre città d'Italia. A Firenze avviò la costruzione del campanile della cattedrale. Il trattamento rivoluzionario dei volumi e degli spazi e l'uso dei colori sfumati fanno di G. uno dei più importanti precursori della pittura moderna.

GIOTTO. Presentazione della Vergine al tempio, uno degli affreschi delle Storie della vita della Vergine e del Cristo (1303-1305 ca.) nella Cappella degli Scrovegni a Padova.

GIÓVANE ITÀLIA → GIOVINE ITALIA.

GIÓVANE SCUÒLA ITALIÀNA, espressione che indica un gruppo di compositori italiani attivo alla fine del XIX sec. Legato a temi veristi, il gruppo ebbe tra i suoi membri P. Mascagni, G. Puccini, R. Leoncavallo e U. Giordano.

GIÓVANI TÙRCHI, gruppo di ufficiali e ufficiali turchi, liberali e riformatori, affiliati a varie società segrete. Costrinsero Abd Al-Hamid II a restaurare la Costituzione (1908) e ad abdicare (1909), e furono a capo della politica turca fino al 1918.

GIOVÀNNA, nome di più sovrane

BRETAGNA

GIOVÀNNA DI PENTHIÈVRE, detta **la Zòppa**, 1319-1384, duchessa di Bretagna (1341-1365).

Lottò dapprima contro Giovanni di Montfort, poi contro il figlio di quest'ultimo, Giovanni IV (1340 ca. - 1399), cui cedette i suoi diritti con il trattato di Guérande (1365).

CASTIGLIA

GIOVÀNNA LA PÀZZA, Toledo 1479 - Tordesillas 1555, regina di Castiglia (1504-1555). Moglie dell'arciduca d'Austria Filippo il Bello e madre di Carlo V, impazzì alla morte del marito (1506).

FRANCIA

GIOVÀNNA I DI NAVÀRRA, Bar-sur-Seine 1272 ca. - Vincennes 1305, regina di Navarra e di Francia, moglie del re Filippo IV il Bello.

NAPOLI

GIOVÀNNA I D'ANGIÒ, Napoli 1326 - Aversa 1382, regina di Napoli (1343-1382). Figlia di Carlo di Calabria e Margherita di Valois, salì al trono nel 1343. Si sposò quattro volte e fu fatta uccidere dal cugino Carlo di Durazzo, suo erede. — **Giovanna II**, Napoli 1371 ca. - 1435, regina di Napoli (1414-1435). Figlia di Carlo III e Margherita di Durazzo, salì al trono nel 1414. Il marito, Giacomo II di Borbone, cercò di usurpare il trono, ma fu cacciato. Designò come suo successore il figlio adottivo Renato d'Angiò.

NAVARRA

GIOVÀNNA III D'ALBRET, Saint-Germain-en-Laye 1528 - Parigi 1572, regina di Navarra (1555-1572). Moglie di Antonio di Borbone e madre di Enrico IV, re di Francia, rese il calvinismo la religione ufficiale del suo regno.

GIOVÀNNA (papéssa), la donna che, secondo una leggenda diffusa nel XIII sec., sarebbe stata papa con il nome di Giovanni VIII, dopo la morte di Leone IV (855).

GIOVÀNNA D'ÀRCO (sànta), detta **la Pulzèlla d'Orléans**, Domrémy 1412 - Rouen 1431, eroina francese. A tredici anni comprese, sentendo delle voci, di essere destinata a liberare Orléans, assediata dagli inglesi durante la guerra dei Cent'anni. Ottenne dall'erede al trono Carlo di mettersi alla testa di un piccolo esercito che riuscì a liberare Orléans e a sconfiggere in più occasioni le forze anglo-borgognone. Poté così condurre Carlo a Reims, dove fu incoronato come Carlo VII, ma non riuscì a liberare Parigi. Catturata dagli inglesi a Compiègne nel 1430, fu deferita al tribunale dell'Inquisizione di Rouen, dove fu condannata per eresia e arsa al rogo nel 1431. Riabilitata nel 1456, è stata canonizzata nel 1920. — Ha ispirato opere a F. Schiller (La pulzella d'Orléans, 1801), G.B. Shaw (1923), l'oratorio di P. Claudel musicato da A. Honegger (Giovanna d'Arco al rogo, 1938), e film a C.T. Dreyer (1928), R. Bresson (1962), J. Rivette (1994) e L. Besson (1999).

GIOVANNA D'ARCO ritratta da Ingres. (Louvre, Parigi.)

GIOVÀNNA DI VALOIS (sànta), 1464-1505, figlia di Luigi XI. Sposò il futuro Luigi XII, che la ripudiò (1498). A Bourges fondò l'ordine dell'Annunziata.

GIOVÀNNA FRANCÉSCA FRÉMYOT DE CHANTAL (sànta), Digione 1572 - Moulins 1641, religiosa francese. Fondò, con san Francesco di Sales, l'ordine della Visitazione di Maria.

GIOVANNÉTTI o **GIOVANÉTTI** (Mattèo), Viterbo ? - Roma 1367, pittore. Fu attivo in Francia, dove lavorò ad Avignone tra il 1343 e il 1367 (affreschi del palazzo dei papi: Cappella di S. Marziale, sala della "Grande Udienza").

GIOVÀNNI o **GIOVÀNNI EVANGELÌSTA** (sànto), m. a Efeso nel 100 ca., apostolo di Gesù Cristo. Fratello di Giacomo il Maggiore, fu uno dei primi discepoli, cui si deve l'evangelizzazione dell'Asia Minore. Secondo la tradizione sarebbe l'autore dell'Apocalisse, di tre epistole e del quarto Vangelo. È spesso rappresentato insieme a un'aquila.

GIOVÀNNI I (sànto), in Toscana 470 ? - Ravenna 526, papa dal 523 al 526. Inviato da Teodorico in missione a Bisanzio, incoronò l'imperatore Giustino I e al suo ritorno fu arrestato. — **Giovanni II**, m. a Roma nel 535, papa dal 533 al 535. — **Giovanni III**, m. a Roma nel 574, papa dal 561 al 574. — **Giovanni IV**, Dalmazia ? - Roma 643, papa dal 640 al 643. — **Giovanni V**, Siria ? - Roma 686, papa dal 685 al 686. — **Giovanni VI**, Grecia ? - Roma 705, papa dal 701 al 705. — **Giovanni VII**, Grecia ? - Roma 707, papa dal 705 al 707. — **Giovanni VIII**, antipapa, acclamato dal popolo alla morte di Gregorio IV (844). — **Giovanni VIII**, Roma ? - 882, papa dall'872 all'882. Combatté instancabilmente l'influenza araba. È autore del Registrum epistolarum. — **Giovanni IX**, Tivoli ? - Roma 900, papa dall'898 al 900. — **Giovanni X**, Tossignano ? - Roma 928, papa dal 914 al 928. — **Giovanni XI**, m. a Roma nel 935, papa dal 931 al 935. — **Giovanni XII** (Ottaviano **dei conti di Tuscolo**), Roma 937-964, papa dal 955 al 964. Eletto papa a 18 anni, si occupò soprattutto di politica e incoronò Ottone I (962), che tentò però di farlo sostituire. — **Giovanni XIII**, Roma ? - 972, papa dal 965 al 972. — **Giovanni XIV** (Pietro **Canepanova**), m. a Roma nel 984, papa dal 983 al 984. — **Giovanni XV**, Roma ? - 996, papa dal 985 al 996. — **Giovanni XVI** (Giovanni **Filagato**), m. a Fulda nel 1013, antipapa nel 997. Salito al soglio pontificio per volere di Giovanni Crescenzio, che lo contrappose a Gregorio V, fu catturato e rinchiuso in un monastero. — **Giovanni XVII** (Siccone), m. a Roma nel 1003, papa nel 1003. — **Giovanni XVIII** (Fasano), m. a Roma nel 1009, papa dal 1004 al 1009. — **Giovanni XIX** (Romano **dei conti di Tuscolo**), m. a Roma nel 1032, papa dal 1024 al 1032. — **Giovanni XXI** (Pietro **di Giuliano**), Lisbona 1220 ca. - Viterbo 1277, papa dal 1276 al 1277. Uomo di cultura, è noto per i suoi studi di medicina (Thesaurus pauperum) e di logica (Summulae logicales). — **Giovanni XXII** (Jacques **Duèse** o **d'Euze**), Cahors 1245 - Avignone 1334, papa di Avignone (1316-1334). La sua opera di centralizzazione dell'amministrazione pontificia gli attirò l'ostilità dei francescani spirituali e dell'imperatore, che gli oppose un antipapa. — **Giovanni XXIII** (Baldassarre **Cossa**), Napoli 1370 ca. - Firenze 1419, antipapa a Pisa nel periodo dello scisma d'Occidente.

— **Giovanni XXIII** (Angelo Giuseppe **Roncalli**, sànto), Sotto il Monte, Bergamo, 1881 - Roma 1963, papa dal 1958 al 1963. È stato nunzio a Parigi e poi patriarca di Venezia e cardinale. Durante il suo pontificato, all'insegna del rinnovamento della Chiesa, ha convocato il Concilio vaticano II (1962). Ha pubblicato numerose encicliche importanti (Pacem in terris, 1963). È stato beatificato nel 2000.

■ Giovanni XXIII nel 1950.

GIOVÀNNI, nome di più sovrani

ARAGONA E NAVARRA

GIOVÀNNI II, Medina del Campo 1397 - Barcellona 1479, re di Navarra (1425-1479) e d'Aragona (1458-1479). Primogenito di Ferdinando I, alla morte della moglie (1441) conquistò il trono di Navarra. Predispose il regno del figlio Ferdinando II, cui fece sposare Isabella di Castiglia.

IMPERO BIZANTINO

GIOVÀNNI I ZIMÍSCE, *Ierapoli, Armenia, 925 - Costantinopoli 976*, imperatore bizantino (969-976). Estese il suo impero alla Bulgaria orient. — **Giovanni II Comneno**, *1087 - Anazarbo 1143*, imperatore bizantino (1118-1143). Riconquistò i Balcani e ristabilì la sovranità bizantina sui franchi e sulla Siria. — **Giovanni III Ducas Vatatze**, *Didymotikon, Tracia, 1193 - Ninfeo, att. Kemalpaşa, 1254*, imperatore bizantino di Nicea (1222-1254). Non riuscì a riconquistare Costantinopoli. — **Giovanni V Paleologo**, *1332-1391*, imperatore bizantino (1341-1354; 1355-1376; 1379-1391). Dovette condividere la reggenza con Giovanni VI Cantacuzeno. — **Giovanni VI Cantacuzeno**, *Costantinopoli 1293 ca. - Mistra 1383*, imperatore bizantino (1341-1355). Tutore di Giovanni V Paleologo, fu associato al giovane imperatore; costretto ad abdicare, si ritirò in un monastero, dove scrisse un'opera storica riguardante gli anni 1320-1356. — **Giovanni VIII Paleologo**, *1390 - Costantinopoli 1448*, imperatore bizantino (1425-1448). Rifugiatosi in Occidente, concluse con il pontefice l'unione delle due Chiese (concilio di Firenze, 1439), ma in seguito alla sconfitta di Varna (1444) consegnò l'impero ai turchi (1446).

BOEMIA

GIOVÀNNI I DI LUSSEMBÙRGO, detto **il Cièco**, *1296 - Crécy 1346*, re di Boemia. Figlio dell'imperatore Enrico VII, morì tra le fila francesi durante la battaglia di Crécy dove, malgrado fosse cieco, aveva combattuto valorosamente.

BORGOGNA

GIOVÀNNI SÈNZA PAÙRA, *Digione 1371 - Montereau 1419*, duca di Borgogna (1404-1419). Figlio e successore di Filippo II l'Ardito, nel 1407 fece assassinare Luigi I, duca di Orléans, capo degli Armagnacchi. A capo della fazione borgognona, dopo la vittoria di Azincourt si trasferì a Parigi (1418). Preoccupato dai successi inglesi, stava cercando di avvicinarsi a Carlo VI quando fu ucciso da T. Duchâtel.

FRANCIA

GIOVÀNNI II IL BUÒNO, *Castello del Gué de Maulny, presso Le Mans, 1319 - Londra 1364*, re di Francia (1350-1364), della dinastia di Valois. Figlio e successore di Filippo VI, sconfitto a Poitiers dal Principe Nero (1356), fu condotto a Londra e poté ritornare in Francia solo lasciando in ostaggio i due figli. Quando uno di questi, Luigi d'Angiò, fuggì, dovette prendere il suo posto, concludendo la sua vita in prigionia. — **GIOVÀNNI I IL PÒSTUMO**, re di Francia e di Navarra (1316), della dinastia capetingia. Figlio postumo di Luigi X, visse pochi giorni. Gli succedette lo zio Filippo V.

INGHILTERRA

GIOVÀNNI SÈNZA TÈRRA, *Oxford 1167 - Newark, Nottinghamshire, 1216*, re d'Inghilterra (1199-1216), della dinastia dei Plantageneti. Quintogenito di Enrico II, fratello e successore di Riccardo Cuor di Leone, fu trascinato in giudizio davanti alla Corte dei pari da Filippo Augusto per aver rapito Isabella d'Angoulême. Nel 1202 dovette cedere i suoi feudi francesi in Normandia e Turenna. Nel 1214 i suoi alleati furono sconfitti a Bouvines dall'imperatore Ottone IV, mentre G. fu battuto a La Roche-aux-Moines da Filippo Augusto. L'anno precedente si era dichiarato vassallo del papa. Di fronte all'accesa opposizione provocata in Inghilterra da queste sconfitte e alla rivolta dei baroni, fu costretto a concedere la Magna charta (1215).

LUSSEMBURGO

GIOVÀNNI, *castello di Berg 1921*, granduca di Lussemburgo (1964-2000). Successore della madre, la granduchessa Carlotta, nel 2000 ha abdicato in favore del figlio maggiore, Enrico.

POLONIA

GIOVÀNNI II CASIMÌRO o **CASIMÌRO V**, *Cracovia 1609 - Nevers 1672*, re di Polonia (1648-1668). Abdicò per non essere riuscito a evitare la perdita dell'Ucraina orient. e l'invasione svedese (1655).

GIOVÀNNI III SOBIESKI, *Olesko 1629 - Wilanów 1696*, re di Polonia (1674-1696). Sconfisse gli ottomani a Chocim nel 1673, e li costrinse a togliere l'assedio da Vienna (1683).

■ *Giovanni III Sobieski ritratto da J. Tretko-Tricius. (Museo dell'università, Cracovia.)*

PORTOGALLO

GIOVÀNNI I IL GRÀNDE, *Lisbona 1357-1433*, re del Portogallo (1385-1433), della dinastia di Aviz. Figlio naturale di Pietro I, sconfisse il re di Castiglia a Aljubarrota (1385), ottenendo così l'indipendenza del Portogallo. — **Giovanni II il Perfetto**, *Lisbona 1455 - Alvor 1495*, re del Portogallo (1481-1495), della dinastia di Aviz. Concluse il trattato di Tordesillas (1494). — **Giovanni III il Pio**, *Lisbona 1502-1557*, re del Portogallo (1521-1557), della dinastia di Aviz. Introdusse l'Inquisizione in Portogallo (1536). — **Giovanni IV il Fortunato**, *Villaviciosa 1604 - Lisbona 1656*, re del Portogallo (1640-1656), della casa di Braganza. Fu proclamato re in seguito alla sollevazione che mise fine alla dominazione spagnola sul paese. — **Giovanni VI il Clemente**, *Lisbona 1767-1826*, re del Portogallo (1816-1826), della casa di Braganza. Reggente dal 1792 al 1816, fuggì in Brasile durante l'invasione francese (1807). Ritornato in Portogallo (1821), inaugurò il regime costituzionale (1822).

GIOVÀNNI BATTÌSTA (sànto), a capo di una setta ebraica (I sec.), è considerato dalla tradizione cristiana come precursore del Messia. Contemporaneo di Cristo, figlio di Elisabetta, visse nel deserto sin dalla gioventù, predicò sulle rive del Giordano esortando alla penitenza e impartendo un battesimo di purificazione per la venuta del regno di Dio. Fu fatto decapitare intorno al 28 su ordine di Erode Antipa.

GIOVÀNNI BATTÌSTA DE LA SALLE (sànto), *Reims 1651 - Rouen 1719*, sacerdote francese. Nel 1682 fondò la congregazione dei Fratelli delle scuole cristiane, per l'educazione dei ragazzi poveri. Fu uno dei precursori della pedagogia moderna.

GIOVÀNNI BERCHMANS (sànto), *Diest, Brabante, 1599 - Roma 1621*, novizio gesuita. È uno dei santi patroni della gioventù.

GIOVÀNNI BÒSCO (sànto), *Becchi, att. Castelnuovo d'Asti, 1815 - Torino 1888*, sacerdote ed educatore. Si occupò dell'educazione dei ragazzi e, a questo scopo, fondò le congregazioni dei salesiani (1859) e delle figlie di Maria Ausiliatrice (1872).

GIOVÀNNI CLÌMACO (sànto), *579 ca. - 649 ca.*, scrittore greco. Visse da eremita sul Monte Sinai e scrisse *Scala del Paradiso*, un trattato ascetico che presentava la via alla perfezione cristiana attraverso trenta gradini.

GIOVÀNNI CRISÒSTOMO (sànto), *Antiochia 344 ca. - presso Comana di Cappadocia 407*, padre della Chiesa greca. Vescovo di Costantinopoli, detto Crisostomo (in gr. "bocca d'oro") per via della sua eloquenza. Fu mandato in esilio, dove morì, a causa della sua inflessibilità e delle sue posizioni in contrasto con la corte.

■ *San Giovanni Crisostomo. (BNF, Parigi.)*

GIOVÀNNI DA CAPISTRÀNO (sànto), *Capistrano 1386 - Villacum, Croazia, 1456*, francescano. Avviò una riforma del suo ordine ed evangelizzò l'Europa centrale.

GIOVÀNNI DALLE BÀNDE NÉRE, *Forlì 1498 - Mantova 1526*, capitano di ventura. Figlio di Giovanni de' Medici e di Caterina Sforza, combatté al servizio di papa Leone X. Fu poi comandante delle truppe italiane nella guerra della lega di Cognac.

GIOVÀNNI DAMASCÉNO (sànto), *Damasco 650 ca. - San Saba, presso Gerusalemme, 749 ca.*, padre della Chiesa greca. Difese il culto delle immagini. Oltre alle opere di contenuto teologico, scrisse numerosi inni liturgici.

GIOVÀNNI DA MILÀNO, *Caversaccio, notizie dal 1346 al 1369*, pittore. Formatosi nell'ambiente pittorico lombardo e influenzato da Giotto, affrescò a Firenze le *Storie di Maria* (1365), che introdussero il gotico in Toscana.

GIOVÀNNI DA MÒDENA (Giovànni **di Pìetro Falòppi**, detto), *documentato dal 1398 al 1451*, pittore. Attivo a Bologna, eseguì affreschi caratterizzati da un intenso naturalismo e da una notevole tensione narrativa in due cappelle (S. Giorgio e Bolognini) della basilica di S. Petronio.

GIOVÀNNI DA PIÀN DEL CÀRPINE, *Pian del Carpine 1182 ca. - Antivari 1252*, missionario francescano. Inviato a diffondere l'ordine sia cui apparteneva in Germania e in Spagna (1221), nel 1245 si recò in Oriente presso il Gran Khan dei tartari per volere di Innocenzo IV. Scrisse una *Historia Mongolorum*.

GIOVÀNNI DA PRÒCIDA, *Salerno 1210 - Roma 1298*, medico e politico. Consigliere di Manfredi, fu fedele agli svevi e, in esilio alla corte aragonese, segretario di Giacomo I. Nel 1283 fu nominato cancelliere del regno di Sicilia.

GIOVÀNNI DA SÀN GIOVÀNNI (Giovànni **Mannòzzi**, detto), *San Giovanni Valdarno 1592 - Firenze 1636*, pittore. Fu allievo di M. Rosselli e lavorò prima a Roma (Palazzo Bentivoglio), quindi a Firenze, dove eseguì gli affreschi della Sala degli Argenti a Palazzo Pitti.

GIOVÀNNI DA ÙDINE, *Udine 1487 - Roma 1564 ca.*, pittore e decoratore. A Roma collaborò con Raffaello (logge del Vaticano) e con P. del Vaga (Sala dei Pontefici). Diede origine al genere delle grottesche in stucco, ispirandosi alle decorazioni della Domus Aurea.

GIOVÀNNI D'ÀUSTRIA (don), *Ratisbona 1545 - Bruges 1578*, principe spagnolo. Figlio naturale di Carlo V, sconfisse i turchi a Lepanto (1571) e fu governatore dei Paesi Bassi (1576-1578), dove non riuscì a sottomettere le province ribelli.

GIOVÀNNI D'ÀUSTRIA, *Madrid 1629-1689*, figlio naturale di Filippo IV. Dopo la repressione della rivolta napoletana condotta da Masaniello (1647), fu viceré di Sicilia (1648-1651).

GIOVÀNNI DA VERÓNA (Fra), *Verona 1457-1525*, intagliatore e intarsiatore. Eseguì gli stalli del coro della chiesa di S. Maria in Organo a Verona (1491-1501) e quelli del monastero di Monte Oliveto (1503-1505).

GIOVÀNNI DÉLLA CRÓCE (sànto), *Fontivéros, prov. di Avila, 1542 - Úbeda 1591*, religioso e mistico spagnolo, dottore della Chiesa. Riformò l'ordine carmelitano. Le sue poesie e i suoi trattati (*Cantico spirituale*, *Notte oscura*) fanno di lui uno dei maggiori mistici cristiani.

GIOVÀNNI DI BALDÙCCIO, *Pisa XIV sec.*, scultore. Allievo di G. Pisano, lavorò al pulpito della cattedrale di Pisa, quindi alla tomba Baroncelli in S. Croce a Firenze (1328). Chiamato a Milano, influenzò la pittura lombarda, realizzando opere come l'*Arca di san Pietro martire* (1335-1339).

GIOVÀNNI DI DÌO (sànto), *Montemor-o-Novo 1495 - Granada 1550*, religioso portoghese. Fondò l'ordine degli ospedalieri, detto "Fatebenefratelli".

GIOVÀNNI DI LÈIDA (Jan **Bokelszoon**, detto), *Leida 1509 - Münster 1536*, capo anabattista. Diede vita, a Münster, a un regno teocratico; morì per le torture subite dopo la presa della città da parte delle forze cattoliche.

GIOVÀNNI FIORENTÌNO (ser), *XIV sec.*, novelliere. Scrisse una raccolta di 53 novelle, il *Pecorone* (1558), modellata sul *Decameron*. Una di esse ispirò W. Shakespeare per il *Mercante di Venezia*.

GIOVÀNNI FISHER (sànto), *Beverley 1469 - Londra 1535*, prelato inglese. Brillante umanista, amico di Erasmo da Rotterdam, fu condannato alla decapitazione per essersi opposto al divorzio di Enrico VIII.

GIOVÀNNI GUALBÈRTO (sànto), *Petroio 995 - Passignano 1073*, monaco. A Vallombrosa fondò una congregazione ispirata ai benedettini, la cui regola era però più severa.

GIOVÀNNI IRCÀNO → Ircàno I.

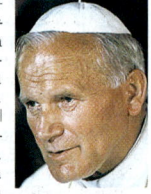

GIOVÀNNI PÀOLO I (Albino **Luciàni**), *Canale d'Agordo 1912 - Roma 1978*, papa nel 1978. Patriarca di Venezia (1969), è stato papa solamente per 33 giorni. — **Giovanni Pàolo II** (Karol **Wojtyła**), *Wadowice, Polonia, 1920*, papa dal 1978. Arcivescovo di Cracovia (1964) e primo papa non italiano da Adriano VI (1522-1523), grazie ai suoi legami con il popolo polacco ha contribuito alla caduta del comunismo nell'Europa orient. La sua azione pastorale e dottrinale si è tradotta nella pubblicazione di numerose encicliche (*Sollicitudo rei socialis*, 1987; *Veritatis splendor*, 1993; *Evangelium vitae*, 1995; *Fides et ratio*, 1998), di un nuovo catechismo e in un'intensa azione ecumenica, portata avanti attraverso viaggi in tutto il mondo. Nel mag. 1981 è stato vittima di un attentato da parte di M. Alì Agca. Il suo pontificato è già uno dei più lunghi della storia del papato. G. P. II è anche autore di raccolte di poesie, del testo teatrale *La bottega dell'orefice* (1960) e di scritti di ispirazione teologica (*Varcare la soglia della speranza*, 1994).
■ *Giovanni Paolo II.*

GIOVÀNNI PISÀNO, figlio di *Nicola Pisano*.

GIOVÀNNI VISCÓNTI, *1290 ca. - Milano 1354*, signore e arcivescovo di Milano, signore di Novara. Nel 1350 conquistò Bologna, impresa che gli costò la scomunica, revocata di fronte alla sua minaccia di volgere in armi contro il papa. La successiva conquista di Genova spinse Venezia a dar vita a una coalizione per contrastarne la politica espansionista.

GIOVANNÓNI (Stéfano), *La Spezia 1954*, designer. Le sue creazioni (soprattutto da quando, nel 1988, ha iniziato la collaborazione con Alessi) sono allo stesso tempo oggetti di uso comune e terreno di sperimentazione di forme e materiali. Tra i prodotti, fruttiera *Fruit Mama* (1993), portadolci *Mary Biscuit* (1995), sedia *Bombo* (1996).

GIÒVE MITOL. ROM. Padre e signore degli dei, assimilato allo Zeus dei greci. Dio dei cieli, della luce, del tuono e del fulmine, dispensatore di beni terreni, protettore della città e dello Stato romani, era venerato sul Campidoglio.

GIÒVE, il più grande pianeta del sistema solare, il quinto dopo Marte in termini di distanza da Sole. Semiasse della sua orbita: 778.300.000 km (5,2 volte l'orbita terrestre). Diametro equatoriale: 142.796 km (11,2 volte quello della Terra). 28 satelliti noti, di cui 4 di dimensioni planetarie. È costituito soprattutto da idrogeno ed elio.

GIOVE *visto dal Voyager I, il 24 gennaio 1979, da una distanza di 40 milioni di chilometri.*

GIÒVE, com. in prov. di Terni; 1778 ab. Resti delle mura medievali e palazzo Mattei (XVII sec.).

GIOVENÀLE (Dècimo Giùnio), *Aquino 60 ca. - 130 ca.*, poeta latino. Nelle *Satire* denunciò con veemenza la corruzione dei costumi a Roma.

GIOVENTÙ (Ìsola della), in sp. **Isla de la Juventud**, già **Isla de Pinos**, isola di Cuba; 2199 km²; 70.900 ab.

GIOVENTÙ ITALIÀNA DEL LITTÒRIO → GIL.

GIÒVI (Pàsso dei), valico dell'Appennino Ligure, tra il f. Scrivia e il torrente Polcevera; 472 m. Galleria autostradale e ferroviaria.

GIOVIÀNO (Flàvio), *Singiduno, Mesia, 331 - Dadastana, Bitinia, 364*, imperatore romano (363-364). Succedette a Giuliano. Restaurò i privilegi della Chiesa.

GIOVINÀZZO, com. in prov. di Bari; 20.932 ab. Duomo romanico e chiesa gotica dello Spirito Santo.

GIÓVINE EURÒPA, organizzazione politica fondata da G. Mazzini a Berna nel 1834. Costituita da associazioni nazionali europee, tra cui la *Giovine Italia*, aveva lo scopo di promuovere la costituzione di repubbliche su base nazionale. Si sciolse nel 1836.

GIÓVINE ITÀLIA, organizzazione politica fondata da G. Mazzini a Marsiglia nel 1831. Aveva lo scopo di promuovere la costituzione di una repubblica italiana e disponeva di un periodico omonimo, clandestino. Riuscì a ricostituirsi dopo essere stata sciolta dalla polizia (1834), finché non fu sostituita dalla Società nazionale italiana, nel 1848.

GIÒVIO (Pàolo), *Como 1483 - Firenze 1552*, storico. Scrisse numerose biografie e opere erudite (*Vitae, Historiae sui temporis, Comentario de le cose de' Turchi*), ma anche appunti di viaggio (*Lettere volgari*).

GIRÀLDI (Guglièlmo), *Ferrara XV sec.*, miniaturista. È autore delle illustrazioni della *Bibbia* di Borso ed Ercole d'Este, del *Salterio estense*, della *Divina Commedia* di Federico da Montefeltro.

GIRÀLDI CÌNZIO (Giambattìsta), *Ferrara 1504-1573*, letterato. Si occupò di teatro, sia come autore sia come teorico. Tra le opere, *Orbecche* (1541), *Discorsi intorno al comporre dei romanzi, delle commedie e delle tragedie* (1554), *Ecatommiti* (1565).

GIRARDÉNGO (Costànte), *Novi Ligure 1893 - Alessandria 1978*, ciclista. Vinse 9 campionati italiani (1913, 1914, 1919-1925), 2 Giri d'Italia (1919 e 1923) e 6 edizioni della Milano-Sanremo (1918, 1921, 1923, 1925, 1926 1928).

GIRARDON (François), *Troyes 1628 - Parigi 1715*, scultore francese. Tra gli artisti che lavorarono a Versailles, diede il suo contributo al fastoso classicismo del parco della reggia (gruppi di *Apollo servito dalle ninfe*, 1666-1673, e *Ratto di Proserpina*).

GIRARDOT (Annie), *Parigi 1931*, attrice cinematografica e teatrale francese. Tra le sue interpretazioni, *Il commissario Maigret* (1958), *Rocco e i suoi fratelli* (1960), *La donna scimmia* (1964), *Tre camere a Manhattan* (1965, coppa Volpi a Venezia), *I miserabili* (1995).

GIRAUD (Henri), *Parigi 1879 - Digione 1949*, generale francese. Comandante d'armata (1940) e governatore dell'Africa francese (1942), è stato copresidente del Comitato francese di liberazione nazionale con C. de Gaulle (1943).

GIRAUD (Jean), *Nogent-sur-Marne 1938*, scenografo e fumettista francese. Con lo pseudonimo di **Gir**, ha disegnato le avventure del *Tenente Blueberry* (1963) e, con quello di **Moebius**, alcune storie di fantascienza.

GIRAUDOUX (Jean), *Bellac 1882 - Parigi 1944*, scrittore francese. I suoi romanzi (*Susanna e il Pacifico*, 1921; *Il romanzo di Sigfried*, 1922; *Bella*, 1926) e i suoi drammi per il teatro (*Anfitrione 38*, 1929; *Intermezzo*, 1933; *La guerra di Troia non si farà*, 1935; *Elettra*, 1937; *Ondine*, 1939; *La pazza di Chaillot*, 1945) coniugano temi classici a problematiche contemporanee in un mondo immaginifico, plasmato con gli strumenti dell'umorismo e della fantasia.
■ *Jean Giraudoux.*

GÌRO D'ITÀLIA, corsa ciclistica attraverso l'Italia, che si tiene ogni anno tra maggio e giugno. Il percorso di 4000 km ca., è diviso in tappe quotidiane. La prima edizione si è svolta nel 1909.

GIRODET-TRIOSON (Anne Louis **Girodet de Roucy**, detto), *Montargis 1767 - Parigi 1824*, pittore francese. Nei suoi dipinti mise lo stile neoclassico al servizio di un'ispirazione romantica (*Ossian*, 1801, Malmaison).

GIRÒLAMO DAI LÌBRI, *Verona 1474-1555*, pittore e miniatore. Realizzò miniature raffinatissime e grandi dipinti d'altare, tra cui *Madonna e santi* (1526) in S. Giorgio in Braida a Verona.

GIRÒLAMO DI GIOVÀNNI, m. nel *1474 ca.*, pittore. Realizzò numerosi affreschi, tra i quali la *Madonna della Misericordia* (1463).

GIRÒLAMO (sànto), *Stridone, Dalmazia, 347 ca. - Betlemme 419 o 420*, padre della Chiesa latina. Si dedicò allo studio della Bibbia, che tradusse in latino (*Vulgata*) e di cui redasse numerosi commentari. Contribuì alla diffusione dell'ideale monastico. In genere viene rappresentato come un penitente nel deserto oppure mentre estrae una spina dalla zampa di un leone.

GIRÒLAMO EMILIÀNI (sànto), *Venezia 1481 - Somasca 1537*, fondatore dell'ordine dei somaschi. Svolse un intenso lavoro di educazione e di cura dell'infanzia abbandonata.

GIRÒNDA, estuario della Francia, sull'Atlantico, formato dalla confluenza di Garonna e Dordogna; 75 km.

GIRONDE, dip. della Francia, nella reg. Aquitania; capol. *Bordeaux*; 10.000 km²; 1.287.334 ab. Sulla costa centri balneari e allevamento di ostriche. Viticoltura nel Bordolese.

GIRONDÌNI, gruppo politico formatosi durante la Rivoluzione francese. Fondato nel 1791 da J.P. Brissot, ne fecero parte deputati della Gironda, dell'Assemblea legislativa e poi della Convenzione. I g., che rappresentavano gli interessi della borghesia illuminata contro le forze popolari, giacobine, accentratrici e federaliste, furono battuti durante le sommosse parigine del mag.-ott. 1793.

GIRÒTTI (Màssimo), *Mogliano 1918 - Roma 2003*, attore cinematografico. Tra i divi del cinema italiano del dopoguerra, ha interpretato, tra l'altro, *Ossessione* (L. Visconti, 1943), *Cronaca di un amore* (M. Antonioni, 1950), *Senso* (L. Visconti, 1954), *L'Agnese va a morire* (G. Montaldo, 1976), *La finestra di fronte* (F. Ozpetek, 2003).
■ *Massimo Girotti.*

GIRSU, att. **Tello**, sito archeologico dell'Iraq, presso il basso corso del Tigri. Resti di un nucleo urbano appartenente a uno Stato sumero del III millennio, la cui capitale era Lagas; tra i numerosi reperti rinvenuti, le statue di Gudea, ora al Louvre.

GISCARD D'ESTAING (Valéry), *Coblenza 1926*, politico francese. Fondatore della Federazione nazionale dei repubblicani indipendenti (1962), ministro delle finanze (1962-1966, 1969-1974), è stato presidente della repubblica francese dal 1974 al 1981. È presidente della Convenzione europea dal 2002.
■ *Valéry Giscard d'Estaing.*

GISELLE, personaggio del balletto *Giselle ou Les willis* (Parigi, 1841). Contadina corteggiata da un principe già promesso a un'altra, G. muore e si trasforma in wili, una creatura alata e immateriale che di notte danza. Il soggetto è di T.

Ciclisti sul traguardo di una tappa del **GIRO D'ITALIA.**

Gautier, J. Coralli e J.H. Vernoy de Saint-Georges, da una ballata di H. Heine; la coreografia è di J. Coralli e J. Perrot, la musica di A. Adam.

GISH (Lillian), *Springfield, Ohio, 1896 - New York 1993*, attrice cinematografica statunitense. Prima in coppia con la sorella Dorothy, poi da sola, è stata l'eroina candida e tormentata dei capolavori di D. Griffith: *Giglio infranto* (1919); *Le due orfanelle* (1922). Ha interpretato anche *Duello al sole* (K. Vidor, 1947), *La morte corre sul fiume* (C. Laughton, 1955).

GITÀNI, popolazione zingara che vive soprattutto in Spagna, Portogallo e nel S della Francia (ca. 800.000 individui). Giunti nella penisola iberica nel XVI sec., i g. sono perlopiù diventati sedentari, ma hanno conservato la loro cultura tradizionale (come dimostra la presenza del flamenco in Andalusia). Per tradizione rigattieri e mercanti ambulanti, sono cristiani (cattolici, evangelici) e la loro lingua d'origine è il caló. Chiamano se stessi caló.

GIUBA, f. dell'Etiopia e della Somalia, che sfocia nell'Oceano Indiano; 880 km.

GIÙBA I, *m. a Zama nel 46 a.C.*, re di Numidia. Fu sconfitto da Cesare a Tapso (46 a.C.). — **Giuba II**, *52 ca. a.C. - 23/24 d.C. ca.*, re di Mauritania (25 a.C. - 23/24 d.C.). Dotò la sua capitale, Cesarea (att. Cherchell), di numerosi monumenti.

GIÙDA, personaggio biblico. Figlio di Giacobbe, è il capostipite della tribù di G., che ebbe un ruolo molto importante nella storia degli ebrei.

GIÙDA (règno di) (931-587 a.C.), regno creato dalle tribù della Palestina merid. dopo la morte di Salomone (cap. Gerusalemme). Impegnato in lotte fratricide contro il regno d'Israele, diede vita con l'Egitto a un'alleanza con funzione difensiva nei confronti di assiri e babilonesi. Questi ultimi però, guidati da Nabucodonosor, riuscirono a espugnare Gerusalemme (587) e deportarono a Babilonia la popolazione del regno.

GIÙDA ISCARIÒTA, apostolo di Gesù Cristo (I sec.). Consegnò Cristo ai suoi nemici per trenta denari, ma, attanagliato dai rimorsi, si impiccò.

GIÙDA MACCABÈO → MACCABEI.

GIÙDA TADDÈO (sànto), apostolo di Gesù Cristo. Gli è attribuita un'epistola che invita a guardarsi dagli empi, che costituiscono una minaccia alla fede.

GIUDÈA, prov. della Palestina merid. in epoca greco-romana.

GIUDÈCCA, insieme di otto isole della Laguna Veneta, nel com. di Venezia, separate dalla città dal canale omonimo.

GIUDICÀRIE, reg. montuosa del Trentino-Alto Adige, tra l'Adamello, il Brenta e le Prealpi Bresciane. Comprende la valle del Sarca e il bacino del Chiese.

GIÙDICI, capi ebrei che guidarono un gruppo di tribù riunitesi per difendersi da pericoli esterni. Il periodo detto "epoca dei G." (tra il 1200 e il 1030 ca. a.C.) ha inizio con la morte di Giosuè e termina con l'istituzione della monarchia. Il libro biblico dei G. narra queste vicende mescolando storia, leggenda e tradizione.

GIÙDICI (Giovànni), *Le Grazie 1924*, poeta e saggista. Tra le opere, *La vita in versi* (1965), *Autobiologia* (1969), *Il male dei creditori* (1977), *Il ristorante dei morti* (1981), *Fortezza* (1990), *Empie stelle* (1996), *Eresia della sera* (1999), *I versi della vita* (2000).

GIUDÌTTA, protagonista dell'omonimo libro biblico (metà del II sec. a.C.), espressione del conflitto tra giudaismo ed ellenismo all'epoca della rivolta dei Maccabei.

GIUDÌTTA DI BAVIÈRA, *800 ca. - Tours 843*, seconda moglie di Ludovico I il Pio, imperatore d'Occidente. Usò il grande ascendente che esercitava sul marito a favore del figlio, Carlo II il Calvo.

GIUGIÀRO (Giorgétto), *Cuneo 1938*, designer. Ha realizzato alcuni tra i più noti modelli di automobili, per case automobilistiche italiane e straniere. Nel 1968 ha fondato l'Italdesign e dal 1970 ha cominciato a occuparsi anche di design industriale.

GIUGLIÀNO IN CAMPÀNIA, com. in prov. di Napoli; 93.286 ab. Centro industriale e agricolo (coltivazione della mela annurca). Chiesa di S. Marco (XVI sec.) e di S. Sofia (XVII sec.).

GIUGÙRTA, *160 ca. - Roma 104 ca. a.C.*, re di Numidia (118-105 a.C.). Avversario di Roma, fu

sconfitto da Mario (107 a.C.) e consegnato a Silla (105). Morì prigioniero.

GIÙLIA, *39 a.C. - Reggio di Calabria 14 d.C.*, figlia di Augusto. Sposò prima il cugino Marcello, poi Agrippa e Tiberio. Fu esiliata nell'Isola di Pandataria per la sua dissolutezza (2 a.C.).

GIÙLIA o **IULIA**, *gens* patrizia romana che per tradizione discendeva da Iulo, figlio di Enea. Attestata già nel V sec., ebbe i suoi esponenti più illustri in Cesare e Augusto.

GIÙLIA (Villa), palazzo voluto da Giulio III a Roma (1551). Progettato dal Vignola, vi lavorarono anche B. Ammannati e G. Vasari. Dal 1889 è sede del Museo nazionale etrusco.

GIÙLIA DÒMNA, *Emesa 158 ca. - Antiochia 217*, princessa romana di origine siriaca. Sposò Settimio Severo. — **Giulia Mesa**, *Emesa - m. nel 226 ca.*, princessa romana di origine siriaca. Sorella di Giulia Domna e nonna di Elagabalo.

GIULIÀNA DI ORANGE-NASSAU, *L'Aia 1909*, regina dei Paesi Bassi (1948-1980). Nel 1937 ha sposato il principe Bernardo di Lippe-Biesterfeld. Nel 1980 ha abdicato in favore della figlia Beatrice.

GIULIÀNI (Alfrédo), *Mombaroccio 1924*, poeta e critico. Membro del *Gruppo 63, ha pubblicato, tra l'altro, la raccolta poetica *Versi e nonversi* (1986), il romanzo *Il giovane Max* (1972) e i saggi *Immagini e memoria* (1965) e *Autunno del Novecento* (1984).

GIULIÀNO DA MAIÀNO (Giuliàno **di Leonàrdo d'Antònio**, detto), *Maiano 1432 - Napoli 1490*, architetto e intagliatore. Autore di raffinate tarsie lignee (sagrestia di S. Maria del Fiore, Firenze), contribuì a diffondere i principi della nuova architettura di F. Brunelleschi e di M. Michelozzo (Palazzo Spannocchi, 1473, Siena; duomo di Faenza, 1474; porta Capuana, 1485, Napoli). — **Benedetto da Maiano** (Benedetto **di Leonàrdo d'Antònio**, detto), *Maiano 1442 - Firenze 1497*, architetto e scultore. Fratello di Giuliano, con cui collaborò alla Cappella di S. Fina (collegiata di S. Gimignano), realizzò Palazzo Strozzi a Firenze. È anche autore di busti in marmo, in cui è evidente l'influenza di A. Rossellino, e del pulpito di S. Croce (Firenze).

GIULIÀNO (Flàvio Clàudio), *Costantinopoli 331 - Ctesifonte 363*, imperatore romano (361-363). Nipote di Costantino I, cesare dal 355, vincitore contro gli alemanni e proclamato augusto nel 360, nel 361 succedette a Costanzo II. Avversò la religione cristiana e favorì un paganesimo di stampo neoplatonico. Fu ucciso durante le campagne contro i persiani.

GIULIÀNO (Salvatóre), *Montelepre 1922 - Castelvetrano 1950*, bandito. Latitante in seguito all'accusa di omicidio, fu comandante dell'Esercito volontario per l'indipendenza siciliana. Per conto della mafia organizzò un attentato contro i contadini, durante i festeggiamenti del 1° mag. 1947 a *Portella della Ginestre*, che costò 11 morti e 43 feriti.

GIULIÀNO L'OSPITALIÈRE (sànto), personaggio leggendario, involontario assassino dei genitori. La sua storia, inclusa nella *Legenda aurea*, ha ispirato un racconto di G. Flaubert. Patrono dei barcaioli, dei viaggiatori e dei locandieri.

GIULIANÒVA, com. in prov. di Teramo; 22.049 ab. Turismo. Fondato nel XV sec., il centro è un importante esempio di architettura rinascimentale, in part. per il duomo (1470).

GIÙLIE (Àlpi), sezione orient. delle Alpi, tra i passi di Camporosso e di Vrata, al confine con la Slovenia. La vetta più alta è il Tricorno (2863 m).

GIULÌNI (Càrlo Marìa), *Barletta 1914*, direttore d'orchestra. Tra i più grandi direttori d'orchestra di tutti i tempi, ha lavorato, tra gli altri, con la cantante M. Callas (*La traviata*) e il regista L. Visconti (*Don Carlos*). Dal 1967 si è dedicato al repertorio sinfonico.

GIÙLIO I, *m. nel 352*, papa dal 337 al 352. Combatté l'arianesimo. — **Giulio II** (Giuliano **Della Rovere**), *Albisola 1443 - Roma 1513*, papa dal 1503 al 1513. Autorità temporale più che pastore delle anime, restaurò il potere politico dei papi in Italia. Fu il promotore della lega di Cambrai, contro Venezia (1508), e poi della Lega santa, contro la Francia (1511-

1512). Fu mecenate di Bramante, Michelangelo, Raffaello. Riunì il V concilio lateranense (1512), ma a, ma non riuscì nell'intento di avviare una riforma della Chiesa.

■ *Giulio II ritratto da Raffaello. (Uffizi, Firenze.)*

— **Giulio III** (Giovanni Maria **de' Ciocchi del Monte**), *Roma 1487-1555*, papa dal 1550 al 1555. Convocò il concilio di Trento (sospeso nel 1552). Cercò di attuare una politica di equilibrio nei confronti dei francesi e spagnoli.

GIÙLIO-CLÀUDIA, famiglia imperiale romana che ebbe origine da Tiberio, adottato da Augusto per assicurarsi un successore. A questi succedettero Caligola (37-41), Claudio (41-54) e Nerone (54-68).

GIÙLIO ROMÀNO (Giùlio **Pippi**, detto), *Roma 1499 - Mantova 1546*, pittore e architetto. Allievo e collaboratore di Raffaello (decorazione delle Stanze Vaticane), si affermò a Roma come architetto (Villa Cicciaporci e Palazzo Maccarani). Il suo capolavoro è il Palazzo Te a Mantova (1525-1534), che costruì e affrescò (sale del Gigante e della Psiche), realizzando un compiuto esempio di arte manierista.

GIULIO ROMANO. *Sala dei Giganti, particolare della parete con la Caduta dei Giganti, 1532-1535. (Palazzo Te, Mantova.)*

GIULIÒTTI (Doménico), *San Casciano Val di Pesa 1877 - Greve di Chianti 1956*, scrittore. Fondò, insieme a F. Tozzi, la *Torre* (1913), rivista di ispirazione cattolica e reazionaria. Tra le opere, *Pensieri di un malpensante* (1936).

GIUNÓNE, divinità italica e poi romana, moglie di Giove, protettrice delle donne e del matrimonio. Era assimilata alla greca Era.

GIÙNTA PISÀNO, *Colle Pisano XIII sec.*, pittore. È autore di tre crocifissi in stile bizantino: S. Maria degli Angeli (Assisi 1230 ca.), S. Domenico (Bologna 1235-1240), S. Raniero (Pisa 1250 ca.).

GIÙNTI o **GIÙNTA**, famiglia di editori e tipografi (XV-XVII sec.), il cui capostipite fu — **Filippo G.**, *Firenze 1450-1517.* — **Bernardo G.**, *Firenze 1487-1551.* Figlio del precedente, curò l'edizione del *Decameron* detta *Ventisettana* (1527). Il marchio è stato ripreso nel 1966 dal gruppo editoriale omonimo.

GIÙRA, in fr. *Jura*, catena montuosa della Francia e della Svizzera, con una propaggine in Germania; la sua vetta più elevata, il Crêt de la Neige, raggiunge i 1718 m. La formazione geologica, calcarea, risale al Giurassico e spiega la presenza, nella zona orientale, di numerose pieghe. Le abbondanti precipitazioni creano un clima favorevole allo sviluppo di foreste e praterie.

GIÙRA, in fr. *Jura*, cant. della Svizzera; 837 km²; 68.600 ab.; capol. *Delémont*. Creato nel 1979, comprende i distretti francofoni che in precedenza facevano parte del cant. di Berna.

GIÙRA (Pàrco nazionàle dell'Àlto), parco naturale francese, esteso per 145.000 ha ca. al confine con la Svizzera.

GIURAMÉNTO DÉGLI ORÀZI (Il), grande dipinto di J.L. David (1784, Louvre), realizzato a Roma ed esposto al Salon di Parigi nel 1785. Rappresenta il manifesto del neoclassicismo.

GIUSÈPPE, nome di più sovrani

SACRO ROMANO IMPERO

GIUSÈPPE I, *Vienna 1678-1711*, re d'Ungheria (1687), re dei romani (1690), arciduca d'Austria e imperatore germanico (1705-1711), della dinastia degli Asburgo. Figlio di Leopoldo I, riconobbe il calvinismo in Ungheria e assicurò i diritti fondamentali ai singoli Stati (1711).

— **Giuseppe II**, *Vienna 1741-1790*, imperatore germanico e coreggente degli Stati degli Asburgo (1765-1790). Figlio maggiore di Francesco I e Maria Teresa, alla morte della madre (1780) avviò un'attività di riforma basata sui principi dell'Illuminismo, cercando di razionalizzare e modernizzare l'amministrazione dei suoi Stati e abolendo la servitù della gleba (1781). Nei confronti della Chiesa praticò una politica di cauta vigilanza ("giuseppinismo").

■ *Giuseppe II ritratto da P. Batoni. (Kunsthistorisches Museum, Vienna.)*

PORTOGALLO

GIUSÈPPE I, *Lisbona 1714-1777*, re del Portogallo (1750-1777), della casa di Braganza. Sovrano illuminato, cercò di attuare una politica riformatrice con l'aiuto del suo primo ministro, il marchese S.J. Pombal.

SPAGNA

GIUSÈPPE BONAPÀRTE → BONAPARTE.

GIUSÈPPE, patriarca biblico. Figlio di Giacobbe e di Rachele, fu venduto dai suoi fratelli e condotto in Egitto, dove divenne ministro del faraone. Grazie alla sua intercessione gli ebrei poterono stabilirsi in Egitto.

GIUSÈPPE (sànto), sposo della Vergine Maria, artigiano e padre putativo di Gesù. Lo si festeggia il 19 mar.

GIUSÈPPE D'ARIMATÈA (sànto), *I sec.*, ebreo di Gerusalemme, membro del sinedrio. Offrì la sua tomba per la sepoltura di Gesù.

GIUSÈPPE FLÀVIO, *Gerusalemme 37 ca. d.C. - dopo il 100*, storico ebreo. Comandante delle forze della Galilea durante la guerra contro i romani, si trasferì a Roma, dove scrisse *Guerra giudaica* e *Antichità giudaiche*.

GIUSEPPÌNA (Marie-Josèphe-Rose Tascher de La Pagerie), *Trois-Ilets, Martinica, 1763 - Malmaison 1814*, imperatrice dei francesi. Sposò nel 1779 il visconte di Beauharnais, dal quale ebbe due figli (Eugène e Hortense). Rimasta vedova nel 1794, divenne la moglie di Napoleone Bonaparte (1796). Fu ripudiata nel 1809 per non aver dato un erede all'imperatore.

■ *Giuseppina ritratta da F. Gérard. (Reggia di Versailles.)*

GIUSSÀNI, disegnatrici ed editrici di fumetti. **Angela G.**, *Milano 1922-1987*, e **Luciana G.**, *Milano 1928-2001*. Fondatrici, nel 1960, della casa editrice Astorina, nel 1962 idearono e pubblicarono Diabolik, primo fumetto noir italiano, con il quale inaugurarono i fumetti in formato tascabile.

GIUSSÀNO, com. in prov. di Milano; 21.118 ab. Importante centro industriale; produzioni tessili, chimiche e del mobile.

GIÙSTI (Giusèppe), *Monsummano 1809 - Firenze 1850*, poeta. La sua poetica è intrisa di passione politica, di tendenza conservatrice. Tra le opere, *Versi editi e inediti* (1852), *Cronaca dei fatti di Toscana* (1890).

GIUSTINIÀN (Leonàrdo), *Venezia 1388-1446*, poeta. Scrisse e musicò *Canzonette* e *Strambotti* (1474), cui si deve il genere detto appunto "giustiniano". Fu membro del consiglio dei Dieci e procuratore di S. Marco.

GIUSTINIÀNO I, *Tauresio ? 482 - Costantinopoli 565*, imperatore bizantino (527-565). Consolidò l'autorità imperiale e promosse un'importante opera di codificazione del diritto romano: il

GIUSTINIANO I e la sua corte; mosaico bizantino del VI sec. nella chiesa di S. Vitale, a Ravenna.

Corpus iuris civilis, comprendente il *Digesto*, il *Codice* o *Pandette* (raccolta di giurisprudenza), le *Istituzioni* e le *Novelle* (leggi posteriori al 533). In politica estera, mirò a ristabilire i confini dell'antico impero romano. Mentre i suoi generali, Belisario e Narsete, cacciavano i vandali dall'Africa (533-534) e strappavano l'Italia agli ostrogoti e una parte della Spagna ai visigoti (550-554 ca.), G. combatté in Oriente contro i persiani. Sotto il suo regno, Bisanzio attraversò una fase di grande fermento culturale e artistico, come testimoniano le chiese di S. Vitale a Ravenna e S. Sofia a Costantinopoli.

— **Giustiniano II**, *669 - Sinope 711*, imperatore bizantino (685-695 e 705-711).

GIUSTÌNO, storico romano del II sec. Scrisse un compendio delle *Historiae Philippicae* di Pompeo Trogo, andate perdute.

GIUSTÌNO I, *Bederiana, Illiria, 450 ca. - Costantinopoli 527*, imperatore bizantino (518-527). Zio del futuro Giustiniano I, di cui fu consigliere, perseguitò i monofisiti. — **Giustino II**, *m. nel 578*, imperatore bizantino (565-578). Nipote e successore di Giustiniano I, non riuscì a fermare l'invasione dei longobardi in Italia.

GIUSTÌNO (sànto), *Flavia Neapolis, Samaria, 100 ca. - Roma 165 ca.*, filosofo, martire e apologista cristiano. Fu autore di due *Apologie* e di un'opera polemica nei confronti degli ebrei, il *Dialogo col giudeo Trifone*.

GIUSTÌZIA E LIBERTÀ, movimento politico antifascista clandestino, fondato a Parigi (1929) da esuli italiani, tra cui C. Rosselli, E. Lussu, R. Bauer, G. Salvemini. Di tendenza liberal-socialista, svolse azione di propaganda e organizzò i volontari per la guerra civile spagnola (1936). Nel 1942 confluì nel Partito d'azione e il nome passò a designare le brigate partigiane che vi si ispiravano.

GIUSTO DE' MENABUÒI, *Firenze 1330 ca. - Padova 1390 ca.*, pittore. Tra le opere, *Giudizio universale* (abbazia di Viboldone), *Storie del Vecchio e Nuovo Testamento* (battistero di Padova, 1375-1378).

GIÙSTO DI GÀND (Joost Van Wassenhove, detto), *XV sec.*, pittore fiammingo. Attivo alla corte urbinate del Montefeltro, coniugò lo stile fiammingo con quello italiano. Tra le opere, *Comunione degli apostoli* (1473-1475).

GIZA (El-), in ar. **AL-JIZAH**, c. dell'Egitto, capol. del governatorato di Giza, presso Il Cairo, sul Nilo; 2.156.000 ab. Produzione di film. — Immen-

EL-GIZA. La Sfinge e, sullo sfondo, la piramide di Cheope.

sa necropoli e complesso funerario, comprendente la Sfinge e le piramidi dei faraoni Cheope, Chefren e Micerino.

GJANDZ, dal 1804 al 1918 Ielizavetpol, dal 1935 al 1990 **Kirovabad**, c. dell'Azerbaigian; 293.300 ab.

GJELLERUP (Karl), *Roholte 1857 - Klotzsche, presso Dresda, 1919*, scrittore danese. Le sue opere teatrali e i suoi romanzi (*Il mulino*) testimoniano il passaggio dal naturalismo allo spiritualismo. (Premio Nobel 1917.)

GLADSTONE (William Ewart), *Liverpool 1809 - Hawarden 1898*, politico britannico. Capo del Partito liberale a partire dal 1865, tre volte primo ministro (1868-1874, 1880-1885, 1892-1894), fu promotore di numerose riforme. La sua campagna in favore dell'Home Rule (1886) in Irlanda provocò la secessione degli unionisti del Partito liberale.

■ *W.E. Gladstone ritratto da J.E. Millais. (National Portrait Gallery, Londra.)*

GLÂMA o **GLOMMA**, il f. più lungo della Norvegia, che sfocia nello Skagerrak; 570 km.

GLAMORGAN, ant. contea della Gran Bretagna (Galles), sul Canale di Bristol.

GLANUM, centro gallo-romano della Francia merid., presso Saint-Rémy-de-Provence. Sorto su un sito ellenistico, fu romanizzato a partire dal I sec. a.C. Importanti resti di templi, monumenti, edifici pubblici e quartieri con case decorate da pitture e mosaici.

GLAOUI o **GLAWI** (Al-Hadjdj Thami **Al-Glawi**, detto **il**), *Telonet 1875 ca. - Marrakech 1956*, pascià di Marrakech. Sostenne la politica francese in Marocco e fu a capo di un movimento che provocò la deposizione del sultano Muhammad V.

GLARIS (cantóne di), cant. della Svizzera; 685 km²; 38.500 ab.; capol. *Glaris*. È entrato nella Confederazione Elvetica nel 1352.

GLASER (Donald Arthur), *Cleveland 1926*, fisico statunitense. Ha inventato la camera a bolle, che deriva dalla camera di Wilson e permette di rilevare le particelle ad alta energia. (Premio Nobel 1960.)

GLASGOW, c. della Gran Bretagna (Scozia), sul f. Clyde; 642.000 ab. Università. Aeroporto. Metropoli commerciale e industriale della Scozia. — Cattedrale del XIII-XV sec. Centro artistico all'epoca di C.R. Mackintosh. Glasgow Art Gallery Museum e numerosi altri musei.

GLASHOW (Sheldon Lee), *New York 1932*, fisico statunitense. Nel 1960 ha proposto la prima teoria unificata dell'interazione elettromagnetica e di quella debole. (Premio Nobel 1979.)

GLASS (Philip), *Baltimora 1937*, compositore statunitense. Fortemente ispirato dalle melodie dell'India, è un esponente della cosiddetta musica "ripetitiva". Oltre a dedicarsi a importanti sperimentazioni strumentali, ha composto diverse opere (*Einstein on the Beach*, 1976).

GLAZUNOV (Aleksandr Konstantinovič), *San Pietroburgo 1865 - Parigi 1936*, compositore russo. Direttore del Conservatorio di San Pietroburgo (1905-1928), è autore di sinfonie e di musica da camera.

GLEIZES (Albert), *Parigi 1881 - Saint-Rémy-de-Provence 1953*, pittore francese. Partecipò alle prime manifestazioni del cubismo e pubblicò con J. Metzinger (1883-1956) il trattato *Del cubismo* (1912); in seguito si dedicò all'arte sacra.

GLENDALE, c. degli Stati Uniti (California), sobborgo di Los Angeles; 194.973 ab. Industria aeronautica.

GLEN MORE, depressione della Scozia settentr., parzialmente occupata dal Lago di Loch Ness e percorsa dal Canale di Caledonia.

GLENN (John Herschel), *Cambridge, Ohio, 1921*, astronauta statunitense. È stato il primo americano a compiere un volo orbitale (20 feb. 1962, a bordo della capsula *Mercury*); ha partecipato ancora a una missione spaziale nel 1998, a 77 anni.

■ *John Glenn nel 1998.*

GLIER (Reingold Moritsevič), *Kiev 1875 - Mosca 1956*, compositore russo. Compose opere, balletti (*Papavero rosso*, 1927), musica sinfonica e concerti. Molto apprezzato come insegnante, fu maestro di S.S. Prokof'ev.

GLIWICE, c. della Polonia, in Slesia; 210.816 ab. Miniere di carbone.

GLOBE AND MAIL (The), quotidiano canadese. Nato nel 1936 dalla fusione dei giornali *The Globe* (1844) e *The Mail and Empire* (1872), ha una diffusione nazionale e internazionale.

GLOBE THEATRE, teatro londinese attivo dal 1599 al 1644. Vi furono rappresentate per la prima volta quasi tutte le opere di W. Shakespeare, la cui compagnia aveva qui la propria sede. Un fedele rifacimento è stato inaugurato nel 1997.

GLOBO, gruppo brasiliano che comprende il quotidiano *O Globo* e la rete televisiva *Rede Globo*, nota per le sue *telenovelas*.

GLOMMA → GLÅMA.

GLOUCESTER, c. della Gran Bretagna (Inghilterra), capol. del Gloucestershire, sul Severn; 91.800 ab. Industrie di costruzioni aeronautiche. — Cattedrale romanico-gotica (grande vetrata del coro, XIV sec.; chiostro con volte a ventaglio).

GLUBB (sir John Bagot), detto **Glubb Pascià**, *Preston 1897 - Mayfield, Sussex, 1986*, generale britannico. Comandò la legione araba (armata beduina della Transgiordania, 1939-1946), poi l'esercito di Giordania (fino al 1956).

GLUCK (Christoph Willibald **von**), *Erasbach 1714 - Vienna 1787*, compositore tedesco. Con il suo librettista R. Calzabigi riformò l'opera coltivando, lontano dalle influenze italiane, il gusto per la semplicità: *Orfeo ed Euridice* (1762), *Alceste* (1767), *Ifigenia in Aulide* (1774), *Ifigenia in Tauride* (1779).

GLUSKO (Valentin Petrovič), *Odessa 1908 - Mosca 1989*, ingegnere sovietico. Ha progettato i motori della maggior parte dei missili dell'ex Unione Sovietica.

GLYNDEBOURNE (Festival di), festival annuale dell'opera, istituito nel 1934 a G. (Gran Bretagna) da John Christie.

GMELIN (Leopold), *Gottinga 1788 - Heidelberg 1853*, chimico e fisiologo tedesco. Studiò la chimica della digestione e fece importanti scoperte nel campo della chimica organica.

GNEISENAU (August, cónte **Neidhardt von**), *Schildau 1760 - Poznań 1831*, maresciallo prussiano. Con l'aiuto di G. von Scharnhorst ricostruì l'esercito prussiano (1808) e fu capo di Stato maggiore di G. Blücher (1813-1814 e 1815).

GNIEZNO, c. della Polonia, a NE di Poznań; 71.602 ab. Sede del primate di Polonia. — Cattedrale gotica costruita su una struttura del X-XI sec.

GNÒCCHI-VIÀNI (Osvàldo), *Ostiglia 1837 - Milano 1917*, politico. Tra i fondatori del Partito operaio italiano (1882), nel 1892 aderì al Partito socialista. Fu dirigente sindacale e fondò la Società umanitaria di Milano.

GNÒLI (Doménico), *Roma 1838-1915*, poeta. Fu esponente della scuola romana, precursore del crepuscolarismo. Tra le opere, *Versi* (1871), *Fra terra e astri* (1903).

GNÒLI (Doménico), *Roma 1933 - New York 1970*, pittore. Vicino alla pop art, lavorò prevalentemente negli Stati Uniti. Le sue opere sono rappresentazioni iperrealiste di oggetti di uso comune: *Chiusura lampo* (1967), *Nodo di cravatta* (1969).

GOA, Stato della costa occ. dell'India; 3700 km²; 1.343.998 ab.; cap. *Panaji*. Fu occupato dai portoghesi dal 1510 al 1961-1962.

GOAJIRO → GUAJIRO.

GÒBBI (Tito), *Bassano del Grappa 1913 - Roma 1984*, baritono. Fu apprezzato interprete del repertorio tradizionale e moderno.

GOBELINS, manifattura di arazzi francese. Fondata e diretta da tessitori fiamminghi all'inizio del XVII sec., per volere di Enrico IV, conobbe il massimo splendore sotto Luigi XIV. C. Le Brun vi diresse, oltre all'atelier degli arazzi, lo studio di oreficeria, di ebanisteria e di scultura. È attiva ancora oggi.

GOBÉTTI (Pièro), *Torino 1901 - Parigi 1926*, intellettuale e politico. Fondatore del settimanale *Rivoluzione liberale* (1922), fu tra i massimi esponenti del pensiero liberalsocialista, cercando di coniugare le istanze più progressiste del liberalismo a quelle egualitarie del socialismo. Nel 1924 fondò *Il *Baretti*. Perseguitato e infine aggredito dai fascisti, fu costretto all'esilio e morì per effetto delle percosse.

GOBI, deserto dell'Asia (Mongolia e Cina).

GOBINEAU (Joseph Arthur, cónte **di**), *Ville-d'Avray 1816 - Torino 1882*, scrittore e diplomatico francese. Autore di romanzi (*Le pleiadi*) e di racconti, nel suo *Saggio sull'ineguaglianza delle razze umane* (1853-1855) teorizzò l'innata diversità dei caratteri delle varie popolazioni e la purezza degli ariani.

GODARD (Eugène), *Clichy 1827 - Bruxelles 1890*, aeronauta francese. Compì più di 2500 ascensioni in pallone, tra cui una a bordo del *Géant*, con Nadar (1863), e organizzò il primo servizio di posta aerea durante l'assedio di Parigi (1870-1871).

GODARD (Jean-Luc), *Parigi 1930*, regista cinematografico francese. Pioniere della *nouvelle vague*, ha rimesso in discussione i codici ideologici ed estetici per analizzare in maniera nuova i rapporti tra spettatore e film: *Fino all'ultimo respiro* (1960), *Il disprezzo* (1963), *Pierrot le Fou* (1965), *La cinese* (1967), *Week-end* (1967), *Je vous salue Marie* (1985), *Nouvelle vague* (1990), *Hélas pour moi* (1993), *Elogio dell'amore* (2001). Nelle sue *Histoire(s) du cinéma* (1998) esalta la potenza espressiva del mezzo cinematografico.

Jean-Luc **GODARD**. J.-P. Belmondo e J. Seberg in *Fino all'ultimo respiro (1960)*.

GODAVARI, f. dell'India, che raggiunge il Golfo del Bengala; 1500 km. È considerato uno dei fiumi sacri dell'India.

GODDARD (Marion Levy, detta Paulette), *Great Neck, Stato di New York, 1905 - Rosco, Svizzera, 1990*, attrice cinematografica statunitense. La sua bellezza e il suo talento hanno avuto modo di emergere soprattutto nei film diretti da C. Chaplin, di cui fu moglie dal 1936 al 1942 (*Tempi moderni*, 1936; *Il grande dittatore*, 1940). Ha recitato anche nel *Diario di una cameriera* (J. Renoir, 1946) e nella *Strada della felicità* (K. Vidor, 1948).

GODDARD (Robert Hutchings), *Worcester, Massachusetts, 1882 - Baltimora 1945*, ingegnere statunitense. Pioniere dell'astronautica, lanciò nel 1926 il primo missile a combustibile liquido.

GÖDEL (Kurt), *Brünn, att. Brno, 1906 - Princeton 1978*, logico e matematico statunitense di origine austriaca. È autore di due teoremi (1931) secondo i quali un'aritmetica non contraddittoria non formerebbe un sistema completo, poiché la non contraddizione costituirebbe un enunciato indecidibile all'interno del sistema stesso.

GODOY ÁLVAREZ DE FARIA (Manuel), *Badajoz 1767 - Parigi 1851*, statista spagnolo. Ministro di Carlo IV di Spagna e favorito della regina Maria Luisa, fu primo ministro dal 1792 al 1798 e dal 1800 al 1808; ebbe un ruolo importante all'epoca della Rivoluzione francese e dell'Impero.

GOD SAVE THE KING/THE QUEEN ("Dio salvi il re/la regina"), inno nazionale britannico.

GODTHÅB → NUUK.

GODUNOV (Boris) → BORIS GODUNOV.

GODWIN (William), *Wisbech 1756 - Londra 1836*, scrittore britannico. È autore di saggi e romanzi di ispirazione radicale (*Le avventure di Caleb Williams*).

GOEBBELS (Joseph Paul), *Rheydt 1897 - Berlino 1945*, politico tedesco. Giornalista nazionalsocialista, ministro della propaganda e dell'informazione (1933-1945), fu incaricato da A. Hitler della direzione della guerra totale (1944); si suicidò insieme a tutta la sua famiglia.

GOEPPERT-MAYER (Maria), *Katowice 1906 - San Diego 1972*, fisica statunitense di origine tedesca. Ha proposto, indipendentemente da H. D. Jensen, una teoria riguardante la struttura del nucleo dell'atomo che ha permesso di spiegarne diverse proprietà. (Premio Nobel 1963.)

GOERING (Hermann) → GÖRING.

GOETHE (Johann Wolfgang **von**), *Francoforte 1749 - Weimar 1832*, scrittore tedesco. Con il romanzo *I dolori del giovane *Werther* e il dramma *Götz von Berlichingen* (1774) si mise in luce come uno dei massimi esponenti dello *Sturm und Drang*. I viaggi in Italia (*Torquato Tasso*, 1789), l'esperienza della Rivoluzione francese e della politica (fu ministro del granducato di Weimar), l'amicizia con F. Schiller (*Xénies*, 1796) e le ricerche scientifiche (*Metamorfosi delle piante*, 1790; *La teoria dei colori*, 1810) lo portarono a rivalutare, nelle sue opere successive, la tradizione classica (*Wilhelm Meister*, *Arminio e Dorotea*, 1797; *Le affinità elettive*, 1809). Scrisse anche un'autobiografia (*Della mia vita. Poesia e verità*, 1811-1833) e opere dalla forte componente simbolica (*Divano orientale-occidentale*, 1819; *Faust*).

■ *J.W. Goethe ritratto da J. von Egloffstein. (Museo Goethe, Francoforte.)*

GOFFMAN (Erving), *Manville, Alberta, 1922 - Filadelfia 1982*, sociologo canadese. Si è interessato alle interazioni sociali e agli elementi non codificati del comportamento (*Asylums*, 1961; *Modelli di interazioni*, 1967).

GOFFRÉDO, nome di sei conti di Angiò. — **Goffredo V il Bello**, detto **Plantageneto**, *1113 - Le Mans 1151*, conte di Angiò e del Maine (1129-1151), duca di Normandia (1135/ 1144-1150). Era genero di Enrico I, re di Inghilterra, e padre del futuro Enrico II.

GOFFRÉDO DI BUGLIÓNE, in fr. **Godefroy de Bouillon**, *Baisy 1061 ca. - Gerusalemme 1100*, duca della Bassa Lorena. Uno dei capi della prima crociata, fondò il regno di Gerusalemme (1099) e lo governò con il titolo di "procuratore di Gerusalemme".

GOFFRÉDO DI STRASBÙRGO, *fine del XII sec. - inizio del XIII sec.*, poeta tedesco, autore del poema cavalleresco *Tristano*.

GOG E MAGOG, nella letteratura ebraica, musulmana e cristiana, personificazione delle forze del male.

GOGOL' (Nikolaj Vasil'evič), *Soročincy 1809 - Mosca 1852*, scrittore russo. Autore di racconti (*Tarass Bul'ba*, *Diario di un pazzo*, 1835) e di opere teatrali (*Il revisore*, 1836), fu uno dei padri del romanzo russo moderno, con le sue *Anime morte*, opera incompiuta (prima parte pubblicata nel 1842), dove i dettagli realistici si mescolano a situazioni fantastiche e comicamente paradossali.

■ *Nikolaj Gogol'.*

GOIÂNIA, c. del Brasile centrale, cap. dello Stato del Goiás; 1.090.737 ab.

GOIÁS, Stato del Brasile; 4.996.439 ab.; cap. *Goiânia*.

GÒITO (battaglia di) (mag. 1848), battaglia combattuta nei pressi dell'att. com. in prov. di Mantova. L'esercito piemontese vi sconfisse gli austriaci comandati dal generale J.J. Radetzky.

GÓLA (Emilio), *Milano 1851-1923*, pittore. Vicino alla scapigliatura e successivamente all'impressionismo, elaborò un proprio stile, rappresentando paesaggi dai forti effetti cromatici e luministici.

GOLAN (Altùre del), altopiano della Siria sud-occ., che domina la Giordania. La regione, occupata da Israele nel 1967, teatro di guerre nel 1973, è stata annessa a Israele per deliberazione della Knesset nel 1981.

GOLASÉCCA, com. in prov. di Varese; 2567 ab. Conserva una necropoli che ha dato il nome a una civiltà diffusasi in Lombardia, in Piemonte e nel Canton Ticino nel I millennio a.C.

GOLCÓNDA, fortezza e ant. c. dell'India (Andhra Pradesh). Capitale dal 1518 di un sultanato musulmano del Deccan, piena di tesori leggendari, fu distrutta da Aurangzeb nel 1687. Resti di antiche costruzioni (XVI sec. - inizio del XVII sec.), tra cui i mausolei a cupola nella necropoli.

GOLDBACH (Christian), *Königsberg 1690 - Mosca 1764*, matematico russo di origine prussiana. Conosciuto per i suoi lavori di aritmetica, è autore della congettura che porta il suo nome (ogni numero intero pari è la somma di due numeri primi).

GOLD COAST → GHANA.

GOLDING (sir William), *Saint Columb Minor, Cornovaglia, 1911 - Perranarworthal, presso Falmouth, 1993*, scrittore britannico. I suoi romanzi mettono in evidenza la tendenza dell'umanità a regredire a uno stato di barbarie primitiva (*Il signore delle mosche*, 1954). (Premio Nobel 1983.)

GOLDMANN (Nahum), *Wisznewo, Lituania, 1895 - Bad Reichenhall 1982*, leader sionista. Fondatore (1936) e presidente del Congresso ebraico mondiale, presidente dell'Organizzazione mondiale sionista (1956-1968), prese prima la nazionalità tedesca, poi quella statunitense (1940), israeliana (1962) e svizzera (1968). Chiese la restituzione da parte di Israele dei territori conquistati nel 1967 e la concessione a Israele dello statuto di nazione neutrale.

GOLDÓNI (Càrlo), *Venezia 1707 - Parigi 1793*, commediografo. Dopo avere compiuto l'apprendistato a Venezia (1734-1743) e a Pisa (1744-1747), dove per mestiere faceva l'avvocato, nel 1748 ritornò a Venezia, lasciò la carriera giuridica e si dedicò interamente al teatro. In questo periodo scrisse diverse commedie (*La donna di garbo, Arlecchino servitore di due padroni, La bottega del caffè*), tutte precedute da un'introduzione (*Il teatro comico*, 1750), in cui l'autore dichiarava di voler conferire dignità artistica alla commedia teatrale, rinnovando le forme (e propugnando il valore della scrittura contro l'improvvisazione dei comici dell'arte), i contenuti (temi realistici, presi dal quotidiano) e lo stile. Nel 1762 si trasferì a Parigi per dirigere la Comédie-Italienne. Tra le sue numerose opere si ricordano *La *locandiera, Le smanie per la villeggiatura* (1761), *Le baruffe chiozzotte* (1762). Negli ultimi anni di vita si dedicò alla stesura delle *Mémoires*, in francese.

GOLDSCHMIDT (Victor Moritz), *Zurigo 1888 - Oslo 1947*, geologo norvegese di origine svizzera. Padre della geochimica moderna, classificò gli elementi chimici secondo le loro affinità.

GOLDSMITH (Oliver), *contea di Westmeath, Irlanda, 1730 ca. - Londra 1774*, scrittore britannico. È autore di romanzi (*Il vicario di Wakefield*), poemi sentimentali (*Il villaggio abbandonato*) e opere teatrali (*Ella si umilia per vincere*).

GOLDSTEIN (Kurt), *Katowice 1878 - New York 1965*, neurologo statunitense di origine tedesca. Sostenitore di una concezione unitaria e globale della neurologia, scaturita dalla teoria della forma, ha dedicato studi approfonditi all'afasia.

GOLÉA (El-) → MENIAA (El-).

GOLETTA (La), att. **Halq El-Oued**, c. della Tunisia; 66.488 ab. Avamporto di Tunisi e centro balneare.

GÓLFO (corrènte del), corrente marina calda dell'Atlantico. Nasce dalla confluenza della corrente delle Antille con quella della Florida, attraversa lo Stretto di Florida e risale fino a Terranova; col nome di corrente dell'Oceano Atlantico, prosegue poi verso E, dividendosi in numerosi rami. Mitiga il clima delle coste dell'Europa nord-occ.

GÓLFO (guèrre del), conflitti che hanno opposto all'Iraq coalizioni guidate dagli Stati Uniti. Il primo (ago. 1990 - feb. 1991), è stato scatenato dall'invasione del Kuwait (1-2 ago. 1990) da parte dell'Iraq, contro cui si è schierata una trentina di paesi, tra cui alcuni Stati arabi (in primo luogo Egitto e Siria). Ricevuto l'avvallo dell'ONU, la coalizione si è dispiegata nel Golfo Persico e in Arabia Saudita e ha liberato il Kuwait il 28 feb. La seconda (20 mar. 2003 - 1° mag. 2003) è stata una "guerra preventiva", dovuta al timore che il leader iracheno Saddam Husayn possedesse armi di distruzione di massa. Una coalizione formata sostanzialmente da Stati Uniti e Gran Bretagna, cui

l'ONU ha negato la sua autorizzazione, è penetrata in Iraq, occupando il paese. Le ispezioni in seguito condotte da ispettori americani non hanno però rilevato la presenza delle armi cercate.

GÓLFO ARÀNCI, com. in prov. di Sassari, sul golfo omonimo; 2086 ab. Turismo balneare.

GÒLGI (Camillo), *Corteno 1843 - Pavia 1926*, medico e istologo. Studiò il sistema nervoso, descrivendo per primo alcune importanti formazioni cellulari (*apparato di G.*). Compì diversi studi sulla malaria. (Premio Nobel 1906.)

GÒLGOTA, nome aramaico del Calvario, in cui Gesù Cristo fu crocefisso.

GOLÌA, personaggio biblico. Gigante filisteo, fu vinto in duello da Davide.

GOLICYN, **GALITZIN** o **GALLITZIN**, famiglia principesca russa che, dalla fine del XVII sec. e per tutto il XVIII sec., ebbe tra i suoi componenti statisti e capi militari.

GOLÌNO (Valèria), *Napoli 1966*, attrice cinematografica. Tra le sue interpretazioni, *Scherzo del destino...* (1983), *Storia d'amore* (1986, coppa Volpi a Venezia), *Rain Man* (1988), *Hot Shots!* (1991), *Puerto Escondido* (1992), *Come due coccodrilli* (1994), *Le acrobate* (1997), *L'albero delle pere* (1998), *Respiro* (2002).

GOLTZIUS (Hendrick), *Mühlbracht 1558 - Haarlem 1617*, incisore e pittore olandese. Manierista d'arte, fu tra i fondatori di un'accademia d'arte ad Haarlem.

GOMAR (François) o **GOMARUS**, *Bruges 1563 - Groninga 1641*, teologo protestante olandese. Avversario di J. Arminius, interpretò la dottrina calvinista della predestinazione in senso rigorista. I suoi sostenitori, i gomaristi, furono responsabili di alcune sollevazioni nei Paesi Bassi.

GOMBRICH (sir Ernst Hans), *Vienna 1909 - Londra 2001*, storico dell'arte britannico di origine austriaca. Le sue opere più famose sono *Storia dell'arte* (1950) e *Arte e illusione* (1960), in cui vengono analizzati gli aspetti tecnici della creazione e il ruolo della psicologia della percezione nella fruizione dell'opera d'arte.

GOMBROWICZ (Witold), *Małoszyce 1904 - Vence 1969*, scrittore polacco. Nei suoi romanzi (*Ferdydurke, Pornografia*), nelle opere teatrali (*Ivona, principessa di Borgogna*) e nel *Diario* cercò di afferrare la realtà intima dell'esistenza al di là degli stereotipi sociali e culturali.

GOMEL, c. della Bielorussia sud-orient.; 487.000 ab. Industrie meccaniche.

GÓMEZ DE LA SERNA (Ramón), *Madrid 1888 - Buenos Aires 1963*, scrittore spagnolo. Oltre a scrivere romanzi (*Il romanziere*), ha inventato il genere delle *greguerías*, brevi ed estrose osservazioni sul mondo moderno, percepito come universo discontinuo e composito.

GOMÒRRA, ant. c. della Palestina, distrutta insieme a *Sodoma.

GOMPERS (Samuel), *Londra 1850 - San Antonio, Texas, 1924*, sindacalista statunitense. Fece prevalere le politiche di un sindacalismo riformista all'interno dell'American Federation of Labor, di cui fu fondatore (1886).

GOMUŁKA (Władysław), *Krosno 1905 - Varsavia 1982*, politico polacco. Segretario generale del Partito operaio (1943-1948), fautore di una "via polacca verso il socialismo", fu espulso dal partito dagli stalinisti nel 1948-1949. Richiamato a capo del partito e dello Stato (ott. 1956) in seguito alle sommosse di Poznań, fu destituito nel 1970.

GONÂVE (Ìsola della), isola di Haiti, nel Golfo di G.

GONÇALVES (Nuño), pittore portoghese attivo alla corte del re Alfonso V nel 1450. Gli è stato attribuito il monumentale *Polittico di san Vincenzo* (1465 ca., Museo nazionale di arte antica, Lisbona), ritratto vigoroso e penetrante della società dell'epoca.

GONÇALVES DIAS (Antonio), *Caxias 1823 - in un naufragio 1864*, poeta brasiliano, fondatore della scuola indianista (*Primeiros cantos*, 1846).

GONČAROV (Ivan Aleksandrovič), *Simbirsk 1812 - San Pietroburgo 1891*, romanziere russo, che ritrasse la decadenza della nobiltà (*Oblomov*).

GONČAROVA (Natalija Sergeevna), *presso Tula 1881 - Parigi 1962*, pittrice russa naturalizzata francese. Moglie di M. Larionov, è stata autrice soprattutto di audaci scenografie e costumi per i Ballets Russes di S. Djagilev.

I fratelli **GONCOURT**
(Edmond, a sinistra, e Jules). (BNF, Parigi).

GONCOURT, scrittori francesi. — **Edmond Huot de G.**, *Nancy 1822 - Champrosay, 1896*, e — **Jules Huot de G.**, *Parigi 1830-1870*. Nelle loro opere rappresentarono l'esistenza umana nelle sue crisi fisiologiche e sentimentali; partiti dal naturalismo, svilupparono uno stile detto *écriture artiste* (*Renata Mauperin*, 1864; *Madame Gervaisais*, 1869; *La Fille Élisa*, 1877) per poi elaborare un impressionismo raffinato, influenzato dalla passione per l'arte francese del XVIII sec. e per la civiltà giapponese (*Diario*). Edmond ospitò nella sua villa di Auteuil una cerchia di amici e nel corso di queste riunioni nacque l'idea di fondare l'Accademia *Goncourt.

GONCOURT (Accadèmia), società letteraria francese istituita per disposizione testamentaria di Edmond de Goncourt. Dal 1903 i suoi dieci membri assegnano ogni anno il più importante premio letterario francese.

GÖNCZ (Árpád), *Budapest 1922*, scrittore e politico ungherese. Oppositore del regime comunista, imprigionato dal 1957 al 1963, è stato presidente della repubblica dal 1990 al 2000.

GOND, gruppo tribale dell'India centrale (Madhya Pradesh, Chhattisgarh, Andhra Pradesh, Orissa, Bihar; ca. 7 milioni di individui). I g. hanno avuto un ruolo storico importante a sostegno dei piccoli regni indù. Si esprimono in lingue indiane regionali, mentre una minoranza parla l'idioma originario, il gondi.

GONDAR, c. dell'Etiopia, a N del Lago Tana; 166.593 ab. Resti di palazzi e chiese del XVII-XVIII sec.

GÓNDOLA (Giovànni), *Dubrovnik 1589 ca. - 1638*, poeta croato. La sua opera poetica (*Osman*) e teatrale (*Dubravka*) segna l'apogeo della letteratura dalmata.

GONDWANA, reg. dell'India, nel Deccan, abitata dai gond (ca. 3 milioni di individui). Ha dato il nome a un continente che riuniva, nell'era primaria, l'America merid., l'Africa, l'Arabia, l'India, l'Australia e l'Antartico.

GÓNGORA Y ARGOTE (Luis de), *Córdoba 1561-1627*, poeta spagnolo. Il suo stile oscuro ed ermetico (*Favola di Polifemo e Galatea, Solitudini*) fece scuola, con il nome di gongorismo o culteranesimo.

GÖNNERSDORF, sito preistorico della Germania (Renania-Palatinato), presso Neuwied. Cacciatori magdaleniani vi lasciarono, nell'ambito di insediamenti abitativi di vario tipo, numerose statuette femminili stilizzate e incisioni di animali su scisto (12.000 ca. a.C.).

GONTRÀNO (sànto), *545 ca. - Chalon-sur-Saône 592*, re di Borgogna (561-592), della dinastia merovingia. Figlio di Clotario I, appoggiò la diffusione del cristianesimo nei suoi Stati.

GONZÀGA, famiglia principesca che esercitò il potere a Mantova dal XII al XVII sec. ca. — **Luigi G.**, *1278-1360*, impose la sua signoria su Mantova, dalla quale spodestò la famiglia antagonista dei Bonacolsi. — **Gianfrancesco G.**, *1407-1444*, figlio di Francesco G. e Agnese Visconti, signore di Mantova dal 1407. Artefice di una politica espansionistica, fu dapprima alleato di Venezia; divenuto marchese nel 1433, si alleò con Filippo Maria Visconti contro la Serenissima, perdendo a causa di ciò numerosi possedimenti. — **Ludovico III G.**, *1414-1478*, successore di Gianfrancesco. Noto mecenate (ospitò alla sua corte A. Mantegna, G. Guarini), introdusse i primi sistemi di stampa a Mantova. — **Francesco II G.**, *1484-1519*, marito di Isabella d'Este, e — **Federico II G.**, *1519-1540*, accrebbero il prestigio dei G., attraverso i matrimoni con altre famiglie nobiliari e, soprattutto, con l'annessione del Monferrato, ben presto trasformato in ducato. — **Vincenzo G.** → Vincenzo I Gonzaga. — **Ferdinando G.**, *1587-1626*, cardinale, dispensato dai voti per assicurare la successione, morì senza eredi, dopo aver designato come successore Carlo di Nevers, osteggiato dai Savoia. La guerra che ne derivò (guerra del Monferrato) si concluse con il riconoscimento della signoria di Carlo su Mantova e con l'assegnazione di un lembo di Monferrato ai Savoia.

GONZÁLEZ (Julio), *Barcellona 1876 - Arcueil 1942*, scultore spagnolo. Stabilitosi a Parigi, nelle sue opere utilizzò, a partire dal 1927, il ferro battuto e saldato.

GONZÁLEZ MÁRQUEZ (Felipe), *Siviglia 1942*, politico spagnolo. Segretario generale del Partito socialista operaio (1974-1997), è stato capo del governo dal 1982 al 1996.

GOODMAN (Benjamin David, detto Benny), *Chicago 1909 - New York 1986*, clarinettista jazz e direttore d'orchestra statunitense. È stato tra i primi musicisti bianchi a inserire nella sua orchestra, fondata nel 1934, strumentisti di colore.

GOODMAN (Nelson), *Somerville 1906-1998*, filosofo statunitense. Ha orientato la sua ricerca filosofica verso l'arte e l'estetica, affrontandole da un punto di vista logico ed epistemologico. Tra le opere, *Passi verso un nominalismo costruttivo* (1947, con W. Quine), *I linguaggi dell'arte* (1968).

GOODYEAR, società statunitense fondata nel 1898 ad Akron, è uno dei principali produttori mondiali di pneumatici.

GOODYEAR (Charles), *New Haven 1800 - New York 1860*, inventore statunitense. Mise a punto il processo di vulcanizzazione del caucciù (1839).

GOR'KIJ (Aleksej Maksimovič Peškov, detto Maksim), *Nižnij Novgorod 1868 - Mosca 1936*, scrittore russo. Autore di romanzi e drammi, descrisse la sua infanzia difficile (*Infanzia*, 1913-1914; *Tra la gente*, 1915-1916; *Le mie università*, 1923), oltre all'esistenza di vagabondi e reietti (*I bassifondi*, 1902); è considerato il padre della letteratura sociale sovietica (*La madre*, 1906; *Gli Artamonov*, 1925).

■ *Maksim Gor'kij.*

GORAKHPUR, c. dell'India (Uttar Pradesh), a N di Benares; 624.570 ab.

GORÀNI (Giuseppe), *Milano 1740 - Ginevra 1819*, scrittore. Compì numerosi viaggi in Europa e si avvicinò ai girondini, ma se ne distaccò dopo la Rivoluzione francese. Tra le opere, *Il vero dispotismo* (1770), *Memorie per servire alla storia della mia vita* (1806-1807).

GORBAČËV (Michail Sergejevič), *Privol'e 1931*, politico russo. Segretario generale del Partito comunista dell'Unione Sovietica (mar. 1985 - ago. 1991), presidente del presidium del soviet supremo (ott. 1988 - mar. 1990), ha attuato un programma di riforme economiche e politiche (la "perestrojka") e adottato, in politica internazionale, posizioni innovative (vertice sul disarmo di Washington, 1987). Nel 1990 è stato eletto alla presidenza dell'URSS. Indebolito da un tentativo di colpo di Stato nel 1991, G. non è riuscito a impedire la disintegrazione dell'URSS. Ha dato le dimissioni nel dicembre dello stesso anno. (Premio Nobel per la pace 1990.)

■ *Michail Sergejevič Gorbačëv.*

GORČAKOV (Aleksandr Michajlovič, principe), *Haspal 1798 - Baden-Baden 1883*, politico russo. Ministro degli esteri (1856-1882), ripristinò i rapporti diplomatici del suo paese dopo la guerra di Crimea.

GORDIÀNO III IL PÌO, *Roma 225 ? - Zaita 244*, imperatore romano (238-244). Riconquistò la città di Antiochia combattendo contro i persiani (242).

GORDIMER (Nadine), *Springs 1923*, scrittrice sudafricana di lingua inglese. Nei suoi romanzi ha raccontato i drammi scaturiti dall'apartheid (*Un mondo di stranieri*, *Luglio*). (Premio Nobel 1991.)

■ *Nadine Gordimer.*

GÒRDIO, ant. c. dell'Asia Minore, cap. della Frigia (att. Yassùhöyük). Nel tempio di Zeus, Alessandro Magno recise con un colpo di spada il "nodo gordiano": un oracolo aveva infatti predetto che colui che lo avrebbe sciolto sarebbe divenuto padrone dell'Asia.

GORDON (Charles), detto **Gordon Pascià**, *Woolwich 1833 - El-Khartum 1885*, ufficiale e politico britannico. Governatore del Sudan (1877-1880), morì nel corso della presa di El-Khartum.

GORÉE, isola al largo delle coste del Senegal, di fronte a Dakar. Fu scoperta nel XV sec. dai portoghesi e divenne uno dei principali centri della tratta degli schiavi. Museo storico.

GORÈTTI (Marìa) → Maria Goretti (santa).

GORGAN, c. dell'Iran, a NE di Teheran; 188.710 ab.

GÒRGIA DI LENTÌNI, *Lentini 485 ca. - 376 a.C.*, retore e filosofo greco. Inviato ad Atene nel 427 ca., mise in luce la propria abilità oratoria, basata sul ritmo e sulle figure retoriche. Criticò con forza la dottrina parmenidea.

GORGÓNA, isola del Mar Tirreno, nell'Arcipelago Toscano; 2,2 km[2]. Fa parte del com. di Livorno e ha un aspetto montuoso (alt. massima 255 m). Vi ha sede una colonia penale.

GÒRGONI MITOL. GR. Mostri alati con il corpo di donna e il capo irto di serpenti, il cui sguardo era in grado di pietrificare colui che osava guardarle. Erano tre sorelle: Medusa, Euriale e Steno.

GORGONZÒLA, com. in prov. di Milano; 17.744 ab. Agricoltura, allevamento, industrie casearie.

GÒRI (Pietro), *Messina 1865 - Portoferraio 1911*, politico. Tra i fondatori del Partito socialista anarchico rivoluzionario, fu più volte costretto a espatriare per sfuggire alle condanne inflittegli. È autore della canzone anarchica *Addio Lugano bella* (1895).

GORÌA (Giovanni), *Asti 1943-1994*, politico. Iscritto alla DC nel 1960, entrò in parlamento nel 1976. Più volte ministro (tesoro, agricoltura, finanze), fu presidente del consiglio nel 1987-1988.

GORIDI o **GHORIDI**, dinastia di origine iranica che regnò su Afghanistan e India settentr. (XII sec. - inizio del XIII sec.).

GÖRING o **GOERING** (Hermann), *Rosenheim 1893 - Norimberga 1946*, maresciallo e politico tedesco. Aviatore, comandante della squadriglia Richthofen (1918), membro del Partito nazista nel 1922 e parente di A. Hitler, fu presidente del Reichstag (1932) e costituì la Luftwaffe. Successore designato di Hitler (1939), che lo rinnegò nel 1945, fu condannato a morte a Norimberga (1946) e si suicidò.

GORÌZIA, c. del Friuli-Venezia Giulia, capol. di prov., sull'Isonzo, al confine con la Slovenia; 37.190 ab. (*goriziani*). Agricoltura, commercio di prodotti agricoli, industrie meccaniche, tessili, chimiche. – Fu residenza dei conti di G. fino al XVI sec., quando entrò a far parte dell'impero austriaco. Dopo una serie di occupazioni, venne definitivamente annessa all'Italia nel 1918. Al termine della seconda guerra mondiale una parte della città (Nova Gorica) passò sotto il controllo della Iugoslavia. – Castello del XII-XVI II sec.; duomo del 1684, distrutto durante la prima guerra mondiale e ricostruito nel 1927; musei. – Nella provincia, in gran parte pianeggiante, si praticano l'agricoltura (cereali, uva, frutta) e le attività industriali (settori elettrico, meccanico). Cantieri navali. Centri principali: Monfalcone, Grado, Redipuglia.

GORKI → Nižni Novgorod.

GORKY (Vosdanig **Adoian**, detto Arshile), *Hayotz Dzore 1904 - Sherman, Connecticut, 1948*, pittore statunitense di origine armena. Influenzato negli anni '40 del secolo scorso dal surrealismo, è passato a dipingere forme astratte e biomorfe (*Diario di un seduttore*, 1945). Ha avuto notevole influsso sull'espressionismo astratto.

GÖRLITZ, c. della Germania (Sassonia), sul Neisse; 62.871 ab. Chiese e palazzi antichi.

GORLOVKA → Horlivka.

GÖRRES (Joseph **von**), *Coblenza 1776 - Monaco 1848*, scrittore e giornalista tedesco. Tra gli animatori del movimento romantico e nazionalista, è autore di un'importante *Mistica cristiana* (1836-1842).

GORSKOV (Sergej Georgievič), *Kamenec-Podol'skij 1910 - Mosca 1988*, ammiraglio sovietico. Ha assistito allo sviluppo della marina militare, di cui è stato il comandante in capo dal 1956 al 1985.

GORT (John **Vereker**, visconte), *Londra 1886-1946*, maresciallo britannico. Comandante del corpo di spedizione britannico in Francia (1939-1940), poi governatore di Malta (1942-1943), fu alto commissario in Palestina (1944-1945).

GORTINA, ant. c. di Creta. Le "leggi di G." sono una lunga iscrizione di contenuto giuridico incisa nella pietra, che risale al V sec. a.C., essenzia-

La corte dei **GONZAGA** *ritratta da A. Mantegna, 1465-1474.*
(Camera degli Sposi, Palazzo ducale, Mantova.)

le per la conoscenza della società greca antica. — Resti di epoca greca e romana.

GORZÓW WIELKOPOLSKI, c. della Polonia, capol. di voivodato, sul Warta; 126.406 ab.

GOSAINTHAN → XIXABANGMA.

GOSCINNY (René), *Parigi 1926-1977*, disegnatore e sceneggiatore di fumetti francese. Maestro del fumetto umoristico, con *Lucky Luke (a partire dal 1955) e *Asterix, ha rinnovato lo stile delle storie a fumetti.

GOSIER (Le), com. della Guadalupa; 25.435 ab. Centro balneare.

GOSLAR, c. della Germania (Bassa Sassonia), ai piedi dell'Harz; 44.567 ab. Notevole nucleo medievale della città vecchia.

GOSPORT, c. della Gran Bretagna (Inghilterra), sulla Baia di Portsmouth; 72.800 ab. Porto.

GOSSART (Jean) o **GOSSAERT** (Jan), detto **Mabuse**, *Maubeuge ? 1478 ca. - Middelburg o Anversa 1532*, pittore fiammingo. Dopo un viaggio a Roma nel 1508, introdusse i principi del Rinascimento italiano nell'arte nordica.

GOSSEC (François Joseph **Gossé**, detto), *Vergnies, Hainaut, 1734 - Parigi 1829*, compositore francese. Fu uno dei creatori della sinfonia, autore di inni rivoluzionari, e contribuì alla fondazione del Conservatorio di Parigi.

GÖTALAND, reg. merid. della Svezia.

GÖTEBORG, c. della Svezia, sul Göta Älv; 467.843 ab. Porto. Centro industriale. Università. — Importanti musei.

GOTESCÀLCO o **GODESCÀLCO DI ORBAIS**, *presso Magonza 805 ca. - Hautvillers 868 ca.*, teologo tedesco. Fu condannato dal concilio di Magonza per le sue idee sulla predestinazione (848) e imprigionato.

GOTHA, c. della Germania (Turingia), ai piedi della Selva di Turingia; 48.814 ab. Centro editoriale. — Museo nel castello. — Il programma di G., elaborato durante il congresso di G. (mag. 1875), fu l'atto di nascita del Partito socialdemocratico tedesco.

GOTHA (Almanàcco di), annuario genealogico e diplomatico, pubblicato a G., in francese e tedesco, dal 1763 al 1944.

GÒTI, ant. popolazione germanica. I g., provenienti dalla Scandinavia, dopo essersi stabiliti nel corso del I sec. a.C. nella bassa Vistola, si spostarono nel III sec. a NO del Mar Nero. Nel IV sec., il vescovo Ulfila li convertì all'arianesimo ed elaborò un nuovo alfabeto e una lingua letteraria. Sotto la spinta degli unni (375 ca.), il loro impero si disciolse e i due rami in cui la popolazione si divise, *visigoti e *ostrogoti, ebbero vicende separate.

GOTLAND, isola della Svezia, nel Baltico; 57.321 ab.; capol. Visby. Resti medievali.

GÒTTA (Salvatóre), *Montalto Dora 1887 - Rapallo 1980*, scrittore. Autore prolifico e di grande successo, scrisse cicli narrativi (*La saga dei Vela*, 1954), libri per ragazzi (*Il piccolo alpino*, 1926) e commedie (*La damigella di Bard*, 1936).

GÓTTI (Ivan), *San Pellegrino Terme 1969*, ciclista. Ha vinto il Giro d'Italia nel 1997 e 1999.

GOTTÌNGA, in ted. **Göttingen**, c. della Germania (Bassa Sassonia), a SO del Massiccio dell'Harz; 124.775 ab. Università. Costruzioni meccaniche. — Chiese e palazzi medievali.

GOTTLIEB (Adolph), *New York 1903-1974*, pittore statunitense. Inizialmente vicino al naturalismo, in seguito si convertì all'espressionismo astratto. Tra le opere, *Ritorno del viaggiatore* (1946), *Freccia discendente* (1956).

GOTTSCHED (Johann Christoph), *Juditten 1700 - Lipsia 1766*, scrittore tedesco, imitatore del classicismo francese.

GOTTWALD (Klement), *Dědice 1896 - Praga 1953*, politico cecoslovacco. Segretario generale del Partito comunista a partire dal 1929, presidente del consiglio (1946-1948), epurò il governo dai ministri non comunisti ("colpo di Stato di Praga", feb. 1948) e divenne presidente della repubblica (1948-1953).

GOTTWALDOV → ZLÍN.

GOUDA, c. dei Paesi Bassi, sull'IJssel; 71.782 ab. Ceramica. Formaggi. — Municipio del XV sec., chiesa del XVI (vetrate).

GOUDIMEL (Claude), *Besançon 1520 ca. - Lione 1572*, compositore francese. Tra i compositori più rappresentativi della Riforma (messe, mottetti, canzoni), musicò le traduzioni di salmi di C. Marot e T. de Bèze. Fu ucciso nel massacro della notte di San Bartolomeo.

GOUDSMIT (Samuel Abraham), *L'Aia 1902 - Reno, Nevada, 1978*, fisico statunitense di origine olandese. Con G.E. Uhlenbeck, ha formulato nel 1925 la teoria dello spin dell'elettrone.

GOUGES (Marie **Gouze**, detta Olympe **de**), *Montauban 1748 o 1755 - Parigi 1793*, scrittrice e rivoluzionaria francese. Inneggiò all'emancipazione femminile in una *Déclaration des droits de la femme et de la citoyenne* e morì ghigliottinata per avere difeso Luigi XVI.

GOUJON (Jean), *in Normandia 1510 ca. - Bologna 1566 ca.*, scultore francese. A Parigi realizzò rilievi per l'ingresso nella capitale di Enrico II nel 1549 (fontana degli Innocenti, con le *Ninfe*) e collaborò con P. Lescot al rifacimento del Louvre (facciata, tribuna delle Cariatidi). Il suo manierismo raffinato trasse ispirazione dalla purezza classica.

GOULD (Glenn), *Toronto 1932-1982*, pianista canadese. Debuttò nel 1955 e a partire dal 1964 scelse di rinunciare a qualsiasi apparizione pubblica per dedicarsi alle registrazioni (J.S. Bach, L. van Beethoven, A. Schönberg).

GOULD (Stephen Jay), *New York 1941*, paleontologo statunitense. Autore, con N. Eldredge, della teoria degli equilibri puntellati, alternativa al modello classico dell'evoluzione graduale della specie definito dal neodarwinismo, ha divulgato le tesi evoluzioniste, rendendole comprensibili al grande pubblico.

GOUNOD (Charles), *Parigi 1818 - Saint-Cloud 1893*, compositore francese. È autore di opere (*Faust*, 1859; *Mireille*, 1864; *Romeo e Giulietta*, 1867) e di composizioni religiose (*Ave Maria*, 1959; *Mors et Vita*, 1885).

GOURMONT (Remy **de**), *Bazoches-au-Houlme 1858 - Parigi 1915*, scrittore francese. Critico letterario vicino ai simbolisti, spiegò l'estetica decadente in *Sixtine, roman de la vie cérébrale* (1890).

GOURNAY (Marie **Le Jars de**), *Parigi 1566-1645*, scrittrice francese. Oltre a curare l'edizione dei *Saggi* di M. Montaigne (1595), si mise in luce come femminista *ante litteram* (*Dell'uguaglianza degli uomini e delle donne*) e studiosa della lingua.

GOVERNADOR VALADARES, c. del Brasile, a NE di Belo Horizonte; 246.944 ab.

GOVÈRNOLO, frazione del com. di Roncoferrato (Mantova), alla confluenza tra il Mincio e il Po. Fu teatro di diverse battaglie: vittoria della lega dei principi italiani sui Visconti (1397), dei francesi sugli austriaci (1797) e dei piemontesi sugli austriaci (1848).

GÒVI (Gilbèrto), *Genova 1889-1966*, attore teatrale. È stato il maggiore esponente del teatro comico dialettale genovese, dalla recitazione bonaria e geniale, sempre accompagnato dalla moglie R. Gaioni come primattrice. Nel suo repertorio, *I manezzi pe' majà 'na figgia*, *Sotto a chi tocca*.

GOVÓNE (Giuséppe), *Isola d'Asti 1825 - Alba 1872*, militare e politico. Distintosi nella prima guerra d'indipendenza, combatté contro l'Austria e firmò con O. von Bismarck un patto di alleanza (1860). Parlamentare, fu capo di Stato maggiore (1867-1869) e ministro della guerra (1869-1870).

GOVÓNI (Corràdo), *Tamara 1884 - Anzio 1965*, poeta. Dagli echi dannunziani delle prime liriche (*Le fiale*, 1903) passò a toni crepuscolari (*Fuochi d'artifizio*, 1905). Avvicinatosi al futurismo (*Poesie elettriche*, 1911), nelle opere della maturità aderì al surrealismo (*Pellegrino d'amore*, 1941).

GOYA Y LUCIENTES (Francisco **de**), *Fuendetodos, Saragozza, 1746 - Bordeaux 1828*, pittore e incisore spagnolo. Attratto dalle scene di vita popolare (cartoni per arazzi) e abile ritrattista, pittore di corte del re Carlo IV (1789), acquisì, successivamente a una malattia che lo rese sordo (1793), uno stile incisivo e sensuale, talvolta brutale o visionario, caratterizzato da una libertà e da un'efficacia rare. Il museo del Prado ospita molte delle opere (*La pradera de San Isidro*, *La maja vestida* e *La maja desnuda*, i *Dos e Le fucilazioni del 3 maggio*, i "quadri neri", *La lattaia*

Francisco **GOYA**. La Lettera, o Le giovani, 1814 ca. (Museo di Belle Arti, Lilla.)

di Bordeaux), la cui influenza su romanticismo e impressionismo fu enorme.

GOYEN (Jan Van) → VAN GOYEN (Jan).

GOYIGAMA, nome generico dato agli agricoltori delle terre centrali dello Sri Lanka (ca. 10 milioni di individui), che rappresentano più della metà della popolazione dell'isola e sono di religione buddhista.

GOYTISOLO (Juan), *Barcellona 1931*, scrittore spagnolo. Saggista, dopo gli esordi narrativi caratterizzati da un'estetica realista (*Giochi di mano*, 1954), si è avvicinato alle tecniche espressive del *nouveau roman* (*Don Julián*, 1970).

GOZO, isola del Mediterraneo, vicino a Malta, alla quale appartiene politicamente. Importante santuario megalitico di Ggantija (III millennio a.C.).

GOZZÀNO (Guido), *Torino 1883-1916*, poeta. Esponente del crepuscolarismo, lo interpretò con modalità ironiche (*La via del rifugio*, 1907; *I colloqui*, 1911), influenzando la poesia successiva. Celebre fu la sua relazione con la poetessa A. Guglielminetti (1907-1909). Morì minato dalla tubercolosi.

GÒZZI (Gàsparo), *Venezia 1713 - Padova 1786*, scrittore. Collaboratore della *Gazzetta veneta* (1760-1762) e dell'*Osservatore veneto* (1761-1762), nei quali descrisse e criticò la società dell'epoca, scrisse la *Difesa di Dante* (1758) a salvaguardia della tradizione classica. – **Carlo G.**, *Venezia 1720-1806*, scrittore. Difensore della tradizione teatrale italiana, in polemica con C. Goldoni scrisse e mise in scena diverse opere che si rifacevano ai canoni strutturali della commedia dell'arte (*L'amore delle tre melarance*, 1761; *Turandot*, 1762). Scrisse anche l'autobiografia *Memorie inutili* (1797).

GÒZZOLI (Benòzzo **di Lèse**, detto Benòzzo), *Firenze 1420 - Pistoia 1497*, pittore. Collaboratore del Beato Angelico, sviluppò uno stile personale, realizzando dipinti dai colori vivaci, caratteriz-

Benozzo **GOZZOLI**. Madonna e santi.. (Pinacoteca, Terni.)

zati da un forte impegno narrativo: *La cavalcata dei magi*, 1460 ca. (Palazzo Medici-Riccardi, a Firenze); affreschi con storie della *Genesi*, 1468-1484 (chiesa di S. Agostino, San Gimignano).

GRAAF (Reinier **De**) → DE GRAAF (Reinier).

GRAAL o **GRAL**, nella tradizione medievale, calice utilizzato da Gesù Cristo nell'Ultima cena, nel quale Giuseppe d'Arimatea avrebbe raccolto il sangue versato durante la Crocefissione. Nel XII e XIII sec., numerosi romanzi e poemi cavallereschi (*Parsifal*) narrarono la ricerca del sacro G. da parte dei cavalieri di re Artù; si credeva infatti potesse donare la felicità terrena e celeste agli uomini virtuosi che fossero riusciti a scoprire il luogo misterioso in cui era custodito e a recuperarlo.

GRÀCCHI, nome di due fratelli romani, tribuni della plebe: — **Tiberio Sempronio Gracco**, *Roma 162-133 a.C.*, e — **Caio Sempronio Gracco**, *Roma 154-121 a.C.* Tentarono di attuare a Roma una riforma agraria contro il latifondismo, per limitare il possesso delle terre da parte dell'aristocrazia e ridistribuire quelle eccedenti tra i cittadini più poveri. Entrambi caddero vittime dei grandi proprietari.

GRÂCE-HOLLOGNE, com. del Belgio (prov. di Liegi); 22.350 ab.

GRACIÁN Y MORALES (Baltasar), *Belmonte de Calatayud 1601 - Tarragona 1658*, gesuita e scrittore spagnolo. Moralista, esponente del **concettismo* [V. parte nomi comuni] (*L'eroe*, *Il cortigiano*, *L'uomo saggio*), è autore di un codice della vita letteraria e mondana (*Acutezza e arte dell'ingegno*).

GRACQ (Louis **Poirier**, detto Julien), *Saint-Florent-le-Vieil 1910*, scrittore francese. Influenzato dal surrealismo, scrisse romanzi pervasi da un'atmosfera misteriosa e onirica (*Nel castello di Argol*, *Un bel tenebroso*, *La riva delle Sirti*, *Una finestra sul bosco*) e veementi saggi critici (*La letteratura alimentare*).

GRADENÌGO, antica e nobile famiglia veneziana, alla quale appartennero tre dogi. — **Pietro G.**, *Venezia 1251 - Murano 1311*. Eletto nel 1289 dagli aristocratici, mise in atto la riforma nota come *Serrata del Maggior Consiglio* (1297) e sventò due congiure popolari. — **Bartolomeo G.**, *Venezia 1263-1342*. Eletto nel 1339, difese Costantinopoli contro i turchi. — **Giovanni G.**, *Venezia 1285-1356*. Eletto nel 1355, succedette a M. Faliero.

GRADÌSCA D'ISÓNZO, com. in prov. di Gorizia, sulla sponda destra del f. Isonzo; 6747 ab. Castello e fortificazioni veneziane del XV sec. Palazzi seicenteschi.

GRÀDO, com. in prov. di Gorizia; 8971 ab. È posto su un'isola nella laguna omonima e collegato alla terraferma con una diga artificiale. Porto e mercato del pesce. Turismo balneare.

GRÀDOLI, com. in prov. di Viterbo, sul Lago di Bolsena; 1519 ab. Agricoltura (uva, frutta, ortaggi). Palazzo Farnese (XVI sec.).

GRAF (Artùro), *Atene 1848 - Torino 1913*, poeta e critico letterario. Nel 1883 fondò, con R. Renier e F. Novati, il *Giornale storico della letteratura italiana*. Scrisse raccolte di poesie (*Medusa*, 1880; *Morgana*, 1901) e saggi critici (*Foscolo, Manzoni, Leopardi*, 1889).

GRAF (Steffi), *Brühl 1969*, tennista tedesca. Vincitrice del Roland-Garros (1987, 1988, 1993, 1995, 1996, 1999), degli Internazionali d'Australia (1988, 1989, 1990, 1994), di Wimbledon (1988, 1989, 1991, 1992, 1993, 1995, 1996) e di Flushing Meadows (1988, 1989, 1993, 1995, 1996), è stata campionessa olimpica nel 1988 (anno in cui ha anche conquistato il Grande Slam).

GRAF (Urs), *Solothurn 1485 ca. - Basilea 1527 ca.*, incisore, pittore e lanzichenecco svizzero. La sua opera, spec. le incisioni, riproduce con uno stile vigoroso e vivace, spesso pervaso da ironia ed erotismo, la sua esperienza di avventuriero e di soldato.

GRAGNÀNO, com. in prov. di Napoli; 29.668 ab. Agricoltura (olive, ortaggi). Industrie meccaniche e alimentari (pasta, vino). Chiesa dell'antico casale (XIII sec.).

GRAGNÀNO TREBBIÉNSE, com. in prov. di Piacenza, nella Pianura Padana, tra i f. Trebbia e Tidone; 3350 ab. Agricoltura (foraggi, cereali).

GRAHAM (Martha), *Allegheny, presso Pittsburgh, Pennsylvania, 1894 - New York 1991*, ballerina e coreografa statunitense. Fondatrice di una scuola (Martha Graham School of Contemporary Dance, 1927) e di una compagnia (nata come Dance

Martha **GRAHAM** nel 1930.

Group nel 1930 e divenuta Martha Graham Dance Company nel 1938), è riconosciuta come una figura di primo piano della danza moderna per la particolare tecnica oggetto del suo insegnamento (basata sulla respirazione, sulla contrazione e sul rilassamento del corpo) e per la sua vasta produzione artistica (*Lamentation*, 1930; *Cave of the Heart*, 1946; *La sagra della primavera*, 1984).

GRAHAM (Tèrra di), penisola dell'Antartide, nel S dell'America merid. È nota anche come Penisola di Palmer o Terra di O'Higgins.

GRAHAM (Thomas), *Glasgow 1805 - Londra 1869*, chimico britannico. Studiò la diffusione dei gas e i colloidi e introduce la nozione di poliacido (1833).

GRÀIE (Alpi), sezione delle Alpi occ., compresa tra il colle del Moncenisio e il Col Ferret, che separa l'Italia dalla Francia e dalla Svizzera. Ne fa parte la cima più elevata dell'intera catena, il Monte Bianco (4807 m).

GRAMÀTICA (Irma), *Fiume 1873 - Firenze 1962*, attrice teatrale e cinematografica. Allieva di E. Duse e interprete versatile e sensibile, recitò spesso al fianco della sorella Emma (Fidenza 1875 - Ostia 1965), anche al cinema (*Le sorelle Materassi*, 1944).

GRAMÌGNA (Giuliano), *Bologna 1920*, scrittore e critico letterario. Ha scritto numerosi romanzi, tra i quali *Un destino inutile* (1958), *Marcel ritrovato* (1969), *Il gran trucco* (1975). Anche poeta (*La pazienza*, 1959; *Coro*, 1990) e saggista (*La menzogna del romanzo*, 1980; *Le forme del desiderio*, 1986).

GRAMME (Zénobe), *Jehay-Bodegnée 1826 - Bois-Colombes 1901*, inventore belga. Mise a punto il collettore che permise la realizzazione di macchine elettriche a corrente continua, e costruì la prima dinamo per usi industriali (1871).

GRAMMICHÈLE, com. in prov. di Catania; 29.668 ab. Agricoltura (cereali, olive). Industrie alimentari e meccaniche. Chiesa Madre di S. Michele (XVIII sec.).

GRAMPIÀNI (Mònti), massiccio della Gran Bretagna, in Scozia, tra la depressione del Glen More e il Mare del Nord; 1344 m sul Ben Nevis.

GRÀMSCI (Antònio), *Ales 1891 - Roma 1937*, filosofo e politico. Interprete dell'ideologia marxista, fondò con P. Togliatti il settimanale *L'Ordine nuovo* (1919). Nel gen. 1921 contribuì alla fondazione del Partito comunista italiano, con un programma rivoluzionario che si proponeva di unire la classe operaia settentrionale e i contadini meridionali nel perseguimento di obiettivi comuni. Dopo aver lavorato per due anni nel Komintern a Mosca e a Vienna, nel 1924 rientrò in Italia dove fondò *L'Unità*, organo ufficiale del partito. Eletto deputato, organizzò l'opposizione contro la dittatura fascista di B. Mussolini e fu arrestato nel 1926; morì poco tempo dopo aver beneficiato di un'amnistia. Nei *Quaderni del carcere*, redatti tra il 1929 e il 1935, espose il proprio pensiero politico e filosofico, basato sulla sostituzione del concetto di "dittatura del proletariato" con quello di "egemonia del proletariato", che poneva l'accento sul ruolo che l'intellettuale poteva svolgere nella preparazione delle masse proletarie in funzione del loro passaggio a classe dirigente.

■ *Antonio Gramsci.*

GRANADA, c. della Spagna (Andalusia), capol. di prov., ai piedi della Sierra Nevada; 255.212 ab. — Capitale del regno arabo di G., fondato nel XI sec., la città passò nelle mani dei re cattolici nel 1492 a conclusione della Reconquista. — Palazzo arabo dell'**Alhambra* e giardini di Generalife, cattedrale di E. Egas e D. de Siloé, certosa (esempio di decorativismo barocco) e numerosi altri monumenti. Musei.

GRANADOS Y CAMPIÑA (Enrique), *Lleida 1867 - Canale della Manica 1916*, compositore e pianista spagnolo. Compose musica pianistica (*Danze spagnole*; *Goyescas*, 1911), opere teatrali e *zarzuelas*.

GRAN BACÌNO, altopiano desertico degli Stati Uniti occ., tra la Sierra Nevada e i Monti Wasatch.

GRAN BRETÀGNA E IRLÀNDA DEL NORD (Règno Unito di), Stato dell'Europa occ.; 253.500 km² (230.000 km² la G. B. propriamente detta: Inghilterra, Scozia, Galles); 59.542.000 ab. (*britannici*). CAP. *Londra*. LINGUA: *inglese*. MONETA: *sterlina*. Il Regno Unito comprende Inghilterra, Galles, Scozia e Irlanda del Nord (che, con l'Irlanda del Sud, formano le Isole Britanniche). [V. carta a pagina seguente.]

ISTITUZIONI — Monarchia parlamentare. Non esiste una Costituzione vera e propria, ma ha valore costituzionale un insieme di testi comprendente la Carta del 1215 (Magna charta) e numerose leggi fondamentali. Il sovrano detiene in linea teorica il potere esecutivo, ma ha solo un ruolo simbolico. Il primo ministro è responsabile di fronte alla camera dei comuni. Il parlamento, bicamerale, è composto dalla camera dei comuni e dalla camera dei lord.

GEOGRAFIA — Prima potenza mondiale nel XIX sec., quando era a capo di un impero immenso, la G. B. oggi è una media potenza, dotata nell'ambito dell'Unione Europea di un peso economico inferiore a quello della Francia e della Germania. Le ragioni di un passato così glorioso non vanno ricercate nelle caratteristiche ambientali (solo l'insularità può essere con-

GRANADA. L'Alhambra (XIII-XIV sec.).

siderata un elemento favorevole). Il paese ha infatti un'estensione modesta, molti altopiani e poche distese pianeggianti (con l'eccezione del bacino di Londra) e un clima umido e fresco, generalmente più favorevole all'allevamento che all'agricoltura, alle pianure incolte che alle foreste. Permane la pressione demografica, fenomeno che affonda le radici in epoche antiche, e spiega la lunga emigrazione (all'origine dell'impero) e la forte urbanizzazione (col predominio di Londra). Oggi il tasso di natalità ha subito una notevole flessione, l'eccedenza naturale è praticamente scomparsa e i flussi migratori si sono invertiti, muovendo ora soprattutto dalle ex colonie dell'Asia meridionale e dalle Antille. Dal punto di vista economico la G. B. sta scontando la precocità del proprio sviluppo industriale (come pure un eccesso di statalismo e di protezionismo sociale, contestato soprattutto negli anni '80 del secolo scorso): a risentirne in modo particolare sono stati alcuni settori (siderurgia, cantieri navali, comparto tessile, industria estrattiva) e alcune regioni (estuario del Clyde, Lancashire, Midlands, Galles). Altri settori (chimico ed elettronico, SE di Londra) hanno resistito meglio o hanno addirittura conosciuto una notevole fioritura. Nonostante il vantaggio rappresentato dal possesso dei giacimenti di idrocarburi del Mare del Nord, nel complesso l'industria ha tuttavia subito un'involuzione da quando si è rinunciato allo sfruttamento dell'energia nucleare, campo in cui la G. B. è stata pioniera. Nonostante l'esportazione di petrolio, la bilancia commerciale è in deficit. Meno preoccupante è la disoccupazione, ma le disuguaglianze sociali e regionali non accennano ad attenuarsi.

STORIA – Prima del XVII sec. → Inghilterra, Scozia, Galles e Irlanda.
Dai primi Stuart al Regno Unito. **1603**: Il re di Scozia, Giacomo VI, succede a Elisabetta I, morta senza eredi, e diventa re d'Inghilterra con il nome di Giacomo I, riunendo le corone dei due regni. Il suo autoritarismo in materia religiosa e politica lo rende molto impopolare. **1625**: gli succede il figlio Carlo I, che ben presto entra in contrasto con il parlamento, in seno al quale si va organizzando l'opposizione puritana. **1629-1639**: Carlo I governa senza l'appoggio del parlamento, affiancato dai due ministri Thomas Strafford e William Laud. **1639**: la politica religiosa di quest'ultimo, favorevole all'anglicanesimo, provoca la sollevazione della Scozia presbiteriana. **1640**: per ottenere fondi, il re è costretto a convocare il "Lungo parlamento". **1642-1649**: la rivolta del parlamento sfocia in un'autentica guerra civile, che vede la vittoria dell'esercito puritano sotto la guida di Oliver Cromwell. **1649**: Carlo I viene giustiziato. **1649-1658**: O. Cromwell fonda la repubblica, o Commonwealth (1653), si fa nominare lord protettore e trionfa su Province Unite e Spagna. **1658-1659**: gli succede il figlio, Richard Cromwell, che però si dimette poco dopo. **1660-1688**: viene restaurata la dinastia degli Stuart. I regni di Carlo II (1660-1685) e Giacomo II (1685-1688) sono di nuovo contrassegnati da conflitti con il parlamento, che portano all'intervento di Guglielmo d'Orange. **1688**: Giacomo II fugge in Francia. **1689-1701**: il parlamento offre la corona a Maria II Stuart e a suo marito Guglielmo d'Orange (Guglielmo III). **1689**: dichiarazione dei diritti. Si consolidano le libertà tradizionali, mentre si rafforza il protestantesimo. **1701**: l'Act of Settlement ("atto di disposizione") esclude dalla successione gli Stuart a vantaggio degli Hannover. **1702-1714**: sotto il regno di Anna Stuart la guerra di successione spagnola consolida la supremazia marittima inglese. **1707**: l'Atto di unione sancisce definitivamente il legame tra i regni di Scozia e d'Inghilterra.
L'ascesa britannica. **1714**: il paese passa sotto la sovranità degli Hannover. **1714-1760**: i regni di Giorgio I (1714-1727) e Giorgio II (1727-1760), sovrani più tedeschi che inglesi, rafforzano il ruolo del primo ministro Robert Walpole e quello del parlamento. I whigs dominano la vita politica. **1756-1763**: con la pace di Parigi (1763), che segna la fine della guerra dei Sette anni, la G. B. ot-

tiene vasti territori coloniali (Canada, India). **1760-1820**: Giorgio III tenta di restaurare il potere della corona. La rivoluzione industriale trasforma la G. B. nella prima potenza economica del mondo. **1775-1783**: la sollevazione delle colonie americane porta al riconoscimento dell'indipendenza degli Stati Uniti d'America. **1793-1815**: la G. B. combatte vittoriosamente contro la Francia rivoluzionaria e napoleonica. **1800**: nascita del Regno Unito, formato da G. B. e Irlanda.
L'egemonia britannica. **1820-1830**: sotto il regno di Giorgio IV si realizza l'emancipazione dei cattolici (1829). **1830-1837**: dopo l'avvento di Guglielmo IV, il ritorno al potere dei whigs permette una riforma elettorale (1832) e l'adozione di alcune misure sociali (abolizione della schiavitù, 1833; legge sui poveri, 1834). **1837**: ascesa al trono della regina Vittoria; l'Inghilterra afferma la propria egemonia ricorrendo sia a misure diplomatiche con le potenze rivali sia a operazioni militari (guerra di Crimea, 1854-1856). In politica interna, il movimento riformista concede sempre più spazio ai ceti medi, mentre il cartismo, un movimento riformista, permette al sindacalismo di svilupparsi (Trade Union Act, 1871). **1874-1880**: il ministero del conservatore Benjamin Disraeli dà nuovo vigore alle ambizioni colonialiste. **1876**: Vittoria viene proclamata imperatrice delle Indie. **1880-1894**: William Gladstone, leader dei liberali, propugna una politica favorevole a Trade Unions e libero scambio. **1885**: la riforma elettorale concede di fatto il suffragio universale. **1886**: fautore dell'autonomia in Irlanda (Home Rule), W. Gladstone si scontra con l'ostilità dei liberali unionisti, guidati da Joseph Chamberlain. **1895**: questi ultimi governano con i conservatori fino al 1905, ma la loro politica imperialista finisce per creare varie contese internazionali (Fashoda, 1898; guerra dei boeri, 1899-1902). **1901-1910**: Edoardo VII, successore di Vittoria, si adopera per promuovere l'"intesa cordiale" franco-inglese (1904). **1905-1914**: ritorno al potere dei liberali; con le elezioni del 1906 gli esponenti del Labour Party (laburisti) rientrano in parlamento. **1910**: ascesa al trono di Giorgio V.
Da una guerra all'altra. **1914-1918**: la G. B. partecipa alla prima guerra mondiale, dalla quale esce economicamente indebolita. **1921**: il problema irlandese trova una parziale soluzione nel riconoscimento ufficiale dello Stato libero d'Irlanda. Il paese prende il nome di Regno Unito di Gran Bretagna e Irlanda del Nord. **1924-1925**: per la prima volta i laburisti, con l'appoggio dei liberali, salgono al potere (James Ramsay MacDonald); **1929**: di nuovo al potere, si trovano ad affrontare una crisi mondiale. **1931**: creazione del Commonwealth. **1936**: Edoardo VIII succede a Giorgio V, ma poco dopo abdica in favore del fratello Giorgio VI. **1935-1940**: i conservatori tentano invano di salvaguardare la pace (patto di Monaco, 1938). **1939-1945**: sotto la guida del conservatore Winston Churchill, primo ministro dal 1940, la G. B. è tra i vincitori della seconda guerra mondiale.
La Gran Bretagna dopo il 1945. **1945-1951**: il laburista Clement Attlee promuove importanti riforme in materia di legislazione sociale e favorisce l'adesione del paese alla NATO. **1952-1974**: conservatori e laburisti si alternano al governo, senza risolvere la crisi economica. **1952**: Elisabetta II succede al padre, Giorgio VI. **1973**: ingresso della G. B. nella CEE. **1974-1979**: i laburisti, prima con Harold Wilson, poi con James Callaghan (1976), devono fare i conti con la disoccupazione e l'inflazione. **1979**: il primo ministro conservatore Margaret Thatcher sviluppa una politica di rigoroso liberismo, con drastica riduzione della spesa pubblica; **1982**: respinge il tentativo di conquista delle Isole Falkland da parte dell'Argentina. **1985**: viene siglato un accordo tra G. B. e Repubblica d'Irlanda sulla gestione dei conflitti nell'Ulster. **1987**: vittoria dei conservatori alle elezioni: M. Thatcher ricopre la carica di primo ministro per la terza volta. **1990**: alla dimissionaria Thatcher subentra John Major, nuovo leader dei conservatori. **1991**: la G. B. partecipa militarmente alla prima guerra del Golfo. **1992**: i con-

servatori vincono le elezioni e J. Major è confermato nelle sue funzioni. **1993**: nonostante una forte resistenza all'integrazione europea, viene ratificato il trattato di Maastricht. Viene rilanciato il processo di pace nell'Irlanda del Nord. **1997**: vittoria elettorale dei laburisti, il cui leader, Tony Blair, diventa primo ministro. La Scozia e il Galles si vedono accordare uno statuto di maggior autonomia. Il territorio di Hong Kong viene restituito alla Cina. **1999**: la G. B. partecipa all'intervento militare dell'ONU e alla forza multinazionale di pace in Kosovo. In base all'accordo concluso nel 1998, nell'Irlanda del Nord viene instaurato un governo semiautonomo. **2001**: in seguito all'ampia vittoria elettorale dei laburisti, T. Blair si riconferma primo ministro. La G. B. partecipa alle operazioni militari in Afghanistan. **2003**: la G. B. ha parte attiva nelle operazioni militari in Iraq.

GRANBY, c. del Canada (Québec), a E di Montreal; 46.316 ab. Parco zoologico.

GRAN CANÀLE o **CANÀLE IMPERIÀLE**, canale navigabile della Cina, che unisce Pechino a Hangzhou (Zhejiang). La sua costruzione, avviata nel V sec., fu portata a termine solo nel XIII sec.

GRÀN CÀRRO → Orsa Maggiore.

GRAN CHACO → Chaco.

GRÀN CONSÌGLIO DEL FASCÌSMO, organismo dirigente del regime fascista. Fondato nel 1922 da B. Mussolini e da lui stesso presieduto, raccoglieva le più alte cariche dello Stato e aveva funzioni consultive e deliberanti. Nel corso dell'ultima riunione (24-25 lug. 1943), votò la "mozione Grandi" di sfiducia al duce.

GRAND BALLON, già **Ballon de Guebwiller**, cima principale del Massiccio dei Vosgi (Francia); 1424 m.

GRAND CANYON, gole del Colorado, negli Stati Uniti (Arizona). Parco nazionale.

Il **GRAND CANYON** in Colorado, Arizona.

GRAND COULEE, c. degli Stati Uniti (Stato di Washington); 897 ab. Centrale idroelettrica sul f. Columbia.

GRÀNDE (Rìo) → Rìo Grande.

GRÀNDE ALLEÀNZA, nome assunto dalla coalizione europea che si formò tra il 1686 e il 1689 tra la lega di *Augusta e l'Inghilterra allo scopo di limitare l'espansionismo francese in Germania. Ricostituita nel 1701 da Austria, Inghilterra, Province Unite e Prussia contro Francia e Spagna, ebbe come conseguenza lo scoppio della guerra di successione spagnola.

GRÀNDE BARRIÈRA CORALLÌNA, estesa fascia di scogli formati da coralli, lungo la costa nord-orient. dell'Australia.

GRANDE JATTE (la), in fr. **Un dimanche après-midi à l'île de la Grand Jatte** ("Una domenica pomeriggio nell'isola della Grande Jatte"), famoso dipinto di G.-P. Seurat (1884-1885, Art Institute, Chicago), primo capolavoro dell'artista eseguito con la tecnica del *pointillisme*.

GRANDE RIVIÈRE, f. del Canada (Québec), che sfocia nella Baia di James a Chisasibi; 893 km. Importanti centrali idroelettriche.

GRANDES JORASSES, gruppo montuoso del massiccio del Monte Bianco; raggiunge i 4208 m nella Punta Walker.

GRÀNDI (Achille), *Como 1883 - Desio 1946*, politico e sindacalista. Tra i promotori della Confederazione italiana dei lavoratori nel 1918, l'an-

Le **Grandi Bagnanti**, di P. Cézanne (1898 ca. - 1906), versione di Filadelfia. (Philadelphia Museum of Art.)

Il massiccio del **GRAN PARADISO**.

no successivo contribuì alla fondazione del Partito popolare. Deputato dal 1919 al 1926, antifascista, membro della segreteria della CGIL, nel 1946 fu eletto alla Costituente.

GRÀNDI (Dìno), *Mordano 1895 - Bologna 1988*, politico. Convinto sostenitore del fascismo, ricoprì importanti incarichi politici (ministro, ambasciatore). Nel lug. 1943 presentò al Gran consiglio l'ordine del giorno con la sfiducia a B. Mussolini. Fuggito in Portogallo, visse poi a lungo in Brasile.

GRÀNDI (Giusèppe), *Ganna 1843-1894*, scultore. Entrato a far parte della scapigliatura lombarda, realizzò opere dagli effetti pittorici di intensa luminosità: *Cesare Beccaria* (1871), *Monumento alle Cinque Giornate* (1881-1894).

GRÀNDI (Guìdo), *Cremona 1671 - Pisa 1742*, matematico. Studiò le curve coniche, la curva logaritmica e una classe particolare di curve piane, note come "rose di G." o "rodonee".

GRÀNDI BAGNÀNTI (le), titolo di tre grandi dipinti realizzati da P. Cézanne negli ultimi anni della sua attività (1894 ca. - 1906 ca.) e conservati rispettivamente alla National Gallery di Londra, alla Barnes Foundation presso la Merion Station (vicino a Filadelfia) e al Philadelphia Museum of Art.

GRÀNDI LÀGHI, nome collettivo di cinque grandi laghi dell'America settentr.: Superiore, Michigan, Huron, Erie e Ontario.

GRÀNDI LÀGHI, sistema di grandi laghi dell'Africa orient. (in part. Tanganica, Vittoria/Nyanza, Edoardo e Alberto), da cui prende il nome la regione dei G. L., comprendente il Burundi, la Rep. Dem. del Congo, l'Uganda e il Ruanda.

GRÀNDI PIANÙRE, reg. degli Stati Uniti che costituisce la parte occ. del Midwest, tra il Mississippi e le Montagne Rocciose.

GRAND RAPIDS, c. degli Stati Uniti (Michigan); 197.800 ab.

GRANDSON o **GRANSON** (battàglia di) (2 mar. 1476), vittoria degli svizzeri, alleati con Luigi XI, sull'esercito borgognone di Carlo il Temerario a G. (cant. di Vaud).

GRANDVILLE (Jean Ignace Isidore **Gérard**, detto), *Nancy 1803 - Vanves 1847*, disegnatore francese. Lo stile fantasioso (metamorfosi dell'uomo in animale o in vegetale) delle illustrazioni che realizzò per le *Favole di La Fontaine* (1838) o *Un autre monde* (1844) fu molto apprezzato dai surrealisti.

GRANGEMOUTH, c. della Gran Bretagna (Scozia), sull'estuario del Firth of Forth; 25.000 ab. Porto. Terminal petrolifero. Raffinerie.

GRANGER (James **Lablache Stewart**, detto Stewart), *Londra 1913 - Santa Monica 1993*, attore cinematografico britannico. È stato uno degli attori più popolari della Gran Bretagna. Tra le sue interpretazioni, *Scaramouche* (1952), *Il prigioniero di Zenda* (1952), *I quattro dell'oca selvaggia* (1978).

GRÀNICO (battàglia di) (334 a.C.), vittoria di Alessandro Magno su Dario III, riportata sulle rive del f. G., che scorre lungo le coste dell'Asia Minore.

GRANJA (La), residenza reale, in Spagna (borgo di San Ildefonso, presso Segovia). Palazzo costruito a partire dal 1721 per Filippo V in uno stile barocco pittoresco; giardini alla francese.

GRAN LÀGO DEGLI ÒRSI, lago del Canada settentr. (Territori del Nord-Ovest); 31.100 km².

GRAN LÀGO SALÀTO, in ingl. **Great Salt Lake**, bacino lacustre degli Stati Uniti (Utah), vicino a Salt Lake City.

GRAN PARADÌSO, massiccio delle Alpi Graie, tra la Valle d'Aosta e il Piemonte, il più elevato in territorio italiano (4061 m). Costituito da quattro dorsali montuose, conta diversi ghiacciai. Nel 1922 tutto il massiccio e parte delle valli che ne discendono vennero trasformati in Parco nazionale per proteggerne la flora e la fauna; il comprensorio, esteso su 2200 km², è infatti ricco di animali altrove estinti (ermellino, camoscio, stambecco ecc.) e ospita una flora alpina caratteristica con oltre mille specie diverse. Di notevole interesse turistico il giardino botanico alpino di Paradisia (Cogne).

GRÀN SAN BERNÀRDO (Còlle del), valico delle Alpi Pennine (2473 m) che collega la Valle d'Aosta con la Svizzera. Tunnel stradale di 5,8 km, aperto nel 1964.

GRAN SÀSSO D'ITÀLIA, massiccio dell'Appennino centrale, in Abruzzo; la sua vetta più elevata è il Corno Grande (2914 m). Il massiccio, formato da rocce prevalentemente calcaree con marcati fenomeni carsici, risulta composto da due catene orientate da O a E, estese dal Passo delle Capannelle fino alla Forca di Penne e riunite da contrafforti trasversali al cui interno sono racchiuse conche isolate. Nell'epoca glaciale fu notevole lo sviluppo dei ghiacciai; oggi non vi è che un piccolo ghiacciaio, quello del Calderone, l'unico degli Appennini. Dal 1991 fa parte di un'area protetta, il Parco nazionale del Gran Sasso e Monti della Laga, istituita per salvaguardare queste due aree appenniniche contigue da un impoverimento faunistico. Laboratorio sotterraneo di fisica nucleare e astrofisica. Alpinismo, turismo estivo e invernale. Tra i maggiori centri di villeggiatura, Isola del Gran Sasso d'Italia e la piana di Campo Imperatore.

Il massiccio del **GRAN SASSO D'ITALIA**.

GRANT (Archibald Alexander **Leach**, detto Cary), *Bristol 1904 - Davenport, Iowa, 1986*, attore cinematografico statunitense di origine britannica. Fascino e talento ne hanno fatto l'interprete ideale della commedia sofisticata americana (*Incantesimo*, H. Hawks, 1938; *Arsenico e vecchi merletti*, F. Capra, 1944).

Fu anche uno dei protagonisti preferiti da A. Hitchcock (*Intrigo internazionale*, 1959).
■ *Cary Grant.*

GRANT (Ulysses), *Point Pleasant, Ohio, 1822 - Mount McGregor, Stato di New York, 1885*, generale e politico statunitense. Comandante in capo delle truppe unioniste nella guerra di secessione (1864-1865), fu presidente degli Stati Uniti dal 1869 al 1877.

■ *Ulysses Grant ritratto da Thulstrup. (Chicago.)*

GRANVELLE (Nicolas **Perrenot**, signóre di), *Ornans 1486 - Augusta 1550*, statista francese. Consigliere di Carlo V a partire dal 1530, ebbe un ruolo di primo piano negli affari politici e religiosi del Sacro Romano Impero. — **Antoine Perrenot**, signore di **G.**, *Besançon 1517 - Madrid 1586*, prelato e statista al servizio della Spagna. Figlio di Nicolas e cardinale, difese nei Paesi Bassi la politica cattolica e assolutista di Filippo II (1569-1564). Fu viceré di Napoli (1571-1575) e arcivescovo di Besançon (1584).

GRÀPPA (Mónte), massiccio montuoso delle Prealpi Venete, situato tra le valli del Brenta e del Piave, 1775 m. Un ossario ricorda i caduti delle numerose battaglie di cui fu teatro nella prima guerra mondiale.

GRAPPELLI (Stéphane), *Parigi 1908-1997*, violinista jazz francese. Dopo aver costituito nel 1934, con il chitarrista Django Reinhardt, il quintetto dell'Hot Club di Francia, si affermò come un virtuoso del violino per le sue innegabili doti di improvvisazione.

GRASS (Günter), *Danzica 1927*, scrittore tedesco. Saggista, romanziere e drammaturgo, offre un ritratto satirico della società contemporanea, che mescola realismo e immagini grottesche (*Il tamburo di latta*, 1959; *Il rombo*, 1977; *La ratta*, 1986; *Un vasto campo*, 1995; *Il passo del gambero*, 2002). (Premio Nobel 1999.)

■ *Günter Grass.*

GRASSE, c. della Francia, capol. del dip. Alpes-Maritimes; 44.790 ab. Floricoltura. Industria dei profumi. Stazione climatica invernale. Cattedrale del XII sec. Musei.

GRASSET (Eugène), *Losanna 1845 - Sceaux 1917*, illustratore francese di origine svizzera. Tra i precursori dell'Art Nouveau, realizzò manifesti e cartoni per vetrate e arazzi; progettò inoltre mobili e introdusse i caratteri tipografici che portano il suo nome.

GRÀSSI (Giórgio), *Milano 1935*, architetto. Teorico dell'architettura, ha espresso il suo pensiero nel saggio *La costruzione logica dell'architettura* (1967). Tra le sue opere, casa unifamiliare di Marone (1962), biblioteca di Groninga (1989-1992).

GRÀSSI (Pàolo), *Milano 1919 - Londra 1981*, direttore e regista teatrale. Nel 1941 fondò a Milano il gruppo "Palcoscenico", e nel 1947 il Piccolo Teatro (con G. Strehler). Fu sovrintendente della Scala (1971-1977) e presidente della RAI dal 1977 al 1981.

GRASSMANN (Hermann), *Stettino 1809-1877*, matematico e linguista tedesco. Ideò per primo la geometria iperspaziale e intraprese lo studio della teoria delle algebre e del calcolo vettoriale. I suoi studi di linguistica si concentrarono soprattutto sul sanscrito.

GRAUBÜNDEN, nome tedesco dei **Grigioni*.

GRAUNT (John), *Londra 1620-1674*, studioso di statistica inglese. Autore di analisi statistiche sulla mortalità della popolazione londinese, è considerato il fondatore della demografia.

GRAVEDÓNA, com. in prov. di Como; 2604 ab. Centro industriale e turistico sul Lago di Como. Nel XII sec., insieme a Dongo e Sorico, costituì la Repubblica delle Tre Pievi.

GRAVENHAGE ('s-) → AIA (L').

GRAVÌNA (Giàn Vincènzo), *Roggiano 1664 - Roma 1718*, letterato. Insegnò diritto civile e canonico all'Università di Roma. Tra i fondatori dell'Arcadia, se ne distaccò per dar vita nel 1714 all'Accademia dei Quirini. Tra le opere, *Della ragion poetica* (1708), *Della divisione dell'Arcadia* (1712), *Della tragedia*.

GRAVÌNA DI CATÀNIA, com. in prov. di Catania; 28.293 ab. Centro agricolo e industriale. Conserva la chiesa barocca di S. Antonio.

GRAVÌNA IN PÙGLIA, com. in prov. di Bari; 41.206 ab. Centro agricolo e industriale, produzione del vino omonimo. Conserva il duomo (XV sec.) e la chiesa ipogea di S. Michele (X-XIV sec.), ricavata in una grotta di tufo.

GRAY (Stephen), *1670 ca. - Londra 1736*, fisico inglese. Dimostrò che sulla superficie dei corpi conduttori è localizzata l'elettricità, di cui scoprì la conduzione.

GRAY (Thomas), *Londra 1716 - Cambridge 1771*, poeta britannico. La sua poesia è permeata da una malinconia di gusto preromantico (*Elegia scritta in un cimitero di campagna*, 1751).

GRAZ, c. dell'Austria, capol. della Stiria, sul f. Mur; 237.810 ab. Centro industriale. Monumenti antichi; musei.

GRAZIADÈI (Antònio), *Imola 1873 - Nervi 1953*, economista e politico. Deputato socialista e poi comunista, fu espulso dal Partito comunista per deviazionismo (1928). Perse la cattedra universitaria a causa del suo antifascismo. Nel 1948 fu membro della Costituente. Tra le opere, *La produzione capitalistica* (1899), *Teoria del valore* (1935).

GRAZIÀNI (Francésco), *Subiaco 1952*, calciatore. Con la nazionale ha conquistato la Coppa del mondo del 1982 in Spagna. Con il Torino ha vinto lo scudetto nel 1975-1976 e la classifica dei cannonieri l'anno successivo. Ha militato anche nella Fiorentina (1981-1983), nella Roma (1983-1986) e nell'Udinese (1986-1988).

GRAZIÀNI (Giròlamo), *Pergola 1604-1675*, poeta. Poeta di corte presso Luigi XIV e Francesco I d'Este, scrisse, tra l'altro, *Il conquisto di Granada* (1650), *Cromuele* (1671).

GRAZIÀNI (Rodólfo), *Filettino 1882 - Roma 1955*, militare. Combatté per la riconquista della Tripolitania e della Cirenaica. Fu governatore della Somalia, comandante d'armata nel conflitto italo-etiopico e, dal 1936 al 1937, viceré d'Etiopia. Durante la seconda guerra mondiale assunse il comando delle operazioni nell'Africa settentr., ma subì pesanti sconfitte e fu destituito. Fedele a B. Mussolini, ricoprì la carica di ministro della guerra nella repubblica sociale (1943-1945). Catturato e processato per crimini di guerra alla fine del conflitto, fu condannato per collaborazionismo a 19 anni di carcere, ma nel 1950 venne amnistiato.

GRAZIÀNO, *Sirmio, Pannonia, 359 - Lione 383*, imperatore romano (375-383). Governò l'impero romano d'Occidente insieme al fratellastro Valentiniano II. Il suo regno (con quello di Teodosio in Oriente) segnò la fine del paganesimo come religione di Stato.

GRAZIÀNO, *Chiusi fine del XI sec. - Bologna 1160 ca.*, canonista e monaco camaldolese. La sua opera principale è il *Decretum Gratiani* (1140 ca.), che pose le fondamenta del diritto canonico.

GRÀZIE (le), in gr. **Càriti**, dee romane della bellezza e della grazia. Erano tre: Aglaia, Talia ed Eufrosine.

GRAZZÌNI (Antòn Francésco), detto **il Làsca**, *Firenze 1503-1584*, letterato. Tra i fondatori dell'Accademia degli Umidi (1540) e quindi della Crusca (1583), fu autore di rime giocose, commedie e novelle.

GREAT YARMOUTH o **YARMOUTH**, c. della Gran Bretagna (Inghilterra), sul Mare del Nord; 53.000 ab. Porto e stazione balneare.

GRECHÉTTO (Giovànni Benedétto **Castigliône**, detto **il**), *Genova 1610 ca. - Mantova 1665 ca.*, pittore e incisore. Lavorò a Roma, Napoli, Genova e Mantova. Influenzato dal naturalismo fiammingo e olandese, sviluppò un linguaggio barocco caratterizzato da grande esuberanza e virtuosismo.

GRÈCIA, in gr. **Ellás** o **Hellas**, Stato dell'Europa; 132.000 km²; 10.939.771 ab. (*greci*). CAP. *Atene*. LINGUA: *greco*. MONETA: *euro*.

ISTITUZIONI – Repubblica parlamentare. Costituzione del 1975. Al presidente della repubblica (eletto ogni 5 anni dalla camera dei depu-

LA GRECIA NEL V SEC. a.C.

SPARTA
■ Sparta
■ Lega del Peloponneso
● Città della lega

ATENE
■ L'"impero" ateniese nel V sec. a.C. dopo la guerra del Peloponneso

LA MAGNA GRECIA
Zone sotto influenza

greca	● Città greche
punica	■ Città siculo-elleniche
etrusca	OSCHI Popolazioni indigene

200 km

tati) spetta la nomina del primo ministro. Camera dei deputati eletta ogni 4 anni.

GEOGRAFIA – La G. continentale, peninsulare (Peloponneso) e insulare (Isole Ioniche, Cicladi, Sporadi, Creta) è un paese montuoso (la vetta più elevata, con i suoi 2917 m, è l'Olimpo), dal rilievo frammentato. Il clima è mediterraneo a S, nelle isole e sul litorale, ma si fa più continentale nelle regioni settentr., dove gli inverni possono essere rigidi. Nonostante l'esiguità della superficie coltivabile, dovuta alla scarsa portata dei fiumi e alla limitata estensione delle pianure (Tracia, Macedonia, Tessaglia, Attica), l'agricoltura rimane una risorsa essenziale: basata soprattutto sul trinomio mediterraneo frumento-vite-olivo, produce anche tabacco e agrumi. Sui rilievi prevale l'allevamento ovino. Atene e il suo porto, il Pireo, raccolgono quasi un terzo della popolazione. In questa città e a Tessalonica si concentra gran parte delle industrie di trasformazione, talvolta alimentate da attività estrattive (lignite e bauxite). Il considerevole deficit della bilancia commerciale è a malapena compensato dalle entrate assicurate dalla flotta mercantile e dal tu-

rismo. L'indebitamento pubblico è pesante e il fenomeno della sottoccupazione esteso. Infine, i rapporti con i paesi vicini (Turchia, Albania, Macedonia) sono delicati. La G. è membro dell'ONU, dell'OCSE, del Consiglio d'Europa e dell'Unione Europea.

STORIA – **Periodo acheo e miceneo. VII millennio a.C.:** fanno la loro comparsa i primi insediamenti umani. **3000-2000 ca. a.C.:** fioritura dell'arte cicladica. All'inizio del II millennio gli achei si stabiliscono nella regione. **2000-1500:** la civiltà minoica, fiorita a Creta, domina il mondo egeo. Architettura palaziale (Cnosso, Festo, Mallia). **1600 ca. a.C.:** lo sviluppo della civiltà micenea porta alla nascita di piccoli regni: Micene, Tirinto, Pilo.

Il "Medioevo" greco (XII-VIII sec. a.C.). Le invasioni doriche (XII sec.) segnano l'inizio del "Medioevo" greco, periodo oscuro conosciuto soprattutto attraverso i poemi omerici, redatti nell'XI-VIII sec. Si diffonde l'uso del ferro. I dori respingono gli antichi abitanti della G. continentale verso le coste dell'Asia Minore.

Il periodo arcaico. VIII-VI sec. a.C.: nelle città la monarchia viene sostituita da un regime oligar-

Grecia

200	400	1000 m

▭ autostrada	★ importante località turistica
▭ strada	
▭ ferrovia	✈ aeroporto
	Patrasso capoluogo di regione
	▭ confine di regione
● più di 1.000.000 di ab.	● da 30.000 a 100.000 di ab.
● da 100.000 a 1.000.000 di ab.	• meno di 30.000 ab.

50 km

L'arte greca

Nell'antichità, coloni, mercanti e in seguito eserciti diffusero l'arte greca che influenzò le decorazioni dei palazzi achemenidi o la scultura buddhista del periodo Gandhara. Anche gli etruschi, ma soprattutto i romani, contribuirono a trasmettere l'eredità greca. Sia nel campo della progettazione architettonica, sia in quello del variegato linguaggio scultoreo, l'impronta della Grecia si spinse fino al XX secolo, passando attraverso il Rinascimento e il Neoclassicismo.

Eufronio. Lato B del cratere di Eracle e Anteo: "Il concorso musicale", 515 a.C. ca. Ormai la linea non è più incisa, ma dipinta, e diventa fluida. L'artista cerca di modellare i volumi e di appropriarsi dello spazio (Louvre, Parigi).

La porta dei Leoni a Micene. Le decorazioni con animali che si fronteggiano sono originarie della Mesopotamia, ma questo altorilievo del XIV sec. a.C. è la prima scultura monumentale apparsa in Grecia. I greci sono innovativi anche nella costruzione di questi palazzi-fortezza.

Kouros di Kroiros. Marmo proveniente da Anávyssos, 525 a.C. ca. Statue votive all'esterno di un santuario, oppure offerte funerarie per individuare una tomba – Kroiros era un soldato – i kouros divenero uno dei temi prediletti della grande scultura marmorea (Museo nazionale, Atene).

Tempio di Atena Afaia a Egina. 500-490 a.C., ricostruzione. Dalla planimetria rettangolare, spesso periptera, il tempio greco – qui di ordine dorico – ha la funzione di mettere al riparo le statue della divinità all'interno del naos. In questo caso la sala centrale ha conservato il colonnato interno a due livelli.

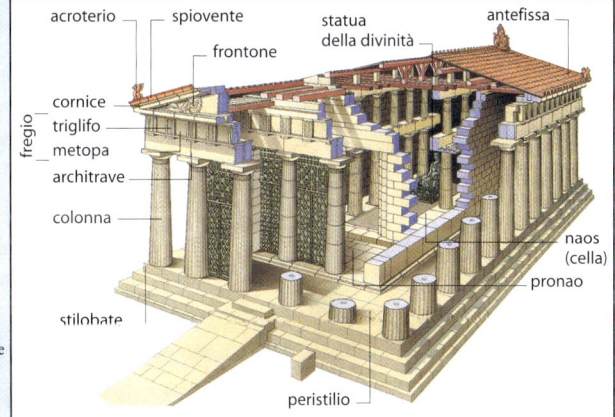

acroterio · spiovente · statua della divinità · antefissa · frontone · cornice · triglifo · metopa · architrave · colonna · fregio · naos (cella) · pronao · stilobate · peristilio

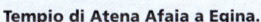

Il grande altare di Zeus a Pergamo. Dettaglio della Gigantomachia, fregio est, 180-160 a.C. Ispirata alla Teogonia di Esiodo, questa enorme mischia dimostra l'afflato epico e gli ultimi fuochi della scultura greca, ma anche la volontà della Grecia asiatica di farsi erede di Atene (Staatliche Museen, Berlino).

Prassitele. Ermete che porta Dioniso bambino; marmo, 350-330 a.C. ca. (copia antica). Linea sinuosa, voluttuosa… qui contano soltanto la sensibilità e l'interiorità. È un dio adolescente molto diverso da quelli – virili ed eroici o sereni e gravi – dei secoli precedenti (Museo di Olimpia).

chico. La colonizzazione procede verso l'Occidente, l'Egeo settentr. e il Mar Nero. **776**: istituzione dei giochi olimpici. **657 ca.**: il tiranno Cipselo sale al potere a Corinto. **594 ca.**: Solone, diventato arconte di Atene, promuove una serie di riforme istituzionali. **560-510**: Pisistrato e i suoi figli esercitano la loro tirannide su Atene. L'elevato livello di organizzazione raggiunto dalla società è testimoniato dalla costruzione di grandi edifici religiosi: a partire dal VII sec. vengono elaborati gli ordini dorico (Delfi) e ionico (Didime, Efeso). Nella scultura si affermano i *kûroi* e le *kórai*, mentre nell'arte ceramica, la pittura vascolare, in un primo tempo a figure nere (Amasi), vede prevalere nel VI sec. la tecnica a figure rosse (Eufronio).
La Grecia classica. 507 a.C.: Clistene introduce ad Atene istituzioni democratiche. **490-479**: le guerre persiane contrappongono i greci ai persiani, che sono costretti a ritirarsi in Asia Minore. **476**: creazione della Lega di Delo, sotto la guida di Atene, per cacciare i persiani dal Mar Egeo. **449-448**: la pace di Callia pone fine alle ostilità. **443-429**: nell'Atene di Pericle la civiltà greca fiorisce: Ictino e Callicrate edificano il Partenone, ornato da sculture di Fidia; la statuaria classica (*Doriforo* di Policleto, *Discobolo* di Mirone) si esprime soprattutto in opere bronzee (*Auriga* di Delfi). **431-404**: la guerra del Peloponneso contrappone Sparta ad Atene, che capitola nel 404. **404-371**: Sparta prende il posto della rivale sconfitta come potenza egemone. **371**: Sparta viene battuta a Leuttra dai tebani. **371-362**: Tebe stabilisce la sua egemonia sulla G. continentale. **Inizio del IV sec.**: nascita dell'architettura civile e dell'urbanistica (Priene, Epidauro, Pella): risalgono a questo periodo i templi di Apollo, la *thólos* di Delfi; la scultura conosce una notevole evoluzione grazie a Prassitele e Lisippo; si producono le terrecotte di Tanagra.
L'epoca ellenistica. 359-336 a.C.: Filippo II di Macedonia, vittorioso a Cheronea (338), estende progressivamente il suo dominio sulle città greche. **336-323**: Alessandro Magno guida i greci alla conquista dell'impero persiano. **323-168**: in seguito allo smembramento dell'impero di Alessandro, la G. torna nelle mani dei re Antigonidi di Macedonia. **216-168**: la Macedonia combatte contro Roma; Filippo V viene sconfitto a Cinoscefale (197). **196-146**: la G. ritrova una condizione di semindipendenza sotto il controllo romano. La liberazione delle città greche dell'Asia Minore a opera di Alessandro Magno porta alla creazione di nuovi modelli urbanistici (Pergamo, Priene, Mileto), in cui predomina l'ordine corinzio; in questo periodo si costruiscono grandi templi (Pergamo, Efeso) e numerosi edifici civili (biblioteca di Alessandria d'Egitto, teatro di Pergamo), destinati a esercitare un notevole influsso sull'arte romana.
La dominazione romana. 146: sconfitta delle città greche coalizzate contro Roma; distruzione di Corinto. La G. diventa una provincia romana. **88-84**: il tentativo compiuto da Mitridate di liberare G. e Asia Minore dalla dominazione romana si risolve in un fallimento. **I sec. a.C. - IV sec. d.C.**: la cultura greca influenza il mondo romano. **330**: fondazione di Costantinopoli. **395**: alla morte di Teodosio si verifica la definitiva spartizione dell'impero romano. La G. viene incorporata nell'impero d'Oriente.
La Grecia bizantina. 630 ca.: Eraclio adotta il greco come lingua ufficiale dell'impero bizantino. **VI-VII sec.**: gli slavi si insediano in G., mentre gli antichi abitanti rifluiscono verso le coste e le isole. **X-XI sec.**: i bulgari fanno numerose incursioni nel territorio. **1204**: la quarta crociata segna la nascita dell'impero latino di Costantinopoli, del regno di Tessalonica, del principato di Acaia (o Morea) e di diversi ducati. **XIV-XV sec.**: veneziani, genovesi e catalani si contendono il possesso della G., mentre gli ottomani occupano la Tracia, la Tessaglia e la Macedonia nella seconda metà del XIV sec. **1456**: gli ottomani conquistano Atene e il Peloponneso.
La Grecia moderna. Dopo la capitolazione, i mercanti greci costituiscono una borghesia influente in seno all'impero ottomano. I sentimenti nazionali si sviluppano nel XVIII sec. per rea-

zione alla decadenza turca e alle mire egemoniche della Russia, che aspira a porre tutti gli ortodossi sotto la sua protezione. **Fine del XVIII sec.**: si afferma il filellenismo tra i greci emigrati in Occidente (tra cui Coraï e Rigas Feraios). **1814**: Aléxandros Ypsilanti fonda a Odessa l'Eteria. **1821-1822**: scoppia l'insurrezione; dopo la presa di Tripoli il congresso d'Epidauro proclama l'indipendenza della G. (1822). I turchi reagiscono compiendo massacri, tra cui quello di Chio. **1826-1827**: i turchi rientrano in possesso di Missolungi e Atene. **1827**: Gran Bretagna, Francia e Russia battono gli ottomani e la flotta di Ibrahim Pascià a Navarino. **1828-1829**: la Russia entra in guerra contro gli ottomani e ottiene l'autonomia della G. (trattato di Adrianopoli). **1830**: il trattato di Londra sancisce la creazione di uno Stato greco indipendente sotto la protezione di Gran Bretagna, Francia e Russia. **1832-1862**: il regno di G. è assegnato a Ottone I. **1862**: Ottone I viene deposto. **1863-1913**: Giorgio I, imposto sul trono dalla Gran Bretagna che cede alla G. le Isole Ioniche (1864), tenta di recuperare le regioni occupate dai greci, ma viene sconfitto dagli ottomani e si scontra con le aspirazioni di altre nazioni balcaniche. **1912-1913**: grazie alle guerre balcaniche, la G. ottiene la maggior parte della Macedonia, l'Epiro merid., Creta e le isole di Samo, Chio, Mitilene, Lemno. **1913**: Costantino I succede al padre, Giorgio I, vittima di un attentato. **1914-1918**: il governo si divide in germanofili, che si riuniscono intorno a Costantino I, e fautori dell'Intesa, guidati da Eleuthérios Venizélos, il quale organizza un governo repubblicano a Tessalonica (1916). **1917**: Costantino I abdica in favore di Alessandro I (1917-1920). La G. entra in guerra a fianco dell'Intesa. **1919-1920**: ottiene la Tracia e la regione di Smirne (trattati di Neuilly e Sèvres). **1921-1922**: la guerra greco-turca si conclude con la disfatta dei greci. Costantino I, tornato al potere, deve lasciare la corona al figlio, Giorgio II. **1923**: il trattato di Losanna attribuisce la regione di Smirne e la Tracia orient. alla Turchia. **1924**: proclamazione della repubblica. **1924-1935**: il paese sprofonda nell'anarchia, si succedono i colpi di Stato. **1935**: Giorgio II fa il suo ritorno in G. mentre E. Venizélos va in esilio. **1936-1941**: Ioánnis Metaxás instaura una dittatura. **1940-1944**: la G. viene invasa da italiani (1940) e tedeschi (1941). Si sviluppa un forte movimento di resistenza. **1947**: sale al trono Paolo I. **1946-1949**: il paese è in preda alla guerra civile, che si conclude con la sconfitta dei comunisti insorti. **1952**: ammissione della G. nella NATO. **1964**: diventa re Costantino II. **1965**: la crisi di Cipro provoca le dimissioni del primo ministro Geórgios Papandréu e una grave crisi interna. **1967**: una giunta militare instaura il "regime dei colonnelli", con a capo Geórgios Papadópoulos; il re va in esilio. **1973**: proclamazione della repubblica. **1974**: fine della dittatura dei colonnelli. Konstantín Karamanlís restaura la libertà. **1980**: K. Karamanlís viene eletto presidente della repubblica. **1981**: il suo partito, Nuova democrazia, perde le elezioni, battuto dal Movimento socialista panellenico (PASOK) guidato da Andréas Papandréu, che diventa primo ministro. La G. aderisce alla CEE. **1985**: il socialista Khrístos Sárdzetakis viene eletto alla presidenza della repubblica. **1989**: dopo la vittoria di Nuova democrazia alle elezioni legislative, A. Papandréu rassegna le dimissioni. Poiché nessun partito ha ottenuto la maggioranza assoluta, si succedono alcuni governi di coalizione. **1990**: le elezioni danno la maggioranza a Nuova democrazia. Incaricato di formare il nuovo governo è Constantinos Mitsotákis, mentre Karamanlís ricopre la carica di presidente della repubblica. **A partire dal 1992**: fulcro della vita politica diviene l'affermazione dell'ellenismo e l'opposizione al costituirsi di uno Stato indipendente denominato Macedonia. **1993**: il PASOK vince le elezioni legislative anticipate. A. Papandréu è di nuovo primo ministro. **1995**: Kóstis Stefanópoulos viene designato presidente della repubblica. **1996**: Papandréu si dimette. Kóstas Simitis gli succede prima alla guida del governo, poi del PASOK (che in settembre esce vittorioso dalle elezioni). **2000**: il PASOK vince di stretta misura le elezioni legislative. K.

Stefanópulos viene rieletto presidente. **2004**: Nuova democrazia vince le elezioni legislative. Karamanlís diventa primo ministro.

GRECO (Domínikos **Theotokópulos**, detto **El**), *Candia 1541 - Toledo 1614*, pittore spagnolo di origine cretese. Trascorse la gioventù cretese, viaggiò per l'Italia, subì l'influenza di Bassano e del Tintoretto e lavorò nella bottega di Tiziano prima di stabilirsi definitivamente a Toledo (1577). Il suo stile, di stampo manierista ed espressionista, fu caratterizzato dall'allungamento delle figure, dall'uso di una luce sovrannaturale e dall'impiego di composizioni bizzarre e irreali, che tradivano un'ispirazione di tipo mistico. Con D. Velázquez e F. Goya, fu tra le figure dominanti nel panorama della pittura spagnola (*Martirio di san Maurizio*, El Escorial, Madrid; *Seppellimento del conte d'Orgaz*, cattedrale di S. Tomé, Toledo; *Cristo nell'orto*, diverse versioni; *Laocoonte*, National Gallery, Washington; *Adorazione dei pastori*, Prado, Madrid).

EL GRECO. Cristo nell'orto.
(Versione del Museo di Belle Arti, Lilla.)

GRÈCO (Emilio), *Catania 1913 - Roma 1995*, scultore. Ha recuperato gli stilemi tipici dell'arte antica e medievale. Gli sono stati dedicati spazi permanenti ad Hakone e all'Ermitage. Tra le opere, monumento a Pinocchio (Collodi, 1954), porte bronzee del duomo di Orvieto (1961-1964).

GRÉCO (Juliette), *Montpellier 1927*, cantante e attrice francese. Soprannominata la "musa di Saint-Germain-des-Près", si affermò nel mondo della musica nel 1949, interpretando canzoni scritte da R. Queneau (*Si tu t'imagines*) e J.-P. Sartre (*Rue des Blancs-Manteaux*).

■ *Juliette Gréco nel 1961.*

GREEN (Julien), *Parigi 1900-1998*, scrittore francese di origine statunitense. Le sue opere (*Adriana Mesurat, Moira, I paesi lontani*), drammi (*Sud*) e il diario (*Journal*) riflettono una profonda angoscia esistenziale.

■ *Julien Green.*

GREENAWAY (Peter), *Newport 1942*, visionario regista cinematografico britannico. Tra le opere, *I misteri del giardino di Compton House* (1982), *Lo zoo di Venere* (1985), *Il cuoco, il ladro, sua moglie e l'amante* (1990), *Le valigie di Tulse Luper* (2003).

GREENE (Graham), *Berkhamsted 1904 - Vevey 1991*, scrittore britannico. I suoi romanzi riflettono la tragedia di un'umanità corrotta, incapace di raggiungere la redenzione con la sola forza della fede (*Il potere e la gloria*, *In viaggio con la zia*, *Il decimo uomo*).
■ *Graham Greene.*

GREENOCK, c. della Gran Bretagna (Scozia), sull'estuario del f. Clyde; 70.000 ab. Porto.

GREENPEACE, movimento ecologista e pacifista, fondato a Vancouver nel 1971.

GREENSBORO, c. degli Stati Uniti (Carolina del Nord); 223.891 ab.

GREENWICH, sobborgo di Londra, sul Tamigi. È sede dell'osservatorio reale; il suo meridiano è stato universalmente adottato come meridiano di riferimento per la misura della longitudine. — National Maritime Museum con sede nella Queen's House, opera di I. Jones.

GREGORÉTTI (Ùgo), *Roma 1930*, regista cinematografico e teatrale. Direttore del Teatro Stabile di Torino (1984-1989), ha lavorato anche per la TV dirigendo *Le tigri di Mompracem* (1967). Tra i suoi film, *Il pollo ruspante* (episodio di *RoGoPag*, 1963) e *Omicron* (1963). Per il teatro, *Purgatorio 98* (1998).

GREGÒRIO I ILLUMINATÓRE (sànto), *240 ca. - 326 ca.*, apostolo e primo patriarca della Chiesa cristiana in Armenia.

GREGÒRIO I MÀGNO (sànto), *Roma 540 ca. - 604*, papa dal 590 al 604. Di famiglia nobile, fu prefetto di Roma (572-574) e in seguito si fece monaco. Ambasciatore del papa a Costantinopoli (579-585), fu eletto papa per acclamazione dal clero e dal popolo di Roma. Attuò una riforma della liturgia e predispose l'evangelizzazione della Britannia. I suoi commentari al *Libro di Giobbe* rappresentano uno dei fondamenti della morale e della cultura cristiana medievali. — **Gregorio II**, *669-731*, papa dal 715 al 731. — **Gregorio III**, *Siria ? - Roma 741*, papa dal 731 al 741. — **Gregorio IV**, *m. a Roma nell'844*, papa dall'827 all'844. — **Gregorio V** (Brunone **di Carinzia**), *973 - Roma 999*, papa dal 996 al 999. Fu il primo papa tedesco. — **Gregorio VI** (Giovanni **Graziano**), *Roma - Colonia 1047*, papa dal 1045 al 1047. — san **Gregorio VII** (Ildebrando **di Soana**, sànto), *Soana 1020 ca. - Salerno 1085*, papa dal 1073 al 1085. Celebre il suo scontro con l'imperatore Enrico IV, che dapprima si umiliò di fronte a lui a Canossa (1077), ma in seguito lo fece imprigionare; attuò una vasta riforma della Chiesa ("riforma gregoriana"). — **Gregorio VIII** (Maurizio **Bourdin**), *m. a Cava dei Tirreni dopo il 1187*, antipapa dal 1118 al 1121, fu contrappposto a Gelasio II. — **Gregorio VIII** (Alberto **di Morra**), *Benevento ? - Pisa 1187*, papa nel 1187. — **Gregorio IX** (Ugolino **di Segni**), *Anagni 1170 ca. - Roma 1241*, papa dal 1227 al 1241. I suoi decretali rappresentano uno dei fondamenti del diritto canonico. — **Gregorio X** (Tebaldo **Visconti**), *Piacenza 1210 - Arezzo 1276*, papa dal 1271 al 1276. — **Gregorio XI** (Pierre Roger **de Beaufort**), *Maumont 1329 - Roma 1378*, papa dal 1370 al 1378. Riportò la sede del papato da Avignone a Roma (1377). — **Gregorio XII** (Angelo **Correr**), *Venezia 1325 ca. - Recanati 1417*, papa dal 1406 al 1415. Si dimise in occasione del concilio di Costanza, contribuendo a porre fine allo scisma d'Occidente. — **Gregorio XIII** (Ugo **Boncompagni**), *Bologna 1502 - Roma 1585*, papa dal 1572 al 1585. Contribuì all'attuazione dei decreti del concilio di Trento. Legò il suo nome alla riforma del calendario detto "gregoriano". — **Gregorio XIV** (Niccolò **Sfondrati**), *Somma Lombardo 1535 - Roma 1591*, papa dal 1590 al 1591. — **Gregorio XV** (Alessandro **Ludovisi**), *Bologna 1554 - Roma 1623*, papa dal 1621 al 1623. Fondò la congregazione Propaganda Fide, protesse i gesuiti e favorì il cattolicesimo nell'Europa centrale. — **Gregorio XVI** (Bartolomeo Alberto **Cappellari**), detto **fra Mauro**, *Belluno 1765 - Roma 1846*, papa dal 1831 al 1846. Contrastò il liberalismo e difese il potere temporale della Chiesa.

GREGÒRIO BARBARÌGO (sànto), *Venezia 1625 - Padova 1697*, vescovo di Bergamo (1657), cardinale (1660) e vescovo di Padova (1664).

GREGÒRIO DI NAZIÀNZO (sànto), *Arianzo, presso Nazianzo, 330 ca. - 390 ca.*, padre della Chiesa greca. Vescovo di Costantinopoli (379-381), lottò con san Basilio e Gregorio di Nissa contro l'arianesimo.

GREGÒRIO DI NÌSSA (sànto), *Cesarea di Cappadocia 335 ca. - Nissa 394 ca.*, padre della Chiesa greca. Fratello minore di san Basilio e vescovo di Nissa, lottò contro l'arianesimo e fu un grande teologo.

GREGÒRIO DI TOURS (sànto), *Clermont-Ferrand 538 ca. - Tours 594 ca.*, prelato e storico francese. Vescovo di Tours (573-594), ebbe un ruolo di primo piano nella vita politica della Gallia. È noto per la sua *Storia dei franchi*, cronaca dell'alto Medioevo, fondamentale per la conoscenza dell'epoca merovingia.

GREGÒRIO PALAMÁS → PALAMAS (Gregorio).

GREGORY (James), *Drumoak, presso Aberdeen, 1638 - Edimburgo 1675*, matematico e astronomo scozzese. Ideò un telescopio a specchio (1663), partecipò all'elaborazione dei metodi di calcolo infinitesimale e fu un precursore di I. Newton nello studio in serie della funzione arcotangente.

GREGÒTTI (Vittòrio), *Novara 1927*, architetto. Tra i suoi innumerevoli lavori, quartiere ZEN a Palermo (1969-1973), centro olimpico a Barcellona (1983-1985), stadio G. Ferraris a Genova (1986-1988), centro culturale Belém a Lisbona (1988-1992). Ha inoltre scritto saggi come *Sulle orme del Palladio* (2000), *Architettura, tecnica, finalità* (2002).

GREIMAS (Algirdas Julien), *1917 - Parigi 1992*, linguista e semiologo francese di origine lituana. È stato uno dei fondatori dell'analisi semiotica strutturale del testo (*Semantica strutturale*, 1966).

GRENADA, Stato delle Piccole Antille; 344 km^2; 94.000 ab. CAP. *Saint George's*. LINGUA: *inglese*. MONETA: *dollaro dei Caraibi orientali*. [*V. carta di* **Antigua e Barbuda**.] Lo Stato comprende l'Isola di G. e le isole Grenadine merid. (la principale delle quali è Carriacou). Turismo. Nel 1983, l'intervento militare degli Stati Uniti rovesciò il governo filocubano al potere.

GRENADÌNE, isole e isolotti delle Piccole Antille, politicamente divise tra lo Stato di Grenada e quello di Saint Vincent e Grenadine.

GRENCHEN, in fr. **Granges**, com. della Svizzera (cant. di Solothurn); 15.973 ab. Industria orologiera.

GRENOBLE, c. della Francia, capol. del dip. Isère; 156.203 ab. Prestigiosa università. Sede di numerose industrie (metalmeccaniche, elettriche, tessili, del cemento, dei guanti) e centro di importanti studi scientifici (numerosi laboratori di ricerca, polo dedicato alla ricerca sulle nanotecnologie). — Oratorio del V-VIII sec. nella cripta di St.-Laurent; cattedrale di Notre-Dame, chiesa di S. Andrea, palazzo del Municipio (att. sede del museo Stendhal), Museo di Belle Arti.

GRENVILLE (George), *Watten Hall 1712 - Londra 1770*, politico britannico. Primo ministro dal 1763 al 1765, suscitò lo scontento generale nelle colonie americane imponendo la tassa sul bollo (1765). — **William G.**, *1759 - Dropmore 1834*, politico britannico. Figlio di George, deputato tory, ministro degli affari esteri dal 1791 al 1801, primo ministro (1806-1807), fece votare l'abolizione della tratta degli schiavi (1807).

GRESHAM (sir Thomas), *Londra 1519 ca. - 1579*, banchiere inglese. Finanziò la costruzione della Borsa di Londra (Royal Exchange, terminata nel 1571); il suo nome è associato alla legge economica secondo la quale "la moneta cattiva scaccia quella buona": quando sono in circolazione valute diverse, la moneta migliore, con maggiore potere d'acquisto, scompare (viene tesaurizzata o esportata) in seguito alla concorrenza con quella avente minor valore intrinseco.

GRETCHKO (Andrej Antonovič), *Golodaievsk 1910 - Mosca 1976*, maresciallo sovietico. Comandante in capo delle forze armate del patto di Varsavia (1960), fu ministro della difesa dal 1967 alla morte.

GRÉTRY (André Ernest Modeste), *Liegi 1741 - Ermitage de Montmorency 1813*, compositore francese di origine belga. Arricchì di grandi capacità espressive l'*opéra-comique* (*Zémire et Azor*, 1771; *Riccardo Cuor di Leone*, 1784).

GRETZKY (Wayne), *Brantford, Ontario, 1961*, giocatore canadese di hockey su ghiaccio. In questo sport è considerato il più grande campione di tutti i tempi.

GREUZE (Jean-Baptiste), *Tournus 1725 - Parigi 1805*, pittore francese. Celebrato da D. Diderot, dipinse ritratti e scene di genere infarcite di sentimentalismo allo scopo di "elevare l'animo" dello spettatore (al Louvre: *Fidanzata di paese*, *Le fils ingrat* ecc.). L'allusione ambigua è frequente (*La brocca rotta*, Louvre, Parigi).

GRÈVE IN CHIÀNTI, com. in prov. di Firenze, 12.774 ab. Centro agricolo, produzione enologica. Castelli di Panzano (XIII sec.) e di Montefioralle (XI sec.). Pieve di S. Leonino (X sec.).

GRÉVY (Jules), *Mont-sous-Vaudrey 1807-1891*, politico francese. Succedette a Mac-Mahon come presidente della repubblica (1879). Rieletto nel 1885, si dimise nel 1887 in seguito a uno scandalo nel quale era stato coinvolto il genero Wilson.

GREY (Charles, cónte), *Fallodon 1764 - Howick House 1845*, politico britannico. Capo dei whig alla camera dei lord, primo ministro dal 1830 al 1834, riuscì a far approvare nel 1832, malgrado l'opposizione dei lord, la prima grande riforma elettorale.

GREY (Edward, viscónte), *Londra 1862 - Fallodon 1933*, politico britannico. Ministro degli esteri (1905-1916), favorì l'"intesa cordiale" con la Francia e promosse l'accordo con la Russia (1907).

GRIAULE (Marcel), *Aisy-sur-Armançon 1898 - Parigi 1956*, etnologo francese. Ha studiato i riti e il sistema di pensiero dei dogon e dei bamanan (*Maschere dogon*, 1938; *Le renard pâle*, con G. Dieterlen, 1965).

GRIBOEDOV (Aleksandr Sergeevič), *Mosca 1795 - Teheran 1829*, drammaturgo russo. È autore della commedia satirica *Che disgrazia l'ingegno!*.

GRIEG (Edvard), *Bergen 1843-1907*, compositore norvegese. Reso celebre dalle musiche di scena del *Peer Gynt* (1876) di H. Ibsen e dal *Concerto per piano e orchestra in la minore* (1868), scrisse anche pezzi per piano e *Lieder*.

GRIERSON (John), *Kilmadock, contea di Stirling, 1898 - Bath 1972*, regista cinematografico e produttore britannico. Ha fondato la scuola inglese del cinema documentario (*Drifters*, 1929).

GRIFFITH (Arthur), *Dublino 1872-1922*, politico irlandese. Fondatore del movimento Sinn Féin (1902), vicepresidente della repubblica d'Irlanda (1918), firmò il trattato di Londra (1921) che riconobbe lo Stato libero d'Irlanda.

GRIFFITH (David Wark), *Floydsfork, Kentucky, 1875 - Hollywood 1948*, regista cinematografico statunitense. Sviluppò alcune delle tecniche alla base del linguaggio cinematografico: primo piano, carrellata laterale, flash-back, montaggio parallelo. Girò, tra gli altri, *Nascita di una nazione* (1915), *Intolerance* (1916), *Giglio infranto* (1919).

GRIGIÓNI, in ted. **Graubünden**, cant. della Svizzera; 7106 km^2; 186.700 ab.; capol. *Coira*. Vasta regione turistica (Saint-Moritz, Davos ecc.). — I G., che fecero parte del Sacro Romano Impero dal 916 al 1648, entrarono nella Confederazione Elvetica nel 1803.

GRIGNARD (Victor), *Cherbourg 1871 - Lione 1935*, chimico francese. Scoprì i composti organometallici, necessari per ottenere numerose sintesi in chimica organica. (Premio Nobel 1912.)

GRÌGNE, gruppo montuoso delle Prealpi Lombarde, in prov. di Lecco, tra la Valsassina e il Lago di Como. Comprende la Grigna settentr. (Grignone, 2410 m) e la Grigna merid. (Grignetta, 2184 m). Meta turistica e alpinistica.

GRIGOLÉTTI (Michelàngelo), *Rarai Grande di Pordenone 1801 - Venezia 1870*, pittore. Apprezzato ritrattista, fu attivo anche all'estero. Tra le opere, *Virginia Sartorelli*.

GRIGORESCU (Nicolae), *Pitaru 1838 - Câmpina 1907*, pittore romeno. Con le sue rappresentazioni della vita contadina in Muntenia, in cui è evidente l'influenza dalla scuola di Barbizon (1861), diede origine alla pittura moderna in Romania.

GRIGOROVIČ (Jurij Nikolaevič), *Leningrado 1927*, ballerino e coreografo russo. Capo coreografo e direttore artistico al teatro Bol'šoj di Mosca (1964-1995), ha realizzato balletti dalle coreografie elaborate: *Spartaco* (1968); *Ivan il Terribile* (1975).

GRILLPARZER (Franz), *Vienna 1791-1872*, scrittore austriaco, autore di drammi storici e mitologici.
GRIMÀLDI, famiglia nobiliare di origine genovese, che stabilì la sua autorità su Monaco nel XV sec. La terza casata G. è stata fondata da Ranieri III, nipote di Luigi II, l'ultimo rappresentante della seconda casata G. del ramo Goyon-Matignon, che risale al XVIII sec.
GRIMÀLDI (Francésco Maria), *Bologna 1618-1663*, fisico. Scoprì la composizione fisica della luce, studiò le macchie solari e descrisse la Luna impiegando una nomenclatura ancora oggi in uso.
GRIMÀNI, famiglia veneziana. — **Antonio G.**, *1434-1523*. Doge dal 1521. — **Marino G.**, *1532-1605*. Doge dal 1595. — **Piero G.**, *m. nel 1752*. Doge dal 1741. — **Domenico G.**, *Venezia 1461 - Roma 1523*. Fu cardinale e patriarca di Aquileia. Lasciò il *Breviario G.*, con fregi e miniature fiamminghe.
GRIMBERGEN, com. del Belgio (Bruxelles), sobborgo settentr. di Bruxelles; 32.973 ab. Chiesa abbaziale barocca del XVII sec. (begli arredi).
GRIMM, fratelli tedeschi, linguisti e scrittori: — **Jacob G.**, *Hanau 1785 - Berlino 1863*, fondatore della filologia tedesca, e — **Wilhelm G.**, *Hanau 1786 - Berlino 1859*. Raccolsero numerosi racconti popolari germanici (*Fiabe per bambini e per famiglie*).
GRIMMELSHAUSEN (Hans Jakob Christoffel **von**), *Gelnhausen 1622 ca. - Renchen, Baden, 1676*, scrittore tedesco, autore di *L'avventuroso *Simplicissimus*.
GRIMOÀLDO, *Friuli 600 ca. - Pavia 671 ca.*, re dei longobardi. Duca di Benevento dal 647, ottenne il trono nel 662, intervenendo nella lotta di successione tra i figli di Ariperto. Difese il regno dai franchi e dai bizantini. Consolidò il trono, e aggiunse alcuni capitoli all'editto di Rotari.
GRIMSBY, c. della Gran Bretagna (Inghilterra), sul Mare del Nord; 88.900 ab. Porto. Pesca. Industrie conserviere.
GRINGORE o **GRINGOIRE** (Pierre), *Thury-Harcourt 1475 ca. - in Lorena 1539 ca.*, scrittore francese. V. Hugo ne fece uno dei personaggi di *Notre-Dame de Paris*.
GRINZÀNE CAVOUR, com. in prov. di Cuneo; 1784 ab. Castello Cavour (XIII sec.), che fu di proprietà degli zii dello statista. Sede di un premio letterario.
GRIS (Victoriano **González**, detto Juan), *Madrid 1887 - Boulogne-sur-Seine 1927*, pittore spagnolo. Trasferitosi a Parigi nel 1906, nel 1911 aderì al cubismo, realizzando, tra il 1913 ca. e il 1917, quadri molto rigorosi dal punto di vista compositivo (cubismo sintetico) e collages.
GRISHAM (John), *Jonesboro 1955*, scrittore statunitense. Tra le opere, *Il socio* (1991), *Il rapporto Pelican* (1992), *Il cliente* (1993), *L'uomo della pioggia* (1995), *La convocazione* (2002), *Il re dei torti* (2003).
GRÌSI (Carlòtta), *Visinada 1819 - Saint-Jean, presso Ginevra, 1899*, ballerina. Grande interprete romantica, fu la prima protagonista di *Giselle* (1841).
GRÌTTI (Andrèa), *Bardolino 1455 - Venezia 1538*, doge. Guidò l'esercito veneziano contro i francesi, pervenendo alla pace di Blois (1513). Eletto doge nel 1523, condusse una politica di equilibrio tra Francia e impero che garantì a Venezia una notevole autonomia.
GROCK (Adrien **Wettach**, detto), *Reconvilier, cant. di Berna, 1880 - Imperia 1959*, artista circense svizzero. È stato uno dei primi clown "augusti" a calcare le scene da solo, anziché presentarsi in coppia con un clown bianco.
GRODDECK (Georg Walther), *Bad Kösen 1866 - Zurigo 1934*, medico tedesco. Dimostrò la rilevanza dei fattori psicologici nelle patologie organiche (*Il libro dell'Es*, 1923).
GRODNO, c. della Bielorussia occ.; 304.000 ab.
GROENLÀNDIA, isola appartenente alla Danimarca, situata a NE del Canada; 2.186.000 km^2; 56.245 ab.; capol. *Nuuk*. È in gran parte ricoperta da ghiacci. Basi aeree. — La G. fu scoperta intorno al 985 da Erik il Rosso e riscoperta nel XVI sec. da J. Davis. Colonizzata dai danesi a partire dal 1721, è territorio danese dal 1953 e dal 1979 gode di uno statuto di regione autonoma. È uscita dalla CEE nel 1985.
GROENLÀNDIA (corrènte della), corrente marina fredda. Lambisce la costa orient. della G. in direzione N-S.
GROMAIRE (Marcel), *Noyelles-sur-Sambre 1892 - Parigi 1971*, pittore, incisore e autore di cartoni per arazzi francese. La sua arte concilia toni espressionisti con un equilibrio classico (*La guerra*, 1925, MAM de la Ville de Paris, Parigi).
GROMYKO (Andrej Andreevič), *Minsk 1909 - Mosca 1989*, politico sovietico. Ministro degli esteri (1957-1985), è stato presidente del presidium del soviet supremo dal 1985 al 1988.
GRÓNCHI (Giovànni), *Pontedera 1887 - Roma 1978*, politico. Deputato per il Partito popolare, nel 1923 fu tra i cosiddetti "aventiniani". Nel 1948 partecipò alla Costituente per la DC. Presidente della camera (1948-1955) e della repubblica (1955-1962).
GRONÌNGA, in ol. **Groningen**, prov. dei Paesi Bassi settentr.; 566.489 ab.; capol. *Groninga*.
GRONÌNGA, in ol. **Groningen**, c. dei Paesi Bassi, capol. della prov. di G.; 174.250 ab. Nella regione, estrazione di gas naturale. — Chiesa di S. Martino, del XIII-XV sec.; musei.
GROOTE (Geert de), detto **Gerardus Magnus**, *Deventer 1340-1384*, mistico olandese. Fu il promotore della riforma spirituale della *devotio moderna*.
GROPIUS (Walter), *Berlino 1883 - Boston 1969*, architetto e teorico tedesco. Fondatore del Bauhaus a Weimar nel 1919, fu tra i protagonisti della nascita dell'architettura moderna (sede del Bauhaus a Dessau, 1925). Nel 1937 emigrò negli Stati Uniti, dove insegnò a Harvard e fondò il gruppo TAC.
GROS (Antoine, baróne), *Parigi 1771 - Meudon 1835*, pittore francese. Allievo di J.-D. David, dipinse grandi composizioni che preludono al romanticismo: *Napoleone visita gli appestati di Giaffa* (1804, Louvre, Parigi), *La battaglia di Abukir* (1807, Versailles), *Il campo di battaglia di Eylau* (1808, Louvre, Parigi).
GROSJEAN (Jean), *Parigi 1912*, poeta francese. Traduttore della Bibbia e del Corano, nelle sue poesie (*La gloire*) esprime la ricerca del divino e il tentativo di vivere appieno il presente.
GROSS (Hans), *Graz 1847-1915*, magistrato austriaco. Ideò il coordinamento internazionale delle forze di polizia, poi divenuto Interpol.
GROSSBERG (Carl), *Elberfeld 1894 - Laon 1940*, pittore tedesco. Vicino alla "Nuova oggettività", ricercò nel realismo espressivo un "ritorno all'ordine" dopo gli orrori della prima guerra mondiale.
GROSSÉTO, c. della Toscana, capol. di prov.; 72.601 ab. (*grossetani*). Situata presso l'Ombrone, in Maremma. Industrie meccaniche e alimentari. Turismo (Marina di G.). — Sorta nel IX sec., G. fu feudo degli Aldobrandeschi dall'XI sec. e legò le sue vicende a Siena dal XIV al XVI sec. Parte del granducato di Toscana, dopo un periodo di decadenza conobbe un discreto sviluppo grazie ai lavori di bonifica. – Duomo della fine del XIII sec., chiese di S. Pietro e S. Francesco. – Nella provincia, che si affaccia sul Tirreno ed è in gran parte collinare, si praticano estrazioni minerarie (lignite, pirite, mercurio), agricoltura (cereali) e pesca marittima.
GROSSGLOCKNER, la vetta più elevata dell'Austria, negli Alti Tauri; 3796 m. Strada panoramica fino a 2571 m.
GRÒSSI (Tommàso), *Bellano 1790 - Milano 1853*, scrittore e poeta. Autore romantico, scrisse versi satirici dal forte impegno politico (*La Prineide*, 1815) e un romanzo storico (*Marco Visconti*, 1834). Noto per il poema storico-nazionale *I lombardi alla prima crociata* (1826), poi musicato da G. Verdi su libretto di T. Solera.
GROSSMAN (David), *Gerusalemme 1954*, scrittore israeliano. Tra le opere, *Il sorriso dell'agnello* (1983), *Vedi alla voce: amore* (1986), *Le avventure di Itamar* (1986), *Che tu sia per me il coltello* (1998), *La guerra che non si può vincere* (2003), *Col corpo capisco* (2003).
GROSS ROSEN, campo di concentramento tedesco (1940-1945), presso Rogoźnica (Slesia, att. in Polonia).
GROSZ (George), *Berlino 1893-1959*, disegnatore e pittore tedesco. Pittore del movimento della "Nuova oggettività", perseguì intenti di denuncia sociale combinando stile aggressivo e contenuti espliciti. Nel 1933 emigrò negli Stati Uniti.
GROTEWOHL (Otto), *Brunswick 1894 - Berlino 1964*, politico tedesco. Fondatore (1946) del Partito unitario socialista della Germania (SED), è stato capo del governo della RDT (1949-1964).
GROTHENDIECK (Alexander), *Berlino 1928*, matematico francese di origine tedesca. Si è dedicato soprattutto a studi di geometria algebrica. (Medaglia Fields 1966; premio Crafoord 1988.)
GRÒTO (Luigi), detto **il Cièco d'Àdria**, *Adria 1541 - Venezia 1585*, letterato. Cieco dalla nascita, fu autore di numerosi madrigali, commedie e tragedie di gusto classico. Tra le opere, *Dalida* (1572), *Adriana* (1578), *Il pentimento amoroso* (1576).
GROTOWSKI (Jerzy), *Rzeszów 1933 - Pontedera 1999*, regista e direttore teatrale polacco. Direttore del Teatro laboratorio di Wrocław (1965-1985), poi di un centro studi presso Pontedera (1986), ha dato vita a un "teatro povero" e ha lavorato soprattutto sull'interpretazione e sulla comunicazione diretta con gli spettatori.
GRÒTTA AZZÙRRA, cavità marina, solo in parte coperta d'acqua, nella costa nord-occ. di Capri; altezza 30 m, larghezza 15 m, lunghezza 54 m. Deve il nome ai riflessi dell'acqua sulle pareti.
GROTTAFERRÀTA, com. in prov. di Roma; 18.251 ab. È uno dei com. dei Castelli Romani. Celebre abbazia basiliana fondata da san Nilo nel 1004, con una ricca biblioteca e un antico laboratorio di restauro dei libri.
GROTTÀGLIE, com. in prov. di Taranto; 32.274 ab. Produzione enologica e lavorazione della ceramiche. Chiesa madre (XI-XII sec.) e castello episcopio (XIII sec.).
GROUCHY (Emmanuel, marchése **di**), *Parigi 1766 - Saint-Étienne 1847*, militare francese. Fu sconfitto da prussiani e inglesi a Waterloo (1815).
GRÒZIO (Hugo **de Groot**, detto Ùgo), *Delft 1583 - Rostock 1645*, giurista e diplomatico olandese. Nel *Diritto di guerra e di pace* (1625), un vero e proprio codice di diritto pubblico internazionale, condannò la schiavitù ed enunciò principi di prevenzione e regolamentazione dei conflitti. Quest'opera segna la nascita del giusnaturalismo.
GROZNY, c. della Russia, capol. della Cecenia, nel Caucaso; 401.000 ab. (nel 1989). È stata in gran parte distrutta dai bombardamenti dell'aviazione russa tra il 1994 e il 1996 e nel 1999-2000.
GRÜBER (Klaus Michael), *Neckarelz, att. sobborgo di Mosbach, 1941*, regista teatrale tedesco. Nell'allestimento dei suoi spettacoli, in Germania, Francia e Italia, in genere si avvale di scenografie minimaliste per richiamare l'attenzione sul mondo interiore dei personaggi (*Faust*, *Bérénice*, *Le récit de la servante Zerline*, *Tannhäuser*, *Nostalghia*, *Roberto Zucco*).
GRUDZIADZ, c. della Polonia, sulla Vistola; 102.900 ab. Metallurgia.
GRUGLIÀSCO, com. in prov. di Torino; 39.890 ab. Centro industriale e commerciale. Torre civica del XV sec.
GRUNDTVIG (Nikolai), *Udby 1783 - Copenaghen 1872*, scrittore danese. Pastore e in seguito vescovo luterano, poeta e saggista (*Mitologia nordica*), fu promotore di un rinnovamento religioso e contribuì al risveglio del sentimento nazionale.
GRÜNEWALD (Mathis **Nithart** o **Gothart**, detto Matthias), *Würzburg ? 1475/1480 ca. - Halle 1528*, pittore tedesco. Capolavoro della sua arte, espressionista e visionaria, è il *Polittico di Isenheim* (1511 ca. - 1516, museo di Colmar).
GRUNWALD o **TANNENBERG** (battàglia di) (15 lug. 1410), vittoria del re di Polonia Ladislao II Jagellone e del granduca di Lituania Vytautas sui cavalieri teutonici.
GRÙPPO 47, circolo letterario (1947-1977) fondato da H.W. Richter, allo scopo di riunire scrittori di lingua tedesca della Germania, della Svizzera e dell'Austria nella difesa della libertà di espressione politica e letteraria.
GRÙPPO 58, movimento artistico napoletano costituito nel 1958 da L. Del Pezzo, B. Di Bello, G. Biasi, S. Fergola, L. Castellano e M. Persico.
GRÙPPO 63, movimento d'avanguardia fondato nel 1963 da un gruppo di intellettuali (scrittori, poeti, studiosi), tra cui U. Eco, E. Sanguineti, L. Anceschi, E. Pagliarini, N. Balestrini, R. Barilli. I suoi esponenti vedevano il linguaggio come strumento di battaglia politica e di rovesciamento dell'estetica e della razionalità borghesi.

GRÙPPO 7, associazione di 7 architetti (A. Libera, L. Figini, G. Frette, S. Lario, G. Pollini, C.E. Rava, G. Terragni), primo nucleo da cui si sviluppò il movimento moderno italiano. Si contrappose all'esasperata rottura con la tradizione operata dal futurismo.

GRÙPPO DEI 77 → *G77*.

GRÙPPO EDITORIÀLE L'ESPRÈSSO, società fondata a Roma nel 1955. Nata come società editrice "L'Espresso", poi diventata "Editoriale L'Espresso", ha assunto la denominazione attuale nel 1998. Quotata in Borsa dal 1984, è una delle più importanti in Italia nel settore delle comunicazioni; tra i mass media controllati, il quotidiano *La Repubblica*, il settimanale *L'Espresso* e le emittenti radiofoniche *Radio Dee Jay* e *Radio Capital*.

GRÙTLI → *RÜTLI*.

GRUYÈRES, com. della Svizzera (cant. di Friburgo), nella Gruyère (reg. nota per la produzione di formaggi); 1460 ab. Castello del XII-XV sec.

GRYPHIUS (Andreas **Greif**, detto), *Glogau, Silesia, 1616-1664*, scrittore tedesco. È autore di poesie e tragedie (*Caterina di Georgia*) che affrontano i temi della vanità delle cose terrene e della morte da un punto di vista religioso.

GSTAAD, località della Svizzera (cant. di Berna), stazione di soggiorno estivo e sport invernali (1100-3000 m d'alt.).

GUADAGNÌNI, famiglia di liutai, attestata dal XVIII sec. — **Giovanni Battista G.**, *Cremona 1711 - Torino 1786*. Fu allievo di A. Stradivari. La dinastia è rimasta attiva fino a — **Paolo** (*1908-1942*).

GUADALAJARA, c. della Spagna (Castiglia-La Mancia), capol. di prov.; 66.103 ab. Palazzi gotico-mudéjar dei duchi dell'Infantado (fine del XV sec.). — Nel mar. 1937 fu teatro di una dura sconfitta dell'esercito italiano, intervenuto per prestare sostegno alle truppe franchiste contro le Brigate internazionali.

GUADALAJARA, c. del Messico; 1.646.183 ab. (3.908.000). Aeroporto. Università. Metallurgia. — Urbanistica d'epoca coloniale, con una cattedrale del XVI-XVII sec.; musei.

GUADALCANAL, isola vulcanica dell'Arcipelago delle Salomone. Occupata nel lug. 1942 dai giapponesi, l'isola è stata riconquistata nel feb. 1943 dagli americani, dopo sei mesi di duri combattimenti.

GUADALQUIVIR, f. della Spagna, che sfocia nell'Atlantico; 680 km. Attraversa Cordova e Siviglia.

GUADALÙPA, in fr. **Guadeloupe**, dip. francese d'oltremare, nelle Piccole Antille; capol. *Basse-Terre*; 1780 km[2]; 422.496 ab. Comprende l'isola di G. e altre isole minori. G. è formata da due isole, Basse-Terre e Grande-Terre, separate da uno stretto istmo. Basse-Terre è la più elevata (vulcano della Soufrière, 1467 m); Grande-Terre è una pianura che supera appena i 100 m. Oltre al turismo, le principali risorse sono la canna da zucchero, il rhum, le banane, insufficienti però per riequilibrare le importazioni e frenare la sottoccupazione (malgrado l'emigrazione). — Parco nazionale sull'isola di Basse-Terre. — Scoperta da C. Colom-

Matthias **GRÜNEWALD**. Visita di sant'Antonio a san Paolo l'Eremita nel deserto, *pannello del Polittico di Isenheim, 1511 ca. - 1516.* (Museo di Unterlinden, Colmar.)

Francesco **GUARDI**. Piazza San Marco, *1460 ca. (National Gallery, Londra.)*

bo nel 1493, l'isola fu colonizzata dalla Francia nel 1635, contesa dalla Gran Bretagna, per poi passare definitivamente sotto i francesi nel 1794.

GUADALUPE, c. della Spagna (Estremadura), nella Sierra de G.; 2365 ab. Celebre monastero, fondazione reale del XIV sec. (quadri di F. Zurbarán e altre opere d'arte).

GUADALUPE, c. del Messico, periferia orient. di Monterrey; 669.842 ab.

GUADALUPE (Sierra de), catena montuosa del centro della Spagna; 1740 m.

GUADARRAMA (Sierra de), catena montuosa della Spagna, tra il Tago e il Douro; 2430 m. Separa Vecchia e Nuova Castiglia.

GUADIANA, f. della Spagna e del Portogallo, che sfocia nell'Atlantico; 744 km. Segna il confine tra i due Stati.

GUAIRA (La), c. del Venezuela; 25.000 ab. Porto di Caracas.

GUAITA (Enrico), *Lucas 1910*, calciatore argentino naturalizzato italiano. Con la nazionale vinse la Coppa del mondo del 1934 in Italia. Militò nella Roma, con la quale vinse la classifica dei cannonieri nel 1934-1935.

GUAITA (Stanislas **de**), *castello d'Alteville, Tarquimpol, Moselle, 1861-1897*, occultista francese. Introdusse la confraternita cabalistica dei Rosa-croce in Francia (1888); nella trilogia *Il serpente della Genesi* (1892, 1897 e, postumo, 1952), negò l'esistenza del "principe delle tenebre".

GUAJIRO o **GOAJIRO**, popolazione amerindia della penisola della Guajira (Colombia, Venezuela) (ca. 90.000 individui). Allevatori seminomadi, i g. parlano una lingua della famiglia arawak.

GUÀLDO (Luigi), *Milano 1847 - Parigi 1898*, scrittore. Visse a Parigi e scrisse sia in francese che in italiano. Tra le opere, *Decadenza* (1892).

GUÀLDO TADÌNO, com. in prov. di Perugia; 14.727 ab. Centro turistico, produzione di ceramiche artistiche. Duomo (XIII sec.), chiesa gotica di S. Francesco (oggi pinacoteca), torre civica (XIV sec.) e Rocca Flea (XII-XVI sec.). – Fu teatro della battaglia, decisiva per la guerra goto-bizantina, in cui Narsete sconfisse Totila (552).

GUALTIÈRI, com. in prov. di Reggio nell'Emilia; 6134 ab. Palazzo Bentivoglio (XVI sec.).

GUAM, isola principale dell'arcipelago delle Marianne, nella Micronesia; 156.302 ab.; capol. *Agana*. Occupata dai giapponesi dal 1941 al 1944, G. è diventata un potente base militare americana.

GUANAJUATO, c. del Messico, a NO di Città del Messico; 74.874 ab. Città pittoresca, con monumenti in stile barocco coloniale.

GUÀNDA, casa editrice fondata da Ugo Guandalini a Modena (1932), poi trasferita a Parma (1936). Dal 1986 fa parte del gruppo editoriale Longanesi, con sede a Milano.

GUANGDONG, prov. della Cina merid.; 70.510.000 ab.; capol. *Canton*.

GUANGXI, reg. autonoma della Cina merid.; 46.330.000 ab.; capol. *Nanning*.

GUANGZHOU → *CANTON*.

GUAN HANQING, *Pechino 1210 ca. - 1298 ca.*, il più grande drammaturgo della dinastia Yuan.

GUANTÁNAMO, c. di Cuba, presso la Baia di G.; 207.769 ab. Sulla baia, base navale concessa agli Stati Uniti nel 1903.

GUAPORÉ, f. dell'America merid., affl. di destra del Mamoré; 1750 km. Segna il confine tra Brasile e Bolivia.

GUARANÍ, popolazione amerindia della foresta amazzonica del Brasile e del Paraguay (ca. 7000 individui). Tra il XVII e il XVIII sec., i g. furono evangelizzati in massa dai gesuiti. Dopo l'espulsione dei loro protettori, furono vittime di massacri e si dispersero. Comprendono i nadeva, i mbya e i kaiowa. La loro lingua appartiene alla famiglia tupí-g.

GUARDAFÙI (Càpo), capo dell'estremità orient. dell'Africa, all'ingresso del Golfo di Aden.

GUÀRDI (Francésco), *Venezia 1712-1793*, pittore. Iniziò la sua carriera presso la bottega del fratello maggiore Giovanni Antonio (1699-1760). Presto si dedicò alla pittura di vedute, fornendone però un'interpretazione personale, lontana dalla struttura prospettica del Canaletto: diede di Venezia un'immagine decadente e fantastica attraverso l'uso sfumato del colore e atmosfere pervase di luce (*Piazza S. Marco, S. Maria della Salute*, National Gallery, Londra; *Rio dei mendicanti*, Accademia Carrara, Bergamo; *Il Canal Grande presso S. Geremia*, Alte Pinakothek, Monaco).

GUARDIA (La), uno degli aeroporti di New York, nella zona orient. della città (Queens).

GUARDIAGRÈLE, com. in prov. di Chieti; 9880 ab. Ex chiesa di S. Silvestro (IV sec.), duomo (XII sec.), chiesa di S. Francesco (XIV sec.).

GUARDIAN (The), quotidiano britannico do orientamento liberale. Fondato come settimanale nel 1821, è diventato un quotidiano nel 1855 e ha preso il nome attuale nel 1960. Gode di grande prestigio in ambito internazionale.

GUARDÌNI (Románo), *Verona 1885 - Monaco 1968*, filosofo tedesco. Di origine italiana, sacerdote e insegnante a Berlino, dovette lasciare la cattedra per la sua avversione al nazismo. Dopo la guerra insegnò a Tubinga e Monaco. Tra le opere, *Mondo e persona* (1939), *Religione e rivelazione* (1958).

GUARÉSCHI (Giovànni), *Fontanelle di Roccabianca 1908 - Cervia 1968*, scrittore e giornalista. Fondatore (insieme a G. Mosca) del giornale satirico *Candido* (1945), scrisse romanzi dalla vena umoristica e popolare, tra i quali la celeberrima serie *Mondo piccolo: Don Camillo* (1948), *Don Camillo e il suo gregge* (1953), *Il compagno Don Camillo* (1963), *Don Camillo e i giovani d'oggi* (1970).

GUARIÈNTO DI ÀRPO, *XIV sec.*, pittore. Lavorò a Padova al servizio dei Carraresi (per i quali realizzò preziose tavole con *Gerarchie angeliche*), e a Venezia.

GUARÌNI (Giovàn Battista), *Ferrara 1538 - Venezia 1612*, scrittore. Compose il dramma pastorale *Il pastor fido*, in cui riuscì a mescolare sapientemente elementi comici e tragici, venendo meno però ai precetti aristotelici.

GUARÌNI (Guarino), *Modena 1624 - Milano 1683*, architetto. Monaco teatino, filosofo e matematico, influenzato da Borromini, operò a Torino, dove venne nominato architetto ducale da Carlo Emanuele II e dove si trovano le sue opere più celebri (chiesa di S. Lorenzo; Cappella della Sindone, Palazzo Carignano).

GUARÌNO DE' GUARÌNI, detto **Veronése**, *Verona 1374 ca. - Ferrara 1460*, umanista ed educatore. Insegnò greco e latino in numerose città italiane. A Ferrara fondò un centro di studi che fu tra le più importanti fucine del pensiero umanistico.

GUARNÈRI (Giusèppe Antònio), detto **Guarnerius**, *Cremona 1698-1744*, liutaio. Rivale di A. Stradivari, soprannominato "Giuseppe del Gesù" per via della sigla IHS che affiancava alla sua firma, fu membro di una delle più celebri famiglie di liutai (XVII-XVIII sec.).

GUARRAZAR, località della Spagna, presso Toledo. Vi è stato rinvenuto (1853) un ricco tesoro comprendente diverse corone votive visigote, att. al Museo archeologico di Madrid.

GUARULHOS, c. del Brasile, presso São Paulo; 1.071.268 ab.

GUASCÓGNA, in fr. Gascogne, reg. storica della Francia che si estende tra i Pirenei, l'Atlantico e la Garonna; capol. *Auch*. Divenuta ducato nel 852 ca., subì la dominazione inglese per poi tornare alla Francia nel 1607.

GUASTÀLLA, com. in prov. di Reggio Emilia; 13.794 ab. Fu sede di due concili (1095 e 1106). Chiesa romanica della Pieve (XIII sec.), cattedrale (XVI sec.), torre civica (XVIII sec.).

GUATEMALA, Stato dell'America centrale; 109.000 km²; 11.687.000 ab. (*guatemaltechi*). CAP. *Guatemala*. LINGUA: *spagnolo*. MONETA: *quetzal*. [*V. carta del Belize.*]

GEOGRAFIA – Occupato da rilievi (in parte vulcanici) a S e da bassopiani a N, il G. è lo Stato dell'America centrale a più elevata densità demografica. La popolazione, ancora in maggioranza costituita da amerindi, è in rapida crescita. Il caffè è la base di un'esportazione diretta soprattutto verso gli Stati Uniti, che sono anche il primo paese fornitore.

STORIA – **La colonizzazione e il** XIX **sec. 1524**: abitato da maya-quiché, il G. viene conquistato da Pedro de Alvarado. **1544**: la regione diventa *capitanía general* ed è governata dal vicerré del Messico. **1821-1823**: il G. è annesso al Messico da Agustín de Iturbide; **1824-1839**: entra a far parte della confederazione delle Province Unite dell'America centrale; **1839**: riconquista l'indipendenza; **1840-1865**: Rafael Carrera vi instaura un regime autoritario. **1873-1885**: Justo Rufino Barrios, liberale e riformista, avvia un processo di modernizzazione; si sviluppa la coltura del caffè. XX **sec. 1898-1920**: Manuel Estrada, successore di J.R. Barrios, ne prosegue l'opera; si va costituendo l'impero commerciale della United Fruit Company (piantagioni di banani). **1931-1944**: dittatura del generale Jorge Ubico. **1951-1954**: il tentativo di riforma agraria avviato dal colonnello Jacobo Arbenz ne provoca la destituzione a opera dei generali, appoggiati dagli Stati Uniti. **1960**: primi moti insurrezionali. **1970-1982**: devastato dal terremoto nel 1976, il paese deve anche far fronte a una lunga guerra civile, condotta da guerriglieri castristi e sandinisti. **1982-1983**: colpo di Stato del generale Efraín Ríos Montt. **1983**: colpo di Stato del generale Oscar Mejía. **1986**: diventa presidente della repubblica il democratico-cristiano Vinicio Cerezo. A partire dal 1987, il G. partecipa alle trattative per riportare la pace in America centrale (nel 1987 e 1989 firma accordi con Costa Rica, Honduras, Nicaragua ed El Salvador). **1989**: si aprono negoziati di pace con i guerriglieri. **1991**: sale alla presidenza della repubblica Jorge Serrano, leader del Movimento d'azione sociale (centro-destra); **1993**: viene destituito. Il parlamento designa suo successore Ramiro de León Carpio. **1996**: è eletto capo dello Stato Alvaro Arzú, leader del Partito di avanzata nazionale (destra progressista). Un accordo di pace tra governo centrale e guerriglieri pone fine a 35 anni di conflitti. **2000**: diventa presidente della repubblica Alfonso Portillo Cabrera (Fronte popolare guatemalteco, destra populista).

GUATEMALA, cap. del Guatemala; 3.242.000 ab.

GUATIMOZÌNO, *1495 o 1502 ca. - Izancanac 1525*, ultimo sovrano azteco. Fu impiccato per ordine di H. Cortés.

GUATTARI (Pierre-Félix), *Colombe 1930 - Blois, 1992*, psicoanalista francese. Le sue opere hanno segnato una svolta nella critica della psicoanalisi. È l'autore, insieme a G. Deleuze, di *Anti-Œdipe* (1972), *Mille piani* (1980) e *Cos'è la filosofia* (1991).

GUAYANA FRANCÉSE, dip. francese d'oltremare, tra il Suriname e il Brasile; capol. *Cayenne*; 91.000 km²; 157.213 ab. La G. è una regione ricoperta in gran parte da foreste, il cui ambiente è minacciato dallo sfruttamento indiscriminato dei giacimenti d'oro. Pesca di gamberi. Turismo. La metà della popolazione è concentrata nell'agglomerato di Cayenne. – Dopo la fondazione di Cayenne da parte di una compagnia normanna (1643), dal 1663 J.-B. Colbert organizzò la colonizzazione del paese, che in seguito fu utilizzato dalla Francia per la deportazione dei prigionieri politici (1794-1805). Occupata dalla Gran Bretagna e oggetto delle mire del Portogallo, la G. fu restituita alla Francia dai trattati del 1814 e del 1817 e decadde dopo l'istituzione della colonia penale di Cayenne (1852-1946). È divenuta un dipartimento d'oltremare nel 1946.

GUAYAQUIL, c. dell'Equador, sul Pacifico; 1.508.444 ab. Città principale e metropoli economica del paese. Porto.

GUAYASAMÍN (Oswaldo), *Quito 1919 - Baltimora, Stati Uniti, 1999*, pittore ecuadoriano. La serie "L'età della collera" (1962-1971) è caratterizzata da un'espressività violenta e austera.

GUAYMI, popolazione amerindia del Panama e del Costa Rica (ca. 125.000 individui). I g., agricoltori e allevatori, parlano il ngobere.

GÙBBIO, com. in prov. di Perugia; 31.483 ab. Industrie meccaniche, calzaturiere e grafiche. Ant. centro etrusco e romano (*Iguvium*). — Monumenti, soprattutto medievali. Centro della produzione della maioliche (dal XVI sec.) e del ferro battuto. Duomo (XIII sec.), palazzi del Bargello (XIII sec.) e dei Consoli (XIV sec.).

GUBBIO. *Veduta con il palazzo dei Consoli.*

GÙCCI, casa di moda fondata a Firenze da Guccio G. (Firenze 1881-1953) nel 1906. Attiva nel campo della pelletteria, ha poi allargato la propria produzione. Nel 1999 ha acquisito parte del marchio Yves Saint-Laurent.

GUCCÌNI (Francésco), *Modena 1940*, cantautore. Dopo un esordio come autore di canzoni di successo, si è dedicato all'interpretazione dei propri testi. Tra gli album, *L'isola non trovata* (1971),

Radici (1972), *Stanze di vita quotidiana* (1974), *Via Paolo Fabbri 43* (1976), *Fra la via Emilia e il West* (1984), *Signora Bovary* (1987), *D'amore di morte e di altre sciocchezze* (1996), *Stagioni* (2000).

GUDÉA, principe sumero di Lagash (XXII sec. a.C.). Al Louvre di Parigi sono conservate dodici statue in diorite che lo raffigurano, rinvenute a Girsu.

GUDERIAN (Heinz), *Kulm, att. Chełmno, 1888 - Schwangau, Baviera, 1954*, generale tedesco. Creatore delle truppe corazzate tedesche (1935-1939), fu capo di Stato maggiore dell'esercito di terra (1944-1945).

GÙDULA (sànta), *in Brabante VII sec. - Hamme 712*, patrona di Bruxelles.

GUEBWILLER (Ballon de) → GRAND BALLON.

GUELMA, c. dell'Algeria orient., capol. di distr.; 110.461 ab. Vestigia romane.

GUELPH, c. del Canada (Ontario), a SO di Toronto; 95.821 ab. Università.

GUÉNON (René), *Blois 1886 - Il Cairo 1951*, filosofo esoterico francese. Lo studio rigoroso delle tradizioni orientali lo portò a pronunciare una condanna del materialismo del mondo moderno (*Introduzione generale allo studio delle dottrine indù*, 1922). Si convertì all'islam.

GUERCÌNO (Giovànni Francésco **Barbièri**, detto **il**), *Cento 1591 - Bologna 1666*, pittore. Le sue prime opere (*Miracolo di san Carlo, Madonna in trono col Bambino e i santi*), pur risentendo dell'influenza della poetica caravaggesca e della scuola veneziana, se ne distaccano per il cromatismo e la resa della luce. Chiamato a Roma da Gregorio XV nel 1621, G. vi eseguì dipinti caratterizzati da effetti prospettici-illusionistici spettacolari (*L'Aurora* e *La Notte*, Casino Ludovisi, 1621). Dopo il periodo romano si stabilì definitivamente a Bologna dove il forte influsso di G. Reni lo riportò a una classica compostezza formale (*Matrimonio mistico di san Caterina*, 1650, Pinacoteca di Modena).

GUERICKE (Otto **von**), *Magdeburgo 1602 - Amburgo 1686*, fisico tedesco. Impegnato in una serie di ricerche sul vuoto, nel 1654 mise a punto l'esperimento degli "emisferi di Magdeburgo" che avrebbero messo in evidenza la pressione atmosferica. Inventò la macchina elettrostatica e quella pneumatica.

GUÉRIN (Camille), *Poitiers 1872 - Parigi 1961*, veterinario e microbiologo francese. Presso l'Istituto Pasteur (a Lilla, poi a Parigi), con A. Calmette mise a punto il BCG (sigla che designa il vaccino antitubercolare in tutto il mondo).

GUÉRIN (Eugénie **de**), *castello di Cayla, presso Albi, 1805-1848*, letterata francese, autrice di lettere e di un *Diario*. — **Maurice de G.**, *castello di Cayla 1810-1839*, scrittore francese, fratello di Eugénie. Influenzato da F.-R. La Mennais, fu l'autore di un poemetto in prosa, *Il Centauro*.

GUERNICA Y LUNO, c. della Spagna, nei Paesi Baschi; 16042 ab. La città è stata distrutta dai bombardieri tedeschi al servizio dei franchisti durante la guerra civile (1937). — **Guernica**, quadro monumentale di P. Picasso, che si ispira a questo avvenimento. È stato dipinto per l'Esposizione Universale di Parigi nello stesso anno in cui la città è stata distrutta (att. al Centro d'Arte Reina Sofía, Madrid).

Guernica *(1937), tela di Picasso. (Centro d'Arte Reina Sofía, Madrid.)*

GUERNSEY, isola della Gran Bretagna; 63 km²; 58.681 ab.; capol. *Saint Peter*. Colture (frutta, legumi e fiori). Turismo.

GUÈRRA (Antònio, detto Tonino), *Santarcangelo di Romagna 1920*, scrittore e sceneggiatore. Ha scritto per M. Antonioni, F. Fellini, F. Rosi, A. Tarkovskij, T. Angelópulos. Si è dedicato anche alla narrativa e alla poesia, soprattutto in dialetto romagnolo.

GUÈRRA (Della), opera di C. von Clausewitz. Composta tra il 1816 e 1830, e pubblicata nel 1832-1834, presenta la guerra come un elemento fondamentale dell'equilibrio politico tra le nazioni.

GUÈRRA (Leàrco), *San Nicolò Po 1902 - Milano 1963*, ciclista. Fu campione d'Italia per 5 volte consecutive (1930-1934), campione del mondo nel 1931 (nello stesso anno fu il primo a indossare la maglia rosa al Giro d'Italia), vincitore della Milano-Sanremo nel 1933 e del Giro d'Italia nel 1934.

GUÈRRA DEL 1870-1871 →FRANCOPRUSSIANA (guerra).

GUÈRRA FRÈDDA, periodo di aspre tensioni che vide contrapposti, dal 1945 al 1990, Stati Uniti e URSS con i rispettivi alleati. La conseguenza fu la creazione di due blocchi dotati di ingenti mezzi militari, schierati in difesa di sistemi ideologici ed economici antinomici. Al clima di forte conflittualità alimentato negli anni 1948-1962, fecero seguito una fase di distensione (1963-1978) e un ulteriore inasprimento dei contrasti (1979-1985) dopo l'intervento militare sovietico in Afghanistan. La g. f. ebbe fine con il crollo del sistema comunista in Europa (1989).

GUÈRRA MONDIÀLE (prima), conflitto che, tra il 1914 e il 1918, contrappose Germania e impero austro-ungarico, cui si affiancarono Turchia (1914) e Bulgaria (1915), a Francia, Russia, Belgio e Gran Bretagna, con alleati Giappone (1914), Italia (1915), Romania e Portogallo (1916) e, dal 1917, Stati Uniti, Grecia, Cina e alcuni Stati sudamericani.

Cause. All'indomani delle guerre balcaniche (1912-1913), la politica mondiale della Germania (in particolare la sua espansione economica e navale nel Vicino Oriente), le ambizioni tedesche e slave nei Balcani e la corsa agli armamenti della Triplice Alleanza (Germania, impero austro-ungarico, Italia) e della Triplice Intesa (Francia, Gran Bretagna, Russia) crearono in Europa uno stato di tensione tale che il più piccolo incidente avrebbe potuto sfociare in un conflitto armato. A fungere da detonatore, il 28 giu. 1914, fu l'assassinio a Sarajevo dell'arciduca ereditario Francesco Ferdinando d'Austria, per mano di uno studente bosniaco. Il regno austro-ungarico, sostenuto da Guglielmo II, che il 15 lug. aveva accordato un appoggio senza riserve all'impero, dichiarò guerra alla Serbia il 28 lug. Si attivò immediatamente il sistema delle alleanze e in poche settimane entrarono in guerra tutti i paesi dei due blocchi antagonisti, eccetto l'Italia, che si dichiarò neutrale. L'Italia, in realtà, era divisa tra "neutralisti" e "interventisti", ma il governo si alleò segretamente con la Triplice Intesa sottoscrivendo il patto di Londra (26 apr. 1915): secondo questo accordo, l'Italia si impegnava nella guerra contro l'Austria e, in caso di vittoria, avrebbe ricevuto Trentino, Alto Adige, Trieste, Istria e la città di Valona in Albania; il 23 mag. entrò in guerra. [*V. carta a pagina seguente.*]

Conseguenze. L'entità e la gravità delle distruzioni, le difficoltà di approvvigionamento, l'inflazione e l'instabilità monetaria riguardarono, seppur in vario grado, sia vincitori che vinti. Il crollo degli imperi russo, austro-ungarico e ottomano e del Secondo Reich rese possibile l'affermazione di minoranze nazionali fino a quel momento sottomesse. L'Italia ottenne Friuli-Venezia Giulia, Trentino, parte del Tirolo e Istria. La Germania, privata dell'Alsazia-Lorena, della Prussia occidentale e della Posnania, perse ben 70.000 km² di territorio, corrispondenti a circa un ottavo del totale, e 7 milioni di abitanti. La Prussia Orientale era ormai divisa dal resto del Reich da un "corridoio" che dava alla Polonia un accesso al mare, e Danzica divenne città libera sotto il controllo della Società della Nazioni. L'impero britannico si trasformò in una confederazione di popoli, mentre l'impero coloniale francese ebbe,

PRIMA GUERRA MONDIALE 1914-1918

1914. Dichiarazione di guerra dell'Austria alla Serbia (28 lug.) e alla Russia (5 ago.), della Germania alla Russia (1° ago.) e alla Francia (3 ago.), della Gran Bretagna (4 ago.) e del Giappone (23 ago.) alla Germania. – La Germania viola la neutralità del Belgio. – Neutralità dell'Italia. – 3 nov. La Turchia entra in guerra contro l'Intesa.	**Fronte occidentale.** Ago. Invasione del Belgio e della Francia settentrionale (ritirata delle truppe francesi). – 6-13 sett. Offensiva e vittoria di Joffre sulla Marna. – Sett.-nov. Corsa verso il mare e battaglia delle Fiandre: fronte compatto di 750 km da Ypres alla frontiera svizzera. **Fronte orientale.** Ago.-ott. Offensive russe in Prussia orientale (fermate a Tannenberg, 26 ago.) e Galizia (conquista di Leopoli, sett.; ritirata austro-tedesca sui Carpazi e sul fiume Warta). Fronte stabilizzato dal fiume Niemen ai Carpazi (Memel, O di Varsavia, Gorlice). **Altri fronti.** Sett.-dic. Sconfitte austriache in Serbia. – Ott.-dic. Sbarco inglese nel Golfo Persico.
1915. 18 feb. I tedeschi scatenano la guerra sottomarina. L'Italia firma il trattato di Londra con l'Intesa (26 apr.), denuncia la Triplice Alleanza ed entra in guerra contro l'Austria (24 mag.). – La Bulgaria entra in guerra al fianco degli Imperi centrali (5 ott.). – La Grecia mantiene la neutralità. – Le potenze dell'Intesa attuano il blocco navale degli Imperi centrali.	**Fronte occidentale.** Apr. I tedeschi impiegano i gas. – Mag.-sett. Vani tentativi francesi di sfondamento (Champagne e Artois). **Fronte orientale e Balcani.** Febbr.-sett. Offensive tedesche in Prussia orientale e Polonia: replica russa fino alla linea Riga-Dvinsk-Pinsk-Czernowitz. – 5 ott. Sbarco alleato a Salonicco. – Ott.-nov. Conquista della Serbia da parte dei tedeschi e dei bulgari. **Altri fronti.** Offensive delle truppe italiane di Cadorna in Trentino e nel Carso (lug.). – Le potenze dell'Intesa occupano la zona sud-occ. dell'Africa.
1916. Sollevazione araba contro il sultano Husayn, re di Hedjaz. – Accordi franco-britannici sul Medio Oriente. – 27 ago. La Romania dichiara guerra all'Austria e l'Italia alla Germania.	**Fronte occidentale.** 21 febbr.-dic. Battaglia di Verdun. – 1° lug.-ott. Offensiva alleata sulla Somme. – 29 ago. Hindenburg e Ludendorff a capo delle truppe tedesche. **Fronte orientale e altri fronti.** Offensive russe in Armenia (feb.), Galizia e Bucovina (Brussilov, giu.-sett.). – 14 sett. Offensiva alleata in Macedonia. – I tedeschi conquistano la Romania (ott.-dic.). – 31 mag. Battaglia navale nello Jutland. – Giu.-lug. Battaglia sull'altopiano di Asiago tra austriaci e italiani. L'Italia conquista Gorizia (8 ott.).
1917. 1° febbr. Guglielmo II decide la guerra sottomarina a oltranza. – Mar.-nov. Rivoluzione russa. – 2 apr. Gli Stati Uniti entrano in guerra al fianco dell'Intesa. – 16 nov. Clemenceau a capo del governo francese.	**Fronte occidentale.** Sconfitta di Nivelle sullo Chemin-des-Dames (16 apr.). Pétain proclamato generale con pieni poteri (15 mag.). – Attacchi francesi presso Verdun (ago.) e sull'Ailette (ott.), offensiva inglese nelle Fiandre (giu.-nov.) e, con carri armati, su Cambrai (20 nov.). **Fronte russo.** I tedeschi conquistano Riga (3 sett.) e occupano la Bucovina (lug.-sett.). – 15 dic. Armistizio russo-tedesco di Brest-Litovsk. **Altri fronti.** Vane offensive italiane su Isonzo e Ortigara. Sconfitta italiana a Caporetto (24 ott.) e resistenza sul Piave delle truppe comandate da Diaz. Gli inglesi conquistano Baghdad (11 mar.) e Gerusalemme (9 dic.).
1918. 9 febbr. e 3 marzo. Trattati di Brest-Litovsk tra Germania, Ucraina e Russia. – Foch è comandante in capo delle truppe alleate sul fronte occidentale. – 7 mag. Trattato di Bucarest. – Ott. Indipendenza degli ungheresi, dei cechi e degli iugoslavi. – 9 nov. Abdicazione di Guglielmo II. – 12 nov. L'Austria proclama la repubblica e la sua annessione alla Germania.	**Fronte occidentale.** Offensive tedesche in Piccardia (21 mar.), sulla Marna (27 mag.) e nella Champagne (15 lug.). – Lug.-nov. Controffensiva di Foch nella Champagne (18 lug.), in Piccardia (ago.) e dalla Mosa al mare (sett.); ritirata tedesca su Gand, Mons e Sedan. – 11 nov. Armistizio di Rhetondes. **Balcani e altri fronti.** 29 sett. Armistizio con la Bulgaria. – Sett.-ott. Gli inglesi conquistano Beirut, Damasco e Aleppo. – 24 ott. Vittoria italiana a Vittorio Veneto. – 3 nov. L'Italia conquista Trento e Trieste. – Armistizi di Moúdrous con la Turchia (30 ott.) e di Padova con l'Austria (3 nov.). – 14 nov. Resa dei tedeschi in Africa orientale.
Trattati di pace. – 28 giu. 1919. Trattato di Versailles con la Germania. – 10 sett. 1919. Trattato di Saint-Germain con l'Austria. – 27 nov. 1919. Trattato di Neuilly con la Bulgaria. – 4 giu. 1920. Trattato di Trianon con l'Ungheria. – 10 ago. 1920. Trattato di Sèvres con la Turchia. – 12 nov. 1920. Trattato italo-iugoslavo di Rapallo. – 18 mar. 1921. Trattato di Riga tra Polonia e Russia sovietica. – 24 lug. 1923. Trattato di Losanna con la Turchia.	**Perdite umane civili e militari.** Totale: più di otto milioni, di cui: Austria-Ungheria: 950.000 ca.; Belgio: 45.000; Canada: 62.000; Francia: 1.400.000; Germania: 1.800.000; Gran Bretagna: 780.000; Italia: 530.000; Romania: 700.000 ca.; Russia: 1.700.000 ca.; Serbia: 400.000; Stati Uniti: 114.000; Turchia: 400.000.

La prima guerra mondiale

Nel 1914 l'Europa è divisa in due blocchi antagonisti. Gli Stati maggiori sono inclini a una decisione rapida, ma i fronti si stabilizzano e comincia in quel momento una guerra di logoramento (1915-1916). L'entrata in guerra degli Stati Uniti nel 1917, che offre rapidamente alle potenze alleate la superiorità materiale sugli Imperi centrali, permette la vittoria dell'Intesa nel 1918.

L'EUROPA NEL 1914

Triplice Intesa	Triplice Alleanza

FRONTI OCCIDENTALI

Frontiere del 1914
Disposizione dei tedeschi (ago. 1914)
Massima avanzata tedesca (5 sett. 1914)
Offensiva alleata nel sett. 1914 (battaglia della Marna)
Corsa verso il mare (sett.-nov. 1914)
Intesa   Tedeschi

Battaglie
☐ 1915   ■ 1916   ◪ 1917
Fronti dopo le offensive di Ludendorff (1918)
Fronti dopo le controffensive di Foch (1918)
20 sett.
11 nov.

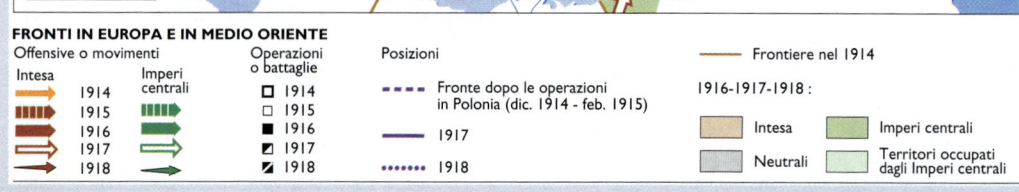

FRONTI IN EUROPA E IN MEDIO ORIENTE

Offensive o movimenti

Intesa	Imperi centrali
1914	1914
1915	1915
1916	1916
1917	1917
1918	1918

Operazioni o battaglie
☐ 1914
☐ 1915
■ 1916
◪ 1917
◪ 1918

Posizioni
Fronte dopo le operazioni in Polonia (dic. 1914 - feb. 1915)
1917
1918

Frontiere nel 1914

1916-1917-1918 :

Intesa	Imperi centrali
Neutrali	Territori occupati dagli Imperi centrali

nell'immediato, minori problemi politici. In sostanza, furono soprattutto due nazioni, Stati Uniti e Giappone, a beneficiare delle difficoltà economiche e politiche dell'Europa del dopoguerra.

GUÈRRA MONDIÀLE (secónda), conflitto che, dal 1939 al 1945, contrappose le potenze alleate (Polonia, Gran Bretagna e Commonwealth, Francia, Danimarca, Norvegia, Paesi Bassi, Belgio, Iugoslavia, Grecia, poi URSS, Stati Uniti, Cina e la maggior parte dei paesi dell'America latina) alle potenze totalitarie dell'Asse (Germania, Italia, Giappone e i loro satelliti, Ungheria, Slovacchia, Romania).

Cause. L'origine del conflitto è da ricercare essenzialmente nella volontà di A. Hitler di riscattare il Terzo Reich dalle clausole del trattato di Versailles (1919) e di dominare l'Europa. Dopo aver ristabilito il servizio militare obbligatorio (1935) per disporre di forze armate potenti (la Wehrmacht), Hitler rimilitarizzò la sponda sinistra del Reno (1936), per poi annettere l'Austria e una parte della Cecoslovacchia (1938). Il riconoscimento del fatto compiuto da parte di Francia e Gran Bretagna (patto di Monaco, 1938) lo incoraggiò a proseguire in quest'azione di forza. Si impossessò allora del resto della Cecoslovacchia (mar. 1939), si assicurò l'appoggio italiano (mag.) e ottenne la neutralità benevola dell'URSS con l'accordo per la spartizione della Polonia (23 ago.). L'occupazione di Danzica servì allora come pretesto per scatenare un conflitto che finì per coinvolgere il mondo intero con l'entrata in guerra del Giappone e degli Stati Uniti nel 1941. [*V. anche pagine seguenti.*]

Conseguenze. Con l'unica eccezione degli Stati Uniti, tutte le potenze coinvolte uscirono dal conflitto duramente provate. Sul piano politico, la fine della s. g. m. comportò il crollo degli Imperi coloniali britannici, francesi e olandesi. Solo l'URSS, tra le grandi nazioni, ottenne un aumento territoriale significativo, per il ritorno di antiche dipendenze dell'impero zarista. Se la prima guerra mondiale aveva avuto una conclusione rapida (nei due anni successivi al crollo degli imperi centrali, una serie di trattati ridisegnò la carta geografica dell'Europa), le cose andarono diversamente dopo il 1945. La sorte della Germania e del Giappone, i due principali sconfitti, restò in sospeso. Di fatto, quasi subito si mise in luce un antagonismo tra i democratici occidentali e l'Unione Sovietica. Quest'ultima prese sotto il suo controllo i paesi dell'Europa orientale dotandoli di un regime politico e sociale analogo al suo. La fine della s. g. m. segnò l'inizio della "guerra fredda".

GUERRÀZZI (Francésco Doménico), *Livorno 1804 - Cecina 1873*, scrittore e politico. Repubblicano, imprigionato, governò la Toscana durante i moti del 1848-1849. Scrisse romanzi storici d'ispirazione patriottica, tra cui *L'assedio di Firenze* (1836), *Beatrice Cenci* (1853), *Il secolo che muore* (1885).

GUERRÈSCHI (Giuséppe), *Milano 1929 - Ospedaletti 1985*, pittore. Influenzato dall'espressionismo e dal surrealismo, realizzò opere caratterizzate da un nuovo realismo, interpretando la società del tempo.

GUERRÌNI (Olindo), *Forlì 1845 - Bologna 1916*, poeta. Con lo pseudonimo di Lorenzo Stecchetti pubblicò alcune raccolte poetiche che suscitarono scandalo per i temi erotici e il linguaggio dissacrante: *Postuma* (1877), *Polemica* (1878), *Nova polemica* (1878).

GUESCLIN (Bertrand Du) → Du Guesclin (Bertrand).

GUESDE (Jules **Basile**, detto Jules), *Parigi 1845 - Saint-Mandé 1922*, politico francese. Introdusse le tesi marxiste in seno al movimento operaio francese e fondò (1879) il Partito operaio.

GUEVARA DE LA SERNA (Ernesto, detto **Che**), *Rosario 1928 - reg. di Valle Grande, Bolivia, 1967*, rivoluzionario cubano di origine argentina. Medico, partecipò alla rivoluzione cubana unendosi a F. Castro (1956-1959) e cercò di alimentare focolai di insurrezione in America latina. Organizzò e diresse la guerriglia boliviana (1966-1967), durante la quale fu ucciso. Le sue spoglie sono stata riportate a Cuba (Santa Clara) nel 1997.

■ *Che Guevara.*

La seconda guerra mondiale

La seconda guerra mondiale inizia in Europa con una serie di operazioni militari che permettono alla Germania di conquistare diversi paesi.
È la cosiddetta guerra-lampo. A partire dal 1941, il conflitto diventa mondiale, con l'entrata in guerra dell'URSS, del Giappone e in seguito degli Stati Uniti. A partire dal 1943, le forze alleate riprendono l'offensiva, fino alla vittoria finale conseguita nel 1945.

L'EUROPA IL 1º SETTEMBRE 1939

| Le Alleanze | L'Asse | Neutri |

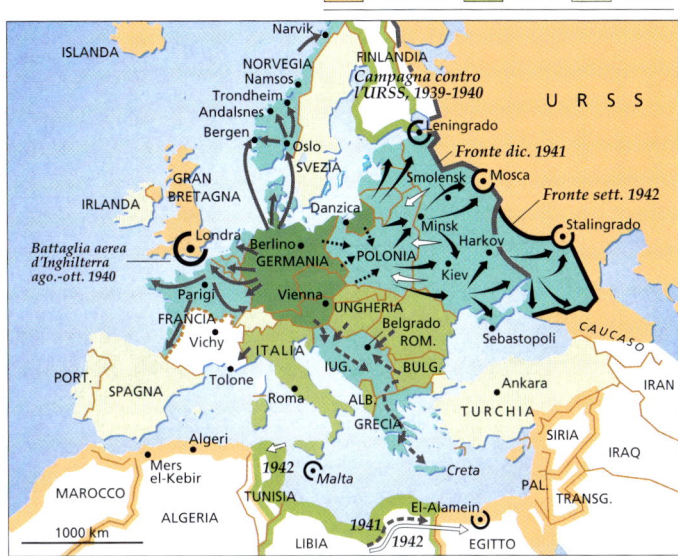

LA GUERRA IN EUROPA FINO AL 1942

Campagna delle truppe dell'Asse:
- ······▶ in Polonia, 1939
- ── in Francia e in Norvegia, 1940
- - - -▶ 1941
- ── in Russia, 1941-1942

⊙ Punto d'arresto dell'offensiva tedesca

⇨ Offensiva delle truppe sovietiche, 1939

Paesi alleati della Germania o occupati dalla Wehrmacht

Paesi conquistati dalla Germania

Paesi europei non coinvolti nel conflitto

LA GUERRA IN EUROPA 1942-1945

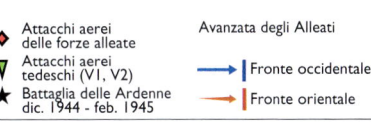

Paesi dell'Asse o occupati dalle forze dell'Asse

Paesi alleati o entrati in guerra al fianco degli Alleati

Paesi neutrali non toccati dalla guerra

◆ Attacchi aerei delle forze alleate

▽ Attacchi aerei tedeschi (V1, V2)

★ Battaglia delle Ardenne dic. 1944 - feb. 1945

Avanzata degli Alleati

── Fronte occidentale

── Fronte orientale

SECONDA GUERRA MONDIALE 1939-1945

1939. 1° sett. La Germania inizia la guerra invadendo la Polonia. – 3 sett. Dichiarazione di guerra anglo-francese alla Germania (non belligeranza italiana; neutralità degli Stati Uniti). – 1°-27 sett. Campagna di Polonia. – 17 sett. Ingresso delle truppe russe nella Polonia orient. – 28 sett. Trattato di spartizione della Polonia tra Germania e Russia. – 30 nov. Attacco sovietico alla Finlandia. Il Giappone, in guerra con la Cina dal 1937, controlla dal 1939 la sua area marittima.

1940. 10 giu. L'Italia dichiara guerra alla Francia e alla Gran Bretagna. – 17 giu. Pétain chiede l'armistizio. – 18 giu. Appello di De Gaulle a Londra. – 22-24 giu. Armistizio franco-tedesco e franco-italiano. – 10 lug. Patto a tre (Germania-Italia-Giappone). – Ago.-sett. La Romania suddivisa tra Ungheria (Transilvania) e Bulgaria (Dobrugia). – Giu.-ago. Ultimatum giapponese all'Indocina francese. – 4 nov. Roosevelt rieletto presidente degli Stati Uniti.

Ovest. 9 apr.-10 giu. Campagna di Norvegia. – 10 mag.-25 giu. Campagna di Francia. – 15-28 mag. Capitolazione di Olanda e Belgio. – 28 mag.-4 giu. Battaglia di Dunkerque. – 14 giu. I tedeschi entrano a Parigi. – Ago.-ott. Battaglia aerea sui cieli inglesi.

Est. 15 giu.-2 lug. Occupazione russa di paesi baltici, Bessarabia e Bucovina. – 7 ott. La Wehrmacht entra in Romania. – 28 ott. La Grecia rifiuta l'ultimatum di Mussolini: gli italiani fermati dai greci.

Africa. 3 lug. Mers el-Kebir. – Ago.-dic. Offensiva italiana in Egitto, Sudan, Kenia contro postazioni inglesi. Attacco alla Somalia britannica.

1941. 13 apr. Trattato nippo-sovietico. – 29 lug. Accordo franco-giapponese sull'Indocina. – 14 ago. Carta Atlantica. – 24 sett. Creazione del Comitato nazionale francese a Londra. – 7 dic. Gli Stati Uniti e, poi, la Cina entrano in guerra contro la Germania, l'Italia e il Giappone.

Europa orientale. Apr. Intervento tedesco in Grecia. – 6-18 apr. Campagna di Iugoslavia. – Mag. Battaglia di Creta. – 22 giu. Offensiva tedesca in URSS; battaglia di Mosca (dic.). Fine della guerra-lampo.

Altri fronti. 8 giu.-14 lug. Campagna di Siria. – 28 giu. I giapponesi in Cocincina. – 7 dic. Attacco giapponese a Pearl Harbor. – Offensive tedesca (mar.) e inglese (nov.) in Libia. – Sconfitta della flotta italiana al largo di Capo Matapan (mar.).

1942. 1° gen. Dichiarazione delle Nazioni Unite. – 18 apr. Laval a capo del governo di Vichy. – 26 mag. Trattato di alleanza anglo-sovietica. – Mag.-lug. Inizio delle deportazioni e della resistenza organizzata in Francia. – 8 nov. Pétain ordina la resistenza agli Alleati in Africa del Nord. – 11 nov. I tedeschi invadono la zona francese non occupata.

Africa. Gen.-lug. Rommel attacca in Libia. – Mag.-ott. Gli inglesi occupano il Madagascar. – lug. Gli italo-tedeschi raggiungono El-Alamein. Le truppe inglesi sfondano il fronte dell'Asse (23 ott.). – 8-11 nov. Sbarco alleato in Marocco e Algeria, sbarco tedesco a Tunisi.

Fronte russo. Offensive tedesche in Crimea, sul Don, nel Caucaso e a Stalingrado (mag.-sett.).

Estremo Oriente. I giapponesi invadono le Filippine (gen.), Singapore (15 feb.), Rangoon (7 mar.) e l'Indonesia, attaccano le Isole Aleutine (giu.), la Nuova Guinea e Guadalcanal (lug.), ma vengono sconfitti nelle Midway (giu.).

1943. 14 gen. Conferenza di Casablanca. – Mag. Costituzione del Consiglio nazionale della resistenza francese. – 3 giu. Formazione ad Algeri del Comitato francese di liberazione nazionale (CFLN). – 25 lug. Arresto di Mussolini: governo Badoglio. – 13 ott. Badoglio dichiara guerra alla Germania. – 1° dic. Vertice Roosevelt-Churchill-Stalin a Teheran.

Africa. Gli inglesi conquistano Tripoli (23 gen.) e si ricongiungono con i franco-americani in Tunisia (apr.). Liberazione di Tunisi (7 mag.): la Wehrmacht scacciata dall'Africa.

Italia. Gli Alleati, sbarcati in Sicilia (10 lug.), poi in Calabria (3 sett.), entrano a Napoli (1° ott.) – 8 sett.: armistizio con gli Alleati e nascita a Salò della Repubblica sociale italiana (17 sett.), governata da Mussolini. Inizio della Resistenza partigiana.

Altri fronti. 2 feb. Vittoria di Stalingrado. I sovietici attaccano. – Controffensiva alleata nelle Salomone e Gilbert, in Nuova Guinea (giu.-dic.).

1944. 3 gen. La Francia riconosce la sovranità della Siria e del Libano. – 30 gen. Conferenza di Brazzaville. – 19 mar. Hitler assoggetta l'Ungheria. – 3 giu. Il CLFN si proclama Governo provvisorio della Repubblica francese. – 20 lug. Fallimento di un colpo di Stato contro Hitler; sterminio massiccio dei deportati in Germania. – Indipendenza dell'Islanda (17 giu.) e delle Filippine (20 lug.). – Armistizi con la Bulgaria (11 sett.), la Romania (12 sett.) e la Finlandia (19 sett.), che entrano a far parte degli Alleati. – 31 ago. Trasferimento del governo francese da Algeri a Parigi. – 5 sett. Costituzione del Benelux. – 7 ott. Creazione della Lega araba. – 10 dic. Trattato di alleanza franco-sovietica.

Fronte occidentale. Italia. Feb.-mag. Battaglia e liberazione di Cassino (18 mag.). Vittoria francese sul Garigliano (mag.). Conquista di Roma (4 giu.). Liberazione di Rimini e Ravenna. Lug. Le brigate partigiane unificate danno vita al Corpo volontari della libertà.

Francia. 6 giu. Sbarco in Normandia: creazione di una testa di ponte (9-18 lug.), varco d'Avranches (1° ago.). – 15 ago. Sbarco in Provenza. – Liberazione di Parigi (25 ago.). – 1° ott. Gli Alleati raggiungono la frontiera tedesca con il Belgio e l'Olanda.

Altri fronti. Offensive sovietiche sul Dnepr e il Dnestr (feb.-apr.); in Bielorussia e nei paesi baltici (lug.-ott.); in Polonia (lug.); in Romania, Bulgaria, e Ungheria (sett.-dic.). – Sbarco inglese in Grecia (ott.). Liberazione di Belgrado (20 ott.). – Battaglie in Nuova Guinea (gen.-lug.), Caroline, Marianne, Filippine (mag.-dic.). – Offensiva inglese in Birmania (sett.-dic.).

1945. 4-11 feb. conferenza di Yalta. La Turchia e i paesi arabi in guerra contro la Germania e il Giappone. – 25 apr. Conferenza delle Nazioni Unite a San Francisco. – 30 apr. Suicidio di Hitler. – Mag.-giu. Intervento militare inglese in Siria; evacuazione delle forze francesi. – 9 giu. Accordi su Trieste tra la Iugoslavia e le forze alleate. – 9 lug. Trattati di alleanza tra URSS, Bulgaria, Ungheria, Romania, Cecoslovacchia e Iugoslavia. – 17 lug.-2 ago. Conferenza di Potsdam. – 26 lug. Governo Attlee. – 8 ago. L'URSS dichiara guerra al Giappone e occupa Port Arthur (23 ago.). – 14 ago. Trattato d'alleanza cino-sovietico. – 2 sett. Firma solenne dell'atto di resa del Giappone.

Fronte occidentale. Gli Alleati oltrepassano il Reno (mar.), occupando Hannover, Sassonia, Baviera, Austria e Boemia (apr.).

Fronte italiano. Gli Alleati sfondano la linea gotica (apr.). – Estensione della Resistenza a tutta l'Italia settentrionale (25 apr.). – 28 apr. Mussolini giustiziato dai partigiani. – 29 apr. Liberazione di Milano, fine della Repubblica sociale, resa delle truppe tedesche.

Altri fronti. I sovietici invadono Varsavia, Budapest, Vienna e Berlino (gen.-mag.). – Capitolazione della Wehrmacht a Reims (7 mag.) e a Berlino (9 mag.). – Battaglia delle Filippine (feb.-mar.). – 9 mar. Il Giappone assoggetta l'Indocina. – Battaglia di Okinawa (apr.-giu.). – Bombardamenti atomici di Hiroshima (6 ago.) e Nagasaki (9 ago.). – Capitolazione giapponese (14 ago.).

Trattati di pace. – 10 feb. 1947. Trattato di Parigi tra Nazioni Unite, Italia, Romania, Bulgaria, Ungheria e Finlandia. – 8 sett. 1951. Trattato di San Francisco tra le Nazioni Unite (tranne l'URSS) e il Giappone. – 15 mag. 1955. Trattato che ristabilisce l'indipendenza dell'Austria.

Perdite umane civili e militari. Totale: tra i 40 e i 52 milioni di morti, di cui 7 milioni di deportati in Germania. Belgio: 89.000; Canada: 41.000; Francia: 535.000 ca.; Germania: 4,5 milioni ca.; Giappone: 2 milioni ca.; Gran Bretagna: 390.000 ca.; Grecia: 500.000 ca.; Italia: 310.000; Iugoslavia: 1.500.000 ca.; Olanda: 210.000 ca.; Polonia: 5 milioni ca.; Romania: 460.000 ca.; Stati Uniti: 300.000; Ungheria: 450.000 ca.; URSS: 20 milioni ca. Sono morti ca. 5.100.000 ebrei, vittime delle deportazioni e dei massacri nei campi di sterminio.

LA GUERRA NEL PACIFICO 1941-1942
Le conquiste del Giappone

LA GUERRA NEL PACIFICO 1942-1945
La riconquista statunitense

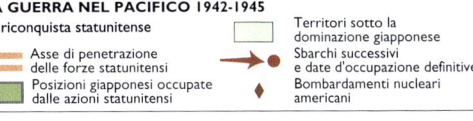

GUGGENHEIM (Collezione Peggy), museo d'arte moderna e contemporanea con sede a Venezia. Fu aperto nel 1951 da Peggy G. (New York 1898 - Venezia 1979), nipote di Solomon, per ospitare la sua collezione personale di opere del XX sec.

GUGGENHEIM (Solomon R.), *Filadelfia 1861 - New York 1949*, industriale e collezionista statunitense. La sua collezione d'arte del XX sec. è ospitata a New York in un edificio a spirale progettato da F.L. Wright. La fondazione che porta il suo nome gestisce anche la Collezione Peggy Guggenheim a Venezia e i musei Guggenheim di Bilbao (edificio di F. Gehry) e di Berlino.

GUGLIÈLMI (Àngelo), *Arona 1929*, critico letterario. Esponente della neoavanguardia, è stato tra i fondatori del *Gruppo 63 (*Gruppo 63, Critica e teoria*, 1976). Entrato in RAI nel 1955, ha diretto Raitre dal 1987 al 1994. Tra le opere, *Avanguardia e sperimentalismo* (1964), *La letteratura del risparmio* (1973), *Carta stampata* (1978).

GUGLIELMÌNA D'OLÀNDA, *L'Aja 1880 - castello di Het Loo 1962*, regina dei Paesi Bassi (1890-1948). Figlia di Guglielmo III, regnò sotto la reggenza della madre Emma (1890-1898). Si dovette rifugiare a Londra dal 1940 al 1945. Nel 1948 abdicò a favore della figlia Giuliana.

GUGLIELMINÉTTI (Amàlia), *Torino 1881-1941*, poetessa. Le sue opere, influenzate dalle liriche di G. D'Annunzio, riflettono un'intensa passionalità: *Le vergini folli* (1907), *Le seduzioni* (1908), *I volti dell'amore* (1913). Dal 1907 al 1909 fu legata sentimentalmente con G. Gozzano.

GUGLIÈLMO, nome di più sovrani

GERMANIA

GUGLIÈLMO I, *Berlino 1797-1888*, re di Prussia (1861-1888), imperatore di Germania (1871-1888), della dinastia degli Hohenzollern. Figlio di Federico Guglielmo III, governò come reggente per il fratello Federico Guglielmo IV, colpito da una malattia mentale (1858), poi gli succedette (1861). Non potendo ottenere i crediti di guerra per la riforma di H. Von Moltke, affidò la presidenza del consiglio a O. von Bismarck (1862), che da quel momento detenne di fatto il potere. Alla fine della guerra franco-tedesca (1870-1871), G. fu proclamato imperatore di Germania a Versailles, il 18 gen. 1871.

GUGLIÈLMO II, *castello di Potsdam 1859 - Doorn, Paesi Bassi, 1941*, re di Prussia e imperatore di Germania (1888-1918), della dinastia degli Hohenzollern. Nipote di Guglielmo I e figlio di Federico III, licenziò O. von Bismarck nel 1890 e si occupò personalmente della politica estera, appoggiandosi ai conservatori. A partire dal 1898 promosse un programma di potenziamento della flotta, per rivaleggiare con la Gran Bretagna, tentò contro la

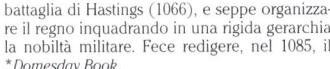

Francia una politica di intimidazione (Tangeri, 1905; Agadir, 1911) e aumentò l'influenza tedesca sull'impero ottomano. Attraverso la Triplice Intesa (1907), rafforzò i legami con l'Austria e trascinò la Germania nella prima guerra mondiale (1914). Sconfitto (1918), abdicò e andò in esilio.
■ *Guglielmo II.*

INGHILTERRA E GRAN BRETAGNA

GUGLIÈLMO I IL CONQUISTATÓRE, *Falaise ? 1028 ca. - Saint Gervais 1087*, duca di Normandia (1035-1087), re d'Inghilterra (1066-1087). Nel 1066, rivendicata la corona inglese sulla quale vantava diritti come cugino di Edoardo il Confessore, salì al trono dopo aver sconfitto e ucciso Harold II nella battaglia di Hastings (1066), e seppe organizzare il regno inquadrando in una rigida gerarchia la nobiltà militare. Fece redigere, nel 1085, il *Domesday Book.
■ *Guglielmo I il Conquistatore.*

— **Guglielmo II il Rosso**, *1056 ca. - presso Lyndhurst 1100*, re d'Inghilterra (1087-1100). Figlio di Guglielmo I il Conquistatore, lottò con successo contro i gallesi e gli scozzesi (1093).

GUGLIÈLMO III, detto Guglielmo **d'Orange**, *L'Aia 1650 - Kensington 1702*, statolder delle Province Unite (1672-1702), re d'Inghilterra, di Scozia e d'Irlanda (1689-1702), della dinastia degli Stuart. Figlio di Guglielmo II di Nassau e di Maria, figlia di Carlo I, divenne statolder nel 1672. Salvò la sua patria dall'invasione francese facendo aprire tutte le chiuse per inondare il paese, quindi preservò l'integrità del territorio olandese con il trattato di Nimega (1678) e diresse una coalizione europea contro Luigi XIV. Difensore del protestantesimo, detronizzò il re d'Inghilterra Giacomo II, suo suocero, e nel 1689 salì al potere con la consorte Maria II Stuart. Luigi XIV riconobbe la sua autorità con il trattato di Ryswick (1697).

GUGLIÈLMO IV, *Londra 1765 - Windsor 1837*, re di Gran Bretagna, Irlanda e Hannover (1830-1837), figlio di Giorgio III.

OLANDA E PAESI BASSI

GUGLIÈLMO I, *L'Aia 1772 - Berlino 1843*, re dei Paesi Bassi e granduca di Lussemburgo (1815-1840). Designato re dal Congresso di Vienna, perse il Belgio nel 1830; abdicò nel 1840. — **Guglielmo II**, *L'Aia 1792 - Tilburg 1849*, re dei Paesi Bassi e granduca di Lussemburgo (1840-1849). Figlio di Guglielmo I, dovette riconoscere una Costituzione parlamentare (1848). — **Guglielmo III**, *Bruxelles 1817 - castello di Het Loo 1890*, re dei Paesi Bassi e granduca di Lussemburgo (1849-1890), figlio di Guglielmo II.

GUGLIÈLMO I DI NASSAU, detto **il Tacitùrno**, principe **d'Orange**, *castello di Dillenburg 1533 - Delft 1584*, statolder d'Olanda (1559-1567, 1572-

1584). Contrario alla politica assolutista di Filippo II, organizzò la rivolta dell'Olanda e della Zelanda contro la Spagna (1572) e fu riconosciuto statolder di 17 province (1576). Non poté impedire alle province meridionali, cattoliche, di ritornare sotto l'autorità degli spagnoli (1579), che lo fecero assassinare. — **Guglielmo II di Nassau**, principe **d'Orange**, *L'Aia 1626-1650*, statolder d'Olanda (1647-1650). Figlio e successore di Federico Enrico, fece sì che l'indipendenza delle Province Unite fosse riconosciuta dalla pace di Westfalia (1648). La sua morte prematura permise al partito repubblicano di salire al potere. — **Guglielmo III di Nassau** → GUGLIELMO III (Inghilterra e Gran Bretagna).

SCOZIA

GUGLIÈLMO IL LEÓNE, *1143 - Stirling 1214*, re di Scozia (1165-1214). Diede al suo paese una solida organizzazione amministrativa e giudiziaria.

GUGLIÈLMO DI CHAMPEAUX, *Champeaux, presso Melun, metà dell'XI sec. - 1121 ca.*, filosofo e teologo francese. Vescovo di Châlons (Champagne) (1113-1121), entrò in contrasto con il suo discepolo P. Abelardo sulla questione degli universali.

GUGLIÈLMO DI CONCHES, *Conches fine dell'XI sec. 1154 ca.*, teologo e filosofo francese, membro eminente della scuola di Chartres.

GUGLIÈLMO DI LORRIS, *Lorris-en-Gâtinais 1200/1210 ca. - dopo il 1240*, poeta francese, autore della primo libro del *Roman de la Rose.

GUGLIÈLMO DI TÌRO, *Siria 1150 ca. - Roma 1185*, cronista. Arcivescovo di Tiro, ci ha lasciato una monumentale storia delle crociate che rappresenta un prezioso documento sull'Oriente latino del XII sec.

GUGLIÈLMO DI OCCAM → OCCAM (Guglielmo di).

GUGLIÈLMO DI RUBROEK → RUBROEK (Guglielmo di).

GUGLIÈLMO IL GRÀNDE (sànto), *755 ca. - Gellone, Linguadoca, 812*, conte di Tolosa e duca di Aquitania. Dopo aver fermato l'avanzata degli arabi, si ritirò nell'abbazia di Gellone, da lui fondata, che in seguito prese il nome di Saint-Guilhem-le-Désert. — È l'eroe di un ciclo di canzoni medievali, con il nome di "Guglielmo d'Orange".

GUGLIÈLMO TELL, leggendario eroe svizzero (XIV sec.). Per essersi rifiutato di salutare il balivo H. Gessler, fu fatto arrestare e condannato a dimostrare la propria abilità di balestriere colpendo con una freccia una mela posta sul capo del figlioletto. G. T. uscì vittorioso dalla sfida, ma nonostante ciò fu imprigionato. Dopo essere fuggito, però, si vendicò e uccise Gessler. — La sua storia ha ispirato un dramma di F. Schiller (1804), da cui G. Rossini ha tratto un'opera in 4 atti (1829).

GUGONG, nome cinese della Città proibita di Pechino.

GÙI (Vittòrio), *Roma 1885 - Firenze 1975*, direttore d'orchestra. Ha interpretato e contribuito a diffondere, oltre all'opera, la musica del primo '900 (C. Debussy, M. Ravel) e del '700 tedesco.

GUICCIARDÌNI (Francésco), *Firenze 1483 - Arcetri 1540*, politico e storico. Governatore al servizio dei papi Leone X e Clemente VII (1516-1526), responsabile della politica estera del papato, e poi al servizio di Alessandro de' Medici (1531-1537), fu una figura di primo piano del Rinascimento italiano. In opposizione a N. Machiavelli, sviluppò un pensiero politico estremamente realistico (*Ricordi*, 1512-1530) e mantenne sempre un atteggiamento scettico riguardo alla possibilità dell'uomo di interpretare la storia (*Considerazioni sui Discorsi del Machiavelli*, 1529). Scrisse anche una monumentale *Storia d'Italia* (1537-1540), che ripercorre gli anni dal 1492 alla morte di Clemente VII (1534).

GUIDÀCCI (Margherita), *Firenze 1921 - Roma 1992*, poetessa. Traduttrice di testi letterari inglesi e americani, ha scritto liriche dai toni introspettivi, lontani dal gusto ermetico. Tra le raccolte, *Giorno dei santi* (1957), *Il vuoto e le forme* (1977), *Inno alla gioia* (1983).

GUÌDI, nobile famiglia toscana, affermatasi nel XIII sec. — **Guido Guerra II**, *m. nel 1124 ca*. Detto il **Marchese**, fu adottato da Matilde di Canossa. — **Guido Novello I**, *m. nel 1293*. Capo ghibellino vincitore a Montaperti (1260), fu poi podestà dell'imperatore in Toscana. — **Tegrimo II**, *XIII sec*. Ghibellino, fu capostipite del ramo di Modigliana e fedele a Federico II. — **Guido Guerra I**, *m. nel 1272*. Sostenitore dei guelfi in Toscana e a Firenze, è citato da Dante nella *Divina Commedia*.

GUÌDI (Alessàndro), *Pavia 1650 - Frascati 1712*, poeta. Influenzato da G. Marino alla corte dei Farnese, scrisse le *Poesie liriche* (1671). Quindi entrò nell'Accademia degli Arcadi, dove compose la favola pastorale *Endimione* (1692) e le *Rime* (1704), che introdussero la «canzone libera».

GUÌDI (Guido), *Cesena 1941*, fotografo. Ha indirizzato la sua ricerca sia verso le aree rurali sia verso quelle urbanizzate, esponendo i suoi lavori in musei quali il Beaubourg di Parigi e il Guggenheim Museum di New York e in esposizioni tra cui la Biennale di Venezia.

GUÌDI (Virgilio), *Roma 1891 - Venezia 1984*, pittore. Ha sviluppato un'estetica legata alla sperimentazione del chiaroscuro e alla ricerca formale. Tra le opere, *Figure nello spazio* (1950).

GUIDICCIÓNI (Giovànni), *Lucca 1500 - Macerata 1541*, letterato. Fu governatore di Roma e della Romagna e vescovo di Fossombrone. Tra le opere, l'*Orazione alla Repubblica di Lucca* (1533), le *Lettere di negozi* e le *Rime* (1567), con 14 sonetti sulla rovina italiana.

GUÌDO D'ARÉZZO, *Arezzo 990 ca. - dopo il 1033*, benedettino. Teorico della musica, fu l'inventore del sistema moderno di notazione musicale e del metodo mnemonico per intonare correttamente la scala, detto "esacordo", esposto nell'*Epistola ad Michaelem de ignoto cantu*.

GUÌDO DÉLLE COLÓNNE, *Messina 1210 ca. - 1280 ca.*, poeta. Fu giudice dal 1243 ed esponente della scuola siciliana. Il suo canzoniere comprende 5 canzoni, caratterizzate da uno stile complesso e raffinato, una delle quali fu citata e apprezzata da Dante nel *De vulgari eloquentia*.

GUIDO DI DAMPIERRE, *1225 - Pontoise 1305*, conte delle Fiandre (1278-1305). Vassallo di Filippo il Bello, si ribellò nel 1297. Non avendo ricevuto sufficiente appoggio dall'Inghilterra, si dichiarò prigioniero nel 1300 e trascorse il resto dei suoi giorni in cattività.

GUÌDO DI LUSIGNÀNO, *Lusignano 1129 ca. - Nicosia 1194*, re di Gerusalemme (1186-1192), signore di Cipro (1192-1194). Sconfitto da Saladino nel 1187 a Hittin, fu privato del regno di Gerusalemme da Corrado I, marchese di Monferrato (1192).

GUÌDO DI SPOLÉTO, *m. nel 894*, re d'Italia e imperatore. La vittoria su Berengario gli permise di ottenere il trono italiano (889); quindi, con l'appoggio di papa Stefano V, si impadronì anche della corona imperiale (891).

GUÌDO DI TOSCÀNA, *m. nel 929*, marchese di Toscana. Nel 917 succedette al padre Adalberto II. Nel 925 sposò la nobildonna romana Marozia per rafforzare il suo potere politico. La moglie lo spinse a dichiarare guerra a papa Giovanni X e a ucciderlo (928).

GUIDÒNIA-MONTECÈLIO, com. in prov. di Roma; 67.882 ab. Agricoltura. Industrie del legno, estrattive, meccaniche, delle materie plastiche.

GUÌDO RÈNI → RENI (Guido).

GUIDÙCCI (Armànda), *Napoli 1923 - Milano 1992*, scrittrice. Ha scritto numerosi saggi letterari (*Invito alla lettura di Pavese*, 1950; *Dallo zdanovismo allo strutturalismo*, 1967), intervenendo nel dibattito femminista (*Due donne da buttare*, 1976; *La donna non è gente*, 1977).

GUIÈNNA, nome con cui veniva designata la prov. di Aquitania sotto dominazione inglese, dal 1259 al 1453. Divenuto, nel 1469, appannaggio di Carlo, fratello di Luigi XI, il ducato di G. ritornò definitivamente alla Francia nel 1472.

GUIGNOL, personaggio del teatro francese delle marionette. Di origini italiane, fu introdotto a Lione alla fine del XVIII sec. da Laurent Mourguet (1769-1844). G. e l'amico Gnafron simboleggiano lo spirito beffardo del popolo.

GUILBERT (Yvette), *Parigi 1867 - Aix-en-Provence 1944*, cantante francese. Il suo nome è legato al music-hall e a due grandi successi: *Le fiacre* e *Madame Arthur*.

GUILDFORD, c. della Gran Bretagna (Inghilterra), a SO di Londra; 57.000 ab. Palazzi e monumenti antichi.

GUILFORD (Joy Paul), *Marquette, Nebraska, 1897 - Los Angeles 1987*, psicologo statunitense. La sua teoria sull'intelligenza è servita come base per la formulazione di diversi test.

GUILIN, c. della Cina (Guangxi); 557.346 ab. Straordinarie formazioni rocciose a strapiombo, che conservano incisioni calligrafiche di epoca Tang, Song e Ming, e grotte che ospitano statue di Buddha.

GUILLAUME (Charles Édouard), *Fleurier 1861 - Sèvres 1938*, fisico svizzero. Analizzò le leghe di acciaio e nichel realizzando le leghe chiamate Invar ed Elinvar. (Premio Nobel 1920.)

GUILLAUME DE MACHAUT o **DE MACHAULT**, *Machault, presso Reims, 1300 ca. - Reims 1377*, poeta e compositore francese. Canonico di Reims, fu uno dei creatori della scuola polifonica francese (mottetti, ballate e la *Messe de Notre-Dame*). Fissò le regole musicali e letterarie dell'arte lirica per il lai, il virelai, la ballata e il rondeau.

GUILLAUME DE MACHAUT. Miniatura di un manoscritto del XIV sec. dei Nouveaux Dits amoureux. (BNF, Parigi.)

GUILLAUME II DE VILLEHARDOUIN → VILLEHARDOUIN.

GUILLEM (Sylvie), *Parigi 1965*, ballerina francese. Ballerina classica dalla tecnica eccezionale (*Il lago dei cigni*), ha interpretato anche opere composte appositamente per lei (*In the Middle, Somewhat Elevated*, W. Forsythe, 1987; *Épisodes*,

Sylvie **GUILLEM** in Luna di M. Béjart.

M. Béjart, 1992). Nel 1998, si è data la coreografia con *Giselle* (interpretando il ruolo principale).

GUILLEMIN (Roger), *Digione 1924*, medico statunitense di origine francese. Ha determinato la struttura degli ormoni dell'ipotalamo e isolato le endorfine. (Premio Nobel 1977.)

GUILLÉN (Jorge), *Valladolid 1893 - Malaga 1984*, poeta spagnolo. Influenzato da L. Góngora e P. Valéry, diede vita a una lirica di impeccabile purezza (*Cantico*).

GUILLÉN (Nicolás), *Camagüey 1902 - L'Avana 1989*, poeta cubano. Poeta nazionale, sostenitore della causa della popolazione afro-cubana, è autore di raccolte di ispirazione politica e sociale (*Sóngoro Cosongo, Il grande zoo*).

GUILLEVIC (Eugène), *Carnac 1907 - Parigi 1997*, poeta francese. La sua opera è segnata dalle influenze bretoni e dall'impegno sociale e politico (*Terraqué, Carnac, Euclidiennes*).

GUILLOTIN (Joseph Ignace), *Saintes 1738 - Parigi 1814*, medico e politico francese. Deputato, fece adottare dall'Assemblea costituente (1789) lo strumento per le esecuzioni capitali che porta il suo nome, la ghigliottina.

GUILLOUX (Louis), *Saint-Brieuc 1899-1980*, scrittore francese. Nei suoi romanzi ha descritto l'umiliazione, la dignità e la rivolta del popolo con accento dolente e partecipe (*Sangue nero, Gioco di pazienza*).

GUIMARÃES, c. del Portogallo settentr.; 48.164 ab. Castello del X sec., palazzo dei duchi di Braganza (XV sec.) e altri monumenti; musei.

GUIMARÃES ROSA (João), *Cordisburgo 1908 - Rio de Janeiro 1967*, scrittore brasiliano. I suoi romanzi compongono un vasto affresco del Nordeste (*Diadorim*).

GUIMARD (Hector), *Lione 1867 - New York 1942*, architetto francese. Decoratore e architetto razionalista, sperimentò elementi decorativi a carattere floreale con energia e libertà; fu uno dei più significativi rappresentanti dell'Art Nouveau ("castel Béranger", 1894, e ingressi delle stazioni del métro, a Parigi).

GUINÈA, Stato dell'Africa occ., sul Golfo di G.; 250.000 km²; 8.274.000 ab. CAP. *Conakry*. LINGUA: *francese*. MONETA: *franco della Guinea*. [V. carta a pagina seguente.]

GEOGRAFIA – Sulle pendici del Fouta-Djalon si pratica l'allevamento bovino. La montagna separa una pianura costiera, umida, densamente popolata, con colture di riso, palme da olio e banane, dalla parte orient., piatta (a parte l'estremità sud-orient.), più secca, che fornisce soprattutto miglio e manioca. La bauxite, di cui il paese è uno dei maggiori produttori mondiali, in parte trasformata direttamente in alluminio, è il principale prodotto d'esportazione; tutte le merci destinate al mercato estero passano per Conakry, l'unico centro urbano di una certa importanza.

STORIA – Prima della colonizzazione. XII sec.: l'alta G., popolata da malinke, appartiene in parte all'impero del Mali. Il commercio è monopolio dei venditori ambulanti, i diuola. **1461-1462**: con l'arrivo dei portoghesi ha inizio la tratta dei neri, che durerà fino al 1850. XVIII sec.: i peul, giunti da regioni periferiche nel XVI sec., istituiscono al centro del paese uno Stato teocratico, il Fouta-Djalon. I sussu, respinti verso la costa, sottomettono le popolazioni locali. **Seconda metà del XIX sec.**: conquistatori musulmani, tra cui Samory Touré, si impossessano del paese e impongono l'islam, che soppianta così la religione tradizionale dei malinke.

La colonizzazione. La Francia intraprende la conquista della regione. **1889-1893**: la G. diventa una colonia francese; **1895**: entra a far parte dell'Africa occidentale francese; **1898**: viene annessa al Sudan francese. **1904**: la Gran Bretagna cede alla Francia le isole di Los, di fronte a Conakry.

L'indipendenza. 1952: il sindacalista Sékou Touré prende il comando del movimento nazionalista. **1958**: la G. opta per l'indipendenza immediata, rompendo ogni legame con la Francia; **1961**: forma con il Ghana e il Mali l'Unione degli Stati africani. **1958-1974**: S. Touré esercita un potere dittatoriale; numerosi complotti e conseguenti processi. **1975-1978**: riavvicinamento alla Francia. **1984**: morte di Touré. Il colonnello Lansana Conté, nuovo capo dello Stato, si trova a

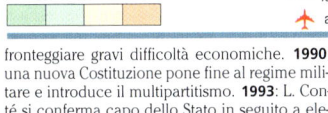

Guinea e Guinea-Bissau

★ importante località turistica
200 500 1000 m

— strada normale
— ferrovia
✈ aeroporto

● più di 500.000 ab.
● da 50.000 a 500.000 ab.
● da 10.000 a 50.000 ab.
● meno di 10.000 ab.

fronteggiare gravi difficoltà economiche. **1990**: una nuova Costituzione pone fine al regime militare e introduce il multipartitismo. **1993**: L. Conté si conferma capo dello Stato in seguito a elezioni presidenziali democratiche (sarà rieletto nel 1998). Ma il paese è destabilizzato da conflitti regionali (afflusso di profughi dalla Liberia e dalla Sierra Leone, scontri alle frontiere). **1999**: Lamine Sidimé è primo ministro.

GUINÈA (Gólfo di), golfo dell'Atlantico, sulla costa occ. dell'Africa, a N dell'equatore.

GUINÈA (Nuòva) → NUOVA GUINEA.

GUINÈA-BISSÀU, già **Guinèa portoghése**, Stato dell'Africa occ., sull'Atlantico; 36.125 km²; 1.227.000 ab. CAP. *Bissau*. LINGUA: *portoghese*. MONETA: *franco CFA*. Arachidi e riso.

STORIA – **1446**: i portoghesi scoprono il paese, popolato da mandingo musulmani e tribù dedite all'animismo; **fine del XVI sec.**: vi fondano i primi mercati. **1879**: la G. diventa una colonia, amministrativamente distinta da Capo Verde. **1941**: Bissau diventa il capoluogo della colonia. **1956**: Amílcar Cabral assume il comando del movimento nazionalista. **1962**: guerra di liberazione antiportoghese. **1973**: A. Cabral viene assassinato e suo fratello, Luís de Almeida Cabral, proclama la repubblica della G. B. **1974**: il Portogallo riconosce l'indipendenza del paese. **1980**: L. Cabral viene rovesciato da un colpo di Stato. Gli succede il comandante Joao Bernardo Vieira. **1991**: viene instaurato il multipartitismo. **1994**: le prime elezioni presidenziali confermano capo dello stato J.B. Vieira. **1999**: l'esercito destituisce Vieira. **2000**: il leader dell'opposizione, Kumba Ialá, viene eletto presidente della repubblica. **2002**: Mario Pires diventa primo ministro. **2003**: un colpo di Stato porta i militari al potere.

GUINÈA EQUATORIÀLE, già **Guinèa spagnòla**, Stato dell'Africa centrale; 28.100 km²; 470.000 ab. CAP. *Malabo*. C. PRINC. *Bata*. LINGUE: *spagnolo e francese*. MONETA: *franco CFA*. [V. *carta del* **Gabon**.] Una parte del paese è costituita da diverse isole, tra cui Bioko e Annobón; l'altra corrisponde al territorio orient. del Mbini (già Río Muni), tra Camerun e Gabon. Esportazione di legname, cacao e caffè.

STORIA – **1777-1778**: le isole Annobón e Fernando Poo, nucleo della G. E., vengono cedute alla Spagna dal Portogallo, che la occupava dal XV sec. XIX sec.: a partire dal 1840, la provincia continentale (il Río Muni) è ambita sia dalla Francia che dalla Spagna. **1900**: vengono definitivamente fissate le frontiere del paese; la zona interna di Río Muni viene occupata solamente nel 1926. **1959**: la colonia diventa provincia spagnola. **1968**: viene proclamata l'indipendenza. Francisco Macías Nguema istituisce un regime dispotico. **1979**: il colonnello Téodoro Obiang Nguema Mbasogo

prende il potere e ripristina le relazioni con Spagna e Occidente. **1992**: il paese si apre al multipartitismo. **1993**: il partito al potere vince le prime elezioni legislative, boicottate dai principali partiti dell'opposizione. **1996**: T.O. Nguema Mbasogo mantiene la presidenza. **2001**: diventa presidente del consiglio Candido Muatetema Rivas.

GUINIZZÈLLI (Guido), *Bologna 1235 ca. - Monselice 1276*, poeta. Sostenitore dei ghibellini, esiliato da Bologna in seguito alla loro sconfitta, fu autore di alcuni componimenti (*Al cor gentil rempaira sempre amore*) e sonetti. Dante lo cita nel *Purgatorio* come precursore dello stilnovo.

GUINNESS (sir Alec), *Londra 1914 - Midhurst, Sussex, 2000*, attore teatrale e cinematografico britannico. Ottimo interprete del repertorio shakespeariano all'Old Vic Theatre, dotato di grande humour, ha recitato in numerosi film (*Noblesse oblige*, R. Hamer, 1949; *Il ponte sul fiume Kwai*, D. Lean, 1957).

GUIPÚZCOA, prov. basca della Spagna; 679.370 ab.; capol. *San Sebastián*.

GUÌSA, ramo cadetto dei duchi di Lorena, che nel 1504 ebbe la contea di Guise, divenuta ducato nel 1528. Nel 1688, il ducato passò ai Condé e, nel 1832, alla casa di Orléans. – **Claudio I di G.**, *Condé-Northen 1496 - Joinville 1550*, primo duca e pari di G. Fu al servizio di Francesco I contro Carlo V. – **Francesco I di G.**, *Bar-le-Duc 1519 - Saint-Mesmin 1563*, principe francese. Figlio di Claudio I, difese Metz dalle truppe di Carlo V e, luogotenente generale del regno, riconquistò Calais strappandola agli inglesi (1558). A capo delle truppe cattoliche all'inizio delle guerre di religione, fu assassinato da un protestante. – **Enrico I di G.**, *1549 - Blois 1588*, principe francese. Primogenito di Francesco I, fu tra i responsabili del massacro della notte di San Bartolomeo e si pose a capo della lega cattolica (1576). Fu assassinato, per ordine di Enrico III, durante la convocazione degli Stati generali a Blois. – **Luigi II di G.**, *Dampierre 1555 - Blois 1588*, cardinale di Lorena. Fu assassinato insieme al fratello Enrico I.

GUISCÀRDO → ROBERTO IL GUISCARDO.

GUITRY (Sacha), *San Pietroburgo 1885 - Parigi 1957*, attore, drammaturgo e regista cinematografico francese. Le sue commedie (*Mio padre aveva ragione*, 1919) e i film (*Il romanzo di un baro*, 1936) incarnano il tipico stile parigino, brillante e caustico.

GUITTÓNE D'ARÉZZO, *Arezzo 1235 ca. - Firenze 1294*, poeta. Fu autore di un corpus di *Lettere* e delle *Rime*, un canzoniere composto da 50 canzoni e 250 sonetti, suddiviso in due parti: la prima dedicata alla poesia d'amore e la seconda alla poesia religiosa e politica. Influenzato dai poeti siciliani e provenzali, fu a sua volta punto di riferimento per gli stilnovisti.

GUIYANG, c. della Cina, capol. del Guizhou; 1.664.709 ab.

GUIZHOU, prov. della Cina merid.; 36.060.000 ab.; capol. *Guiyang*.

GUIZOT (François), *Nîmes 1787 - Val-Richer, Calvados, 1874*, politico e storico francese. Protestante, professore alla Sorbona (1812), si oppose alla politica reazionaria di Carlo X e contribuì all'instaurazione della monarchia di luglio (1830). Ministro dell'istruzione (1832-1837), fece votare una legge sull'istruzione elementare (legge G., 1833). Ministro degli esteri (1840-1847), poi presidente del consiglio (1847-1848), appoggiò la classe borghese ma fu travolto dai moti del 1848. Scrisse numerose opere (*Storia della rivoluzione inglese*, 1826-1827).

■ *François Guizot ritratto da J.G. Vibert. (Reggia di Versailles.)*

GUJARAT, Stato dell'India nord-occ.; 196.000 km²; 50.596.992 ab.; cap. *Gandhinagar*.

GUJRANWALA, c. del Pakistan; 1.132.000 ab.

GU KAIZHI, *Wuxi 345 ca. - 406 ca.*, pittore cinese. È il primo artista cinese di cui si abbia testimonianza diretta, grazie alla fedele copia antica di una sua opera, il rotolo *Gli ammonimenti dell'istitutrice alle dame di Palazzo* (British Museum).

GULBARGA, c. dell'India (Karnataka); 427.929 ab. Moschea (XIV sec.).

GULBENKIAN (Calouste Sarkis), *Istanbul 1869 - Lisbona 1955*, uomo d'affari britannico di origine armena. Contribuì allo sfruttamento del petrolio nel N dell'Iraq e raccolse un'importante collezione di quadri e oggetti d'arte, trasferita a Lisbona nel 1960 (museo della Fondazione G.).

GULDBERG (Cato), *Cristiania 1836-1902*, chimico norvegese. Con P. Waage, diede una formulazione quantitativa alla legge dell'azione di massa (1864).

GULISTAN ("Il roseto"), raccolta di racconti in prosa e in versi del poeta persiano Sadi (1258 ca.). Secondo il suo autore, l'opera contiene tutti i precetti necessari per una buona condotta di vita.

GULLIVER, personaggio principale del romanzo satirico e fantastico di J. Swift *I viaggi di Gulliver* (1726). G. visita paesi immaginari: *Lilliput*, Brobdingnag, popolata da giganti; Laputa, un'isola volante abitata da scienziati folli; il paese degli Houyhnhnms, cavalli intelligenti e saggi che hanno addomesticato gli Yahoo, umani degenerati

GÜNTHER (Ignaz), *Altmannstein, Alto Palatinato, 1725 - Monaco 1775*, scultore tedesco. Tra i padri del rococò, è autore di opere plastiche in varie chiese della Germania meridionale.

GUNTUR, c. dell'India (Andhra Pradesh); 514.707 ab.

GUOMINDANG, KUOMINTANG o **KUO-MIN-TANG** ("partito nazionale"), partito politico cinese fondato nel 1912 da Sun Yat-sen e dal 1925 diretto da Jiang Jieshi (Chiang Kai-shek). Sconfitto dal Partito comunista cinese nella guerra civile (1949), dopo questa data ha continuato a esercitare la sua influenza sulla sola Taiwan.

GUO MORUO, *in Sichuan 1892 - Pechino 1978*, scrittore e politico cinese. Autore di poesie, testi teatrali e saggi storici, ha ricoperto importanti ruoli politici tra il 1949 e il 1966.

GUO XI, *Wenxian, Henan, attivo tra il 1020 e il 1090*, pittore cinese. Tra i maggiori paesaggisti della dinastia dei Sung settentrionali (*Primavera precoce*, 1072, museo di Taipei).

GUPTA, dinastia indiana (270 ca. - 550). Affermò il suo potere sull'India settentr. con Candragupta I e raggiunse l'apogeo tra il IV e il V sec.

GURDJIEFF (Georges Ivanovič), *Aleksandropol, att. Gumri, 1877 ? - Parigi 1949*, filosofo esoterico francese di origine caucasica. La sua dottrina si basava sulla convinzione che l'uomo potesse scoprire il significato profondo dell'esistenza.

GURI, lago artificiale del Venezuela, alimentato dal Río Caroní; sfruttamento idroelettrico.

GURJEV → ATYRAU.

GURKHA, popolazione composita dell'India, di origine nepalese; i g. sono conosciuti per le loro tradizioni militari: fornirono truppe all'esercito coloniale britannico in India e ancora oggi corpi scelti g. fanno parte delle forze armate britanniche (seconda guerra del Golfo). Impropriamente considerati come una casta, comprendono gli indù e alcune tribù (gurung, magaba, rai, tamang e limbu).

GURO, popolazione akan stanziatasi nella zona centrale della Costa d'Avorio.

GURUNG, popolazione tribale del Nepal (ca. 600.000 individui). Agricoltori e pastori stanziati nelle valli centrali della parte occ. del paese, i g. si suddividono in clan gerarchizzati. Parlano una lingua tibeto-birmana.

GURVITCH (Georges), *Novorossijsk, Russia, 1894 - Parigi 1965*, sociologo francese. Auspicò una sociologia che avesse come oggetto l'analisi della realtà sociale nella sua globalità (*Morale teorica e scienza dei costumi*, 1937).

GUSMÃO (José Alexandre, detto Xanana), *Laleia, distr. di Manatuto, 1946*, politico di Timor Orientale. Leader del FRETILIN (Fronte rivoluzionario per l'indipendenza), è la figura emblematica della resistenza di Timor Orientale al dominio indonesiano. Dal 2002, con l'indipendenza di Timor Orientale, è presidente della nuova repubblica.

GÙSPINI, com. in prov. di Cagliari; 13.107 ab. Agricoltura (legumi, uva). Industrie estrattive. Reperti archeologici di epoca nuragica.

GUSTAVIA, capol. dell'isola di Saint-Barthélemy (dipendenza della Guadalupa). Porto franco.

GUSTÀVO I VASA, *Lindholmen 1496 - Stoccolma 1560*, re di Svezia (1523-1560), fondatore della dinastia dei Vasa. Dopo avere rotto l'Unione di Kalmar, fu proclamato re. Appoggiò il luteranesimo, incamerò i possedimenti del clero e promosse lo sviluppo economico del paese, che riuscì a trasformare in una grande potenza.

■ *Gustavo I Vasa ritratto da W. Boy. (Castello di Gripsholm.)*

GUSTÀVO II ADÒLFO, *Stoccolma 1594 - Lützen 1632*, re di Svezia (1611-1632). Nipote di Gustavo I Vasa, fu promotore di diverse riforme dello Stato, con l'aiuto del cancelliere A. Oxenstierna. Modernizzò l'economia, promosse l'istruzione e riorganizzò l'esercito svedese, grazie al quale riuscì a portare a termine la guerra con i danesi (1613) e in seguito strappò l'Estonia, l'Ingria e la Carelia orientale ai russi (1617). Divenuto padrone del Baltico, decise di intervenire in Germania, con l'aiuto di Richelieu, per sostenere i protestanti nella guerra dei Trent'anni; trionfò sulle truppe imperiali a Breitenfeld (1631) e a Lech (1632), ma fu ucciso durante la battaglia di Lützen.

■ *Gustavo II Adolfo. (Galleria Palatina, Firenze.)*

GUSTÀVO III, *Stoccolma 1746-1792*, re di Svezia (1771-1792). Despota illuminato, appoggiò inizialmente misure liberali, ma i gravi problemi agrari e la guerra contro i danesi e i russi lo spinsero a ritornare, dal 1788, su posizioni autoritarie. Fu assassinato da un fanatico.

GUSTÀVO IV ADÒLFO, *Stoccolma 1778 - San Gallo, Svizzera, 1837*, re di Svezia (1792-1809). Lottò contro la Francia e fu costretto a lasciare la Finlandia ai russi (1808); fu deposto e sostituito da Carlo XIII.

GUSTÀVO V, *castello di Drottningholm 1858-1950*, re di Svezia (1907-1950). Figlio di Oscar II, tra le due guerre mondiali si mantenne neutrale. — **Gustavo VI Adolfo**, *Stoccolma 1882 - Helsingborg 1973*, re di Svezia (1950-1973), figlio di Gustavo V.

GUTENBERG (Johannes Gensfleisch, detto), *Magonza tra il 1397 e il 1400-1468*, tipografo tedesco. Intorno al 1440, mise a punto a Strasburgo il processo di composizione a caratteri mobili (tipografia). Stabilitosi a Magonza, nel 1450 fondò una società con J. Fust e stampò la famosa Bibbia detta "delle quarantadue righe", pubblicata nel 1455.

■ *Gutenberg.*

GUTERRES (António), *Lisbona 1949*, politico portoghese. Segretario generale del Partito socialista (1992-2002), è stato primo ministro dal 1995 al 2002.

GÜTERSLOH, c. della Germania (Renania Settentrionale-Westfalia), presso Bielefeld; 95.028 ab. Centro editoriale.

GUTHRIE (Woodrow Wilson, detto Woody), *Okemah 1912 - New York 1967*, cantautore statunitense. Tra i maggiori esponenti del *folk revival*, ha introdotto nella musica l'impegno politico (*Vigilante Man*).

GUTLAND, parte merid. del Lussemburgo.

GUTTMAN (Louis), *New York 1916 - Minneapolis 1987*, psicologo statunitense. Ha contribuito alla messa a punto di un modello matematico di analisi delle attitudini (*scalogramma* o *scala di G.*).

GUTTÙSO (Renato), *Bagheria 1912 - Roma 1987*, pittore. Membro del gruppo di Corrente dal 1940, tra i fondatori del Fronte nuovo delle arti, si è orientato verso un realismo con accenti politico-sociali. Tra le opere, *I funerali di Togliatti* (1972), *Comizio di quartiere* (1975), *La *Vuccìria*.

GUTZKOW (Karl), *Berlino 1811 - Sachsenhausen 1878*, scrittore tedesco. Animatore del movimento intellettuale liberale Giovane Germania, è autore di romanzi e opere per il teatro (*Uriel Acosta*).

GUYANA, già **Guyana britannica**, Stato dell'America merid., sull'Atlantico; 215.000 km²; 763.000 ab. CAP. *Georgetown*. LINGUA: *inglese*. MONETA: *dollaro della Guyana*.

GEOGRAFIA — Popolato essenzialmente da discendenti di immigrati indiani e da neri (giunti come schiavi per coltivare le piantagioni), il paese, dal clima caldo e umido, è ricoperto in larga parte da foreste. L'economia si basa principalmente sulle colture (riso e canna da zucchero) e sull'estrazione della bauxite.

STORIA — **1621-1791**: la Compagnia olandese delle Indie occidentali assicura lo sviluppo del paese (canna da zucchero, cotone). **1814**: i britannici, che occupano la regione dal 1796, si impossessano del settore occidentale nel 1831. Zona di colture tropicali, la regione si popola di neri, indù e bianchi. **1953**: si accorda uno statuto di autonomia alla regione. **1961-1964**: il primo ministro Cheddi Jagan, che governa con l'appoggio della comunità

india (50%), affronta i bianchi della United Force e l'opposizione dei neri (35%), guidata da Forbes Burnham. **1966**: il paese diventa indipendente; **1970**: costituisce, nell'ambito del Commonwealth, una "repubblica cooperativa". **1980-1985**: F. Burnham diviene presidente della G.; **1985**: alla sua morte, gli succede il primo ministro Hugh Desmond Hoyte. **1992**: C. Jagan diventa presidente della repubblica; **1997**: muore nel corso del suo mandato. Sua moglie, Janet Jagan, viene eletta capo dello Stato. **1999**: dopo le dimissioni di J. Jagan, sale al potere Bharrat Jagdeo (rieletto nel 2001).

GUYANA o **GUYANE**, reg. dell'America merid., sull'Atlantico, compresa tra l'Orinoco e il Rio delle Amazzoni. È divisa tra Venezuela, Guyana, Suriname, Guyana francese e Brasile.

GUYE (Charles Eugène), *Saint-Christophe, Vaud, 1866 - Ginevra 1942*, fisico svizzero. Ha verificato, su elettroni rapidi, la formula relativistica della variazione della massa in rapporto alla velocità (1913).

GUYS (Constantin), *Vissingen 1802 - Parigi 1892*, disegnatore e acquerellista francese. Lavorò per diversi giornali illustrati inglesi e francesi.

GUZMÁN (Martín Luis), *Chihuahua 1887 - Città del Messico 1976*, scrittore messicano. La sua opera ripercorre la rivoluzione messicana (*El aguila y la serpiente*).

GÙZZO (Augusto), *Napoli 1894 - Torino 1986*, filosofo. La sua riflessione si è orientata verso un'analisi critica dell'idealismo. Tra le opere, *Idealisti ed empiristi* (1935), *Idealismo e Cristianesimo* (1936), *L'io e la ragione* (1947).

GWALIOR, c. dell'India (Madhya Pradesh); 826.919 ab. Templi del IX e XI sec.; rilievi rupestri giainici del XV sec.; palazzi e mausolei del periodo Moghul.

GWERU, c. dello Zimbabwe; 124.735 ab. Raffineria di cromo.

GYLLENSTEN (Lars), *Stoccolma 1921*, scrittore svedese. I suoi romanzi (*Infantilia, Senilia, Juvenilia*) sono un ritratto pessimista e ironico della natura umana.

GYÖR, in ted. **Raab**, c. dell'Ungheria, sul Danubio; 129.338 ab. Metallurgia. — Monumenti del XII sec. di epoca barocca; museo di archeologia romana.

Guyana-Suriname

100   200   500   1000 m

— strada normale
✈ aeroporto

● più di 200.000 ab.
● da 10.000 a 200.000 ab.
● meno di 10.000 ab.

Carattere Helvetica

HAAKON, nome di più sovrani di Norvegia. — **Haakon IV**, *presso Skarpsborg 1204 - Kirkwall, Orcadi, 1263*, re di Norvegia (1217/1223-1263). Stabilì la sua sovranità su Islanda e Groenlandia. — **Haakon VII**, *Charlottenlund 1872 - Oslo 1957*, re di Norvegia (1905-1957). Secondogenito del re di Danimarca Federico VIII, salì al trono dopo la separazione tra Svezia e Norvegia.

HAARLEM (-), c. dei Paesi Bassi, capol. dell'Olanda Settentrionale; 148.377 ab. Cattedrale di S. Bavone (Grote Markt) risalente al XIV-XVI sec.; museo Frans-Hals in un palazzo del XVII sec. — H. subì un lungo assedio da parte dell'esercito spagnolo capeggiato dal duca d'Alba, che s'impadronì della città nel 1573.

HAAVELMO (Trygve), *Skedsmo 1911 - Eiksmarka, presso Oslo, 1999*, economista e statistico norvegese. È considerato uno dei fondatori dell'econometria. Il suo teorema sugli effetti moltiplicativi di un bilancio in pareggio tende a favorire le politiche di rilancio della spesa pubblica. (Premio Nobel 1989.)

HABER (Fritz), *Breslavia 1868 - Basilea 1934*, fisico e chimico tedesco. Studiò la sintesi industriale dell'ammoniaca e la termodinamica delle reazioni in fase gassosa. Fu costretto all'esilio dalla persecuzione antisemita nazista. (Premio Nobel per la chimica 1918.)

HABERMAS (Jürgen), *Düsseldorf 1929*, filosofo tedesco. Erede del pensiero della scuola di Francoforte, analizza i rapporti tra la tecnica, il potere e la comunicazione (*Conoscenza e interesse*, 1968; *Teoria dell'agire comunicativo*, 1981).

HABRÉ (Hissène), *Faya-Largeau 1936*, politico ciadiano. Ha preso parte alla guerra civile, guidando le forze ribelli nel N del paese a partire dal 1972; è stato eletto primo ministro (1978) e, dopo aver sconfitto il governo rivale di Goukouni Oueddeï, presidente della repubblica (1982). Nel 1990 è stato deposto da Idriss Déby.

HACHETTE, casa editrice francese, nata come libreria fondata a Parigi, nel 1826, da Louis H. Inizialmente orientata verso il settore scolastico e universitario, oggi ha esteso l'attività in tutti i campi dell'editoria.

HACHINOHE, c. del Giappone, nel N dell'Isola di Honshu; 242.654 ab. Porto peschereccio.

HACHIOJI, c. del Giappone (Honshu); 503.363 ab.

HACK (Margherita), *Firenze 1922*, astrofisica. È stata la prima donna in Italia a dirigere un osservatorio astronomico (quello di Trieste, dal 1964 al 1987). Si è dedicata allo studio e alla classificazione spettrale di numerose categorie di stelle e si è messa in luce anche per l'attività di divulgazione (*L'universo alle soglie del Duemila*, 1992; *Una vita tra le stelle*, 1995; *L'amica delle stelle*, 1998).

HADAMARD (Jacques), *Versailles 1865 - Parigi 1963*, matematico francese. È stato tra i principali teorici dell'analisi funzionale.

HADJAR (El-), c. dell'Algeria, presso Annaba; 33.878 ab. Industrie siderurgiche.

HADRAMAUT, reg. dell'Arabia (Yemen) che si affaccia sui golfi di Aden e di Oman.

HAECKEL (Ernst), *Potsdam 1834 - Jena 1919*, zoologo ed embriologo tedesco. È autore di opere di grande importanza nel campo dell'embriologia comparata. Seguace di C. Darwin, enunciò una teoria biogenetica fondamentale (1866), secondo la quale l'embrione ripercorre le tappe evolutive della propria specie.

HAEJU, c. della Corea del Nord; 213.000 ab.

HAFIZ, *Shiraz 1325 ca. - 1390*, poeta persiano, autore di liriche d'ispirazione amorosa e mistica.

HAFIZ (Mulay), *Fès 1875 ca. - Enghien-les-Bains 1937*, sultano del Marocco (1908-1912), appartenente alla dinastia degli Alawiti.

HAFSIDI, dinastia musulmana che regnò nell'Africa settentr. dal 1229 al 1574 ed ebbe come propria capitale Tunisi.

HAGANAH ("difesa"), organizzazione paramilitare ebraica in Palestina. A fianco della Gran Bretagna durante la seconda guerra mondiale, costituì nel 1948 il nerbo della resistenza ebraica contro gli Stati arabi, per sciogliersi poi nell'esercito regolare del nuovo Stato d'Israele.

HAGEDORN (Friedrich von), *Amburgo 1708-1754*, poeta tedesco. È autore del *Saggio di favole e racconti poetici*, ispirato alle fiabe di J. La Fontaine.

HAGEN, c. della Germania (Renania Settentrionale-Westfalia), nella Ruhr; 205.201 ab. Centro industriale. — Museo K.E. Osthaus (pittura del XX sec.) e museo della tecnica all'aperto.

HAGUE (La), penisola e capo della Manica, estremità nord-occ. del Cotentin. Riciclo di combustibili nucleari radioattivi (recupero di uranio e plutonio).

HAHN (Otto), *Francoforte 1879 - Gottinga 1968*, chimico e fisico tedesco. Con L. Meitner, isolò il protoattinio (1917) e studiò il fenomeno dell'isomeria nucleare. Insieme a F. Strassmann scoprì, nel 1938, la fissione dell'uranio. (Premio Nobel per la chimica 1944.)

HAHN (Reynaldo), *Caracas 1875 - Parigi 1947*, compositore venezuelano naturalizzato francese. Compose numerose musiche vocali e operette (*Ciboulette*, 1923).

HAHNEMANN (Christian Friedrich Samuel), *Meissen 1755 - Parigi 1843*, medico tedesco. Fondatore della dottrina omeopatica, accolta con ostilità in Germania, conobbe il successo a Parigi, dove si stabilì nel 1835.

HAICHENG, c. della Cina, a SO di Shenyang; 992.000 ab.

HÀIFA o **HEIFFA**, c. di Israele, sul Mediterraneo; 250.000 ab. Porto. Raffinerie di petrolio.

HAIG (Alexander), *Filadelfia 1924*, generale statunitense. Collaboratore di R. Nixon e H. Kissinger (1972-1973), comandante delle forze della NATO in Europa (1974-1979), è stato segretario di Stato del presidente R. Reagan (1981-1982).

HAIG (Douglas **Haig**, cónte), *Edimburgo 1861 - Londra 1928*, maresciallo britannico. Dal 1915 al 1918 fu comandante in capo delle truppe britanniche in Francia.

HAI HE, f. della Cina, che sfocia nel Golfo di Bohai; 450 km. Scorre nelle vicinanze di Pechino e attraversa Tianjin.

HAIKOU, c. della Cina, capol. della prov. di Hainan; 410.050 ab.

HAILÉ SELASSIÉ I, *Harar 1892 - Addis-Abeba 1975*, imperatore d'Etiopia (1930-1974). Dichiarato reggente dell'imperatrice Zauditù, succeduta a Menelik, ed erede al trono nel 1916, il ras Tafari Makonnen fu incoronato re (negus) nel 1928 e divenne imperatore nel 1930, con il nome di H. S. I. Nel 1936 l'invasione

italiana lo costrinse a rifugiarsi in Gran Bretagna. Rientrò in patria nel 1941 dopo la liberazione dell'Etiopia da parte delle truppe britanniche e adottò una politica moderatamente liberale: varò importanti riforme, tra cui una legge per l'abolizione della schiavitù, e istituì il suffragio universale, ma il suo governo rimase, di fatto, autoritario. Fu deposto da un colpo di Stato nel 1974.

■ *Hailé Selassié I nel 1970.*

HAINAN, isola e prov. della Cina sud-orient.; 34.000 km^2; 7.430.000 ab.; capol. *Haikou*.

HAINAUT, reg. storica, situata sul confine tra Francia e Belgio. Contea dell'impero germanico, fondata nel IX sec., nel corso dei secoli passò nelle mani di diversi dominatori. La parte merid. divenne francese nel 1678 con il trattato di Nimega, mentre la restante è prov. belga dal 1830.

HAINAUT, prov. del Belgio merid.; 3787 km^2; 1.279.823 ab.; capol. *Mons*. A centri densamente popolati e industrializzati come Mons e Charleroi (bacini carboniferi) si contrappongono le vaste aree, prevalentemente agricole, della regione occidentale.

HAINING, c. della Cina, tra Shanghai e Hangzhou; 600.000 ab.

HAIPHONG, c. del Vietnam settentr.; 449.747 ab. Porto e centro industriale.

HAITI, Stato delle Antille, che occupa il settore occ. dell'isola di Hispaniola; 27.750 km^2; 8.270.000 ab. (*haitiani*). CAP. *Port-au-Prince*. LINGUE: *creolo e francese*. MONETA: *gourde*. [*V. carta a pagina seguente*.]

GEOGRAFIA – La repubblica di H., i cui abitanti sono in maggioranza neri, è un paese dal clima

1433

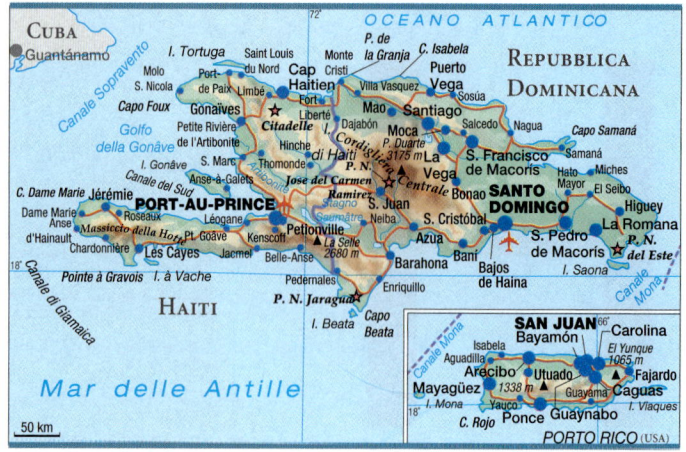

Haiti-Repubblica Dominicana

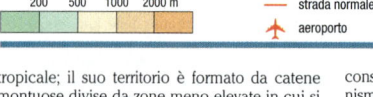

	importante località turistica	●	più di 1.000.000 di ab.
	strada normale	●	da 100.000 a 1.000.000 di ab.
✈	aeroporto	●	da 30.000 a 100.000 di ab.
		•	meno di 30.000 ab.

tropicale; il suo territorio è formato da catene montuose divise da zone meno elevate in cui si producono caffè, banane e canna da zucchero, le principali risorse commerciali. Nel sottosuolo è presente bauxite. In questo paese sovrappopolato, a scarso sviluppo industriale e gravato da un forte debito pubblico, il tenore di vita è molto basso e le tensioni sociali restano vive.

STORIA – L'epoca coloniale. 1492: popolata da indiani arawak, l'isola viene scoperta da C. Colombo, che la chiama "Hispaniola". 1697: l'occupazione della zona occ. si vale del francesi è avallata dal trattato di Ryswick. XVIII sec.: la regione diventa la più fiorente colonia francese grazie alla produzione di zucchero e caffè. La popolazione è composta per il 90% da schiavi neri, schiavi affrancati e mulatti. 1795: la Spagna cede alla Francia la parte orient. dell'isola (trattato di Basilea).

Il XIX sec. 1804: dopo aver espulso i colonizzatori, Jean-Jacques Dessalines si proclama imperatore di H. 1806-1818: la Spagna torna a occupare il settore orient. 1844: il paese riconquista la libertà assumendo il nome di "Repubblica Dominicana". 1859-1910: i mulatti dominano la vita politica.

Il XX e il XXI sec. 1915-1934: debito estero e crisi politica determinano l'intervento degli Stati Uniti, che occupano il paese. 1934-1957: con la partenza degli americani si apre un nuovo periodo d'instabilità. 1957-1971: François Duvalier, presidente a vita (1964), instaura un regime dittatoriale. 1971-1986: gli succede il figlio, Jean-Claude Duvalier, che nel 1986 verrà destituito da una sollevazione popolare. 1986-1990: il potere è quasi ininterrottamente in mano ai militari. 1991: il sacerdote Jean-Bertrand Aristide, eletto presidente della repubblica nel 1990, è costretto all'esilio da un colpo di Stato militare; 1994: l'intervento militare americano gli permette di tornare al potere. 1996: diventa presidente René Préval. 2001: J.-B. Aristide è di nuovo capo dello Stato. 2002: Yvon Neptune ottiene la carica di primo ministro. 2004: i rivoltosi del Fronte di resistenza occupano alcune città di H., costringendo J.-B. Aristide alla fuga.

HAITINK (Bernard), Amsterdam 1929, direttore d'orchestra olandese. Ha diretto il Concertgebouw di Amsterdam, la Philarmonic Orchestra di Londra (Covent Garden), la Staatskapelle di Dresda (dal 2002); oltre ad aver registrato l'intero repertorio sinfonico di F. Bruckner e G. Mahler, ha contribuito alla riscoperta delle opere di F. Liszt e di D. Šostakovič.

HAKASSI o KHAKASSI, popolazione dell'Hakassia, in Russia (ca. 80.000 individui). Gli h., che conservano la loro cultura tradizionale (sciamanismo), parlano una lingua di ceppo turco.

HAKASSIA, rep. della Russia, nella Siberia merid.; 581.200 ab.; capol. Abakan.

HAKIM (Al-), 985-1021, sesto califfo fatimida (996-1021). Acconsentì alla propria divinizzazione (1017). È venerato dai drusi.

HAKIM (Taufiq Al-), Alessandria ? 1898 - Il Cairo 1987, scrittore egiziano. Autore di romanzi (Diario di un sostituto di campagna), è riconosciuto come uno dei principali drammaturghi in lingua araba (O tu che sali sull'albero).

HAKODATE, c. del Giappone (Hokkaido); 298.881 ab. Porto.

HAL, in fiammingo Halle, c. del Belgio, capol. del Brabante fiammingo; 33.744 ab. Basilica del XIV sec. (opere d'arte).

HALBWACHS (Maurice), Reims 1877 - Buchenwald 1945, sociologo francese. Allievo di E. Durkheim, fu tra i primi ad applicare i metodi statistici (Psicologia delle classi sociali, 1938).

HALDANE (John), Oxford 1892 - Bhubaneswar 1964, biologo e matematico indiano di origine britannica. Elaborò una teoria matematica dell'evoluzione naturale (neodarwinismo).

HALE (George), Chicago 1868 - Pasadena 1938, astrofisico statunitense. Tra i fondatori della fisica solare, inventò lo spettroeliografo (1891), contemporaneamente e indipendentemente da H. Deslandres. Costruì il telescopio dell'osservatorio di Monte Palomar.

HALES (Stephen), Bekesbourne, Kent, 1677 - Teddington, presso Londra, 1761, chimico e naturalista inglese. Studiò numerosi gas e ideò un sistema di misurazione della pressione sanguigna.

HALÉVY (Ludovic), Parigi 1834-1908, scrittore e librettista francese. Scrisse con H. Meilhac i libretti delle principali opere liriche di J. Offenbach (La bella Elena, 1864; La vita parigina, 1866), per dedicarsi poi al romanzo di costume.

HALEY (Bill), Highland Park, Michigan, 1925 - Harlingen, Texas, 1981, chitarrista rock statunitense. Pioniere del rock and roll, incise con il suo gruppo, The Comets, il primo grande successo di questo genere musicale, Rock around the Clock (1954).

HALFFTER (Cristóbal), Madrid 1930, compositore spagnolo. È uno dei maggiori esponenti della recente musica post-seriale (Requiem por la libertad imaginada, per grande orchestra, 1971).

HALIFAX, c. del Canada, capol. della Nuova Scozia, sull'Oceano Atlantico; 113.910 ab. (332.518 ab. nell'agglomerato). Porto. Università. Sede arcivescovile.

HALIFAX, c. della Gran Bretagna (Inghilterra); 87.000 ab. Ant. mercato dei tessuti del XVIII sec.

HALIFAX (Edward Frederick Lindley Wood, cónte di), Powderham Castle 1881 - Garrowby Hall 1959, politico britannico. Divenne vicerè delle Indie (1925-1931), ministro degli esteri (1938-1940) e ambasciatore negli Stati Uniti (1941-1946).

HALL (Charles Francis), Rochester 1821 - canale di Robeson 1871, esploratore statunitense. Nei due viaggi in Groenlandia sulle orme della spedizione di J. Franklin, esplorò l'Isola di Baffin e la Baia di Hudson (1864-1869). Nel 1871 giunse fino alla terra che porta il suo nome (Terra di H.), nella Groenlandia settentr.

HALL (Edwin Herbert), Gorham, Maine, 1855 - Cambridge, Massachusetts, 1938, fisico statunitense. Svolse ricerche sulla conducibilità termica ed elettrica dell'acciaio e nel 1880 scoprì l'effetto galvanomagnetico che porta il suo nome.

HALL (Granville Stanley), Ashfield, Massachusetts, 1844 - Worcester, Massachusetts, 1924, psicologo statunitense. Pioniere della psicologia sperimentale negli Stati Uniti, concentrò i propri studi sullo sviluppo del bambino e dell'adolescente (Adolescence, 1904).

HALLADJ (Abu Al-Mughith Al-Husayn Al-), Tur, Fars, 858 ca. - Baghdad 922, teologo, mistico e martire musulmano. Uno dei maggiori esponenti del sufismo, fu condannato a morte sotto la dinastia degli Abbasidi.

HALLE, c. della Germania (Sassonia-Anhalt), sul f. Saale; 254.360 ab. Università. Industrie metallurgiche. — Chiese del XIV-XVI sec.; musei; casa natale di G.F. Händel.

HALLE, nome olandese di *Hal.

HALLEY (cométa di), cometa di cui E. Halley scoprì la periodicità: orbita vicino al Sole ogni 76 anni ca. (l'ultima apparizione è avvenuta nel 1986, la prossima è attesa per il 2061).

HALLEY (Edmond), Haggerston, presso Londra, 1656 - Greenwich 1742, astronomo britannico. Autore di numerose ricerche nel campo della geofisica, della meteorologia e dell'astronomia, è noto soprattutto per i suoi studi sull'orbita delle comete (1705) e per essere riuscito a prevedere per primo il passaggio vicino al Sole di quella che oggi porta il suo nome. Nel 1720 fu nominato astronomo reale.

■ Edmond Halley ritratto da R. Phillips. (National Portrait Gallery, Londra).

HALLSTATT o HALLSTADT, villaggio dell'Austria Superiore, nel Salzkammergut. Miniere di sale sfruttate in epoca preistorica. Necropoli che ha dato il nome alla più importante cultura della prima Età del ferro (900-450 a.C.); museo.

HALLYDAY (Jean Philippe Smet, detto Johnny), Parigi 1943, cantante francese. Pioniere del rock and roll in Francia negli anni '60 del secolo scorso, è divenuto una leggenda per la voce particolarmente versatile, che si adatta a qualsiasi genere musicale, e per la notevole presenza scenica (Souvenirs, souvenirs, Retiens la nuit, Quelque chose de Tennessee, Laura, Sang pour sang).

HALMAHERA, isola delle Molucche (Indonesia).

HALMSTAD, c. della Svezia, sul Kattegat; 85.345 ab. Porto. — Chiesa gotica di St. Nicolas.

HALONEN (Tarja), Helsinki 1943, politica finlandese. Socialdemocratica, più volte ministro (affari sociali, 1987-1990; esteri, 1995-2000), è presidente della repubblica dal 2000.

HALS (Frans), Anversa 1580/1585 ca. - Haarlem 1666, pittore olandese. Ritrattista e pittore di genere, visse ad Haarlem, dove sono conservati i suoi capolavori (museo Frans Hals): Banchetto degli ufficiali della guardia civica di St. Giorgio (1616), I reggenti e Le reggenti (dell'ospizio dei poveri), in cui i toni si fanno cupi e la pennellata vigorosa (1664). La sua tecnica audace, caratterizzata da pennellate ampie e irregolari, ha influenzato numerosi artisti del XIX sec., tra i quali E. Manet.

HAMA, c. della Siria settentr., sul f. Oronte; 273.000 ab.

HAMADAN, c. dell'Iran, a SO di Teheran; 401.281 ab. Mausoleo selgiuchide. — Rovine dell'ant. Ecbatana.

HAMAMATSU, c. del Giappone (Honshu); 561.606 ab.

HAMANN (Johann Georg), *Königsberg 1730 - Münster 1788*, scrittore e filosofo tedesco. La sua visione mistica e antirazionalistica della realtà influenzò il movimento dello *Sturm und Drang* (*Metacritica del purismo della ragione*, 1784).

HAMAS, acronimo dell'ar. **Harakat al-Muqawama al-Islamiyya** (Movimento di resistenza islamica), movimento nazionalista palestinese di ispirazione fondamentalista islamica (Fratelli musulmani), fondato nel 1987. H., protagonista dell'Intifada, rivendica la liberazione della Palestina e sostiene la lotta armata a oltranza contro Israele.

HAMERLING (Rupert **Hammerling**, detto Robert), *Kirchberg am Walde 1830 - Graz 1889*, scrittore austriaco, autore di poemi epici (*Ahasvero in Roma*) e di romanzi (*Aspasia*).

HAMHUNG, c. della Corea del Nord; 775.000 ab. Industrie chimiche e metallurgiche.

HAMILTON → CHURCHILL.

HAMILTON, c. del Canada (Ontario), sul Lago Ontario; 322.352 ab. (624.360 ab. nell'agglomerato). Università. Porto. Industrie siderurgiche, meccaniche ed elettrotecniche.

HAMILTON, c. della Nuova Zelanda, nell'Isola del Nord; 109.041 ab.

HAMILTON (Alexander), *Nevis, Antille, 1757 - New York 1804*, politico statunitense. Aiutante di campo di G. Washington durante la rivoluzione (1777), fu uno dei redattori della Costituzione americana e il fondatore del Partito federalista. Segretario al tesoro (1789-1795), fondò la Banca nazionale.

HAMILTON (Anthony), *Roscrea, Irlanda, 1646 - Saint-Germain-en-Laye 1720*, scrittore irlandese di lingua francese. Seguì gli Stuart in esilio e dedicò al cognato le *Mémoires de la vie du comte de Gramont*.

HAMILTON (sir William Rowan), *Dublino 1805-1865*, matematico e fisico irlandese. Nel 1843 enunciò la teoria dei quaternioni, da cui ebbe origine il calcolo vettoriale. La sua teoria dei fenomeni ottici, nel campo della dinamica, contribuì all'applicazione del calcolo variazionale e alla risoluzione delle equazioni differenziali.

HAMM, c. della Germania (Renania Settentrionale-Westfalia), nella Ruhr; 181.804 ab. Industrie metallurgiche.

HAMMADITI, dinastia berbera, fondata da Hammad ibn Bulukkin, che dominò il Maghreb centrale dal 1015 al 1152.

HAMMAMET, c. della Tunisia, sul Golfo di H.; 45.820 ab. Stazione balneare.

HAMMAM-LIF, c. della Tunisia, presso Tunisi; 37.494 ab. Stazione balneare.

HAMMARSKJÖLD (Dag), *Jönköping 1905 - Ndola, Zambia, 1961*, politico svedese. Fu segretario generale dell'ONU dal 1953 al 1961. (Premio Nobel per la pace 1961, postumo.)

HAMMERFEST, c. della Norvegia, la più settentr. d'Europa; 9166 ab. Porto.

HAMMETT (Dashiell), *Saint Mary's County, Maryland, 1894 - New York 1961*, scrittore statunitense, autore di romanzi polizieschi che inaugurarono il genere noir (*Il falcone maltese*, 1930).

Frans **HALS**. La Bohémienne, *1628-1630 ca.*
(Louvre, Parigi.)

HAMMURABI, re di Babilonia (1793-1750 a.C.). Fondò il primo impero babilonese e fece redigere il *Codice di H.*, una raccolta di leggi incisa su una stele di basalto, rinvenuta a Susa nel 1901-1902 e conservata al Louvre di Parigi.

HAMPDEN (John), *Londra 1594 - Thame 1643*, politico inglese. Oppositore di Carlo I, luogotenente di J. Pym, fu capo supremo delle forze parlamentari durante la guerra civile.

HAMPI → VIJAYANAGAR.

HAMPSHIRE, contea dell'Inghilterra merid., sulla Manica; 1.511.900 ab.; capol. *Winchester*; c. princ. *Southampton*.

HAMPTON (Lionel), *Louisville, Kentucky, 1909 - New York 2002*, musicista jazz statunitense. Fu il primo a utilizzare il vibrafono per questo genere musicale. Batterista e grande improvvisatore, si affermò come una delle figure di maggior rilievo del jazz; fondò la propria orchestra nel 1940.

HAMPTON COURT, castello reale in Inghilterra, alla periferia sud-occ. di Londra (XVI-XVII sec.; ricca pinacoteca).

HAMPTON ROADS, insenatura degli Stati Uniti (Virginia), nella parte merid. della Baia di Chesapeake. Vi si trovano i porti di Newport News, Norfolk, Portsmouth e Hampton.

HAMSUN (Knut **Pedersen**, detto Knut), *Garmostraeet, presso Lom, 1859 - Norholm 1952*, scrittore norvegese. I suoi romanzi esaltano la natura e inneggiano alla liberazione dell'uomo dai vincoli sociali (*Fame*, 1890; *Pan*; *Sotto le stelle d'autunno*). (Premio Nobel 1920.)

HAN, dinastia imperiale cinese (206 a.C. - 220 d.C.). Fondata da Han Gaozu (206-195 a.C.), vide l'affermazione del potere centrale, un progresso economico senza precedenti e l'espansione cinese in Manciuria, Corea, Mongolia, Vietnam e Asia centrale. Raggiunse l'apogeo sotto Han Wudi (140-87 a.C.). Il reggente Wang Mang (9-23) fallì nel tentativo di risolvere la grave crisi agricola e gli imperatori che gli succedettero dopo il 23 continuarono la sua politica, tesa a limitare il potere dei grandi proprietari.

HAN, popolazione maggioritaria della Cina, che rappresenta il 95% ca. degli abitanti del paese.

HAN (grotte di), grotte del Belgio (prov. di Namur), presso l'ant. com. di Han-sur-Lesse, scavate dal f. Lesse nel terreno calcareo.

HANAU, c. della Germania (Assia), sul f. Meno; 87.809 ab.

HANCOCK (Herbert Jeffrey, detto Herbie), *Chicago 1940*, pianista statunitense. Collaboratore di M. Davis (1963-1968), ha dato vita a una fusione tra rock e free jazz, dedicandosi in seguito alla ricerca sul funky pop. Ha composto colonne sonore di film (*Blow up*, 1966; *Harlem Nights*, 1989).

HANDAN, c. della Cina (Hebei); 1.769.315 ab.

HÄNDEL (Georg Friedrich), *Halle 1685 - Londra 1759*, compositore tedesco naturalizzato britannico. Il suo linguaggio musicale, pervaso di forza drammatica e lirismo, offre una sintesi magistrale degli stili italiano, francese, tedesco e inglese. Compose opere (*Rinaldo*, 1711), sonate, concerti e suite (*Musica sull'acqua*), ma deve la sua fama soprattutto agli oratori (*Israele in Egitto*, 1739; *Messiah*, 1742; *Judas Maccabeus*, 1747).
■ *Georg Friedrich Händel ritratto da T. Hudson. (National Portrait Gallery, Londra.)*

HANDKE (Peter), *Griffen 1942*, scrittore austriaco. I suoi romanzi (*Prima del calcio di rigore*, *Infelicità senza desideri*, *La donna mancina*, *Il mio anno nella baia di nessuno*, *In una notte buia uscii dalla mia casa silenziosa*) e le sue opere teatrali (*Cavalcata sul lago di Costanza*, *Attraverso i villaggi*) esprimono l'angoscia della solitudine e l'incapacità di comunicare.
■ *Peter Handke.*

HANEKA, aeroporto principale di Tokyo, nel S della città, sulla Baia di Tokyo.

HANGZHOU, c. della Cina, capol. della prov. dello Zhejiang; 2.589.504 ab. Ant. cap. imperiale sotto la dinastia dei Song meridionali (1127-1276). — Pagoda delle Sei Armonie, costruita nel 970; celebri giardini.

HANKOU, c. della Cina che fa parte della conurbazione di Wuhan.

HANKS (Tom), *Concord 1956*, attore cinematografico statunitense. Protagonista in *Splash, una sirena a Manhattan* (1984), ha vinto il premio Oscar per *Philadelphia* (1993) e *Forrest Gump* (1994). Tra gli altri film, *Apollo 13* (1995), *Salvate il soldato Ryan* (1998), *Prova a prendermi* (2002).

HANNOVER, ant. Stato tedesco. Ducato, poi elettorato a partire dal 1692, fu costituito in regno di H. (1814) e annesso alla Prussia (1866).

HANNOVER, c. della Germania, cap. della Bassa Sassonia, sul f. Leine; 514.718 ab. Centro commerciale (fiera internazionale) e industriale. — Tra i tanti musei, spicca quello della Bassa Sassonia. — La città aderì all'Hansa nel 1386 e, a partire dal 1636, fu residenza dei duchi, poi dei re di H.

HANNOVER dinastia che regnò sull'elettorato di H. a partire dal 1692 e sulla Gran Bretagna a partire dal 1714. L'elettore di H., pronipote di Giacomo I Stuart, divenne re di Gran Bretagna con il nome di Giorgio I.

HANOI, cap. del Vietnam, sul delta del Fiume Rosso, in una regione che si apre sul Golfo del Tonchino; 3.734.000 ab. Centro industriale, commerciale e culturale. — Città principale del Tonchino nel VI sec., sotto il dominio cinese, H. è stata capitale dapprima della Rep. popolare del Vietnam (1954) poi del Vietnam riunificato (1975). — Numerosi monumenti; interessanti musei.

HANOI. *Una strada della città con il teatro sullo sfondo.*

HANSA o **LÉGA ANSEÀTICA**, unione mercantile di città che commerciavano sul Baltico e sul Mare del Nord (XII-XVII sec.). Il primo nucleo dell'H., che era costituito da mercanti di Lubecca, Amburgo e Colonia, si allargò nel XIV sec. fino a comprendere 70-80 città. L'H. intratteneva inoltre rapporti commerciali privilegiati con Novgorod, Bergen, Londra e Bruges. Decadde rapidamente dopo la sconfitta di Lubecca da parte dei danesi (1534-1535).

HANSEN (Gerhard Armauer), *Bergen 1841-1912*, medico norvegese. Nel 1874 scoprì il bacillo della lebbra.

HANSEN (Peter Andreas), *Tönder 1795 - Gotha 1874*, astronomo danese. Studiò il moto della Luna, esponendo le sue teorie nelle *Tavole della Luna* (1857). Elaborò inoltre la soluzione al *problema di H.*, che consente di determinare la distanza tra due punti inaccessibili.

HAN SHUI, f. della Cina, affl. di sinistra del Chang Jiang, a Wuhan; 1700 km.

HANSON (Duane), *Alexandria, Minnesota, 1925 - Boca Raton, Florida, 1996*, scultore statunitense. Le sue sculture iperrealiste riproducono figure umane a grandezza naturale, con notevole cura per abiti e accessori (*Turisti*, 1970 e 1988).

HANTAÏ (Simon), *Bia, presso Budapest, 1922*, pittore ungherese. Trasferitosi a Parigi nel 1949, ha aderito al surrealismo; dall'inizio degli anni '60 del secolo scorso si è dedicato a una pittura astratta gestuale e materica.

HAN WUDI, imperatore della Cina (140-87 a.C.), della dinastia Han. Condusse una politica espansionistica in Asia centrale e si fece protettore delle arti e della poesia.

HAN YU, *Nanyang 768 - Changan 824*, scrittore cinese. Autore di un memoriale contro il buddhismo, fu promotore di un ritorno alla semplicità e chiarezza dello stile classico nella prosa.

HAOUZ, reg. del Marocco merid.; c. princ. *Marrakech*.

HARALD, nome di più sovrani di Danimarca, Svezia e Norvegia, dal IX al XII sec. — **Harald I**, *m. nel 863 ca.*, re di Danimarca. Introdusse il cristianesimo nel suo regno. — **Harald I Hårfager**, detto **Bellachioma**, *850 ca. - 933 ca.*, re di Norvegia (872-933). La tradizione lo considera il primo sovrano della Norvegia unificata. — **Harald Blåtand**, detto **Dente Azzurro**, *910 ca. - 986 ca.*, re di Danimarca (940 ca. - 986 ca.). Cristianizzò definitivamente il paese. — **Harald III Hårdråde**, detto **lo Spietato**, *1015 ca. - Stamford Bridge 1066*, re di Norvegia (1047-1066). Cercò invano di conquistare l'Inghilterra, ma fu sconfitto e ucciso da Harold II. — **Harald V**, *Asker, sobborgo di Oslo, 1937*. È succeduto al padre Olaf V nel 1991.

HARAR, c. dell'Etiopia, capol. di prov.; 122.932 ab.

HARARE, già **Salisbury**, cap. dello Zimbabwe, a 1470 m d'alt.; 1.752.000 ab.

HARBIN, c. della Cina nord-orient., capol. dell'Heilongjiang; 3.597.404 ab. Centro industriale.

HARDENBERG (Karl August, principe **von**), *Essenrode 1750 - Genova 1822*, statista prussiano. Ministro degli affari esteri (1804-1806) e cancelliere (1810-1822), fu tra i principali artefici del rafforzamento della Prussia dopo le sconfitte subite nel 1806 a opera di Napoleone I.

HARDING (Warren), *presso Blooming Grove, Ohio, 1865 - San Francisco 1923*, politico statunitense. Presidente repubblicano degli Stati Uniti (1921-1923), condusse una politica protezionista e isolazionista.

HARDOUIN-MANSART (Jules) → MANSART (Jules Hardouin).

HARDY (Alexandre), *Parigi 1570 ca. - 1632 ca.*, drammaturgo francese. Nei suoi testi per il teatro affrontò i temi cari all'umanesimo con veemenza barocca (*La forza del sangue*).

HARDY (Oliver) → STANLIO E OLLIO.

HARDY (Thomas), *Upper Bockhampton 1840 - Dorchester, Dorset, 1928*, scrittore britannico. Nelle poesie e nei romanzi descrive la vita di provincia attraverso le vicende di personaggi sottomessi a un destino implacabile (*Tess dei d'Uberville, Giuda l'oscuro*).

HARELBEKE, com. del Belgio (Fiandra Occidentale), sul f. Lys; 26.202 ab. Chiesa del XVIII sec.

HARGEISA, c. della Somalia settentr.; 400.000 ab.

HARING (Keith), *Kutztown 1958 - New York 1990*, pittore statunitense. È stato il maggiore rappresentante del graffitismo. Ispirato dal linguaggio dei fumetti e dei cartoni animati, ha sperimentato diverse tecniche, tra le quali la *body art* e i murales.

HARIRI (Al-), *presso Bassora 1054-1122*, scrittore arabo, noto per le sue rappresentazioni della vita araba (*Maqamat*).

HARIRI (Rafic), *Sayda 1944*, imprenditore e politico libanese. È stato capo del governo dal 1992 al 1998 e dal 2000.

HARI RUD, f. dell'Afghanistan, dell'Iran e del Turkmenistan, che si perde nella parte merid. del Karakum; 1100 km ca.

HARKOV o **CHARKOV**, c. dell'Ucraina orient.; 1.623.000 ab. Centro metallurgico. — Cattedrale della fine del XVII sec.; musei.

HARLEM, quartiere di New York, nel N dell'isola di Manhattan, sede di un'importante comunità afroamericana.

HARLEY (Robert), cónte **di Oxford**, *Londra 1661-1724*, politico inglese. Segretario di Stato (1704-1708) e in seguito capo del governo (1710-1714), ebbe un ruolo fondamentale nelle trattative che portarono alla pace di Utrecht (1713).

HARLOW, c. della Gran Bretagna (Inghilterra), a N di Londra; 73.500 ab.

HARLOW (Harry Frederick), *Fairfield, Iowa, 1905 - Tucson 1981*, psicologo statunitense. Ha messo in evidenza l'importanza del legame precoce tra bambino e madre (*Learning to Love*, 1971).

HARLOW (Harlean **Carpenter**, detta Jean), *Kansas City 1911 - Hollywood 1937*, attrice cinematografica statunitense. Diva celebre negli anni '30 del secolo scorso, dal fascino aggressivo e sensuale. Tra le sue interpretazioni, *Gli angeli dell'inferno* (1930), *La donna di platino* (1931), *Pranzo alle otto* (1933), *Saratoga* (1937).

HARNACK (Adolf **von**), *Dorpat 1851 - Heidelberg 1930*, teologo luterano tedesco. Svolse una critica dei dogmi e sostenne il ruolo primario di fede e pietà.

HARNONCOURT (Nikolaus), *Berlino 1929*, direttore d'orchestra e violoncellista austriaco. Fondatore del Concentus Musicus Wien (1953), dirige sia orchestre tradizionali sia ensemble per strumenti antichi.

HAROLD I, *m. a Oxford nel 1040*. Succedette al padre Canuto il Grande e frenò le ambizioni del fratello Canuto di Danimarca. — **Harold II**, *1020 - Hastings 1066*, re degli anglosassoni (1066). Dopo aver battuto il re di Norvegia Harald III Hårdråde, fu sconfitto e ucciso dalle truppe di Guglielmo il Conquistatore (1066).

HARRACH (El-), c. dell'Algeria, sobborgo di Algeri; 48.167 ab.

HARRIMAN (William Averell), *New York 1891 - Yorktown Heights, New York, 1986*, finanziere e politico statunitense. Segretario per il commercio (1946), con incarichi in Europa (1948-1950), come ambasciatore promosse il piano Marshall.

HARRIS (Thomas), *Jackson 1940*, scrittore statunitense. È autore di thriller di enorme successo, dai quali sono stati tratti celebri film: *Black Sunday* (1975), *Drago rosso* (1981), *Il silenzio degli innocenti* (1988), *Hannibal* (1999).

HARRIS (Zellig), *Balta, Ucraina, 1909 - New York 1992*, linguista statunitense. Teorico della linguistica distribuzionale, ha proposto un metodo di analisi del discorso.

HARRISBURG, c. degli Stati Uniti, cap. della Pennsylvania; 48.950 ab.

HARRISON (Benjamin), *North Bend, Ohio, 1833 - Indianapolis 1901*, politico statunitense. Repubblicano, presidente degli Stati Uniti dal 1889 al 1893.

HARRISON (John), *Foulby, Yorkshire, 1693 - Londra 1776*, orologiaio britannico. Realizzò il primo cronometro che permetteva di determinare la longitudine in mare (1735).

HARRISON (Reginald Carey, detto Rex), *Huyton 1908 - New York 1990*, attore teatrale e cinematografico britannico. Ha raggiunto la fama interpretando a teatro il musical *My Fair Lady* (1956), poi diventato film (1964, premio Oscar). Tra gli altri film, *Masquerade* (1967), *Il principe e il povero* (1977).

HARROD (Henry Roy Forbes), *Londra 1900 - Holt 1978*, economista britannico. Seguace delle teorie keynesiane, contemporaneamente a E. Domar elaborò un modello di definizione della crescita del saggio di sviluppo. Tra le opere, *Economia internazionale* (1933), *Verso una dinamica economica* (1948).

HARROGATE, c. della Gran Bretagna, nell'Inghilterra settentr.; 65.000 ab. Stazione termale.

HARRY POTTER, il piccolo apprendista mago protagonista dei romanzi per ragazzi della scrittrice britannica J.K. Rowling. La prima avventura di H. P. (*Harry Potter e la pietra filosofale*) è stata pubblicata nel 1997.

HARSA, *590 ca. - 647*, re dell'India (606 ca. - 647), che conquistò la parte settentr. del paese. Bana ne cantò le imprese in *Le gesta di Harsa*.

HARTFORD, c. degli Stati Uniti, cap. del Connecticut, sul f. Connecticut; 121.578 ab. Centro finanziario. — Museo d'arte.

HARTLEPOOL, c. della Gran Bretagna (Inghilterra), sul Mare del Nord; 94.000 ab. Porto. — Chiesa di S. Hilda, della fine del XII sec.

HÄRTLING (Peter), *Chemnitz 1933*, scrittore tedesco. I suoi romanzi sono caratterizzati da un particolare senso del tempo, in cui i confini tra passato e presente si annullano nella vaghezza del ricordo (*Niembsch ovvero Il tempo immoto*).

HARTMANN (Nicolai), *Riga 1882 - Gottinga 1950*, filosofo tedesco. Ha elaborato una dottrina metafisica che prende le mosse dal neokantismo e dalla fenomenologia di E. Husserl.

HARTMANNSWILLERKOPF, cima dei Vosgi (Francia); 956 m. Fu teatro di violenti combattimenti durante la prima guerra mondiale (1915).

HARTMANN VON AUE, *in Svevia 1160 ca. - 1215 ca.*, primo poeta cortese della letteratura tedesca.

HARTUNG (Hans), *Lipsia 1904 - Antibes 1989*, pittore tedesco. Tra i pionieri dell'astrattismo, nel 1935 si trasferì a Parigi, dove raggiunse il successo intorno agli anni '50 del secolo scorso. Nei suoi quadri ha unito spontaneità gestuale e attento controllo razionale.

HARTZENBUSCH (Juan Eugenio), *Madrid 1806-1880*, drammaturgo spagnolo, autore di drammi romantici (*Gli amanti di Teruel*).

HARUN AL-RACHID, *Rey, Persia, 766 - Tus, Khorasan, 809*, califfo abbaside (786-809). Fino all'803 delegò il governo ai suoi visir, della dinastia dei Barmecidi. La sua fama è legata alle guerre contro i bizantini e ai numerosi pellegrinaggi. Grazie al fasto della sua corte di Baghdad assunse un alone leggendario, fino a diventare un personaggio delle *Mille e una notte*.

HARUNOBU SUZUKI, *Edo 1725-1770*, incisore giapponese, noto per i raffinati ritratti femminili dai colori delicati e luminosi.

HARUNOBU. Visita al santuario in una sera di pioggia, XVIII sec. (Museo nazionale, Tokyo.)

HARVARD, la più antica università privata statunitense, fondata nel 1636 a Cambridge (Massachusetts). Prende nome dal suo primo benefattore, John Harvard.

HARVEY (William), *Folkestone 1578 - Londra 1657*, medico inglese. Chirurgo dei re Giacomo I e Carlo I, scoprì la circolazione del sangue. Gli si deve il motto *Omne vivum ex ovo* (tutti i viventi nascono da un uovo).

■ *William Harvey ritratto da Robert Hannah. (Royal College of Physicians, Londra.)*

HARYANA, Stato dell'India settentr.; 44.200 km²; 21.082.989 ab.; cap. *Chandigarh*.

HARZ, massiccio della Germania centrale; la sua cima più elevata è il Monte Brocker (1142 m).

HASA (Al-), prov. dell'Arabia Saudita, sul Golfo Persico.

HASAN II o **HASSAN II**, *Rabat 1929-1999*, re del Marocco (1961-1999), della dinastia degli Alawiti. Figlio e successore di Muhammad V, dopo una prima fase di regno caratterizzata da tensioni, sommosse e complotti, ha conquistato il consenso popolare grazie alla "marcia verde" (1975), che ha portato all'annessione di una parte dell'ex Sahara spagnolo. Pur nell'ambito di una politica autoritaria, ha cercato di conciliare la tradizione islamica (come "comandante dei credenti") con rifor-

me in senso moderno. Collocatosi su posizioni filo-occidentali, ha governato con la collaborazione di dirigenti arabi moderati; ha appoggiato le trattative per la pace in Medio Oriente e favorito la collaborazione tra i paesi del Maghreb.
■ *Hasan II.*

HASAN o **HASSAN**, *624 ca. - Medina 669*, secondo imam degli sciiti. Figlio di Ali e di Fatima, rinunciò al califfato a favore di Muawiyya (661).

HAŠEK (Jaroslav), *Praga 1883 - Lipnice nad Sázavou 1923*, scrittore ceco, autore del romanzo *Le avventure del buon soldato Švejk*.

HASHIMITI, dinastia discendente da Hashim ibn 'Adb Manaf, bisnonno di Maometto. Gli H. sono stati sceriffi della Mecca dal X sec. al 1924; nel XX sec. emiri e re di questa dinastia hanno governato in Hijaz (1908-1924), Iraq (1921-1958), Transgiordania (1921-1949) e Giordania (dopo il 1949).

HASKIL (Clara), *Bucarest 1895 - Bruxelles 1960*, pianista romena. È stata eccellente interprete delle opere di W.A. Mozart, F. Schubert e R. Schumann.

HASKOVO, c. della Bulgaria, nella valle della Marica; 80.870 ab.

HASSAN → HASAN.

HASSE (Johann Adolf), *Bergedorf 1699 - Venezia 1783*, compositore tedesco, tra i maestri dell'opera seria (*Arminio*, 1745; *Il re pastore*, 1755).

HASSELT, c. del Belgio, capol. del Limburgo; 68.373 ab. Monumenti antichi, musei.

HASSI MESSAOUD, giacimento petrolifero del Sahara algerino, a SE di Ouargla.

HASSI R'MEL, giacimento di gas naturale del Sahara algerino, a S di Laghouat.

HASTINGS, c. della Gran Bretagna (Inghilterra), sulla Manica; 78.100 ab. Porto e stazione balneare. — Il 14 ott. 1066 Guglielmo il Conquistatore vi sconfisse Harold II, dando inizio al dominio normanno sull'Inghilterra.

HASTINGS (Warren), *Churchill, presso Daylesford, Oxfordshire, 1732 - Daylesford 1818*, amministratore britannico. Governatore generale dell'India (1774-1785), si dedicò all'organizzazione del paese sulla base di tradizioni indigene.

HATHOR, dea egizia della gioia e dell'amore, rappresentata come una giovenca. I greci la identificarono con Afrodite.

HATSHEPSUT, regina d'Egitto, della XVIII dinastia (1520-1484 a.C.). Sposa di Tutmosi II, usurpò il potere durante la minore età del figliastro Tutmosi III. Tempio funerario a Deir El-Bahir.

HATTA (Muhammad), *Fort de Kock 1902 - Giacarta 1980*, politico indonesiano. Già vicepresidente della Repubblica indonesiana sotto A. Sukarno, fu primo ministro (1948-1950) e nuovamente vicepresidente (1950-1956). Sconfitto nel 1958, divenne consigliere del presidente Suharto.

HATTERAS (Capo), promontorio degli Stati Uniti (Carolina del Nord).

HATTI, ant. nome (III-II millennio a.C.) di una reg. dell'Anatolia centrale e del popolo che vi abitava.

HATTUSAS → BOĞAZKÖY.

HAUPTMAN (Herbert Aaron), *New York 1917*, matematico e cristallografo statunitense. Ha elaborato modelli matematici che consentono di definire la struttura dei composti chimici a partire dalle figure di diffrazione dei loro cristalli. (Premio Nobel per la chimica 1985.)

HAUPTMANN (Gerhart), *Obersalzbrunn, att. Bad Salzbrunn, 1862 - Agnetendorf 1946*, scrittore tedesco. È autore di drammi realisti (*I tessitori*, *Il vetturale Henschel*), romanzi e poemi epici. (Premio Nobel 1912.)

HAUSDORFF (Felix), *Breslavia 1868 - Bonn 1942*, matematico tedesco. Ha studiato gli spazi astratti ed enunciato la teoria degli spazi topologici e metrici, sulla base del concetto di distanza.

HAUSER (Kaspar), *1812 ca. - Ansbach 1833*, personaggio tedesco di origini oscure. Comparso nel 1828 in abiti da contadino, è in genere identificato con il figlio abbandonato del granduca di Baden.

HAUSMANN (Raoul), *Vienna 1886 - Limoges 1971*, pittore, scultore e scrittore austriaco. Influenzato dal cubismo e dal futurismo, nel 1919 fondò la rivista *Dada*. Si avvicinò poi al costruttivismo, ma in seguito sperimentò altre tecniche, tra le quali il collage e il fotomontaggio.

HAUSSA, popolazione della Nigeria nord-occ. e del Niger merid. (ca. 30 milioni di individui). A partire dal XIV sec., gli h. fondarono alcuni Stati indipendenti e furono quasi completamente islamizzati. Nel 1804 il capotribù Osman dan Fodio creò, in seguito a una guerra santa (*jihad*), il califfato di **Sokoto*, in cui i pastori peul rappresentavano (e rappresentano tuttora) la classe dominante.

HAUSSMANN (Georges), *Parigi 1809-1891*, urbanista francese. Prefetto del dip. della Senna (1853-1870), fu responsabile del rinnovamento urbanistico di Parigi.

HAUTE-CORSE, dip. della Francia, in Corsica; capol. *Bastia*; 4666 km^2; 141.603 ab.

HAUTE-GARONNE, dip. della Francia, nella reg. Pirenei Centrali; capol. *Tolosa*; 6309 km^2; 1.046.338 ab. Allevamento bovino, turismo, sfruttamento idroelettrico nella zona dei Pirenei; coltivazioni di cereali, vigneti, frutteti nelle pianure alluvionali della Garonna. Nell'agglomerato di Tolosa si concentra il 70% della popolazione del dipartimento.

HAUTE-LOIRE, dip. della Francia, nella reg. Alvernia; capol. *Le Puy-en-Velay*; 4977 km^2; 209.113 ab. Territorio montuoso solcato dalla valle della Loira. Allevamento bovino; agricoltura (cereali, alberi da frutto). Industrie chimiche e automobilistiche.

HAUTE-MARNE, dip. della Francia, nella reg. Champagne-Ardenne; capol. *Chaumont*; 6211 km^2; 194.873 ab. Allevamento bovino e sfruttamento delle foreste. Metallurgia di trasformazione. Le città principali sorgono nella valle della Marna (*Saint-Dizier, Chaumont*).

HAUTES-ALPES, dip. della Francia, nella reg. Provenza-Alpi-Costa Azzurra; capol. *Gap*; 5549 km^2; 121.419 ab. È poco popolato, soprattutto a causa dell'altitudine elevata. Colture alimentari (frutteti), turismo in alcune zone (Briançon, Serre-Chevalier, Vars).

HAUTES-PYRÉNÉES, dip. della Francia, nella reg. Pirenei Centrali; capol. *Tarbes*; 4464 km^2; 222.368 ab. Nel S, montuoso, si pratica l'allevamento. Agricoltura (cereali, viti). Industrie elettroniche, elettriche, aeronautiche e tessili. Cave di marmo. Turismo invernale e religioso (a Lourdes).

HAUTE-VIENNE, dip. della Francia, nella reg. Limosino; capol. *Limoges*; 5520 km^2; 353.893 ab. Il territorio è costituito da un altopiano. Vi si praticano allevamento bovino (carne), estrazione di uranio, lavorazione della porcellana (cave di caolino). Industrie elettriche, meccaniche e cartarie.

HAUTS-DE-SEINE, dip. della Francia, nella reg. Île-de-France; capol. *Nanterre*; 176 km^2; 1.428.881 ab. Fortemente urbanizzato, comprende i sobborghi di Parigi ed è sede di industrie e servizi.

HAÜY (René Just), *Saint-Just-en-Chaussée 1743 - Parigi 1822*, mineralogista francese. Scoprì l'anisotropia dei cristalli e ne studiò la simmetria; è considerato il fondatore della cristallografia. — **Valentin H.**, *Saint-Just-en-Chaussée 1745 - Parigi 1822*, pedagogista francese, fratello di René Just. Inventò i caratteri in rilievo poi perfezionati da L. Braille e fondò un istituto a Parigi e uno a San Pietroburgo.

HAVEL, f. della Germania, affl. di destra dell'Elba; 341 km.

HAVEL (Václav), *Praga 1936*, drammaturgo e politico ceco. Ha espresso il suo dissenso contro il regime comunista attraverso testi teatrali (*Largo desolato*, *Tentazione*, *Risanamento*) che gli sono costati numerose condanne per delitti d'opinione. Leader della "rivoluzione di velluto" nel 1989, nello stesso anno è stato eletto presidente della Rep. cecoslovacca, carica da cui si è dimesso nel 1992. Dopo la divisione della Cecoslovacchia, nel 1993 è divenuto presidente della Rep. Ceca. Rieletto nel 1998, si è ritirato dall'incarico nel 2003.
■ *Václav Havel.*

HAVRE (Le), c. della Francia, nel dip. Seine-Maritime, sull'estuario della Senna; 193.259 ab. Università, porto. Industrie automobilistiche. — Musei.

HAWAII (Isole), arcipelago vulcanico della Polinesia (Oceania), che costituisce il 50° Stato degli Stati Uniti; 16.600 km^2; 1.211.537 ab. (*hawaiani*); cap. *Honolulu*, nell'isola Oahu. Produzione di canna da zucchero e ananas. Turismo. L'isola maggiore è Hawaii (10.400 km^2; 92.000 ab.); c. princ. *Hilo*.

STORIA – Gli hawaiani, originari di Tahiti, raggiungono l'arcipelago intorno all'anno 1000. **1778**: James Cook sbarca nelle isole, che chiama "Sandwich". **1820**: missionari protestanti iniziano l'evangelizzazione del paese. **1849**: gli Stati Uniti ottengono la libertà di accesso ai porti hawaiani, creando così i presupposti per la firma del trattato di reciprocità commerciale (1875); **1887**: ottengono Pearl Harbor. **1893**: un gruppo di coloni statunitensi destituisce il monarca indigeno. **1898**: l'arcipelago è annesso agli Stati Uniti. **1959**: le H. diventano il 50° Stato dell'unione.

HAWKE (Robert), *Bordertown 1929*, politico australiano. Laburista, è stato primo ministro dal 1983 al 1991.

HAWKES (John), *Stamford 1925 - Providence 1998*, scrittore statunitense. Nei suoi romanzi affronta i temi dell'assurdo e della crudeltà del mondo moderno (*Il cannibale*, *Seconda pelle*).

HAWKINS (Coleman), *Saint Joseph, Missouri, 1904 - New York 1969*, sassofonista jazz statunitense. Noto per le sue ispirate improvvisazioni (incisione di due chorus su *Body and Soul*, 1939), è stato uno dei più importanti sassofonisti del periodo dell'*hot jazz*.

HAWKINS (sir John), *Plymouth 1532 - al largo di Porto Rico 1595*, ammiraglio inglese. Fu il primo inglese a praticare la tratta degli schiavi tra l'Africa e le colonie americane (1562). Nel 1588 combatté contro l'Invencible Armada.

HAWKS (Howard), *Goshen, Indiana, 1896 - Palm Springs 1977*, regista cinematografico statunitense. Tema ricorrente dei suoi film è il rapporto tra l'uomo e la natura: *Scarface* (1932), *Susanna* (1938), *Il grande sonno* (1946), *Un dollaro d'onore* (1959).

HAWKWOOD (John) → ACUTO (Giovanni).

HAWORTH (sir Walter Norman), *Chorley 1883 - Birmingham 1950*, chimico britannico. Ha studiato la struttura della vitamina C e, nel 1933, ne ha realizzato la sintesi. (Premio Nobel 1937.)

HAWTHORNE (Nathaniel), *Salem 1804 - Plymouth 1864*, scrittore statunitense. È autore di racconti (*Racconti narrati due volte*) e romanzi (*La lettera scarlatta*, 1850; *La casa dei sette abbaini*, 1851) che mettono in scena personaggi perseguitati dall'inflessibile società puritana.

HAWTREY (sir Ralph George), *Slough 1879 - Londra 1975*, economista britannico. Ha elaborato il concetto di velocità di circolazione della moneta e individuato nel sistema bancario la causa delle fluttuazioni economiche.

HAYDAR ALÌ, *Dodballapur 1721 - presso Chittoor 1782*, fondatore (1761) della dinastia musulmana di Mysore. Con il sostegno dei francesi, combatté maratti, carnatici e britannici.

HAYDN (Joseph), *Rohrau, Austria Inferiore, 1732 - Vienna 1809*, compositore austriaco. Nella sua lunga carriera, che abbraccia il periodo compreso tra la fine del periodo barocco e gli albori del romanticismo, contribuì a codificare la struttura classica della sinfonia (con le 6 sinfonie dette "parigine" e le 12 "londinesi") e del quartetto. Celebre soprattutto per i suoi oratori (*La creazione*, 1798; *Le stagioni*, 1801), si dedicò a tutti i generi classici, dalla musica da camera all'opera, alla musica religiosa.
■ *Joseph Haydn.*

HAYEK (Friedrich August **von**), *Vienna 1899 - Friburgo 1992*, economista britannico di origine austriaca. Antikeynesiano, ha studiato le crisi e difeso il monetarismo. Premio Nobel 1974 con K.G. Myrdal.

HAYES (Rutherford Birchard), *Delaware, Ohio, 1822 - Fremont, Ohio, 1893*, politico statunitense. Repubblicano, fu presidente degli Stati Uniti dal 1877 al 1881.

HAYEZ (Francésco), *Venezia 1791 - Milano 1882*, pittore. Dopo un soggiorno a Roma, si trasferì a Milano (1818), dove divenne uno dei maggiori esponenti del romanticismo pittorico. Tra le opere, *I vespri siciliani* (1821), *Il bacio* (1859). Tra i ritratti, *Alessandro Manzoni* (1841).

HAYKAL (Muhammad Husayn), *Tanta 1888 - Il Cairo 1956*, scrittore egiziano, autore del primo romanzo arabo moderno (*Zaynab*, 1914).

HAYWORTH (Margarita Carmen **Cansino**, detta Rita), *New York 1918-1987*, attrice cinematografica statunitense. Salita alla ribalta con il film *Gilda* (C. Vidor, 1946), si confermò grande star hollywoodiana interpretando *La signora di Shanghai* (O. Welles, 1948).

HAZARA, popolazione stanziata nelle zone centrali dell'Afghanistan e in Baluchistan (Pakistan, Iran). Gli h. si considerano i discendenti di Gengis Khan. Agricoltori e allevatori, stanno emigrando in massa verso le città. Sono musulmani sciiti e parlano il farsi.

HAZARD (Paul), *Noordpeene 1878 - Parigi 1944*, critico letterario e storico francese. Comparatista, scrisse *La crisi della coscienza europea (1935-40)* (1935).

HEAD (sir Henry), *Londra 1861 - Reading 1940*, neurofisiologo britannico. Studiò la sensibilità cutanea e i disturbi del linguaggio.

HEANEY (Seamus), *Mossbawn, contea di Derry, 1939*, poeta irlandese. Nelle sue brevi poesie evoca, usando un linguaggio intenso e spesso toccante, il paesaggio rurale della sua infanzia (*Morte di un naturalista*). (Premio Nobel 1995.)

HEARST (William Randolph), *San Francisco 1863 - Beverly Hills 1951*, editore statunitense. Proprietario di numerose testate, introdusse un giornalismo basato sulla continua ricerca di effetti sensazionalistici.

HEARTFIELD (Helmut **Herzfeld**, detto John), *Berlino 1891-1968*, grafico e scenografo tedesco. Con G. Grosz e R. Hausmann fu uno dei maggiori esponenti del movimento dada berlinese. Militante politico, utilizzò il fotomontaggio come strumento di opposizione al nazismo.

HEATH (Edward), *Broadstairs 1916*, politico britannico. Leader del Partito conservatore (1965-1975), primo ministro dal 1970 al 1974, ha favorito l'ingresso della Gran Bretagna nel MEC (1973).

HEATHROW, il principale aeroporto di Londra, nel settore occ. della città.

HEAVISIDE (Oliver), *Londra 1850 - Torquay 1925*, matematico e fisico britannico. Tradusse in forma vettoriale la teoria dell'elettromagnetismo di J.C. Maxwell e scoprì lo strato atmosferico ionizzato detto "strato di H.".

HEBBEL (Friedrich), *Wesselburen 1813 - Vienna 1863*, drammaturgo tedesco. Scrisse tragedie romantiche (*Giuditta*) e la trilogia *I Nibelunghi*.

HEBEI, prov. della Cina settentr., nel Golfo di Bohai; 61.100.000 ab.; capol. *Shijiazhuang*.

HÉBERT (Jacques), *Alençon 1757 - Parigi 1794*, giornalista e politico francese. Fondatore (1790) e direttore del giornale *Le Père Duchesne*, combatté accanitamente girondini e moderati (1793), contribuendo all'avvento del Terrore. Fatto imprigionare con i suoi seguaci (gli hebertisti) da M. Robespierre, fu ghigliottinato.

HEBRON, in ar. **Al Khalil**, c. della Cisgiordania, a S di Gerusalemme; 119.401 ab. Secondo la tradizione si troverebbe qui la tomba di Abramo; è luogo santo per ebrei, cristiani e musulmani.

HECKEL (Erich), *Döbeln 1883 - Hemmenhofen 1970*, pittore tedesco. A Dresda, nel 1905, fu tra i fondatori del movimento Die Brücke. La sua pittura, di impronta espressionista, è caratterizzata da un grande impatto visivo e cromatico. Tra le opere, *Ragazza con cappello* (1914).

HEDA (Willem Claesz), *Haarlem 1594-1680 ca.*, pittore olandese. Con P. Claesz fu il più importante pittore di nature morte della scuola di Haarlem.

HEDAYAT (Sadeq), *Teheran 1903 - Parigi 1951*, scrittore iraniano. Ha fatto delle tradizioni iraniane e delle proprie inquietudini i temi principali dei suoi romanzi (*Il gufo cieco*).

HEDWIG (Johannes), *Kronstadt, att. Braşov, 1730 - Lipsia 1799*, botanico tedesco. È considerato il fondatore della crittogamia.

HEERLEN, c. dei Paesi Bassi (Limburgo); 95.149 ab. Resti delle terme romane.

HEFEI, c. della Cina, capol. della prov. dell'Anhui; 1.099.523 ab. Interessante museo.

HEGANG, c. della Cina, nei pressi del confine con la Russia; 647.021 ab.

HEGEL (Georg Wilhelm Friedrich), *Stoccarda 1770 - Berlino 1831*, filosofo tedesco. Insegnò a Jena, Heidelberg e Berlino; elaborò un vasto e compiuto sistema filosofico che rende conto di tutta la storia dell'uomo e mira ad abbracciare la pienezza dell'esperienza umana, risolvendo l'opposizione tra realtà e pensiero. Il  processo dialettico comprende tre momenti (logica, filosofia della natura e filosofia dello spirito), e procede attraverso la soluzione di contraddizioni (tesi, antitesi, sintesi), a partire da un principio unico, l'Idea, per raggiungere l'Assoluto (*Fenomenologia dello spirito*, 1807; **Scienza della logica*; *Lineamenti della filosofia del diritto*, 1821).
■ *Friedrich Hegel.*

HEIBERG (Peter Andreas), *Vordingborg 1758 - Parigi 1841*, scrittore danese, autore di romanzi e commedie satiriche. — **Johan Ludvig H.**, *Copenaghen 1791 - Bonderup 1860*, scrittore danese, figlio di Peter Andreas. Autore di drammi e commedie romantiche, fu uno dei padri della letteratura danese.

HEIDEGGER (Martin), *Messkirch 1889-1976*, filosofo tedesco. Allievo di E. Husserl, insegnò a Friburgo. Ha ripreso la questione dell'essere, a suo avviso affrontata soltanto dai presocratici e poi trascurata dalla metafisica occ., mettendola in relazione a un approccio fenomenologico 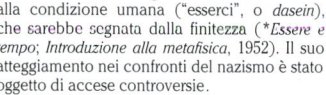 alla condizione umana ("esserci", o *dasein*), che sarebbe segnata dalla finitezza (*Essere e tempo; *Introduzione alla metafisica*, 1952). Il suo atteggiamento nei confronti del nazismo è stato oggetto di accese controversie.
■ *Martin Heidegger.*

HEIDELBERG, c. della Germania (Baden-Württemberg), sul Neckar; 139.672 ab. Università. Turismo. — Castello del XIV-XVII sec. e altri monumenti; musei.

HEIFETZ (Jascha), *Vilnius 1899 - Los Angeles 1987*, violinista statunitense di origine lituana. Cominciò a suonare nel 1911 ed emigrò negli Stati Uniti nel 1917. Interprete soprattutto del repertorio romantico, si è distinto per l'eccezionale virtuosismo e la leggendaria vivacità.

HEILBRONN, c. della Germania (Baden-Württemberg), sul Neckar; 119.526 ab. Porto fluviale. — Duomo di Sankt Kilian, del XIII-XVI sec.

HEILIGENBLUT, com. dell'Austria, presso il Grossglockner; 1259 ab. Centro turistico. — Chiesa del XV sec. (opere d'arte).

HEILMANN (Luigi), *Portalbera 1911 - Bologna 1988*, linguista. Si occupò soprattutto di linguistica comparata, contribuendo alla diffusione e alla teorizzazione del metodo strutturalista. Tra le opere, *Teorie e orientamenti* (1949), *Orientamenti strutturali nell'indagine linguistica* (1955).

HEILONGJIANG, prov. della Cina nord-orient., separata dalla Russia dai f. Amur e Ussuri; 37.510.000 ab.; capol. *Harbin*.

HEINE (Heinrich), *Düsseldorf 1797 - Parigi 1856*, scrittore tedesco. Autore di poesie in cui l'ispirazione romantica si sposa alla passione politica e ad accenti ironici (*Intermezzo lirico*; *Libro dei canti*, 1827-1844; *Romanzero*, 1851), e di racconti di viaggio (*Quadri di viaggio*), rappresentò un punto di contatto tra gli ambienti culturali tedesco e francese.
■ *Heinrich Heine ritratto da M. Oppenheim. (Museo di Amburgo.)*

HEINEMANN (Gustav), *Schwelm, Westfalia, 1899 - Essen 1976*, politico tedesco. È stato tra gli esponenti della fazione antinazista della Chiesa evangelica tedesca. Socialdemocratico, è stato presidente della RFT dal 1969 al 1974.

HEINKEL (Ernst Heinrich), *Grunbach, Württemberg, 1888 - Stoccarda 1958*, ingegnere e industriale tedesco. Nel 1922 fondò a Warnemünde una società di costruzioni aeronautiche. Dopo il 1945 si dedicò alla fabbricazione di ingranaggi di trasmissione e motori per automobili.

HEINLEIN (Robert Anson), *Butler 1907 - Carmel 1988*, scrittore statunitense. Scrisse numerosi romanzi di fantascienza, nei quali criticò la società americana. Tra le opere, *Fanteria dello spazio* (1959), *Straniero in terra straniera* (1961), *Universo* (1963), *La Luna è una severa maestra* (1966).

HEINSIUS (Anthonij), *Delft 1641 - L'Aia 1720*, politico olandese. Gran pensionario d'Olanda (1689-1720), attuò una politica antifrancese e promosse l'alleanza dell'Aia (1701), che precedette la guerra di successione spagnola.

HEISENBERG (Werner), *Würzburg 1901 - Monaco 1976*, fisico tedesco. È stato tra i primi a proporre la teoria quantistica, che ha formalizzato sulla base di matrici. Nel 1927 ha formulato il "principio di indeterminazione", che stabilisce che è impossibile misurare simultaneamente la posizione e la velocità di un oggetto quantico. (Premio Nobel 1932.)
■ *Werner Heisenberg.*

HEKLA, vulcano attivo dell'Islanda; 1491 m.

HELDER (Den), c. dei Paesi Bassi (Olanda Settentrionale); 59.822 ab. Porto.

HELGOLAND, già **Héligoland**, isola tedesca del Mare del Nord, al largo degli estuari di Elba e

Willem Claesz **HEDA**. La torta al ribes. (*Museo di Belle Arti di Strasburgo.*)

1438

Weser. Turismo. — Possedimento danese dal 1714 e inglese dal 1814, nel 1890 venne ceduta ai tedeschi in cambio di Zanzibar e fu utilizzata da questi, fino al 1947, come base navale.

HELLENS (Frédéric **Van Ermenghem**, detto Franz), *Bruxelles 1881-1972*, scrittore belga di lingua francese. Ha scritto racconti fantastici e onirici (*Mélusine*), saggi e poesie.

HELMAND o **HILMAND**, f. dell'Afghanistan, che finisce nella depressione del Sistan, dove forma un lago; 1200 km.

HELMHOLTZ (Hermann **von**), *Potsdam 1821 - Charlottenburg 1894*, fisico e fisiologo tedesco. Elaborò il concetto di energia potenziale (1847) ed enunciò il principio della conservazione dell'energia. Scoprì inoltre il ruolo delle armoniche nel timbro dei suoni. I suoi lavori sulla vista e sull'udito lo portarono a misurare la velocità dell'impulso nervoso (1850).

HELMOND, c. dei Paesi Bassi (Brabante Settentrionale); 80.932 ab.

HELMONT (Jan Baptist **Van**) → Van Helmont (Johannes Baptiste).

HELSINGBORG, c. della Svezia; 117.872 ab. Porto.

HELSINGØR, c. della Danimarca, sull'Oresund; 60.131 ab. Porto. — Castello di Kronborg (XVI sec.), dove W. Shakespeare ambientò l'*Amleto. Numerosi palazzi del XVII-XVIII sec.

HELSINKI, in sved. **Helsingfors**, cap. della Finlandia, sul Golfo di Finlandia; 555.474 ab. (1.167.000 ab. con i sobborghi). Principale porto e centro industriale del paese. — Fondata nel 1550 dagli svedesi, H. divenne nel 1812 la cap. del granducato di Finlandia e, nel 1918, della Rep. finlandese. Nel 1975 vi si è svolto il primo summit dell'OSCE. Nei dintorni, edifici costruiti seguendo moderni programmi urbanistici (Tapiola, Otaniemi). Musei.

HELSINKI. *Veduta del porto e della cattedrale di S. Nicola.*

HELVÉTIUS (Claude Adrien), *Parigi 1715-1771*, filosofo francese. Collaborò all'*Encyclopédie* ed elaborò una filosofia materialista, sulla base di concezioni sensiste e atee (*Dello spirito*, 1758).

HELWAN o **HELUAN**, c. dell'Egitto, sobborgo del Cairo; 328.000 ab. Stazione termale. Siderurgia.

HEMEL HEMPSTEAD, c. della Gran Bretagna (Inghilterra), presso Londra; 80.000 ab.

HEMINGWAY (Ernest), *Oak Park, Illinois, 1899 - Ketchum, Idaho, 1961*, scrittore statunitense. Autore di romanzi, novelle, poesie e articoli giornalistici, nei suoi scritti ha saputo conciliare il disincanto tipico della *Generazione perduta* con l'esaltazione della forza morale che l'uomo manifesta nei rapporti con gli altri e di fronte alla natura (*Il sole sorge ancora*, 1926; *Addio alle armi*, 1929; *Verdi colline d'Africa*, 1935; *Per chi suona la campana*, 1940; *Il vecchio e il mare*, 1952). È morto suicida. (Premio Nobel 1954.)

◆ *Ernest Hemingway.*

HEMPEL (Carl Gustav), *Orianenburg 1905 - Princeton 1997*, filosofo statunitense di origine tedesca. Esponente dell'empirismo logico, ha elaborato una riflessione complessa con la quale ha

criticato la teoria stessa. Tra le opere, *La formazione dei concetti e delle teorie nella scienza empirica* (1961).

HENAN, prov. della Cina; 93.430.000 ab.; capol. *Zhengzhou*.

HENCH (Philip Showalter), *Pittsburgh 1896 - Ocho Rios, Giamaica, 1965*, medico statunitense. Premio Nobel per la medicina nel 1950 per i suoi studi sull'uso terapeutico del cortisone.

HENDERSON (James Fletcher), *Cuthbert, Georgia, 1898 - New York 1952*, musicista jazz statunitense. Arrangiatore, compositore e pianista, diresse una delle prime orchestre jazz, che annoverava tra i suoi componenti L. Armstrong (1924-1925).

HENDRICKS (Barbara), *Stephens, Arkansas, 1948*, soprano statunitense naturalizzata svedese. Ha debuttato nel 1974, e da allora ha calcando con successo le scene di tutto il mondo. È anche una valente concertista, con un repertorio che spazia dai *Lieder* alla musica contemporanea.

HENDRIX (James **Marshall**, detto Jimi), *Seattle 1942 - Londra 1970*, chitarrista rock statunitense. Virtuoso della chitarra e cantante, ha rinnovato il blues e il rock sperimentando, nelle sue composizioni, sonorità inedite (album *Electric Ladyland*, 1968).

Jimi **HENDRIX.**

HENGELO, c. del Paesi Bassi (Over[Issel); 80.460 ab.

HENGYANG, c. della Cina (Hunan); 487.000 ab.

HENIE (Sonja), *Oslo 1912 - in volo tra Parigi e Oslo, 1969*, pattinatrice norvegese. È stata dieci volte campionessa del mondo e tre volte campionessa olimpica (1928, 1932 e 1936).

HENLEIN (Konrad), *Maffersdorf 1898 - Pilsen 1945*, politico tedesco. Favorì l'annessione dei Sudeti al Reich (1938).

HENLEY-ON-THAMES, c. della Gran Bretagna (Inghilterra), sul Tamigi; 12.000 ab. Regate.

HENNEBIQUE (François), *Neuville-Saint-Vaast 1841 - Parigi 1921*, ingegnere francese. Pioniere della costruzione industriale in cemento armato, introduce l'uso di staffe per risolvere il problema della ripartizione dei collegamenti tra l'armatura metallica e il calcestruzzo.

HENNIG (Willi), *Dürrhennersdorf, Sassonia, 1913 - Ludwigsburg 1976*, biologo ed entomologo tedesco. Ha introdotto il cladismo, un sistema di classificazione degli esseri viventi che ha modificato profondamente la tassonomia moderna.

HENRI, *castello di Betzdorf 1955*, granduca di Lussemburgo. Figlio maggiore di Jean, gli è succeduto al trono nel 2000.

HENRY (Joseph), *Albany 1797 - Washington 1878*, fisico statunitense. Scoprì l'autoinduzione (1832), fenomeno fondamentale in elettromagnetismo.

HENRY (O.) → O. Henry.

HENRY (Pierre), *Parigi 1927*, compositore francese. Autore di musica concreta ed elettroacustica, ha lavorato con P. Schaeffer e M. Béjart (*Variations pour une porte et un soupir*, 1963; *Messe pour le temps présent*, 1967). In seguito si è dedicato a composizioni di maggiore respiro (*L'Apocalypse de Jean*, oratorio, 1968; *Hugo-Symphonie*, 1985).

HENZADA, c. del Myanmar, sull'Irrawaddy; 284.000 ab.

HENZE (Hans Werner), *Gütersloh, Westfalia, 1926*, compositore tedesco. Dopo aver sperimentato la musica seriale, ha composto opere (*El Cimarrón*, 1970; *El Rey de Harlem*, 1980), balletti, sinfonie dallo stile molto personale e musiche per film (*Muriel, il tempo di un ritorno*, A. Resnais, 1963; *Il caso Katharina Blum*, V. Schlöndorff, 1975).

HEPBURN (Audrey), *Bruxelles 1929 - Tolochenaz, Svizzera, 1993*, attrice cinematografica statunitense. Ballerina e poi attrice in commedie teatrali, raggiunse il successo a Hollywood incarnando il tipo della donna-bambina. *Vacanze romane* (W. Wyler, 1953), *Sabrina* (B. Wilder, 1954), *My Fair Lady* (G. Cukor, 1964), *Always. Per sempre* (S. Spielberg, 1990) sono solo alcuni dei film che l'hanno vista protagonista.

HEPBURN (Katharine), *Hartford, Connecticut, 1907 - Old Saybrook, Connecticut, 2003*, attrice statunitense. Ha lavorato per il teatro e per il cinema, riuscendo a coniugare grande signorilità, carattere e uno stile di recitazione moderno. Ha interpretato, tra gli altri, film di G. Cukor (*Il diavolo è femmina*, 1935), H. Hawks (*Susanna!*, 1938), J. Huston (*La regina d'Africa*, 1952), S. Kramer (*Indovina chi viene a cena*, 1967).

HEPPLEWHITE (George), *m. a Londra nel 1786*, ebanista britannico. Deve la sua fama al ritrovamento postumo (1788) della raccolta di disegni di mobili che realizzò in uno stile a metà tra il rococò di T. Chippendale e il neoclassicismo degli Adam.

HERÁKLEION o **IRÁKLION**, già **Càndia**, c. della Grecia; 117.167 ab. Porto. È la città principale dell'Isola di Creta. — Ricchi musei.

HERA o **DANDARA**, villaggio dell'Alto Egitto. Tempio tolemaico consacrato alla dea Hathor, ben conservato.

HERAT, c. dell'Afghanistan, sullo Hari Rud; 150.000 ab. Monumenti costruiti durante il rinascimento timuride, nel XV sec.

HÉRAULT, dip. della Francia, nella reg. Linguadoca-Rossiglione; capol. *Montpellier*; 6101 km²; 896.441 ab. È compreso tra il margine merid. del Massiccio Centrale e il Golfo del Leone. Attività estrattive; industrie chimiche ed elettroniche.

HERBART (Johann Friedrich), *Oldenburg 1776 - Gottinga 1841*, filosofo e pedagogista tedesco. Le sue teorie pedagogiche, influenzate da J.H. Pestalozzi, attribuiscono grande importanza alla trasmissione di valori ai bambini.

HERBERT (Frank), *Tacoma 1920 - Madison 1986*, scrittore statunitense, autore di romanzi (*Dune*, 1965-1985) e racconti di fantascienza.

HERBERT (George), *Montgomery, Galles, 1593 - Bemerton, Wiltshire, 1633*, poeta inglese, autore di versi di carattere religioso (*Il tempio*).

HERBIN (Auguste), *Quiévy, Nord, 1882 - Parigi 1960*, pittore e teorico dell'arte francese. Fondatore del gruppo *Abstraction-Création*, elaborò un linguaggio pittorico caratterizzato da forme geometriche e campiture dalle tinte piatte e accese.

HERCULANO (Alexandre), *Lisbona 1810 - Vale de Lobos 1877*, scrittore e storico portoghese, autore di una *Storia del Portogallo* (1846-1853).

HERDER (Johann Gottfried **von**), *Mohrungen 1744 - Weimar 1803*, scrittore e filosofo tedesco. Tra i precursori dello *Sturm und Drang*, autore di *Idee sulla filosofia della storia dell'umanità* (1784-1791) e *Sull'origine della lingua*, si dedicò allo studio della letteratura nazionale attraverso raccolte di canzoni popolari.

HERERO, popolazione della Namibia nord-orient., di lingua bantu.

HERGÉ (Georges **Remi**, detto), *Etterbeek 1907 - Bruxelles 1983*, disegnatore belga. Creatore del personaggio di *Tintin* (dal 1929), è stato tra i primi in Europa a realizzare fumetti, e può essere considerato uno dei maestri di questo genere, su cui ha esercitato grande influenza.

HERISAU, c. della Svizzera, capol. del semicant. Ausser-Rhoden (Appenzell); 15.799 ab. Chiesa gotica, edifici antichi, museo.

HERISTAL, in fiammingo **Herstal**, com. del Belgio (prov. di Liegi), sulla Mosa; 36.370 ab. Produzione di armi. — Museo di archeologia industriale.

HERMITE (Charles), *Dieuze 1822 - Parigi 1901*, matematico francese. Autore di una teoria generale delle funzioni ellittiche e abeliane, dimostrò la trascendenza del numero di Nepero.

HERMLIN (Stephan), *Chemnitz 1915 - Berlino 1997*, scrittore tedesco. Autore di poesie, novelle e saggi, ha rappresentato un punto di contatto tra il mondo della cultura e il potere comunista della RDT.

HERMON (Mónte), massiccio al confine tra Libano e Siria; 2814 m.

HERMOSILLO, c. del Messico, cap. dello Stato di Sonora; 545.928 ab.

HERNÁNDEZ o **FERNÁNDEZ** (Gregorio), *in Galizia 1576 ca. - Valladolid 1636*, scultore spagnolo. Tra i maestri della scuola di Valladolid, realizzò opere policrome di tema religioso, realistiche e fortemente espressive.

HERNÁNDEZ (José), *San Martín 1834 - Buenos Aires 1886*, poeta argentino. È autore del poema *Martín Fierro* (1872-1879), epopea della pampa e dei gauchos.

HERNÁNDEZ (Miguel), *Orihuela 1910 - Alicante 1942*, scrittore spagnolo. È autore di poesie (*Vento del popolo*) e testi teatrali caratterizzati da una forte carica vitale e da grande sensualità. Repubblicano, morì nelle carceri franchiste.

HERNE, c. della Germania (Renania Settentrionale-Westfalia), nella Ruhr; 175.661 ab. Metallurgia. — Castello del XVI-XVII sec.

HÉROLD (Louis Joseph Ferdinand), *Parigi 1791-1833*, compositore francese. Scrisse musiche per balletti (*La fille mal gardée*, 1828) e *opéras-comiques* (*Zampa*, 1831; *Le pré-aux-clercs*, 1832).

HÉROULT (Paul), *Thury-Harcourt, Calvados, 1863 - Baia di Antibes 1914*, metallurgista francese. Inventò un sistema di produzione elettrolitica dell'alluminio (1886) e il forno elettrico per l'acciaio che porta il suo nome (1907).

HERRADA DI LANDSBERG, *1125 ca. - Hoenburg 1195*, badessa ed erudita tedesca. Scrisse un trattato, l'*Hortus deliciarum*, per l'educazione delle novizie.

HERRERA (Fernando de), *Siviglia 1534-1597*, poeta spagnolo. Autore di poesie patriottiche dal tono lirico, contribuì a fissare e ad arricchire la lingua spagnola.

HERRERA (Francisco), detto **il Vècchio**, *Siviglia 1585/1590 ca. - Madrid 1656*, pittore spagnolo. Si affermò nel periodo tra il 1625 e il 1640, con dipinti religiosi caratterizzati da una certa ruvidezza realista e da grande potenza espressiva (*San Basilio che detta la sua dottrina*, Louvre, Parigi). — **Francisco H.**, detto **il Giòvane**, *Siviglia 1622 - Madrid 1685*, pittore e architetto spagnolo, figlio di Francisco il Vecchio. Autore di dipinti in un vivace stile barocco debitore di influenze italiane, fu pittore di corte. Realizzò anche il primo progetto della cattedrale di Nostra Signora del Pilar, a Saragozza.

HERRERA (Juan de), *Mobellán, Santander, 1530 ca. - Madrid 1597*, architetto spagnolo. Costruì l'*Escorial, l'alcazar di Toledo, la cattedrale di Valladolid e la Borsa di Siviglia, elaborando uno stile di grande purezza.

HERREWEGHE (Philippe), *Gand 1947*, direttore di coro e d'orchestra belga. Profondo conoscitore delle cantate barocche, da C. Monteverdi a J.S. Bach, ha fondato il Collegium Vocale di Gand (1969), l'ensemble vocale e l'orchestra della Chapelle royale (1977).

HERRICK (Robert), *Londra 1591 - Dean Prior 1674*, poeta inglese. Nelle *Esperidi e nobili rime* ha trattato temi quali l'amore, la natura e la fede cristiana.

HERRIOT (Édouard), *Troyes 1872 - Saint-Genis-Laval 1957*, politico francese. Sindaco di Lione (1905-1957) e più volte presidente del Partito radicale, fu contemporaneamente presidente del consiglio e ministro degli esteri (1924-1925).

HERRMANN (Bernard), *New York 1911 - Hollywood 1975*, compositore statunitense. Ha scritto la colonna sonora di *Quarto potere* (O. Welles, 1940) e dei film di A.J. Hitchcock (1955-1964).

HERSCHBACH (Dudley Robert), *San José, California, 1932*, chimico statunitense. Ha messo a punto una tecnica che consente di studiare le molecole di una reazione chimica portandole a velocità supersonica. (Premio Nobel 1986.)

HERSCHEL (sir William), *Hannover 1738 - Slough 1822*, organista e astronomo britannico di origine tedesca. Appassionato di astronomia, realizzò numerosi telescopi e scoprì il pianeta Urano (1781), due suoi satelliti (1787) e due satelliti di Saturno (1789). Fu il primo a studiare sistematicamente le stelle doppie e, intorno al 1800, scoprì gli effetti termici dei raggi infrarossi. Può essere considerato il fondatore dell'astronomia stellare.

■ *Sir William Herschel.* (*National Portrait Gallery, Londra.*)

HERTFORDSHIRE, contea dell'Inghilterra, a N di Londra; 951.500 ab.; capol. *Hertford*.

HERTOGENBOSCH, c. dei Paesi Bassi, capol. del Brabante Settentrionale; 130.477 ab. Cattedrale gotica del XIV-XV sec. Museo provinciale.

HERTWIG (Oskar), *Friedberg, Assia, 1849 - Berlino 1922*, biologo tedesco. Studiò la fecondazione negli animali (anfimixia). — **Richard H.**, *Friedberg 1850 - Schlederloh, a S di Monaco, 1937*, biologo tedesco, fratello di Oskar. Compì importanti scoperte nel campo della biologia cellulare.

HERTZ (Heinrich), *Amburgo 1857 - Bonn 1894*, fisico tedesco. Grazie a un oscillatore di sua invenzione riuscì a produrre onde elettromagnetiche (1887) e a dimostrare che erano dello stesso tipo delle onde luminose, aprendo la strada alla telegrafia senza fili tramite le cosiddette onde "hertziane". Inoltre studiò l'effetto fotoelettrico e la presenza di elettroni nella materia.

■ *Heinrich Hertz* (Coll. Mansell, Londra.)
— **Gustav H.**, *Amburgo 1887 - Berlino Est 1975*, fisico tedesco. Nipote di Heinrich, spiegò il fenomeno della fluorescenza e propose una teoria dell'emissione luminosa. (Premio Nobel 1925.)

HERTZSPRUNG (Ejnar), *Frederiksberg 1873 - Tøllose 1967*, astrofisico danese. Ha introdotto la distinzione tra stelle giganti e nane e, parallelamente a H.N. Russell, ha scoperto la relazione esistente tra luminosità e temperatura delle stelle.

HERVÉ (Florimond **Ronger**, detto), *Houdain 1825 - Parigi 1892*, compositore e direttore d'orchestra francese. Esordì a teatro con l'operetta *Don Quichotte et Sancho Pança* (1848). È considerato il creatore dell'operetta francese. Tra le altre opere, *La femme à papa* (1879), *Mam'zelle Nitouche* (1883).

HERZBERG (Gerhard), *Amburgo 1904 - Ottawa 1999*, chimico-fisico canadese di origine tedesca. Ha determinato la struttura elettronica e la geometria di atomi, molecole e radicali liberi, e ne ha evidenziato la presenza nello spazio. (Premio Nobel per la chimica 1971.)

HERZEN o **GUERTSEN** (Aleksandr Ivanovič), *Mosca 1812 - Parigi 1870*, scrittore e teorico politico russo. Oppositore del regime zarista, pubblicò in esilio la rivista politica e letteraria *Kolokol* ("La campana").

HERZL (Theodor), *Budapest 1860 - Edlach, Austria, 1904*, scrittore ungherese, fondatore del *sionismo politico* (*Lo Stato ebraico*, 1896).

■ *Theodor Herzl.*

HERZOG (Werner **Stipetic**, detto Werner), *Monaco di Baviera 1942*, regista cinematografico tedesco. Autore dal grande talento visionario, ha diretto opere grottesche e innovative. Tra i film, *Anche i nani hanno cominciato da piccoli* (1969), *Fata morgana* (1970), *Aguirre, furore di Dio* (1972), *L'enigma di Kaspar Hauser* (1975), *La ballata di Stroszek* (1977), *Nosferatu, principe della notte* (1978), *Fitzcarraldo* (1982), *Dove sognano le formiche verdi* (1984), *Grido di pietra* (1992).

HESS (Harry Hammond), *New York 1906 - Woods Hole, Massachusetts, 1969*, geologo statunitense. Ha elaborato una teoria dell'espansione dei fondali oceanici che anticipa quella della tettonica a zolle.

HESS (Rudolf), *Alessandria Egitto 1894 - Berlino 1987*, politico tedesco. Tra i più stretti collaboratori di A. Hitler, nel 1941 fuggì in Scozia. Condannato dal tribunale di Norimberga, rimase in carcere dal 1946 fino alla morte. Morì suicida.

HESS (Victor), *Waldstein, Stiria, 1883 - Mount Vernon 1964*, fisico statunitense di origine austriaca. Scoprì le radiazioni cosmiche (1912) salendo in quota con dei palloni. (Premio Nobel 1936.)

HESS (Walter Rudolf), *Frauenfeld 1881 - Locarno 1973*, fisiologo svizzero. Specialista del sistema nervoso, compì studi di neurochirurgia. (Premio Nobel 1949.)

HESSE (Hermann), *Calw, Württemberg, 1877 - Montagnola, Ticino, 1962*, scrittore svizzero di origine tedesca. I suoi romanzi rispecchiano il tentativo di dar vita a una nuova forma di spiritualità a partire da una ribellione personale (*Peter Camenzind*, 1904) e dalla scoperta del pensiero orient. (*Siddharta*, 1922; *Il lupo della steppa*, 1927; *Il gioco delle perle di vetro*, 1943). (Premio Nobel 1946.)

HESTON (Charlton), *Evanston 1923*, attore cinematografico statunitense. Ha spesso recitato in grandi kolossal: *I dieci comandamenti* (C.B. de Mille, 1956), *Ben Hur* (B. Wyler, 1959).

HEUSS (Theodor), *Brackenheim 1884 - Stoccarda 1963*, politico tedesco. Tra i fondatori del Partito liberale, è stato presidente della RFT (1949-1959).

HEVELIUS (Johannes **Havelke** o **Hevel**, detto), *Danzica 1611-1687*, astronomo polacco. Autore di studi sulle macchie solari, pubblicò la prima carta dettagliata della Luna (1647) e un trattato sulle comete (1668).

HEVESY (George Charles **de**), *Budapest 1885 - Friburgo 1966*, chimico svedese di origine ungherese. Introdusse l'uso di marcatori isotopici e scoprì l'afnio. (Premio Nobel 1943.)

HEWISH (Antony), *Fowey, Cornovaglia, 1924*, radioastronomo britannico. Ha scoperto le pulsar insieme al suo allievo J. Bell (1967). (Premio Nobel per la fisica 1974.)

HEWLETT-PACKARD, multinazionale statunitense operante nel settore elettronico-informatico. Fondata nel 1938 a Palo Alto da William H. e David P., è oggi una delle maggiori imprese a livello mondiale. Presente in Italia dal 1964, dal 1978 ha sede a Cernusco sul Naviglio (Milano). Nel 2002 si è fusa con Compaq.

HEYDRICH (Reinhard), *Halle 1904 - Praga 1942*, politico tedesco. Membro del Partito nazista dal 1932, governò i protettorati di Boemia e Moravia (1941) e morì per mano dei patrioti cechi.

HEYMANS (Cornelius), *Gand 1892 - Knokke 1968*, medico belga. Ha ricevuto il Premio Nobel nel 1938 per i suoi studi sulla respirazione e sull'apparato circolatorio.

HEYTING (Arend), *Amsterdam 1898 - Lugano 1980*, logico olandese. Ha elaborato le regole della logica intuizionista.

HEZBOLLAH, in ar. *ḥizb Allāh* ("Partito di Dio"), organizzazione islamica libanese fondata nel 1982, grazie al supporto di militanti sciiti iraniani del movimento detto anch'esso H., e impegnata contro l'occupazione di una zona del Libano merid. (fino al 2000) da parte di Israele. H. è att. un partito politico rappresentato in parlamento.

HICKS (sir John Richard), *Leamington Spa, Warwickshire, 1904 - Blockley, Glucestershire, 1989*, economista britannico. Mise a punto, con A.H. Hansen (1887-1975), un modello delle relazioni che intercorrono tra la politica monetaria e la politica finanziaria. (Premio Nobel 1972, con K. Arrow.)

HIDALGO Y COSTILLA (Miguel), *San Diego, Corralejo, 1753 - Chihuahua 1811*, sacerdote messicano. Iniziò la sua lotta per l'indipendenza del Messico nel 1810. Fu fucilato dagli spagnoli.

HIDDEN PEAK, cima dell'Himalaya, della catena del Karakoram (Pakistan), il cui punto culminante è il Gasherbrum (8068 m).

HIDEYOSHI → Toyotomi (Hideyoshi).

HIGASHIOSAKA, c. del Giappone (Honshu); 517.232 ab.

HIGGINS CLARK (Mary), *New York 1931*, scrittrice statunitense. I suoi thriller hanno conosciuto un successo mondiale (*La notte dell'aquila*, *Testimone allo specchio*, *Una notte all'improvviso*).

HIGHLANDS, reg. montuosa della Gran Bretagna, nella Scozia settentr.

HIGHSMITH (Patricia), *Fort Worth 1921 - Locarno 1995*, scrittrice statunitense. I romanzi polizieschi di questa maestra della suspense e dell'angoscia sono centrati sulla psicologia del colpevole (*Sconosciuti in treno*, *Il talento di Mr Ripley*).

HIIUMAA, in russo **Dagö**, isola dell'Estonia, nel Mar Baltico.

HIJAZ o **HEJIAZ** (Al-), reg. della penisola arabica, lungo il Mar Rosso; cap. *La Mecca*; c. princ. *Gidda* e *Medina*. Lo H., paese natale di Maometto e terra santa dei musulmani, è divenuto regno indipendente nel 1916 e dal 1932 è una delle province dell'Arabia Saudita.

HIKMET (Nazim), *Salonicco 1902 - Mosca 1963*, scrittore turco. La sua vita, le sue poesie (*Paesaggi umani*) e i suoi romanzi sono contrassegnati dall'impegno politico comunista.

HILALIANI o **BANU HILAL**, tribù dell'Arabia centrale che emigrò in Egitto nell'VIII sec. e invase il Maghreb nell'XI sec.

HILBERSEIMER (Ludwig), *Karlsruhe 1885 - Chicago 1967*, architetto e urbanista tedesco. Teorico ed esponente del razionalismo, membro del Novembergruppe (1919), affrontò i problemi legati alla progettazione urbanistica, proponendo teorie personali e innovative ("città verticale").

HILBERT (David), *Königsberg 1862 - Gottinga 1943*, matematico tedesco. Rappresentante della corrente formalista, fu uno dei fondatori del metodo assiomatico. Rilanciò le ricerche sui fondamenti della matematica presentando, nel 1900, 23 problemi da risolvere.

HILDEBRAND (Adolf **von**), *Marburgo 1847 - Monaco 1921*, scultore tedesco. È l'autore della fontana di Wittelsbach (1894) a Monaco, esempio di arte classica e allegorica.

HILDEBRANDT (Lukas **von**), *Genova 1668 - Vienna 1745*, architetto austriaco. Autore dei due palazzi del Belvedere (1714-1723) a Vienna, fu il massimo esponente del barocco in Austria.

HILDESHEIM, c. della Germania (Bassa Sassonia); 104.013 ab. Chiese romaniche, tra cui quella di S. Michele (XI-XII sec.); museo Pelizaeus (antichità egizie) e altri musei.

HILDGARTNER (Paul), *Chienes 1952*, atleta. Ha vinto la medaglia d'oro alle Olimpiadi del 1972 (in coppia con Walter Plaikner) e del 1984 e quella d'argento nel 1980 nella specialità dello slittino. Ai campionati mondiali ha vinto una medaglia d'oro (1978) e due di bronzo (1979, 1983).

HILFERDING (Rudolf), *Vienna 1877 - Parigi 1941*, politico tedesco di origine austriaca. Teorico del marxismo (*Il capitale finanziario*, 1910), fu deputato socialdemocratico (1924-1933).

HILL (Mário **Giròtti**, detto Terence), *Venezia 1939*, attore cinematografico. Insieme a B. Spencer ha dato vita a una delle coppie di maggior successo del cinema italiano: *Lo chiamavano Trinità...* (1970), *Altrimenti ci arrabbiamo* (1973). Ha recitato anche da solo (*Il mio nome è Nessuno*, 1973) e si è affermato nella fiction televisiva con *Don Matteo* (2000), premiato al Festival internazionale della televisione, a Montecarlo (2002).

HILLA, c. dell'Iraq; 268.834 ab.

HILLARY (sir Edmund), *Auckland 1919*, alpinista neozelandese. Con lo sherpa Tenzing Norgay, conquistò per primo la cima dell'Everest nel 1953.

HILLEL, *in Babilonia 70 ca. a.C. - Gerusalemme 10 ca. d.C.*, dottore ebreo, capo di una scuola di rabbini che interpretava la Legge in modo liberale.

HILMAND → HELMAND.

HILTY (Carl), *Werdenberg, cant. di San Gallo, 1833 - Clarens 1909*, giurista e filosofo svizzero. Membro del Consiglio nazionale dal 1890 al 1909, pubblicò opere di diritto costituzionale, di politica e di filosofia.

HILVERSUM, c. dei Paesi Bassi, a SE di Amsterdam; 82.773 ab. Stazione di radiodiffusione. — Municipio (1928) e altri edifici dell'architetto Willem Marinus Dudok.

HIMACHAL PRADESH, Stato dell'India settentr.; 55.700 km²; 6.077.248 ab.; cap. *Simla*.

HIMALAYA, la più alta catena montuosa del mondo, in Asia; la cima principale è l'Everest (8848 m). Si estende per 2800 km, dall'Indo al Brahmaputra, ed è larga in media 300 km tra il Tibet e la pianura indo-gangetica. — Vi si distinguono diverse fasce climatiche, da S a N: una regione coperta da fitta giungla (il *Terai*); una zona di colline e basse montagne (le Siwalik); al di sopra dei 5000 m, la zona dei ghiacci e delle nevi perenni che formano l'H. propriamente detto, limitato dalla valle dell'Indo e del Brahmaputra; quest'ultima è dominata a N dal Transhimalaya che segna il bordo dell'altopiano del Tibet. Catena con grandi pieghe di rocce, dell'età delle Alpi, l'H. è un'importante barriera climatica e umana, meta dell'alpinismo mondiale.

HIMEJI, c. del Giappone, a S dell'Isola di Honshu; 470.986 ab. Vecchio centro storico; celebre fortezza feudale detta castello dell'"airone bianco" (XIV-XV sec.). — Siderurgia. Industria tessile.

HIMES (Chester), *Jefferson City 1909 - Benisa, prov. di Alicante, 1984*, scrittore statunitense, autore di romanzi polizieschi (*Crociata solitaria*, *Cieco, con la pistola*).

HIMMLER (Heinrich), *Monaco 1900 - Lüneburg 1945*, politico tedesco. Capo delle SS (1934) e della polizia del Reich (1938), poi ministro degli interni (1943), guidò la repressione contro gli avversari del regime nazista e organizzò i campi di concentramento. Arrestato, si suicidò.

HINAULT (Bernard), *Yffiniac 1954*, ciclista francese. 5 volte vincitore del Tour de France (1978, 1979, 1981, 1982 e 1985) e 3 del Giro d'Italia (1980, 1982, 1985), è stato campione del mondo nel 1980.

HINDEMITH (Paul), *Hanau 1895 - Francoforte 1963*, compositore tedesco. Fu uno dei capostipite della scuola tedesca tra le due guerre, restando però sempre fedele a un certo spirito classico. Tra le sue opere, un ciclo di *Lieder* (*Das Marienleben*), le opere *Cardillac* (1926) e *Mathis der Maler* (1938), *Kammermusiken* per diverse formazioni, concerti e sonate.

HINDENBURG (Paul **von**), *Posen, att. Poznań, 1847 - Neudeck, presso Gdańsk, 1934*, maresciallo tedesco. Vincitore sui russi a Tannenberg (1914), capo di Stato maggiore generale (1916), fu responsabile, con E. Ludendorff, della strategia tedesca fino alla fine della guerra. Presidente della repubblica di Weimar nel 1925, rieletto nel 1932, nominò A. Hitler cancelliere (1933).

■ *Paul von Hindenburg. (Musée de l'Armée, Parigi.)*

HINDU KUSH, massiccio dell'Asia centrale (in Pakistan e, soprattutto, in Afghanistan).

HINDUSTAN, reg. dell'India, che corrisponde alla pianura indo-gangetica.

HINTIKKA (Jaakko), *Vantaa, presso Helsinki, 1929*, filosofo finlandese. Si è interessato allo studio della semantica delle proposizioni logiche e alla filosofia del linguaggio (*Conoscenza e cognizione*, 1962).

HIRAKATA, c. del Giappone (Honshu); 400.144 ab.

HIRAM I, re di Tiro (969 ca. - 935 ca. a.C.). Fornì a Salomone i materiali e gli artigiani per la costruzione del tempio di Gerusalemme e i marinai per le spedizioni nel Mar Rosso.

HIRATSUKA, c. del Giappone (Honshu); 253.822 ab.

HIROHITO, nome postumo **Showa Tenno**, *Tokyo 1901-1989*, imperatore giapponese (1926-1989). Monarca assoluto, dovette rinunciare alle sue prerogative "divine" dopo la capitolazione del Giappone (1945) e accettare l'avvento di una monarchia costituzionale.

■ *Hirohito.*

HIROSHIGE, *Edo, att. Tokyo, 1797-1858*, disegnatore, incisore e pittore giapponese. Le variazioni atmosferiche nei suoi paesaggi (*Cinquantatré stazioni della * Tokaido*) colpirono gli impressionisti, influenzando l'arte occ.

HIROSHIMA, c. del Giappone (Honshu), sul Mar del Giappone; 1.108.888 ab. Porto. Centro industriale. — Musei. — Il 6 ago. 1945 gli americani sganciarono sulla città la prima bomba atomica, che causò ca. 140.000 vittime solo in quell'anno. [V. foto a pagina seguente.]

HISPANIOLA, nome dato da Cristoforo Colombo all'isola che comprende att. gli Stati di Haiti e della Rep. Dominicana.

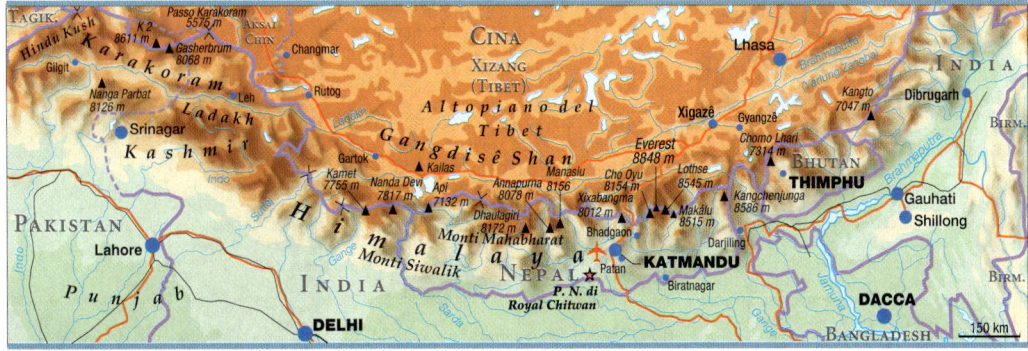

Himalaya

200 1000 3000 4000 5000 m

— strada normale
— ferrovia

● più di 1.000.000 di ab.
● da 100.000 a 1.000.000 di ab.
● da 50.000 a 100.000 di ab.
• meno di 50.000 di ab.

150 km

HIROSHIMA nel 1945.

HISTORIA AUGUSTA, raccolta di biografie di 30 imperatori romani, da Adriano a Numeriano (96-284). Scritte nel III-IV sec. e attribuite a sei autori (Elio Lampridio, Giulio Capitolino, Flavio Vopisco, Volcacio Gallicano, Trebellio Pollione, Elio Sparziano), le biografie hanno dubbia autenticità storica.

HISTORIAE, opera di Tacito (106-109 d.C. ?). Narra gli avvenimenti successivi a quelli descritti negli *Annales*, ossia la storia degli imperatori romani dalla morte di Galba (69) all'avvento di Nerva (96).

HITACHI, c. del Giappone (Honshu), sul Pacifico; 199.244 ab. Industrie elettroniche.

Alfred **HITCHCOCK** durante le riprese di Gli uccelli (1963).

HITCHCOCK (Alfred), *Londra 1899 - Hollywood 1980*, regista cinematografico britannico naturalizzato statunitense. Maestro della suspense e dell'angoscia, realizzò soprattutto film pervasi di mistero e avventure poliziesche (*La signora scompare*, 1938; *L'altro uomo*, 1951; *Intrigo internazionale*, 1959; *Psyco*, 1960).

HITLER (Adolf), *Braunau 1889 - Berlino 1945*, politico tedesco. Nato da una famiglia austriaca di estrazione piccolo-borghese, che aveva combattuto durante la prima guerra mondiale per l'esercito bavarese, nel 1921 divenne il capo del Partito nazionalsocialista dei lavoratori tedeschi (NSDAP). Creò una milizia separata (SA) nel 1921 e due anni dopo, a Monaco, tentò un putsch, che fallì. Incarcerato, scrisse il *Mein Kampf*, in cui espose la dottrina ultranazionalista e antisemita alla base del nazismo. A partire dal 1925 rafforzò il suo partito creando le SS e numerose organizzazioni di polizia politica. Grazie all'efficace propaganda condotta in una Germania umiliata dalla sconfitta del 1918 e dal trattato di Versailles, e fortemente provata dalla crisi del 1929, fu nominato cancelliere nel 1933. Messi fuori legge i comunisti, accusati dell'incendio del Reichstag (feb.), H. si fece attribuire pieni poteri (mar.). Preoccupato del potere che le SA minacciavano di assumere, ne fece eliminare i capi durante la "notte dei lunghi coltelli" (30 giu. 1934). Capo dello Stato alla morte di P. von Hindenburg (ago.), poi "Führer",

si trovò alla testa di uno Stato dittatoriale a partito unico sostenuto da una polizia temibile (Gestapo). La sua politica espansionistica in Renania (1936), Austria (1938), Cecoslovacchia (1938) e Polonia (1939) provocò la seconda guerra mondiale (1939), nel corso della quale intraprese lo sterminio degli ebrei. Sconfitto, si suicidò il 30 apr. 1945.
■ *Adolf Hitler nel 1938-1939 ca.*

HITTORF (Wilhelm), *Bonn 1824 - Münster 1914*, fisico tedesco. Scoprì i raggi catodici (1869) e ne osservò la deviazione a opera dei campi magnetici.

HITTORFF (Jacques), *Colonia 1792 - Parigi 1867*, architetto francese di origine tedesca. Allievo di C. Percier, razionalista ed eclettico, fu attivo a Parigi, dove lavorò alla Gare du Nord (1861), agli Champs-Elysées, a Place de la Concorde, a Place de l'Etoile e al Bois de Boulogne.

HJELMSLEV (Louis Trolle), *Copenaghen 1899-1965*, linguista danese. Fondatore della glossematica, che traeva ispirazione dalle tesi di F. de Saussure, tentò una formalizzazione rigorosa delle strutture linguistiche (*I fondamenti della teoria del linguaggio*, 1943).

HO, popolazione tribale dell'India (Bihar merid.; ca. 1,3 milioni di individui). Gli h. sono conosciuti per le loro tradizioni funebri e hanno un forte legame con il politeismo indù. Sono di lingua munda.

HOBART, c. dell'Australia, cap. della Tasmania; 126.118 ab. Università. Industria metallurgica.

HOBBEMA (Meindert), *Amsterdam 1638-1709*, pittore olandese. Dipinse paesaggi inondati da una luce sottile che mette in risalto ogni dettaglio.

HOBBES (Thomas), *Westport, Wiltshire, 1588 - Hardwick Hall 1679*, filosofo inglese. Sostenitore di un materialismo meccanico, descrisse l'uomo come naturalmente mosso dal desiderio e dal timore ("Homo homini lupus"); dal punto di vista politico, per vivere in società, l'individuo deve rinunciare ai suoi diritti in nome di una sovranità assoluta che garantisca l'ordine, lo Stato (*Leviatano*).

■ *Thomas Hobbes ritratto da J.M. Wright. (National Portrait Gallery, Londra.)*

HOBSBAWM (Eric), *Alessandria d'Egitto 1917*, storico britannico. Studioso di storia economica e sociale, è autore di numerose opere di ispirazione marxista (*Le rivoluzioni borghesi, 1789-1848*, 1962; *Il trionfo della borghesia, 1848-1875*, 1975; *Nazioni e nazionalismo dal 1780*, 1990; *Il secolo breve*, 1994).

HOBSON (John Atkinson), *Derby 1858 - Hampstead 1940*, economista britannico. Vide nell'imperialismo la conclusione del capitalismo e precorse J.M. Keynes, approfondendo il ruolo dei poteri pubblici nell'economia.

HOCART (Arthur Maurice), *Etterbeek, Bruxelles, 1883 - Il Cairo 1939*, antropologo britannico di origine francese. Attraverso lo studio comparato di diverse società (Oceania, India, Cylon, Egitto), dimostrò che l'organizzazione rituale è all'origine della separazione delle funzioni tra governo e amministrazione (*Social Origins*, 1954).

HOCEIMA (Al-), in sp. **Alhucemas**, c. del Marocco, sul Mediterraneo; 55.216 ab. Turismo.

HÖCH (Hannah), *Gotha 1889 - Berlino 1978*, pittrice tedesca. Tra i fondatori del movimento dada, poi membro del Novembergruppe, ha utilizzato il collage e il fotomontaggio.

HOCHE (lazare), *Versailles 1768 - Wetzlar 1797*, generale francese. Comandante dell'esercito della Mosella nel 1793, represse la rivolta scoppiata in Vandea (1795). Fu ministro della guerra nel 1797.

HÔ CHI MINH, già **Saigon** (fino al 1975), c. del Vietnam; 4.615.000 ab. Centro amministrativo, commerciale e industriale. — Saigon fu la residenza di Gia Long (1788-1802), poi, dopo il 1859, la sede del governo della Cocincina francese e la cap. del Vietnam del Sud dal 1954 al 1975.

HÔ CHI MINH (Nguyên Tat Tan, detto **Nguyên Ai Quôc** o), *Kim Liên 1890 - Hanoi 1969*, politico vietnamita. Fondatore del Partito comunista indocinese (1930), poi del movimento Vietminh (1941), presidente della Rep. Dem. del Vietnam, proclamata nel 1945, condusse la guerra contro la Francia, fino alla disfatta francese di Diên Biên Phu (1954). Divenuto capo di uno Stato ridotto alla sola parte settentr. dell'intero paese, ebbe un ruolo essenziale durante la guerra contro il Vietnam del Sud e gli Stati Uniti, a partire dal 1960.
■ *Hô Chi Minh nel 1969.*

HÖCHSTÄDT (battaglia di) (20 sett. 1703), battaglia della guerra di successione spagnola. Vittoria di C. Villars sugli austriaci a Höchstädt an der Donau (a NO di Augusta). — **Battaglia di Höchstädt** o **battaglia di Blenheim** (13 ago. 1704), battaglia della guerra di successione spagnola. Vittoria del principe Eugenio e del duca di Marlborough sulle truppe francesi.

HOCKNEY (David), *Bradford 1937*, pittore britannico. Fra i fondatori della pop art all'inizio degli anni '60 del secolo scorso, ha dato prova di un talento originale e multiforme nell'arte figurativa.

HODEIDA, in ar. **Al Hudaydah**, c. dello Yemen, sul Mar Rosso; 155.100 (246.068 ab. nell'agglomerato). Porto.

HODGKIN (Dorothy Mary **Crowfoot**), *Il Cairo 1910 - Shipston-on-Stour, Warwickshire, 1994*, chimica britannica. Ha determinato la struttura di numerose sostanze, tra cui la penicillina, la vitamina B12 e l'insulina. (Premio Nobel 1964).

HODGKIN (Thomas), *Tottingham 1798 - Giaffa 1866*, medico britannico. Scoprì la malattia poi chiamata *morbo di H.*, un linfogranuloma maligno che colpisce le ghiandole linfatiche.

HODLER (Ferdinand), *Berna 1853 - Ginevra 1918*, pittore svizzero. È autore di composizioni storiche o simboliche e di paesaggi alpini (*La ritirata di Marignano*, 1900, Museo nazionale svizzero, Zurigo).

HODNA (Chott El-), depressione paludosa degli altopiani dell'Algeria orient., dominata a N dai Monti dell'H. (1890 m).

HOEPLI (Ulrico), *Tuttwill 1847 - Milano 1935*, editore svizzero. Nel 1870 si stabilì a Milano, dove l'anno successivo aprì una libreria e fondò la casa editrice omonima. La sua attività, proseguita dai discendenti, si è rivolta prevalentemente al settore della manualistica e delle pubblicazioni scientifiche.

HOFFMAN (Dustin), *Los Angeles 1937*, attore cinematografico statunitense. Ha interpretato con successo ruoli differenti: *Il laureato* (M. Nichols, 1967), *Un uomo da marciapiede* (J. Schlesinger, 1969), *Piccolo grande uomo* (A. Penn, 1970), *Kramer contro Kramer* (R. Benton, 1979), *Rain Man* (B. Levinson, 1988), *Mad City* (C. Costa-Gavras, 1997).

HÔ CHI MINH. Abitazioni sull'acqua.

HOFFMANN (Ernst Theodor Wilhelm, detto Ernst Theodor Amadeus), *Königsberg 1776 - Berlino 1822*, scrittore e compositore tedesco. Autore di opere e sinfonie, è conosciuto soprattutto per i suoi racconti che mescolano il gusto del fantastico all'ironia (*I *fratelli di Serapione, Punti di vista e considerazioni sulla vita del gatto Murr, La principessa Brambilla*).

■ *E.T.A. Hoffmann.*

HOFFMANN (Josef), *Pirnitz, Moravia, 1870 - Vienna 1956*, architetto austriaco. Allievo di O. Wagner e fondatore, nel 1903, delle Wiener Werkstätten ("Atelier viennesi") di arti decorative, si distinse per la sobria eleganza (Palazzo Stoclet, Bruxelles, 1905).

HOFFMANN (Roald), *Złoczów 1937*, chimico statunitense di origine polacca. Ha formulato, con R.B. Woodward, le regole relative alla simmetria degli orbitali, che hanno permesso l'analisi di importanti meccanismi di reazione. (Premio Nobel 1981.)

HOFMANN (August Wilhelm von), *Giessen 1818 - Berlino 1892*, chimico tedesco. Isolò il benzene, preparò l'anilina e formulò un metodo generale di preparazione delle amine.

HOFMANNSTHAL (Hugo von), *Vienna 1874 - Rodaun 1929*, scrittore austriaco. I suoi drammi barocchi e simbolisti affrontano i problemi del mondo moderno alla luce dei miti classici e medievali (*Jedermann*). Scrisse anche libretti d'opera per R. Strauss (*Il cavaliere della rosa, Arianna a Nasso*).

HOFSTADTER (Robert), *New York 1915 - Stanford 1990*, fisico statunitense. Ha studiato la ripartizione delle cariche nel nucleo atomico. (Premio Nobel 1961.)

HOGARTH (Burne), *Chicago 1911 - Parigi 1996*, disegnatore di fumetti statunitense. Creatore di **Tarzan* (1937), ha conferito all'intera serie uno stile espressionista e tormentato.

HOGARTH (William), *Londra 1697-1764*, pittore e incisore britannico. La sua opera inaugurò l'età d'oro della pittura inglese. Dipinse numerosi ritratti e quadri sui costumi del suo tempo, in cui si evidenzia una forte vena moralizzatrice (*La carriera di un libertino*, 1735).

William **HOGARTH.** Venditrice di gamberetti, 1759. *(National Gallery, Londra.)*

HOGGAR, massiccio vulcanico del Sahara algerino; 2918 m. C. princ.: *Tamanrasset*. Meno arido delle altre zone del territorio sahariano grazie alla sua altitudine, è abitato dai tuareg.

HOHENLOHE (Chlodwig, principe **di**), *Rotenburg 1819 - Ragaz, Svizzera, 1901*, politico tedesco. Statolder dell'Alsazia-Lorena (1885-1894), fu cancelliere dell'impero tedesco (1894-1900).

HOHENSTAUFEN, dinastia germanica discendente dai duchi di Svevia; regnò sul Sacro Romano Impero dal 1138 al 1254. Gli imperatori H. furono Corrado III, Federico I Barbarossa, Enrico VI, Federico II, Corrado IV e suo figlio Corradino.

HOHENZOLLERN, famiglia che regnò sulla Prussia (1701-1918), sull'impero tedesco (1871-1918) e sulla Romania (1866-1947). Discendente da Federico, conte di Zollern (m. intorno al 1201), la famiglia si scisse in due rami. Quello di Svevia si suddivise a sua volta in diverse linee, tra cui quella di Sigmaringen che diede alla Romania la sua casa principesca, divenuta poi reale. Il ramo francone dovette la sua fortuna a Federico VI (m. intorno al 1440), che ottenne l'elettorato di Brandeburgo (1417). Avendo ereditato la Prussia (1618), gli H. ne diventarono monarchi (1701) e raggiunsero la dignità imperiale nel 1871 con Guglielmo I. Il loro ultimo rappresentante, Guglielmo II, abdicò nel 1918.

HOHOKAM (cultùra), cultura preistorica di un gruppo di indiani degli Stati Uniti sud-occ. (Arizona). La fase più antica si situa intorno al 300 a.C. e il suo apogeo tra l'800 e il 1000. Numerosi villaggi con installazioni idrauliche. Si notano somiglianze con le civiltà mesoamericane.

HOKKAIDO, isola del Giappone settentr.; 78.500 km²; 5.692.000 ab.; c. princ. *Sapporo*.

HOKUSAI, *Edo, att. Tokyo, 1760-1849*, disegnatore e incisore giapponese. Grande maestro delle stampe giapponesi, soprannominato "il vecchio pazzo per la pittura", fu il primo a fare del paesaggio un genere autonomo (vedute del Monte Fuji). Ha lasciato un'opera di stupefacente originalità (**Manga*), in cui la sicurezza del tratto è affiancata da uno spiccato senso dell'humour.

HOKUSAI. Temporale, *stampa delle 36 vedute del Monte Fuji, 1831. (Musée Guimet, Parigi.)*

HOLAN (Vladimír), *Praga 1905-1980*, poeta ceco. Combinò l'influenza di R.M. Rilke e di S. Mallarmé con elementi del mondo contemporaneo (*Il ventaglio delirante*).

HOLBACH (Paul Henri Thiry), *Edesheim, Palatinato, 1723 - Parigi 1789*, filosofo francese di origine tedesca. Collaboratore dell'**Encyclopédie*, materialista e ateo, attaccò la Chiesa e la monarchia.

HOLBEIN IL GIÓVANE (Hans), *Augusta 1497/1498 - Londra 1543*, pittore e incisore tedesco, uno dei figli di Holbein il Vecchio. Attratto dall'umanesimo, si stabilì a Basilea nel 1515 e manifestò, spec. nelle opere a carattere religioso, un classicismo d'influenza italiana (*Polittico Gerster*). Un realismo sobrio e penetrante caratterizza i ritratti eseguiti a Basilea (*Erasmo*, diverse versioni) e in Inghilterra. Si stabilì nel 1532 in qualità di pittore di corte (*Gli ambasciatori*, National Gallery, Londra).

HOLBEIN IL VÈCCHIO (Hans), *Augusta 1465 ca. - Issenheim, Alsazia, 1524 ca.*, pittore e incisore tedesco. Influenzato dall'arte fiamminga, è autore di pale d'altare e ritratti.

HOLBERG (Ludvig, baróne), *Bergen 1684 - Copenaghen 1754*, scrittore danese di origine norvegese. Autore di poemi eroicomici e di racconti di viaggio immaginari (*Il viaggio sotterraneo di Nils Klim*), nelle sue commedie combinò l'influenza di Molière alla descrizione della realtà danese.

HOLDEN (William **Franklin Beedle** detto William), *O' Fallon 1918 - Los Angeles 1981*, attore cinematografico statunitense. Esordì in *Passione - Il ragazzo d'oro* (1939) e ottenne il premio Oscar per *Stalag 17* (1953). Tra le altre interpretazioni, *Viale del tramonto* (1950), *Sabrina* (1954), *Il mucchio selvaggio* (1969), *Quinto potere* (1976).

HÖLDERLIN (Friedrich), *Lauffen 1770 - Tübingen 1843*, poeta tedesco. Nel romanzo *Iperione* (1797-1799), nelle odi e negli inni esaltò il lirismo romantico conferendo sacralità alla missione del poeta.

■ *Friedrich Hölderlin ritratto da F.K. Hiemer. (Schiller-Nationalmuseum, Marbach am Neckar.)*

HOLGUÍN, c. nel settore orient. di Cuba; 242.085 ab.

HOLIDAY (Billie), *Baltimora 1915 - New York 1959*, cantante jazz statunitense. Debuttò negli anni '30 del secolo scorso e fu una delle più grandi interpreti di jazz; incise soprattutto con Lester Young (*Strange Fruit*, 1939; *Lover Man*, 1944).

HOLLERITH (Herman), *Buffalo 1860 - Washington 1929*, ingegnere statunitense. Inventò una macchina per statistiche a schede perforate (1880) e fondò la Tabulating Machine Corporation (1896), ribattezzata successivamente IBM.

HOLLYWOOD, quartiere di Los Angeles, principale centro dell'industria cinematografica e televisiva degli Stati Uniti.

HOLM (Johanna **Eckert**, detta Hanya), *Worms 1898 - New York 1992*, ballerina e coreografa di origine tedesca, naturalizzata statunitense (1939). Discepola di M. Wigman, contribuì allo sviluppo della danza moderna, spec. grazie alla scuola che lei stessa diresse a New York.

HOLMES (Sherlock), personaggio principale dei romanzi (1887-1927) di A. Conan Doyle; detective appassionato e perspicace.

HOLON, c. d'Israele, sobborgo di Tel Aviv-Giaffa; 152.400 ab.

HOLSTEIN, ant. principato tedesco. Contea nel 1110, annesso al regno di Danimarca (1460) con lo Schleswig, l'Austria e, dopo Sadowa (1866), alla Prussia. Oggi costituisce con la parte merid. dello Schleswig il Land di **Schleswig-Holstein*.

HOLYFIELD (Evander), *Atmore 1962*, pugile statunitense. Medaglia di bronzo alle Olimpiadi di Los Angeles del 1984, nel 1986 ha conquistato il titolo mondiale dei pesi massimi leggeri. È stato campione mondiale dei pesi massimi nel 1990, 1993, 1996 e 2000.

HOME (sir Alexander **Douglas**) → DOUGLAS-HOME.

HOME FLEET ("flotta domestica"), flotta incaricata di proteggere il Regno Unito.

HOME GUARD ("milizia territoriale"), guardia territoriale creata nel 1940 e incaricata di proteggere il Regno Unito.

HOME RULE ("autogoverno"), regime di autonomia rivendicato dagli irlandesi a partire dal 1870. Votato dai comuni nel 1912, fu legalizzato nel 1914, ma non poté mai essere applicato.

HOMS, c. della Siria, sulle rive dell'Oronte; 558.000 ab. Centro commerciale e industriale.

HONDA MOTOR CO., industria giapponese fondata nel 1948 a Tokyo da Soichiro H. (Shizuoka 1906 - Tokyo 1991). Produttrice di motocicli, auto-

Hans **HOLBEIN IL GIOVANE.** Ritratto del mercante Georg Gisze, 1532. *(Staatliche Museen, Berlino.)*

Honduras-El Salvador

●	più di 500.000 ab.
●	da 100.000 a 500.000 ab.
●	da 50.000 a 100.000 ab.
•	meno di 50.000 ab.

★ importante località turistica
✈ aeroporto

— strada normale
— ferrovia

200 500 1500 m

veicoli (dal 1963) e veicoli industriali, è una delle maggiori società del settore a livello mondiale.

HONDO → HONSHU.

HONDURAS, Stato dell'America centrale; 112.000 km²; 6.575.000 ab. CAP. *Tegucigalpa*. LINGUA: *spagnolo*. MONETA: *lempira*.

GEOGRAFIA – È un paese in gran parte montuoso e ricoperto di foreste, dal clima tropicale, in cui il caffè e le banane costituiscono le risorse essenziali. Il mais rappresenta la base dell'alimentazione. La popolazione, in gran parte composta da meticci, è soggetta a un rapido incremento. L'economia è stata gravemente danneggiata, nel 1998, dal passaggio di un ciclone.

STORIA – **1502**: Cristoforo Colombo esplora la costa dell'H. **1523**: popolata da indiani miskito, il paese viene conquistata da Pedro de Alvarado; **1544**: entra a far parte della capitaneria generale del Guatemala; **1821**: viene annesso al Messico di Augustin de Iturbide. **1824-1838**: il paese fa parte delle Province Unite dell'America centrale. **1838**: divenuto indipendente, l'H. vede la propria integrità minacciata dalla presenza britannica. **Fine del XIX - inizio del XX sec.**: l'H. è diviso tra oligarchie locali rivali e subisce l'influenza della United Fruit Company, proprietaria delle grandi piantagioni di banane. **1932-1948**: dittatura di Tiburcio Carías Andino. **1957-1963**: Ramón Villeda Morales intraprende un tentativo di riforma agraria. **1969-1970**: la "guerra del football" con El Salvador favorisce l'insorgere di agitazioni politiche interne. **1981**: il liberale Roberto Suazo Córdova viene eletto presidente della repubblica; **1986**: gli succede il liberale José Simón Azcona. A partire dal 1987, l'H. firma con il Costa Rica, il Guatemala, il Nicaragua e El Salvador una serie di accordi (1987 e 1989) per ristabilire la pace nella regione. **1990**: il conservatore Rafael Callejas sale al potere; **1994**: gli succede il liberale Carlos Roberto Reina. **1998**: il liberale Carlos Roberto Flores diventa presidente della repubblica; **2002**: gli subentra il conservatore Ricardo Maduro.

HONDURAS (Gólfo dell'), insenatura del litorale dell'America centrale, sul Mar delle Antille.

HONDURAS BRITÀNNICO, ant. nome del *Belize*.

HONECKER (Erich), *Neunkirchen, Saar, 1912 - Santiago, Cile, 1994*, politico tedesco. Segretario generale del Partito socialista unificato (SED) dal 1971 e presidente del consiglio di Stato della RDT a partire dal 1976, si è dimesso da entrambe le cariche nel 1989 (ott.), poco prima della caduta del muro di Berlino (nov.).

HONEGGER (Arthur), *Le Havre 1892 - Parigi 1955*, compositore svizzero. Il suo lirismo si esprime in part. nelle opere per orchestra (*Pacific 231*, 1923; *5 sinfonie*) e negli oratori (*Le roi David*, due versioni, 1924; *Giovanna d'Arco al rogo*, 1938). Autore anche di musiche da ballo e da film.

HONG KONG, reg. amministrativa della Cina, a SE di Canton, che comprende la piccola Isola di H. K.; 1077 km²; 6.927.000 ab. Importante porto di transito, centro finanziario e industriale. L'isola fu ceduta alla Gran Bretagna nel 1842. Conformemente all'accordo tra cinesi e britannici del 1984, il territorio è stato restituito alla Cina nel 1997. — Museo. — Sull'Isola di Lantau, aeroporto Chek Lap Kok.

HONGWU, imperatore della Cina (1368-1398). Fondatore della dinastia Ming, respinse i mongoli nelle steppe del N.

HONOLULU, cap. delle Hawaii, nell'isola Oahu; 371.657 ab. Musei (etnologia e arte). — Porto. Centro turistico.

HONSHU, già **Hondo**, la più grande e popolata isola del Giappone; 230.000 km²; 99.254.194 ab.; c. princ. *Tokyo, Osaka, Yokohama, Kyoto* e *Kobe*.

HOOCH, HOOGHE o **HOOGH** (Pieter de) → DE HOOCH.

HOOD (Raymond M.), *Pawtucket 1881 - Stanford 1934*, architetto statunitense. Nel 1922 vinse il concorso internazionale per la torre del *Chicago Tribune*. In seguito orientò la sua attività alla progettazione di grattacieli, tra i quali l'*American Radiator Building* (1924) e il *McGraw-Hill Building* (1928-1931) a New York.

HOOFT (Pieter Corneliszoon), *Amsterdam 1581 - L'Aia 1647*, scrittore olandese. Poeta elegiaco, autore di opere per il teatro e narratore, contribuì alla formazione della lingua classica olandese.

HOOGHLY o **HUGLI**, braccio occ. del delta del Gange, in India; 250 km.

HOOGSTRATEN, com. del Belgio (prov. di Anversa); 17.870 ab. Chiesa in stile gotico costruita su progetto di R. Keldermans (arredi, opere d'arte).

HOOKE (Robert), *Freshwater, Isola di Wight, 1635 - Londra 1703*, scienziato inglese. Astronomo, matematico e fisico, enunciò la legge della proporzionalità tra le deformazioni elastiche di un corpo e gli sforzi che le hanno provocate.

HOOKER (John Lee), *Clarksdale, Mississippi, 1917 - Los Altos, California, 2001*, cantante e chitarrista statunitense di blues. Tra i primi a utilizzare la chitarra elettrica nel blues, è stato uno dei precursori del rock, imponendosi con il suono essenziale della sua chitarra accompagnato da una voce grave ed espressiva (*Boogie Chillen*, 1948; *Shake it Baby*, 1968).

HOOKER (sir Joseph), *Halesworth 1817 - Sunningdale 1911*, botanico ed esploratore britannico. Partecipò alla spedizione di J. Ross nell'Antartico, esplorò l'India, il Tibet e l'Himalaya, e classificò un gran numero di piante.

HOOVER (Herbert Clark), *West Branch, Iowa, 1874 - New York 1964*, politico statunitense. Fu un presidente repubblicano degli Stati Uniti dal 1929 al 1933.

HOOVER (John Edgar), *Washington 1895-1972*, funzionario statunitense. Fu direttore dell'FBI dal 1924 fino alla morte.

HOOVER DAM, già **Boulder Dam**, importante diga degli Stati Uniti, sul Colorado. Centrale idroelettrica.

HOPEWELL, sito eponimo di una cultura preistorica degli Stati Uniti orient. La cultura di H., più elaborata rispetto a quella di Adena, si sviluppò tra il 500 a.C. e il 750 d.C. e fu caratterizzata da grandi tumuli.

HOPI, popolazione amerindia degli Stati Uniti sud-occ. (riserva in Arizona; ca. 7000 individui), che costituisce un sottogruppo dei *pueblo*.

HOPKINS (sir Anthony), *Port Talbot 1937*, attore teatrale e cinematografico britannico. Ha alternato l'attività teatrale con quella cinematografica, nella quale ha ottenuto un notevole successo: *Il leone d'inverno* (1968), *Il silenzio degli innocenti* (1991, premio Oscar), *Nixon* (1995), *Hannibal* (2001), *La macchina umana* (2003).

HOPKINS (sir Frederick Gowland), *Eastbourne 1861 - Cambridge 1947*, biochimico britannico. Fu il primo a comprendere l'importanza dei "fattori nutrizionali accessori", chiamati in seguito "vitamine". (Premio Nobel per la medicina 1929.)

HOPKINS (Gerard Manley), *Stratford 1844 - Dublino 1889*, poeta britannico e gesuita. Sperimentatore e innovatore del linguaggio poetico, per la visione interiorizzata dell'essenza della realtà è considerato uno degli iniziatori del lirismo moderno.

HOPKINS (Sam, detto Lightnin), *Centerville, Texas, 1912 - Houston 1982*, cantante e chitarrista blues statunitense. Grazie alla sua voce espressiva, alle canzoni e al suono incisivo della sua chitarra, si è imposto come uno dei maestri del blues rurale (*Slavery*, 1967).

HOPPER (Edward), *Nyack, Stato di New York, 1882 - New York 1967*, pittore e incisore statunitense. Attraverso l'intensità dei mezzi plastici, il suo realismo depurato da ogni particolare superfluo conferisce una dimensione angosciante all'universo urbano.

HOREB, altro nome del Sinai, nella Bibbia.

HORKHEIMER (Max), *Stoccarda 1895 - Norimberga 1973*, filosofo e sociologo tedesco. Fondò la scuola di Francoforte, di cui formulò il programma (la "teoria critica") nel 1937. La sua riflessione si orientò in seguito verso una critica della ragione moderna (*Dialettica dell'illuminismo*, con T. Adorno, 1947; *La società di transizione*, 1972).

HONG KONG.

HORLIVKA, già **Gorlovka**, c. dell'Ucraina, nel Donbass; 337.000 ab. Industrie metallurgiche.

HORMUZ → ORMUZ.

HORN (Càpo), capo situato all'estremità merid. della Terra del Fuoco (Cile).

HORN (Rebecca), *Michelstadt 1944*, artista tedesca. Dopo gli studi ad Amburgo e Londra, ha dato vita a una serie di performances incentrate sul tema del corpo (*body art*). È anche autrice di allestimenti, installazioni e opere cinematografiche.

HORNBY (Nick), *Londra 1957*, scrittore britannico. Nei suoi romanzi ha esplorato il mondo del calcio, della musica e dei rapporti sociali: *Febbre a 90'* (1992), *Alta fedeltà* (1995), *Un ragazzo* (1998), *Come diventare buoni* (2001), *31 canzoni* (2003).

HORNES o **HOORNE** (Philippe **de Montmorency**, cónte **di**), *Nevele 1518 o 1524 - Bruxelles 1568*, signore dei Paesi Bassi. Governatore della Gheldria sotto Carlo V, fu decapitato insieme al conte di Egmont, per ordine del duca d'Alba, per essersi opposto all'autoritarismo spagnolo.

HORNEY (Karen), *Amburgo 1885 - New York 1952*, psicoanalista statunitense di origine tedesca. Ha dimostrato l'importanza dei fattori culturali nella genesi delle nevrosi (*La personalità nevrotica del nostro tempo*, 1950).

HORNU, frazione del com. di Boussu (Belgio, Hainaut). Complesso del Grand-H. di archeologia industriale, con alloggi operai; centro culturale, museo.

HOROWITZ (Vladimir), *Kiev 1904 - New York 1989*, pianista di origine russa naturalizzato statunitense. Attivo anche come compositore, si è distinto per la tecnica impeccabile, spec. nelle interpretazioni di F. Chopin e F. Liszt.

Vladimir **HOROWITZ**.

HORTA (Victor), *Gand 1861 - Bruxelles 1947*, architetto belga. Pioniere dell'Art Nouveau, appassionato della linea a "colpo di frusta" e del piano libero, ha utilizzato virtuosisticamente la pietra, il ferro e il cemento (a Bruxelles: casa Tassel, 1893, Solvay; casa Horta, 1898, att. museo; Palais des Beaux-Arts, 1922-1929).

HORTHY DE NAGYBÁNYA (Miklós), *Kenderes 1868 - Estoril, Portogallo, 1957*, ammiraglio e politico ungherese. Ministro della guerra nel gover-

no controrivoluzionario di Seghedino, nel 1919 lottò contro B. Kun. Eletto reggente (1920), instaurò un regime autoritario e conservatore. Alleato con Italia e Germania, annetté al suo regno la Slovacchia merid., l'Ucraina subcarpatica e una parte della Transilvania (1938-1940). Tentò di negoziare un armistizio separato con l'URSS, ma fu rovesciato dal Partito fascista (ott. 1944).

■ *L'ammiraglio Horthy de Nagybánya.*

HORTON (Lester), *Indianapolis 1906 - Los Angeles 1953*, coreografo statunitense. Creò una tecnica e uno stile personali. Il suo insegnamento influenzò ballerini come Alvin Ailey, Bella Lewitsky, Carmen De Lavallade.

HORUS, divinità solare dell'ant. Egitto, rappresentato come un falco oppure come un sole alato. Secondo la tradizione sarebbe il figlio di Iside e Osiride.

HORVÁTH (Ödön **von**), *Fiume 1901 - Parigi 1938*, scrittore austriaco. I suoi romanzi e le opere per il teatro, commedie e "pièce popolari" (*Leggende del bosco viennese*), offrono una visione feroce, realista e grottesca allo stesso tempo, dei pregiudizi e del linguaggio piccolo-borghese.

HORYU-JI. *Lo Yumedono o Padiglione dei sogni (VIII sec.).*

HORYU-JI, santuario buddhista costruito presso Nara, in Giappone, all'inizio del VII sec. Alcuni edifici sono tra i più antichi esempi di architettura in legno dell'Estremo Oriente.

HOSPITALET DE LLOBREGAT (L'), c. della Spagna (Catalogna), sobborgo di Barcellona; 241.782 ab.

HOTAN → KHOTAN.

HÖTZENDORF (Conrad **von**) → CONRAD VON HÖTZENDORF.

HOUDON (Jean Antoine), *Versailles 1741 - Parigi 1828*, scultore francese. È noto per i suoi ritratti di bambini e per i busti e le statue degli uomini illustri dell'epoca (J.-J. Rousseau, Voltaire, D. Diderot, B. Franklin, G. Washington).

Jean Antoine **HOUDON**. *Mausoleo di Victor Charpentier, conte d'Ennery (1781), marmo. (Louvre, Parigi.)*

HOUELLEBECQ (Michel), *La Réunion 1958*, scrittore francese. Ha raccontato con sarcasmo e lucido cinismo la società occ. contemporanea. Tra i romanzi, *Estensione del dominio della lotta* (1994), *Le particelle elementari* (1999), *Piattaforma* (2001), *Lanzarote* (2002).

HOUHEHOT o **HOHHOT**, c. della Cina, capol. della Mongolia Interna; 938.470 ab.

HOUNSFIELD (sir Godfrey Newbold), *Newark 1919*, ingegnere britannico. Ha contribuito, contemporaneamente ad A.M. Cormack, allo sviluppo della tomografia assiale computerizzata. (Premio Nobel per la medicina 1979.)

HOUPHOUËT-BOIGNY (Félix), *Yamoussoukro 1905-1993*, politico della Costa d'Avorio. Fondatore del Rassemblement démocratique africain (1946), diverse volte ministro del governo francese dal 1956 al 1959, divenne presidente della Costa d'Avorio dopo l'indipendenza (1960). Regolarmente rieletto fino all'anno della morte, intrattenne con la Francia relazioni privilegiate.

■ *Félix Houphouët-Boigny.*

HOUSSAY (Bernardo), *Buenos Aires 1887-1971*, medico argentino. Ricevette il premio Nobel nel 1947 per i suoi lavori sulle ghiandole endocrine, che riguardavano spec. il ruolo dell'ipofisi nel metabolismo dei glucidi.

HOUSTON, c. degli Stati Uniti (Texas), sulla Baia di Galveston; 1.953.631 ab. (4.177.646 ab. nell'agglomerato). Porto. Centro spaziale. Raffinerie di petrolio e stabilimenti petrolchimici. Industrie metallurgiche. — Musei.

HOUTHALEN-HELCHTEREN, com. del Belgio (Limburgo); 29.270 ab. Museo dell'automobile.

HOVA, termine malgascio che, dopo aver designato l'insieme dei merina, fu riservato solo agli uomini liberi appartenenti a questo gruppo etnico.

HOVE, c. della Gran Bretagna (Inghilterra), presso Brighton; 82.500 ab. Stazione balneare.

HOWARD, potente famiglia inglese dell'epoca Tudor, alla quale apparteneva la quinta moglie di Enrico VIII, *Caterina Howard.

HOWARD (Ebenezer), *Londra 1850-1928*, urbanista britannico. Progettò e promosse la città-giardino, centro abitato ideale, con precise regole e innovativi concetti urbanistici. Espose le sue teorie nel saggio *Città-giardino di domani* (1902).

HOWARD (Leslie **Stainer**, detto Leslie), *Londra 1893 - Golfo di Biscaglia 1943*, attore e regista teatrale e cinematografico britannico. Raffinato interprete teatrale (*La foresta pietrificata*, 1935), lavorò a lungo negli Stati Uniti (*Schiavo d'amore*, 1934; *Via col vento*, 1939). Come cineasta diresse, tra gli altri, *Pigmalione* (1938) e *Sesso gentile* (1943).

HOWARD (Thomas), dûca **di Norfolk**, *Kenninghall, Norfolk, 1538 - Londra 1572*, nobile inglese. Accusato di cospirazione contro Elisabetta I, fu decapitato.

HOWE (George), *Worchester 1886 - Cambridge 1955*, architetto statunitense. In collaborazione con lo svizzero W. Lescaze realizzò il grattacielo della Saving Fund Society a Filadelfia (1929-1932). Tra le altre opere, casa Thomas a Mount Desert Island (1939), ispirata alle teorie di F.L. Wright.

HOWRAH, c. dell'India, sul delta del Gange, sobborgo di Calcutta; 1.008.704 ab.

HOXHA (Enver), *Argirocastro 1908 - Tirana 1985*, politico albanese. Fondatore del Partito comunista d'Albania (1941) e presidente del consiglio (1945-1954), è stato, dal 1948 fino alla morte, segretario generale del partito (divenuto poi Partito albanese del lavoro) e, di fatto, guida del paese.

HOYLE (sir Fred), *Bingley, Yorkshire, 1915 - Bournemouth 2001*, astrofisico britannico. Tra i pionieri dell'astrofisica nucleare, ha elaborato teorie cosmologiche alternative a quella del big bang (che a lui deve il nome). È anche noto come divulgatore scientifico e autore di romanzi di fantascienza. (Premio Crafoord 1997.)

HOYOS (Cristina), *Siviglia 1946*, ballerina e coreografa spagnola. Interprete favorita di A. Gades, incarna, anche nelle sue coreografie (*Caminos andaluces*, 1993), il flamenco moderno.

HRABAL (Bohumil), *Brno 1914 - Praga 1997*, scrittore ceco. I suoi racconti evocano l'universo praghese, con libertà sovversiva (che gli valse la censura sotto il regime comunista) e una scrittura colorita e barocca (*Treni strettamente sorvegliati*, *Ho servito il re d'Inghilterra*, *Una solitudine troppo rumorosa*).

HRADEC KRÁLOVÉ, c. della Rep. Ceca, in Boemia; 98.163 ab. Cattedrale del XIV sec., monumenti barocchi e architettura modernista dell'inizio del XX sec.

HSIA KUEI, pittore cinese originario del Qiantang (Zhejiang), attivo intorno al 1190-1225. Il tratto essenziale ed espressivo fa di lui uno dei principali paesaggisti della dinastia dei Song meridionali.

HSIN CHU, c. della costa nord-occ. di Taiwan; 361.958 ab.

HUA GUOFENG, *Jiaocheng, Shanxi, 1921 o 1922*, politico cinese. Primo ministro (1976-1980) e presidente del Partito comunista (1976-1981) dopo la morte di Mao Zedong, fu allontanato dal potere dalla corrente guidata da Deng Xiaoping.

HUAI, f. della Cina centrale, che sfocia nel Mar Giallo; 1080 km.

HUAINAN, c. della Cina, sull'Huai; 1.228.052 ab.

HUAMBO, già **Nova Lisboa**, c. dell'Angola centrale; 203.000 ab.

HUANCAYO, c. del Perú, a 3350 m d'alt.; 257.000 ab.

HUANG GONGWANG, *Changzhou 1269-1354*, pittore e letterato cinese. Il più anziano dei quattro grandi maestri yuan, grazie all'estrema semplicità della sua tecnica esercitò un'influenza duratura.

HUANG HE, in it. **Fiùme Giàllo**, f. della Cina settentr., che nasce nel Qinghai e sfocia nel Golfo di Bohai; 4845 km; bacino di 745.000 km². Importanti opere idrauliche.

HUASCARÁN, cima delle Ande peruviane; 6768 m.

HUASTÉCHI o **HUAXTÉCHI**, popolazione amerindia del N dell'ant. Messico (Golfo del Messico), che raggiunse l'apogeo nel X sec. (steli ornamentali, madreperle incise, ceramiche dalle forme originali). Gli h. ebbero probabilmente legami con le civiltà indiane del bacino del Mississippi.

HUBBLE (Edwin Powell), *Marshfield, Missouri, 1889 - San Marino, California, 1953*, astrofisico statunitense. Scoprì l'esistenza di galassie esterne a quella in cui orbita il sistema solare (1923-1924). Poi, basandosi sulla tendenza sistematica dello spettro delle galassie a spostarsi verso il rosso, fenomeno che interpre-

tò come effetto Doppler-Fizeau, formulò una legge secondo la quale le galassie si allontanano le une dalle altre a una velocità proporzionale alla loro distanza (1929) dimostrando così la teoria dell'espansione dell'universo.

■ *Edwin Powell Hubble nel 1947.*

HUBBLE SPACE TELESCOPE (HST spatial), telescopio americano-europeo di 2,40 m di diametro, messo in orbita intorno alla Terra nel 1990.

HUBEI, prov. della Cina centro-orient.; 58.730.000 ab.; capol. *Wuhan*.

HUBER (Robert), *Monaco 1937*, biochimico tedesco. Attraverso l'analisi molecolare per diffrazione dei raggi X, è riuscito a scoprire l'esatta struttura di una proteina fotosintetica. (Premio Nobel per la chimica 1988.)

HUBERTSBURG (trattato di) (15 feb. 1763), trattato che mise fine alla guerra dei Sette anni tra Austria e Prussia.

HUBLI, c. dell'India (Karnataka); 58.730.000 ab.

HUDDERSFIELD, c. della Gran Bretagna (Inghilterra), presso Leeds; 149.000 ab.

HUDSON, f. degli Stati Uniti, che sfocia nell'Atlantico formando l'estuario su cui sorge New York; 500 km.

HUDSON (Bàia di), golfo del Canada, che si collega all'Oceano Atlantico attraverso lo Stretto di H. È un vasto mare interno (ca. 1 milione di km²) le cui acque sono gelate sette mesi all'anno.

HUDSON (Compagnia della Bàia di), compagnia commerciale inglese fondata nel 1670 da Carlo II, che giocò un ruolo importante nella colonizzazione delle regioni settentrionali del Canada.

HUDSON (Henry), *Metà del XVI sec. - presso la Baia di Hudson ? 1611*, navigatore inglese. Scoprì, nel 1610, il fiume, lo stretto e la baia che portano il suo nome.

HUDSON (Roy **Scherer Fitzgerald jr.**, detto Rock), *Winnetka 1925 - Beverly Hills 1985*, attore cinematografico statunitense. Recitò in commedie brillanti e melodrammi. Tra le sue interpretazioni, *Là dove scende il fiume* (1952), *La magnifica ossessione* (1954), *Come le foglie al vento* (1956), *Il Gigante* (1956), *Amore, ritorna* (1961).

HUE, c. del Vietnam; 211.718 ab. Fu la cap. del Vietnam unificato da Gia-Long nel 1802. Tombe degli imperatori, tra cui il mausoleo di Tu-duc (XIX sec.) con giardino, palazzo imperiale e templi.

HUE (Robert), *Cormeilles-en-Parisis 1946*, politico francese. È stato segretario nazionale (1994-2001) e presidente (dal 2001) del Partito comunista francese.

HUELVA, c. della Spagna (Andalusia), capol. di prov.; 140.985 ab. Porto. Industria chimica. Pesca.

HUESCA, c. della Spagna (Aragona), capol. di prov.; 45.653 ab. Cattedrale del XIV-XVI sec. e altri monumenti; museo.

HUFUF (Al-), c. dell'Arabia Saudita; 101.000 ab.

HUGHES (David), *Londra 1831-1900*, ingegnere statunitense di origine britannica. Realizzò un telegrafo scrivente (1854) e il microfono (1878).

HUGHES (Ted), *Mytholmroyd 1930 - Londra 1998*, poeta britannico. Ha indagato i rapporti contraddittori tra la violenza animale e la natura umana.

Tra le raccolte, *Il falco nella pioggia* (1957), *Wodwo* (1967), *Corvo* (1970), *Gaudete* (1977), *Lettere di compleanno* (1998).

HUGLI → HOOGHLY.

HUGO (Victor), *Besançon 1802 - Parigi 1885*, scrittore francese. Dopo l'esordio con le *Odi* (1822), poesie classiche di spirito monarchico, si affermò come la più alta incarnazione del romanticismo francese nella poesia (*Foglie d'autunno*, 1831; *Canti del crepuscolo*, 1835; *Le voci interiori*, 1837; *I raggi e le ombre*, 1840), nel teatro (*Ernani*, 1830; *Il re si diverte*, 1832; *Maria Tudor*, 1833; *Ruy Blas*, 1838) e nel genere del romanzo storico (*Notre-Dame de Paris*, 1831). Pari di Francia dal 1845, nel 1848 fu eletto deputato, ma dopo il colpo di Stato del 2 dic. 1851 andò in esilio. Risalgono a questo periodo i poemi satirici *I castighi* (1853), contro Napoleone III, la raccolta lirica *Le contemplazioni* (1856), l'epopea *La leggenda dei secoli* (1883) e i romanzi (*I *miserabili*; *I lavoratori del mare*, 1866). Rientrò in patria nel 1870.

Victor **HUGO** *ritratto da L. Bonnat.*
(Reggia di Versailles.)

HUGUET (Jaume), *Valls, Catalogna, 1415 ca. - Barcellona 1492*, pittore catalano. I suoi retabli su fondo d'oro denotano una continua ricerca stilistica.

HUI, minoranza nazionale della Cina (ca. 10 milioni di individui), a cui appartengono le comunità insediatesi nel Kirghizistan, nel Kazakistan e nell'Uzbekistan (ca. 70.000 individui). Originari del Gansu e del Shanxi, gli h. si sono convertiti all'islam sunnita, processo che è stato favorito dalla mescolanza con nomadi turchi.

HUICHOL, popolazione amerindia degli Stati di Jalisco e di Nayarit, nel Messico occ. (ca. 60.000 individui). Gli h., conosciuti per il rituale del peyote, parlano la lingua nahua.

HUIZINGA (Johan), *Groninga 1872 - De Steeg 1945*, storico olandese, autore, tra l'altro, di uno studio sul basso Medioevo (*L'autunno del medioevo*, 1919).

HULAGU (Al-), *1217 ca. - Maragha 1265*, primo sovrano mongolo dell'Iran (1256-1265). Nipote di Gengis Khan, conquistò Baghdad e mise fine al califfato abbaside (1258).

HULL → KINGSTON-UPON-HULL.

HULL, ant. c. del Canada (Québec), sul f. Ottawa, att. integrata nella c. di Gatineau.

HULL (Clark Leonard), *Akron, Stato di New York, 1884 - New Haven, Connecticut, 1952*, psicologo statunitense. Studiò i processi di apprendimento (*I principi del comportamento*, 1943).

HULL (Cordell), *Olympus, Tennessee, 1871 - Bethesda, Maryland, 1955*, politico statunitense. Democratico, segretario di Stato agli affari esteri (1933-1944), fu uno dei fondatori dell'ONU. (Premio Nobel per la pace 1945.)

HULSE (Russell), *New York 1950*, astrofisico statunitense. Con J. Taylor, ha scoperto la prima pulsar binaria (1974) e ha stabilito l'esistenza di onde gravitazionali. (Premio Nobel per la fisica 1993.)

HUMBER, estuario della costa orient. della Gran Bretagna, in Inghilterra, in cui confluiscono l'Ouse e il Trent.

HUMBOLDT (corrènte di), corrente marina fredda dell'Oceano Pacifico, che scorre da S verso N lungo la costa del Perú e del Cile. Viene chiamata anche con il nome di questi paesi.

HUMBOLDT (Wilhelm, **von**), *Potsdam 1767 - Tegel 1835*, linguista e politico tedesco. Studiando lingue molto diverse, cercò di superare la grammatica comparata per costituire un'antropologia ge-

nerale, che esaminasse i rapporti tra linguaggio e pensiero, tra lingue e culture. — **Alexander von H.**, *Berlino 1769 - Potsdam 1859*, naturalista e viaggiatore tedesco. Fratello di Wilhelm, esplorò l'America tropicale e l'Asia centrale. I suoi lavori contribuirono allo sviluppo di varie discipline: climatologia, oceanografia, biogeografia, geologia (in part. vulcanologia) e geomagnetismo.

HUME (David), *Edimburgo 1711-1776*, filosofo britannico. Tra i maggiori rappresentanti dell'empirismo, studiò la natura umana (*Trattato sulla natura umana*, 1739-1740; *Ricerca sull'intelletto umano*, 1748). Svelando i principi dell'associazione delle idee e procedendo a una critica radicale del concetto di causalità, approdò a uno scetticismo moderato che influenzò anche la sua concezione della vita sociale (*Saggi politici e morali*, 1741-1742).

HUME (John), *Londonderry 1937*, politico dell'Irlanda del Nord. Cattolico moderato, dal 1979 ha diretto il Partito socialdemocratico laburista. Fermamente convinto della necessità di risolvere il problema dell'Irlanda del Nord tramite negoziati, ha in larga misura contribuito all'accordo siglato nel 1998. (Premio Nobel per la pace 1998.)

HUMMEL (Johann Nepomuk), *Presburgo 1778 - Weimar 1837*, compositore e pianista austriaco. Fu autore di sonate e concerti.

HUMPHREY (Doris), *Oak Park, Illinois, 1895 - New York 1958*, ballerina e coreografa statunitense. Dotata di una tecnica rigorosa, con le sue esibizioni e l'attività didattica contribuì in modo determinante allo sviluppo della danza moderna (trilogia *New Dance, Theatre Piece, With my Red Fires*, 1935-1936).

HUNAN, prov. della Cina merid.; 64.650.000 ab.; capol. *Changsha*.

HUNDERTWASSER (Friedrich **Stowasser**, detto Friedensreich), *Vienna 1928 - in mare, a bordo della Queen Elizabeth II, 2000*, pittore austriaco. Idealismo ingenuo, invenzioni fantastiche e attenzione ai meccanismi inconsci ("transautomatismo") sono all'origine dei suoi labirinti popolati di figure, resi con minuzia e grande gusto decorativo.

HUNEDOARA, c. della Romania, in Transilvania; 81.337 ab. Siderurgia. — Castello medievale.

HUNGNAM, c. della Corea del Nord; 260.000 ab. Porto.

HUNINGUE, Haut-Rhin, c. della Francia, nel dip.; 6160 ab. Porto fluviale. Industria chimica.

HUNJIANG, c. della Cina, in Manciuria, presso la frontiera nord-coreana; 721.841 ab.

HUN SEN, *Stung Trang, prov. di Kompong Cham, 1951*, politico cambogiano. Ministro degli esteri dal 1979 al 1990, è primo ministro dal 1985 (dal 1993 al 1998 ha diretto il governo insieme al principe Norodom Ranariddh).

HUNSRÜCK, parte del Massiccio Scistoso Renano (Germania), sulla riva sinistra del Reno.

HUNT (William Holman), *Londra 1827-1910*, pittore britannico. Fu uno dei membri fondatori della Confraternita preraffaellita (*La luce del mondo*, 1853 ca., Oxford).

HUNTINGTON BEACH, c. degli Stati Uniti (California); 189.594 ab. Petrolio.

HUNTSVILLE, c. degli Stati Uniti (Alabama); 158.216 ab. Centro di studi spaziali.

HUNYADI, famiglia che diede all'Ungheria condottieri e un re: → MATTIA I CORVINO. — **Giovanni H.**, *in Transilvania 1407 ca. - Zimony 1456*, voivoda della Transilvania, reggente dell'Ungheria (1446-1453). Sconfisse gli ottomani che avevano assediato Belgrado (1456).

HUNZA, reg. del Kashmir pakistano; capol. *Baltit* (o *Hunza*).

HUPPERT (Isabelle), *Parigi 1953*, attrice cinematografica e teatrale francese. Ha saputo rendere con grande spessore psicologico i personaggi interpretati (*La merlettaia*, C. Goretta, 1977; *I cancelli del cielo*, M. Cimino, 1980; *Madame Bovary*, C. Chabrol, 1991; *Il buio nella mente*, id., 1995; *La pianista*, M. Haneke, 2001).

■ *Isabelle Huppert nel 2000.*

HURON (Làgo), lago dell'America settentr., tra il Canada e gli Stati Uniti; 59.800 km².

HURÓNI, popolazione amerindia del Québec, in Canada (ca. 2700 individui), della famiglia linguistica irochese. Gli h., stabilitisi originariamente tra i laghi Huron e Ontario, alleati nel corso del XVII sec. ai francesi, ai quali vendevano pellicce, furono cacciati dal loro territorio (la "Huronia") dagli irochesi, loro nemici, e si rifugiarono in Québec, dove formarono una collettività urbanizzata. Si diedero il nome di wendat.

HURRITI, ant. popolazione attestata in Anatolia, in alta Mesopotamia e in Siria, che nel corso del XVI sec. a.C. fondò il regno di *Mitanni.

HURTADO DE MENDOZA (Diego), *Granada 1503 - Madrid 1575*, scrittore e diplomatico spagnolo. Gli si attribuisce il *Lazarillo de Tormes* (1554), primo romanzo picaresco.

HUS (Jan), *Husinec, Boemia, 1370 ca. - Costanza 1415*, riformatore religioso ceco. Rettore dell'Università di Praga, influenzato dalle idee di J. Wycliffe, lottò contro la simonia e gli abusi della gerarchia ecclesiastica, e si oppose all'antipapa Giovanni XXIII. Scomunicato nel 1411 e nel 1412, fu condannato dal concilio di Costanza (1414), arrestato e mandato al rogo come eretico. È venerato come martire in Boemia.

Jan **HUS** condannato al rogo nel 1415. Particolare di un manoscritto del XV sec. (Università di Praga.)

HUSÁK (Gustáv), *Bratislava 1913-1991*, politico slovacco. Presidente del governo autonomo di Slovacchia (1946-1950), fu arrestato nel 1951, liberato nel 1960 e riabilitato nel 1963. Fu il primo segretario del Partito comunista (1969-1987) e presidente della repubblica (1975-1989).

HUSAYN o **HUSSEIN**, *Medina 626 - Karbala 680*, terzo imam sciita. Figlio di Alì e di Fatima, fece valere i suoi diritti al califfato e fu ucciso dalle truppe degli Omayyadi. È venerato come martire dagli sciiti.

HUSAYN o **HUSSEIN**, *Amman 1935-1999*, re di Giordania (1952-1999), della dinastia hashimita. Impegnò la Giordania nella guerra dei Sei giorni (1967), che comportò l'occupazione della Cisgiordania da parte di Israele, e, nel 1970-1971, eliminò le basi della resistenza palestinese che si erano stabilite nel suo paese. Convinto della necessità di raggiungere un accordo sulla questione palestinese e sugli antagonismi regionali, rinunciò nel 1988 a ogni tipo di rivendicazione sulla Cisgiordania e concluse, nel 1994, un trattato di pace con Israele.

■ *Husayn di Giordania.*

HUSAYN o **HUSSEIN** (Saddam), *Tikrit 1937*, politico iracheno. Presidente della repubblica, capo del comando rivoluzionario, del partito Baath e dell'esercito a partire dal 1979, ha condotto una politica assolutistica (guerra all'Iran, 1980; invasione del Kuwait, 1990, all'origine della prima guerra del Golfo). Destituito in seguito all'intervento armato anglo-americano (apr. 2003) è stato catturato da reparti speciali statunitensi nel dic. dello stesso anno.

■ *Saddam Husayn nel 1987.*

HUSAYN o **HUSSEIN** (Taha), *Magaga 1889 - Il Cairo 1973*, scrittore egiziano. Cieco, pubblicò diversi romanzi (*Il libro dei giorni*) e saggi critici; fu anche ministro dell'educazione (1950-1952).

HUSAYN IBN AL-HUSAYN, *Smirne 1765 ca. - Alessandria 1838*, ultimo dey di Algeria (1818-1830). Dopo lo sbarco francese (1830), capitolò e andò in esilio.

HUSAYN IBN ALÌ, *Istanbul 1856 ca. - Amman 1931*, emiro dell'Hijaaz (1916-1924). Sceriffo della Mecca, proclamò nel 1916 la "rivolta araba" contro gli ottomani. Fu rovesciato da Abd al-Aziz III ibn Saud nel 1924.

HU SHI, *Shanghai 1891 - Taipei 1962*, letterato cinese. Impose l'utilizzo del cinese parlato nella letteratura.

HUSSEIN → HUSAYN.

HUSSEIN DEY, località dell'Algeria, sobborgo di Algeri; 49.921 ab.

HUSSERL (Edmund), *Prossnitz, att. Prostějov, Moravia, 1859 - Friburgo 1938*, filosofo tedesco. Fu uno dei padri della fenomenologia, alla quale tentò di conferire rigore scientifico e che utilizzò come teoria della conoscenza al servizio delle altre discipline (*Ricerche logiche*, 1900-1901; *Idee per una fenomenologia pura e per una filosofia fenomenologica*, 1913; *Meditazioni cartesiane*, 1931). Propose una critica feconda della logica contemporanea (*Logica formale e logica trascendentale*, 1929).

HUSTON (John), *Nevada, Missouri, 1906 - Middletown, Rhode Island, 1987*, regista cinematografico statunitense. I suoi film che celebrano la forza dell'uomo, rivelano una grande arte del racconto e un forte senso dell'umorismo (*Il mistero del falco*, 1941; *Il tesoro della Sierra Madre*, 1948; *Quando la città dorme*, 1950; *La regina d'Africa*, 1952; *Gli spostati*, 1961; *L'uomo che volle farsi re*, 1975; *Gente di Dublino*, 1987).

HUTTEN (Ulrich von), *castello di Steckelberg 1488 - Isola di Ufenau, Lago di Zurigo, 1523*, umanista tedesco. Acceso sostenitore del luteranesimo, si segnalò per i violenti attacchi contro i principi tedeschi e la Chiesa romana.

HUTTON (James), *Edimburgo 1726-1797*, geologo britannico. Nella sua *Teoria della terra* sostenne la tesi plutonista, secondo la quale le rocce risultavano dall'attività dei vulcani. È uno dei fondatori della geologia moderna.

HUTU, popolazione che vive in *Ruanda, nel *Burundi e nella parte orient. della Rep. Dem. del Congo. Agricoltori, dalla fine degli anni '50 del secolo scorso gli h. sono in lotta con gli allevatori *tutsi.

HUXLEY (Thomas), *Ealing 1825 - Londra 1895*, naturalista e zoologo britannico. Amico di C. Darwin e convinto difensore della teoria del trasformismo, studiò gli invertebrati marini e si dedicò a dimostrare le affinità tra uomo e scimmia. — sir **Julian H.**, *Londra 1887-1975*, biologo britannico. Nipote di Thomas, fu tra i primi a enunciare la teoria sintetica dell'evoluzione ed effettuò ricerche in campo genetico. Fu il primo

direttore dell'Unesco (1946). — **Aldous H.**, *Godalming 1894 - Hollywood 1963*, scrittore britannico, fratello di Julian. Nei suoi romanzi condusse un'analisi della società tecnologica moderna spesso pessimista, usando a volte il linguaggio della fantascienza (*Il mondo nuovo*, 1932).

■ *Aldous Huxley.*

HUY, c. del Belgio (prov. di Liegi), sul f. Mosa; 19.034 ab. Collegiata gotica di Notre-Dame e altri monumenti; museo. Centro, dal XII al XVI sec., di lavorazione dello stagno.

HU YAOBANG, *nell'Hunan 1915 ca. - Pechino 1989*, politico cinese. È stato segretario generale del Partito comunista (1980-1987).

HUYGENS (Christiaan), *L'Aia 1629-1695*, scienziato olandese. Uno dei primi rappresentanti dello spirito scientifico moderno, sperimentatore e teorico allo stesso tempo, contribuì notevolmente allo sviluppo della matematica. Fu autore del primo trattato completo sul calcolo delle probabilità. Grazie a strumenti da lui stesso fabbricati, scoprì l'anello di Saturno e il satellite Titano. In meccanica, enunciò la teoria del pendolo, che utilizzò per regolare il movimento degli orologi, e diede una corretta soluzione al problema dell'urto in funzione della conservazione della quantità di moto. In ottica, espose il principio di diffrazione e di rifrazione, per mezzo di una teoria ondulatoria.

■ *Christiaan Huygens. Incisione di C. Netscher.*

HUYSMANS (Georges Charles, detto Joris-Karl), *Parigi 1848-1907*, scrittore francese. Dopo un'iniziale adesione al naturalismo (*Le sorelle Vatard*, 1879), pubblicò quello che viene considerato il manifesto dell'estetismo decadente (*Controcorrente*, 1884), per poi approdare a una mistica imbevuta di arte medievale (*Laggiù*, 1891; *La cattedrale*, 1898),

■ *Joris-Karl Huysmans ritratto da J.-L. Forain. (Reggia di Versailles.)*

HUZHOU, c. della Cina, a N di Hangzhou; 1.027.570 ab.

HVAR, in it. *Lésina*, isola croata nell'Adriatico.

HYDE PARK, vasto parco della zona occ. di Londra.

HYDERABAD, c. dell'India, cap. dell'Andhra Pradesh, nel Deccan; 3.449.878 ab. (6.842.000 ab. nell'agglomerato). Monumenti del XVI-XVII sec. Musei. In una località 8 km a N, resti di Golconda.

HYDERABAD, c. del Pakistan, nel Sind; 1.167.000 ab.

HYÈRES (Isole di), piccolo arcipelago della Francia (Var), nel Mar Mediterraneo, che comprende Porquerolles, Port Cros, l'Île du Levant e due isolotti. Stazione turistica e Parco naturale (Île du Levant).

HYKSOS, invasori semiti che conquistarono l'Egitto e vi fondarono la XV e la XVI dinastia (1730-1580 a.C.). Furono cacciati dai principi di Tebe (XVII e XVIII dinastia).

HYPNEROTOMACHIA POLIPHILI, romanzo allegorico di F. Colonna pubblicato da A. Manuzio nel 1499. È una celebrazione dell'ideale rinascimentale della bellezza.

Carattere Italia

IACOBÈLLO DEL FIÓRE, *Venezia 1394 ca. - 1439*, pittore. Influenzato da Gentile da Fabriano, operò nell'ambito del gotico. Tra le opere, *Storie di santa Lucia* (1420), *Giustizia* (1421), *Incoronazione della Vergine* (1438).

IÀCOPO DA LENTÌNI, *Lentini 1210 ca. - 1260 ca.*, poeta siciliano. Visse alla corte di Federico II, esercitando la professione di notaio. Riconosciuto da Dante come il fondatore della scuola siciliana, definì la metrica di vari componimenti (canzone, canzonetta e soprattutto sonetto), recuperando la tradizione dei trovatori e anticipando i temi della poetica stilnovista.

IÀCOPO DA VARÀZZE, *Varazze 1228 ca. - Genova 1298*, agiografo e scrittore. Domenicano, è autore di una raccolta di vite di santi (*Legenda aurea*, 1255), di una storia di Genova e di alcuni *Sermoni*.

IÀCOPO DELLA LÀNA, *Bologna 1290 ca. - 1365 ca.*, grammatico. Intorno al 1330 scrisse in volgare uno dei primi commenti alla *Divina Commedia*.

IÀCOPO DEL SELLÀIO, *Firenze 1442-1493*, pittore. Allievo di F. Lippi, si ispirò a S. Botticelli. Dipinse moltissime opere, tra le quali *Annunciazione* (1473), *Pietà*, *Crocifissione* (1490).

IACOPÓNE DA TÒDI (Jàcopo **dei Benedétti**, detto), *Todi 1230 ca. - Collazzone 1306*, poeta. Entrato nel 1278, in seguito alla morte della moglie, nell'ordine francescano come frate laico, aderì alla corrente degli spirituali, in accesa opposizione con i conventuali, attirandosi l'ostilità di Bonifacio VIII che lo scomunicò (1298) e lo fece incarcerare. Alla morte del papa (1303), uscì di prigione e si ritirò nel convento di S. Lorenzo in Collazzone. Della sua opera, caratterizzata da notevole fervore religioso e da violenti toni di condanna nei confronti delle debolezze umane, ci sono pervenute alcune *Laude*, tra cui il noto *Pianto della Madonna*, tutte attraversate da una forte tensione espressiva, e diversi componimenti in latino (*Stabat Mater*).

IACP (Istituto autònomo per le càse popolàri), ente pubblico che si occupa dell'attribuzione degli alloggi popolari. Creato nel 1974, opera nell'ambito di ogni provincia in base a graduatorie istituite nei singoli comuni.

IAEA (International Atomic Energy Agency), organizzazione intergovernativa autonoma dell'ONU. È stata fondata nel 1957 per promuovere applicazioni pacifiche dell'energia atomica. Ha sede a Vienna.

IÀPIGI, popolazione di origine illirica che si stabilì in Puglia nel V sec. a.C.

IAȘI, c. della Romania, in Moldavia; 344.425 ab. Università. Centro industriale. — Due chiese di stile bizantino originale (XVII sec.); musei.

IATMUL, gruppo etnico della Papua Nuova Guinea. Stanziato nella valle del Sepik, è celebre per la sua organizzazione sociale, analizzata nel 1936 da G. Bateson.

IBADAN, c. della Nigeria sud-occ.; 1.222.663 ab. Università. Centro commerciale.

IBAGUÉ, c. della Colombia; 365.136 ab.

IBAN, popolazione del Borneo (ca. 550.000 individui). Tribù più numerosa dei dayak, gli i. sono stati chiamati anche "sea dayak". Fedeli alle tecniche costruttive tradizionali (abitazioni dette "longhouse"), coltivano le zone disboscate, sono famosi per le loro opere di tessitura e in passato furono temuti tagliatori di teste. Oggi si sono in parte convertiti al cristianesimo. La loro lingua è simile al malese.

IBÁRRURI GÓMEZ (Dolores), detta **la Pasionaria**, *Gullurta, Discaglia, 1895 - Madrid 1989*, politica spagnola. Comunista, grazie alla sua foga oratoria divenne leader dei repubblicani durante la guerra civile (1936-1939). Ritornò in Spagna nel 1977 e fu deputata alle Cortes.

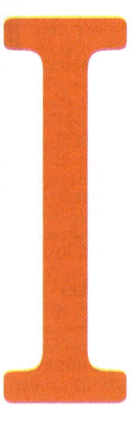

◼ *Dolores Ibárruri Gómez.*

IBÉRI, popolazione, probabilmente originaria del Sahara, che occupava alla fine del Neolitico la maggior parte della penisola iberica. A contatto con i greci e i cartaginesi, la brillante civiltà degli i. fiorì dal VI sec. a.C. fino alla conquista romana.

IBÈRIA, parola che, nell'antichità, stava a designare la Spagna.

IBÈRICA (penìsola), parte sud-occ. dell'Europa, divisa tra la Spagna e il Portogallo.

IBÈRICO (sistèma) o **MÓNTI IBÈRICI**, massiccio della Spagna che separa la Castiglia e la valle dell'Ebro; 2393 m.

IBERT (Jacques), *Parigi 1890-1962*, compositore francese. Diresse l'Académie française de Villa Medici a Roma (1937-1940; 1946-1960).

IBIBIO, popolazione della Nigeria sud-orient.

IBIZA, una delle Isole Baleari (Spagna), a SO di Majorca; 89.611 ab.; capol. *Ibiza* (33.223 ab.). Turismo.

IBLÈI (Mónti), gruppo montuoso della Sicilia sud-orient. È posto tra i f. Dirillo e Caltagirone e il mare. La cima più elevata è il Monte Lauro (986 m).

IBM (International Business Machines), società statunitense d'informatica. Fondata nel 1911 per sfruttare i brevetti di H. *Hollerith, ha adottato l'attuale ragione sociale nel 1924. Il gruppo, che si è imposto come leader mondiale dell'informatica (materiali, tecnologie e servizi), è presente anche nel settore dei sistemi gestionali per l'ufficio.

IBN AL-HAITAM → ALHAZEN DI BASRA.

IBN AL-MUQAFFA (Abd Allah), *Djur, att. Firuzabad, 720 ca. - 757 ca.*, scrittore arabo di origine iraniana. Il *Libro di Kalila e Dimna*, una sua traduzione riveduta e ampliata di un'opera persiana

di origine indiana, è un capolavoro della letteratura araba classica.

IBN ARABI (Muhyi Ad-Din), *Murcia 1165 - Damasco 1240*, filosofo e mistico musulmano. Influenzato dal neoplatonismo e dallo gnosticismo, fu autore di un'opera monumentale incentrata sul Corano, dove sviluppa il tema dell'unicità di Dio e paragona la vita a un viaggio verso Dio e in Dio (*Le rivelazioni della Mecca, La saggezza dei profeti*). Il sufismo lo definì "il più grande dei maestri".

IBN BAGIAH → AVEMPACE.

IBN BATTUTA, *Tangeri 1304 - in Marocco tra il 1368 e il 1377*, viaggiatore e geografo arabo. Visitò il Medio ed Estremo Oriente, il Sahara, il Sudan e il Niger. Scrisse un *Diario di viaggio*.

IBN KHALDUN (Abd Al-Rahman), *Tunisi 1332 - Il Cairo 1406*, storico e filosofo arabo. Scrisse il *Libro di esempi istruttivi*, opera storica monumentale accompagnata da una prefazione dove espose la sua filosofia della storia.

IBN SAUD → ABD AL-AZIZ III IBN SAUD.

IBN SINA → AVICENNA.

IBN TUFAYL, *Wadi Ach, att. Guadix, Andalusia, inizio del XII sec. - Marrakech 1185*, filosofo e studioso arabo. Amico di Averroè, fu visir e medico, s'interessò all'astronomia e scrisse un romanzo imbevuto di filosofia mistica, *Hayy ibn Yaqzan*. Fu conosciuto nel Medioevo cristiano come Abubacer.

IBO o **IGBO**, popolazione della Nigeria sud-orient. (ca. 16 milioni di individui), il cui tentativo di secessione nel 1967 provocò la guerra del *Biafra. Agricoltori, patrilineari, gli i. parlano una lingua kwa.

IBRAHIM I, *m. a Kairouan nel 812*, fondatore della dinastia degli Aghlabiti.

IBRAHIM PASCIÀ, *Kavála 1789 - Il Cairo 1848*, viceré dell'Egitto (1848), figlio di Mehmet Ali. Conquistò il Peloponneso per conto degli ottomani (1824-1827). Dopo aver sconfitto il sultano Mahmud II, divenne il signore della Siria (1832-1840).

IBSEN (Henrik), *Skien 1828 - Cristiania 1906*, drammaturgo norvegese. I suoi drammi d'ispirazione filosofica e sociale denunciano la mediocrità e il conformismo (*Brand*, 1866; *Peer Gynt; *Casa di bambola*, 1879; *Spettri*, 1881; *L'anatra selvatica*, 1884; *Hedda Gabler*, 1890).

◼ *Henrik Ibsen ritratto da E. Werenskiold. (Nasjonalgalleriet, Oslo.)*

ICA, c. del Perú; 163.000 ab.

ICÀRIA o **IKARÍA**, isola della Grecia, nel Mar Egeo, a O di Samo.

ÌCARO MITOL. GR. Figlio di Dedalo. Fuggì dal Labirinto di Creta con il padre grazie a un paio d'ali fatte di piume e applicate al proprio corpo

con la cera. Il calore del sole però fece sciogliere la cera e l. cadde in mare.

ICAZA (Jorge), *Quito 1906-1978*, scrittore ecuadoriano. I suoi romanzi realisti denunciano lo sfruttamento degli indios (*Huasipungo*).

ICE (Istituto nazionale per il commercio estero), ente pubblico con sede a Roma, istituito nel 1926 per la promozione degli scambi commerciali con l'estero. Si occupa prevalentemente di esportazione, organizzando l'attività con gli operatori stranieri.

IÇEL, in it. **Mersina**, c. della Turchia, sul Mediterraneo; 501.398 ab. Porto. Raffinerie di petrolio.

ICHIHARA, c. del Giappone (Honshu), presso Tokyo; 277.061 ab. Siderurgia. Chimica.

ICHIKAWA, c. del Giappone (Honshu); 440.555 ab. Metallurgia.

ICHIKAWA (Kon), *Uji Yamada 1915*, regista cinematografico giapponese. Autore di film di intenso impegno antimilitarista (*L'arpa birmana*, 1956; *Fuochi nella pianura*, 1959) e d'animazione (*Topo Gigio e la guerra del missile*, 1968). Tra gli altri film, *La chiave* (1959), *Gli errabondi* (1973).

ICHINOMIYA, c. del Giappone (Honshu); 267.362 ab.

ICI (Imposta comunale sugli immobili), imposta istituita nel 1993 in sostituzione della preesistente **INVIM*. È applicata ai proprietari o titolari di immobili, il cui valore è determinato dalle rendite catastali.

ICKX (Jacky), *Bruxelles 1945*, pilota automobilistico belga. Pilota eclettico, ha espresso il suo talento non solo nella Formula 1, ma anche nel rally (Parigi-Dakar 1983) e nell'endurance (6 vittorie alla 24 Ore di Le Mans).

ICTINO, *metà del V sec. a.C.*, architetto greco. Collaborò con Fidia alla realizzazione del Partenone e fu attivo anche a Eleusi (Telesterion).

IDA MITOL. GR. Eroe della Messenia. Membro della spedizione degli Argonauti, contese ad Apollo l'amore di Marpessa. In lotta con i cugini Dioscuri, uccise Castore e fu fulminato da Zeus.

IDA (Monte), nome greco di due montagne, una in Asia Minore (Turchia), a SE di Troia, l'altra a Creta (Grecia).

IDAHO, Stato degli Stati Uniti, nelle Montagne Rocciose; 1.293.953 ab.; cap. *Boise*.

IDEOLOGIA TEDESCA (L'), opera di K. Marx e F. Engels (1845-1846), che pone le basi del materialismo storico.

IDIOTA (L'), romanzo di F. Dostoevskij (1868), incentrato sulla figura del giovane principe Myškin, creatura buona e generosa, riflesso dell'immagine di Cristo, che tuttavia viene considerato un idiota a causa dell'epilessia di cui soffre e della sua ingenua fiducia negli uomini.

IDJIL (Kedia d'), massiccio della Mauritania. Giacimenti di ferro.

IDLEWILD, quartiere di New York, nel Queens. Aeroporto internazionale J.F. Kennedy.

IDOMENEO MITOL. GR. Re di Creta, nipote di Minosse ed eroe della guerra di Troia. Un voto lo costrinse a sacrificare il figlio a Poseidone.

IDRA, isola della Grecia, nel Mar Egeo, davanti all'Argolide; capol. *Idra*.

IDRA DI LERNA MITOL. GR. Serpente mostruoso con molteplici teste capaci di ricrescere non appena tagliate, la cui uccisione costituì la seconda fatica di Eracle.

IDRIS I, *Giarabub 1890 - Il Cairo 1983*, re di Libia (1951-1969). Capo della confraternita dei senussi nel 1917, re della federazione libica (1951), fu deposto da M. Gheddafi (1969).

IDRISI o **EDRISI** (Abu Abd Allah Muhammad **Al-**), *Ceuta 1100 ca. - Sicilia tra il 1165 e il 1186*, geografo arabo. Le sue carte servirono come base per le successive ricerche.

IDRISIDI, dinastia alide del Marocco (789-974). Fondata da Idris I (m. nel 791), la sua decadenza ebbe inizio con la morte di Idris II (828).

IDUMEA → EDOM.

IDUMEI → EDOMITI.

IEFTE, *XII sec. a.C.*, Giudice d'Israele. Dovette sacrificare la figlia a causa di un voto imprudente mente fatto per ottenere la vittoria sugli ammoniti.

IEPER → YPRES.

IERAPOLI → PAMUKKALE.

IEYASU → TOKUGAWA (Ieyasu).

IFE. *Testa del re Oni, bronzo del XIII sec. (Nigerian Museum, Lagos.)*

IF, isolotto della Francia, nel Mar Mediterraneo, a 2 km da Marsiglia. Castello costruito da Francesco I, utilizzato come prigione di Stato.

IFE, c. della Nigeria sud-occ.; 408.284 ab. Ant. capitale spirituale della cultura yoruba e centro di una civiltà che fiorì nel corso del XIII sec. Musei.

IFI (Istituto finanziario industriale), società finanziaria fondata da G. Agnelli nel 1927. Diretta dalla famiglia Agnelli, ha differenziato i settori di gestione, suddividendoli in diverse aree e società (tra cui la FIAT), di cui controlla il capitale azionario.

IFIGENIA MITOL. GR. Figlia di Agamennone e di Clitennestra. Il padre la offrì in sacrificio ad Artemide per placare gli dei, che trattenevano la flotta greca in Aulide facendo soffiare venti contrari. Secondo un'altra versione, Artemide sostituì una cerva a I., che in seguito divenne sacerdotessa in Tauride. — La sua storia ha ispirato numerose tragedie, tra cui *I. in Aulide* (dopo il 406 a.C.) e *I. in Tauride* (413 ca. a.C.), entrambe di Euripide, *I. in Aulide* di Racine (1674) e *I. in Tauride* (1779-1787) di J.W. Goethe. C.W. Gluck scrisse la musica dell'*I. in Aulide* (1774) e dell'*I. in Tauride* (1779).

IFIL, holding operativa finanziaria del Gruppo Agnelli, controllata in gran parte dall' **IFI*. Si occupa della gestione degli investimenti e della rete di partecipazioni che confluiscono nelle attività del gruppo.

IFNI, ant. territorio spagnolo nella zona merid. del Marocco, sull'Atlantico. Attribuito agli spagnoli nel 1860, occupato effettivamente nel 1934, l'I. divenne provincia spagnola nel 1958; fu ceduto di nuovo al Marocco nel 1969.

IFRIQIYYA, ant. nome arabo della Tunisia e dell'Algeria orient.

IGARKA, c. della Russia, sulla riva del basso Enisej, sul Mar Glaciale Artico; 40.000 ab. Porto.

IGHIL-IZANE → RELIZANE.

IGINO (santo), *m. a Roma nel 140*, papa dal 136 al 140. Gli si deve la prima organizzazione gerarchica della Chiesa.

IGLESIAS, com. in prov. di Cagliari, nel territorio dell'Iglesiente; 29.707 ab. Agricoltura (cereali, olive, uva). Industrie calzaturiere e meccaniche. Cattedrale romanico-gotica.

IGLESIENTE, reg. della Sardegna sud-occ., posta tra la piana del Campidano e la costa. Il territorio, attraversato dal f. Cixerri, è montuoso (Monte Linsa, 1236 m.). Notevoli risorse minerarie (zinco, piombo, lignite, ferro).

IGLS, villaggio dell'Austria (Tirolo), presso Innsbruck; 1400 ab. Centro di sport invernali (870-1951 m d'alt.). — Chiesa gotico-barocca.

IGNAZIO DI COSTANTINOPOLI (santo), *Costantinopoli 797-877*, patriarca di Costantinopoli. Patriarca nell'847, nell'858 fu esiliato da Barda e sostituito con Fozio. Ottenne nuovamente la carica grazie all'imperatore Basilio il Macedone.

IGNAZIO DI LOYOLA (santo), *presso Azpeitia 1491 - Roma 1556*, religioso spagnolo, fondatore della Compagnia di Gesù. Gentiluomo ferito in guerra, decise di convertirsi e fondò insieme a sette compagni, a Parigi, un gruppo che si mise al servizio del papa (1534) e che Paolo III trasformò nell'ordine dei gesuiti, nel 1540. Lasciò una guida alla meditazione, gli *Esercizi spirituali*.
■ *Sant'Ignazio di Loyola. (Coll. priv.)*

IGNAZIO (santo), *I sec. d.C. - Roma 107*, martire. Vescovo di Antiochia, scrisse sette *Epistole*, che costituiscono un'importante testimonianza circa le origini della Chiesa.

IGUAÇU, in sp. **Iguazú**, f. dell'America merid., affl. del Paraná; 1045 km. Nasce in Brasile e il suo corso separa il Brasile dall'Argentina. Cascate spettacolari.

IJMUIDEN, porto dei Paesi Bassi (appartenente alla c. di Velsen), sul Mare del Nord; 61.500 ab. Centro metallurgico.

IJSSEL, braccio settentr. del delta del Reno, nei Paesi Bassi, che sfocia nell'Ijsselmeer; 116 km.

IJSSELMEER o **LAGO DI IJSSEL**, lago dei Paesi Bassi, formato dal prosciugamento dello Zuiderzee. Pesca.

IKE NO TAIGA, *Kyoto 1723-1776*, pittore giapponese. Interprete originale della "pittura dei letterati" cinese, attraverso i suoi paesaggi trasmise un lirismo tutto nipponico. Collaborò con l'amico Yosa Buson a composizioni *haiga* (pittura e poesia).

IKERE, c. della Nigeria sud-occ.; 221.400 ab.

ILA, c. della Nigeria sud-occ.; 65.190 ab.

ILARIO (santo), *Poitiers 315 ca. - 367 ca.*, padre della Chiesa latina. Vescovo di Poitiers nel 350 ca., fu il principale avversario dell'arianesimo in Occidente.

ILARIO (santo), *m. nel 468*, papa dal 461 al 468. Nel 465 convocò un sinodo in cui venne vietato ai vescovi di nominare il successore.

ILARIONE (santo), *Tabatha, presso Gaza, 291 ca. - Cipro 371 ca.*, asceta che introdusse la vita monastica in Palestina.

ILDEBRANDO DI SOANA → GREGORIO VII.

ILDEFONSO (santo), *Toledo 607 ca. - 667*, teologo e prelato spagnolo. Arcivescovo di Toledo e autore di diversi trattati di teologia, è uno dei santi più popolari della Spagna.

ILDEGARDA (santa), *Bermersheim 1098 - Rupertsberg 1179*, mistica tedesca. Badessa e fondatrice di diversi monasteri benedettini, tra cui quello di Rupertsberg, presso Bingen, è nota per le sue visioni e per gli scritti di mistica.

ÎLE-DE-FRANCE, reg. amministrativa della Francia; 12.012 km²; 10.952.011 ab.; capol. *Parigi*. Corrispondente solo in parte all'ant. regione, centro del regno capetingio, l'Î.-de-F. è la regione più popolata della Francia. Agricoltura (cereali), orticoltura, frutticoltura. Industrie e settore terziario sviluppato. Nell'agglomerato parigino, intorno a cui ruota la maggior parte delle attività, è concentrato il 90% della popolazione regionale.

ÎLE-ROUSSE (L'), c. della Corsica, nel dip. Haute-Corse; 2851 ab. Porto. Turismo.

ILESHA, c. della Nigeria sud-occ.; 139.445 ab.

ILI, in cin. **Yili**, f. dell'Asia (Cina e Kazakistan), che si getta nel Lago Balkhaš; 1439 km.

ILIADE, poema epico in 24 canti (VIII sec. a.C.), attribuito a Omero. È il racconto di uno degli episodi della guerra di Troia: Achille, che si era ritirato dalla battaglia in seguito a una lite con Agamennone, ritorna a combattere per vendicare l'amico Patroclo, ucciso da Ettore. Dopo avere sconfitto il nemico, Achille ne trascina il cadavere intorno alla tomba di Patroclo, per poi restituirlo al padre Priamo. Ricco di duelli e battaglie, il poema presenta anche scene grandiose (funerali di Patroclo) e commoventi (addio tra Ettore e Andromaca).

ILIESCU (Ion), *Oltenița 1930*, politico romeno. Escluso dal comitato centrale del Partito comunista nel 1984, dopo la caduta di N. Ceaușescu (dic. 1989) ha diretto il Fronte di salvezza nazionale. Presidente della repubblica dal 1990 al 1996, è stato rieletto nel 2000.

ILIGAN, c. delle Filippine, nell'Isola di Mindanao, sulla Baia d'I.; 285.061 ab.

ILIO, uno dei nomi di **Troia*.

IL'JUŠIN (Sergej Vladimirovič), *Diljalevo 1894 - Mosca 1977*, ingegnere e costruttore di aerei sovietico. Fondatore dell'azienda che porta il suo nome, ha creato più di 50 modelli di apparecchi militari e commerciali.

ILLAMPU, cima delle Ande boliviane; 6421 m.

ILLE-ET-VILAINE, dip. della Francia, nella reg. Bretagna; capol. *Rennes*; 6775 km²; 867.533 ab. Affacciato sulla Manica, comprende la parte orient. della Bretagna. Allevamento (bovini e suini), agricoltura (cereali). Industria sviluppata soprattutto a Rennes. Pesca e ostricoltura (Cancale); turismo estivo nei centri costieri di Dinard e Saint-Malo.

ÌLLICA (Luigi), *Castell'Arquato 1857 - Colombarone 1919*, librettista e drammaturgo. Si occupò di giornalismo e teatro (*L'ereditaa del Felis*, 1891), scrivendo dal 1892 libretti d'opera per G. Puccini (*Bohème*, 1896; *Tosca*, 1900 con G. Giacosa), P. Mascagni (*Iris*, 1898) e altri.

ILLICH (Ivan), *Vienna 1926 - Brema 2002*, sociologo statunitense di origine austriaca. Ha operato negli Stati Uniti e in Messico, fondando il Centro interculturale di documentazione di Cuernavaca (1961). Nei suoi saggi (tra gli altri, *Descolarizzare la società*, 1971; *La nemesi della medicina*, 1975) ha criticato la società industriale e le sue istituzioni.

ILLIERS-COMBRAY, c. della Francia, capol. del dip. Eure-et-Loir; 3278 ab. Chiesa gotica. — È la Combray di M. Proust.

ILLIMANI, cima delle Ande, in Bolivia, che domina la conca di La Paz; 6458 m.

ILLINOIS, Stato degli Stati Uniti, tra il Mississippi e il Lago Michigan; 12.419.293 ab.; cap. *Springfield*; c. princ. *Chicago*.

ILLÌRIA, reg. montuosa della costa orient. dell'Adriatico, dall'Istria fino alle Bocche di Cattaro. Colonizzata dai greci (VII sec. a.C.), fu sottomessa a Roma a partire dalla fine del III sec. a.C. Sotto Napoleone, le Province illiriche costituirono, dal 1809 al 1813, un governatorato dell'impero.

ILLUSTRAZIÓNE ITALIÀNA (L'), periodico illustrato di cronaca e cultura fondato a Milano nel 1873 da E. Treves ed edito fino al 1875 con il nome di *Nuova illustrazione universale*, ebbe tra i collaboratori G. Pascoli, G. Carducci, G. Verga. Dal 1938 al 1962 fu pubblicato da Garzanti, dal 1981 al 1990 da Guanda, in seguito da Studio Editoriale e Media Presse.

ILLYÉS (Gyula), *Rácegrespuszta 1902 - Budapest 1983*, scrittore ungherese. Poeta, saggista (*Il popolo della puszta*), drammaturgo, conciliò l'influenza surrealista con le tradizioni della sua terra.

ILMEN (lágo), lago della Russia, presso Novgorod; 982 km².

ILO (Organizzazióne internazionàle del lavóro), organismo internazionale creato nel 1919, con il trattato di Versailles, per promuovere la giustizia sociale e migliorare le condizioni del lavoro e della vita nel mondo. Istituzione specializzata dell'ONU dal 1946, si occupa della stesura delle convenzioni internazionali. La sua assemblea plenaria, la Conferenza internazionale del lavoro, è composta da delegati di governo, impiegati e lavoratori provenienti da tutti gli Stati. Il segretariato dell'ILO è garantito dall'Ufficio internazionale del lavoro (il *BIT, con sede a Ginevra). (Premio Nobel per la pace 1969.)

ILOILO, c. della Filippine (Panay); 365.820 ab. Porto.

ILOR (Impòsta locàle sui rèdditi), imposta diretta di tipo reale su tutti i redditi non derivanti da lavoro dipendente. Introdotta tra il 1974 e il 1997, è stata sostituita dall' *IRAP.

ILORIN, c. della Nigeria sud-occ.; 576.429 ab.

IMABARI, c. del Giappone (Shikoku); 120.214 ab. Porto.

IMAMURA (Shohei), *Tokyo 1926*, regista cinematografico giapponese. Esteta con il gusto della provocazione, spinge al limite la sua ricerca della bellezza, estendendola anche a tutto ciò che è orribile e ripugnante (*La donna insetto*, 1963; *La ballata di Narayama*, 1983; *Pioggia nera*, 1989; *L'anguilla*, 1996; *Acqua tiepida sotto un ponte rosso*, 2001).

IMBONÀTI, nobile famiglia milanese. — **Giuseppe Maria I.**, *Milano 1688-1768*. Mecenate, rifondò l'Accademia dei Trasformati. — **Carlo**, *Milano 1753 - Parigi 1805*. Figlio del precedente, fu compagno di Giulia Beccaria, madre di A. Manzoni. In suo onore scrissero versi Manzoni stesso, G. Parini e P. Verri.

IMBRIÀNI (Pàolo Emilio), *Napoli 1808-1877*, patriota e letterato. Esiliato dopo il fallimento dei moti del 1820-1821, rientrò a Napoli e divenne ministro dell'istruzione (1848). Insegnò a Pisa, prima di diventare senatore (1863) e sindaco di Napoli.

IMBRIÀNI (Vittòrio), *Napoli 1840-1886*, patriota e letterato. Figlio di Paolo Emilio, visse in esilio con il padre. Fu collaboratore di numerose testate e autore di opere grottesche e ironiche, tra le quali *Mastro Impicca* (1874) e *Dio ne scampi dagli Orsenigo* (1876). Scrisse anche acuti saggi critici.

IMBROS → IMROZ.

IMÈRA, ant. c. della Sicilia. Nel 480 a.C., Gelone sconfisse i cartaginesi che l'avevano presa d'assedio. Nel 409 a.C., questi ultimi distrussero la città.

IMERINA, reg. dell'altopiano centrale del Madagascar. È abitata dai merina.

IMÈTTO (Mónte), monte della Grecia, nell'Attica, a SE di Atene. Celebre nell'antichità per il miele e per il marmo.

IMHOTEP, letterato, saggio e architetto egizio, attivo nel 2778 ca. a.C. Fu consigliere del faraone Zoser, per il quale realizzò il complesso funerario di Saqqara, una piramide tronca a gradoni che costituì il modello per le piramidi a facce triangolari lisce.

IMI (Istituto mobiliàre italiàno), ente pubblico creato nel 1931 con l'obiettivo di concedere il credito finanziario a imprese italiane. Con sede a Roma, nel 1991 è diventato una S.p.A. e nel 1994 è stato privatizzato. Nel 1998 è stata operata una fusione tra IMI e Istituto bancario Sanpaolo di Torino.

IMILCÓNE, *prima metà del V sec. a.C.*, navigatore cartaginese. Esplorò le coste dell'Europa occ. raggiungendo presumibilmente la Cornovaglia e l'Irlanda.

IMITAZIÓNE DI CRÌSTO, opera anonima del XV sec., attribuita a Tommaso da Kempis. Questa guida spirituale, ispirata alla *devotio moderna*, ebbe una grande diffusione nel mondo cristiano.

IMMACOLÀTA CONCEZIÓNE, dogma della religione cattolica secondo il quale Maria fu concepita senza peccato originale. Fu definito nel 1854 da Pio IX con la bolla *Ineffabilis Deus*.

ÌMOLA, com. in prov. di Bologna, lungo la via Emilia; 64.596 ab. Mercato agricolo, artigianato del mobile, delle ceramiche e del libro; industrie alimentari, meccaniche e dell'abbigliamento. Autodromo. — Duomo del XII-XIII sec., campanile romanico di S. Maria in Regola, palazzi rinascimentali.

IMPERATRIZ, c. del Brasile nord-orient.; 230.451 ab.

IMPÈRIA, c. della Liguria, capol. di prov., sul torrente Impero; 40.293 ab. (*imperiesi*). Risulta dall'unione (1923) di Oneglia e Porto Maurizio. È centro commerciale (prodotti agricoli, fiori) e industriale (oleifici, pastifici). Turismo balneare. — Di origine romana, ebbe il suo maggior sviluppo nel Medioevo, sotto la repubblica di Genova. — A Oneglia, passata ai Savoia nel XVI sec., collegiata di S. Giovanni Battista e collegio degli scolopi. A Porto Maurizio cattedrale, edifici medievali, chiesa di S. Pietro e convento di S. Chiara. — Nella provincia, in gran parte montuosa e collinare, si praticano soprattutto l'agricoltura (viti, olivi, frutta, agrumi) e la floricoltura. Intensa attività turistica (Sanremo, Bordighera, Ventimiglia).

IMPÈRO (Primo), forma di governo vigente in Francia dal 1804 al 1814. Fondato da Napoleone I, il P. i. crollò con l'abdicazione dell'imperatore. Fu restaurato durante i Cento giorni.

IMPÈRO (Secóndo), forma di governo instaurata in Francia (1852-1870) dopo la Seconda repubblica. Fondato da Napoleone III con un colpo di Stato, il 2 dic. 1851, il S. i. crollò in seguito alla sconfitta della Francia nella guerra franco-prussiana.

IMPHAL, c. dell'India, cap. del Manipur; 217.275 ab.

IMPÒSTA COMUNÀLE SUGLI IMMÒBILI → ICI.

IMPÒSTA COMUNÀLE SULL'INCREMÉNTO DEL VALÓRE DEGLI IMMÒBILI → INVIM.

IMPÒSTA LOCÀLE SUI RÈDDITI → ILOR.

IMPÒSTA REGIONÀLE SULLE ATTIVITÀ PRODUTTÌVE → IRAP.

IMPÒSTA SUL RÈDDITO DELLE PERSÓNE FÌSICHE → IRPEF.

IMPÒSTA SUL RÈDDITO DELLE PERSÓNE GIURÌDICHE → IRPEG.

IMPÒSTA SUL VALÓRE AGGIÙNTO → IVA.

IMPRUNÉTA, com. in prov. di Firenze; 14.785 ab. Produzione di terrecotte artigianali. Basilica di S. Maria (XI sec.) con altare in terracotta policroma di Luca della Robbia.

IMROZ, in gr. **Ímbros**, isola della Turchia, nel Mar Egeo, in prossimità dello Stretto dei Dardanelli.

INA (Istituto nazionale delle assicurazióni), istituto assicurativo costituito nel 1912. Ente pubblico fino al 1992, è stato poi trasformato in S.p.A. Dal 2001 fa parte delle Assicurazioni generali.

INAIL (Istituto nazionale per l'assicurazione cóntro gli infortúni sul lavóro), ente pubblico costituito nel 1933, con lo scopo di risarcire i lavoratori colpiti da infortunio o malattie invalidanti.

INARI (lágo), lago della Finlandia, in Lapponia; 1085 km².

INCA (impèro), impero dell'America precolombiana fondato nella reg. andina, con centro a Cuzco. L'autorità dell'imperatore, figlio del dio Sole, era assoluta e supportata dai nobili e dai sacerdoti. Erede di tradizioni artistiche preesistenti (produzione artigianale di ceramiche, oreficeria, tessuti), l'impero raggiunse l'apogeo nel XV sec. Indebolito dalle malattie portate dagli europei, fu facilmente sottomesso da F. Pizarro e crollò nel 1532. Sopravvivono le vestigia di monumenti architettonici di notevole pregio (Cuzco, fortezza di Sacsahuamán, Machu Picchu).

Impero **INCA**. *Quartiere sacro della città inca di Pisac, in Perú (1400-1532).*

INCE (Thomas Harper), *Newport 1882 - in mare, nelle vicinanze di Los Angeles, 1924*, regista e produttore cinematografico statunitense. Realizzò numerosi film (*Civilization*, 1916); insieme a D.W. Griffith, è ricordato come uno dei pionieri del cinema americano.

INCHON, già **Chemulpo**, c. della Corea del Sud, sul Mar Giallo; 2.203.102 ab. Porto. Centro industriale.

INCÌSA IN VAL D'ÀRNO, com. in prov. di Firenze; 5608 ab. Centro agricolo, artigianato del ferro battuto. Chiesa di S. Maria (XIV sec.).

INCMÀRO, *806 ca. - Épernay 882*, teologo e scrittore francese. Arcivescovo di Reims (845) e consigliere di Carlo il Calvo, scrisse opere teologiche e storiche, tra cui una biografia di san Remigio.

INCREDULITÀ DI SAN TOMMÀSO, dipinto di Caravaggio (1600-1601, Bildergalerie, Sanssouci, Potsdam). Raffigura l'apostolo che tocca le ferite di Cristo risorto.

Incredulità di san Tommaso di Caravaggio, 1600-1601. (Bildergalerie, Sanssouci, Potsdam.)

ÍNDIA o **UNIÓNE INDIÀNA**, in hindi **Bharat**, Stato federale dell'Asia merid.; 3.268.000 km²; 1.027.015.247 ab. (*indiani*). CAP. *New Delhi*. LINGUE: *hindi, inglese*. MONETA: *rupia indiana*.

ISTITUZIONI – Repubblica federale, membro del Commonwealth, composta da 28 Stati (Andhra Pradesh, Arunachal Pradesh, Assam, Bengala Occidentale, Bihar, Chhattisgarh, Goa, Gujarat, Haryana, Himachal Pradesh, Jammu e Kashmir,

India-Maldive

- più di 5.000.000 di ab.
- da 1.000.000 a 5.000.000 di ab.
- da 500.000 a 1.000.000 di ab.
- da 100.000 a 500.000 di ab.
- meno di 100.000 ab.
- ★ importante località turistica
- strada normale
- ferrovia
- ✈ aeroporto

200 500 1000 2000 3000 m

STATI E TERRITORI

- Kashmir sotto amministrazione militare pachistana
- Territori amministrati dalla Cina ma rivendicati dall'India
- Linea di controllo

1-DADRA E NAGAR HAVELI
2-MANIPUR
3-MEGHALAYA
4-MIZORAM
5-NAGALAND
6-PONDICHÉRY
7-TRIPURA
8-GOA, DAMAN E DIU
9-DELHI

KERALA : Stato
DELHI : Territorio

L'arte dell'antica India

Nel corso dei millenni, da N a S, il pensiero religioso è stato sostegno e fonte di ispirazione essenziale dell'espressione artistica. In questo paese dalle dimensioni di un continente, mai unificato nell'antichità, la creazione, pur restando profondamente originale, non ha cessato di arricchirsi di apporti culturali, grazie sia alle innumerevoli dinastie locali sia agli invasori.

Sanci. Lo stupa principale (o n. 1), fondato nel II sec. a.C. La circumambulazione rituale buddhista viene praticata tra la base della cupola e la balaustra (*vedika*). Qui la disposizione della balaustra è ancora influenzata dall'architettura in legno, così come i portici (*torana*) aperti ai quattro punti cardinali.

Amaravati. Venerazione di Buddha, altorilievo del II sec. d.C. Nell'arte buddhista delle origini, Buddha è suggerito attraverso i simboli, in questo caso l'impronta dei suoi passi. (Museo di Madras.)

Gandhara. Bodhisattva proveniente dal monastero di Shabbaz-Garhi, in Pakistan. Scisto grigio del II sec. (Musée Guimet, Parigi.)

Mahabalipuram. Alcuni *ratha* sono ispirati alla capanna di paglia (qui in secondo piano), mentre quelli a forma piramidale evocano la montagna cosmica, dimora di Shiva, e conferiscono la propria forma al *vimana* di proporzioni grandiose del XII sec., come a Thanjavur.

Bhubaneswar. Tempio Mukteshwara (X sec.). In questa città, dedita al culto di Shiva, si trovano i migliori esempi architettonici dell'India settentrionale. La torre-santuario dagli spigoli incurvati (*shikhara*) ha una copertura altissima.

Le nozze di Shiva e Parvati. Bronzo Cola dell'inizio dell'XI sec. Con l'apogeo (XI-XIII sec.) della dinastia Cola, l'arte del bronzo fuso a cera persa raggiunge la perfezione.

Madurai. Tempio Minaski (XVII sec.). Tre recinzioni arricchite da torri-vestibolo (*gopura*), le più alte delle quali sono all'esterno, sale ipostile e vasche consacrate racchiudono il santuario centrale e costituiscono una vera e propria città religiosa tipica dell'India meridionale.

Sikandra. Mausoleo di Akbar. Iniziato sotto il regno di questo sovrano e terminato nel 1613 sotto quello di Djahangir, il monumento, ideato secondo concezioni induiste e buddhiste (struttura piramidale, progettazione interna ben organizzata, scelta dell'arenaria rossa), illustra il sincretismo religioso dell'epoca.

Jharkhand, Karnataka, Kerala, Madhya Pradesh, Maharashtra, Manipur, Meghalaya, Mizoram, Nagaland, Orissa, Punjab, Rajasthan, Sikkim, Tamil Nadu, Tripura, Uttaranchal, Uttar Pradesh) e da 7 territori federali. La Costituzione risale al 1950. Il presidente della repubblica è eletto ogni 5 anni dal parlamento. Il primo ministro è responsabile dinanzi al parlamento. Quest'ultimo, bicamerale, si articola in una camera del popolo, eletta ogni 5 anni, e un consiglio degli Stati, eletto ogni 6 anni dalle assemblee legislative degli Stati.

GEOGRAFIA – L'I., che occupa il secondo posto nella classifica mondiale dei paesi più densamente popolati (con un ritmo di crescita demografica pari a ca. 1,5 milioni di individui al mese), svolge un ruolo molto più modesto in ambito economico. Il settore agricolo occupa più della metà degli attivi e continua a basarsi sulla cerealicoltura (frumento e, soprattutto, riso), nonostante l'importanza che in alcune regioni rivestono le piantagioni (tè, arachidi, canna da zucchero, cotone, tabacco, iuta), spesso retaggio dell'epoca coloniale. Il lavoro nei campi è in parte scandito dal regime monsonico, caratterizzato da abbondanti piogge da maggio a settembre, specialmente sul versante occ. del Deccan e nel NE. Gli sbalzi di temperatura sono meno importanti dell'alternanza tra la stagione secca e quella umida (rilevante caratteristica climatica). Le numerose mandrie di bovini non vengono sfruttate economicamente. L'industria beneficia di notevoli risorse energetiche (energia idroelettrica, petrolio e, soprattutto, carbone) e minerali (in part. ferro e bauxite). I settori principali sono quello siderurgico e tessile, ma la produttività resta comunque mediocre. L'esodo dalle campagne e l'elevato tasso di natalità hanno congestionato i centri urbani, che riuniscono già quasi un terzo della popolazione totale, spesso in agglomerati sovrappopolati: tra le 15 città che superano il milione di abitanti, le principali sono Calcutta (Kolkata), Bombay (Mumbay), Delhi e Madras (Chennai). I più importanti centri urbani sono porti sulla costa della Penisola del Deccan (altopiano relativamente arido) oppure si sono sviluppati ai piedi dell'Himalaya, nella vasta pianura bagnata dal Gange, in cui si concentrano, da Delhi a Calcutta, centinaia di milioni di indiani. Il problema della crescita demografica è enorme (i terreni coltivabili scarseggiano e i contadini sono spesso gravati dai debiti) e a questo si aggiungono le disuguaglianze regionali e sociali e le tensioni religiose (soprattutto tra induisti, superiori di numero, e musulmani). Il fenomeno della sottoccupazione ha assunto notevoli proporzioni. Il deficit commerciale persiste e non valgono a colmarlo le entrate del turismo. Le difficoltà sono proporzionali alle dimensioni del paese, la cui unificazione, a circa cinquant'anni dall'indipendenza, non è stata ancora realmente raggiunta.

STORIA – **Le origini**. **2500-1800 a.C.**: la civiltà dell'Indo (Mohenjo-Daro) è al suo apogeo. **II millennio a.C.**: gli arii, provenienti dall'Asia centrale, colonizzano l'I. settentr., che ne adotta la lingua (sanscrito), la religione vedica (da cui trae origine l'induismo) e la gerarchia sociale (sistema delle caste). **1000-900 a.C.**: introduzione del ferro.

L'antichità. **560-480 a.C.**: l'I. entra nella storia al tempo di Buddha, contemporaneo di Mahavira, fondatore del giainismo. **327-325 a.C.**: Alessandro Magno si spinge fino all'Indo e vi stabilisce alcune colonie greche. **320-176 a.C.**: la dinastia dei Maurya raggiunge il massimo splendore grazie ad Ashoka (269 ca. - 232 a.C.), che estende il proprio dominio dall'Afghanistan al Deccan, oltre a inviare missioni buddhiste nell'I. merid. e a Ceylon. **I sec. d.C.**: l'I., ormai frazionata, subisce l'invasione dei kushana. **320-550**: la dinastia Gupta promuove la rinascita dell'induismo. **606-647**: il re Harsha riunifica il paese. **VII-XII sec.**: l'I. subisce una nuova frammentazione. I pallava (VIII-IX sec.) e i cola (X-XII sec.), stabilitisi nel settore merid., diffondono la civiltà indiana nell'Asia sud-orient. Il Sind cade sotto il dominio arabo (VIII sec.) e la valle dell'Indo diviene possesso dei Ghaznavidi (XI sec.).

L'India musulmana. **1206-1414**: nasce il sultanato di Delhi, che si estende dalla valle del Gange al Deccan; per cinque secoli e mezzo l'I. subisce l'egemonia musulmana. **XIV-XVI sec.**: fioriscono sultanati autonomi nel Bengala, nel Deccan e nel Gujarat; l'impero di Vijayanagar, a S, si mobilita per la difesa politica dell'induismo. **1497-1498**: il portoghese Vasco da Gama scopre la via delle Indie. **1526**: Baber fonda l'impero Moghul. **1526-1857**: gli esponenti di questa dinastia, noti in Occidente come "Gran Mogol", dominano l'I. grazie al loro esercito, a un'amministrazione efficiente e a un atteggiamento tollerante nei confronti della maggioranza indù. Dopo i gloriosi regni di Akbar (1556-1605) e di Shah Giahan (1628-1658), l'avvento al potere di Aurangzeb (1658-1707) prelude al declino. **1600**: si costituisce la Compagnia inglese delle Indie orientali. **1664**: nasce la Compagnia francese delle Indie. **1674**: i marathi, approfittando del declino dei Moghul, costituiscono un regno indù per poi impadronirsi dell'I. nella prima metà del XVIII sec. **1742-1754**: la Francia assoggetta il Carnatico e sei province del Deccan. **1757**: Robert Clive sconfigge a Plassey il nababbo del Bengala. **1763**: il trattato di Parigi riduce l'I. francese a cinque colonie; gli inglesi conservano Bombay, Madras e il Bengala.

La dominazione britannica. **1772-1785**: Warren Hastings intraprende la colonizzazione del Bengala. **1799-1819**: La Gran Bretagna conquista l'I. merid., la valle del Gange, Delhi, e sconfigge i marathi; **1849**: annette il regno sikh del Punjab. **1857-1858**: rivolta dei *sepoys*. **1858**: in seguito alla soppressione della Compagnia inglese delle Indie orientali, l'I. diventa possedimento della corona britannica. **1876**: la regina Vittoria viene incoronata imperatrice delle Indie. **1885**: fondazione del Partito del congresso. **1906**: creazione della Lega musulmana. **1920-1922**: Mohandas Karamchand Gandhi lancia una campagna di disobbedienza civile per l'indipendenza dell'I. **1929**: Jawaharlal Nehru diventa segretario del Partito del congresso. **1935**: il Government of India Act accorda l'autonomia alle province.

L'India indipendente. **1947**: proclamazione dell'indipendenza dell'I., che viene divisa in due Stati: l'Unione indiana, a maggioranza indù, e il Pakistan, a maggioranza musulmana. Questa spartizione si accompagna a massacri (300.000-500.000 le vittime) e alla deportazione di 10-15 milioni di persone. **1947-1964**: Jawaharlal Nehru, primo ministro e segretario del Partito del congresso, attua un programma di sviluppo e sostiene il non allineamento. **1947-1948**. I. e Pakistan entrano in guerra per il controllo del Kashmir. **1948**: M.K. Gandhi viene assassinato. **1950**: la Costituzione rende l'I. uno Stato federale, laico e parlamentare, composto da Stati organizzati su basi etniche e linguistiche. **1962**: un conflitto contrappone Cina e I. al Ladakh. **1965**: scoppia una seconda guerra indo-pakistana: l'oggetto del contendere è sempre il Kashmir. L'I. si avvicina all'URSS. **1966**: Indira Gandhi sale al potere. **1971**: la secessione del Bangladesh provoca la terza guerra indo-pakistana. **1977-1980**: il Partito del congresso deve cedere il potere al Janata, coalizione di diversi partiti. **1980**: I. Gandhi ottiene nuovamente la carica di primo ministro; **1984**: alla sua morte, per mano degli estremisti sikh, le succede il figlio, Rajiv Gandhi; **1989**: quest'ultimo si dimette in seguito alla sconfitta elettorale subita dal Partito del congresso, mentre sale al potere una coalizione dell'opposizione. Dopo l'assassinio di R. Gandhi, Pamulaparti Venkata Narasimha Rao, eletto segretario del Partito del congresso, forma il nuovo governo. **1992**: la distruzione della moschea di Ayodhya (Uttar Pradesh) per mano dei militanti nazionalisti indù provoca gravi scontri tra le varie comunità. **1996**: il Partito del popolo (BJP, destra induista nazionalista) vince le elezioni ma non riesce a formare un governo. Si susseguono fragili coalizioni di centro-destra, che non sopravvivono quando il Partito del congresso ritira il proprio sostegno. **1997**: sale alla presidenza della repubblica Kocheril Raman Narayanan. **1998**: il BJP vince di nuovo le elezioni. Il suo leader, Atal Bihari Vajpayee, diventa primo ministro. L'I. procede al lancio di missili nucleari, iniziativa che genera tensioni nella regione (soprattutto con il Pakistan) e nella comunità internazionale. **1999**: cade il governo, ma dopo una nuova vittoria elettorale del BJP e dei suoi alleati, A.B. Vajpayee torna a rivestire la carica di primo ministro. **2001**: i rapporti con il Pakistan si fanno ancora più tesi in seguito a una serie di attentati compiuti dai separatisti del Kashmir. **2002**: Pakir Jainulabdeen Abdul Kalam è il nuovo capo dello Stato.

INDIANA, Stato degli Stati Uniti, tra il f. Ohio e il Lago Michigan; 6.080.485 ab.; cap. *Indianapolis*.

INDIANA (Robert **Clark**, detto Robert), *New Castle 1928*, pittore statunitense. Esponente della pop art, ha creato loghi più volte replicati, come il celebre *Love* (scultura, francobollo, accessori d'abbigliamento).

INDIANAPOLIS, c. degli Stati Uniti, cap. dell'Indiana; 721.926 ab. Università. — Museo d'arte. — Autodromo.

INDIÀNI, termine che identifica tanto gli abitanti dell'India quanto le popolazioni autoctone del continente americano(fatta eccezione per quelle artiche); nella seconda accezione oggi si preferisce l'appellativo *amerindi.

INDIÀNO (Ocèano), oceano compreso tra l'Africa, l'Asia e l'Australia; 75.000.000 km^2 ca.

ÌNDICE, in lat. **Index librorum prohibitorum**, elenco di libri proibiti dalla Chiesa cattolica perché contrari alla fede e alla morale. L'I. dei testi censurabili, pubblicato nel XVI sec., è stato abolito da Paolo VI nel 1965.

ÌNDIE (Compagnia francése delle), compagnia fondata da J.-B. Colbert nel 1664. Nel 1719 si fuse con la Compagnia d'Occidente costituita da J. Law. Combatté contro la colonizzazione inglese in India e fu sciolta all'epoca della Rivoluzione (1794).

ÌNDIE (Consiglio delle), organismo spagnolo (1511-1834), istituito per garantire la sovraintendenza delle colonie e il monopolio del commercio nel Nuovo Mondo.

ÌNDIE (impèro delle), insieme dei possedimenti britannici in India, sottomessi alla corona inglese (1858-1947).

ÌNDIE OCCIDENTÀLI, nome attribuito al Nuovo Mondo da C. Colombo, nella convinzione di aver raggiunto l'Asia.

ÌNDIE OCCIDENTÀLI (Federazióne delle), in ingl. **British West Indies**, federazione costituita, dal 1958 al 1962, dalle Antille britanniche.

ÌNDIE ORIENTÀLI, ant. colonie olandesi che att. costituiscono l'Indonesia.

ÌNDIE ORIENTÀLI (Compagnia inglése delle), compagnia costituita nel 1599, e riconosciuta da Elisabetta I nel 1600, per il controllo del commercio con i paesi dell'Oceano Indiano, poi con la sola India. I suoi poteri furono trasferiti alla corona nel 1858.

ÌNDIE ORIENTÀLI (Compagnia olandése delle), compagnia fondata nelle Province Unite nel 1602 per sottrarre al Portogallo il monopolio del commercio nei mari delle Indie. Prospera nel XVII sec., fu sciolta nel 1799.

INDIFFERÈNTI (Gli), primo romanzo di A. Moravia, pubblicato nel 1929. Narra le vicende degli Ardengo, famiglia borghese e decadente, in una tragedia romanzata che prelude ai temi esistenzialisti.

INDIGIRKA, f. della Russia, in Siberia, che sfocia nel Mar Glaciale Artico; 1726 km.

INDIPENDÈNZA AMERICÀNA (Dichiarazióne di) (4 lug. 1776), documento adottato dal Congresso continentale riunito a Filadelfia. Redatta da T. Jefferson, la dichiarazione sancì l'indipendenza delle 13 colonie britanniche d'America dalla madrepatria, rivendicando la libertà di cambiare governo come uno dei diritti inalienabili dell'uomo.

INDIPENDÈNZA AMERICÀNA (guèrra di) (1775-1782), conflitto che oppose la Gran Bretagna alle sue 13 colonie nell'America settentr. e portò così alla nascita degli Stati Uniti d'America.

ÌNDO, in sansc. **Sindhu**, f. dell'Asia, che nasce nel Tibet, attraversa il Kashmir e il Pakistan e sfocia nel Golfo di Oman, formando un ampio delta; 3040 km. Le sue acque sono utilizzate per l'irrigazione. — Le rive dell'I. ospitarono una civiltà preindoeuropea, che fiorì nel III millennio a.C.

*Civiltà dell'**INDO**: testa scolpita di Mohenjo-Daro, Sind (Pakistan), III millennio. (Museo di New Delhi.)*

per poi spegnersi verso la metà del II millennio a.C. In alcuni centri, tra cui Mohenjo-Daro e Harappa (in Punjab), permangono i resti di un'architettura urbana complessa e sofisticata e testimonianze di una scrittura pittografica non decifrata.

INDOCÌNA, penisola dell'Asia, tra l'India e la Cina, confinante a S con il Golfo del Bengala, lo Stretto di Malacca e il Mar Cinese Meridionale. Comprende la striscia sud-orient. del Myanmar, quella sud-occ. della Thailandia, Laos, Vietnam, Singapore e la penisola di Malacca (Malaysia).

INDOCÌNA (guèrra di) (1946-1954), guerra di liberazione anticoloniale combattuta in I., che oppose il Vietnam alla Francia. Nel 1945, al termine della seconda guerra mondiale, la ritirata delle truppe giapponesi dal Vietnam provocò l'insurrezione dei nazionalisti vietnamiti (vietminh), ostili al ritorno dei coloni francesi. Il conflitto si estese in breve tempo al Tonchino. Dopo la sconfitta francese di Diên Biên Phu (1954), il Vietnam fu diviso in due zone (accordi di Ginevra) governate una, a N del 17° parallelo, da un regime comunista e l'altra, a S, da un regime repubblicano sostenuto dagli Stati Uniti. Tale divisione era destinata a portare allo scoppio di un nuovo conflitto nel 1956 (guerra del *Vietnam*).

INDOGANGÈTICA (Pianùra), reg. dell'Asia (India e Pakistan) che comprende le pianure attraversate dai f. Indo e Gange.

INDONÈSIA, Stato dell'Asia sud-orient.; 1.900.000 km²; 225.590.000 ab. (*indonesiani*). CAP. *Giacarta*. LINGUA: *bahasa*. MONETA: *rupia indonesiana*.

GEOGRAFIA – L'I. è lo Stato insulare più popoloso del mondo (più di 13.000 isole, di cui meno della metà abitate) e si estende su gran parte dell'arcipelago indiano (5000 km da O a E e 2000 km da N a S). Paese in prevalenza montuoso e vulcanico, prossimo all'equatore, ha un clima caldo-umido ed è in gran parte ricoperto da fitte foreste. La popolazione, islamizzata (l'I. è il primo paese musulmano per numero di fedeli), si concentra per quasi due terzi nell'Isola di Giava. Meno vasta di Sumatra, Celebes o alcune parti indonesiane del Borneo (Kalimantan) e

della Nuova Guinea (Papuasia occ.), Giava possiede tuttavia i tre centri urbani di maggiori dimensioni (Giacarta, Surabaya, Bandung). Il riso costituisce la base dell'alimentazione. Un retaggio del periodo coloniale sono le piantagioni, di notevole importanza economica (caucciù, caffè, semi oleaginosi, tabacco). Altrettanto sviluppati sono la pesca e lo sfruttamento forestale. L'estrazione del petrolio e del gas naturale rappresenta la risorsa industriale essenziale per l'economia dello Stato. Quest'ultima è condizionata anche dal debito pubblico, dalla debolezza delle infrastrutture (trasporti) e dall'incremento demografico, che in certe zone (in part. a Giava) pone il problema del sovrappopolamento. Il paese, devastato nel 1997 da incendi di gigantesche proporzioni, responsabili di una catastrofe ecologica, ha inoltre risentito della grave crisi economica che ha interessato l'intera regione.

STORIA – **Dalle origini alle Indie olandesi**. In un primo tempo frazionata in piccoli regni permeati di cultura indiana, dal VII al XIV sec. l'I. è dominata dalla monarchia buddhista di Srivijaya, XIII-XVI sec.: l'islam si afferma in tutto l'arcipelago a eccezione di Bali, che rimane fedele all'induismo; l'impero di Madjiapahit regna sull'arcipelago nel XIV-XV sec. **1511**: i portoghesi s'impossessano della Penisola di Malacca; **1521**: arrivano alle Molucche. **1602**: viene fondata la Compagnia olandese delle Indie orientali, che di lì a poco interverrà negli affari interni dei sultanati giavanesi (Banten, Mataram). **1641**: gli olandesi conquistano Malacca. **1799**: la Compagnia perde i suoi privilegi e gli olandesi praticano la colonizzazione diretta. **1830-1860**: J. Van den Bosch introduce un sistema colturale che si basa sul lavoro forzato delle popolazioni autoctone. **Inizio del xx secolo**: si afferma il movimento indipendentista. **1911-1917**: si organizzano i vari partiti politici: Sarekat islam (1911), Partito comunista (1920), Partito nazionalista (1927) il cui leader è Akmed Sukarno. **1942-1945**: il Giappone occupa l'arcipelago. **L'Indonesia indipendente**. **1945**: A. Sukarno proclama l'indipendenza dell'I. **1949**: i Paesi Bassi riconoscono il nuovo statuto. **1950-1967**: Sukarno tenta di istituire un socialismo "all'indonesiana" e deve fronteggiare vari movimenti separatisti. **1955**: la conferenza di Bandung testimonia il ruolo di spicco assunto dall'I. tra i paesi del terzo mondo. **1963-1966**: l'I. si oppone alla nascita della Malaysia. **1963-1969**: incorpora la Nuova Guinea olandese assumendone il controllo. **1966-1967**: A. Sukarno viene deposto a beneficio di Muhammad Suharto. Quest'ultimo, regolarmente eletto a partire dal 1968, propugna una politica anticomunista e si avvicina all'Occidente. **1975-1976**: l'annessione all'I. di Timor Orientale fa scoppiare una guerriglia. **Anni '80**: l'islam

fondamentalista si propaga. **1998**: cedendo alle pressioni di un'opposizione resa più agguerrita dalla crisi economica, M. Suharto si dimette e al suo posto subentra il vicepresidente Jussuf Habibie. **1999**: l'opposizione democratica, guidata da Megawati Sukarnoputri (figlia di A. Sukarno), vince le elezioni legislative. Dopo gli atti di violenza scatenati a Timor Orientale dal referendum per l'indipendenza, le elezioni presidenziali danno la vittoria al leader musulmano moderato Abdurrahaman Wahid. Tuttavia, il paese attraversa una delicata congiuntura economica, mentre gli scontri tra separatisti e interconfessionali si moltiplicano (Aceh, Irian Jaya, Molucche). **2001**: A. Wahid viene destituito dal parlamento. La vicepresidente M. Sukarnoputri gli subentra a capo dello Stato. **2002**: proclamazione dell'indipendenza di Timor Orientale.

INDORE, c. dell'India (Madhya Pradesh); 1.597.441 ab. Industrie chimiche.

INDRA, la maggiore divinità indiana del periodo vedico. Detentore del potere, simboleggiato dal fulmine con cui elimina i demoni, cavalca l'elefante Airavata ed è oggetto di adorazione da parte dei guerrieri.

INDRE, dip. della Francia, nella reg. Centro; capol. *Châteauroux*; 6791 km²; 231.139 ab. Agricoltura (cereali) e allevamento (bovini).

INDRE-ET-LOIRE, dip. della Francia, nella reg. Centro; capol. *Tours*; 6127 km²; 554.003 ab. Nelle valli della Loira e dei suoi affluenti coltivazione di frutta e legumi; vigneti. Castelli (Amboise, Azay-le-Rideau, Chenonceaux, Chinon), rinomata meta turistica.

INDULGÈNZE (véndita delle), questione che scatenò un conflitto religioso all'origine della Riforma luterana. Nel 1515 papa Leone X concesse un'indulgenza a chiunque avesse contribuito finanziariamente alla costruzione di S. Pietro a Roma. A questa iniziativa fece seguito la predicazione condotta in Germania dal domenicano J. Tetzel, su incarico dell'arcivescovo Alberto di Brandeburgo, con l'appoggio dei banchieri Fugger. Essa suscitò lo sdegno di M. Lutero, che in un suo scritto espose i motivi della propria indignazione: si tratta delle 95 tesi, affisse nel 1517 sul portale della chiesa di Wittenberg e condannate da Roma nel 1519.

INDÙNO (Doménico), *Milano 1815-1878*, pittore. Verista, si dedicò alla rappresentazione storica, in part. di vicende del Risorgimento. — *Girolamo*, *Milano 1827-1890*, fratello di Domenico. Realizzò anch'egli dipinti di carattere storico e fu attivo patriota.

INDURÁIN (Miguel), *Villava, Navarra, 1964*, ciclista spagnolo. Ha vinto 5 Tour de France consecutivi (dal 1991 al 1995), 2 Giri d'Italia (1992 e 1993),

Indonesia-Timor Orientale

200 500 1000 m

— strada normale
✈ aeroporto

▲ vulcano
★ importante località turistica

● più di 7.000.000 di ab.
● da 1.000.000 a 7.000.000 di ab.
● da 100.000 a 1.000.000 di ab.
● meno di 100.000 ab.

300 km

stabilito il record dell'ora (1994) e conquistato il campionato mondiale a cronometro nel 1995.

INDY (Vincent **d'**), *Parigi 1851-1931*, compositore francese. Compose opere (*Fervaal*, 1897; *Lo straniero*, 1903) e la *Symphonie sur un chant montagnard français* (1886). Anche teorico, fu tra i fondatori della Schola cantorum.

INÉS DE CASTRO, *in Castiglia 1320 ca. - Coimbra 1355*, eroina spagnola. Fu fatta uccidere da Alfonso IV per aver sposato in segreto Pietro, principe di Portogallo. La sua vicenda ha ispirato alcuni drammi (tra cui quelli di L.V. de Camões e V. Ferreira).

ÌNFERI MITOL. ROM. L'oltretomba.

INGA, diga e centrale idroelettrica della Rep. Dem. del Congo, presso le cascate del f. Congo.

INGÀNNI (Àngelo), *Brescia 1807 - Gussago 1880*, pittore. Fu autore di vedute e paesaggi cittadini, ma anche di dipinti a soggetto sacro e scene di vita quotidiana.

INGEGNÈRI (Màrco Antònio), *Verona 1547 ca. - Cremona 1592*, compositore. Maestro di cappella della cattedrale di Cremona, autore di madrigali e musica sacra, fu maestro di C. Monteverdi.

INGENHOUSZ (Jan), *Breda 1730 - Bowood, Wiltshire, 1799*, fisico olandese. Studiò la conducibilità termica dei metalli e la nutrizione delle piante, scoprendo la fotosintesi.

INGHILTÈRRA, in ingl. **England**, parte merid. della Gran Bretagna, delimitata dalla Scozia a N e dal Galles a O; 130.400 km²; 46.170.300 ab. (*inglesi*); cap. *Londra*.

STORIA – **Romani e anglosassoni**. Popolata dal III millennio a.C., l'I. viene occupata dai celti. **43-83 d.C.**: conquistata da Roma, diventa una provincia dell'impero, con il nome di Britannia. **V sec.**: invasione dei popoli germanici (sassoni, angli, iuti) che respingono i celti a E. **VII-VIII sec.**: vengono costituiti sette regni (eptarchia). Contrapposti in precedenza ai monaci irlandesi, i benedettini venuti da Roma fanno del paese un centro di diffusione del cristianesimo (Beda il Venerabile). **825**: Egberto unifica l'eptarchia a favore del Wessex.

L'Inghilterra normanna. IX sec.: invasione dei danesi, che si scontrano con la resistenza di Alfredo il Grande. **1016-1035**: il danese Knud il Grande diventa re di tutta l'I. **1042-1066**: Edoardo il Confessore riporta al potere una dinastia sassone; **1066**: il suo successore, Aroldo II, viene sconfitto a Hastings da Guglielmo I il Conquistatore, duca di Normandia. **1154**: Enrico II fonda la dinastia dei Plantageneti e conquista il Galles e l'Irlanda, che vanno così ad aggiungersi ai possedimenti continentali (Normandia, Aquitania, Bretagna). Per rafforzare la propria giurisdizione sui beni ecclesiastici, fa assassinare Thomas Becket.

Il duello franco-inglese. 1189-1199: in Francia si susseguono le rivolte contro Riccardo Cuor di Leone. **1199-1216**: Filippo Augusto priva Giovanni Senza Terra dei suoi possedimenti francesi; i nobili, che già hanno ottenuto la Magna charta (1215), il riconoscimento scritto delle libertà tradizionali, accrescono la loro influenza sotto Enrico III (1216-1272) e, dopo l'accentramento del potere nelle mani di Edoardo I (fine della conquista del Galles), sotto Edoardo II (1307-1327). **1327-1377**: le pretese di Edoardo III al trono di Francia e le mire dei due paesi sull'Aquitania scatenano la guerra dei Cent'anni. **1377-1399**: a causa delle debolezze di Riccardo II la situazione precipita: rivolta dei contadini (Wat Tyler), movimenti ereticali di John Wycliffe, agitazioni irlandesi, cui si aggiunge un'epidemia di peste nera. **1399**: il re viene deposto a favore di Enrico IV, primo dei Lancaster. **1413-1422**: Enrico V, dopo la vittoria di Azincourt (1415), conquista metà della Francia e viene riconosciuto erede al trono (trattato di Troyes); **1422-1461**: Enrico VI perde tutti questi possedimenti; gli York rimettono in discussione i diritti dei Lancaster alla corona (guerra delle Due Rose, 1450-1485). **1475**: alla fine della guerra dei Cent'anni (accordo di Picquigny), l'I. riesce a conservare solo Calais (fino al 1558).

I Tudor. 1485: Enrico VII, erede dei Lancaster, inaugura la dinastia Tudor. **1509-1547**: Enrico VIII rompe i rapporti con Roma e si proclama capo della Chiesa anglicana (1534). Con Edoardo VI (1547-1553) comincia ad affermarsi il protestantesimo che, dopo l'intermezzo cattolico di Maria I (1553-1558), trionfa con Elisabetta I (1558-1603). La vittoria di quest'ultima contro la Spagna (Invincibile Armada, 1588) annuncia l'avvento della potenza marittima inglese. **1603**: Giacomo Stuart, re di Scozia, eredita la corona inglese (→ **Gran Bretagna e Irlanda del Nord** [Regno Unito di]).

INGHILTÈRRA (battàglia d') (ago.-ott. 1940), campagna aerea della seconda guerra mondiale. Le operazioni furono guidate dalla Luftwaffe contro la Gran Bretagna con lo scopo di invadere il paese, ma gli attacchi fallirono di fronte alla resistenza della RAF.

INGOLSTADT, c. della Germania (Baviera), sul Danubio; 114.826 ab. Raffinerie di petrolio. Industrie chimiche. — Castello (XV-XVI sec.) e chiese (dal gotico al rococò).

INGRASSÌA (Francésco, detto Cìccio), *Carini 1923 - Roma 2003*, attore. Insieme a F. Franchi è stato protagonista di numerosi film di carattere comico-parodistico. Si è dedicato anche alla televisione e al teatro. Tra le sue interpretazioni: *Amarcord* (F. Fellini, 1973), *Kaos* (P. e V. Taviani, 1984).

INGRES (Jean Auguste Dominique), *Montauban 1780 - Parigi 1867*, pittore francese. Allievo di J.-L. David, si distinse per la purezza e la raffinatezza dei disegni e per l'eccezionale qualità dei ritratti. Capofila della scuola classica nel periodo della contrapposizione al romanticismo, non cadde mai nell'accademismo, dando libera espressione al suo genio (*Grande odalisca*, 1814; *Bagno turco*, 1859-1863, Louvre, Parigi).

INGUSCÈZIA, rep. della Russia, nel Caucaso settentr.; 488.200 ab.; capol. *Nazran*.

INGÙSCI, popolazione caucasica della Russia (soprattutto Cecenia, Inguscezia e Ossezia Settentrionale; ca. 240.000 individui). Discendenti dallo stesso ceppo dei ceceni, gli i. si sono convertiti alla religione musulmana sunnita a partire dal XVIII sec. Entrati in conflitto con i colonizzatori russi (cosacchi) alla fine del XIX sec., tra il 1943 e il 1944 furono accusati di collaborazionismo e deportati nell'Asia centrale, come i ceceni; i sopravvissuti hanno potuto far ritorno nei loro territori dopo il 1957. Parlano l'inguscio (o galgay).

INHELDER (Bärbel), *San Gallo 1913 - Ausserberg 1997*, psicologa svizzera. Insieme a J. Piaget ha contribuito a elaborare una teoria dello sviluppo intellettivo.

INKATHA ("Libertà della nazione"), movimento zulu, poi divenuto partito politico, fondato nel 1975 da Mangosuthu Gatsha Buthelezi. Si è affermato soprattutto nel Kwazulu/Natal.

INN, f. dell'Europa centrale (Svizzera, Austria e Germania), affl. di destra del Danubio presso Passau; 510 km. Nasce nei Grigioni (la sua alta valle costituisce l'Engadina) e attraversa il Tirolo, passando per Innsbruck.

INNICHEN → SAN CANDIDO.

INNOCÈNTI, società motoristica fondata nel 1933 da Ferdinando I. (Pescia 1891 - Varese 1966). Tra i suoi modelli, negli anni '50 del secolo scorso eb-be grandissimo successo la *Lambretta*. Dedicatasi alla fabbricazione di automobili, dopo anni di crisi l'azienda ha cessato l'attività nel 1994.

INNOCÈNTI (stràge degli), eccidio dei bambini di meno di due anni, ordinato da Erode il Grande per scongiurare l'avvento del Messia (Vangelo di Matteo).

INNOCÈNZO I (sànto), *m. a Roma nel 417*, papa dal 401 al 417. Condannò il pelagianesimo. — **Innocenzo II** (Gregorio **Papareschi**), *m. a Roma nel 1143*. Eletto nel 1130, dovette fuggire in Francia poiché Ruggero II di Sicilia gli oppose l'antipapa Anacleto II. Tornato al pontificato, nel 1139 indisse il secondo concilio lateranense. — **Innocenzo III** (Giovanni **Lotario di Segni**), *Anagni 1160 - Perugia 1216*, papa dal 1198 al 1216. Bandì la quarta crociata e si adoperò a combattere le eresie, riorganizzando l'Inquisizione, incoraggiando la predicazione di domenicani e francescani e inviando una spedizione contro gli albigesi. Impose la sua tutela a Federico II. Il quarto concilio lateranense segnò il momento di massimo accentramento del suo potere e il culmine della teocrazia papale.

INNOCENZO III. *Affresco del XIII sec.*
(Monastero di Subiaco.)

— **Innocenzo IV** (Sinibaldo **Fieschi**), *Genova 1195 ca. - Nápoli 1254*, papa dal 1243 al 1254. In occasione del primo concilio di Lione (1245) fece deporre Federico II. — **Innocenzo V** (Pietro **di Tarantasia**), *Champigny-en-Vanoise 1124 ca. - Roma 1276*. Domenicano e arcivescovo di Lione, morì dopo pochi mesi di pontificato, mentre preparava una crociata. — **Innocenzo VI** (Étienne **Aubert**), *Monts-lez-Beyssac 1295 ca. - Avignone 1362*, papa dal 1352 al 1362. Pur tentando di rinsaldare la propria autorità, accettò la Bolla d'oro che decretava l'esclusione del papa dall'elezione dell'imperatore. — **Innocenzo VII** (Cosimo **de' Migliorati**), *Sulmona 1336 ca. - Roma 1406*. Eletto papa nel 1404, durante lo scisma d'Occidente, fu costretto a un anno di esilio prima di poter tornare al pontificato. — **Innocenzo VIII** (Giovanni Battista **Cybo**), *Genova 1432 - Roma 1492*, papa dal 1484 al 1492. — **Innocenzo IX** (Giovanni Antonio **Facchinetti**), *Bologna 1519 - Roma 1591*. Morì dopo due mesi di pontificato. — **Innocenzo X** (Giovanni Battista **Pamphili**), *Roma 1574-1655*, papa dal 1644 al 1655. Fu favorevole alla Spagna e si oppose alla pace di Westfalia. Condannò cinque tesi dell'*Augustinus* di Giansenio e riformò l'amministrazione ecclesia-

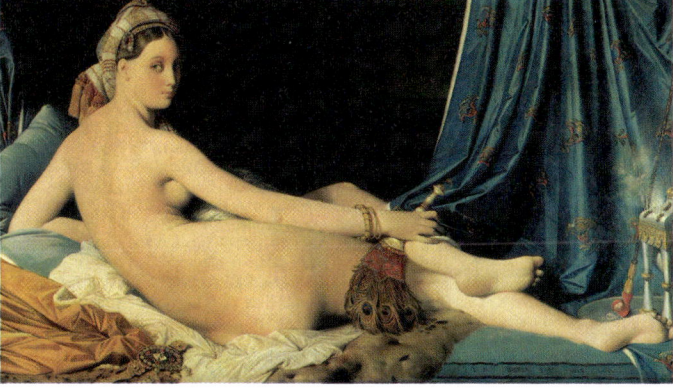

Jean Auguste Dominique **INGRES**. *Grande odalisca, 1814. (Louvre, Parigi.)*

stica. — **Innocenzo XI** (Benedetto **Odescalchi**) *Como 1611 - Roma 1689*, papa dal 1676 al 1689. Combatté la simonia e si scontrò con Luigi XIV riguardo alle libertà gallicane. — **Innocenzo XII** (Antonio **Pignatelli**), *Spinazzola 1615 - Roma 1700*, papa dal 1691 al 1700. Pose fine alla questione gallicana e ottenne la restituzione di Avignone, occupata sotto il pontificato di Innocenzo XI. — **Innocenzo XIII** (Michelangelo **Conti**), *Poli 1655 - Roma 1724*, papa dal 1722 al 1724. Entrò in polemica con i gesuiti per la sua condanna del giansenismo.

INNSBRUCK, c. dell'Austria, capol. del Tirolo, sull'Inn; 118.112 ab. Stazione turistica e di sport invernali. Università. — Hofburg, castello di Massimiliano, poi dell'imperatrice Maria Teresa; Hofkirche, o chiesa dei francescani, che contiene la tomba di Massimiliano; altri monumenti (XVI-XVII sec.). Tiroler Landesmuseum Ferdinandeum.

ÌNO MITOL. GR. Dea marina, figlia di Cadmo e Armonia e moglie di Atamante. Fu nutrice di Dioniso.

INÖNÜ (Mustafa Ismet, detto Ismet), *Izmir 1884 - Ankara 1973*, generale e politico turco. Collaboratore di M. Kemal, contribuì alla vittoria contro i greci a Inönü (1921). Fu primo ministro (1923-1937), poi presidente della repubblica (1938-1950) e del partito repubblicano (1938-1972).

INPDAP (Istituto nazionàle di previdènza per i dipendènti dell'amministrazione pùbblica), ente pensionistico istituito nel 1923 per erogare le pensioni ai dipendenti pubblici. Ha sostituito gli enti preesistenti, tra cui l'ENPAS.

INPS (Istituto nazionàle della previdènza sociàle), ente pubblico istituito nel 1993 per garantire il trattamento pensionistico ai lavoratori dipendenti. Ha anche competenze relative ai fondi previdenziali per altre categorie di lavoratori e ai trattamenti di fine rapporto.

INQUISIZIÓNE, tribunale speciale istituito dal papato per combattere le eresie, attraverso una particolare procedura detta *inquisitio*. Nel 1199 Innocenzo III organizzò dal punto di vista giudiziario l'iter inquisitorio (interrogatorio, tortura, espiazione delle colpe) e affidò ai domenicani (XIII sec.) la lotta contro gli albigesi. Paolo III istituì nel 1542 l'*I. romana*, in risposta al diffondersi della Riforma protestante. Molto attiva nella Spagna del XVI sec. (contro musulmani ed ebrei), l'I. è stata soppressa ufficialmente all'inizio del XVIII sec.

INRI, acronimo delle parole latine: *Iesus Nazarenus Rex Iudaeorum* (Gesù nazareno, re dei giudei). È il motivo della condanna che, secondo la tradizione romana, era scritto su una tavoletta fissata alla croce. L'iconografia ha diffuso l'uso delle sole iniziali.

IN SALAH, oasi del Sahara algerino; 19.000 ab.

INSTITUTIO CHRISTIANAE RELIGIONIS, opera pubblicata da G. Calvino tra il 1533 e il 1535. Stampata in latino a Basilea nel 1536, rappresenta la prima e più importante trattazione della dottrina riformata.

INSULÌNDIA, parte insulare dell'Asia sudorient. (soprattutto Indonesia e Filippine).

INTEL, società statunitense di informatica fondata nel 1968 in California da Bob Noyce e Gordon Moore. Dopo aver lanciato nel 1971 il primo microprocessore per PC, ha conquistato il mercato mondiale con i processori Pentium, sviluppando importanti accordi con le principali aziende di computer.

INTELLIGENCE SERVICT (IS), insieme dei servizi segreti della Gran Bretagna che hanno il compito di raccogliere le principali segnalazioni del governo e del controspionaggio.

INTELSAT (International Telecommunications Satellites), consorzio internazionale di telecomunicazioni via satellite, con sede a Washington. È stato fondato nel 1964 da 11 paesi, su iniziativa degli Stati Uniti, per realizzare una rete mondiale di telecomunicazioni garantita da satelliti geostazionari. A lungo associazione intergovernativa (è arrivato a contare oltre 145 Stati membri), dal 2001 è stato privatizzato. Intelsat I, o Early Bird, il primo satellite di una rete che ne conta oggi una ventina, è stato lanciato nel 1965.

INTÈLVI (Vàlle d'), valle situata tra i laghi di Como e di Lugano. Località di turismo estivo.

INTERLAKEN, com. della Svizzera, (cant. di Berna), tra i laghi di Thoune e Brienz; 5079 ab. Centro turistico.

INTERNATIONAL HERALD TRIBUNE, quotidiano internazionale in lingua inglese, edito a Parigi. Nato nel 1887 da una costola del *New York Herald*, dal 1967 la sua proprietà è condivisa tra *New York Times* e *Washington Post*.

INTERNAZIONÀLE, organizzazione internazionale che riuniva i lavoratori decisi a portare avanti un'azione di trasformazione sociale. La Prima I., o Associazione internazionale dei lavoratori, fondata a Londra nel 1864, si sciolse dopo il 1876 a causa del contrasto tra marxisti e anarchici. La Seconda I., fondata a Parigi nel 1889, fissò il 1° mag. come data per la festa socialista dei lavoratori; rimasta fedele alla linea social-democratica, si sciolse nel 1923. Da essa sorsero l'I. operaia socialista (1923-1940), che riuniva i partiti che non avevano aderito alla Terza I., e l'I. socialista, organizzata nel 1951. La Terza I., detta anche I. comunista o Komintern, fondata a Mosca nel 1919, riunì intorno alla Russia sovietica, e poi all'URSS, la maggior parte dei partiti comunisti. Fu soppressa da Stalin nel 1943. La Quarta I. nacque nel 1938 su iniziativa di L. Trockij.

INTERNAZIONÀLE (L'), inno rivoluzionario, musicato da P. Degeyter su un testo di E. Pottier (1871).

INTERNET, rete telematica internazionale. [*V. parte nomi comuni.*]

INTÈRNO (Màre), in giapp. **Seto Naikai**, settore del Pacifico tra le isole giapponesi di Honshu, Shikoku e Kyushu.

INTERPOL o **OICPC**, denominazione dell'Organizzazione internazionale di polizia criminale, fondata nel 1923. Dal 1989 ha sede a Lione.

INTERPRETAZIÓNE DEI SÓGNI (L'), opera di S. Freud (1900). In questo testo capitale Freud sostiene che il sogno, produzione psichica in cui un desiderio rimosso si rivela in modo simbolico, rappresenta la via privilegiata per addentrarsi nell'inconscio.

INTERRÉGNO (Il grànde) (1250-1273), periodo durante il quale il trono del Sacro Romano Impero rimase vacante.

INTERSIND, associazione sindacale delle imprese a capitale pubblico, costituita nel 1960. Dal 1994 è una federazione di settore nell'ambito di Confindustria.

INTÉSA CORDIÀLE, in fr. **Entente cordiale**, espressione con cui si indica l'accordo concluso nel 1904 da Francia e Gran Bretagna per porre fine alle dispute sulla questione coloniale. Esso sancì il riavvicinamento tra i due paesi.

INTIFADA ("ribellione"), forma di sollevazione popolare palestinese, iniziata nel 1987 nei territori occupati da Israele. Dopo un lungo periodo di pace che ha fatto seguito alla conclusione dell'accordo israelo-palestinese del 1993, è ripresa nel 2000 con accresciuta violenza.

INTRANET, rete telematica interna a un'azienda. [*V. parte nomi comuni.*]

INTRONÀTI (Accadèmia degli), accademia letteraria fondata a Siena nel 1525, attiva nel campo teatrale fino al XVIII sec.

ÌNUIT, nome che danno a se stessi gli eschimesi della Groenlandia e delle zone settentr. e orient. del Canada (in totale ca. 150.000 individui). L'uso del termine i., ufficiale in Canada, va sostituito quello di "eschimesi", che ha un'accezione negativa. Gli i. del Canada vivono soprattutto nel Nunavut, nel Québec settentr. e nel Labrador. Parlano l'inuktitut. Interessante la loro scultura, per la quale usano soprattutto steatite, ma anche pietre dell'Artide, ossi di balena, avorio e corna di caribù.

INVALIDES (Hôtel des), vasto complesso di edifici di Parigi. Realizzato da L. Bruant (1670), doveva ospitare i militari invalidi. Oggi vi si trovano le ceneri di Napoleone e le tombe dei suoi figli e di molti marescialli.

INVENCIBLE ARMADA, flotta al servizio di Filippo II di Spagna, inviata contro l'Inghilterra nel 1588. Costituita da 130 navi, con 30.000 uomini, fu sconfitta dagli inglesi che inaugurarono così il loro predominio sui mari.

INVERÌGO, com. in prov. di Como; 7944 ab. Nel suo territorio si trovano numerose ville tra cui:

Villa Crivelli (XVII-XVIII sec.), Villa Perego (XVI-II sec.) e "la Rotonda" di L. Cagnola (XIX sec.).

INVERNESS, c. della Gran Bretagna (Scozia), sul Mare del Nord; 35.000 ab. Porto.

INVERNÌZIO (Carolina), *Voghera 1851 - Cuneo 1916*, scrittrice. Popolare autrice di romanzi d'appendice, tra cui *Il bacio di una morta* (1889), *I drammi dell'adulterio* (1898).

INVESTITÙRE (Lòtta per le) (1075-1122), conflitto che vide papato e Sacro Romano Impero contrapposti riguardo al conferimento delle dignità ecclesiastiche. Acuitosi particolarmente sotto il pontificato di Gregorio VII e durante il regno di Enrico IV, dopo l'umiliazione di quest'ultimo a Canossa (1077), giunse a conclusione con il concordato di Worms (1122), che stabilì la separazione dei poteri spirituale e temporale.

INVIM (Impòsta comunàle sull'incremènto del valóre degli immòbili), tassa applicata ai beni immobili in caso di passaggio di proprietà per acquisto, donazione ed eredità. Istituita nel 1972, nel 1993 è stata sostituita dall' **ICI*.

ÌO MITOL. GR. Sacerdotessa di Era. Fu amata da Zeus, che la trasformò in giovenca per sottrarla alla gelosia vendicativa di Era.

IO, isola della Grecia, nel Mar Egeo (Cicladi); 105 km²; 1200 ab. Turismo. Secondo la tradizione vi morì Omero.

IOÁNNINA → GIANNINA.

IOIÀDA, fine del IX-VIII sec. a.C., capo dei sacerdoti di Gerusalemme. Organizzò un colpo di Stato contro Atalia e proclamò re il giovane Ioas.

IÒLE MITOL. GR. Leggendaria eroina rapita da Eracle, che la volle in sposa. I. suscitò così la gelosia di Deianira, causando la morte di Eracle.

IONESCO (Eugène), *Slatina 1912 - Parigi 1994*, autore teatrale francese di origine romena. Con i suoi testi teatrali, basati sulla parodia e sull'uso di simbolismi, denuncia l'assurdo dell'esistenza e dei rapporti sociali (*La cantatrice calva*, 1950; *La lezione*, 1951; *Le sedie*, 1952; *Il rinoceronte*, 1960; *Il re muore*, 1962).

■ *Eugène Ionesco.*

IÒNIA, ant. nome della reg. costiera dell'Asia Minore. C. princ. *Efeso, Mileto, Focea*. Gli ioni sono stati tra i primi popoli indoeuropei a occupare la Grecia a partire dall'inizio del II millennio. Cacciati dai dori, si stabilirono in Asia Minore. La loro civiltà raggiunse il massimo splendore nel periodo tra il VII e il VI sec. a.C.

IÒNIE (Ìsole), arcipelago della Grecia, nel Mar Ionio; 214.274 ab. Le isole principali sono Corfù, Leucade, Itaca, Cefalonia, Zante e Cerigo. Conquistate, a partire dall'XI sec., prima dai normanni di Sicilia, poi dai re di Napoli e da Venezia, furono in seguito occupate dalla Francia (1797-1799) e dalla Gran Bretagna (1809). Passate sotto il protettorato britannico (1815), ritornarono alla Grecia nel 1864.

IÒNIO (Màr), porzione del Mediterraneo tra l'Italia merid. e la Grecia. Molto profondo (fino a oltre 5000 m), è delimitato a E dalle coste della Grecia, bordate dalle Isole Ionie. Porti di Catania, Siracusa, Taranto, Corfù, Patrasso, Zante.

IOR (Istituto per le òpere di religióne), organizzazione istituita da Pio XII nel 1942 per amministrare i beni del Vaticano.

IORGA (Nicolae), *Botoşani 1871 - Strejnicu 1940*, politico e storico romeno. Presidente del consiglio (1931-1932), fu assassinato da membri della Guardia di ferro. Pubblicò una *Storia dei romeni* (1936-1939).

IOSELIANI (Otar), *Tbilisi 1934*, regista cinematografico georgiano. Tra i suoi film, *C'era una volta un merlo canterino* (1973), *Pastorale* (1976), *Un incendio visto da lontano* (1989), *Addio terraferma* (1998), *Lunedì mattina* (2001).

IÒTTI (Leonilde, detta Nilde), *Reggio nell'Emilia 1920 - Roma 1999*, politica. Membro della Costituente e deputata per il PCI, dal 1979 al 1992 è stata presidente della camera.

IOWA, Stato degli Stati Uniti, tra il Mississippi e il Missouri; 2.926.324 ab.; cap. *Des Moines*.

IPATINGA, c. del Brasile (Minas Gerais); 212.453 ab. Siderurgia.

IPÀZIA, *Alessandria d'Egitto 370 ca. - 415*, matematica e filosofa greca. Figlia dell'astronomo Teone di Alessandria, esponente della scuola neoplatonica, fu uccisa da fanatici cristiani.

IPÈRIDE, *Atene 390 ca. - Cleone ?, Peloponneso, 322 a.C.*, oratore e politico ateniese. Contemporaneo di Demostene, a sua volta appartenente alla fazione antimacedone, fu fatto uccidere da Antipatro dopo la sconfitta nella guerra lamiaca.

IPOH, c. della Malaysia settentr.; 566.211 ab. Nei pressi, giacimenti di stagno.

IPOUSTEGUY (Jean Robert), *Dun-sur-Meuse 1920*, scultore e disegnatore francese. Ha elaborato un personale linguaggio figurativo dai tormentati accenti espressionisti.

IPPÀRCO, *m. nel 514 a.C.*, tiranno di Atene (527-514 a.C.). Figlio di Pisistrato, esercitò il potere ad Atene con il fratello Ippia; fu assassinato.

IPPÀRCO DI NICÈA, astronomo greco del II sec. a.C. Considerato il fondatore dell'astronomia di osservazione, scoprì la precessione degli equinozi e compilò il primo catalogo di stelle, classificate per "magnitudine" a seconda del loro splendore apparente. Inoltre gettò le basi della trigonometria, inventò la proiezione stereografica e propose il primo metodo scientifico per calcolare le coordinate geografiche.

IPPIA, *m. nel 490 a.C.*, tiranno di Atene (527-510 a.C.). Figlio di Pisistrato, salì al potere con il fratello Ipparco, cui succedette. Cacciato da Atene nel 510 a causa del suo dispotismo, si rifugiò in Persia.

ÌPPIA DI ÈLIDE, *V sec. a.C.*, filosofo e matematico greco. Sofista, compare nei dialoghi di Platone *Ippia Minore* e *Ippia Maggiore*.

IPPÒCRATE, *isola di Coo 460 ca. - Larissa, Tessaglia, 377 a.C. ca.*, medico greco, il più importante dell'antichità. Le sue norme etiche hanno ispirato il codice che viene sottoscritto dai medici (*giuramento di I.*).

IPPÒCRATE DI CHÌO, *V sec. a.C.*, matematico greco. Si occupò della quadratura del cerchio tramite l'introduzione delle *lunule di I.* ed è ritenuto autore del primo trattato di geometria, *Elementi*, andato perduto.

IPPÒLITO MITOL. GR. Figlio dell'eroe ateniese Teseo. La matrigna Fedra, innamorata di lui e respinta, si vendicò accusandolo di aver tentato di sedurla. Teseo, adirato, nel suo desiderio di punire il figlio fece appello a Poseidone, che causò la morte di I.

IPPÒLITO (sànto), *170 ca. - in Sardegna 235*, sacerdote romano e martire. Scrisse un perduto *Syntagma* contro tutte le eresie.

IPPÒNA, ant. c. della Numidia, presso Annaba. Sant'Agostino ne fu vescovo. — Resti romani.

IPPONÀTTE, *Efeso VI sec. a.C.*, poeta greco. Scrisse versi dai toni realisti in giambi zoppi, detti appunto ipponattei. Della sua opera restano pochi frammenti.

ÌPSO (battàglia di) (301 a.C.), battaglia in cui il generale macedone Antigono Monoftalmo fu sconfitto dai successori di Alessandro Magno (diadochi), a I. (Frigia).

IPSOS, società francese fondata nel 1975, specializzata nei sondaggi d'opinione.

IPSWICH, c. della Gran Bretagna (Inghilterra), capol. del Suffolk; 115.500 ab. Porto. — Monumenti antichi, musei.

IQBAL (sir Muhammad), *Sialkot 1876 ca. - Lahore 1938*, scrittore indiano di lingua urdu e persiana. Poeta e riformatore del pensiero religioso islamico, esercitò una profonda influenza sui fondatori del Pakistan.

IQUIQUE, c. del Cile settentr.; 151.677 ab. Porto.

IQUITOS, c. del Perú, sul Marañón; 266.000 ab.

IRA (Irish Republican Army, in it. Esercito repubblicano irlandese), organizzazione paramilitare irlandese. Fondata nel 1919, in occasione della guerra d'indipendenza contro gli inglesi, dopo il trattato di Londra (1921) solo pochi irriducibili hanno continuato a farne parte. L'I. ha ripreso la lotta armata nel 1969, per difendere la minoranza cattolica dell'Irlanda del Nord e ottenere la riunificazione dell'isola. A partire dal 1994, con la proclamazione del cessate il fuoco,

ha adottato la via delle trattative, che sono state condotte attraverso il *Sinn Féin*. Dopo gli accordi del 1998, però, la questione della consegna delle armi ha condizionato il funzionamento delle neonate (1999) istituzioni semiautonome dell'Irlanda del Nord fino al 2001, quando si è giunti al disarmo.

IRAK → IRAQ.

IRÀKLION → HERÀKLEION.

IRAN, Stato dell'Asia, tra Mar Caspio e Oceano Indiano; 1.650.000 km²; 71.369.000 ab. (*iraniani*). CAP. *Teheran*. LINGUA: *farsi*. MONETA: *rial*.

GEOGRAFIA – L'I. è un paese di altopiani stepposi e desertici, il cui clima è caratterizzato da forti escursioni termiche (caldo d'estate, freddo d'inverno). Questi altopiani sono circondati da montagne (Elburz, Zagros) ai cui piedi sorgono numerose città (Teheran, Esfahan, Shiraz), spesso al centro di oasi dove si coltivano frumento, orzo, cotone, alberi da frutto. L'allevamento di ovini e caprini è, con la cerealicoltura estensiva, la sola forma di sfruttamento economico in atto nella regione centro-orientale. L'I. rimane un grande fornitore di petrolio (oltre che di gas naturale, con notevoli riserve) e l'andamento del mercato in questo settore ha ripercussioni sull'economia dell'intero paese. La popolazione, completamente islamizzata (e composta per il 94% da sciiti), è formata per metà da persiani, ma conta anche importanti minoranze, soprattutto nel NO (azeri e curdi).

STORIA – **L'antichità. Il millennio**: l'avanzata degli arii nel territorio corrispondente all'odierno I. procede da NE a O. **IX sec. a.C.**: i persiani e i medi raggiungono i Monti Zagros. **612 ca. - 550**: dopo il crollo dell'Assiria, i medi gettano le basi della potenza iranica. **550**: l'achemenide Ciro II conquista la Media e fonda l'impero persiano, comprendente l'I. e una parte dell'Asia centrale. **490-479**: le guerre persiane, condotte da Dario I (522-486) e Serse I (486-465), si concludono con la disfatta degli Achemenidi. **330**: dopo la morte di Dario III, l'impero persiano cade nelle mani di Alessandro Magno. **312 a.C.**: un generale di quest'ultimo, Seleuco, fonda la dinastia

seleucide. **III sec. a.C.**: i Seleucidi assumono il controllo dell'I. **250 a.C. - 224 d.C.**: la dinastia partica degli Arsacidi domina sulla regione. **224**: i Sasanidi abbattono gli Arsacidi. **224-651**: l'impero sasanide, fortemente centralizzato, si estende dai confini dell'India a quelli dell'Arabia. **226 ca. - 272**: Ardashir I (226 ca. - 241) e Sapore I (241-272) proclamano il mazdeismo religione di Stato. **310-628**: i Sasanidi oppongono un'efficace resistenza dapprima a Roma, sotto Sapore II (310-379), poi a Bisanzio, sotto Cosroe I (531-579) e Cosroe II (590-628).

L'Iran musulmano. 642: conquista araba. **661**: l'I. entra a far parte dell'impero musulmano degli Omayyadi e in seguito (750) di quello degli Abbasidi. Il paese viene islamizzato. **874-999**: i Samanidi creano una fiorente civiltà nel Khorasan e nell'Asia centrale. **999-1055**: i turchi, impadronitisi del Khorasan sotto la guida dei Ghaznavidi, dilagano attraverso l'I. fino a Baghdad, ai tempi della dinastia dei Selgiuchidi. Assimilano la cultura iranica per poi diffonderla in Asia Minore e in India (XII-XIII sec.). **1073-1092**: l'I. selgiuchide raggiunge l'apogeo sotto Malik Scià. **1220-1221**: Gengis Khan devasta il paese. **1256-1335**: conquistato da Hulagu, l'I. è sottoposto alla dominazione mongola (Ilkhanidi). **1381-1404**: Tamerlano compie incursioni devastatrici. **1501**: Ismail I (1501-1524), della dinastia safawide, si fa proclamare scià e sostiene gli sciiti duodecimani. **1587-1629**: regno di Abbas I. **1722**: gli afghani si impadroniscono di Esfahan e i dignitari sciiti si stabiliscono nelle città sante dell'Iraq (An Najaf, Karbala). **1736-1747**: Nadir Scià caccia gli afghani e porta a termine numerose conquiste.

L'Iran contemporaneo. 1796: sale al potere la dinastia Qagiar (1796-1925). **1813-1828**: l'I. perde le province del Caspio, annesse dall'impero russo. **1856**: la Gran Bretagna costringe l'I. a riconoscere l'indipendenza dell'Afghanistan. **1906**: l'opposizione nazionalista, liberale e religiosa, ottiene una Costituzione. **1907**: un accordo anglo-russo divide il territorio in due zone d'influenza. **1921**: Reza Khan prende il potere;

Iran

═══ autostrada	★ importante località turistica
─── strada normale	
─── ferrovia	⛏ pozzo petrolifero
✈ aeroporto	oleodotto

● più di 1.000.000 di ab.	
● da 250.000 a 1.000.000 di ab.	
● da 50.000 a 250.000 di ab.	
● meno di 50.000 ab.	

400 1000 2000 3000 m

150 km

L'arte dell'antico Iran

Raffinata offerta funeraria della Susa del IV millennio, vigore delle opere in bronzo del Lorestan, sontuose arti auliche degli Achemenidi e dei Sasanidi, e ancora, genio architettonico e decorativo sviluppato sotto le dinastie islamiche: l'arte in Iran non ha smesso di svilupparsi nella sua estrema varietà.

Lorestan: placca sinistra del morso di un cavallo. Questo bronzo dell'VIII sec. a.C. mostra il virtuosismo del lavoro metallurgico. (Louvre, Parigi.)

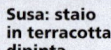

Susa: staio in terracotta dipinta. 4000 ca. a.C. L'estrema stilizzazione e la morbidezza del linee si uniscono in questa decorazione con trampolieri, levrieri africani e stambecchi. (Louvre, Parigi.)

Susa: dio elamita. Bronzo e oro, 1800-1700 ca. a.C. In origine questa statuetta era ricoperta d'oro. È un esempio della statuaria di Susa nel II millennio a.C.

Persepoli: il palazzo di Dario I. In primo piano la scalinata d'accesso alla terrazza; sullo sfondo le colonne dell'*apadana* (VI sec. a.C.).

Naqsh-i Roustem. Il trionfo del re sasanide Sapore I sull'imperatore Valeriano durante la battaglia di Edessa; rilievo rupestre del III sec. d.C. Le più antiche tradizioni orientali e achemenidi rappresentano il punto di partenza della rinascita sasanide.

Esfahan: la Grande Moschea del venerdì. Il cortile centrale e la parte occidentale dell'*iwan* (XI sec., restaurato nel XV sec.). La sala a volta aperta dei Sasanidi ha dato origine all'*iwan* e al piano canonico della moschea iraniana a quattro *iwan*.

Behzad: il re Dara e il guardiano del gregge reale. Miniatura (1488 ca.) tratta dal *Bostan*, il poema di Saadi. (Biblioteca nazionale di Francia, Parigi.)

Esfahan: ponte Khadju. Costruito dallo scià Abbas II nel XVII sec., questo ponte-diga è un esempio degli ultimi fuochi del genio architettonico iraniano, che si spense sotto la dinastia dei Safawidi.

1925: si proclama scià e fonda la dinastia Pahlavi. Impone la modernizzazione, l'occidentalizzazione e la secolarizzazione del paese. **1941**: sovietici e inglesi occupano parte dell'I. Reza Khan abdica in favore del figlio Muhammad Reza. **1951**: il primo ministro Muhammad Mossadeq nazionalizza la compagnia concessionaria del petrolio; **1953**: viene destituito dallo scià. **1955**: l'I. aderisce al patto di Baghdad. **1963**: lo scià inaugura un programma di modernizzazione (Rivoluzione bianca). **1979**: l'opposizione lo obbliga a lasciare il paese. Viene instaurata una repubblica islamica governata dall'ayatollah Ruhollah Khomeini e difesa dalla milizia dei Guardiani della rivoluzione (*pasdaran*); crisi con gli Stati Uniti (sequestro di ostaggi all'ambasciata americana di Teheran). **1980**: Abdolhassan Bani Sadr viene eletto presidente laico della repubblica; inizia la guerra con l'Iraq. **1981**: A. Bani Sadr viene destituito. Il paese, vittima di ondate di terrorismo, si erge a guida della rivoluzione islamica nel mondo, soprattutto in Libano. **1988**: I. e Iraq accettano la risoluzione dell'ONU e negoziano la tregua. **1989**: dopo la morte di Khomeini, sale al potere Ali Husayn Khamenei con il titolo di "guida della rivoluzione islamica". Hashemi Rafsanjani, assunta la carica di presidente della repubblica, tenta un rilancio dell'economia, prostrata dalla guerra con l'Iraq, ma si scontra con l'ostilità dei paesi che lo accusano di appoggiare il terrorismo internazionale. **1997**: sale alla presidenza della repubblica Muhammad Khatami, rappresentante della corrente riformatrice. **2001**: nonostante la sua trionfale rielezione, i conservatori continuano a esercitare un notevole peso sulla vita politica iraniana. **2002**: l'I. dà il suo sostegno all'Alleanza del Nord contro i talebani afghani, ma viene ugualmente accusato dagli Stati Uniti di fomentare il terrorismo. **2004**: i conservatori ottengono la maggioranza alle elezioni, battendo i riformatori.

IRAN-IRAQ (guerra), guerra che vide contrapposti Iran e Iraq dal 1980 al 1988. Dopo aver sferrato un attacco per recuperare il controllo dello Shatt Al-Arab e annettere il Khuzestan, l'Iraq si scontrò con la resistenza iraniana. Il rifiuto da parte dell'Iran del cessate il fuoco proposto dall'Iraq (1982) portò all'inasprimento del conflitto e, in seguito, alla sua estensione ad altri Stati. Nell'ago. 1988 si giunse a un cessate il fuoco nel 1990 l'Iraq firmò l'accordo di Algeri (1975), che fissava la frontiera con l'Iran.

IRAP (Imposta regionàle sulle attività produttive), introdotta nel 1997 in sostituzione del l'*ILOR, è un'imposta sul valore della produzione, dovuta da società di capitale e di persone, professionisti, artigiani e amministrazione pubblica.

IRAPUATO, c. del Messico; 319.148 ab.

IRAQ o **IRAK**, Stato dell'Asia affacciato sul Golfo Persico; 434.000 km²; 23.584.000 ab. (*iracheni*). CAP. *Baghdad*. LINGUA: *arabo*. MONETA: *dinaro iracheno*.

GEOGRAFIA – L'I., che si estende sulla maggior parte della Mesopotamia, tra il Tigri e l'Eufrate, è un paese dal rilievo uniforme, semidesertico e dal clima torrido d'estate. È solo parzialmente valorizzato dai sistemi di irrigazione (frumento, riso, datteri, cotone). L'allevamento (ovini) è l'unica risorsa delle steppe periferiche. L'economia poggia sul petrolio, la cui estrazione ed esportazione sono state colpite da un embargo (sanzione conseguente alla prima guerra del Golfo) che ha messo il paese al bando della comunità internazionale.

STORIA – L'I. attuale è formato dall'antica Mesopotamia, culla delle civiltà sumera, accadica, babilonese e assira. **224-633**: i Sasanidi dominano il paese, ove sorge la loro capitale, Ctesifonte. **633-642**: gli arabi conquistano il territorio. **661-750**: sotto gli Omayyadi l'I., islamizzato, è teatro delle lotte tra questa dinastia e quella degli Alidi (morte di Husayn a Karbala, nel 680). **750-1258**: gli Abbasidi regnano sull'impero musulmano. **762**: fondazione di Baghdad. **1055**: i turchi selgiuchidi si impadroniscono di Baghdad. **1258**: i mongoli di Hulagu distruggono la città. **1258-1515**: il paese, devastato, sottostà alla dominazione di dinastie mongole o turkmene. **1401**: sacco di Baghdad a opera di Tamerla-

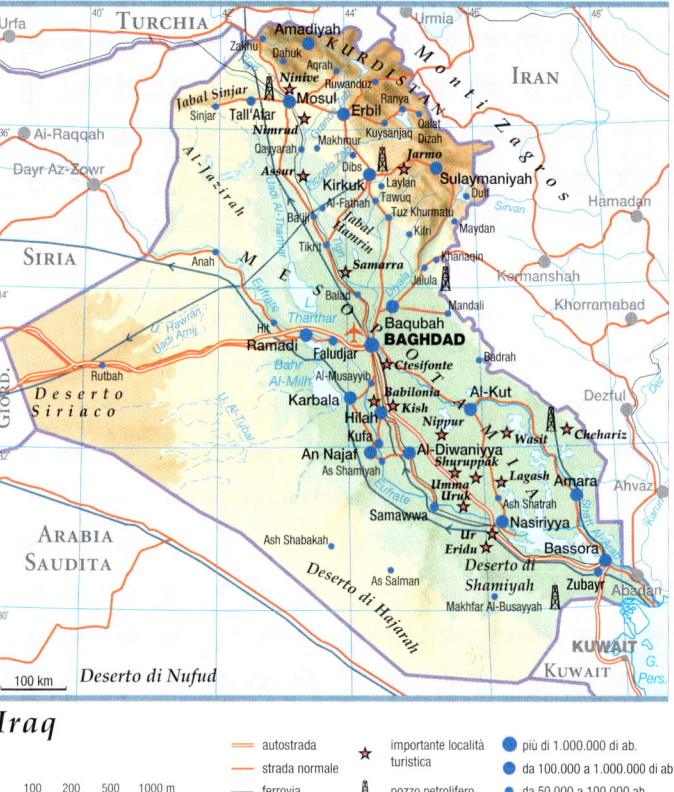

Iraq

═══ autostrada	★ importante località turistica
── strada normale	
— ferrovia	⚒ pozzo petrolifero
✈ aeroporto	→ oleodotto

● più di 1.000.000 di ab.
● da 100.000 a 1.000.000 di ab.
● da 50.000 a 100.000 di ab.
● meno di 50.000 ab.

100 200 500 1000 m

no. **1515-1546**: gli ottomani conquistano l'I. **1914-1918**: la Gran Bretagna occupa il paese. **1920**: ottiene un mandato da parte della Società delle Nazioni. **1921**: l'emiro hashimita Faysal I diventa re dell'I. (1921-1933). **1925**: la provincia di Mosul viene attribuita all'I. **1927**: lo sfruttamento del petrolio è affidato all'I. Petroleum Company (IPC). **1930**: il trattato anglo iracheno accorda un'indipendenza nominale all'I. **1941**: la Gran Bretagna occupa il paese, che entra in guerra a fianco degli Alleati. **1958**: il generale Abd Al-Karim Kassem organizza un colpo di Stato e proclama la repubblica. **1961**: scoppia la ribellione curda. **1963**: Kassem viene rovesciato. **1968**: putsch militare: il partito nazionalista Baath prende il potere e Ahmad Hasan Al-Bakr sale alla presidenza della repubblica. **1972**: l'I. Petroleum Company viene nazionalizzata. **1975**: un accordo con l'Iran soffoca la ribellione curda. **1979**: Saddam Husayn diventa presidente della repubblica. **1980**: l'I. attacca l'Iran (guerra *Iran-I.). **1988**: I. e Iran accettano la risoluzione dell'ONU sulla conclusione della guerra. **1990**: l'I. invade e annette il Kuwait (ago.) e rifiuta di ritirare le truppe dal paese nonostante la condanna dell'ONU. **1991**: allo scadere dell'ultimatum imposto dall'ONU, una forza multinazionale a preponderanza americana attacca l'I. (prima guerra del *Golfo). Le rivolte di sciiti e curdi sono duramente represse. Per proteggere i curdi viene stabilito nel N del paese uno spazio aereo con divieto di sorvolo da parte di velivoli iracheni. **1992**: si crea una zona analoga a S, a difesa degli sciiti stanziati nella regione delle paludi. Il potere centrale si trova, di fatto, privato della sua autorità su metà del territorio. **1994**: l'I. riconosce ufficialmente l'indipendenza del Kuwait, senza per questo ottenere lo scioglimento dell'embargo imposto dall'ONU nel 1990. **1995**: dopo una grave crisi politica interna, S. Husayn è confermato capo dello Stato attraverso un referendum. **1996**: l'ONU autorizza un parziale allentamento dell'embargo sul pe-

trolio per attenuare le sofferenze della popolazione. **1998**: invocando il mancato rispetto, da parte dell'I., degli impegni presi con la commissione incaricata di controllare il disarmo, gli Stati Uniti, con l'appoggio della Gran Bretagna, sottopongono il paese a nuovi bombardamenti (dic.), con interventi mirati contro obiettivi strategici. Il 20 dic. segna la fine degli attacchi all'I. **1999**: gli aerei statunitensi e inglesi riprendono le incursioni sul territorio iracheno, bombardando obiettivi militari e industriali. Dopo il fallimento della missione UNSCOM, i rapporti tra autorità irachene e ONU, mai interrotti, non pervengono tuttavia a risultati apprezzabili. **Dopo l'11 sett. 2001**: in seguito all'attentato al World Trade Centre di New York, il presidente degli Stati Uniti George Walker Bush colloca l'I. al primo posto nella lista degli Stati che sostengono il terrorismo. **2002**: le elezioni presidenziali confermano il mandato presidenziale di S. Husayn per altri sette anni. L'I., accusato di essere in possesso di armi di distruzione di massa, è sottoposto a una forte pressione internazionale perché accetti le ispezioni dell'ONU. **20 mar. 2003**: falliti tutti i tentativi per arrivare a una mediazione in seno al Consiglio di sicurezza dell'ONU, la notte tra il 19 e il 20 mar. una coalizione anglo-americana, nonostante il parere contrario di gran parte della comunità internazionale, lancia un'offensiva militare contro l'I. e abbatte il regime di S. Husayn (9 apr.).

IRBID, c. della Giordania; 208.329 ab.

IRCÀNIA, reg. dell'ant. Persia, a SE del Mar Caspio.

ÌRCANO I o **GIOVÀNNI ÌRCANO**, *m. nel 104 a.C.*, sommo sacerdote ed etnarca dei giudei (134-104 a.C.). Riconquistò l'indipendenza della Giudea ed estese il suo territorio. — **Ircano II**, *110-30 a.C.*, sommo sacerdote (76-67, 63-40 a.C.) ed etnarca dei giudei (47-41 a.C.). Detronizzato, fu fatto uccidere da Erode.

IRÈNE, *Atene 752 ca. - Lesbo 803*, imperatrice bizantina (797-802). Reggente per il figlio Costantino VI (780-790), lo detronizzò nel 797. Convocò il concilio di Nicea (787), con cui fu ripristinato il culto delle immagini.

IRENÈO (sànto), *Smirne ? 130 ca. - Lione 202 ca.*, padre della Chiesa greca. Di origine greca, nel 178 divenne vescovo di Lione. Ci restano alcune sue opere, tra cui *Adversus haereses*, testo fondamentale per lo studio del gnosticismo.

IRGUN ZWAI LEUMI, organizzazione militare clandestina ebraica, fondata in Palestina nel 1937. Si è impegnata nella lotta contro arabi palestinesi e britannici fino alla proclamazione dello Stato d'Israele (1948).

IRI (Istituto per la ricostruzione industriàle), ente pubblico istituito nel 1933 per sostenere il sistema industriale e bancario, colpiti dalla crisi postbellica. Nel secondo dopoguerra fu strumento di gestione delle partecipazioni statali. Nel 1993 ne è stato avviato il processo di privatizzazione che ha portato al suo scioglimento nel 2000.

IRIAN, nome dato alla Nuova Guinea dall'Indonesia, che possiede la metà occ. dell'isola (I. Occidentale, già I. Jaya, dal 2001 *Papua*).

ÌRIDE MITOL. GR. Alata messaggera degli dei, personificazione dell'arcobaleno.

IRIGARAY (Luce), *Blaton 1930*, psicoanalista francese di origine belga. Si è dedicata allo studio della condizione femminile e della differenza tra i sessi attraverso opere come *Speculum. L'altra donna* (1974), *L'etica della differenza sessuale* (1984), *Il respiro delle donne* (1997).

IRKUTSK, c. della Russia, in Siberia, sull'Angara, presso il Lago Bajkal; 579.896 ab. Centrale idroelettrica. Alluminio. Industrie chimiche. — Musei.

IRLÀNDA, la più occ. delle Isole Britanniche (84.000 km²), divisa in I. del Nord, appartenente al Regno Unito, e Rep. d'I., o Eire.

STORIA – **Le origini.** IV sec. a.C.: i gaeli, di origine celtica, si stabiliscono nel territorio irlandese. I numerosi piccoli regni si fondono, aggregandosi in cinque unità politiche maggiori: Ulster, Connacht, North Leinster (o Meath), South Leinster, Munster. **II sec. d.C.**: i re di Connacht si impongono sugli altri. **432-461**: san Patrizio evangelizza il paese. **VI-VII sec.**: l'I. conosce una forte espansione culturale e religiosa. I monaci irlandesi, tra cui san Colombano (m. nel 615), fondano importanti monasteri in Europa. **Fine del VII - inizio dell'XI sec.**: l'I. subisce l'invasione dagli scandinavi; **1014**: Brian Boru ferma la loro espansione (vittoria di Clontarf). **La dominazione inglese. 1171**: la divisione politica interna favorisce la penetrazione nell'isola degli anglo-normanni. **1175**: Enrico II d'Inghilterra impone la sua sovranità sull'I. **XIII sec.**: il sistema feudale inglese, introdotto nell'isola, viene gradualmente assimilato. **1541**: Enrico VIII assume il titolo di re d'I. e avvia una riforma religiosa che provoca la rivolta della popolazione, profondamente cattolica. Il sovrano reagisce confiscando le terre irlandesi e ridistribuendole agli inglesi, politica che sarà adottata anche da Edoardo VI ed Elisabetta I. **XVII-XVIII sec.**: le rivolte irlandesi si diffondono e ottengono l'appoggio di spagnoli e francesi, avversari degli inglesi. **1649**: Oliver Cromwell attua una sanguinosa repressione contro gli irlandesi, schieratisi con gli Stuart (massacro di Drogheda), cui segue una massiccia confisca delle terre. **1690**: Giacomo II è sconfitto a Boyne da Guglielmo III. L'aristocrazia inglese domina quasi completamente il paese. **1702-1782**: il governo di Londra introduce durissime leggi penali e limita le importazioni irlandesi. **1782-1783**: l'I. ottiene l'autonomia legislativa. **1796-1798**: l'esempio delle Rivoluzioni americana e francese conduce gli irlandesi alla ribellione. **L'unione tra Irlanda e Inghilterra. 1800**: il governo britannico sceglie la via dell'integrazione. William Pitt fa proclamare l'unione di Irlanda e Inghilterra. **1829**: Daniel O'Connell ottiene l'uguaglianza dei cattolici. **1846-1848**: una profonda crisi alimentare ("grande carestia") affama l'isola, i cui abitanti emigrano in massa, soprattutto verso gli Stati Uniti. **1858**: nasce l'associazione segreta Fenian Brotherhood. **1870**: Isaac Butt dà vita al movimento per l'Home Rule (l'autonomia), con a capo Charles Parnell. **1902**: Arthur Griffith fonda il Sinn Fein, che porta avanti la lot-

ta per l'indipendenza. **1916**: un'insurrezione nazionalista viene duramente repressa. **1921**: con il trattato di Londra nasce lo Stato libero d'I. Il settore nord-orient. del paese (Irlanda del Nord) continua ad appartenere al Regno Unito.

IRLÀNDA, in gael. **Eire**, Stato dell'Europa occ.; 70.000 km²; 3.841.000 ab. (*irlandesi*). CAP. *Dublino*. LINGUE: *inglese e gaelico*. MONETA: *euro*.

ISTITUZIONI – Repubblica parlamentare. La Costituzione del 1937 è stata modificata nel 1939 e nel 1941. Il presidente della repubblica è eletto ogni 7 anni. Il primo ministro, capo del governo, è responsabile davanti al parlamento, composto dalla camera dei deputati (166 membri eletti ogni 5 anni) e dal senato (60 membri).

GEOGRAFIA – Il territorio dell'I., che è caratterizzata da un clima mite e umido, è costituito da rilievi di media altezza lungo le coste e, al centro, da una vasta pianura ricca di torba, attraversata dal f. Shannon e punteggiata dai numerosi laghi che essa forma. Risorsa principale del paese è l'allevamento (bovini, ovini, suini), affiancato dalla coltivazione di grano, avena, orzo (con cui si produce birra) e patate. Le agevolazioni concesse dalla CEE e gli importanti investimenti stranieri hanno contribuito allo sviluppo dell'industria (tipografica, farmaceutica, elettronica e informatica e delle costruzioni meccaniche ed elettriche) e dei servizi (assicurazioni, turismo). Dalla metà degli anni '90 del secolo scorso il paese attraversa una forte crescita e, a fronte di una lunga tradizione di emigrazione, ha cominciato ad assorbire molta manodopera.

STORIA – **1921**: con il trattato di Londra nasce lo Stato libero d'I., membro del Commonwealth. **1922**: il governo provvisorio e gli oppositori, contrari alla divisione dell'I., si scontrano in una vera e propria guerra civile. **1922-1932**: il governo di William Thomas Cosgrave riporta la pace e promuove una riforma agricola. **1932**: il Fianna Fail vince le elezioni e diventa primo ministro Eamon De Valera, che rompe i rapporti con la Gran Bretagna, contro cui intraprende

una guerra economica. **1937**: viene adottata una nuova Costituzione; l'I. assume il nome di Eire. **1948**: l'Eire diviene Rep. d'I. ed esce dal Commonwealth. **Dal 1948**: si alternano al potere il Fine Gael (primi ministri, tra gli altri: John Costello, 1948-1951 e 1954-1957; Garret Fitzgerald, 1981-1982 e 1982-1987; John Bruton, 1994-1997) e il Fianna Fail (E. De Valera, 1951-1954 e 1957-1959; J. Lynch, 1966-1973 e 1977-1979; Charles Haughey, 1979-1981, 1982 e 1987-1992; Albert Reynolds, 1992-1994; Bertie Ahern, dal 1997), che fanno oggi parte di governi di coalizione con altri partiti. **1973**: l'I. entra a far parte della CEE. **1985**: Dublino e Londra firmano un accordo sulla gestione degli affari interni in I. del Nord. **1990**: è eletta presidente della repubblica Mary Robinson. **1993-1994**: viene riavviato il processo di pace in I. del Nord. **1995**: gli irlandesi approvano per referendum la legalizzazione del divorzio. **1997**: è eletta presidente della repubblica Mary McAleese. **2002**: gli irlandesi approvano il Trattato di Nizza, entrando pienamente nell'Unione Europea.

IRLÀNDA (Màre d'), sezione dell'Atlantico, tra la Gran Bretagna e l'Irlanda.

IRLÀNDA DEL NORD, parte del Regno Unito, nel settore nord-orient. dell'isola d'Irlanda; 14.000 km²; 1.570.000 ab.; cap. *Belfast*. La popolazione è in maggioranza protestante, ma conta quasi il 45% di cattolici.

STORIA – **1921**: le sei contee del N dell'Ulster continuano a far parte del Regno Unito, ma ottengono un regime di autonomia interna. La minoranza cattolica, sottorappresentata, è in posizione di svantaggio rispetto ai protestanti. **1969**: il malcontento dei cattolici alimenta un'agitazione endemica, repressa dalle truppe britanniche. **1972**: il governo di Londra assume l'amministrazione diretta della provincia. Gli attentati dell'IRA si moltiplicano. **1985**: il Sinn Fein ottiene di avere rappresentanze nelle istituzioni locali. **1994**: il processo di pace, avviato nel 1993, prosegue: l'IRA (ago.) e i lealisti protestanti

Irlanda

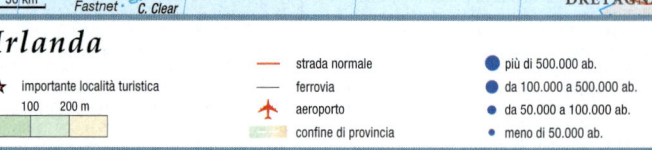

★ importante località turistica

| 100 | 200 m |

strada normale
ferrovia
aeroporto
confine di provincia

● più di 500.000 ab.
● da 100.000 a 500.000 ab.
● da 50.000 a 100.000 ab.
● meno di 50.000 ab.

30 km

(ott.) proclamano il cessate il fuoco; la situazione resta però precaria (nel 1996-1997 riprendono gli attentati). **1998**: in aprile si conclude a Belfast, nel castello di Stormont, un accordo ("l'accordo del venerdì santo") tra tutte le parti interessate nel conflitto irlandese, circa il futuro istituzionale dell'I. del N. Il documento viene approvato a larga maggioranza per referendum nell'I. del N e nella Rep. d'Irlanda. Il partito protestante e quello dei cattolici moderati ottengono la maggioranza nell'elezione del primo parlamento, semiautonomo, dell'I. del N. **1999**: il protestante David Trimble dirige un governo semiautonomo, biconfessionale (dic.). Restano comunque forti le tensioni tra le comunità protestante e cattolica, sia nell'ambito della popolazione sia all'interno delle istituzioni politiche, che vengono periodicamente sospese.

IRNÈRIO, *XI-XII sec.*, giurista. Primo maestro dello *Studium* bolognese, diede nuovo impulso allo studio del diritto romano, in opposizione a quello germanico. Delle sue opere sono pervenute solo *Glosse* al *Corpus iuris civilis* di Giustiniano.

IROCHÉSI, nome con cui si indica tradizionalmente un insieme di popolazioni amerindie (ca. 50.000 individui) degli Stati Uniti (Stato di New York) e del Canada (Québec). Gli i., stanziati sulla rive dei laghi Erie, Huron, Ontario e del f. San Lorenzo, erano organizzati in una lega detta "delle cinque", poi "delle sei nazioni" (*mohawk*, oneida, onondaga, cayuga, seneca, poi tuscarora). Hanno svolto un ruolo strategico nella conquista dell'America da parte degli europei, combattendo spesso a fianco dell'Inghilterra contro la Francia e le tribù amerindie a essa alleate (huroni, abenachi ecc.). Parlano lingue della famiglia irochese.

IRPEF (Impòsta sul rèddito delle persóne fisiche), imposta diretta personale e progressiva istituita nel 1973, applicata a tutti i redditi di persone fisiche.

IRPEG (Impòsta sul rèddito delle persóne giurìdiche), imposta diretta istituita nel 1973. Si applica ai redditi delle persone giuridiche.

IRPÌNIA, reg. storica dell'Italia merid., att. in prov. di Avellino, ant. abitata dagli irpini. Zona sismica, è stata teatro di violenti terremoti, in part. nel 1930 e 1980.

IRRAWADDY, principale f. del Myanmar, che sfocia nell'Oceano Indiano; 2100 km.

IRSÌNA, com. in prov. di Matera; 5789 ab. Città greco-romana (*Irsum*), poi bizantina, conserva la cattedrale (XIII sec.), la chiesa di S. Francesco (XIV sec.) e resti delle mura.

IRTYŠ, f. della Russia, in Siberia, affl. di sinistra dell'Ob; 4248 km; bacino di 1.643.000 km².

IRÚN, c. della Spagna (Province Basche), sul Bidassoa, presso Hendaye; 56.515 ab.

IRVING (John), *Exeter, New Hampshire, 1942*, romanziere statunitense. I suoi romanzi, in cui concilia elementi tragici e comici, costituiscono un attacco al conformismo e offrono una visione affettuosa di una realtà caotica (*Il mondo secondo Garp*, *Le regole della casa del sidro*, *Preghiera per un amico*, *Figlio del circo*).

IRVING (Washington), *New York 1783 - Sunnyside 1859*, scrittore statunitense. Tra i primi narratori nord-americani, scrisse una *Storia di New York narrata da Dietrich Knickerboker* (1809) e una serie di saggi, racconti, bozzetti raccolti nel *Libro degli schizzi* (1819).

ÌRZIO (Àulo), *90 ca. a.C. - 43 a.C.*, generale romano. Luogotenente di G. Cesare, ne continuò il *De bello gallico* (VIII libro).

ISAAC (Heinrich), *1450 ca. - Firenze 1517*, compositore fiammingo. Attivo anche come organista, è autore di opere polifoniche.

ISABÈLLA, nome di più sovrane

ISABÈLLA DI HAINAUT, *Lilla 1170-1190*, regina di Francia. Sposata nel 1180 con Filippo II Augusto, fu la madre di Luigi VIII.

ISABÈLLA o **ELISABÈTTA DI BAVIÈRA**, *Monaco 1371 - Parigi 1435*, regina di Francia. Sposa di Carlo VI dal 1385, quando il marito impazzì assunse la guida del Consiglio di reggenza. Appoggiò prima gli Armagnacchi, poi i Borgognoni, sostenitori del partito inglese, e riconobbe il re d'Inghilterra Enrico V come erede al trono di Francia, a scapito del figlio Carlo (trattato di Troyes, 1420).

INGHILTERRA

ISABÈLLA DI ANGOULÊME, *1186 - Fontevraud 1246*, regina d'Inghilterra. Sposò (1200) Giovanni Senza Terra, re d'Inghilterra, poi (1217) Ugo X di Lusignano, conte della Marche.

ISABÈLLA DI FRÀNCIA, *Parigi 1292 - Hertford 1358*, regina d'Inghilterra. Figlia di Filippo IV il Bello, sposò nel 1308 Edoardo II e assunse la reggenza (1327-1330) in nome del figlio Edoardo III, che la fece arrestare e imprigionare.

MANTOVA

ISABÈLLA D'ÈSTE-GONZÀGA, *Ferrara 1474-1539*, moglie di Francesco II Gonzaga, marchesa di Mantova. Abile in politica, fu attiva mecenate, riunendo alla propria corte le principali personalità artistiche dell'epoca.

PAESI BASSI

ISABÈLLA CLÀRA EUGÈNIAD'ÀUSTRIA, *Segovia 1566 - Bruxelles 1633*, regina dei Paesi Bassi dal 1598, fu costretta ad abdicare nel 1621.

SPAGNA

ISABÈLLA II, *Madrid 1830 - Parigi 1904*, regina di Spagna (1833-1868), della dinastia dei Borboni. Figlia di Ferdinando VII, la sua ascesa al trono nel 1833 fu l'origine delle guerre carliste. Dopo la reggenza della madre, Maria Cristina (1833-1840), e quella di B. Espartero (1840-1843), governò da sola. Costretta all'esilio (1868), abdicò a favore del figlio, Alfonso XII (1870).

ISABÈLLA I LA CATTÒLICA, *Madrigal de las Altas Torres 1451 - Medina del Campo 1504*, regina di Castiglia (1474-1504). Il suo matrimonio (1469) con Ferdinando II, erede di Aragona, permise l'unione sotto lo stesso scettro delle corone di Aragona e Castiglia (1479), e giovò all'unità della Spagna, che comunque poté essere pienamente raggiunta alla fine della Reconquista, con la caduta del regno di Granada (1492). La regina appoggiò l'Inquisizione (1478), sostenne il ministro Jiménez de Cisneros e C. Colombo.

■ *Isabella I la Cattolica ritratta da Juan de Flandres. (Real Academia de la Historia, Madrid.)*

ISABÈLLA LA CATTÒLICA (Òrdine reàle di), ordine spagnolo creato nel 1815 dal re Ferdinando VII.

ISÀCCO, patriarca biblico. Figlio di Abramo e di Sara, padre di Giacobbe e di Esaù, stava per essere sacrificato da Abramo, come prova di fede in Dio.

ISÀCCO I COMNÈNO, *1005 ca. - Studios 1061*, imperatore bizantino (1057-1059). Abdicò in favore di Costantino X Ducas.

ISÀCCO II ÀNGELO, *1155 ca. - 1204*, imperatore bizantino (1185-1195 e 1203-1204). Detronizzato dal fratello Alessio III nel 1195, reinsediato nel 1203 dai veneziani, nuovamente deposto, fu assassinato con il figlio Alessio IV (1204).

ISAÌA, *VIII sec. - VII sec. a.C.*, profeta biblico. Esercitò il suo ministero nel regno di Giuda tra il 740 e il 687 a.C. È il profeta della speranza messianica.

ISAR, f. d'Austria e di Germania, affl. del Danubio; 263 km. Attraversa Monaco.

ISÀRCO, in ted. **Eisack**, f. dell'Alto Adige; 85 km. Nasce presso il Brennero e confluisce nell'Adige. Alimenta centrali idroelettriche.

ISÀURICI, dinastia di imperatori bizantini, di cui fu capostipite — **Leone III I**. → LEONE III L'ISAURICO. Seguirono — **Costantino V I**. → COSTANTINO V (impero romano e bizantino), — **Leone IV I**. → LEONE IV IL CAZARO e — **Costantino VI I**. → COSTANTINO VI (impero romano e bizantino).

ISCARIÒTA, soprannome dell'apostolo Giuda.

ÌSCHIA, isola vulcanica del Mar Tirreno, nel Golfo di Napoli; 18.105 ab. Prevalentemente montuosa, digrada verso il mare in coste rocciose e frastagliate, coltivate a terrazze. Centri princ.: Ischia, Forio. Agricoltura (viti, agrumi, olivi) turismo balneare e termale. — Inizialmente colonia greca, fu possesso di Cuma, di Napoli e, infine, dell'impero romano (82 a.C.).

ÌSCHIA, com. in prov. di Napoli; 18.105 ab. Località turistica e stazione idrotermale, sulla costa nord-orient. dell'isola omonima.

ÌSCHIA DI CÀSTRO, com. in prov. di Viterbo; 2506 ab. Conserva necropoli dell'Età del rame e importanti necropoli etrusche.

ISE (Bàia di), baia sulle coste dell'Isola di Honshu (Giappone), sulla quale si trova Nagoya e nelle cui vicinanze sorge la città di I. (106.000 ab.). Templi scintoisti, tra i più antichi noti, il cui restauro ogni vent'anni perpetua l'architettura precedente all'arte buddhista.

ISE. *Il tempio scintoista, restaurato per la prima volta nel 693.*

ISÈLLA (Dànte), *Varese 1922*, filologo e critico letterario. Allievo di G. Contini, ha compiuto importanti studi sulla letteratura lombarda dal '500 al '900, in lingua e in dialetto (C. Porta, G. Parini, C.E. Gadda). Tra le opere, *I lombardi in rivolta* (1984), *L'idillio di Meulan* (1994).

ISENHEIM (politico di), capolavoro di M. Grünewald, dipinto per l'ant. convento degli antonini di Isenheim, presso Guebwiller.

ISÈO, *Calcide 420 a.C. - 340 a.C.*, oratore greco. Fu il maestro di Demostene.

ISÈO (Làgo d'), lago della Lombardia (65,3 km²), formato dal f. Oglio. Al suo centro si erge Monte Isola, la più grande isola lacuale italiana. Turismo, pesca. Centri princ. sulle coste: Iseo, Pisogne, Lovere, Sarnico.

ISERAN, valico stradale delle Alpi francesi (Savoia), tra le valli dell'Arc (Moriana) e dell'Isère (Tarantasia); 2762 m.

ISÈRE, f. della Francia, nelle Alpi Graie, che nasce dal Passo dell'Iseran, affl. del Rodano; 290 km. Attraversa la Tarantasia, percorre il solco alpino francese e passa per Grenoble e Romans. Sfruttamento idroelettrico.

ISÈRE, dip. della Francia, nella reg. Rodano-Alpi; capol. *Grenoble*; 7431 km²; 1.094.006 ab. Allevamento bovino e sfruttamento forestale; agricoltura (viti, alberi da frutto, cereali). Industria elettrochimica e metallurgica, legata allo sfruttamento idroelettrico nelle Alpi. Turismo alpino.

ISÈRNIA, c. del Molise, capol. di prov.; 21.094 ab. (*isernini*). Situata tra i f. Sordo e Carpino, è un importante centro agricolo (ortaggi, frutta, uva). Industrie tessili, dolciarie, dei materiali da costruzione. Notevole lo sviluppo del settore terziario. — Distrutta nel corso della seconda guerra mondiale, è stata ricostruita e ha avuto un notevole sviluppo negli ultimi anni. — Cattedrale (XIX sec.). Nei dintorni, insediamento paleolitico scoperto nel 1978. — La provincia è in prevalenza montuosa e percorsa dal f. Volturno; agri-

ISCHIA.

coltura (ortaggi, cereali); industrie tessili e meccaniche.

ISGRÒ (Emilio), *Barcellona Pozzo di Gotto 1937*, artista. Ha utilizzato diversi mezzi espressivi, passando dalla letteratura alla poesia visiva e approdando a una ricerca concettuale che prevede l'utilizzo di tecniche grafiche personali (testi "cancellati").

ISHERWOOD (Christopher), *Disley 1904 - Los Angeles 1986*, scrittore britannico naturalizzato statunitense. Nei suoi romanzi (tra i quali: *Il signor Norris se ne và*, 1935; *Addio a Berlino*, 1939) e drammi satirici (*Il cane sotto la pelle*, 1935, e *Alla frontiera*, 1938, scritti con W. Auden) descrisse con efficacia la situazione socio-politica del tempo e l'avvento del nazismo.

ISHIGURO (Kazuo), *Nagasaki 1954*, scrittore britannico di origine giapponese. Esponente della nuova letteratura britannica, è autore di romanzi sospesi tra diverse culture, di grande accuratezza psicologica: *Un pallido orizzonte di colline* (1982), *Quel che resta del giorno* (1989), *Quando eravamo orfani* (2000).

ISHTAR, la più importante divinità femminile della Mesopotamia. Dea dell'amore e del desiderio, ma anche della guerra, fu venerata in seguito in Assiria e in Siria con il nome di Astarte. I greci la identificarono con Afrodite.

ÌSIDE, dea egizia. Sorella e moglie di Osiride, madre di Horus, è il modello di amore coniugale e devozione materna. Il suo culto ebbe grande fortuna nel mondo greco-romano (misteri isiaci).

ISIDE *che allatta; bronzo dell'Antico Regno.*
(Musée Vivenel, Compiègne.)

ISIDÒRO DI SIVÌGLIA (sànto), *Cartagine 560 ca. - Siviglia 636*, arcivescovo di Siviglia e ultimo padre della Chiesa latina. Il suo trattato, le *Etymologiae* o *Origines*, è considerato un'enciclopedia del sapere laico e religioso dell'epoca.

ÌSIM, f. della Russia, in Siberia, affl. di sinistra dell'Irtyš ; 2450 km.

ÌSKĂR, f. della Bulgaria, affl. del Danubio; 370 km. Attraversa Sofia.

ISKENDERUN, già **Alessandrétta**, c. della Turchia sud-orient.; 154.807 ab. Porto.

ISLAMABAD, cap. del Pakistan, nella zona settentr. del paese; 529.000 ab. (1.068.000 ab. nell'agglomerato).

ISLÀNDA, in island. **Ísland**, Stato insulare dell'Europa, nell'Atlantico settentr.; 103.000 km[2]; 281.000 ab. (*islandési*). CAP. *Reykjavík*. LINGUA: *islandese*. MONETA: *corona islandese*.

GEOGRAFIA − Paese di ghiacciai e vulcani, sfiorato dal circolo polare artico ma dotato di un clima più umido che realmente freddo, l'I. trae il suo sostentamento dall'allevamento ovino e soprattutto dalla pesca. Le risorse geotermiche e idroelettriche alimentano le colture in serra e alcune industrie (in part. quella dell'alluminio). A Reykjavík si concentra quasi la metà della popolazione totale.

STORIA − IX sec.: gli scandinavi danno inizio alla colonizzazione dell'I. 930: si costituisce l'Althing, assemblea degli uomini liberi. 1056: nasce il primo vescovado autonomo. 1262: Haakon IV di Norvegia sottomette l'isola. 1380: I. e Norvegia cadono sotto l'autorità della Danimarca. 1550: Cristiano III impone la Riforma luterana. 1602: il monopolio commerciale viene conferito ai danesi. XVIII sec.: il vaiolo, le eruzioni vulcaniche e

una terribile carestia decimano la popolazione. 1903: l'isola diventa autonoma; 1918: pur riconoscendo l'autorità del sovrano danese, conserva la sua indipendenza. 1944: viene proclamata la repubblica islandese, il cui primo presidente è Sveinn Björnsson. Sotto la presidenza di Ásgeir Ásgeirsson (1952-1968) e di Kristjan Eldjárn (1968-1980), l'economia islandese trae profitto dagli accordi siglati con gli Stati scandinavi. 1958-1961: una vertenza in materia di diritti di pesca contrappone l'I. alla Gran Bretagna ("guerra del merluzzo"). 1980: Vigdís Finnbogadóttir sale alla carica di presidente della repubblica. 1996: le succede Ólafur Ragnar Grímsson.

ISLE, f. della Francia, affl. della Dordogna; 235 km. Passa per Périgueux.

ISMAÈLE, personaggio biblico. Figlio di Abramo e della sua schiava Agar, nella tradizione biblica e coranica è l'eroe eponimo della stirpe araba.

ISMAIL, m. a Medina nel 760 ca., settimo e ultimo imam degli ismailiti.

ISMAIL I, *Ardabil 1487-1524*, scià della Persia (1501-1524). Fondatore dei Safawidi, impose lo sciismo duodecimano come religione di Stato

ISMAILIA, c. dell'Egitto, sul Lago Timsah e sul canale di Suez; 255.000 ab.

ISMAIL PASCIÀ, *Il Cairo 1830 - Istanbul 1895*, viceré (1863-1867), poi chedivè d'Egitto (1867-1879). Inaugurò il canale di Suez (1869), ma le difficoltà finanziarie l'obbligarono ad accettare il dominio franco-inglese sul paese (1878).

ISMÈNE MITOL. GR. Figlia di Edipo, sorella di Antigone.

ISO (International Organization for Standardization), organizzazione internazionale creata nel 1947, incaricata di emanare norme unificate su scala mondiale. Ha sede a Ginevra.

ISÒCRATE, *Atene 436-338 a.C.*, oratore greco. Appoggiò l'unione di greci e macedoni contro la Persia.

ISOLA 2000, località della Francia, stazione di sport invernali (1800-2610 m d'alt.) delle Alpi Marittime.

ISOLA BÈLLA, isola del Lago Maggiore, appartenente al gruppo delle Isole Borromee. Fu chiamata così in onore di Bella, diminutivo di Isabella, moglie di Carlo III Borromeo. Palazzo Borromeo (XVII sec.) con splendido giardino.

ISOLA DEL GÌGLIO, com. in prov. di Grosseto; 1553 ab. È formato dalle isole di Giannutri e del Giglio, quest'ultima divisa nei centri di Giglio Castello e Giglio Porto. Turismo.

ISOLA DEL GRAN SÀSSO D'ITÀLIA, com. in prov. di Teramo, sul versante settentr. dell'omo-

nimo gruppo montuoso; 4966 ab. Agricoltura (patate, legumi). Turismo estivo.

ÌSOLA DELLA SCÀLA, com. in prov. di Verona; 10.268 ab. Agricoltura (tabacco, cereali, ortaggi). Industrie calzaturiere, del tabacco. Chiesa parrocchiale (XII sec.).

ÌSOLA DELLE FÉMMINE, com. in prov. di Palermo, sulla costa nord-occ., presso Punta Raisi; 6186 ab. Agricoltura (agrumi). Pesca. Turismo.

ÌSOLA DEL NORD → NORD (Ìsola del).

ÌSOLA DEL SUD → SUD (Ìsola del).

ÌSOLA DI ARTÙRO (L'), romanzo di E. Morante, pubblicato nel 1957. Metafora dell'esistenza e storia di formazione, il romanzo è una riflessione introspettiva ispirata da una sorta di realismo magico.

ÌSOLA DI CÀPO RIZZÙTO, com. in prov. di Crotone; 12.677 ab. Agricoltura (ortaggi, olive, cereali). Allevamento. Turismo balneare. Resti di un castello aragonese.

ÌSOLE PRÌNCIPE EDOÀRDO → PRÌNCIPE EDOÀRDO (Ìsole).

ÌSOLE TRÉMITI, com. in prov. di Foggia; 373 ab. Comprende il gruppo delle isole omonime, poste a 20 km ca. dalla costa. La sede del comune è a S. Nicola. Pesca. Turismo.

ISÒNZO, f. della Slovenia e dell'Italia, che sfocia nel Golfo di Trieste; 138 km. Dotato di notevole importanza militare sin dal Medioevo, durante la prima guerra mondiale fu teatro di numerose offensive italiane contro le truppe austro-ungariche. L'ultima battaglia coincise con la sconfitta italiana di Caporetto.

ISÒTTA FRASCHÌNI, società industriale fondata a Milano nel 1904. Costruttrice di automobili di lusso, messa in liquidazione nel 1949, riprese la produzione nel 1955. Oggi produce motori diesel nell'ambito della Fincantieri.

ISOU (Isidore), *Botoşani 1925*, poeta francese di origine romena, fondatore del *lettrismo*. [V. parte nomi comuni.]

ISOZAKI (Arata), *Oita 1931*, architetto giapponese. Dopo aver collaborato con K. Tange, ha fatto parte del gruppo Metabolismi. Sensibile a molteplici linguaggi differenti, nelle sue opere mescola linguaggi differenti: Shukosha Building di Fukuoka (1975), MOCA di Los Angeles (1986).

ISPÀNO-AMERICÀNA (guèrra) (1898), guerra che oppose gli Stati Uniti alla Spagna, in lotta contro le colonie ribelli. La Spagna perse Cuba, che divenne indipendente, e cedette agli Stati Uniti Portorico, le Filippine e l'Isola di Guam.

ISPI (Istitùto per gli stùdi di politica internazionàle), ente culturale fondato a Milano nel 1934. Diffonde la conoscenza della politica in-

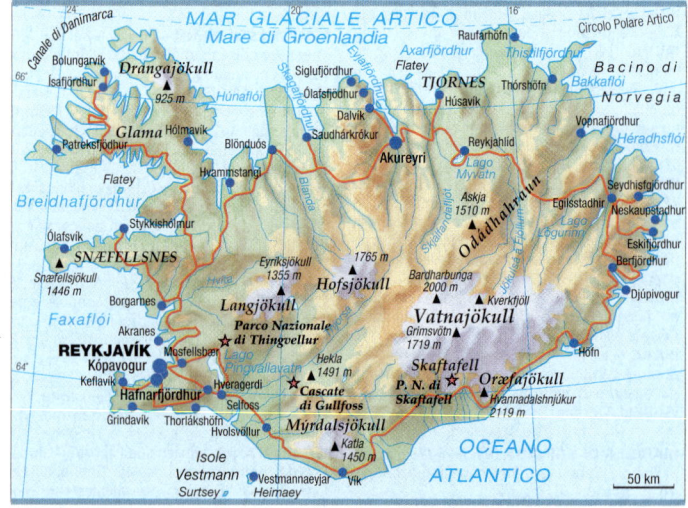

Islanda

ternazionale, anche attraverso le pubblicazioni *Relazioni Internazionali* e *Annuario di politica internazionale*.

ÌSPICA, com. in prov. di Ragusa; 14.700 ab. Agricoltura (mandorle, olive, ortaggi). Nei dintorni, Cava d'I., con necropoli preistoriche trasformate in catacombe dai cristiani.

ISRAÈLE, nella Bibbia altro nome di Giacobbe. Per est., nome dato al popolo ebraico, discendente da I.

ISRAÈLE, Stato dell'Asia, sul Mediterraneo; 21.000 km[2]; 6.172.000 ab. (*israeliani*). CAP. *Gerusalemme* (secondo la Knesset). C. PRINC. *Tel Aviv-Giaffa*. LINGUE: *ebraico e arabo*. MONETA: *shekel*.

ISTITUZIONI – Repubblica. Le leggi fondamentali risalgono al 1949. Il presidente dello Stato di I. viene eletto ogni cinque anni dall'assemblea nazionale (*Knesset*). Il primo ministro viene eletto a suffragio universale (per la prima volta nel 1996); è responsabile dinanzi alla Knesset, eletta ogni 4 anni.

GEOGRAFIA – Risultato della divisione dell'antica Palestina, il territorio di I. si estende a N su regioni a clima mediterraneo, mentre a S su territori desertici (Negev). Grazie alle opere di irrigazione, l'agricoltura produce grano, cotone, olio d'oliva e soprattutto frutta (agrumi, avocado). L'assenza di industrie pesanti è riconducibile alla povertà del sottosuolo (nonostante i giacimenti di fosfati). Ma rami industriali specialistici (prodotti farmaceutici, taglio dei diamanti ecc.) sono rappresentati a Tel Aviv-Giaffa e a Haifa, favoriti dalla presenza di capitale e di manodopera. La bilancia commerciale è comunque deficitaria, così come la bilancia dei pagamenti. L'economia soffre di un notevole indebitamento, legato in particolar modo al costo dell'esercito e dell'integrazione degli immigrati, provenienti soprattutto dall'ex URSS dopo il 1990. Gli ebrei rappresentano poco più del 75% della popolazione, che conta una notevole minoranza araba, islamizzata (20% ca.).

STORIA – **29 nov. 1947**: l'Assemblea generale dell'ONU adotta una risoluzione sul progetto di divisione della Palestina, rifiutata dalle nazioni arabe confinanti. **14 mag. 1948**: viene creato lo Stato d'I. Ben Gurion dirige il governo provvisorio. **1948-1949**: I. accresce il proprio territorio, in seguito alla prima guerra arabo-israeliana. **1949-1969**: il Partito socialista (Mapai) sale al potere con B. Gurion (1948-1953, 1955-1961, 1961-1963) poi con Levi Eshkol (1963-1969). **1950-1960**: il progresso economico si basa sullo sfruttamento collettivo delle terre (kibbutz), sullo sviluppo di un forte settore statalizzato, sui capitali stranieri e sull'aiuto americano. **1956**: la seconda guerra arabo-israeliana scoppia in seguito alla nazionalizzazione del canale di Suez da parte dell'Egitto e al blocco del Golfo di Eilat. **1967**: nel corso della terza guerra arabo-israeliana (guerra dei Sei giorni), I. occupa il Sinai, Gaza, la Cisgiordania e il Golan. **1969-1974**: Golda Meir diviene primo ministro. **A partire dal 1970**: I. appoggia la creazione di colonie ebraiche nei territori occupati. **1973**: quarta guerra arabo-israeliana (guerra del Kippur). **1974-1977**: Yitzhak Rabin succede a G. Meir. **1977**: Menahem Begin, primo ministro, intraprende trattative di pace con l'Egitto. **1979**: con il trattato di Washington, l'Egitto riconosce il definitivo confine con I., che in cambio restituisce (nel 1982) il Sinai. **1980**: Gerusalemme riunificata viene proclamata capitale dalla Knesset. **1981**: annessione del Golan. **1982-1983**: I. occupa il Libano fino a Beirut, poi si ritira nel S del paese. **1984**: viene formato un governo di unione nazionale. Shimon Peres è primo ministro per due anni. **1986**: conformemente all'alternanza prevista, gli succede Yitzhak Shamir. **A partire dal 1987**: i territori occupati (Cisgiordania e Gaza) sono teatro di una rivolta popolare palestinese (Intifada). **1988**: viene formato un nuovo governo di unione nazionale. Y. Shamir resta primo ministro. **1990**: dopo la scissione del governo, Shamir forma un gabinetto di coalizione con i partiti religiosi e l'estrema destra. **1991**: nel corso della prima guerra del Golfo, il paese, non belligerante, è bersaglio dei missili iracheni. I. partecipa, con i paesi arabi e i palestinesi, alla conferenza di pace sul Medio Oriente, tenutasi a Madrid in ottobre. **1992**: i laburisti ritornano al potere e Y. Rabin sale di nuovo alla carica di primo ministro. **1993**: il riconoscimento reciproco d'I. e dell'OLP è seguito dalla firma di un accordo tra israeliani e palestinesi, a Washington. **1994**: in base a questo accordo, si stabilisce un regime di autonomia a Gaza e a Gerico. Parallelamente, I. firma un trattato di pace con la Giordania (ott.) e intraprende trattative con la Siria. Il processo di pace viene rallentato dai problemi delle colonie israeliane e dagli attentati degli estremisti palestinesi. **1995**: l'autonomia viene estesa anche alle grandi città arabe della Cisgiordania. Rabin è assassinato da un estremista israeliano. Gli succede S. Peres. **1996**: Benyamin Netanyahu, leader del Likud, viene eletto primo ministro. L'irrigidimento della politica israeliana provoca un blocco del processo di pace con i palestinesi, che l'accordo concluso tra le due parti a Wye Plantation nell'ott. 1998 non permette di superare. **1999**: Ehud Barak, leader del laburisti, viene eletto primo ministro. Riprendono i negoziati con i palestinesi e con la Siria. **2000**: l'esercito israeliano si ritira dal Libano. Le relazioni tra israeliani e palestinesi vedono un brusco e grave ritorno di tensione (ripresa dell'Intifada, sett.). **2001**: il leader del Likud Ariel Sharon, eletto primo ministro, forma un governo di unione nazionale. Lo scontro tra israeliani e palestinesi continua a inasprirsi, trasformandosi in una vera e propria guerra. **2003**: alla scadenza del mandato dei laburisti (ott. 2002), si organizzano nuove elezioni (gen.), vinte dal Likud; A. Sharon è di nuovo primo ministro.

ISRAÈLE (règno di) (931-721 a.C.), regno che riunì le tribù del N della Palestina (cap. Samaria) quando, alla morte di Salomone, il territorio fu suddiviso in due parti. Minato dall'instabilità politica interna e dalla guerra fratricida con il regno di Giuda, cadde sotto il dominio degli assiri, che deportarono la popolazione.

ISSA, popolazione somala di Gibuti e delle regioni limitrofe all'Etiopia e alla Somalia.

ISSIÓNE MITOL. GR. Re dei lapiti, antenato dei centauri. Per punirlo di aver usato violenza a Era, Zeus lo scagliò negli Inferi e lo condannò a girare in eterno legato a una ruota infuocata.

ÌSSO (battàglia di) (333 a.C.), vittoria di Alessandro Magno su Dario III a I. (Cilicia, Asia Minore).

ISSOGNE, com. in prov. di Aosta; 1354 ab. Agricoltura (patate, cereali). Castello degli Challant, edificato nel 1480.

ISSYK-KUL, lago del Kirghizistan, a 1608 m di alt.; 6236 km[2].

ISSY-LES-MOULINEAUX, c. della Francia, nel dip. Hauts-de-Seine, 53.152 ab. Chiesa del XVII sec.; museo.

ISTANBUL, già **Bisànzio**, poi **Costantinòpoli**, c. della Turchia, sul Bosforo e sul Mar di Marmara; 8.260.438 ab. Principale città e porto del paese. Università. — Musei. Il nucleo urbano si estende da una parte all'altra del Corno d'Oro, piccola baia profonda sulla costa europea. A S si trovano i monumenti principali (S. Sofia, moschea del sultano Ahmet, e diversi capolavori di Sinan, tra cui la moschea di Solimano). A N si estende la zona commerciale e cosmopolita (Beyoğlu). Sul Bosforo, attraversato da due pon-

---

Israele

MAR MEDITERRANEO
LIBANO · SIRIA
Tird · Qiryat Shemona
Monte Meron 1208 m · Galilea · Zefat
Akko · Qiryat Bialik · Cafàrnao · Tiberìade
Haifa
Àtlit · Qiryat Yam · Monte Thabor 588 m
Monte Carmelo 546 m · Umm · Nazareth · Àfula
Cesarea · Pardes · El Fahm · Megìddo · Bet She'an
Hadera · Jenin
Netanya · SAMARIA · Nablus · Al-Ghawr
Tel Aviv-Giaffa · Ramat Gan · Petah Tiqwa · Lod · Ramla · Ramallah
Bat Yam · CISGIORDANIA · Gerico
Rishon Leziyyon · TEL AVIV
Ashdod · Gerusalemme
Ashqelon · Qiryat Gat · GIUDEA · Hebrón · MAR MORTO
GAZA · Sederot · Al-Karak
Ofaqim · Masada · Sodoma
Deserto di Haluza · Beer Sheba · M. Dimona 681 m · Dimona
MERIDIONALE
Shivta · Deserto di Zim
Horvot'Avedat · Deserto del Negev
Monte Ramon 1033 m · Depressione dell'Aràva
EGITTO · Pianura di Paran · Be'er Menuha · GIORDANIA
Yotvata
Miniere di Re Salomone
Elat · Aqabah
30 km

oleodotto
confine di distretto
autostrada
Haifa capoluogo di distretto
strada normale
aeroporto · più di 250.000 ab.
importante località turistica · da 100.000 a 250.000 ab.
· da 50.000 a 100.000 ab.
0   200   500 m · meno di 50.000 ab.

ISTANBUL. *La moschea di Solimano (opera di Sinan), sul Corno d'Oro.*

ti, si trovano i quartieri asiatici (Üsküdar). — La città, cui i turchi cambiarono il nome da **Costantinopoli* a I., fu la capitale dell'impero ottomano dal 1453 al 1923, caratterizzata da una popolazione cosmopolita (greci, armeni, ebrei).

ISTAT (Istitùto nazionàle di statìstica), ente autonomo istituito nel 1926 con sede a Roma. Dipende dal consiglio dei ministri e si occupa di raccogliere i dati relativi alla vita della nazione e alla diffusione di statistiche da essi desunte, compresi i censimenti decennali. Pubblica, tra l'altro, *Annali di statistica, Annuario di statistica italiana, Bollettino mensile di statistica.*

ISTIQLAL, partito nazionalista marocchino fondato nel 1944. Si batté per l'indipendenza del Marocco, fece parte dell'opposizione nel 1963 e negli anni '80 del secolo scorso aderì al regime.

ISTITÙTO AUTÒNOMO PER LE CÀSE POPOLÀRI → IACP.

ISTITÙTO BANCÀRIO SAN PÀOLO DI TORÌNO, istituto bancario sorto nel 1932 a Torino. Erede dell'antica Compagnia di San Paolo, fondata nel 1563 allo scopo di promuovere la beneficenza e gli aiuti ai poveri e trasformata in Opere Pie di San Paolo (1852), ha conosciuto un notevole sviluppo nel secondo dopoguerra. Il 1985 ha visto la nascita della Fondazione per la Cultura, la Scienza e l'Arte e nel 1991 l'istituto è diventato una S.p.A. Nel 1998 è confluito nel gruppo **Sanpaolo-IMI*, att. uno dei più importanti istituti bancari italiani.

ISTITÙTO FINANZIÀRIO INDUSTRIÀLE → IFI.

ISTITÙTO GEOGRÀFICO DE AGOSTÌNI, casa editrice fondata nel 1901 a Roma da Giovanni D. A. Trasferita a Novara nel 1908, è stata una delle prime in Italia a pubblicare opere geografiche (*Calendario Atlante De Agostini*, 1904). In seguito ha esteso l'attività a pubblicazioni nei settori della scolastica, dell'arte, della storia.

ISTITÙTO MOBILIÀRE ITALIÀNO → IMI.

ISTITÙTO NAZIONÀLE DELLA PREVIDÈNZA SOCIÀLE → INPS.

ISTITÙTO NAZIONÀLE DELLE ASSICURAZIÓNI → INA.

ISTITÙTO NAZIONÀLE DI PREVIDÈNZA PER I DIPENDÈNTI DELL'AMMINISTRAZIÓNE PÙBBLICA → INPDAP.

ISTITÙTO NAZIONÀLE DI STATÌSTICA → ISTAT.

ISTITÙTO NAZIONÀLE PER IL COMMÈRCIO ÈSTERO → ICE.

ISTITÙTO NAZIONÀLE PER L'ASSICURAZIÓNE CÓNTRO GLI INFORTÙNI SUL LAVÒRO → INAIL.

ISTITÙTO PER GLI STÙDI DI POLÌTICA INTERNAZIONÀLE → ISPI.

ISTITÙTO PER LA RICOSTRUZIÓNE INDUSTRIÀLE → IRI.

ISTITÙTO PER LE ÒPERE DI RELIGIÓNE → IOR.

ISTITUZIÓNI, in lat. **Institutiones**, opera giuridica, fatta redigere da Giustiniano nel 533, in cui sono raccolti e ordinati testi di diritto romano. Si ispira alle *Istituzioni* di Gaio (II sec. d.C. ?).

ISTRATI (Panaït), *Brăila 1884 - Bucarest 1935*, scrittore romeno di lingua francese. Nei suoi romanzi, lirici e realistici allo stesso tempo, rievocò la propria esistenza errante (*La vita di Adrien Zograffi*).

ISTRES, c. della Francia, capol. del dip. Bouches-du-Rhône; 40.290 ab. Base aerea militare. Industria aeronautica.

ÌSTRIA, reg. suddivisa amministrativamente tra Slovenia e Croazia, di fronte a Venezia, sul Mare Adriatico. Fu dominio veneziano dall'XI sec. fino al 1797, quando, con il trattato di Campoformio, venne ceduta all'Austria. Oggetto di contesa tra Francia e Austria, per tutto il XIX sec., nel 1918 fu annessa al regno d'Italia. Nel 1947, durante la seconda guerra mondiale, passò alla Iugoslavia, mentre la parte nord-occ. (Territorio libero di Trieste) fu divisa in zona A, italiana dal 1975 (capol. Trieste), e zona B, iugoslava (capol. Capodistria).

ÌTACA, isola della Grecia, nel Mar Ionio; 5000 ab. Viene identificata con l'I. di Omero, patria di Ulisse.

ITAIPÚ, diga costruita sul Paraná da Brasile e Paraguay.

ITALCABLE, società del settore delle telecomunicazioni fondata a Roma nel 1921. Di proprietà della STET e passata alla Telecom Italia nel 1994, ha curato lo sviluppo delle telecomunicazioni italiane nel mondo.

ITALCÀSSE, ente morale istituito a Roma nel 1919, che raggruppa le casse di risparmio e i monti di credito su pegno di prima categoria. Svolge un'attività di intermediazione e credito tra gli enti affiliati.

ITALCEMÉNTI, società fondata nel 1865 a Bergamo da Giuseppe Piccinelli. Opera nella produzione e nel commercio di calci, cementi, materiali da costruzione ed è una delle aziende leader nel settore a livello mondiale.

ITALGÀS (Società italiàna per il gas), società fondata nel 1856 a Torino. Operante inizialmente nella produzione di gas per illuminazione da carbone, dagli anni '70 del secolo scorso ha concentrato l'attività nella produzione e distribuzione di metano. È controllata dalla SNAM.

ITÀLIA, Stato dell'Europa, sul Mediterraneo; 301.000 km²; 57.844.017 ab. (*italiani*). CAP. *Roma.* LINGUA: *italiano.* MONETA: *euro.*

ISTITUZIONI – Repubblica di tipo parlamentare. Costituzione del 1947, i cui articoli 55-139 definiscono l'ordinamento dello Stato. Il presidente della repubblica viene eletto dal parlamento in seduta comune, rimane in carica per 7 anni e al termine del suo mandato può essere rieletto. Simbolo dell'unità nazionale, emana leggi e decreti, procede alla nomina del primo ministro e, su proposta di quest'ultimo, dei singoli ministri; è inoltre investito del comando delle forze armate, presiede il consiglio superiore della magistratura e ha facoltà di nominare cinque giudici della corte costituzionale, organo deputato a vigilare che le leggi emanate dal parlamento non siano in contrasto con i dettami della Costituzione. Il presidente del consiglio è responsabile dinanzi al parlamento, composto da camera dei deputati (630 membri) e senato della repubblica (315 membri più i senatori a vita), eletti entrambi ogni 5 anni. Il governo, costituito dal presidente del consiglio e dal consiglio dei ministri, deve ricevere la fiducia delle due camere. Dal punto di vista amministrativo, l'I. è suddivisa in regioni, province e comuni. In base all'articolo 131 le regioni sono 20: Abruzzo, Basilicata, Calabria, Campania, Emilia-Romagna, Friuli-Venezia Giulia, Lazio, Liguria, Lombardia, Marche, Molise, Piemonte, Puglia, Sardegna, Sicilia, Toscana, Trentino-Alto Adige, Umbria, Valle d'Aosta, Veneto. Cinque di esse (Sicilia, Sardegna, Trentino-Alto Adige, Valle d'Aosta, Friuli-Venezia Giulia) godono di uno statuto speciale, con un più ampio margine di autonomia. Loro organi sono il consiglio, con funzioni legislative, e la giunta, investita di compiti esecutivi. L'elezione dei membri della giunta e del loro presidente spetta al consiglio, che li sceglie tra i suoi componenti, a loro volta designati dai cittadini. Ogni regione, dotata di uno statuto modificabile dal consiglio, gode inoltre di autonomia finanziaria e amministrativa. Analoghe prerogative contraddistinguono le 102 province e i comuni (8100 ca.).

GEOGRAFIA – Membro del G7, grazie alla rapida ricostruzione postbellica ("miracolo italiano"), l'I. è il più sviluppato degli Stati mediterranei. La densità è piuttosto elevata (187 ab./km²) e presenta una distribuzione irregolare. Oggi più dei due terzi della popolazione vive nei centri urbani: Roma, Milano e Napoli superano il milione di abitanti, mentre Torino, Genova e Palermo ne contano più di 600.000. La crescita demografica ha tuttavia subito un arresto a causa del bilancio negativo (– 0,09%) tra natalità e mortalità, che è anche responsabile di un sensibile invecchiamento della popolazione. L'agricoltura, praticata perlopiù in aziende a conduzione diretta, dà attualmente lavoro soltanto al 7% degli attivi e non è in grado di soddisfare il fabbisogno nazionale. Ciononostante, la produzione rimane consistente, in part. per cereali (frumento nella Pianura Padana, mais in Veneto e Lombardia, riso nelle province di Novara e Vercelli), olivo (Liguria, Toscana, Puglia e Calabria), agrumi (Sicilia) e vite (diffusa un po' ovunque). Barbabietole da zucchero e pomodori vengono coltivati su scala industriale rispettivamente in Emilia-Romagna e Campania. Lungo le coste liguri, toscane e marchigiane prevalgono le colture orticole e floreali. Il tipo di produzione è in relazione con il clima, caratterizzato da inverni freddi nel N (Pianura padano-veneta e arco alpino dalla Liguria al Friuli) ed estati calde ovunque, ma particolarmente secche nella parte peninsulare (di cui l'Appennino rappresenta l'ossatura) e insulare (Sicilia e Sardegna). Il clima e il ricco patrimonio culturale spiegano il ruolo rilevante svolto dal turismo.

L'industria, che impiega meno di un terzo degli attivi, è rimasta per lungo tempo statale, ma oggi risulta quasi del tutto privatizzata. Costituita da alcune grandi aziende e numerose piccole imprese, si è sviluppata soprattutto nel N, mentre il Mezzogiorno non ha ancora recuperato il proprio ritardo. La produzione, pur diversificata, è dominata dalle costruzioni meccaniche (settore automobilistico, ora tuttavia in crisi) e dal comparto chimico. Il settore che conta il maggior numero di addetti è quello manifatturiero; nel ramo tessile e nella pelletteria un notevole apporto proviene dall'economia sommersa (produzione e manodopera in nero). Questa situazione, ormai radicata, attenua l'impatto dei dati ufficiali relativi alla disoccupazione, peraltro in calo (9,1% nel 2002) e contribuisce a spiegare la grande flessibilità dell'economia.

STORIA – **Le origini. III millennio**: l'I. è abitata da popolazioni mediterranee da cui deriverano le stirpi dei liguri (nel NO della penisola) e dei siculi (in Sicilia). **II millennio**: in seguito alla migrazione indoeuropea, nella Pianura Padana e sulle colline emiliane si sviluppa una civiltà con caratteristiche peculiari, detta "delle terramare". I suoi esponenti costruiscono le palafitte sulla terraferma anziché nell'alveo dei fiumi o in zone palustri e in ambito funerario abbandonano l'inumazione a favore dell'incinerazione. **IX sec. a.C.**: Nell'I. centrale fiorisce la cultura villanoviana, che segna il passaggio all'Età del ferro. Anche i villanoviani praticano l'incinerazione, ma per primi costruiscono sepolcreti distinti dai nuclei abitati. **VIII sec. a.C.**: gli etruschi, stabilitisi su un territorio compreso tra la Pianura Padana e la Campania, grazie agli scambi commerciali vengono in contatto dapprima con la cultura orientale, poi con quella ellenica, mentre coloni greci fondano centri sulle coste meridionali (Magna Grecia). **IV sec.**: i galli, un popolo di origine celtica, occupano la Pianura Padana.

La conquista romana. IV sec. - II sec.: Roma, che la leggenda vuole fondata nel 753, approfitta delle divisioni in seno alle popolazioni italiche per conquistare progressivamente tutta la penisola. Contende quindi a Cartagine la supremazia nel Mediterraneo occidentale ed esce vincitrice dalle guerre puniche, che le valgono la conquista di Corsica, Sicilia, Sardegna e di un'estesa porzione della penisola iberica. Il latino, lingua dei vincitori, s'impone in tutto il territorio. **91-89 a.C.**: la "guerra sociale" costringe Roma a concedere la cittadinanza agli alleati italici. **88-82 a.C.**: lo scontro tra la classe dei senatori e quella dei cavalieri sfocia in una guerra civile, che mina dalle fondamenta le istituzioni repubblicane e apre la strada all'ascesa di Cesare. **58-51 a.C.**: Cesare conquista la Gallia. **27 a.C. - V sec. d.C.**: con Augusto e i suoi successori, l'I. diventa il centro di un vasto impero che riunisce Oriente e Occidente in un'unica entità statale. Il cristianesimo, introdotto nel I sec. e a lungo soggetto a persecuzioni, trionfa nel IV sec. a Roma, destinata a diventare sede pontificia.

Il Medioevo. V sec.: le invasioni barbariche riducono l'impero alla sola I., che a sua volta non viene risparmiata (sacchi di Roma del 410 e 476, rispettivamente a opera dei visigoti guidati da Alarico e dei vandali di Genserico). **476**: Odoacre, re degli eruli, depone Romolo Augustolo, ultimo imperatore d'Occidente, e si proclama sovrano indipendente. **VI sec.**: dopo i tentativi di restaurazione compiuti dall'ostrogoto Teodorico (489-526) e dall'imperatore bizantino Giustiniano (527-565), la discesa dei longobardi guidati da Alboino priva l'I. della sua unità territoriale. Si formano così tre poli: Pavia, capitale del regno longobardo (comprendente gran parte del settentrione, oltre ai ducati di Spoleto e Be-

ITÀLIA

▲ vulcano		autostrada	✈ aeroporto	
		strada normale	★ importante località turistica	
		ferrovia		

200 400 1000 2000 m

confine di regione

Milano capoluogo di regione

Urbino provincia

● più di 1.000.000 di ab.   ● da 100.000 a 500.000 di ab.

● da 500.000 a 1.000.000 di ab.   ● meno di 100.000 di ab.

50 km

nevento), Ravenna, sottoposta alla dominazione bizantina, e il nucleo del futuro Stato pontificio. **VIII sec.**: per fronteggiare l'avanzata dei longobardi, papa Stefano II fa appello ai franchi di Pipino il Breve prima, di Carlo Magno poi (774). **IX sec.**: Carlo Magno annette i territori conquistati al Sacro Romano Impero. Il resto d'I. rimane possesso bizantino, a eccezione della Sicilia, che è caduta sotto il dominio arabo nella prima metà del secolo. Alla morte di Carlo Magno i grandi feudatari si spartiscono i possedimenti della penisola, determinando una situazione di anarchia. **X sec.**: Ottone I, incoronato imperatore a Roma (962), riannette l'I. al Sacro Romano Impero Germanico. **1061-1091**: con l'appoggio di Roma, i normanni di Roberto il Guiscardo conquistano la Sicilia, creando un proprio regno nel meridione. **1075-1122**: la lotta per le investiture si conclude con la vittoria della Chiesa sull'impero (concordato di Worms). **1122-1250**: le città del centro-nord, costituitesi in comuni autonomi, acquistano notevole peso politico, oltre che prosperità economica (in part. Pisa, Genova, Firenze, Milano e Venezia). Quando si riaccende il conflitto tra papato e impero (1154-1250), che permette a Federico I Barbarossa di conquistare il regno normanno, i comuni vi rimangono coinvolti e vengono lacerati dalla lotta tra due opposti partiti: guelfi, sostenitori del papa, e ghibellini, fautori dell'imperatore. Uscito sconfitto dallo scontro con la Lega lombarda nella battaglia di Legnano (1176), l'imperatore è costretto a riconoscere l'autonomia ai comuni settentrionali (pace di Costanza, 1183). **1266-1417**: dopo essere entrato a far parte del Sacro Romano Impero sotto Federico II (1272-1337), in seguito alla battaglia di Benevento il meridione viene assegnato a Carlo d'Angiò; la Sicilia, invece, ribellatasi alla nuova dominazione con i Vespri siciliani (1281), passa nelle mani degli Aragonesi, i quali pongono fine alle mire imperiali sull'I. **XIV sec.**: la Santa sede, trasferita da Roma ad Avignone (1309-1376), esce indebolita dal grande scisma d'Occidente (1378-1417). L'accentramento del potere nelle mani di una figura dominante porta alla trasformazione dei comuni in signorie, Stati regionali spesso in contrasto tra loro. **XV sec.**: nell'I. settentrionale si afferma una nuova potenza, il ducato di Savoia, mentre alcune signorie evolvono in monarchie ereditarie rette da principi (come i Visconti a Milano, i Gonzaga a Mantova, gli Estensi a Ferrara, i Medici a Firenze), che raggiungono l'apogeo nel Rinascimento.

Dal declino del XVI sec. al Risorgimento. **1494-1559**: il tentativo degli Angioini di strappare agli Aragonesi il napoletano segna l'inizio di una serie di aspri scontri tra la Francia di Francesco I e l'impero. Le operazioni militari nella penisola si concludono a scapito delle ambizioni francesi con la pace di Cateau-Cambrésis (1559), che afferma la supremazia spagnola sulla metà del territorio italiano (ducato di Milano, regni di Napoli e di Sicilia, Stato dei presidi). Il marchesato di Saluzzo rimane invece sotto il controllo della Francia, e conservano la propria indipendenza i ducati di Savoia, Mantova, Parma e Piacenza, Ferrara e Reggio, il granducato di Toscana, lo Stato pontificio, le repubbliche di Venezia, Genova e Lucca. **1559-1718**: l'I., centro della Controriforma (concilio di Trento), attraversa un notevole declino sul piano economico e culturale. **XVIII sec.**: con il trattato di Utrecht (1713), a suggello della guerra di successione spagnola, il paese cade sotto la dominazione degli Asburgo d'Austria. Una politica riformista viene varata nel granducato di Toscana e nel regno di Napoli; quest'ultimo, insieme con il ducato di Parma e Piacenza, dal 1734 ritorna nelle mani dei Borboni spagnoli. **1748**: la pace di Aquisgrana, che pone fine alla guerra di successione austriaca, conferma questo passaggio di potere, mentre i Savoia ottengono il titolo di re di Sardegna e il granducato di Toscana viene assegnato a Francesco Stefano di Lorena, marito di Maria Teresa d'Austria. **1792-1799**: l'I. passa sotto l'influenza della Francia, che annette Nizza e la Savoia e occupa Genova. Si creano entità statali effimere (repubblica cispadana e transpadana, poi fuse nella repubblica cisalpina con capitale Milano). **1802-1804**: Bonaparte conquista la penisola costituendo nel N una "repubblica italiana". **1805-1814**: quest'ultima si trasforma in regno d'I. sotto il dominio di Napoleone; il regno di Napoli, occupato nel 1806, viene affidato dapprima a Giuseppe Bonaparte, poi a Gioacchino Murat. **1814-1815**: con il Congresso di Vienna la penisola torna allo *status quo ante* (viene divisa in dodici Stati). La dominazione austriaca viene restaurata nell'I. settentrionale e centrale, dove si costituisce il regno del Lombardo-Veneto, formato dall'unione di Lombardia, Veneto e Valtellina. Trento, Trieste e parte dell'Istria vengono annessi alla Confederazione germanica. Rimangono invece estranei all'influenza austriaca lo Stato pontificio, governato dal papa, il regno delle Due Sicilie, nelle mani dei Borboni, e il regno di Sardegna (comprendente anche Piemonte e Liguria), possesso dei Savoia. **1820-1821**: si formano società segrete (carboneria) che complottano contro il ritorno dell'assolutismo, ma subiscono una dura repressione. In Piemonte, a Napoli e in Sicilia scoppiano moti per il conseguimento di regimi costituzionali: tali insurrezioni segnano l'inizio del Risorgimento, i cui obiettivi saranno l'indipendenza dagli austriaci e l'unità nazionale. **1831-1833**: scoppiano nuove rivolte, ispirate dal repubblicano Giuseppe Mazzini, fondatore del movimento "La giovine I.". **1848-1849**: prima guerra d'indipendenza, che inizia con l'insurrezione di Venezia e Milano (Cinque giornate). Carlo Alberto di Savoia, re del Piemonte, interviene militarmente in favore degli insorti ma, sconfitto a Custoza, è costretto ad accettare l'armistizio di Salasco. Respingendo questa soluzione di compromesso, Roma e Venezia proclamano la repubblica; a Roma il potere è affidato a un triumvirato di cui fa parte anche G. Mazzini. Nuovamente battuto a Novara, Carlo Alberto abdica in favore del figlio Vittorio Emanuele II, che si vede costretto ad accettare la pace di Milano. **1859**: seconda guerra d'indipendenza, provocata dall'alleanza stipulata a Plombières da Napoleone III e Camillo Benso conte di Cavour. Dopo le vittorie franco-piemontesi di San Martino e Solferino, i moti che scoppiano nell'I. centrale in favore dell'annessione al Piemonte, violando apertamente gli accordi di Plombières, spingono Napoleone III a firmare l'armistizio di Villafranca. **1860**: Napoleone III viene convinto da C. Cavour ad accettare i plebisciti per l'annessione dell'I. centrale e ottiene in cambio Nizza e la Savoia. Toscana, Emilia-Romagna e ducati entrano a far parte del regno di Sardegna. Giuseppe Garibaldi organizza la spedizione dei Mille, che permette di liberare dal dominio borbonico la Sicilia e il regno di Napoli, annessi al regno di Sardegna. **1861**: proclamazione del regno d'I., con capitale Torino (a partire dal 1865 Firenze). **1866**: nonostante le sconfitte subite a Custoza e Lissa, nel corso della terza guerra d'indipendenza il nuovo regno acquista il Veneto con l'aiuto della Prussia (pace di Vienna). **1870**: il governo organizza una spedizione contro il papa Pio IX, che non intende rinunciare al potere. Dopo un breve combattimento, le truppe fanno il loro ingresso a Roma attraverso la breccia di Porta Pia. **1871**: in seguito a un plebiscito Roma diventa capitale d'I.

Il regno d'Italia e il periodo fascista. **1870-1876**: si succedono governi di destra; il Mezzogiorno non riesce a superare la propria arretratezza ("questione meridionale") e ha inizio il fenomeno dell'emigrazione. **1876-1900**: subentrano governi di sinistra con Francesco Crispi che, anticlericale, ostile alla Francia, nonché sostenitore di una politica autoritaria, tenta invano di colonizzare l'Etiopia (sconfitta di Adua, 1896). A Vittorio Emanuele II succedono Umberto I (salito al trono nel 1878 e assassinato nel 1900) e Vittorio Emanuele III. **1890**: viene istituita la colonia di Eritrea e inizia la conquista della Somalia. **1892**: fondazione del Partito socialista. **1903-1914**: Giovanni Giolitti, presidente del consiglio, ristabilisce l'ordine e l'equilibrio economico. La politica estera, dominata dalle rivendicazioni irredentiste, sfocia nel conflitto italo-turco (1911-1912) e nell'annessione di Tripolitania e Dodecaneso. **1915-1918**: l'I., inizialmente neutrale, partecipa alla prima guerra mondiale a fianco dell'Intesa. **1919**: le sue ambizioni vengono soddisfatte solo in parte dal trattato di Saint-Germain (annessione del Trentino, dell'Alto Adige e dell'Istria). Alla testa di reparti volontari, Gabriele d'Annunzio occupa Fiume, rimasta alla Croazia. Con l'intento di combattere il socialismo, Benito Mussolini fonda i Fasci italiani di combattimento. **1920**: il trattato di Rapallo proclama Fiume città libera e le truppe di occupazione sono costrette al ritiro. **1921**: i Fasci italiani di combattimento si trasformano in Partito fascista, che riscuote un notevole consenso alle elezioni. **1922-1923**: B. Mussolini, alla testa delle sue "camicie nere", organizza la marcia su Roma (28 ott. 1922) e viene chiamato a formare un nuovo governo da re Vittorio Emanuele III. **1924**: l'annessione all'I. di Fiume e Zara viene ratificata dal patto di Roma. **1922-1943**: Mussolini, assunto il titolo di "duce", instaura un regime dittatoriale. **1929**: l'11 feb. vengono sottoscritti i patti lateranensi, che regolano i rapporti tra Stato e Chiesa. **1935-1936**: conquista dell'Etiopia. **1940**: l'I., dopo aver stretto il Patto d'acciaio con il Terzo Reich (1939), entra in guerra a fianco della Germania e il 28 ott. attacca la Grecia. **1943**: lo sbarco anglo-americano in Sicilia provoca la caduta di Mussolini, che si rifugia al N dove costituisce la repubblica di Salò; il maresciallo Pietro Badoglio, nuovo capo del governo, conclude l'armistizio di Cassibile con gli Alleati, reso noto l'8 sett. **1944**: Vittorio Emanuele III abdica in favore del figlio Umberto II, che diventa luogotenente generale del regno. **1945**: gli Alleati occupano l'I. settentrionale; Mussolini viene arrestato a Dongo e fucilato.

L'Italia contemporanea. **1946**: per decisione referendaria (2 giu.) viene proclamata la repubblica e Umberto II è costretto all'esilio. La carica di capo dello Stato viene affidata in via provvisoria a Enrico de Nicola. Il democristiano Alcide de Gasperi, presidente del consiglio dal 1945 al 1953, avvia la ricostruzione del paese facendo leva sull'alleanza con gli Stati Uniti. **1947**: la conferenza di Parigi priva l'I. delle colonie e di alcune zone della Venezia Giulia, di Fiume, Zara, Istria e delle isole dalmate. Trieste, proclamata città libera, tornerà a far parte del territorio italiano nel 1955. **1948**: il 1° gen. entra in vigore la Costituzione, promulgata il 27 dic. 1947 da una commissione di 75 membri (la Costituente). Dopo il breve mandato di E. de Nicola (gen.-mag.), la carica di presidente della repubblica viene rivestita da Luigi Einaudi. **1949**: ingresso dell'I. nella NATO. **1955**: Giovanni Gronchi viene eletto alla presidenza della repubblica. **1958**: ammissione nella CEE. **1962**: Antonio Segni è il nuovo presidente della repubblica; **1964**: gli succede Giuseppe Saragat. **1958-1968**: i democristiani, alla presidenza del consiglio con Amintore Fanfani e poi Aldo Moro, sono artefici del "miracolo economico", che tuttavia non impedisce l'avanzata elettorale della sinistra. **1968-1972**: a causa dell'instabilità politica i governi si succedono a ritmo serrato. La classe politica, giudicata corrotta, è sempre più avulsa dal resto della società. A Milano, in piazza Fontana, il 12 dic. 1969 esplode una bomba alla Banca nazionale dell'agricoltura: nell'attentato perdono la vita 16 persone e ne restano ferite più di 80. Ha inizio la cosiddetta "strategia della tensione". **1971**: Giovanni Leone diventa presidente della repubblica. **1972-1981**: per ristabilire l'ordine i partiti politici tentano di realizzare la più ampia coalizione possibile: tra il 1976 e il 1979 giungono così a ipotizzare un "compromesso storico", auspicato da Enrico Berlinguer e Aldo Moro, che prevede la collaborazione tra comunisti e democristiani. La società italiana viene però sconvolta dai fenomeni dello stragismo di destra e del terrorismo di sinistra. Tra gli altri atti terroristici, l'esplosione di una bomba in piazza della Loggia a Brescia (il 28 mag. 1974), l'attentato al treno Italicus (il 4 ago. 1974) e la strage alla stazione di Bologna del 2 ago. 1980, in cui trovano la morte 85 persone. Nel 1978 le Brigate Rosse rapiscono e uccidono

A. Moro. **1978**: Sandro Pertini è eletto presidente della repubblica. **1983**: la presidenza del consiglio viene assunta dal socialista Bettino Craxi. **1985**: Francesco Cossiga diventa il nuovo presidente della repubblica. **1987-1992**: a B. Craxi, dimissionario, succedono i democristiani Giovanni Goria (1987), Ciriaco De Mita (1988) e Giulio Andreotti (1989). **1992**: a pochi mesi di distanza, vengono uccisi in Sicilia, in agguati sanguinosi, Giovanni Falcone (23 mag.) e Paolo Borsellino (19 lug.), due magistrati impegnati nella lotta alla criminalità mafiosa. In seguito alle dimissioni di F. Cossiga, sale alla massima carica dello Stato Oscar Luigi Scalfaro. Le elezioni legislative sono contrassegnate dalla sconfitta dei grandi partiti tradizionali e dall'affermazione delle leghe (movimenti regionalisti e populisti) nel settentrione. Il socialista Giuliano Amato forma un governo di coalizione che avvia una politica di austerità, di revisione istituzionale e di lotta contro la mafia e la corruzione (operazione "Mani pulite" conseguente allo scandalo di "Tangentopoli"). **1993**: di tale linea politica si fa interprete Carlo Azeglio Ciampi, governatore della Banca centrale, incaricato di dirigere il nuovo governo. Viene attuata una riforma del sistema politico riguardante in part. il finanziamento dei partiti e le leggi elettorali. **1994**: in seguito alla vittoria alle elezioni legislative di una coalizione di centro-destra, Silvio Berlusconi viene eletto presidente del consiglio (apr.), ma è costretto a dimettersi alcuni mesi dopo (dic.). **1995-1996**: Lamberto Dini assume le redini di un governo di tecnici. **1996**: dopo la vittoria di una coalizione di centro-sinistra alle elezioni legislative (per la prima volta nella storia della democrazia italiana), Romano Prodi diventa presidente del consiglio. **1998**: Massimo d'Alema, leader dei *Democratici di sinistra* (DS), eredi del Partito comunista, gli succede a capo del governo. **1999**: l'I. partecipa all'intervento militare dell'ONU e alla forza multinazionale di pace nel Kosovo. C.A. Ciampi viene eletto alla presidenza della repubblica. **2000**: all'indomani della sconfitta del centro-sinistra alle elezioni regionali, M. d'Alema si dimette e alla guida del governo ritorna G. Amato. **2001**: le elezioni legislative del 13 mag. danno la vittoria a una coalizione di centro-destra (Casa delle *Libertà*) guidata da S. Berlusconi, al quale va per la seconda volta la presidenza del consiglio. L'I. partecipa alle operazioni militari in Afghanistan. **2003**: il governo, pur ribadendo la non belligeranza dell'I., appoggia la spedizione militare statunitense in Iraq. Al termine del conflitto, in luglio, invia un contingente di bersaglieri e carabinieri. Il 12 nov. muoiono in un attentato a Nassiriya 19 soldati italiani e 2 civili.

ITÀLIA (L'), quotidiano cattolico fondato nel 1912 a Milano. Fusosi nel 1968 con *L'Avvenire d'Italia* di Bologna per dare vita a *L'Avvenire*, ha espresso le posizioni del clero lombardo.

ITÀLIA DEI VALÓRI (L'), partito politico fondato nel 2000 da A. Di Pietro. Di orientamento di centro, ha promosso una serie di iniziative a difesa della legalità e della giustizia. Parte dell'Ulivo, nel 2000 è confluito per breve tempo nei Democratici di R. Prodi.

ITÀLIA NÒSTRA, associazione nazionale fondata nel 1955. Con sede a Roma, si occupa della tutela e salvaguardia del patrimonio storico, artistico e culturale italiano.

ITÀLICO (regno), regno costituito nel 1805 da Napoleone I. Comprendeva i territori dell'Italia centro-settentr. in precedenza noti come repubblica cisalpina e repubblica italiana. Fu lo stesso Napoleone a diventarne il re, mentre la carica di viceré fu assunta da Eugenio Beauharnais. Dopo la sconfitta di Napoleone a Lipsia (1813) tornò sotto il dominio austriaco.

ITALIMPIÀNTI, impresa operante nel settore della progettazione e realizzazione di impianti industriali. Ha iniziato l'attività nel 1957 come Cosider, quindi, dopo la fusione con Italstat (1991), è stata privatizzata nel 1995.

ITALSTÀT, società fondata nel 1956 come finanziaria del gruppo IRI. Nel 1991 si è unita a Italimpianti.

ITALTÈL, società di telecomunicazioni fondata a Milano nel 1980. Controllata dalla finanziaria Stet del gruppo IRI, si occupa della produzione e vendita di sistemi per le telecomunicazioni pubbliche e private.

ITAMI, c. del Giappone (Honshu); 188.431 ab. Aeroporto.

ITAR-TASS (Information Telegraph Agency of Russia-Tass), agenzia di stampa russa. È nata, nel 1992, dalla fusione dell'agenzia Tass (Telegrafnoe Agenstvo Sovetskogo Sojuza), agenzia di stampa ufficiale dell'URSS (1925-1991), con RIA-Novosti (Russian Information Agency-Novosti), prolungamento dell'agenzia Novosti fondata nel 1961.

ITELMÈNI, popolazione paleo-siberiana della Russia (Kamčatka e reg. del Magadan) (ca. 2500 individui). Gli i., a partire dalla fine del XVII sec., si sono mescolati con i cosacchi inviati per sottometterli. Il loro nome russo, kamčadali, è ormai desueto.

ÌTRI, com. in prov. di Latina, sul versante occ. dei Monti Aurunci; 8980 ab. Agricoltura (olive, uva). Industrie dell'abbigliamento. Castello medievale.

ITT (International Telephone and Telegraph Corporation), società statunitense fondata nel 1910. Specializzata inizialmente nelle telecomunicazioni, si è in seguito molto diversificata, diventando una delle più potenti multinazionali tra il 1960 e il 1970. Oggi è divisa in numerose società.

ITTEN (Johannes), *Südernlinden 1888 - Zurigo 1967*, pittore svizzero. Insegnante al Bauhaus e fondatore di una scuola d'arte a Berlino, fu uno dei maggiori teorici del colore e delle variazioni cromatiche. Tra le opere, *Incontro* (1916) e il saggio *L'arte del colore* (1967).

ÌTTIRI, com. in prov. di Sassari; 9273 ab. Agricoltura (formaggi, olio). Resti archeologici di epoca nuragica.

ITTÌTI, popolazione indoeuropea, di cui si ha testimonianza a partire dal XX sec. a.C., che tra il XVII e XII sec. a.C. costruì un potente impero nell'Anatolia centrale, con cap. Hattusas (att. *Bogazköy*). La potenza ittita, altalenante nel XV sec. con il regno di Mitanni, raggiunse il suo apogeo nel XIV-XIII sec., quando uguagliò quella dell'Egitto (battaglia di Qadesh). L'impero ittita cadde nel XII sec. a.C. a causa delle invasioni dei "popoli del mare".

ITTITI. *La porta della Sfinge nel santuario della fortezza di Alacahöyük (Anatolia), XIV sec. a.C.*

ITÚRBIDE (Agustín **de**), *Valladolid, att. Morelia, Messico, 1783 - Padilla 1824*, generale messicano. Generale dell'esercito spagnolo, partecipò alla repressione dei moti insurrezionali di Hidalgo e Morelos (1810-1815) e impose alla Spagna il trattato di Córdoba, che riconobbe l'indipendenza del Messico (1821). Proclamato imperatore nel 1822, fu costretto ad abdicare (1823) dall'insurrezione dei repubblicani di A.L. de Santa Anna e venne fucilato.

IUCN (International Union for Conservation of Nature, in it. Unione internazionale per la conservazione della natura), organizzazione internazionale fondata nel 1948 sotto l'egida dell'ONU. Riunisce oltre 900 organizzazioni governative e non governative e supervisiona numerosi programmi di protezione e sfruttamento razionale delle risorse naturali. Pubblica una "Lista rossa delle specie in pericolo". Ha sede a Gland (Svizzera).

IUGOSLÀVIA, in serbo **Jugoslavija**, ex Stato dell'Europa merid., composto a partire dalla seconda guerra mondiale da sei repubbliche: Bosnia-Erzegovina, Croazia, Macedonia, Montenegro, Serbia e Slovenia.

STORIA – **1918**: il regno dei serbi, croati e sloveni è creato sotto la reggenza di Pietro I Karagjorgjević. Riunisce gli slavi del S che, prima della prima guerra mondiale, erano divisi tra la Serbia e l'impero austro-ungarico. **1919-1920**: i trattati di Neuilly-sur-Seine, Saint-Germain-en-Laye, Trianon e Rapallo stabiliscono le sue frontiere. **1921**: viene adottata una Costituzione centralista e parlamentare. **1929**: Alessandro I (1921-1934) stabilisce un regime autoritario. Il paese prende il nome di I. **1934**: Alessandro I è assassinato da un estremista croato. Gli succede il figlio Pietro II sotto la reggenza del principe Paolo, cugino di Alessandro. **1941**: Paolo firma con le potenze dell'Asse il patto tripartito ed è rovesciato da una rivoluzione a Belgrado. La I. viene occupata dalla Germania. La resistenza è organizzata da D. Mihailović, serbo di tendenza monarchica e nazionalista, da una parte, e da J. Broz Tito, croato e comunista, dall'altra. Pietro II si rifugia a Londra. **1943**: Tito crea il Comitato nazionale di liberazione. **1945-1946**: nasce la Repubblica popolare federativa, costituita da sei repubbliche. Tito ne assume il governo. **1948-1949**: Stalin esclude la I. dal mondo socialista e dal Kominform. **1950**: entra in vigore l'autogestione. **1955**: Nikita Chruščëv ripristina le relazioni con la I. **1961**: una conferenza dei paesi non allineati si riunisce a Belgrado. **1963**: viene istituita la Repubblica socialista federativa di I. (RSFY). **1971**: lo sviluppo del nazionalismo (croato) porta alla rimozione di dirigenti croati. **1974**: una nuova Costituzione riconosce maggiori diritti alle repubbliche. **1980**: dopo la morte di Tito, le funzioni presidenziali sono esercitate collegialmente. **A partire dal 1988**: le tensioni interetniche si intensificano (soprattutto nel Kosovo) e la situazione economica, politica e sociale si deteriora. **1990**: la Lega comunista iugoslava rinuncia al monopolio politico. La Croazia e la Slovenia, ormai dirette dall'opposizione democratica, si oppongono alla Serbia e cercano di definire il loro statuto nella federazione iugoslava; **1991**: si proclamano indipendenti (giu.). Dopo alcuni scontri, l'esercito federale si ritira dalla Slovenia; sanguinosi combattimenti contrappongono la Croazia all'esercito federale e ai serbi di Croazia. La Macedonia proclama l'indipendenza (sett.). **1992**: la comunità internazionale riconosce l'indipendenza della Croazia e della Slovenia (gen.) e quella della Bosnia Erzegovina (apr.), dove scoppia una guerra fratricida. La Serbia e il Montenegro danno vita alla Repubblica Federale di I. (apr.).

IUGOSLÀVIA (Repùbblica Federále di) → SERBIA E MONTENEGRO.

IÙLO o **ASCÀNIO** MITOL. GR. Figlio di Enea e di Creusa. Succedette al padre come re di Lavinio e fondò Alba Longa. Giulio Cesare pretese di discendere da lui (*gens Iulia*).

IVA (Impòsta sul valóre aggiùnto), imposta indiretta istituita nel 1973. Applicata sul reddito, grava sull'incremento di valore che un bene o un servizio acquista nei vari passaggi del ciclo di produzione e distribuzione.

IVAJLO, m. nel 1280, zar usurpatore di Bulgaria (1278-1280). Difese il paese contro i mongoli e si fece proclamare zar.

IVAN I KALITA, m. nel 1340, principe di Mosca (1325-1340) e gran principe di Vladimir (1328-1340). Ottenne dai mongoli il privilegio di riscuotere i tributi dovuti all'Orda d'oro. — **Ivan III il Grande**, *1440 - Mosca 1505*, gran principe di Vladimir e di Mosca (1462-1505). Liberatosi dalla sovranità mongola (1480), assunse il titolo di autocrate e si autodefinì erede di Bisanzio. — **Ivan IV il Terribile**, *Kolomenskoe 1530 - Mosca 1584*, gran principe (1533-1547) e zar (1547-1584) di Russia, della dinastia dei Rjurikidi. Fu il primo ad assumere il titolo di zar. Una volta annessi i khanati di Kazan' (1552) e di Astrakhan (1556), provocò la guerra di Livonia (1558-1583). Alla fine del suo regno instaurò un regime

IVAN IV IL TERRIBILE. *(Museo storico, Mosca.)*

di terrore assegnando ai suoi fedeli l'amministrazione di vasti territori (*opričnina*, 1565-1572).

IVANHOE, romanzo storico di W. Scott (1819). I., guerriero valoroso e generoso, segue Riccardo I Cuor di Leone durante la terza crociata e lo sostiene nella lotta contro Giovanni Senza Terra.

IVANO-FRANKOVSK, c. dell'Ucraina, a SE di Leopoli; 226.000 ab.

IVANOV (Lev Ivanovič), *Mosca 1834 - San Pietroburgo 1901*, ballerino e coreografo russo. Assistente di M. Petipa, realizzò la coreografia de *Lo schiaccianoci* (1892) e quella degli atti II e III de *Il lago dei cigni* (1895).

IVANOVO, c. della Russia, a NE di Mosca; 472.240 ab. Centro tessile.

IVES (Charles), *Danbury, Connecticut, 1874 - New York 1954*, compositore statunitense. Anche organista, fu un pioniere del nuovo linguaggio musicale (*The Unanswered Question*, 1906; *Concord Sonata*, per piano, 1915).

IVO DI CHARTRES (sànto), *nel Beauvaisis 1040 ca. - Chartres 1116*, teologo, canonista e vescovo di Chartres. La sua opera ha influenzato l'elaborazione del diritto canonico.

IVO (sànto), *Kermartin, Bretagna, 1253 - Louannec 1303*, sacerdote e patrono degli avvocati. La sua tomba, a Tréguier, è meta di pellegrinaggi.

IVORY (James), *Berkeley 1928*, regista cinematografico statunitense. Abilissimo nel dipingere il tramonto di un'epoca, questo discepolo di Henry James ha tradotto in immagini molte opere letterarie (*Shakespeare Wallah*, 1965; *The Europeans*, 1979; *Calore e polvere*, 1983; *Camera con vista*, 1985; *Quel che resta del giorno*, 1993; *The Golden Bowl*, 2000).

IVRÈA, com. in prov. di Torino, presso la foce della Dora Baltea; 24.399 ab. Industrie tessili, chimiche, meccanico-elettriche (Olivetti). — Città di origine celtica, poi colonia romana (*Eporedia*), nell'888 divenne marca autonoma. — Duomo (X sec.), Castello (XIV sec.) e chiesa di S. Bartolomeo.

IWAKI, c. del Giappone (Honshu); 360.598 ab.

IWASZKIEWICZ (Jarosław), *Kalnik, Ucraina, 1894 - Varsavia 1980*, scrittore polacco. Poeta e saggista, nelle sue opere narrative (*Le signorine di Wilko, Gli scudi rossi, Madre Giovanna degli Angeli*) ha saputo conciliare fantasia e realismo psicologico.

IWO, c. della Nigeria sud-occ.; 296.200 ab.

IWO JIMA, isola giapponese del Pacifico, a N delle Marianne. Fu conquistata dagli americani nel feb. 1945.

IXELLES, in fiamm. **Elsene**, com. del Belgio (Bruxelles), sobborgo merid. di Bruxelles; 72.610 ab. Ant. abbazia della Cambre. Musei.

IZANAGI E IZANAMI, coppia di creatori delle montagne, dei campi e degli elementi, nella religione shintoista.

IZEGEM, com. del Belgio (Fiandra Occidentale); 26.541 ab.

IZETBEGOVIĆ (Alija), *Bosanski Šamac 1925*, politico bosniaco. Eletto presidente della Bosnia-Erzegovina nel 1990, si è opposto alla divisione etnica del paese e si è adoperato affinché i diritti dei musulmani venissero rispettati. Cofirmatario dell'accordo di pace del 1995, è stato dal 1996 al 2000 membro della presidenza collegiale della nuova federazione della Bosnia-Erzegovina (che ha presieduto dal 1996 al 1998 e nel 2000).

IŽEVSK, c. della Russia, cap. della Rep. degli Udmurti; 653.174 ab. Industrie metallurgiche.

IZMIR, già **Smirne**, c. della Turchia, sul Mare Egeo; 2.081.556 ab. Porto. Fiera internazionale. — Museo archeologico. — Annessa all'impero ottomano nel 1424, fu occupata dai greci nel 1919 e riconquistata dai turchi nel 1922.

IZMIT, già **Nicomèdia**, c. della Turchia, sul Mar di Marmara; 256.882 ab. Porto militare. Petrolchimica. È stata colpita dal terremoto nel 1999.

IZNIK, nome att. di *Nicea* (Turchia).

IZOARD (Col de l'), valico stradale delle Alpi francesi (Hautes-Alpes), tra il Queyras e il Briançonnais; 2361 m.

IZUMO, santuario shintoista fondato nel VI sec. ca. sulla costa del Mare del Giappone (pref. di Shimane). Fedelmente ricostruito nel 1874, è uno degli esempi di architettura prebuddhista in Giappone. Celebre meta di pellegrinaggio.

IZVESTIJA ("Notizie"), quotidiano russo fondato nel 1917 a Pietrogrado. È stato l'organo del soviet supremo dell'URSS.

Carattere Janson

JABALPUR o **JUBBULPORE**, c. dell'India centrale (Madhya Pradesh); 951.469 ab.
JABLONOBY (Mónti), massiccio della Russia, nella Siberia merid.; 1680 m.
JACÌNI (Stéfano), *Casalbuttano 1826 - Milano 1891*, politico ed economista. Studioso della situazione economica della Lombardia, collaboratore di C. Cavour, fu deputato della destra storica, senatore e ministro dei lavori pubblici. Negli anni 1877-1884 avviò un'importante inchiesta agraria.
JACÌNI (Stéfano), *Milano 1886-1952*, politico e storico. Membro del Partito popolare e deputato (1919), partecipò alla fondazione della DC (1942). Membro del CLN dell'alta Italia, fu poi ministro della guerra (1945) e senatore (1948). Tra le opere, *Un conservatore rurale della nuova Italia* (1926).
JACKSON, c. degli Stati Uniti, cap. del Mississippi; 184.256 ab.
JACKSON (Andrew), *Waxhaw, Carolina del Sud, 1767 - Hermitage, Tennessee, 1845*, politico statunitense. Democratico, presidente degli Stati Uniti dal 1829 al 1837, lasciò la sua impronta ("era di J.") rafforzando l'autorità presidenziale e le basi democratiche del paese.

■ *Andrew Jackson ritratto da T. Sully. (National Gallery of Arts, Washington.)*
JACKSON (Glenda), *Birkenhead 1936*, attrice teatrale e cinematografica britannica. Dopo l'esperienza teatrale con P. Brook (teatro della crudeltà), ha ottenuto un notevole successo al cinema: *Marat/Sade* (1967), *Donne in amore* (1969, premio Oscar), *Domenica, maledetta domenica* (1971), *Un tocco di classe* (1973, premio Oscar). Nel 1992 ha lasciato l'arte per la politica: eletta deputato per il Partito laburista, fino al 1999 è stata ministro della marina mercantile britannica.
JACKSON (John Hughlings), *Green Hammerton, Yorkshire, 1835 - Londra 1911*, neurologo britannico. Tra i fondatori della neurologia, si dedicò in particolar modo allo studio dell'epilessia.
JACKSON (Mahalia), *New Orleans 1911 - Chicago 1972*, cantante statunitense. Una delle più grandi interpreti di spiritual e di gospel, conobbe il successo a partire dal 1946.
JACKSON (Michael), *Gary, Indiana, 1958*, cantante pop statunitense. Ultimo nato di cinque fratelli, che un tempo formavano il gruppo di rhythm'n blues Jackson Five, negli anni '70 del secolo scorso ha intrapreso una carriera da solista, ottenendo grande successo su scala internazionale. È anche un abile ballerino (breakdance).
JACKSONVILLE, c. degli Stati Uniti (Florida); 735.617 ab. Turismo.

JACOB (François), *Nancy 1920*, medico, biologo e biochimico francese. Per la scoperta dell'RNA messaggero e dei meccanismi di regolazione genetica ha ottenuto, insieme a A. Lwoff e J. Monod, il premio Nobel per la medicina (1965).
JACOB (Max), *Quimper 1876 - Drancy 1944*, scrittore e pittore francese. I suoi poemi (*Il bussolotto per dadi*) e la sua prosa oscillano tra l'ironico e il mistico, tra la parodia e la meditazione religiosa.

■ *Max Jacob ritratto da J.-É. Blanche. (Museo di Belle Arti, Rouen.)*
JACOBÈLLO DEL FIÓRE → IACOBELLO DEL FIORE.
JACOBI (Carl), *Potsdam 1804 - Berlino 1851*, matematico tedesco. Autore di fondamentali studi sulle funzioni ellittiche, pose le basi per la teoria delle funzioni periodiche.
JACOBI (Friedrich Heinrich), *Düsseldorf 1743 - Monaco 1819*, filosofo tedesco. Studioso di I. Kant e B. Spinoza, formulò acute obiezioni al criticismo kantiano, individuando nella compresenza di fede, coscienza e ragione il fondamento della libertà umana e della realtà. Tra le opere, *Woldemar* (1781), *Opere* (1812-1825).
JACOBSEN (Arne), *Copenaghen 1902-1971*, architetto e designer danese. Ha progettato soprattutto stabilimenti industriali, le cui strutture presentano grande qualità plastica.
JACOBSEN (Jens Peter), *Thisted 1847-1885*, scrittore danese. I suoi romanzi intimisti e tragici hanno per oggetto l'inconscio e l'eterno dissidio tra sogno e realtà (*Maria Grubbe, Niels Lyhne*).

Michael **JACKSON** *durante un concerto a Saragozza (ott. 1996).*

JÀCOPO → IÀCOPO.
JÀCOPO DÉLLA QUÈRCIA, *Siena 1374 ca. - ? 1438*, scultore. Fu uno dei principali rappresentanti del passaggio dall'arte gotica a quella rinascimentale. Tra le sue opere: la tomba di Ilaria del Carretto (duomo di Lucca), *Fonte Gaia* (Piazza del Campo, Siena), *Storie della Genesi* (S. Petronio, Bologna).

JACOPO DELLA QUERCIA. *Fonte battesimale del battistero di Siena (1416-1429).*

JACOVÌTTI (Benìto), *Termoli 1923 - Roma 1997*, disegnatore di fumetti. Collaboratore di *Il Giorno dei ragazzi*, *Il Giornalino*, *Il Corriere dei piccoli*, *Linus*, ideò numerosi personaggi il più famoso dei quali è Cocco Bill (1956), protagonista di avventure surreali di forte impatto umoristico.
JACQUARD (Joseph Marie), *Lione 1752 - Oullins 1834*, inventore francese. Poco dopo il 1800, rifacendosi ai lavori di J. Vaucanson, inventò il telaio automatico che porta il suo nome, il cui meccanismo permetteva la selezione dei fili dell'ordito attraverso appositi cartoni forati.
JACQUEMART DE HESDIN, miniatore francese al servizio del duca di Berry dal 1384 al 1409. Di lui ci restano le raffinate *Très belles heures de Notre-Dame* e le *Grandes heures de Jean de Berry*.
JACÙTI o **JAKÙTI**, popolazione della Russia, stanziata soprattutto in Jacuzia-Saha (ca. 380.000 individui). Gli j., che derivano dall'incrocio tra nomadi turco-mongoli e la popolazione autoctona (a partire dal XIII sec.), sono divenuti sedentari

nel XIX sec. e hanno sempre saputo affermare la propria identità di fronte alla colonizzazione russa. Parlano lo jakuto, una lingua turca. Chiamano se stessi sakha.

JACÙZIA-SAHA, fino al 1991 **Jacùzia**, rep. della Russia, in Siberia; 3.103.200 km²; 976.400 ab.; capol. *Jakutsk*. In questo immenso territorio la popolazione di ceppo jacuto costituisce soltanto un terzo del totale, mentre i russi rappresentano il 50% ca.

JADE (Gólfo di), golfo della Germania, sul Mare del Nord.

JADIDA (El-), già **Mazagan**, c. del Marocco, sull'Atlantico; 81.455 ab. Porto. — Monumenti antichi.

JAÉN, c. della Spagna (Andalusia), capol. di prov.; 110.781 ab. Cattedrale costruita a partire dal 1548, in uno stile classico maestoso, da Andrés de Vandelvira (discepolo di D. de Siloé); altri monumenti, alcuni di stile mudejar.

JAFET, personaggio biblico, terzogenito di Noè, uno dei progenitori dell'umanità dopo il diluvio universale.

JAFFNA, c. dello Sri Lanka settentr.; 129.000 ab. Porto.

JAFÔ → GIAFFA.

JAGELLÓNI, dinastia di origine lituana che regnò in Polonia (1386-1572), sul granducato di Lituania (1377-1401, 1440-1572), in Ungheria (1440-1444, 1490-1526) e in Boemia (1471-1526).

JAHIER (Pièro), *Genova 1884 - Firenze 1966*, scrittore. Membro del gruppo della *Voce*, partì volontario per la prima guerra mondiale, esperienza che influenzò in maniera determinante la sua opera letteraria (*Canti di soldati*, 1918; *Ragazzo*, 1918; *Con me e con gli alpini*,1919).

JAIPUR, c. dell'India, cap. del Rajasthan; 2.324.319 ab. Università. — Cap. del Rajput nel corso del XVIII sec.: numerosi palazzi e osservatorio astronomico.

JAKOBSON (Roman), *Mosca 1896 - Boston 1982*, linguista statunitense di origine russa. Tra i membri del Circolo di Praga, nel 1941 si stabilì negli Stati Uniti. Ha dedicato le sue ricerche alla fonologia, alla psicolinguistica, alla teoria della comunicazione e al linguaggio poetico (*Saggi di linguistica generale*, 1963-1973).

JAKÙTI → JACUTI.

JALAPA o **JALAPA ENRÍQUEZ**, c. del Messico, cap. dello Stato di Veracruz; 373.076 ab. Museo archeologico (cultura olmeca) con serre e giardini.

JALGAON, c. dell'India (Maharashtra); 368.579 ab.

JALISCO, Stato del Messico; 6.322.002 ab.; cap. *Guadalajara*.

JALTA (conferènza di) (4-11 feb. 1945), conferenza in cui si incontrarono W. Churchill, F.D. Roosevelt e Y. Stalin, per affrontare i problemi posti dall'imminente sconfitta della Germania nazista. Vi fu approvato il passaggio di una parte della Polonia orient. all'URSS, che si impegnò a entrare in guerra contro il Giappone. Vi si stabilì inoltre di assistere i paesi dell'Europa liberata nella formazione di governi democratici.

*Churchill, Roosevelt e Stalin alla conferenza di **JALTA**, nel febbraio 1945.*

JALTA o **YALTA**, c. dell'Ucraina, in Crimea, sul Mar Nero; 89.300 ab. Stazione balneare.

JAMAL PASCIÀ (Ahmad), *Mitilene 1872 - Tiflis 1922*, generale e politico ottomano. Fu uno dei capi dei Giovani turchi, che si impadronirono del potere nel 1913 e trascinarono l'impero ottomano a fianco della Germania nella prima guerra mondiale. Fu assassinato.

JAMBI, c. dell'Indonesia, capol. di prov., nella zona orient. di Sumatra; 410.400 ab.

JAMBOL, c. della Bulgaria; 82.924 ab.

JAMES (Bàia di), vasta insenatura all'estremità della Baia di Hudson (Canada). Sfruttamento idroelettrico dei fiumi tributari del Québec.

JAMES (William), *New York 1842 - Chocorua, New Hampshire, 1910*, filosofo statunitense. Si interessò alla psicologia (*Principi di psicologia*, 1890), fondò a Harvard il primo laboratorio americano di psicologia sperimentale (1876) e sostenne il pragmatismo (*Pragmatismo*, 1907). — **Henry J.**, *New York 1843 - Londra 1916*, scrittore statunitense naturalizzato britannico, fratello di William. I suoi romanzi, di stampo psicologico, evocano spesso la distanza tra cultura europea e americana (*Il giro di vite*, 1898; *Le ali della colomba*, 1902; *Gli ambasciatori*, 1903; *La coppa d'oro*, 1904).

JAMISON (Judith), *Filadelfia 1944*, ballerina statunitense. Principale interprete delle opere di A. Ailey (*Cry*, 1971), si è poi orientata verso la coreografia (*Divining*, 1988) e dal 1989 dirige la compagnia da lei fondata.

JAMMES (Francis), *Tournay 1868 - Hasparren 1938*, scrittore francese. È autore di romanzi (*Clara d'Ellébeuse*) e poesie (*Georgiche cristiane*), che esaltano la natura e lasciano trasparire un forte sentimento religioso.

JAMMU, c. dell'India, cap. (con Srinagar) dello Stato di Jammu e Kashmir; 378.431 ab.

JAMMU E KASHMIR, lo Stato più settentr. dell'India; 101.000 km²; 10.069.917 ab.; cap. invernale *Jammu* e cap. estiva *Srinagar*.

JAMNA → YAMUNA.

JAMNAGAR, c. dell'India (Gujarat); 447.734 ab.

JAMSHEDPUR, c. dell'India (Jharkhand), a O di Calcutta; 570.349 ab. Impianti siderurgici.

JANÁČEK (Leoš), *Hukvaldy 1854 - Moravská Ostrava 1928*, compositore ceco. Ispirato dal folclore, compose opere (*Jenůfa*, 1916; *La volpe astuta*, 1924), una *Messa glagolitica*, musiche per orchestra e da camera.

JANCO (Marcel), *Bucarest 1895 - Tel Aviv 1984*, pittore romeno. Partecipò alla nascita del movimento dada a Zurigo e del gruppo Nuovi Orizzonti in Palestina. In seguito, avvicinatosi all'astrattismo, fece parte del movimento d'avanguardia Contimporanul.

JANCSÓ (Miklós), *Vác 1921*, regista cinematografico ungherese. I suoi film, essenziali e allegorici, traggono ispirazione dalla storia ungherese (*I disperati di Sandor*, 1965; *L'armata a cavallo*, 1967; *Silenzio e grido*, 1968; *Salmo rosso*, 1972; *La stagione dei mostri*, 1987).

JANE GREY, lady **Dudley**, *Bradgate, Leicestershire, 1537 ca. - Londra 1554*, regina d'Inghilterra (1553). Nipote di Enrico VIII, succedette a Edoardo VI grazie agli intrighi di J. Dudley, ma fu detronizzata dopo poco da Maria I Tudor, che la fece decapitare.

JANEQUIN (Clément), *Châtellerault ? 1485 ca. - Parigi 1558*, compositore francese, uno dei maestri della *chanson* polifonica parigina (*La guerra*, *Il canto degli uccelli* ecc.).

JANET (Pierre), *Parigi 1859-1947*, psicologo e psichiatra francese, fondatore della psicologia clinica. Tentò, prima di S. Freud, di spiegare le turbe psichiche attraverso meccanismi psicologici (*Nevrosi e idee fisse*, 1898; *Dall'angoscia all'estasi*, 1927-1928).

■ *Pierre Janet.*

JANKÉLÉVITCH (Vladimir), *Bourges 1903 - Parigi 1985*, filosofo francese. Ha esposto la propria filosofia dell'esistenza in diverse pubblicazioni

(*Trattato delle virtù*, 1949; *Il non-so-che e il quasi-niente*, 1957 e 1980). Si è anche interessato alla musica (*Ravel*, 1939).

JAN MAYEN (Ísola), isola norvegese nel Mar Glaciale Artico, a NE dell'Islanda.

JANNINGS (Theodor Friedrich Émil **Janenz**, detto Emil), *Rorschach 1884 - Strobl 1950*, attore teatrale e cinematografico tedesco. Celebre a teatro nel ruolo di Mefistofele (*Faust*, 1922), ottenne un notevole successo sullo schermo: *L'ultimo uomo* (1924), *Tartufo* (1925), *Faust* (1926), *Nel gorgo del peccato* (1927, premio Oscar), *Crepuscolo di gloria* (1928, premio Oscar), *L'Angelo azzurro* (1930).

JANSKY (Karl Guthe), *Norman, Oklahoma, 1905 - Red Bank, New Jersey, 1950*, ingegnere statunitense. Scoprì le emissioni radioelettriche provenienti dal nucleo della galassia (1931), aprendo così la strada alla moderna radioastronomia.

JANSSEN (Jules), *Parigi 1824 - Meudon 1907*, astronomo francese. Fu uno dei pionieri dell'astrofisica solare e scoprì l'elio contemporaneamente a J. Lockyer (1868). Nel 1876 fondò l'osservatorio di Meudon.

JAPPÈLLI (Giuseppe), *Venezia 1783-1852*, ingegnere e architetto. Studiò a Venezia con G.A. Selva, collaborando con lui come ingegnere idraulico. In seguito la sua opera si indirizzò verso un'audace commistione di elementi neoclassici e romantici. Celebre per la realizzazione del Caffè Pedrocchi (1826-1831) a Padova.

JAPURÁ o **YAPURÁ**, f. della Colombia e del Brasile, affl. del Rio delle Amazzoni; 1945 km.

JAQUÈRIO (Giàcomo), *prima metà XV sec.*, pittore. I suoi affreschi, realizzati nell'abbazia di S. Antonio a Ranverso (Torino) e in altre chiese del Piemonte, dimostrano l'aderenza agli stilemi del gotico internazionale, rielaborati secondo una poetica personale.

JAQUES-DALCROZE (Émile), *Vienna 1865 - Ginevra 1950*, compositore e pedagogista svizzero. Autore di melodie popolari, fu l'inventore della ginnastica ritmica.

JAROSLAV IL SÀGGIO, *978 ca. - Kiev 1054*, gran principe di Klev (1019-1054). Abile organizzatore e legislatore illuminato, ottenne dai bizantini che Kiev divenisse la sede del metropolita di Russia.

JAROSLAVL', c. della Russia, sul corso superiore del Volga; 638.100 ab. Industrie tessili, meccaniche e chimiche. — Chiesa a cinque cupole del XVII sec.; musei.

JARRE (Maurice), *Lione 1924*, compositore francese. Direttore musicale al Théâtre national populaire, ha composto principalmente musica da film (*Dottor Zivago*, D. Lean, 1965). — **Jean-Michel J.**, *Lione 1948*, compositore francese, figlio di Maurice. La sua musica elettronica e i suoi spettacoli audiovisivi sono destinati a un grande pubblico (*Oxygène*, 1976).

JARRETT (Keith), *Allentown 1945*, pianista e compositore jazz statunitense. Fedele alla tradizione del pianoforte jazz acustico, ha espresso il suo genio musicale in opere soliste (*Solo Concerts*, *The Köln Concert*) o in gruppo (quartetto o trio).

JARRY (Alfred), *Laval 1873 - Parigi 1907*, scrittore francese. Autore drammatico, romanziere (*Il supermaschio*) e poeta, creatore del personaggio di Ubu (*Ubu re, Ubu incatenato*) e della patafisica (*Gesta e opinioni del dottor Faustroll, patafisico*), è uno dei padri del surrealismo.

■ *Alfred Jarry ritratto da F.A. Cazals.*

JARUZELSKI (Wojciech), *Kurów 1923*, generale e politico polacco. Primo ministro (1981-1985) e primo segretario del Partito operaio unificato polacco (1981-1989), dichiarò lo stato di guerra (dic. 1981 - dic. 1982) e mise fuori legge il sindacato Solidarność (1982). Presidente del consiglio di Stato a partire dal 1985, fu eletto alla presidenza della repubblica dal parlamento nel 1989. Il suo mandato terminò con le elezioni presidenziali del 1990.

JASPAR (Henri), *Schaerbeek 1870 - Uccle 1939*, politico belga. Primo ministro dal 1926 al 1931, restituì stabilità al franco belga e favorì l'adozione del fiammingo come lingua d'insegnamento all'Università di Gand (1930).

JASPER (Pàrco nazionàle di), sito turistico nelle Montagne Rocciose canadesi (Alberta).

JASPERS (Karl), *Oldenburg 1883 - Basilea 1969*, filosofo e psichiatra tedesco. È uno dei principali rappresentanti dell'esistenzialismo cristiano.

JASTRZĘBIE-ZDRÓJ, c. della Polonia, in Slesia; 101.852 ab.

JAT, popolazione del Pakistan e dell'India settentr. (ca. 13 milioni di individui). Gli j., forse discendenti dallo stesso ceppo degli zigani, sono nomadi e considerati "impuri".

JAUFRÉ RUDEL, principe **di Blaye**, trovatore provenzale del XII sec. È nota la canzone in cui allude a un "amor lontano".

JAURÈS (Jean), *Castres 1859 - Parigi 1914*, politico francese. Docente universitario, giornalista e repubblicano (1885-1889), fu deputato socialista dal 1893 al 1898, poi dal 1902 fino alla morte. Fondatore (1904) de *L'humanité*, storico (*Storia socialista [1789-1900]*, 1901-1908), fu il vero leader del socialismo francese, soprattutto dopo il 1905. Pacifista militante, si attirò l'ostilità degli ambienti nazionalisti. Fu assassinato nel lug. 1914, alla vigilia della prima guerra mondiale.

■ *Jean Jaurès ritratto da F. Batut. (Musée Jean-Jaurès, Castres.)*

JAVARI o **YAVARI**, f. dell'America merid., affl. del Rio delle Amazzoni; 1000 km ca. Separa il Perú dal Brasile.

JAXARTES, ant. nome del *Syrdarja*.

JAY (John), *New York 1745 - Bedford, Stato di New York, 1829*, politico statunitense. Contribuì in maniera determinante all'indipendenza degli Stati Uniti e, in qualità di presidente della Corte suprema (1789-1795), negoziò, nel 1794, un trattato (*trattato J.*) destinato a regolare i contenziosi con la Gran Bretagna.

JAYADEVA, poeta indiano del XII sec., autore di un poema religioso ed erotico, *Gitagovinda*.

JAYAPURA, già **Hollandia**, c. dell'Indonesia, capol. della Papuasia Occidentale; 180.400 ab.

JAYAWARDENE (Junius Richard), *Colombo 1906-1996*, politico dello Sri Lanka. Fu primo ministro nel 1977 e presidente della repubblica dal 1978 al 1989.

JEAN DE MEUNG o **JEAN DE MEUN**, *Meung-sur-Loire 1240 ca. - Parigi 1305 ca.*, scrittore francese, autore della seconda parte del **Roman de la Rose*.

JEANNERET (Charles-Édouard) → LE CORBUSIER.

JEANNE SEYMOUR, *1509 - Hampton Court 1537*, regina d'Inghilterra. Terza moglie di Enrico VIII, re d'Inghilterra, e madre del futuro Edoardo VI.

JEAN PAUL → RICHTER (Johann Paul Friedrich).

JEANS (sir James Hopwood), *Londra 1877 - Dorking, Surrey, 1946*, astronomo, matematico e fisico britannico. Fu autore di lavori sulla dinamica stellare e di una teoria, oggi abbandonata, sulla formazione dei pianeti. Fu anche divulgatore scientifico.

JEFFERSON (Thomas), *Shadwell, Virginia, 1743 - Monticello, Virginia, 1826*, politico statunitense. Principale autore della Dichiarazione d'indipendenza degli Stati Uniti (1776), fondatore del Partito antifederalista (1797), promosse una politica ispirata alla fisiocrazia, che fece degli Stati Uniti una repubblica incline alla decentralizzazione. Vicepresidente (1797), poi presidente degli Stati Uniti (1801-1809), acquistò la Louisiana dalla Francia. — Architetto dilettante (palazzi a Charlottesville), favorì la diffusione del neoclassicismo.

■ *Thomas Jefferson ritratto da C.W. Peale. (Independence Hall, Filadelfia.)*

JEHOL o **REHE**, ant. prov. della Cina settentr., divisa tra l'Hebei e il Liaoning.

JEHU, re d'Israele (841-814 a.C.).

JELAČIĆ DE BUŽIM (Josip), *Peterwardein, att. Petrovaradin, 1801 - Zagabria 1859*, bano croato. Partecipò alla repressione della rivoluzione nel 1848.

JELENIA GÓRA, c. della Polonia, in Bassa Slesia; 93.407 ab. Monumenti antichi.

JELGAVA, già **Mitau**, c. della Lettonia; 75000 ab. Fu la cap. del ducato di Curlandia (1561-1725).

JELLICOE (John, cónte), *Southampton 1859 - Londra 1935*, ammiraglio britannico. Comandante della flotta britannica (*Grand Fleet*) (1914-1916), criticato per la conduzione della battaglia dello Jylland, fu capo dell'ammiragliato (1916-1917) e venne nominato governatore della Nuova Zelanda.

JÈMOLO (Artùro Càrlo), *Roma 1891-1980*, giurista e storico. Insegnante e studioso di diritto ecclesiastico, ne sostenne un'interpretazione giuridica (*Elementi di diritto ecclesiastico*, 1934). Importanti i suoi studi sul Risorgimento (*Chiesa e Stato in Italia negli ultimi cento anni*, 1948).

JENA, c. della Germania (Turingia), sul Saale; 99.779 ab. Industrie di strumenti ottici e di precisione. Università fondata nel 1557.

JENNER (Edward), *Berkeley 1749-1823*, medico britannico. Realizzò la prima vaccinazione scoprendo che l'inoculazione dell'essudato delle lesioni del vaiolo bovino (forma benigna) conferisce l'immunità contro la malattia.

JENSEN (Hans Daniel), *Amburgo 1907 - Heidelberg 1973*, fisico tedesco. Elaborò, indipendentemente da M. Goeppert-Mayer, una teoria relativa alla struttura "a guscio" del nucleo, che permette di spiegare soprattutto l'esistenza dei "numeri magici". (Premio Nobel 1963.)

JENSEN (Johannes Vilhelm), *Farsø 1873 - Copenaghen 1950*, scrittore danese. Romanziere, poeta e saggista, elaborò una sorta di mistica pagana dell'evoluzione umana (*Il lungo viaggio*), contrassegnata dall'esaltazione della razza "gotica". (Premio Nobel 1944.)

JERASH → GÈRASA.

JEREZ DE LA FRONTERA, ant. **Xeres**, c. della Spagna (Andalusia); 183.677 ab. Vini. — Monumenti dell'epoca araba e barocca.

JEROME (Jerome Klapka), *Walsall 1859 - Northampton 1927*, scrittore britannico. Brillante umorista, scrisse alcuni romanzi di grande successo: *Pensieri oziosi di un ozioso* (1886), *Tre uomini in barca* (1889), *Tre uomini a zonzo* (1900).

JERSEY, la più grande e la più popolosa delle isole anglo-normanne: 116 km²; 87.186 ab.; capol. *Saint Helier*. Turismo. Palazzo delle finanze. Orticoltura e floricoltura.

JERSEY CITY, c. degli Stati Uniti (New Jersey), sull'Hudson, di fronte a New York; 240.055 ab.

JÈSI, com. in prov. di Ancona; 39.182 ab. Agricoltura (foraggi, ortaggi, uva). Industrie alimentari, cartarie, del legno. Palazzo della Signoria (1486-1498), chiesa di S. Marco (XIII sec.).

JÈSOLO, com. in prov. di Venezia, sul margine orient. della Laguna Veneta; 22.839 ab. Agricoltura (frutta, ortaggi). Industrie meccaniche. Turismo nella stazione balneare di Lido di J.

JESPERSEN (Otto), *Randers 1860 - Copenaghen 1943*, linguista danese. Condusse studi su grammatica inglese, fonetica, pedagogia del linguaggio, linguistica (*Linguistica*, 1922; *Filosofia della grammatica*, 1924).

JESSORE, c. del Bangladesh sud-occ., presso la frontiera indiana; 160.198 ab.

JETTE, com. del Belgio (Bruxelles), sobborgo nord-occ. di Bruxelles; 40.075 ab.

JEVONS (William Stanley), *Liverpool 1835 - Bexhill, presso Hastings, 1882*, economista britannico, cofondatore del **marginalismo*. [V. parte nomi comuni.] Fu anche autore di lavori di logica.

JEWISON (Norman), *Toronto 1926*, regista e produttore cinematografico statunitense di origine canadese. Tra i film, *La calda notte dell'ispettore Tibbs* (1967), *L'affare Thomas Crown* (1968), *Jesus Christ Superstar* (1973), *Rollerball* (1975), *F.I.S.T.* (1978), *Stregata dalla luna* (1987), *The Hurricane* (1999).

JHANSI, c. dell'India (Uttar Pradesh); 383.248 ab. Industrie metallurgiche.

JHARKHAND, Stato dell'India nord-orient.; 79.700 km²; 26.909.428 ab.; cap. *Ranchi*.

JHELAM o **JHELUM**, f. dell'India e del Pakistan, affl. di destra del Chenab; 725 km. Attraversa il Kashmir e il Punjab.

JIAMUSI, c. della Cina (Heilongjiang); 744.584 ab.

JIANG JIESHI o **CHANG KAI-SHEK**, psicito *Zhejiang 1887 - Taipei 1975*, generalissimo e politico cinese. Prese parte alla rivoluzione del 1911, dal 1926 fu a capo dell'armata del Guomindang e, dopo aver estromesso i comunisti (1927), creò un governo nazionalista a Nanchino. Lottò contro il PCC, costrinse i comunisti guidati da Mao Zedong alla Lunga marcia (1934), ma nel 1936 dovette allearsi con loro per far fronte comune contro il Giappone. In seguito alla ripresa della guerra civile (1946-1949) si dovette rifugiare a Taiwan ma, fino alla morte, il suo governo fu riconosciuto da molti paesi come l'unico governo legale cinese.

■ *Jiang Jieshi.*

— **Jiang Jinguo** o **Chiang Chin-kuo**, *nello Zhejiang 1910 - Taipei 1988*, politico taiwanese. Figlio di Jiang Jieshi, gli succedette alla guida del Guomindang (1975) e fu presidente della repubblica di Taiwan dal 1978 fino alla morte.

JIANG QING (Zhucheng, Shandong, 1914 - Pechino 1991*, politica cinese. Moglie di Mao Zedong, ebbe un ruolo attivo durante la rivoluzione culturale e fu membro del comitato centrale del Partito comunista cinese (1969). Membro della Banda dei quattro, fu arrestata (1976) e condannata a morte (1980), ma la pena fu commutata in ergastolo.

JIANGSU, prov. della Cina centrale; 100.000 km²; 71.480.000 ab.; capol. *Nanchino*.

JIANGXI, prov. della Cina merid.; 164.800 km²; 41.500.000 ab.; capol. *Nanchang*.

JIANG ZEMIN, *Yangzhou 1926*, politico cinese. Segretario generale del Partito comunista cinese (1989-2002), presidente della commissione per gli affari militari dello Stato (dal 1990) e presidente della repubblica (1993-2003), è stato una figura di primo piano nella vita politica del suo paese, in part. dalla morte di Deng Xiaoping (1997).

JIAXING, c. della Cina, tra Shanghai e Hangzhou; 655.000 ab.

JIJEL, già **Djidjelli**, c. dell'Algeria, capol. di distr.; 115.678 ab.

JILIN, prov. della Cina nord orient.; 26.280.000 ab.; capol. *Changchun*.

JIMÉNEZ (Juan Ramón), *Moguer 1881 - San Juan, Porto Rico, 1958*, poeta spagnolo. Influenzato dal simbolismo (*Anime di violetta, Eternità*), scrisse numerose raccolte di poesie; la sua opera più nota è forse la delicata prosa poetica *Platero ed io* (1914). (Premio Nobel 1956.)

JINA → MAHAVIRA.

JINAN, c. della Cina, capol. della prov. dello Shandong, sul f. Huang He; 2.403.946 ab. Ricco museo; giardini. — Centro industriale.

JINGDEZHEN, c. della Cina, a E del Lago Poyang; 369.995 ab. Museo di storia della ceramica.

JINGMEN, c. della Cina, a NO di Wuhan; 1.017.021 ab.

JINHUA, c. della Cina, a S di Hangzhou; 865.000 ab.

JINJA, c. dell'Uganda; 65.169 ab.

JINNAH (Muhammad Ali), *Karachi 1876-1948*, politico pakistano. Militò nelle fila della Lega musulmana per la fondazione dello Stato del Pakistan, di cui divenne primo governatore (1947-1948).

JINZHOU, c. della Cina (Liaoning); 736.297 ab.

JITOMIR, c. dell'Ucraina, a O di Kiev; 298.000 ab.

JÍVARO o **SHUAR**, popolazione amerindia delle foreste tropicali dell'Amazzonia merid., att. stanziata in Ecuador e in Perù (ca. 5000 individui). Gli j. sono noti per l'usanza di mummificare, riducendole a dimensioni piccolissime, le teste dei nemici, decapitati con cerbottane dai dardi avvelenati. La loro lingua e quella dei gruppi sorti dallo stesso ceppo formano la famiglia jivaro.

JIXI, c. della Cina nord-orient. (Heilongjiang); 835.496 ab.

JOÃO PESSOA, c. del Brasile, cap. del Paraíba, sul f. Paraíba; 595.429 ab. Monumenti del XVI sec.

JOBIM (António Carlos), aeroporto internazionale di Rio de Janeiro. Prende nome dal compositore brasiliano (1927-1994) che ha inventato la bossanova.

JOCHO, *m. nel 1057*, scultore giapponese. Creò uno stile originale, liberandosi dall'influenza cinese (buddha detto Amida Nyorai, in legno laccato e dorato, nel padiglione della Fenice del Byodoin, presso Kyoto).

JODELLE (Étienne), *Parigi 1532-1573*, poeta francese, membro della **Pléiade*. Scrisse la tragedia *Cleopatra prigioniera* (1553), che segnò la nascita di una nuova forma drammaturgica, da cui avrebbe tratto origine la tragedia classica.

JODHPUR, c. dell'India (Rajasthan); 846.408 ab. Fortezza e cinta muraria del XVI sec.

JÓDICE (Mimmo), *Napoli 1934*, fotografo. Influenzato dalle tendenze d'avanguardia (surrealismo, cubismo), dagli anni '60 del secolo scorso ha realizzato, con uno stile personale, *reportage* sociali sulla realtà del Mezzogiorno italiano.

JODL (Alfred), *Würzburg 1890 - Norimberga 1946*, generale tedesco. Capo dell'Ufficio operazioni della Wehrmacht dal 1938 al 1945, firmò, a Reims, l'atto di resa delle truppe tedesche (7 mag. 1945). Condannato per crimini di guerra dal tribunale di Norimberga, fu giustiziato.

JOFFRE (Joseph), *Rivesaltes 1852 - Parigi 1931*, maresciallo di Francia. Comandante in capo delle truppe francesi, che guidò alla vittoria nella battaglia della Marna (1914), non riuscì a contrattaccare sulla Somme e fu sostituito da R.-G. Nivelle (dic. 1916).
■ *Joseph Joffre ritratto da H. Jacquier. (Reggia di Versailles.)*

JOHANNESBURG, c. del Sudafrica, nel Witwatersrand; 1.916.000 ab. È la città più grande e il maggiore centro industriale e commerciale del paese. Zoo.

JOHN (Reginald Kenneth **Dwight**, detto sir Elton), *Pinner, Middlesex, 1947*, cantante e compositore britannico. Grazie alla collaborazione con il paroliere B. Taupin e alle sue doti di pianista, è divenuto uno dei più importanti artisti della scena pop britannica (*Candle in the Wind*, *Crocodile Rock*, *Lucy in the Sky with Diamonds*, *Nikita*).

JOHN BULL, appellativo che designa scherzosamente il popolo inglese. È un personaggio schietto, burbero e litigioso che compare in una serie di *pamphlet* (1712) di John Arbuthnot (1667-1735).

JOHNS (Jasper), *Augusta, Georgia, 1930*, pittore statunitense. Insieme a R. Rauschenberg è il principale rappresentante del New dada.

JOHNS HOPKINS UNIVERSITY, università statunitense fondata a Baltimora nel 1867. Specializzata nella ricerca medica, è annoverata tra le istituzioni d'insegnamento più innovative, con sedi anche all'estero (Italia, Singapore, Cina).

JOHNSON (Andrew), *Raleigh 1808 - Carter's Station, Tennessee, 1875*, politico statunitense. Repubblicano, fu presidente degli Stati Uniti (1865-1869) dopo l'assassinio di A. Lincoln. Accusato di tradimento dal Congresso per essersi opposto all'uguaglianza razziale, fu poi assolto.

JOHNSON (Earvin, detto Magic), *Lansing, Michigan, 1959*, giocatore di pallacanestro statunitense. È stato campione olimpico (1992) e 5 volte campione degli Stati Uniti (NBA) con i Los Angeles Lakers.

JOHNSON & JOHNSON, società statunitense fondata a New Brunswick nel 1887. È uno dei maggiori produttori al mondo di articoli farmaceutici e igienico-sanitari. È presente anche nel settore delle attrezzature mediche.

JOHNSON (Lyndon Baines), *Stonewall, Texas, 1908 - Johnson City, presso Austin, Texas, 1973*, politico statunitense. Democratico, vicepresidente degli Stati Uniti (1961), divenne presidente dopo l'assassinio di J.F. Kennedy (1963) e in seguito fu eletto a questa carica (1964-1969). Dovette fronteggiare l'intensificarsi della guerra in Vietnam.

■ *Lyndon Baines Johnson nel 1964.*

JOHNSON (Michael), *Oak Cliff, Dallas, 1967*, atleta statunitense. Ha vinto 9 titoli di campione del mondo: 2 nei 200 m (1991, 1995), 4 nei 400 m (1993, 1995, 1997, 1999) e 3 nella staffetta 4 x 400 m (1993, 1995, 1999). È stato anche campione olimpico nella staffetta 4 x 400 m (1992), nei 200 m e nei 400 m (1996), nei 400 m e nella staffetta 4 x 400 m (2000). È detentore del record del mondo dei 200 e 400 m.

JOHNSON (Philip), *Cleveland 1906*, architetto statunitense. È passato dallo stile internazionale, sulle orme di Mies van der Rohe, a una sorta di neoclassicismo (teatro del Lincoln Center, New York, 1962), in alcuni casi prossimo al postmodernismo.

JOHNSON (Samuel), *Lichfield 1709 - Londra 1784*, scrittore britannico. Autore di un *Dizionario della lingua inglese*, nelle sue opere difese e illustrò l'estetica classica.

JOHNSON (Uwe), *Cammin, Pomerania, 1934 - Sheerness, Kent, 1984*, scrittore tedesco. Tema centrale della sua opera è la divisione geografica e culturale della Germania (*Due punti di vista*).

JOHOR BAHARU, c. della Malaysia, presso Singapore; 384.613 ab.

JÓKAI (Mór), *Komárom 1825 - Budapest 1904*, scrittore e giornalista ungherese, autore di romanzi di ispirazione romantica (*Fascino magiaro*).

JOLÀNDA DI SAVÒIA, *Tours 1434 - presso Vercelli 1478*, sovrana. Figlia di Carlo VII di Francia e moglie del duca di Savoia Amedeo IX (1452), fu reggente per il marito e poi per il figlio Filiberto (1472). Difese il ducato da Luigi XI e da Carlo il Temerario.

JOLIOT-CURIE (Irène), *Parigi 1897-1956*, fisica francese, figlia di Pierre e Marie Curie. Da sola o in collaborazione con il marito J.F. Joliot, portò avanti studi di fisica nucleare e ricerche sulla struttura dell'atomo che condussero alla scoperta del neutrone (Chadwick, 1932) e della radioattività artificiale (1934). (Premio Nobel per la chimica 1935.)
■ *Irène Joliot-Curie nel 1935.*

JOLIOT-CURIE (Jean Frédéric **Joliot**, detto), *Parigi 1900-1958*, fisico francese. In collaborazione con la moglie, Irène Curie, scoprì la radioattività artificiale (1934). Fornì la prova fisica del fenomeno della fissione, studiò le reazioni a catena e le condizioni di realizzazione di una pila atomica che fu costruita nel 1948. Fu il primo Alto commissario per l'energia atomica in Francia (1946-1950). (Premio Nobel per la chimica 1935.)
■ *Jean Frédéric Joliot-Curie nel 1935.*

JOLOF (regno), uno dei grandi regni del Senegambia medievale (XIV-XVI sec.).

JOMINI (Henri, barône **di**), *Payerne 1779 - Parigi 1869*, generale e teorico militare svizzero. Al servizio della Francia (1804-1813) e della Russia (1813-1843), fondò un'accademia militare a Pietroburgo. Con i suoi trattati, tra cui *Compendio dell'arte della guerra* (1837), esercitò, nella seconda metà del XIX sec., una profonda influenza, soprattutto sulle accademie militari statunitensi.

JOMMÈLLI (Niccolò), *Aversa 1714 - Napoli 1774*, compositore. Esordì a Napoli nel 1737 con *L'errore amoroso*, quindi, dal 1753, fu al servizio del duca di Württemberg a Stoccarda. Rivoluzionò la struttura dell'opera seria distaccandosi dalle modalità tradizionali. Tra le opere, *Merope* (1741), *La Didone abbandonata* (1746), *Miserere* (1774).

JONAS (Hans), *Mönchengladbach 1903 - New Rochelle, Stato di New York, 1993*, filosofo tedesco trasferitosi negli Stati Uniti. Le sue riflessioni sulle conseguenze del progresso scientifico lo portarono a proporre un'etica della responsabilità nei confronti delle generazioni future e della natura.

JONES (Allen), *Southampton 1937*, pittore britannico. Tra i maggiori protagonisti della pop art britannica, ha incentrato la sua opera sulla rappresentazione ironica dell'erotismo e sul suo rapporto con la raffigurazione pubblicitaria. Tra le opere, *The Magician* (1974).

JONES (Ernest), *Gowerton, Glamorgan, 1879 - Londra 1958*, medico e psicoanalista britannico. Divulgatore della psicoanalisi nel mondo anglosassone, scrisse una biografia di S. Freud.

JONES (Everett **LeRoi**), *Newark 1934*, scrittore statunitense. Drammaturgo, romanziere e poeta, rivendica l'autonomia culturale e politica dei neri (*La nave negriera*).

JONES (Inigo), *Londra 1573-1652*, architetto inglese. Scenografo per i ricevimenti della corte e poi soprintendente delle fabbriche reali, dopo un viaggio in Italia (1613) introdusse in Inghilterra lo stile palladiano (Banqueting House, Londra, 1620 ca.).

JONG (Erica), *New York 1942*, scrittrice statunitense. Dopo l'esordio come poetessa (*Frutta e verdura*, 1971), ha raggiunto la popolarità con una serie di romanzi incentrati sul ruolo della donna nella società contemporanea. Tra le opere, *Paura di volare* (1973), *Paracadute e baci* (1984), *Il salto di Saffo* (2003).

JONGKIND (Johan Barthold), *Lattrop 1819 - Grenoble 1891*, pittore e incisore olandese. Paesaggista attivo in Francia, fu uno dei precursori dell'impressionismo.

JÖNKÖPING, c. della Svezia, sul Lago Vättern; 117.936 ab. Produzione di fiammiferi. — Monumenti del XVII sec.; museo provinciale.

JODHPUR. *La fortezza che domina la cinta muraria (XVI sec.).*

JONSON (Ben), *Westminster 1572 ? - Londra 1637*, drammaturgo inglese. Amico e rivale di W. Shakespeare, scrisse commedie (*Volpone*) e tragedie.

JOOSS (Kurt), *Wasseralfingen, Württemberg, 1901 - Heilbronn 1979*, ballerino e coreografo tedesco naturalizzato britannico. Allievo di R. von Laban, ha avuto, soprattutto come insegnante nella Folkwang Tanzbühne, un ruolo fondamentale nell'affermazione dello stile espressionista nella danza (*Il tavolo verde*, 1932; *The Big City*, prima versione 1932, seconda versione 1935).

JOPLIN (Janis), *Port Arthur 1943 - Hollywood 1970*, cantante statunitense. Ha saputo esaltare, con la sua voce struggente, gli accenti violenti del rock e quelli disperati del blues (*Try*, *Summertime*).

JOPLIN (Scott), *Texarkana, Texas, 1868 - New York 1917*, compositore di ragtime e pianista statunitense. Giunse al successo con *Maple Leaf Rag* (1899); contribuì alla definizione del genere del ragtime.

JORDAENS (Jacob), *Anversa 1593-1678*, pittore fiammingo. Trasse ispirazione da P.P. Rubens e Caravaggio, divenendo il più noto rappresentante del naturalismo fiammingo (*Satiro e il contadino*, *Il re beve*).

JORDAN (Michael), *New York 1963*, giocatore di pallacanestro statunitense. È stato 2 volte campione olimpico (1984 e 1992), e 6 volte campione degli Stati Uniti (NBA) con i Chicago Bulls (1991, 1992, 1993, 1996, 1997 e 1998).

JORDAN (Neil), *Sligo 1950*, regista cinematografico irlandese. Tra i film diretti, *Angel* (1982), *In compagnia dei lupi* (1984), *Mona Lisa* (1986), *La moglie del soldato* (1992, premio Oscar per la sceneggiatura), *Intervista col vampiro* (1994), *Michael Collins* (1996, Leone d'oro a Venezia), *Triplo gioco* (2002).

JØRGENSEN (Anker), *Copenaghen 1922*, politico danese. Socialdemocratico, è stato più volte primo ministro (1972-1973 e 1975-1982).

JORN (Asger **Jørgensen**, detto Asger), *Vejrum 1914 - Århus 1973*, pittore e teorico danese. Fu cofondatore del gruppo Cobra, poi di una delle branche dell'Internazionale situazionista. Acuto e versatile sperimentatore, diede prova di una gran de libertà espressiva anche nella scultura. Museo a Silkeborg (Jylland).

Asger **JORN**. *Kyotosmorama*, *1969-1970*. (MNAM, Parigi.)

JOS, c. della Nigeria, sull'altopiano di Jos; 186.000 ab. (650.839 nell'agglomerato). Museo.

JOSEPH (François Joseph **Le Clerc du Tremblay**, detto le Père), *Parigi 1577 - Rueil 1638*, cappuccino francese. Soprannominato "eminenza grigia", fu confidente e consigliere di Richelieu. Fondò l'ordine delle figlie del calvario.

JOSEPHSON (Brian David), *Cardiff 1940*, fisico britannico. Ha scoperto, nel 1962, il fenomeno per cui la corrente elettrica può superare una sottile barriera, isolante o normalmente conduttrice, posta tra due superconduttori; questi effetti hanno applicazioni nella metrologia di precisione. (Premio Nobel 1973.)

JOŠKAR-OLA, c. della Russia, capol. della rep. dei Mari-El, a NO di Kazan'; 249.209 ab.

JOSPIN (Lionel), *Meudon 1937*, politico francese. Segretario del Partito socialista (1981-1988 e 1995-1997), ministro dell'educazione (1988-1992), è stato primo ministro dal 1997 al 2002.

JÒTTI (Nilde) → IOTTI (Leonilde).

JOTUNHEIM, massiccio della Norvegia merid. che comprende la vetta più alta della Scandinavia; 2470 m.

JOUBERT (Joseph), *Montignac, Périgord, 1754 - Villeneuve-sur-Yonne 1824*, moralista francese. Amico di F.-R. de Chateaubriand, nei *Carnets*, nei *Pensées* e nella *Correspondance* ha rivelato la sua interiorità con stile garbato.

JOUBERT (Petrus Jacobus), *Cango, Oudtshoorn, 1831 ? - Pretoria 1900*, generale boero. Fu generale in capo contro gli inglesi nel 1881 e nel 1899.

JOUHANDEAU (Marcel), *Guéret 1888 - Rueil-Malmaison 1979*, scrittore francese. Nei suoi romanzi (*Monsieur Godeau intimo*), saggi e scritti autobiografici (*Giornalieri*) offre una visione critica della vita coniugale e dei costumi della provincia.

JOUHAUX (Léon), *Parigi 1879-1954*, sindacalista francese. Segretario della CGT, la Confédération Générale du Travail (1909-1947), dopo la sua scissione, dal 1948, fu a capo della CGT-FO (Force ouvrière). (Premio Nobel per la pace 1951.)

JOULE (James Prescott), *Salford, presso Manchester, 1818 - Sale, Cheshire, 1889*, fisico britannico. Formulò una legge (1841) sul calore prodotto dalle correnti elettriche nei conduttori. Determinò l'equivalente meccanico della caloria (1842). Enunciò il principio di conservazione dell'energia meccanica e, a partire dalla teoria cinetica dei gas, calcolò la velocità media delle molecole di gas.

■ *James Prescott Joule.*

JOURDAIN (Frantz), *Anversa 1847 - Parigi 1935*, architetto francese di origine belga. Realizzò il Salon d'automne, dove riservò un grande spazio alle arti applicate. — **Francis J.**, *Parigi 1876-1958*, architetto e pittore francese, figlio di Frantz. Creò mobili e oggetti razionali di uso comune e di grande diffusione.

JOURDAN (Jean-Baptiste, cònte), *Limoges 1762 - Parigi 1833*, maresciallo di Francia. Vincitore a Fleurus (1794), guidò l'armata della Mosa (1808-1814). Membro del consiglio dei Cinquecento, fece approvare la legge sulla coscrizione (1798).

JOURNAL DES DÉBATS, quotidiano francese, fondato nel 1789 allo scopo di rendere pubblici dibattiti e decreti della Costituente. Cessò di pubblicare nel 1944.

JOURNAL DES SAVANTS, il più antico periodico letterario francese (1665). In origine, presentava nuove opere e divulgava scoperte scientifiche. In seguito ampliò i propri campi di interesse dedicandosi anche all'archeologia e alla storia antica e medievale.

JOUVE (Pierre Jean), *Arras 1887 - Parigi 1976*, scrittore francese. Vicino al simbolismo e al surrealismo, nelle opere poetiche (*Sudore di sangue*) e nei romanzi (*Il mondo deserto*, *Aventure de Catherine Crachat*), si dedicò all'esplorazione dell'inconscio con una certa propensione al misticismo.

JOUVENET (Jean), *Rouen 1644 - Parigi 1717*, pittore francese. Eseguì diversi dipinti (soprattutto a Versailles) e fu il migliore pittore di temi religiosi del suo tempo.

JOUVET (Louis), *Crozon 1887 - Parigi 1951*, regista, attore teatrale e cinematografico francese. Tra gli animatori di Cartel, direttore del Théâtre de l'Athénée (1934), interpretò e mise

*Louis **JOUVET** in Don Giovanni di Molière al Théâtre de l'Athénée di Parigi, nel 1947.*

in scena J. Romains (*Knock*), Molière, J. Giraudoux. Interpretò numerosi ruoli importanti nel cinema.

JÓVINE (Francésco), *Guardalfiera 1902 - Roma 1950*, scrittore. La sua narrativa d'ispirazione storico-veristica ha prestato particolare attenzione alla società del Molise, con spunti politici e di critica sociale. Tra le opere, *Un uomo provvisorio* (1934), *Signora Ava* (1942), *L'impero in provincia* (1945), *Le terre del Sacramento* (1950).

JOYCE (James), *Rathgar, Dublino, 1882 - Zurigo 1941*, scrittore irlandese. Poeta (*Musica da camera*), novellista (*Gente di Dublino*, 1914), fu autore di opere narrative caratterizzate da uno sperimentalismo strutturale applicato al linguaggio: *Ulisse* (1922), *La veglia di Finnegan* (1939). Si dedicò anche a numerose ricerche sulla letteratura moderna.

■ *James Joyce ritratto da J. O'Sullivan, 1937.*

JÓZSEF (Attila), *Budapest 1905 - Balatonszárszó 1937*, poeta ungherese. Autore di versi d'ispirazione sociale, è stato uno dei più grandi poeti dell'Ungheria moderna (*Mendicante della bellezza*, 1922).

JP MORGAN CHASE, società finanziaria statunitense, nata nel 2000 dalla fusione della Chase Manhattan Corporation con la J.P. Morgan. È uno dei maggiori operatori mondiali, leader nei settori della gestione di investimenti, del private banking e dei servizi di custodia.

JUAN CARLOS I DI BORBÓNE, *Roma 1938*, re di Spagna. Nipote di Alfonso XIII, nel 1969 è stato designato alla successione da F. Franco, con il titolo di re. Alla morte del generale (1975), ha avviato un processo di democratizzazione del paese.

■ *Juan Carlos I di Borbone.*

JUAN DE FUCA, stretto che separa l'Isola di Vancouver (Canada) dagli Stati Uniti.

JUAN DE JUNI, *Joigny ? 1507 ? - Valladolid 1577*, scultore spagnolo di origine francese. Dopo un viaggio in Italia, si stabilì nel 1541 a Valladolid, dove realizzò statue in legno policromo che influenzarono la scultura castigliana.

JUAN DE JUNI. *Particolare di un sepolcro del 1545; legno policromo. (Museo nazionale di scultura, Valladolid.)*

JUAN FERNÁNDEZ (ìsole), arcipelago del Cile, nel Pacifico, scoperto nel 1574 dal navigatore spagnolo Juan Fernández. A. *Selkirk, che ispirò il *Robinson Crusoe*, vi soggiornò dal 1704 al 1709.

JUAN JOSÉ D'ÀUSTRIA (don), *Madrid 1629-1679*, principe spagnolo. Figlio naturale di Filippo IV, legittimato nel 1641, fu ministro di Carlo II (1677) e negoziò la pace di Nimega (1678).

JUÁREZ GARCÍA (Benito), *San Pablo Guelatao 1806 - Città del Messico 1872*, politico messicano di origine indiana. Presidente della repubblica (1861), sostenne una politica liberale anticlericale (*Reforma*). A partire dal 1863 lottò contro la spedizione francese in Messico e fece fucilare l'imperatore Massimiliano (1867).

JUBBULPORE → JABALPUR.

JUBY (Càpo), promontorio del Marocco sud-occ.

JÚCAR, f. della Spagna, che sfocia nel Mediterraneo; 535 km.

JUDD (Donald, detto Don), *Excelsior Springs, Missouri, 1928 - New York 1994*, scultore e teorico statunitense. È stato uno dei maestri dell'*arte minimalista. [*V. parte nomi comuni.*]

JUGENDSTIL, termine che identifica la versione ted. dell'Art Nouveau. Prese il nome dalla rivista *Jugend*, fondata a Monaco nel 1896, e annoverò tra i rappresentanti O. Eckmann e B. Pakok. Ebbe rapida diffusione a livello europeo, influenzando le tendenze artistiche dell'epoca.

JUGENDSTIL. *Victor Horta, ingresso dell'Hotel Van Eetvelde di Bruxelles (1895).*

JUGLAR (Clément), *Parigi 1819-1905*, economista francese. Stabilì la periodicità delle crisi economiche, evidenziando il ruolo che vi gioca la moneta.

JUGOSLÀVIA → IUGOSLAVIA.

JUIN (Alphonse), *Bône 1888 - Parigi 1967*, maresciallo di Francia. Comandante del corpo di spedizione francese in Italia (1943), vincitore sul Garigliano (1944), si stabilì in Marocco (1947-1951) e fu nominato maresciallo nel 1952. Dal 1953 al 1956, comandò le forze atlantiche del settore centro-europeo.

JUIZ DE FORA, c. del Brasile (Minas Gerais); 456.432 ab.

JUKUN, popolazione della Nigeria orient.

JÜLICH, c. della Germania (Renania Settentr.-Westfalia); 33.201 ab. Ant. cap. di una contea, poi ducato (1356), fu unita al ducato di Clèves dal 1511 al 1614, poi alla Prussia nel 1815.

JULLUNDUR, c. dell'India (Punjab); 701.233 ab.

JUMBLATT (Kamal), *Mukhtara 1917 - presso Baaklin 1977*, politico libanese. Capo della comunità drusa e fondatore nel 1949 del Partito socialista progressista, morì assassinato. — **Walid J.**, *Beirut 1947*, politico libanese. Figlio di Kamal, gli è succeduto come capo della comunità drusa e del Partito socialista progressista.

JUNCKER (Jean-Claude), *Redange-sur-Attert 1954*, politico del Lussemburgo. Presidente del Partito cristiano-sociale (1990-1995), è primo ministro dal 1995.

JUNEAU, c. degli Stati Uniti, cap. dell'Alaska; 30.711 ab. Museo storico.

JUNG (Carl Gustav), *Kesswil, Turgovia, 1875 - Küsnacht, presso Zurigo, 1961*, psichiatra svizzero. Inizialmente allievo di S. Freud, fu il primo a prendere le distanze dalle tesi del maestro in nome di una "psicologia analitica": procedette alla desessualizzazione della libido, considerandola una forma di energia vitale, e introdusse i concetti di inconscio collettivo e di archetipo (*La libido: simboli e trasformazioni*, 1912; *Tipi psicologici*, 1920; *Psicologia e religione*, 1939; *Psicologia e alchimia*, 1944).

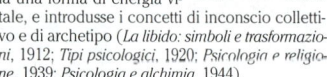

■ *Carl Gustav Jung.*

JÜNGER (Ernst), *Heidelberg 1895 - Wilflingen, Baden-Württemberg, 1998*, scrittore tedesco. Romanziere, filosofo e saggista, è passato da una concezione nietzschiana della vita (*Tempeste d'acciaio*, 1920) a un estetismo eclettico (*Sulle scogliere di marmo*, 1939; *Avvicinamenti: droghe ed ebbrezza*, 1970; *Eumeswil*, 1977).

■ *Ernst Jünger.*

JUNGFRAU, cima delle Alpi Bernesi (Svizzera); 4158 m. Stazione di sport invernali nell'altopiano dello Jungfraujoch (3457 m). Laboratori di ricerca scientifica ad alta quota. — I fratelli R. e H. Meyer ne raggiunsero la vetta per primi nel 1811.

JUNKERS (Hugo), *Rheydt 1859 - Gauting 1935*, ingegnere e industriale tedesco. Fu uno degli inventori del monoplano e realizzò il primo aereo completamente metallico (1915).

JUPPÉ (Alain), *Mont-de-Marsan 1945*, politico francese. Segretario generale (1988-1994) poi presidente (1994-1997) del RPR (Rassemblement pour la République), ministro delle finanze (1986-1988) e degli esteri (1993-1995), è stato primo ministro dal 1995 al 1997. È sindaco di Bordeaux dal 1995.

JURA, dip. della Francia, nella reg. Franca Contea; capol. *Lons-le-Saunier*; 4999 km²; 250.857 ab. Si estende sulla catena del Giura. Sfruttamento della foresta, allevamento bovino e vigneti; fabbriche di orologi e occhiali; turismo nei centri montani.

JURIN (James), *Londra 1684-1750*, scienziato inglese. Medico, autore di opere di matematica e fisica, formulò la legge sull'innalzamento di livello dei liquidi nei tubi capillari.

JURUÁ, f. dell'America merid., in Amazzonia (Perú e Brasile), affl. del Rio delle Amazzoni; 2782 km.

JUSTE (Giovànni **di Giùsto Bètti**, detto Jean), *presso Firenze 1485 - Tours 1549*, scultore italiano stabilitosi in Francia intorno al 1505 (nello stesso periodo del fratello Antonio); opere principali: sepolcro di Luigi XII e di Anna di Bretagna a Saint-Denis.

JÙTI, popolazione germanica che si stanziò nell'Inghilterra sud-orient. nel corso del V sec. d.C.

JÜTLAND → JYLLAND.

JÜTLAND (battàglia dello) (31 mag. - 1° giu. 1916), battaglia navale della prima guerra mondiale. Principale scontro navale della grande guerra, in cui la flotta britannica, comandata dall'ammiraglio J.R. Jellicoe, sconfisse i tedeschi guidati dall'ammiraglio R. Scheer.

JUVÀLTA (Erminio), *Chiavenna 1865 - Torino 1934*, filosofo. Insegnante di filosofia morale e seguace di I. Kant, studiò la scienza morale e il suo rapporto con la ragione teorica. Tra le opere, *Prolegomeni ad una morale distinta dalla metafisica* (1901), *I limiti del razionalismo etico* (1919).

JUVARRA o **JUVARA** (Filippo), *Messina 1678 - Madrid 1736*, architetto e scenografo. Formatosi a Roma, nel 1714 si trasferì a Torino, dove, al servizio di Vittorio Amedeo II, divenne uno dei maggiori rappresentanti del rococò internazionale, realizzando importanti opere architettoniche e urbanistiche (castello di Rivoli, 1715; basilica di Superga, 1717-1731; palazzina di Stupinigi, 1729-1733; chiesa del Carmine, 1732-1735). Durante gli ultimi anni della sua vita fu attivo in Spagna, alla corte di Filippo V.

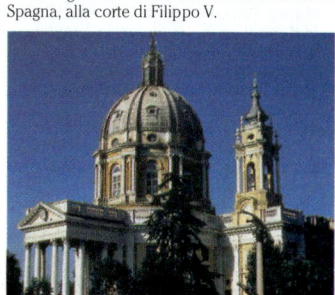

Filippo **JUVARRA.** *La basilica di Superga, a Torino (1715-1731).*

JUŽNO-SACHALINSK, c. della Russia, nell'Isola di Sachalin; 164.000 ab.

JYLLAND, in ted. **Jütland**, reg. continentale della Danimarca. Paese pianeggiante, è ricoperto a S e a E da terre coltivate e praterie, mentre a N e a O da lande e foreste.

JYVÄSKYLÄ, c. della Finlandia centrale; 78.996 ab. Edifici pubblici, opera di A. Aalto; musei.

Carattere Korinna

K2, la cima più alta del Karakorum, sul confine tra la Cina e il Pakistan, e la seconda del mondo; 8611 m.

KA'BA, edificio cubico situato al centro della Grande Moschea della Mecca, verso il quale i musulmani si rivolgono per pregare. Nell'angolo orientale è incastonata la pietra nera che, secondo il Corano, Abramo ricevette dall'arcangelo Gabriele.

KABALEVSKIJ (Dmitrij Borisovič), *San Pietroburgo 1904 - Mosca 1987*, compositore russo. La sua musica fu fortemente influenzata dalla tradizione popolare russa (*Colas Breugnon*, opera teatrale, 1938).

KABELJAUWEN (i), fazione politica olandese che sosteneva il conte Guglielmo V. Era in lotta con la fazione dei *Hoeken*, favorevole a Margherita di Baviera, madre di quest'ultimo (XIV-XV sec.).

KABIR, *Benares 1440-1518 ca.*, mistico indiano. Predicò l'unione dell'islam e dell'induismo e l'abolizione delle caste.

KABUL, cap. dell'Afghanistan, sul fiume omonimo; 2.590.000 ab. La città è stata gravemente danneggiata dai ripetuti conflitti che hanno avuto luogo nel paese a partire dal 1979.

KABWE, già **Broken Hill**, c. dello Zambia; 166.519 ab. Industrie metallurgiche.

KACHIN, popolazione stanziata principalmente in Myanmar, negli Stati confinanti del Kachin e del Chan, e nei territori limitrofi della Cina e dell'India (ca. 1,5 milioni di individui). Insediati in regioni montuose, dove sono dediti all'agricoltura, i k. rivendicano la propria autonomia. La coltivazione del papavero e la produzione di eroina rappresentano una forte minaccia per la loro società. In prevalenza animisti o buddhisti, contano una piccola minoranza cristiana. Parlano il kachin, lingua tibetobirmana.

KÁDÁR (János), *Fiume 1912 - Budapest 1989*, politico ungherese. Ministro degli interni (1948-1951) e capo del governo dopo la repressione dell'insurrezione ungherese (1956-1958, 1961-1965), è stato segretario generale del Partito comunista dal 1956 al 1988.

KADARÈ (Ismail), *Argirocastro 1936*, scrittore albanese. Poeta e saggista, nella sua opera narrativa (*Il generale dell'armata morta*, *Il palazzo dei sogni*, *Il concerto*) prende spunto dalla realtà storica del suo paese per introdurre una riflessione sulla missione dello scrittore.

KADESH → QADESH.

KADIEVKA → STAHANOV.

KADUNA, c. della Nigeria; 310.000 ab.

KAESONG, c. della Corea del Nord; 346.000 ab.

KAFKA (Franz), *Praga 1883 - sanatorio di Kierling, presso Vienna, 1924*, scrittore ceco di lingua tedesca. I suoi racconti allegorici, i suoi romanzi (*La metamorfosi*, 1915; *Il processo*, 1925; *Il castello*, 1926) e il suo *Diario intimo* esprimono l'angoscia di un'esistenza assurda, in cui la solitudine e l'incomunicabilità dell'essere umano sono aggravate dall'ottusità delle istituzioni sociali.

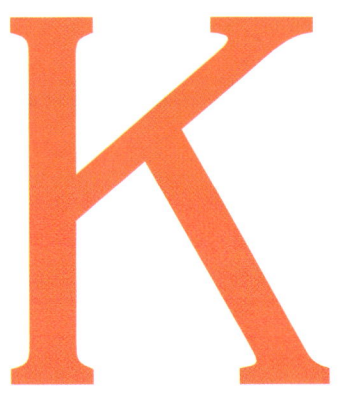

■ *Franz Kafka.*

KAFR EL-DAWAR, c. dell'Egitto, presso Alessandria; 226.000 ab.

KAGEL (Mauricio), *Buenos Aires 1931*, compositore argentino. Tra i maggiori interpreti del teatro musicale, ha fatto ricorso a strumenti insoliti, ai suoni elettronici e alla gestualità per ottenere particolari risultati espressivi (*Transición I* e *Transición II*, 1959-1960; *Heterophonie*, 1961; *Musik*, 1990).

KAGERA, f. dell'Africa orient., immissario del Lago Vittoria; 400 km. È ritenuto il ramo sorgentifero del Nilo.

KAGOSHIMA, c. del Giappone (Kyushu); 546.282 ab. Porto. — Nelle vicinanze, sul Pacifico, base missilistica dell'Università di Tokyo.

KAHLO (Frida), *Coyoacán 1907-1954*, pittrice messicana. Moglie di D. Rivera, ha mescolato espressionismo e surrealismo in ritratti, autoritratti e opere di grande intensità cromatica, raffiguranti temi popolari e spesso autobiografici.

KAHN (Herman), *Bayonne, New Jersey, 1922 - Chappaqua, Stato di New York, 1983*, fisico e teorico statunitense. Tra i primi a intuire il pericolo di una guerra termonucleare, ha influenzato la strategia militare americana per tutto il periodo della guerra fredda.

KAHN (Louis Isadore), *Isola di Saaremaa 1901 - New York 1974*, architetto statunitense di origine estone. La sua opera è caratterizzata da audacia e rigore formale, distribuzione articolata degli spazi e influenze storiche (antiche o medievali).

KAHNWEILER (Daniel Henry), *Mannheim 1884 - Parigi 1979*, mercante e scrittore d'arte di origine tedesca. Nel 1907 aprì a Parigi una celebre galleria, dove esposero le loro opere, tra gli altri, A. Derain, P. Picasso, G. Braque, J. Gris, F. Léger e A. Masson.

KAHRAMANMARAŞ, già **Maraş**, c. della Turchia, nel settore orient. della catena montuosa del Tauro; 303.594 ab.

KAIFENG, c. della Cina (Henan); 693.148 ab. Fu capitale imperiale nel periodo delle Cinque dinastie, sotto il Song, fino a quando questi fossero costretti a ripiegare a S. Monumenti antichi (Pagoda di ferro, XI sec.). Museo.

KAINJI, centrale idroelettrica della Nigeria, sul f. Niger.

KAIROUAN, c. della Tunisia centrale; 102.734 ab. Fondata nel 670, capitale dell'Ifriqiya, fu distrutta nell'XI sec. e ricostruita nel XVII-XVIII sec. — La Grande Moschea di Sidi Obqa, fatta edificare nel 670, più volte ampliata, poi demolita e ricostruita nell'VIII-IX sec., rappresenta uno dei più insigni complessi architettonici dell'islam. Monumenti antichi. Artigianato dei tappeti.

KAIROUAN. *Corte e ingresso della sala di preghiera della Grande Moschea di Sidi Obqa.*

KAISER (Georg), *Magdeburgo 1878 - Ascona, Svizzera, 1945*, drammaturgo tedesco. I suoi drammi storici e sociali rappresentano una delle migliori testimonianze dell'espressionismo (*I borghesi di Calais*, *Gas*).

KAISER (Henry John), *Sprout Brook 1882 - Honolulu 1967*, industriale statunitense. Tra i principali produttori di cemento prima della seconda guerra mondiale, durante il conflitto si dedicò alle costruzioni navali, introducendo il sistema della prefabbricazione. Nel 1945 entrò nell'industria automobilistica e in seguito rilevò la società produttrice delle prime Jeep.

KAISERSLAUTERN, c. della Germania (Renania-Palatinato); 100.025 ab. Musei.

KAKIEMON o **SAKAIDA KAKIEMON**, *1596-1660 o 1666*, ceramista giapponese. Stabilitosi ad Arita, divenne celebre per le sue porcellane smaltate con delicati decori ispirati a motivi naturalistici, applicati in tenui colori pastello su uno sfondo bianco lattiginoso.

KAKINADA o **COCANADA**, c. dell'India (Andhra Pradesh), sul Golfo del Bengala; 289.920 ab. Porto.

KAKOGAWA, c. del Giappone, nella parte merid. dell'Isola di Honshu; 260.567 ab.

KALAHARI, deserto dell'Africa australe, compreso tra i bacini dei f. Zambesi e Orange, che occupano la regione sud-occ. del Botswana.

KALAMÁTA, c. della Grecia (Peloponneso); 43.838 ab. Porto.

KALAMBAY (Sumbu, detto Patrizio), *Lumunbashi 1956*, pugile zairese naturalizzato italiano. Campione zairese nel 1980 e italiano nel 1985 nei pesi medi, ha conquistato il titolo mondiale WBA nel 1988. È stato per 6 volte campione europeo.

KALDOR (Nicholas), *Budapest 1908 - Papworth Everard, Cambridge, 1986*, economista britannico. Ispiratosi alla teoria keynesiana, elaborò un modello di sviluppo economico che assegnava un ruolo fondamentale alla distribuzione dei beni, e una teoria del ciclo economico.

KALEVALA, epopea nazionale finlandese (1849), compilata da Elias Lönnrot e composta da 50 canti popolari raccolti nel corso dei suoi viaggi in Finlandia e da leggende apprese dai cantastorie.

KALGAN, in cin. *Zhangjiakou*, c. della Cina (Hebei); 719.672 ab.

KALI, divinità del pantheon induista dall'aspetto spaventoso, sposa del dio Shiva e dea della morte.

KALIDASA, *IV-V sec.*, poeta indiano, autore del dramma *Shakuntala*.

KALIMANTAN, nome indonesiano del Borneo. Più specificatamente, la denominazione K. identifica il settore dell'isola appartenente politicamente all'Indonesia.

KALIÑA o **GALIBI**, popolazione amerindia della Guayana francese e del Suriname (ca. 2000 individui).

KALININ → TVER'.

KALININ (Michail Ivanovič), *Verchnjaja Troica, Tver', 1875 - Mosca 1946*, politico sovietico. Fu presidente del Comitato esecutivo centrale dell'URSS dal 1919 al 1936, poi del presidium del soviet supremo (1938-1946).

KALININGRAD, già *Königsberg*, c. della Russia, sul Mar Baltico; 416.547 ab. Cattedrale del XIV sec.

KALININGRAD, c. della Russia, sobborgo di Mosca; 135.322 ab.

KALISZ, c. della Polonia; 106.576 ab. Chiese antiche.

KALMAR, c. della Svezia, di fronte all'Isola di Öland; 59.703 ab. Porto. — Castello del XIII-XVI sec.; cattedrale barocca del XVII sec.

KALMAR (Unióne di) (1397-1523), unione delle tre corone di Danimarca, Svezia e Norvegia. Sottoscritta su iniziativa di Margherita I Valdemarsdotter, fu sciolta dopo la ribellione svedese del 1521-1523, capeggiata dal futuro re Gustavo I Vasa.

KALMTHOUT, com. del Belgio (prov. di Anversa); 17.342 ab.

KALTERN AN DER WEINSTRASSE → CALDARO SULLA STRADA DEL VINO.

KALUGA, c. della Russia, sul f. Oka; 344.463 ab. Monumenti del XVII sec.

KAMA, f. della Russia, affl. di sinistra del Volga; 2032 km.

KAMA, divinità indù. È il dio dell'amore e lo sposo di Rati, dea della voluttà.

KAMAKURA, c. del Giappone (Honshu); 170.329 ab. Imponente statua in bronzo dell'Amida-Buddha (XIII sec.). Templi (XII-XIV sec.). Museo. — Dalla città prese nome un intero periodo della storia e dell'arte giapponese (1185/ 1192-1333), durante il quale K. fu capitale dello shogunato istituito da Minamoto no Yoritomo, passato poi per via ereditaria ai figli, in seguito spodestati dalla famiglia Hojo.

KAMARHATI, c. dell'India (Bengala Occidentale); 314.334 ab.

KAMASUTRA, trattato indiano in sanscrito dedicato all'arte amatoria, attribuito a M. Vatsyayana e databile al 500 ca. Fa parte della letteratura religiosa indiana.

KAMAYURÁ, popolazione brasiliana (Mato Grosso), stanziata nella valle del f. Xingu, appartenente alla famiglia linguistica del tupí.

KAMBA, popolazione del Kenya merid., di lingua bantu.

KAMČATKA, penisola vulcanica dell'estremità orient. della Russia, tra il Mare di Bering e il Mar di Ohotsk. Pesca.

KAMENEV (Lev Borisovič **Rosenfeld**, detto), *Mosca 1883-1936*, politico sovietico. Stretto collaboratore di Lenin a partire dal 1902-1903, poi membro dell'ufficio politico del Partito comunista (1919-1925), affiancò L. Trockij nell'opposizione a Stalin (1925-1927). Condannato al processo di Mosca (1936), fu giustiziato. La sua immagine fu riabilitata nel 1988.

KAMENSK-URALSKI, c. della Russia, ai piedi degli Urali; 196.258 ab. Industrie metallurgiche.

KAMERLINGH ONNES (Heike), *Groninga 1853 - Leida 1926*, fisico olandese. Ottenne la liquefazione dell'elio, studiò le temperature prossime allo zero assoluto e scoprì il fenomeno della superconduttività (1911). (Premio Nobel 1913.)

KAMLOOPS, c. del Canada (Columbia Britannica); 76.394 ab. Nodo ferroviario.

KAMPALA, cap. dell'Uganda; 774.241 ab. (1.212.000 ab. nell'agglomerato).

KAMPUCHEA, nome della *Cambogia* dal 1979 al 1989.

KANAMI, padre di Motokiyo *Zeami*.

KANANGA, già *Luluaburg*, c. della Rep. Dem. del Congo, sul f. Lulua, affl. del Kasai; 298.693 ab.

KANÁRIS o **CANARIS** (Konstandinos), *Psará 1790 ca. - Atene 1877*, politico e ammiraglio greco. Svolse un ruolo di primo piano nella guerra d'indipendenza contro i turchi (1822-1825); fu più volte ministro della marina (1848-1855) e primo ministro (1848-1849; 1864-1865 e 1877).

KANAZAWA, c. del Giappone (Honshu); 453.975 ab. Porto.

KANCHIPURAM, c. dell'India (Tamil Nadu); 152.984 ab. Cap. dei sovrani Pallava fino al IX sec. Numerosi templi (VIII-XVI sec.).

KANDAHAR o **QANDAHAR**, c. dell'Afghanistan merid.; 225.500 ab.

KANDINSKIJ (Vasilij), *Mosca 1866 - Neuilly-sur-Seine 1944*, pittore russo naturalizzato tedesco, poi francese. Tra i fondatori del Blaue Reiter a Monaco e riconosciuto, a partire dal 1910, come uno dei padri dell'*arte astratta*, [*V. parte nomi comuni* → astratto.] insegnò al Bauhaus nel 1922 e si stabilì a Parigi nel 1933, per sfuggire al nazismo. Nel celeberrimo saggio *Lo spirituale nell'arte* (1911) teorizzò una pittura astratta in cui la libertà espressiva e il lirismo sono frutto di una "necessità interiore".

KANDY, c. dello Sri Lanka; 104.000 ab. Giardino botanico. Città sacra del buddhismo, è meta di pellegrinaggi. Numerosi templi.

KANEM (régno del), ant. regno africano situato a E del Lago Ciad. Abitato dai kanouri, raggiunse il massimo splendore tra l'XI e il XIV sec. e fu sottomesso, nel XVI sec., dal confinante regno del Bornu.

KANGCHENJUNGA, terza montagna del mondo per altezza, compresa nel sistema montuoso dell'Himalaya, tra il Nepal e l'India (Sikkim); 8586 m.

KANGGYE, c. della Corea del Nord; 130.000 ab.

KANGXI, *Pechino 1654-1722*, imperatore cinese (1662-1722), della dinastia Qing. Letterato tollerante, ospitò missionari gesuiti a corte.

KANKAN, c. della Guinea; 100.192 ab.

KANKAN MOUSSA, re (1307 o 1312-1335 ca. ?), della dinastia Keita. Portò l'impero del Mali al suo apogeo. Durante il pellegrinaggio alla Mecca (1324) palesò la sua enorme ricchezza.

KANO, c. della Nigeria settentr.; 699.900 ab. Aeroporto. Università. — Ant. cap. di un regno hausa (X-XIX sec.).

KANO, famiglia di pittori giapponesi attivi tra il XV e il XIX sec. — **Masanobu K.**, *1434-1530*, fondatore della scuola. — **Motonobu K.**, *Kyoto 1476-1559*. Realizzò vaste composizioni murali dal tratto spesso e dai colori brillanti (Kyoto, templi Daitoku-ji e Myoshin-ji). — **Eitoku K.**, *Yamashiro 1543 - Kyoto 1590*. Nipote di Kano Motonobu, con il suo stile grandioso esercitò grande influenza, in part. sul figlio adottivo Sanraku. — **Sanraku K.**, *Omi 1559 - Kyoto 1635*. Con le sue grandi decorazioni d'interni è l'ultimo esponente del colorismo vivace e brillante del periodo Momoyama.

KANPUR, già **Cawnpore**, c. dell'India (Uttar Pradesh), sul Gange; 2.532.138 ab.

KANSAI o **KINKI**, reg. del Giappone (Honshu). C. princ.: Osaka, Kobe e Kyoto.

KANSAS, f. degli Stati Uniti, affl. di destra del Missouri; 274 km.

KANSAS, Stato degli Stati Uniti; 2.688.418 ab.; cap. *Topeka*.

KANSAS CITY, c. degli Stati Uniti (Kansas); 146.866 ab.

KANSAS CITY, c. degli Stati Uniti (Missouri), sul f. Missouri, di fronte a Kansas City (Kansas); 441.545 ab. L'area metropolitana che comprende le due Kansas City conta 1.566.280 ab. Aeroporto. Importante mercato agricolo. — Museo d'arte.

KANT (Immanuel), *Königsberg 1724-1804*, filosofo tedesco. Dopo aver lavorato còme precettore, divenne insegnante nella sua città natale, dove condusse una vita estremamente spartana. La sua filosofia (il "criticismo") mette in discussione la pretesa della metafisica tradizionale di giungere alla verità e indaga la possibilità di pervenirvi attraverso il sapere razionale e la conoscenza scientifica, escludendo ogni forma di scetticismo e affermando la validità universale della legge morale. K. espresse le sue teorie filosofiche nelle opere principali, *Critica della ragion pura*, *Critica della ragion pratica* e *Critica del giudizio*. Scrisse anche: *Prolegomeni ad ogni metafisica futura che potrà presentarsi come scienza* (1783), *Fondazione della metafisica dei costumi* (1785), *Per la pace perpetua* (1795) e *Metafisica dei costumi* (1797).

■ *Immanuel Kant.*

KANTARA (Al-), gole dell'Algeria, a O del Massiccio dell'Aurès. Fanno parte dell'oasi di Biskra.

KANTO, reg. del Giappone (Honshu), che comprende, tra le altre città, Tokyo.

KANTOR (Tadeusz), *Wielopole, presso Cracovia, 1915 - Cracovia 1990*, artista e regista teatrale polacco. Ha realizzato, con il gruppo Cricot 2, *happening* e spettacoli di "teatro della morte", divenuti capisaldi dell'avanguardia teatrale (*La classe morta*, da S.I. Witkiewicz; *Wielopole, Wielopole*; *Crepino gli artisti*).

Vasilij **KANDINSKIJ**. Giallo, rosso, blu, *1925*. (MNAM, Parigi.)

KANTOROVIČ (Leonid Vital'evič), *San Pietroburgo 1912 - Mosca 1986*, matematico ed economista russo. Ha introdotto nell'economia sovietica metodi di analisi funzionale rielaborando di conseguenza il concetto di profitto. (Premio Nobel per l'economia 1975.)

KAOHSIUNG, c. della zona sud-occ. di Taiwan; 1.475.505 ab. Porto e centro industriale.

KAOLACK, c. del Senegal, sul f. Saloum; 220.600 ab. Esportazione di arachidi. Oleifici.

KAPICA (Pëtr Leonidovič), *Kronštadt 1894 - Mosca 1984*, fisico russo. Pioniere in URSS della fusione termonucleare controllata, eseguì anche ricerche sui processi a basse termperature, scoprendo la superfluidità dell'elio liquido. (Premio Nobel 1978.)

KAPILAVASTU, att. **Lumbini**, località del Nepal, 250 km a O di Katmandu. Museo. — Città natale del buddha Sakyamuni.

KAPLAN (Viktor), *Mürzzuschlag 1876 - Unterach 1934*, ingegnere austriaco. Realizzò turbine idrauliche adatte a piccoli salti con grandi portate d'acqua.

KAPOSVÁR, c. dell'Ungheria; 71.788 ab.

KAPROW (Allan), *Atlantic City 1927*, artista statunitense. Seguace di J. Cage, nel 1959, con lo spettacolo *18 Happening in 6 Parts*, ha teorizzato l'*happening* come forma espressiva. Tra le altre realizzazioni, *Just Standing*.

KAPTEYN (Jacobus Cornelius), *Barneveld 1851 - Amsterdam 1922*, astronomo olandese. Fondò la statistica stellare.

KAPUAS, f. dell'Indonesia (Borneo), che sfocia nel Mar di Giava; 1150 km.

KAPUSTIN YAR, base di lancio missilistico, in Russia, a NO del Mar Caspio, sulla riva del Volga.

KARA (Màre di), porzione del Mar Glaciale Artico, tra la Novaja Zemlja e il continente; è collegato al Mare di Barents dallo Stretto di K.

KARA-BOGAZ-GOL, golfo della costa orient. del Mar Caspio, nel Turkmenistan. È in via di prosciugamento. Saline.

KARABÜK, c. della Turchia settentr.; 103.806 ab. Siderurgia.

KARAČAEVO-ČERKESIJA, in it. **Circàssia**, rep. della Russia, confinante con la Georgia; 434.000 ab.; capol. *Batalpašinsk*.

KARACHI, c. del Pakistan, sul Mare Arabico; 9.269.000 ab. (11.794.000 ab. nell'agglomerato). Porto e c. principale del paese. Centro industriale. — Fino al 1959 è stata la cap. del Pakistan.

KARADŽIĆ (Vuk), *Tršić 1787 - Vienna 1864*, scrittore serbo. Raccolse e pubblicò storie della tradizione orale del suo paese e riformò la lingua serba.

KARAGANDA, già **Karaganda**, c. del Kazakistan, nel bacino carbonifero di K.; 596.000 ab. Siderurgia.

KARAGJORGJE o **KARADJORDJE** (Gjorgje Petrović), *Viševac 1768 ca. - Radovanje 1817*, fondatore della dinastia dei Karagjorgjević. Di origine contadina, si pose a capo della rivolta contro gli ottomani (1804). Nel 1808 fu proclamato principe ereditario dei serbi, ma fu costretto all'esilio (1813) e morì assassinato. È noto come "Giorgio il Nero".

KARAGJORGJEVIĆ, dinastia serba fondata da G.P. Karagjorgje. Diede alla Serbia il principe Alessandro K. (1842-1858) e il re *Pietro I*, e alla Iugoslavia i re *Alessandro I* e *Pietro II*.

KARAJAN (Herbert **von**), *Salisburgo 1908-1989*, direttore d'orchestra austriaco. Fondatore del Festival di Pasqua di Salisburgo (1967), è stato direttore a vita del Berliner Philharmoniker (1954-1989), rivelandosi interprete rigoroso e fedele alla tradizione.

■ *Herbert von Karajan nel 1962.*

KARAKALPAKI, popolazione stanziata soprattutto in Uzbekistan, nella Rep. autonoma dei Karakalpaki (ca. 550.000 individui). Insediatisi nella zona in cui vivono att. nel corso del XVIII sec., sono divisi in due confederazioni di tribù e praticano un allevamento seminomade, agricoltura irrigua e pesca (nel Lago d'Aral, che si sta progressivamente riducendo). Sono musulmani sunniti e parlano il karakalpak, di ceppo turco.

KARAKORUM o **KARAKORAM**, massiccio dell'Asia (India, Pakistan e Cina). Comprende vette molto elevate (K2, Gasherbrum) e ghiacciai estesi.

KARAKUM, reg. desertica della depressione aralo-caspica (Turkmenistan).

KARAMANLÍS (Konstandínos) o **CARAMANLÍS** (Constantin), *Proti, Sérrai, 1907 - Atene 1998*, politico greco. Tre volte primo ministro tra il 1955 e il 1963, di nuovo al potere dopo la restaurazione della democrazia (1974), è stato in seguito presidente della repubblica (1980-1985 e 1990-1995).

KARAMZIN (Nikolaj Michajlovič), *Michajlovka, Simbirsk, 1766 - San Pietroburgo 1826*, scrittore e storico russo. È autore della prima importante opera storica pubblicata in Russia, *Storia dello stato russo* (1816-1829).

KARAVELOV (Ljuben), *Koprivštica 1834 - Ruse 1879*, scrittore bulgaro. Giornalista e autore di romanzi, ebbe parte attiva nella lotta per la liberazione del suo paese.

KARBALA o **KERBALA**, c. dell'Iraq, a SO di Baghdad; 296.705 ab. Città santa sciita (tomba di Husayn).

KARDINER (Abram), *New York 1891 - Easton, Connecticut, 1981*, antropologo e psicoanalista statunitense. Esponente della scuola psicoanalitica che sottolinea il legame tra personalità e cultura, ha introdotto il concetto di *personalità di base*. [V. parte nomi comuni.]

KAREN, popolazione stanziata principalmente in Myanmar e in Thailandia (ca. 3 milioni di individui). Pur vivendo in zone montuose, i k. sono agricoltori; in Myanmar hanno intrapreso una lotta armata contro il potere centrale per ottenere l'indipendenza. In parte cristiani e in parte buddhisti, parlano il karen, una lingua tibeto-birmana.

KARERPASS → Costalunga (Passo di).

KARERSEE → Carezza (Lago di).

KARIBA, località nella valle dello Zambesi, tra Zambia e Zimbabwe. Diga, con grande lago artificiale, e centrale idroelettrica.

KARIKAL, c. dell'India, nel territorio di Pondicherry, sul Golfo del Bengala; 74.333 ab.

KARKEMISH o **KARKAMIŞ**, c. dell'ant. Siria, sull'Eufrate. Nel 605 a.C. Nabucodonosor II, re di Babilonia, vi sconfisse il faraone egizio Necao II. — Rovine della roccaforte neoittita.

KARKONOSZE → Giganti (Monti dei).

KARLE (Jerome), *New York 1918*, chimico-fisico e cristallografo statunitense. Ha elaborato modelli matematici che consentono di determinare rapidamente, grazie al trattamento informatico dei dati, la struttura dei composti chimici. (Premio Nobel per la chimica 1985.)

KARLFELDT (Erik Axel), *Folkärna 1864 - Stoccolma 1931*, poeta svedese. Nelle sue liriche canta la vita contadina (*Canzoni di Fridolin*). (Premio Nobel 1931.)

KARL-MARX-STADT, precedente nome di *Chemnitz*.

KARLOFF (William Henry Pratt, detto Boris), *Dulwich 1887 - Midhurst 1969*, attore teatrale e cinematografico statunitense di origine britannica. Diventato famoso nel ruolo del mostro in *Frankenstein* (1931), interpretò numerosi film dell'orrore: *La mummia* (1932), *La jena* (1945).

KARLOVY VARY, in ted. **Karlsbad**, c. della Rep. Ceca, in Boemia; 53.857 ab. Stazione termale. — Bella chiesa barocca.

KARLSKRONA, c. della Svezia, sul Baltico; 60.699 ab. Porto. — Chiesa di N. Tessin il Giovane; museo navale.

KARLSRUHE, c. della Germania (Baden-Württemberg); 277.204 ab. Sede della corte suprema. — Ant. cap. del Baden, fondata nel 1715. — Musei, tra cui la Kunsthalle (ricca di opere pittoriche prestigiose).

KARLSTAD, c. della Svezia, sul Lago Vänern; 80.782 ab. Cattedrale ricostruita nel XVIII sec.

KÁRMÁN (Theodor **von**), *Budapest 1881 - Aquisgrana 1963*, ingegnere statunitense di origine ungherese. Risolse importanti e numerosi problemi di aerodinamica e idrodinamica. Si occupò inoltre di flussi supersonici, dando un contributo agli studi di aeronautica e alla nascita dell'astronautica negli Stati Uniti.

KARNAK. *Statua colossale nel cortile grande del tempio di Ammone. Nuovo Regno, XIX dinastia.*

KARNAK, villaggio sorto sulle rovine di Tebe, in Egitto. È il più vasto insieme di edifici religiosi del paese (XX-IV sec. a.C.) e comprende il tempio di Ammone.

KARNATAKA, già **Mysore**, Stato dell'India merid.; 192.000 km²: 52.733.958 ab.; cap. *Bangalore*.

KÁROLYI (Mihály), *Budapest 1875 - Vence 1955*, politico ungherese. Presidente della repubblica dal gen. 1919, si dimise appena due mesi dopo, rifiutando di ratificare i confini fissati dagli alleati.

KARPOV (Anatolij Evgen'evič), *Zlatoust 1951*, giocatore di scacchi russo. Campione del mondo di scacchi nel 1975, 1978 e 1981, ha perso il titolo contro G.W. Kasparov nel 1985.

KARRER (Paul), *Mosca 1889 - Zurigo 1971*, biochimico svizzero. Determinò la struttura di numerose vitamine (in part. A ed E) e sintetizzò la vitamina B2. (Premio Nobel per la chimica 1937.)

KARROO, reg. geografica del Sudafrica, costituita da altopiani di altezza variabile.

KARSAVINA (Tamara), *San Pietroburgo 1885 - Beaconsfield, presso Londra, 1978*, ballerina britannica di origine russa. Étoile dei Ballets Russes, fu sensibile interprete delle opere di M. Fokine e del repertorio classico.

KARŠI, c. dell'Uzbekistan merid.; 163.000 ab.

KARST, in slov. **Kras**, nome tedesco del Carso.

KARVINÁ, c. della Rep. Ceca, in Moravia, presso Ostrava; 65.041 ab.

KARZAI (Hamid), *Karz, prov. di Kandahar, 1957*, politico afghano. Leader dei pastun moderati, dal dic. 2001 è presidente del governo transitorio dell'Afghanistan (confermato dal parlamento, la Loya Jirga, nel giu. 2002).

KASAI o **CASSAI**, f. dell'Africa (Angola e in part. Rep. Dem. del Congo), affl. di sinistra del Congo; 2200 km.

KASHAN, c. dell'Iran, a S di Teheran; 201.372 ab.

KASHGAR → Kashi.

KASHI o **KASHGAR**, c. della Cina (Xinjiang); 214.624 ab. Oasi sul Kaxgar He.

KASHIWA, c. del Giappone, sobborgo nord-orient. di Tokyo; 317.750 ab.

KASHMIR, ant. Stato dell'India, att. diviso tra India (Stato di Jammu e Kashmir) e Pakistan. È una regione montuosa attraversata dal f. Jhelum, che bagna il bacino di Srinagar. — Regno indù, nel 1346 fu conquistato da un avventuriero musulmano e nel 1586 fu annesso all'impero moghul. Il K., oggetto di contesa tra India e Pakistan dal 1947, è stato causa delle guerre indo-pakistane del 1947-1949 e del 1965, e resta tuttora teatro di forti tensioni. I tre quarti della popolazione sono musulmani.

KASPAROV (Garry **Weinstein**, detto Garry), *Baku 1963*, giocatore di scacchi russo. Divenuto campione del mondo di scacchi nel 1985, battendo A. Karpov, ha difeso il suo titolo contro lo stesso avversario nel 1986, 1987 e 1990. Dopo un lungo periodo di supremazia incontestata, nel 2000 è stato battuto dal russo V. Kramnik.

KASSEL, c. della Germania (Assia), sul f. Fulda; 196.211 ab. Musei; dal 1955 è sede dell'esposizione quadriennale d'arte contemporanea Documenta.

KASSEM (Abd Al-Karim), *Baghdad 1914-1963*, politico iracheno. Leader della rivoluzione del 1958, che rovesciò la dinastia hashimita in Iraq, dovette far fronte alla forte opposizione interna. Morì assassinato.

KASSERINE (battaglia di) (14-21 feb. 1943), battaglia combattuta in Tunisia durante la seconda guerra mondiale. Il possesso del Passo di K. (Tunisia occ.), che consentiva l'accesso alla zona pianeggiante d'Algeria, fu oggetto di aspri combattimenti tra E. Rommel e gli Alleati.

KASTERLEE, com. del Belgio (prov. di Anversa); 17.633 ab.

KASTLER (Alfred), *Guebwiller 1902 - Bandol 1984*, fisico francese. Studioso di elettronica quantistica e ottica fisica, ha messo a punto il procedimento di "pompaggio ottico" (1950), che ha trovato importanti applicazioni nci lascr e nci maser. (Premio Nobel 1966.)

KÄSTNER (Erich), *Dresda 1899 - Monaco 1974*, scrittore tedesco. Se in *Emilio e i detectives* (1929) ha rievocato l'ingenuità dell'infanzia, nelle poesie e nei romanzi ha condotto una feroce critica della società tedesca.

KASTRUP, aeroporto di Copenaghen (Danimarca).

KASUGAI, c. del Giappone (Honshu); 277.589 ab.

KATAEV (Valentine Petrovič), *Odessa 1897 - Mosca 1986*, scrittore russo. Nei suoi romanzi unisce un realismo dagli accenti satirici a un'atmosfera onirica (*Biancheggia vela solitaria*, 1936).

KATANGA, dal 1972 al 1997 **Shaba**, reg. della Rep. Dem. del Congo merid.; 3.874.000 ab.; capol. *Lubumbashi*. Giacimenti di rame, manganese, piombo e uranio.

KATAR → QATAR.

KATEB (Yacine), *Costantina 1929 - La Tronche 1989*, scrittore algerino di lingua francese e araba. Le sue poesie, i suoi romanzi (*Nedjma*) e i suoi drammi teatrali (*Il cadavere accerchiato*) hanno come tema il futuro politico e il destino degli uomini del suo paese.

■ *Yacine Kateb.*

KATHIAWAR, penisola dell'India, sul Mare Arabico.

KATMANDU, cap. del Nepal, a 1300 m ca. d'alt.; 755.000 ab. Monumenti (XVI-XVIII sec.) tra cui il palazzo reale (Darbar). Museo. Nei dintorni stupa di Bodnath, importante meta di pellegrinaggio dei buddhisti.

KATONA (József), *Kecskemét 1791-1830*, drammaturgo ungherese, tra i fondatori del teatro nazionale del suo paese (*Il bano Bánk*, 1821).

KATOWICE, c. della Polonia, capol. di voivodato, in Slesia; 343.158 ab. Centro industriale.

KATSINA, c. della Nigeria settentr.; 223.644 ab.

KATSURA, villa imperiale giapponese, nei pressi di Kyoto. Costruita alla fine del XVI sec., è un esempio dell'integrazione tipicamente giapponese tra architettura e paesaggio; celebre giardino.

KATTEGAT, braccio di mare tra la Svezia e la Danimarca (Jylland).

KATYN, località della Russia, a O di Smolensk. Nel 1943 i tedeschi vi rinvennero i cadaveri di ca. 4500 ufficiali polacchi, uccisi dai sovietici nel 1940-1941. L'eccidio era stato compiuto su ordine di Stalin (mar. 1940), riconosciuto responsabile del massacro di ca. 26.000 civili e militari polacchi.

KAUFFMANN (Angelika), *Coira 1741 - Roma 1807*, pittrice svizzera. Fin dagli esordi si dedicò alla ritrattistica (*Ritratto di Winckelmann*, 1764), subendo l'influenza neoclassica nei frequenti viaggi in Italia. Dopo un soggiorno a Londra, si trasferì definitivamente a Roma (1781).

KAUNAS, c. della Lituania, sul Nemunas; 381.300 ab. Centro industriale. — Musei.

KAUNDA (Kenneth David), *Lubwa 1924*, politico dello Zambia, primo presidente della repubblica, al potere dal 1964 al 1991.

KAUNITZ-RIETBERG (Wenzel Anton, prìncipe **von**), *Vienna 1711-1794*, politico austriaco. Cancelliere di Stato (1753-1792), promosse l'alleanza con la Francia contro la Prussia e ispirò la politica centralizzatrice di Maria Teresa e Giuseppe II.

KAURISMÄKI (Aki), *Orimattila 1957*, regista cinematografico finlandese. Tra i suoi film, *Leningrad Cowboys Go America* (1989), *Ho affittato un killer* (1990), *Vita de bohème* (1992), *Tatjana* (1994), *Nuvole in viaggio* (1996), *Juha* (1999), *L'uomo senza passato* (2002).

KAUTSKY (Karl), *Praga 1854 - Amsterdam 1938*, politico austriaco. Segretario di F. Engels (1881), rigoroso difensore del marxismo (pubblicò il terzo tomo del *Capitale*), si oppose al revisionismo di E. Bernstein. Fino al 1917 diresse la rivista *Die Neue Zeit*, organo teorico della socialdemocrazia tedesca, e in seguito assunse una posizione contraria al bolscevismo (*Terrorismo e comunismo*, 1919).

KAVÁFIS (Konstandínos), *Alessandria d'Egitto 1863-1933*, poeta greco. Le sue opere conciliano modernità formale ed evocazione dell'antica Grecia.

KAVÁLA, c. della Grecia (Macedonia); 58.576 ab.

KAWABATA (Yasunari), *Osaka 1899 - Zushi 1972*, scrittore giapponese. I suoi romanzi, in cui si fondono fantasia e realismo, costituiscono una meditazione sulla sofferenza e la morte (*Il paese delle nevi*, *Koto*). (Premio Nobel 1968.)

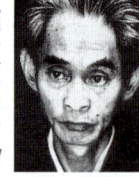

■ *Kawabata Yasunari nel 1968.*

KAWAGOE, c. del Giappone (Honshu); 323.353 ab.

KAWAGUCHI, c. del Giappone (Honshu); 448.854 ab. Siderurgia. Industrie tessili.

KAWASAKI, c. del Giappone (Honshu); 1.202.820 ab. Porto. Centro industriale.

KAWASAKI, società industriale fondata nel 1896 da Shoko K. Costruì inizialmente materiale ferroviario e locomotive, per poi passare alla produzione di motociclette. Opera anche nei cantieri navali e nel settore siderurgico.

KAYES, c. del Mali, sul f. Senegal; 51.000 ab.

KAYSERI, c. della Turchia, a SE di Ankara; 498.233 ab. È l'ant. Cesarea. — Mura e monumenti (XIII sec.). Museo.

KAZAKI, popolazione stanziata principalmente in Kazakistan (7,6 milioni di individui), Russia, Uzbekistan e nella prov. cinese dello Xinjiang (in totale ca. 10 milioni di individui). Discendenti da popolazioni turche nomadi (a partire dal VII sec.) e in seguito integrati nell'impero mongolo (dal XIII sec.), intorno al XVI sec. i k. si divisero in tre grandi orde, che fino alla colonizzazione russa (XIX sec.) furono guidate da khan. Dediti all'agricoltura, legati ai costumi della steppa e alle tradizioni di tipo sciamanico, i k. sono musulmani sunniti. Parlano il kazako, di ceppo turco, e usano un alfabeto cirillico.

KAZAKISTAN, in kazako **Qazaqstan**, in russo **Kazakhstan**, Stato dell'Asia centrale, tra il Mar Caspio e la Cina; 2.717.000 km²; 16.095.000 ab. (*kazaki*). CAP. *Astana*. LINGUA: *kazako*. MONETA: *tenge*.

GEOGRAFIA – Il K. è la più estesa delle ex repubbliche sovietiche dell'Asia centrale, con un territorio prevalentemente pianeggiante, a eccezione della parte orientale. Ha un clima arido, rigido d'inverno. La produzione agricola è notevole (talvolta grazie alle opere d'irrigazione): frumento e orzo, cotone; importante è pure l'allevamento ovino. Il sottosuolo è ricco di carbone, uranio, ma anche petrolio e gas naturale, il cui sfruttamento, finanziato da capitali stranieri, è tuttavia penalizzato dalla posizione geografica del paese, incuneato tra Russia, Turkmenistan, Uzbekistan, Kirghizistan e Cina. Quella metallurgica resta l'industria principale. Il K. è abitato per meno del 50% da popolazioni di stirpe kazaka e conta un'importante minoranza russa, soprattutto nei centri urbani.

STORIA – La regione viene progressivamente integrata nell'impero russo a partire dal XVIII sec.; **1920**: viene trasformata in Rep. autonoma di Kirghisia, in seno all'URSS; **1925**: prende il nome di K; **1936**: diventa repubblica federata. **1990**: i comunisti ottengono la vittoria alle prime elezioni repubblicane libere. **1991**: il soviet supremo proclama l'indipendenza del paese (dic.) che aderisce alla CSI. Nursultan Nazarbayev sale alla presidenza della repubblica. Dopo una proroga nel 1995, viene rieletto nel 1999.

KAZAN (Elia *Kazanjoglous*, detto Elia), *Istanbul 1909 - New York 2003*, regista cinematografico statunitense. Dopo gli inizi come regista teatrale, per il cinema ha diretto opere poetiche e tormentate, in cui alla rappresentazione della società americana ha unito l'indagine dei conflitti psicologici degli individui: *Un tram che si chiama desiderio* (1951), *Fronte del porto* (1954), *La valle dell'Eden* (1955), *Il ribelle dell'Anatolia* (1963), *Il compromesso* (1969).

KAZAN', c. della Russia, cap. della Rep. dei Tatari, sul Volga; 1.079.800 ab. Centro industriale. — Cremlino del 1555; museo del Tatarstan.

KAZANLĂK, c. della Bulgaria; 65.000 ab. Coltivazione delle rose. — Tomba tracia di età ellenistica (pitture); museo.

KAZANTZÁKIS (Nikos), *Iraklion 1883 - presso Friburgo 1957*, scrittore greco. Nei suoi romanzi, per i quali attinge a temi popolari e che sono spesso ambientati a Creta, si è dedicato alla ricerca della saggezza (*Zorba il greco*, *L'ultima tentazione*).

KÀZARI, popolazione turca che dominò la regione del Mar Caspio e, in seguito, la Crimea e le steppe tra il Don e il Dnepr dal VII al X sec. Il principe di Kiev Svjatoslav ne annientò la potenza nel 969.

Kazakistan

★ importante località turistica

— strada normale
— ferrovia
✈ aeroporto

● più di 1.000.000 di ab.
● da 500.000 a 1.000.000 di ab.
● da 100.000 a 500.000 di ab.
● meno di 100.000 di ab.

0   200   500   1000 m

KAZBEK, una delle vette più elevate del Caucaso, al confine tra Russia e Georgia; 5033 m.

KEAN (Edmund), *Londra 1789 - Richmond, Surrey, 1833*, attore britannico, interprete di grandi ruoli tragici del teatro inglese. I suoi amori hanno ispirato ad A. Dumas il dramma omonimo (1836), adattato nel 1954 da J.-P. Sartre.

KEATING (Paul John), *Sydney 1944*, politico australiano. Leader del Partito laburista, è stato primo ministro dal 1991 al 1996.

KEATON (Joseph Francis, detto Buster), *Piqua, Kansas, 1896 - Los Angeles 1966*, attore e regista cinematografico statunitense. Ha interpretato lo stesso personaggio impassibile di fronte alle avversità, in film poetici e pervasi da una sottile comicità (*Il navigatore*, 1924; *Il generale*, 1926; *Il cameraman*, 1928).

Buster **KEATON** in Il navigatore, 1924.

KEATS (John), *Londra 1795 - Roma 1821*, poeta britannico. Uno dei grandi romantici inglesi, si distinse per la sua sensualità estetizzante. È autore dei poemi *Endimione* (1918) e *Iperione* (1819, incompiuto), di odi (1819; tra le più note *A Psiche*, *All'autunno*, *A un usignolo*, *Sulla malinconia*, *Sopra un'urna greca*) e della raccolta di poesie *Lamia* (1820).

KEBAN, diga e impianto idroelettrico in Turchia, sull'Eufrate.

KEBNEKAISE, cima del massiccio di Kjølen, in Svezia; 2117 m.

KECK (telescòpi), nome di due telescopi ottici e infrarossi installati dagli americani sul vulcano Mauna Kea nelle Hawaii, i più grandi del mondo (diametro di 10 m), messi in servizio nel 1993 e nel 1996.

KECSKEMÉT, c. dell'Ungheria, a SE di Budapest; 102.516 ab. Monumenti del XVIII-XIX sec.

KEDIRI, c. dell'Indonesia (Giava); 261.300 ab.

KEELING (Isole) → COCOS.

KEELUNG, c. del N di Taiwan; 385.201 ab. Porto.

KEESOM (Willem Hendrik), *Isola di Texel 1876 - Leida 1956*, fisico olandese. Solidificò l'elio, mantenendolo sotto pressione, e ne scoprì due varianti fluide.

KEEWATIN, in eschimese **Kivalliq**, distr. del Canada (Nunavut), a N di Manitoba.

KEF (le), c. della Tunisia; 42.449 ab.

KEFLAVÍK, c. dell'Islanda; 8000 ab.

KEHL, c. della Germania (Baden-Württemberg), sul Reno, di fronte a Strasburgo; 33.359 ab.

KEI, popolazione dell'Indonesia (Molucche; ca. 100.000 individui). Noti per le piroghe da guerra, i k. sono in parte musulmani e in parte cristiani; parlano una lingua austronesiana.

KEIHIN, conurbazione del Giappone (Honshu), che raggruppa Tokyo, Yokohama e le rispettive periferie.

KEITA (Modibo), *Bamako 1915-1977*, politico del Mali. È stato presidente della repubblica e capo del governo (1960-1968).

KEITEL (Harvey), *New York 1939*, attore cinematografico statunitense. Tra le sue interpretazioni, *Mean Streets* (1973), *I duellanti* (1977), *La morte in diretta* (1980), *L'ultima tentazione di Cristo* (1988), *Thelma Louise* (1991), *Il cattivo tenente* (1992), *Pulp Fiction* (1994), *Smoke* (1995), *Red Dragon* (2002).

KEITEL (Wilhelm), *Helmscherode 1882 - Norimberga 1946*, maresciallo tedesco. Capo del comando supremo tedesco dal 1938 al 1945, siglò la ca-pitolazione del suo paese a Berlino (8 mag. 1945). Condannato a morte per i crimini di guerra, fu processato e giustiziato a Norimberga.

KEKKONEN (Urho Kaleva), *Pielavesi 1900 - Helsinki 1986*, politico finlandese. Primo ministro dal 1950 al 1956, poi presidente della repubblica (1956-1981), portò avanti un'importante azione diplomatica.

KEKULÉ VON STRADONITZ (August), *Darmstadt 1829 - Bonn 1896*, chimico tedesco. Fu il primo scienziato a utilizzare le formule sviluppate in chimica organica, disciplina della quale fu uno dei fondatori. Enunciò la teoria della tetravalenza del carbonio (1857) e propose la formula esagonale del benzene.

KELDERMANS (Rombout), *Malines 1460 ca. - Anversa 1531*, architetto fiammingo, il più noto di una famiglia di architetti. Fu attivo a Malines, Bruxelles, Anversa, Gand, Hoogstraten.

KELLER (Gottfried), *Zurigo 1819-1890*, scrittore svizzero di lingua tedesca. È autore di poesie, racconti (*La gente di Seldwyla*) e romanzi (*Enrico il Verde*) in cui si mescolano realismo satirico e visione tragica dell'esistenza.

KELLOGG (Frank Billings), *Potsdam, Stato di New York, 1856 - Saint Paul, Minnesota, 1937*, politico statunitense. Segretario di Stato del presidente C. Coolidge (1927-1929), negoziò con A. Briand un accordo di rinuncia alla guerra, firmato da circa 60 nazioni (patto Briand-K., 1928). (Premio Nobel per la pace 1929.)

KELLY (Ellsworth), *Newburgh 1923*, pittore e scultore statunitense. Influenzato dal minimalismo, si è poi avvicinato all'espressionismo astratto, sviluppando una ricerca basata sullo studio dei rapporti cromatici.

Gene **KELLY** in Cantando sotto la pioggia, 1952.

KELLY (Eugene Curran, detto Gene), *Pittsburgh 1912 - Los Angeles 1996*, coreografo, attore e regista cinematografico statunitense. Ballerino, diretto da S. Donen (*Cantando sotto la pioggia*, 1952) e da V. Minnelli (*Un americano a Parigi*, 1951), ha rinnovato il musical.

KELLY (Grace), *Filadelfia 1929 - Montecarlo 1982*, attrice cinematografica statunitense. Interprete di film di successo, tra i quali *Mezzogiorno di fuoco* (1952), *Mogambo* (1953), *La finestra sul cortile* (1954), *La ragazza di campagna* (1954, premio Oscar), nel 1956 si ritirò dalle scene per sposare Ranieri III di Monaco.

■ *Grace Kelly.*

KELOWNA, c. del Canada (Columbia Britannica); 89.442 ab. Industrie conserviere.

KELSEN (Hans), *Praga 1881 - Orinda, California, 1973*, giurista statunitense di origine austriaca. Fondatore della scuola "normativista" (secondo cui il diritto poggia su un insieme di norme giuridiche gerarchizzate), ha anche collaborato alla redazione della Costituzione austriaca del 1920.

KELVIN (William **Thomson**, lord), *Belfast 1824 - Netherhall 1907*, fisico britannico. Scoprì (1852) il raffreddamento provocato dall'espansione di un gas (*effetto Joule-Thomson*) e introdusse la nozione di temperatura termodinamica. Progettò il galvanometro a magnete mobile (1851) e formulò la teoria dei circuiti oscillanti. Definì la scala delle temperature che porta il suo nome e riformulò il secondo principio della termodinamica. Studiò le maree (spec. quelle della crosta terrestre) e la loro influenza sulla rotazione della Terra.

KEMAL (Mustafa) → ATATÜRK.

KEMAL (Yaşar) → YAŞAR KEMAL.

KEMEROVO, c. della Russia, nella Siberia occ.; 500.772 ab. Giacimenti di carbone.

KEMP (Lindsay), *Isola di Lewis 1939*, mimo, attore e regista teatrale britannico. Dopo il debutto nel 1964, ha allestito spettacoli innovativi, sfruttando un notevole e versatile talento recitativo (*Flowers*, 1974; *Salomè*, 1976; *The Big Parade*, 1984).

KEMPFF (Wilhelm), *Jüterbog 1895 - Positano 1991*, pianista tedesco. Insigne interprete delle opere di J.S. Bach e L. van Beethoven, è artefice della riscoperta delle sonate di F. Schubert.

KEMPIS (Tommàso da) → TOMMASO DA KEMPIS.

KENDALL (Edward Calvin), *South Norwalk, Connecticut, 1886 - Princeton 1972*, biochimico statunitense. È autore di lavori sugli ormoni corticoidi. (Premio Nobel per la medicina 1950.)

KENDALL (Henry Way), *Boston 1926 - Wakulla Springs, Florida, 1999*, fisico statunitense. Partecipò alle ricerche che condussero alla dimostrazione sperimentale dell'esistenza dei quark. (Premio Nobel 1990.)

KENIA → KENYA.

KENITRA, già **Port-Lyautey**, c. del Marocco, a N di Rabat; 292.627 ab. Porto.

KENKO (Urabe Kaneyoshi, detto Hoshi), *1283 ca. - 1352 ca.*, scrittore giapponese. Il suo *Tsurezuregusa* ("Momenti d'ozio"), raccolta di pensieri e aneddoti sulla società dell'epoca, esprime la nostalgia dell'autore per l'antico Giappone.

KENNEDY (céntro spaziale J.F.), base di lancio missilistica spaziale statunitense. Si trova a Cape Canaveral (Stati Uniti), che dal 1964 al 1973 si chiamò Cape K.

KENNEDY (J.F.), aeroporto internazionale di New York, a Idlewild.

KENNEDY (John Fitzgerald), *Brookline, presso Boston, 1917 - Dallas 1963*, politico statunitense. Deputato, poi senatore democratico, fu presidente degli Stati Uniti dal 1961 al 1963. Attuò una politica di rilancio economico, fu il promotore di una legislazione contro la discriminazione razziale e propose agli americani il

progetto della "Nuova frontiera" per il raggiungimento di una giustizia sociale più ampia e il conseguimento del primato nella conquista dello spazio. In politica estera, oscillò tra l'avvicinamento all'URSS e una politica di fermezza nei confronti dei regimi comunisti (a Berlino nel 1961; durante la crisi di Cuba, nel 1962; in Vietnam dove pose le basi per il futuro intervento americano). Fu assassinato il 22 nov. 1963.

■ *John Fitzgerald Kennedy.*

— **Robert Francis K.**, *Brookline, presso Boston, 1925 - Los Angeles 1968*, politico statunitense. Fratello di John F., attorney generale (1961-1964) e senatore democratico a partire dal 1965, fu assassinato dopo avere vinto le primarie in California, per le elezioni presidenziali.

KENT, contea dell'Inghilterra, sullo Stretto di Dover; 1.485.600 ab.; capol. *Maidstone*. Fondato dagli iuti nel V sec., il regno del K. fu il primo nucleo della civiltà anglosassone fino al VII sec. (cap. *Canterbury*).

KENT (William), *Bridlington, Yorkshire, 1685 - Londra 1748*, architetto, paesaggista e pittore britannico. Collaboratore di un ricco collezionista, Richard Boyle, conte di Burlington, fu un maestro

Kenya

200 500 1000 2000 m

- —— strada
- —— ferrovia
- ✈ aeroporto
- ★ importante località turistica
- ● più di 1.000.000 di ab.
- ● da 100.000 a 1.000.000 di ab.
- ● da 10.000 a 100.000 di ab.
- · meno di 10.000 ab.

100 km

del palladianesimo e uno dei creatori del giardino all'inglese.

KENTUCKY, Stato degli Stati Uniti; 4.041.769 ab.; cap. *Frankfort*.

KENYA, Stato dell'Africa orient., sull'Oceano Indiano; 583.000 km²; 31.293.000 ab. CAP. *Nairobi*. LINGUA: *swahili*. MONETA: *scellino kenyota*.

GEOGRAFIA – Nella zona occidentale, montuosa e vulcanica, l'orticoltura si affianca alle piantagioni di caffè e tè (principali prodotti delle esportazioni, effettuate attraverso Mombasa). A E, nella zona pianeggiante, si trovano invece piantagioni di canna da zucchero, banane e sisal. L'allevamento (bovino, ovino, caprino), pur sviluppato, spesso riveste un valore sociale più che economico. Il turismo attenua solo in parte il deficit della bilancia commerciale.

STORIA – Paese in cui sono stati scoperti i più antichi resti dei preominidi, il K. fu occupato originariamente da popolazioni vicine ai boscimani. 500 a.C. - XVI sec. d.C.: i bantu, venuti da N, si sostituiscono alle popolazioni primitive; gli arabi e poi i portoghesi (dopo il 1497) fondano colonie commerciali sulle coste. 1888: la Gran Bretagna ottiene dal sultano di Zanzibar una concessione sulla parte principale del paese. 1895: il K. diventa protettorato britannico. 1920: diventa una colonia della Corona. 1925: Jomo Kenyatta prende il comando del movimento nazionalista, che esige la restituzione delle terre ai kikuyu. 1952-1956: repressione della rivolta dei Mau-Mau (ribellione dei kikuyu); J. Kenyatta viene arrestato. 1961: liberazione di Kenyatta. 1963: il K. ottiene l'indipendenza nell'ambito del Commonwealth. 1964-1978: Kenyatta diventa presidente della repubblica. 1978: alla morte di Kenyatta, gli succede Daniel Arap Moi che, a partire dal 1982, instaura un sistema a partito unico. 1991: torna in vigore il multipartitismo.

1992 e 1997: in occasione delle elezioni pluraliste, D.A. Moi si riconferma capo dello Stato; 2002: non potendo ripresentarsi, allo scadere del mandato si ritira. L'opposizione vince le elezioni e Mwai Kibaki diventa presidente della repubblica.

KENYA (Mónte), cima del Kenya centrale; 5199 m.

KENYATTA (Jomo), *Ichaweri 1893 ca. - Mombasa 1978*, politico kenyota. Dal 1925, lottò per la restituzione delle terre ai kikuyu. Capo del primo governo del Kenya nel 1963, presidente della repubblica nel 1964, fu regolarmente rieletto fino alla morte.

KENZAN (Ogata **Shinsei**, detto), *reg. di Kyoto 1663-1743*, ceramista, pittore e calligrafo giapponese. Fu l'iniziatore di una nuova arte della ceramica, di cui fu esponente il fratello Korin.

KEPLÈRO (Giovànni), in ted. Johannes **Kepler**, *Weil der Stadt 1571 - Ratisbona 1630*, astronomo tedesco. Sostenitore del sistema copernicano, grazie alle osservazioni precise di T. Brahe, di cui fu assistente e successore, scoprì le leggi del moto dei pianeti (*leggi di K.*): 1) le orbite dei pianeti sono ellissi di cui il Sole occupa uno dei fuochi (1609); 2) le aree descritte dal raggio vettore, che congiungono il centro del Sole con il centro di un pianeta, sono proporzionali al tempo impiegato a descriverle (1609); 3) il quadrato del periodo di rivoluzione siderale del pianeta è proporzionale al cubo del semiasse maggiore dell'orbita (1619).

■ *Giovanni Keplero.*

KERALA, Stato dell'India, sulla costa sud-occ. del Deccan; 38.800 km²; 31.838.619 ab.; cap. *Trivandrum*. Costituito nel 1956, raggruppa gli Stati del Travanchore e del Cochin.

KERČ, c. dell'Ucraina, in Crimea, sullo Stretto di K. (che collega il Mar Nero al Mar di Azov); 178.000 ab. Porto.

KERENSKIJ (Aleksandr Fëdorovič), *Simbirsk 1881 - New York 1970*, politico russo. Membro del Partito socialista rivoluzionario, nel 1917 divenne ministro della giustizia e della guerra, poi capo del governo provvisorio che fu rovesciato dai bolscevichi (ott.-nov. 1917).

KERGUÉLEN (Ìsole), arcipelago francese, a S dell'Oceano Indiano; 7000 km² ca. Base di ricerche scientifiche.

KERKENNAH (Ìsole), piccolo arcipelago della Tunisia, di fronte a Sfax.

KERMADEC (Ìsole), arcipelago neozelandese, nel Pacifico, a N della Nuova Zelanda.

KERMAN, c. dell'Iran sud-orient.; 384.991 ab. Mausolei e moschee (XII-XIV sec.).

KERMANSHAH, c. dell'Iran, nel Kurdistan; 692.986 ab.

KEROUAC (Jack), *Lowell, Massachusetts, 1922 - Saint Petersburg, Florida, 1969*, scrittore statunitense. Poeta e romanziere (*Sulla strada*, 1957), fu tra i primi esponenti della *beat generation*.

KERR (Deborah Jane **Kerr-Trimmer**, detta Deborah), *Helensburg 1921*, attrice teatrale e cinematografica britannica. Tra le sue interpretazioni, *Narciso nero* (1947), *Quo vadis?* (1951), *Da qui all'eternità* (1953), *Il re e io* (1956), *Tavole separate* (1958), *Suspence* (1961), *I temerari* (1969). (Premio Oscar alla carriera nel 1994.)

KERR (John), *Ardrossan, Strathclyde, Scozia, 1824 - Glasgow 1907*, fisico britannico. Scoprì, nel 1875, la birifrangenza degli isolanti sottoposti a un campo elettrico, fenomeno sfruttato nelle trasmissioni televisive (*cellula di K.*).

KERSCHENSTEINER (Georg), *Monaco 1854-1932*, pedagogista tedesco. Intuì l'importanza del lavoro di gruppo come fattore di autodisciplina e raccomandò l'approfondimento didattico attraverso il lavoro manuale.

KERTÉSZ (André), *Budapest 1894 - New York 1985*, fotografo statunitense di origine ungherese. La sua opera è caratterizzata da sensibilità poetica e ironia, esaltate da una spiccata creatività formale (*Sessant'anni di fotografia, 1912-1972*).

KERTÉSZ (Imre), *Budapest 1929*, scrittore ungherese. Internato ad Auschwitz e a Buchenwald, ha attinto a questa drammatica esperienza per tutti i suoi romanzi (*Essere senza destino*, 1975; *Kaddish per un bambino mai nato*, 1990). (Premio Nobel 2002.)

KESEY (Ken), *La Junta 1935 - Eugene 2001*, scrittore statunitense. Ha raggiunto la notorietà internazionale con il romanzo *Qualcuno volò sul nido del cuculo* (1962), da cui è stato tratto un celebre film. Tra le altre opere, *Talvolta una grande idea* (1964), *Scatola demoniaca* (1986).

KESSEL (Joseph), *Clara 1898 - Avernes 1979*, scrittore e giornalista francese. Uno dei primi grandi reporter, nei suoi romanzi esaltò la fraternità virile in guerra (*L'equipaggio del cielo, L'armata dell'ombre*) e in viaggio (*Il leone*).

KESSELRING (Albert), *Marktsteft 1885 - Bad Nauheim 1960*, maresciallo tedesco. Capo di Stato maggiore dell'aviazione (1936), dal 1941 al 1944 comandò le forze tedesche nel Mediterraneo e in Italia, e nel 1945 il fronte occidentale. In Italia combatté i partigiani e fu responsabile del massacro delle Fosse Ardeatine. Condannato a morte nel 1947, fu graziato nel 1952.

KETTELER (Wilhelm Emmanuel, barône **von**), *Münster 1811 - Burghausen, Baviera, 1877*, prelato e politico tedesco. Lottò contro il Kulturkampf e diede grande impulso al cattolicesimo sociale tedesco.

KEYNES (John Maynard, lord), *Cambridge 1883 - Firle, Sussex, 1946*, economista britannico. Autore della *Teoria generale dell'occupazione, dell'interesse e della moneta* (1936), indicò nel rilancio dei consumi, nell'abbassamento del tasso d'interesse e nell'aumento degli investimenti pubblici le misure necessarie per assicurare la piena occupazione. La sua dottrina

ebbe considerevole influenza sul pensiero e sulla politica economica del XX sec.
■ *John Maynard Keynes*.

KEY WEST, c. degli Stati Uniti (Florida), sull'isola omonima; 25.478 ab. Stazione balneare.

KGB (Komitet Gossoudarstvennoj Bezopasnosti, in it. Comitato della sicurezza dello Stato), nome dato dal 1954 al 1991 ai servizi di polizia segreta sovietica incaricati di controllare le informazioni e svolgere attività di controspionaggio. Dopo il suo scioglimento, nel 1991, in Russia il Servizio federale della sicurezza (FSB) ha assorbito parte dei suoi poteri.

KHAČATURIAN (Aram), *Tbilisi 1903 - Mosca 1978*, compositore armeno. Scrisse la musica dei balletti *Gajaneh* (1942) e *Spartacus* (1956), d'ispirazione patriottica e folcloristica.

KHADIGIA, *m. alla Mecca nel 619*, prima moglie di Maometto.

KHAJURAHO, sito dell'India centrale (Madhya Pradesh), ant. cap. della dinastia Candella (IX-XIII sec.). Importante complesso templare brahminico e giainista, con ricche decorazioni e sculture.

KHAMENEY (Husayn Ali), *Meshed 1939*, capo religioso (*ayatollah*) e politico iraniano. Presidente della repubblica (1981-1989), dopo la morte di R. Khomeini ha assunto la funzione di "guida della rivoluzione islamica".

KHAN (Ali Akbar), *Shivpur, Bengala, 1922*, musicista indiano. Strumentista dalla sensibilità straordinaria, è autore di numerosi *raga*.

KHAN (Nusrat Fateh Ali), *Faisalabad 1948 - Londra 1997*, cantante pakistano di musica sufi.

KHANIÁ o **LA CANEA**, c. della Grecia, sulla costa settentr. dell'Isola di Creta; 50.077 ab. Porto. — Museo.

KHARAGPUR, c. dell'India (Bengala Occidentale); 207.984 ab.

KHARBIN → HARBIN.

KHARG (Isola di), isola iraniana del Golfo Persico. Terminale petrolifero.

KHARTUM o **KHARTOUM** (El), cap. del Sudan, situata alla confluenza del Nilo Bianco con il Nilo Azzurro; 600.000 ab. (2.731.000 ab. nell'agglomerato). Ricco museo archeologico. — La città, presa d'assedio dai mahadisti nel 1884-1885, fu riconquistata dai britannici nel 1898.

KHATAMI (Sayyed Mohammad), *Ardakan 1943*, politico iraniano. Hodjatoleslam, ministro della cultura e dell'orientamento islamico (1982-1992), è presidente della repubblica dal 1997.

KHATIBI (Abdelkebir), *Al Jadida 1938*, scrittore marocchino di lingua francese. Nei suoi romanzi (*Le livre du sang*, *Amore bilingue*) dedica alla società moderna un'attenta riflessione.

KHAYR AL-DIN → BARBAROSSA.

KHAYYAM (Omar o Umar), *Nishapur 1047 ca. - 1122 ca.*, poeta e matematico persiano. L'angoscia per la morte lo portò a celebrare nelle sue poesie in quartine il godimento immediato dei piaceri terreni. — Scrisse un trattato sulle equazioni di terzo grado.

KHERSON, c. dell'Ucraina, sul Dnepr inferiore; 355.000 ab. Porto. — Monumenti del XVII-XIX sec.

KHIEU SAMPHAN, *Svay Rieng 1931*, politico cambogiano. Dirigente dei Khmer rossi, è stato il capo dello Stato della Kampuchea democratica dal 1976 al 1979. Dopo aver rappresentato i Khmer rossi in seno al consiglio nazionale supremo (1991-1993), nel 1994 è entrato in conflitto con il governo, prima di essersi riammesso nel 1998.

KHINGAN (Grande), massiccio della Cina, tra il deserto del Gobi e il bassopiano cinese nord-orient.; 2091 m.

KHINGAN (Piccolo), massiccio della Cina, tra il bassopiano cinese nord-orient. e il bacino inferiore dell'Amur.

KHMER, popolazione che detiene la maggioranza in Cambogia, pur essendo rappresentata anche in Thailandia e in Vietnam (ca. 9 milioni di individui). I k., dediti in prevalenza alla risicoltura, vivono in una società molto gerarchizzata, di religione buddhista, che vanta un fastoso passato (impero di Angkor). Parlano lo khmer o cambogiano, della famiglia mon-khmer.

KHMER RÓSSI, nome con cui venivano chiamati i guerriglieri comunisti khmer negli anni '60 del secolo scorso, poi i partigiani di Pol Pot

e di Khieu Samphan che, dal 1975 al 1979, instaurarono in Cambogia un regime di terrore.

KHNOPFF (Fernand), *presso Termonde 1858 - Bruxelles 1921*, pittore belga, uno dei maestri del *simbolismo. [V. parte nomi comuni.]

KHODJENT, dal 1936 al 1991 **Leninabad**, c. del Tagikistan; 165.000 ab.

KHOI → OTTENTOTTI.

KHOMEINI (Ruhollah), *Khomeyn 1902 - Teheran 1989*, capo religioso (ayatollah) e politico iraniano. Esiliato a Nadjaf nel 1964 e poi in Francia (1978-1979), diresse l'opposizione contro le riforme dello scià e salì al potere nel feb. 1979, in seguito alla rivoluzione. Proclamò la repubblica islamica dell'Iran di cui fu la guida suprema fino alla morte.

KHORASAN, reg. dell'Iran nord-orient.; c. princ. *Mashhad*.

KHOREZM, ant. Stato dell'Asia centrale, situato sul corso inferiore dell'Amudarja (Oxus). Erede della Chorasmia antica, fu conquistato dagli arabi nel 712. È spesso chiamato canato di Khiva (1512-1920).

KHORRAMABAD, c. dell'Iran occ.; 272.815 ab.

KHORRAMSHAHR, c. dell'Iran, presso lo Shatt Al-Arab; 105.636 ab. Porto.

KHORSABAD, località dell'Iraq. Vi è stata riportata alla luce la città di Dur Sharrukin, fondata dal re Sargon II nel 713 ca. a.C. e abbandonata alla sua morte.

KHOTAN, in cin. **Hotan**, c. della Cina (Xinjiang); 134.000 ab. Oasi.

KHOURIBGA, c. del Marocco, nella pianura di Tadla; 152.090 ab. Fosfati.

KHULNA, c. del Bangladesh, a SO di Dacca; 87.7000 ab. (1.426.000 ab. nell'agglomerato).

KHUSRAW I → COSROE I.

KHUWARIZMI (Muhammad ibn Musa **Al-**), *fine dell'VIII sec. - inizio del IX sec.*, erudito arabo. Geografo, matematico, è autore di un trattato di algebra (così chiamata dal titolo arabo *Al-Giabr*), dove vengono risolte equazioni di primo e di secondo grado.

KHUZESTAN, reg. dell'Iran, sul Golfo Persico. Petrolio.

KHYBER (Pàsso), passo al confine tra il Pakistan e l'Afghanistan.

KIAROSTAMI (Abbas), *Teheran 1940*, regista cinematografico iraniano. Temi centrali dei suoi film, sempre molto aderenti alla realtà, sono l'infanzia e la giovinezza: *Dov'è la casa del mio amico?* (1987), *Close Up* (1990), *Sotto gli ulivi* (1994), *Il sapore della ciliegia* (1997), *Il vento ci porterà via* (1999).

KIEFER (Anselm), *Donaueschingen 1945*, pittore tedesco. Attraverso le sue tele, imponenti e cupe, ricoperte di uno spesso strato di colore e colme di collages in diversi materiali e di iscrizioni, sembra porre angosciati interrogativi alla storia, alla cultura e ai miti tedeschi.

KIEL, c. della Germania, cap. dello Schleswig-Holstein, sul Baltico; 233.795 ab. Porto. Metallurgia. — **Canale di Kiel**, canale che va da Kiel all'estuario dell'Elba, mettendo in collegamento il Baltico con il Mare del Nord.

KIELCE, c. della Polonia, capol. di voivodato; 211.729 ab. Cattedrale ed edifici del XVII sec.

KIENHOLZ (Edward), *Fairfield, Stato di Washington, 1927 - Hope, Idaho, 1994*, artista statunitense. Approdato all'*environment*, a partire dal 1960 ha creato ambienti con mobili, accessori e figure in vari materiali, mettendo alla berlina i miti della società americana.

KIERKEGAARD (Søren), *Copenaghen 1813-1855*, filosofo e teologo danese. In polemica con la corruzione delle istituzioni ecclesiastiche e la filosofia idealistica hegeliana, sostenne che l'uomo è segnato dall'esperienza dell'angoscia. Il suo pensiero ha ispirato l'esistenzialismo (*Aut-Aut*, 1843; *Timore e Tremore*, 1843; *Il concetto dell'angoscia*, 1844).

KIESINGER (Kurt Georg), *Ebingen 1904 - Tübingen 1988*, politico tedesco. Cristiano-democratico, è stato cancelliere della RFT (1966-1969).

KIEŚLOWSKI (Krzysztof), *Varsavia 1941-1996*, regista cinematografico polacco. I suoi film sono caratterizzati da una sceneggiatura molto curata e da personaggi realistici, immersi in atmosfe-

re suggestive (*Il decalogo*, 1988; *La doppia vita di Veronica*, 1991; la trilogia *Tre colori*, 1993-1994).

KIEV, in ucr. **Kyiv**, cap. dell'Ucraina, sul Dnepr; 2.488.000 ab. Università. Centro industriale. — Capitale del primo Stato russo (IX-XII sec.), fiorente centro commerciale e sede della Chiesa metropolita, K. fu conquistata dai mongoli nel 1240. Annessa dapprima alla Lituania (1362), poi alla Polonia (1569), ritornò alla Russia nel 1654. Centro di diffusione del nazionalismo ucraino, nel 1918 è divenuta capitale della Rep. indipendente ucraina. Integrata nella Rep. sovietica d'Ucraina nel 1920, ne divenne la capitale nel 1934. — Cattedrale di S. Sofia (XI-XVIII sec.), con mosaici e affreschi bizantini; monastero Laura delle Grotte (Kievo-Pečerskaja Lavra), dell'XI sec., oggi museo nazionale.

KIEV. *Una delle chiese del monastero Laura delle Grotte.*

KIEV (principàto di), primo Stato degli slavi, che si venne a costituire nelle regioni intorno alla c. di K., sul medio corso del Dnepr, nel IX-XII sec. Raggiunse il apogeo con il regni di Vladimiro I (980 ca. - 1015) e del figlio Jaroslav (1019-1054). Dal 1150 si frammentò in principati indipendenti.

KIGALI, cap. del Ruanda; 369.000 ab.

KIKUYU, popolazione del Kenya merid. (ca. 4 milioni di individui). I k. furono i principali organizzatori della rivolta dei Mau-Mau, scoppiata dopo l'attribuzione di parte delle loro terre agli europei. Parlano una lingua bantu.

KIKWIT, c. della Rep. Dem. del Congo; 346.000 ab.

KILIMANGIARO o **UHURU PEAK**, massiccio vulcanico dell'Africa (Tanzania), comprendente la vetta più elevata del continente (5895 m). [V. foto a pagina seguente.]

KILLY (Jean-Claude), *Saint-Cloud 1943*, sciatore francese. Nel 1968 ha conquistato 3 titoli olimpici.

KIMBERLEY, c. del Sudafrica, capol. della prov. del Capo Settentrionale; 167.000 ab. Diamanti.

KIMCHAEK, c. della Corea del Nord, sul Mar del Giappone; 281.000 ab. Porto.

KIM DAE-JUNG, *Hugwang-ri, prov. di Cholla Meridionale, 1925*, politico sud-coreano. Leader storico dell'opposizione, dal 1998 è presidente della repubblica. Nel 2000 gli è stato attribuito il premio Nobel per la pace per la sua lotta a favore della democrazia e il suo impegno a favore della riunificazione con la Corea del Nord.

KIM IL-SUNG o **GIM IL SEONG**, *presso Pyongyang 1912 - Pyongyang 1994*, maresciallo e politico nord-coreano. Capo dell'esercito di liberazione contro l'occupazione giapponese (1931-1945), fondatore del Partito del lavoro (1946), divenne primo ministro della Rep. popolare di Corea nel 1948 e poi capo dello Stato dal 1972 alla morte. Nel 1998 è stato dichiarato dalla Costituzione "presidente eterno" del suo paese.

KIM JONG-IL, *campo segreto del Monte Paektu 1942*, politico nord-coreano. Figlio e successore designato di Kim Il-Sung, presidente del Comitato di difesa nazionale dal 1993, segretario generale del Partito del lavoro dal 1997, dal 1998 è presidente della repubblica.

KILIMANGIARO.

KIMURA (Motoo), *Okazaki 1924 - Mishima, pref. di Shizuoka, 1994*, genetista giapponese. Specialista di genetica delle popolazioni, ha elaborato la teoria neutrale dell'evoluzione.

KINABALU, la vetta più elevata dell'Insulindia, in Malaysia, nel Borneo settentr.; 4175 m.

KINDI (Al-), *800 ca. - Baghdad 870 ca.*, filosofo arabo. Tradusse in arabo numerosi testi di filosofia greca, approfondì la riflessione cosmologica di Aristotele e cercò di conciliare filosofia e religione.

KINDIA, c. della Guinea; 85.000 ab.

KINEŠMA, c. della Russia, sul Volga; 102.661 ab. Industrie automobilistiche.

KING (Ernest), *Lorain, Ohio, 1878 - Portsmouth, New Hampshire, 1956*, ammiraglio statunitense. Fu comandante in capo della flotta americana durante la seconda guerra mondiale (1942-1945).

KING (Henry), *Christiansburg 1888 - San Fernando Valley 1982*, regista cinematografico statunitense. Tra i suoi film, *La suora bianca* (1923), *Montagne russe* (1933), *Jess il bandito* (1939), *Bernadette* (1943), *L'amore è una cosa meravigliosa* (1955), *Il sole sorgerà ancora* (1957), *Tenera è la notte* (1962).

KING (Martin Luther), *Atlanta 1929 - Memphis 1968*, pastore nero statunitense. Dal 1955 portò avanti una battaglia contro la segregazione razziale, organizzando grandi manifestazioni non violente. Morì assassinato. (Premio Nobel per la pace 1964.)

■ *Martin Luther King.*

KING (Riley Ben, detto Blues Boy o B.B.), *Itta Bena, Mississippi, 1925*, cantante e chitarrista blues statunitense. Tra i più importanti esponenti del blues moderno, è stato un precursore del rock e del pop.

KING (Stephen), *Portland 1947*, scrittore statunitense, ha pubblicato romanzi anche con lo pseudonimo di Richard Bachman. Autore di best seller tradotti in tutto il mondo e dai quali sono stati tratti numerosi film di successo, è il maestro incontestato del genere horror, che inserisce nel contesto del quotidiano (*Carrie*, 1974; *Shining*, 1977; *Misery*, 1987; *Il miglio verde*, 1996; *Mucchio d'ossa*, 1998; *I lupi del Calla*, 2003).

KING (William Lyon **Mackenzie**), *Berlin, att. Kitchener, Ontario, 1874 - Kingsmere, presso Ottawa, 1950*, politico canadese. Capo del Partito liberale, primo ministro (1921-1930 e 1935-1948), consolidò l'autonomia del Canada dal Regno Unito.

KINGSLEY (Charles), *Holne, Devon, 1819 - Eversley 1875*, scrittore britannico. Sacerdote e romanziere, fu tra i promotori del socialismo cristiano.

KINGSTON, c. del Canada (Ontario), sul San Lorenzo; 55.947 ab. Scuola militare. Sede arcivescovile. Università. — Piccoli musei.

KINGSTON, cap. della Giamaica, sulla costa; 655.000 ab.

KINGSTON-UPON-HULL o **HULL**, c. della Gran Bretagna, nell'Inghilterra settentr., sull'estuario dell'Humber; 252.200 ab. Porto peschereccio e commerciale. — Chiesa gotica; museo.

KINKI → KANSAI.

KINOSHITA (Junji), *Tokyo 1914*, drammaturgo giapponese. Ha rinnovato il teatro giapponese contemporaneo (*La gru della sera*).

KINSHASA, già **Léopoldville**, cap. della Rep. Dem. del Congo, sulla riva merid. del f. Congo; 5.253.000 ab. Centro amministrativo e commerciale.

KINSHASA. *Lo stabilimento del centro per il commercio internazionale con, sullo sfondo, il fiume Congo.*

KIPLING (Rudyard), *Bombay 1865 - Londra 1936*, scrittore britannico. Temi ricorrenti delle sue poesie e dei suoi romanzi (*Il *Libro della giungla*, *Kim*) sono la rappresentazione dell'infanzia e la celebrazione dell'impero coloniale. (Premio Nobel 1907.)

■ *Rudyard Kipling ritratto da P. Burne-Jones. (National Portrait Gallery, Londra.)*

KIPPUR (guèrra del) → ARABOISRAELIANE (guerre).

KIRBY (Jacob **Kurtzberg**, detto Jack), *New York 1917 - Thousand Oaks, California, 1994*, disegnatore e fumettista statunitense. Protagonisti dei suoi fumetti sono soprattutto eroi dotati di poteri soprannaturali (*I fantastici 4*, 1961; *Thor*, 1962).

KIRCHER (Athanasius), *Geisa 1602 - Roma 1680*, erudito e religioso tedesco. Gesuita, fondò presso il Collegio romano il "Museo kircheriano", primo esempio di museo pubblico. Il suo *Mun-*

dus subterraneus costituisce un importante compendio di geologia.

KIRCHHOFF (Gustav Robert), *Königsberg 1824 - Berlino 1887*, fisico tedesco. Perfezionò lo spettroscopio, che utilizzò, in collaborazione con R.W. Bunsen, per dimostrare che ogni elemento chimico ha un proprio spettro, gettando così le basi dell'analisi spettrale. In elettricità, enunciò le leggi generali per l'analisi dei circuiti elettrici e per la determinazione dell'intensità delle correnti. Introdusse inoltre il concetto di *corpo nero*. [V. *parte nomi comuni*.]

KIRCHNER (Ernst Ludwig), *Aschaffenburg 1880 - Frauenkirch, presso Davos, 1938*, pittore e incisore tedesco. Tra i fondatori del movimento Die Brücke, fu un maestro dell'espressionismo; le sue opere sono caratterizzate dall'uso di colori puri e da un tratto nervoso e spigoloso.

KIRGHÌSI, popolazione stanziata principalmente in Kirghizistan, Cina, Uzbekistan e Tagikistan (ca. 3 milioni di individui). Divisi in clan, i k. sono allevatori nomadi. Musulmani sunniti, parlano il kirghiso, del ceppo turco, e usano l'alfabeto cirillico.

KIRGHIZISTAN, in kirghiso **Kyrgyzstan**, Stato dell'Asia centrale; 199.000 km². 4.986.000 ab. (*kirghisi*). CAP. Biškek. LINGUA: *kirghiso*. MONETA: *som*.

GEOGRAFIA – Il paese occupa una vasta regione montuosa comprendente una parte del Tian Shan. Trae sostentamento soprattutto dall'allevamento ovino e dall'attività agricola (cereali, cotone, tabacco), praticata nelle valli e nei bacini, talvolta irrigati. Il sottosuolo fornisce carbone in piccole quantità. La popolazione, quasi tutta islamizzata, è composta da kirghisi (poco più della metà del totale) e varie minoranze (in primo luogo russi e uzbeki).

STORIA – Conquistata dai russi, la regione viene integrata nel Turkestan, la cui organizzazione risale al 1865-1867; **1924**: viene elevata al rango di regione autonoma dei kara-kirghisi, in seno all'URSS; **1926**: diventa Rep. autonoma del K., all'interno della stessa URSS; **1936**: riceve lo statuto di repubblica federata. **1990**: i comunisti ottengono la vittoria alle prime elezioni repubblicane libere. **1991**: in agosto, il soviet supremo proclama l'indipendenza del paese, che aderisce alla CSI. La carica di presidente della repubblica è assunta da Askar Akayev, rieletto nel 1995 e nel 2000. **2002**: Nikolaj T. Tanaev diventa primo ministro.

KIRIBATI, già **Isole Gilbert**, Stato dell'Oceania; 900 km². 84.000 ab. CAP. Bairiki, nell'atollo di Tarawa (28.802 ab.). LINGUA: *inglese*. MONETA: *dollaro australiano*. Il paese comprende l'arcipelago delle Gilbert, le Isole della Fenice e una parte delle Line Islands (Sporadi Equatoriali). Attraversato dall'equatore e dalla linea del cambiamento di data, lo Stato occupa quasi 5 milioni di km² e si estende per ca. 4000 km da O a E. — Antica colonia britannica, nel 1979 lo Stato di K. ha ottenuto l'indipendenza nell'ambito del Commonwealth. Nel 1999 è entrato a far parte

Kirghizistan

1000 3000 5000 m

✈ aeroporto
— strada normale
— ferrovia

● più di 500.000 ab.
● da 100.000 a 500.000 ab.
● da 50.000 a 100.000 ab.
● meno di 50.000 ab.

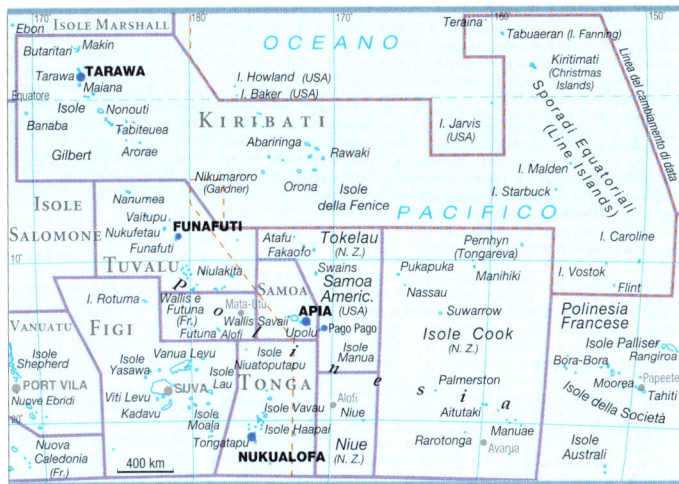

Kiribati-Samoa-Tonga-Tuvalu

TARAWA capitale di stato

● più di 10.000 ab.
● meno di 10.000 ab.

dell'ONU. Presidente e capo del governo è Teburoro Tito, in carica dal 1994.

KIRIKKALE, c. della Turchia, a E di Ankara; 203.496 ab.

KIRITIMATI o CHRISTMAS, atollo del Pacifico, appartenente a Kiribati.

KIRKUK, c. dell'Iraq settentr.; 418.624 ab. Centro petrolifero.

KIROV → VJATKA.

KIROVABAD → GJANDZ.

KIROVAKAN → VANADZOR.

KIROVOHRAD, ant. **Kirovograd**, c. dell'Ucraina, a SE di Kiev; 278.000 ab.

KIRUNA, c. della Svezia, in Lapponia; 23.844 ab. Ferro. — Stazione di lancio di aerostati e razzi-sonda.

KIŠ (Danilo), *Subotica 1935 - Parigi 1989*, scrittore iugoslavo di lingua serba. I suoi romanzi, moderne parabole, sono caratterizzati da grande lucidità e disincanto (*Giardino, cenere*).

KISANGANI, già **Stanleyville**, c. della Rep. Dem. del Congo, sul f. Congo; 577.000 ab.

KISARAZU, c. del Giappone (Honshu), presso Tokyo; 123.499 ab. Acciaierie.

KISFALUDY (Sándor), *Sümeg 1772-1844*, poeta ungherese, autore di liriche di stampo romantico. — **Károly K.**, *Tét 1788 - Pest 1830*, drammaturgo ungherese, fratello di Sándor. Fu uno dei fondatori del teatro e del romanticismo ungherese.

KISH, ant. c. sumera (presso Babilonia, att. in Iraq), centro fiorente nel III millennio.

KISHIWADA, c. del Giappone (Honshu); 194.818 ab. Porto.

KIŠINEV → CHIŞINĂU.

KISSI, popolazione mande della Guinea sudorient. e delle reg. limitrofe alla Liberia e alla Sierra Leone.

KISSINGER (Henry), *Fürth, Germania, 1923*, politico statunitense. Consigliere di R. Nixon dal 1968 e segretario di Stato dal 1973 al 1977, ha influito notevolmente sulla politica estera degli Stati Uniti. Ha condotto i negoziati di pace del Vietnam. (Premio Nobel per la pace 1973.)

■ *Henry Kissinger.*

KISTNA → KRISHNA.

KISUMU, c. del Kenya, sul Lago Vittoria; 185.100 ab.

KITAKYUSHU, c. del Giappone, nel Kyushu settentr.; 1.019.598 ab. Porto. Centro industriale.

KITANO (Takeshi), *Tokyo 1947*, regista cinematografico e attore giapponese. Tema ricorrente dei suoi film è la vita disperata degli uomini al servizio della yakuza (*Sonatine*, 1993; *Hana-Bi*, 1997; *Brother*, 2000), ma ha anche saputo tratteggiare l'infanzia in modo straordinariamente poetico (*L'estate di Kikujiro*, 1999). Spesso interprete dei propri film, ha recitato anche in pellicole dirette da altri (*Furyo* e *Tabù* di N. Oshima).

KITCHENER, c. del Canada (Ontario); 178.420 ab. (382.940 ab. nell'agglomerato). Università.

KITCHENER (Herbert, lord), *Ballylongford 1850 - in mare 1916*, maresciallo britannico. Riconquistò il Sudan, occupando El Khartum e Fashoda (1898), e mise fine alla guerra anglo-boera (1902). Come ministro della guerra, nel 1914, organizzò le divisioni britanniche inviate in Francia.

KITWE-NKANA, c. dello Zambia; 495.000 ab. Centro minerario (rame).

KITZBÜHEL, c. dell'Austria (Tirolo); 8119 ab. Stazione di sport invernali (762-2000 m d'alt.). — Chiese ed edifici antichi.

KIVI (Aleksis **Stenvall**, detto Aleksis), *Nurmijärvi 1834 - Tuusula 1872*, scrittore finlandese. Fondatore del teatro finnico (*Kullervo*, 1859) e autore di un romanzo epico (*I sette fratelli*), è considerato il più importante esponente della letteratura finlandese.

KIVU (Lago), lago dell'Africa, al confine tra la Rep. Dem. del Congo e il Ruanda; 2700 km².

KIZIL IRMAK, f. della Turchia, che sfocia nel Mar Nero; 1355 km.

KJØLEN, massiccio situato nel N della penisola scandinava (tra Norvegia e Svezia); raggiunge i 2117 m con il Kebnekaise.

KLADNO, c. della Rep. Ceca, in Boemia; 71.778 ab. Impianti metallurgici.

KLAGENFURT, c. dell'Austria, capol. della Carinzia; 89.415 ab. Monumenti antichi; musei.

KLAIPEDA, in ted. **Memel**, c. della Lituania, sul Baltico; 194.400 ab. Porto.

KLAPROTH (Martin Heinrich), *Wernigerode 1743 - Berlino 1817*, chimico tedesco. Scoprì l'uranio (1789), il titanio (1795) e il cerio (1803).

KLARSFELD (Serge), *Bucarest 1935*, avvocato francese, e — **Beate K.**, *Berlino 1939*, sua moglie. Hanno dedicato gran parte della loro vita a perseguire legalmente i criminali di guerra nazisti.

KLAUS (Václav), *Praga 1941*, economista e politico ceco. Ministro delle finanze (1989) e vice-premier (1991) della Cecoslovacchia, nominato nel 1992 a capo del governo ceco, ha avviato la trattativa per la suddivisione della federazione. Primo ministro della Rep. Ceca indipendente dal 1993 al 1997, dal 1998 è presidente della camera dei deputati.

KLAUSEN → CHIUSA.

KLÉBER (Jean-Baptiste), *Strasburgo 1753 - Il Cairo 1800*, generale francese. Generale nel 1793, succedette a N. Bonaparte in Egitto (1799). Nel 1800 sconfisse i turchi a Eliopoli, ma fu assassinato al Cairo.

■ *Il generale Kléber ritratto da Paulin-Guérin.*

KLEE (Paul), *Münchenbuchsee, presso Berna, 1879 - Muralto-Locarno 1940*, pittore svizzero. Espose nel 1912 con il gruppo del Blaue Reiter e insegnò dal 1921 al 1930 al Bauhaus. Dimostrando una forza creativa costante nel tempo, ha dato vita a un mondo onirico e pieno di grazia, che echeggia la pittura astratta e il surrealismo. Ha lasciato un *Diario* e alcuni scritti teorici. Fondazione al museo di Berna.

Paul **KLEE**. Luna piena, *1939. (Coll. priv.)*

KLEENE (Stephen Cole), *Hartford 1909 - Madison 1994*, logico statunitense. Ha dato un notevole contributo alla teoria delle funzioni ricorsive e alla teoria degli automi.

KLEIBER (Erich), *Vienna 1890 - Zurigo 1956*, direttore d'orchestra austriaco naturalizzato argentino. Diresse all'Opera di Berlino diverse opere contemporanee (*Wozzeck*, A. Berg, 1925). Si oppose al regime nazista e lasciò la Germania per trasferirsi in Argentina nel 1934.

KLEIN (Felix), *Düsseldorf 1849 - Gottinga 1925*, matematico tedesco. Mise fine alla scissione tra geometria pura e analitica formulando, nel 1872, il "programma di Erlangen", importante classificazione delle geometrie fondata sulla nozione di gruppo.

KLEIN (Lawrence Robert), *Omaha, Nebraska, 1920*, economista statunitense. Ha contribuito alla costruzione di modelli di previsione economica. (Premio Nobel per l'economia 1980.)

KLEIN (Melanie), *Vienna 1882 - Londra 1960*, psicoanalista britannica di origine austriaca. Antesignana della psicoanalisi infantile, ha ipotizzato la presenza fin dalla nascita di un Io molto più elaborato rispetto alla teoria freudiana, e di conseguenza ha supposto che il complesso di Edipo si manifesti prima dell'età prevista da S. Freud (*La psicanalisi dei bambini*, 1932).

■ *Mélanie Klein.*

KLEIN (William), *New York 1928*, fotografo e regista cinematografico statunitense. Rapidità dello scatto, lettura multipla dell'immagine e utilizzo dello sfocato fanno di lui uno degli innovatori del linguaggio fotografico. [*V. foto a pag. seg.*]

William **KLEIN**. La gang dell'altalena del Bronx. (Coll. priv.)

KLEIN (Yves), Nizza 1928 - Parigi 1962, pittore francese. È stato l'antesignano dell'arte sperimentale realizzando "monocromi" blu (ma anche rosa e dorati), "pitture di fuoco", "antropometrie" (impronte di corpi nudi ricoperti di vernice) e "rilievi planetari".

KLEIST (Heinrich **von**), Francoforte sull'Oder 1777 - Wannsee 1811, scrittore tedesco. Autore di commedie (La brocca rotta, 1808), tragedie (Pentesilea, 1808), drammi storici (Il principe di Homburg, 1810) e racconti (La marchesa d'O, 1810), non ebbe successo da vivo e si suicidò con la compagna, Henriette Vogel.

■ Heinrich von Kleist ritratto da W. Zenge.

KLEMPERER (Otto), Breslavia 1885 - Zurigo 1973, direttore d'orchestra di origine tedesca naturalizzato israeliano, specializzato nel repertorio austro-tedesco, da J. Haydn a G. Mahler.

KLENZE (Leo von), presso Hildesheim 1784 - Monaco 1864, architetto tedesco. Progettò a Monaco, in stile neoellenico, la Glyptothek (1816 ca. - 1830) e i Propilei.

KLESTIL (Thomas), Vienna 1932, diplomatico e politico austriaco. Candidato del Partito popolare, è stato eletto presidente della repubblica nel 1992 e nel 1998.

KLIMT (Gustav), Vienna 1862-1918, pittore austriaco. Fu uno dei fondatori della Secessione viennese (1897) e il più illustre rappresentante dell'Art Nouveau. Figura chiave del simbolismo austriaco, è celebre per lo stile decorativo che applicò alle figure umane e alle opere architettoniche. Tra le opere, Le tre età della donna (1905).

Gustav **KLIMT**. Il bacio, 1907-1908. (Österreichische Galerie, Vienna.)

KLINE (Franz), Wilkes-Barre 1910 - New York 1962, pittore statunitense. Tra i maggiori rappresentanti dell'Action Painting, tenne la prima mostra personale a New York nel 1950. La sua opera fu caratterizzata da una ricerca sul segno e il cromatismo pittorico.

KLINGER (Friedrich Maximilian **von**), Francoforte 1752 - Dorpat 1831, scrittore tedesco. La corrente letteraria dello *Sturm und Drang* prese il nome dal titolo di uno dei suoi drammi.

KLINGER (Max), Lipsia 1857 - Grossjena 1920, pittore, incisore e scultore tedesco. Le sue incisioni, caratterizzate da un'immaginazione visionaria, influenzarono i surrealisti. Dedicatosi in seguito alla scultura, approfondì la sua ispirazione simbolista.

KLITZING (Klaus **von**), Schroda 1943, fisico tedesco. Ha scoperto che l'effetto Hall quantistico fornisce un campione di riferimento di resistenza elettrica, permettendo così la definizione di una nuova costante, utilizzata nella metrologia di precisione. (Premio Nobel 1985.)

KLONDIKE, f. del Canada, affl. dello Yukon; 150 km. Giacimenti d'oro scoperti nel 1896, oggi estinti.

KLOPSTOCK (Friedrich Gottlieb), Quedlinburg 1724 - Amburgo 1803, scrittore tedesco. Autore di poemi epici (Messiade) e di opere teatrali (Arminio), fu un sostenitore del ritorno alle origini nazionali.

KLOSSOWSKI (Pierre), Parigi 1905-2001, scrittore e disegnatore francese, fratello di Balthus. Attraverso la sua opera di romanziere (Le leggi dell'ospitalità, 1965) e di saggista ha fornito una lucida rappresentazione dell'erotismo, di cui analizza con distacco giochi e simulacri.

KLOSTERNEUBURG, c. dell'Austria, sobborgo di Vienna; 24.442 ab. Celebre monastero in stile gotico-rinascimentale (arredi barocchi; opere d'arte, tra cui una pala d'altare formata da 51 placche di smalto di Nicolas de Verdun, del 1181). Collezione Essl (arte contemporanea, in part. austriaca). — Vigneti.

KLOTEN, c. della Svizzera (cant. di Zurigo); 16.507 ab. Aeroporto di Zurigo.

KLUCK (Alexander **von**), Münster 1846 - Berlino 1934, generale tedesco. Comandante della prima armata tedesca, fu sconfitto a Parigi e poi sulla Marna nel 1914.

KLUGE (Hans **von**), Posen, att. Poznań, 1882 - presso Metz 1944, maresciallo tedesco. Comandante delle truppe in Francia (1940) e in Russia, succedette a K. von Rundstedt in Normandia (1944). Sospettato di aver partecipato all'attentato del 1944 contro A. Hitler, si suicidò.

KNESSET, parlamento dello Stato di Israele.

KNIASEFF (Boris), San Pietroburgo 1900 - Parigi 1975, ballerino e coreografo di origine russa. La sua "sbarra a terra" e le sue lezioni furono alla base del perfezionamento tecnico di diverse grandi interpreti della danza.

KNIE, famiglia di artisti circensi di origine austriaca, naturalizzati svizzeri nel 1900, il cui circo è noto con il nome di "Circo nazionale svizzero".

KNOKKE-HEIST, com. del Belgio (Fiandra Occidentale); 33.296 ab. Centro balneare sul Mare del Nord.

KNOROZOV (Iuri), Harkov 1922, epigrafista russo. Ha avviato la decifrazione della scrittura maya, sostenendo l'ipotesi di una scrittura sillabica.

KNOX (Fort), campo militare degli Stati Uniti (Kentucky), a SO di Louisville. Custodisce le riserve auree degli Stati Uniti.

KNOX (John), presso Haddington ?, Scozia, 1514 ca. - Edimburgo 1572, riformatore scozzese. Contribuì all'avvento della Riforma in Inghilterra prima dell'incoronazione di Maria Tudor e fu tra i fondatori della Chiesa presbiteriana in Scozia.

KNOXVILLE, c. degli Stati Uniti (Tennessee); 173.890 ab.

KNUD o **KNUT** ("canuto"), nome di più sovrani scandinavi. — Knud il Grande, 995 - Shaftesbury 1035, re d'Inghilterra (1016-1035), di Danimarca (1018-1035) e di Norvegia (1028-1035). Rispettoso delle leggi anglosassoni, favorì la fusione tra danesi e anglosassoni. — Knud II il Santo, 1040 ca. - Odense 1086, re di Danimarca (1080-1086). Martire canonizzato nel 1101, è il patrono della Danimarca.

KOBE, c. del Giappone (Honshu); 1.423.792 ab. Porto. Centro industriale. È stata colpita dal terremoto nel 1995.

KOCH (Gaetano), Roma 1849-1910, architetto. Esponente dell'eclettismo, realizzò tra l'altro la sede della Banca d'Italia e il Palazzo Ludovisi-Piombino, a Roma.

KOCH (Robert), Clausthal, Hannover, 1843 - Baden-Baden 1910, medico e microbiologo tedesco. Scoprì il bacillo della tubercolosi (1882), che porta il suo nome, quello del colera, e ottenne il preparato noto come tubercolina. (Premio Nobel 1905.)

■ Robert Koch.

KOCHANOWSKI (Jan), Sycyna 1530 - Lublino 1584, poeta polacco. Le sue elegie (Lamenti) sulla morte della figlia sono tra i primi esempi di poesia lirica in Polonia.

KOCHER (Emil Theodor), Berna 1841-1917, chirurgo svizzero. Studiò la fisiologia della ghiandola tiroidea e pose le basi della chirurgia della gola. (Premio Nobel 1909.)

KOCHI, c. del Giappone (Shikoku); 321.999 ab.

KODAK, marchio della Eastman K. Co., azienda statunitense fondata a Rochester nel 1880 da G. Eastman. Produsse la prima macchina fotografica di largo consumo (1888). Oggi opera in tutto il mondo nei settori della fotografia tradizionale e digitale.

KODÁLY (Zoltán), Kecskemét 1882 - Budapest 1967, compositore ed etnomusicologo ungherese. Autore di opere sinfoniche e corali (Psalmus hungaricus, 1923) e di musica da camera, mise a punto un metodo di insegnamento basato sulla pratica del canto popolare.

KOEKELBERG, com. del Belgio, sobborgo occ. di Bruxelles; 16.343 ab.

KOESTLER (Arthur), Budapest 1905 - Londra 1983, scrittore di origine ungherese, naturalizzato britannico. I suoi romanzi ritraggono l'individuo alle prese con il sistema politico comunista (Buio a mezzogiorno, 1940).

KOETSU (Honami Koetsu, detto), reg. di Kyoto 1558-1637, pittore, calligrafo e decoratore giapponese. Superbo calligrafo, attinse l'ispirazione dall'epoca Heian e realizzò con Sotatsu opere caratterizzate da una perfetta armonia.

KOFFKA (Kurt), Berlino 1886 - Northampton 1941, psicologo statunitense di origine tedesca. Enunciò la teoria della forma (Gestalt), con W. Köhler e M. Wertheimer.

KOFU, c. del Giappone (Honshu), a O di Tokio; 201.124 ab.

KOHL (Helmut), Ludwigshafen 1930, politico tedesco. Presidente della CDU (1973-1998), è stato cancelliere della RFT dal 1982 al 1998. Ha avuto un ruolo determinante nella riunificazione delle due Germanie (1990).

■ Helmut Kohl.

KÖHLER (Wolfgang), Reval, att. Tallinn, 1887 - Enfield, New Hampshire, 1967, psicologo statunitense di origine tedesca. Studiò la psicologia della forma (Gestalt), con K. Koffka e M. Wertheimer.

KOHLRAUSCH (Rudolf), Gottinga 1809 - Erlangen 1858, fisico tedesco. Definì la "resistività" dei conduttori elettrici (1848).

KOHOUT (Pavel), Praga 1928, scrittore ceco. I suoi poemi e le opere per il teatro (Le notti di settembre, 1955) rievocano le problematiche del suo paese.

KOIVISTO (Mauno), Turku 1923, politico finlandese. Socialdemocratico, primo ministro (1968-1970; 1979-1981), è stato presidente della repubblica dal 1982 al 1994.

KOIZUMI (Junichiro), Yokosuka 1942, politico giapponese. È presidente del Partito liberaldemocratico (PLD) e primo ministro dal 2001.

KOK (Wim), Bergambacht 1938, politico olandese. Leader del Partito laburista (1986-2001), è primo ministro dal 1994.

KOKAND, c. dell'Uzbekistan; 176.000 ab.

KOKOSCHKA (Oskar), Pöchlarn 1886 - Montreux 1980, pittore e scrittore austriaco. Autore di opere caratterizzate da un espressionismo tormentato (La sposa del vento, 1914, Kunstmuseum, Basilea), ha esaltato il lirismo dei colori all'interno di vedute urbane e di scorci paesaggistici.

KOLA (Penisola di), penisola della Russia, a N della Carelia; c. princ. Murmansk. Ferro. Nichel. Fosfati. — Base militare (aerei e sottomarini).

KOLAMBA → COLOMBO.

KOLAR GOLD FIELDS, c. dell'India (Karnataka); 113.299 ab. Miniere d'oro.

KOLČAK (Aleksandr Vasil'evič), San Pietroburgo 1874 - Irkutsk 1920, ammiraglio russo. Dopo aver preso posizione contro i bolscevichi, organizzò un governo a Omsk (fine del 1918), ma fu sconfitto dall'Armata rossa e fucilato.

KOLCATA → Calcutta.

KOLHAPUR, c. dell'India (Maharashtra); 485.183 ab.

KOLLÁR (Ján), *Mošovce 1793 - Vienna 1852*, poeta slovacco di lingua ceca, convinto assertore del panslavismo (*La figlia di Sláva*, 1824).

KOLLWITZ (Käthe), *Königsberg 1867 - Moritzburg 1945*, pittrice e scultrice tedesca. Esponente della Nuova oggettività, artista dal forte impegno sociale, realizzò soprattutto incisioni. Tra le opere, i cicli *L'insurrezione dei tessitori* (1895-1897) e la *Guerra dei contadini* (1902-1908).

KOLMOGOROV (Andrej Nikolaevič), *Tambov 1903 - Mosca 1987*, matematico sovietico. Stabilì le basi assiomatiche del calcolo delle probabilità (1933).

KOLOKOTRONIS (Theódhoros), *Ramavoúni 1770 - Atene 1843*, politico greco, uno dei capi militari della guerra d'indipendenza (1821-1831).

KOLOMNA, c. della Russia, alla confluenza dell'Oka con la Moscova; 154.455 ab.

KOLTÈS (Bernard-Marie), *Metz 1948 - Parigi 1989*, drammaturgo francese. I suoi drammi, spesso messi in scena dal regista P. Chéreau, sono incentrati sui rapporti tra individui, vittime dell'esclusione, dell'angoscia e dell'amore (*Lotta fra negro e cani, Quai Ouest, Nella solitudine dei campi di cotone, Roberto Zucco*).

KOLTŠUGINO, c. della Russia, nel Kuzbass; 120.652 ab. Centro minerario e metallurgico.

KOLWEZI, c. della Rep. Dem. del Congo, nel Katanga; 201.000 ab. Ant. centro minerario (rame, cobalto). — Nel 1978, le truppe aviotrasportate francesi liberarono la città invasa da ribelli sostenuti dall'Angola.

KOLYMA, f. della Russia, in Siberia, che sfocia nel Mar Glaciale Artico; 2129 km.

KOMI, popolazione della Russia (principalmente della Rep. dei Komi; ca. 340.000 individui). I k., pescatori e allevatori di renne, cristianizzati nel XIV sec., parlano una lingua ugrofinnica, il komi. Il nome "sirieni", con cui un tempo venivano chiamati dai russi, è ormai desueto.

KOMI (Repùbblica dei), rep. della Russia, sul versante occ. degli Urali; 1.228.000 ab.; capol. *Syktyvkar*. La popolazione è divisa tra komi (meno del 25%) e russi (quasi il 60%).

KOMINFORM (abbr. russa di Ufficio informazioni dei partiti comunisti e operai), organizzazione che dal 1947 al 1956 riunì i partiti comunisti dei paesi dell'E, della Francia e dell'Italia.

KOMINTERN (abbr. russa di Internazionale comunista), nome russo della Terza *Internazionale.

KOMMUNARSK → Perevalsk.

KOMOÉ, f. del Burkina e della Costa d'Avorio, che sfocia nel Golfo di Guinea; 1000 km.

KOMPONG SOM → Sihanoukville.

KOMSOMOLSK-NA-AMURE, c. della Russia, in Siberia, sull'Amur; 311.179 ab.

KONDRAT'EV (Nikolaj Dmitrievič), *1892-1931 ?*, economista russo. Teorizzò l'esistenza di cicli economici di lunga durata, detti "cicli K."

KONG (regno di), ant. regno diula, nel N dell'att. Costa d'Avorio (XVIII-XIX sec.).

KONGO o **BAKONGO**, popolazione del Congo merid., della parte occ. della Rep. Dem. del Congo e dell'Angola settentr. (ca. 6 milioni di individui). I k. fondarono il regno del *Kongo. Agricoltori, convertiti in parte al cattolicesimo, parlano una lingua bantu, il kongo o kikongo.

KONGO o **CONGO** (regno del), ant. regno africano ai confini tra il basso Congo e l'Angola. Fondato nel XIV sec., era già potente all'arrivo dei portoghesi (1484). I suoi re si convertirono al cristianesimo e si allearono con i portoghesi. Dopo un periodo di declino, intorno al 1568 (invasione dei jaga), il regno si risollevò nella metà del XVII sec., per poi decadere definitivamente.

KONIEV o **KONEV** (Ivan Stepanovič), *Lodejno 1897 - Mosca 1973*, maresciallo sovietico. Si distinse nella difesa di Mosca (1941) e liberò Praga (1945). Fu comandante delle forze terrestri del patto di Varsavia (1955-1960).

KÖNIGSBERG, nome tedesco di *Kaliningrad.

KÖNIGSMARCK o **KÖNIGSMARK** (Aurora, contéssa **von**), *Stade, Bassa Sassonia, 1662 - Quedlinburg 1728*, favorita del re di Polonia Augusto II, a cui diede un figlio, Maurizio di Sassonia.

KONITZ (Lee), *Chicago 1927*, sassofonista jazz statunitense. Tra i maggiori esponenti del cool jazz, fondatore di diversi gruppi, ha uno stile basato su sonorità distese e improvvisazione.

KÖNIZ, c. della Svizzera (cant. di Berna); 37.196 ab. Monumenti antichi.

KONYA, c. della Turchia, a N del Tauro; 623.333 ab. Ant. cap. del sultanato selgiuchide di Rum; monumenti del XIII sec., con le tombe dei fondatori dei dervisci. Musei.

KOOLHAAS (Rem), *Rotterdam 1944*, architetto olandese. All'interno del collettivo OMA (Office for Metropolitan Architecture), ha concepito soluzioni abitative innovatrici (Paesi Bassi, Francia, Giappone) e ha lavorato a diversi progetti urbanistici collettivi (centro Euralille, con il suo Grand Palais, a Lilla, 1991-1995).

KOOPMANS (Tjalling), *Graveland, Olanda Settentrionale, 1910 - New Haven 1985*, economista statunitense di origine olandese. In collaborazione con L. Kantorovič, ha elaborato la teoria dell'allocazione ottimale delle risorse e applicato le tecniche di programmazione lineare all'economia. (Premio Nobel 1975.)

KÖPPEN (Wladimir), *San Pietroburgo 1846 - Graz 1940*, climatologo tedesco di origine russa. Elaborò diverse classificazioni di climi e pubblicò, insieme al genero A. Wegener, un trattato di paleoclimatologia.

KÖPRÜLÜ, famiglia di origine albanese; cinque suoi membri furono gran visir dell'impero ottomano dal 1656 al 1710.

KORAÍS (Adamántios), *Smirne 1748 - Parigi 1833*, filologo greco. Introdusse l'uso di una lingua di derivazione popolare, ma con reminiscenze colte.

KORÇË, c. dell'Albania; 63.600 ab.

KORCZAK (Henryk **Goldszmit**, detto Janos), *Varsavia 1878 o 1879 - Treblinka 1942*, pedagogista polacco. Medico, fondatore di un orfanotrofio nel quartiere ebraico di Varsavia, elaborò la pedagogia della responsabilizzazione. Morì a Treblinka con i bambini di cui si prendeva cura (*Come amare un bambino*, 1918).

KORDA (Sándor Lászlo **Kellner**, detto Alexander), *Pusztaturpószto 1893 - Londra 1956*, regista e produttore cinematografico britannico di origine ungherese. Contribuì alla rinascita della produzione cinematografica britannica e realizzò diversi film storici (*Le sei mogli di Enrico VIII*, 1933; *Lady Hamilton*, 1941).

KORDOFAN, reg. del Sudan, a O del Nilo Bianco; c. princ. *El Obeid*.

KORHOGO, c. della Costa d'Avorio; 142.039 ab.

KORIN, *Kyoto 1658-1716*, pittore e calligrafo giapponese. Dipinse soprattutto grandi composizioni e paraventi per il fratello Kenzan. Le sue lacche rappresentarono l'apogeo dello stile decorativo dell'epoca del Tokugawa.

KORIYAMA, c. del Giappone (Honshu); 326.833 ab.

KORNAI (János), *Budapest 1928*, economista ungherese. Autore di studi sui sistemi socialisti e sui metodi di pianificazione matematica, approfondì anche la nozione di disequilibrio economico.

KORNILOV (Lavr Georgievič), *Ust'-Kamenogorsk 1870 - Ekaterinodar 1918*, generale russo. Nominato generalissimo da A. Kerenskij (1917), successivamente gli si ribellò e fu ucciso nello scontro con i bolscevichi.

KOROLENKO (Vladimir Galaktionovič), *Žitomir 1853 - Poltava 1921*, scrittore russo. È autore di racconti populisti e di un'autobiografia (*Storia di un mio contemporaneo*, 1906-1922).

KOROLËV (Sergej Pavlovič), *Žitomir 1906 - Mosca 1966*, ingegnere sovietico. Principale costruttore di vettori spaziali sovietici, attività che mantenne fino alla morte, fu uno dei grandi protagonisti dei primi successi dell'astronautica in URSS.

KÖRÖS, nome di tre fiumi dell'Europa orient., che nascono in Romania (Transilvania) e che confluiscono in Ungheria, prima di congiungersi al Tisza (affl. di sinistra).

KORTENBERG, com. del Belgio (Brabante fiammingo); 17.439 ab.

KORTRIJK → Courtrai.

KOSCIUSKO (Mónte), cima dell'Australia; 2228 m.

KOŚCIUSZKO (Tadeusz), *Mereczowszczyzna 1746 - Soletta, Svizzera, 1817*, patriota polacco. Dopo

aver partecipato alla guerra d'indipendenza americana, nel 1794 guidò l'insurrezione polacca contro i russi, che lo imprigionarono (1794-1796).

KOŠICE, c. della Slovacchia orient.; 241.874 ab. Impianti siderurgici. — Cattedrale del XIV-XV sec.; musei.

KOSMA (Joseph), *Budapest 1905 - La Roche-Guyon 1969*, compositore francese di origine ungherese. Con vena popolare e poetica, ha composto la musica di alcune canzoni (*Les feuilles mortes*), per spettacoli e film celebri.

KOSOVO, in albanese *Kosovë*, reg. merid. dello Stato di Serbia e Montenegro; 1.954.745 ab. (*kosovari*); capol. *Priština*. È popolato principalmente da albanesi di religione musulmana. — Parte della Serbia dalla fine del XII sec., il K. fu dominato dagli ottomani dal 1389 al 1912, periodo in cui era popolato per la maggioranza da turchi e albanesi convertiti all'islam. Nel 1912-1913 fu riconquistato dalla Serbia e nel 1945-1946 adottò lo statuto di provincia autonoma. Di fronte all'avanzata del nazionalismo serbo e alla riduzione drastica della propria autonomia (1989), nel 1990 si proclamò repubblica e lottò per l'indipendenza. Il separatismo (difeso, spec. dall'esercito di liberazione del K., l'UCK) fu osteggiato dal potere centrale serbo che, a partire dal 1998, accentuò la pressione sul territorio, attuando una politica di "pulizia etnica" ai danni della popolazione albanese della provincia. Dopo il fallimento dei negoziati per una risoluzione politica del conflitto, la NATO intervenne militarmente (attacchi aerei) in Iugoslavia, dal mar. al giu. 1999. I kosovari, sotto minaccia serba, fuggirono in massa verso l'Albania, la Macedonia e il Montenegro. In seguito all'accordo con l'ONU, l'esercito serbo fu costretto a ritirarsi dal K. e una forza multinazionale di pace (KFOR) venne incaricata di tenere sotto controllo la provincia, sottoposta provvisoriamente a un'amministrazione civile internazionale. In seguito sono state organizzate elezioni municipali (2000) e legislative (2001), che hanno visto la vittoria della Lega democratica del K., e del dirigente albanese moderato Ibrahim Rugova (nel 2002 eletto presidente del K.).

KOSOVO (battaglia del) (15 giu. 1389), vittoria degli ottomani di Murad I sui serbi nella pianura del K. Pose fine all'indipendenza della Serbia.

KOSSEL (Albrecht), *Rostock 1853 - Heidelberg 1927*, biochimico tedesco. Studiò i derivati degli acidi nucleici e la formazione dell'urea. (Premio Nobel per la medicina 1910.) — **Walther K.**, *Berlino 1888 - Kassel 1956*, chimico tedesco. Figlio di Albrecht, sviluppo la teoria dell'elettrovalenza e studiò la struttura dei cristalli grazie ai raggi X e gamma.

KOSSOU, impianto idraulico della Costa d'Avorio, sul Bandama.

KOSSUTH (Lajos), *Monok 1802 - Torino 1894*, politico ungherese. Durante la rivoluzione del 1848, divenne presidente del Comitato di difesa nazionale e proclamò la caduta degli Asburgo (1849) e l'indipendenza dell'Ungheria; sconfitto dai russi, fu costretto all'esilio (1849).

■ *Lajos Kossuth ritratto da J. Tyroler. (Museo ungherese della guerra, Budapest.)*

KOSTANTINOVKA, c. dell'Ucraina, nel Donbass; 108.000 ab. Industrie metallurgiche.

KOSTENKI, sito archeologico della Russia, vicino a Voronež, in cui sono stati rinvenuti resti del Paleolitico superiore (nuclei abitativi, utensili di osso, statuette) che risalgono a un periodo compreso tra il 24.000 e il 21.000 ca. a.C.

KOSTNER (Isolde), *Ortisei 1975*, sciatrice. Ha conquistato 2 bronzi alle Olimpiadi di Lillehammer (1994) e 1 argento a Salt Lake City (2002). 2 volte campionessa dei Mondiali di SuperG (1996 e 1997), ha vinto la coppa di specialità nella discesa libera nel 2001 e nel 2002.

KOSTROMA, c. della Russia, sul Volga; 283.101 ab. Monastero Ipat'ev, con la cattedrale della Trinità (XVII sec.); musei.

KOŠTUNICA (Vojislav), *Belgrado 1944*, politico iugoslavo. Leader dell'opposizione democratica di Serbia, nel 2000 è stato eletto presidente della rep. federale di Iugoslavia, contro S. Miloševic, carica che ha conservato fino al 2002.

KOSUTH (Joseph), *Toledo 1945*, artista statunitense. Tra i principali esponenti dell'arte concettuale, il primo ad averne esplicitato le caratteristiche, si è dedicato in partic. al problema dell'arte in quanto linguaggio. È anche autore di saggi critici.

KOSYGIN (Aleksej Nikolaevič), *San Pietroburgo 1904 - Mosca 1980*, politico sovietico. Presidente del consiglio dei ministri (1964-1980), tentò di riformare l'economia accordando maggiore autonomia alle imprese.

KOSZALIN, c. della Polonia; 112.660 ab.

KOTA, popolazione del Gabon e del Congo.

KOTA, c. dell'India (Rajasthan); 695.899 ab.

KOTA BAHARU, c. della Malaysia settentr.; 233.673 ab.

KOTA KINABALU, già **Jesselton**, c. della Malaysia, capol. del Sabah; 354.153 ab.

KOTKA, c. della Finlandia, sul Golfo di Finlandia; 54.846 ab. Porto.

KOTOR, in it. **Càttaro**, c. del Montenegro, sull'Adriatico, affacciata sul golfo detto Bocche di Cattaro; 6000 ab. Porto. — Fortificazioni d'epoca bizantina e veneziana; cattedrale in parte romanica (tesoro).

KOTZEBUE (August **von**), *Weimar 1761 - Mannheim 1819*, scrittore tedesco, autore di drammi e commedie. — **Otto von K.**, *Tallinn 1788-1846*, navigatore russo di origine tedesca. Figlio di Augusto, esplorò il Mare di Bering e l'Alaska occ. (1815-1818).

KOUCHNER (Bernard), *Avignone 1939*, medico e politico francese. Tra i fondatori di *Medici senza frontiere* e *Medici del mondo*, è un acceso sostenitore del dovere di ingerenza umanitaria. È stato alto rappresentante dell'ONU in Kosovo e ministro della sanità (2001-2002).

KOUNELLIS (Jannis), *Pireo 1936*, artista greco. Attivo in Italia, esponente dell'arte povera, ha impiegato materiali come i tessuti, le fibre vegetali, i metalli. Celebre la sua esposizione di 11 cavalli vivi, nel 1969.

KOUROU, località della Guayana francese; 19.191 ab. Centro spaziale dell'ESA; base di lancio dei missili Ariane.

KOUROUMA (Ahmadou), *Togobala, Guinea, 1927*, scrittore ivoriano. Nei suoi romanzi (*I soli delle indipendenze*, 1968; *Aspettando il voto delle bestie selvagge*, 1998; *Allah non è mica obbligato*, 2000), caratterizzati dallo sperimentalismo linguistico, descrive gli effetti della decolonizzazione e le difficoltà dell'Africa contemporanea.

KOVALEVSKAJA (Sofia o Sonia Vasil'evna), *Mosca 1850 - Stoccolma 1891*, matematica russa. Allieva di K. Weierstrass, specializzata in analisi, studiò la rotazione di un corpo asimmetrico intorno a un punto fisso. Fu la prima donna a vincere un concorso di dottorato in matematica (1874).

■ *Sofia Kovalevskaja.*

KOVROV, c. della Russia, a NE di Mosca; 162.269 ab.

KOWLOON, c. della Cina, sulla Penisola di K., di fronte all'Isola di Hong Kong.

KOYRÉ (Alexandre), *Taganrog, Russia, 1882 - Parigi 1964*, filosofo francese di origine russa. I suoi studi sulla formazione del concetto di universo infinito hanno dato nuovo impulso alla filosofia della scienza (*Dal mondo chiuso all'universo infinito*, 1957).

KOZHIKODE → CALICUT.

KRA, istmo della Thailandia che unisce la Penisola di Malacca al continente.

KRACAUER (Siegfried), *Francoforte 1889 - New York 1966*, sociologo e teorico del cinema tedesco. Fu attivo negli Stati Uniti dal 1941. Tra le opere, *Cinema tedesco: dal "Gabinetto del dottor Caligari" a Hitler* (1946); *Film: ritorno alla realtà fisica* (1960), *La massa come ornamento* (1963).

KRAEPELIN (Emil), *Neustrelitz 1856 - Monaco 1926*, psichiatra tedesco. Studiò la schizofrenia e la psicosi maniaco-depressiva.

KRAFFT-EBING (Richard **von**), *Mannheim 1840 - Graz 1902*, psichiatra tedesco. Studiò le perversioni sessuali e si occupò di criminologia.

KRAGUJEVAC, c. di Serbia e Montenegro (Serbia); 147.305 ab. Industria automobilistica.

KRAJINA, nome di due regioni, una della Croazia e l'altra della Bosnia-Erzegovina. Densamente popolate da serbi, queste regioni corrispondono agli antichi confini militari tracciati dall'Austria per proteggere la sua frontiera dall'assalto dei turchi. In Croazia, i serbi hanno proclamato unilateralmente, nel 1991, una Rep. serba di K., ma la regione è stata riconquistata dall'esercito croato nel 1995.

KRAKÓW → CRACOVIA.

KRAMATORSK, c. dell'Ucraina, nel Donbass; 201.000 ab.

KRAMER (Stanley), *New York 1913 - Woodland Hills 2001*, regista e produttore cinematografico statunitense. Ha messo la propria opera al servizio dell'impegno civile: *L'ultima spiaggia* (1959), *Vincitori e vinti* (1961), *Questo pazzo, pazzo, pazzo mondo* (1963), *Indovina chi viene a cena?* (1967), *Uno strano caso di omicidio* (1979).

KRASICKI (Ignacy), *Dubienka 1735 - Berlino 1801*, sacerdote e scrittore polacco. Autore di poemi eroicomici, romanzi (*Le avventure di Mikolaja Dowiadczynski*) e *Satire*, fu uno dei principali rappresentanti del secolo dei lumi in Polonia.

KRASIŃSKI (Zygmunt, cònte), *Parigi 1812-1859*, scrittore polacco, autore di drammi d'ispirazione patriottica.

KRASNODAR, già **Iekaterinodar**, c. della Russia, a N del Caucaso; 640.646 ab. Capol. del territorio di K. (petrolio e, soprattutto, gas naturale).

KRASNOJARSK, c. della Russia, sullo Enisej; 868.571 ab. Centrale idroelettrica. Metallurgia. Alluminio. Raffineria di petrolio.

KRAUS (Karl), *Jičín 1874 - Vienna 1936*, scrittore austriaco. Con gli aforismi e il dramma *Gli ultimi giorni dell'umanità* (1919) fece una satira corrosiva della società austriaca.

KREBS (sir Hans Adolf), *Hildesheim 1900 - Oxford 1981*, biochimico britannico di origine tedesca. Autore di studi fondamentali sul metabolismo dei glucidi nell'organismo, descrisse una serie di fenomeni di ossidazione e riduzione (*ciclo di K.*). (Premio Nobel per la medicina 1953.)

KREFELD, c. della Germania (Renania Settentrionale-Westfalia), presso il Reno; 249565 ab. Industria tessile. Metallurgia.

KREISKY (Bruno), *Vienna 1911-1990*, politico austriaco. Capo del Partito socialista (1967-1983), fu cancelliere della repubblica austriaca dal 1970 al 1983.

KREISLER (Fritz), *Vienna 1875 - New York 1962*, violinista e compositore austriaco naturalizzato statunitense. Ottimo interprete, spec. del repertorio romantico, realizzò celebri *pastiche* ispirandosi a compositori del XVII e XVIII sec.

KREMENČUG, già **Kremenčuk**, c. dell'Ucraina, sul Dnepr; 241.000 ab. Porto fluviale. Centrale idroelettrica.

KREMER (Gidon), *Riga 1947*, violinista russo. Ha dato prova del proprio talento interpretando sia brani di musica contemporanea, sia il repertorio classico e barocco.

KRETSCHMER (Ernst), *Wüstenrot, Baden-Württemberg, 1888 - Tübingen 1964*, psichiatra tedesco. Basandosi su ipotetici rapporti tra caratteri morfologici e alcune turbe psichiche, elaborò un articolato sistema fisiognomico.

KREUTZBERG (Harald), *Reichenberg, att. Liberec, Rep. Ceca, 1902 - Gümlingen, presso Berna, 1968*, ballerino, coreografo e mimo tedesco, eminente rappresentante della scuola espressionista e della danza moderna tedesche.

KREUTZER (Rodolphe), *Versailles 1766 - Ginevra 1831*, compositore e violinista francese al quale L. van Beethoven dedicò una celebre sonata.

KRIENS, com. della Svizzera (cant. di Lucerna); 24.394 ab. Castello (in parte edificato nel XVI sec.).

KRIPKE (Saul), *Bay Shore 1940*, logico statunitense. Si è occupato in part. di logica modale e teoria del significato. Tra le opere, *La logica dei nomi propri* (1962), *Nome e necessità* (1980), *Sulle regole e il linguaggio privato* (1984).

KRISHNA, famosa divinità del pantheon induista, una delle avatar (incarnazioni) di Vishnu.

KRISHNA o **KISTNA**, f. dell'India, nel Deccan, che sfocia nel Golfo del Bengala; 1280 km.

KRISTEVA (Julia), *Sliven 1941*, semiologa francese di origine bulgara. Tra le opere, *Semeiotiké* (1969), *Il testo del romanzo* (1971), *La rivoluzione del linguaggio poetico* (1974), *Sole nero. Depressione e malinconia* (1987).

KRISTIANSAND, c. della Norvegia merid.; 73.468 ab. Porto. — Urbanizzazione avvenuta nel XVII sec.; museo.

KRISTIANSTAD, c. della Svezia; 74.468 ab. Chiesa del XVII sec.; musei.

KRISTOF (Agota), *Csikvand 1935*, scrittrice ungherese. Cittadina svizzera dal 1956, ha adottato il francese come lingua per i suoi lavori, tra i quali *Il grande quaderno* (1986), *La prova* (1988), *La terza menzogna* (1991) (pubblicati in Italia come *Trilogia della città di K*), *Ieri* (1995).

KRIVOJ ROG o **KRYVY RIH**, c. dell'Ucraina, sull'Inhulets'; 724.000 ab. Estrazione del ferro. Siderurgia e metallurgia.

KRLEŽA (Miroslav), *Zagabria 1893-1981*, scrittore croato. Poeta, romanziere (*Il ritorno di Filippo Latinovicz*) e drammaturgo (*I signori Glembaj*), è una delle principali figure del panorama letterario croato del XX sec.

KROEBER (Alfred Louis), *Hoboken, New Jersey, 1876 - Parigi 1960*, antropologo statunitense. Studioso degli amerindi del N, soprattutto di quelli presenti in California, cercò di comprendere le società analizzando le relazioni tra gli individui.

KROETZ (Franz Xaver), *Monaco 1946*, drammaturgo tedesco. Nel suo teatro del quotidiano ha messo in scena il dramma della gente semplice (*Austria superiore*, *Musica a richiesta*).

KROGH (Schack August **Steenberger**), *Grenå 1874 - Copenaghen 1949*, fisiologo danese. Studiò gli scambi respiratori e il ruolo dei capillari nella circolazione. (Premio Nobel 1920.)

KRONECKER (Leopold), *Liegnitz, att. Legnica, 1823 Berlino 1891*, matematico tedesco. Fu uno dei principali algebristi del XIX sec. Il suo contributo fu fondamentale per la teoria dei corpi.

KRONOS → CRONO.

KRONPRINZ (Federico Guglielmo, detto **il**), *Potsdam 1882 - Hechingen 1951*, principe di Prussia. Figlio primogenito dell'imperatore Guglielmo II, abdicò con suo padre alla fine del 1918.

KRONŠTADT, già **Kronschlot**, base navale russa, sull'isola di Kotlin, nel Golfo di Finlandia, a O di San Pietroburgo. Fu teatro dell'ammutinamento dei marinai (1905 e 1917) e dell'insurrezione contro il governo sovietico (feb.-mar. 1921).

KROPOTKIN (Pëtr Alekseevič, principe), *Mosca 1842 - Dmitrov 1921*, rivoluzionario russo. Fu un teorico dell'anarchia (*Parole di un ribelle*, 1885; *La conquista del pane*, 1888; *La filosofia e l'ideale dell'anarchia*, 1896).

KROTO (sir Harold Walter), *Wisbech, Cambridgeshire, 1939*, chimico britannico. Ha scoperto il fullerene in collaborazione con R. Smalley e Robert F. Curl Jr. (nato nel 1933). (Premio Nobel 1996.)

KRU, popolazione della Liberia merid. I k. hanno dato il loro nome a un sottogruppo di lingue nigero-congolesi, parlate dalle popolazioni della Liberia sud-orient. e della Costa d'Avorio sud-occ. (bete, we ecc.).

KRUGER (Paul), *prov. del Capo 1825 - Clarens, Svizzera, 1904*, politico sudafricano. Fondatore del Transvaal (1852), organizzò la resistenza contro i britannici che avevano annesso il paese (1877). Fu quattro volte presidente (1883, 1888, 1893, 1898) della repubblica di Transvaal (proclamata nel 1881). Dopo aver provocato la guerra anglo-boera (1899-1902) si rifugiò in Svizzera.

KRUGERSDORP, c. del Sudafrica, sobborgo di Johannesburg; 103.000 ab. Centro minerario.

KRUPP (Alfred), *Essen 1812-1887*, industriale tedesco. Mise a punto un processo di produzione dell'acciaio (1847), materiale che utilizzò per fabbricare i primi cannoni pesanti da una sola canna erano colate in un solo pezzo, e importò dalla Gran Bretagna il processo Bessemer (1862). — **Bertha K.**, *Essen 1886-1957*, nipote di Alfred. — **Gustav von Bohlen und Halbach**, poi **K. von Bohlen und Halbach**, *L'Aia 1870 - Blühnbach, presso Salisburgo,*

1950, industriale tedesco. Sposò Bertha K. e diresse l'azienda familiare, fornitrice dell'esercito tedesco durante i due conflitti mondiali.

KRUSCIOV (Nikita Sergeevič) → CHRUŠČÉV (Nikita Sergeevičў).

KRUŠNÉ HORY → ERZGEBIRGE.

KRYLOV (Ivan Andreevič), *Mosca 1769 - San Pietroburgo 1844*, scrittore russo, autore di favole ispirate a J. de La Fontaine.

KRYVY RIH → KRIVOJ ROG.

KSAR EL-KEBIR, c. del Marocco; 107.065 ab.

KSUR (Mónti di), massiccio dell'Atlante sahariano (Algeria).

KUALA LUMPUR, cap. della Malaysia; 1.297.526 ab.

KUALA TERENGGANU, c. della costa orient. della Malaysia; 250.528 ab. Porto.

KUBA o **BAKUBA**, popolazione della Rep. Dem. del Congo centrale (ca. 130.000 individui). Organizzati in regno, i k. sono famosi per la loro statuaria. Parlano una lingua bantu.

KUBAN, f. russo che sfocia nel Mar d'Azov; 906 km.

KUBELIK (Rafael), *Bychory, presso Kolín, 1914 - Lucerna 1996*, compositore e direttore d'orchestra ceco naturalizzato svizzero. Nel 1934 intraprese una carriera internazionale come direttore, mettendosi in luce con le opere di A. Dvořák, G. Mahler e L. Janáček.

KUBILAY KHAN, *1214-1294*, imperatore mongolo (1260-1294), fondatore della dinastia cinese Yuan. Nipote di Gengis Khan, stabilì la capitale a Pechino (1264) e portò a termine la conquista della Cina (1279). Si mostrò tollerante nei confronti del buddhismo e del cristianesimo e favorì la presenza di stranieri, tra cui Marco Polo.

KUBIN (Alfred), *Leitmeritz 1877 - Zwickledt 1959*, pittore e scrittore austriaco. Si dedicò soprattutto alla grafica simbolista, interpretando attraverso l'uso del bianco e nero angosce e inquietudini, protagoniste anche delle opere letterarie, tra le quali *L'altra parte* (1909).

KUBRICK (Stanley), *New York 1928 - Childwickbury, Hertfordshire, 1999*, regista cinematografico statunitense. Spaziando dalla satira, alla fantascienza, all'horror, ha dato vita a opere visionarie e pessimistiche di grande maestria formale: *Lolita* (1962), *Il dottor Stranamore* (1963), *2001: Odissea nello spazio* (1968), *Arancia meccanica* (1971), *Barry Lyndon* (1975), *Shining* (1979), *Full Metal Jacket* (1987), *Eyes Wide Shut* (1999).

Stanley **KUBRICK.**
2001: Odissea nello spazio *(1968).*

KUCHING, c. della Malaysia, capol. del Sarawak, nell'Isola del Borneo; 152.310 ab.

KÜÇÜK KAINARCA (trattáto di) (21 lug. 1774), trattato firmato a K. K. (att. in Bulgaria) tra l'impero russo e quello ottomano, alla fine della guerra russo-turca (1768-1774). Diede alla Russia la pianura tra il Bug e il Dnepr, il diritto di navigare sul Mar Nero e negli stretti, e l'incarico di proteggere i cristiani ortodossi dell'impero ottomano.

KUFSTEIN, c. dell'Austria (Tirolo); 13.484 ab. Turismo. — Monumenti antichi.

KUHN (Thomas), *Cincinnati 1922 - Cambridge, Massachusetts, 1996*, filosofo statunitense. Oppose alla "scienza normale" la "scienza straordinaria", strumento di rivoluzione scientifica (*La struttura delle rivoluzioni scientifiche*, 1962).

KUIPER (Gerard Pieter), *Harenkarspel 1905 - Città del Messico 1973*, astronomo statunitense di origine olandese. Fece numerose scoperte nell'ambito della fisica planetaria.

KU KLUX KLAN, società segreta nord-americana, costituitasi dopo la guerra di secessione

(1867). Mosso da una xenofobia violenta, il K.K.K. combatte soprattutto l'integrazione dei neri.

KULDJA, in cin. **Yining**, c. della Cina (Xinjiang); 257.073 ab.

KULEŠOV (Lev Vladimirovič), *Tambov 1899 - Mosca 1970*, regista cinematografico sovietico. Diede vita a un collettivo pedagogico (*Laboratorio sperimentale*, 1920). Le sue teorie sulla funzione creativa del montaggio influenzarono profondamente i cineasti sovietici. Realizzò anche numerosi film (*Il raggio della morte*, 1925; *Dura Lex*, 1926).

KULIKOV (Viktor), *prov. di Orel 1921*, maresciallo sovietico. Fu comandante in capo delle forze del patto di Varsavia dal 1977 al 1989.

KULISCIOFF (Anna Michajlovna), *Simferopol 1854 - Milano 1925*, intellettuale e politica russa. Seguace delle teorie di M.A. Bakunin, costretta all'esilio, raggiunse l'Italia dove si legò prima ad A. Costa e poi a F. Turati, con il quale fondò *Critica sociale* (1891) e partecipò alla vita del Partito socialista italiano.

KULTURKAMPF ("battaglia per la civilizzazione"), lotta portata avanti da O. von Bismarck contro i cattolici tedeschi, dal 1871 al 1878. Destinata a indebolire il partito del Centro, accusato di favorire il particolarismo degli Stati, il K. si espresse soprattutto con leggi d'ispirazione anticlericale (1873-1875), a favore dell'intervento statale nella vita della Chiesa. Dopo l'elezione del papa Leone XIII (1878), Bismarck fece abrogare la maggior parte delle misure prese contro la Chiesa cattolica (1880-1887).

KUMAJRI, dal 1837 al 1924 **Aleksandropol** e dal 1924 al 1991 **Leninakan**, c. dell'Armenia; 120.000 ab.

KUMAMOTO, c. del Giappone (Kyushu); 650.341 ab.

KUMANOVO, c. della Macedonia, a NE di Skopje; 69.000 ab.

KUMAON, reg. dell'Himalaya indiano.

KUMARATUNGA (Chandrika) → BANDARANAIKE.

KUMASI, c. del Ghana; 489.000 ab. Ant. cap. degli ashanti.

KUMMER (Ernst Eduard), *Sorau, att. Żary, 1810 - Berlino 1893*, matematico tedesco. Estese i concetti dell'aritmetica allo studio dei numeri algebrici. Dimostrò la validità del teorema di Fermat in numerosi casi.

KUN (Béla), *Szilágycseh 1886 - URSS 1938*, rivoluzionario ungherese. Socialdemocratico, instaurò in Ungheria una repubblica sovietica (1919), che non riuscì a resistere all'invasione romena. Rifugiatosi in URSS, membro attivo del Komintern, fu ucciso durante le "purghe" staliniane.Venne riabilitato nel 1956.
■ *Béla Kun.*

KUNDERA (Milan), *Brno 1929*, scrittore ceco naturalizzato francese. Le sue opere narrative (*Lo scherzo*, *La vita è altrove*, *L'insostenibile leggerezza dell'essere*, *L'immortalità*, *L'identità*) e teatrali mettono a nudo i meccanismi mentali che alimentano l'alienazione e l'infelicità imperanti nel mondo contemporaneo. Ha scritto anche importanti saggi critici (*L'arte del romanzo*).
■ *Milan Kundera.*

KUNDT (August), *Schwerin 1839 - Israelsdorf 1894*, fisico tedesco. Inventò un dispositivo per studiare la propagazione delle onde sonore in un fluido, determinando così la velocità del suono.

KUNG, popolazione della Namibia e del Botswana, appartenente allo stesso ceppo dei boscimani.

KÜNG (Hans), *Sursee, cant. di Lucerna, 1928*, teologo cattolico svizzero. Professore all'Università di Tübingen, ha pubblicato numerose opere, alcune delle quali sottoposte alla censura dell'episcopato tedesco e della Congregazione romana per la dottrina della fede.

KUNLUN SHAN, catena montuosa della Cina, tra il Tibet e il Qinghai; 7724 m.

KUNMING, c. della Cina, capol. dello Yunnan; 1.611.969 ab. Più volte cap., spec. dal XIII sec. Numerosi monumenti antichi. Musei.

KUNSAN, c. della Corea del Sud; 218.205 ab. Porto.

KUNSTHISTORISCHES MUSEUM, museo viennese, tra i più importanti d'Europa. Il primo nucleo della collezione apparteneva agli Asburgo (archeologia; oggetti d'arte; dipinti di P. Bruegel, A. Dürer, Giorgione, Tiziano, D. Velázquez, P.P. Rubens ecc.).

KUO-MIN-TANG → GUOMINDANG.

KUOPIO, c. della Finlandia; 86.651 ab. Musei, tra cui quello della Chiesa ortodossa.

KUPANG, c. dell'Indonesia, nell'Isola di Timor; 111.300 ab.

KUPKA (František, detto Frank), *Opočno, Boemia orient., 1871 - Puteaux 1957*, pittore e disegnatore ceco. Si stabilì a Parigi nel 1896, dove, verso il 1911, si accostò a un'arte astratta e al tempo stesso simbolica, lirica e geometrica.

Frank **KUPKA.** Lignes animées, *1921.* (MNAM, Parigi).

KURA, f. del Caucaso (Georgia e Azerbaigian), che sfocia nel Mar Caspio; 1510 km.

KURASHIKI, c. del Giappone (Honshu); 422.836 ab.

KURDISTAN, reg. dell'Asia divisa tra Turchia, Iran, Iraq e Siria, e popolata soprattutto da curdi.

KURE, c. del Giappone (Honshu); 209.485 ab. Porto.

KURGAN, c. della Russia, nella Siberia occ.; 360.610 ab.

KURNOOL, c. dell'India (Andhra Pradesh); 276.739 ab. Nei pressi, ad Alampur, templi del VII-VIII sec.

KUROSAWA (Akira), *Tokyo 1910-1998*, regista cinematografico giapponese. I suoi film, di grande potenza visiva, esprimono una visione umanistica del mondo, trattando soggetti storici o contemporanei (*Rashomon*, 1950; *I sette samurai*, 1954; *Dersu Uzala*, 1975; *Ran*, 1985; *Sogni*, 1990; *Rapsodia in agosto*, 1991; *Madadayo*, 1993).

Akira **KUROSAWA.** I sette samurai *(1954).*

KUROSHIO, corrente marina calda dell'Oceano Pacifico. Scorre lungo la costa orient. del Giappone.

KURSK, c. della Russia, a S di Mosca; 436.144 ab. Importanti giacimenti di ferro. Centrale nucleare.
— Cattedrale di S. Sergio, del XVII sec. — Fu teatro di una battaglia decisiva che decretò la sconfitta

della Wehrmacht da parte delle truppe sovietiche, nel lug. 1943.

KURTÁG (György), *Lugoj, Romania, 1926*, compositore ungherese. Seguendo la linea artistica di B. Bartók e A. von Webern, elaborò un linguaggio personale, in particolar modo nelle opere vocali (*I messaggi della defunta signorina R.V. Trussova*, serie di *Lieder*, 1980).

KURTZMAN (Harvey), *New York 1924 - Mount Vernon 1993*, disegnatore e sceneggiatore di fumetti statunitense. Caporedattore di *Mad Magazine* agli esordi della rivista, fu un pioniere del fumetto satirico americano.

KURUME, c. del Giappone (Kyushu); 234.433 ab.

KURYŁOWICZ (Jerzy), *Stanisławów, att. Ivano-Frankovsk, Ucraina, 1895 - Cracovia 1978*, linguista polacco. Dedicò gran parte dei suoi studi agli indoeuropei.

KUSCH (Polykarp), *Blankenburg, Germania, 1911 - Dallas 1993*, fisico statunitense di origine tedesca. Eseguì la misurazione precisa del momento magnetico dell'elettrone, risultato che ha aperto la strada all'elettrodinamica quantistica. (Premio Nobel 1955.)

KUSHANA (impèro), impero creato dai kushana, nomadi originari dell'Asia centrale, nella reg. di Kabul e in India (I-II sec. d.C.).

KUSHIRO, c. del Giappone (Hokkaido); 199.323 ab. Porto.

KUSTANAJ, c. del Kazakistan settentr.; 234.000 ab.

KUSTURICA (Emir), *Sarajevo 1955*, regista cinematografico montenegrino. I suoi film sono carichi di simbolismi e allegorie, con forti riferimenti alla cultura gitana: *Papà è in viaggio d'affari* (1985), *Underground* (1995), *Gatto nero, gatto bianco* (1998).

KUTAISI, c. della Georgia, sul f. Rion; 238.000 ab.

KUTČMA (Leonid), *Čaikino, reg. di Černihiv, 1938*, politico ucraino. In passato membro del Partito comunista dell'URSS (1960-1991), è stato primo ministro dell'Ucraina dal 1992 al 1993 e presidente della repubblica dopo il 1994.

KUTNÁ HORA, c. della Rep. Ceca, a E di Praga; 21.542 ab. Splendidi quartieri antichi e monumenti, tra cui la cattedrale gotica.

KUTUBIYYA (dall'ar. *Kutubiyyun*, librai), principale moschea di Marrakech. Eretta nel XII

La **KUTUBIYYA** (XII sec.), a Marrakech.

sec., con il suo minareto sobriamente decorato di mattoni, è un esempio di arte islamica nell'Africa settentr.

KUTUZOV (Michail Ilarionovič), prìncipe **di Smolensk**, *San Pietroburgo 1745 - Bunzlau, Slesia, 1813*, maresciallo russo. Combatté contro i turchi (1788-1791 e 1809-1811), ad Austerlitz (1805) e contro l'esercito napoleonico in Russia, al quale inflisse una sconfitta decisiva (1812).

■ *Michail Kutuzov ritratto da Bollinger. (BNF, Parigi.)*

KUWAIT, in ar. **Al-Kuwayt**, Stato dell'Asia, sul Golfo Persico; 17.800 km[2]; 1.971.000 ab. (*kuwaitiani*). CAP. *Kuwait* (1.375.000 ab. nell'agglomerato). LINGUA: *arabo*. MONETA: *dinaro kuwaitiano*. L'economia del paese si basa sulla produzione di petrolio (in parte raffinato sul posto), di cui possiede ingenti riserve. — Protettorato britannico nel 1914, il K. ha conquistato l'indipendenza nel 1961. Dal 1977 è governato dall'emiro Jaber Al-Ahmed Al-Sabah, affiancato dal primo ministro Saad Al-Abdullah Al-Sabah. Invaso dall'Iraq nell'agosto 1990, è stato liberato nel feb. 1991 (guerra del *Golfo). Nel 2002 il paese si è visto riconoscere dall'Iraq la sovranità territoriale.

KUZBASS, già **Kuznetsk**, importante reg. petrolifera e metallurgica della Russia, nella Siberia occ.

KUZNETS (Simon), *Harkov 1901 - Cambridge, Massachusetts, 1985*, economista statunitense. I suoi studi di statistica hanno permesso di approfondire la teoria dei cicli lunghi e di elaborare strumenti di analisi basati sui dati economici emersi a livello nazionale. (Premio Nobel 1971.)

Kuwait
— autostrada
— strada normale
✈ aeroporto
100 200 m

● più di 100.000 ab.
● da 50.000 a 100.000 ab.
● meno di 50.000 ab.
⛏ pozzo petrolifero
⚓ porto petrolifero
oleodotto
30 km

KWAKIUTL, popolazione amerindia della Columbia Britannica, in Canada (ca. 3000 individui). I k. sono famosi per la pratica del *potlatch* e per le manifestazioni artistiche (totem, maschere); appartengono alla famiglia linguistica wakash.

KWANGJU, c. della Corea del Sud; 1.236.312 ab.

KWANZA → CUANZA.

KWAŚNIEWSKI (Aleksander), *Białograd, reg. di Koszalin, 1954*, politico polacco. Segretario del Partito socialdemocratico, è presidente della repubblica dal 1995.

KWAZULU/NATAL, prov. del Sudafrica; 8.417.021 ab.; capol. *Ulundi*; c. princ. *Durban*.

KYLIAN (Jiří), *Praga 1947*, ballerino e coreografo ceco. Direttore artistico dei Nederlands Dans Theater (1978-1999), ha acquistato notorietà grazie al suo neoclassicismo lirico e alla sua estrema sensibilità musicale (*Sinfonietta*, 1978). Le sue scenografie sono sempre ricercate (*Arcimboldo 2000*, 2000).

KYOKUTEI BAKIN → BAKIN (Takizawa).

KYONGJU, c. della Corea del Sud, a E di Taegu. Ant. cap. del regno di Silla (668-935). Numerosi monumenti, tra cui l'osservatorio (632) e il santuario buddhista di Syokkulam (751).

KYOTO, c. del Giappone (Honshu); 1.463.822 ab. Ant. cap. — Città museo, con numerosi monumenti e giardini di epoche diverse (dall'VIII al XIX sec.); ricco Museo nazionale.

KYOTO. *Il Ginkaku-ji o tempio del Padiglione d'Argento (1482).*

KYOTO (protocòllo di) (10 dic. 1997), protocollo supplementare aggiunto alla Convenzione sui cambiamenti climatici della conferenza di *Rio, adottato al termine di una conferenza internazionale tenutasi a K. Impone ai paesi industrializzati di ridurre le emissioni di gas a effetto serra rispetto a quelle rilevate nel 1990, obiettivo che dovrà essere raggiunto in 4 anni, dal 2008 al 2012.

KYPRIANOU (Spyros), *Limassol 1932 - Nicosia 2002*, politico cipriota. È stato presidente della repubblica dal 1977 al 1988.

KYUSHU, la più merid. delle grandi isole del Giappone; 42.000 km[2]; 13.446.000 ab.; c. princ. *Kitakyushu* e *Fukuoka*.

KYZYLJAR, ant. **Petropavlovsk**, c. del Kazakistan settentr.; 248.000 ab.

KYZYLKUM, deserto dell'Uzbekistan e del Kazakistan.

KZYL'ORDA, c. del Kazakistan, sul f. Syrdarja; 164.000 ab.

Carattere Lubalin

L'ÀIA → Aia (L').

L'ÀQUILA → Aquila (L').

LAATSTE NIEUWS (Het), quotidiano liberale belga in lingua fiamminga, fondato a Bruxelles nel 1888.

LABAN (Rudolf **von**), *Pozsony, att. Bratislava, 1879 - Weybridge, Surrey, 1958*, coreografo austriaco di origine ungherese. Ritenuto il fondatore della danza libera, inventò il più diffuso sistema di notazione coreografica, noto come "labanotation".

LABÉ, c. della Guinea, sulle pendici del Fouta Djalon; 65.000 ab.

LABÉ (Louise), detta **la Belle Cordière**, *Lione 1524 - Parcieux-en-Dombes 1566*, poetessa francese. Le sue opere, in part. i sonetti di carattere amoroso, di intensa liricità, rappresentano la testimonianza di una delle voci più pure della poesia francese del '500.

■ *Louise Labé. (BNF, Parigi.)*

LABICÀNA (via), ant. strada romana che univa Roma a Labicum, presso Tuscolo, dove si congiungeva con la via Latina.

LABICHE (Eugène), *Parigi 1815-1888*, drammaturgo francese. La sua vasta produzione comprende commedie di costume e *vaudeville* (*Un cappello di paglia di Firenze*, 1851; *Il viaggio del signor Perrichon*, 1860; *La signora è troppo bella*, 1874) in cui offrì, con acuto e delizioso umorismo, un ritratto realistico dei costumi borghesi.

LABIÈNO (Tito), *Piceno 100 - Munda 45 a.C.*, militare romano. Legato di G. Cesare nelle campagne di Gallia, passò in seguito dalla parte di Pompeo.

LABIRÌNTO, dimora leggendaria fatta costruire da Minosse a Creta per rinchiudervi il Minotauro, probabilmente ubicata nel palazzo reale di Cnosso.

LA BOÉTIE (Étienne **de**), *Sarlat 1530 - Germignan 1563*, scrittore francese. Fu magistrato al tribunale di Bordeaux, dove strinse una profonda amicizia con M. de Montaigne. Autore di sonetti, nel trattato politico *Discorso della servitù volontaria o Contr'uno* (1576) condannò ogni forma di tirannia.

■ *Étienne de La Boétie.*

LABOUR PARTY, denominazione inglese del Partito laburista.

LABRADOR, penisola del Canada (prov. di Québec e Terranova), tra l'Oceano Atlantico, la Baia di Hudson e il Golfo del San Lorenzo. Giacimenti minerari di ferro. Centrali idroelettriche.

LABRADOR, parte continentale della prov. di Terranova (Canada) che si affaccia sul Mare del Labrador. Corrisponde al settore orient. della penisola che porta lo stesso nome.

LABRADOR (corrènte del), corrente oceanica fredda dell'Atlantico. Scende verso S lambendo le coste della penisola del Labrador.

LABRIÒLA (Antònio), *Cassino 1843-1904*, filosofo. Marxista, si dedicò alla divulgazione del materialismo, di cui fu uno dei massimi esponenti. Tra le opere, *In memoria del Manifesto dei comunisti* (1895), *Del materialismo storico* (1896).

LABRIÒLA (Artùro), *Napoli 1873-1959*, politico. Socialista, ma contrario alla linea riformista, si dedicò soprattutto al sindacalismo rivoluzionario. Uscito dal Partito socialista nel 1907, fu ministro del lavoro nel governo Giolitti (1920-1921). Antifascista, fu costretto all'esilio. Membro della Costituente nel 1948.

LABROUSTE (Henri), *Parigi 1801 - Fontainebleau 1875*, architetto francese. Tra i massimi esponenti del razionalismo, impiegò la ghisa e il ferro per le strutture portanti della Bibliothèque Sainte-Geneviève (1843) e della Bibliothèque Nationale, a Parigi.

LA BRUYÈRE (Jean **de**), *Parigi 1645 - Versailles 1696*, scrittore francese. È autore dei *Caratteri*, satira sociale dallo stile serrato e incisivo. Eletto all'Accademia francese nel 1693, prese parte alla disputa degli *antichi e moderni*, schierandosi in difesa dei primi.

■ *Jean de La Bruyère. (Reggia di Versailles.)*

LABURÌSTA (Partìto), (in ing. **Labour Party**), partito socialista britannico. Fondato nel 1893, assunse il nome di P. l. nel 1906 e giunse al governo per la prima volta nel 1924. Tra i suoi leader si ricordano J. Ramsay Mac Donald, C. Attlee, H. Gaitskell, H. Wilson, J. Callaghan, M. Foot, N. Kinnock, J. Smith; nel 1994 ne ha assunto la guida T. Blair.

LA CALPRENÈDE (Gauthier **de Costes de**), *Toulgou-en-Périgord 1610 - Le Grand-Andely 1663*, scrittore francese. È autore di tragedie e romanzi di successo (*Cassandra, Cleopatra*).

LACAN (Jacques), *Parigi 1901-1981*, medico e psicoanalista francese. Promotore di un ritorno alle teorie psicoanalitiche freudiane, avvalendosi dei contributi dello strutturalismo sostenne che l'inconscio opera attraverso codici e regole simili a quelli del linguaggio e individuò nella linguistica strutturale uno strumento per decifrarlo (*Scritti*, 1966; *Seminari*, 1975-1991).

■ *Jacques Lacan nel 1967.*

LACANDÓNI, popolazione amerindia stanziata nel Messico (Chiapas) e nel Guatemala (poche centinaia di individui). Dalla conquista spagnola i l. hanno vissuto isolati nel mezzo della foresta tropicale (la "foresta lacandona"). Appartengono alla famiglia linguistica maya.

LA CÀPRIA (Raffaèle), *Napoli 1922*, scrittore. Tra le opere, *Un giorno d'impazienza* (1952), *Ferito a morte* (1961), *Amore e Psiche* (1973), *La mosca nella bottiglia* (1996), *Napolitan Graffiti* (1998).

LACCADÌVE (Isole), arcipelago situato nel Mare Arabico.

LÀCCO AMÈNO, com. in prov. di Napoli; 4319 ab. Località termale nell'isola di Ischia. Santuario di S. Restituta (XI-XVIII sec.) con cripta del IV-V sec.

LACEDÈLLI (Lino), *Cortina d'Ampezzo 1925*, alpinista. Nel 1954 conquistò, insieme ad A. Compagnoni, il K2.

LACEDÈMONE → Sparta.

LACÈRBA, rivista letteraria fondata nel 1913 a Firenze da A. Soffici e G. Papini. Divenuta organo del movimento futurista, sostenne il ripudio della tradizione e del conformismo pervenendo a posizioni nazionaliste e interventiste. Fu pubblicata fino al 1915.

LA CHAISE o **LA CHAIZE** (François **d'Aix de**), detto le Père de **La Chaise**, *presso Saint-Martin-la-Sauveté, Forez, 1624 - Parigi 1709*, gesuita francese. Confessore di Luigi XIV dal 1674 al 1709, esercitò una grande influenza sulla politica religiosa francese dal 1680 al 1695. Gli è intitolato uno dei più importanti cimiteri di Parigi, costruito nei giardini della sua villa.

LA CHAUSSÉE (Pierre Claude **Nivelle de**), *Parigi 1692-1754*, drammaturgo francese. È il creatore del genere della commedia *larmoyante* (*Il pregiudizio alla moda*, *Mélanide*), che preannuncia il teatro di D. Diderot.

LA CIERVA Y CODORNÍU (Juan **de**), *Murcia 1895 - Croydon 1936*, ingegnere spagnolo. Inventò l'autogiro (1923), antenato dell'elicottero, con il quale nel 1934 compì il primo decollo in verticale.

LACLOS → Choderlos de Laclos (Pierre).

LA CONDAMINE (Charles Marie **de**), *Parigi 1701-1774*, naturalista francese. Con P. Bouguer diresse una spedizione in Perú (1735), promossa per determinare la lunghezza di un arco di meridiano. In America merid. raccolse interessanti osservazioni: in part., nel 1751 descrisse una resina di origine vegetale che chiamò caucciù.

LACÒNIA, nomo della Grecia, nel Peloponneso sud-orient., di cui Sparta fu capoluogo.

LACORDAIRE (Henri), *Recey-sur-Ource 1802 - Sorèze 1861*, ecclesiastico e predicatore francese. Sacerdote dal 1827, fondò con H.-F.-R. de La Mennais il giornale cattolico *L'Avenir*. Iniziò l'apostolato intellettuale a Parigi, tenendo conferenze a Notre-Dame nel 1835 e nel 1836, dopodiché ristabilì in Francia l'ordine domenicano, del quale entrò a far parte (1839). Eletto deputato alla Costituente nel 1848, fondò *L'Ère nouvelle*, organo del cattolicesimo liberale, e numerosi conventi, prima di ritirarsi a Sorèze.

LACOSTE (René), *Parigi 1904 - Saint-Jean-de-Luz 1996*, tennista francese. Ha ottenuto 2 vittorie a Wimbledon (1925 e 1928), 3 agli Internazionali di Francia (1925, 1927, 1929) e 2 agli Open degli Stati Uniti (1926, 1927); ha conquistato per 2 volte la Coppa Davis (1927 e 1928).

LACRETELLE (Jacques **de**), *Cormatin 1888 - Parigi 1985*, scrittore francese. È autore di romanzi psicologici di intonazione pessimista, il più noto dei quali è *Silbermann* (1922).

LADAKH, reg. del Kashmir; capol. *Leh*.

LADAKI, popolazione dell'India (Ladakh) (ca. 135.000 individui). Stanziati nella regione semidesertica corrispondente all'alto bacino dell'Indo, i l. sono in prevalenza agricoltori, allevatori e pastori nomadi. In larga maggioranza di religione buddhista e musulmana, parlano il ladaki, una lingua tibetana.

LADISLÀO, nome di più sovrani di Ungheria, Boemia e Polonia. — **Ladislao I Árpád**, detto il **Santo**, *1040 ca. - Nyitra, att. Nitra, 1095*, re d'Ungheria (1077-1095). Estese il proprio regno conquistando la Slavonia (1089) e la Croazia (1091) e contribuì alla definitiva cristianizzazione dell'Ungheria. — **Ladislao I** (o **IV**) *Łokietek, 1260 - Cracovia 1333*, re di Polonia (1320-1333). Riconquistò la corona di Polonia, sottrattagli nel 1300 da Venceslao II, re di Boemia. — **Ladislao II** (o **V**) **Jagellone I**, *1351 ca. - Grodek 1434*, granduca di Lituania (1377-1401) e re di Polonia (1386-1434). Sconfisse i cavalieri teutonici a Grunwald (1410).

LADISLÀO IL MAGNÀNIMO, *Napoli 1377-1414*, re di Napoli (1386-1414) e di Ungheria (1403-1414). Figlio di Carlo III d'Angiò Durazzo, dovette difendere il proprio regno da Luigi II, duca d'Angiò, che lo sconfisse nel 1411.

LADÌSPOLI, com. in prov. di Roma; 26.051 ab. Fondato nel 1890 da Ladislao Odescalchi, conserva resti di una villa romana (III sec.) e una torre del XII sec. Turismo balneare.

LADOGA (Làgo), lago della Russia nord-occ.; 17.700 km². Suo tributario è il f. Neva, che lo collega a San Pietroburgo e sfocia nel Golfo di Finlandia.

LAENNEC (René), *Quimper 1781 - Kerlouanec, Finistère, 1826*, medico francese. Studioso di anatomia patologica, inventò il primo stetoscopio e fornì importanti descrizioni dei rumori percepibili all'auscultazione del torace, delle malattie polmonari, cardiache e della cirrosi epatica.

LAER (Pieter Van) → VAN LAER (Pieter).

LÆRDAL, tunnel stradale della Norvegia, tra L. e Aurland (reg. del Sogn og Fjordane), il più lungo del mondo (24,5 km, aperto nel 2000).

LAETOLI, sito paleontologico della Tanzania settentr., a S di Olduvai. Nel 1978 vi sono state rinvenute le più antiche orme note (3,8 milioni di anni fa), lasciate nel tufo vulcanico da una famiglia di australopitechi.

LAFARGUE (Paul), *Santiago de Cuba 1842 - Draveil 1911*, politico francese. Allievo e genero di K. Marx, fu tra i fondatori del Partito operaio francese (1882). Scrisse *Economia dell'ozio*.

LA FARÌNA (Giuseppe), *Messina 1815 - Torino 1863*, storico e politico. Liberale e antiborbonico, si trasferì a Torino, dove si avvicinò alle idee monarchiche e fu tra i promotori della Società nazionale (1857). Tra le opere, *Storia d'Italia dal 1815 al 1850* (1851-1852) e *Storia documentata della rivoluzione siciliana del 1848-49* (1853).

LAFAYETTE, c. degli Stati Uniti, nella Louisiana merid.; 110.257 ab.

LA FAYETTE (Marie Joseph Gilbert **Motier**, marchése **di**), *Chavaniac, Haute-Loire, 1757-1834*, generale e politico francese. A partire dal 1777, combatté a fianco degli insorti nella guerra d'indipendenza americana. Deputato agli Stati generali (1789) e comandante della guardia nazionale, adottò un programma politico che aveva come perno una monarchia costituzionale e un

regime liberale basato sul predominio dell'alta borghesia. Caduta la monarchia, lasciò la Francia dal 1792 al 1800 e sotto l'impero napoleonico rifiutò qualsiasi carica ufficiale. Rientrato in patria, riprese l'attività politica solo dopo la restaurazione, come deputato dell'opposizione liberale; nel lug. 1830 fu eletto comandante della guardia nazionale e patrocinò l'avvento della monarchia costituzionale di Luigi Filippo d'Orléans, il quale tuttavia si liberò poco dopo della tutela del generale.

■ *La Fayette ritratto da J.D. Court.* (*Reggia di Versailles.*)

LA FAYETTE o **LAFAYETTE** (Marie-Madeleine **Pioche de La Vergne**, contéssa **di**), *Parigi 1634-1693*, scrittrice francese. Inaugurò il romanzo psicologico moderno (*La principessa di Clèves*).

■ *Marie-Madeleine de La Fayette. (BNF, Parigi.)*

LAFFITTE (Jacques), *Bayonne 1767 - Parigi 1844*, banchiere e politico francese. Governatore della Banca di Francia (1814-1819), deputato liberale dal 1816, ebbe un ruolo attivo nella rivoluzione del 1830. Entrato in conflitto con Luigi Filippo, tornò all'opposizione.

LA FONTAINE (Jean **de**), *Château-Thierry 1621 - Parigi 1695*, poeta francese, autore delle **Favole*. Scrisse anche *Racconti e novelle in versi* (1664-1685), racconti galanti ispirati alla tradizione italiana di L. Ariosto e G. Boccaccio. Trasferitosi a Parigi, trovò la protezione di N. Fouquet; successivamente, fu accolto a corte dalla M.me de La Sablière, alla quale fu legato da una sincera amicizia.

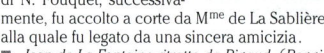

■ *Jean de La Fontaine ritratto da Rigaud.* (*Reggia di Versailles.*)

LAFORGUE (Jules), *Montevideo 1860 - Parigi 1887*, poeta francese. Tra i creatori del verso libero, è autore di poesie (*I lamenti*) e racconti (*Moralità leggendarie*) in cui la sua pessimistica visione del mondo è espressa con umorismo e toni malinconici, in un linguaggio vicino al parlato.

LA FOSSE (Charles **de**), *Parigi 1636-1716*, pittore francese. Allievo di C. Le Brun, con uno stile brillante e una notevole sensibilità per il colore, contribuì a rendere meno rigida la concezione accademica della pittura di soggetto storico.

LA FRESNAYE (Roger **de**), *Le Mans 1885 - Grasse 1925*, pittore francese. Dopo aver aderito al cubismo (*L'uomo seduto*, 1913-1914, MNAM, Parigi), approdò a una sorta di realismo stilizzato.

LÀGA (Mónti della), reg. montuosa dell'Appennino, tra Marche, Lazio e Abruzzo, compresa nel Parco nazionale del Gran Sasso e dei M. della L. Ricca di corsi d'acqua, cascate e boschi, si eleva nel Monte Gorzano (2455 m).

LAGARÌNA (Vàlle), valle delle Prealpi venete, solcata dal f. Adige; 50 km ca. È compresa tra il Monte Baldo a O e i Monti Lessini a E.

LAGASH, ant. città-Stato della Mesopotamia, alla confluenza del Tigri con l'Eufrate (att. Tell Al-Hiba, Iraq). Gli scavi, realizzati a partire dal 1877, hanno portato alla luce vestigia della civiltà sumerica risalenti al III millennio a.C.

LAGERKVIST (Pär), *Växjö 1891 - Stoccolma 1974*, scrittore svedese. È autore di poesie, drammi e romanzi (*Il nano, Barabba*) caratterizzati da un profondo pessimismo. (Premio Nobel 1951.)

LAGERLÖF (Selma), *Mårbacka 1858-1940*, scrittrice svedese. È autrice di romanzi di ispirazione romantica (*La saga di Gösta Berling, Il carrettiere della morte*) e racconti per bambini (*Viaggio meraviglioso del piccolo Nils Holgersson attraverso la Svezia*). (Premio Nobel 1909.)

LAGHOUAT, oasi del Sahara algerino, capol. di distr.; 107.273 ab.

LÀGIDI, dinastia al potere in Egitto nel periodo ellenistico, dal 305 al 30 a.C. Tutti i regnanti di sesso maschile si chiamavano Tolomeo.

LAGOPÉSOLE, località del com. di Avigliano, in prov. di Potenza. Castello di Federico II (1242-1250).

LAGÒRIO (Gìna), *Bra 1922*, scrittrice e critica letteraria. Tra le opere, *Il polline* (1966), *Un ciclone chiamato Titti* (1969), *Approssimato per difetto* (1971), *Tosca dei gatti* (1983), *Tra le mura stellate* (1991), *L'arcadia americana* (1999), *Elogio della zucca* (2000).

LAGOS, c. della Nigeria, sul Golfo di Guinea; 4.500.000 ab. (13.427.000 ab. nell'agglomerato). In passato cap. del paese, è il suo porto principale.

LAGOS ESCOBAR (Ricardo), *Santiago 1938*, politico cileno. Socialista, nel 2000 è stato eletto presidente della repubblica.

LAGOYA (Alexandre), *Alessandria 1929 - Parigi 1999*, chitarrista egiziano naturalizzato francese. Ha contribuito al rinnovamento della tecnica chitarristica. Si è esibito in tutto il mondo in coppia con la moglie, la chitarrista Ida Presti (1924-1967), e come solista.

LAGRANGE (Louis, cónte **di**), *Torino 1736 - Parigi 1813*, matematico francese. Come Eulero e I. Newton, dette grande importanza all'analisi matematica, cercando di definire tutte le funzioni per mezzo dello sviluppo in serie di Taylor. Compì studi sulla teoria dei gruppi che anticiparono quelli di E. Galois e unificò le basi della meccanica (*Meccanica analitica*, 1788). Presiedette la Commission des poids et mesures (1790).

LA GUARDIA (Fiorello Henry), *New York 1882-1947*, politico statunitense. Membro del Congresso dal 1916 al 1932, fu sindaco di New York dal 1933 al 1945. Gli è stato intitolato uno degli aeroporti di New York.

LA HARPE (Frédéric César **de**), *Rolle, Vaud, 1754 - Losanna 1838*, politico svizzero. Membro del direttorio della Repubblica Elvetica (1798-1800), nel 1815 ottenne l'indipendenza del cant. di Vaud.

LA HARPE (Jean François **Delharpe** o **Delaharpe**, detto **de**), *Parigi 1739-1803*, critico francese. Il suo *Il liceo o Corso di letteratura antica e moderna* (1799) denota un gusto classico.

LA HIRE (Philippe **de**), *Parigi 1640-1718*, astronomo e matematico francese. Figlio di Laurent de La Hyre, collaborò alle triangolazioni per la carta di Francia compiute da J. Picard e J.D. Cassini.

LAHORE, c. del Pakistan, capol. del Punjab; 5.063.000 ab. (6.040.000 ab. nell'agglomerato). Monumenti dell'impero moghul (L. Fort, 1565; moschea di Wazir Khan, 1634; tomba dell'imperatore Giahangir, 1627; celebri giardini).

LAHORE. *I giardini di Salimar Bagh, che circondano il forte moghul; arte islamica, XVII sec.*

LAHTI, c. della Finlandia; 96.921 ab. Lavorazione del legno. Centro turistico.

LA HYRE o **LA HIRE** (Laurent **de**), *Parigi 1606-1656*, pittore francese. Fu tra i fondatori dell'Accademia reale di pittura e di scultura. Di formazione manierista, fu influenzato da S. Vouet e verso il 1640 approdò a un classicismo delicato, d'ispirazione elegiaca.

LÀIDE, nome di più etere greche, la più famosa delle quali fu l'amante di Alcibiade.

LAINÀTE, com. in prov. di Milano; 23.181 ab. Importante centro industriale.

LAING (Ronald), *Glasgow 1927 - Saint-Tropez 1989*, psichiatra britannico. Insieme a D. Cooper fu il fondatore dell'antipsichiatria (*L'Io diviso*, 1959).

LÀIO MITOL. GR. Re di Tebe, marito di Giocasta. Fu ucciso dal figlio Edipo, esposto alla nascita proprio per scongiurare questo evento, predetto dall'oracolo.

LAJÒLO (Dàvide), *Vinchio 1912 - Roma 1984*, scrittore e politico. Deputato del PCI dal 1958, fu direttore dell'*Unità* dal 1946 al 1958. Tra le opere, *Il vizio assurdo. Storia di Cesare Pavese* (1960), *Il voltagabbana* (1964), *Come e perché* (1968), *Ventiquattro anni* (1981).

LAKE DISTRICT, reg. turistica dell'Inghilterra nord-occ., ricca di laghi.

LAKE PLACID, stazione di sport invernali degli Stati Uniti (Stato di New York). È stata sede delle Olimpiadi invernali nel 1980.

LAKSHADWEEP, territorio dell'India; 60.595 ab.; capol. *Kavaratti*. Comprende gli arcipelaghi delle Laccadive, delle Amìndivi e di Minicoy.

LALANDE (André), *Digione 1867 - Asnières 1963*, filosofo francese. Allievo di E. Durkheim, si occupò dell'individuo dal punto di vista sociale, in contrapposizione al positivismo di H. Spencer.

LALANDE (Joseph Jérôme Lefrançois de), *Bourg-en-Bresse 1732 - Parigi 1807*, astronomo francese. Studioso di meccanica celeste, fu il primo a misurare con precisione la parallasse della Luna (1751). Pubblicò un catalogo di stelle (1801) e si occupò anche di divulgazione scientifica.

LA LANDE (Michel Richard de) → DELALANDE.

LALIBELÀ, centro religioso dell'Etiopia settentr. (prov. di Uollo). Deve il suo nome all'omonimo re etiope (1172-1212), che vi fece costruire celebri chiese rupestri (tra cui quella di Giyorgìs).

LALIQUE (René), *Ay 1860 - Parigi 1945*, gioielliere e vetraio francese. Distintosi nella realizzazione di gioielli in stile Art Nouveau, in seguito si dedicò alla produzione di oggetti in vetro e cristallo Art Déco. La sua manifattura è tuttora in attività.

LÀLLI (Giovàn Battista), *Norcia 1572-1637*, poeta. Autore di poemi burleschi: *La moscheide* (1624), *La franceide* (1629), *L'Eneide travestita* (1634).

LALO (Édouard), *Lilla 1823 - Parigi 1892*, compositore francese. Scrisse la musica del balletto *Namouna* (1882) e dell'opera *Il re d'Ys* (1888). Le sue composizioni, spesso d'ispirazione romantica (*Concerto per violoncello*, 1877; *Sinfonia spagnola*, 1875), sono caratterizzate da grande vivacità e da un'orchestrazione complessa.

LAM (Wifredo), *Sagua la Grande 1902 - Parigi 1982*, pittore cubano. Di origini sinoafricane, subì l'influenza del surrealismo. Nelle sue opere, creature mostruose comunicano sensazioni di vitalità, violenza e mistero proprie del mondo primitivo.

Wifredo **LAM**. Ogun, dio della ferraglia, 1945 ca. (Coll. priv.)

LÀMA (Luciàno), *Gambettola 1921 - Roma 1996*, sindacalista e politico. Deputato per il PCI dal 1958 al 1969, fu segretario generale della CGIL dal 1970 al 1986. Eletto in senato nel 1987, ne fu vicepresidente (1992).

LA MADDALÉNA, com. in prov. di Sassari, nell'arcipelago omonimo; 11.105 ab. Turismo balneare.

LA MÀLFA (Ùgo), *Palermo 1903 - Roma 1979*, politico. Antifascista, tra i fondatori del Partito d'azione, fu membro della Costituente. Segretario del PRI dal 1965, presidente dal 1975, fu più volte ministro (bilancio, 1962-1963; tesoro, 1973-1974) e propose una politica economica finalizzata al controllo dell'inflazione.

LAMARCK (Jean-Baptiste de Monet), *Bazentin, Somme, 1744 - Parigi 1829*, naturalista francese. Studioso di botanica, nel trattato *Flora francese* (1778) elaborò il sistema delle chiavi dicotomiche. Nel 1793 ottenne la cattedra di zoologia degli invertebrati, che occupò fino alla morte. In *Filosofia zoologica* (1809) e *Storia naturale degli animali senza vertebre* (1815-1822) elaborò la prima teoria esplicativa dell'evoluzione, in seguito detta lamarckismo.

■ *Jean-Baptiste Lamarck.*

LA MÀRMORA (Alfònso Ferréro), *Torino 1804 - Firenze 1878*, generale e politico. Più volte ministro della guerra, guidò le truppe piemontesi durante la guerra di Crimea (1855) e ricoprì l'incarico di primo ministro nel 1859, nel 1864 e nel 1866. Nel 1866 assunse il comando delle operazioni militari durante la terza guerra d'indipendenza, di cui aveva gettato le basi con l'alleanza diplomatica con la Prussia. Ritenuto responsabile della disfatta di Custoza, si ritirò a vita privata.

LAMARTINE (Alphonse de), *Mâcon 1790 - Parigi 1869*, poeta e politico francese. Con *Meditazioni poetiche* (1820), *Armonie poetiche e religiose* (1830), *Jocelyn* (1836) e *La caduta di un angelo* (1838) si affermò come uno dei principali esponenti del romanticismo francese. Tra i capi del governo provvisorio della repubblica nel 1848, dopo l'avvento di Napoleone III si dedicò a racconti autobiografici (*Confidenze*, 1849; *Graziella*, 1852).

■ *Alphonse de Lamartine ritratto da F. Gérard. (Reggia di Versailles.)*

LA MÀSA (Giuseppe), *Trabia 1819 - Roma 1881*, patriota. Tra gli animatori dei moti siciliani del 1848, comandante di truppe volontarie nella prima guerra d'indipendenza, contribuì a organizzare la spedizione dei Mille.

LAMB (Charles), *Londra 1775 - Edmonton 1834*, scrittore britannico. Nei suoi saggi (*Saggi di Elia*, 1823-1833), di ispirazione romantica, ritrae la realtà con fantasia e umorismo.

LAMB (Willis Eugene), *Los Angeles 1913*, fisico statunitense. Oltre a studiare la struttura fine dello spettro dell'idrogeno, ha elaborato un metodo per la misurazione delle frequenze delle transizioni atomiche e molecolari. (Premio Nobel 1955.)

LAMBARÉNÉ, c. del Gabon, sull'Ogooué; 26.000 ab. Centro ospedaliero fondato da A. Schweitzer.

LAMBERT (Johann Heinrich), *Mulhouse 1728 - Berlino 1777*, matematico tedesco di origine francese. Dimostrò che π è irrazionale (1768), calcolò le traiettorie delle comete e compì importanti studi di cartografia (*proiezioni di L.*). Oltre a essere uno dei fondatori della fotometria, si colloca tra i precursori delle geometrie non euclidee e della logica simbolica.

LAMBERT (John), *Calton, West Riding, Yorkshire, 1619 - Isola di Saint Nicholas, Devon, 1684*, generale inglese. Luogotenente di O. Cromwell, fu arrestato e imprigionato dopo la restaurazione di Carlo II (1660).

LAMBÈRTI (Antòn Maria), *Venezia 1757 - Belluno 1832*, poeta. Compose rime in dialetto veneziano, tra cui *La biondina in gondoleta* (1788), musicata da J.S. Mayr.

LAMBÈRTI (Luigi), *Reggio nell'Emilia 1759 - Milano 1813*, grecista. Traduttore e curatore dei classici greci, fondò insieme a V. Monti *Il Poligrafo* (1811). Fu anche poeta di gusto neoclassico.

LAMBÈRTI (Niccolò), *Firenze 1370-1451*, scultore. Attivo a Firenze e a Venezia, fu un artista di gusto gotico. Realizzò, *San Marco venerato dagli angeli*, in S. Marco a Venezia. — **Pietro**, *Firenze 1393 - Verona 1435*, figlio di Niccolò, fu anch'egli scultore.

LAMBÈRTO, *880 ca. - Marengo 898*, re d'Italia dall'891 e imperatore dall'892. Contese ad Arnolfo di Carinzia il titolo imperiale e condusse una politica di opposizione al potere feudale.

LAMBÈSI → TAZULT.

LAMBETH (conferènze di), riunioni dei vescovi anglicani che, a partire dal 1867, si tengono ogni dieci anni nel palazzo arcivescovile di Lambeth, a Londra.

LAMBORGHÌNI, società fondata nel 1948 a Cento da Ferruccio L. (Cento 1916 - Perugia 1993). Operante inizialmente nel settore delle macchine agricole, dal 1963 costruisce anche automobili gran turismo.

LAMBRÉTTA, nome di una serie di scooter prodotti dalla società Innocenti a Lambrate a partire dal 1947.

LÀMBRO, f. della Lombardia; 130 km. Nasce nei pressi di Magreglio, percorre la Valassina, bagna Monza e alcuni quartieri di Milano e confluisce nel Po.

LAMBRUSCHÌNI (Raffaèllo), *Genova 1788 - Figline Valdarno 1873*, pedagogista. Fondò a San Cerbone una scuola-convitto nella quale mise in pratica un metodo educativo fondato sulla nonautorità dell'educatore, teorizzato anche attraverso la rivista *Guida dell'educatore* (1836-1845). Tra le opere, *Dell'educazione* (1849).

LAMEK, patriarca biblico, figlio di Matusalemme e padre di Noè.

LA MENNAIS o **LAMENNAIS** (Félicité Robert de), *Saint-Malo 1782 - Parigi 1854*, scrittore francese. Ordinato sacerdote nel 1816, divenne uno strenuo difensore dell'ultramontanismo e della libertà religiosa contro la Chiesa gallicana; nel 1830 fondò il giornale *L'Avenir*, riunendo attorno a sé la gioventù liberale cattolica. Condannato da Gregorio XVI (1832), ruppe con Roma (1834) e si orientò verso un cristianesimo interpretato come dottrina sociale e umanitaria a favore dei poveri e degli oppressi (*Parole di un credente*, 1834). Fu eletto deputato nel 1848 e nel 1849.

■ *Félicité de La Mennais ritratto da Paulin-Guérin. (Reggia di Versailles.)*

— **Jean-Marie de La M.**, *Saint-Malo 1780 - Ploërmel 1860*, sacerdote francese. Fratello maggiore di Félicité, fondò la congregazione dei Fratelli dell'istruzione cristiana, detti "di Ploërmel" (1817).

LAMENTIN (Le), cittadina della Martinica; 35.951 ab. Aeroporto.

LA METTRIE (Julien Offray de), *Saint-Malo 1709 - Berlino 1751*, medico e filosofo francese. Le sue concezioni rigidamente materialistiche ed edonistiche, spinte fino alla negazione dell'idea di anima, fecero scandalo; perseguitato, trovò rifugio in Prussia, alla corte di Federico II (*L'uomo-macchina*, 1748).

LAMÈZIA TÈRME, com. in prov. di Catanzaro; 71.331 ab. Situato nella piana di Sant'Eufemia, fu costituito nel 1968 con l'unione di Nicastro, Sambiase e Sant'Eufemia. Agricoltura (olive, agrumi). Industrie edili, chimiche. Castello normanno.

LAMÍA, c. della Grecia, presso il Golfo di L.; 43.898 ab. — **Guerra lamiaca** (323-322 a.C.), insurrezione delle città greche contro l'egemonia macedone, scoppiata dopo la morte di Alessandro Magno (323 a.C.). Si concluse con la sconfitta greca a Crannone.

LAMÓNE, f. dell'Emilia-Romagna; 90 km. Nasce alle pendici del Monte La Faggeta (Appennino Tosco-Emiliano), percorre la pianura romagnola e sfocia nel Mar Adriatico presso Marina Romea.

LAMORICIÈRE (Louis Juchault de), *Nantes 1806 - presso Amiens 1865*, generale francese. Dop aver guidato le campagne in Algeria, nel 1860 assunse il comando delle truppe pontificie.

LA MÒRRA, com. in prov. di Cuneo; 2611 ab. Agricoltura (cereali, frutta). Raccolta di tartufi. Produzione di vini pregiati.

LA MOTTA (Jake), *New York 1921*, pugile statunitense. Soprannominato "toro scatenato" per la sua irruenza, nel 1949 conquistò il titolo mondiale dei pesi medi, che perse due anni più tardi in uno storico incontro con Ray Sugar Robinson.

LA MOTTE-FOUQUÉ (Friedrich, baróne di), *Brandeburgo 1777 - Berlino 1843*, scrittore tedesco. Seguace del romanticismo, scrisse numerosi drammi e racconti ispirati alla tradizione germanica (*Ondina*).

LAMOUREUX (Charles), *Bordeaux 1834 - Parigi 1899*, violinista e direttore d'orchestra francese. Istituì i *Concerts L.*

LAMPEDÙSA, isola dell'arcipelago delle Pelagie, nel Mar Mediterraneo, appartenente al com. di L. e Linosa, in prov. di Agrigento. La sua popolazione è concentrata nell'omonimo centro. Situata 200 km a S della Sicilia, vi si pratica soprattutto la pesca. Turismo.

LAMPEDÙSA (Giuseppe **Tomàsi di**) → TOMASI DI LAMPEDUSA (Giuseppe).

LÀMPI (Giovànni Battista), *Romeno 1751 - Vienna 1830*, pittore. Notevole ritrattista, lavorò in Italia (Trento, Verona) e all'estero (Russia, Polonia, Austria), diventando uno dei pittori più richiesti dalle corti di tutta Europa.

LAMPIÓNE, isola del Mar Mediterraneo, nel gruppo delle Pelagie; 0,03 km^2. Disabitata, è formata da rocce calcaree.

LAMPRECHT (Karl), *Jessen, Sassonia, 1856 - Lipsia 1915*, storico tedesco. È stato uno dei padri della storiografia economica europea.

LAMUTI o **EVENI**, popolazione della Russia, stanziata lungo le coste del Mar di Ohotsk, a NE della Rep. di Jacuzia-Saha (ca. 17.000 individui). Per tradizione allevatori nomadi di renne, i l. conservano ancora gli elementi fondamentali della loro cultura. Insieme agli evenki sono denominati **tungusi*.

LÀNA TÈRZI (Francésco), *Brescia 1631-1687*, fisico. Gesuita, si occupò di studi scientifici e progettò numerose macchine. Nel trattato *Prodromo, ovvero saggio di alcune invenzioni nuove* (1670) descrisse un vascello volante che precorreva i modelli successivi di aerostato.

LANCASHIRE, contea dell'Inghilterra, sul Mare d'Irlanda; 1.365.100 ab.; capol. *Preston*.

LANCASTER, casata inglese, ramo secondario dei Plantageneti. Dapprima conti, poi duchi, i suoi esponenti salirono al trono d'Inghilterra con Enrico IV, Enrico V ed Enrico VI. I L. ebbero un ruolo di primo piano a partire da Giovanni di Gand (1340-1399), figlio di Edoardo III e padre di Enrico IV, e si scontrarono con la famiglia degli York nella guerra delle Due Rose (i loro eserciti avevano per emblema la rosa rossa). L'ultimo L., Edoardo, unico figlio di Enrico VI, fu giustiziato dopo la vittoria degli York a Tewkesbury (1471).

LANCASTER (Burton Stephen, detto Burt), *New York 1913 - Los Angeles 1994*, attore cinematografico statunitense. Specializzatosi in ruoli d'azione grazie alla sua prestanza fisica (*Gli inesorabili*, J. Huston, 1960), dimostrò le sue doti interpretative anche in film d'autore (*Il gattopardo*, L. Visconti, 1963; *Gruppo di famiglia in un interno*, id., 1974).

LANCASTER (Giovànni **di**), dùca **di Bedford** → BEDFORD (duca di).

LANCELLÒTTI (Vincènzo, detto Secóndo), *Perugia 1583 - Parigi 1643*, letterato. Monaco olivetano, scrisse i trattati *L'hoggidì* (1623 e 1636) e *I farfalloni degli antichi historici notati* (1636), nei quali criticò la celebrazione degli antichi, sostenendo la superiorità dei moderni.

LÀNCIA, società automobilistica fondata nel 1906 a Torino da Vincenzo L. (Fobello 1881 - Torino 1937). Entrata nel gruppo FIAT nel 1969, ha prodotto e commercializzato numerosi modelli di automobili.

LANCIÀNO, com. in prov. di Chieti; 35.559 ab. Agricoltura (tabacco, ortaggi, cereali). Industrie grafiche, alimentari, del tabacco. Chiesa gotica di S. Agostino, chiesa gotico-cistercense di S. Maria Maggiore.

LANCILLÒTTO, personaggio leggendario del ciclo bretone. Allevato dalla fata Viviana sul fondo di un lago, questo cavaliere si innamora della moglie di re Artù, Ginevra, e deve affrontare per amore una serie di prove. È protagonista di numerosi romanzi cavallereschi.

LANCRET (Nicolas), *Parigi 1690-1743*, pittore francese. Fu influenzato dall'opera di J.A. Watteau (*La Camargo che balla*, 1730 ca., più versioni).

LANDAU, c. della Germania (Renania-Palatinato); 40.810 ab. — Chiese gotiche.

LANDAU (Lev Davidòvič), *Baku 1908 - Mosca 1968*, fisico sovietico. Studioso della teoria quantistica dei campi, ha elaborato un modello per la superconduttività. (Premio Nobel 1962.)

LANDES, reg. geografica della Francia sud-occ., sull'Atlantico, tra il Bordolese e il f. Adour. Sul litorale, orlato da lagune, turismo estivo, pesca, ostricoltura. L'interno è costituito da una vasta pianura, in gran parte ricoperta da una foresta di pini sfruttata per la produzione di carta.

LANDES, dip. della Francia, nella reg. Aquitania; capol. *Mont-de-Marsan*; 9243 km^2; 327.334 ab. Due terzi del territorio sono ricoperti da foreste; nella parte merid., collinare, è sviluppata l'agricoltura (grano, mais, vite).

LÀNDI (Stéfano), *Roma 1587-1639*, compositore. Maestro di cappella a Padova e a Roma, scrisse opere teatrali *La morte di Orfeo* (1619) e *Sant'Alessio* (1632), quest'ultima caratterizzata dalla magniloquenza delle scene e dalla presenza di elementi comici, preludio allo stile tardo-barocco.

LÀNDI (Stéfano **Pirandèllo**, detto Stéfano), *Roma 1895-1972*, scrittore. Figlio di Luigi P., ne fu parzialmente influenzato, ma riuscì ugualmente a esprimere una poetica personale. Tra le opere, il romanzo *Il muro di casa* (1935) e i drammi *Un gradino più giù* (1942), *Sacrilegio massimo* (1953).

LANDÌNO (Cristòforo), *Firenze 1424 - Casentino 1498*, umanista. Nella sua opera maggiore, le *Disputationes camaldulenses* (1473), raccolse una serie di dialoghi tra i più noti umanisti del tempo. Scrisse anche poesie e dialoghi in latino, ma fu strenuo difensore del volgare e autorevole commentatore della *Divina Commedia* (1481).

LANDÌNO o **LANDÌNI** (Francésco), *Fiesole 1325 ca. - Firenze 1397*, organista e compositore. Si dedicò allo studio e alla pratica di diversi strumenti, acquisendo però fama con l'organo. Autore di vari componimenti (tra cui madrigali e ballate), è considerato il maggiore esponente dell'*ars nova* italiana.

LANDIS (John), *Chicago 1950*, regista cinematografico statunitense. Ha alternato pellicole demenziali a commedie brillanti. Tra i film, *Animal House* (1978), *The Blues Brothers* (1980), *Un lupo mannaro americano a Londra* (1981), *Il principe cerca moglie* (1988), *Amore all'ultimo morso* (1992), *Delitto imperfetto* (1999).

LANDÒLFI (Tommàso), *Pico 1908 - Roma 1979*, scrittore. Ha indagato con ironia e senso del fantastico gli aspetti più misteriosi e imprevedibili dell'esistenza umana. Tra le opere, *Dialogo dei massimi sistemi* (1937), *Il mar delle blatte* (1939), *Cancroregina* (1950), *La bière du pêcheur* (1953), *Rien va* (1963), *A caso* (1975).

LANDÓLFO, nome di due contesti milanesi. — Landolfo il Vecchio, *XI-XII sec.* Ecclesiastico, scrisse una *Historia Mediolanensis* (1100) dal 374 al 1085. — **Landolfo il Giovane** (o **di San Paolo**), *1077 ca. - 1137*. Fu autore di una *Historia mediolanensis* dal 1095 al 1137.

LANDÓNE, *m. nel 914*, papa dal 913 al 914.

LANDOWSKA (Wanda), *Varsavia 1879 - Lakeville, Connecticut, 1959*, clavicembalista polacca. Ha dato un importante contributo alla rinascita dell'interesse per il clavicembalo e la musica antica.

LANDOWSKI (Marcel), *Pont-l'Abbé 1915 - Parigi 1999*, compositore francese. Traducendo le forme classiche in un linguaggio personale, ha scritto opere (*Le fou*, 1956; *Montségur*, 1985), sinfonie e concerti (*Concerto pour violon et orchestre*, 1994-1996), musiche per film, spettacoli teatrali e balletti.

LAND'S END, capo all'estremità sud-occ. della Gran Bretagna (Inghilterra), in Cornovaglia.

LANDSHUT, c. della Germania (Baviera), sull'Isar; 58.515 ab. Monumenti antichi.

LANDSTEINER (Karl), *Vienna 1868 - New York 1943*, medico statunitense di origine austriaca. Ha scoperto i gruppi sanguigni del sistema ABO (1900) e il fattore Rh (1940). (Premio Nobel 1930.)

■ *Karl Landsteiner nel 1930.*

LANFRÀNCO DA MILÀNO, *Milano 1250 ca. - Parigi 1306 ca.*, chirurgo. Costretto all'esilio in Francia per motivi politici, fondò a Parigi una scuola di chirurgia. Fu autore di *Chirurgia magna* (1270) e *Chirurgia parva* (1296), due trattati che contribuirono alla diffusione della chirurgia.

LANFRÀNCO (Giovànni), *Terenzo, presso Parma, 1582 - Roma 1647*, pittore. Allievo dei Carracci, nei suoi affreschi a Roma (cupola di S. Andrea della Valle) e a Napoli (cupole delle chiese dei S. Apostoli, del Gesù Nuovo e del duomo), applicò *trompe-l'oeil* ed effetti prospettici, anticipando le suggestioni barocche.

LANFRÀNCO DI PAVÌA, *Pavia 1005 ca. - Canterbury 1089*, teologo inglese di origine italiana. Abate e maestro nell'abbazia benedettina di Bec (att. Bec-Hellouin), che rese un importante centro di studi, grazie all'amicizia con Guglielmo il Conquistatore divenne arcivescovo di Canterbury (1070) e primate d'Inghilterra.

LANG (Fritz), *Vienna 1890 - Hollywood 1976*, regista cinematografico austriaco naturalizzato statunitense. Attivo in Germania fino al 1933 e in seguito negli Stati Uniti, nei suoi film espresse il suo senso morale, in uno stile inizialmente espressionista e poi via via più scarno: *Il dottor Mabuse* (1922), *I Nibelunghi* (1924), *Metropolis* (1927), *M, il mostro di Düsseldorf* (1931), *Furia* (1936).

Fritz **LANG**. *Una scena di M, il mostro di Düsseldorf (1931), con Peter Lorre.*

LANG (Jack), *Mirecourt 1939*, politico francese. Socialista, è stato ministro della cultura (1981-1986; 1988-1993) e dell'educazione nazionale (2000-2002).

LANGDON (Harry), *Council Bluffs, Iowa, 1884 - Hollywood 1944*, attore cinematografico statunitense. Tra i grandi comici del cinema muto, ha incarnato la figura del sognatore, lunare e strambo (*Le sue ultime mutandine*, F. Capra, 1927).

LANGE (Dorothea), *Hoboken 1895 - San Francisco 1965*, fotografa statunitense. Su incarico del governo, documentò con un celebre reportage le condizioni dei contadini nel periodo della Grande Depressione.

LANGE (Jessica), *Cloquet 1949*, attrice cinematografica statunitense. Tra le sue interpretazioni, *King Kong* (1976), *All That Jazz* (1979), *Il postino suona sempre due volte* (1981), *Tootsie* (1982, premio Oscar), *Crimini del cuore* (1986), *Blue Sky* (1994, premio Oscar), *Big Fish* (2003).

LANGEVIN (Paul), *Parigi 1872-1946*, fisico francese. Autore di studi sugli ioni, il magnetismo, la termodinamica, la relatività, si impegnò per una riforma dell'insegnamento scientifico e per la divulgazione delle teorie della relatività e della fisica quantistica.

LÀNGHE, reg. collinare del Piemonte, delimitata dal Monferrato a N, dalle Alpi Liguri a S, dal f. Tanaro a O e dal f. Bormida a E. È formata da rocce antiche (marne, argille), scavate dall'acqua fino a formare una serie di dorsali. Ricca produzione vinicola.

LANGLAND (William), *nello Herefordshire 1332 ca. - 1400 ca.*, poeta inglese, autore del poema allegorico *Pietro l'aratore* (1362).

LANGMUIR (Irving), *Brooklyn 1881 - Falmouth 1957*, chimico e fisico statunitense. I suoi studi portarono all'invenzione delle lampade a incandescenza; perfezionò la tecnica dei tubi termoelettronici, elaborò le teorie dell'elettrovalenza e della catalisi eterogenea e scoprì l'idrogeno atomico. (Premio Nobel per la chimica 1932.)

LANGREO, c. della Spagna (Asturie); 48.886 ab.

LANGTON (Stephen), *1150 ca. - Slindon 1228*, religioso inglese. Arcivescovo di Canterbury (1207),

Colline ricoperte di vigneti nelle **LANGHE.**

LAON. *La cattedrale (1160 ca. - 1230).*

fu avversario di Giovanni Senza Terra e partecipò alla stesura della Magna charta (1215).

LANNES (Jean), dûca **di Montebèllo**, *Lectoure 1769 - Vienna 1809*, militare francese. Generale dell'esercito napoleonico durante le campagne d'Italia (1796) e d'Egitto, contribuì alla vittoria sugli austriaci a Marengo (1800) e Montebello. Si distinse nelle battaglie di Austerlitz (1805) e Jena (1806), e fu ferito mortalmente a Essling.

LANSING, c. degli Stati Uniti, cap. del Michigan; 119.128 ab. Università.

LANÚS, c. dell'Argentina, sobborgo di Buenos Aires; 466.755 ab.

LANÙVIO, com. in prov. di Roma, sul versante merid. dei Colli Albani; 9367 ab. Fu un'importante città latina con il nome di *Lanuvium*, di cui rimangono alcuni resti.

LÀNZA (Giovànni), *Casale Monferrato 1810 - Roma 1882*, politico. Partecipò come volontario alla prima guerra d'indipendenza, entrando in parlamento nel 1848. Più volte ministro (pubblica istruzione, finanze), presidente della camera ed esponente della destra storica, fu presidente del consiglio (1869-1873).

LANZAROTE, una delle Isole Canarie (Spagna); 96.310 ab.

LANZHOU, c. della Cina, capol. del Gansu, sullo Huang He; 1.617.761 ab. Stabilimenti chimici e metallurgici.

LÀNZI (Luigi), *Treia 1732 - Firenze 1810*, letterato e storico dell'arte. Gesuita, nel 1775 fu chiamato a Firenze dal granduca Pietro Leopoldo per riordinare le raccolte di antichità. È autore di una *Storia pittorica dell'Italia* (1795-1809, 6 voll.), primo compendio storico dell'arte italiana.

LÀNZO TORINÉSE, com. in prov. di Torino, sulla riva sinistra del f. Stura di Lanzo; 5173 ab. Porta turrita di Aymone o del Comune (XIV sec.). Nei dintorni, Ponte del Diavolo (1378).

LAOCOÓNTE MITOL. GR. Eroe troiano che morì insieme ai figli, soffocato da due serpenti marini. Questo episodio ha ispirato un celebre gruppo scultoreo del II sec. a.C., scoperto nel 1506, che ha esercitato una forte influenza su molti artisti.

LAODICÈA, nome di alcune principesse del periodo ellenistico.

LAODICÈA, nome di più città ellenistiche della Siria e dell'Asia Minore. L'att. Latakia fu la più importante di esse.

LAON, c. della Francia, capol. del dip. Aisne; 27.878 ab. Entro la cinta muraria importanti monumenti, tra cui la cattedrale, capolavoro dell'arte gotica (1160-1230); museo.

LAOS, Stato dell'Asia sud-orient.; 236.800 km²; 5.403.000 ab. (*laotiani*). CAP. *Vientiane*. LINGUA: *lao*. MONETA: *kip*.

GEOGRAFIA – Il L., compreso tra Vietnam e Thailandia, è privo di sbocchi sul mare. Il territorio, costituito da altopiani e montagne, è ricoperto per due terzi dalla foresta. Il clima è piovoso in estate (stagione dei monsoni). Il fiume Mekong ha formato pianure alluvionali in cui si coltiva il riso (base dell'alimentazione).

STORIA – **Dal regno di Lan Ch'ang alla fine del protettorato francese**. Poco si sa della storia del L. antecedente al XIII sec. **1353**: il principe Lao Fa Ngum fonda uno Stato indipendente (regno di Lan Ch'ang) con capitale Luang Prabang; **1373-1548**: i suoi successori respingono i thai e annettono il regno di Lan Na. **1563**: la capitale è trasferita a Vientiane. **1574-1591**: sovra-

LAOCOONTE. *Gruppo scultoreo in marmo del periodo ellenistico, II sec. a.C. (Museo Pio Clementino, Vaticano.)*

Laos

200 500 1000 m

★ importante località turistica
══ autostrada
── strada normale

● più di 500.000 ab.
● da 100.000 a 500.000 ab.
● da 50.000 a 100.000 ab.
• meno di 50.000 ab.

nità birmana. **XVIII sec.**: in seguito a un periodo di anarchia, il paese viene diviso nei tre regni di Champassak, Luang Prabang e Vientiane. **1778**: il Siam sottomette tutto il paese; **1887**: diventa protettorato francese. **1893-1904**: il Siam firma un trattato che riconosce il protettorato francese sul L. **1904**: inizia il regno di Sisavang Vong, che si prolungherà fino al 1959. **1940**: ostilità franco-thailandesi; i giapponesi impongono ai francesi di abbandonare la sponda destra del Mekong. **1945**: al termine dell'occupazione giapponese, viene proclamata l'autonomia.
Il Laos indipendente. 1949-1954: il L. diventa indipendente in seno all'Unione francese. Il Pathet Lao, movimento sostenuto dai comunisti del Fronte per l'indipendenza del Vietnam (Vietminh), occupa il N del paese. **1954-1957**: in base agli accordi di Ginevra, il Pathet Lao ottiene il controllo di molte province, mentre Souvanna Phouma, a capo di un governo neutralista dal 1951, conserva la carica di primo ministro. **1957-1964**: si succedono vari governi di unità nazionale. **1964-1973**: coinvolto nella guerra del Vietnam, il L. subisce i bombardamenti americani e gli interventi di nord-vietnamiti e thailandesi. **1975**: proclamazione della Rep. popolare democratica del L. e ascesa al potere del Partito rivoluzionario popolare lao (PRPL). **1991**: entra in vigore una nuova Costituzione, che conferma il monopolio del PRPL. **1997**: il L. viene ammesso nell'ASEAN. **1998**: il generale Khamtay Siphandon viene eletto capo dello Stato. **2001**: Bounnang Vorachith diventa primo ministro.
LAO SHE (**Shu Qingchun**, detto), *Pechino 1899-1966*, scrittore cinese. Autore di drammi teatrali (*Casa da tè*) e tra i più importanti romanzieri cinesi del XX sec. (*Il ragazzo del risciò*). Morì in circostanze oscure nel periodo della rivoluzione culturale.
LAOZI o **LAO-TZU**, *VI-V sec. a.C.*, filosofo cinese. È il leggendario autore del *Daodejing*, il testo all'origine del taoismo. Fu divinizzato nel II sec. d.C.
LA PALICE (Jacques II **de Chabannes**, signore **di**), *1470 ca. - Pavia 1525*, maresciallo francese. Si distinse nella battaglia di Pavia, dove combatté fino all'estremo sacrificio di sé. Da un verso di un canto militare composto in suo onore ("Un quarto d'ora prima della morte era ancora in vita") nacque l'espressione "lapalissiano".
LA PASTURE (Rogier **de**) → VAN DER WEYDEN.
LA PAZ → PAZ (La).
LA PÉROUSE (Jean François de Galaup, cónte **di**), *castello di Le Guo, presso Albi, 1741 - Isola di Vanikoro 1788*, navigatore francese. Posto da Luigi XVI a capo di una spedizione organizzata allo scopo di esplorare le regioni ancora sconosciute del Pacifico (1785), partì con due navi e doppiò l'Isola di Pasqua e le Hawaii

(1786), per poi raggiungere Macao, le Filippine, la Corea e la Kamčatka (1787). Inviò le sue ultime notizie in patria dalla costa orient. dell'Australia, dopodiché scomparve per sempre. Solo decenni più tardi furono trovate tracce dell'*Astrolabe*, che si presume naufragato presso l'Isola di Vanikoro, mentre nel 1962 venne rinvenuto il relitto della *Boussole*.
■ *Jean François La Pérouse ritratto da N. Monsiau. (Reggia di Versailles.)*
LA PÌRA (Giórgio), *Pozzallo 1904 - Firenze 1977*, politico. Membro della DC ed esponente del cattolicesimo di sinistra, fu eletto deputato alla Costituente e in parlamento. Sindaco di Firenze (1951-1957, 1961-1965), promosse una serie di iniziative pacifiste.
LAPIS NIGER ("pietra nera"), espressione latina con la quale è conosciuto un tratto di pavimentazione lastricato in marmo nero, rinvenuto nel Foro romano nel 1899. Nella zona sottostante sono stati ritrovati resti del IV sec. a.C. e il celebre Cippo del Foro.
LÀPITI MITOL. GR. Popolo della Tessalia. I l. sono famosi per aver sconfitto i centauri in occasione delle nozze del loro re, Piritoo.

LAPLACE (Pierre Simon, marchése **di**), *Beaumont-en-Auge 1749 - Parigi 1827*, scienziato francese. Compì studi di meccanica celeste, scrisse un importante trattato sul calcolo delle probabilità e formulò la legge dell'elettromagnetismo che porta il suo nome. Le attuali teorie relative alla formazione del sistema solare si ispirano alla sua ipotesi cosmogonica, secondo la quale il sistema solare era originariamente una nebulosa in rotazione (1796).
■ *Pierre Simon de Laplace ritratto da A. Carrière. (Osservatorio di Parigi.)*
LÀPO DA CASTIGLIÒNCHIO, detto **il Vècchio**, *Castiglionchio XIV sec. - Roma 1381*, umanista. Bandito da Firenze dopo il tumulto dei ciompi, fu amico di F. Petrarca. Considerato il maggior traduttore dal greco del '400, scoprì i manoscritti delle *Institutiones Oratoriae* di Quintiliano e la *Pro Milone* e le *Philippicae* di Cicerone.
LÀPO (Giànni), *Firenze 1250 ca. - 1328 ca.*, poeta. Stilnovista, amico di Dante, fu citato nel sonetto *Guido i' vorrei*. Di lui restano 17 componimenti.
LAPPEENRANTA, c. della Finlandia; 58.041 ab. Due chiese della fine del XVIII sec.; musei.
LÀPPONI, popolazione autoctona della Lapponia (ca. 55.000 individui). Sottoposti alla pressione di scandinavi e finnici a partire dal IX sec., i l. sono agricoltori, pescatori e allevatori di renne seminomadi. In prevalenza cristiani, parlano il lappone, una lingua della famiglia ugro-finnica. Chiamano se stessi sameti o saame.
LAPPÒNIA, la reg. più settentr. dell'Europa, a N del Circolo polare. È suddivisa tra Norvegia, Svezia, Finlandia e Russia.
LAPTEV (Mar di), sezione del Mar Glaciale Artico, lungo le coste della Siberia.
LARBAUD (Valery), *Vichy 1881-1957*, scrittore francese. Autore raffinato e cosmopolita di poesie, romanzi (*Fermina Márquez*, 1911; *A.O. Barnabooth*, 1913) e saggi, ebbe il merito di far conoscere ai francesi alcuni tra i maggiori scrittori contemporanei (I. Svevo, J. Joyce).
LARDEREL (Francésco Giácomo **de**), *Vienne, Delfinato, 1789 - Firenze 1858*, industriale di origine francese. Nel 1818 promosse l'estrazione dell'acido borico nella reg. maremmana, nei dintorni del com. att. chiamato Larderello.
LARDERÈLLO, frazione del com. di Pomarance, in prov. di Pisa. Vapori naturali (*soffioni boraciferi*) sfruttati per la produzione di elettricità.
LAREDO, c. della Spagna (Cantabria), sul Golfo di Biscaglia; 12.634 ab. Stazione balneare.
LAREDO, c. degli Stati Uniti (Texas), sul Rio Grande, di fronte a Nuevo L. (Messico); 176.576 ab.
LARGILLIÈRE (Nicolas **de**), *Parigi 1656-1746*, pittore francese. Formatosi ad Anversa, la sua pittura dai colori brillanti e dai tratti morbidi lo rese il ritrattista preferito dell'aristocrazia parigina (*La bella strasburghese*, 1703, Museo di Belle Arti, Strasburgo).
LARGO CABALLERO (Francisco), *Madrid 1869 - Parigi 1946*, politico spagnolo. Socialista, tra gli artefici del Frente popular (1936), fu a capo del governo repubblicano dal sett. 1936 al mag. 1937.
LARÌNO, com. in prov. di Campobasso; 8173 ab. Anfiteatro (I sec. d.C.). Sito archeologico di Ara Frentana. Nei dintorni, resti dell'ant. *Larinum*.
LÀRIO, denominazione tradizionale del Lago di *Como.
LARIONOV (Michaíl Fëdorovič), *Tiraspol 1881 - Fontenay-aux-Roses 1964*, pittore russo. Con la moglie N. Gončarova fondò nel 1912 il movimento pittorico detto "raggismo", per l'affermazione dell'arte astratta. Dal 1915 al 1922 collaborò con i Ballets Russes.
LÀRISSA, c. della Grecia, in Tessaglia; 113.426 ab. Museo archeologico.
LARIVEY (Pierre **de**), *Troyes 1540 ca. - 1612 ca.*, commediografo francese, autore di commedie ispirate al teatro italiano (*Gli spiriti*, 1579).
LARMOR (sir Joseph), *Magheragall 1857 - Holywood, Irlanda, 1942*, fisico irlandese. Ha dimostrato che gli elettroni devono avere una massa. È autore di una delle opere fondamentali di fisica elettronica.

LÁRNACA, c. di Cipro, sul Golfo di L.; 61.000 ab. Aeroporto.
LA ROCHEFOUCAULD (François, dúca **di**), *Parigi 1613-1680*, scrittore francese. Considerato, insieme al principe di Condé, uno dei frondisti più irriducibili, frequentò i salotti letterari di Mme de Sablé e di Mme de La Fayette. Nelle sue *Riflessioni o sentenze e massime morali* (1664), lucide e acute, emerge il disgusto per un mondo in cui le migliori virtù si dissolvono nell'interesse egoistico, seppur mascherato nelle forme più seducenti.
LA ROCQUE (François, cónte **di**), *Lorient 1885 - Parigi 1946*, politico francese. Nel 1932 assunse la presidenza dell'organizzazione di destra delle Croci di fuoco (1932) e nel 1936 fondò il Partito sociale francese, di orientamento filonazista. Entrato nella Resistenza, fu deportato dai nazisti. Nel dopoguerra venne condannato per collaborazionismo.
LAROUSSE (Pierre), *Toucy 1817 - Parigi 1875*, lessicografo ed editore francese. Insieme ad A. Boyer (1821-1896) fondò la casa editrice Librairie Larousse e Boyer e pubblicò il *Grande dizionario universale del XIX secolo*, in 15 voll. (1866-1876), uscito in fascicoli a partire dal 1863.

■ *Pierre Larousse.*
LARRA (Mariano José **de**), *Madrid 1809-1837*, scrittore spagnolo. È noto soprattutto come autore di articoli satirici.
LA SALE (Antoine **de**), *1385 ca. - 1460*, scrittore francese. Nel suo capolavoro, *Jehan de Saintré* (1456), opera tra storia e romanzo, le tematiche del racconto erotico trovano posto accanto a quelle tradizionali della narrativa cortese.
LÀSCA (Il) → GRAZZINI (Anton Francesco).
LÁSCARIS, famiglia bizantina che regnò su Nicea (1204-1261).
LÁSCARIS (Costantíno), *Costantinopoli 1434 - Messina 1501*, umanista bizantino. Giunto in Italia nel 1453, visse a Milano presso gli Sforza (1460-1465), a Ferrara presso gli Estensi e a Napoli. A Messina fondò una scuola di greco, che ebbe tra gli allievi anche P. Bembo.
LÁSCARIS (Giàno), *Costantinopoli 1445 ca. - Roma 1534*, studioso bizantino. Rifugiatosi a Firenze, presso Lorenzo de' Medici, dopo la caduta di Costantinopoli, fu incaricato di organizzare la Biblioteca Laurenziana e insegnò il greco. A Parigi fu al servizio di Carlo VIII e Luigi XII.
LAS CASAS (Bartolomé **de**), *Siviglia 1474 - Madrid 1566*, religioso spagnolo. Domenicano (1522), dal 1544 fu vescovo in Chiapas (Messico) e sostenne la causa degli indios contro la brutale oppressione dei conquistatori spagnoli, che denunciò nei suoi appassionati scritti (*Brevissima relazione della distruzione delle Indie*, 1542, pubblicato nel 1552).
LAS CASES (Emmanuel, cónte **di**), *castello di Las Cases 1766 - Passy-sur-Seine 1842*, storico francese. Compagno di Napoleone durante l'esilio, scrisse il *Memoriale di Sant'Elena* (1823).
LASCAUX, località della Francia, presso Montignac (Dordogna). Nel 1940, all'interno di una grotta, vi è stato rinvenuto un importante complesso di incisioni e pitture rupestri paleolitiche, risalenti all'inizio del magdaleniano (15.000 a.C. ca.). Dal 1963 la grotta è chiusa al pubblico per evitarne il degrado; a beneficio dei visitatori, nelle vicinanze è stata allestita una ricostruzione della Sala dei tori.

LASCAUX. *Pitture del pozzo, magdaleniano antico.*

LA SEU D'URGELL → SEO DE URGEL.

LASHLEY (Karl Spencer), *Davis, Virginia, 1890 - Poitiers 1958*, psicofisiologo statunitense. Studiò il legame esistente tra organi di senso e proiezione corticale negli animali.

LÀSI, popolazione caucasica stanziata soprattutto in Turchia (ca. 250.000 individui). I l. costituiscono una minoranza georgiana e sono islamizzati.

LA SPÈZIA → SPEZIA (La).

LASSALLE (Ferdinand), *Breslavia 1825 - Ginevra 1864*, filosofo ed economista tedesco. Si batté per ottenere riforme di tipo socialista, incoraggiò l'associazionismo operaio e cercò di contrastare la "legge bronzea dei salari", in base alla quale il salario dell'operaio tenderebbe a ridursi a quanto strettamente necessario per vivere.

LÀSSO (Orlando **di**), *Mons 1532 - Monaco 1594*, compositore della scuola fiamminga. Maestro di cappella del duca di Baviera, compose mottetti, madrigali e *chansons* che ben rappresentano le tendenze dell'epoca. Le sue 53 messe sono tra i capolavori della polifonia.

LASSWELL (Harold Dwight), *Donnellson, Illinois, 1902 - New York 1978*, sociologo statunitense. È stato tra i pionieri degli studi sul rapporto tra comunicazione e potere. A suo avviso le scienze sociali devono svolgere un ruolo primario nel contribuire alla soluzione delle crisi del nostro tempo (*Potere e società*, 1950).

LÀSTRA A SÌGNA, com. in prov. di Firenze; 18.020 ab. Industrie chimiche, della ceramica. Nel 1304 vi fu sventato un tentativo armato dei guelfi bianchi di rientrare a Firenze.

LAS VEGAS, c. degli Stati Uniti (Nevada); 478.434 ab. Meta turistica (case da gioco).

LATÀKIA, c. della Siria, sul Mediterraneo; 303.000 ab. Principale porto del paese. — È l'ant. *Laodicea*.

LATERANÈNSI (concili), concili ecumenici presieduti dal papa e tenutisi presso S. Giovanni in Laterano. I più importanti c. l. si tennero il primo nel 1123 (approvazione del concordato di Worms), il secondo nel 1139 (condanna dello scisma di Anacleto II), il terzo nel 1179 (stabilita la procedura per l'elezione del papa), il quarto nel 1215 (condanna delle eresie catara e valdese, definizione della transustanziazione, obbligo della confessione almeno una volta all'anno) e il quinto nel 1512-1517 (indetto in risposta al concilio pisano).

LATERANÈNSI (patti) (11 feb. 1929), accordi conclusi tra la Santa Sede e lo Stato italiano, firmati da B. Mussolini e dal cardinale P. Gasparri, in rappresentanza di Pio XI. Erano costituiti da un trattato, che stabiliva la piena sovranità del papa sul territorio su cui fu fondata Città del Vaticano, da una convenzione finanziaria e da un concordato, con cui si riconosceva il cristianesimo come religione di Stato (principio modificato dal concordato del 1984).

LATERÀNO, complesso di edifici di Roma. Comprende il Palazzo del L., residenza papale durante il Medioevo, ricostruito nel XVI sec. su progetto di D. Fontana, e la basilica di S. Giovanni in L. (cattedrale di Roma), fatta erigere da Costantino nel 313 e ricostruita più volte. Del complesso fanno parte anche il battistero di S. Giovanni in Fonte (voluto da Costantino e rimaneggiato in più occasioni fino al XVII sec.) e la Scala Santa, che conduce al Sancta Sanctorum (XIII sec.).

LATÈRZA, casa editrice fondata nel 1885 a Putignano con il nome "Giuseppe Laterza & figli" dai fratelli Vito L. (Putignano 1867 - Bari 1935), Luigi L. (Putignano 1875 - Bari 1927) e Giovanni L. (Putignano 1873 - Bari 1943). Trasferita a Bari nel 1889, ha avuto come collaboratore B. Croce, che vi ha pubblicato tutte le sue opere e la rivista *La critica*. In seguito ha allargato e diversificato la produzione.

LATÈRZA, com. in prov. di Taranto, affacciato sulla gravina omonima; 14.937 ab. Agricoltura (foraggi, olive). Industrie meccaniche, alimentari. Castello (XIV sec.). Nei dintorni, necropoli dell'Età del bronzo.

LA THUILE, com. in prov. di Aosta; 763 ab. Importante centro di turismo estivo e invernale.

LATIMER (Hugh), *Thurcaston 1490 ca. - Oxford 1555*, teologo inglese. Il suo sostegno alla Riforma, cui era stato in un primo tempo contrario,

gli valse la nomina a cappellano di Enrico VIII, poi a vescovo di Worcester (1535). Fu mandato al rogo durante il regno di Maria Tudor.

LATÌNA, c. del Lazio, capol. di prov.; 115.019 ab. (*latinensi*). Sorge nell'Agro Pontino, in una zona bonificata oggi occupata da industrie alimentari, metalmeccaniche, tessili, chimiche, elettroniche. — Fondata nel 1932 con il nome di "Littoria" (che mantenne fino al 1945), divenne capoluogo di provincia nel 1934. — Nella provincia, in parte collinare e in parte pianeggiante, si pratica l'agricoltura (cereali, barbabietole da zucchero, tabacco, cotone, ortaggi, frutta, olive) e sono presenti numerose industrie (alimentari, meccaniche, farmaceutiche). Turismo balneare (Aprilia, Gaeta, Formia e Terracina).

LATÌNA (via), ant. strada romana che da Roma conduceva alla Campania. Attraversate Anagni e Frosinone, si univa alla via Appia in prossimità di Capua.

LATÌNI, antichi abitanti del Lazio. Tra i popoli indoeuropei che invasero l'Italia nella seconda metà del II millennio, i l. erano organizzati in città-Stato (tra cui Alba Longa, Tuscolo, Lanuvio, Lavinio, Tivoli, Preneste, Roma) riunite in confederazioni, la più importante delle quali fu la Lega latina (V-IV sec. a.C.). A partire dal VI sec. a.C. furono sottoposti alla dominazione etrusca, cui succedette l'egemonia di Roma, che nel 338-335 a.C. sciolse la Lega latina.

LATÌNI (Brunétto), *Firenze 1220 ca. - 1294*, letterato e politico. Notaio e cancelliere per il comune di Firenze, visse per qualche tempo in Francia (dove scrisse il *Trésor*, enciclopedia scientifica in lingua d'oïl), prima di tornare a ricoprire incarichi politici in Italia. In volgare scrisse il *Tesoretto*, il *Favolello* e la *Rettorica*. Nel XV canto dell'*Inferno*, Dante lo cita come suo maestro.

LATÌNI D'ORIÈNTE (Stàti), insieme di Stati cristiani fondati dai crociati in Siria e Palestina tra il 1098 e il 1109 (contea di Edessa, principato di Antiochia, regno di Gerusalemme e contea di Tripoli). Furono riconquistati dai musulmani tra il 1144 e il 1291.

LATÌNO, leggendario re del Lazio ed eroe eponimo dei latini.

LATÌNO D'ORIÈNTE (impéro), Stato fondato nel 1204, dopo la presa di Costantinopoli, dai partecipanti alla quarta crociata. La rivalità e le divisioni interne portarono in breve al frazionamento del territorio dell'impero, che cadde nel 1261, quando Michele VIII Paleologo restaurò l'impero bizantino.

LATISÀNA, com. in prov. di Udine; 11.577 ab. Agricoltura (cereali, frutta). Industrie meccaniche e dei materiali da costruzione.

LATÓNA, nome latino della dea greca Leto.

LA TOUR (Georges **de**), *Vic-sur-Seille 1593 - Lunéville 1652*, pittore francese. Interprete di un caravaggismo spoglio, interiorizzato, dipinse in pre-

valenza opere di soggetto religioso, tanto scene diurne quanto notturni (*San Giuseppe falegname*, versioni del Louvre e di Besançon; *Maddalena penitente*, Louvre), e di genere (*La buona ventura*, New York Metropolitan Museum; *La serva con la pulce*, Musée Historique Lorrain, Nancy).

LA TOUR (Maurice Quentin **de**), *Saint-Quentin 1704-1788*, pittore francese, celebre per i raffinati ritratti a pastello.

LATTÀNZIO (Firmiàno), *presso Cirta 260 ca. - Treviri 325 ca.*, apologista cristiano di lingua latina. Le sue *Divinae institutiones* costituiscono la prima esposizione completa della dottrina cristiana.

LATTÀRI (Mónti), dorsale montuosa della Campania, che forma l'ossatura della penisola sorrentina. Di natura calcarea, raggiunge l'altezza massima di 1443 m (Monte Sant'Angelo a Tre Pizzi).

LÀTTES (Dànte), *Pitigliano 1876 - Venezia 1965*, scrittore ed ebraista. Fondatore e direttore di riviste (*Corriere israelitico*, *Israel*, *Rassegna mensile di Israel*), fu sostenitore del sionismo, di cui tradusse i testi più importanti. Tra le opere, *Apologia dell'ebraismo* (1923), *Storia del sionismo* (1928).

LATTUÀDA (Albèrto), *Milano 1914*, regista cinematografico. Ha diretto film di derivazione letteraria o commedie di vario genere, tra cui *Giacomo l'idealista* (1942), *Il bandito* (1946), *Senza pietà* (1948), *Luci del varietà* (1951, con F. Fellini), *Il cappotto* (1952), *I dolci inganni* (1960), *Cuore di cane* (1976), *La cicala* (1980), *Una spina nel cuore* (1986).

LAUBE (Heinrich), *Sprottau 1806 - Vienna 1884*, scrittore tedesco. Fu tra i principali esponenti del movimento culturale "Giovane Germania", di ispirazione liberale e francofila.

LAUD (William), *Reading 1573 - Londra 1645*, religioso inglese. Vescovo di Londra (1628), arcivescovo di Canterbury (1633), insieme a T.W. Strafford fu il favorito di Carlo I. Promosse la persecuzione dei puritani; in Scozia la sua politica causò un'insurrezione, che indusse il re ad abbandonarlo. Morì ghigliottinato.

LAUDA (Andreas-Nikolaus, detto Niki), *Vienna 1949*, pilota automobilistico austriaco. Ha conquistato il titolo mondiale piloti nel 1975, 1977 e 1984.

LAUE (Max **von**), *Pfaffendorf 1879 - Berlino 1960*, fisico tedesco. Nel 1912 scoprì la diffrazione dei raggi X da parte dei cristalli. Ciò consentì di dimostrare il carattere ondulatorio dei raggi X e di approfondire la struttura reticolare dei mezzi cristallini. (Premio Nobel 1914.)

LAUENBURG, ant. ducato della Germania, att. parte dello Schleswig-Holstein. Già possesso danese (1816-1864), dopo la guerra dei ducati (1865) fu annesso alla Prussia.

LAUGERIE-HAUTE, giacimento paleolitico francese, presso Eyzies-de-Tayac-Sireuil (Dordogna). È stato assunto come riferimento per la cronologia della preistoria dell'Europa occ.

Georges de **LA TOUR**. Il baro con l'asso di quadri. *(Louvre, Parigi.)*

LAUGHTON (Charles), *Scarborough 1899 - Hollywood 1962*, attore britannico naturalizzato statunitense. Grande interprete teatrale e mostro sacro dello schermo (*Le sei mogli di Enrico VIII*, A. Korda, 1933), ha anche diretto *La morte corre sul fiume* (1955), film dalle atmosfere cupe e oniriche.

LAURÀNA (Francésco), *Zara 1420/1430 ca. - Avignone ? 1502 ca.*, scultore e medaglista. Attivo a Napoli, in Sicilia e in Provenza, divenne celebre per i suoi raffinati busti femminili (*Isabella d'Aragona*, Museo nazionale, Palermo; *Busto di Battista Sforza*, Museo nazionale del Bargello, Firenze).

LAURÀNA (Luciàno), *Zara 1420/1425 ca. - Pesaro 1479*, architetto. Attivo a Pesaro, Mantova e Napoli, per volere di Federico da Montefeltro si trasferì a Urbino, dove realizzò la sua opera più celebre, il Palazzo Ducale (1466-1472).

LAURÀSIA, la parte settentr. della Pangea. Formatasi verso la fine del Paleozoico, si è in seguito divisa in America settentr. ed Eurasia.

LAUREL (Stan) → STANLIO E OLLIO.

LAURENCIN (Marie), *Parigi 1883-1956*, pittrice francese. Amica di G. *Apollinaire e dei cubisti, nei suoi dipinti, in cui prevalgono i colori delicati, adottò un'elegante stilizzazione.

LAURENS (Henri), *Parigi 1885-1954*, scultore francese. Dopo un'iniziale adesione al cubismo, elaborò un proprio linguaggio plastico, attraverso cui filtrò la visione del reale (serie delle "Sirene", 1937-1945).

LAURENT (Auguste), *La Folie 1807 - Parigi 1853*, chimico francese. Fu tra i pionieri della teoria atomica e un precursore della chimica strutturale.

LAURÈNTIDI, reg. geografica del Canada orient., che delimita a SE la catena detta "scudo canadese", dal Lago Témiscamingue al Labrador. Riserve naturali. Turismo.

LAURÈNTO, ant. c. del Lazio, sul litorale tirrenico presso Ostia. Secondo la tradizione, vi approdò Enea in fuga da Troia.

LAURENZIÀNA (Bibliotèca), biblioteca pubblica fiorentina fondata nel 1444 da Cosimo de' Medici. Arricchita da Lorenzo il Magnifico, fu posta nell'edificio attuale, progettato da Michelangelo, e aperta al pubblico nel 1571. Vi sono conservati importanti testi manoscritti e stampati.

LAURIER (sir Wilfrid), *Saint-Lin, Québec, 1841 - Ottawa 1919*, politico canadese. Dal 1887 a capo del Partito liberale, fu primo ministro (1896-1911) e contribuì ad affermare l'autonomia del paese dalla Gran Bretagna.

LÀURIO, reg. montuosa dell'Attica, in Grecia, in cui si trovavano cave di piombo argentifero sfruttate nell'antichità, che contribuirono alla potenza economica di Atene.

LÀURO (Achille), *Piano di Sorrento 1887 - Napoli 1982*, armatore e politico. Nel 1923 fondò la più grande compagnia di navigazione italiana. Sindaco di Napoli (1951-1954 e 1956-1958) e presidente del Partito nazionale monarchico, fu poi deputato e senatore del MSI-Destra nazionale.

LAUTARET (Pàsso del), valico stradale delle Alpi francesi che collega le valli della Romanche e della Guisane; 2058 m.

LAUTRÉAMONT (Isidore **Ducasse**, detto cónte **di**), *Montevideo 1846 - Parigi 1870*, scrittore francese. I surrealisti lo considerarono un loro precursore, per la violenza e l'humour nero dei suoi scritti. È stato tra i primi a descrivere nella sua opera il processo della creazione letteraria (*Canti di Maldoror*, 1869; *Poesie*, 1870).

LAUTREC (Odet **de Foix**, viscónte **di**), *1485 - Napoli 1528*, militare francese. Maresciallo di Francia, fu governatore del ducato di Milano. Sconfitto alla Bicocca nel 1522, morì durante l'assedio di Napoli.

LAVÀGNA, com. in prov. di Genova, nella riviera di levante, presso la foce del torrente Entella; 13.025 ab. Industrie estrattive (ardesia). Turismo balneare.

LAVAL, c. della Francia, nel dip. Mayenne, sul f. Mayenne; 54.379 ab. Castello del XII-XVI sec., musei, chiese medievali.

LAVAL, c. del Québec (Canada), sobborgo nord-occ. di Montreal; 346.539 ab.

LAVAL (Pierre), *Châteldon 1883 - Fresnes 1945*, politico francese. Dapprima deputato socialista, si avvicinò a posizioni di destra. Presidente del consiglio nel 1931-1932 e nel 1935-1936, grazie al favore dei tedeschi ricoprì questa carica anche durante il regime di Vichy (dall'apr. 1942). Fu condannato a morte e giustiziato nel 1945.

LA VALETTE (Jean **Parisot de**), *1494 - Malta 1568*, gran maestro dell'ordine di Malta. Oppose una vittoriosa resistenza all'assedio dell'isola di Malta da parte dei turchi (1565) e fondò la città fortificata che da lui prese il nome (1566).

LA VÀLLE, in ted. **Wengen**, com. in prov. di Bolzano; 1200 ab. Stazione estiva e di sport invernali (1353 m d'alt.) in Val Badia.

LA VALLÉE-POUSSIN (Charles **de**), *Lovanio 1866 - Bruxelles 1962*, matematico belga. Dimostrò i teoremi sull'integrale di H.-L. Lebesgue e ottenne risultati rivelatisi decisivi per la teoria dell'approssimazione delle funzioni.

LA VALLÉTTA → VALLETTA (La).

LA VALLIÈRE (Louise **de La Baume Le Blanc**, duchéssa **di**), *Tours 1644 - Parigi 1710*, favorita di Luigi XIV, al quale diede quattro figli, di cui solo due sopravvissuti e riconosciuti come legittimi. Nel 1674 si ritirò in un monastero di carmelitane.

LAVAN, isola dell'Iran, nel Golfo Persico. Porto petrolifero.

LAVARÉDO (Tre Cime di), gruppo montuoso delle Dolomiti, al confine tra Veneto e Trentino-Alto Adige. Costituito dai tre massicci Cima Grande (2999 m), Cima Ovest (2973 m) e Cima Piccola (2856 m), è una delle più celebri e frequentate palestre di roccia.

LAVARÓNE, com. in prov. di Trento, sull'altopiano omonimo; 1074 ab. Agricoltura (frutta). Turismo estivo e invernale.

LAVATER (Johann Kaspar), *Zurigo 1741-1801*, scrittore, teorico e teologo svizzero. Elaborò un popolare sistema fisiognomico, in seguito criticato per la mancanza di basi scientifiche.

LAVELLI (Jorge), *Buenos Aires 1932*, regista teatrale argentino naturalizzato francese. Ha messo in scena opere contemporanee con uno stile barocco (W. Gombrowicz, F. Arrabal, R.D. Copi). Dal 1988 al 1996 ha diretto il *Théâtre national de la Colline*.

LAVER (Rodney, detto Rod), *Rockhampton 1938*, tennista australiano. Ha conquistato 2 volte il Grande Slam (vittoria nello stesso anno degli Internazionali di Francia, Gran Bretagna, Stati Uniti e Australia), nel 1962 e nel 1969. Con l'Australia ha vinto 5 volte la Coppa Davis (1959-1962 e 1973).

LAVERAN (Alphonse), *Parigi 1845-1922*, scienziato e medico militare francese. Ha scoperto il plasmodio responsabile della malaria. (Premio Nobel 1907.)

LA VÉRENDRYE (Pierre **Gaultier de Varennes de**), *Trois-Rivières 1685 - Montreal 1749*, esploratore canadese. Penetrò nella regione canadese dei Grandi Laghi e raggiunse il Missouri; due dei suoi figli proseguirono le esplorazioni fino ai piedi delle Montagne Rocciose.

LAVÌNIO, ant. c. del Lazio, che, secondo la tradizione, sarebbe stata fondata da Enea.

LAVOISIER (Antoine Laurent **de**), *Parigi 1743-1794*, scienziato francese. Studioso di numerose discipline, fu uno dei fondatori della chimica moderna (oltre a enunciare la legge della conservazione della massa e degli elementi, elaborò una nomenclatura chimica razionale). Scoprì la composizione dell'aria e dell'acqua, il ruolo dell'ossigeno nei processi di combustione e nella respirazione ed effettuò le prime misure calorimetriche. Fece parte della commissione incaricata di stabilire il sistema metrico. Resosi impopolare come appaltatore generale delle gabelle, fu ghigliottinato.

LAVÓRO (Il), quotidiano fondato nel 1903 a Genova da G. Canepa. Diretto dal fondatore fino al 1940, quindi da S. Pertini fino al 1968, fu l'organo del Partito socialista di Genova; att. è pubblicato come allegato locale a *La Repubblica*.

LAVROVSKIJ (Leonid Michajlovič Ivanov, detto Leonid), *San Pietroburgo 1905 - Parigi 1967*, ballerino e coreografo sovietico. Ha coreografato molti balletti importanti, tra cui *Romeo e Giulietta* (1940), *Il papavero rosso* (1949) e *La fiaba del fiore di pietra* (1954).

LAW (John), *Edimburgo 1671 - Venezia 1729*, finanziere scozzese. Elaborò una teoria secondo la quale la ricchezza di un paese è legata all'abbondanza della moneta e alla sua velocità di circolazione, e sostenne la creazione di una banca di Stato. L'applicazione dei suoi principi in Francia da parte di Filippo II d'Orléans (fondazione della banca centrale, nel 1716, e nel 1717, della Compagnia d'Occidente, in seguito Compagnia francese delle Indie) portò il paese alla bancarotta nel 1720.

LAWRENCE (David Herbert), *Eastwood 1885 - Vence, Francia, 1930*, scrittore britannico. Nei suoi romanzi esalta le forze naturali e le passioni umane, in part. la sessualità (*Figli e amanti*; *L'amante di lady Chatterley*, 1928).

LAWRENCE (Ernest Orlando), *Canton, South Dakota, 1901 - Palo Alto, California, 1958*, fisico statunitense. Mise a punto un procedimento di separazione dell'uranio 235. Nel 1930 inventò il ciclotrone. (Premio Nobel 1939.)

LAWRENCE (sir Thomas), *Bristol 1769 - Londra 1830*, pittore britannico. Allievo di J. Reynolds, fu nominato pittore di corte ufficiale nel 1792. Ebbe grandissimo successo grazie ai suoi ritratti, il cui stile vivace è talvolta arricchito da accenti romantici.

LAWRENCE (Thomas Edward), detto **Lawrence d'Arabia**, *Tremadoc, Galles, 1888 - Clouds Hill, Dorset, 1935*, orientalista e agente segreto britannico. Archeologo interessato soprattutto al Medio Oriente, tentò di favorire la formazione di un impero arabo sotto l'influenza britannica e fomentò la rivolta degli arabi contro i turchi (1917-1918). Non riuscendo a raggiungere i suoi scopi, si arruolò nella RAF come soldato semplice. Scrisse *I sette pilastri della saggezza* (1926).
■ *Lawrence d'Arabia.*

LAXNESS (Halldór Kiljan **Gudjónsson**, detto Halldór Kiljan), *Reykjavík 1902 - Mosfellbær, presso Reykjavík, 1998*, scrittore islandese. Ha scritto saggi e romanzi sociali e storici (*Salka Valka*, *La campana dell'Islanda*). (Premio Nobel 1955.)

LAYE (Camara), *Kouroussa 1928 - Dakar 1980*, scrittore guineano, autore del romanzo *Io ero un povero negro* (1953).

LAZARSFELD (Paul Felix), *Vienna 1901 - New York 1976*, sociologo e statistico statunitense di origine austriaca. Si è occupato di metodologia delle scienze sociali, di comunicazioni di massa e del comportamento elettorale (*Filosofia delle scienze sociali*, 1970).

LÀZIO, reg. dell'Italia centrale, sul Mar Tirreno. Confina a N con l'Umbria, la Toscana e le Marche, a E con l'Abruzzo e il Molise, a SE con la Campania; 17.227 km²; 4.976.184 ab. Cinque prov.: *Roma* (capol. di reg.), *Frosinone*, *Latina*, *Rieti*, *Viterbo*.

ASPETTI FISICI – La regione è caratterizzata da una morfologia molto varia. Nella zona orient. si sviluppano i rilievi appenninici: Monti Reatini, Sabini, Simbruini ed Ernici. Tra l'Appennino e le coste (basse e sabbiose, talvolta orlate da dune o interrotte da promontori) si estende l'Antiappen-

Antoine Laurent de **LAVOISIER**
e la moglie ritratti da J.-L. David. (Metropolitan Museum, New York.)

nino, costituito da vasti sistemi vulcanici (Monti Vulsini, Cimini, Sabatini e Colli Albani) che presentano crateri spenti spesso occupati da laghi (di Bolsena, Vico, Bracciano, Albano e Nemi). Da N a S si susseguono ampie regioni pianeggianti, un tempo paludose e ora particolarmente fertili: Maremma Laziale, Agro Romano, Agro Pontino. Il fiume principale è il Tevere, che riceve le acque di numerosi affluenti, tra cui l'Aniene. Al L. appartiene l'arcipelago delle Isole Pontine (o Ponziane). Il clima, mediterraneo lungo il litorale, diviene rigido nelle zone montuose dell'interno.

POPOLAZIONE – Il L. è la terza regione italiana per numero di abitanti, dopo Lombardia e Campania, e presenta un'elevata densità di popolazione (289,2 ab. per km²). Questi dati si spiegano con il saldo demografico positivo e con i consistenti flussi migratori provenienti dall'estero (la regione accoglie il 17% ca. degli immigrati presenti in Italia). La popolazione si addensa in prevalenza nelle aree centrali e meridionali; nella provincia di Roma si concentrano i tre quarti degli abitanti del L.

ECONOMIA – L'economia della regione, caratterizzata da un notevole sviluppo, ruota intorno alla provincia di Roma, sede degli organismi governativi e cuore delle attività economiche e culturali. Il settore primario occupa solo il 5,6% della popolazione attiva, ma l'agricoltura mostra una crescente tendenza alla meccanizzazione e alle coltivazioni intensive. Notevole la produzione di cereali, frutta, ortaggi, vite, tabacco, barbabietola da zucchero, soia. Molto praticato

l'allevamento di bovini (inclusi i bufali), ovini e caprini. Il settore secondario (19% dei redditi complessivi) è caratterizzato da una larga diffusione delle piccole imprese. Fiorenti le industrie meccaniche, metallurgiche, chimiche, edilizie e alimentari, cui si affiancano le attività imprenditoriali connesse al mondo dell'editoria e dello spettacolo. Fonte principale dei redditi (79,2%) è il settore terziario, basato principalmente sul pubblico impiego, sul commercio e sui trasporti. Di grande rilevanza anche le entrate derivanti dal turismo, grazie alle attrattive di Roma e alla presenza di numerose località balneari.

STORIA – **Dalle origini al Medioevo.** Nel territorio laziale sono stati rinvenuti significativi resti databili al Paleolitico e alla cultura appenninica. **VIII sec. a.C.**: la regione è abitata dagli etruschi e da numerose popolazioni italiche, tra cui latini, ernici, equi, volsci e aurunci. **IV sec.**: i territori popolati dagli italici cadono sotto il dominio dei romani. **III sec.**: gli etruschi vengono definitivamente sottomessi. **I sec. d.C.**: il L., unito alla Campania, costituisce la I regione augustea; **VI-VII sec.**: entra nell'orbita dell'impero romano d'Oriente. **VIII sec.**: i longobardi, impadronitisi di una parte del territorio laziale, donano al papato Sutri (728), Bomarzo, Amelia e Orte (742): con l'estensione del potere pontificio e vescovile si forma il nucleo del futuro Stato della Chiesa. **XII-XIII sec.**: i pontefici rafforzano il loro potere in seguito agli scontri tra Chiesa, aristocrazia e liberi comuni; **1309-1376**: vengono esiliati ad Avignone (cattività avignonese). **1309-1376**: la

regione viene parzialmente conquistata dagli aragonesi; **XVI sec.**: entra a far parte dei possedimenti borbonici.
Fioritura e decadenza dello Stato pontificio. **1798-1799**: viene istituita la Repubblica Romana. **1808-1814**: il L. è sottoposto alla dominazione francese; **1815**: con la restaurazione cade nuovamente sotto il dominio della Chiesa; **1870**: viene annesso al regno d'Italia.

LAZÌSE, com. in prov. di Verona; 5882 ab. Agricoltura (olive, foraggi). Allevamento bovino. Turismo. Castello (XIII sec.).

LAZZARÉTTI (Dàvide), *Arcidosso 1834 - Monte Labbro 1878*, riformatore religioso. Dal 1868, ritiratosi a vita eremitica sul Monte Amiata, raccolse intorno a sé una cerchia di fedeli e fondò un movimento religioso. Osteggiato dalla Chiesa per essersi proclamato il nuovo Messia, fu ucciso dai carabinieri durante una processione.

LÀZZARI (Bice), *Venezia 1900 - Roma 1981*, pittrice. Esponente dell'astrattismo, sviluppò uno stile geometrico, teso al recupero della lezione costruttivista e cubista.

LÀZZARI (Costantino), *Cremona 1857 - Roma 1927*, politico. Contribuì a fondare la Camera del lavoro di Milano (1891) e il Partito socialista (1892), del quale fu segretario (1912-1919) e deputato (1919-1926).

LÀZZARO (sànto), fratello di Marta e Maria di Betania, resuscitato da Gesù (Vangelo di Giovanni). Secondo una leggenda sarebbe stato il primo vescovo di Marsiglia.

Lazio

500 1000 1500 2000 m

importante località turistica
autostrada — ferrovia
strada normale — aeroporto

● oltre 50.000 ab.
● da 25.000 a 50.000 ab.
● da 10.000 a 25.000 ab.
● fino a 10.000 ab.

LAZZINI (Joseph), *Nizza 1926*, ballerino e coreografo francese. I suoi lavori sono improntati a uno stile inconfondibile, estremamente originale, a cavallo tra l'accademismo e lo sperimentalismo visionario ($E = mc^2$, 1964; *Ecce homo*, 1968).

LEACH (Edmund Ronald), *Sidmouth, Devon, 1910 - Cambridge 1989*, antropologo britannico. Ha elaborato una teoria funzionalista sulla struttura sociale (*Riflessioni sull'antropologia*, 1961).

LEAHY (William Daniel), *Hampton, Iowa, 1875 - Bethesda, Maryland, 1959*, ammiraglio statunitense. Ambasciatore a Vichy (1940-1942), fu capo di Stato maggiore particolare di F.D. Roosevelt (1942-1945).

LEAKEY (Louis Seymour Bazett), *Kabete, Kenya, 1903 - Londra 1972*, paleontologo britannico. Le sue campagne di scavi in Kenya e in Tanzania hanno dato notevole impulso agli studi sull'origine dell'uomo.

LEALTÀ (Isole della), arcipelago dell'Oceania, dipendenza della Nuova Caledonia; 2095 km²; 20.877 ab. È composto dalle isole di Ouvéa, Lifou e Maré.

LEAMINGTON, c. della Gran Bretagna (Inghilterra), sul Leam; 43.000 ab. Stazione termale.

LEAN (David), *Croydon 1908 - Londra 1991*, regista cinematografico britannico. È autore di *Breve incontro* (1945) e di produzioni prestigiose e spettacolari: *Il ponte sul fiume Kway* (1957), *Lawrence d'Arabia* (1962), *Il Dottor Zivago* (1965).

LEÀNDRO (santo), *Cartagine inizio del VI sec. - Siviglia 600 ca.*, prete spagnolo. Fratello di sant'Isidoro, arcivescovo di Siviglia, convertì i visigoti ariani al cattolicesimo.

LEARY (Timothy), *Springfield 1920 - Beverly Hills 1996*, intellettuale statunitense. Esponente della controcultura anticonformista negli anni '60 del secolo scorso, ha compiuto studi sulle droghe sintetiche. Tra le opere, *Caos e cybercultura* (1995).

LEAU, in fiamm. **Zoutleeuw**, c. del Belgio (Brabante fiammingo); 7721 ab. Collegiata del XIII-XVI sec.; numerose opere d'arte.

LÉAUTAUD (Paul), *Parigi 1872 - Robinson 1956*, scrittore francese. Sensibile e lucido, *bohémien* e misantropo, scrisse *Diario letterario* (19 voll., 1954-1966) e un saggio autobiografico molto toccante (*Il piccolo amico*).

LEAVITT (David), *Pittsburgh 1961*, scrittore statunitense. Considerato il maggiore esponente del minimalismo, racconta storie metropolitane che hanno per tema la difficoltà della vita quotidiana. Tra le opere, *Ballo di famiglia* (1984), *La lingua perduta delle gru* (1986), *Martin Bauman* (2001).

LEAVITT (Henrietta), *Lancaster, Massachusetts, 1868 - Cambridge, Massachusetts, 1921*, astronoma statunitense. La relazione che scoprì, nel 1912, tra la magnitudine delle cefeidi e il loro periodo di variazione di luminosità è alla base di un metodo di misurazione delle distanze degli ammassi stellari e delle galassie.

LEBESGUE (Henri), *Beauvais 1875 - Parigi 1941*, matematico francese. Elaborò la teoria dell'integrazione estendendo quella di G.F.B. Riemann e facendo dell'integrale che porta il suo nome uno strumento potente dell'analisi moderna.

LEBLANC (Maurice), *Rouen 1864 - Perpignan 1941*, scrittore francese. Nei suoi romanzi polizieschi diede vita al personaggio di Arsenio *Lupin*.

LEBRUN (Albert), *Parigi 1871-1950*, politico francese. Più volte ministro (1911-1920), presidente del senato (1931), poi della repubblica (1932-1940), si ritirò a vita privata nel lug. 1940.

LE BRUN (Charles), *Parigi 1619-1690*, pittore e decoratore. A Roma fu compagno di studi di N. Poussin. Protetto da J.-B. Colbert e Luigi XIV, direttore della manifattura dei Gobelins e cancelliere dell'Accademia (1663), realizzò importanti cicli decorativi a Versailles. Tra i suoi quadri, esposti al Louvre di Parigi, *Il cancelliere Séguier*, e le immense tele delle *Storie di Alessandro*.

LEBRUN (Charles François), dùca *di Piacènza, Saint-Sauveur-Lendelin 1739 - Sainte-Mesme, Yvelines, 1824*, politico francese. Terzo console dopo il 18 brumaio, istituì la Corte dei conti (1807).

LE CARRÉ (David John Moore **Cornwell**, detto John), *Poole, Dorset, 1931*, scrittore britannico. I suoi romanzi di spionaggio esprimono la difficoltà di salvaguardare le esigenze della morale

Charles **LE BRUN**. La Comédie (1659), particolare del soffitto del salone del Museo al castello di Vaux-le-Vicomte.

nel clima della guerra fredda (*La spia che venne dal freddo*).

LÉCCE, c. della Puglia, capol. di prov., nel Salento; 98.208 ab. (*leccesi*). Industria meccanica, tessile, alimentare, del legno e delle calzature. — Centro messapico (V sec. a.C.), diventò in seguito municipio romano. Distrutta dai goti nel VI sec. d.C., subì la dominazione bizantina, longobarda e araba. Passata sotto i normanni e gli Angioini, nel 1463 L. venne annessa al regno di Napoli. — Edifici di epoca barocca (1640-1730) dai ricchi decori; basilica di S. Croce (1548-1646) chiesa dei SS. Nicolò e Cataldo (1180, rimaneggiata in epoca barocca); museo provinciale. — Nella provincia, che comprende la parte merid. della penisola salentina, si praticano soprattutto l'agricoltura (vite, olivo, tabacco) e la pesca. Turismo balneare, in part. a Gallipoli e Otranto.

LECCE. La chiesa del Rosario, di età barocca.

LÉCCO, c. della Lombardia, capol. di prov., sul Lago di L. (ramo del Lago di Como); 45.827 ab. (*lecchesi*). Industrie tessili, siderurgiche, meccaniche, del legno e della ceramica. Villa di A. Manzoni. — La provincia, il cui territorio è quasi completamente montuoso e collinare, è stata istituita nel 1992. Industrie meccaniche e turismo sul lago.

LECH, f. della Germania e dell'Austria, affl. di destra del Danubio; 263 km.

LE CHÂTELIER (Henry Louis), *Parigi 1850 - Miribel-les-Échelles, 1936*, chimico francese. Tra i primi a studiare la struttura dei metalli e delle leghe, creò l'analisi termica e la metallografia microscopica. Enunciò la legge di spostamento degli equilibri fisico-chimici.

LECH-OBERLECH, località dell'Austria (Vorarlberg), stazione di sport invernali (1447-2492 m d'alt.).

LECLAIR (Jean-Marie), *Lione 1697 - Parigi 1764*, compositore e violinista francese. Autore di un'opera, di sonate e di concerti, fu il più eminente violinista francese del suo tempo.

LECLERC (Charles), *Pontoise 1772 - Cap Français, att. Cap Haïtien, 1802*, generale francese. Amico di Napoleone, di cui sposò la sorella Paolina (1797), comandò la spedizione di Santo Domingo, e catturò Toussaint-Louverture (1802).

LECLERC (Philippe **de Hauteclocque**, detto), *Belloy-Saint-Léonard 1902 - presso Colomb-Béchar 1947*, maresciallo di Francia. Aderente all'organizzazione Francia libera, si distinse nel Fezzan e in Tunisia (1940-1943). Sbarcato in Normandia (1944), fu poi comandante in Indocina (1945) e ispettore delle truppe nell'Africa del Nord. Morì in un incidente aereo.

LE CLÉZIO (Jean-Marie Gustave), *Nizza 1940*, scrittore francese. Nei suoi romanzi mira a rendere la varietà della vita, colta nelle sue manifestazioni più quotidiane o più insolite, sperimentando sempre nuove tecniche di scrittura (*Il verbale*, *La febbre*, *Deserto*, *Sogno messicano*).

LÉCLUSE (Charles **de**), *Arras 1526 - Leida 1609*, botanico francese. Introdusse in Europa la patata.

LECONTE DE LISLE (Charles Marie **Leconte**, detto), *Saint-Paul-de-la-Réunion 1818 - Louveciennes 1894*, poeta francese. Esponente di una poesia impersonale e atemporale (*Poemi antichi*, 1852; *Poemi barbari*, 1862), riunì intorno a sé gli scrittori che costituirono la scuola parnassiana.

LE CORBUSIER (Charles Édouard **Jeanneret**, detto), *La Chaux-de-Fonds 1887 - Roquebrune-Cap-Martin 1965*, architetto, urbanista, teorico dell'arte e pittore francese di origine svizzera. Formatosi presso gli studi di A. Perret e di P. Behrens, volle rinnovare l'architettura in funzione della vita sociale e utilizzare volumi semplici, articolati con grande libertà. Sostenne le sue concezioni, molto discusse, in riviste quali *L'Esprit nouveau* (1920-1925) e in una ventina di opere destinate a diventare dei classici (*Verso l'architettura*, 1923; *Città radiosa*, 1935; *La carta di Atene*, 1942; *Modulor*, 1950). Passò dalla perfetta stereometria di Villa Savoye (1929) e dalla valorizzazione dell'angolo retto ("unità di abitazione" di Marsiglia, 1947) a un'espressione lirica (Cappella di Ronchamp e campidoglio di Chandigarh, a partire dal 1950).

LE CORBUSIER. Particolare dell'interno di Villa Savoye (1929-1931), a Poissy.

LECOUVREUR (Adrienne), *Damery, presso Epernay, 1692 - Parigi 1730*, attrice francese. Fu una delle prime interpreti del repertorio tragico a esprimersi con naturalezza e ricchezza di sfumature.

LÈDA MITOL. GR. Sposa di Tindaro. Amata da Zeus, che la sedusse sotto forma di cigno, diede alla luce i gemelli Castore e Polluce e, secondo alcune versioni della leggenda, ebbe anche due figlie: Elena e Clitennestra.

LÉDDA (Gavino), *Siligo 1938*, scrittore. Ha esordito nel 1975 con il romanzo di grande successo *Padre padrone*, in cui ha raccontato la propria vicenda autobiografica di pastore analfabeta fino a vent'anni. Tra le altre opere, *Lingua di falce* (1977), *Il muflone* (1985), *I cimenti dell'agnello* (1995).

LEDERMAN (Leon Max), *New York 1922*, fisico statunitense. Ha partecipato alla scoperta del mesone Y e all'identificazione del neutrino muonico. (Premio Nobel 1988.)

LEDOUX (Claude Nicolas), *Dormans 1736 - Parigi 1806*, architetto francese. Della sua opera rimangono solo poche testimonianze: il castello di Bénouville, presso Caen (1768); padiglioni daziari di Parigi (1783-1789); uffici e abitazioni operaie ad Arc-et-Senans (1775-1779), a partire dai quali progettò una città ideale descritta nell'*Architettura* (1804).

LEDRU-ROLLIN (Alexandre Auguste **Ledru**, detto), *Parigi 1807 - Fontenay-aux-Roses 1874*, politico francese. Democratico, deputato dal 1841, fu uno dei leader della sinistra radicale durante i moti francesi del 1848. Costretto all'esilio fino al 1870, a Londra fondò con G. Mazzini il Comitato democratico europeo (1851).

LÊ DUAN, *Hâu Kiên 1907 - Hanoi 1986*, politico vietnamita. Succedette a Hô Chi Minh come segretario generale del Lao Dông (Partito comunista nord-vietnamita) dal 1960 al 1986.

LEDUC (Violette), *Arras 1907 - Faucon, Vaucluse, 1971*, scrittrice francese. I suoi romanzi autobiografici sono contrassegnati dalla difficoltà di vivere l'identità femminile e l'omosessualità (*La bastarda*, 1964).

LÊ DUC THO, *prov. di Nam Ha 1911 - Hanoi 1990*, politico vietnamita. Tra i fondatori del Partito comunista indocinese (1930) e del Viet Minh (1941), ha negoziato con gli Stati Uniti la ritirata delle loro truppe (1973). Ha rifiutato il Premio Nobel per la pace assegnatogli nel 1973.

LED ZEPPELIN, gruppo rock britannico. Attivo dal 1968 al 1981, ha rinnovato la tradizione del blues urbano e creato uno stile precursore dell'hard rock.

LEE (Ang), *Taiwan 1954*, regista cinematografico taiwanese. Tra i suoi film, *Il banchetto di nozze* (1993), *Ragione e sentimento* (1995), *La tempesta di ghiaccio* (1997), *Cavalcando col diavolo* (1999), *La tigre e il dragone* (2000, premio Oscar), *Chosen* (2001), *Hulk* (2003).

LEE (Robert Edward), *Stratford, Virginia, 1807 - Lexington, Virginia, 1870*, generale statunitense. Comandante dell'esercito sudista durante la guerra di secessione, vincitore a Richmond (1862), dovette capitolare ad Appomattox nel 1865.

LEE (Shelton Jackson, detto Spike), *Atlanta 1957*, regista cinematografico statunitense. Tra i più importanti esponenti del cinema nero degli Stati Uniti. Tra i suoi film, *Lola Darling* (1986), *Fa' la cosa giusta* (1989), *Mo' better blues* (1990), *Jungle Fever* (1991), *Malcolm X* (1992), *L'estate di Sam* (1999), *La venticinquesima ora* (2002).

LEE (Yuan-Tseh), *Hsinchu 1936*, chimico statunitense di origine cinese. Approfondì le ricerche sulla dinamica delle reazioni chimiche, portando avanti gli studi di D.R. Herschbach. (Premio Nobel 1986.)

LEEDS, c. della Gran Bretagna (Inghilterra); 450.000 ab. Centro laniero. Produzione di capi d'abbigliamento. — Chiesa di St. John, del XVII sec.; musei.

LEEDS (Thomas **Osborne**, lord), *Kiveton 1632 - Easton 1712*, politico inglese. Favorevole al futuro Guglielmo III, fu tra gli organizzatori del colpo di Stato del 1688. Dal 1690 al 1696 ricoprì la carica di primo ministro.

LEENHARDT (Maurice), *Montauban 1878 - Parigi 1954*, etnologo francese. Visse per molti anni in Nuova Caledonia, dove raccolse informazioni sulla cultura melanesiana. Tra le opere, *Note di etnologia neocaledoniana* (1930).

LEEUWARDEN, c. dei Paesi Bassi, capol. della Frisia; 88.887 ab. Monumenti del XVI-XVIII sec.; importanti musei.

LEEUWENHOEK (Antoni **Van**) → VAN LEEUWEN-HOEK.

LEEWARD ISLANDS → SOTTOVENTO (Isole).

LE FANU (Joseph Sheridan), *Dublino 1814-1873*, scrittore irlandese. Fu autore di celebri *ghost stories*, nelle quali evocò atmosfere ricche di mistero che ispirarono le successive tematiche gotiche. Tra le opere, *Zio Silas* (1864), *Carmilla* (1873).

LEFEBVRE (Georges), *Lilla 1874 - Parigi 1959*, storico francese. Studiò la Rivoluzione francese analizzando le strutture sociali e gli aspetti eco-

nomici della Francia rurale (*Studi sulla Rivoluzione francese*, 1954).

LEFEBVRE (Henri), *Hagetmau 1901 - Pau 1991*, filosofo e sociologo francese. Promosse un marxismo imperniato sull'uomo e sulla lotta contro l'alienazione (*Critica della vita quotidiana*, 1947-1962; *Lo Stato*, 1976-1978).

LEFEBVRE (Marcel), *Tourcoing 1905 - Martigny 1991*, vescovo francese. Fondò il seminario di Écône, in Svizzera (1971). Si oppose alle riforme della Chiesa cattolica dopo il Concilio vaticano II. Nel 1988 fu scomunicato.

LÉGA (cattòlica) o **SÀNTA UNIÓNE**, movimento che riunì i cattolici francesi dal 1576 al 1594, nel corso delle guerre di religione. L'assassinio a Blois dell'animatore della L. c., Enrico I, duca di Guisa (1588), scatenò una ribellione contro Enrico III che portò sul trono Enrico IV nel 1594, in seguito alla sua abiura del protestantesimo.

LÉGA (sànta), nome dato a diverse coalizioni formatesi in Europa nel corso del XV, XVI e XVII sec. Le prime due (1495-1496 e 1508-1512) riunivano i principali italiani con la Spagna per opporsi all'avanzata di Carlo VIII e Luigi XII in Italia. Le ultime (1570-1571 e 1684-1699) sancirono l'alleanza delle potenze europee contro i turchi e condussero alla vittoria di Lepanto (1571) e alla riconquista dell'Ungheria (1699).

LÉGA (Silvèstro), *Modigliana 1826 - Firenze 1895*, pittore. Attivo a Firenze, fu con G. Fattori e T. Signorini uno dei principali esponenti dei macchiaioli. Tra le opere, *Imboscata dei bersaglieri italiani* (1861), *Il pergolato* (1868).

LÉGA ÀRABA o **LÉGA DEGLI STÀTI ÀRABI**, organizzazione di Stati indipendenti costituita nel 1945 per promuovere la reciproca cooperazione tra i paesi membri: Egitto, Transgiordania, Siria, Iraq, Libano, Arabia Saudita e Yemen. Dal 1953 al 1993 vi hanno aderito 14 nuovi Stati e l'OLP. L'Egitto, sospeso nel 1979, vi è stato reintegrato nel 1989.

LÉGA DÈLIO-ÀTTICA (prima) → DELIO (Lega di).

LÉGA DÈLIO-ÀTTICA (seconda), (378-338 a.C.), confederazione delle città greche sotto la guida di Atene. Inizialmente creata contro Sparta, si disciolse dopo la vittoria di Filippo II a Cheronea.

LÉGA INTERNAZIONÀLE CÓNTRO IL RAZZÌSMO E L'ANTISEMITÌSMO → LICRA.

LÉGA LOMBÀRDA, nome di due confederazioni di comuni dell'Italia settentr. La prima, patrocinata da papa Alessandro III, si costituì nel 1167 a Pontida contro l'imperatore Federico I Barbarossa. Con la battaglia di Legnano, nel 1176, la L. l. ottenne (pace di Costanza) il riconoscimento di un'ampia autonomia per i comuni. La seconda (1226), rivolta contro Federico II, fu sconfitta a Cortenuova (1237), ma vinse a Parma (1248) e Fossalta (1249).

LEGAMBIÈNTE, associazione ambientalista fondata nel 1980 a Roma. Si occupa della difesa e della salvaguardia del patrimonio ambientale nazionale, con particolare attenzione ai problemi dell'inquinamento e del riciclaggio dei rifiuti.

LÉGA MUSULMÀNA, partito politico creato nel 1906 per difendere gli interessi della comunità musulmana nell'India britannica; a partire dal 1940, militò per la creazione del Pakistan.

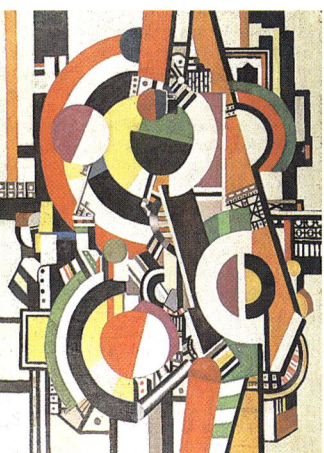
Fernand **LÉGER**. I dischi, 1918.
(Museo d'arte moderna, Parigi.)

LÉGA NÒRD, partito politico nato nel 1989 dall'unione di diversi movimenti regionali dell'Italia settentr. Guidato da U. Bossi, segretario del partito dalla fondazione, nel 1994 si è alleato con Forza Italia e AN, entrando nel governo. Dopo aver provocato la sua caduta e aver propugnato idee secessioniste, è tornato al governo con la Casa delle *Libertà*, nel 2001.

LEGENDRE (Adrien Marie), *Parigi 1752-1833*, matematico francese. Precursore della teoria analitica dei numeri, enunciò la legge di distribuzione dei numeri primi. La sua classificazione degli integrali ellittici preparò le basi per i lavori di N.H. Abel e di K.G.J. Jacobi.

LÉGER (Fernand), *Argentina 1881 - Gif-sur-Yvette 1955*, pittore francese. Dopo aver praticato una forma di cubismo (*Le nozze*, 1910, MNAM, Parigi), elaborò un linguaggio essenzialmente plastico fondato sul dinamismo della vita moderna (*La città*, 1919, Filadelfia), sui contrasti delle forme e dei significati (*La Gioconda con le chiavi*, 1930, Museo F.-Léger, Biot), per poi riscoprire i valori morali e sociali (*Omaggio a David*, 1949, MNAM; *I costruttori*, 1950, Biot). Si dedicò alle decorazioni monumentali (mosaici, vetrate, ceramiche).

LEGGÈNDA DELLA VÉRA CRÓCE, ciclo di affreschi di Piero della Francesca (1452-1459, chiesa di S. Francesco, Arezzo). Considerata l'opera più importante del pittore rinascimentale, è composta da dodici affreschi e illustra con maestosità e rigore spaziale la storia della croce su cui fu crocifisso il Cristo.

LEGGÈNDA ÀUREA, nome dato nel XV sec. alla raccolta delle vite dei santi redatta da Iacopo da Varazze nel XIII sec.

LÉGGI (scuòla delle), scuola cinese fondata nel VII sec. a.C., fiorente tra il IV e il III sec. a.C. La sua dottrina si allontanò dal confucianesimo, propugnando l'eguaglianza di tutti davanti alla legge e la sottomissione a un governo tirannico.

Piero della Francesca, **Leggenda della vera croce.** *Particolare con il ritrovamento delle tre croci e la verifica della vera croce, 1452-1466. (Coro di S. Francesco, Arezzo.)*

LEGIÓNE D'ONÓRE (órdine della), primo ordine nazionale francese, istituito nel 1802 da Napoleone come ricompensa per i servizi militari e civili. La disciplina dell'ordine è regolata da un gran cancelliere.

LEGNÀGO, com. in prov. di Verona, sulla riva destra del f. Adige; 25.118 ab. Allevamento bovino. Industrie tessili, cartarie. Nel 1814 fu, sotto il dominio austriaco, un vertice del Quadrilatero. Resti del castello medievale.

LEGNÀNO, com. in prov. di Milano, sul f. Olona; 54.066 ab. Industrie meccaniche, siderurgiche, tessili. Basilica di S. Magno (1504).

LEGNÀNO (battàglia di) (1176), battaglia combattuta nei pressi dell'att. com. in prov. di Milano. I comuni della Lega lombarda ebbero la meglio sulle truppe di Federico I Barbarossa, rivendicando la propria autonomia.

LEGNICA, c. della Polonia, nella Bassa Slesia; 109.215 ab.

LE GOFF (Jacques), Tolone 1924, storico francese, grande studioso della storia medievale (La civiltà dell'Occidente medioevale, 1964; Tempo della Chiesa e tempo del mercante, 1977; San Luigi, 1996).

LEGRAND (Michel), Parigi 1932, compositore francese. Il suo senso della melodia e dell'orchestrazione caratterizza la musica che ha creato per il cinema francese (in part. per J. Demy: La favolosa storia di Pelle d'Asino, ma anche per J.-L. Godard: La donna è donna) e statunitense (Messaggero d'amore, J. Losey).

LEGRÈNZI (Giovànni), Clusone 1626 - Venezia 1690, compositore. Maestro di cappella in S. Marco a Venezia, fu un esponente del barocco veneziano. Influenzato da C. Monteverdi e F. Cavalli, si affermò nel melodramma, ma compose anche musica sacra e strumentale. Tra le opere, Totila (1677).

LEGROS (Pierre), Chartres 1629 - Parigi 1714, scultore francese. Accademico di Francia nel 1666, lavorò soprattutto al parco e alla reggia di Versailles. — **Pierre II L.**, Parigi 1666 - Roma 1718, scultore francese, figlio di Pierre. Si stabilì a Roma nel 1690, dove lavorò per diverse chiese con uno stile spiccatamente barocco.

LEHÁR (Franz), Komárom 1870 - Bad Ischl 1948, compositore ungherese. Rinnovò gli schemi dell'operetta (La vedova allegra, 1905; Il paese del sorriso, 1929).

LE HAVRE → HAVRE (Le).

LEHN (Jean-Marie), Rosheim 1939, chimico francese. Ha realizzato la sintesi dei cripteni, molecole cave in grado di fissare molto fortemente al proprio interno uno ione o una molecola, utilizzati spec. in farmacologia. (Premio Nobel 1987.)

LEIBL (Wilhelm), Colonia 1844 - Würzburg 1900, pittore tedesco, capiscuola del realismo.

LEIBNIZ (Gottfried Wilhelm), Lipsia 1646 - Hannover 1716, filosofo e matematico tedesco. Attivo come giurista, diplomatico, storiografo (spec. alla corte di Hannover), entrò in relazione con i principali studiosi europei. La struttura del pensiero di L. è logica e matematica (inventò, nel 1676, il calcolo infinitesimale e creò un simbolismo universale ed efficace, la notazione differenziale e integrale, che finì per imporsi). La sua fisica dinamica rompe con il meccanicismo cartesiano. La sua metafisica spiega ogni fenomeno con ottimismo ponderato: Dio calcola e ammette l'esistenza della migliore combinazione possibile delle monadi, o atomi spirituali, di cui si compone la realtà (Dissertatio de Arte combinatoria, 1666; Nuovi saggi sull'intelletto umano, 1704; Saggi di Teodicea, 1710; Monadologia, 1714).

■ Gottfried Wilhelm Leibniz.

LEICESTER, c. della Gran Bretagna (Inghilterra), capol. del Leicestershire; 270.600 ab. Industrie meccaniche e chimiche. — Vestigia romane e monumenti medievali; musei.

LEICESTER (cónte di) → MONTFORT (Simon de).

LEICESTER (Robert **Dudley**, cónte **di**) → DUDLEY.

LEIDA, in ol. **Leiden**, c. dei Paesi Bassi (Olanda Meridionale); 117.191 ab. Università. — Chiesa gotica di S. Pietro e altri monumenti. Musei nazionali dell'antichità (Egitto, Grecia ecc.); museo municipale De Lakenhal.

LEIGH (Vivian Mary **Hartley**, detta Vivien), Darjeeling, India, 1913 - Londra 1967, attrice britannica. Grande interprete di W. Shakespeare in teatro, ha dato prova del proprio talento anche al cinema, interpretando Via col vento (V. Fleming, 1939) e Un tram che si chiama desiderio (E. Kazan, 1951).

LEINE, f. della Germania, affl. di sinistra dell'Aller; 281 km. Attraversa Hannover.

LEINSTER, prov. orient. dell'Irlanda; 1.924.702 ab.; c. princ. Dublino.

LEIRIS (Michel), Parigi 1901 - Saint-Hilaire, Essonne, 1990, scrittore ed etnologo francese. Dopo un'esperienza con i surrealisti si orientò verso l'analisi dei sogni e l'etnografia (L'Africa fantasma, 1934; La regola del gioco, 1948-1976).

LEITHA, f. dell'Austria e dell'Ungheria, affl. di destra del Danubio; 180 km. Divideva l'Austria-Ungheria in Cisleitania e Transleitania.

LEITZ (Ernst), 1843-1920, ottico tedesco. Fondò a Wetzlar una fabbrica di strumenti ottici, dove venne realizzato, tra il 1913 e il 1924, l'apparecchio fotografico Leica.

LEJEUNE (Jérôme), Montrouge 1926 - Parigi 1994, medico francese. Scoprì che la sindrome di Down è dovuta alla trisomia 21 (presenza di un terzo cromosoma 21).

LEK, ramo settentr. del Reno inferiore, nei Paesi Bassi.

LÈLIO (Gàio), nome di due politici romani. — **Gaio Lelio Maggiore**, 235 ca. - 160 a.C. Amico di Scipione l'Africano, lo seguì in Africa e Spagna. Fu console e governatore della Gallia cisalpina. — **Gaio Lelio Minore**, 190-128 ca. a.C. Figlio del precedente, tribuno della plebe, combatté al fianco di Scipione Emiliano. Console nel 140 a.C., fu protagonista del dialogo ciceroniano Laelius de amicitia.

LELOUCH (Claude), Parigi 1937, regista cinematografico francese. Prolifico e popolare, ha realizzato molti film, tra cui Un uomo, una donna (1966), Viva la vita (1984), Una vita non basta (1988), Ci sono dei giorni... e delle lune (1990).

LELY (Pieter **Van der Faes**, detto sir Peter), Soest, Westfalia, 1618 - Londra 1680, pittore inglese di origine olandese. Stabilitosi a Londra, succedette ad A. Van Dyck come ritrattista di corte.

LELYSTAD, c. dei Paesi Bassi, capol. del Flevoland; 63.098 ab.

LEM (Lunar Excursion Module), veicolo spaziale statunitense progettato per l'allunaggio. Fu utilizzato dalla NASA nelle missioni spaziali del programma Apollo, che permisero il primo sbarco sulla Luna (1969).

LEMAIRE DE BELGES (Jean), Belges, att. Bavay, 1473-1515 ca., scrittore di lingua francese. Storiografo, con la sua opera poetica (Il tempio di Onore e di Virtù) segnò il passaggio dai "grands rhétoriqueurs" alla *Pléiade.

LEMAÎTRE (Georges), Charleroi 1894 - Lovanio 1966, astrofisico e matematico belga. Autore di un modello relativistico dell'universo in espansione (1927), formulò poi la prima teoria cosmologica secondo la quale l'universo, in origine molto denso, sarebbe entrato in espansione in seguito a un'esplosione (1931).

LEMÀNO (Làgo di) → GINEVRA (Lago di).

LE MANS → MANS (Le).

LEMBERG, nome tedesco di *Leopoli.

LEMÈNE (Francésco **de**), Lodi 1634-1704, poeta. Autore versatile, scrisse la commedia in dialetto lodigiano La sposa Francesca (1703) e il poema comico Della discendenza e nobiltà de' maccheroni (1654). Nei versi sperimentò il gusto arcadico, dedicandosi anche alla poesia religiosa (Trattato di Dio, 1684).

LEMERCIER (Jacques), Pontoise 1585 ca. - Parigi 1654, architetto francese. Promotore del classicismo, costruì il padiglione dell'Orologio al Louvre, la Cappella della Sorbona a Parigi (a partire dal 1635), la città fortificata e l'antico castello di Richelieu.

LEMMON (John Uhler **Lemmon III**, detto Jack), Boston 1925 - Los Angeles 2001, attore cinematografico statunitense. Conquistò la fama come attore comico, ma interpretò anche ruoli diversi: A qualcuno piace caldo, L'appartamento (B. Wilder, 1959 e 1960), Missing (Costa Gavras, 1982).

LÈMNO, isola greca nel Mar Egeo; 476 km²; 23.000 ab.; capol. Kástro.

LEMOND (Greg), Lakewood 1960, ciclista statunitense. 2 volte campione del mondo su strada (1983, 1989), ha vinto 3 volte il Tour de France (1986, 1989 e 1990).

LE MONNIER (Felice), Verdun 1806 - Firenze 1884, tipografo francese. Trasferitosi a Firenze, vi fondò nel 1840 la casa editrice omonima. Negli anni successivi iniziò la pubblicazione della Biblioteca nazionale italiana, prestigiosa collana dedicata ai maggiori scrittori italiani. In seguito la casa editrice si è specializzata nella pubblicazione di opere scolastiche e di divulgazione.

LEMOVICI, ant. popolazione gallica che si stabilì nell'att. Limosino.

LEMOYNE (François), Parigi 1688-1737, pittore francese. Conferì ai grandi cicli pittorici decorativi uno stile particolarmente luminoso e fremente (soffitto del salone di Ercole, a Versailles, 1733-1736) e fu il maestro di F. Boucher e di C.J. Natoire.

LENA, f. della Russia, in Siberia, che sfocia nel Mar Glaciale Artico (Mar di Laptev); 4270 km; bacino di 2.490.000 km².

LE NAIN, nome di tre fratelli, pittori francesi nati a Laon e stabilitisi a Parigi nel 1629: — **Antoine Le N.**, m. nel 1648. — **Louis Le N.**, m. nel 1648, e — **Mathieu Le N.**, m. nel 1677. Gli storici dell'arte non sono riusciti a stabilire in modo certo a quale dei tre fratelli appartengano i 60 quadri loro attribuiti: opere mitologiche e reli-

LE NAIN. La famiglia del contadino. (Louvre, Parigi.)

giose, scene di genere, ritratti e scene di vita paesana che rappresentano l'apice del realismo francese (*Natività della Vergine*, Notre-Dame, Parigi; *Pasto di contadini*, Louvre, Parigi).

LENARD (Philipp), *Pressburg 1862 - Messelhausen 1947*, fisico tedesco. Studiò i raggi catodici e l'effetto fotoelettrico. Nel 1930, fu uno dei pochi scienziati ad aderire al nazismo. (Premio Nobel 1905.)

LENAU (Nikolaus), *Csatád, presso Timişoara, 1802 - Oberdöbling 1850*, scrittore austriaco. I suoi poemi drammatici (*Faust*), epici e lirici (*Canti del bosco*) esprimono malinconia e disperazione.

LENCA, popolazione amerindia degli altopiani dell'Honduras (ca. 100.000 individui), gruppo indigeno più importante del paese.

LENCLOS (Anne, detta Ninon **de**), *Parigi 1616 - 1705*, letterata francese. Il suo salotto fu frequentato da liberi pensatori.

LENGLEN (Suzanne), *Parigi 1899-1938*, tennista francese. Vinse sei volte a Wimbledon (dal 1919 al 1923, 1925) e a Parigi (dal 1920 al 1923, 1925 e 1926).

LENGUA, popolazione amerindia del Chaco (Argentina, Paraguay e Bolivia).

LENIN (Nikolaj), pseud. di **Vladimir Il'ič Ul'janovsk**, *Simbirsk 1870 - Gorki 1924*, politico russo. Aderì nel 1888 a un circolo marxista, fu condannato al confino in Siberia (1897-1900) e in seguito esiliato in Svizzera, dove fondò il settimanale *Iskra*. Espose la sua concezione di un partito rivoluzionario centralizzato in *Che fare?* (1902), che presentò nel 1903 al II Congresso del Partito operaio socialdemocratico di Russia (POSDR). Il partito si divise allora in due fazioni: i "bolscevichi", sostenitori di L., e i "menscevichi". Stabilitosi a Parigi (1908-1911), poi a Cracovia, L. ritornò in Svizzera nel 1914 e presentò ai rivoluzionari russi le sue posizioni: opporsi alla guerra e trasformarla in rivoluzione. Nell'apr. 1917 attraversò la Germania e rientrò a Pietrogrado, dove impose le sue tesi al POSDR e ai soviet, e guidò l'insurrezione d'Ottobre. Presidente del Consiglio dei commissari del popolo (ott.-nov. 1917-1924), creò la Ceka (1917) e l'Armata rossa, fece firmare la pace di Brest-Litovsk (1918) con la Germania e infine fondò l'Internazionale comunista (1919) con l'intento di organizzare l'espansione della rivoluzione nel mondo. Ma la guerra civile in Russia e il fallimento dei movimenti rivoluzionari in Europa lo spinsero a dedicarsi alla costruzione del socialismo nell'URSS, da lui istituita nel 1922. Superata la fase del "comunismo di guerra" (1918-1921), per far fronte alle difficoltà economiche e alle resistenze interne varò la Nuova politica economica, o NEP. Nel 1922 fu colpito da un attacco di emiplegia. Uomo d'azione, L. fu anche un teorico (*Materialismo ed empiriocriticismo*, 1909; *l'Imperialismo, stadio supremo del capitalismo*, 1916; *Lo Stato e la rivoluzione*, 1917; *L'estremismo, la malattia infantile del comunismo*, 1920).

■ *Nikolaj Lenin nel 1920.*

LENIN (ordine di), il più elevato degli ordini civili e militari sovietici, creato nel 1930.

LENIN (prèmio), premio istituito dal governo sovietico (1925) e destinato a studiosi, artisti e scrittori dell'URSS. Prese il nome di premio Stalin dal 1935 al 1957.

LENINABAD → KHODJENT.

LENINAKAN → KUMAJRI.

LENINGRÀDO → SAN PIETROBURGO.

LÈNNO, com. in prov. di Como, sulla sponda occ. del Lago di Como; 1753 ab. Agricoltura (ortaggi, cereali). Industrie tessili. Turismo. Parrocchiale di S. Stefano, battistero romanico.

LE NÔTRE (André), *Parigi 1613-1700*, progettista di giardini e architetto francese. Divenne famoso per aver codificato il *giardino* "alla francese" [*V. parte nomi comuni.*] (Vaux-le-Vicomte, Versailles, Sceaux), le cui caratteristiche distintive sono lo schema geometrico rigoroso e le vaste prospettive, scandite da statue e da giochi d'acqua.

LENTÌNI, com. in prov. di Siracusa; 26.517 ab. Agricoltura (agrumi, mandorle). Industrie del

cemento e delle materie plastiche. Corrisponde all'ant. *Leontinoi*, fondata nel 729 a.C. Resti delle mura greche.

LENZ (Heinrich), *Dorpat 1804 - Roma 1865*, fisico russo. Enunciò, nel 1833, la legge che stabilì il verso di percorrenza della corrente indotta.

LENZ (Jakob Michael Reinhold), *Sesswegen 1751 - Mosca 1792*, scrittore tedesco. Esponente dello *Sturm und Drang*, fu autore di drammi dalla struttura innovativa (*Il precettore*, *I soldati*) che lo resero uno dei precursori del teatro tedesco moderno.

LÈO (Leonàrdo Ortènsio Salvatóre), *San Vito degli Schiavi, att. San Vito dei Normanni 1694 - Napoli 1744*, compositore. La sua produzione, composta da oratori (*La morte di Abele*, 1738), opere, serenate, drammi sacri, lo pone tra i maggiori compositori del suo tempo.

LEOBEN, c. dell'Austria (Stiria), nell'alta valle del f. Mur; 28.897 ab. Monumenti antichi. — Nel 1797 vi furono firmati i preliminari del trattato di Campoformio.

LEÒCARE, *IV sec. a.C.*, scultore ateniese. In collaborazione con Scopas, realizzò il fregio decorativo del mausoleo di Alicarnasso, esempio significativo del dinamismo raggiunto dalla scultura del IV sec.

LEODEGÀRIO (santo), *Neustria 616 ca. - Sarcinium, att. Saint-Léger, 677 ca.*, vescovo di Autun. Fu assassinato da Ebroino, maggiordomo di Neustria.

LEÓN, reg. della Spagna nord-occ., appartenente alla comunità autonoma di Castiglia-L. Fondato nel 914, il regno di L., nato da quello delle Asturie, fu definitivamente ceduto alla Castiglia nel 1230.

LEÓN, c. della Spagna (Castiglia-L.), capol. di prov.; 138.006 ab. Monumenti del Medioevo (basilica di S. Isidoro, romanica, del XI-XII sec.; cattedrale gotica) e del Rinascimento (monastero di S. Marco: Museo archeologico provinciale).

LEÓN, c. del Messico centrale; 1.020.818 ab. Metallurgia. — Imponente palazzo municipale.

LEÓN, c. del Nicaragua; 100.982 ab. Chiese del XVI-XVIII sec.; Museo Rubén Darío.

LÉONARD DE NOBLAT (santo), *m. nel 559 ca.*, eremita franco. Fondò il monastero di Noblat, nel Limosino, che in seguito prese il nome di St.-Léonard, luogo di pellegrinaggio molto frequentato nel Medioevo.

LEONARD (Ray, detto Sugar), *Wilmington 1956*, pugile statunitense. Campione olimpico dei superleggeri nel 1976, ha vinto il titolo mondiale in 5 categorie diverse: welter (1979), superwelter (1981), medi (1987), mediomassimi (1988), supermedi (1988).

LEONÀRDO DA VÌNCI, *Vinci, presso Firenze, 1452 - castello di Clos-Lucé, presso Amboise, 1519*, artista e scienziato. Visse soprattutto a Firenze e a Milano, prima di partire per la Francia su invito di Francesco I (1516). È ricordato in part. come l'autore di *La* *Gioconda, *La* **Vergine delle rocce*, la **Dama con l'ermellino*, *L'**ultima cena (refettorio del convento di S. Maria delle Grazie, Milano), *La Vergine, il bambino e sant'Anna* (Louvre, Parigi) ecc., di grande modernità e di sublime poesia, alla cui bellezza contribuisce la tecnica dello sfumato. Ma questo grande iniziatore del secondo Rinascimento s'interessò a tutte le branche dell'arte (architettura, scultura), della scienza e della tecnica, come testimoniano i suoi scritti e i suoi stupefacenti disegni (*Trattato sulla pittura*, *Codice Atlantico*, Biblioteca Ambrosiana, Milano).

LEONÀRDO (Il), rivista fondata nel 1903 a Firenze da G. Papini e G. Prezzolini. Pubblicata fino al 1907, accolse molteplici esperienze culturali, facendosi portavoce di idee diverse e spesso contraddittorie.

LEONÀRDO PISÀNO → FIBONACCI (Leonardo).

LEONCAVÀLLO (Ruggèro), *Napoli 1857 - Montecatini 1919*, compositore e librettista. È noto soprattutto per l'opera *I pagliacci* (1892), il cui prologo è un indiscusso manifesto del verismo. Le successive opere *Bohème* e *Zazà* non hanno conosciuto un successo duraturo.

LEONCÌLLO (Leoncillo **Leonàrdi**, detto), *Spoleto 1915 - Roma 1968*, scultore. Si accostò inizialmente all'espressionismo della scuola romana; quindi,

sotto l'influenza del cubismo, si orientò verso un astrattismo geometrico. Tra le opere, *Pietà* (1964).

LEÓNE, costellazione zodiacale, la cui stella più brillante è Regulus. — **Leone**, quinto segno dello zodiaco, che il Sole attraversa dal 22 lug. al 23 ago.

LEÓNE I, *m. nel 474*, imperatore bizantino (457-474). Fu il primo imperatore incoronato dal patriarca di Costantinopoli. — **Leone III l'Isaurico**, *Germanicea 675 ca. - Costantinopoli 741*, imperatore bizantino (717-741). Liberò l'impero dall'assedio degli arabi (717-718). Dette inizio all'iconoclastia. — **Leone IV il Cazaro**, *750 ca. - 780*, imperatore bizantino (775-780). Combatté contro gli arabi in Siria e in Anatolia. — **Leone V l'Armeno**, *m. nell'820*, imperatore bizantino (813-820). Salvò Costantinopoli dall'assalto dei turchi. — **Leone VI il Filosofo**, *866-912*, imperatore bizantino (886-912). Fece pubblicare i *Libri basilici*, una raccolta di leggi iniziata da Basilio I.

LEÓNE I (sànto), detto **Magno**, *Volterra ? - Roma 461*, papa dal 440 al 461. Nel 452 persuase Attila a lasciare l'Italia, ma nel 455 non poté opporsi al sacco di Roma da parte dei vandali di Genserico. Ebbe un ruolo decisivo al concilio di Calcedonia (451), che condanna l'eresia monofisita. Le sue lettere e i suoi sermoni sono importanti documenti sulla vita della Chiesa. — **Leone II** (sànto), *Sicilia - Roma 683*, papa dal 682 al 683. — **Leone III** (sànto), *Roma 750 ca. - 816*, papa dal 795 all'816. Incoronò Carlo Magno imperatore d'Occidente il 25 dic. 800. — **Leone IV** (sànto), *m. a Roma nell'855*, papa dall'847 all'855. — **Leone V**, *m. ad Ardea nel 904*, papa dal 903 al 904. — **Leone VI**, *m. a Roma nel 928*, papa per pochi mesi nel 928. — **Leone VII**, *m. a Roma nel 939*, papa dal 936 al 939. — **Leone VIII**, *m. a Roma nel 965*, papa dal 963 al 965. — **Leone IX** (sànto), (Brunone dei conti di **Egisheim Dagsburg**), *Egisheim, Alsazia, 1002 - Roma 1054*, papa dal 1049 al 1054. S'impegnò nella riforma dei costumi ecclesiastici e difese la supremazia pontificia. Scomunicando il patriarca Cerulario, provocò una rottura insanabile con la Chiesa d'Oriente. — **Leone X** (Giovanni **de' Medici**), *Firenze 1475 - Roma 1521*, papa dal 1513 al 1521. Mecenate munifico, dedito al nepotismo, fu all'origine della questione della vendita delle *indulgenze (1517), preludio alla Riforma di M. Lutero, contro cui promulgò la bolla *Exsurge Domine* (1520). Firmò con Francesco I il concordato di Bologna (1516). — **Leone XI** (Alessandro **de' Medici**), *Firenze 1535 - Roma 1605*, papa per un mese nel 1605. — **Leone XII** (Annibale **Sermattei** della Genga), *Genga 1760 - Roma 1829*, papa dal 1823 al 1829. Rigidamente reazionario, perseguitò i liberali e attuò una politica repressiva. — **Leone XIII** (Vincenzo Gioacchino **Pecci**), *Carpineto Romano 1810 - Roma 1903*, papa dal 1878 al 1903. Emanò una serie di encicliche sulla società moderna, incoraggiando il cattolicesimo sociale e l'evange-

LEONARDO DA VINCI. *Giovane e vecchio, disegno a sanguigna. (Gabinetto del Disegno, Firenze.)*

lizzazione del mondo operaio (*Rerum novarum*, 15 mag. 1891). Si deve a lui il rinnovamento degli studi esegetici, storici e teologici (neotomismo).
LEÓNE AFRICÀNO, *Granada 1483 ca. - Tunisi 1552 ca.*, geografo arabo, autore di una *Descrizione dell'Africa* (1550).
LEÓNE (Giovànni), *Napoli 1908 - Roma 2001*, giurista e politico. Entrato a far parte della DC, è stato membro della Costituente (1946) e presidente della camera (1955-1963). Presidente del consiglio per due brevi periodi, nel 1963 e nel 1968, nel 1971 è stato eletto presidente della repubblica, ma nel 1978 è stato costretto a dimettersi.
LEÓNE (Gólfo del), golfo del Mediterraneo, a O del delta del Rodano.
LEÓNE (Sèrgio), *Roma 1929-1989*, regista cinematografico e sceneggiatore. È stato il maestro dello "spaghetti-western" (*Per un pugno di dollari*, 1964; *Per qualche dollaro in più*, 1965; *Il buono, il brutto e il cattivo*, 1966; *C'era una volta il West*, 1968; *Giù la testa*, 1971; *C'era una volta in America*, 1984) e ha partecipato come aiuto-regista a produzioni internazionali (*Quo vadis?*, 1951; *Elena di Troia*, 1953; *Ben Hur*, 1959; *Sodoma e Gomorra*, 1962).
LEÓNE EBRÈO (Jehudah **Abravanel**, detto), *Lisbona 1463 ca. - 1523 ca.*, filosofo e poeta ebreo. Costretto ad abbandonare il Portogallo, si stabilì a Napoli, dove divenne medico personale di Federico I d'Aragona. Scrisse i *Dialoghi d'amore* (1535), opera che influenzò la cultura dell'epoca.
LEÓNE OLANDÉSE (órdine del), ordine olandese fondato nel 1815.
LEONÉTTI (Francésco), *Cosenza 1924*, scrittore. Nel 1955 ha fondato, con P.P. Pasolini e R. Roversi, la rivista *Officina*, quindi è stato collaboratore di *Il Menabò* e *Alfabeta*. Ha cercato una convergenza tra sperimentalismo e ideologia. Tra le opere, *Fumo, fuoco e dispetto* (1956), *La cantica* (1959), *Un lavoro mentale* (1976).
LEONHARDT (Gustav), *Graveland 1928*, clavicembalista, organista e direttore d'orchestra olandese. Fondatore del Leonhardt Consort (1955), grande conoscitore dell'opera di J.S. Bach, ha rinnovato l'approccio musicologico e l'interpretazione della musica barocca e preclassica.
LEÓNI (Leóne), *Arezzo 1509 - Milano 1590*, scultore. Inizialmente medaglista e orafo, lavorò per Carlo V a partire dal 1549 ed eseguì il mausoleo di Gian Giacomo de' Medici nel duomo di Milano. — **Pompeo L.**, *Pavia 1533 ca. - Madrid 1608*, scultore, figlio di Leone. Fu autore di statue in bronzo dorato per i monumenti funebri dell'Escorial.
LEÒNIDA, *m. alle Termopili nel 480 a.C.*, re di Sparta (490-480 a.C.). Fu uno degli eroi delle Termopili, che difese contro i persiani di Serse I e dove morì con 300 opliti.
LEONOV (Aleksej Archipovič), *Listvjanka, reg. di Novosibirsk, 1934*, astronauta russo. È stato il primo uomo ad avventurarsi fuori dalla capsula per compiere una "passeggiata" nello spazio (18 mar. 1965).

■ *Aleksej Leonov.*

LEONOV (Leonid Maksimovič), *Mosca 1899-1994*, scrittore russo. Nei suoi romanzi descrive la società venutasi a creare in seguito alla Rivoluzione sovietica (*Il ladro*, *La foresta russa*).
LEONTIEV (Wassily), *San Pietroburgo 1906 - New York 1999*, economista russo naturalizzato statunitense. I suoi lavori sull'analisi industriale sono utilizzati oggi sia per la pianificazione sia per la contabilità nazionale. (Premio Nobel 1973.)
LEOPÀRDI (Giàcomo, cónte), *Recanati 1798 - Napoli 1837*, poeta. Dimostrò il suo talento prodigioso sin da bambino studiando il latino, il greco e l'ebraico come autodidatta nella biblioteca paterna. Si dedicò alla poesia patriottica (*All'Italia*, 1818) per poi elaborare una concezione dolorosamente pessimistica, che negli anni trapassò dal personale all'universale, giungendo a identificare nella natura la causa principale dell'infelicità umana (*Operette morali*, 1824; *Zibaldone*, 1817-1832). L'ultima produzione di L. alterna al rimpianto per le speranze troppo presto distrutte la polemica ideologica contro il facile ottimismo dei liberali, sottolineando la necessità che tutti gli uomini si uniscano fraternamente per fronteggiare il dispotismo della natura (**Canti*, *La ginestra*).

■ *Giacomo Leopardi.*

LEOPÀRDI (Monàldo), *Recanati 1776-1847*, letterato. Padre di Giacomo, scrisse i *Dialoghetti sulle materie correnti nell'anno 1831* (1831), nei quali emerge l'inclinazione reazionaria duramente criticata dal figlio. È autore anche di un'*Autobiografia* (1883).
LEOPÒLDO, nome di più sovrani

AUSTRIA

LEOPÒLDO I, *Vienna 1640-1705*, re d'Ungheria (1655-1705), arciduca d'Austria e imperatore (1658-1705), re di Boemia (1656-1705), della dinastia degli Asburgo. Partecipò alle guerre d'Olanda (1672-1679) e della lega di Augusta (1688-1697) per arginare l'espansionismo di Luigi XIV. Frenò l'avanzata degli ottomani, costringendoli ad abbandonare l'Ungheria (pace di Carlowitz, 1699) e nel 1701 trascinò l'impero nella guerra di successione spagnola. — **Leopoldo II**, *Vienna 1747-1792*, imperatore, arciduca d'Austria, re di Boemia e d'Ungheria (1790-1792), della dinastia degli Asburgo-Lorena. Figlio di Francesco I e di Maria Teresa, fratello di Maria Antonietta, rese pubblica la dichiarazione di Pillnitz, sottoscritta con il re di Prussia Federico Guglielmo II (1791), ma morì prima dell'inizio delle ostilità contro la Francia rivoluzionaria.

BELGIO

LEOPÒLDO I, *Coburgo 1790 - Laeken 1865*, re del Belgio (1831-1865). Figlio di Francesco di Sassonia-Coburgo, salì al trono del Belgio subito dopo il riconoscimento dell'indipendenza del paese (1831). La sua politica filofrancese fu suggellata, nel 1832, dal matrimonio con la figlia di Luigi Filippo, Luisa d'Orléans, anche se in seguito cercò di conservare la neutralità; in politica interna favorì l'evoluzione verso una monarchia parlamentare.

■ *Leopoldo I del Belgio, ritratto da P. Beaufaux. (Musée royal de l'Armée, Bruxelles.)*

— **Leopoldo II**, *Bruxelles 1835 - Laeken 1909*, re del Belgio (1865-1909). Figlio di Leopoldo I, nel 1885 fece riconoscere il Congo sua proprietà personale e nel 1908 lo cedette al Belgio.
— **Leopoldo III**, *Bruxelles 1901-1983*, re del Belgio (1934-1951). Figlio di Alberto I, nel mag. 1940 ordinò all'esercito di arrendersi di fronte all'invasione tedesca, scontrandosi con l'opposizione popolare. Nel 1944-1945 fu deportato in Germania, quindi andò in esilio in Svizzera. Nonostante i belgi si fossero espressi a favore del suo ritorno con un referendum, dovette delegare i poteri al figlio Baldovino (1950) e abdicare (1951).

TOSCANA

LEOPÒLDO II, *Firenze 1797 - Roma 1870*, granduca di Toscana (1824-1859). Attuò una politica illuminata (libertà di stampa, Costituzione, opere pubbliche), ma negli ultimi anni di governo si accostò a posizioni reazionarie, finché dovette abbandonare il trono in seguito a un'insurrezione popolare (1859).
LEOPÒLDO (órdine di), ordine belga istituito nel 1832 da Leopoldo I. Può essere attribuito per meriti civili o militari.
LEOPÒLDO II (órdine di), ordine belga istituito nel 1900 da Leopoldo II. Può essere attribuito per meriti civili o militari.
LÉOPOLDVILLE → KINSHASA.
LEÒPOLI, già **L'vov**, in ted. **Lemberg**, c. dell'Ucraina, presso la frontiera polacca; 802.000 ab. Industria tessile. Metallurgia. Edifici religiosi (XIII-XVIII sec.). — La città, fondata nel XIII sec., appartenne alla Polonia dal 1349 al 1772 e dal 1920 al 1939, all'Austria dal 1772 al 1920.
LEOVIGÌLDO, *m. a Toledo nel 586*, re dei visigoti (567 o 568-586). Unificò il territorio spagnolo.
LÈPANTO, in gr. **Náupactos**, c. della Grecia, sul Golfo di Corinto; 11.000 ab. Base navale degli ateniesi nel V sec. a.C.
LÈPANTO (battàglia di) (7 ott. 1571), vittoria navale delle forze cristiane della Lega santa (Spagna, Venezia, Santa Sede), guidate da don Giovanni d'Austria, sulla flotta ottomana, presso L.
LE PARC (Julio), *Mendoza 1928*, pittore argentino. Stabilitosi a Parigi nel 1958, è stato tra i fondatori del GRAV (Gruppo di ricerca di arte visuale). Si è dedicato alle ricerche nel campo dell'arte cinetica e visuale.
LEPAUTRE, artisti parigini del XVII e XVIII sec. — **Antoine L.**, *1621-1691*, architetto e incisore. Costruì a Parigi la Cappella del convento di Port Royal e il municipio di Beauvais (1655). — **Jean L.**, *1618-1682*, incisore, fratello di Antoine. Pubblicò numerose raccolte di modelli ornamentali che fecero di lui uno dei creatori dello stile Luigi XIV. — **Pierre L.**, *1660-1744*, scultore figlio di Jean. Autore del gruppo scultoreo di *Enea e Anchise*, nei giardini delle Tuileries.
LE PEN (Jean-Marie), *La Trinité-sur-Mer 1928*, politico francese. Deputato nel 1956, dal 1958 al 1962 e dal 1986 al 1988, è presidente del Fronte nazionale dal 1972.
LÈPIDO (Màrco Emilio), *m. nel 13 o 12 a.C.*, politico romano. Collega di Cesare nel consolato (46 a.C.), fu membro del secondo triumvirato (43) con Antonio e Ottaviano, ma venne progressivamente estromesso dal potere.
LEPÌNI (Mónti), gruppo montuoso del Lazio, situato tra i Monti Ausoni a SE e i Colli Albani a NO. Di natura calcarea, culmina nel Monte Semprevisa (1536 m).
LEPONTÌNE (Àlpi), sezione delle Alpi Centrali estesa dal Passo del Sempione al Passo dello Spluga. È compresa tra Italia e Svizzera, ha tra le vette massime il Monte Leone (2552 m) e il Monte Adula (2402 m).
LEPTIS MAGNA, colonia fenicia poi romana dell'Africa settentr. Città natale di Settimio Severo. — Importanti rovine romane. (att. Lebda, a E di Tripoli.)
LÈQUIO DI ASSABA (Tommàso), *1893-1965*, cavallerizzo. Nell'equitazione ha vinto la medaglia d'oro nel salto ostacoli individuale alle Olimpiadi del 1920 e quella d'argento alle Olimpiadi del 1924.
LÉRINS (Ìsole di), arcipelago del Mediterraneo (Alpes-Maritimes). Le due principali sono Sainte Marguerite e Saint Honorat. — Centro monastico e teologico importante nel V e VI sec. Un monastero cistercense è tuttora attivo a Saint Honorat.
LERMA (Francisco **de Sandoval y Rojas**, dùca **di**), *1553 - Tordesillas 1625*, statista spagnolo. Primo ministro del re di Spagna Filippo III (1598-1618), cacciò i *moriscos* (1609-1610).
LERMONTOV (Michail Jur'evič), *Mosca 1814 - Pjatigorsk 1841*, scrittore russo. Nei suoi poemi mescola la tradizione delle *bylin* con l'ispirazione romantica (*Il boiaro Orša*, *Il demone*). Il romanzo *Un eroe del nostro tempo* (1840) esercitò una profonda influenza sulla prosa narrativa russa.
LÈRNA MITOL. GR. Palude del Peloponneso che fa da sfondo alla leggenda dell'**Idra di L.*
LE ROY (Mervyn), *San Francisco 1900 - Los Angeles 1987*, regista cinematografico statunitense. Tra i suoi film, *Piccolo Cesare* (1931), *Io sono un evaso* (1932), *Vendetta* (1937), *Il ponte di Waterloo* (1940), *Prigionieri del passato* (1942, premio Oscar), *Piccole donne* (1949), *Quo vadis?* (1951), *Il giglio nero* (1956), *Da un momento all'altro* (1965).
LE ROY LADURIE (Emmanuel), *Les Moutiers-en-Cinglais, Calvados, 1929*, storico francese. Utilizzando metodi quantitativi (serie statistiche), ha arricchito il "territorio dello storico": *Storia del clima dall'anno Mille* (1967), *Le siècle des Platter* (2 voll., 1995 e 2000).
LESAGE (Alain René), *Sarzeau 1668 - Boulogne-sur-Mer 1747*, scrittore francese. I suoi romanzi (*Il diavolo zoppo*, **Gil Blas di Santillana*) e le sue commedie (*Turcaret*), offrono un affresco satirico dei costumi del suo tempo.
LÈSBO o **MITILÈNE**, isola greca del Mar Egeo, presso il litorale turco; 1631 km^2; 105.194 ab.; capol. *Mitilene* (25.440 ab.). Oliveti. — Nel VII-VI sec. a.C., l'isola conobbe, spec. con i poeti Arione e Saffo, una vita intellettuale molto intensa.

LESCOT (Pierre), *Parigi 1515-1578*, architetto francese. Fu l'autore del primo Hôtel Carnavalet, a Parigi, e dell'ala sud-occ. della Cour Carrée del Louvre (1547-1559), capolavoro del Rinascimento classico. Ebbe J. Goujon come collaboratore.

LÈSGHI, popolazione caucasica della Russia (a SE del Daghestan) e dell'Azerbaigian (ca. 480.000 individui in totale). I l. sono musulmani, in grande maggioranza sunniti. La loro lingua, il lesghiano, comprende diversi dialetti, tra cui il kuri.

LESHAN, c. della Cina (Sichuan), a S di Chengdu; 958.000 ab.

LÈSINA, com. in prov. di Foggia; 6467 ab. È situato sul promontorio del Gargano, sulla sponda del lago omonimo. Agricoltura (cereali, frutta). Turismo.

LESKOV (Nikolaj Seménovič), *Gorochovo 1831 - San Pietroburgo 1895*, scrittore russo. Scrisse novelle e romanzi (*Ai ferri corti, Il viaggiatore incantato, L'angelo suggellato*), cronache pittoresche della vita sociale dei suoi tempi.

LESOTHO, già **Basutoland**, Stato dell'Africa australe; 30.355 km²; 2.057.000 ab. CAP. *Maseru*. LINGUE: *sesotho, inglese*. MONETA: *loti*. [V. *carta del* **Sudafrica**.]

GEOGRAFIA – Il L. è un piccolo paese montuoso, senza sbocchi al mare, abitato dai basotho. La sua principale risorsa è rappresentata dalle rimesse degli emigrati, che trovano impiego nelle miniere sudafricane.

STORIA – XIX sec.: Moshoeshoe I fonda un regno costituito da un aggregato di popoli in fuga dalle guerre zulu. **1868**: il regno del L. diventa protettorato britannico con il nome di Basutoland. **1966**: acquistata l'indipendenza, riprende il nome di L. **1970**: il re Moshoeshoe II perde potere a vantaggio del primo ministro, Joseph Leabua Jonathan; **1986**: quest'ultimo viene destituito. **1990**: gli ufficiali dell'esercito depongono il re Moshoeshoe II e appoggiano il figlio Letsie III. **1993**: dopo una serie di governi militari, le elezioni legislative affidano il potere ai civili. **1995**: Moshoeshoe II sale di nuovo al trono, ma muore un anno dopo. **1997**: incoronazione del figlio Letsie III. **1998**: Pakalitha Mosisili sale alla carica di primo ministro. In seguito alle contestazioni sollevate dalla vittoria del Partito Basotho, la Comunità di sviluppo dell'Africa meridionale invia un contingente per pacificare il paese in attesa di nuove elezioni.

LESPINASSE (Julie **de**), *Lione 1732 - Parigi 1776*, letterata francese. Dama di compagnia di Mᵐᵉ Du Deffand, tenne a sua volta un salotto, dove si davano convegno gli enciclopedisti. Ha lasciato una corrispondenza amorosa di notevole qualità letteraria.

LESSEPS (Ferdinand, visconte **di**), *Versailles 1805 - La Chesnaie 1894*, diplomatico francese. Diresse i lavori per il canale di Suez (1869) e cominciò quelli di Panamá, che però non poté portare a termine. Questo insuccesso provocò un grave scandalo politico e finanziario (1891-1893).

LESSING (Doris), *Kermanshah, Iran, 1919*, scrittrice britannica. I suoi romanzi analizzano i conflitti umani e sociali (*I figli della violenza, La brava terrorista*) attraverso l'esperienza delle minoranze etniche (l'apartheid) o la condizione femminile (*Il taccuino d'oro*).

Doris Lessing.

LESSING (Gotthold Ephraim), *Kamenz, Sassonia, 1729 - Brunswick 1781*, scrittore tedesco. Nei suoi saggi di critica (*Drammaturgia amburghese*, 1769), condannò l'imitazione del classicismo francese, al quale contrappose l'arte di W. Shakespeare, e propose una nuova estetica drammatica, che illustrò nei suoi drammi borghesi e filosofici (*Nathan il saggio*, 1779).

LESSÌNI (Mónti), gruppo montuoso delle Prealpi Venete, esteso tra la valle dell'Adige e la Val Leogra. Di natura calcarea, raggiunge i 2259 m (Cima Carega). Turismo nei centri di Recoaro Terme e Valdagno.

LE SUEUR (Eustache), *Parigi 1616-1655*, pittore francese. Allievo di S. Vouet, eseguì la serie *Vita di san Bruno* per la certosa di Parigi (Louvre).

LESZCZYŃSKI, famiglia polacca nota soprattutto per il re *Stanislao I* e sua figlia, la regina di Francia *Maria Leszczyńska*.

LÈTE MITOL. GR. Uno dei fiumi degli Inferi, le cui acque davano l'oblio alle anime dei morti.

LE TELLIER (Michel), *Le Vast 1643 - La Flèche 1719*, statista francese. Ultimo consigliere di Luigi XIV (1709), ottenne dal re la distruzione di Port-Royal-des-Champs.

LETHBRIDGE, c. del Canada (Alberta); 63.053 ab. Università.

LÈTO MITOL. GR. Madre di Artemide e Apollo, chiamata Latona dai romani.

LÈTO (Giùlio Pompónio), *Diano 1428 - Roma 1497*, umanista. Fondatore dell'Accademia romana, scrisse commenti ai classici e opere erudite, tra le quali un *Compendio dei Cesari romani e bizantini* (1499). Fu anche curatore di numerose edizioni di testi.

LETTERATÙRA (La), rivista letteraria fondata nel 1937 a Firenze da A. Bonsanti. Concepita come ideale collegamento a *Solaria*, pubblicò opere di E. Vittorini, C.E. Gadda, E. Montale e altri, pubblicando anche saggi critici.

LÈTTERE DEL NUÒVO TESTAMÉNTO o **LÈTTERE DEGLI APÒSTOLI**, lettere degli Apostoli inserite nel Nuovo Testamento. Il corpus è costituito da 14 lettere di Paolo e da 7 epistole, dette "cattoliche" (quelle di Giacomo, le 2 di Pietro, le 3 di Giovanni e quelle di Giuda). L'autenticità di alcune epistole è stata messa in dubbio in diverse occasioni.

LÈTTERE PERSIÀNE, romanzo filosofico di C.-L. de Montesquieu (1721). La corrispondenza immaginaria tra due persiani arrivati in Europa funge da pretesto per una parodia della società francese.

LÈTTERE PROVINCIÀLI (Le), insieme di diciotto lettere di B. Pascal, pubblicate in forma anonima (1656-1657), poi riunite nel 1657. Difendendo i giansenisti, Pascal attaccò i gesuiti, rimettendo in discussione la loro concezione della grazia divina e il lassismo della loro casistica.

LETTÒNIA, in lett. **Latvija**, Stato dell'Europa orient., sul Baltico; 64.000 km²; 2.406.000 ab. (*lettoni*). CAP. *Riga*. LINGUA: *lettone*. MONETA: *lat*.

GEOGRAFIA – È un paese pianeggiante, dal clima fresco, parzialmente coperto da foreste, la cui economia si basa sull'agricoltura (orzo, patate) e sull'allevamento (bovini, suini). L'industria, sviluppatasi durante il periodo sovietico, oggi risente della carenza di materie prime. La L., fortemente urbanizzata (a Riga si concentra più di un terzo della popolazione totale), presenta una ristretta maggioranza di etnia lettone,

mentre i russi (numerosi soprattutto nelle città) costituiscono circa un terzo degli abitanti.

STORIA – All'inizio dell'era cristiana si stabiliscono nella regione tribù di ceppo ugro-finnico e baltico. **Inizio del XIII sec.-1561**: cavalieri teutonici e Portaspada si uniscono a formare l'ordine livoniano (1237), destinato a governare il paese promuovendone la cristianizzazione. **1561**: la Livonia viene annessa alla Polonia e la Curlandia diventa ducato sotto la sovranità polacca. **1721-1795**: l'intero paese entra a far parte dell'impero russo. **1918**: la L. si proclama indipendente. **1920**: l'indipendenza riceve l'avallo della Russia sovietica tramite il trattato di Riga. **1940**: come stabilito dall'accordo russo-tedesco, l'URSS annette la L. **1941-1944**: occupazione del territorio da parte dei tedeschi. **1944**: la L. torna a essere una repubblica sovietica. **1991**: in settembre l'indipendenza viene riconosciuta dall'URSS e dalla comunità internazionale. **1994**: le ultime truppe russe si ritirano dal paese. **1995**: la L. presenta domanda di adesione all'Unione Europea. **2004**: la L. entra a far parte dell'UE.

LÈUCADE, una delle Isole Ionie (Grecia), att. unita alla terraferma; 20.900 ab.

LEUCATE o **SALSES** (stàgno di), stagno francese della costa mediterranea (Aude e Pirenei Orientali); 11.000 ha ca. Località balneari e porti turistici (Leucate-Plage, Port-Leucate, Port-Barcarès) sul litorale. — Imponente forte spagnolo di Salses, 1500 ca.

LEUCÌPPO, *460 ca. a.C. - 370 a.C.*, filosofo greco presocratico. Presunto ideatore della dottrina atomistica, ebbe Democrito come discepolo.

LEUCOPÈTRA (battàglia di) (146 a.C.), vittoria dei romani sulla lega achea, a L., presso Corinto. Seguita dal sacco di Corinto, segnò la fine dell'indipendenza greca.

LÈUTTRA (battàglia di) (371 a.C.), vittoria dei tebani guidati da Epaminonda sugli spartani a L., in Beozia. Garantì ai tebani l'egemonia sulla Grecia.

LEUVEN, nome olandese di *Lovanio*.

LEVÀNTE, nome dato all'insieme dei paesi della costa orient. del Mediterraneo.

LEVANTE, parte della Spagna orient. (reg. di Valencia e Murcia). È famosa per le sue abitazioni preistoriche decorate con pitture parietali (scene di caccia, di raccolto, di danza), realizzate a partire dal VII millennio durante l'Epipaleolitico.

LEVANTO, com. in prov. di La Spezia; 5774 ab. Turismo. Pesca. Estrazione di marmo. Parrocchiale di S. Andrea (XIII sec.).

LÈVANZO, isola delle Egadi; 5,6 km². Montuosa (Pizzo del Monaco, 278 m), fa parte del com. di Favignana. Turismo e pesca. Testimonianze di arte preistorica nella Grotta dei Genovesi.

Lettonia

★ importante località turistica
100   200 m

═══ autostrada
─── strada normale
─── ferrovia
✈ aeroporto

● più di 500.000 ab.
● da 100.000 a 500.000 ab.
● da 50.000 a 100.000 ab.
• meno di 50.000 ab.

LE VAU (Louis), *Parigi 1612-1670*, architetto francese. Dopo aver realizzato diversi palazzi a Parigi, il castello di Vaux-le-Vicomte, il Collège des Quatre Nations, att. sede dell'Institut de France, progettò la reggia di Versailles. Meno raffinato di F. Mansart, predilesse le scenografie sontuose.

Louis **LE VAU**. *Il castello di Vaux-le-Vicomte (1656-1661).*

LEVERKUSEN, c. della Germania (Renania Settentr.-Westfalia), sul Reno; 160.841 ab. Stabilimenti chimici.

LE VERRIER (Urbain), *Saint-Lô 1811 - Parigi 1877*, astronomo francese. Specialista di meccanica celeste, con i suoi calcoli creò i presupposti per la scoperta del pianeta Nettuno, avvenuta nel 1846 a opera del tedesco J. Galle. Direttore dell'osservatorio di Parigi, elaborò una teoria sul moto della Luna e organizzò la costruzione di una rete di stazioni meteorologiche in Europa.

LEVERTIN (Oscar), *Gryt 1862 - Stoccolma 1906*, scrittore svedese. Poeta (*Leggende e canzoni*, 1891) e romanziere, si oppose al naturalismo.

LÈVI, personaggio biblico. Terzogenito di Giacobbe, antenato eponimo di una tribù d'Israele i cui membri (leviti) erano tradizionalmente incaricati del culto.

LÈVI (Arrigo), *Modena 1926*, giornalista e saggista. È stato collaboratore ed editorialista di diverse testate, redattore della RAI (1966-1969) e direttore de *La Stampa* (1973-1978). Tra le opere, *Il potere in Russia* (1965), *Un'idea dell'Italia* (1979), *L'arte di invecchiare* (1998).

LÈVI (Càrlo), *Torino 1902 - Roma 1975*, pittore e romanziere. La sua pittura, di orientamento espressionistico, fu in netto contrasto con la cultura fascista del periodo (*Eroe cinese*, Fondazione Levi, Roma). Durante l'esilio in Lucania scrisse * Cristo si è fermato a Eboli*, dove l'analisi sociale si mescola a una sobrio lirismo.

LÈVI (Eugènio Elìa), *Torino 1883 - Cormons 1917*, matematico. Assistente di U. Dini a Pisa, poi docente a Genova, morì nella ritirata di Caporetto. Tra i più importanti matematici italiani del '900, studiò le equazioni a derivate parziali, le equazioni del calore e il calcolo delle variazioni.

LÈVI (Prìmo), *Torino 1919-1987*, scrittore. Poeta e romanziere scampato alla prigionia nel campo di concentramento di Auschwitz, scrisse romanzi autobiografici (*Se questo è un uomo*, *La tregua*, *I sommersi e i salvati*, *Se non ora quando?*) e racconti che lasciano trasparire la sua formazione scientifica di chimico (*Il sistema periodico*). Morì suicida.

LEVIATÀNO o **LEVIATHAN**, mostro acquatico della mitologia fenicia menzionato nella Bibbia, dove diventa simbolo del paganesimo.

LEVIATÀNO o **LEVIATHAN**, opera di T. Hobbes (1651). L'abbandono reciproco e volontario di tutti i diritti a favore di uno Stato assolutistico viene presentato come l'unica soluzione alla guerra continua che gli uomini ingaggiano l'uno contro l'altro nello stato di natura ("Homo homini lupus").

LEVI BEN GERSON → GERSONIDE.

LÈVI-CÌVITA (Tùllio), *Padova 1873 - Roma 1941*, matematico e fisico. Insegnante a Padova e Roma, dovette abbandonare l'incarico a causa delle leggi razziali. Compì studi fondamentali sulla meccanica relativistica, sviluppando il calcolo differenziale assoluto e integrando con interventi fondamentali le teorie reimanniane.

LÈVI-MONTALCÌNI (Rìta), *Torino 1909*, neurobiologa. Dal 1947 al 1977 negli Stati Uniti, per i suoi studi sulla proteina che controlla la crescita dei neuroni, chiamata NGF (*Nerve Growth Factor*), nel 1986 ha ottenuto insieme a S. Cohen il premio Nobel per la medicina e la fisiologia. Nel 2001 è stata nominata senatore a vita.

LEVINAS (Emmanuel), *Kaunas 1905 - Parigi 1995*, filosofo francese di origine lituana. Sviluppò una filosofia dell'esistenza incentrata sulla riflessione sugli altri, e contribuì al rinnovamento del pensiero ebraico contemporaneo (*Il tempo e l'altro*, 1948; *Totalità e infinito*, 1961).

LEVINSON (Barry), *Baltimora 1942*, regista cinematografico statunitense. Tra i suoi film, *A cena con gli amici* (1982), *Good Morning, Vietnam* (1987), *Rain Man* (1988, premio Oscar), *Rivelazioni* (1995), *Sleepers* (1996), *Sesso e potere* (1997), *Sfera* (1998), *Liberty Heights* (1999), *Bandits* (2001).

LÉVIS, c. del Canada (Québec), sul San Lorenzo, presso Québec; 121.512 ab.

LÉVI-STRAUSS (Claude), *Bruxelles 1908*, antropologo francese. Influenzato dagli studi di E. Durkheim e M. Mauss, scoprì la sua vocazione per l'etnografia durante un soggiorno in Brasile (*Tristi tropici*, 1955). Nel 1941 venne a contatto con R. Jakobson a New York; maturò allora l'idea di applicare il concetto di struttura ai fenomeni umani: parentela (*Le strutture elementari della parentela*, 1949), modo di pensare (*Il pensiero selvaggio*, 1962) e soprattutto mito (*Mitologie*, 1964-1971; *Storia di Lince*, 1991). Ha conferito allo strutturalismo una dimensione profondamente umanistica.

■ *Claude Lévi-Strauss nel 1988.*

LEVÌTICO, libro della Bibbia, terzo del Pentateuco. Tratta del culto israelita, affidato ai membri della tribù di Levi.

LÉVY (Bernard-Henri), *Algeria 1948*, filosofo francese. Tra le opere, *La barbarie dal volto umano* (1977), *L'ideologia francese* (1981), *Elogio degli intellettuali* (1987), *I dannati della guerra* (2002), *Chi ha ucciso Daniel Pearl?* (2003).

LÉVY-BRUHL (Lucien), *Parigi 1857-1939*, filosofo e sociologo francese. Definì i costumi in funzione della morale (*La morale e la scienza dei costumi*, 1903) e ipotizzò un'evoluzione dello spirito umano (*La mentalità primitiva*, 1922).

LEWIN (Kurt), *Mogilno, voivodato di Bydgoszcz, 1890 - Newtonville, Massachusetts, 1947*, psicologo statunitense di origine tedesca. Promotore di una psicologia sociale fondata sulla topologia matematica, si interessò alla dinamica di gruppo.

LEWIS, la più grande isola delle Ebridi, collegata da un istmo a Harris; 2134 km².

LEWIS (Clarence Irving), *Stoneham, Massachusetts, 1883 - Cambridge, Massachusetts, 1964*, logico statunitense. La sua analisi sul rapporto di implicazione è all'origine della logica modale.

LEWIS (Frederick Carlton, detto Carl), *Birmingham, Alabama, 1961*, atleta statunitense. Ha conquistato 9 titoli olimpici: 4 nel 1984 (100 m, 200 m, lungo e 4×100 m), 2 nel 1988 (100 m e lungo), 2 nel 1992 (lungo e 4×100 m) e 1 nel 1996 (lungo). Ha ottenuto 8 titoli mondiali.

LEWIS (Gilbert Newton), *Weymouth, Massachusetts, 1875 - Berkeley 1946*, fisico e chimico statunitense. Autore della teoria della covalenza (1916), formulò una definizione generale degli acidi e delle basi. Coniò, nel 1926, il termine "fotone".

LEWIS (Joseph Levitch, detto Jerry), *Newark, New Jersey, 1926*, attore e regista cinematografico statunitense. È stato l'erede della tradizione burlesca americana (*Ragazzo tuttofare*, 1960; *Le folli notti del Dottor Jerryll*, 1963).

LEWIS (Matthew Gregory), *Londra 1775 - in mare 1818*, scrittore britannico, autore del romanzo gotico *Il monaco* (1796).

LEWIS (Sinclair), *Sauk Centre, Minnesota, 1885 - Roma 1951*, scrittore statunitense. I suoi romanzi sono una satira della borghesia e delle sue pre-occupazioni economiche e religiose (*Babbitt*, *Elmer Gantry*). (Premio Nobel 1930.)

LEWIS (sir William Arthur), *Castries 1915 - Bridgetown 1991*, economista britannico. Sviluppò teorie su crescita e sviluppo dei paesi arretrati. (Premio Nobel 1979.)

LEWITT (Sol), *Hartford 1928*, artista statunitense. È stato uno dei fondatori della *minimal art*. Le sue opere, ispirate dal principio dell'arte concettuale, sono fondate su un preciso ordine geometrico e un'attenta elaborazione dello spazio.

LEXINGTON-FAYETTE, c. degli Stati Uniti (Kentucky); 260.512 ab. Allevamento di cavalli.

LEYDI (Robèrto), *Ivrea 1928 - Milano 2003*, etnomusicologo. Docente all'Università di Bologna, si è dedicato allo studio della musica popolare italiana. Tra le opere, *Canti sociali italiani* (1963), *Canti popolari italiani* (1977), *L'altra musica. L'etnomusicologia* (1991).

LEYTE, isola delle Filippine; 8003 km²; 1.952.496 ab. Occupata dai giapponesi dal 1942 al 1944, fu teatro della disfatta della loro flotta (ott. 1944). Per la prima volta vi entrarono in azione gli aviatori suicidi giapponesi, i kamikaze.

LEZAMA LIMA (José), *L'Avana 1910-1976*, scrittore cubano. Poeta, saggista e romanziere (*Paradiso*), con la sua cultura barocca e la fervida immaginazione ha contribuito a rinnovare la tradizione narrativa di lingua spagnola.

LHASA, c. della Cina, capol. del Tibet, a 3600 m d'alt.; 139.822 ab. Lamasserie (monasteri dei lama). — Ant. residenza del dalai lama, il *Potala (XVII sec.).

L'HERBIER (Marcel), *Parigi 1888-1979*, regista cinematografico francese. Esponente di spicco dell'avanguardia impressionista, nel 1943 fondò l'Institut des hautes études cinématographiques (IDHEC, poi FEMIS). Tra le sue opere principali si ricordano *Eldorado* (1921), *Il denaro* (1929), *La notte fantastica* (1942).

L'HOSPITAL (Guillaume de), *marchése di Sainte-Mesme*, *Parigi 1661-1704*, matematico francese. Allievo di J. Bernoulli, pubblicò il primo trattato sul calcolo infinitesimale.

L'HOSPITAL (Michel de), *Aigueperse 1505 ca. - Belesbat 1573*, statista francese. Nominato cancelliere di Francia (1560) per volere di Caterina de' Medici, tentò invano di sedare le discordie tra cattolici e protestanti; introdusse importanti riforme giuridiche, che contribuirono a semplificare il sistema giudiziario.

LHOTE (André), *Bordeaux 1885 - Parigi 1962*, pittore e teorico francese. Pur avendo aderito al cubismo, non rinnegò mai la tradizione. Esercitò una grande influenza grazie ai suoi scritti teorici.

LHOTSE, la quarta vetta più elevata della Terra, nell'Himalaya, al confine tra Cina e Nepal, nei pressi dell'Everest; 8545 m.

LI, popolazione della Cina (zona merid. dell'isola di Hainan), di lingua thai.

LÌA o **LÈA**, personaggio biblico. Sorella di Rachele e prima moglie di Giacobbe.

LIÀLA (Amàlia Liàna **Cambiàsi Negrétti**, detta), *Carate Lario 1897 - Varese 1995*, scrittrice. Ha scritto una serie di romanzi sentimentali che hanno ottenuto un crescente successo, soprattutto presso il pubblico femminile: *Signorsì* (1931), *Trasparenze di pizzi antichi* (1943), *Ombre di fiori sul mio cammino* (1981), *Frammenti d'arcobaleno* (1985).

LIANG KAI, pittore cinese (originario di Dongping, Shandong), attivo a Hangzhou nel corso del XIII sec. Insieme all'amico Muqi fu uno dei più noti rappresentanti della pittura della setta buddhista Chan. [*V. parte nomi comuni →***zen.**]

LIAOCHENG, c. della Cina, a O di Jinan; 838.309 ab.

LIAODONG, parte della prov. di Liaoning (Cina).

LIAONING, prov. della Cina nord-orient.; 41.380.000 ab.; capol. *Shenyang*.

LIAOYANG, c. della Cina nord-orient. (Liaoning); 639.553 ab.

LIAOYUAN, c. della Cina, a NE di Shenyang; 411.073 ab.

LIBÀNIO, *Antiochia 314-393*, retore greco. Celebre per le sue doti oratorie, insegnò in diverse città e scrisse 65 orazioni e 1600 lettere ca. Amico dell'imperatore Giuliano, ne condivise i propositi di difesa della grecità.

LÌBANO, Stato dell'Asia, sul Mediterraneo, in Medio Oriente; 10.400 km²; 3.556.000 ab. (*libanesi*). CAP. *Beirut*. LINGUA: *arabo*. MONETA: *lira libanese*.

GEOGRAFIA – Il Monte Libano (sulle cui pendici si coltivano frumento, vite, alberi da frutto e olivi) domina una stretta pianura litoranea che, intensamente valorizzata, raccoglie la maggior parte della popolazione, oggi in prevalenza musulmana. Nel settore orient. si estende la Beqaa, una depressione arida delimitata a E dalla catena dell'Antilibano. Il futuro del paese è legato all'evoluzione geopolitica dell'intera regione.

STORIA – **Dalle origini all'indipendenza. A partire dal III millennio**: la costa viene occupata da cananei e fenici che fondano le città-Stato di Byblos, Berito (att. Beirut), Tiro e Sidone. **Inizio del I millennio**: i fenici dominano gli scambi commerciali nel Mediterraneo. **VIH sec. a.C.**: il paese conosce la dominazione assira, egizia, persiana, babilonese e greca. **64-63 a.C - 636**: il L. fa parte prima della provincia romana, poi di quella bizantina di Siria; **636**: viene conquistato dagli arabi. **VII-XI sec. d.C.**: la costa e le montagne offrono rifugio a diverse comunità cristiane, sciite e druse. **1099-1289/1291**: i latini del regno di Gerusalemme e della contea di Tripoli esercitano il potere sul litorale, in seguito conquistato dai mamelucchi d'Egitto. **1516**: il L. viene annesso dall'impero ottomano. **1593-1840**: gli emiri drusi, in part. Fakhr Al-Din (1593-1633) e Chihab Bachir II (1788-1840), unificano i territori montuosi libanesi e cercano di ottenerne l'autonomia. **1858-1860**: si verificano scontri tra drusi e maroniti (che sono in pieno sviluppo demografico ed economico). **1861**: la Francia ottiene la creazione della provincia del Monte Libano, dotata di una certa autonomia. **1918**: il L., liberato dai turchi, forma con la valle della Beqaa il "Grande L."; **1920-1943**: viene posto sotto mandato francese dalla Società delle Nazioni.

La repubblica libanese. 1943: proclamazione dell'indipendenza. Il "patto nazionale" istituisce un sistema politico confessionale che ripartisce il potere tra maroniti, sunniti, sciiti, greci ortodossi, drusi e greci cattolici. **1958**: i nazionalisti arabi favorevoli a Gamal Nasser scatenano una guerra civile. **1958-1970**: diviene presidente della repubblica Fuad Chehab (1958-1964), cui succede Charles Hélou. **1970-1976**: i profughi palestinesi, rifugiatisi in L. nel 1948, si scontrano con la popolazione locale. **1976**: i disordini degenerano in una guerra civile che provoca l'intervento della Siria. Si formano così due coalizioni contrapposte: una di "sinistra" (filopalestinese, a maggioranza sunnita, drusa, poi sciita, le cui principali forze armate sono le milizie druse e quelle del movimento di Amal), l'altra di "destra" (filoisraeliana, a maggioranza maronita, le cui principali forze armate sono le falangi e l'esercito del L. merid.). **1982**: l'esercito israeliano impone il blocco di Beirut, da cui caccia le milizie palestinesi. **1984**: si forma un governo di unità nazionale appoggiato dalla Siria. **1985**: le truppe israeliane abbandonano il L., a eccezione della zona merid., detta "fascia di sicurezza", in aperta violazione della risoluzione 425 emanata dal consiglio di sicurezza dell'ONU che ne richiedeva il ritiro incondizionato. Prosegue la guerra civile, complicata da scontri all'interno di ciascun campo, soprattutto tra diverse tendenze musulmane: sunniti, sciiti moderati di Amal, sciiti filoiraniani (Hezbollah). Questa situazione provoca il ritorno delle truppe siriane a Beirut Ovest (1987). **1988**: si formano due governi: uno civile e musulmano (a Beirut Ovest), l'altro militare e cristiano (a Beirut Est). **1990**: una nuova Costituzione applica gli accordi firmati a Ta'if nel 1989, che prevedono una ridistribuzione del potere a favore dei musulmani. **1991**: il disarmo delle milizie e lo spiegamento dell'esercito libanese nel Grande L. e a S del paese (con l'esclusione della "fascia di sicurezza") danno l'avvio a una restaurazione dei poteri dello Stato, sotto tutela siriana. **1992**: in seguito alle elezioni legislative, caratterizzate dalla massiccia astensione dei cristiani, si riunisce un nuovo parlamento. Rafiq Al-Hariri diventa primo ministro. **1996**: nel S del paese si riaccendono gli scontri tra Hezbollah ed esercito israeliano (apr.). Le elezioni legislative portano in parlamento una maggioranza filosi-

riana. **1998**: Emile Lahoud viene eletto presidente della repubblica, mentre Selim Hoss sale alla carica di primo ministro. **2000**: l'esercito israeliano si ritira dal S del Libano (mag.). R. Al-Hariri torna a capo del governo. **2002**: riprende l'offensiva degli Hezbollah contro il N del paese.

LÌBANO (Mónte), catena montuosa della rep. del Libano; 3083 m. Anticamente ospitava una grande foresta di cedri.

LIBBY (Willard Frank), *Grand Valley, Colorado, 1908 - Los Angeles 1980*, chimico statunitense. Studioso della radioattività, ha inventato il metodo di datazione dei reperti archeologici tramite il dosaggio del carbonio 14. (Premio Nobel 1960.)

LÌBERA (Adalbèrto), *Villa Lagarina 1903 - Roma 1963*, architetto. Membro del Gruppo 7 e animatore del MIAR, partecipò all'organizzazione della I (1928) e II (1931) mostra di architettura nazionale di Roma. Tra le opere, Palazzo dei Congressi dell'EUR a Roma (1937-1938).

LIBERÀL-DEMOCRÀTICO (Partito) (PLD), partito politico giapponese. Nato nel 1955 dalla fusione di due partiti conservatori, il Partito liberale e il Partito democratico, è importante protagonista della vita politica del paese.

LIBERÀLE DA VERÒNA, *Verona 1445-1529*, pittore e miniatore. Lavorò in Toscana ai corali per l'abbazia di Monteoliveto Maggiore e per il duomo di Siena (1467-1475). Tornato a Verona, dipinse con modi e stili ispirati ad A. Mantegna e Antonello da Messina.

LIBERÀLE ITALIÀNO (Partito) (PLI), partito politico fondato da A. Giovannini nel 1922. Scioltosi nel 1925 si ricostituì nel 1944. Ebbe tra i suoi esponenti personalità come B. Croce (che ne fu presidente) e L. Einaudi. Travolto dagli scandali

di Tangentopoli, è confluito in buona parte in Forza Italia. Segretari: A. Giovannini, R. Lucifero, A.B. Villabruna, G. Malagodi, A. Bignardi, V. Zanone, A. Biondi, R. Altissimo, R. Costa.

LIBÉRATION, quotidiano francese. Fondato nel 1973 sotto le egida di J.-P. Sartre, dal 1974 è diretto da Serge July.

LIBERAZIÓNE (campàgne di) (1943-1945), azioni condotte dagli Alleati e dai partigiani per cacciare i tedeschi dai territori occupati in Europa, durante la seconda guerra mondiale.

LIBEREC, c. della Rep. Ceca, in Boemia; 99.832 ab. Antico castello, palazzi del XVIII sec., musei.

LIBÈRIA, Stato dell'Africa occ., sull'Atlantico; 110.000 km²; 3.108.000 ab. (*liberiani*). CAP. *Monrovia*. LINGUA: *inglese*. MONETA: *dollaro liberiano*. [V. carta a pagina seguente.]

GEOGRAFIA – In gran parte ricoperta da una fitta foresta, la L. possiede piantagioni di hevea, palme da olio e caffè. Dal sottosuolo si estraggono diamanti e soprattutto ferro, oggi il principale prodotto d'esportazione in un paese la cui economia è stata gravemente danneggiata dalla guerra civile (legata alle rivalità etniche). Lo Stato inoltre si assicura considerevoli introiti concedendo alle navi straniere di battere bandiera liberiana in cambio di agevolazioni fiscali (in tal modo la flotta mercantile locale è la seconda a livello mondiale).

STORIA – **XV-XVIII sec.**: la regione viene occupata da popolazioni di lingua mande e kru. Il litorale (Costa del Pepe), scoperto dai portoghesi, è frequentato dai commercianti europei. **1822**: l'American Colonization Society, fondata nel 1816, comincia a stabilirvi gli schiavi neri affrancati, malgrado l'ostilità degli autoctoni. **1847**: viene proclamata la Repubblica indipendente

Libano

✈ aeroporto internazionale	━━ strada normale	★ importante località turistica
🚢 porto petrolifero	━━ ferrovia	↗ oleodotto ● più di 1.000.000 di ab.
		▢ raffineria ● da 100.000 a 1.000.000 di ab.
200 500 1000 2000 2500		▢ confine di governatorato ● da 10.000 a 100.000 di ab.
		Zahlé capoluogo di governatorato · meno di 10.000 ab.

Liberia

200   500   1000 m

- strada normale
- ferrovia
- aeroporto

- ● più di 500.000 ab.
- ● da 20.000 a 100.000 ab.
- • meno di 20.000 ab.

50 km

della L.; la capitale prende il nome di Monrovia in onore del presidente americano James Monroe. **1857**: fusione con il vicino insediamento del Maryland. **1885-1910**: le frontiere del paese vengono fissate in via definitiva grazie agli accordi con Gran Bretagna e Francia. **1926**: iniziano ampie concessioni alle compagnie americane. **1944-1971**: William Tubman è presidente della repubblica. **1980**: un colpo di Stato militare rovescia il presidente William Tolbert (in carica dal 1971) e porta al potere il sergente maggiore Samuel K. Doe. **1984**: viene approvata per referendum una Costituzione che prevede il ritorno del potere ai civili; S.K. Doe non deflette però dalla sua linea politica autoritaria. **1990**: gli sviluppi della guerriglia, condotta in part. da Charles Taylor, sfociano in guerra civile (Doe rimane ucciso nel corso di violenti scontri). **1991**: interviene sul territorio una forza d'interposizione inviata dai paesi dell'Africa occ. **1996**: il conflitto si conclude, ma gli scontri tra truppe governative e fazioni ribelli continuano. **1997**: C. Taylor viene eletto presidente della repubblica. **1999-2000**: i rapporti con Sierra Leone e Guinea degenerano, dando luogo a una serie di scontri di frontiera. **2002**: i guerriglieri del LURD (Liberiani uniti per la riconciliazione e la democrazia) imperversano nel N del paese. **2003**: in seguito alle dimissioni di Taylor, sale al potere il vicepresidente Moses Blah.

LIBÈRIO (sànto), *Roma ? - 366*, papa dal 352 al 366. Si oppose con tenacia all'arianesimo.

LIBERTÀ (Càsa delle), schieramento politico di centro-destra formatosi in occasione delle elezioni politiche del 2001, dalla ricomposizione del dissolto *Polo* costituito da Forza Italia, AN, Lega Nord e CCD. L'alleanza ha dato vita al secondo governo Berlusconi.

LIBERTÀ (stàtua della), statua gigantesca (93 m compreso il piedistallo) eretta nel 1886 a New York. Opera di F.-A. Bartholdi, donata dalla Francia agli Stati Uniti, è in rame martellato su struttura di ferro (opera di G.-A. Eiffel).

LIBERTÀ CHE GUIDA IL PÒPOLO (la), grande tela di E. Delacroix (1830, Louvre, Parigi), ispirata alle giornate parigine del lug. 1830.

religione islamica e per la maggior parte urbanizzata, si raccoglie nei centri lungo la costa.

STORIA – Dalle origini alla dominazione romana. XIII sec. a.C.: gli abitanti della regione, chiamati "libici" dai greci, partecipano alle invasioni dei "popoli del mare" in Egitto. **VII sec.**: in Cirenaica i greci fondano le cinque colonie della Pentapoli. **V sec.**: Cartagine domina la Tripolitania. **106-19 a.C.**: l'intero territorio viene assoggettato dai romani. **642-643**: conquista araba. **VII-XVI sec.**: il paese è sottoposto prima agli Omayyadi, poi agli Abbasidi e a diverse dinastie maghrebine o egiziane. **1517**: gli ottomani conquistano la Cirenaica; **1551**: s'impadroniscono della Tripolitania.

La colonizzazione. 1911-1912: guerra italo-turca, in seguito alla quale gli ottomani sono costretti a rinunciare alla sovranità sulla L. (trattato di Losanna). **1912-1931**: mentre in Tripolitania l'opposizione delle tribù berbere viene domata già nel 1924, in Cirenaica la confraternita dei Senussi continua a guidare la resistenza armata contro la conquista italiana fino al 1931, anno in cui il suo leader, lo sceicco Omar Al-Mukhtar, viene impiccato. **1934**: creazione della colonia italiana di L., che si estende fino al Fezzan. **1940-1943**: in seguito alla sconfitta italo-tedesca nella campagna di L., la Francia amministra il Fezzan, mentre la Gran Bretagna esercita il controllo su Tripolitania e Cirenaica.

La Libia contemporanea. 1951: Fezzan, Tripolitania e Cirenaica vengono riuniti in uno Stato federale indipendente, di cui diventa sovrano Idris I (1951-1969). **1961**: inizia lo sfruttamento dei giacimenti petroliferi. **1963**: l'organizzazione federale viene abolita. **1969**: il colpo di Stato degli "ufficiali liberi" porta al potere Muammar Gheddafi. **1971**: nazionalizzazione delle compagnie petrolifere. **1973**: M. Gheddafi lancia la rivoluzione culturale islamica; **1977**: istituisce lo "Stato delle masse" (la *Jamahiriya*). **1980**: la L. intensifica il suo impegno in Ciad; **1986**: per il suo appoggio alle organizzazioni terroristiche, è bersaglio di bombardamenti di rappresaglia da parte degli Stati Uniti. **1987**, disfatte militari in Ciad. **1988**: ripristino delle relazioni diplomatiche con il Ciad. **1989**: riavvicinamento ai paesi del Maghreb. **1992**: il consiglio di sicurezza dell'ONU, di fronte al rifiuto del governo libico di collaborare alle inchieste su alcuni attentati terroristici, decide per un embargo aereo e militare (rafforzato nel 1993). **1994**: i libici si ritirano dalla fascia di Aozou, che occupavano dal 1973. **1999**: l'embargo viene sospeso. **2001**: il governo libico approva l'iniziativa militare statunitense in Afghanistan, considerandola un atto di legittima difesa. **2003**: l'ONU revoca le sanzioni del 1992.

LÌBIA (campàgna di) (sett. 1940 - gen. 1943), campagna della seconda guerra mondiale. L'esercito

LÌBIA, Stato dell'Africa, sul Mediterraneo; 1.760.000 km²; 5.408.000 ab. (*libici*). CAP. *Tripoli*. LINGUA: *arabo*. MONETA: *dinaro libico*.

GEOGRAFIA – L'economia si basava un tempo sull'allevamento nomade (ovini, cammelli), imposto dall'estensione del deserto, e su un'agricoltura stanziale (frumento, orzo, palme da datteri, frutta) confinata nelle oasi e nella fascia litoranea, che è meno arida del resto del paese. Oggi la situazione è stata trasformata, almeno in alcune zone, dallo sfruttamento dei giacimenti petroliferi, risorsa essenziale di un paese vasto ma ancora poco popolato. La popolazione, di

La Libertà che guida il popolo, *dipinto di E. Delacroix, 1830. (Louvre, Parigi.)*

britannico e i contingenti alleati (francesi, polacchi) si scontrarono con le truppe dell'Asse (Italia e Germania). L'Afrikakorps, guidato da E. Rommel, fu bloccato nella sua avanzata (lug. 1942) a El-Alamein, prima di subire la definitiva sconfitta (ott.-nov. 1942), sempre a El-Alamein, da parte dell'esercito guidato dal generale R. Montgomery. Tra le forze militari italiane si distinsero la divisione corazzata Ariete e i paracadutisti della Folgore.

LÌBIA (desèrto di), parte orient. del Sahara. In Egitto, è chiamato "deserto occidentale" (limitato a E dal Nilo).

LI BO, detto anche **Li Po**, *701-762*, poeta cinese, uno dei più importanti della dinastia Tang.

LIBREVILLE, cap. del Gabon, sull'estuario del f. Gabon; 573.000 ab. Porto. — Fu fondata nel 1849.

LÌBRO DEI MÒRTI, raccolta di formule magiche che costituivano il rituale funerario dell'Egitto faraonico. Con il Nuovo Regno prese la forma di un libro illustrato (rotoli di papiro), che veniva deposto nelle tombe.

LÌBRO DELLA GIÙNGLA (Il), romanzo di R. Kipling (1894), seguito dal *Secondo libro della giungla* (1895). Mowgli, "cucciolo d'uomo" adottato dagli animali, diventa re della foresta, ma poi è costretto a vivere con gli umani. Ha ispirato l'omonimo film di W. Disney.

LICABÈTTO, colle della Grecia, in Attica, compreso entro le mura di Atene. Dominava il quartiere del Liceo, in cui sorgeva il tempio di Apollo Licio.

LICAÒNIA, ant. reg. dell'Asia Minore (c. princ. *Iconio*, att. Konya).

LICÈO, scuola filosofica fondata ad Atene nel 334 ca. da Aristotele sul luogo del tempio di Apollo Licio. Comprendeva una passeggiata, detta *peripato* (da cui il nome "scuola peripatetica").

LICHTENSTEIN (Roy), *New York 1923-1997*, pittore statunitense. Rappresentante della pop art, si è appropriato delle immagini dei fumetti e ha riproposto in maniera del tutto personale alcuni capolavori del recente passato artistico.

LICHUAN, c. della Cina, a ENE di Chongqing; 764.267 ab.

LÌCIA, ant. reg. costiera dell'Asia Minore sud-occ. (c. princ. *Xanto*).

LICÌNI (Osvàldo), *Monte Vidon Corrado 1894-1958*, pittore. Dopo gli studi a Bologna con G. Morandi e numerosi soggiorni a Parigi, passò dal naturalismo all'astrattismo. Negli ultimi anni la sua pittura assunse una valenza simbolista (serie di "Amalasunte").

LICÌNIO CRÀSSO (Màrco) → CRASSO.

LICÌNIO LICINIÀNO (Flàvio Valèrio), *Illiria 250 ca. - Tessalonica 324*, imperatore romano (308-324). Augusto nel 308, divenne padrone di tutto l'Oriente nel 313, in seguito alla vittoria su Massimino Daia. Persecutore dei cristiani, fu ucciso da Costantino I il Grande.

LICÌNIO STOLÓNE (Càio), *IV sec. a.C.*, politico romano. Tribuno della plebe (376 e 367 a.C.), fu autore, insieme a L. Sestio Laterano, delle leggi cosiddette "Licinie Sestie" che attenuarono il conflitto tra patrizi e plebei.

LICÒFRONE, *Calcide fine del IV sec. - inizio del III sec. a.C.*, poeta greco. È autore del poema *Alessandra*, in cui le profezie di Cassandra sono esposte in uno stile oscuro e ricercato.

LICRA (Léga internazionàle cóntro il razzismo e l'antisemitismo), associazione fondata nel 1927 per combattere il razzismo e l'antisemitismo.

LICÙRGO, leggendario legislatore (IX sec. a.C. ?), considerato l'artefice del rigido ordinamento spartano.

LICÙRGO, *390 ca. - 324 ca. a.C.*, oratore e politico ateniese. Alleato di Demostene, si oppose a Filippo II di Macedonia.

LIDDELL HART (sir Basil), *Parigi 1895 - Marlow 1970*, teorico militare britannico. Convinto sostenitore della guerra condotta con mezzi pesanti, è autore di numerose opere di strategia militare e storiche.

LÌDIA, regno dell'Asia Minore, con cap. Sardi. Tra i suoi re, i più celebri furono Gige e Creso. La L. fu conquistata dai persiani nel 547 a.C.

LÌDO DI ÒSTIA, frazione del com. di Roma; 62.000 ab. È situata sulla costa tirrenica, a sinistra della foce del Tevere. Turismo balneare.

LÌDO DI VENÈZIA, frazione del com. di Venezia. È un'isola della Laguna Veneta, larga 300-1000 m e lunga 12 km, e divide la laguna stessa dall'Adriatico. Aeroporto. Turismo balneare. Mostra internazionale del cinema.

LIE (Jonas), *Eker 1833 - Stavern 1908*, scrittore norvegese. Il suo stile impressionista esercitò una grande influenza sulla letteratura scandinava (*Le figlie del comandante*).

LIE (Sophus), *Nordfjordeid 1842 - Cristiania, att. Oslo, 1899*, matematico norvegese. Rese la teoria dei gruppi di trasformazione un utile strumento per la geometria e l'analisi.

LIEBIG (Justus, baróne von), *Darmstadt 1803 - Monaco 1873*, chimico tedesco. Fu all'origine di un notevole sviluppo della chimica organica in Germania. Mise a punto un metodo di dosaggio del carbonio e dell'idrogeno nei corpi organici (1830) e scoprì il cloroformio (1831).

LIEBKNECHT (Karl), *Lipsia 1871 - Berlino 1919*, politico tedesco. Socialdemocratico, si oppose alla guerra e fondò la Lega spartachista, che divenne in seguito Partito comunista. Arrestato per la sua attività antimilitarista, fu assassinato insieme a R. Luxemburg.

LIEBKNECHT (Wilhelm), *Giessen 1826 - Charlottenburg 1900*, politico tedesco. Fondatore (1869) del Partito operaio socialdemocratico tedesco, fu deputato al Reichstag (1874-1887; 1890-1900). — Karl L., *Lipsia 1871 - Berlino 1919*, politico tedesco. Figlio di Wilhelm, fu uno dei leader del gruppo socialdemocratico che si oppose alla guerra, e successivamente dello spartachismo. Contribuì alla nascita del Partito comunista tedesco (dic. 1918 - gen. 1919) e fu assassinato nel corso dell'insurrezione spartachista.

LIECHTENSTEIN, Stato dell'Europa centrale, tra la Svizzera e l'Austria; 160 km²; 33.000 ab. CAP. Vaduz. LINGUA: *tedesco*. MONETA: *franco svizzero*. Turismo. Centro finanziario e commerciale. — Il L., formato dall'unione delle signorie di Vaduz e di Schellenberg, venne innalzato a dignità di principato nel 1719. Entrò a far parte dapprima della Confederazione del Reno (1806-1813), poi di quella germanica (1815-1866). Dotatosi di una Costituzione democratica nel 1921, è legato economicamente alla Svizzera (unione doganale e finanziaria del 1923). È diventato membro dell'ONU nel 1990 e dell'EFTA nel 1991. Dal 1989 è governato dal principe Hans Adam II. Le elezioni del 2001 hanno visto la vittoria della destra, rappresentata dal Partito dei cittadini progressisti (FBP).

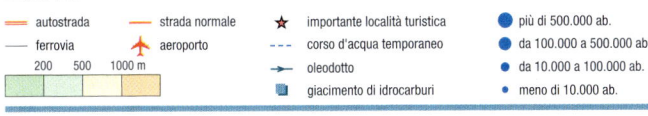

Libia

autostrada
ferrovia
strada normale
aeroporto
importante località turistica
corso d'acqua temporaneo
oleodotto
giacimento di idrocarburi

più di 500.000 ab.
da 100.000 a 500.000 ab.
da 10.000 a 100.000 ab.
meno di 10.000 ab.

200 500 1000 m

150 km

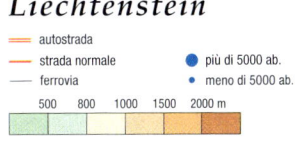

Liechtenstein

autostrada
ferrovia
strada normale

più di 5000 ab.
meno di 5000 ab.

500 800 1000 1500 2000 m

5 km

LIÈGI, in fiamm. **Luik**, c. del Belgio, capol. della prov. omonima, alla confluenza della Mosa con l'Ourthe; 184.550 ab. Università. Porto fluviale (collegato ad Anversa dal canale Alberto). Centro amministrativo e commerciale; le industrie si concentrano soprattutto nel circondario. — Numerose chiese (fine del X sec.). Palazzo vescovile del XVI-XVIII sec.

LIEGI.

LIÈGI, in fiamm. **Luik**, prov. del Belgio orient.; 3876 km²; 1.020.042 ab. Capol. *Liegi.* La valle della Mosa separa una zona coltivata (cereali, barbabietole) da quella adibita a pascolo, mentre nella regione di Verviers l'economia si basa soprattutto su sfruttamento forestale, turismo e allevamento.

LIEPÄJA, c. della Lettonia, sul Baltico; 89.439 ab. Porto.

LIERRE, in fiamm. **Lier**, c. del Belgio (prov. di Anversa); 32.386 ab. Chiesa di St. Gommaire, di stile gotico (tribune, vetrate), e altri monumenti; musei.

LIFAR (Serge), *Kiev 1905 - Losanna 1986*, ballerino e coreografo russo naturalizzato francese. Direttore di ballo all'Opéra di Parigi (1929-1945 e 1947-1958), contribuì allo sviluppo del balletto neoclassico francese (*Icare*, 1935) e pubblicò numerosi trattati sulla danza.

Serge **LIFAR** nel balletto Icare, 1935.
(Biblioteca dell'Opéra di Parigi.)

LIGABÙE (Antônio), *Zurigo 1899 - Gualtieri 1965*, pittore. Dopo l'adolescenza in Svizzera, si stabilì in Italia nel 1918. Gravato da problemi psichici, visse da eremita, dipingendo con notevole efficacia espressiva soprattutto animali feroci in ambienti agresti. È considerato il più importante pittore naïf italiano.

LÌGA VÈNETA REPÙBBLICA, partito politico. Fondato nel 1998 da un gruppo di ex militanti della Lega Nord, guidati da F. Comencini. Tra i suoi obiettivi, l'autonomia e l'indipendenza del Veneto. Dal 1999 ha cambiato il proprio nome in Veneti d'Europa. Segretario: F. Comencini.

LIGETI (György), *Dicsöszentmárton, att. Tâmâveni, Transilvania, 1923*, compositore ungherese naturalizzato austriaco. Le sue opere oscillano tra la staticità (*Atmosphères*, 1961) e una mobile "micropolifonia" (*Nouvelles Aventures*, 1966), riunendo talvolta in sintesi entrambe le tendenze (*Requiem; Lontano*, 1967; *Le Grand Macabre*, opera, 1978).

LIGNE (Charles Joseph, princìpe **di**), *Bruxelles 1735 - Vienna 1814*, maresciallo austriaco. Amico di Giuseppe II, diplomatico e autore di scritti in lingua francese, incarnò il cosmopolitismo brillante e colto del XVIII sec.

LIGÒRIO (Pirro), *Napoli 1510 ca. - Ferrara 1583*, architetto, archeologo e pittore. Operò soprattutto a Roma, dove scrisse il *Libro delle antichità di Roma* (1553). A Tivoli partecipò agli scavi di Villa Adriana (1549) e progettò la Villa d'Este (1550-1572), capolavoro (insieme al suo giardino) dell'architettura manierista.

LÌGURE (Mar), settore del Mar Mediterraneo compreso tra la costa della Liguria e la Corsica. Vi si affacciano numerosi centri balneari e gli importanti porti di Genova, Savona, La Spezia.

LÌGURE (repùbblica), entità statale che sostituì la repubblica di Genova nel 1797 e che entrò a far parte dell'impero francese nel 1805.

LÌGURI, ant. popolazione stabilitasi sulle coste del Mediterraneo tra Marsiglia e La Spezia, sottomessa e sterminata dai romani nel corso del II sec. a.C.

LIGÙRIA, reg. dell'Italia settentr., si affaccia a S sul Mar Ligure. Confina a O con la Francia, a NO con il Piemonte, a NE con l'Emilia-Romagna, a E con la Toscana; 5418 km²; 1.560.747 ab. (*liguri*). Quattro province: *Genova* (capol. di reg.), *Imperia, La Spezia, Savona.*

ASPETTI FISICI – La regione si apre sul Mar Ligure formando un ampio arco. La costa, alta e frastagliata, presenta insenature orlate da strette spiagge a O di Genova (riviera di ponente) e aspri promontori a E del capoluogo (riviera di levante). Il territorio, prevalentemente montuoso e collinare, è esteso sul versante tirrenico delle Alpi Liguri e dell'Appennino Ligure. A O la regione include parte delle Alpi Marittime. I corsi d'acqua, numerosi ma brevi, hanno carattere torrentizio, a eccezione del Vara. Tanaro, Bormida, Scrivia e Trebbia nascono in L. per poi dirigersi verso la Pianura Padana. Il clima, grazie alla presenza del mare, è mite, fresco nella stagione invernale e caldo in estate.

POPOLAZIONE – La popolazione è caratterizzata da un'alta densità media (287 ab. per km²) e si concentra prevalentemente lungo la fascia litoranea, mentre l'entroterra tende allo spopolamento. Le maggiori città costiere (in part. Genova e Savona) si sono dilatate fino a formare, con i comuni limitrofi, vere e proprie conurbazioni. La L. presenta un saldo naturale fortemente negativo (– 6,4‰)

ed è la prima regione italiana per indice di vecchiaia (il 21% ca. degli abitanti supera i 65 anni).

ECONOMIA – La fonte principale dei redditi (73,3%) è rappresentata dal settore terziario, basato sulle attività portuali (Genova, Savona, La Spezia) e sul turismo marittimo, che ha incoraggiato una preoccupante speculazione edilizia. Il settore primario (2,6% dei redditi complessivi) è penalizzato dalla morfologia del territorio: l'agricoltura è praticata soprattutto lungo la fascia costiera, in cui il clima favorisce la coltivazione di ortaggi, vite e olivo. La regione è specializzata nella floricoltura, particolarmente diffusa lungo la riviera di ponente. Le attività industriali (24,1% dei redditi) si concentrano nelle aree di Genova, La Spezia e Savona. L'industria pesante (acciaierie, cantieri navali) è stata caratterizzata, a partire dagli anni '80 del secolo scorso, da un significativo calo di produzione. Notevole, invece, lo sviluppo del settore meccanico e delle tecnologie avanzate.

STORIA – Dalle origini al Rinascimento. V millennio a.C. la L. è abitata da popolazioni neolitiche; III millennio a.C.: durante l'Età dei metalli è sede di culture particolarmente avanzate. VII sec. a.C.: le popolazioni liguri vengono in contatto con etruschi e greci; VI sec. a.C.: subiscono l'influsso della civiltà gallica di La Tène. II sec. a.C.: la regione viene conquistata dai romani; I sec. d.C.: forma, insieme al Piemonte, la IX regione augustea; IV sec.: viene unita all'Emilia; VI sec.: entra a far parte della Transpadana e in seguito dei possedimenti bizantini. VII sec.: divenuta un ducato longobardo (641), subisce devastanti incursioni normanne e saracene; X sec.: è suddivisa da Berengario II in tre marche (Arduinica, Aleramica, Obertenga); XI-XII sec.: viene ulteriormente frazionata e sottoposta a feudatari laici e vescovi, al cui predominio si oppongono i liberi comuni (Genova). XVI sec.: si consolida il potere di Genova.

Verso l'unità d'Italia. 1797: la regione viene unificata con la creazione della repubblica ligure; 1805: la regione entra a far parte dell'impero napoleonico; 1815: viene annessa al regno di Sardegna con il nome di ducato di Genova.

LIKASI, c. della Rep. Dem. del Congo, nel Katanga; 194.000 ab.

LIKUD, coalizione politica israeliana che raggruppa dal 1973 diverse formazioni del centro e della destra.

LILIBÈO, colonia cartaginese dell'ant. Sicilia (att. Marsala).

LILIENTHAL (Otto), *Anklam 1848 - Berlino 1896*, ingegnere tedesco. Precursore del volo a vela, effettuò 2000 lanci gettandosi dall'alto di una collina sospeso a una sorta di paracadute. I fratelli Wright trassero insegnamento dai suoi esperimenti.

LILITH, secondo la tradizione rabbinica, demone dalle sembianze femminili. Considerata la prima sposa di Adamo, nata come lui dal fango, o sua seduttrice, in seguito alla cacciata dal paradiso terrestre, le si attribuiva il potere di provocare la morte dei neonati.

Antonio **LIGABUE.** L'aratura.

Liguria

500 1000 1500 2000 m

★ importante località turistica

━━ autostrada — ferrovia
━━ strada normale ✈ aeroporto

● oltre 30.000 ab.
● da 10.000 a 30.000 ab.
● fino a 10.000 ab.

LÌLLA, c. della Francia, capol. del dip. Nord; 219.597 ab. Centro commerciale, industrie automobilistiche e agroalimentari. — Roccaforte e una delle capitali del ducato di Borgogna, annessa alla Francia nel 1667, L. divenne una metropoli industriale nel XIX sec. — Chiesa gotica di S. Maurizio, cittadella fortificata di Vauban. Museo di Belle Arti.

LILLEHAMMER, c. della Norvegia, a N di Oslo; 24.873 ab. Sport invernali. Nel 1994 è stata sede olimpica. — Museo etnografico; pinacoteca.

LILLIPUT, paese immaginario dei *Viaggi di *Gulliver*. I suoi minuscoli abitanti sono alti poco meno di sei pollici (15 cm ca.).

LILONGWE, cap. del Malawi; 440.000 ab. (765.000 ab. nell'agglomerato).

LIMA, cap. del Perú, sul Rímac; 7.443.000 ab. nell'agglomerato. Fu fondata da F. Pizarro nel 1535. — Cattedrale della fine del XVI sec. (sul modello di quella di Jaén) e monumenti del XVII-XVIII sec. Musei.

LIMASSOL, c. di Cipro; 129.700 ab. Porto.

LIMBÀRA, gruppo montuoso della Sardegna. Situato in Gallura, in prov. di Sassari, ha una composizione granitica. La sua vetta più elevata è la Punta Balestrieri (1362 m).

LIMBIÀTE, com. in prov. di Milano; 32.392 ab. Industrie tessili, cartarie, metalmeccaniche, del legno, dell'abbigliamento.

LIMBOURG (fratèlli Pol, Herman e Jean **de**), miniaturisti fiamminghi dell'inizio del XV sec., nipoti di J. Malouel. Devono la loro fama alle **Très Riches Heures* del duca di Berry, prezioso esemplare di arte gotica internazionale.

LIMA. *La cattedrale (fine del XVI-XVIII sec.).*

LIMBÙRGO, reg. storica dell'Europa nord-occ. Ducato acquisito nel 1288 dal Brabante, la regione con la pace di Westfalia (1648) fu spartita tra Province Unite e Paesi Bassi spagnoli.

LIMBÙRGO, in fiamm. **Limburg**, prov. del Belgio nord-orient.; 2421 km²; 794.785 ab.; capol. *Hasselt*. Al N, industriale, si contrappone il S agricolo.

LIMBÙRGO, prov. merid. dei Paesi Bassi; 1.141.192 ab.; capol. *Maastricht*.

LIMERICK, in gael. **Luimneach**, c. dell'Irlanda, alla foce del f. Shannon; 52.039 ab. Porto. — Castello e cattedrale in parte del XIII sec.

LIMOGES, c. della Francia, capol. del dip. Haute-Vienne; 137.502 ab. Università. Centro di produzione di porcellana. Industrie automobilistiche ed elettriche. — Cattedrale del XIII-XVI sec.

LIMOGES. *Veduta del ponte S. Stefano e della cattedrale (XIII-XVI sec.).*

LIMÓN, c. del Costa Rica; 69.728 ab. Porto.

LIMÓN (José), *Culiacán, Sinaloa, 1908 - Flemington, New Jersey, 1972*, ballerino e coreografo statunitense di origine messicana. Discepolo di D. Humphrey, del quale proseguì l'insegnamento, è stato uno dei grandi nomi della danza moderna (*The Moor's Pavane*, 1949).

LIMÓNE PIEMÓNTE, com. in prov. di Cuneo; 1551 ab. Turismo estivo e invernale. Parrocchiale (XIV sec.) con campanile romanico.

LIMOSIN (Léonard I), *Limoges 1505 ca. - ? 1577 ca.*, il membro più noto di una famiglia di decoratori di smalti francesi. Fu l'interprete, a corte, dei modelli della scuola di Fontainebleau (*Apostoli* della Cappella di Anet, 1547 ca., museo di Chartres; ritratti ecc.).

LIMOSINO, reg. amministrativa della Francia; 16.942 km² ; 710.939 ab. capol. *Limoges*. Alleva-

mento bovino; industria locale (porcellana, tessile, agroalimentare).

LIMPOPO, f. dell'Africa merid., che sfocia nell'Oceano Indiano; 1600 km.

LINARES, c. della Spagna (Andalusia); 58.034 ab. Museo archeologico.

LINÀTE, frazione del com. di Peschiera Borromeo (prov. di Milano); 1100 ab. Aeroporto internazionale E. Forlanini.

LINÀTI (Càrlo), *Como 1878 - Rebbio 1949*, scrittore. Collaborò con la *Voce* e la *Ronda*, contribuendo a divulgare in Italia la letteratura angloamericana. La sua narrativa oscillò tra il paesaggismo e il legame con la tradizione lombarda. Tra le opere, *I doni della terra* (1915), *Milano d'allora* (1946).

LIN BIAO, *Huang-an, Hubei, 1908-1971*, militare e politico cinese. Membro del PCC, tu uno dei capi militari della Lunga marcia (1934-1935) e della guerra civile (1946-1949). Ministro della difesa (1959), ebbe un ruolo importante durante la rivoluzione culturale cinese. Scomparve nel 1971 in circostanze misteriose: il suo aereo fu probabilmente abbattuto mentre cercava di fuggire in URSS dopo un tentativo di colpo di Stato.

LINCÈI (Accadèmia dei), accademia fondata nel 1603 a Roma da F. Cesi, F. Stelluti, J. Heck e A. De Filiis. Sorta con l'obiettivo di innovare e promuovere il sapere scientifico, scelse la lince come simbolo di finezza intellettuale. Più volte sciolta, fu ricostituita definitivamente nel 1944 dopo la fusione con l'Accademia d'Italia.

LINCHUAN, c. della Cina, a SE di Nanchang; 872.657 ab.

LINCOLN, c. degli Stati Uniti, cap. del Nebraska; 225.581 ab. Università.

LINCOLN, c. della Gran Bretagna (Inghilterra), capol. del Lincolnshire; 81.900 ab. Cattedrale del XIII sec.; musei.

LINCOLN (Abraham), *presso Hodgenville, Kentucky, 1809 - Washington 1865*, politico statunitense. L'elezione alla presidenza degli Stati Uniti, nel 1860, di questo deputato repubblicano, antischiavista militante, segnò l'inizio della guerra di secessione. Rieletto nel 1864, L. fu assassinato da un fanatico sudista poco

dopo la vittoria dei nordisti, nell'aprile 1865.
■ *Abraham Lincoln.*

LINDAU, c. della Germania (Baviera), nell'isola del Lago di Costanza; 23.951 ab. Pittoresca città vecchia; grande centro turistico.

LINDBERGH (Charles), *Detroit 1902 - Hana, Hawaii, 1974*, aviatore statunitense. Fu il primo a compiere la traversata dell'Atlantico senza scalo, a bordo dello *Spirit of Saint Louis*, tra Roosevelt Field (New York) e Parigi (20-21 mag. 1927).

■ *Charles Lindbergh nel 1927.*

LINDBLAD (Bertil), *Örebro 1895 - Stoccolma 1965*, astronomo svedese. Fu tra i primi a studiare la rotazione differenziale della Via Lattea (1921) e a spiegare le spirali delle galassie attraverso fenomeni ondulatori legati a perturbazioni gravitazionali.

LINDE (Carl von), *Berndorf, Baviera, 1842 - Monaco 1934*, industriale tedesco. Costruì la prima macchina frigorifera a compressore (1873) e mise a punto un metodo di liquefazione dell'aria (1895).

LINDEMANN (Ferdinand von), *Hannover 1852 - Monaco 1939*, matematico tedesco. Dimostrò la trascendenza del π (1882), deducendone l'impossibilità della quadratura del cerchio.

LINDER (Gabriel Leuvielle, detto Max), *Saint-Loubès 1883 - Parigi 1925*, attore e regista cinematografico francese. Prima grande star del cinema comico francese, impose il suo personaggio di dandy umano e pieno di risorse in molti film (serie di Max; *Sette anni di guai*, 1921).

LINDGREN (Astrid), *Vimmerby 1907 - Stoccolma 2002*, scrittrice svedese. Ha scritto numerosi libri per bambini di grande successo mondiale, tra i quali il celebre *Pippi Calzelunghe* (1945). Tra gli altri, *Kalle Blomkvist* (1946-1953), *Mio, piccolo Mio* (1954), *Ronja, la figlia del brigante* (1981).

LÍNEA (La), c. della Spagna (Andalusia); 59.993 ab. Centro commerciale ai confini con Gibilterra.

LINE ISLANDS o **SPÒRADI EQUATORIÀLI**, arcipelago del Pacifico, a cavallo dell'Equatore, diviso tra Stati Uniti e Kiribati.

LING (Per Henrik), *Ljunga 1776 - Stoccolma 1839*, fondatore della ginnastica svedese.

LINGÈRI (Piètro), *Tremezzo 1894 - Milano 1968*, architetto e urbanista. Membro del MIAR (1930), contribuì alla diffusione del razionalismo in Italia. Tra le opere, sede del club AMILA a Tremezzo (1926), piano regolatore di Como (1934), quartiere INA-Casa a Milano Vialba (1960).

LINGÓNI, ant. popolazione della Gallia, che occupava il territorio intorno a Langres.

LINGUADÒCA, reg. storica della Francia sud-occ., che prende nome dalla lingua che vi era parlata (la lingua d'oc); c. princ. *Tolosa*. La L. corrisponde a parte dell'attuale L.-Rossiglione e si estende tra il Massiccio Centrale e il Mar Mediterraneo. Occupata dai romani (120 ca. a.C.), fu invasa prima dai visigoti (413), poi dai franchi (507). Nel X sec. fu divisa in contee (la più importante fu quella di Tolosa). Riunita alla Francia in seguito alla crociata contro gli albigesi (1208-1244), a partire dal XVI sec. fu uno dei centri di diffusione del protestantesimo.

LINGUADÒCA-ROSSIGLIÓNE, reg. della Francia; 27.376 km²; 2.295.648 ab.; capol. *Montpellier*; 5 dip. (Aude, Gard, Hérault, Lozère e Pyrénées-Orientales). Turismo estivo sul litorale. Agricoltura (vigne, frutta, ortaggi). L'industria è invece poco sviluppata.

LINKÖPING, c. della Svezia merid.; 133.988 ab. Costruzioni aeronautiche. — Cattedrale e castello del XIII-XV sec.; musei.

LINNÈO (Càrlo), in sved. Carl von Linné, *Råshult 1707 - Uppsala 1778*, naturalista svedese. È noto per la sua classificazione delle piante, oggi in parte superata, ma soprattutto per le descrizioni di migliaia di specie e per la nomenclatura detta "binomia", applicata ai regni vegetale e animale.

■ *Carlo Linneo ritratto da A. Roslin. (Nationalmuseum, Stoccolma.)*

LÌNO (sànto), *m. a Roma nel 76*, papa dal 67 al 76. Secondo la tradizione fu il successore di san Pietro.

LINÒSA, isola del Mar Mediterraneo, appartenente alle Pelagie; 5,4 km². Di origine vulcanica, seconda per estensione dopo Lampedusa, è montuosa e raggiunge i 195 m di alt. (Monte Vulcano).

LINZ, c. dell'Austria, capol. dell'Austria Superiore, sul Danubio; 203.044 ab. Impianti siderurgici. — Chiese medievali e barocche; museo interno al Castello.

LIÓNE, c. della Francia, capol. del dip. Rhône, alla confluenza del Rodano e della Saona; 453.187 ab. (1.350.000 ab. ca. nell'agglomerato). Centro commerciale e industriale, nodo di importanti vie di comunicazione. — Fondata dai romani nel 43 a.C. (*Lugdunum*), fu capitale della Gallia lionese (27 a.C.). Potente principato ecclesiastico nel XII sec. (nel 1245 e 1274 fu sede di due concili ecumenici), nel 1307 venne annessa al regno di Francia. Importante centro mercantile a livello internazionale (XIV-XVI sec.), la città ospitò una prospera industria della seta (XVII sec.). — Cattedrale gotica (XII-XV sec.) e altre chiese medievali, edifici rinascimentali, monumenti del XVII-XVIII sec. Museo della Civiltà gallo-romana, ricco Museo di Belle Arti, Museo dei tessuti e Museo della marionetta.

LIONE. *Le rive della Saona e, sullo sfondo, una torre del quartiere Part-Dieu.*

LIONÈLLO (Albèrto), *Milano 1930 - Roma 1994*, attore teatrale. Esordì nel 1949, interpretando poi opere di autori del teatro contemporaneo (L. Pirandello, J.-P. Sartre). Dal 1960 lavorò con L. Squarzina al Teatro Stabile di Genova. Attivo anche al cinema (*Signore e signori*, 1966).

LIONS (Jacques Louis), *Grasse 1928 - Parigi 2001*, matematico francese. È stato il pioniere, in Francia, delle matematiche applicate e industriali. — **Pierre-Louis L.**, *Grasse 1956*, matematico francese. Figlio di Jacques Louis, ha rinnovato l'approccio a modelli matematici generati da campi scientifici, economici e tecnici.

LIONS CLUBS INTERNATIONAL, associazione privata fondata nel 1917 a Chicago da M. Jones (1880-1961). Sorta con l'obiettivo di offrire servizi di assistenza e migliorare le condizioni di vita dell'umanità, att. conta su 46.000 club ca. sparsi in tutto il mondo. In Italia è presente dal 1951.

LIOTARD (Jean Étienne), *Ginevra 1702-1789*, pittore svizzero. Artista itinerante (Roma, Costantinopoli, Vienna, Parigi, Londra), fu autore di accurati ritratti a pastello.

LIOUVILLE (Joseph), *Saint-Omer 1809 - Parigi 1882*, matematico francese. Dimostrò l'esistenza dei numeri trascendenti (1851) e studiò le funzioni doppiamente periodiche.

LÍPARI, la principale isola delle Eolie (9300 ab.). Vulcanica, basa la propria economia su agriturismo, pesca e turismo balneare.

LIPATTI (Costantino, detto Dinu), *Bucarest 1917 - Ginevra 1950*, compositore e pianista romeno. Si distinse per la raffinatezza, la sensibilità e la precisione delle interpretazioni del repertorio romantico e classico.

LIPCHITZ (Jacob, detto Jacques), *Druskieniki 1891 - Capri 1973*, scultore francese di origine lituana. Stabilitosi dapprima in Francia (1909), poi negli Stati Uniti (1941), è passato dalla sintesi cubista a un potente lirismo.

LIPECK, c. della Russia, a S di Mosca; 469.353 ab. Impianti metallurgici.

LI PENG, *Chengdu 1928*, politico cinese. Primo ministro dal 1987 al 1998, fino al 2003 è stato il presidente dell'Assemblea nazionale del popolo.

LI PO → LI BO.

LIPOVANI, popolazione di origine slava della Romania (ca. 39.000 individui), stanziatasi principalmente nel delta del Danubio, dove vive tuttora attenendosi a un modello di vita tradizionale.

LIPPE, ant. principato, poi repubblica (1918) della Germania settentr., riunita nel 1947 al Land Renania Settentrionale-Westfalia.

LÌPPI (Fra Filippo), *Firenze 1406 ca. - Spoleto 1469*, pittore. Attivo in Toscana, fu autore di opere di intensa religiosità. Influenzato inizialmente dal Beato Angelico e da A. Mantegna (*Incoronazione della Vergine*, 1441-1445), approdò poi a un linguaggio visivo maturo e personale (tondo della *Madonna con bambino e due angeli*, 1465). — **Filippino L.**, *Prato 1457 - Firenze 1504*, pittore, figlio di Filippo. Associò a un delicato cromatismo i ritmi decorativi botticelliani (*Storie di san Filippo e san Giovanni*, 1487-1503, Cappella Strozzi, Firenze).

Filippo **LIPPI.** *Annunciazione, 1437-1441.* (*Basilica di S. Lorenzo, Firenze.*)

LIPPMANN (Gabriel), *Hollerich, Lussemburgo, 1845 - in mare 1921*, fisico francese. Studiò i fenomeni elettrocapillari, la reversibilità del fenomeno piezoelettrico del quarzo e inventò un procedimento di interferenza nella fotografia a colori. (Premio Nobel 1908.)

LIPPONEN (Paavo Tapio), *Turtola 1941*, politico finlandese. Presidente del Partito socialdemocratico dal 1993, è primo ministro dal 1995.

LIPSCHITZ (Rudolph Otto Sigismund), *Königsberg 1832 - Bonn 1903*, matematico tedesco. Si occupò della teoria dei numeri, del calcolo delle variazioni e delle equazioni differenziali, formulando la cosiddetta "condizione di L.".

LIPSCOMB (William Nunn), *Cleveland, Ohio, 1919*, chimico statunitense. Ha elaborato una teoria sulla natura dei legami chimici. (Premio Nobel 1976.)

LIPSET (Seymour Martin), *New York 1922*, sociologo statunitense. Si è interessato principalmente alla sociologia politica e allo studio delle strutture sociali (*L'uomo e la politica*, 1960).

LÌPSIA, in ted. **Leipzig**, c. della Germania (Sassonia), sull'Elster; 489.532 ab. Università. Fiera internazionale. Centro industriale. — Chiesa gotica di S. Tommaso; ant. municipio. Musei.

LÌPSIA (battàglia di) (16-19 ott. 1813), sconfitta subita da Napoleone a opera di una coalizione formata da russi, austriaci, prussiani e guidata dal generale J.-B.-J. Bernadotte. La battaglia aprì agli alleati le porte del territorio francese.

LÌPSIO (Giùsto), in fiamm. Joost **Lips**, *Overijse, Brabante, 1547 - Lovanio 1606*, umanista fiammingo. Si fece luterano, salvo poi riconvertirsi al cattolicesimo; nel *De constantia* (1583) espose una filosofia d'ispirazione stoica.

LÌRI, f. dell'Abruzzo e del Lazio; 120 km. Nasce dai Monti Simbruini, percorre la Val Roveto e, unendosi con il f. Gari, forma il Garigliano.

LISÀNDRO, *m. nel 395 a.C.*, generale spartano. Sconfisse gli ateniesi presso la foce dell'Egospotami (405 a.C.) e conquistò Atene (404).

LISBÒNA, in port. *Lisboa*, cap. del Portogallo, sulla foce del Tago; 559.248 ab. (3.826.000 ab. nell'agglomerato). Porto e centro industriale. — Fondata dai fenici, L. fu dominio dei mori dal 716 al 1147. Capitale del Portogallo dal XIII sec., conobbe nel corso del XV sec. una favolosa prosperità legata all'attività marittima e coloniale del Portogallo. Fu devastata da un terremoto nel 1755 e ricostruita da S. Pombal. Il suo centro storico è stato gravemente danneggiato nel 1988 da un grande incendio. — Cattedrale in parte romanica (XII sec.); torre di Belém, sul Tago, e monastero dei Jerónimos, in stile tipicamente manuelino (inizio del XVI sec.); piazza del Commercio (fine del XVIII sec.). Numerosi e importanti musei.

LI SHIH-MIN → TANG TAIZONG.

LÌSI (Nicòla), *Scarperia 1893 - Firenze 1975*, scrittore. Ha focalizzato la sua narrativa sulla semplicità della società rurale, filtrata da un forte sentimento religioso. Tra le opere, *Favole* (1933), *Diario di un parroco di campagna* (1942), *Parlata dalla finestra di casa* (1973).

LÌSI (Espèria **Pieralisi**, detta Virna), *Ancona 1937*, attrice cinematografica. Tra le sue interpretazioni, *La donna del giorno* (1957), *Signore e signori* (1966), *La cicala* (1980), *La regina Margot* (1994, Palma d'oro a Cannes), *Va' dove ti porta il cuore* (1995). Ha lavorato in numerosi sceneggiati televisivi di successo.

LÌSIA, *440 ca. a.C. - 380 ca. a.C.*, oratore ateniese. Fu oppositore dei Trenta tiranni. Il suo stile oratorio è considerato un modello di atticismo.

LISIČANSK, c. dell'Ucraina; 127.000 ab. Carbone. Siderurgia.

LISIEUX, c. della Francia, capol. del dip. Calvados; 24.080 ab. Cattedrale del XII-XIII sec. — Pellegrinaggio al santuario di S. Teresa.

LISÌMACO, *Pella 360 ca. - Corupedio, Lidia, 281 a.C.*, re della Tracia. Generale di Alessandro Magno, nel 306 si proclamò re. Fu ucciso da Seleuco I Nicatore.

LISÌPPO, *Sicione 390 ca. a.C.*, scultore greco. Attento alla resa plastica del movimento e della muscolatura degli atleti, diede un importante contributo al superamento del canone di Policleto; in part., con l'*Apoxyómenos* (copia romana al Museo Pio Clementino) creò le premesse per la concezione ellenistica del corpo maschile.

LISPECTOR (Clarice), *T'ecelmik, Ucraina, 1925 - Rio de Janeiro 1977*, scrittrice brasiliana. I suoi racconti destrutturano sintassi, ordine cronologico e personaggi nel tentativo di rendere l'urgenza dei sentimenti inespressi (*La passione secondo G. H.*).

LÌSSA, in serbo-croato **Vis**, isola dell'Adriatico; capol. *Lissa*. — **Battaglia di Lissa** (20 lug. 1866), battaglia della terza guerra d'indipendenza, nella quale la flotta italiana fu sconfitta da quella austriaca.

LISSAJOUS (Jules), *Versailles 1822 - Plombières-lès-Dijon 1880*, fisico francese. Studiò la composizione dei movimenti vibratori attraverso un procedimento ottico che permise di ottenere le curve che portano il suo nome.

LISSITZKIJ (Lazar, detto **El**), *Potchinok, reg. di Smolensk, 1890 - Mosca 1941*, pittore, designer e teorico sovietico. Adepto del suprematismo di K. Malevič, raggiunse il successo cimentandosi in molteplici attività (illustrazione e tipografia, architettura, scenografia ecc.).

LISSÓNE, com. in prov. di Milano; 34.263 ab. Industrie del mobile, alimentari, tessili e delle materie plastiche.

LIST (Friedrich), *Reutlingen 1789 - Kufstein 1846*, economista tedesco. Fu uno dei primi a concepire l'idea di unione doganale (*Zollverein*) e appoggiò il protezionismo, garante della ripresa economica.

LISTER (Joseph, barône), *Upton, Essex, 1827 - Walmer, Kent, 1912*, chirurgo britannico. Introdusse l'asepsi in chirurgia.

LISZT (Franz), *Doborján, att. Raiding, Austria, 1811 - Bayreuth 1886*, compositore e pianista ungherese. Virtuoso incomparabile, rinnovò la tecnica pianistica e il campo dell'armonia. Compose poemi sinfonici (*Preludi*, 1854), la sinfonia *Faust* (1857), una grande sonata, 12 *Studi di esecuzione trascendente* e 19 *Rapsodie ungheresi* per piano, diversi oratori (*Christus*), messe e pezzi per organo.

■ *Franz Liszt. (Museo civico, Bologna.)*

LI TANG, *Hoyang, Henan, 1050 ca. - reg. di Hangzhou dopo il 1130*, pittore cinese. La sua opera conciliò la visione austera del N con quella più intima e lirica del S, influenzando profondamente gli artisti successivi.

LITTAU, com. della Svizzera (cant. di Lucerna); 15.699 ab.

LITTLE NEMO, personaggio dei fumetti (1905) e dei cartoni animati (1911) creato da Winsor McCay. L. N. è un ragazzino che, in sogno, vive una serie di strabilianti avventure.

LITTLE RICHARD (Richard **Penniman**, detto), *Macon, Georgia, 1935*, cantante rock e pianista statunitense. Influenzato dal rhythm-'n-blues dei neri, è uno dei pionieri del rock (*Tutti Frutti*).

LITTLE ROCK, c. degli Stati Uniti, cap. dell'Arkansas; 183.133 ab. Bauxite.

LITTRÉ (Émile), *Parigi 1801-1881*, lessicografo francese. Positivista, discepolo di A. Comte, è autore di un monumentale *Dizionario della lingua francese* (4 voll. e 1 suppl., 1863-1873).

■ *Émile Littré.*

LITUÀNIA, in lituan. *Lietuva*, Stato dell'Europa orient., sul Baltico; 65.000 km²; 3.689.000 ab. (*lituani*). CAP. *Vilnius*. LINGUA: *lituano*. MONETA: *litas*.

GEOGRAFIA – È il più meridionale, il più vasto e il più densamente popolato degli Stati baltici; i

LISIPPO. *Apoxyómenos, 330 ca. a.C.*
(Copia romana, Museo Pio Clementino, Vaticano.)

LISBONA. *Un vecchio quartiere con la cattedrale, a destra.*

Lituania

★ importante località turistica

100   200 m

━━ autostrada
━━ strada normale
━━ ferrovia
✈ aeroporto

● più di 500.000 ab.
● da 100.000 a 500.000 ab.
● da 50.000 a 100.000 ab.
• meno di 50.000 ab.

suoi abitanti sono per l'80% di ceppo lituano, mentre i russi rappresentano solo una ristretta minoranza. La L., affacciata sul Baltico, è un paese pianeggiante, dal clima fresco e umido, la cui economia si basa sull'agricoltura (soprattutto cerealicola) e sull'allevamento (bovini e suini). Non mancano le industrie (costruzioni meccaniche ed elettriche), che tuttavia risentono dalla carenza di materie prime, e in part. del deficit energetico.

STORIA – **v sec. ca.**: le tribù balto-slave della regione si organizzano per opporsi alle invasioni scandinave. **Verso il 1240**: Mindaugas fonda il granducato di L; **Seconda metà del XIII sec.** - **XIV sec.**: tale Stato combatte contro i cavalieri teutonici ed estende il proprio dominio sui principati russi sud-occ., in part. sotto la guida di Gedimino (1316-1341). **1385-1386**: la L. si allea alla Polonia; il granduca di L. Jagellone diventa re di Polonia assumendo il nome di Ladislao II (1386-1434) e il paese abbraccia il cattolicesimo. **1392-1430**: con Vytautas, che governa il granducato sotto la sovranità del cugino Ladislao II, la L. si espande fino al Mar Nero. **1569**: la dieta di Lublino crea lo Stato polacco-lituano. **1795**: la maggior parte del paese viene annessa all'impero russo. **1915-1918**: la L. viene occupata dai tedeschi. **1918**: dichiarazione d'indipendenza. **1920**: riconoscimento da parte della Russia sovietica. **1940**: come stabilito dall'accordo russo-tedesco, annessione del territorio all'URSS. **1941-1944**: occupazione tedesca. **1944**: la L. torna a essere una repubblica sovietica. **1948-1949**: ogni forma di resistenza viene duramente repressa dall'URSS. **1990**: proclamazione dell'indipendenza del paese, sotto la guida di Vytautas Landsbergis. **1991**: in seguente viene riconosciuta da parte dell'URSS e della comunità internazionale. **1993**: Algirdas Brazauskas, appoggiato da V. Landsbergis, viene eletto presidente della repubblica a suffragio universale; **1998**: gli succede Valdas Adamkus. **2000**: le elezioni assegnano la vittoria a una coalizione socialdemocratica. **2003**: diventa presidente della repubblica Rolandas Paksas.

LITVINOV (Maksim Maksimovič), *Bialistock 1876 - Mosca 1951*, politico sovietico. Commissario del popolo per gli esteri (1930-1939), tentò un avvicinamento agli Stati Uniti e alla Francia (1935) per lottare contro il nazifascismo. Stalin lo sostituì con Molotov nel 1939.

LIU SHAOQI o **LIU SHAO-CHI**, *Hunan 1898-1969 ?*, politico cinese. Membro del PCC a partire dal 1921, presidente della repubblica (1959), fu incarcerato durante la rivoluzione culturale cinese (1969). È stato riabilitato nel 1979.

LIUTPRÀNDO, *m. nel 744*, re dei longobardi (712-744). Occupò Ravenna (732-733) e assediò Roma.

LIVÈNZA, f. dell'Italia nord-orient.; 115 km. Nasce dal Monte Cavallo, bagna Sacile e sfocia nel Mar Adriatico presso Caorle.

LIVERPOOL, c. della Gran Bretagna (Inghilterra), sull'estuario del f. Mersey; 448.300 ab. Porto. Centro industriale (in declino). – Musei.

LÌVIA DRUSÌLLA, *58 a.C. - 29 d.C.*, sposa di Augusto. Da un matrimonio precedente ebbe Tiberio e Druso. Fece adottare Tiberio da Augusto.

LIVÌGNO, com. in prov. di Sondrio; 4959 ab. Turismo estivo e invernale. Commercio, grazie alla sua condizione di zona franca.

LIVINGSTONE (David), *Blantyre, Scozia, 1813 - Chitambo, Zambia, 1873*, esploratore britannico. Missionario protestante, nel 1849 intraprese una serie di viaggi in Africa centrale e australe. Con H.M. Stanley, tentò invano l'esplorazione delle sorgenti del Nilo. Denunciò lo schiavismo.

■ *David Livingstone.*

LIVING THEATRE, gruppo teatrale statunitense, creato nel 1951 da Julian Beck e Judith Malina, che praticò una forma di espressione del corpo simile all'*happening*, basata sul lavoro collettivo (*Paradise Now*, 1968).

LÌVIO (Tito) → TITO LIVIO.

LÌVIO ANDRONÌCO, *280 ca. - 207 a.C.*, poeta latino. Tradusse in latino, in versi saturni, l'*Odissea* e fu il primo autore latino a scrivere commedie e tragedie di intreccio greco, dando un importante contributo allo sviluppo del teatro a Roma.

LIVÒNIA, reg. storica compresa tra il Baltico, il corso della Dvina Occidentale e il Lago Peipus (territorio corrispondente alle att. Lettonia ed Estonia). Fu governata dal 1237 al 1561 dai cavalieri teutonici (ordine livoniano).

LIVÓRNO, c. della Toscana, capol. di prov., sul Mar Tirreno; 161.673 ab. (*livornesi*). Importante porto. Cantieri navali. Centro industriale (stabilimenti siderurgici, chimici, metalmeccanici, alimentari). Raffinerie di petrolio. – Inizialmente villaggio di pescatori, nel 1530 passò ai Medici che decisero di farne il porto più importante dello Stato mediceo. Nel XVII-XVIII sec. divenne un importante emporio, ma dopo il 1860 decadde. – Duomo (1594); Fortezza Vecchia (1521-1534) di A. da Sangallo e Fortezza Nuova (1590) di B. Buontalenti. – La provincia si estende lungo una stretta fascia costiera sul Tirreno e comprende le isole d'Elba, Capraia, Pianosa, Montecristo, Gorgona. Agricoltura, allevamento, turismo. Centri principali: Piombino, Portoferraio.

LIVÓRNO FERRÀRIS, com. in prov. di Vercelli; 4430 ab. È così chiamato in onore di G. Ferraris, che vi nacque. Agricoltura (foraggi). Industrie alimentari e del legno.

LI XIANNIAN, *Huang'an, Hubei, tra il 1905 e il 1909 - Pechino 1992*, generale e politico cinese. Fu presidente della repubblica dal 1983 al 1988.

LIZZÀNI (Càrlo), *Roma 1922*, regista cinematografico. Tra i suoi film, *Achtung! Banditi!* (1951), *Cronache di poveri amanti* (1954), *La vita agra* (1964), *Banditi a Milano* (1968), *Mussolini: ultimo atto* (1974), *Fontamara* (1980), *Celluloide* (1996), *Operazione Appia antica* (2003).

LJAHOV (Ìsole), arcipelago russo, nel Mar Glaciale Artico.

LJUBERTZY, c. della Russia, sobborgo di Mosca; 165.295 ab.

LLANO ESTACADO, arido altopiano degli Stati Uniti, nel Texas occ.

LLEIDA, in sp. *Lérida*, c. della Spagna (Catalogna), capol. di prov.; 112.194 ab. Maestosa cattedrale romanico-gotica e altri monumenti.

LLÍVIA, centro della Spagna; 12 km²; 1013 ab. Enclave spagnola nei Pirenei francesi.

LLOBREGAT, f. della Spagna (Catalogna), che sfocia nel Mediterraneo; 170 km.

LLOYD (Harold), *Burchard, Nebraska, 1893 - Hollywood 1971*, attore cinematografico statunitense. Ha incarnato uno dei personaggi più popolari della scuola comica americana, il giovane timido e impacciato nascosto dietro grossi occhiali con la montatura di tartaruga (*Preferisco l'ascensore*, 1923).

LLOYD GEORGE (David), 1° cónte **Lloyd-George di Dwyfor**, *Manchester 1863 - Llanystumdwy 1945*, politico britannico. Capo dell'ala radicale del Partito liberale, si fece promotore di una serie di riforme sociali che poté mettere in atto quando divenne cancelliere dello scacchiere (1908-1915); approvò una legge che limitava il potere della camera dei lord (1911). Durante la prima guerra mondiale fu dapprima ministro degli armamenti, poi della guerra e infine capo di un gabinetto di coalizione (1916-1922). Ebbe un ruolo importante nei negoziati di pace di Versailles (1919). Nel 1921 riconobbe lo Stato libero d'Irlanda.

■ *Lloyd George.*

LLOYD'S, la più antica società nel campo delle assicurazioni. Nata a Londra intorno al 1688, divenne ufficialmente "corporazione dei L." nel 1871.

LLOYD'S REGISTER OF SHIPPING, la più importante società di classificazione navale, fondata a Londra nel 1760.

LOACH (Kenneth, detto Ken), *Nuneaton, presso Warwick, Warwickshire, 1936*, regista cinematografico britannico. Nei suoi film affronta tematiche sociali (*Kes*, 1969; *Family life*, 1971; *Riff Raff*, 1991; *Piovono pietre*, 1993; *Ladybird Ladybird*, 1994; *My Name is Joe*, 1998; *Bread and Roses*, 2000; *Paul, Mick e gli altri*, 2001; *Sweet Sixteen*, 2002) e questioni storiche (*Terra e libertà*, 1995).

LOANGO, ant. regno bantu dell'Africa centrale, fondato nel XVI sec. dai vili. La tratta degli schiavi e il commercio dell'avorio gli assicurarono un periodo di prosperità economica nel XVII-XVIII sec.

LOÀNO, com. in prov. di Savona, sulla riviera di ponente; 11.178 ab. Turismo balneare. Palazzo dei Doria (1574-1578). Convento di Monte Carmelo (XVII sec.).

LOBAČEVSKIJ (Nikolaj Ivanovič), *Nižnij Novgorod 1792 - Kazan' 1856*, matematico russo. Parallelamente a J. Bolyai, elaborò una nuova geometria non euclidea, detta "iperbolica".

LOBI, popolazione del Burkina sud-orient. e della Costa d'Avorio settentr. (ca. 700.000 individui). Essi vivono in particolari abitazioni, di cui non si conosce l'origine, le cui pareti sono costituite da imponenti muri in mattoni di fango. Parlano una lingua voltaica.

LOBITO, c. dell'Angola, sull'Atlantico; 150.000 ab. Porto.

LOBO ANTUNES (António) → ANTUNES (António Lobo).

LOCANDIÈRA (La), commedia in tre atti di C. Goldoni, rappresentata nel 1753. La protagonista Mirandolina, graziosa e civettuola, è corteggiata dal marchese di Forlimpopoli e dal conte d'Albafiorita, ma è ignorata dal misogino cavaliere di Ripafratta. Grazie alle sue doti riesce a conquistare anche quest'ultimo, ma raggiunto il suo obiettivo decide di sposare il cameriere Fabrizio.

LOCÀRNO, c. della Svizzera (Ticino), sul Lago Maggiore, ai piedi delle Alpi; 14.465 ab. Stazione turistica. – Festival cinematografico internazionale. – Castelli, in particolare del XV-XVI sec., chiese medievali e barocche. – **Patti di Locarno** (1925), accordi firmati da Italia, Francia, Belgio, Gran Bretagna e Germania, con cui erano riconosciute le frontiere dei paesi firmatari e per mezzo dei quali si mirava a stabilire una pace duratura in Europa. Dopo i P. di L. la Germania poté essere ammessa nella Società delle Nazioni (1926).

LO CÀSCIO (Luigi), *Palermo 1967*, attore teatrale e cinematografico. Dopo una lunga esperienza teatrale si è avvicinato al cinema, interpretando film di grande impatto sociale. Tra gli altri, *I cento passi* (2000), *Luce dei miei occhi* (2001, Coppa Volpi a Venezia), *La meglio gioventù* (2003), *Buongiorno, notte* (2003).

LOCATÈLLI (Piètro Antònio), *Bergamo 1695 - Amsterdam 1764*, compositore e violinista. Allievo di A. Corelli, si trasferì ad Amsterdam, dove fu concertista (tra i più audaci virtuosi del tempo) e scrisse sonate e concerti (*Arte del violino*, 1733).

LOCATÈLLI (Ùgo), *Toscolano Maderno 1916-1993*, calciatore. Con la nazionale vinse il campionato del mondo del 1938 in Francia e la medaglia d'oro alle Olimpiadi di Berlino del 1936. Vinse 2 scudetti con l'Ambrosiana-Inter e 1 Coppa Italia con la Juventus.

LÒCCHI (Vittòrio), *Figline Valdarno 1889 - Mar Egeo 1917*, scrittore. Partecipò alla prima guerra mondiale, prima sull'Isonzo, quindi al largo della Grecia, dove trovò la morte. Scrisse il poema patriottico *Sagra di Santa Gorizia* (1917), in occasione della conquista dell'omonima città.

LOCHNER (Stephan), *Meersburg 1410 ca. - Colonia 1451*, pittore tedesco, fu tra i celebri tra i maestri della scuola di Colonia. Le sue opere, in stile gotico, sono caratterizzate da grande delicatezza e maestosità.

LOCKE (John), *Wrington, Somerset, 1632 - Oates, Essex, 1704*, filosofo inglese. Primo esponente dell'empirismo anglosassone, tentò di dimostrare che l'esperienza sensibile raggiunge il presupposto delle idee e delle conoscenze (*Saggio sull'intelletto umano*, 1690). Promotore del liberalismo politico, riteneva che la società fosse fondata sul consenso comune e che i sovrani dovessero essere i depositari del patto sociale (*Lettere sulla tolleranza*, 1689).

LOCKYER (sir Joseph Norman), *Rugby, Warwickshire, 1836 - Salcombe Regis, Devon, 1920*, astronomo britannico. Scoprì la cromosfera del Sole e, parallelamente a P. Janssen, nel 1868 individuò, attraverso l'analisi spettrale della cromosfera, la presenza di un nuovo elemento allora sconosciuto sulla Terra, l'elio. Fondò la rivista *Nature* (1869).

LOCOROTÓNDO, com. in prov. di Bari, nella Murgia dei trulli; 14.184 ab. Agricoltura (ortaggi, cereali, uva). Industrie enologiche. Chiesa madre di S. Giorgio (XVIII sec.).

LÒCRI, com. in prov. di Reggio di Calabria; 12.695 ab. Agricoltura (agrumi, olive). Pesca. Turismo balneare. Nei dintorni, rovine dell'ant. Epizefiri.

LÒCRIDE, ant. reg. della Grecia continentale. Era divisa in L. orient., sul Mar Egeo, nella zona costiera del Golfo di Lamia, e L. occ., sul Golfo di Corinto.

LOCÙSTA, *m. nel 68 d.C.*, matrona romana. Avvelenò Claudio su incarico di Agrippina, e Britannico per conto di Nerone. Fu fatta uccidere da Galba.

LOD o **LYDDA**, c. di Israele; 45.500 ab. Aeroporto di Tel Aviv-Giaffa.

LÒDI, c. della Lombardia, capol. di prov., situata sulla destra dell'Adda; 41.319 ab. (*lodigiani*). Mercato agricolo; allevamento bovino. Industrie casearie, tessili, metalmeccaniche e chimiche. — Il nucleo originale era un'ant. colonia romana (att. **L. Vecchio*), distrutta dai milanesi nel 1100. Fatta ricostruire da Barbarossa, L. passò ai Visconti (1335-1447) e nel 1449 fu unita a Milano. Il 10 mag. 1796, sconfiggendo gli austriaci nei pressi di L., Napoleone si assicurò il controllo sulla Lombardia. — Tra i monumenti, il Broletto (XIII sec.) e le chiese di S. Francesco (XIII-XIV sec.) e dell'Incoronata (fine del XV sec.). — Nella provincia, che si estende nella Pianura Padana, si praticano l'agricoltura (cereali) e l'allevamento bovino. — **Pace di Lodi** (9 apr. 1454), pose fine alla guerra di successione per il ducato di Milano, che andò agli Sforza, e fissò i nuovi confini della Repubblica di Venezia. La p. di L. segnò l'inizio di un periodo di equilibrio tra gli Stati italiani.

LÒDI (Màrio), *Vho di Piadena 1922*, scrittore per l'infanzia. Attivo anche nel campo didattico, ha introdotto un nuovo metodo di insegnamento, alternativo alla scuola di tipo nozionistico. Tra le opere, *Cipì* (1961), *Il paese sbagliato* (1970), *Il soldatino del pim pum pà* (1974), *La scuola e i diritti del bambino* (1983).

LÒDI VÈCCHIO, com. in prov. di Lodi; 6432 ab. Sorge sul luogo dell'ant. c. romana *Laus Pompeia*. Basilica di S. Bassiano (378, riedificata nel'VIII sec.).

LÒDOLI (Càrlo), *Venezia 1690 - Padova 1761*, teorico dell'architettura. Fu tra i promotori di una concezione funzionale dell'architettura, legata a esigenze razionaliste proprie dell'Illuminismo. Le sue teorie furono trascritte da A. Memmo in *Elementi di architettura lodoliana* (1786).

LÒDOLI (Màrco), *Roma 1956*, scrittore. Ha esordito nel 1986 con *Diario di un millennio che fugge*, diventando uno degli esponenti di spicco della nuova narrativa italiana. Tra le altre opere, *Ponte Milvio* (1988), *Il grande raccordo* (1989), *Crampi* (1992), *Grande circo invalido* (1993), *Fiori* (1999), *I professori e altri professori* (2003).

ŁÓDŹ, c. della Polonia, capol. di voivodato; 800.110 ab. Centro tessile. — Museo d'arte moderna.

LOESCHER, casa editrice fondata nel 1861 a Torino dall'editore e antiquario tedesco Hermann L. (Lindenau 1831 - Torino 1892). Distintasi nella pubblicazione di classici latini e greci, in seguito ha orientato la sua produzione verso l'editoria scolastica e le opere di consultazione.

LOEWI (Otto), *Francoforte 1873 - New York 1961*, farmacologo tedesco. Ha studiato l'effetto di alcune sostanze (acetilcolina, adrenalina) sul sistema nervoso autonomo. (Premio Nobel per la medicina 1936.)

LOEWY (Raymond), *Parigi 1893 - Monaco 1986*, designer statunitense di origine francese. Nel 1919 si è trasferito negli Stati Uniti, dove ha curato il design dei prodotti più disparati (dal pacchetto di sigarette all'automobile e alla navicella spaziale), cercando di conciliare estetica e funzionalità.

LOFOTEN (Ìsole), arcipelago lungo le coste della Norvegia; 1425 km^2; 25.000 ab. Pesca.

LOGAN (Mónte), la vetta più elevata del Canada (Yukon), al confine con l'Alaska; 5959 m.

LÒGICA DELLA SCOPÈRTA SCIENTÌFICA (La), opera di K. Popper (1935), in cui si afferma che la falsificabilità costituisce la caratteristica distintiva delle teorie scientifiche.

LÒGICA DI PORT-ROYAL, titolo con cui è generalmente nota l'opera *Logica o arte del pensare* di A. Arnauld e P. Nicole (1652). In questo testo la logica è posta in relazione con la grammatica, che costituisce la struttura del linguaggio.

LOGONE, f. dell'Africa, affl. di sinistra del Chari; 900 km.

LOGROÑO, c. della Spagna, capol. della prov. di La Rioja, sull'Ebro; 128.493 ab. Chiese del XII-XVIII sec.

LOGUDÒRO, reg. storica della Sardegna nord-occ. È compresa tra l'Anglona e i gruppi montuosi del Marghine e del Goceano. In prevalenza montuosa, è attraversata dal Rio Mannu.

LOHENGRIN, eroe di una leggenda germanica collegata al ciclo dei romanzi cortesi sulla ricerca del Graal. Il cavaliere L., figlio di Parsifal, sposa la principessa Elsa di Brabante, facendosi giurare che non gli saranno mai poste domande circa le sue origini. La moglie però viola il patto e L. se ne va, sulla navicella tirata da un cigno con cui era giunto. — R. Wagner si ispirò a questa leggenda per l'omonima opera (1850), di cui scrisse libretto e musica.

LÒI (Duìlio), *Trieste 1929*, pugile. Campione del mondo dei pesi welter junior nel 1960, è stato anche campione europeo dei pesi leggeri (1954) e welter (1959). Si è ritirato nel 1963.

LÒI (Frànco), *Genova 1930*, poeta. Ha composto liriche in dialetto milanese, con uno stile intessuto di contaminazioni lessicali e sperimentazioni linguistiche. Tra le raccolte, *I cart* (1973), *Poesie d'amore* (1974), *Teater* (1978), *Bach* (1986), *Umber* (1993), *Verna* (1998).

LÒIRA, il più lungo f. della Francia, che nasce nel Massiccio Centrale sud-orient. e sfocia nell'Atlantico con un estuario; 1020 km. Bagna, tra le altre c., Orléans e Tours, e riceve le acque dei f. Cher, Indre, Vienne e Maine. La L. ha regime irregolare ed è navigabile solo a valle di Nantes.

LÒIRA (castèlli della), dimore reali, signorili o borghesi edificate lungo la Loira alla fine del Medioevo e durante il Rinascimento. I principali sorgono a Saumur, Langeais, Azay-le-Rideau, Villandry, Amboise, Chenonceaux, Chaumont, Blois, Chambord e Valençay.

LOIRE, dip. della Francia, nella reg. Rodano-Alpi; capol. *Saint-Étienne*; 4781 km^2; 728.524 ab. In parte montuoso e in parte pianeggiante, vi si praticano allevamento bovino e agricoltura (cereali, foraggi). Industrie metallurgiche nei pressi del capoluogo.

LOIRE-ATLANTIQUE, dip. della Francia, nella reg. Paesi della Loira; capol. *Nantes*; 6815 km^2; 1.134.266 ab. Agricoltura (grano, foraggio). Industrie lungo il basso corso della Loira (metallurgia, cantieri navali, raffinerie di petrolio).

LOIRET, dip. della Francia, nella reg. Centro; capol. *Orléans*; 6775 km^2; 618.126 ab. Sfruttamento del legname nella foresta di Orléans. Oltre all'agricoltura (cereali, frutta, legumi), un ruolo importante ha l'industria, in costante crescita.

LOIR-ET-CHER, dip. della Francia, nella reg. Centro; capol. *Blois*; 6343 km^2; 314.968 ab. Agricoltura, soprattutto nella valle della Loira (vivai, frutticoltura, legumi). Industrie automobilistiche, alimentari, aeronautiche e di prodotti farmaceutici. Turismo legato ai castelli.

LOISY (Alfred), *Ambrières 1857 - Ceffonds 1940*, sacerdote e filosofo francese. Auspicò l'apertura della Chiesa alle varie fedi e il superamento delle divisioni confessionali. Fu scomunicato per le sue concezioni moderniste.

LOKEREN, c. del Belgio (Fiandra Orientale); 36.532 ab. Monumenti, soprattutto del XVIII sec.

LOLÌTA, romanzo di V. Nabokov (1955). È la storia della passione di un quarantenne per L., una perversa ninfetta. S. Kubrick si è ispirato al romanzo per l'omonimo film (1962).

LOLLAND, isola della Danimarca, nel Mar Baltico, collegata all'Isola di Falster da due ponti; 1243 km^2; 82.000 ab.; capol. *Maribo* (cattedrale, cappella conventuale del XV sec.).

LOLLOBRÌGIDA (Gina), *Subiaco 1927*, attrice cinematografica. Ha riscosso successo internazionale come incarnazione della donna vivace e affascinante e come simbolo della bellezza sensuale (*Fanfan la Tulipe* e *Le belle della notte*, 1952; *Pane amore e fantasia*, 1953; *La romana* 1954; *Torna a settembre*, 1961; *Un bellissimo novembre*, 1969).

LOMAS DE ZAMORA, c. dell'Argentina, sobborgo di Buenos Aires; 572.769 ab.

LOMBARD (Jane Alice **Peters**, detta Carole), *Fort Wayne 1908 - Las Vegas 1942*, attrice cinematografica statunitense. Fu interprete della commedia sofisticata hollywoodiana. Tra le sue interpretazioni, *Ventesimo secolo* (1934), *La moglie bugiarda* (1937), *Il signore e la signora Smith* (1941), *Vogliamo vivere!* (1942). Morì tragicamente in un incidente aereo.

LOMBÀRDI (Riccàrdo), *Regalbuto 1901 - Roma 1984*, politico. Membro di Giustizia e Libertà, del Partito d'azione e del CLN, partecipò alla Resistenza. Prefetto di Milano (1945), entrò nel Partito socialista, del quale, dopo la scissione del 1969, guidò la corrente di sinistra.

LOMBARDÌA, reg. dell'Italia settentr., confinante a N con la Svizzera, a NE con il Trentino-Alto Adige, a E con il Veneto, a S con l'Emilia-Romagna, a O con il Piemonte; 23.859 km^2; 8.922.463 ab. (*lombardi*). 11 province: *Milano* (capol. di reg.), *Bergamo, Brescia, Como, Cremona, Lecco, Lodi, Mantova, Pavia, Sondrio, Varese*. [*V. carta a pagina seguente.*]

ASPETTI FISICI – La regione è caratterizzata da rilievi che digradano da N a S. Si possono distinguere tre zone principali: una montana (Alpi Lepontine, Retiche e Orobie, Prealpi Lombarde), incisa dalla Valtellina e dalla Valcamonica, una collinare (Varesotto, Brianza) e una pianeggiante (Pianura Padana). La L. è particolarmente ricca di bacini lacustri di origine morenica (Lago Maggiore, Lago di Como, Lago d'Iseo, parte del Lago di Garda). I fiumi principali sono affluenti di sinistra del Po (Adda, Oglio, Ticino). Il clima è semicontinentale, con estati afose e nebbie frequenti nella stagione fredda.

POPOLAZIONE – La L. è la regione più popolosa d'Italia e la seconda per densità (373,9 ab. per km^2). La popolazione è insediata prevalentemente nella fascia collinare e pianeggiante, in part. nella provincia di Milano. La progressiva riduzione del tasso di natalità ha portato a un saldo naturale negativo (– 0,4‰). Significativa la presenza di immigrati provenienti dai paesi europei ed extraeuropei, pari al 23% del totale nazionale.

ECONOMIA – La L., tradizionalmente caratterizzata da una fiorente agricoltura, è stata la prima regione italiana, nel XIX sec., ad avviare un processo di modernizzazione e industrializzazione. Allo stato attuale è la regione più sviluppata del paese, soprattutto grazie alla produzione industriale e alla diffusione delle nuove tecnologie. Dal settore primario proviene soltanto l'1,9% dei redditi complessivi; l'agricoltura è praticata prevalentemente nella bassa pianura. Cereali (mais, riso), foraggi e frutta restano tuttora le coltivazioni più diffuse. Notevole la produzione vinicola dell'Oltrepò pavese e della Valtellina. L'allevamento bovino e suino è molto sviluppato nelle zone di Mantova e di Cremona. Le attività industriali (37,56% dei redditi), concentrate nell'area metropolitana milanese, si basano sia sulla piccola sia sulla media impresa e coprono sostanzialmente tutti i settori produttivi. Significativo lo sviluppo dell'industria siderurgica, petrolchimica, metalmeccanica, elettronica, informatica, farmaceutica, editoriale e alimentare. Milano, capitale dell'industria della moda, è anche la sede privilegiata delle strutture legate al terziario (60,54% dei redditi), tra cui spiccano gli enti

Lombardia

500 1000 1500 2000 3000 m

★ importante località turistica
⬤ oltre 100.000 ab.
⬤ da 50.000 a 100.000 ab.
⬤ da 10.000 a 50.000 ab.
• fino a 10.000 ab.

autostrada — ferrovia
strada normale ✈ aeroporto

---

pubblici, gli istituti di credito, i centri di ricerca tecnologica, le società informatiche e le agenzie pubblicitarie. Il turismo è favorito dall'alto livello delle strutture ricettive e si concentra nelle città d'arte, nelle stazioni sciistiche e climatiche.

STORIA – Dalle origini al XVII sec. La regione è ricca di tracce che testimoniano la presenza di civiltà del Mesolitico (Valcamonica), del Neolitico, dell'Età del bronzo e del ferro. **1200 a.C.**: si afferma la cultura di Golasecca. **V sec.**: la regione è invasa dai galli insubri, che fondano il nucleo della futura Mediolanum; **III sec.**: viene conquistata dai romani; Augusto spartisce il territorio tra le regioni *Venetia, Transpadana* ed *Emilia et Liguria*. **III sec. d.C.**: sotto l'imperatore Diocleziano Milano diviene sede imperiale; **IV sec.**: è uno dei centri principali del cristianesimo occidentale. **568**: la regione è occupata dai longobardi, che fanno di Pavia la propria capitale; **774-888**: fa parte dell'impero carolingio; **X-XI sec.**: dopo un periodo di anarchia feudale (predominio dei vescovi-conti), diviene il terreno ideale per lo sviluppo dei liberi comuni, che si oppongono alla dominazione germanica. **1176**: la Lega lombarda sconfigge a Legnano Federico Barbarossa. **XIII sec.**: sviluppo delle signorie. A Milano si affermano i Della Torre, a Bergamo i Colleoni, a Mantova i Bonacolsi. **XIV sec.**: i Visconti, subentrati a Milano ai Della Torre, creano uno Stato che include, oltre alla L., parte del Piemonte, Liguria, Emilia, Veneto e Canton Ticino. Mantova (1328) cade sotto il dominio dei Gonzaga, fiorenti fino al XVI sec. **XV-XVI sec.**: i possedimenti dei Visconti passano agli Sforza (1450-1535), ai quali subentrerà la dominazione spagnola; Venezia conquista le città di Bergamo, Brescia e Crema. **XVII sec.**: la regione attraversa una grave crisi demografica (legata alla diffusione della peste) ed economica.

Verso la modernità. 1706: il governo austriaco si insedia a Milano (nel 1707 a Mantova). Vengono attuate importanti riforme amministrative, che favoriscono lo sviluppo economico. **1797-1815**: la regione è parte integrante della repubblica cisalpina e poi del regno italico; **1815**: con la restaurazione torna agli Asburgo d'Austria; forma con Venezia il regno lombardo-veneto; **1859**: dopo l'esito vittorioso della seconda guerra d'indipendenza, entra a far parte del regno d'Italia.

LOMBÀRDO, famiglia di artisti rinascimentali. — **Pietro L.**, *Carona, Lugano, 1435 ca. - Venezia 1515*, scultore e architetto. Attivo soprattutto a Venezia, realizzò numerosi monumenti funebri e progettò la chiesa di S. Maria dei Miracoli (1481-1489), di cui eseguì anche le decorazioni marmoree. — **Tullio L.**, *1455 ca. - Venezia 1532*, figlio di Pietro, realizzò sculture di raffinato classicismo, tra cui la *Tomba di Guidarello Guidarelli*, a Ravenna.

LOMBÀRDO RADÌCE (Giusèppe), *Catania 1879 - Cortina d'Ampezzo 1938*, pedagogista. Partecipò alla riforma dei programmi scolastici di G. Gentile, il cui idealismo influenzò il suo pensiero. Tra le opere, *Lezioni di didattica* (1912), *Lezioni di pedagogia generale* (1916), *Il problema dell'educazione infantile* (1927).

LOMBÀRDO RADÌCE (Lùcio), *Catania 1916 - Bruxelles 1982*, matematico. Figlio di Giuseppe, antifascista e membro del Partito comunista, fondò la rivista *La riforma della scuola* (1955). Tra le opere, *L'educazione della mente* (1961), *Socialismo e libertà* (1968), *L'infinito* (1981).

LOMBÀRDO-VÈNETO (règno), regno comprendente i territori italiani assegnati all'Austria dal Congresso di Vienna (7 apr. 1815). Composto da una parte del Veneto, la Lombardia austriaca, il territorio ferrarese a N del Po e la Valtellina, era amministrato da un viceré. Il crescente malcontento nei confronti del dominio austriaco portò nel 1848 a violenti moti (Cinque giornate di Milano), e quindi al passaggio della Lombardia al Piemonte (1859) e del Veneto al regno d'Italia (1866).

LOMBOK, isola dell'Indonesia, che lo Stretto di L. separa da Bali; 5435 km²; 1.300.000 ab.

LOMBRÓSO (Césare), *Verona 1835 - Torino 1909*, medico e criminologo. Fondatore dell'antropologia criminale, stabilì una relazione tra determinati caratteri fisici e personalità criminale (*L'uomo delinquente*, 1876). Compì anche studi sulla follia (*Genio e follia*, 1864).

LOMÉ, cap. del Togo, sul Golfo di Guinea; 790.000 ab. Porto.

LOMÉ (convenzióne di), accordi di cooperazione e sostegno allo sviluppo firmati a L. nel 1975 e rinnovati nel 1979, 1984 e 1989 (detti L. I, II, III e IV) tra i paesi dell'UE e alcuni Stati dell'Africa, dei Caraibi e del Pacifico (detti paesi *ACP*). Alla c. di L. è subentrato nel 2000 un accordo di partenariato.

LOMELLÌNA, reg. della Lombardia sud-occ., compresa tra i f. Po, Ticino e Sesia. Pianura ricca di acque, che permettono la coltivazione di riso e foraggi. I centri principali sono Vigevano e Mortara.

LOMÈLLO, com. in prov. di Pavia; 2383 ab. Agricoltura (foraggi). Industrie tessili. Chiesa di S. Maria Maggiore (XI sec.), il maggior edificio preromanico dell'Italia settentr.

LOMÉNIE DE BRIENNE (Étienne **de**), *Parigi 1727 - Sens 1794*, sacerdote e statista francese. Arcivescovo di Tolosa (1763), come ministro delle finanze (1787) entrò in conflitto con la nobiltà, di cui aveva minacciato i privilegi, e nel 1788 dovette dimettersi.

LOMONOSOV (Michail Vasil'evič), *Denisovka, att. Lomonosovo, Arcangelo, 1711 - San Pietroburgo 1765*, scrittore e scienziato. Contribuì al rinnovamento della poesia e della lingua letteraria russa (*Grammatica russa*, 1755) e alla fondazione dell'Università di Mosca.

LONÀTO, com. in prov. di Brescia, sulla sponda occ. del Lago di Garda; 2383 ab. Agricoltura (cereali, frutta). Allevamento bovino. Nel 1796 le truppe napoleoniche vi sconfissero l'esercito austriaco.

LONDON, c. del Canada (Ontario); 325.646 ab. Centro finanziario. Industrie meccaniche ed elettriche.

LONDON (John Griffith, detto Jack), *San Francisco 1876 - Glen Ellen, California, 1916*, scrittore statunitense. Personalità contraddittoria, in bilico tra individualismo e ideali socialisti, scrisse molti romanzi d'avventura (*Il richiamo della foresta*, 1903; *Il lupo di mare*, 1904; *Zanna bianca*, 1905). Oppresso dai debiti e devastato dall'alcol, morì suicida.

■ *Jack London.*

LONDONDERRY, c. del Regno Unito (Irlanda del Nord), sul f. Foyle; 88.000 ab. Porto. Industrie tessili e chimiche. — Fortificazioni del XVII sec.

LÓNDRA, in ingl. **London**, cap. della Gran Bretagna, in Inghilterra, sul Tamigi; 2.349.900 ab. (*londinesi*) (6.378.600 ab. nella Grande L.). L'origine di L. è legata al fiume che la attraversa, che ha reso possibili gli scambi tra settore settentrionale e meridionale. La City, il cuore della città, ospita il centro degli affari; il West End, disseminato di parchi, resta in gran parte residenziale e l'East End, sede delle principali industrie, è stato valorizzato da un programma di riqualificazione delle aree sulle rive del Tamigi. Principale porto del paese, che in passato aveva soprattutto funzione di stoccaggio, mentre oggi svolge un ruolo di primo piano a livello regionale, L. è in primo luogo un'importante metropoli politica, finanziaria, culturale e industriale. All'espansione dell'agglomerato si è posto un freno, intorno al 1945, con la creazione di "città nuove", centri satelliti disposti attorno al nucleo urbano per un ampio raggio. — Centro di grande importanza strategica e commerciale della Britannia romana (*Londinium*), gravemente danneggiata dalle invasioni anglosassoni (V sec.), L. rinacque nel VII sec. come capitale del regno di Essex e sede vescovile (604). Contesa tra i re anglosassoni e danesi (X-XI sec.), nel XII sec. divenne la capitale del regno anglo-normanno. Ottenuta una carta comunale (1191) e diventata sede del parlamento (1258), si estese rapida-

LONDRA. *Piccadilly Circus.*

mente, grazie all'attività portuale e al fiorire della produzione dei tessuti (XV sec.). Nonostante le devastazioni causate dalla pestilenza del 1665 e dall'incendio del 1666, nel XVIII-XIX sec. lo sviluppo di L. conobbe una grande accelerazione e la città divenne la capitale internazionale della finanza e del commercio. Durante la seconda guerra mondiale fu gravemente danneggiata dai bombardamenti tedeschi. — Tra i monumenti più importanti, la Torre di L. (XI sec.), l'abbazia di *Westminster, la Banqueting House di Whitehall, la cattedrale di S. Paul (De Wren, fine del XVII sec.), il Palazzo di Westminster (parlamento, XIX sec.). Ricchi musei (*British Museum, *National Gallery, *Tate Britain e Tate Modern, *Victoria and Albert Museum ecc.) e teatri (Royal Opera House, al Covent Garden).

LONDRINA, c. del Brasile (Paraná); 446.822 ab.

LONGANÉSI (Leopóldo, detto Lèo), *Bagnacavallo 1905 - Milano 1957*, pittore, scrittore e editore. Fondatore del periodico *L'Italiano* (1926) e di *Omnibus* (1937), aderì al fascismo (*Vademecum del perfetto fascista*, 1926). Nel 1949 fondò a Milano la casa editrice omonima, e nel 1950 la rivista *Il borghese*. Tra le opere, *Parliamo dell'elefante* (1947), *La sua signora* (1957).

LONGARÓNE, com. in prov. di Belluno; 4138 ab. Situato allo sbocco della gola del Vajont, il 9 ott. 1963 fu distrutto in seguito all'alluvione provocata dal crollo di una frana nel bacino artificiale. La tragedia provocò 2000 vittime ca.

LONG BEACH, c. degli Stati Uniti (California), sobborgo di Los Angeles; 461.522 ab. Porto. Industrie aeronautiche.

LONGFELLOW (Henry Wadsworth), *Portland 1807 - Cambridge, Massachusetts, 1882*, poeta statunitense. È autore di liriche di ispirazione popolare, influenzate dalla cultura e dal romanticismo europei (*Evangelina*, 1847).

LONGHÈNA (Baldassàrre), *Venezia 1598-1682*, architetto e scultore. Attivo a Venezia, dopo la formazione come scultore si dedicò all'architettura, raggiungendo nei suoi edifici un nobile equilibrio tra dinamismo barocco ed eleganza palladiana (chiesa della Salute, a pianta centrale, 1631; Ca' Pesaro, 1650 ca.; chiesa degli Scalzi, 1660 ca.; Ca' Rezzonico, 1667).

LÒNGHI, famiglia di architetti di origine lombarda, attivi a Roma nel XVI-XVII sec. — **Martino L. il Vecchio**, *Viggiù 1534 - Roma 1591*. Progettò, tra gli altri, Palazzo Borghese a Roma e il cortile di S. Damaso in Vaticano. — **Onorio L.**, *Viggiù 1568 - Roma 1619*. Figlio del precedente, lavorò a Roma, in Toscana ed Emilia-Romagna. — **Martino L. il Giovane**, *Roma 1602 - Viggiù 1660*. Figlio di Onorio, operò tra manierismo e barocco, progettando la scala di Palazzo Ruspoli (1640) e la chiesa dei SS. Vincenzo e Anastasio (1646-1650).

LÒNGHI (Piètro Fàlca, detto Piètro), *Venezia 1702-1785*, pittore. Dipinse, con arguzia e ironia, scene familiari e di costume della Venezia dei suo tempo (*Mostra del rinoceronte*, Ca' Rezzonico, Venezia).

LÒNGHI (Robèrto), *Alba 1890 - Firenze 1970*, storico e critico d'arte. Fu una delle personalità più importanti nella critica d'arte del '900. Collaboratore di *La Voce* e *L'Arte*, direttore di *Vita Artistica*, *Pinacotheca* e *Paragone*, studiò i grandi artisti italiani del '300 e '400. Tra le opere, *Piero della Francesca* (1927), *Quesiti caravaggeschi* (1928-1929).

Pietro **LONGHI.** *Concerto familiare*, 1746.
(Brera, Milano).

LONGÍNO (sànto), *m. a Cesarea di Cappadocia*, martire del I sec. La leggenda vuole che, centurione romano, si convertisse al cristianesimo dopo aver trafitto con la lancia il costato di Cristo in croce.

LONG ISLAND, isola sulla quale sorgono due quartieri di New York: Brooklyn e Queens.

LONGMEN, grotte della Cina (Henan), scavate a partire dal 494, durante la dinastia dei Wei del Nord, e utilizzate come templi fino al X sec. Sono tra gli esempi più interessanti di arte buddhista.

LÒNGO, *Lesbo ? II o III sec. d.C.*, scrittore greco, autore del romanzo *Gli amori pastorali di *Dafni e Cloe*.

LONGO (Jeannie), *Annecy 1958*, ciclista francese. Ha vinto 3 Tour de France (1987, 1988 e 1989), conquistato 13 titoli mondiali (di cui 5 su strada: 1985, 1986, 1987, 1989 e 1995), ha ottenuto l'oro olimpico su strada nel 1996 e battuto più volte il record dell'ora.

LÒNGO (Luigi), *Fubine Monferrato 1900 - Roma 1980*, politico. Tra i fondatori del PCI, nel 1937 fu ispettore generale delle Brigate internazionali in Spagna e tra i capi della Resistenza italiana. Succedette a P. Togliatti come segretario generale del PCI (1964-1972), di cui fu poi presidente (1972-1980).

LONGOBÀRDI, ant. popolo germanico stanziato, nel I sec. d.C., tra l'Elba e l'Oder, e in seguito trasferitosi a S del Danubio (in Pannonia). Nel VI sec. i l., capeggiati da Alboino, occuparono gran parte dell'Italia, in precedenza dominata dai bizantini, e vi fondarono un regno diviso in ducati, con capitale Pavia (572). In precedenza ariani, si convertirono a cattolicesimo sotto il re Agilulfo (591-616), e nel 643 ottennero il primo corpus legislativo organico con l'editto di Rotari. Il loro regno conobbe grande prosperità sotto Liutprando (712-744) che, dopo aver conquistato Ravenna e l'esarcato, tentò la pacificazione con lo Stato pontificio (donazione di Sutri), ed ebbe fine con Desiderio, la cui politica aggressiva indusse il papa a chiamare in aiuto i franchi. Nel 773-774 Carlo Magno scese in Italia e sconfisse i l., che conservarono il ducato di Benevento fino al 1047.

LONGOBÙCCO, com. in prov. di Cosenza; 4620 ab. Agricoltura (olive, uva). Industrie tessili e alimentari. Artigianato dei tappeti.

LONGÓNI (Emilio), *Seveso 1859 - Milano 1932*, pittore. Utilizzando la tecnica divisionista, dipinse opere di contenuto sociale (*L'oratore dello sciopero*, 1891), quindi si avvicinò al simbolismo. Tra le altre opere, *Melanconie* (1895).

LONÌGO, com. in prov. di Vicenza; 13.834 ab. Agricoltura (uva, cereali). Industrie tessili, conciarie. Palazzo Pisani (1557), Rocca Pisani, Villa Pisani (opera di A. Palladio).

LON NOL, *Kompong-Leau 1913 - Fullerton, California, 1985*, militare e politico cambogiano. Comandante in capo delle forze armate (1959), poi primo ministro (1966 e 1969), destituì il principe Norodom Sihanouk (1970), fu presidente della repubblica (1972-1975) e impose una dittatura militare.

LÖNNROT (Elias), *Sammatti 1802-1884*, scrittore finlandese. Raccolse e pubblicò i canti popolari della Carelia (*Kalevala).

LOOS (Adolf), *Brünn, att. Brno, 1870 - Kalksburg 1933*, architetto austriaco. Nel saggio *Ornamento e delitto* (1908) dichiarò la propria avversione per gli elementi esornativi e sostenne un'estrema semplificazione delle forme nell'architettura moderna. Realizzò, tra gli altri, i progetti di casa Steiner, a Vienna (1910), e della casa di T. Tzara, a Parigi (1926).

LOPBURI, c. della Thailandia, capol. di prov.; 53.979 ab. Templi prang del XIII-XIV sec. Importanti scavi archeologici: resti risalenti al Mesolitico e all'Età del bronzo, esempi di arte Dvaravati (VII-VIII sec.).

LOPE DE VEGA → VEGA CARPIO (Félix Lope de).

LÓPEZ ARELLANO (Osvaldo), *Danlì 1921*, politico dell'Honduras. Fu presidente della repubblica (1965-1971, 1972-1975) grazie a due colpi di Stato.

LOP NUR, lago poco profondo della Cina, nello Xinjiang, in cui sfocia il f. Tarim; 3000 km². Nella zona, base per test nucleari.

LORCA, c. della Spagna (Murcia); 72.000 ab. Monumenti, soprattutto barocchi.

LORCA (Federico García) →GARCÍA LORCA (Federico).

LORDS (càmera dei), "camera alta" del parlamento britannico, composta da pari nominati a vita dalla regina per i servigi resi alla corona (dal 1999 il titolo di pari non è più ereditario), da lords Spiritual (arcivescovi e vescovi anglicani) e da Law lords (giudici dell'Alta Corte). Svolge il ruolo di suprema corte d'appello.

LOREDÀN, famiglia patrizia veneziana di antica origine (XI sec.). — **Pietro L.**, *m. a Venezia nel 1439*. Condusse numerose battaglie a difesa di città quali Treviso e Costantinopoli. — **Antonio L.**, *1420 ca. - Padova 1482*. Combatté contro i turchi. — **Leonardo L.**, *Venezia 1438-1521*. Doge nel 1501, concluse la pace con i turchi, ma nel 1509 fu duramente sconfitto ad Agnadello. — **Pietro L.**, *1481-1571*. Il suo dogato, iniziato nel 1567, fu contrassegnato dai difficili rapporti con Roma.

LORELEI, favoloso personaggio femminile che attirava con il suo fascino i battellieri del Reno, causando naufragi.

LÒREN (Sofìa **Scicolóne**, detta Sophia), *Roma 1934*, attrice cinematografica. Ha dato a tutti i ruoli che ha interpretato l'impronta del suo stile recitativo, elegante e passionale: *L'oro di Napoli* (1954), *La ciociara* (1960, premio Oscar come miglior attrice), *Ieri oggi e domani* (1963), *Matrimonio all'italiana* (1964), *La contessa di Hong Kong* (1964), *I girasoli* (1970), *Una giornata particolare* (1977). Ha ricevuto anche un Oscar alla carriera.

Sophia **LOREN** in *Judith*, di D. Mann (1966).

LORÈNA, in fr. **Lorraine**, reg. della Francia; 23.547 km²; 2.310.376 ab.; capol. *Metz*; 4 dip. (Meurthe-et-Moselle, Meuse, Moselle e Vosges). Il territorio della L. è costituito in gran parte da altopiani. Industrie automobilistiche, plastiche ed elettroniche. — Abitata dai celti (I millennio a.C.), conobbe la prosperità sotto i romani (I sec. a.C. - IV sec. d.C.) e fu culla della dinastia carolingia (VI-VIII sec.). Passata a Lotario nell'843, la regione cominciò a essere contesa tra Germania e Francia: annessa alla prima (925), e in seguito (1532) riconosciuta indipendente da Carlo V, nel 1552 tornò alla Francia. Nel 1815 una parte della L., la Saar, entrò nella Confederazione germanica e nel 1871 il dip. Moselle fu assegnato alla Germania (→**Alsazia-Lorena**). Dopo la prima guerra mondiale la L. fu definitivamente annessa alla Francia, con la parentesi dell'occupazione tedesca durante la seconda guerra mondiale.

LORÈNA (Pàrco naturàle regionàle di), parco naturale della Francia orient. (208.000 ha ca.).

LORENTZ (Hendrik Antoon), *Arnhem 1853 - Haarlem 1928*, fisico olandese. La sua teoria elettronica della materia descrive il comportamento dei singoli elettroni e completa la teoria di J.D. Maxwell. Nel tentativo di spiegare il risultato negativo dell'esperienza di A.A. Michelson, enunciò le formule di trasformazione che legano tra loro due sistemi in movimento rettilineo uniforme. (Premio Nobel 1902.)

LORENZ (Konrad), *Vienna 1903 - Altenberg 1989*, etologo e zoologo austriaco. Tra i fondatori dell'etologia moderna, approfondì il concetto di imprinting ed elaborò una propria teoria circa gli aspetti innati e acquisiti del comportamen-

Konrad **LORENZ**.

to. Studiò inoltre i fondamenti biologici dell'ordine sociale (*L'anello di re Salomone*, 1949; *Evoluzione e modificazione del comportamento*, 1965). (Premio Nobel 1973.)

LORENZÉTTI (fratèlli), pittori originari di Siena. — **Pietro L.**, *Siena 1280 ca. - 1348*, pittore. Si allontanò dalla semplice eleganza gotica, rielaborando la lezione di Giotto per dar vita a un personale linguaggio pittorico (*Storie della Passione di Cristo*, 1310-1315, S. Francesco, Assisi; *Pala della Beata Umiltà*, 1316 o 1341, Uffizi, Firenze; *Madonna col Bambino e Santi*, 1320, S. Maria della Pieve, Arezzo; *Natività della Vergine*, 1335-1342, Museo dell'Opera, Siena). — **Ambrogio L.**, *Siena 1285 ca. - 1348 ca.*, pittore. Attivo tra Firenze e Siena, elaborò un proprio stile caratterizzato da un attento studio di colori e volumi (*Madonna col Bambino e i santi Nicola e Procolo*, 1332, Uffizi, Firenze; *Annunciazione*, 1944, Pinacoteca di Siena), e si dedicò alla pittura di paesaggi. Suo insuperato capolavoro sono gli affreschi con gli **Effetti del buon governo* e gli *Effetti del cattivo governo*.

LORÈNZI (Giovànni Battista), *Napoli 1721-1807*, librettista. Dopo gli inizi come attore, contribuì al rinnovamento dell'opera buffa napoletana. Tra i libretti, *L'idolo cinese* (1767, per G. Paisiello) e *L'apparenza inganna* (1784, per D. Cimarosa). Scrisse anche per N. Piccinni e G. Tritto.

Pietro **LORENZETTI**. *Ultima cena*, 1329 ca. (S. Francesco, Assisi).

LORENZÌNO DE' MÈDICI, detto **Lorenzàccio**, *Firenze 1513 - Venezia 1548*, scrittore. Dissoluto e sregolato, assassinò a Firenze il cugino Alessandro (1537) e fu ucciso da un sicario del duca Cosimo. Tra le opere, la commedia *Aridosia* (1536) e l'*Apologia* (1539), nella quale si difese dalle accuse elogiando il tirannicidio.

LORÈNZO DA BRÌNDISI (sànto), *Brindisi 1559 - Belém, Lisbona, 1619*. Generale dell'ordine dei cappuccini. Viaggiò in tutta Europa per rafforzare la dottrina cattolica. Canonizzato nel 1881, fu proclamato dottore della Chiesa nel 1959.

LORÈNZO (sànto), *in Spagna 210 ca. - Roma 258*, martire. Diacono a Roma, distribuì ai poveri le ricchezze della Chiesa che avrebbe dovuto consegnare al prefetto. Morì arso su una graticola.

LORÈNZO DE' MÈDICI →MEDICI (Lorenzo de').

LORÈNZO DI CRÉDI, *Firenze 1456-1537*, pittore e scultore. Allievo del Verrocchio insieme al Perugino e a Leonardo, realizzò numerosi dipinti sacri: *Venere, Annunciazione, Madonna e Santi* (1510).

LORÈNZO GIUSTINIÀNI (sànto), *Venezia 1381-1456*, ecclesiastico. Tra i fondatori della congregazione dei canonici regolari di S. Giorgio in Alga (1404), fu il primo patriarca di Venezia (1451). Tra le opere, *Synodicum* (1438).

LORÈNZO MÒNACO (Piètro **di Giovànni**, detto), *Siena 1370 ca. - Firenze 1423 ca.*, pittore. Autore di stile tardogotico, realizzò anche numerose miniature. Tra le opere, *Incoronazione di Maria* e *Adorazione dei Magi*.

LORÈNZO VENEZIÀNO, pittore, attivo a Venezia tra il 1357 e il 1372. Allievo di Paolo Veneziano, fu il primo tra i pittori di Venezia ad aprirsi a influenze del gotico internazionale (*Sposalizio di santa Caterina*, 1359, Gallerie dell'Accademia, Venezia).

LORESTAN o **LURISTAN**, reg. dell'Iran. Fu il centro di una civiltà che apparve nel III millennio e si diffuse tra il XIV e il VII sec. a.C. Interessanti oggetti in bronzo con belle decorazioni che rappresentano soprattutto animali.

LORÈTO, com. in prov. di Ancona; 11.372 ab. Basilica della Santa Casa, detta della Madonna di L. (XV-XVI sec.), meta di pellegrinaggio. Alla sua costruzione collaborarono G. da Maiano, G. da Sangallo, Bramante e A. Sansovino. Affreschi di Melozzo da Forlì e L. Signorelli.

LORÈTO APRUTÌNO, com. in prov. di Pescara; 7572 ab. Centro di villeggiatura estiva. Chiese di S. Maria in Piano (XIII-XVI sec.) e di S. Pietro Apostolo (XV sec.).

LÒRIA (Artùro), *Carpi 1902 - Firenze 1957*, scrittore. Tra le opere, *Il cieco e la bellona* (1928), *La scuola di ballo* (1932), *Settanta favole* (1957).

LORIENT, c. della Francia nord-occ., in Bretagna, sull'estuario del f. Scorff e Blavet; 61.844 ab. Porto. — Base aeronavale di Lann-Bihoué.

LORRAIN (Claude **Gellée**, detto Claude) in it. Clàudio **Lorenése**, *Chamagne 1600 - Roma 1682*,

Claude **LORRAIN**. *Tramonto sul porto*, 1639. (Louvre, Parigi.)

pittore e disegnatore francese. Attivo soprattutto a Roma, fu uno dei maestri del paesaggio di soggetto mitologico. Le sue tele sono caratterizzate da una luce irreale.

LOS ALAMOS, località degli Stati Uniti (New Mexico). È sede di un centro di ricerche nucleari in cui fu messa a punto (progetto Manhattan) e sperimentata (16 lug. 1945) la prima bomba atomica.

LOS ÁNGELES, c. del Cile, capol. di prov., sul f. Bío-Bío; 140.535 ab.

LOS ANGELES.

LOS ANGELES, c. degli Stati Uniti (California); 3.694.820 ab. (9.519.338 ab. nell'agglomerato). Porto. Centro culturale, artistico (università, musei, tra cui il MOCA, museo d'arte contemporanea, e il J. Paul Getty Museum), finanziario e industriale, ospita importanti minoranze (soprattutto nere e ispaniche). Hollywood è un suo quartiere.

LOS ANGELES TIMES, quotidiano statunitense letto in tutto il mondo, fondato nel 1881.

LOSÀNNA, c. della Svizzera, capol. del cant. di Vaud, sul Lago di Ginevra; 114.889 ab. (250.000 ab. nell'agglomerato). Sede del CIO. — Cattedrale del XIII sec. e altri monumenti. Numerosi musei, tra cui quello di Belle Arti, quello olimpico e la Collection de l'art brut.

LOSÀNNA (trattato di) (24 lug. 1923), accordo concluso tra le potenze vincitrici della prima guerra mondiale e il governo turco, che aveva rifiutato il trattato di Sèvres (1920). Garantì l'integrità territoriale della Turchia, cui fu attribuita la Tracia orient.

LO SÀVIO (Francésco), *Roma 1935 - Marsiglia 1963*, pittore. Perseguì un'arte essenziale, dalle forme pure e semplici, ravvivate dalla luce.

LOSCHMIDT (Joseph), *Putschirn, att. Karlovy Vary, 1821 - Vienna 1895*, fisico austriaco. Nel 1865 assegnò per la prima volta un valore al numero di Avogadro. Si dedicò soprattutto a ricerche sulla teoria cinetica dei gas e sulla termodinamica.

LOSEY (Joseph), *La Crosse, Wisconsin, 1909 - Londra 1984*, regista cinematografico statunitense. Trasferitosi in Inghilterra a causa del maccartismo, acquisì notorietà internazionale con film che rispecchiavano il suo moralismo intransigente: *Il servo* (1963), *L'incidente* (1967), *Messaggero d'amore* (1971), *Mr. Klein* (1976), *Don Giovanni* (1979).

LOST GENERATION → GENERAZIONE PERDUTA.

LO SÙRDO (Antonìno), *Siracusa 1880 - Roma 1949*, fisico. Studiò, contemporaneamente a J. Stark, gli effetti di un campo elettrico sullo spettro di emissione dei gas, fenomeno noto come "effetto Stark-Lo S."

LOT, f. della Francia, affl. di destra della Garonna; 480 km. Nasce presso il Monte Lozère e bagna le c. di Mende, Cahors e Villeneuve-sur-Lot.

LOT, dip. della Francia, nella reg. Pirenei Centrali; capol. *Cahors*; 5217 km²; 160.197 ab. Grande Parco naturale regionale dei Causses du Quercy, aridi altopiani. Agricoltura (cereali, frutta, vigneti, tabacco). Turismo.

LOT, personaggio biblico, nipote di Abramo. Sfuggì alla distruzione della città di Sodoma, nella quale si era trasferito. La leggenda secondo cui sua moglie si sarebbe tramutata in una statua di sale per aver guardato dietro di sé prende spunto dai blocchi salini presenti sulle rive del Mar Morto.

LOTARÌNGIA, regno creato da Lotario II (855-869), che si estendeva dai Vosgi alla Frisia. Dopo il 960 fu divisa in Alta L., la futura Lorena, e Bassa L., il cui territorio si ridusse al solo ducato di Brabante.

LOTÀRIO, *Laon 941 - Compiègne 986*, re di Francia (954-986), della dinastia carolingia. Figlio di Luigi IV d'Oltremare, fu a lungo sottoposto alla tutela germanica. Cercò di espandersi combattendo contro gli Ottoni, poi contro Ugo Capeto.

LOTÀRIO I, *795 - Prüm 855*, imperatore d'Occidente (840-855), della dinastia carolingia. Figlio di Ludovico il Pio, nel suo tentativo di governare tutto l'impero si scontrò con l'ostilità dei fratelli (trattato di Verdun, 843). — **Lotario II**, *835 ca. - Piacenza 869*, re di Lotaringia (855-869), figlio di Lotario I.

LOTÀRIO II (O III) DI SUPLIMBURGO, *1075 ca. - Breitenwang, Tirolo, 1137*, imperatore germanico (1125-1137). Si alleò con i guelfi per combattere Corrado III di Hohenstaufen.

LOT-ET-GARONNE, dip. della Francia, nella reg. Aquitania; capol. *Agen*; 5361 km²; 305.380 ab. Ricca produzione agricola (cereali, frutta, tabacco); allevamento ovino. L'industria è poco sviluppata.

LOTI (Julien Viaud, detto Pierre), *Rochefort 1850 - Hendaye 1923*, scrittore francese. Ufficiale della marina, nei suoi romanzi impressionisti ha trasfuso l'amore per le terre e i costumi esotici (*Il matrimonio di Loti, Pescatori d'Islanda, La signora dei crisantemi, Ramuntcho*).

LOTMAN (Jurij Michajlovič), *Leningrado 1922 - Mosca 1993*, semiologo e critico letterario russo. Ha studiato i fenomeni culturali e letterari alla luce dello strutturalismo. Tra le opere, *La struttura del testo poetico* (1970), *Il testo e la storia* (1975), *Testo e contesto* (1980).

LÖTSCHBERG (galleria del), galleria ferroviaria della Svizzera (14.611 m) sotto le Alpi Bernesi. Collega Berna alla ferrovia del Sempione.

LÒTTA CONTÌNUA, movimento extraparlamentare di orientamento marxista (1969-1976). Dal 1972 al 1982 fu pubblicato il quotidiano omonimo.

LÒTTO (Lorènzo), *Venezia 1480 - Loreto 1556*, pittore. Artista tormentato, formatosi a Venezia e a Treviso, lavorò a lungo nelle Marche (*Polittico di san Domenico*, 1506-1508, Pinacoteca civica, Recanati; *Annunciazione*, 1527 ca., Pinacoteca civica, Recanati) e a Bergamo (*Madonna in trono e santi*, la cosiddetta Pala Martinengo, 1516, S. Bartolomeo). Nelle sue pale d'altare e nei suoi ritratti si distaccò dallo stile veneto, rivelando un particolare interesse per l'uso dei colori e conciliando forza espressiva e delicatezza (**Ritratto di gentiluomo*).

LOUBET (Émile), *Marsanne 1838 - Montélimar 1929*, politico francese. Presidente del consiglio (1892) e del senato (1896-1899), fu presidente della repubblica dal 1899 al 1906.

LOUIS HARRIS AND ASSOCIATES, istituto statunitense di sondaggi d'opinione, creato a New York nel 1956 dal giornalista L. Harris, consigliere di J.F. Kennedy.

LOUISIADE, arcipelago di Papua Nuova Guinea.

LOUISIANA, Stato degli Stati Uniti, sul Golfo del Messico; 125.674 km²; 4.468.976 ab.; cap. *Baton Rouge*; c. princ. *New Orleans*. Petrolio e gas naturale. — Esplorata dal francese R. Cavelier de La Salle nel 1682, ebbe il nome di L. in onore di Luigi XIV. Estesasi progressivamente nel bacino del Mississippi, nel 1800 il suo vasto territorio fu diviso tra Spagna e Gran Bretagna. La parte occ., spagnola, fu restituita alla Francia nel 1800, e tre anni più tardi venduta da Napoleone agli Stati Uniti, la cui superficie in tal modo raddoppiò. Nel 1812 il territorio fu diviso in 13 Stati, tra cui l'att. L.

LOUISVILLE, c. degli Stati Uniti (Kentucky), sull'Ohio; 256.231 ab.

LOURDES, c. della Francia merid., sul f. Gave de Pau; 15.679 ab. Centro di pellegrinaggio consacrato alla Vergine dopo le visioni di Bernadette Soubirous (1858). Basilica superiore (1876) e inferiore (1958).

LOURDES. *La basilica superiore (1076).*

LOURENÇO MARQUES → MAPUTO.

LOUVERTURE (Toussaint) → TOUSSAINT LOUVERTURE.

LOUVRE (Palazzo, poi museo del), ant. residenza reale di Parigi. Voluto da Filippo Augusto, il palazzo fu terminato sotto Napoleone III; vi lavorarono, tra gli altri, P. Lescot e C. Perrault. Divenuto museo nel 1791-1793, il L. ospita una delle più ricche collezioni pubbliche del mondo (comprendente in part. antichità orientali, egi-

Lorenzo **LOTTO.** Storie di santa Barbara, *1524. (Oratorio Suardi, Trescore.)*

Il Palazzo del **LOUVRE**, *con la piramide di vetro di I.M. Pei.*

zie, greche e romane, dipinti, sculture, arti minori e arti grafiche). Nel 1989 al museo è stata aggiunta la piramide di vetro di I.M. Pei (1989); nel 1993 il L. è stato ampliato.

LOUŸS (Pierre **Louis**, detto Pierre), *Gand - 1870 Parigi 1925*, scrittore francese. Con le poesie (*Le canzoni di Bilitis*) e i romanzi (*Afrodite, Psiche*) manifestò il suo interesse per le culture classiche.

LOVÀNIO, in fiamm. **Leuven**, c. del Belgio, capol. del Brabante fiammingo, sul f. Dyle; 88.581 ab. Importanti monumenti medievali (municipio del XV sec.) e barocchi. Museo. — La fama della città è in gran parte legata alla sua università, fondata nel 1425.

LOVECRAFT (Howard Phillips), *Providence 1890-1937*, scrittore statunitense. Autore di racconti fantastici, è tra i precursori della fantascienza (*Il colore venuto dal cielo, Il richiamo di Chthulhu, Demoni e meraviglie*).

LOWELL (Percival), *Boston 1855 - Flagstaff, Arizona, 1916*, astronomo statunitense. Si dedicò in part. allo studio di Marte e ipotizzò l'esistenza di un pianeta al di là di Nettuno (1915).

LOWIE (Robert), *Vienna 1883 - Berkeley, California, 1957*, antropologo statunitense. Fu tra i fondatori della corrente funzionalista dell'antropologia culturale (*Primitive society*), 1920).

LOWLANDS, reg. pianeggiante della Gran Bretagna, al centro della Scozia (contrapposta alle montuose Highlands). Comprende Glasgow ed Edimburgo.

LOWRY (Malcolm), *Birkenhead, Cheshire, 1909 - Ripe, Sussex, 1957*, scrittore britannico. I suoi romanzi sono permeati di disperazione e solitudine (*Sotto il vulcano*, 1947).

LÒY (Nànni), *Cagliari 1925 - Roma 1995*, regista cinematografico. Tra i film diretti, *Audace colpo dei soliti ignoti* (1959), *Le quattro giornate di Napoli* (1962), *Il padre di famiglia* (1967), *Detenuto in attesa di giudizio* (1971), *Amici miei atto III* (1986), *A che punto è la notte* (1995).

LÒY (Rosètta), *Roma 1931*, scrittrice. Tra le opere, *La bicicletta* (1974), *All'insaputa della notte* (1984), *Le strade di polvere* (1987), *Sogni d'inverno* (1992), *Cioccolata da Hanselmann* (1995), *La parola ebreo* (1997), *La porta dell'acqua* (2000).

LOZÈRE, dip. della Francia, nella reg. Linguadoca-Rossiglione; capol. *Mende*; 5167 km²; 73.509 ab. Nel territorio, montuoso e collinare, scarsamente popolato, si praticano agricoltura e allevamento.

LOZI o **ROTSE**, popolazione dello Zambia (ca. 500.000 individui), stanziata nell'alta valle dello Zambesi. Agricoltori e pastori, in L. parlano la lingua bantu e sono organizzati in un regno; quest'ultimo, fondato nel XVII sec., fu in seguito occupato da invasori sotho (1840-1865) e ampliò notevolmente i propri confini tra il 1885 e il 1900.

LUÀNDA, cap. dell'Angola, sull'Atlantico; 1.460.000 ab. (2.677.000 ab. nell'agglomerato).

LUANG PRABANG, c. del Laos, sul f. Mekong; 44.000 ab. Numerosi templi buddhisti (XVI-XIX sec.).

LUANSHYA, c. dello Zambia; 146.275 ab. Miniere di rame.

LUBA o **BALUBA**, nome di due popolazioni di agricoltori del SE della Rep. Dem. del Congo, entrambe cristianizzate e di lingua bantu, i l. del

Katanga e i l. del Kasai. I l. del Katanga (1 milione di individui) costituirono nel XVI sec. un regno assai potente, che raggiunse l'apogeo durante il XIX sec. e che durò fino a quando i colonizzatori lo occuparono e lo divisero. Parlano il kiluba. I l. del Kasai (2 milioni) non si organizzarono mai in uno Stato. Parlano il ciluba.

LUBANGÓ, già **Sá da Bandeira**, c. dell'Angola sud-occ.; 105.000 ab.

LUBAVITCH, movimento chassidico che si rifà all'insegnamento degli antichi rabbini di Liubavitchi, città bielorussa, caratterizzato dalla devozione mistica, dalla scrupolosa osservanza rituale e da un forte proselitismo.

LUBBERS (Rudolf), *Rotterdam 1939*, politico olandese. Cristiano-democratico, è stato primo ministro dal 1982 al 1994. Dal 2001 è capo dell'HCR.

LUBBOCK, c. degli Stati Uniti (Texas); 176.576 ab.

LUBÈCCA, in ted. **Lübeck**, c. della Germania (Schleswig-Holstein), sul Baltico; 213.326 ab. Porto. Industrie metallurgiche e agroalimentari. — Imponenti monumenti medievali; musei. — Fondata nel 1143, città imperiale dal 1226, L. fece parte dell'Hansa fino al 1535.

LUBERON o **LUBÉRON**, catena calcarea della Francia merid.; 1125 m. Parco naturale regionale di 165.000 ha ca.

LUBIÀNA, in sloveno **Ljubljana**, cap. della Slovenia; 268.000 ab. Università. Industrie metallurgiche. — Castello ricostruito nel corso del XVI sec. e altri monumenti; musei.

LUBITSCH (Ernst), *Berlino 1892 - Hollywood 1947*, regista cinematografico statunitense di origine tedesca. Nei suoi film muti di argomento storico (*Madame du Barry*, 1919), come nelle commedie, si distinse per il tocco elegante (*Mancia competente*, 1932; *Angelo*, 1937; *Ninotchka*, 1939; *Vogliamo vivere!*, 1942; *Fra le tue braccia*, 1946).

LÜBKE (Heinrich), *Enkhausen 1894 - Bonn 1972*, politico tedesco, presidente della RFT dal 1959 al 1969.

LUBLÌNO, in pol. **Lublin**, c. della Polonia, capol. di voivodato, a SE di Varsavia; 356.024 ab. Industrie tessili e metallurgiche. — Numerosi monumenti del XIV -XVIII sec. — Fu sede del governo provvisorio nel 1918 e nel 1944.

LUBLÌNO (Unióne di) (1° lug. 1569), unione della Polonia e del granducato di Lituania in una repubblica governata da un reggente eletto in comune.

LUBUMBASHI, già **Elisabethville**, c. della Rep. Dem. del Congo, capol. del Katanga; 564.830 ab. Centro industriale di lavorazione del rame.

LÙCA DA LÈIDA, *Leida 1489 o 1494-1533*, pittore e illustratore olandese. Allievo a Leida del manierista gotico Cornelis Engebrechtsz, dipinse quadri di genere, biblici e religiosi, e illustrò le tavole in rame che ne fecero un rivale di A. Dürer.

LÙCA (sànto), *I sec.*, uno dei quattro evangelisti. Compagno di san Paolo, autore del terzo Vangelo e degli Atti degli Apostoli, mise l'accento sull'universalità del messaggio evangelico. È il patrono dei pittori e dei medici. Nelle raffigurazioni scultoree e plastiche appare accompagnato da un bue (tratto dalla visione di Ezechiele).

LUCÀNIA, ant. reg. dell'Italia, corrispondente all'incirca all'att. Basilicata. Il nome, derivato dalla popolazione dei lucani, di stirpe sannita, fu

reintrodotto dal 1932 al 1947 per indicare la Basilicata.

LUCÀNO (Màrco Annèo), *Cordoba 39 - Roma 65*, poeta latino, nipote del filosofo Seneca. Fu l'autore di un'epopea sulla guerra civile tra Cesare e Pompeo (*Pharsalia*). Compromesso nella congiura di Pisone, si tagliò le vene.

LUCARÈLLI (Càrlo), *Parma 1960*, scrittore. È autore di gialli, tra cui *Carta bianca* (1990), *Almost Blue* (1997), *Via delle oche* (1996), *Autosole* (1998), *Il giorno del lupo* (1998), *L'isola dell'angelo caduto* (1999), *Un giorno dopo l'altro* (2000), *Misteri d'Italia* (2002). È anche conduttore televisivo (*Blu notte*, 2002).

LUCAS (George), *Modesto, California, 1944*, regista cinematografico e produttore statunitense. Regista di *American Graffiti* (1973) e della saga di *Guerre stellari*, celebre per il ricorso sistematico agli effetti speciali, ha fondato un impero di produzione di film, basato anche sullo sviluppo di nuove tecnologie per la creazione di immagini e suoni.

LUCAS (Robert E.), *Yakima, Stato di Washington, 1937*, economista statunitense. I suoi studi sulle aspettative razionali hanno trasformato l'analisi macroeconomica e la visione della politica economica. (Premio Nobel 1995.)

LÙCCA, c. della Toscana, capol. di prov.; 85.484 ab. (*lucchesi*). Agricoltura (olive, frutta, tabacco, cereali); industrie (alimentari, tessili, chimiche, metalmeccaniche). — Di origine antica, fu occupata dagli etruschi, poi dai romani. Raggiunse l'apice dello sviluppo come libero comune, nel XII-XIII sec., grazie alla lavorazione della seta e della lana. In lotta con tutti i comuni della Toscana, ma soprattutto con Firenze, nel XVIII sec. fu napoleonica e poi dei Borbone, che nel 1847 la restituirono all'Italia. — Duomo dell'XI-XV sec.; chiese di S. Michele e di S. Frediano in stile pisano-lucchese (XII sec.). Pinacoteca e museo civico. — La provincia si estende dall'Appennino Tosco-Emiliano al Mar Tirreno. Allevamento. Agricoltura. Cave di marmo. Centri principali: Viareggio, Pietrasanta, Camaiore, Bagni di Lucca. Turismo balneare sulle coste della Versilia.

LUCCA. *Veduta di piazza Anfiteatro.*

LUCCHINÈLLI (Màrco), *Ceparana 1954*, motociclista. Nel 1981 è stato campione del mondo nella classe 500, conquistando 6 Gran premi.

LUCE (L'unione cinematogràfica educativa), ente istituito dal governo fascista a fini propagandistici (1924), riconvertito nel dopoguerra in istituto culturale.

LUCENTÌNI (Frànco) → FRUTTERO & LUCENTINI.

LUCÈRA, com. in prov. di Foggia; 35.886 ab. Resti dell'insediamento romano, castello angioino (XIII sec.) e duomo gotico (XIV sec.).

LUCÈRNA, in ted. **Luzern**, c. della Svizzera, capol. del cant. omonimo; 57.023 ab. (più di 150.000 ab. nell'agglomerato). Stazione turistica. — Città pittoresca; monumenti del Medioevo e d'epoca barocca; musei.

LUCÈRNA (cantóne di), cant. della Svizzera; 1493 km²; 335.400 ab.; capol. *Lucerna*. Entrò nella Confederazione Elvetica nel 1332.

LUCÌA (sànta), *Siracusa III sec. ?*, vergine e martire. Secondo una leggenda, le furono strappati gli occhi.

LUCIANO DI ANTIÒCHIA (sànto), *Antiochia 235 ca. - Nicomedia 312*, religioso e martire. Fondò ad Antiochia una scuola cristiana che privilegiava l'interpretazione letterale della Bibbia. Ebbe tra i suoi allievi Ario.

LUCIÀNO DI SAMÒSATA, *Samosata, Siria, 125 ca. - 192 ca.*, scrittore greco. I suoi dialoghi (*Dialoghi dei morti*) e i suoi romanzi satirici (*Storia vera*) deridono le credenze superstiziose.

LUCÌFERO, altro nome di Satana. Era l'angelo della luce, decaduto per essersi ribellato a Dio.

LUCIGNÀNO, com. in prov. di Arezzo; 3442 ab. Antico borgo medievale: chiesa romanica di S. Francesco (XIII sec.) e santuario della Madonna delle Querce (XVI sec.).

LUCÌLIO (Gàio), *Sessa Aurunca 180 ca. a.C. - Napoli 102 ca. a.C.*, poeta latino. Ha dato forma definitiva alla satira romana.

LUCÌNI (Giàn Piètro), *Milano 1867 - Breglia 1914*, scrittore. Vicino alla scapigliatura e poi al futurismo, fu anche poeta e critico letterario. Tra le opere, *Il libro delle figurazioni ideali* (1894), *Il libro delle immagini terrene* (1898), *Le nottole e i vasi* (1912).

LÙCIO I (sànto), *m. a Roma nel 254*, papa dal 253 al 254 e martire. Fu avversato dall'imperatore Gallo e poté tornare a Roma solo dopo la morte di questi. — **Lucio II** (Gherardo **Caccianìmici**), *Bologna ? - Roma 1145*, papa dal 1144 al 1145. Si scontrò con Ruggero II di Sicilia; morì in un tumulto. — **Lucio III** (Ubaldo **Allucingoli**), *Lucca ? - Verona 1185*, papa dal 1181 al 1185. Cacciato da Roma si rifugiò a Verona. Con la sua bolla *Ad abolendam* (1184) pose le basi per la futura Inquisizione.

LÙCIO VÈRO (Aurèlio) → VERO (Lucio Aurelio).

LUCKNOW, c. dell'India, cap. dell'Uttar Pradesh; 2.207.340 ab. Monumenti antichi (XVIII-XIX sec.); museo. — Industrie metallurgiche e tessili.

LUCKY LUKE, personaggio dei fumetti creato nel 1946 da Morris per l'*Almanach Spirou*. Si tratta di un cowboy solitario che attraversa un West leggendario e parodistico.

LUCRETÌLI, propaggine merid. dei Monti Sabini, in prov. di Roma. Parco naturale dal 1989.

LUCRÈZIA, *m. nel 509 ca. a.C.*, matrona romana. Violentata da uno dei figli di Tarquinio il Superbo, si uccise. Il fatto avrebbe provocato la rivolta che mise fine al potere regio a Roma.

LUCRÈZIA BÒRGIA → BORGIA.

LUCRÈZIO CÀRO (Tito), *Roma ? 98 ca. - 55 a.C.*, poeta e filosofo latino. Il suo *De rerum natura*, poema filosofico potente e sensuale, fa appello alla fisica e alla morale epicurea per dissipare il timore degli dei e della morte, che impedisce il conseguimento della felicità.

LUCÙLLO (Lùcio Licìnio), *tra il 117 e il 106 57 ca. a.C.*, generale romano. Condusse la guerra contro Mitridate VI (74-66) e organizzò le province d'Asia; il fasto e la raffinatezza del suo stile di vita divennero proverbiali.

LUCY, nome familiare attribuito a un fossile di *Australopithecus afarensis*, datato 3,3 milioni di anni fa, che è stato rinvenuto nella Rift Valley etiope nel 1974.

LÜDA, conurbazione della Cina (Liaoning). Comprende Dairen e Lüshun (Port Arthur).

LUDENDORFF (Erich), *Kruszewnia, Posnania, 1865 - Tutzing 1937*, generale tedesco. Capo di Stato maggiore di P. von Hindenburg sul fronte russo (1914), poi suo vice al comando supremo (1916-1918), fu responsabile dei piani strategici messi in atto dalla Germania nel 1917-1918.

LÜDERITZ, c. della Namibia, sull'Atlantico; 6000 ab. Porto. Pesca.

LUDHIANA, c. dell'India (Punjab); 1.395.053 ab. Industrie tessili.

LUDOVÌCO, nome di più sovrani

GERMANIA

LUDOVÌCO I (O II) IL GERMÀNICO, *805 ca. - Francoforte 876*, re dei franchi orientali (817-843), re di Germania (843-876), della dinastia carolingia. Figlio di Ludovico il Pio, obbligò Lotario I ad accettare il trattato di Verdun (843), che gli attribuiva la *Francia orientalis*, o Germania. — **Ludovico III (o IV) il Fanciullo**, *Alötting 893 - Ratisbona 911*, re della Germania e della Lotaringia (900-911). Fu l'ultimo carolingio a regnare sulla Germania.

SACRO ROMANO IMPERO

LUDOVÌCO I IL PÌO, *Chasseneuil 778 - presso Ingelheim 840*, imperatore d'Occidente (814-840), della dinastia carolingia. Figlio e successore di Carlo Magno, nell'817 regolò la successione al trono tra i figli Lotario, cui assegnò l'impero, Pipino e Ludovico (*Ordinatio imperii*). Ma la nascita di Carlo il Calvo (823), dal suo secondo matrimonio con Giuditta di Baviera (819), compromise tale accordo e provocò la rivolta dei figli. — **Ludovico II**, *825 ca. - Brescia 875*. Figlio di Lotario I, re d'Italia e imperatore d'Occidente, combatté i saraceni e i longobardi. — **Ludovico III il Cièco**, *Autun 880 ca. - Arles 928*, re di Provenza e d'Italia e imperatore d'Occidente. Sconfitto e reso cieco da Berengario, nel 1905, dovette cedere a questi il trono imperiale. — **Ludovico IV il Bavaro**, *Monaco 1287 - Fürstenfeld 1347*, re dei romani (1314-1346), imperatore germanico (1328-1346). Fu scomunicato da Giovanni XXII, al quale oppose un antipapa, Nicola V.

LUDOVÌCO D'ARAGÒNA, *1338 - Aci 1355*, figlio di Pietro II. Governò la Sicilia sotto la reggenza della madre Elisabetta e in seguito delle sorelle Costanza ed Eufemia.

LUDOVÌCO DI SAVÒIA, *Ginevra 1413 - Lione 1465*. Figlio di Amedeo III, fu costretto ad accettare il trattato di Cleppié (1452) che decretava la supremazia francese nel ducato dei Savoia.

LUDOVÌCO I DI BORBÓNE, *Colorno 1773 - Firenze 1803*. Figlio di Ferdinando di Borbone, nel 1801 rinunciò al ducato di Parma e Piacenza in cambio del titolo di re d'Etruria (trattato di Aranjuez).

LUDOVÌCO SFÒRZA IL MÒRO, *Vigevano 1452 - Loches 1508*, duca di Milano (1494-1500). Dopo una serie di manovre volte a estromettere dal governo il nipote Gian Galeazzo Maria, riuscì a subentrargli nella gestione del ducato. Nel 1494 si alleò con Carlo VIII e ne appoggiò la discesa in Italia, ma all'avvento del successore Luigi XII, che occupò Milano, fu costretto a lasciare la città e a rifugiarsi a Innsbruck (1498). Nel 1500 tentò la riconquista di Milano ma, sconfitto a Novara, fu fatto prigioniero e rinchiuso nel castello di Loches, dove morì. Sovrano attento alle espressioni artistiche del tempo, fece della sua corte uno dei più vivaci centri di cultura dell'umanesimo. Tra gli altri ospitò Leonardo e Bramante.

LUDOVICO SFORZA IL MORO.

LUDOVÌSI, famiglia bolognese (XV-XVII sec.) il cui capostipite fu — **Bertrando di Monterenzi**, *1458-1465.* — **Alessandro L.** → GREGORIO XV. — **Ludovico L.**, *1595-1632*. Fu cardinale e arcivescovo di Bologna. Mecenate e amante dell'arte classica, raccolse una cospicua collezione di sculture antiche, oggi al Museo nazionale romano. — **Niccolò L.**, *m. nel 1664*. Fu principe di Piombino e viceré d'Aragona e Sardegna.

LUDWIGSHAFEN AM RHEIN, c. della Germania (Renania-Palatinato), di fronte a Mannheim; 163.771 ab. Industrie chimiche. — Musei.

LUFTWAFFE ("arma aerea"), nome adottato, a partire dal 1935, dall'aviazione militare tedesca.

LUGAGNÀNO VAL D'ÀRDA, com. in prov. di Piacenza; 4273 ab. Nel suo territorio si trovano i resti dell'ant. *Velleia*.

LUGÀNO, c. della Svizzera (Canton Ticino), sul Lago di L.; 25.872 ab. Turismo. — Cattedrale medievale con facciata rinascimentale; chiesa di S. Maria degli Angeli (affreschi di B. Luini). Museo.

LUGANSK, dal 1935 al 1990 **Voroìlovgrad**, c. dell'Ucraina, nel Donbass; 504.000 ab. Centro carbonifero e industriale.

LUGNÉ-POE (Aurélien Marie **Lugné**, detto), *Parigi 1869 - Villeneuve-lès-Avignon 1940*, attore e regista teatrale francese. Scrittore, fondatore del teatro dell'Opera (1893), fece conoscere in Francia i grandi drammaturghi stranieri (H. Ibsen, A. Strindberg).

LUGO, c. della Spagna (Galizia), capol. di prov.; 88.235 ab. Cinta muraria in parte di epoca romana (III sec.) cattedrale del XII-XVIII sec.; museo.

LÙGO, com. in prov. di Ravenna; 31.592 ab. Resti di un villaggio neolitico, rocca estense (XIV-XVI sec.) e Pavaglione (XVIII sec.).

LUGONES (Leopoldo), *Santa María del Río Seco 1874 - Buenos Aires 1938*, scrittore argentino, uno dei principali rappresentanti del modernismo nel suo paese (*Le montagne d'oro*).

LUÌGI, nome di più sovrani

BAVIERA

LUÌGI I DI WITTELSBACH, *Strasburgo 1786 - Nizza 1868*, re di Baviera (1825-1848). Fece costruire numerosi monumenti neoclassici a Monaco. I moti insurrezionali e il suo legame con Lola Montez lo obbligarono ad abdicare in favore del figlio Massimiliano II Giuseppe.

— **Luigi II di Wittelsbach**, *Nymphenburg 1845 - Lago di Stamberg 1886*, re di Baviera (1864-1886). Primogenito di Massimiliano II Giuseppe, fece costruire magnifici castelli (tra cui quello di Neuschwanstein) e fu il mecenate di R. Wagner. Considerato pazzo, fu internato e si suicidò.

■ *Luigi II di Wittelsbach ritratto da G. Schachinger, Monaco.*

FRANCIA

LUÌGI, *Versailles 1729 - Fontainebleau 1765*, delfino di Francia. Figlio di Luigi XV e di Maria Leszczyńska, tenuto lontano dalla politica per volere del re, sposò Maria Giuseppina di Sassonia e fu padre dei futuri Luigi XVI, Luigi XVIII e Carlo X.

LUÌGI DI FRÀNCIA, detto **il Gràn Delfino**, *Fontainebleau 1661 - Meudon 1711*, figlio di Luigi XIV e di Maria Teresa d'Austria. Fu il padre di Luigi, duca di Borgogna, e di Filippo, duca d'Angiò, divenuto Filippo V di Spagna.

LUÌGI I → LUDOVICO I IL PIO.

LUÌGI II IL BÀLBO, *846 - Compiègne 879*, re di Francia (877-879), della dinastia carolingia, figlio di Carlo il Calvo.

LUÌGI III, *863 ca. - Saint-Denis 882*, re di Francia (879-882), della dinastia carolingia. Figlio di Luigi II, cedette la Lotaringia occ. a Luigi il Giovane, re di Germania.

LUÌGI IV D'OLTREMÀRE, *921 ca. - Reims 954*, re di Francia (936-954), della dinastia carolingia. Figlio di Carlo il Semplice, salito al trono grazie all'appoggio di Ugo il Grande, non poté in seguito contrastare la crescente potenza di quest'ultimo.

LUÌGI V IL NEGHITTÓSO, *967 ca. - Compiègne 987*, re di Francia (986-987), figlio di Lotario. Con lui si estinse il ramo francese della dinastia carolingia.

LUÌGI VI IL GRÒSSO, *1080 ca. - Parigi 1137*, re di Francia (1108-1137), della dinastia capetingia. Figlio di Filippo I e di Berta di Olanda, coadiuvato da Suger, ristabilì l'ordine nel regno, combatté Enrico I, re d'Inghilterra e duca di Normandia, e respinse l'imperatore germanico Enrico V, che minacciò di invadere la Francia.

LUÌGI VII IL GIÓVANE, *1120 - Parigi 1180*, re di Francia (1137-1180), della dinastia capetingia. Figlio di Luigi VI, partecipò alla seconda crociata (1147-1149) e sostenne il papa Alessandro III contro Federico Barbarossa. Nel 1152 ripudiò Eleonora d'Aquitania, perdendo così il possedimento, che passò al nuovo marito, Enrico II d'Inghilterra, con il quale L. fu in perenne conflitto.

LUÌGI VIII IL LEÓNE, *Parigi 1187 - Montpensier, Auvergne, 1226*, re di Francia (1223-1226). Figlio di Filippo Augusto e di Isabella di Hainaut, marito di Bianca di Castiglia, sconfisse Giovanni Senza Terra (1214) e, divenuto re, sottrasse agli inglesi diversi possedimenti; partecipò alla crociata contro gli albigesi e sottomise tutta la Linguadoca, eccetto Tolosa.

LUÌGI IX IL SÀNTO, *Poissy 1214 o 1215 - Tunisi 1270*, re di Francia (1226-1270), della dinastia capetingia. Figlio di Luigi VIII e di Bianca di Castiglia, regnò inizialmente sotto la reggenza della madre che, per consolidare il potere monarchico, organizzò il suo matrimonio con Margherita di Provenza (1234). Nel 1242 assunse il potere e portò avanti una politica di riorganizzazione dello Stato, tramite un rafforzamento dell'autorità reale e una riforma radicale della giustizia, gettando le basi per la futura istituzione parlamentare. In politica estera perseguì sempre la pace e, a motivo della sua integrità, fu interpellato come arbitro in numerosi conflitti. Nel 1270, malgrado l'opposizione della corte, intraprese l'ottava crociata a Tunisi, ma non appena sbarcato morì di peste. Fu canonizzato nel 1297.
■ *Luigi il Santo. (Museo di Cluny, Parigi.)*

LUÌGI X IL RISSÓSO, *Parigi 1289 - Vincennes 1316*, re di Francia (1314-1316) e di Navarra (Luigi I; 1305-1316), della dinastia capetingia. Figlio di Filippo IV il Bello e di Giovanna I di Navarra, fu costretto ad ampliare i privilegi dei nobili.

LUÌGI XI, *Bourges 1423 - Plessis-lez-Tours 1483*, re di Francia (1461-1483), della dinastia dei Valois. Figlio di Carlo VII e di Maria d'Angiò, divenuto re si attirò l'odio dell'alta nobiltà, riunita intorno alla figura di Carlo il Temerario. Fatto prigioniero da quest'ultimo a Péronne (1468) e liberato a condizioni durissime, realizzò l'unione dei cantoni svizzeri della Lorena contro Carlo, che fu sconfitto e ucciso (1477). L. ereditò così la contea di Angiò, il Maine e la Provenza (1481-1482) e ottenne il ducato e la contea di Borgogna con il trattato di Arras (1482).
■ *Luigi XI. (Brooklyn Museum, New York.)*

LUÌGI XII, *Blois 1462 - Parigi 1515*, re di Francia (1498-1515), della dinastia dei Valois. Figlio di Carlo d'Orléans e di Maria di Clèves, guidò una rivolta nobiliare, ma fu fatto prigioniero (1488). Liberato, si alleò al cugino Carlo VIII e combatté in Italia (1494-1495). Divenuto re di Francia (1498), sposò Anna di Bretagna, vedova di Carlo VIII, per annettere il ducato di Bretagna ai propri possedimenti. Conquistò il ducato di Milano (1499-1500), ma dovette rinunciare al regno di Napoli, dopo la sconfitta di Gaeta (1504). Successivamente entrò nella lega di Cambrai contro i veneziani (1508), che sconfisse ad Agnadello (1509); tuttavia la Lega santa gli mosse guerra e lo costrinse ad abbandonare Milano (1512).

LUIGI XII e la sua corte; a destra, allegoria della Ragione, in basso, Anna di Bretagna; miniatura del XVI sec. (BNF, Parigi).

LUÌGI XIII IL GIÙSTO, *Fontainebleau 1601 - Saint-Germain-en-Laye 1643*, re di Francia (1610-1643), della dinastia dei Borbone. Figlio di Enrico IV e di Maria de' Medici, regnò inizialmente sotto la reggenza della madre, che affidò il potere a C. Concini. Morto quest'ultimo (1617) per sua istigazione, la madre fu sostituita dal primo

ministro C. de Luynes e poi dal cardinale Richelieu. In politica interna, L. perseguitò i protestanti e in politica estera impegnò la Francia nella guerra dei Trent'anni (1635).
■ *Luigi XIII ritratto da P. de Champaigne. (Prado, Madrid.)*

LUÌGI XIV, detto **il re Sole**, *Saint-Germain-en-Laye 1638 - Versailles 1715*, re di Francia (1643-1715), della dinastia dei Borbone. Figlio di Luigi XIII e di Anna d'Austria, a cinque anni succedette al padre, sotto la reggenza della madre, della quale subì l'influenza. Nel 1651 restò sotto la protezione del cardinale Mazarino, che, nel 1660, gli fece sposare Maria Teresa d'Austria. Alla morte di Mazarino (1661), L. divenne "monarca assoluto". Coadiuvato da J.-B. Colbert, riformò il governo e avviò l'unificazione e la centralizzazione dell'amministrazione. Si circondò di collaboratori scelti tra le fila della nobiltà e della borghesia. Sul piano religioso, fu in conflitto con il papato e adottò una politica repressiva nei confronti dei protestanti, revocando l'editto di Nantes (1685), oltre a lottare contro il giansenismo (bolla *Unigenitus* del papa Clemente XI, 1713). Sempre attento e fasto e all'apparenza, sostenitore delle arti, L. fece di Versailles e di Parigi il fulcro della cultura e dell'arte classica europea. In politica estera fu sempre mosso dalla brama di gloria, anche una lunga serie di conflitti funestò il suo regno: guerra di devoluzione (1667-1668) contro la Spagna, al termine della quale la Francia guadagnò gran parte della Fiandra; guerra di Olanda (1672-1679); guerra della lega di Augusta (1688-1697); guerra di successione spagnola (1701-1714). I trattati di Utrecht e di Rastatt (1713-1714), che sancirono la separazione delle corone di Spagna e Francia, posero fine all'egemonia francese.
■ *Luigi XIV ritratto da Rigaud, 1701. (Louvre, Parigi.)*

LUÌGI XV IL BENEAMÀTO, *Versailles 1710-1774*, re di Francia (1715-1774), della dinastia dei Borbone. Figlio di Luigi, duca di Borgogna, e di Maria Adelaide di Savoia, regnò sotto la reggenza di Filippo d'Orléans e, in seguito, raggiunta la maggiore età, sotto l'influenza del duca di Borbone (1723-1726). Dopo la morte del duca, designò al governo il cardinale di Fleury (1726-1743), che trascinò la Francia nelle guerre di successione polacca (1733-1738) e austriaca (1740-1748). Alla morte di Fleury (1743), il re governò personalmente subendo l'influenza politica di Mme di Pompadour (1745-1764). Intraprese poi la guerra dei Sette anni (1756-1763), che comportò la perdita dei possedimenti d'India e del Canada (trattato di Parigi, 1763). Gli ultimi anni del suo regno furono dedicati a riforme amministrative interne e al rafforzamento dei rapporti con l'Austria.
■ *Luigi XV ritratto da Q. de La Tour. (Louvre, Parigi.)*

LUÌGI XVI, *Versailles 1754 - Parigi 1793*, re di Francia (1774-1791), della dinastia dei Borbone. Figlio del delfino Luigi e di Maria Giuseppina di Sassonia, sposò (1770) Maria Antonietta ed ebbe quattro figli. Di fronte alla grave crisi finanziaria del regno, fu costretto a promettere la convocazione degli Stati generali, che si riunirono a Versailles nel 1789. Ma i deputati del Terzo Stato, attraverso la formazione dell'Assemblea nazionale, poi Costituente, da un lato, e le pressioni reazionarie della nobiltà di fronte ai tentennamenti del sovrano dall'altro, provocarono lo scoppio della Rivoluzione francese. Dopo un tentativo di fuga,

accusato di tradimento per avere complottato con i sovrani stranieri, fu fatto prigioniero dalla Comune (1792); giudicato colpevole, fu ghigliottinato (21 gen. 1793).
■ *Luigi XVI. (Musée Carnavalet, Parigi.)*

LUÌGI XVII, *Versailles 1785 - Parigi 1795*, figlio di Luigi XVI e di Maria Antonietta. Delfino nel 1789, fu imprigionato e rinchiuso con la famiglia nel Tempio, dove morì in circostanze non chiare, che all'epoca diedero luogo a diverse imposture.

LUÌGI XVIII, *Versailles 1755 - Parigi 1824*, re di Francia (1814-1815, 1815-1824), della dinastia dei Borbone. Nipote di Luigi XV, figlio del delfino Luigi e di Maria Giuseppina di Sassonia, marito di Luisa di Savoia e conte di Provenza, abbandonò la Francia nel 1791. Rientrato a Parigi alla caduta dell'impero, si risolse a concedere la Carta del 1814, instaurando così una monarchia costituzionale. In seguito all'assassinio del duca di Berry (1820) subì l'influenza della destra, che gli impose nuove misure reazionarie (ministero Villèle, 1821). La guerra di Spagna, in difesa del regime borbonico (1823), fu l'ultimo avvenimento importante del suo regno.
■ *Luigi XVIII ritratto da F. Gérard. (Reggia di Versailles.)*

PORTOGALLO

LUÌGI I, *Lisbona 1838 - Cascais 1889*, re del Portogallo (1861-1889), della casa di Braganza. Nel 1868 rifiutò la corona spagnola.

REGNO DI SICILIA

LUÌGI I, *Vincennes 1339 - Bisceglie 1384*, duca d'Angiò (1360-1384), re di Sicilia, conte di Provenza e di Forcalquier (1383-1384). Figlio di Giovanni II il Buono, re di Francia, fu designato alla successione da Giovanna I d'Angiò. — **Luigi II**, *Tolosa 1377 - Angers 1417*, re di Napoli, di Sicilia e di Gerusalemme, duca d'Angiò, conte del Maine e di Provenza (1384-1417). Erede di Luigi I, conquistò la Provenza, ma non riuscì a imporsi su Napoli. — **Luigi III**, *1403 - Cosenza 1434*, re d'Aragona, di Napoli, di Sicilia, di Gerusalemme, duca d'Angiò, conte di Provenza (1417-1434). Conquistò con difficoltà il regno di Napoli, ereditato dal padre Luigi II, e alla morte lo lasciò al fratello, Renato I il Buono.

UNGHERIA

LUÌGI I IL GRÀNDE, *Visegrád 1326 - Nagyszombat, att. Trnava, 1382*, re di Ungheria (1342-1382) e di Polonia (1370-1382). Figlio di Carlo I Roberto, diede forte impulso allo sviluppo economico e culturale del paese. — **Luigi II**, *Buda 1506 - Mohács 1526*, re di Ungheria e di Boemia (1516-1526). Fu sconfitto dagli ottomani e ucciso a Mohács.

LUÌGI FILÌPPO I, *Parigi 1773 - Claremont, Gran Bretagna, 1850*, re di Francia (1830-1848), della casa di Orléans. Figlio di Filippo Égalité e di Luisa di Borbone, essendosi schierato con la rivoluzione (1789) si rifugiò all'estero. Rientrato in Francia sotto Luigi XVIII, fu proclamato luogotenente del regno durante la rivoluzione del 1830, e successivamente re dei francesi. Allontanatosi gradualmente dalle idee liberali, diede al suo governo un'impronta conservatrice. In politica estera, sotto la guida del primo ministro F. Guizot, L. F. si avvicinò all'Austria, mentre internamente appoggiò l'alta borghesia. Fu travolto dalla rivoluzione del 1848 e, costretto ad abdicare, si rifugiò in Gran Bretagna.
■ *Luigi Filippo I ritratto da Winterhalter. (Reggia di Versailles.)*

LUIGI GONZÀGA (santo), *Castiglione delle Stiviere 1568 - Roma 1591*, gesuita. Figlio del marchese di Castiglione, cedette il marchesato al fratello e si fece gesuita (1585). Morì durante la pestilenza del 1590. Patrono dei giovani.

LUÌNI (Bernardino), *Luino ?, Lago Maggiore, 1485 ca. - Milano ? 1532*, pittore. Le sue opere, caratterizzate da uno stile equilibrato e da uno spiccato gusto narrativo, risentirono dell'influenza leonardesca e fecero di lui uno dei maggiori esponenti del classicismo lombardo (cicli della *Passione, Crocifissione, Ascensione*, 1529, S. Maria degli Angeli, Lugano; *Storie di san Giuseppe*, 1516-1521, Brera, Milano).

LUÌSA DI MECLEMBÙRGO-STRELITZ, *Hannover 1776 - Hohenzieritz 1810*, regina di Prussia. Sposò (1793) Federico Guglielmo III, futuro re di Prussia, e sostenne i ministri riformatori dopo la disfatta inflitta alla Prussia da Napoleone (1806).

LUÌSA DI SAVÒIA, *Pont-d'Ain 1476 - Grez-sur-Loing 1531*, reggente di Francia. Figlia di Filippo, duca di Savoia, e di Margherita di Borbone, sposò Carlo d'Orléans, conte di Angoulême, e fu la madre di Francesco I. Assunse la reggenza mentre il figlio combatteva in Italia. Nel 1529 negoziò con Margherita d'Austria la pace di Cambrai.

LUÌSA MARÌA D'ORLÉANS, *Palermo 1812 - Ostenda 1850*, regina del Belgio. Figlia del re Luigi Filippo, sposò nel 1832 Leopoldo I.

LUIS DE LEÓN (Fray), *Belmonte, Cuenca, 1527 - Madrigal de las Altas Torres, Ávila, 1591*, scrittore e teologo spagnolo. Le sue opere di poesia e prosa (*I nomi di Cristo*), influenzata dalla Bibbia, dall'antichità e dal Rinascimento italiano, oscillano tra la contemplazione cosmica e lo slancio mistico.

LUKÁCS (György), *Budapest 1885-1971*, filosofo e politico ungherese. Interpretò la teoria di K. Marx in una prospettiva umanista incentrata sulla nozione di alienazione (*Storia e coscienza di classe*, 1923) e gettò le basi per un'estetica marxista (*La teoria del romanzo*, 1920).

ŁUKASIEWICZ (Jan), *Lemberg, att. Lviv, 1878 - Dublino 1956*, logico polacco. Fu il primo a formulare la logica trivalente, ammettendo i valori del vero, falso e possibile.

LULEÅ, c. della Svezia, sul Golfo di Botnia, alla foce del f. Lule; 71.963 ab. Esportazione del ferro. Acciaierie. Museo di etnografia.

LÙLLO (Raimóndo, beàto), in catal. **Raimond Lull**, *Palma di Maiorca 1235 ca. - Bugia o Palma 1315*, teologo e poeta catalano. Dotato di una solida cultura enciclopedica, scrisse, in latino, in catalano e in arabo, numerose opere di filosofia, teologia, mistica e alchimia (*Ars magna*, 1273-1275). Elevò il catalano al rango di lingua letteraria.

LULLY o **LULLI** (Jean-Baptiste), *Firenze 1632 - Parigi 1687*, compositore e violinista naturalizzato francese. Trascorse la maggior parte dell'esistenza in Francia. Divenuto sovrintendente della musica, ottenne una sorta di monopolio sulla produzione musicale dell'epoca. Fu il creatore dell'opera francese e compose una dozzina di tragedie liriche (*Alcesti*, 1674; *Armida*, 1686), balletti, *comédie-ballets* insieme a Molière (*Il borghese gentiluomo*, 1670) e grandi mottetti (*Miserere*). Il suo stile influenzò J.S. Bach e G.F. Händel.

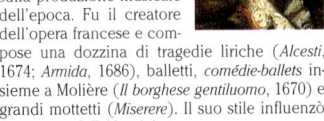
■ *Jean-Baptiste Lully. (Musée Condé, Chantilly.)*

LULUABOURG → KANANGA.

LULUWA, popolazione stanziatasi nel centro della Rep. Dem. del Congo, di lingua bantu.

LUMET (Sidney), *Filadelfia 1924*, regista teatrale e cinematografico statunitense. Tra i film diretti, *La parola ai giurati* (1957), *Pelle di serpente* (1959), *Uno sguardo dal ponte* (1962), *L'uomo del banco dei pegni* (1964), *La collina del disonore* (1965), *Serpico* (1973), *Assassinio sull'Orient Express* (1974), *Quel pomeriggio di un giorno da cani* (1975), *Quinto potere* (1976), *Il verdetto* (1982), *Gloria* (1998).

LUMEZZÀNE, com. in prov. di Brescia; 23.905 ab. Centro agricolo e industriale.

LUMIÈRE (fratèlli), inventori e industriali francesi. **Louis L.**, *Besançon 1864 - Bandol 1948*, e **Auguste L.**, *Besançon 1862 - Lyon 1954*. Louis, con l'aiuto del fratello, inventò il cinematografo, con il quale girò numerosi film. A loro si deve inoltre la messa a punto del primo procedimen-

Auguste e Louis **LUMIÈRE**.

to commerciale di fotografia a colori, l'autocromia (1903).

LUMUMBA (Patrice), *Katako Kombé 1925 - Elisabethville, att. Lubumbashi 1961*, politico congolese. Fondatore del Movimento nazionale congolese, lottò per l'indipendenza del Congo belga (att. Rep. Dem. del Congo). Divenuto primo ministro nel 1960, si oppose alla secessione del Katanga. Destituito nel 1961, morì assassinato.

■ *Patrice Lumumba.*

LÙNA, satellite naturale della Terra. [*V. parte nomi comuni.*]

LUNA (Álvaro **de**), *Cañete 1388 - Valladolid 1453*, politico spagnolo. Conestabile di Castiglia, favorito del re Giovanni II, lottò contro la nobiltà, che provocò la sua caduta; fu decapitato.

LÙNA E I FALÒ (La), romanzo di C. Pavese, pubblicato nel 1950. Ultima opera di Pavese prima del suicidio, è incentrata sul tema dell'estraneità, del desiderio di un impossibile ritorno alle origini e della nostalgia per un passato irrecuperabile.

LUNCEFORD (James Melvin, detto Jimmie), *Fulton, Missouri, 1902 - Seaside, Oregon, 1947*, direttore d'orchestra jazz statunitense. Anche sassofonista e arrangiatore, conferì una sonorità vellutata e vivace alla sua grande orchestra, che rivaleggiò con quella di C. Basie e di D. Ellington (*Rhythm is our business*, 1934; *For dancers only*, 1937).

LUND, c. della Svezia merid.; 99.593 ab. Università. Cattedrale romanica. Musei.

LUNDA, popolazione stanziatasi nel S della Rep. Dem. del Congo, nel NE dell'Angola e nel N dello Zambia (ca. 400.000 individui). Nel corso del XVII sec. i l. fondarono un regno da cui partirono diversi conquistatori della savana, capostipiti di dinastie autonome. Hanno profondamente influenzato la cultura politica dell'Africa centrale. Parlano il lunda, o kilunda, una lingua bantu.

LUNDEGÅRDH (Henrik), *Stoccolma 1888 - Penningby 1969*, botanico svedese. È autore di lavori sulla fotosintesi, sul ciclo dell'anidride carbonica, sulla respirazione delle piante ecc.

LÜNEBURG, c. della Germania (Bassa Sassonia), nella brughiera di Luneburgo; 66.721 ab. Municipio del XIII-XVIII sec.; edifici in mattoni rossi con frontoni decorati. Musei.

LÜNEN, c. della Germania (Renania Settentrionale-Westfalia), nella Ruhr; 92.044 ab. Impianti metallurgici.

LUNENBURG, c. del Canada (Nuova Scozia); 2781 ab. Chiese del XVIII sec. Museo della pesca atlantica.

LÙNGA (Ìsola), in fr. **île Longue**, fascia di terra nella parte settentr. della penisola di Crozon (Finistère), sulla Baia di Brest. Base, a partire dal 1970, dei sottomarini nucleari francesi.

LÙNGA MÀRCIA (1934-1935), ritirata dei comunisti cinesi sotto la guida di Mao Zedong. Per sfuggire ai nazionalisti, l'Armata rossa attraversò la Cina da S a N (Shaanxi) compiendo un'ampia manovra di aggiramento verso SO. Più di tre quarti dei partecipanti morirono nell'impresa.

LUNIGIÀNA, reg. compresa tra la Toscana nord-occ. e la Liguria, nelle prov. di Massa Car-

rara e La Spezia. Deve il suo nome a Luni, antica città etrusca poi conquistata dai romani.

LUOYANG, c. della Cina (Henan); 1.202.192 ab. Ricco museo archeologico. Cap. sotto le dinastie Shang, Zhou, Han, Wei e Tang, è stata un importante centro culturale e tuttora conserva antichi quartieri pittoreschi. Necropoli *han*; tempio del Cavallo Bianco, fondato nel 68, con pagoda del XII sec. Nei dintorni, grotte di Longmen.

LUPÈRCO MITOL. ROM. Divinità venerata nell'antica Roma con il nome di *Faunus lupercus*, a cui erano dedicate le feste dei Lupercali.

LUPIN (Arsènio), eroe, creato nel 1905, dei romanzi polizieschi di M. Leblanc; è il tipico ladro gentiluomo. Il suo personaggio ha ispirato numerosi film.

LUPORÌNI (Cèsare), *Ferrara 1909 - Firenze 1993*, storico della filosofia. Tra le opere, *Situazione e libertà nell'esistenza umana* (1942), *Filosofi vecchi e nuovi* (1947), *Spazio e materia in Kant* (1961), *Dialettica e materialismo* (1974), *Leopardi progressivo* (1980).

LUQMAN o **LOKMAN**, saga della tradizione araba preislamica.

LURÇAT (Jean), *Bruyères, Vosgi, 1892 - Saint-Paul-de-Vence 1966*, pittore e disegnatore di arazzi francese. Contribuì, negli anni '30 del secolo scorso, a rinnovare l'arte dell'arazzo (*Il canto del mondo*, dieci pezzi, 1956-1965, Angers).

LURIA (Aleksandr Romanovič), *Kazan 1902 - Mosca 1977*, neurologo sovietico. Scoprì la possibilità di recupero delle funzioni psichiche superiori nei soggetti colpiti da lesioni cerebrali.

LURISTAN → LORESTAN.

LUSAKA, cap. dello Zambia, a 1300 m ca. di alt.; 1.640.000 ab.

LUSÀZIA, in ted. **Lausitz**, reg. ai confini tra Germania e Rep. Ceca, che culmina nei Monti di L. (1010 m d'alt.).

LÜSHUN → PORT ARTHUR.

LUSIGNÀNO, famiglia originaria del Poitou (X sec.). Tra i suoi più illustri discendenti vi fu Guido di L., che tolse Cipro ai templari nel 1192.

LUSITÀNIA, piroscafo britannico. Fu silurato presso le coste d'Irlanda, il 7 mag. 1915, da un sottomarino tedesco; nella tragedia persero la vita 1200 civili (tra cui ca. 120 americani).

LUSITÀNIA, ant. reg. della penisola iberica, che occupava, in gran parte, l'att. territorio del Portogallo e costituì una provincia romana sotto Augusto.

LUSSEMBÙRGO, Stato dell'Europa occ.; 2586 km²; 442.000 ab. (*lussemburghesi*). CAP. *Lussemburgo*. LINGUE: *lussemburghese, tedesco e francese*. MONETA: *euro*.

ISTITUZIONI — Monarchia costituzionale ereditaria (granducato di Lussemburgo) la cui Costituzione risale al 1868. Il granduca, capo di Stato, nomina il presidente del governo per 5 anni. La camera dei deputati viene eletta ogni 5 anni a suffragio universale diretto.

GEOGRAFIA — La regione settentrionale (Ösling) appartiene all'altopiano delle Ardenne, ricco di foreste e solcato da valli profondamente incassate (Sûre), la cui valorizzazione è ostacolata dalle condizioni naturali sfavorevoli. Nella regione meridionale (Gutland, "buon paese"), prolungamento della Lorena, la fertilità del suolo e un clima temperato rigido hanno al contrario creato i presupposti per un'agricoltura differenziata (floricoltura, cereali, alberi da frutto, vite – cui è legata una modesta produzione di vino –, tabacco) e per l'allevamento bovino. Nel settore sud-occ., la presenza di ferro (di cui ormai si è interrotta l'estrazione) ha favorito lo sviluppo di stabilimenti metallurgici e siderurgici. L'economia è in gran parte basata sull'industria pesante, nonostante lo sviluppo dei servizi (soprattutto finanziari). La bilancia commerciale è in deficit. Gli scambi coinvolgono in primo luogo gli Stati limitrofi (Germania, Belgio, Francia) e altri membri dell'Unione Europea.

STORIA — 963: in seguito allo smembramento della Lotaringia, nell'ambito del Sacro Romano Impero Germanico si crea la contea di L. 1354: Carlo IV di L. la trasforma in ducato. 1441: il L. passa a Filippo III il Buono, duca di Borgogna; 1506: diventa un possedimento degli Asburgo

Lussemburgo

★ importante località turistica
■ confine distrettuale
■ più di 50.000 ab.

200   500 m
— autostrada
— ferrovia
● da 10.000 a 50.000 ab.
— strada normale
✈ aeroporto
● meno di 10.000 ab.

10 km

del ramo spagnolo; **1714**: con il trattato di Rastatt viene ceduto all'Austria; **1795**: viene annesso dalla Francia; **1815**: il Congresso di Vienna lo trasforma in un granducato, legato a titolo personale al re dei Paesi Bassi e membro della Confederazione germanica. **1831**: la metà occidentale del granducato diventa belga (provincia di L.); **1867**: il trattato di Londra ne sancisce la neutralità, di cui si fanno garanti le grandi potenze. **1890**: la corona passa alla dinastia dei Nassau. **1912**: la legge salica viene abrogata e Maria Adelaide diventa granduchessa. **1914-1918**: il L. viene occupato dalle truppe tedesche. **1919**: il titolo di granduchessa passa a Carlotta di Nassau, che dà al paese una Costituzione democratica. **1940-1944**: nuova occupazione tedesca. **1947**: il L. entra a far parte del Benelux; **1948**: abbandona la sua neutralità; **1949**: aderisce alla NATO; **1958**: fa ingresso nella CEE. **1964**: la granduchessa Carlotta abdica in favore del figlio Giovanni. **2000**: il granduca Giovanni abdica in favore del figlio Enrico. La vita politica è dominata dal Partito cristiano-sociale (PCS), grazie in part. ai primi ministri Jacques Santer (1984-1995) e Jean-Claude Juncker (dal 1995).
LUSSEMBÙRGO, cap. del granducato omonimo, sull'Alzette; 79.000 ab. Centro intellettuale,

LUSSEMBURGO. *La città vecchia e le fortificazioni.*

finanziario (Banca europea degli investimenti), amministrativo (Corte dei conti e Corte di giustizia delle comunità europee) e industriale (metallurgia di trasformazione). — Cattedrale del XVII-XX sec.; importante museo statale.
LUSSEMBÙRGO, prov. del Belgio sud-orient.; 4418 km²; 248.750 ab.; capol. Arlon. La prov. si estende quasi interamente sulle Ardenne, il che spiega la bassa densità (50 ab./km² ca.), la scarsa urbanizzazione e i modesti introiti dell'attività economica (allevamento, sfruttamento forestale, turismo).
LUSSEMBÙRGO, dinastia che regnò sul L. dal 963 al 1443. La terza dinastia, dopo essere assurta alla dignità imperiale (1308), salì ai troni di Boemia (1310) e di Ungheria (1387). Alla morte di Sigismondo (1437), la maggior parte dei suoi possedimenti passò agli Asburgo.
LUSSEMBÙRGO (palàzzo del), edificio parigino, progettato da S. de Brosse e costruito dal 1615 al 1620 per Maria de' Medici. P.P. Rubens ne decorò la galleria (grandi tele oggi al Louvre). Ampliato nel XIX sec., è sede del senato. Grandi giardini pubblici.
LÙSSU (Emilio), *Armungia 1890 - Roma 1974*, politico. Antifascista, fu tra i fondatori del Partito sardo d'azione, poi di Giustizia e libertà e del Partito d'azione, membro della Costituente. Scrisse molti saggi politici, tra i quali *Marcia su Roma e dintorni* (1933), *Teoria dell'insurrezione* (1936) e il racconto autobiografico *Un anno sull'altopiano* (1937).
LUTÈRO (Martin), *Eisleben 1483-1546*, teologo e riformatore tedesco. Monaco agostiniano, ricoprì un ruolo diplomatico nel suo ordine, che lo inviò a Roma nel 1510. Dottore in teologia, nel 1513 ottenne la cattedra di esegesi biblica all'Università di Wittenberg, dove, a partire dal 1515, iniziò a commentare le lettere di san Paolo, in part. l'*Epistola ai romani*. In relazione alla dottrina paolina della giustificazione tramite la fede, si scagliò contro la vendita delle indulgenze, attaccandola con 95 tesi (1517),

considerate il punto di partenza della Riforma. Condannato da Roma nel 1520, divulgò la sua opera; in quella stessa data uscirono i "tre grandi scritti riformatori": il manifesto *Alla nobiltà cristiana di nazionalità tedesca* (sulla supremazia romana), *De captivitate babylonica ecclesiae praeludium* (sui sacramenti), *De libertate christiana* (sulla Chiesa). Messo al bando dall'impero dopo la dieta di Worms, dove si rifiutò di ritrattare (1521), si rifugiò nel castello di Wartburg presso l'elettore di Sassonia, suo protettore, e poté ritornare a Wittenberg nel 1522. Sposatosi nel 1525 con Katharina von Bora, dedicò il resto della vita a dare organicità alla sua opera e a difenderla; lottò contro il cattolicesimo, contro le rivolte sociali (guerra dei contadini), le deviazioni degli illuminati e degli anabattisti e contro coloro che, come H. Zwingli in Svizzera, diedero alla sua riforma un nuovo orientamento. L. fu anche uno scrittore: le sue opere, e principalmente la sua traduzione della Bibbia (1521-1534), fanno di lui uno dei primi prosatori in lingua tedesca moderna.
■ *Martin Lutero ritratto da Cranach il Vecchio. (Uffizi, Firenze.)*
LUTÈZIA, c. della Gallia, cap. dei parisii, che assunse in seguito il nome di Parigi.
LUTHULI (Albert John), *in Rhodesia 1898 - Stanger, Natal, 1967*, politico sudafricano. Di etnia zulu, presidente dell'ANC (1952-1960), avversario nonviolento dell'apartheid, ricevette il premio Nobel per la pace nel 1960.
LUTON, c. della Gran Bretagna (Inghilterra), presso Londra; 167.300 ab. Aeroporto. Industria automobilistica.
LUTOSŁAWSKI (Witold), *Varsavia 1913-1994*, compositore polacco. Compose un *Concerto per orchestra*, un *Concerto per violoncello*, 4 sinfonie e musica vocale (*Trois poèmes d'Henri Michaux*).
LÜTZEN (battàglia di) (16 nov. 1632), battaglia della guerra dei Trent'anni, svoltasi a L. (a SO di Lipsia), che vide la vittoria degli svedesi sull'Impero. Gustavo II Adolfo vi trovò la morte. — **Battaglia di Lützen** (2 mag. 1813), battaglia che vide la vittoria di Napoleone su russi e prussiani.
LUXEMBURG (Rosa), *Zamość, presso Lublino, 1870 - Berlino 1919*, rivoluzionaria tedesca. Si oppone, in seno al movimento socialdemocratico, al revisionismo di E. Bernstein e di K. Kautsky, prendendo al tempo stesso le distanze dal bolscevismo (*Sciopero di massa, partiti e sindacati*, 1906; *L'accumulazione del capitale*, 1913). Fu assassinata durante la repressione dell'insurrezione spartachista.

■ *Rosa Luxemburg.*
LUXOR, c. dell'Egitto, sul Nilo; 146.000 ab. Ricco museo. La città moderna occupa il territorio dell'antica Tebe. Tempio di Ammone, uno dei capolavori della XVIII dinastia, fatto costruire da Amenofi III, successivamente ampliato e affiancato da due obelischi per volontà di Ramese II; uno di essi si trova, dal 1836, in Place de la Concorde a Parigi.
LU XUN o **LU HSÜN**, *Shaoxing 1881 - Shanghai 1936*, scrittore cinese. Autore di novelle (*La vera storia di Ah Q*) e saggista, è considerato il fondatore della letteratura cinese moderna.
LUYNES (Charles, marchése **d'Albert**, dùca **di**), *Pont-Saint-Esprit 1578 - Longueville 1621*, politico francese. Col favore di Luigi XIII, fece uccidere C. Concini (1617), al quale succedette come capo del governo. Salito alla carica di conestabile (1621), lottò contro gli ugonotti.
LUZHOU, c. della Cina (Sichuan); 412.211 ab. Industria chimica.
LÙZI (Màrio), *Firenze 1914*, scrittore e saggista, autore di poesie (*La barca, Avvento notturno, Un brindisi, Nel magma* ecc.) e di saggi (*L'inferno e il limbo, Vicissitudine e forma, Naturalezza del poeta*).
LUZON, la più grande e popolosa isola delle Filippine; 108.172 km²; 35.836.788 ab.; c. princ. Manila. Subì l'occupazione giapponese dal 1942 al 1944.

LUXOR. *Il tempio di Ammone.*

LUZZÀSCHI (Luzzàsco), *Ferrara 1545 ca. - 1607*, organista e compositore. Fu al servizio degli Estensi e del cardinale P. Aldobrandini. Perfezionò l'arte del madrigale, accostandosi allo stile di C. Monteverdi.

LUZZÀTTI (Luigi), *Venezia 1841 - Roma 1927*, politico. Esponente della destra storica, fautore del protezionismo, fu più volte ministro. Promosse la creazione di cooperative di credito e di consumo e la riforma delle leggi sul lavoro (otto ore lavorative, infortuni, invalidità e vecchiaia). Fu presidente del consiglio tra il 1910 e il 1911.

LUZZÀTTO (Gino), *Padova 1878 - Venezia 1964*, storico. Si occupò in part. di storia dell'economia. Tra le opere, *Storia economica dell'età moderna e contemporanea* (1932-1952), *Storia economica d'Italia* (1953), *L'economia italiana dal 1861 al 1914* (1963).

LWOFF (André), *Ainay-le-Château 1902 - Parigi 1994*, medico e biologo francese. Ricevette il premio Nobel per la medicina nel 1965 (con F. Jacob e J. Monod) per gli studi di fisiologia e genetica molecolare.

LYALLPUR → Faisalabad.

LYELL (sir Charles), *Kinnordy, Scozia, 1797 - Londra 1875*, geologo britannico. Nei suoi *Principi di geologia* (1833) dimostrò i limiti di un'interpretazione letterale della Bibbia, sostenne la teoria "catastrofica" e formulò la teoria delle cause attuali ("attualismo").

LYLY (John), *Canterbury 1554 ca. - Londra 1606*, scrittore inglese. Lo stile prezioso del suo romanzo *Eufue, l'anatomia dello spirito* (1578) divenne il modello dell'eufuismo.

LYNCH (David), *Missoula, Montana, 1946*, regista cinematografico statunitense. Dopo gli esordi come pittore, si è dedicato al cinema, esplorandone le potenzialità oniriche con opere di grande impatto drammatico. Tra i film diretti, *Eraserhead - La mente che cancella* (1977), *Elephant Man* (1980), *Dune* (1984), *Velluto blu* (1986), *Cuore selvaggio* (1990, Palma d'oro a Cannes), *Strade perdute* (1997), *Mulholland Drive* (2001). Celebre anche la serie televisiva *Twin Peaks* (1990).

LYNCH (John, detto Jack), *Cork 1917 - Dublino 1999*, politico irlandese. Leader del Fianna Fail, fu primo ministro dal 1966 al 1973 e dal 1977 al 1979.

LYOT (Bernard), *Parigi 1897 - Il Cairo 1952*, astrofisico francese. Inventore del coronografo (1930), che permise lo studio della corona solare durante le eclissi, diede un contributo fondamentale alla conoscenza delle supertci planetarie e dell'atmosfera solare, prima dell'avvento dell'era spaziale.

LYOTARD (Jean-François), *Versailles 1924 - Parigi 1998*, filosofo francese. Dopo aver preso parte al gruppo Socialismo o barbarie, ha tentato, nella sua analisi economica, di andare oltre S. Freud e K. Marx (*Economia libidinale*, 1974). Si è occupato anche di teoria dell'arte.

LYS, in fiamm. **Leie**, f. della Francia e del Belgio, affl. della Schelda, a Gand; 214 km. Attraversa Armentières e Courtrai.

LYSENKO (Trofim Denisovič), *Karlovka, Poltava, 1898 - Mosca 1976*, biologo e agronomo russo. Studiò la vernalizzazione e impose le sue teorie sulla trasmissione dei caratteri acquisiti che, sebbene erronee, furono ufficialmente avallate dal governo sovietico tra il 1940 e il 1955.

LYTTON (Edward George **Bulwer-Lytton**), *Londra 1803 - Torquay 1873*, scrittore e politico britannico, autore del romanzo *Gli ultimi giorni di Pompei* (1834).

Carattere Machine

MAALOUF (Amin), *Beirut 1949*, scrittore libanese di lingua francese. Ha esordito come giornalista per poi passare alla narrativa, impegnandosi, nei suoi romanzi, a riconciliare l'Oriente musulmano e l'Occidente cristiano in chiave umanista (*Col fucile del console d'Inghilterra*, 1993; *Gli scali del Levante*, 1996; *Il periplo di Baldassarre*, 2000).

MAASEIK, c. del Belgio (Limburgo), sulla Mosa; 23.123 ab. Monumenti e impianto urbanistico antico.

MAASTRICHT, c. dei Paesi Bassi, capol. del Limburgo, sulla Mosa; 122.070 ab. Chiese di S. Servazio e di Notre-Dame, che risalgono al X-XI sec.; museo provinciale. Ogni anno vi si tiene la Mostra internazionale d'arte e antiquariato.

MAASTRICHT (trattato di) (7 feb. 1992), trattato firmato dagli Stati membri della Comunità Europea che, nel sancire la trasformazione della CEE in UE (Unione Europea), si prefigge molti obiettivi, tra cui il raggiungimento dell'unione economica e monetaria (UEM), l'adozione di una moneta unica, la messa in atto di una politica estera comune e di una cooperazione sul piano della giustizia e degli affari interni; prevede inoltre l'istituzione della cittadinanza europea. Approvato nel 1991, con clausole d'eccezione per la Danimarca e la Gran Bretagna, è entrato in vigore il 1° nov. 1993.

MAÂT, divinità egizia della verità e della giustizia, che garantiva l'ordine universale.

MAAZEL (Lorin), *Neuilly 1930*, direttore d'orchestra statunitense. Ha diretto la Staatsoper di Vienna (1982-1984), l'Orchestre National de France (1988-1990), la Pittsburgh Philharmonic Orchestra (1988-1996) e la Bavarian Radio Symphony Orchestra (1993-2002), prima di assumere, nel 2002, la direzione musicale della Symphony Orchestra di New York.

MABILLON (Jean), *Saint-Pierremont 1632 - Parigi 1707*, benedettino francese. Monaco della congregazione di Saint-Maur, a Parigi, è autore degli *Acta sanctorum ordinis sancti Benedicti* e soprattutto del *De re diplomatica* (1681), che elevò la diplomatica a dignità di scienza.

MABLY (Gabriel **Bonnot de**), *Grenoble 1709 - Parigi 1785*, filosofo francese. In polemica con i fisiocratici, criticò la nozione di proprietà (*Dubbi sull'ordine naturale e necessario delle società politiche*, 1776).

MABUSE → GOSSART (Jean).

MAC (Movimento arte concreta), movimento fondato a Milano nel 1948 e attivo fino al 1958. Tra i suoi esponenti: B. Munari, A. Soldati, G. Dorfles, G. Monnet. Proponeva un'arte basata sull'astrazione e sulla purezza formale e cromatica, in contrapposizione al neorealismo così come al postcubismo e all'informale.

MACALÚSO (Damiàno), *Palermo 1845-1932*, fisico. Insieme a O. Corbino studiò il comporta-

mento del piano di polarizzazione della luce attraverso sostanze assorbenti, sotto l'influenza di un campo magnetico (effetto M.-Corbino).

MACAO, reg. amministrativa speciale della Cina, sulla costa merid.; 16 km²; 452.300 ab. Porto. Centro industriale e turistico. Territorio portoghese dal 1557, è passato alla Cina nel 1999.

MACAPÁ, c. del Brasile, cap. dello Stato di Amapá; 282.745 ab. Porto.

MACÀRIO, *1482 ca. - 1563*, prelato russo. Metropolita di Mosca (1542), consigliere dello zar Ivan IV il Terribile, suggellò l'unione tra Chiesa e Stato moscovita.

MACÀRIO (Erminio), *Torino 1902-1980*, attore. Affermatosi precocemente a teatro, nel 1930 fondò una compagnia (in cui accolse W. Osiris) con la quale, grazie alle notevoli doti mimiche e comiche, ottenne grande successo nel varietà. Fu interprete di rilievo anche al cinema (*Come persi la guerra*, 1947; *Il monello della strada*, 1950).

MACÀRIO L'EGIZIÀNO (sànto), *301 ca. - 394 ca.*, eremita cristiano. Gli sono stati attribuiti scritti mistici che influenzarono la spiritualità orientale.

MACARTHUR (Douglas), *Fort Little Rock 1880 - Washington 1964*, generale statunitense. Comandante in capo nelle Filippine durante l'invasione giapponese (1941), fu successivamente preposto alle truppe alleate nel Pacifico. Vittorioso in Giappone (1944-1945), comandò le forze ONU in Corea (1950-1951).

■ *Il generale Douglas MacArthur.*

MACAULAY (Thomas Babington), *Rothley Temple 1800 - Campden Hill, Londra, 1859*, storico e politico britannico. La sua *Storia d'Inghilterra* (1848-1861) conobbe un enorme successo.

MACBETH, *m. presso Lumphanan, Aberdeen, nel 1057*, re di Scozia (1040-1057). Ottenne il trono facendo assassinare Duncan I, ma fu poi ucciso dal figlio di quest'ultimo, il futuro Malcolm III. La sua vicenda ispirò l'omonima tragedia di W. Shakespeare (1605 ca.).

MACCABÈI, famiglia di patrioti ebrei che prese il nome dall'epiteto, che in ebraico significa "il martello", attribuito a Giuda in occasione della sollevazione ebraica del 167 a.C. e in seguito esteso a tutti i suoi consanguinei. Fu il sacerdote Mattatia che diede il segnale della rivolta contro la politica di ellenizzazione del re seleucide Antioco IV Epifane. Alla sua morte (166 ca. a.C.), i figli ne portarono a termine l'opera: inizialmente Giuda (m. nel 160 a.C.), che ottenne la libertà religiosa per il suo popolo, poi Gionata e Simone, entrambi assassinati (nel 142 e nel 134 a.C.),

che fecero riconoscere l'indipendenza nazionale. Giovanni Ircano, figlio di Simone, fondò la dinastia sacerdotale degli Asmonei. I due libri della Bibbia detti dei M. (scritti nel corso del II sec., ammessi unicamente nel canone cattolico) narrano della rivolta contro Antioco IV.

MACCACÀRO (Giùlio Alfrèdo), *Codogno 1924 - Milano 1977*, medico. Tra i fondatori di Medicina democratica nel 1976, condusse battaglie contro gli abusi e la corruzione in ambito scientifico, parallelamente alla sua attività di ricerca statistica ed epidemiologica.

MACCÀRI (Mino), *Siena 1898 - Roma 1989*, poeta e illustratore. Fondò insieme a L. Longanesi la rivista *Il selvaggio* (1924-1943), per la quale curò le illustrazioni e di cui fu direttore dal 1936 al 1942. Sostenne le posizioni di Strapaese, che difendeva l'Italia fascista e rurale.

MÀCCHI, società fondata nel 1913 a Varese per la produzione di aeroplani (Aermacchi). Alcuni suoi modelli furono tra i più utilizzati nelle due guerre mondiali. Nel 2003 la società è stata acquistata da Finmeccanica.

MÀCCHIA (Giovànni), *Trani 1912 - Roma 2001*, critico letterario. Francesista, è stato esperto di letteratura e teatro europei. Tra le opere, *Baudelaire e la poetica della malinconia* (1946), *Il paradiso della ragione* (1961), *Il silenzio di Molière* (1975), *Proust e dintorni* (1989), *Ritratti, personaggi, fantasmi* (2000).

MACCHIAVÈLLI (Loriàno), *Vergato 1934*, scrittore. Autore di romanzi polizieschi, tra cui *Le piste dell'attentato* (1974), *Fiori alla memoria* (1975), *Ombre sotto i portici* (1976), *Sarti Antonio: un diavolo per capello* (1980), *La rosa e il suo doppio* (1987), *Un triangolo a quattro lati* (1992), *Coscienza sporca* (1995), *I sotterranei di Bologna* (2002).

MACDONALD (Alexandre), **dùca di Tàranto**, *Sedan 1765 - Courcelles 1840*, militare francese. Distintosi a Wagram (1809) e a Lipsia (1813), nel 1814 contribuì all'abdicazione di Napoleone e si alleò con Luigi XVIII.

MACDONALD (James Ramsay), *Lossiemouth, Scozia, 1866 - in mare 1937*, politico britannico. Leader del Partito laburista (1911-1914, 1922-1937), sostenitore di un socialismo riformista, diresse il primo governo laburista (1924) del Regno Unito e auspicò il disarmo e la cooperazione internazionale. Di nuovo al potere a partire dal 1929, di fronte alla crisi economica fu costretto a formare un governo di coalizione (1931). Rassegnò le dimissioni nel 1935.

MACDONALD (sir John Alexander), *Glasgow 1815 - Ottawa 1891*, politico canadese. Capo del primo governo della Confederazione canadese (1867-1873), di nuovo al potere dal 1878 al 1891, attuò la colonizzazione dei Territori del Nord-Ovest.

MACÈDONE (dinastia), famiglia che, dal 867 al 1057, diede a Bisanzio otto imperatori e due imperatrici.

MACEDÒNIA, reg. storica della penisola balcanica, att. suddivisa tra rep. di Macedonia, Bulgaria e Grecia.

MACEDÒNIA, in maced. **Makedonija**, Stato dell'Europa balcanica, a N della Grecia; 25.700 km²; 2.044.000 ab. (*macedoni*). CAP. *Skopje*. LINGUE: *macedone e albanese*. MONETA: *dinaro macedone*.

GEOGRAFIA – In gran parte montuoso, solcato da valli (tra cui quella del Vardar), il paese basa la propria economia sull'allevamento e sull'agricoltura (beneficiando dell'irrigazione e di un clima localmente mediterraneo) e presenta diverse attività estrattive (piombo, zinco). A Skopje si concentra circa un quinto di popolazione, che conta una notevole minoranza albanese (il 25% ca.), localizzata in prevalenza nella parte occidentale. La M. risente di un forte isolamento geografico.

STORIA – VII-VI sec. a.C.: unificazione delle tribù macedoni. **356-336**: Filippo II porta il regno all'apogeo e impone la sua egemonia sulla Grecia. **336-323**: Alessandro Magno conquista l'Egitto e l'Oriente. **323-276**: alla sua morte i diadochi, suoi generali, si contendono la M. **276-168**: gli Antigonidi regnano sul paese. **168**: la vittoria romana di Pidna pone fine all'indipendenza macedone. **148 a.C.**: la M. diventa provincia romana; IV sec. d.C.: viene inglobata nell'impero romano d'Oriente. VII sec.: gli slavi occupano la regione. IX-XIV sec.: bizantini, bulgari e serbi si disputano il paese. **1371-1912**: la M. fa parte dell'impero ottomano; **1912-1913**: la prima guerra balcanica la libera dai turchi. **1913**: la lotta per la spartizione del paese pone l'una contro l'altra Serbia, Grecia e Bulgaria nella seconda guerra balcanica. **1915-1918**: le potenze dell'Intesa combattono le forze congiunte austriache, tedesche e bulgare. **1945**: nasce la repubblica di M. in seno alla confederazione iugoslava. La M. si dichiara indipendente. La Grecia si oppone alla costituzione di uno Stato indipendente con il nome di M. **1993**: viene riconosciuta dall'ONU come ex Rep. iugoslava di M. **1995**: Grecia e M. giungono a un compromesso che pone fine ai conflitti diplomatici legati alla scelta del nome e del simbolo sulla bandiera. **1999**: Boris Trajkovski viene eletto presidente della repubblica. La vita politica del paese è dominata da una coalizione conservatrice. Il paese deve far fronte all'afflusso di profughi albanesi dal Kosovo, che viene a turbare il già fragile equilibrio esistente tra maggioranza slava (ortodossi) e minoranza albanese (musulmani). **2001**: in seguito a una grave crisi (azioni violente di gruppi armati albanesi nel N del paese), la comunità albanese vede riconosciuti i propri diritti da una revisione costituzionale. **2002**: diventa capo del governo Branko Crvenkovski, dell'Unione socialdemocratica. **2004**: il 26 feb. B. Trajkovski muore tragicamente in un incidente aereo.

MACEIÓ, c. del Brasile, cap. dello Stato di Alagoas, sull'Atlantico; 796.842 ab. Porto. — Musei.

MACERÀTA, c. delle Marche, capol. di prov.; 41.907 ab. (*maceratesi*). Mercato agricolo. Industrie alimentari, meccaniche, tessili, degli strumenti musicali. Università fondata nel Medioevo. — Centro di origine visigota, nel 1200 diventò libero comune di parte ghibellina, poi sede vescovile. Nel 1445 fu inglobata nello Stato pontificio. — Tra i monumenti del centro storico, ancora cinto da mura, la loggia dei Mercanti (XVI sec.) i palazzi comunale (XVII-XIX sec.) e della prefettura (XVI sec.), la torre dell'Orologio (1663), lo sferisterio neoclassico (1820-1829) e il santuario della Madonna della Misericordia (XVIII-XIX sec., con interni di L. Vanvitelli). — La provincia, montuosa e collinare, si estende dall'Appennino al Mare Adriatico. Vi si praticano l'agricoltura (cereali, olivi, viti), l'allevamento ovino e la pesca. Turismo balneare. Centri principali: Camerino, Porto Recanati, Recanati.

MACH (Ernst), *Turas 1838 - Haar 1838*, fisico austriaco. Mise in evidenza il ruolo della velocità del suono in aerodinamica; i suoi studi critici sui principi della meccanica newtoniana esercitarono una notevole influenza sull'opera di A. Einstein.

MÁCHA (Karel Hynek), *Praga 1810 - Litoměřice 1836*, scrittore ceco. Il suo poema romantico *Maggio* (1836) è considerato all'origine della poesia ceca moderna.

MACHADO DE ASSIS (Joaquim Maria), *Rio de Janeiro 1839-1908*, scrittore brasiliano. Poeta parnassiano, è conosciuto soprattutto per i suoi romanzi realisti e ironici (*Don Casmurro*).

MACHADO Y RUIZ (Antonio), *Siviglia 1875 - Collioure 1939*, poeta spagnolo. Le sue liriche, che traggono ispirazione da una profonda esperienza umana, sono pervase da una malinconia sognante ed evocano atmosfere raffinate (*Solitudini, Campi di Castiglia*).

MACHALA, c. dell'Equador, capol. di prov., presso il Golfo di Guayaquil; 144.197 ab.

MACHAUT (Guillaume de) →GUILLAUME DE MACHAUT.

MACHEL (Samora Moises), *Madragoa 1933 - in un incidente aereo 1986*, politico mozambicano. Fu il primo presidente della repubblica dall'indipendenza del Mozambico, dal 1975 al 1986.

MACHHAD, c. dell'Iran nord-orient.; 1.887.405 ab. Città santa sciita, meta di pellegrinaggi. Mausoleo dell'imam Reza (IX sec.) e monumenti del XV-XVII sec. Ricco museo.

MACHIAVÈLLI (Niccolò), *Firenze 1469-1527*, politico, scrittore e filosofo. Segretario della repubblica fiorentina, compì numerose missioni diplomatiche (in Italia, Francia e Germania) e riorganizzò l'esercito. Dopo la caduta dei Medici (1513) fu costretto a lasciare la vita politica. Di questo ritiro forzato approfittò per scrivere la maggior parte delle sue opere, di argomento storico e letterario: *Il principe* (1513, pubblicato nel 1532), *Discorsi sopra la prima decade di Tito Livio* (1513-1519), i dialoghi *Dell'arte della guerra* (1519-1521), le *Istorie fiorentine* (1525), le commedie *Mandragola* (1520) e *Clizia* (1525). M., il cui pensiero si richiama alla filosofia greca, non si preoccupa di immaginare il miglior governo possibile: smascherando le pretese della religione in materia politica, parte dalla realtà contemporanea per definire un "nuovo ordine" (morale, libero e laico) dove la ragione di Stato ha come obiettivo ultimo il miglioramento dell'uomo e della società.

■ *Niccolò Machiavelli ritratto da Rosso Fiorentino. (Coll. priv., Firenze.)*

MACHIDA, c. del Giappone (Honshu), sobborgo sud-occ. di Tokyo; 360.525 ab.

MACHU PICCHU, ant. c. del Perú, sulle Ande (2045 m d'alt.), 130 km a N di Cuzco. Ignorata dai conquistatori spagnoli, fu scoperta nel 1911. Rovine di notevole importanza archeologica.

MACÍAS NGUEMA (Francisco), *Nsegayong 1922 - Malabo 1979*, politico della Guinea Equatoriale. Presidente della repubblica (1968-1979), instaurò una dittatura, ma venne rovesciato e ucciso (1979).

MACINA, reg. del Mali attraversata dal Niger, in cui predominano le piantagioni di riso e di cotone. All'inizio del XIX sec., Cheikhou Amadou vi stabilì un impero peul teocratico, sottomesso da El-Hadj Omar nel 1862.

MACKENSEN (August von), *Haus Leipnitz, presso Wittenberg, 1849 - Burghorn, Celle, 1945*, maresciallo tedesco. Conquistò la Polonia (1915) e la Romania (1916), ma fu sconfitto da L. Franchet d'Espèrey in Macedonia (1918).

MACKENZIE, f. del Canada, che nasce dalle Montagne Rocciose e sfocia nel Mar Glaciale Artico; 4600 km. Porta il nome di *Athabasca* nel corso superiore e *Slave River* nel tratto intermedio, tra il Lago Athabasca e il Gran Lago degli Schiavi.

MACKENZIE (William Lyon), *presso Dundee, Scozia, 1795 - Toronto 1861*, politico canadese. Guidò la ribellione del 1837 nell'Alto Canada (att. Ontario).

■ *William Lyon Mackenzie. (Coll. Larousse.)*

MACKENZIE KING (William Lyon) →KING (William Lyon Mackenzie).

MACKINDER (Halford John), *Gainsborough, Lincolnshire, 1861 - Parkstone, Dorset, 1947*, geografo e geopolitico britannico. Introdusse una distinzione tra le potenze che detengono il controllo su mari e coste (*rimland*) e quelle che dominano l'entroterra dei continenti (*heartland*).

MACKINTOSH (Charles Rennie), *Glasgow 1868 - Londra 1928*, architetto e decoratore britannico. All'epoca dell'Art Nouveau, fu la personalità più influente di un'originale "scuola di Glasgow". [V. foto a pagina seguente.]

MACLAINE (Shirley Mac Lean Beaty, detta Shirley), *Richmond 1934*, attrice cinematografica statunitense. Tra le sue interpretazioni, *Artisti e modelle*

Macedonia

strada normale
ferrovia
✈ aeroporto
★ importante località turistica

● più di 400.000 ab.
● da 50.000 a 400.000 ab.
● da 30.000 a 50.000 ab.
• meno di 30.000 ab.

200 500 1000 2000 m

20 km

Charles Rennie **MACKINTOSH**. *Progetto di una casa privata (1901) disegnato a penna.*

(1955), *Tutte le ragazze lo sanno* (1959), *L'appartamento* (1960, coppa Volpi a Venezia), *Irma la dolce* (1962), *Voglia di tenerezza* (1983, premio Oscar), *Madame Sousatzka* (1988, coppa Volpi a Venezia).

MACLAURIN (Colin), *Kilmodan 1698 - Edimburgo 1746*, matematico scozzese. Il suo *Trattato sulle flussioni* (1742) fu la prima esposizione sistematica dei metodi di newtoniani; vi si trova un caso particolare dello sviluppo in serie che porta il suo nome.

MACLEOD (John), *presso Dunkeld, Scozia, 1876 - Aberdeen 1935*, medico britannico. Ricevette il premio Nobel nel 1923 per aver scoperto l'insulina.

MACLÒDIO (battàglia di) (17 ott. 1427), scontro tra le truppe veneziane, guidate da F. Bussone, e quelle del ducato di Milano, presso l'att. comune in prov. di Brescia. La repubblica di Venezia, vittoriosa, ottenne Brescia, Bergamo e Crema (pace di Ferrara, 1428).

MAC-MAHON (Edme Patrice, cónte di), dùca di **Magènta**, *Sully 1808 - castello di La Forêt, Loiret, 1893*, militare e politico francese. Distintosi durante la guerra di Crimea e in Italia (vittoria di Magenta), fu governatore generale d'Algeria dal 1864 al 1870. Nel 1871 guidò la repressione della Comune di Parigi. Eletto presidente della repubblica (1873), appoggiò invano una restaurazione monarchica. Entrato in conflitto con J. Simon, capo del governo, lo costrinse a dimettersi (1877), ma due anni dopo dovette rinunciare al potere in seguito alla vittoria dei repubblicani.

MACMILLAN (Harold), *Londra 1894 - Birch Grove 1986*, politico britannico. Deputato conservatore (1924), cancelliere dello scacchiere (1955-1957), fu primo ministro e leader del Partito conservatore dal 1957 al 1963.

MACMILLAN (sir Kenneth), *Dunfermline, Scozia, 1929 - Londra 1992*, ballerino e coreografo britannico. Condirettore e principale coreografo del Royal Ballet, diventò famoso grazie alle sue opere di stampo neoclassico: *Romeo e Giulietta* (1965), *Manon* (1974).

MACON, c. degli Stati Uniti (Georgia); 97.255 ab.

MÂCON, c. della Francia, capol. del dip. Saône-et-Loire, in Borgogna, sulla Saône; 36.068 ab. Porto fluviale. Centro commerciale. Industria elettrica. Hôtel-Dieu e abitazioni del XVIII sec.; musei.

MAC ORLAN (Pierre **Dumarchey**, detto Pierre), *Péronne 1882 - Saint-Cyr-sur-Morin 1970*, scrittore francese. Bohémien, attraverso i suoi romanzi (*Porto delle nebbie*, *La bandiera*) offrì una visione insolita ed epica dell'avventura di ambientazione esotica.

MACPHERSON (James) → OSSIAN.

MACRÌ (Orèste), *Maglie 1913 - Firenze 1998*, critico letterario e traduttore. Scrisse, tra l'altro, *Esemplari del sentimento poetico contemporaneo* (1941), *Poesia spagnola del Novecento* (1952), *Caratteri e figure della poesia italiana contemporanea* (1956), *Realtà del simbolo* (1968).

MACRÌNO (Màrco Opèllio), *Cesarea, att. Cherchell, 164 - Calcedonia 218*, imperatore romano (217-218). Assassino e successore di Caracalla, fu a sua volta ucciso su ordine di Elagabalo.

MACRÒBIO (Ambrògio Teodòsio), *400 ca. d.C.*, scrittore latino. Oltre a un commento del *Somnium Scipionis* ciceroniano, scrisse i *Saturnalia*, excursus sulle conoscenze dell'epoca.

MACUGNÀGA, com. in prov. di Verbano-Cusio-Ossola; 649 ab. Ai piedi del Monte Rosa, è sede di sport invernali. Nei pressi, ghiacciaio del Belvedere.

MADÁCH (Imre), *Alsósztregova 1823 - Balassagyarmat 1864*, scrittore ungherese, autore del dramma in versi *La tragedia dell'uomo* (1861).

MADAGASCAR, Stato insulare dell'Africa, nell'Oceano Indiano; 587.000 km²; 16.437.000 ab. (*malgasci*). CAP. *Antananarivo*. LINGUE: *malgascio* e *francese*. MONETA: *franco malgascio*.

GEOGRAFIA – Il centro dell'isola è costituito da altopiani granitici, talvolta sovrastati da massicci vulcanici, il cui clima è temperato dall'altitudine e che a E scendono bruscamente su una ristretta pianura litoranea, calda, umida, coperta di foreste. Il settore occ. è occupato da tavolati e rilievi sedimentari, calcarei e arenosi, dal clima più secco, dove regnano la foresta, la savana e la boscaglia. Manioca, riso e allevamento bovino rappresentano la base dell'alimentazione. Caffè, chiodi di garofano, vaniglia e canna da zucchero, insieme con i prodotti della pesca, sono i principali voci d'esportazione, cui si aggiungono le risorse del sottosuolo (grafite, mica, cromo, pietre preziose). La bilancia commerciale rimane comunque in deficit e la sottoccupazione è un problema diffuso.

STORIA – **Le origini**. **XIV-XVII sec.**: dal XIV sec., i commercianti arabi si stabiliscono sulla fascia litoranea, abitata da negridi e indonesiani. Gli europei (in primo luogo i portoghesi, fin dal '500), invece, si fermano per brevi periodi. Le coste sono infestate dai pirati. Nel '400 sorgono alcuni regni. **XVIII sec.**: il regno dell'Imerina (cap. *Antananarivo*) si estende sulla quasi totalità dell'isola, grazie soprattutto alle conquiste di Adrianampoinimerina I (1787-1810). **1817**: Radama I riceve dalla Gran Bretagna il titolo di re del M. **1895-1896**: dichiarata decaduta la regina Ranavalona III, la Francia procede all'annessione dell'isola. **L'indipendenza**. **1946**: il M. diventa Territorio d'oltremare. **1960**: la Rep. malgascia, proclamata nel 1958, ottiene l'indipendenza. **1972**: gravi scontri costringono alle dimissioni il capo dello Stato Philibert Tsiranana (al potere dal 1958). **1975**: la carica di presidente della Rep. Dem. del M. viene assunta da Didier Ratsiraka, che verso la fine degli anni '80 del secolo scorso, ammesso il fallimento di un'esperienza socialista decennale, indirizza il paese verso un prudente liberalismo. **1991**: si rafforza l'opposizione e si moltiplicano gli scontri, tanto che viene proclamato lo stato d'emergenza. **1993**: all'approvazione, per referendum, della nuova Costituzione (1992) fa seguito l'elezione alla presidenza della repubblica del principale candidato dell'opposizione, Albert Zafy. **1997**: D. Ratsiraka è di nuovo capo dello Stato. **2002**: le elezioni presidenziali danno luogo a una grave crisi politica. Ritenendosi defraudato della vittoria fin dal primo turno (dic.

Madagascar-Comore-Maurizio-Seicelle

★ importante località turistica
500 1000 1500 m

— strada normale
— ferrovia
✈ aeroporto

● più di 1.000.000 di ab.
● da 100.000 a 1.000.000 di ab.
● da 50.000 a 100.000 di ab.
● meno di 50.000 ab.

2001), in febbraio Marc Ravalomanana, forte del sostegno popolare, si autoproclama presidente.

MADÀMA (Palàzzo), palazzo romano, antica residenza medicea (XVI sec.) con facciata barocca di L. Cardi e P. Marucelli. Dal 1871 è sede del Senato. — Torino. Con lo stesso nome è conosciuto un castello medievale, a Torino, costruito su una porta romana, abitato nel XVII sec. da Cristina di Francia. Nel XVIII sec. F. Juvarra lo modificò radicalmente la fisionomia. Oggi è sede del Museo civico di arte antica.

MADÀMA (Villa), edificio romano progettato da Raffaello e costruito da A. da Sangallo il Giovane per Giulio de' Medici. Deve il nome a Margherita d'Austria che, sposando Ottavio Farnese, ne passò la proprietà a quest'ultima famiglia.

MADAME BOVARY, romanzo di G. Flaubert (1857) incentrato sulla figura di Emma Bovary, eroina che si suicida dopo aver visto i propri sogni infrangersi contro la mediocrità della vita e degli uomini. J. Renoir (1934) e C. Chabrol (1991) ne hanno trasposto la vicenda sul grande schermo.

MADDALÉNA →MARIA MADDALENA.

MADDALÉNA (Còlle della), passo alpino al confine tra Francia e Italia, tra Barcelonnette e Cuneo; 1991 m.

MADDALÉNA (Ìsola della), isola del Mar Tirreno, appartenente all'arcipelago omonimo; 20,1 km². È situata nelle Bocche di Bonifacio, a N della Sardegna, tra le isole Caprera, Santo Stefano e Spargi. In prevalenza montuosa e formata da rocce granitiche, raggiunge la sua altezza massima nel Monte Guardia Vecchia (146 m). L'intero arcipelago appartiene al com. di La Maddalena. — Parco nazionale.

MADDALENA SOFIA BARAT (sànta), *Joigny 1779 - Parigi 1865*, religiosa francese. Fondò la congregazione del Sacro Cuore di Gesù, detta "delle dame del Sacro Cuore" (1800).

MADEIRA, f. dell'America merid. (Bolivia e, soprattutto, Brasile), affl. di destra del Rio delle Amazzoni; 3350 km.

MADEIRA, in it. **Madèra**, arcipelago portoghese dell'Atlantico, a O del Marocco; 794 km²; 263.606 ab.; capol. *Funchal*. M. è anche il nome dell'isola principale (740 km²), la cui economia si basa sulla viticoltura e sul turismo.

MADÈRNA (Brùno), *Venezia 1920 - Darmstadt 1973*, compositore e direttore d'orchestra. È stato uno dei principali rappresentanti del movimento seriale e postseriale (*Hyperion*, 1964; *Grande Aulodia*; *Serenata per un satellite*, 1969; *Satyricon*, 1973).

MADÈRNO (Càrlo), *Capolago 1556 - Roma 1629*, architetto di origine ticinese. Nipote di D. Fontana e precursore del barocco romano, completò la basilica di S. Paolo (ampliamento della pianta a croce latina ideata da Raffaello e della facciata, 1610). A Roma intervenne anche nella chiesa di S. Andrea della Valle e nel Palazzo Barberini.

MADÈRNO (Stéfano), *Bissone 1576 - Roma 1636*, scultore. Influenzato dagli stilemi classici, lavorò a Roma, dove fu tra i primi interpreti del barocco. Tra le opere, *Santa Cecilia* (1600).

MADHYA PRADESH, Stato dell'India centrale; 308.300 km²; 60.385 ab.; cap. *Bhopal*.

MADINE (Làgo di), lago della Francia, nella zona orient. del dip. Meuse; 1100 ha ca.

MADISON, c. degli Stati Uniti, cap. del Wisconsin; 208.054 ab. Università.

MADISON (James), *Port Conway, Virginia, 1751-1836*, politico statunitense. Tra i fondatori del Partito repubblicano, rivestì la carica di presidente degli Stati Uniti dal 1809 al 1817.

MADONÌE (Le), gruppo montuoso della Sicilia, compreso tra i f. Pollina e Torto. Costituito da rocce calcaree, è la prosecuzione verso O dell'Appennino Siculo. La vetta più elevata è il Pizzo Carbonara (1979 m).

MADÒNNA DEL SÀSSO, com. in prov. di Verbano-Cusio-Ossola, sui rilievi a O del lago d'Orta; 439 ab. Turismo estivo. Il santuario (XVIII sec.) è meta di frequenti pellegrinaggi.

MADÒNNA DI CAMPÌGLIO, frazione di Pinzolo (Trento), tra le Dolomiti e il Brenta. Stazione di sport invernali (1520-2520 m d'alt.).

MADÒNNA RUCELLÀI, dipinto di Duccio di Buoninsegna (1285, Uffizi, Firenze). L'opera, la più grande ancona del '200, raffigura Maria con

Gesù bambino in grembo, seduta su un trono e circondata da sei angeli. Fu commissionata al pittore per la chiesa di S. Maria Novella.

MADRAS o **CHENNAI**, c. dell'India, cap. del Tamil Nadu, sulla costa del Coromandel; 4.216.268 ab. (6.648.000 ab. nell'agglomerato). Porto. Industrie tessili e chimiche. Monumenti antichi. Importante museo.

MADRE (Sierra), nome di tre regioni montuose del Messico, che delimitano la pianura messicana, al di sopra del Pacifico (Sierra Madre Occidentale e Sierra Madre Meridionale) e del Golfo del Messico (Sierra Madre Orientale).

MÀDRE CORÀGGIO E I SUÒI FÌGLI, opera teatrale di B. Brecht (1939-1941), "cronaca della guerra dei Trent'anni", che trae ispirazione da H.J.C. von Grimmelshausen. Una vivandiera, nella lotta quotidiana per la sopravvivenza, tenta di trarre profitto dalla guerra, ma finirà per perdere tutto, anche i figli.

MADRID, cap. della Spagna e della comunità autonoma di Madrid (8028 km²; 5.205.408 ab.), in Castiglia, sul f. Manzanares; 2.882.860 ab. Capitale della Spagna dal 1561, M. è un centro amministrativo e industriale. — Fu teatro di violenti combattimenti durante la guerra civile (1936-1939). — Plaza Mayor (1617), chiese e conventi classici o barocchi, palazzi reali del XVIII sec. Ricchi musei, tra cui quello del *Prado, il Museo archeologico nazionale, il Centro di arte moderna Reina Sofia, la collezione Thyssen-Bornemisza.

MADRID. *Plaza de Cibeles, con la fontana di Cibele (XVIII sec.) e il Palacio de Comunicaciones.*

MADURA, isola dell'Indonesia, a N di Giava; 5290 km².

MADURAI, già **Madura**, c. dell'India (Tamil Nadu); 922.913 ab. Università. Vasto complesso in stile dravidico (X-XVII sec.), comprendente il tempio Minaksi (XVII sec.), dai numerosi ambienti sormontati da *gopura* monumentali.

MADURÉSI, popolazione dell'Indonesia (Madura e isole in prossimità di Giava; ca. 7,7 milio-

ni di individui). I m., convertitisi all'islam nel XVI sec., hanno dato luogo a una corrente migratoria (verso Giava, Borneo, Singapore ecc.). La loro lingua è imparentata con il giavanese.

MAEBASHI, c. del Giappone (Honshu); 284.788 ab. Industria tessile.

MAELSTRÖM o **MALSTRÖM**, canale del Mar di Norvegia, presso le Isole Lofoten. Zona di rapide correnti vorticose.

MAÈNZA (Vincènzo), *Imola 1962*, lottatore. Nella categoria 48 kg della lotta greco-romana, ha vinto la medaglia d'oro alle Olimpiadi di Los Angeles (1984) e di Seul (1988) e quella d'argento alle Olimpiadi di Barcellona (1992). È stato campione europeo nel 1987.

MAÈSTRO DI FLÉMALLE, *primo terzo del XV sec.*, nome dato a un pittore fiammingo dei Paesi Bassi merid., al quale vengono attribuiti diversi quadri religiosi conservati a Francoforte, New York, Londra, Digione (*Natività*). Innovazione stilistica e rigoroso realismo caratterizzano le opere di questo artista, da identificarsi probabilmente con Robert Campin, maestro a Tournai nel 1406, morto nel 1444.

MAESTRO DI FLÉMALLE. *Parte centrale del trittico dell'Annunciazione.* (Metropolitan Museum, New York.)

MAÈSTRO DI PRATOVÈCCHIO, *XV sec.*, pittore. Nome convenzionale con il quale si indica l'autore del polittico comprendente l'*Assunta*, i *Santi* e la *Madonna del baldacchino*, che mostra evidenti affinità con lo stile di Andrea del Castagno e del Pollaiolo.

MAÈSTRO DI SÀNTA CECÌLIA, *XIII-XIV sec.*, pittore. È chiamato così per aver realizzato la *Pala di santa Cecilia*, conservata agli Uffizi di Firenze. Collaboratore di Giotto, ne completò il ciclo francescano di affreschi ad Assisi.

MAETERLINCK (Maurice), *Gand 1862 - Nizza 1949*, scrittore belga di lingua francese. Coniugò nei suoi drammi (*La principessa Maleine*, 1889; *Pelléas e Mélisande*, 1892; *L'uccellino blu*, 1909) e nei suoi saggi (*La vita delle api*, 1901) simbolismo e misticismo. (Premio Nobel 1911.)

■ *Maurice Maeterlinck ritratto da J.-É. Blanche. (Museo di Belle Arti, Rouen.)*

MAFÀI (Màrio), *Roma 1902-1965*, pittore. Alla fine degli anni '20 del secolo scorso diede vita, con A. Raphaël e Scipione, alla Scuola romana, tendenza espressionista che si oppose alla concezione imperante dell'arte. Tra le opere, la serie delle "Demolizioni" (1935).

MAFÀI (Miriam), *Firenze 1926*, giornalista e scrittrice. Figlia di Mario, ha collaborato con *L'Unità* e *La Repubblica*. Tra le opere, *Pane nero* (1987), *Botteghe oscure, addio* (1996), *Il sorpasso* (1997), *Il silenzio dei comunisti* (2002, con V. Foa e A. Reichlin).

MAFÀLDA DI SAVÒIA, *Roma 1902 - Buchenwald 1944*, figlia di Vittorio Emanuele III. Fu rapita dalle SS a Roma nel 1943 e rinchiusa nel campo di concentramento di Buchenwald, nel quale trovò la morte.

MAFFÈI (Clàra), *Bergamo 1814 - Milano 1886*, patriota. Nel 1846 partecipò alle Cinque giornate di Milano e fu esiliata a Locarno. Rientrata a Mi-

Madonna in trono con bambino *detta* **Madonna Rucellai**, *tavola di Duccio di Buoninsegna 1285. (Uffizi, Firenze.)*

lano, raccolse nel suo salotto i più noti artisti e intellettuali del tempo (G. Mazzini, C. Cattaneo).

MAFFÈI (Scipióne), *Verona 1675-1755*, letterato, poeta ed erudito. Membro dell'Arcadia, fondò il *Giornale dei letterati* (1710, con A. Zeno e A. Vallisnieri) e le *Osservazioni letterarie*. Scrisse trattati, opere erudite e commedie; la sua opera principale è la tragedia *Merope* (1713).

MAGADAN, c. della Russia, sul Mar d'Ohotsk; 131.674 ab.

MAGALÒTTI (Lorènzo), *Roma 1637 - Firenze 1712*, scienziato e letterato. Diplomatico per conto di Cosimo III de' Medici, viaggiò per tutta Europa, raccogliendo annotazioni sui suoi viaggi. Segretario dell'Accademia del Cimento, scrisse i *Saggi di naturali esperienze* (1662-1667), con uno stile brillante.

MAGAZZÌNI CRIMINÀLI, gruppo teatrale sperimentale fondato nel 1972 a Firenze da Federico Tiezzi e Alessandro Lombardi. Affermatosi come una delle realtà più innovative a livello europeo, dal 2001 ha assunto il nome di "Compagnia Lombardi-Tiezzi". Tra gli spettacoli, *Crollo nervoso* (1980), *Commedia del purgatorio* (1990).

MAGDALÉNA, f. della Colombia, che sfocia nel Mar delle Antille; 1550 km.

MAGDEBÚRGO, in ted. **Magdeburg**, c. della Germania, cap. della Sassonia-Anhalt, sull'Elba; 235.073 ab. Porto fluviale. Metallurgia. — Sede vescovile dal 968, M. fu una delle principali città anseatiche e passò al Brandeburgo nel 1648. — Abbazia di Notre-Dame, in stile romanico; cattedrale gotica del XIII-XIV sec. Museo di storia della città.

MAGELLÀNO (Ferdinàndo), in port. Fernão **de Magalhães**, *Sabrosa, Trás-os-Montes, 1480 - Isola di Mactan, Filippine, 1521*, navigatore portoghese. Con l'intento di raggiungere le Mollucche (att. Indonesia) da O, circumnavigando l'America, M., finanziato da Carlo V, attraversò nel 1520 lo stretto che da lui avrebbe preso il nome. Ucciso nelle Filippine, fu sostituito da Juan Sebastián Elcano, che approdò nelle Molucche nel nov. 1521. Una sola delle imbarcazioni facenti parte della sua spedizione rientrò in Spagna (1522), compiendo così il primo giro del mondo.

■ *Ferdinando Magellano. (Museo marittimo, Siviglia.)*

MAGELLÀNO (Nùbi di), piccole galassie visibili a occhio nudo nell'emisfero australe, osservate per la prima volta da F. Magellano nel 1519. La *Grande Nube di M.*, che interseca le costellazioni di Dorado e di Table, è situata a 170.000 anni luce; la *Piccola Nube di M.*, nella costellazione del Tucano, dista 200.000 anni luce.

MAGELLÀNO (Strétto di), braccio di mare tra l'estremità merid. dell'America e la Terra del Fuoco.

MAGÈNTA, com. in prov. di Milano; 23.061 ab. Agricoltura (foraggi). Industrie grafiche, tessili, dei fiammiferi.

MAGÈNTA (battàglia di) (4 giu. 1859), battaglia della seconda guerra d'indipendenza, che vide la vittoria dei franco-piemontesi guidati da P. Mac-Mahon sugli austriaci guidati da F. Gyulai.

MÀGGI (Càrlo Maria), *Milano 1630-1699*, poeta e commediografo. Precursore dell'Arcadia e ostile al marinismo, scrisse le *Rime varie* (1700), la tragedia *La Griselda di Saluzzo* e drammi sacri. Celebri le sue commedie in milanese con la maschera di Meneghino.

MÀGGI (Gìan Antònio), *Milano 1856-1937*, fisico. Influenzato dai metodi della scuola tedesca, sistematizzò i concetti relativi alla meccanica razionale e svolse studi sulla teoria dell'elasticità, sull'ottica fisica e sull'elettromagnetismo. Al suo nome sono legati l'"effetto M." e le "equazioni di M.".

MAGGIÀNI (Maurìzio), *Castelnuovo Magra 1951*, scrittore. Tra le opere, *Màuri Màuri* (1989), *Vi ho già sognati tutti una volta* (1990), *Il coraggio del pettirosso* (1995), *La regina disadorna* (1998), *Un contadino in mezzo al mare* (2000), *È stata una vertigine* (2002).

MÀGGIO, famiglia di attori teatrali. — **Beniamino M.**, *Napoli 1907-1990*. Si è affermato alla fine degli anni '50 del secolo scorso nella compagnia diretta da E. De Filippo. — **Dante M.**, *Napoli 1908 - Roma 1992*. Fratello di Beniamino, ha lavorato spesso come sua "spalla". — **Pupella M.**, *Napoli 1910 - Roma 1999*. Primattrice di E. De Filippo, ha interpretato personaggi di grande impegno e drammaticità. — **Rosalia M.**, *Napoli 1921-1995*. Ha lavorato come soubrette negli spettacoli di varietà.

MÀGGIO 1945 (8), giornata della resa incondizionata delle forze tedesche, che seguiò la fine della seconda guerra mondiale in Europa. Ratificata a Reims il 7 mag., la capitolazione tedesca fu confermata a Berlino il 9 mag. per iniziativa di Stalin.

MÀGGIO FRANCÈSE, grande movimento di contestazione politica, sociale e culturale che si sviluppò in Francia nel mag.-giu. 1968. Partito dagli studenti dell'Università di Nanterre, in Francia (mar.), il movimento si estese ai lavoratori e provocò uno sciopero generale che paralizzò la vita economica del paese. Dalla Francia le agitazioni si diffusero poi in diversi paesi d'Europa, tra cui l'Italia.

MAGGIÓR CONSÌGLIO, organo della repubblica di Venezia, istituito a metà del XII sec. Composto da aristocratici, inizialmente eletti e poi con carica ereditaria, aveva funzioni legislative e il compito di eleggere il doge e i magistrati. Successivamente fu adottato da tutti i comuni appartenenti alla repubblica di Venezia.

MAGGIÓRE (làgo), lago subalpino dell'Italia settentr., tra l'Italia e la Svizzera; 216 km². Secondo per grandezza tra i laghi italiani. Ne emergono le Isole Borromee. Turismo balneare e d'arte.

MAGGIORIÀNO (Gìulio Valèrio), *405 ca. - Tortona 461*, imperatore romano d'Occidente. Nominato imperatore dall'esercito a Ravenna nel 457, combatté contro i vandali e i visigoti. Fu imprigionato e ucciso da Ricimero.

MAGGIÒTTO (Doménico **Fedèli**, detto), *Venezia 1713-1794*, pittore. Allievo di G.B. Piazzetta, eseguì numerosi dipinti di genere (*Ragazzo col piffero*) e a carattere religioso (*Quattro Santi*).

MAGHNIA, già **Marnia**, c. dell'Algeria, sulla frontiera marocchina; 96.302 ab.

MAGHREB, insieme di paesi dell'Africa nordocc.: Marocco, Algeria, Tunisia. Il Gran M. comprende, oltre ai paesi già citati, la Libia e la Mauritania. Nel 1989 gli Stati del Gran M. hanno dato vita a un'unione economica, l'Unione del M. Arabo (UMA).

MAGIÀRI o **ÙNGARI**, popolazione ugro-finnica che vive in Ungheria e che costituisce un'importante minoranza in Romania (1,6 milioni di individui), Slovacchia (600.000), Serbia e Ucraina (in totale ca. 16 milioni di individui). Il riconoscimento dei diritti culturali e linguistici delle comunità romene e slovacche è stato a lungo motivo di tensioni. I m. ungheresi sono cristiani, in maggioranza cattolici, e parlano l'ungherese.

MAGINOT (linea), sistema fortificato costruito dal 1927 al 1936 sul confine francese nordorient., per iniziativa di A. Maginot (Parigi 1877-1932), ministro della guerra dal 1922 al 1924 e dal 1929 al 1932. Avendo però lasciato la frontiera belga priva di protezione, nel 1940 la l. M. non riuscì a fermare l'invasione tedesca.

MAGIÓNE, com. in prov. di Perugia, sulla sponda orient. del lago Trasimeno; 12.373 ab. Agricoltura (olive, uva). Cementificio.

MAGISTRÉTTI (Ludovìco, detto Vico), *Milano 1920*, architetto e designer. Dagli anni '50 del secolo scorso ha realizzato numerosi edifici nell'area urbana milanese (quartiere INA a Cinisello Balsamo, municipio di Cusano Milanino). Ha inoltre disegnato oggetti di uso comune (lampada *Eclisse*, sedie *Silver*), diventando uno degli esponenti più autorevoli del design italiano.

MAGLIÀNI (Agostìno), *Laurino 1824 - Roma 1891*, politico. Per molti anni ministro delle finanze nei governi di A. Depretis e B. Cairoli (1878-1889), eliminò la tassa sul macinato (1880) e abrogò il corso forzoso della lira (1881). Tra le opere, *La questione monetaria* (1884).

MAGLIÀNO ALFIÈRI, com. in prov. di Cuneo; 1648 ab. Agricoltura (cereali, uva). Castello.

MAGLIÀNO DE' MÀRSI, com. in prov. dell'Aquila; 3523 ab. Agricoltura (barbabietole da zucchero). Industrie del legno. Nei dintorni, chiesa di S. Maria in Valle Porclaneta (XI sec.).

MAGLIÀNO IN TOSCÀNA, com. in prov. di Grosseto; 3776 ab. Resti dell'antico centro etrusco Eba. Mura (XV sec.), Palazzo dei Priori (1430), chiesa romanica di S. Giovanni Battista.

MAGLIÀNO SABÌNA, com. in prov. di Rieti; 3737 ab. Agricoltura (cereali, tabacco). Industrie del legno. Santuario di S. Maria alle Grazie (XIII sec.); chiesa di S. Pietro (XII sec.).

MÀGLIE, com. in prov. di Lecce; 15.182 ab. Agricoltura (uva, tabacco). Industrie enologiche, del vetro, dell'abbigliamento. Artigianato del merletto.

MAGLIÓNE, com. in prov. di Torino; 490 ab. Chiesa di S. Grato. Museo di arte contemporanea all'aperto.

MAGNA CHARTA LIBERTATUM, documento promulgato il 19 giu. 1215 dal re d'Inghilterra Giovanni senza Terra. Stabilendo i rapporti tra la corona e i feudatari, affermò per la prima volta principi fondamentali della libertà individuale che costituirono in seguito le basi dei sistemi costituzionali.

MÀGNA GRÈCIA, nome dato alle terre dell'Italia merid. e della Sicilia colonizzate dai greci a partire dall'VIII sec. a.C. A Elea e Crotone ebbero notevole sviluppo alcune scuole filosofiche, che diffusero il pensiero di Parmenide, Zenone e Pitagora. L'architettura della M. G. è caratterizzata dalla monumentalità dei templi (Paestum), notevole la produzione di sculture in bronzo, tavolette votive, statuette in terracotta. Tra gli scultori si distinsero Pitagora e Clearco, mentre in campo pittorico l'artista più illustre fu Zeusi. Tra le opere di maggiore rilievo, il *Trono Ludovisi* e le metope dell'*Heraion* alla foce del Sele.

MAGNA MATER DEORUM ("Grande Madre degli dei"), nome con il quale fu venerata a Roma la dea frigia Cibele.

MAGNÀNI (Ànna), *Alessandria d'Egitto 1908 - Roma 1973*, attrice cinematografica. Dotata di spiccato talento drammatico, fu una delle maggiori interpreti del cinema neorealista: *Roma, città aperta* (R. Rossellini, 1945), *Bellissima* (L. Visconti, 1951), *La carrozza d'oro* (J. Renoir, 1953), *La rosa tatuata* (D. Mann, 1955, premio Oscar come miglior attrice).

■ *Anna Magnani.*

MAGNÀSCO (Alessàndro), *Genova 1667-1749*, pittore. Influenzato in part. da S. Rosa e J. Callot, dipinse gruppi di frati, zingari ecc., che compongono visioni fantastiche o macabre contro fondali sobri e oscuri, a tratti rischiarati da lampi di luce.

MAGNÈLLI (Albèrto), *Firenze 1888 - Meudon 1971*, pittore. Maestro di un'arte depurata dai particolari realistici, volta all'astrattismo, si stabilì in Fran-

*La Grande Nube di **MAGELLANO**.*

cia nel 1931. Tra le sue opere: *Operai sul carro* (1914, MNAM, Parigi).

MAGNÈSIA AL MEÀNDRO, ant. c. greca della Ionia. Godette di notevole prosperità in epoca ellenistica e romana. Vestigia a Berlino e al Louvre di Parigi.

MAGNÈSIA AL SIPÌLO, c. della Lidia dove Antioco III fu sconfitto dai romani nel 189 a.C. (att. Manisa, in Turchia).

MAGNÈTI MARÈLLI, società fondata nel 1919 a Milano da Ercole Marelli e dalla FIAT. Orientò la sua attività verso la produzione di materiale per automobili e aerei. Dal 1967 è controllata interamente dalla FIAT.

MÀGNI (Luigi), *Roma 1928*, regista cinematografico. Tra i suoi film, *Nell'anno del Signore* (1969), *Signore e signori, buonanotte* (1976), *In nome del papa re* (1977), *State buoni... se potete* (1983), *Secondo Ponzio Pilato* (1987), *'O re* (1989), *In nome del popolo sovrano* (1990), *La Carbonara* (2000).

MAGNIFICAT, canto recitato da Maria in risposta al saluto di Elisabetta "madre del Signore" (Luca I, 46-55). Nella liturgia cristiana è un canto di ringraziamento per la Madonna, cantato ogni sera ai Vespri.

MAGNITOGORSK, c. della Russia, sul f. Ural; 425.503 ab. Giacimenti di ferro. Siderurgia.

MÀGNO (Cèlio), *Venezia 1536-1602*, poeta. Fu tra i maggiori rappresentanti del petrarchismo della seconda metà del XVI sec., preludio all'imminente movimento barocco (*Rime*, 1600).

MAGNUM PHOTOS, agenzia fotografica fondata nel 1947 a New York da H. Cartier-Bresson, R. Capa, R. Dodger e D. Seymour. Una delle più note agenzie a livello mondiale, ha contribuito alla diffusione del fotogiornalismo, documentando i più importanti avvenimenti mondiali.

MAGNUS, nome di più sovrani di Svezia, Danimarca e Norvegia, dall'XI al XIV sec. — **Magnus VII Eriksson**, *1316-1374*, re di Norvegia (1319-1355) e di Svezia (1319-1363). Realizzò l'unione della penisola.

MAGNY-COURS, com. della Francia, nel dip. Nièvre; 1527 ab. Circuito automobilistico.

MAGOG → GOG E MAGOG.

MAGÒNI (Pàola), *Selvino 1964*, sciatrice. Ha vinto la medaglia d'oro nello slalom speciale alle Olimpiadi di Sarajevo del 1984. Nella stessa specialità ha conquistato la medaglia di bronzo ai campionati mondiali di Bormio, nel 1985.

MAGÓNZA, in ted. *Mainz*, c. della Germania, cap. della Renania-Palatinato, sulla riva sinistra del Reno; 183.134 ab. Cattedrale romanica (XII-XIII sec.; tombe, opere d'arte) e altri monumenti. Musei: romano-germanico, regionale e Gutenberg (storia mondiale della stampa).

MAGOSA → FAMAGOSTA.

MÀGRA, f. della Liguria e della Toscana; 62 km. Nasce dal Monte Borgognone (Passo della Cisa), percorre la Lunigiana e sfocia nel Mar Tirreno a Bocca di M.

MAGRÈLLI (Valèrio), *Roma 1957*, poeta e critico letterario. Tra le raccolte poetiche, *Ora serrata retinae* (1980), *Nature e venature* (1987), *Esercizi di tiptologia* (1992), *Didascalie per la lettura di un giornale* (1999). Nel 2003 ha pubblicato il romanzo *Nel condominio di carne*.

MÀGRIS (Clàudio), *Trieste 1949*, scrittore e critico letterario. Germanista e studioso della cultura mitteleuropea (*Il mito asburgico nella letteratura austriaca moderna*, 1963), ha raccolto i suoi articoli in alcuni volumi (*Dietro le parole*, 1978). Tra le opere, *Danubio* (1986), *Un altro mare* (1991), *Microcosmi* (1997), *Utopia e disincanto* (1998).

MAGRITTE (René), *Lessines 1898 - Bruxelles 1967*, pittore belga. Eseguite con una precisione impersonale, le sue opere surrealiste sono curiosi collages visivi, enigmi poetici che scrutano i rapporti esistenti tra le immagini, la realtà, i concetti, il linguaggio. Numerosi dipinti sono conservati al Museo d'arte moderna di Bruxelles e alla Fondazione Menil di Houston.

MAHABHARATA, poema epico indiano in sanscrito di oltre 200.000 versi, raggruppati in 18 canti, che risale all'epoca vedica. Narra le guerre tra Kaurava e Pandava, e contiene il *Bhagavadgita*, principale opera religiosa indiana.

MAHAČKALA, c. della Russia, cap. del Dagestan, sul Mar Caspio; 328.193 ab.

MAHAJANGA, già **Majunga**, c. del Madagascar nord-occ.; 135.700 ab. Porto.

MAHAN (Alfred Thoyer), *West Point 1840 - Quogue, Stato di New York*, 1914, ammiraglio e stratega statunitense. Le sue teorie rappresentarono un contributo fondamentale nell'ambito della strategia navale ed esaltarono la potenza della marina americana.

MAHARASHTRA, Stato dell'India, nel Deccan occ.; 308.000 km²; 96.752.247 ab. (*maratti*); cap. *Bombay* (*Mumbai*).

MAHAVIRA, **JINA** o **VARDHAMANA**, *VI sec. a.C.*, profeta, presunto fondatore del giainismo.

MAHDI (Muhammad Ahmad **Ibn Abd Allah**, detto **Al-**), *presso Khartum 1844 - Omdurman 1885*, mahdi sudanese. Proclamato mahdi (1881), scatenò la guerra santa contro i britannici e si impadronì di Khartum (1885).

MAHÉ, c. dell'India merid., sulla costa di Malabar; 36.823 ab. Possedimento francese dal 1721 al 1954.

MAHÉ, principale isola delle Seicelle.

MAHFUZ (Nadjib), *Il Cairo 1911*, scrittore egiziano. Nelle sue opere evoca spesso la città natale, raccontandone la vita popolare e indagando i costumi islamici (*Il ladro e i cani*, *Miramare*, *Il rione dei ragazzi*). Ha vinto il premio Nobel per la letteratura nel 1988.

MAHLER (Gustav), *Kalištěe 1860 - Vienna 1911*, compositore e direttore d'orchestra austriaco. Affiancò a una lunga carriera di direttore d'orchestra l'attività di compositore dallo stile accentuatamente espressivo, spingendosi fino ai limiti del sistema tonale. Fu autore di *Lieder* (*Canti per i bambini morti*, *Il canto della terra*) e di

dieci sinfonie rappresentative del lirismo postromantico.

■ *Gustav Mahler.*

MAHMUD I, *Edirne 1696 - Istanbul 1754*, sultano ottomano (1730-1754). — **Mahmud II**, *Istanbul 1784-1839*, sultano ottomano (1808-1839). Massacrò i giannizzeri (1826), dovette fronteggiare la rivoluzione greca (1821-1830) e, attaccato da Mehmet Ali, fu soccorso da Nicola I (1833).

MAHMUD DI GHAZNA, *971-1030*, sovrano della dinastia dei Ghaznavide (999-1030). Designato al potere dal califfo di Baghdad, intraprese 17 spedizioni in India e regnò sulla maggior parte della Persia, dell'Afghanistan e del Punjab.

MAHÓN, c. della Spagna (Baleari), nell'Isola di Minorca; 23.189 ab. Porto.

MÀI (Àngelo), *Schilpario 1782 - Castelgandolfo 1854*, erudito. Custode della Biblioteca Ambrosiana di Milano (1813) e prefetto della Biblioteca Vaticana (1819), fu ordinato cardinale nel 1838. Le sue ricerche portarono al ritrovamento di importanti testi, tra i quali il *De re pubblica* di Cicerone. Per lui G. Leopardi compose la celebre canzone *Ad Angelo Mai*.

MÀIA MITOL. GR. Pleiade, figlia di Atlante e madre del dio Ermes. Si ritiene che una divinità omonima, venerata a Roma, abbia dato il nome al mese di maggio.

MAIÀNO (Giuliàno e Benedétto **da**) → GIULIANO DA MAIANO.

René **MAGRITTE**. Gli amanti, *1928*.
(Coll. Richard S. Zeisler, New York.)

MAIDSTONE, c. della Gran Bretagna (Inghilterra), capol. del Kent; 72.000 ab. Chiesa in stile gotico perpendicolare.

MAIDUGURI, c. della Nigeria nord-orient.; 653.401 ab. nell'agglomerato.

MAIÈLLA (La), gruppo montuoso dell'Appennino Centrale, compreso tra i f. Pescara e Sangro. Composto da rocce calcaree e disposto lungo la dorsale N-S, è il più elevato della regione dopo il Gran Sasso (Monte Amaro, 2795 m).

MAIER (Simòne Giovànni), in ted. Simon Johann **Mayr**, *Mendorf über Kelheim 1763 - Bergamo 1845*, compositore di origine tedesca. Maestro di G. Donizetti, fu influenzato da C.W. Gluck. Scrisse una settantina di melodrammi, che rinnovarono le forme dell'opera seria e prefigurarono l'opera di G. Rossini.

MAIGRET, personaggio del commissario bonario ma perspicace, protagonista dei romanzi polizieschi di G. Simenon, creato nel 1929.

MAILER (Norman Kingsley), *Long Branch, New Jersey, 1923*, scrittore statunitense. I suoi romanzi (*Il nudo e il morto*, *Un sogno americano*) e i suoi saggi analizzano con humour feroce la "nevrosi sociale" dell'America.

■ *Norman Mailer.*

MAILLART (Robert), *Berna 1872 - Genova 1940*, ingegnere svizzero. Innovatore nel campo delle opere del genio civile in cemento armato (in part. ponti), mise anche a punto un solaio detto "a fungo" (1908).

MAILLOL (Aristide), *Banyuls-sur-Mer 1861-1944*, pittore e scultore francese. Le sue sculture, quasi interamente basate sullo studio del corpo femminile, conciliano grazia e sintesi delle forme. Statue o monumenti a Perpignan, Banyuls, Port-Vendres, Céret, Puget-Théniers, Parigi (Tuileries e Fondazione Dina Vierny-Musée Maillol).

Aristide **MAILLOL** *fotografato da G. Brassaï nel suo studio, accanto alla statua in gesso* La Montagna *(1937 ca.).*

MAIMÒNIDE (Mosè), *Córdoba 1138 - Fustat 1204*, filosofo, teologo e medico ebraico. Cercò di conciliare fede e ragione individuando analogie tra il giudaismo e il pensiero di Aristotele. Le sue tre opere principali sono *Luminare* (1168), *Mishnah Tora* (1180) e *Guida dei perplessi* (1190).

MÀINA, reg. della Grecia, a S del Peloponneso.

MAINÀRDI (Gàspare), *Abbiategrasso 1800 - Lecco 1879*, matematico. Studiò la teoria delle superfici, formulando le equazioni che mettono in relazione i coefficienti delle due forme quadratiche di una superficie.

MAINE, Stato degli Stati Uniti (Nuova Inghilterra); 1.274.923 ab.; cap. *Augusta*.

MAINE, reg. storica della Francia occ., divisa tra i dip. Sarthe (alta M.) e Mayenne (bassa M.); c. princ. *Le Mans*. Divenuta contea ereditaria nel 955, la regione passò sotto la corona di Francia nel 1481.

MAINE (sir Henry James Sumnier), *Kelso, Borders, 1822 - Cannes 1888*, giurista e sociologo britannico. A lui si deve l'individuazione di tre tipologie di sovranità (tribale, universale e territoriale), ma anche la distinzione tra legame di terra e legame di sangue (*Ancient Law*, 1871).

MAINE (Luigi Augùsto **di Borbóne**, dùca **di**), *Saint-Germain-en-Laye 1670 - Sceaux 1736*, principe francese. Figlio illegittimo di Luigi XIV e di Mme de Montespan, nel 1714 fu riconosciuto possibile erede, ma dopo aver partecipato al cosiddetto complotto di "Cellamare" fu costretto a ritirarsi a vita privata.

MAINE DE BIRAN (Marie François Pierre **Gontier de Biran**, detto), *Bergerac 1766 - Parigi 1824*, filosofo francese. Sviluppò una metafisica della volontà e dell'esperienza religiosa venata di stoicismo cristiano (*L'influenza dell'abitudine*, 1802), di cui il *Diario intimo*, che egli redasse dal 1811 alla sua morte, costituisce l'esplorazione interiore.

MAINE-ET-LOIRE, dip. della Francia, nella reg. Paesi della Loira; capol. *Angers*; 7.166 km^2; 732.942 ab. Il f. Loira divide in due il territorio: una parte settentr. pianeggiante e una merid. collinare. Frutteti, vigneti e allevamento bovino. Industria tessile (spec. a Cholet e Angers), alimentare ed enologica.

MAINICHI SHIMBUN, il più antico quotidiano giapponese, fondato nel 1871.

MAINLAND, nome delle principali Isole Shetland e Orcadi (Gran Bretagna).

MAINTENON (Françoise **d'Aubigné**, marchésa **di**), *Niort 1635 - Saint-Cyr 1719*, seconda moglie di Luigi XIV. Cattolica, istitutrice dei figli di Luigi XIV e di Mme de Montespan, dopo la morte di Maria Teresa sposò il re (1683), esercitando su di lui una grande influenza, soprattutto in campo religioso. Dopo la morte del marito (1715), si ritirò nel collegio di Saint-Cyr da lei fondato.

■ *La marchesa di Maintenon ritratta da P. Mignard. (Reggia di Versailles.)*

MAIOLÀTI SPONTÌNI, com. in prov. di Ancona; 5627 ab. Agricoltura (cereali). Industrie meccaniche. Vi nacque il compositore G. Spontini.

MAIÒRCA, in sp. **Mallorca**, isola della Spagna, la più grande delle Baleari; 3640 km^2; 677.014 ab.; capol. *Palma di M.* Turismo. Il regno di M., indipendente dalla corona d'Aragona, durò solo dal 1276 al 1343: comprendeva le Baleari, le contee di Rossiglione e di Cerdagna, la signoria di Montpellier; la sua capitale era Perpignan.

MAIÒRCA (Ènzo), *Siracusa, 1931*, nuotatore apneista. Dopo aver ottenuto nel 1960 il record di immersione in apnea (– 45 m), lo ha ulteriormente migliorato, dando vita a una celebre rivalità con il francese Jacques Majol.

MAIÓRI, com. in prov. di Salerno, situato sulla costiera amalfitana; 5849 ab. Pesca. Turismo balneare.

MAIQUETÍA, c. del Venezuela; 62.834 ab. Aeroporto di Caracas.

MAIRENA (Antonio **Cruz García**, detto Antonio), *Mairena del Alcor, presso Siviglia, 1909 - Siviglia 1983*, cantante spagnolo di flamenco. Fu uno dei più grandi depositari della tradizione gitana andalusa e riportò alla luce numerosi canti della tradizione popolare.

MAIRET (Jean), *Besançon 1604-1686*, drammaturgo francese. *Sofonisba* (1634) fu una delle prime tragedie conformi, seppure approssimativamente, alla regola delle tre unità.

MAISON CARRÉE, tempio costruito a Nîmes dai romani. Di stile corinzio, fu edificato all'inizio del I sec. d.C. e dedicato ai nipoti di Augusto. Att. è un museo.

MAISTRE (Joseph, cónte **de**), *Chambéry 1753 - Torino 1821*, politico e filosofo savoiardo. Esponente dell'ultramontanismo, fu l'araldo e il teorico della controrivoluzione cristiana e denunciò il progressismo razionalista (*Considerazioni sulla Francia*, 1796; *Sul papa*, 1819; *Le serate di San Pietroburgo*, 1821). — **Xavier de M.**, *Chambéry 1763 - San Pietroburgo 1852*, scrittore savoiardo, fratello di Joseph. Fu autore di un malizioso *Viaggio intorno alla mia camera* (1795).

MAITÀNI (Lorènzo), *Siena 1275 ca. - Orvieto 1330*, architetto e scultore. Lavorò ai castelli di Montefalco e Castiglione del Lago e alla facciata del duomo di Orvieto, per la quale realizzò notevoli sculture di chiara derivazione gotica.

MAIÙRI (Amedèo), *Veroli 1886 - Napoli 1963*, archeologo. Nel 1914 diresse una missione italiana nel Mar Egeo e nel 1916 fondò il Museo archeologico di Rodi. In seguito si occupò della direzione degli scavi di Pompei, Ercolano, Cuma e Capri.

MAJAKOVSKIJ (Vladimir Vladimirovič), *Bagdadi, att. Majakovskij, Georgia, 1893 - Mosca 1930*, poeta sovietico. Dopo aver participato al movimento futurista (*La nuvola in pantaloni*), celebrò la Rivoluzione d'ottobre (*150.000.000*), ma nelle sue opere teatrali (*La cimice*, *Il bagno*) ritrasse in chiave satirica il nuovo regime. Si suicidò.

■ *Vladimir Majakovskij.*

MAJDANEK, campo di concentramento e di sterminio tedesco (1941-1944), vicino a Lublino (Polonia), dove vennero uccisi 50.000 ebrei.

MAJKOP, c. della Russia, capol. della Rep. dell'Adigezia, nel Caucaso; 163.755 ab. Fu culla, dal III millennio, di una brillante civiltà.

MAJOR (John), *Merton, periferia di Londra, 1943*, politico britannico. Cancelliere dello scacchiere (1989-1990), è stato leader del Partito conservatore e ha rivestito la carica di primo ministro dal 1990 al 1997.

MAJORÀNA (Èttore), *Catania 1906 - 1938 ?*, fisico. Uno dei migliori allievi di E. Fermi, formulò un'importante teoria (di M.-Heisenberg) sulle forze che regolano la stabilità del nucleo atomico. Chiamato all'Università di Napoli (1937), scomparve in circostanze misteriose nel mar. 1938.

MAJORÀNA (Quirìno), *Catania 1871 - Rieti 1957*, fisico. Eseguì ricerche sull'ottica e sulla telefonia senza fili, realizzando un sistema a lunga distanza. Notevoli anche i suoi studi sulla fotografia e sulla modulazione meccanica della luce.

MAJORÌNO (Giancàrlo), *Milano 1928*, poeta. Tra le sue raccolte, *La capitale del nord* (1959), *Sirena* (1976), *Provvisorio* (1984), *Tetrallegro* (1995), *Le trascurate* (1999). Collaboratore delle riviste *Il corpo* e *Incognita*, è anche autore di testi teatrali: *L'uccellino meschino* (1979), *Io io io* (1993).

MAKAL (Mahmut), *Demirci 1930*, scrittore turco. Nei suoi racconti evoca un mondo rurale (*Indagine su un villaggio in Anatolia*).

MAKALU, cima dell'Himalaya centrale, ai confini della Cina e del Nepal; 8515 m. È stata scalata dalla spedizione francese di J. Franco (1955).

MAKARENKO (Anton Semënovič), *Belopol'e, Ucraina, 1888 - Mosca 1939*, pedagogista sovietico. La sua pedagogia, fondata sul lavoro e sull'organizzazione collettiva, mirava alla formazione dell'uomo nuovo secondo l'ideale comunista.

MAKÁRIOS III, *Anó Panaghiá 1913 - Nicosia 1977*, prelato e politico cipriota. Arcivescovo ed etnarca della comunità greca di Cipro (1950), dapprima difese l'Enosis (unione con la Grecia), poi si fece paladino dell'indipendenza dell'isola. Fu presidente della repubblica cipriota (1960-1977).

■ *Makários III.*

MAKAROVA (Natalia), *Leningrado 1940*, ballerina e coreografa statunitense di origine russa. Arrivata in Occidente nel 1970, non ha abbandonato il repertorio classico pur lavorando anche con coreografi contemporanei (*Other Dances*, J. Robbins, 1976; *Mephisto Valse*, M. Béjart, 1979).

MAKASAR → UJUNGPANDANG.

MAKASSAR, popolazione dell'Indonesia (S di Celebes e isole vicine; ca. 2 milioni di individui). I m., a partire dal XVII sec., si sono dedicati a un'intensa attività marittima. Musulmani, parlano una lingua maleo-polinesiana, imparentata con quella dei toraja e dei bugis.

MAKEBA (Miriam), *Prospect 1932*, cantante sudafricana. Dopo una *tournée* in Africa, alla fine degli anni '50 del secolo scorso è giunta negli Stati Uniti, dove si è impegnata nella militanza politica e sociale. Il suo repertorio comprende brani folklorici africani e musica pop.

MAKEVKA, già **Makejevka**, c. dell'Ucraina, nel Donbass; 430.000 ab. Metallurgia.

MAKONDE, popolazione della Tanzania merid. e del Mozambico settentr., di lingua bantu.

MALABAR (còsta di), parte della costa sud-occ. del Deccan (India).

MALABO, già **Santa Isabel**, cap. della Guinea Equatoriale, sull'Isola di Bioko; 31.000 ab.

MALÀCCA (penìsola di) o **PENÌSOLA MALÉSE**, penisola dell'Indocina, tra il Mar Cinese Meridionale e l'Oceano Indiano. È unita alla penisola dallo Stretto di Kra, e separata da Sumatra dallo Stretto di Malacca.

MALÀCCA o **MELAKA**, c. della Malaysia, cap. dello Stato di Melaka, sullo Stretto di Malacca; 88.000 ab. Porto.

MALACHÌA (libro di), libro profetico dell'Antico Testamento (460 a.C.), di incerta attribuzione. Denuncia la degenerazione subita dal culto di Jahweh.

MALACHÌA (sànto), *Armagh 1094 ca. - Clairvaux 1148*, religioso irlandese. Riformò il clero. L'opera *Profezia sui papi*, a lui attribuita, in realtà è un apocrifo del XVI sec.

MALADETA (Massiccio della), massiccio dei Pirenei spagnoli, con la cima più alta dei Pirenei (il Picco d'Aneto, 3404 m). Il picco della M. raggiunge i 3312 m.

MÁLAGA, c. della Spagna (Andalusia), capol. di prov., sul Mediterraneo; 531.565 ab. Vini. Uva passa. Doppia fortezza araba (museo archeologico); cattedrale del XVI-XVIII sec. Museo di Belle Arti.

MALAGÒDI (Giovànni), *Londra 1904 - Roma 1991*, politico. Attivo nel settore economico-finanziario, fu segretario (1954-1972) e presidente del Partito liberale. Ministro del tesoro nel 1972, fu presidente dell'Internazionale liberale (1962-1968).

MALAGÒDI (Olindo), *Cento 1870 - Parigi 1943*, scrittore e giornalista. Dal 1910 al 1923 fu direttore della *Tribuna*, quindi senatore a vita dal 1921; l'avvento del fascismo lo costrinse all'esilio a Parigi. Tra le opere, *Poesie vecchie e nuove* (1923), *La figura e l'opera di Giovanni Giolitti* (1922).

MALAMÒCCO, frazione del com. di Venezia, sull'Isola del Lido; 1400 ab. Turismo balneare. Il porto permette la comunicazione tra il Mar Adriatico e la Laguna Veneta.

MALAMUD (Bernard), *New York 1914-1986*, scrittore statunitense. I suoi racconti (*Il barile magico*) e romanzi (*L'uomo di Kiev*) fanno di lui uno dei principali scrittori dell'America settentr.

MALANG, c. dell'Indonesia (Giava); 763.400 ab.

MALAPARTE (Kurt **Suckert**, detto Cùrzio), *Prato 1898 - Roma 1957*, scrittore. Inviato al fronte, nei suoi romanzi descrisse cinicamente la guerra e la vita moderna (*Kaputt, 1944*; *La pelle*, 1949; *Maledetti toscani*, 1956; *Racconti italiani*, 1957).

MÄLAREN (Làgo), lago svedese, a O di Stoccolma; 1140 km^2.

MALASPÌNA, famiglia discendente dagli Obertenghi. — **Alberto M.**, *m. nel 1140*. Ereditò forse il cognome da un antenato, discendente di Anco Marzio. — **Obizzo III il Grande**, *m. nel 1185*. Rafforzò il potere della famiglia, ottenendo nel 1164 l'investitura imperiale. — **Corrado M.**, *m. nel 1250*. Capostipite del ramo dello Spino Secco (originato dalla divisione della famiglia in due rami), governò la Lunigiana. — **Spinetta il Grande**, *Verrucola 1282 ca. - Fosdinovo 1352*. Nel 1306 stipulò con il vescovo di Luni la Pace di Castelnuovo. Dai suoi possedimenti derivò in seguito il principato di Massa.

MALASPÌNA (Alessàndro), *Mulazzo 1754 - Pontremoli 1810*, navigatore ed esploratore. Nel 1789 guidò, al servizio della Spagna, una spedizione diretta nei Mari del Sud con il compito di raccogliere dati scientifici. Al ritorno in Spagna, fu imprigionato per motivi politici e liberato da Napoleone nel 1802.

MALASPÌNA (Sàba), *XIII sec.*, cronista. Operò nella curia pontificia al servizio di papa Martino IV, scrivendo una *Rerum Sicularum Historia*, che racconta dettagliatamente le vicende della Sicilia dal 1250 al 1285.

MALASSIS (Coopérative des), associazione fondata nel 1970 dai pittori francesi H. Cuéco, L. Fleury, J.-C. Latil, M. Parré, G. Tisserand, che al Salon de la Jeune Peinture di Parigi dedicarono a diversi temi socio-politici grandi pannelli satirici realizzati con una tecnica fredda, caratteristica del "nuovo figurativo". I loro ultimi lavori collettivi risalgono al 1977.

MALATÈSTA, famiglia di condottieri, originaria di Rimini, che dal XII al XIV sec. detenne il potere, oltre che in questa città, in gran parte della marca d'Ancona e della Romagna. — **Giangiotto**, detto **lo Sciancato**, *1312*. Uccise la moglie Francesca da Polenta e il fratello Paolo, detto il Bello (1283 o 1284), dopo averli sorpresi insieme. Dante ricorda quest'episodio nel V canto dell'*Inferno*. — **Sigismondo Pandolfo**, *Rimini 1417-1468*. Signore di Rimini, Fano e Senigallia. — **Domenico**, detto **M. Novello**, *1418-1465*. Fondò a Cesena la Biblioteca Malatestiana.

Sigismondo Pandolfo **MALATESTA**, *particolare di un affresco di Piero della Francesca, 1451. (Tempio Malatestiano, Rimini).*

MALATÈSTA (Errico), *Santa Maria Capua Vetere 1853 - Roma 1932*, politico. Di orientamento anarchico, entrò nella Prima Internazionale (1872) e pubblicò a Firenze *La questione sociale* (1883-1884). Più volte arrestato ed espulso dall'Italia, partecipò a numerosi moti e organizzò la "settimana rossa". In esilio a Londra, rientrò in Italia nel 1918.

MALÀTO IMMAGINÀRIO (Il), commedia in tre atti e in prosa di Molière (1673), incentrata sul personaggio di Argan, vittima dell'ipocondria.

MALATYA, c. della Turchia, sull'Eufrate; 400.248 ab. A Eski M., Grande Moschea del XIII sec. Non lontano, a Arslan Tepe, vestigia ittite (rilievi a Istanbul e al Louvre di Parigi).

MALAVÒGLIA (I), romanzo di G. Verga, pubblicato nel 1881. Attraverso il racconto delle sventure della famiglia dei "Malavoglia", pescatori di Aci Trezza in Sicilia, l'opera, la prima di un ideale "ciclo dei Vinti", mostra con un linguaggio essenziale e impersonale (verismo) la difficile realtà e il tragico destino dei poveri nella società ottocentesca.

MALAWI, già **Nyasaland**, Stato dell'Africa orient.; 118.000 km²; 11.572.000 ab. (*malawiani*). CAP. Lilongwe. C. PRINC. Blantyre. LINGUA: *inglese*. MONETA: *kwacha*.

GEOGRAFIA – Il M., il cui territorio è costituito da altopiani, è un paese quasi esclusivamente agricolo; il mais è destinato al consumo interno, mentre prodotti quali zucchero, tè e soprattutto tabacco costituiscono la base delle esportazioni, il cui volume resta comunque inferiore a quello delle importazioni.

STORIA – Il paese è occupato da popolazioni bantu, che a partire dal 1840 subiscono razzie da parte dei negrieri di Zanzibar. **1859**: David Livingstone scopre il Lago M. **1889**: si costituisce il protettorato britannico dell'Africa centrale. **1907**: il paese prende il nome di Nyasaland. **1953**: la Gran Bretagna crea una confederazione

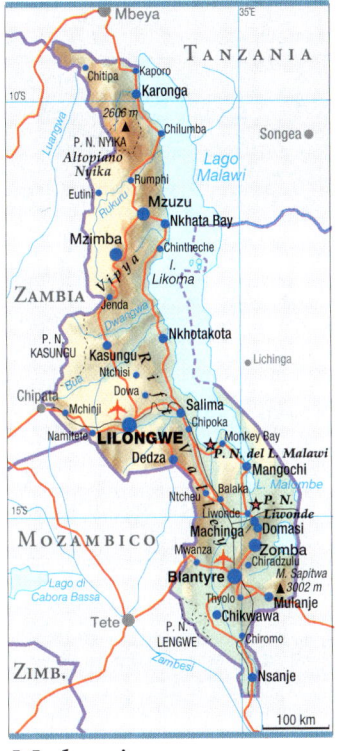

Malawi

aeroporto
strada normale
ferrovia

800 1000 1500 m

● più di 200.000 ab.
● da 40.000 a 200.000 ab.
● da 10.000 a 40.000 ab.
● meno di 10.000 ab.

comprendente Nyasaland e Rhodesia. Il Nyasaland African Congress, partito guidato da Hastings Kamuzu Banda, reclama l'indipendenza. **1962**: il Nyasaland abbandona la confederazione; **1964**: conquista l'indipendenza con il nome di M. **1966**: proclamazione della repubblica. Sotto la guida di Hastings Kamuzu Banda (che, presidente a vita dal 1971, instaura un regime a partito unico), il paese intrattiene strette relazioni con il Sudafrica. **1993**: di fronte a una crescente contestazione interna, H.K. Banda è costretto a ritornare al multipartitismo e ad abrogare la presidenza a vita. **1994**: in seguito alle prime elezioni pluraliste diventa presidente della repubblica Elson Bakili Muluzi, principale esponente dell'opposizione (riconfermato nel 1999).

MALAWI (Làgo), già **Làgo Nyassa**, grande lago dell'Africa orient., a O del Mozambico; 30.800 km².

MALAYSIA, già **Malèsia**, Stato federale dell'Asia sud-orient.; 330.000 km²; 22.633.000 ab. (*malesi*). *Kuala Lumpur* (cap. costituzionale) e *Putrajaya* (sede del governo). LINGUA: *malese*. MONETA: *ringgit* (*dollaro malaysiano*).

GEOGRAFIA – Il territorio consta di una parte continentale (M. occidentale o peninsulare) e una insulare (M. orientale, corrispondente a due regioni del Borneo: Sabah e Sarawak). Il paese, dal clima tropicale, è un importante produttore di caucciù naturale. Il sottosuolo contiene bauxite, stagno e, soprattutto, petrolio. L'industria (siderurgica, chimica, delle costruzioni elettriche, elettronica) ha conosciuto uno sviluppo notevole. Il riso rimane la base dell'alimentazione. La popolazione è in larga misura islamizzata (concentrata nel settore occ. del paese) e convive con forti minoranze indiane e, soprattutto, cinesi. L'economia ha risentito degli effetti della crisi finanziaria che ha colpito il Sudest asiatico nel 1997-1998, ma in seguito si è risollevata.

STORIA – La penisola malese comincia a risentire dell'influenza indiana già in epoca antica. L'islam vi penetra all'inizio del XIV sec. **1511**: i portoghesi s'impadroniscono di Malacca. **1641**: gli olandesi si sostituiscono ai portoghesi. **1795**: occupazione britannica. **1819**: fondazione di Singapore. **1830**: Malacca, Pinang e Singapore costituiscono gli *Straits Settlements*, che diventano colonia della corona britannica nel 1867. **1867-1914**: l'amministrazione britannica si estende fino a comprendere tutto il sultanato malese. Fiorisce l'esportazione di caucciù e di stagno. **1942-1945**: il Giappone occupa la penisola. **1948**: nasce la prima federazione malese. **1957**: conquista dell'indipendenza. Abdul Rahman diventa primo ministro. **1963**: la federazione riunisce la M. continentale, Singapore e le ex colonie britanniche di Sarawak e di Sabah (parte settentr. del Borneo). Il nuovo Stato è membro del Commonwealth. **1965**: Singapore si ritira dalla federazione. **1970**: Abdul Razak subentra ad A. Rahman. Il paese è turbato da conflitti che oppongono i malesi alla comunità cinese, dall'insurrezione comunista e dall'afflusso dei rifugiati cambogiani e vietnamiti (soprattutto a partire dal 1979). **1981**: Mahathir bin Muhammad sale alla carica di primo ministro, che tuttora ricopre. **2001**: il sultano Tuanku Syed Sirajuddin diventa capo della federazione.

MALCÉSINE, com. in prov. di Verona, sulla riva orient. del Lago di Garda; 3494 ab. Agricoltura (frutta, olive). Castello degli Scaligeri (1277).

MALCOLM II, *m. nel 1034*, re di Scozia (1005-1034). Realizzò l'unità della Scozia. — **Malcolm III**, *m. presso Alnwick nel 1093*, re di Scozia (1058-1093). La vittoria su Macbeth gli restituì la corona. Morì sul campo di battaglia, combattendo contro l'Inghilterra.

MALCOLM X (Malcolm **Little**, detto), *Omaha 1925 - New York 1965*, politico statunitense. Membro del movimento Muslim Mosque ("musulmani neri"), che lasciò nel 1964 per creare l'Organizzazione dell'unità afro-americana, fu assassinato.

MALDEGEM, com. del Belgio (Fiandra Orient.); 22.075 ab.

MALDIVE (Ìsole), Stato insulare dell'Asia merid., nell'Oceano Indiano; 300 km²; 300.000 ab. (*maldiviani*). CAP. *Male*. LINGUA: *divehi*. MONETA: *rufiyaa* (ru-

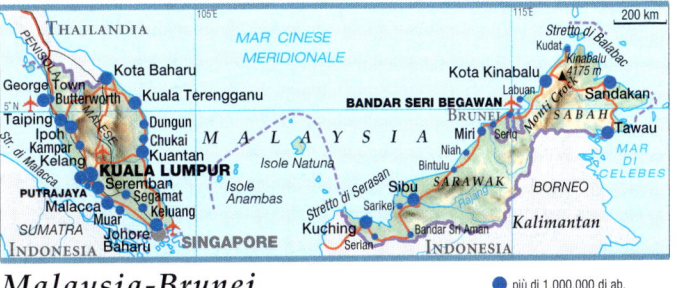

Malaysia-Brunei

200 500 1000 m

strada normale
ferrovia
aeroporto

● più di 1.000.000 di ab.
● da 100.000 a 1.000.000 di ab.
● da 50.000 a 100.000 di ab.
● meno di 50.000 ab.

pia delle Maldive). [V. carta dell'**India**.] Pesca e turismo sono le risorse principali di questo arcipelago corallino, che ha un'alta densità demografica; la popolazione è islamizzata. — Protettorato britannico a partire dal 1887, indipendente dal 1965, il paese è diventato una repubblica nel 1968.

MALDONADO (Tomás), *Buenos Aires 1922*, designer argentino. Ha insegnato in Germania e negli Stati Uniti, quindi alle università di Milano e Bologna. È stato direttore di *Casabella* (1979-1983). Tra le opere, *La speranza progettuale* (1970), *Reale e virtuale* (1992), *Critica della ragione informatica* (1997).

MALE, cap. delle Maldive, sull'Isola di M.; 72.000 ab. Aeroporto.

MÂLE (Émile), *Commentry 1862 - Chaalis 1954*, storico dell'arte francese. A partire dal 1908 pubblicò studi di grande rilievo sull'iconografia medievale.

MALEBO POOL, già **Stanley Pool**, lago formato dal f. Congo. Sulle sue rive sorgono Brazzaville e Kinshasa.

MALEBRANCHE (Nicolas), *Parigi 1638 1715*, filosofo francese. Oratoriano, risolse il problema della comunicazione dell'anima e del corpo elaborando una metafisica permeata di sentimento religioso, che superò il dualismo creato dalla filosofia cartesiana (*La ricerca della verità*, 1674-1675; *Trattato sulla morale*, 1684). Si dedicò anche allo studio della geometria e della fisica (ottica).

■ *Nicolas Malebranche, incisione di J.-C. François. (AKG, Parigi.)*

MALEGAON, c. dell'India (Maharashtra); 409.190 ab.

MALÈNCO (Val), valle della Lombardia, nelle Alpi Retiche. Percorsa dal torrente Mallero, si estende dal Passo del Muretto alla Valtellina, presso Sondrio. Estrazione della pietra ollare. Turismo estivo e invernale.

MALENKOV (Georgij Maksimilianovič), *Orenburg 1902 - Mosca 1988*, politico sovietico. Succedette a Stalin come capo del governo (1953-1955).

MALÈRBA (Franco), *Busalla 1946*, astronauta. Ha lavorato in vari istituti scientifici italiani e statunitensi. Nel 1989 è stato selezionato per una missione spaziale sulla navetta *Shuttle*, che ne ha fatto il primo astronauta italiano (1992).

MALÈRBA (Luigi Bonàrdi, detto Luigi), *Berceto 1927*, scrittore. Membro del Gruppo 63, ha sperimentato nuove soluzioni linguistiche nella sua versatile produzione, della quale dedicata alla sceneggiatura cinematografica e al mondo dei bambini. Tra le opere, *La scoperta dell'alfabeto* (1963), *Il protagonista* (1973), *Il fuoco greco* (1990), *Itaca per sempre* (1996), *La superficie di Eliane* (1999), *Il circolo di Granada* (2002).

MALÈSCO, com. in prov. di Verbano-Cusio-Ossola, nella Val Vigezzo; 1456 ab. Luogo di villeggiatura estiva e invernale.

MALESHERBES (Chrétien-Guillaume **de Lamoignon de**), *Parigi 1721-1794*, magistrato e statista francese. Primo presidente della Cour des aides e direttore dell'ufficio della censura (1750), si adoperò affinché la pubblicazione dell'*Encyclopédie* venisse completata. Fu ghigliottinato per aver difeso Luigi XVI davanti alla Convenzione.

MALÈSI, popolazione dell'Asia sud-orient. che, pur vivendo prevalentemente in Malaysia e nel Brunei, con importanti minoranze in Indonesia, a Singapore e in Thailandia, oltre che in Cambogia, in Myanmar e nello Sri Lanka (ca. 16 milioni di individui). In. furono risicoltori, pescatori e mercanti prima di fornire manodopera nelle piantagioni a conduzione familiare sviluppatesi a partire dal XIX sec. (hevea, palma da cocco ecc.). Sono di religione musulmana e parlano il malese.

MALÈSIA → MALAYSIA.

MALESPÌNI (Oràzio, detto Cèlio), *Venezia 1531 - dopo il 1609*, letterato. Condusse una vita avventurosa, combattendo in Europa e ponendosi al servizio di diverse corti. Falsario, pubblicò senza il permesso di T. Tasso alcune parti della Ge-

rusalemme liberata. La sua opera principale è la raccolta delle *Duecento novelle* (1609).

MALEVIČ (Kazimir), *presso Kiev 1878 - Leningrado 1935*, pittore russo. Di ispirazione spiritualista, creò una corrente d'arte astratta detta "suprematismo", le cui posizioni teoriche sono sintetizzate nel dipinto *Quadrato bianco su fondo bianco* (1918, MOMA, New York).

MALFÀTTI (Gianfrancésco), *Ala di Trento 1631 - Ferrara 1807*, matematico. Formulò la cosiddetta "risolvente di M.", un'equazione di 6° grado attraverso la cui radice è possibile impostare un sistema di risoluzione delle curve di 5° grado.

MALHERBE (François **de**), *Caen 1555 - Parigi 1628*, poeta francese. Inizialmente rappresentante del gusto barocco (*Les larmes de saint Pierre*), ruppe con la poetica della Pléiade e s'impose, come poeta di corte e caposcuola, un ideale di chiarezza e rigore che è all'origine del gusto classico (*Il mugnaio*).

■ *François de Malherbe. (Musée Condé, Chantilly.)*

MALI, Stato dell'Africa, a S dell'Algeria; 1.240.000 km²; 11.677.000 ab. CAP. *Bamako*. LINGUA: *francese*. MONETA: *franco CFA*.

GEOGRAFIA – Il territorio del N e del centro è occupato dal Sahara e dalle sue propaggini: vi si pratica l'allevamento nomade (soprattutto ovini e caprini, ma anche bovini), su cui si basa l'economia di un paese molto povero, che risente in particolare della mancanza di sbocchi al mare e di significative risorse minerarie. Il S, più umido e favorito dalle opere realizzate nelle valli del Senegal e del Niger (Macina), fornisce miglio, sorgo, riso, cotone e arachidi. La popolazione, quasi completamente islamizzata, è formata a N dagli abitanti del Sahel, nomadi di pelle bianca (mauri, tuareg), e a S da neri (soprattutto bambara).

STORIA – VII-XVI sec.: il paese è la culla dei grandi imperi del Ghana, del M. e del Songhai (cap. Gao). XVII-XIX sec.: si succedono al potere tuareg, bambara e fulbe. Nel 1857 i francesi oc-

cupano il paese, impedendo così la nascita, nel S, di un nuovo Stato per iniziativa di Samory Touré (arrestato nel 1898). **1904**: nell'ambito dell'Africa occidentale francese viene istituita la colonia dell'Alto Senegal-Niger. **1920**: con la secessione dell'Alto Volta, l'Alto Senegal diventa Sudan francese. **1958**: proclamazione della repubblica sudanese. **1959**: quest'ultima forma con il Senegal la federazione del M. **1960**: dopo lo scioglimento della federazione, l'ex Sudan francese si trasforma in repubblica del M., presieduta da Modibo Keita. **1968**: un colpo di Stato porta al potere Moussa Traoré. **1974**: la nuova Costituzione instaura un regime presidenziale a partito unico. **A partire dal 1990**: il governo si trova a fronteggiare la ribellione dei tuareg. **1991**: l'esercito destituisce M. Traoré; si forma un governo di transizione, composto da militari e civili. **1992**: viene adottato un regime multipartitico. Sale alla carica di presidente della repubblica Alpha Oumar Konaré (rieletto nel 1997). **2002**: le elezioni presidenziali decretano la vittoria dell'ex generale Amadou Toumani Touré; la carica di primo ministro viene assegnata a Muhammad Ag Amani.

MALI (impèro del), impero dell'Africa occ. (XI-XVII sec.) inizialmente circoscritto all'alta valle del Niger. Al suo apogeo (XIII-XIV sec.), si estese su un territorio corrispondente agli att. Stati del Mali, del Senegal, del Gambia, della Guinea e della Mauritania. I suoi sovrani più famosi furono Soundiata Keita (prima metà del XIII sec.) e Kankan Moussa (inizio del XIV sec.).

MALIA, sito archeologico sulla costa settentr. di Creta, a E di Cnosso. Vestigia di un complesso palaziale (1700-1600 ca. a.C.) e di una necropoli reale dal ricco corredo funerario (museo di Herákleion).

MALIBRAN (María **de la Felicidad García**, detta **la**), *Parigi 1808 - Manchester 1836*, mezzosoprano spagnolo. Sorella di P. Viardot, debuttò nel 1825. Grazie alla varietà del suo repertorio e a un notevole talento drammatico acquistò la fama in Europa e negli Stati Uniti. La sua morte prematura ispirò ad A. de Musset le *Stanze*.

Mali

★ importante località turistica
— strada normale
— ferrovia
✈ aeroporto

● più di 800.000 ab.
● da 50.000 a 800.000 ab.
● da 20.000 a 50.000 ab.
● meno di 20.000 ab.

350 500 750 m

MALINALCO, sito archeologico del Messico. È celebre per l'omonima fortezza azteca di forma piramidale, circondata da altri edifici, sede in passato di cerimonie legate all'iniziazione dei guerrieri.

MALINCHE o **MARINA**, *prima metà del XVI sec.*, indigena messicana. Concubina di H. Cortés (da cui ebbe un figlio), lo aiutò nella conquista del Messico mettendo al servizio degli spagnoli la propria conoscenza della società e degli idiomi locali.

MALINES, in fiamm. **Mechelen**, c. del Belgio, nella prov. di Anversa, sul Dyle; 75.560 ab. Sede arcivescovile creata nel 1559, M. condivide questo titolo con Bruxelles dal 1962. Rinomati merletti. Industrie meccaniche e chimiche. Pregevole cattedrale del XIII-XV sec. (mobilio barocco) e altri monumenti; palazzi antichi; musei.

MALINKE → MANDINGO.

MALINOVSKIJ (Rodion Jakovlevič), *Odessa 1898 - Mosca 1967*, maresciallo sovietico. Comandante del secondo fronte dell'Ucraina (1943-1944), firmò l'armistizio con la Romania nel 1944, poi entrò a Budapest e a Vienna (1945). Fu ministro della difesa dal 1957 fino alla morte.

MALINOWSKI (Bronisław), *Cracovia 1884 - New Haven, Connecticut, 1942*, antropologo britannico di origine polacca. Fu il principale rappresentante del funzionalismo (*Gli Argonauti del Pacifico occidentale*, 1922).

MALIPIÈRO o **MARIPIERO**, famiglia veneziana alla quale appartennero i dogi Orio (1178-1192) e Pasquale (1457-1462).

MALIPIÈRO (Giàn Francésco), *Venezia 1882 - Treviso 1973*, compositore. Operò una sintesi fondamentale tra i valori della tradizione musicale italiana e gli influssi delle nuove avanguardie europee del primo '900, contribuendo al superamento dell'estetica romantica. Di grande rilievo la sua produzione sacra, sinfonica e per il teatro.

MALIPIÈRO (Riccàrdo), *Milano 1914*, compositore. È stato uno dei primi in Italia a utilizzare la dodecafonia. Tra le opere, *Minnie la candida* (1942), *La donna è mobile* (1957), *Battono alla porta* (1962, opera televisiva), *Mirages* (1966), *Winterquintet* (1976).

MALLARMÉ (Stéphane), *Parigi 1842 - Valvins, Seine-et-Marne, 1898*, poeta francese. Professore di inglese, raggiunse la celebrità dopo aver pubblicato alcune liriche nel *Parnasse contemporain* (1866), una scena dell'*Erodiade* (1871) e il *Il pomeriggio di un fauno* (1876), che segnò l'inizio della poesia simbolista. Nelle sue intenzioni il poema *Un colpo di dadi non abolirà mai il caso* (1897) avrebbe dovuto rappresentare il primo atto del "Libro" assoluto, che però non vide mai la luce. Le sue opere complesse, malgrado la brevità, hanno segnato profondamente le successive generazioni.

MALLE (Louis), *Thumeries 1932 - Beverly Hills 1995*, regista cinematografico francese. Spirito eclettico, si è cimentato con successo in tutti i generi (*Les amants*, 1958; *Zazie nel metrò*, 1960; *Fuoco fatuo*, 1963; *Calcutta*, 1969; *Arrivederci ragazzi*, 1987).

MALLEA (Eduardo), *Bahía Blanca 1903 - Buenos Aires 1982*, scrittore argentino. La sua poetica denota una ricerca costante sul ruolo dell'individuo nella civiltà urbana e sulla società argentina. Tra le opere, *Notturno europeo* (1935), *Tutto il verde perirà* (1941), *Simbad* (1957), *Nella crescente oscurità* (1973).

MALLET-STEVENS (Robert), *Parigi 1886-1945*, architetto francese. Funzionalista, ma attento alla costruzione elegante dei volumi, realizzò a Parigi gli stabili della via che porta il suo nome (1926).

MALLORCA → MAIORCA.

MALMÖ, c. della Svezia merid., sull'Øresund; 262.551 ab. Porto. Cantieri navali. — Museo nella vecchia fortezza.

MALORY (sir Thomas), *Newbold Revell 1408 - Newgate 1471*, scrittore inglese. È autore di *Morte di Artù* (pubblicato nel 1485), la prima epopea in prosa inglese.

MALOT (Hector), *La Bouille 1830 - Fontenay-sous-Bois 1907*, scrittore francese, autore del romanzo *Senza famiglia*.

MALOUEL o **MAELWAEL** (Jean), *Nimega prima del 1370 - Digione 1415*, pittore fiammingo. Lavorò spec. per i duchi di Borgogna (certosa di Champmol).

MALPÈNSA, frazione del com. di Somma Lombardo (Varese). Sede di un importante aeroporto intercontinentale.

MALPÌGHI (Marcèllo), *Crevalcore 1628 - Roma 1694*, anatomista. Fu il primo a utilizzare il microscopio in ricerche sui tessuti umani. Portano il suo nome i glomeruli dei reni, i corpuscoli (nefrone) e i noduli (piccoli corpi di tessuto linfoide che si trovano nella polpa bianca della milza).

MALPLAQUET (battaglia di) (11 sett. 1709), battaglia della guerra di successione di Spagna. Difficile vittoria delle truppe anglo-olandesi e austriache del duca di Marlborough e del principe Eugenio sui francesi del maresciallo C.-L.-M. Villars, a M., presso Bavay.

MALRAUX (André), *Parigi 1901 - Créteil 1976*, scrittore e politico francese. I suoi romanzi (*La via dei re*, 1930; *La condizione umana*, 1933; *La speranza*, 1937), le opere critiche (*La voce del silenzio*, 1951) e l'autobiografia (*L'antimemoria*, 1967-1975) testimoniano un forte impegno politico al servizio della lotta contro la corruzione dilagante.

■ *André Malraux fotografato da Gisèle Freund.*

MALSTRØM → MAELSTROM.

MALTA, sito preistorico della Siberia. Molti resti di abitazioni, tomba di un bambino e statuette femminili risalenti al 23.000 a.C. (perigordiano superiore).

MÀLTA, Stato insulare dell'Europa, nel Mediterraneo; 316 km²; 392.000 ab. (*maltesi*). CAP. *La Valletta*. LINGUE: *maltese* e *inglese*. MONETA: *sterlina maltese*. È un piccolo arcipelago densamente popolato, formato dalle isole di M. (246 km²), Gozo e Comino. Il clima, caldo e secco d'estate, e la ricchezza di testimonianze storiche spiegano l'importanza del turismo.

STORIA – IV-II millennio (dal Neolitico all'Età del bronzo): M. è il fulcro di una civiltà megalitica (Mnajdra, Ggantija, Tarxien e Isola di Gozo) testimoniata da templi a pianta complessa e da sculture che rappresentano la dea madre. **IX sec. a.C.**: l'isola diventa colonia fenicia per poi essere occupata da greci (VIII sec.) e cartaginesi (VI sec.). **218 a.C.**: M. cade sotto il dominio dei romani; **870**: viene conquistata dagli arabi e islamizzata. **1090**: Ruggero I si impadronisce dell'isola, la cui sorte è legata alle vicende del regno di Sicilia fino al XVI sec.; **1530**: Carlo V cede ai cavalieri di S. Giovanni di Gerusalemme (cavalieri di M.), a condizione che si oppongano all'avanzata ottomana. **1798**: Napoleone Bonaparte occupa l'isola; **1800**: la Gran Bretagna vi afferma la propria sovranità trasformandola in una base strategica. **1940-1943**: M. è al centro delle operazioni navali nel Mediterraneo; **1964**: ottiene l'indipendenza nell'ambito del Commonwealth. **1974**: lo Stato maltese diventa una repubblica; **1990**: presenta domanda di adesione alla Comunità Europea. **1998**: in seguito alla vittoria elettorale del Partito nazionalista, Eddie Fenech Adami assume la carica di primo mini-

Malta

★ importante località turistica
🚢 strada normale
✈ aeroporto
● più di 10.000 ab.
● meno di 10.000 ab.
50 km | 200 | 500 m

stro. **1999**: Guido de Marco viene eletto presidente della repubblica. **2003**: i maltesi votano a favore dell'ingresso nell'Unione Europea (2004).

MÀLTA (Sovràno militàre òrdine gerosolimitàno di), ordine fondato nel 1070 ca. per iniziativa dei frati dell'ospedale di S. Giovanni in Gerusalemme. Stabilitosi a Rodi nel 1309, poi a Malta dal 1530 al 1798, trasferì la propria sede a Roma quando Napoleone s'impossessò dell'isola. L'ordine, che si è dotato di un nuovo statuto nel 1961, è oggi preposto all'assistenza ospedaliera.

MALTE-BRUN (Konrad), *Thisted 1775 - Parigi 1826*, geografo danese. Visse in Francia. Autore di una *Geografia universale*, fu uno dei fondatori della Società geografica francese nel 1821.

MALTHUS (Thomas Robert), *presso Dorking, Surrey, 1766 - Claverton, presso Bath, 1834*, economista britannico. Autore del *Saggio sul principio della popolazione* (1798), analizzò la crescita demografica ritenendola una minaccia per il futuro della Terra e raccomandò il controllo delle nascite (malthusianesimo).

■ *Thomas R. Malthus. (Hulton Deutsch Collection.)*

MALUS (Étienne Louis), *Parigi 1775-1812*, fisico francese. Scoprì la polarizzazione della luce ed enunciò le leggi relative alla propagazione dei fasci luminosi.

MALVASÌA (Càrlo Césare), *Bologna 1616-1683*, scrittore d'arte. È autore di saggi sulla pittura bolognese: *Le pitture di Bologna* (1657), *Felsina pittrice* (1678).

MALVÉZZI (Virgìlio), *Bologna 1595-1654*, scrittore e politico. Militare in Spagna, quindi diplomatico per il conte di Olivares, ebbe incarichi pubblici a Bologna. La sua produzione comprende biografie storiche (*Romolo*, 1629; *Coriolano*, 1648) e saggi (*Discorsi sopra Cornelio Tacito*, 1622; *Ritratto del privato politico cristiano*, 1635).

MALVINAS → FALKLAND.

MALVÌNE → FALKLAND.

MAM, popolazione amerindia del Guatemala (altopiani) e del Messico (Chiapas merid.; ca. 500.000 individui). Soprattutto agricoltori, i m. parlano una lingua maya.

MAMAIA, località balneare della Romania, sul Mar Nero, a N di Costanza.

MAMALLAPURAM, sito archeologico dell'India, sul Golfo del Bengala. Testimonianze architettoniche di estremo valore risalenti alla dinastia Pallava, consistenti in templi brahmanici, perlopiù rupestri, con monoliti e bassorilievi parietali. Tempio di Rivage (VIII sec.), primo tempio indiano in mattoni.

MAMÈLI (Goffrédo), *Genova 1827 - Roma 1849*, poeta e patriota. Partecipò alle Cinque giornate di Milano (1848), quindi fu al fianco di G. Garibaldi durante la difesa di Roma (1849). Scrisse le parole dell'inno *Fratelli d'Italia* (1847) che, musicato da M. Novaro, dal 1946 è l'inno nazionale italiano.

MAMELÙCCHI, dinastia che regnò in Egitto e in Siria (1250-1517), i cui sultani erano scelti tra le fila degli schiavi combattenti (mamelucchi).

MAMÈRTO (sànto), *m. nel 475 ca.*, vescovo di Vienne, in Gallia. Istituì la processione delle rogazioni.

MAMIÀNI DÉLLA RÓVERE (Terènzio), *Pesaro 1799 - Roma 1885*, politico e scrittore. Incarcerato dopo aver preso parte ai moti bolognesi del 1831, poi esiliato a Parigi, tornò in Italia nel 1847. Più volte ministro pontificio, ebbe importanti incarichi anche nel governo piemontese. Tra le opere, *Del rinnovamento della filosofia antica italiana* (1836).

MAMMONA, parola aramaica che, nella letteratura ebraica e cristiana, indica i beni materiali di cui l'uomo è schiavo.

MAMMOTH CAVE, insieme di caverne degli Stati Uniti (Kentucky), uno dei più estesi del globo (240 km ca. di gallerie). Parco nazionale.

MAMOIÀDA, com. in prov. di Nuoro; 2588 ab. Pastorizia. Cerimonie con sfilate in maschera dei mamuthones e degli issohadores.

MAMORÉ, f. dell'America merid.; 1800 km. Ramo del Madeira.

MAN, c. della Costa d'Avorio; 116.657 ab.

MAN (Ìsola di), isola del Mare d'Irlanda, possedimento diretto della corona britannica; 572 km²; 69.788 ab.; c. princ. *Douglas*.

MANADO o **MENADO**, c. dell'Indonesia (Celebes); 398.900 ab. Porto.

MANAGUA, cap. del Nicaragua, sul Lago di M. (1234 km²); 959.000 ab. La città è stata in parte distrutta da un terremoto nel 1972.

MANAMA, cap. del Bahrain, nell'Isola di Bahrain; 151.500 ab.

MANÀRA (Lucìano), *Antegnate 1825 - Roma 1849*, patriota. Prese parte alle Cinque giornate di Milano e alla prima guerra d'indipendenza. Collaboratore di G. Garibaldi, morì durante la difesa della Repubblica Romana.

MANASLU, cima dell'Himalaia, in Nepal; 8156 m.

MANÀSSE, personaggio biblico. Primogenito di Giuseppe, diede il nome a una delle tribù d'Israele, che si stabilì in Cisgiordania.

MANAUS, già *Manáos*, c. del Brasile, cap. dello Stato di Amazonas, sul Río Negro, alla confluenza col Rio delle Amazzoni; 1.403.796 ab. Porto.

MANCHE, dip. della Francia, nella reg. Bassa Normandia; capol. *Saint-Lô*; 5938 km²; 481.471 ab. L'economia del dip., che occupa la penisola del Cotentin, è ancora in gran parte rurale (allevamento bovino e orticoltura nei pressi delle coste). Pesca e turismo estivo. Industrie navali, tessili e metallurgiche.

MANCHESTER, c. della Gran Bretagna (Inghilterra); 397.400 ab. (2.445.200 ab. nell'agglomerato). Università. Centro finanziario, commerciale e industriale. Musei.

MANCHUKUO, nome della Manciuria sotto il dominio giapponese (1932-1945).

MÀNCIA (La), in sp. **La Mancha**, reg. della Spagna brulla e arida, parte della comunità autonoma di Castiglia-La M. M. de Cervantes la rese celebre nel suo *Don Chisciotte*.

MANCIÀNO, com. in prov. di Grosseto; 7103 ab. Agricoltura (olive, uva). Estrazione dell'antimonio. Museo di Preistoria e Protostoria.

MANCINÈLLI (Grazìano), *1937-1992*, cavallerizzo. Alle Olimpiadi di Monaco del 1972 ha vinto la medaglia d'oro nel salto a ostacoli individuale.

MANCINÈLLI (Luìgi), *Orvieto 1848 - Roma 1921*, compositore, violoncellista e direttore d'orchestra. Raggiunse la notorietà nella direzione d'orchestra, in part. di G. Verdi e R. Wagner. Tra le opere, *Ero e Leandro* (1896), *Ouverture romantica* (1908).

MANCÌNI, famiglia rappresentata in part. da quattro sorelle, nipoti di Mazarino, che le seguirono in Francia. — **Laura M.**, *Roma 1636 - Parigi 1657*. Moglie di Luigi di Vendôme, duca di Mercœur. — **Olimpia M.**, contessa di **Soissons**, *Roma 1639 - Bruxelles 1708*. Madre del principe Eugenio. — **Maria M.**, principessa **Colonna**, *Roma 1640 ca. - Pisa 1715*. Suscitò in Luigi XIV un'intensa passione. — **Ortensia M.**, duchessa **di Mazarino**, *Roma 1646 - Chelsea 1699*. Spiccò per la sua bellezza alla corte del re d'Inghilterra Carlo II.

MANCÌNI (Antònio), *Roma 1852-1930*, pittore. Esponente del naturalismo, raffigurò personaggi tipici dell'ambiente popolare napoletano (*Scugnizzo*). In seguito sviluppò uno stile meno aderente al verismo, testimoniato da dipinti di natura diversa (*Acque basse*) o ritratti (*La signora Pantaleoni*).

MANCINI (Enrico, detto Henry), *Cleveland 1924 - Los Angeles 1994*, compositore statunitense. Autore di motivi di grande successo, come *La pantera rosa* e *Moon River*, vinse quattro premi Oscar per la miglior colonna sonora.

MANCÌNI (Pasquàle Stanislào), *Castel Baronia 1817 - Roma 1888*, giurista e politico. Docente di diritto, dovette abbandonare Napoli per aver partecipato alla rivoluzione del 1848. Fu deputato per la sinistra storica e più volte ministro. Stipulò la Triplice Alleanza con Germania e Austria (1882).

MANCÌNO (Nicòla), *Montefalcione 1931*, politico. Membro della Democrazia cristiana, senatore dal 1976, è stato ministro dell'interno dal 1992 al 1994. Passato al Partito popolare nel 1994, ha ricoperto la carica di presidente del senato dal 1996 al 2001.

MANCIÙRIA, ant. nome di una reg. della Cina, che costituisce att. la maggior parte della Cina nord-orient.; c. princ. *Shenyang* (*Mukden*) e *Harbin*.

STORIA – XVII: i manciù, popolazione di origine tungusa, invadono la Cina. **1644-1911**: una dinastia manciù, i Qing, regna sulla Cina dove i manciù costituiscono l'aristocrazia militare; nel frattempo molti immigrati cinesi si stabiliscono nel territorio. **1896**: la Russia acquisisce il diritto di collegare Vladivostok alla ferrovia Transiberiana attraverso la M.; **1898**: ottiene la concessione del territorio di Port Arthur e di Dairen. **1904-1905**: la vittoria del Giappone nella guerra contro la Russia gli assicura un'influenza preponderante. **1931-1932**: il Giappone occupa la M. e la organizza come Stato-vassallo, con il nome di Manchukuo. **1945**: la Cina recupera la regione (fatta eccezione per Port Arthur e Dairen, che l'URSS restituisce nel 1954).

MANCO CÁPAC I, leggendario fondatore dell'impero degli incas (XII sec.).

MANDALAY, c. del Myanmar centrale, sull'Irrawaddy; 533.000 ab. Aeroporto. Centro commerciale. Numerosi templi buddhisti.

MANDE → MANDINGO.

MANDEL'ŠTAM (Ossìp Emìlievič), *Varsavia 1891 - in Siberia 1938*, scrittore russo. Simbolista, poi acmeista, cristiano in contrasto con le idee rivoluzionarie, fu autore di vibranti poesie (*Tristia*) e prose (*Il rumore del tempo*, *Il francobollo egiziano*).

MANDELA (Nelson), *Mvezo, distr. di Umtata, 1918*, politico sudafricano. Capo storico dell'ANC, organizzatore della lotta armata dopo che il suo movimento è stato dichiarato fuorilegge (1960), è stato arrestato nel 1962 e condannato all'ergastolo nel 1964. Liberato nel 1990, vicepresidente (1990-1991) poi presidente (1991-1997) dell'ANC, è stato uno dei principali artefici, insieme a F. De Klerk, del processo di democratizzazione del Sudafrica. Nel 1994, in seguito alle prime elezioni multirazziali, è stato eletto presidente della repubblica. Si è ritirato a fine mandato, nel 1999. (Premio Nobel per la pace 1993.)

■ *Nelson Mandela nel 1990.*

MANDEVILLE (Bernard **de**), *Rotterdam 1670 - Hackney, presso Londra, 1733*, filosofo inglese di origine olandese. Fece scandalo e diede la sua impronta al secolo dei Lumi con la *Favola delle api* (1714), in cui sosteneva, contro A. Shaftesbury, che l'egoismo, innato nell'uomo, può concorrere al bene della collettività.

MANDINGO, **MALINKE** o **MANDE**, gruppo di popolazioni (ca. 15 milioni di individui), stanziate principalmente nel Mali (maninka o mandenka), in Costa d'Avorio e Guinea (malinke), in Senegal e Gambia (mandingo), in Sierra Leone e Liberia (mande). Si distinguono in m. del S (dan, gouro ecc.) e m. del N (bamanan, dioula ecc.): questi ultimi fondarono l'impero del Mali (XIII-XIV sec.), diffusero l'islam e ristetettero alla colonizzazione (con Samory Touré). Parlano lingue nigero-congolesi.

MANDRIÒLI (Pàsso del), valico dell'Appennino Tosco-Emiliano, tra Toscana ed Emilia-Romagna (1173 m). Congiunge la valle del f. Savio con quella del Casentino.

MANDROLISÀI, subreg. della Sardegna centrale, sul versante occ. del Gennargentu. Viticoltura, produzione di sughero.

MANDÙRIA, com. in prov. di Taranto; 31.618 ab. Centro agricolo. Resti della cultura messapica (mura). Arco di S. Angelo (XVI sec.) e palazzo imperiale (XVIII sec.).

MANET (Édouard), *Parigi 1832-1883*, pittore francese. Sensibile all'influenza dei classici, in part. dei maestri spagnoli, elaborò un linguaggio pittorico caratterizzato da scarno naturalismo e grande originalità. È considerato uno dei padri dell'espressionismo e dell'arte moderna (*Le *déjeuner sur l'herbe*; *Olympia*; *Il piffero*, 1866; *Il balcone*, 1868; *Ritratto di Mallarmé*, 1876; ecc., al Musée d'Orsay di Parigi; *Esecuzione dell'imperatore Massimiliano*, 1867, a Mannheim; *Un bar delle Folies-Bergère*, 1882, alla National Gallery di Londra).

MANETÓNE, *Sebennytos III sec. a.C.*, religioso e storico egiziano. Scrisse in greco una storia dell'Egitto, di cui si conservano solo frammenti. Gli storici hanno adottato la sua divisione delle dinastie.

MANÉTTI (Antònio di Tùccio), *Firenze 1423-1497*, erudito e architetto. Figura eclettica, si dedicò agli studi matematici, fisici e astronomici, oltre che letterari. Illustrò l'*Inferno* di Dante e scrisse la vita di F. Brunelleschi.

MANÉTTI (Giannòzzo), *Firenze 1396 - Napoli 1459*, umanista e diplomatico. Lasciata Firenze per contrasti con Cosimo de' Medici, visse a Roma e a Napoli. Fu condannato dall'Inquisizione nel 1584 per il suo *De dignitate et excellentia hominis*.

MANFRÉDI, *1232 - Benevento 1266*, re di Sicilia (1258-1266). Figlio naturale legittimato dall'imperatore Federico II di Hohenstaufen, fu ucciso mentre difendeva il suo regno contro Carlo I d'Angiò.

MANFRÉDI (Eustàchio), *Bologna 1674-1739*, matematico e poeta. Docente presso l'università di Bologna, ne edificò la torre dell'osservatorio e costituì l'Accademia degli inquieti. Dal 1715 iniziò a pubblicare le *Ephemerides motuum coelestium*. — **Gabriele M.**, *Bologna 1681-1761*, matematico. Fratello di Eustachio. Nel suo *De constructione aequationum differentialium primi gradus* espose i risultati ottenuti, a livello europeo, nel calcolo integrale e nella soluzione delle equazioni differenziali.

MANFRÉDI (Saturnìno, detto Nino), *Castro dei Volsci 1921*, attore e regista teatrale e cinematografico. Tra i più popolari protagonisti della commedia all'italiana, è stato interprete di film come *L'impiegato* (1960), *Anni ruggenti* (1962), *Il padre di famiglia* (1966), *Straziami, ma di baci saziami* (1968), *Pane e cioccolata* (1973), *C'eravamo tanto amati* (1974), *In nome del Papa re* (1977). Ha diretto, tra l'altro, *Per grazia ricevuta* (1971) e *Nudo di donna* (1981). A teatro ha lavorato con E. De Filippo e O. Costa ed è stato un celebre interprete del *Rugantino* (1963).

MANFRÉDI (Valèrio Màssimo), *Castelfranco Veneto 1943*, scrittore. È autore di romanzi storici, tra cui *Palladion* (1986), *Lo scudo di Talos* (1988), *L'oracolo* (1990), *Le paludi di Hesperia* (1994), *La torre della solitudine* (1996), *Alexandros* (1998), *L'ultima legione* (2002).

MANFREDÒNIA, com. in prov. di Foggia; 57.978 ab. Fu fondata da Manfredi, re di Sicilia, nel 1256, nei pressi dell'antica Siponto. Mura medievali, castello e chiesa di S. Domenico (XIII sec.).

MANGA, raccolta di disegni (il termine deriva dal giapponese *man*, immagine e *ga*, satireggiare) di K. Hokusai, in 13 voll. (1814-1848), con l'aggiunta di 2 voll. postumi. Costituisce una sorta di enciclopedia da cui emerge il grande talento del suo autore.

MANGALIA, località balneare della Romania, sul Mar Nero, a S di Costanza.

MANGALORE o **MANGALUR**, c. d'India (Karnataka); 398.745 ab.

MANGANÈLLI (Gìorgio), *Milano 1922 - Roma 1990*, scrittore e critico. Membro del Gruppo 63, ha scritto, tra l'altro, *Hilarotragoedia* (1964), *Agli dei ulteriori* (1972), *Dall'inferno* (1985) e, tra i saggi, *La letteratura come menzogna* (1967).

Édouard **MANET**. *Giovane bionda dal seno nudo, 1878 ca.* (Musée d'Orsay, Parigi.)

Silvana **MANGANO** in una scena del film Riso amaro di G. De Santis (1949).

MANILA. Città galleggiante sulla baia.

MÀNGANO (Silvàna), *Roma 1930 - Madrid 1989*, attrice cinematografica. Tra le sue interpretazioni, *Riso amaro* (1948), *L'oro di Napoli* (1954), *Il processo di Verona* (1963), *Le streghe* (1966), *Edipo re* (1967), *Teorema* (1968), *La caduta degli dei* (1969), *Morte a Venezia* (1971), *Gruppo di famiglia in un interno* (1974), *Oci ciornie* (1987).

MANGBETU, popolazione del NE della Rep. Dem. del Congo, di lingua nilo-sahariana.

MANGIARÒTTI (Edoàrdo), *Renate Veduggio 1919*, schermidore. Più volte vincitore di ori olimpici nelle specialità a squadre (1936, 1952, 1956, 1960), ha conquistato l'oro nella spada individuale e l'argento nel fioretto individuale nel 1952. Suo fratello Dario (Milano 1915) è stato oro nella spada a squadre nel 1952 e argento nell'individuale nel 1948 e nel 1952.

MANGYŠLAK (penisola di), pianura desertica del Kazakistan, a E del Mar Caspio. Petrolio.

MANHATTAN, isola degli Stati Uniti, tra i f. Hudson, East River e Harlem; 1.537.195 ab. Costituisce un *borough* al centro della città di New York.

MANI, *216-274 o 277*, fondatore del manicheismo, una religione universale della salvezza della quale si proclamò profeta. Fu ucciso dal re persiano Bahram I.

MANIÀGO, com. in prov. di Pordenone; 10.679 ab. Produzione di coltelli dal XIV sec.

MÀNICA (La), largo braccio di mare formato dall'Atlantico, tra Francia e Inghilterra.

MÀNICA (tùnnel sòtto La), tunnel ferroviario che collega la Francia all'Inghilterra. Lungo 50,5 km, di cui 38 sottomarini, è stato aperto nel 1994. [*V. parte nomi comuni* → **tunnel**.]

MANICOUAGAN, f. del Canada (Québec), che confluisce nel San Lorenzo; 200 km ca. a partire dalla riserva M. Importanti centrali idroelettriche.

MANIFÈSTO DEL PARTÌTO COMUNÌSTA, testo di K. Marx e F. Engels (1848), che espone i temi centrali del marxismo e il programma rivoluzionario dei comunisti.

MANILA, cap. delle Filippine (Luzon), sulla Baia di M.; 1.581.052 ab. (10.870.000 ab. nell'agglomerato). Principale centro culturale, commerciale e industriale del paese.

MANÌLIO (Mànio), *II sec. a.C.*, militare e politico romano. Pretore in Spagna e console nel 149 a.C., compare come interlocutore nel *De re publica* di Cicerone. Una sua opera di diritto, *Manilii monumenta*, è andata perduta.

MANÌLIO (Màrco), *I sec. d.C.*, poeta latino. È autore del poema *Astronomica*, in cinque libri, in cui delinea una concezione stoica e determinista della vita e della storia, in contrapposizione a Lucrezio.

MANIN (Danièle), *Venezia 1804 - Parigi 1857*, avvocato e patriota. Divenuto presidente della repubblica di S. Marco nel 1848, ne fece approvare l'annessione al Piemonte. Avviò una politica di riforma in senso democratico e liberale. Dopo aver capitolato davanti agli austriaci, nel 1849 fu esiliato in Francia.

MANÌN (Ludovico), *Venezia 1726-1802*, ultimo doge di Venezia. Sopraffatto da Napoleone, dovette abbandonare il governo della città (1797).

MANIPUR, Stato dell'India nord-orient.; 22.300 km²; 2.388.634 ab.; cap. *Imphal.*

MANISA, c. della Turchia, capol. di prov., a NE di Izmir; 201.340 ab.

MANITOBA, prov. del Canada, nelle Prairies; 650.000 km²; 1.150.034 ab.; cap. *Winnipeg.* Reg. ancora largamente agricola. A Winnipeg si concentra più della metà della popolazione totale.

MANITOBA (Lùgo), lago del Canada, nella prov. omonima; 4700 km².

MANITOULIN, isola canadese (Ontario) del Lago Huron; 2766 km². Riserva amerindia.

MANIZALES, c. della Colombia, nella valle del Cauca; 327.663 ab.

MANKIEWICZ (Joseph Leo), *Wilkes Barre, Pennsylvania, 1909 - presso Bedford, Stato di New York, 1993*, regista cinematografico statunitense. Colto e raffinato, ha contribuito a nobilitare il cinema hollywoodiano (*Eva contro Eva*, 1950; *La contessa scalza*, 1954; *Gli insospettabili*, 1972).

MÀNLIO CAPITOLÌNO (Màrco), *m. a Roma nel 384 a.C.*, eroe romano. Svegliato dallo starnazzare delle oche, salvò il Campidoglio attaccato nottetempo dai galli (390 a.C.).

MANN (Emil Anton **Bundmann**, detto Anthony), *San Diego 1906 - Berlino 1967*, regista cinematografico statunitense. Fu uno dei grandi autori di film western: *La baia del tuono* (1953), *Uomini in guerra* (1957), *Dove la terra scotta* (1958).

MANN (Heinrich), *Lubecca 1871 - Santa Monica 1950*, scrittore tedesco. Influenzato dall'estetismo decadente, poi preoccupato da questioni sociali e politiche, fu autore del romanzo *Professor Unrat* (1905), adattato per il grande schermo da J. von Sternberg (*L'angelo azzurro*, 1930). — **Thomas M.**, *Lubecca 1875 - Zurigo 1955*, scrittore tedesco, fratello di Heinrich. Privato della cittadinanza tedesca dopo l'avvento al potere di A. Hitler, dal 1938 al 1952 visse negli Stati Uniti. I suoi romanzi scaturiscono dal conflitto tra istinto vitale e oscure pulsioni di morte, culto dell'azione ed esigenze dello spirito (*I Buddenbrook*, 1901; *Morte a Venezia*, 1912; *La montagna incantata*, 1924; *Giuseppe e i suoi fratelli*, 1933-1943; *Doctor Faustus*, 1947). (Premio Nobel 1929.)

MANNAR (Gòlfo di), golfo dell'Oceano Indiano, tra l'India e lo Sri Lanka.

MANNERHEIM (Carl Gustaf, baróne), *Louhisaari 1867 - Losanna 1951*, maresciallo e politico finlandese. Vittorioso sui bolscevichi, fu nominato reggente nel 1918. Durante la seconda guerra mondiale lottò contro l'URSS (1939-1940 e 1941-1944). Presidente della repubblica dal 1944 al 1946, fu costretto alle dimissioni e processato per la sua alleanza con il nazismo.

■ *Il maresciallo Mannerheim nel 1942.*

MANNHEIM, c. della Germania (Baden-Württemberg), sul Reno; 307.730 ab. Porto fluviale. Centro industriale. Castello del XVIII sec.; musei.

MANNING (Henry), *Totteridge 1808 - Londra 1892*, religioso britannico. Ecclesiastico anglicano convertitosi al cattolicesimo, divenne arcivescovo di Westminster nel 1865 e cardinale nel 1875. Intervenne in favore degli operai.

MÀNNU, nome di diversi fiumi della Sardegna: Riu M. di Samassi, Riu M. di Ozieri, Riu M. di Berchidda.

MANNÙZZU (Salvatóre), *Pitigliano 1930*, scrittore e poeta. Tra le opere, *Procedura* (1988), *La figlia perduta* (1992), *Il terzo suono* (1995), *Corpus* (1997), *Il catalogo* (1999).

MANOLETE (Manuel **Rodríguez Sánchez**, detto), *Córdoba 1917 - Linares 1947*, matador spagnolo. Fu ferito mortalmente dopo aver toreato in più di 500 corride.

MANON LESCAUT, personaggio principale del romanzo omonimo (1731) dell'abate A.-F. Prévost. Manon conduce alla rovina il suo amante, Des Grieux. L'eroina ha ispirato la commedia *Manon* di J. Massenet (1884) e l'opera *Manon Lescaut* di G. Puccini (1893).

MANOSCRÌTTI (O RÒTOLI) DEL MAR MÒRTO, manoscritti in ebraico e aramaico, scoperti tra il 1946/1947 e il 1956 nelle grotte sulle rive del Mar Morto, presso Qumran. Questi documenti, che risalgono al periodo compreso tra il II sec. a.C. e il I sec. d.C., hanno grande importanza per la storia del giudaismo e del cristianesimo e comprendono testi biblici e apocrifi ebraici, oltre a scritti di una setta religiosa ebraica (probabilmente gli esseni) attiva a Qumran. Sono stati pubblicati tra il 1955 e il 2002.

MAN RAY (Emmanuel **Rudnitsky**, detto), *Filadelfia 1890 - Parigi 1976*, pittore e fotografo statunitense. Partecipò al movimento dada newyorchese per poi stabilirsi a Parigi (1921). I suoi "rayogrammi" (silhouette di oggetti, a partire dal 1922) vengono considerati le prime foto "astratte" mai eseguite. Il surrealismo caratterizza i suoi cortometraggi (*L'étoile de mer*, tratto da un poema di R. Desnos, 1928), così come i suoi quadri, i collages e le opere di assemblaggio, che si distinguono per la libertà dell'invenzione poetica.

MANGA. Scene di bagno, di Hokusai.

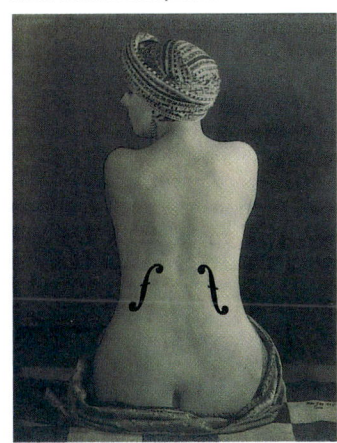

MAN RAY. Violon d'Ingres, 1924. (MNAM, Parigi.)

MANRESA, c. della Spagna (Catalogna); 63.742 ab. Cattedrale gotica del XIV-XVI sec.; museo.

MANRIQUE (Jorge), *Paredes de Nava 1440 - Garci-Múñoz 1479*, poeta spagnolo. La lirica *Stanze per la morte del padre* rappresenta una delle espressioni più alte della poesia spagnola.

MANS (Le), c. della Francia, capol. del dip. Sarthe; 150.605 ab. Università. Sede vescovile. Centro industriale (industrie automobilistiche, delle telecomunicazioni, casearie), commerciale e finanziario. Cattedrale romanico-gotica (corte del XIII sec.). Musei. Autodromo in cui si svolge la "24 Ore di L. M.".

MANSART (François), *Parigi 1598-1666*, architetto francese. Lavorò soprattutto a Parigi (tempio di S. Maria, 1632; castello di Maisons-Laffitte, 1642). — **Jules Hardouin**, detto **Hardouin-M.**, *Parigi 1646 - Marly 1708*, architetto francese, pronipote di François. Primo architetto di Luigi XIV, fu autore della Cappella del Dôme des Invalides, a Parigi (da un'idea di François M., 1676-1706), di Place Vendôme e Place des Victoires, di alcuni castelli e di altre opere ad Arles e a Digione.

Jules Hardouin **MANSART**. *La Cappella S. Luigi, del Dôme des Invalides, Parigi, 1676.*

MANSFIELD (Kathleen **Mansfield Beauchamp**, detta Katherine), *Wellington 1888 - Fontainebleau 1923*, scrittrice neozelandese. Autrice di racconti (*Il ricevimento in giardino*, 1922), lasciò anche un *Diario* (1927) e una raccolta di *Lettere* (1923).

MANSHOLT (Sicco Leendert), *Ulrum 1908 - Wapserveen 1995*, politico olandese. Vicepresidente (1967-1972) poi presidente (1972-1973) della commissione esecutiva della CEE, ha auspicato la modernizzazione dell'agricoltura in Europa.

MÀNSI o **VÒGULI**, popolazione ugro-finnica della Russia (Siberia occ.; ca. 8500 individui). I m. vengono spesso associati ai chanty sotto la denominazione di "ugrici dell'Ob".

MANSTEIN (Erich **von Lewinski**, detto Erich **von**), *Berlino 1887 - Irschenhausen, Baviera, 1973*, maresciallo tedesco. Capo di Stato maggiore del corpo d'armata comandato da K.G. von Rundstedt (1939), fu il responsabile delle operazioni offensive contro la Francia nel 1940. Dopo aver conquistato la Crimea (1942), comandò l'esercito sul fronte russo fino al 1944.

MANSUR (Abu Jafar **Al-**), *m. nel 775*, secondo califfo abbaside (754-775). Fondò Baghdad nel 762.

MANSUR (Muhammad Ibn Abi Amir, detto **Al-**), in sp. **Almanzor**, *Torrox, prov. di Malaga, 938 ca. - Medinaceli 1002*, politico e militare del califfato di Córdoba. Combatté con successo contro i regni cristiani della Spagna settentr.

MANSURA (Al-), c. dell'Egitto, sul Mediterraneo; 371.000 ab.

MANTA, c. dell'Ecuador, sul Pacifico; 125.505 ab.

MANTEGÀZZA (Cristòforo e Antònio), *XV sec.*, scultori lombardi. Fratelli, lavorarono insieme alla facciata della certosa di Pavia e, al suo interno, al *Compianto di Cristo*.

MANTEGÀZZA (Pàolo), *Monza 1831 - San Terenzo 1910*, medico e antropologo. Rese note in Italia le teorie di C. Darwin e fondò, a Firenze, la prima cattedra italiana di antropologia.

MANTÉGNA (Andrèa), *Isola di Carturo 1431 - Mantova 1506*, pittore e incisore. Tra i maggiori pittori del XV sec., contribuì alla diffusione degli ideali rinascimentali nell'Italia settentr. Formatosi presso F. Squarcione a Padova (*Orazione nell'orto*, 1455; **Polittico di S. Zeno*; *Storie di san Giacomo e san Cristoforo*, Cappella Ovetari della chiesa degli Eremitani, 1448-1457), nel 1460 si trasferì a Mantova, alla corte dei Gonzaga. Qui giunse a maturità il suo linguaggio pittorico, caratterizzato da grande plasticità dei volumi, arditi effetti prospettici e composizione rigorosa (affreschi della **Camera degli Sposi*). Tra i quadri del periodo mantovano: **San Sebastiano*; *Parnaso* (1497); *Trionfo della Virtù* (1502); **Compianto sul Cristo morto*.

Andrea **MANTEGNA**. *Compianto sul Cristo morto (1506 ca.); celebre esempio di visione scorciata. (Brera, Milano).*

MANTEUFFEL (Edwin, barône **von**), *Dresda 1809 - Karlsbad 1885*, maresciallo prussiano. Fu governatore dell'Alsazia-Lorena dal 1879 al 1885.

MANTINÈA (battàglia di) (362 a.C.), vittoria dei tebani guidati da Epaminonda sugli spartani a M. (Arcadia). Epaminonda vi trovò la morte.

MÀNTOVA, c. della Lombardia, capol. di prov.; 48.288 ab. (*mantovani*). Agricoltura, allevamento bovino; industrie alimentari, meccaniche, petrolchimiche e chimiche. — Fondata dagli etruschi nel VI sec. a.C., fu colonia romana (*Mantua*). Nel 1126 divenne comune, poi signoria sotto i Bonacolsi (1272), che successivamente furono scacciati (1328) dai Gonzaga, sotto il controllo dei quali la città rimase fino al 1708. Grazie a Gian Francesco Gonzaga M. divenne una delle corti più celebri del Rinascimento. Austriaca, poi francese (1797), e di nuovo austriaca (1815), fu una fortezza del Quadrilatero. — Notevole il patrimonio artistico: castello di S. Giorgio (XIV sec.); palazzo ducale (XIII-XVIII sec., con gli affreschi di A. Mantegna; Palazzo Te (XVI sec., su progetto di Giulio Romano); chiese di S. Sebastiano (1460) e di S. Andrea (1470), progettate da L.B. Alberti. — La provincia, interamente pianeggiante, è attraversata dal Po e dai suoi affluenti Mincio e Oglio. Agricoltura, allevamento, industrie legate all'attività agricola. Centri principali: Castiglione delle Stiviere, Suzzara, San Benedetto Po.

MANU, nella mitologia indiana, il primo uomo, progenitore della razza umana durante le cinque ere dell'universo. È considerato l'autore del primo codice giuridico indù (*Codice di Manu*).

MANÙCCI (Nicolào), *Venezia 1638 ca. - Madras 1710 ca.*, viaggiatore. Dopo aver visitato l'Asia Minore, si stabilì in India. Scrisse la *Storia do Mogor*, storia dell'impero turco da Tamerlano ad Aurangzeb.

MANUEL DEUTSCH (Niklaus), *Berna 1484-1530*, pittore, poeta e politico svizzero. Fu un artista di transizione, oscillante tra l'eredità gotica e l'ammirazione per i modelli italiani (*Il giudizio di Paride*, 1520 ca., Basilea).

MANUÈLE I COMNÈNO, *1118 ca. - 1180*, imperatore bizantino (1143-1180). Dopo aver combattuto contro i normanni di Sicilia, sottomise la Serbia (1172), ma si scontrò con i veneziani e fu sconfitto dai turchi (1176).

MANUÈLE II PALEÒLOGO, *1348-1425*, imperatore bizantino (1391-1425). Lottò invano contro il sultano ottomano, del quale dovette riconoscere la sovranità (1424).

MANÙZIO, famiglia di stampatori, conosciuti anche con il nome di Aldi. — **Aldo M.** (Tebaldo **Manuzio**, detto), detto **il Vecchio**, *Bassiano ca. 1449 - Venezia 1515*. Fondò una stamperia a Venezia in cui realizzò le famosissime prime edizioni di classici greci e latini. Inventò il carattere detto italico (1500) e il formato in ottavo. — **Aldo M.**, detto **il Giovane**, *Venezia 1547 - Roma 1597*. Nipote di Aldo il Vecchio, diresse la Stamperia vaticana.

MANYČ, f. della Russia, a N del Caucaso. Ha un flusso intermittente verso il Mar d'Azov (attraverso il Don) e verso il Mar Caspio (attraverso il Kura).

MANYOSHU, la più antica antologia di poesia giapponese (760 ?). Raccoglie principalmente i poemi scritti tra il VII e l'VIII sec.

MANZANARES, in it. **Manzanàrre**, f. della Spagna, subaffl. del Tago; 85 km. Attraversa Madrid.

MANZÉTTI (Innocènzo), *Aosta 1826-1877*, inventore. A metà del XIX sec. mise a punto un apparecchio per comunicare vocalmente a distanza, precedendo A. Meucci e A.G. Bell, ma la sua invenzione non ebbe fortuna.

MANZÌNI (Giànna), *Pistoia 1896 - Roma 1974*, scrittrice. Tra le opere, *Boscovivo* (1932), *Animali sacri e profani* (1953), *La sparviera* (1956), *Ritratto in piedi* (1971).

MANZÌNI (Vincènzo), *Udine 1872 - Venezia 1957*, giurista. Scrisse il *Trattato di diritto penale italiano* (1948-1952), sul codice penale del 1930.

MANZÓNI (Alessàndro), *Milano 1785-1873*, scrittore. Figlio di Giulia Beccaria e di Pietro Manzoni, alla separazione dei genitori (1792) si trasferì con la madre a Parigi, dove frequentò gli ambienti degli ideologi francesi e si schierò su posizioni anticlericali. Nel 1806 pubblicò il carme *In morte di Carlo Imbonati*, dedicato al compagno della madre; nel 1810, dopo avere sposato Enrichetta Blondel, si avvicinò al cattolicesimo fino alla definitiva conversione. Testimonianza della svolta religiosa fu la composizione degli *Inni Sacri* (1812-1822), cui fecero seguito le poesie civili (*Marzo 1821*, *Il cinque maggio*, 1821) e le tragedie (*Il conte di Carmagnola*, 1820; *Adelchi*, 1822), che lo avvicinarono al romanticismo europeo. A partire dal 1821 si dedicò alla stesura del suo capolavoro, *Fermo e Lucia*, diventato, nel corso degli anni, grazie a continui rimaneggiamenti e operazioni "editoriali", *I *promessi sposi*, il primo romanzo storico italiano.

MANZÓNI (Giàcomo), *Milano 1932*, compositore e critico musicale. Tra le sue composizioni, *Insiemi* (1967), *Ombre* (1968), *Il deserto cresce* (1993).

MANTOVA. *La chiesa di S. Andrea, progettata da L.B. Alberti (1470).*

Autore di saggi, tra cui *Guida all'ascolto della musica sinfonica* (1967), ha curato la traduzione italiana di quasi tutta l'opera di T.W. Adorno.

MANZÓNI (Pièro), *Soncino 1933 - Milano 1963*, artista. Precursore dell'arte povera e concettuale, realizzò note provocazioni incentrate sulla figura dell'artista in quanto portatore di arte: *Corpi d'aria* (1959-1960), palloncini gonfiati da lui; *Merda d'artista* (1961), lattine firmate piene di escrementi.

MANZÒTTI (Luigi), *Milano 1835-1905*, mimo e coreografo. Realizzò coreografie corali di grande impatto scenico, innovando profondamente l'arte della danza: *Excelsior* (1881), *Amor* (1886), *Sport* (1897).

MANZÙ (Giàcomo **Manzóni**, detto Giàcomo), *Bergamo 1908 - Ardea 1991*, scultore e pittore. Interpretò, attraverso i soggetti classici dell'iconografia religiosa, il moderno orrore della guerra. Tra i suoi lavori, *Porta della morte* (S. Pietro in Vaticano), *Porta dell'amore* (cattedrale di Salisburgo), *Inno alla vita* (New York).

MAO DUN, *Wu, Zhejiang, 1896 - Pechino 1981*, scrittore e politico cinese. Autore di romanzi, tra i fondatori della Lega degli scrittori di sinistra (1930), fu ministro della cultura dal 1949 al 1965.

MAOMÉTTO, in ar. **Muhammad**, *La Mecca 570-571 ca. o 580 - Medina 632*, fondatore dell'islam. Figlio di carovanieri, marito della ricca vedova Khadigia, al termine di una profonda crisi religiosa si fece profeta di un rinnovamento spirituale e sociale. Secondo la tradizione musulmana, nel 610 ca. ebbe la visione dell'arcangelo Gabriele che lo investì di una missione divina e gli rivelò il Verbo divino. M. allora si diede a predicare la fede in un unico Dio (Allah), la rinuncia a una vita egoista e facile e l'imminenza del terribile giorno del Giudizio. Il suo messaggio (raccolto nel Corano) fece adepti ma scatenò anche l'ostilità delle autorità religiose della Mecca, che costrinsero M. e i suoi fedeli a emigrare a Medina (622). Tale esodo, noto come "egira", segna l'inizio dell'era musulmana. In dieci anni, M. organizzò uno Stato e una società in cui la legge islamica si sostituì agli antichi costumi dell'Arabia. Il concetto di guerra santa (*gihad*), che impone di combattere chi non intende convertirsi alla vera fede, costituirà la base dell'espansione futura dell'islam. La Mecca, dopo duri scontri (624, 625, 627), si arrese nel 630. Alla morte di M., l'Arabia era ormai completamente islamizzata.

MAOMÉTTO II, detto **Fatih** ("il Conquistatore"), *Adrianopoli 1432 presso Scutari 1481*, sultano ottomano (1444-1446 e 1451-1481). Conquistò Costantinopoli (1453), che dichiarò capitale dell'impero, la Serbia (1459), Trebisonda (1461), la Bosnia (1463) e la Crimea (1475).

■ *Maometto II ritratto da Gentile Bellini. (National Gallery, Londra.)*

Alessandro **MANZONI**
ritratto da F. Hayez, 1841.

— **Maometto IV**, *Istanbul 1642 - Adrianopoli 1693*, sultano ottomano (1648-1687). Sotto l'influenza del gran visir M. Köprülü, tolse Creta ai veneziani e pose d'assedio Vienna. — **Maometto V**, *Istanbul 1844-1918*, sultano ottomano (1909-1918). La sua politica fu influenzata dal movimento dei Giovani turchi. — **Maometto VI**, *Istanbul 1861 - Sanremo 1926*, ultimo sultano ottomano (1918-1922). Fu costretto all'esilio da M. Kemal.

MAORI, popolazione indigena della Nuova Zelanda, di stirpe polinesiana (ca. 430.000 individui). Giunti nell'VIII sec. attraverso ondate successive, i m. resistettero alla colonizzazione britannica ma, nonostante i tentativi di stabilire relazioni amichevoli (trattato di Waitangi, 1840), subirono la confisca delle terre e furono sottomessi e decimati dai bianchi. In anni recenti si è registrato un forte incremento demografico (con un'alta percentuale di meticci) e il processo di integrazione nella popolazione neozelandese è andato progressivamente accelerandosi.

MAO ZEDONG o **MAO TSE-TUNG**, *Shao-shan, Hunan, 1893 - Pechino 1976*, politico cinese. Nato da una famiglia di contadini agiati, lavorò come bibliotecario all'Università di Pechino, dove entrò in contatto con il marxismo, e fu tra i fondatori del Partito comunista cinese (1921). Intuendone il potenziale rivoluzionario, organizzò i contadini in bande armate (Armata rossa) e scatenò un'insurrezione nell'Hunan (1927), il cui fallimento provocò l'estromissione di M. dalla dirigenza del partito. Per sfuggire alla repressione del Guomindang, M. guidò le truppe contadine nello Jiangxi, dove fondò la Repubblica sovietica cinese (1931), ma fu costretto alla ritirata (la Lunga marcia, 1934-1935) dal leader del Partito nazionalista Jiang Jieshi (Chiang Kai-shek). Reintegrato nell'ufficio direttivo del partito nel 1935, e riaffermata definitivamente la propria autorità, nel 1937 costituì un fronte comune con i nazionalisti per resistere all'invasione giapponese. In questo periodo, a Yan'an, pubblicò numerosi saggi nei quali definì i capisaldi del suo pensiero politico, che applicava le teorie marxiste alla realtà cinese (*Problemi strategici della guerra rivoluzionaria in Cina*, 1936; *Sulla contraddizione*, *Sulla pratica*, 1937; *La nuova democrazia*, 1940). Dopo tre anni di guerra civile (1946-1949), costrinse Jiang Jieshi a ritirarsi a Formosa e proclamò a Pechino la Repubblica popolare cinese (1° ott. 1949). Capo del governo, poi presidente della repubblica (1954-1959) e segretario del partito, nel 1958 promosse il "grande balzo in avanti", che avrebbe dovuto favorire un'apertura liberale del paese, accelerandone l'indipendenza economica e l'autonomia dai modelli stranieri. In seguito al fallimento di questa iniziativa, proclamò la "rivoluzione culturale" (1966-1976), il cui programma teorico è contenuto nel celebre *Libretto rosso*. Nonostante il duro prezzo pagato dalla Cina per alcune scelte politiche, il prestigio di M. e l'influenza della moglie, Jiang Qing, furono messi pubblicamente in discussione solo dopo la morte di M.

■ *Mao Zedong.*

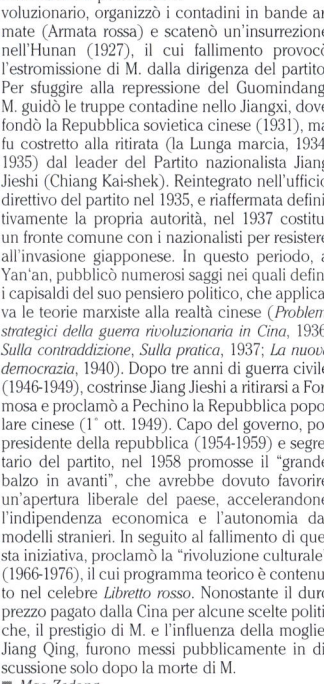

MAPPLETHORPE (Robert), *New York 1946 - Boston 1989*, fotografo statunitense. Vicino agli ambienti della pop art, realizzò opere di grande potenza estetica (soprattutto nudi maschili).

MAPUCHE, popolazione amerindia stanziata nel Cile (ca. 400.000 individui). Dopo aver opposto strenua resistenza agli incas, dal XVI sec. i m. combatterono contro gli spagnoli; sottomissione e integrazione si realizzarono solo nel XIX sec. Dediti all'agricoltura e all'allevamento, emigrarono in gran numero nelle città. Parlano il mapuche, appartenente alla famiglia linguistica araucana, di cui rappresentano il gruppo più importante. I m. hanno assorbito i superstiti degli altri gruppi araucani, formando una cospicua minoranza etnica.

MAPUTO, già **Lourenço Marques**, cap. del Mozambico, sull'Oceano Indiano; 966.837 ab. Porto.

MAR (Serra do), catena montuosa brasiliana, all'estremità merid. dell'Altopiano del Brasile.

MARACAIBO, c. del Venezuela, sullo stretto braccio di mare che collega il Lago di M. con il Mar delle Antille; 1.249.670 ab. (1.901.000 ab. nell'agglomerato). Centro di estrazione del petrolio.

MARACANÁ, nome del più capiente stadio del mondo, situato a Rio de Janeiro.

MARACAY, c. del Venezuela, a O di Caracas; 354.196 ab.

MARADI, c. della Nigeria merid.; 110.005 ab.

MARADONA (Diego Armando), *Buenos Aires 1960*, calciatore argentino. È stato il protagonista dei mondiali del 1986, in cui ha portato al trionfo la nazionale argentina. Dal 1984 al 1991 ha giocato in Italia, con la maglia del Napoli, conquistando 2 scudetti e 1 Coppa UEFA e divenendo un simbolo sociale oltreché un idolo calcistico.

MARAGHEH, c. dell'Iran, presso il Lago di Urmia; 132.318 ab. Frutteti.

MARAI (Sandor **Grosschmid**, detto Sandor), *Kassa 1900 - San Diego 1989*, scrittore e poeta ungherese. Tra le opere, *Voce umana* (1921), *Il libro delle lagnanze* (1922), *I ribelli* (1930), *Divorzio a Buda* (1935), *L'eredità di Eszter* (1939), *Le braci* (1942).

MARAÌNI (Dàcia), *Firenze 1936*, scrittrice. Figlia di Fosco, ha scritto, tra l'altro, *L'età del malessere* (1963), *Memorie di una ladra* (1972), *Lettera a Marina* (1981), *La lunga vita di Marianna Ucrìa* (1990), *Voci* (1994), *Un clandestino a bordo* (1996), *Dolce per sé* (1997), *Buio* (1999, premio Strega), *La nave per Kobe* (2001).

MARAÌNI (Fósco), *Firenze 1912*, etnologo e scrittore. Padre di Dacia, ha svolto per anni ricerche in Oriente, in part. in Giappone. Tra le opere, *Segreto Tibet* (1951), *Ore giapponesi* (1957), *L'àgape celeste* (1996), *Case, amori, universi* (1999).

MARAIS (Jean **Villain-Marais**, detto Jean), *Cherbourg 1913 - Cannes 1998*, attore teatrale e cinematografico francese. Lanciato come attore di teatro da J. Cocteau, con *L'immortale leggenda* (1943) divenne una delle star più popolari della cinematografia francese (*La bella e la bestia*, 1946; *La spada degli Orléans*, 1959; *La favolosa storia di Pelle d'Asino*, 1970).

MARAJÓ, isola del Brasile, sulla foce del Rio delle Amazzoni; 40.000 km². Fu il luogo di origine di una tra le più antiche culture del Brasile (tumuli, ceramiche).

MARAMUREȘ, massiccio dei Carpazi, in Romania; 2305 m.

MARANÈLLO, com. in prov. di Modena; 15.613 ab. Sede dell'azienda automobilistica Ferrari.

MARANHÃO, Stato del Brasile nord-orient.; 5.642.960 ab.; cap. *São Luís do Maranhão*.

MARAÑON, f. del Perú; 1800 km. È uno dei rami principali del Rio delle Amazzoni.

MARAÑÓN Y POSADILLO (Gregorio), *Madrid 1887-1960*, medico e scrittore spagnolo. Fu uno dei padri dell'endocrinologia.

MARAT (Jean-Paul), *Boudry 1743 - Parigi 1793*, politico francese. Medico, fondatore del giornale *L'Ami du peuple*, fu il principale portavoce della causa popolare. Dopo due esili e la soppressione del giornale, rientrò in Francia nel 1792. Deputato alla Convenzione parigina, votò la condanna a morte di Luigi XVI per poi entrare in dissidio con i girondini, di cui decretò lo scioglimento (1793). Fu assassinato nella vasca da bagno da Charlotte Corday (la sua morte ispirò un famoso quadro di J.-L. David).

■ *Marat ritratto da J. Boze. (Musée Carnavalet, Parigi.)*

MARATÈA, com. in prov. di Potenza; 5287 ab. Centro balneare.

MARATÓNA (battaglia di) (490 a.C.), battaglia della prima guerra persiana. Vittoria del generale ateniese Milziade sui persiani, presso M., a 40 km da Atene. Un messo, mandato ad Atene per annunciare la vittoria, sarebbe morto stremato al suo arrivo. All'episodio si ispira la gara della "maratona", la cui lunghezza è pari a 42,195 km.

MARÀTTA (Càrlo), *Camerano 1625 - Roma 1713*, pittore. Realizzò opere improntate a un meditato classicismo, tra cui il ciclo *Trionfo della Clemenza* (1670-1676, Palazzo Altieri, Roma).

MARÀTTI o **MARATHA**, popolazione dell'India occ. (Maharashtra). I m. presero il nome da una confederazione di regni indù uniti contro il potere moghul; nel corso del XVIII sec. formarono un vasto impero, prima di essere sconfitti dai britannici al termine di tre guerre (1779-1818). Parlano il marathi, lingua indoeuropea.

MARAZZÒLI (Màrco), *Parma 1602 ca. - Roma 1662*, compositore, cantore e arpista. Lavorò alla corte di Cristina di Svezia e fu tra i principali esponenti dell'opera romana (*Dal male al bene*, 1653, con A.M. Abbatini).

MARBELLA, c. della Spagna (Andalusia), sulla Costa del Sol; 105.910 ab. Famosa stazione balneare.

MARBÙRGO, in ted. **Marburg**, c. della Germania (Assia), sul f. Lahn; 77.541 ab. Università. Chiesa di S. Elisabetta, del XIII sec., prototipo della cattedrale gotica a tre navate; castello del XIII-XVI sec. Musei.

MARBÙRGO (scuòla di), movimento filosofico di indirizzo neokantiano (1875-1933 ca.), i cui principali rappresentanti furono H. Cohen, P. Natorp ed E. Cassirer.

MARC (Franz), *Monaco 1880 - Verdun 1916*, pittore tedesco, uno dei fondatori del gruppo Der *Blaue Reiter*.

MARCABRÙNO, *XII sec.*, trovatore. Considerato l'iniziatore del *trobar clus*, della sua opera restano circa 40 componimenti a carattere satirico.

MARCEAU (Louis **Carette**, detto **Félicien**), *Kortenberg, presso Bruxelles, 1913*, scrittore e autore di teatro francese di origine belga. Stabilitosi in Francia nel 1944, ha scritto numerosi romanzi (*Creezy*, 1969; *Un uccello in cielo*, 1989), commedie (*L'uovo*, 1956; *La pappa reale*, 1959) e saggi.

MARCEAU (Marcel **Mangel**, detto Marcel), *Strasburgo 1923*, mimo francese. Divenuto famoso per aver ideato il personaggio di Bip, un clown simile a Pierrot, nei suoi spettacoli ha interpretato con poetico umorismo scene di vita quotidiana. Nel 1958 ha fondato a Parigi una scuola di mimo.

MARCEL (Étienne), *1316 ca. - Parigi 1358*, politico francese. Rappresentante della borghesia agli Stati generali dal 1356 al 1357, obbligò il futuro Carlo V ad accettare la "grande ordinanza", che limitava fortemente il potere del sovrano. Alleatosi con Carlo II di Navarra, fu assassinato da un sostenitore del delfino.

MARCEL (Gabriel-Honoré), *Parigi 1889-1973*, filosofo e scrittore francese. Convertitosi al cattolicesimo (1929), divenne uno dei principali rappresentanti dell'esistenzialismo cristiano (*Essere e avere*, 1935; *Il mistero dell'essere*, 1951).

MARCELLÌNO (sànto), *m. a Roma nel 304*, papa dal 296 al 304. Martire sotto Diocleziano.

MARCÈLLO I (sànto), *m. a Roma nel 309*, papa dal 308 al 309. — **Marcello II** (Marcello **Cervini**), *Montepulciano 1501 - Roma 1555*, papa per pochi giorni nel 1555.

MARCÈLLO (Alessàndro), *Venezia 1684 - 1750 ca.*, compositore e violinista. Fratello di Benedetto, fu membro dell'Arcadia. Scrisse sonate per violino, concerti per oboe (*La cetra*) e un *Concerto in re minore per oboe, archi e organo* trascritto da J.S. Bach e a lungo attribuito al fratello.

MARCÈLLO (Benedétto), *Venezia 1686 - Brescia 1739*, compositore. Scrisse sonate e concerti, ma la massima espressione della sua arte è *L'Estro poetico-armonico*, 50 salmi di Davide (su testi di G.A. Giustiniani) a una-quattro voci e basso continuo, in cui si trovano elaborati temi liturgici, bizantini, armeni ed ebraici. Fu inoltre autore di uno scritto satirico, *Il teatro alla moda*.

MARCÈLLO (Màrco Clàudio), *268-208 ca. a.C.*, console romano. Dimostrò le sue doti di condottiero durante la seconda guerra punica e conquistando Siracusa (212 a.C.), difesa da Archimede.

MARCHAIS (Georges), *La Hoguette 1920 - Parigi 1997*, politico francese. È stato segretario del Partito comunista francese dal 1972 al 1994.

MARCHAND (Jean-Baptiste), *Thoissey 1863 - Parigi 1934*, generale ed esploratore francese. Partito dal Congo nel 1896, raggiunse Fachoda, sul Nilo, che però fu costretto ad abbandonare po-

co dopo (7 nov. 1898), all'arrivo delle truppe britanniche comandate da H. Kitchener.

MÀRCHE, reg. dell'Italia centrale, che si affaccia a E sul Mar Adriatico. Confina a N con l'Emilia-Romagna, a SE con l'Abruzzo, a S con il Lazio, a O con l'Umbria e a NO con la Toscana; 9693 km^2; 1.463.868 ab. (*marchigiani*). Quattro prov.: Ancona (capol. di reg.), *Ascoli Piceno, Macerata, Pesaro e Urbino*. [*V. carta a pagina seguente.*]

ASPETTI FISICI – Il territorio della regione è in prevalenza collinare e montuoso; l'Appennino Umbro-Marchigiano digrada dolcemente verso le coste del Mar Adriatico, basse e sabbiose ad eccezione del promontorio del Conero). I fiumi principali (Tronto, Metauro, Chienti, Esino) scorrono quasi paralleli e sono caratterizzati da una portata ridotta. Le M. presentano un clima continentale nell'interno e marittimo lungo il litorale.

POPOLAZIONE – La densità media è di 151 ab. per km^2. La popolazione si concentra in prevalenza lungo la fascia costiera (Ancona, Pesaro, Fano, Falconara, Senigallia, San Benedetto del Tronto), mentre le zone montuose dell'interno tendono allo spopolamento. Il forte calo della natalità ha determinato un saldo naturale negativo (- 2‰).

ECONOMIA – Fino agli anni '60 del secolo scorso l'economia della regione si è basata principalmente sull'agricoltura, ma in seguito è stato avviato un importante processo di industrializzazione che, insieme al crescente flusso turistico, ha permesso alle M. di raggiungere un notevole sviluppo economico. Attualmente il settore primario contribuisce in misura sempre minore alla formazione del reddito complessivo (4,1%). Cereali, barbabietola da zucchero, frutta e ortaggi sono le coltivazioni più diffuse. Significativa la produzione ittica (10% del totale nazionale). L'attività industriale (32,7% del reddito) si basa in prevalenza sulla piccola impresa e su settori di lunga tradizione (carta, abbigliamento, calzature, mobili). Particolarmente sviluppate anche le industrie metalmeccaniche e chimi-

co-farmaceutiche. Il settore terziario (63% del reddito) è tuttora in crescita, grazie alle attività turistiche e commerciali legate ai centri costieri.

STORIA – Le origini. Nel territorio marchigiano sono stati rinvenuti significativi resti attribuibili all'Età del ferro, oltre a tracce di insediamenti celtici, etruschi e greci. **IV sec. a.C.**: l'area corrispondente alle odierne M. è abitata dai galli senoni e dai piceni; **I sec.**: viene romanizzata e suddivisa da Augusto nella V regione (Piceno) e nella IV (Umbria); **292 d.C.**: è riunificata da Diocleziano; **V sec.**: viene divisa in una zona d'influenza bizantina e in una soggetta prima ai goti poi ai longobardi (VI sec.).

Dal Medioevo al XVIII sec. 752: la regione, sottoposta al dominio dei franchi, viene ceduta allo Stato pontificio. **X sec.**: nel periodo ottoniano compare per la prima volta il nome "marca" (marca di Camerino, di Fermo e di Ancona). **1353-1357**: la regione è unificata dal cardinale Albornoz, inviato dal papa, e in seguito viene nuovamente frazionata in feudi e comuni; **1433-1444**: è posta sotto il controllo di Francesco Sforza; **XVI sec.**: cade sotto il dominio dei Borgia ma nel 1532 torna definitivamente in mano alla Chiesa, che la suddivide in legazioni e presìdi.

Verso l'unità d'Italia. 1798-1899: la regione, durante il periodo napoleonico, confluisce nella repubblica romana; **1808-1813**: viene annessa al regno italico; **1815**: dopo il Congresso di Vienna è nuovamente sottoposta al dominio dello Stato pontificio; **1860**: entra a far parte del regno di Sardegna, poi del regno d'Italia.

MARCHESÀTO, subregi. della Calabria, in prov. di Crotone, tra i f. Neto e Tacina, sullo Ionio.

MARCHÉSI (Concètto), *Catania 1878 - Roma 1957*, latinista e politico. Comunista, spronò i propri studenti alla rivolta contro il nazifascismo. Nel 1948 fu membro della Costituente. Tra le opere, *Storia della letteratura latina* (1925-1927).

MARCHÉSI (Gualtièro), *Milano 1930*, cuoco. Artista dell'alta cucina, attivo a livello internaziona-

Marche

importante località turistica

oltre 50.000 ab.
da 15.000 a 50.000 ab.
fino a 15.000 ab.

500 1000 1500 2000 m

autostrada
strada normale
ferrovia
aeroporto

le, dal 1996 ha creato una holding che porta il suo nome.

MARCHÉSI (Ìsole), in fr. **Îles Marquises**, arcipelago della Polinesia francese; 1274 km²; 4624 ab. Scavi archeologici hanno riportato alla luce piattaforme per uso religioso, disseminate di sculture monumentali.

MARCHÉTTI (Filippo), *Bolognola 1831 - Roma 1902*, compositore. Operista e direttore del Liceo musicale dell'Accademia di S. Cecilia, fu fortemente influenzato dalla tradizione ottocentesca, in part. da G. Verdi. Tra le opere, *Ruy Blas* (1869).

MARCHIÒNNI (Càrlo), *Ancona 1702 - Roma 1786*, architetto e scultore. Operò in part. a Roma, dove realizzò opere con uno stile affine all'ultimo barocco: Villa Albani (1746-1763), sacrestia di S. Pietro in Vaticano (1776-1784).

MARCIÀNA (Bibliotèca), biblioteca nazionale di Venezia. Inizialmente costituita dalla donazione del cardinale G. Bessarione (1468), prese il nome dalla basilica di S. Marco, dove fu collocata. Nel 1904 fu trasferita nel Palazzo della Zecca, costruito da I. Sansovino (1537-1547). Oggi conta circa un milione di volumi.

MARCIÀNO, *390 ca. - Costantinopoli 457*, imperatore romano d'Oriente. Successore nel 450 del cognato Teodosio II, convocò il concilio di Calcedonia, in cui confermò l'autorità del papa Leone I. Combatté contro gli unni di Attila.

MARCIANO (Rocco Francis **Marchegiano**, detto Rocky), *Brockton, Massachusetts, 1923 - presso Des Moines 1969*, pugile statunitense. Campione del mondo dei pesi massimi (dal 1952 al 1956), si ritirò imbattuto dopo 49 incontri.

MÀRCIA SU RÓMA (28 ott. 1922), la marcia delle "camicie nere" di B. Mussolini verso Roma. Costrinse il re Vittorio Emanuele III a riconoscere Mussolini come capo del governo.

MARCINELLE, frazione del com. di Charleroi (Belgio). Sciagura mineraria nel 1956.

MARCIÓNE, *Sinope 85 ca. - 160 ca.*, eretico cristiano. Giunto a Roma verso il 140, con la sua predicazione si attirò la scomunica nel 144. La sua dottrina d'ispirazione gnostica, combattuta da Tertulliano, lasciò tracce in Siria fino al V sec.

MÀRCO (sànto), *I sec.*, uno dei quattro evangelisti. Compagno di Paolo, di Barnaba, poi di Pietro, per la tradizione è l'autore del secondo Vangelo e il fondatore della Chiesa di Alessandria. Le sue reliquie furono trasportate a Venezia, città di cui nel IX sec. divenne il patrono. È rappresentato accompagnato da un leone alato.

MÀRCO (sànto), *m. nel 336*, papa per un breve periodo nel 336.

MÀRCO AURÈLIO ANTONÌNO, *Roma 121 - Vindobona 180*, imperatore romano (161-180). Adottato da Antonino Pio, gli succedette. Il suo regno, durante il quale rafforzò la centralizzazione amministrativa, fu contrassegnato dalle campagne militari contro i parti (161-166) e i germani, che avevano superato il Danubio e minacciavano l'Italia (168-175 e 178-180). Nel 177 condivise il potere con il figlio Commodo. Lasciò *I ricordi* (o *Colloquio con se stesso*), in greco, dove manifestò la sua adesione allo stoicismo. La sua statua equestre (att. ai Musei Capitolini), in bronzo, fu restaurata da Michelangelo e rappresentò il prototipo per tutte le statue equestri del Rinascimento.

MARCOLÒNGO (Robèrto), *Roma 1862-1943*, matematico. Insieme a C. Burali-Forti analizzò il calcolo vettoriale, codificandone la cosiddetta "notazione italiana". Studioso delle trasformazioni di Lorentz, si interessò anche di teoria della relatività, introducendovi il concetto di calcolo differenziale assoluto senza coordinate.

MARCOMÀNNI, ant. popolazione germanica affine a quella dei suebi. Stanziati originariamente in Boemia, i m. invasero l'impero romano sotto Marco Aurelio.

MARCÓNI (Guglièlmo), *Bologna 1874 - Roma 1937*, scienziato e inventore. Nella villa paterna di Pontecchio compì i primi esperimenti sull'uso delle onde elettromagnetiche per l'invio di segnali a distanza (nel 1895 riuscì a trasmettere segnali a 2,4 km). Trasferitosi in Inghilterra, brevettò (1896) e perfezionò il suo sistema (aumento della portata e invenzione del "sistema sintonico") riuscendo, nel 1901, a realizzare la

Guglielmo **MARCONI**.

prima comunicazione radio tra Europa e America, da Poldhu (Cornovaglia) all'Isola di Terranova. In seguito, grazie alla Marconi Wireless Telegraph Company, poté sfruttare la sua invenzione a fini commerciali e portare a termine ulteriori esperimenti, dedicandosi soprattutto allo studio delle onde corte. (Premio Nobel 1909.)

MÀRCO PÒLO → POLO (Marco).

MARCOS (Ferdinando), *Sarrat 1917 - Honolulu 1989*, politico filippino. Presidente della repubblica (1965-1986), instaurò un regime autocratico e dovette fronteggiare la guerriglia comunista e musulmana. Dopo le elezioni del 1986 fu costretto all'esilio.

MARCUS (Rudolf Arthur), *Montreal 1923*, chimico statunitense di origine canadese. I suoi lavori, condotti tra il 1956 e il 1965, hanno permesso di far chiarezza sui meccanismi di trasferimento di elettroni tra le molecole. (Premio Nobel 1992.)

MARCUSE (Herbert), *Berlino 1898 - Starnberg, presso Monaco, 1979*, filosofo tedesco naturalizzato statunitense, membro della scuola di Francoforte. Mescolando marxismo e psicoanalisi, sviluppò una critica radicale della civiltà industriale (*Eros e civiltà*, 1955; *L'uomo a una dimensione*, 1964).

MARDAN, c. del Pakistan; 148.000 ab.

MAR DEL PLATA, c. dell'Argentina, sull'Oceano Atlantico; 519.800 ab. Porto.

MARDOCHÈO, personaggio del libro biblico di Ester.

MARDÒNIO, *m. nel 479 a.C.*, generale persiano. Fu sconfitto e ucciso a Platea dai greci.

MARDUK, la più importante divinità del pantheon babilonese.

MARÉ (Rolf **de**), *Stoccolma 1888 - Kiambu, Kenya, 1964*, mecenate svedese, cofondatore dei Balletti svedesi (1920) e degli Archivi internazionali della danza (1931).

MARÉCCHIA, f. della Romagna e della Toscana; 70 km. Nasce dall'Alpe della Luna e sfocia nel Mar Adriatico nei pressi di Rimini.

MARÈLLI (Èrcole), *Milano 1867 - Azzano 1922*, industriale. Nel 1891 fondò a Milano un'industria elettromeccanica, dalla quale, nel 1919, nacque la *Magneti Marelli*, oggi una delle maggiori aziende italiane di apparecchi elettrici.

MARÉMMA, reg. costiera che si estende sulla costa tirrenica dalla Versilia all'Agro Pontino. Il territorio, un tempo paludoso e malarico, oggi ha acquistato valore economico per lo sfruttamento agricolo e minerario. Turismo balneare e agriturismo.

MARÈNCO (Romuàldo), *Novi Ligure 1841 - Milano 1907*, compositore e direttore d'orchestra. Insieme al coreografo L. Manzotti mise in scena alla Scala di Milano una serie di balletti, tra i quali *Sieba* (1878), *Excelsior* (1881), *Amor* (1886), *Sport* (1897).

MARÉNGO (battàglia di) (14 giu. 1800), battaglia della seconda campagna napoleonica in Italia. Vittoria di Bonaparte a M., presso Alessandria, che costrinse l'esercito austriaco a ritirarsi dal Piemonte e dalla Lombardia.

MARÈNZIO (Lùca), *Coccaglio 1553 - Roma 1599*, compositore. Il suo nome è legato alla produzione di madrigali (ca. 400), dei quali M. è considerato uno dei maggiori compositori. Scrisse anche oltre 100 villanelle e una settantina di mottetti.

MAREOTIS (làgo) → MARYUT.

MARESCÒTTI (Francésco), *Pesaro 1908 - San Gregorio di Catania 1991*, ingegnere. Insieme a Irenio Diotallevi (m. a Milano nel 1954), con il quale lavorò alla redazione di *Casabella* (1937-1943), formulò diversi progetti riguardanti l'edilizia popolare. È considerato uno dei maggiori esponenti del funzionalismo.

MARÉTTIMO, isola del Mar Mediterraneo, del gruppo delle Egadi; 12,3 km². Posta a 30 km ca. dalle coste della Sicilia, è montuosa (Monte Falcone, 686 m). Fa parte del com. di Favignana.

MAREY (Étienne Jules), *Beaune 1830 - Parigi 1904*, fisiologo e inventore francese. Perfezionò gli apparecchi per la registrazione grafica dei fenomeni fisiologici e creò, nel 1882, la cronofotografia, da cui deriva il cinema. [*V. foto a pagina seguente.*]

MARGARITA, isola di fronte alla costa del Venezuela; 1072 km². Turismo.

MARGATE, c. della Gran Bretagna (Inghilterra, Kent); 49.000 ab. Località balneare.

MARGHÈRA, frazione del com. di Venezia, in prossimità della Laguna, 27.000 ab. Creata nel 1919, ha un importante porto commerciale e in-

Campi coltivati in **MAREMMA**.

Étienne Jules **MAREY**. *Studio dei passi di corsa (estratto): cronofotografia realizzata alla scuola di Joinville.*

dustriale e numerosi impianti meccanici, siderurgici, chimici.

MARGHERÌTA (sànta), *Antiochia III sec.*, vergine e martire. Fu fatta decapitare per aver confessato la sua fede pur di sottrarsi al matrimonio con il prefetto Olibrio. Patrona delle gestanti.

MARGHERÌTA (la), partito politico. Sorto come cartello elettorale nel 2000 con l'obiettivo di unire le forze moderate dell'alleanza di centro-sinistra dell'Ulivo, nel 2002 è diventato un partito, con segretario F. Rutelli.

MARGHERÌTA, nome di più sovrane

DANIMARCA, NORVEGIA, SVEZIA

MARGHERÌTA I VALDEMARSDOTTER, *Søborg 1353 - Flensburg 1412*, regina di Danimarca, Norvegia e Svezia. Figlia di Valdemaro IV, re di Danimarca, sposò (1363) il sovrano di Norvegia Haakon VI e regnò alla morte del figlio Olaf (1387). A Kalmar impose la riunificazione di Danimarca, Norvegia e Svezia (1397) sotto la sovranità di Erik di Pomerania. **— Margherita II**, *Copenaghen 1940*, regina di Danimarca. Figlia di Federico IX, gli è succeduta nel 1972.

FRANCIA

MARGHERÌTA DI PROVÈNZA, *1221 - Saint-Marcel, presso Parigi, 1295*, regina di Francia. Sposò Luigi IX (1234), cui diede undici figli. Assunse un ruolo politico durante il regno del figlio Filippo III.

INGHILTERRA

MARGHERÌTA D'ANGIÒ, *Pont-à-Mousson 1430 - castello di Dampierre 1482*, regina d'Inghilterra. Figlia di Renato I il Buono, nel 1445 sposò Enrico VI. Sostenne la casata dei Lancaster durante la guerra delle Due Rose.

NAVARRA

MARGHERÌTA D'ANGOULÊME, *Angoulême 1492 - Odos 1549*, regina di Navarra. Figlia di Carlo d'Orléans, duca d'Angoulême, e Luisa di Savoia; sorella maggiore di Francesco I. Vedova di Carlo IV, duca d'Alençon (m. nel 1525), nel 1527 sposò Enrico d'Albret, re di Navarra. Favorevole alle riforme, rese la sua corte un brillante centro culturale e fu lei stessa autrice dell'*Eptameron* e di raccolte di poesie (*Le Margherite della Margherita delle principesse*).

MARGHERÌTA DI VALOIS, *Saint-Germain-en-Laye 1553 - Parigi 1615*, regina di Navarra, poi di Francia. Figlia di Enrico II, nel 1572 dovette sposare Enrico di Navarra (Enrico IV), da cui presto si separò (il matrimonio fu annullato nel 1599). Scrisse le *Mémoires* e alcune poesie. È detta anche "la regina Margot".

PARMA

MARGHERÌTA D'ASBÙRGO, *Audenarde 1522 - Ortona 1586*, duchessa di Parma. Figlia naturale di Carlo V, sposò il duca di Parma Ottavio Farnese e fu reggente dei Paesi Bassi dal 1559 al 1567.

SAVOIA

MARGHERÌTA D'ÀUSTRIA, *Bruxelles 1480 - Malines 1530*, duchessa di Savoia. Figlia dell'imperatore Massimiliano e di Maria di Borgogna, sposò Filiberto II, alla cui memoria fece erigere la chiesa di Brou. Reggente dei Paesi Bassi (1507-1515, 1519-1530), ebbe un importante ruolo diplomatico.

MARGHERÌTA DA CORTÓNA (sànta), *Laviano 1249 ca. - Cortona 1297*, terziaria francescana. Visse in penitenza (dal 1274) e fondò la congregazione delle Poverelle, occupandosi dell'assistenza ai malati. Fu canonizzata nel 1728.

MARGHERÌTA DI SAVÒIA, *Torino 1851 - Bordighera 1926*, regina d'Italia. Figlia di Ferdinando di Savoia, duca di Genova, e di Maria Elisabetta di Sassonia, nel 1868 sposò il cugino Umberto,

che salì al trono nel 1878. Conservatrice, appoggiò l'ascesa del fascismo.

MARGHERÌTA DI SAVÒIA, com. in prov. di Foggia, sul Golfo di Manfredonia; 12.849 ab. Saline di notevoli dimensioni. Agricoltura (uva, frutta). Turismo balneare.

MARGHERÌTA MARÌA ALACOQUE (sànta), *Verosvres 1647 - Paray-le-Monial 1690*, religiosa francese. Visitandina a Paray-le-Monial, ebbe una serie di visioni (1673-1675), in occasione delle quali ricevette da Cristo la missione di diffondere il culto del Sacro Cuore.

MÀRGNO, com. in prov. di Lecco; 376 ab. Centro di turismo estivo e invernale.

MARI, ant. c. della Mesopotamia, sul medio Eufrate (att. Tell Hariri, Siria). Tra le più importanti c. dell'Oriente verso la metà del III millennio, all'inizio del II millennio fu cap. dello Stato amorrita e in seguito venne distrutta da Hammurabi. Gli scavi, iniziati da A. Parrot nel 1933 e ripresi nel 1979, hanno confermato l'importanza di M. (palazzo, pianta urbana e porto).

MARI, popolazione ugro-finnica della Russia (Rep. dei Mari-El, Rep. dei Baschiri, Rep. dei Tatari; ca. 670.000 individui). Esclusi gli abitanti delle zone orient., musulmani, i m. si sono in gran parte convertiti alla religione ortodossa, che conciliano con le loro credenze tradizionali. Agricoltori e allevatori, parlano la lingua mari. Sono chiamati anche ceremissi.

MÀRI (Ènzo), *Novara 1932*, artista e designer. Esponente di spicco dell'arte programmata e cinetica di derivazione costruttivista, ha progettato giochi per bambini e oggetti (sedia *Tonietta*, 1985), ottenendo prestigiosi riconoscimenti all'estero.

MÀRI (Michèle), *Milano 1955*, scrittore. Tra le sue opere, *Di bestia in bestia* (1989), *Io venìa pien d'angoscia a rimirarti* (1990), *Euridice aveva un cane* (1993), *Tu, sanguinosa infanzia* (1997), *Rondini sul filo* (1999), *Tutto il ferro della torre Eiffel* (2002).

MARÌA, madre di Gesù, sposa di Giuseppe. Sin dalle origini del cristianesimo si diffuse la fede nel concepimento verginale di Gesù e via via che questa religione si affermava acquistò sempre maggiore importanza il ruolo della Vergine, proclamata "madre di Dio" dal concilio di Efeso (431). Durante il Medioevo il culto mariano si sviluppò e nel XVI sec., nonostante la Riforma protestante, andò formandosi una teologia della Vergine, la "mariologia". Il dogma dell'Immacolata concezione fu proclamato da Pio IX nel 1854, mentre quello dell'Assunzione fu definito nel 1950 da Pio XII.

MARÌA, nome di più sovrane

BORGOGNA

MARÌA DI BORGÒGNA, *Bruxelles 1457 - Bruges 1482*, duchessa di Borgogna (1477-1482). Unica figlia di Carlo il Temerario, sposò Massimiliano d'Austria (1477), permettendo così agli Asburgo di acquisire i Paesi Bassi e la Franca Contea.

FRANCIA

MARÌA DE' MÈDICI, *Firenze 1573 - Colonia 1642*, regina di Francia. Figlia del granduca di Toscana Francesco de' Medici, nel 1600 sposò il re di Francia Enrico IV. Alla morte di questi (1610) assunse la reggenza, conducendo una politica filo-cattolica e di avvicinamento alla Spagna (fu artefice del matrimonio tra Luigi XIII, suo figlio, e Anna d'Austria). Al potere fino all'assassinio di C. Concini (1617), in seguito entrò in contrasto con il figlio e poté ritornare a corte solo grazie a Richelieu, che riuscì a far nominare primo ministro (1624). Dopo aver cercato di farlo destituire, fu costretta all'esilio.

■ *Maria de' Medici ritratta da P.P. Rubens. (Prado, Madrid.)*

MARÌA LESZCZYŃSKA, *Breslavia 1703 - Versailles 1768*, regina di Francia. Figlia del re di Polonia Stanislao Leszczyński, nel 1725 sposò il re di Francia Luigi XV, a cui diede dieci figli.

INGHILTERRA, SCOZIA

MARÌA I STUART, detta **Marìa Stuàrda**, *Linlithgow 1542 - Fotheringay 1587*, regina di Scozia (1542-1567). Figlia di Giacomo V e regina all'età di sette giorni, nel 1558 sposò il futuro re di Francia Francesco II. Rimasta vedova (1560), tornò in Scozia, dove dovette far fronte alla Riforma protestante e alle trame della regina d'Inghilterra Elisabetta I. Già impopolare per l'autoritarismo dimostrato e per la sua fede cattolica, esacerbò il malcontento sposando lord Bothwell, assassino di lord Darnley, il suo secondo marito. Costretta ad abdicare da un'insurrezione (1567), si rifugiò in Inghilterra, dove prese parte a vari complotti contro Elisabetta, che la fece processare e condannare a morte.

■ *Maria I Stuart. (Museum of Art, Glasgow.)*

— Maria II Stuart, *Londra 1662-1694*, regina d'Inghilterra, d'Irlanda e di Scozia (1689-1694). Figlia di Giacomo II, salì al trono insieme al marito Guglielmo III di Nassau.

MARÌA I TUDOR, *Greenwich 1516 - Londra 1558*, regina d'Inghilterra e d'Irlanda (1553-1558). Figlia di Enrico VIII e di Caterina d'Aragona, fervente cattolica, per la sua feroce persecuzione dei protestanti fu soprannominata "Maria la Sanguinaria". Il suo matrimonio (1554) con Filippo II, re di Spagna, provocò un conflitto con la Francia dagli effetti disastrosi.

■ *Maria I Tudor ritratta da A. Moro. (Prado, Madrid.)*

PORTOGALLO

MARÌA I DI BRAGÀNZA, *Lisbona 1734 - Rio de Janeiro 1816*, regina del Portogallo (1777-1816). Figlia del re Giuseppe I e moglie dello zio Pietro III, priva di senno e dovette cedere il potere al figlio, il futuro Giovanni VI, reggente dal 1792. **— Maria II di Braganza**, *Rio de Janeiro 1819 - Lisbona 1853*, regina del Portogallo (1826-1853), figlia di Pietro I, imperatore del Brasile.

MARÌA ADELÀIDE D'ASBÙRGO-LORÈNA, *Milano 1822 - Torino 1855*, regina di Sardegna. Figlia dell'arciduca Ranieri, sposò nel 1842 il cugino Vittorio Emanuele di Savoia, che salì al trono nel 1849.

MARÌA AMÀLIA DI BORBÒNE, *Caserta 1782 - Claremont 1866*, regina di Francia. Figlia di Ferdinando I di Borbone, nel 1809 sposò Luigi Filippo, duca d'Orléans.

MARÌA ANTONIÉTTA, *Vienna 1755 - Parigi 1793*, regina di Francia. Figlia dell'imperatore Francesco I e di Maria Teresa, nel 1770 sposò il futuro Luigi XVI (re dal 1774). Resasi impopolare per alcuni scandali e per la sua opposizione alle riforme, spinse il marito a combattere le forze rivoluzionarie. Imprigionata nel 1792, fu processata e ghigliottinata (16 ott. 1793).

■ *Maria Antonietta ritratta da A.U. Wertmüller. (Reggia di Versailles.)*

MARÌA BARTOLOMÈA CAPITÀNIO (sànta), *Lovere 1807-1833*. Nel 1832 con C. Gerosa creò l'Istituto delle Suore di Carità di Maria Bambina, eretto a congregazione religiosa nel 1840 da papa Gregorio XVI. Fu canonizzata nel 1950.

MARÌA BEATRÌCE D'ÈSTE, *Modena 1658 - Saint-Germain-en-Laye 1718*, regina d'Inghilterra. Figlia di Alfonso IV di Modena, nel 1673 sposò il futuro Giacomo II. Costretta alla fuga in Francia dalla congiura ordita per deporre il re, convinse Luigi XIV a riconoscere il figlio Giacomo Edoardo come erede al trono inglese.

MARÌA CAROLÌNA, *Vienna 1752 - Hötzendorf, presso Vienna, 1814*, regina di Napoli. Figlia dell'imperatore Francesco I e di Maria Teresa d'Austria, sposò (1768) Ferdinando IV di Napoli (Ferdinando I di Borbone), assumendo di fatto il potere al posto del debole marito.

MARÌA CRISTÌNA D'ASBÙRGO-LORÈNA, *Gross-Seelowitz 1858 - Madrid 1929*, regina di Spagna. Sposò Alfonso XII e fu reggente dal 1885 al 1902.

MARÌA CRISTÌNA DI BORBÓNE, *Napoli 1806 - Sainte-Adresse 1878*, regina di Spagna. Figlia di Francesco I, re delle Due Sicilie, nel 1829 sposò Ferdinando VII. Reggente per la figlia Isabella II nel 1833, dovette far fronte alla guerra carlista (1833-1839).

MARÌA DI BETÀNIA, personaggio del Nuovo Testamento, sorella di Lazzaro e Marta. Nel Vangelo di Luca è rappresentata nell'atto di contemplare in silenzio Gesù, ungendone il capo e i piedi.

MARÌA DI CLÈOFA, personaggio del Nuovo Testamento. Sorella o cugina della Madonna, madre di Giacomo il Minore e Giuseppe, seguì Gesù durante la predicazione. Dopo la sua morte, accompagnò la salma al sepolcro e assistette alla resurrezione.

MARÌA DI FRÀNCIA, *1154-1189*, poetessa francese, autrice di favole e poemetti narrativi (*lais*).

MARÌA EGIZÌACA (santa), *Egitto 345 ca. - Palestina 422 ca.*, penitente cristiana. Meretrice, si convertì dopo una visione e passò il resto della sua vita in eremitaggio nel deserto.

MARÌA GONZÀGA-NEVERS, *Mantova 1609-1660*, duchessa di Mantova. Figlia di Francesco II e di Margherita di Savoia, nel 1627 sposò Carlo Gonzaga. Rimasta vedova, fu reggente per il figlio Carlo II e perseguì una politica filoimperiale.

MARÌA GORÉTTI (santa), *Corinaldo 1890 - Nettuno 1902*. Di famiglia umile, venne uccisa a pugnalate da un giovane pretendente da lei respinto. Fu canonizzata nel 1950.

MARÌA JOSÉ, *Ostenda 1906 - Ginevra 2001*, regina d'Italia. Figlia di Alberto I del Belgio e di Elisabetta di Baviera, nel 1930 sposò Umberto di Savoia. Dopo il brevissimo regno del marito (1946), scelse l'esilio in Svizzera in seguito al referendum istituzionale favorevole alla repubblica.

MARÌA LUÌSA D'ASBÙRGO-LORÈNA, *Vienna 1791 - Parma 1847*, imperatrice di Francia. Figlia dell'imperatore Francesco II, nel 1810 sposò Napoleone. Nel 1813 assunse la reggenza e nell'apr. 1814 lasciò Parigi con il figlio (nato nel 1811), il re di Roma. Duchessa di Parma dal 1815, sposò il conte austriaco A.A. di Neipperg e, alla sua morte, C.R. di Bombelles.

■ *Maria Luisa ritratta da F. Gérard. (Reggia di Versailles.)*

MARÌA LUÌSA DI BORBÓNE, *Parma 1754 - Roma 1819*, regina di Spagna. Figlia di Filippo di Borbone, nel 1765 sposò Carlo IV e regnò con lui dal 1788 al 1808. Dal 1792 ebbe un amore adulterino con M. Godoy, che nominò primo ministro e con il quale governò di fatto il paese.

MARÌA LUÌSA DI BORBÓNE, *Madrid 1782 - Roma 1824*, regina d'Etruria. Figlia di Carlo IV di Spagna, sposò nel 1795 Ludovico di Borbone-Parma, dal 1801 governatore della Toscana. Rimasta vedova, fu reggente per il figlio Carlo Ludovico e dal 1815 governò il ducato di Lucca, assegnatole dal Congresso di Vienna.

MARÌA MADDALÉNA (santa) o **MARÌA DI MÀGDALA**, una delle tre donne di nome Maria citate dai Vangeli, oltre alla madre di Cristo. Una tradizione att. smentita identificava M. M. con l'anonima peccatrice che, secondo il Vangelo di Luca, lavò i piedi di Gesù e glieli asciugò con i capelli durante la cena in casa di Simone il fariseo. Viene identificata con Maria di Betania.

MARÌA MADDALÉNA DE' PÀZZI (santa), *Firenze 1566-1607*, mistica. Suora carmelitana, dal 1584 ebbe una serie di esperienze estatiche che furono raccolte in testi, diventando molto importanti per la comprensione e la diffusione del misticismo. Fu canonizzata nel 1669.

MARIÀNI (Angelo Maurizio), *Ravenna 1821 - Genova 1873*, direttore d'orchestra e compositore. Tra i primi grandi direttori d'orchestra italiani, fu amico di G. Verdi, del quale diresse molte opere fino al 1870. Eccelse nel repertorio wagneriano, componendo anche brani sinfonici e da camera.

MARIÀNI (Càrlo Marìa), *Roma 1931*, pittore. La sua poetica è stata caratterizzata da un recupero di riferimenti all'arte neoclassica, rielaborati in seguito secondo uno stile orientato alla pittura metafisica e surrealista. Tra le opere, *Cariatici-dio II* (1996).

MARIÀNI (Umbèrto), *Milano 1936*, pittore e scultore. Allievo e seguace di A. Funi, ha sperimentato una poetica vicina ai temi sociali. In seguito, dopo una parentesi legata alla simbologia pop, si è dedicato alla riflessione sulla messa in scena (*Alfabeto afono*, 1974).

MARIÀNNA, *Gerusalemme 60 ca. a.C. - 29 a.C.*, seconda moglie di Erode il Grande, che la fece uccidere insieme ai due figli.

MARIÀNNA, nome popolare introdotto nel 1792 per indicare la personificazione della repubblica francese, rappresentata da un busto femminile che indossa un berretto frigio.

MARIÀNNE (Fòssa delle), la più profonda fossa della Terra (11.034 m), nel Pacifico, intorno all'arcipelago delle M.

MARIÀNNE (Isole), arcipelago vulcanico del Pacifico, a E delle Filippine, formato dalle M. Settentrionali e da Guam. Le M., scoperte da F. Magellano nel 1521, nel 1668 furono occupate dalla Spagna. Vendute alla Germania nel 1899 (a eccezione di Guam, ceduta agli Stati Uniti) nel 1919 passarono sotto il mandato del Giappone. Le M. Settentrionali, affidate dall'ONU in amministrazione fiduciaria agli Stati Uniti (1947-1990), dal 1978 sono uno Stato libero associato USA. Nel giu. 1944 furono teatro di una violenta battaglia aeronavale.

MARIÀNNE SETTENTRIONÀLI (Commonwealth delle), territorio statunitense del Pacifico occ.; 464 km²; 43.345 ab.; capol. *Garapan* (nell'isola di Saipan).

MARIÁNSKÉ LÁZNĚ, in ted. **Marienbad**, c. della Rep. Ceca, in Boemia; 14.868 ab. Stazione termale.

MARÍAS (Javier), *Madrid 1951*, scrittore spagnolo. Tra le opere, *L'uomo sentimentale* (1986), *Un cuore così bianco* (1992), *Domani nella battaglia pensa a me* (1994), *Nera schiena del tempo* (2000), *Quand'ero mortale* (2003).

MARÌA TERÈSA, *Vienna 1717-1780*, arciduchessa d'Austria (1740-1780), regina d'Ungheria (1741-1780) e di Boemia (1743-1780), della casa d'Asburgo-Lorena. Figlia di Carlo VI, secondo quanto previsto dalla prammatica sanzione (1713) avrebbe dovuto ereditare dal padre tutto l'impero, ma per far valere i propri diritti fu costretta a impegnarsi nella guerra di successione austriaca (1740-1748) contro Prussia, Baviera e Sassonia, appoggiate da Francia e Spagna, che le sottrassero la Slesia. Nel 1745 fece incoronare imperatore il marito Francesco I, ottenendo il titolo di imperatrice. Con la guerra dei Sette anni (1756-1763) contro Federico II tentò invano di recuperare la Slesia. Sul piano interno, intraprese importanti riforme in senso centralizzatore e appoggiò una politica economica protezionista. Dal 1765 associò al potere il figlio Giuseppe II. Ebbe dieci figli, tra cui Maria Antonietta.

■ *L'imperatrice Maria Teresa ritratta da M. Meytens. (Kunsthistorisches Museum, Vienna.)*

MARÌA TERÈSA, *Madrid 1638 - Versailles 1683*, regina di Francia. Figlia del re di Spagna Filippo IV, nel 1660 sposò Luigi XIV.

MARÌA TERESIÒPOLI → Subotica.

MARIAZELL, c. dell'Austria (Stiria); 1947 ab. Meta di pellegrinaggio. Stazione di sport invernali (868-1624 m d'alt.).

MARIBOR, c. della Slovenia, sulla Drava; 114.891 ab. Industrie automobilistiche. Castello del XV sec. (museo) e altri monumenti.

MARICA, **MARITSA** o **MARÌZZA**, in gr. **Évros**, f. della penisola balcanica, che nasce in Bulgaria e sfocia nel Mar Egeo; 490 km. Il suo corso inferiore segna il confine tra Grecia e Turchia.

MARIÉE MISE À NU PAR SES CÉLIBATAI-RES, MÊME (La), grande dipinto su vetro di M. Duchamp (1915-1923, Museum of Modern Art, Filadelfia). In esso l'artista riassume il suo approccio, basato sul rifiuto dei valori meramente plastici e del piacere visivo, mettendo in scena un gioco intellettuale basato su erotismo, esoterismo e umorismo surreale.

MARIE-GALANTE, isola delle Piccole Antille, a SE della Guadalupa, da cui dipende amministrativamente; 157 km²; 12.607 ab. Canna da zucchero. Ecomuseo.

MARI-EL (Repùbblica dei), rep. della Russia, a N di Kazan'; 758.900 ab.; capol. *Joškar-Ola*. Solo il 45% della sua popolazione è di ceppo mari.

MARIENBAD → Mariánské Lázně.

MARIETTE (Auguste), *Boulogne-sur-Mer 1821 - Il Cairo 1881*, egittologo francese. Scoprì gran parte dei maggiori siti archeologici di Egitto e Nubia. Fondò un museo che costituisce att. il nucleo centrale di quello del Cairo.

MARIETTE (Pierre Jean), *Parigi 1694-1774*, editore di stampe, collezionista e scrittore d'arte francese. Con i suoi studi sull'incisione e sul disegno diede grande impulso a queste arti.

MARIGLIÀNO, com. in prov. di Napoli; 29.565 ab. Agricoltura (tabacco, ortaggi). Industrie del legno. Centro storico di epoca romana. Collegiata di S. Maria delle Grazie (XII sec.).

MARIGNÀNO (battàglia di) (13-14 sett. 1515), battaglia tra Massimiliano Sforza, alleato degli svizzeri, e i francesi, combattuta presso l'att. com. di Melegnano. Assegnò la vittoria al re di Francia Francesco I, che si aprì così la strada alla riconquista di Milano.

MARÌN (Biàgio), *Grado 1891-1985*, poeta. È autore di liriche in dialetto gradese, fortemente legate al territorio e ricche di riferimenti simbolici. Tra le raccolte, *Fiuri de tapo* (1912), *I canti de l'isola* (1951), *Il non tempo del male* (1964), *E anche il vento tase* (1982).

MARINÉTTI (Filippo Tommàso), *Alessandria d'Egitto 1876 - Bellagio 1944*, scrittore. Fondatore della rivista *Poesia* (Milano, 1905), nel 1909 pubblicò sul *Figaro* parigino il *Manifesto del futurismo*. Tra le sue opere, *Mafarka il futurista* (1910), *Spagna veloce e toro futurista* (1931) e le poesie di *Zang Tumb Tumb* (1914). Fu interventista e sostenitore del fascismo.

MARINGÁ, c. del Brasile (Paraná); 288.465 ab.

MARÌNI (Biàgio), *Brescia 1597 ca. - Venezia 1665*, compositore e violinista. Attivo per molti anni in numerose città italiane, scrisse un gran numero di composizioni per violino (*suite* e sonate).

Filippo Tommaso **MARINETTI**
ritratto da C. Carrà, 1912.

MARÌNI (Giovànni Ambrògio), *Genova 1594 ca. - Venezia 1650 ca.*, scrittore. Scrisse, rielaborando la tradizione cavalleresca francese, il romanzo eroico-galante *Calloandro sconosciuto* (1640-1641), poi ripubblicato con il titolo di *Calloandro fedele* (1653). Tra le altre opere, *Le nuove gare de' disperati* (1644).

MARÌNI (Marino), *Pistoia 1901 - Viareggio 1980*, scultore e pittore. Fortemente influenzato dalla scultura arcaica (etrusca e greca), elaborò uno stile caratterizzato da estrema semplificazione delle forme, compattezza e monumentalità (serie dei cavalli con cavaliere).

MARÌNIDI o **MERÌNIDI**, dinastia berbera che regnò in Marocco dal 1269 al 1465.

MARÌNO, com. in prov. di Roma, sui Colli Albani; 36.000 ab. Agricoltura (ortaggi, uva). Industrie enologiche e grafiche. Chiesa di S. Maria delle Grazie. Duomo (1640).

MARÌNO (Giovanbattista), *Napoli 1569-1625*, poeta. Dopo aver soggiornato a Roma e a Ravenna ed essere stato al servizio dei Savoia a Torino, dal 1616 al 1623 risiedette in Francia. Rinnovò la tradizione poetica con uno stile (in seguito detto "marinismo") caratterizzato da grande virtuosismo, ricchezza di figure retoriche e andamento musicale. Ebbe grande influenza sulla poesia barocca. Suo capolavoro è l'*Adone* (1623); tra le altre opere, *La lira* (1608), *La galeria* (1620), *La sampogna* (1620), *La strage degli innocenti* (1632).

MARÌNO DI TÌRO, geografo greco della fine del I sec. d.C.

MÀRIO (Albèrto), *Lendinara 1825-1883*, patriota e scrittore. Partecipò come volontario alla prima e seconda guerra d'indipendenza e fu costretto all'esilio. A Lugano diresse il periodico mazziniano *Pensiero e azione*. Avvicinatosi agli ideali di C. Cattaneo, combatté con G. Garibaldi e prese parte alla spedizione dei Mille.

MÀRIO (Gaéta, detto E.A.), *Napoli 1884-1961*, compositore e poeta. È celebre per una serie di canzoni, in dialetto e in lingua, dalle quali emergono ideali romantici: *Leggenda del Piave* (1918, sull'episodio della prima guerra mondiale), *Vipera* (1919), *Balocchi e profumi* (1928).

MÀRIO (Gàio), *Arpino 157 - Roma 86 a.C.*, generale e politico romano. Plebeo, dopo la rottura con Cecilio Metello, uno dei capi dell'aristocrazia, si affermò come campione della fazione popolare. Nel 107 a.C. fu eletto console e ottenne il comando della guerra contro Giugurta, che sconfisse nel 105; dopo aver costituito un esercito di professionisti, batté i teutoni ad *Aquae Sextiae* (102) e i cimbri ai *Campi Raudi* (101). Il partito aristocratico riprese però potere e Silla, allora impegnato nella guerra contro Mitridate, marciò su Roma (88), costringendo M. a fuggire in Africa. Dopo il ritorno di Silla in Oriente, M. riuscì a rientrare a Roma (86) con l'aiuto di Cinna, ma morì poco dopo essersi proclamato console per la settima volta.

MÀRIO (Mónte), colle della zona nord-occ. di Roma, a destra del f. Tevere; 139 m. Vi ha sede un noto osservatorio astronomico-meteorologico, attraverso il quale passa il meridiano di Roma (12 27' 13'' E).

MARIÒTTE (Edme), *Digione 1620 ca. - Parigi 1684*, fisico francese. Oltre a occuparsi delle deformazioni elastiche dei solidi, compì studi di idrodinamica e di ottica (gli si deve la scoperta del punto cieco dell'occhio umano). Nel 1676, poco dopo R. Boyle, enunciò la legge della compressibilità dei gas a temperatura costante che porta i loro nomi.

MARIÒTTI (Scèvola), *Pesaro 1920 - Roma 2000*, storico della letteratura latina. Docente a Urbino e Roma, ha pubblicato, insieme a L. Castiglioni, il celebre *Vocabolario della lingua latina*. Ha scritto numerosi saggi dedicati all'epica latina (Ennio, Livio Andronico, Nevio) e alla poesia (Ovidio).

MARIPIÈRO → MALIPIERO.

MARITAIN (Jacques), *Parigi 1882 - Tolosa 1973*, filosofo francese. Tra i principali esponenti del neotomismo, ha contribuito al rinnovamento del cattolicesimo (*Umanesimo integrale*, 1936).

MARÌTTIME (Àlpi), sezione delle Alpi occ., compresa tra il Colle della Maddalena e il Colle di Cadibona. La vetta più elevata è la Cima dell'Argentera (3297 m).

MARITSA → MARICA.

MARIUPOL, dal 1948 al 1989 **Ždanov**, c. dell'Ucraina, sul Mar d'Azov; 522.000 ab. Porto. Siderurgia.

MARIVAUX (Pierre **Carlet de Chamblain de**), *Parigi 1688-1763*, scrittore francese. Autore di parodie e romanzi, si dedicò soprattutto al teatro, rinnovando la commedia con delicate rappresentazioni dei rapporti amorosi. Tra le sue opere, *La sorpresa dell'amore* (1722), *La doppia incostanza* (1723), *Il gioco dell'amore e del caso* (1730).

■ *Pierre de Marivaux. (Reggia di Versailles.)*

MARÌZZA → MARICA.

MARKA → SONINKE.

MARKHAM (Mónte), una delle vette più elevate dell'Antartide; 4350 m.

MARKOV (Andrej Andreevič), *Rjazan' 1856 - Pietrogrado 1922*, matematico russo. Ha introdotto nella teoria delle probabilità il concetto di "catene di M.", catene di avvenimenti in cui, a partire da un presente noto, la situazione futura è indipendente dal passato.

MARKOWITZ (Harry), *Chicago 1927*, economista statunitense. Si è occupato di economia finanziaria e dei finanziamenti alle imprese. Ha elaborato la teoria detta "della scelta di portafoglio", che tiene conto del rischio connesso agli investimenti (Premio Nobel 1990.)

MARL, c. della Germania (Renania Settentrionale-Westfalia), nella Ruhr; 92.590 ab. Industrie chimiche.

MARLBOROUGH (John **Churchill**, dùca di), *Musbury 1650 - Granbourn Lodge 1722*, generale inglese. Dapprima sostenitore di Giacomo II, nel 1688 passò dalla parte di Guglielmo d'Orange. Comandante in capo delle truppe britanniche con l'ascesa al trono della regina Anna (1702), nel corso della guerra di successione spagnola fu generalissimo degli eserciti alleati e riportò le vittorie di Blenheim (1704) e Malplaquet (1709). Fu destituito nel 1710.

■ *Il duca di Marlborough ritratto da A. Van der Werff. (Galleria Palatina, Firenze.)*

MARLEY (Robert **Nesta**, detto Bob), *Rhoden Hall, Saint Ann, 1945 - Miami 1981*, cantante reggae giamaicano. Chitarrista e compositore, adepto del movimento rastafari, ha reso il genere reggae popolare in tutto il mondo (*Soul rebel*, *Jammin'*).

■ *Bob Marley nel 1980.*

MARLOWE (Christopher), *Canterbury 1564 - Deptford, Londra, 1593*, drammaturgo inglese, autore de *La tragica storia del dottor Faust* (1590 ca.).

MARLOWE (Philip), investigatore privato dei romanzi polizieschi di R. Chandler (1939).

MÀRMARA (Mar di), bacino interno del Mediterraneo, tra la Turchia europea e quella asiatica; 11.500 km² ca. È l'ant. Propontide.

MARMÀRICA (battàglia della) (18 nov. - 9 dic. 1941), battaglia della seconda guerra mondiale. Svoltasi nella regione africana compresa tra Libia ed Egitto, vide la vittoria delle truppe inglesi su quelle italo-tedesche, che furono costrette ad abbandonare Tobruk.

MARMÌLLA, reg. storica della Sardegna centrale. Di natura collinare, è compresa tra la Giara di Gésturi a NE e la pianura del Campidano a SO. I centri principali sono Barumini e Mógoro.

MARMOLÀDA, gruppo montuoso delle Alpi orient.; comprende l'omonimo monte, che con i suoi 3342 m è la vetta più alta delle Dolomiti, e un esteso ghiacciaio (3,3 km²). Frequentatissima meta sciistica e alpinistica.

MARMONT (Auguste **Viesse de**), dùca **di Ragùsa**, *Châtillon-sur-Seine 1774 - Venezia 1852*, militare francese. Fu a capo dell'esercito francese in Dalmazia (1806), Portogallo e Spagna (1811-1812). Negoziò la capitolazione di Parigi.

MARMONTEL (Jean-François), *Bort-les-Orgues 1723 - Abloville 1799*, scrittore francese. Collaboratore dell'*Encyclopédie*, scrisse romanzi (*Bélisaire*, *Les Incas*) e i *Racconti morali*.

MÀRMORE, torrente della Valle d'Aosta; 27 km. Nasce dal Monte Cervino, percorre la Valtournenche e confluisce nella Dora Baltea in corrispondenza di Châtillon.

MÀRMORE (cascàta delle), cascata dell'Umbria, nelle vicinanze di Terni. Formata dalla caduta delle acque del f. Velino nel f. Nera, ha un'altezza di 165 m. È utilizzata per produrre energia elettrica.

MÀRNA in fr. **Marne**, f. della Francia, che nasce sull'Altopiano di Langres e confluisce nella Senna; 525 km.

MÀRNA (battàglia della) (6-13 sett. 1914), campagna della prima guerra mondiale. La vittoria delle armate franco-britanniche, guidate da J. Joffre, arrestò sulla M. l'invasione delle armate tedesche e costrinse alla ritirata il capo di Stato maggiore H. Moltke.

MARNE, dip. della Francia, nella reg. Champagne-Ardenne; capol. *Châlons-en-Champagne*; 8162 km²; 565.229 ab. Coltivazione di cereali, allevamento ovino, sfruttamento forestale. A O i celebri vigneti della Champagne. Industrie agroalimentari, metallurgiche e farmaceutiche.

MARNIX (Philippe **de**), barόne **de Sainte-Aldegonde**, *Bruxelles 1540 - Leida 1598*, scrittore e diplomatico olandese. È autore di *pamphlet* anticattolici violentemente polemici (*La ruche de la Sainte Église romaine*, *Tableau des différends de la Religion*).

MARÒCCO, in ar. **Al-Marhrib**, Stato dell'Africa, sull'Atlantico e sul Mediterraneo; 710.000 km² (con l'ex Sahara spagnolo); 30.430.000 ab. (ma-

*Il gruppo della **MARMOLADA**.*

rocchini). CAP. *Rabat*. C. PRINC. *Casablanca, Fès, Marrakech, Tangeri*. LINGUA: *arabo*. MONETA: *dirham*.

ISTITUZIONI – Monarchia costituzionale ereditaria. Costituzione del 1972, con emendamenti del 1992 e 1996. Il re, capo spirituale e temporale, nomina il primo ministro. Il parlamento comprende la camera dei rappresentanti, eletta ogni 5 anni a suffragio diretto, e la camera dei consiglieri, eletta ogni 9 anni a suffragio indiretto.

GEOGRAFIA – Il M. offre una notevole varietà di paesaggi. Il settore orient., costituito da un tavolato che incombe sulla depressione in cui scorre il f. Moulouya, è separato tramite le catene dell'Atlante dal versante atlantico, formato da altopiani e pianure costiere. Il N è montuoso (catena del Rif, che scende a picco sul Mediterraneo), mentre il S fa già parte del Sahara. Le variazioni di latitudine e i rilievi comportano forti differenze climatiche tra un M. atlantico, relativamente umido, e le zone orient. e merid., parzialmente aride. La popolazione, di religione musulmana e a prevalenza araba (nonostante la presenza dei berberi), è oggi per la maggior parte urbanizzata (Casablanca è, con Algeri, la più grande città del Maghreb). La cerealicoltura (frumento) e l'allevamento (soprattutto ovino) convivono con colture destinate all'esportazio-

ne (soprattutto agrumi). I fosfati rappresentano la voce principale dell'esportazione. L'industria di trasformazione è poco sviluppata e il tasso di sottoccupazione rimane elevato; turismo e rimesse degli emigrati non sono sufficienti a colmare il deficit della bilancia commerciale.

STORIA – **L'antichità.** IX-VIII **sec. a.C.:** i fenici fondano colonie commerciali sul litorale. VI **sec. a.C.:** questi centri passano sotto il controllo di Cartagine. V **sec. a.C.:** creazione del regno di Mauritania. **40 d.C.:** la Mauritania viene annessa all'impero romano. **435-442:** invasione dei vandali.

Il Marocco islamico. 700-710: gli arabi conquistano il paese e impongono l'islam alle tribù berbere, di religione cristiana, ebraica o animista. **739-740:** rivolta dei berberi kharigiti. **789-985:** la dinastia degli Idrisidi governa il paese. **1061-1147:** gli Almoravidi unificano il Maghreb e l'Andalusia inglobandoli in un vasto impero. **1147-1269:** sotto il regno degli Almohadi si sviluppa una brillante civiltà arabo-andalusa. **1269-1465:** il M. è nelle mani dei Marinidi, che devono rinunciare alla Spagna (1340). **1415:** i portoghesi conquistano Ceuta. **1472-1554:** sotto la dinastia dei Wattasidi si affermano il nomadismo, il particolarismo tribale e il culto dei marabutti. **1554-1659:** sotto la dinastia dei Sadiani, i portoghesi subiscono la disfatta di Alcaçar Quivir (1578) a

opera di Al-Mansur. **1591:** presa di Timbuctù. **1666:** Mulay Al-Rachid fonda la dinastia degli Alawidi, destinata a regnare sul M. XVII-XVIII **sec.:** il paese è segnato da lotte per la successione e da una grave decadenza economica. XIX **sec.:** Gran Bretagna, Spagna e Francia obbligano i sultani ad aprire il paese ai loro prodotti. **1873-1912:** durante i regni di Hasan I (1873-1894), Abd Al-Aziz (1900-1908) e Mulay Abd Al-Hafiz (1908-1912), il M. salvaguarda la propria indipendenza grazie alla rivalità tra le grandi potenze.

I protettorati francesi e spagnoli. 1906-1912: in seguito agli accordi di Algeciras, la Francia occupa la maggior parte del paese. **1912:** il trattato di Fès crea il protettorato francese. La Spagna ottiene una zona settentr. (Rif) e una merid. (Ifni). **1921-1926:** Abd Al-Krim anima la guerra del Rif. **1933-1934:** fine della resistenza berbera nell'Alto Atlante: la Francia acquisisce il controllo su tutto il paese, mentre il sultano Muhammad V conserva un'autorità puramente religiosa. **1944:** il partito Istiqlal, sostenuto da Muhammad V, reclama l'indipendenza. **1953-1955:** il sultano viene deposto e costretto all'esilio dalle autorità francesi. **1956:** proclamazione dell'indipendenza. **1957:** il paese si trasforma in un regno. **1961:** sale al trono Hasan II. **1975-1979:** in seguito alla "marcia verde" il M. ritorna in pos-

Marocco

●	più di 1.000.000 di ab.
●	da 500.000 a 1.000.000 di ab.
●	da 100.000 a 500.000 di ab.
●	da 50.000 a 100.000 di ab.
•	meno di 50.000 ab.

500 1000 2000 3000 m

— autostrada   — ferrovia
— strada normale   ✈ aeroporto   oleodotto
★ importante località turistica

sesso dell'ex Sahara spagnolo, rivendicato dal Fronte Polisario (il recupero completo del territorio avviene nel 1979, dopo il ritiro della Mauritania dalla parte merid.). **1988**: riprendono le relazioni diplomatiche con l'Algeria. **1992-1996**: una serie di revisioni costituzionali mira a garantire un maggiore equilibrio tra esecutivo e legislativo. **1997**: la camera dei rappresentanti viene eletta per la prima volta a suffragio universale diretto. **1999**: alla morte di Hasan II, sale al trono il figlio primogenito con il nome di Muhammad VI. **2001**: M. si riavvicina alla Mauritania sottoscrivendo un accordo di cooperazione politica ed economica. **2002**: Driss Jettu diviene primo ministro. **2003**: il 17 mag., cinque attentati simultanei di matrice islamica colpiscono Casablanca, provocando decine di vittime.

MARONCÈLLI (Pièro), *Forlì 1795 - New York 1846*, patriota. Membro del circolo del *Conciliatore* a Milano (1819), entrò nella carboneria. Arrestato nel 1920 e imprigionato nella fortezza dello Spielberg, subì l'amputazione di una gamba e ottenne la libertà nel 1830. Emigrò quindi negli Stati Uniti.

MARÓNE, com. in prov. di Brescia, sulla sponda occ. del Lago d'Iseo; 3112 ab. Industrie tessili e meccaniche. Turismo.

MARONI, f. dell'America merid.; 680 km. Segna il confine tra la Guayana Francese e il Suriname.

MAROS → MUREŞ.

MARÒSTICA, com. in prov. di Vicenza; 12.740 ab. Agricoltura (ciliege, cereali). Industrie elettrotecniche e dell'abbigliamento. Ogni due anni si svolge, nella sua piazza centrale, la celebre partita a scacchi vivente, con personaggi in costume, rievocazione di un evento del 1454.

MAROT (Clément), *Cahors 1496 - Torino 1544*, poeta francese. Poeta alla corte di Francesco I, fedele alle forme medievali (rondò, ballata), fu raffinato autore di epistole, epigrammi ed elegie.

MARÒTTA (Giuseppe), *Napoli 1902-1963*, scrittore. Lavorò a Milano come giornalista e sceneggiatore cinematografico; nei suoi romanzi e racconti tratteggiò il popolo napoletano, offrendone una visione venata di umorismo e sentimentalismo. Tra le opere, *L'oro di Napoli* (1947), *Gli alunni del sole* (1952), *Coraggio, guardiamo* (1953).

MAROUA, c. del Camerun settentr., capol. di dip.; 143.000 ab.

MARQUET (Albert), *Bordeaux 1875 - Parigi 1947*, pittore e disegnatore francese. Dopo l'iniziale adesione al fauvismo, si dedicò soprattutto alla pittura di paesaggi, caratterizzati da colori delicati e da un tratto sintetico.

MARRÀDI (Giovanni), *Livorno 1852-1922*, poeta. Membro della scapigliatura fiorentina, fu influenzato da G. Carducci. Scrisse liriche patriottiche o incentrate su temi amorosi e paesistici. Tra le raccolte, *Canzoni moderne* (1879), *Fantasie marine* (1881), *Poesie della riscossa* (1919).

MARRAKECH, c. del Marocco, ai piedi dell'Alto Atlante; 549.000 ab. Centro commerciale e tu-

MARRAKECH. *La piazza Djema'a El-Fna.*

ristico. Fondata nel 1062, fino al 1269 fu la capitale degli Almoravidi, poi degli Almohadi. Monumenti, tra cui Al-Kutubiyya, moschea del XII sec., e le tombe dei Sadiani (XVI sec.).

MARSA BREGA, c. della Libia, in Cirenaica. Raffinerie di petrolio e impianto di liquefazione del gas naturale. Porto.

MARSÀLA, com. in prov. di Trapani, sul Promontorio del Lilibeo; 80.798 ab. Porto. Vini pregiati. Fondata dai cartaginesi intorno al 397 a.C., fu dominio romano (dal III sec. a.C.) e arabo (dal IX sec.). Il 5 mag. 1860 vi sbarcarono i Mille. Resti romani; Museo archeologico.

MARSHALL (Alfred), *Londra 1842 - Cambridge 1924*, economista britannico. È considerato il principale teorico della scuola neoclassica e un esponente di spicco della scuola di Cambridge. Ha cercato di giungere a una sintesi delle diverse teorie del valore.

MARSHALL (George Catlett), *Uniontown, Pennsylvania, 1880 - Washington 1959*, generale e politico statunitense. Capo di Stato maggiore dell'esercito (1939-1945), segretario di Stato del presidente H.S. Truman (1947-1949), diede nome al programma americano di aiuti economici all'Europa. (Premio Nobel per la pace 1953.)

MARSHALL (Isole), Stato dell'Oceania; 181 km²; 52.000 ab. (*marshallesi*). CAP. *Dalap-Uliga-Darrit* (atollo di Majuro). LINGUA: *inglese*. MONETA: *dollaro USA.* [*V. carta dell'***Oceania**.] Le I. M., tedesche dal 1885 al 1914, sottoposte a mandato giapponese dal 1920 al 1944 e poste dall'ONU sotto la tutela americana nel 1947, nel 1986 sono diventate uno Stato liberamente associato agli Stati Uniti. Nel 1991 sono state ammesse nell'ONU. Dal 2000 riveste la carica di presidente e capo del governo Kessai Note.

MARSHALL (piano), programma di aiuti economici all'Europa, varato dal segretario di Stato statunitense G.C. Marshall nel 1948. Si trattava di un piano di quattro anni per la ricostruzione dell'Europa al termine della seconda guerra mondiale, coordinato dall'Organizzazione europea per la cooperazione economica (OECE).

MARSIA MITOL. GR. Sileno frigio, inventore del flauto. Osò sfidare Apollo in una tenzone musicale e fu da questi scorticato vivo.

MARSICA, reg. storico-geografica dell'Abruzzo, il cui nome deriva dall'antico popolo dei marsi. Comprende la conca del Fucino e le aree circostanti. Centri principali: Avezzano, Tagliacozzo, Pescasseroli. Nel 1915 fu colpita da un violento terremoto che fece oltre 30.000 vittime.

MARSÍGLIA, c. della Francia, capol. della reg. Provenza-Alpi-Costa Azzurra e del dip. Bouches-du-Rhône; 807.071 ab. (c. 1.350.000 ab. nell'agglomerato). Principale porto commerciale francese. Centro amministrativo, commerciale (fiera internazionale), universitario e religioso, M. si trova al centro di una vasta area industrializzata. — Fondata dai fenici nel VI sec. a.C., *Massalia* conobbe un lungo periodo di prosperità in epoca romana. Sottoposta alla contea di Provenza nel X sec. e di nuovo fiorente al tempo delle crociate (XII-XIII sec.), passò alla Francia nel 1481. Divenne un importante centro commerciale con l'apertura del canale di Suez (1869). — Resti di epoca ellenistica e romana; chiese, soprattutto romaniche; municipio del XVII sec.; Vieille Charité, con bella cupola di P. Puget. Importanti musei.

MARSIGLIA. *Il vecchio porto e Notre-Dame-de-la-Garde.*

MARSIGLIÉSE (La), canto patriottico francese divenuto nel 1879 inno nazionale. Fu composta da C.-J. Rouget de Lisle nel 1792.

MARSÍLIO DI INGHEN, *m. a Heidelberg nel 1396*, filosofo e scienziato tedesco. Rettore delle università di Parigi e Heidelberg, accettò il nominalismo di Guglielmo di Occam. Notevoli furono il suo contributo alla teoria dell'impeto di G. Buridano, e la sua proposta di studiare i fenomeni fisici cogliendone la proporzione matematica.

MARSÍLIO DA PÀDOVA, *Padova 1275/1280 ca. - Monaco 1343 ca.*, teologo e teorico politico. Fu autore del *Defensor pacis* (1324), in cui si oppose al potere temporale del papa e sostenne che i sovrani ricevono dal popolo la loro autorità. Condannato dalla Chiesa, dovette cercare rifugio alla corte di Ludovico il Bavaro.

MARSTON (John), *Coventry 1575 ca. - Londra 1634*, scrittore inglese, autore di satire e di tragicommedie (*Il malcontento*).

MART (Museo d'arte moderna e contemporànea di Trènto e Roveréto), museo istituito alla fine degli anni '80 del secolo scorso, con sede a Rovereto. Sorto per unire il Museo provinciale d'arte di Trento e la Galleria museo Fortunato Depero, dal 1991 comprende anche l'Archivio del '900. Ospita inoltre una Biblioteca e le Collezioni d'arte e propone un ricco cartellone di esposizioni temporanee. La sede attuale è stata realizzata a partire dal 1996 su progetto dell'architetto M. Botta.

MÀRTA (santa), nei Vangeli, sorella di Lazzaro e di Maria di Betania (identificata da alcuni con Maria Maddalena). Per l'ospitalità con cui accolse Gesù è patrona degli ospiti.

MARTABAN (Gólfo di), insenatura del Myanmar.

MÀRTE MITOL. ROM. Dio della guerra. Corrisponde all'Ares dei greci.

MARTE. *La superficie rocciosa, nei pressi del punto in cui si è posata la sonda Mars Pathfinder, con, a destra, il veicolo-robot Sojourner.*

MÀRTE, pianeta del sistema solare, il successivo alla Terra in rapporto al Sole. Semiasse dell'orbita: 227.940.000 km (1,52 volte quello dell'orbita terrestre). Diametro equatoriale: 6794 km (0,53 volte quello della Terra). La sua superficie, rocciosa e deserta, ha una caratteristica colorazione rossastra, dovuta alla presenza di ossido di ferro. Ospita i più grandi vulcani (spenti) del sistema solare. È circondato da una tenue atmosfera di anidride carbonica e possiede due piccoli satelliti, Fobos e Deimos. Nel 1976 gli Stati Uniti hanno avviato studi della sua superficie (sonde *Viking*), ripresi nel 1997 (missione *Mars Pathfinder*) e nel 2003 (sonde gemelle *Spirit* e *Opportunity*).

MARTELLÀGO, com. in prov. di Venezia; 19.202 ab. Agricoltura (foraggi, frutta). Industrie dei materiali da costruzione. Villa Grimani (XVI sec.). Chiesa parrocchiale (1770).

MARTÉLLI (Diègo), *Firenze 1838-1896*, critico d'arte. Fondò le riviste *Gazzettino delle arti del disegno* (1867) e *Giornale artistico* (1973), nelle quali promosse e sostenne il movimento dei macchiaioli.

MARTÈLLO (Pièr Iàcopo), *Bologna 1665-1727*, letterato. Seguace del gruppo bolognese dell'Arcadia, scrisse un *Canzoniere* (1710) e compose numerose tragedie, genere cui dedicò anche un saggio (*Del verso tragico*, 1709), nel quale sostenne l'utilizzo del verso "martelliano". Tra le altre opere, le commedie *Che bei pazzi!* (1717) e *Fe-*

mia sentenziato (1724) e il dialogo *Il vero parigino italiano* (1719).

MARTENS (Wilfried), *Sleidinge 1936*, politico belga. Presidente del Partito cristiano-sociale fiammingo dal 1972 al 1979, è stato primo ministro dal 1979 al 1992.

MARTÍ (José), *L'Avana 1853 - Dos Ríos 1895*, scrittore e patriota cubano. È considerato uno degli eroi dell'indipendenza ispano-americana, per la quale si battè strenuamente. Lasciò scritti politici e poesie (*Ismaelillo*, *Versos Sencillos*).

MARTIGNY, c. della Svizzera (Vallese); 13.481 ab. Alluminio. Chiesa del XVII sec.; Fondazione Pierre Gianadda e museo gallo-romano.

MARTIN (Frank), *Ginevra 1890 - Naarden, Paesi Bassi, 1974*, compositore svizzero. È autore di musiche sinfoniche (*Petite Symphonie concertante*, 1945), oratori (*Golgotha*, 1949) e concerti.

MARTIN (Pierre), *Bourges 1824 - Fourchambault 1915*, industriale francese. Mise a punto il procedimento per ottenere l'acciaio fondendo ferraglie e ghisa (1865).

MARTINA FRÀNCA, com. in prov. di Taranto; 46.905 ab. Agricoltura (olive, foraggi). Allevamento di asini. Industrie tessili, del mobile. Palazzo ducale (1668). Collegiata di S. Martino (1763).

MARTIN DU GARD (Roger), *Neuilly-sur-Seine 1881 - Sérigny 1958*, scrittore francese. Nei suoi romanzi (*Jean Barois*, 1913; *I Thibault*, 1921-1940) e nei testi teatrali ha adottato un approccio razionale e rigoroso, riconducendo i problemi psicologici, sessuali e intellettuali dei suoi personaggi nel contesto storico. (Premio Nobel 1937.)

MARTINÈLLI (Vincènzio), *Montecatini 1702 - Firenze 1785*, letterato. Fu autore di alcune opere di storia e cronaca locale: *Istoria critica della vita civile* (1762), *Istoria d'Inghilterra* (1770-1773). Importanti anche le *Lettere familiari e critiche* (1758).

MARTINÉNGO, famiglia comitale bresciana, risalente ai conti di Bergamo. — **Gerolamo M.**, *XVI sec*. Ingegnere militare, governò Corfù. — **Marcantonio M.**, *m. nel 1595*. Ingegnere, combattè nella battaglia di Lepanto. — **Ettore M.**, *Brescia 1754-1832*. Fu capitano dell'esercito prussiano e senatore.

MARTINÉTTI (Pièro), *Pont Canavese 1872 - Torino 1943*, filosofo. Affrontò l'idealismo kantiano sviluppando un razionalismo religioso incentrato sul problema morale. Tra le opere, *Introduzione alla metafisica* (1904), *Breviario spirituale* (1923), *La libertà* (1928), *Ragione e fede* (1942) e *Kant* (1943).

MARTÍNEZ DE CAMPOS (Arsenio), *Segovia 1831 - Zarauz 1900*, maresciallo e politico spagnolo. Tra i promotori dell'insurrezione contro i carlisti (1876) in Spagna, a Cuba vide fallire il suo tentativo di giungere a una pacificazione (1895).

MARTÍNEZ DE LA ROSA (Francisco), *Granada 1787 - Madrid 1862*, politico e scrittore spagnolo, autore di drammi romantici (*La congiura di Venezia*).

MARTÍNEZ MONTAÑÉS (Juan), *Alcalá la Real 1568 - Siviglia 1649*, scultore spagnolo. Attivo a Siviglia, autore di statue in legno policromo, fu uno dei grandi maestri della scultura di tema religioso.

MARTÌNI (Albèrto), *Oderzo 1876 - Milano 1954*, pittore e illustratore. Influenzato dalle opere di A. Dürer, illustrò il *Morgante Maggiore* di L. Pulci (1895), le *Storie straordinarie* e le *Storie grottesche* di E.A. Poe (1905), la *Divina Commedia*. In pittura utilizzò diverse tecniche (olio, acquerello, pastello).

MARTÌNI (Artùro), *Treviso 1889 - Milano 1947*, scultore. Partito da posizioni simboliste, aderì ai gruppi Valori plastici e Novecento. Nelle forme solide e semplificate delle sue opere della maturità si fondono l'ispirazione primitivista e la lezione dei classici.

MARTÌNI (Càrlo Maria), *Torino 1927*, religioso. Membro dei gesuiti dal 1944, cardinale dal 1983, è stato arcivescovo di Milano dal 1979 al 2002. Dal 1986 al 1993 è stato presidente del consiglio delle conferenze episcopali europee.

MARTÌNI (Fàusto Maria), *Roma 1886-1940*, scrittore e poeta. Esordì come poeta crepuscolare con *Le piccole morte* (1906). In seguito, orientatosi verso la narrativa, scrisse romanzi (*Verginità*, 1920; *Si sbarca a New York*, 1930) e opere teatrali (*Ridi, pagliaccio!*, 1919; *Il fiore sotto gli occhi*, 1921; *L'altra Nanetta*, 1923).

MARTÌNI (Ferdinàndo), *Firenze 1841 - Monsummano 1928*, scrittore e politico. Eletto deputato per la sinistra liberale, fu ministro e senatore. Nel 1879 fondò il *Fanfulla della domenica* e tre anni più tardi la *Domenica letteraria*. Scrisse anche libri di memorie (*Confessioni e ricordi*, 1922) e commedie (*L'uomo propone e la donna dispone*, 1862).

MARTÌNI (Francésco **di Giórgio**) → FRANCESCO DI GIORGIO MARTINI.

MARTÌNI (Giovànni Battista, detto **Pàdre**), *Bologna 1706-1784*, musicologo e compositore. Monaco francescano, fu maestro di cappella in S. Francesco, a Bologna (1725-1784), teorico e autore di una *Storia della musica* e compositore di musica sacra e strumentale. Ebbe tra i suoi allievi W.A. Mozart.

MARTÌNI (Simóne), *Siena 1284 ca. - Avignone 1344*, pittore. Probabilmente allievo di Duccio di Buoninsegna, lavorò a Siena (*Maestà* nella sala del Mappamondo, 1315, e *Guidoriccio da Fogliano*, 1328, entrambi nel palazzo pubblico), Napoli, Assisi (affreschi delle *Storie della vita di san Martino*, 1316-1318, S. Francesco). Dal 1336 fu ad Avignone, alla corte papale di Benedetto XII, dove si affrancò dall'influsso del maestro elaborando uno stile che prelude al gotico internazionale.

Simone **MARTINI**. San Martino rinuncia alle sue armi (*1330 ca.*), affresco nella chiesa inferiore di san Francesco, ad Assisi.

MARTINÌCA, dip. francese d'oltremare, una delle Piccole Antille; capol. *Fort-de-France*; 1100 km²; 381.427 ab. Il territorio dell'isola è costituito da un massiccio vulcanico, la cui vetta più elevata è il vulcano La Pelée. L'economia si basa sull'agricoltura (canna da zucchero, per la produzione di rhum, e banane) e sul turismo. — Scoperta da C. Colombo nel 1502, l'isola fu colonizzata dalla Francia a partire dal 1635 e divenne colonia francese nel 1763.

MARTINO DI TOURS (sànto), *Sabaria, Pannonia, 315 ca. - Candes 397*, vescovo di Tours. Soldato, ricevette il battesimo ad Amiens, dove si racconta che tagliò il suo mantello per donarne una parte a un povero. Fondatore di numerosi monasteri, fu vescovo di Tours dal 370 o 371 ed evangelizzò le campagne francesi.

MARTINO I, *Todi - in Crimea 655*, papa dal 649 al 655. Fu esiliato in Crimea per aver condannato l'eresia monotelita. — **Martino II** o **Marino I**, *Gallese ? - Roma 884*, papa dall'882 all'884. — **Martino III** o **Marino II**, *Roma ? - 946*, papa dal 942 al 946. — **Martino IV** (Simone **de Brion**), *m. a Perugia nel 1285*, papa dal 1281 al 1285. Eletto papa grazie all'intervento di Carlo d'Angiò, lo appoggiò durante i Vespri siciliani. — **Martino V** (Oddone **Colonna**), *Genazzano 1368 - Roma 1431*, papa dal 1417 al 1431. Pose fine allo scisma d'Occidente.

MARTINSON (Harry), *Jämshög 1904 - Stoccolma 1978*, scrittore svedese. È autore di poesie e romanzi (*La strada per Klockrike*) in cui tradizionali valori umani. (Premio Nobel 1974.)

MARTINU (Bohuslav), *Polička, Boemia, 1890 - Liestal, Svizzera, 1959*, compositore ceco. Allievo di A.C. Roussel, subì l'influenza della musica tradi-

zionale boema. Compose opere, balletti, sinfonie e concerti.

MARTÒGLIO (Nino), *Belpasso 1870 - Catania 1921*, drammaturgo e regista cinematografico. Scrisse drammi e commedie per G. Grasso e A. Musco, contribuendo allo sviluppo del teatro dialettale siciliano. Tra i suoi film, *Il romanzo* (1913), *Capitan Blanco* (1914), *Sperduti nel buio* (1914), *Teresa Raquin* (1915).

MARTÓNE (Màrio), *Napoli 1959*, regista teatrale e cinematografico. Tra le regie teatrali, *Tango glaciale* (1982), *Ritorno ad Alphaville* (1986). Tra i film, *Morte di un matematico napoletano* (1992), *Rasoi* (1994), *L'amore molesto* (1995), *I vesuviani* (1997), *Teatro di guerra* (1998).

MARTORÀNA, chiesa di Palermo. Detta anche S. Maria dell'Ammiraglio, fu edificata nel 1143, ma sensibilmente rimaneggiata nel '500 e nel '600. Capolavoro dell'arte normanna, a struttura quadrangolare, conserva al suo interno preziosi mosaici bizantini.

MARTÙCCI (Giusèppe), *Capua 1856 - Napoli 1909*, compositore, pianista e direttore d'orchestra. Docente ai conservatori di Bologna e Napoli, contribuì alla diffusione in Italia della musica sinfonica. Nel 1888 diresse a Bologna la prima del *Tristano e Isotta* di R. Wagner. Nella sua produzione, numerosi pezzi per piano, due sinfonie e due concerti.

MARUCÈLLI (Francésco), *Firenze 1625 - Roma 1703*, erudito. Dal 1648 visse a Roma, dove esercitò la sua passione di bibliofilo, raccogliendo un'enorme di quantità di libri che morendo donò alla città di Firenze. Scrisse il repertorio bibliografico per soggetti *Mare Magnum* (1670).

MARUCELLIÀNA, biblioteca di Firenze. Nacque per volere di F. Marucelli e grazie al fondo da lui lasciato nel 1703. Aperta al pubblico nel 1752, operò in seguito ulteriori acquisizioni. Oggi conta oltre 550.000 volumi, di cui ca. 500 incunaboli, oltre 2500 manoscritti e ca. 53.000 stampe.

MARUSSIG (Piètro), *Trieste 1879 - Pavia 1937*, pittore. Viaggiò a lungo all'estero (Monaco, Vienna, Parigi), dove assimilò le tendenze impressioniste. A Milano nel 1920 fondò con C. Carrà, M. Sironi e altri il gruppo Novecento. Tra le opere, *La statua nel giardino* (1928).

MARVELL (Andrew), *Winestead, Yorkshire, 1621 - Londra 1678*, scrittore inglese. Amico di J. Milton, è autore di poesie pastorali.

MARVÙGLIA (Giusèppe Venànzio), *Palermo 1729-1814*, architetto. Allievo di L. Vanvitelli, tra i maggiori rappresentanti del neoclassicismo siciliano. Tra le opere, oratorio di S. Filippo Neri (1769), villa del principe di Belmonte (1806), entrambe a Palermo.

MARX (fratèlli), famiglia di attori cinematografici statunitensi, composta da — **Leonard M.**, detto **Chico**, *New York 1886 - Los Angeles 1961*, — **Adolph Arthur M.**, detto **Harpo**, *New York 1888 - Los Angeles 1964*, — **Julius M.**, detto **Groucho**, *New York 1890 - Los Angeles 1977*, — **Milton M.**, detto **Gummo**, *New York 1893 - Los Angeles 1977*, che presto si ritirò dalle scene per intraprendere la carriera di impresario, e — **Herbert M.**, detto **Zep-**

I **FRATELLI MARX**. *Harpo, Chico e Groucho (dall'alto in basso).*

po, *New York 1901 - Los Angeles 1979*, che lasciò il gruppo nel 1935. Dopo gli inizi nel varietà, i f. M. raggiunsero il successo al cinema, determinando un rinnovamento del genere comico con il loro umorismo surreale basato sul *nonsense*: *Monkey business* (N.Z. McLeod, 1931), *Zuppa d'anitra* (L. McCarey, 1933), *Una notte all'opera* (S. Wood, 1935), *Tre pazzi a zonzo* (E. Buzzell, 1939).

MARX (Karl), *Treviri 1818 - Londra 1883*, filosofo, economista e politico tedesco. Materialista, ateo e progressista, elaborò un approccio agli eventi storici e sociali (detto "materialismo storico") ispirato alla filosofia di F. Hegel, al socialismo utopistico francese e alle teorie inglesi di economia politica. Entrato in contatto  con gli ambienti operai, M. scrisse, insieme a F. Engels, il *Manifesto del partito comunista* (1848), in cui individuò nella lotta di classe la chiave interpretativa dei fenomeni sociali e assegnò al proletariato il ruolo di guida per l'emancipazione della società. Espulso dalla Germania e dalla Francia, si trasferì in Gran Bretagna, dove gettò le basi della sua opera più importante, *Il capitale*, in cui sono analizzate le conseguenze dello sfruttamento capitalista (teoria del plusvalore). Nel 1864 fu tra i promotori della Prima Internazionale, che considerava finalizzata all'abolizione del capitalismo. Il sistema elaborato da M., detto "marxismo", non è univoco o dogmatico, ma aperto a varie interpretazioni. Tra i suoi scritti anche *L'ideologia tedesca* (1846), *Miseria della filosofia* (1847) e *Lineamenti fondamentali della critica dell'economia politica* (1857-1958).
■ *Karl Marx.*

MARY, già **Merv**, c. del Turkmenistan; 87.000 ab. Cotone. Mausolei selgiuchidi (XII sec.).

MARYLAND, Stato degli Stati Uniti, sull'Atlantico; 5.296.486 ab.; cap. *Annapolis*; c. princ. *Baltimora*.

MARYUT (Lago), già **Mareotis**, laguna del litorale mediterraneo, in Egitto. È separata dal mare da una lingua di terra sulla quale sorge Alessandria.

MARZABÒTTO, com. in prov. di Bologna, sull'Appennino Bolognese, sul f. Reno; 6201 ab. Resti di una città e di una necropoli etrusca. — Nel 1944, nel corso della seconda guerra mondiale, due reggimenti tedeschi vi massacrarono 1836 civili.

MARZIÀLE (Màrco Valèrio), *Bilbilis, Spagna, 40 ca. - 104 ca.*, poeta latino. Visse a Roma dal 64 al 98. È autore dei 15 libri degli *Epigrammi* (in gran parte in distici elegiaci), in cui traccia un quadro della Roma imperiale del I sec. d.C. con toni ora satirici e caricaturali, ora malinconici e affettuosi.

MARZIÀNO CAPÈLLA, *V sec.*, scrittore latino. Scrisse il *De nuptiis Mercurii et Philologiae* (9 libri), enciclopedia in prosa e in poesia ricca di allegorie e notizie, che ebbe grande successo nel Medioevo.

MARZÒCCO, casa editrice di Firenze, che nel 1938 prese il posto della Bemporad, fondata nel 1890 da Enrico Bemporad (Firenze 1868-1944). Oggi fa parte del gruppo editoriale Giunti.

MARZÒCCO (Il), rivista letteraria fondata nel 1896 a Firenze da Angiolo e Adolfo Orvieto. Pubblicata fino al 1932, di orientamento estetizzante e nazionalistico, ebbe tra i collaboratori G. D'Annunzio e G. Pascoli.

MASÀCCIO (Tommàso **di Ser Giovànni**, detto), *San Giovanni Valdarno 1401 - Roma 1428*, pittore. Insieme a Donatello e F. Brunelleschi rinnovò profondamente il linguaggio rinascimentale, grazie a opere caratterizzate da un'attenta costruzione spaziale, dalla plasticità dei volumi e da grande realismo ed espressività (*Sant'Anna Metterza*, 1423 ca., Uffizi, Firenze; polittico per la chiesa del Carmine, 1426, Pisa). Il suo capolavoro sono gli affreschi *Storie di san Pietro e del Peccato originale* (con la celebre *Cacciata di Adamo ed Eva*) della Cappella **Brancacci*.

MASADA, fortezza della Palestina, sulla riva occ. del Mar Morto. Fu l'ultimo bastione della resistenza degli zeloti ai romani (66-73 d.C.), che si concluse con il suicidio collettivo dei suoi difensori. Antiche vestigia, tra cui i resti del Palazzo di Erode. Museo.

MASÀI, popolazione del Kenya merid. e della Tanzania settentr. (ca. 300.000 individui). La società m. è organizzata secondo un complesso sistema di classi suddivise per età e la sua economia è basata sulla pastorizia (ma alcuni gruppi praticano l'agricoltura). I m. parlano una lingua nilo-sahariana.

MASÀLA (Danièle), *Roma 1955*, atleta. Alle Olimpiadi di Los Angeles del 1984 ha vinto 2 medaglie d'oro nel pentathlon moderno (individuale e a squadre). È stato inoltre campione del mondo individuale (Roma, 1982) e a squadre (Montecatini, 1986).

MASAN, c. della Corea del Sud, sullo Stretto di Corea; 493.731 ab. Porto.

MASANIÈLLO (Tommàso **Anièllo d'Amàlfi**, detto), *Napoli 1620-1647*, rivoluzionario napoletano. Di umilissime origini, nel 1647 capeggiò un'insurrezione contro il viceré di Spagna e la sua oppressiva politica fiscale. Dopo aver assunto il governo della città diede segni di squilibrio e fu ucciso dai suoi sostenitori.

MASARYK (Tomáš), *Hodonín 1850 - castello di Lány 1937*, politico cecoslovacco. Fondatore e primo presidente della repubblica cecoslovacca (1918), esercitò una grande influenza sulla vita politica del suo paese. Si dimise nel 1935.
■ *Thomáš Masaryk.*
— **Jan M.**, *Praga 1886-1948*, politico cecoslovacco. Figlio di Tomáš, ministro degli esteri (1945-1948), si suicidò dopo il colpo di Stato comunista del feb. 1948.

MASBATE, isola delle Filippine.

MASCÀGNI (Piètro), *Livorno 1863 - Roma 1945*, compositore. Capofila del movimento verista in campo musicale, raggiunse la fama con la *Cavalleria rusticana* (1890). Tra le sue opere minori, *L'amico Fritz* (1891), *Iris* (1898), *Le maschere* (1901), *Parisina* (1913).

MASCALUCÌA, com. in prov. di Catania, sul versante merid. dell'Etna; 23.459 ab. Agricoltura (agrumi, uva). Industrie enologiche e alimentari.

MASCARA, c. dell'Algeria, capol. di distr.; 87.512 ab.

MASCÀRDI (Agostino), *Sarzana 1590-1640*, letterato gesuita. È autore del trattato *Dell'arte istorica* (1636), analisi approfondita della disciplina storiografica. Tra le altre opere, *Silvae* (1622, poe-

MASACCIO. San Pietro e san Giovanni fanno l'elemosina, *particolare di uno degli affreschi (1426-1427) della Cappella Brancacci a S. Maria del Carmine di Firenze.*

sie in latino), *Prose volgari* (1625), *La congiura del conte Giovanni Luigi de' Fieschi* (1629).

MASCARÈNE (Ìsole), arcipelago dell'Oceano Indiano, comprendente, tra le altre, le Isole Réunion e Maurizio.

MASCÀTE → MASQAT.

MÀSCHERA DI FÈRRO (L'uòmo dalla), *m. a Parigi nel 1703*, misterioso personaggio che fu imprigionato dapprima nella fortezza di Pinerolo (dal 1679) e in seguito alla Bastiglia. Dovette portare una maschera per tutta la vita.

MASCHERÌNO (Ottaviàno), *Bologna 1524 - Roma 1606*, architetto e pittore. Operò a Bologna e a Roma come architetto papale, sviluppando un manierismo dagli accenti personali che contribuì a segnare il passaggio al barocco. Tra le opere, Palazzo del Quirinale (1582-1585).

MASCHERÓNI (Lorènzo), *Castagneta 1750 - Parigi 1800*, matematico e poeta. Docente e rettore all'Università di Pavia, scrisse *Geometria del compasso* (1797), dove propose la risoluzione di problemi con l'utilizzo del compasso. Fu anche autore di liriche didascaliche in ambito illuminista, tra le quali *Invito a Lesbia Cidonia* (1793).

MASCHÈRPA (Luigi), *Genova 1893 - Parma 1944*, ammiraglio. Durante la seconda guerra mondiale fu al comando delle truppe italiane nell'isola di Lero (1942). Dopo l'8 sett. 1943 resistette eroicamente contro la flotta tedesca, ma fu sconfitto e fucilato dai fascisti.

MASÈLLI (Francésco), *Roma 1930*, regista cinematografico. Tra i suoi film, *Gli sbandati* (1955), *La donna del giorno* (1956), *Gli indifferenti* (1964), *Lettera aperta a un giornale della sera* (1970), *Il sospetto* (1975), *Storia d'amore* (1986), *Il segreto* (1990), *L'alba* (1990), *Cronache del terzo millennio* (1996).

MASÈR, com. in prov. di Treviso; 4835 ab. Agricoltura (tabacco, cereali). Industrie calzaturiere. Villa Barbaro, oggi villa Volpi, realizzata da A. Palladio nel 1560-1570.

MASERÀTI, industria automobilistica fondata nel 1926 a Modena da Alfieri M. Si affermò con la costruzione di automobili da corsa che parteciparono a competizioni mondiali, ottenendo numerosi successi; in seguito si orientò verso la produzione di modelli gran turismo. Passata alla De Tomaso nel 1975 e al gruppo FIAT nel 1993, dal 1997 fa parte della Ferrari.

MASERU, cap. del Lesotho; 271.000 ab. nell'agglomerato.

MASÌNA (Giuliètta), *San Giorgio in Piano 1921 - Roma 1994*, attrice cinematografica. È stata la sensibile interprete di molti film del marito F. Fellini (*La strada*, 1954; *Le notti di Cabiria*, 1957; *Giulietta degli spiriti*, 1965; *Ginger e Fred*, 1986).

MÀSINO (Val), valle delle Alpi Retiche, laterale della Valtellina. Percorsa dal torrente omonimo, che confluisce nell'Adda, ha come centro principale Bagni del M.

MASJED-E-SOLEYMAN, c. dell'Iran (Khuzestan); 116.822 ab. Centro petrolifero. Rovine delle epoche achemenide e sasanide.

MASKELYNE (Nevil), *Londra 1732 - Greenwich 1811*, astronomo britannico. Cercò di stabilire il valore della costante di gravitazione e di calcolare la densità media della Terra misurando, su un monte della Scozia, la deviazione di un filo a piombo dalla verticale (1774).

MASMUDA, uno dei principali gruppi berberi, secondo la classificazione introdotta dallo storico Ibn Khaldun; i m. diedero origine alla dinastia marocchina degli Almohadi.

MASOLÌNO DA PANICÀLE (Tommàso **di Cristòforo Fini**, detto), *Panicale 1383 ca. - ? 1440 ca.*, pittore. Coniugò un linguaggio di matrice gotica con l'influenza di Masaccio, con cui collaborò agli affreschi della Cappella Brancacci, nella chiesa del Carmine, a Firenze. Tra le sue opere più importanti, il polittico della *Madonna della Neve* (1428, originariamente a S. Maria Maggiore, Roma), la *Madonna dell'Umiltà* (1423, Kunsthalle, Brema) e gli affreschi del battistero di Castiglione (1435, Olona).

MASÓN VICENTÌNO, com. in prov. di Vicenza; 3083 ab. Agricoltura (foraggi, frutta). Mercato delle ciliegie. Villa Angaran delle Stelle Cattaneo.

MASÒVIA, reg. della Polonia, lungo la media Vistola. Divenuta ducato ereditario nel 1138, nel 1526 fu unita al regno di Polonia.

MASPERO (Gaston), *Parigi 1846-1916*, egittologo francese. Proseguì l'opera di salvaguardia di A. Mariette, ed eseguì numerosi scavi, riportando alla luce la sfinge di El-Giza e il tempio di Luxor, sepolti nella sabbia.

MASQAT, in it. **Mascàte**, cap. dell'Oman, sul Golfo di Oman; 540.000 ab.

MÀSSA, c. della Toscana, capol. della prov. di Massa-Carrara, alle falde delle Alpi Apuane; 68.141 ab. (*massesi*). Mercato agricolo. Estrazione e commercio del marmo. — *Curtis* del vescovo di Luni nel X sec., nel XV-XVIII sec. fu signoria dei Malaspina, che ne fecero la capitale del ducato di Massa e Carrara, e nel 1790 passò ai Lorena (1790). — Palazzo Cybo-Malaspina (XVI-XVII sec.), Rocca Malaspina (XV-XVI sec.), duomo (XIII sec.). — La provincia è in gran parte montuosa. L'agricoltura è poco sviluppata (cereali, ortaggi, uva, frutta), mentre notevole rilievo hanno l'estrazione del marmo e l'industria (chimica, alimentare, meccanica, del legno e della carta). Turismo estivo a Marina di Massa e Marina di Carrara.

MASSACHUSETTS, Stato degli Stati Uniti, nella Nuova Inghilterra; 6.349.097 ab.; cap. *Boston*.

MASSACHUSETTS INSTITUTE OF TECHNOLOGY (MIT), istituto universitario di ricerca degli Stati Uniti, fondato a Boston nel 1861 e trasferito a Cambridge (USA) nel 1916.

MASSACIÙCCOLI (làgo di), lago della Toscana; 6,9 km². Si trova presso Viareggio, tra le prov. di Lucca e Pisa. Pesca e caccia. Sulla sponda occ., casa e tomba di G. Puccini.

MÀSSA D'ÀLBE, com. in prov. dell'Aquila; 1471 ab. Agricoltura (mandorle, cereali). Nei dintorni, rovine dell'antica città di *Alba Fucente*.

MASSÀFRA, com. in prov. di Taranto; 31.148 ab. Agricoltura (agrumi, cereali, fichi, mandorle). Industrie del mobile, della birra, dell'abbigliamento. Gravina di S. Marco con chiesa-cripta omonima e grotte. Castello medievale, ricostruito nel XV sec.

MASSAGÈTI, ant. popolazione nomade iraniana del Caucaso orient. Fu nel corso di una spedizione contro i m. che Ciro II trovò la morte (530 a.C.).

MÀSSA MARÌTTIMA, com. in prov. di Grosseto, nella zona delle Colline Metallifere; 8823 ab. Industrie estrattive e meccaniche. Importanti monumenti medievali (duomo, palazzo del podestà, palazzo comunale) si affacciano su una piazza altamente scenografica.

MASSARÈNTI (Giuseppe), *Molinella 1867-1950*, politico. Animatore del movimento socialista, sindaco di Molinella (1911-1914), organizzò cooperative di braccianti, manifestazioni e scioperi contadini. Costretto a fuggire a San Marino, fu assolto nel 1919. Perseguitato dal fascismo, tornò in libertà dopo la caduta del regime.

MASSÀRI (Giuseppe), *Taranto 1821 - Roma 1884*, politico. Eletto deputato al parlamento napoletano nel 1848, direttore della *Gazzetta Ufficiale* dal 1856, fu deputato al parlamento italiano negli anni 1860-1876 e 1880-1884. Tra le opere, *I casi di Napoli* (1849), *Operette politiche* (1860-1862).

MASSÀRI (Ànna Marìa **Massatàni**, detta Lèa), *Roma 1933*, attrice cinematografica. Tra le sue interpretazioni, *Proibito* (1954), *I sogni nel cassetto* (1957), *L'avventura* (1960), *Una vita difficile* (1961), *Il colosso di Rodi* (1961), *L'amante* (1969), *Soffio al cuore* (1971), *Allonsanfàn* (1974), *Segreti segreti* (1985). Per la televisione, *Anna Karenina* (1974).

MASSAUA, c. dell'Eritrea, sul Mar Rosso; 29.000 ab. Porto. Saline. Nel 1885 fu occupata dagli italiani.

MASSÉNA (André), **dùca di Rivoli**, principe **di Essling**, *Nizza 1758 - Parigi 1817*, militare francese. Si distinse durante le campagne napoleoniche, in Italia, a Rivoli (1797), Zurigo (1799), Essling e Wagram (1809).

■ *André Masséna ritratto da L. Hersent. (Musée Masséna, Nizza.)*

MASSENET (Jules), *Montaud 1842 - Parigi 1912*, compositore francese. Mostrò una particolare sensibilità per il teatro, per il quale realizzò liriche struggenti e sensuali (*Hérodiade*, 1881; *Manon*, 1884; *Werther*, 1892; *Thaïs*, 1894; *le Jongleur de Notre-Dame*, 1902).

MASSÈNZIO (Màrco Aurèlio Valèrio), *280 ca. - ponte Milvio 312*, imperatore romano (306-312). Figlio di Massimiano, fu sconfitto da Costantino al ponte Milvio (312), dove trovò la morte.

MASSÌCCIO CENTRÀLE, reg. montuosa della Francia centrale e merid.; la vetta più elevata è il Puy de Sancy (1885 m). La zona centrale, in passato interessata da vulcanismo, è caratterizzata dai resti di colate laviche. L'economia della regione poggia sull'allevamento.

MASSILLON (Jean-Baptiste), *Hyères 1663 - Beauregard-l'Évêque 1742*, predicatore francese. Oratoriano, scrisse orazioni funebri diventate famose, in part. quella per Luigi XIV (1715). Fu vescovo di Clermont e predicatore di corte (suo capolavoro sono i sermoni della *Piccola Quaresima*, 1718).

MASSIMIÀNO (Màrco Aurèlio Valèrio), *Pannonia 250 ca. - Marsiglia 310*, imperatore romano (286-305 e 306-310) della tetrarchia. Associato all'impero da Diocleziano, abdicò insieme a questi nel 305. Approfittò dell'anarchia che seguì per riprendere il potere, ma entrò in conflitto con il genero Costantino, che lo fece arrestare.

MASSIMILIÀNO, nome di più sovrani

BAVIERA

MASSIMILIÀNO I, *Monaco 1573 - Ingolstadt 1651*, duca (1597), poi elettore (1623-1651) di Baviera. Alleato di Ferdinando II d'Asburgo nella guerra dei Trent'anni, sconfisse l'elettore palatino Federico V nella battaglia della Montagna Bianca (1620).

MASSIMILIÀNO I GIUSÈPPE, *Mannheim 1756 - Nymphenburg, Monaco, 1825*, elettore (1799), poi re di Baviera (1806-1825). Napoleone gli riconcobe il titolo di re (1806) e il dominio su Bayreuth e Salisburgo (1809). — **Massimiliano II Giuseppe**, *Monaco 1811-1864*, re di Baviera (1848-1864).

MESSICO

MASSIMILIÀNO, *Vienna 1832 - Querétaro 1867*, arciduca d'Austria (Ferdinando Giuseppe d'Asburgo), poi imperatore del Messico (1864-1867). Fratello minore dell'imperatore Francesco Giuseppe, fu designato imperatore del Messico da Napoleone III (1864), ma non riuscì a reprimere la rivolta nazionalista guidata da B. Juárez García. Abbandonato dalla Francia (1867), fu catturato e fucilato.

SACRO ROMANO IMPERO

MASSIMILIÀNO I, *Wiener Neustadt 1459 - Wels 1519*, arciduca d'Austria, imperatore (1508-1519), della dinastia degli Asburgo. Grazie al matrimonio con Maria di Borgogna (1477) estese il suo regno a Paesi Bassi e Borgogna, ma per difendere tali possedimenti dovette impegnarsi in un lungo conflitto, contro Luigi XI e poi Carlo VIII, al termine del quale conservò soltanto Artois e Franca Contea (1493). Costretto a riconoscere l'indipendenza dei cantoni svizzeri (1499), unificò i suoi Stati ereditari e li dotò di istituzioni centralizzate.

■ *L'imperatore Massimiliano I ritratto da A. Dürer. (Kunsthistorisches Museum, Vienna.)*

— **Massimiliano II**, *Vienna 1527 - Ratisbona 1576*, imperatore (1564-1576), figlio di Ferdinando I d'Asburgo.

MASSIMILIÀNO o **MAX VON BADEN** (principe), *Baden-Baden 1867 - presso Costanza 1929*, politico tedesco. Nominato cancelliere da Guglielmo II (3 ott. 1918), dovette cedere la carica a F. Ebert (10 nov.).

MASSIMILIÀNO SFÒRZA, *Milano 1493 - Parigi 1530*, duca di Milano. Figlio di Ludovico il Moro e Beatrice d'Este, ottenne il ducato nel 1512. Dopo la temporanea vittoria sui francesi nel 1513, fu sconfitto definitivamente a Marignano (1515) e costretto all'esilio in Francia.

MASSIMÌNO, *173 - Aquileia 238*, imperatore romano (235-238). La sua morte segnò l'inizio di un periodo di anarchia militare. — **Massimino**

Daia, *m. a Tarso nel 313*, imperatore romano (309-313). Perseguitò i cristiani. Fu sconfitto da Licinio in Tracia.

MÀSSIMO IL CONFESSÓRE (sànto), *Costantinopoli 580 ca. - Lazika 662*, teologo bizantino. Segretario personale di Eraclio, divenne monaco nel 613-614; giunto in Africa, fu il fervente oppositore delle eresie monotelita e monofisita. Arrestato nel 653 da Costante II, fu costretto all'esilio in Tracia. La sua produzione comprende *Opuscoli teologici e polemici*, il *Libro ascetico*, il *Computo ecclesiastico*.

MÀSSIMO (Petrònio), *396-455*, imperatore romano d'Occidente. Dopo aver preso parte alla congiura contro Valentiniano III, salì al trono e costrinse la vedova Eudossia a sposarlo. Attaccato dai vandali di Genserico, si diede alla fuga e morì lapidato dal popolo.

MÀSSIMO MÀGNO, *m. nel 388*, usurpatore romano (383-388). Dopo aver occupato Gallia, Spagna e Britannia, tentò di conquistare l'Italia, ma fu sconfitto da Teodosio.

MASSINE (Leonìd Fèdorovic **Mjasin**, detto Lèonide), *Mosca 1896 - Borken, Renania Settentrionale-Westfalia, 1979*, ballerino e coreografo russo naturalizzato statunitense. Collaboratore di S. Djagilev, si affermò negli Stati Uniti e in Europa con le sue "sinfonie coreografiche" (*Jeux d'enfants*, 1932; *La symphonie fantastique*, 1936).

MASSINGER (Philip), *Salisbury 1583 - Londra 1640 ca.*, drammaturgo inglese, autore di tragicommedie (*La fanciulla onorata*) e commedie di costume.

MASSINÌSSA, *238 ca. - Cirta 148 a.C.*, re di Numidia. Alleato dei romani nella seconda guerra punica, riuscì a fare prigioniero il re Siface (203 a.C.), stabilendo il proprio dominio su un potente regno. La dichiarazione di guerra a M. da parte di Cartagine, nel 150, fornì a Roma il pretesto per la terza guerra punica.

MASSON (André), *Balagny-sur-Thérain 1896 - Parigi 1987*, pittore francese. È considerato tra i fondatori del surrealismo. Negli Stati Uniti, dove visse dal 1941 al 1945, esercitò una forte influenza sugli artisti locali, in part. su J. Pollock e sull'espressionismo astratto.

MASTÀRNA, condottiero etrusco raffigurato nelle pitture parietali di una tomba di Vulci. Fu identificato dall'imperatore Claudio in Servio Tullio. Si ritiene che il suo nome derivi dall'etrusco *macstrna*, equivalente di *magister*.

MASTERS (Edgar Lee), *Garnett 1869 - Melrose Park 1950*, poeta statunitense. Il suo nome è legato alla raccolta poetica *Antologia di Spoon River* (1915), una successione di epitaffi con i quali gli abitanti defunti di una città della provincia statunitense raccontano ricordi, speranze e delusioni della loro vita passata.

MASTÌNO DELLA SCÀLA → DELLA SCALA.

MASTRIÀNI (Francèsco), *Napoli 1819-1891*, scrittore. Divenne popolare con una serie di romanzi d'appendice, nei quali tratteggiava le condizioni di vita del popolo napoletano: *La cieca di Sorrento* (1852), *Il mio cadavere* (1853), *I vermi* (1863-1864), *I misteri di Napoli* (1875), *La sepolta viva* (1889).

MASTROIÀNNI (Marcèllo), *Fontana Liri 1924 - Parigi 1996*, attore teatrale e cinematografico. Debuttò a teatro nella compagnia di L. Visconti, ma si affermò sul grande schermo, recitando per importanti registi, tra cui M. Monicelli (*I soliti ignoti*, 1958), V. De Sica (*Ieri, oggi, domani*, 1963; *Matrimonio all'italiana*, 1964; *I girasoli*, 1969), F. Fellini (*La Dolce Vita*, 1960; *Otto e mezzo*, 1963; *Roma*, 1972; *La città delle donne*, 1980; *Ginger e Fred*, 1985), M. Antonioni (*La notte*, 1961), M. Ferreri (*La grande abbuffata*, 1973), E. Scola (*Permette, Rocco Papaleo*, 1971; *C'eravamo tanto amati*, 1974; *Una giornata particolare*, 1977; *La terrazza*, 1980; *Splendor*, 1988; *Che ora è?*, 1989), R. Faenza (*Sostiene Pereira*, 1995).

■ *Marcello Mastroianni.*

MASTRONÀRDI (Lùcio), *Vigevano 1930-1979*, scrittore. Grazie a E. Vittorini, pubblicò sul primo numero del *Menabò* il romanzo *Il calzolaio di Vigevano* (1959), che colpì la critica per lo sperimentalismo linguistico ispirato a C.E. Gadda. Tra le opere successive, *Il maestro di Vigevano* (1962), *Il meridionale* (1964), *Gente di Vigevano* (1977).

MASÙCCIO SALERNITÀNO (Tommàso **Guardàti**, detto), *Salerno 1415 ca. - 1475*, novelliere. Dal 1463 fu cortigiano e segretario di Roberto di Sanseverino, principe di Salerno. È autore del *Novellino* (1476), raccolta di 50 novelle ispirata al modello boccaccesco, priva però dalla cornice e caratterizzata da temi cupi e drammatici e da una corrosiva satira anticlericale.

MASUDI (Abu Al-Hasan Ali **Al-**), *Baghdad 890 ca. - Fustat 956 ca.*, viaggiatore arabo, autore di opere enciclopediche (*Le praterie d'oro*).

MASUKU → FRANCEVILLE.

MASÙRIA, reg. della Polonia nord-orient., ricca di laghi.

MATADI, c. della Rep. Dem. del Congo, sul f. Congo; 138.798 ab. Porto.

MATA HARI (Margaretha Geertruida **Zelle**, detta), *Leeuwarden 1876 - Parigi 1917*, ballerina e avventuriera olandese. Sospettata di spionaggio a favore della Germania, venne fucilata.

■ *Mata Hari ritratta da P. Van der Hem, 1914.*

MATAMOROS, personaggio della commedia dell'arte spagnola del XVI sec.; è la maschera del soldato spaccone ma codardo.

MATAMOROS, c. del Messico, sul Río Bravo; 376.279 ab.

MATANZA, c. dell'Argentina, sobborgo di Buenos Aires; 1.121.164 ab.

MATANZAS, c. di Cuba, sulla costa settentr.; 122.588 ab. Porto.

MATANZAS, centro metallurgico del Venezuela, presso l'Orinoco.

MATAPAN (Càpo), già **Càpo Ténaro**, capo del Peloponneso merid. — **Battaglia del Capo Matapan** (28 mar. 1941), sconfitta della flotta italiana da parte di quella britannica.

MATARAM, c. dell'Indonesia, sull'Isola di Lombok; 306.600 ab.

MATARÀZZO (Raffaèllo), *Roma 1909-1966*, regista cinematografico. Realizzò commedie e melodrammi di grande popolarità. Tra i suoi film, *Giù il sipario* (1940), *Catene* (1949), *I figli di nessuno* (1951), *Tormento* (1953), *Giuseppe Verdi* (1953), *La risaia* (1956), *Malinconico autunno* (1959), *Amore mio* (1964).

MATARÓ, c. della Spagna (Catalogna), sul Mediterraneo; 104.659 ab. Porto.

MATÈLDA, personaggio della *Divina Commedia*. Appare nel *Purgatorio* (canti XXVIII-XXXIII), guidando Dante nel paradiso terrestre e immergendolo nei fiumi Lete ed Eunoè. Personificazione della bellezza femminile, è considerata il simbolo della vita attiva e della felice condizione dell'uomo prima del peccato originale.

MATÈLICA, com. in prov. di Macerata; 10.131 ab. Agricoltura (patate, barbabietole da zucchero). Centro industriale (settore alimentare) e manifatturiero (pelletteria). Loggia e Palazzo degli Ottoni (XVI sec.). Palazzo pretorio (1570)

MATÈRA, c. della Basilicata, capol. di reg. e di prov., nelle Murge; 56.924 ab. (*materani*). Industrie alimentari e meccaniche. — Colonia romana (*Mateola*), subì l'occupazione di longobardi, bizantini (IX sec.) e normanni (1061). Nel basso Medioevo fu dominio feudale. — La parte antica di M. si estende lungo la pendenza della Gravina di M. (divisa in Sasso Barisano e Sasso Caveoso), in cui sono scavati i "Sassi", abitazioni rupestri di epoca preistorica. Duomo (XIII sec.) e chiese rupestri affrescate. — Nella provincia, estesa fino al Golfo di Taranto e in gran parte collinare, si pratica soprattutto l'agricoltura (cereali, ortaggi, frutta e viti). Estrazione di metano a Ferrandina.

MATER MATUTA, antica dea romana. Divinità del mattino (*matuta* sta per *matutina*), era venerata dalle donne sposate (*matronae*).

MATÉSE, gruppo montuoso dell'Appennino merid., tra la Campania e il Molise. È compreso tra le valli dei f. Biferno, Volturno, Calore e Tammaro, la cima più elevata è il Monte Miletto (2050 m).

MATHIEU (Georges), *Boulogne-sur-Mer 1921*, pittore francese. Teorico dell'"astrazione lirica", la sua pittura è caratterizzata dall'uso di segni calligrafici, tracciati in fretta sulla tela (tachismo).

MATHIEU (Vittòrio), *Varazze 1923*, filosofo. Ha approfondito temi quali il rapporto tra scienza e filosofia, la filosofia del diritto, l'economia, rielaborando in chiave personale il pensiero di I. Kant, G.W. Leibniz e H. Bergson. Tra le opere, *Bergson* (1954), *Il problema dell'esperienza* (1963), *La speranza della rivoluzione* (1972), *Filosofia del denaro* (1985).

MATHURA, c. dell'India (Uttar Pradesh); 298.827 ab. Centro politico, religioso e culturale sotto la dinastia Kushana, diede il suo nome a una celebre scuola di scultura (II-III sec.). Secondo la leggenda in questa città è nato il dio Krishna.

MATÌLDE, nome di più sovrane

INGHILTERRA

MATÌLDE DI FIÀNDRA, *m. nel 1083*, regina d'Inghilterra. Nel 1053 sposò il futuro Guglielmo I il Conquistatore.

MATÌLDE I, *Londra 1102 - Rouen 1167*, imperatrice, poi regina d'Inghilterra. Sposò (1114) l'imperatore Enrico V e, in seguito (1128), Goffredo V d'Angiò. Nonostante Enrico I l'avesse designata sua erede, non riuscì a far valere i suoi diritti al trono contro Stefano di Blois.

TOSCANA

MATÌLDE DI CANÒSSA, *1046 - Bondeno di Roncore 1115*, contessa di Toscana (1055-1115), di parte della Lombardia e della Lorena. Sostenitrice del papato, nel suo castello, a Canossa, l'imperatore Enrico IV si umiliò di fronte a Gregorio VII (1077).

MATÌLDE DI MAGDEBÙRGO, *Sassonia 1210 ca. - Helfta 1280*, mistica tedesca. Entrata nel 1230 in un convento di Magdeburgo, nel 1270 passò a quello di Helfta. Scrisse *Del fluire della luce divina*, testo in prosa e versi che rappresenta uno dei più alti esempi di poesia mistica del '200 ed ebbe larga influenza sulla poesia successiva.

MATÌLDE (sànta), *in Westfalia 890 ca. - Quedlinburg, Sassonia, 968*, regina di Germania. Dedicò tutta la vita a opere di carità.

MATISSE (Henri), *Cateau-Cambrésis 1869 - Nizza 1954*, pittore francese. Principale esponente del fauvismo (*La *gioia di vivere*), si allontanò presto dallo stile di questo movimento, elaborando un linguaggio caratterizzato da ampie campiture di colore e da segni sinuosi (*La danza*, 1910). Artista dotato di grande sensibilità decorativa e plastica, realizzò anche disegni, incisioni, sculture (*La serpentine*, 1909), collages di *papier découpé* (*Album jazz*, 1943-1946) e vetrate (Cappella dei domenicani di Vence), 1950, di cui peraltro eseguì tutte le decorazioni).

MATO GROSSO, Stato del Brasile occ.; 901.000 km²; 2.205.260 ab.; cap. *Cuiabá*. Comprende l'omonimo altopiano.

MATO GROSSO DO SUL, Stato del Brasile occ.; 357.500 km²; 2.074.877 ab.; cap. *Campo Grande*.

MATRA (Mónti), massiccio dell'Ungheria settentr.; 1015 m.

MATRIMÒNIO DI FIGARO (Il) → FIGARO.

MATSUDO, c. del Giappone (Honshu); 461.503 ab.

MATSUE, c. del Giappone (Honshu); 147.416 ab.

MATSUMOTO, c. del Giappone (Honshu); 205.523 ab. Castello del XVI sec.

MATSUSHIMA, baia e arcipelago del Giappone, sulla costa orient. di Honshu. Turismo. — Tempio del 1610 (statue di epoca Heian); museo.

MATSUYAMA, c. del Giappone (Shikoku); 460.968 ab.

MATTA (Roberto), *Santiago 1911 - Civitavecchia 2002*, pittore cileno. A Parigi dal 1934, si unì ai surrealisti. Nelle sue pitture ha interpretato l'inconscio e le pulsioni primitive con uno stile marcatamente espressionista.

MATTARÈLLI (Ènnio), *Bologna 1928*, tiravolista. Nella specialità tiro a volo-piattello fossa olimpica ha vinto la medaglia d'oro alle Olimpiadi di Tokyo del 1964. Ha inoltre conquistato 4 medaglie d'oro ai campionati del mondo (1961, 1967, 1969).

MATTATÌA, padre dei Maccabei.

MATTÈI (Enrico), *Acqualagna 1906 - Bascapè 1962*, imprenditore e politico. Promotore dell'estrazione di idrocarburi nella Pianura Padana, ebbe un ruolo importante nell'elaborazione della politica energetica e industriale italiana dopo il 1945. Presidente dell'ENI dal 1953, morì in un incidente aereo, forse causato da un sabotaggio.

MATTÈI (Stanìsloo), *Bologna 1750-1825*, compositore e teorico musicale. Seguace di padre Martini e maestro di cappella in S. Petronio, insegnò contrappunto ed ebbe tra gli allievi G. Donizetti e G. Rossini. Tra le opere, *Pratica d'accompagnamento sopra bassi numerati* (1825-1830).

MATTÈO (sànto), *I sec.*, apostolo di Gesù ed evangelista. Autore del primo Vangelo (80-90 ca.), secondo quanto stabilito dal canone, nei Vangeli di Marco e Luca è detto Levi. Quando fu chiamato da Gesù a unirsi a lui, a Cafarnao, esercitava la professione di gabelliere. Avrebbe compiuto il suo apostolato in Palestina, Etiopia e Persia, dove sarebbe morto martire. Patrono di Salerno, è spesso rappresentato come un uomo alato, oppure accompagnato da un angelo che pare ispirarlo mentre scrive il suo Vangelo.

MATTÈO D'ACQUASPÀRTA, *Acquasparta 1240 ca. - Roma 1302*, filosofo e teologo. Cardinale e generale dell'ordine francescano, fu incaricato da papa Bonifacio XIII di fare da paciere tra Bianchi e Neri. Sostenne l'agostinismo e il pensiero di san Bonaventura.

Henri **MATISSE**. La tristezza del re, *1952*; papier découpé *incollato su tela. (MNAM, Parigi.)*

MATTEÒTTI (Giàcomo), *Fratta Polesine 1885 - Roma 1924*, politico. Deputato e segretario del Partito socialista (1922), fu assassinato dai fascisti per aver denunciato i brogli e le violenze di cui si erano resi colpevoli gli uomini del regime durante le elezioni del 1924. Il ritrovamento del suo cadavere, il 10 giu. 1924, provocò profonda indignazione pubblica e una protesta in parlamento (secessione dell'**Aventino*).

MATTERHORN → CERVINO (Mónte).

MATTEÙCCI (Càrlo), *Forlì 1811 - Ardenza 1868*, fisico e politico. Docente di fisica a Pisa, fu senatore e ministro della pubblica istruzione (1862). Studiò l'elettrolisi (*Il discorso sul metodo razionale scientifico*, 1835), l'elettrofisiologia (*Saggio sui fenomeni elettrofisiologici degli animali*, 1840), il magnetismo e le correnti indotte.

MATTEÙCCI (Felice), *Lucca 1808 - Firenze 1887*, ingegnere meccanico. Progettò e realizzò, insieme a E. Barsanti, il primo motore a scoppio (1853).

MATTHAEUS (Lothar), *Erlangen 1961*, calciatore tedesco. Campione del mondo nel 1990 e d'Europa nel 1980 e 1996, ha vinto il Pallone d'oro nel 1990. In Italia ha giocato nell'Inter, vincendo 1 scudetto (1989) e 1 Coppa UEFA (1991). Detiene il record di partecipazioni (5 dal 1982 al 1998) e di presenze ai campionati mondiali.

MATTHAU (Walter **Matuschanskayansky**, detto Walter), *New York 1920 - Santa Monica 2000*, attore teatrale e cinematografico statunitense. Dopo l'esordio a teatro nel 1948, si è affermato al cinema con *Sciarada* (1964) e *Non per soldi ma per denaro* (1966, premio Oscar come miglior attore non protagonista). Tra le altre interpretazioni, *La strana coppia* (1967), *Prima pagina* (1974), *Buddy Buddy* (1981), *Il piccolo diavolo* (1988).

MATTHEWS (Drummond Hoyle), *Londra 1931 - ? 1997*, geologo britannico. I suoi studi, volti a dimostrare l'espansione dei fondali oceanici, hanno dato importanti contributi alla teoria della tettonica a zolle.

MATTÌA, *Vienna 1557-1619*, imperatore (1612-1619), re d'Ungheria (1608) e di Boemia (1611), della dinastia degli Asburgo. Figlio di Massimiliano II.

MATTÌA I CORVÌNO, *Kolozsvár, att. Cluj-Napoca, 1440 o 1443 - Vienna 1490*, re d'Ungheria (1458-1490). Nel 1479 occupò Moravia e Slesia, e nel 1485 si insediò a Vienna. Promosse la diffusione della cultura rinascimentale italiana nel suo regno.

MATTÌA (sànto), *m. nel 61 o 64*, discepolo di Gesù. Fu scelto per prendere il posto di Giuda tra gli apostoli. Secondo la tradizione evangelizzò la Cappadocia.

MATTÌNO (Il), quotidiano fondato nel 1891 a Napoli da E. Scarfoglio. Di indirizzo moderato-conservatore, ebbe tra i collaboratori G. D'Annunzio, M. Serao (anche direttore) e G.A. Borgese. Dopo un periodo di assenza, dal 1950 riprese le pubblicazioni sotto la guida di G. Ansaldo. Att. è diretto da Mario Orfeo.

MATTIÒLI (Càrlo), *Modena 1911 - Parma 1994*, pittore. Ha sviluppato uno stile in equilibrio tra il figurativo e l'informale, incentrato sulla ricchezza e la versatilità cromatica, privilegiando ritratti e paesaggi.

MATTIÒLI (Raffaèle), *Vasto 1895 - Roma 1973*, finanziere. Amministratore delegato (1933-1960) e presidente (fino al 1972) della Banca commerciale italiana, promosse un'intensa attività culturale, fondando la rivista *La Cultura* (1928-1933), la casa editrice omonima e l'Istituto italiano di studi storici.

MATTÒLI (Màrio), *Tolentino 1898 - Roma 1980*, regista teatrale e cinematografico. Tra il 1928 e il 1934 diresse la compagnia di prosa e rivista Za-Bum, quindi realizzò numerosi film comici, lanciando attori come Totò (*Totò al Giro d'Italia*, 1948) ed E. Macario (*Il pirata sono io!*, 1940).

MATTÒTTI (Lorènzo), *Brescia 1954*, disegnatore di fumetti e illustratore. Collaboratore di *Linus*, illustratore per la rivista di moda *Vanity* e autore di manifesti, ha sviluppato uno stile personale che ha contribuito a rinnovare la tecnica del fumetto in Italia. Tra le pubblicazioni, *Incidenti* (1979), *Il Signor Spartaco* (1982), *Fuochi* (1984).

MATTOX (Matt), *Tulsa, Oklahoma, 1921*, ballerino e coreografo statunitense. Prima di trasferirsi in Francia (1975) ha lavorato negli Stati Uniti e in Gran Bretagna. È uno dei maestri della danza jazz.

MATURÍN, c. del Venezuela; 206.654 ab.

MATURIN (Charles Robert), *Dublino 1782-1824*, scrittore irlandese, autore di romanzi gotici (*Melmoth l'errante*).

MATUSALÈMME, patriarca biblico vissuto prima del diluvio universale. Secondo la Genesi sarebbe morto a 969 anni.

MATUTE (Ana María), *Barcellona 1926*, scrittrice spagnola. Nei suoi romanzi narra vicende di bambini e adolescenti travolti dalla tragedia della guerra civile o alle prese con il mondo moderno (*Festa al Nordovest*, *I bambini tonti*).

MAUGHAM (William Somerset), *Parigi 1874 - Saint-Jean-Cap-Ferrat 1965*, scrittore britannico. Le sue opere narrative (*Il filo del rasoio*) e teatrali offrono una rappresentazione realista dell'alta società inglese e dei paesi esotici.

MAULBERTSCH (Franz Anton), *Langenargen, Lago di Costanza, 1724 - Vienna 1796*, pittore austriaco. Tra i massimi esponenti del barocco tedesco, affrescò chiese in Austria, Moravia e Ungheria.

MAUNA KEA, vulcano spento dell'Isola Hawaii, la vetta più elevata dell'arcipelago; 4208 m. Si trova a NE del Mauna Loa, vulcano attivo (4170 m). Osservatorio astronomico (telescopio Keck, il più grande del mondo).

MAUPAS (Philippe), *Tolone 1939 - Tours 1981*, veterinario e medico francese. Ha diretto l'équipe di ricercatori che ha messo a punto il vaccino contro il virus dell'epatite B.

MAUPASSANT (Guy **de**), *castello di Miromesnil 1850 - Parigi 1893*, scrittore francese. Ammiratore e amico di G. Flaubert, esordì con il racconto *Palla di sego*, inserito nella raccolta *Le serate di Médan*, manifesto del naturalismo. Nelle sue novelle realiste rappresentò la vita dei contadini normanni e dei piccoli borghesi, raccontò storie d'amore e descrisse le allucinazioni della follia: *La casa Tellier* (1881), *Racconti della beccaccia* (1883), *Le horla* (1887). Fu anche autore di romanzi (*Una vita*, 1883; *Bel-Ami*, 1885).

■ *Guy de Maupassant ritratto da F. Feyen-Perrin. (Reggia di Versailles.)*

MAUPERTUIS (Pierre Louis **Moreau de**), *Saint-Malo 1698 - Basilea 1759*, matematico francese. Diresse la spedizione che misurò un arco di meridiano in Lapponia (1736) e fornì la prova dello schiacciamento della Terra ai poli. Enunciò il principio della minima azione (1744), che considerò una legge universale della natura, e propose una teoria dell'evoluzione simile a quella in seguito formulata da J.-B. Lamarck.

MÀURI, denominazione con cui si indicavano le popolazioni dell'Africa nord-occ., e che è att. usata in riferimento a un gruppo di popoli sahariani della Mauritania, del Sahara Occidentale e del Mali (ca. 1,7 milioni di individui). Di origine berbera, islamizzati nel Medioevo, a partire dal XVII sec. i m. si sono organizzati in emirati e, a E, in potenti confederazioni tribali. Per tradizione pastori nomadi, hanno rivendicato il possesso del Sahara Occidentale. Parlano un dialetto arabo (hassaniyya).

MAÙRI (Glàuco), *Pesaro 1930*, attore teatrale e cinematografico. Interprete sensibile del repertorio drammatico classico e moderno, nel 1981 ha creato una propria compagnia, della quale ha spesso diretto gli spettacoli (*Don Giovanni*, 1990). Al cinema ha interpretato *La Cina è vicina* (1967), *Profondo rosso* (1975), *Ecce Bombo* (1978).

MAURIAC (François), *Bordeaux 1885 - Parigi 1970*, scrittore francese. Nei suoi romanzi delinea il conflitto tra fede e passioni umane, attraverso una feroce rappresentazione della vita di provincia (*Il bacio del lebbroso*, 1923; *Teresa Desqueyroux*, 1927; *Groviglio di vipere*, 1932). Ha scritto anche testi per il teatro (*Asmodeo*, *Amarsi male*), articoli di critica e di politica e memorie. (Premio Nobel 1952.)

MAURITÀNIA, ant. paese della zona occ. dell'Africa settentr. La M. era abitata dai mauri, tribù berbere che intorno al V sec. a.C. fondarono un regno, conquistato da Roma nel II sec. a.C. Divenuta provincia romana (40 d.C.), nel 42 fu divisa in M. Cesariana e M. Tingitana; in seguito occupata da vandali (V sec.) e bizantini (534), nel VIII sec. fu conquistata dagli arabi.

MAURITÀNIA, in ar. **Mūritāniyya**, Stato dell'Africa, sull'Atlantico; 1.080.000 km^2; 2.747.000 ab. (*mauritani*). CAP. *Nouakchott*. LINGUA: *arabo*. MONETA: *ouguiya*. [*V. carta a pagina seguente.*]

GEOGRAFIA – Situata nella parte occ. del Sahara, la M. è un paese desertico, in cui si pratica l'allevamento di ovini, caprini e cammelli. La pesca e soprattutto i giacimenti di ferro (nei pressi di F'Derick) rappresentano la base delle esportazioni, che fanno capo al porto di Nouâhibou. La popolazione, islamizzata, è composta da una maggioranza di mauri, nel N, e da neri, nel S.

STORIA – **Le origini e la colonizzazione. Fine del Neolitico**: la desertificazione della regione causa la migrazione verso S dei primi abitanti, negroidi. **Inizio dell'era cristiana**: penetrazione di pastori berberi. **VIII-IX sec.**: la M., terra di confine tra Africa nera e Maghreb, viene islamizzata. **XI sec.**: fondazione dell'impero degli Almoravidi, che coincide con un periodo di intransigenza religiosa. **XV-XVIII sec.**: gli arabi hassaniti suddividono il paese in emirati. I portoghesi si insediano lungo le coste. **1900-1912**: conquista francese. **1920**: la M. entra a far parte dell'Africa occidentale francese.

La repubblica. 1958: nasce la Rep. islamica di M.; Moktar Ould Daddah è primo ministro (1958-1961), e in seguito presidente (1961-1978). **1960**: la M. conquista l'indipendenza; **1976**: occupa il Sahara Occidentale, entrando in conflitto con i saharawi del Fronte Polisario; **1979**: rinuncia alle sue pretese sul Sahara Occidentale. **1984**: il colonnello Ould Taya assume il potere con un colpo di Stato. **1989**: scontri interetnici tra senegalesi e mauritani causano una forte tensione con il Senegal. **1991**: viene adottata una nuova Costituzione e instaurato il multipartitismo. **1992**: Ould Taya viene eletto presidente della repubblica; il suo partito ottiene un'ampia maggioranza alle elezioni legislative, boicottate dall'opposizione. La M. riprende le relazioni diplomatiche con il Senegal. **1997**: Ould Taya si riconferma capo dello Stato. **1998**: El Avia Ould Muhammad Khouma diviene primo ministro.

MAURÌZIO, in ingl. **Mauritius**, Stato insulare dell'Africa, nell'Oceano Indiano; 2040 km^2; 1.171.000 ab. (*mauriziani*). CAP. *Port Louis*. LINGUA: *inglese*. MONETA: *rupia di Maurizio* [*V. carta del* **Madagascar**.]

La densità è molto elevata; la popolazione è per la maggior parte costituita da discendenti degli indiani emigrati per lavorare nelle piantagioni di canna da zucchero, che, con l'industria tessile e il turismo, rappresentano una risorsa essenziale del paese.

STORIA – **Inizio del XVI sec.**: i portoghesi (Alfonso de Albuquerque) scoprono l'isola; **1598**: gli olandesi la occupano e le danno il nome in onore di Maurizio di Nassau. **1638-1710**: viene fondato un insediamento olandese, destinato a diventare un centro di deportazione. **1715**: l'isola passa sotto la dominazione francese; **1810**: passa sotto il controllo della Gran Bretagna. **1833**: alla liberazione degli schiavi fa seguito l'immigrazione massiccia di lavoratori indiani. **1968**: M. ottiene l'indipendenza nell'ambito del Commonwealth. **1982**: Aneerood Jugnauth viene nominato primo ministro. **1992**: l'isola diventa una repubblica, presieduta da Cassam Uteem. **1995**: Navin Ramgoolam è a capo del governo. **2000**: A. Jugnauth torna a ricoprire la carica di premier. **2002**: Karl August Hoffman è il nuovo capo dello Stato.

MAURÌZIO, *Arabisso 539 ca. - in Calcedonia 602*, imperatore bizantino (582-602). Riorganizzò l'amministrazione e cercò di difendere i confini dell'impero dalle invasioni barbariche.

MAURÌZIO, cónte **di Sassònia**, detto **il Maresciàllo di Sassònia**, *Goslar 1696 - Chambord 1750*, militare francese. Figlio di Augusto II e Aurora von Königsmarck. Generale dell'esercito francese, tra i più grandi condottieri dell'epoca, riportò importanti vittorie nelle guerre di successione polacca e austriaca.

Mauritania

★ importante località turistica

100   200   500 m

— strada normale

– ferrovia

✈ aeroporto

● più di 500.000 ab.

● da 10.000 a 500.000 ab.

● meno di 10.000 ab.

MAURÌZIO (sànto), *m. ad Agaunum, att. Saint-Maurice, fine del III sec.*, legionario romano, martire. Sarebbe stato massacrato, insieme ad alcuni dei suoi soldati, per essersi rifiutato di perseguitare i cristiani.

MAURÌZIO DI NASSAU, *Dillenburg 1567 - L'Aia 1625*, statolder d'Olanda e di Zelanda (1585-1625), di Groninga e di Drenthe (1620-1625). Figlio di Guglielmo I di Nassau, combatté vittoriosamente contro la dominazione spagnola e fece giustiziare il gran pensionario J. Van Oldenbarneveldt (1619). Nel 1618 divenne principe d'Orange.

MAURÌZIO E LÀZZARO (órdine dei sànti), ordine cavalleresco. Creato nel 1572 per volere di Emanuele Filiberto di Savoia, dalla fusione dei due ordini preesistenti di san Maurizio e di san Lazzaro. Approvato nello stesso anno dal papa, fu poi ridotto da Vittorio Emanuele II a un titolo onorifico con cinque gradi.

MÀURO (sànto), *VI sec.*, abate, discepolo di san Benedetto. Nel XVII sec. una congregazione benedettina (maurini) prese il nome da lui.

MAUROCORDÀTO o **MAVROKORDÁTOS** (Alessàndro, prìncipe), *Costantinopoli 1791 - Egina 1865*, politico greco. Tra i difensori di Missolungi (1822-1823), fu leader del partito anglofilo e primo ministro nel 1833, 1841, 1844 e 1854-1855.

MAUROIS (André), *Elbeuf 1885 - Neuilly 1967*, scrittore francese. È autore di romanzi (*I silenzi del colonnello Bramble, Climats*) e biografie romanzate (*Ariele o la vita di Shelley*).

MAURÒLICO (Francésco), *Messina 1494-1575*, matematico ed erudito. Benedettino, è considerato lo scopritore del principio di induzione matematica. Traduttore di opere erudite in latino, scrisse *Photismi de lumine et umbra* (1574), uno studio sull'occhio umano, e *Arithmeticorum libri duo* (1575).

MAUROY (Pierre), *Cartignies 1928*, politico francese. È stato sindaco di Lilla (1973-2001), primo ministro dal 1981 al 1984 e segretario del Partito socialista dal 1988 al 1992.

MAURRAS (Charles), *Martigues 1868 - Saint-Symphorien 1952*, teorico e politico francese. Convinto monarchico, avversò protestanti, ebrei e massoni, considerandoli responsabili della disgregazione nazionale, e si oppose al regime repubblicano dalle pagine dell'*Action française*. Il sostegno dato alla repubblica di Vichy gli valse, nel 1945, la condanna all'ergastolo.

■ *Charles Maurras.*

MAURY (Matthew Fontaine), *Spotsylvania County, Virginia, 1806 - Lexington, Virginia, 1873*, oceanografo statunitense, tra i fondatori dell'oceanografia moderna e della meteorologia marittima.

MAURYA, dinastia indiana fondata da Chandragupta nel 320 ca. a.C. ed estintasi nel 185 ca. a.C.

MÀUSOLO, *m. nel 353 a.C.*, satrapo della Caria (377-353 ca. a.C.). È celebre per il suo fastoso monumento funebre, ad Alicarnasso (il mausoleo).

MAUTHAUSEN, campo di concentramento tedesco presso Linz (Austria), dove, tra il 1938 e il 1945, trovarono la morte 150.000 persone ca.

MAX-PLANCK-GESELLSCHAFT, istituto di ricerca tedesco senza scopo di lucro. Fondato nel 1948, sviluppa progetti nei campi della ricerca scientifica (scienze naturali, umane e sociali, chimica, biologia).

MAXWELL (James Clerk), *Edimburgo 1831 - Cambridge 1879*, fisico britannico. Con le sue equazioni generali del campo elettromagnetico (equazioni di M.), unificò le teorie dell'elettricità e del magnetismo. La sua teoria della luce è stata confermata dalla verifica sperimentale che luce e onde elettromagnetiche si propagano alla stessa velocità. I suoi studi sulla distribuzione della velocità delle molecole di un gas hanno dato un importante contributo alla termodinamica.

MAY (Fiona), *Slough 1969*, atleta britannica naturalizzata italiana. Nel salto in lungo ha vinto la medaglia d'oro ai mondiali di Göteborg (1995) ed Edmonton (2001) e la medaglia di bronzo alle Olimpiadi di Atlanta (1996) e Sydney (2000). Ha conquistato la medaglia d'argento ai mondiali di Siviglia (1999).

MAYA, ant. popolazione amerindia della penisola dello Yucatán, in Messico, appartenente a un ceppo comune ad altri gruppi etnici del Messico (huastechi, tzotzil, totonachi ecc.) e del Guatemala (cakchiquel, mam, quiché ecc.). I discendenti dei m. (ca. 800.000 individui), la cui cultura è caratterizzata dal persistere di antiche credenze, praticano l'agricoltura, sono di religione cattolica e parlano una lingua del gruppo m.-totonaco. I m. diedero vita a una delle più evolute civiltà precolombiane: la loro società era fortemente gerarchizzata e organizzata in un insieme di città-Stato governate dall'aristocrazia (sistema teocratico). La storia m. viene comunemente divisa in tre periodi: preclassico, o delle origini (2000 a.C. - 250 d.C.), classico (250-950) e postclassico (950-1500). Durante il periodo classico la civiltà raggiunse il suo apogeo, nacque la scrittura pittografica (glifi), fu adottato un calendario solare di 365 giorni e fiorirono l'architettura (costruzione delle piramidi) e la decorazione pittorica e scultorea dei templi funerari (Copán, Tikal, Palenque, Uxmal ecc.). Il terzo periodo coincide con il declino della civiltà m., nonostante una certa fioritura nello Yucatán tolteco (Chichén-Itzá). Tra le divinità venerate dai m. vi erano Chac, il dio della pioggia, Kinich Ahau, il sole, che di notte si trasformava in giaguaro, e Kukulcán, l'eroe civilizzatore, assimilato all'azteco Quetzalcoatl.

MAYENNE, dip. della Francia, nella reg. Pays de la Loire; capol. *Laval*; 5175 km²; 285.338 ab. Si estende nel Massiccio Armoricano e vi si praticano soprattutto agricoltura e allevamento (bovini e suini). Industrie tessili, delle calzature, meccaniche ed elettriche.

MAYA. *La città di Tikal in Guatemala, periodo classico.*

MAYENNE (Càrlo di Lorèna, dùca **di**), *Alençon 1554 - Soissons 1611*, principe francese. Alla morte del fratello Enrico I di Guisa, divenne capo della lega cattolica. Sconfitto ad Arques (1589) e a Ivry (1590) da Enrico IV, nel 1595 dovette sottomettersi.

MAYER (Robert **von**), *Heilbronn 1814-1878*, medico e fisico tedesco. Calcolò l'equivalente meccanico della caloria (1842) e formulò il principio di conservazione dell'energia.

MAYERLING, località dell'Austria, 40 km a S di Vienna. Il 30 gen. 1889, in un padiglione di caccia, vi furono rinvenuti i cadaveri dell'arciduca Rodolfo d'Asburgo e della baronessa Maria Vetsera.

MAYFLOWER, nave che salpò da Southampton (1620) diretta in America, con a bordo un centinaio di emigranti, soprattutto puritani inglesi ("padri pellegrini"), destinati a fondare Plymouth (Nuova Inghilterra).

MAYOTTE, isola dell'Oceano Indiano, nell'arcipelago delle Comore; capol. *Dzaoudzi*; 374 km^2; 131.320 ab. L'isola è una collettività territoriale francese per decisione della popolazione (referendum del 1976).

MAYR (Ernst), *Kempten, Germania, 1904*, biologo statunitense di origine tedesca. Tra i fondatori del neodarwinismo, ha studiato i meccanismi della "speciazione" e proposto una definizione della specie basata sull'interfecondità degli individui.

MA YUAN, pittore cinese attivo dal 1190 al 1235. I suoi paesaggi, capolavori della pittura dei Song meridionali, denotano sobrietà e sensibilità poetica.

MAZAGAN → JADIDA (El-).

MAZÀRA DEL VÀLLO, com. in prov. di Trapani; 51.964 ab. Industrie alimentari e del mobile. Porto con la più importante flotta peschereccia italiana. Mura normanne con resti del castello (XI sec.), chiesa di S. Caterina (XIV sec.). Nei dintorni, cenobio basiliano della Madonna dell'Alto (XII sec.).

MAZARÌNO (Giùlio), *Pescina 1602 - Vincennes 1661*, religioso e politico francese di origine italiana. Capitano dell'esercito pontificio e diplomatico per conto del papa, nel 1639 passò al servizio della Francia, dove Richelieu lo fece eleggere cardinale e, prima di morire, lo raccomandò a Luigi XIII. Alla morte di questi (1643), M. divenne consigliere di Anna d'Austria, reggente di Luigi XIV. La sua politica estera fu tesa a rendere la Francia arbitro della politica europea: pose termine alla guerra dei Trent'anni con la pace di Westfalia (1648), impose alla Spagna la pace dei Pirenei (1659) e fu arbitro della pace tra le potenze baltiche (1660-1661). In politica interna cercò di rafforzare l'autorità regia (limitazione del potere del parlamento, persecuzione dei giansenisti), scontrandosi con l'opposizione della Fronda (1653).

■ *Mazarino ritratto da P. Mignard. (Musée Condé, Chantilly.)*

MAZAR-I-SHARIF, c. dell'Afghanistan; 130.600 ab. Il santuario del califfo Alì (XV sec.) è meta di pellegrinaggio per i musulmani.

MAZATLÁN, c. del Messico, sul Pacifico; 327.989 ab. Porto.

MAZEPPA o **MAZEPA** (Ivan Stepanovič), *1639 o 1644 - Bendery 1709*, atamano dei cosacchi dell'Ucraina orient. Dapprima al servizio dello zar Pietro il Grande, si alleò con Carlo XII, re di Svezia, nel tentativo di ottenere l'indipendenza dell'Ucraina. Fu però sconfitto a Poltava (1709) e dovette cercare rifugio presso i tatari.

MAZOWIECKI (Tadeusz), *Płock 1927*, politico polacco. Membro autorevole di Solidarność, fu primo ministro (e primo capo di governo non comunista dell'Europa orientale da 40 anni) dall'ago. 1989 al nov. 1990.

MAZZACURÀTI (Càrlo), *Padova 1956*, regista cinematografico. Tra i suoi film, *Notte italiana* (1987), *Il prete bello* (1989), *Un'altra vita* (1992), *Il toro* (1994), *Vesna va veloce* (1996), *L'estate di Davide* (1998), *La lingua del santo* (2000), *A cavallo della tigre* (2002).

MAZZACURÀTI (Marino), *Galliera 1908 - Parma 1969*, scultore e pittore. Con M. Mafai e Scipione fondò a Roma la Scuola romana. In seguito si orientò verso uno stile realista, realizzando opere come il *Monumento al partigiano*, a Parma (1955).

MAZZANTÌNI (Margaret), *Dublino 1961*, attrice teatrale e cinematografica e scrittrice. Interprete a teatro di opere classiche e contemporanee (Sofocle, A.P. Cechov, S. Sontag), al cinema ha recitato, tra l'altro, in *Festival* (1996), *Il barbiere di Rio* (1996), *Libero Burro* (1999). Ha scritto le opere teatrali *Manola* (1998) e *Zorro* (2000) e i romanzi *Il catino di zinco* (1994) e *Non ti muovere* (2001, premio Strega).

MAZZARÌNO (Giùlio) → MAZARINO (Giulio).

MAZZARÌNO (Sànto), *Catania 1916 - Roma 1987*, storico. Tra le opere, *Dalla monarchia allo Stato repubblicano* (1945), *Fra Oriente e Occidente* (1947), *Aspetti sociali del IV secolo* (1951), *L'impero romano* (1956), *Il pensiero storico classico* (1966).

MAZZÌNI (Giusèppe), *Genova 1805 - Pisa 1872*, patriota. Laureato in legge, nel 1831 fu condannato all'esilio per aver preso parte alla carboneria. Dalla Francia fondò la società segreta **Giovine Italia* e, attraverso l'omonimo periodico, sostenne la necessità di educare il popolo agli ideali di unità e libertà, allo scopo di creare un'Italia indipendente e repubblicana. Dopo aver soggiornato in Svizzera (dove nel 1934 fondò la **Giovine Europa*) e a Londra (dove prese coscienza della questione sociale), nel 1848 ritornò in Italia e partecipò, insieme ad A. Saffi e C. Armellini, all'esperienza della Repubblica Romana (mar.-lug. 1849). Di nuovo in esilio, continuò a organizzare attività insurrezionali dall'estero, fondando il Partito d'azione, partecipando alla Prima Internazionale e propugnando, anche dopo la creazione del regno d'Italia, la completa unificazione. Tra i suoi numerosi scritti (che comprendono molti saggi letterari), *Fede e avvenire* (1935) e *I doveri dell'uomo* (1861).

■ *Giuseppe Mazzini. (Galleria d'Arte moderna, Firenze.)*

MAZZÒLA (Valentino), *Cassano d'Adda 1919 - Torino 1949*, calciatore. Fu uno dei più grandi talenti del calcio italiano. Militò dal 1942 al 1949 nel Torino, con il quale vinse 5 scudetti. Morì tragicamente con la squadra nella sciagura aerea di Superga. — **Sandro M.**, *Torino 1942*, calciatore. Figlio di Valentino, ha militato nell'Inter dal 1961 al 1977, vincendo 4 scudetti e 2 Coppe dei campioni. È stato campione europeo con la nazionale nel 1968.

MAZZÒNI (Giusèppe), *Prato 1808-1880*, politico. Collaboratore dell'*Alba*, volontario nella prima guerra d'indipendenza, fu poi ministro della giustizia e triumviro del governo provvisorio toscano (1849). Rientrato in Italia dopo l'esilio in Francia e in Spagna, fu deputato e senatore (1879).

MAZZÓNI (Guido), *Firenze 1859-1943*, critico letterario. Autore di liriche (*Poesie*, 1882), fu presidente dell'Accademia della Crusca. Scrisse una serie di volumi di didattica scolastica, tra i quali *Manuale di letteratura greca* (1896) e *Avviamento allo studio critico della letteratura italiana* (1922).

MAZZÓNI (Guìdo), detto **il Modanìno** o **il Paganìno**, *Modena 1450 ca. - 1518*, scultore. Lavorò a Napoli e in Francia, eseguendo gruppi scultorei in terracotta policroma di grande intensità drammatica. Tra le opere, *Compianto sul Cristo morto* (diverse versioni, tra il 1477 e il 1492).

MAZZÓNI (Sebastiàno), *Firenze 1615 ca. - Venezia 1678*, pittore. Trasferitosi a Venezia, dipinse opere dalle forme dinamiche, caratterizzate da un acceso cromatismo: *Morte di Cleopatra*, *Annunciazione*, *Sogno di Onorio III*.

MAZZÓNI DEL GRÀNDE (Àngiolo), *Bologna 1894 - Roma 1970*, ingegnere e architetto. Dopo aver realizzato alcune stazioni (Siena, Latina, Roma Tiburtina), nel 1933 aderì al futurismo e diresse la rivista *Artecrazia*. Influenzato dal modernismo e da M. Piacentini, lavorò anche a diversi uffici postali.

MAZZÙCCO (Melània G.), *Roma 1966*, scrittrice. Tra le opere, *Il bacio della Medusa* (1996), *La vita assassina* (1997), *La camera di Baltus* (1998), *Lei così amata* (2000), *Blu Notte. Originale radiofonico* (2001, con L. Guarnieri), *Vita* (2003, premio Strega).

MBABANE, cap. dello Swaziland; 73.000 ab.

MBANDAKA, già **Coquilhatville**, c. della Rep. Dem. del Congo, sul f. Congo; 137.000 ab.

MBEKI (Thabo), *Idutywa, Transkei, 1942*, politico sudafricano. Vicepresidente (1994-1997) poi presidente (dal 1997) dell'ANC, è stato nominato vicepresidente della repubblica nel 1994 ed è subentrato a N. Mandela come capo dello Stato nel 1999.

MBINI, già **Río Muni**, parte continentale della Guinea Equatoriale.

MBUJI-MAYI, c. della Rep. Dem. del Congo, capol. del Kasai Orientale; 486.000 ab.

MBUNDU o **OVIMBUNDU**, popolazione dell'Angola occ. (ca. 4 milioni di individui), di lingua bantu. A partire dal XVII sec., i m. fondarono regni indipendenti che, fino al 1900 ca., rappresentarono fiorenti mercati per la tratta degli schiavi e per il commercio di avorio e cera.

MBUTI, popolazione pigmea che vive nella zona nord-orient. della Rep. Dem. del Congo.

McADAM (John Loudon), *Ayr, Scozia, 1756 - Moffat 1836*, ingegnere britannico. Mise a punto il sistema di pavimentazione stradale noto come "macadam", costituito da uno strato di pietrisco posto su un sottofondo di terra battuta, sopraelevato rispetto al terreno circostante, per far sì che l'acqua piovana possa defluire liberamente.

McALEESE (Mary), *Belfast 1951*, politica irlandese. Giurista, è presidente della repubblica dal 1997.

McCAREY (Leo), *Los Angeles 1898 - Santa Monica 1969*, regista e produttore cinematografico statunitense. Oltre ad aver diretto numerose comiche, fu autore di film di grande successo e di forte impatto emotivo e un vero e proprio maestro nel genere della commedia all'americana (*Zuppa d'anatra*, 1933; *Un amore splendido*, 1957; *Missili in giardino*, 1958).

McCARTHY (Joseph), *presso Appleton, Wisconsin, 1908 - Bethesda, Maryland, 1957*, politico statunitense. Senatore repubblicano, negli anni '50 del secolo scorso condusse una persecutoria campagna di denuncia anticomunista (maccartismo). Nel 1954 fu posto sotto inchiesta dal senato per corruzione e costretto alle dimissioni.

McCAY (Winsor), *Spring Lake, Michigan, 1867 - Sheepshead Bay, New York, 1934*, disegnatore e sceneggiatore statunitense. Tra i primi disegnatori di fumetti, si dedicò al cinema di animazione, creando il personaggio di Little Nemo (1905).

McCLINTOCK (Barbara), *Hartford 1902 - Huntington 1992*, genetista statunitense. La scoperta dei trasposoni, accolta con scetticismo negli anni '40 del secolo scorso, le valse il premio Nobel per la medicina e la fisiologia nel 1983.

McCLURE (sir Robert John **Le Mesurier**), *Wexford, Irlanda, 1807 - Londra 1873*, esploratore britannico. Scoprì il passaggio a Nord-Ovest, tra lo Stretto di Bering e l'Oceano Atlantico (1851-1853).

McCORMICK (Cyrus Hall), *contea di Rockebridge, Virginia, 1809 - Chicago 1884*, industriale statunitense. Nel 1831 mise a punto la prima mietitrice meccanica, fabbricata in serie, e nel 1947 fondò un'azienda di macchine agricole che portava il suo nome, divenuta nel 1902 International Harvester Company.

McCOURT (Frank), *New York 1930*, scrittore statunitense. Nei romanzi *Le ceneri di Angela* (1996) e *Che paese, l'America* (2000) ha raccontato la propria vicenda autobiografica, dall'infanzia infelice in Irlanda alla condizione di immigrato negli Stati Uniti degli anni '50 del secolo scorso.

McCULLERS (Carson Smith), *Columbus, Georgia, 1917 - Nyack, Stato di New York, 1967*, scrittrice statunitense. I suoi romanzi d'introspezione psicologica, carichi di echi freudiani, ruotano attorno al tema della solitudine e dell'incomunicabilità (*Il cuore è un cacciatore solitario*, 1940; *Riflessi in un occhio d'oro*, 1941; *Ballata del caffè triste*, 1951).

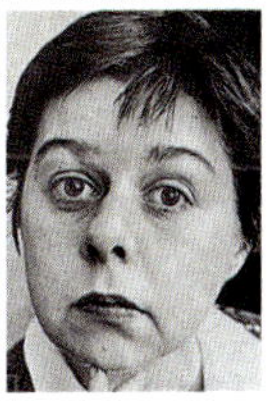

■ *Carson McCullers.*

La **MECCA**. *La Grande Moschea con la Ka'ba.*

McEWAN (Ian), *Aldershott 1948*, scrittore britannico. Tra le sue opere, *Primo amore, ultimi riti* (1974), *Fra le lenzuola e altri racconti* (1978), *Il giardino di cemento* (1978), *Cortesie per gli ospiti* (1981), *Bambini nel tempo* (1987), *Cani neri* (1993), *Lettera a Berlino* (1996), *Amsterdam* (1998), *Espiazione* (2001).

McGRATH (Patrick), *Londra 1950*, scrittore britannico. I suoi romanzi, parzialmente autobiografici, indagano la natura umana nei suoi risvolti più grotteschi. Tra le opere, *Grottesco* (1989), *Spider* (1990), *Il morbo di Haggard* (1993), *Follia* (1998), *Martha Peake* (2000).

McINERNEY (Jay), *Hartford 1955*, scrittore statunitense. Nel romanzo d'esordio *Le mille luci di New York* (1984), che lo ha consacrato come uno degli esponenti più autorevoli del minimalismo, ha raccontato le contraddizioni della borghesia newyorkese degli anni '80 del secolo scorso. Tra le altre opere, *Riscatto* (1986), *Si spengono le luci* (1993), *Professione modella* (2000).

McKINLEY (Mónte), la vetta più elevata dell'America settentr. (Alaska); 6194 m.

McKINLEY (William), *Niles, Ohio, 1843 - Buffalo, Stato di New York, 1901*, politico statunitense. Deputato repubblicano, eletto presidente degli Stati Uniti nel 1896, attuò una politica imperialista (Cuba, Hawaii). Rieletto nel 1900, fu assassinato da un anarchico.

McLAREN (Norman), *Stirling 1914 - Montreal 1987*, regista d'animazione canadese di origine britannica. Grande innovatore, nei suoi film impiegò le tecniche più diverse, una delle quali consisteva nel tracciare le immagini direttamente sulla pellicola (*La poulette grise*, 1947; *Neighbours*, 1952; *Blinking Blank*, 1955).

McLUHAN (Herbert Marshall), *Edmonton 1911 - Toronto 1980*, sociologo canadese. Invitò a prendere consapevolezza del modo in cui i mezzi di comunicazione di massa (televisione, radio ecc.) condizionano le relazioni e i comportamenti degli individui, mettendo in crisi il ruolo della scrittura (*La galassia Gutenberg*, 1962; *Gli strumenti del comunicare*, 1964).

McMILLAN (Edwin Mattison), *Redondo Beach, California, 1907 - El Cerrito, California, 1991*, fisico statunitense. Dopo aver ottenuto il nettunio e isolato il plutonio (1941), scoprì il principio del sincrociclotrone. (Premio Nobel per la chimica 1951.)

MEAD (Margaret), *Filadelfia 1901 - New York 1978*, antropologa statunitense. Studiò i problemi adolescenziali e il ruolo del fattore culturale nei processi di formazione del carattere nelle società primitive, conducendo numerose indagini sul campo (Bali, Nuova Guinea).

MEADE (James Edward), *Swanage, Dorset, 1907 - Cambridge 1995*, economista britannico. Influenzato dalle teorie keynesiane, si occupò dell'analisi dei pagamenti internazionali e approfondì il tema delle economie partecipative. (Premio Nobel 1977.)

MEÀNDRO → MENDERES.

MEAUX, c. della Francia, nel dip. Seine-et-Marne, sul f. Marna; 50.913 ab. Cattedrale gotica di St-Etienne (XIII sec.). — Ant. sede vescovile, vi sorge il museo dedicato a J. Bossuet, vescovo di M. dal 1682 al 1704.

MEÀZZA (Giuseppe), *Milano 1910 - Rapallo 1979*, calciatore. Campione del mondo con la nazionale nel 1934 e 1938, vinse 2 scudetti con l'Ambrosiana Inter (1930, 1938). Fu uno dei goleador più prolifici della storia del calcio italiano (capocannoniere nel 1930, 1936, 1938).

MEC, sigla del Mercato comune europeo (*CEE*).

MÉCCA (La), c. dell'Arabia Saudita, cap. dell'Hijaz; 618.000 ab. Patria di Maometto e prima città santa dell'islam. Il pellegrinaggio alla M. (*hadj*) è obbligatorio per tutti i musulmani almeno una volta nella vita.

MECENÀTE (Gàio), *Arezzo ? 69 ca. - 8 a.C.*, cavaliere romano. Amico di Augusto, promosse lo sviluppo delle lettere e delle arti. Virgilio, Orazio e Properzio beneficiarono della sua protezione.

MECHELEN, nome fiammingo di *Malines*.

MECHERÌNO → BECCAFUMI (Domenico).

MECHITÀR (Pierre Manuk, detto), *Sebaste, Anatolia, 1676 - Venezia 1749*, teologo cattolico armeno. Nel 1701 fondò la congregazione dei mechitaristi (monaci armeni di regola benedettina).

MEČIAR (Vladimir), *Zvolen 1942*, politico slovacco. Eletto primo ministro della Rep. federativa ceca e slovacca nel 1990, è stato rimosso dall'incarico nel 1991. Riconfermato capo del governo slovacco nel 1992, ha negoziato la scissione della Cecoslovacchia. Dal 1993 al 1998 è stato primo ministro della repubblica slovacca indipendente.

MECLEMBÙRGO, in ted. Mecklenburg, reg. storica della Germania che costituisce parte del Land M.-Pomerania Anteriore. Nel 1520 il M. fu suddiviso nei due ducati di M.-Schwerin e di M.-Güstrow, poi M.-Strelitz (creato nel 1701).

MECLEMBÙRGO-POMERÀNIA ANTERIÓRE, in ted. **Mecklenburg-Vorpommern**, Land della Germania, sul Mar Baltico; 23.838 km²; 1.789.322 ab.; cap. *Schwerin*.

MEČNIKOV (Ilja I'ič), *Ivanovka, presso Harkov, 1845 - Parigi 1916*, zoologo e microbiologo russo. Elaborò la teoria della fagocitosi e pubblicò, tra l'altro, *L'immunità nelle malattie infettive* (1901). (Premio Nobel 1908.)

MÉDA, com. in prov. di Milano; 21.215 ab. Industrie chimiche, della gomma, del mobile.

MÈDA (Filippo), *Milano 1869-1939*, politico e giornalista. Direttore dell'*Osservatore cattolico* e dell'*Unione*, fu deputato (1909) e ministro delle finanze e del tesoro. Contribuì alla fondazione del Partito popolare (1919) e avversò il fascismo; dopo il 1924 si ritirò dalla politica.

MEDÀGLIA D'ONÓRE DEL CONGRÈSSO, in ingl. **Medal of Honor**, la più prestigiosa decorazione militare assegnata a partire dal 1862 dal Congresso degli Stati Uniti.

MEDAN, c. dell'Indonesia, nell'Isola di Sumatra, sullo Stretto di Malacca; 1.909.700 ab. Porto.

MEDAWAR (Peter Brian), *Rio de Janeiro 1915 - Londra 1987*, biologo britannico. Autore di studi fondamentali sui trapianti di cute. (Premio Nobel per la medicina e la fisiologia 1960.)

MÉDÉA, c. dell'Algeria, capol. del distr. omonimo; 123.498 ab.

MEDÈA MITOL. GR. Eroina collegata alla leggenda degli Argonauti. Esperta di arti magiche, aiutò Giasone a conquistare il vello d'oro; da lui abbandonata per Glauce, si vendicò uccidendo la rivale e i figli avuti da Giasone. — Protagonista delle tragedie omonime di Euripide (431 a.C.), Seneca (I sec. d.C.) e Corneille (1635).

MEDEBÀCH (Giròlamo), *Roma 1706-1790*, attore e capocomico. Allestita una compagnia di comici, lavorò a Venezia, realizzando e interpretando alcune opere di C. Goldoni (*La locandiera*, *La bottega del caffè*).

MEDELLÍN, c. della Colombia, a NO di Bogotá; 1.630.009 ab. Centro tessile.

MÈDI, ant. popolazione di stirpe iranica. Nel VII sec. a.C., i m. costituirono un vasto regno con capitale Ecbatana. Raggiunsero l'apogeo con il re Ciassare, che s'impadronì dell'Assiria distruggendo Assur (614 a.C.) e Ninive (612). Il re persiano Ciro il Grande mise fine alla loro potenza (550 ca. a.C.).

MÈDIA, ant. denominazione della reg. corrispondente all'area nord-orient. dell'att. Iran, abitata dai medi.

MÈDIASET, società che opera in ambito televisivo e pubblicitario. Sorta nel 1993 per unificare le reti televisive Canale 5, Rete 4 e la concessionaria Publitalia, è quotata in Borsa dal 1996.

MÈDICI, famiglia fiorentina che, grazie ai commerci e all'attività bancaria, ottiene il governo di Firenze, e poi della Toscana, restando al potere dal XV al XVIII sec. e occupando un ruolo di primo piano nell'Europa del Rinascimento. — Cosimo de' M., detto il Vecchio, *Firenze 1389 - Careggi 1464*, banchiere e mecenate fiorentino. Nel 1434 instaurò la signoria a Firenze e fece della città la culla dell'umanesimo.

— **Lorenzo de' M.**, detto il **Magnifico**, *Firenze 1449 - Careggi 1492*, signore di Firenze, poeta e mecenate. Nipote di Cosimo il Vecchio e successore di Piero de' M. (1414-1469), governò la città (1469-1492), portandola all'apogeo; nei suoi rapporti con gli altri Stati della penisola si adoperò per mantenere un equilibrio di forze, al punto da meritarsi l'appellativo di "ago della bilancia". Compendiando in sé potere politico ed economico, amore per la cultura e per l'arte, che favorì circondandosi di poeti e artisti, realizzò l'incarnazione del principe rinascimentale. — **Giuliano de' M.**, *Firenze 1478 - Roma 1516*, signore di Firenze e duca di Nemours. Con l'appoggio degli spagnoli, favorì il ritorno a Firenze dei M., espulsi al tempo di Piero II de' M. (1472-1503) in occasione della discesa di Carlo VIII (1494). — **Lorenzo II de' M.**, duca di Urbino, *Firenze 1492-1519*, padre di Caterina de' M., cui N. Machiavelli dedicò *Il Principe*. — **Alessandro de' M.**, *Firenze 1512 ca. - 1537*, primo duca di Firenze (1532-1537). Fu assassinato dal cugino Lorenzino (soprannominato anche nemici Lorenzaccio). — **Cosimo I de' M.**, detto il **Grande**, *Firenze 1519 - Villa di Castello, 1574*, duca di Firenze (1537-1569) e primo granduca di Toscana (1569-1574). — **Ferdinando I de' M.**, *Firenze 1549-1609*, granduca di Toscana (1587-1609). — **Ferdinando II de' M.**, *Firenze 1610-1670*, granduca di Toscana (1621-1670). — **Gian Gastone de' M.**, *Firenze 1671-1737*, granduca di Toscana (1723-1737). Dopo la sua **morte**, il granducato di Toscana passò alla famiglia dei Lorena.

■ *Lorenzo de' Medici*.

MÈDICI (Giàcomo, marchése **del Vascèllo**), *Milano 1817 - Roma 1882*, militare e patriota. Dopo aver combattuto tra i garibaldini nel 1848, comandò le truppe durante la difesa della Repubblica Romana. In seguito prese parte alla seconda e terza guerra d'indipendenza e alla spedizione dei Mille.

MÈDICI (Luigi **de'**), *Napoli 1759 - Madrid 1830*, politico. Incaricato nel 1803-1804 di dirigere le finanze reali, fu costretto a fuggire con la corte nel 1806. Al Congresso di Vienna (1815) contribuì alla creazione del regno delle Due Sicilie, che governò secondo una concezione liberista, promuovendo riforme in ambito economico-finanziario.

MÈDICI (villa), ricca dimora, circondata da giardini, innalzata sul colle del Pincio, a Roma, nel 1554, per volere del cardinale Ricci da Montepulciano. Ceduta nel 1576 ai Medici e poi a Napoleone, è sede dell'Accademia di Francia dal 1803.

MÈDICI DEL MÓNDO, associazione medico-umanitaria non governativa e senza scopo di lucro, traduzione italiana di *Médecins du monde*, organizzazione di volontariato internazionale di matrice francese fondata nel 1980 da aderenti a *Médecins sans frontières*, allo scopo di porter soccorso nelle aree di disagio socio-sanitario, nei paesi in via di sviluppo e nelle situazioni di emergenza dovute a guerre o catastrofi.

MEDICÌNA, com. in prov. di Bologna; 13.184 ab. Agricoltura (barbabietole da zucchero, ortaggi, frumento). Industrie del vetro. Osservatorio radio-astronomico.

MEDICINE HAT, c. del Canada (Alberta); 46.783 ab. Industrie chimiche.

MÈDICI-RICCÀRDI (Palazzo), palazzo fiorentino. Capolavoro di M. Michelozzo, con cappella interna affrescata da B. Gozzoli, fu realizzato su commissione di Cosimo de' Medici a partire dal 1444. La sua costruzione terminò nel 1460 ca.; nel XVII sec. fu ampliato per volere di un marchese della famiglia Riccardi.

MÈDICI SÈNZA FRONTIÈRE, in fr. **Médecins sans frontières** (MSF), associazione internazionale, fondata nel 1971; costituita da medici e personale sanitario volontario, ha lo scopo di offrire soccorsi sanitari alle popolazioni in pericolo (vittime di guerre, calamità naturali o disastri causati dall'uomo) e di denunciare eventuali violazioni dei diritti umani riscontrate durante le sue missioni. (Premio Nobel per la pace 1999.)

MEDÌNA, c. dell'Arabia Saudita (Hijaz); 500.000 ab. Città santa dell'islam; Maometto vi si rifugiò nel 622 dopo la fuga (egira) dalla Mecca. Nella Grande Moschea si trova la tomba del profeta.

MEDINET AL-FAYYUM; 250.000 ab.

MEDIOBÀNCA (Bànca di crédito finanziàrio), istituto di credito a medio termine sorto nel 1946. È att. il più importante istituto di credito privato italiano, che svolge un controllo sulle quote azionarie delle maggiori imprese nazionali. Per molti anni è stato diretto da Enrico Cuccia (Roma 1907 - Milano 2000).

MÈDIO CONGO, ant. territorio dell'Africa equatoriale francese. (→ **Congo**).

MEDIOÈVO, periodo storico intermedio tra l'antichità e l'era moderna, il cui inizio è fissato dalla cronologia tradizionale alla caduta dell'impero romano d'Occidente (476) e la cui fine è fatta coincidere con la scoperta dell'America (1492).

STORIA – Il M. viene convenzionalmente diviso in *alto* e *basso M.*, considerando come spartiacque l'anno Mille. L'*alto M.*, periodo compreso tra il V e il X sec., in Occidente, fu caratterizzato dai regni romano-barbarici, con la convivenza di strutture politico-sociali latine e nuovi poteri militari degli invasori germanici. In Europa si stava diffondendo il cristianesimo, promosso dall'intensa opera di evangelizzazione e conversione operata dal monachesimo, mentre l'islam faceva la sua comparsa sostenendo la penetrazione degli arabi in Spagna (711). Nell'800 Carlo Magno, re dei franchi, fondò il Sacro Romano Impero, sulle ceneri dell'impero romano d'Occidente, incorporando in un'entità politica e territoriale unitaria ciò che restava del regno merovingio. Il sovrano, incoronato imperatore a Roma, il giorno di Natale, da papa Leone III, venne proclamato difensore della cristianità e il suo impero crebbe sotto l'influsso spirituale della Chiesa. Carlo Magno organizzò un sistema di governo centralizzato, imbrigliando la nobiltà terriera in capillari rapporti di vassallaggio e creando un sistema politico, economico e sociale basato sul feudo (feudalesimo); emanò inoltre una serie di leggi comuni a tutto l'impero (i cosiddetti "capitolari") per gestire l'amministrazione della giustizia e della scuola. L'economia feudale, detta anche "curtense" perché basata sulla *curtis* (fattoria), si reggeva sul baratto. Essa privilegiava le classi più abbienti, determinando

un peggioramento delle condizioni di vita di quelle più deboli (servi della gleba). L'imperatore fu fervente patrocinatore delle arti e della letteratura (nell'ambito del progetto di riforma culturale noto come "Rinascenza carolingia" fondò numerose scuole vescovili e la scuola palatina). L'impero risorto, tuttavia, non sopravvisse alla lotta fratricida scatenatasi tra i possibili eredi e e fu nuovamente smembrato in base agli accordi previsti dal trattato di Verdun (843). Organizzazione e titoli imperiali ebbero continuità per buona parte del IX sec.; dopo il regno di Berengario I, il titolo imperiale rimase vacante per quasi quarant'anni, fino a che, nel 962, il papa incoronò imperatore Ottone I di Sassonia (Ottone I il Grande), re di Germania e d'Italia, e l'impero venne ricostituito con il nome di Sacro Romano Impero germanico). In questo periodo, in Oriente, l'impero bizantino raggiunse l'apogeo, mentre nel 1054 lo scisma all'interno della Chiesa cristiana determinò la nascita della Chiesa ortodossa, che rifiutò il primato del Papa. Il primo periodo del *basso M.* (compreso tra l'XI e il XV sec.) fu caratterizzato da grandi cambiamenti. In seno alla Chiesa cattolica si affermò un vasto e articolato movimento di riforma (riforma gregoriana), che sostenne la supremazia del papa sull'imperatore, propugnò il rinnovamento spirituale contro la corruzione e l'immoralità del clero del tempo, condannando la simonia e il concubinato, e si impegnò a combattere gli eretici e a diffondere il cristianesimo attraverso le crociate. L'intera società feudale subì un profondo processo di rinnovamento: gli imperatori, rivendicando i diritti dell'autorità regia, imposero una concezione più laica dei rapporti sociali; nelle città l'ascesa economica della borghesia portò ben presto alla nascita di libere associazioni di cittadini, la cui crescita politica ed economica determinò la loro trasformazione in comuni, i più potenti dei quali riuscirono a raggiungere l'indipendenza dai feudatari e dall'imperatore; infine, l'istituzione delle prime università, nel XII e XIII sec., segnò la nascita di una nuova classe di intellettuali. Il periodo compre-

---

L'arte nell'alto Medioevo

La caduta dell'impero romano d'Occidente, nel V sec., dà vita a un periodo di frammentazione in Europa, che nelle arti si manifesta attraverso grandi contrasti. Si affermano la stilizzazione delle forme e l'astrazione decorativa, in contrapposizione all'estetica greco-romana; alla fine di questo periodo, tuttavia, la "rinascenza carolingia" tenterà di ricollegarsi proprio ad essa.

Oreficeria merovingia. Fibula in argento dorato, smalto e gemme (VI sec.) proveniente da Douvrend, Francia. Lo schema decorativo, astratto nonostante il motivo delle teste d'uccello dal becco ricurvo, è caratteristico dell'oreficeria dei popoli germanici. (Musée des Antiquités, Rouen.)

Architettura visigota. Battistero della chiesa di S. Miguel de Tarrasa, in Catalogna, costruito probabilmente nel VII sec. e modificato nel IX sec. La costruzione in pietra, d'epoca visigota, con otto colonne monolitiche che sostengono la cupola grazie ad archi rialzati, prefigura l'arte romanica.

Miniatura carolingia. *San Marco*, miniatura a tutta pagina dell'*Evangeliario di Carlo Magno* (781-783 ca.). Nell'illustrazione si avverte il ritorno, sotto l'influsso delle tradizioni paleocristiana e bizantina, del naturalismo. (BNF, Parigi.)

Miniatura irlandese. Pagina che apre una sezione di un *Evangeliario* irlandese dell'VIII sec. Il grande capolettera ornato unisce intrecci, spirali, triscele e motivi tratti dal mondo animale: una ricca decorazione che ricorda l'arte celtica (La Tène) e germanica. (Biblioteca dell'abbazia di San Gallo.)

MEDIO EVO: IL MONDO OCCIDENTALE XIII-XV sec.

Legenda:

- Limiti dell'Impero romano germanico verso il 1400
- La casata d'Asburgo verso il 1385
- La casata di Lussemburgo nel 1402
- Possedimenti e fondachi veneziani nel XIV sec.

- L'Hansa (XIV-XV sec.)
  - Città
  - Fondachi
  - Vie marittime anseatiche
- Possedimenti e fondachi genovesi
- Regno d'Aragona e sua estensione nel Mediterraneo

- Impero bizantino verso il 1402
- Impero ottomano:
  - verso la metà del XIV sec.
  - nella 2ª metà del XIV sec.
- Gran principato di Mosca:
  - nel 1300
  - nel 1462 (Ivan III)

- Stati borgognoni (XIV sec.)
- Conquiste di Edoardo I d'Inghilterra alla fine del XIII sec.
- Possedimenti inglesi in Francia:
  - nel 1360
  - nel 1380
- Unione di Kalmar (1397)
- Timur Lang (Tamerlano)
- Battaglie

so tra il XIV e il XV sec. fu caratterizzato, in Europa, dalla definizione di una nuova concezione di Stato e dalla lunga rivalità che oppose i regni di Francia e Inghilterra (guerra dei Cent'anni, 1337-1453). La cattività avignonese (1309-1376) e il grande scisma d'Occidente (1378-1417) sancirono una frattura in seno alla Chiesa cristiana d'Occidente. In Oriente, la dinastia turca degli Ottomani fu responsabile del crollo dell'impero bizantino (1453). In questo periodo, in Europa iniziavano a diffondersi gli ideali rinascimentali.

LETTERATURA – Parallelamente all'attività degli amanuensi, monaci preposti alla trascrizione dei testi classici greco-latini, facevano la loro comparsa le letterature nazionali in lingua volgare. La poesia lirica ebbe origine nell'ambiente di corte e raggiunse la massima espressione con Dante Alighieri e F. Petrarca. Il genere epico trionfò nei poemi anglosassoni (*Edda*), eredi della tradizione orale delle culture nord-europee, e nei grandi capolavori cavallereschi (*La chanson de Roland*, *Il cantare del Cid*, *La canzone dei Nibelunghi*). Il romanzo in prosa o in versi si fece portavoce degli ideali cortesi (ciclo bretone, dedicato a re Artù e ai cavalieri della Tavola rotonda o alla leggenda di Tristano e Isotta, *Roman de la rose*) e spesso tradì un intento satirico (*Roman de Renart*). Mentre nel teatro si afferma-va il genere delle sacre rappresentazioni, G.

Boccaccio in Italia e G. Chaucer in Inghilterra anticipavano i grandi temi dell'umanesimo.

FILOSOFIA – Per tutto il M. non si ebbe una netta distinzione tra filosofia e teologia. Dopo la formulazione della "prova ontologica" dell'esistenza di Dio da parte di sant'Anselmo, nell'XI sec., il ruolo della ragione venne progressivamente rafforzandosi nel pensiero medievale. Le riflessioni di sant'Agostino sulla possibilità di conciliare ragione e fede e gli insegnamenti di Aristotele – e degli studiosi arabi che ne diffusero le opere nel mondo islamico – costituirono le fondamenta della Scolastica, filosofia cristiana che si diffuse in ambito universitario raggiungendo l'apogeo con i grandi sistemi del XIII sec., in part. il tomismo.

ARTE – L'arte europea nel periodo delle invasioni barbariche (per es., sotto il dominio dei visigoti o della dinastia merovingia) si sviluppò sulle vestigia di quella greco-romana, di cui non vennero mai meno il prestigio e la vitalità, che continuarono a influenzare l'architettura e le arti figurative sotto l'impero carolingio. Mentre l'Italia custodiva i tesori dell'arte bizantina (basiliche di Ravenna), la Spagna diveniva il fulcro di quella islamica (Grande Moschea di Córdoba). Dal punto di vista architettonico, il castello diventò l'emblema del feudalesimo. Nei paesi germanici, l'epoca ottoniana rappresentò un periodo di straordinario splendore artistico. Nell'XI e

XII sec. si assistette alla fioritura dell'arte romanica, che si diffuse con caratteristiche unitarie in numerosi paesi europei, contribuendo all'unità spirituale dell'Occidente cristiano. Lo stile gotico, nato in Francia e sviluppatosi nel giro di pochi anni in tutta l'Europa, raggiunse la sua massima espressione nell'architettura religiosa, caratterizzata dall'edificazione di imponenti cattedrali, arricchite da vetrate artistiche multicolori; non meno importante fu l'impulso di rinnovamento che il gotico introdusse nella scultura (statue, pale d'altare), nella pittura (affreschi, trittici) e nelle arti applicate (miniatura, oreficeria).

MUSICA – Oltre che nelle composizioni dei trovatori, interpreti della lirica provenzale presso le ricche corti, la musica medievale fu caratterizzata dall'affermazione del canto monodico liturgico (canto gregoriano), tra l'VIII e il XIII sec., e dalla diffusione, a partire dal XII sec., della tecnica polifonica occidentale. Massima espressione della polifonia furono dapprima il mottetto (di carattere sacro o profano) e il *rondeau* (profano) poi, con l'avvento dell'*ars nova* (inizio del XIV sec.), la messa polifonica. La musica strumentale si emancipò lentamente da quella vocale e cominciò ad affermarsi solo nel corso del XIV sec.

MÈDIO ORIÈNTE, denominazione generica con cui si indica l'Asia sud-occ., comprendente i paesi della sponda non europea del Mediterraneo, gli Stati della penisola arabica e l'Iraq. Quando usata per designare un'area culturale caratterizzata dalla legge e dalle tradizioni islamiche, la denominazione abbraccia un'area più vasta, che si estende fino ai confini del Pakistan, includendo tutta l'Africa settentr.

MEDITAZIÓNI METAFÌSICHE, opera di R. Cartesio, scritta in latino (1641) e successivamente tradotta in francese (1647). L'autore vi percorre, in prima persona, il cammino che conduce dal dubbio metodico alla conoscenza del mondo esterno e alla verità, nel tentativo di fornire una base metafisica alle sue teorie sul mondo naturale.

MEDITERRÀNEO (Mar), bacino interno dell'Oceano Atlantico, compreso tra l'Europa a N, l'Africa a S e l'Asia a E, la cui superficie copre 2.500.000 km² ca. Comunica con l'Oceano Atlantico attraverso lo Stretto di Gibilterra e con il Mar Rosso tramite il canale di Suez. È un mare caldo, con un'alta percentuale di salinità e deboli maree. La sua larghezza si riduce tra la Sicilia e la Tunisia, in corrispondenza del canale di Sicilia, che lo divide in due bacini, quello occidentale, comprendente le conche del Mar delle Baleari, del Mar Ligure e del Tirreno, e quello orientale, più ramificato, con le conche dell'Adriatico, dello Ionio, dell'Egeo e del Mar di Levante. – Il M. è stato fin dall'antichità uno spazio geografico di notevole importanza, culla di grandi civiltà e cerniera delle relazioni tra Europa, Asia e Africa. Con le grandi scoperte geografiche del XV e XVI sec. e lo spostamento degli scambi commerciali lungo le coste dell'Europa occidentale, ebbe inizio la sua decadenza. Tuttavia, come via di navigazione non perse mai importanza, soprattutto dopo l'apertura del canale di Suez (1869).

MÉDOC, reg. della Francia sud-occ., nel dip. Gironde, sulla riva sinistra del f. Gironda. Vini rossi.

MÉDOLE, com. in prov. di Mantova; 3288 ab. Agricoltura (cereali). Chiesa parrocchiale con l'*Apparizione di Cristo a Maria* di Tiziano.

MEDRÀNO (Giovànni), n. a Sciacca nel 1703, architetto. Lavorò alla corte di Napoli, dove progettò il teatro S. Carlo (1737) e la reggia di Capodimonte (1738).

MEDÙSA MITOL. GR. Una delle tre Gorgoni, l'unica mortale. Quando Perseo le tagliò la testa cinta di serpenti, evitando il suo sguardo pietrificante, dal suo collo nacquero Crisaore e il cavallo Pegaso.

MEERUT, c. dell'India (Uttar Pradesh); 1.074.229 ab.

MEFISTÒFELE, personaggio che incarna il diavolo nelle leggende popolari tedesche e nelle varie opere letterarie ispirate alla vicenda di Faust.

MEGALÒPOLI, ant. c. della Grecia, in Arcadia. Fondata nel 368 a.C. da Epaminonda, divenne capitale della lega arcadica. — Rovine.

MÉGARA, c. della Grecia, sull'Istmo di Corinto; 26.562 ab. Prospera nel VII e VI sec. a.C., fondò numerose colonie, tra cui Bisanzio. I suoi conflitti con Atene furono tra le cause della guerra del Peloponneso. — Fu sede della scuola filosofica megarica (V e IV sec. a.C.), che si rifece al pensiero eleatico e sviluppò l'arte della dialettica e della confutazione.

MEGAWATI SUKARNOPUTRI, Giacarta 1947, politica indonesiana. Figlia di Sukarno e leader del Partito democratico indonesiano, è stata vicepresidente (1999-2001), poi presidente della repubblica (dal 2001).

MEGÈRA MITOL. GR. Una delle tre Erinni, personificazione della gelosia.

MEGÈRDA, f. dell'Africa settentr., che nasce in Algeria e sfocia nel Golfo di Tunisi; 365 km.

MEGÈVE, c. della Francia, nel dip. Haute-Savoie; 4705 ab. Nota stazione climatica e sciistica (1113-2350 m d'alt.).

MEGHALAYA, Stato dell'India nord-orient.; 22.400 km²; 2.306.069 ab.; cap. *Shillong*.

MEGIDDO, ant. c. cananea della Palestina settentr. (presso l'att. Tell El-Mutesillim, in Israele). Situata sulla strada carovaniera che dall'Egitto conduceva in Babilonia, fu conquistata da numerosi faraoni (Tutmosi III, Neco II). Gli scavi archeologici hanno riportato alla luce numerosi insediamenti stratificati che coprono un arco di tempo di quasi 6000 anni.

MEHALLET EL-KOBRA, c. dell'Egitto, nel delta del Nilo; 408.000 ab. Centro tessile.

MEHMET ALI, in ar. Mu-hammad Ali, *Kavàla 1769 - Alessandria 1849*, viceré d'Egitto (1805-1848). Sconfisse i mamelucchi (1811) e riorganizzò il paese, rinnovandone la struttura amministrativa, economica e militare. Appoggiò gli ottomani prima in Arabia (1811-1819), quindi nella guerra contro i ribelli greci (1824-1827) e conquistò il Sudan per conto del sultano (1820-1823); le mire indipendentiste lo portarono poi a rompere l'alleanza con il sovrano, che fu sconfitto da suo figlio Ibrahim Pascià in Siria (1831-1839). M. A. venne fermato dall'intervento delle potenze europee, che in base alla convenzione di Londra (1840) gli imposero di restituire i territori siriani, lasciandogli solo l'Egitto e il Sudan a titolo ereditario.

■ *Mehmet Ali ritratto da A. Couder. (Reggia di Versailles.)*

MEHRGARH, sito archeologico del Baluchistan pakistano, che collega la valle del f. Indo all'Iran e all'Asia centrale. Occupata dal 7000 ca. al 2000 a.C., M. ebbe un'economia prevalentemente agricola e fu tra gli insediamenti principali della civiltà dell'Indo.

MÉHUL (Étienne), *Givet 1763 - Parigi 1817*, compositore francese. Autore di numerose opere teatrali, serie e comiche, durante la Rivoluzione francese scrisse lo *Chant du départ*.

MEIER (Richard), *Newark 1934*, architetto statunitense. La sua opera, pur richiamandosi allo stile internazionale di Le Corbusier, sviluppò nuove tematiche, e fu caratterizzata da un linguaggio architettonico essenziale e puro (Museo d'arte contemporanea, Barcellona, 1987-1992; Paul Getty Center, Los Angeles, 1997).

MEIJE, monte delle Alpi francesi (Isère), nell'Oisans; 3983 m.

MEIJI ("Epoca illuminata"), designazione con cui si indica il regno dell'imperatore giapponese M. Tenno.

MEIJI TENNO o **MUTSUHITO**, *Kyoto 1852 - Tokyo 1912*, imperatore del Giappone (1867-1912). Dopo il crollo dello shogunato, inaugurò l'epoca Meiji (1868), attuando numerose riforme e dando avvio all'occidentalizzazione del Giappone (sintetizzò il suo programma di governo nel "Giuramento dei cinque articoli"). Stabilitasi a Tokyo (1869), nel 1889 promulgò una Costituzione; condusse vittoriosamente la guerra con la Cina per la conquista di Taiwan (1895) e quella con la Russia (1905) per la conquista di parte della Manciuria e della Corea, che venne annessa nel 1910.

MEILEN, c. della Svizzera (cant. di Zurigo), sul Lago di Zurigo; 11.429 ab. Chiesa del XV sec.

MEILHAC (Henri), *Parigi 1831-1897*, autore teatrale e librettista francese. Scrisse, in collaborazione con L. Halévy, libretti d'operetta per J. Offenbach (*La bella Elena*, 1865; *La granduchessa di Geroldstein*, 1867) e commedie (*Froufrou*, 1869).

MEILLET (Antoine), *Moulins 1866 - Châteaumeillant 1936*, linguista francese. Pubblicò importanti studi di grammatica comparata e linguistica (*Introduzione allo studio comparato delle lingue indoeuropee*, 1903).

MEIN KAMPF ("La mia lotta"), opera ideologico-programmatica scritta in carcere (1923-1924) da A. Hitler e pubblicata nel 1925. Vi sono esposti i principi del nazionalsocialismo: antisemitismo, superiorità della razza ariana destinata a impadronirsi del mondo e culto della forza.

MEIR (Golda), *Kiev 1898 - Gerusalemme 1978*, politica israeliana. Militante nel Partito laburista Mapai e ministro degli affari esteri (1956-1966), fu primo ministro dal 1969 al 1974.

■ *Golda Meir.*

MEISSEN, c. della Germania (Sassonia), sul f. Elba; 29.604 ab. Cattedrale gotica; castello del XV sec., att. museo, nel quale ebbe sede dal 1710 al 1863 la prima manifattura europea di ceramica a pasta dura. Industria delle porcellane. Museo della porcellana.

MEISSONIER (Ernest), *Lione 1815 - Parigi 1891*, pittore francese. Acquistò larga fama dipingendo quadri storico-celebrativi e scene di genere.

MEISSONNIER (Juste Aurèle), *Torino 1693 ca. - Parigi 1750*, decoratore e orafo francese. Fu uno degli iniziatori dello stile *rocaille* (rococò).

MEITNER (Lise), *Vienna 1878 - Cambridge 1968*, fisica austriaca. Insieme a O. Hahn isolò il protoattinio (1917) e descrisse le varie fasi della fissione del nucleo di uranio (1939).

MEJERCHOL'D (Vsevolod Emil'evič), *Penza 1874 - Mosca 1940*, regista teatrale russo. Debuttò con K. Stanislavskij e lavorò per i teatri imperiali, prima di diventare il principale animatore del teatro rivoluzionario russo, formulando le teorie costruttiviste e la concezione "biomeccanica" della scena.

MEKNÈS, c. del Marocco; 320.000 ab. Ant. cap. (1672-1727) degli Alawiti. Monumenti antichi (XIV-XVIII sec.) e cinta muraria con porte magnifiche (Bab Al-Mansur).

MEKONG, f. dell'Asia sud-orient.; 4200 km. Nasce negli altopiani del Tibet e si dirige verso SE fino a sfociare con ampio delta nel Mar Cinese Meridionale. Attraversa lo Yunnan, scorrendo in gole profonde, entra nella penisola indocinese, dove segna il confine tra Laos e Myanmar e in parte tra Laos e Thailandia, per poi raggiungere la Cambogia e il Vietnam merid. Bagna Vientiane e Phnom Penh.

MÈLA (Pompònio), *Tingentera I sec.*, geografo latino. Scrisse il *De chorographia* (3 libri), descrizione del mondo abitato, dal limitato valore scientifico.

MELAKA → MALACCA.

MELANÈSIA ("isole dei neri"), una delle tre grandi suddivisioni geografiche dell'Oceania, comprendente la Nuova Guinea, l'arcipelago di Bismarck, la Nuova Caledonia, le Isole Salomone, Santa Cruz, Vanuatu e Figi (ab. *melanesiani*). [*V. carta pagina seguente.*]

MELANESIÀNI, insieme di gruppi etnici che abitano le isole della Melanesia. Tradizionalmente agricoltori nomadi, i m. coltivano soprattutto tuberi nei campi debbiati e praticano la pesca. La società è strutturata in famiglie raggruppate in piccoli villaggi sotto l'autorità di un gruppo di anziani e un grande capo, scelti in base al talento oratorio e ai poteri magici. Le cerimonie religiose accompagnano i momenti cruciali della vita e le attività economiche (il *kula* è una forma di scambio tra tribù e isole aderenti a una sorta di lega commerciale in cui l'aspetto economico appare secondario rispetto a quello religioso). Sono diffusi il culto degli antenati e la credenza in una forza soprannaturale impersonale, il *mana*. Tutte le lingue parlate nella regione appartengono alla famiglia maleo-polinesiana.

MELANTÓNE (Philipp **Schwarzert**, detto), *Bretten, Baden, 1497 - Wittenberg 1560*, riformatore tedesco. Seguace e collaboratore di M. Lutero, redasse la *Confessione di Augusta* (1530) e fu, dopo la morte di Lutero, capo del protestantesimo.

MELÀTO (Maria), *Reggio Emilia 1885 - Forte dei Marmi 1950*, attrice teatrale. Esordì nel 1908 e diede prova di notevole talento drammatico interpretando, in part., opere di A. Dumas e L. Pirandello.

MELÀTO (Mariàngela), *Milano 1943*, attrice teatrale e cinematografica. Sul palcoscenico si è cimentata in opere classiche (*Medea*, 1986) e contemporanee (*Alleluia brava gente*, 1971). Tra le sue interpretazioni del grande schermo, *Mimì metallurgico ferito nell'onore* (1972), *Travolti da un insolito destino...* (1974), *Todo modo* (1976), *Dimenticare Venezia* (1979), *Mortacci* (1988).

MELBOURNE, c. dell'Australia, cap. dello Stato di Victoria; 2.865.329 ab. Porto risalente al 1835. Centro commerciale, industriale e culturale. Museo d'arte.

MELBOURNE (William **Lamb**, viscónte **di**), *Londra 1779 - presso Hatfield 1848*, politico britannico. Fu primo ministro (1834, 1835-1841) e consigliere della giovane regina Vittoria.

Melanesia

- – – frontiera marittima internazionale
- · · · · frontiera non definita
- ✈ aeroporto
- ● più di 10.000 ab.
- ▪ meno di 10.000 ab.

MELCHÌADE, *m. a Roma nel 314*, papa dal 311 al 314. Sotto il suo pontificato Costantino emanò l'editto di Milano (313), che concedeva libertà di culto ai cristiani.

MELCHIÒRRE, nome di uno tre re magi secondo la tradizione cristiana.

MELCHISEDÈC, personaggio biblico. Sommo sacerdote e re di Salem, città che la tradizione ebraica identifica con Gerusalemme, offrì pane e vino ad Abramo e lo benedisse. Nell'esegesi cristiana tale offerta è stata interpretata come prefigurazione del sacrificio della Messa.

MÈLDOLA, com. in prov. di Forlì; 9278 ab. Agricoltura (cereali, frutta). Industrie metalmeccaniche e dell'abbigliamento. Palazzo Aldobrandini Pamphili (XVII sec.).

MELDÒLLA (Andrèa) → SCHIAVONE.

MELEÀGRO, *Gadara 130 - Coo 70 ca. a.C.*, poeta e filosofo greco. Autore di epigrammi, ne curò una raccolta (la *Corona*) confluita poi nell'*Antologia Palatina*, che ne conserva 130 ca., di tema erotico-sentimentale.

MELEÀGRO MITOL. GR. Eroe figlio di Eneo, re di Calidone, e di Altea. Protagonista di una caccia a un terribile cinghiale inviato da Artemide a devastare le terre del padre, lo uccise e ne donò le spoglie ad Atalanta.

MELEGNÀNO, com. in prov. di Milano; 15.975 ab. Industrie chimiche, delle argenterie e posaterie. Anticamente era chiamata *Marignano.

MÈLFI, com. in prov. di Potenza; 16.671 ab. Agricoltura (olive, frutta). Industrie automobilistiche. Nel 1231 vi furono promulgate da Federico II le costituzioni di M., leggi preposte all'ordinamento del regno di Sicilia.

MÉLI (Giovànni), *Palermo 1740-1815*, poeta. Scrisse in dialetto le *Poesie siciliane* (1787-1789), che comprendevano il poemetto *La fata galanti*, vivace satira della società palermitana. Tra le altre opere, *Elegii* e *Buccolica*, *Odi e canzunetti* e le *Favuli murali* (1810-1814).

MÉLIÈS (Georges), *Parigi 1861-1938*, regista cinematografico francese. Pioniere della messa in scena e inventore dei primi trucchi cinematografici, concepì il cinema come una fabbrica di illusioni, fondò una casa di produzione e allestì il primo studio cinematografico. Tra il 1896 e il 1913 realizzò più di 500 "viaggi nell'impossibile", film di straordinaria ricchezza poetica e inventiva (*Il viaggio nella Luna*, 1902; *20.000 leghe sotto i mari*, 1907).

MELILLA, c. della Spagna, sulla costa marocchina del Mar Mediterraneo; 75.241 ab. Fortezza del XVI sec., chiesa del XVII sec.

MELÌSSO, *Samo V sec. a.C.*, filosofo greco. Frequentò la scuola eleatica e fu allievo di Parme-

nide, del quale rinnovò il pensiero, in part. la dottrina dell'essere. Delle sue opere restano solo pochi frammenti.

MELITOPOL, c. dell'Ucraina; 174.000 ab.

MELK, c. dell'Austria (Bassa Austria), sul f. Danubio; 5139 ab. Abbazia benedettina ricostruita dall'architetto J. Prandtauer (1660-1726), capolavoro dell'architettura barocca.

MELKART → MELQART.

MÈLLA, f. della Lombardia; 96 km. Nasce dal Passo del Maniva, percorre la Val Trompia bagnando Brescia e confluisce da sinistra nell'Oglio.

MELLÓNI (Macedònio), *Parma 1798 - Portici 1854*, fisico. Inventò la pila termoelettrica, che utilizzò per gli studi sul calore raggiante.

MELLÓNI (Màrio), *San Giorgio in Piano 1902 - Roma 1989*, giornalista. Fu direttore del quotidiano della DC *Il Popolo* (1946-1951). Iscrittosi al PCI, fu collaboratore de *L'Unità*, quotidiano per il quale scrisse corsivi politici pungenti e ironici con lo pseudonimo di *Fortebraccio*.

MELÓNE (Altobèllo), *Cremona 1505-1540 ca.*, pittore. L'unica opera di sicura attribuzione è il ciclo di affreschi del duomo di Cremona (*Vita di Cristo*, 1516-1517), che si richiamano alla poetica del Romanino e del Pordenone, influenzata da Giorgione.

MELÒRIA (battàglia della) (6 ago. 1284), battaglia navale combattuta presso lo scoglio della M., di fronte a Livorno; in tale occasione la flotta genovese sconfisse quella pisana, determinando il tramonto della potenza marinara di Pisa.

Georges **MÉLIÈS**. Il viaggio nella Luna, *1902.*

MELÒTTI (Fàusto), *Rovereto 1901 - Milano 1986*, scultore. Esponente dell'astrattismo milanese negli anni '30 del secolo scorso, sviluppò insieme all'amico L. Fontana una ricerca non figurativa, dotata di grande rigore geometrico e senso del ritmo.

MELÒZZO DA FORLÌ, *Forlì 1438-1494*, pittore. Probabile allievo di P. della Francesca, elaborò una visione spaziale ampia e solenne, nella quale confluirono il suo gusto scenografico, spunti di acuto realismo e un'interpretazione illusionistica della prospettiva che rivela l'influenza di A. Mantegna. Tra le opere, i dipinti romani degli *Angeli* (1480, Musei Vaticani, Roma) e dell'*Ascensione* (Palazzo del Quirinale, Roma) e gli affreschi nella Cappella del Tesoro della basilica di Loreto.

MELOZZO DA FORLÌ. Angelo che suona la viola. *(Pinacoteca Vaticana, Roma.)*

MELPÒMENE MITOL. GR. Musa protettrice della tragedia.

MELQART o **MELKART**, divinità maschile fenicia, venerata a Tiro e a Cartagine.

MELSENS (Louis), *Lovanio 1814 - Bruxelles 1886*, fisico belga. Realizzò il primo parafulmine (1865) costruito sul principio della gabbia di Faraday (gabbia di M.).

MELUN, c. della Francia, nel dip. Seine-et-Marne, sulla Senna; 36.998 ab. Industria aeronautica. Aerodromo. Duomo di Notre-Dame (XI sec.) e chiesa tardo-gotica di St.-Aspais. Museo.

MELUSÌNA, personaggio la cui leggenda si diffuse nel Medioevo, traendo spunto dalle tradizioni popolari intorno alla casa di Lusignano. M. era una fata condannata a trasformarsi ogni sette giorni in serpente.

MELVILLE (Bàia di), vasta baia, facente parte della Baia di Baffin, sulla costa della Groenlandia.

MELVILLE (Herman), *New York 1819-1891*, scrittore statunitense. Marinaio in gioventù, scrisse racconti e romanzi di avventure (*Taipi*, 1846; *Omoo*, 1847; *Redburn*, 1849; *Giacchetta bianca*, 1850), ricchi di valenze simboliche e di metafore sul conflitto tra bene e male. Nelle sue opere maggiori sviluppò il tema del rapporto tra gli uomini e tra uomo e natura (**Moby Dick*; *Billy Budd*, 1924). Poco apprezzato dai contemporanei, fu rivalutato soltanto nel XX sec.

MELVILLE (Ìsola), isola al largo della costa settentr. dell'Australia.

MELVILLE (Ìsola), isola dell'arcipelago artico canadese, a N dello Stretto di Vicomte-Melville.

MELVILLE (Jean-Pierre **Grumbach**, detto Jean-Pierre), *Parigi 1917-1973*, regista cinematografico francese. Dopo aver realizzato *Il silenzio del mare* (1949), divenne uno specialista del genere poliziesco e del film noir (*Lo spione*, 1963; *Tutte le ore feriscono, l'ultima uccide*, 1966; *Faccia d'angelo*, 1967).

MELVILLE (penìsola di), penisola del Canada settentr. (Mar Glaciale Artico).

MÈLZI D'ERÌL (Francésco), *Milano 1753 - Bellagio 1816*, politico. Membro del comitato finanziario della Repubblica cisalpina (1797), quindi vicepresidente (1802), promosse una serie di riforme istituzionali. Dopo aver ricevuto il titolo di duca di Lodi (1807), perse progressivamente il favore di Napoleone.

MEMEL → KLAIPEDA.

MEMLING o **MEMLINC** (Hans), *Seligenstadt 1433 ca. - Bruges 1494*, pittore fiammingo. Attivo prevalentemente a Bruges, dove sono conservate le sue opere principali, dipinse con suggestivo e intenso cromatismo soggetti colti in atteggiamento di mistica contemplazione, in un clima di religiosità intima e familiare.

MEMMI (Albert), *Tunisi 1920*, scrittore tunisino di lingua francese. Tra le opere, *La statua di sale* (1952), *Ritratto di un ebreo* (1964), *Lo scorpione* (1969), *Ebrei e arabi* (1974), *Il deserto* (1977), *Lo zufolo del cielo* (1990).

MÈMMI (Lippo), *Siena XIV sec.*, pittore. Allievo di Simone Martini, lavorò con lui al trittico dell'Annunciazione (1333) e ne subì l'influenza, realizzando pale di grandi dimensioni e tavolette a mezzo busto di soggetto religioso.

MÈMNONE MITOL. GR. Eroe dell'*Iliade*, ucciso da Achille. I greci diedero il suo nome a uno dei due colossi del tempio di Amenofi III, a Tebe. Nel 27 a.C. un terremoto produsse una fenditura nella statua, dalla quale all'alba scaturiva un suono, interpretato come "il canto di M." e in realtà dovuto a un assestamento dei cristalli di quarzo per effetto dell'umidità notturna.

MEMPHIS, c. degli Stati Uniti (Tennessee), sul f. Mississippi; 650.100 ab. Musei.

MEMPHRÉMAGOG (Làgo), lago dell'America settentr., al confine tra il Canada (Québec) e gli Stati Uniti (Vermont); 95 km[2].

MENA AL-AHMADI, porto petrolifero del Kuwait, sul Golfo Persico.

MENABÒ DI LETTERATÙRA (Il), rivista letteraria fondata nel 1959 a Torino da E. Vittorini e I. Calvino. Pubblicò opere inedite di giovani scrittori e testi di critica letteraria, dando vita a dibattiti culturali.

MENABRÈA (Luigi Francésco), *Chambéry 1809 - Saint-Cassin 1896*, politico e scienziato. Generale nella seconda guerra d'indipendenza, fu deputato e senatore; presidente del consiglio (1867-1869), istituì la tassa sul macinato. Studioso di scienze fisiche, formulò il "principio del minimo lavoro" (1871) riguardante la meccanica razionale.

MENADO → MANADO.

MENAM → CHAO PHRAYA.

MENÀNDRO (Atene 342 ca. - 292 ca. a.C.), commediografo greco. Massimo esponente della "commedia nuova", scrisse un centinaio di commedie, che ebbero fortuna soprattutto dopo la sua morte (tra i suoi imitatori, Plauto e Terenzio).

MENAPI, ant. popolazione della Gallia Belgica, stanziata in Fiandra e sulle coste del Mare del Nord, che Cesare faticò a sottomettere durante la conquista delle Gallie.

MÉNCIO, in cin. **Meng zi**, *371 ca. a.C. - 289 a.C.*, filosofo cinese. Divulgatore della dottrina di Confucio, sostenne la naturale bontà umana.

MENDEL (Gregor Johann), *Heinzendorf, Slesia, 1822 - Brno 1884*, monaco e biologo boemo. Dopo aver realizzato numerosi esperimenti sull'ibridazione delle piante, nel 1866 enunciò le leggi sulla trasmissione dei caratteri ereditari (*leggi di M.*).

■ *Gregor Mendel. (BNF, Parigi.)*

MENDELEEV (Dmitrij Ivanovič), *Tobolsk 1834 - San Pietroburgo 1907*, chimico russo. Redasse la tavola periodica degli elementi chimici (1869).

MENDELE MOKHER SEFARIM (Shalom Ja'aqov **Abramovich**, detto), *Kopyl' 1835 - Odessa 1917*, scrittore russo di lingua yiddish ed ebraica. I suoi romanzi storico-sociali descrivono la vita nei ghetti dell'Europa orientale (*Fishke lo zoppo*, 1869; *I viaggi di Beniamino III*, 1878).

MENDELSOHN (Erich), *Allenstein, Prussia orient., att. Olsztyn, Polonia, 1887 - San Francisco 1953*, architetto tedesco. Fu in contatto con il movimento Der *Blaue Reiter e aderì all'espressionismo, dal quale si distaccò in seguito per avvicinarsi al funzionalismo. L'edificio industriale e commerciale divenne poi il tema dominante della sua produzione.

MENDELSSOHN (Moses), *Dessau 1729 - Berlino 1786*, filosofo tedesco. Massimo rappresentante della filosofia popolare tedesca, in concordanza con le istanze dell'Illuminismo moderato (*Gerusalemme, o sul potere religioso e sull'ebraismo*, 1783), rivendicò la libertà di coscienza e diede un forte impulso all'emancipazione degli ebrei nel contesto europeo.

MENDELSSOHN-BARTHOLDY (Felix), *Amburgo 1809 - Lipsia 1847*, compositore tedesco, nipote di Moses Mendelssohn. Diede prova delle sue straordinarie doti di pianista all'età di nove anni e interpretò la sua prima composizione a undici. Nel 1829 diresse la *Passione secondo san Matteo* di J.S. Bach, che non era stata più eseguita dopo la morte dell'autore. Nel 1835 divenne direttore dell'orchestra del Gewandhaus di Lipsia. La sua vastissima produzione comprende opere pianistiche (*Concerto per violino in mi minore*, 1845; otto quaderni di *Romanze senza parole*; *Variations sérieuses*, 1842), ouverture, tra cui il *Sogno di una notte di mezza estate* (1843), cinque sinfonie, le più note delle quali sono la *Riforma* (1830), l'*Italiana* (1833) e la *Scozzese* (1842), musica sacra, per organo, coro e orchestra, e musica da camera.

■ *Felix Mendelssohn-Bartholdy.*

MENDERES, già **Meàndro**, f. dell'Anatolia, che sfocia nel Mar Egeo; 500 km.

MENDERES (Adnan), *Aydin 1899 - Isola di Imrali 1961*, politico turco. Fondatore del Partito democratico (1946), primo ministro dal 1950 al 1960, fu deposto da un colpo di Stato militare, condannato a morte per tradimento della Costituzione e giustiziato.

MENDES (Medina Celi **Mendes Monteiro**, detto Murilo), *Juiz de Fóra 1901 - Lisbona 1975*, poeta brasiliano. Vicino alla corrente modernista, in seguito influenzato dal surrealismo e si convertì al cattolicesimo, elaborando un'esperienza lirica con suggestioni religiose e visionarie. Tra le opere, *Tempo e eternità* (1935, con J. de Lima), *La metamorfosi* (1944), *Ipotesi* (1968).

MENDÈS FRANCE (Pierre), *Parigi 1907-1982*, politico francese. Avvocato, deputato radical-socialista dal 1932, presidente del consiglio dal 1954 al 1955, firmò la convenzione di Ginevra, che decretò la fine della guerra in Indocina; concesse inoltre l'autonomia interna alla Tunisia, osteggiò la CED (Comunità europea di difesa) e ottenne l'ingresso della Francia nell'Unione Europea occidentale.

■ *Pierre Mendès France.*

MENDES PINTO (Fernão) → PINTO (Fernão Mendes).

MENDÌNI (Alessàndro), *Milano 1931*, architetto e designer. Tra i fondatori del gruppo Global Tools (1973), ha diretto le riviste *Casabella* (1970-1976), *Modo* (1977-1981, anche fondatore), *Domus* (1980-1985) e *Ollo* (dal 1988). Vincitore del *Compasso d'oro* (1979), ha contribuito al rinnovamento del design italiano creando oggetti e vestiti. Tra le opere, torre d'acciaio a Hiroshima (1990).

MÈNDOLA (Pàsso della), in ted. **Mendelpass**, valico del Trentino-Alto Adige, nelle Alpi Tridentine; 1363 m. Turismo estivo e invernale.

MENDOZA, c. dell'Argentina, ai piedi della Cordigliera delle Ande; 121.696 ab. Importante mercato agricolo (viticoltura).

MENDOZA (Diego **Hurtado de**) → HURTADO DE MENDOZA (Diego).

MENDOZA (Íñigo **López de**), marchése di **Santillana** → SANTILLANA.

MENEGHÈLLO (Luigi), *Malo 1922*, scrittore. Docente in Inghilterra dal 1947 al 1980, ha esordito nel 1963 con *Libera nos a Malo*. Tra le altre opere, *I piccoli maestri* (1964), *Pomo pero* (1974), *Fiori italiani* (1976), *Maredè, Maredè...* (1991), *Il dispatrio* (1993), *Promemoria* (1994), *La materia di Reading e altri reperti* (1997), *Le corrente sottopelle* (1997), *Trapianti. Dall'inglese al vicentino* (2002).

MENEGHÌNO, maschera del teatro milanese. Rappresenta il servo che presta servizio presso i nobili di città, avveduto e dotato di buonsenso, furbo ma fedele. Introdotto nelle commedie da C.M. Maggi, ottenne grande popolarità grazie all'interpretazione di G. Moncalvo.

MENELÀO MITOL. GR. Eroe dell'*Iliade*. Re di Sparta, mosse guerra a Troia quando Paride gli rapì la moglie Elena.

MENELÀO DI ALESSÀNDRIA, *Alessandria I-II sec.*, matematico e astronomo greco. Delle sue opere è pervenuto soltanto un trattato di trigonometria sferica, in cui sono enunciati i principi dei triangoli sferici e il "teorema di M.".

MENELIK II, *Ancober 1844 - Addis Abeba 1913*, negus d'Etiopia. Re dello Scioa (1865), fondò la città di Addis Abeba (1887). Nominato negus nel 1889, nello stesso anno firmò il trattato di Uccialli, che riconosceva l'occupazione italiana dell'Eritrea. In seguito (1893) rinnegò però l'accordo adducendo fraintendimenti interpretativi sorti durante la traduzione del testo in amarico; tale controversia provocò l'intervento delle truppe italiane che furono duramente sconfitte ad Adua (1896). M. si ritirò dalla scena politica nel 1909.

MENEM (Carlos Saúl), *Anillaco, prov. di La Rioja, 1935*, politico argentino. È stato presidente della repubblica dal 1989 al 1999.

MENEN, nome olandese di *Menin.

MENÉNDEZ PIDAL (Ramón), *La Coruña 1869 - Madrid 1968*, critico letterario e linguista spagnolo. È autore di studi su lingua e letteratura spagnola.

MENÈNIO AGRÌPPA → AGRIPPA (Menenio).

MENEPTAH → MERNEPTAH.

MENES, nome dato dai greci al faraone Narmer.

MÈNFI, c. dell'ant. Egitto, sul delta del Nilo. Capitale dell'Antico Regno, conserva resti del tempio di Ptah. La fondazione di Alessandria (332 a.C.) e la dominazione araba nel VII sec. d.C. ne determinarono la decadenza.

MÈNFI, com. in prov. di Agrigento; 13.176 ab. Agricoltura (olive, agrumi). Mobilifici. Turismo.

MENGÀLDO (Pièr Vincénzo), *Milano 1936*, filologo e critico letterario. Tra le opere, *La lingua del Boiardo lirico* (1963), *Linguistica e retorica di Dante* (1978), *Il Novecento* (1994).

MENGER (Carl), *Neusandez, att. Nowy Sacedilcz, Galizia, 1840 - Vienna 1921*, economista austriaco. Fondatore, con L. Walras e S. Jevons, della scuola marginalista (1871), è considerato il primo rappresentante della corrente psicologica austriaca che lega il valore di un bene alla sua utilità e alla sua rarità relativa.

MENGHISTU HAILÉ MARIAM, *reg. di Harar 1937*, politico etiope. Partecipò alla rivoluzione del 1974 e divenne vicepresidente (1974), poi presidente (1977) del Derg (comitato di coordinamento militare), disciolto nel 1987. Eletto presidente della repubblica nel 1987, fu costretto ad abbandonare il potere nel 1991.

MÉNGOLI (Piètro), *Bologna 1626-1686*, matematico. Compì importanti studi sugli indivisibili e sulle serie infinite. Scrisse il trattato *Geometria speciosa* (1659), nel quale formulò la prima definizione di "integrale", argomento in seguito approfondito da A.L. Cauchy.

MENGÓNI (Giusèppe), *Fontanelice 1829 - Milano 1877*, ingegnere e architetto. Vincitore del concorso per la ristrutturazione di piazza del duomo a Milano (1861), vi costruì la galleria Vittorio Emanuele II (1865-1878), celebre all'epoca per le innovazioni rappresentate dalle volte e dalla cupola. Tra le altre opere, Cassa di Risparmio a Bologna (1868-1876).

MENGS (Anton Raphael), *Aussig, att. Ústí nad Labem, Boemia, 1728 - Roma 1779*, pittore tedesco. Visse soprattutto a Roma e fu uno dei precursori del neoclassicismo.

MENG ZI → MENCIO.

MENIAA (El-), già **El-Goléa**, oasi del Sahara algerino; 28.848 ab.

MENICÀNTI (Dària), *Piacenza 1914 - Roma 1995*, poetessa. Tra le raccolte, *Città come arte* (1964), *Un nero d'ombra* (1969), *Altri amici* (1986), *Ultimo quarto* (1990).

MENICHÈLLA (Donàto), *Biccari 1896 - Roma 1984*, finanziere. Studioso di economia, ha diretto l'IRI (1933-1943) ed è stato governatore della Banca d'Italia (1948-1960).

MENICHÈLLI (Frànco), *Roma 1941*, ginnasta. Alle Olimpiadi di Tokyo del 1964 ha vinto la medaglia d'oro nel corpo libero, quella d'argento negli anelli e quella di bronzo alle parallele. Nel corpo libero ha vinto anche la medaglia di bronzo alle Olimpiadi di Roma del 1960.

MENIN, in fiammo. **Menen**, c. del Belgio (Fiandra Occidentale), sul f. Lys; 31.918 ab.

MENINAS (las), grande tela di D. Velázquez (1656 ca., Prado, Madrid). L'opera è celebre per la sua resa spaziale e per il suo carattere di istantanea che cattura una scena familiare.

Las meninas *di D. Velázquez, 1656. (Prado, Madrid).*

MENÌPPO, *Gadara IV sec. - III sec. a.C.?*, poeta e filosofo greco della scuola cinica, autore di satire.

MENNÈA (Piètro), *Barletta 1952*, atleta. Medaglia d'oro nei 200 m piani alle Olimpiadi di Mosca del 1980, sulla stessa distanza ha stabilito a Città del Messico nel 1979 il record del mondo (19" 72), rimasto imbattuto per 17 anni.

MÈNO, f. della Germania, affl. del Reno, a Magonza; 524 km. Attraversa Bayreuth e Francofor-

te. Collegato al Danubio tramite un canale, fa parte di un importante nodo fluviale.

MENORCA → MINORCA.

MENÒTTI (Ciro), *Migliarina 1798 - Modena 1831*, patriota. Carbonaro, prese parte ai moti del 1820-1821. In seguito, in contatto con Francesco IV duca di Modena, tentò di organizzare una grande insurrezione. Tradito dal duca, perseguì ugualmente il suo obiettivo, ma fu arrestato e giustiziato.

MENÒTTI (Giàn Càrlo), *Cadegliano 1911*, compositore naturalizzato statunitense. Si è riallacciato alla tradizione operistica del verismo (*La medium*, 1946; *Il console*, 1950). Autore di musica per balletti e sinfonica, ha fondato il Festival dei Due Mondi di Spoleto (1958).

MENŠIKOV (Aleksàndr Danilovič, principe), *Mosca 1673 - Berezov 1729*, politico e militare russo. Diresse i lavori di costruzione di San Pietroburgo. Sotto Caterina I fu il vero padrone della Russia, ma venne deposto da una rivolta ed esiliato in Siberia (1728).

MENŠIKOV (Aleksàndr Sergeevič, principe), *San Pietroburgo 1787-1869*, ammiraglio russo. Comandante in capo durante la guerra di Crimea, fu sconfitto dai franco-britannici (1854).

MENTÀNA, com. in prov. di Roma; 37.543 ab. Agricoltura, produzione di vini. G. Garibaldi vi fu sconfitto dalle truppe francesi e pontificie (1867).

MENTÓNE, c. della Francia, nel dip. Alpes-Maritimes, sul Mediterraneo; 29.266 ab. Centro turistico; musei.

MÈNTORE MITOL. GR. Personaggio dell'*Odissea*, amico di Ulisse e precettore di Telemaco. È proverbialmente la figura del saggio consigliere.

MENUHIN (Yehudi, barône), *New York 1916 - Berlino 1999*, violinista e direttore d'orchestra di origine russa naturalizzato statunitense e britannico. Allievo di G. Enesco e di A. Busch, dopo una carriera da *enfant prodige* si affermò come uno dei più grandi violinisti del XX sec., stimato anche per le qualità di insegnante (The Yehudi Menuhin School, nel Surrey, 1963) e per la spiccata umanità.

Yehudi **MENUHIN**.

MENZEL (Adolf **von**), *Breslavia 1815 - Berlino 1905*, pittore e litografo tedesco. Diede prova della stessa precisione realistica cimentandosi in diversi campi artistici.

MENZEL-BURGHIBA, già **Ferryville**, c. della Tunisia, sul Lago di Biserta; 47.521 ab. Arsenale. Impianti siderurgici. Pneumatici.

MENZÌNI (Benedètto), *Firenze 1646 - Roma 1704*, poeta. Membro dell'Arcadia, si impegnò nella difesa dei classici e della tradizione letteraria italiana. Scrisse le *Rime* (1680), l'*Arte Poetica* (1688), alcune elegie e le *Satire* (postume, 1718), in cui diede prova di un notevole spirito polemico.

MÈNZIO (Francésco), *Tempio Pausania 1899 - Torino 1979*, pittore. Tra i fondatori, nel 1929, del gruppo dei Sei, subì l'influenza di F. Casorati e dei *fauves*. Tra le opere, *Natura morta con ciliege* (1931).

MÈO PATÀCCA, maschera del teatro romanesco. Creata da G. Berneri nel poema giocoso omonimo (1695), rappresenta il bullo di borgata irruente e rissoso, ma anche coraggioso.

MÈRA, f. della Svizzera e della Lombardia; 50 km. Nasce nella regione del Maloja, percorre la Val Bregaglia, bagna Chiavenna e si immette nel Lago di Como.

MERÀNO, com. in prov. di Bolzano; 34.120 ab. Stazione termale. Industrie alimentari, enologi-

che e della birra. Monumenti del XIV-XV sec. (duomo, castello).

MERÀTE, com. in prov. di Lecco; 14.044 ab. Agricoltura (patate, cereali). Industrie tessili, meccaniche, cartarie. Vi ha sede un osservatorio astronomico.

MERAVÌGLIE DEL MÓNDO (le Sètte), le sette opere più notevoli dell'Antichità. [*V. parte nomi comuni* → **meraviglia**].

MERCADÀNTE (Giusèppe Savèrio), *Altamura 1795 - Napoli 1870*, compositore. Maestro di cappella nel duomo di Novara, fu seguace di G. Rossini e compose oltre 50 opere, che prenunciavano il melodramma verdiano, tra cui *Il servo balordo* (1818), *I briganti* (1836), *Il bravo* (1839), *La vestale* (1840).

MERCÀLLI (Giusèppe), *Milano 1850 - Napoli 1914*, sismologo e vulcanologo. Docente all'università di Napoli e direttore dell'osservatorio vesuviano, elaborò la prima carta sismica italiana. La scala che porta il suo nome (1902) misura l'intensità di un terremoto in base alle conseguenze sull'ambiente.

MERCANTÌNI (Luigi), *Ripatransone 1821 - Palermo 1872*, poeta e patriota. Costretto all'esilio dopo aver partecipato ai moti del 1848, scrisse versi patriottici in cui esaltò lo spirito risorgimentale: *La spigolatrice di Sapri* (1857), *Inno di Garibaldi* (1859).

MERCANTOUR → ARGENTERA.

MERCATÓRE o **MERCATOR** (Gerhard **Kremer**), *Rupelmonde 1512 - Duisburg 1594*, matematico e geografo fiammingo. Diede il suo nome al sistema di proiezione cartografica nel quale i meridiani sono rappresentati da rette parallele equidistanti e le parallele da rette perpendicolari ai meridiani.

MERCATÓRE (Nicolaus **Kaufmann**, detto), *Holstein 1620 ca. - Parigi 1687*, matematico e astronomo danese. Attivo a Londra e Parigi, compì importanti ricerche sulla trigonometria e sui logaritmi (*Logarithmotechnia*, 1668), formulando la serie infinita alla quale è legato il suo nome.

MERCÀTO SAN SEVERÌNO, com. in prov. di Salerno; 19.573 ab. Agricoltura (frutta, ortaggi, cereali). Industrie chimiche, elettrotecniche, dei materiali edili.

MERCEDE (órdine di Maria Santissima della), ordine religioso fondato nel 1218 a Barcellona da Raimondo di Peñafort allo scopo di riscattare i cristiani prigionieri dei musulmani. I suoi membri si dedicano oggi ad atti di apostolato nelle missioni, in ambito parrocchiale e nelle carceri.

MERCEDES, modello di automobili prodotte a partire dal 1902 dalla Daimler-Benz. Il nome deriva da Mercedes Jellinek, figlia del rappresentante generale dell'azienda, e indica una serie di automobili sportive e gran turismo tra le più famose al mondo.

MERCENÀRI (guèrra dei) (241-238 a.C.), conflitto che, dopo la prima guerra punica, oppose Cartagine ai mercenari che le si erano ribellati.

MÈRCIA, regno fondato dagli angli tra il 632 e il 654, destinato a crollare nel corso del IX sec. sotto i colpi dei danesi.

MERCIER (Désiré Joseph), *Braine-l'Alleud 1851 - Bruxelles 1926*, prelato belga, uno dei pionieri della scuola neoscolastica. Arcivescovo nel 1906, cardinale nel 1907, aprì la via all'ecumenismo con le "conversazioni di Malines" (1921-1926).

MERCIER (Louis Sébastien), *Parigi 1740-1814*, scrittore francese. Autore di un romanzo utopico (*L'anno 2440, sogno*), di drammi e di saggi critici, descrisse con realismo la società parigina della fine dell'*Ancien Régime* (*Ritratto di Parigi*, 1781-1788).

MERCKX (Eddy), *Meensel-Kiezegem, Brabante fiammingo, 1945*, ciclista belga. 5 volte vincitore del Tour de France (1969-1972 e 1974) e 4 del Giro d'Italia (1968, 1970, 1972, 1974), è stato 3 volte campione del mondo (1967, 1971, 1974) e dal 1972 al 1984 ha detenuto il record mondiale dell'ora.

MERCŒUR (Philippe Emmanuel **di Lorraine**, dùca **di**), *Nomeny 1558 - Norimberga 1602*, gentiluomo francese. Cognato di Enrico III, fu governatore della Bretagna (1582) e uno dei capi della Lega santa.

MERCOSUR (MERcado COmún del SUR), mercato comune dell'America merid. Raggruppa l'Argentina, il Brasile, il Paraguay e l'Uruguay, che nel 1995 hanno stipulato un accordo di libero scambio. In seguito vi hanno aderito anche il Cile (1996) e la Bolivia (1997).

MERCOURI (Melina), *Atene 1922 - New York 1994*, attrice teatrale e cinematografica e politica greca. Interprete di opere teatrali contemporanee, si affermò al cinema (*Stella*, 1955; *Mai di domenica*, 1960; *Topkapi*, 1964). Esule durante il regime dei colonnelli (1967-1974), al ritorno in patria divenne parlamentare socialista e ministro della cultura e dello sport.

MERCÙRIO, pianeta del sistema solare, il più vicino al Sole. Semiasse maggiore dell'orbita: 58.000.000 km (0,39 volte quello dell'orbita terrestre). Diametro equatoriale: 4878 km. La sua superficie, costellata da crateri a causa della caduta di meteoriti, è assai simile a quella della Luna.

MERCÙRIO MITOL. ROM. Dio del commercio e dei viaggi. I greci lo identificarono con Ermes.

MEREDITH (George), *Portsmouth 1828 - Box Hill 1909*, scrittore britannico. È autore di romanzi psicologici (*L'egoista*) e di poesie.

MERÈLLO (Rubàldo), *Montespluga 1872 - Santa Margherita Ligure 1922*, pittore. Avvicinatosi alla pittura all'inizio del Novecento, subì l'influenza dello stile liberty e del divisionismo. In seguito elaborò una poetica personale, legata a una rappresentazione paesaggistica intessuta di variazioni cromatiche.

MEREŽKOVSKIJ (Dmitrij Sergeevič), *San Pietroburgo 1866 - Parigi 1941*, scrittore russo. Poeta e romanziere (*Giuliano l'Apostata*), pubblicò il manifesto del simbolismo russo e tentò di conciliare cristianesimo e paganesimo.

MERGENTHALER (Ottmar), *Hachtel, Württemberg, 1854 - Baltimora 1899*, inventore statunitense di origine tedesca. Nel 1884 costruì il prototipo del linotype.

MÉRIDA, c. della Spagna, capol. dell'Estremadura, sul f. Guadiana; 50.478 ab. Monumenti romani; museo di arte romana.

MÉRIDA, c. del Messico, cap. dello Yucatán; 662.530 ab. Università. Industrie tessili. Cattedrale del XVI sec. e vari monumenti; museo archeologico.

MÉRIMÉE (Prosper), *Parigi 1803 - Cannes 1870*, scrittore francese. Esordì con opere attribuite ad altri autori (*Teatro di Clara Gazul*, 1825; *La Guzla*, 1827); scrisse poi romanzi storici (*Cronaca del regno di Carlo IX*, 1829), ma deve la sua fama ai racconti brevi (*Matteo Falcone*, 1829; *Colomba*, 1840, *Carmen*, 1845). Romantico nella scelta dei soggetti, fu considerato classico per la concisione dello stile.

MERINA, popolazione del Madagascar (ca. 2,5 milioni di individui), che vive nell'Imerina. Dal XVI sec. fino alla colonizzazione francese, i m. ebbero il controllo della maggior parte dell'isola. La loro società si basa su una gerarchia molto rigida, con un ordine principesco e nobiliare (*andriana*), una classe di plebei bianchi (*hova*) e una di neri (*mainty*), antichi schiavi. Cristianizzati, conservano pratiche tradizionali ("doppi funerali").

MERÌNI (Àlda), *Milano 1931*, poetessa. Tra le sue raccolte, *La presenza di Orfeo* (1953), *Paura di Dio* (1955), *Tu sei Pietro* (1962), *Destinati a morire* (1980), *Fogli bianchi* (1987), *Ballate non pagate* (1995), *Fiore di poesia* (1998), *Aforismi e magie* (2003). Tra le prose, *L'altra verità* (1986), *La pazza della porta accanto* (1995), *La vita facile* (1996).

MERÌSI (Michelàngelo) → CARAVAGGIO.

MERLE (Robert), *Tebessa, Algeria, 1908*, scrittore francese. Segnato dalla guerra (*Week-end a Zuydcoote*, 1949), si è fatto portavoce dei valori umanisti in romanzi di fantascienza (*Malevil*, 1972) o grandiosi affreschi storici (*Fortune de France*, 12 voll., 1978).

MERLEAU-PONTY (Maurice), *Rochefort 1908 - Parigi 1961*, filosofo francese. Nell'ambito della corrente fenomenologica, ha cercato di definire il metodo psicologico su cui si basa la pratica scientifica (*Fenomenologia della percezione*, 1945).

MERLÌN (Angelina), *Pozzonovo 1889 - Padova 1979*, politica. Membro del PSI dal 1919, fu eletta alla Costituente (1946) e divenne senatrice (1948-1963). Il suo nome è legato alla legge di regolamentazione della prostituzione (1958), che determinò la chiusura delle case di tolleranza.

MERLÌNO (Francésco Savèrio), *Napoli 1856 - Roma 1930*, politico. Fu uno dei maggiori esponenti del movimento anarchico, dal quale si distaccò per disaccordi con E. Malatesta. Fondatore della *Rivista critica del socialismo* (1899), difensore di G. Bresci, negli ultimi anni si riavvicinò alle tesi anarchiche.

MERLÌNO (Màgo), personaggio che compare nelle leggende celtiche e nel ciclo di re Artù.

MERNEPTAH o **MENEPTAH**, *1236 ca. - 1222 a.C.*, faraone egizio della XIX dinastia. Successore di Ramesse II, sconfisse i popoli del mare. Fu senza dubbio contemporaneo all'esodo.

MÈROE, c. del Sudan, sul Nilo. Capitale del regno di Kush, a N della Nubia, scomparve sotto la spinta del regno etiope di Aksum nel IV sec. d.C. Importanti resti.

MEROVÈO, semileggendario capo dei franchi (V sec.). Diede il suo nome alla prima dinastia di re di Francia (Merovingi).

MEROVÌNGI, dinastia di sovrani franchi che regnò sulla Gallia dal 481 al 751. La dinastia fu fondata da Clodoveo, figlio di Childerico I e, secondo la tradizione, nipote di Meroveo. L'ultimo merovingio, Childerico III, re nel 743, fu rinchiuso nel 751 in un monastero da Pipino il Breve, fondatore della dinastia carolingia.

MERRIFIELD (Bruce), *Fort Worth, Texas, 1921*, biochimico statunitense. Ha messo a punto, nel 1963, una tecnica semplice per la sintesi di catene peptidiche. (Premio Nobel per la chimica 1984.)

MERSCH, c. del Lussemburgo, sul f. Alzette; 5965 ab.

MERSEBURG, c. della Germania (Sassonia-Anhalt), sul f. Saale; 37.923 ab. Cattedrale ricostruita nel XIII e XVI sec. (cripta del XI sec.).

MERS EL-KEBIR, att. **El-Marsa El-Kebir**, c. dell'Algeria, nei pressi di Orano; 14.167 ab. Base navale sul Golfo di Orano. Il 3 lug. 1940 la flotta francese fu bombardata e affondata dalla Royal Navy (1300 morti) per aver rifiutato un ultimatum che la obbligava a unirsi alla flotta britannica nella guerra contro l'Asse oppure ad abbandonare le armi.

MERSENNE (abàte Marin), *presso Oizé 1588 - Parigi 1648*, scienziato francese. In contatto epistolare con R. Cartesio, E. Torricelli, B. Pascal, P. Fermat ecc., fu una delle personalità più eminenti della sua epoca in campo scientifico. Determinò i rapporti di frequenza delle note e misurò la velocità del suono (1636).

MERSEY, f. della Gran Bretagna (Inghilterra), che sfocia nel Mare d'Irlanda formando un estuario su cui si trova Liverpool; 112 km.

MERTHYR TYDFIL, c. della Gran Bretagna, nel Galles; 55.000 ab. Impianti metallurgici.

MERTON (Robert King), *Filadelfia 1910*, sociologo statunitense. Il funzionalismo strutturalista, da lui formulato, elabora l'idea che i comportamenti umani siano il risultato delle informazioni e delle motivazioni indotte dalla compagine sociale (*Teoria e struttura sociale*, 1949).

MÈRULA (Giórgio **Merlàno di Négro**, detto Giórgio), *Alessandria 1430/1931 - Milano 1494*, umanista. Editore di classici latini, ricevette da Ludovico il Moro l'incarico di scrivere una storia della famiglia Visconti (*Antiquitates Vicecomitum*, 1500, in 10 voll.), che rimase incompiuta.

MÈRULO (Clàudio **Merlòtti**, detto Clàudio), *Correggio 1533 - Parma 1604*, organista e compositore. Fu attivo come organista a Brescia, Venezia e Parma. La sua produzione comprende messe, canzoni e toccate; di quest'ultimo genere contribuì a rinnovare la struttura. Tra le opere, *Le Troiane* (1566), *La Tragedia* (1574).

MERV → MARY.

MERZ (Màrio), *Milano 1925 - Torino 2003*, artista. Tra gli iniziatori dell'arte povera, ha sviluppato, servendosi di materiali naturali e artificiali, diversi temi simbolici legati alla serie di Fibonacci, tra cui quello dell'*igloo*.

MERZÀGORA (Césare), *Milano 1898 - Roma 1991*, finanziere e politico. Membro del CLNAI durante la Resistenza, fu senatore indipendente dal 1948. Presidente del senato dal 1953 al 1967, nel 1963 fu nominato senatore a vita.

MESÀGNE, com. in prov. di Brindisi; 29.249 ab. Agricoltura (tabacco, olive, meloni). Industrie chimiche e alimentari. Allevamento bovino.

MESA VERDE, altopiano degli Stati Uniti (Colorado). Imponenti resti risalenti all'apogeo (1000-1300) della cultura pueblo, conservati nei parchi nazionali e nei musei archeologici della zona.

MESETA, altopiano che occupa parte della Spagna centrale.

MÈSIA, ant. reg. dei Balcani, che corrisponde parzialmente all'att. Bulgaria.

MESKHET, popolazione che risiede principalmente nell'Uzbekistan, nel Kazakistan e nell'Azerbaigian (ca. 400.000 individui). I m. parlano una lingua turca.

MESMER (Franz), *Iznang 1734 - Meersburg 1815*, medico tedesco. Fu il fondatore della teoria del magnetismo animale, detto "mesmerismo", e divenne famoso grazie agli esperimenti con il "mastello della salute", intorno al quale radunava i suoi malati.

MESOAMÈRICA, area geografica occupata dalle civiltà precolombiane a N dell'Istmo di Panamá, comprendente il Messico e la parte settentr. dell'America centrale.

MÉSOLA, com. in prov. di Ferrara; 7627 ab. Agricoltura (foraggi, barbabietole da zucchero). Industrie della carta. Nei dintorni, Gran Bosco della M., riserva naturale protetta.

MESOPOTÀMIA, ant. reg. dell'Asia occ., tra il Tigri e l'Eufrate, corrispondente alla maggior parte dell'att. Iraq. Tra il VI e il I millennio a.C., fu uno dei più vivaci centri di civiltà. **IX-VII millennio**: passaggio dallo stato predatorio a quello produttivo, con i primi villaggi di agricoltori (Mureybat). **VI millennio**: Neolitico; villaggi, sistemi d'irrigazione, ceramica. **V millennio**: fioritura di varie culture (Samarra, Halaf, El-Obeïd) con villaggi fortificati, ceramiche dipinte e utensili in cuoio. **Tra il 2950 e il 2350**: a S, nella zona occupata dai sumeri, nascita delle città-Stato, grandi agglomerati urbani; si afferma il sistema di scrittura cuneiforme e viene utilizzato il sigillo a cilindro (Eridu, Nippur, Kish, Ur, Uruk, Girsu e, a N, Mari ed Ebla). **Intorno al 2340**: egemonia di Sargon di Accad, seguita da quella di Naram-Sin (stele della vittoria al Louvre). **Fine del III millennio**: III dinastia di Ur e costruzione di ziqqurat; Gudea è sovrano del Lagaš. **II millennio**: supremazia di Babilonia (codice di Hammurabi). **I millennio**: dominio assiro. Architettura di palazzi (Nimrud, Khursabad, Ninive) decorati con ortostati. **612**: caduta di Ninive. **539**: caduta di Babilonia. [*V. carta a pagina 1561.*]

MESSAGGÈRO (Il), quotidiano fondato nel 1878 a Roma da L. Cesana, A. Vassallo e F. Albanese. Diretto per molti anni da Cesana, passò alla Rusconi nel 1973 e alla Montedison l'anno successivo. Attualmente ha una tiratura di oltre 400.000 copie.

MESSALI HADJ (Ahmed), *Tlemcen 1898 - Parigi 1974*, nazionalista algerino. Fondò il Partito popolare algerino (1937), e successivamente il Movimento nazionale algerino (1954).

MESSALÌNA, *25 ca. - 48*, imperatrice romana, moglie dell'imperatore Claudio e madre di Britannico e di Ottavio. Ambiziosa e dissoluta, fu uccisa per istigazione di Narcisso.

MESSÀLLA CORVÌNO (Màrco Valèrio), *64 a.C. - 8 d.C.*, politico e oratore romano. Partecipò alle battaglie di Filippi (42 a.C.) e di Azio (31 a.C.), quindi fu proconsole nel 27 a.C. In seguito raccolse intorno a sé un cenacolo di intellettuali, tra i quali Ovidio.

MÈSSE (Giovànni), *Mesagne 1883 - Roma 1968*, militare. Generale di brigata (1935), prese parte alle campagne di Albania e Grecia e comandò il corpo di spedizione in URSS (1941). Sconfitto in Africa nel 1943, si arrese ai britannici. Fu poi nominato capo di Stato maggiore dell'esercito da P. Badoglio. Dopo la guerra ebbe incarichi parlamentari.

MESSEDÀGLIA (Àngelo), *Villafranca 1820 - Roma 1901*, economista e statistico. Studiò il pensiero di T.R. Malthus, criticandone le teorie in *Malthus e dell'equilibrio della popolazione colle sussistenze* (1858). Docente in varie università, compì anche studi di cosmografia e diritto.

MESSÈNE, ant. c. della Grecia, nel Peloponneso sud-occ. Fu fondata nel 369 a.C. da Epaminonda con il sostegno dei tebani. Resti della

L'arte mesopotamica

Le tracce più antiche di attività agricole si trovano in Medio Oriente, tuttavia è in Mesopotamia che, grazie a oltre un secolo di scavi, si possono ricostruire con maggiore chiarezza le tappe che hanno condotto l'uomo, dapprima nomade, a formare villaggi, poi a costruire città. Nel paese dei sumeri seguiamo lo sviluppo dell'urbanizzazione in tutta la sua complessità, all'origine anche dell'invenzione della scrittura, nonché l'organizzazione architettonica della città e quella, politica, dello Stato.

Necropoli di Tell Es-Sawwan. Statuetta femminile del VI millennio, in terracotta, proveniente dalla Mesopotamia centrale. (Museo di Baghdad.)

Codice di Hammurabi. Decorata da un bassorilievo che mostra il re in piedi al cospetto di una divinità, questa stele babilonese in basalto (1750 ca. a.C.), dalle iscrizioni cuneiformi, fornisce una grande quantità di informazioni sulla vita economica, sociale e religiosa. (Louvre, Parigi.)

Ziqqurat di Ur. Fine del III millennio. Circondato da un'ampia cinta, il tempio comprendeva diversi elementi, tra i quali la ziqqurat (torre a gradoni). Testimonianza della rinascita neosumerica dopo la dominazione di Accad, questa torre fu il prototipo di quella babilonese, resa immortale dall'episodio della torre di Babele.

Riposo sotto il pergolato. Bassorilievo in alabastro (VII sec. a.C.) proveniente dal palazzo di Assurbanipal a Ninive, in Assiria. L'opera, che raggiunge la perfezione nel genere, evoca il giardino paradisiaco sede degli svaghi reali; il particolare del capo del nemico appeso agli alberi allude alle vittorie militari del sovrano. (British Museum, Londra.)

Vaso a becco. Al-Ubayyd, terracotta, IV millennio. Questa civiltà contadina dall'architettura elaborata preannuncia l'espansione del paese di Sumer. (Museo di Baghdad.)

Statuetta. Girsu, bassa Mesopotamia, 2150 ca. a.C. Proviene dal deposito di un tempio voluto dal principe Gudea. Il dio che pianta il chiodo simboleggia l'ancoraggio dell'edificio. (Louvre, Parigi.)

La vittoria di Naram-Sin. Stele in arenaria rosa (impero di Accad, 2250 ca. a.C.) rinvenuta durante gli scavi nel palazzo reale di Susa. (Louvre, Parigi.)

Lo "stendardo di Ur". Mosaico realizzato con conchiglie marine e lapislazzuli su fondo bituminoso, 2600 ca. a.C., part. (la partenza per la guerra). Rinvenuto all'interno di una tomba reale, è un vero e proprio fumetto, che illustra la guerra e una battaglia di carri su un lato, le libagioni della pace sull'altro. In quest'opera l'elemento più importante è la narrazione, ma all'epoca di Accad lo scultore padroneggia anche la resa spaziale. (British Museum, Londra.)

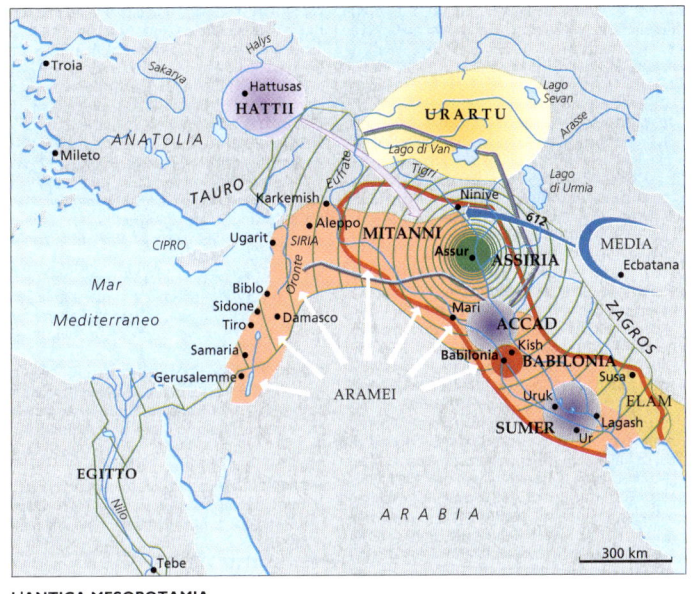

L'ANTICA MESOPOTAMIA

Babilonia

Antico impero babilonese alla fine del regno di Hammurabi (XVII sec. a.C.)

Impero neobabilonese di Nabucodonosor II (605-562 a.C.)

Assiria

Rinascita dell'Assiria nel XIV sec. a.C.

Mitanni

Incursione hittita contro Babilonia nel 1595 a.C. ca.

Impero hurrita di Mitanni nel 1450 a.C. ca.

Massima espansione del regno assiro durante la I metà del VII sec. a.C.

300 km

cinta muraria, di un tempio e di un teatro di epoca ellenistica.

MESSÈNIA, ant. reg. della Grecia, nella parte sud-occ. del Peloponneso. Conquistata da Sparta (guerre di M., VIII-VII sec. a.C.), ritrovò l'indipendenza dopo la battaglia di Leuttra (371 a.C.).

MESSERSCHMITT (Willy), *Francoforte 1898 - Monaco 1978*, ingegnere tedesco. Nel 1938 progettò il primo aereo a reazione, impiegato in combattimento nel 1944.

MESSIAEN (Olivier), *Avignone 1908 - Parigi 1992*, compositore francese. Il suo linguaggio musicale, d'ispirazione mistica, echeggia ritmi esotici e imita il canto degli uccelli (*Turangalīla-Symphonie*, 1949; *Catalogue d'oiseaux*, 1959; *Des canyons aux étoiles*, 1974). Rinnovò anche la tradizione operistica (*San Francesco d'Assisi*, 1983).

MÈSSICO in sp. *México*, Stato federale dell'America settentr.; 1.970.000 km², 100.368.000 ab. (*messicani*). CAP. *Città del Messico*. LINGUA: *spagnolo*. MONETA: *peso messicano*.

ISTITUZIONI – Repubblica federale (31 Stati e un distretto federale), con Costituzione del 1917. Il presidente della repubblica viene eletto ogni 6 anni a suffragio universale diretto. Il congresso, parlamento bicamerale, è costituito da una camera dei deputati, in carica per 3 anni, e un senato, in carica per 6 anni.

GEOGRAFIA – Il M. è al secondo posto tra i paesi dell'America latina per numero di abitanti (tuttora in rapido aumento) e al terzo per superficie. È attraversato dal tropico del Cancro e ha un territorio montuoso: l'altitudine mitiga le temperature dell'Altopiano Centrale, dove si concentra la maggior parte della popolazione, con prevalenza di meticci. Il N è arido e semidesertico, mentre il S, caratterizzato da un clima tropicale umido, è coperto di foreste. Localmente si osservano fenomeni di vulcanismo e i sismi si manifestano con una certa frequenza.

Messico

500   1000   2000 m

★ importante località turistica

autostrada
strada normale
ferrovia

● più di 1.000.000 di ab.
● da 500.000 a 1.000.000 di ab.
● da 100.000 a 500.000 di ab.
● meno di 100.000 ab.

200 km

Il petrolio, di cui il paese è uno dei principali produttori mondiali, è divenuto la risorsa principale, seguito dai prodotti del sottosuolo (argento, rame, ferro ecc.) e delle piantagioni (agrumi, canna da zucchero, caffè, cotone). Mais e capi bovini sono destinati al mercato interno. All'esodo dalle campagne e all'elevata natalità si devono l'urbanizzazione rapida (tre quarti dei messicani vivono nelle città, una cinquantina delle quali supera i 100.000 abitanti, mentre la capitale è il più grande agglomerato del mondo), e il persistere dell'emigrazione (spesso clandestina) verso gli Stati Uniti, che non frena tuttavia la sottoccupazione. La riduzione delle entrate assicurate dal petrolio ha inciso negativamente sulla bilancia dei pagamenti (nonostante gli introiti del turismo), determinando anche la svalutazione del peso e un debito estero preoccupante. L'accordo di libero scambio (siglato nel 1994 con Stati Uniti e Canada) non ha migliorato la situazione.

STORIA – Il Messico precolombiano. Verso il 10.000 a.C.: cacciatori-raccoglitori. **5200 e 3400 a.C.**: a Tehuacán si utilizza per la prima volta il mais. **2000-1000 a.C.**: periodo preclassico. Villaggi di agricoltori; origini della civiltà maya. **1500-300 a.C.**: civiltà olmeca. **250 d.C.-950**: periodo classico. Civiltà di Teotihuacán, di El Tajín e degli zapotechi, con capitale Monte Albán e in seguito Mitla. Espansione dei maya. **950-1500**: periodo postclassico. Incursioni dei chichimechi. Egemonia dei toltechi con centro a Tula. **1168**: Tula viene distrutta dai chichimechi. **XIII sec.**: supremazia dei mixtechi. Espansione dei totonachi, la cui capitale è Cempoala, e degli huastechi. Rinascita della civiltà maya. Ultime ondate di invasori chichimechi, da cui traggono origine gli aztechi fondatori (nel 1325 o 1345) di Tenochtitlán, l'att. Città del Messico.

La conquista e il periodo coloniale. 1519-1521: Hernán Cortés annienta l'impero azteco e diventa governatore della Nuova Spagna. Nel 1535 la colonia si trasforma in un vicereame. Epidemie e lavori forzati decimano la popolazione autoctona. Con la dominazione spagnola si attua la conversione in massa al cattolicesimo. **XVII-XVIII sec.**: il M. si arricchisce grazie allo sfruttamento delle miniere d'argento, mentre si sviluppano agricoltura e allevamento. All'inizio del XIX sec., la Nuova Spagna è la zona più ricca e popolosa dell'intero continente.

L'indipendenza e il XIX sec. 1810-1815: le classi disagiate, guidate da Miguel Hidalgo y Costilla e José María Morelos y Pavón, si sollevano contro spagnoli e creoli. **1821**: proclamazione dell'indipendenza del M. Agustín de Itúrbide diventa imperatore (1822); **1823**: dopo la sua abdicazione, il generale Antonio López de Santa Ana instaura la repubblica (Costituzione federale del 1824); **1824-1855**: sotto la sua "dittatuta costituzionale" si sviluppa la lotta tra i conservatori, centralisti, e i liberali, federalisti. **1836**: il Texas si separa dal M. per diventare una repubblica indipendente. **1846-1848**: dopo la guerra con gli Stati Uniti, il M. perde la California, il New Mexico e l'Arizona. **1858-1861**: la Costituzione del 1857 e le riforme sociali, che modificano radicalmente le strutture portanti del paese, conducono a una guerra tra conservatori e liberali. **1861**: diventa presidente della repubblica il liberale Benito Juárez García. **1862-1867**: la Francia interviene in M. e crea un impero assegnandolo a Massimiliano d'Asburgo (1864), che però, abbandonato dai suoi alleati, finirà fucilato per ordine di B. Juárez García. **1867**: dopo la restaurazione della repubblica, il M. attraversa un periodo di instabilità politica. **1876**: il generale José Porfirio Díaz prende il potere e instaura un governo autoritario fino al 1911 ("porfiriato"), pacificando il paese e modernizzandone l'economia grazie agli investimenti stranieri.

La rivoluzione messicana e il XX sec. 1911: J.P. Díaz è destituito da Francisco Madero, a sua volta assassinato nel 1913. **1914-1917**: la rivoluzione apre un periodo di tumulti: alla lotta per il potere sostenuta dai capi delle diverse fazioni (Francisco "Pancho" Villa, Emiliano Zapata, Venustiano Carranza e Alvaro Obregón), alcuni dei quali hanno l'appoggio degli Stati Uniti, si mescolano rivendicazioni agrarie, operaie e nazionaliste. **1917**: V. Carranza impone una Costituzione d'ispirazione socialista e centralizzatrice; **1920**: viene assassinato da A. Obregón, che gli subentra alla presidenza. **1924-1928**: il generale Plutarco Elías Calles pratica una politica anticlericale, che provoca la rivolta dei *cristeros* (1926-1929). **1934-1940**: il presidente Lázaro Cárdenas estende la riforma agraria e nazionalizza la produzione petrolifera (1938). Sotto il suo mandato si gettano le basi di un sistema politico il cui fulcro è costituito dal movimento che nel 1946 prenderà il nome di Partito rivoluzionario istituzionale (PRI). **1940-1946**: il suo successore, Ávila Camacho, avvia l'industrializzazione del M.; **1946-1952**: Miguel Alemán ne prosegue l'opera. **1952-1958**: il presidente Ruiz Cortines deve far fronte a un'intensa agitazione operaia. **1958-1964**: López Mateos intensifica il processo di nazionalizzazione. **1964-1970**: sotto la presidenza di Gustavo Díaz Ordaz il paese attraversa una crisi politica ed economica. **1970-1976**: Luis Echeverría opta per una politica democratica; **1976-1982**: gli succede José López Portillo. La scoperta d'immense riserve petrolifere consente il rilancio economico. La migrazione dei messicani (*chicanos*) verso gli Stati Uniti si fa intanto massiccia. **1982-1988**: Miguel de la Madrid ricopre la carica di presidente della repubblica. **1988-1994**: pur non riformando il PRI, Carlos Salinas de Gortari porta avanti la politica di modernizzazione avviata dal suo predecessore. **1994**: entra in vigore l'accordo di libero scambio (NAFTA) siglato con Stati Uniti e Canada nel 1992. Il governo si trova a far fronte a una rivolta di contadini amerindi nel Chiapas (Esercito zapatista di liberazione nazionale). Ernesto Zedillo, eletto capo dello Stato, deve gestire una grave crisi economica e finanziaria. **2000**: è presidente della repubblica Vicente Fox, candidato di un'alleanza dell'opposizione conservatrice (Partito d'azione nazionale, PAN), che mette fine a 71 anni di egemonia del PRI. Avvia negoziati intesi al riconoscimento dei diritti e della cultura della popolazione autoctona.

MÈSSICO (Gólfo del), golfo all'estremità occ. dell'Oceano Atlantico, tra gli Stati Uniti, il Messico e Cuba. Idrocarburi.

MÈSSICO (guèrra del) (1862-1867), intervento militare francese in Messico, voluto da Napoleone III. Inizialmente appoggiata da Gran Bretagna e Spagna, la Francia mirava a creare un impero che controbilanciasse la potenza degli Stati Uniti, all'epoca stremati dalla guerra di secessione. In seguito alla ritirata degli alleati, la Francia fece proclamare imperatore nel 1864 l'arciduca Massimiliano d'Asburgo, che però venne sconfitto e fucilato dai messicani a Querétaro (1867).

MESSIER (Charles), *Badonviller 1730 - Parigi 1817*, astronomo francese. Scoprì 16 comete e ne studiò 41, ma la sua fama è legata soprattutto alla catalogazione di 103 nebulose galattiche o extragalattiche (1781).

MESSÌNA, c. della Sicilia, capol. di prov., sullo stretto omonimo; 257.302 ab. (*messinesi*). Industrie cantieristiche, meccaniche, alimentari. Turismo balneare. Porto. — Fondata intorno all'VI-II sec. a.C. dai calcidesi, fu occupata successivamente da dori e ioni. Nel 397 fu distrutta dai cartaginesi e nel 264 a.C. divenne romana. Saccheggiata dai goti, rifiorì come piazzaforte bizantina (VI sec.), per poi diventare possedimento normanno (1061) fino alla dominazione angioina (XII sec.). In seguito alla sollevazione dei Vespri siciliani (1282), entrò nel regno di Napoli e vi rimase fino all'unità d'Italia. Nel 1908 fu devastata da un terribile terremoto. — Duomo (XII sec.), chiesa dell'Annunziata dei Catalani (XII sec.). — La provincia di M. occupa un territorio in gran parte montuoso, che dai Monti Peloritani e Nebrodi scende fino alle coste; comprende anche le Isole Eolie. Agricoltura; pesca; industrie alimentari; turismo. I centri principali sono Taormina, Milazzo, Patti, Capo d'Orlando.

MESSÌNA (Francésco), *Linguaglossa 1900 - Milano 1995*, scultore. La sua poetica è caratterizzata dall'ammirazione per la tradizione classica, reinterpretata tuttavia attraverso un percorso personale che contempla soggetti diversi. Tra le opere, *Nuotatore sulla spiaggia* (1930), *Grande danzatrice* (1979).

MESSÌNA (Strétto di), braccio di mare che separa la costa calabra da quella siciliana, tra il Mar Tirreno e lo Ionio. È attraversato da un elettrodotto e i collegamenti tra le coste sono assicurati da traghetti e aliscafi. Da diversi anni ormai sono in fase di esame diversi progetti per un ponte di collegamento.

MESSINÈO (Francésco), *Reggio Calabria 1886 - Appiano Gentile 1974*, giurista. Scrisse un *Manuale di diritto civile e commerciale* (1957-1967) e collaborò al *Trattato di diritto civile e commerciale*.

MESSNER (Reinhold), *Bolzano 1944*, alpinista. Tra il 1970 e il 1986 ha scalato tutte le 14 cime di altezza superiore agli 8000 m.

MÈSTRE, fraz. del com. di Venezia; 190.000 ab. È situata sulla terraferma e unita alla Laguna dal Ponte della Libertà. Fino al 1926 fu un com. a sé stante. Industrie chimiche, metallurgiche, meccaniche.

MÈTA (Mónti della), gruppo montuoso dell'Appennino Abruzzese, quasi interamente compreso nel Parco nazionale d'Abruzzo. Appartiene ad Abruzzo, Molise e Lazio ed è limitato dai f. Sangro, Volturno e Melfa. La vetta più elevata è il m. Petroso (2247 m).

METAFÌSICA, opera di Aristotele (IV sec. a.C.), scritta subito dopo la *Fisica*. Dio vi è concepito come la causa prima del movimento degli esseri viventi.

METALLÌFERE (Colline), massiccio montuoso della Toscana, compreso tra la costa tirrenica e i f. Cecina e Merse. La vetta più elevata è il Monte Le Cornate (1060 m). Il nome deriva dai giacimenti minerari di ferro e rame. Soffioni boraciferi.

METALLÌFERI (Mónti) → ERZGEBIRGE.

METAMÒRFOSI (Le), poema mitologico in 15 libri di Ovidio (1 ca. d.C.), dedicato alle trasformazioni degli eroi mitologici in piante, animali o minerali.

METAMÒRFOSI (Le) o **L'ÀSINO D'ÒRO**, romanzo di Apuleio (II sec. d.C.). È il racconto dello straordinario viaggio iniziatico compiuto da un giovane che, trasformato in asino da una strega, dopo molte peripezie recupera le sembianze umane grazie all'intervento della dea Iside.

METAPÒNTO, fraz. del com. di Bernalda (prov. di Matera); 1100 ab. Fu fondata dagli achei e divenne in seguito colonia greca; nel 207 a.C. fu distrutta dai romani per aver parteggiato per Cartagine. I resti archeologici comprendono mura, necropoli e i templi delle Tavole Palatine (530 ca. a.C.), di Apollo Licio, Era e Atena.

METASTÀSIO (Piètro **Trapàssi**, detto), *Roma 1698 - Vienna 1782*, poeta, librettista e compositore. Autore di oratori e cantate, fu celebre soprattutto come autore di melodrammi (*Didone abbandonata*, 1724; *Semiramide riconosciuta*, 1729; *La clemenza di Tito*, 1734).

METÀURO, f. delle Marche, che sfocia nell'Adriatico; 110 km. Sulle sue rive i romani, guidati da T. Claudio Nerone, sconfissero Asdrubale, fratello di Annibale, e l'esercito cartaginese (207 a.C.).

METAXÁS (Ioánnis), *Itaca 1871 - Atene 1941*, generale e politico greco. Presidente del consiglio nel 1936, instaurò un regime dittatoriale.

METÈLLO (Cecilio), nome di numerosi politici romani, appartenenti al ramo più importante della gens *Caecilia*. — **Lucio Cecilio M. Denter**. Console nel 284 a.C., combatté contro i galli senoni. — **Lucio Cecilio M.** Figlio del precedente, fu console nel 251 a.C. Combatté contro Asdrubale una vittoria entrata nella leggenda. — **Quinto Cecilio M. Macedonico**, *190 ca. a.C. - 105 a.C.* Pretore, combatté in Grecia contro Andrisco e occupò la parte centrale del paese. — **Quinto Cecilio M. Numidico**, *m. nel 109 a.C.* Fu eletto console nel 109 a.C. e condusse tre campagne contro Giugurta. — **Quinto Cecilio M. Cretico**. Console nel 69 a.C., strappò Creta alla dominazione dei pirati. — **Quinto Cecilio M. Celere**, *m. nel 59 a.C.* Prese parte alla guerra contro Catilina (62 a.C.), quindi fu proconsole e console nel 60 a.C.

METÈORE, centro monastico della Grecia (Tessaglia), fondato nel XII sec. Le costruzioni che vi si trovano ancora oggi (XIV-XV sec.) perpetuano le tradizioni architettoniche e pittoriche bizantine (collezioni di icone e manoscritti).

METEOSAT, gruppo di satelliti meteorologici geostazionari europei, lanciati a partire dal 1977. Il primo esemplare di una nuova serie (M. di seconda generazione, o MSG) è stato messo in orbita nel 2002.

METÒDIO (sànto), *m. nel 311*, scrittore greco cristiano. Vescovo di Olimpo, nei suoi scritti pose l'accento sull'eucaristia e sulla venerazione del corpo di Cristo da parte dei fedeli. Tra le opere pervenuteci, *Il simposio delle 10 vergini*.

METÒDIO (sànto) → CIRILLO E METODIO (sànti).

METÒNE, *Atene V sec. a.C.*, astronomo greco. Studiò il rapporto tra i cicli lunari e solari, scoprendo che ogni 19 anni solari, equivalenti a 235 mesi lunari, le fasi lunari si ripetono alle stesse date. Il "ciclo metonico" è utilizzato ancora oggi per la determinazione della Pasqua.

MÉTRAUX (Alfred), *Losanna 1902 - Parigi 1963*, antropologo francese di origine svizzera. Concentrò i suoi studi soprattutto sulle mitologie degli indiani dell'America merid.

METRODÒRO DI CHÌO, *V-IV sec. a.C.*, filosofo greco. Discepolo di Democrito. Restano pochi frammenti della sua opera *Della natura*, da cui traspare un interesse per l'atomismo.

METRO-GOLDWYN-MAYER (MGM), società di produzione e distribuzione cinematografica statunitense. Nata nel 1924 dalla fusione di tre diverse società, diretta per molti anni da I. Thalberg, fu una delle maggiori compagnie a livello internazionale. Celeberrimo il simbolo del leone ruggente.

METROPOLITAN MUSEUM OF ART, museo di New York, nei pressi di Central Park. Tra i più ricchi musei del mondo, è dedicato alle belle arti, all'archeologia e alle arti decorative e spazia dall'Egitto dei faraoni all'arte contemporanea. Le collezioni di arte medievale sono conservate nel complesso dei Cloisters, ricostruzione artificiosa di edifici medievali a N di Manhattan.

METSU (Gabriel), *Leida 1629 - Amsterdam 1667*, pittore olandese. Le sue alte qualità di pittore si manifestarono in scene di genere, che esprimevano una realtà familiare.

METSYS (Quentin), *Lovanio ca. 1466 - Anversa 1530*, pittore fiammingo. Stabilitosi ad Anversa, fu autore di grandi pale d'altare, poi ritrattista e maestro dei soggetti di genere (*Il cambiavalute e sua moglie*, Louvre); incarnò il compromesso tra l'arte fiamminga del XV sec. e le influenze italiane.

Quentin **METSYS**. Il cambiavalute e sua moglie.
(Louvre, Parigi.)

— **Jan M.**, *Anversa 1509-1573 ca.*, pittore fiammingo, figlio di Quentin. Si ispirò al manierismo italiano (*Loth e i suoi figli*, Museo di Belle Arti di Bruxelles). — **Cornelis M.**, *Anversa 1510 - ? 1562*, pittore fiammingo, fratello di Jan. Fu un attento osservatore della vita popolare e dei paesaggi rurali.

METTERNICH-WINNEBURG (Klemens, principe von), *Coblenza 1773 - Vienna 1859*, politico austriaco. Ambasciatore a Parigi (1806-1809), poi ministro degli esteri, negoziò il matrimonio di Maria Luigia con Napoleone (1810). Nel 1813 fece entrare l'Austria nella coalizione contro la Francia. Figura di spicco del Congresso di Vien-

na (1814-1815), reimpostò l'equilibrio europeo e impose la potenza dell'Austria sulla Germania e sull'Italia. Grazie alla Quadruplice Alleanza (1815) e alla "politica dei congressi", riuscì a intervenire laddove l'ordine prestabilito veniva minacciato dal liberalismo. Cancelliere a partire dal 1821, fu rovesciato dalla rivoluzione di marzo del 1848.

■ *Klemens Metternich-Winneburg ritratto da T. Lawrence. (Cancelleria, Vienna.)*

METZ, c. della Francia, capol. del dip. Moselle; 127.498 ab. Industrie automobilistiche. — Sotto i merovingi, M. fu la capitale dell'Austrasia, e fu annessa alla Francia nel 1552. Fu occupata dai tedeschi dal 1871 al 1918 e dal 1940 al 1944. — Resti romani; magnifica cattedrale del XIII-XVI sec.; piazza d'armi (XVIII sec.).

METZ. *La Porta dei tedeschi (XIII-XV sec.).*

MEÙCCI (Antònio), *Firenze 1808 - Clifton, New York, 1889*, inventore. Emigrato negli Stati Uniti, scoprì casualmente nel 1849 il principio alla base del telefono. Nel 1854 progettò e perfezionò un dispositivo il cui brevetto, depositato nel 1871, poté rinnovare solo per due anni a causa di ristrettezze economiche. Nel 1876 il brevetto fu assegnato ad A.G. *Bell, determinando una serie di controversie giudiziarie. Nel 1886 la Corte Suprema degli Stati Uniti riconobbe l'anteriorità di M., che è stata recentemente confermata (2002).

MEUDON, c. della Francia, nel dip. Hauts-de-Seine; 44.372 ab. Industrie meccaniche. Resti di un castello del XVIII sec., che ospita un osservatorio di astrofisica.

MEUNG (Jean **de**) → JEAN DE MEUNG.

MEUNIER (Constantin), *Etterbeek, Bruxelles, 1831 - Ixelles 1905*, pittore e scultore belga. Le sue tele e soprattutto le sculture (a partire dal 1885) costituiscono una sorta di epopea naturalista dell'uomo al lavoro (*Monumento al lavoro*, 1930). Casa-museo, a Ixelles.

MEURTHE, f. della Francia, in Lorena, che nasce dai Vosgi; affl. della Mosella; 170 km. Attraversa Saint-Dié-des-Vosges, Lunéville e Nancy.

MEURTHE-ET-MOSELLE, dip. della Francia, nella reg. Lorena; capol. *Nancy*; 5241 km²; 713.779 ab.

Constantin **MEUNIER**. Puddleurs au four, *bassorilievo in bronzo. (RMN, Parigi.)*

Territorio collinare, basa la propria economia sulle risorse del sottosuolo (giacimenti di ferro). Industrie (metallurgiche, chimiche).

MEUSE, dip. della Francia, nella reg. Lorena; capol. *Bar-le-Duc*; 6216 km²; 192.198 ab. Territorio ondulato, vi si pratica l'allevamento e l'agricoltura (cereali, frutta, foraggi). Industrie metallurgiche e agroalimentari.

MEXICALI, c. del Messico, al confine con gli Stati Uniti; 549.873 ab.

MEYER (Conrad Ferdinand), *Zurigo 1825 - Kilchberg 1898*, scrittore svizzero di lingua tedesca. È autore di poemi, racconti e romanzi storici (*Jurg Jenatsch*).

MEYERBEER (Jakob Beer, detto Giàcomo), *Berlino 1791 - Parigi 1864*, compositore tedesco. Visse a Parigi e scrisse grandi opere a carattere storico: *Roberto il diavolo* (1831), *Gli ugonotti* (1836), *Il profeta* (1849).

MEYERHOF (Otto), *Hannover 1884 - Filadelfia 1951*, fisiologo tedesco, autore di studi sui muscoli. (Premio Nobel 1922.)

MEYERSON (Émile), *Lublino 1859 - Parigi 1933*, filosofo francese di origine polacca. Antipositivista, pose la causalità, concepita sulla base dell'identità, al centro dell'analisi scientifica (*Identità e realtà*, 1908).

MEZIN, sito preistorico dell'Ucraina, a NE di Kiev, sul f. Desna. Vi sono stati rinvenuti cinque complessi abitativi, contenenti ossa, zanne di mammuth, utensili in osso e avorio. I motivi geometrici e figurativi risalgono al Magdaleniano antico (15.000 ca. a.C.).

MEZZALÙNA RÒSSA, organizzazione umanitaria che opera nei paesi musulmani, con le stesse funzioni della *Croce rossa internazionale.

MEZZÀNA, com. in prov. di Trento; 874 ab. Allevamento bovino. Turismo estivo e invernale.

MEZZÉGRA, com. in prov. di Como, sulla riva occ. del Lago di Como; 927 ab. Agricoltura (frutta, ortaggi). Turismo. Nei dintorni (frazione Giulino) furono uccisi nel 1945 B. Mussolini e C. Petacci.

MÈZZO (impèro di), espressione con cui un tempo si indicava la Cina (considerata il centro del mondo).

MEZZOGIÓRNO, insieme delle regioni merid. dell'Italia, che comprende la parte merid. del Lazio, l'Abruzzo, il Molise, la Campania, la Puglia, la Basilicata, la Calabria, la Sicilia, la Sardegna.

MEZZOIÙSO, com. in prov. di Palermo; 3092 ab. Agricoltura (olive, foraggi, frutta). È abitato da una colonia di albanesi, stanziatisi in quest'area nel XV sec.

MEZZÒLA (làgo di), lago della Lombardia; 5,9 km². Situato tra le prov. di Sondrio, Lecco e Como, è formato dal f. Mera. Turismo.

MEZZOLOMBÀRDO, com. in prov. di Trento; 5763 ab. Agricoltura (uva). Industrie enologiche, tessili, del legno. Castello della Torre, di origine medievale ma riedificato nel XVI sec.

MIAJA MENANT (José), *Oviedo 1878 - Città del Messico 1958*, generale spagnolo. Comandante in capo delle truppe repubblicane al tempo della guerra civile (1936-1939), si distinse nella difesa di Madrid.

MIAMI, c. degli Stati Uniti (Florida); 358.548 ab. (2.253.362 ab. nell'agglomerato). Rinomata meta turistica. Aeroporto. Musei.

MIANYANG, c. della Cina, a NE di Chengdu; 769.000 ab.

MIAO o **MEO**, insieme di popolazioni, composto in prevalenza dalle etnie hmong e hmou, dislocato tra Cina merid., Thailandia, Laos e Vietnam. Originari dell'area centrale della Cina, i m. emigrarono verso il S del paese incalzati dall'etnia han. Sono esperti coltivatori di riso e papavero. Parlano un idioma appartenente al ceppo miao-yao.

MIAR (Moviménto italiàno per l'architettùra razionàle), movimento architettonico. Nato nel 1928 su iniziativa di P.M. Bardi e A. Libera per promuovere la diffusione dell'architettura moderna in Italia, nel 1931 si presentò alla II Esposizione di architettura razionale, ma la scelse subito dopo. Sostenitore dei concetti di funzionalità e razionalismo, vi appartennero, tra gli altri, L. Figini, G. Terragni ed E. Sottsass.

MIASS, c. della Russia, a S degli Urali, sul f. M.; 166.404 ab. Industria metallurgica.

MIB (Milàno ìndici di Bórsa), insieme di indici generali e settoriali dei prezzi dei titoli azionari quotati alla Borsa valori di Milano.

MÌCALE (battàglia di Càpo) (479 a.C.), battaglia della seconda guerra persiana. Vide la vittoria dei greci che incendiarono la flotta persiana a Capo M., di fronte a Samo.

MÌCCA (Piètro), Sagliano 1677 - Torino 1706, patriota. Membro del corpo dei minatori dell'esercito piemontese, morì facendo esplodere una mina in una galleria attraverso la quale i francesi, che assediavano Torino, stavano tentando di entrare a sorpresa nella città.

MICÈNE, ant. c. greca dell'Argolide, in Peloponneso, i cui abitanti erano detti micenei. Leggendaria capitale degli Atridi, dal XVI sec. a.C. divenne il fulcro della civiltà micenea, le cui numerose vestigia (mura, strutture urbane, cerchie sepolcrali, il tesoro di Atreo), non meno dell'oreficeria e delle ceramiche, testimoniano un gusto originale e distante dall'influsso minoico. La città decadde in seguito alle ripetute e devastanti incursioni dei dorici (fine del II millennio a.C.).

MICERÌNO, faraone egizio della IV dinastia (2600 ca. a.C.). Fece erigere la più piccola delle piramidi di El-Giza.

MICHALKOV (Nìkita), Mosca 1945, regista cinematografico e attore russo. Celebra lo spirito russo attraverso film intimisti, adattamenti di opere letterarie ed affreschi storici: Schiava d'amore (1975), Partitura incompiuta per pianola meccanica (1976), Cinque serate (1978), Oci Ciornie (1987), Urga - Territorio d'amore (1991), Il sole ingannatore (1994), Il barbiere di Siberia (1999).

MICHALS (Duane), McKeesport, Pennsylvania, 1932, fotografo statunitense. Si serve di riflessi, trasparenze, sovrapposizioni, testi inseriti ai margini delle foto, disegni, luminescenze e sequenze filmate per creare un'atmosfera onirica (Real Dreams, 1977).

MICHAUX (Henri), Namur 1899 - Parigi 1984, poeta e pittore francese di origine belga. Animata da una forte tensione conoscitiva, l'opera di M. scandaglia la vita interiore servendosi di svariati espedienti narrativi: l'umorismo (Plume), i viaggi (Un barbaro in Asia), il disegno, la pittura e la sperimentazione delle droghe (L'infinito turbolento).

■ Henri Michaux fotografato da G. Freund, 1939.

MICHÈA, profeta biblico contemporaneo di Isaia. Fu attivo tra il 740 e il 687 a.C.

MICHELÀNGELO BUONARRÒTI, Caprese, presso Arezzo, 1475 - Roma 1564, scultore, pittore, architetto e poeta. Insuperato maestro del Rinascimento italiano, la sua figura spicca oltre che per la straordinaria capacità di esprimersi negli ambiti più disparati delle arti figurative, anche per la grandiosità dei progetti a cui si dedicò. Fondamento della sua ispirazione artistica è un fertile intreccio di umanesimo neoplatonico e fede cristiana. Formatosi a Firenze con il Ghirlandaio, fu attivo soprattutto nel capol. toscano e a Roma dove visse dal 1534 alla morte. Tra i suoi capolavori si ricordano: le numerose sculture in marmo della *Pietà; la colossale statua del *David; il *Tondo Doni; la Sacrestia nuova di S. Lorenzo con le tombe di Giuliano e Lorenzo II de' Medici (Firenze, 1520-1533 ca.); le statue concepite per decorare la tomba di Giulio II (i cosiddetti Prigioni, 1513-1516 ca., Louvre, Parigi; il Mosè, 1515 ca., S. Pietro in Vincoli, Roma, e la Vittoria, Palazzo Vecchio, Firenze); gli affreschi della Cappella *Sistina raffiguranti le Storie della Genesi e il Giudizio universale; il celebre baldacchino con le colonne tortili (a partire dal 1547, S. Pietro); il disegno della piazza del Campidoglio a Roma. Le sue lettere e i suoi poemi testimoniano una spiritualità tormentata.

MICHÈLE, nome di più sovrani

IMPERO BIZANTINO

MICHÈLE I RANGABE, m. nel 840 ca., imperatore bizantino (811-813). Favorevole al culto delle immagini, si scontrò con l'opposizione degli iconoclasti. Fu deposto in seguito alla sconfitta inflittagli dai bulgari. — **Michele II il Balbo**, Amorion ? - 829, imperatore bizantino (820-829). Fu il capostipite della dinastia amoriana. — **Michele III l'Ubriaco**, 838-867, imperatore bizantino (842-867). Ottenne la conversione dei bulgari. Sotto la sua dominazione si consumò lo scisma dalla Chiesa di Roma (concilio di Costantinopoli, 869-870). — **Michele VII Ducas**, imperatore bizantino (1071-1078). Dovette fronteggiare l'attacco dei normanni. — **Michele VIII Paleologo**, 1224-1282, imperatore bizantino. Si insediò a Nicca (1258-1261) e in seguito, dopo la vittoriosa campagna militare condotta contro i latini, a Costantinopoli (1261-1282). Favorì l'insurrezione dei Vespri siciliani (1282). — **Michele IX Paleologo**, 1277-1320, imperatore bizantino (1295-1320). Figlio primogenito di Andronico II.

PORTOGALLO

MICHÈLE o DOM MIGUEL, Queluz 1802 - Brombach, Germania, 1866, re del Portogallo (1828-1834), della casata dei Braganza. Fu mandato in esilio dopo due anni di guerra civile.

ROMANIA

MICHÈLE I, Sinaia 1921, re della Romania (1927-1930 e 1940-1947).

RUSSIA

MICHÈLE FĚDOROVIČ, Mosca 1596-1645, zar di Russia (1613-1645), capostipite della dinastia dei Romanov. Eletto nel 1613 dallo Zemski sobor (l'assemblea nazionale russa), tentò di restaurare l'ordine sociale e siglò la pace con la Svezia (1617).

SERBIA

MICHÈLE OBRENOVIĆ → OBRENOVIĆ.

VALACCHIA

MICHÈLE IL BRÀVO o IL VALORÓSO, 1557-1601, principe di Valacchia (1593-1601). Combatté i turchi (1595) e riunì sotto le proprie insegne Moldavia e Transilvania (1599-1600).

MICHÈLE (sànto), il più importante degli arcangeli nelle tradizioni ebraica e cristiana. Già protettore di Israele nella Bibbia, fu eletto dalla Chiesa a proprio difensore. L'iconografia tradizionale lo raffigura nel combattimento con il drago o intento a pescare anime.

MICHÈLE DI LÀNDO, Firenze 1343 ca. - 1401, politico. Allo scoppio del tumulto dei ciompi (1378) fu capo del popolo minuto, ma in seguito passò dalla parte del popolo grasso. Costretto all'esilio, giunse a Lucca nel 1383, da dove tentò di organizzare una serie di insurrezioni a Firenze. Graziato da una condanna a morte in contumacia, poté rientrare nella città natale.

MICHÈLE CERULÀRIO → CERULARIO (Michele).

MICHELET (Jules), Parigi 1798 - Hyères 1874, storico francese. Fu direttore della sezione storica degli Archivi nazionali (1831) e cattedratico del Collegio di Francia (1838). In concomitanza con la sua attività di insegnante iniziò la stesura della sue opere più famose, la monumentale Storia di Francia (1833-1846 e 1855-1867) e la Storia della rivoluzione (1847-1853). dedicò inoltre una serie di studi ai misteri della natura e dell'animo umano (L'insetto, 1857; La strega, 1862).

■ Jules Michelet ritratto da T. Couture. (Musée Renan, Parigi.)

MICHELIN (fratèlli), industriali francesi. — **André M.**, Parigi 1853-1931, ed — **Édouard M.**, Clermont-Ferrand 1859 - Orcines 1940. Il loro nome è legato all'applicazione degli pneumatici ai mezzi di trasporto. Ad André spetta l'invenzione delle guide e delle cartine geografiche Michelin.

MICHELÌNO DA BESÒZZO, Besozzo, documentato dal 1388 al 1445, pittore e miniatore. Tra i maggiori esponenti del gotico internazionale, operò soprattutto a Milano e Pavia. Tra le opere, Nozze mistiche di santa Caterina, Matrimonio della vergine, Elogio funebre di Gian Galeazzo Visconti (miniatura, 1402).

MICHELÒZZO, Firenze 1396-1472, architetto e scultore. La sua opera più nota è il Palazzo Medici-Riccardi di Firenze, prototipo rinascimentale che ha esercitato un profondo influsso sull'evoluzione architettonica. Prese spunto da F. Brunelleschi per elaborare uno stile decorativo di grande eleganza.

MICHELS (Roberto), Colonia 1876 - Roma 1936, sociologo tedesco. Docente in Svizzera e in Italia, socialista militante, scrisse Sociologia del partito politico nella democrazia moderna (1911), in cui elaborò la "legge ferrea dell'oligarchia", relativa agli incarichi direttivi dei partiti politici. Tra le altre opere, Storia del marxismo in Italia (1910).

MICHELSON (Albert), Strelno, att. Strzelno, Polonia, 1852 - Pasadena 1931, fisico statunitense. Fu autore, insieme a E.W. Morley (1838-1923), di una serie di esperimenti sulla velocità della luce (con i quali dimostrò la costanza di quest'ultima nella propagazione spaziale). I suoi studi si rivelarono cruciali per l'elaborazione della teoria della relatività. (Premio Nobel 1907.)

MICHELSTAEDTER (Carlo), Gorizia 1887-1910, scrittore e poeta. Nelle opere La persuasione e la retorica (1910) e Dialogo della salute (postumo, 1958) elaborò una riflessione filosofica incentrata sul pessimismo e sulla conoscenza filosofica come possibilità di salvezza, che anticipano il pensiero esistenzialista. Autore anche di Poesie (1948), morì suicida.

MICHELÙCCI (Giovànni), Pistoia 1891 - Fiesole 1990, urbanista e architetto. È stato uno dei maggiori esponenti del movimento razionalista e del modernismo architettonico, che ha reinterpretato in chiave personale con notevole libertà espressiva e sensibilità per la dimensione spaziale e ambientale. Tra le opere, stazione di S. Maria Novella a Firenze (1933-1935), Borsa merci a Pistoia (1949-1950), grattacielo di Livorno (1956-1966).

MICHÉTTI (Francésco Pàolo), Tocco Casauria 1851 - Francavilla al Mare 1929, pittore. Dipinse spesso dal vero, in part. soggetti e temi della regione natale, facendo uso di tecniche diverse. Tra le opere, Voto (1880-1883), La figlia di Jorio (1895), Le serpi (1900).

MICHIEL, antica famiglia veneziana, influente nell'XI-XII sec., cui appartennero tre dogi. — **Vitale I**, XI sec. Doge tra il 1096 e il 1102, partecipò alla prima crociata, combattendo in Palestina e contro i normanni. — **Domenico**, m. a Venezia nel 1130. Doge tra il 1117 e il 1129, sconfisse i saraceni a Giaffa (1123) e Tiro (1128). — **Vitale II**. Doge tra il 1156 al 1172, condusse numerose guerre, che generarono malcontento tra il popolo, dal quale fu giustiziato. — **Giovanni**, Venezia 1445 ca. - Roma 1503. Vescovo e legato pontificio in Spagna, fu ucciso per ordine di Cesare Borgia.

MICHELANGELO. Madonna con il Bambino (1530 ca.), Cappella Medici, chiesa di S. Lorenzo, Firenze.

MICHIGAN, Stato degli Stati Uniti, sulle due sponde del Lago Michigan; 9.938.444 ab.; cap. *Lansing*; c. princ. *Detroit*.

MICHIGAN (làgo), uno dei cinque Grandi Laghi dell'America settentr.; 58.300 km². È l'unico a estendersi per intero nel territorio degli Stati Uniti.

MICÌPSA, *m. nel 118 a.C.*, re di Numidia (148-118 a.C.). Figlio di Massinissa, adottò il nipote Giugurta e lo nominò suo erede al trono.

MICKEY MOUSE, in it. **Topolino**, personaggio dei disegni animati creato da Walt Disney e Ub Iwerks, che fece la sua comparsa nel film *Topolino aviatore* (1928). La sua fama è tuttavia dovuta alla fortunata trasposizione a fumetti (a partire dal 1930).

MICKEY MOUSE.

MICKIEWICZ (Adam), *Zaosie, att. Novogrodek, 1798 - Costantinopoli 1855*, poeta polacco. Esponente di spicco della cultura romantica in Polonia (*Ode alla giovinezza, Il signor Taddeo*), si batté per l'indipendenza nazionale (*Konrad Wallenrod*).

MICMAC, popolazione amerindia residente tra il Canada orient. e il Maine, negli Stati Uniti (ca. 16.000 individui), della tribù degli algonchini.

MICÒNO, in gr. **Mykonos**, isola greca nella zona nord-orient. delle Cicladi; 3000 ab. Turismo.

MICRONÈSIA, gruppo di minuscole isole del Pacifico, che si estende tra l'Indonesia e le Filippine a O, la Melanesia a S e la Polinesia a E. La M. comprende gli arcipelaghi delle Marianne, delle Caroline, delle Marshall e delle Kiribati.

MICRONÈSIA (Stàti Federàti di), Stato federale dell'Oceania; 707 km²; 126.000 ab. (*micronesiani*). CAP. *Palikir* (6000 ab., nell'Isola di Pohnpei). LINGUA: *inglese*. MONETA: *dollaro statunitense*. Il territorio della M. comprende la parte più consistente dell'arcipelago delle Caroline. La M. è composta da 4 isole-Stato: Truk, Kosrae, Pohnpei e Yap. — Posta dall'ONU sotto la tutela degli Stati Uniti nel 1947, dal 1986 è divenuta a tutti gli effetti Stato liberamente associato agli Stati Uniti. Nel 1991 è entrata a far parte dell'ONU.

MICRONESIÀNI, l'insieme delle popolazioni che abitano gli arcipelaghi della Micronesia. I m., organizzati in rigide gerarchie al N e in forme più democratiche al S (Marchesi, Kiribati), hanno sviluppato caratteristiche colture da atollo, nonché una serie di peculiari sistemi di pesca lagunare e marina. Parlano lingue del ceppo austronesiano.

MICROSOFT, società informatica statunitense, fondata nel 1975 da Bill Gates. È leader mondiale dei software per personal computer (sistemi operativi MS/DOS e Windows).

MIČURIN (Ivan Vladimirovič), *Verchina, Stato di Riazan, 1855 - Kozlov, att. Mičurinsk, 1935*, agronomo russo. Le sue idee sull'ereditarietà generale dei caratteri acquisiti furono elevate a dogma da T.D. Lysenko.

MÌDA, *738 a.C. - 696 o 675 a.C.*, sovrano della Frigia. Il suo regno fu distrutto dai cimmeri. La leggenda vuole che Dioniso gli conferisse il potere di tramutare in oro ciò che toccava. Eletto giudice della tenzone musicale che opponeva Marsia ad Apollo, avrebbe decretato la vittoria del primo. Per vendetta, Apollo gli fece crescere orecchie d'asino.

MIDDELBURG, c. dei Paesi Bassi, capol. della prov. di Zelanda; 44.920 ab. Municipio gotico del XV-XVI sec.; grande abbazia medievale che ospita il museo della Zelanda.

MIDDLESBROUGH, c. della Gran Bretagna (Inghilterra) sull'estuario del f. Tees; 141.100 ab. Porto commerciale; industria metallurgica.

MIDDLE WEST → MIDWEST.

MIDI (Aiguille du), vetta, posta nel versante francese, del massiccio del Monte Bianco; 3842 m. Teleferica.

MIDI (canàle del), sistema di canali navigabili che collega l'Oceano Atlantico al Mar Mediterraneo. Il tracciato (scavato da Pierre Paul de Riquet tra il 1666 e il 1681) ha inizio a Tolosa e, passata Agde, sfocia nella laguna di Thau; 241 km.

MIDI (Dents du), massiccio delle Alpi svizzere, nel cant. Vallese; 3257 m.

MIDI (Picco del), sommità dei Pirenei. — **P. del M. de Bigorre**, sommità dei Pirenei francesi (Hautes-Pyrénées); 2872 m. Osservatorio. — **P. del M. d'Ossau**, sommità dei Pirenei francesi (Pyrénées-Atlantiques); 2884 m.

MIDLANDS, reg. dell'Inghilterra centrale; c. princ. *Birmingham*.

MIDWAY (battàglia delle) (3-5 giu. 1942), battaglia combattuta nel Pacifico al largo dell'arcipelago delle M., situato a NO delle Isole Hawaii. La vittoria della flotta americana, agli ordini dell'ammiraglio C.W. Nimitz, su quella giapponese confermò la superiorità delle portaerei sulle corazzate.

MIDWEST o **MIDDLE WEST**, vasta reg. degli Stati Uniti, compresa tra gli Appalachi e le Montagne Rocciose.

MIÈLI (Pàolo), *Milano 1949*, giornalista. Collaboratore di *La Repubblica* dal 1985, è stato direttore della *Stampa* (1990-1992) e del *Corriere della Sera* (1992-1997). Att. è direttore editoriale del gruppo RCS. Tra le opere, *I conti con la storia* (1999), *Le storie, la storia* (2000), *Storia e politica* (2001), *La goccia cinese* (2002).

MIERES, c. della Spagna (Asturie); 53.482 ab. Industria metallurgica.

MIEROSŁAWSKI (Ludwik), *Nemours 1814 - Parigi 1878*, generale polacco. Si pose a capo dei rivoltosi polacchi nel 1848 e nel 1863. Sconfitto, riparò in Francia.

MIESCHER (Johannes Friedrich), *Basilea 1844 - Davos 1895*, biochimico e nutrizionista svizzero. Isolò l'acido nucleico dal nocciolo delle cellule e contribuì a razionalizzare l'alimentazione umana. Organizzò a Basilea il primo Congresso internazionale di fisiologia (1889).

MIES VAN DER ROHE (Ludwig), *Aquisgrana 1886 - Chicago 1969*, architetto tedesco naturalizzato statunitense. Allievo di P. Behrens, è tra i fondatori del *Movimento moderno*. Già direttore del Bauhaus di Dessau (1930-1933), emigrò in seguito negli Stati Uniti dove realizzò alcuni dei suoi progetti più significativi.

Mies VAN DER ROHE. *Crown Hall (1952-1956) dell'Illinois Institute of Technology, a Chicago.*

MIESZKO I, in it. **Miecislào**, *m. nel 992*, duca di Polonia (960-992 ca.). Il suo battesimo (966) segnò l'ingresso della Polonia nell'orbita della cristianità romana. Tracciò le frontiere che, grosso modo, la Polonia avrebbe riconquistato nel 1945.

MI FU, *1051-1107*, calligrafo, pittore e collezionista cinese. La sua calligrafia, che denota l'influsso dell'epoca Tang, e la sua arte del paesaggio spoglia e soggettiva sono servite d'ispirazione alla cosiddetta pittura "letteraria".

MIFUNE (Toshiro), *Qingdao 1920 - Tokyo 1997*, attore cinematografico giapponese. Tra i primi a raggiungere la fama anche in Occidente, fu interprete di alcuni tra i maggiori film di A. Kurosawa, tra i quali *Rashomon* (1950), *I sette samurai* (1954) e *La sfida del samurai* (1961). Lavorò poi in produzioni internazionali come *Sole rosso* (1971), *Shogun* (1980) e *L'ultima sfida* (1982).

MIGLIARÌNO (Màcchia di), area boschiva della Toscana, in prov. di Pisa. Compresa nel Parco naturale regionale di M. - San Rossore - Massaciuccoli, è una pineta marittima costituita da pini domestici e da un sottobosco di lecci e ginestre.

MIGLIÒLI (Guido), *Pozzaglio 1879 - Milano 1954*, politico e sindacalista. Organizzatore dei movimenti contadini e fondatore del giornale cattoli-

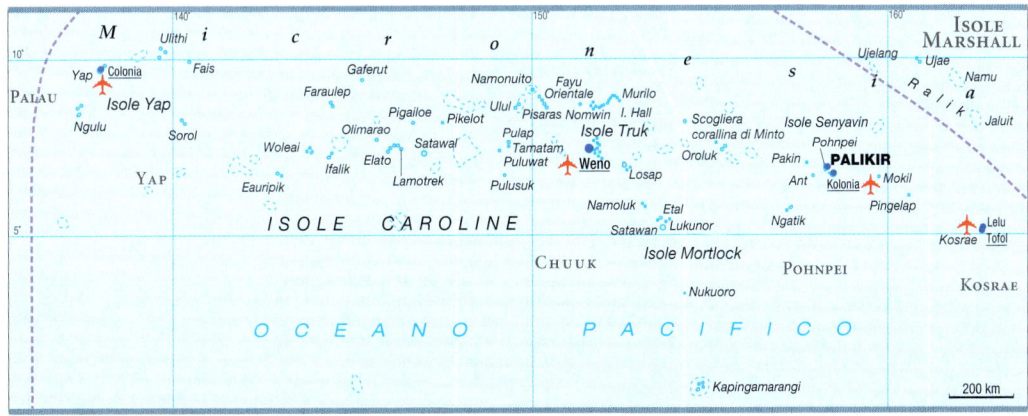

Stati Federati di Micronesia

confine di Stato federato — Kolonia capitale di Stato federato • più di 10.000 ab.
YAP nome di Stato federato — ✈ aeroporto • meno di 10.000 ab.

co *L'Azione*, fu deputato dal 1913 al 1923 nelle file del Partito popolare. Contrario all'intervento militare nella prima guerra mondiale, fu costretto all'esilio all'avvento del fascismo.

MIGLIÒNICO, com. in prov. di Matera; 2646 ab. Agricoltura (ortaggi, cereali, frutta). Castello medievale del "Malconsiglio".

MIGLIÒRI (Nìno), *Bologna 1926*, fotografo. Dedicatosi alla fotografia dal 1948, ha condotto una ricerca personale costantemente in equilibrio tra il fotogiornalismo e la sperimentazione sui materiali (*Ossidazioni*, *Pirogrammi*) vicina alle tendenze dell'informale, con frequenti accostamenti all'arte concettuale e all'*Off Camera*.

MIGLIORÌNI (Brùno), *Rovigo 1896 - Firenze 1975*, linguista. Docente di filologia romanza e storia della lingua e fondatore di *Lingua nostra* (1939, con G. Devoto), presidente dell'Accademia della Crusca, compì notevoli studi sulla lingua italiana. Tra le opere, *Saggi sulla lingua del Novecento* (1941), *Storia della lingua italiana* (1960), *Parole e storia* (1975), *Cronologia della lingua italiana* (1975).

MIGNE (Jacques Paul), *Saint-Flour 1800 - Parigi 1875*, ecclesiastico francese. Curò personalmente l'edizione e la stampa della *Bibliothèque universelle du clergé*, enciclopedia teologale comprensiva dei volumi della Patrologia latina (218 voll., 1844-1855) e della Patrologia greca (166 voll., 1857-1866).

MIGNÈCO (Giusèppe), *Messina 1908 - Milano 1997*, pittore e scultore. Tra i protagonisti del gruppo di Corrente, ha dato vita a una pittura violentemente espressionista, dal cromatismo teso e intenso. Tra le opere, *Le massaie ubriache* (1929), *L'uomo che legge il giornale* (1940), *Contadina che vendemmia* (1964).

MIHAJLOVIĆ (Draža), *Ivanjica 1893 - Belgrado 1946*, ufficiale serbo. All'indomani della disfatta del 1941, organizzò la resistenza serba (i gruppi filomonarchici dei cetnici) contro i tedeschi, contrastando al contempo i partigiani di Tito. Accusato di tradimento, morì fucilato.

MIKOLAJIV, già **Nikolaev**, c. dell'Ucraina, sul Mar Nero; 512.000 ab. Porto. Centro industriale.

MÌLA (Màssimo), *Torino 1910-1988*, critico musicale e musicologo. Docente di storia della musica, è stato critico musicale dell'*Unità*, dell'*Espresso* e della *Stampa* e autore di importanti studi sulla musica del Novecento. Tra le sue opere, *Cent'anni di musica moderna* (1944), *Breve storia della musica* (1946, 1963), *Cronache musicali* (1959).

MILÀNI (Lorènzo), *Firenze 1923-1967*, sacerdote. Impegnatosi nella formazione culturale dei giovani delle classi popolari, nel 1954 fu priore a S. Andrea di Barbiana. Nelle opere *Esperienze popolari* (1958) e *Lettera a una professoressa* (1967) polemizzò contro il classismo del sistema scolastico italiano. Fu favorevole all'obiezione di coscienza, che difese in *L'obbedienza non è più una virtù* (1967).

MILÀNI (Milèna), *Savona 1922*, giornalista e scrittrice. Nei suoi romanzi ha rappresentato con spirito spregiudicato e anticonformista la condizione femminile. Tra le opere, *Ignoti furono i cieli* (1944), *Storia di Anna Drei* (1947), *Uomo e donna* (1952), *La ragazza di nome Giulio* (1964). È anche poetessa (*L'angelo nero e altri ricordi*, 1984).

MILÀNI (Umbèrto), *Milano 1912-1969*, scultore e pittore. Influenzato da M. Rosso e dal cubismo, si avvicinò allo spazialismo, codificando una poetica legata a forme bidimensionali ma indefinite. In seguito, accostatosi all'informale, accentuò la definizione dei profili e la coerenza spaziale e volumetrica delle sue opere.

MILANKOVIĆ (Milutin), *Dalj, Croazia, 1879 - Belgrado 1958*, astronomo iugoslavo. Nel 1941 formulò la teoria (che porta il suo nome) secondo la quale le oscillazioni climatiche di lungo periodo dipendono dalle variazioni cicliche dei parametri orbitali della Terra.

MILÀNO, c. della Lombardia, capol. di reg. e di prov.; 1.300.977 ab., 4.251.000 ab. nell'agglomerato (*milanesi*). Cuore pulsante dell'economia italiana, rappresenta il più grande centro industriale e commerciale della penisola, oltre a rivestire un ruolo di primo piano in ambito culturale (polo universitario ed editoriale); importante sede vescovile. — Fondata dai galli insubri, fu occupata dai romani nel III sec. a.C. (*Mediolanum*) e dal 292 divenne la capitale dell'impero romano d'Occidente. Importante sede episcopale (sant'Ambrogio ne fu l'autorevole vescovo dal 374 al 397), dopo aver subito il dominio di longobardi (569) e franchi (774), nel 1097 divenne libero comune e fu promotrice della Lega lombarda. Signoria dei Visconti dal 1278 al 1447 e degli Sforza dal 1450, nel 1499 fu occupata dai francesi e divenne oggetto di contesa tra questi e gli spagnoli, che la conquistarono con la battaglia di Pavia (1525-1706). Alla dominazione spagnola succedettero quella austriaca (1706-1859), durante la quale M. conobbe una notevole fioritura culturale, e quella napoleonica (1796-1814). Tra i centri più attivi nella lotta per l'indipendenza durante la restaurazione (Cinque giornate, 1848), fu annessa al regno di Sardegna nel 1859. — Tra i suoi monumenti annovera: il duomo gotico, iniziato alla fine del XIV sec. e più volte rimaneggiato nel corso dei secoli; numerose chiese paleocristiane (S. Lorenzo, S. Nazaro, S. Simpliciano, S. Ambrogio); il complesso di S. Maria delle Grazie (al quale lavorò, tra gli altri, anche D. Bramante) nel cui refettorio Leonardo da Vinci dipinse la celeberrima *Ultima Cena*; il Castello Sforzesco (1450; adibito a museo); il teatro della Scala (XVIII sec.). Non meno importante risulta il patrimonio bibliotecario e museale, che comprende, tra gli altri, la Biblioteca Ambrosiana, la Pinacoteca di Brera, il Museo nazionale della scienza e della tecnologia, la triennale del design e dell'architettura. — La provincia, in gran parte pianeggiante, è densamente popolata soprattutto a N della città, dove sono concentrate le attività industriali (settori metallurgico, siderurgico, elettronico, della gomma, chimico, petrolchimico, tessile, dell'abbigliamento, editoriale). Nella zona merid. si praticano soprattutto l'agricoltura e l'allevamento (di bovini e suini). Tra i centri principali: Abbiategrasso, Cernusco sul Naviglio, Cinisello Balsamo, Corsico, Legnano, Magenta, Melegnano, Monza, Rho, Sesto San Giovanni.

MILANO. *La facciata del duomo.*

MILAN OBRENOVIĆ, *Mărășești 1854 - Vienna 1901*, principe (1868-1882) e in seguito re (1882-1889) della Serbia. Succedette al cugino Michele Obrenović. Dopo la proclamazione dell'indipendenza serba, ratificata al congresso di Berlino (1878), si proclamò sovrano (1882) con l'appoggio dell'Austria. Dovette abdicare nel 1889.

MILÀNO MARÌTTIMA, fraz. del com. di Cervia. Creata intorno agli anni '20 del secolo scorso, è una frequentata località di turismo balneare.

MILÀNO-SANRÈMO, corsa ciclistica italiana. Disputata per la prima volta nel 1907, copre una distanza di 300 km ca. dal capol. lombardo alla c. ligure. Si svolge att. nel mese di marzo ed è la prima "classica" in linea del circuito stagionale di Coppa del mondo.

MILÀZZO, com. in prov. di Messina, sul golfo omonimo; 31.959 ab. Agricoltura (agrumi, ortaggi). Industrie enologiche, petrolchimiche, metallurgiche. Porto di collegamento con le Isole Eolie.

MILÀZZO (battàglie di), nel corso della prima guerra punica, i romani vi ottennero una decisiva vittoria sui cartaginesi. — Nel 1860 i Mille, guidati da G. Garibaldi, vi sconfissero le truppe borboniche.

MILÈTO, ant. c. dell'Asia Minore. A partire dall'VIII sec. a.C. fu colonizzata dagli ioni, che ne fecero una grande metropoli commerciale e un importante centro culturale (scuola di filosofia ionica). È annoverata tra i capolavori dell'urbanesimo ellenistico. Imponenti rovine (conservate in parte al museo di Berlino, come la porta S dell'agorà).

MILÉTTO, vetta dell'Appennino Campano. Con i suoi 2050 m è la più elevata del gruppo del **Matese*. Turismo invernale.

MILFORD HAVEN, c. della Gran Bretagna (Galles merid.; 14.000 ab. Porto. Importazione e lavorazione del petrolio. Industria petrolchimica.

MILHAUD (Darius), *Marsiglia 1892 - Genova 1974*, musicista francese. Membro del gruppo dei Sei, l'interesse per il folclore sudamericano e per il jazz lo portarono a maturare uno stile eclettico che applicò all'intera gamma delle forme compositive, dall'opera al balletto, dalla cantata alla sonata.

MILIAN (Tomas Quintin **Rodriguez**, detto Tomas), *Cuba 1937*, attore cinematografico cubano naturalizzato italiano. Interprete di rilievo del cinema italiano degli anni '60 del secolo scorso (*Il bell'Antonio*, 1960; *La banda Casaroli*, 1962; *Gli indifferenti*, 1964; *Banditi a Milano*, 1968), si è poi indirizzato verso film popolari (*La polizia accusa*, 1975; *Il trucido e lo sbirro*, 1976). Dopo aver lavorato, tra gli altri, con B. Bertolucci (*La luna*, 1979) e M. Antonioni (*Identificazione di una donna*, 1982), si è affermato negli Stati Uniti (*Revenge*, 1990; *Traffic*, 2000).

MILIJUKOV (Pavel Nikolaevič), *Mosca 1859 - Aix-les-Bains 1943*, politico e storico russo. Tra i fondatori del Partito democratico costituzionale, fu ministro degli affari esteri (mar.-mag. 1917) nel governo temporaneo presieduto dal principe G.E. L'vov.

MILIÓNE (Il), opera di M. Polo, scritta nel 1299. Dettata al compilatore Rustichello da Pisa nelle prigioni di Genova, narra i viaggi compiuti dai mercanti veneziani della famiglia Polo in Oriente e il loro soggiorno alla corte del Gran Khan. Ricca di annotazioni sugli usi e costumi della civiltà orient., l'opera tratteggia con notevole talento narrativo anche le mirabolanti avventure vissute da M. Polo.

MILITARY CROSS e **MILITARY MEDAL**, decorazioni militari britanniche. Furono create rispettivamente nel 1914 e nel 1916 per premiare gli atti di eroismo e di coraggio compiuti in battaglia.

MILÌZIA (Francésco), *Oria 1725 - Roma 1798*, teorico e storico dell'architettura. In contatto a Roma con ambienti neoclassici e influenzato dall'Illuminismo, in *Vite de' più celebri architetti d'ogni nazione e d'ogni tempo* (1768) e *Principi di architettura civile* (1781) propugnò un ritorno agli ideali classici, in aperta antitesi con l'esuberanza barocca.

MILL (James), *Northwater Bridge, Scozia, 1773 - Londra 1836*, filosofo ed economista britannico. Derivò la propria impostazione da D. Hume e J. Bentham (*Principi di economia politica*, 1821). — **John Stuart M.**, *Londra 1806 - Avignone 1873*, filosofo ed economista britannico, figlio di James. Sostenitore dell'associazionismo, fondò il proprio metodo d'indagine induttivo sulla legge della causalità universale. Si rifece all'economia liberale e propugnò una morale utilitarista (*Principi di economia politica*, 1848; *L'utilitarismo*, 1863).

MILLA (Roger), *Yaoundé 1952*, calciatore camerunense. Vincitore della Coppa d'Africa per nazioni nel 1984 e nel 1988, è il giocatore più anziano ad aver segnato in una fase finale dei campionati mondiali (42 anni).

MILLAIS (sir John Everett), *Southampton 1829 - Londra 1896*, pittore britannico. Membro fondatore della Confraternita preraffaellita (*Ofelia*, 1851-1852, Tate Britain, Londra), divenne uno degli esponenti più famosi dell'arte vittoriana.

MÌLLE (ànno), anno che, secondo gli storici del XVII-XIX sec., avrebbe segnato per l'Occidente cristiano la fine del mondo. Gli storici contemporanei hanno sfatato questa credenza.

MILLE (De) → DE MILLE.

MÌLLE (spedizióne dei), spedizione, capitanata nel 1860 da G. Garibaldi, che segnò il crollo del regime borbonico nell'Italia merid. Salpati da Quarto, presso Genova, i M. navigarono verso S nel Mar Tirreno per approdare a Marsala, in Sicilia. Dalle coste siciliane presero a risalire la penisola, vincendo la debole resistenza che il regno delle Due Sicilie si sforzava di opporre. La marcia dei M. si arrestò in seguito alla decisione di Garibaldi di consegnare i territori liberati nelle mani di Vittorio Emanuele II di Savoia.

MÌLLE E UNA NÒTTE (Le), celeberrima raccolta di racconti arabi. Per scampare a morte sicura, Shahrazad avvince ogni notte il crudele re di Persia con una serie di racconti che vedono protagonisti *Aladino, *Alì Babà e Sinbad il marinaio.

MÌLLE MÌGLIA, corsa automobilistica su strada. Svoltasi per la prima volta nel 1927, si articolava su un percorso di 1600 km ca. attraverso l'Italia centro-settentr., con partenza e arrivo a Brescia. Fu soppressa nel 1957 dopo alcuni gravi incidenti che provocarono morti e feriti.

MILLER (Arthur), *New York 1915*, scrittore e autore teatrale statunitense. Le sue opere, testimonianza di una letteratura socialmente impegnata, descrivono una serie di personaggi che lottano per essere accolti nella società statunitense (*Morte di un commesso viaggiatore, Le streghe di Salem, Uno sguardo dal ponte*).

MILLER (Glenn), *Clarinda, Iowa, 1904 - in un incidente aereo, sulla Manica, 1944*, jazzista statunitense. Suonatore di trombone e direttore d'orchestra, fu uno dei grandi maestri dello swing (*In the Mood, 1939*). Arruolato nell'aviazione statunitense nel 1942, divenne celebre in Europa dirigendo l'orchestra delle truppe alleate.

MILLER (Henry), *New York 1891 - Los Angeles 1980*, scrittore statunitense. Le sue opere mettono a nudo i soffocanti meccanismi delle costrizioni sociali e morali, esaltando invece la ricerca dei piaceri (*Tropico del Cancro, Tropico del Capricorno, La crocefissione in rosa*).

MILLER (Merton), *Boston 1923 - Chicago 2000*, economista statunitense. In coppia con F. Modigliani, ha messo a punto un teorema sulla valutazione delle aziende e sul rapporto del capitale di prestito con il capitale di rischio. (Premio Nobel 1990.)

MILLERAND (Alexandre), *Parigi 1859 - Versailles 1943*, politico francese. Militante tra le file degli indipendenti, ricoprì svariate cariche prestigiose. Eletto presidente della repubblica nel 1920, si dimise nel 1924 in seguito alla vittoria elettorale delle sinistre.

MILLÈSIMO, com. in prov. di Savona; 3307 ab. Abitato in epoca romana, conserva la chiesa di S. Maria e il ponte della Gaietta (XV sec.). — Nell'apr. 1796 Napoleone vi sconfisse le truppe austro-piemontesi.

MILLET (Jean-François), *Gruchy 1814 - Barbizon 1875*, pittore, disegnatore e incisore francese. Fu tra i fondatori della scuola di Barbizon (al Musée d'Orsay di Parigi: *L'Angelus*, 1857; *La primavera*, 1868-1873).

MILLIKAN (Robert Andrews), *Morrison, Illinois, 1868 - San Marino, California, 1953*, fisico statunitense. Misurò la carica dell'elettrone (1911), determinò il valore della costante di Planck (1916) e studiò i raggi cosmici. (Premio Nobel 1923.)

MILLOSS (Aurel M. de Miholy, detto Aurel), *Ozora, Ungheria, 1906 - Roma 1988*, ballerino e coreografo ungherese naturalizzato italiano. Maestro di danza nei più importanti teatri del mondo, ha firmato numerose coreografie, cercando di attuare una sintesi tra classicismo ed espressionismo (*Le mandarin merveilleux*, 1942).

MILNE-EDWARDS (Henri), *Bruges 1800 - Parigi 1885*, naturalista e fisiologo francese. Autore di studi su molluschi, crostacei e antozoi, è considerato uno dei fondatori della fisiologia francese. — **Alphonse M.-E.**, *Parigi 1835-1900*, naturalista francese, figlio di Henri. Studiò i mammiferi e la fauna marina.

MÌLO, in gr. **Mílos**, isola greca del Mar Egeo, una delle Cicladi; 161 km[2].

MÌLO (Vènere di), scultura greca in marmo (Louvre, Parigi). Rinvenuta nel 1820 nell'isola di Milo, la statua, ricalcata su un'iconografia diffusa nel IV sec. a.C., viene fatta risalire al II sec.

MILÓNE DI CROTÓNE, *Crotone fine del VI sec. a.C.*, atleta greco. Discepolo e genero di Pitagora, legò il suo nome alle innumerevoli vittorie ottenute ai giochi olimpici. Rimasto intrappolato con un tronco sotto un albero che aveva tentato di abbattere, sarebbe morto sbranato dalle belve.

MILÓNE (Tito Ànnio), *Lanuvio 95 ca. a.C. - Conza 48 a.C.*, politico romano. Genero di Silla, in qua-

lità di tribuno si adoperò per il ritorno in patria dell'esule Cicerone (57). Accusato di omicidio nel 52 da Clodio, fu difeso da Cicerone (che per l'occasione scrisse l'orazione *Pro Milone*).

MILOŠEVIĆ (Slobodan), *Pozarevac, Serbia, 1941*, politico serbo. Membro della Lega comunista iugoslava a partire dal 1959, facendo leva sull'esaltazione del nazionalismo serbo è diventato presidente della Rep. serba (1990-1997) e in seguito della Rep. federale iugoslava (1997-2000) (→ Iugoslavia). Nel 1999 è stato accusato dal Tribunale penale internazionale (TPI) di crimini contro l'umanità e crimini di guerra per la sistematica repressione esercitata contro gli albanesi nella regione del Kosovo. Accusato in patria di corruzione e abuso di potere, arrestato nell'apr. 2001, nel giugno dello stesso anno è stato consegnato al TPI il quale lo ritiene responsabile della condotta tenuta dalla Serbia nei conflitti contro la Croazia (1991-1992) e la Bosnia (1992-1995). Il processo a suo carico si è aperto nel feb. 2002.

MILOŠ OBRENOVIĆ → OBRENOVIĆ.

MIŁOSZ (Czesław), *Szetjny, Lituania, 1911*, scrittore polacco naturalizzato statunitense. È autore di poesie, romanzi e saggi (*La mente prigioniera*). (Premio Nobel 1980.)

MIŁOSZ (Oscar **de Lubicz-**), *Czereja, Lituania, 1877 - Fontainebleau 1939*, scrittore francese di origine lituana. È autore di poemi d'ispirazione elegiaca e mistica, nonché di drammi e scritti esegetici.

MILTON (John), *Londra 1608 - Chalfont Saint Giles, Buckinghamshire, 1674*, poeta inglese. Autore di componimenti poetici di tema religioso, filosofico e pastorale, si schierò a favore di O. Cromwell e ricoprì importanti incarichi governativi. In seguito alla restaurazione degli Stuart, si ritirò a vita privata. Cieco e ridotto in miseria, compose il grande poema biblico Il *paradiso perduto*, cui seguì Il *paradiso riconquistato*.

MÌLVA (Maria Ìlva Biolcàti, detta), *Goro 1939*, cantante. Dopo avere ottenuto grandi successi nella musica leggera (*Il mare nel cassetto*, 1961), si è dedicata al teatro, interpretando tra l'altro opere di B. Brecht e L. Berio.

■ *Milva.*

MÌLVIO (pónte), ponte sul Tevere, situato 3 km a N di Roma, celebre per la vittoria che Costantino vi riportò sulle truppe di Massenzio (312 d.C.).

MILWAUKEE, c. degli Stati Uniti (Wisconsin), sul Lago Michigan; 596.974 ab. (1.500.741 ab. nell'agglomerato). Porto. Musei.

MILZÌADE, *540 a.C. - Atene 489 ca. a.C.*, generale ateniese. Sconfisse i persiani a Maratona (490 a.C.).

MIMNÈRMO, *Colofone VII sec. a.C.*, poeta greco. Delle sue elegie restano 85 frammenti ca., molti dei quali dedicati all'amore per Nanno.

Venere di Milo, *II sec. a.C. (Louvre, Parigi).*

MÌNA (Ànna Maria **Mazzini**, detta), *Busto Arsizio 1940*, cantante. Tra le più popolari dive della musica e della televisione negli anni '60 del secolo scorso (*La canzone di Marinella, Il cielo in una stanza, Parole parole, Grande grande grande*), dal 1972 si è ritirata dalle scene pur continuando a incidere dischi, tra i quali, nel 2002, *Veleno*.

■ *Mina.*

MINAMOTO, famiglia giapponese che nel 1192 fondò lo shogunato di Kamakura con Minamoto no Yoritomo (1147-1199), primo shogun del Giappone.

MINANGKABAU, popolazione di Sumatra, in Indonesia (ca. 4 milioni di individui). Islamizzati, i m. parlano una lingua molto simile al malese.

MINAS DE RÍOTINTO, c. della Spagna (Andalusia), ai piedi della Sierra Morena; 4888 ab. Miniere di rame.

MINAS GERAIS, Stato dell'interno del Brasile merid.; 587.172 km[2]; 17.866.402 ab.; cap. *Belo Horizonte*. Importanti risorse minerarie (ferro, manganese ecc.).

MINATITLÁN, c. del Messico, sulla Baia di Campeche; 109.193 ab. Porto. Raffineria di petrolio. Petrolchimica.

MÌNCIO, f. della Lombardia, affl. di sinistra del Po; 194 km. È un emissario del Lago di Garda. Bagna Mantova.

MINDANAO, isola delle Filippine; 99.000 km[2]; 16.784.669 ab.

MINDEN, c. della Germania (Renania Settentrionale-Westfalia), sul Weser; 83.292 ab. Cattedrale romanico-gotica, vari monumenti e quartieri antichi.

MINDORO, isola delle Filippine, dal territorio montuoso; 10.000 km[2] ca.; 1.062.068 ab.

MINDSZENTY (József), *Csechmindszent 1892 - Vienna 1975*, ecclesiastico ungherese. Arcivescovo di Esztergom e primate di Ungheria (1945), cardinale (1946), fu imprigionato dal 1948 al 1955; nell'ott. 1956 si rifugiò all'ambasciata degli Stati Uniti a Budapest, dove rimase fino al 1971.

MINEHASSA, gruppo di popolazioni della penisola settentr. di Celebes, in Indonesia (più di 1,5 milioni di individui). I m., un tempo organizzati in confederazioni, pagani (ex tagliatori di teste), si sono convertiti al protestantesimo nel XIX sec. La loro lingua appartiene alla famiglia maleo-polinesiana.

MINÈRBIO, com. in prov. di Bologna; 7479 ab. Rocca degli Isolani (XV sec.) e torre del Vignola (XVI sec.).

MINÈRVA, dea italica, protettrice di Roma e patrona degli artigiani. Fu assimilata all'Atena greca.

MING, dinastia imperiale cinese (1368-1644). Fondata da Hongwu, stabilì la capitale a Pechino (1409). I suoi principali rappresentanti furono Yongle (1403-1424) e Wanli (1573-1620). Fu soppiantata dalla dinastia manciù dei Qing.

MINGAN (arcipelago di), isole del Canada (Québec), a N dell'Isola di Anticosti. Parco nazionale.

MINGHÉTTI (Màrco), *Bologna 1818 - Roma 1886*, politico. Ministro dei lavori pubblici per lo Stato pontificio, partecipò alla prima guerra d'indipendenza e si avvicinò a C. Cavour, divenendo uno dei principali esponenti della destra storica. Più volte ministro, fu presidente del consiglio (1863-1864 e 1873-1876). Nel 1864 firmò con Napoleone III un patto di *non aggressione* (Convenzione di settembre) che prevedeva lo spostamento della capitale da Torino a Firenze.

MINGUS (Charles, detto Charlie), *Nogales, Arizona, 1922 - Cuernavaca, Messico, 1979*, compositore, contrabbassista e direttore d'orchestra jazz statunitense. Ispirandosi ai canti religiosi dei neri, si impose negli anni '50 del secolo scorso come accompagnatore e solista. Partecipò al movimento be-bop (*Goodbye Pork Pie Hat, Fables of Faubus*).

MINGÙZZI (Luciàno), *Bologna 1911*, scultore. Ha realizzato, tra l'altro, serie di animali prigionieri (anni '50 del secolo scorso), formelle per la quinta porta del duomo di Milano (1965), serie di nuotatori (dopo il 1980).

MINHO, in sp. **Miño**, f. della penisola iberica nord-occ., che sfocia nell'Atlantico; 340 km. Segna il confine tra la Spagna e il Portogallo.

MINHO, in port. **Miño**, reg. del Portogallo settentr.; c. princ. *Braga*. Da questo nucleo territoriale si è sviluppata la nazione del Portogallo.

MINKOWSKI (Hermann), *Kovno 1864 - Gottinga 1909*, matematico tedesco. La sua concezione spazio-temporale a 4 dimensioni fornì un'interpretazione geometrica della relatività ristretta enunciata dal suo ex allievo A. Einstein.

MINNE (George, barône), *Gand 1866 - Laethem-Saint-Martin 1941*, scultore e disegnatore belga. Fu autore di opere monumentali talvolta permeate di simbolismo (*La fontana dei cinque adolescenti*, 1898, Museum Folkwang, Essen).

MINNEAPOLIS, c. degli Stati Uniti (Minnesota), sul Mississippi; 382.618 ab. Università. Musei. Centro terziario e industriale. Con Saint Paul, sulla riva opposta del fiume, costituisce (periferie incluse) un agglomerato di 2.968.806 ab.

MINNELLI (Vincente), *Chicago 1910 - Los Angeles 1986*, regista cinematografico statunitense. Fu uno dei migliori specialisti del musical: *Ziegfield Follies* (1946), *Un americano a Parigi* (1951), *Spettacolo di varietà* (1953).

MINNESOTA, Stato degli Stati Uniti, alla frontiera canadese; 4.919.479 ab.; cap. *Saint Paul*; c. princ. *Minneapolis*. Giacimenti di ferro.

MIÑO → MINHO.

MINO DA FIÈSOLE, *Fiesole 1429 - Firenze 1484*, scultore. Allievo di Desiderio da Settignano, fu un artista dallo stile estremamente raffinato (*Nicolò Strozzi*, 1454, Berlino; *Tomba del conte Ugo*, 1469-1481, Firenze; busti).

MINÒRCA, in sp. **Menorca**, una delle Isole Baleari; 702 km²; 72.716 ab.; capol. *Mahón*. Turismo. — Fu possedimento britannico dal 1713 al 1756, dal 1763 al 1782 e dal 1798 al 1802.

MINÒSSE MITOL. GR. Leggendario re di Creta. La rettitudine e la saggezza dimostrate in vita, gli valsero nell'Ade la carica di giudice, insieme a Radamante ed Eaco. Gli storici considerano "minosse" un titolo reale o dinastico dei sovrani cretesi; da questa identificazione scaturisce la cosiddetta "civiltà minoica".

MINOTÀURO MITOL. GR. Mostro dalla duplice natura, umana e bestiale, nato dall'amore di Pasifae, moglie di Minosse, con il toro bianco donatole da Poseidone. Minosse lo rinchiuse nel Labirinto, dove il mostro divorava giovani offertigli in sacrificio. Fu ucciso da Teseo.

MINSK, cap. della Bielorussia; 1.688.000 ab. Centro industriale e commerciale. Musei. Fu teatro di violenti combattimenti nel 1941 e nel 1944.

MINSKY (Marvin Lee), *New York 1927*, matematico e ingegnere statunitense. In seno al MIT, ha fornito un notevole contributo allo sviluppo dell'intelligenza artificiale.

MINTÙRNO, com. in prov. di Latina; 18.378 ab. Villeggiatura estiva. Antico abitato romano (*Minturnae*), conserva il foro, il teatro e l'acquedotto. Fino al 1879 si chiamò Traetto.

MINTÙRNO (Antônio **Sebastiàni**, detto Antônio), *Traetto 1500 - Crotone 1574*, letterato. Nei suoi trattati *De poeta* (1559) e *Arte poetica* (1564) sistematizzò i generi poetici alla luce di un intenso classicismo.

MINUCCIÀNO, com. in prov. di Lucca; 2523 ab. Estrazione e lavorazione del marmo apuano.

MINÙCIO FELÌCE (Màrco), apologista cristiano del III sec., autore dell'*Octavius*, dialogo tra un pagano e un cristiano.

MINYA (Al-), c. dell'Egitto, sul Nilo; 208.000 ab.

MINZÒNI (Giovànni), *Ravenna 1885 - Argenta 1923*, parroco antifascista. Impegnato in part. nella tutela dei lavoratori, fu ucciso in un'aggressione organizzata dagli squadristi di I. Balbo.

MIQUE (Richard), *Nancy 1728 - Parigi 1794*, architetto francese. Succedette a Gabriel come primo architetto di Luigi XVI e creò l'*Hameau* della regina (1783-1786) nel parco del Petit Trianon a Versailles.

MIR, stazione orbitale sovietica, poi russa, entrata in orbita il 19 febb. 1996. In uso fino al 2000, ha accolto 104 cosmonauti, di una dozzina di differenti nazionalità. La sua caduta nell'atmosfera e la sua disintegrazione hanno avuto luogo il 23 mar. 2001.

MÌRA, com. in prov. di Venezia; 36.109 ab. Centro industriale. Nel suo territorio si trovano numerose ville del XVI sec.

MIRABEAU (Honoré Gabriel **Riqueti**, cónte **di**), *Le Bignon, att. Le Bignon-Mirabeau, 1749 - Parigi 1791*, politico francese. Eccellente oratore, per essendo un nobile nel 1789 fu eletto deputato del terzo Stato ad Aix-en-Provence.

MIRABEAU (Victor **Riqueti**, marchése **di**), *Pertuis 1715 - Argenteuil 1789*, economista francese. Padre di Honoré Gabriel, discepolo di F. Quesnay e dei fisiocrati, scrisse l'*Ami des hommes ou traité sur la population* (1756).

MIRABÈLLA ECLÀNO, com. in prov. di Avellino; 8489 ab. Resti di un'antico centro sannita (*Aeclanum*). Fu gravemente danneggiato dal terremoto del 1980.

MIRADÒLO TÈRME, com. in prov. di Pavia; 3069 ab. Centro di turismo termale.

MIRADOR, sito archeologico del Guatemala, a NO di Tikal (Petén). Resti di un'enorme città maya preclassica (300 a.C.), abbandonata all'inizio dell'era cristiana, le cui piramidi superano in altezza quelle di Tikal.

MIRANDA (Francisco **de**), *Caracas 1750 - Cadice 1816*, generale venezuelano. Combatté per l'indipendenza dell'America settentr. e diede il suo sostegno alla Rivoluzione francese. Fece votare la dichiarazione di indipendenza del Venezuela (1811); sconfitto dagli spagnoli, fu imprigionato a Cadice.

MIRÀNDOLA, com. in prov. di Modena; 21.938 ab. Palazzo del comune (XV sec.) e resti del castello della famiglia Pico.

MIRÀNDOLA (Pico délla) → PICO DELLA MIRANDOLA.

MIRBEAU (Octave), *Trévières 1848 - Parigi 1917*, scrittore francese. I suoi romanzi (*Le memorie di una cameriera*) e le sue commedie (*Gli affari sono affari*), di stampo realista, sono un'aspra parodia della società moderna.

MIRCEA IL GRÀNDE, *m. nel 1418*, principe di Valacchia (1386-1418). Valoroso condottiero, partecipò alla battaglia di Nicopoli (1396) contro gli ottomani.

MIRMÌDONI, ant. popolazione della Tessaglia, che prese parte alla guerra di Troia.

MIRÓ (Joan), *Barcellona 1893 - Palma di Maiorca 1983*, pittore, incisore e scultore spagnolo. Surrealista, con la pratica dell'automatismo diede vita a un mondo caratterizzato da libertà, dinamismo e humour (*Carnevale d'Arlecchino*, 1924-1925, Albright-Knox Art Gallery, Buffalo; *La corrida*, 1945, Museo nazionale d'arte moderna, Parigi). Gli è stata intitolata una fondazione-museo a Barcellona.

Joan **MIRÓ**. Interno olandese, *1928.*
(MOMA, New York.)

MIRÓNE, scultore greco nato in Attica nel secondo quarto del V sec. a.C., autore del **Discobolo* (copia al Museo nazionale di Roma).

MIRZAPUR, c. dell'India (Uttar Pradesh), sul Gange; 205.264 ab. Meta di pellegrinaggio. Tappeti.

MISÀNTROPO (Il), commedia in cinque atti e in versi di Molière (1666). Il bilioso Alceste, non riuscendo a conciliare la propria schiettezza con lo scetticismo sorridente di Filinto, il bello spirito di Oronte, la *pruderie* di Arsinoè, la civetteria di Celimene, decide di trascorrere il resto della vita in solitudine, lontano dal mondo.

MISÀSI (Nicòla), *Cosenza 1850 - Roma 1923*, scrittore. È autore di racconti e romanzi di stampo verista, tra cui *Racconti calabresi* (1881), *In Magna Sila* (1883), *Devastatrice* (1905).

MISÈNO (Càpo), promontorio della costa campana, all'estremità sud-occ. del Golfo di Pozzuoli. Base navale romana, è un'importante zona archeologica.

MISERÀBILI (I), romanzo di V. Hugo (1862). Attraverso la descrizione dei personaggi e degli avvenimenti che fanno da sfondo (Waterloo, la sommossa del 1832), Hugo creò un'epopea popolare.

MISERERE, ("abbi misericordia"). Titolo del Salmo 50 di David che, utilizzato nella liturgia cattolica, è stato più volte musicato.

MISERICÒRDIA, nome di diverse confraternite sorte a partire dal XIII sec. per assistere malati e pellegrini. La più importante è la Compagnia della M. di Firenze, fondata nel 1244. Nel 1899 è nata la Confederazione nazionale della M.

MISHIMA (Hiraoka **Kimitake**, detto Yukio), *Tokyo 1925-1970*, scrittore giapponese. Nei romanzi (*Confessioni di una maschera, Il padiglione d'oro, Neve di primavera, La voce delle onde*) e nelle opere teatrali (*Cinque No moderni, Madame de Sade*) mescolò erotismo, pulsioni di morte e visione tragica dell'esistenza, traducendoli in un linguaggio di grande modernità. Si suicidò pubblicamente.

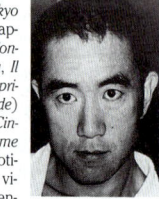
▪ Yukio Mishima.

MISHNAH ("insegnamento orale"), insieme di 63 trattati del giudaismo rabbinico che commentano la Torah. Compilazione delle leggi non scritte trasmesse dalla tradizione, la M., con i suoi due commentari (Gemara), costituisce la "legge orale" e la base del Talmud.

MÌSIA, ant. reg. dell'Asia Minore nord-occ., dove i greci fondarono varie colonie. C. princ. *Pergamo*.

MISILMÈRI, com. in prov. di Palermo; 23.533 ab. Resti di un castello arabo-normanno detto dell'Emiro. Il suo orto botanico è tra i più antichi d'Europa (1692).

MISKITO o **MOSQUITOS**, gruppo indigeno dell'Honduras e del Nicaragua (ca. 100.000 individui). Agricoltori e pescatori, i m. vivono in comunità sparse lungo la costa atlantica. Dopo aver a lungo dominato la regione con il sostegno britannico (XVII-XVIII sec.), furono progressivamente emarginati. La loro lingua è il chibcha.

MISKOLC, c. dell'Ungheria settentr.; 196.442 ab. Metallurgia. Monumenti gotici, barocchi e neoclassici.

MI SON, villaggio del Vietnam centrale. La presenza di rovine (le più imponenti risalgono al X sec.) di una sacra città shivaita, testimoniano l'importanza raggiunta da M. S. all'epoca dell'ant. reame di Champa.

MISSIRÒLI (Màrio), *Bergamo 1934*, regista teatrale. Ha diretto sia la prosa sia la lirica, spesso rileggendo i classici in chiave parodistica e grottesca. Tra i lavori, *I giganti della montagna* (1979), *La mandragola* (1983).

MISSIRÒLI (Màrio), *Bologna 1886 - Roma 1974*, giornalista. Fu direttore del *Resto del Carlino*, del *Secolo*, del *Messaggero* e del *Corriere della Sera*.

MISSISSAUGA, c. del Canada (Ontario), sobborgo di Toronto; 544.382 ab.

MISSISSIPPI, f. degli Stati Uniti, che nasce nel Minnesota e sfocia nel Golfo del Messico con un vasto delta; 3780 km. Bagna Saint Paul e Minneapolis, Saint Louis, Memphis, New Orleans. Importante traffico fluviale. Con il Missouri, raggiunge i 6210 km (ampiezza bacino di 3.222.000 km²).

MISSISSIPPI, Stato degli Stati Uniti, sulla riva orient. del M.; 2.844.685 ab.; cap. *Jackson*.

MISSISSIPPI (tradizióne del), civiltà dell'E. degli Stati Uniti. Si è sviluppata dal 700 al 1700 della nostra era, influenzata da Teotihuacán, con Cahokia come capitale religiosa.

MISSOLÙNGI, c. della Grecia, sul Mar Ionio; 12.674 ab. È famosa per l'eroica resistenza che oppose ai turchi nel 1822-1823 e nel 1826.

MISSÓNI, casa di moda fondata da Ottavio M. (Ragusa, Croazia, 1921) e Rosita Jelmini (Golasecca 1932) nel 1953 a Varese. Oltre che abbigliamento per uomo e donna, produce anche tessuti d'arredamento e possiede boutique in tutto il mondo.

MISSÒRI (Giusèppe), *Mosca 1829 - Milano 1911*, patriota. Partecipò alla spedizione dei Mille e combatté nella seconda e terza guerra d'indipendenza.

MISSOURI, f. degli Stati Uniti, affl. di destra del Mississippi, in prossimità di Saint Louis; 4370 km. Nasce nelle Montagne Rocciose.

MISSOURI, Stato degli Stati Uniti, sulla riva occ. del Mississippi; 180.500 km²; 5.595.211 ab.; cap. *Jefferson City*; c. princ. *Saint Louis, Kansas City*.

MISTASSINI (Iàgo), lago del Canada (Québec); 2336 km². Ha per emissario il f. Rupert, che lo mette in comunicazione con la Baia di James.

MISTERBIÀNCO, com. in prov. di Catania; 44.695 ab. Resti del cosiddetto "monastero bianco" (da cui il nome della città), distrutto nel 1669 dall'eruzione dell'Etna.

MISTÈRO BÙFFO, opera di D. Fo (1969) nella quale, per la prima volta, viene utilizzato il grammelot, un linguaggio che mescola lingue, dialetti e suoni inventati. Giullarata popolare, si ispira a temi e racconti religiosi rivisti nell'ottica degli umili e degli oppressi.

MISTI, vulcano del Perú, presso Arequipa; 5822 m.

MISTINGUETT (Jeanne Bourgeois, detta), *Enghien-les-Bains 1875 - Bougival 1956*, vedette del music-hall francese. Dominò a lungo le scene del teatro di rivista e trionfò al Moulin Rouge, alle Folies Bergère e al Casino de Paris. Interpretò numerose canzoni di successo (*Mon homme*, 1920; *La Java*, 1922; *C'est vrai*, 1935).

MISTRÀ, c. della Grecia (Peloponneso), ant. cap. del despotato di M. Fondata dagli spartani (*Mistras*), fu fortificata da Guglielmo di Villehardouin nel 1248 e abbandonata nel XIX sec. Conserva numerosi monumenti bizantini (chiese ornate di affreschi del XIV-XV sec., fortezze del XIII sec.).

MISTRÀ o **MOREA** (despotàto di), principato fondato nel 1348 dall'imperatore Giovanni VI Cantacuzeno per il figlio cadetto, Manuele. Comprendeva tutto il Peloponneso bizantino. Nel 1383 passò sotto il dominio dei Paleologhi, che lo custodirono fino al 1460, data della presa di M. per mano di Mehmey II.

MISTRAL (Frédéric), *Maillane 1830-1914*, scrittore francese di lingua provenzale. Poeta (*Mirella, Le isole d'oro, La regina Giovanna*), fu tra i fondatori del felibrismo, di cui viene considerato il più illustre rappresentante. (Premio Nobel 1904.)

MISTRAL (Lucila Godoy Alcayaga, detta Gabriela), *Vicuña 1889 - Hempstead, presso New York, 1957*, poetessa cilena. È autrice di racconti amorosi, cristiani e popolari (*Sonetti della morte, Desolazione*). (Premio Nobel 1945.)

MISURATA o **MISRATAH**, c. della Libia; 285.000 ab. Porto.

MISURÌNA, frazione del com. di Auronzo di Cadore, nei pressi del lago omonimo, ai piedi delle Tre Cime di Lavaredo. Turismo e sport invernali.

MIT → MASSACHUSETTS INSTITUTE OF TECHNOLOGY.

MITANNI, impero hurrita che dal XVI al XIV sec. a.C. dominò l'alta Mesopotamia e la Siria settentr. Diventato vassallo degli ittiti, fu conquistato dagli assiri nel XIII sec. a.C.

MITAU, nome tedesco di *Jelgava*.

MITCHELL (Arthur), *New York 1934*, ballerino e coreografo statunitense. Primo artista nero a essere ingaggiato da una compagnia americana (New York City Ballet, 1955), è il fondatore (1969) della prima compagnia di ballo composta solo da danzatori di colore (Dance Theatre of Harlem).

MITCHELL (Claude Moine, detto Eddy), *Parigi 1942*, cantante francese. Pioniere del rock-'n-roll in Francia, con il suo gruppo Chaussettes noires, ha imposto un registro più ritmato basato sul blues (*La dernière Séance, Couleur menthe à l'eau*).

MITCHELL (Margaret), *Atlanta 1900-1949*, scrittrice statunitense. Dal suo romanzo *Via col vento* (1936) è stato tratto il film omonimo di V. Fleming (1939).

MITCHELL (Mónte), punto culminante degli Appalachi (Stati Uniti); 2037 m.

MITCHUM (Robert), *Bridgeport, Connecticut, 1917 - Santa Barbara, California, 1997*, attore cinematografico statunitense. Ha imposto di film in film la figura dell'avventuriero disilluso, fatalista o cinico: *Notte senza fine* (E. Dmytryk, 1947), *La morte corre sul fiume* (C. Laughton, 1955).

MITÈLLI (Agostino), *Battedizzo 1609 - Madrid 1660*, pittore. Celebre quadraturista, lavorò a Bologna, Firenze e Genova oltre che a Madrid, alla corte di Filippo IV.

MITIDJA, pianura dell'Algeria centrale, dalle ricche colture (agrumi, tabacco, foraggi).

MITILÈNE → LESBO.

MITLA, centro cerimoniale del Messico (Stato di Oaxaca). Occupato dagli zapotechi dal 900 al 1200, passò ai mixtechi nel XIII sec. Importanti resti. Mura esterne ornate di pietre disposte a mosaico.

MITO, c. del Giappone (Honshu); 246.347 ab. Nodo ferroviario. Centro industriale.

MÌTRA, ant. divinità maschile di origine indo-iranica, particolarmente venerata nell'impero romano. Il suo culto si diffuse in epoca ellenistica in Asia Minore, poi, nel I sec. a.C., a Roma, dove acquistò grande importanza. M. è rappresentato con un berretto frigio, mentre sacrifica un toro. Questo culto, che comportava un complesso cerimoniale iniziatico articolato in sette gradi, con banchetti rituali e sacrifici animali, ben presto entrò in conflitto con il cristianesimo primitivo.

MITRE (Bartolomé), *Buenos Aires 1821-1906*, politico e storico argentino. Presidente della repubblica (1862-1868), favorì lo sviluppo economico.

MITRIDÀTE, nome di diversi principi e sovrani dell'epoca ellenistica e romana.

MITRIDÀTE VI EUPATÓRE, detto il **Grànde**, *132 ca. - Panticapeo 63 a.C.*, ultimo re di Ponto (111-63 a.C.). Lottò contro la dominazione romana in Asia: le sue tre guerre (88-85, 83-81, 74-66) furono degli insuccessi. Si fece uccidere dai suoi soldati per non cadere in mano al nemico. Secondo la leggenda, era solito assumere veleno in dosi crescenti per evitare di essere avvelenato (da cui il termine "mitridatizzato", cioè immunizzato).

MITSCHERLICH (Eilhard), *Neuende, Oldenburg, 1794 - Schöneberg, att. Berlino, 1863*, chimico tedesco. Enunciò la legge dell'isomorfismo, secondo la quale due corpi che posseggono forme cristalline simili hanno una struttura chimica analoga.

MITSUBISHI, trust giapponese. Fondato nel 1870, ricostruito dopo la seconda guerra mondiale, occupa un posto di primo piano nell'industria giapponese (costruzioni meccaniche, navali e aeronautiche, settore chimico, automobilistico ecc.).

MITTELLAND, reg. della Svizzera, tra il Giura e le Alpi, parte vitale del paese, dal Lago di Ginevra al Lago di Costanza.

MITTELLANDKANAL, canale della Germania, che unisce l'Elba al canale Dortmund-Ems.

MITTERRAND (François), *Jarnac 1916 - Parigi 1996*, politico francese. Membro della Resistenza e deputato dal 1946, è stato più volte ministro. Nel 1971 è diventato primo segretario del Partito socialista. Nel 1981 è stato eletto presidente della repubblica, carica in cui è stato confermato nel 1988 e che ha mantenuto fino al 1995 (quando gli è subentrato J. Chirac).

■ François Mitterrand nel 1991.

MIXTÈCHI, popolazione amerindia del Messico (principalmente Stato di Oaxaca; ca. 300.000 individui). I m. sono agricoltori, di religione cattolica, e parlano il mixteco, della famiglia otomango. Popolarono i territori degli zapotechi, ma dovettero difendersi a loro volta dagli aztechi (XI-XVI sec.). I mosaici in pietra di Mitla, le ceramiche policrome, l'oreficeria e la farmacopea testimoniano la raffinatezza della loro civiltà, che influenzò quella azteca.

MIYAKE (Issei, detto Issey), *Hiroshima 1938*, stilista giapponese. Nuovi tessuti e tagli, ispirati ai costumi tradizionali giapponesi, conferiscono alle sue creazioni originalità e un carattere scultoreo.

Kenji **MIZOGUCHI**.
I racconti della luna pallida d'agosto, 1953.

MIYAZAKI, c. del Giappone (Kyushu); 300.068 ab.

MIZOGUCHI (Kenji), *Tokyo 1898 - Kyoto 1956*, regista cinematografico giapponese. Ha realizzato più di 100 film (*Vita di O-Haru, donna galante*, 1952; *I racconti della luna pallida d'agosto*, 1953), in cui ha ritratto con serenità struggente la crudeltà, l'umiliazione e la decadenza.

MIZORAM, Stato dell'India nord-orient.; 21.000 km²; 21.000 ab.; cap. *Aizawl*.

MJØSA, il lago più vasto della Norvegia, a N di Oslo; 360 km².

MNEMÒSINE MITOL. GR. Dea della memoria e madre delle Muse.

MNÈSICLE, architetto greco del V sec. a.C. Costruì i Propilei dell'acropoli di Atene.

MNOUCHKINE (Ariane), *Boulogne-sur-Seine 1939*, regista teatrale e cinematografica francese. Attrice, animatrice del Théâtre du *Soleil*, ha rinnovato il genere "commedia" modificando il rapporto tra pubblico e scena. Ha girato anche un film, *Molière* (1978).

Ariane **MNOUCHKINE**. Tambours sur la digue, da un testo di H. Cixous, 1999.

MO (Èttore), *Borgomanero 1932*, giornalista. Collaboratore del *Corriere della Sera*, dal 1979 è stato corrispondente di guerra in numerosi paesi (Afghanistan, Israele, Africa, America, ex Jugoslavia). Tra le opere, *La peste, la fame, la guerra* (1987), *Kabul* (1989), *Sporche guerre* (1999), *Gulag e altri inferni* (2001), *I dimenticati* (2003).

MOAB, personaggio biblico. Capostipite eponimo della popolazione dei moabiti, figlio di Lot.

MOABÌTI, popolazione nomade stabilitasi a E del Mar Morto (XIII sec. a.C.). Imparentati con gli israeliti, con i quali furono spesso in conflitto, nel corso del III-II sec. a.C. i m. vennero assorbiti dai nabatei.

MOBILE, c. degli Stati Uniti (Alabama), sulla baia omonima; 198.915 ab. Musei.

MÖBIUS (August Ferdinand), *Schulpforta 1790 - Lipsia 1868*, matematico tedesco. Pioniere della topologia, scoprì la superficie orientabile a un solo lato, detta "nastro di M.".

MOBUTU (Joseph Désiré, detto Sese Seko), *Lisala 1930 - Rabat 1997*, maresciallo e politico zairese. Colonnello e capo di Stato maggiore (1960), si proclamò presidente della repubblica in seguito a un colpo di Stato (1965). Regolarmente rieletto, ma sempre più contestato, fu costretto all'esilio nel 1997.

■ *Sese Seko Mobutu nel 1993.*

MOBY DICK, romanzo di H. Melville (1851), che narra la lotta simbolica tra una balena bianca e il capitano Achab. Ha ispirato diversi film, il più importante dei quali è quello di J. Huston (1956).

MOCENÌGO, nobile famiglia veneziana, che annovera tra i suoi membri sette dogi, politici, scrittori e diplomatici, vissuti tra l'XI e il XVIII sec. Tra i più importanti — **Tommaso M.**, *1343-1423*, doge dal 1414, estese i domini veneziani e sconfisse i turchi a Gallipoli; — **Pietro M.**, *1406-1476*, doge dal 1474, fece coniare il mocenigo, la moneta veneziana; — **Giovanni M.**, *1408-1485*, doge dal 1478, concluse la pace con i turchi e conquistò Rovigo e il Polesine.

MÒCHI (Francésco), *Montevarchi 1580 - Roma 1654*, scultore. Fu attivo soprattutto a Orvieto, a Roma e a Piacenza, presso i Farnese, per i quali realizzò i monumenti equestri di Ranuccio e Alessandro.

MOCHICA, cultura precolombiana che si sviluppò dal II all'VIII sec. sulla costa settentr. del Perú, nella valle del f. Moche. Numerosi i resti pervenuti: piramidi a gradoni, implanti idraulici, ricche necropoli con ceramiche che permettono di ricostruire la vita quotidiana del tempo.

MOCTEZUMA II → MONTEZUMA II.

MODANE, c. della Francia, nel dip. Savoie, sul f. Arc; 3834 ab.

MODEL (Walter), *Genthin 1891 - presso Duisburg 1945*, maresciallo tedesco. Comandante in capo del fronte occidentale dall'ago. al sett. 1944, poi di un gruppo di eserciti sullo stesso fronte, si suicidò dopo la capitolazione.

MÒDENA, c. dell'Emilia-Romagna, capol. di prov.; 176.022 ab. (*modenesi*). Mercato agricolo e del bestiame. Industrie siderurgiche, meccaniche, alimentari. Università. — Colonia romana intorno al 180 a.C. (*Mutina*), importante centro agricolo e commerciale in epoca imperiale, decadde durante il Medioevo. Libero comune nel XII sec., nel XIV sec. passò sotto gli Estensi, i quali, dopo averla decretata capitale del ducato, ne ressero le sorti fino all'unità d'Italia. — Monumenti e musei importanti: duomo romanico (XI-XIV sec.) progettato da Lanfranco, con rilievi di Wiligelmo, su cui si innalza la torre della Ghirlandina (dal XIV sec.); Palazzo ducale (XVII

Veduta panoramica di **MODENA.**

sec.); galleria estense. — La provincia di M. si estende dall'Appennino alla Pianura Padana, non lontano dal Po. Agricoltura, allevamento, industria casearia. Centri principali: Carpi, Sassuolo, Mirandola. Stabilimento di Maranello.

MÒDENA (Gustàvo), *Venezia 1803 - Torino 1861*, attore teatrale. Fu protagonista di un teatro realista e impegnato. Tra le sue interpretazioni, *Saul* di V. Alfieri, *Adelchi* di A. Manzoni.

MODESTO, c. degli Stati Uniti (California), a E di San Francisco; 188.856 ab.

MODIANO (Patrick), *Boulogne-Billancourt 1945*, scrittore francese. I suoi romanzi esprimono la ricerca dell'identità attraverso l'esplorazione di un passato doloroso o enigmatico (*Via delle Botteghe Oscure*, *Dora Bruder*, *Villa Triste*).

MÒDICA, com. in prov. di Ragusa; 51.807 ab. Gravemente danneggiata dal terremoto del 1693, fu ricostruita in stile barocco, del quale è oggi uno dei massimi esempi.

MODIGLIÀNI (Amedèo), *Livorno 1884 - Parigi 1920*, pittore e scultore. A Parigi dal 1906, aderì alla scuola di Parigi e assorbì l'influenza di P. Cézanne, del cubismo e di C. Brancusi, approdando a uno stile pittorico caratterizzato da forme semplificate, sagome allungate e uso delle tonalità cromatiche per definire i volumi. In pittura realizzò soprattutto nudi e ritratti (*Paul Guillaume*, 1916; *Ritratto di Leopold Zborowski*, 1917; *Nudo sdraiato*, 1918; *Nudo rosso*); si dedicò anche alla scultura.

MODIGLIANI (Franco), *Roma 1918 - Cambridge, Massachusetts, 2003*, economista statunitense di origine italiana. È noto per aver formulato la teoria del ciclo vitale, secondo la quale il consumo e il risparmio degli individui variano in funzione della loro età e dello status. (Premio Nobel 1985.)

MODIGLIÀNI (Giusèppe Emanuèle), *Livorno 1872 - Roma 1947*, politico. Socialista, si oppose all'intervento nella prima guerra mondiale. Antifascista, fu costretto all'esilio in Francia, dove partecipò alla Resistenza. Fu membro della Costituente per il PSDI.

MODÒTTI (Assùnta, detta Tina), *Udine 1896 - Città del Messico 1942*, fotografa. Emigrata negli Stati Uniti per lavoro, conobbe E. Weston, di cui fu compagna e allieva. A Città del Messico dal 1923, realizzò immagini di grande impegno civile, oltre che di forte impatto estetico, parallelamente alla sua attività di militante comunista.

MODÙGNO, com. in prov. di Bari; 36.467 ab. Centro agricolo, produzione artigianale di ferro battuto.

MODÙGNO (Doménico), *Polignano a Mare 1928 - Lampedusa 1994*, cantante. Tra i più grandi autori e interpreti di musica leggera (*Nel blu dipinto di blu*, *Piove*, *Dio, come ti amo*), ha lavorato anche a teatro e per il cinema.

Amedeo **MODIGLIANI.**
Femme aux yeux bleus, 1918.
(Musée d'Art moderne de la Ville de Paris, Parigi.)

■ *Domenico Modugno.*

MOEBIUS → GIRAUD (Jean).

MŒRIS, lago dell'ant. Egitto, nel Fayyum. È l'att. Lago Karun.

MOERO o **MWERU**, lago dell'Africa, tra la Rep. Dem. del Congo e lo Zambia; 4340 km^2.

MOFFO (Anna), *Wayne 1932*, soprano statunitense. Ha debuttato nel 1955 come Norina (*Don Pasquale*). Apprezzata soprattutto come interprete di G. Verdi e G. Puccini.

MOFOLO (Thomas), *Khojane 1876 - Teya-teyaneng 1948*, scrittore sudafricano. Autore di romanzi in lingua *shoto*, tra cui *Chaka* (1909), biografia del grande condottiero zulu.

MOGADÌSCIO, ant. **Mogadishu**, in ar. **Muqdisho**, cap. della Somalia, sull'Oceano Indiano; 1.219.000 ab.

MOGADOR → ESSAOUIRA.

MOGHUL o **MOGOL**, dinastia musulmana di origine turca, che regnò sull'India dal 1526 al 1857. Fondata da Baber, annoverò tra i suoi esponenti due grandissimi imperatori, *Akbar* e *Aurungzeb*. Lo stile architettonico m. raggiunse l'apogeo sotto il regno di Shah Giahan (dal 1628 al 1657), durante il quale furono edificati palazzi in marmo bianco (Taj Mahal) o gres rosso (forte di Delhi), in cui archi polilobati e trafori scolpiti si alternano alle pietre sottili utilizzate per le cupole.

MOGILĖV, c. della Bielorussia, sul Dnepr; 358.000 ab. Impianti metallurgici.

MOGLIÀNO VÈNETO, com. in prov. di Treviso; 26.504 ab. Centro industriale, ville patrizie del XVII sec.

MOGOD (Mónti del), reg. montuosa e boschiva della Tunisia settentr.

MOGOL (Giùlio Rapétti, detto), *Milano 1937*, paroliere. Ha scritto moltissimi brani di successo, in part. insieme a L. Battisti (*Emozioni*, 1970; *Il nostro caro angelo*, 1973).

MOGOLLON, sito archeologico degli Stati Uniti, 270 km a SO di Albuquerque (New Mexico). È eponimo di una cultura amerindia (300 a.C. - 1500 d.C.) nota per l'architettura e per le ceramiche *Mimbres*.

MOHÁCS (battàglia di) (29 ago. 1526), battaglia nel corso della quale Solimano il Magnifico sconfisse Luigi II, re di Ungheria, a Mohács (Ungheria), sul Danubio.

MOHAMMADIA (Al-), già **Perrégaux**, c. dell'Algeria, a E di Orano; 71.366 ab.

MOHAMMED → MUHAMMAD.

MOHAMMEDIA, già **Fédala**, c. del Marocco; 170.063 ab. Porto. Raffineria di petrolio.

MOHAMMED REZA o **MUHAMMAD REZA**, *Teheran 1919 - Il Cairo 1980*, scià dell'Iran (1941-1979), della dinastia Pahlavi. Fu costretto all'esilio dalla rivoluzione islamica (1979).

MOHAVE, popolazione amerindia degli Stati Uniti (confinata in riserve in Amazzonia e California), di lingua uto-azteca.

MOHAVE o **MOJAVE** (Desèrto di), reg. desertica degli Stati Uniti, nella California sud-orient.

MOHAWK, f. degli Stati Uniti (New York), affl. dell'Hudson; 238 km. La sua valle è attraversata dal canale Erie.

MOHAWK, popolazione amerindia del Canada (Québec, Ontario) e degli Stati Uniti (Stato di New York), che costituiva una delle più importanti nazioni della lega degli *irochesi* (ca. 25.000 individui).

MOHELI → MOILI.

MOHENJO-DARO, sito archeologico del Pakistan (Sind). Ospita i resti di una delle città protostoriche più importanti della civiltà dell' *Indo*. Museo.

MOHICÀNI → MOICANI.

MOHOLY-NAGY (László), *Bácsborsód 1895 - Chicago 1946*, pittore ungherese. Professore al Bauhaus dal 1923 al 1928, fondò nel 1939 l'Institute of Design di Chicago. Costruttivista, precursore dell'arte cinetica, sperimentò ogni tipo di tecnica (disegno, pittura, fotografia, assemblaggio, cinema).

MOHOROVIČIĆ (Andrija), *Volosko 1857 - Zagabria 1936*, geofisico iugoslavo. Ha scoperto nel 1909 l'esistenza di una zona di transizione tra la crosta e il mantello terrestre (*moho*, o discontinuità di M.).

MOI, termine spregiativo ("selvaggi") con cui si designavano le popolazioni antiche e minoritarie (mnong, gia-rai, ba-na, ẽ-dê ecc.) che vivevano sugli altopiani del Vietnam centrale e del Laos merid.

MOI (Daniel Arap), *Sacho 1924*, politico keniota, presidente della repubblica dal 1978 al 2002.

MOICÀNI o **MOHICÀNI**, popolazione algonchina del Connecticut, att. scomparsa, ma di cui resta memoria grazie a un romanzo di J.F. *Cooper.

MOILI, già **Moheli**, una delle Isole Comore.

MÒIRE, in gr. **Moira** MITOL. GR. Divinità che personificano il Destino. Si tratta di tre sorelle, Cloto, Lachesi e Atropo, che regolano rispettivamente la nascita, la vita e la morte; sono le *Parche latine.

MOISEEV (Igor), *Kiev 1906*, ballerino e coreografo russo. Fondatore (1937) della compagnia di ballo popolare più importante dell'ex URSS, ha creato numerosi balletti (*Jok*, 1971).

MOISSAN (Henri), *Parigi 1852-1907*, chimico francese. Ideò il forno elettrico per la preparazione di ossidi metallici e delle ferroleghe; isolò inoltre il fluoro. (Premio Nobel 1906.)

MOIVRE (Abraham **de**), *Vitry-le-François 1667 - Londra 1754*, matematico britannico di origine francese. Pose le basi del calcolo delle probabilità e introdusse la trigonometria dei numeri immaginari, enunciando implicitamente la formula che porta il suo nome.

MOJAVE (Deserto di) → MOHAVE.

MOKA, in ar. **al-Mukhā**, c. dello Yemen, sul Mar Rosso; 6000 ab. Porto. Nel XVII-XVIII sec. vi si esportava un tipo di caffè molto rinomato.

MOKP'O, c. della Corea del Sud, sul Mar Giallo; 243.064 ab. Porto.

MOL, c. del Belgio (prov. di Anversa); 31.766 ab. Istituto di ricerche atomiche.

MÒLA (Pièr Francesco), *Coldrerio 1612 - Roma 1666*, pittore. Dipinse in part. soggetti religiosi e ritratti, divenendo uno dei principali protagonisti della pittura secentesca.

MÒLA DI BÀRI, com. in prov. di Bari; 26.504 ab. Centro agricolo e turistico. Castello del XIII sec.

MOLAY (Jacques **de**), *Molay, Franca Contea, 1243 ca. - Parigi 1314*, ultimo Gran Maestro dell'ordine dei templari. Difese l'ordine da Filippo il Bello, che lo fece torturare, lo rinchiuse in prigione per sei anni e lo mandò al rogo.

MOLDAU, nome tedesco della *Moldava.

MOLDÀVA, in ted. **Moldau** o in cec. **Vltava**, f. della Rep. Ceca, in Boemia, affl. dell'Elba; 434 km. Attraversa Praga. Sfruttamento idroelettrico.

MOLDÀVIA, in rum. **Moldova**, reg. dell'Europa orient., att. divisa tra Romania e Rep. di M.

STORIA – 1352-1354: Luigi I d'Angiò, re di Ungheria, crea la marca di M. 1359: la M. si emancipa dalla tutela dell'Ungheria sotto l'egida di Bogdan I; 1538: diventa uno Stato autonomo vassallo dell'impero ottomano; 1774: viene posta sotto la protezione della Russia. 1775: l'Austria annette la Bucovina. 1812: la Russia ottiene Bessarabia. 1859: Alessandro Cuza viene eletto principe di M. e di Valacchia. 1862: l'unione dei due principati viene proclamata definitivamente. Il nuovo Stato prenderà il nome di Romania. 1918-1940: la Bessarabia è riannessa alla Romania.

MOLDÀVIA, Stato dell'Europa orient., tra Romania e Ucraina; 34.000 km²; 4.285.000 ab. CAP. Chişinău. LINGUA: rumeno. MONETA: leu moldavo.

GEOGRAFIA – Il paese, senza sbocchi sul mare, è popolato per i due terzi dai moldavi (ma con notevoli minoranze russe, ucraine e gagauze). Il clima, mite e umido, favorisce l'allevamento (bovini e suini) e soprattutto l'agricoltura (cereali, barbabietole, frutta, ortaggi, vino). L'industria (agroalimentare, costruzioni meccaniche) è penalizzata dalla mancanza di materie prime, soprattutto energetiche.

STORIA – 1918: la Bessarabia viene annessa alla Romania. 1924: i sovietici creano, sulla riva sinistra del Dnestr, la Rep. autonoma di M., annessa all'Ucraina. 1940: conformemente al patto di *non aggressione, i sovietici riannettono la Bessarabia, la cui parte merid. rimane all'Ucraina. Le zone restanti e una parte della Rep. autonoma di M. formano, in seno all'URSS, la Rep. socialista sovietica di M.; 1941-1944: questa viene occupata dalla Romania, alleatasi con la Germania. 1991: il soviet supremo di M. proclama l'indipendenza del paese (ago.), che aderi-

Moldavia

─── strada normale	● più di 500.000 ab.
─── ferrovia	● da 100.000 a 500.000 ab.
✈ aeroporto	● da 50.000 a 100.000 ab.
200 m	● meno di 50.000 ab.

sce alla CSI. **1992**: in Transdnestria, popolata da russofoni separatisti, hanno luogo violenti combattimenti. **1994**: i moldavi con un referendum si dichiarano favorevoli al mantenimento di uno Stato indipendente, respingendo l'eventualità di una riannessione del territorio moldavo alla Romania. Una nuova Costituzione sancisce uno statuto di autonomia per la Transdnestria e per la minoranza gagauza.

MOLENBEEK-SAINT-JEAN, in fiamm. **Sint-Jans-Molenbeek**, c. del Belgio (Bruxelles-Capitale), sobborgo occ. di Bruxelles; 72.380 ab.

MOLFÉTTA, com. in prov. di Bari, sull'Adriatico; 63.945 ab. Porto. Agricoltura (olive, uva); pesca; turismo balneare. Duomo Vecchio (XII-XIII sec.).

MOLIÈRE (Jean-Baptiste **Poquelin**, detto), *Parigi 1622-1673*, autore teatrale francese. Trascorse l'infanzia in un collegio di gesuiti e studiò legge, prima di dedicarsi al teatro. Con una nota famiglia di attori, i Béjart, fondò l'Illustre-Théâtre (1643), che però non ebbe successo. Per i successivi quindici anni (1643-1658) diresse una compagnia ambulante che mise in scena le sue prime commedie, ispirate alla farsa italiana. A partire dal 1659, stabilitosi a Parigi, scrisse e rappresentò per la corte di Luigi XIV e per i parigini numerose commedie in versi e prosa. Interprete e regista, curava personalmente gli allestimenti e dirigeva la recitazione degli attori. Opere principali: *Le Preziose ridicole* (1659), *La scuola dei mariti* (1661), *La scuola delle mogli* (1662), *Don Giovanni o il convitato di pietra* (1665), *Il *Misantropo*, *L'*Avaro*, *Il *Tartufo*, *Il borghese gentiluomo* (1670), *Le furberie di Scapino* (1671), *Il *Malato immaginario*.

■ *Molière ritratto da P. Mignaud. (Musée Condé, Chantilly.)*

MOLÌN, famiglia veneziana. — **Girolamo M.**, *1500-1596*. Fu scrittore e poeta. — **Francesco M.**, *1575-1655*. Fu doge dal 1646.

MOLINA (La), stazione di sport invernali (1700-2537 m d'alt.) in Spagna (Catalogna), nei Pirenei.

MOLINA (Luis), *Cuenca 1535 - Madrid 1601*, gesuita spagnolo. La sua opera sul libero arbitrio, *Concordia* (1588), è all'origine di una dottrina sulla grazia, il "molinismo", che i giansenisti osteggiarono, accusando l'autore di lassismo.

MOLINOS (Miguel **de**), *Muniesa, Teruel, 1628 - Roma 1696*, teologo e mistico spagnolo. Capo di una corrente spirituale sospettata di essere all'origine del quietismo, fu condannato a causa della sua opera principale, la *Guida spirituale*, e morì nelle prigioni dell'Inquisizione.

MOLÌSE, reg. dell'Italia centro-merid., che si affaccia a NE sul Mar Adriatico. Confina a N con l'Abruzzo, a E con la Puglia, a S con la Campania e a O con il Lazio; 4437 km²; 316.548 ab. (molisani). Due prov.: *Campobasso* (capol. di reg.) e Isernia.

ASPETTI FISICI – Il M. è caratterizzato da un territorio in prevalenza montuoso e collinare. L'Appennino Sannita, che si estende a SO, comprende diversi massicci calcarei: i Monti della

Molise

500 1000 1500 2000 m	★ importante località turistica	● oltre 20.000 ab.
══ autostrada	─── ferrovia	● da 5000 a 20.000 ab.
─── strada normale	✈ aeroporto	● fino a 5000 ab.

Meta, le Mainarde e i Monti del Matese. La pianura è limitata alla fascia costiera, bassa e sabbiosa. Il Biferno è l'unico fiume che scorre interamente nel territorio della regione; gli altri, come il Trigno, appartengono al M. solo per un tratto del loro corso. Il clima, tipicamente mediterraneo lungo il litorale, diviene continentale nelle zone montuose dell'interno.

POPOLAZIONE – La scarsa densità della popolazione (71,3 ab. per km²), più evidente nelle zone montuose dell'interno, è dovuta in parte al forte movimento migratorio che ha interessato il M. nel secondo dopoguerra. Significativo anche il fenomeno della migrazione interna, che ha portato a un maggiore popolamento dei centri costieri. Il forte calo della natalità ha prodotto un saldo naturale negativo (1,5‰).

ECONOMIA – L'economia della regione, tradizionalmente basata sull'agricoltura, ha conosciuto un discreto sviluppo a partire dagli anni '70 del secolo scorso, grazie all'espansione delle attività industriali. Il settore primario (5,8% del reddito, 20% della popolazione attiva) si basa ancora su un sistema di aziende a gestione familiare. Particolarmente diffuse le coltivazioni di cereali, vite, olivo e patate. Gli insediamenti industriali (settore automobilistico, alimentare, meccanico) si concentrano nelle aree di Termoli, Campobasso e Isernia. Il terziario (69,4% del reddito) si articola principalmente nella pubblica amministrazione e nel commercio al dettaglio. Il turismo è in parte penalizzato dall'insufficienza delle strutture ricettive e dalla scarsa valorizzazione delle località di maggiore interesse.

STORIA – **Dalle origini al Rinascimento.** La regione è ricca di reperti risalenti al Paleolitico, al Neolitico e all'Età del bronzo; **III sec. d.C.:** cade sotto il dominio dei longobardi. Per quattro secoli rimane unita al ducato di Benevento; **X-XII sec. d.C.:** si divide in nove contee autonome, sottomesse dai normanni nel 1092 e unificate nella contea del M., che nel XII sec. diviene il più potente Stato feudale continentale normanno. **1221:** Federico II annette il M alla Terra di Lavoro. **1558:** entrato a far parte del regno di Napoli, il M. si unisce alla Capitanata. **Dai Borbone all'Unità d'Italia. 1735:** ha inizio il dominio dei Borbone. **1806:** durante l'amministrazione francese il M. diviene provincia autonoma; **1860:** viene annesso al regno d'Italia.

MOLLET (Guy), *Flers 1905 - Parigi 1975*, politico francese. Segretario generale del SFIO dal 1946 al 1969, fu presidente del consiglio nel 1956-1957. Il suo governo varò una serie di riforme sociali e dovette far fronte a una recrudescenza della guerra in Algeria e alla crisi di Suez.

MOLLÌNO (Càrlo), *Torino 1905-1973*, architetto e designer. Sperimentò forme e spazi inediti, realizzando anche modelli di aeroplani e automobili. Tra le opere, Auditorium RAI (1950), Teatro regio (ricostruzione, 1973) e Palazzo degli Affari (1974) a Torino.

MOLNÁR (Ferenc), *Budapest 1878 - New York 1952*, scrittore ungherese, autore di romanzi (*I ragazzi della via Pal*) e commedie (*Liliom*).

MOLOCH, divinità cananea citata nella Bibbia e legata al sacrificio di bambini. Oggi si pensa che il termine si riferisce solo ai riti sacrificali e non alla divinità in sé.

MOLÒSSI, ant. popolazione dell'Epiro, a N del Golfo di Ambracia (att. Arta).

MOLOTOV (Vjačeslav Michailovič **Skrjabin**, detto), *Kukarka 1890 - Mosca 1986*, politico sovietico. Membro del Politburo (1926), commissario del popolo agli esteri (1939-1949 e 1953-1957), firmò il patto di *non aggressione* (1939). Primo vicepresidente del consiglio dei commissari del popolo (poi dei ministri) dal 1941 al 1957, fu rimosso dalla carica nel 1957 dopo aver partecipato al tentativo di eliminazione di N. Chruščëv.

MOLTKE (Helmuth, cónte **von**), *Parchim 1800 - Berlino 1891*, maresciallo prussiano. Discepolo di K. von Clausewitz, capo di Stato maggiore dal 1857 al 1888, fu l'ideatore della strategia prussiana. Comandò l'esercito nel 1864 nel corso della guerra dei Ducati, nel 1866 durante la guerra austro-prussiana, nel 1870-1871 durante la guerra franco-tedesca. — **Helmuth Johannes**, conte **von M.**,

Gersdorff 1848 - Berlino 1916, generale tedesco. Nipote di Helmuth, capo di Stato maggiore tedesco dal 1906 al 1914, fu sconfitto sulla Marna.

MOLÙCCHE (Ìsole), arcipelago dell'Indonesia, separato da Celebes dal Mar di Banda e dal Mar delle M.; 75.000 km²; 1.858.000 ab. Le principali isole sono Halmahera, Ceram e Ambon.

MÒLZA (Francésco Marìa), *Modena 1489-1544*, poeta. A Roma fu al servizio dei cardinali Ippolito de' Medici e Alessandro Farnese. Scrisse in latino e in volgare, rielaborando la tradizione classica in senso rinascimentale. Tra le opere, *La Ninfa Tiberina* (1537), *Stanze per il ritratto di Giulia Gonzaga, Novelle* (postume, 1549).

MOMA → MUSEUM OF MODERN ART.

MOMBASA o **MOMBASSA**, c. del Kenya, nell'isola omonima; 426.000 ab. Principale porto del paese.

MOMIGLIÀNO (Arnàldo), *Caraglio 1908 - Londra 1987*, storico. È autore, tra le altre opere, *La composizione della storia di Tucidide* (1929), *Filippo il Macedone* (1934), *Contributo alla storia degli studi classici e del mondo antico* (1955-1987), *Lo sviluppo della biografia greca* (1974), *Storia e storiografia antica* (1987), *Roma arcaica* (postumo, 1989).

MOMIGLIÀNO (Attìlio), *Ceva 1883 - Firenze 1952*, critico letterario. Docente in varie università italiane, attento a cogliere le sfumature più sottili delle opere letterarie, ha scritto importanti saggi e commenti sui classici. Tra le opere, *L'opera di Carlo Porta* (1909), *Manzoni. La vita e le opere* (1915), *Saggio sull'Orlando furioso* (1928), *Dante, Manzoni, Verga* (1944), *Introduzione ai poeti* (1946), *Ultimi studi* (postumo, 1954).

MOMMSEN (Theodor), *Garding 1817 - Charlottenburg 1903*, storico tedesco. Attraverso gli studi di epigrafia e di filologia e grazie alla sua *Storia romana* (1854-1885), rinnovò lo studio dell'antichità latina. (Premio Nobel 1902.)

MOMPÓS, c. della Colombia, sul Río Magdalena; 38.261 ab. Città fondata nel corso del XVI sec., mirabilmente conservata.

MØN, isola danese, a SE di Sjœlland.

MÒNACI (Ernèsto), *Soriano nel Cimino 1844 - Roma 1918*, filologo. Docente di filologia romanza all'Università di Roma, fondò la *Rivista di filologia romanza* (1872) e la Società filologica romana (1901). Tra le opere, *Appunti per la storia del teatro italiano* (1874) e *Crestomazia della lingua italiana dei primi secoli* (1889-1912).

MÒNACO, Stato dell'Europa, sul Mediterraneo; 2 km²; 34.000 ab. (*monegaschi*). CAP. *Monaco*. LINGUA: *francese*. MONETA: *euro*. È un principato compreso nel dip. francese Alpes-Marittimes. Importante centro turistico. Casinò. Museo oceanografico.

ISTITUZIONI – Monarchia costituzionale ereditaria, con Costituzione del 1962. Il principe esercita il potere esecutivo e condivide quello legislativo con il consiglio nazionale, eletto ogni 5 anni mediante suffragio universale diretto.

STORIA – Colonia fenicia nell'antichità, nel 1297 la città di M. passa sotto il dominio della famiglia Grimaldi, della quale diverrà però possesso stabile solo nel 1419, dopo essere stata contesa tra guelfi e ghibellini genovesi. Nel 1512 la Francia le riconosce l'indipendenza. Di fatto, il principato ha sempre gravitato nell'orbita di questo paese, con il quale nel 1865 forma un'unione doganale. Nel 1911 un regime liberale prende il posto dell'assolutismo. Ranieri III, principe di M. dal 1949, nel 1962 introduce profonde riforme nella Costituzione. Nel 1993 il principato viene ammesso nell'ONU. Dal 2000 la carica di primo ministro è rivestita da Patrick Leclercq.

MÒNACO, in ted. **München**, c. della Germania, cap. della Baviera, sull'Isar; 1.194.560 ab. Metropoli culturale, commerciale e industriale (apparecchi elettrici e meccanici, agroalimentari, chimiche). Fondata nel 1158, M. divenne nel 1255 la

Monaco

superficie edificata   spazi verdi   edifici

MONACO. *Il principato con veduta del porto.*

residenza dei Wittelsbach. Capitale del regno di Baviera a partire dal 1806, fu negli anni '20 del secolo scorso uno dei principali focolai del nazionalsocialismo. — Cattedrale (XV sec.) e chiesa di S. Michele (fine del XVI sec.); palazzo reale (XV-XIX sec.); monumenti barocchi (XVIII sec.) degli Asam e di J-F. Cuvilliés, e palazzi neoclassici di L. Klenze. Importanti musei, tra cui la Alte e Neue Pinakothek (capolavori delle diverse scuole europee), la Glyptothek (sculture greche e romane), il Deutsches Museum (il più grande museo scientifico del mondo).

MONACO. *La cattedrale (XV sec.) e, a destra, l'Altus Rathaus (XIX sec.).*

MÒNACO (pàtto di), accordi siglati tra Francia (E. Daladier), Gran Bretagna (N. Chamberlain), Germania (A. Hitler) e Italia (B. Mussolini) il 29 e 30 sett. 1938, in base ai quali era prevista l'evacuazione del territorio dei Sudeti da parte dei cechi e la successiva occupazione delle truppe tedesche. La firma del patto fu accolta con sollievo dall'opinione pubblica europea, che credette così di avere evitato la guerra, ma in realtà incoraggiò Hitler nella sua politica di espansione.

MONADOLOGÌA (La), opera di G. Leibniz, scritta in francese nel 1714, nella quale l'autore espone la sua concezione metafisica (teoria delle monadi, dell'armonia prestabilita ecc.).

MONÀRCHICO ITALIÀNO (Partito) (PDIUM), partito politico. Originatosi dal Partito democratico italiano, fondato nel 1946 per raccogliere i gruppi favorevoli alla monarchia e presto confluito nel PLI, con il nome di Partito nazionale monarchico partecipò alle elezioni del 1953, guidato da A. Covelli e A. Lauro. Scissosi nel Partito monarchico popolare, nel 1961 assunse la denominazione di PDIUM, per poi confluire definitivamente nell'MSI nel 1972.

MONASTERÀCE, com. in prov. di Reggio di Calabria; 3609 ab. Agricoltura (agrumi, cereali). Turismo balneare nella frazione di M. Marina. Nei dintorni, ruderi dell'ant. *Caulonia*.

MONASTÈRO, in ted. **Münster**, c. della Svizzera, situata nella zona orient. del cant. dei Grigioni; 843 ab. Convento fondato alla fine dell'VIII sec.: chiesa con importanti dipinti carolingi, edificio dell'XI-XII sec.; piccolo museo.

MONASTIR, c. della Tunisia, sul Golfo di Hammamet; 50.743 ab. Porto. — Ribat (monastero fortificato) del 796; Grande Moschea, casba del IX-X sec.

MONASTIR, ant. nome di *Bitola (Macedonia). Fu teatro di una vittoria dell'esercito franco-serbo contro i bulgari (1916).

MONCÀLVO, com. in prov. di Asti; 3373 ab. Agricoltura (uva, tartufi). Industrie enologiche. Parrocchiale gotica di S. Francesco.

MONCENÌSIO, com. in prov. di Torino, presso il confine con la Francia; 46 ab. Il Colle del M. (2082 m) collega la Val di Susa con la Val d'Arc attraverso una strada fatta costruire da Napoleone (1803-1810).

MONCENÌSIO (Còlle del), valico alpino e lago di sbarramento al confine con la Francia; 2083 m. Il colle è attraversato dalla strada che collega la Valle di Susa con la Savoia.

MÖNCH ("Il Mònaco"), cima della Svizzera, nelle Alpi Bernesi; 4099 m. Fu scalata nel 1857 da S. Porges, U. Kauffmann e C. Almer.

MÖNCHENGLADBACH, c. della Germania (Renania Settentrionale-Westfalia), a O di Düsseldorf; 263.697 ab. Industrie metallurgiche. Museo di arte moderna.

MONCK o **MONK** (George), dùca **di Albemarle**, *Potheridge 1608 - White Hall 1670*, generale inglese. Luogotenente di O. Cromwell, combatté contro i realisti. Padrone del paese dopo la morte di Cromwell (1658), predispose il ritorno di Carlo II (1660).

MONCTON, c. del Canada (Nuovo Brunswick); 59.313 ab. Università. Sede vescovile.

MONDADÓRI, famiglia di editori. — **Arnoldo M.**, *Poggio Rusco 1889 - Milano 1971*. Nel 1907 fondò a Ostiglia la casa editrice omonima, che nel 1920 trasferì a Milano, creando contemporaneamente una tipografia a Verona (1921). Negli anni successivi nacquero collane editoriali come "La Lampada", "Le Grazie", "Le Scie", "La Medusa", quindi il dopoguerra vide l'affermazione del formato tascabile e degli "Oscar". La M. diversificò la sua produzione editoriale, dando vita a numerose riviste e periodici quali *Panorama* ed *Epoca*. Diventata la più importante casa editrice italiana, dopo la morte del fondatore fu oggetto di una contesa giudiziaria tra il gruppo di C. De Benedetti e la Fininvest di S. Berlusconi, che nel 1991 ne ha acquisito il controllo. — **Bruno M.**, *Ostiglia 1898 - Milano 1973*. Fratello di Arnoldo, fondò nel 1945 una casa editrice specializzata nel settore scolastico. — **Giorgio**, *Ostiglia 1917*. Figlio di Arnoldo, ha fondato nel 1980 il gruppo editoriale omonimo (turismo, arte). — **Alberto M.**, *Ostiglia 1914 - Venezia 1976*. Figlio di Arnoldo, nel 1958 fondò la casa editrice *Il Saggiatore*, che fin dall'inizio si specializzò nella pubblicazione di saggi di grande spessore culturale. Attualmente il gruppo editoriale comprende anche la Marco Tropea Editore e la Pratiche Editrice.

MONDÀINO, com. in prov. di Rimini; 1416 ab. Produzione di strumenti musicali. Resti delle mura rinascimentali e del castello.

MONDE (Le), quotidiano francese, fondato nel 1944 da Hubert Beuve-Méry. Ha tirature altissime (oltre 500.000 copie) ed è uno dei più autorevoli giornali francesi.

MONDEGO, f. del Portogallo centrale, che sfocia nell'Atlantico; 225 km.

MONDÍNO DEI LIÙZZI o **RAIMONDÍNO DEI LIÙCCI**, *Bologna 1270 ca. - 1326*, anatomista. Considerato il primo anatomista moderno, teorizzò e praticò la dissezione dei cadaveri in aperta opposizione al clero e alle teorie dell'epoca. Il trattato *Anathomia* (1316) fu per almeno tre secoli il testo di base di tutte le università italiane.

MÓNDO, insieme delle terre emerse (quasi 150 milioni di km²), ripartite essenzialmente (Antartico escluso) in 192 Stati indipendenti, la cui superficie varia da un minimo di 1 km² (Vaticano) a un massimo di 17 milioni di km² (Russia). [*V. parte nomi comuni → fusi orari.*]

MÓNDO (Lorènzo), *Torino 1931*, critico letterario e scrittore. Collaboratore de *La Stampa* e autore di romanzi (*I padri delle colline*, 1988; *Il passo dell'unicorno*, 1991; *Il Messia è stanco*, 2000), ha svolto importanti studi sulla letteratura italiana dell'800 e del '900, in part. sul periodo della Resistenza (*Cesare Pavese*, 1961).

MONDÒLFO (Rodòlfo), *Senigallia 1877 - Buenos Aires 1976*, storico della filosofia. Studioso della filosofia antica e moderna (*Problemi e metodi di ricerca della storia della filosofia*, 1952) e della cultura greca (*Storia del pensiero greco-romano*, 1928; *L'infinito nel pensiero dei greci*, 1934), diede anche importanti contributi allo studio del marxismo (*Sulle orme di Marx*, 1919).

MONDOVÌ, com. in prov. di Cuneo; 21.933 ab. Agricoltura (uva, pesche). Industrie meccaniche, chimiche, alimentari. È divisa in due centri, *Breo* e *Piazza*, con la chiesa della Misericordia (XVIII sec.) e la cattedrale (XVIII sec.). Nei dintorni, santuario di Vicoforte (XVII sec.).

MONDRAGÓNE, com. in prov. di Caserta; 23.347 ab. Agricoltura (foraggi, frutta, olive). Industrie alimentari. Turismo balneare.

MONDRIAN (Pieter Cornelis **Mondriaan**, detto **Piet**), *Amersfoort 1872 - New York 1944*, pittore olandese. Venuto a contatto con il cubismo analitico, passò da un figurativismo alla V. Van Gogh all'astrazione geometrica che, attraverso l'ascesi spirituale del neoplasticismo e la fondazione del De *Stijl*, lo fece approdare a un estremo rigore compositivo (accostamento dei colori primari, del bianco e del grigio su trama ortogonale di linee nere). Visse a Parigi dal 1919 al 1938, poi a New York, dove il suo stile subì un'evoluzione (*New York City I*, 1942, MNAM, Parigi).

Piet **MONDRIAN.** *Composition, 1913.* (Museo Kröller-Müller, Otterlo.)

MONÈLLI (Pàolo), *Fiorano Modenese 1891 - Roma 1984*, giornalista e scrittore. Dopo l'esordio narrativo nel 1921 con *Le scarpe al sole*, ispirato all'esperienza vissuta durante la prima guerra mondiale, fu poi collaboratore del *Corriere della Sera*. Tra le altre opere, *Roma 1943* (1945), *Mussolini piccolo borghese* (1950), *Ombre cinesi* (1965).

MONEO (Rafael), *Tudela, Navarra, 1937*, architetto spagnolo. Fra tradizione e innovazione, le sue opere (museo di arte romana di Mérida, 1980-1986; auditorium e centro culturale Kursaal di San Sebastian, 1991-1999) mirano a valorizzare il contesto urbano in cui sono inserite.

MONET (Claude), *Parigi 1840 - Giverny, Eure, 1926*, pittore francese. Dal titolo del suo quadro *Impression, soleil levant* (1872, Musée Marmottan, Parigi) è stato coniato il termine "impressionismo", usato per designare il movimento di cui M. è l'esponente più raffinato: *Donne in giardino* (1867), *Le déjeuner* (1873 ca., entrambi al Musée d'Orsay, Parigi); *La Grenouillère* (1869, Metropolitan Museum, New York); paesaggi di Argenteuil e di Vétheuil; serie delle "Stazioni Saint-Lazare" (1877), dei "Pagliai" (1890), dei "Pioppi" (1891) e delle "Cattedrali di Rouen" (1892-1894) osservati in differenti ore del giorno; "*Ninfee*" di Giverny. [*V. foto a pag. seg.*]

MONÈTA (Ernèsto Teodòro), *Milano 1833-1918*, patriota e giornalista. Prese parte alle Cinque Giornate di Milano e alla spedizione dei Mille, quindi diresse dal 1867 al 1896 il quotidiano radicale *Il Secolo*. Fondò l'Unione lombarda per la pace e l'arbitrato (1890). (Premio Nobel per la pace 1907.)

MONFALCÓNE, com. in prov. di Gorizia; 26.837 ab. Industrie elettroniche, elettrotecniche, cantieristiche, meccaniche. Antica colonia romana, conserva i resti delle terme.

MONGE (Gaspard), cónte **di Péluse**, *Beaune 1746 - Parigi 1818*, matematico francese. Accompagnò Bonaparte in Egitto. Creatore della geometria descrittiva, prese parte attiva alla fondazione dell'École normale e dell'École polytechnique.

MONGIBÈLLO, ant. denominazione dell'*Etna.

Claude **MONET**. Impression, soleil levant, *1872. (Musée Marmottan, Parigi.)*

MONGINÈVRO (Còlle del) in fr. **Col de Mont-genèvre**, valico delle Alpi Cozie; 1854 m. È situato in territorio francese, in prossimità del confine con l'Italia. La strada che le percorre, risalente al 1807, collega la Val di Susa con la valle della Durance.

MONGKUT o **RAMA IV**, *Bangkok 1804-1868*, re del Siam (1851-1868). Aprì il suo paese alle influenze straniere e lo salvò dalla colonizzazione, rinunciando alla Cambogia, al Laos e alla Malesia.

MONGO, insieme di popolazioni della foresta equatoriale della Rep. Dem. del Congo, di lingua bantu.

MÒNGOLI, insieme di popolazioni etnicamente affini che vivono in Mongolia, in Cina e in Russia (ca. 8 milioni di individui). I m. sono in gran parte buddhisti, sedentari (con una notevole sopravvivenza della pastorizia tradizionale in Mongolia), e parlano lingue di ramo mongolo della famiglia altaica: chakhar, khalkha, oirat, kalmuk, buriati ecc. Sono gli eredi delle grandi confederazioni nomadi (Xiongnu, Xianbei, Ruanruan), formate da "proto-turchi" e "proto-mongoli", che occupavano la parte settentr. dell'Asia durante il I millennio dell'era cristiana. Nel corso del XII sec. si stabilirono sull'altopiano mongolo, prendendo il posto dei khitan (proto-mongoli anch'essi). Nel 1206 Gengis Khan riunificò le diverse tribù nomadi mongole e turche dell'Asia settentr., per poi estendere le sue conquiste fino a costituire il più vasto impero mai esistito: conquista della Cina settentr. (1211-1216), del Khwarizm e della Transoxiana (1219-1221), del Khorasan e dell'Afghanistan (1221-1222); campagne di Batu Khan in Russia e in Ungheria (1236-1242); sottomissione dell'Iran, dell'Iraq e della Siria da parte di Hulagu (1256-1260); conquista della Cina merid. (1236-1279) portata a termine da Kubilay Khan. L'impero così costituito, governato dal gran khan, alla fine del XIII sec. si trasformò in una federazione di Stati (khanati) i cui sovrani (mongoli) assimilarono la civiltà dei loro sudditi: Orda d'oro (1236, 1240-1502), in Russia, Crimea e Siberia; Ilkhani in Iran (1256-1335); dinastia Yuan in Cina (1279-1368). Nel corso del XIV-XV sec. l'impero si smembrò; i m. stanziati in Mongolia tentarono invano di ristabilire l'unità (XIV-XVI sec.) e passarono, per adesione o per conquista (khalkhas, oirati), sotto il dominio dei manciù (fondatori della dinastia Qing), fino all'instaurazione della repubblica in Cina (1911). Mentre i m. del N conquistavano l'autonomia (Mongolia Esterna, att. Mongolia), quelli del S restavano sottomessi alla Cina.

MONGOLIA, reg. dell'Asia centrale, spesso arida, con estati calde e inverni rigidi, che corrisponde approssimativamente al Deserto del Gobi e ai rilievi che ne segnano il confine (Grande Khingan, Altaj, Tian Shan). Il territorio è diviso in due parti: lo Stato indipendente della M., e la regione autonoma cinese della M. interna.

MONGOLIA, già **Mongòlia Estèrna**, Stato dell'Asia centrale compreso tra Russia e Cina; 1.565.000 km²; 2.559.000 ab. (*mongoli*). CAP. *Ulaanbatar*. LINGUA: *mongolo*. MONETA: *tughrik*.

GEOGRAFIA – Vasto paese comprendente nel settore sud-occ. l'Altaj Mongolo e l'Altaj del Gobi. Caratterizzata da un clima arido, con inverni molto rigidi, la M. basa la propria economia essenzialmente sull'allevamento, soprattutto ovino. La popolazione, piuttosto scarsa, è oggi per la maggior parte stanziale, o addirittura urbanizzata.

STORIA – La Mongolia Esterna raggiunge l'autonomia nel 1911; grazie all'appoggio della Russia sovietica, diventa una repubblica popolare nel 1924 e conquista l'indipendenza nel 1945. A capo dello Stato si succedono Khorloogiyn Choibalsan (1939-1952), Yumjaagiyn Tsedenbal (1952-1984) e Jambyn Batmöngke (1984-1990). **1990**: l'incarico di guidare il paese viene conferito a Punsalmaagyn Otshirbat. Il Partito rivoluzionario del popolo mongolo (PRPM) rinuncia al monopolio del potere. **1992**: una nuova Costituzione sancisce l'abbandono del marxismo-leninismo. **1993**: le prime elezioni presidenziali a suffragio universale confermano a capo dello Stato P. Otshirbat, passato all'opposizione democratica. **1997**: sale alla presidenza della repubblica Natsagiyn Bagabandi (rieletto nel 2001). **2000**: Nambaryn Enkhbayar del PRPM diventa primo ministro.

MONGÒLIA INTÈRNA, reg. autonoma della Cina settentr.; 1.200.000 km²; 21.500.000 ab.; cap. *Hohhot*.

MONGÙZZO, com. in prov. di Como, in Brianza, nelle vicinanze del Lago di Alserio; 1891 ab. Agricoltura (patate, cereali). Castello (X sec.).

MÒNICA (sànta), *Tagaste 331 ca. - Ostia 387*, madre di sant'Agostino. Si dedicò all'educazione e alla conversione del figlio.

MONICÈLLI (Màrio), *Viareggio 1915*, regista cinematografico. Tra i maggiori esponenti della commedia all'italiana, ha diretto pellicole di grande successo, creando personaggi popolarissimi. Tra i suoi film, *Guardie e ladri* (1951, con Steno), *I soliti ignoti* (1958), *La grande guerra* (1959, Leone d'oro a Venezia), *L'armata Brancaleone* (1966), *Brancaleone alle crociate* (1969), *Amici miei* (1975), *Un borghese piccolo piccolo* (1977), *Il marchese del Grillo* (1981), *Amici miei atto II* (1982), *Speriamo che sia femmina* (1986), *Parenti serpenti* (1992), *Panni sporchi* (1999).

MONÌGLIA (Giovànni Andrèa), *Firenze 1624-1700*, poeta. Dedicatosi al melodramma, nel 1657 scrisse per l'inaugurazione del Teatro della Pergola di Firenze *La Tancia o il Podestà di Colognole*, musicato da I. Melani. Tra le altre opere, *Il pazzo per forza* (1658), *La serva nobile* (1659).

MONITÓRE ITALIÀNO (Il), periodico politico pubblicato a Milano dal 20 gen. al 13 apr. 1798. Ebbe tra i collaboratori U. Foscolo e G. Breganze e si schierò apertamente contro la Repubblica Cisalpina.

MONITÓRE NAPOLETÀNO (Il), periodico pubblicato a Napoli dal 2 feb. al 8 giu. 1799. Fondato e diretto da E. Fonseca Pimentel, fu l'organo principale della Repubblica Napoletana.

MONIZ (António Caetano **Egas**), *Avanca 1874 - Lisbona 1955*, medico portoghese. Nel 1949 ricevette il premio Nobel per gli studi sulla lobotomia.

MONK (Thelonious Sphere), *Rocky Mount, Carolina del Nord, 1917 - Englewood, New Jersey, 1982*, compositore, pianista e direttore d'orchestra jazz statunitense. Pioniere del be-bop negli anni '40 del secolo scorso, si distinse grazie alle sue improvvisazioni al piano ed esercitò una forte influenza sul jazz moderno (*Round midnight*, *Straight, No chaser*).

MONLUC o **MONTLUC** (Blaise **de Lasseran de Massencome**, signóre **di**), *Saint-Puy, Gers, 1502 ca. - Estillac, Lot-et-Garonne, 1577*, maresciallo di Francia. Combatté nell'esercito di Francesco I (Pavia, 1525) e di Enrico II, capitolò a Siena dopo una difesa eroica (1555) e lottò in Francia contro gli ugonotti. È autore di un'opera storica, i *Commentaires* (1592).

MONMOUTH (James **Scott**, dùca **di**), *Rotterdam 1649 - Londra 1685*, figlio naturale di Carlo II Stuart. Capo dell'opposizione protestante dopo l'ascesa al trono di Giacomo II (1685), tentò invano di rovesciare quest'ultimo e fu giustiziato.

MÒNNA LÌSA → GIOCONDA (La).

Mongolia

★ importante località turistica

1000 2000 3000 m

—— strada normale

—— ferrovia

✈ aeroporto

● più di 500.000 ab.
● da 50.000 a 500.000 ab.
● da 10.000 a 50.000 ab.
• meno di 10.000 ab.

MONNET (Jean), *Cognac 1888 - Bazoches-sur-Guyonne, Yvelines, 1979*, politico francese. Fautore del primo piano di modernizzazione del paese (1945-1952), fu presidente della CECA dal 1952 al 1955, e fino al 1975 fu uno dei principali artefici e sostenitori dell'unità europea.

MONNIER (Henri), *Parigi 1799-1877*, scrittore e caricaturista francese. Creò il personaggio di Joseph Prudhomme, un borghese inetto e sentenzioso.

MONOD (Jacques), *Parigi 1910 - Cannes 1976*, biochimico francese. Autore di studi di biologia molecolare, ricevette il premio Nobel nel 1965 per avere spiegato il meccanismo di regolazione genetica a livello cellulare (*Il caso e la necessità*, 1970).

MONOD (Théodore), *Rouen 1902 - Versailles 2000*, naturalista francese. Direttore dell'Institut français d'Afrique noire (1938-1965), professore al Museo nazionale di storia naturale (1942-1973), esplorò diverse volte il Sahara, dove effettuò interessanti osservazioni nei più svariati campi (geologia, botanica, zoologia, preistoria ed etnologia). Scrisse numerose opere da cui emerge la sua passione per il deserto.

MONOMOTAPA (impèro di), ant. Stato dell'Africa merid. che si costituì nel corso del XV sec., con Zimbabwe come capitale. Fu suddiviso in quattro territori nel corso del XVI sec.

MONÒPOLI, com. in prov. di Bari; 48.474 ab. Agricoltura (frutta, olive). Industrie cantieristiche, alimentari, meccaniche. Turismo balneare. Castello (XII sec.).

MONREÀLE, com. in prov. di Palermo; 29.493 ab. Agricoltura, turismo. Duomo in stile normanno (1174), con chiostro del XII sec. e mosaici del XII-XIII sec.

MONROE (James), *Monroe's Creek, Virginia, 1758 - New York 1831*, politico statunitense. Presidente repubblicano degli Stati Uniti dal 1817 al 1825, enunciò nel 1823 la dottrina che porta il suo nome e che condannava ogni intervento europeo all'interno degli affari americani e viceversa.

MONROE (Norma Jean **Ba-ker** o **Mortenson**, detta Marilyn), *Los Angeles 1926-1962*, attrice cinematografica statunitense. Incarnò il mito della star hollywoodiana in tutta la sua bellezza e vulnerabilità. *Gli uomini preferiscono le bionde* (H. Hawks, 1953), *A qualcuno piace caldo* (B. Wilder, 1955), *Come sposare un milionario* (G. Cukor, 1960), *Gli spostati* (J. Huston, 1961).

■ *Marilyn Monroe.*

MONRÒVIA, cap. della Liberia; 479.000 ab. Principale porto del paese.

MONS, in fiamm. **Bergen**, c. del Belgio, capol. dell'Hainaut; 91.123 ab. Centro amministrativo e commerciale. Università. Collegiata di Santa Waudru, del XV-XVII sec. e altri monumenti. Musei.

MONSÉLICE, com. in prov. di Padova, sul versante merid. dei Colli Euganei; 17.476 ab. Agricoltura (tabacco, ortaggi). Mobilifici, cementifici. Resti della rocca medievale. Duomo vecchio (XIII sec.), santuario delle Sette Chiese (XVI-XVII sec.).

MONSIGNY (Pierre Alexandre), *Fauquembergues 1729 - Parigi 1817*, compositore francese. Fu uno dei fondatori dell'*opéra-comique* in Francia (*Le cadi dupé*, 1761; *Rose et Colas*, 1764; *Le déserteur*, 1769).

MONTÀGNA, gruppo politico dei montagnardi.

MONTÀGNA (Bartolomèo), *Orzinuovi 1450 ca. - Vicenza 1523*, pittore. Operò in Veneto, subendo l'influenza di G. Bellini, A. Mantegna e Antonello da Messina. Tra le opere, *Sacra conversazione, Madonna in trono e santi, Pala di san Bartolomeo* (1487), *Pietà* (1500).

MONTÀGNA BIÀNCA (battàglia della) (8 nov. 1620), battaglia della guerra dei Trent'anni. Vittoria dell'esercito di Ferdinando II d'Asburgo comandato da J. Tilly sull'esercito boemo di Federico V, nei pressi di Praga.

MONTÀGNA IN VALTELLÌNA, com. in prov. di Sondrio; 2891 ab. Produzione di vini. Industrie del legno. Chiesa barocca della Beata Vergine delle Grazie di Caravaggio (1731).

MONTAGNAIS, popolazione amerindia del Canada (Québec, Labrador; ca. 14.000 individui), di lingua algonchina. I m., conosciuti anche col nome di innu, sono generalmente associati ai naskapi.

MONTAGNÀNA, com. in prov. di Padova; 9435 ab. Agricoltura (ortaggi, uva). Industrie meccaniche, tessili, del mobile. Piazza del duomo con centro storico medievale. Chiesa di S. Francesco (XIV sec.).

MONTAGNÀRDI, deputati membri della corrente denominata Montagna, che, durante la Rivoluzione francese, occupava il gradino più alto della Convenzione. I m. raggiunsero l'apogeo nella primavera del 1793, quando furono rappresentati da 300 deputati ed ebbero come capi G.-P. Danton, J.-P. Marat e M. de Robespierre. Avversari della monarchia, favorevoli a un regime centralizzato, auspicarono nuove misure sociali e si appoggiarono ai sanculotti per sconfiggere i girondini. Detentori del potere durante la Convenzione, imposero una politica della salute pubblica (Secondo terrore) che durò fino alla loro caduta. Durante la Seconda repubblica, il nome m. indicò la sinistra.

MONTAGNIER (Luc), *Chabris 1932*, medico francese. In collaborazione con la sua équipe dell'Istituto Pasteur, nel 1983 ha isolato il virus HIV, responsabile dell'AIDS.

MONTAIGNE (Michel **Eyquem de**), *Saint-Michel-de-Montaigne 1533-1592*, scrittore e filosofo francese. Abbandonate le cariche pubbliche (1570), si dedicò alle letture che avrebbero costituito la base delle riflessioni contenute nei *Saggi* (prima edizione 1580), opera progressivamente ampliata fino alla sua morte (edizione definitiva del 1595 curata da M.lle de Gournay e P. de Brach). In essa M. trasse spunto dalle proprie contraddizioni per riflettere sull'incapacità umana di ottenere verità e giustizia. *Diario di viaggio in Italia* (1774) costituisce un invito a fare di saggezza, buon senso e tolleranza i fondamenti dell'"arte di vivere".

■ *Michel Eyquem de Montaigne ritratto da É. Martellange. (Coll. priv.)*

MONTALBÁN (Manuel Vázquez) → VÁZQUEZ MONTALBÁN (Manuel).

MONTALCÌNO, com. in prov. di Siena; 5099 ab. Agricoltura (uva, olive). Produzione di vini pregiati (Brunello di M., Rosso di M.). Turismo. Palazzo comunale (XIII sec.). Nei dintorni, abbazia di S. Antimo (1118).

MONTÀLE (Eugènio), *Genova 1896 - Milano 1981*, poeta. Formatosi in ambito ligure (ebbe contatti con C. Sbarbaro), esordì nel 1925 con *Ossi di seppia*, in cui, coniugando metri tradizionali e modi colloquiali, dà voce al "male di vivere". L'opposizione al fascismo gli costò nel 1938 l'allontanamento dalla direzione del Gabinetto Vieusseux di Firenze. Negli anni successivi si dedicò al giornalismo (lavorò per *Il mondo*, il *Corriere della Sera* e il *Corriere d'informazione*) e alla traduzione. Tra le sue raccolte di poesie, *Occasioni* (1939), *La bufera e altro* (1956), *Xenia* (1966) e *Satura* (1971). I suoi articoli sono raccolti in *Auto da fé. Cronache in due tempi* (1966). (Premio Nobel 1975.)

■ *Eugenio Montale.*

MONTALEMBERT (Charles **Forbes**, cónte di), *Londra 1810 - Parigi 1870*, giornalista e politico francese. Principale esponente dei cattolici liberali, nel 1848 appoggiò Luigi Napoleone. Si oppose al dispotismo imperiale e all'ultramontanismo.

MONTÀLTO DI CÀSTRO, com. in prov. di Viterbo; 7547 ab. Agricoltura (cereali). Turismo balneare a M. Marina. Nei dintorni, area archeologica di Vulci, con resti e necropoli di origine etrusca.

MONTÀLTO UFFÙGO, com. in prov. di Cosenza; 16.533 ab. Agricoltura (ortaggi, uva, cereali). Industrie alimentari. Torre normanna (1506). Chiesa della Madonna (1227).

MONTANA, Stato degli Stati Uniti, nelle Montagne Rocciose; 902.195 ab.; cap. *Helena*.

MONTANÀRI (Geminiàno), *Modena 1633 - Padova 1687*, astronomo. Docente a Bologna e Padova, studioso di corpi celesti (meteore, comete), nel 1668 scoprì la variabilità dello splendore della stella Algol.

MONTAND (Ivo Livi, detto Yves), *Monsummano Terme 1921 - Senlis 1991*, cantante e attore francese di origine italiana. Celebre interprete di canzoni quali *Les feuilles mortes*, si affermò soprattutto come attore teatrale e cinematografico (*Mentre Parigi dorme*, 1946; *Parigi è sempre Parigi*, 1951; *Z, l'orgia del potere*, 1969).

MONTANÈLLI (Giusèppe), *Fucecchio 1813-1862*, patriota. Collaboratore dell'*Antologia*, prese parte alla prima guerra d'indipendenza. Nel 1848 ricevette da Leopoldo II l'incarico di formare il governo con F.D. Guerrazzi e G. Mazzoni, ma in seguito fu condannato all'ergastolo in contumacia dallo stesso granduca. Tornato in Italia, fu eletto deputato (1862).

MONTANÈLLI (Índro), *Fucecchio 1909 - Milano 2001*, giornalista e scrittore. Corrispondente dall'estero per il *Corriere della Sera* (Etiopia, Spagna, Finlandia), quindi opinionista e polemista per la stessa testata, nel 1950 ha fondato *Il Borghese* e nel 1974 *Il Giornale Nuovo*, che ha diretto fino al 1994, quando ha fondato *La Voce*. Notevole la sua produzione saggistica (*Storia di Roma*, 1957; *Storia d'Italia*, 1964-1972), narrativa (*Il generale Della Rovere*, 1950) e teatrale (*I sogni muoiono all'alba*, 1960; *Kibbutz*, 1961).

MONTÀNO, *Frigia II-III sec.*, sacerdote di Cibele convertito al cristianesimo. Afferma di essere illuminato dallo Spirito Santo, sceso a completare la rivelazione di Gesù Cristo. Elaborò una dottrina ascetica, il montanismo, detto "eresia dei frigi", che annunciava l'imminente fine del mondo. Vi aderì Tertulliano (207 ca.).

MONTÀNO (Danilo **Lebrecht**, detto Lorènzo), *Verona 1893 - Milano 1958*, scrittore, poeta e critico letterario. Dopo la pubblicazione di raccolte di poesie (*Discordanze*, 1914), collaborò con *La Ronda*. Nel romanzo *Viaggio attraverso la gioventù secondo un itinerario recente* (1923) raccontò la propria esperienza autobiografica con gusto raffinato ed estetizzante.

MONTAPÈRTI (battàglia di) (4 sett. 1260), battaglia combattuta nei pressi dell'omonima frazione del com. di Castelnuovo Berardenga (Siena). Vide lo scontro tra i guelfi fiorentini e i ghibellini senesi, comandati da Farinata degli Uberti, che ebbero la meglio e poterono rientrare a Firenze. L'episodio è ricordato da Dante nell'*Inferno*.

MONTAUBAN, c. della Francia, capol. del dip. Tarn-et-Garonne, sul f. Tarn; 54.421 ab. Centro amministrativo e commerciale. Industrie agroalimentari. Museo Ingres.

MONTCHRESTIEN (Antoine **de**), *Falaise 1575 ca. - Les Tourailles 1621*, economista e drammaturgo francese. Mercantilista, scrisse un *Trattato di economia politica* (1615) in cui coniò l'espressione "economia politica". È anche autore di tragedie (*La scozzese*).

MONT-DE-MARSAN, c. della Francia, capol. del dip. Landes, alla confluenza dei f. Midou e Douze; 32.234 ab. Centro amministrativo e commerciale. Base aerea militare.

MONT-DORE (Massìccio del) → DORE (Monti).

MÓNTE (Andrèa), *Firenze XIII sec.*, rimatore. Precursore dello stilnovo, fu influenzato da Guittone d'Arezzo e C. Davanzati. Il suo canzoniere comprende undici canzoni e circa cento sonetti.

MONTE ALBÁN, centro religioso, e poi economico, degli zapotechi, presso Oaxaca (Messico), fiorente tra il 500 a.C. e l'800 d.C. Dai resti di edifici e dalle necropoli sono emerse pitture parietali e numerose urne funerarie decorate da effigi degli dei. Il sito fu anche necropoli dei mixtechi.

MÓNTE ARGENTÀRIO, com. in prov. di Grosseto; 13.051 ab. Si estende sull'omonimo promontorio unito alla terraferma. La sede del com. è Porto Santo Stefano. Turismo.

MONTEBÈLLO DELLA BATTÀGLIA, com. in prov. di Pavia; 1609 ab. Il 20 ago. 1859, nel corso della seconda guerra d'indipendenza, fu teatro di uno scontro tra le truppe francesi e quelle austriache, che furono sconfitte.

MONTEBELLÙNA, com. in prov. di Treviso; 26.952 ab. Agricoltura (uva, cereali, frutta). Industrie calzaturiere, tessili, del mobile.

MÓNTE BIÀNCO → Bianco (Monte).

MONTECÀRLO, urbanizzazione del principato di Monaco, dove si trova il casinò. Circuito automobilistico di Formula 1.

MONTECASSÌNO, com. in prov. di Macerata; 6495 ab. Agricoltura (frutta, foraggi). Industrie dell'abbigliamento. Palazzo municipale (XV sec.).

MONTECASSÌNO, rilievo dell'Appennino Abruzzese; 516 m. Sulla sua sommità sorge la celebre abbazia, fondata da san Benedetto da Norcia nel 529. Importante centro culturale in epoca medievale, subì numerose distruzioni, tra cui quella del 1944, ma fu sempre ricostruita. Notevole la biblioteca, dichiarata monumento nazionale.

MONTECATÌNI TÈRME, com. in prov. di Pistoia; 20.360 ab. È una delle più note stazioni termali d'Italia (acque salso-solfato-alcaline, usate per preparare fanghi e curare affezioni gastriche e intestinali).

MONTÉCCHI → Romeo e Giulietta.

MONTÉCCHIO MAGGIÓRE, com. in prov. di Vicenza; 20.696 ab. Agricoltura (foraggi, frutta). Industrie tessili, chimiche, meccaniche. Celebri castelli della Villa e della Bella Guardia (XIV sec.), tradizionalmente attribuiti ai Montecchi e Capuleti e per questo chiamati "di Romeo" e "di Giulietta".

MÓNTE CÈNERI (Passo del), valico della Svizzera, nel Canton Ticino; 554 m. È situato sulla strada che collega le città di Lugano e Bellinzona. Vi ha sede la stazione radiotelevisiva della Svizzera italiana.

MONTECITÒRIO, palazzo romano costruito da L. Bernini (1650) e da C. Fontana (1694). Dal 1870 è sede della camera dei deputati.

MONTECRÌSTO, isola disabitata dell'Arcipelago Toscano, a S dell'Isola d'Elba, com. di Portoferraio. Rocciosa, culmina nel Monte della Fortezza (645 m).

MONTECÙCCOLI (Raimóndo, principe), *castello di Montecuccolo 1609 - Linz 1680*, militare al servizio dell'impero. Combatté nella guerra dei Trent'anni e fu al comando delle truppe imperiali contro i turchi (vittoria del San Gottardo, 1664). Scrisse un *Trattato della guerra* (1642) e *Della guerra col turco in Ungheria* (1670).

MONTÉDISON, gruppo industriale nato nel 1966 dalla fusione di Montecatini e Edison. Entrata a far parte del gruppo Ferruzzi dal 1987 al 1993, nel 2002 ha costituito insieme ad altre società il gruppo Edison, operante nel settore energetico.

MONTEFÀLCO, com. di Perugia; 5601 ab. Borgo medievale con il palazzo comunale (XIII-XV sec.) e la cinta muraria.

MONTEFÉLTRO, reg. storica tra l'Emilia-Romagna e le Marche. Unificata dai conti di M., entrò a far parte della signoria di Urbino nel 1234. Con l'estinzione del casato dei M. passò ai Della Rovere (1508) e, in seguito, allo Stato pontificio (1625).

MONTEFÉLTRO, famiglia nobiliare ghibellina, che esercitò la signoria sulla città di Urbino e sulla regione omonima, il cui capostipite fu Montefeltrano (XII sec.). — **Guido da M.**, *m. nel 1298*. Condottiero al servizio di Corradino, è citato da Dante (*Inferno*, XXVII). — **Buonconte da M.**, *m. nel 1289*. Riportò una vittoria sui senesi (1287) e morì nella battaglia di Campaldino (1289). È citato da Dante (*Purgatorio*, V). Ottenuto il titolo di duchi, i M. raggiunsero la loro massima potenza con — **Federico da M.** → Federico da Montefeltro. — **Guidobaldo da M.**, *1482-1508*. Alla sua morte il ducato passò ai Della Rovere.

MONTEFIASCÓNE, com. in prov. di Viterbo; 12.862 ab. Chiesa romanica di S. Flaviano (XII sec.) e duomo rinascimentale.

MONTEFIORÌNO, com. in prov. di Modena; 2348 ab. Rocca (XIII sec.). Durante la Resistenza fu sede della Repubblica di M., un territorio governato dai partigiani.

MONTEFÓSCHI (Giórgio), *Roma 1946*, scrittore. Tra le opere, *Ginevra* (1974), *L'amore borghese* (1978), *La felicità coniugale* (1982), *La casa del padre* (1994), *Non desiderare la donna d'altri* (1999), *Dove comincia l'Oriente* (2003).

MONTEGO BAY, c. della Giamaica; 83.446 ab. Stazione balneare. Aeroporto.

MÓNTE ÌSOLA, com. in prov. di Brescia, nell'isola omonima, sul Lago d'Iseo; 1794 ab. Località turistica. Santuario della Madonna della Ceriola.

MONTELEÓNE DI SPOLÉTO, com. in prov. di Perugia; 688 ab. Borgo medievale ottimamente conservato. Sito archeologico dove è stato rinvenuto un prezioso carro bronzeo etrusco.

MONTÈLLO (battàglia di) (15-23 giu. 1918), scontro avvenuto sul colle di M., nel Trevigiano, in seguito al quale gli italiani costrinsero gli austriaci alla ritirata.

MONTELÙCO, colle a E di Spoleto; 804 m. Vi sorge un convento fondato da Francesco d'Assisi nel 1218.

MONTELÙPO FIORENTÌNO, com. in prov. di Firenze; 11.040 ab. Villa Ambrogiana (XVI sec.).

MONTEMARCÈLLO-MÀGRA (Pàrco di), Parco naturale regionale in prov. di La Spezia, istituito nel 1995. Comprende il territorio tra i f. Magra e Vara.

MONTEMAYOR (Jorge **de**), in port. Jorge **de Montemor**, *Montemor-o-Velho, Portogallo, 1520 ca. - Torino 1561*, scrittore spagnolo di origine portoghese, autore del romanzo pastorale *I sette libri della Diana* (1559).

MONTEMÈZZI (Ìtalo), *Vigasio 1875-1952*, compositore. Legato alla poetica verista, scrisse, tra l'altro, *Giovanni Gallurese* (1905), *L'amore dei tre re* (1913), *La nave* (1918), *L'incantesimo* (1943).

MONTEMÒNACO, com. in prov. di Ascoli Piceno, cuore dei Monti Sibillini; 688 ab. Chiese di S. Giovanni Battista (XIV sec.) e di S. Benedetto (XVI sec.).

MONTEMÙRLO, com. in prov. di Prato; 17.847 ab. Centro industriale, conserva il castello dell'XI sec. Qui si rifugiarono gli esuli antimedicei guidati da F. Strozzi, sconfitti da Cosimo I nella battaglia che ebbe luogo il 31 lug. 1537.

MONTENÉGRO, rep. federata dello Stato di Serbia e Montenegro; 13.812 km²; 615.267 ab. (*montenegrini*) cap. *Podgorica.* [V. carta di **Serbia e Montenegro**.]

STORIA – XI sec.: nella regione, chiamata prima Dioclea, poi Zeta, si sviluppa un'entità statale; **XI-II-XIV sec.**: viene annessa al regno serbo; **1360-1479**: riconquista l'indipendenza. **1479-1878**: Il M. passa sotto la dominazione ottomana. **1782-1918**: sotto i principi Pietro I (1782-1830), Pietro II (1830-1851), Danilo I (1851-1860) e Nicola I (1860-1918), diviene uno Stato moderno. **1918**: vengono votate la deposizione del re e l'annessione alla Serbia. **1945**: il M. diventa una delle sei repubbliche federate della Iugoslavia; **1992**: si unisce alla Serbia per formare la nuova Rep. federale di Iugoslavia. **Dal 1998**: sotto la presidenza di Milo Djukanović, il M. manifesta aspirazioni democratiche, prende le distanze dalla Serbia (soprattutto in occasione del conflitto del *Kosovo*, nel 1999) e rimette in discussione la propria appartenenza alla federazione di Iugoslavia. **2003**: in febbraio, in seguito a un accordo con Belgrado, viene adottata una nuova Costituzione, che trasforma la Iugoslavia in una nuova federazione, chiamata "Serbia e M.".

MONTENÒTTE (battàglia di) (12 apr. 1796), battaglia combattuta nella località in prov. di Savona, tra austro-sardi e Napoleone, che conquistò la pianura di Alessandria.

MÓNTE OLIVÉTO MAGGIÓRE, abbazia benedettina situata nella località omonima, nel com. di Asciano (Siena). Fondata come monastero nel 1313, divenne abbazia nel 1765. Ciclo di affreschi di L. Signorelli e del Sodoma sulla vita di san Benedetto (1497-1498).

MÓNTE PÓRZIO CATÓNE, com. in prov. di Roma; 8145 ab. Nel suo territorio, rovine della città di Tuscolo, duomo, Palazzo Borghese e Sacro eremo tuscolano (XVII sec.).

MONTEPULCIÀNO, com. in prov. di Siena; 13.890 ab. Palazzo comunale (XIV sec.), chiese di S. Agostino e di S. Biagio, di A. da Sangallo il Vecchio, palazzi patrizi. Nel suo territorio si trovano le terme di M.

MONTÈRCHI, com. in prov. di Arezzo; 1870 ab. Vi si trova *La Madonna del Parto* di Piero della Francesca (1460).

MONTERÍA, c. della Colombia nord-occ.; 275.952 ab.

MONTERIGGIÓNI, com. in prov. di Siena; 7744 ab. Cinta muraria (XIII sec.) con quattordici torri a base quadrata.

MÓNTE RÒSA → Rosa (Monte).

MONTERÓSSO AL MÀRE, com. in prov. di La Spezia; 1620 ab. Località delle Cinque Terre, conserva la chiesa di S. Giovanni Battista (XIV sec.).

MONTERÓSSO GRÀNA, com. in prov. di Cuneo; 576 ab. Conserva il castello dei conti di M. (XVII sec.). Il suo territorio è abitato da popolazioni di origine occitana.

MONTEROTÓNDO, com. in prov. di Roma; 33.515 ab. Chiesa di S. Maria delle Grazie (XV sec.) e Palazzo Orsini (XV sec.). Il 25 ott. 1867 G. Garibaldi vi sconfisse le truppe pontificie.

MONTERREY, c. del Messico settentr.; 1.110.909 ab. (3.416.000 ab. nell'agglomerato). Siderurgia. Chimica.

MONTESÀNO (Enrico), *Roma 1945*, attore teatrale e cinematografico. Interprete dalla spiccata vena comica. Tra i film cui ha partecipato, *Boccaccio* (1972), *Febbre da cavallo* (1976), *Tre tigri contro tre tigri* (1977), *Camera d'albergo* (1981), *Sing Sing* (1983), *I due carabinieri* (1984), *I picari* (1987), *Piedipiatti* (1991), *Febbre da cavallo - La mandrakata* (2002). Ha diretto *A me mi piace* (1985).

MÓNTE SAN SAVÌNO, com. in prov. di Arezzo; 8087 ab. Diede i natali ad A. Contucci, detto il Sansavino, che qui costruì la loggia dei Mercanti (XVI sec.).

MÓNTE SANT'ÀNGELO, com. in prov. di Foggia; 14.298 ab. Chiesa di S. Maria Maggiore (XII sec.) e santuario di S. Michele (XI sec.), con campanile romanico-gotico (XIII sec.) e basilica ipogea.

MÓNTE SÀNTO, la più orient. delle penisole della Calcidica, in Grecia; 339 km². È una repubblica monastica con sede sul Monte Athos, governata da un Santo Sinodo.

MONTESCAGLIÓSO, com. in prov. di Matera; 9957 ab. Abbazia benedettina di S. Angelo (1079), ricostruita nel XV sec. da Carlo II d'Angiò.

MONTES CLAROS, c. del Brasile (Minas Gerais); 306.730 ab.

MONTESILVÀNO, com. in prov. di Pescara; 40.379 ab. Turismo estivo.

MONTESPAN (Françoise Athénaïs **de Rochechouart**, marchésa **di**), *Lussac-les-Châteaux 1640 - Bourbon-l'Archambault 1707*, favorita (1667-1679) di Luigi XIV, cui diede otto figli. Protesse scrittori e artisti.

MONTESQUIEU (Charles de Secondat, baróne **di La Brède** e **di**), *castello di La Brède, presso Bordeaux, 1689 - Parigi 1755*, scrittore francese. Liberale, è autore delle *Lettere persiane*, di *Considerazioni sulle cause della grandezza dei romani e della loro decadenza* (1734) e dello *Spirito delle leggi*.

■ *Charles Montesquieu. (Reggia di Versailles.)*

MONTESSÒRI (Maria), *Chiaravalle 1870 - Noordwijk, Paesi Bassi, 1952*, pedagogista. Elaborò un metodo educativo volto a favorire lo sviluppo dei bambini attraverso l'autonoma manipolazione di oggetti e materiali didattici, in modo da far loro acquisire fiducia nelle proprie capacità. Tale metodo fu applicato nella Casa dei bambini, da lei fondata a Roma nel 1907. Scrisse varie opere, tra cui *L'autoeducazione nelle scuole elementari* (1916) e *Manuale di pedagogia scientifica* (1930).

MÓNTE TÌTOLI, società di servizi preposta alla gestione dei titoli (compresi i titoli di Stato), dal 2002 parte del Gruppo Borsa Italiana.

MONTEUX (Pierre), *Parigi 1875 - Hancock, Maine, 1964*, violinista e direttore d'orchestra francese naturalizzato statunitense. Fondò l'Orchestre symphonique di Parigi e diresse le prime esecuzioni di *La sagra di primavera* di I. Stravinskij, *Giochi* di C.A. Debussy e *Dafni e Cloe* di M. Ravel.

MONTEVÀRCHI, com. in prov. di Arezzo; 22.152 ab. Lavorazione della pelle. Collegiata di S. Lorenzo (XVIII sec.).

MONTEVÉRDI (Clàudio), *Cremona 1567 - Venezia 1643*, compositore. Tra i creatori dell'opera, fu attivo a Mantova (presso i Gonzaga) e più tardi a Venezia (*Orfeo*, 1607; *Arianna*, 1608; *Il ritorno di Ulisse in patria*, 1640; *L'incoronazione di Poppea*, 1642). Lasciò un'impronta personale su tutti i generi compositivi grazie al suo rivoluzionario linguaggio musicale. Feconda la produzione di madrigali (otto libri) e di opere. Fu maestro di cappella di S. Marco a Venezia (messe, salmi).
■ *Claudio Monteverdi. (Museo regionale del Tirolo, Innsbruck.)*

MONTEVÉRGINE, santuario situato sul monte omonimo, nel com. di Mercogliano (Avellino), dedicato a Maria. Il nucleo originario, voluto da Guglielmo da Vercelli, risale ai primi decenni del XII sec.

MONTEVIDEO, cap. dell'Uruguay, sul Río della Plata; 1.236.000 ab. Esportazione di carne, lana, pellame. Industrie alimentari e tessili. Numerosi musei.

MONTEZ (Maria Dolores Eliza Gilbert, detta Lola), *Limerick 1818 - New York 1861*, avventuriera irlandese. Sedusse il re Luigi I di Baviera, che per lo scandalo dovette abdicare (1848). La sua vita ha ispirato a M. Ophuls il film *Lola Montez* (1955).

MONTEZUMA II o **MOCTEZUMA II**, *Città del Messico 1466-1520*, nono imperatore azteco (1502-1520). Fu imprigionato e poi ucciso dagli spagnoli di F. Cortés.

MONTFORT (Simone IV le Fort, signóre **di**), *1150 ca. - Tolosa 1218*, signore francese. Capeggiò la crociata contro gli albigesi e vi trovò la morte. — Simone di M., cónte **di Leicester**, *1208 ca. - Evesham 1265*, signore francese. Figlio di Simone IV di M., fu a capo dei baroni ribelli.

MONTGOLFIER (fratèlli **de**), industriali e inventori francesi. **Joseph de M.**, *Vidalon-lès-Annonay 1740 - Balaruc-les-Bains 1810*, ed **Étienne de M.**, *Vidalon-lès-Annonay 1745 - Serrières 1799*. Inventarono l'aerostato ad aria calda, o mongolfiera (1783), e una pressa idraulica per sollevare l'acqua (1792). A Étienne si devono anche importanti invenzioni nell'industria cartaria, tra cui l'introduzione della carta velina.

MONTGOMERY, c. degli Stati Uniti, cap. dell'Alabama; 201.598 ab.

MONTGOMERY (Bernard **Law**), *Londra 1887 - Isington Mill, Hampshire, 1976*, maresciallo britannico. Sconfisse E.J. Rommel a El-Alamein (1942), quindi fu al comando delle truppe inviate in Normandia, Belgio e Germania (1944-1945). Fu vicecomandante delle forze NATO in Europa dal 1951 al 1958.
■ *Bernard Law Montgomery.*

MONTHERLANT (Henry **Millon de**), *Parigi 1895-1972*, scrittore francese. Nei suoi romanzi esaltò il vigore fisico e la forza morale. Scrisse anche testi teatrali di ispirazione classica (*La regina morta*, 1942; *Port-Royal*, 1954).
■ *Henry Millon de Montherlant ritratto da J.-É. Blanche. (Museo di Belle Arti, Rouen.)*

MÓNTI, com. in prov. di Sassari; 2615 ab. Produzione del vermentino. Nel suo territorio, nuraghe Logu.

MÓNTI (Augùsto), *Monastero Bormida 1881 - Roma 1966*, pedagogo e scrittore. Antifascista, collaboratore di P. Gobetti, fu incarcerato. Scrisse, tra l'altro, *Le storie di papà* (1929-1935) e *I miei conti con la scuola* (1965).

MÓNTI (Eugènio), *Dobbiaco 1928 - Cortina d'Ampezzo 2003*, atleta. Campione del mondo su bob per 9 volte, vinse la medaglia d'oro alle Olimpiadi di Grenoble del 1968, dopo aver ottenuto l'argento e il bronzo rispettivamente a Cortina nel 1956 e a Innsbruck nel 1964.

MÓNTI (Giusèppe), *Fermo 1845 - Roma 1868*, patriota. Insieme a G. Tognetti, per il 22 ott. 1867 preparò un attentato alla caserma romana Serristori, che avrebbe dovuto innescare una rivolta popolare. Fallito il tentativo, i due patrioti furono condannati a morte.

MONTI (Luis), *Buenos Aires 1901-1983*, calciatore argentino naturalizzato italiano. Con la nazionale vinse la Coppa del mondo del 1934 in Italia. Giocò nella Juventus, con la quale vinse 4 scudetti (1931-1932, 1932-1933, 1933-1934, 1934-1935) e 1 Coppa Italia (1937-1938).

MÓNTI (Vincènzo), *Alfonsine 1754 - Milano 1828*, poeta e letterato. Membro dell'Arcadia dal 1775, nel 1776 si trasferì a Roma, dove, grazie al patrocinio di Luigi Braschi, nipote di Pio VI, si affermò come massimo esponente del neoclassicismo. Sono di questo periodo *Prosopopea di Pericle* (1779), *La bellezza dell'universo* (1781), *Ode al signor di Montgolfier* (1784), l'incompiuta *Feroniade*; le tragedie *Aristodemo* (1786) e *Galeotto Manfredi* (1788); l'antirivoluzionaria *Basvilliana* (1793). A Parigi dal 1799, fu un acceso sostenitore di Napoleone (*Il bardo della Selva Nera*, 1806; *Mascheroniana*, 1800) e durante il soggiorno in Francia tradusse l'*Iliade* (1810). Dopo il ritorno degli austriaci scrisse i saggi *Proposta di alcune correzioni ed aggiunte al vocabolario della Crusca* (1817-1826) e *Sulla mitologia* (1825), che si inseriscono nella polemica tra neoclassici e romantici.

MONTICELLI (Adolphe), *Marsiglia 1824-1886*, pittore francese. Fu autore di composizioni caratterizzate da pennellate spesse e da colori accesi, a volte di tema fiabesco.

MONTICHIÀRI, com. in prov. di Brescia; 18.279 ab. Pieve romanica di S. Pancrazio (XII sec.) e parrocchiale del XVIII sec.

MONTÌGLIO MONFERRÀTO, com. in prov. di Asti; 1741 ab. Pieve romanica di S. Lorenzo e castello medievale.

MONTMARTRE, quartiere della parte settentr. di Parigi, sulla collina detta Butte de M. Vi sorgono la chiesa di St-Pierre (fondata nel 1134) e la basilica del *Sacro Cuore* (fine del XIX sec.).

MONTMORENCY, c. della Francia, nel dip. Val-d'Oise; 20.797 ab. Chiesa del XVI sec. (vetrate).

MONTMORENCY, illustre famiglia francese. — **Anne**, duca **de M.**, *Chantilly 1493 - Parigi 1567*, militare francese. Maresciallo di Francia (1522), conestabile (1537), consigliere di Francesco I ed Enrico II, fu ferito mortalmente a Saint-Denis durante una battaglia contro i calvinisti. — **Henri II de M.**, *1595 - Tolosa 1632*, militare francese. Maresciallo di Francia, si schierò con Gastone d'Orléans contro Richelieu e fu decapitato.

MONTÓNE, f. dell'Emilia-Romagna. Nasce dall'Alpe San Benedetto e sfocia nell'Adriatico, a SE di Ravenna.

MONTÓNE BIÀNCO, federazione di tribù turkmene e sciite che, guidate da Tamerlano, conquistarono ampi territori del Medio Oriente, ma furono sconfitte dai Safawidi nel XVI sec.

MONTÓNE NÉRO, federazione di tribù turkmene e sunnite che governò la Mesopotamia e la Persia occ. tra il XIV e il XV sec. Fu sconfitta dalla federazione rivale del *Montone bianco*.

MONTÓRSOLI (Giovànni Àngelo **da**), *Montorsoli 1507 - Firenze 1563*, scultore. Collaborò con Michelangelo alla sacrestia di S. Lorenzo (Firenze). Fu attivo anche a Bologna, Padova, Genova, Napoli e Messina.

MONTOTTÓNE, com. in prov. di Ascoli Piceno; 1075 ab. Convento di S. Francesco (X sec.).

MONTPARNASSE, quartiere di Parigi, sulla *rive gauche*. All'inizio del '900 fu ritrovo di artisti, intellettuali e *bohémien*.

MONTPELLIER, c. della Francia, capol. della Linguadoca-Rossiglione e del dip. Hérault; 229.055 ab. Industria informatica. Begli edifici del XVII-XVIII sec.; passeggiata di Peyrou; quartiere Antigone realizzato da R. Bofill. Musée Fabre. Rinomata facoltà di medicina sorta nel 1221. — Annessa alla Francia nel 1349, nel XVI sec. M. fu un importante centro calvinista.

MONTREAL *con, sullo sfondo, a destra, il San Lorenzo.*

MONTREAL, c. del Canada (Québec), sul San Lorenzo; 1.857.549 ab. (ca. 3.000.000 ab. nella conurbazione). È la maggiore c. industriale del Québec. Porto fluviale. Importante centro culturale; festival cinematografico internazionale. Musei di Belle Arti, del castello Ramezay (storia), McCord (etnografia), d'arte contemporanea; Centro canadese di architettura. — Fondata nel 1642 con il nome di Ville-Marie, nei pressi delle rapide di Lachine, M. divenne un importante mercato delle pellicce. Nel XIX sec. assunse il ruolo di polo commerciale, poi industriale, del Canada orient.

MONTREUX, c. della Svizzera (cant. di Vaud), sul Lago di Ginevra; 21.969 ab. Centro turistico e culturale (festival del jazz, Rose d'Or ecc.). Il 20 lug. 1936 vi fu firmata una convenzione sul regime giuridico internazionale del Bosforo e dei Dardanelli.

MONTROSE (James **Graham**, marchése **di**), *Montrose 1612 - Edimburgo 1650*, generale scozzese. Si schierò con Carlo I, poi con Carlo II; fu giustiziato.

MONT-SAINT-MICHEL (Le), località della Francia, nel dip. Manche; 50 ab. È un isolotto roccioso di fronte alla spiaggia omonima, alla foce del Couesnon, dal 1879 collegato alla costa tramite una diga che la sera viene sommersa dalla marea. Prestigiosa abbazia benedettina fondata nel 966.

Le **MONT-SAINT-MICHEL**. *L'abbazia fondata nel 966.*

MONTS D'ARDÈCHE (Pàrco naturàle regionàle), parco naturale della Francia (190.000 ha ca.), nel dip. Ardèche. Castagni.

MONTSERRAT, una delle Antille britanniche; 102 km²; 12.000 ab.; capol. *Plymouth*. Nel 1997 l'eruzione del vulcano La Soufrière costrinse la popolazione a evacuare l'isola.

MONTSERRAT, piccolo massiccio della Spagna, in Catalogna. Pellegrinaggio al monastero

MONTPELLIER. *Il quartiere Antigone (dal 1983), realizzato da R. Bofill.*

benedettino e culto mariano (statua della "Madonna nera").

MONTT (Manuel), *Petorca 1809 - Santiago 1880*, politico cileno. Presidente della repubblica (1851-1861), promosse la modernizzazione del paese.

MONTUÒRI (Eugènio), *Pesaro 1907 - Roma 1982*, architetto. Razionalista, lavorò alla città di Sabaudia (1934) e alla ricostruzione della stazione Termini (1950), in collaborazione con L. Calini.

MONVÌSO, massiccio delle Alpi Cozie, presso il confine con la Francia; 3841 m. Presso Piano del Re si trovano le sorgenti del Po.

MÓNZA, com. in prov. di Milano; 119.516 ab. Situata in Brianza, sul f. Lambro, è sede di numerose industrie (meccaniche, dei cappelli, alimentari, tessili). Duomo gotico (XII-XVIII sec.) con preziose opere di oreficeria (*corona ferrea*). Circuito automobilistico (in cui si disputa il Gran premio d'Italia).

MONZAMBÀNO (battàglia di), battaglie combattute nei pressi dell'att. com. in prov. di Mantova. Gli austriaci vi subirono tre sconfitte: da parte di Napoleone nel giu. 1800, da parte italiana nell'apr. 1848 e nel giu. 1866.

MONZÈGLIO (Eràldo), *Vignale Monferrato 1906*, calciatore. Con la nazionale vinse la Coppa del mondo del 1934 in Italia e del 1938 in Francia. Giocò nel Casale dal 1923 al 1926 e nel Bologna dal 1926 al 1935 (scudetto nel 1928-1929), chiudendo la carriera nella Roma dal 1935 al 1939.

MONZÓN (Carlos), *Santa Fe 1942 - Los Cerrillos 1995*, pugile. Detentore della corona mondiale dei pesi medi per oltre sei anni (1970-1977), vinse 82 incontri consecutivi tra il 1964 e il 1977. Si ritirò imbattuto.

MOORE (Henry), *Castleford, Yorkshire, 1898 - Much Hadham, Hertfordshire, 1986*, scultore e incisore britannico. A partire dal 1935 ca. ha elaborato uno stile biomorfo e monumentale, caratterizzato da un gioco di vuoti e concavità (*Figura distesa*, sede dell'Unesco, Parigi).

Henry **MOORE**. Hill Arches, *1973; bronzo.*
(Esposizione all'Orangerie dei giardini delle Tuileries, Parigi, 1977.)

MOORE (Thomas), *Dublino 1779 - Sloperton, Wiltshire, 1852*, poeta irlandese. Cantore del suo paese natale (*Melodie irlandesi*), è autore di *Lalla Rookh*, un vasto poema di soggetto orientale.

MOOREA, isola della Polinesia francese, a O di Tahiti; 11.965 ab. (con l'isolotto di Maiao).

MOOSE JAW, c. del Canada (Saskatchewan), a O di Regina; 32.973 ab.

MOPTI, c. del Malì, sul Niger; 54.000 ab.

MORADABAD, c. dell'India (Uttar Pradesh); 641.240 ab. Industrie metallurgiche. Moschea del XVII sec.

MORAIS (Francisco de), *Lisbona 1500 ca. - Evora 1572*, scrittore portoghese, autore del romanzo cavalleresco *Palmerin d'Inghilterra* (1567).

MORALES (Cristóbal de), *Siviglia 1500 ca. - Malaga o Marchena 1553*, compositore spagnolo. Maestro di cappella a Salamanca, poi a Toledo, fu il'autore di polifonie sacre più rappresentative della scuola andalusa, con 25 messe (*Missarum Liber I e II*, 1544), 18 magnificat e 91 mottetti.

MORALES (Luis de), *Badajoz 1510-1586*, pittore spagnolo. È autore di numerose pale d'altare e tele devozionali.

MORAND (Paul), *Parigi 1888-1976*, scrittore francese. Grande viaggiatore dallo spirito cosmopolita, nei suoi racconti presentò un folgorante e disilluso quadro della vita moderna (*Aperto la notte*, Venezia).

MORÀNDI (Gianni), *Monghidoro 1944*, cantante e attore cinematografico. Ha raggiunto il successo con canzoni popolari come *Fatti mandare dalla mamma* (1963), *In ginocchio da te* (1964), *C'era un ragazzo* (1966), *Un mondo d'amore* (1967), *Scende la pioggia* (1969), *Uno su mille* (1985). Ha interpretato anche numerosi film.

MORÀNDI (Giórgio), *Bologna 1890-1964*, pittore. Autore di paesaggi e nature morte dai colori pastello ricchi di sfumature, elaborò uno stile quieto e austero che rivela l'influsso delle concezioni spaziali di P. Cézanne e del '400 italiano. Nel 1918 aderì per un breve periodo alla metafisica (*Natura morta metafisica*, 1919). Dal 1930 insegnò incisione all'Accademia di Belle Arti di Bologna.

Giorgio **MORANDI**. Natura morta, *1932.*
(Galleria d'arte moderna, Roma.)

MORÀNDI (Riccàrdo), *Roma 1902-1989*, ingegnere e architetto. Ha sperimentato soluzioni innovative nella realizzazione di strutture in cemento armato precompresso. Tra le opere, ponte sulla laguna di Maracaibo (1957-1962), viadotto sul torrente Polcevera (1960), viadotto della Magliana a Roma (1964-1967).

MORÀNDI (Rodólfo), *Milano 1902-1955*, politico. Arrestato nel 1937 per militanza antifascista, dopo la liberazione fu presidente del CLNAI, ministro dell'industria (1946-1947) e senatore (1948). Membro autorevole del PSI, contribuì in modo determinante alla sua organizzazione. Tra le opere, *La democrazia del socialismo* (1961).

MORÀNDO (Bernàrdo), *Genova 1589-1656*, poeta e scrittore. Di ispirazione marinista, scrisse rime (*Fantasie poetiche, Poesie sacre e morali*), drammi per musica (*Il ratto di Elena*, 1646; *Le vicende del Tempo*, 1652) e il romanzo fantastico *Rosalinda* (1650).

MORÀNTE (Èlsa), *Roma 1912-1985*, scrittrice. Autrice di romanzi in cui l'ispirazione realista si arricchisce di una forte componente simbolica (*Menzogna e sortilegio*, 1948; *L'*isola di Arturo*; il poema *Il mondo salvato dai ragazzini*, 1968; *La storia*, 1974; *Aracoeli*, 1982).

MORÀNTE (Làura), *Santa Fiora 1956*, attrice cinematografica. Ha esordito nel 1981 in *La tragedia di un uomo ridicolo*, quindi ha recitato in diversi film di N. Moretti (*Sogni d'oro*, 1981; *Bianca*, 1983; *La stanza del figlio*, 2001). Tra le altre interpretazioni, *I ragazzi di via Panisperna* (1988), *Ferie d'agosto* (1996), *Vajont* (2001), *Ricordati di me* (2003).

MORATÍN (Nicolás **Fernández de**), *Madrid 1737-1780*, poeta e autore teatrale spagnolo. — Leandro Fernández de M., *Madrid 1760 - Parigi 1828*, autore teatrale spagnolo, figlio di Nicolás. Autore di commedie sarcastiche di forma neoclassica (*Il sì delle ragazze*).

MÒRAVA, f. dell'Europa, affl. di sinistra del Danubio; 365 km. Il suo corso inferiore segna il confine tra Rep. Ceca (Moravia) e Slovacchia.

MÒRAVA, f. di Serbia e Montenegro, affl. di destra del Danubio; 220 km. È formato dalla confluenza di M. Meridionale (318 km) e M. Occidentale (298 km).

MORÀVIA, parte orient. della Rep. Ceca, attraversata dalla Morava; ab. *moravi*; c. princ. *Brno* e *Ostrava*.

STORIA – **I sec. a.C.**: i celti stanziati nella regione sono respinti dalla popolazione germanica dei quadi. **V sec. d.C.**: gli slavi occupano la regione; **IX sec.**: essa è il fulcro dell'impero della Grande

M., fondato da Mojmir I (m. nel 846), che, al momento del suo apogeo, comprende M., Slovacchia occ., Pannonia, Boemia, Slesia e una parte della Lusazia. **902-908**: l'impero è sottomesso dagli ungari. **1029**: la M. viene unita alla Boemia; **1182**: diventa margraviato dell'impero. A partire dalla metà del XII sec., coloni tedeschi si stabiliscono nel N del paese e nelle città. **1411**: la M. passa sotto il governo diretto dei re di Boemia.

MORÀVIA (Albèrto **Pinchèrle**, detto Albèrto), *Roma 1907-1990*, scrittore. Sin dall'esordio, con *Gli *indifferenti*, ha tratteggiato, con secco stile realista, un'analisi esistenziale e psicoanalitica della società borghese (*La romana*, 1947; *Il conformista*, 1951; *Il disprezzo*, 1954; *La noia*, 1960; *L'attenzione*, 1965; *La cosa*, 1983). Notevoli i *reportages* pubblicati sul *Corriere della Sera* a partire dal 1950.

■ *Alberto Moravia.*

MORAY (Firth), golfo della Gran Bretagna, nella Scozia nord-orient.

MORAY o **MURRAY** (Jacques **Stuart**, cónte **di**), *1531 ca. - Linlithgow 1570*, principe scozzese. Figlio naturale di Giacomo V, fu consigliere della sorellastra Maria I Stuart e reggente di Scozia (1567-1570).

MORAZZÓNE, com. in prov. di Varese; 4198 ab. Industrie tessili, calzaturiere. Nel 1848 G. Garibaldi fu assalito qui dalle truppe austriache e costretto a rifugiarsi in Svizzera.

MORBIHAN, dip. della Francia, nella reg. Bretagna; capol. *Vannes*; 6823 km²; 643.873 ab. Agricoltura (cereali) e allevamento (bovini, suini). Industrie agroalimentari (in part. conserviere). Turismo estivo; pesca.

MORCELI (Noureddine), *Tenes 1970*, atleta algerino. Campione del mondo (1991, 1993 e 1995) e campione olimpico (1996) dei 1500 m, ha detenuto tutti i record del mondo di mezzofondo su distanze comprese tra i 1500 e i 3000 m.

MORDVÌNI, popolazione ugro-finnica della Russia (stanziata nella Rep. dei M., ma anche nelle Rep. dei Baschiri, dei Tatari e dei Ciuvasci), e presente in Ucraina e in Asia centrale (ca. 1,3 milioni di individui). I m. sono suddivisi in due gruppi (erza e mokša). Alleati dei russi contro i tatari, entrarono a far parte dello Stato russo alla caduta del canato di Kazan (1552).

MORDVÌNI (Repùbblica dei), rep. della Russia, a ESE di Mosca; 929.600 ab.; capol. *Saransk*. La popolazione è costituita per ca. un terzo da individui di ceppo mordvino e per il 60% da russi.

MORÈA, nome dato al Peloponneso dopo la quarta crociata (1202-1204). Fu sede del principato di M. o di *Acaia.

MOREAU (Gustave), *Parigi 1826 - 1898*, pittore francese. Precursore del simbolismo, è autore di dipinti di soggetto mitologico, dai colori accesi e saturi e ricchi di dettagli.

MOREAU (Jeanne), *Parigi 1928*, attrice cinematografica francese. Dopo gli esordi in teatro, si è affermata sul grande schermo, grazie all'affascinante presenza e alla modernità della recitazione: *La Notte* (M. Antonioni, 1961), *Diario di una cameriera* (L. Buñuel, 1964), *Jules et Jim* (F. Truffaut, 1962), *Mr. Klein* (J. Losey, 1976), *Il passo sospeso della cicogna* (T. Angelopoulos, 1991), *Cet amour-là* (J. Dayan, 2002).

■ *Jeanne Moreau in* Diario di una cameriera, *di L. Buñuel (1964).*

MOREAU (Jean Victor), *Morlaix 1763 - Laun, att. Louny, Boemia, 1813*, militare francese. Vincitore sugli austriaci a Hohenlinden, entrò in conflitto con Napoleone e dovette andare in esilio. Passato al servizio dello zar, fu ferito mortalmente a Dresda.

MORELIA, c. del Messico; 549.996 ab. Cattedrale del XVII-XVIII sec.; museo.

MORÈLLI (Alamànno), *Brescia 1812 - Scandicci 1893*, attore teatrale. Direttore dell'Accademia dei filodrammatici di Milano (1854-1858), membro della compagnia "Lombarda" di G. Modena, fu capocomico e interprete di drammi shakespeariani (*Amleto*, 1950). Tra i saggi, *Manuale dell'artista drammatico* (1877).

MORÈLLI (Doménico), *Napoli 1826-1901*, pittore. Studente a Napoli, viaggiò per tutta l'Europa, assorbendo le tendenze pittoriche dell'epoca. Sviluppò con stile verista temi religiosi e storici (*T. Tasso ed Eleonora d'Este*, 1867; *Le tentazioni di sant'Antonio*, 1878), dedicandosi anche alla ritrattistica.

MORÈLLI (Giovànni), *Verona 1816 - Milano 1891*, storico dell'arte. Collezionista e conoscitore d'arte, scrisse importanti saggi, nei quali propose un personale metodo di analisi delle opere: *Studi di critica d'arte sulla pittura italiana* (1890-1893), *Della pittura italiana. Le Gallerie Borghese e Doria Pamphili* (1897).

MORÈLLI (Michèle), *Monteleone Calabro 1790 - Napoli 1822*, patriota. Membro della carboneria, organizzò insieme a G. Silvati e L. Minichini la rivolta contro Ferdinando I (1820-1821), ma fu arrestato e giustiziato.

MORÈLLI (Rina), *Napoli 1908 - Roma 1976*, attrice teatrale e cinematografica. Si affermò a partire dal 1938 con interpretazioni raffinate e intimiste di opere classiche e contemporanee, spesso in coppia (anche in televisione) con P. Stoppa. Al cinema si distinse in *Senso* (1954) e *Il Gattopardo* (1963).

MORELOS Y PAVÓN (José María), *Valladolid, att. Morelia, 1765 - San Cristóbal Ecatepec, att. Ecatepec Morelos, 1815*, patriota messicano. Prelato meticcio, lottò per l'indipendenza del paese (1813). Fu fatto fucilare da A. de Itúrbide.

MORENA (Sierra), catena montuosa della Spagna merid.; 1323 m.

MORENO (Jacob Levy), *Bucarest 1892 - Beacon, Stato di New York, 1974*, psicologo statunitense di origine romena. Ha introdotto la tecnica dello psicodramma e fondato la sociometria (*Principi di sociometria*, 1934).

MORENO (Mariano), *Buenos Aires 1778 - Oceano Atlantico 1811*, politico argentino. Uno dei principali protagonisti della lotta per l'indipendenza argentina, fu relatore dell'*Audiencia* e fondò *La gaceta de Buenos Aires* (1810). Ottenne l'apertura del porto della capitale al commercio estero. Inviato in missione diplomatica in Europa, morì durante il viaggio.

MORETO Y CABAÑA (Agustín), *Madrid 1618 - Toledo 1669*, autore teatrale spagnolo. Scrisse numerose commedie (*Disprezzo per disprezzo*).

MORÉTTI (Gaetàno), *Milano 1860-1938*, architetto. Allievo di C. Boito e collaboratore di L. Beltrami, sviluppò uno stile in equilibrio tra storicismo e modernismo. Tra le opere, facciata del duomo di Milano (1887-1888), restauro del Castello Sforzesco di Milano (1893-1906), cimitero di Crespi d'Adda (1896-1907).

MORÉTTI (Luigi), *Roma 1907 - Capraia 1973*, architetto. Razionalista, fondò e diresse la rivista *Spazio*, nella quale mostrò interesse per l'arte informale. Tra le opere, Case della Gioventù (varie città, 1933-1937), Ministero degli esteri (1939) e Villaggio olimpico a Roma (1960), complesso residenziale Watergate a Washington (1961-1965).

MORÉTTI (Marcèllo), *Venezia 1910 - Roma 1961*, attore teatrale. Deve la sua fama all'interpretazione del personaggio di Arlecchino nella commedia *Arlecchino servitore di due padroni* per la regia di G. Strehler (1947-1960).

MORÉTTI (Marino), *Cesenatico 1885-1979*, scrittore. Influenzato inizialmente da G. Pascoli (*Fraternità*, 1910) e da G. D'Annunzio (*Il paese degli equivoci*, 1907), si avvicinò in seguito al crepuscolarismo, con romanzi ambientati in un'umile e dimessa quotidianità: *Il sole del sabato* (1916), *Andreana* (1935), *Anna degli elefanti* (1937).

MORÉTTI (Nànni), *Brunico 1953*, regista e attore cinematografico. È regista e interprete di tutti i suoi film, in gran parte a sfondo politico e caratterizzati da un umorismo surreale (*Ecce bombo*, 1978; *Bianca*, 1984; *La messa è finita*, 1986; *Palombella rossa*, 1989; *Caro diario*, 1993; *Aprile*, 1998; *La stanza del figlio*, 2001). Ha recitato anche per altri registi (*Il portaborse*, D. Luchetti, 1991; *La seconda volta*, M. Calopresti, 1995).

MORÉTTO DA BRÉSCIA (Alessàndro **Bonvicìno**, detto), *Brescia 1498-1554*, pittore. Amico e seguace del Romanino, mescolò abilmente temi e motivi della pittura lombarda e veneta, dipingendo pale d'altare e ritratti di grande precisione cromatica, con attenzione agli effetti luminosi. Tra le opere, *Ritratto di Girolamo Savonarola* (1524), *Cristo in passione e l'angelo* (1550).

MORFÈO MITOL. GR. Dio dei sogni, figlio della Notte e del Sonno.

MORGÀGNI (Giambattista), *Forlì 1682 - Padova 1771*, medico. Gettò le basi dell'anatomia patologica, introducendo il metodo sperimentale in medicina e incoraggiando lo studio della relazione tra sintomi e alterazioni organiche (*De sedibus et causis morborum per anatomen indagatis*, 1761).

MORGAN, famiglia di finanzieri statunitensi. — **John Pierpont M.**, *Hartford, Connecticut, 1837 - Roma 1913*, industriale statunitense. Fondatore di un trust metallurgico, si dedicò anche a opere filantropiche. — **John Pierpont M. Jr.**, *Irvington, Stato di New York, 1867 - Boca Grande, Florida, 1943*, finanziere statunitense. Figlio di John Pierpont, durante la prima guerra mondiale diede sostegno alle potenze dell'Intesa. Nel 1924 trasferì nella sua villa di New York la biblioteca-museo del padre (Pierpont M. Library).

MORGAN (Lewis Henry), *presso Aurora, Stato di New York, 1818 - Rochester 1881*, antropologo statunitense. Studioso dei sistemi di parentela (*La società antica*, 1877), elaborò una concezione evoluzionistica dell'antropologia sociale.

MORGAN (Simone **Roussel**, detta Michèle), *Neuilly-sur-Seine 1920*, attrice cinematografica francese. Si è imposta in ruoli drammatici: *Il porto delle nebbie* (M. Carné, 1938), *La sinfonia pastorale* (J. Delannoy, 1946), *Fabiola* (A. Blasetti, 1948), *Vacanze d'inverno* (C. Mastrocinque, 1959), *Landru* (C. Chabrol, 1963).

MORGAN (Thomas Hunt), *Lexington, Kentucky, 1866 - Pasadena 1945*, biologo statunitense. Creò i presupposti per la formulazione della teoria cromosomica dell'ereditarietà grazie ai suoi studi sulla drosofila, che gli consentirono anche di dimostrare la base genetica dell'evoluzione della specie. (Premio Nobel 1933.)

■ *Thomas Hunt Morgan.*

MORGARTEN (battàglia del) (15 nov. 1315), battaglia combattuta nello Schwyz settentr. (Svizzera), nel corso della quale i tre cantoni di Uri, Schwyz e Unterwald, riunitisi in una lega, sconfissero le truppe di Leopoldo I d'Asburgo, consolidando così la loro indipendenza.

MORGENSTERN (Christian), *Monaco 1871 - Merano 1914*, poeta tedesco. Scrisse opere venate di umorismo (*Canti patiboları*, 1905), il cui audace sperimentalismo linguistico precorre le ricerche delle avanguardie del XX sec.

MORGENSTERN (Oskar), *Görlitz 1902 - Princeton 1977*, economista statunitense di origine austriaca. Adottò un approccio matematico allo studio delle situazioni economiche, a cui applicò la teoria dei giochi di J. von Neumann.

MÒRI (Fabrizio), *Livorno 1969*, atleta. Ha vinto la medaglia d'oro nei 400 m ostacoli ai campionati mondiali di Siviglia del 1999. Nella stessa specialità ha vinto la medaglia d'argento ai campionati mondiali di Edmonton nel 2001 e quella di bronzo ai campionati europei di Budapest del 1998.

MORI (Rintaro, detto Ogai), *Tsuwano 1862 - Tokyo 1922*, scrittore giapponese. I suoi romanzi (*Anitra selvatica*, 1911-1913), influenzati dalla letteratura occidentale, costituiscono una reazione alla scuola naturalista.

MORIÀNA, in fr. **Maurienne**, territorio delle Alpi francesi, in Savoia, corrispondente alla valle del f. Arc. Centrali idroelettriche. Elettrometallurgia ed elettrochimica. Turismo.

MORICÓNI (Valèria **Abruzzètti**, detta Valèria), *Jesi 1931*, attrice teatrale e cinematografica. Ha esordito al cinema nel 1953, segnalandosi in film come *Miseria e nobiltà* (1954), *A cavallo della tigre* (1961), *Il Saprofita* (1974), *La fine è nota* (1993), *La forza del passato* (2002). A teatro ha lavorato con E. De Filippo, F. Enriquez, G. Mauri, L. Ronconi, interpretando *La locandiera*, *Turandot* (1981) e *Filumena Marturano* (1986).

MÓRICZ (Zsigmond), *Tiszacsége 1879 - Budapest 1942*, scrittore ungherese. È autore di romanzi (*L'uomo felice*) e drammi, in cui offre una rappresentazione realista del mondo contadino.

MORÌGI (Rènzo), *1895-1962*, sportivo. Alle Olimpiadi di Los Angeles del 1932 conquistò la medaglia d'oro nel tiro a segno - pistola automatica.

MÖRIKE (Eduard), *Ludwigsburg* 1804 *- Stoccarda 1875*, scrittore tedesco. Nelle poesie e nei romanzi (*Il pittore Nolten*) coniugò l'ispirazione romantica e popolare con una forma classica.

MORIMÓNDO, com. in prov. di Milano; 1172 ab. Agricoltura (ortaggi, frutta). Nel 1136 vi fu fondata da monaci francesi un'abbazia cistercense.

MORIN (Edgar), *Parigi 1921*, sociologo francese. Nei suoi studi ha affrontato questioni legate alla cultura di massa e all'immaginario sociale (*L'industria culturale*, 1962; *Il metodo*, 1977-2001).

MORIOKA, c. del Giappone (Honshu); 286.478 ab.

MORISOT (Berthe), *Bourges 1841 - Parigi 1895*, pittrice francese. Cognata di E. Manet, ebbe un ruolo di primo piano nel movimento impressionista (*La culla*, 1873, Musée d'Orsay, Parigi).

MORITZ (Karl Philipp), *Hameln 1756 - Berlino 1793*, scrittore tedesco, autore del romanzo autobiografico *Anton Reiser* (1785-1790).

MORLÀCCHI (Francésco Giuséppe), *Perugia 1784 - Innsbruck 1841*, compositore e direttore d'orchestra. Direttore dell'Opera italiana di Dresda, fu influenzato dalla musica tedesca e dall'opera di C.M. von Weber. Tra le sue composizioni, *Raoul di Créqui* (1811), *Tebaldo e Isolina* (1822), *I Saraceni in Sicilia* (1828).

MORLEY (Thomas), *Norwich 1557 o 1558 - Londra 1602*, compositore inglese. Maestro della musica vocale, introdusse lo stile italiano in Inghilterra; compose madrigali e balletti.

MORLÌNI (Geròlamo), *Napoli XV-XVI sec.*, novelliere. Scrisse una raccolta di un'ottantina di *Novelle* (1520), desunte dalla tradizione orale, di discreto interesse folcloristico.

MORLÌNO (Tommàso), *Irsina 1925 - Roma 1983*, politico. Membro della DC, senatore dal 1968 e più volte ministro, fu presidente del senato dal 1982 al 1983.

MORLÒTTI (Ènnio), *Lecco 1910 - Milano 1992*, pittore. Membro del gruppo di Corrente, partecipò poi al Fronte nuovo delle arti (1946) e al "Gruppo degli Otto" (1952). La sua pittura, influenzata da P. Cézanne, mosse dal figurativismo paesaggista per approdare all'arte informale. Tra le opere, *Vegetazione* (1972).

MORNAY (Philippe **de**), detto **Duplessis-Mornay**, *Buhy 1549 - La Forêt-sur-Sèvre 1623*, calvinista francese. Consigliere di Enrico IV (prima della sua conversione), fondò a Saumur la prima accademia protestante (1599). La grande influenza esercitata gli valse l'appellativo di "papa degli ugonotti".

MÒRO (Àldo), *Maglie 1916 - Roma 1978*, politico. Segretario della DC, fu due volte presidente del consiglio (1963-1968; 1974-1976) e due volte ministro degli esteri (1969-1970; 1973-1974). Sequestrato dalle Brigate Rosse il 16 mar. 1978, in un agguato che costò la vita ai cinque uomini della scorta, fu ritrovato cadavere il 9 mag. 1978. Il periodo della sua prigionia fu segnato dallo scontro tra coloro che erano favorevoli alla trattativa con i terroristi e i sostenitori della linea della fermezza.

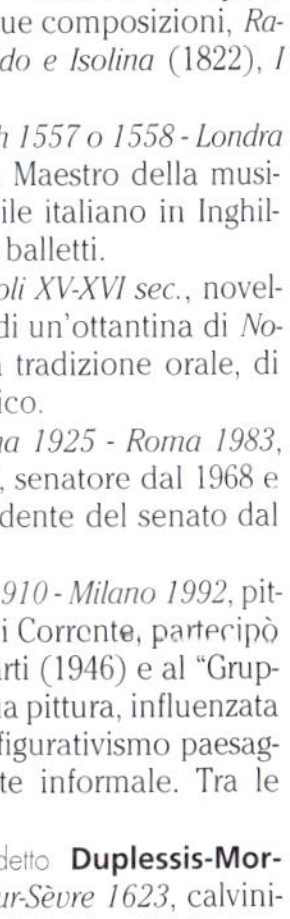

■ *Aldo Moro.*

MÒRO (Antoon **Mor Van Dashorst**, detto Antònio), *Utrecht 1519 ca. - Anversa 1576*, pittore olandese. Attivo in Spagna, a Bruxelles, in Portogallo, a Londra e a Utrecht, rinnovò la ritrattistica di corte, adottando uno stile caratterizzato da grande semplicità compositiva.

MÒRO (Doménico), *Venezia 1822 - Vallone di Rovito 1844*, patriota. Membro della società segreta Esperia, prese parte insieme ai fratelli A. ed E. Bandiera alla spedizione in Calabria, dove fu catturato e fucilato.

MÒRO (Tommàso) → TOMMASO MORO.

MORODER (Giórgio), *Ortisei 1940*, compositore. Ha raggiunto fama mondiale con le colonne sonore dei film *Fuga di mezzanotte* (1978, premio Oscar), *American Gigolo* (1980), *Flashdance* (1983, premio Oscar), *Top Gun* (1986, premio Oscar), *Over the Top* (1987).

MORÓN, c. dell'Argentina, sobborgo di Buenos Aires; 641.541 ab.

MORÓNE (Doménico), *Verona 1442-1517*, pittore. Fu influenzato da A. Mantegna, G. Bellini e V. Carpaccio, dei quali recuperò l'estro e la vivacità pittorica. Tra le opere, *Cacciata dei Bonacolsi* (1494).

MORÓNE (Giròlamo), *Milano 1470 - Firenze 1529*, politico. Consigliere di Massimiliano Sforza, conte di Lecco, fu nominato gran cancelliere di Francesco II una volta che gli Sforza furono in possesso del ducato di Milano (1522). Nel 1525 ordì con il papa una congiura contro Carlo V. Imprigionato e graziato dall'imperatore, fu al suo servizio fino alla morte.

MORONI, cap. delle Comore, sull'Isola di Gran Comore; 44.000 ab.

MORÓNI (Àimo e Nàdia), cuochi. Proprietari dal 1962 di un noto ristorante a Milano, propongono una cucina eclettica e originale, che mescola la tradizione gastronomica toscana con la continua sperimentazione di ricette innovative.

MORÓNI (Giovàn Battista), *Albino 1528 ca. - Bergamo 1578*, pittore. Allievo di Moretto da Brescia, si affermò soprattutto come ritrattista (*Il sarto*, 1570; *Nobiluomo italiano*, 1555).

MORONOBU (Hishikawa), *Hota, prefettura di Chiba, 1618 ca. - Edo 1694 ca.*, pittore e incisore giapponese. Si affrancò dall'influenza cinese, affermandosi come il primo tra i grandi maestri della stampa giapponese (*ukiyo-e*).

MOROSÌNI (Francésco), *Venezia 1619 - Nauplia 1694*, doge di Venezia. Ammiraglio veneziano, fu a capo della resistenza di Candia (Creta) contro l'assedio dei turchi (1667-1669); conquistò Corinto, Atene e tutto il Peloponneso.

MOROVICH (Enrico), *Fiume 1906 - Chiavari 1994*, scrittore. Ha viaggiato per tutta l'Italia, collaborando con riviste (*Solaria*, *Omnibus*) e quotidiani (*Il Messaggero*, *La Nazione*). Tra le opere, *Miracoli quotidiani* (1938), *L'abito verde* (1942), *Ascensori invisibili* (1980), *I giganti marini* (1984).

MÒRRA (La) → LA MORRA.

MÒRRA DE SÀNCTIS, com. in prov. di Avellino; 1486 ab. Agricoltura (frutta, cereali). Ha assunto il nome attuale nel 1933, in onore di F. De Sanctis che vi nacque nel 1817. È stato colpito dal sisma del 1980.

MORRICE (James Wilson), *Montreal 1864 - Tunisi 1924*, pittore canadese. Si avvicinò alle tematiche di J.A. Whistler, dei *nabis*, di A. Marquet e H. Matisse.

MORRICÓNE (Ènnio), *Roma 1928*, compositore. Ha composto celebri colonne sonore cinematografiche, in uno stile caratterizzato dall'uso di strumenti solisti, rumori amplificati e ritmi martellanti. Ha musicato, tra gli altri, *Per un pugno di dollari* (S. Leone, 1964), *Indagine su un cittadino al di sopra di ogni sospetto* (E. Petri, 1970), *I giorni del cielo* (T. Malick, 1980), *C'era una volta in America* (S. Leone, 1984), *Mission* (R. Joffé, 1986), *Sostiene Pereira* (G. Tornatore, 1995) e *Malèna* (id., 2000).

MORRIS (Desmond), *Purton 1928*, etologo e sociologo britannico. Ha compiuto studi fondamentali sul comportamento umano. Tra le opere, *La scimmia nuda* (1967), *Il comportamento intimo* (1971), *La tribù del calcio* (1981), *L'uomo e i suoi gesti* (1982).

MORRIS (Maurice De Bevere, detto), *Courtrai 1923 - Bruxelles 2001*, disegnatore e fumettista belga, creatore di *Lucky Luke*.

MORRIS (Robert), *Kansas City 1931*, artista statunitense. Pioniere della *minimal art* e del movimento "antiform", ha dedicato le sue ricerche al processo creativo dell'opera ed elaborato una personale poetica dello spazio.

MORRIS (William), *Walthamstow, Essex, 1834 - Hammersmith, presso Londra, 1896*, artista e scrittore britannico. Aderì alla Confraternita preraffaelita e promosse, attraverso il movimento Art & Crafts, da lui fondato, la rinascita delle arti decorative (produzione di carte da parati), contribuendo alla rivalutazione dell'artigianato nella produzione industriale. Socialista, si prodigò per ottenere una serie di riforme.

MORRISON (Toni), *Lorain, Ohio, 1931*, scrittrice statunitense. Con i suoi romanzi (*Sula*, 1973; *Beloved*, 1987; *Jazz*, 1992; *Paradiso*, 1997), in cui unisce realismo e atmosfere oniriche, cerca di recuperare il patrimonio culturale afroamericano attraverso la narrazione di miti moderni. (Premio Nobel 1993.)

■ *Toni Morrison nel 1993.*

MORSE (Samuel), *Charlestown, Massachusetts, 1791 - New York 1872*, inventore statunitense. È famoso per il telegrafo elettrico, concepito nel 1832 e brevettato nel 1840, basato su un particolare linguaggio chiamato appunto "codice M.".

MORSÈLLI (Èrcole Luigi), *Pesaro 1882 - Roma 1921*, autore teatrale. Scrisse la tragicommedia *Orione* (1910), la tragedia *Glauco* (1919) e la farsa *Belfagor* (postuma, 1930), che rimase incompiuta.

MORSÈLLI (Guido), *Bologna 1912 - Varese 1973*, scrittore. I suoi romanzi, dai quali traspaiono l'angoscia esistenziale e un lucido pessimismo, furono pubblicati soltanto dopo la sua tragica morte per suicidio. Tra le opere, *Roma senza papa* (1974), *Contropassato prossimo* (1975), *Il comunista* (1976), *Dissipatio H.G.* (1977), *Un dramma borghese* (1978), *Diari 1940-1973* (1983).

MORTÀRA, com. in prov. di Pavia; 14.276 ab. Agricoltura (riso, ortaggi). Industrie meccaniche, alimentari, tessili. Chiesa di S. Lorenzo (XIV sec.).

MORTÀTI (Costantino), *Corigliano Calabro 1891 - Roma 1985*, giurista. Docente di diritto costituzionale a Napoli e a Roma, fu deputato alla Costituente e giudice della corte costituzionale. Tra le opere, *L'ordinamento del governo nel nuovo diritto pubblico italiano* (1931), *Istituzioni di diritto pubblico* (1949).

MÒRTE (Vàlle della), in ingl. **Death Valley**, profonda depressione desertica degli Stati Uniti, in California.

MORTIMER (Roger), baróne **di Wigmore**, cónte **di La Marche**, *1286 o 1287 - Tyburn, presso Londra, 1330*, gentiluomo gallese. Amante della regina Isabella di Francia, guidò l'insurrezione che portò all'abdicazione e all'omicidio di Edoardo II (1327). Divenuto reggente d'Inghilterra, fu fatto giustiziare da Edoardo III.

MÒRTO (Mar), lago della Palestina, al confine tra Israele e Giordania, in cui sbocca il Giordano; 1015 km²; 390 m ca. al di sotto del livello del mare. Salinità elevatissima (30% ca.).

MORTON (Ferdinand Joseph **Lemott**, detto Jelly Roll), *New Orleans 1885 o 1890 - Los Angeles 1941*, musicista jazz statunitense. Con il suo stile pianistico ha contribuito all'evoluzione del *ragtime* in quello che si sarebbe chiamato "jazz". Nel 1922 si stabilì a Chicago, dove effettuò numerose incisioni e fondò la sua orchestra, i Red Hot Peppers.

MORTON (James **Douglas**, cónte **di**), *1516 ca. - Edimburgo 1581*, statista scozzese. Dopo aver costretto Maria I Stuart ad abdicare, divenne reggente per Giacomo VI di Scozia (1572-1578). Accusato di complicità nell'assassinio di H.S. Darnley, fu decapitato.

MORÙZZI (Giusèppe), *Campagnola Emilia 1910 - Pisa 1986*, fisiologo. Ha dedicato le sue ricerche alla neurofisiologia, studiando le funzioni del cervelletto e il rapporto tra il sonno e la veglia. Tra le sue opere, *Epilessia sperimentale* (1946).

MÒSA, in fr. **Meuse**, in ol. **Maas**, f. dell'Europa occ.; 950 km. Nasce in Borgogna, attraversa Francia, Belgio e Paesi Bassi e sfocia nel Mare del Nord. Importante per la navigazione.

MÓSCA, in russo **Moskva**, cap. della Russia, sulla Moscova; 9.321.000 ab. nell'agglomerato (*moscoviti*). Centro amministrativo, culturale, commerciale e industriale. — La città, di cui si

MOSCA. *La chiesa di S. Basilio (XVI sec.), sulla Piazza Rossa.*

ha notizia prima del 1147, a partire dal XIII sec. fu il centro più importante del principato di Moscovia. Nel 1712 la capitale fu trasferita a San Pietroburgo e nel 1812 M. fu data alle fiamme, prima che vi giungessero le truppe di Napoleone. Nel 1918 divenne sede del governo sovietico, e dal 1922 al 1991 fu capitale dell'URSS. Nel 1941 i tedeschi tentarono di occuparla senza riuscirvi. — Nel cuore della città sorge il *Cremlino*, un complesso di edifici amministrativi e monumenti storici (cattedrali, chiese, palazzi). Tra le chiese più importanti, S. Basilio (XVI sec.) e S. Nicola (XVII sec.); monastero Novodevičij (icone, tesoro). Dalla seconda metà del XVIII sec., e in particolare dopo il 1812, M. conobbe un forte sviluppo architettonico. Museo storico, Galleria Tretjakov (arte russa), Museo Puškin (archeologia e arti decorative) ecc.

MÓSCA (Gaetano), *Palermo 1858 - Roma 1941*, storico delle dottrine politiche. Docente in varie università, ricoprì importanti incarichi politici. È noto per aver formulato una teoria della "classe dirigente", con la quale tentò di spiegare i rapporti tra la classe politica e le dinamiche del potere. Tra le opere, *Sulla teorica dei governi e sul governo parlamentare* (1886).

MÓSCA (Giovànni), *Roma 1908 - Milano 1983*, scrittore. Collaboratore del *Marc'Aurelio*, fu direttore del *Corriere dei Piccoli* e fondatore del *Candido* (con G. Guareschi); pubblicò anche vignette sul *Tempo*. Tra le opere, *Ricordi di scuola* (1940), *Diario di un padre* (1968), *La signora Teresa* (1977).

MÓSCA DEI LAMBÈRTI, *1180 ca. - Reggio nell'Emilia 1243*, nobile fiorentino. Secondo una tradizione suffragata anche da Dante nell'*Inferno*, è ritenuto l'iniziatore delle lotte tra guelfi e ghibellini a Firenze, per aver istigato all'uccisione di Buondelmonte dei Buondelmonti (1215).

MOSCÀTI (Sabatino), *Roma 1922-1997*, archeologo. Notevole la sua attività di organizzatore di campagne archeologiche in diverse aree italiane e mediorientali (Palestina, Malta, Sardegna, Sicilia). Tra le opere, *Le antiche civiltà semitiche* (1958), *Archeologia mediterranea* (1966), *La civiltà mediterranea* (1980), *Chi erano i Fenici* (1992).

MOSCHÌNO, casa di moda fondata nel 1983 dallo stilista Franco M. (Abbiategrasso 1950 - Milano 1994). Le sue collezioni, spesso ispirate alla moda classica, sono caratterizzate da uno spirito trasgressivo e dissacratorio. Dalla sua fondazione fa parte del gruppo Aeffe (Alberta Ferretti).

MÒSCO, *Siracusa II sec. a.C.*, poeta greco. Gli sono stati attribuiti alcuni idilli, tra i quali *Amore fuggitivo*, e carmi bucolici che riprendono la lezione di Teocrito e Bione.

MÒSCO (Giovànni), m. a Roma nel 619, monaco bizantino. Dopo una serie di viaggi, giunse infine a Roma nel 614. Nell'opera *Pratum Spirituale* raccontò con spirito favolistico la vita e le virtù dei monaci nei conventi.

MOSCÒVA, f. della Russia, affl. di destra dell'Oka; 502 km. Bagna Mosca (che da esso prende de nome).

MOSCÒVA o **BORODINO** (battaglia di) (7 sett. 1812), battaglia combattuta nei pressi di Mosca dall'armata di Napoleone e dai russi guidati da

M. Kutuzov; si concluse con il ritiro delle forze russe e l'occupazione francese di Mosca.

MOSCÒVIA, reg. storica della Russia, in cui si sviluppò il principato di Mosca e che dal 1547 fu governata dagli zar di Russia. Si parla di M., o Stato moscovita, fino alla fondazione dell'impero russo (1721).

MOSÈ, in ebr. Moshé, XIII sec. a.C., liberatore e legislatore d'Israele. Nella Bibbia è presentato come un capo carismatico, che condusse gli ebrei verso la salvezza dando loro un'identità religiosa e una legge in cui riconoscersi. Di probabili origini egizie, promosse la resistenza all'oppressione degli ebrei, guidandoli fuori dall'Egitto (l'Esodo, 1250 ca. a.C.) e promuovendo l'unione di diversi gruppi in un solo popolo accomunato dal culto di Jahweh. Avrebbe posto le basi della "legge" (la Torah).

MOSÈ di Michelangelo, 1515.
(Chiesa di S. Pietro in Vincoli, Roma.)

MOSELEY (Henry Gwyn Jeffreys), Weymouth 1887 - Gallipoli, Turchia, 1915, fisico britannico. Nel 1913 formulò la legge che esprime la relazione tra lo spettro dei raggi X emessi da un elemento e il suo numero atomico, il quale rappresenterebbe quindi la carica del nucleo.

MOSÈLLA, f. dell'Europa occ., affl. di sinistra del Reno, nel quale confluisce presso Coblenza; 550 km. Nasce nei Vosgi, scorre verso N, bagnando Nancy e Metz, e per un tratto segna il confine tra Germania e Lussemburgo. Dopo aver bagnato Treviri attraversa il Massiccio Scistoso Renano.

MOSELLE, dip. della Francia, nella reg. Lorena; capol. Metz; 6216 km²; 1.023.447 ab. Il territorio è costituito da un altopiano. Allevamento. Giacimenti di salgemma, carbone e ferro; siderurgia e metallurgia di trasformazione.

MOSÈR (Francésco), Palù di Giovo 1951, ciclista. Campione del mondo di inseguimento nel 1976 e su strada nel 1977, ha trionfato al Giro d'Italia del 1984. Ha vinto numerose classiche, tra cui 3 Parigi-Roubaix. Dal 1984 al 1993 è stato detentore del record dell'ora, ottenuto in altura a Città del Messico (1984).

MOSQUITOS →MISKITO.

MOSSAD, servizio segreto israeliano, creato nel 1951. È alle dirette dipendenze del primo ministro; gli si deve la cattura del nazista A. Eichmann in Argentina (1960).

MOSSADEGH (Muhammad **Hedayat**, detto), Teheran 1881-1967, politico iraniano. Fondatore del Fronte nazionale (1949), si batté per la nazionalizzazione dell'industria petrolifera. Primo ministro dal 1951, nel 1953 fu fatto arrestare dallo scià Mohammad Reza, con cui era entrato in contrasto.

MÖSSBAUER (Rudolf), Monaco 1929, fisico tedesco. Ha scoperto un effetto di risonanza nucleare che ha consentito di approfondire lo studio delle transizioni nucleari. (Premio Nobel 1961.)

MOSSI, popolazione del Burkina (ca. 5 milioni di individui). Nel XV-XVI sec. i m. fondarono vasti regni, i più potenti dei quali (yatenga e wagadugu) sopravvissero fino all'arrivo degli europei. Costituiscono un'importante riserva di ma-

nodopera per Costa d'Avorio e Ghana. Parlano il môre, una lingua voltaica.

MOSSÒTTI (Ottaviàno Fabrìzio), Novara 1791 - Pisa 1863, fisico e patriota. Assistente di A. Volta, per motivi politici fu costretto all'esilio in Svizzera, Inghilterra e Argentina. Nel 1848 partecipò alla battaglia di Curtatone e Montanara. Compì importanti studi sulla rotazione solare, sulle comete e sugli strumenti ottici.

MOST, c. della Rep. Ceca, in Boemia; 68.755 ab. Lignite.

MOSTAGANEM, c. dell'Algeria, capol. di distr.; 130.288 ab. Porto.

MOSTAR, c. della Bosnia-Erzegovina, sulla Neretva; 126.067 ab. Moschee turche.

MOSUL o **MOSSUL**, c. dell'Iraq, sul Tigri; 664.221 ab.

MOTALA, c. della Svezia, sul Lago Vättern; 42.154 ab. Stazione di radiodiffusione.

MOTHERWELL (Robert), Aberdeen, Washington, 1915 - Provincetown, Massachusetts, 1991, pittore statunitense. È stato tra i più importanti esponenti dell'espressionismo astratto (serie delle "Elegie per la repubblica spagnola", dal 1948).

MOTOROLA, società di telecomunicazioni statunitense. Fondata nel 1928 dai fratelli P. e J. Galvin, si affermò nelle radiotecnologie e, negli anni '80 del secolo scorso, nella produzione di microprocessori. Oggi è uno dei leader mondiali nella telefonia mobile.

MOTT (Lucretia), nata **Coffin**, Nantucket 1793 - presso Abington, Pennsylvania, 1880, femminista e abolizionista statunitense. Partecipò alla creazione della società americana contro la schiavitù (1833) e organizzò, con E. Stanton, il primo congresso per i diritti delle donne (1848).

MÒTTA, associazione politica fondata a Milano nel XIII sec. Ne facevano parte cittadini benestanti, attivi nel settore commerciale e con incarichi politici e amministrativi. In numerose occasioni l'associazione difese i diritti del popolo contro i nobili e i valvassori.

MÒTTA (Giusèppe), Airolo 1871 - Berna 1940, politico svizzero. Più volte presidente della Confederazione Elvetica tra il 1915 e il 1937, responsabile degli affari esteri in seno al consiglio federale (1920-1940), salvaguardò la neutralità della Svizzera.

MÒTTA DI LIVÈNZA, com. in prov. di Treviso; 9536 ab. Agricoltura (frutta, uva, cereali). Industrie meccaniche, mobilifici. Basilica della Madonna dei Miracoli (XVI sec.). Duomo di S. Nicolò (963).

MOTTARÓNE, monte del Piemonte; 1491 m. È situato tra il Lago Maggiore e il Lago d'Orta e collegato a Stresa da una funivia. Turismo estivo e invernale.

MOULE (le), località della Guadalupa, sulla costa orient. della Grande-Terre; 20.917 ab.

MOULIN (Jean), Béziers 1899 - Metz ? 1943, patriota francese. Tra i capi della Resistenza francese, morì in seguito alle torture subite dalla Gestapo.

MOULIN DE LA GALETTE (le), grande quadro di A. Renoir (1876, Musée d'Orsay, Parigi). Questo capolavoro dell'impressionismo ritrae la danza all'aperto in un café-chantant di Montmartre.

MOULIN-ROUGE, ant. locale da ballo parigino, divenuto teatro di varietà e cabaret. Mise in scena spettacoli di Mistinguett, J. Baker e M. Chevalier. È rappresentato in numerosi quadri di H. Toulouse-Lautrec.

MOULIN-ROUGE. Au Moulin-Rouge, di H. Toulouse-Lautrec, 1892. (Museum of Art, Chicago.)

MOULINS, c. della Francia, nel dip. Allier, sul f. Allier; 22.667 ab. Cattedrale del XV-XIX sec. (trittico del Maestro di M.; vetrate); edifici antichi; musei.

MOULINS (Maèstro di), pittore non identificato con certezza, attivo a Moulins alla fine del XV sec. È autore del trittico della cattedrale di Moulins e di ritratti dei Borbone, oggi al Louvre.

MOULMEIN, c. del Myanmar, sul f. Salween; 322.000 ab. Porto.

MOULOUYA, f. del Marocco orient., che sfocia nel Mediterraneo; 450 km.

MOUNDOU, c. del Ciad merid.; 99.530 ab.

MOUNIER (Emmanuel), Grenoble 1905 - Châtenay-Malabry 1950, filosofo francese. L'aspirazione alla giustizia e la fede cristiana sono alla base del personalismo, movimento di cui fu uno dei fondatori e che promosse attraverso la rivista Esprit (dal 1932).

MOUNTBATTEN (Louis, cónte), Windsor 1900 - in mare 1979, ammiraglio britannico. Comandante delle forze alleate del Sudest asiatico a Ceylon (1943), conquistò la Birmania e costrinse i giapponesi alla capitolazione a Saigon, nel 1945. Ultimo viceré delle Indie nel 1947, fu il primo capo di Stato maggiore della difesa (1959-1965). Morì sul suo yacht, vittima di un attentato dell'IRA.

MOUNT VERNON, località degli Stati Uniti (Virginia), sul Potomac. Ant. residenza e tomba di G. Washington.

MOVIMÉNTO FEDERALÌSTA EUROPÈO, associazione politica fondata nel 1943 a Milano da un gruppo di antifascisti guidati da A. Spinelli. Tra i principi ispiratori contenuti nel Manifesto di Ventotene, elaborato nel 1941 da Spinelli, E. Rossi ed E. Colorni, la creazione di una federazione europea che superi la sovranità assoluta dei singoli Stati.

MOVIMÉNTO MODÉRNO, definizione con cui si individua l'insieme di fenomeni che hanno caratterizzato la cultura architettonica e urbanistica europea a partire dal primo '900. Costituito da diverse tendenze, il m. ha propugnato il superamento dell'accademismo e la ricerca della funzionalità. Tra le espressioni più significative, il *Bauhaus e i CIAM (Congressi internazionali di architettura moderna).

MOVIMÉNTO MONÀRCHICO ITALIÀNO, movimento politico fondato nel 1984 a Torino. Ha promosso e sostenuto l'ideale della monarchia costituzionale in Italia e il ritorno nel paese degli eredi dei Savoia. Il segretario è, dal 2002, A. Claut.

MOVIMÉNTO SOCIÀLE FIÀMMA TRICOLÒRE (MS-FT), partito politico fondato nel 1994 da P. Rauti per raccogliere i membri del *Movimento sociale italiano contrari alla sua trasformazione in *Alleanza nazionale. Sostenitore di valori vicini all'ideologia post-fascista, dal 2002 è presieduto da Rauti, con L. Romagnoli segretario.

MOVIMÉNTO SOCIÀLE ITALIÀNO (MSI), partito politico fondato nel 1946 da G. Almirante, F. Galanti, A. Michelini, G. Pini e P. Romualdi. Sorto per raccogliere i sostenitori dell'ideologia fascista, entrò nella maggioranza del governo di F. Tambroni (1960), ma fu costretto da manifestazioni di piazza a tornare all'opposizione. Assorbì il Partito di unità monarchica nel 1972, cambiò il nome in MSI-Destra nazionale, dal quale si staccò nel 1977 il gruppo Democrazia nazionale. Guidato da G. Fini dal 1987, ottenne consensi elettorali sempre più ampi e si allontanò progressivamente dall'affinità ideologica con il fascismo, fino a trasformarsi nel 1994 in *Alleanza nazionale. Segretari: G. Almirante (1946-1950), A. De Marsanich (1950-1954), A. Michelini (1954-1969), G. Almirante (1969-1987), G. Fini (1987-1990), P. Rauti (1990-1991), G. Fini (1991-1994).

MOYNIER (Gustave), Ginevra 1826-1910, giurista e filantropo svizzero. Fu uno dei fondatori della Croce Rossa (1863).

MOZAMBÌCO, Stato dell'Africa, sull'Oceano Indiano; 785.000 km²; 18.644.000 ab. (mozambicàni). CAP. Maputo. LINGUA: portoghese. MONETA: metical. [V. carta a pagina seguente.]

GEOGRAFIA – Il territorio, interessato da precipitazioni abbondanti, è costituito da una vasta pianura costiera che si eleva verso l'interno.

Mozambico-Swaziland

strada normale	● più di 1.000.000 di ab.
ferrovia	● da 100.000 a 1.000.000 di ab.
✈ aeroporto	● da 50.000 a 100.000 ab.
	• meno di 50.000 ab.

L'economia è in prevalenza agricola (manioca, canna da zucchero, cotone, tè, noci di acagiù). La catastrofica situazione economica in cui versa il paese, uno dei più poveri al mondo, oltre che alla difficile situazione climatica è dovuta alla guerra civile (che infuriò soprattutto nel corso degli anni '80 del secolo scorso), a un forte debito pubblico unito a un accentuato deficit della bilancia commerciale.

STORIA – X-XV sec.: il paese, abitato da bantu, è organizzato in staterelli governati da dinastie ereditarie, i regni dei maravi, che esportano verso S l'avorio locale. **1490**: i portoghesi si insediano lungo le coste; i mercanti arabi deviano il flusso commerciale verso lo Zambesi. **1544**: Lourenço Marques fonda una città (l'att. Maputo) dandole il proprio nome. **XVII-XVIII sec.**: l'influenza portoghese si estende alle basse valli orientali. **1886-1893**: alcuni accordi con la Gran Bretagna e la Germania fissano i confini della nuova colonia portoghese. **1951**: il M. diventa provincia portoghese d'oltremare. **1964**: il Fronte di liberazione del M. (Frelimo), fondato due anni prima, scatena una guerriglia contro la dominazione straniera. **1975**: proclamazione dell'indipendenza. Il leader del Frelimo, Samora Machel, diventa presidente della repubblica popolare. Negli anni seguenti si aggrava la situazione economica e, a partire dal 1979, si sviluppa una ribellione armata anticomunista con il sostegno del Sudafrica. **1986**: Joaquin Alberto Chissano subentra a S. Machel. **1990**: una nuova Costituzione pone fine a quindici anni di monopolio del Frelimo e insedia un governo pluralista. **1992**: J.A. Chissano e il capo dei ribelli siglano un accordo di pace. **1994**: le prime elezioni presidenziali pluraliste confermano a capo dello Stato Chissano (rieletto nel 1999), mentre la carica di primo ministro viene assegnata a Pascoal Mocumbi. **1995**: il M. diventa membro del Commonwealth.

MOZAMBÌCO (Canàle di), braccio di mare dell'Oceano Indiano, tra Africa (Mozambico) e Madagascar.

MOZAMBÌCO (corrènte del), corrente marina calda, diretta da N verso S lungo la costa orient. dell'Africa e lungo quella occ. del Madagascar.

MOZART (Wolfgang Amadeus), *Salisburgo 1756 - Vienna 1791*, compositore tedesco. Tra i più grandi maestri dell'opera, fu autore di *Il ratto dal serraglio* (1782), *Le nozze di Figaro* (1786), *Don Giovanni* (1787), *Così fan tutte* (1790), *Il flauto magico* (1791). Si cimentò con ottimi risultati in tutti i generi, scrivendo sinfonie

(tra cui la quarantesima, *Sinfonia in sol minore*, e la quarantunesima, detta *Jupiter*), sonate, 27 concerti per piano, brani di musica da camera (23 quartetti per archi, trii, quintetti) e musica religiosa (*Requiem*, 1791). Coniugando un innato talento per la composizione alla meticolosa ricerca di purezza ed eleganza, realizzò capolavori caratterizzati da grande semplicità e delicatezza. La naturalezza e la vivacità della sua musica lasciano comunque trasparire l'ironia e il turbamento di un animo inquieto.

■ *Wolfgang Amadeus Mozart. (Casa Mozart, Salisburgo.)*

MOZI, *479 ca. - 381 ca. a.C.*, filosofo cinese. Si oppose al confucianesimo e sostenne una dottrina dell'amore universale attraverso forti argomentazioni logiche e dialettiche, influenzando profondamente il pensiero cinese.

MÒZIA, ant. c. punica della Sicilia. Situata sull'isola di San Pantaleo, di fronte a Marsala, fu fondata nell'VIII sec. a.C. e distrutta nel 397 a.C. da Dionigi di Siracusa. Resti della cinta muraria e di due santuari.

MÒZZI (Giùlio), *Padova 1960*, scrittore. Tra le opere, *Questo è il giardino* (1993), *La felicità terrena* (1996), *Ricettario di scrittura creativa* (1997-1998), *Il male naturale* (1998), *Fantasmi e fughe* (1999), *Tennis* (2001, con L. Pugno), *Fiction* (2001), *È da tanto che volevo dirti. I genitori italiani scrivono ai loro figli* (2002, con G. Callceti).

MÒZZI DEL GÀRBO (Giùlio Giusèppe), *Firenze 1730-1813*, matematico, fisico e statista. Primo ministro del regno di Etruria (1801), studiò la meccanica dei corpi rigidi. Pubblicò le sue ricerche nel trattato *Discorso matematico sopra il rotamento momentaneo dei corpi* (1763).

MOZZÓNI (Ànna Maria), *Rescaldina 1837 - Roma 1920*, politico. Sostenitrice dell'estensione del voto alle donne e fondatrice nel 1881 della "Lega promotrice degli interessi femminili", si occupò della condizione della donna e della sua emancipazione. Tra le opere, *La donna e i suoi rapporti sociali* (1864).

MROŻEK (Sławomir), *Borzecin 1930*, scrittore polacco naturalizzato francese. Novellista satirico (*L'elefante*), ha fatto ricorso al grottesco nelle sue opere teatrali (*Tango*, *Gli emigranti*) per mostrare l'alienazione dell'individuo e gli stereotipi della società.

MS-FT → MOVIMENTO SOCIALE FIAMMA TRICOLORE.

MSI → MOVIMENTO SOCIALE ITALIANO.

MSILA, c. dell'Algeria, capol. di distr.; 123.059 ab.

MUAWIYA I, *La Mecca 603 ca. - Damas 680*, califfo (661-680), fondatore della dinastia degli Omayyadi.

MUBARAK (Hosni), *Kafr Al-Musilha 1928*, politico egiziano. Vicepresidente della repubblica (1975), è salito alla carica di capo dello Stato dopo l'assassinio di A. Sadat (1981), e in seguito è sempre stato rieletto.

■ *Hosni Mubarak.*

MUCCINO (Gabrièle), *Roma 1967*, regista cinematografico. È autore di commedie nelle quali ha affrontato la crisi della famiglia borghese e i conflitti generazionali. Tra i suoi film, *Ecco fatto* (1998), *Come te nessuno mai* (1999), *L'ultimo bacio* (2001), *Ricordati di me* (2003).

MUCHA (Alfons), *Ivančice, Moravia, 1860 - Praga 1939*, pittore e disegnatore ceco. Lavorò a Parigi dal 1888 al 1904 e fu tra i principali esponenti dell'Art Nouveau (manifesti, spec. per Sarah Bernhardt).

MUCRÓNE, monte del Piemonte; 2335 m. Situato in prov. di Biella, sul suo versante orient. ha sede il santuario di Oropa. Turismo invernale.

MUDANJIANG, c. della Cina (Heilongjiang); 750.585 ab. Centro industriale.

MUDDY WATERS (McKinley **Morganfield**, detto), *Rolling Fork, Mississippi, 1915 - Downers Grove, Illinois, 1983*, chitarrista e cantante blues statunitense. La voce fortemente espressiva, lo stile chitarristico inconfondibile e l'ottimo livello dei musicisti che lo accompagnarono ne fecero una delle figure più carismatiche del blues urbano e un precursore del rock (*I'm your hoochie-coochie man*).

MUFULIRA, c. dello Zambia; 152.944 ab. Estrazione e lavorazione del rame.

MUGABE (Robert Gabriel), *Kutama 1924*, politico dello Zimbabwe. Primo ministro dall'indipendenza (1980), è presidente della repubblica dal 1987.

■ *Robert Mugabe.*

MUGÈLLO, reg. storico-geografica della Toscana, attraversata dal corso superiore del f. Sieve. Agricoltura (in prevalenza vite), allevamento e silvicoltura. Autodromo. Turismo, legato in larga misura alla caccia. Comprende vari centri, tutti in prov. di Firenze; tra i principali, Barberino di M., Borgo San Lorenzo e Scarperia.

MÙGGIA, com. in prov. di Trieste; 13.303 ab. Agricoltura (frutta, cereali). Industrie meccaniche e cantieristiche. Basilica dell'Assunta (IX sec.). Carnevale muggesano.

MUHAMMAD → MAOMETTO.

MUHAMMAD V o **MOHAMMED V**, *Fès 1909 - Rabat 1961*, sultano (1927), poi re (1957-1961) del Marocco, della dinastia degli Alawiti. Sostenitore del partito dell'Istiqlal dal 1944, durante il protettorato francese fu deposto e costretto all'esilio (1953). Richiamato in patria nel 1955, ottenne l'indipendenza del Marocco (1956) e venne eletto re.

MUHAMMAD VI o **MOHAMMED VI**, *Rabat 1963*, re del Marocco, della dinastia degli Alawiti. Figlio maggiore di Hasan II, è salito al trono nel 1999.

■ *Muhammad VI.*

MUHAMMAD ABDU, *in Egitto 1849 - Alessandria d'Egitto 1905*, riformatore musulmano. Discepolo di Jamal Al-Din Al-Afghani e mufti d'Egitto a partire dal 1889, predicò il ritorno alle fonti dell'islam e la necessità dell'istruzione.

MUHAMMAD AHMAD IBN ABD ALLAH → MAHDI (Al-).

MUHAMMAD AL-SADUQ, *Tunisi 1812 - 1882*, bey di Tunisi (1859-1882). Firmò il trattato del Bardo, trasformando la Tunisia in protettorato francese (1881).

MUHAMMAD IBN ABD AL-WAHHAB, *reg. del Neged 1703-1792*, fondatore della setta integralista islamica wahhabita. Capostipite della dinastia saudita, con l'aiuto dell'esercito costituì uno Stato arabo nel Neged (1744).

MÜHLBERG (battaglia di) (24 apr. 1547), battaglia nella quale Carlo V sconfisse le truppe protestanti della lega di Smacalda, a M., sul f. Elba (Brandeburgo).

MUISCA o **CHIBCHA**, popolazione stanziata sugli altopiani della Colombia, che tra il 1000 e il 1500 d.C. diede origine a una delle maggiori civiltà precolombiane.

MUKALLA (Al-), c. dello Yemen, sul Golfo di Aden; 154.000 ab. Porto.

MUKDEN (battaglia di) (20 feb. - 11 mar.), battaglia della guerra russo-giapponese. Vittoria dell'esercito giapponese sulle truppe russe a M. (att. Shenyang, Cina).

MÙLAS (Ùgo), *Pozzolengo 1928 - Milano 1973*, fotografo. Dopo l'iniziale interesse per i soggetti urbani, si affermò ritraendo esponenti della pop art statunitense. Tra le opere, *Verifiche* (1970), *Fotografare l'arte* (1972).

MULHACÉN, cima più elevata della penisola iberica (Andalusia), nella Sierra Nevada; 3478 m.

MÜLHEIM AN DER RUHR, c. della Germania (Renania Settentrionale-Westfalia), sul f. Ruhr; 173.895 ab. Industrie metallurgiche.

MULHOUSE, c. della Francia, nel dip. Haut-Rhin, sul f. Ill; 112.002 ab. (oltre 230.000 ab. nell'agglomerato). Università. Industrie meccaniche, chimiche, grafiche e tessili. Musei d'arte e di tecnica.

MULÌNO (Il), casa editrice fondata nel 1954 a Bologna. Creata dal gruppo promotore della rivista omonima, pubblicata dal 1951 e orientata su tematiche culturali e di attualità, si è specializzata nella pubblicazione di monografie, saggi e manuali di varie discipline (linguistica, storia, filosofia, sociologia, scienze politiche).

MÜLLER (Heiner), *Eppendorf 1929 - Berlino 1995*, drammaturgo e regista teatrale tedesco. Da una prima produzione di matrice brechtiana (*Cemento*) è passato a drammi a sfondo politico-sociale, fortemente critici e pessimisti nei confronti della realtà contemporanea, e a rifacimenti del teatro antico (*Hamletmachine, Quartetto*).

MULLER (Hermann Joseph), *New York 1890 - Indianapolis 1967*, biologo statunitense. Le sue ricerche sulle mutazioni geniche indotte dai raggi X gli valsero il premio Nobel per la medicina e la fisiologia nel 1946.

MÜLLER (Johannes **von**), *Sciaffusa 1752 - Kassel 1809*, storico svizzero, autore della prima *Storia della Svizzera*, più volte riveduta e ripubblicata tra il 1786 e il 1808.

MÜLLER (Karl Alexander), *Basilea 1927*, fisico svizzero. Nel 1986 è riuscito a ottenere, insieme a J. Bednorz, un superconduttore operante sotto i 35 °K. (Premio Nobel 1987.)

MÜLLER (Paul Hermann), *Olten 1899 - Basilea 1965*, biochimico svizzero. Scoprì le proprietà insetticide del DDT. (Premio Nobel per la medicina e la fisiologia 1948.)

MULLIKEN (Robert Sanderson), *Newburyport 1896 - Arlington, Virginia, 1986*, chimico statunitense. Per chiarire la configurazione elettronica dell'atomo nell'atto della formazione della molecola, introdusse la nozione di orbitale molecolare. (Premio Nobel 1966.)

MULLIS (Kary Banks), *Lenoir, Carolina del Nord, 1944*, biochimico statunitense. Ha scoperto e messo a punto un metodo di replicazione del DNA. (Premio Nobel per la chimica 1993.)

MULRONEY (Brian), *Baie-Comeau, Québec, 1939*, politico canadese. Ha assunto la guida del Partito conservatore ed è stato primo ministro dal 1984 al 1993.

MULTAN, c. del Pakistan; 1.197.000 ab. Centro industriale. — Numerosi mausolei (XIII-XVI sec.), moschee (XVIII sec.).

MULTATULI (Eduard **Douwes Dekker**, detto), *Amsterdam 1820 - Nieder-Ingelheim 1887*, scrittore olandese. Scrisse il romanzo autobiografico *Max Havelaar* (1860), aspro atto di accusa contro i metodi del colonialismo.

MUMBAI → BOMBAY.

MUNÀRI (Brùno), *Milano 1907-1998*, pittore e designer. Affermatosi dal 1933 con le "macchine inutili", strutture geometriche nelle quali ha concretizzato i principi dell'arte cinetica, ha fondato il Movimento per l'arte concreta (1948) e redatto il *Manifesto del Macchinismo* (1952). Autore di film sperimentali (*Arte programmata*, 1962), ha scritto anche numerosi saggi, in cui ha esposto i propri ideali estetici (*Teoremi sull'arte*, 1961; *Fantasia*, 1977).

MUNCH (Edvard), *Løten 1863 - presso Oslo 1944*, pittore e incisore norvegese. I temi dominanti della sua pittura furono l'angoscia esistenziale e la difficoltà di vivere (*L'urlo*, 1893, Nasjonal Galeriet, Oslo; *L'angoscia*, 1894 e *La danza della vita*, 1899-1900, Munch Museet, Oslo). Fu tra i precursori dell'espressionismo, spec. tedesco.

MÜNCHHAUSEN (Karl Hieronymus, barone **von**), *Gut Bodenwerder, Hannover, 1720-1797*, ufficiale tedesco. La sua figura, divenuta leggendaria, e le sue straordinarie avventure di viaggio e di caccia ispirarono numerosi scrittori e registi.

MUNDA, ant. c. della Spagna, nei pressi di Córdoba, dove G. Cesare sconfisse le truppe di Pompeo (45 a.C.).

MUNDA, famiglia etnolinguistica dell'India orient. (ca. 14 milioni di individui).

MUNDELL (Robert Alexander), *Kingston 1932*, economista canadese. Erede dell'approccio keynesiano, pioniere del principio delle combinazioni delle politiche fiscali e monetarie, ha contribuito a un miglioramento del sistema monetario internazionale. È considerato il padre della teoria dell'"area monetaria ottimale" che già negli anni '60 del secolo scorso ha dimostrato i vantaggi connessi all'adozione di una moneta unica in ambito europeo. (Premio Nobel 1999.)

MUNDURUKU, popolazione amerindia di lingua tupí del Brasile (ca. 1500 individui), stanziata nelle regioni attraversate dai f. Tapajós e Madeira.

MUNRO (Alice), *Wingham 1931*, scrittrice canadese. Con raffinata maestria e abile scavo psicologico ha delineato figure femminili alle prese con storie quotidiana. Tra le sue opere, *La danza delle ombre felici* (1968), *Le lune di Giove* (1982), *Il percorso dell'amore* (1986), *Il sogno di mia madre* (2001).

MUNSTER, c. della Francia, nel dip. Haut-Rhin, sul f. Fecht; 4954 ab. Formaggi. — Municipio del 1550.

MUNSTER, prov. della Rep. d'Irlanda; 1.033.903 ab.; capol. Cork.

MÜNSTER, c. della Germania (Renania Settentrionale-Westfalia), sul canale Ems-Reno; 264.670 ab. Università. — Monumenti antichi e musei. — Vi furono firmati i trattati della pace di Westfalia (1648).

MUNTANER (Ramón), *Peralada 1265 - Ibiza 1336*, cronista catalano. Nella *Cronica* narrò le vicende dei regni di Giacomo I, Pietro III e Alfonso III.

MUNTÉNIA, reg. della Romania, a E del f. Olt, nella Valacchia orient.; cap. Bucarest.

MÜNTZER (Thomas), *Stolberg, Harz, 1489 ca. - Mühlhausen, Turingia, 1525*, riformatore tedesco. Tra i fondatori dell'anabattismo, si mise alla guida della rivolta contadina in Turingia, ma fu sconfitto dall'esercito dei principi a Frankenhausen (1525) e giustiziato.

MU QI, *prov. di Sichuan, inizio del XIII sec. - dopo il 1269*, pittore cinese. Monaco buddhista Chan (in giapp. *Zen*), viveva come l'amico Liang Kai nei pressi di Hangzhou. La spontaneità e la sobrietà del tratto ne fecero il maggiore rappresentante della tecnica a inchiostro.

MUR, f. dell'Europa centrale (Austria, Slovenia e Croazia), affl. di sinistra della Drava; 445 km. Attraversa Graz. Centrali idroelettriche.

MURAD I, *1326 ca. - Kosovo 1389*, sultano ottomano (1359-1389). Figlio di Orhan Gazi, trasferì ad Adrianopoli la capitale dell'impero, conquistò la Tracia, la Macedonia, la Bulgaria e sconfisse i serbi e gli eserciti alleati nel Kosovo (1389). — **Murad II**, *Amasya 1404 - Adrianopoli 1451*, sultano ottomano (1421-1451). Ristabilì la supremazia dell'impero ottomano nei Balcani e in Asia Minore. — **Murad III**, *Manisa 1546 - Istanbul 1595*, sultano ottomano (1574-1595). — **Murad IV**, *Istanbul 1612-1640*, sultano ottomano (1623-1640).

MURAD BEY, *in Circassia 1750 ca. - presso Talsta 1801*, capo delle milizie mamelucche in Egitto, sconfitto da Napoleone nella battaglia delle Piramidi (1798).

MURÀGLIA (la Grànde), ant. fortificazione eretta a difesa dei confini settentr. della Cina, che si snoda per 6000 km ca. La sua costruzione iniziò nel III sec. a.C. Il tracciato attuale risale alla dinastia Ming, durante la quale ne furono rifatti e abbattuti vari tratti (XV-XVII sec.). [V. foto a pagina seguente.]

MURÀNO, frazione del com. di Venezia, su cinque isolette della Laguna Veneta. Chiesa del XII sec. Rinomato centro dell'industria vetraria (museo).

MURASAKI SHIKIBU, *978 ca. - 1014 ca.*, scrittrice giapponese, autrice del romanzo *Genji monogatari*.

MURAT (Gioacchino), *Labastide-Fortunière, att. Labastide-Murat, 1767 - Pizzo Calabro 1815*, maresciallo di Francia e re di Napoli. Aiutante di campo di Napoleone, di cui sposò la sorella Carolina (1800), prestò servizio durante la campagna d'Italia, contribuendo a numerose vittorie. No-

Un'immagine della **GRANDE MURAGLIA** cinese.

minato maresciallo dell'impero nel 1804, nel 1808 condusse la repressione militare contro i patrioti spagnoli e fu eletto re di Napoli. Nel 1812 partecipò alla campagna di Russia e nel 1815, fallito il tentativo di accordo con l'Austria che gli avrebbe permesso di conservare il regno di Napoli, le dichiarò guerra lanciando il proclama di Rimini, con il quale invitava gli italiani a insorgere al suo fianco. Sconfitto a Carpi e a Tolentino, si rifugiò in Corsica. Sbarcato sulla costa calabra nel tentativo di riottenere il regno di Napoli, fu catturato e ucciso dalle truppe borboniche.

MURATÓRI (Lodovico Antònio), *Vignola 1672 - Modena 1750*, storico, fondatore della moderna storiografia medievale. Autore di numerose opere di erudizione, è ricordato soprattutto per tre opere monumentali: i *Rerum Italicarum scriptores* (28 voll., 1723-1751), una raccolta delle maggiori cronache italiane dal 500 al 1500, le *Antiquitates italicae medii aevi* (1738-1743), dissertazione sulla vita e sulle istituzioni medievali, e gli *Annali d'Italia* (12 voll.,1744-1749), narrazione delle vicende italiane fino al 1749. Nei suoi scritti realizzò una fusione tra la ricerca di una verità storica basata solo sui documenti e la fede nella ragione propria dell'epoca che stava per aprirsi all'Illuminismo.

MURCIA, c. della Spagna, capol. della prov. e della comunità autonoma di M.; 357.166 ab. La comunità autonoma, corrispondente all'omonima prov., copre 11.317 km² e conta 1.046.561 ab. — Cattedrale del XV, XVI e XVIII sec.; museo dedicato allo scultore Francisco Salzillo (XVIII sec.).

MURDOCH (Iris), *Dublino 1919 - Oxford 1999*, scrittrice britannica di origine irlandese. Nei suoi racconti ha rielaborato tematiche esistenziali, presentando personaggi tormentati che si riscoprono schiavi di se stessi, della società e delle forze della natura (*Sotto la rete*, 1954; *Il mare, il mare*, 1978; *L'allievo del filosofo*, 1983).

MURDOCH (Rupert), *Melbourne 1931*, imprenditore australiano naturalizzato statunitense. Magnate dell'editoria britannica (*The Sun, The Times*), è presidente della News Corporation Ltd., multinazionale che domina il mercato dei media. M. offre piattaforme di TV digitale a pagamento in ognuno dei cinque continenti, via cavo e via satellite.

MURÈNA (Lùcio Licìnio), *I sec. a.C.*, generale romano. Combatté nella prima guerra mitridatica come legato di Silla, partecipando alla vittoriosa battaglia di Cheronea (86 a.C.). Sconfitto a Sinope nell'82, tornò a Roma. Il figlio omonimo fu legato di Lucullo nella terza guerra mitridatica. Eletto console nel 62 a.C., fu accusato di brogli, ma grazie all'intervento di Cicerone (*Pro Murena*) fu assolto.

MURER (Fredi Melchior), *Beckenried, Nidwald, 1940*, regista cinematografico svizzero. Nei suoi documentari e film a soggetto ha dipinto con rara maestria l'universo della montagna: *L'âme soeur* (1985), *I falò* (1985).

MUREŞ, in ung. **Maros**, f. della Romania e dell'Ungheria, affl. di sinistra del Tibisco; 803 km.

MURET (Marc-Antoine), *Muret 1526 - Roma 1585*, umanista francese, autore di poesie in latino (*Juvenilia*).

MUREYBAT, sito archeologico della Siria, nel quale furono scoperte le prime testimonianze di attività agricole (8000 ca. a.C.). Fu invaso dalle acque di una diga costruita lungo il corso del f. Eufrate.

MÙRGE, altopiano della Puglia centrale. Si estende tra il basso corso del f. Ofanto e la soglia messapica (trasversale Brindisi-Taranto). Di natura calcarea, la vetta principale è la Torre Disperata (686 m). Agricoltura e pastorizia.

MURGER (Henri), *Parigi 1822-1861*, scrittore francese, autore del romanzo *Scene della vita di bohème* (1848).

MURILLO (Bartolomé Esteban), *Siviglia 1618-1682*, pittore spagnolo. Predilesse soggetti sacri, nei quali raggiunse risultati di grande intensità e di tenero misticismo (dipinti per conventi e chiese di Siviglia; episodi della vita di santi, rappresentazioni della Madonna e della Sacra Famiglia); scene di genere e ritratti.

MURMANSK, c. della Russia, sul Mare di Barents; 410.234 ab. Porto.

MURNAU (Friedrich Wilhelm **Plumpe**, detto Friedrich Wilhelm), *Bielefeld 1888 - Santa Barbara, California, 1931*, regista cinematografico tedesco. Ossessionato dall'idea della morte e dall'ineluttabilità del fato, concentrò nelle proprie opere le inquietudini esistenziali del suo tempo, raggiungendo una delle sintesi più alte dell'espressionismo cinematografico nell'epoca del muto: *Nosferatu il vampiro* (1922), *L'ultima risata* (1924), *L'aurora* (1927), *Tabù* (1931, con R. Flaherty).

MÙRO DEL PIÀNTO, resti di un tratto di mura del tempio eretto da Erode a Gerusalemme, considerato luogo sacro dagli ebrei che vi si recano a pregare in commemorazione della diaspora e della distruzione della città.

MÙRO LECCÈSE, com. in prov. di Lecce; 5222 ab. Agricoltura (tabacco, olive). Resti di una necropoli, con mura e un tempio di Afrodite.

MÙROLO (Ernèsto), *Napoli 1875-1939*, poeta e commediografo. Autore di canzonieri dialettali (*Canzonette napoletane*, 1910; *Poesie*, 1929), scrisse anche canzoni in napoletano (*Pusilleco addiruso*, 1904; *Tarantella internazionale*, 1926). Tra le commedie in dialetto, *Signorine* (1907), *Calamita* (1916).

MUROMACHI (periodo di), periodo della storia del Giappone (1338-1573). Prende nome dal distretto di Kyoto in cui aveva sede il palazzo dello shogun durante lo shogunato della dinastia Ashikaga.

MURORAN, c. del Giappone (Hokkaido); 117.855 ab. Porto. Metallurgia.

MURPHY (Robert), *New York 1887-1973*, ornitologo statunitense. Raccolse presso l'American Museum di New York oltre un milione di esemplari di uccelli provenienti dall'Oceano Pacifico.

MURRAY, principale f. dell'Australia, che nasce dalle Alpi Australiane e sfocia nell'Oceano Indiano; 2589 km; bacino idrografico di 1.073.000 km².

MURRAY (Jacques **Stuart**, cónte **di**) → MORAY.

MURRAY (James), *Ballencrief, Scozia, 1721 - Battle, Sussex, 1794*, generale britannico. Primo governatore britannico del Canada (1763-1766), rispettò le tradizioni della popolazione di origine francese.

MÜRREN, centro turistico della Svizzera (cant. di Berna), nell'Oberland Bernese, a 1645 m di alt.

MÙRRI (Ròmolo), *Monte San Pietrangeli 1870 - Roma 1944*, sacerdote e politico. Tentò di aggiornare il cattolicesimo alle istanze progressiste, fondando la *Cultura sociale* (1898) e la Lega democratica nazionale (1904). Sospeso *a divinis* (1907) e scomunicato (1909) dopo l'elezione a deputato nelle file della sinistra, sostenne in seguito l'intervento nella prima guerra mondiale e le posizioni fasciste.

MURRUMBIDGEE, f. dell'Australia, affl. di destra del f. Murray; 1680 km. Le sue acque sono utilizzate per l'irrigazione.

MÙRSIA, casa editrice fondata nel 1955 a Milano da Ugo M. (Carini 1916 - Milano 1982). Sorta dall'unione dei marchi Alberto Corticelli e APE, iniziò l'attività con la pubblicazione di testi scolastici e libri per ragazzi, allargando in seguito la produzione alla saggistica (storia, letteratura). Nel 1990 nacque il Gruppo Ugo M. Editore, che negli anni ha ulteriormente diversificato le sue pubblicazioni, fino a comprendere l'editoria multimediale. Att. fa parte del gruppo Mondadori.

MURTEN, in fr. **Morat**, c. della Svizzera (cant. di Friburgo), sul lago omonimo; 5606 ab. Castello, edifici e monumenti antichi. — **Battaglia di Murten**, vittoria degli svizzeri su Carlo il Temerario (22 giu. 1476).

MÙRTOLA (Gàspare), *Genova XVI sec. - Roma 1624*, poeta. Fu protagonista di una violenta polemica con G. Marino, destinatario dei sonetti satirici della *Marineide* (1619) e tentò di ucciderlo dopo che questi aveva risposto con la *Murtoleide*. Tra le altre opere, le *Rime* (1603), il poema sacro in ottave *Della creazione del mondo* (1608), la favola *Creazione della perla* (1617).

MURUROA, atollo della Polinesia francese, nell'arcipelago delle Tuamotu. Dal 1966 al 1996 è stato utilizzato dal governo francese come poligono atomico.

MUSALA (Picco), dal 1949 al 1962 **Picco Stalin**, monte della Bulgaria, punto culminante del Massiccio del Rila; 2925 m.

MUSÀTTI (Césare Ludovico), *Dolo 1897 - Milano 1989*, psicoanalista. Dedicatosi allo studio della percezione visiva, in campo psicoanalitico divulgò in Italia le teorie freudiane, delle quali fu uno dei maggiori seguaci. Tra le opere, *Trattato di psicoanalisi* (1949), *Riflessioni sul pensiero psicoanalitico* (1977), *I girasoli* (1984).

MUSCÈTTA (Càrlo), *Avellino 1912*, critico letterario. Di formazione crociana, si è avvicinato in seguito al marxismo. Si è dedicato soprattutto allo studio di F. De Sanctis e della letteratura contemporanea (*Studi desanctisiani*, 1932; *Realismo e controrealismo*, 1958; *Francesco De Sanctis*, 1975).

MÙSCO (Àngelo), *Catania 1872 - Milano 1937*, attore teatrale e cinematografico. Caposcuola del teatro comico siciliano, interpretò opere scritte da N. Martoglio (*San Giovanni decollato*, *L'aria del continente*) e L. Pirandello (*Liolà*, *Il berretto a sonagli*). Sullo schermo replicò i lavori di maggior successo (*Pensaci, Giacomino!*, 1937).

MÙSE MITOL. GR. Le nove divinità protettrici delle scienze e delle arti: Clio, Euterpe, Talia, Melpomene, Tersicore, Erato, Polimnia, Urania, Calliope.

MUSÈI CAPITOLÌNI, museo situato a Roma, nel Palazzo del Campidoglio. Sorto nel 1471 per iniziativa di papa Sisto IV, che donò alla città un gruppo di statue bronzee, fu inaugurato ufficialmente nel 1734 da Clemente XII. Al museo furono aggiunti a metà del XVIII sec. la Pinacoteca Capitolina e alla fine dello stesso sec. il Medagliere Capitolino. Il museo ospita att. una ricca collezione di opere d'arte legate alla storia romana.

MUSÈI DI PALÀZZO FARNÈSE, complesso museale situato a Piacenza. È ospitato all'interno dell'omonimo palazzo, costruito a partire dal 1558 e restaurato nella seconda metà del XX sec. Comprende una pinacoteca, con opere di autori italiani del XVI-XVII sec., una ricca collezione di carrozze e armi antiche, una sezione dedicata al Risorgimento e sculture romaniche. Recentemente è stata aperta al pubblico anche una cappella ducale.

MÙSE INQUIETÀNTI (Le), dipinto di G. De Chirico (1917, collezione Mattioli, Milano). Considerato il manifesto della pittura metafisica, presenta elementi eterogenei (manichini, figure geometriche) disposti in un ambiente urbano spoglio, simboli del mistero che sfugge alla percezione sensibile.

MUSÈI VATICÀNI, complesso museale situato a Città del Vaticano. Costituitosi a partire dall'inizio del XVI sec. e successivamente ampliato, è ospitato nei Palazzi Vaticani e conserva le opere raccolte o commissionate dai papi nel corso della storia. Comprende, tra gli altri, il Museo egizio, il Museo etrusco, la Pinacoteca e il Museo missionario-etnologico, oltre alle celebri Stanze di Raffaello (con *La Scuola di Atene*) e alla Cappella Sistina (con il *Giudizio Universale* di Michelangelo).

MUSÈO DELLA SCIÈNZA E DELLA TECNOLOGÌA DI MILÀNO LEONÀRDO DA VÌNCI, complesso museale situato a Milano. Sorto nel 1953 per iniziativa di G. Ucelli di Nemi, comprende att. un patrimonio di 15.000 reperti ca. ed è uno dei più importanti musei tecnico-scientifici al mondo. Suddiviso in numerose sezioni, ospita la Galleria Leonardo da Vinci, il Padiglione ferroviario (venti modelli di carrozze e locomotive del '900), l'Edificio aeronavale (veliero "Ebe", transatlantico "Conte Biancamano") e i Giardini della scienza.

MUSÈO DI CAPODIMÓNTE, museo situato a Napoli, nell'omonimo palazzo reale. Nato come residenza di corte, il museo fu inaugurato nel 1756; divenuto la reggia dei Bonaparte e in seguito dei Savoia, venne ripristinato come museo dopo il 1950. Comprende alcune delle più importanti collezioni italiane, quali la collezione Farnese, la collezione Borbone e le acquisizioni postunitarie, tra le quali quelle dell'epoca dei Savoia, il Museo e le Gallerie Nazionali.

MUSÈO DI CASTELVÈCCHIO, museo situato a Verona, nel castello scaligero. Aperto nel 1925 e restaurato nel 1958, presenta una ricca collezione di sculture di epoca romanica e scaligera, opere dell'arte veronese dal Medioevo al '700 (armi bianche, dipinti) e un'ampia sezione dedicata all'architetto veneziano C. Scarpa. Vi si tengono numerose mostre temporanee di notevole importanza.

MUSÈO DI PALÀZZO DUCÀLE, museo situato a Mantova, nel palazzo omonimo. Il complesso del palazzo, costituito da edifici e giardini, fu ampliato dai Gonzaga fin dal 1328; il suo restauro, iniziato nei primi anni del '900, permise l'apertura del museo. Comprende gli appartamenti reali (Appartamento di Guastalla, Stanze dell'imperatrice, palazzina della Rustica), oltre a una pregevole collezione di opere d'arte (sculture classiche, medievali e rinascimentali, pinacoteca con importanti tele del '600).

MUSÈO DI PALÀZZO GRÀSSI, museo situato a Venezia, nel palazzo omonimo. Acquistato dalla famiglia Grassi nel '700, il palazzo, che si affaccia sul Canal Grande, divenne un "Centro internazionale delle arti e del costume" nel 1949. Trasformato in Istituto di cultura nel 1978, nel 1982-1984 è stato acquisito dal gruppo FIAT, che ha provveduto al suo restauro nel 1985. Att. ospita importanti mostre d'arte.

MUSÈO EGÌZIO, museo situato a Torino. Costituito a partire dal '600 per iniziativa dei Savoia, fu ampliato nel 1824 dal re Carlo Felice di Sardegna e ulteriormente arricchito nei secoli successivi con l'acquisizione di nuovi reperti. Comprende testimonianze di inestimabile valore dell'antico Egitto (statua di Ramesse II e di altri faraoni, sarcofagi, mummie, suppellettili). È il primo al mondo per data di fondazione e secondo solo a quello del Cairo per importanza della raccolta.

MUSÈO NAZIONÀLE ARCHEOLÒGICO, museo situato a Napoli. Costituito a partire dalla fine del XVIII sec., fu via via arricchito di numerose opere, quindi riorganizzato una prima volta negli anni 1863-1875 e successivamente nel 1957. Considerato uno dei più importanti musei archeologici del mondo, comprende la maggior parte dei reperti di Pompei, Ercolano e Stabia, suddivisi in varie sezioni (mosaici, numismatica, scultura, pittura).

MUSEUM OF MODERN ART o ***MOMA***, museo di arte moderna e contemporanea con sede a New York, nel centro di Manhattan. La sua ricchissima collezione annovera migliaia di capolavori che offrono un panorama completo delle maggiori personalità e tendenze artistiche dal postimpressionismo ai giorni nostri.

MUSHIN, c. della Nigeria, sobborgo nord-occ. di Lagos; 539.783 ab.

MUSIL (Robert), *Klagenfurt 1880 - Ginevra 1942*, scrittore austriaco. Riuscì a superare i propri conflitti interiori e a entrare in comunicazione con il mondo scrivendo romanzi che rispecchiano la crisi sociale e spirituale della società europea (*I turbamenti del giovane Törless*, 1906; *L'uomo senza qualità*, 1930-1933, incompiuto).

MUSOLÌNO (Benedétto), *Pizzo di Calabria 1809-1885*, patriota. Insieme a L. Settembrini, fondò a Napoli nel 1832 la setta dei Figlioli della Giovine Italia. Eletto deputato al parlamento napoletano nel 1848, fu condannato a morte in contumacia e partecipò alla difesa della Repubblica Romana e alla spedizione dei Mille.

MUSORGSKIJ (Modest Petrovič), *Karevo 1839 - San Pietroburgo 1881*, compositore russo. Membro del gruppo dei Cinque, compose opere (*Boris Godunov*, 1874; *Kovancina*, 1886), musiche ispirate agli avvenimenti del suo tempo e pezzi per piano (*Quadri di un'esposizione*).

MUSSÀTO (Albertino), *Padova 1261 - Chioggia 1329*, letterato e politico. Membro del governo di Padova, avversò la conquista della città da parte di Cangrande della Scala e fu costretto all'esilio (1328). Come poeta, prefigurò l'umanesimo, influenzando F. Petrarca e G. Boccaccio. Tra le sue opere, la tragedia *Ecerinis* (1315) e l'opera storica *Historia augusta* (1314).

MUSSET (Alfred **de**), *Parigi 1810-1857*, scrittore francese. Esponente del cenacolo romantico di C. Nodier, esordì con i *Racconti di Spagna e d'Italia* (1830). Dopo l'insuccesso della sua prima commedia, propose la raccolta *Uno spettacolo in poltrona* (1834). La burrascosa relazione con la scrittrice francese G. Sand gli ispirò poi il poema le *Notti* (1835-1837) e il romanzo autobiografico *Confessioni di un figlio del secolo* (1836). Negli anni seguenti, ormai consumato dall'alcolismo, pubblicò *Commedie e proverbi*, una raccolta di drammi destinati alla lettura, in cui emergero le contraddizioni del suo animo inquieto: poeta del dolore e della nostalgia, seppe conciliare sensibilità e garbato umorismo.

■ *Alfred de Musset ritratto da C. Landelle. (Reggia di Versailles.)*

MÙSSO (Francésco), pugile. Alle Olimpiadi di Roma del 1960 vinse la medaglia d'oro nella categoria pesi piuma.

MUSSOLÌNI (Benito), *Dovia di Predappio 1883 - Giulino di Mezzegra 1945*. Maestro elementare, muratore, giornalista e militante socialista, già nel 1914 caldeggiava una politica nazionalista e militarista. Alla fine della prima guerra mondiale fondò i Fasci di combattimento, nucleo del futuro Partito fascista (1919). Con la marcia su Roma, convinse il re Vittorio Emanuele III ad affidargli la direzione del governo (1922). In seguito al successo dei fascisti alle elezioni del 1924, M. eliminò i suoi oppositori e avocò a sé poteri dittatoriali (1925), proclamandosi Duce. Intraprese quindi una politica di grandi lavori pubblici (celebre la bonifica delle Paludi Pontine) e siglò i patti lateranensi (1929), che gli valsero il favore dei cattolici. L'anelito a fondare un impero coloniale lo spinse alla conquista dell'Etiopia (1935-1936), impresa che gli costò la rottura diplomatica con le democrazie occidentali. Rinsaldò allora il legame con A. Hitler e la Germania, inaugurando l'Asse Roma-Berlino (1936), più tardi ribadito (e rafforzato) dal Patto d'acciaio (1939). Nel 1940 trascinò l'Italia in guerra a fianco della Germania nazista. Dinanzi alle ripetute sconfitte militari, fu destituito dai gerarchi fascisti e arrestato per ordine del re (1943). Liberato dai paracadutisti tedeschi, insediò nell'Italia settentr., a Salò, la Repubblica sociale italiana, destinata a seguire le sorti della disfatta tedesca. Riconosciuto dai partigiani mentre tentava di fuggire in Svizzera a bordo di una camionetta, venne fucilato il 28 apr. 1945.

■ *Benito Mussolini nel 1940.*

MUSSOMÈLI, com. in prov. di Caltanissetta; 11.534 ab. Agricoltura (uva, cereali). Industrie alimentari. Turismo estivo. Castello dei Chiaramonte (XV sec.).

MUSTAFA KEMAL PAŞA → ATATÜRK.

MUTANABBI (Abu Al-Tayyib Al-), *Al-Kufah 915 - Baghdad 965*, poeta arabo, autore di un *Divano*.

MUTARE, già **Umtali**, c. dello Zimbabwe orient.; 132.000 ab.

MÙTI (Èttore), *Ravenna 1902 - Fregene 1943*, politico. Sostenitore del fascismo e militante squadrista, prese parte come volontario alle campagne d'Etiopia e di Spagna. Nominato segretario generale del Partito nazionale fascista nel 1939, morì nel 1943 in circostanze oscure, in uno scontro con i carabinieri inviati da P. Badoglio.

MÙTI (Francésca **Rivèlli**, detta Ornèlla), *Roma 1955*, attrice cinematografica. Tra le sue interpretazioni, *L'ultima donna* (1976), *I nuovi mostri* (1977), *Flash Gordon* (1980), *Storie di ordinaria follia* (1981), *Tutta colpa del paradiso* (1985), *Io e mia sorella* (1987), *Stasera a casa di Alice* (1990), *Il conte Max* (1991), *Domani* (2001). Per la televisione, *Il grande Fausto* (1995).

MÙTI (Riccàrdo), *Napoli 1941*, direttore d'orchestra. Direttore stabile del Maggio musicale fiorentino dal 1969 al 1980, ha in seguito diretto la New Philharmonia di Londra (1973-1979), la Philadelphia Orchestra (1980-1992) e dal 1986 è direttore artistico della Scala. Si è affermato come interprete del repertorio operistico e sinfonico, in cui ha saputo spaziare con maestria da W.A. Mozart a D. Šostakovič.

MUTIS (Álvaro), *Bogotá 1923*, scrittore e poeta colombiano. Considerato uno dei maggiori rappresentanti della letteratura latino-americana, ha scritto *La baldanza* (1948), *Gli elementi del disastro* (1953), *Diario di Lecumberri* (1960), *La neve dell'ammiraglio* (1986), *Ilona arriva con la pioggia* (1988), *Summa di Maqroll il Gabbiere* (1990), *Trittico di mare e di terra* (1993).

MUTSUHITO → MEIJI TENNO.

MUTTÓNI (Francésco Antònio), *Cima 1668 - Vicenza 1747*, architetto. Architetto pubblico a Vicenza dal 1709, fu ispirato da A. Palladio e dal Rinascimento. Tra le opere, Palazzo Repeta, Palazzo Velo (1706), Palazzo Trento-Valmarana (1718).

MUYBRIDGE (Edward James **Muggeridge**, detto Eadweard), *Kingston-on-Thames 1830-1904*, fotografo statunitense di origine britannica. Pioniere della fotografia in movimento, registrò le fasi del galoppo di un cavallo (1878). I suoi lavori influenzarono il fisiologo francese E.J. Marey.

MUZAFFARPUR, c. dell'India (Bihar); 240.450 ab. Università.

MÙZIO (Giovànni), *Milano 1893-1982*, architetto e ingegnere. Attivo soprattutto a Milano, fu tra i principali esponenti del modernismo italiano, propugnando una riscoperta del neoclassicismo. Tra le opere, complesso di via Moscova (1919-1923), Università Cattolica (1929-1932), piazza della Repubblica (1936).

MÙZIO (Giròlamo), *Padova 1496 - Firenze 1576*, letterato. Attivo presso varie corti, auspicò una lingua italiana comune nelle *Battaglie in difesa de l'italica lingua* (postumo, 1582). Scrisse opere poetiche (*Egloghe*, 1550), trattati (*Il duello*, 1550; *Il gentiluomo*, 1564) e testi religiosi (*Vergeriane*, 1550).

MÙZIO SCÈVOLA (Càio), *fine del VI sec. a.C.*, leggendario eroe romano. Secondo la tradizione, penetrò di notte nel campo etrusco per uccidere il re Porsenna, ma ne colpì il segretario. Portato dinanzi al re, mise la mano che aveva fallito su un braciere ardente per punirsi dell'errore commesso (il soprannome *Scaevola*, "sinistro", allude all'unica mano rimastagli).

MVSN (Milìzia Volontària per la Sicurézza Nazionàle), organizzazione paramilitare fascista. Creata nel 1923 per inglobare le squadre d'azione, eb-

be incarichi di polizia politica. Fu sciolta dal governo Badoglio nel 1943, alla caduta del regime.

MWANZA, c. della Tanzania, sul Lago Vittoria; 223.000 ab.

MWERU → MOERO.

MYANMAR, già **Birmània**, Stato del Sudest asiatico; 678.000 km[2]; 48.364.000 ab. (*birmani*). CAP. *Rangoon*. LINGUA: *birmano*. MONETA: *kyat*.

GEOGRAFIA – Il paese raccoglie in una federazione, l'Unione di M., sette "divisioni" (abitate prevalentemente da birmani) e sette Stati "periferici" popolati da minoranze etniche, talora turbolente, che rappresentano nel complesso il 20-25% della popolazione totale, in maggioranza di fede buddhista. Tagliato dai tropici e situata nell'area monsonica, il M., paese quasi esclusivamente agricolo, è un importante produttore di riso, le cui coltivazioni si concentrano perlopiù sul delta dell'Irrawaddy, allo sbocco della grande depressione che rappresenta il cuore del paese. Le altre colture (cotone, arachidi, canna da zucchero, tè, hevea) risultano secondarie. Lo sfruttamento della foresta (tek e bambù), congiuntamente con l'oppio, rappresenta la principale risorsa delle regioni montuose dell'interno, solcate dalle vallate formate dai corsi dei f. Chindwin, Irrawaddy e Salween.

STORIA – **Il regno dei thai (shan), dei mon e dei birmani.** 832: l'antica civiltà dei pyu, popolazione tibeto-birmana, viene distrutta dalle tribù tao. IX sec.: i mon instaurano nella bassa Birmania il regno di Pegu, e i birmani provenienti dal NE raggiungono la parte centrale del territorio. XI sec.: i mon costituiscono uno Stato incentrato su Pagan (fondata nell'849), che cade prima nelle mani del sino-mongoli, poi degli shan (1287-1299). **1347-1752**: i birmani creano un regno con capitale Toungoo; **1539-1541**: conquistano il territorio mon e unificano il paese. **1752**: si impadroniscono di Ava mettendo fine al regno di Toungoo. **1752-1760**: Alaungpaya ricostituisce l'impero birmano; **1816-1824**: annette Manipur e l'Assam, che torna possesso britannico nel 1826.

La dominazione britannica. 1852-1855: gli inglesi conquistano Pegu e annettono la Birmania all'impero delle Indie. **1942-1948**: la Birmania, invasa dai giapponesi nel 1942 e riconquistata dagli Alleati nel 1944-1945, ottiene l'indipendenza nel 1948.

La Birmania indipendente. 1948-1962: U Nu, primo ministro dell'Unione federale birmana (1948-1958; 1960-1962), deve far fronte alla guerra civile fomentata dai comunisti e alla ribellione dei karen (1949-1955). **1962**: sale al potere il generale Ne Win, che instaura un regime socialista e autoritario, ma le ribellioni etniche riprendono; permangono forti le tensioni tra le minoranze induiste, musulmane e cristiane da una parte e la maggioranza buddhista dall'altra. **1981**: Ne Win, formalmente sostituito dal generale San Yu, mantiene di fatto le redini del potere. **1988**: Ne Win e San Yu rassegnano le dimissioni; l'opposizione al potere militare si rafforza e reclama la democratizzazione del regime. **1989**: la Birmania assume il nome di M. **1990**: nonostante la vittoria elettorale dell'opposizione, i militari conservano il potere. **1992**: la giunta in carica viene condannata all'unanimità dall'ONU per la sua politica repressiva. Il generale Than Shwe sale alla carica di presidente e capo del governo. **1995**: liberazione di Aung San Suu Kyi, leader dell'opposizione, premio Nobel per la pace. **1997**: pur in assenza di un'apertura politica, la Birmania viene ammessa nell'ASEAN. **2001**: si creano forti tensioni con la Thailandia, accusata di appoggiare i

Myanmar

★ importante località turistica
— strada normale
— ferrovia
✈ aeroporto

● più di 1.000.000 di ab.
● da 500.000 a 1.000.000 di ab.
● da 100.000 a 500.000 ab.
• meno di 100.000 ab.

200   500   1000 m

secessionisti di etnia karen. **2003**: Aung San Suu Kyi viene nuovamente arrestata.

MYINGYAN, c. del Myanmar, sull'Irrawaddy; 220.000 ab.

MYMENSINGH, c. del Bangladesh, a N di Dacca; 186.000 ab.

MYRDAL (Karl Gunnar), *Gustafs, Dalarna, 1898 - Stoccolma 1987*, economista e politico svedese. Considerato tra i padri fondatori del "modello svedese", ha studiato la questione "nera" degli Stati Uniti e il problema del sottosviluppo. (Premio Nobel 1974.)

MYRICAE, raccolta poetica di G. Pascoli, pubblicata nel 1891. Il titolo, che deriva da un verso della IV egloga di Virgilio, evoca il tono delle poesie, in equilibrio tra la malinconia e l'ispira-

zione bucolico-pastorale. La raccolta, composta da 21 liriche, si inserisce nel filone del decadentismo europeo, ma la sua raffinata sensibilità, che non indulge al descrittivismo didascalico, ne fa una delle opere più significative delle letteratura italiana.

MYSORE, ant. Stato dell'India, che a partire dal 1973 ha assunto il nome di Karnataka.

MYSORE, c. dell'India (att. Karnataka); 652.246 ab. Industrie tessili. Ant. cap. dell'omonimo Stato. Palazzo in stile indo-musulmano (XIX sec.) adibito a museo. Meta di pellegrinaggio shivaita.

MY THO, c. del Vietnam merid.; 120.000 ab.

MZAB, insieme di oasi situate nel N del Sahara algerino; ab. *mzabiti* o *mozabiti*; c. princ. *Ghardaïa*.

Carattere Novarese

NABATÈI, popolazione dell'Arabia settentr. il cui regno, con capitale Petra, fu annesso all'impero romano da Traiano nel 106.

NABEREJNYIE TČELNY, c. della Russia (Tatarstan), sul f. Kama; 529.642 ab. Industria automobilistica.

NABEUL, c. della Tunisia; 49.469 ab. Ceramiche.

NÀBIDE, *m. nel 192 a.C.*, tiranno di Sparta (207-192 a.C.). Tentò di imporre una riforma sociale e combatté contro la lega achea guidata da Filopemene.

NABLUS, in ar. *Nābulus*, c. della Cisgiordania; 100.231 ab.

NABOKOV (Vladimir), *San Pietroburgo 1899 - Montreux, Svizzera, 1977*, scrittore russo naturalizzato statunitense. I suoi romanzi, caratterizzati da virtuosismo formale e sperimentazione nella costruzione degli intrecci e dei personaggi, ritrassero con sottile ironia le ossessioni, le ipocrisie e i vizi dell'epoca in cui visse (*La vera vita di Sebastian Knight*, 1941; **Lolita; Ada o dell'ardore*, 1969).

NABÒNIDE, ultimo re di Babilonia (556-539 a.C.). Fu sconfitto da Ciro II.

NABOPOLÀSSAR, re di Babilonia (626-605 a.C.), fondatore della dinastia caldea. Alleatosi con i medi, pose fine all'impero assiro (caduta di Ninive, 612 a.C.).

NABUCODÒNOSOR II, re di Babilonia (605-562 a.C.), figlio di Nabopolassar. Sconfisse gli egiziani a Karkemish (605 a.C.), conquistò Gerusalemme (587), deportandone la popolazione e, salito al trono, portò a termine la conquista della Siria e della Palestina e intraprese l'edificazione di grandiose opere architettoniche a Babilonia. – Alla vita di N. è ispirata l'opera in quattro atti *Nabucco* di G. Verdi (1842, su libretto di T. Solera).

NACHTIGAL (Gustav), *Eichstedt 1834 - Golfo di Guinea 1885*, esploratore tedesco. Raggiunse il Bornu ed esplorò il Lago Ciad (1869-1875).

NADAR (Félix **Tournachon**, detto), *Parigi 1820-1910*, fotografo e caricaturista francese. Ritrasse celebrità dell'epoca (*Panthéon Nadar*, 1854), realizzò le prime foto aeree a bordo di un aerostato (1858) e fu tra i primi a utilizzare la luce artificiale (catacombe d Parigi, 1861).

NADER (Ralph), *Winsted, Connecticut, 1934*, economista e avvocato statunitense. Leader del movimento per la tutela dei diritti dei consumatori, ha promosso una campagna di denuncia contro una nota industria automobilistica, imponendo l'adozione di più severe norme di sicurezza nella produzione dei veicoli. Candidato indipendente alle elezioni presidenziali del 2000.

NÀDI (Nèdo), *Livorno 1894-1940*, schermidore. Alle Olimpiadi di Stoccolma del 1912 vinse la medaglia d'oro nel fioretto individuale. Alle Olimpiadi di Anversa del 1920 conquistò ben cinque ori: fioretto e sciabola individuali, fioretto, spada e sciabola a squadre.

NADIR SCIÀ, *presso Kalat 1688 - Fathabad 1747*, re di Persia (1736-1747). Espulse le tribù afghane che avevano invaso la Persia e, ristabilita al potere la dinastia safawide, si fece proclamare re (1736). Occupò l'Afghanistan e parte dell'impero moghul (1739). Morì assassinato.

NADJFABAD, c. dell'Iran, a O di Esfahan; 178.498 ab.

NADOR, c. del Marocco settentr., capol. della prov. omonima; 36.000 ab.

NAFTA (North American Free Trade Agreement, in it. Accordo nordamericano di libero scambio), trattato economico, siglato nel 1992 tra Stati Uniti, Canada e Messico, che mira alla creazione di una zona di libero mercato tra questi tre paesi. È entrato in vigore nel 1994.

NAFUD, deserto di sabbia, nel NO dell'Arabia centrale.

NAGA, popolazione dell'India nord-orient. (ca. 1,5 milioni di individui), suddivisa in molte tribù culturalmente dissimili e parlanti lingue diverse. I n., bellicosi e ostili a influenze religiose esterne (è rinomata la loro resistenza all'induismo), hanno conservato usanze ancestrali come la caccia e il culto dei crani.

NADAR. *Autoritratto, 1856-1858.*
(Musée d'Orsay, Parigi.)

NAGALAND, Stato dell'India nord-orient.; 15.500 km²; 1.988.636 ab.; cap. *Kohima*.

NAGANO, c. del Giappone (Honshu); 358.516 ab. Centro turistico invernale. Tempio Zenkoji restaurato nel XVII sec.

NAGANO (Osami), *Kochi 1880 - Tokyo 1947*, ammiraglio giapponese. Ministro della marina (1936), fu capo di Stato maggiore della marina (1941-1944) durante la seconda guerra mondiale.

NAGAOKA, c. del Giappone (Honshu); 190.470 ab.

NAGARJUNA, filosofo buddhista indiano. Secondo la tradizione, sarebbe vissuto alla fine del I o all'inizio del II sec. d.C., e sarebbe tra i fondatori del buddhismo mahayana.

NAGASAKI, c. del Giappone (Kyushu); 438.635 ab. Porto. Cantieri navali. Templi del VII sec. La città fu distrutta dalla seconda bomba atomica sganciata dall'esercito statunitense il 9 ago. 1945, che causò ca. 70.000 vittime.

NAGERCOIL, c. dell'India (Tamil Nadu); 208.149 ab.

NAG HAMMADI, località dell'Egitto, sulla riva sinistra del Nilo. Nel 1945 vi è stata scoperta una biblioteca, nella quale sono stati rinvenuti tredici codici gnostici in lingua copta (trattati cosmologici, Vangeli e altre opere).

NAGORNO-KARABAH, prov. autonoma dell'Azerbaigian; 4400 km²; 193.000 ab.; capol. *Stepanakert*. Dal 1988, è teatro di violenti combattimenti tra la maggioranza armena e le truppe azere. Il N. rivendica la riunificazione con l'Armenia e alla fine del 1991 ha proclamato unilateralmente la propria indipendenza dall'Azerbaigian. All'indomani della proclamazione dell'indipendenza, gli scontri tra azeri e indipendentisti armeni del N. si sono intensificati. Nel 1993 le forze armene hanno occupato la zona sud-occ. dell'Azerbaigian. Nel 1994 si è aperta una fase negoziale, subito però sospesa. Nel 1995 il paese ha adottato una nuova Costituzione e alla fine del 1997 l'Azerbaigian, in seguito a un accordo con l'Armenia, ha concesso alla provincia l'autonomia. Negli ultimi anni, tuttavia, lo scontro politico non ha accennato ad attenuarsi.

NÀGO-TÒRBOLE, com. in prov. di Trento; 2338 ab. Centro di villeggiatura estiva. Nei dintorni, rovine del castello di Pénede.

NAGOYA, c. del Giappone (Honshu); sull'Oceano Pacifico; 2.152.184 ab. (3.157.000 ab. nell'agglomerato). Porto. Industrie metallurgiche e chimiche. Tempio shintoista di Atsuta. Castello del XVII sec., ricostruito; museo di arti decorative Tokugawa.

NAGPUR, c. dell'India (Maharashtra); 2.051.320 ab. Centro industriale.

NAGUMO CHUICHI, *Yamagata 1887 - Saipan 1944*, ammiraglio giapponese. A capo delle forze aeronavali giapponesi, comandò le portaerei che il 7 dic. 1941 attaccarono di sorpresa la flotta americana a Pearl Harbor e si distinse nella battaglia delle Midway (1942).

NAGY (Imre), *Kaposvár 1896 - Budapest 1958*, politico ungherese. Comunista, primo ministro (1953-1955), avviò una politica liberale che provocò la reazione degli stalinisti Rákosi e Gerő e la sua destituzione ed espulsione dal partito (1956). Reintegrato nella carica dopo la rivolta dell'ott. 1956, fu arrestato (nov.) e condannato a morte (1958). Nel 1989 è stato riabilitato.

NAHA, c. del Giappone, capol. dell'arcipelago delle Ryukyu, sull'Isola di Okinawa; 301.890 ab.

NAHHAS PASCIÀ (Mustafa **Al-**), *Samannud 1876 - Il Cairo 1965*, politico egiziano. Leader del Wafd, tra il 1928 ed il 1944 fu cinque volte primo ministro.

NAHIČEVAN, rep. autonoma dell'Azerbaigian, al confine con l'Iran; 336.900 ab.; capol. *Nahičevan* (62.000 ab.).

NAHMANIDES (Moses **Ben Nahman**, detto), *Gerona 1194 ca. - Palestina 1270*, rabbino, cabalista e filosofo catalano. Sostenne, per conto di Giacomo I di Aragona, una disputa pubblica contro i dottori della Chiesa (la "disputa di Barcellona"); in seguito, perseguitato e costretto all'esilio, si rifugiò in Palestina.

NAHUA, vasto gruppo etno-linguistico da cui sarebbero derivate le popolazioni messicane, stanziato in America centrale (ca. 1,5 milioni di individui). I n., in gran parte convertiti al cattolicesimo e dediti principalmente all'agricoltura, parlano il nahuatl, idioma appartenente alla famiglia uto-azteca e lingua letteraria dell'impero azteco.

NAHUEL HUAPI, lago dell'Argentina merid., sul versante orient. delle Ande patagoniche; 544 km². Meta turistica.

NAHUM, *VII sec. a.C.*, profeta biblico. Predisse la distruzione della città di Ninive (612 a.C.), interpretandola come trionfo della giustizia divina.

NAIPAUL (sir Vidiadhar Surajprasad), *Trinidad 1932*, scrittore britannico di origine indiana e di famiglia caribica. Utilizzando uno stile narrativo collocabile tra il romanzo e l'autobiografia, ha affrontato con sottile ironia i temi del cosmopolitismo e dell'appartenenza (*Una casa per il Signor Biswas*, 1961; *In uno stato libero*, 1971; *L'enigma dell'arrivo*, 1987). (Premio Nobel 2001.)

NAIR (Mira), *Bhudaneshwar 1957*, regista cinematografica indiana. Trasferitasi negli Stati Uniti nel 1976, ha esordito nel 1988 con *Salaam Bombay*. Tra gli altri film, *Mississippi Masala* (1991), *La famiglia Perez* (1996), *Kamasutra* (1996), *Monsoon Wedding* (2001, Leone d'oro a Venezia).

NAIROBI, cap. del Kenya, a 1660 m d'alt.; 2.310.000 ab. Aeroporto. Università.

NAJAF, c. dell'Iraq, a S di Baghdad; 309.010 ab. È meta di pellegrinaggi quale sede di una moschea sacra agli sciiti.

NAJIBULLAH (Muhammad), *Gardez 1947 - Kabul 1996*, politico afghano. Dopo aver ricoperto le cariche di capo dei servizi segreti e segretario del Partito democratico del popolo afghano, è divenuto presidente della repubblica nel 1986. Costretto alla fuga dall'offensiva dei *mujaheddin* nel 1992, è stato giustiziato dai talebani nel 1996.

NAKASONE (Yasuhiro), *Takasaki 1918*, politico giapponese. Presidente del Partito liberaldemocratico (PLD), è stato primo ministro dal 1982 al 1987.

NAKHODKA, c. della Russia, sull'Oceano Pacifico; 163.004 ab. Porto.

NAKHON PATHOM, c. della Thailandia, a O di Bangkok; 45.000 ab. Museo archeologico. Celebre stupa (XIX sec.) di Brah Pathama (115 m), meta di numerosi pellegrinaggi.

NAKHON RATCHASIMA, già **Khorat**, c. della Thailandia, a NE di Bangkok; 206.605 ab.

NAKURU, c. del Kenya; 102.000 ab.

NALČIK, c. della Russia, capol. della Rep. autonoma di Cabardino-Balcaria, a N del Caucaso; 235.303 ab.

NALLÌNO (Càrlo Alfònso), *Torino 1872 - Roma 1938*, orientalista. Studioso della cultura araba e docente di storia islamica, nel 1921 fondò la rivista *Oriente moderno*. Tra le opere, *Chrestomathia Qorani arabica* (1893), *L'arabo parlato in Egitto* (1900).

NAMANGAN, c. dell'Uzbekistan; 312.000 ab.

NAMAQUALAND, reg. costiera dell'Africa merid., tra i deserti del Kalahari e il del Namib.

NAMBIKWARA, popolazione amerindia del Brasile (Mato Grosso) (ca. 1000 individui). Prima dell'arrivo degli europei, i n. erano un popolo molto potente, con grandi tradizioni culturali.

NAM DINH, c. del Vietnam, sul Fiume Rosso; 165.629 ab.

NAMIAS (Jerome), *Bridgeport, Connecticut, 1910 - San Diego, California, 1997*, meteorologo statunitense. Studiò le interazioni oceano-atmosfera e le loro relazioni con le variazioni climatiche, oltre a sviluppare i metodi di previsione meteorologica a cinque giorni.

NAMIB (Desèrto del), reg. costiera desertica della Namibia.

NAMÌBIA, Stato dell'Africa australe, sull'Atlantico; 825.000 km²; 1.788.000 ab. (*namibiani*). CAP. *Windhoek*. LINGUA: *inglese*. MONETA: *dollaro namibiano*. [*Vedi carta del* **Botswana**.]

GEOGRAFIA – Formata principalmente da altopiani aridi che dominano il litorale desertico (dove in alcune zone si pratica la pesca), la N. ha un sottosuolo ricco (diamanti e uranio, su cui si basa l'esportazione). È popolata soprattutto da bantu (ovambo), dediti all'allevamento.

STORIA – **Fine del XV-XVIII sec.**: gli europei (prima portoghesi, poi olandesi) si avventurano sulle coste; l'interno è occupato dai bantu (herero e ottentotti), che scacciano boscimani e nama. **1892**: la Germania si assicura il controllo della regione (a parte un'enclave, divenuta colonia britannica nel 1878), che viene battezzata Africa del Sud-Ovest. **1904-1906**: le truppe tedesche reprimono una sollevazione degli herero. **1914-1915**: l'Unione sudafricana conquista la regione; **1920**: riceve il mandato dalla Società delle Nazioni. **1922**: l'enclave britannica entra a far parte dell'Africa del Sud-Ovest. **1949**: l'ONU non autorizza l'annessione della regione all'Unione sudafricana, che conserva tuttavia il suo mandato e introduce l'apartheid. **1966**: l'ONU revoca il mandato del Sudafrica; **1968**: ribattezza N. l'Africa del Sud-Ovest. Il Sudafrica ignora questa decisione, ma non può impedire il costituirsi di un partito indipendentista (SWAPO, South West Africa People's Organization). **1974**: la SWAPO ingaggia operazioni di guerriglia. **1988**: gli accordi tra Sudafrica, Angola e Cuba determinano un cessate il fuoco nel N della N., aprendo la strada all'indipendenza del territorio. **1990**: la N. ottiene l'indipendenza. Il leader della SWAPO, Sam Nujoma, diventa presidente della repubblica (sarà rieletto nel 1999). Hage Geingob sale alla carica di primo ministro.

NAMP'O, c. della Corea del Nord; 241.000 ab. Porto e centro industriale.

NAMPULA, c. del Mozambico; 303.346 ab.

NAMUR, c. del Belgio, capol. della prov. omonima e della Vallonia, alla confluenza dei f. Sambre e Mosa; 105.248 ab. Centro amministrativo e commerciale. Università. – Cittadella fortificata del XVII sec.; chiesa barocca di St.-Loup (XVII sec.); cattedrale (1760 ca.) e notevoli monumenti barocchi. Musei archeologici e di silvicoltura.

NAMUR (provincia di), prov. del Belgio merid.; 3660 km²; 445.824 ab.; capol. *Namur*. Agricoltura (cereali), allevamento del bestiame, sfruttamento forestale e del sottosuolo; industrie nel capoluogo e alla periferia delle maggiori aree urbane.

NANAIMO, c. del Canada (Columbia Britannica), nell'Isola di Vancouver; 70.130 ab. Porto.

NANAK o **GURU NANAK**, *Talvandi, Lahore, 1469 - Kartarpur 1538*, maestro spirituale indiano, fondatore della religione sikh.

NANA SAHIB, *1825 ca. - 1860 ca.*, principe indiano. A capo dei maratti, scatenò l'insurrezione contro i britannici (1857-1858).

NANCHANG, c. della Cina, capol. dello Jiangxi; 1.262.031 ab. Centro industriale. – Musei.

NANCHÌNO, in cin. *Nanjing*, c. della Cina centrale, capol. della prov. dello Jiangsu, sul f. Chang Jiang; 2.610.594 ab. Porto. Industrie metallurgiche, tessili e chimiche. – Più volte capitale, la città raggiunse l'apogeo sotto la dinastia Ming. Il trattato di N. (29 ago. 1842) sancì la cessione di Hong Kong e l'apertura di cinque porti ai traffici britannici. – Ricchi musei. Tomba dell'imperatore ming Hongwu (1381), pagoda in mattoni (1050), mausoleo di Sun Yat-sen.

NANCHONG, c. della Cina (Sichuan); 279.178 ab.

NANCY, c. della Francia nord-orient., capol. del dip. Meurthe-et-Moselle; 105.830 ab. Centro amministrativo, commerciale e industriale. – Palazzo ducale (XVI sec.), cattedrale (XVIII sec.), Palazzo del governo. Splendide le piazze de la Carrière e Stanislas. Museo di Belle Arti.

NANCY. *Piazza Stanislas, delimitata ai quattro angoli dalle sfarzose cancellate in ferro battuto e oro, opera di J. Lamour.*

NANDA DEVI, monte del Grande Himalaya (India); 7816 m.

NANDED, c. dell'India, a SO di Nagpur; 430.598 ab.

NANGA PARBAT, monte dell'Himalaya (Pakistan); 8126 m.

NÀNNI DI BÀNCO (Giovànni di Antònio **di Bànco**, detto), *Firenze 1384 ca. - 1421*, scultore. Fuse i modelli del gotico internazionale con un classicismo di matrice donatelliana. Tra le opere, Porta della Mandorla e facciata del duomo di Firenze, *San Luca* (1408) e *San Filippo* (1411) in Orsanmichele a Firenze.

NANNING, c. della Cina, capol. dello Guangxi; 1.159.099 ab.

NANSEN (Fridtjof), *Store-Frön, presso Oslo, 1861 - Lysaker 1930*, esploratore norvegese. Attraversò la Groenlandia (1888), esplorò le regioni artiche a bordo della *Fram* e tentò di raggiungere il Polo Nord (1893-1896). Dedicatosi a un'intensa attività umanitaria a favore dei profughi di guerra, patrocinò l'adozione di uno speciale passaporto, che da lui prese il nome, a tutela degli apolidi. (Premio Nobel per la pace 1922.)

NANTERRE, c. della Francia, capol. del dip. Hauts-de-Seine, nella periferia parigina, a O della metropoli; 86.219 ab. Centro industriale e universitario.

NANTES, c. della Francia, capol. del dip. Loire-Atlantique; 277.728 ab. Università. Porto. Industrie metalmeccaniche, chimiche, alimentari, tessili e petrolifere. – Castello dei duchi di Bretagna (XV-XVI sec.); cattedrale del XV sec.; palazzi residenziali del XVIII sec. Musei di Belle Arti, di storia naturale e della marina.

NANTES. *Castello dei duchi di Bretagna, con la cattedrale sullo sfondo.*

NANTES (editto di) (13 apr. 1598), editto promulgato dal re di Francia Enrico IV a N., che definì i diritti dei protestanti in Francia, mettendo fine alle guerre di religione. Agli ugonotti venivano riconosciuti la libertà di coscienza e di culto, la possibilità di accedere a cariche pubbliche e scuole, il governo di un centinaio di piazzeforti e la costituzione di tribunali misti. L'editto fu revocato nel 1685.

NANTONG, c. della Cina (Jiangsu), sul f. Chang Jiang; 1.602.029 ab.

NANTUCKET, isola degli Stati Uniti (Massachusetts). Importante base per la caccia alle balene fino al XIX sec.

NAO (Càpo de la), promontorio roccioso della Spagna merid., proteso nel Mar Mediterraneo, tra Valencia e Alicante.

NAPATA, ant. c. della Nubia, culla dei Kusciti, la XXV dinastia regnante in Egitto (750-656 ca. a.C.). Necropoli reale. Resti di templi.

NAPA VALLEY, reg. vinicola degli Stati Uniti (California), a NE di San Francisco.

NAPOLEÓNE (Eugènio Luigi) → BONAPARTE.

NAPOLEÓNE I BONAPÀRTE, *Ajaccio 1769 - Sant'Elena 1821*, imperatore francese (1804-1814 e 1815). Secondogenito di Carlo Maria Bonaparte  e di Maria Letizia Ramolino, si formò alla scuola militare di Brienne. Sostenitore dei giacobini, si distinse come capitano d'artiglieria a Tolone, contro gli inglesi (1793). Represse quindi il tentativo controrivoluzionario del 13 vendemmiaio (1795), ottenendo così il comando dell'armata d'Italia, e sposò Giuseppina Beauharnais. In seguito a una felice campagna contro gli austro-piemontesi, impose la pace (Campoformido, 1797), sciolse la Rep. di Venezia e creò la Rep. Cisalpina. Il Direttorio, allora, gli affidò il comando della spedizione d'Egitto (1798-1799): la sua flotta venne sbaragliata da quella di H. Nelson, ma nonostante ciò N. occupò l'Egitto. Nel 1799 rientrò in Francia, dove i moderati si appoggiarono a lui per eliminare il Direttorio. Primo console dopo il colpo di Stato del 18 brumaio (9-10 nov. 1799), impose al paese una Costituzione autoritaria. In seguito a una seconda campagna d'Italia, impose all'Austria la pace di Lunéville (1801), con la quale la Francia diventava padrona dell'Italia e della riva sinistra del Reno. Nel 1802 firmò la pace con l'Inghilterra, ad Amiens. Console a vita, presidente della Repubblica italiana, N. approfittò della scoperta di una congiura monarchica ai suoi danni per proclamarsi imperatore dei francesi: il 2 dic. 1804 ricevette la corona e l'anno successivo si fece proclamare re d'Italia. Stabilì così una monarchia ereditaria e, sul piano politico, proseguì la riorganizzazione e la centralizzazione della Francia (codice civile, università imperiale, legione d'onore ecc.). Sconfitto dagli inglesi (Trafalgar, 1805), riportò diverse vittorie contro gli austriaci (Austerlitz, 1805; Iena, 1806; Friedland, 1807), ridusse la Prussia alla metà del suo territorio e si alleò con la Russia. Vincitore ancora in Austria (Wagram, 1809), nello stesso anno ripudiò la moglie e sposò nel 1810 Maria Luigia di Asburgo, da cui ebbe un figlio, il futuro N. II. Nel 1812 precedette le intenzioni belliche dello zar Alessandro I, suo alleato, e mosse guerra contro la Russia, ma dopo la vittoria della Moscova l'esercito francese fu costretto a una disastrosa ritirata (la Beresina). Successivamente la Francia venne invasa e sconfitta. N. abdicò (4-6 apr. 1814) e fu esiliato all'Isola d'Elba, mentre il Congresso di Vienna deliberava lo smembramento del suo impero. Sfuggito alla sorveglianza inglese, rientrò in Francia (1815) dando vita ai Cento giorni, ma fu battuto a Waterloo e costretto ad abdicare una seconda volta. Fu imprigionato a Sant'Elena, dove morì nel 1821.

■ *Napoleone I Bonaparte ritratto da J.-L. David. (Musée Bonnat, Bayonne.)*

NAPOLEÓNE II (Francésco Càrlo Giusèppe **Bonapàrte**), *Parigi 1811 - Schönbrunn 1832*, figlio di Napoleone e di Maria Luigia di Asburgo. Proclamato re di Roma alla nascita, dopo la seconda abdicazione del padre (1915) fu condotto dalla madre a Vienna e fu nominato duca di Reichstadt (1818). Morì di tisi.

NAPOLEÓNE III (Luigi Càrlo Napoleóne **Bonapàrte**), *Parigi 1808 - Chislehurst, Kent, 1873*, imperatore dei francesi (1852-1870). Figlio di Ortensia di Beauharnais e di Luigi Bonaparte, tentò di farsi proclamare imperatore e di rovesciare Luigi Filippo I. Condannato all'ergastolo, evase (1846) e fuggì a  Londra. Rientrato in Francia dopo la rivoluzione del 1848, fu eletto alla presidenza della repubblica (10 dic. 1848). Nel 1851 disciolse l'Assemblea e represse i moti di Parigi; un plebiscito confermò il colpo di Stato e gli permise d'instaurare un regime autoritario e centralizzato che si trasformò ben presto in monarchia ereditaria. Proclamato imperatore dei francesi (1852) con il nome di N. III, dal 1852 al 1860 esercitò il potere assoluto. In politica estera intraprese la guerra di Crimea (1854-1856), inviò un esercito in Cina (1857-1860) e aiutò l'Italia a liberarsi dalla dominazione austriaca (1859). A partire dal 1860, di fronte allo scontento di cattolici e borghesi, il regime si liberalizzò e nel gen. 1870, la nomina di Émile Ollivier a primo ministro portò alla costituzione di un impero parlamentare. In seguito alla guerra franco-tedesca (lug. 1870), che si concluse con la disfatta di Sedan (2 sett. 1870), N. III cadde prigioniero e fu condotto in Germania. Nel 1871 si ritirò in esilio in Inghilterra.

■ *Napoleone III. (Castello di Compiègne.)*

NAPOLETÀNA (Repùbblica) → PARTENOPEA (Repùbblica).

NÀPOLI, c. della Campania, capol. di reg. e di prov., sul Golfo di N. (nel Mar Tirreno); 1.002.619 ab. (*napoletani*). Terza città italiana per numero di abitanti. Porto commerciale. Industrie metallurgiche, tessili, chimiche e alimentari. Artigianato. Università. – Fondata nel VI sec. dai cumani, alleatasi a Roma, ne divenne municipio (90 a.C.). Occupata dai goti, dai bizantini e sottomessa ai normanni (1139), dopo la morte di Federico II divenne la capitale del regno fondato da Carlo d'Angiò (1282). Nel 1503 cadde sotto la dominazione spagnola e attraversò un periodo di decadenza, segnato dalla rivolta di Masaniello (1647-1648) e da un'epidemia di peste (1656). Nel XVIII sec. il regno passò sotto il dominio austriaco e successivamente (1734-1759) fu governato da Carlo III di Borbone. Nel 1799, con l'ingresso dei francesi, N. fu proclamata repubblica. Il regno, di nuovo sottomesso ai Borboni (1799-1806), fu poi assegnato a Giuseppe Bonaparte e a G. Murat, per ritornare infine alla casata borbonica nel 1816, quando assunse la denominazione di regno delle Due Sicilie. Coinvolta nei moti liberali del 1820 e del 1848, nel 1860 fu annessa al regno d'Italia. Nel 1943, durante le "Quattro giornate", la città si liberò dall'oppressione nazifascista, precedendo di poco l'arrivo degli Alleati. – Testimonianze di epoca paleocristiana (catacombe); chiese gotiche (S. Lorenzo Maggiore, S. Domenico Maggiore, S. Chiara, S. Maria Donnaregina); Castel dell'Ovo (XII-XVII sec.) e Castel Nuovo (noto anche come Maschio Angioino, XIII sec., con arco di trionfo di F. Laurana); certosa di S. Martino (XIV-XVII sec., con museo annesso); chiese del Gesù Nuovo (fine del XVI sec.), S. Gregorio Armeno (XVI sec.) e duomo (dal XIII sec.); convento dei Gerolamini (XVI-XVIII sec.); Palazzo reale (XVII-XVIII sec.); teatro San Carlo (1737). Museo di Capodimonte (dipinti, porcellane ecc.); Museo nazionale (prestigiose collezioni di arte romana, provenienti da Pompei e Ercolano). – La provincia include una parte della penisola sorrentina, il Vesuvio, i Campi Flegrei, le isole partenopee. Agricoltura, pesca e turismo. Centri princ.: Castellammare di Stabia, Torre Annunziata, Torre del Greco, Pozzuoli, Acerra, Sorrento, Capri, Ischia.

NÀPOLI (regno di), regno fondato nel 1282 da Carlo I d'Angiò, con il distacco della Sicilia dal regno angioino (Vespri siciliani). Invaso dai francesi (1495), divenne oggetto di contesa tra questi e gli spagnoli, che nel 1504 vi insediarono gli aragonesi, i quali ne fecero una provincia governata da un viceré. La forte pressione fiscale alimentò lo scontento, che nel 1647 sfociò in una fallimentare insurrezione guidata da Masaniello. Dal 1707 al 1724 il r. di N. fu governato dagli Asburgo d'Austria, nel 1734 tornò ai Borboni con Carlo III, e nel 1799 vi fu proclamata la Repubblica Partenopea. In seguito fu sottoposto all'influenza francese: nel 1806 Napoleone lo assegnò a Giuseppe Bonaparte e nel 1808 a G. Murat. Ritornato ai Borboni con il Congresso di Vienna (1815), nel 1816 fu riunito da Ferdinando IV al regno delle Due Sicilie.

NAPOLITÀNO (Giòrgio), *Napoli 1925*, politico. Esponente del PCI, è stato eletto deputato nel 1953. Membro del parlamento europeo (1989-1992), presidente della camera dal 1992 al 1994, è stato ministro dell'interno (1996-1998).

NAQSH-I RUSTEM, località nei pressi di Persepoli, in Iran, in cui sono state rinvenute alcune tombe reali della dinastia achemenide. Ipogei risalenti al regno di Dario I, con splendide facciate decorate da bassorilievi.

NARA, c. del Giappone (Honshu); 359.218 ab. Prima capitale stabile del Giappone dal 710 al 784, edificata sul modello cinese di Chang'an, fu capitale sotto la dinastia Tang. Templi, tra cui l'*Horyu-ji, che ospita tesori artistici del periodo Nara, epoca d'oro della civiltà giapponese.

NARAM-SIN, *2225 ca. - 2185 a.C.*, re degli accadi. Nipote di Sargon il Grande, estese il regno accadico dai Monti Zagros alla Siria settentr. – Al Louvre di Parigi è conservata una stele commemorativa di una sua vittoria.

NARASIMHA RAO (P.V.), *Karimnagar, Andhra Pradesh, 1921*, politico indiano. È stato presidente del Partito del congresso e primo ministro dal 1991 al 1996.

NARAYANGANJ, c. del Bangladesh; 269.000 ab. Porto fluviale. Cotone e iuta.

NARBADA o **NARMADA**, f. dell'India, che sfocia nel Golfo di Cambay; 1290 km. Scorre tra la pianura indo-gangetica e l'altopiano del Deccan.

NARBÓNA, c. della Francia, nel dip. Aude; 48.020 ab. Centro vinicolo. Cattedrale gotica di St.-Just (XIII-XIV sec.), Palazzo arcivescovile, musei. – Importante porto fino all'inizio del XIV sec.

NARBONÉSE, ant. prov. della Gallia romana, fondata alla fine del II sec. a.C. Provincia imperiale (27 a.C.), poi senatoria (22 a.C.), si esten-

NAPOLI. *La città e il porto; sullo sfondo, il Vesuvio.*

deva nella Francia merid. dalla regione di Tolosa al Lago Lemano.

NARCÌSO MITOL. GR. Bellissimo figlio del dio fluviale Cefiso e della ninfa Liriope. Per aver rifiutato l'amore di numerose fanciulle, venne indotto da Nemesi a specchiarsi a una fonte; innamoratosi perdutamente della propria immagine riflessa, morì a causa di questa vana passione. Dove giaceva il suo corpo spuntò un magnifico fiore, che prese il suo nome.

NARCÌSO, *m. nel 54 d.C.*, liberto dell'imperatore Claudio. Messo a capo della burocrazia imperiale, fu avversato dalla moglie dell'imperatore, Agrippina Minore, e si uccise all'avvento di Nerone.

NÀRDI (Iàcopo), *Firenze 1476 - Venezia 1563*, storico e commediografo. Seguace di G. Savonarola, repubblicano, dovette abbandonare Firenze dopo il ritorno dei Medici. Frequentò gli Orti Oricellari. Tra le opere, una traduzione delle *Storie* di Tito Livio, *Istorie della città di Firenze dal 1496 al 1538* in 10 voll. (postume, 1538).

NARDÒ, com. in prov. di Lecce; 31.625 ab. Agricoltura (olive, uva, tabacco). Industrie tessili, dell'abbigliamento. Turismo. Cattedrale (XIII-XIV sec.).

NÀRDO DI CIÓNE, *m. nel 1366*, pittore. Insieme al fratello Andrea di Cione, detto l'Orcagna, lavorò al coro di S. Maria Novella e alla navata di S. Croce a Firenze. Sempre in S. Maria Novella affrescò la Cappella Strozzi (*Giudizio, Inferno e Paradiso*, 1350-1360).

NAREW, f. dell'Europa orient., affl. di destra della Vistola; 484 km.

NARITA, aeroporto di Tokyo.

NARMADA → NÀRBADA.

NÀRNI, com. in prov. di Terni; 20.143 ab. Agricoltura (cereali, foraggi). Industrie tessili, metallurgiche. Ponte di Augusto (I sec.). Duomo romanico. Palazzo comunale (1273).

NÀRO, com. in prov. di Agrigento; 9742 ab. Agricoltura (agrumi, ortaggi, mandorle). Industrie alimentari, del legno. Chiesa di S. Caterina (XIV sec.).

NARSÈTE, *478 ca. - Roma 568*, generale bizantino. Eunuco di origine armena, dopo aver represso la rivolta di Nika (532) si pose al servizio di Giustiniano I. Sconfisse gli ostrogoti di Totila (552) e distrusse gli eserciti franchi e alamanni discesi in Italia. Gli fu opulenta l'organizzazione politico-amministrativa dei territori conquistati.

NARVA (battàglia di) (30 nov. 1700), battaglia combattuta a N. (Estonia) durante la guerra del Nord tra le forze del re Carlo XII di Svezia e l'esercito russo dello zar Pietro il Grande, che subì una pesante sconfitta.

NARVÁEZ (Ramón María), dùca **di Valencia**, *Loja 1800 - Madrid 1868*, generale e politico spagnolo. Sostenitore della regina Isabella II di Borbone durante la prima guerra carlista (1833-1839), contribuì alla caduta del generale B. Espartero nel 1843.

NARVIK, c. della Norvegia settentr.; 18.577 ab. Porto. Esportazione di minerali ferrosi. Durante la seconda guerra mondiale, vi si combatté la battaglia di N. tra l'esercito tedesco sbarcato nella città e quello norvegese sostenuto dalla flotta britannica e dalle truppe francesi (apr.-mag. 1940).

NAS (Nùcleo antisofisticazioni e sanità), reparto dei carabinieri. Istituito nel 1962, ha il compito di stroncare le attività illecite e le frodi in materia alimentare e di monitorare la sfera produttiva nazionale e l'igiene pubblica.

NASA (National Aeronautics and Space Administration), ente statunitense fondato nel 1958, responsabile della pianificazione, della gestione e del controllo delle ricerche aeronautiche e delle missioni spaziali organizzate dagli Stati Uniti, a eccezione di quelle a carattere strettamente militare.

NÀSCITA DI VÉNERE (La), dipinto di S. Botticelli 1482-1483 ca., Uffizi, Firenze. Commissionato dai Medici e realizzato su ispirazione delle *Stanze* del Poliziano e del pensiero neoplatonico, rappresenta la nascita della dea dalla spuma marina, a simboleggiare la rinascita della classicità e di un mondo ideale in cui la natura è governata dalla cultura.

NASH (John), *Londra 1752 - Cowes, Isola di Wight, 1835*, architetto e urbanista britannico. Autore di opere in stile neoclassico, divenne poi un esponente rappresentativo dell'eclettismo pittoresco.

NASHE o **NASH** (Thomas), *Lowestoft 1567 - Yarmouth 1601 ca.*, scrittore inglese. È autore di *pamphlet* satirici e del romanzo picaresco *Il viaggiatore sfortunato*.

NASHVILLE, c. degli Stati Uniti, cap. del Tennessee; 569.891 ab. Importante centro musicale e religioso.

NASIK, c. dell'India (Maharashtra); 1.076.967 ab. Santuari rupestri buddhisti (I-II sec. d.C.).

NÀSRIDI, dinastia araba che regnò a Granada (1238-1492).

NASSAU, cap. di Bahama; 214.000 ab.

NASSAU (casàta di), dinastia tedesca che si stabilì in Renania nel XII sec. Dopo il 1255 si suddivise nelle due linee valeranica e ottoniana, che nel XVI sec. ottenne il principato d'Orange, da cui si originò il ramo Orange-Nassau, protagonista di primo piano nella storia dei Paesi Bassi.

NASSAU (Federico Enrico **di**) → FEDERICO ENRICO.

NASSAU (Guglièlmo I **di**) → GUGLIELMO I DI NASSAU.

NASSAU (Maurizio **di**) → MAURIZIO DI NASSAU.

NASSER (Gamal Abdel), *Beni Mor 1918 - Il Cairo 1970*, politico egiziano. Nel 1943 fondò la società segreta rivoluzionaria degli Ufficiali liberi, promotrice del colpo di Stato che nel 1952 detronizzò re Faruk e portò al potere il generale M. Neguib. Dopo la proclamazione della repubblica (1953), N. destituì Neguib ed emarginò i comunisti (1954), venendo eletto presidente della repubblica (1956). Nel 1956 la nazionalizzazione del canale di Suez da lui decisa provocò la reazione di Francia e Gran Bretagna che, appoggiate militarmente da Israele, occuparono il canale. Oltre ad accelerare il processo di nazionalizzazione per avviare l'industrializzazione del paese, nel 1957 N. iniziò la costruzione della diga di Assuan con l'appoggio finanziario dell'Unione Sovietica. Nel frattempo fondò la Repubblica araba unita (RAU, 1958), divenendo il leader del socialismo panarabo e dei paesi non allineati. Dopo la sconfitta subita nello scontro con Israele (guerra dei Sei giorni, 1967), il presidente egiziano si dimise, ma fu costretto a ritirare le dimissioni di fronte a un plebiscito popolare che lo rivolle al potere, dove restò fino alla morte, dimostrandosi però più favorevole a una conclusione diplomatica della crisi mediorientale.

□ *Gamal Abdel Nasser.*

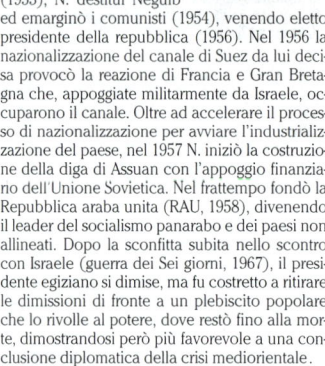

NASSER (Làgo), bacino artificiale tra Egitto e Sudan, formatosi in seguito allo sbarramento del Nilo tramite la diga di Assuan.

NÀSSO, in gr. *Náxos*, isola della Grecia, la più grande delle Cicladi; 428 km²; 17.093 ab.; c. princ. *Náxos* (4334 ab.).

NATAL, ant. prov. del Sudafrica, che nel 1994 prese il nome di Kwazulu-N. Conquistato dai britannici nel 1843, il N. divenne una colonia separata del Capo nel 1856. Aderì all'Unione sudafricana nel 1910.

NATAL, c. del Brasile, cap. del Rio Grande do Norte, sull'Atlantico; 712.317 ab. Porto.

NATALÌNI (Adòlfo), *Pistoia 1941*, architetto. Fondatore del gruppo Superstudio (1966-1978) e noto designer di mobili, ha sviluppato numerosi progetti per centri storici. Tra le opere, sede della Cassa rurale e artigiana dell'Alta Brianza ad Alzate Brianza (1979-1983) e nuova sede del Teatro regionale toscano a Firenze (1984-1987).

NÀTAN o **NATHAN**, *X sec. a.C.*, profeta biblico. Fu incaricato da Jahweh di rimproverare Davide per aver commesso adulterio con Betsabea.

NATIONAL GALLERY, a Londra, uno dei più ricchi musei del mondo (dipinto delle diverse scuole europee).

NATIONAL GALLERY OF ART, ricco museo statunitense, a Washington (dipinti di scuola europea; arte contemporanea).

NATIONAL GEOGRAPHIC SOCIETY, istituzione scientifica fondata nel 1888 a Washington. Si occupa della divulgazione della conoscenza in ambito geografico e pubblica il mensile *National Geographic Magazine*, una delle più prestigiose riviste geografiche a livello mondiale.

NATISÓNE, f. del Friuli-Venezia Giulia; 50 km. Nasce dal Monte Maggiore (1615 m), scorre per un breve tratto in Slovenia, bagna Cividale e confluisce nel f. Torre, affluente dell'Isonzo.

NATITINGOU, c. del Benin; 57.153 ab.

NATO (North Atlantic Treaty Organization, in it. Organizzazione del patto del Nord Atlantico), trattato di alleanza tra diversi Stati (art. 19) volto ad assicurare la loro difesa reciproca e collettiva. Firmato il 4 apr. 1949 a Washington da Belgio, Canada, Danimarca, Stati Uniti, Francia (che si ritirerà nel 1966), Gran Bretagna, Islanda, Italia, Lussemburgo, Norvegia, Paesi Bassi e Portogallo, il trattato, garantendo soprattutto agli europei l'appoggio degli Stati Uniti in caso di aggressione, fu ratificato nel 1952 da Turchia e Grecia, nel 1955 dalla RFT e nel 1982 dalla Spagna. Dopo la dissoluzione del patto di Varsavia (1991), fu creato il COCONA, Consiglio di cooperazione del Nord Atlantico (cui succederà nel 1997 il CPEA, Consiglio di partenariato euroatlantico), allo scopo di stabilire legami di amicizia con i paesi dell'Est e con gli Stati dell'ex URSS. A partire dal 1994 la Nato ha firmato un accordo con questi paesi, tre dei quali (Ungheria, Polonia, Rep. Ceca) sono stati ammessi nell'organizzazione nel 1999. Il consiglio permanente della N. ha sede a Bruxelles.

NATORP (Paul), *Düsseldorf 1854 - Marburgo 1924*, filosofo tedesco. Rappresentante della scuola di Marburgo, si preoccupò in particolar modo di garantire alla conoscenza un fondamento logico.

NATSUME (Soseki), *Tokyo 1867-1916*, scrittore giapponese. I suoi romanzi analizzano le difficoltà che l'individuo incontra nell'adattarsi all'evoluzione della società (*E dopo?*).

NÀTTA (Alessandro), *Imperia 1918-2001*, politico. Membro del PCI dal 1945, fu deputato dal 1948 al

La nascita di Venere *di S. Botticelli, 1482-83 ca. (Uffizi, Firenze.)*

1991. Succedette a E. Berlinguer come segretario del PCI nel 1984, mantenendo la carica fino al 1988, quando, colpito da infarto, si dimise venendo sostituito da A. Occhetto. Eletto nel 1989 presidente del partito, contrastò la linea di rinnovamento politico avviata dal nuovo segretario. Rinunciò all'incarico parlamentare nel 1991.

NÀTTA (Giùlio), *Imperia 1903 - Bergamo 1979*, chimico. Lavorò alla messa a punto dei catalizzatori per la polimerizzazione stereospecifica e studiò le strutture dei nuovi polimeri. (Premio Nobel 1963.)

NATTIER (Jean-Marc), *Parigi 1685-1766*, pittore francese. Specializzato in ritratti a tema mitologico, a partire dal 1740 divenne il pittore della famiglia reale.

NAUCALPAN DE JUÁREZ, c. del Messico, sobborgo nord-occ. di Città del Messico; 835.053 ab.

NÀUCRATI, ant. c. dell'Egitto sul delta del Nilo. Unico porto aperto agli stranieri, principalmente ai greci (VI sec. a.C.), N. fu la metropoli commerciale dell'Egitto fino alla fondazione di Alessandria, nel 332 a.C.

NÀULOCO (battàglia di), battaglia navale svoltasi nel 36 a.C. nell'omonima località della costa settentr. della Sicilia. La flotta di Vipsanio Agrippa vi sconfisse quella di Sesto Pompeo, permettendo a Ottaviano di accrescere il suo potere.

NAUMAN (Bruce), *Fort Wayne 1941*, artista statunitense. Attraverso una molteplicità di mezzi espressivi (scultura, performance, interazione di linguaggi, scritte al neon, video, installazioni), si è dedicato a un'esplorazione acuta e critica dei comportamenti umani.

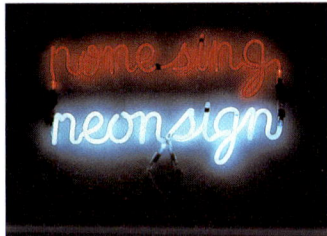

Bruce **NAUMAN.** None sing/neon sign, *1970;* tubi al neon. (MNAM, Parigi.)

NAUMBURG, c. della Germania (Sassonia-Anhalt), sul f. Saale; 30.576 ab. Cattedrale romanico-gotica (sculture del XIII sec.).

NAUNDORFF o **NAUNDORF** (Karl), *m. a Delft nel 1845*, avventuriero di origine tedesca. Orologiaio, condannato in Germania per falsificazione di denaro, si spacciò per Luigi XVII, si recò in Francia nel 1833 e ne fu espulso tre anni dopo per impostura.

NÁUPACTOS → LEPANTO.

NÀUPLIA, in gr. *Návplion*, c. della Grecia, nel Peloponneso, in Argolide; 11.453 ab. Cittadella. Turismo.

NAURU, Stato dell'Oceania; 21 km²; 11.000 ab. CAP. *Yaren*. LINGUE: *nauruano* e *inglese*. MONETA: *dollaro australiano*. È un atollo della Micronesia, vicino all'equatore. La sua economia si è basata per molto tempo sui giacimenti, oggi esauriti, di fosfati. Lo Stato di N. è diventato indipendente, nell'ambito del Commonwealth, nel 1968 ed è entrato a far parte dell'ONU nel 1999.

NAUSÌCAA MITOL. GR. Personaggio dell'*Odissea*, figlia di Alcinoo, re dei Feaci. Accolse Ulisse naufrago.

NÀVA (Còl di), valico delle Alpi Marittime; 934 m. È situato tra le valli del torrente Arroscia e del f. Tanaro.

NAVAGÈRO, famiglia patrizia veneziana. — Andrea N., *Venezia 1483 - Blois 1529*. Fu poeta lirico in latino e diplomatico in Francia e Spagna. Tra le opere, *Lusus* (postuma, 1530). — Bernardo N., *Venezia 1507 - Verona 1565*. Cardinale e vescovo di Verona, fu legato pontificio al concilio di Trento (1563).

NAVAJO, popolazione amerindia degli Stati Uniti sud-occ. (riserve principalmente in Arizona) (ca. 110.000 individui). I n. costituiscono un ramo della popolazione apache; sedentari, sottoposti all'influenza dei vicini pueblos, sono noti per la notevole produzione artigianale. Parlano una lingua athabasca.

NAVARÌNO, già **Pilo**, c. della Grecia, nel Peloponneso, sul Mar Ionio; 2014 ab. Porto. – 15 km a N si trova il sito dell'ant. città omerica di Pilo. Resti del Palazzo di Nestore.

NAVARÌNO (battàglia di) (20 ott. 1827), battaglia combattuta durante l'indipendenza della Grecia. Disfatta della flotta turco-egizia a opera della squadra anglo-franco-russa, nella Baia di N.

NAVÀRRA, comunità autonoma della Spagna; 543.757 ab.; capol. *Pamplona*; 1 prov. (*Pamplona*).

NAVÀRRA (régno di), ant. regno sud-occ. della Francia e settentr. della Spagna. IX sec.: centro di resistenza contro visigoti, franchi e arabi, la regione di Pamplona diventa un regno. **1000-1035**: il re di N. governa su tutta la Spagna cristiana. **1284**: la N. viene unita alla Francia. **1512**: Ferdinando II il Cattolico si impossessa dell'Alta N. spagnola. **1589**: l'ascesa di Enrico III di N. al trono di Francia (Enrico IV) riunisce definitivamente la Bassa N. alla Francia.

NAVAS DE TOLOSA (battàglia di Las) (16 lug. 1212), battaglia della Reconquista. Vittoria dei re di Aragona, di Castiglia e di Navarra sugli Almohadi, ai piedi della Sierra Morena (prov. di Jaén). Allontanò la minaccia musulmana e preparò la riconquista dell'Andalusia.

NAVIGATIO SANCTI BRANDANI → BRANDANO.

NAVÌGLIO GRÀNDE, canale navigabile della Lombardia; 50 km. Utilizzato anche per l'irrigazione, fu costruito nel 1269; nasce dal f. Ticino e sfocia nella darsena di Porta Ticinese a Milano.

NAVRATILOVA (Martina), *Praga 1956*, tennista di origine ceca, naturalizzata statunitense. In singolare, ha vinto nove volte Wimbledon (1978, 1979, dal 1982 al 1987, e 1990), tre volte gli Australian Open (1981, 1983 e 1985), due Roland-Garros (1982 e 1984) e quattro Flushing Meadow (1983, 1984, 1986 e 1987).

NÁXOS, ant. c. greca della Sicilia (735-403 a.C.).

NAYAR, casta guerriera dell'India merid. (ca. 7,5 milioni di individui). I n., che costituiscono all'incirca un quarto della popolazione del Kerala, sono suddivisi in numerose sottocaste gerarchizzate. Sono in parte convertiti al cristianesimo.

NAZARÉ, c. del Portogallo; 10.180 ab. Porto e centro turistico.

NAZARETH, c. d'Israele, in Galilea; 53.100 ab. Secondo i Vangeli, Gesù visse qui con la famiglia fino all'inizio del suo ministero. — Basilica dell'Annunciazione (1962-1969).

NAZÀRI DI CALABIÀNA (Luigi), *Savigliano 1808 - Milano 1893*, prelato e politico. Fu vescovo di Casale Monferrato (1847), senatore del regno (1848) e arcivescovo di Milano (1867). Accanito oppositore della proposta di abolire il foro ecclesiastico e la manomorta, provocò una crisi, che condusse alle temporanee dimissioni di C. Cavour (1855).

NAZÀRIO E CÈLSO(santi), *I-II sec.*, martiri cristiani. La tradizione vuole che siano morti a Milano a causa delle persecuzioni di Nerone. Nel 393 sant'Ambrogio ritrovò i loro corpi.

NAZCA, cultura precolombiana classica (200 a.C. - 600 d.C.) della costa merid. del Perú. È famosa per le necropoli, che presentano un ricco arredo funerario (tessuti policromi), e per lo straordinario complesso di tracciati sul terreno, che possono raggiungere anche notevoli proporzioni, (da 500 m a 8 km), la cui interpretazione è controversa.

NAZIÓNE (La), quotidiano fondato nel 1859 a Firenze. Sorto con il sostegno di B. Ricasoli e coordinato da un gruppo di liberalconservatori, ebbe tra i collaboratori G. Carducci e L. Settembrini. Soppresso nel 1943, riprese le pubblicazioni nel 1947. Direttori: A. D'Ancona, V. Mantegazza, A. Borelli, M. Maffii, P. Gentile, A. Russo (1953-1961), E. Mattei, D. Bartoli, A. Sensini, A. Petacco, G. Piazzesi, P. Magi, R. Ciuni, T. Neirotti, R. Gelmini, G. Canè, F. Carrassi.

NAZIÓNI UNÌTE (Organizzazióne delle) → ONU.

NAZOR (Vladimir), *Postire 1876 - Zagabria 1949*, scrittore iugoslavo di lingua croata, autore di romanzi e di poesie liriche ed epiche.

NAZZÀRI (Salvatóre Amedèo **Bùffa**, detto Amedèo), *Cagliari 1907 - Roma 1979*, attore cinematografico e teatrale. Tra le sue interpretazioni, *Ginevra degli Almieri* (1935), *Cavalleria* (1936), *Luciano Serra pilota* (1938), *Montevergine* (1939), *La cena delle beffe* (1941), *Catene* (1950), *Il brigante Musolino* (1950), *Tormento* (1951), *I figli di nessuno* (1951), *Le notti di Cabiria* (1957), *Melodrammore* (1978).

NAZZÀRO (Felice), *Torino 1881-1940*, pilota automobilistico. Membro della scuderia FIAT, vinse la Targa Florio (1907 e 1913), il Gran Premio d'Italia (1908) e il Gran Premio di Francia (1907 e 1922).

NBC (National Broadcasting Company), una delle tre principali emittenti televisive statunitensi (con ABC e CBS), creata nel 1926.

N'DJAMENA, già **Fort-Lamy**, cap. del Ciad, sul Chari; 1.043.000 ab. Università.

NDOLA, c. dello Zambia; 282.000 ab. Giacimenti di rame.

NEAGH (lough), lago dell'Irlanda del Nord; 388 km².

NEANDERTAL, sito preistorico della Germania occ., nei pressi di Düsseldorf. Nel 1856 vi fu scoperto il primo scheletro fossile umano con caratteristiche morfologiche ben distinte da quelle dell'uomo attuale. Chiamato "uomo di N.", è rappresentativo dei neandertaliani (*Homo sapiens neandertalensis*), che occuparono l'Europa e il Medio Oriente tra il 120.000 e il 35.000 a. C.

NEÀRCO, *IV sec. a.C.*, navigatore cretese. Comandò la flotta di Alessandro Magno, lasciando un resoconto della sua traversata dalle foci dell'Indo al Mar Rosso (*Periplo*).

NEBBIO, reg. della Corsica settentr.

NEBO, montagna della Giordania, a NE del Mar Morto. È il luogo dove secondo la tradizione morì Mosè.

NEBRASKA, Stato degli Stati Uniti; 1.711.263 ab.; cap. *Lincoln*.

NÈBRODI, catena montuosa della Sicilia. Detti anche Caronie, i N. si estendono dai Peloritani alle Madonie; la vetta massima è il Monte Soro (1847 m). Agricoltura e sfruttamento forstale.

NEČAEV (Sergei Gennàdievič), *Ivanovo 1847 - San Pietroburgo 1882*, rivoluzionario russo. Redasse con M.A. Bakunin *Il catechismo del rivoluzionario* (1869). Fu espulso dalla Prima Internazionale (1871) e condannato all'ergastolo (1873) per l'assassinio di un membro di una società segreta da lui fondata.

NECAO I o **NECO I**, uno dei principi di Sais (fine dell'VIII - inizio dei VII sec.). Regnò sul delta del Nilo. — Necao o **Neco II**, faraone d'Egitto (609-594 a.C.), della XXVI dinastia. Difese Giosia, re di Giuda, a Megiddo, ma, sconfitto a Karkemish (605 a.C.) da Nabucodonosor II, dovette rinunciare alla Palestina e alla Siria.

NECHAKO, f. del Canada occ., affl. di destra del Fraser; 400 km.

NECKAR, f. della Germania, affl. di destra del Reno, al quale si unisce a Mannheim; 367 km. Attraversa Tübingen e Heidelberg.

NECKARSULM, c. della Germania (Baden-Württemberg), sul f. Neckar; 27.482 ab. Industrie automobilistiche.

NECKER (Jacques), *Ginevra 1732 - Coppet 1804*, finanziere e politico francese. Ministro generale delle finanze (1777) di Luigi XVI, si inimicò il parlamento e la corte creando assemblee provinciali incaricate di stabilire le imposte e denunciando le forti somme versate ai cortigiani, e nel 1781 dovette dimettersi. Richiamato nel 1788, non riuscì a riassestare la situazione finanziaria e convocò gli Stati generali. Non potendo gestire gli eventi, si rifugiò in Svizzera con la figlia, M.me de Staël.

■ *Jacques Necker ritratto da J.S. Duplessis. (Coll. priv.)*

NECTÀNEBO I, primo faraone egizio della XXX dinastia (378-360 a.C.). Difese con successo l'Egitto contro Artaserse II e fece costruire molti edifici. — **Nectanebo II**, faraone egizio della XXX dinastia (359-341 a.C.). Sconfitto da Artaserse III, fu l'ultimo sovrano indigeno dell'Egitto.

NEDERLAND, nome fiamm. dei *Paesi Bassi.

NÉEL (Louis), *Lione 1904 - Brive-la-Gaillarde 2000*, fisico francese. Ha scoperto numerosi tipi di magnetismo, il ferromagnetismo e l'antiferromagnetismo, completando le teorie di P. Curie, P. Weiss e P. Langevin. (Premio Nobel 1970.)

NEEMÌA, ebreo persiano che organizzò (445 a.C.), con il sacerdote Esdra, la ricostruzione di Gerusalemme e della comunità ebraica prima dell'esilio. Il libro biblico che porta il suo nome (III sec. a.C.) racconta questo evento.

NEÈRA (Ànna **Ràdius Zùccari**, detta), *Milano 1846 - 1918*, scrittrice. Scrisse romanzi sentimentali incentrati sulla condizione femminile (*Un nido*, 1880; *Teresa*, 1886; *Crevalcore*, 1907; *Crepuscoli di libertà*, 1917) e il libro di memorie *Una giovinezza del secolo XIX* (1919).

NEERWINDEN (battaglie di) (29 lug. 1693 e 18 mar. 1793), battaglie combattute nell'omonima località del Belgio (in Brabante). Durante la prima i francesi, guidati dal maresciallo di Lussemburgo, sconfissero le truppe della lega di Augusta guidate da Guglielmo III d'Orange. Nella seconda i francesi di C.F. Dumouriez furono battuti dagli austriaci e dovettero abbandonare il Belgio.

NEFERTÀRI, *XIII sec. a.C.*, regina d'Egitto, sposa del faraone Ramesse II.

NEFERTÌTI, *XIV sec. a.C.*, regina d'Egitto, sposa di Amenofi IV Akhenaton. I musei di Berlino, del Cairo e il Louvre di Parigi ne conservano tre belle rappresentazioni scultoree.

■ *Nefertiti. (Museo egizio, Il Cairo.)*

NÉFTALI, personaggio biblico, figlio di Giacobbe, e antico eponimo di una tribù del N della Palestina.

NEGED o **NAJD**, ant. emirato, att. parte dell'Arabia Saudita; c. princ. *Riyadh*. Nel XVIII sec. il N. fu centro del movimento wahhabita.

NEGEV, reg. desertica dell'Israele merid., che digrada sul Golfo di Aqabah. Colture irrigue.

NEGHIB (Muhammad), *Khartum 1901 - Il Cairo 1984*, militare e politico egiziano. Generale dell'esercito egiziano, si distinse nel 1948 nella guerra contro Israele. Nel 1952 capeggiò il colpo di Stato contro il re Faruk e l'anno successivo divenne presidente della repubblica. Nel 1954 gli succedette G.A. Nasser.

NÉGRI (Àda), *Lodi 1870 - Milano 1945*, poetessa e scrittrice. Dopo l'esordio con liriche di ispirazione umanitaria (*Fatalità*, 1892; *Tempeste*, 1896), passò a motivi intimisti (*Maternità*, 1904; *Dal profondo*, 1910; *Il libro di Mara*, 1919) caratterizzati da una vena estetizzante, vicina alla lezione di G. D'Annunzio. Tra le raccolte successive, *I canti dell'isola* (1924), *Fons amoris* (1939-1943).

NÉGRI (Césare), *Milano 1536 ca. - dopo il 1604*, maestro di danza. Scrisse il manuale *Nuove Invenzioni di Ballo* (1604), importante per la conoscenza del ballo cinquecentesco, dove codificò le cinque posizioni della futura danza accademica.

NEGRITOS, nome di numerosi gruppi autoctoni delle Filippine, caratterizzati da bassa statura e da pelle scura, e in altre popolazioni asiatiche e oceaniche con analoghe caratteristiche somatiche.

NEGROPÓNTE → EUBEA.

NEGROPONTE (Nicholas), *New York 1943*, informatico statunitense. Fondatore e direttore del Media Laboratory del MIT, è stato uno dei primi studiosi a intuire le potenzialità degli strumenti multimediali e della comunicazione digitale. Il suo saggio *Essere digitali* (1995) ha avuto un'ampia diffusione in tutto il mondo.

NEGROS, isola delle Filippine, a NO di Mindanao; 13.000 km²; 3.691.784 ab.

NEGRUZZI (Costache), *Trifeşti 1808 - Iaşi 1868*, scrittore romeno, autore di novelle storiche.

NEHRU (Jawaharlal), *Allahabad 1889 - Delhi 1964*, politico indiano. Discepolo di Gandhi, presidente del Congresso nazionale indiano a partire dal 1929, fu uno dei fautori dell'indipendenza dell'India. Primo ministro (1947-1964), sviluppò e rinnovò l'industria; nella politica estera sostenne il neutralismo, giocando un ruolo di primo piano

nella conferenza internazionale di Bandung (1955).

■ *Jawaharlal Nehru.*

NEIGES (Piton des), punto culminante dell'isola della Réunion; 3069 m.

NEILL (Alexander Sutherland), *Forfar, distr. di Angus, Scozia, 1883 - Aldeburgh, Suffolk, 1973*, pedagogo britannico. Fondò una scuola, che descrisse nell'opera *I bambini liberi di Summerhill* (1960), dove i bambini avevano la possibilità di educarsi con il minimo intervento degli adulti.

NEIPPERG (Adam Adalbert, cónte **von**), *Vienna 1775 - Parma 1829*, generale austriaco. Sposò Maria Luigia alla morte di Napoleone (1821).

NEISSE, in pol. **Nysa Łużycka**, f. dell'Europa centrale, che nasce nella Rep. Ceca, affl. di sinistra dell'Oder; 256 km. Segna il confine tra la Germania e la Polonia.

NEIVA, c. della Colombia, sul Río Magdalena; 250.838 ab.

NEKRASOV (Nikolaj Alekseevič), *Nemirov 1821 - San Pietroburgo 1877*, scrittore e pubblicista russo. Poeta d'ispirazione popolare, collaborò a riviste liberali (*Il Contemporaneo*, *Annali patri*) che contribuirono all'evoluzione politica e letteraria della Russia.

NÈLLI (Iàcopo Àngelo), *Siena 1673-1767*, autore teatrale. Influenzato da Molière, scrisse commedie dall'intento moraleggiante rielaborando i temi e i modi del teatro di Plauto e della commedia dell'arte. Tra le opere, *La serva padrona*, *La suocera e la nuora*, *Il tormentator di se stesso*, *Il faccendone*.

NELLORE, c. dell'India, presso la costa del Coromandel; 378.947 ab.

NELSON, f. del Canada centrale, emissario del Lago Winnipeg, che sfocia nella Baia di Hudson a Port Nelson; 650 km. Centrali idroelettriche.

NELSON (Horatio, viscónte), dùca **di Bronte**, *Burnham Thorpe 1758 - in mare 1805*, ammiraglio britannico. Sostenne contro i francesi battaglie navali decisive, vincendo ad Abukir (1798) e a Trafalgar, dove fu ucciso. Rompendo con le tattiche navali del XVIII sec., introdusse a Trafalgar la disposizione della flotta su due colonne, che restò un modello.

■ *L'ammiraglio Nelson ritratto da F. Abbott. (National Portrait Gallery, Londra.)*

NEMAN, in pol. **NIEMEN**, f. dell'Europa orient., che nasce in Bielorussia e sfocia nel Mar Baltico; 937 km. Il suo corso inferiore separa la Lituania dall'enclave di Kaliningrad (Russia).

NEMÈA MITOL. GR. Valle dell'Argolide, dove si celebravano i famosi giochi (Nemee). Eracle vi uccise il leone che terrorizzava il paese.

NÈMESI MITOL. GR. Dea della vendetta.

NEMESIÀNO (Màrco Aurèlio Olìmpio, *Cartagine III sec.*, poeta latino. Fu autore di *Cynegetica*, un poema sulla caccia di cui restano 325 esametri, e di quattro egloghe di ispirazione virgiliana.

NÈMI, com. in prov. di Roma; 1812 ab. Turismo. Resti di un santuario dedicato a Diana. Sul lago omonimo (1,6 km²) fu aperto negli anni 1929-1931 un emissario artificiale che permise il recupero di due navi romane dell'epoca di Caligola.

NEMOURS, c. della Francia, nel dip. Seine-et-Marne, sul f. Loing; 13.001 ab. Castello che risale al XIII sec. (museo municipale); museo della preistoria.

NEMRUT DAĞ, monte della Turchia, nella prov. di Adyaman, a SE di Malatya, che raggiunge i 2300 m. Vestigia del monumento funerario (I sec. a.C.) di Antioco I di Commagene.

NENCIÓNI (Enrico), *Firenze 1837 - Ardenza 1896*, critico letterario e poeta. Fu redattore del *Fanfulla della domenica* e collaborò alla *Nuova Antologia*. Divulgatore in Italia della letteratura inglese (*Saggi critici di letteratura inglese*, postumo, 1897), scrisse *Poesie* (1880) di ispirazione dannunziana e decadentista.

NENET, popolazione della Russia (Siberia nordocc.) (ca. 35.000 individui). Spesso nomadi, i n. allevano le renne nella tundra. Sono i più numerosi tra i samoiedi.

NÈNNI (Piètro), *Faenza 1891 - Roma 1980*, politico. Aderì al Partito socialista nel 1921 e dal 1923 fu il direttore de *L'Avanti!* (1923-1925). Figura di rilievo del Partito socialista dal 1930 al 1970, sostenitore di un'alleanza con i comunisti e, dopo il 1956, di un avvicinamento alla DC, fu vicepresidente del consiglio (1945-1946 e 1963-1968) e ministro degli esteri (1946-1947 e 1968-1969). Nel 1970 fu nominato senatore a vita.

NEOTTÒLEMO → PIRRO.

NEP (sigla russa che significa "Nuova politica economica"), politica economica, più liberale, introdotta da Lenin nella Russia sovietica nel 1921 e in vigore fino al 1929.

NEPAL, Stato dell'Asia merid., nell'Himalaya; 140.000 km²; 23.593.000 ab. (*nepalesi*). CAP. *Katmandu*. LINGUA: *nepalese*. MONETA: *rupia nepalese*.
[*V. carta del Bhutan*.]

GEOGRAFIA − È uno Stato dell'Himalaya, tra Cina e India, ad alta densità demografica; la popolazione, composta soprattutto da gurkha e a maggioranza industa, si concentra nelle valli e nei bacini del centro ed è dedita principalmente alla risicoltura. Il turismo è diventato una risorsa di rilievo.

STORIA − IV-VIII sec.: i newar della valle di Katmandu adottano la civiltà indiana. A partire dal XII sec.: il resto del paese, a eccezione delle vallate del N occupate dai tibetani, viene progressivamente colonizzato dagli indo-nepalesi. 1744-1780: la dinastia Gurkha unifica il paese. 1816: in base al trattato di Sugauli il N. è costretto ad accettare una sorta di protettorato britannico. 1846-1951: una dinastia di primi ministri, i Rana, detiene il potere effettivo. 1923: la Gran Bretagna riconosce formalmente l'indipendenza del N. 1951: Tribhuvana Bir Bikram (1911-1955) ristabilisce l'autorità regale. 1955-1972: Mahendra Bir Bikram regna sul paese; 1972: gli succede Birendra Bir Bikram. 1990: il sovrano autorizza la formazione di partiti politici. 1991: si tengono le prime elezioni multipartitiche. Due formazioni politiche, il Congresso nepalese e il Partito comunista, dominano la scena politica. Dal 1996: le truppe governative devono far fronte allo sviluppo di una guerriglia maoista. 2001: B. Bir Bikram viene assassinato con quasi tutti i membri della famiglia reale (ufficialmente per mano del principe ereditario Dipendra, che si suicida). Sale al trono il fratello del re, Gyanendra Bir Bikram. La carica di primo ministro viene assunta da Sher Bahadur Deuba, del Partito comunista. 2002: Gyanendra scampa a un attentato.

NEPÉRO, **NAPIER** (John) o **NEPER**, *Merchiston, presso Edimburgo, 1550-1617*, matematico scozzese cui si deve l'invenzione dei logaritmi (1614), destinati a semplificare i calcoli di trigonometria nel campo dell'astronomia e della navigazione.

NÈPI, com. in prov. di Viterbo; 7746 ab. Ant. centro etrusco (*Nepet*), conserva resti delle mura e una necropoli. Rocca (1450). Duomo di S. Maria Assunta (1831). Nei dintorni, basilica di S. Elia (XI sec.).

NEPÓTE (Cornèlio) → CORNELIO NEPOTE.

NEPÓTE (Giùlio), *m. a Salona nel 480*, imperatore romano d'Occidente. Inviato in Italia dall'imperatore d'Oriente Leone I per combattere contro l'usurpatore Glicerio, fu proclamato imperatore nel 474. Deposto da Oreste (475), che lo sostituì con il figlio Romolo Augustolo, fuggì a Salona, dove fu ucciso.

NEPOZIÀNO (Flàvio Popìlio), *m. nel 350*, imperatore romano. Nipote di Costantino, alla testa di alcuni mercenari combattè contro Magnenzio e si fece proclamare imperatore a Roma (350), ma fu fatto uccidere dopo un mese dallo stesso Magnenzio.

NÉRA, f. dell'Umbria; 116 km. Nasce dai Monti Sibillini, percorre la Valnerina bagnando Terni e Narni e confluisce di sinistra nel Tevere.

NERÈIDI MITOL. GR. 50 divinità marine, figlie di Nereo, protettrici dei marinai.

NERÈO MITOL. GR. Dio del mare, padre delle Nereidi.

NERGAL, dio babilonese, figlio di Enlil, signore dei morti e degli Inferi.

NÉRI (Filippo) → FILIPPO NERI (santo).

NÉRI (Pompèo), *Firenze 1706-1776*, economista e politico. Segretario del consiglio di reggenza sotto i Lorena, fu chiamato dall'imperatrice Maria Teresa a Milano, dove contribuì alla riforma lombarda conosciuta come *Catasto Teresiano*. Tornato in Toscana, fu nominato ministro degli interni dal granduca Pietro Leopoldo. Tra le opere, *Osservazioni sopra il prezzo legale delle monete* (1751).

NÈRLI (Filippo **de'**), *Firenze 1485-1556*, storico. Partecipò agli Orti Oricellari e fu amico di N. Machiavelli; fu fedele ai Medici, che gli assegnarono incarichi diplomatici e politici. Scrisse i *Commentari de' fatti civili occorsi dentro la città di Firenze dall'anno 1215 al 1537* (1534-1539).

NERNST (Walther), *Briesen, att. Wacedilbrzeźno, Polonia, 1864 - presso Muskau 1941*, fisico e chimico tedesco. Apportò un contributo fondamentale alla teoria delle soluzioni. Dimostrò, nel 1906, che intorno a 0 °K il calore specifico e i coefficienti di dilatazione tendono a zero, scoperta che gli permise di enunciare il terzo principio della termodinamica, o *principio di N.-Planck*.

NÈRO (Frànco **Sparanèro**, detto Frànco), *San Prospero 1941*, attore cinematografico. Ha esordito nel 1964 in *La ragazza in prestito*, segnalandosi poi in produzioni internazionali (*La Bibbia*, 1966; *Camelot*, 1967). Tra le altre interpretazioni, *Il giorno della civetta* (1968), *Il delitto Matteotti* (1973), *Marcia trionfale* (1976), *Querelle de Brest* (1982).

NÉRO (Mar), ant. **Pònto Eusìno**, mare interno che si trova al confine tra Europa e Asia, delimitato dal Bosforo; 461.000 km² con il Mar d'Azov.

NERÓNE (Lùcio Domìzio), *Anzio 37 - Roma 68*, imperatore romano (54-68). Figlio di Domizio Enobarbo e Agrippina, succedette all'imperatore Claudio, suo padre adottivo. L'inizio del suo regno fu promettente, ma la situazione precipitò quando fece imprigionare il figlio di Claudio, Britannico (55), e uccidere Agrippina (59). Dopo la scomparsa dei suoi consiglieri (morte di Burro, disgrazia di Seneca nel 62), si abbandonò al dispotismo, probabilmente causato dalla follia: responsabile del suicidio della moglie Ottavia (62), della quale Poppea prese presto il posto, condannò a morte facoltosi patrizi, i cui beni andarono ad alimentare le casse dello Stato, impoverite dalle stravaganze imperiali. Si rese inoltre colpevole della persecuzione dei cristiani, accusati dell'incendio di Roma (64). Questo regime di terrore suscitò diversi complotti (congiura dei Pisoni, nel 65), finché nel 68 l'esercito, con Galba in Spagna e Vindice in Gallia, si sollevò. Proclamato nemico pubblico dal senato, N. si suicidò.

■ *Nerone. (Museo del Campidoglio, Roma.)*

NERUDA (Neftalí Ricardo **Reyes**, detto Pablo), *Parral 1904 - Santiago 1973*, poeta cileno. Console in Spagna, dove prese parte alla guerra civile, fu poi esiliato in Italia; in seguito fu ambasciatore cileno a Parigi (1970). Scrisse poesie d'amore o d'ispirazione sociale e rivoluzionaria (*Canto general*, 1950; *Per nascere son nato*, 1977). (Premio Nobel 1971.)

NÈRVA (Màrco Coccèio), *Narni 30 ca. - Roma 98*, imperatore romano (96-98), fondatore della dinastia degli Antonini. Successore di Domiziano, collaborò con il senato e adottò Traiano (97), suo successore.

NERVAL (Gérard **Labrunie**, detto Gérard **de**), *Parigi 1808-1855*, scrittore francese. Tradusse nel 1829 il *Faust* di J.W. Goethe ricevendo gli apprezzamenti dell'autore stesso. Afflitto da turbe psichiche, trovò rifugio nella scrittura. Da *Viaggio in Oriente* (1851) fino ad *Aurelia* (1855), tentò di sfuggire alla realtà attraverso l'immaginazione e il sogno, prima di suicidarsi.

NERVÉSA DELLA BATTÀGLIA, com. in prov. di Treviso; 6636 ab. Agricoltura (frutta, ortaggi). Industrie calzaturiere. Nel 1918 vi si svolse la battaglia del Montello tra le truppe italiane e quelle austriache, i cui caduti sono ricordati da un ossario.

NERVI, ant. popolazione della Gallia belgica, che occupò Hainaut, Cambrésis e Brabante belga. Cap.: *Bagacum* (Bavay).

NÈRVI, frazione del com. di Genova, sulla riviera di levante. Centro climatico. Turismo balneare.

NÈRVI (Pièr Luigi), *Sondrio 1891 - Roma 1979*, ingegnere e architetto. Abile progettista di strutture in cemento armato e metallo, costruì, con M. Breuer e B. Zehrfuss, il palazzo dell'UNESCO a Parigi (1954-1958). Tra le altre opere: grattacielo Pirelli, Milano (1955-1960, con G. Ponti); Palazzo delle Esposizioni, Torino (1961).

NESEBĂR, c. della Bulgaria, sul Mar Nero; 3000 ab. Insieme di chiese o resti di chiese bizantine dal V al XIV sec.

NÈSPOLO (Ùgo), *Mosso Santa Maria 1941*, pittore e scultore. Esponente della pop art italiana, si è distinto fin dagli esordi per l'impronta ironica e trasgressiva delle sue opere. Regista di film sperimentali, ha utilizzato varie tecniche e materiali (puzzle, ricamo) e ha esposto con successo i suoi lavori negli Stati Uniti.

NESS (Loch), lago della Scozia, a SO di Inverness. Deve la sua popolarità alla leggenda secondo la quale nelle sue acque si celerebbe un mostro.

NESSELRODE (Karl Robert, cónte **von**), *Lisbona 1780 - San Pietroburgo 1862*, statista russo. Ministro degli affari esteri (1816-1856), servì brillantemente Alessandro I e Nicola I.

NÈSSO MITOL. GR. Centauro che fu ucciso da Eracle per aver tentato di far violenza a Deianira, moglie di quest'ultimo. Per vendicarsi, in punto di morte, N. donò alla donna la sua tunica intrisa di sangue avvelenato, assicurandole che quel talismano le avrebbe propiziato la fedeltà dello sposo. Ma Eracle, a cui Deianira l'avev fatta indossare, morì tra atroci dolori.

NESTLÉ, società svizzera fondata nel 1867, specializzata in diverse produzioni alimentari (latte concentrato, cioccolata, caffè solubile ecc.). Il gruppo è uno dei maggiori al mondo nel suo settore.

NÈSTORE MITOL. GR. Re di Pilo, eroe della guerra di Troia, saggio consigliere.

NESTÒRIO, *Germanica Cesarea, att. Kahramanmaraş, 380 ca. - El-Khārga dopo il 451*, patriarca di Costantinopoli dal 428 al 431. Per la sua dottrina, detta "nestorianesimo", sul rapporto tra la divinità e l'umanità in Gesù Cristo, fu deposto dal concilio di Efeso e, in seguito, esiliato.

NETANYA, c. d'Israele, sul Mediterraneo; 146.700 ab. Porto.

NETANYAHU (Benjamin), *Tel Aviv 1949*, politico israeliano. Capo del Likud (1993-1999), è stato primo ministro dal 1996 al 1999.

NÈTO, f. della Calabria; 92 km. Nasce dal Monte Sorbella, sull'altopiano della Sila, e sfocia nel Mar Ionio nei pressi di Crotone.

NETO (Agostinho), *Kaxikane 1922 - Mosca 1979*, politico angolano, presidente della repubblica dell'Angola dal 1975 fino alla sua morte.

NETTÙNO MITOL. ROM. Divinità delle acque. Diventò il dio del mare quando venne assimilato al greco Poseidone.

NETTÙNO, pianeta del sistema solare situato oltre Urano, scoperto nel 1846 dal tedesco J. Galle, grazie ai calcoli di U.-J.-J. Le Verrier. Semiasse maggiore della sua orbita: 4.504.000.000 km (30,11 volte quello dell'orbita terrestre). Diametro equatoriale: 49.600 km. N. sotto molti aspetti è simile a Urano, ma la sua atmosfera è di gran lunga più turbolenta. È circondato da un anello di materia. Se ne conoscono otto satelliti.

NETZAHUALCÓYOTL, c. del Messico, sobborgo di Città del Messico; 1.225.083 ab.

NEUBRANDENBURG, c. della Germania (Meclemburgo-Pomerania Anteriore); 74.527 ab.

NEUCHÂTEL, c. della Svizzera, capol. del cant. omonimo, sul lago omonimo; 31.639 ab. Università. Industria orologiera, agroalimentare. Turismo. – La città fu sede di un principato che appartenne al re di Prussia dal 1707 al 1798 e dal 1814 al 1857. Nel 1815 divenne cantone in seno alla Confederazione Elvetica. – Castello del XII-XVI sec. Musei. Centro Dürrenmatt (architetto: Mario Botta).

NEUCHÂTEL (cantóne di), cant. della Svizzera; 803 km²; 165.700 ab.; capol. *Neuchâtel*.

NEUCHÂTEL (làgo di), lago della Svizzera, ai piedi del Giura. Misura 38 km di lunghezza per 3-8 km di larghezza; 218 km². Resti di villaggi neolitici sulle sue sponde.

NEUENGAMME, campo di concentramento tedesco, a SE di Amburgo (1938-1945).

NEUE SACHLICHKEIT → NUOVA OGGETTIVITÀ.

NEUE ZÜRCHER ZEITUNG, quotidiano svizzero in lingua tedesca, fondato nel 1780.

NEUHOFF (Theodor, barón **di**), *Colonia 1694 - Londra 1756*, avventuriero tedesco. Nel 1736 si fece proclamare re della Corsica con il nome di Teodoro I, ma fu sconfitto dai genovesi nel 1738.

NEUILLY (trattàto di) (27 nov. 1919), trattato di pace concluso dai vincitori della prima guerra mondiale e dalla Bulgaria, a Neuilly-sur-Seine. La Bulgaria accettò di cedere numerosi territori, limitare le sue forze armate e versare dei risarcimenti.

NEUILLY-SUR-SEINE, c. della Francia, nel dip. Hauts-de-Seine, nei pressi di Bois de Boulogne; 60.364 ab. Agglomerato residenziale.

NEUMANN (Carl Gottfried), *Königsberg 1832 - Lipsia 1925*, matematico tedesco, figlio di Franz Ernst. Docente a Lipsia, studiò le funzioni armoniche e la teoria delle funzioni di B. Riemann. Il *problema di N.*, che si affronta studiando le funzioni armoniche, riguarda la determinazione di una funzione armonica f in uno spazio finito s.

NEUMANN (Franz Ernst), *Joachimstal 1798 - Königsberg 1895*, fisico e matematico tedesco. Compì importanti studi su termodinamica, ottica e induzione elettromagnetica, di cui nel 1845 formulò la prima legge (*legge di Faraday-N.-Lenz*). Scoprì le bande (*bande di N.*) nella struttura cristallina del ferro e dell'acciaio.

NEUMANN (Johann Balthasar), *Cheb, Boemia, 1687 - Würzburg 1753*, architetto e ingegnere tedesco, maestro dell'illusionismo tedesco (residenza di Würzburg, chiesa di Vierzehnheiligen in Baviera).

NEUMANN (Johann o John **von**), *Budapest 1903 - Washington 1957*, matematico statunitense di origine ungherese. È autore della teoria dei giochi (con O. Morgenstern). Alla fine del 1930, definì la struttura di una macchina automatica in grado di elaborare informazioni, la cui struttura corrisponde a quella della maggior parte dei computer attuali. Con J.G. Charney, mise a punto i primi calcolatori.

■ *Johann von Neumann.*

NEUMEIER (John), *Milwaukee 1942*, ballerino e coreografo statunitense. Direttore artistico del Balletto di Francoforte (1969-1973) e, dopo il 1973, del Balletto di Amburgo, acquistò popolarità con le sue opere neoclassiche, che denotano un senso profondo della messa in scena (*Schiaccianoci*, 1971; *Il sogno di una notte d'estate*, 1977; *Peer Gynt*, 1989).

■ *John Neumeier in* Il bacio della fata, *1973.*

NEUMÜNSTER, c. della Germania (Schleswig-Holstein); 80.243 ab.

NEUNKIRCHEN, c. della Germania (Saar); 51.288 ab. Centro industriale.

NEURATH (Konstantin, barόne **von**), *Kleinglattbach 1873 - Leinfelder Hof 1956*, politico tedesco. Ministro degli affari esteri (1932-1938), poi protettore di Boemia e Moravia (1939-1941), fu condannato a 15 anni di carcere al processo di Norimberga.

NEUSIEDL (làgo di), in ung. **Fertö**, lago dell'Europa centrale, al confine tra Austria e Ungheria; 350 km².

NEUSS, c. della Germania (Renania Settentr.-Westfalia), sul Reno; 149.702 ab. Chiesa romanica del XIII sec. (cripta dell'XI sec.); museo.

NEUSTIFT → NOVACELLA.

NÈUSTRIA, uno dei regni della Francia merovingia. Rivale dell'Austrasia al tempo di Clotario I, nel 561 ebbe un ruolo predominante. Pipino di Heristal unì i due regni.

NEUTRA (Richard Joseph), *Vienna 1892 - Wuppertal 1970*, architetto statunitense di origine austriaca. Pioniere nell'utilizzo delle strutture metalliche prefabbricate, legato al rigore dello stile internazionale, realizzò edifici che prefigurano la continuità dello spazio e l'integrazione con l'ambiente circostante.

NEVA, f. della Russia, che nasce dal Lago Ladogaet e sfocia nel Golfo di Finlandia; 74 km. Bagna San Pietroburgo.

NEVADA, Stato degli Stati Uniti, nelle Montagne Rocciose; 3.478 ab.; cap. *Carson City*; c. princ. *Las Vegas*, *Reno*. Turismo.

NEVADA (Sierra), massiccio della Spagna merid.; la sua vetta più elevata è il Mulhacén (3478 m).

NEVADA (Sierra), catena montuosa degli Stati Uniti occ. (California); la sua cima più elevata è il Monte Whitney (4418 m).

NEVADO DEL RUIZ → RUIZ (Nevado del).

NEVERS, c. della Francia, capol. del dip. Nièvre, sulla Loira, 238 km a SSE di Parigi; 43.082 ab. Industria automobilistica. Industrie elettriche. — Cattedrale e Palazzo ducale.

NEVILLE (Richard), cónte **di Warwick** → WARWICK.

NÈVIO (Gnèo), *in Campania 270 ca. - Utica 201 ca. a.C.*, poeta latino. Autore della prima epopea nazionale romana (il poema *Bellum Poenicum*) e di tragedie (*cothurnatae* e *praetextae*), scrisse anche commedie legate alla realtà del suo tempo.

NEVIS, parte dello Stato di Saint Kitts e Nevis; 93 km²; 8800 ab.

NEW AGE, corrente culturale nata negli Stati Uniti intorno al 1970, che predice l'imminente ingresso dell'umanità in una nuova fase, l'"era dell'acquario". Si prefigge il raggiungimento di un maggior benessere individuale, con il ricorso alle terapie alternative e alla meditazione.

NEWAR, popolazione della valle di Katmandu, in Nepal (ca. 1 milione di individui). Tradizionalmente buddhisti, i n. furono fortemente influenzati dall'induismo, da cui mutuarono l'organizzazione in caste. Parlano il newari, della famiglia tibeto-birmana.

NEWARK, c. degli Stati Uniti (New Jersey), sulla Baia di N., nei pressi di New York; 273.546 ab. Porto. Aeroporto.

NEWCASTLE, c. dell'Australia (Nuovo Galles del Sud); 270.324 ab. Porto. Università. Siderurgia.

NEWCASTLE, c. del Canada (Ontario), sul Lago Ontario; 60.615 ab.

NEWCASTLE UPON TYNE o **NEWCASTLE**, c. della Gran Bretagna (Inghilterra), sul Tyne; 204.000 ab. Porto. Università. Metallurgia. Antichi monumenti, musei.

NEWCOMB (Simon), *Wallace, Nuova Scozia, 1835 - Washington 1909*, matematico e astronomo statunitense. Approfondì lo studio dei movimenti della Luna e dei pianeti.

NEWCOMEN (Thomas), *Dartmouth 1663 - Londra 1729*, inventore britannico. Nel 1712 costruì la prima macchina a vapore funzionante, con caldaia, cilindro e pistone.

NEW CRITICISM ("Nuòva crìtica"), orientamento critico-letterario sorto negli anni '20 del secolo scorso negli Stati Uniti e in Inghilterra. Formatosi su ispirazione del saggio *Il bosco sacro* (1920) di T.S. Eliot, prese il nome da un saggio di J.C. Ranson (1939) ed ebbe tra i maggiori esponenti A. Tate, C. Brooks, Y. Winters. Sostenne l'autonomia dell'opera artistica rispetto alla realtà quotidiana e al contesto sociale.

NEW DEAL ("Nuòvo córso"), nome dato alle riforme messe in opera da F.D. Roosevelt negli Stati Uniti, a partire dal 1933, per risollevare la nazione dalla crisi economica e sociale.

NEW DELHI → NUOVA DELHI.

NEWFOUNDLAND, nome ingl. di *Terranova*.

NEW HAMPSHIRE, Stato degli Stati Uniti, nella Nuova Inghilterra; 1.235.786 ab.; cap. *Concord*.

NEW HAVEN, c. degli Stati Uniti (Connecticut); 123.626 ab. Porto. Università di *Yale*.

NEWHAVEN, c. della Gran Bretagna (Inghilterra), sulla Manica; 10.000 ab. Porto. Stazione balneare.

NE WIN (Maung Shu Maung, detto U), *Paungdale 1911-2002*, generale e politico birmano. Primo ministro dopo il colpo di Stato del 1962, poi capo di Stato (1974-1981), fino al 1988 ha conservato al potere una direzione del partito unico.

NEW JERSEY, Stato degli Stati Uniti, sull'Atlantico; 8.414.350 ab.; cap. *Trenton*; c. princ. *Newark*.

NEWMAN (Barnett), *New York 1905-1970*, pittore statunitense di origine polacca. Fu uno dei massimi esponenti dell'astrazione geometrica più rigorosa (dal 1946 ca.).

NEWMAN (John Henry), *Londra 1801 - Birmingham 1890*, teologo cattolico britannico. Curato anglicano, fu uno dei capi del movimento di *Oxford* (1845) e in seguito si convertì al cattolicesimo (1847). Fondatore dell'oratorio di Maryvale, fu rettore dell'Università cattolica di Dublino (1851-1858) e cardinale (1879). Nelle sue opere approfondì importanti questioni religiose (*Saggio per una grammatica dell'assenso*, 1870).

NEWMAN (Paul), *Cleveland 1925*, attore cinematografico statunitense. Ha recitato in numerosi film (*La lunga estate calda*, M. Ritt, 1958; *La gatta sul tetto che scotta*, R. Brooks, 1958; *Lo spaccone*, R. Rossen, 1961; *La stangata*, G.R. Hill, 1973; *Il colore dei soldi*, M. Scorsese, 1986), e ne ha diretti alcuni (*Lo zoo di vetro*, 1987).

NEW MEXICO, in it. **Nuòvo Mèssico**, Stato degli Stati Uniti; 1.819.046 ab.; cap. *Santa Fe*. Fece parte del Messico fino al 1848.

NEW ORLEANS, c. degli Stati Uniti merid. (Louisiana), sul Mississippi; 484.674 ab. Grande centro commerciale e turistico. Palazzi storici nell'antico nucleo francese; musei. — Fondata nel 1718 dai francesi, capitale della Louisiana, N. O. fu spagnola dal 1762 al 1800; nel 1803, i francesi la vendettero (con tutta la Louisiana) agli Stati Uniti. — La città fu culla di un particolare tipo di jazz, a cui diede il nome, che mescolava le influenze delle bande e del blues.

NEW ORLEANS JAZZ, termine con il quale si identifica la prima fase della storia del jazz. Sviluppatasi a N. O., era contraddistinta da eventi nei quali si esibivano bande musicali dedite all'improvvisazione.

NEWPORT, c. della Gran Bretagna (Galles), sull'estuario del f. Severn; 117.000 ab. Porto. Cattedrale in parte romanica.

NEWPORT NEWS, c. degli Stati Uniti (Virginia), nella Chesapeake Bay; 180.150 ab. Cantieri navali.

NEW PROVIDENCE, l'isola più popolosa (171.542 ab.) delle Bahama; c. princ. *Nassau*.

NEWTON (sir Isaac), *Woolsthorpe, Lincolnshire, 1612 - Londra 1727*, scienziato inglese. In ottica condusse esperimenti sulla scomposizione della luce attraverso un prisma ed elaborò una teoria corpuscolare della luce (1675), oggetto di un'accesa disputa tra R. Hooke e C. Huygens. Fabbricò, a Cambridge, il primo telescopio a riflessione. In matematica pose le basi dell'analisi moderna, contemporaneamente a G.W. Leibniz (calcolo infinitesimale). Nel 1687, cedendo all'insistenza di E. Halley, pubblicò *Philosophiae naturalis principia mathematica*, in cui applicava la matematica allo studio dei fenomeni naturali, in primo luogo del movimento. Elementi centrali della sua meccanica, alla base degli sviluppi successivi di questa scienza, sono il concetto di inerzia, la teoria che la forza è proporzionale all'accelerazione e quella della corrispondenza a ogni azione di una reazione uguale. Ni riuscì inoltre a dimostrare le tre leggi di Keplero a partire dalla teoria della forza gravitazionale e dalle leggi che ne derivano. Scrisse anche opere teologiche e compì studi di alchimia, che influenzarono le sue ricerche, in part. quelle sull'attrazione gravitazionale.

■ *Isaac Newton ritratto da G. Kneller.*

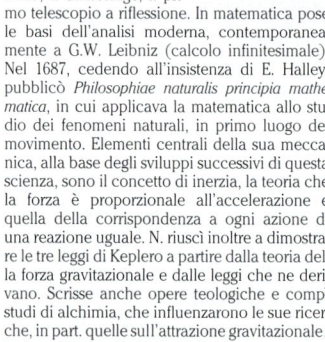

NEW WESTMINSTER, c. del Canada (Columbia Britannica); 49.350 ab. Cantieri navali.

NEW WINDSOR → WINDSOR.

NEW YORK, Stato degli Stati Uniti, dai Grandi Laghi (Erie e Ontario) all'Atlantico; 18.976.457 ab.; cap. *Albany*; c. princ. *New York*, *Buffalo*, *Rochester*.

NEW YORK, c. degli Stati Uniti (Stato di New York), sull'Atlantico, alla foce dell'Hudson; 9.314.235 ab. (newyorkesi; 16.640.000 ab. nell'agglomerato). La città è stata fondata nella parte merid. dell'isola di Manhattan dove oggi si sede il quartiere finanziario (Wall Street). Nel XIX sec. si è sviluppata verso N (Bronx, oltre il quartiere nero di Harlem), estendendosi nel New Jersey, al di là dell'Hudson, e sulle isole vicine: Long Island (quartieri di Brooklyn e Queens, ol-

NEW YORK. *Statua della libertà e, sullo sfondo, Manhattan.*

tre l'East River) e Staten Island (Richmond). Città cosmopolita, N. Y. resta il primo centro finanziario del mondo: è un importante nodo ferroviario, un grande scalo aeroportuale e portuale, un centro industriale e soprattutto del terziario (commerci, amministrazione e turismo). Dal 1946 è sede dell'ONU. – Fondata dagli olandesi nel 1626, quando passò agli inglesi (1664) Nuova Amsterdam assunse il nome di N. Y. (in onore del duca di York, il futuro Giacomo II) e acquistò grande importanza con l'indipendenza degli Stati Uniti e l'apertura del canale Erie (1825). L'11 *settembre 2001* la città è stata oggetto di attentati terroristici che hanno distrutto le torri gemelle del World Trade Center (Twin Towers), simbolo della sua potenza economica. – Musei: *Metropolitan Museum of Art*, *Guggenheim*, *Museum of Modern Art*, collezione Frick, Brooklyn Museum, American Museum of Natural History ecc. Metropolitan Opera House.

NEW YORK FIVE, gruppo di cinque architetti fondato nel 1969 a New York da P. Eisenman, M. Graves, R. Meier, J. Hejduk e C. Gwathmey. Consacratosi nel 1972 con la pubblicazione del volume *Five Architects*, si avvicinò alle teorie di Le Corbusier, opponendosi all'esasperato funzionalismo degli anni '70 del secolo scorso.

NEW YORK SCHOOL, termine con il quale si identifica la corrente artistica dell'espressionismo astratto (*Abstract Painting*). Sorta a New York negli anni '40 del secolo scorso sulla spinta del Whitney Museum, ebbe tra i principali esponenti G. Baziotes, H. Hofmann, M. Tobey e in seguito J. Pollock. Negli anni successivi il movimento ispirò la sperimentazione artistica statunitense e preannunciò la pop art.

NEW YORK TIMES, quotidiano statunitense fondato nel 1851, uno dei più importanti del paese.

NEXØ (Martin **Andersen**) → ANDERSEN-NEXØ.

NEZAMI o **NIZAMI**, *Gandgia 1140 ca. - 1209 ca.*, poeta persiano, autore di epopee romanzesche e di poemi didascalici (*I cinque tesori*).

NEZVAL (Vitězslav), *Biskoupky 1900 - Praga 1958*, poeta ceco. Simbolista, fu il fondatore del gruppo surrealista ceco e in seguito dedicò le sue poesie a tematiche sociali.

NGAZIDJA, già **Gran Comòre**, la più grande (1148 km²) e popolosa (192.177 ab.) delle Comore.

NGÔ DINH DIEM, *Quang Binh 1901 - Saigon 1963*, politico vietnamita. Primo ministro del Vietnam del Sud (1954), vi proclamò la repubblica (1955). Presidente (1956-1963), appoggiato dagli Stati Uniti, instaurò un regime autoritario. Fu ucciso nel corso di un colpo di Stato.

NGONI, insieme di popolazioni bantu di Zambia, Tanzania e Malawi. Originari dell'Africa australe, a partire dal 1820 gli n. emigrarono verso N, assimilando vari popoli prima di sottomettersi all'autorità britannica negli anni '90 del XIX sec.

NGUYÊN VAN THIÊU, *Phan Rang 1923 - Boston 2001*, generale e politico vietnamita. È stato presidente della repubblica del Vietnam del Sud.

NHA TRANG, c. del Vietnam; 213.460 ab. Porto.

NHK (Nippon Hoso Kyokai), servizio pubblico radiotelevisivo giapponese, che gestisce quattro canali nazionali.

Le cascate del **NIAGARA** viste dagli Stati Uniti.

NIAGARA, f. degli Stati Uniti settentr.; 56 km. Separa il Canada dagli Stati Uniti e unisce i laghi Erie e Ontario; il suo corso è interrotto dalle cascate del Niagara (50 m ca.), rinomata meta turistica.

NIAGARA FALLS, c. degli Stati Uniti (Stato di New York), sul Niagara, situata di fronte alla città canadese omonima; 76.917 ab.

NIAGARA FALLS, c. del Canada (Ontario), sul Niagara; 55.593 ab. Turismo.

NIAMEY, cap. del Niger, sul f. Niger; 392.000 ab. (731.000 ab. nell'agglomerato). Musei.

NIASSÉSI, popolazione indonesiana (Isola di Nias, al largo di Sumatra; ca. 600.000 individui).

NIBELÙNGHI, stirpe di nani della mitologia germanica, detentori di grandi richezze sotterranee e governati da re Nibelung. I guerrieri al comando di Sigfrido, e più tardi i burgundi dei poemi epici medievali, presero il nome di N. dopo essersi impossessati dei loro tesori.

NIBELÙNGHI (Cantàre dei), epopea germanica scritta in medio-alto tedesco intorno al 1200. Vi si narrano le imprese di Sigfrido (il custode del tesoro dei N.): di come aiutò Gunther a conquistare Brunilde, del matrimonio con Crimilde, sorella di Gunther, della sua morte per mano del traditore Hagen e della vendetta di Crimilde.

NIBELÙNGHI (L'anèllo dei) → TETRALOGIA.

NIC (Newly Industrialized Countries), denominazione dei paesi di nuova industrializzazione dell'Asia orientale. Individua i paesi asiatici (Singapore, Corea del Sud, Taiwan) caratterizzati a partire dagli anni '80 del secolo scorso da un rapido sviluppo industriale, grazie al quale hanno imposto i propri prodotti anche in Occidente.

NICÀNDRO, Colofone III-II sec. a.C., poeta greco. Di lui restano i complessi e leziosi poemetti didascalici in esametri Sulle fiere e Antìdoti e frammenti dei poemi Metamorfosi e Georgiche.

NICARAGUA, Stato dell'America centrale; 148.000 km². 5.208.000 ab. (nicaraguesi). CAP. Managua. LINGUA: spagnolo. MONETA: córdoba.

GEOGRAFIA – L'interno, montuoso, presenta due depressioni in corrispondenza dei laghi Nicaragua (8262 km²) e Managua. Questa regione separa due pianure costiere: una, ristretta ma fertile, sul Pacifico, l'altra, più ampia e coperta da foreste, sul Mar delle Antille (Piana dei Mosquitos).

STORIA – Dalla colonizzazione al XIX sec. XVI sec.: conosciuto dagli spagnoli fin dal 1521, il paese entra a far parte della capitaneria generale del Guatemala. **1821**: proclamazione dell'indipendenza. Fino al 1838 il N. fa parte della confederazione delle Province unite dell'America centrale. **1850**: gli Stati Uniti e la Gran Bretagna rinunciano alle loro mire sulla regione. **1855-1857**: un avventuriero americano, William Walker, conquista il paese; **1858-1893**: i conservatori si stabiliscono al potere. **1893-1909**: il dittatore José Santos Zelaya si fa promotore di una politica anticlericale e nazionalista.

Il XX sec. **1909**: un colpo di Stato conservatore, appoggiato dagli Stati Uniti, conduce al potere Adolfo Díaz; **1912-1926**: questi chiede aiuto militare agli americani, che occupano il paese. **1934**: Augusto César Sandino, che guida la guerriglia contro l'occupazione statunitense, viene assassinato. **1936-1956**: Anastasio Somoza prende il potere e impone una dittatura destinata a durare fino al suo assassinio. **1956-1979**: il N. rimane nelle mani del clan di A. Somoza. **1979**: l'opposizione, raccoltasi intorno al Fronte sandinista di liberazione nazionale, rovescia la dittatura dei Somoza; si costituisce un nuovo governo. **1980**: i moderati abbandonano il governo. Il N. si avvicina a

Cuba e all'URSS. **1983**: gli Stati Uniti sostengono finanziariamente e militarmente i controrivoluzionari (Contras). **1984**: il sandinista Daniel Ortega è eletto presidente della repubblica.

A partire dal **1987**: il N. sottoscrive con quattro paesi dell'America centrale (Costa Rica, Guatemala, Honduras, El Salvador) degli accordi (1987 e 1989) intesi a ristabilire la pace nella regione. **1990**: la candidata dell'opposizione, Violeta Chamorro, vince le elezioni presidenziali. Mette in opera una politica di riconciliazione nazionale nei confronti dei sandinisti. **1997**: capo dello Stato è il liberale Arnoldo Alemán; **2002**: gli succede Enrique Bolaños, anch'egli liberale.

NICÀSTRO, frazione del com. di Lamezia Terme; 35.000 ab. Comune autonomo fino al 1968. Importante centro agricolo, con industrie chimiche.

NICCODÈMI (Dàrio), Livorno 1874 - Roma 1934, autore e direttore teatrale. Attivo a Parigi, dove compose opere in francese, lavorò poi a Milano, scrivendo drammi e commedie di successo (Scampolo, 1915; La nemica, 1916; La maestrina, 1917). La sua compagnia, fondata nel 1921, fu la prima a mettere in scena i Sei personaggi in cerca d'autore di L. Pirandello.

NÌCCOLI (Niccolò), Firenze 1364 ca. - 1437, umanista. Fu un accanito collezionista di testi classici, che raccolse in una biblioteca che avrebbe poi costituito la prima collezione della Biblioteca *Laurenziana*. L. Bruni ne tratteggiò la figura nei Dialogi ad Petrum Paulum Histrum.

NICCOLÌNI (Antònio), S. Miniato al Monte 1772 - Napoli 1850, architetto e pittore. Tra gli esponenti di spicco della cultura napoletana d'inizio '800, lavorò a lungo come scenografo, allestendo le opere più significative del melodramma italiano. Tra le opere architettoniche, villa del duca di Gallo a Capodimonte (1809), restauro del teatro S. Carlo (1810-1816), sistemazione urbanistica del Palazzo Reale di Napoli (1848).

NICCOLÌNI (Giovànni Battìsta), Bagni di S. Giuliano 1782 - Firenze 1861, autore teatrale. Anticlericale, accolse gli ideali del romanticismo, polemizzando violentemente con il neoguelfismo. Le sue tragedie, di forte impegno politico e civile, divennero emblemi del patriottismo risorgimentale: Nabucco (1819), Antonio Foscarini (1823), Beatrice Cenci (1838), Arnaldo da Brescia (1843).

NICCOLÒ, documentato dal 1120 al 1150, scultore. Importante artista romanico, realizzò i rilievi con le Storie della Genesi per il portale della chiesa di S. Zeno a Verona, capolavoro della scultura italiana del XII sec.

NICCOLÒ DI LÌRA, Lyre 1270 ca. - Parigi 1349, esegeta francese. Religioso francescano, scrisse i commenti alla Bibbia (Postillae perpetuae, 1322-1330), nei quali diede un'interpretazione testuale legata alla tradizione ebraica.

NICCOLÒ I (sànto), detto il Grànde, Roma 800 ca. - 867, papa dall'858 all'867. Contribuì a rafforzare l'autorità del papato nei confronti dei grandi dignitari ecclesiastici e dei re. Accolse i bulgari in seno alla Chiesa romana. — **Niccolò II** (Gérard de Bourgogne), Chevron, Savoia, 980 ca. - Firenze 1061, papa dal 1059 al 1061. Combatté la simonia e il nicolaismo; contrastò inoltre l'influenza imperiale in Italia ergendosi a difensore dei normanni. — **Niccolò III** (Giovanni Gaetano Orsini), Roma 1210 ca. - Soriano 1280, papa dal 1277 al 1280. Promosse l'indipendenza di Toscana e Roma da Carlo d'Angiò. — **Niccolò IV** (Girolamo Masci), Lisciano ? - Roma 1292, papa dal 1288 al 1292. Favorevole agli Angiò, fu grande mecenate delle scienze e delle arti. — **Niccolò V** (Pietro Rainalducci), Corvaro 1260 ca. - Avignone 1333, antipapa dal 1328 al 1330. Fu eletto in contrapposizione al papa avignonese Giovanni XXII. — **Niccolò V** (Tommaso Parentucelli), Sarzana 1397 - Roma 1455, papa dal 1447 al 1455). Pose fine allo scisma di Felice V (Amedeo di Savoia) e fondò la Biblioteca Vaticana.

NICCOLÒ DELL'ÀRCA, Bari ? 1435 ca. - Bologna 1494, scultore. A Bologna realizzò opere di notevole impatto drammatico: l'Arca di S. Domenico (1469-1473) e le sette statue in terracotta policroma della Pietà (1485 ca.) nella chiesa di S. Maria della Vita.

NICCOLÒ DELL'ABÀTE, Modena 1509 ca. - Fontainebleau 1571 ?, pittore. Chiamato a Fontainebleau nel 1552, vi lavorò come aiutante del Primaticcio (affreschi e dipinti su tela tra cui Il ratto di Proserpina, Louvre, Parigi).

Nicaragua

200 500 1500 m

★ importante località turistica
— strada normale
— ferrovia
✈ aeroporto
▲ vulcano

● più di 500.000 ab.
● da 50.000 a 500.000 ab.
● da 10.000 a 50.000 ab.
• meno di 10.000 ab.

NICÈA, att. **Iznik**, c. turca, a SE di Istanbul; 17.232 ab. Monumenti bizantini e ottomani. Fu sede di due concili ecumenici: il primo, convocato da Costantino nel 325, formulò il cosiddetto "simbolo di N.", e la condanna dell'arianesimo; il secondo, riunitosi nel 787 su sollecitazione dell'imperatrice Irene, stabilì l'ortodossia del culto delle immagini in contrasto con la dottrina iconoclasta. Dal 1204 al 1261, N. fu la capitale degli imperatori bizantini cacciati da Costantinopoli per mano dei crociati. L'impero di N., fondato da Teodoro I Lascaris, ebbe come suo ultimo reggente Michele VIII Paleologo, a cui si deve la riconquista di Costantinopoli.

NICÈFORO I IL LOGOTÈTA, *Seleucia, Pisidia ? - Bulgaria 811*, imperatore bizantino (802-811). Restaurò il potere bizantino nei Balcani. Fu sconfitto da Harun Al-Rashid e in seguito dai bulgari, che lo massacrarono insieme al suo esercito. — Niceforo II Foca, *Cappadocia 912 - Costantinopoli 969*, imperatore bizantino (963-969). Conquistò la Cilicia, Cipro (964-965) e parte della Siria (966 e 968). Fu assassinato da Giovanni Zimisce. — Niceforo III Botoniate, *m. dopo il 1081*, imperatore bizantino (1078-1081). Alessio Comneno lo fece rinchiudere in un convento.

NICÈFORO (sànto), *Costantinopoli 758-829 ca.*, patriarca di Costantinopoli (806-815). Fu deposto a causa della sua opposizione all'iconoclastia e morì in esilio. Ha lasciato diversi trattati sul culto delle immagini e una storia dell'impero bizantino dal 602 al 769.

NICHELÌNO, com. in prov. di Torino; 47.077 ab. Situato nella cintura torinese, è un importante centro industriale nei settori chimico, alimentare, metalmeccanico, tessile. Nella frazione Stupinigi, palazzina di caccia dei Savoia, opera di F. Juvarra (1729-1731).

NICHÉTTI (Maurizio), *Milano 1948*, attore e regista cinematografico. È autore di film caratterizzati da una comicità surreale, debitrice delle comiche del muto e dei cartoni animati. Tra i suoi film, *Ratataplan* (1979), *Ho fatto splash* (1980), *Ladri di saponette* (1989), *Volere volare* (1991), *Palla di neve* (1995), *Honolulu Baby* (2001).

NICHIREN, *Kominato 1222 - distr. di Ikegami, att. Tokyo, 1282*, monaco buddhista giapponese, fondatore della setta che porta il suo nome. Volle fare del buddhismo una religione universale. Il suo pensiero ha esercitato una forte influenza, in senso prettamente nazionalista, sul Giappone del XX sec.

NICHOLS (Michael Igor **Peschkowsky**, detto Mike), *Berlino 1931*, regista cinematografico statunitense. Tra i suoi film, *Chi ha paura di Virginia Woolf?* (1966), *Il laureato* (1967, premio Oscar per la miglior regia), *Comma 22* (1970), *Conoscenza carnale* (1971), *Una donna in carriera* (1988), *Presunto innocente* (1990), *A proposito di Henry* (1991), *I colori della vittoria* (1998), *Da che pianeta vieni* (2000).

NICHOLSON (Jack), *Neptune, New Jersey, 1937*, attore cinematografico statunitense. Sua capacità di calibrare gli accenti espressivi più esasperati si ritrova in: *Easy Rider* (D. Hopper, 1969), *Professione reporter* (M. Antonioni, 1975), *Qualcuno volò sul nido del cuculo* (M. Forman, 1975), *Il postino suona sempre due volte* (B. Rafelson, 1981), *Qualcosa è cambiato* (J.L. Brooks, 1997), *La promessa* (S. Penn, 2001).

NÌCIA, *470 ca. - Siracusa 413 a.C.*, generale ateniese. Durante la guerra del Peloponneso negoziò una tregua, la cosiddetta "pace di Nicia" (421 a.C.). Fu ucciso durante una spedizione in Sicilia da lui osteggiata.

NICKLAUS (Jack), *Colombus, Ohio, 1940*, giocatore di golf statunitense. Con le sue 71 vittorie (20 delle quali ottenute nel circuito più prestigioso), è il campione di golf più titolato.

NICOBÀRE (Ìsole), arcipelago del Golfo del Bengala, situato nel territorio indiano delle Isole Andamane e N.

NICODÈMO (sànto), *I sec.*, notabile ebreo, membro del sinedrio (Vangelo di Giovanni). Fariseo divenuto in segreto discepolo di Gesù, insieme a Giuseppe d'Arimatea chiese a Ponzio Pilato la salma del Cristo deposto.

NICOL (William), *in Scozia nel 1768 ca. - Edimburgo 1851*, fisico britannico. Nel 1828 inventò il prisma che porta il suo nome.

NICÒLA (sànto), *Patara di Licia 270 ca. - Mira 352 ca.*, vescovo di Mira, in Licia. Scarse sono le notizie sulla sua vita: imprigionato sotto Diocleziano, sarebbe stato liberato da Costantino (313). Santo patrono della Russia e dei bambini, il suo culto è molto diffuso in Oriente e in Europa, soprattutto in Italia, a Bari, dove si venerano le sue reliquie. Conosciuto in Germania con il nome di Santa Claus, dalla sua figura deriva Babbo Natale.

NICÒLA I, *Carskoe Selo 1796 - San Pietroburgo 1855*, zar di Russia (1825-1855), della dinastia dei Romanov. Terzogenito di Paolo I, succedette al fratello Alessandro. Si dedicò alla difesa dell'ortodossia e dell'autocrazia russe con spirito nazionalista. Favorì la creazione di una burocrazia qualificata ed esperta. Fuori dei confini russi, soffocò la rivolta polacca del 1830-1831 e quella ungherese del 1849, imprese che gli valsero l'appellativo di "gendarme d'Europa". La decisione di attaccare l'impero ottomano (nel 1853) provocò la reazione di Francia e Gran Bretagna, che nella guerra di Crimea (1854) combatterono contro la Russia. — **Nicòla II**, *Carskoe Selo 1868 - Ekaterinburg 1918*, ultimo zar di Russia (1894-1917), della dinastia dei Romanov. Figlio e successore di Alessandro III, rafforzò, con l'aiuto del ministro S.J. Vitte, l'alleanza franco-russa e trascinò il suo paese nella guerra contro il Giappone (1904-1905) che si concluse in una disfatta. Costretto, durante i moti rivoluzionari del 1905, a firmare il manifesto di ottobre (con il quale si impegnava a riconoscere il parlamento), si rifiutò in seguito di trasformare la Russia in un'autentica monarchia costituzionale. Nel 1915 assunse il comando supremo delle forze armate, lasciando che la moglie Alessandra Fëdorovna acquistasse un ruolo ufficiale sempre più importante. La Rivoluzione di febbraio lo costrinse ad abdicare (mar. 1917). Condotto prigioniero a Ekaterinburg, vi fu giustiziato insieme con la famiglia (17 lug. 1918). Le sue spoglie e quelle dei congiunti sono state trasferite a San Pietroburgo nel 1998; nel 2000 è stato canonizzato dalla Chiesa ortodossa russa, unitamente alla sua famiglia e a centinaia di "martiri" del periodo sovietico.

■ *Nicola II di Russia ritratto da V.V. Verechtchaguine. (Museo di Petrodvorets.)*

NICOLÀ CUSÀNO (Nikolaus **Chrypffs**, detto), *Kues, diocesi di Trèves, 1401 - Todi 1464*, teologo cattolico tedesco. Sostenne l'azione dei papi, difese il principio dell'infallibilità pontificia e lasciò un importante scritto filosofico-teologale (*De docta ignorantia*, 1440), che, per gli orizzonti che dischiudeva, fu all'origine del Rinascimento.

NICOLÀ I o **PETROVIĆ NJEGOŠ**, *Njegoš 1841 - Antibes 1921*, principe (1860-1910) e in seguito re (1910-1918) del Montenegro. Sotto il suo regno, il Montenegro ottenne l'indipendenza (1878).

NICÒLA PISÀNO, *m. tra il 1278 e il 1284*, scultore. Fu energico promotore di un "precoce Rinascimento" pisano (pulpito del battistero di Pisa, dallo stile anticheggiante, 1260). — **Giovanni Pisano**, *1248 ca. - Siena dopo il 1314*, scultore, figlio di Nicola. Lavorò soprattutto a Pisa e Siena. Artista di temperamento al pari del padre, aderì allo stile gotico: statue del duomo di Siena, pulpito di Pistoia (ultimato nel 1301) e pulpito del duomo di Pisa.

NICÒLA DAMASCÉNO, *Damasco 64 ca. a.C.*, storico greco. Fu al servizio di Erode il Grande di Giudea, quindi visse a Roma presso Augusto. Di lui restano frammenti di una *Storia universale* in 144 libri dalle origini ai suoi tempi e una biografia di Augusto.

NICÒLA DI FLÜE (sànto), *Flueli, presso Sachseln, 1417 - Ranft 1487*, eremita svizzero. Visse in solitudine a partire dal 1467. Nel 1481 intervenne per ristabilire la pace tra i cantoni elvetici. Santo patrono della Svizzera.

NICÒLA DI MÌRA → NICOLA (santo).

NICOLAJ NIKOLAEVIČ ROMANOV (grandùca), *San Pietroburgo 1856 - Antibes 1929*, generale russo. Zio dello zar Nicola II, generalissimo dell'armata russa tra il 1914 e il 1915, comandò il fronte del Caucaso (1915-1917). In seguito alla rivoluzione del 1917 si rifugiò in Francia.

NICOLAS DE VERDUN, orafo di scuola mosana della fine del XII sec. Realizzò l'altare di Klosterneuburg (1181), il reliquiario di Notre-Dame de Tournai (1205) e la cassa-reliquiario dei Re magi di Colonia, opere caratterizzate da uno stile anticheggiante insieme morbido e possente, diretto concorrente della più austera scuola gotica.

NICOLE (Pierre), *Chartres 1625 - Parigi 1695*, scrittore francese. Esponente della scuola di Port-Royal, è autore di *Saggi di morale* e, in collaborazione con A. Arnauld, della **Logica di Port-Royal*.

NICOLLE (Charles), *Rouen 1866 - Tunisi 1936*, batteriologo francese. Direttore dell'Istituto Pasteur di Tunisi, è autore di una serie di studi sul tifo, sulla brucellosi e sulle febbri ricorrenti. (Premio Nobel 1928.)

NICOMÈDE, nome di quattro re di Bitinia (III-I sec. a.C.).

NICOMÈDIA, ant. c. dell'Asia Minore (att. Izmit), fondata intorno al 264 a.C. Capitale del regno di Bitinia, sede imperiale al tempo di Diocleziano, nel IV sec. divenne una roccaforte dell'arianesimo.

NICÒPOLI (battàglia di) (25 sett. 1396), vittoria degli ottomani di Bāyazīd I sui crociati comandati da Sigismondo di Lussemburgo e Giovanni senza Paura, a Nicopoli (att. Nikopol, in Bulgaria). Permise agli ottomani di occupare la Tessaglia e il Peloponneso.

NICOSÌA, cap. di Cipro, situata nell'entroterra; 193.000 ab. La divisione della città in due parti risale alla spartizione dell'isola tra greci e turchi, avvenuta nel 1974. Monumenti gotici del XI-II e XIV sec., cinta muraria costruita dai veneziani nel XVI sec. Museo archeologico.

NICOSÌA, com. in prov. di Enna, sul versante orient. dei Monti Nebrodi; 15.087 ab. Agricoltura (agrumi, olive). Cattedrale di S. Nicola (XIV sec.). Chiesa del SS. Salvatore (XIII sec.).

NICOT (Jean), *Nîmes 1530 ca. - Parigi 1600*, diplomatico francese. Ambasciatore a Lisbona, introdusse il tabacco in Francia.

NICÒTERA, com. in prov. di Vibo Valentia; 7359 ab. Agricoltura (cereali, agrumi). Pesca. Turismo nella stazione balneare di Marina di N. Castello dei Ruffo (1763).

NICÒTERA (Giovanni), *Sambiase 1828 - Vico Equense 1894*, patriota e politico. Partecipò ai moti del 1848, alla difesa della Repubblica Romana e alla spedizione di Sapri (1857); condannato all'ergastolo, fu liberato dai Mille nel 1860. Deputato al parlamento per la sinistra, fu ministro degli interni (1876-1877 e 1891-1892).

Nicola **PISANO**. *Pulpito del duomo di Siena (1266-1268).*

NIDWALDEN, semicant. della Svizzera; 276 km²; 38.000 ab.; capol. *Stans*. Parte del cant. di Unterwalden.

NIELSEN (Carl August), *Sortelung, presso Nørre Lyndelse, 1865 - Copenaghen 1931*, musicista danese. Compose sei sinfonie (famosa la n. 4, *L'inestinguibile*), concerti, opere e musiche di scena.

NIEMCEWICZ (Julian Ursyn), *Skoki, Lituania, 1757 - Parigi 1841*, patriota e scrittore polacco. È autore dei *Canti storici* (1816).

NIEMEYER (Oscar), *Rio de Janeiro 1907*, architetto brasiliano. Grande maestro nell'uso del cemento armato, ha edificato il Centro giovanile di Pampulha, presso Belo Horizonte (1943 ca.), alcuni dei principali monumenti di Brasilia e, all'estero, la sede del Partito comunista francese di Parigi (1966), la sede della Mondadori di Segrate (1968-75) e la sede FATA di Torino (1976).

NIEMÖLLER (Martin), *Lippstadt 1892 - Wiesbaden 1984*, pastore e teologo luterano tedesco. Nemico del nazismo, fu rinchiuso in un campo di concentramento. Divenuto presidente della Chiesa evangelica dell'Assia-Nassau (1948-1961), si batté in favore della pace.

NIEPCE (Joseph-Nicéphore), *Chalon-sur-Saône 1765 - Saint-Loup-de-Varennes 1833*, inventore francese, pioniere della fotografia.

Joseph-Nicéphore **NIEPCE**. Veduta da una finestra del Gras di Saint-Loup-de-Varennes, *1826-1827 ca.* (Coll. Gernstein, Texas University, Austin.)

NIÈRI (Ildefònso), *Ponte a Moriano 1853 - Lucca 1920*, filologo e scrittore. Studioso del dialetto lucchese, si dedicò alla raccolta di proverbi, leggende e fiabe della sua terra. Tra le opere, *Dizionario del vernacolo lucchese* (1901), *Cento racconti popolari lucchesi* (1906), *Vita infantile e puerile lucchese* (1917).

NIETZSCHE (Friedrich), *Röcken, presso Lützen, 1844 - Weimar 1900*, filosofo tedesco. Figlio di un pastore protestante, studiò filosofia classica, materia che insegnò per un decennio all'Università di Basilea (1869 -1879). Dimessosi dall'incarico, condusse per lungo tempo un'esistenza errabonda e solitaria prima di

cadere vittima, nel 1889, di gravi disturbi mentali. Ammiratore e amico di R. Wagner, influenzato da A. Schopenhauer, nei suoi scritti, imperniati sull'idea della volontà di potenza, fece sovente ricorso all'aforisma e a forme espressive poetiche. Gettò le fondamenta per una nuova interpretazione del pensiero occidentale: a suo avviso a partire da Socrate, passando per Platone e il cristianesimo fino giungere allo scientismo e al socialismo, il pensiero occidentale avrebbe perseguito un culto idolatrico della verità e degli imperativi morali a detrimento dell'esperienza vitale. Questa denuncia è all'origine di una "gaia scienza" che apre nuove prospettive, dove il "superuomo" diviene il simbolo di un'umanità che, avendo superato se stessa, sarebbe pronta ad affrontare "l'eterno ritorno". Tra i suoi scritti si ricordano: *La nascita della tragedia* (1872), *La gaia scienza* (1882), *Così parlò Zarathustra, Al di là del bene e del male* (1886). ■ *Friedrich Nietzsche*.

NIEUWPOORT, c. del Belgio (Fiandra Occidentale), sul Mare del Nord; 9572 ab. Centro turistico.

NIÈVO (Ippòlito), *Padova 1831 - annegato nel Mar Tirreno nel 1861*, scrittore. Patriota, combatté nella seconda guerra d'indipendenza. Seguì poi

G. Garibaldi nelle sue imprese e al suo fianco partecipò alla spedizione dei Mille con i gradi di colonnello. La sua fama è legata al romanzo *Memorie di un italiano* (1867, postumo).

NIÈVRE, dip. della Francia, nella reg. Borgogna; capol. *Nevers*; 6816 km²; 225.198 ab. Presenta una geografia variegata. Allevamento bovino e sfruttamento dei boschi.

NÌFO (Agostino), *Sessa Aurunca 1473 - Salerno 1538 o 1545*, filosofo. Docente a Padova e in altre città italiane (Napoli, Roma, Salerno), fu traduttore di Aristotele e Averroè e polemizzò con P. Pomponazzi, scrivendo il trattato *De immortalitate animae* (1518). Tra le altre opere, *De pulchro et amore* (1531).

NIGER, il più importante f. dell'Africa occ., che nasce in Guinea, ai piedi del Monte Loma, e sfocia con un vasto delta nel Golfo di Guinea; 4200 km; bacino di 1.500.000 km² ca. Il N. attraversa il Mali, il Niger e la Nigeria. In parte navigabile, è anche utilizzato per l'irrigazione.

NIGER, Stato dell'Africa occ.; 1.267.000 km²; 11.227.000 ab. (*nigeriani*). CAP. *Niamey*. LINGUA: *francese*. MONETA: *franco CFA*.

GEOGRAFIA – Il paese è molto esteso e, con l'eccezione della zona lungo la valle del fiume Niger, per la maggior parte occupato da steppa o deserto; privo di sbocchi al mare, basa la propria economia sull'allevamento, oltre che su qualche magra coltura (miglio e arachidi). Il sottosuolo è ricco di uranio. La popolazione è completamente islamizzata; ai gruppi etnici sedentari (principalmente haussa e songhai), più numerosi nel S, si contrappongono nel N quelli nomadi (tuareg e fulbe).

STORIA – La regione è abitata sin da epoche molto antiche. **I millennio a.C.**: i berberi s'introducono nel territorio attraverso le vie del deserto, respingendo nel S le popolazioni sedentarie o mescolandosi con esse. **VII sec. d.C.**: si costituisce l'impero del songhai, che presto si converte all'islam. **X sec.**: Gao ne diventa la capitale. **1591**: il regno viene annientato dai marocchini. **XVII-XIX sec.**: tuareg e fulbe controllano il paese. **1897**: la penetrazione francese, iniziata nel 1830, dà luogo ai primi insediamenti stabili lungo il Niger. **1922**: la resistenza dei tuareg viene domata e il N. diventa colonia dell'Africa occ. francese. **1960**: il paese, autonomo dal 1956 e costituitosi in repubblica nel 1958, conquista l'indipendenza. Ne è presidente Hamani Diori, rappresentante di un regime a partito unico (MNSD). **1974**: un colpo di Stato militare porta al potere il tenente colonnello Seyni Kountché. **1987**: alla morte di S. Kountché, gli succede il colonnello Ali Seibou. **1990**: il regime, che attraversa una fase di transizione verso il multipartitismo, deve far fronte alla ribellione dei tuareg e a una congiuntura economica catastrofica. **1993**: Mahamane Ousmane, uno dei capifila dell'opposizione democratica, viene eletto alla presidenza della repubblica; **1996**: in gennaio viene destituito da un colpo di Stato capeggiato dal colonnello Ibrahim Baré Maïnassara, che in luglio vince le elezioni presidenziali. **1999**: B. Maïnassara muore, assassinato dalla sua guardia personale. Qualche mese dopo, il potere torna in mano ai civili, con l'elezione a capo dello Stato di Mamadou Tandja, leader dell'MNSD. La carica di primo ministro viene assegnata a Hama Amadou.

NIGERIA, Stato federale dell'Africa occ., sul Golfo di Guinea; 924.000 km²; 116.929.000 ab. (*nigeriani*). CAP. *Abuja*. C. PRINC.: *Lagos* e *Ibadan*. LINGUA: *inglese*. MONETA: *naira*. [*V. carta a pagina seguente*.]

GEOGRAFIA – La N., il paese più popoloso dell'Africa, è uno Stato federale formato da varie etnie (haussa, ibo, yoruba ecc.), spesso tra loro in contrasto. Nel S, più umido, sono presenti piantagioni di cacao, caucciù e arachidi: è qui che si addensa la popolazione (il delta del Niger e più ancora il SO sono fortemente urbanizzati). Il N, più secco, è il regno della savana, in cui si pratica l'allevamento. Il petrolio rimane la principale ricchezza del paese e il prodotto su cui si regge l'esportazione.

STORIA – **Le origini. 900 a.C. - 200 d.C.**: la civiltà dei nok si espande verso Ife e il Benin. **VII-XI sec.**: gli haussa si stabiliscono nel N, gli yoruba nel SO. **XI-XVI sec.**: nel N si organizzano alcuni regni, ben presto islamizzati; i più fiorenti sono quelli del Kanem (apogeo nel XIV sec.) e del Kanem-Bornu (XVI sec.). Ife, nel S, è il centro religioso e culturale comune al regno d'Oyo e a quello del Benin, ed entra in contatto con i portoghesi nel XV sec.

La colonizzazione. 1553: l'Inghilterra prevale sul Portogallo, assicurandosi così il monopolio della tratta degli schiavi nella regione. **Inizio del XIX sec.**: i fulbe musulmani, sotto la guida di Usman dan Fodio, costituiscono un impero nel N del paese (Sokoto). **1851**: gli inglesi occupa-

Niger

★ importante località turistica
✈ aeroporto
— strada normale
— ferrovia
■ oasi

● più di 400.000 ab.
● da 50.000 a 400.000 ab.
● da 20.000 a 50.000 ab.
• meno di 20.000 ab.

200 500 1000 1500 m

Nigeria

LEGENDA:
- ▭▭ autostrada
- ── strada normale
- ── ferrovia
- ✈ aeroporto
- → oleodotto o gasdotto
- ⛽ pozzo petrolifero
- ● più di 1.000.000 di ab.
- ● da 250.000 a 1.000.000 di ab.
- ● da 100.000 a 250.000 ab.
- ● meno di 100.000 ab.
- ★ importante località turistica

100 300 600 1000 m

100 km

no Lagos. **1879**: la creazione della United African Company, che si trasforma ben presto nella Royal Niger Company, permette alla Gran Bretagna di prevalere, assicurandosi l'amministrazione di territori sempre più estesi. **1900**: la N. passa sotto la giurisdizione del Colonial Office. **1914**: nascono la colonia e il protettorato della N., comprendenti il N e il S del paese, più una parte del Camerun. **1951**: la colonia viene dotata di un governo rappresentativo. **1954**: elaborazione di una Costituzione federale.
La Nigeria indipendente. 1960: la N. conquista l'indipendenza; **1963**: adotta una Costituzione repubblicana e sceglie di restare nel Commonwealth. **1966**: un colpo di Stato impone al potere il generale Ironsi, di etnia ibo, che viene assassinato pochi mesi dopo. Ne nascono sanguinosi tumulti razziali contro gli ibo. **1967-1970**: secessione degli ibo del SE, a maggioranza cristiana, che formano la repubblica del Biafra, destinata a capitolare nel gennaio 1970 al termine di un sanguinoso conflitto. Da quel momento, eccettuato un breve ritorno alla democrazia (1979-1983), si susseguono i colpi di Stato militari. **1985**: il generale Ibrahim Babangida assume la guida del paese. **1993**: il processo di transizione iniziato nel 1989, che avrebbe dovuto concludersi con il trasferimento del potere ai civili, subisce una battuta d'arresto. Dopo le dimissioni di I. Babangida, prende il potere il generale Sani Abacha, che deve far fronte a una forte opposizione. **1995**: la N., condannata dalla comunità internazionale per l'esecuzione di molti oppositori del regime, viene estromessa dal Commonwealth. **1998**: dopo la morte di S. Abacha, il generale Abdulsalam Abubakar rende le istituzioni più democratiche. **1999**: viene eletto alla presidenza della repubblica Olusegun Obasanjo, che aveva già governato il paese dal 1976 al 1979. Con il ritorno del potere nelle mani dei civili la N. riacquista il proprio ruolo sulla scena internazionale. Il paese conosce una recrudescenza dei conflitti tra comunità, a sfondo etnico o religioso (musulmani contro cristiani). **2003**: le elezioni riconfermano O. Obasanjo alla guida dello Stato.
NIGHTINGALE (Florence), *Firenze 1820 - Londra 1910*, infermiera britannica. Si segnalò per l'esemplare condotta durante la guerra di Crimea (1854-1856). Creò a Londra la prima scuola per infermiere professionali (1860).

NÌGRA (Costantino), *Villa Castelnuovo 1828 - Rapallo 1907*, politico e filologo. Prese parte come volontario alla prima guerra d'indipendenza, quindi fu segretario di M. D'Azeglio e C. Cavour e ricoprì importanti incarichi diplomatici a Parigi, Londra, Vienna. Importante la sua raccolta di *Canti popolari del Piemonte* (1888).
NÌGRO (Mário), *Pistoia 1917 - Livorno 1992*, pittore. Membro del movimento Arte concreta, ha sviluppato una ricerca pittorica orientata all'astrattismo, con opere caratterizzate da una netta essenzialità spaziale e cromatica.
NIIGATA, c. del Giappone (Honshu); 494.769 ab. Porto. Centro industriale.
NIIHAMA, c. del Giappone (nell'Isola di Shikoku); 127.917 ab. Porto. Industria metallurgica e stabilimenti chimici.
NIJINSKY (Vaslav Fomič), *Kiev 1889 - Londra 1950*, ballerino e coreografo russo di origine polacca. Virtuoso del balletto classico e vedette del Ballets Russes di S. Djagilev dal 1909 al 1914, realizzò le coreografie per M. Fokine (*Spectre de la rose* e *Petrouchka*, entrambe del 1911). Innovatore incompreso (*L'après-midi d'un faune*, 1912; *La sagra della primavera*, 1913), sprofondò nella follia, esperienza testimoniata dal suo *Diario* (1953). — **Bronislava Nijinska**, *Minsk 1891 - Pacific Palisades, Los Angeles, 1972*, ballerina e coreografa statunitense di origine russa. Ballerina e sorella di Vaslav N., fu anch'essa coreografa (*Noces*, 1923). Collaborò con diverse compagnie internazionali, tra cui il Royal Ballet di Londra.
NIJLEN, com. del Belgio, (prov. di Anversa); 20.499 ab.
NIJNEKAMSK, c. russa, sul f. Kama; 209.706 ab. Centrale idroelettrica. Stabilimenti chimici.
NIJNEVARTOVSK, c. russa, nella Siberia occ., sul f. Ob; 242.615 ab. Centro petrolifero.
NIJNI TAGUIL, c. russa, negli Urali; 411.248 ab. Centro minerario e metallurgico.
NÌKA (rivòlta di) (532), rivolta popolare avvenuta a Costantinopoli sotto Giustiniano I. Fu soffocata da Narsete e Belisario e grazie alla fermezza dell'imperatrice Teodora. Prende il nome dal grido degli insorti: *Niké!* (in greco "Vittoria!").
NIKE DI SAMOTRÀCIA, scultura in marmo del periodo ellenistico (Louvre, Parigi), dell'inizio del II sec. a.C., realizzata a commemorazione di una vittoria navale di Demetrio I Poliorcete.

Rappresenta una figura femminile alata in piedi sulla prua di una galera ed è uno dei capolavori dell'arte greca.
NIKKO, c. del Giappone (Honshu); 18.874 ab. Parco nazionale. Templi (XVI-XVII sec.) e mausolei di Tokugawa (Ieyasu e Iemitsu).
NIKOLAEV→ MIKOLAJIV.
NIKOLAIS (Alwin), *Southington, Connecticut, 1912 - New York 1993*, coreografo e compositore statunitense. Figura fondamentale per l'evoluzione della danza moderna, trasformava i suoi interpreti in segni plastici tramite il gioco delle luci e delle proiezioni fotografiche (*Kaleidoscope*, 1956; *Imago*, 1963; *Schema*, 1980).
NIKON (Nikita **Minov**, detto), *Veldemanovo, presso Nižni Novgorod, 1605 - Iaroslavl' 1681*, prelato russo. Archimandrita di Mosca (1652) favorevole al ritorno dell'ortodossia russa alle sue radici greche, adottò una serie di riforme che provocarono il movimento scismatico del raskol. Fu deposto nel 1667.
NIKOPOL, c. dell'Ucraina; 158.000 ab.
NILGIRI (Mónti), in it. **Mónti Azzùrri**, massiccio dell'India merid.; 2636 m.

Il **NILO** nei pressi di Luxor, nell'alto Egitto.

NÌLO, principale f. dell'Africa, che nasce dal Lago Nyanza-Vittoria (con il nome di N. Vittoria) e sfocia nel Mediterraneo formando un vasto delta, 6700 km; bacino di 3.000.000 km² ca. Dopo aver attraversato i laghi Kyoga e Alberto, prende il nome di N. Bianco (Bahr Al-Abyadi), proprio all'uscita dalla conca limacciosa del Sudan merid. A Karthum, il N. riceve le acque del N. Azzurro (Bahr Al-Azzaq) e quelle dell'Atbara. Lungo il suo corso attraversa Nubia ed Egitto. La grande diga di Assuan regola il suo corso inferiore creando un vasto lago artificiale lungo 500 km (che sconfina in parte nel Sudan). Oltre ad alimentare una grande centrale in Egitto, l'invaso artificiale consente di regolare le piene estive sfruttandole per l'irrigazione.

Vaslav **NIJINSKY** in Giselle.

NÌLO DI GROTTAFERRÀTA (sànto), *Rossano 910 ca. - Grottaferrata 1004*, religioso. Ritiratosi a vita eremitica, in seguito contribuì alla diffusione del monachesimo cenobita fondando una comunità di monaci a Grottaferrata.

NIMBA (Mónti), catena montuosa dell'Africa, ai confini tra Costa d'Avorio, Guinea e Liberia; 1752 m. Giacimenti di ferro.

NIMÈGA, in ol. *Nijmegen*, c. dei Paesi Bassi, nella Gheldria, sul f. Waal; 153.705 ab. Cappella-battistero dell'VIII sec.; municipio e Waag del XVI-XVII sec.; museo archeologico.

NIMÈGA (pàce di), trattato siglato nel 1678 da Francia, Province Unite e Spagna, e nel 1679 da Francia e Sacro Romano Impero, alla fine della guerra d'Olanda. Sancì l'indipendenza delle Province Unite, che ottennero i territori dell'Orange e di Maastricht. La Francia acquisì la Franca Contea e diverse città di Hainaut, Artois e Fiandre.

NIMEIRY (Giafar Muhammad), *Omdurman 1930*, ufficiale e politico sudanese. Capo di Stato a partire dal 1969, è stato destituito nel 1985.

NÎMES, c. della Francia, capol. del dip. Gard; 137.740 ab. Vestigia romane del I-II sec. Musei. In epoca romana fu una delle città più fiorenti della Gallia.

NÎMES. *La Maison carrée (inizio del II sec. d.C.) e il Carrée d'art (1993).*

NIMITZ (William), *Fredericksburg, Texas, 1885 - San Francisco 1966*, ammiraglio statunitense. Al comando della flotta del Pacifico dopo Pearl Harbor (1941), sconfisse la flotta giapponese. Insieme a D. MacArthur ratificò l'atto di capitolazione del Giappone.

NIMRÒD, personaggio biblico (*Genesi*) descritto come "valente cacciatore al cospetto dell'Eterno". Sarebbe la trasposizione ebraica di una divinità babilonese.

NIMRUD, originaria sede dell'ant. c. assira di Kalah, sul f. Tigri. Fondata nel XIII sec. a.C., nel IX sec. fu capitale di Assurnasirpal. Importanti vestigia.

NIN (Anaïs), *Neuilly-sur-Seine 1903 - Los Angeles 1977*, scrittrice statunitense. Donna colta e tormentata, trasfuse la propria personalità contraddittoria nei *Diari* e nei romanzi.

■ *Anaïs Nin.*

NÌNCHI, famiglia di attori teatrali e cinematografici. — **Annibale N.**, *Bologna 1887 - Pesaro 1967*. Capocomico e interprete di opere classiche e contemporanee, lavorò anche nel cinema (*La dolce vita*, 1960; *Otto e mezzo*, 1963). — **Carlo N.**, *Bologna 1896 - Milano 1974*. Fratello di Annibale, fu apprezzato interprete teatrale e noto caratterista cinematografico (*La ciociara*, 1960). — **Ave N.**, *Ancona 1915 - Trieste 1997*. Cugina dei precedenti, ha lavorato in teatro in commedie classiche e nel cinema come caratterista in film di importanti registi (*L'onorevole Angelina*, 1947; *Guardie e ladri*, 1951).

NINFÈE, titolo e soggetto di numerose tele di C. Monet, eseguite a partire dal 1895 ca.; la più importante tra queste composizioni cromatiche è il monumentale dipinto realizzato per le due sale dell'Orangerie, alle Tuileries di Parigi (1915-1926).

NINGBO, c. della Cina (Zhejiang); 479.000 ab. Porto. — Monumenti antichi.

NINGXIA HUIZU, reg. autonoma della Cina nord-occ.; 5.300.000 ab.; capol. *Yinchuan*.

NÌNIVE, c. dell'ant. Mesopotamia, sul Tigri. Fondata nel VI millennio, sotto Sennacherib (705-680 a.C.) divenne la capitale dell'Assiria. La sua distruzione da parte dei medi (612 a.C.) segnò la fine dell'impero assiro. Resti (numerosi oggetti, tra cui ortostati che rappresentano scene di caccia, conservati al British Museum di Londra).

NIÑO (El), fenomeno climatico scatenato da un riscaldamento anomalo dell'oceano, nella zona orient. del Pacifico, all'altezza delle coste peruviane; è responsabile di irregolarità climatiche di estensione mondiale. La Niña, fenomeno climatico che segue El N., è un anticiclone responsabile di siccità.

NINOVE, c. del Belgio (Fiandra Orientale); 34.656 ab. Chiesa, ant. abbaziale premostratense, del XVII-XVIII sec.

NIO → IO.

NÌOBE MITOL. GR. Figlia di Tantalo e moglie di Anfione. Fiera della numerosa prole, si burlò di Latona, madre di Apollo e Artemide, che vendicarono la madre uccidendo i quattordici figli di N.

NIORT, c. della Francia, capol. del dip. Deux-Sèvres; 59.346 ab. Castello del XII-XV sec.

NIPIGON (làgo), lago del Canada (Ontario), che si riversa nel Lago Superiore tramite il f. Nipigon; 4480 km².

NIPPON, nome giapp. del *Giappone*.

NIPPUR, ant. c. della bassa Mesopotamia (att. Niffer, Iraq). Centro religioso sumero, occupato dal VI millennio e fiorente tra il III e il I millennio, vi sono stati realizzati scavi archeologici che hanno portato alla luce numerose tavolette cuneiformi.

NIRÀNO (Sàlse di), riserva naturale situata in prov. di Modena. Copre una superficie di 200 ha ca. ed è caratterizzata dal fenomeno delle salse, coni di fango originati dalla risalita in superficie di idrocarburi e acqua salata che si solidificano a contatto con l'aria.

NIŠ, già **Nissa**, c. di Serbia e Montenegro (Serbia); 175.000 ab. Resti archeologici; ant. fortezza turca.

NISCÈMI, com. in prov. di Caltanissetta; 27.191 ab. Agricoltura (frutta, agrumi, cereali). Industrie alimentari, dell'abbigliamento.

NISHINOMIYA, c. del Giappone (Honshu), sulla Baia di Osaka; 390.389 ab.

NISIBI, c. dell'ant. Persia (att. Nusaybin, in Turchia). Centro commerciale di notevole importanza strategica, fu il luogo dove si sviluppò il nestorianesimo.

NÌSIDA, piccola isola del Mar Tirreno, nel Golfo di Napoli; 0,7 km². Ha origine vulcanica ed è collegata alla terraferma da un ponte.

NITERÓI, c. del Brasile, sulla Baia di Guanabara; 459.451 ab. Porto. Centro residenziale e industriale.

NITRA, c. della Slovacchia; 87.591 ab.

NÌTTI (Francésco Savério), *Melfi 1868 - Roma 1953*, economista e politico. Studioso dei problemi del Mezzogiorno (*Nord e Sud*, 1900), deputato (1904) e ministro (1911-1914 e 1917-1919), fu presidente del consiglio dal 1919 al 1920. In esilio dal 1924 al 1945, al ritorno in Italia fu senatore nella prima legislatura.

NIUE, isola del Pacifico (259 km²; 2239 ab.). Territorio annesso alla Nuova Zelanda.

NIVEN (David), *Kirriemuir 1909 - Château d'Oex 1983*, attore cinematografico britannico. Tra le sue interpretazioni, *La carica dei 600* (1936), *Scala al paradiso* (1946), *Bonjour tristesse* (1958), *Il giro del mondo in ottanta giorni* (1956), *Tavole se parate* (1958, premio Oscar), *La pantera rosa* (1963), *Taglio di diamanti* (1980).

NIVHI, popolazione paleoasiatica della Russia.

NÌVOLA (Costantino), *Orani 1911 - Long Island 1988*, scultore e grafico. Dopo l'esperienza come direttore dell'ufficio grafico della Olivetti, dal 1938 fu negli Stati Uniti, dove realizzò murali inseriti in contesti architettonici e opere scultoree di varia natura.

NIXON (Richard), *Yorba Linda, California, 1913 - New York 1994*, politico statunitense. Repubblicano, vicepresidente degli Stati Uniti (1953-1961), fu eletto presidente nel 1968. Rieletto nel 1972, rinsaldò i rapporti con la Cina popolare e mise fine alla guerra del Vietnam (1973). Diede le dimissioni nel 1974 in seguito allo scandalo *Watergate.

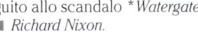

■ *Richard Nixon.*

NIZAMI → Nezami.

NI ZAN, *Wuxi, Jiangsu, 1301-1374*, pittore, calligrafo e poeta cinese. Per il suo stile essenziale, è considerato uno dei più brillanti esponenti dell'estetica letteraria dell'epoca Yuan.

NIZAN (Paul), *Tours 1905 - Audruicq 1940*, scrittore francese. Amico di J.-P. Sartre, autore di saggi e romanzi (*Aden Arabia*, 1931; *La cospirazione*, 1938), si distaccò dal comunismo all'indomani del patto di non aggressione.

NIŽNI NOVGOROD, tra il 1932 e il 1990 **Gor'kij**, c. russa, alla confluenza dei f. Volga e Oka; 1.382.115 ab. Porto fluviale e centro industriale. Vecchio Cremlino; chiese del XIII e XIX sec.

NÌZZA, c. della Francia, capol. del dip. Alpes-Maritimes, in Costa Azzurra; 345.892 ab. (ca. 890.000 ab. nell'agglomerato). Rinomata stazione turistica e balneare. Aeroporto. Numerosi i musei: di Belle arti, Masséna, di arte moderna e contemporanea, delle arti asiatiche. Vestigia romane sulla collina di Cimiez.

NIZZA. *La Promenade des Anglais.*

NÌZZA (trattato di) (26 feb. 2001), trattato siglato a margine della conferenza intergovernativa dell'Unione Europea conclusasi a Nizza nel dic. 2000. È una prima intesa sulle riforme istituzionali indispensabili in previsione della futura espansione dell'Unione.

NIZZÒLI (Marcéllo), *Boretto 1887 - Camogli 1969*, grafico, designer e architetto. Esordì nel campo della cartellonistica con allestimenti scenici, quindi si dedicò al design industriale, lavorando per la Olivetti (macchine per scrivere *Lexicon 80*, 1948 e *Lettera 22*, 1950). Come architetto, collaborò con M. Oliveri alla costruzione delle sedi Olivetti a Milano (1951-1954) e Ivrea (1960-1963).

NJUKA, gruppo etnico creolo del Suriname.

NKOLE o **BANYANKOLE**, popolazione dell'Uganda.

NKONGSAMBA, c. del Camerun; 87.000 ab.

NKRUMAH (Kwame), *Nkroful 1909 - Bucarest 1972*, politico ghanese. Ottenne l'indipendenza della Costa d'Oro (1957) e fu presidente della repubblica del Ghana dal 1960 al 1966. Leader del panafricanismo, ebbe un ruolo di primo piano nella creazione dell'OUA.

NKVD (sigla dell'espressione russa che significa "Commissariato del popolo per gli affari interni"), organismo nel quale fu integrata la Ghepeù; svolgeva compiti di polizia politica (1934-1943/1946).

NO (làgo), depressione paludosa del Sudan merid.

NOAILLES (casáta dei), nobile famiglia francese originaria del Limosino. — **Anne Jules**, duca di **N.**, *Parigi 1650 - Versailles 1708*. Governatore della Linguadoca, perseguitò gli ugonotti. — **Adrien Maurice**, duca di **N.**, *Parigi 1678-1766*, militare francese. Si distinse in Catalogna e in Germania durante le guerre di successione spagnola, polacca e austriaca. — **Louis Marie**, visconte **di N.**, *Parigi 1756 - L'Avana 1804*, generale francese. Combatté in America a fianco di M.-J. La Fayette. Deputato della nobiltà agli Stati generali, propose l'abolizione dei privilegi.

NOBEL (Alfred), *Stoccolma 1833 - Sanremo 1896*, chimico e industriale svedese. Condusse ricerche su polveri da sparo ed esplosivi, e inventò la dinamite (1886). Nel testamento dispose l'istituzione del premio che porta il suo nome.

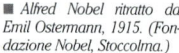

■ *Alfred Nobel ritratto da Emil Ostermann, 1915. (Fondazione Nobel, Stoccolma.)*

NÒBILE (Umbèrto), *Lauro 1885 - Roma 1978*, militare ed esploratore artiche: durante la prima (1926) raggiunse il Polo Nord con il dirigibile *Norge*, da lui progettato; nel corso della seconda (1928), il dirigibile *Italia* precipitò nei pressi delle Spitzbergen. R. Amundsen perì nel tentativo di prestare soccorso e N. fu ritenuto responsabile. Oppositore del fascismo, N. visse in Unione Sovietica e negli Stati Uniti prima di tornare in Italia, dove fu eletto deputato alla Costituente.

NÒBILI (Leopòldo), *Trassilico 1787 - Firenze 1835*, fisico. Il suo nome è legato all'invenzione del galvanometro astatico (1825) e della pila termoelettrica (1830).

NOBUNAGA → Oda (Nobunaga).

NÒCE, torrente del Trentino-Alto Adige; 79 km. Nasce dal Corno dei Tre Signori, percorre la Val di Sole, la Val di Non e la Valle dell'Adige e confluisce nell'Adige.

NOCÈRA INFERIÓRE, com. in prov. di Salerno; 48.682 ab. Agricoltura (patate, noci, ciliegie). Industrie tessili, metalmeccaniche. Resti del castello medievale (XI sec.).

NOCÈRA SUPERIÓRE, com. in prov. di Salerno; 23.293 ab. Agricoltura (patate, tabacco, cereali). Industrie tessili, meccaniche. Chiesa di S. Maria Maggiore (V sec.). Anfiteatro (I sec. a.C.). Santuario di S. Maria Materdomini (XII sec.).

NOCÈRA ÙMBRA, com. in prov. di Perugia; 5935 ab. Industrie della ceramica e delle acque minerali. Turismo estivo. Resti di epoca romana e di una necropoli longobarda (VI-VII sec.).

NÒCI, com. in prov. di Bari; 19.484 ab. Agricoltura (cereali, ortaggi, olive). Industrie alimentari, dell'abbigliamento. Chiesa madre (XIV sec.). Chiesa abbaziale di Barsento (591).

NOCS (Nùcleo operativo centràle di sicurézza), reparto speciale della Polizia di Stato. È utilizzato nella lotta contro il terrorismo e i sequestri di persona.

NODIER (Charles), *Besançon 1780 - Parigi 1844*, scrittore francese. Autore di novelle fantastiche (*Jean Sbogar*, *Trilby il folletto di Argail*, *La fata delle briciole*) che esercitarono una grande influenza sui surrealisti, organizzò, all'Arsenal di Parigi, serate dedicate agli esordienti romantici.

NOÈ, in ebr. **Noah**, patriarca biblico. Scelto da Dio per sopravvivere al diluvio che annientò l'umanità peccatrice, N. costruì un'arca con la quale trasse in salvo la sua famiglia e una coppia di tutte le specie animali. In seguito strinse un patto con Dio, ed è perciò considerato il padre del genere umano, che discenderebbe dai suoi figli Sem, Cam e Jafet.

NOETHER (Emmy), *Erlangen 1882 - Bryn Mawr, Pennsylvania, 1935*, matematico tedesco. Insieme a E. Artin, ebbe un ruolo di primo piano nella creazione dell'algebra moderna.

NOGARET (Guglièlmo di), *m. nel 1313*, giurista francese. Giudice alla corte di Filippo il Bello (1296), ne diresse la politica contro Bonifacio VIII, ai danni del quale perpetrò l'oltraggio di Anagni (1303). Contribuì alla soppressione dell'ordine dei templari.

NOICÀTTARO, com. in prov. di Bari; 23.668 ab. Agricoltura (mandorle, ortaggi). Industrie enologiche, alimentari, del legno. Chiese di S. Maria della Pace (XII-XIII sec.) e di S. Maria della Lama (1611).

NOIRET (Philippe), *Lilla 1930*, attore cinematografico francese. Spesso diretto da registi italiani, ha interpretato ruoli sia comici sia drammatici: *La grande abbuffata* (1973), *Amici miei* (1975), *Speriamo che sia femmina* (1986), *Gli occhiali d'oro* (1987), *Nuovo cinema Paradiso* (1989), *Il postino* (1994).

NOK, località della Nigeria settentr. Nel I millennio a.C. vi si sviluppò una cultura di cui sopravvivono statuette in terracotta antropomorfe e zoomorfe, dalle forme stilizzate. Tali manufatti artistici sono da attribuire a una popolazione di agricoltori, la prima a scoprire il ferro a S del Sahara.

■ *Testa nok in terracotta. (Museo di N'Djamena.)*

NÒLA, com. in prov. di Napoli; 33.364 ab. Agricoltura (legumi, frutta, patate). Industrie alimentari e vetrarie. Palazzo Orsini (1461). Casa natale di G. Bruno. Nei dintorni, necropoli paleocristiana di Cimitile.

NOLDE (Emil **Hansen**, detto Emil), *Nolde 1867 - Seebüll 1956*, pittore e incisore tedesco. Tra i fondatori del movimento Die *Brücke*, fu uno dei principali esponenti della pittura espressionista.

NOLLET (abàte Jean Antoine), *Pimprez 1700 - Parigi 1770*, fisico francese. Scoprì il fenomeno dell'osmosi, studiò la propagazione del suono nell'acqua e inventò l'elettroscopio (1747).

NOLTE (Ernst Hermann), *Witten 1923*, storico tedesco. Ha compiuto studi sui movimenti politici europei, giungendo a formulare ipotesi revisioniste sul nazismo. Tra le opere, *I tre volti del fascismo* (1963), *Nazionalsocialismo e bolscevismo. La guerra civile europea 1917-1945* (1987).

NOMADÈLFIA, comunità cristiana autogestita situata nei pressi di Grosseto. Fondata nel 1947 a Fossoli (Modena) dal sacerdote Zeno Saltini (1900-1981), venne chiusa nel 1952 a causa di problemi economici, ma fu ricostituita nel 1962 nella sede odierna.

NÒMADI, gruppo musicale sorto nel 1963. Costituitosi intorno al cantautore Augusto Daolio (1947-1992), è stato uno dei complessi di punta degli anni '60 del secolo scorso, portavoce degli ideali giovanili. Tra i successi, *Dio è morto* (1966, con F. Guccini), *Io vagabondo* (1972), *Il vecchio e il bambino* (1981).

NÓME DELLA RÒSA (Il), romanzo di U. Eco, pubblicato nel 1980. La vicenda è incentrata su una serie di misteriosi omicidi che hanno luogo in un'abbazia benedettina in epoca medievale, e sulla ricerca del colpevole da parte del monaco Guglielmo da Baskerville e del suo giovane assistente Adso da Melk. L'opera, al tempo stesso giallo coinvolgente, rappresentazione del mondo medievale e romanzo di formazione, ha avuto un enorme successo in tutto il mondo, diventando un vero caso editoriale (premio Strega 1980).

NOMELLÌNI (Plinio), *Livorno 1866 - Firenze 1943*, pittore. Formatosi nella cerchia dei macchiaioli, aderì in seguito al divisionismo, realizzando dipinti che risentirono di influenze secessioniste e simboliste europee.

NOMENTÀNA (via), ant. strada romana. Lunga 14 miglia ca., collegava Roma alla città di *Nomentum* (l'att. Mentana), congiungendosi poi alla via Salaria.

NÒMI (scuòla dei), scuola filosofica cinese (IV-III sec. a.C.), i cui principali esponenti furono Hui Shi e Gongsun Long. Suo scopo fu cercare di far coincidere realtà e linguaggio, soprattutto a fini pratici e politici.

NÒN (Vàl di), valle del Trentino corrispondente al basso bacino del torrente Noce, dominata dal massiccio del Brenta. Sviluppato il turismo, soprattutto nelle località di Molveno, Fondo e Cles. Lago artificiale di S. Giustina.

NON AGGRESSIÓNE (pàtto di) (23 ago. 1939), patto concluso tra la Germania e l'URSS. Firmato a Mosca da J. von Ribbentrop e V.M. Molotov, è stato accompagnato da un protocollo segreto che prevedeva i possedimenti delle zone d'influenza sovietica e tedesca, e specialmente la spartizione della Polonia.

NONÀNTOLA, com. in prov. di Modena; 12.046 ab. Agricoltura (barbabietole da zucchero, cereali). Industrie tessili, meccaniche. Abbazia romanica di S. Silvestro (XII sec.) con prestigiosa biblioteca.

NÒNES (Frànco), *Castello di Fiemme 1941*, sciatore. Alle Olimpiadi di Grenoble del 1968 conquistò la medaglia d'oro nella 30 km di fondo. Ha vinto anche sedici titoli italiani in diverse specialità.

NÓN MOLLÀRE!, foglio clandestino antifascista pubblicato a Firenze nel 1925. Fondato e diretto da G. Salvemini, E. Rossi e C. Rosselli, sospese le pubblicazioni nel giu. 1925, in concomitanza con l'arresto di Salvemini.

NÒNO (Luigi), *Venezia 1924-1990*, compositore. Studiò con H. Scherchen e B. Maderna e approfondì le tecniche postweberniane (*Il canto sospeso*, 1956; *Canti di vita e d'amore*, 1962), conciliando la musica con l'impegno politico di stampo marxista. Fu tra i più importanti sperimentatori italiani nel campo della musica elettronica (*Fabbrica illuminata*, 1964; *Prometeo*, 1984) e si interessò anche al teatro (*Intolleranza 1960*, 1960).

NON PROLIFERAZIÓNE NUCLEÀRE (trattato per la) (TNP), trattato firmato nel 1968 ed entrato in vigore nel 1970, nel 2000 sottoscritto da 187 Stati, che si sono impegnati a rifiutare la costruzione o la diffusione ad altri paesi di armamenti nucleari. Nel 1995 è stato prorogato indefinitamente. Nel 1996 è stato firmato anche il trattato che probisce i test nucleari, il CTBT (Comprehensive Nuclear Test Ban Treaty).

NOORDA (Bob), *Amsterdam 1927*, designer e grafico olandese. Celebre per aver realizzato la segnaletica delle metropolitane di Milano, New York e São Paulo, si è affermato come uno dei rinnovatori del design italiano, collaborando con aziende (Pirelli, Rinascente) ed editori (Sansoni, Feltrinelli).

NÒRA, c. della Sardegna. Colonia punica e romana, oggi conserva i resti di una necropoli e di un santuario punici, oltre a numerosi edifici romani (teatro, foro, terme e abitazioni).

NORBÈRTO (sànto), *Gennep o Xanten, Renania, 1080 ca. - Magdeburgo 1134*, fondatore (1120) dell'ordine dei canonici regolari premostratensi. Nel 1126 fu eletto arcivescovo del Magdeburgo.

NÒRCHIA, località in prov. di Viterbo. Sito archeologico con resti di una necropoli etrusca (*Orcla*) e tombe di notevole importanza, tra le quali la tomba Lattanzi.

NÒRCIA, com. in prov. di Perugia; 4911 ab. Agricoltura (foraggi, patate) e allevamento. Industrie tipografiche e alimentari (salumi, tartufi). Duomo di S. Maria Argentea (1560). Rocca quadrilatera della Castellina (1554-1563). Casa natale di San Benedetto.

NORD, dip. della Francia, nella reg. Nord-Pas-de-Calais; capol. *Lilla*; 5742 km²; 2.555.020 ab. Il territorio, pianeggiante, è coltivato a cereali, bietole, ortaggi, luppolo, tabacco e lino. Allevamento bovino. Industrie automobilistiche e tessili.

NORD (Canàle del), stretto tra la Scozia e l'Irlanda.

NORD (Càpo), promontorio di un'isola lungo le coste della Norvegia. È il punto più settentr. d'Europa.

NORD (guèrre del), conflitti durante i quali la Svezia tentò di assumere il pieno controllo delle rive merid. del Baltico. Nel primo (1655-1660) Carlo X Gustavo si scontrò con una coalizione raccolta intorno a Polonia e Danimarca, conquistando vasti territori al di là del Baltico. Il secondo (1700-1721) vide la Svezia contrapposta a una coalizione comprendente Danimarca, Russia, Sassonia e Polonia. Nonostante gli iniziali successi di Carlo XII, la Svezia ne uscì molto indebolita.

NORD (Isola del), isola più popolosa della Nuova Zelanda; 114.600 km²; 2.553.413 ab.; c. princ. *Auckland* e *Wellington*.

NORD (Màre del), mare dell'Europa nord-occ. È compreso tra le coste di Francia, Gran Bretagna, Norvegia, Danimarca, Germania, Paesi Bassi e Belgio, e comunica con l'Oceano Atlantico. Gran parte dei maggiori porti europei (Rotterdam, Londra, Anversa, Amburgo) sorge su estuari che sboccano nel M. del N. Nel sottosuolo giacimenti di idrocarburi.

NORD (Territòrio del), in ingl. **Northern Territory**, reg. desertica dell'Australia; 1.346.000 km²; 195.101 ab.; cap. *Darwin*.

NORDENSKJÖLD (Adolf Erik, baróne), *Helsinki 1832 - Dalbjö 1901*, esploratore svedese. Scoprì il Passaggio a Nord-Est (1878-1879). — **Otto N.**, *Sjögelö 1869 - Göteborg 1928*, esploratore svedese. Nipote di Adolf Erik, esplorò Patagonia e Terra del Fuoco (1895-1897) e fu a capo di una spedizione in Antartide (1902-1903).

NORD-EST (Passàggio a), via di navigazione a N della Russia (Siberia), che collega Atlantico e Pacifico attraverso lo Stretto di Bering. Fu percorso per la prima volta da A.E. Nordenskjöld (1878-1879).

NORDESTE, reg. del Brasile, tra gli Stati di Bahia e Pará. Su un territorio di oltre 1,5 milioni di km² conta quasi 40 milioni di ab. A causa della variabilità delle condizioni climatiche (alternanza di siccità e inondazioni) la regione è soggetta a un forte esodo rurale.

NÖRDLINGEN, c. della Germania (Baviera). Fu teatro di due battaglie della guerra dei Trent'anni: nel corso della prima (5-6 sett. 1634) le truppe imperiali sconfissero gli svedesi; nella seconda (3 ago. 1645) i francesi ebbero la meglio sull'esercito imperiale.

NORD-OVEST (Passàggio a), via di navigazione che collega Atlantico e Pacifico passando tra le isole a N del Canada. Fu percorso per la prima volta da R. Amundsen (1903-1906).

NORD-OVEST (Territòri del), in ingl. **Northwest Territories**, territorio federato del Canada settentr., tra il Nunavut e lo Yukon, a N del 60° parallelo; 1.480.000 km²; 36.460 ab.; cap. *Yellowknife*.

NORD-PAS-DE-CALAIS, reg. della Francia; 12.414 km²; 3.996.588 ab.; capol. *Lilla*; 2 dip. (Nord e Pas-de-Calais). Piccola ma densamente popolata. L'economia si basa su industria e servizi. Lungo la costa, attività portuali e pesca.

NORÉN (Lars), *Stoccolma 1944*, scrittore svedese. Un profondo malessere esistenziale e una visione negativa delle relazioni familiari sono alla base delle sue poesie e dei suoi drammi (*Il coraggio di uccidere, La notte è madre del giorno*).

NORFOLK, c. degli Stati Uniti (Virginia); 234.403 ab. Porto. Crysler Museum of Art.

NORFOLK, contea della Gran Bretagna, sul Mare del Nord; 736.700 ab.; capol. *Norwich*.

NORGE (Georges **Mogin**, detto Géo), *Bruxelles 1898 - Mougins 1990*, scrittore belga di lingua francese. È autore di poesie (*La langue verte*, 1954) nelle quali alla fantasia e all'umorismo unisce l'esaltazione delle sensazioni.

NÒRICHE (Àlpi), sezione delle Alpi Orientali, delimitata dal Passo del Brennero e dal Passo di Schober. La vetta più elevata è il Grossglockner (3797 m).

NÒRICO, ant. prov. dell'impero romano, tra il Danubio e le Alpi orient.

NORIEGA (Manuel-Antonio), *Panamá 1940*, generale e politico panamense. Capo di Stato maggiore delle forze armate a partire dal 1983, uomo forte del regime, fu destituito da un intervento militare degli Stati Uniti nel 1989 e arrestato nel 1990.

NORIL'SK, c. della Russia, in Siberia; 166.118 ab. Centro minerario e metallurgico.

NORIMBÈRGA, in ted. **Nürnberg**, c. della Germania (Baviera), sul f. Pegnitz; 486.628 ab. Centro industriale (industrie chimiche, meccaniche ed elettriche), universitario e culturale. Quartieri medievali per gran parte restaurati dopo la seconda guerra mondiale (chiese con pregevoli opere scultoree); casa di A. Dürer; Museo nazionale germanico. – Libera città imperiale nel 1219, attivo centro di diffusione della cultura rinascimentale nel XV-XVI sec., N. subì gravi danni durante la guerra dei Trent'anni. Fu sede di congressi e parate nazionalsocialisti e in seguito del processo di *Norimberga*.

NORIMBÈRGA (processo di) (20 nov. 1945 - 1° ott. 1946), processo istituito, davanti a un tribunale militare internazionale, contro 24 membri del Partito nazista e otto organizzazioni della Germania hitleriana. Accusati di crimini di guerra e contro l'umanità, 12 imputati (tra cui H. Göring, J. von Ribbentrop e A. Rosenberg) furono condannati a morte,) (tra cui K. Dönitz, R. Hess e A. Speer) a pene detentive. Furono condannate anche quattro organizzazioni nazionalsocialiste.

NÒRMA, com. in prov. di Latina; 3923 ab. Fondata dai volsci nel VI sec. a.C. con il nome di *Norba*, poi colonia romana, fu campo di battaglia durante le guerre puniche. Resti delle mura e della città medievale di Ninfa.

NORMAN (Jessye), *Augusta, Georgia, 1945*, soprano statunitense. Con la sua estensione vocale, si è imposta nell'opera spaziando da W.A. Mozart a A. Schönberg e interpretando il repertorio liederistico.

NORMANDÌA, reg. storica della Francia nordocc., divisa in due reg. amministrative: *Bassa N.* e *Alta N.* Il territorio si estende a O nel Massiccio Armoricano, e a E nel bacino di Parigi. Raffinerie di petrolio; industrie meccaniche, tessili e chimiche. Centrali nucleari. – Ducato normanno dal 911, durante la guerra dei Cent'anni fu contesa tra Inghilterra e Francia e fu definitivamente annessa alla corona francese nel 1468.

NORMANDÌA (sbàrco in) (6 giu. 1944), l'insieme di operazioni, identificate dal nome in codice "Overlord", con le quali, durante la seconda guerra mondiale, le forze alleate del generale D.D. Eisenhower sbarcarono nel continente europeo tra Ouistreham e la penisola del Cotentin. Ne seguì una battaglia tra gli Alleati e l'esercito tedesco che portò i primi a sfondare il fronte occidentale tedesco in due mesi (21 ago. 1944; battaglie di Caen, Avranches, Mortain, Falaise).

NORMÀNNI, popolazione stanziata in Scandinavia che a partire dall'VIII sec. invase l'Europa, spinta dal sovrappopolamento e dalla ricerca di sbocchi commerciali e bottini. Sono conosciuti anche come "vichinghi". Intorno alla metà del IX sec. gli svedesi variaghi occuparono la valle superiore del Dnepr e giunsero fino a Bisanzio, assumendo il ruolo di intermediari tra l'Impero bizantino e l'Occidente, tra cristiani e musulmani. Scoprirono inoltre Islanda (860 ca.) e Groenlandia (X sec.). I norvegesi si insediarono nella Scozia settentr. e in Irlanda, mentre i danesi conquistarono l'Inghilterra nord-orient. (IX sec.). In Francia, i n. giunsero ad assediare Parigi e, nel 911, il loro capo Rollone ottenne la Normandia. Nell'XI e XII sec. penetrarono in Italia, dove Roberto il Guiscardo ottenne i ducati di Puglia e Calabria (1059), mentre Ruggero II creò il regno di Sicilia e di Puglia (1130). I n. esercitarono sui domini italiani, che persero nel 1194, una profonda influenza sull'organizzazione sociale e sulla cultura.

NORODOM SIHANOUK, *Phnom Penh 1922*, re (1941-1955 e dal 1993) e capo di Stato (1960-1970) della Cambogia. Ottenne dalla Francia il riconoscimento dell'indipendenza del paese (1953). Destituito nel 1970, dall'esilio di Pechino si alleò con i khmer rossi, ma dopo la loro vittoria (1975) vi fu estromesso. Ostile al regime filovietnamita di Hun Sen (1979), presiedette dall'esilio un governo di coalizione (1982-1988). Dal 1987 partecipò agli accordi di pace per la risoluzione del conflitto e nel 1991 rientrò a Phnom Penh come presidente del consiglio nazionale supremo, l'organo incaricato del governo provvisorio del paese. Dal 1993 è ritornato sul trono della Cambogia.

■ *Norodom Sihanouk.*

NORRIS (Frank), *Chicago 1870 - San Francisco 1902*, scrittore statunitense. Autore di romanzi naturalisti, fu uno dei precursori del romanzo americano moderno (*Una storia di San Francisco, La piovra*).

NORRKÖPING, c. della Svezia, sul Baltico; 122.849 ab. Porto. – Museo.

NORRLAND, parte settentr. della Svezia.

NORTHAMPTON, c. della Gran Bretagna (Inghilterra), capol. del Northamptonshire; 156.000 ab. Chiesa a pianta circolare del XII sec.; musei.

NORTH BAY, c. del Canada (Ontario), sul Lago Nipissing; 54.332 ab.

NORTH DAKOTA, Stato degli Stati Uniti, nelle Grandi Pianure; 642.200 ab.; cap. *Bismarck*. Deve il suo nome a un popolazione indiana.

NORTHUMBRIA, regno fondato dagli angli (VI-X sec.); cap. *York*. Nel VIII sec. cadde in mano agli invasori scandinavi.

NORTH YORK, c. del Canada (Ontario), sobborgo di Toronto; 589.653 ab.

NORVÈGIA, in norv. **Norge**, Stato dell'Europa settentr., sull'Atlantico; 325.000 km²; 4.503.000 ab. (*norvegesi*). CAP. *Oslo*. LINGUA: *norvegese*. MONETA: *corona norvegese*. [*V. carta a pagina seguente.*]

ISTITUZIONI – Monarchia costituzionale con Costituzione del 1814. Il sovrano ha una funzione politica puramente simbolica. Il primo ministro è responsabile dinanzi al parlamento (*Storting*), eletto ogni 4 anni mediante suffragio universale diretto.

GEOGRAFIA – La N., che occupa la parte occ. della penisola scandinava e si estende per più di 1500 km, è un paese montuoso (a eccezione del settentrione, dove predominano gli altopiani) e ricoperto di foreste. Il litorale è inciso dai fiordi, su cui sono sorte le principali città: Oslo, Bergen, Trondheim e Stavanger. Il clima è mitigato dalle influenze atlantiche e quindi, nonostante la latitudine, almeno nel S è possibile praticare attività agricole (coltivazione di cereali, patate). Oltre all'allevamento (bovini, ovini), hanno notevole rilievo la pesca e lo sfruttamento forestale. Anche se i comparti industriali predominanti restano i settori metallurgico e chimico (connessi all'abbondante produzione idroelettrica) ed entrate supplementari sono garantite dalla flotta mercantile, la risorsa primaria è ormai rappresentata dai giacimenti di idrocarburi del Mare del Nord: dal petrolio dipendono infatti le eccedenze della bilancia commerciale.

STORIA – **Le origini**. VIII-XI sec.: i vichinghi si avventurano verso le Isole Britanniche, l'impero carolingio e la Groenlandia. Queste spedizioni mettono la N. in contatto con la cultura occidentale e contribuiscono alla sua costituzione in uno Stato.

Il Medioevo. IX sec.: Harald I Hårfager unifica la N. **995-1000**: Olaf I Tryggvessön intraprende la

Il banco degli accusati durante una seduta del processo di **NORIMBERGA.**

conversione dei suoi sudditi al cristianesimo; **1016-1030**: la sua opera viene proseguita da Olaf II Haraldsson, detto il Santo. **XII sec.**: le dispute dinastiche indeboliscono il potere regale. **1163**: Magnus V Erlingsson viene incoronato re: la Chiesa conferisce autorità spirituale alla monarchia norvegese. **1223-1263**: Haakon IV Haakonsson estende la propria autorità alle isole dell'Atlantico (Fær, Øer, Orcadi, Shetland), all'Islanda e alla Groenlandia; **1263-1280**: il figlio, Magnus VI Lagaböte, introduce riforme in campo legislativo e amministrativo. **XIII sec.**: i mercanti dell'Hansa conquistano la supremazia economica nel paesc. **1319-1343**: Magnus VII Eriksson è artefice di un'effimera unione tra N. e Svezia; **1363**: il figlio, Haakon VI Magnusson (1343-1380), sposa Margherita, figlia di Valdemaro IV, re di Danimarca. **1380-1387**: la reggente Margherita I Valdemarsdotter governa Danimarca e N. in nome del figlio minore, Olaf; **1389**: riafferma i diritti del marito sulla Svezia.
Dall'unificazione all'indipendenza. 1397: l'Unione di Kalmar pone Danimarca, N. e Svezia sotto lo stesso monarca, Erik dI Pomerania. **1523**: la Svezia riacquista l'indipendenza. La N. resta per tre secoli sotto il dominio dei re di Danimarca, che le impongono il luteranesimo e la lingua danese. **XVII sec.**: coinvolta nei conflitti europei, la N. perde lo Jämtland (1645) e Trondheim (1658) a vantaggio della Svezia. **XVIII sec.**: l'economia norvegese conosce un'autentica fioritura (legname, metalli, pesca). **1814**: con il trattato di Kiel la Danimarca cede la N. alla Svezia. L'invasione svedese costringe i norvegesi ad accettare l'unificazione. Il paese viene dotato di una propria Costituzione e di un'assemblea (Storting); ciascuno Stato forma un regno autonomo sotto l'autorità dello stesso sovrano. **1884**: il capo della resistenza nazionale, Johan Sverdrup (1816-1892), ottiene un regime parlamentare. **1898**: viene istituito il suffragio universale.
La Norvegia indipendente. 1905: in seguito a un plebiscito indetto dal parlamento, si consuma la rottura con la Svezia. La N. sceglie un principe danese, che sale al trono con il nome di Haakon VII. L'evoluzione verso la democrazia è rapida: viene varata un'importante legislazione sociale. **1935**: salgono al potere i laburisti.

NOTO. *Duomo e Palazzo Landolina di Sant'Alfano.*

1940-1945: i tedeschi occupano la N. Il re e i membri del suo governo s'imbarcano alla volta dell'Inghilterra, mentre a Oslo prende il potere un alleato dei nazisti, Vidkun Quisling. **1945-1965**: i laburisti praticano una politica di forte intervento statale in economia. **1957**: Olaf V succede al padre, Haakon VII. **Dopo il 1965**: si alternano al potere i conservatori, alleati con i liberali e con il Partito agrario, e i laburisti. **1972**: un referendum decreta la vittoria dei contrari all'ingresso della N. nel MEC. **1991**: Harald V viene incoronato re alla morte del padre, Olaf V. **1994**: con un referendum i norvegesi si pronunciano contro l'adesione del loro paese all'Unione Europea. **2001**: sale al potere un governo di centro-destra, guidato da Kjell Magne Bondevik (Partito democratico cristiano).
NORWICH, c. della Gran Bretagna (Inghilterra), capol. del Norfolk; 121.000 ab. Castello del XII sec., cattedrale del 1096, chiese gotiche; residenze antiche; musei.
NORWID (Cyprian Kamil), *Korona 1821 - Parigi 1883*, poeta polacco. Nelle sue liriche esprime la disperazione del poeta incompreso (*Promethidion, Il pianoforte di Chopin*).
NOSSI-BE → NOSY BE.
NOSTRADAMUS (Michel **de Nostre-Dame**, detto), *Saint-Rémy-de-Provence 1503 - Salon 1566*, astrologo e medico francese. Celebre per i suoi studi di astrologia, fu chiamato alla corte di Caterina de' Medici e fu medico di Carlo IX. Le profezie contenute nelle sue *Centurie astrologiche* (1555) hanno ricevuto numerose interpretazioni.
NOSY BE, già **Nossi-Be**, isola dell'Oceano Indiano, a NO del Madagascar, di cui fa parte.
NÒTO, com. in prov. di Siracusa, alle pendici dei Monti Iblei; 21.608 ab. Industrie alimentari e del legno. – Ricostruita a 10 km dalla città antica dopo il terremoto del 1693, N. è ricca di esempi del barocco siciliano (S. Domenico, 1703-1727; Palazzo Ducezio, 1746; duomo, 1776; chiesa del Crocefisso, con la *Madonna della neve* di F. Laurana, 1471). Nei pressi, necropoli del IX-VIII sec. a.C.
NOTRE-DAME, cattedrale di Parigi, nell'Île de la Cité. La costruzione dell'attuale edificio, in stile gotico, fu voluta dall'arcivescovo di Parigi M. de Sully nel 1163, e in gran parte completata intorno alla metà del XIII sec. Ai danni subiti nel XVII-XVIII sec. seguì un restauro di E. Viollet-le-Duc (metà del XIX sec.).
NÒTTE MITOL. GR. Dea greca, personificazione della notte. Figlia del Caos, era la madre delle Moire, delle Esperidi, del Giorno, della Morte, dei sogni.
NÒTTE E NÉBBIA, in ted. **Nacht und Nebel**, espressione che designa il sistema elaborato dai nazisti nel 1941 per far scomparire i loro oppositori senza lasciare tracce: la maggior parte di essi furono deportati nei campi di concentramento.
NOTTINGHAM, c. della Gran Bretagna (Inghilterra), capol. del Nottinghamshire, sul f. Trent; 261.500 ab. Centro industriale. – Castello ricostruito nel XVII sec.; musei.

Norvegia

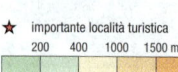

★ importante località turistica

200	400	1000	1500 m	

— autostrada
— strada normale
— ferrovia
✈ aeroporto

● più di 500.000 ab.
● da 100.000 a 500.000 ab.
● da 50.000 a 100.000 ab.
• meno di 50.000 ab.

NOUADHIBOU, già **Port-Étienne**, c. della Mauritania; 102.600 ab. Porto. Esportazione di minerali ferrosi. Pesca.

NOUAKCHOTT, cap. della Mauritania, sulla costa atlantica; 600.000 ab. (881.000 ab. nell'agglomerato).

NOUMÉA, capol. della Nuova Caledonia; 76.293 ab. Porto. Centro amministrativo e commerciale. – Centro culturale Tjibaou.

NOUMÉA. Il Centro culturale Tjibaou (cultura kanaki). Architetto: Renzo Piano (1998).

NOUVEAU RÉALISME, in it. **Nuòvo realismo**, denominazione del movimento artistico sorto in Francia alla fine degli anni '50 del secolo scorso. Fu organizzato dal critico P. Restany, che raccolse intorno a sé un gruppo di artisti (tra i quali F. Arman, Christo, César, Y. Klein, J. Tinguely), con il proposito di adeguare l'arte alla società contemporanea, contraddistinta da un'esasperata industrializzazione.

NOUVEAU ROMAN, movimento letterario francese nato all'inizio degli anni '50 del secolo scorso. Vi aderirono, tra gli altri, gli scrittori M. Butor, A. Robbe-Grillet e N. Sarraute.

NOUVEL (Jean), Fumel 1945, architetto francese. Alla base della sua architettura, che fa largo impiego di vetro e ferro, vi è l'amore per lo stile high-tech. Ha progettato, tra gli altri edifici, l'Institut du monde arabe a Parigi (1983-1987), il Palazzo dei congressi a Tours (1991-1993), la Galerie Lafayette a Berlino (1991-1996) e la Fondation Cartier a Parigi (1994).

NOUVELLE VAGUE, corrente cinematografica francese formata da giovani cineasti che, dal 1958, operarono un rinnovamento del linguaggio cinematografico con film a basso costo, caratterizzati da una recitazione più naturale, dal rifiuto di ambientazioni artificiose e dalla sobrietà delle soluzioni tecniche. Gran parte dei registi della *n. v.* (tra cui J.-L. Godard, F. Truffaut, C. Chabrol, É. Rohmer) scrivevano per la rivista *Cahiers du cinéma*.

NOVACÈLLA, in ted. **Neustift**, abbazia romanica situata nei pressi di Bressanone. Fondata nel 1142, fu sede dell'ordine agostiniano e importante centro culturale noto in tutta Europa. Chiostro e biblioteca.

NOTRE-DAME. La cattedrale parigina (XII-XIII sec.) vista dal lato dell'abside.

NOVA IGUAÇU, c. del Brasile, nei pressi di Rio de Janeiro; 900.599 ab.

NOVALÉSA, com. in prov. di Torino; 542 ab. Nei dintorni, celebre abbazia benedettina fondata da Abbone di Susa, fiorente in epoca medievale e abbandonata a metà dell'800. Venne abitata nuovamente nel 1937.

NOVALIS (Friedrich, barône **von Hardenberg**, detto), *Wiederstedt 1772 - Weissenfels 1801*, poeta tedesco. Fu tra i maggiori esponenti del romanticismo e membro del gruppo di Jena. Nelle sue poesie (*Inni alla notte*, 1800; *I discepoli di Sais*) e nel suo romanzo incompiuto (*Heinrich von Ofterdingen*, 1802) il misticismo si fonde con una rappresentazione allegorica della natura.

NOVA LISBOA → HUAMBO.

NÒVA MILANÉSE, com. in prov. di Milano; 21.953 ab. Industrie meccaniche, tessili e del mobile.

NOVÀRA, c. del Piemonte, capol. di prov., situata nella Pianura Padana tra il Ticino e il Sesia; 102.037 ab. (*novaresi*). Mercato agricolo. Industrie alimentari, dolciarie, meccaniche, chimiche, grafico-editoriali. – Di origine ligure, fu municipio romano (*Novaria*) e in seguito inclusa dai longobardi nel ducato di Bulgaria. Libero comune nel XII sec., dal XVI sec. fece parte del ducato di Milano e dal 1738 dello Stato dei Savoia. – Pochi resti degli edifici medievali; chiesa di Ognissanti (XV sec.) di origine romanica; duomo (1865-1869) e cupola di S. Gaudenzio (1844-1888) di A. Antonelli. – La provincia, pianeggiante e collinare, comprende parte dei laghi Maggiore e d'Orta. Agricoltura (riso, foraggio, vite); allevamento bovino. Industrie petrolchimiche, casearie, alimentari, cartarie, grafico-editoriali. Turismo sui laghi.

NOVÀRA (Doménico Maria), *Ferrara 1454 - Bologna 1504*, astronomo. Maestro di N. Copernico a Bologna, calcolò lo spostamento dell'asse di rotazione terrestre.

NOVÀRO (Àngiolo Silvio), *Diano Marina 1866 - Imperia 1938*, poeta e scrittore. Fratello di Mario, scrisse liriche dal tono crepuscolare dedicate al mondo dell'infanzia (*Il cestello*, 1910; *Il fabbro armonioso*, 1919). Importante anche la produzione narrativa: *Sul mare* (1889), *L'angelo risvegliato* (1901), *La fisarmonica* (1924).

NOVÀRO (Mário), *Diano Marina 1868 - Forte di Nava 1944*, poeta e saggista. Fratello di Angiolo Silvio, fondò e diresse la rivista *La riviera ligure* (1899-1919). Pubblicò saggi filosofici (*Pensieri metafisici del Malebranche*, 1893) e liriche paesaggistiche (*Murmuri ed echi*, 1912).

NOVARTIS, gruppo farmaceutico svizzero. È nato nel 1996 dalla fusione di Ciba-Geigy AG e Sandoz AG (società specializzate nel settore chimico). È uno dei maggiori gruppi mondiali del settore.

NOVÀTE MILANÉSE, com. in prov. di Milano; 19.857 ab. Industrie metalmeccaniche, tessili, metallurgiche e chimiche.

NOVÀTI (Francésco), *Cremona 1859 - Sanremo 1915*, filologo. Tra i più importanti esponenti del metodo storico, fondò nel 1883 il *Giornale storico della letteratura italiana* (con A. Graf e R. Renier) e nel 1904 la rivista *Studi medievali*. Notevoli i suoi studi sull'epoca medievale (*L'influsso del pensiero latino sopra la civiltà italiana del Medioevo*, 1897).

NOVAZIÀNO, *III sec.*, sacerdote e teologo romano. Entrato in contrasto con papa Cornelio (eletto nel 251), a suo avviso colpevole di eccessiva indulgenza nei confronti dei cristiani che avevano abiurato durante le persecuzioni, si pose a capo di una corrente rigorista e si fece eleggere papa. Lo scisma dei novaziani terminò nel VII sec.

NOVECÈNTO, denominazione del movimento artistico sorto a Milano nel 1923 e sviluppatosi nel periodo tra le due guerre mondiali. Fu costituito in occasione di una mostra alla galleria Pesaro da L. Dudreville, A. Bucci, E. Malerba, U. Oppi, M. Sironi, A. Funi e P. Marussig. Propugnando un recupero dell'arte classica e della tradizione pittorica italiana, coinvolse altri artisti (tra i quali F. Casorati, C. Carrà e M. Marini) in occasione di una mostra

successiva tenutasi nel 1929, ma si sciolse dopo qualche anno a causa delle tendenze, diverse e spesso inconciliabili, rappresentate dai singoli artisti.

NOVECÈNTO, rivista letteraria fondata nel 1926 a Roma da M. Bontempelli e C. Malaparte. Pubblicata inizialmente in francese, quindi in lingua italiana, ebbe come obiettivo l'apertura della cultura italiana alle influenze europee. Malaparte, contrario a questa tendenza, ne uscì nel 1927 avvicinandosi alla corrente di Strapaese.

NOVELLÀRA, com. in prov. di Reggio nell'Emilia; 11.770 ab. Agricoltura (cereali, barbabietole da zucchero). Industrie metalmeccaniche. Rocca dei Gonzaga (XV sec.).

NOVÈLLI (Augùsto), *Firenze 1867 - Carmignano 1927*, giornalista e autore teatrale. Direttore de *Il vero monello*, scrisse commedie ironiche in vernacolo fiorentino, con ambientazioni realistiche e personaggi popolari. Tra le opere, *Inferno, Purgatorio e Paradiso* (1894), *Acqua cheta* (1908), *La Cupola* (1913). Tra le commedie in lingua, *L'amore sui tetti* (1890), *Il coraggio* (1914).

NOVÈLLI (Enrico), *Pisa 1876 - Firenze 1945*, scrittore. Figlio di Ermete, diresse il *Nuovo giornale* di Firenze e con lo pseudonimo di Yambo scrisse libri per l'infanzia. Tra le sue opere, *Ciuffettino* (1902), *Tutto di tutto* (1928).

NOVÈLLI (Ermète), *Lucca 1851 - Napoli 1919*, attore teatrale. Interprete di ruoli comici e brillanti, nel 1884 formò una propria compagnia e si impegnò progressivamente in parti tragiche, dando vita a *tournées* di successo. Nel 1900 fondò il teatro stabile Casa Goldoni, che durò soltanto due anni.

NOVÈLLI (Gàstone), *Vienna 1925 - Milano 1968*, pittore. Fu influenzato dalle avanguardie europee, codificando una pittura incentrata inizialmente sul segno geometrico e in seguito sulla parola. Nell'ultima parte della carriera si avvicinò alle esperienze di P. Klee.

NOVELLÌNO, raccolta di cento novelle composta alla fine del '200. Opera di un anonimo, probabilmente fiorentino, fu pubblicata nel 1525 ed è conosciuta anche con i titoli di *Libro di novelle e di bel parlar gentile* e *Le cento novelle antiche*. Ne emerge la figura dell'imperatore Federico II, esempio di saggezza e delle virtù cortesi.

NOVEMBERGRUPPE, gruppo di artisti espressionisti costituitosi nel nov. 1918 a Berlino. Fondato con l'obiettivo di riunire tutte le arti, ebbe tra gli esponenti i pittori C. Klein e G. Grosz e gli architetti W. Gropius, B. Taut e M. van der Rohe. Notevole fu la sua influenza sul movimento moderno.

NOVÈMBRE 1918 (armistizio dell'11), armistizio che pose fine alla prima guerra mondiale. Fu firmato a Rethondes (in Francia) dalla Germania (M. Erzberger) e dalle potenze dell'Intesa (F. Foch e Wester Wemyss). La Germania accettava, in part., di evacuare i territori invasi, di procedere a rilevanti riparazioni di guerra e di liberare unilateralmente i prigionieri di guerra.

NOVÈNTA (Giàcomo **Ca' Zòrzi**, detto Giàcomo), *Noventa di Piave 1898 - Milano 1960*, poeta e scrittore. Dopo l'iniziale adesione alle idee di P. Gobetti, fondò a Firenze con A. Carocci *La riforma letteraria* (1936-1939), quindi propugnò un socialismo cattolico dalle pagine delle riviste *Gazzetta del Nord* (1946-1947) e *Socialista moderno* (1949-1950). Le sue liriche (*Versi e poesie*, 1956), scritte in dialetto veneto, rielaborano il romanticismo tedesco.

NOVÈNTA VICENTÌNA, com. in prov. di Vicenza; 8106 ab. Agricoltura (foraggi, tabacco). Industrie alimentari. Villa Pojana e Barbarigo (XVII sec.). Parrocchiale con tela di G. Tiepolo.

NOVERRE (Jean Georges), *Parigi 1727 - Saint-Germain-en-Laye 1810*, ballerino e coreografo francese. Giocò un ruolo fondamentale nella nascita della pantomima. Ha esposto le sue teorie in *Lettere sulla danza* (1760).

NOVGOROD → VELIKI NOVGOROD.

NÒVI LÌGURE, com. in prov. di Alessandria; 28.653 ab. Industrie elettrotecniche, metallurgi-

Nudo rosso di A. Modigliani, 1917. (Coll. G. Mattioli, Milano.)

che, cartarie, chimiche. Rovine del castello ducentesco. Chiesa di S. Andrea (XIII-XIV sec.).

NÒVIO, *I sec. a.C.*, scrittore latino. Fu un celebre autore di atellane dell'epoca di Silla, di cui restano pochi versi e una quarantina di titoli (*Maccus, Bucculus*).

NOVI SAD, c. di Serbia e Montenegro, capol. della Voivodina, sul Danubio; 180.000 ab.

NOVOČERKASSK, c. della Russia, a NE di Rostov-na-Donu; 188.031 ab. Materiale ferroviario.

NOVOKUZNECK, dal 1932 al 1961 **Stalinsk**, c. della Russia, in Siberia, nel Kuzbass; 574.890 ab. Carbone. Industrie siderurgiche e metallurgiche (alluminio).

NOVOMOSKOVSK, dal 1934 al 1961 **Stalinogorsk**, c. della Russia, a S di Mosca; 143.499 ab. Industrie chimiche.

NOVOROSSISK, c. della Russia, sul Mar Nero; 198.536 ab. Porto. Terminal di un oleodotto.

NOVOSIBIRSK, c. della Russia, nella Siberia occ., sull'Ob; 1.370.544 ab. Centro industriale, culturale e scientifico.

NOVOSTI → ITAR-TASS.

NOVOTNÝ (Antonín), *Letňany 1904 - Praga 1975*, politico cecoslovacco. Primo segretario del Partito comunista (1953), fu presidente della repubblica dal 1957, da movette dimettersi dopo la ''primavera di Praga'' (1968).

NOWA HUTA, centro siderurgico della Polonia, alla periferia di Cracovia.

NÒZZE DI CÀNA (Le), tela monumentale del Veronese (1563, Louvre, Parigi). Fu eseguita per il refettorio benedettino di S. Giorgio Maggiore, a Venezia; il tema biblico diventa un pretesto per mostrare l'opulenza dell'aristocrazia veneziana dell'epoca.

NUBA, popolazione del Sudan (Kordofan; più di 1 milione di individui). Agricoltori, i n. emigrarono in massa a Khartum, dove ebbero impieghi poco qualificati. In conflitto, a partire dal 1985, con i baggara e con il governo centrale, in molti si sono alleati con i ribelli del S.

NÙBIA, reg. dell'Africa, che corrisponde alla parte settentr. del Sudan e all'estremità merid. dell'Egitto. La N., chiamata dagli egiziani ''paese di Kush'', originariamente occupava la parte merid. della prima cateratta del Nilo; fu progressivamente conquistata dai faraoni. Nel VI-II sec. a.C. una dinastia kushita dominò l'Egitto. Nel VI sec. a.C. i nubiani fondarono il regno di Meroe, che scomparve intorno al 350 d.C. sotto la spinta del regno di Aksum. — Gli importanti resti della civiltà faraonica (spec. quelli di Abu Simbel), kushita e cristiana, minacciati dalla costruzione (1970) della diga di Assuan, sono stati oggetto di un intervento di salvaguardia.

NUBIÀNI, popolazione del Sudan (ca. 600.000 individui) e dell'Egitto. Stabilitisi nella valle del Nilo, non arabi e tardivamente islamizzati (i regni cristiani di Nubia sopravvissero fino al XIV

sec.), i n. emigrarono quasi subito a Khartum, dove assunsero diverse funzioni nell'amministrazione pubblica. Parlano il nubiano, lingua nilo-sahariana.

NÙBI DI MAGELLÀNO → MAGELLANO (Nubi di).

NÙDO RÓSSO, dipinto di A. Modigliani (1917, collezione G. Mattioli, Milano). L'opera, che appartiene a un ciclo di nudi femminili realizzati negli anni 1916-1919, raffigura una giovane donna languidamente sdraiata in una posa erotica, enfatizzata dai colori accesi. Il dipinto fece scandalo e fu denunciato per oltraggio al pudore.

NUER, popolazione del Sudan merid. (ca. 1 milione di individui). Allevatori dall'organizzazione politica egualitaria, transumanti nelle regioni paludose del bacino del Nilo, dal 1983 i n. si sono opposti, insieme ai dinka, alla dominazione nordista. Parlano una lingua nilotica.

NUEVO LAREDO, c. del Messico, sul Rio Grande; 308.828 ab.

NUJOMA (Sam), *Ongandjera, Ovamboland, 1929*, politico namibiano. Presidente della SWAPO a partire dal 1960, divenne, nel 1990, il primo presidente della Rep. indipendente di Namibia.

NUKU'ALOFA, cap. di Tonga, nell'Isola di Tongatapu; 20.000 ab.

NUKU-HIVA, la più grande delle Isole Marchesi; 482 km²; 2375 ab.

NUKUS, c. dell'Uzbekistan, capol. della Rep. dei Caracalpachi, sull'Amudarja; 175.000 ab.

NÙLLO (Francésco), *Bergamo 1826 - Krzykawka 1863*, patriota. Dopo aver combattuto durante le Cinque giornate di Milano (1848), prese parte alla difesa di Roma, quindi affiancò G. Garibaldi nella spedizione dei Mille e sull'Aspromonte (1862). Nel 1863 accorse in aiuto dei rivoluzionari polacchi e morì in battaglia.

NUMÀNA, com. in prov. di Ancona, sulla costa adriatica, presso il Monte Conero; 3452 ab. Produzione di strumenti musicali. Rinomata stazione balneare.

NUMÀNZIA, c. dell'ant. Spagna, nei pressi dell'att. Soria. Capitale degli iberi, fu conquistata e distrutta da Scipione Emiliano, al termine di un lungo assedio (134-133 a.C.). Rovine.

NÙMA POMPÌLIO, *715 ca. - 672 ca. a.C.*, leggendario re di Roma. Gli viene attribuita l'organizzazione delle prime istituzioni religiose romane. Si dice fosse ispirato dalla ninfa Egeria.

NUMAZU, c. del Giappone (Honshu); 212.241 ab. Centro industriale.

NÙMERI (libro dei), quarto libro del *Pentateuco*, che racconta la peregrinazione degli ebrei dal Monte Sinai fino alla conquista della terra promessa.

NUMERIÀNO (Màrco Aurèlio Numèrio), *m. a Nicomedia nel 284*, imperatore romano. Divenne augusto alla morte del padre Caro (283), ma regnò soltanto pochi mesi. Al ritorno da un viaggio in

Persia fu ucciso dal prefetto del pretorio Arrio Apro, suo suocero.

NUMÌDI, ant. popolazione berbera nomade che ha dato il nome alla *Numidia*. I n. costituirono nel corso del III sec. a.C. due regni che furono riuniti nel 203 a.C. sotto l'autorità di Massinissa, alleato dei romani. Indeboliti da conflitti dinastici, furono progressivamente sottomessi da Roma (vittoria di Mario su Giugurta nel 105, di Cesare su Giuba nel 46) e il loro regno divenne una provincia romana.

NUMÌDIA, ant. reg. dell'Africa del Nord, che andava dal territorio di Cartagine fino alla zona orient. del Marocco. Divisa tra diversi regni, divenne in seguito una provincia romana (*numidi*); fu devastata dall'invasione dei vandali (429) e dalla conquista araba (VII-VIII sec.).

NUMITÓRE, leggendario sovrano di Albalonga, padre di Rea Silvia, che diede alla luce Romolo e Remo.

NUNAVIK, territorio del Québec settentr. (Canada), popolato in maggioranza da inuit (ca. 8000 individui); 500.000 km² ca. C. princ. *Kuujjuaq*.

NUNAVUT, prov. del Canada settentr., che comprende la maggior parte delle isole dell'Artico canadese; 1.900.000 km²; 22.000 ab. ca., tra cui 17.500 eschimesi; cap. *Iqaluit*. Creato nel 1999, il N. è dotato di istituzioni proprie.

NUNES (Pedro), in lat. Petrus **Nonius**, *Alcácer do Sal 1492 - Coimbra 1578*, astronomo e matematico portoghese. Le sue ricerche sulla traiettoria più breve tra due punti della superficie terrestre sono all'origine della lossodromia.

NÚÑEZ (Álvaro) → CABEZA DE VACA (Álvaro Nuñez).

NÙORO, c. della Sardegna, capol. di prov.; 38.003 ab. (*nuoresi*). È situata alle pendici del Monte Ortobene, tra le valli del torrente Isalle e del Rio d'Oliena. Agricoltura (cereali, olio, frutta). Industrie meccaniche e alimentari. Di origine nuragica, fece parte del marchesato di Orani (XVII sec.) e divenne capol. di prov. del regno dei Savoia (1848) e d'Italia (1927). – Duomo neoclassico, Museo regionale del Costume. – Nella provincia, in prevalenza montuosa, si succedono altopiani e vallate in cui scorrono i f. Flumendosa e Tirsi. Sviluppato l'allevamento.

NUÒVA AMSTERDAM → AMSTERDAM (Ìsola).

NUÒVA AMSTERDAM (La), nome che gli olandesi, nel 1626, diedero alla futura New York.

NUÒVA BRITÀNNIA, isola principale dell'arcipelago di Bismarck (Papua Nuova Guinea).

NUÒVA BRITÀNNIA, in ingl. **New Britain**, isola della Papua Nuova Guinea, nell'arcipelago di Bismarck; 35.000 km²; 312.000 ab.; c. princ. *Rabaul*. Scoperta nel 1606, protettorato tedesco dal 1884 al 1914 con il nome di Neupommern (Nuova Pomerania), affidata all'Australia nel 1921, ha fatto parte del Commonwealth australiano dal 1946 al 1975. In seguito è passata alla Papua Nuova Guinea.

NUÒVA CALEDÒNIA, territorio francese d'oltremare, in Oceania; 19.103 km² in totale (di cui 16.750 km² nella sola isola di N. C., o Grande Terra); 196.836 ab. È un'isola della forma allungata, montuosa, circondata da una barriera corallina. La popolazione è composta da melanesiani (kanaki: 40-45%), da europei (poco numerosi), da altri asiatici (nettamente minoritari). Il nichel costituisce la principale ricchezza commerciale.

STORIA – **1774**: popolata dai kanaki, l'isola viene scoperta da James Cook. **1853**: viene annessa alla Francia. **1864-1896**: nell'isola viene installato un penitenziario; i prigionieri forniscono la manodopera per le piantagioni e le miniere di nichel, scoperte intorno al 1865. **1860-1879**: insurrezione dei kanaki. **1946**: la N. C. ottiene uno statuto di territorio d'oltremare. **1984**: un nuovo statuto apre la via all'autodeterminazione. **1985**: gravi incidenti oppongono gli indipendentisti del FLNKS (Fronte di liberazione nazionale kanaki socialista) agli anti-indipendentisti (spec. il RPCR), in maggioranza di origine europea. **1987**: un referendum, boicottato in massa dai kanaki, conferma l'appartenenza dell'isola alla repubblica francese. **1988**: tra FLNKS, RPCR e governo francese vengono conclusi gli accordi detti "di Matignon" (approvati da un referendum nazionale), su uno statuto di durata decennale. **1989**: nonostante l'assassinio di due dirigenti indipendentisti, Jean-Marie Tjibaou e Yeiwéné Yeiwéné, i tentativi di negoziato proseguono. **1999**: in seguito agli accordi detti "di Nouméa", conclusi nel 1998 e largamente approvati da un referendum locale, una legge organica conferisce all'isola uno statuto proprio.

NUÒVA DELHI, in ingl. **New Delhi**, cap. dell'India, inglobata nello spazio urbano di Delhi.

NUÒVA ELOÌSA (la), romanzo epistolare di J.-J. Rousseau (1761). La passione amorosa che unisce due giovani virtuosi, Julie d'Étanges e il suo precettore Saint-Preux, è resa impossibile dalle convenzioni sociali.

NUÒVA FIGURAZIÓNE, denominazione della corrente artistica, sviluppatasi negli anni '60 del secolo scorso, che auspicava un ritorno alla pittura figurativa. Nata con l'obiettivo di superare le tendenze dell'informale, ebbe tra i principali esponenti R. Guttuso, E. Baj, B. Romagnoni, senza però trovare mai una vera e propria unità di gruppo.

NUÒVA FRÀNCIA, nome dato ai possedimenti francesi in Canada fino alla loro cessione all'Inghilterra (1763).

NUÒVA GRANADA, ant. nome della Colombia, e vicereame spagnolo. Nata nel 1739 dalla separazione dal vicereame del Perú, la N. G. (cap. *Santa Fe de Bogotá*) comprendeva le *audiencias* di Quito, di Bogotá e del Venezuela.

NUÒVA GUINÈA, grande isola (800.000 km² ca.), a N dell'Australia. Politicamente, la zona occ. è indonesiana (Papua) mentre quella orient. costituisce, insieme ad alcune isole vicine, la Papua Nuova Guinea. Montuosa, molto umida, è ricoperta in gran parte da una fitta foresta.

STORIA – XVI sec.: l'isola viene scoperta dai portoghesi. **1828**: gli olandesi occupano la parte occ. della N. G. **1884**: la Germania stabilisce un protettorato sulla zona nord-orient., mentre la Gran Bretagna annette quella sud-orient., che nel 1906 viene ceduta all'Australia. **1921**: la zona tedesca viene assegnata dalla Società delle Nazioni all'Australia. **1946**: l'ONU conferma la tutela dell'Australia. **1969**: la N. G. occ. olandese è definitivamente annessa all'Indonesia. **1975**: la parte orient. conquista l'indipendenza con il nome di Papua Nuova Guinea, Stato membro del Commonwealth.

NUÒVA INGHILTÈRRA, reg. degli Stati Uniti nord-orient.; 13.206.943 ab. È costituita da dieci Stati americani che corrispondono alle colonie inglesi fondate nel XVII sec. sulla costa atlanti-

ca: Maine, New Hampshire, Vermont, Massachusetts, Rhode Island, Connecticut.

NUÒVA IRLÀNDA, in ingl. **New Ireland**, isola di Papua Nuova Guinea, nell'Arcipelago di Bismarck; 9600 km²; 87.194 ab.; capol. *Kavieng*. Fu occupata nel 1884 dai tedeschi che le assegnarono il nome di Nuova Meclemburgo. Dal 1921 al 1975, l'isola fu sottoposta alla tutela australiana. In seguito è passata alla Papua Nuova Guinea.

NUÒVA ITÀLIA (la), casa editrice fondata nel 1926 a Venezia da G. Maranini (1902-1969). Dopo un temporaneo trasferimento a Perugia (1927), venne trasferita definitivamente a Firenze (1930), dove fu diretta da E. Codignola. È specializzata nella pubblicazione di testi pedagogici e di scienze dell'educazione.

NUÒVA OGGETTIVITÀ, in ted. **Neue Sachlichkeit**, corrente artistica nata in Germania negli anni 1923-1924. Affermatasi in occasione di una mostra pittorica a Mannheim (1925) in opposizione ai principi dell'espressionismo e in nome di un ritorno al realismo oggettivo, si sviluppò attraverso diverse discipline (pittura, letteratura, cinema), influenzando la cultura tedesca fino al 1930.

NUÒVA SCÒZIA, in ingl. **Nova Scotia**, prov. marittima del Canada, sull'Atlantico; 55.490 km²; 909.280 ab.; capol. *Halifax*.

NUÒVA SIBÈRIA, arcipelago delle coste artiche della Russia, tra il Mar di Laptev e il Mar della Siberia Orientale.

NUÒVA SPÀGNA, in sp. Nueva España, nome dato al Messico durante l'epoca coloniale e vicereame spagnolo. Creata nel 1535, mantenendo la configurazione territoriale dell'antico impero azteco, la N. S. si sviluppò verso N e verso S (dominio maya). Controllava il commercio spagnolo in direzione dell'Asia (Filippine). L'autorità del viceré si estendeva all'America centrale, finché quest'ultima fu integrata alla capitaneria generale del Guatemala (1544) e al Venezuela (fino al 1739). Il vicereame si sciolse nel 1821 con la proclamazione dell'indipendenza del Messico.

NUÒVA ZELÀNDA, in ingl. **New Zealand**, in maori **Aotearoa**, Stato dell'Oceania; 270.000 km²; 3.808.000 ab. (*neozelandesi*). CAP. *Wellington*. C. PRINC. *Auckland*. LINGUA: *inglese e maori*. MONETA: *dollaro neozelandese*. [*V. carta a pagina seguente*.]

GEOGRAFIA – Il paese è formato da due grandi isole (Isola del Nord e Isola del Sud). Situata 2000 km a SE dell'Australia, la N. Z. rientra quasi per intero nella zona temperata dell'emisfero australe. La popolazione (di cui i maori rappresentano il 12% ca.) si concentra per i tre quarti nell'Isola del Nord. L'allevamento, soprattutto ovino, costituisce tuttora la base dell'economia; i suoi derivati (la-

na, carne, prodotti caseari) alimentano le esportazioni e l'industria (settori agroalimentare e tessile); questa trae beneficio da una notevole produzione idroelettrica che supplisce, almeno in parte, alla povertà del sottosuolo.

STORIA – **1642**: l'olandese Abel Tasman scopre l'arcipelago, popolato da maori; **1769-1770**: James Cook ne esplora il litorale. **1814**: missionari cattolici e protestanti avviano l'evangelizzazione del paese. **1841**: viene designato un governatore britannico. La brutale politica espansionistica perseguita dalla Gran Bretagna provoca le guerre maori (1843-1847, 1860-1870). **1852**: una Costituzione concede ampia autonomia alla colonia. **1870**: la pacificazione e la scoperta dell'oro (1861) favoriscono la prosperità del paese. **1889**: concessione del suffragio universale. **1891-1912**: i liberali si fanno promotori di una politica sociale avanzata. **1907**: la N. Z. diventa dominion britannico; **1914-1918**: partecipa alla prima guerra mondiale. **1929**: il paese è duramente colpito dalla crisi mondiale. **1945**: dopo aver contribuito alla disfatta giapponese, la N. Z. si propone come partner a pieno titolo nel Sudest asiatico e nel Pacifico; **1951**: firma il trattato che rappresenta l'atto di nascita dell'ANZUS (alleanza militare con Stati Uniti e Australia); **1965-1971**: invia truppe a sostegno degli Stati Uniti in Corea e Vietnam. **1974**: dopo l'ingresso della Gran Bretagna nel MEC, la N. Z. deve diversificare le sue attività e cercare sbocchi in Asia, in particolare in Giappone. A partire dagli anni '80 del secolo scorso, si pone a capo del movimento antinucleare nel Pacifico meridionale. **1985**: sospende la sua partecipazione all'ANZUS. I laburisti vanno al potere. **1999**: Helen Clark (Partito laburista) viene nominata primo ministro. **2001**: Silvia Cartwright è governatore generale. **2002**: H. Clark riconquista la maggioranza parlamentare.

NUÒVA ZEMLJA, in russo **Novaïa Zemlja** ("Terra nuova"), arcipelago delle coste artiche della Russia, tra il Mare di Barents e il Mar di Kara.

NUÒVE ÈBRIDI, ant. nome di *Vanuatu.

NUÒVO BRUNSWICK, in ingl. **New Brunswick**, prov. del Canada orient., sull'Atlantico; 73.437 km²; 738.130 ab.; capol. *Fredericton*.

NUÒVO GALLES DEL SUD, in ingl. **New South Wales**, Stato dell'Australia, sul litorale orient.; 801.428 km²; 6.038.696 ab.; cap. *Sydney*.

NUÒVO MÈSSICO → NEW MEXICO.

NUR AL-DIN MAHMUD, *1118 - Damasco 1174*, alto dignitario di Aleppo (1146-1174). Riunificò la Siria, lottò contro i franchi e incaricò Saladino della conquista dell'Egitto (1163-1169).

NUREIEV (Rudolf), *Razdolnaja 1938 - Parigi 1993*, ballerino di origine russa, naturalizzato austriaco. Dotato di una tecnica esemplare, è stato uno dei più grandi interpreti del repertorio classico (*Giselle*, *Il lago dei cigni*), riuscendo a imporsi anche nel balletto moderno. Coreografo, dal 1983 al 1989 è stato direttore di ballo all'Opéra di Parigi.

■ *Rudolf Nureiev*.

NURMI (Paavo), *Turku 1897 - Helsinki 1973*, atleta finlandese. Fu uno dei migliori fondisti di tutti i tempi, vincendo numerose medaglie olimpiche tra il 1920 e il 1928.

NÙRRA, reg. della Sardegna. Situata nella zona nord-occ., è compresa tra i golfi dell'Asinara e di Alghero. Il territorio, in prevalenza pianeggiante, è attraversato dal Rio Mannu. Il capoluogo è Alghero.

NÙTI (Francésco), *Prato 1955*, attore e regista cinematografico. Interprete di *Ad Ovest di Paperino* (1981) e *Io, Chiara e lo Scuro* (1983), ha esordito nella regia con *Casablanca Casablanca* (1985). Tra gli altri film, *Caruso Pascoski di padre polacco* (1988), *Willy Signori e vengo da lontano*

Nuova Caledonia

● più di 20.000 ab.
● da 5000 a 20.000 ab.
● da 2000 a 5000 ab.
● meno di 2000 ab.

— strada normale
〜 barriera corallina

Isole Kermadec

I. Sunday
I. Raoul

Macdonald
Rock
I. Macauley

I. Curtis

Havre
Rock
I. L'Esperance

100 km

40 km

Capo
Maria van Diemen
Capo Nord

Mile
Beach
Kaitaia
Moerewa
Whangarei

MAR

Cascate
Wairoa
Dargaville

DI

Baia Kaipara
Takapuna
Auckland
Manukau

TASMAN

Isola del Nord
Hamilton
Tauranga
Cambridge
Whakatane
Opotiki

Otorohanga
Rotorua
Tokoroa

Baia
Nord Taranaki
Taumarunui

New Plymouth
Monte Taranaki (M. Egmont)
2518 m
EGMONT
P. N.

Isola della
Grande Barriera

Baia
di Plenty
Te Araroa
Capo
Est

P. N.
UREWERA

P. N.
Tongariro

Wairoa
Gisborne

Hawera
Baia
Sud Taranaki
Monte Ruapehu
2797 m
Feilding
Wanganui
Napier
Baia Hawke
Hastings
Waipukurau

Capo Farewell
Pakawau
Baia di
Tasman
Isola
d'Urville
Levin
Palmerston North

Baia di Karamea
P. N. ABEL
TASMAN
Nelson
Karamea
Westport
P. N. DEI
LAGHI NELSON
Blenheim
Masterton
Porirua
Upper Hutt
Lower Hutt
WELLINGTON
Stretto di Cook

Barrytown
Greymouth
Hokitika
Clarence
Kaikoura

OCEANO

PACIFICO

Isola del Sud

P. N. ARTHUR'S PASS
Whataroa
Oxford
Amberley
Monte Aoraki (M. Cook)
3754 m
P. N. WESTLAND
M. Sefton 3157 m
Geraldine
P. N. MOUNT ASPIRING
M. Aspiring 3027 m
2819 m
Haast
Otematata
Cascate
Sutherland
Queenstown
Glenavy
P. N.
FIORDLAND
Cromwell
Alexandra
Oamaru
Nightcaps
Te Anau
Gore
Capo
Providence
Riverton
Invercargill
Balclutha
Stretto di Foveaux
Isola Stewart
Oban
Capo
Sud-Ovest

Christchurch
Little River
Ashburton
MOUNT
COOK
Penisola
di Banks
Golfo di
Canterbury
Timaru
Dunedin

Isole Chatham

The Sisters
C. Young
Punta Taupeka
Capo
Pattisson
Punta Munning
Punta Okawa
Isole Chatham
Baia di
Petre
Baia
di Hanson
Waitangi
Uwenga
284
Punta Manukau
296
Capo Fournier
Capo l'Eveque
Stretto di Pitt
I. Mangere
Isola Pitt
Punta
Kahuitara
I. Rangatira

Isole Bounty

Isole
Orientali
Isole
Occidentali
2 km
20 km

Nuova Zelanda

★ importante località turistica
500 1000 2000 m

strada normale
ferrovia
aeroporto

● più di 500.000 ab.
● da 100.000 a 500.000 ab.
● da 50.000 a 100.000 ab.
● meno di 50.000 ab.

(1989), *Occhiopinocchio* (1994), *Caruso, zero in condotta* (2001).

NUUK, già **Godthåb**, cap. della Groenlandia; 14.041 ab.

NUVOLÀRI (Tàzio), *Castel d'Ario 1892 - Mantova 1953*, pilota motociclistico e automobilistico. Vinse due edizioni della Mille Miglia (1930 e 1933), la Targa Florio (1931) e il Gran Premio d'Italia (1931). Fu campione italiano di motociclismo (500, 1924; 350, 1926).

NUVOLÓNE (Càrlo Francésco), *Milano 1609 ca. - 1661*, pittore. Membro di una famiglia di pittori attivi in Lombardia nel XVII sec., dipinse ritratti con stile raffinato, preannunciando le tendenze del periodo tardo-barocco. Tra le opere, affreschi al Sacro Monte d'Orta (1630).

NUVOLÓNE (Piètro), *Bergamo 1919 - Parma 1985*, giurista. Fondatore della rivista *L'indice penale*, ha insegnato diritto penale in varie università (Urbino, Parma, Milano). Tra le opere, *Il possesso nel diritto penale* (1949), *Reati di stampa* (1951), *Il diritto penale del fallimento* (1955).

NUZI, ant. c. della Mesopotamia, corrispondente all'att. Yorgan Tepe. Importante in epoca hurrita e accadica, fu distrutta dagli assiri. Gli scavi hanno portato alla luce migliaia di tavolette cuneiformi del XV sec. con notevoli testimonianze di carattere giuridico-amministrativo.

NYAMWEZI, popolazione della Tanzania centrale, di lingua bantu.

NYANZA (làgo), nome loc. del Lago *Vittoria*.

NYASALAND, ant. nome del *Malawi*.

NYASSA (làgo) → Malawi (lago).

NYERERE (Julius), *Butiama 1922 - Londra 1999*, politico tanzaniano. Presidente della repubblica di Tanganica (1962), negoziò la formazione dello Stato federale della Tanzania (1964), di cui fu presidente fino al 1985 e che orientò sulla via del socialismo. È considerato uno dei padri della decolonizzazione africana.

NYIRAGONGO, vulcano attivo, nella parte orient. della Rep. Dem. del Congo; 3470 m.

NYÍREGYHÁZA, c. dell'Ungheria; 114.152 ab.

NYKÖPING, c. della Svezia; 49.272 ab. Porto.

NYON, c. della Svizzera (Vaud), sul Lago di Ginevra; 15.964 ab. Resti romani (museo); castello del XII-XVII sec. Festival internazionale del cinema documentario. Festival di musica all'aperto.

NYSA ŁUŻYCKA → Neisse.

NYSTAD (pàce di) (10 sett. 1721), trattato firmato a N. (att. Uusikaupunki, Finlandia), che pose fine alla guerra del Nord, e che obbligò la Svezia a cedere le prov. baltiche alla Russia.

NZWANI, già **Anjouan**, una delle Isole Comore; 148.000 ab.

Carattere Optima

OACI (Organizzazióne dell'aviazióne civìle internazionàle), organizzazione internazionale creata nel 1944 dalla convenzione di Chicago per lo sviluppo, la regolamentazione e la sicurezza dei trasporti aerei internazionali. Dal 1947 è divenuta un'istituzione dell'ONU, con sede a Montreal.

OAHU, isola dell'arcipelago delle Hawaii; 1564 km²; 876.156 ab. È l'isola più popolosa dell'arcipelago; vi si trovano la cap. dello Stato delle Hawaii, Honolulu, e il porto militare di Pearl Harbor.

OAKLAND, c. degli Stati Uniti (California), sulla Baia di San Francisco; 399.484 ab. Porto. Centro industriale.

OAK RIDGE, c. degli Stati Uniti (Tennessee); 27.387 ab. Primo centro di ricerche nucleari.

OAKVILLE, c. del Canada (Ontario); 128.405 ab. Centro industriale.

OAS (Organisation armée secrète), organizzazione clandestina francese che tentò, con la violenza, di opporsi all'indipendenza dell'Algeria dopo il fallito colpo di Stato del 1961. Fu capeggiata dai generali R. Salan ed E. Jouhaud (Bou-Sfer, Algeria, 1905 - Royan 1995) fino al loro arresto.

OAS (Organization of the American States) → OSA.

OATES (Joyce Carol), Lockport 1938, scrittrice statunitense. Nella sua opera narrativa offre una rappresentazione della violenza e delle ingiustizie dell'America contemporanea (Giardino delle delizie, Quelli, Acqua nera, Blonde).

OATES (Titus), Oakham 1649 - Londra 1705, avventuriero inglese. Nel 1678 denunciò un inesistente complotto papista, portando alla condanna di numerosi cattolici.

OAXACA, c. del Messico merid.; 251.846 ab. Monumenti del XVII-XVIII sec.; musei (collezione proveniente da Monte Albán).

OB, f. della Russia, che nasce nell'Altaj e si getta nel Mar Glaciale Artico, nel lungo Golfo di O.; 4345 km; bacino di 3.000.000 km² ca. Bagna la Siberia occ., dove riceve le acque dell'Irtyš.

OBASANJO (Olusegun), Abeokuta 1937, politico nigeriano. Generale, ha governato il paese, alla testa di un regime militare, dal 1976 al 1979. È ritornato democraticamente al potere dopo le elezioni presidenziali del 1999.

OBEID (El-), sito archeologico della bassa Mesopotamia, 6 km a O di Ur (att. in Iraq). El-O., sede di una ricca necropoli, è divenuta l'eponimo della "cultura di O.", fiorente fra il 4500 e il 3500 a.C., la cui popolazione era composta da agricoltori e pastori, caratterizzata da piccole statue in terracotta e ceramiche dalle decorazioni policrome.

OBEID (El-), c. del Sudan (Kordofan); 140.000 ab.

OBELÈRIO (Antenorèo), m. nel 832 ca., doge. Eletto nell'804, fu catturato dai franchi e, tornato a Venezia, fu ucciso dal suo avversario Giovanni.

OBERAMMERGAU, c. della Germania (Baviera); 8338 ab. Celebri rappresentazioni popolari della passione di Cristo (ogni dieci anni).

ÒBERDAN (Guglièlmo), Trieste 1858-1882, patriota. Irredentista, organizzò un attentato contro l'imperatore Francesco Giuseppe, ma fu catturato e condannato a morte.

OBERHAUSEN, c. della Germania (Renania Settentrionale-Westfalia), nella Ruhr; 222.349 ab. Industria siderurgica.

OBERLAND BERNÉSE, massiccio delle Alpi svizzere, tra il Rodano e il bacino superiore dell'Aar. Vette principali: Finsteraarhorn, Jungfrau, Mönch. Turismo.

OBERON, personaggio mitologico e letterario. Re degli elfi nella mitologia tedesca, appare in seguito in opere di E. Spenser (La regina delle fate, 1590-1596), W. Shakespeare (Sogno di una notte di mezza estate, 1595 ca.) e C.M. Wieland (Oberon, 1780). Il poema di quest'ultimo ha ispirato il libretto (di J.R. Planché) dell'omonima opera di C.M. von Weber (1826).

OBERTÉNGHI, famiglia longobarda di cui fu capostipite — **Oberto I**, X sec., nominato da Berengario II conte e marchese di ampi territori dell'Italia settentr. Con — **Oberto II**, XI sec., il dominio si espanse ulteriormente. Da rami degli O. discesero gli Estensi, i Malaspina e i Pallavicino.

OBERTH (Hermann), Hermannstadt, att. Sibiu, Romania 1894 - Norimberga 1989, ingegnere tedesco. Teorico dei missili (Il missile nello spazio interplanetario, 1923), fu un precursore dell'astronautica.

OBIHIRO, c. del Giappone (Hokkaido); 171.715 ab.

OBODRITI, tribù slave stabilitesi, nel V-VI sec., tra il corso inferiore dell'Elba e le coste baltiche. Fondarono uno Stato che fu conquistato da Enrico XII il Leone intorno al 1160.

OBRADOVIĆ (Dositej), Čakovo 1740 ca. - Belgrado 1811, scrittore serbo. Fu un rinnovatore della letteratura nazionale e tra gli organizzatori dell'attività didattica in Serbia.

OBRENOVIĆ, dinastia che regnò in Serbia dal 1815 al 1842 e dal 1858 al 1903, e fu rivale del Karagjorgje. — **Miloš O.**, Dobrinja 1780 - Topčider 1860, principe di Serbia (1815-1839; 1858-1860). Fondatore della dinastia. — **Michele O.**, Kragujevac 1829 - Topčider 1868, principe di Serbia (1839-1842 e 1860-1868), figlio di Miloš. — **Milan O.** → MILAN. — **Alessandro O.** → ALESSANDRO.

O'BRIEN (Edna), Tuamgraney 1932, scrittrice irlandese. Tra le opere, ispirate dalla sua terra natale e attente alle problematiche femminili, Ragazze di campagna (1960), La ragazza dagli occhi verdi (1962), Ragazze nella felicità coniugale (1964), Lanterna magica (1990), La casa dello splendido isolamento (1994).

O'BRIEN (William Smith), Dromoland 1803 - Bangor 1864, politico irlandese. Dal 1843 appoggiò la campagna di D. O'Connell per la separazione dalla Gran Bretagna e nel 1848 tentò di organizzare un'insurrezione.

OBWALDEN (Sean), semicant. della Svizzera; 491 km²; 32.400 ab.; capol. Sarnen. Parte del cant. di Unterwalden.

OCAM (Organizzazióne comùne africàna e mauriziàna), organismo creato nel 1965 con il nome di "Organizzazione comune africana e malgascia". Ne facevano parte gli Stati francofoni di Africa nera (esclusa la Mauritania), Madagascar e Maurizio (dal 1970). L'OCAM ha cambiato nome dopo l'uscita del Madagascar (1973) e si è sciolta nel 1985.

O'CASEY (Sean), Dublino 1880 - Torquay, Devon, 1964, drammaturgo irlandese. Tema dei suoi testi teatrali furono in un primo tempo i problemi politici e sociali del suo paese (L'aratro e le stelle, 1926; Tazza d'argento, 1929), mentre in seguito si orientò a una rappresentazione simbolica della vita (Rose rosse per me, 1946).

OCCAM (Guglièlmo di), Ockham, Surrey, 1285 ca. - Monaco 1349 ca., teologo e filosofo inglese. Francescano, scomunicato, fu uno dei principali difensori del nominalismo, negando (grazie a una logica basata sulla critica del linguaggio) l'esistenza nella realtà degli universali e rimettendo in discussione il carattere scientifico della teologia.

OCCHÉTTO (Achille), Torino 1936, politico. Segretario nazionale del PCI dal 1988, con il XX congresso (1991) operò per la trasformazione del PCI in PDS, partito di cui fu segretario fino al 1994.

OCCHIALÌNI (Giusèppe), Fossombrone 1907 - Parigi 1993, fisico. Esperto di fisica delle particelle, compì studi che portarono alla scoperta del pione, una particella instabile di massa compresa tra quella dell'elettrone e quella del protone.

OCCIDÈNTE (impèro romàno d'), una delle due parti in cui fu diviso l'impero romano alla morte di Teodosio (395 d.C.). L'i. r. d'O. fu assegnato a Onorio, quello d'Oriente ad Arcadio; il primo cadde nel 476 con la deposizione di Romolo Augustolo da parte di Odoacre.

OCCITÀNIA, insieme di regioni in cui è diffuso l'*occitano [V. parte nomi comuni.].

OCDE → OCSE.

L'arte dell'Oceania

Nelle tre aree culturali dell'Oceania (Melanesia, Micronesia, Polinesia), il culto degli antenati, la magia e gli avvenimenti della vita sociale, che si svolgono secondo le tradizioni, sono il sostegno della creazione artistica.

Nuova Britannia (Melanesia). I Baining non sono scultori: le loro maschere – in questo caso quella utilizzata per onorare gli spiriti *kavat* nella danza notturna – sono realizzate in stoffa ottenuta dalla corteccia battuta (*tapa*), fissata su un supporto di liane. (Museum für Völkerkunde, Berlino.)

Palaos (Micronesia). *Bai*, la casa degli uomini. Ciascun gruppo di uomini (riuniti in base all'età), con i propri dignitari, possedeva una casa per le riunioni. Il numero delle *bai* attestava la prosperità del villaggio. (Museum für Völkerkunde, Berlino.)

Nuova Caledonia (Melanesia). Una parte della porta d'ingresso della grande casa, raffigurante l'antenato guardiano. (Musée de l'Homme, Parigi.)

Nuova Guinea (Melanesia). Gli Abelam, che vivono nella valle del fiume Sépik, riservano la "casa degli Spiriti" ai riti d'iniziazione. La casa diventa quindi l'antenato originale del quale illustra le metamorfosi. (Museum für Völkerkunde, Berlino.)

Hawaii (Polinesia settentrionale). Maschera di Ku, il dio della guerra: piume multicolori su un supporto di vimini. (British Museum, Londra.)

Papua Nuova Guinea (Melanesia). Gli Asmat, secondo il mito sulle loro origini, sono stati creati da uno scultore che li ha animati grazie al proprio canto. Essi privilegiano tra le altre arti la scultura. (Koninglijk Tropeninstituut, Amsterdam.)

OCEÀNIA, uno dei 5 continenti; 9.000.000 km² ca.; 30.915.000 ab. Comprende il continente australiano e numerose isole e arcipelaghi del Pacifico, tra l'Asia a O, e l'America a E. L'O. viene talvolta suddivisa, sulla base di un criterio etnografico, in tre zone: Melanesia, Micronesia e Polinesia. Esclusi Australia, Nuova Guinea, Nuova Zelanda e gli atolli di origine corallina, gran parte delle isole dell'O. è di origine vulcanica. Gli arcipelaghi sono caratterizzati da clima tropicale, influenzato dall'insularità, la quale spiega anche il marcato carattere endemico di flora e fauna. Dal punto di vista economico Australia e Nuova Zelanda, il cui livello di vita è elevato, si contrappongono al resto dell'O., dove gli indigeni (melanesiani e polinesiani) si dedicano soprattutto a colture alimentari e pesca. In alcune zone è sviluppato il turismo. [*V. carta a pagina seguente.*]

OCEANÌNE MITOL. GR. Ninfe del mare e delle acque.

OCÈANO MITOL. GR. Titano, personificazione del fiume che, secondo gli antichi, circonda la Terra. Esiodo racconta che generò, insieme alla sorella Teti, tutti i fiumi.

OC-EO sito archeologico del Vietnam merid., nei pressi di Rach Gia. Centro commerciale che intratteneva fiorenti scambi (I-VIII sec.) con Estremo e Medio Oriente, e con il mondo romano.

OCHRANA, polizia politica russa istituita nel 1881 per prevenire e reprimere movimenti rivoluzionari. Fu sciolta con la Rivoluzione del 1917.

OCI (Organizzazione della conferenza islàmica), organizzazione fondata a Gidda nel 1971 allo scopo di promuovere la solidarietà tra paesi islamici. Comprende 57 Stati musulmani di Africa nera, Asia e Medio Oriente (inclusa la Palestina).

OCKEGHEM o **OCKENHEIM** (Johannes), *Termonde ? 1410 ca. - Tours 1497*, compositore fiammingo. Tra i massimi esponenti della scuola fiamminga, compose messe e canzoni polifoniche, e fu uno dei maestri del contrappunto.

O'CONNELL (Daniel), *presso Cahirciveen, Kerry, 1775 - Genova 1847*, politico irlandese. A capo della Catholic Association, da lui fondata nel 1823, praticò nei confronti dell'Inghilterra la resistenza passiva. Eletto deputato (anche se ineleggibile) nel 1828, ottenne il Catholic Relief Bill, che segnò il riconoscimento dell'eguaglianza dei cattolici (1829); sindaco di Dublino (1841), evitò sempre lo scontro diretto con Londra.

O'CONNOR, clan irlandese che regnò sul Connacht nell'XI e XII sec. — **Rory** o **Roderic O.**, *1116-1198*, re di Connacht. Dovette riconoscere la sovranità del re d'Inghilterra, Enrico II (1175).

O'CONNOR (Feargus), *Connorville 1796 - Londra 1855*, capo cartista irlandese. Divenne popolare grazie alle doti di oratore e alle qualità di giornalista.

O'CONNOR (Flannery), *Savannah 1925 - Milledgeville, Georgia, 1964*, scrittrice statunitense. Nei romanzi (*La saggezza nel sangue*) e nei racconti (*La vita che salvi può essere la tua*), di ispirazione cattolica, racconta la vita degli Stati del Sud.

OCRÌDA, in serbo-croato e macedone **Ohrid**, c. della Macedonia, sul lago omonimo, situata al confine tra Albania e Macedonia; 52.732 ab. Chiese bizantine affrescate, tra cui l'ant. cattedrale di S. Sofia (XI sec.) e la chiesa di S. Clemente (XIII sec.).

OCSE (Organizzazione per la cooperazione e lo sviluppo econòmico), organizzazione internazionale fondata a Parigi nel 1961. Ha sostituito l'OECE (Organizzazione europea per la cooperazione economica), fondata nel 1948 dagli Stati beneficiari del piano Marshall. Creata da 20 paesi dell'Europa occ. e dell'America settentr., si è progressivamente ampliata e comprende att. 30 Stati. Offre ai suoi membri un quadro per analizzare, elaborare e migliorare, grazie al coordinamento, le loro politiche economiche e sociali.

ODA (Nobunaga), *Owari 1534 - Kyoto 1582*, statista giapponese. Prendendo il posto dell'ultimo Ashikaga nello shogunato (1573), unificò il Giappone sotto la sua inflessibile autorità.

ODAWARA, c. del Giappone (Honshu), sulla Baia di Sagami; 200.103 ab.

ODDÓNE DI MORÌANA-SAVÒIA, *XI sec.*, conte di Savoia. Grazie al matrimonio con Adelaide Manfredi ottenne Torino, divenendo marchese della regione piemontese.

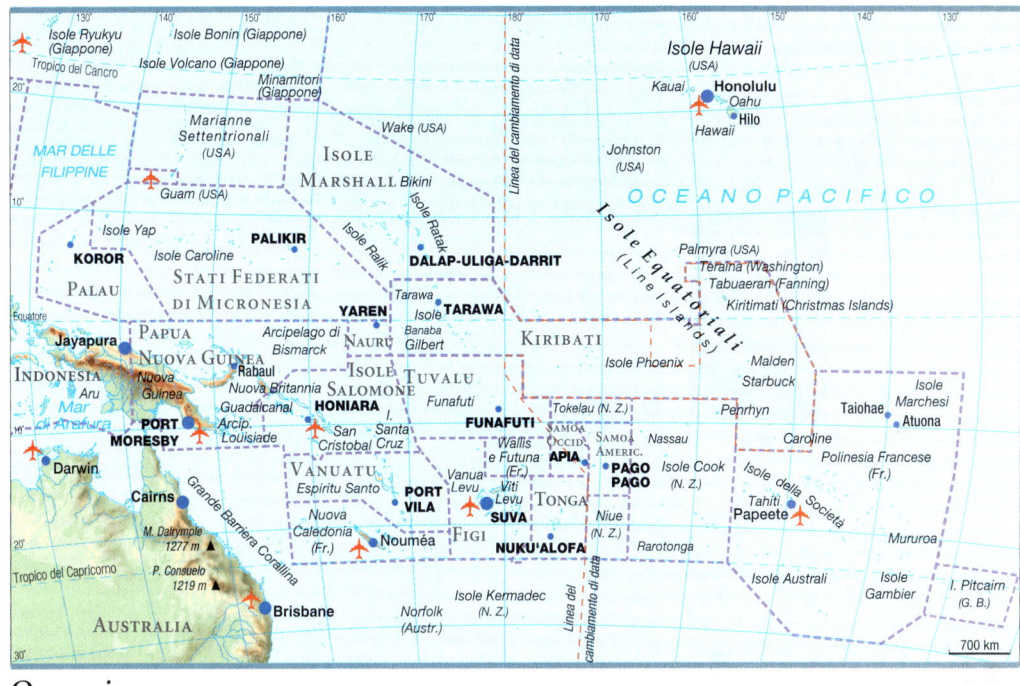

Oceania

OCRIDA. Sonno della Vergine; *affresco della chiesa di S. Clemente, XIII sec.*

ODDÓNE I, detto **Borel,** *m. nel 1103,* duca di Borgogna. Combatté in Spagna insieme ad Alfonso VI. In Francia sostenne la riforma cistercense, subendo la scomunica.

ODDÓNE o **EUDES,** *860 ca. - La Fère 898,* conte di Parigi, poi re di Francia (888-898), figlio di Roberto il Forte. Per essere riuscito a difendere Parigi dall'assalto dei normanni (885-886), fu eletto re. Dal 893 gli fu contrapposto Carlo III il Semplice, che dovette riconoscere come suo successore.

ODDÓNE (santo), *nella Francia nord-occ. 879 ca. - Tours 942,* religioso francese. Abate di Cluny (926), promosse una riforma della sua abbazia,

che divenne il centro della potente congregazione benedettina.

ODENSE, c. della Danimarca, nell'Isola di Fionia, su un canale navigabile che conduce all'omonimo fiordo; 183.691 ab. Porto. Cattedrale di S. Canuto, del XIII sec. (opere d'arte); musei, tra cui il Museo Hans Christian Andersen.

ODENWALD, massiccio della Germania (Assia), che domina la valle del Reno; 626 m.

ODER, in pol. **Odra,** f. dell'Europa, che nasce nei pressi di Ostrava e sfocia nel Baltico, nel Golfo di Stettino; 854 km. Attraversa la Slesia polacca (bagnando Breslavia) e segna il confine tra Polonia e Germania.

ODERÌSI DA GÙBBIO, *XIII sec.,* miniaturista. Ricordato da Dante nell'XI canto del *Purgatorio,* fu tra i più grandi miniaturisti del suo tempo.

ODER-NEISSE (linea dell'), confine occ. della Polonia. Segnata dal corso dell'Oder e di un suo affl., il Neisse occ., la l. dell'O.-N. fu approvata dagli accordi di Potsdam (1945). Riconosciuta dalla RDT nel 1950 e dalla RFT nel 1970, fu approvata da un trattato germano-polacco concluso nel 1990 e ratificato nel 1991.

ODÈRZO, com. in prov. di Treviso; 16.967 ab. Ant. centro romano (*Opitergium*). Duomo del XIV sec.

ODESCÀLCHI, nobile famiglia comasca, trasferitasi a Roma quando Benedetto fu eletto papa (*Innocenzo XI*). — **Livio,** *1652-1713,* fu principe dell'impero e grande di Spagna.

ODESSA, c. dell'Ucraina, sul Mar Nero; 1.101.000 ab. Porto. Centro culturale e industriale. — Base navale e porto fondato dai russi nel 1794, O. divenne la base delle esportazioni di cereali e il secondo porto dell'impero russo (fine del XIX sec.). Fu uno dei centri di diffusione dei moti popolari del 1905.

ODÌLIA (santa), *660 ca. - Hohenburg 720 ca.,* religiosa alsaziana. Fondatrice di un monastero a Hohenburg, avrebbe recuperato la vista dopo il battesimo, e per questo è invocata per le malattie degli occhi.

ODILÓNE (santo), *Mercœoeur 962 - Souvigny 1049,* religioso francese. Abate del monastero di Cluny (dal 994), fu uno dci personaggi più influenti dell'Europa cristiana. Gli si deve l'istitu-

zione della festa per la commemorazione dei defunti, il 2 nov.

ODÌNO, nome scandinavo del dio germanico Wotan.

ODISSÈA, poema epico in 24 canti attribuito a Omero (VIII sec. a.C.). Telemaco parte alla ricerca del padre Ulisse (canti I-IV) e nel frattempo questi, scampato al naufragio e accolto alla corte dal re dei feaci, Alcinoo, racconta le avventure vissute in seguito alla partenza da Troia (canti V-XIII). È passato dalla terra dei lotofagi a quella dei ciclopi, ha vissuto sull'isola di Circe, navigato nelle acque delle sirene ed è stato accolto da Calipso. La terza parte del poema (canti XIV-XXIV) narra dell'arrivo di Ulisse a Itaca e della sua vittoria sui pretendenti alla mano di sua moglie, Penelope.

ODOÀCRE, *434 ca. - Ravenna 493,* re degli eruli. Detronizzò Romolo Augustolo (476), segnando la caduta dell'impero romano d'Occidente. L'imperatore d'Oriente, Zenone, intimorito dalla sua potenza, gli inviò contro Teodorico. Assediato a Ravenna (490-493), O. dovette capitolare e venne ucciso.

ODOÀRDO FARNÉSE, *Roma 1622-1646.* Figlio di Ranuccio, ne ereditò il ducato a soli dieci anni sotto la reggenza della madre, Margherita Aldobrandini. Sconfitto dagli spagnoli nel 1636, fu battuto anche da Urbano VIII nella battaglia di Castro (1641).

ODORÌCO DA PORDENÓNE (Odorico **Mattiùzzi,** detto), *Pordenone 1265 ca. - Udine 1331,* teologo francescano. Dopo un viaggio in Mongolia, Cina e India, scrisse una *Descriptio terrarum* o *Itinerarium.*

ODRA, nome polacco dell'*Oder.

OEHLENSCHLÄGER (Adam Gottlob), *Copenaghen 1779-1850,* scrittore danese. Le sue poesie (*I corni d'oro,* 1802) e le sue tragedie ne fanno il primo esponente del romanticismo danese.

OE (Kenzaburo), *Ose 1935,* scrittore giapponese. Nei racconti (*Insegnaci a superare la nostra pazzia*) e nei saggi si fa interprete delle angosce del mondo contemporaneo. (Premio Nobel 1994.)

OERSTED o **ØRSTED** (Hans Christian), *Rudkøbing 1777 - Copenaghen 1851*, fisico danese. Nel 1820 scoprì l'esistenza del campo magnetico creato da correnti elettriche, intuizione alla base dell'elettromagnetismo.

ÒFANTO, f. dell'Italia merid.; 134 km. Nasce nell'Appennino Campano e sfocia nell'Adriatico, presso Barletta. Per un tratto segna il confine tra Campania e Basilicata.

OFFENBACH, c. della Germania (Assia), nei pressi di Francoforte; 116.627 ab.

OFFENBACH (Jacques), *Colonia 1819 - Parigi 1880*, compositore tedesco naturalizzato francese. È autore di operette in cui intepreta con umorismo il clima gioioso della Francia del Secondo impero (*Orphée aux enfers*, 1858 e 1874; *La belle Hélène*, 1864; *La vie parisienne*, 1866), e di un'opera fantastica, *Les contes d'Hoffmann* (1877-1880).

■ *Jacques Offenbach ritratto da Nadar.*

OFFÈRTA PÙBBLICA DI ACQUÌSTO → OPA.

OFFICÌNA, rivista letteraria fondata a Bologna nel 1955 e pubblicata fino al 1959. Ebbe tra i suoi collaboratori P.P. Pasolini, F. Leonetti, R. Roversi, F. Fortini.

ÒFFIDA, com. in prov. di Ascoli Piceno; 5296 ab. Chiesa di S. Maria della Rocca (XIV sec.). Palazzo comunale (XV sec.).

OGADEN, altopiano steppico all'estremità orient. dell'Etiopia. Situato ai confini della Somalia, è abitato da pastori somali.

OGAKI, c. del Giappone (Honshu); 149.759 ab.

OGBOMOSHO, c. della Nigeria; 170.253 ab.

ÒGGI, settimanale fondato a Milano nel 1945 da E. Rusconi, che ne fu direttore fino al 1956. Direttori: E. Rusconi, P. Occhipinti.

OGINO (Kyusaku), *Toyohashi 1882 - Niigata 1975*, medico giapponese. Inventò un metodo naturale per il controllo delle nascite, caduto in disuso (metodo di O.-Knaus).

OGLIÀSTRA, reg. della Sardegna orient., tra il Gennargentu e la costa. Centri princ.: Arbatax e Lanusei.

ÒGLIO, f. della Lombardia, affl. di sinistra del Po, che nasce dalle Alpi Orobie, attraversa la Val Camonica e forma il Lago d'Iseo; 280 km.

OGODAI, *1185 ca. - 1241*, khan mongolo (1229-1241). Terzogenito di Gengis Khan, annettè all'impero mongolo la Corea, la Cina settentr., l'Azerbaigian e la Georgia; inviò Batu in Occidente per una campagna di conquista.

OGONI, popolazione della Nigeria merid. (delta del Niger), del gruppo degli ibibio.

OGOOUÉ, f. dell'Africa centrale, che nasce nel Congo e sfocia nell'Atlantico, in Gabon; 1170 km.

O'HARE, aeroporto di Chicago.

O. HENRY (William Sydney **Porter**, detto), *Greensboro, Carolina del Nord, 1862 - New York 1910*, scrittore statunitense, autore di racconti di tono umoristico (*I quattro milioni*, 1906).

O'HIGGINS (Bernardo), *Chillán 1776 - Lima 1842*, politico cileno. Luogotenente di J. San Martín, proclamò l'indipendenza del Cile (1818) e instaurò una dittatura dal 1817 al 1823.

OHIO, f. degli Stati Uniti, affl. di sinistra del Mississippi, formato, nei pressi di Pittsburgh, dalla confluenza dei f. Allegheny e Monongahela; 1570 km. Bagna Cincinnati.

OHIO, Stato degli Stati Uniti, sul Lago Erie; 11.353.140 ab.; cap. *Columbus*; c. princ. *Cleveland, Cincinnati, Toledo*.

OHLIN (Bertil), *Klippan, prov. di Kristianstad, 1899 - Vålådalen 1979*, economista svedese. Si dedicò allo studio del commercio, della specializzazione e dei movimenti di capitale su scala internazionale. (Premio Nobel 1977.)

OHM (Georg Simon), *Erlangen 1789 - Monaco 1854*, fisico tedesco. Enunciò le leggi fondamentali delle correnti elettriche che portano il suo nome (1827) e introdusse i concetti di intensità di corrente e forza elettromotrice.

OHOTSK (Màre di), settore dell'Oceano Pacifico, nell'Asia nord-orient.

OHŘE, in ted. *Eger*, f. dell'Europa centrale (Germania e Rep. Ceca), affl. di sinistra dell'Elba; 316 km.

OIRÀTI, popolazione mongola della Cina (Xinjiang) e della Mongolia occ. Gli o. sono discendenti di un gruppo rimasto in Mongolia in seguito all'invasione dell'impero zungaro (XVII-XVIII sec.) da parte dei manciù, e di una popolazione stabilitasi sul Volga nel XVII sec. (calmucchi), i cui componenti sono in parte ritornati nello Xinjiang alla fine del XVIII sec.

OISE, f. della Francia settentr., che nasce in Belgio, affl. di destra della Senna; 302 km. Importante via di navigazione.

OISE, dip. della Francia, nella Piccardia; capol. *Beauvais*; 5860 km²; 766.441 ab. Il territorio, pianeggiante, è coltivato a cereali, bietole, alberi a frutto e ortaggi. Allevamento bovino. Industrie metallurgiche, del vetro, chimiche.

OITA, c. del Giappone (Kyushu); 426.979 ab. Porto.

OJÉTTI (Ùgo), *Roma 1871 - Firenze 1946*, giornalista e scrittore. Direttore del *Corriere della Sera* dal 1925 al 1927, ne fu celebre elzevirista. Scrisse anche poesie e romanzi.

OJIBWA o **CHIPPEWA**, popolazione amerindia della reg. dei Grandi Laghi, tra Stati Uniti e Canada (ca. 80.000 individui), di lingua algonchina.

OJOS DEL SALADO, monte delle Ande, al confine tra Argentina e Cile; 6880 m.

OJSTRACH (David Fedorovič), *Odessa 1908 - Amsterdam 1974*, violinista sovietico. Ha suonato in coppia con Y. Menuhin e S.T. Richter. Celebri le sue esecuzioni del primo Concerto (1955) e della Sonata per piano e violino di D. Šostakovič.

OKA, f. della Russia, affl. di destra del Volga, con cui confluisce nei pressi di Nižni Novgorod; 1480 km.

OKAYAMA, c. del Giappone (Honshu); 625.757 ab. Centro industriale. Parco del XVIII sec.

OKAZAKI, c. del Giappone (Honshu); 322.621 ab.

O'KEEFFE (Georgia), *Sun Prairie, Wisconsin, 1887 - Santa Fe, New Mexico, 1986*, pittrice statunitense. Attraverso una progressiva stilizzazione del reale, giunse a esiti prossimi all'astrattismo; nel 1924 sposò A. Stieglitz.

OKINAWA, isola principale (1183 km²) dell'arcipelago giapponese di Ryukyu; c. princ. *Naha*. Fu teatro di un'accesa lotta tra giapponesi e statunitensi nel 1945. Museo memoriale per la pace.

OKLAHOMA, Stato degli Stati Uniti, a N del Texas; 3.450.654 ab.; cap. *Oklahoma City* (506.132 ab.). Petrolio.

OKW (Oberkommando der Wehrmacht, Comàndo suprèmo della Wehrmacht"), comando supremo dell'esercito tedesco tra il 1938 e il 1945.

OLAF I TRYGGVESSÖN, *969 ca. - Svolder 1000*, re di Norvegia (995-1000). Contribuì a diffondere il cristianesimo nel suo regno. — **Olaf II Haraldssön il Santo**, *995 ca. - Stiklestad 1030*, re di Norvegia (1016-1028). Riorganizzò il regno e impose il cristianesimo. A causa delle pretese al trono di Canuto il Grande, dovette andare in esilio (1028) e fu ucciso mentre tentava di riconquistare i suoi domini. Dal 1031 è venerato come un santo e considerato eroe nazionale. — **Olaf V**, *Appleton House, presso Sandringham, Inghilterra, 1903 - Oslo 1991*, reggente (1955), poi re di Norvegia (1957-1991).

OLAF V HAAKONSSON, *Akershus 1370 - Falsterbo 1387*, re di Danimarca (1376-1387) e Norvegia (1380-1387), figlio del re di Norvegia Haakon VI e di Margherita Valdemarsdotter, che governò in sua vece.

OLAH (György András, poi George A.), *Budapest 1927*, chimico statunitense di origine ungherese. Ha scoperto i carbocationi, che trovano applicazioni industriali spec. nella produzione di carburante. (Premio Nobel 1994.)

ÖLAND, isola della Svezia, nel Mar Baltico, unita al continente da un ponte stradale; 1344 km²; 24.931 ab.; c. princ. *Borgholm*.

OLÀNDA, la più ricca e popolosa reg. degli att. Paesi Bassi. La contea d'O., costituita intorno al 1015, nel 1299 passò alla famiglia dei d'Avesnes, quindi alla casa di Baviera (1345), al ducato di Borgogna (1428) e agli Asburgo (1477). Lo statolder d'O. Guglielmo I di Nassau, principe d'Orange, riuscì a impedire la secessione e l'in-

dipendenza dell'O. dalle Province Unite (Unione di Utrecht, 1579), in seno alle quali essa acquistò poi un ruolo preponderante.

OLÀNDA (guèrra di) (1672-1679), conflitto che oppose la Francia alle Province Unite e ai loro alleati, impero e Spagna. Intrapresa da Luigi XIV, su consiglio di J.-B. Colbert, per contrastare l'affermazione della potenza economica olandese, si concluse con il trattato di Nimega (ago.-sett. 1678, feb. 1679).

OLÀNDA MERIDIONÀLE, prov. dei Paesi Bassi; 3.420.700 ab.; capol. *L'Aia*; c. princ. *Rotterdam*.

OLÀNDA SETTENTRIONÀLE, prov. dei Paesi Bassi; 2.534.599 ab.; capol. *Haarlem*; c. princ. *Amsterdam*.

OLAUS PETRI → PETRI (Olaus).

OLAV → OLAF e → OLOF.

OLBERS (Heinrich Wilhelm Mathias), *Arbergen 1758 - Brema 1840*, astronomo tedesco. Inventò un metodo per calcolare l'orbita delle comete e formulò il paradosso di O., poi risolto dalla teoria del big bang, secondo il quale il cielo notturno dovrebbe essere luminoso se le stelle fossero infinite e uniformemente distribuite.

ÒLBIA, c. in prov. di Sassari, sul golfo omonimo; 43.813 ab. È tra i più importanti porti della Sardegna. Conserva la chiesa di S. Simplicio (XI sec.).

OLBRACHT (Kamil **Zeman**, detto Ivan), *Semily 1882 - Praga 1952*, scrittore ceco. Nei suoi romanzi passò dall'analisi psicologica all'impegno politico (*Nikola Šuhaj, bandito*).

OLDENBARNEVELT (Johan **Van**), *Amersfoort 1547 - L'Aia 1619*, politico olandese. Gran pensionario d'Olanda (1586), ottenne da parte della Francia, dell'Inghilterra (1596), poi della Spagna (1609) il riconoscimento delle Province Unite. Maurizio di Nassau lo fece uccidere.

OLDENBURG, ant. Stato della Germania settentr., situato tra i f. Weser ed Ems. Contea alla fine dell'XI sec., l. O. fu annesso alla Danimarca (1667), per poi passare all'Holstein-Gottorp (1773). Eretto a ducato (1777), poi granducato (1815), divenne, nel 1871, Stato dell'impero tedesco.

OLDENBURG, c. della Germania (Bassa Sassonia); 154.125 ab. Castello del XVII-XIX sec. (museo).

OLDENBURG (Claes), *Stoccolma 1929*, artista statunitense di origine svedese. È uno dei rappresentanti della pop art (sculture morbide, monumenti anticonvenzionali come la *Bicicletta interrata* della Villette a Parigi).

OLDOWAY o **OLDUVAI**, sito paleontologico e preistorico della Tanzania settentr., presso il Lago Eyasi. L.S.B. Leakey vi scoprì, nel 1959 e 1961, due tipi di ominidi fossili, gli ziniantropi (*Australopithecus boisei*) e l'*Homo habilis*, rispettivamente risalenti a 1.750.000 e 1.850.000 anni fa.

OLÉGGIO, com. in prov. di Novara; 12.065 ab. Centro industriale. Conserva la pieve romanica di S. Michele (X-XI sec.).

OLENËK, f. della Russia, in Siberia, che sfocia nel Mar di Laptev; 2292 km; bacino di 222.000 km².

OLÉRON (Île d'), isola della Francia occ., nell'Atlantico; 175 km²; 20.009 ab. Un ponte la congiunge al continente. Ostricoltura. Vigne. Pesca. Turismo.

OLÌBRIO (Anicio), *m. nel 472*, imperatore romano. Fu portato al potere da Genserico, suo parente, da Ricimero.

OLÌMPIA, c. dell'ant. Grecia, nel Peloponneso. Centro religioso panellenico, dove si celebravano ogni quattro anni i giochi olimpici. Numerose rovine, tra cui il tempio di Zeus del V sec. a.C. (metope al museo locale e al Louvre di Parigi). O. è att. un centro turistico.

OLIMPÌADE, *375 ca. - Pidna 316 a.C.*, regina della Macedonia, moglie di Filippo II di Macedonia. Alla morte del figlio Alessandro Magno (323), disputò il potere con i diadochi e fu assassinata da Cassandro.

OLIMPICO (Comitàto Internazionàle) (CIO), organismo fondato nel 1894 da Pierre de Coubertin, e che assunse l'organizzazione di giochi olimpici. La sua sede è a Losanna.

OLÌMPO, in gr. **Ólimbos**, massiccio della Grecia, ai confini tra Tessaglia e Macedonia greca, punto culminante del paese; 2917 m. Per i greci era la residenza degli dei.

OLINDA, c. del Brasile (Pernambuco); 367.902 ab. Edifici religiosi barocchi (XVII-XVIII sec.).

OLINTO, ant. c. della penisola calcidica; fu distrutta da Filippo il Macedone nel 348 a.C.

OLIVA (Patrizio), *Napoli 1959*, pugile. Medaglia d'oro dei pesi superleggeri alle Olimpiadi di Mosca (1980), è stato campione del mondo nella stessa categoria nel 1986 e campione europeo dei pesi welter nel 1990.

OLIVA (trattáto d') (3 mag. 1660), uno dei trattati che misero fine a ostilità della guerra dei Trent'anni nel Mar Baltico, firmata a O. (att. Oliwa, Polonia). Il re di Polonia rinunciò alle sue pretese sulla Svezia, e la Prussia divenne Stato sovrano.

OLIVARES (Gaspar **de Guzmán**, cónte-dúca **d'**), *Roma 1587 - Toro 1645*, politico spagnolo. Favorito di Filippo IV, che di fatto gli affidò il potere nel 1621, salvaguardò il ruolo della Spagna in Europa. Cadde in disgrazia nel 1643 e fu privato dei suoi poteri.

OLIVECRONA (Axel Herbert), *Visby 1891 - Stoccolma 1980*, neurochirurgo svedese. È considerato il padre della neurochirurgia per i suoi interventi pionieristici sul cervello.

OLIVEIRA (Manoel **de**), *Porto 1908*, regista cinematografico portoghese. Dai suoi film, sempre sorprendenti, emerge il suo spirito eclettico, colto e ironico (*Aniki-Bobó*, 1942; *I cannibali*, 1988; *La valle del peccato*, 1993; *La lettera*, 1999; *Ritorno a casa*, 2001).

OLIVER (Joe, detto King), *New Orleans 1885 - Savannah 1938*, musicista jazz statunitense. Pioniere del jazz, compositore, cornettista, diresse molte orchestre, tra cui la Creole Jazz Band. Rese popolare lo stile "New Orleans" (*Chimes Blues*, 1923; *New Orleans Shout*).
■ *King Oliver.*

OLIVERO (María Maddaléna, detta Mágda), *Saluzzo 1912*, soprano. È stata tra le principali interpreti del repertorio pucciniano e verista.

OLIVERÒTTO DA FÉRMO (Oliviéro **Euffredùcci**, detto), *Fermo 1475 ca. - Senigallia 1503*, condottiero. Signore di Fermo, partecipò alla congiura contro Cesare Borgia, ma fu catturato e condannato a morte. Fu citato da F. Guicciardini e N. Machiavelli.

OLIVER TWIST, romanzo di C. Dickens (1838). Le disavventure di un trovatello diventano il pretesto per la descrizione dei bassifondi londinesi.

OLIVÉTO (Mónte) → OLIVI (Monte degli).

OLIVÉTTI, società fondata nel 1908 a Ivrea da Camillo O. (Ivrea 1868 - Biella 1943). Specializzata inizialmente nella produzione di macchine per scrivere, calcolatrici, telescriventi e registratori di cassa, si è rivolta poi all'informatica e alla burotica, e infine alle telecomunicazioni, costituendo nel 1990 Omnitel e assumendo il controllo di Telecom nel 1999. Nel 2001 Pirelli e Benetton ne hanno rilevato la quota di maggioranza relativa a Telecom. L'O. è stata incorporata in Telecom Italia nel 2003.

OLIVÉTTI (Adriáno), *Ivrea 1901 - Aigle 1960*, industriale e politico. Dirigente dell'azienda di famiglia, ne promosse il rinnovamento produttivo. Antifascista, fu costretto a lasciare l'Italia per farvi ritorno solo nel 1948. Fu eletto deputato nel 1958 per il movimento da lui fondato (Comunità). Si occupò anche di urbanistica e architettura.

OLIVI (Mónte degli), rilievo della Palestina, a E di Gerusalemme. È ai piedi di questo monte, nell'Orto di Getsemani, che secondo i Vangeli Gesù pregò la vigilia della sua morte.

OLIVIER (sir Laurence), *Dorking, Surrey, 1907 - Ashurst, Sussex, 1989*, attore e regista cinematografico e teatrale britannico. Brillante interprete di W. Shakespeare, direttore (1963-1973) del National Theatre, realizzò molti film (*Enrico V*, 1944; *Riccardo III*, 1955).

OLIVIÈRI (Áldo), *San Michele Extra 1910 - Lido di Camaiore 2001*, calciatore. È stato il portiere del-

la nazionale vincitrice dei Campionati del mondo disputati in Francia nel 1938.

OLIVIÈRI (Cláudio), *Roma 1934*, pittore. Ha prediletto le forme sinuose e sfuggenti, dai contorni indefiniti, con le quali ha esaltato l'autonomia della luce e del colore in tutte le sue sfumature.

OLLIVIER (Émile), *Marsiglia 1825 - Saint-Gervais-les-Bains 1913*, politico francese. Avvocato repubblicano, deputato dell'opposizione eletto nel 1857, nel 1869 assunse la direzione del "terzo partito", che accettava l'impero a condizione che fosse liberale. A capo del ministero del 2 gen. 1870, perseguì la trasformazione dell'impero, ma si assunse la responsabilità della guerra franco-tedesca.

OLMÉCHI, ant. popolazione del Messico. La cultura degli o., nata nel II millennio ca. nella regione costiera del golfo, conobbe un periodo di espansione tra il 1200 e il 600 a.C. A Tres Zapotes e La Venta si ammirano i resti dei loro centri cerimoniali, ai quali sono associati le teste ciclopiche (senza dubbio ritratti dinastici) e le statuette in giada che rappresentano il bambino-giaguaro, la principale divinità degli o.

OLMECHI. *Teste ciclopiche in basalto.*

OLMEDO (José Joaquín), *Guayaquil 1780-1847*, politico e poeta ecuadoriano. Amico di S. Bolívar, redasse la Costituzione dell'Ecuador (1830). Candidato sconfitto alla presidenza.

ÓLMI (Ermánno), *Bergamo 1931*, regista cinematografico. È un testimone attento della crisi dei valori morali: *Il posto* (1961), *I fidanzati* (1963), *Un certo giorno* (1969), *L'albero degli zoccoli* (1978), *La leggenda del santo bevitore* (1988), *Il segreto del bosco vecchio* (1993), *Il mestiere delle armi*, (2001, premiato nel 2002 con 9 David di Donatello), *Cantando dietro i paraventi* (2003).

OLMÜTZ (Convenzióne di) (29 nov. 1850), conferenza che si tenne a O. (att. Olomouc) e nel corso della quale il re di Prussia Federico Guglielmo IV si inchinò alle esigenze degli austriaci, ri-

nunciando alle sue mire espansionistiche in Germania.

OLOCÀUSTO, in ebraico *Shoah*, genocidio degli ebrei d'Europa perpetrato dai nazisti dal 1939 al 1945, nei territori occupati del Reich hitleriano.

OLOF SKÖTKONUNG, *m. nel 1022*, re di Svezia (994-1022). Favorì la diffusione del cristianesimo nel suo paese.

OLOFÈRNE, personaggio biblico, generale assiro decapitato da Giuditta.

OLOMOUC, in ted. **Olmütz**, c. della Rep. Ceca, in Moravia; 103.293 ab. Monumenti antichi (XII-XVIII sec.).

OLÓNA, f. della Lombardia; 104 km. Affluente del Po, nasce dalle Prealpi Lombarde e bagna Milano.

OLP (Organizzazione per la liberazione della Palestina), organizzazione palestinese fondata nel 1964 dal Consiglio nazionale palestinese riunito a Gerusalemme. Presieduta dal 1969 da Yasser Arafat, dal 1974 rivendica la creazione, a fianco di Israele, di uno Stato palestinese in Cisgiordania e a Gaza. Dedita originariamente alla lotta armata, dal 1993 ha partecipato a una serie di negoziati di pace con Israele che hanno però subito una battuta d'arresto in seguito all'inasprimento dei rapporti tra israeliani e palestinesi a partire dal 2000.

OLSZTYN, c. della Polonia nord-orient., capol. di voivodato; 175.559 ab.

OLT, f. della Romania, affl. di sinistra del Danubio; 690 km.

OLTENIA, reg. della Romania, in Valacchia, a O dell'Olt.

OLTREMÀRE (Territòri d'), insieme di territori francesi sparsi per il mondo (Guadalupa, Guayana francese, Martinica, La Réunion, Polinesia francese, Wallis e Futuna, Territori Australi e Antartici francesi, Mayotte, Saint-Pierre-et-Miquelon, Nuova Caledonia e alcune isole dell'Oceano Indiano e del Pacifico).

OLTREPÒ PAVÉSE, subreg. della Lombardia, in prov. di Pavia, a S del Po. Produzione agricola ed enologica. Centri princ.: Voghera, Stradella, Varzi.

OLYMPIA, grande tela di E. Manet (1863, Musée d'Orsay, Parigi). L'opera fece scandalo al Salon parigino del 1865 per la sua crudezza e per la rottura con le convenzioni accademiche, tanto da non essere apprezzata dal pubblico dell'epoca.

OMAHA, c. degli Stati Uniti (Nebraska), sul f. Missouri; 390.007 ab.

OMAN, Stato dell'Asia, sull'Oceano Indiano; 212.000 km²; 2.622.000 ab. (*omaniti*). CAP. *Masqat*. LINGUA: *arabo*. MONETA: *rial dell'Oman*. [*V. carta dell'**Arabia Saudita**.*] In gran parte desertico, montuoso al N, l'O. possiede scarse colture irrigue e pochi capi di bestiame (ovini, cammelli), mentre la pesca è praticata sulla costa. È il petrolio la risorsa basilare di questo paese a netta maggioranza araba e quasi completamente islamizzato. — Dal XVII al XIX sec., i sultani dell'O.

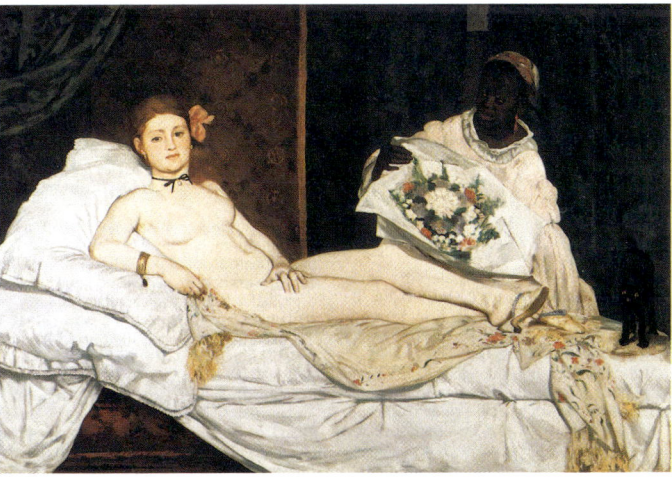

Olympia. *(Musée d'Orsay, Parigi.)*

governarono un impero marittimo, acquisito a spese del Portogallo, con centro a Zanzibar. Dal 1970 il sultano Sayed Qabus ibn Said ha intrapreso la modernizzazione del paese.

OMAN (Gólfo di), parte nord-occ. dell'Oceano Indiano, chiamato anche "Mare Arabico" o "Mare d'Arabia". Il G. di O., al limite del sultanato di O., ne forma la parte più stretta e comunica tramite lo Stretto di Ormuz con il Golfo Persico.

OMAR I (Abu Hafsa ibn Al-Khattab), *La Mecca 581 ca. - Medina 644*, secondo califfo musulmano (634-644). Conquistò la Siria, la Persia, l'Egitto e la Mesopotamia.

OMÀYYADI o **UMÀYYADI**, dinastia di califfi arabi, che regnò a Damasco dal 661 al 750. Gli O. estesero l'impero musulmano fino alla valle dell'Indo (710-713), alla Transoxiana (709-711) e alla Spagna (711-714). Grandi costruttori, abbellirono Damasco, Gerusalemme, Kairouan. Indebolito da guerre intestine e dall'opposizione sciita, l'impero omayyade cadde sotto i colpi degli Abbasidi. Ma un superstite della dinastia, Abd Al-Rahman I, fondò l'emirato di Cordova (756-1031), destinato a diventare un califfato rivale di Baghdad (929).

ÒMBRES (Rossàna), *Torino 1931*, scrittrice e poetessa. Tra le raccolte poetiche, *Orizzonte anche tu* (1974), *Bestiario d'amore* (1974). Tra i romanzi, *Principessa Giacinta* (1970), *Memorie di una dilettante* (1977), *Un dio coperto di rose* (1993).

OMBRÓNE, f. della Toscana; 161 km. Nasce dai colli del Chianti e sfocia nel Tirreno, dopo aver bagnato Grosseto.

OMBRÓNE PISTOIÉSE, f. della Toscana; 38 km. Affluente dell'Arno, nasce dal Passo della Porretta e lambisce Pistoia.

OMDURMAN o **OMM DURMAN**, c. del Sudan, sul Nilo, sobborgo di Khartum; 526.000 ab. Capitale del Mahdi, fu conquistata dagli anglo-egiziani di lord Kitchener nel 1898.

OMÈRO, *VIII sec. a.C. ?*, poeta epico greco, considerato l'autore dell'*Iliade* e dell'*Odissea*, la cui esistenza fu circondata da un alone di leggenda. Erodoto lo riteneva originario dell'Asia Minore. La tradizione lo rappresenta vecchio e cieco, che erra di città in città declamando i suoi versi. I poemi omerici, recitati alle feste solenni e insegnati ai bambini, esercitarono nell'antichità una profonda influenza su filosofi e scrittori. Occupano un posto importante nella cultura classica europea.

OMI (Organizzazióne marìttima internazionàle), organismo internazionale creato nel 1948 per assistere i governi in materia di regolamentazione di tecniche di navigazione e per perfezionare le norme di sicurezza marittima. Dal 1959 è un'istituzione specializzata dell'ONU (con sede a Londra).

OMIYA, c. del Giappone (Honshu); 433.755 ab.

OMM (Organizzazióne meteorològica mondiàle), organismo internazionale costituito nel 1947 e dal 1951 facente parte dell'ONU. È responsabile dell'uniformità delle previsioni meteorologiche a livello mondiale.

OMO, f. dell'Etiopia merid., affl. del Lago Turkana. Nella sua valle sono stati riportati alla luce resti di ominidi (*Australopithecus africanus*).

OMOBÒNO, *m. a Cremona nel 1197* (sànto), patrono di Cremona, e canonizzato nel 1199.

OMODÈO (Adòlfo), *Palermo 1889 - Napoli 1946*, storico e politico. Esperto di storia del Risorgimento, fu membro del Partito d'azione e ministro dell'istruzione nel governo Badoglio (1944). Scrisse, tra l'altro, *L'opera politica del conte di Cavour* (1940).

OMODÈO (làgo), lago artificiale della Sardegna, in prov. di Oristano; 22 km². Creato nel 1923 dallo sbarramento del f. Tirso, presso S. Chiara, prende il nome dall'ingegnere che lavorò alla sua costruzione, Angelo O.

OMPI (Organizzazióne mondiàle della proprietà intellettuàle), organismo internazionale creato nel 1967 per la tutela della proprietà intellettuale nel mondo. Dal 1974 è un'istituzione specializzata dell'ONU (con sede a Ginevra.)

OMRI, *m. nel 874 a.C.*, re di Israele (885-874 a.C.). Fondò Samara.

OMS (Organizzazióne mondiàle della sanità), organizzazione internazionale costituita nel 1946. Istituzione specializzata dell'ONU dal 1948, ha lo scopo è di portare tutti i popoli a un livello sanitario ottimale. La sua sede è a Ginevra.

OMSK, c. della Russia, nella Siberia occ., sull'Irtyš; 1.161.991 ab. Centro industriale.

OMUTA, c. del Giappone (Kyushu); 145.085 ab. Alluminio.

ONAN, personaggio biblico, secondogenito di Giuda. Obbligato dalla legge del levirato ad avere un figlio dalla vedova di suo fratello, si rifiutò di consumare pienamente l'unione sessuale.

ONASSIS (Aristotelis Socrates), *Smirne 1907 - Parigi 1975*, armatore greco. Emigrato in Argentina nel 1923, riuscì a costruire un impero economico ancora oggi tra i più grandi del mondo. Nel 1968 sposò Jacqueline Bouvier, vedova di J.F. Kennedy.

ONDAATJE (Michael), *Colombo, Sri Lanka, 1943*, scrittore canadese di lingua inglese. Poeta e regista cinematografico, evoca nei suoi romanzi i paradossi e gli enigmi della natura umana (*Buddy Bolden's Blues*, *Il paziente inglese*, *Aria di famiglia*).

ONEGA (làgo), lago della Russia nord-occ., che comunica con il Lago Ladoga attraverso il f. Svir; 9900 km².

O'NEILL, dinastia reale irlandese che conquistò gran parte dell'Ulster a partire dalla seconda metà del V sec. — **Hugh O.**, conte di Tyrone, *1540 ca. - Roma 1616*. Divenuto il più potente capo dell'Ulster, sconfisse gli inglesi a Yellow Ford (1598).

O'NEILL (Eugene), *New York 1888 - Boston 1953*, drammaturgo statunitense. Nei suoi testi per il teatro concilia realismo e un'analisi profonda della tragicità della vita umana (*L'imperatore Jones*, 1920; *Il lutto si addice ad Elettra*, 1931; *Lungo viaggio verso la notte*, 1956). (Premio Nobel 1936.)

ONÈSTO DÉGLI ONÈSTI, detto Onèsto **Bolognése**, *Bologna 1240 ca. - 1303 ca.*, poeta. Amico di Guittone d'Arezzo, fu conosciuto anche da Dante. Della sua opera, che esercitò una certa influenza su F. Petrarca, restano una trentina di componimenti.

ONETTI (Juan Carlos), *Montevideo 1909 - Madrid 1994*, scrittore uruguayano. Nei suoi romanzi descrisse l'inquietudine esistenziale di personaggi emarginati e disincantati (*Il pozzo*, 1939; *La vita breve*, 1950).

ÒNFALE MITOL. GR. Regina della Lidia famosa per la sua relazione amorosa con Eracle, che gli era stato venduto come schiavo. La leggenda rappresenta l'eroe che fila la lana ai piedi di O.

ONITSHA, c. della Nigeria, sul Niger; 256.447 ab.

ONLUS (Organizzazióni non lucratìve di utilità sociàle), termine che identifica fondazioni, cooperative, associazioni e altri enti costituiti senza scopo di lucro. Attive in vari settori (istruzione, assistenza sociale, formazione, tutela ambientale), usufruiscono di numerosi vantaggi in materia fiscale.

ONÒFRI (Artùro), *Roma 1885-1928*, poeta. Dopo aver fondato la rivista poetica *Lirica* (1912-1913), espose la propria poetica, ispirata alla dottrina di R. Steiner, nel saggio *Nuovo rinascimento come arte dell'Io* (1925). Tra le altre opere, *Arioso* (1921), *Terrestrità del sole* (1927).

ONORÀTO (sànto), *Gallia Belgica 350 ca. - 430 ca.*, vescovo di Arles. Fondò l'abbazia di Lérins (410 ca.).

ONÒRIO (sànto), *m. a Canterbury nel 653*, missionario in Inghilterra e vescovo di Canterbury dal 627.

ONÒRIO (Flàvio), *Costantinopoli 384 - Ravenna 423*, primo imperatore d'Occidente (395-423). Inizialmente sottoposto alla tutela di Stilicone, che fece assassinare nel 408, non riuscì a difendere l'Italia dalle invasioni barbariche.

ONORÀTO I, *m. a Roma nel 638*, papa dal 625 al 638. Pose fine allo scisma di Aquileia. Al concilio di Costantinopoli (680-681) fu condannato per eresia. — **Onorio II** (Pietro **Cadalo**), *m. a Parma nel 1072*, antipapa. Eletto in contrapposizione ad Alessandro II al concilio di Basilea (1061), fu scomunicato dal concilio di Mantova (1064). — **Onorio II** (Lamberto **Scannabecchi**), *Fagnano d'Imola - Roma 1130*, papa dal 1124 al 1130. — **Onorio III** (Cencio **Savelli**), *m. a Roma*

nel 1227, papa dal 1216 al 1227. Appoggiò la quinta crociata, incoronò imperatore Federico II ed esortò alla lotta contro i catari. — **Onorio IV** (Giacomo **Savelli**), *Roma 1210-1287*, papa dal 1285 al 1287.

ONSAGER (Lars), *Christiania 1903 - Miami 1976*, chimico statunitense di origine norvegese. Ha gettato le basi della termodinamica delle trasformazioni irreversibili, che ha trovato applicazione soprattutto in biologia. (Premio Nobel 1968.)

ONTÀNI (Luigi), *Vergato 1943*, artista. Esponente della body art, è noto per i suoi *tableaux vivants*, i cui modelli assumono pose ispirate all'iconografia religiosa.

ONTARIO, prov. del Canada; 1.068.582 km²; 10.753.575 ab.; capol. *Toronto*; le princ. *Hamilton, Ottawa, Windsor, London*. Nella provincia si concentra più di un terzo della popolazione canadese, soprattutto sul litorale occ. del Lago Ontario.

ONTARIO (làgo), lago dell'America settentr., tra il Canada e gli Stati Uniti. Riceve dal f. Niagara le acque del Lago Erie e ha come emissario il San Lorenzo; 18.800 km².

ONU (Organizzazióne delle nazióni unìte), organizzazione internazionale. Fu fondata nel 1945 per sostituire la Società delle Nazioni dagli Stati che accettarono di adempiere agli impegni previsti dalla Carta delle Nazioni unite (stilata a San Francisco il 26 giu. 1945), per salvaguardare la pace e la sicurezza internazionali e per promuovere la cooperazione economica, sociale e culturale tra le nazioni. Il varo ufficiale dell'ONU, con la sede a New York, risale al 24 ott. 1945. La Cina, gli Stati Uniti, la Francia, la Gran Bretagna e la Russia vi mantengono un seggio permanente con il diritto di veto nel Consiglio di sicurezza. L'ONU è dotata di sei organi principali: l'Assemblea generale (composta da tutti gli Stati membri, 191 nel dic. 2003), organo deliberante; il Consiglio di sicurezza (composto dai cinque membri permanenti e da altri dieci eletti ogni due anni dall'Assemblea generale), organo esecutivo preposto al mantenimento della pace internazionale; il Consiglio economico e sociale; il Consiglio di tutela, organo che ha perso importanza in seguito al processo di decolonizzazione; la Corte internazionale di giustizia; il Segretariato, che assicura le funzioni amministrative dell'ONU ed è diretto dal segretario generale, nominato ogni cinque anni dall'Assemblea generale su segnalazione del Consiglio di sicurezza. (Premio Nobel per la pace 2001, con il segretario generale K. Annan.)

OORT (Jan Hendrik), *Franeker 1900 - Wassenaar 1992*, astronomo olandese. Ha messo in evidenza la rotazione (1927) e la struttura a spirale (1952) della nostra galassia. Nel 1950 ha enunciato la teoria secondo la quale esisterebbe, ai confine del sistema solare, una vasta concentrazione di nuclei cometari (*nube di O.*).

OPA (Offèrta pùbblica d'acquìsto), offerta di acquisto di azioni di una S.p.A., attraverso la quale è possibile acquisirne il controllo. Dichiarata pubblicamente l'offerta di acquisto, la CONSOB ne stabilisce i termini.

OPARIN (Aleksandr Ivanovič), *Uglič, Russia, 1894 - Mosca 1980*, chimico e biologo russo, autore di una teoria che spiega l'origine della vita a partire dai composti chimici dell'atmosfera terrestre primitiva (1924).

OPAVA, in ted. **Troppau**, c. della Rep. Ceca, in Moravia; 61.771 ab. Cattedrale gotica (XIII sec.); museo silesiano.

OPEC o **OPEP** (Organizzazióne dei paèsi esportatóri di petròlio), organizzazione creata nel 1960. Att. comprende 11 Stati: Algeria, Arabia Saudita, Emirati Arabi Uniti, Indonesia, Iran, Iraq, Kuwait, Libia, Nigeria, Qatar e Venezuela. Ha come scopo il coordinamento delle politiche commerciali petrolifere.

OPEL, industria tedesca fondata nel 1862 da Adam O. (Rüsselsheim 1837-1895). Sorta come fabbrica di macchine da cucire e biciclette, iniziò nel 1898 la produzione di autoveicoli. Passata sotto il controllo della General Motors nel 1929, è att. una delle maggiori aziende del settore a livello europeo.

OPEN THEATER, compagnia teatrale d'avanguardia fondata a New York (1963) da J. Chaikin (1935-2003) e altri, basata sulla centralità dell'attore e sull'improvvisazione. I suoi spettacoli, innovativi sul piano tecnico, si segnalano anche per l'impegno politico.

OPÉRA (Théâtre de l'), teatro lirico nazionale francese costruito a Parigi (IX sec.), da C. Garnier, dal 1862 al 1874. È considerato uno dei maggiori esempi di architettura eclettica. Il T. de l'O. è dedicato alla lirica e alla danza.

Il Théâtre de l'**OPÉRA** di Parigi.

ÒPERA DA TRE SÒLDI (L'), dramma di B. Brecht (1928), con musiche di K. Weill. Ispirato all'*Opera del mendicante* (1728) di J. Gay, questo ritratto critico dei bassifondi mescola dialoghi e canzoni. G.W. Pabst ne ha tratto un film nel 1931.

ÒPERA DEI CONGRÈSSI, organizzazione nata a Venezia nel 1874 nell'ambito del movimento cattolico, di cui si proponeva di migliorare la cultura e la vita sociale. Di ispirazione intransigente e conservatrice, fu sciolta da Pio X nel 1904.

ÒPERA DI RÓMA (Teatro dell'), fondazione privata nata nel 1999 col precedente ente autonomo. Comprende l'orchestra, il coro e il corpo di ballo; ha sede nell'omonimo teatro, costruito da D. Costanzi nel 1877.

ÒPERA NAZIONÀLE BALÌLLA (ONB), organizzazione paramilitare fascista finalizzata a infondere nei giovani il sentimento della disciplina e dell'educazione militare. Creata nel 1926, prese il nome da un giovane genovese, Giovanni Battista Perasso, detto Balilla, divenuto simbolo del patriottismo durante il regime fascista per aver scagliato un sasso contro gli austriaci e aver dato inizio all'insurrezione di Genova contro l'Austria (1746). Nel 1937 confluì nella *Gioventù italiana del littorio*.

ÒPERA VIGILÀNZA E REPRESSIÓNE ANTIFASCÌSMO → OVRA.

ÒPERE E I GIÓRNI (Le), poema didascalico di Esiodo (VIII sec. a.C.). Con sentenze morali e precetti di economia domestica, Esiodo vi esalta la nobiltà del lavoro e la giustizia.

OPHULS (Max **Oppenheimer**, detto Max), *Saarbrücken 1902 - Amburgo 1957*, regista cinematografico e teatrale tedesco naturalizzato francese. Raffinato autore, dal linguaggio barocco, di film il cui tema è un'appassionata e disperata ricerca della felicità (*Lettera da una sconosciuta*, 1948; *La ronde*, 1950; *Il piacere*, 1952; *I gioielli di Madame de...*, 1953; *Lola Montez*, 1955).

OPÌMIO (Lùcio), *II sec. a.C.*, politico romano. Conservatore, fece distruggere la città di Fregelle che chiedeva l'estensione della cittadinanza agli italici. Console dal 121 a.C., represse il movimento guidato da L. Gracco. Accusato di corruzione, morì in esilio.

OPITZ (Martin), *Bunzlau 1597 - Danzica 1639*, poeta tedesco, riformatore della metrica.

OPLONTI, ant. centro romano nei pressi dell'att. Torre Annunziata, sepolto dall'eruzione del Vesuvio del 79. Gli scavi hanno portato alla luce alcune ville, tra cui quella di Poppea (I sec. a.C.).

OPOLE, c. della Polonia, capol. di voivodato, sul f. Odra; 129.469 ab. Monumenti medievali.

OPÒRTO → PORTO.

OPPENHEIM (Dennis), *Mason City, Washington, 1938*, artista statunitense. Pioniere della *land art*, poi della *body art*, a partire dal 1972 ha realizzato installazioni utilizzando diversi materiali e soluzioni tecniche.

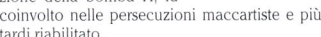

OPPENHEIMER (Robert Julius), *New York 1904 - Princeton 1967*, fisico statunitense. Autore di studi sulla teoria quantistica dell'atomo, nel 1943 fu nominato direttore del centro ricerche di Los Alamos, in cui furono messe a punto le prime bombe atomiche. Oppostosi alla progettazione della bomba H, fu coinvolto nelle persecuzioni maccartiste e più tardi riabilitato.

■ *Robert Julius Oppenheimer.*

OPPENORDT (Gilles Marie), *Parigi 1672-1742*, architetto e decoratore francese. Figlio di Alexandre Jean O. (ebanista di origine olandese collaboratore di A.C. Boulle), fu tra i primi esponenti dello stile rococò.

ÒPPIO (guèrra dell') (1839-1842), conflitto che oppose Gran Bretagna e Cina. Impedendo l'importazione dell'oppio, i britannici occuparono Shanghai e imposero alla Cina il trattato di Nanchino (29 ago. 1842).

OPUS DEI, istituzione cattolica internazionale fondata in Spagna nel 1928 da J. Escrivá de Balaguer. L'O. D. ha lo scopo di dare ai suoi membri, laici ed ecclesiastici, lo strumento per agire secondo il Vangelo nella loro vita familiare, sociale, professionale o politica.

ORADEA, c. della Romania nord-occ.; 222.741 ab. Centro industriale. — Monumenti barocchi del XVIII sec.

ORAL, già Ural'sc, c. del Kazakistan, sulla destra del f. Ural; 220.000 ab.

ORANGE, f. dell'Africa merid., che sfocia nell'Atlantico; 2250 km. Il suo corso inferiore separa il Sudafrica dalla Namibia. Un sistema di dighe garantisce la produzione di energia idroelettrica e l'irrigazione.

ORANGE, c. della Francia, nel dip. Vaucluse; 28.889 ab. — Teatro e arco di trionfo romani (I sec.); cattedrale del XII-XVI sec.

ORANGE. Il teatro antico
(fine del I sec. a.C. - inizio del I sec. d.C.).

ORANGE (Stàto libero di) → STATO LIBERO.

ORANGE-NASSAU, nobile casata tedesca, dalla quale provengono i sovrani dei Paesi Bassi (→ Nassau).

ORANGE-NASSAU (órdine di), ordine civile e militare olandese creato nel 1892.

ORANIENBURG-SACHSENHAUSEN, uno dei primi campi di concentramento tedeschi (1933-1945), creato a Oranienburg (Brandeburgo), 30 km a N di Berlino.

ORANO, in ar. **Wahrān**, c. dell'Algeria, capol. di distr.; 634.112 ab. Università. Porto sul Mediterraneo. Centro amministrativo, commerciale e industriale.

ORÀZI, fratelli ed eroi romani leggendari (VII sec. a.C.). All'epoca di Tullo Ostilio, combatterono per Roma contro i tre Curiazi, campioni di Alba Longa, per decidere le sorti del confronto tra le due città. Uno degli Orazi sopravvissuti affrontò e uccise i tre Curiazi feriti, assicurando a Roma la vittoria.

ORÀZIO FLÀCCO (Quìnto), *Venosa 65 - Roma 8 a.C.*, poeta latino. Amico di Virgilio e Mecenate, protetto di Augusto, è autore di poesie di stampo epicureo, in cui si fondono tematiche familiari, nazionali e religiose (*Sermones*, *Epodi*). Fu

considerato dagli umanisti e dagli illuministi il modello dei valori poetici dell'equilibrio e della misura, di cui tratta nell'*Ars poetica*.

ORÀZIO CÒCLITE, leggendario eroe romano. A Roma, difese il ponte Sublicio combattendo da solo l'esercito del re etrusco Porsenna.

ORB, f. della Francia, in Linguadoca, che sfocia nel Mediterraneo; 145 km. Scorre nei pressi di Béziers.

ÒRBA, torrente del Piemonte; 60 km. Affl. del Bormida, nasce dall'Appennino Ligure e attraversa la prov. di Alessandria.

ORBASSÀNO, com. in prov. di Torino; 21.761 ab. Importante centro industriale.

ORBETÈLLO, com. in prov. di Grosseto; 15.267 ab. Situato su una penisola nella laguna omonima, fu un feudo degli abati delle Tre Fontane (IX sec.) e poi parte della repubblica di Siena (XV sec.). Fu capitale dello Stato dei presidi (1557), quindi passò sotto il dominio dei Borboni (1736). Dal 1815 entrò a far parte del granducato di Toscana.

ORBETÈLLO (laguna di), riserva statale istituita nel 1980; 30 ha. Delimitata dai tomboli che collegano l'Argentario alla terraferma, è un'importante area per la sosta degli uccelli migratori.

ORBÉTTO → TURCHI (Alessandro).

ORBICCIÀNI DA LÙCCA (Bonagiùnta), *Lucca 1220 ca. - 1290*, poeta. Riprese lo stile della poesia siciliana, opponendosi allo stilnovo, e fu per questo citato da Dante nella *Divina Commedia* (*Purgatorio*, canto XXIV).

ÒRCADI (ìsole), in ingl. **Orkney Islands**, arcipelago della Gran Bretagna, a N della Scozia; 19.300 ab.; capol. *Kirkwall*. Mainland è la più estesa delle 90 isole. Allevamento. Pesca. Terminal petrolifero.

ÒRCADI DEL SUD, arcipelago britannico nel S dell'Oceano Atlantico.

ORCÀGNA (Andréa di Cióne, detto l'), pittore, scultore e architetto. Fu attivo a Firenze tra il 1343 e il 1368. La sua opera, estranea alle innovazioni introdotte da Giotto, rappresenta l'ultima grande eredità del gotico fiorentino (affreschi di S. Croce; Cappella Strozzi, a S. Maria Novella; tabernacolo di Orsanmichele). Ebbe due fratelli, entrambi pittori, Nardo e Iacopo di Cione.

ORCÒMENO DI BEÒZIA, fu la principale città della Beozia in età micenea. Imponenti bastioni (VII-IV sec. a.C.).

ÒRDA D'ÒRO, Stato mongolo(khanato) fondato nel XIII sec. da Batu Khan, nipote di Gengis Khan. Si estendeva tra Siberia, Russia e Crimea. Fu distrutto nel 1502 dai tartari di Crimea.

ORDELÀFFI, famiglia romagnola che regnò su Forlì dal XIV al XV sec. — **Scarpetta O.**, *m. nel 1317*. Ospitò Dante nel 1303. — **Francesco O.**, *m. nel 1374*. Estese il dominio su Forlimpopoli e Cesena. — **Pino III O.**, *m. nel 1480*. Fu mecenate e abile condottiero. Alla sua morte la signoria passò a Caterina Sforza.

ORDINAMÉNTI DI GIUSTÌZIA, complesso di leggi emanate a Firenze nel 1293 da *Giano della Bella* per limitare il potere dei magnati.

ÓRDINE NUÒVO (L'), settimanale fondato a Torino nel 1919 da A. Gramsci, P. Togliatti, A. Tasca e U. Terracini, nell'ambito del PSI, ma rappresentante dell'area di sinistra, vicina all'esperienza dei consigli di fabbrica. Nel 1921 divenne quotidiano e organo ufficiale del PCd'I, ma l'avvento del fascismo ne determinò la chiusura. Nel 1924-1925 le pubblicazioni ripresero saltuariamente con cadenza bimestrale.

ORDÓNA, com. in prov. di Foggia; 2555 ab. Municipio romano (*Herdoniae*), conserva i resti di un anfiteatro e della struttura urbana.

ORDOS, altopiano cinese, situato nel grande bacino dello Huang He.

ORDŽONIKIDZE → VLADIKAVKAZ.

ÒRE MITOL. GR. Nome comune delle tre figlie di Zeus: Eunomia (equità), Dike (giustizia), Irene (pace). Divinità che sovrintendono all'ordine, presiedono ai cicli stagionali e regolano la società umana.

ÖREBRO, c. della Svezia, a O di Stoccolma; 124.873 ab. Castello ricostruito nel XVI sec.; musei.

OREGON, Stato degli Stati Uniti, sull'Oceano Pacifico; 3.421.399 ab.; cap. *Salem*; c. princ. *Portland*. È delimitato a N dal f. Columbia (già Oregon).

ORËL, c. russa, sul f. Oka; 343.291 ab. Acciaierie.

ORENBURG, c. della Russia, sul f. Ural; 527.803 ab. Giacimenti di gas naturale.

ORÉNGO (Nico), *Torino 1944*, scrittore e poeta. Tra le opere, *Miramare* (1975), *Cartoline di mare* (1984), *La guerra del basilico* (1994), *Il salto dell'acciuga* (1997), *Ospite celeste* (1999), *La curva del latte* (2002).

ORENSE, c. della Spagna (Galizia), capol. dell'omonima prov.; 108.647 ab. Cattedrale romanico-gotica (portali scolpiti) e altri monumenti.

ORESME (Nicole), *in Normandia 1325 ca. - Lisieux 1382*, erudito francese. Vescovo di Lisieux, fu autore di trattati scientifici e filosofici. Nel *Libro del cielo e del mondo* sostenne la tesi del moto della Terra.

ORÈSTE MITOL. GR. Figlio di Agamennone e di Clitennestra e fratello di Elettra. Per vendicare la morte del padre, uccise la madre e l'amante di lei, Egisto, l'assassino di Agamennone.

ORESTÈA, trilogia teatrale di Eschilo (458 a.C.), incentrata sul mito di Oreste. È composta dalle tragedie *Agamennone*, *Coefore* ed *Eumenidi*.

ØRESUND o **SUND**, canale marittimo tra l'isola danese di Sælland e la costa svedese sud-occ. che collega il Kattegat con il Mar Baltico. Il collegamento è rappresentato da una struttura complessa, costituita per metà da un ponte e per metà da un tunnel sottomarino (traffico automobilistico e ferroviario).

ORFÈO MITOL. GR. Poeta e musicista, figlio della musa Calliope, in grado di ammansire le belve con la musica. Disceso agli Inferi in cerca della sposa Euridice, uccisa dal morso di un serpente, O. incantò i guardiani dell'aldilà, Plutone e Persefone, che accettarono di restituirgli Euridice, a patto che non la guardasse fino a quando non fosse uscito allo luce. Non riuscendo a tener fede all'impegno, O. perdette la sposa per sempre. Inconsolabile, fu ucciso dalle baccanti tracie che aveva respinto. Il mito ha dato origine a una corrente religiosa, l'orfismo. Ha inoltre ispirato diverse opere musicali, tra cui: l'omonimo dramma lirico in cinque atti di C. Monteverdi (1607), quello in tre atti di C.W. Gluck (1762) e *Orphée aux Enfers* (1858), opera parodistica in due atti di J. Offenbach.

ORFF (Carl), *Monaco 1895-1982*, musicista tedesco. Autore della cantata *Carmina burana* (1937), mise a punto un insegnamento musicale fondato sul ritmo.

ORGANIZZAZIÓNE COMÚNE AFRICÀNA E MALGÀSCIA → OCAM.

ORGANIZZAZIÓNE DEGLI STÀTI AMERICÀNI → OSA.

ORGANIZZAZIÓNE DEI PAÈSI ESPORTATÓRI DI PETRÒLIO → OPEC.

ORGANIZZAZIÓNE DELLA CONFERÈNZA ISLÀMICA → OCI.

ORGANIZZAZIÓNE DELLE NAZIÓNI UNÌTE → ONU.

ORGANIZZAZIÓNE DELLE NAZIÓNI UNÌTE PER L'EDUCAZIÓNE, LA SCIÈNZA E LA CULTÙRA → UNESCO.

ORGANIZZAZIÓNE DELL'UNITÀ AFRICÀNA → OUA.

ORGANIZZAZIÓNE DEL PÀTTO DEL NORD ATLÀNTICO → NATO.

ORGANIZZAZIÓNE INTERNAZIONÀLE DEL LAVÓRO →ILO.

ORGANIZZAZIÓNE INTERNAZIONÀLE DI POLIZÌA CRIMINÀLE → INTERPOL.

ORGANIZZAZIÓNE MARÌTTIMA INTERNAZIONÀLE→OMI.

ORGANIZZAZIÓNE METEOROLÒGICA MONDIÀLE → OMM.

ORGANIZZAZIÓNE MONDIÀLE DELLA PROPRIÈTÀ INTELLETTUÀLE →OMPI.

ORGANIZZAZIÓNE MONDIÀLE DELLA SANITÀ → OMS.

ORGANIZZAZIÓNE PER LA COOPERAZIÓNE E LO SVILÙPPO ECONÒMICO → OCSE.

ORGANIZZAZIÓNE PER LA LIBERAZIÓNE DELLA PALESTÌNA → OLP.

ORGANIZZAZIÓNE PER L'ALIMENTAZIÓNE E L'AGRICOLTÙRA → FAO.

ORGANIZZAZIÓNE PER LA SICURÉZZA E LA COOPERAZIÓNE IN EURÒPA → OSCE.

ORGANIZZAZIÓNI NON LUCRATÌVE DI UTILITÀ SOCIÀLE → ONLUS.

ORGANON, nome dato all'insieme dei trattati di logica di Aristotele.

ORGNAC-L'AVEN, com. della Francia, nel dip. Ardèche; 347 ab. Grotte del medio e alto Paleolitico nel cui livello più antico si conservano manufatti acheuleani e resti di bovini, cavalli e cervi.

ORHAN GAZI, *1281-1359 o 1362*, sovrano ottomano (1326-1359 o 1362). Fece di Bursa la capitale ed estese i propri domini in Europa giungendo presso Gallipoli (1354).

ÒRIA, com. in prov. di Brindisi; 14.919 ab. Cattedrale del XII sec. (ricostruita nel XVIII sec.). Castello federiciano (XIII sec.).

ORIÀLI (Gabrièle), *Como 1952*, calciatore. Mediano, con la nazionale ha vinto la Coppa del mondo del 1982 in Spagna. Dal 1971 al 1983 ha giocato nell'Inter (2 scudetti: 1971 e 1980; 2 Coppe Italia: 1978 e 1982), quindi ha concluso la carriera nella Fiorentina.

ORIÀNI (Alfrédo), *Faenza 1852 - Casola Valsenio 1909*, scrittore. Autore dai forti accenti moralistici, scrisse, tra l'altro, *Memorie inutili* (1876), *Gelosia* (1894), *Olocausto* (1902), *La rivolta ideale* (1908). Apprezzato dal fascismo, ne divenne un precursore; B. Mussolini curò l'edizione dell'*Opera omnia* (1923-1933).

ORIBÀSIO, *Pergamo 325 ca. - Costantinopoli 403*, medico greco. Al servizio dell'imperatore Giuliano, raccolse e organizzò gli scritti degli antichi studiosi di medicina.

ORICELLÀRI (Òrti), giardini di Palazzo Rucellai a Firenze, luogo d'incontro di intellettuali e artisti del Rinascimento, tra cui N. Machiavelli.

ORIÈNTE (Chièse cristiàne d'), insieme di numerose comunità cristiane orientali, contraddistinte da riti, liturgie e discipline peculiari, che si sono separate dal cattolicesimo latino. Le principali sono le Chiese precalcedoniane (dette nestoriane o monofisite), che non riconoscono i concili di Efeso (431) e di Calcedonia (451), e le Chiese ortodosse, amministrate dal patriarca di Costantinopoli, il cui scisma da Roma risale al 1054. Tra le comunità orientali fedeli a Roma (dette "uniati"), la più importante risulta la Chiesa maronita.

ORIÈNTE (impèro romàno d'), settore orientale dell'impero romano, che a partire dal 395 si organizzò come Stato indipendente (→ **bizantino** [Impero]).

ORIÈNTE (questióne d'), insieme di problemi venutosi a creare, a partire dal XVIII sec., con lo smembramento dell'impero ottomano. Le sommosse dei cristiani in Armenia, sull'Isola di Creta e in Macedonia provocarono l'intervento delle grandi potenze, decise a estendere il proprio dominio sull'Europa balcanica e sul Mediterraneo orientale.

ORÌGENE, *Alessandria 185 ca. - Cesarea o Tiro 252/254 ca.*, teologo, padre della Chiesa greca. Fece della scuola di Alessandria un punto di riferimento per gli studi teologici, ma le sue idee, sistematizzate nel secolo successivo dalla corrente di pensiero detta "origenismo", suscitarono accese controversie. Iniziatore degli studi di esegetica (*Hexapla*), O. esercitò grande influenza sull'evoluzione della teologia.

ORIGINAL DIXIELAND JAZZ BAND, orchestra statunitense fondata nel 1913 a New Orleans da N. La Rocca. Nel 1917 incise il primo disco di musica jazz della storia.

ORÌGINE DELLA SPÈCIE PER SELEZIÓNE NATURÀLE (Sull'), opera di C. Darwin, pubblicata nel 1859. L'autore vi espose le sue concezioni sull'evoluzione, sottolineando il ruolo che in essa rivestono la lotta per la vita e la selezione naturale degli organismi viventi. Quest'opera esercitò una profonda influenza sul pensiero scientifico.

ORINOCO, f. del Venezuela, che sfocia nell'Oceano Atlantico in un vasto delta; 2160 km; bacino di 900.000 km².

ÒRIO AL SÈRIO, com. in prov. di Bergamo; 1345 ab. Sede dell'aeroporto di Bergamo.

ORIÓNE MITOL. GR. Gigante cacciatore, ucciso da Artemide, cui aveva tentato di usare violenza. Fu tramutato in costellazione.

ORIÓNE, costellazione equatoriale. Le sue quattro stelle più luminose descrivono un grande quadrilatero, al centro del quale si iscrive l'allineamento obliquo di tre stelle meno luminose. O. ospita una delle rare nebulose visibili a occhio nudo.

ORIÓNE (Luigi), *Pontecurone 1872 - Sanremo 1940*, sacerdote (beàto). Fondò diverse istituzioni per l'assistenza ai bisognosi, tra cui la Piccola opera della divina provvidenza (1903). Fu beatificato nel 1980.

ORISSA, Stato dell'India nord-orient.; 156.000 km²; 36.706.920 ab.; cap. *Bhubaneswar*.

ORISTÀNO, c. della Sardegna, capol. di prov.; 32.891 ab. (*oristanesi*) Industrie meccaniche, chimiche, del legno e della carta. — La zona fu abitata fin dalla preistoria e conserva reperti risalenti all'epoca nuragica. La città attuale venne fondata nell'VIII sec. e fu capitale del giudicato di Arborea. Conserva la chiesa di S. Giusta (XII sec., nel circondario) e la torre di S. Cristoforo (XIII sec.), parte dell'antica cinta muraria. — La provincia, creata nel 1974, è situata tra il Campidano e il golfo omonimo e presenta un'economia prevalentemente agricola, con un certo sviluppo turistico sulla costa.

ORIZABA, c. del Messico, dominata dal vulcano O. o Citlaltépetl (5700 m), la vetta più elevata del Messico; 118.552 ab.

ORKNEY, nome inglese delle *Orcadi.

ORLANDO, c. degli Stati Uniti (Florida); 185.951 ab. Nei pressi, il parco divertimenti Walt Disney World Resort.

ORLÀNDO o **ROLAND**, personaggio di poemi cavallereschi medievali, uno dei dodici leggendari paladini di Carlo Magno, archetipo del cavaliere cristiano. Ha ispirato numerose *chanson de geste* (tra cui la *Chanson de Roland*), oltre ai poemi *O. innamorato* (1495) di M.M. Boiardo e *O. furioso* (1532) di L. Ariosto.

ORLÀNDO (Silvio), *Napoli 1957*, attore cinematografico. Tra le sue interpretazioni, *Palombella rossa* (1989), *Il portaborse* (1991), *Sud* (1993), *Ferie d'agosto*, *Vesna va veloce* e *La mia generazione* (1996), *Auguri professore* (1997), *Fuori dal mondo* (1999), *La stanza del figlio* (2001), *Il bacio dell'orso* ed *El Alamein* (2002), *Il posto dell'anima* (2003). Nel 2002 ha vinto il premio speciale Massimo Troisi.

ORLÀNDO (Vittòrio Emanuèle), *Palermo 1860 - Roma 1952*, giurista e politico. Più volte ministro tra il 1903 e il 1917, fu eletto presidente del consiglio dopo la disfatta di Caporetto (1917). Alla conferenza di pace di Versailles rappresentò l'Italia, ma non riuscì a far valere la richiesta di annettere Dalmazia e Fiume e nel 1919 si dimise. Dopo aver aderito al fascismo, passò all'opposizione. Nel 1946 fu membro della Costituente. È autore di trattati di diritto pubblico.

ORLÀNDO FURIÓSO (L'), poema cavalleresco di L. Ariosto (1516-1532), che narra le vicende amorose del paladino Orlando, che perde la ragione perché la bella Angelica non corrisponde al suo amore. Rivisitazione del genere in chiave spesso ironica, celebra l'ideale laico e positivo della civiltà rinascimentale, dove tutto ciò che è umano, pertanto contraddittorio, è compreso nella superiore consapevolezza dell'arte.

ORLÉANS, c. della Francia, capol. del dip. Loiret; 116.559 ab. Industrie farmaceutiche, elettroniche e automobilistiche. — Importante centro religioso dal IV sec., in seguito fu un'importante città capetingia. Più volte attaccata dagli inglesi durante la guerra dei Cent'anni, nel 1429 fu liberata da Giovanna d'Arco. — Fortemente danneggiata nel 1940, la città conserva la cattedrale gotica (XIII-XVIII sec.) e numerose chiese medievali; musei.

ORLÉANS (dùchi **di**), titolo di quattro famiglie francesi. La prima ebbe origine nel XIV sec. [V. anche → **Borbone** (casata dei)].

ORLÉANS (Filippo I, dùca **di**), *Saint-Germain-en-Laye 1640 - Saint-Cloud 1701*, principe francese. Figlio di Luigi XIII e di Anna d'Austria, fratello di Luigi XIV, sposò prima Enrichetta d'Inghilterra (1661), poi Elisabetta Carlotta, principessa palatina (1671).

ORLÉANS (Filippo II, dùca **di**), *Saint-Cloud 1674 - Versailles 1723*, reggente di Francia (1715-1723). Figlio di Filippo d'Orléans, impugnò il testamento di Luigi XIV e si fece designare reggente di Francia (1715). La sua politica estera condusse a gravi contrasti con Filippo V di Spagna; in politica interna tentò, senza successo, di risanare l'economia applicando le riforme concepite da J. Law.

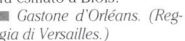

■ *Filippo II d'Orléans ritratto da J.-B. Santerre. (Reggia di Versailles.)*

ORLÉANS (Gastóne, dùca **d'**), *Fontainebleau 1608 - Blois 1660*, principe francese. Figlio di Enrico IV e di Maria de' Medici, fratello di Luigi XIII, fu erede al trono fino alla nascita del futuro Luigi XIV. Partecipò a complotti contro Richelieu e Mazarino. Nel 1652 fu esiliato a Blois.

■ *Gastone d'Orléans. (Reggia di Versailles.)*

ORLÉANS (Luigi Filippo Giuséppe, dùca **d'**), detto **Philippe Égalité**, *Saint-Cloud 1747 - Parigi 1793*, principe francese. Nipote di Filippo I d'Orléans e padre di Luigi Filippo. Deputato alla Convenzione e agli Stati generali, si schierò a favore degli ideali illuministici, arrivando a votare per la condanna a morte di Luigi XVI (1793). Fu ghigliottinato.

■ *Luigi Filippo d'Orléans ritratto da J. Reynolds. (Musée Condé, Chantilly.)*

ORLÉANSVILLE → CHLEF.

ORLOV (Grigorij Grigor'evič, cónte), *1734 - Mosca 1783*, ufficiale russo. Favorito della futura Caterina II, prese parte al complotto contro Pietro III (1762).

ORMÈA (Càrlo Francésco Vincènzo **Ferréro di Roàsio**, marchése **di**), *Mondovì 1680 - Torino 1745*, politico. Operò affinché Vittorio Amedeo II fosse riconosciuto re dal papa. Ministro di Carlo Emanuele III, cercò di far entrare il regno di Sardegna nel sistema delle grandi potenze europee, intervenendo nella guerra di successione polacca e in quella austriaca.

ORMÌSDA (sànto) *m. a Roma nel 523*, papa dal 514 al 523.

ORMUZ o **HORMUZ** (Strétto di), stretto che collega il Golfo Persico al Golfo di Oman. Prende nome dall'Isola di O. (a SE di Bandar Abbas).

ORMUZD → AHURA MAZDĀ.

ORLÉANS. *Cattedrale di Ste-Croix (XIII-XVIII sec.).*

ORNAVÀSSO, com. in prov. di Verbano-Cusio-Ossola; 3310 ab. Industria estrattiva e del legno. Zona di insediamenti celtici, conserva due importanti necropoli (III sec. a.C.).

ORNE, dip. della Francia, nella reg. Bassa Normandia; capol. *Alençon*; 6103 km²; 292.337 ab. Nelle zone pianeggianti, a N, si coltivano cereali, in quelle collinari, a S, si pratica soprattutto l'allevamento bovino. Industrie meccaniche ed elettriche. Tradizionale produzione di pizzi.

ORÒBIE o **ORÒBICHE** (Àlpi), sezione delle Prealpi Lombarde, tra il Lago di Como a O, la Valtellina a N e la Valcamonica a E. La cima più alta è il Pizzo di Coca (3052 m).

ÒRO DEL RÉNO (L'), opera di R. Wagner, prologo in quattro atti della *Tetralogia*.

ORÒMO o **GÀLLA**, popolazione dell'Etiopia (ca. 7 milioni di individui). Un tempo stanziati nel S del paese, gli o. approfittarono dell'ostilità tra l'impero etiopico e le popolazioni musulmane confinanti per colonizzare le regioni centro-settentr., a una fine del XIX sec. furono anch'essi integrati in quell'impero. Di religione cristiana o mussulmana, parlano una lingua cuscitica. L'appellativo di "galla" ha una connotazione negativa.

ORÓNTE, f. del Medio Oriente (Libano, Siria, Turchia), che sfocia nel Mediterraneo; 570 km. Bagna Homs e Antiochia.

ORÒPA, frazione del com. di Biella. Santuario della Madonna nera (XIII sec.) e basilica del XVII sec., dove si trova la statua lignea della Vergine.

OROSÈI, com. in prov. di Nuoro; 5637 ab. Centro turistico sul golfo omonimo.

ORÒSIO (Paólo), *Tarragona o Braga 390 ca. - Ippona ? 418 ca.*, sacerdote e apologista spagnolo. Discepolo di sant'Agostino, è autore delle *Historiae adversus paganos* (417-418).

OROZCO (José Clemente), *Ciudad Guzmán, Jalisco, 1883 - Città del Messico 1949*, pittore messicano, muralista dal segno forte ed espressionista (*L'uomo del fuoco*, Hospicio Cabañas, Guadalajara, 1939).

José Clemente **OROZCO.** *Las Soldaderas, 1929. (Museo nazionale d'arte moderna, Città del Messico.)*

ÒRSA MAGGIÓRE, costellazione dell'emisfero boreale. Le sette stelle più brillanti compongono una figura detta Grande Carro. — **Orsa Minóre**, costellazione dell'emisfero boreale, detta Piccolo Carro. Comprende la stella polare, molto vicina al Polo Nord.

ORSANMICHÈLE, edificio fiorentino costruito nel XIV sec. da F. Talenti, Benci di Cione e Neri di Fioravante. Tabernacolo di A. Orcagna (1359), Madonna delle Grazie di B. Daddi (1347) e, all'esterno, 14 statue raffiguranti i santi protettori delle arti maggiori, realizzate da L. Ghiberti, Donatello, A. Verrocchio, Giambologna.

ORSAY (Musée d'), museo di Parigi. È stato aperto al pubblico nel 1986, in seguito alla ristrutturazione della stazione ferroviaria Gare d'O. eseguita da G. Aulenti. Accoglie opere degli anni 1848-1914 (fine del romanticismo, realismo, impressionismo, simbolismo, *nabis*).

ORSÈOLO, nobile famiglia veneziana (X-XI sec.). — **Pietro I O.** (sànto), *nel 928 ca - 987*, doge. — **Pietro II O.**, *m. nel 1009 ca.* Doge, annetté a Venezia i territori della Dalmazia. — **Ottone O.**, *m. nel 1032.* Doge, fu l'ultimo a esercitare un potere effettivo sulla città prima di essere esiliato, nel 1026.

Il Musée d'**ORSAY.**

ÓRSI (Raimóndo, detto Mùmo), *Buenos Aires 1901 - Santiago del Cile 1986*, calciatore argentino naturalizzato italiano. Considerato una delle migliori ali sinistre di tutti i tempi, con la nazionale vinse la Coppa del mondo del 1934 in Italia. Giocò nella Juventus, vincendo 5 scudetti consecutivi (dal 1931 al 1935).

ORSÌNI, nobile famiglia romana di parte guelfa, a lungo rivale dei Colonna, di cui si ha notizia a partire dal X sec. — **Matteo Rosso O.**, *m. nel 1246 ca.*, difese Roma da Federico II. — **Giovanni Gaetano O.** → NICCOLÒ III. — **Niccolò O.**, *1442 - Lonigo 1510*, condottiero, combatté, per Lorenzo il Magnifico, contro le forze papali e il regno di Napoli. Fu poi comandante delle forze pontificie (1489) e di quelle veneziane (1496), che guidò alla riconquista di Cremona, della Ghiara d'Adda (1499) e Faenza (1503). — **Pier Francesco O.** → BENEDETTO XIII.

ORSÌNI (Felice), *Meldola 1819 - Parigi 1858*, patriota. Iscritto a diverse società segrete, fortemente impegnato nella lotta per l'indipendenza, ritenne che Napoleone III avesse tradito la causa italiana. Organizzò quindi un attentato contro di lui, e lo mise in atto a Parigi, il 14 gen. 1858. L'imperatore sopravvisse e O. fu condannato a morte.

ORSÌNI (Giòrgio) → GIORGIO DA SEBENICO.

ORSÌNI (Umbèrto), *Novara 1934*, attore teatrale e cinematografico. Ha recitato in teatro con G. De Lullo, S. Ferrati, G. Lavia. Al cinema ha lavorato con L. Visconti (*La caduta degli dei*, 1969; *Ludwig*, 1972). Tra le interpretazioni più recenti, *Pasolini: un delitto italiano* (1995), *Il partigiano Johnny* (2000).

ORSK, c. della Russia, sull'Ural; 275.151 ab. Industrie siderurgiche.

ÓRSOLA, *III sec. ?*, martire. Sarebbe stata martirizzata a Colonia insieme ad altre 11.000 vergini.

ORSANMICHELE. *Il tabernacolo di Andrea Orcagna, 1359-1366. (Firenze.)*

ÒRTA (Làgo d') o **CÙSIO**, lago delle Prealpi Piemontesi; 18,2 km². Il torrente Nigoglia, suo emissario, confluisce nel Lago Maggiore.

ÒRTA DI ATÈLLA, com. in prov. di Caserta; 12.490 ab. Nei pressi, resti dell'ant. *Atella*.

ÒRTA SAN GIÙLIO, com. in prov. di Novara, su una penisola del Lago d'O.; 1106 ab. Chiesa di S. Maria Assunta (XV sec.), Palazzo della Comunità (XVI sec.), sull'isola di S. Giulio, basilica omonima (XI-XII sec.).

ÒRTE, com. in prov. di Viterbo; 7879 ab. Centro etrusco, fu poi municipio romano. Fino al 1524 vi sorgeva un ponte romano sul Tevere.

ORTEGA (Daniel), *La Libertad 1945*, politico nicaraguense. Membro del Fronte sandinista, coordinatore generale del governo dal 1981, è stato presidente della repubblica dal 1985 al 1990.

ORTEGA Y GASSET (José), *Madrid 1883-1955*, filosofo e scrittore spagnolo. Saggista e sociologo (*La ribellione delle masse*), rinnovò il pensiero filosofico spagnolo. Nel 1923 fondò la *Revista de Occidente*.

ORTÈNSIA DI BEAUHARNAIS, *Parigi 1783 - Arenenberg, Svizzera, 1837*, regina d'Olanda. Figlia del visconte di Beauharnais e di Giuseppina Tascher de La Pagerie, fu moglie di Luigi Bonaparte, re d'Olanda, e madre di Napoleone III.

■ *Ortensia di Beauharnais. (Reggia di Versailles.)*

ÒRTES (Gianmaria), *Venezia 1713-1790*, filosofo ed economista. Razionalista, si occupò in part. di problemi economici, anticipando le teorie malthusiane.

ORTÉSE (Ànna Maria), *Roma 1914 - Rapallo 1998*, scrittrice. Tra le opere, *Il mare non bagna Napoli* (1953), *L'iguana* (1965), *Poveri e semplici* (1967), *Il porto di Toledo* (1975), *Alonso e i visionari* (1996), *Corpo celeste* (1997).

ORTIGÀRA (battáglia dell') (10-29 giu. 1917), scontro tra italiani e austriaci durante la prima guerra mondiale, per la conquista del Monte O., nell'Altopiano di Asiago. La battaglia si risolse con una sconfitta per gli italiani, che costò la perdita di migliaia di uomini.

ORTISÈI, in ted. **Sankt Ulrich**, com. in prov. di Bolzano; 4434 ab. Centro di sport invernali nella Val Gardena. Turismo estivo. Artigianato del legno.

ÒRTLES, massiccio delle Alpi Retiche, tra Lombardia e Trentino-Alto Adige; 3899 m. Tra le vette più elevate l'O. (3899 m) e il Gran Zebrù (3859 m). Numerosi ghiacciai, tra cui quello dei Forni.

ORTOLÀNO (Giovàn Battista **Benvenùti**, detto), *Ferrara 1487 ca. - dopo il 1527*, pittore. Realizzò opere improntate al naturalismo e a un classicismo immediato e semplice.

ORTÓNA, com. in prov. di Chieti; 23.593 ab. Porto frentano e poi romano, raggiunse il massimo splendore sotto Federico II. Castello aragonese (XV sec.). Palazzo Farnese (XVI sec.).

ORURO, c. della Bolivia; 248.273 ab. Centro minerario e metallurgico (stagno).

ORVIÈTO, com. in prov. di Terni; 20.684 ab. Di origini etrusche, conserva numerose vestigia (templi, necropoli). Importanti monumenti medievali, tra cui il duomo romanico-gotico (con facciata di L. Maitani e affreschi di L. Signorelli), la chiesa di S. Andrea, il Palazzo del Popolo (XIII sec.) e Palazzo Soliano (XIII sec., con il Museo civico). Pozzo di S. Patrizio. Museo archeologico.

ORVIÈTO (Àngiolo), *Firenze 1869-1968*, poeta. Nel 1896 fondò, insieme al fratello Aldo, la rivista *Il Marzocco*. Tra le opere, *La sposa mistica* (1893), *Il vento di Sion* (1928).

ORWELL (Eric **Blair**, detto George), *Motihari, India, 1903 - Londra 1950*, scrittore britannico. Nei suoi romanzi mette in guardia contro i pericoli del totalitarismo attraverso storie allegoriche (*La fattoria degli animali*, 1945) e futuristiche (*1984*, 1948).

ORZESZKOWA (Eliza), *Milkowszczyzna 1841 - Grodno 1910*, scrittrice polacca. Scrisse racconti a sfondo sociale (*Meir Ezofowicz*).

OŠ, c. del Kirghizistan; 238.000 ab.

OSA (Organizzazióne degli Stàti americàni, in ingl. Organization of the American States, OAS), organizzazione intergovernativa fondata nel 1948. L'OSA raggruppa l'insieme degli Stati americani che hanno accettato i principi di cooperazione pacifica elencati dall'atto costitutivo della Carta di Bogotà.

OSAKA, c. del Giappone, nella parte merid. di Honshu, sul Pacifico; 2.602.421 ab. (11.013.000 ab. nell'agglomerato). Porto. Secondo polo economico del Giappone e centro industriale diversificato. — Templi e musei. — Aeroporto nella Baia di O. (R. Piano, 1987-1994).

OSBORNE (John), *Londra 1929 - Shrewsbury 1994*, drammaturgo britannico, capofila degli *Arrabbiati* (*Ricorda con rabbia*, *Prova inammissibile*).

OSBORNE (Thomas) → LEEDS (Thomas Osborne, lord).

OSCAR II, *Stoccolma 1829-1907*, re di Svezia (1872-1907) e di Norvegia (1872-1905). Fratello e successore di Carlo XV, fu costretto ad accettare la rottura dell'unione tra Svezia e Norvegia (1905).

OSCE (Organizzazióne per la sicurézza e la cooperazióne in Euròpa), organizzazione nata nel 1994 in seguito ai negoziati tenuti, a partire dal 1973 (sotto il nome di *CSCE*), tra gli Stati europei, il Canada e gli Stati Uniti, al fine di stabilire un sistema di sicurezza e cooperazione in Europa. Nel corso del vertice del 1975, la CSCE ha adottato l'atto finale di Helsinki, che fissa i principi su cui si basano le relazioni tra gli Stati firmatari (in part. l'inviolabilità delle frontiere e il rispetto dei diritti umani). A Parigi, nel 1990, è stata firmata la Carta per la nuova Europa. Dopo l'adesione di diversi paesi (spec., a partire dal 1991-1992, gli Stati dell'ex URSS e dell'ex Iugoslavia), l'organizzazione conta att. 55 Stati membri.

ÒSCI, ant. popolazione italica, dell'Appennino centrale. Stabilitisi in Campania verso la fine dell'VIII sec. a.C., organizzati in federazioni, gli o. si schierarono coi romani nel corso della prima guerra sannitica (341). Nel 216 si allearono con Annibale, e nel 211 Capua, il centro principale, fu assediata e distrutta. Influenzati profondamente dai greci, ebbero un importante ruolo di tramite tra cultura greca e romana.

OSÈA, profeta biblico. Esercitò il suo ministero negli anni che precedettero la caduta di Samaria (722-721 a.C.).

OSÈA, ultimo re d'Israele (732-724 a.C.). Cospirò contro l'Egitto contro l'Assiria, fu fatto prigioniero e morì in esilio.

OSHAWA, c. del Canada (Ontario), sul Lago Ontario; 134.364 ab. Porto. Industrie automobilistiche.

OSHIMA (Nagisa), *Kyoto 1932*, regista giapponese. Il suo cinema, che rientra nella corrente della nouvelle vague giapponese, tratta con audacia i temi del sesso, della morte e della trasgressione (*L'impiccagione*, 1968; *La cerimonia*, 1971; *L'impero dei sensi*, 1976; *Furyo*, 1983; *Tabù*, 2000).

OSHOGBO, c. della Nigeria sud-occ.; 106.386 ab.

ORVIETO. *Il duomo, iniziato nel 1290.*

OSIANDER (Andreas **Hosemann**, detto Andreas), *Gunzenhausen, Brandeburgo, 1498 - Königsberg 1552*, teologo protestante e scienziato tedesco. Firmò gli articoli della lega di Smalcalda e pubblicò i trattati di astronomia di N. Copernico.

OSIJEK, c. della Croazia, sulla Drava; 105.000 ab.

ÒSIMO, com. in prov. di Ancona; 29.259 ab. Abitato fin dalla preistoria, fu municipio romano (*Auximum*). Mura romane, Fonte magna e duomo romanico. — Nel 1975 vi venne firmato un trattato tra Italia e Iugoslavia per la determinazione dei rispettivi confini nazionali.

OSÌRIDE, dio egizio, sposo di Iside e padre di Horus. La sua morte e resurrezione hanno fatto di lui un salvatore e il garante della sopravvivenza nell'aldilà. Il suo culto, associato a quello di Iside, fece proseliti anche in epoca greco-romana.

OSIRIDE. *Statuetta di epoca tolemaica. (Louvre, Parigi.)*

ÖSKEMEN o **UST'-KAMENOGORSK**, c. del Kazakistan orient.; 332.900 ab. Industrie metallurgiche.

ÖSLING o **OESLING**, reg. settentr. del Lussemburgo.

OSLO, cap. della Norvegia, all'estremità del fiordo omonimo, sullo Skagerrak; 508.726 ab. (978.000 ab. nell'agglomerato). Centro amministrativo e industriale. Attivo porto. — Incendiata nel XVII sec., la città fu ricostruita da Cristiano IV di Danimarca con il nome di *Cristiania*. Cap. della Norvegia indipendente nel 1905, riprese il nome di O. nel 1925. — Castello di Akershus (1300 ca. - XVII sec.). Musei, tra cui la galleria nazionale e, nell'Isola di Bygdøy, quello del folclore e delle navi vichinghe.

OSLO (accòrdo di) → WASHINGTON (accordo di).

OSMAN I GAZI, *Sögüt 1258 ca. - ? 1326*, fondatore della dinastia ottomana.

OSMAN DAN FODIO, *Marata 1754 - ? 1817*, letterato musulmano. Fondatore dell'impero peul di Sokoto, nel 1804 dichiarò la guerra santa (*gihad*) e si pose a capo degli hausa.

OSLO. *Veduta del porto e municipio.*

OSNABRÜCK, c. della Germania (Bassa Sassonia); 164.539 ab. Monumenti di epoca gotica. — La città fu sede (con Münster) dei negoziati dei trattati di Westfalia (1644-1648), che posero fine alla guerra dei Trent'anni.

OSORNO, c. del Cile merid.; 127.769 ab.

OSSA, montagna della Grecia, in Tessaglia; 1978 m.

OSSERVATÓRE CATTÒLICO (L'), quotidiano fondato nel 1864 a Milano da C. Caccia Dominioni. Di posizione intransigente, nel 1907 si fuse con la *Lega lombarda*, dando vita a *L'Unione*.

OSSERVATÓRE ROMÀNO (L'), quotidiano del Vaticano, fondato a Roma nel 1861. Stampato a Città del Vaticano a partire dal 1929, è l'organo ufficiale della Santa Sede. Direttori: N. Zanchini, G. Bastia, A. Baviera, C. Crispolti, G.B. Casoni, G. Angelini, G. della Torre di Sanguinetto, R. Manzini, V. Volpini, M. Agnes.

OSSERVATÓRE VÉNETO (L'), periodico letterario pubblicato dal 1761 al 1762 a Venezia. Fondato da G. Gozzi, si ispirò allo *Spectator* di J. Addison.

OSSÈTI, popolazione della Russia (Ossezia Settentrionale) e della Georgia (Ossezia Meridionale) (ca. 570.000 individui). Discendenti degli *alani*, gli o. praticano l'agricoltura alle pendici del Caucaso e nella Piana di Terek. Si dividono tra cristiani ortodossi e musulmani, e parlano l'osseto, della famiglia iraniana. Sono conosciuti anche con il nome di iron e di digoron.

OSSÈZIA MERIDIONÀLE, prov. autonoma della Georgia settentr.; 100.000 ab.; cap. *Chinvali*. La popolazione è costituita da due terzi di osseti di stirpe e dal 30% ca. di georgiani. — A partire dal 1991, diverse guerre hanno opposto i georgiani agli osseti del S, che aspirano alla riunificazione con gli agli osseti del N.

OSSÈZIA SETTENTRIONÀLE, rep. della Russia, limitrofa all'Ossezia Meridionale; 673.800 ab.; cap. *Vladikavkaz*. La popolazione è costituita da quasi il 50% di osseti di stirpe e dal 30% ca. di russi.

OSSIAN, leggendario bardo scozzese del III sec. A suo nome, il poeta James Macpherson (Ruthven, Inverness, 1736 - Belville, Inverness, 1796) pubblicò nel 1760 i *Canti*, tradotti dal gaelico, la cui influenza sulla letteratura romantica fu notevole.

ÒSSI DI SÉPPIA, raccolta poetica di E. Montale, pubblicata nel 1925. Il paesaggio ligure è metafora della condizione umana, sospesa nel crudele paradosso del "male di vivere". Montale si avvicina qui al "correlativo oggettivo" di T.S. Eliot, ossia alla capacità poetica degli oggetti e della materia, visti come veicolo del significato vero dell'esistenza.

OSSIRÌNCO, ant. nome della c. di El-Bahnasa, nel basso Egitto. Vi fu rinvenuta la più ampia collezione di papiri greci antichi, oggi conservati al British Museum (Londra), con frammenti di Eschilo, Sofocle, Callimaco, Alceo, Menandro e le cosiddette *Elleniche di O.*, opera sulla storia greca attribuita a Teopompo.

ÒSSOLA, reg. del Piemonte, nella prov. di Verbano-Cusio-O. Centro principale è Domodossola. Tra il 10 sett. e il 22 ott. 1944, liberata dai partigiani, fu amministrata dal CLNAI con il nome di Repubblica dell'O.

OSSÙCCIO, com. in prov. di Como; 961 ab. Chiesa di S. Maria Maddalena (XII sec.).

OSTÈLLI DELLA GIOVENTÙ, alberghi che ospitano giovani turisti a prezzi modici. Il primo fu aperto in Germania nel 1907.

OSTELLÌNO (Pièro), *Venezia 1935*, giornalista e scrittore. È stato corrispondente per il *Corriere della Sera* e direttore dal 1984 al 1987. Ha scritto numerosi saggi, tra cui: *Vivere in Russia* (1977), *Vivere in Cina* (1981), *Cose viste e pensate* (1985), *Il dubbio* (2003).

OSTÈNDA, in fiamm. **Oostende**, c. del Belgio, capol. di dip. della Fiandra Occidentale, sul Mare del Nord; 67.334 ab. Stazione balneare. Porto. — Museo di Belle Arti e Museo provinciale di arte moderna; casa di J. Ensor.

ÒSTIA, frazione di Roma, presso la foce del Tevere. — Originariamente porto militare (III sec. a.C.), O. fu, durante l'impero romano, un grande porto commerciale da cui passavano tutti i rifornimenti di Roma. — Importanti resti (IV sec. a.C. - IV sec. d.C.) che testimoniano un'articolata struttura urbana. Case patrizie (*domus*), ricche di decorazioni pittoriche; magazzini, negozi, terme, teatro, foro, *Capitolium*, tempio di Roma e Augusto.

OSTIÀCHI, ant. nome degli *chanty.

OSTIÈNSE (via), ant. strada romana che collegava Roma a Ostia (IV sec. a.C.).

OSTILIÀNO MÈSSIO QUÌNTO (Gàio Valénte), m. nel 251, imperatore romano. Figlio di Decio, adottato da Treboniano Gallo, governò con quest'ultimo fino alla morte per peste.

OSTPOLITIK ("Politica verso l'Est"), politica di apertura nei confronti dei paesi dell'Est comunista europeo, voluta dal cancelliere tedesco W. *Brandt negli anni 1969-1974.

OSTRAVA, c. della Rep. Ceca, in Moravia, sull'Oder; 319.293 ab. Centro carbonifero e metallurgico. — Chiesa di S. Venceslao (XIII sec.).

OSTROGÒTI, ant. popolazione germanica, che formava uno dei più cospicui rami dei goti. Il regno costruito dagli o. sulle sponde del Dnepr fu distrutto dagli unni intorno al 375. La morte di Attila (453) fece rinascere la loro potenza. Federati con Roma, dominarono una parte dei Balcani e penetrarono in Italia con Teodorico nel 489. Questi, divenuto l'unico arbitro delle sorti d'Italia e re nel 493, si stabilì a Ravenna. Alla sua morte (526), il regno non resistette di fronte alla conquista bizantina e scomparve nel 555.

OSTROGRADSKIJ (Michail Vasil'evič), *Pasënnaya 1801 - Poltava 1861*, matematico russo. Compì importanti studi sulle equazioni differenziali, sulle variabili e sugli integrali, occupandosi anche del cosiddetto "problema dei valori al contorno".

OSTROVSKIJ (Aleksandr Nikolaevič), *Mosca 1823 - Ščelykov 1886*, drammaturgo russo. Le sue commedie (*Con i propri ci si arrangia*, 1850; *La foresta*) e i suoi drammi (*L'uragano*) lo pongono all'origine del repertorio nazionale.

OSTROVSKIJ (Nikolaj Alekseevič), *Vilija 1904 - Mosca 1936*, scrittore russo. Il suo romanzo autobiografico *Come fu temprato l'acciaio* (1932-1935) fu preso a modello del realismo socialista.

OSTÙNI, com. in prov. di Brindisi; 32.765 ab. Centro turistico e commerciale. Bastioni aragonesi e cattedrale del XV sec. con facciata gotica.

OSTWALD (Wilhelm), *Riga 1853 - Grossbothen, presso Lipsia, 1932*, chimico tedesco. Autore di studi sugli elettroliti e sulla catalisi, mise a punto, nel 1907, la preparazione industriale dell'acido nitrico per il processo di ossidazione dell'ammoniaca. (Premio Nobel 1909.)

OŚWIĘCIM → AUSCHWITZ.

OTARU, c. del Giappone (Hokkaido); 157.022 ab. Porto.

OTÈLLO, protagonista dell'omonima tragedia di W. Shakespeare (1604 ca.). Generale moro al servizio di Venezia, amato dalla moglie Desdemona, che lui stesso uccide a causa della gelosia, provocata dall'astuzia del traditore Iago. — Il testo ha ispirato a G. Rossini un'opera in tre atti (1816) e a G. Verdi un dramma lirico in quattro atti (1887).

OTERO Y MÚÑOZ (Blas de), *Bilbao 1916 - Madrid 1979*, poeta spagnolo. Fu autore di notevole impegno sociale e politico, dalla profonda spiritualità. Tra le opere, *Cantico spirituale* (1942), *Angelo fieramente umano* (1950), *Chiedo la pace e la parola* (1955), *Parlare chiaro* (1959), *Storie false e storie vere* (1970).

OTHON → OTTONE.

OTOMÍ, popolazione amerindia del Messico (ca. 350.000 individui). Gli o. sono conosciuti per le figurine rituali su carta.

OTÓNE (Màrco Sàlvio), *Ferentinum 32 - Brixellum 69*, imperatore romano (69), successore di Galba. Fu sconfitto dalle legioni di Vitellio e si uccise.

O'TOOLE (Peter Seamus), *Connemara 1932*, attore teatrale e cinematografico irlandese. Tra le sue interpretazioni, *Lawrence d'Arabia* (1962), *Becket e il suo re* (1964), *La notte dei generali* (1966), *Il leone d'inverno* (1968), *La classe dirigente* (1972), *L'ultimo imperatore* (1987), *Favole* (1997). Premio Oscar alla carriera nel 2003.

OTOPENI, aeroporto di Bucarest.

ÒTRANTO, com. in prov. di Lecce, sul canale omonimo; 5341 ab. Ant. centro messapico (*Hydruntum*), fu capitale bizantina del Salento. Chiesa bizantina di S. Pietro (X sec.); cattedrale romanica (XI sec.); castello aragonese (XV sec.).

OTSU, c. del Giappone (Honshu); 276.332 ab.

OTTÀNTA (generazióne dell'), espressione con cui vengono indicati alcuni compositori nati intorno al 1880, cui viene attribuita la paternità della musica moderna it. nonostante non avessero mai aderito, ufficialmente, a una comune poetica: O. Respighi, I. Pizzetti, A. Casella e G.F. Malipiero.

OTTÀVIA, *70 ca. - 11 a.C.*, sorella di Augusto. Sposò in seconde nozze Marco Antonio (40), che la ripudiò nel 32.

OTTÀVIA, *m. nel 62 d.C.*, moglie di Nerone, figlia di Claudio e Messalina. Nerone la ripudiò nel 62 per sposare Poppea e la mandò in esilio, costringendola al suicidio.

OTTAVIÀNO → AUGUSTO.

OTTAVIÀNO, com. in prov. di Napoli; 23.392 ab. Centro agricolo e industriale; produzione di vetro e carta.

OTTÀVIO → AUGUSTO.

OTTÀVIO FARNÉSE, *1524-1586*, duca di Parma, Piacenza e Guastalla. Figlio di Pier Luigi, marito di Margherita d'Austria, combatté contro il papa Giulio III e la Spagna per il possesso di Parma e Piacenza. Riformò l'ordinamento legislativo dei suoi territori e diede il via a numerose opere pubbliche.

OTTAWA, cap. del Canada (Ontario), sulla riva del f. omonimo; 323.340 ab. (1.112.000 ab. nell'agglomerato). Università. Sede vescovile. Centro amministrativo e culturale con diverse industrie (stampa, telecomunicazioni). — Musei, tra cui quello di Belle Arti.

OTTAWA, f. del Canada, affl. del San Lorenzo; 1120 km. Per un tratto segna il confine tra il Québec e l'Ontario, e attraversa O.

OTTAWA (accòrdi di) (1932), serie di trattati commerciali firmati dal Regno Unito, dominion e India, intesi a facilitare, mediante le tariffe doganali, gli scambi attraverso i diversi paesi del Commonwealth.

OTTAWA.

OTTAWA (convenzióne di) (3-4 dic. 1997), convenzione internazionale, firmata nel corso della conferenza di O. che ribadiva l'impegno di numerosi Stati a non produrre né importare mine antiuomo, e il vincolo di distruggere le scorte già esistenti.

OTTENTÒTTI, popolazione della Namibia, del Botswana e del Sudafrica. Meno di 20.000 individui restano ancora fedeli alle antiche tradizioni di vita nomade e pastorale. Parlano una lingua del gruppo khoisanide.

OTTERLO, frazione del com. di Ede (Paesi Bassi). Nel parco di Hoge Veluwe, museo Kröller-Müller (quadri, soprattutto di V. Van Gogh; parco con sculture di arte moderna).

OTTIÈRI (Ottièro), *Roma 1924-2002*, scrittore e poeta. Tra le opere, *Tempi stretti* (1957), *Donnarumma all'assalto* (1959), *L'irrealtà quotidiana* (1966), *Il pensiero perverso* (1971), *Il divertimento* (1984), *L'infermiera di Pisa* (1991), *Il palazzo e il pazzo* (1993), *Il poema osceno* (1996).

OTTO (Frei), *Siegmar, presso Chemnitz, 1925*, ingegnere e architetto tedesco. Si è dedicato allo studio di un'architettura dinamica e minimalista, attraverso la produzione di tensostrutture e il ricorso a elementi gonfiabili, come quelli impiegati per la copertura dello stadio olimpico di Monaco (1968-1972).

OTTO (Nikolaus), *Holzhausen 1832 - Colonia 1891*, ingegnere tedesco. Mise in commercio i primi motori a combustione interna a quattro tempi a compressione preliminare (1876).

OTTO (Rudolf), *Peine 1869 - Marburgo 1937*, filosofo e storico delle religioni tedesco. Applicò l'analisi fenomenologica ai sentimenti religiosi (*Il sacro*, 1917).

OTTOBEUREN, c. della Germania (Baviera), nelle Prealpi dell'Allgäu; 7936 ab. Abbazia benedettina fondata nell'VIII sec., ricostruita in stile barocco nel XVIII sec. (chiesa abbaziale di J.M. Fischer).

OTTÓBRE (Rivoluzióne di) → Rivoluzione russa del 1917.

OTTOCÀRO II o **OTTOKAR PŘEMYSL**, *1230 - presso Dürnkrut 1278*, re di Boemia (1253-1278). Si impossessò dell'Austria (1251) e ambì alla corona imperiale. Fu sconfitto da Rodolfo di Asburgo (1273), che lo uccise.

OTTOMÀNI, dinastia di sovrani turchi, fondata da Osman I Gazi, che regnò sull'impero ottomano.

OTTOMÀNO (impéro), l'insieme dei territori sui quali i sultani ottomani esercitarono la loro autorità.

La formazione e l'apogeo. Intorno al 1299: Osman si rende indipendente dall'impero selgiuchide. **1326**: il figlio Orkhan conquista Bursa, che diventa la capitale; **1354**: si espande in Europa, conquistando Gallipoli, e crea il corpo dei giannizzeri. **1359-1389**: Murad I conquista Adrianopoli, la Tracia, la Macedonia e la Bulgaria. **1402**: Bayazid I (1389-1403) viene sconfitto da Tamerlano. **1413-1421**: Maometto I ricostituisce l'impero anatolico. **1421-1451**: Murad II riprende l'espansione in Europa. **1453**: Maometto II (1451-1481) conquista Costantinopoli, che diviene, con il nome di Istanbul, una delle metropoli dell'islam; **1454-1463**: sottomette la Serbia e la Bosnia; **1475**: assoggetta la Crimea. **1512-1520**: Selim I conquista l'Anatolia orientale, la Siria e l'Egitto. L'ultimo califfo abbaside si arrende a Istanbul. I sultani, a partire dal XVIII sec., portano il titolo di califfi. **1520-1566**: Solimano il Magnifico stabilisce il dominio sull'Ungheria dopo la vittoria di Mohács (1526), sull'Algeria, sulla Tunisia e sulla Tripolitania, e assedia Vienna (1529). L'i. o. è al suo apogeo.

Il declino. 1570-1571: alla conquista di Cipro segue il disastro di Lepanto. **1669**: viene conquistata Candia. **1683**: la sconfitta di Vienna costringe alla formazione di una lega contro i turchi (Austria, Venezia, Polonia, Russia). **1699**: il trattato di Karlowitz segna il primo arretramento ottomano (perdita dell'Ungheria). **1774**: il trattato di Küçük Kainarca ratifica l'ascesa dell'impero russo. **1808-1839**: Mahmud II scioglie il corpo dei giannizzeri (1826), ma deve riconoscere l'indipendenza della

Grecia (1830) e accettare la conquista dell'Algeria da parte della Francia. **1839**: Abd Al-Megid (1839-1861) promulga il *Tanzimat* (1839-1876), aprendo l'era delle riforme. **1840**: l'Egitto si rende autonomo. **1856**: il congresso di Parigi pone l'i. o. sotto il controllo delle potenze europee. **1861-1909**: sotto Abd Al-Aziz (1861-1876) e Abd Al-Hamid II (1876-1909), l'indebitamento dell'impero causa una maggiore ingerenza degli occidentali. L'impero perde la Serbia, la Romania, la Tunisia e la Bulgaria. **1908**: prendono il potere i Giovani turchi. **1912-1913**: in seguito alle guerre balcaniche, gli ottomani riescono a conservare in Europa solo il possesso della Tracia orientale. **1914**: l'impero partecipa alla prima guerra mondiale a fianco dei tedeschi; **1918-1920**: viene frazionato e occupato dalle potenze dell'Intesa, che impongono il trattato di Sèvres. **1922**: Mustafa Kemal abolisce il sultanato; **1924**: sopprime il califfato (→ **Turchia**).

OTTÓNE, nome di più sovrani

GRECIA

OTTÓNE I, *Salisburgo 1815 - Bamberg 1867*, re di Grecia (1832-1862). Figlio di Luigi I di Baviera, si rese impopolare e fu costretto ad abdicare nel 1862.

SACRO ROMANO IMPERO

OTTÓNE I IL GRÀNDE, *912 - Memleben 973*, re di Germania (936-973), re d'Italia (951/961-973), primo imperatore del Sacro Romano Impero germanico (962-973). Figlio di Enrico I, re di Germania, si rivolse all'Italia per realizzare il suo ideale di ricostruzione dell'impero carolingio. Arrestò l'avanzata degli ungheresi a Lechfeld (Baviera) nel 955 e ricevette la corona imperiale dalle mani del papa Giovanni XII (962), fondando in tal modo il Sacro Romano Impero germanico.

OTTONE I IL GRANDE con la moglie Adelaide. (Cattedrale di Magdeburgo.)

— **Ottone II**, *955 - Roma 983*, re di Germania (961-973), imperatore del Sacro Romano Impero germanico (973-983). Figlio di Ottone I, fu battuto nel 982 dai musulmani a Capo Colonna (Calabria). — **Ottone III**, *980 - Paterno 1002*, re di Germania (983), imperatore del Sacro Romano Impero germanico (996-1002). Figlio di O. II, trasferì la sede del governo a Roma e, influenzato dall'erudito francese Gerberto d'Aurillac, che fece eleggere papa col nome di Silvestro II, tentò di stabilire un impero romano universale e cristiano. — **Ottone IV di Brunswick**, *in Normandia 1175 o 1182 - Harzburg, Sassonia, 1218*, imperatore del Sacro Romano Impero germanico (1209-1218). Scomunicato da Innocenzo III (1210), che sosteneva la candidatura di Federico II di Hohenstaufen, fu sconfitto a Bouvines (lug. 1214) da Filippo Augusto e riuscì a conservare solo il Brunswick.

OTTÓNE (Pièr Leóne Mignànego, detto Pièro), *Genova 1924*, giornalista e scrittore. È stato direttore del *Secolo XIX* dal 1968 al 1972 e del *Corriere della Sera* dal 1972 al 1977. Tra le opere, *Gli industriali si confessano* (1965), *Il buon giornale* (1987), *Il tramonto della nostra civiltà* (1994), *Storia del giornalismo italiano* (1998).

ÒTTO SÀNTI (guèrra degli), guerra combattuta tra il papato e Firenze tra il 1375 e il 1378, per la

quale Firenze ricevette l'interdetto da Gregorio XI (1376), poi revocato da Urbano VI. Deve il nome alla magistratura fiorentina nata per affrontare la crisi (Otto della guerra).

OTWAY (Thomas), *Trotton 1652 - Londra 1685*, drammaturgo inglese. Dalle sue tragedie (*Venezia salvata*) e commedie, segnate dall'influenza dei classici francesi, emerge tutta la potenza del teatro elisabettiano.

ÖTZTAL, massiccio delle Alpi austriache, nel Tirolo; 3774 m.

OUA (Organizzazióne dell'unità africàna), organizzazione intergovernativa, creata nel 1963. Concepita per rafforzare l'unità, la solidarietà e la stabilità degli Stati africani, conta att. 53 membri (52 Stati indipendenti e la Rep. Araba Saharawi). Nel 2002 si è trasformata in UA (Unione africana).

OUADDAI o **OUADAI**, prefettura del Ciad, a E del Lago Ciad. Ant. Stato islamizzato (XVI-XIX sec.).

OUAGADOUGOU, cap. del Burkina; 1.130.000 ab.

OUARGLA, c. dell'Algeria, capol. del distr. omonimo, nel deserto del Sahara; 112.339 ab.

OUARSENIS, massiccio montuoso dell'Algeria, a S di Chlef; 1985 m.

OUARZAZATE, c. del Marocco, capol. della prov. omonima; 39.203 ab. Turismo.

OUBANGUI-CHARI, ant. denominazione della reg. dell'Africa equatoriale francese, ribattezzata nel 1958 con il nome att. di Rep. Centrafricana.

OUD (Jacobus Johannes Pieter), *Purmerend 1890 - Wassenaar 1963*, architetto e urbanista olandese. Esponente del modernismo, fu tra i fondatori della rivista *De Stijl*. Progettò, tra l'altro, diversi quartieri della città di Rotterdam.

OUDENAARDE, in fr. **Audenarde**, c. del Belgio, nella Fiandra Orientale, sulla Schelda; 28.028 ab. Industria tessile. Birrifici. — Splendido municipio gotico (1526) e altri monumenti. Musei.

OUDH → Audh.

OUDINOT (Nicolas Charles), dùca **di Réggio**, *Bar-le-Duc 1767 - Parigi 1847*, militare francese. Si batté con grande valore ad Austerlitz, Friedland, Wagram e Bautzen.

OUDONG, località della Cambogia, presso il f. Mekong. Ant. cap. del regno cambogiano. – Necropoli reale.

OUDRY (Jean-Baptiste), *Parigi 1686 - Beauvais 1755*, pittore e incisore francese. Distintosi per le riproduzioni di animali, morte e nature di caccia dal 1722, divenne il pittore ufficiale delle battute di caccia reali di Luigi XIV. Attivo dal 1726 come direttore artistico della manifattura di Beauvais e dal 1730 ai Gobelins, fornì i cartoni per numerosi cicli di arazzi.

OUED (El-), oasi del Sahara algerino; 72.000 ab.

OUED-ZEM, c. del Marocco (prov. di Casablanca); 59.000 ab.

OUENZA, monte dell'Algeria orient.; 1289 m. Giacimenti di ferro.

OUESSANT, isola della Francia, nel dip. Finistère (Bretagna), corrispondente al com. di O. (29.242 ab.); 15 km²; 951 ab. Allevamento di ovini.

OUGHTRED (William), *Eton 1574 - Albury 1660*, matematico inglese. Introdusse numerosi segni di calcolo, tra cui quello di moltiplicazione.

OUJDA, c. del Marocco, capol. della prov. omonima, presso il confine algerino; 260.000 ab.

OULED NAÍL (Mónti degli), catena montuosa dell'Algeria settentr., nell'Atlante Sahariano, abitata dalle omonime tribù.

OULIPO (OUvroir de LIttérature POtentielle, Laboratorio di letteratura potenziale), gruppo francese di avanguardia letteraria fondato dal matematico F. Le Lionnais e da R. Queneau nel 1960 per offrire alla scrittura nuove forme e strutture ricavate, con l'ausilio del computer, dall'esperienza di tutte le esperienze letterarie. Tentativi di applicazione di questa letteratura sperimentale sono stati fatti da I. Calvino, G. Perec e J. Roubaud.

OULU, c. della Finlandia, sul Golfo di Botnia; 120.753 ab. Porto. Cattedrale (1776); musei.

OUM ER-REBIA, f. del Marocco occ., che sfocia nell'Oceano Atlantico; 556 km. Dighe.

OUM KALSOUM (Fatima **Ibrahim**, detta), *Tamay al-Zahira, prov. di Dakahlièh, 1898 ? - Il Cairo 1975*, cantante egiziana. Interprete di splendide canzoni sull'amore, l'attesa, la sofferenza e la separazione, rimase dal 1922 fino al 1975, anno della sua scomparsa, la voce più apprezzata nel mondo arabo.

OUM KALSOUM.

OUOLOF → WOLOF.

OURO PRETO, c. del Brasile (Minas Gerais); 66.277 ab. Città d'arte (numerose chiese barocche ed edifici del XVIII sec.).

OURTHE, f. del Belgio, affl. di destra della Mosa, a Liegi; 165 km.

OUTAOUAIS, reg. amministrativa del Canada (Québec), sulla riva destra del f. Ottawa; 34.924 km²; 318.771 ab.; c. princ. *Gatineau.*

OUTCAULT (Richard Felton), *Lancaster, Ohio, 1863 - Queens, New York, 1928*, disegnatore e vignettista statunitense, uno dei primi e maggiori autori di fumetti (*Yellow Kid*, 1895; *Buster Brown*, 1902).

OUYANG XIU, *Luling 1007 - Yingzhou 1072*, scrittore e alto funzionario cinese. Poeta e saggista, è considerato tra i maggiori scrittori della dinastia Sung.

OVADIA (Salomone, detto Moni), *Plovdiv 1946*, regista e attore teatrale. Di origine bulgara, si è dedicato alla diffusione della cultura yiddish. Tra i suoi lavori di "teatro musicale": *Cabaret Yiddish* (1992), *Oylem Goylem* (1994), *Il crepuscolo delle madri* (1998), *Il banchiere errante* (2003). Tra i suoi scritti, *L'ebreo che ride* (1998), *Ballata di fine millennio* (2000), *Vai a te stesso* (2002).

OVERIJSE, com. del Belgio (Brabante fiammingo); 23.846 ab. Monumenti antichi.

OVERIJSSEL, prov. dei Paesi Bassi orient.; 1.086.280 ab.; capol. *Zwolle.*

OVERLORD (operazióne), denominazione convenzionale dello sbarco in Normandia (giu. 1944).

OVÌDIO (Públio Nasóne), *Sulmona 43 a.C. - Tomi, Mar Nero, 17 o 18 d.C.*, poeta latino. Conquistò fama e imperitura immensa fin dall'età imperiale, le sue opere erotiche (*Ars amatoria, Heroides*) e mitologiche (**Metamorfosi, Fasti*); implicato in un oscuro scandalo di corte, per decreto di Augusto fu esiliato a Tomi, dove morì; tra le opere dell'esilio, si segnalano le elegie per ottenere il ritorno (*Tristia, Epistulae ex Ponto*).

OVIEDO, c. della Spagna, capol. della reg. autonoma delle Asturie; 200.411 ab. Università. Centro amministrativo e industriale. – Cattedrali di S. Maria de Naranco e di S. Miguel de Lillo (IX sec.); cattedrale gotica; museo.

OVIMBUNDU → MBUNDU.

OVRA (Òpera vigilànza e repressióne antifascìsmo), corpo speciale di polizia politica fascista, istituito nel 1926 con lo scopo di sgominare l'antifascismo tramite spionaggio e delazione.

OWEN (sir Richard), *Lancaster 1804 - Londra 1892*, naturalista britannico. È autore di numerosi studi sull'anatomia comparata e la paleontologia dei vertebrati.

OWEN (Robert), *Newtown 1771-1858*, riformatore sociale britannico. Ricco industriale, tentò l'esperimento di società cooperativiste e presiedette il primo congresso in cui le Trade Union di tutta l'Inghilterra si unirono in un'unica organizzazione sindacale. Le sue idee ebbero un'influenza notevole sul sindacalismo britannico (cartismo).

OWENS (James **Cleveland**, detto Jesse), *Danville, Alabama, 1913 - Tucson 1980*, atleta statunitense. Alle Olimpiadi del 1936, a Berlino, vinse 4 medaglie d'oro (100 m, 200 m, staffetta 4 × 100 m, salto in lungo).

OXENSTIERNA (Axel), cónte **di Södermöre**, *Fånö 1583 - Stoccolma 1654*, politico svedese. Cancelliere (1612) del re Gustavo II Adolfo, alla sua morte assunse la direzione del consiglio di reggenza per la minorenne regina Cristina (1632). Impose alla Danimarca il trattato di Brömsebro (1645).

OXFORD, c. della Gran Bretagna (Inghilterra), capol. della contea omonima, alla confluenza dei f. Tamigi e Cherwell; 109.000 ab. Cittadina pittoresca, sede di numerosi college; cattedrale romanico-gotica; musei. Nei dintorni sorge il Blenheim Palace, opera di sir J. Vanbrugh. – L'università di O., fondata nel XII sec. da gruppi di docenti e studenti allontanati dall'Università di Parigi, è insieme a Cambridge il più prestigioso ateneo d'Inghilterra.

OXFORD (moviménto di), movimento religioso, sorto nell'ambiente universitario di O. nel XIX sec. con lo scopo di ricondurre la Chiesa anglicana nell'alveo della tradizione cattolica. Tra i suoi promotori vi furono personalità di rilievo, come E. Pusey, J. Keble e J.H. Newman, alcune delle quali, abbandonarono il movimento per passare al cattolicesimo.

OXFORD (provvisióni di o statúti di) (10 giu. 1258), piano di riforme costituzionali concordato a O. tra il re Enrico III d'Inghilterra e i baroni capeggiati da Simone di Montfort. Vi si costringeva il sovrano ad accettare il controllo del consiglio di 15 rappresentanti della nobiltà, che avrebbero dovuto riunirsi tre volte l'anno per discutere gli affari del regno. Furono abrogate nel 1266.

OXFORD UNIVERSITY PRESS, casa editrice inglese fondata nel 1586 a Oxford. Presente in oltre 50 paesi, è att. tra le più importanti case editrici universitarie del mondo, con oltre 4500 pubblicazioni all'anno.

OXÌLIA (Nino), *Torino 1888 - Tomba 1917*, commediografo. Autore, con S. Camasio, di *La zingara* (1909) e *Addio giovinezza!* (1911).

OXUS, ant. nome del f.**Amudarja.*

OYAMA (Iwao), *Kagoshima 1842 - Tokyo 1916*, maresciallo giapponese. Nel 1894 prese parte all'occupazione di PortArthur, in Cina, e fu comandante in capo durante la guerra russo-giapponese (1904-1905).

OYAPOCK, f. dell'America merid., che sfocia nell'Oceano Atlantico; 370 km. Scorre verso NE formando il confine tra la Guayana per decreto di Augusto francese e il Brasile.

OYASHIO, corrente fredda dell'Oceano Pacifico, che lambisce le coste nord-orient. dell'Asia.

OYO, c. della Nigeria sud-occ.; 260.898 ab.

OZ (Amos), *Gerusalemme 1939*, scrittore israeliano. Tra le opere, *Michael mio* (1968), *Un giusto riposo* (1982), *Conoscere una donna* (1989), *La terza condizione* (1991), *Lo stesso mare* (2000), *Una storia di amore e di tenebra* (2003).

ÖZAL (Turgut), *Malatya 1927 - Ankara 1993*, politico turco. Primo ministro dal 1983 al 1989, è stato presidente della repubblica dal 1989 alla morte.

OZANAM (Frédéric), *Milano 1813 - Marsiglia 1853*, storico e scrittore cattolico francese. Nel 1833 promosse le cosiddette "Conferenze di S. Vincenzo de Paoli" per l'assistenza ai poveri. Fondò con H.D. Lacordaire l'*Ère nouvelle* (1848-1849), quotidiano democratico-cristiano. È stato beatificato nel 1997.

OZARK (Altopiàno di), altopiano degli Stati Uniti centro-merid., a O del f. Mississippi. Giacimenti di bauxite.

OZAWA (Seiji), *Hoten, Mandchoukouo, att. Shenyang, Liaoning, 1935*, direttore d'orchestra giapponese. Direttore stabile della Boston Symphony Orchestra (1973-2002), poi della Staatsoper di Vienna, si è segnalato soprattutto nel repertorio tardo-romantico e novecentesco, spaziando dai maestri classici a I. Xenakis e O. Messiaen.

OZPETEK (Ferzan), *Istanbul 1959*, regista cinematografico turco. Tra i suoi film, *Il bagno turco - Hamam* (1997), *Harem Suare* (1999), *Le fate ignoranti* (2001), *La finestra di fronte* (2003).

OZU (Yasujiro), *Tokyo 1903-1963*, regista cinematografico giapponese. Esordì con film comici per poi orientarsi su pellicole che trattavano, con uno stile spoglio e sobrio, temi della vita di tutti i giorni: *Sono nato, ma...* (1932), *Tarda primavera* (1949), *Viaggio a Tokyo* (1953), *Il gusto del sakè* (1962).

Carattere Peignot

PABLO (Luís **de**), *Bilbao 1930*, musicista spagnolo. Fondatore di uno studio di musica elettronica a Madrid, è rimasto nondimeno fedele alle forme e agli strumenti tradizionali (*Elephants ivres I-IV, Concerto da camera, Retratos de la Conquista, Figura en el mar*).

PABST (Georg Wilhelm), *Raudnitz, att. Radnice, Rep. Ceca, 1885 - Vienna 1967*, regista cinematografico austriaco. S'impose all'attenzione con *La via senza gioia* (1925), inaugurando il filone di un realismo sociale profondamente segnato dall'espressionismo: *Lulù* (1929), *Westfront 1918* (1930), *L'opera da quattro soldi* (1931).

PAC (Politica agrìcola comunitària), insieme di disposizioni stilato dalle istituzioni della Comunità Europea in materia agricola (produzione e funzionamento dei mercati).

PACCIÀRDI (Randòlfo), *Giuncarico 1899 - Roma 1991*, politico. Diresse il periodico *Italia libera* fino all'avvento del fascismo, che lo costrinse all'esilio. Comandante della brigata Garibaldi in Spagna, fu segretario del PRI (1948-1953), deputato e ministro della difesa. In seguito all'espulsione dal partito (1963), fondò il movimento presidenzialista Nuova repubblica.

PÀCE, divinità romana che simboleggia la pace. Il suo culto fu instaurato nel I sec. da Augusto, che le dedicò anche un altare (*Ara Pacis*). La *pax romana* era intesa come un equilibrio cosmico realizzato dall'impero di Roma.

PACÉTTI (Camillo), *Roma 1758 - Milano 1826*, scultore. Docente all'Accademia di Brera, fu tra i maggiori esponenti del neoclassicismo milanese. Direttore della decorazione scultorea dell'Arco della Pace, lavorò anche a quattro statue della facciata del duomo (1810-1811).

PACHELBEL (Johann), *Norimberga 1653-1706*, musicista e organista tedesco. Considerato il precursore di J.S. Bach, è autore di sonate cembalo-organistiche, di mottetti, cantate, ma soprattutto del celebre *Canone e giga per tre violini e basso continuo*.

PACHER (Michael), *Brunico 1435 ca. - Salisburgo 1498*, pittore e scultore austriaco. Il suo capolavoro è il grande altare del coro della chiesa di Sankt Wolfgang (*Salzkammergut*), con la scultura dell'*Incoronazione della Vergine* e le ante dipinte, che presentano influssi rinascimentali.

PACHÌNO, com. in prov. di Siracusa; 21.494 ab. Agricoltura (ortaggi, mandorle). Industrie meccaniche, alimentari. Nei dintorni, Grotta Corruggi e Grotta Calafarina.

PACHUCA DE SOTO, c. del Messico, cap. dello Stato di Hidalgo; 231.602 ab.

PÀCI (Ènzo), *Monterado 1911 - Milano 1976*, filosofo. Dal 1951 direttore della rivista *Aut Aut*, approfondì la riflessione sull'esistenzialismo, rielaborando il pensiero di E. Husserl e K. Marx. Tra le opere, *Il nulla e il problema dell'uomo*

(1950), *Tempo e relazione* (1954), *Funzione delle scienze e significato dell'uomo* (1963).

PACÌFICO (campàgne del) (dic. 1941 - ago. 1945), operazioni militari aeronavali e anfibie che, nel corso della seconda guerra mondiale, videro scontrarsi il Giappone e gli Stati Uniti sostenuti dai rispettivi alleati. Gli episodi salienti furono le battaglie del Mar dei Coralli (mag. 1942), delle Midway (giu. 1942), di Guadalcanal (ago. 1942), di Leyte (ott. 1944), di Iwo Jima (feb. 1945) e i bombardamenti atomici di Hiroshima e Nagasaki (6 e 9 ago. 1945).

PACÌFICO (Consiglio del), organismo che riunisce Australia, Nuova Zelanda e Stati Uniti, detto anche **ANZUS*. Dal 1951 studia l'evoluzione politica e le condizioni di difesa nell'Oceano Pacifico. La Nuova Zelanda ha disdetto la sua partecipazione nel 1985.

PACÌFICO (Ocèano), la più vasta massa marittima del globo, che si estende tra le coste dell'America, dell'Asia e dell'Australia; 180.000.000 km² (la metà della superficie ricoperta da oceani). Fu scoperto da V.N. de Balboa nel 1513 e attraversato per la prima volta da F. Magellano nel 1520. Di forma approssimativamente circolare, un'ampia apertura verso l'Antartide segna il suo confine merid., mentre a N confina con l'Artide tramite lo Stretto di Bering. Dalle sommità delle dorsali di cui il P. è costellato, si origina una serie di isole (Hawaii, Tuamotu, Isola di Pasqua), mentre a N e O si distende una ghirlanda insulare e vulcanica disseminata, specie nella fascia tropicale, di grandi strutture coralline (atolli e barriere).

PACÌNI (Filippo), *Pistoia 1812 - Firenze 1883*, medico. Tra i primi a introdurre nelle università lo studio dell'istologia, nel 1835 individuò e descrisse le terminazioni tattili chiamate "corpuscoli di P.", recettori presenti soprattutto nel tessuto sottocutaneo (mani, piedi).

PACÌNI (Giovànni), *Catania 1796 - Pescia 1867*, compositore. Influenzato dallo stile di G. Rossini e G. Spontini, scrisse 90 opere ca., tra le quali *Il corsaro* (1831), *Saffo* (1840), *La regina di Cipro* (1846).

PACINO (Alfredo James, detto Al), *New York 1940*, attore cinematografico statunitense. La sua recitazione pacata e ricca di sfumature gli consente di interpretare i ruoli più svariati (*Il padrino*, F.F. Coppola, 1972, 1974, 1990; *Lo spaventapasseri*, J. Schatzberg, 1973; *Scarface*, B. De Palma, 1983; *Heat - La sfida*, M. Mann, 1995; *Ogni maledetta domenica*, O. Stone, 2000). Nel 1996 ha diretto, ritagliandosi anche il ruolo di protagonista, il suo primo film, *Looking for Richard*.

PACÌNO DI BUONAGUÌDA, *Firenze, documentato dal 1303 al 1338*, pittore e miniatore. Seguace e interprete della lezione di Giotto, lavorò al *Polittico della Crocifissione* (1313) e alla tavola dell'*Albero della Croce*, entrambi a Firenze.

PACINÒTTI (Antònio), *Pisa 1841-1912*, fisico. Nel 1859 ideò e costruì l'"anello di P"., uno dei primi generatori di corrente, prototipo della dinamo. Il dispositivo è formato da un anello su cui sono avvolte numerose spire di rame, la cui rotazione in un campo magnetico genera una corrente elettrica continua che è possibile utilizzare.

PACIÒLI (Lùca), *Borgo San Sepolcro 1445 - Roma 1510 ca.*, matematico. Algebrista di grande valore, stilò un fondamentale compendio di aritmetica e raccolse le più avanzate conoscenze matematiche del suo tempo nel trattato *Summa de arithmetica, geometria, proportioni et proportionalitate* (1494), nel quale si servì delle conquiste della cultura araba. Un altro suo celebre trattato, il *De divina proportione* (1503), è all'origine della regola aurea della *praxis italica*.

PACÒMIO (sànto), *Alto Egitto 287-347*, fondatore, con sant'Antonio, del cenobitismo. Soldato convertitosi al cristianesimo, fondò il primo monastero cristiano a Tabennisi, sul Nilo. La sua regola, tradotta in latino da san Girolamo, influenzò il monachesimo occidentale.

PACOT (Giusèppe **Pacòtto**, detto Pinin), *Torino 1899 - Castello d'Annone 1964*, poeta. Scrisse raccolte di versi in dialetto piemontese. Tra le opere, *Arsivoli* (1926), *Gioventù, pòvra amija* (1952), *Seire* (1964).

PACÙVIO (Màrco), *Brindisi 220 a.C. - Taranto 130 ca. a.C.*, poeta tragico latino. Nipote di Ennio, dal 200 a.C. fu a Roma, dove entrò in contatto con Scipione Emiliano e il suo circolo letterario. Tra le opere di sicura attribuzione restano una *praetexta* (*Paulus*) e 12 *cothurnatae* (tra le quali *Antiopa, Chryses, Niptra*).

PADÀNA (Pianùra), la più vasta pianura d'Italia (46.000 km²), compresa tra le Alpi a N e a O, gli Appennini a S e il Mar Adriatico a E. Corrisponde a gran parte del bacino idrografico del Po ed è solcata, oltre che dai suoi affluenti, da Adige, Brenta, Piave, Tagliamento e Reno. Si divide in alta (ai piedi dei rilievi, con terreno sassoso) e bassa pianura (il cui terreno, costituito da materiali molto fini, si presta alla coltivazione).

PADANG, c. dell'Indonesia, sulla costa occ. dell'Isola di Sumatra; 721.500 ab. Porto.

PADERBORN, c. della Germania (Renania Settentrionale-Westfalia); 137.647 ab. Duomo del XIII sec. (struttura ad aula) e altri monumenti.

PADEREWSKI (Ignacy Jan), *Kuriłówka 1860 - New York 1941*, compositore, pianista e politico polacco. Fu il primo presidente del consiglio della repubblica polacca, nel 1919.

PADÈRNO DUGNÀNO, com. in prov. di Milano; 45.259 ab. Fu costituito nel 1869 dalla fusione dei centri di P. e D. Industrie elettriche, chimiche, metallurgiche, meccaniche.

PADMA, f. dell'India e del Bangladesh; 300 km ca. Ramo principale del delta del Gange.

PADOVA. *Prato della Valle.*

PÀDOVA, c. del Veneto, capol. di prov.; 211.391 ab. (*padovani*). Sede vescovile. Centro di fiorenti attività agricole, commerciali e industriali (stabilimenti tessili, metalmeccanici, chimici e alimentari). Vi sorge una delle più antiche università d'Europa (fondata nel 1222). — Anche se i primi insediamenti risalgono al neolitico, il nucleo urbano si sviluppò in epoca romana, quando divenne sede municipale (49 a.C.). Nel Medioevo vi si succedettero le dominazioni di visigoti, unni, ostrogoti e longobardi e solo nel X sec. conobbe una nuova fioritura. Nel 1405 fu annessa alla repubblica di Venezia. — Numerosi monumenti del XIII sec.: la basilica di S. Antonio, detta del Santo, meta di un intenso afflusso di devoti, il Palazzo della Ragione, la chiesa degli Eremitani, il battistero (affrescato da Giusto de' Menabuoi). Di grande rilievo anche la Cappella degli Scrovegni (1305), affrescata da Giotto. — Nella provincia, nel cui territorio, in gran parte pianeggiante, sorgono i Colli Euganei, si praticano l'agricoltura (cereali, barbabietole, ortaggi, frutta, tabacco) e l'allevamento. Industrie meccaniche, tessili, alimentari, del mobile. Centri principali: Abano Terme, Montegrotto (centri termali), Monselice .

PADOVANÌNO (Alessàndro **Varotàri**, detto **il**), *Padova 1588 - Venezia 1648*, pittore. Allievo di D. Mazza, fu influenzato da Tiziano e permeò la sua pittura di un classicismo cinquecentesco, che lo distinse nel panorama della pittura veneta del '600. Tra le opere, *Nozze di Cana* (1622), *Orfeo ed Euridice*.

PADÙLA, com. in prov. di Salerno; 5550 ab. È sede di necropoli greche (VI-V sec. a.C.), i cui reperti sono raccolti nel Museo archeologico. Certosa di S. Lorenzo (XIV-XIX sec.).

PADÙLA (Vincènzo), *Acri 1819-1893*, scrittore. Sacerdote, prese parte ai moti calabresi del 1848 e fu perseguitato dai Borbone. Democratico, fondò e diresse *Il Progresso* (1861-1863) e *Il Bruzio* (1864-1865), dove apparve il suo saggio *Dello stato delle persone in Calabria*. Tra le opere, le novelle in versi *Il monastero di Sambucina* (1842) e *Valentino* (1845) e il dramma *Antonello capobrigante calabrese* (1864).

PÀER (Ferdinàndo), *Parma 1771 - Parigi 1839*, compositore. Dopo l'esordio come operista a Parma (1791), fu maestro di cappella a Venezia, Vienna e Dresda; a Parigi dal 1807, fu protagonista della vita musicale cittadina. Scrisse 50 opere ca., cui G. Rossini si sarebbe ispirato (*Camilla o Il sotterraneo*, 1799; *Leonora ossia L'amore coniugale*, 1804).

PAÉSI BÀSSI, in ol. **Nederland**, Stato dell'Europa, sul Mare del Nord; 34.000 km²; 15.987.075 ab. (*olandesi*). CAP.: *Amsterdam* (L'Aia è sede del governo e della corte). C. PRINC.: *Rotterdam*. LINGUA: *olandese*. MONETA: *euro*.

ISTITUZIONI — Monarchia parlamentare con Costituzione del 1983. Tra i limitati poteri del sovrano vi è il compito di formare il governo. Il primo ministro è responsabile di fronte al parlamento, bicamerale, eletto ogni 4 anni.

GEOGRAFIA — Le vicende storiche, la scarsa estensione e l'eccezionale densità (più di 400 ab. per km²) spiegano la grande apertura ai commerci del P. B., che esportano il 40% ca. della loro produzione. Gran parte della popolazione (il 90% ca.), che è fortemente urbanizzata e concentrata nel quadrilatero delle maggiori città (Amsterdam, L'Aia, Rotterdam, il più grande porto del mondo, e Utrecht), è impiegata nel settore dei servizi (finanze e trasporti) e nell'industria (del materiale elettrico, agroalimentare, chimica, cui si aggiungono importanti giacimenti di gas naturale). L'agricoltura intensiva trae vantaggio dall'abbondanza di terreni pianeg-

gianti (spesso strappati al mare dalle bonifiche, le "polderizzazioni") e dal clima mite e umido; vi si affiancano l'allevamento (bovini e suini) e le tradizionali colture di fiori e ortaggi. Principali partner commerciali sono i paesi dell'UE (soprattutto i vicini Germania e Belgio). Lo squilibrio tra importazioni ed esportazioni vincola l'economia del paese al mercato mondiale, rendendolo vulnerabile alle sue oscillazioni.

STORIA – Dalle origini all'impero carolingio. La presenza dell'uomo in questa regione sin dall'epoca preistorica è attestata da monumenti megalitici (dolmen) e tumuli dell'Età del bronzo. **57 a.C.**: Cesare conquista il paese, in cui sono stanziate popolazioni celtiche e germaniche (batavi e frisoni). **15 a.C.**: i futuri P. B. fanno parte della provincia della Gallia Belgica. **IV sec.**: cominciano le invasioni di popolazioni germaniche. I sassoni si insediano nei territori orient. e i franchi in quelli merid. **VII-VIII sec.**: Carlo Magno promuove la cristianizzazione del paese.

Da Carlo Magno al periodo borgognone. **IX sec.**: le invasioni normanne e le suddivisioni territoriali (trattato di Verdun, 843) indeboliscono il paese; **X-XII sec.**: viene frazionato in numerosi principati feudali (ducati di Gheldria e Brabante, contee d'Olanda, Fiandra e Hainaut, vescovadi di Utrecht e Liegi. **XII-XIII sec.**: vengono strappate al mare nuove terre e le città conoscono un notevole sviluppo, soprattutto grazie al commercio dei tessuti (Gand, Ypres, Bruges). **XIV sec.**: nelle Fiandre i lavoratori del settore tessile vengono in urto con l'aristocrazia cittadina, che si appoggia al re di Francia. **1369**: il duca di Borgogna Filippo l'Ardito sposa la figlia del conte di Fiandra Luigi di Mâle. **1382**: le forze comunali sono battute a Rozebeke dal re di Francia Carlo VI.

Periodo borgognone e periodo spagnolo. **XV sec.**: tramite acquisti, matrimoni ed eredità, i duchi di Borgogna entrano a poco a poco in possesso di tutto il territorio del P. B. **1477**: a causa del matrimonio tra Massimiliano d'Austria e Maria di Borgogna, figlia ed erede di Carlo il Temerario, alla morte di questi il paese cade sotto il dominio degli Asburgo. **1515**: Carlo V estende la sua sovranità ai P. B., porta a diciassette le province e le include nel suo impero (1548). Il paese conosce una forte espansione economica e vi si diffondono ampiamente le idee della Riforma.

La rivoluzione dei Paesi Bassi e la nascita delle Province Unite. **1555**: Filippo II succede al padre come principe dei P. B.; **1559-1567**: tramite la reggente Margherita di Parma, esercita una politica assolutista e ostile ai protestanti, inimicandosi tanto il popolo quanto i nobili. **1566**: Fiandre, Hainaut e, in seguito, le province del Nord si ribellano. **1567-1573**: il duca d'Alba, che succede a Margherita di Parma, conduce una spietata repressione, che sfocia nella rivolta generale di Olanda e Zelanda (1568), sotto la guida di Guglielmo d'Orange. Insorgono anche Brabante, Hainaut, Fiandre e Artois. **1576**: la pacificazione di Gand segna la cacciata delle truppe spagnole e il ritorno della tolleranza religiosa. **1579**: le province merid., per la maggior parte cattoliche, si sottomettono alla Spagna (unione di Arras); quelle settentr., calviniste, proclamano l'unione di Utrecht, che prelude alla nascita delle Province Unite.

I Paesi Bassi tra il XVII e il XVIII sec. 1581: le Province Unite, che hanno solennemente ripudiato l'autorità di Filippo II, continuano la loro lotta contro la Spagna, con una tregua, detta "dei dodici anni", dal 1609 al 1621. **1621**: la creazione

Paesi Bassi

✈ aeroporto	
▬ autostrada	
▬ strada normale	
— ferrovia	
🚢	porto pretrolifero e complesso industriale
★	importante località turistica
—	confine di provincia
Zwolle	capoluogo di provincia
●	più di 1.000.000 di ab.
●	da 100.000 a 1.000.000 di ab.
●	da 30.000 a 100.000 di ab.
∙	meno di 30.000 ab.

0 m

30 km

delle Compagnie delle Indie (Orentale e Occidentali) sancisce il predominio della flotta mercantile e il primato nei commerci con l'Estremo Oriente; Amsterdam diventa il più importante centro commerciale del mondo. **1648**: con il trattato di Münster viene sancita ufficialmente l'indipendenza delle Province Unite dalla Spagna, che conserva però le province merid. **1714**: al termine della guerra di successione spagnola i P. B. merid. passano sotto il dominio austriaco; **1795**: sono annessi alla Francia. Le Province Unite prendono il nome di Repubblica batava.

Il regno dei Paesi Bassi fino al 1830. 1815: il Congresso di Vienna riunisce l'insieme delle province nel regno dei P. B., costituito da Province Unite, P. B. austriaci e granducato di Lussemburgo. Guglielmo I viene incoronato re e concede ai suoi sudditi una Costituzione. L'unione belga-olandese deve affrontare numerosi oppositori. **1830**: il Belgio si ribella e proclama la propria indipendenza.

Dal 1830 al 1945. 1839: Guglielmo riconosce l'indipendenza del Belgio; **1840**: abdica a favore del figlio Guglielmo II. **1848**: una nuova Costituzione introduce l'elezione censitaria delle due camere. **1849**: Guglielmo III sale al trono. Durante il suo regno si alternano al potere liberali (Jan Rudolf Thorbecke) e conservatori. **1851**: il ricostituirsi della gerarchia ecclesiastica consente ai cattolici di partecipare alla vita politica del paese. **1862**: l'adozione del libero scambio favorisce lo sviluppo economico. **1872**: dopo la morte di J.R. Thorbecke, il quadro politico muta e si giunge a scontri interni, soprattutto a proposito della questione scolastica. **1890**: sale al trono Guglielmina. **1894**: Piter Troelstra fonda un partito socialista. **1897-1901**: sotto l'influenza dei liberali entra in vigore un'importante legislazione sociale e si sviluppa un potente sindacalismo. **1913-1918**: l'eccessivo frazionamento partitico porta la regina a dar vita a un governo extraparlamentare, che mantiene il paese neutrale durante la seconda guerra mondiale. **1917**: viene introdotto il suffragio universale e concesso il voto alle donne (1919). **1925**: rottura delle relazioni diplomatiche con il Vaticano. **1933-1939**: il primo ministro, H. Colijn, leader del partito antirivoluzionario, deve far fronte alla crisi mondiale e all'avanzata del nazionalismo in Indonesia. **1939**: il clima di grande instabilità consente il ricostituirsi della coalizione cristiana. **1940-1945**: i P. B., invasi dai tedeschi, subiscono una pesante occupazione; la regina e il governo si rifugiano in Gran Bretagna, e da lì portano avanti la guerra.

Dal 1945. 1944-1948: il paese partecipa alla formazione del Benelux. **1948**: Guglielmina abdica in favore della figlia Giuliana. **1949**: l'Indonesia ottiene l'indipendenza. **1951-1953**: i P. B. entrano nella CECA; **1958**: aderiscono anche alla CEE. **1973-1977**: un governo di coalizione, con a capo il laburista Joop Den Uyl, deve fronteggiare le conseguenze della prima crisi petrolifera. **1980**: Giuliana abdica a favore della figlia Beatrice. **1982-1994**: il cristiano-democratico Rudolf Lubbers guida governi di coalizione di centro-destra e, a partire dal 1989, di centro-sinistra. **1994**: il laburista Wim Kok diviene primo ministro. **2003**: Jan Pieter Balkenende, esponente del Partito cristiano-democratico, è a capo del governo.

PAÈSI DELLA LÒIRA, reg. della Francia; 32.082 km²; 3.222.061 ab.; capol. *Nantes*; 5 dip. (Loire-Atlantique, Maine-et-Loire, Mayenne, Sarthe e Vendée). Agricoltura (frutta, fiori e ortaggi) e allevamento (bovini, suini). Cantieri navali, industrie agroalimentari e aeronautiche.

PAESTUM, ant. c. della Campania, nel Golfo di Salerno. Colonia greca (VII sec. a.C.) con il nome di *Posidonia*, passò prima sotto la dominazione dei lucani e successivamente, nel 273 a.C., sotto quella romana. Decaduta in seguito al diffondersi della malaria, fu definitivamente distrutta dai saraceni nell'877. — Vi si conservano importanti vestigia antiche: i templi greci di Poseidone e di Cerere, tra i più importanti esempi dell'ordine dorico, preludono alla Via Sacra. Museo (pitture parietali del V sec. a.C., provenienti dalla necropoli greca).

PAEZ, popolazione amerindia della Colombia, residente sulle cordigliere che circondano il f. Cauca.

PÁEZ (José Antonio), *Acarigua 1790 - New York 1873*, generale e politico venezuelano. Partecipò alla guerra d'indipendenza alla testa di truppe irregolari, i *llaneros*. Nel 1826 divenne dittatore del Venezuela, attuando la secessione dalla Federazione della Grande Colombia nel 1830. Fu presidente della repubblica per tre volte, tra il 1831 e il 1863.

PAFLAGÒNIA, ant. reg. costiera dell'Asia Minore settentr.; c. princ. *Sinope*, att. *Sinop*.

PÀFO, in gr. *Páphos*, ant. c. della zona merid. dell'Isola di Cipro, celebre per il suo tempio di Afrodite.

PAGALU → ANNOBÓN.

PAGAN, ant. cap. dei birmani (XI-XIII sec.), nel Myanmar centrale, sul f. Irrawaddy; è celebre per la presenza nel suo territorio di migliaia di stupa.

PAGÀNI, com. in prov. di Salerno; 34.858 ab. Agricoltura (cereali, frutta). Industrie alimentari, tessili, del legno.

PAGANÌNI (Niccolò), *Genova 1782 - Nizza 1840*, violinista e compositore. Leggendario virtuoso (celebre per le "sonate su una sola corda", suonava anche la chitarra), fu primo violino nell'orchestra di Lucca. Si esibì in 600 concerti ca. in Italia e all'estero. Compose concerti per violino, esaltando le possibilità espressive di questo strumento nei 24 *Capricci*, e molta musica da camera (15 quartetti, 18 sonate per violino e chitarra).

PAGÀNO (Francésco Màrio), *Brienza 1748 - Napoli 1799*, politico e scrittore. Avvocato penalista, allievo di A. Genovesi, scrisse le *Considerazioni sul processo criminale* (1777) e i *Saggi politici sulle origini, i progressi e la decadenza della società* (1783-1785). Esiliato per aver difeso alcuni patrioti, tornò a Napoli ed entrò a far parte del governo, ma alla caduta della repubblica fu giustiziato.

PAGÀNO POGATSCHNIG (Giusèppe), *Parenzo 1896 - Mauthausen 1945*, architetto e urbanista. Esponente del razionalismo, insieme a E. Persico e G. Terragni, propugnò il funzionalismo e difese l'architettura moderna contro l'accademismo e retorico, anche dalle pagine di *Domus* e *Casabella*, di cui fu direttore. Tra le opere, Università Bocconi a Milano (1938-1941, in collaborazione).

PÀGLIA, f. dell'Italia centrale; 67 km. Nasce dal Monte Amiata, scorre nelle prov. di Viterbo e Terni e confluisce nel Tevere presso Orvieto.

PAGLIÀCCIO, buffone da circo. Il musicista R. Leoncavallo lo immortalò nella sua celebre opera lirica *I pagliacci* (1892).

PAGLIÀRA (Nicòla), *Roma 1933*, architetto. Docente a Napoli, ha rielaborato personalmente le tendenze del modernismo degli anni intorno al 1920. Tra le opere, complesso scolastico a Bisceglie (1979-1982), Banco di Napoli a Napoli (1986).

PAGLIARÀNI (Èlio), *Viserba 1927*, poeta. Membro del *Gruppo 63*, fondatore della rivista *Periodo ipotetico*, ha scritto liriche contrassegnate da un vivace sperimentalismo, nelle quali ha inserito riflessioni politiche. Tra le raccolte, *Crona-*

che e altre poesie (1954), *Esercizi platonici* (1985), *La ballata di Rudi* (1985).

PAGLIÀRO (Antonino), *Mistretta 1898 - Roma 1973*, linguista e filologo. Esperto di letteratura medo-persiana, è stato uno dei maggiori esponenti del metodo di critica testuale chiamato "critica semantica". Tra le opere, *Saggi di critica semantica* (1953), *Storia della letteratura persiana* (1960), *Forma e tradizione* (1972).

PAGNOL (Marcel), *Aubagne 1895 - Parigi 1974*, scrittore e regista cinematografico francese. Le sue commedie (*Topaze*, *Marius*, *Fanny*), gli scritti autobiografici (*La gloria di mio padre*, *Il castello di mia madre*, *Il tempo degli amori*) e i film (*Angèle*, 1934; *Cesar*, 1936; *La moglie del fornaio*, 1938) rievocano con tenerezza la Provenza natia.

■ *Marcel Pagnol.*

PAHARI, popolazione del Nepal.

PAHLAVI, dinastia che regnò sull'Iran dal 1925 al 1979, fondata da Reza Scià (1925-1941), cui succedette il figlio Muhammad Reza (1941-1979).

PAHUIN, insieme di etnie di lingua bantu residenti in Camerun, Guinea Equatoriale e Gabon, tra cui spiccano i *fang*.

PAIK (Nam Jun-paek, detto Nam Kune), *Seul 1932*, artista coreano. Autore di *performance* ed *environnement* dove spesso compaiono l'elettronica (a partire dagli anni '60 del secolo scorso) e installazioni video (*Moon is the oldest TV*, 1976), è considerato un pioniere della videoarte.

PAINE (Thomas), *Thetford 1737 - New York 1809*, scrittore statunitense di origine britannica. Combatté per l'indipendenza degli Stati Uniti e si rifugiò in Francia dove fu nominato membro della Convenzione (1792). Durante il Terrore, fece ritorno negli Stati Uniti (1802). È autore dei *pamphlet Senso comune* (1776), *Diritti dell'uomo*, (1791), *L'età della ragione* (1795).

PAINLEVÉ (Paul), *Parigi 1863-1933*, matematico e politico francese. Specializzato nell'analisi e nella meccanica, fu un importante teorico in campo aeronautico. — *Jean P.*, *Parigi 1902-1989*, medico e regista cinematografico francese, figlio di Paul.

PAÍS (El), quotidiano spagnolo fondato a Madrid nel 1976. È il più importante quotidiano nazionale.

PAISIÈLLO (Giovanni), *Roccaforzata, presso Taranto, 1740 - Napoli 1816*, musicista. Rivale di D. Cimarosa, lavorò per lungo tempo anche all'estero: a San Pietroburgo, alla corte di Caterina II, a Vienna e a Parigi, alla corte di Napoleone Bonaparte. Erede della tradizione napoletana, compose numerose opere liriche (*La serva padrona*, 1781; *Il barbiere di Siviglia*, 1782).

PAISLEY, c. della Gran Bretagna (Scozia); 85.000 ab. Aeroporto di Glasgow. — Chiesa del XV sec. (ant. abbaziale).

PAJÉTTA (Giancàrlo), *Torino 1911 - Roma 1990*, politico. Entrato nell'organizzazione giovanile comu-

PAESTUM. *Tempio di Poseidone (V sec. a.C.).*

nista, fu esiliato e incarcerato fino al 1943. Membro della Costituente e deputato, fu anche direttore dell'*Unità* e di *Rinascita*. Tra le opere, *Ragazzo rosso* (1983), *Il ragazzo rosso va alla guerra* (1986).

PA KIN → BA JIN.

PAKISTAN. Stato federale dell'Asia merid., sull'Oceano Indiano; 803.000 km²; 144.971.000 ab. (*pakistani*). CAP. *Islamabad*. C. PRINC. *Karachi* e *Lahore*. LINGUE: *urdu* e *inglese*. MONETA: *rupia pakistana*.

GEOGRAFIA – I territori irrigati del S e, soprattutto, del NE, corrispondenti alla pianura alluvionale dell'Indo e dei suoi affluenti, costituiscono le parti vitali del P., fornendo frumento, riso e cotone (principale prodotto d'esportazione e base dell'unica industria degna di nota del paese, quella tessile). La zona periferica è in prevalenza formata da rilievi montuosi scarsamente popolati (Baluchistan a O, Hindu Kush a N). Il sottosuolo fornisce soprattutto gas naturale. Ai problemi economici (sottoccupazione, indebitamento) si aggiungono i conflitti etnici e religiosi (tra musulmani, sciiti e sunniti) e le persistenti tensioni con l'India.

STORIA – **1940**: Muhammad Alì Jinnah reclama la costituzione di uno Stato che riunisca i musulmani del subcontinente indiano. **1947**: nascita del P. in seguito all'indipendenza e alla spartizione dell'India. La nuova entità consta di due province, l'P. occ. e P. orient., formate rispettivamente dagli antichi territori del Sind, del Baluchistan, del Pendjab orient. e della provincia nord-occ. da una parte, del Bengala orient. dall'altra. **1947-1949**: un conflitto per il possesso del Kashmir contrappone il P. all'India. **1956**: la Costituzione stabilisce la Repubblica islamica del P., federazione delle due province che la compongono. Iskander Mirza è il suo primo presidente. **1958**: entra in vigore la legge marziale. Muhammad Ayyub Khan s'impadronisce del potere e diventa presidente della repubblica; **1962**: promuove l'adozione di una Costituzione di tipo presidenziale. **1965**: scoppia un secondo conflitto indo-pakistano. **1966**: Mujib Ur-Rahman reclama l'autonomia del P. orient. **1969**: il generale Muhammad Yahya Khan succede ad Ayyub Khan. **1971**: il P. orient. procede alla secessione e prende il nome di Bangladesh. L'India interviene militarmente in suo sostegno. **1971-1977**: Zulfikar Alì Bhutto, fondatore nel 1967 del Partito del popolo pakistano (PPP), applica il "socialismo islamico". Si avvertono fermenti religiosi e politici (da parte dei conservatori). **1977**: un colpo di Stato rovescia Alì Bhutto. **1978**: il generale Zia Ul-Haq diventa presidente della repubblica. **1979**: Alì Bhutto viene giustiziato e torna in vigore la legge islamica. **1986**: la legge marziale viene revocata, ma l'opposizione al regime, condotta soprattutto dagli sciiti, permane. **1988**: Ghulam Ishaq Khan succede a Zia Ul-Haq a capo dello Stato e Benazir Bhutto, figlia di Alì Bhutto, diventa primo ministro. **1989**: il P. rientra nel Commonwealth, che aveva lasciato nel 1972. **1990**: B. Bhutto viene destituita. Vince le elezioni una coalizione riunita intorno alla Lega araba; il suo leader, Muhammad Nawaz Sharif, viene nominato primo ministro. **1993**: una grave crisi politica induce il primo ministro e il capo dello Stato a dimettersi. B. Bhutto ritorna a capo del governo. Sardar Faruq Leghari viene eletto alla presidenza della repubblica. **1996**: seconda destituzione di B. Bhutto. **1997**: N. Sharif riconquista la carica di primo ministro. Una nuova crisi politica si conclude con le dimissioni di F. Leghari, al cui posto subentra Muhammad Rafiq Tarar. **1998**: seguendo l'esempio dell'India, il P. conduce una serie di test nucleari. **1999**: l'esercito, guidato dal generale Pervez Musharraf, rovescia N. Sharif. Il P. viene estromesso dal Commonwealth. **2001**: in seguito agli attentati dell'11 *settembre*, gli Stati Uniti esigono una presa di posizione chiara da parte del governo pakistano, rivelatosi protettore del regime dei talebani in Afghanistan e accusato di appoggiare i terroristi. Il generale P. Musharraf si schiera risolutamente a fianco degli Stati Uniti, nonostante la scarsa solidarietà dimostrata da una parte del popolo alla causa islamica. Questo atteggiamento permette al P. di recuperare legittimità sulla scena internazionale. **2002**: i contrasti

Pakistan

★ importante località turistica

200	1000	2000	4000 m

— strada normale
— ferrovia
✈ aeroporto

● più di 1.000.000 di ab.
● da 500.000 a 1.000.000 di ab.
● da 100.000 a 500.000 di ab.
● meno di 100.000 ab.

tra P. e India si aggravano in seguito a una serie di attentati nel Kashmir. **2003**: il P. viene ammesso nel Consiglio di sicurezza dell'ONU come membro non permanente.

PAKULA (Alan J.), *New York 1928 - Long Island 1998*, regista e produttore cinematografico statunitense. Dopo aver prodotto alcuni importanti film (*Il buio oltre la siepe*, 1962), ha esordito nella regia con *Pookie* (1970). Ha poi messo sotto accusa la società americana in pellicole quali *Una squillo per l'ispettore Klute* (1971), *Tutti gli uomini del presidente* (1976), *La scelta di Sophie* (1982), *Presunto innocente* (1990), *L'ombra del diavolo* (1997).

PALACIO VALDÉS (Armando), *Entralgo 1853 - Madrid 1938*, scrittore spagnolo. Direttore dal 1876 della *Revista Europea*, esordì nel 1881 con il romanzo *Il signorino Ottavio*. In seguito si distinse come autore di romanzi umoristici di ambientazione borghese. Tra le altre opere, *Marta e Maria* (1883), *Suor San Sulpizio* (1889), *Il romanzo di un romanziere* (1921).

PALACKÝ (Frantisek), *Hodslavice 1798 - Praga 1876*, storico e politico ceco. La sua *Storia della nazione ceca nella Boemia e nella Moravia* (1836-1837) contribuì al risveglio della coscienza patriottica ceca. Presiedette il congresso panslavo nel 1848.

PALADINO (Mimmo), *Paduli 1948*, pittore. Dopo l'iniziale adesione al gruppo della Transavanguardia, si è accostato a un'estetica astratta vicina all'informale e ricca di riferimenti all'immaginario archetipico. Tra le opere, *Le tane di Napoli* (1983), *Inverno* (1995). Nel 2002 ha firmato le scenografie del *Tancredi*, allestito al teatro S. Carlo di Napoli.

PALAFOX Y MELCI (José **de Rebolledo**), dùca **di Saragòzza**, *Saragozza 1776 - Madrid 1847*, generale spagnolo. Si mise in evidenza contro i francesi grazie alla sua eroica difesa di Saragozza (1808-1809). In seguito riunì in un partito i sostenitori della regina Maria Cristina.

PALÀGI (Pelàgio), *Bologna 1775 - Torino 1860*, pittore, scultore e architetto. Autore di notevoli ritratti (*Don Pietro Lattuada*, 1830), fu nominato da Carlo Alberto architetto di corte a Torino, do-

ve lavorò alla decorazione dei palazzi reali e alla Margheria nel castello di Racconigi.

PALAGIANÈLLO, com. in prov. di Taranto; 7532 ab. Agricoltura (olive, frumento, agrumi). Chiese-cripte scavate nelle pareti di tufo delle gravine. Castello baronale (XVI sec.).

PALAHNIUK (Chuck), *Pasco 1962*, scrittore statunitense. È autore di romanzi dissacranti nei quali ha aspramente criticato la società americana contemporanea. Tra le opere, *Fight Club* (1996), *Survivor* (1999), *Invisible Monsters* (2000), *Soffocare* (2001), *Ninna nanna* (2002).

PALÀIA, com. in prov. di Pisa; 4539 ab. Agricoltura (tabacco, olive). Industrie tessili. Necropoli etrusca. Nei dintorni tempio di Minerva Medica (1823).

PALAMÁS (Gregòrio), *Costantinopoli 1296 ca. - Tessalonica 1359*, teologo della Chiesa greca. Monaco sul Monte Santo e arcivescovo di Tessalonica (1347-1359), consacrò la sua vita all'approfondimento dell'esicasmo.

PALAMÁS (Kostís), *Patrasso 1859 - Atene 1943*, scrittore greco. È autore di poemi lirici (*La vita immobile*) ed epici (*Il flauto del re*).

PALAOS, PALAU o **BELAU**, Stato dell'Oceania; 487 km²; 15.000 ab. CAP. *Koror* (9000 ab.). LINGUE: *paluano* e *inglese*. MONETA: *dollaro statunitense*. [V. *carta dell'*Oceania.] Posto dall'ONU sotto tutela statunitense nel 1947, l'arcipelago è diventato indipendente nel 1994, data che coincide con il suo ingresso nell'ONU.

PÀLA PÉSARO o **MADÒNNA DI CA' PÉSARO**, dipinto di Tiziano (1526, S. Maria dei Frari, Venezia). L'opera raffigura la Vergine assisa in trono, circondata dalla famiglia del committente Jacopo P. e dai santi Pietro e Francesco. [V. foto a pagina seguente.]

PALATINÀTO, in ted. **Pfalz**, reg. della Germania, situata sul Reno, a N dell'Alsazia. A partire dal 1946 divenne parte del Land Renania-P. All'epoca del Sacro Romano Impero, il termine "P." designava i domini dei conti palatini, mentre dal XII sec. fu usato per i possessi del conte palatino del Reno (cap. Heidelberg). Passato

Pala Pesaro
di Tiziano, 1526.
(Chiesa di S. Maria dei Frari, Venezia.)

sotto il dominio dei Wittelsbach di Baviera (1214), nel 1356 il P. ricevette dignità elettorale. Nel 1648, in seguito all'annessione dell'Alto P. alla Baviera, la sua estensione si ridusse al P. renano. Nel 1795 fu spartito tra la Francia e i ducati di Baden e Assia-Darmstadt.

PALATÌNO (Còlle), uno dei sette colli di Roma, su cui sorsero i più antichi insediamenti (VIII sec. a.C.). Importanti vestigia e pitture parietali.

PALAWAN, isola delle Filippine sud-occ.; 755.412 ab.

PALAZZÉSCHI (Àldo **Giurlàni**, detto Àldo), *Firenze 1885 - Roma 1974*, scrittore. Dopo l'iniziale adesione al futurismo (*Poemi*, 1909), ben presto se ne distaccò, privilegiando una poetica personale che non disdegnava gli echi crepuscolari (*Stampe dell'800*, 1932; *Le sorelle Materassi*, 1934; *I fratelli Cuccoli*, 1948). Le ultime opere denotano una vena umoristica (*Il buffo integrale*, 1966; *Stefanino*, 1969; *Storia di un'amicizia*, 1971).

PALAZZÒLO ACRÈIDE, com. in prov. di Siracusa; 9361 ab. Agricoltura (frutta, mandorle). Resti archeologici dell'ant. *Acre* (VII sec. a.C.), con templi e un teatro.

PALE, c. della Bosnia-Erzegovina, a SE di Sarajevo; 25.000 ab.

PALEÀRIO (Antònio **délla Pàglia**, detto Aònio), *Veroli 1503 ca. - Roma 1570*, umanista. Fu uno dei principali sostenitori della Riforma protestante, alla quale aderì nel 1566 pubblicando a Basilea i propri scritti. Condannato come eretico dall'Inquisizione, fu impiccato e arso vivo. Tra le opere, *De immortalitate animorum* (1536), *Actio in pontifices romanos* (postuma, 1596).

PÀLE DI SAN MARTÌNO, gruppo montuoso delle Dolomiti, compreso tra la Val Cismon e la valle del Cordevole. Le vette principali sono la Cima della Vezzana (3193 m), il Cimon della Pala (3185 m) e la Pala di S. M. (2982 m).

PALEMBANG, c. dell'Indonesia, nel S di Sumatra; 1.352.300 ab. Porto. Esportazione del petrolio.

PALENCIA, c. della Spagna (Castiglia-León), capol. di prov.; 80.613 ab. Cattedrale del XIV-XVI sec. (opere d'arte) e altri monumenti.

PALENQUE, importante centro cerimoniale maya del Messico (Stato del Chiapas). Nel tempio detto "delle Iscrizioni", che sorge su un basamento piramidale, è stata rinvenuta la sepoltura di un dignitario (periodo classico) accompagnata da ricche offerte.

PALEÒCAPA (Piètro), *Nese 1788 - Torino 1869*, ingegnere e politico. Fu al servizio dell'Austria come direttore generale delle opere pubbliche.

In seguito, esule in Piemonte (1849), ricoprì la carica di ministro dei lavori pubblici, migliorando sensibilmente la rete ferroviaria (traforo del Cenisio) e stradale.

PALEÒLOGHI, famiglia nobile che regnò sull'impero bizantino dal 1258 al 1453 e sul despotato di Morea dal 1383 al 1460.

PALÈRMO, c. della Sicilia, capol. di reg. e di prov., sul Mar Tirreno, nell'omonimo golfo; 683.794 ab. (*palermitani*). Università. Attivo porto. Industrie alimentari, siderurgiche, chimiche, cantieristiche, del vetro e tessili. Turismo. — Colonia fenicia dall'VIII sec. a.C. e centro commerciale cartaginese dal VII, fu conquistata dai romani nel 254. In seguito dominata da bizantini (535) e arabi (831), fiorì sotto normanni (1072) e svevi, nel XIII sec., quando Federico II la rese un importante centro culturale. La decadenza della città iniziò con il dominio angioino, cui pose termine la rivolta dei Vespri (1282), e con quello degli Aragonesi. Dopo essere passata agli spagnoli (XVI-XVII sec.), ai Savoia (1711), agli Asburgo (1718) e ai Borbone di Napoli (1734), nel 1860 P. fu annessa al regno d'Italia. — Palazzo dei Normanni (dal IX sec.), con la Cappella Palatina (1130-1140), decorata da mosaici bizantini; cattedrale (fondata nel 1185); chiese di S. Giovanni degli Eremiti (1132), in uno stile romanico arabeggiante, della Martorana (1143), di S. Cataldo (prima del 1160); oratori barocchi di S. Zita e del Rosario, con decorazioni di G. Serpotta; Palazzi Chiaramonte (XIV sec.) e Abatellis (XV sec.). Museo Archeologico, Galleria Nazionale della Sicilia (con opere di Antonello da Messina). — Nella provincia, collinare e montuosa, si praticano agricoltura (cereali, viti, olivi, ortaggi, agrumi), allevamento (ovino, equino e caprino) e pesca. Turismo. Centri principali Cefalù, Monreale, Termini Imerese.

PALERMO. *Il chiostro della chiesa di S. Giovanni degli Eremiti (1132).*

PALÈSE, denominazione dell'aeroporto di Bari. Costruito nel 1930 per il traffico militare, negli anni '60 del secolo scorso fu aperto anche all'aviazione civile.

PALESTÌNA, reg. storica del Medio Oriente, compresa tra il Mar Mediterraneo, il f. Giordano e il Mar Morto; comprende lo Stato di Israele, la Cisgiordania e la striscia di Gaza. **1220-1200 a.C.**: gli ebrei si insediano nella terra di Canaan. **64-63 a.C.**: la regione è conquistata da Roma. **132-135 d.C.**: dopo la rivolta di Bar-Kokhba numerosi ebrei vengono deportati. **IV sec.**: con la conversione di Costantino, la P. diviene per i cristiani la Terra Santa. **634-640**: gli arabi sottraggono la P. ai bizantini, integrandola nell'impero musulmano. **1099**: i crociati fondano il regno latino di Gerusalemme. **1291**: i mamelucchi d'Egitto si impadroniscono degli ultimi insediamenti latini e dominano il paese fino alla conquista ottomana. **1516**: l'impero ottomano stabilisce per quattro secoli il suo dominio sulla regione. **A partire dal 1882**: i pogrom russi sono

causa dell'immigrazione ebraica, incoraggiata dal movimento sionista. **1916**: si scatena una rivolta araba contro gli ottomani, appoggiata dalla Gran Bretagna. **1917-1918**: la Gran Bretagna occupa la regione; **1922**: riceve dalla SDN un mandato sulla P., che prevede che nella regione sia creato un insediamento nazionale ebraico, conformemente alla dichiarazione di Balfour del nov. 1917. **1928-1939**: sanguinosi conflitti oppongono i palestinesi arabi agli immigrati ebrei. **1939**: il "Libro bianco" britannico pone un freno all'immigrazione, provocando l'opposizione del movimento sionista (azioni terroristiche del gruppo Irgun). **1947**: l'ONU decide la divisione della P. in due Stati, uno ebraico e uno arabo. Gli arabi rifiutano questa soluzione. **1948-1949**: nasce lo Stato di Israele. Dopo la sconfitta araba nella prima guerra arabo-israeliana, i palestinesi si rifugiano in massa nei vicini paesi arabi. **1949-1950**: la Cisgiordania viene integrata nel regno di Giordania. **1964**: nasce l'Organizzazione per la liberazione della P. (OLP). **1967**: Israele occupa la Cisgiordania e la striscia di Gaza; **1979**: gli accordi tra Israele ed Egitto riconoscono una certa autonomia alle due regioni. **A partire dal 1987**: i territori occupati sono teatro di una rivolta palestinese (*intifada*). **1988**: il re Husayn di Giordania rinuncia ai legami politici e amministrativi tra il suo paese e la Cisgiordania e riconosce l'OLP come unico rappresentante legittimo del popolo palestinese (lug.). L'OLP decreta la nascita di uno Stato indipendente di P. (nov.). **1991**: i palestinesi e i paesi arabi partecipano con Israele alla conferenza di pace sul Vicino Oriente, aperta a Madrid in ottobre. **1993**: il reciproco riconoscimento di Israele e dell'OLP è seguito dalla firma dell'accordo israelo-palestinese di Washington; **1994**: in conformità con tale accordo è riconosciuta l'autonomia di Gaza e Gerico (escluse le colonie ebraiche): l'esercito di Israele si ritira da queste zone e il paese rinuncia alla loro amministrazione. L'Autorità nazionale palestinese, presieduta da Yasser Arafat, si stabilisce a Gaza. **1995**: l'autonomia è estesa alle principali città della Cisgiordania. **1996**: con le prime elezioni palestinesi (gen.) vengono designati il consiglio dell'Autonomia palestinese e il suo presidente (Y. Arafat). L'irrigidimento della politica israeliana rallenta il processo di pace, nonostante un nuovo accordo concluso a Wye Plantation (USA) nel 1998. **1999**: i negoziati israelo-palestinesi riprendono (accordo di Sharm El-Sheikh, in Egitto). **2000**: fallito un tentativo di compromesso sullo statuto definitivo dei territori palestinesi (in lug.: summit di Camp David), israeliani e palestinesi tornano allo scontro violento (in sett. ha inizio una sanguinosissima "nuova Intifada"). A partire dal 2001, la progressiva radicalizzazione delle due posizioni porta a una nuova escalation di violenza nella regione. **2003**: viene creata la figura di primo ministro dell'Autorità nazionale palestinese, ruolo assunto prima da Mahmud Abbas, detto Abu Mazen, poi, dopo le sue dimissioni, da Ahmed Qurei, detto Abu Ala.

PALESTRÌNA, com. in prov. di Roma; 17.413 ab. Agricoltura (frutta, cereali). Turismo. L'antica *Preneste* fu spesso in conflitto con Roma, quindi fu disputata tra i Colonna e il papato. Santuario della Fortuna Primigenia (II sec. a.C.). Resti della città romana.

PALESTRÌNA (Giovànni Pierluigi **da**), *Palestrina 1525 - Roma 1594*, compositore. A Roma fu cantore della Cappella Sistina e a lungo maestro della Cappella Giulia (nel 1541 e dal 1571 fino alla morte). Tra i grandi maestri della musica polifonica, compose numerosi madrigali, salmi, mottetti, offertori, inni, *magnificat*, responsori e soprattutto più di 100 messe, tra cui la *Missa papae Marcelli* (1567), caratterizzata da grande equilibrio e da una semplificazione che sottolinea il valore del testo.

PALÈSTRO (battàglia di) (30 mag. 1859), battaglia della seconda guerra d'indipendenza. Fu combattuta nei pressi di Pavia tra le truppe piemontesi e quelle austriache, che furono sconfitte.

PALGHAT (Passàggio del), depressione del Deccan, tra la Costa del Malabar e il Golfo del Bengala.

Bernard **PALISSY**. *Grande piatto ovale in ceramica. (Museo nazionale della ceramica, Sèvres.)*

PALINÙRO (Càpo), promontorio della Campania, nel Cilento. Grotta delle Ossa e Grotta Azzurra. Turismo balneare.

PALISSY (Bernard), *Agen 1510 ca. - Parigi 1589 o 1590*, ceramista francese. È autore di terrecotte smaltate, decorate con animali, piante e frutti (castello di Écouen, giardini delle Tuileries).

PALÌZZI (Filippo), *Vasto 1818 - Napoli 1899*, pittore. Stabilitosi a Napoli, fu influenzato dalla pittura parigina, che conobbe attraverso il fratello Giuseppe (Lanciano 1812 - Parigi 1888). Fu un esponente del verismo, che si rivela attraverso l'uso della luce e del colore. Tra le opere, *Paesaggio al tramonto* (1954), *Dopo la pioggia* (1864).

PALK (Stréto di), braccio di mare che separa India e Sri Lanka.

PALLACÒRDA (giuraménto della) (20 giu. 1789), giuramento prestato dai deputati del Terzo Stato "di non separarsi prima di aver dato una Costituzione alla Francia". Poiché il re aveva impedito loro l'accesso al salone dei Menus-Plaisirs, a Versailles, dove in genere deliberavano, si riunirono nella sala dei jeu de paume, ossia della p.

PÀLLADE, appellativo della dea greca Atena; significava "colei che scaglia la lancia".

PALLÀDIO (Andrèa di Piètro **délla Góndola**, detto Andrèa), *Padova 1508 - Vicenza 1580*, architetto. Determinante la sua formazione fu l'incontro con il letterato G. Trissino, che lo introduse allo studio delle antichità romane e di Vitruvio. Realizzò numerosi edifici a Vicenza (basilica, palazzo della ragione, dal 1545; Palazzo Chiericati, dal 1550; Palazzo Iseppo da Porto, dal 1552; teatro olimpico, 1580), nelle campagne venete (Villa Almerico-Capra, la "*Rotonda*"; Villa Barbaro a Maser; Villa Foscari, la "Malcontenta") e a Venezia (chiese di S. Giorgio Maggiore, 1566-1580, e del Redentore, 1576). Elaborò uno stile caratterizzato da elementi di derivazione classica rielaborati con notevole libertà compositiva. Autore del trattato *I quattro libri dell'architettura* (1570), esercitò una grande influenza sull'architettura europea, in partic. inglese.

PALLÀNTE, *m. nel 63 d.C.*, liberto e favorito dell'imperatore Claudio. Dopo aver convinto Claudio a sposare Agrippina e ad adottare Nero-

Andrea **PALLADIO**. *S. Giorgio Maggiore, 1566-1580 (Venezia).*

ne, si accordò con la donna e fece avvelenare l'imperatore, ma fu a sua volta avvelenato da Nerone.

PALLÀNZA, centro sulla riva occ. del Lago Maggiore, in prov. di Verbania, con cui costituisce un comune. Turismo.

PALLAVA, dinastia dell'India che regnò (III-IX sec.) sul Deccan orient.

PALLAVICÌNO, famiglia nobile in auge dal XII al XVI sec., distinta nei due rami di Lombardia e di Genova. — **Oberto Pelavicino**, *m. nel 1148*. Fu il capostipite della famiglia. — **Alberto P. il Greco**, *XII sec.* Figlio di Oberto, diede origine al ramo di Genova. — **Gian Luca P.**, *Genova 1697 - Bologna 1793*. Appartenente al ramo di Genova, fu ambasciatore a Vienna e governatore della Lombardia (1745). — **Guglielmo P.**, *m. nel 1217*. Figlio di Oberto, diede origine al ramo di Lombardia, che governò un ampio territorio compreso tra Parma, Piacenza e Cremona, con centro a Busseto. — **Orlando P. il Magnifico**, *1394 - Busseto 1457*. Appartenente al ramo di Lombardia, è ricordato per l'emanazione degli *Statuta pallavicinia* (1429), che rimasero in vigore per tre secoli. Alla sua morte la famiglia si divise in numerosi rami, giungendo in seguito al dissolvimento.

PALLAVICÌNO (Ferrànte), *Piacenza 1616 - Avignone 1644*, letterato. Convertitosi al calvinismo (1640), scrisse alcuni libelli contro il papa e gli spagnoli (*Il corriere svaligiato*, 1641; *Baccinata*, 1642; *Divorzio celeste*, 1643), a causa dei quali fu condannato a morte come eretico e decapitato.

PALLAVICÌNO (Piètro Sfòrza), *Roma 1607-1667*, storico e teologo. Gesuita (1637) e cardinale (1656), scrisse su commissione la celebre *Istoria del Concilio di Trento* (1656-1657) in risposta all'opera di P. Sarpi. Tra gli altri scritti, *Del bene* (1644), *Trattato dello stile del dialogo* (1646).

PALLAVICÌNO TRIVÙLZIO (Giórgio Guido), *Milano 1796 - Genestrelle 1878*, patriota. Membro della società segreta dei Federati, fu arrestato nel 1821 e con le sue rivelazioni causò l'arresto di F. Confalonieri. In carcere allo Spielberg dal 1823 al 1840, dopo aver preso parte alle Cinque giornate di Milano (1848), fu promotore della Società nazionale (1853) e deputato.

PALLÈSCHI, denominazione dei componenti della fazione favorevole ai Medici (dal cui stemma, contenente sei palle, prendevano il nome). All'epoca della Repubblica Fiorentina (1494-1512) si opposero al regime di G. Savonarola e ai Piagnoni, suoi seguaci.

PALLOTTÌNO (Màssimo), *Roma 1909-1995*, archeologo. Studioso della civiltà etrusca, docente nelle università di Cagliari e Roma, è stato uno dei maggiori etruscologi italiani. Tra le opere, *La pittura etrusca* (1952), *Che cos'è l'archeologia* (1964), *Etruscologia* (1968), *Origini e storia primitiva di Roma* (1993).

PALMA (La), una delle Canarie; 82.483 ab. Osservatorio astronomico.

PALMA (Ricardo), *Lima 1833-1919*, scrittore e politico peruviano. Esiliato in Cile e in Europa per le sue idee liberali, tornò in patria nel 1876. Direttore della Biblioteca nazionale di Lima (1889-1912), è considerato il maggior poeta romantico peruviano. Scrisse le *Tradiciones peruvianas* (1872-1911), racconti in bilico tra realtà e leggenda sul storia e società peruviane.

PÀLMA DI MAIÒRCA, in sp. Palma de Mallorca, c. della Spagna, capol. della prov. e delle Isole Baleari, nell'isola di Maiorca; 333.925 ab. Porto, aeroporto e centro turistico. — Ant. palazzi reali, gotici, dell'Almudaina e di Bellver; cattedrale gotica del XIII-XVI sec., Lonja (ant. Borsa) del XV sec. e altri monumenti. Museo di Maiorca.

PÀLMA DI MONTECHIÀRO, com. in prov. di Agrigento; 24.895 ab. Agricoltura (mandorle, agrumi, ortaggi). Pesca. Turismo. Resti di epoca preistorica.

PÀLMA IL GIÓVANE (Iàcopo **Negrétti**, detto), *Venezia 1544-1628*, pittore. Pronipote di P. il Vecchio, collaboratore di Tiziano, di cui terminò la *Pietà*, e del Tintoretto, fu uno dei maggiori esponenti del '500 veneto. Tra le opere, dipinti della Sala del Maggior Consiglio (1578-1584) nel palazzo ducale di Venezia.

PÀLMA IL VÈCCHIO (Iàcopo **Negrétti**, detto), *Serina 1480 ca. - Venezia 1528*, pittore. L'influenza di G. Bellini, G. Lotto e Tiziano si evidenzi nelle sue serene e solenni tele di soggetto religioso. Lavorò a Venezia e dipinse anche numerosi ritratti (*Sacra conversazione*, Gallerie dell'Accademia, Venezia; *Le tre sorelle*, Gemäldegalerie, Dresda; ritratti di *Francesco* e *Paola Querini*, Fondazione Querini-Stampalia, Venezia).

PALMANÒVA, com. in prov. di Udine; 5354 ab. Industrie metalmeccaniche. Conserva la struttura urbanistica rinascimentale, con pianta a forma di stella a nove punte e piazza centrale esagonale.

PALMÀRIA, isola del Mar Ligure, nel Golfo di La Spezia, di fronte a Portovenere; 6,5 km di perimetro. Vi si trovano la Grotta Azzurra e la Grotta dei Colombi.

PALMARÒLA, isola del Mar Tirreno; 1 km². Di natura vulcanica, è la più occ. dell'arcipelago delle Pontine. Il Monte Guarniere raggiunge i 253 m.

PALMAS (Las), capol. della prov. omonima e delle Canarie, nell'isola Gran Canaria; 358.518 ab. Museo nella casa di Colombo (fine del XV sec.).

PALM BEACH, c. degli Stati Uniti (Florida); 10.468 ab. Stazione balneare.

PALME (Olof), *Stoccolma 1927-1986*, politico svedese. Presidente del Partito socialdemocratico, fu primo ministro dal 1969 al 1976 e dal 1982 al 1986. Fu assassinato.

PALMER (Penísola di) → GRAHAM (Terra di).

PALMERSTON (Henry Temple, viscónte), *Broadlands 1784 - Brocket Hall 1865*, politico britannico. Ministro degli esteri (1830-1841; 1846-1851), cercò di tutelare gli interessi strategici e commerciali della Gran Bretagna, sfidando Francia e Russia, in partic. nel corso del conflitto turco-egiziano (1839-1840). Primo ministro dal 1855 al 1858 e dal 1859 al 1865, non poté impedire a Napoleone III di intervenire a favore dell'indipendenza italiana (1860).

■ *Henry Palmerston ritratto da J. Partridge. (National Portrait Gallery, Londra.)*

PALMIÈRI (Luìgi), *Faicchio 1807 - Napoli 1896*, fisico e meteorologo. Studioso di elettricità atmosferica ("cerchio di P."), fenomeni vulcanici e magnetismo terrestre, fu direttore dell'Osservatorio vesuviano. Tra le opere, *Dottrina positiva dell'elettricità atmosferica* (1893).

PALMIRA, c. della Colombia; 234.166 ab.

PALMIRA, ant. c. della Siria, tra Damasco e l'Eufrate. Oasi del deserto siriano e nodo carovaniero, dopo la caduta di Petra (106 d.C.) P. ottenne il controllo di gran parte dei commerci con l'India. Con Odenato (m. 267) e la regina Zenobia (267 ca. - 272), divenne capitale di un regno che esercitava il dominio su una parte dell'Asia Minore, ma la conquista dell'imperatore Aureliano prima (273) e la distruzione da parte degli arabi (634) poi posero fine alla sua potenza. — Importantissime vestigia ellenistiche e romane. Ricche necropoli.

PALO ALTO (scuòla di), gruppo di studiosi che negli anni '50 del secolo scorso, nell'ospedale psichiatrico di P. A. (California), si riunirono intorno a G. Bateson. Ha contribuito a promuovere lo studio dei rituali d'interazione e la comunicazione nell'ambito di gruppi (in partic. la famiglia).

PALOMAR (Mónte), monte degli Stati Uniti (California); 1871 m. Osservatorio astronomico (telescopio di 5,08 m di diametro).

PALOMBÀRA SABÌNA, com. in prov. di Roma; 10.351 ab. Agricoltura (ciliegie, pesche). Turismo. Basilica di S. Giovanni in Argentella (X-XI sec.). Castiglione (XIII sec.). Castello Savelli (IX sec.).

PALOS, capo della Spagna sud-orient., sul Mediterraneo.

PALOS, località della Spagna (Andalusia), presso l'estuario del Río Tinto. Porto (att. insabbiato), da cui C. Colombo si imbarcò per il viaggio che lo condusse alla scoperta dell'America (3 ago. 1492).

PALÙ (Pizzo), vetta del gruppo del Bernina; 3906 m. È situato nelle Alpi Retiche, al confine tra Italia e Svizzera.

PÀMICH (Àdbon), *Fiume 1933*, marciatore. Alle Olimpiadi di Tokyo del 1964 ha vinto la medaglia d'oro nei 50 km. Campione europeo a Belgrado nel 1962 e a Budapest nel 1966, è stato più volte campione italiano su varie distanze.

PAMIR, massiccio dell'Asia centrale. Appartiene a Tagikistan (7495 m nel Picco Ismail-Samani) e Cina (7719 m nel Kongur Shan).

PAMPA (la), reg. dell'Argentina centrale. Importante zona agricola (grano) e sede di allevamenti bovini.

PAMPALÓNI (Géno), *Roma 1918 - Firenze 2001*, critico letterario. Segretario del movimento Comunità, direttore di *La Via del Piemonte* (1958), ha collaborato con diversi quotidiani e riviste, approfondendo lo studio della letteratura contemporanea. Tra le opere, *Trent'anni con Cesare Pavese* (1981), *I giorni in fuga* (1994).

PAMPANÌNI (Rosétta), *Milano 1900 - Corbola 1973*, soprano. Esordì nel 1920, raggiungendo la notorietà nel 1925 con la *Bohème*. In seguito si distinse nel repertorio di G. Puccini e G. Verdi.

PAMPHÌLI, nobile famiglia romana di origini umbre, documentata tra il 1461 e il 1760. — **Jacopo** e — **Francesco P.**, nel 1461 furono nominati conti da Federico III d'Asburgo. — **Giovanni Battista P.** →INNOCENZO X. — **Olimpia Maidalchini P.**, *Viterbo 1594 - San Martino al Cimino 1657*. Moglie di Pamfilio, fratello di Giovanni Battista, ebbe larga influenza sul papa, alla morte del quale fu costretta all'esilio in Orvieto. Raccolse un'importante collezione d'arte nel Palazzo P. a Roma. — **Camillo P.**, *Napoli 1622 - Roma 1666*. Figlio di Olimpia, nominato cardinale (1644), sposò poi Olimpia Aldobrandini.

PAMPLONA, c. della Spagna, capol. della prov. di Navarra; 182.666 ab. Cattedrale gotica del XV sec.; museo diocesano e museo della Navarra.

PAMUKKALE, località della Turchia, sito archeologico presso l'ant. Ierapoli, scala della Frigia. Importanti vestigia antiche in prossimità di pittoresche sorgenti d'acqua calda.

PAN MITOL. GR. Dio dei pascoli e dei greggi. Ha assunto, in poesia e filosofia, il ruolo di importante divinità della natura.

PANAJI o **PANJIM**, c. dell'India, cap. dello Stato di Goa; 58.785 ab. Chiese barocche e, nei pressi, altri resti della colonizzazione portoghese (Velha Goa).

PANAMÁ, Stato dell'America centrale; 77.000 km²; 2.899.000 ab. (*panamensi*). CAP. *Panamá*. LINGUA: *spagnolo*. MONETA: *balboa*. Le zone montuose sono ricoperte dalla foresta e poco popolate. Nei bacini fluviali e nelle pianure costiere si producono mais, riso e banane (destinate all'esportazione). La zona del canale è il centro vitale del paese.

STORIA – XVI sec.: colonizzato dagli spagnoli fin dal 1510, P. diventa la base da cui parte la colonizzazione del Perú. **1519**: Pedrarias Dávila fonda la città di Panamá; **1739**: quest'ultima viene annessa al vicereame della Nuova Granada insieme con la regione circostante. **1819**: quando la Grande Columbia si rende indipendente, il paese rimane legato a Bogotá. **1855**: la corsa all'oro in California incentiva la costruzione della ferrovia Colón-P.

1881-1889: Ferdinand de Lesseps dà inizio alla realizzazione di un canale interoceanico; i lavori vengono sospesi per insufficienza di capitali. **1903**: in seguito a una rivolta fomentata dagli Stati Uniti, P. proclama l'indipendenza costituendosi in repubblica. Intenzionati a riprendere il progetto del canale, gli Stati Uniti ottengono in concessione una zona larga 10 miglia compresa tra un oceano e l'altro. **1914**: viene ultimata la costruzione del canale. **1959, 1964, 1966**: la tutela americana provoca rigurgiti nazionalistici e P. è scosso dalle rivolte. **1968-1981**: il generale Omar Torrijos domina la vita politica del paese. Nel 1978 conclude con gli Stati Uniti un accordo che prevede il ritorno della zona del canale sotto la piena sovranità panamense alla fine del 1999. Alla sua morte accidentale (1981) fa seguito un periodo di instabilità. **1983**: il generale Manuel António Noriega diventa l'uomo forte del regime. **1989**: l'intervento militare statunitense rovescia M.A. Noriega (dic.); Guillermo Endara, in maggio era stato eletto presidente della repubblica, assume le redini del potere. **1994**: Ernesto Pérez Balladares è eletto capo dello Stato; **1999**: gli succede Mireya Elisa Moscoso. Gli Stati Uniti restituiscono definitivamente a P. la zona del canale (dic.).

PANAMÁ, cap. della rep. di Panamá, sul Pacifico (Golfo di P.); 413.505 ab. (1.173.000 ab. nell'agglomerato). Porto.

PANAMÁ (Canale di), canale interoceanico che taglia l'Istmo di Panamá. È lungo 79,6 km e comprende sei conche. — I lavori furono avviati nel 1881 dalla Compagnia universale del canale interoceanico del francese F. de Lesseps, ma si interruppero nel 1888 e, poiché la società era fallita nel 1889, ripresero nel 1904 (quando gli Stati Uniti rilevarono il progetto) e portarono all'apertura del canale nel 1914. Dopo l'indipendenza di P., gli Stati Uniti ottennero con un trattato la concessione della zona del canale, che è ritornato sotto la piena sovranità panamense nel 1999.

PANAMÁ (Istmo di), istmo dell'America centrale che collega l'America settentr. con quella merid. (lunghezza 250 km, larghezza minima 50 km ca.).

PANAMERICANA (carretera), itinerario stradale che collega le principali città dell'America latina sul versante Pacifico.

PANÀNTI (Filippo), *Ronta del Mugello 1766 - Firenze 1837*, poeta. Costretto all'esilio, visse a Londra, dove diresse il teatro italiano, esperienza che raccontò in *Il poeta di teatro* (1808). Imprigionato da pirati algerini al ritorno in patria, narrò la vicenda in *Avventure e osservazioni sulle coste di Barberia* (1817).

PANARÈA, isola del Mar Tirreno; 3,4 km². Appartenente all'arcipelago delle Eolie, di origine vulcanica, è in prevalenza montuosa (Punta del Corvo, 421 m). San Pietro, il centro principale (270 ab.), si trova sulla costa orient. Turismo balneare.

PANÀRO, f. dell'Emilia-Romagna; 148 km. Nasce dal Monte Rondinaio, scorre nel Frignano, bagna Vignola e Spilamberto e confluisce nel Po nei pressi di Bondeno.

PANÀTTA (Adriàno), *Roma 1950*, tennista. Vincitore degli Internazionali d'Italia e di Francia nel

1976, nello stesso anno ha fatto parte della nazionale che ha conquistato la Coppa Davis. Ha vinto i campionati italiani assoluti dal 1970 al 1975, raggiungendo la finale di Coppa Davis anche nel 1977, 1979 e 1980.

PANAY, isola delle Filippine; 1.925.002 ab.

PANCKOUCKE, famiglia di editori e librai francesi del XVIII-XIX sec., che pubblicarono l'*Encyclopédie* di D. Diderot e fondarono il giornale *Moniteur universel*.

PANCRÀZI (Piètro), *Cortona 1893 - Firenze 1952*, scrittore e critico letterario. Redattore di riviste e collaboratore del *Corriere della Sera*, fu attento studioso della letteratura contemporanea (*Scrittori italiani del Novecento*, 1933), dedicandosi anche alla scrittura di racconti favolistici (*Esopo moderno*, 1930; *Donne e buoi dei paesi tuoi*, 1934).

PANDATARIA, nome latino dell'Isola di Ventotene, lungo le coste della Campania. Vi furono esiliate Giulia, Agrippina Maggiore e Ottavia, rispettivamente figlia, nipote e sorella di Ottaviano.

PAN DI ZÙCCHERO, in port. *Pão de Açúcar*, massiccio granitico del Brasile, all'ingresso della Baia di Guanabara, a Rio de Janeiro; 395 m.

PANDÒLFI (Vito), *Forte dei Marmi 1917 - Roma 1974*, regista e critico teatrale. Direttore del Teatro Stabile di Roma (1965-1969), fondatore del *Politecnico*, mise in scena numerosi spettacoli. Tra le opere critiche, *La commedia dell'arte* (6 voll., 1956-1959) e *Storia del teatro* (1964).

PANDÒRA MITOL. GR. La prima donna, creata da Efesto e Atena e mandata agli uomini per punirli del loro orgoglio. Sposò Epimeteo, il fratello di Prometeo. Aprendo il vaso in cui Zeus aveva chiuso le sventure umane avrebbe portato il male sulla Terra (sul fondo del vaso sarebbe rimasta soltanto la speranza).

PÀNE (Gina), *Biarritz 1939 - Parigi 1990*, artista francese di origine italiana. Con le sue **performance* [V. parte nomi comuni], eseguite dal 1968, è stata una delle principali esponenti della body art.

PANÈTTA (Francésco), *Siderno 1963*, atleta. Ai campionati mondiali di Roma del 1987 ha vinto la medaglia d'oro nei 3000 m siepi e quella d'argento nei 10.000 m. Nel 1990 è stato campione europeo dei 3000 m siepi.

PANÈZIO DI RÒDI, *Rodi 185 ca. - 110 ca. a.C.*, filosofo greco. Membro della cerchia di Scipione Africano Minore, fuse lo stoicismo con teorie platoniche e aristoteliche, influenzando il pensiero successivo. Tra le opere, *Sul dovere*, oggi perduta.

PANFÌLIA, ant. reg. dell'Asia Minore, tra Licia e Cilicia; c. princ. *Aspendos*.

PANGÈA, continente unico che, secondo una teoria, alla fine del Paleozoico riuniva tutte le terre emerse. Si sarebbe in seguito smembrato in Gondwana, a S, e Laurasia, a N.

PANGÈO, in gr. *Pangaion*, monte della Grecia, a E di Tessalonica. Nell'antichità era celebre per le sue miniere d'oro e d'argento.

PANICÀLE, com. in prov. di Perugia; 5382 ab. Agricoltura (cereali, olive). Industrie alimentari. Chiesa di S. Michele Arcangelo (X-XI sec.). Palazzo del Podestà (XIV sec.). Chiesa di S. Sebastiano (XV sec.).

PÀNIE →APUANE (Alpi).

PANIN (Nìkita Ivanovič, cónte), *Danzica 1718 - San Pietroburgo 1783*, politico russo. Caterina II gli affidò il dicastero degli affari esteri dal 1763 al 1781.

PANINI, *India nord-occ. V o IV sec. a.C.*, grammatico indiano. È autore di un importante trattato di grammatica sanscrita (*Paniniyama*).

PANÌZZI (Antònio), *Brescello 1797 - Londra 1879*, letterato e patriota. Membro della carboneria, partecipò ai moti del 1920-1921 e fu costretto all'esilio in Inghilterra. Docente a Londra, diresse la biblioteca del British Museum (1856-1865) e fu senatore del regno dal 1868.

PANKHURST (Emmeline Goulden, Mrs.), *Manchester 1858 - Londra 1928*, suffragetta britannica. Fondatrice della Women's Social and Political Union (1903), lottò perché le donne ottenessero il diritto di voto.

■ *Emmeline Pankhurst.*

Panamá

Istmo di Panamá

★ importante località turistica
— strada normale
— ferrovia
✈ aeroporto

● più di 500.000 ab.
● da 250.000 a 500.000 ab.
● da 50.000 a 250.000 ab.
• meno di 50.000 ab.

200 500 1500 m

50 km

PANKOW, quartiere di Berlino, sul f. Panke. Vi aveva sede il governo della RDT.

PANMUNJOM, località della Corea del Nord, nei pressi di Kaesŏng, nella zona demilitarizzata creata dopo la guerra di Corea. Vi si tennero i negoziati che posero fine al conflitto (1951-1953).

PANNÀIN (Guido), *Napoli 1891-1977*, critico musicale. Sensibile all'estetica crociana, tentò di fonderla con la cultura musicale italiana, compiendo anche importanti studi sulla tradizione napoletana (*Le origini della scuola musicale napoletana*, 1914). Tra le altre opere, *Lineamenti di storia della musica* (1922).

PANNÈLLA (Giacinto, detto Màrco), *Teramo 1930*, politico. Nel 1956 è stato tra i fondatori del Partito radicale, del quale è stato successivamente segretario, conducendo numerose campagne per i diritti civili (divorzio, aborto, obiezione di coscienza, droga). Eletto deputato nazionale nel 1976, è entrato nel parlamento europeo nel 1979, riconfermandosi alle elezioni del 1999.

PANNÌNI (Giovànni Pàolo), *Piacenza 1691 ca. - Roma 1765*, pittore. A Roma dal 1711, fu decoratore di ville e pittore di vedute, reali e immaginarie (capricci), della città. Dipinse anche cerimonie e feste.

PANNÒNIA, ant. reg. dell'Europa centrale, lungo il medio corso del Danubio. Fu conquistata dai romani tra il 35 a.C. e il 10 d.C.

PANNÒNICO (Bacino), bassopiano compreso tra le Alpi orient. e i Carpazi.

PANNÙNZIO (Mario), *Lucca 1910 - Roma 1968*, giornalista. Direttore di *Oggi* (1939-1941) e *Risorgimento liberale* (1943-1947), fondò il settimanale *Il Mondo* (1949-1966) e contribuì alla nascita del Partito radicale (1956), svolgendo in seguito un'opera di mediazione tra le diverse forze politiche.

PANOFSKY (Erwin), *Hannover 1892 - Princeton 1968*, storico dell'arte statunitense di origine tedesca. Ha dato fondamentali contributi all'applicazione del metodo iconologico di lettura dell'opera d'arte (*Studi di iconologia*, 1939; *Albrecht Dürer*, 1943; *Rinascimento e rinascenze nell'arte occidentale*, 1960).

PANORÀMA, settimanale di informazione fondato nel 1962 a Milano da A. Mondadori. Inizialmente mensile, fu trasformato in settimanale nel 1967 e inaugurò, sul modello dei periodici stranieri, una nuova forma di giornalismo, fondato sull'analisi dei fatti politici e sull'esposizione di opinioni relative al costume italiano. Direttori: N. Salvalaggio, L. Lionni, L. Sechi, C. Rognoni, C. Rinaldi, A. Monti, G. Ferrara, R. Briglia, C. Rossella.

PANORMÌTA (Antònio Beccadèlli, detto il), *Palermo 1394 - Napoli 1471*, umanista. Docente in varie città italiane, fu segretario del re Alfonso d'Aragona e creò l'Accademia Antoniana (poi Pontaniana). Tra le opere, *Hermaphroditus* (1425), raccolta di epigrammi erotici ispirati a Marziale e Catullo, *Epistolae gallicae*, *De dictis et factis Alphonsi regi*.

PÀNSA (Giampàolo), *Casale Monferrato 1933*, giornalista. Condirettore dell'*Espresso*, ha scritto numerosi saggi di analisi e critica della società italiana contemporanea (*L'anno dei barbari*, 1993; *Il romanzo di un ingenuo*, 2000; *Il sangue dei vinti*, 2003) e romanzi (*Ma l'amore no*, 1994; *La bambina dalle mani sporche*, 1997; *Il bambino che guardava le donne*, 1999; *Le notti dei fuochi*, 2001).

PANSHIR (Vàlle del), valle dell'Hindu Kush, percorsa dal fiume omonimo, nell'Afghanistan nord-orient.

PANTÀLASSA, unico grande oceano che, alla fine del Paleozoico, circondava la Pangea.

PANTALÈO (Giovànni), *Castelvetrano 1832 - Roma 1879*, patriota. Dopo aver partecipato alla spedizione dei Mille come cappellano, nel 1863 lasciò l'ordine e mise il proprio impegno politico al servizio del Partito d'azione, combattendo in varie battaglie.

PANTALEÓNI (Diomède), *Macerata 1810 - Roma 1885*, politico. Neoguelfo moderato, osteggiò la creazione di un'Assemblea costituente e la proclamazione della Repubblica Romana. Collaboratore di C. Cavour, tentò senza successo di risolvere la questione romana. Tra le opere, *L'idea italiana nella soppressione del potere temporale dei papi* (1884).

PANTALEÓNI (Maffèo), *Frascati 1857 - Milano 1924*, politico ed economista. Passò dalle posizioni radicali a quelle nazionaliste e interventiste, fondando nel 1917 il Fascio parlamentare di difesa nazionale e partecipando all'impresa di Fiume. Raccolse i propri studi in campo economico nell'opera *Principi di economia pura* (1889).

PANTÀLICA, località archeologica della Sicilia, in prov. di Siracusa. Vi ha sede la più grande necropoli rupestre della regione, con migliaia di tombe e reperti di epoca micenea (ceramiche, oggetti vari).

PANTALÓNE, personaggio della commedia dell'arte, vecchio avaro e vizioso. Porta le braghe lunghe che hanno preso nome da lui.

PANTÀNI (Màrco), *Cesena 1970 - Rimini 2004*, ciclista. Rivelatosi al Giro d'Italia del 1994 (secondo posto), nel 1998 ha vinto il Giro d'Italia e il Tour de France. Coinvolto in un'indagine legata al doping, nel 1999, nel 2003 si è ritirato dalle gare.

PANTELLERÌA, isola in prov. di Trapani, tra Sicilia e Tunisia; 83 km²; 7375 ab. Abitata sin dal Neolitico, fu colonia fenicia. Quasi interamente montuosa, vi si praticano pesca e pastorizia. Turismo.

PANTHEON, tempio di Roma, dedicato a tutte le divinità, fatto erigere nel 27 a.C. da Agrippa. Distrutto nell'80 e restaurato sotto Adriano, fu consacrato al culto cristiano nel VII sec. Tra i monumenti più importanti di Roma, con la sua pianta circolare e la vasta cupola con lucernaio ha profondamente influenzato l'architettura occidentale, dal Rinascimento al classicismo.

PANTHEON. *L'interno in un quadro di G.P. Pannini.*

PANTHÉON, edificio di Parigi, iniziato da J.-G. Soufflot (1764) e completato intorno al 1790 da J.-B. Rondelet. Doveva essere una chiesa dedicata a S. Geneviève, patrona della città, ma con la Rivoluzione francese divenne un tempio destinato a ospitare le tombe dei grandi di Francia (tra cui V. Hugo, Voltaire, E. Zola, M. Curie).

PANZÀCCHI (Enrico), *Ozzano dell'Emilia 1840 - Bologna 1904*, scrittore. Insegnò storia dell'arte a Bologna e si occupò di critica d'arte (*Saggi di storia dell'arte*, postumo, 1917). Deputato e sottosegretario alla pubblica istruzione, scrisse liriche influenzate da G. Carducci (*Poesie*, 1908) e racconti (*I miei racconti*, 1889).

PANZIÈRI (Raniero), *Roma 1921-1964*, politico. Dirigente socialista, si distaccò dal partito per diventare militante del movimento operaio, collaborando alla rivista *Quaderni rossi* e dirigendo *Mondo operaio*. Tra le opere, *La ripresa del marxismo-leninismo in Italia* (1972), *La crisi del movimento operaio* (1973), *Lotte operaie nello sviluppo capitalistico* (1976).

PANZÌNI (Alfrèdo), *Senigallia 1863 - Roma 1939*, scrittore. Allievo di G. Carducci, esordì nel 1893 con *Il libro dei morti*. Insegnante di liceo, scrisse numerosi testi per la scuola (*Dizionario moderno*, 1905) e saggi (*L'evoluzione di G. Carducci*, 1894). Tra le altre opere, *La moglie nuova* (1899), *La lanterna di Diogene* (1907), *Il padrone sono me* (1922).

PÀOLA (sànta), *Roma 347 - Betlemme 406*. Appartenente a una famiglia patrizia, sposò il senatore pagano Tossozio. Rimasta vedova, si recò con san Girolamo in Palestina, dove fondò due monasteri.

PÀOLA, com. in prov. di Cosenza; 16.930 ab. Agricoltura (olive, frutta). Turismo balneare a Marina di P. Nel 1416 vi nacque san Francesco da P., in onore del quale fu eretto un monastero (XV-XVII sec.).

PAOLÀNA (Caténa), sezione della Catena Costiera calabrese. La vetta più elevata è il Monte Cucuzzo (1541 m).

PÀOLI (Gino), *Monfalcone 1934*, cantautore. Trasferitosi giovanissimo a Genova, è stato tra i protagonisti della canzone d'autore degli anni '60 del secolo scorso, con pezzi quali *La gatta* (1960), *Senza fine* (1960), *Il cielo in una stanza* (1961), *Sapore di sale* (1962). Tra gli album successivi, *Il mio mestiere* (1977), *Matto come un gatto* (1991), *Per una storia* (2000), *Se* (2002).

PÀOLI (Pasquàle), *Morosaglia 1725 - Londra 1807*, patriota corso. Nel 1755 capeggiò la rivolta contro Genova, che mantenne il controllo delle sole zone costiere della Corsica. Sconfitto a Ponte-nuovo dai francesi (1769), cui i genovesi avevano ceduto l'isola nel 1768, si rifugiò in Inghilterra. Rientrato in patria nel 1790, si fece promotore di un ulteriore tentativo di secessione appoggiato dai britannici, ma in seguito al suo fallimento si ritirò a Londra.

PAOLIÈRI (Ferdinàndo), *Firenze 1878-1928*, scrittore. Fondatore della rivista *La Torre*, si ispirò a R. Fucini e tratteggiò situazioni e personaggi della società popolare toscana. Tra le opere, *Novelle toscane* (1913), *Natio borgo selvaggio* (1924), *I fuggiaschi* (1924). Per il teatro, *Cinque asini per un soldo* (1922).

PAOLÌNA BORGHÉSE COME VÈNERE VINCITRÌCE, scultura di A. Canova (1805-1808, Galleria Borghese, Roma). L'opera, uno dei massimi esempi dell'arte neoclassica, ritrae la principessa Paolina Bonaparte.

Paolina Borghese come Venere vincitrice *di A. Canova, 1804-1808.* (Galleria Borghese, Roma.)

PAOLÌNE (Edizioni), casa editrice fondata nel 1914 ad Alba dal sacerdote G. Alberione. Di orientamento cattolico, pubblica i settimanali *Famiglia Cristiana* e *Il Giornalino*.

PAOLÌNI (Giùlio), *Genova 1940*, artista. Ha esposto per la prima volta nel 1964 a Roma, avvicinandosi poi all'arte povera e in seguito all'arte concettuale, di cui è uno dei più importanti rappresentanti. Tra le opere, *Averroè* (1967), *Studio per mimesi* (1975), *Il cielo* (1988).

PAOLÌNI (Màrco), *Belluno 1956*, attore, autore e regista teatrale. Ha dato vita a monologhi di grande intensità espressiva, incentrati sui temi della denuncia civile: *Il racconto del Vajont* (1993), *Bestiario veneto* (1998), *Canto per Ustica* (2001), *Parlamento Chimico - Storie di plastica* (2002).

PAOLÌNO DA NÒLA (sànto), *Bordeaux 353 - Nola 431*, scrittore di lingua latina. Vescovo di Nola, in Campania, scrisse componimenti poetici di argomento religioso e *Lettere*, che costituiscono un prezioso documento circa la storia della sua epoca.

PÀOLO, nome di più sovrani

GRECIA

PÀOLO I, *Atene 1901-1964*, re di Grecia (1947-1964). Succedette al fratello Giorgio II.

RUSSIA

PÀOLO I, *San Pietroburgo 1754-1801*, imperatore di Russia (1796-1801), della dinastia dei Romanov. Figlio di Pietro III e della futura Caterina II, rafforzò l'autocrazia. Impegnò la Russia in una guerra contro la Francia (1799) e in seguito si riavvicinò a Napoleone. Morì assassinato.

PÀOLO I, *Roma 700 ca. - 767*, papa dal 757 al 767. — **Paolo II** (Pietro **Barbo**), *Venezia 1417 - Roma 1471*, papa dal 1464 al 1471. Per combattere la tendenza al paganesimo sciolse l'Accademia romana. — **Paolo III** (Alessandro **Farnese**), *Canino 1468 - Roma 1549*, papa dal 1534 al 1549. Autorizzò la Compagnia di Gesù (1540) e ripristinò l'Inquisizione (1542). Inaugurò la Controriforma, convocando il concilio di Trento (1545). Protettore di artisti e letterati, affidò a Michelangelo il compito di affrescare la Cappella Sistina e completare la basilica di S. Pietro. — **Paolo IV** (Gian Pietro **Carafa**), *Sant'Angelo della Scala 1476 - Roma 1559*, papa dal 1555 al 1559. Fondò, con Gaetano da Thiene, l'ordine dei teatini (1524). — **Paolo V** (Camillo **Borghese**), *Roma 1552-1621*, giurista e papa dal 1605 al 1621. Entrato in urto con Venezia, pronunciò l'interdetto sul suo territorio (1606). Cercò di restaurare il potere temporale della Chiesa su Francia e Inghilterra e promosse l'attività missionaria in Africa e America. — **Paolo VI** (Giovanni Battista **Montini**), *Concesio 1897 - Castel Gandolfo 1978*, papa dal 1963 al 1978. Segretario di Stato (1952) e stretto collaboratore di Pio XII, fu arcivescovo di Milano (1954) e cardinale (1958). Succeduto nel 1963 a Giovanni XXIII, ne proseguì l'opera riformatrice nell'ambito del Concilio vaticano II, che chiuse nel 1965. La sua politica ecumenica culminò nell'incontro a Gerusalemme con il patriarca Atenagora (1964).
■ *Paolo VI.*

PÀOLO (Lùcio Emilio), *m. nel 216 a.C.*, generale romano. Console nel 219 a.C., poi nel 216, cadde combattendo contro le truppe di Annibale nella battaglia di Canne. — **Paolo** (Lucio Emilio), *228 a.C. ca. - 160 a.C.*, generale romano. Figlio del console L. E. P., fu console nel 182 e nel 168. Riportò la vittoria di Pidna su Perseo, ultimo re di Macedonia (168).

PÀOLO (sànto), *Tarso tra il 5 e il 15 - Roma tra il 62 e il 67*, apostolo. Il fariseo P., il cui nome ebraico era Saul, si convertì in seguito a un'apparizione di Cristo sulla via di Damasco (36 ca.), divenendo l'"apostolo dei gentili". Durante la sua attività missionaria compì tre viaggi (46-48, 49-52 e 53-58), nel corso dei quali visitò Cipro, Asia Minore, Macedonia e Grecia e fondò chiese nelle principali città. Nel 58 fu fatto arrestare dalle autorità ebraiche e deferito, in qualità di cittadino romano, al tribunale imperiale di Roma, dove fu condotto e trascorse due anni in libertà vigilata. Alcuni ritengono sia morto a Roma intorno al 64; altri, basandosi su un'antica tradizione romana, affermano che morì nel 67, dopo altri viaggi missionari in Spagna. Le epistole inviate da san P. alle comunità da lui fondate forniscono preziose informazioni sulla sua personalità e sul suo pensiero. Ce ne sono giunte 14: ai romani, ai corinzi (2), ai galati, agli efesini, ai filippesi, ai colossesi, ai tessalonicesi (2), a Timoteo (2), a Tito, a Filemone e agli ebrei. L'autenticità delle epistole a Timoteo, Tito e agli ebrei è dubbia.

PÀOLO DÉLLA CRÓCE (sànto), *Ovada 1694 - Roma 1775*, religioso, fondatore della congregazione dei passionisti (1720).

PÀOLO DIÀCONO (Pàolo **Varnefrído**, detto), *Cividale del Friuli 720 ca. - Montecassino 799 ca.*, storico e poeta longobardo di lingua latina. È autore di una *Historia langobardorum* e dell'inno *Ut queant laxis*.

PÀOLO GIÙLIO, *II-III sec.*, giureconsulto romano. Funzionario imperiale e giurista, scrisse numerosi testi di diritto, conservati nella raccolta *Sententiae*.

PÀOLO UCCÈLLO → UCCELLO (Paolo).

PÀOLO VENEZIÀNO, pittore, attivo a Venezia tra il 1310 e il 1360 ca. Formatosi nell'ambito della tradizione bizantina, seppe coniugarne l'eredità con alcune caratteristiche del gotico, elaborando un linguaggio nuovo, all'origine della scuola veneziana. Tra le sue opere, contraddistinte da un acceso colorismo, *Madonna in trono col bambino e due committenti* (1325 ca.,

Galleria dell'Accademia, Venezia), *Dormitio Virginis* (1333, Museo Civico, Vicenza), la coperta della *Pala d'oro* (1345, S. Marco, Venezia).

PÀOLO VERONÉSE → VERONESE (Paolo).

PAOLÒZZI (Eduàrdo), *Leith 1924*, scultore e designer britannico di origine italiana. Influenzato dalle avanguardie (dadaismo, surrealismo), caposcuola della corrente antirazionalistica, ha contribuito allo sviluppo della pop art britannica.

PAPADÓPULOS (Geórgios), *Eleochórion 1919 - Atene 1999*, militare e politico greco. Tra gli organizzatori del colpo di Stato militare dell'apr. 1967, fu il capo del "governo dei colonnelli". Fece proclamare la repubblica, di cui fu presidente prima di essere destituito e processato.

PAPÀ GORIOT, romanzo di H. de Balzac (1834-1835), il cui protagonista viene spogliato di tutti i suoi beni dalle figlie che ama ciecamente.

PAPÁGOS (Aléxandros), *Atene 1883-1955*, militare e politico greco. Ministro della guerra nel 1935, organizzò con successo la resistenza contro gli italiani (1940) e le operazioni contro le forze comuniste nel corso della guerra civile (1949-1951). Fu presidente del consiglio dal 1952 al 1955.

PAPANDRÉU (Geórgios), *Patrasso 1888 - Atene 1968*, politico greco. Repubblicano, capo del governo greco in esilio (1944), fu presidente del consiglio dal 1963 al 1965. — **Andréas P.**, *Chio 1919 - Ekali, presso Atene, 1996*, politico greco. Figlio di Geórgios, socialista (fondò il PASOK nel 1974), fu primo ministro dal 1981 al 1989, e dal 1993 al 1996.

PAPANIN (Ivan), *Sebastopoli 1894 - Mosca 1986*, ammiraglio ed esploratore sovietico. Si lasciò trasportare, su una banchisa, dal Polo Nord alle coste della Groenlandia (1937-1938).

PAPÀTO E IMPÈRO (lòtta tra) (1157-1250), conflitto che oppose, in Germania e in Italia, l'autorità pontificia (papato) e quella laica (impero). Ebbe inizio con lo scontro tra il papa Alessandro III e l'imperatore Federico I Barbarossa, e si concluse con la vittoria di papa Innocenzo IV sull'imperatore Federico II. L'influenza del papato ne risultò indebolita.

PAPEETE, capol. della Polinesia francese, sulla costa nord-occ. di Tahiti; 25.553 ab. (più di 80.000 ab. nell'agglomerato). Porto. Aeroporto. Centro turistico.

PAPEN (Franz **von**), *Werl 1879 - Obersasbach 1969*, politico tedesco. Deputato del centro cattolico, cancelliere nel 1932, vicecancelliere dal 1933 al 1934, sostenne il nazismo, nella speranza di condividere il potere con A. Hitler. Ambasciatore a Vienna (1934-1938) e ad Ankara (1939-1944), nel 1946 fu processato dal tribunale di Norimberga e assolto.

PÀPI (làzzaro), *Pontito 1763 - Lucca 1834*, letterato. Soggiornò in India; al suo ritorno scrisse le *Lettere sulle Indie orientali* (1802). Al servizio di Elisa Bonaparte, traduttore del *Paradiso Perduto* (1811) e del *Manuale di Epitteto* (1812), fu autore dei celebri *Commentari della rivoluzione francese* (1830).

PAPIN (Denis), *Blois 1647 - Londra ? 1712 ca.*, scienziato e inventore francese. Nel 1679 inventò il "digestore", un antenato dell'autoclave. Nel 1687 enunciò il principio della macchina a vapore a pistoni.

PAOLO VENEZIANO. *Particolare della Pala Feriale Marciana, 1343-1345.*
(S. Marco, Venezia.)

PAPINEAU (Louis Joseph), *Montreal 1786 - Montebello 1871*, politico canadese. Capo del Partito nazionalista franco-canadese, guidò la rivolta del 1837.

■ *Louis Joseph Papineau. (Archivi pubblici del Canada.)*

PAPÌNI (Giovànni), *Firenze 1881-1956*, scrittore. Tra i fondatori del *Leonardo* (1903) e di *Laberba* (1913), fu tra gli animatori del movimento futurista. Collaborò al *Regno* e alla *Voce* e, parallelamente all'attività di pubblicista e giornalista, si dedicò a quella letteraria (*Un uomo finito*, 1912; *Stroncature*, 1916). In seguito si convertì alla fede cattolica (*Storia di Cristo*, 1921) e fu un sostenitore del fascismo.

PAPINIÀNO (Emilio), *m. a Roma nel 212 d.C.*, uno dei più importanti giureconsulti romani. Prefetto del pretorio, fu fatto assassinare da Caracalla. Ha lasciato i 37 libri delle *Quaestiones* e i 19 dei *Responsa*.

PÀPPO DI ALESSÀNDRIA, *Alessandria IV sec.*, matematico greco. Il suo trattato *Collezione matematica* è una delle fonti principali per la conoscenza degli studi compiuti dai matematici greci.

PAPUA, parte occ. della Nuova Guinea, dipendente dall'Indonesia. La regione, animata da forti tendenze separatiste nei confronti del potere centrale indonesiano (per il quale era *Irian Jaya*), ha ottenuto nel 2001 l'autonomia e il riconoscimento del nome attuale.

PAPUA, insieme di popolazioni melanesiane e maleo-polinesiane della Nuova Guinea e delle isole vicine. I p. parlano lingue molto diverse tra loro, che non appartengono al gruppo melanesiano.

PAPUA NUÒVA GUINÈA, Stato dell'Oceania; 463.000 km²; 4.902.000 ab. CAP. Port Moresby. LINGUA: *inglese*. MONETA: *kina*. Il paese è formato dalla metà orient. della Nuova Guinea e da numerose altre isole. Il territorio, montuoso a N, paludoso a S, è in gran parte coperto foreste e abitato da tribù sparse. Il clima è umido. Le piantagioni si concentrano soprattutto lungo la costa (caffè, cacao). Il sottosuolo fornisce rame e oro. — Nel 1975 lo Stato ottenne l'indipendenza nell'ambito del Commonwealth. Nel 1997 Silas Atopare è diventato governatore generale. Dal 2002 è primo ministro Michael Somare.

PARÁ, Stato del Brasile settentr.; 1.250.000 km²; 5.084.726 ab.; cap. Belém.

PARACAS, cultura precolombiana della costa merid. del Perú, sviluppatasi a partire dal XIII sec. a.C. Conosciuta per gli arredi funerari (pregevoli tessuti) delle necropoli, P. Cavernas e P. Necropolis, probabilmente fu all'origine degli agglomerati della civiltà di *Nazca.

PARACEL (Ìsole), gruppo di isolotti del Mar Cinese Meridionale, al largo del Vietnam, tuttora rivendicati dalla Cina e dal Vietnam.

PARACÈLSO (Theophrastus **Bombastus von Hohenheim**, detto), *Einsiedeln 1493 ca. - Salisburgo 1541*, alchimista e medico svizzero. Padre della medicina ermetica, elaborò una dottrina che faceva corrispondere il mondo esterno (macrocosmo) alle differenti parti dell'organismo umano (microcosmo).

PARADÌSI (Agostino), *Vignola 1736 - Reggio nell'Emilia 1783*, letterato e economista. Influenzato dalle idee illuministiche, contribuì alla loro diffusione con le *Lezioni di economia civile* e la raccolta dei *Versi sciolti* (1762). Fu anche autore di saggi (*Sopra lo stato presente delle scienze e delle arti in Italia*, 1767).

PARADÌSI (Pìetro Domènico), *Napoli 1707 - Venezia 1791*, compositore. Fu apprezzato clavicembalista, in partic. a Londra, dove visse dal 1746. Le *Sonate di gravicembalo* (1754) sono uno dei migliori esempi del '700 italiano.

PARADÌSO PERDÙTO (Il), poema biblico di J. Milton, pubblicato in 10 canti nel 1667 e in 12 nel 1674. La cacciata di Adamo ed Eva vi è descritta come benefica in quanto fonte di libertà per l'uomo. Il poema ha ispirato un'opera (*Paradise lost*, 1978) di K. Penderecki. — **Il paradiso riconquistato**, poema biblico di J. Milton (1671), nel qua-

Papua Nuova Guinea

200   500   1000 m

✈ aeroporto
— strada normale

● più di 100.000 ab.
● da 25.000 a 100.000 ab.
• meno di 25.000 ab.

le Satana tenta invano di indurre in tentazione Cristo.

PARADŽANOV (Sergej), *Tbilisi 1924 - Erevan 1990*, regista cinematografico sovietico. Georgiano di origine armena, conobbe il successo internazionale con *Le ombre degli avi dimenticati* (1965); realizzò poi *Sayat Nova*, dal nome di un grande poeta armeno. Il film, mal visto dalle autorità, fu distribuito in una versione tagliata (*Il colore del melograno*, 1971).

PARAGUAY, f. dell'America merid., affl. del Paraná; 2500 km; bacino di 1.100.000 km². Nasce nel Mato Grosso brasiliano e attraversa il Paraguay, sul confine con il Brasile e con l'Argentina.

PARAGUAY, Stato dell'America merid.; 407.000 km²; 5.636.000 ab. CAP. *Asunción*. LINGUE: *spagnolo e guarani*. MONETA: *guarani*.

GEOGRAFIA – Principali risorse del P., il cui territorio è in gran parte pianeggiante, sono l'allevamento bovino, lo sfruttamento forestale (mogano, quebracho), il mate, le piantagioni di tabacco, cotone, soia e canna da zucchero. La popolazione è oggi composta soprattutto da meticci. L'energia idroelettrica (centrali sul fiume Paraná) ha consentito un modesto sviluppo industriale, ma viene perlopiù esportata in Brasile e Argentina. La capitale è il solo centro urbano di rilievo.

STORIA – Inizio del XVI sec.: popolato da amerindi guaraní, il territorio del P. viene esplorato dagli spagnoli. **1585**: i gesuiti colonizzano una parte della regione posta sotto la loro autorità (1604). La popolazione autoctona si raccoglie nelle cosiddette "riduzioni" (villaggi indigeni ai quali i coloni non possono accedere): qui svolge le proprie attività quotidiane sotto la supervisione del missionari, che fanno opera di evangelizzazione. **1767**: in seguito all'espulsio-ne dei gesuiti, le riduzioni vengono distrutte e gli indigeni dispersi. **1813**: proclamazione dell'indipendenza (scontro tra Buenos Aires e Madrid), cui fa seguito una serie di dittature, la più lunga e dura delle quali è quella di Gaspar de Francia (1814-1840). **1865-1870**: il paese è devastato dalla guerra contro Argentina, Uruguay e Brasile. Ciò favorisce l'affermazione di un regime oligarchico, caratterizzato dalla rivalità tra *azules* (liberali e anticlericali) e *colorados* (conservatori e cattolici). **1932-1935**: il P. ottiene la vittoria nella guerra del Chaco contro la Bolivia. Gli ufficiali nazionalisti assumono le redini del paese. **1954-1989**: prende il potere il generale Alfredo Stroessner che, più volte rieletto, governa come capo assoluto; **1989**: viene esautorato da una sollevazione militare capeggiata dal generale Andrès Rodriguez. Questi, confermatosi capo dello Stato alle elezioni presidenziali, indirizza il paese verso la democratizzazione. **1992**: entra in vigore una nuova Costituzione. **1993**: i civili tornano al potere con l'elezione alla presidenza della repubblica di Juan Carlos Wasmosy, del Partito colorado; **1998**: gli succede Raúl Cúbas, dello stesso schieramento politico, che però, minacciato di destituzione al termine di una lunga crisi politica, si dimette nel 1999. Il presidente del senato, Luis Gonzáles Macchi, assicura la transizione alla testa dello Stato. **2003**: le elezioni decretano la vittoria del conservatore Nicanor Duarte Frutos.

PARAÍBA, Stato del Brasile; 3.443.825 ab.; cap. *João Pessoa*.

PARAMARIBO, cap. del Suriname, presso la foce del f. Suriname; 233.000 ab. Porto.

PARANÁ, f. dell'America merid., che si unisce al f. Uruguay formando il Río de la Plata; 3000 km ca. (4200 km con il Río de la Plata). Attraversa il Brasile, il Paraguay e l'Argentina. Sfruttamento idroelettrico.

PARACELSO, *copia di un'opera perduta di Q. Metsys. (Louvre, Parigi).*

Paraguay

★ importante località turistica

100   200   500 m

≈ palude
— strada normale
— ferrovia
✈ aeroporto

● più di 500.000 ab.
● da 100.000 a 500.000 ab.
● da 10.000 a 100.000 ab.
• meno di 10.000 ab.

PARANÁ, Stato del Brasile merid.; 9.563.458 ab.; cap. *Curitiba*. Caffè.

PARANÁ, c. dell'Argentina, sul f. omonimo; 277.338 ab. Porto.

PARANAL (Cerro), cima delle Ande, nel Cile settentr.; 2640 m. Osservatorio astronomico (**VLT*).

PARATÓRE (Èttore), *Chieti 1907 - Roma 2000*, latinista e critico letterario. Notevole studioso di letteratura latina e italiana, su cui ha pubblicato un'ampia serie di saggi. Tra le opere, *Virgilio* (1945), *Storia della letteratura latina* (1950), *Storia del teatro latino* (1957), *Studi dannunziani* (1966), *Romanae Litterae* (1976).

PARATÓRE (Giuseppe), *Palermo 1877 - Roma 1967*, politico. Ministro delle poste e successivamente del tesoro, ricoprì la carica di presidente del senato dal 1952 al 1953. Nel 1957 fu nominato senatore a vita.

PARAVÌA, casa editrice fondata nel 1802 a Torino da Giovan Battista P. (1765 ca. - 1826). Ingranditasi nel 1873 con l'acquisizione della Stamperia Reale, aprì numerose sedi in diverse città italiane. Nel dopoguerra, approfondendo l'interesse per la pedagogia manifestato fin dagli inizi, si specializzò nell'editoria scolastica, settore nel quale opera tuttora.

PARAY-LE-MONIAL, c. della Francia, nel dip. Saône-et-Loire; 9820 ab. Basilica romanica che tradisce l'influenza del modello cluniacense; pellegrinaggio al Sacro Cuore.

PÀRCHE, divinità latine del Destino, identificate con le **Moire* greche Cloto, Lachesi e Atropo (in lat.: *Nona*, *Decima* e *Morta*).

PARDUBICE, c. della Rep. Ceca, in Boemia, sull'Elba; 91.292 ab. Castello rinascimentale.

PARÈNTI (Frànco), *Milano 1921-1989*, attore e regista teatrale. Raggiunse la notorietà nel 1953 con la rivista satirica *Il dito nell'occhio*, scritta e interpretata con D. Fo e G. Durano. Fondatore e direttore del teatro Pier Lombardo di Milano (1972), si distinse per l'impegno e la profondità della sua produzione. Tra gli spettacoli, *L'Ambleto* (1972), *Il Macbetto* (1975), *Il misantropo* (1983).

PARÉTO (Vilfrédo), *Parigi 1848 - Céligny, Svizzera, 1923*, economista e sociologo. Successore di L. Walras (1893) all'Università di Losanna, ne riprese la teoria marginalista, elaborò l'idea di "ottimo" economico in un regime di libera concorrenza e formulò la teoria della circolazione delle élite come garanzia di equilibrio del sistema sociale. Tra i suoi scritti: *Manuale di economia politica* (1906), *Trattato di sociologia* (1916).

PAREYSON (Luigi), *Piasco 1918 - Milano 1991*, filosofo. Fu tra i primi in Italia a studiare e promuovere la diffusione dell'esistenzialismo, sviluppando un pensiero chiamato "personalismo ontologico". Tra le opere, *Studi sull'esistenzialismo* (1943), *Esistenza e persona* (1950), *Verità e interpretazione* (1971).

PARIBÈNI (Robèrto), *Roma 1876-1956*, archeologo e storico. Organizzò e diresse scavi in Italia (Roma, Ostia) e partecipò a missioni all'estero (Creta, Egitto, Malta, Libia, Montenegro). Tra le opere, *Il Mediterraneo orientale* (1916), *Il ritratto nell'arte antica* (1934).

PARICUTÍN, vulcano del Messico, a O di Città del Messico; 2808 m. Si è formato con l'eruzione del 1943.

PÀRIDE MITOL. GR. Figlio di Priamo ed Ecuba. Scelto come arbitro da Era, Atena e Afrodite, che si contendevano il pomo d'oro destinato dagli dei alla più bella, P. si pronunciò in favore di Afrodite, la quale gli aveva promesso l'amore di Elena. Forte del favore divino, P. rapì Elena, scatenando la guerra di Troia.

PARÌGI, in fr. **Paris**, cap. della Francia, capol. della reg. Île-de-France e dell'omonimo dip., sulla Senna; 2.147.857 ab. (*parigini*; più di 9,5 milioni nell'agglomerato). P. si è sviluppata in una posizione favorevole, al centro di una fertile pianura solcata da fiumi e nel punto di convergenza delle vie di comunicazione terrestri e fluviali. È la capitale politica, amministrativa e culturale della Francia, nonché principale porto fluviale e primo centro finanziario, commerciale e industriale del paese. Le industrie sono in gran parte dislocate in periferia, mentre i servizi vanno sempre più accentrandosi in città. — La capitale dei galli *parisii*, nucleo originario dell'attuale P., nel 52 a.C. fu conquistata dai romani e assunse il nome di *Lutezia*. Nel VI sec. i franchi di Clodoveo ne fecero la loro capitale e l'avvento dei capetingi, nel 987, ne favorì lo sviluppo. Nel XIII sec. la città divenne sede universitaria (nel 1212 fu fondata l'Università di P. e nel 1257 la Sorbona). Nel 1370 Carlo V fece costruire una nuova cinta, corrispondente all'attuale Grand Boulevard: ebbe inizio la pianificazione dell'urbanizzazione di P., che nei secoli successivi sarebbe stata da una parte il cuore del potere assolutista (nel 1682 Luigi XIV trasferì la corte a Versailles) e dall'altra teatro delle lotte contro il potere reale (P. fu infatti l'epicentro della Fronda del 1648, principale teatro della Rivoluzione francese, sede della comune postrivoluzionaria e all'origine delle rivolte del 1830 e del 1848). La città ha acquisito il suo volto attuale con il progetto urbanistico di E. Haussmann, che tra il 1853 e il 1870 la dotò di grandi viali. — P. è ricchissima di monumenti: tra i più antichi le terme di Cluny, gallo-romane, e la chiesa abbaziale di **St.-Germain-des-Prés*, con parti romaniche. Al periodo gotico risalgono la cattedrale di **Notre-Dame*, la Sainte-Chapelle e parti della Conciergerie; al Rinascimento la chiesa di St.-Eustache (1532) e il **Louvre*. Del XVII sec. restano bei palazzi quali l'Hôtel des **Invalides*, il **Lussemburgo*, la **Sorbona* e numerose residenze private dell'isoletta di Saint-Louis e del quartiere Marais. Sono del XVIII sec. la chiesa di St.-Sulpice, Place de la Concorde ed edifici classici e neoclassici come il **Panthéon* e il teatro dell'Odéon. A Napoleone si devono gli archi di trionfo del Carrousel e dell'Étoile e la chiesa della Madeleine. La città vanta anche interessanti edifici del XIX sec. (**Opéra*, torre **Eiffel*) e del XX sec. (**Centre national d'art et de culture G. Pompidou*; Grande Arche, 1989). Tra i musei il Louvre, i musei d'**Orsay*, d'Arte moderna, delle Arti e Tradizioni popolari, Carnavalet, **Cernuschi*, delle Arti decorative, dell'Uomo e la Città delle scienze e dell'industria. Importante fondo alla Biblioteca Nazionale.

PARÌGI (scuòla di), denominazione introdotta intorno al 1925 per designare l'insieme degli artisti di diversa provenienza che a Parigi completarono la loro formazione e svolsero gran parte della loro attività: C. Brancusi, M. Chagall, T. Foujita, Moïse Kisling, A. Modigliani, J. Pascin, S. Poliakoff, C. Soutine, B. e G. Van Velde ecc.

PARÌGI (trattàti di), trattati firmati a Parigi. I più importanti sono quelli del 1229 (conclusione della guerra degli albigesi), del 1259 (pace tra Luigi IX ed Enrico III d'Inghilterra), 1763 (fine della guerra dei Sette anni; tramonto dell'impero coloniale francese), 1814 e 1815 (fine delle guerre napoleoniche), 1856 (fine della guerra di Crimea), 1898 (fine della guerra ispano-americana) e 1947 (tra le potenze vincitrici della seconda guerra mondiale e Italia, Romania, Ungheria, Bulgaria, Finlandia).

PARIGÌNO (Bacìno), unità geologica di origine sedimentaria, in Francia; 140.000 km^2 ca. È attraversata da quattro sistemi fluviali: Senna, Loira, Mosa e Mosella.

PARÌNI (Giuseppe), *Bosisio 1729 - Milano 1799*, scrittore. Ordinato sacerdote nel 1754, trovò impiego come precettore, rimanendo intellettualmente vicino agli ambienti illuministi milanesi. Nel 1796 ricoprì alcuni incarichi nella Milano bonapartista, ma se ne ritirò poco dopo. Nel 1763 aveva intanto pubblicato *Il Mattino*, la prima parte di quello che sarebbe diventato *Il Giorno*, poema didascalico-satirico in versi, parodia della società aristocratica milanese dell'epoca. Nel 1765 pubblicò *Il Mezzogiorno*, mentre *Il Vespro* e *La Notte* uscirono postumi (1801). Altre opere: *Discorso sopra la poesia* (1761), *Le Odi* (1757-1795).

PÀRIS (Rènzo), *Celano 1944*, scrittore e poeta. Docente di letteratura francese e traduttore, ha esordito come poeta, raccogliendo poi la sua produzione lirica in *Album di famiglia* (1990). Saggista (*Il mito del proletariato nel romanzo italiano*, 1977; *Ritratto d'artista da vecchio. Conversazioni con Alberto Moravia*, 2001); ha scritto anche i romanzi *Cani sciolti* (1973), *Filo da torcere* (1982), *Ultimi dispacci della notte* (1999).

PARÌSE (Goffrédo), *Vicenza 1929 - Treviso 1986*, scrittore. Scrisse romanzi satirici e grotteschi, che analizzano spietatamente la società italiana. Tra le opere, *Il ragazzo morto e le comete* (1951), *La grande vacanza* (1953), *Il prete bello* (1954), *Il fidanzamento* (1956), *Il padrone* (1965), *Il crematorio di Vienna* (1969).

PARÌSI (Giòrgio), *Roma 1948*, fisico teorico. Docente di teorie quantistiche a Roma, ha compiuto notevoli studi nell'ambito della fisica della particelle elementari, della meccanica statistica e dei sistemi disordinati, per i quali ha ricevuto importanti riconoscimenti.

PARÌSI (Giovànni), *Vibo Valentia 1967*, pugile. Ha vinto la medaglia d'oro alle Olimpiadi di Seul del 1988 nella categoria pesi piuma. Tra i professionisti, ha conquistato il titolo mondiale dei pesi leggeri WBO nel 1992 e quello dei superleggeri WBO nel 1996.

PARK (Mungo), *Foulshiels, presso Selkirk, Scozia, 1771 - Bussa, Nigeria, 1806*, esploratore britannico. Compì diversi viaggi in Africa e morì annegato nel Niger.

PARK CHUNG-HEE, *Sonsan-gun 1917 - Seul 1979*, generale e politico sud-coreano. Presidente della repubblica di Corea dal 1963, venne assassinato.

PARKER (Alan), *Londra 1944*, regista cinematografico britannico. Tra i suoi film, *Piccoli gangster* (1976), *Fuga di mezzanotte* (1977), *Saranno famosi* (1980), *Pink Floyd - The Wall* (1982), *The Commitments* (1990), *Evita* (1996), *Le ceneri di Angela* (1999), *The Life of David Gale* (2003).

PARKER (Charles Christopher, detto Charlie), *Kansas City 1920 - New York 1955*, sassofonista e compositore jazz statunitense. Soprannominato Bird o Yardbird, fu il padre della musica bebop e un grandissimo solista (*Now's the Time*, 1945; *Parker's Mood*, 1948).

PARKER (Dorothy), *West End 1893 - New York 1967*, scrittrice statunitense. Giornalista dalla tagliente vena umoristica (*Vogue*, *New Yorker*), divenne poi uno degli autori di punta negli Stati Uniti degli anni '30 del secolo scorso. Scrisse poesie satiriche raccolte nel volume *Non profondo come un pozzo* (1936). Tra le opere di narrativa, *Il mio mondo è qui* (1939).

PARKINSON (James), *Hoxton 1755 - Londra 1924*, medico britannico. Il suo nome è legato alla malattia del sistema nervoso che porta il suo nome, scoperta nel 1817: il *morbo di P.* (o paralisi agitante), malattia cronica di eziologia ignota che colpisce prevalentemente in età senile e genera tremiti, difficoltà nei movimenti e nella scrittura.

PARKS (Tim), *Manchester 1954*, scrittore britannico. Tra i suoi romanzi, *Lingue di fuoco* (1985), *Cara Massimina* (1990), *Fuga nella luce* (1993), *Europa* (1997), *Destino* (1999), *Questa pazza fede* (2002). È anche autore di saggi sull'Italia (*Italiani*, 1992; *Un'educazione italiana*, 1996) e traduttore di importanti autori italiani (A. Moravia, I. Calvino, A. Tabucchi).

PARLAMÉNTO EUROPÈO, istituzione comunitaria composta da deputati (626 dal 1995) eletti a suffragio universale diretto, dal 1979, in ogni Stato membro dell'Unione Europea. Partecipa delle decisioni comunitarie (in gradi diversi a seconda della materia) attraverso le procedure di consultazione, cooperazione, parere conforme e codecisione. Vota il budget annuale e controlla la sua corretta gestione. Ha sede a Strasburgo.

PARLER (Peter), *Schwäbisch Gmünd 1330 - Praga 1399*, architetto e scultore tedesco, il più noto di un'importante famiglia di architetti. Successore di Mathieu d'Arras, realizzò opere per la cattedrale di Praga.

PÀRMA, c. dell'Emilia-Romagna, capol. di prov., alla confluenza del torrente Baganza col f. P.; 168.717 ab. (*parmigiani*). Mercato agricolo. Industrie di trasformazione alimentare (casearie, salumiere, dello zucchero, vinicole) e meccaniche, farmaceutiche, chimiche, del vetro, delle calzature. — Di origine etrusca, la città conobbe una prima importante fioritura in epoca romana. Accorpata allo Stato pontificio nel 1512, se ne distaccò nel 1545 per volere di Paolo III, che ne fece un ducato, appartenuto ai Farnese fino al 1731. Nel

PARMA. *Veduta del duomo e del battistero.*

1748 la città e il ducato furono assegnati a Filippo di Borbone; divenuti territori francesi nel 1802, nel 1815 furono donati all'ex imperatrice Maria Luisa e nel 1860 annessi al regno sabaudo. — Complesso romanico-gotico del duomo (cupola affrescata dal Correggio) e del battistero (con sculture di B. Antelami); numerose chiese, tra cui quella della Madonna della Steccata (abside del Parmigianino); Palazzo della Pilotta (XVI-XVII sec.); musei. — Nella provincia, prevalentemente montuosa e collinare (estesa sull'Appennino Ligure e Tosco-Emiliano), si praticano soprattutto l'agricoltura intensiva (cereali, barbabietole da zucchero, uva, ortaggi) e l'allevamento bovino e suino. Industrie alimentari. Giacimenti di metano. Centri principali: Fidenza, Salsomaggiore (stazione termale), Fornovo, Collecchio.

PARMÈNIDE, *Elea, Magna Grecia, 515 ca. a.C. - 440 ca. a.C.*, filosofo greco della scuola eleatica. Nel suo poema *Sulla natura*, formulò la proposizione fondamentale dell'ontologia: l'essere è uno, continuo ed eterno.

PARMENIÓNE, *400 ca. a.C. - Ecbatana 330 ca. a.C.*, generale macedone. Luogotenente di Filippo II, poi di Alessandro, fu giustiziato per essersi opposto all'espansione dell'impero verso l'oriente.

PARMIGGIÀNI (Clàudio), *Luzzara 1943*, artista. Ha sviluppato una poetica personale legata alla riflessione sul mondo e alla memoria, realizzando accostamenti di oggetti in cui convergono citazioni letterarie e filosofiche. Tra le opere, *Luce luce luce* (1968), *Labirinto* (1970).

PARMIGIANÍNO (Francésco **Mazzòla**, detto **il**), *Parma 1503 - Casalmaggiore 1540*, pittore. Tra i principali esponenti del manierismo emiliano ed europeo, disegnatore dotato di una squisita eleganza, colorista raffinato, portò all'estremo la ricerca della perfezione, entrando a contatto con gli ambienti pittorici di Roma (nel 1527) e

subendo le influenze di artisti come Raffaello e Michelangelo. Tra le opere: *Visione di san Girolamo* (1525-1526, National Gallery, Londra), *pala di san Rocco* (1529, pinacoteca di Bologna), *Schiava turca* (1530 ca., pinacoteca di Parma), *Madonna dal collo lungo* (1535 ca., Uffizi, Firenze), decorazione dell'abside della chiesa della Madonna della Steccata, a Parma (1531-1539).

PARNÀSO, in gr. **Parnassós**, massiccio della Grecia, a NE di Delfi; 2457 m. Nell'antichità il P., montagna delle Muse, era consacrato ad Apollo.

PARNÀSO CONTEMPORÀNEO (Il), raccolta collettiva di poesie, apparse in tre fascicoli (1866, 1871, 1876). Costituisce il manifesto della scuola poetica francese detta parnassiana (Leconte de Lisle, T. de Banville, J. Heredia, Sully Prudhomme, F. Coppée), che difendeva il lirismo impersonale e la teoria dell'arte per l'arte (T. Gautier).

PARNELL (Charles Stewart), *Avondale 1846 - Brighton 1891*, politico irlandese. Eletto deputato (1875), assunse la direzione del Partito nazionalista (1877) e praticò con efficacia l'opposizione parlamentare. Capo della Lega agraria irlandese (1879), promosse, con W. Gladstone, l'idea dell'Home Rule.

PARNY (Évariste Désiré **de Forges**, viscónte **di**), *Isola Bourbon, att. La Réunion, 1753 - Parigi 1814*, poeta francese. È autore di poesie d'amore.

PÀRO, in gr. **Páros**, isola della Grecia, nelle Cicladi; 7000 ab. Le sue cave hanno fornito agli scultori dell'antica Grecia i marmi più pregiati. — Turismo.

PARÒDI (Ernèsto Giàcomo), *Genova 1862 - Firenze 1923*, filologo e critico letterario. Direttore dal 1906 del *Bollettino della società dantesca italiana*, tentò di operare una mediazione tra le istanze positiviste e l'estetica crociana, con un'attenzione al problema della lingua italiana. Tra le opere, *Poeti antichi e moderni* (1923), *Lingua e letteratura* (postumo, 1957).

PAROPAMISO, catena montuosa dell'Afghanistan; 3135 m.

PARRÀSIO, *Efeso fine del V sec. a.C.*, pittore greco. Rivale di Zeusi, è conosciuto solo grazie alla testimonianza degli autori antichi che celebrano la potenza espressiva delle sue opere.

PÀRRI (Ferrùccio), *Pinerolo 1890 - Roma 1981*, politico. Fondatore e direttore del periodico *Il caffè* (1924), fu convinto antifascista. Condannato al confino (1926-1933), contribuì alla fondazione del Partito d'azione e del movimento Giustizia e libertà. Nel 1945 fu il primo presidente del consiglio dell'Italia liberata, quindi fondò con U. La Malfa il PRI (1948), che nel 1953 lasciò per entrare nel PSI. Direttore de *L'Astrolabio* (1963), dal 1968 al 1979 fu presidente del gruppo della sinistra indipendente.

PARRÓNCHI (Alessàndro), *Firenze 1914*, poeta e critico. È stato uno dei principali esponenti dell'ermetismo toscano (*I giorni sensibili*, 1941; *Un'attesa*, 1949; *Pietà dell'atmosfera*, 1970; *Climax*, 1990; *Poesie*, 2001). Anche critico d'arte (*Artisti toscani del primo Novecento*, 1958) e traduttore.

PARRY (Isole), parte dell'arcipelago artico canadese.

PARRY (sir William Edward), *Bath 1790 - Bad Ems 1855*, marinaio ed esploratore britannico. Guidò diverse spedizioni nell'Artide.

PARSONS (sir Charles), *Londra 1854 - Kingston, Giamaica, 1931*, ingegnere britannico. Realizzò la prima turbina a vapore a reazione (1884).

PARSONS (Talcott), *Colorado Springs 1902 - Monaco 1979*, sociologo statunitense. Definì la sua sociologia come scienza dell'azione, integrandovi diverse tesi del funzionalismo (*Sistema politico e strutture sociali*, 1969).

PARTENÓNE, tempio dedicato ad Atena Parthénos, innalzato sull'acropoli di Atene per volere di Pericle nel V sec. a.C. Fidia sovrintese ai lavori, nei quali fu assistito da numerosi artisti (tra cui gli architetti Ictino e Callicrate), e si occupò delle ricche decorazioni scultoree. Il tempio periptero, in marmo del Pentelico, rappresenta la perfezione e l'equilibrio dello stile dorico.

PARTENOPÈA (Repùbblica), repubblica patriottico-giacobina fondata dai francesi a Napoli, nel gen. 1799, in sostituzione del regno borbonico. Il governo provvisorio, costituito da 25 membri

scelti tra moderati e rivoluzionari, promulgò una serie di riforme amministrative importanti, osteggiate dalla nobiltà. Nel 1799 il cardinale F. Ruffo, approfittando della situazione di scollamento tra intellettuali e masse popolari, sbarcò in Calabria e istigò alla rivolta contro il governo contadini e briganti. La R. P. capitolò e Ruffo acconsentì all'esilio dei suoi rappresentanti, che a tradimento furono consegnati da H. Nelson ai Borbone e giustiziati.

PARTHENAY, c. della Francia, capol. del dip. Deux-Sèvres, sul Thouet; 11.168 ab. — Resti di fortificazioni del XIII sec.; chiese romaniche.

PÀRTI, ant. popolazione apparentata con gli sciiti, stabilitasi nel corso del III sec. a.C. nella Persia nord-orient. (att. Khorasan). Il loro capo Arsace (250 ca.), approfittando della debolezza dell'impero seleucide, costituì un regno che, alla fine del II sec. a.C., comprendeva la Persia e una parte della Mesopotamia e mise in scacco le truppe romane. La dinastia degli Arsacidi fu sottomessa dai Sasanidi (224 d.C.).

PARTIGIÀNO JOHNNY (Il), romanzo di B. Fenoglio, pubblicato postumo nel 1968. Opera autobiografica sulla Resistenza italiana, deve la sua originalità al tono epico-lirico e alla commistione di elementi linguistici italiani e inglesi, che ne fanno una delle vette della narrativa italiana del '900.

PARTINÌCO, com. in prov. di Palermo; 27.251 ab. Agricoltura (olive, foraggi, frutta). Industrie meccaniche e alimentari. Villa comunale Regina Margherita (XIX sec.). Cantina Reale (XIX sec.). Fontana Valguarnera (XVII sec.).

PARÙTA (Pàolo), *Venezia 1540-1598*, politico. Storiografo ufficiale della repubblica di Venezia (1579), ricoprì numerosi incarichi diplomatici (Vienna, Roma) e fu procuratore di S. Marco. Tra le opere, *Della perfezione della vita politica* (1579), *Storia della guerra di Cipro* (1605).

PARVATI, divinità della religione induista. Sposa di *Shiva, l'unione con il quale è uno dei motivi più importanti del culto indù, simboleggia la fecondità della natura.

PARZANÉSE (Piètro Pàolo), *Ariano di Puglia, att. Ariano Irpino, 1809 - Napoli 1852*, poeta. Sacerdote e traduttore di A. de Lamartine, G. Byron e V. Hugo, scrisse liriche che rivelano attenzione verso la realtà degli umili e spirito cristiano. Tra le opere, *Armonie italiane* (1841), *Canti del povero* (1851).

PASADENA, c. degli Stati Uniti (California), nei pressi di Los Angeles; 133.936 ab. Centro di ricerche spaziali (*Jet Propulsion Laboratory*). Nelle vicinanze, osservatorio del Monte Wilson (alt. 1740 m). — Museo.

PASÀRGADE, una delle capitali dell'impero achemenide. Fu fondata intorno al 550 a.C. da Ciro il Grande.

PASAY, c. delle Filippine, sobborgo di Manila; 354.908 ab. Aeroporto internazionale.

PASCAL (Blaise), *Clermont-Ferrand 1623 - Parigi 1662*, scienziato e filosofo francese. All'età di 16 anni scrisse un *Saggio sulle coniche* e, in seguito, riprendendo i lavori di E. Torricelli, si pronunciò in favore dell'esistenza del vuoto e analizzò il gioco dei dadi che fu, grazie anche allo scambio epistolare con P. de Fermat, all'origine del calcolo delle probabilità. Intorno al 1657 si dedicò agli studi di geometria, proponendo un'assiomatica che prendeva le distanze dalla tradizione euclidea. A partire dal 1658 approfondì le ricerche sul calcolo infinitesimale. — Nel 1654 un'esperienza mistica lo spinse a dedicare la

IL PARMIGIANINO, *Madonna dal collo lungo, 1535 ca. (Uffizi, Firenze.)*

Il **PARTENONE** *(447-432 a.C.) sull'acropoli di Atene.*

sua vita alla fede e alla pietà. Divenne giansenista e nelle *Lettere provinciali* (1656-1657), pubblicate con uno pseudonimo, attaccò i gesuiti. Morì lasciando incompiuta un'*Apologia della religione cristiana*, i cui frammenti furono pubblicati con il titolo di *Pensieri*.

■ *Blaise Pascal. (Reggia di Versailles.)*

PASCAL (Ernèsto), *Napoli 1865-1940*, matematico. Docente a Pavia e a Napoli, si occupò di analisi, studiando la teoria delle forme differenziali e algebriche e formulando il teorema che porta il suo nome.

PASCÀLI (Pino), *Bari 1935 - Roma 1968*, artista. Fu tra i maggiori esponenti della pop art italiana degli anni '60 del secolo scorso, inventore di soluzioni innovative e brillanti composizioni in bilico tra l'arte povera e il nuovo dadaismo.

PASCARÈLLA (Césare), *Roma 1858-1940*, poeta. Dopo gli esordi come pittore, si accostò alla poesia dialettale in romanesco, pubblicando *Er morto de campagna* (1881), *La serenata* (1882), *Villa Gloria* (1886) e *La scoperta de l'America* (1894). Lasciò incompiuto *Storia nostra* (postumo, 1941), che ripercorre la storia di Roma dalle origini.

PASCH (Moritz), *Breslavia 1843 - Bad Homburg 1930*, logico e matematico tedesco. Fu tra i primi a trattare la geometria sotto l'aspetto assiomatico (1882).

PASCIN (Julius Pinkas, detto Jules), *Vidin 1885 - Parigi 1930*, pittore e disegnatore bulgaro naturalizzato statunitense. Fu, prima e dopo la prima guerra mondiale, uno degli animatori della bohème parigina. I suoi disegni sono caratterizzati da precisione del tratto e delicato colorismo, venato di sottile erotismo.

PÀSCOLI (Giovànni), *San Mauro, att. San Mauro Pascoli, 1855 - Bologna 1912*, poeta. Originario di una famiglia della borghesia rurale romagnola, in gioventù fu colpito da gravi lutti, tra cui l'uccisione del padre (1867). Insigne latinista, nel 1905 succedette a G. Carducci nella cattedra di letteratura italiana a Bologna. La sua ispirazione poetica si avvicina alle tematiche e ai modelli del decadentismo: attraverso un'autentica rivoluzione stilistica, incentrata sull'abolizione delle strutture metriche tradizionali e sul ricorso costante a onomatopee e nuove formule linguistiche, P. si fece interprete della crisi dell'uomo contemporaneo, della precarietà dell'esistenza (*Il fanciullino*), avvicinandosi con delicatezza e smarrimento alle piccole cose, vibrando all'unisono con i misteri e i ritmi della natura. Tra le opere: *Myricae* (1891), *Canti di Castelvecchio* (1903), *Odi e inni* (1906), *Nuovi poemetti* (1909), *Poemi italici* (1911). Tra i saggi: *Minerva oscura* (1898), *Sotto il velame* (1900), *La mirabile visione* (1902).

PÀSCOLI (Lióne), *Perugia 1674 - Roma 1744*, scrittore d'arte e economista. Scrisse l'opera storiografica *Vite de' pittori, scultori e architetti moderni* (1730-1736). Nel *Testamento politico di un accademico fiorentino* (1733) analizzò la condizione economica dello Stato pontificio.

PAS-DE-CALAIS, dip. della Francia, nella reg. Nord-Pas-de-Calais; capol. *Arras*; 6671 km²; 1.441.568 ab. Allevamento e pesca sul litorale; trasporti marittimi e ferroviari (Calais, tunnel sotto la Manica). Cerealicoltura nell'interno. Industrie metallurgiche, chimiche, alimentari e tessili.

PASÈRO (Tancrèdi), *Torino 1893 - Milano 1983*, basso. Dopo l'esordio nel 1918 a Vicenza, fu attivo fino al 1953, distinguendosi come uno dei migliori bassi nelle interpretazioni di opere di G. Rossini, G. Verdi, I. Pizzetti.

PASHTUN, popolazione residente nell'Afghanistan orient. e merid. e nel Pakistan nord-occ. (ca. 16 milioni di individui). I p., divisi in grandi tribù, sono per la maggior parte di religione islamica sunnita. La loro lingua, il pashto (detto anche afghano), appartiene al ceppo iranico.

PASÌFAE MITOL. GR. Sposa di Minosse, madre di Arianna, di Fedra e del Minotauro.

PASÌNI (Pàce), *Vicenza 1583 - Padova 1644*, letterato. Subì una condanna per eresia e fu costret-

to a rifugiarsi a Zara. Scrisse una raccolta di *Rime* (1642) di stampo manierista e il romanzo erotico-cavalleresco *Historia del cavalier perduto* (1634), considerato l'"anonimo" ispiratore di A. Manzoni per *I promessi sposi*.

PASOLÌNI (Giusèppe), *Ravenna 1815-1876*, politico. Liberale moderato, fu amico di papa Pio IX e ministro del commercio dello Stato pontificio (1848). Dopo aver contribuito all'annessione della Romagna al regno di Sardegna, ricoprì importanti incarichi politici (senatore, ministro degli esteri, presidente del Senato).

PASOLÌNI (Pièr Pàolo), *Bologna 1922 - Ostia 1975*, scrittore e regista cinematografico. Personalità complessa, intellettuale provocatorio e artista eclettico, P. si è mosso tra le diverse arti (poesia, teatro, cinema) con grande curiosità e forza creativa. Partecipe del clima culturale italiano dell'epoca come pensatore, saggista e polemista indiscutibilmente "contro", manifestò sempre il dissidio interiore tra l'adesione all'ideologia marxista, il richiamo della spiritualità cristiana e il ritorno alle radici. I suoi romanzi (*Ragazzi di vita*; *Una vita violenta*, 1959) riflettono la realtà del sottoproletariato romano, risentendo di influenze neorealiste, mentre i suoi film (*Accattone*, 1960; *Il Vangelo secondo Matteo*, 1964; *Uccellacci e uccellini*, 1966; *Teorema*, 1968) testimoniano un'assidua ricerca linguistica e formale; i suoi interventi giornalistici sono riuniti in diverse raccolte (*Scritti corsari*, 1975; *Lettere luterane*, 1976; *Le belle bandiere*, 1977; *Il caos*, 1979), come pure le poesie (*La meglio gioventù*, 1954; *La religione del mio tempo*, 1961; *Trasumanar e organizzar*, 1971). La sua vita si concluse tragicamente sul lungomare di Ostia, e le circostanze del suo assassinio rimangono ancora avvolte nel mistero.

■ *Pier Paolo Pasolini.*

PÀSQUA (Ìsola di), isola del Pacifico, a O del Cile, da cui dipende; 162,5 km²; 1870 ab. Intorno al V sec. fu colonizzata da popolazioni di origine polinesiana, fino all'arrivo degli europei, nel 1722. Civiltà basata sul culto degli antenati, che si manifestava con santuari (*ahu*) e soprattutto statue giganti, monolitiche (*moai*).

ISOLA DI PASQUA. *Moai.*

PASQUÀLE I, *m. a Roma nell'824*, papa dall'817 all'824. Ottenne da Ludovico il Pio un riconoscimento ufficiale dei domini pontifici. — **Pasquale II** (Ranièro), *Bieda, Ravenna, 1050 ca. - Roma 1118*, papa dal 1099 al 1118. Il suo pontificato fu contrassegnato dalla ripresa della lotta per le investiture tra papato e impero, durante la quale sostenne una drammatica lotta contro gli imperatori Enrico IV ed Enrico V. — **Pasquale III** (Guido **da Crema**), *Crema 1100 - Roma 1168*, antipapa. Fu sostenitore di Federico Barbarossa. Canonizzò Carlo Magno.

PASQUÀLI (Giórgio), *Roma 1885 - Belluno 1952*, filologo. Dopo gli studi in Germania e Svizzera, esor-

dì con alcuni saggi sui poeti greci e latini. Direttore degli *Studi italiani di filologia classica* (1924), espresse le posizioni critiche più importanti in *Storia della tradizione e critica del testo* (1934). Tra le altre opere, la serie delle "pagine stravaganti".

PASQUARIÈLLO (Gennàro), *Napoli 1869-1958*, cantante e attore teatrale. Nel corso di una lunga carriera si esibì nei teatri napoletani, interpretando scene comiche ma affermandosi soprattutto come interprete drammatico nelle sceneggiate napoletane (*Signorinella*, *Zappatore*).

PASQUIER (Étienne), *Parigi 1529-1615*, giureconsulto francese. Avvocato al parlamento di Parigi (1549), difese il re di Francia Enrico III contro le pretese della lega cattolica. Scrisse le *Ricerche sulla Francia* (1560-1621), opera enciclopedica precorritrice della moderna metodologia storico-critica.

PASQUÌNI (Bernàrdo), *Massa di Valdenievole 1637 - Roma 1710*, compositore, organista e clavicembalista. Attivo presso diverse corti europee (Vienna, Parigi), lasciò una ricca produzione clavicembalistica (partite, toccate, *suites*, *Sonate per gravicembalo*, 1702) e operistica (*Dov'è amore è pietà*, 1679; *L'Idalma*, 1680).

PASSAMAQUODDY (Bàia di), golfo della costa orient. degli Stati Uniti (Maine) e del Canada (Nuovo Brunswick).

PASSARÒTTI (Bartolomèo), *Bologna 1529-1592*, pittore e incisore. Allievo del Vignola e di T. Zuccari a Roma, aprì a Bologna una celebre scuola. Lavorò a pale d'altare e raggiunse la fama grazie ai ritratti (*Vecchio*) e le opere di genere (*Mercante di pesce*), che contribuirono al rinnovamento della pittura naturalistica italiana.

PASSAROWITZ (pàce di) (21 lug. 1718), trattato stipulato tra l'Austria, Venezia e l'impero ottomano a P. (att. Požarevac, in Serbia). Pose fine alla guerra tra la Turchia e Venezia e assegnò all'Austria la Valacchia e la Serbia.

PASSATÓRE (Stéfano **Pellóni**, detto **il**), *Boncellino di Bagnacavallo 1824 - Russi 1851*, bandito romagnolo. Deve il nome al mestiere di traghettatore. Avvolto da un'aura semileggendaria, percorse la Romagna con la sua banda compiendo rapine fino alla tragica morte in un agguato teso dalla polizia. G. Pascoli lo ricordò in *Romagna*.

PASSAU, in it. **Passàvia**, c. della Germania (Baviera), sul Danubio; 50.291 ab. Università. — Cattedrale gotico-barocca e altri monumenti; museo regionale, museo del vetro.

PASSAVÀNTI (Iàcopo), *Firenze 1302 ca. - 1357*, scrittore. Predicatore domenicano, ricoprì la carica di priore del convento di S. Maria Novella a Firenze. Scrisse lo *Specchio di vera penitenza* (postumo, 1495), nel quale raccolse i discorsi quaresimali tenuti nel 1354, intervallati da celebri "esempi" che dimostravano empiricamente i concetti teorici da lui espressi.

PÀSSERI (Giovàn Battista), *Roma 1610 ca. - 1679*, pittore e scrittore d'arte. Fu autore di *Vite de' pittori, scultori e architetti...* (postumo, 1772), raccolta di biografie di pittori del '600 romano, opera importante per comprendere la situazione artistica dell'epoca nella capitale.

PÀSSERO (Càpo), promontorio della Sicilia, presso l'estremità merid. dell'isola (prov. di Siracusa). Resti del castello. Faro.

PASSERÓNI (Giàn Càrlo), *Condamine 1713 - Milano 1803*, poeta. Sacerdote, frequentò a Milano l'Accademia dei Trasformati. Compose il poema satirico in ottave *Cicerone* (1755-1774, 101 canti), che ritrae la società dell'epoca anticipando il *Giorno* di G. Parini. Tra le altre opere, *Favole esopiane* (1779-1788).

PASSIGNÀNO (Doménico **Crèsti**, detto **il**), *Passignano 1560 ca. - Firenze 1636*, pittore. Fu allievo di F. Zuccari a Firenze e con lui collaborò alla decorazione della cupola del duomo. A Roma si inserì nel filone tardomanierista, contribuendo a rinnovarlo con l'inserimento di temi desunti dalla pittura veneziana. Tra le opere, *Storie di sant'Antonino* a Firenze.

PASSÌRIA (vàlle), in ted. *Passeiertal*, valle del Trentino-Alto Adige, in prov. di Bolzano. Percorsa dal f. Passirio, affl. dell'Adige, è compresa tra Merano e il Passo del Rombo, al confine tra Italia e Austria. Turismo.

PASSY (Hippolyte Philibert), *Garches 1793 - Parigi 1880*, politico ed economista francese, fautore del libero scambio. — **Frédéric P.**, *Parigi 1822 - Neuilly-sur-Seine 1912*, economista francese. Nipote di Hippolyte Philibert, fu un fervente pacifista. (Premio Nobel per la pace 1901.)

PÀSTA (Giuditta Maria Costànza), *Saronno 1797 - Blevio 1865*, soprano. Dopo l'esordio nel 1815, fu una delle maggiori interpreti della sua epoca, in part. nel repertorio di V. Bellini (*Norma*) e G. Rossini, mostrando eccellenti doti recitative.

PASTERNAK (Boris Leonidovič), *Mosca 1890 - Peredelkino 1960*, scrittore russo. Poeta d'ispirazione futurista (*Mia sorella la vita*), nel 1957 ottenne un riconoscimento internazionale con *Il *dottor Zivago*. Questo romanzo fu violentemente attaccato dalla critica e trovò un ostacolo insormontabile nella censura sovietica, tanto che, nel 1958, fu impedito all'autore di ritirare il premio Nobel. In Unione Sovietica ebbe libera circolazione soltanto nel 1987, quando P. fu riabilitato.

■ *Boris Pasternak.*

PASTEUR (Istituto), fondazione privata senza fini di lucro fondata a Parigi nel 1888 e diretta da L. Pasteur stesso fino alla morte. L'istituto, dedito alla ricerca scientifica in vari campi (batteriologia, virologia, immunologia, allergologia, biochimica, biologia molecolare) è divenuto uno dei centri più importanti del mondo per i suoi studi di biologia e genetica molecolare e per la produzione di sieri e vaccini.

PASTEUR (Louis), *Dole 1822 - Marnes-la-Coquette, 1895*, chimico e biologo francese. Si occupò delle fermentazioni lattica e alcolica e dell'inacidimento dei vini, dimostrando la generazione biologica dei microrganismi, e introdusse il processo di pastorizzazione. Studiò le malattie dei bachi da seta (1865) e l'origine delle malattie infettive, tra le quali il carbonchio, di cui scoprì il bacillo e introdusse la vaccinazione. Nel 1885 elaborò un metodo per la cura della rabbia.

■ *Louis Pasteur nel 1886.*

PASTO o **SAN JUAN DE PASTO**, c. della Colombia merid.; 294.024 ab.

PASTÓNCHI (Francésco), *Riva Ligure 1877 - Torino 1953*, scrittore. Docente e critico d'arte, scrisse liriche influenzate da G. D'Annunzio (*La giostra dell'amore*, 1898; *Belfonte*, 1903; *Il randagio*, 1906; *Endecasillabi*, 1949). Tra le altre opere, il romanzo *Il violinista* (1908), raccolte di racconti (*Il mazzo di gelsomini*, 1911) e commedie (*Don Giovanni in provincia*, 1920).

PASTRÈNGO (battàglia di) (30 apr. 1848), battaglia della prima guerra d'indipendenza, combattuta tra le truppe piemontesi comandate da E. Gerbaix De Sonnaz e quelle austriache comandate dal generale Wocher, che furono sconfitte.

PASTRÓNE (Giovànni), *Montechiaro d'Asti 1882 - Torino 1959*, regista cinematografico. Fu tra i pionieri del film storici in costume (*Giulio Cesare*, 1909). Nel 1914 realizzò *Cabiria*, grande classico del cinema muto italiano. Tra gli altri film, *Maciste* (1915), *Tigre reale* (1916), *Povere bimbe* (1923).

PASTURE (Rogier **de La**) → VAN DER WEYDEN.

PASÙBIO, massiccio montuoso delle Prealpi Venete, tra le prov. di Trento e Vicenza. Compreso tra i Monti Lessini e l'Altopiano dei Sette Comuni, raggiunge la massima altezza nella Cima Palon (2235 m). Nel corso della prima guerra mondiale fu teatro di violenti scontri tra l'esercito italiano e quello austriaco.

PATAGÒNIA, reg. dell'America merid., nel S del Cile e dell'Argentina.

PATALIPUTRA, ant. cap. buddhista (presso Patna) delle dinastie indiane Maurya e Gupta. Fiorì sotto Ashoka, che vi eresse le mura di cinta e il palazzo reale, di cui sono stati riportati alla luce i resti.

PATAN, c. del Nepal; 115.865 ab. Ant. cap. del paese. Templi e monasteri buddhisti e induisti. Palazzo del XVII sec., att. sede di un museo.

PATAÑJALI, grammatico indiano del II sec. a.C. È autore di un eccellente commento alla grammatica di Panini, la più antica che ci sia giunta, in cui viene fornita una sistematica descrizione del sanscrito.

PATAUD, grotte preistoriche della Francia merid., situate a Eyzies-de-Tayac-Sireuil. L'interpretazione stratigrafica dei quattordici livelli presenti, insieme a quella delle pareti rocciose e dei ripari di Laugerie-Haute e di La Ferrassie, ha consentito di effettuare una suddivisione cronologica del Paleolitico superiore.

PATCH (Alexander), *Fort Huachuca, Arizona, 1889 - San Antonio, Texas, 1945*, generale statunitense. Comandò la VII armata statunitense sul fronte italiano e, nell'ago. 1944, guidò lo sbarco in Provenza.

PATÉCCHIO (Gheràrdo), *Cremona XIII sec.*, poeta. Tra i più antichi poeti lombardi di cui si abbia notizia, scrisse lo *Splanamento de li proverbii de Salamone*, poemetto biblico in versi alessandrini, e le *Noie*, composizioni in cui mostrò un'inclinazione moralistica.

PATELLÀNI (Federico), *Milano 1911-1977*, fotografo. Notevole il suo reportage sulla campagna di Russia e le immagini con cui documentò le condizioni dell'Italia merid. dopo la seconda guerra mondiale.

PATENIER (Joachim) → PATINIER.

PATER (Walter Horatio), *Londra 1839 - Oxford 1894*, scrittore e critico britannico. Considerato il padre dell'*estetismo* inglese [*V. parte nomi comuni*], scrisse *Studi sulla storia del Rinascimento* e *Ritratti immaginari*.

PATERNÒ, com. in prov. di Catania; 46.305 ab. È situato alle pendici merid. dell'Etna. Agricoltura (frutta, olive, agrumi). Industrie alimentari, del legno. Reperti archeologici di età greco-romana. Castello normanno.

PATERSON, c. degli Stati Uniti (New Jersey); 149.222 ab. Centro industriale.

PATHÉ (Émile), *Parigi 1860-1937*, produttore francese. Fondò, con il fratello Charles, una delle prime case discografiche. — **Charles P.**, *Chevry-Cossigny 1863 - Montecarlo 1957*, produttore francese. Fratello di Émile, fondò la prima società per la produzione di pellicola. Fu l'ideatore del primo cinegiornale (1909).

PATHET LAO, movimento nazionalista laotiano di ispirazione comunista, fondato nel 1950. Guidò la guerra d'indipendenza contro i colonialisti francesi e appoggiò le forze vietnamite dopo l'intervento in Indocina degli Stati Uniti.

PATIALA, c. dell'India (Pendjab); 302.870 ab. Sontuosi edifici del XVIII sec.

PATINIER o **PATENIER** (Joachim), *Dinant o Bouvignes 1480 ca. - Anversa 1524*, pittore fiammingo. Iscritto alla gilda di Anversa nel 1515, fu tra i primi nei Paesi Bassi a dedicarsi al paesaggio, che occupò quasi interamente le sue composizioni di soggetto religioso, popolate da minuscole figure perfettamente fuse con l'ambiente naturale (*Riposo nella fuga in Egitto*, Museo di Belle Arti, Anversa).

PATINKIN (Don), *Chicago 1922 - Gerusalemme 1995*, economista israeliano. Enunciò una delle principali teorie contemporanee dell'interesse e, per determinarne il saggio di equilibrio, prese in considerazione sia la preferenza della liquidità sia i fattori reali del risparmio e dell'investimento.

PÀTMO, in gr. **Pátmos**, isola della Grecia, nell'arcipelago delle Sporadi, dove, secondo la tradizione cristiana, san Giovanni Evangelista avrebbe scritto l'Apocalisse (96 ca.).

PATNA, c. dell'India, cap. del Bihar, sul f. Gange; 1.376.950 ab. Università. — Ricco museo. Rovine di *Pataliputra*.

PATRÀSSO, in gr. **Pátrai**, c. della Grecia (Peloponneso), sul Golfo di P. (insenatura del Mar Ionio); 152.570 ab. Porto.

PATRÌZI (Francésco), *Cherso 1529 - Roma 1597*, filosofo. Docente a Ferrara e a Roma, auspicò la riscoperta del pensiero di Platone e dei neoplatoni-

smo in contrasto con la tendenza aristotelica diffusa all'epoca. Tra le opere, *Discussiones peripateticae* (1571), *Nova de universis philosophia* (1591).

PATRÌZIO (sànto), *fine del IV sec. - 461 ca.*, evangelizzatore e patrono d'Irlanda, festeggiato a livello nazionale il 17 mar.

PÀTROCLO MITOL. GR. Personaggio dell'*Iliade*, compagno inseparabile di Achille. Fu ucciso da Ettore nella guerra di Troia.

PATRÓNI GRÌFFI (Giuséppe), *Napoli 1921*, scrittore e regista teatrale e cinematografico. Dopo gli esordi come drammaturgo (*D'amore si muore*, 1958; *Metti una sera a cena*, 1967), scrisse romanzi e racconti (*Gli occhi giovani*, 1977; *Del metallo e della carne*, 1992), segnalandosi anche come regista (*Il mare*, 1963; *Metti una sera a cena*, 1969; *Identikit*, 1974; *La romana*, 1988; per la televisione: *La Traviata*, 2000; *Grande Campana*, 2001).

PATTADAKAL, sito archeologico dell'India, presso Aihole (Deccan). Ospita numerosi templi e monumenti, tra i quali il tempio Virupaksha (VIII sec.), dedicato a Shiva, capolavoro dell'architettura calukya.

PÀTTI, com. in prov. di Messina; 13.524 ab. Agricoltura (agrumi, olive). Industrie alimentari. Turismo balneare a Marina di P. Cattedrale settecentesca con sarcofago della regina Adelasia. Villa romana di età imperiale.

PÀTTI (Adela Juana María, detta Adelina), *Madrid 1843 - Craig-y-Nos-Castle 1919*, soprano. Esordì nel 1859 a New York nella *Lucia di Lammermoor*, distinguendosi poi per la notevole estensione della voce e la tecnica di canto. Si ritirò dalle scene nel 1897.

PÀTTI (Èrcole), *Catania 1904 - Roma 1976*, scrittore. Giornalista, esordì nel 1940 con *Quartieri alti*, vivace satira del ceto borghese romano. Mantenne la *verve* moralistica anche nei romanzi successivi, tra i quali *Il punto debole* (1952), *Un amore a Roma* (1956), *Cronache romane* (1962), *Un bellissimo novembre* (1967), *In riva al mare* (1973).

PATTÒLO, f. della Lidia, sul quale sorgeva la città di Sardi. Le sue coste erano ricche di sabbie aurifere, fonte della ricchezza del re Creso.

PATTON (George), *San Gabriel, California, 1885 - Heidelberg 1945*, generale statunitense. Durante la seconda guerra mondiale comandò le forze americane in Marocco e Tunisia (1942) e diresse lo sbarco in Sicilia (1943). Nello stesso anno in Normandia (1944) ottenne il comando della terza armata, che fece breccia nelle difese tedesche ad Avranches e avanzò fino a Metz (1944). Nel 1945 attraversò il Reno e si spinse fino in Boemia (1945) dove le truppe statunitensi si congiunsero con l'Armata rossa.

■ *George Patton.*

PÀTTO SÉGNI, partito politico. Fondato come movimento nel 1993 da Mario Segni (*Sassari 1939*), ha preso parte come lista autonoma alle elezioni successive, promuovendo nello stesso anno il referendum che ha condotto all'approvazione del sistema elettorale maggioritario. Dal 2003 è unificato con il nome di Patto Partito dei liberaldemocratici.

PATÙ, com. in prov. di Lecce; 1723 ab. Agricoltura (cereali, tabacco). Castello cinquecentesco. Chiesa romanica di S. Giovanni. Monumento medievale megalitico Centopietre.

PAU, c. della Francia, capol. del dip. Pyrénées-Atlantiques; 80.610 ab. Castello del XVI sec. Museo di Belle Arti.

PAU (Gave de), f. della Francia. Nasce dai Pirenei ed è affl. di sinistra dell'Adour; 120 km. Bagna Lourdes e Pau.

PAUL (Wolfgang), *Lorenzkirch 1913 - Bonn 1993*, fisico tedesco. Negli anni '50 del secolo scorso ideò un metodo di isolamento di ioni e atomi elettricamente carichi ("trappola di P."). (Premio Nobel 1989.)

PAULHAN (Jean), *Nîmes 1884 - Neuilly-sur-Seine 1968*, scrittore e critico francese. Fu a lungo direttore della *Nouvelle Revue française*, prima dal 1925 al 1940, poi, con M. Arland, dal 1953 al 1968.

PAULI (Wolfgang), *Vienna 1900 - Zurigo 1958*, fisico svizzero di origine austriaca. Nel 1925 enunciò il "principio di esclusione", che stabilisce l'impossibilità per due elettroni di occupare simultaneamente il medesimo stato quantico in un atomo. Nel 1927, con W. Heisenberg, cercò di attuare un'integrazione  tra meccanica quantistica e teoria della relatività. Nel 1931, con E. Fermi, ipotizzò l'esistenza del neutrino. (Premio Nobel 1945.)
■ *Wolfgang Pauli.*

PAULING (Linus Carl), *Portland, Oregon, 1901 - Big Sur, California, 1994*, chimico statunitense. Applicando la meccanica quantistica, diede un'interpretazione fondamentale dei legami chimici; studiò inoltre le macromolecole organiche e la struttura delle molecole. Fu portavoce di una vasta campagna per  l'abolizione degli esperimenti nucleari e il disarmo. (Premio Nobel per la chimica 1954; premio Nobel per la pace 1962.)
■ *Linus Carl Pauling.*

PAULÙCCI DI CÀLBOLI, famiglia nobile di Forlì, conosciuta fin dal 1244. Prese inizialmente il nome di de' C., da un castello sull'Appennino, poi quello di P. dal condottiero Pauluccio. — **Ranieri P. di C.**, *m. nel 1296*. Podestà in numerose città emiliane, morì in battaglia. È ricordato da Dante nel *Purgatorio*. — **Fulcieri P. di C.**, *m. 1340*. Podestà a Firenze (1303), capitano della Chiesa, diede origine a diversi rami successivi. Anch'egli è ricordato da Dante nel *Purgatorio*. — **Fulcieri P. di C.**, *1893-1919*. Ultimo discendente della famiglia, medaglia d'oro nella prima guerra mondiale.

PAULUS (Friedrich von), *Breitenau 1890 - Dresda 1957*, maresciallo tedesco. Durante la seconda guerra mondiale guidò sul fronte russo la VI armata fino alla battaglia di Stalingrado (31 gen. 1943). Costretto alla resa e fatto prigioniero, prese posizione contro il nazismo; nel 1944 spronò il popolo tedesco alla rivolta contro A. Hitler e nel 1953 fu liberato.

PAUSÀNIA, *m. nel 467 ca. a.C.*, re di Sparta. Alla guida dei greci, sconfisse i persiani a Platea (479), conquistò Cipro e occupò Bisanzio (478). Sospettato di aver avviato trattative con i persiani, fu richiamato a Sparta, accusato di tradimento e murato vivo nel tempio di Atena, dove si era rifugiato.

PAUSÀNIA, *II sec. d.C.*, scrittore greco. La sua *Periegesi della Grecia* costituisce una fonte preziosa per la conoscenza della Grecia classica.

PAUSTOVSKIJ (Konstantin Georgevič), *Mosca 1892-1968*, scrittore sovietico. È autore di romanzi d'avventura (*Kara-Bugaz*) e di un'autobiografia (*Cronaca di una vita*).

PAVARÒTTI (Luciàno), *Modena 1935*, tenore. Dopo l'esordio a Reggio nell'Emilia nel 1965, ha debuttato sulla scena internazionale al Covent Garden di Londra, iniziando una prestigiosa carriera che lo ha visto protagonista sui palcoscenici dei più importanti teatri mondiali, dalla  Scala di Milano al Metropolitan di New York. Grazie alle sue doti vocali, è divenuto forse il più popolare interprete del repertorio ottocentesco italiano.
■ *Luciano Pavarotti nel 1998.*

PAVELIĆ (Ante), *Bradina 1889 - Madrid 1959*, politico croato. Nel 1941, dopo l'invasione tedesca e italiana della Iugoslavia durante la seconda guerra mondiale, costituì uno Stato croato indipendente, di cui divenne dittatore.

PAVÉSE (Cèsare), *Santo Stefano Belbo 1908 - Torino 1950*, scrittore. Scrisse poesie, romanzi (*Paesi tuoi*, 1941; *La bella estate*,1949; *La luna e i falò*, 1950) e un

diario (*Il mestiere di vivere*, 1952) e tradusse la narrativa americana. Portavoce del disagio esistenziale dell'uomo moderno, rappresentò con crudo realismo, spesso trasfigurato in mito, il conflitto centrale della sua vita tra l'amara esperienza cittadina e la nostalgia struggente della campagna.

PAVÌA, c. della Lombardia, capol. di prov., sul f. Ticino; 73.752 ab. (*pavesi*). Mercato agricolo e del bestiame. Industrie siderurgiche, meccaniche, chimiche, tessili e alimentari. — Di origine ligure, fu municipio romano, dominio ostrogoto, poi capitale dei regni longobardo e franco. Cadde quindi nelle mani dei Visconti e seguì le sorti del ducato di Milano. Dopo la sconfitta dei francesi nella battaglia di P., entrò nell'orbita spagnola fino al '700, quando passò all'Austria. — Basilica romanica di S. Michele (VI-XII sec.), chiesa di S. Pietro in Ciel d'Oro (XII sec.); duomo (XV-XIX sec.); castello visconteo (1360). Nei dintorni, la celebre certosa (XV-XVI sec.). — Il territorio della provincia, pianeggiante a N del Po (Lomellina), è occupato da colline e monti nell'Oltrepò Pavese, a S. Vi si praticano l'agricoltura (riso, vite, foraggi) e l'allevamento bovino e suino. Industrie calzaturiere, tessili, enologiche, meccaniche. Centri principali: Vigevano, Voghera. — **Battaglia di Pavia** (24 feb. 1525), battaglia combattuta tra le truppe francesi guidate da Francesco I, che fu sconfitto e fatto prigioniero, e l'esercito imperiale di Carlo V.

PAVIA. *Il ponte coperto sul Ticino e, sullo sfondo, il duomo.*

PAVLODAR, c. del Kazakistan; 349.000 ab. Alluminio.

PAVLOV (Ivan Petrovič), *Rjazan' 1849 - Leningrado 1936*, fisiologo russo. Studiò la fisiologia dell'apparato digerente e il fenomeno della "salivazione psichica", definì il concetto di riflesso condizionato e dimostrò che il sistema nervoso regola lo svolgimento dei processi digestivi. (Premio Nobel 1904.)

PAVLOVA (Anna), *San Pietroburgo 1881 - L'Aia 1931*, ballerina russa. Fu la prima a portare sulle scene *La morte del cigno* (1907) di M. Fokine e nel 1911 fondò una compagnia propria.

PAVOLÌNI (Alessàndro), *Firenze 1903 - Dongo 1945*, politico. Prese parte fin da giovane allo squadrismo fascista fiorentino, diventando segretario del partito a Firenze. Membro del direttorio nazionale, poi ministro della cultura popolare e direttore del *Messaggero* (1943), dopo l'8 sett. fu segretario del Partito fascista repubblicano. Fu catturato con B. Mussolini e fucilato nello stesso giorno.

PAVOLÌNI (Pàolo Emilio), *Livorno 1864 - Quattordio 1942*, indianista. Membro dell'Accademia dei Lincei e docente all'Università di Firenze, scrisse notevoli saggi sulla cultura indiana, ma anche su quelle finnica, estone, polacca. Tra le opere, *Crestomazia del Ramayana* (1895) e la traduzione del *Kalevala* (1900).

PAVÓNE (Rita), *Torino 1945*, cantante. Si è imposta collaborando con il marito T. Reno e interpretando il celebre serial televisivo *Il giornalino di Gian Burrasca* (1966). Tra le canzoni di maggior successo, *La partita di pallone*, *Come te non c'è nessuno*, *Il ballo del mattone* (1963).

PAVÙLLO NEL FRIGNÀNO, com. in prov. di Modena; 14.570 ab. Agricoltura (uva, ortaggi, cereali). Industrie tessili, della ceramica. Palazzo ducale (1830). Castello Montecuccoli (XVI sec.).

PAXTON (sir Joseph), *Milton Bryant, Bedfordshire, 1801 - Sydenham, presso Londra, 1865*, giardiniere e architetto britannico. La costruzione per l'Esposizione del 1851 a Londra, del Crystal Palace (att. distrutto) fece di lui un pioniere dell'architettura del ferro e del prefabbricato.

PAYSANDÚ, c. dell'Uruguay, sul f. Uruguay; 74.568 ab.

PAZ (La), cap. (sede del governo) della Bolivia, a 3658 m d'alt., a E del Lago Titicaca; 1.004.440 ab. (1.480.000 ab. nell'agglomerato). Chiesa di S. Francisco (XVI sec.); museo nazionale.

PAZ (Octavio), *Città del Messico 1914-1998*, scrittore messicano. La sua poesia (*Libertà sulla parola*) e i suoi saggi (*Il labirinto della solitudine*, *L'arco e la lira*) uniscono all'evocazione dei miti e del mondo messicano una vasta cultura internazionale, che intreccia influenze dalla poesia nord-americana, surrealismo francese e universo indù. (Premio Nobel 1990.)

PAZ ESTENSSORO (Victor), *Tarija 1907-2001*, politico boliviano. Tra i fondatori del MNR (Movimento nazionale rivoluzionario), fu l'uomo chiave della rivoluzione del 1952; in qualità di presidente della repubblica (1952-1956), intraprese una riforma agraria radicale e la nazionalizzazione delle miniere. Di nuovo a capo dello Stato dal 1960 al 1964 e dal 1985 al 1989, riuscì a frenare l'inflazione con la sua politica neoliberale.

PAZIÈNZA (Andrèa), *San Benedetto del Tronto 1956 - Montepulciano 1988*, disegnatore. Esordì nel 1977 su *Linus* con *Le straordinarie avventure di Pentothal*, che tratteggiava con *verve* grottesca e dissacrante il malessere giovanile degli anni '70 del secolo scorso. Creatore nel 1980 del personaggio di "Zanardi", collaborò, fino alla precoce scomparsa, a riviste quali *Cannibale*, *Frigidaire*, *Corto Maltese*, *Il Male*.

PÀZZI, famiglia guelfa di Firenze, rivale dei Medici. Nel 1478, appoggiati da papa Sisto IV, due dei suoi membri, Iacopo e Francesco, ordirono contro Lorenzo e Giuliano de' Medici una congiura, detta "dei P.". L'assassinio di Giuliano scatenò una repressione immediata: i P. furono giustiziati o banditi e dovettero rinunciare al potere per il mancato appoggio popolare.

PÀZZI (Alessàndro de), *Firenze 1483-1530*, letterato. Nipote di Lorenzo il Magnifico, scrisse la tragedia *Dido in Cartagine* (1524) e tradusse in latino la *Poetica* di Aristotele (postuma, 1536). Fu autore anche di traduzioni delle tragedie di Sofocle ed Euripide.

PÀZZI (Robèrto), *Ameglia 1946*, scrittore. Ha pubblicato raccolte poetiche (*L'esperienza anteriore*, 1973; *Calma di vento*, 1987; *La gravità dei corpi*, 1998) e romanzi di carattere storico-fantastico di notevole successo (*Cercando l'imperatore*, 1985; *La principessa e il drago*, 1986; *Vangelo di Giuda*, 1989; *Conclave*, 2001; *L'erede*, 2002).

PCC → COMUNISTA CINESE (Partito).

PCF → COMUNISTA FRANCESE (Partito).

PCI → COMUNISTA ITALIANO (Partito).

PCUS → COMUNISTA DELL'URSS (Partito).

PDCI → COMUNISTI ITALIANI.

PDIUM → MONARCHICO ITALIANO (Partito).

PDS → DEMOCRATICO DELLA SINISTRA (Partito).

PDUP → UNITÀ PROLETARIA (Partito di).

PÈA (Enrico), *Seravezza 1881 - Forte dei Marmi 1958*, scrittore. Amico di G. Ungaretti, grazie al quale pubblicò le prime opere (*Fole*, 1910; *Montignoso*, 1912), fu attivo a Viareggio come impresario teatrale. Tra le opere successive, di ispirazione autobiografica e incentrate sul tema della memoria, *Moscardino* (1922), *Il volto santo* (1924), *La figlioccia* (1931).

PEACE (River), f. del Canada, tributario del Gran Lago degli Schiavi; 1600 km ca. Centrali idroelettriche.

PEACOCK (Thomas Love), *Weymouth 1785 - Lower Halliford 1866*, scrittore britannico. Nei suoi romanzi satirici ironizza sugli eccessi del romanticismo (*L'abbazia degli incubi*).

PEÀNO (Giuseppe), *Cuneo 1858 - Torino 1932*, logico e matematico. Il suo *Formulario di matematica* (1895-1908), che utilizza un linguaggio formalizzato, conferisce un assetto assiomatico e deduttivo all'aritmetica, alla geometria, alla teoria generale degli insiemi, al calcolo infinitesimale e al calcolo vettoriale.

PEARL HARBOR, rada delle Isole Hawaii (Isola di Oahu). Sede di una base aeronavale americana dal 1906. Una parte della flotta americana del Pacifico vi fu distrutta dai giapponesi, senza dichiarazione di guerra, il 7 dic. 1941, provocando l'intervento degli Stati Uniti nella seconda guerra mondiale.

PEARSON (Karl), *Londra 1857 -1936*, matematico britannico. Fu uno dei fondatori della statistica. Promotore del darwinismo sociale, sviluppò, nel quadro delle ricerche sull'eredità, le idee di F. Galton su regressione e correlazione.

PEARSON (Lester Bowles), *presso Toronto 1897 - Ottawa 1972*, politico canadese. Leader del Partito liberale (1958), fu primo ministro dal 1963 al 1968. (Premio Nobel per la pace 1957.)

PEARY (Robert), *Cresson Springs, Pennsylvania, 1856 - Washington 1920*, esploratore statunitense. Dimostrò l'insularità della Groenlandia e raggiunse per primo il Polo Nord, il 6 apr. 1909.

PÈCCHIO (Giuseppe), *Milano 1785 - Brighton 1836*, patriota ed economista. Assiduo collaboratore del *Conciliatore*, dopo i moti del 1821 si trasferì a Londra, dove continuò la sua opera in favore dell'indipendenza italiana. Scrisse i saggi economici *Storia dell'economia pubblica in Italia* (1829) e *Saggio storico sull'amministrazione finanziaria dell'ex regno d'Italia dal 1802 al 1814* (1830).

PECENÈGHI, popolazione turca che alla fine del IX sec. si stabilì nelle steppe tra il Dnepr e il Danubio. I p. furono scacciati nel 1091 dai bizantini, aiutati dai cumani.

PECÉTTO TORINÉSE, com. in prov. di Torino; 3622 ab. Agricoltura (ciliegie, cereali, foraggi). Chiesa romanico-gotica di S. Sebastiano.

PECHÌNO, in cin. **Beijing**, cap. della Cina; 10.839.000 ab. (*pechinési*). Costituisce una municipalità autonoma di 17.000 km² ca. Centro amministrativo, universitario e industriale. — Situata nei pressi della cap. dello Stato Yan (IV sec. a.C.), a partire dalla dominazione mongola (XIII sec.) P. fu cap. della Cina, a parte alcuni periodi in cui fu Nanchino a rivestire questo ruolo. Nel 1860 P. fu teatro del saccheggio del Palazzo d'Estate da parte di una spedizione anglo-francese, nel 1900 della rivolta dei Boxers, nel 1949 della proclamazione della Repubblica popolare cinese da parte di Mao Zedong (1949). — Il nucleo urbano di P. è composto dalla città cinese, o esterna, e dalla città tatara, o interna, al cui centro si trova l'ant. Città proibita, che era riservata alla famiglia imperiale. Ricchi musei.

PECHINO. *Il tempio del Cielo. Qiniandian, tempio della preghiera per i buoni raccolti, architettura Ming, 1420.*

PECH-MERLE, sito preistorico della Francia sud-occ. (Lot). Grotte con pitture preistoriche, meraviglioso santuario del Paleolitico (solutreano, perigordiano e magdaleniano).

PECK (Eldred Gregory, detto Gregory), *La Jolla, California, 1916 - Los Angeles 2003*, attore cinematografico statunitense. Ha interpretato personaggi in grado di padroneggiare la propria inquietudine o avventurieri irraggiungibili: *La valle del destino* (A. Hitchcock, 1945), *Moby Dick* (J. Huston, 1956), *La donna del destino* (V. Minnelli, 1957), *Il buio oltre la siepe* (R. Mulligan, 1962, premio Oscar), *I ragazzi venuti dal Brasile* (F.J. Schaffner, 1978), *Cape Fear* (M. Scorsese, 1991).

PEČORA, f. della Russia, che nasce dagli Urali e sfocia nel Mare di Barents; 1790 km; bacino di 322.000 km².

PÈCORI GIRÀLDI (Guglièlmo), *Firenze 1856 - Roma 1941*, militare. Dopo la partecipazione alle campagne in Etiopia (1887-1896), Eritrea (1907) e Libia (1911), nella prima guerra mondiale comandò la prima armata contro l'offensiva austriaca sugli altopiani (1916). In seguito fu nominato governatore del Trentino (1919) e maresciallo d'Italia (1926).

PÉCS, c. dell'Ungheria merid.; 170.039 ab. Università. Centro industriale. — Monumenti dall'epoca paleocristiana a quella barocca; musei.

PEDAVÉNA, com. in prov. di Belluno; 4316 ab. Agricoltura (patate, cereali). Industrie metallurgiche e della birra. Villa Pasole-Berton (XVIII sec.).

PEDERIÀLI (Giuseppe), *Finale Emilia 1937*, scrittore. È autore di numerosi romanzi di genere storico-fantastico. Tra le opere, *Oroscopo favorevole* (1967), *La città del diluvio* (1978), *Il tesoro del Bigatto* (1980), *La compagnia della Selvabella* (1982), *Donna di spade* (1991), *Emiliana* (1997), *L'Osteria della Fola* (2002), *Camilla nella nebbia* (2003).

PEDRÉTTI (Nino), *Santarcangelo di Romagna 1923 - Rimini 1981*, poeta dialettale. È autore di raccolte poetiche in dialetto romagnolo: *Al vòusi* (1975), *La chèsa del témp* (1981).

PEEL (sir Robert), *Chamber Hall, presso Bury, 1788 - Londra 1850*, politico britannico. Deputato tory (1809), segretario per l'Irlanda (1812-1818), ministro degli interni (1822-1827, 1828-1830), rese più umana la legislazione criminale e fece votare la legge sull'emancipazione dei cattolici (1829). Primo ministro (1834-1835, 1841-1846), favorevole al libero scambio, portò a termine numerose riforme e fece votare nel 1846 le leggi che abolivano i diritti di dogana sul grano (*Corn Laws*).

PEENEMÜNDE, c. della Germania (Meclemburgo-Pomerania Anteriore), sull'estuario del Peene (che sfocia nel Mar Baltico; 180 km). Questo sito fu una base tedesca per gli esperimenti di ingegneria balistica (V1 e V2) durante la seconda guerra mondiale.

PEER GYNT, dramma di H. Ibsen, con musiche di scena di E.H. Grieg (1867). È una parodia, attraverso il personaggio di P. G., dell'ignavia e dell'egoismo.

PÈGASO MITOL. GR. Cavallo alato, nato dal sangue di Medusa. Era cavalcato da Bellerofonte.

PÉGLI, frazione del com. di Genova; 22.000 ab. Comune autonomo fino al 1926, ospita la villa Durazzo Pallavicini (XIX sec.) e la villa Doria (XVI sec.).

PEGU, c. del Myanmar; 255.000 ab. Monumenti buddhisti.

PÉGUY (Charles), *Orléans 1873 - Villeroy 1914*, scrittore francese. Fondatore dei *Cahiers de la quinzaine* (1900-1914), abbandonò le posizioni socialiste per convertirsi al cristianesimo. È autore di poemi religiosi (*Il mistero della carità di Giovanna d'Arco*, 1910; *Eva*, 1913) e saggi polemici (*La nostra giovinezza*, 1910). Morì in guerra.

■ *Charles Péguy ritratto da J.-P. Laurens. (Musée Péguy, Orléans.)*

PEI o **PEI IEOH MING**, *Canton 1917*, architetto e urbanista statunitense di origine cinese. Elaborando una visione personale del modernismo, si è occupato della pianificazione del sotterraneo del Louvre, a Parigi (cortile Napoleone, 1986-1988), sormontato da una piramide di vetro.

PEIPUS (Làgo) o **LÀGO DEI CIÙDI**, lago dell'Estonia e della Russia. Il f. Narva, suo emissario, sfocia nel Golfo di Finlandia; 2670 km².

PEIRCE (Charles Sanders), *Cambridge, Massachusetts, 1839 - Milford, Pennsylvania, 1914*, filosofo e logico statunitense. Contribuì allo sviluppo del calcolo delle relazioni e fu un pioniere nel campo della semiologia. Fu il fondatore del pragmatismo logico (*Collected Papers*, 1931).

PÈJO, com. in prov. di Trento; 1855 ab. Industria delle acque minerali. Sorgenti di acque termali e turismo.

PEKALONGAN, c. dell'Indonesia (Giava); 341.400 ab. Porto.

PEKANBARU o **PAKANBARU**, c. dell'Indonesia, nell'entroterra di Sumatra; 558.200 ab.

PÉLADAN (Joseph, detto Joséphin), detto **il Sar**, *Lione 1858 - Neuilly-sur-Seine 1918*, scrittore francese. Scrisse *La decadenza latina*, epopea romanzesca (o "etopea") in 19 voll., mescolando cattolicesimo mistico e occultismo.

PELÀGIE, arcipelago del Mar Mediterraneo, nel Canale di Sicilia. Fa parte della prov. di Agrigento e comprende le isole di *Lampedusa*, *Linosa* e *Lampione*. Turismo. Pesca.

PELÀGIO, *Roma 500 ca. - 561*, papa dal 556 al 561. Dovette affrontare lo scisma dei Tre capitoli. — **Pelagio II**, *Roma 520-590*, papa dal 579 al 590. Combatté contro i longobardi.

PELÀGIO, *m. a Cangas nel 737*, re delle Asturie. Fondò il suo regno con un gruppo di rifugiati visigoti e riportò contro i musulmani la prima vittoria della Reconquista (718).

PELÀGIO, *in Gran Bretagna 360 ca. - in Palestina 422 ca.*, monaco di origine britannica. Soggiornò a Roma, in Egitto e in Palestina. La sua dottrina (pelagianesimo), che svalutava il ruolo della grazia divina in rapporto a quello della volontà umana, trovò in sant'Agostino un aguerrito avversario.

PELAGÒSA (Isole di), arcipelago del Mar Adriatico, nei pressi della costa dalmata. Comprende le isole di P. Grande, P. Piccola, Caiola e alcuni isolotti.

PELASCHIÉR (Màuro), *Monfalcone 1949*, velista. Dopo aver partecipato alle Olimpiadi del 1972 e 1976, è stato al timone dell'imbarcazione Azzurra nell'America's Cup (1983). Ha poi vinto numerose competizioni (Swan World Cup, 1990; Giro d'Italia a vela, 1990 e 1991; Maxi World Cup, 1995, 1997 e 1999).

PELÀSGI, primi abitanti della Grecia prima dell'arrivo degli indoeuropei, secondo la tradizione greca.

PELÉ (Edson Arantes **do Nascimento**, detto), *Três Corações, Minas Gerais, 1940*, calciatore brasiliano. Fantasista e cannoniere, ha vinto 3 volte la Coppa del mondo (1958, 1962 e 1970). Considerato il più grande calciatore di tutti i tempi, ha segnato oltre 1000 gol in partite ufficiali. Dal 1995 al 1998 è stato ministro dello sport nel suo paese.

PELÉE (Mónte), sommità vulcanica della Martinica, nel N dell'isola (1397 m d'alt.). La sua eruzione, nel 1902, distrusse Saint-Pierre.

PELÈO MITOL. GR. Padre di Achille.

PÈLIO, massiccio della Tessaglia; 1548 m. Vi soggiornò il centauro Chirone. I giganti lo scalarono con l'intento di raggiungere l'Olimpo.

PÉLISSIER (Aimable), dùca **di Malachov**, *Maromme 1794 - Algeri 1864*, militare francese. Durante la guerra di Crimea si distinse nella presa di Sebastopoli (1855). Fu governatore dell'Algeria (1860).

PELIZZÀRI (Umbèrto), *Busto Arsizio 1965*, apneista. Dopo aver conquistato il primato mondiale di apnea da fermo (1988), ha poi costantemente migliorato i primati mondiali in diverse specialità (apnea in assetto costante, variabile, variabile regolamentato, variabile "no limits"). Si è ritirato nel 2001.

PÈLLA, cap. della Macedonia dal V sec. al 168 a.C. Rovine e bei mosaici (fine del IV - III sec. a.C.).

PÈLLA (Giuseppe), *Valdengo 1902 - Roma 1981*, politico. Ricoprì diversi incarichi ministeriali tra il 1947 e il 1972, in part. nei settori di bilancio, finanze e tesoro, sostenendo una politica definita "linea P.". Presidente del consiglio dal 1948 al 1953, fu eletto senatore nel 1968.

PELLÉAS E MÉLISANDE, dramma in prosa di M. Maeterlinck (1892). L'amore di Pelléas e Mélisande conduce entrambi all'ineluttabile morte. Questo titolo fu attribuito alle musiche di scena (composte da G. Fauré per l'edizione inglese del 1898 e da J. Sibelius per quella svedese del 1905) e alle suite per orchestra di entrambi i compositori, a un dramma lirico in 5 atti di C. Debussy (1902) e a un poema sinfonico di A. Schönberg (1905).

PÈLLE D'ÀSINO, racconto in versi di C. Perrault (1694). Una principessa, per sottrarsi all'amore incestuoso del padre, fugge dal palazzo reale nascosta sotto un mantello di pelle d'asino. Il prin-

Pellegrinaggio all'isola di Citera *(1717) di J.-A. Watteau. (Louvre, Parigi.)*

cipe azzurro si accorge della sua bellezza e le propone di sposarlo.

PELLEGRINÀGGIO ALL'ÌSOLA DI CITÈRA o **IMBÀRCO PER CITÈRA**, grande tela di J.-A. Watteau (1717, Louvre, Parigi). Con questo capolavoro l'artista fece il suo ingresso all'Accademia con la qualifica di "pittore di feste galanti". Ne esiste un'altra versione, del 1718, a Berlino.

PELLEGRÌNI (Doménico), *Galliera Veneta 1759 - Roma 1840*, pittore. A Roma dal 1784, soggiornò a Londra dal 1792 al 1803, dove ebbe successo come ritrattista, e viaggiò per tutta l'Europa. Notevoli i suoi ritratti, di gusto preromantico (*Francesco Bartolozzi*, 1795).

PELLEGRÌNI (Giovànni Antònio), *Venezia 1675-1741*, pittore. Influenzato dalle opere di L. Giordano, S. Ricci e del Bacìccia, fu uno dei maggiori interpreti del rococò. Fu attivo a Venezia (Scuola del Cristo a S. Marcuola, 1702), Londra (affreschi nel castello Howard, 1710) e in numerose città europee (Parigi, Vienna), dove influenzò la pittura locale.

PELLEGRÌNI (il) → TIBALDI (Pellegrino).

PELLEGRÌNO (Mónte), rilievo della Sicilia nordocc., a N di Palermo; 606 m. È formato da rocce calcaree e presenta numerose grotte di epoca paleozoica e mesozoica.

PELLERÓSSA, designazione desueta con cui in passato si indicavano gli originari abitanti dell'America settentr.

PÈLLICE, torrente del Piemonte; 60 km. Nasce dal Monte Granero, nelle Alpi Cozie, scorre nella valle omonima e confluisce nel Po presso Pancalieri.

PÈLLICO (Silvio), *Saluzzo 1789 - Torino 1854*, scrittore e patriota. Affiliato alla carboneria, nel 1820 fu condannato a morte, pena poi commutata in 20 anni di carcere duro nel fortezza dello Spielberg (Brno). Nel 1830 venne graziato e nel 1832 pubblicò il libro *Le mie prigioni* che contribuì ad avvicinare l'opinione internazionale alla causa dei patrioti italiani.

PELLIZZA DA VOLPÉDO (Giusèppe), *Volpedo 1868-1907*, pittore. Studente in varie accademie (Brera, Roma, Firenze) e allievo di G. Fattori, mostrò inizialmente un'impronta realista. Fu poi introdotto da A. Morbelli al divisionismo, che interpretò in maniera personale dipingendo intense composizioni ispirate a tematiche sociali (*Il Quarto Stato*, 1901) e paesaggi (*Panni al sole*, 1905).

PELLOUX (Luigi Giròlamo), *La Roche 1839 - Bordighera 1924*, generale e politico. Prese parte alla seconda e terza guerra d'indipendenza, segnalandosi poi nella presa di Roma (1870). Eletto deputato della sinistra nel 1880, fu ministro della guerra sotto vari governi, quindi presidente del consiglio (1898). Sconfitto alle elezioni del 1900, riprese la carriera militare.

PÉLOPE MITOL. GR. Eroe eponimo del Peloponneso, antenato degli Atridi.

PELÒPIDA, *410 ca. a.C. - Cinoscefale 364 a.C.*, generale tebano. Contribuì, insieme a Epaminonda, a liberare Tebe dal giogo spartano (379) e ristabilì la democrazia. Fu artefice della vittoria di Leuttra (371).

PELOPONNÉSO, penisola della Grecia merid., frastagliata in diverse penisole, congiunta al continente attraverso l'Istmo di Corinto, e comprendente l'Argolide, la Laconia, la Messenia, l'Elide, l'Acaia, l'Arcadia; 21.500 km^2; 10.77.002 ab. Nel II millennio fu la culla della civiltà micenea. La sua storia, nell'epoca classica, si intreccia con quella di Sparta e della Grecia. Lo smembramento dell'impero bizantino fece del P. il despotato di Mistra (o di Morea).

PELOPONNÉSO (guèrra del) (431-404 a.C.), conflitto che vide scontrarsi Sparta e Atene per l'egemonia sul mondo greco. Una prima fase (431-421), conclusasi con la pace di Nicia (in realtà soltanto una tregua), fu contrassegnata da un certo equilibrio tra i belligeranti, che subirono sconfitte e ottennero successi in egual misura. Le ostilità ripresero, dopo alcuni anni di guerra larvata, con la disastrosa spedizione ateniese in Sicilia (415), che nel 413 si concluse con la sconfitta dell'esercito e della flotta al largo di Siracusa. La terza fase (413-404) segnò la fine del conflitto e la caduta di Atene, la cui flotta, malgrado i successi di Alcibiade (410 e 408) e la vittoria alle Arginuse (406), nel 405 fu battuta da Lisandro alla foce dell'Egospotami. Nel 404 Atene, assediata, dovette firmare una pace che ridimensionava notevolmente la sua potenza.

PELORITÀNI (Mónti), catena montuosa della Sicilia nord-orient., compresa tra Capo *Peloro* e la valle del f. Alcantara. La vetta più elevata è la Montagna Grande (1374 m). Pastorizia e agricoltura.

PELÒRO (Càpo) o **PÙNTA DEL FÀRO**, promontorio della Sicilia nord-orient., a N di Messina. Esteso nel Mar Tirreno, si trova a 3 km ca. dalla costa calabrese.

PELOTAS, c. del Brasile (Rio Grande do Sul); 323.158 ab.

PELTIER (Jean), *Ham 1785 - Parigi 1845*, fisico francese. Scoprì l'effetto termoelettrico (che porta il suo nome), dovuto al passaggio di corrente elettrica da un metallo all'altro.

PELTON (Lester Allen), *Vermilion, Ohio, 1829 - Oakland, California, 1908*, ingegnere statunitense. Realizzò la turbina idraulica ad azione (che porta il suo nome), utilizzata per la caduta d'acqua da grandi altezze e di debole portata.

PELÙGO, com. in prov. di Trento; 348 ab. Turismo. Chiesa di S. Antonio Abate con affreschi dei Baschenis (XV sec.).

PELUSE, ant. c. dell'Egitto, sul ramo orient. del delta del Nilo.

PELVOUX (Grùppo del), massiccio della Francia sud-orient., nel Delfinato, noto anche come *Ecrins*.

PEMATANGSIANTAR, c. dell'Indonesia (Sumatra); 230.900 ab.

PEMBA, isola dell'Oceano Indiano (Tanzania), a N di Zanzibar; 984 km^2; 265.039 ab. Principale centro mondiale della coltura di chiodi di garofano.

PENANG, Stato della Malaysia; 1.225.501 ab.; cap. *George Town*. Comprende l'Isola di Penang (già Prince of Wales).

PEÑARROYA-PUEBLONUEVO, c. della Spagna (Andalusia); 13.024 ab. Centro minerario.

PENÀTI MITOL. ROM. Nell'antica Roma, divinità tutelari della casa, affini ai Lari. Rappresentavano la famiglia, che li venerava nella parte più interna della casa (*penus*) e ne tramandava il culto. Esistevano anche i P. pubblici, cui era dedicato un tempio a Roma.

PENCK (Albrecht), *Lipsia 1858 - Praga 1945*, geografo tedesco. Insieme a E. Brückner, definì le quattro glaciazioni quaternarie delle Alpi.

PEN CLUB (Poets, Essaysts, Novelists), associazione internazionale di scrittori fondata nel 1921 a Londra dalla scrittrice C.A. Dawson Scott. Ha tra i suoi obiettivi la difesa della libertà di espressione, della pace e dell'antirazzismo e la promozione degli scambi culturali. È stata diretta, tra gli altri, da B. Croce e A. Moravia.

PENDE, popolazione della Rep. Dem. del Congo sud-occ., di lingua bantu.

PENDERECKI (Krzysztof), *Debica 1933*, compositore polacco. È il caposcuola del movimento "tachista" in ambito musicale (*Threnos in memoria delle vittime di Hiroshima*, 1960; *Passione secondo san Luca*, 1966; *I diavoli di Loudun*, 1969, e *Paradise Lost*, 1978).

PENÈLOPE MITOL. GR. Eroina dell'*Odissea*, moglie di Ulisse e madre di Telemaco. Durante l'assenza di Ulisse, resistette con astuzia alle proposte matrimoniali dei pretendenti, rinviando la sua risposta al giorno in cui avrebbe terminato di tessere la tela che doveva servire come sudario per Laerte (padre di Ulisse). Di notte disfaceva il lavoro della giornata. È il simbolo della fedeltà coniugale.

PENGUIN BOOKS, casa editrice britannica fondata da A. Lane nel 1930 a Londra. Pubblicò i primi tascabili nel 1935, raggiungendo poi un successo notevole negli Stati Uniti. Att. ha sedi sparse in diversi paesi del mondo (Irlanda, India, Australia) e pubblica milioni di titoli.

PÉNICAUD (Léonard, detto Nardon), *m. nel 1542 ca.*, smaltatore francese. Documentato dal 1493, fu legato allo stile gotico (trittico dell'*Incoronazione della Vergine*, Louvre, Parigi). Il suo studio fu portato avanti durante il XVI sec. dai suoi parenti.

PENN (Arthur), *Filadelfia 1922*, regista cinematografico statunitense. Ruppe con gli schemi hollywoodiani, introducendo nei western e nei film polizieschi la contesa, l'incertezza e il caos (*Furia selvaggia*, 1958; *Anna dei miracoli*, 1962; *Gangster story*, 1968; *Bonnie and Clyde*, id.; *Piccolo grande uomo*, 1970; *Gli amici di Georgia*, 1981).

PENN (Irving), *Plainfield, New Jersey, 1917*, fotografo statunitense. È autore di ritratti, nudi e nature morte da cui traspaiono amore per la semplicità e gusto del contrasto. Come fotografo di moda, combina luce ed effetti grafici.

PENN (William), *Londra 1644 - Jordans 1718*, quacchero inglese. Fondatore della Pennsylvania (1681), la dotò di una legislazione che divenne il modello delle istituzioni americane. Fondò Filadelfia.

PÉNNA (Sàndro), *Perugia 1906 - Roma 1977*, poeta. La sua poesia, di difficile collocazione ma di notevole importanza nel panorama italiano del '900, trattò con semplicità e rigore il tema dell'amore, pervaso da una diffusa malinconia. Tra le raccolte, *Una strana gioia di vivere* (1956), *Stranezze* (1976), *Confuso sogno* (postumo, 1980).

PENNABÌLLI, com. in prov. di Pesaro e Urbino; 3102 ab. Agricoltura (cereali). Chiesa di S. Agostino (XV-XVII sec.). Museo di informatica e storia del calcolo.

PENNAC (Daniel), *Casablanca 1944*, scrittore francese. È autore di quattro celebri romanzi ironici il cui protagonista, B. Malaussène, svolge la professione di "capro espiatorio": *Il paradiso degli orchi* (1985), *La fata carabina* (1987), *La prosivendola* (1990), *Signor Malaussène* (1995). Tra le altre opere, il saggio *Come un romanzo* (1992), *Signori bambini* (1997), *La passione secondo Thérèse* (1998), *Ecco la storia* (2003).

PÉNNE, com. in prov. di Pescara; 12.471 ab. Agricoltura (ortaggi, cereali, uva). Industrie tessili. È l'ant. *Pinna*, fondata dai vestini. Chiesa di S. Giovanni Evangelista (XV sec.). Cattedrale (XI-XIV sec.). Palazzo Del Bono (XVI sec.). Nei dintorni, sito preistorico "Villaggio Leopardi".

PÉNNI (Giovàn Francésco), detto **il Fattóre**, *Firenze 1488 ca. - Napoli 1528*, pittore. Fu allievo di Raffello, con il quale collaborò a Roma agli affreschi delle Sale vaticane. Insieme a Giulio Romano terminò la decorazione della Sala di Costantino in Vaticano (1517-1524) con il *Battesimo di Costantino*.

PENNÌNE (Àlpi), sezione delle Alpi Centrali, compresa tra il Col Ferret e il Passo del Sempione. Conta numerose vette oltre i 4000 m, tra le quali la Punta Dufour del Monte Rosa (4634 m), il Dom (4545 m) e il Cervino (4478 m).

PENNÌNI (Mónti), catena montuosa della Gran Bretagna, che si sviluppa da N a S tra la Scozia e le Midlands; la sua vetta più alta è il Cross Fell (893 m).

PENNÌSI (Francésco), *Acireale 1934-2000*, compositore. Nel 1963 è stato uno dei fondatori dell'associazione per la musica contemporanea Nuova Consonanza. Tra le opere, *Invenzione seconda* (1964), *Serena* (1973), *Aci, il fiume* (1986), *Angelica in bosco* (1991), *L'esequia della luna* (1993), *Tristan* (1995).

PENNSYLVANIA, Stato degli Stati Uniti, dal Lago Erie al f. Delaware; 12.281.054 ab.; cap. *Harrisburg*; c. princ. *Filadelfia*, *Pittsburgh*.

PENÓNE (Giusèppe), *Garessio 1947*, scultore. Uno dei maggiori protagonisti dell'arte povera, ha posto al centro della sua ricerca estetica la natura, utilizzando vari materiali (legno, piante) per dare vita a composizioni originali che rivelano il rapporto dell'artista con la realtà.

PENROSE (sir Roger), *Colchester 1931*, matematico e fisico britannico. I suoi studi hanno portato in partic. alla formulazione della teoria dei buchi neri, in cosmologia, e dello schema non periodico, in geometria e in cristallografia.

PENSIÈRI, titolo con cui sono state pubblicate (1670), dopo la sua morte, le note che B. *Pascal redasse per scrivere *Apologia della religione cristiana*. Nelle intenzioni dell'autore, la prima parte doveva dimostrare la miseria dell'uomo senza Dio, la seconda la felicità dell'uomo con Dio.

PENTÀGONO, edificio di Washington, così chiamato per la sua forma, sede dal 1942 del dipartimento della difesa e dello Stato maggiore dell'esercito degli Stati Uniti.

PENTATÈUCO (dal gr. *pente*, cinque, e *teukhos*, astuccio per libri), nome dato dai traduttori greci ai primi cinque libri della Bibbia: *Genesi*, *Esodo*, *Levitico*, *Numeri* e *Deuteronomio*. Gli ebrei lo chiamano *Torah* (la legge).

PENTECÒSTE, festività delle religioni ebraica e cristiana. Nella religione ebraica cade 50 giorni dopo la Pasqua e celebra il giorno in cui Dio diede a Mosè le Tavole della Legge. Nella religione cristiana, che da quella ebraica ha mutuato molti elementi, rappresenta la commemorazione, anch'essa 50 giorni dopo la Pasqua, della discesa dello Spirito Santo sugli apostoli.

PENTÈLICO, monte della Grecia, in Attica, famoso per le sue cave di marmo bianco.

PENTESILÈA MITOL. GR. Regina delle Amazzoni, uccisa da Achille davanti a Troia.

PENZA, c. della Russia, a SE di Mosca; 528.181 ab.

PENZIAS (Arno), *Monaco 1933*, radioastronomo statunitense di origine tedesca. Nel 1965 ha scoperto fortuitamente, insieme a R. Wilson, la radiazione cosmica di fondo a 3 kelvin, confermando così la teoria cosmologica del big bang. (Premio Nobel per la fisica 1978.)

PEORIA, c. degli Stati Uniti (Illinois); 112.936 ab. Centro industriale.

PÉPE, famiglia di politici e generali napoletani. — **Florestano P.**, *Squillace 1778 - Napoli 1851*. Sostenne la Repubblica Partenopea nel 1799 e fu costretto all'esilio. Al ritorno in patria (1806), combatté in Spagna e in Russia, quindi nel 1820 fu in Sicilia, dove si oppose all'insurrezione. — **Gabriele P.**, *Civita Campomarano 1779-1849*. Cugino di Florestano, ne condivise le vicende fino al ritorno a Napoli (1803). Eletto deputato nel 1820, si traferì poi a Firenze, dove collaborò all'*Antologia* e fu protagonista di una celebre disputa con A. de Lamartine. — **Guglielmo P.**, *Squillace 1783 - Torino 1855*. Fratello di Florestano, combatté per la Repubblica Partenopea e dovette a sua volta subire l'esilio. Dopo aver combattuto per G. Murat in Italia, rientrò a Napoli nel 1848 e fu comandante dell'esercito borbonico. Fu poi protagonista anche a Venezia e Parigi, fino al definitivo ritiro a Torino (1851).

PÈPOLI, antica famiglia bolognese, le cui prime notizie risalgono all'XI sec. — **Romeo P.**, *m. ad Avignone nel 1323*. Tentò invano di conquistare Bologna, ma fu respinto da un'insurrezione popolare. — **Taddeo P.**, *m. nel 1347*. Fu signore della città nel 1337. — **Giacomo P.**, *m. nel 1367*, e — **Giovanni P.**, *m. nel 1367*. Nel 1350 vendettero la città all'arcivescovo Giovanni Visconti. — **Cornelio P.**, *1708-1777*. Letterato e mecenate, ricoprì la carica di senatore.

PÈPOLI (Càrlo), *Bologna 1796-1881*, patriota e letterato. Dopo la partecipazione ai moti del 1831 e del 1848, visse a lungo in esilio in Francia, dove collaborò alla Giovine Italia di G. Mazzini, e in Inghilterra, dove insegnò letteratura italiana. Senatore dal 1862, fu amico di G. Leopardi, che gli dedicò l'*Epistola al conte Carlo Pepoli* (1825), e lui stesso scrittore (*Poesie e prose*, 1880).

PEPSICO, società statunitense fondata nel 1903. Produce e distribuisce bevande analcoliche gassate (*Pepsi-Cola*, *Seven-Up*) e snack.

PEPYS (Samuel), *Londra 1633 - Clapham 1703*, scrittore inglese. È autore di un *Diario* di grande sincerità che ha come sfondo Londra.

PÈRA (Marcèllo), *Lucca 1943*, politico. Docente di filosofia alle università di Pisa e Catania, membro di Forza Italia, è stato senatore tra il 1996 e il 2001. Dal 2001 è presidente del senato.

PERCEVAL O IL RACCÓNTO DEL GRAAL, romanzo incompiuto di Chrétien de Troyes (1180 ? ca.). L'opera, che racconta l'iniziazione e le avventure cavalleresche del giovane Perceval, è all'origine del mito europeo del *Graal*. Nel XIII sec. Gerbert de Montreuil scrisse il seguito del romanzo, e Wolfram von Eschenbach ne riprese il soggetto nel suo *Parsifal* (inizio del XIII sec.), che ispirò a R. Wagner l'omonimo dramma musicale in 3 atti (1882).

PERCHE, reg. occ. del bacino parigino, formata da colline umide e boschive. Nella zona, un tempo rinomata per i suoi cavalli (*percherons*), oggi si pratica soprattutto l'allevamento bovino. Parco naturale regionale (182.000 ha ca.).

PERCIER (Charles), *Parigi 1764-1838*, architetto e decoratore francese. Insieme a P.-F.-L. Fontaine, costruì a Parigi l'arco di trionfo del Carrousel (1806-1808) e lavorò al Louvre e alle Tuileries.

PERCÒTO (Caterina), *San Lorenzo di Soleschiano 1812-1887*, scrittrice. Descrisse, con linguaggio semplice e scarno e intento moralistico, le difficili condizioni di vita e il destino di sofferenza dei contadini friulani. Tra le opere, *Racconti* (1858 e 1863), *Scritti friulani* (postumi, 1929).

PERDÌCCA, nome di tre sovrani dell'ant. regno di Macedonia.

PERDÌCCA, *m. nel 321 a.C.*, generale macedone. Si adoperò per conservare l'unità dell'impero di Alessandro Magno. Fu assassinato dai diadochi.

PERDU (Mónte), cima dei Pirenei spagnoli; 3355 m.

PERÈA, ant. prov. ebraica, a E del Giordano. È l'antico paese degli ammoniti.

PEREC (Georges), *Parigi 1936 - Ivry-sur-Seine 1982*, scrittore francese. Nei suoi romanzi si è imposto vincoli formali sempre diversi, indagando le potenzialità della narrazione (*Le cose*, 1965; *La sparizione*, 1969; *La vita: istruzioni per l'uso*, 1978).

PÉREC (Marie-José), *Basse-Terre, Guadalupa, 1968*, atleta francese. Campionessa del mondo dei 400 m nel 1991 e 1995, è stata campionessa olimpica sulla stessa distanza nel 1992 e 1996, e dei 200 m nel 1996.

PEREGRÌNI (Mattèo), *Loiano 1595 ca. - Roma 1652*, letterato. Criticò il concettismo tipico dello stile di G. Marino e l'eccessiva artificiosità retorica del barocco. Tra le opere, *Il savio in corte* (1624), *Delle acutezze* (1639), *I fonti dell'ingegno ridotti ad arte* (1650).

PEREIRA, c. della Colombia; 354.625 ab.

PÈRE-LACHAISE (cimitèro di), cimitero monumentale di Parigi, pianificato nel 1804 su un terreno di proprietà di P. de La Chaise, confessore di Luigi XIV. Conserva le tombe di numerosi personaggi celebri.

PERELMAN (Chaïm), *Varsavia 1912 - Bruxelles 1984*, filosofo belga di origine polacca. Cercò di ridare dignità alla retorica (*Trattato dell'argomentazione*, 1958).

PERES (Shimon), *Wolozyn, Polonia, att. Bielorussia, 1923*, politico israeliano. Presidente del Partito laburista (1977-1992), è stato primo ministro dal 1984 al 1986 e in seguito ha ricoperto più volte la carica di ministro (esteri, 1986-1988 e 1992-1995; finanze, 1988-1990). È uno degli artefici dell'accordo israelo-palestinese, firmato a Washington nel 1993. Dopo l'assassinio di Y. Rabin (1995), è stato di nuovo presidente del Partito laburista (1995-1997 e, *ad interim*, dal feb. al sett. 2001) e primo ministro (1995-1996). Nel 1999 è stato ministro della cooperazione regionale e, dal 2001 al 2002, degli esteri. (Premio Nobel per la pace 1994.)

■ *Shimon Peres nel 1984.*

PERESSÙTTI (Enrico) → BBPR.

PÉRET (Benjamin), *Rezé 1899 - Parigi 1959*, poeta francese. Ammiratore di A. Breton, è autore di opere in cui il surrealismo si tinge di meraviglia e umorismo (*Il grande gioco*, 1928).

PERÉTOLA, località del com. di Firenze. Vi ha sede l'aeroporto.

PERÉTTI GRÌVA (Doménico Riccàrdo), *Coassolo Torinese 1882 - Torino 1962*, magistrato. Di orientamento antifascista, fu il primo presidente della Corte d'appello di Torino. Sostenne una soluzione democratica del problema del divorzio in Italia. Tra le opere, *Esperienze e riflessioni di un magistrato* (1953).

PEREVALSK, già **Kommunarsk**, c. dell'Ucraina, nel Donbass; 126.000 ab. Industria metallurgica.

PÉREZ DE AYALA (Ramón), *Oviedo 1880 - Madrid 1962*, scrittore spagnolo. I suoi romanzi satirici offrono una visione critica della società spagnola (*Bellarmino e Apollonio*, 1921).

PÉREZ DE CUÉLLAR (Javier), *Lima 1920*, diplomatico e politico peruviano. Segretario generale dell'ONU dal 1982 al 1991, è stato capo del governo e ministro degli esteri del suo paese nel 2000-2001.

PÉREZ GALDÓS (Benito), *Las Palmas 1843 - Madrid 1920*, scrittore spagnolo. È autore di *Episodi nazionali*, epopea della Spagna del XIX sec., e di romanzi minori (*Doña Perfecta*).

PÈRFUGAS, com. in prov. di Sassari; 2547 ab. Nuraghi. Chiesa di S. Giorgio (XVI sec.). Museo archeologico e paleobotanico.

PÈRGAMO, ant. c. della Misia. Capitale del regno degli Attalidi, detto anche regno di P. (282-133 ca. a.C.), ebbe legami con Roma sotto l'ultimo re, Attalo III. Era famosa per la biblioteca di 200.000 volumi, oltre che per i monumenti, tra cui il maestoso altare di Zeus con un fregio scolpito (Pergamonmuseum, Berlino), le grandi realizzazioni urbanistiche e la scultura ellenistica.

PÈRGOLA, com. in prov. di Pesaro e Urbino; 6882 ab. Agricoltura (frutta, cereali, foraggi). Industrie del mobile. Chiesa romanico-gotica di S. Francesco. Duomo trecentesco.

PERGOLÉSI (Giovànni Battista), *Jesi 1710 - Pozzuoli 1736*, compositore. Fu uno dei maestri della scuola napoletana del XVIII sec. Scrisse la commedia musicale *Lo frate 'nnammurato*, che nel 2° atto contiene uno dei primi esempi dello stile strumentale e concertato vocale della storia dell'opera. Scrisse musica strumentale, religiosa (*Stabat Mater*), e opere liriche, tra le quali l'opera seria *Il prigionier superbo* (1733) il cui intermezzo comico, *La serva padrona*, ripreso isolatamente, fu all'origine della Querelle des Bouffons all'epoca della sua esecuzione a Parigi.

PERGÙSA (Làgo di), lago della Sicilia; 1,8 km^2. Situato nei dintorni di Enna, tra i Monti Erei, è privo di emissari. Circuito automobilistico sul perimetro.

PÈRI (Jàcopo), *Roma 1561 - Firenze 1633*, compositore. Apprezzato cantante presso la corte dei Medici, fu tra i protagonisti della Camerata Fiorentina. Sviluppò lo stile innovativo definito "recitar cantando", che trovò espressione nelle composizioni *Dafne* (1598) ed *Euridice* (1600), primi esempi di melodramma italiano.

PERIÀNDRO, tiranno di Corinto dal 627 al 585 a.C. Portò la sua città all'apogeo. Fu uno dei sette saggi della Grecia.

PÈRICLE, *495 ca. a.C. - Atene 429 a.C.*, politico ateniese. Capo del partito democratico nel 461 a.C., rieletto stratego per trenta anni, si dedicò alla democratizzazione della vita politica, aprendo a tutti l'accesso alle magistrature. Si assicurò il controllo della lega delio-attica, le cui risorse servirono a finanziare un programma di grandi opere ad Atene. Attorno a lui si radunarono molti artisti, tra cui Fidia, suo amico; la straordinaria fioritura dell'arte greca e la brillante vita intellettuale che animò la *polis* valsero a questo periodo l'appellativo di "secolo di P.". In politica estera, P. manifestò mire espansionistiche, lottando contro i persiani e contro Sparta. Responsabile dei primi insuccessi ateniesi nella guerra del Peloponneso, fu privato del potere. Rieletto stratego nel 429, morì poco dopo di peste.

■ *Pericle. (British Museum, Londra.)*

PERIER (Casimir), *Grenoble 1777 - Parigi 1832*, banchiere e politico francese. Deputato e membro dell'opposizione liberale durante la restaurazione, legato a Luigi Filippo, divenne presidente del consiglio nel 1831 e represse duramente le insurrezioni di Parigi e Lione.

PÉRIGNON (dom Pierre), *Sainte-Menehould 1639 - abbazia di Hautvillers 1715*, benedettino francese. Perfezionò la tecnica di produzione dello champagne.

PÉRIGORD, reg. della Francia sud-occ., che corrisponde alla maggior parte del dip. Dordogne. Il P. è costituito da pianure aride e scarsamente popolate. Agricoltura.

PÉRIGUEUX, c. della Francia, capol. del dip. Dordogne, sul f. Isle; 32.294 ab. Vestigia romane ("torre di Vésone"); chiesa di St.-Étienne e cattedrale di St.-Front (restaurata), entrambe romaniche; palazzi antichi. Musée du Périgord.

PERÌLLI (Achille), *Roma 1927*, pittore. Dopo aver contribuito a fondare il gruppo Forma Uno (1947), ha aderito al MAC (1948). Esponente dell'informale, ha condotto al suo interno un percorso personale, attraverso una ricerca sulle forme geometriche.

PERIM, isola fortificata dello Stretto di Bab Al-Mandab (territorio annesso allo Yemen).

PERÌN DEL VÀGA (Piètro **Bonaccòrsi**, detto), *Firenze 1501 - Roma 1547*, pittore. Studiò a Firenze, quindi si trasferì a Roma con Raffaello, dove lavorò insieme a Giulio Romano alla decorazione delle Logge vaticane. Esponente del manierismo, ne acquisì i caratteri fiorentini, quindi lavorò a Genova presso il principe Andrea Doria (Palazzo Doria).

PERLÌNI (Aurèlio, detto Memè), *Rimini 1940*, attore e regista teatrale e cinematografico. Rappresentante del teatro d'avanguardia, ha esordito a teatro nel 1973 con *Pirandello chi?*, dando poi vita a spettacoli innovativi (*Otello*, 1974; *Lazzaro*, 1989; *L'amore per Amos*, 1991; *Parole senza rughe*, 1994). Tra le regie cinematografiche, *Cartoline italiane* (1987).

PERLMAN (Itzhak), *Tel Aviv 1945*, violinista israeliano. Ha esordito giovanissimo, dopo aver compiuto gli studi alla Julliard School di New York. Si è imposto come uno dei migliori solisti contemporanei, mostrando notevoli capacità esecutive.

PERM, dal 1940 al 1957 **Molotov**, c. della Russia, negli Urali, sul Kama; 1.034.201 ab. Centro industriale (meccanica, petrolchimica).

PERMEKE (Constant), *Anversa 1886 - Ostenda 1952*, pittore e scultore belga. Dotato di grande senso plastico, caposcuola dell'espressionismo fiammingo, dipinse paesaggi, marine, scene della vita quotidiana di contadini e pescatori (casa-museo a Jabbeke).

PERMOSER (Balthasar), *presso Traunstein, Baviera, 1651 - Dresda 1732*, scultore tedesco. Scultore di corte a Dresda, realizzò opere in un barocco tormentato (*Apoteosi del principe Eugenio*, Museo barocco, Vienna).

PERNAMBUCO, Stato del Brasile nord-orient.; 7.918.344 ab.; cap. *Recife* (già P.).

PERNIK, dal 1949 al 1962 **Dimitrovo**, c. della Bulgaria, a SO di Sofia; 86.133 ab. Industria metallurgica.

PERÓN (Juan Domingo), *Lobos 1895 - Buenos Aires 1974*, politico argentino. Ufficiale, vicepresidente (1944), poi presidente della repubblica (1946), applicò la dottrina del "giustizialismo", forma di populismo in cui il dirigismo economico si accompagna a progetti di giustizia sociale fondati sulla ridistribuzione delle ricchezze. Le prime misure del regime (voto alle donne, nazionalizzazione di alcune grandi industrie) gli diedero una grande popolarità, ma l'opposizione della Chiesa e dell'esercito e le difficoltà economiche lo obbligarono a dimettersi (1955) e ad andare in esilio. La vittoria dei suoi sostenitori nel 1973 lo riportò al potere, ma morì poco dopo.

■ *Juan Perón.*

— **Eva Duarte**, detta Eva **P.** o Evita, *Los Toldos 1919 - Buenos Aires 1952*, seconda moglie di Juan Domingo P. Molto popolare, lottò per la difesa dei diseredati, i *descamisados*. Icona della storia argentina, ha ispirato il musical *Evita* (A.L. Webber, 1975) e l'omonimo film (A. Parker, 1996). — **María Estela**, detta Isabel **Martínez de P.**, *prov. della Rioja 1931*, terza moglie di Juan Domingo P. Gli succedette alla presidenza (1974), ma fu deposta dall'esercito nel 1976.

PERÓSI (Lorènzo), *Tortona 1872 - Roma 1956*, compositore e organista. Maestro di cappella in S. Marco a Venezia (1894) e dal 1898 alla Cappella Sistina a Roma. Fu autore di oratori che rielaboravano lo stile verista, ma attenti al recupero della lezione wagneriana. Tra le opere, *La resurrezione di Cristo* (1898), *Il giudizio universale* (1901).

PERPÈNNA (Màrco Veientóne), *m. a Osca, att. Huesca, nel 72 a.C.*, generale romano. Fedele alla parte di Mario, si alleò con Sertorio, che fece assassinare. Fu condannato a morte e giustiziato per ordine di Pompeo.

PERPIGNAN, in it. **Perpignàno**, c. della Francia, capol. del dip. Pyrénées Orientales, sul Têt; 107.241 ab. Mercato agricolo. Palazzo dei re di Maiorca (XIII-XIV sec.), Castillet, cattedrale (XIV-XV sec.).

PERRAULT (Charles), *Parigi 1628-1703*, scrittore francese, autore dei *Racconti di mamma Oca* (1697). Nel 1671 diventò membro dell'Académie Française, dove si distinse nella *disputa degli *antichi e moderni* prendendo le parti dei moderni (*Il secolo di Luigi il Grande*).

PERRAULT (Claude), *Parigi 1613-1688*, medico, fisico e architetto francese, fratello di Charles. Si attribuisce a lui il colonnato del Louvre di Parigi (1667). Costruì l'Osservatorio di Parigi e a pubblicò una traduzione illustrata di Vitruvio.

PERRÉAL (Jean), *m. nel 1530*, pittore, decoratore e poeta francese. Documentato a partire dal 1483, lavorò a Lione e fu consigliere di Margherita d'Austria per la chiesa di Brou.

PERRET (Auguste), *Ixelles 1874 - Parigi 1954*, architetto e imprenditore francese. Assistito dai fratelli Gustave (1876-1952) e Claude (1880-1960), costruì il teatro degli Champs-Élysées (1911), la chiesa di Raincy (1922) e diresse la ricostruzione di Havre. Mise il cemento armato a servizio delle forme neoclassiche (casa di rue Franklin 25 bis a Parigi, 1903).

PERRIN (Jean), *Lilla 1870 - New York 1942*, fisico francese. Dimostrò che i raggi catodici sono costituiti da corpuscoli di elettricità negativa (1895) e verificò il numero di Avogadro in diversi modi, apportando così una prova decisiva all'esistenza degli atomi. Spiegò le radiazioni solari attribuendole alle reazioni temonucleari dell'idrogeno. (Premio Nobel 1926.)

■ *Jean Perrin.*

— **Francis P.**, *Parigi 1901-1992*, fisico francese. Figlio di Jean, scoprì, insieme a F. Joliot e alla sua équipe, la possibilità di produrre reazioni nucleari a catena ricavandone energia (1939). Fu alto commissario all'Energia atomica dal 1951 al 1970.

PERRONNEAU (Jean-Baptiste), *Parigi 1715 - Amsterdam 1783*, pittore francese, autore di ritratti a olio e soprattutto a pastello.

PERROT (Jules), *Lione 1810 - Paramé 1892*, ballerino e coreografo francese. Ballerino di notevole talento, fu uno dei più grandi coreografi romantici (*Giselle*, in collaborazione con J. Coralli, 1841; *Le Pas de quatre*, 1845).

PERRÒTTA (Gennàro), *Termoli 1900 - Firenze 1962*, filologo. Docente in varie università italiane (Pavia, Firenze, Roma), studioso di letteratura greca e latina, scrisse una *Storia della letteratura greca* (1940-1946) di notevole interesse critico. Tra le altre opere, *Studi di poesia ellenistica* (1925), *I tragici greci* (1931).

PERRÙCCI (Andrèa), *Palermo 1651 - Napoli 1704*, poeta e librettista. Scrisse numerosi poemi dialettali e libretti per le compagnie dei teatri di Napoli. Tra le opere, il dramma religioso *Il vero lume tra le tenebre, ossia la nascita del Verbo umanato* (1698), il componimento profano *La stellidatura vendicata* (1674) e il saggio *Dell'arte rappresentativa, premeditata e all'improvviso* (1699).

PERS (Ciro **di**), *Castello di Pers 1599 - San Daniele del Friuli 1663*, poeta. Entrò nell'ordine dei cavalieri di Malta e combatté contro i turchi. Scrisse liriche d'ispirazione marinista (*Poesie*, postumo, 1666) e la tragedia *L'umiltà esaltata ovvero Ester regina* (postuma, 1664).

PERSÈFONE MITOL. GR. Divinità del mondo sotterraneo, figlia di Demetra. Ade la rapì per farne la regina degli Inferi. I romani l'adorarono con il nome di Proserpina.

PÈRSEO MITOL. GR. Eroe, figlio di Zeus e di Danae. Tagliò la testa di Medusa, liberò Andromeda, che sposò, e regnò su Tirinto e Micene.

PÈRSEO, *212 ca. - Alba Fucente 165 ca. a.C.*, ultimo re di Macedonia (179-168 a.C.). Fu sconfitto da Paolo Emilio a Pidna nel 168, e morì prigioniero in Italia.

PERSÈO, scultura di B. Cellini (1545, Loggia dei Lanzi, Firenze). Commissionato all'artista fiorentino da Cosimo I de' Medici e realizzato in bronzo, raffigura l'eroe mitologico mentre regge con la mano sinistra la testa della Medusa da lui sconfitta.

PERSÈPOLI, nome greco della città di Parsa, residenza reale degli Achemenidi. Fondata da Dario I, fu data alle fiamme durante la conquista di Alessandro nel 330 a.C. Rovine di un vasto complesso abitativo. Importante decorazione scultorea.

PERSEVERÀNZA (La), quotidiano politico fondato a Milano nel 1859. Creato da una cerchia di moderati lombardi, espresse posizioni conservatrici. Cessò le pubblicazioni nel 1922.

PERSHING (John Joseph), *presso Laclede, Missouri, 1860 - Washington 1948*, generale statunitense. Comandò le truppe statunitensi impegnate sul fronte francese nel 1918.

PÈRSIA, ant. nome dell'Iran. I persiani, popolazione di lingua ariana della Persia sud-occ., costituirono la base di due imperi, quello degli Achemenidi (VI-IV sec. a.C.) e quello dei Sasanidi (III-VII sec. d.C.), che imposero la loro cultura su tutto il territorio corrispondente all'att. Iran.

PERSIÀNE (guèrre) (490-479 a.C.), conflitti che opposero le città della Grecia all'impero persiano. Trassero origine dall'appoggio fornito da Atene alla rivolta delle città ioniche (499 a.C.), che il re persiano Dario I riuscì a reprimere solo nel 495 a.C. Questi preparò una spedizione militare contro la Grecia allo scopo di punirla per il suo intervento e assicurarsi il controllo del Mar Egeo. Nel 490 a.C. (prima guerra persiana) l'esercito di Dario, forte di migliaia di uomini, salpò dalla Cilicia, attraversò l'Egeo e sbarcò in Attica, nella piana di Maratona. Qui i persiani subirono una pesante sconfitta e furono costretti a ritirarsi. Nel 481 (seconda guerra persiana) Serse I, figlio di Dario, organizzò una nuova e più imponente spedizione contro le città greche, coalizzatesi sotto la guida di Sparta. Riuscito ad aprirsi un varco alle Termopili, dove le truppe alleate opposero un'eroica resistenza (ago. 480 a.C.), Serse espugnò e incendiò Atene. L'avanzata persiana fu fermata grazie alle doti strategiche del generale ateniese Temistocle, che escogitò uno stratagemma per attirare la flotta nemica nella baia di Salamina, dove ebbe luogo la celebre battaglia navale conclusasi con la vittoria schiacciante dell'esercito ateniese (sett. 480 a.C.). Serse si ritirò con quello che restava della flotta, mentre l'esercito, comandato da Mardonio, rimase a svernare in Tessaglia. Le armate persiane vennero definitivamente sbaragliate a Platea (479 a.C.), nello stesso giorno in cui la flotta greca conseguiva la vittoria navale di Micale, in Asia Minore. Nel 468 a.C. i greci riportarono un'ulteriore vittoria nella battaglia dell'Eurimedonte. La fine del lungo conflitto tra greci e persiani venne sancita nel 449-448 a.C. con la pace di Callia.

PÈRSICO (Edoàrdo), *Napoli 1900 - Milano 1936*, architetto e critico d'arte. Collaboratore delle riviste gobettiane e organizzatore del gruppo dei Sei a Torino (1927-1929), fondò poi a Milano la Galleria del Milione (1930) e fu redattore di *Casabella*. Avversò la retorica fascista e contribuì allo sviluppo del razionalismo architettonico, lasciando una cospicua produzione critica.

PÈRSICO o **ARÀBICO** (Gólfo), insenatura dell'Oceano Indiano, tra l'Arabia e l'Iran. Importanti giacimenti petroliferi.

PÈRSIO FLÀCCO (Àulo), *Volterra 34 - Roma 62*, poeta latino. È autore di *Satire* che si ispirano alla morale stoica.

PERSSON (Göran), *Vingåker 1949*, politico svedese. È segretario generale del Partito socialdemocratico e primo ministro dal 1996.

PERTARITO, *m. nel 688*, re dei longobardi (661 e 671-688). Sotto il suo regno, i longobardi si convertirono al cattolicesimo.

PERTH, c. dell'Australia, cap. dello Stato dell'Australia Occidentale; 1.096.826 ab.

PERTH, c. della Gran Bretagna (Scozia); 43.000 ab. Chiesa di St. John (XII e XV sec.).

PERTHUS (Pàsso del), valico stradale dei Pirenei tra la Spagna e la Francia (Pirenei orient.); 290 m. È dominato dalla fortezza di Bellegarde.

PÈRTI (Giàcomo Antònio), *Crevalcore 1661 - Bologna 1756*, compositore. Fu maestro di cappella in S. Petronio a Bologna ed ebbe grande influenza in ambito locale. Insegnante di padre Martini, compose oratori e musica sacra (salmi, messe).

PERTINÀCE (Pùblio Èlvio), *Alba Pompeia 126 - Roma 193*, imperatore romano (193). Successore di Commodo, fu ucciso tre mesi dopo la designazione.

PERTÌNI (Alessàndro, detto Sàndro), *Stella, presso Genova, 1896 - Roma 1990*, politico. Iscritto al Partito socialista italiano dal 1918, durante il periodo fascista fu condannato all'esilio e al carcere. Diresse l'insurrezione del 1945. Segretario del PSI nel 1945, senatore dal 1948, deputato dal 1953 e presidente della camera nel 1968, ha ricoperto la carica di presidente della repubblica dal 1978 al 1985.

■ *Sandro Pertini.*

PERTÒSA, com. in prov. di Salerno; 815 ab. Agricoltura (frutta, ortaggi). Nei dintorni, Grotta dell'Angelo, con numerosi reperti dell'Età del bronzo.

PERÚ, Stato dell'America merid., sul Pacifico; 1.285.000 km²; 26.093.000 ab. (*peruviani*). CAP. *Lima*. LINGUE: *spagnolo* e *quechua*. MONETA: *sol*.

ISTITUZIONI – Repubblica presidenziale, con Costituzione del 1993. Il presidente della repubblica viene eletto ogni 5 anni a suffragio universale diretto. Anche il parlamento (congresso), monocamerale, viene eletto ogni 5 anni a suffragio universale.

GEOGRAFIA – La pesca rappresenta la risorsa essenziale della ristretta pianura costiera, che, pur avendo clima desertico, è contornata dalle città più importanti. La capitale, Lima, accoglie un quarto della popolazione, composta in prevalenza da amerindi o meticci. La crescita demografica contribuisce a spiegare la rapida urbanizzazione (più del 70% dei peruviani abita nelle città). La regione orient., amazzonica, è umida, coperta da una fitta foresta e ancora scarsamente popolata. Al centro, sugli altopiani andini solcati da vallate profonde, si praticano l'agricoltura, che dà prodotti diversi a seconda dell'altitudine (cereali, caffè, canna da zucchero), e l'allevamento (soprattutto ovino). Dal sottosuolo si estraggono argento, piombo, zinco, rame, ferro e petrolio. Risorse minerarie e prodotti ittici sono destinati principalmente all'esportazione.

STORIA – Le prime civiltà. Nell'antichità il P. è sede di numerose civiltà amerindie (chavín, mochica, chimú, nazca, paracas). **XII-XVI sec.**: gli inca estendono la loro dominazione agli altopiani andini, dando origine a un'importante cultura.
La conquista spagnola e l'epoca coloniale.
1532: Francisco Pizzarro conquista Cuzco e fa uccidere l'inca Atahualpa (1533). **1537**: la resistenza degli inca viene definitivamente spezzata. **1544**: la scoperta dei giacimenti d'argento di Potosí consente alla società coloniale di arricchirsi rapidamente. **1569-1581**: il viceré Francisco Toledo organizza il sistema coloniale e promuove l'integrazione della popolazione autoctona. **Dopo il 1630**: il declino della produzione d'argento e il notevole calo demografico provocano un lungo periodo di depressione economica. **1780-1782**: il paese è scosso da un'accesa rivolta degli amerindi, capeggiati da Gabriel Condorcanqui (Tupac Amaru).
L'indipendenza e il XIX sec. 1821: José de San Martín proclama l'indipendenza del P., ribadita dalla vittoria di Antonio José de Sucre a Ayacucho (1824). Nel paese si susseguono colpi di Stato militari. **1836-1839**: effimera confederazione di P. e Bolivia. **1845**: sotto la dittatura di Ramón Castilla (1845-1851; 1855-1862) l'economia riceve notevole impulso dallo sfruttamento commerciale dei nitrati e del guano. **1879-1883**: la guerra del Pacifico contro il Cile si conclude con la disfatta del P., costretto a cedere la provincia costiera di Tarapacá, ricca di nitrati. **1895**: con il sostegno dell'oligarchia mercantile, il presidente Nicolás de Piérola istituisce un governo civile e risana le finanze (1879-1881, 1895-1899).
Il XX e il XXI sec. 1908: Augusto Bernardino Leguía impone la dittatura (1908-1912, 1919-1930) e prosegue l'opera di modernizzazione del paese. **1924**: Victor Raúl Haya de la Torre fonda l'Alleanza popolare rivoluzionaria americana

Perú

★ importante località turistica

⚑ pozzo petrolifero

| 200 | 400 | 1000 | 2000 | 3000 m |

═══ autostrada

─── strada normale

──── ferrovia

✈ aeroporto

● più di 1.000.000 di ab.

● da 250.000 a 1.000.000 di ab.

● da 100.000 a 250.000 ab.

• meno di 100.000 ab.

PERUGIA. *Il Palazzo dei Priori (1293-1443) e la Fontana Maggiore, opera di Nicola e Giovanni Pisano (1278).*

(APRA). **1939-1945**: il presidente Manuel Prado y Ugarteche ripristina la legalità costituzionale. **1945-1948**: José Luis Bustamante Rivero tenta la via riformista. **1956-1962**: M. Prado y Ugarteche ritorna al potere con l'appoggio dall'APRA. **1963-1968**: Fernando Belaúnde Terry, eletto presidente, viene travolto dall'ascesa dell'opposizione rivoluzionaria e destituito dall'esercito. **1968-1975**: il generale Juan Velasco Alvarado nazionalizza miniere e banche e vara una riforma agraria; **1975-1980**: il generale Francisco Morales Bermúdez prende il suo posto. **1980-1985**: F. Belaúnde Terry, vincitore delle elezioni, deve far fronte alla guerriglia di "Sendero luminoso". **1985**: l'APRA vince le elezioni: il suo leader Alan García, salito alla presidenza della repubblica, si misura con una crisi economica e politica che continua ad aggravarsi. **1990**: viene eletto presidente Alberto Fujimori; **1992**: scioglie il parlamento e sospende le garanzie costituzionali. **1993**: approvazione per referendum di una nuova Costituzione. **1995**: A. Fujimori si conferma capo dello Stato. **1998**: un accordo regola la controversia per i confini che contrappone ormai da decenni il P. all'Ecuador. **2000**: poco dopo essere stato rieletto alla presidenza per la terza volta, Fujimori è accusato di corruzione e destituito; **2001**: gli succede Alejandro Toledo, economista centrista di etnia quechua. **2002**: diventa primo ministro Luis Solari.
PERÚ (vicereàme del), vicereame spagnolo creato nel 1553 che ebbe fine con l'indipendenza del P. (1824). Esercitava la sua autorità su tutti i possedimenti spagnoli dell'America merid. (fatta eccezione per il Venezuela). Nel XVI e XVII sec., comprendeva le udienze di Lima (1542), Santa Fe (1549), Charcas (1559), Quito (1563) e Santiago del Cile (1565). Nel XVIII sec., le riforme dei Borbone spezzettarono il v. del P., con la creazione dei vivereami di Nuova Granada (1739), di Río della Plata (1776) e la formazione dei capitanie-re generali del Venezuela (1777) e del Cile (1778).
PERÙCCA (Eligio), *Potenza 1890 - Roma 1965*, fisico. Compì studi sulla fisica sperimentale, inventando nuovi strumenti (elettrometro, dilatometro). Tra le opere, *Trattato di fisica generale e sperimentale* (1937-1938), *Dizionario di ingegneria* (1951-1956).
PERÚ E DEL CÌLE (corrente del) → HUMBOLDT (corrente di).
PERÙGIA, c. dell'Umbria, capol. di reg. e di prov.; 156.673 ab. (*perugini*). Industrie meccaniche, alimentari, dolciarie, della ceramica e del vetro. Mercato agricolo. Turismo d'arte. — Centro etrusco dal V sec. a.C., alla fine del III sec. a.C. la città cadde sotto il dominio dei romani. Dopo averla incendiata, l'imperatore Ottaviano la fece ricostruire con il nome di *Augusta Perusia*. Libero comune dall'XI sec., dal 1393 passò al regime signorile. Dal 1424 fino all'annessione al regno d'Italia fu delegazione pontificia. — Vestigia

etrusche e romane. Tra i monumenti: chiese di S. Angelo (V-VI sec.) e S. Pietro (X sec.), Fontana Maggiore (XIII sec., con statue di Nicola e Giovanni Pisano), Palazzo dei Priori (XIII-XV sec.), cattedrale di S. Lorenzo (XIV-XV sec.), Collegio del Cambio (XV sec.). Museo nazionale archeologico e Galleria nazionale dell'Umbria. — La provincia è occupata dall'Appennino Umbro-Marchigiano e percorsa dal Tevere, e nel suo settore occ. si estende il Lago Trasimeno. Vi si praticano l'agricoltura (cereali, ortaggi, viti, olivi, tabacco) e l'allevamento. Artigianato. Industrie alimentari, tessili, tipografiche, del legno. Turismo artistico. Centri principali: Assisi, Città di Castello, Gubbio, Foligno, Norcia, Spoleto, Todi.
PERUGÌNO (Piètro **Vannùcci**, detto **il**), *Città della Pieve 1448 ca. - Fontignano 1523*, pittore. Allievo del Verrocchio, attivo a Firenze, Roma, Perugia, fu uno dei maestri di Raffaello. Realizzò opere di dolci sentimenti, dal notevole equilibrio compositivo e dai colori soavi. **Consegna delle chiavi*, *Crocifissione* (S. Maria Maddalena de' Pazzi, Firenze); *Visione di S. Bernardo* (Alte Pinakothek, Monaco).
PERUTZ (Max Ferdinand), *Vienna 1914 - Cambridge 2002*, chimico britannico di origine austriaca. Grazie al metodo di diffrazione dei raggi X, ha stabilito la struttura tridimensionale dell'emoglobina e quella della mioglobina. (Premio Nobel 1962.)
PERÙZZI, nobile famiglia guelfa fiorentina. — **Ubaldino P.**, *XII sec.* Fu il capostipite della famiglia. — **Filippo P.**, *XIII sec.* Priore di Firenze (1284), costituì una compagnia commerciale che guadagnò ingenti ricchezze, anche grazie all'attività bancaria in Italia e all'estero. Fallì nel 1343 a causa del mancato rimborso di una grossa somma da parte del re d'Inghilterra Edoardo II.

— **Arnoldo P.**, *XIII sec.* Fratello di Filippo, diede origine al ramo parallelo della famiglia, che nel XVIII sec. unì al proprio il cognome de' Medici.
PERÙZZI (Baldassàrre), *Siena 1481 - Roma 1536*, architetto, ingegnere e pittore decorativo. Lavorò principalmente a Roma, dove, a contatto con Bramante e Raffaello, elaborò uno stile personale che anticipava il barocco (**Farnesina*, Palazzo Massimo alle Colonne).
PERVURALSK, c. della Russia, negli Urali; 135.906 ab.
PÉSARO, c. delle Marche, capol. della prov. di P. e Urbino, sul Mar Adriatico; 88.987 ab. (*pesaresi*). Mercato agricolo. Industrie meccaniche, alimentari, tessili, del vetro. Artigianato della ceramica. Località balneare. — Fondata probabilmente dai piceni, fu colonia romana. Nel 539 venne distrutta dagli ostrogoti, poi ricostruita dai bizantini. Passò sotto le signorie dei Malatesta, degli Sforza e dei Della Rovere. — Palazzo e fortezza degli Sforza (XV-XVI sec.). Musei, tra cui quello delle maioliche; casa natale di G. Rossini. — La provincia, montuosa e collinare, si estende dall'Appennino al Mar Adriatico. Vi si praticano l'agricoltura (cereali, viti, olivi, ortaggi, barbabietole da zucchero), l'allevamento e la pesca. Industrie alimentari, meccaniche, chimiche, tessili, della ceramica, del legno, degli strumenti musicali. Turismo balneare e artistico.
PÉSARO, nobile famiglia veneziana, conosciuta fin dal XIII sec., facente parte del Maggior Consiglio (1297). — **Benedetto P.**, *1433 - Corfù 1503*. Ammiraglio, condusse vittoriosamente molte battaglie (Cefalonia, 1500). — **Francesco P.**, *m. nel 1544*. Fu patriarca di Costantinopoli. — **Giovanni P.**, *Venezia 1568-1659*. Fu ambasciatore e doge dal 1658. — **Francesco P.**, *1740 - Roma 1799*. Fu ambasciatore e procuratore di S. Marco.
PESCADORES ("pescatori"), in cin. **Penghu**, arcipelago dello Stretto di Taiwan (dipendente da Taiwan).
PESCÀRA, c. dell'Abruzzo, capol. di prov., sul Mar Adriatico; 115.698 ab. (*pescaresi*). Pesca. Industria meccanica, petrolchimica, tessile, di raffinazione dello zolfo, del legno, conciaria. Località balneare. — P., che vanta antiche origini, prese il nome sotto i longobardi (*Piscaria*). Nel 1799 fu il centro della resistenza contro i Borbone. Nell'800 venne divisa in due e riunita nel 1927. — Casa di G. D'Annunzio. — La provincia, montuosa e collinare, si estende dal Gran Sasso al Mare Adriatico. Vi si praticano l'agricoltura (cereali, ortaggi, frutta, tabacco, viti, olivi) e l'allevamento. Giacimenti di petrolio e metano. Pesca. Turismo.
PESCASSÈROLI, com. in prov. dell'Aquila, nel Parco nazionale d'Abruzzo; 2302 ab. Turismo estivo e invernale.
PESCATÓRI (Ìsola dei), isola del Lago Maggiore; 0,25 km². Detta anche Isola Superiore, appartiene al gruppo delle Borromee. Caratteristico villaggio di pescatori.
PESCÉTTI (Giovànni Battìsta), *Venezia 1704 -1766*, compositore. Organista e clavicembalista, direttore del Covent Garden di Londra (1737), scris-

IL PERUGINO. *Consegna delle chiavi, 1481-1482. (Cappella Sistina, Vaticano.)*

se numerose sonate per cembalo e organo, opere e musica sacra.

PESCHIÈRA DEL GÀRDA, com. in prov. di Verona, sulla riva sud-orient. del lago omonimo; 8913 ab. Fondata dai romani come *Arilica*, nel XIX sec. divenne uno dei centri del Quadilatero asburgico.

PÉSCI, costellazione dello zodiaco. — **Pesci**, dodicesimo segno dello zodiaco, che il Sole lascia durante l'equinozio di primavera.

PÉSCIA, com. in prov. di Pistoia; 17.913 ab. Floricoltura. Industrie conciarie, cartarie, del vetro. Chiesa gotica di S. Francesco. Oratorio della Madonna di Piè di Piazza (1447).

PESCÌNA, com. in prov. dell'Aquila; 4724 ab. Agricoltura (barbabietole da zucchero, cereali). Vi nacque il cardinale Mazarino (1602).

PESELLÌNO (Francésco **di Stéfano**, detto **il**), *Firenze 1422-1457*, pittore. Fu allievo di F. Lippi, con il quale collaborò alla predella per il *Polittico di S. Croce* (1438). Influenzato da Andrea del Castagno, si distinse per l'intensa plasticità dello stile. Notevoli le sue decorazioni di tavolette e cassoni.

PESHAWAR, c. del Pakistan, all'inizio del Passo di Khaybar che porta in Afghanistan; 983.000 ab. Museo con molte opere d'arte del regno di Gandhara.

PESSOA (Fernando Antonio **Nogueira**), *Lisbona 1888-1935*, poeta portoghese. Pubblicò, attraverso gli "eteronimi" o personaggi fittizi che rappresentano i suoi diversi "io", un'opera lucida e sontuosa che esercitò, dopo la sua morte, una grandissima influenza sulla lirica portoghese (*Poesie di Álvaro de Campos, Poemi di Alberto Caeiro, Odi di Ricardo Reis, Diario dell'inquietudine di Bernardo Soarès*).
■ *Fernando Pessoa.*

PEST, parte bassa di Budapest (Ungheria), sul Danubio.

PESTALOZZI (Johann Heinrich), *Zurigo 1746 - Brugg 1827*, pedagogo svizzero. Influenzato da J.-J. Rousseau, sostenne una pedagogia fondata sul lavoro manuale e sull'insegnamento reciproco. Si interessò all'educazione dei bambini poveri (*Leonardo e Gertrud*, 1781-1787).

PÈSTE NÉRA, epidemia di peste che colpì l'Europa tra 1346 e 1351-1352. Propagata dai marinai genovesi provenienti dalla Crimea, colpì inizialmente la Sicilia (1347) e si diffuse nel 1348-1349 in Italia, Francia, Inghilterra, Spagna e Europa centrale. Raggiunse la Scandinavia e i confini polacco-russi. Uccise ca. 25 milioni di persone nell'Europa occ., un terzo della popolazione.

PETAH TIQWA, c. d'Israele, presso Tel Aviv-Giaffa; 153.200 ab.

PÉTAIN (Philippe), *Cauchy-à-la-Tour 1856 - Port-Joinville 1951*, militare e politico francese. È ricordato come il maggiore artefice della difesa e della controffensiva militare francese, durante la prima guerra mondiale. In seguito alla disfatta del 1940, divenne, a 84 anni, capo dello Stato a Vichy e instaurò un regime autoritario. Quando la Francia fu liberata dagli Alleati, P. fu sottoposto a processo per collaborazionismo (1945) e condannato a morte, pena poi commutata nella detenzione a vita.
■ *Philippe Pétain.*

PETARE, c. del Venezuela, sobborgo orient. di Caracas; 338.417 ab.

PETERBOROUGH, c. del Canada (Ontario), presso il Lago Ontario; 69.535 ab.

PETERBOROUGH, c. della Gran Bretagna (Inghilterra), a N di Londra; 115.000 ab. Cattedrale romanico-gotica, ant. abbazia dalla facciata monumentale (1200 ca.).

PETERHOF, ant. nome di *Petrodvorets*.

PETERMANN (August), *Bleicherode 1822 - Gotha 1878*, geografo tedesco, promotore di spedizioni in Africa e fondatore della rivista *Petermanns Mitteilungen*.

PETER PAN, personaggio nato dalla penna dello scrittore britannico J.M. Barrie, protagonista di un romanzo (*Il piccolo uccello bianco*, 1902) e una commedia (*Peter Pan o il ragazzo che non voleva crescere*, 1904). Si tratta di un bambino che sfugge al proprio destino di adulto rifugiandosi in un mondo immaginario e meraviglioso. Questo personaggio ha ispirato il cartone animato *Peter Pan* (1953) prodotto dalla W. Disney e diversi film.

PETERS (Carl), *Neuhaus an der Elbe 1856 - Woltorf 1918*, viaggiatore e colonizzatore tedesco, uno degli artefici dell'Africa orientale tedesca.

PETERSON (Oscar), *Montreal 1925*, pianista e compositore jazz canadese. Ha fondato il suo primo trio nel 1952 e si è imposto come grande solista (*With Respect to Nat*, album, 1965; *Canadiana Suite*, 1965).

PÉTION (Anne Alexandre **Sabès**, detto), *Port-au-Prince 1770-1818*, politico haitiano. Partecipò alla rivolta contro i bianchi (1791) e fondò la repubblica di Haiti (1807), di cui fu il presidente fino alla morte.

PETIPA (Marius), *Marsiglia 1818 - Gurzuf, Crimea, 1910*, ballerino e coreografo francese. Maestro di ballo al Teatro Maria di San Pietroburgo (1862-1904), celebre per il suo repertorio classico (*Don Chisciotte*, 1869; una nuova versione di *Giselle*, 1884; *La bella addormentata*, 1890; *Il lago dei cigni*, atti I e III, 1895).

PETIT (Alexis Thérèse), *Vesoul 1791 - Parigi 1820*, fisico francese. Condusse, insieme a P.L. Dulong, ricerche sulle dilatazioni e i calori specifici.

PETIT (Roland), *Villemomble 1924*, ballerino e coreografo francese. Animatore del Ballet des Champs-Élysées (1945-1947), ha fondato il Ballet de Paris (1948-1966) e diretto il Ballet National de Marseille (1972-1998). Tra i suoi spettacoli, *Il giovane e la morte* (1946), *Notre-Dame de Paris* (1965). È stato direttore del Casinò di Parigi (1969-1975).
■ *Roland Petit.*

PETLJURA (Simon Vasilievič), *Poltava 1879 - Parigi 1926*, politico ucraino. Militante nazionalista e presidente del direttorio ucraino (1919), si alleò con la Polonia e fu sconfitto dai bolscevichi (1920). Fu assassinato.

PETŐFI (Sándor), *Kiskörös 1823 - Segesvár 1849*, poeta ungherese. Grazie ai suoi scritti (*Il martello del villaggio*, 1844) e alle sue azioni, divenne un eroe della rivoluzione ungherese del 1848, il simbolo della lotta per l'indipendenza nazionale.

PETRA, c. dell'ant. Arabia (att. in Giordania), 70 km a S del Mar Morto. Capitale del regno dei nabatei, fu un importante centro carovaniero e un ricco centro commerciale. I romani l'inglobarono nel 106 d.C. Notevole architettura rupestre ellenistico-romana (templi, tombe ecc.).

PETRÀRCA (Francésco), *Arezzo 1304 - Arquà 1374*, poeta e umanista. Abbandonati presto gli studi giuridici, si diede alla letteratura. Nel 1326 prese i voti come frate minore e l'anno successivo incontrò Laura, la donna che costituì l'ispiratrice della sua poesia. A partire dal 1330 viaggiò per tutta l'Europa, svolgendo anche incarichi diplomatici. Nel 1341 fu incoronato poeta in Campidoglio. P. fu una figura chiave nel passaggio tra la cultura medievale e quella umanistica. Fu un attivo ricercatore di manoscritti antichi, nonché autore di testi in latino (*Epistolae metricae*, 1360; *Secretum*, 1342-1343). Il suo capolavoro rimane comunque il *Canzoniere*, in cui le vicende biografiche acquistano valore universale prefigurando la condizione umana. In volgare scrisse anche i *Trionfi* (1340-1374), poema in terzine sulla scia dei poemi allegorico-didascalici medievali.
■ *Francesco Petrarca. (Galleria Borghese, Roma.)*

PETRÀSSI (Goffrédo), *Zagarolo 1904 - Roma 2003*, compositore. Professore all'Accademia di S. Cecilia e al conservatorio di Roma, ha iniziato la sua carriera partendo da posizioni neoclassiche, per poi approdare alle esperienze di avanguardia e alla musica dodecafonica. È autore di otto celebri concerti per orchestra (1934-1972) e della cantata *Noche oscura* (1951).

PÈTRI (Eràclio, detto Élio), *Roma 1929-1982*, regista cinematografico. Diresse film di grande impegno sociale e civile: *L'assassino* (1961), *I giorni contati* (1962), *La decima vittima* (1965), *A ciascuno il suo* (1967), *Indagine su un cittadino al di sopra di ogni sospetto* (1970, premio Oscar), *La classe operaia va in paradiso* (1971, Palma d'oro a Cannes), *Todo modo* (1976), *Buone notizie* (1979).

PETRI (Olof Petersson, detto Olaus), *Örebro 1493 - Stoccolma 1552*, riformatore svedese. Propagatore della Riforma in Svezia, è autore di una traduzione del Nuovo Testamento e di una *Cronaca svedese*.

PETRÒCCHI (Giórgio), *Tivoli 1921 - Roma 1989*, critico letterario e filologo. Docente di letteratura italiana e collaboratore di riviste, ha pubblicato un'edizione critica della *Divina Commedia* (1968). Tra gli studi, *M. Bandello* (1948), *Manzoni. Letteratura e vita* (1971), *Lezioni di critica romantica* (1975).

PETRÒCCHI (Policàrpo), *Castel di Cireglio 1852-1902*, letterato e lessicografo. Nel celebre *Novo dizionario universale della lingua italiana* (2 voll., 1887-1991) sostenne le teorie sulla lingua di A. Manzoni, di cui fu anche importante studioso (*La prima giovinezza di A. Manzoni*, 1898).

PETRODVORETS, già *Peterhof*, c. della Russia, sul Golfo di Finlandia, presso San Pietroburgo; 43.000 ab. Fondata da Pietro il Grande, fu la residenza degli zar. Palazzo, parco, diversi padiglioni e giochi d'acqua ispirati a Versailles (XVIII-XIX sec.), ricostruiti dopo la seconda guerra mondiale.

PETROLÌNI (Èttore), *Roma 1886-1936*, attore e commediografo. Interprete dotato di una notevole capacità di improvvisazione, lavorò in spettacoli di varietà, mostrando una vena caustica e surreale. Creatore di celebri macchiette (Gastone, Giggi er bullo, Er sor Capanna), recitò anche propri testi (*Nerone*, 1918). Fu interprete di alcuni film (*Cortile*, 1930) e lasciò due volumi autobiografici.

PETRÒNI (Guglièlmo), *Lucca 1911 - Roma 1993*, scrittore e poeta. Dopo l'esordio poetico con *Versi e memoria* (1935), pubblicò il racconto *Lettere da Santa Margherita* (1937) e rievocò l'esperienza carceraria in *Il mondo è una prigione* (1949). Tra le altre opere, *La casa si muove* (1950), *Il nome delle parole* (1984, autobiografia), *Terra segreta* (1987).

PETRÒNIO (sànto), V sec., ecclesiastico. Nato presumibilmente a Costantinopoli, giunse a Roma e fu nominato dal papa vescovo di Bologna (431-450), città in cui fece costruire una chiesa e della quale è patrono.

PETRÒNIO ÀRBITRO, m. a Cuma nel 66 d.C., scrittore latino, autore presunto del *Satyricon*. Coinvolto nella congiura dei Pisoni, si tagliò le vene.

PETRÒNIO (Giusèppe), *Marano 1909 - Roma 2003*, critico letterario. Di formazione marxista, è stato docente alle università di Cagliari e Trieste e direttore di un *Dizionario enciclopedico della letteratura italiana* (1966-1970). Tra le opere, *Carducci: l'uomo e il poeta* (1930), *Teorie e realtà del romanzo* (1977), *Letteratura di massa e letteratura di consumo* (1979).

PETROPAVLOVSK → KYZYLJAR.

PETROPAVLOVSK-KAMČATSKI, c. della Russia, sulla costa della Kamčatka; 216.956 ab. Porto.

PETRÓPOLIS, c. del Brasile (Stato di Rio de Janeiro); 286.537 ab. Palazzo imperiale (XIX sec.), att. museo.

PETRUŠKA, personaggio del balletto omonimo, creato a Parigi nel 1911 per i *Ballets russes* (coreografia di M. Fokine, musica di I. Stravinskij, scenografie e costumi di A. Benois). Marionetta animata magicamente, P. soffre per amore e soccombe sotto i colpi del suo rivale.

PETROVIĆ NJEGOŠ (Petar), *Njegoši 1813 - Cetinje 1851*, principe-vescovo del Montenegro, poeta di lingua serba. Il suo poema *Il serto della montagna* (1847) è uno dei capolavori della letteratura montenegrina.

PETROZAVODSK, c. della Russia, capol. della Carelia; 279.188 ab. Musei.

PETRÙCCI (Ottaviàno), *Fossombrone 1466 - Venezia 1539*, editore. Pubblicò nel 1501 il primo libro di musica stampato a caratteri mobili. L'opera comprende intavolature da liuto e composizioni profane e sacre.

PETSAMO, in russo **Pečenga**, località della Russia, in Lapponia. Fu ceduta dalla Finlandia all'URSS nel 1944.

PETTAZZÓNI (Raffaèle), *San Giovanni in Persiceto 1883 - Roma 1959*, storico delle religioni. Considerato il maggior studioso di storia delle religioni in Italia, ha dato vita a un nuovo orientamento di analisi incentrato sulla contestualizzazione storica. Tra le opere, *Storia delle religioni* (1942), *Religione e società* (postumo, 1962).

PEUGEOT, società automobilistica francese, fondata nel 1810 dalla famiglia P. Oltre alle automobili (gruppo PSA P. Citroën), produce biciclette e motocicli.

PEUGEOT (Armand), *Valentigney 1849 - Neuilly-sur-Seine 1915*, industriale francese. Con lui, le attività industriali della sua famiglia si orientarono alla costruzione di biciclette, poi automobili.

PEUL, **FULBE** o **FULANI**, insieme di popolazioni nomadi sparse dal Senegal al Ciad e dalla Mauritania al Camerun (ca. 12 milioni di individui). Spesso considerati i discendenti meticci di nomadi bianchi e neri, i p. furono completamente islamizzati, migrarono progressivamente e raggiunsero l'apogeo nel XIX sec. (impero di Macina, regno di *Sokoto). Allevatori, ancora nomadi, parlano il peul, o foulfoulde. *Peul* è il loro nome francese e *fulani* quello arabo.

PEUTINGER (Konrad), *Augusta 1465-1547*, umanista tedesco. Pubblicò una copia medievale della carta delle strade dell'impero romano (III e IV sec.), detta "Tavola peutingeriana" (att. a Vienna).

PEVSNER (Anton), *Orël 1886 - Parigi 1962*, pittore e scultore di origine russa. Stabilitosi a Parigi nel 1923, si è fatto conoscere per le "superfici sviluppate" in rame o in bronzo. È ben rappresentato al MNAM. — **Naum P.**, detto Naum **Gabo**, *Briansk 1890 - Waterbury, Connecticut, 1977*, scultore statunitense di origine russa, fratello di Anton. Stabilitosi in Gran Bretagna e poi negli Stati Uniti, pubblicò a Mosca con Anton, nel 1920, un manifesto che rigettava il cubismo e il futurismo esaltando una conoscenza della realtà essenziale del mondo attraverso i "ritmi cinetici" e il costruttivismo. È famoso soprattutto per le sue sculture di fili di nylon.

PEYNET (Raymond), *Parigi 1908 - Mougins 1999*, disegnatore francese. Famoso per la coppia di fidanzatini, dal romanticismo un po' "vecchio stile", che creò a Valenza nel 1942.

PEYO (Pierre **Culliford**, detto), *Bruxelles 1928-1992*, disegnatore e scenografo belga. Creatore degli gnomi azzurri Schtroumpfs, conosciuti in Italia come *Puffi*.

PÈZZO (Pàola), *Boscochiesanuova 1969*, ciclista. Ha vinto la medaglia d'oro nella mountain-bike individuale alle Olimpiadi di Atlanta (1996) e di Sydney (2000). Campionessa mondiale nel 1993 e nel 1997, è stata 2 volte campionessa europea (1994 e 1996).

PFAFF (Johann Friedrich), *Stoccarda 1765 - Halle 1825*, matematico tedesco. Docente a Helmstadt, ebbe tra i suoi allievi K.F. Gauss. Compì studi sull'analisi e sulla teoria delle equazioni differenziali.

PFORZHEIM, c. della Germania (Baden-Württemberg), a N della Foresta Nera; 117.227 ab. Oreficeria. — Museo del gioiello.

PHAM VAN DONG, *Mô Duc 1906 - Hanoi 2000*, politico vietnamita. Fu primo ministro del Vietnam del Nord a partire dal 1955, poi del Vietnam riunificato dal 1976 al 1987.

PHILIDOR (François André **Danican-**), *Dreux 1726 - Londra 1795*, compositore e giocatore di scacchi francese. Fu uno dei fondatori dell'*opéra-comique* in Francia (*Blaise le savetier*, 1759; *Tom Jones*, 1765) e un grande maestro di scacchi, autore di un'*Analisi del gioco degli scacchi*.

PHILIPE (Gérard **Philip**, detto Gérard), *Cannes 1922 - Parigi 1959*, attore teatrale e cinematografico francese. Interprete di successo al Théâtre national populaire, fu una delle star del grande schermo della sua generazione (*Il diavolo in corpo*, 1947; *Fanfan la Tulipe*, 1952; *Il rosso e il nero*, 1954).

■ *Gérard Philipe.*

PHILIPPE (Charles-Louis), *Cérilly 1874 - Parigi 1909*, scrittore francese. I suoi racconti realistici, nutriti di ricordi autobiografici, descrivono la vita del popolo (*Bubu di Montparnasse*, 1901).

PHILIPS, società olandese fondata nel 1891 a Eindhoven. È tra i leader mondiali nel campo dell'illuminazione e dell'elettronica.

PHILLIPS (William D.), *Wilkes Barre 1948*, fisico statunitense. All'inizio degli anni '80 del secolo scorso, è riuscito a rallentare e a raffreddare gli atomi di sodio con l'ausilio di fasci luminosi e di un campo magnetico. Nel 1988 ha realizzato la prima misurazione precisa in una melassa ottica. (Premio Nobel 1997.)

PHNOM PENH, cap. della Cambogia, alla confluenza del Mekong e del Tonle Sap; 984.000 ab.

PHOENIX, c. degli Stati Uniti, cap. dell'Arizona, in un'oasi irrigata dal Salt River; 1.321.045 ab. (3.251.876 ab. nell'agglomerato). Centro industriale, universitario e turistico. — Musei di arte e di antropologia.

PHOENIX ISLANDS, in it. **Ìsole della Fenice**, piccolo arcipelago della Polinesia, che fa parte di Kiribati.

PHUKET, isola della Thailandia. Miniere di stagno. Turismo.

PIACENTÌNI (Marcèllo), *Roma 1881-1960*, architetto e urbanista. Figlio di Pio, fu il principale esponente dell'architettura del periodo fascista, interprete di un classicismo che rielaborava indirizzi stilistici diversi. Tra le opere, cinema Corso a Roma (1917), piazza della Vittoria a Genova (1941-1942), quartiere Eur a Roma (1942).

PIACENTÌNI (Pìo), *Roma 1846-1928*, architetto. Padre di Marcello, lavorò a Roma, dove fu un importante esponente dell'eclettismo. Tra le opere, palazzo delle esposizioni in via Nazionale (1878-1882), ministero di grazia e giustizia (1920).

PIACÈNZA, c. dell'Emilia-Romagna, capol. di prov., alla destra del Po; 98.384 ab. (*piacentini*). Mercato agricolo e del bestiame. Industrie alimentari, della carta, chimiche e del vetro. — Di origine romana (*Placentia*), dal 1090 fiorì come libero comune e dal XV sec. fu sottoposta alle signorie degli Scotti, dei Visconti e poi degli Sforza. Nel 1545 costituì un ducato insieme a Parma, di cui seguì le vicende fino all'annessione al regno di Sardegna (1860). — Palazzi comunale (XI-II sec.) e Farnese (XVI sec.), in cui ha sede il Museo civico; duomo romanico-gotico (XII-XIII sec.). — Nella provincia, in parte pianeggiante e in parte collinare e montuosa, si praticano agricoltura (cereali, foraggi, ortaggi e vite) e allevamento (bovino e suino). Giacimenti di petrolio e metano. Industrie chimiche, alimentari, tessili.

PIACÈRE (Il), romanzo di G. D'Annunzio, pubblicato nel 1889. L'opera esprime un ideale di bellezza estetizzante tipica della poetica dannunziana, esemplificazione del tentativo di trasformare la vita in un'opera d'arte.

PÌA DÉI TOLOMÈI, *XIII sec.*, nobildonna senese. Protagonista di un episodio della *Divina Commedia* (*Purgatorio*, V), fu moglie del signore guelfo Nello dei Pannocchieschi. Questi, dopo averla sposata, la rinchiuse nel castello di Pietra, e qui la fece morire.

PIAF (Édith Giovanna **Gassion**, detta Édith), *Parigi 1915-1963*, cantante francese. Con la sua voce profonda ha interpretato in modo memorabile canzoni struggenti quali *La vie en rose*, *Hymne à l'amour* (brani di cui è anche autrice), *Milord* e *Non, je ne regrette rien*.

■ *Édith Piaf.*

PIAGET (Jean), *Neuchâtel 1896 - Ginevra 1980*, psicologo ed epistemologo svizzero. Fondatore dell'epistemologia genetica, approfondì lo studio dei processi cognitivi. Si occupò, in partic., dello sviluppo dell'intelligenza nei bambini (*La nascita dell'intelligenza nel fanciullo*, 1936; *Introduzione all'epistemologia genetica*, 1950).

PIÀGGIO, società industriale fondata nel 1884 a Genova da Rinaldo P. (Genova 1864-1938). Produttrice di arredi navali, quindi di materiale ferroviario e aeronautico, nel 1924 acquisì la CMN di Pontedera. Nel dopoguerra l'azienda fu riconvertita dal figlio di Rinaldo, Enrico P. (Genova 1905 - Pisa 1965), che diede il via alla produzione del celebre motoscooter *Vespa*. In seguito, dopo l'acquisizione della Gilera e della Bianchi, passò progressivamente sotto il controllo della FIAT.

PIALAT (Maurice), *Cunlhat 1925 - Parigi 2003*, regista cinematografico francese. Nei suoi film ha affrontato spesso i temi della sofferenza e della passione amorosa. Ha girato, tra gli altri, *Infanzia nuda* (1969), *Loulou* (1980), *Ai nostri amori* (1983), *Sotto il sole di Satana* (1987), *Van Gogh* (1991).

PIÀNA DEGLI ALBANÉSI, com. in prov. di Palermo; 6305 ab. Agricoltura (ortaggi, olive). Il centro urbano fu fondato nel XV sec. da una comunità di albanesi, scampati all'invasione turca.

PIANCASTAGNÀIO, com. in prov. di Siena, versante sud-orient. del Monte Amiata; 4305 ab. Turismo estivo. Castello degli Aldobrandeschi (XII sec.).

PIÀNELL (Giuseppe Salvatòre), *Palermo 1818 - Verona 1892*, militare. Fu al servizio dei Borbone, per i quali combatté in Abruzzo e Calabria. Ministro della guerra (1860), all'arrivo di G. Garibaldi si dimise, rifugiandosi a Parigi. Generale dell'esercito italiano (1861), fu poi deputato (1867-1870) e senatore (dal 1871).

PIÀNO (Rènzo), *Genova 1937*, architetto. Nelle sue opere l'attenzione alle nuove tecnologie si sposa con la sperimentazione delle potenzialità

Renzo **PIANO**. *Centre national d'art et de culture Georges Pompidou, 1971-1976 (Parigi).*

dei materiali plastici e metallici, con una grande sensibilità nei confronti dell'ambiente naturale e del contesto. Insieme a R. Rogers ha realizzato il *Centre national d'art et de culture G. Pompidou* di Parigi (1971-1976). Tra i suoi lavori più importanti, la fondazione Menil a Houston (1982-1987), la ristrutturazione del Lingotto a Torino (1983-1988), lo stadio S. Nicola a Bari (1987-1990), l'aeroporto del Kansai a Osaka (1991-1994), il Centro culturale Tjibaou a Nouméa (1993-1998) e l'Auditorium, il nuovo parco della musica di Roma (1997-2002).

PIANÒSA, isola del Mar Tirreno; 10,3 km². Compresa nell'Arcipelago Toscano, a poca distanza dall'Isola d'Elba, è in prevalenza pianeggiante; fa parte del com. di Campo nell'Elba. Pesca. Turismo. Già proprietà del granducato di Toscana (1815-1860), dal 1855 è sede di una colonia penale.

PIASTI, dinastia fondatrice del primo Stato polacco (X-XIV sec.).

PIATRA NEAMŢ, c. della Romania, in Moldavia; 123.360 ab. Chiesa in stile bizantino moldavo (1498); musei.

PIAUÍ, Stato del Brasile nord-orient.; 2.843.278 ab.; cap. *Teresina*.

PIÀVE, f. del Veneto, che nasce nelle Alpi Carniche, dal Monte Peralba, attraversa il Cadore, bagna Belluno e sfocia nel Golfo di Venezia; 220 km. — Durante la prima guerra mondiale vi si formò la linea di difesa italiana contro gli austriaci (1917).

PIÀVE (Francésco María), *Murano 1810 - Milano 1876*, poeta e librettista. Direttore degli spettacoli del teatro La Fenice di Venezia e della Scala di Milano, scrisse libretti per G. Verdi (*Ernani*, 1844; *Macbeth*, 1847 e 1865; *Rigoletto*, 1851; *La Traviata*, 1853), G. Pacini e A. Ponchielli.

PIÀZZA (António), *Venezia 1742 - Milano 1825*, scrittore e drammaturgo. Direttore della *Gazzetta urbana veneta* (1787-1798), scrisse opere teatrali influenzate da C. Goldoni (*L'amicizia in cimento*, 1773) e romanzi (*Gli zingari*, 1769; trilogia "veneziana" *L'impresario in rovina*, *Giulietta*, *La pazza per amore*, 1771-1773).

PIÀZZA ARMERÌNA, com. in prov. di Enna; 22.199 ab. Agricoltura (uva, olive, mandorle); industrie alimentari e dell'abbigliamento. Duomo barocco (XVII sec.). — Nei pressi della cittadina, di origine normanna, villa romana del Casale, con mosaici pavimentali policromi del IV sec., attribuiti a maestri africani, raffiguranti scene di caccia, di vita quotidiana e mitologiche.

PIAZZÉTTA (Giovànni Battísta), *Venezia 1682-1754*, pittore. Formatosi a Bologna presso G.M. Crespi, si affermò a Venezia dipingendo pale d'altare caratterizzate dal vigoroso chiaroscuro e dai colori vivaci. In seguito adottò un cromatismo più

PIAZZA ARMERINA. *Particolare di un mosaico con scene di pesca, dalla villa romana del Casale (IV sec.).*

chiaro e si dedicò a soggetti quotidiani e popolari (*L'indovina*, Gallerie dell'Accademia, Venezia).

PIÀZZI (Giusèppe), *Ponte di Valtellina 1746 - Napoli 1826*, astronomo. Sacerdote e direttore dell'osservatorio di Palermo, scoprì il primo asteroide, Cerere (1° gen. 1801). Nel 1803 pubblicò un catalogo di 6748 stelle.

PIAZZÒLA SUL BRÈNTA, com. in prov. di Padova; 10.655 ab. Agricoltura (ortaggi, cereali). Industrie tessili. Villa Contarini degli Scrigni (1546), opera di A. Palladio, con ricca biblioteca.

PIAZZÒLLA (Astor), *Mar del Plata, Argentina, 1921 - Buenos Aires 1992*, compositore e suonatore di *bandoneon* argentino. Ha rinnovato il tango, distaccandosi dalla tradizione popolare per accogliere influenze classiche e jazz.

PICABIA (Francis), *Parigi 1879-1953*, pittore francese. Fu un pioniere dell'arte astratta e uno dei più importanti esponenti del dadaismo. Lavorò a New York e a Parigi.

PICARD (Charles), *Arnay-le-Duc 1883 - Parigi 1965*, archeologo francese, autore di importanti studi di archeologia greca.

Pablo **PICASSO.** *Ritratto di Dora Maar, 1937.*
(Museo Picasso, Parigi.)

PICASSO (Pablo Ruiz, detto Pablo), *Málaga 1881 - Mougins 1973*, pittore e scultore spagnolo. Formatosi a Barcellona, con dotte di un talento molto precoce, si trasferì a Parigi nel 1904. Dopo i periodi blu e rosa (1901-1905), approdò al cubismo, di cui fu l'ideatore e il principale esponente (*Les demoiselles d'Avignon*, 1906-1907, MOMA, New York), per poi ritornare al figurativo (intorno al 1920) e infine accostarsi a soluzioni surrealiste e astratte (1925-1936). Capolavoro della maturità è *Guernica* (1937), che rievoca gli orrori della guerra civile spagnola.

PICCARD (Auguste), *Basilea 1884 - Losanna 1962*, fisico svizzero. Compì le prime ascensioni nella stratosfera (1931), raggiungendo i 16.000 m di quota con un pallone da lui progettato. In seguito costruì anche un batiscafo per l'esplorazione delle profondità sottomarine.

■ *Auguste Piccard.*

— **Jacques P.**, *Bruxelles 1922*, oceanografo svizzero, figlio di Auguste. Nel 1960 ha battuto il record d'immersione, raggiungendo la profondità di 10.916 m nella Fossa delle Marianne, a bordo del batiscafo *Trieste*. — **Bertrand P.**, *Losanna 1958*, psichiatra e aerostiere svizzero, figlio di Jacques. Nel 1999 ha compiuto, con il britannico B. Jones, il primo giro del mondo in pallone senza scalo, in 19 giorni, 21 ore e 55 minuti.

PICCARDÌA, in fr. **Picardie**, reg. storica della Francia. Contesa da francesi e inglesi, cui in seguito si aggiunsero i borgognoni, durante la guerra dei Cent'anni, fu riunita alla Francia nel 1482.

PICCARDÌA, in fr. **Picardie**, reg. della Francia; 19.399 km²; 1.857.834 ab.; capol. *Amiens*; 3 dip. (Aisne, Oise e Somme). Il territorio è in gran parte costituito da altopiani. L'economia si basa sull'agricoltura (grano, barbabietole).

PICCINÀTO (Luigi), *Legnano 1899 - Roma 1983*, architetto e urbanista. Partecipò alla progettazione dei piani regolatori di Sabaudia (1933-1934), Siena (1952) e Roma (1962). Tra le realizzazioni architettoniche, teatro Eliseo a Roma (1936), teatro Mediterraneo (1939-1952) e stazione ferroviaria (1959) a Napoli, stadio Adriatico a Pescara (1955).

PICCINÌNO (Iàcopo), *Perugia 1423 - Napoli 1465*, condottiero. Figlio di Niccolò, fu al servizio della repubblica ambrosiana (1449) e di Venezia. In seguito combatté per Alfonso V d'Aragona e Federico di Montefeltro, poi per Giovanni d'Angiò e Ferdinando I che, temendo un tradimento, lo fece uccidere.

PICCINÌNO (Niccolò), *Callisciana 1386 - Cusago 1444*, condottiero. Padre di Iacopo, fu al servizio di Braccio da Montefeltro, del quale ereditò le milizie. Passò quindi al servizio di Filippo Maria Visconti (1426), per il quale combatté contro i veneziani (sconfitta a Maclodio, 1427; vittoria a Cremona, 1431). Dopo alterne vicende, si ritirò a Milano, dove morì.

PICCÌNNI (Niccolò), *Bari 1728 - Parigi 1800*, compositore. Raggiunse la fama, a Napoli, con l'opera buffa *La Cecchina ossia la buona figliuola* (1760). Trasferitosi in Francia nel 1777, scrisse qui le sue opere maggiori (*Roland*, 1778; *Iphigénie en Tauride*, 1781; *Didon*, 1783) e si trovò al centro di una *querelle* tra i "gluckisti", sostenitori dell'opera in francese e della semplicità compositiva, e i "piccinnisti", favorevoli all'uso della lingua italiana e al virtuosismo.

PÌCCIO (Giovànni **Carnovàli**, detto), *Montegrino 1804 - Caltaro sul Po 1873*, pittore. Esponente del romanticismo lombardo, fu anche apprezzato ritrattista. Tra le opere, *Educazione della Vergine* (1826), *Paesaggio dai grandi alberi* (1844).

PICCIÓNI (Giusèppe), *Ascoli Piceno 1954*, regista cinematografico. Tra i suoi film, *Il Grande Blek* (1987), *Chiedi la luna* (1991), *Condannato a nozze* (1993), *Cuori al verde* (1995), *Fuori dal mondo* (1998).

PÌCCOLA INTÉSA, alleanza stipulata nel 1920-1921 da Cecoslovacchia, Romania e regni di Serbia, Croazia e Slovenia per la difesa dei confini fissati nel 1919-1920. Patrocinata dalla Francia, si sciolse nel 1938.

PÌCCOLI (Michel), *Parigi 1925*, attore cinematografico francese. Tra i film interpretati, *Il disprezzo* (1963), *Bella di giorno* (1967), *Dillinger è morto* (1968), *La grande abbuffata* (1973).

PÌCCOLO (Lùcio), *Palermo 1903 - Capo d'Orlando 1969*, poeta. Tra le raccolte, *Canti barocchi* (1956), *Gioco a nascondere* (1960), *Plumelia* (1967).

PÌCCOLO (Ottàvia), *Bolzano 1949*, attrice teatrale e cinematografica. Tra le sue interpretazioni, *Il Gattopardo* (1963), *Serafino* (1968), *Metello* (1970, Palma d'oro a Cannes), *Zorro* (1975), *La famiglia* (1987), *Barocco* (1989), *Marciando nel buio* (1995).

PICCOLÒMINI (Alessàndro), *Siena 1508-1578*, letterato. Membro dell'Accademia degli Intronati, scrisse, tra l'altro, *Annotazioni sulla Poetica di Aristotele* (1575), *La Raffaella* (1539).

PICCOLÒMINI (Enèa Sìlvio) → PIO II.

PICCOLÒMINI (Ottàvio), *Pisa 1600 - Vienna 1656*, principe dell'impero. Generale al servizio degli Asburgo, rivelò all'imperatore le mire di A. von Wallenstein e partecipò al suo assassinio (1634).

PÌCCOLO PRÌNCIPE (Il), racconto di A. de Saint-Exupéry (1943). Vi si narrano, con tono lieve e poetico, le avventure, dal valore simbolico, di un ragazzino giunto da un altro pianeta. [V. foto a pagina seguente.]

PÌCCOLO SAN BERNÀRDO → SAN BERNARDO (Piccolo).

PÌCCOLO TEÀTRO DI MILÀNO, teatro stabile, pubblico, inaugurato nel 1947, fondato e diretto da P. Grassi e G. Strehler. Quest'ultimo ne fu direttore fino al 1967 e poi dal 1972 fino alla morte. Dal 1997 il teatro è diretto da S. Escobar e L. Ronconi.

PICÈNO, reg. storica dell'Italia centrale, sull'Adriatico, delimitata dai f. Esino a N e Salino a S. Abitata dai piceni, fu sottomessa dai romani

Il Piccolo Principe *sull'asteroide B 612, in un disegno di A. de Saint-Exupéry (1943).*

nel 268 a.C. e, in epoca augustea, incorporata nella V regione. Una sua parte fu compresa nella pentapoli bizantina (VI sec.).

PICENTÌNI (Mónti), gruppo montuoso dell'Appennino, nelle prov. di Avellino e Salerno. Cime princ.: Cervialto (1809 m) e Polverracchio (1790).

PICKERING (Edward), *Boston 1846 - Cambridge, Massachusetts, 1919*, astronomo statunitense. Pioniere dell'astrofisica, compì importanti studi di fotometria, fotografia e spettroscopia stellare.

PICKFORD (Gladys Mary **Smith**, detta Mary), *Toronto 1893 - Santa Monica 1979*, attrice cinematografica statunitense. Modello della donna-bambina, fu la prima grande star del cinema muto (*Tess of the Storm country*, E.S. Porter, 1914; *Rosita*, E. Lubitsch, 1923; *Segreti*, F. Borzage, 1933).

PICKWICK (Il circolo), romanzo di C. Dickens (1837). Vi si narrano, in forma satirica, le avventure di M. Pickwick, del suo domestico Sam Weller e della cerchia di eccentrici personaggi che frequentano.

PÌCO DÉLLA MIRÀNDOLA (Giovànni), *Mirandola 1463 - Firenze 1494*, filosofo e umanista. Formatosi all'Università di Bologna, frequentò i circoli aristotelici di Padova e gli ambienti neoplatonici di Firenze, dove fu protetto da Lorenzo il Magnifico. Le *Conclusiones philosophicae, cabalisticae et theologicae*, 900 tesi in cui sosteneva la sostanziale concordia di tutte le filosofie (1486), gli valsero la condanna da parte di Innocenzo VIII. Rifugiatosi in Francia, poté tornare in Italia nel 1488 (nel 1493 fu assolto dall'accusa di eresia). Tra le sue opere successive le *Disputationes adversus astrologiam divinatricem* (1494), contro l'astrologia.

PICTET (Raoul), *Ginevra 1846 - Parigi 1929*, fisico svizzero. Riuscì a ottenere la liquefazione di azoto e ossigeno (1877) sottoposti ad alte pressioni e basse temperature.

PÌCTONI → PITTONI.

PÌDNA (battàglia di) (168 a.C.), vittoria del console L. Emilio Paolo sui macedoni di Perseo a P. (Macedonia). Segnò la fine dell'indipendenza della Macedonia.

PIECK (Wilhelm), *Guben 1876 - Berlino 1960*, politico tedesco. Fu presidente della RDT dal 1949 fino alla morte.

PIEDILÙCO (làgo di), lago dell'Umbria, nel com. di Terni; 1,52 km². Nella località omonima, chiesa gotica di S. Francesco (XIII sec.).

PIÈDI NÈRI, in ingl. **blackfoot**, popolazione amerindia del Canada (Saskatchewan, Alberta) e degli Stati Uniti (Montana) (ca. 20.000 individui), della famiglia algonchina.

PIEMÓNTE, reg. dell'Italia settentr., che confina a NO con la Valle d'Aosta, a N con la Svizzera, a E con la Lombardia, a SE con l'Emilia-Romagna, a S con la Liguria e a O con la Francia; 25.399 km²; 4.166.442 ab. (*piemontesi*). Otto prov.: *Torino* (capol. di reg.), *Alessandria, Asti, Biella, Cuneo, Novara, Verbania, Vercelli*.

ASPETTI FISICI – Il P., che occupa la parte più occ. della Pianura Padana, è delimitato da una

fascia montuosa costituita dall'Appennino Ligure a SE, dalle Alpi Occidentali a SO e da un tratto delle Alpi Centrali a N. Il Monferrato e le Langhe sono caratterizzati da un tipico paesaggio collinare. L'idrografia è legata principalmente al Po, che in territorio piemontese riceve le acque di numerosi affluenti, tra cui il Tanaro e la Dora Baltea. Il clima è continentale, caratterizzato da forti escursioni termiche.

POPOLAZIONE – Quarta reg. italiana dal punto di vista demografico, il P. presenta una densità di 164 ab. per km². La popolazione si concentra nella fascia pedemontana, in part. nella prov. di Torino. Al saldo naturale negativo (– 2,9‰) si accompagna un tasso di invecchiamento superiore alla media italiana. Significativo il flusso migratorio proveniente dai paesi extraeuropei.

ECONOMIA – Nonostante la recente crisi del settore metalmeccanico e automobilistico, per lungo tempo fonti principali della sua prosperità, il P. riveste tuttora un ruolo fondamentale nel panorama economico italiano. Il settore secondario (35,1% dei redditi) è caratterizzato, inoltre, dal notevole sviluppo dell'industria informatica, tessile, agroalimentare e chimica. Il settore primario fornisce solo il 2,7% del reddito complessivo, ma si avvale di tecnologie all'avanguardia. Accanto alla pregiata produzione vitivinicola, che si concentra nelle Langhe, nel Monferrato e nella prov.

di Asti, è significativa la diffusione delle colture ortofrutticole e dell'allevamento bovino. Il settore terziario (62,2% del reddito) si basa principalmente sulle attività legate al commercio, all'editoria, alla pubblicità e agli istituti di credito.

STORIA – Dalle origini al XVIII secolo. I millennio a.C.: il territorio corrispondente all'attuale P. è abitato da popolazioni celtiche e liguri. **II-I sec. a.C.**: la regione viene conquistata dai romani negli anni successivi alla discesa di Annibale. In seguito al riordinamento dell'Italia voluto da Ottaviano Augusto, il P. viene compreso in parte nell'XI regione (*Transpadana*), in parte nella IX (*Liguria*). **462-568**: il territorio è invaso in successione da eruli, burgundi, ostrogoti, bizantini e longobardi; **773**: conquistato da Carlo Magno, viene suddiviso in contee. **IX-X sec.**: si susseguono invasioni di ungari e saraceni. **X-XI sec.**: si formano le marche di Torino, del Monferrato e di Ivrea. **XII sec.**: la regione entra nella sfera di influenza dei Savoia. **XV sec.**: i Savoia iniziano l'unificazione del territorio, che si conclude con l'annessione di Saluzzo (1600) e del Monferrato (1713-1714).

Verso l'unità d'Italia. 1798-1814: il P., sconfitto dagli eserciti napoleonici, viene occupato dai francesi; **1821**: è il centro propulsore dei moti liberali che agitano l'Italia; **1848**: con Carlo Alberto di Savoia diviene monarchia costituzionale (emanazione dello Statuto albertino); **1848-1866**: si

Piemonte

500	1000	1500	2000	3000 m

★ importante località turistica

━━ autostrada   ── ferrovia
━━ strada normale   ✈ aeroporto

● oltre 80.000 ab.
● da 50.000 a 80.000 ab.
● da 20.000 a 50.000 ab.
● fino a 20.000 ab.

pone alla guida del movimento per l'unificazione italiana (guerre di indipendenza); **1945**: dopo la seconda guerra mondiale perde alcune parti del proprio territorio, cedute alla Francia, e la Valle d'Aosta, costituitasi in regione autonoma.
PIÈNZA, com. in prov. di Siena; 2258 ab. Feudo dei Piccolomini, per volere di Pio II fu completamente riorganizzata, secondo canoni rinascimentali, da B. Rossellino. Pieve di Corsignano (XI-XII sec.), chiesa di S. Francesco (XIII sec.), Palazzo Piccolomini (XV sec.).
PIÈR DAMIÀNI (sànto), *Ravenna 1007 - Faenza 1072*, asceta e dottore della Chiesa. Monaco presso il monastero di Fonte Avellana, cardinale e vescovo di Ostia, promosse la riforma del clero nell'Italia settentr. Lasciò un vasto *corpus* di scritti (*De divina omnipotentia, De perfectione monachorum*).
PIÈR DÉLLA VÌGNA o **PIÈR DÉLLE VÌGNE**, *Capua 1190 ca. - Pisa 1249*, politico, letterato e giureconsulto. Tra i personaggi più potenti del suo tempo, al servizio di Federico II, fu accusato di tradimento e morì suicida in carcere. Lasciò un epistolario in latino e versi in volgare. Fu ricordato da Dante nel XIII canto dell'*Inferno*.
PIÈRI (Màrio), *Lucca 1860 - Pieve di Compito 1913*, matematico. Studioso di geometria proiettiva, approfondì le basi logiche della geometria euclidea.
PIÈRIDI MITOL. GR. Nome delle nove figlie di Piero, re di Pella. Secondo una tradizione furono trasformate in uccelli per aver gareggiato con le Muse, secondo altre versioni coincidono con le Muse stesse.
PIÈR LUÌGI FARNÉSE, *Roma 1503 - Piacenza 1547*, duca di Parma e Piacenza. Figlio naturale di Paolo III, fu da questi designato duca (1545). Cadde vittima di una congiura ordita da Ferrante Gonzaga.
PIERMARÌNI (Giusèppe), *Foligno 1734-1808*, architetto. Collaborò con L. Vanvitelli alla reggia di Caserta (1765-1769). Nominato architetto imperiale per la Lombardia, arricchì Milano e i suoi dintorni di importanti opere neoclassiche: palazzo reale (1771-1778), teatro alla Scala (1776-1778), villa Reale a Monza (1776-1780), villa Borromeo a Cassano d'Adda (1781).
PIÈRO DÉLLA FRANCÉSCA, *Borgo San Sepolcro 1416 ca. - 1492*, pittore. Formatosi a Firenze, lavorò ad Arezzo, dove realizzò gli affreschi con la *Leggenda della vera Croce, e alla corte di Urbino, dove, grazie a dipinti dalla prospettiva rigorosa e dalla luminosità diffusa, si affermò come uno dei maestri del '400. Tra le sue opere: *Battesimo di Cristo, ritratti di Battista Sforza e Federico da Montefeltro (1465 ca., Uffizi, Firenze), *Sacra conversazione, Madonna di Senigallia (1470 ca., Galleria nazionale, Urbino). È anche autore di trattati (*De prospectiva pingendi*).
PIÈRO DI CÒSIMO (Pièro di Lorènzo, detto), *Firenze 1461/1462-1521*, pittore. Influenzato dalla pittura fiamminga, dipinse tele mitologiche e ritratti caratterizzati da grande vivacità cromatica.
PIÈRO GUÌDI, casa di moda fondata da P. G., con sede a Urbino. Produce abbigliamento e accessori.
PIERRE DE MONTREUIL, *m. a Parigi nel 1267*, architetto francese. Tra i principali esponenti del gotico fiammeggiante, partecipò alla costruzione di St.-Germain-des-Prés e St.-Denis, a Parigi. Dal 1265 fu capomastro della fabbrica di Notre-Dame.
PIERRE (Henri Grouès, detto l'Abbé), *Lione 1912*, sacerdote francese. Cappuccino, ha partecipato

Pietà, *ovvero Cristo morto sorretto dalla Madonna e da san Giovanni, di G. Bellini, 1460 ca. (Brera, Milano.)*

alla Resistenza francese contro i tedeschi e, nel 1949 fondato un'associazione (Emmaus) per l'assistenza ai senzatetto.
PIÈRRO (Albìno), *Tursi 1916 - Roma 1995*, poeta. Si è espresso in part. nel dialetto lucano: '*A terra d'u ricorde* (1960), *Metaponto* (1966), *Eccó 'a morte?* (1969), *Si pò 'nu jurne* (1983), *Nun c'è pizze di munne* (1992).
PIERROT, maschera nata in Italia, con il nome di Pedrolino, alla fine del XVI sec., e in seguito adottata in Francia come personaggio della pantomima. Sognatore lunare e malinconico, è vestito di bianco e ha il volto imbiancato.

Pietà *di Michelangelo Buonarroti, 1498-1499. (S. Pietro, Vaticano.)*

PIETÀ, gruppo scultoreo di Michelangelo Buonarroti (1498-1499, S. Pietro in Vaticano). Rappresentazione del tema classico della pietà, raffigura Maria e Gesù in una compostezza e perfezione di forme dove l'umanità (la morte e l'abbandono di Cristo tra le braccia della madre) viene sublimata nella divinità.
PIETÀ, dipinto di G. Bellini (1460 ca., Brera, Milano). In una luce crepuscolare, Maria e Giovanni reggono e mostrano il corpo di Gesù trafitto, come offrendo ai fedeli il suo sacrificio, cardine della teologia cristiana.
PIETERMARITZBURG, c. del Sudafrica (KwaZulu-Natal); 229.000 ab. Centro industriale.
PIETRABBONDÀNTE, com. in prov. di Isernia; 1043 ab. Ant. centro sannitico, conserva i resti di un teatro (III sec. a.C.) e di un tempio (II sec. a.C.).
PIETRÀNGELI (Antònio), *Roma 1919 - Gaeta 1968*, regista e sceneggiatore cinematografico. Tra i suoi film, *Il sole negli occhi* (1953), *Nata di marzo* (1958), *Fantasmi a Roma* (1961), *Io la conosceo bene* (1965), *Come, quando e perché* (1968).
PIETRÀNGELI (Nicòla), *Tunisi 1933*, tennista. Vincitore degli Internazionali d'Italia (1957 e 1961) e di Francia (1959 e 1960), detiene il record di incontri disputati in Coppa Davis (164); è stato allenatore della squadra vincitrice di questo torneo nel 1976.
PIETRASÀNTA, com. in prov. di Lucca; 24.436 ab. Meta del turismo balneare. Estrazione del marmo. Conserva il duomo (XII-XIV sec.).
PIÈTRI (Doràndo), *Mandrio 1885-1942*, maratoneta. Alle Olimpiadi di Londra del 1908 fu protagonista di un memorabile episodio quando, ormai vicinissimo alla vittoria, ebbe una serie di collassi e, caduto, fu sorretto da un giudice di gara; gli venne perciò assegnata una coppa speciale. Nello stesso anno fu primo nella maratona di New York.
PIÈTRI (Giusèppe), *Sant'Ilario 1886 - Milano 1946*, compositore. Autore di celebri operette, tra cui: *Addio giovinezza* (1915), *Lucciola* (1919), *Acqua cheta* (1920), *Casa mia, casa mia...* (1930).
PIÈTRO, nome di più sovrani

ARAGONA

PIÈTRO I, *1070 ca. - 1104*, re d'Aragona e di Navarra (1094-1104). — **Pietro II**, *1176 ca. - Muret 1213*, re d'Aragona (1196-1213). Fu ucciso in combattimento da Simone di Montfort a Muret. — **Pietro III il Grande**, *1239 ca. - Villafranca del Panadés, Barcellona, 1285*, re d'Aragona (1276-1285) e di Sicilia (Pietro I, 1282-1285). Appoggiò i Vespri siciliani (1282). Fu scomunicato. — **Pietro IV il Cerimonioso**, *Balaguer 1319 - Barcellona 1387*, re d'Aragona (1336-1387). Riconquistò Maiorca e il Rossiglione (1344).

PIERO DI COSIMO. *Scena mitologica. (National Gallery, Londra.)*

BRASILE

PIÈTRO I, *Queluz, Portogallo, 1798-1834*, imperatore del Brasile (1822-1831) e re del Portogallo (Pietro IV, 1826), della dinastia di Braganza. Figlio di Giovanni VI, re del Portogallo, a seguito dell'invasione francese (1807) si rifugiò in Brasile con la famiglia. Nominato principe reggente del Brasile al rientro del padre  a Lisbona (1821), proclamò l'indipendenza del paese e ne divenne imperatore (1822). Alla morte del padre (1826) divenne re del Portogallo, ma lasciò il trono alla figlia Maria II. Nel 1831 rinunciò alla corona brasiliana, riconquistò per il Portogallo (1834) il potere usurpato dal fratello nel 1828, e ristabilì sul trono la figlia.
■ *Pietro I.*
— **Pietro II**, *Rio de Janeiro 1825 - Parigi 1891*, imperatore del Brasile (1831-1889), della dinastia di Braganza. Abolì la schiavitù (1888); fu costretto ad abdicare a causa delle sue posizioni liberali (1889).

CASTIGLIA

PIÈTRO I IL CRUDÈLE, *Burgos 1334 - Montiel 1369*, re di Castiglia e León (1350-1369). Fu ucciso dal fratello naturale, Enrico, conte di Trastamara.

PORTOGALLO

PIÈTRO I IL GIUSTIZIÈRE, *Coimbra 1320 - Estremoz 1367*, re del Portogallo (1357-1367), della dinastia di Borgogna. Avviò un'opera di consolidamento del potere regio. — **Pietro II**, *Lisbona 1648-1706*, re del Portogallo (1683-1706), della dinastia di Braganza. Reggente dal 1668 al 1683, nel 1668 ottenne dalla Spagna il riconoscimento dell'indipendenza portoghese. — **Pietro III**, *Lisbona 1717-1786*, re del Portogallo (1777-1786), della dinastia di Braganza. Sposò la figlia del fratello (1760), la futura Maria I, cui fu associato al trono. — **Pietro IV** → PIETRO I (Brasile). — **Pietro V**, *Lisbona 1837-1861*, re del Portogallo (1853-1861), della dinastia di Braganza. Avviò il processo di modernizzazione del paese.

RUSSIA

PIÈTRO I IL GRÀNDE, *Mosca 1672 - San Pietroburgo 1725*, zar (1682-1725) e imperatore (1721-1725) di Russia, della dinastia dei Romanov. Nel 1689 fece  assassinare la reggente, Sofia, che l'aveva esiliato in campagna. Nel corso di un primo viaggio in Europa (1697-1698), reclutò maestranze qualificate in tutti i campi che portò con sé al ritorno. Partecipò alla guerra del Nord (1700-1721), sconfiggendo Carlo XII di Svezia a Poltava (1709), e vide le sue conquiste sul Baltico riconosciute dal trattato di Nystadt (1721). In politica interna si dedicò con grande vigore alla modernizzazione e occidentalizzazione della Russia. Fondò San Pietroburgo, e ne fece la capitale del regno (1712), sede di nuove istituzioni: senato e collegi specializzati, tra cui il Santo Sinodo. Promosse il commercio e l'attività manifatturiera, adottando misure mercantiliste. Trasformò la Russia in un impero (1721), che alla sua morte fu affidato alla moglie Caterina I.
■ *Pietro il Grande. (Rijksmuseum, Amsterdam.)*
PIÈTRO III FËDOROVIČ, *Kiel 1728 - castello di Ropša, presso San Pietroburgo, 1762*, imperatore di Russia (1762), della dinastia dei Romanov. Fu fatto assassinare dalla moglie, Caterina II.

SERBIA

PIÈTRO I KARAGJORGJEVIĆ, *Belgrado 1844-1921*, re di Serbia (1903-1918), poi dei serbi, croati e sloveni (1918-1921).
PIÈTRO II KARAGJORGJEVIĆ, *Belgrado 1923 - Los Angeles 1970*, re di Iugoslavia (1934-1945). Figlio di Alessandro I, rifugiatosi a Londra nel 1941, non poté più far ritorno in Iugoslavia.
PIÈTRO (sànto), *m. a Roma tra il 64 e il 67*, apostolo. È considerato dalla tradizione cristiana come il primo papa. Simone (questo il suo nome) era un pescatore della Galilea quando ricevette la chiamata di Cristo, che gli attribuì il nome di P., investendolo del ruolo di fondamento della Chiesa cristiana (Vangelo di Matteo). Predicò in Palestina, ad Antiochia e a Roma, dove sarebbe morto martire durante le persecuzioni di Nerone. Esercitò la sua influenza anche sulla comunità di Corinto. Gli scavi compiuti tra il 1939 e il 1949 sotto la basilica di S. Pietro, in Vaticano, hanno dimostrato che le spoglie dell'apostolo erano venerate già intorno al 120.
PIÈTRO ABELÀRDO → ABELÀRDO (Piètro).
PIÈTRO CANÌSIO (sànto), *Nimega 1521 - Friburgo 1597*, gesuita olandese, dottore della Chiesa. Provinciale dei gesuiti in Germania, fu uno dei più instancabili divulgatori della Controriforma in quel paese. È stato canonizzato nel 1925.
PIÈTRO CRISÒLOGO (sànto), *Forum Cornelii, att. Imola, 406-450*, teologo e dottore della Chiesa. Arcivescovo di Ravenna (429 ca.), celebre per le doti oratorie, lasciò numerosi sermoni.
PIÈTRO D'ÀBANO, *Abano 1250 ca. - Padova 1315 ca.*, filosofo e medico. Sostenitore dell'influenza degli astri sul destino umano, fu accusato di eresia ma morì prima che fosse emessa la condanna.
PIÈTRO DA BARSEGAPÉ o **PIÈTRO DA BESCAPÉ**, *Milano XIII sec.*, poeta. È autore del poema didascalico *Sermone* (1274) in 2440 versi.
PIÈTRO DA CORTÓNA (Piètro **Berrettìni**, detto), *Cortona 1596 - Roma 1669*, pittore e architetto. In pittura si affermò come decoratore di volte con affreschi illusionistici, a Roma (*Trionfo della Divina Provvidenza*, 1633-1639, Palazzo Barberini; *Storie di Enea*, 1651-1654, Palazzo Pamphili), e a Firenze (*L'età dell'oro*, 1637, Palazzo Pitti). Tra i massimi esponenti dell'architettura barocca a Roma, insieme a G.L. Bernini e F. Borromini, progettò le chiese di SS. Luca e Martina (1634-1650), di S. Maria in via Lata (1658-1662) e di S. Maria della Pace (1656-1657).
PIÈTRO D'ALCÀNTARA (Pedro **Garavito**, sànto), *Alcántara 1499 - Las Arenas, Ávila, 1562*, francescano spagnolo. Tra i più importanti mistici spagnoli, promosse la riforma del suo ordine. Scrisse un *Trattato dell'orazione e della meditazione* (1556) ed esercitò una grande influenza su Teresa d'Ávila.
PIÈTRO DA VERÓNA (sànto), *Verona 1203 - Barlassina 1252*, martire. Inquisitore, fu ucciso dai patarini, che aveva combattuto.
PIÈTRO DEGLI ÀNGELI (Pièr Àngelo **Bargèo**, detto), *Barga 1517 - Pisa 1596*, letterato. Scrisse, tra l'altro, *Poemata omnia* (1568), *Syrias* (1591).
PIÈTRO DÉL MORRÓNE → CELESTINO V.
PIÈTRO IL VENERÀBILE, *Montboissier 1092 ca. - Cluny 1156*, religioso francese. Abate di Cluny (1122), riformò la disciplina del monastero e portò a 2000 il numero delle case cluniacensi. Si oppose a Bernardo di Chiaravalle, cui rimproverava uno zelo eccessivo, e accolse Abelardo dopo la sua condanna da parte del concilio di Sens. Grande erudito, fece tradurre il Corano per poterlo confutare.
PIÈTRO ISPÀNO → GIOVANNI XXI.
PIÈTRO L'EREMÌTA o **PIÈTRO D'AMIENS**, *Amiens 1050 ca. - Neufmoustier 1115*, predicatore francese. Durante la prima crociata si pose a capo di una disorganizzata crociata popolare contro i turchi, che si risolse in un fallimento (1096).
PIÈTRO NOLÀSCO (sànto), *in Linguadoca 1182 ca. o 1189 - Barcellona 1249 o 1256*, religioso di origine francese. Seguì Simone di Montfort nella crociata contro gli albigesi e in seguito fondò, con Giacomo I d'Aragona, l'ordine della Mercede, per la redenzione degli schiavi (1218).
PIÈTRO o **PIÈR LOMBÀRDO**, *Novara 1100 ca. - Parigi 1160*, teologo. È autore dei *Libri quatuor Sententiarum*, che furono alla base dell'insegnamento della teologia tra il XII e il XVI sec.
PIETROGRÀDO → SAN PIETROBURGO.
PIÈVE DI CADÓRE, com. in prov. di Belluno; 3961 ab. Turismo e sport invernali. Conserva il Palazzo della Magnifica Comunità (XV sec.) e la casa natale di Tiziano.
PIÈVE DI CÈNTO, com. in prov. di Bologna; 6652 ab. Conserva la collegiata di S. Maria Maggiore (XVIII sec.).

PIEYRE DE MANDIARGUES (André), *Parigi 1909-1991*, scrittore francese. Influenzato dal surrealismo, è autore di racconti (*Sole dei lupi*, 1951), poesie (*L'età di gesso*, 1961) e romanzi (*Il margine*, 1967) in cui si intrecciano quotidiano e dimensione fantastica.
PIGAFÉTTA (Antònio), *Vicenza 1480 ca. - 1534 ca.*, navigatore. Seguì F. Magellano nella circumnavigazione del globo (1519-1522), di cui stese un particolareggiato resoconto: *Relazione del primo viaggio intorno al mondo* (1525).
PIGALLE (Jean-Baptiste), *Parigi 1714-1785*, scultore francese. Elaborò un'efficace sintesi di barocco e tradizione classica (*Mercurio che si allaccia i talari*, marmo, Louvre, Parigi; mausoleo di Maurizio di Sassonia, a Strasburgo; busti).

Jean-Baptiste **PIGALLE**. Mercurio che si allaccia i talari *(1739 ca. - 1744)*, marmo. *(Louvre, Parigi.)*

PIGMALIÓNE MITOL. GR. Leggendario re di Cipro. Si innamorò di una statua da lui stesso scolpita, e, avendo ottenuto da Afrodite che ricevesse la vita, la sposò.
PIGMÈI MITOL. GR. Mitica popolazione di nani che nell'antichità si credeva vivesse alle sorgenti del Nilo.
PIGMÈI, popolazioni nomadi di Rep. Dem. del Congo, Gabon, Camerun e Rep. centrafricana. I p., di bassa statura, vivono nella foresta equatoriale, praticano caccia e raccolta e scambiano i loro prodotti con le vicine comunità di agricoltori, di cui hanno adottato le lingue. Tra i principali gruppi p. vi sono binga, mbuti e twa.
PIGNATÈLLI, famiglia napoletana, che ottenne la signoria di Caserta nel 1269. — **Lucio P.**, conestabile di Napoli dal 1102. — **Antonio P.** → INNOCENZO XII. — **Francesco P.**, *1755-1823*. Partecipò alle vicende della Repubblica Partenopea del 1799 e ai moti del 1820-1821 e fu autore delle *Memorie del regno di Napoli dal 1790 al 1815*.
PIGNÒTTI (Lambèrto), *Firenze 1926*, poeta e critico letterario. Fondatore del Gruppo 70, esponente della poesia visiva, ha pubblicato tra l'altro: *Nozione di uomo* (1964), *Zone marginali* (1991) e, tra i saggi critici, *Fra parola e immagine* (1972), *La scrittura verbo-visiva* (1980).
PIGNÒTTI (Lorènzo), *Figline Valdarno 1739 - Pisa 1812*, letterato. È autore di celebri favole raccolte in *Favole e novelle* (1782) e di poemetti: *L'ombra di Pope* (1781), *Il bastone miracoloso* (1831).
PIGORÌNI (Luigi), *Fontanellato 1842 - Padova 1925*, paletnologo. Fondò il Museo preistorico ed etnografico di Roma (1876).
PIGOU (Arthur Cecil), *Ryde, Isola di Wight, 1877 - Cambridge 1959*, economista britannico. Tra i principali esponenti della scuola di Cambridge, di impostazione neoclassica, studiò l'economia del benessere e sostenne la necessità di alcune forme di intervento statale nella distribuzione dei redditi.
PIL'NIAK (Boris Andreevič **Vogau**, detto Boris), *Možajsk 1894 - ? 1937 o 1938*, scrittore sovietico. Cantore della Rivoluzione d'ottobre (*L'anno nudo*, 1921), in seguito cercò di adattare i suoi racconti al modello del realismo socialista. Scomparve in occasione di una delle "purghe" staliniane.
PÌLADE MITOL. GR. Amico e consigliere di Oreste. I tragici greci ne fecero il prototipo dell'amico fedele.
PILÀTO (Pònzio), *I sec. d.C.*, procuratore romano della Giudea dal 26 al 36. È citato nei Vangeli per

aver confermato la sentenza di morte contro Cristo, emessa dal sinedrio. È spesso rappresentato mentre si lava le mani, gesto simbolico con cui intendeva declinare ogni responsabilità.

PILATUS (Mònte), monte della Svizzera, nei pressi di Lucerna; 2129 m. Funicolare. Panorama.

PILCOMAYO, f. dell'America merid., affl. di destra del Paraguay; 2500 km. Segna il confine tra Argentina e Paraguay.

PILLNITZ (dichiarazióne di) (ago. 1791), dichiarazione comune firmata a P. (Sassonia) dall'imperatore d'Austria Leopoldo II e dal re di Prussia Federico Guglielmo II. Sollecitava l'intervento contro le forze rivoluzionarie francesi, che minacciavano il trono di Luigi XVI.

PÌLO → NAVARINO.

PÌLO (Rosolino), *Palermo 1820 - San Martino 1860*, patriota. Guidò la rivolta siciliana del 1848. Avvicinatosi a G. Mazzini, lavorò per creare squadre armate in sostegno alla spedizione dei Mille. Fu ucciso in battaglia.

PILON (Germain), *documentato a partire dal 1540 - Parigi 1590*, scultore francese. Influenzato dal manierismo, elaborò un linguaggio plastico vigoroso e realista. Tra le opere, la tomba di Enrico II e Caterina de' Medici a St.-Denis.

Germain **PILON.** Cristo resuscitato *(1585 ca. ?),* marmo. *(Louvre, Parigi.)*

PILSEN, nome tedesco di **Plzeň.*

PIŁSUDSKI (Józef), *Zułowo 1867 - Varsavia 1935*, militare e politico polacco. Svolse un ruolo determinante nella proclamazione dell'indipendenza della Polonia, come capo di Stato e comandante supremo (1919-1922). Nel 1926 riprese il potere con un colpo di Stato, e, da ministro della guerra, fu fino al 1935 la vera guida del paese.

PIMENTEL FONSECA (Eleonora) → FONSECA PIMENTEL (Eleonora de).

PINAR DEL RÍO, c. della parte occ. di Cuba; 128.570 ab.

PINATUBO, vulcano delle Filippine, nell'Isola di Luzon. Eruzione nel 1991.

PÌNCHERLE (Salvatóre), *Trieste 1853 - Bologna 1936*, matematico. Tra i fondatori del calcolo funzionale, scrisse, tra l'altro, *Elementi di teoria delle funzioni analitiche* (1922).

PÌNCIO, colle romano, sede di ville patrizie, oggi parco pubblico progettato da G. *Valadier (1809-1814).

PINCUS (Gregory Goodwin), *Woodbine, New Jersey, 1903 - Boston 1967*, medico statunitense. Nel 1956 mise a punto il primo contraccettivo orale (la "pillola").

PÌNDARO, *Cinoscefale 518 a.C. - Argo ? 438 a.C.*, poeta greco. Di nobile famiglia, fu tenuto in grande considerazione dai contemporanei e chiamato in Sicilia da più tiranni. Autore di poesie in cui si servì del mito per elaborare sentenze religiose e morali, si cimentò in tutti i generi della lirica corale. Delle sue opere ci sono giunti solo gli *Epinici.

PINDEMÓNTE (Giovànni), *Verona 1751-1812*, letterato. Fratello di Ippolito, affascinato dalle idee rivoluzionarie, fu esule in Francia e rivestì importanti cariche nella Repubblica Cisalpina. Scrisse, tra l'altro, *Le ombre napoletane* (1883), *Cincinnati* (1803).

PINDEMÓNTE (Ippòlito), *Verona 1753-1828*, letterato. Fratello di Giovanni, esponente dell'Arcadia, fu autore di una celebre traduzione dell'*Odissea* (1822), di saggi e poemetti: *Prose e poesie campestri* (1785), *Sepolcri* (1807).

PÌNDO, massiccio della Grecia occ.; 2636 m.

PINEL (Philippe), *Saint-Paul 1745 - Parigi 1826*, medico francese. Praticò il "trattamento morale" delle malattie mentali, che considerò come vere e proprie patologie, alla stregua di quelle organiche. Propose l'isolamento degli alienati dal loro ambiente e il ricovero in apposite istituzioni. È considerato uno dei padri della psichiatria moderna.

PINÈLLI (Bartolomèo), *Roma 1781-1835*, incisore. Realizzò le incisioni per *Cinquanta costumi pittoreschi* (1809) e illustrò diverse opere letterarie, tra cui la *Divina Commedia* (1825-1826) e i *Promessi Sposi* (1830).

PINERÒLO, com. in prov. di Torino, all'imbocco della Val di Chisone; 34.080 ab. Industrie meccaniche, alimentari, cartarie. Situata in una posizione strategica d'accesso all'Italia da N, P. fu a lungo contesa tra italiani e francesi e da questi ultimi conquistata a più riprese. — Duomo (1044) e chiesa di S. Maurizio (XIV-XV sec.).

PINGTUNG, c. di Taiwan; 214.727 ab.

PINGXIANG, c. della Cina, a SE di Changsha; 1.388.427 ab.

PÌNI (Isola dei), isola francese dell'Oceania, a SE della Nuova Caledonia; 135 km^2; 1671 ab.

PININFARÌNA, società fondata a Torino da Giovan Battista Farina, detto Pinin (1893-1966; il cognome fu mutato in P. nel 1961), per la progettazione e la realizzazione di carrozzerie per automobili. Sergio (1926), figlio di Giovan Battista, è stato presidente di Confindustria dal 1988 al 1992.

PINKETTS (Andrèa G.), *Milano 1961*, scrittore. Giallista, ha pubblicato, tra l'altro, *Lazzaro vieni fuori* (1992), *Il vizio dell'agnello* (1994), *Io, non io, neanche lui* (1996), *Il conto dell'ultima cena* (1998), *Fuggevole turchese* (2001).

PINK FLOYD, gruppo rock britannico, fondato nel 1966 da Roger Waters, bassista, Syd Barrett, chitarrista e cantante (sostituito nel 1968 da David Gilmour), Rick Wright, tastierista, e Nick Mason, batterista. Ha conosciuto un grande successo internazionale con una musica psichedelica e onirica, caratterizzata dall'uso dei primi sintetizzatori e da una vena blues (*Dark side of the moon*, album contenente *Money*, 1973; *The wall*, 1979).

I **PINK FLOYD** *nel 1967: Roger Waters, Syd Barrett, Nick Mason e Rick Wright.*

PINÒCCHIO, personaggio del romanzo per ragazzi *Le avventure di P.*, scritto nel 1883 da C. Collodi. P. è un burattino irriquieto, il cui naso si allunga quando mente e che dopo molte peripezie si trasforma in un bambino.

PINOCHET UGARTE (Augusto), *Valparaíso 1915*, generale e politico cileno. Comandante delle forze armate (1973), si pose a capo della giunta militare che destituì S. Allende nel sett. 1973 e instaurò un regime dittatoriale. Presidente della repubblica dal 1974, al termine del suo mandato, nel 1990, ha mantenuto il comando delle forze armate (fino al mar. 1998) e ottenuto un seggio al senato. Arrestato durante

un soggiorno a Londra nell'ott. 1998, su richiesta di giudici spagnoli, nel mar. 2000 è stato scarcerato per ragioni di salute e ha fatto ritorno in Cile. Nel 2001 è stato messo sotto accusa in Cile e nel 2002 è stata emessa la sentenza di non luogo a procedere per senilità (in quell'occasione P. ha rinunciato al seggio di senatore a vita).

PINTER (Harold), *Londra 1930*, attore e autore teatrale britannico. I suoi testi per il teatro, che si richiamano al teatro dell'assurdo, sono incentrati sul tema della difficoltà di comunicare con gli altri (*Il compleanno*, 1958; *Il guardiano*, 1960; *La collezione*, 1962; *Ritorno a casa*, 1965; *Ceneri alle ceneri*, 1996).

PINTO (Fernão Mendes), *Montemor-o-Velho 1510 ca. - Almada 1583*, viaggiatore portoghese. Esplorò le Indie orient. e raccontò i suoi viaggi in *Peregrinazione* (1614).

PINTÒR (Giàime), *Roma 1919 - Castelnuovo al Volturno 1943*, scrittore. Fratello di Luigi, antifascista, combatté per la difesa di Roma (1943) e morì nel tentativo di unirsi ai partigiani. Tra le opere, *Il sangue d'Europa* (1950).

PINTÒR (Luigi), *Roma 1925-2003*, giornalista. Fratello di Giaime, tra i fondatori de *Il manifesto* (1971), ne fu più volte direttore. Tra le opere, *Parole al vento* (1990), *I luoghi del delitto* (2003).

PINTURÌCCHIO (Bernardino **di Bètto**, detto **il**), *Perugia 1454 - Siena 1513*, pittore. Formatosi a Perugia, lavorò presso la bottega del Perugino, con cui collaborò al ciclo dei *Miracoli di san Bernardino* (Galleria nazionale, Perugia), e agli affreschi della Cappella Sistina. È autore di affreschi caratterizzati da una grande vivacità cromatica e decorativa (*Storie di san Bernardino*, 1486 ca., Cappella Bufalini in S. Maria in Aracoeli, a Roma; appartamento Borgia in Vaticano, 1491-1494; *Storie della vita di Pio II*, 1503-1508, Libreria Piccolomini, Siena).

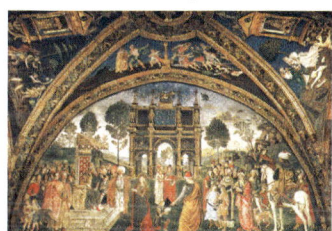

PINTURICCHIO. *La disputa di santa Caterina, dall'appartamento Borgia, 1492-1495. (Musei Vaticani, Roma.)*

PÌNZA (Èzio), *Roma 1892 - Stanford 1957*, basso. Interprete di V. Bellini, G. Donizetti, C. Gounod, G. Verdi, dal 1926 al 1948 fu in cartellone al Metropolitan di New York.

PINZÒLO, com. in prov. di Trento; 3037 ab. Turismo e sport invernali (soprattutto nella vicina frazione di Madonna di Campiglio).

PINZÓN (Martín), *Palos de Moguer, Huelva, 1440 - La Rábida, Huelva, 1493*, navigatore spagnolo. Nel 1492 fu al comando della Pinta, una delle caravelle di C. Colombo. — **Vicente P.**, *m. nel 1523 ?*, navigatore spagnolo. Fratello di Martín, esplorò la foce del Rio delle Amazzoni (1500).

PÌO I, *Aquileia ? - 155*, papa dal 140 al 155. — **Pio II** (Enea Silvio **Piccolomini**), *Corsignano 1405 - Ancona 1464*, papa dal 1458 al 1464. Poeta e autore di opere storiche, cercò di organizzare una nuova crociata contro i turchi. — **Pio III** (Francesco Todeschini **Piccolomini**), *Siena 1440 ca. - Roma 1503*, papa nel 1503. — **Pio IV** (Giovanni Angelo **Medici**, santo), *Milano 1499 - Roma 1565*, papa dal 1559 al 1565. Presiedette l'ultima sessione (1562-1563) del concilio di Trento e ne pubblicò i decreti. — **Pio V** (Antonio Michele **Ghislieri**), *Bosco Marengo 1504 - Roma 1572*, papa dal 1566 al 1572. Domenicano, grande inquisitore (1558) e successore di P. IV, promosse la riforma della Chiesa, imponendo l'applicazione dei decreti del concilio di Trento e facendo pubblicare il *Catechismo* (1566). Contro l'impero ottomano diede vita alla Lega santa, che riportò la vittoria di Lepanto (1571). — **Pio VI** (Giovanni Angelo **Braschi**), *Cesena 1717 - Valence 1799*, papa dal 1775 al 1799. Combatté il giuseppinismo viennese, il giansenismo del vescovo di Pistoia Scipione de' Ricci e si oppose alla costituzione civile del clero affermata con la Rivoluzione francese (1791). Dovette accettare la pace di Tolentino (1797), con cui cedeva alla Francia alcuni territori dello Stato della Chiesa. Dopo la proclamazione della Repubblica Romana, nel 1798, fu arrestato e condotto in Francia, dove morì poco tempo dopo. — **Pio VII** (Gregorio Luigi Barnaba **Chiaramonti**), *Cesena 1742 - Roma 1823*, papa dal 1800 al 1823. Dovette firmare un concordato con la Francia (1801) e incoronare imperatore Napoleone (1804). Quando però questi, nel 1808, annetté lo Stato della Chiesa ai suoi territori, P. VII lo scomunicò e, nonostante venisse rinchiuso prima a Savona (1809), poi a Fontainebleau (1812), rifiutò di ritrattare. Rientrato a Roma nel 1814, ricostituì la Compagnia di Gesù. — **Pio VIII** (Francesco Saverio **Castiglioni**), *Cingoli 1761 - Roma 1830*, papa dal 1829 al 1830. — **Pio IX** (Giovanni Maria **Mastai Ferretti**), *Senigallia 1792 - Roma 1878*, papa dal 1846 al 1878. Dopo aver adottato una politica riformista, nel 1848 rifiutò di dare il suo appoggio al movimento nazionale, causando rivolte a Roma. Rifugiatosi a Gaeta, grazie all'intervento delle potenze cattoliche, nel 1849-1850 poté tornare sul soglio pontificio, e in seguito si affermò come difensore dell'ordine e del conservatorismo religioso: proclamò il dogma dell'immacolata concezione (1854) e contenute nel *Syllabo* (1864) la sua intransigente ostilità nei confronti delle idee moderne. Nel dic. 1869 riunì il Concilio vaticano I, che definì il dogma dell'infallibilità pontificia (1870). Il conflitto tra il papa e il Piemonte, latente da vent'anni, esplose con la presa di Roma (20 sett. 1870) e l'annessione dello Stato pontificio al regno d'Italia, in seguito alla quale P. IX si dichiarò prigioniero in Vaticano. È stato beatificato nel 2000. — **Pio X** (Giuseppe **Sarto**, *santo*), *Riese 1835 - Roma 1914*, papa dal 1903 al 1914. Nel 1906 condannò la separazione di Chiesa e Stato in Francia. Si riavvicinò al governo italiano, consentendo ai cattolici la scelta di partecipare alla vita politica. Avversario del modernismo, espresse la sua condanna con il decreto *Lamentabili* (1906) e l'enciclica *Pascendi (1907)*. Avviò riforme in materia di diritto canonico e di liturgia, liturgica, reintroducendo il canto gregoriano (1903) e istituendo un nuovo breviario. Fu canonizzato nel 1954. — **Pio XI** (Achille **Ratti**), *Desio 1857 - Roma 1939*, papa dal 1922 al 1939. Sottoscrisse numerosi concordati, uno dei quali con la Germania (1933), e convalidò con B. Mussolini i patti lateranensi (1929), che restituivano alla Santa Sede la sua indipendenza e creavano lo Stato del Vaticano. Diede un vigoroso impulso all'organizzazione del clero e delle missioni, e definì il ruolo dell'Azione cattolica. Espresse

Pio IX.   Pio X.

Pio XI.   Pio XII. (Museo del Risorgimento, Milano.)

la sua condanna del fascismo (1931), del comunismo ateo e del nazismo (1937). — **Pio XII** (Eugenio **Pacelli**), *Roma 1876 - Castel Gandolfo 1958*, papa dal 1939 al 1958. Diplomatico, nunzio in Baviera e a Berlino, segretario di Stato di P. XI (1930-1939), prese posizione su molte questioni legate al mondo moderno, ribadendo il valore della religione cattolica. Durante la seconda guerra mondiale diede asilo a numerosi ebrei, anche se non si pronunciò ufficialmente contro le atrocità naziste. Di spirito conservatore, proclamò il dogma dell'assunzione della Vergine (1950).

PIÒLA (Doménico), *Genova 1627-1703*, pittore. Esponente del barocco, realizzò, tra l'altro, i cicli *Giano* (1660), *Allegoria dell'Autunno e dell'Inverno* (1687-1688).

PIÒLA (Silvio), *Robbio Lomellina 1913 - Vercelli 1996*, calciatore. Tra i più grandi e longevi goleador del calcio italiano (290 goal in serie A), conquistò con la nazionale il titolo mondiale a Parigi, nel 1938.

PIOLTÈLLO, com. in prov. di Milano; 33.104 ab. Centro industriale.

PIÓMBI (i), antiche prigioni di Venezia, così chiamate perché poste sotto il tetto del palazzo ducale, coperto di piombo.

PIOMBÌNO, com. in prov. di Livorno, all'estremità merid. dell'omonimo promontorio, di fronte all'Isola d'Elba; 34.521 ab. Porto. Importante centro siderurgico.

PIOMBÌNO DÉSE, com. in prov. di Padova; 8447 ab. Conserva la villa Cornaro, di A. Palladio.

PIÓMBO (Sebastiàno **dél**) → SEBASTIANO DEL PIOMBO.

PIOVÀNI (Nicòla), *Roma 1946*, compositore. Autore di colonne sonore, ha lavorato per M. Bellocchio, M. Monicelli, N. Moretti, G. Tornatore, G. Bertolucci, i fratelli Taviani, F. Fellini, R. Benigni (premio Oscar per *La vita è bella*, 1999).

PIOVÈNE (Guìdo), *Vicenza 1907 - Londra 1974*, scrittore. *Lettere di una novizia* (1941), *La gazzetta nera* (1943), *Pietà contro pietà* (1946), *La coda di paglia* (1962), *Le stelle fredde* (1970).

PIPÌNO, *773 o 777 - Milano 810*, re d'Italia (781-810), secondogenito di Carlo Magno.

PIPÌNO DI LANDEN o **IL VÈCCHIO** (sànto), *580 ca. - 640*, maggiordomo d'Austrasia. Esercitò la carica di maggiordomo durante i regni di Clotario II, Dagoberto I e Sigeberto III. — **Pipino il Giovane**, detto **P. di Heristal**, *635/640 ca. - Jupille 714*, maggiordomo d'Austrasia nel 680. Nipote di P. di Landen e padre di Carlo Martello, sconfisse a Tertry Teodorico III, re di Neustria (687), conquistando questo paese.

PIPÌNO II, *823 ca. - 865 ca.*, re di Aquitania (838-848/856). Lottò contro lo zio Carlo il Calvo, che aveva ottenuto l'Aquitania con il trattato di Verdun (843).

PIPÌNO III, detto **il Brève**, *Jupille 715 ca. - Saint-Denis 768*, maestro di palazzo (741-751), poi re dei franchi (751-768), della dinastia carolingia. Figlio di Carlo Martello, duca di Neustria, di Borgogna e di Provenza (741), dopo l'abdicazione del fratello Carlomanno (747) ottenne l'Austrasia. Combatté contro aquitani, alamanni, bavari e sassoni. Proclamato re dei franchi nel 751, col favore di papa Zacaria, depose Childerico III e costrinse i longobardi a donare a papa Stefano II l'esarcato di Ravenna (756). Alla sua morte, il regno fu diviso tra i due figli: Carlo Magno e Carlomanno.

PIQUET (Nelson), *Rio de Janeiro 1952*, pilota automobilistico brasiliano. Ha vinto 3 volte il campionato del mondo conduttori (1981, 1983 e 1987).

PÌRAMO, giovane babilonese. La sua storia d'amore con Tisbe, narrata da Ovidio, finì tragicamente: i due si suicidarono a causa di un equivoco.

PIRANDÈLLO (Fàusto), *Roma 1899-1975*, pittore. Figlio di Luigi. Esponente della Scuola romana e vicino a suggestioni metafisiche, realizzò tra l'altro numerose nature morte.

PIRANDÈLLO (Luigi), *Agrigento 1867 - Roma 1936*, scrittore. Dopo gli studi si trasferì a Roma, dove pubblicò romanzi e novelle veristi sulla vita borghese (*L'esclusa*, 1901), per poi passare ad approfondire i temi dell'identità e della frattura tra essere e apparire (*Il fu Mattia Pascal*, 1904; *Novelle per un anno*, 1922-1923; *Uno, nessuno, centomila*, 1925). Dal 1910 si dedicò soprattutto al teatro, dapprima aderendo a schemi tradizionali (*La giara, Liolà, Il berretto a sonagli, Pensaci, Giacomino, Così è (se vi pare), Il piacere dell'onestà*), quindi lavorando sul "teatro nel teatro" (*Sei personaggi in cerca d'autore*, 1921; *Ciascuno a suo modo*, 1924; *Questa sera si recita a soggetto*, 1929) e approfondendo le questioni legate all'impossibilità di conoscere e interpretare la realtà (*Enrico IV*, 1922; *L'uomo dal fiore in bocca*, 1923; *Come tu mi vuoi*, 1930; *Quando si è qualcuno*, 1933). (Premio Nobel 1934.)

■ *Luigi Pirandello.*

PIRANÉSI (Giovànni Battista), *Mogliano Veneto 1720 - Roma 1778*, incisore e architetto. Formatosi a Venezia, fu a Roma dal 1740, dove si affermò grazie a incisioni di vedute con rovine che si distaccano in parte dal gusto neoclassico e fanno di lui un precursore del romanticismo (*Carceri d'invenzione*, 1745-1760; *Antichità romane*, 1756). Ristrutturò la chiesa di S. Maria del Priorato.

Giovanni Battista **PIRANESI**. *XII incisione della serie* Carceri d'invenzione, *acquaforte. (BNF, Parigi.)*

PIRÀNI (Màrio), *Roma 1925*, giornalista. Collaboratore di molte testate, è stato tra i fondatori del quotidiano *La Repubblica* (1976).

PIRÀTI (Còsta dei) → COSTA DEI PIRATI.

PIRÈLLI, gruppo industriale fondato a Milano da Giovan Battista P. (1848-1932) nel 1872. Specializzato nella produzione di articoli in gomma, in part. pneumatici, la società si occupa anche di telecomunicazioni e, nel 2001, ha acquisito il gruppo Telecom.

PIRÈLLI (Giovànni), *Velate 1917 - Genova 1973*, scrittore. Nipote di Giovan Battista, ha curato, insieme a P. Malvezzi, le *Lettere dei condannati a morte della Resistenza italiana* (1952) e le *Lettere dei condannati a morte della Resistenza europea* (1954).

PIRENÈI, catena montuosa al confine tra Francia (cui appartiene il versante settentr.) e Spagna (P. merid.). I P., che raggiungono i 3404 m nel Pico de Aneto, si estendono per 430 km tra il Golfo di Biscaglia e quello del Leone. Malgrado la presenza di strade e ferrovie, i collegamenti tra i due versanti sono tutt'altro che agevoli, soprattutto a causa della particolare disposizione dei corsi d'acqua. L'economia dei P. è basata sull'allevamento (ovini) e sullo sfruttamento della foresta e del sottosuolo. Centrali idroelettriche. Turismo estivo e invernale.

PIRENÈI (pàce dei) (7 nov. 1659), trattato firmato nell'Isola dei Fagiani da G. Mazarino e L. Méndez de Haro, a conclusione delle ostilità tra Francia e Spagna, in guerra dal 1635. La Spagna dovette cedere in part. Rossiglione, Cerdagna e Artois.

PIRENÈI CENTRÀLI, reg. della Francia merid.; 45.348 km²; 2.551.687 ab.; capol. *Tolosa*; 8 dip. (Ariege, Aveyron, Haut Garonne, Gers, Lot, Hauts Pyrénées, Tarn e Tarn et Garonne). Tolosa è sede universitaria, industriale e di un fiorente terziario.

PIRENNE (Henri), *Verviers 1862 - Uccle 1935*, storico belga. Elaborò un nuovo metodo di studio della storia economica e sociale del Medioevo. Ha lasciato una monumentale *Storia del Belgio* (1899-1932).

PIRÈO (Il), c. della Grecia, porto e periferia industriale di Atene; 169.622 ab. All'epoca delle guerre persiane (V sec. a.C.) divenne il principale porto di Atene, cui era collegata dal sistema difensivo delle lunghe mura.

PIRÌTOO MITOL. GR. Re dei lapiti, amico di Teseo. Durante le sue nozze con Ippodamia scoppiò la lotta tra centauri e lapiti.

PIRMASENS, c. della Germania (Renania-Palatinato); 45.773 ab. Industria delle calzature.

PIRQUET (Clemens **von**), *Hirschstetten, presso Vienna, 1874 - Vienna 1929*, medico austriaco. Studiò le reazioni alla tubercolina e introdusse, nel 1906, il concetto di "allergia".

PÌRRA MITOL. GR. Figlia di Epimeteo e Pandora, sposa di Deucalione.

PÌRRO o **NEOTTÒLEMO** MITOL. GR. Figlio di Achille. Dopo la presa di Troia sposò Andromaca, vedova di Ettore, ma morì vittima della gelosia di Ermione. È considerato il fondatore del regno dell'Epiro.

PÌRRO II, *318 ca. - Argo 272 a.C.*, re dell'Epiro (295-272 a.C.). Chiamato in Italia dagli abitanti di Taranto, sconfisse i romani a Eraclea (280) e ad Ascoli (279) con un contingente comprendente alcuni elefanti (questi successi, ottenuti al prezzo di pesanti perdite, sono all'origine dell'espressione "vittoria di P."). Sconfitto dai romani a Benevento (275 a.C.), dovette tornare in Epiro.

PÌRRO (Ùgo), *Salerno 1920*, scrittore e sceneggiatore cinematografico. Ha sceneggiato, in part., *A ciascuno il suo* (1967), *Indagine su un cittadino di di sopra di ogni sospetto* (1970), *La classe operaia va in paradiso* (1971), *Un ragazzo di Calabria* (1987), *Il giudice ragazzino* (1993), *Celluloide* (1995).

PIRRÓNE DI ÈLIDE, *Elide 365 ca. - 275 ca. a.C.*, filosofo greco. Al ritorno da una spedizione in Asia al seguito di Alessandro, fondò la scuola scettica. La sua dottrina sostiene l'inconoscibilità delle cose, e quindi la necessità di sospensione del giudizio, e propone il raggiungimento dell'atarassia.

PÌSA, c. della Toscana, capol. di prov., sull'Arno, a 12 km dalla foce; 92.379 ab. (*pisani*). Mercato agricolo. Industrie meccaniche, farmaceutiche, tessili e vetrarie. Turismo. Università e Scuola normale superiore. — Di origine incerta, fu centro etrusco e porto romano (I sec. a.C.). La posizione ne determinò l'importanza commerciale e militare nel Medioevo: libero comune dal 1081, fu potente repubblica marinara fino al XIII sec., quando si scontrò con Genova (battaglia della Meloria, 1284) e cominciò a decadere. Nel 1406 fu conquistata da Firenze. Fu sede di tre concili: il primo, nel 1135, promosso da Innocenzo II; il secondo, nel 1409, convocato per tentare di porre fine allo scisma d'Occidente; il terzo (il conciliabolo di P.), convocato nel 1511 da Luigi XII. — Celebre piazza del duomo (Campo dei miracoli) su cui si affacciano edifici in stile romanico pisano: il duomo (XI-XII sec., con dipinti di A. del Sarto e pulpito di G. Pisano), il battistero (XII-XIV sec., con pulpito di N. Pisano), il campanile (la Torre di P.) e il camposanto, cimitero a gallerie gotiche decorate con affreschi. Museo nazionale. — Nella provincia, in gran parte collinare, si pratica l'agricoltura (olivi, viti, frutta, ortaggi) e fioriscono le industrie mecca-

PISA. *Duomo (XI-XII sec.) e campanile (XII-XIII sec.).*

nica, chimica, calzaturiera, alimentare, vetraria. Sfruttamento dei soffioni boraciferi (Larderello).

PISACÀNE (Càrlo), *Napoli 1818 - Sanza 1857*, patriota. Abbandonato l'esercito borbonico, fu volontario nella prima guerra d'indipendenza e capo di Stato maggiore per la Repubblica Romana. Vicino al socialismo utopistico di P.J. Proudhon, si adoperò affinché il processo di unificazione italiana approdasse a una rivoluzione sociale, oltre che politica. Morì nel tentativo di far insorgere la popolazione del napoletano contro i Borbone, insieme a circa 300 prigionieri politici liberati dall'Isola di Ponza. Fu autore di saggi, tra cui *La guerra combattuta in Italia negli anni 1848-49* (1851).

PISANÈLLO (Antònio **Pisàno**, detto **il**), *Pisa ? prima del 1395 - ? 1455 ca.*, pittore e medaglista. Formatosi presso Gentile da Fabriano, fu chiamato alle principali corti italiane (Verona, Venezia, Roma, Ferrara e Mantova), dove si distinse per l'originale connubio tra realismo e tono fiabesco. Tra le sue opere, *Madonna della quaglia* (Castelvecchio, Verona); *La visione di sant'Eustachio* (National Gallery, Londra); *Ritratto di Lionello d'Este* (1441, Accademia Carrara, Bergamo); *Ritratto di principessa estense* (Louvre, Parigi). Tra le sue medaglie, caratterizzate da uno stile elegante, quelle di Novello Malatesta e Cecilia Gonzaga.

PISÀNI (Càrlo Albèrto) → DÒSSI (Càrlo).

PISÀNI (Vettór), *Napoli 1934*, artista. Vicino alla *body art*, che ha declinato in uno stile ironico, con riferimenti esoterici e mitologici, è autore, tra l'altro, del ciclo *Theatrum* (1976).

PISANÌNO (Mónte), monte della Toscana; 1945 m. La vetta più elevata delle Alpi Apuane.

PISÀNO (Andrèa e Nino) → ANDREA PISANO.

PISÀNO (Nicòla e Giovànni) → NICOLA PISANO.

PISCATOR (Erwin), *Ulm 1893 - Starnberg 1966*, regista e direttore teatrale tedesco. Direttore della Volksbühne di Berlino (1924-1927), introdusse innovazioni tecniche negli allestimenti (scene mobili, proiezioni cinematografiche) volte a dimostrare il legame tra questioni estetiche, sociali e politiche. Emigrò in URSS (1931), Francia (1936) e Stati Uniti (1939), prima di ritornare nella RFT nel 1951.

PISÌSTRATO, *600 ca. - 527 a.C.*, tiranno di Atene (560-527 a.C.). Proseguì l'opera di Solone, favorendo il commercio e lo sviluppo della piccola proprietà terriera. Fece costruire ad Atene le prime rilevanti opere pubbliche e istituì importanti feste religiose (Panatenee e Dionisie).

PISÓGNE, com. in prov. di Brescia; 7720 ab. Centro turistico sul Lago d'Iseo, conserva la chiesa di S. Maria della Neve (XV sec.).

PISÓNE → CALPURNI.

PISSARRO (Camille), *Saint-Thomas 1830 - Parigi 1903*, pittore francese. Entrato in contatto con C. Corot, C. Monet e P. Cézanne, a Parigi, dopo un periodo trascorso a Londra si dedicò soprattutto alla pittura di paesaggio, affermandosi come uno dei maestri dell'impressionismo.

PISTÈLLI (Ermenegildo), *Camaiore 1862 - Firenze 1927*, scrittore, filologo e pedagogo. È autore delle *Pistole d'Omero* (1917), satira sui sistemi educativi allora in voga.

PISTÌCCI, com. in prov. di Matera; 17.934 ab. Necropoli del VII-VI sec. a.C., cenobio di S. Maria del Casale (XI sec.), chiesa madre (XVI sec.).

PISTÒCCHI (Giusèppe), *Faenza 1774-1814*, architetto. Esponente del neoclassicismo, realizzò tra l'altro la cupola del duomo di Ravenna (1780-1782), la galleria dei Cento Pacifici (1785-1786) e Palazzo Milzetti (1795) a Faenza.

PISTÓIA, c. della Toscana, capol. di prov.; 85.866 ab. (*pistoiesi*). Mercato agricolo. Industrie alimentari, meccaniche, chimiche, tessili, della carta, del legno. — Di origine romana, nel VI sec. P. fu conquistata dai longobardi. Come libero comune (XI sec.) conobbe una grande fioritura, finché non fu conquistata prima da Lucca (XIV sec.), poi da Firenze (1329). — Duomo (XII-XIII sec.), battistero (XIV sec.), chiese di S. Andrea (XII sec.), di S. Giovanni Fuorcivitas (XII-XIII sec.) e della Madonna dell'Umiltà (1494-1522). Ospedale del Ceppo (XIII sec., in seguito decorato da G. Della Robbia). Palazzo del comune (XIII sec.), con il museo civico. — Nella provincia, in gran parte montuosa (Ap-

pennino Tosco-Emiliano) e collinare, si pratica l'agricoltura (viti, olivi, cereali, ortaggi) e si sono insediate numerose industrie (chimiche, dell'abbigliamento, cartarie). Centri termali (Montecatini Terme e Monsummano Terme).

PISTÓIA (Il) → CAMMELLI (Antonio).

PISTOLÉTTO (Michelàngelo), *Biella 1933*, artista. Esponente dell'arte povera, ha elaborato una poetica basata sul tema dell'identità, del soggetto, dello specchio e del rapporto tra l'oggetto artistico e il suo "spettatore".

PITÀGORA, *Samo 570 ca. a.C. - Metaponto 480 ca. a.C.*, filosofo e matematico greco. Fondatore di una scuola matematica e mistica, la scuola pitagorica [*V. parte nomi comuni* → **pitagorico**]. Della sua vita si sa pochissimo e gran parte dei suoi insegnamenti, tramandati oralmente, sono stati trasmessi ai soli adepti della sua scuola.

■ *Pitagora (BNF, Parigi.)*

PITCAIRN, isola britannica dell'Oceania, a SE di Tahiti.

PITÈA, *Marsiglia IV sec. a.C.*, navigatore e geografo greco. Superò le colonne d'Ercole ed esplorò le coste dell'Europa settentr.

PITE ÄLV, f. della Svezia, che sfocia nel Golfo di Botnia nei pressi del porto di Piteå (39.000 ab.); 370 km.

PITEŞTI, c. della Romania, ai piedi dei Carpazi; 179.337 ab. Centro industriale.

PITIGLIÀNO, com. in prov. di Grosseto; 4232 ab. Conserva il Palazzo Orsini (XIV-XVI sec.) e la chiesa di S. Maria (XVI sec.).

PITIGRÌLLI (Dino **Sègre**, detto), *Torino 1893-1975*, scrittore. Scrisse romanzi e racconti, tra cui *Mammiferi di lusso* (1920), *La cintura di castità* (1920), *Cocaina* (1921), *Oltraggio al pudore* (1922), *Dolicocefala bionda* (1931), *Amore express* (1970).

PITOCCHÉTTO (Il) → CERUTI (Giàcomo).

PITOËFF (Georges), *Tbilisi 1884 - Ginevra 1939*, attore e regista teatrale francese di origine georgiana. Tra i fondatori del gruppo Cartel, mise in scena e interpretò, in collaborazione con la moglie Ludmilla (Tbilisi 1895 - Rueil 1951), testi di A.P. Čechov, H. Ibsen, L. Pirandello, utilizzando scenografie innovative e valorizzando il ruolo dell'attore.

PITÓNE MITOL. GR. Mostruoso serpente, che metteva oracoli ai piedi del Parnaso, nei pressi di Delfi. Fu ucciso da Apollo, che in quell'occasione istituì il culto dell'oracolo e fondò i giochi pitici.

PITOT (Henri), *Aramon 1695-1771*, ingegnere e fisico francese. Realizzò numerose opere idrauliche, tra cui il tubo che consente di misurare la velocità di scorrimento di un fluido.

PITRÉ (Giusèppe), *Palermo 1841-1916*, studioso di folclore. Primo in Italia a studiare con metodo scientifico le tradizioni popolari, fondò il Museo etnografico di Palermo (1910). Tra le opere, *Biblioteca delle tradizioni popolari siciliane* (1871-1913), *Bibliografia delle tradizioni popolari d'Italia* (1894).

PITT (William), cónte **di Chatham**, detto **il Vècchio**, *Londra 1708 - Hayes 1778*, politico britannico. Deputato whig a partire dal 1735, divenne il leader dei nazionalisti inglesi, contrari a una politica di compromesso con i Borbone francesi e spagnoli. Primo ministro e ministro della guerra (1756) dall'inizio della guerra dei Sette anni, condusse il suo paese alla vittoria. Dimessosi nel 1761, ritornò al potere dal 1766 al 1768.

PITT (William), detto **il Gióvane**, *Hayes 1759 - Putney 1806*, politico britannico. Figlio di William il Vecchio, fu primo ministro dal 1783 al 1801. In politica interna riassestò le finanze statali, danneggiate dalla guerra d'indipendenza americana. In politica estera, nel 1793 trascinò la Gran Bretagna in una lunga guerra contro la Francia rivoluzionaria. Per far fronte al nazionalismo irlandese, che

rendeva necessaria la presenza dell'esercito, fece approvare l'Atto di unione (1800), sancendo l'integrazione politica di Irlanda e regno britannico. Di nuovo al potere dal 1804 al 1806, riorganizzò la flotta britannica, portandola alla vittoria su Napoleone a Trafalgar (1805).

■ *William Pitt il Giovane ritratto da G. Healy. (Reggia di Versailles.)*

PÌTTACO, *Mitilene 650 ca. - 570 ca. a.C.*, politico greco. Fu uno dei Sette sapienti. Tiranno di Samo, fu promotore di una Costituzione democratica.

PÌTTI, popolazione dell'ant. Scozia.

PÌTTI, famiglia fiorentina nota a partire dal XII sec. — **Buonaccorso P.**, *m. nel 1431 ca.*, priore di Firenze. È autore di una *Cronaca*. — **Luca P.**, *Firenze 1394-1472*, politico fiorentino. Collaboratore di Cosimo de' Medici, fece costruire Palazzo P.

PÌTTI (Palàzzo), palazzo di Firenze, fatto costruire a partire dal 1458. È att. adibito a museo e ospita un'importante collezione composta da quadri e oggetti d'arte, in parte provenienti dalla collezione dei Medici (che nel XVI sec. acquistarono e fecero ampliare l'edificio). All'esterno si trova il Giardino dei Boboli.

Palazzo **PITTI**, *a Firenze (iniziato nel 1458).*

PÌTTONI o **PÌCTONI**, ant. popolazione della Gallia, stanziata nell'att. Poitou.

PITTSBURGH, c. degli Stati Uniti (Pennsylvania), sull'Ohio; 334.563 ab. (2.358.695 ab. nell'agglomerato). Centro siderurgico e metallurgico. Musei gestiti dal Carnegie Institute e dall'Andy Warhol Museum.

PIURA, c. del Perú settentr.; 186.000 ab.

PIVÀNO (Fernànda), *Genova 1918*, scrittrice e critica letteraria. Allieva di C. Pavese, si è dedicata soprattutto alla letteratura americana contemporanea, diffondendola in Italia attraverso l'attività di traduttrice e curatrice. Tra le opere, *La balena bianca e altri miti* (1961), *Hemingway* (1985), *Amici scrittori* (1995), *Altri amici* (1997), *Viaggio americano* (1997), *Dopo Hemingway* (2000).

PIVÉTTI (Irène), *Milano 1963*, politica. Parlamentare per la Lega Nord, è stata presidente della camera dal 1994 al 1996.

PIXERÉCOURT (René Charles **Guilbert de**), *Nancy 1773-1844*, drammaturgo francese, tra i maestri del melodramma (*Vittorio o il figlio della foresta*, 1798).

PIZARRO (Francisco), *Trujillo 1475 ca. - Lima 1541*, conquistatore spagnolo. Insieme ai fratelli Gonzalo (Trujillo 1502 ca. - presso Cuzco 1548) e Hernando (Trujillo 1478 ca. ? - 1578), conquistò l'impero inca, prese Cuzco e fece uccidere Atahualpa (1533). Entrato in contrasto con gli altri conquistatori, fu ucciso dai sostenitori del suo rivale Almagro.

PIZZÉTTI (Ildebràndo), *Parma 1880 - Roma 1968*, compositore. Esponente della generazione dell'*Ottanta, contrappose al verismo un'estetica melodrammatica basata sull'essenzialità del canto gregoriano e sul "recitar cantando". Tra le opere, *Fedra* (1915), *Lo straniero* (1930), *Assassinio nella cattedrale* (1958).

PÌZZI (Ìtalo), *Parma 1849 - Torino 1890*, orientalista. Esperto di cultura persiana, tradusse in endecasillabi il *Libro dei *re* di Firdusi. È autore anche di una *Storia della poesia persiana* (1894).

PÌZZI (Adionilla, detta Nilla), *Sant'Agata Bolognese 1919*, cantante. Più volte vincitrice del Festival di Sanremo (1951, 1952, 1953), ha interpretato alcuni dei brani più celebri della musica leggera italiana: *Grazie dei fior*, *Papaveri e papere*, *Vola colomba*.

PIZZIGHETTÓNE, com. in prov. di Cremona; 6755 ab. Conserva i resti di fortificazioni medievali (XIV-XV sec.).

PIZZINÀTO (Armàndo), *Maniago 1910*, pittore. Esponente del Fronte nuovo delle arti, quindi del realismo italiano, si è dedicato alla rappresentazione della lotta di classe: *Un fantasma percorre l'Europa* (1950), *Costruttori, Contadini, Saldatori* (1952).

PÌZZO, com. in prov. di Vibo Valentia; 8505 ab. Conserva il castello aragonese (XV sec.), dove nel 1815 fu ucciso G. Murat.

PIZZÓRNO (Alessàndro), *Trieste 1924*, sociologo. Esperto di sociologia politica, ha scritto, tra l'altro, *Comunità e razionalizzazione* (1960), *Lotte operaie e sindacati in Italia* (1977), *Il potere dei giudici* (1998).

PIZZÙTO (Antònio), *Palermo 1893 - Roma 1976*, scrittore. Tra i romanzi, *Signora Rosina* (1956), *Si riparano bambole* (1960), *Ravenna* (1962), *Sinfonia* (1966), *Testamento* (1969), *Giunte e virgole* (1975).

PLA (Josep), *Palafrugell 1897 - Llofrin 1981*, giornalista e scrittore spagnolo di lingua catalana, autore di racconti autobiografici (*Cartes d'Itàlia*, *Homenots*).

PLÀCIDO (sànto), *VI sec.* Discepolo di san Benedetto, fu tra i primi membri del suo ordine.

PLÀCIDO (Beniamìno), *Rionero in Vulture 1929*, critico letterario e televisivo. Tra le opere, *Le due schiavitù* (1975), *Tre divertimenti* (1990), *Eppure si muove. Cambiano gli italiani?* (1995).

PLÀCIDO (Michèle), *Ascoli Satriano 1946*, attore e regista cinematografico e televisivo. Ha interpretato per la televisione, tra le altre, la serie *La piovra* (1983-1989) e, per il cinema, *Mery per sempre* (1989), *Lamerica* (1994), *La lupa* (1996), *Liberate i pesci* (2000). Ha diretto *Pummarò* (1990), *Un eroe borghese* (1995), *Del perduto amore* (1998), *Un viaggio chiamato amore* (2002).

PLÀNA (Giovànni Antònio Amedèo), *Voghera 1781 - Torino 1864*, matematico e astronomo. Esperto di geologia e meccanica celeste, scrisse con F. Carlini *Teoria del moto della Luna* (1832)

PLANCHON (Roger), *Saint-Chamond 1931*, attore e regista teatrale francese. Direttore, dal 1972 al 2002, del Théâtre National Populaire, ha reinterpretato il repertorio classico da un punto di vista sociopolitico (*George Dandin* e *Tartufo* di Molière).

PLANCK (Max), *Kiel 1858 - Gottinga 1947*, fisico tedesco. Si interessò da un punto di vista termodinamico al problema dell'irraggiamento del corpo nero, che dimostrò irrisolvibile applicando la teoria elettromagnetica classica, e formulò la teoria secondo la quale l'energia viene emessa in modo

discontinuo, introducendo il concetto di "quanto" universale di energia. Le sue ipotesi, presentate in una relazione nel 1900, gettarono le basi della teoria quantistica. La costante universale h, detta *costante di P.*, ha valore $6,626 \times 10^{-34}$ J s. (Premio Nobel 1918.)

■ *Max Planck.*

PLANTAGENÈTI, dinastia inglese del ramo angioino, che regnò in Inghilterra dal 1154 al 1485, il cui nome deriva dal ramo di ginestra (in lat. *planta genistra*) che adornava lo stemma araldico di Goffredo V, conte d'Angiò e padre di Enrico II, primo re (1154) della stirpe. Dopo il mentovato periodo di conflitto tra Francia e Inghilterra, nel XV sec. la dinastia si divise nei due rami rivali Lancaster e York, protagonisti della guerra delle Due Rose, a seguito della quale, nel 1485, salì al trono Enrico Tudor (Enrico II), capostipite di una nuova dinastia.

PLANTERY o **PLANTIÈRI** (Giàn Giàcomo), *Torino 1680-1756*, architetto. Attivo a Torino, lavorò ai quartieri Porta Palazzo, San Dalmazzo e Porta Susina, oltre che a numerosi palazzi (Saluzzo Paesana, 1715-1718; Cavour, 1729).

PLANTIN (Christophe), *Saint-Avertin, presso Tours, 1520 ca. - Anversa 1589*, tipografo fiammingo di origine francese. Dal 1569 al 1572 stampò la celebre *Bibbia regia* (o *Bibbia poliglotta*).

PLANÙDE (Màssimo), *Nicomedia 1260 ca. - Costantinopoli 1310*, umanista bizantino. Raccolse una silloge di epigrammi greci (*Antologia planudea*).

PLASKETT (John Stanley), *Woodstock, Ontario, 1865 - Esquimalt, Columbia Britannica, 1941*, astronomo canadese. Studioso di spettroscopia, si occupò della rotazione della Via Lattea e della materia interstellare.

PLATA (La), c. dell'Argentina, capol. della prov. di Buenos Aires, sulla riva destra del Río de la Plata; 542.567 ab. Centro industriale e culturale.

PLATA (Río de la), estuario dell'America merid., sull'Atlantico, formato dai f. Paraná e Uruguay. Il R. de la P. separa l'Uruguay dall'Argentina. Sulle sue sponde sorgono Buenos Aires e Montevideo.

PLÀTANI, f. della Sicilia; 84 km. Formato dalla confluenza del P. di Lercara e del P. di Castronuovo, sfocia nel Mar di Sicilia.

PLATÈA (battàglia di) (479 a.C.), battaglia combattuta durante la seconda guerra persiana. Vittoria dei greci comandati da Aristide e Pausania contro l'esercito persiano comandato da Mardonio, a P. (Beozia).

PLATEAU (Joseph), *Bruxelles 1801 - Gand 1883*, fisico belga. Inventò il fenachistoscopio (1832), si occupò dei fenomeni di capillarità, condusse importanti studi sulle lamine liquide (1861) e determinò la superficie di area minima di liquidi soggetti alla sola forza di coesione.

PLATH (Sylvia), *Boston 1932 - Londra 1963*, poetessa statunitense. Morì suicida e gran parte della sua opera fu pubblicata postuma: *Il colosso* (1960), *La campana di vetro* (1963), *Ariel* (1965), *Johnny Panic e la Bibbia dei sogni* (1979).

PLATÌNA (Bartolomèo **Sàcchi**, detto **il**), *Piadena 1421 - Roma 1481*, umanista. Direttore della Biblioteca Vaticana, scrisse tra l'altro: *Liber de vita Christi ac omnium pontificum* (1479) e, postumi, *De Principe*, *De vera nobiltate*.

PLATINI (Michel), *Joeuf 1955*, calciatore francese. Centrocampista d'attacco dal talento eccezionale, nel 1984 ha condotto la nazionale francese alla vittoria del campionato europeo (di cui è stato capocannoniere). Da 1982 al 1988 ha giocato nella Juventus, con la quale ha vinto, tra gli altri trofei, 2 scudetti (1984 e 1986), 1 Coppa delle coppe (1984), 1 Coppa dei campioni (1985) e 1 Coppa intercontinentale (1985). Pallone d'oro per tre anni consecutivi (1983, 1984, 1985).

PLATÓNE, *Atene 427 ca. a.C. - 348/347 a.C.*, filosofo greco. Di famiglia aristocratica, fu discepolo di Socrate. Visitò l'Egitto e fu alla corte di Dionigi il Vecchio a Siracusa; scacciato, ritornò ad Atene, dove, nel 387 ca., fondò un'importante scuola filosofica, l'Accademia; di nuovo a Siracusa, tentò poi inutilmente di attuare le sue idee politiche. La sua opera annovera 34 dialoghi (*Convito*, *Fedone*, *Repubblica*, *Fedro*, *Parmenide*, *Sofista*, *Timeo*, *Leggi* ecc.), nei quali riprodusse il procedimento dialettico adottato da Socrate, volto a stimolare l'interesse intorno a problemi etici, facendo riconoscere all'interlocutore la propria ignoranza e indicando, attraverso la riflessione comune, la via per conoscere la virtù. Connessa alla sua teoria della conoscenza fu la dottrina delle idee, archetipi essenziali e invariabili di tutto il reale (il Bene, il Vero, il Bello), di cui le diverse realtà empiriche percepibili dai sensi non sono che imitazioni imperfette. La conoscenza delle idee è *anamnesi*, essendo l'anima per natura partecipe delle idee: su questo principio si basa la teoria dell'immortalità dell'anima. In politica, P. raccomandò la suddivisione dei cittadini nelle tre classi dei filosofi, i soli con funzioni di governo, degli artigiani e dei guerrieri. Le dottrine platoniche influirono sulla produzione filosofica successiva, in partic. su quella cristiana e sul pensiero islamico medievale.

PLATONE. *(Louvre, Parigi.)*

PLATONOV (Andrej Platonovič **Klimentov**, detto), *Voronež 1899 - Mosca 1951*, scrittore sovietico. I suoi racconti filosofici si situano ai margini del realismo socialista (*Il dubbioso Makar, L'uomo di Stato*).

PLAUEN, c. della Germania (Sassonia); 71.955 ab. Centro industriale. Monumenti antichi restaurati.

PLÀUTO (Tito Màccio o Màcco), *Sarsina 254 a.C. - Roma 184 a.C.*, commediografo latino. Delle 130 commedie attribuitegli, Varrone Reatino ne considerò autentiche 21, le più conosciute delle quali sono: *Amphitruo, Aulularia* (che fu fonte d'ispirazione per l'*Avaro* di Molière), i *Menaechmi, Miles gloriosus*. Le commedie di P. presentano l'intreccio complicato e la galleria di tipi caratteristici della commedia nuova greca (Menandro). I suoi personaggi, dai caratteri stereotipati, anticiparono quelli della commedia dell'arte.

PLD → LIBERAL-DEMOCRATICO (Partito).

PLECHANOV (Georgij Valentinovič), *Gudalovka 1856 - Terioki 1918*, teorico e politico russo. Fu il principale divulgatore della dottrina marxista in Russia; nel 1903 si oppose, insieme ai menscevichi, a Lenin e ai bolscevichi.

PLÉIADE, denominazione utilizzata in Francia per designare gruppi di poeti e ripresa dalle mitologiche figlie di Atlante. La P. più celebre riunì in Francia, durante il regno di Enrico II, attorno alla figura di P. de Ronsard e di J. Du Bellay, R. Belleau, É. Jodelle, J.A. de Baïf, P. de Tyard e J. Peletier, alla morte del quale subentrò J. Dorat. Il programma, basato sulla volontà di far rivivere in versi moderni le tradizioni della poesia greca e latina, secondo le tendenze del classicismo, ha rinnovato notevolmente la poesia francese (*Difesa e illustrazione della lingua francese*).

PLÈIADI MITOL. GR. Nome delle sette figlie di Atlante: Asterope, Maia, Elettra, Taigete, Alcione, Celeno e Merope. Per strapparle alla persecuzione di Orione, innamoratosi di loro, Zeus le trasformò nell'omonima costellazione.

PLESETSK o **PLESSETSK**, base di lancio russa per veicoli spaziali, soprattutto militari, a S di Arcangelo.

PLEVEN, c. della Bulgaria settentr.; 122.149 ab.

PLEYEL (Ignaz), *Ruppersthal, Bassa Austria, 1757 - Parigi 1831*, compositore, editore musicale e costruttore di pianoforti austriaco. Pubblicò la prima collezione completa dei quartetti di F.J. Haydn, di cui era stato allievo, e nel 1807 fondò una fabbrica di pianoforti a Parigi. Compose sinfonie, concerti e musica da camera.

PLI → LIBERALE ITALIANO (Partito).

PLÌNIO IL VÈCCHIO (Càio Plìnio Secóndo, detto), *Como 23 - Stabia 79*, naturalista e scrittore latino. Comandante della flotta di Miseno, fu vittima dell'eruzione del Vesuvio del 79. Scrisse la *Naturalis Historia*, enciclopedia scientifica in 37 libri. — **Plinio il Giovane** (Càio Cecìlio Secóndo, detto), *Como 61 o 62 - 114 ca.*, scrittore latino, nipote di P. il Vecchio. Oratore brillante e console (100), scrisse il *Panegyricus*, in onore di Traiano, e le *Epistulae*, di grande interesse storico e documentario.

PLISECKAJA (Maja Michajlovna), *Mosca 1925*, ballerina e coreografa russa. Dopo il debutto nel corpo di ballo del Bolšoj, si è affermata a livello internazionale interpretando in modo memorabile il repertorio classico e moderno (*La morte del cigno, Il lago dei cigni*, la *Carmen*); ha firmato la sua prima coreografia (*Anna Karenina*) nel 1972.

PŁOCK, c. della Polonia, sul f. Vistola; 130.904 ab. Raffinerie di petrolio e industrie petrolchimiche. — Cattedrale del XII sec.

PLOIEŞTI o **PLOEŞTI**, c. della Romania, a N di Bucarest; 252.715 ab. Centro petrolifero e industriale. Musei.

PLOMBIÈRES-LES-BAINS, c. della Francia sudorient. (Vosgi); 1941 ab. Centro termale. — Vi furono stipulati gli accordi di alleanza franco-piemontese e quelli per il futuro assetto dell'Italia tra Napoleone III e C. Cavour (1858).

PLOTÌNO, *Licopoli, Egitto, 205 ca. - Minturno 270*, filosofo greco. Discepolo di Ammonio Sacca e fondatore di una scuola a Roma, fu il massimo esponente del **neoplatonismo*. L'opera di P. è stata raccolta da Porfirio, un suo scolaro, nelle *Enneadi*.

PLOVDIV, c. della Bulgaria, sul f. Marica; 340.638 ab. Centro agricolo e industriale. Fiera internazionale. Città macedone (*Filippopoli*), conserva la pittoresca città vecchia; musei archeologico ed etnografico.

PLÜCKER (Julius), *Elberfeld 1801 - Bonn 1868*, matematico e fisico tedesco. Rielaborò l'intero edificio della geometria analitica in modo da adeguarlo alle esigenze della geometria proiettiva. Dal 1847 si dedicò alla fisica.

PLUTÀRCO, *Cheronea 50 ca. - 125 ca.*, scrittore greco. Compì viaggi in Egitto, soggiornò più volte a Roma e fu sacerdote di Apollo a Delfi. Lasciò numerosi scritti morali, religiosi, filosofici e letterari, raccolti sotto il titolo di *Opere morali*, e le celebri **Vite parallele*.

PLÙTO MITOL. GR. Dio della ricchezza.

PLUTÓNE ("il Ricco"), appellativo di Ade, dio greco degli Inferi.

PLUTÓNE, pianeta del sistema solare, nono e ultimo in ordine di distanza dal Sole e il più piccolo per dimensioni, scoperto nel 1930 dallo statunitense C. Tombaugh. Distanza media dal Sole: 5.900.000.000 di km (39,44 volte quella dell'orbita terrestre). Diametro: 2200 km ca. Attorno a P. ruota un satellite.

PLYMOUTH, c. della Gran Bretagna (Inghilterra, Devonshire); 238.800 ab. Porto. Base militare. Centro industriale.

PLZEŇ, in ted. **Pilsen**, c. della Rep. Ceca, in Boemia; 166.274 ab. Distillerie. Industrie metallurgiche. — Chiese in stile gotico e barocco, municipio rinascimentale; musei.

PNF → FASCISTA (Partito nazionale).

PNICE, colle a O di Atene, dove si riuniva l'assemblea dei cittadini (*ekklesía*).

PNUD (Programma delle Nazióni Unìte per lo svilùppo), organismo creato nel 1966 in seno all'ONU e incaricato di sostenere i paesi in via di sviluppo.

PO, principale f. d'Italia; 652 km. Il bacino (74.970 km^2) si estende in Piemonte, Lombardia, Valle d'Aosta, Emilia-Romagna e una parte del Trentino e del Veneto. Nasce dal Monviso (Alpi Cozie) e sfocia nel Mar Adriatico, formando un vasto delta; nella Valle di Berra il P. forma 4 rami principali (P. di Goro, P. di Gnocca, P. di Venezia e P. di Levante) che sfociano in mare attraverso 14 bocche. Il fiume riceve numerosi affl., in part.: Dora Baltea, Sesia, Ticino, Adda, Oglio, Mincio, a sinistra, che regolamentano un regime alpino e prealpino; Tanaro, Trebbia, Taro, Secchia, a destra, che condizionano il regime appenninico. Il trasporto di sedimenti e detriti ha provocato, negli anni, un rapido avanzamento del delta e un innalzamento del letto del fiume, che in alcuni punti si trova a scorrere più in alto rispetto alle zone circostanti, determinando così il pericolo di alluvioni. Navigabilità modesta, scarse risorse ittiche; notevole utilizzo per l'agricoltura (soprattutto nella Pianura Padana).

POBEDA (Mónte), cima del Tian Shan, sul confine tra Cina e Kirghizistan; 7439 m.

POBEDONOSCEV (Konstantin Petrovič), *Mosca 1827 - San Pietroburgo 1907*, politico russo. Precettore del futuro Alessandro III a partire dal 1865, ebbe forte influenza sull'imperatore, incitandolo a rafforzare il regime autocratico. Fu alto procuratore del Santo Sinodo (1880-1905).

POBLET (monastèro di S. Maria di), monastero cistercense della Spagna (prov. di Tarragona), romanico-gotico (XII-XV sec.).

POCCIÀNTI (Pasquàle), *Bibbiena 1774 - Firenze 1858*, architetto. Neoclassicista, realizzò parti della villa di Poggio Imperiale e di Palazzo Pitti, a Firenze, il Cisternone e il Cisternino (1829-1848) dell'acquedotto di Livorno.

PODGÒRA o **MÓNTE CALVÀRIO**, colle nei pressi di Gorizia; 240 m. Durante la prima guerra mondiale fu duramente conteso tra austriaci e italiani, fino alla vittoria di questi ultimi, nel 1916.

PODGORICA, già **Titograd**, cap. del Montenegro; 135.000 ab. Centro industriale.

PODGORNYJ (Nikolaj Viktorovič), *Karlovka, Ucraina, 1903 - Mosca 1983*, politico sovietico. Fu presidente del presidium del soviet supremo dal 1965 al 1977.

PODOL'SK, c. della Russia, a S di Mosca; 201.649 ab.

PODÒLIA, reg. dell'Ucraina occ., attraversata a S dal Dnestr.

PODRÈCCA (Vittòrio), *Cividale del Friuli 1883 - Ginevra 1959*, marionettista. Fondatore del Teatro dei Piccoli di Podrecca (1914), portò in tutto il mondo il suo repertorio di spettacoli per bambini, riscuotendo grande successo anche tra gli adulti.

POE (Edgar Allan), *Boston 1809 - Baltimora 1849*, scrittore statunitense. Poeta (*Il corvo*, 1845), nei suoi racconti e romanzi, che rappresentano un mondo fantastico (*Le avventure di Gordon Pym*, 1838), introdusse un modello di costruzione narrativa destinato a essere ripreso nel romanzo poliziesco (*Racconti straordinari*, 1840-1845). La sua opera, a lungo ignorata negli Stati Uniti, ebbe notevole influenza sulla cultura europea.

■ *Edgar Allan Poe ritratto da Lefort. (BNF, Parigi.)*

POÈRIO (Giusèppe), *Belcastro 1775 - Napoli 1843*, politico. La sua partecipazione alla Repubblica Partenopea gli costò l'esilio. Tornato a Napoli, affiancò G. Murat, quindi fu nuovamente esiliato dopo la restaurazione. — **Alessandro P.**, *Napoli 1802 - Venezia 1848*, politico e poeta. Figlio di Giuseppe, autore di poesie di argomento patriottico, morì durante l'assedio di Venezia da parte degli austriaci. — **Carlo P.**, *Napoli 1803 - Firenze 1867*, politico. Figlio di Giuseppe, partecipò ai moti del 1821. Ministro nel governo costituzionale delle Due Sicilie, dopo la restaurazione fu condannato al carcere. Dal 1860 fu deputato del parlamento italiano.

POESÌA, rivista letteraria fondata da T. Marinetti a Milano nel 1905. Vi furono pubblicati il *Manifesto del futurismo* e *Uccidiamo il chiaro di luna*. Cessò le pubblicazioni nel 1909.

PÒGGI (Giusèppe), *Firenze 1811-1901*, architetto e urbanista. Restaurò i palazzi Capponi, Frescobaldi e Gondi, stemperando il neoclassicismo con la ripresa di temi rinascimentali.

POGGIBÓNSI, com. in prov. di Siena; 27.442 ab. Nel territorio: fortezza medicea di Poggio Imperiale (XV-XVI sec.), opera di G. da Sangallo, e il convento di S. Lucchese, con chiesa del XIII sec.

PÒGGIO A CAIÀNO, com. in prov. di Prato; 8329 ab. Conserva una villa medicea, opera di G. da Sangallo (XV sec.).

PÒGGIO BRACCIOLÌNI (Giàn Francésco), *Terranova 1380 - Firenze 1459*, umanista. Scoprì numerosi manoscritti di classici latini (*De rerum natura* di Lucrezio) e scrisse diversi componimenti (*Dialoghi*, 1440; *Facezie*, 1438-1452).

PÒGGIO IMPERIÀLE, località nei pressi di Firenze. Vi sorge una villa neoclassica (interventi di G. Parigi, G.M. Paoletti e G. Cacialli) di proprietà dei Baroncelli e poi degli Asburgo.

POGLIÀGHI (Ludovìco), *Milano 1857 - Varese 1950*, pittore e scultore. Realizzò le decorazioni della cappella dell'Università cattolica e il portale del duomo di Milano. Fu inoltre autore delle scenografie per il *Nerone* di A. Boito alla Scala.

POHANG, c. della Corea del Sud; 317.768 ab. Porto.

POIÀNA MAGGIÓRE, com. in prov. di Vicenza; 4235 ab. Conserva l'omonima villa palladiana (XVI sec.).

POINCARÉ (Henri), *Nancy 1854 - Parigi 1912*, matematico francese, uno degli scienziati più celebri dell'epoca. Analizzò in part. le funzioni delle variabili complesse, la topologia algebrica, le equazioni differenziali e quelle delle derivate parziali, la fisica matematica e la meccanica celeste. Si interessò anche alla matematica, sostenendo un punto di vista intuizionista.

POINCARÉ (Raymond), *Bar-le-Duc 1860 - Parigi 1934*, avvocato e politico francese. Cugino di Henri P., fu ministro degli esteri (1912-1913) e adottò una linea politica antitedesca. Presidente della repubblica dal 1913 al 1920, presidente del consiglio e nuovamente ministro degli esteri (1922-1924), giunse alla rottura con la Gran Bretagna. Tornato al governo (1926-1929), si dedicò al risanamento finanziario della Francia.

■ *Raymond Poincaré.*

POINTE-À-PITRE, c. della Guadalupa; 21.080 ab. Principale sbocco marittimo del paese. Aeroporto.

POINTE-NOIRE, c. del Congo; 388.000 ab. Porto e centro economico del paese.

POIROT (Hercule), personaggio di numerosi romanzi gialli di A. Christie. Sotto un aspetto spesso ridicolo, questo detective nasconde un'intelligenza acutissima.

POISEUILLE (Jean-Louis), *Parigi 1799-1869*, fisico francese. Formulò le leggi della circolazione dei fluidi viscosi (1844).

POISSON (Siméon Denis), *Pithiviers 1781 - Parigi 1840*, matematico francese. Tra i fondatori della fisica matematica, indirizzò le proprie ricerche in diversi campi, tra cui la meccanica celeste, la teoria del calore, l'elettricità, la luce, il magnetismo, l'elasticità e il calcolo delle probabilità.

POISSY (colloquio di) (sett.-ott. 1561), sinodo di teologi radunatisi a Poissy, sotto la presidenza di Caterina de' Medici e di Michel de L'Hospital, in vista di una riconciliazione tra cattolici e calvinisti, che non fu raggiunta.

POITIERS, c. della Francia, capol. della reg. Poitou-Charentes e del dip. Vienne; 87.012 ab. Industrie elettroniche ed elettriche. — P. fu uno dei grandi centri della Gallia. Carlo Martello vi sconfisse gli arabi nel 732, bloccando la penetrazione musulmana in Occidente. — Battistero (IV e VII sec.); notevoli chiese romaniche; cattedrale gotica (XII-XIII sec.).

POITIERS. *Particolare della facciata di Notre-Dame-la-Grande, XII sec.*

POITOU, ant. prov. francese che corrisponde agli att. dip. Vandée, Deux-Sèvres e Vienne (cap. *Poitiers*). Ducato a partire dal IX sec., il P. passò all'Inghilterra, poi, riconquistato la prima volta da Filippo Augusto (1204), fu annesso definitivamente alla Francia da Carlo V (1369-1373).

POITOU, reg. della Francia occ. Meno estesa rispetto all'ant. reg. storica, si estende tra il bacino parigino, il Massiccio Armoricano e quello Centrale.

POITOU-CHARENTES, reg. della Francia; 25.810 km²; 1.640.068 ab.; capol. *Poitiers*. Agricoltura (cereali, viti) e allevamento; pesca e turismo estivo sul litorale. Industrie meccaniche, elettriche e agroalimentari.

POKROVSK, dal 1931 al 1991 **Engels**, c. della Russia, sul Volga; 182.000 ab.

PÒLA → PULA.

POLABÍ, pianura della Rep. Ceca, in Boemia, sulle sponde dell'Elba. Regione agricola e industriale.

POLÀCCO-SOVIÈTICA (guèrra), conflitto che, nel 1920, oppose la Russia sovietica alla Polonia. Segnata dall'avanzata polacca in Ucraina,

poi dalla minaccia sovietica su Varsavia, si concluse con il trattato di Riga (1921), che fissò fino al 1939 la frontiera orient. della Polonia.

POLÀDA, località in prov. di Brescia. Dà il nome a una cultura dell'Età del bronzo di cui sono stati ritrovati manufatti in ceramica e che aveva propri insediamenti in tutta l'area padana.

POLANSKI (Roman), *Parigi 1933*, regista cinematografico polacco naturalizzato francese. Debuttò in Polonia, prima di conquistare il successo internazionale con film che rappresentano un universo inquietante e ironico al tempo stesso: *Repulsion* (1965), *Per favore... non mordermi sul collo* (1967), *Rosemary's Baby* (1968), *Chinatown* (1974), *Tess* (1979), *Frantic* (1988), *La morte e la fanciulla* (1995), *La nona porta* (1999).

POLANYI (John Charles), *Berlino 1929*, chimico canadese di origine ungherese. Ha lavorato sulla chemioluminescenza, la cui analisi spettroscopica permette di comprendere gli scambi di energia durante le reazioni chimiche. (Premio Nobel 1986.)

POLANYI (Karl), *Vienna 1886 - Pickering 1964*, economista statunitense. Di origine ungherese, emigrò negli Stati Uniti all'avvento del nazismo. Si occupò di antropologia storica e degli effetti sociali dei sistemi economici: *La grande trasformazione* (1944).

POLÀRE (stélla), nome dato alla stella più luminosa della costellazione dell'Orsa Minore, per la sua vicinanza al Polo Nord celeste.

POLÀRI (regiòni), regioni vicine ai poli. Tradizionalmente vengono circoscritte ai circoli polari o all'isoterma di 10 °C per il mese più caldo. La maggior parte è occupata dal mare, nell'Artico, e dalla terraferma, nell'Antartico. Oggetto di numerosi viaggi, scoperte e ricerche scientifiche, le r. p. hanno destato interesse anche per motivi strategici. — Tra le principali esplorazioni sono da ricordare quelle di W.E. Parry (1827), A.E. Nordenskjöld (1879), F. Nansen (1893-1896), R.E. Peary (1909) nel Polo Nord, e, per quanto riguarda il Polo Sud, quelle di T. Dumont d'Urville (1840), R.F. Scott (1902), E.H. Shackleton (1909), e R.E. Amundsen (che raggiunse la meta nel 1911, precedendo Scott di un mese).

POLCÉVERA, torrente della Liguria; 20 km. Nasce nell'Appennino Ligure e sfocia nel Golfo di Genova, dopo aver attraversato il capol.

PÒLDI PEZZÒLI (Giàn Giàcomo), *Milano 1823-1879*, collezionista d'arte. Appassionato di arte rinascimentale, lasciò una collezione che diede vita al museo omonimo.

POLE (Reginald), *Stourton Castle 1500 - Lambeth 1558*, prelato cattolico inglese. Cardinale (1536), nel 1545 presiedette il concilio di Trento; arcivescovo di Canterbury (1556), ebbe un ruolo importante nell'ambito della Controriforma.

POLÈNTA (da), famiglia ravennate di parte guelfa, signori di Ravenna dal 1287. — **Francesca da Rimini**, *m. nel 1285 ca.*, fu uccisa dal marito, Gianciotto Malatesta, insieme all'amante, il cognato Paolo. La vicenda, menzionata in uno dei più celebri passi della *Divina Commedia* (V canto dell'*Inferno*), ha ispirato numerosi artisti, tra cui G. D'Annunzio e S. Rachmaninov.

POLESÈLLA (battàglia di) (1509), scontro nel quale i veneziani furono sconfitti dalle truppe della lega di Cambrai.

POLÈSIA, reg. della Bielorussia e dell'Ucraina, attraversata dal Pripjat.

POLÉSINE, reg. del Veneto, quasi interamente compresa nella prov. di Rovigo, tra l'Adige e il Po. Terreno alluvionale, è intensamente coltivato. Ha un assetto idrogeologico instabile, in quanto interessato dall'espansione del delta del Po. È stato colpito da numerose alluvioni, tra cui quelle devastanti del 1951 e del 1956.

PÒLI (Pàolo), *Firenze 1929*, attore, autore e regista teatrale. Artista versatile, nei suoi testi attacca con spietata ironia le ipocrisie e il perbenismo piccolo-borghese. *Rita da Cascia* (1969), *Carolina Invernizio* (1969), *La vispa Teresa* (1970), *Viaggi di Gulliver* (1996), *Il tranello di Medusa* (1999), *Aldino mi cali un filino* (2001), *Sette fiabe abruzzesi* (2002).

POLIAKOFF (Serge), *Mosca 1900 - Parigi 1969*, pittore francese di origine russa. Stabilitosi a Pa-

rigi nel 1923, musicista convertito alla pittura, fu solo intorno al 1950 che giunse alla completa maturità artistica, attraverso un'astrazione cromatica a metà strada tra uno stile geometrico e l'informale.

POLIAKOV (Valeri Vladimirovič), *Tula 1942*, medico e astronauta russo. Nel mar. 1995 ha effettuato il volo nello spazio più lungo della storia (437 giorni, 17 h, 58 min).

POLÌBIO, *Megalopoli 200 ca. - 120 ca. a.C.*, storico greco. Fu uno dei mille ostaggi di Pidna (168 a.C.) consegnati ai romani e visse a Roma per sedici anni. Le sue *Storie*, grazie all'analisi minuziosa dei fatti e alla ricerca delle cause, lo pongono tra i grandi storici dell'antichità.

POLICÀRPO (sànto), *69 ca. - Smirne 167 ca.*, vescovo di Smirne. Il racconto del suo martirio è la più antica testimonianza della morte di un martire.

POLICÀSTRO (Gólfo di), insenatura del Mar Tirreno, tra la Punta degli Infreschi e Capo Scalea. Centri principali: Sapri, Maratea, Praia a Mare.

POLICLÈTO, scultore e architetto greco del V sec. a.C., nato a Sicione o ad Argo. La sua teoria del canone, che applicò alle statue (*Diadumeno, Doriforo*), è alla base del classicismo greco.

POLICÒRO, com. in prov. di Matera; 15.209 ab. Turismo. Nel suo territorio si trovano i resti di *Heraclea* e *Siris*.

POLÌCRATE, *m. a Magnesia nel 522 a.C.*, tiranno di Samo (533/532-522 a.C.). Monarca munifico, ospitò alla sua corte artisti e scrittori, tra cui Anacreonte. Sotto il suo regno, Samo conobbe una grande prosperità.

POLIDÒRO DA CARAVÀGGIO (Polidòro **Caldàra**, detto), *Caravaggio 1490/1500 ca. - Messina 1546 ?*, pittore. Allievo di Raffaello, si distinse per le decorazioni monocrome sulle facciate dei palazzi romani (Palazzo Ricci, 1524-1525). Contribuì allo sviluppo del manierismo nell'Italia merid. (*Andata al Calvario*, 1533; *Deposizione*, 1535).

POLIFÈMO MITOL. GR. Ciclope che, nell'*Odissea*, imprigionò Ulisse e i suoi compagni nella sua grotta. Per liberarsi, Ulisse lo ingannò e gli accecò l'unico occhio.

POLIGNAC (Jules Auguste Armand, principe **di**), *Versailles 1780 - Parigi 1847*, politico francese. Capo del governo nel 1829, diede inizio alla spedizione in Algeria e redasse (1830) le ordinanze che portarono alla rivoluzione del lug. 1830. Condannato all'ergastolo, beneficiò dell'amnistia nel 1836.

POLIGNÀNO A MÀRE, com. in prov. di Bari; 16.696 ab. Grotte naturali con resti di civiltà preistoriche.

POLIGNÒTO, *Isola di Taso - Atene V sec. a.C.*, pittore greco. Autore di grandi composizioni a tema mitologico conosciute dalle descrizioni di Pausania e di Plinio, è considerato il fondatore della pittura parietale greca.

POLÌMNIA MITOL. GR. Musa dei canti sacri.

POLINÈSIA, parte dell'Oceania, che comprende le isole e gli arcipelaghi situati tra Nuova Zelanda, Isole Hawaii e Isola di Pasqua; 26.000 km² (di cui due terzi sono delle Hawaii). Piantagioni di palme da cocco, pesca e turismo sono le principali risorse delle isole, molte delle quali sono vulcaniche e coralline.

POLINÈSIA FRANCÉSE, arcipelago del Pacifico merid., territorio francese d'oltremare; capol. P*apeete* (Isola di Tahiti); 4000 km²; 219.521 ab. La P. f. comprende le Isole della Società (con Tahiti), le Isole Marchesi, le Tuamotu e Gambier, le Isole Australi. Tahiti accoglie più dei due terzi della popolazione totale del territorio; le principali risorse sono la coltura di perle, l'agricoltura (copra), la pesca e il turismo. — Le isole della P. f. sono state occupate dalla Francia nel XIX sec. Lo statuto del 1977 ha accordato al territorio l'autonomia interna, successivamente ribadita dai nuovi statuti del 1984, 1990 e 1996.

POLINESIÀNI, insieme di popolazioni che abitano la Polinesia. Partendo da Tahiti, i p. si sono espansi nelle isole del Pacifico orient. Praticano l'orticoltura, l'allevamento, la pesca; hanno sviluppato tecniche originali di costruzioni navali e di navigazione. Noti per i loro tessuti di corteccia (*tapa*), per le sculture in legno e l'ossidiana, sono cristianizzati e parlano una lingua della famiglia maleo-polinesiana.

POLINÌCE MITOL. GR. Fratello di Eteocle, nella leggenda tebana.

POLISARIO (Frónte per la liberazióne del Saguía El-Hamra e di Río de Oro), movimento guerrigliero, costituito nel mag. 1973, per la creazione di uno Stato saharawi indipendente nell'ant. Sahara spagnolo (Sahara Occidentale), att. amministrato dal Marocco.

POLITBURO, ufficio politico del comitato centrale del Partito comunista della Russia (creato nel 1917), poi dell'URSS.

POLITÈCNICO (Il), nome di due riviste. La prima, fondata a Milano nel 1839 da C. Cattaneo, aperta ad argomenti di carattere tecnico-scientifico, fu la principale espressione del positivismo lombardo. Fu pubblicata dal 1839 al 1844 e dal 1859 al 1868. La seconda, fondata a Milano nel 1945 da E. Vittorini, ospitò le più importanti voci del dibattito politico-culturale del dopoguerra. Cessò le pubblicazioni nel 1947.

POLÍTIS (Nikólaos), Corfù 1872 - Cannes 1942, giurista e diplomatico greco. Ministro degli esteri della Grecia (1917-1920), fu presidente della SDN nel 1932 e presidente dell'Istituto di diritto internazionale dal 1937 fino alla morte.

POLÌTTICO DI S. ZÈNO, pala di A. Mantegna (1459, S. Zeno, Verona). La scena principale rappresenta la Madonna con in braccio il Bambino, assisa su un trono. Le predelle raffigurano scene della Passione.

Polittico di S. Zeno di A. Mantegna, 1459. (S. Zeno, Verona.)

POLIÙTO (sànto), m. a Melitene, Armenia, 250 ca., ufficiale romano, martire. Convertito dall'amico Nearco, fu condannato al supplizio per avere abbattuto gli idoli in un giorno di festa.

POLIZIÀNO (Àngelo **Ambrogìni**, detto), Montepulciano 1454 - Firenze 1494, umanista e poeta. Allievo a Firenze di M. Ficino e C. Landino, protetto di Lorenzo il Magnifico, divenne precettore dei suoi figli Piero e Giovanni. Traduttore dal greco e dal latino, si dedicò parallelamente alla poesia in volgare (Stanze per la giostra, 1478), in cui elaborò in modo squisitamente filologico forme e modi della tradizione non illustre, e a opere in latino e greco (epigrammi, 1473-1478; odi ed elegie, 1473-1478). Curò una Miscellanea (1489), in cui raccolse tutti gli studi filologici fin lì compiuti e scrisse una Favola di Orfeo (1480), che ispirò C. Monteverdi (Orfeo, 1607).

POLK (James Knox), contea di Mecklenburg, Carolina del Nord, 1795 - Nashville, Tennessee, 1849, politico statunitense. Presidente democratico degli Stati Uniti (1845-1849), realizzò l'annessione del Texas all'Unione (1845), scatenando la guerra contro il Messico (1846-1848).

POLKE (Sigmar), Oels, att. Oleśnica, Polonia, 1941, pittore tedesco. La sua opera è prima di tutto una messa in discussione dell'astrazione (Moderne Kunst, 1968). Il ciclo di quadri dedicato alla Rivoluzione francese (1988-1990) rispecchia l'influenza della pop art.

POLLACK (Sydney), Lafayette, Indiana, 1934, regista cinematografico statunitense. Ha diretto film incentrati su tematiche umanitarie e nostalgiche (Questa ragazza è di tutti, 1966; Non si uccidono così anche i cavalli?, 1969; Corvo Rosso non avrai il mio scalpo, 1972; Tootsie, 1982; La mia Africa, 1985) e thriller (I tre giorni del Condor, 1975; Il socio, 1993).

IL POLLAIOLO. Martirio di san Sebastiano, 1475. (National Gallery, Londra.).

POLLAIÒLO (Antônio **Bènci**, detto **il**), Firenze 1432 ca. - Roma 1498, pittore, scultore e orafo. Partecipò alle ricerche sull'uso della linea per definire i volumi e approfondì gli studi anatomici, sia in pittura (Battaglia degli ignudi, 1460, Uffizi, Firenze; Martirio di san Sebastiano, 1475, National Gallery, Londra; Profilo di donna, 1475 ca., Museo Poldi Pezzoli, Milano), che in scultura (piccoli bronzi; tomba di Sisto IV e di Innocenzo VIII, S. Pietro, Roma).

POLLAIÒLO (Pièro), Firenze 1443 - Roma 1496, pittore. Fratello e collaboratore di Antonio. Tra le opere, Incoronazione della Vergine, Galeazzo Maria Sforza.

POLLENSA, c. della Spagna (Baleari), nell'Isola di Maiorca; 14.358 ab. Porto. Stazione balneare.

POLLÈNZA, com. in prov. di Macerata; 5707 ab. Conserva la chiesa longobarda di S. Maria di Rambona (VII sec.).

POLLÈNZO, località nel com. di Bra. Nel 402 Alarico vi fu sconfitto da Stilicone. Nel 1346 le milizie dei Savoia, dei Visconti e del marchese del Monferrato vi sconfissero gli angioini.

POLLICINO, favola di C. Perrault (1697), ripresa dai fratelli Grimm (1812). Un bambino, accompagnato dai suoi sei fratelli, ritrova la strada di casa grazie alle briciole che aveva seminato sul cammino, fuggendo da un orco; riesce a superare grandi distanze grazie agli "stivali delle sette leghe".

POLLÌNI (Gino) → FIGINI (Luigi).

POLLÌNI (Maurìzio), Milano 1942, pianista. Ha raggiunto fama internazionale grazie al suono essenziale, di raro rigore interpretativo, messo al servizio di un repertorio vastissimo, che spazia da J.S. Bach e L. van Beethoven alla musica del XX sec. (A. Schönberg, B. Bartók, S. Prokof'ev) e contemporanea (P. Boulez, L. Nono).

POLLÌNO (Mónte), gruppo montuoso dell'Appennino Lucano. Parco nazionale dal 1990. Cime principali: Serra Dolcedorme (2267 m), P. (2248 m).

POLLOCK (Jackson), Cody, Wyoming, 1912 - Springs, Long Island, 1956, pittore statunitense. Influenza-

Jackson **POLLOCK** mentre dipinge con la tecnica del dripping (1952).

to dalla pittura murale messicana, da P. Picasso, dalla cultura amerindia e, in seguito (intorno al 1942, a New York), dall'automatismo surrealista, nel 1947 approdò a una pittura gestuale (action painting) rappresentativa dell'espressionismo astratto e segnata dalla pratica del dripping (schizzo di colori sulla tela posata a terra).

POLLÙCE, fratello di *Castore.

PÒLO, schieramento politico di centro-destra formatosi in occasione delle elezioni politiche del 1994. Era distinto in P. delle libertà al N (Forza Italia, Lega Nord, CCD) e Polo del buon governo al S (Forza Italia, AN, CCD). Al governo fino al dic. 1994 (primo governo Berlusconi), si è poi trasformato in Polo delle Libertà per le elezioni del 1996 (Forza Italia, AN, CCD). Nel 2001 ha riunito i due cartelli nella Casa delle *Libertà.

PÒLO (Màrco), Venezia 1254-1324, mercante e viaggiatore. A diciassette anni accompagnò il padre e lo zio, mercanti veneziani, in Cina, prendendo la strada di Pechino attraverso l'Asia centrale e giungendo nel 1275 a Yangzhou, residenza dell'imperatore Kubilay Khan. Incaricato da quest'ultimo di diverse missioni, soggiornò in Asia per più di sedici anni, studiando usi e costumi delle popolazioni locali. Rientrato a Venezia (1295), fu fatto prigioniero nel corso della guerra contro i genovesi (1298) e in carcere dettò le sue memorie a Rustichello da Pisa, che le trascrisse in francese con il titolo di Livre des merveilles du monde, conosciuto in Italia come Il Milione, straordinaria descrizione della Cina dei mongoli.

Marco **POLO**. Kubilay Khan affida un messaggio per il papa a Marco Polo. Miniatura (XV sec.) per Il Milione. (BNF Parigi.)

POLÒNIA, in pol. **Polska**, Stato dell'Europa orient., sul Baltico; 313.000 km²; 38.577.000 ab. (polacchi). CAP. Varsavia. C. PRINC. Łódź, Cracovia, Breslavia, Poznań e Stettino. LINGUA: polacco. MONETA: złoty. [V. carta a pagina seguente.]

ISTITUZIONI – Repubblica con Costituzione del 1997. Il presidente della repubblica, eletto ogni 5 anni a suffragio universale, designa il primo ministro, che a sua volta sceglie i membri del governo (decisione sottoposta all'approvazione della dieta). Il parlamento bicamerale, eletto ogni 4 anni con scrutinio diretto, è composto dalla dieta (Sejm) e dal senato.

GEOGRAFIA – Bagnata dal Baltico, la P. è un paese in cui predominano pianure (talvolta lacustri) e altopiani, con una frangia montuosa che si estende a S. Il clima è continentale (inverni rigidi, spesso caratterizzati da precipitazioni nevose, estati relativamente calde e umide). La popolazione, di etnia omogenea e a maggioranza cattolica, è att. soggetta a una crescita lenta a causa del calo della natalità. Due terzi dei polacchi vivono nei centri urbani. Conservano notevole rilievo la produzione agricola di frumento, barbabietole da zucchero e patate, e l'allevamento (in primo luogo suini, ma anche bovini). Il sottosuolo fornisce rame, lignite e soprattutto petrolio, che alimenta un'importante industria siderurgica e metallurgica, soprattutto in Alta Slesia. Nonostante il ritardo accumulato nella ristrutturazione di alcuni settori, il passaggio a un'economia di mercato ha consentito di

Polonia

★ importante località turistica

200 500 1000 m	

— autostrada
— strada normale
— ferrovia
✈ aeroporto

● più di 1.000.000 di ab.
● da 100.000 a 1.000.000 di ab.
● da 50.000 a 100.000 di ab.
● meno di 50.000 ab.

ottenere risultati macroeconomici positivi, con un alto tasso di crescita; per contro ha creato disoccupazione (in via di stabilizzazione), aggravando le disuguaglianze e le tensioni sociali.

STORIA – Le origini e la dinastia dei Piast.
V-VI sec.: gli slavi si stabiliscono tra l'Oder e l'Elba. **VII-X sec.**: l'etnia polacca si precisa in seno alla comunità degli slavi occidentali, tra i bacini dell'Oder e della Vistola. **966**: facendosi battezzare, il duca Mieszko I (960-992 ca.), fondatore della dinastia dei Piast, favorisce l'ingresso della P. nella cristianità romana. **1025**: Boleslao I l'Intrepido (992-1025) viene incoronato re. Casimiro I stabilisce la capitale a Cracovia. **XII sec.**: la spartizione tra i successori di Casimiro I frammenta e indebolisce il paese, che cade in preda all'anarchia politica. Le popolazioni germaniche ne approfittano per riprendere le scorribande a N e a E. **1226**: per respingere gli invasori pagani il duca di Masovia Corrado fa appello ai cavalieri teutonici, che conquistano prima la Prussia (1230-1283), poi la Pomerania orient. (1308-1309). **1320-1333**: Ladislao I Łokietek ripristina l'unità del paese, al cui territorio vengono tuttavia sottratte Slesia e Pomerania. **1333-1370**: Casimiro III il Grande, suo figlio, promuove l'espansione verso oriente (Rutenia, Volinia) e fonda l'Università di Cracovia (1364). **1370**: la corona passa a Luigi I il Grande, re d'Ungheria.
Gli Jagelloni e la repubblica nobiliare. 1385-1386: l'atto di Krewo stabilisce un'unione personale tra Lituania e P.; Jogaila, granduca di Lituania, re di P. con il nome di Ladislao II (1386-1434), fonda la dinastia degli Jagelloni; **1410**: sconfigge i cavalieri teutonici a Grünwald. **1506-1572**: i regni di Sigismondo I il Vecchio (1506-1548) e Sigismondo II Augusto (1548-1572) segnano l'apogeo della P., contraddistinto dalla diffusione dell'umanesimo, dalla tolleranza religiosa e dallo sviluppo economico. **1526**: il ducato di Masovia (cap. Varsavia) viene incorporato nel regno. **1569**: l'unione di Lublino stabilisce la fusione di P. e Lituania in una "repubblica" governata da un sovrano eletto da una dieta comune. **1572-1573**: dopo la morte di

Sigismondo II, l'ultimo degli Jagelloni, la nobiltà impone un controllo rigoroso dell'autorità regia. **1587-1632**: Sigismondo III Vasa conduce guerre sanguinose contro Russia, impero ottomano e Svezia. **1632-1648**: sotto il regno di Ladislao IV Vasa si verifica la sollevazione dei cosacchi (1648). **1648-1660**: la Russia conquista Bielorussia e Lituania e la Svezia occupa la quasi totalità del paese. Sono gli anni del cosiddetto diluvio (*potop*), da cui la P. esce prostrata, ancorché libera. **1674-1696**: regno di Giovanni Sobieski, il quale respinge i turchi che assediano Vienna. Alla sua morte, il paese attraversa un periodo di anarchia; le potenze straniere intervengono nelle questioni interne e si battono per imporre sul trono i loro candidati. **1697-1733**: l'elettore di Sassonia, Augusto II, appoggiato dalla Russia, viene cacciato da Carlo XII di Svezia, che pone sul trono Stanislao I Leszczyński (1704-1709). Nel 1709 la vittoria di Pietro il Grande a Poltava apre la strada alla restaurazione di Augusto II. **1733-1738**: la guerra di successione polacca si conclude con la sconfitta di Stanislao I (sostenuto dalla Francia) a opera di Augusto III (candidato della Russia).
Le tre spartizioni e la dominazione straniera. 1764-1795: sotto il regno di Stanislao II Augusto Poniatowski, si forma la confederazione di Bar contro la Russia (1768-1772). **1772**: Russia, Austria e Prussia procedono alla prima spartizione della P. **1788-1791**: i patrioti convocano la Grande dieta e adottano la Costituzione del 3 mag. 1791. **1793**: Russia e Prussia realizzano la seconda spartizione della P. **1794**: l'insurrezione di Tadeusz Kościuszko viene soffocata nel sangue. **1795**: come conseguenza della terza spartizione tra Prussia, Austria e Russia si arriva alla cancellazione del paese. **1807-1813**: Napoleone crea il granducato di Varsavia. **1815**: il Congresso di Vienna cede la regione di Poznań alla Prussia, eleva Cracovia a libera repubblica e istituisce un regno di P. unito all'impero russo. **1830**: l'insurrezione di Varsavia viene duramente repressa, reazione che dà luogo al grande esodo dell'élite polacca verso l'occidente.

1863-1864: nuova insurrezione. **1864-1918**: la parte prussiana e quella russa della P. vengono sottoposte a una politica d'assimilazione; la Galizia-Rutenia austriaca offre rifugio agli esponenti della cultura polacca.
La Polonia indipendente. 1918: Józef Piłsudski proclama a Varsavia la Rep. indipendente di P. **1918-1920**: Danzica viene dichiarata città libera e la Slesia viene divisa tra Cecoslovacchia e P. **1920-1921**: in seguito alla guerra tra polacchi e sovietici, la frontiera viene ristabilita 200 km a E della linea Curzon. **1926-1935**: dopo aver rassegnato le dimissioni nel 1922, con un colpo di Stato E. Piłsudski riconquista il potere, che conserverà fino al 1935. La P. sottoscrive il patto di non aggressione con l'URSS (1932) e la Germania (1934); **1938**: ottiene la Cecoslovacchia e una parte della Slesia. **1939**: rifiutatasi di cedere Danzica (Gdańsk) e il suo corridoio ad A. Hitler, viene invasa dapprima dalle truppe tedesche (1° sett.), poi da quelle sovietiche. Germania e URSS se ne spartiscono il territorio. **1940**: il governo in esilio, guidato da Władysław Sikorski, si stabilisce a Londra. Stalin dà ordine di uccidere migliaia di polacchi, militari e civili (massacro di Katyn). **1943**: il ghetto di Varsavia si solleva ma viene raso al suolo. **1944**: l'insurrezione di Varsavia fallisce a causa del mancato appoggio sovietico. La città viene distrutta e i suoi abitanti subiscono la deportazione. **1945**: le truppe sovietiche fanno il loro ingresso a Varsavia e vi installano il comitato di Lublino, destinato a trasformarsi in governo provvisorio. A Jalta e a Potsdam vengono fissate le frontiere del paese.
La Polonia dopo il 1945. L'organizzazione del paese procede di pari passo con il trasferimento in massa della popolazione: i polacchi delle regioni annesse dall'URSS vengono spostati nei territori tolti alla Germania. **1948**: Władysław Gomułka, fautore di una via polacca al socialismo, viene destituito a favore di Bolesław Bierut, allineato con il modello sovietico. **1953-1956**: la lotta dello Stato contro la Chiesa cattolica culmina con la reclusione del cardinale Stefan Wyszyński. **1956**: dopo il XX congresso del PCUS e le rivolte operaie di Poznań, il partito fa appello a W. Gomułka per evitare una sollevazione anticomunista e antisovietica. È l'"ottobre polacco". **1970**: Gomułka viene sostituito da Edward Gierek, che intende porre rimedio ai problemi della società polacca modernizzando l'economia con l'aiuto dell'Occidente. **1978**: l'ascesa al soglio pontificio dell'arcivescovo di Cracovia Karol Wojtyła, con il nome di Giovanni Paolo II, incoraggia le aspirazioni dei polacchi alla libertà intellettuale e politica. **1980**: in seguito a un'ondata di scioperi e all'accordo di Danzica, nasce il sindacato Solidarność guidato da Lech Wałęsa. **Dic. 1981 - dic. 1982**: il generale Wojciech Jaruzelski (primo segretario del POUP, Partito operaio unificato polacco) dichiara lo stato di guerra. **1988**: nuovi scioperi contro l'aumento dei prezzi e in favore della legalizzazione di Solidarność. **1989**: i negoziati tra potere e opposizione portano in aprile al ripristino del pluralismo sindacale (legalizzazione di Solidarność) e all'evoluzione delle istituzioni in senso democratico. Dopo le elezioni di giugno, nelle quali l'opposizione ottiene un notevole successo, in luglio il nuovo parlamento designa alla presidenza della repubblica il generale Jaruzelski. In agosto Tadeusz Mazowiecki, uno dei dirigenti di Solidarność, diventa capo del governo di coalizione. Il ruolo dirigente del partito viene abolito; in dicembre il paese riprende ufficialmente il nome di Rep. di P. **1990**: in dicembre L. Wałęsa viene eletto presidente della repubblica a suffragio universale. **1991**: in seguito alle prime elezioni legislative completamente libere, una trentina di partiti ottengono la rappresentanza nella dieta. **1992**: le unità di combattimento russe completano la loro ritirata dal paese. **1993**: la dieta viene sciolta. Le elezioni decretano la vittoria degli ex comunisti e del Partito dei contadini. **1994**: la P. presenta domanda di adesione all'Unione Europea. **1995**: il socialdemocratico (ex comunista) Aleksandr Kwaśniewski viene eletto alla presidenza della repubblica (carica riconfermata nel 2000).

1997: entra in vigore la nuova Costituzione. Le elezioni legislative decretano il ritorno al potere dei partiti nati da Solidarność. **1999**: la P. entra a far parte della NATO. **2001**: il paese conosce una nuova alternanza, dopo la netta vittoria della coalizione di sinistra alle elezioni legislative. Leszek Miller sale alla carica di primo ministro. **2003**: viene approvato per referendum l'ingresso della P. nell'Unione Europea.

POLONNARUWA, ant. cap. di Ceylon (Sri Lanka) nel corso del VIII sec. e dall'XI al XIII sec. Numerose testimonianze dell'arte buddhista del XII-XIII sec., tra cui il tempio Vatadage e le sculture rupestri di Gal Vihara.

POL POT (Saloth **Sor**, detto), *prov. di Kompong Thom 1925 o 1928 - Chong K'sam, presso Anlong Veng, 1998*, politico cambogiano. Segretario generale del Partito comunista khmer (1962), primo ministro (1976-1979), fu il principale responsabile delle atrocità commesse dai khmer rossi.

■ *Pol Pot.*

POLTAVA, c. dell'Ucraina, a SO di Harkov; 315.000 ab. Cattedrale del 1700 ca.; musei. — Carlo XII, re di Svezia, vi fu sconfitto l'8 lug. 1709 da Pietro il Grande.

POLVÀNI (Giovanni), *Spoleto 1892 - Milano 1970*, fisico. Esperto di fisica quantistica e teoria della relatività, fu insegnante (Bari, Pisa, Milano) e presidente del CNR (1960-1965).

PÓMA (Càrlo), *Mantova 1823 - Belfiore 1852*, patriota. Mazziniano, fu giustiziato a *Belfiore.

POMARÀNCIO (Cristòforo **Roncàlli**, detto **il**), *Pomarance 1552 - Roma 1626*, pittore. Manierista, realizzò gli affreschi della Sala vecchia del Quirinale (1583-1585) e di S. Giovanni in Laterano (1595 ca.) a Roma, del Tesoro della Santa Casa a Loreto (1610).

POMARÉ, nome di una dinastia che regnò a Tahiti dalla fine del XVIII sec. — **Pomaré IV**, vero nome **Aïmata**, *1813-1877*, regina di Tahiti (1827-1877). Dopo una strenua resistenza, fu costretta ad accettare nel 1847 il protettorato francese. — **Pomaré V**, vero nome **Ariiaue**, *1842-1891*, ultimo re di Tahiti (1877-1880). Figlio di Pomaré IV, abdicò nel 1880 per lasciare il posto all'amministrazione diretta della Francia.

POMBAL (Sebastião José **de Carvalho e Melo**, marchése **di**), *Lisbona 1699 - Pombal, presso Coimbra, 1782*, politico portoghese. Ministro degli esteri e della guerra (1750), poi segretario del regno (1756), mise in atto, durante il regno di Giuseppe I (1750-1777), una politica da despota illuminato. Sviluppò l'economia nazionale, riformò l'amministrazione e fece espellere i gesuiti (1759). Alla morte del re, cadde in disgrazia.

■ *Il marchese di Pombal. (Archivi della Torre del Tombo, Lisbona.)*

POMERÀNIA, reg. storica sulle coste del Baltico, divisa dall'Oder in *P. occ.* e *P. orient.* A lungo contesa da Polonia, Brandeburgo e ordine dei cavalieri teutonici, la P. ritornò in parte alla Svezia nel 1648, poi fu annessa al Brandeburgo a spese della Svezia (1720) e della Polonia (1772). Nel 1815, fu interamente attribuita alla Prussia. Nel 1945, la regione orient. tornò a far parte della Polonia, mentre quella occ., integrata nella RDT, nel 1990 entrò a far parte del Land Meclemburgo-Pomerania Anteriore.

POMÈZIA, com. in prov. di Roma; 46.645 ab. Centro industriale

POMIGLIÀNO D'ÀRCO, com. in prov. di Napoli; 41.910 ab. Centro industriale.

POMÌLIO (Màrio), *Orsogna 1921 - Napoli 1990*, scrittore. Tra le opere, *L'uccello della cupola* (1954), *Il testimone* (1956), *La compromissione* (1965), *Il quinto evangelio* (1975), *Il Natale del 1833* (1983).

POMODÒRO (Arnàldo), *Morciano di Romagna 1926*, scultore. Vicino all'informale, predilige il

bronzo, materiale con cui ha realizzato forme geometriche spesso "aperte", squarciate come per una rivelazione. Sue opere adornano piazze di Milano, Copenaghen, Dublino, Mosca, New York, Città del Vaticano. — **Giò P.**, *Orciano di Pesaro 1930 - Milano 2002*, scultore. Fratello di Arnaldo. Ha realizzato, tra l'altro, il Ponte dei Martiri a Ravenna (1980), la Spirale a Malpensa (1982), il complesso monumentale del Parco di Taino, in prov. di Varese (1989).

POMÓNA MITOL. GR. Dea della frutta e degli orti.

POMPADOUR (Jeanne Antoinette **Poisson**, marchésa **di**), *Parigi 1721 - Versailles 1764*, favorita di Luigi XV. Amante dichiarata del re (1745-1750), ebbe una funzione politica importante, contribuendo al rovesciamento delle alleanze (1756). Ricoprì anche un ruolo culturale a corte, proteggendo artisti, filosofi e scrittori.

■ *La marchesa di Pompadour ritratta da F.H. Drouais. (Musée Condé, Chantilly.)*

POMPÈI, ant. c. della Campania, ai piedi del Vesuvio, nei pressi di Napoli. Fondata nel VI sec. a.C., colonia romana nell'89 a.C., divenne luogo di villeggiatura degli antichi romani. Sepolta sotto la cenere nel 79 d.C., in seguito a un'eruzione del Vesuvio, fu riportata alla luce a partire dal XVIII sec. per volontà di Carlo di Borbone. — Templi, terme, strade lastricate, edifici civili, quartieri abitativi, dimore patrizie e numerose decorazioni parietali rappresentano preziose testimonianze da cui è possibile ricostruire l'aspetto di un fiorente centro urbano del mondo antico.

POMPÈO MÀGNO (Cnèo), *106 - Pelusio 48 a.C.*, generale e politico romano. Condusse campa-

POLONNARUWA. *Il tempio Lankatilaka (XII sec.)*

POMPEI. *L'arco di Caligola, sulla via del Foro.*

gne in Sicilia e in Africa contro i fedeli di Mario (82 a.C.) e ristabilì l'ordine in Spagna, dove portò a termine la guerra contro Sertorio (77-72). Vincitore su Spartaco, console nel 70 con M. Licinio Crasso, cacciò i pirati dal Mediterraneo (67). Concluse la guerra contro Mitridate VI, re del Ponto (66), e conquistò l'Asia Minore, la Siria e la Palestina, dove espugnò Gerusalemme (63). Rientrato in Italia, ma subito esposto alla diffidenza del senato, P. formò con Crasso e Cesare un triumvirato (60), rinnovato nel 56; alla morte di Crasso, nel 53, rimase al potere con Cesare. Mentre quest'ultimo si trovava in Gallia, P. ricevette nel 52 i pieni poteri per combattere contro l'anarchia che regnava a Roma (uccisione di Clodio). L'ambizione dei due uomini rese inevitabile la guerra civile. Cesare oltrepassò il Rubicone (gen. 49) e marciò su Roma. Sconfitto a Farsalo (48), P. si rifugiò in Egitto, dove fu assassinato per ordine di Tolomeo XIII.

POMPÈO MÀGNO (Sèsto), *75 ca. a.C. - Mileto 35 a.C.*, politico e militare romano. Figlio di Cneo P., continuatore della guerra contro Cesare, fu sconfitto a Tapso (46 a.C.) e a Munda (45 a.C.). Dopo la morte di Cesare ottenne il dominio sulle isole tirreniche e il Peloponneso. Perduto il favore di Antonio, fu ucciso da un sicario.

POMPIDOU (Centre) → CENTRE NATIONAL D'ART ET DE CULTURE GEORGES POMPIDOU.

POMPIDOU (Georges), *Montboudif 1911 - Parigi 1974*, politico francese. Direttore di gabinetto del generale C. De Gaulle (1958-1959), primo ministro (1962-1968), divenne presidente della repubblica nel 1969, succedendo a De Gaulle, ma morì durante il mandato. Appassionato di arte moderna, fu il promotore, a Parigi, del Centre national d'art et de culture che porta il suo nome.

■ *Georges Pompidou nel 1972.*

POMPONÀZZI (Piètro), *Mantova 1462 - Bologna 1525*, filosofo. Tra i principali esponenti del Rinascimento filosofico, aristotelico alessandrista, negò la possibilità di dimostrare l'immortalità dell'anima e sostenne l'esistenza di una doppia verità, per fede e per ragione (*De immortalitate animae*, 1516; *De fato*, 1520).

POMPÓSA, località nel com. di Codigoro, ove si erge il complesso abbaziale benedettino, comprendente il monastero (VII-VIII sec.), la basilica di S. Maria (VIII-XI sec.), il campanile e il palazzo della Ragione (XI sec.).

L'abbazia di **POMPOSA** *(VIII-XI sec.).*

PONCE, c. del Portorìco; 155.038 ab. Porto.

PONCELET (Jean Victor), *Metz 1788 - Parigi 1867*, matematico francese. Gettò le basi della geometria proiettiva (1822) e insegnò la meccanica fisica e sperimentale (1848).

PONCHIÈLLI (Amìlcare), *Paderno Fasolaro 1834 - Milano 1886*, compositore. Maestro di P. Mascagni e G. Puccini, musicò *I promessi sposi* (1872), *La Gioconda* (1876-1879), *Il figliuol prodigo* (1880).

PONDICHERRY, c. dell'India, sulla Costa di Coromandel; 220.749 ab. Il suo territorio copre 480 km² e ha 973.829 ab. — Fondata dai francesi nel 1674, P. divenne la sede della Compagnia delle Indie orientali. Conquistata dai britannici a più riprese nella seconda metà del XVIII sec., fu restituita alla Francia nel 1815. Fu ceduta infine all'India nel 1956.

PONGE (Francis), *Montpellier 1899 - Le Bar-sur-Loup 1988*, poeta francese. Opponendosi all'idealismo, inaugurò la riflessione sulla natura stessa della poesia (*Il partito preso delle cose*, 1942).

PONIATOWSKI (Józef o Joseph, príncipe), *Vienna 1763 - Lipsia 1813*, generale polacco. Ministro della guerra del granducato di Varsavia (1806), comandò nel 1809 i polacchi contro gli austriaci, e nel 1812 il quinto corpo della Grande Armata in Russia. Fu fatto maresciallo da Napoleone (1813).

PONSON DU TERRAIL (Pierre Alexis, viscónte), *Montmaur 1829 - Bordeaux 1871*, scrittore francese, uno dei padri del feuilleton (*Le avventure di *Rocambole*).

PONTA DELGADA, cap. delle Azzorre, nell'Isola di São Miguel; 66.450 ab.

PONTA GROSSA, c. del Brasile (Paraná); 273.616 ab.

PONTÀNO (Giovànni o Gioviàno), *Cerreto 1426 ca. - Napoli 1503*, poeta, politico e umanista. Al servizio degli Aragonesi, dopo un'intensa attività diplomatica, abbandonò la politica per dedicarsi agli studi classici. Fu l'animatore dell'Accademia napoletana, che da lui prese il nome di Pontaniana. Scrisse poemetti in latino ed elegie (*Amorum libri*, 1455-1458).

PONTASSIÈVE, com. in prov. di Firenze; 20.685 ab. Centro industriale, produzione enologica. Monastero di S. Maria di Rosano (XII sec.).

PONT-AVEN, località della Francia, in Bretagna; 3036 ab. Industrie alimentari. — **Scuola di Pont-Aven**, movimento pittorico francese fortemente simbolico. Negli anni 1886-1891, raccolse intorno a P. Gauguin pittori come É. Bernard e P. Sérusier.

PONTECAGNÀNO-FAIÀNO, com. in prov. di Salerno; 23.648 ab. Centro agricolo e industriale.

PÓNTE CHIÀSSO, località nel com. di Como, sulla frontiera tra Italia e Svizzera.

PONTECÒRVO (Brùno), *Pisa 1913 - Dubna 1993*, fisico. Fratello di Guido e Gillo. Esperto di fisica nucleare, dal 1950 operò in URSS svolgendo importanti ricerche sul neutrino.

PONTECÒRVO (Gilbèrto, detto Gillo), *Pisa 1919*, regista cinematografico. Fratello di Bruno e Guido. Tra i titoli, *Kapò* (1960), *La battaglia di Algeri* (1966, Leone d'oro a Venezia), *Queimada* (1969), *Ogro* (1979), *Nostalgia di protezione* (1997). Dal 1992 al 1996 è stato direttore della Mostra del Cinema di Venezia.

PONTECÒRVO (Guido), *Pisa 1907 - Londra 1999*, genetista. Fratello di Bruno e Gillo. Trasferitosi nel Regno Unito nel 1938, si è occupato tra l'altro della ricostruzione delle mappe genetiche umane.

PONTEDÈRA, com. in prov. di Pisa; 26.040 ab. Centro industriale (Piaggio), conserva la chiesa di S. Iacopo e Filippo (XII-XVI sec.).

PÓNTE IN VALTELLÌNA, com. in prov. di Sondrio; 2238 ab. Conserva la chiesa della Madonna di Campagna, con organo del XVI sec., e la chiesa di S. Maurizio, con affresco di B. Luini.

PÓNTE VÈCCHIO, ponte di Firenze, sull'Arno, il più ant. della città. Fu ricostruito tra il 1333 e il 1345, su una base del X-XI sec. Nel XVI sec. il suo aspetto fu modificato dal corridoio vasariano, che collega gli Uffizi a Palazzo Pitti.

PONTEVEDRA, c. della Spagna (Galizia), capol. di prov.; 75.212 ab. Chiese e palazzi antichi; museo provinciale.

PÓNTI (Giovànni, detto Giò), *Milano 1891-1979*, architetto e designer. Formatosi nell'ambito del neoclassicismo di G. Muzio, poi avvicinatosi alle tematiche del razionalismo, si è affermato a livello internazionale come protagonista dell'architettura italiana. Nel 1928 ha fondato la rivista *Domus*. Ha svolto un ruolo importante nell'architettura degli interni e nel disegno industriale, dove ha introdotto il gusto per l'arredamento moderno. Ha progettato mobili per la Rinascente e oggetti in ceramica per Richard-Ginori, oltre a realizzare numerosi edifici, in Italia (il grattacielo Pirelli e Palazzo Montecatini a Milano, l'istituto di matematica a Roma) e all'estero.

PONTIAC, *nell'Ohio 1720 ca. - presso Saint Louis 1769*, capo indiano. Alleato dei francesi, tentò di incitare tutti gli indiani alla rivolta contro gli inglesi (1763-1766).

PONTIANAK, c. dell'Indonesia (Borneo); 449.100 ab. Porto.

PONTÌDA, com. in prov. di Bergamo; 2889 ab. Conserva un'abbazia benedettina (XI-XIV sec.). Vi ebbe luogo il giuramento di P., che diede vita alla Lega lombarda contro Federico Barbarossa (7 apr. 1167).

PONTÌGGIA (Giusèppe), *Como 1934 - Milano 2003*, scrittore. Tra le opere, *La morte in bocca* (1959), *L'arte della fuga* (1968), *Il raggio d'ombra* (1983), *La grande sera* (1989), *Vite di uomini non illustri* (1993), *I contemporanei del futuro* (1998), *Nati due volte* (2000).

PONTÌNE o **PONZIÀNE** (Ìsole), arcipelago del Mar Tirreno, in prov. di Latina; 11,39 km². Comprende Ponza, Palmarola, Zannone, Gavi, Ventotene e Santo Stefano.

PONTÌNO (Àgro), già **Palùdi Pontìne**, reg. geografica del Lazio (prov. di Latina). Bonificata dal 1926 al 1939, la pianura costiera presenta coltivazioni di cereali, barbabietole, viti, frutta e ortaggi; allevamento e attività industriali (metalmeccaniche, chimiche, alimentari).

PÒNTO, ant. paese dell'Asia Minore nord-orient., affacciato sul Ponto Eusino. Divenuto regno (301 a.C.), fu, sotto Mitridate VI (111-63), lo Stato più potente dell'Asia Minore.

PÒNTO EUSÌNO, ant. nome greco del Mar Nero.

PONTOPPIDAN (Henrik), *Fredericia 1857 - Copenaghen 1943*, scrittore danese. È autore di romanzi naturalisti (*Pietro il fortunato*). (Premio Nobel 1917.)

PONTÒRMO (Jàcopo Carùcci, detto il), *Pontormo 1494 - Firenze 1556*, pittore. Allievo di Leonardo, ispirato da Michelangelo e da A. Dürer, fu uno dei maggiori rappresentanti del *manierismo* [V. *parte nomi comuni*] fiorentino. Il suo stile teso e carico di contrasti, caratterizzato dalle linee mosse e da un'equilibrio instabile, fu in netto contrasto con i canoni rinascimentali. Tra le opere: *Cena in Emmaus* (Uffizi, Firenze), *Deposizione* (1525-1528, S. Felicita, Firenze), *Dama col cagnolino* (Städelsches Kunstinstitut, Francoforte).

PONTRÈMOLI, com. in prov. di Massa Carrara; 8146 ab. Tradizionale commercio ambulante di libri, da cui l'annuale premio Bancarella (istituito nel 1953).

PONTRÈMOLI (Àldo), *Milano 1896 - Mar Glaciale Artico 1928*, fisico. Fondatore a Milano dell'omonimo istituto di fisica, morì nel disastro del dirigibile *Italia*, nel corso della spedizione guidata da U. *Nobile.

PONTRESÌNA, com. della Svizzera (Grigioni); 1828 ab. Stazione di sport invernali a 1800 m d'alt.

PONT-SAINT-MARTIN, com. in prov. di Aosta; 3907 ab. Conserva un ponte di età romana (I sec. a.C.).

PÓNZA, isola delle Pontine; 7,5 km², nel com. omonimo. Colonia romana, conserva numerose ville.

PONZIÀNE (Ìsole) → PONTINE (Ìsole).

PONZIÀNO (sànto), *m. nel 235*, papa dal 230 al 235. Fu opposto a Ippolito, insieme al quale subì la deportazione.

PÒNZIO (Flaminio), *Viggiù 1560 ca. - Roma 1613*, architetto. Tra i principali esponenti del barocco romano, realizzò tra l'altro: una facciata e il casino di Villa Borghese, la Cappella Paolina in S. Maria Maggiore, il Palazzo Rospigliosi-Pallavicini.

POOLE, c. della Gran Bretagna (Inghilterra), nel Dorset; 130.900 ab. Porto. Turismo.

POOL MALEBO → MALEBO POOL.

POONA → PUNE.

POOPÓ (làgo), lago della Bolivia, a 3686 m d'alt.; 2600 km² ca.

POPAYÁN, c. della Colombia, nella valle del Cauca; 187.519 ab. Resti dell'epoca coloniale.

POPE (Alexander), *Londra 1688 - Twickenham 1744*, poeta britannico. I suoi poemi didascalici (*Saggio sulla critica*, *Saggi morali*), eroicomici (*Il ricciolo rapito*) e satirici (*La zucconeide*) hanno fatto di lui uno dei migliori rappresentanti e teorici del classicismo.

POPERINGE, c. del Belgio (Fiandra Occidentale); 19.372 ab. Tre chiese del XIII-XV sec.

POPEYE, in it. **Bràccio di Fèrro**, personaggio dei fumetti creato nel 1929 negli Stati Uniti da

E.C. Segar nella serie *Thimble Theatre*. È un marinaio attaccabrighe, divoratore di spinaci che gli conferiscono una forza sovrannaturale. — Il personaggio ha ispirato a Max e Dave Fleischer un film d'animazione (*Popeye the Sailor Meets Sinbad the Sailor*, 1936).

POPOCATÉPETL, vulcano del Messico; 5452 m. Nei dintorni, monastero del XVI sec.

POPOLÀRE ITALIÀNO (Partìto) (PPI), partito politico fondato nel 1919 da L. Sturzo, raccogliendo le esperienze del movimento cattolico. Dopo la marcia su Roma (1922), i suoi rappresentanti fecero parte del governo Mussolini fino al 1923, quando il partito assunse un orientamento antifascista. A causa di ciò diversi suoi esponenti furono esiliati e il partito fu soppresso nel 1926. Suoi segretari furono L. Sturzo, G. Rodinò, G. Spataro, G. Gronchi e A. de Gasperi. Il nome di PPI è stato successivamente assunto (1994) dalla formazione politica in cui, a seguito delle profonde trasformazioni politiche in atto in Italia, confluì gran parte della vecchia DC, sotto la guida di M. Martinazzoli. Nel 1995 il partito ha subito una scissione in seguito alla decisione del segretario R. Buttiglione di allearsi con il Polo delle Libertà. Segretari del PPI sono stati quindi G. Bianco, F. Marini e P. Castagnetti, prima che il partito si scioglisse per confluire nella Margherita (2002).

PÒPOLI, com. in prov. di Pescara; 5406 ab. Conserva la Taverna Ducale (XIV sec.) e la chiesa di S. Francesco (XV sec.).

PÒPOLI DEL MÀRE o **BÀRBARI DEL NORD**, nome dato dagli egizi agli invasori indoeuropei che, venuti dal Mar Egeo, irruppero in Medio Oriente nel corso del XIII-XII sec. a.C. Tutti gli Stati di quell'area geografica subirono le loro scorribande, e alcuni furono distrutti (impero ittita, Ugarit). Per due volte gli egizi riuscirono a respingere la loro avanzata.

POPOV (Aleksàndr Stepanovič), *Turinskie Rudniki, att. Krasnoturinsk, 1859 - San Pietroburgo 1906*, ingegnere russo. Inventò l'antenna radioelettrica (1895) perfezionando il *coherer* di Branly.

POPOV (Alexander), *Sverdlovsk 1971*, nuotatore russo. Medaglia d'oro nei 50 m e 100 m stile libero alle Olimpiadi del 1992 e 1996, è stato campione mondiale nel 1994 (50 m e 100 m stile libero) e nel 1998 (100 m stile libero).

POPPÈA, *m. nel 65 d.C.*, imperatrice romana. Moglie di Otone, divenne l'amante poi la moglie di Nerone (62), che la uccise con un calcio e poi la divinizzò.

PÖPPELMANN (Matthäus Daniel), architetto dello Zwinger di Dresda.

POPPER (sir Karl Raimund), *Vienna 1902 - Londra 1994*, filosofo ed epistemologo britannico di origine austriaca. Facendo della "falsificabilità" il criterio di distinzione tra scienza vera e costruzione intellettuale, ha elaborato in epistemologia una critica globale del determinismo e ha difeso in politica la "società aperta", liberale (*La *logica della scoperta scientifica*, 1934; *Miseria dello storicismo*, 1956; *La ricerca non ha fine*, 1974).

PÒPPI, com. in prov. di Arezzo; 5822 ab. Produzione tradizionale di canne per organo. Conserva il castello dei conti Guidi (XIII sec.) e il complesso monastico di *Camaldoli.

POPULÒNIA, ant. abitato etrusco (*Pupluna*), oggi frazione del com. di Piombino. Conserva la necropoli dell'VIII-VII sec. a.C.

PORDENÓNE, c. del Friuli-Venezia Giulia, capol. di prov.; 48.798 ab. (*pordenonesi*). Mercato agricolo (frutta, viti); industrie alimentari, tessili, del legno, delle ceramiche. — Di origine antica, feudo dei duchi del Friuli e possedimento dei patriarchi di Aquileia (XII sec.), nel 1508 passò a Venezia. — Monumenti e palazzi in stile gotico, rinascimentale e barocco: palazzo comunale (XIV sec.), duomo (XV sec.). — La provincia si estende su una zona pianeggiante, nell'alta pianura veneta, tra il Tagliamento e la Livenza. Agricoltura (cereali, viti); allevamento bovino; industrie alimentari, tessili, meccaniche, chimiche, del legno. Centri principali: Maniago, Spilimbergo, Sacile, Aviano.

PORDENÓNE (Giovàn Antònio **de' Sàcchis**, detto **il**), *Pordenone 1484 ca. - Ferrara 1539*, pittore. Attivo a Treviso, Cremona, Piacenza e Venezia, fu uno dei principali rappresentanti del manierismo veneto. Con il suo stile enfatico e drammaticamente violento, influenzò Tintoretto. Tra le opere: *Storie di Cristo* (1520-1522), *San Lorenzo Giustiniani* (1532, Galleria dell'Accademia, Venezia).

PORDÒI, valico delle Dolomiti, tra la Val di Fassa e la valle del Cordevole; 2239 m. È collegato con una funivia al Sass P. (2950 m). Turismo e sport invernali.

PORÈNA (Bòris), *Roma 1927*, compositore e teorico musicale. Nelle sue opere coniuga la ricerca delle avanguardie con un gusto tardorinascimentale. Svolge anche attività di critico e storico della musica.

PORFÌRIO, *Tiro 234 - Roma 305 ca.*, filosofo greco di origine siriaca. Fu il discepolo di Plotino e il prosecutore delle sue teorie; ne editò le opere e polemizzò contro i cristiani.

PORI, c. della Finlandia, sul Golfo di Botnia; 75.994 ab. Porto. — Museo regionale.

PORO, nome greco dato al re indiano Paurava (morto intorno al 317 a.C.), sconfitto da Alessandro (326).

PÓRPORA (Nicòla Antònio), *Napoli 1686-1768*, compositore. Esponente del '700 napoletano, scrisse 50 opere ca. e numerose composizioni sacre, da camera e strumentali. Fondò a Napoli una celebre scuola di canto, di cui fu allievo, tra gli altri, C. Farinelli.

PORRÉTTA o **DELLA COLLÌNA** (Pàsso della), valico dell'Appennino Tosco-Emiliano; 932 m. È attraversato dalla ss. 64 (Porrettana) che collega Bologna a Pistoia.

PÒRRO (Enrico), *Milano 1885-1967*, atleta. Medaglia d'oro nella lotta greco-romana, categoria leggeri, alle Olimpiadi di Londra del 1908.

PÒRRO (Ignàzio), *Pinerolo 1801 - Milano 1875*, topografo. Introdusse nuovi metodi e dispositivi di rilevamento, dando vita alla tecnica nota come "tacheometria".

PÒRRO LAMBERTÉNGHI (Luìgi), *Como 1780 - Milano 1860*, patriota. Collaboratore dei governi napoleonici, fu tra i fondatori del *Conciliatore* (1818). Condannato a morte in contumacia per aver partecipato alla cospirazione di S. Pellico, rientrò in Italia nel 1840 e svolse incarichi per il governo provvisorio di Lombardia.

PORSÈNNA, *VI sec. a.C.*, re etrusco. Tentò di ristabilire la supremazia dei Tarquini a Roma.

PÒRTA (Lèo **Paolàzzi**, detto Antònio), *Milano 1935 - Roma 1989*, scrittore e poeta. Membro del Gruppo 63, è autore di *Partita* (1967), *Quanto ho da dirvi* (1977), *Il re del magazzino* (1978), *Invasioni* (1984).

PÒRTA (Càrlo), *Milano 1775-1821*, poeta. Animatore della Cameretta, circolo di intellettuali liberali, si avvicinò poi agli ambienti romantici che gravitavano intorno al *Conciliatore*. Il dialetto milanese fu il mezzo attraverso il quale rappresentò la società contemporanea, in partic. il primo proletariato industriale. Celebre la sua satira anticlericale. *I disgrazi di Giovannin Bongee* (1812), *Ona vision* (1812), *La Ninetta del Verzee* (1814), *Lament del Marchionn di gamb avert* (1816), *La nomina del cappellan* (1819).

PÒRTA o **SUBLÌME PÒRTA** (la), nome dato ant. al governo ottomano.

PORTALEÓNE DE' SÓMMI (Leóne), detto **Jehudah Sómmo**, *Mantova 1527 ca. - 1592*, autore e teorico teatrale. Attivo alla corte dei Gonzaga, autore di commedie in latino e in ebraico, scrisse un celebre trattato sulla recitazione e la messinscena: *Dialoghi in materia di rappresentazioni sceniche* (1565 ca.).

PORTALIS (Jean), *Le Beausset 1746 - Parigi 1807*, giurista e politico francese. Ispiratore del concordato tra Francia e Santa Sede del 1801, fu uno degli autori del codice civile francese.

PORTALÙPPI (Pièro), *Milano 1888-1967*, architetto. Vicino alle concezioni eclettiche, si attenne a un classicismo ricco di riferimenti contemporanei, dal futurismo al razionalismo. Vincitore del concorso per il piano regolatore di Milano (1926), lavorò principalmente in questa città: Planetario, Palazzo Crespi, Palazzo degli Omenoni, Palazzo INA.

PORT ARTHUR, in cin. **Lüshun**, c. della Cina nord-orient. (Liaoning), parte della conurbazione di Lüda. Porto. — Ceduta in affitto alla Russia (1898), poi conquistata dal Giappone (1905), passò sotto l'amministrazione cino-sovietica (1945), per essere infine ceduta alla Cina nel 1954.

PORTASPÀDA (cavalièri), ordine di cavalieri fondato nel 1202. Creato da Albert von Buxhœveden, vescovo di Riga, per la conduzione della crociata contro i pagani di Livonia, l'ordine si fuse, nel 1237, con quello dei cavalieri teutonici. Nel 1561 fu secolarizzato.

PORT-AU-PRINCE, cap. di Haiti, sulla Baia di P.-au-P.; 1.769.000 ab. Porto. — Museo di arte haitiana.

PORT BLAIR, c. dell'India, capol. del Territorio delle Andamane e Nicobare; 100.186 ab.

PÒRTE DI FÈRRO, nome di più gole, tra cui quella del Danubio (tra Iugoslavia e Romania), all'estremità dei Carpazi. Sito di un importante impianto di sfruttamento idroelettrico.

PORT ELIZABETH, c. del Sudafrica, sull'Oceano Indiano; 585.000 ab. Porto. Centro industriale.

PORTÈLLA DELLE GINÈSTRE (stràge di), massacro compiuto dalla banda dei banditi di S. **Giuliano* il 1° mag. 1947, quando furono uccisi 11 contadini, e 33 furono feriti, tra quelli che si erano riuniti in occasione della festa dei lavoratori nella località presso Piana degli Albanesi, in prov. di Palermo.

PORTER (Cole), *Peru, Indiana, 1891 ? - Santa Monica, California, 1964*, compositore statunitense. Compose pezzi jazz di inconfondibile eleganza stilistica e melodie per commedie musicali (*What is This Thing Called Love?, Night and Day*). Fu anche autore di colonne sonore (*Alta società*, C. Walters, 1956).

PORTER (George, baróne), *Stainforth 1920*, chimico britannico. Ha studiato le reazioni chimiche rapide. (Premio Nobel 1967.)

PORTER (Katherine Anne), *Indian Creek, Texas, 1890 - Silver Spring, Maryland, 1980*, scrittrice statunitense. I suoi racconti (*L'albero di Giuda*) e i romanzi (*La nave dei folli*) ritraggono il conflitto tra valori sociali e spirituali.

PORT-ÉTIENNE → NOUADHIBOU.

PORT GENTIL, c. del Gabon, sulla foce dell'Ogooué; 79.225 ab. Porto. Centro petrolifero.

PORT HARCOURT, c. della Nigeria, sul delta del Niger; 440.399 ab. Porto. Raffineria e petrolchimici.

PÒRTICI, com. in prov. di Napoli; 61.337 ab. Industrie alimentari, tessili, chimiche. Porto. Turismo. — Il borgo medievale fu in parte danneggiato dall'eruzione del Vesuvio (1631) e dal più recente terremoto (1980). Palazzo reale (1738) e palazzi del XVIII sec. La linea ferroviaria Portici-Napoli fu la prima aperta in Italia (1839).

PORTIER (Paul), *Bar-sur-Seine 1866 - Bourg-la-Reine 1962*, fisiologo francese. Studioso della fauna marina, scoprì nel 1902 l'anafilassi, con Charles Richet.

PORTINÀRI (Càndido), *Brodósqui 1903 - Rio de Janeiro 1962*, pittore brasiliano. È autore di vaste decorazioni murali d'ispirazione sociale o storica.

PORTLAND, penisola della Gran Bretagna (Inghilterra), sulla Manica. È caratterizzata da un terreno argilloso e calcareo che ha dato il nome a diverse varietà di cemento.

PORTLAND, c. degli Stati Uniti (Oregon); 529.121 ab. (1.918.009 ab. nell'agglomerato). Centro culturale e industriale. — Museo d'arte.

PORT LOUIS, cap. dell'Isola Maurizio; 172.000 ab.

PORT-LYAUTEY → KENITRA.

PORT MORESBY, cap. di Papua Nuova Guinea, sul Mar dei Coralli; 293.000 ab.

PORTO, in it. **OPÒRTO**, c. del Portogallo, sulla foce del Douro; 263.131 ab. (1.000.000 di ab. ca. nell'agglomerato). Porto. Centro industriale. Commercio di vini locali. — Cattedrale romanica e chiesa di S. Francisco, gotica, entrambe ricche di decorazioni barocche; musei.

PORTO (Gólfo di), golfo della costa occ. della Corsica.

PORTO ALEGRE, c. del Brasile, cap. dello Stato di Rio Grande do Sul; 1.360.590 ab. (3.708.000 ab. nell'agglomerato). Metropoli industriale e commerciale del Brasile merid.

PÒRTO AZZÙRRO, com. in prov. di Livorno; 3383 ab. Località turistica, conserva la Fortezza di Longone del XVII sec., oggi penitenziario.

PÒRTO CÈRVO, località turistica della Sardegna, in Costa Smeralda.

PÒRTO EMPÈDOCLE, com. in prov. di Agrigento; 17.444 ab. Porto industriale e turistico. Conserva la casa-museo di L. Pirandello.

PORTOFERRÀIO, com. in prov. di Livorno; 11.935 ab. Ant. centro etrusco e poi romano (*Fabricia*), sotto i Medici vi furono costruite le due fortezze del Falcone e della Stella. Conserva la casa di Napoleone.

PORTOFÌNO, com. in prov. di Genova; 565 ab. Rinomata località turistica, conserva il castello di S. Giorgio (XVI sec.).

PORT OF SPAIN, cap. di Trinidad e Tobago, sull'Isola di Trinidad; 53.000 ab.

PORTOGÀLLO, Stato dell'Europa sud-occ., sull'Atlantico; 92.000 km^2; 10.355.824 ab. (*portoghesi*). CAP. *Lisbona*. LINGUA: *portoghese*. MONETA: *euro*. [*V. carta a pagina seguente.*]

ISTITUZIONI – Repubblica. Costituzione del 1976, sottoposta a revisione nel 1982 e nel 1989. Il presidente della repubblica, eletto ogni 5 anni a suffragio universale diretto, designa il primo ministro. Assemblea della repubblica, eletta ogni 4 anni con scrutinio diretto.

GEOGRAFIA – Il P., che occupa l'estremità sud-occ. dell'Europa, è formato da altopiani digradanti verso l'Atlantico. Il clima è caldo e secco, soprattutto in estate e nelle regioni merid. Alle colture tipicamente mediterranee (vite, olivo) si associano la produzione cerealicola (frumento) e l'allevamento ovino. Il litorale, grazie alla pesca e, soprattutto, al turismo, dà un importante contributo all'economia locale, che ha conosciuto un notevole impulso dopo l'adesione del P. all'Europa comunitaria. Alle industrie tradizionali (settori tessile, agroalimentare, edile) si sono affiancati comparti a forte valore aggiunto (macchine utensili, elettronica, materie plastiche) e i servizi sono particolarmente sviluppati; tuttavia il paese, oltre a risentire della scarsità di risorse minerarie ed energetiche, deve ancora superare alcuni ritardi strutturali. La popolazione ha conosciuto profonde modificazioni: la natalità è in forte calo e il P., dopo aver conosciuto una massiccia emigrazione negli anni '60 del secolo scorso, sta oggi diventando meta di movimenti migratori provenienti in primo luogo dai suoi ex possedimenti africani e dall'Europa orient.

STORIA – **La nascita della nazione**. Il paese viene occupato da tribù di origine fenicia, cartaginese e greca. **II sec. a.C.**: la parte occ. della penisola cade sotto il dominio romano. Augusto crea la provincia di Lusitania. **V sec. d.C.**: il territorio viene invaso da suebi, alani e infine visigoti, che danno luogo a insediamenti stabili. **711**: i musulmani conquistano il paese. **866-910**: Alfonso III, re delle Asturie, riprende il controllo della regione di Porto. **1064**: Ferdinando I, re di Castiglia, libera il territorio compreso tra i fiumi Douro e Mondego. **1097**: Alfonso VI, re di Castiglia e León, affida la contea di P. al genero Enrico, fondatore della dinastia di Borgogna. **1139-1185**: dopo la vittoria di Ourique sui mauri (1139) il figlio Alfonso Enriques assume il titolo di re d'Aragona e afferma l'indipendenza del P. **1249**: Alfonso III (1248-1279) porta a termine la Reconquista occupando l'Algarve. **1290**: Dionigi I (1279-1325) fonda l'Università di Lisbona, che nel 1308 verrà trasferita a Coimbra. **1383**: la morte di Ferdinando I segna l'inizio di una crisi dinastica. **1385**: Giovanni I (1385-1433) fonda la dinastia d'Aviz e sconfigge i castigliani ad Aljubarrota.

Il periodo aureo. Nel XV sec. e all'inizio del XVI sec., il P. persegue l'espansione marittima e gioca un ruolo di grande rilievo nei viaggi di esplorazione, promossi dal re Enrico il Navigatore (1394-1460). **1488**: Bartolomeo Diaz doppia il Capo di Buona Speranza. **1494**: il trattato di Tordesillas stabilisce una linea di demarcazione tra i possedimenti extraeuropei della Spagna e quelli del P. **1497**: Vasco da Gama traccia per la prima volta la rotta verso le Indie. **1500**: Pedro Alvares Cabral conquista il Brasile. **1505-1515**: si costituisce l'impero portoghese delle Indie.

Portogallo

autostrada
strada normale
ferrovia
confine regionale
Braga capoluogo di regione

● più di 500.000 ab.
● da 100.000 a 500.000 ab.
● da 50.000 a 100.000 ab.
● meno di 50.000 ab.

1521-1557: sotto Giovanni III le manifestazioni intellettuali e artistiche fioriscono.
La crisi e il declino. 1578: re Sebastiano (1557-1578) rimane ucciso nella battaglia di Alcázarquivir, in Marocco. **1580**: estintasi la dinastia d'Aviz, Filippo II di Spagna diventa sovrano del P., riunendo così i due regni. **1640**: i portoghesi si sollevano contro la Spagna e proclamano re il duca di Braganza, Giovanni IV (1640-1656). **1668**: con il trattato di Lisbona la Spagna riconosce l'indipendenza del P. in cambio della cessione di Ceuta. **Fine del XVII sec.**: rassegnatosi al disgregamento delle proprie posizioni in Asia e al ritiro dall'Africa, il paese si dedica allo sfruttamento del Brasile. **1703**: il trattato di Methuen lega il P. alla Gran Bretagna dal punto di vista economico. **1707-1750**: sotto il regno di Giovanni V, l'oro proveniente dal Brasile non è sufficiente a risanare l'economia della madrepatria. **1750-1777**: Giuseppe I si affida al governo di Sebastião de Pombal, che impone un regime di dispotismo illuminato e ricostruisce Lisbona dopo il terremoto del 1755. **1792**: Maria I (1777-1816) cede il potere al figlio, il futuro Giovanni VI. **1801**: "guerra delle arance" tra P. e

Spagna. **1807**: il paese viene invaso dalle truppe francesi comandate da Jean Andoche Junot. La famiglia reale si rifugia in Brasile. **1808**: Arthur Wellesley, duca di Wellington, sbarca in P. **1811**: il paese viene liberato dai francesi; la corte rimane in Brasile e il P. è sottoposto a un regime militare controllato dall'Inghilterra. **1822**: Giovanni VI (1816-1826) ritorna a Lisbona chiamato dalle Cortes e accetta una Costituzione liberale. Il figlio primogenito, Pietro I, si proclama imperatore del Brasile, la cui indipendenza viene riconosciuta nel 1825. **1826**: alla morte di Giovanni VI, Pietro I sale al trono del P. con il nome di Pietro IV, ma poi abdica in favore della figlia Maria II e affida la reggenza al fratello Michele. **1828**: Michele si proclama re con il nome di Michele I e tenta di ripristinare l'assolutismo. **1832-1834**: Pietro I sbarca in P. e riporta sul trono Maria II (1826-1853). **1834-1853**: persistono tensioni politiche e lotte civili. **1852-1908**: dopo l'istituzione del suffragio basato sul censo, sotto i regni di Pietro V (1853-1861), Luigi I (1861-1889) e Carlo I (1889-1908) il P. conosce un autentico regime parlamentare; il paese tenta di risollevarsi ricostruendo un impero colo-

niale incentrato su Angola e Mozambico. **1907-1908**: João Franco instaura una dittatura. Carlo I viene assassinato insieme con il figlio primogenito. **1908-1910**: Manoel II rinuncia al regime autoritario, ma viene deposto dalla rivoluzione. **La repubblica. 1910-1911**: proclamazione della repubblica. Il governo provvisorio decreta la separazione tra Stato e Chiesa e riconosce il diritto di sciopero. **1911-1926**: durante la prima repubblica regna una grande instabilità politica: il P. non trae vantaggi sostanziali dalla partecipazione alla prima guerra mondiale a fianco dell'Intesa. **1926**: il colpo di Stato del generale Gomes da Costa rovescia il regime. **1928**: Antonio Oscar Carmona, presidente della repubblica, designa come ministro delle finanze Antonio de Oliveira Salazar, autore di un profondo risanamento. **1933-1968**: A. Salazar, a capo del paese, fa promulgare una nuova Costituzione (1933) che instaura un regime autoritario (*Estado Novo*), corporativista e nazionalista. **1968-1974**: il presidente Marcelo Caetano soffoca le ribellioni di Guinea, Mozambico e Angola. **1974**: prende il potere una giunta guidata dal generale Antonio Sebastião Ribeiro de Spínola, inaugurando la "rivoluzione dei garofani". Le subentrerà un governo di sinistra. **1975**: il consiglio nazionale della rivoluzione applica un programma socialista. Alle colonie portoghesi viene riconosciuta l'indipendenza. **1976-1986**: durante la presidenza di Antonio Ramalho Eanes si succedono i governi di Mario Soares (socialista, 1976-1978), Francisco Sá Carneiro (centro-destra, 1979-1980), Francisco Pinto Balsemão (socialdemocratico, 1981-1983), M. Soares (1983-1985) e Aníbal Cavaco Silva (socialdemocratico, 1985-1995). **1986**: M. Soares diventa presidente della repubblica. Il P. fa il suo ingresso nella CEE. **1995**: António Guterres (socialista) diventa primo ministro. **1996**: il socialista Jorge Sampaio viene eletto alla presidenza della repubblica (carica riconfermata nel 2001). **1999**: il territorio di Macao viene restituito alla Cina. **2002**: in seguito alle dimissioni di A. Guterres si tengono nuove elezioni, vinte dal Partito socialdemocratico; José Manuel Durão Barroso diventa primo ministro.

PORTOGHÉSI (Paòlo), *Roma 1931*, architetto e storico dell'architettura. Rifiutando i principi del modernismo, ha operato per un costante recupero della tradizione, dal barocco al liberty. Come storico, ha pubblicato: *Roma barocca* (1966), *Le inibizioni dell'architettura moderna* (1974), *L'angelo della storia*, *Postmodern* (1982), *I nuovi architetti italiani* (1985).

PORTOGRUÀRO, com. in prov. di Venezia; 24.392 ab. Conserva la loggia comunale (XIV-XVI sec.) e il duomo (XVII sec.).

PORTO NOVO, cap. del Benin, sul Golfo di Guinea; 213.000 ab.

PORTORÌCO o **PUERTO RICO**, una delle Antille (a E di Haiti, dipendente dagli Stati Uniti); 8897 km[2]; 3.808.610 ab. (*portoricani*); cap. *San Juan*. L'isola, dal clima caldo e umido, fornisce prodotti tropicali (principalmente zucchero); industrie. La pressione demografica e la sottoccupazione comportano una continua emigrazione verso gli Stati Uniti.

STORIA – **1493**: Cristoforo Colombo scopre l'isola. **1508**: il nome di "P. R." viene attribuito a una baia, in cui viene fondata (1511) San Juan. **1873**: viene abolita la schiavitù. **1898**: dopo avere sconfitto gli spagnoli, gli Stati Uniti occupano l'isola. **1917**: i portoricani ricevono la nazionalità statunitense. **1952**: P. diventa uno "Stato libero associato" agli Stati Uniti.

PÒRTO SAID, c. dell'Egitto, sul Mediterraneo, sull'imboccatura del canale di Suez; 460.000 ab. Porto.

PÒRTO SÀNTO STÉFANO, località turistica nel com. di Monte Argentario.

PÒRTO TÒRRES, com. in prov. di Sassari; 21.436 ab. Porto industriale e passeggeri, centro turistico. Conserva la basilica di S. Gavino (XI sec.). Nei dintorni, resti di altare megalitico (Monte d'Accoddi).

PORTO-VECCHIO, c. della Corsica merid., sul Golfo di P.-V.; 10.586 ab. Porto. Centro turistico.

PORTO VELHO, c. del Brasile, cap. dello Stato di Rondônia; 334.661 ab.

PORTOVÈNERE, com. in prov. di La Spezia; 4301 ab. Importante località turistica, conserva la chiesa di S. Pietro (VI-VIII sec.).

PORTOVIEJO, c. dell'Ecuador, sull'Oceano Pacifico; 132.937 ab.

PORT-ROYAL, monastero di religiose fondato nel 1204 (cistercense nel 1225), nella valle di Chevreuse, in Francia. L'abbazia fu riformata a partire dal 1608 da Angélique Arnauld. Passata nel 1635 sotto la direzione di J. de Saint-Cyran, divenne la culla del giansenismo. Intorno a essa si stabilì, nel 1648 ca., il gruppo dei "solitari" (A. Le Maistre, A. Arnauld, B. Pascal). A partire dal 1656, le religiose furono perseguitate ed espulse (1709), mentre l'abbazia fu demolita nel 1710.

PORTSMOUTH, c. degli Stati Uniti (Virginia); 100.565 ab. Porto. Cantieri navali.

PORTSMOUTH, c. della Gran Bretagna (Inghilterra, Hampshire); 174.700 ab. Porto. Musei, tra cui quello in cui è ospitata la *Victory*, nave ammiraglia di H. Nelson.

PORTSMOUTH (trattàto di) (5 sett. 1905), trattato firmato a P. (Stati Uniti, New Hampshire) tra Giappone e Russia. Pose fine alla guerra russogiapponese e permise al Giappone di stabilire il suo protettorato sulla Corea.

PORT SUDAN, c. del Sudan, sul Mar Rosso; 207.000 ab. Principale porto del paese.

PORT TALBOT, c. della Gran Bretagna (Galles), sul canale di Bristol; 55.000 ab. Industrie siderurgiche.

PORT-VILA o **VILA**, cap. del Vanuatu, sull'Isola di Efate; 26.000 ab.

POSADAS, c. dell'Argentina, sul Paraná; 219.824 ab. Resti di missioni gesuite.

POSDR → SOCIALDEMOCRATICO RUSSO (Partito operaio).

POSEIDÓNE MITOL. GR. Dio del mare, corrispondente al Nettuno romano. È rappresentato armato di tridente.

POSIDÒNIO, *Apamea, Siria, 135 ca. a.C. - Roma 51 a.C.*, filosofo greco. Insegnò a Rodi e contribuì alla latinizzazione dello stoicismo. Tra i suoi seguaci vi furono Cicerone e Pompeo.

POSÌLLIPO (scuòla di), dal nome del quartiere di Napoli. Denominazione di un gruppo di pittori, attivi nella prima metà del XIX sec., dediti alla rappresentazione del vero di paesaggi e ambienti. Tra i suoi esponenti: A. Pitloo, G. Gigante, G. Smargiassi.

POSITÀNO, com. in prov. di Salerno; 3857 ab. Importante centro turistico, conserva la chiesa di S. Maria Assunta (XVI sec.).

POSNÀNIA, ant. prov. polacca, con cap. Poznań. Fu attribuita al regno di Prussia nel corso della seconda spartizione della Polonia (1793) e restituita alla Polonia nel 1919.

POSSÀGNO, com. in prov. di Treviso; 1979 ab. Casa natale di A. Canova, con gipsoteca, e tempietto neoclassico, realizzato dallo stesso Canova, con la *Deposizione*.

POSSESSION (La), centro dell'isola della Réunion; 22.014 ab.

POSTÙMIA, c. della Slovenia, nel Carso; 8200 ab. Di notevole importanza le grotte carsiche, che si snodano per 30 km ca.

PÒSTUMO (Màrco Cassiàno Latino), *m. nel 268*, ufficiale gallo. Si fece proclamare imperatore dei galli dalle sue truppe (258). Gallieno fu costretto inizialmente ad accettare l'usurpatore, ma poi lo fece uccidere dai suoi soldati.

POTALA, ant. palazzo dei Dalai Lama (att. museo) a Lhasa, nel Tibet. Fondato nel VII sec., attraverso la sua architettura a piani (13 piani, 178 m di altezza, 400 m di lunghezza) evoca il soggiorno divino di Avalokiteshvara, il protettore del Tibet. Iniziata intorno al 1645, la costruzione attuale (una vera e propria roccaforte) ospita santuari, pagode funerarie, appartamenti, biblioteche.

POTËMKIN, corazzata della flotta russa del Mar Nero, il cui equipaggio si ammutinò nel giu. 1905. I marinai raggiunsero Costanza, dove capitolarono. — La ribellione della P. è stata celebrata da S. Ejzenštejn nel film *La corazzata Potëmkin* (1925).

POTËMKIN (Grigorij Aleksandrovič, prìncipe), *presso Smolensk 1739 - presso Iași 1791*, statista e militare russo. Favorito di Caterina II, si sforzò di

estendere l'influenza della Russia nelle zone intorno al Mar Nero a spese dei turchi. Realizzò l'annessione della Crimea (1783) e comandò le truppe nella guerra russo-turca (1787-1791).

POTÈNZA, c. della Basilicata, capol. di reg. e di prov.; 69.735 ab. (*potentini*). Agricoltura (cereali, viti, olivi); industrie alimentari, meccaniche, della plastica, del legno. — Di origine romana, fu occupata dai longobardi; fece poi parte del ducato di Benevento (VI sec.) e del principato di Salerno (847). Nel 1860 fu la prima città a insorgere contro i Borbone. — Cattedrale (XII sec.); museo archeologico provinciale. — L'economia della provincia, collinare e montuosa, si basa sulle attività agricole (cereali, viti, agrumi) e sull'allevamento. Importante insediamento industriale automobilistico a Melfi. Centri principali: Melfi, Lagonegro, Maratea.

POTÈNZA PICÈNA, com. in prov. di Macerata; 14.233 ab. Agricoltura (barbabietole, olive, cereali). Industrie calzaturiere, degli strumenti musicali. Palazzo Properzi con due portali ogivali in terracotta (X sec.).

POTHIER (Robert Joseph), *Orléans 1699-1772*, giurista francese. I suoi lavori (spec. la *Théorie des contrats*) hanno ispirato gli autori del codice civile.

POTHIN (sànto), *m. a Lione nel 177*, martire. Primo vescovo di Lione, fu messo a morte sotto Marco Aurelio, insieme ad altri martiri lionesi.

POTIDÈA, ant. c. della Macedonia. La sua rivolta contro Atene, nel 432 a.C., fu una delle cause della guerra del Peloponneso (431-404 a.C.).

POTOCKI, famiglia di magnati polacchi, che annoverò diversi politici e uno scrittore. — **Jan P.**, *Pikòw 1761 - Uładòwka 1815*, scrittore polacco. Studiò l'origine delle civiltà slave e scrisse in francese un importante romanzo fantastico, *Manoscritto ritrovato a Saragozza* (prima edizione parziale nel 1804-1805), che mescola erotismo e ispirazione macabra in una costruzione narrativa di sottile complessità.

POTOK (Chaim), *New York 1929 - Merion 2002*, scrittore statunitense. Rabbino ebraico, ha focalizzato la sua narrativa sulla tematica del rapporto tra generazioni e tra diverse tendenze religiose all'interno della comunità ebraica. Tra le opere, *Danny l'eletto* (1967), *La promessa* (1969), *Il mio nome è Asher Lev* (1972), *In principio* (2000).

POTOMAC, f. degli Stati Uniti, che sfocia nella Baia di Chesapeake; 460 km. Attraversa Washington.

POTOSÍ, c. della Bolivia andina, a 4000 m ca. d'alt.; 162.212 ab. Ant. centro minerario. — Monumenti di stile barocco.

POTSDAM, c. della Germania, cap. del Brandeburgo, a SO di Berlino; 128.983 ab. Centro industriale. — Soprannominata ant. "la Versailles prussiana", conserva diversi monumenti (spec. quelli di K.F. Schinkel), musei e soprattutto, nel parco di Sans-Souci, il piccolo castello omonimo (gioiello dell'arte rococò costruito nel 1745 da G. Wenzeslaus von Knobelsdorff per Federico II) e l'immenso Palazzo Nuovo (1763).

POTSDAM (conferènza di) (lug.-ago. 1945), conferenza internazionale tenutasi alla fine della seconda guerra mondiale. Riunì H. Truman, W.

Churchill (poi C.R. Attlee), J. Stalin e stabilì le modalità di occupazione della Germania e dell'Austria. Affidò l'amministrazione dei territori tedeschi situati a E della linea Oder-Neisse alla Polonia e all'URSS.

POTT (Percival), *Londra 1713-1788*, chirurgo britannico. È noto soprattutto per le sue ricerche sulla tubercolosi vertebrale ("morbo di P.").

POTTER (Paulus), *Enkhuizen 1625 - Amsterdam 1654*, pittore olandese, celebre per aver dipinto soprattutto animali.

POUILLET (Claude), *Cusance 1790 - Parigi 1868*, fisico francese. Scoprì le leggi delle correnti (leggi di Ohm) attraverso il metodo sperimentale e introdusse le nozioni di forza elettromotrice e di resistenza interna dei generatori.

POULENC (Francis), *Parigi 1899-1963*, compositore francese. Pianista, membro del gruppo dei Sei, compose numerose melodie sui poemi di G. Apollinaire (*Le bestiaire*, 1919), J. Cocteau, P. Eluard. Fu autore anche di musica per balletti (*Les biches*, 1924), sinfonica (*Concert champêtre*, 1928) e a tema religioso (*Dialoghi delle carmelitane*, 1957).

POULO CONDORE, att. **Côn Dao**, arcipelago del Vietnam merid.

POUND (Ezra Loomis), *Hailey, Idaho, 1885 - Venezia 1972*, poeta statunitense. Vissuto a lungo in Europa (Londra, Parigi, Italia), fu in contatto con T. Eliot, J. Joyce e P. Picasso e tra i maggiori esponenti dell'imagismo e del vorticismo. Con la sua poesia, incentrata sulla musicalità dei versi, criticò aspramente la società capitalistica ed influenzò profondamente la lirica del '900 (*Cantos*, 1919-1969).

POURBUS (Pieter), *Gouda 1523 - Bruges 1584*, pittore fiammingo, autore di quadri religiosi di influenza italiana e di ritratti. — **Frans P.**, detto **il Vecchio**, *Bruges 1545 - Anversa 1581*, pittore fiammingo, figlio di Pieter. Fu esponente di una pittura di tendenza manierista. — **Frans II P.**, detto **il Giovane**, *Anversa 1569 - Parigi 1622*, pittore fiammingo, figlio di Frans il Vecchio. Fece carriera come ritrattista in diverse corti d'Europa, tra cui Parigi, dove Maria de' Medici lo chiamò nel 1609.

POUSSEUR (Henri), *Malmedy 1929*, compositore belga. È stato direttore del conservatorio reale di Liegi (1975-1985; 1987-1988). Partito dalla musica seriale, si è poi rivolto all'elettroacustica (*Votre Faust*, 1969; *Procès du jeune chien*, 1978; *La seconde apothéose de Rameau*, 1981).

POUSSIN (Nicolas), *Les Andelys 1594 - Roma 1665*, pittore francese. Trascorse gran parte della vita a Roma. Le sue prime opere italiane (*Baccanali di putti*) risentono dell'influenza di Tiziano. Col tempo approdò a un *classicismo* [V. parte nomi comuni] erudito, sempre più essenziale (ciclo dei *Sette sacramenti*). Considerevole fu la sua influenza sulla pittura classica del XVII e XVIII sec. [V. foto a pagina seguente.]

POWELL (Cecil Frank), *Tonbridge 1903 - Casargo 1969*, fisico britannico. Nel 1947 scoprì il mesone π, o "pione", grazie all'uso della lastra fotografica applicata allo studio dei raggi cosmici. (Premio Nobel 1950.)

Il **POTALA**, *fondato nel corso del VII sec., a Lhasa (Tibet)*.

Nicolas **POUSSIN**. L'ispirazione del poeta. *(Louvre, Parigi.)*

POWELL (Colin Luther), *New York 1937*, generale e politico statunitense. Primo uomo di colore a occupare negli Stati Uniti il comando supremo dell'esercito (1989-1993), è segretario di Stato dal 2001.

POWELL (Earl, detto Bud), *New York 1924-1966*, pianista jazz statunitense. Anche compositore, si impose nel corso degli anni '40 del secolo scorso come il maestro del be-bop (*Bouncing with Bud*, 1949; *Un poco loco*, 1951).

POWELL (John Wesley), *Mount Morris, Stato di New York, 1834 - Haven, Maine, 1902*, geologo, etnologo e linguista statunitense. Esploratore del West, organizzò il servizio geologico e l'ufficio di etnologia degli Stati Uniti. È autore della prima classificazione delle lingue dell'America settentr.

POWYS (John Cowper), *Shirley, Derbyshire, 1872 - Blaenau Ffestiniog, Galles, 1963*, scrittore britannico. La sua opera, mistica e sensuale, ha tentato di scandagliare i meccanismi del pensiero a contatto con il mondo (*Il romanzo di Glastonbury*, 1932; *Autobiografia*, 1934).

POYANG (lago), lago della Cina, nella media valle dello Yangzi Jiang (2700 km² nella sua estensione massima).

POZA RICA, c. del Messico, nei pressi del Golfo del Messico; 151.441 ab. Raffinerie di petrolio e petrolchimici.

POZNAŃ, c. della Polonia, capol. di voivodato, sul f. Warta; 576.899 ab. Centro commerciale (fiera internazionale) e industriale. — Monumenti di epoca gotica e barocca; musei.

PÓZZI (Antònia), *Milano 1912-1938*, poetessa. Suicidatasi a 26 anni, lasciò la raccolta *Parole* (postuma, 1939), influenzata da E. Montale, con versi di ispirazione autobiografica. Postumi sono stati pubblicati anche la tesi di laurea su G. Flaubert (1940) e i *Diari* (1988).

PÓZZI (Giovànni), *Locarno 1923 - Lugano 2002*, filologo e critico letterario svizzero. Frate francescano e allievo di G. Contini, poi docente di letteratura italiana a Friburgo, ha compiuto studi sulla poesia italiana e sull'oratoria sacra del '600. Tra le opere, *La parola dipinta* (1981), *Sull'orlo del visibile parlare* (1993).

PÓZZO (Andrèa), *Trento 1642 - Vienna 1709*, pittore, architetto e scenografo. Operò inizialmente in Lombardia, dove lavorò alla realizzazione di cerimonie per i gesuiti. Dal 1681 fu a Roma, dove affrescò la chiesa di S. Ignazio con la celebre *Gloria di sant'Ignazio* (1691-1694), e dal 1704 a Vienna. Ebbe una notevole influenza sull'arte italiana ed europea del '700.

PÓZZO (Vittòrio), *Torino 1886-1968*, allenatore. Fu commissario tecnico della nazionale nel 1912, nel 1924 e dal 1929 al 1947. Condusse la squadra alla vittoria di 2 campionati mondiali (1934 in Italia, 1938 in Francia), delle Olimpiadi di Berlino del 1936 e di 2 Coppe Internazionali (1930 e 1935).

POZZUÒLI, com. in prov. di Napoli, sul Golfo di Napoli; 82.014 ab. Industrie siderurgiche, meccaniche, elettrotecniche. Porto. Stazione termale e balneare. — Fondata dai coloni greci (VI sec.), fu luogo di villeggiatura del patriziato romano. È rimasta gravemente danneggiata dai terremoti del 1980 e del 1984. — Vestigia antiche, tra cui l'anfiteatro Flavio del I sec., uno dei meglio conservati dell'epoca romana.

PPI → POPOLARE ITALIANO (Partito).

PR → RADICALI ITALIANI.

PRADO (Musèo del), museo nazionale di Madrid. Tra i più importanti del mondo, ospita capolavori di pittura fiamminga, spagnola e italiana, tra cui dipinti di J. Bosch, El Greco, J. de Ribera, D. Velázquez, B.E. Murillo, F. Goya, Tiziano, Tintoretto, P.P. Rubens, A. Van Dyck.

PRAETORIUS (Michael), *Kreuzburg 1571 ca. - Wolfenbüttel 1621*, compositore, organista e teorico musicale tedesco. Compose mottetti, inni, salmi, danze e canzoni polifoniche (in gran parte elaborazione di canti luterani o gregoriani) e sperimentò l'accompagnamento musicale del basso continuo.

PRÀGA, in cec. Praha, cap. della Rep. Ceca e capol. della prov. della Boemia centrale, sul f. Moldava; 1.178.576 ab. (praghesi). Capitale storica e intellettuale della Boemia, centro commerciale e industriale. — P. fu residenza dei duchi di Boemia (1061-1140) e capitale dell'impero di Carlo IV (1346-1378). Lo scoppio della guerra dei Trent'anni (1618-1648) segnò l'inizio di un periodo di decadenza economica e culturale per la città. Dal 1918 al 1992 fu la capitale della Cecoslovacchia. — Fortezza Hradčany, cattedrale gotica, Ponte Carlo, monumenti civili e religiosi in stile barocco; numerosi musei, tra cui spicca la Galleria nazionale.

PRÀGA (circolo linguistico di), associazione di linguisti (tra cui R. Jakobson e N. Trubeckoj) che applicavano il metodo strutturale. Il gruppo, attivo dal 1926 al 1939, produsse opere importanti soprattutto nel campo della fonologia.

PRÀGA (Màrco), *Milano 1862 - Varese 1929*, commediografo. Tra i maggiori esponenti del teatro borghese, scrisse commedie di stampo naturalista, permeate di uno spirito moralistico rivolto contro la società del suo tempo. Tra le opere, *La moglie ideale* (1890), *Il bell'Apollo* (1894), *Il divorzio* (1921). Fu anche narratore (*La biondina*, 1893; *Anime nude*, 1920).

PRÀGLIA, località nel com. di Teolo. Posta sui Colli Euganei, vi ha sede un'abbazia benedettina, fondata nell'XI sec., che conserva il campanile romanico. Chiesa dell'Assunta (1490).

PRAIA, cap. di Capo Verde, sull'isola São Tiago; 76.000 ab.

PRAJAPATI, epiteto vedico di Brahma, il dio creatore dell'universo. È riferito anche al figlio di Brahma, che generò dieci famosi saggi, concepiti a loro volta quali progenitori dell'umanità.

PRAMMÀTICA SANZIÓNE DEL 1713, atto promulgato il 19 apr. 1713 con cui l'imperatore Carlo VI stabilì la possibilità che, in mancanza di discendenti maschi, la successione al trono nei domini degli Asburgo avvenisse in linea femminile. Tale decisione, tesa a garantire la corona a Maria Teresa, fu all'origine della guerra di *successione austriaca*.

PRAMMÀTICA SANZIÓNE DI BOURGES (7 lug. 1438), atto promulgato dal re francese Carlo VII che sanzionava l'autonomia della Chiesa di Francia rispetto a Roma. Il papa concedeva al sovrano il diritto alla nomina dei vescovi e degli abati. Il concordato di Bologna (1516) confermò le principali disposizioni della p. s., che restò fino al 1790 il documento principale della Chiesa francese.

PRAMPOLÌNI (Camillo), *Reggio nell'Emilia 1859 - Milano 1930*, politico. Animatore di leghe contadine di ispirazione socialista nel territorio reggiano, nel 1886 fondò il quotidiano *La Giustizia*, che diresse fino al 1925. Nel 1892 contribuì alla fondazione del Partito socialista italiano, quindi si oppose all'intervento nella prima guerra mondiale. Si ritirò a vita privata all'avvento del fascismo.

PRAMPOLÌNI (Enrico), *Modena 1894 - Roma 1956*, pittore, scultore e scenografo. Fu uno dei maggiori artisti dell'avanguardia italiana, avvicinandosi prima al futurismo e successivamente al surrealismo. Attivo come scenografo teatrale, fu autore di manifesti e direttore di riviste. Tra le opere, *Apparizione dell'essere aerodinamico* (1935).

PRANDTAUER (Jakob), *Stanz 1660 - Sankt Pölten 1726*, architetto austriaco. Il suo capolavoro fu l'abbazia di *Melk*.

PRANDTL (Ludwig), *Freising, Baviera, 1875 - Gottinga 1953*, fisico tedesco. Specialista della meccanica dei fluidi, introdusse il concetto di strato limite (1904), oltre a compiere fondamentali ricerche teoriche e sperimentali sull'aerodinamica subsonica e supersonica; a lui si deve la teoria dell'ala di apertura finita.

PRASSÌTELE, scultore greco, attivo soprattutto ad Atene nel IV sec. a.C. Le sue opere (*Apollo Saurôktonos*, *Afrodite Cnidia*, *Eros del Palatino*), caratterizzate da un andamento ritmico delle figure, sinuose e dalle forme morbide, ci sono pervenute attraverso copie romane. L'unica ritenuta originale è l'*Ermes con Dioniso bambino*. L'arte di P. ebbe grande influenza sulla scultura greca di età ellenistica.

PRÀTA D'ANSIDÒNIA, com. in prov. dell'Aquila; 580 ab. Chiesa di S. Paolo di Peltuino (ricostruita nel XIII sec.). Chiesa barocca di S. Nicola

PRAGA. *Ponte Carlo con le sue torri (XV sec.), sulla riva sinistra della Moldava.*

con ambone (1240). Nei dintorni, resti dell'ant. *Peltuinum.*

PRATÈLLA (Francésco Balilla), *Lugo di Romagna 1880 - Ravenna 1955,* compositore e musicologo. Aderì al futurismo, del quale redasse i manifesti musicali (1911-1912). Compì studi sui canti popolari romagnoli (*Etnofonia di Romagna,* 1938) e compose sette opere, influenzate da G. Puccini e I. Pizzetti, tra cui *L'aviatore Dro* (1920).

PRATERÌA, denominazione attribuita alle vaste regioni pianeggianti di terreno erboso dell'America settentr., tra il f. Mississippi e le Montagne Rocciose, corrispondenti al Midwest.

PRATERÌA (province della), regione del Canada, nelle Pianure centrali (estensione delle Grandi Pianure degli Stati Uniti), che abbraccia l'estrema sezione nord-orient. della Columbia Britannica, la maggior parte dell'Alberta e le sezioni merid. del Saskatchewan e del Manitoba.

PRATÉSI (Fúlco), *Roma 1934,* giornalista e ambientalista. Fondatore (1966) e presidente (1970) del WWF Italia, si è occupato della progettazione e tutela di parchi nazionali. Tra le opere, *Storia della natura d'Italia* (2001).

PRATÉSI (Màrio), *Santa Fiora 1842 - Firenze 1921,* scrittore. La sua narrativa oscillò tra il gusto verista e un'ispirazione tardoromantica con accenni alla scapigliatura. Tra le opere, *Memorie del mio amico Tristano* (1869), *In provincia* (1883), *L'eredità* (1889), *Il mondo di Dolcetta* (1895), *Le perfidie del caso* (1898).

PRÀTI (Giovànni), *Campomaggiore 1814 - Roma 1884,* poeta. Monarchico, fu fedele ai Savoia, che accompagnò da Torino a Firenze e infine a Roma, ottenendo la nomina a poeta regio. Scrisse liriche di stampo romantico, incentrate sull'esaltazione della patria e dell'amore. Tra le opere, *Edmenegarda* (1841), *Armando* (1868), *Psiche* (1876), *Iside* (1878).

PRÀTINA, *Fiunte 540 - 470 a.C.,* autore drammatico greco. Considerato l'inventore del dramma satiresco, gli è attribuita la composizione di 18 tragedie e 32 drammi satireschi.

PRÀTO, c. della Toscana, capol. di prov., tra Firenze e Pistoia; 174.513 ab. (*pratesi*). È uno dei più importanti centri lanieri d'Italia. Industrie tessili, dell'abbigliamento, alimentari, chimiche; lavorazione artigianale della ceramica. Fu libero comune (XII sec.), signoria degli Angiò e, dal 1531, possedimento di Firenze. — Duomo in stile romanico-gotico (XII-XIV sec.) con affreschi di F. Lippi; chiesa rinascimentale di S. Maria delle Carceri; Palazzo Pretorio (XIII-XIV sec.). Museo di arte contemporanea Luigi Pecci. — Nella provincia, istituita nel 1992 scorporando parte del territorio della provincia di Firenze, sono presenti industrie tessili, alimentari, metalmeccaniche.

PRATOLÌNI (Vàsco), *Firenze 1913 - Roma 1991,* scrittore neorealista. Autodidatta, collaborò a note riviste come *Il Bargello* e diresse *Campo di Marte,* in cui confluirono le contemporanee tendenze dell'ermetismo. I suoi romanzi, ambientati a Firenze, si inquadrano sullo sfondo storico-sociale italiano degli ultimi cent'anni (*Il quartiere,* 1944; *Cronache di poveri amanti,* 1947; *Metello,* 1955; *Le ragazze di San Frediano,* 1949).

PRATOMÀGNO, gruppo montuoso della Toscana. Compreso tra il Casentino e il Valdarno, ha la sua vetta più elevata nel Monte P. (1592 m).

PRATOVÈCCHIO, com. in prov. di Arezzo; 3113 ab. Industrie cartarie, del legno. Nei dintorni, castello di Romena (1008). Monastero di S. Maria della Neve (1568).

PRATT (Hugo), *Rimini 1927 - Losanna 1995,* disegnatore e sceneggiatore di fumetti. Tra gli eroi dei suoi fumetti di avventure, *Corto Maltese* (1967), disegnato a china nera su carta bianca, è l'esempio più famoso della puntigliosa precisione realistica e della grafia nervosa di grande efficacia espressiva dell'artista.

PRAVAZ (Charles Gabriel), *Le Pont-de-Beauvoisin 1791 - Lione 1853,* chirurgo francese. Ha legato il suo nome all'invenzione della prima siringa ipodermica.

PRAVDA ("verità"), quotidiano russo fondato nel 1912. Fu l'organo ufficiale del Partito comunista sovietico dal 1922 al 1991.

PRÀVO (Nicolétta **Strambèlli,** detta Patty), *Mestre 1948,* cantante. Tra le protagoniste della musica leggera italiana, ha esordito nel 1966 con il brano *Ragazzo triste,* confermandosi poi grande interprete con altre celebri canzoni (*Se perdo te,* 1967; *La bambola,* 1968; *Pazza idea,* 1973; *Pensiero stupendo,* 1978; *Dimmi che non vuoi morire,* 1997; *Una donna da sognare,* 2000).

▪ *Patty Pravo.*

PRAZ (Màrio), *Roma 1896 - 1982,* critico letterario e scrittore. Fu uno dei maggiori studiosi di letteratura inglese, di cui fu docente all'Università di Roma. Scrisse anche importanti saggi d'arte e costume. Tra le opere, *Storia della letteratura inglese* (1937), *Gusto neoclassico* (1940), *La filosofia dell'arredamento* (1945), *Fiori freschi* (1982).

PRC → RIFONDAZIONE COMUNISTA (Partito della).

PREÀLPI, rilievi, prevalentemente di rocce sedimentarie, che accompagnano i versanti settentr. e merid. delle Alpi per quasi tutta la loro lunghezza. Nel versante interno, che corrisponde a quello merid. dell'arco, si distinguono le P. Lombarde, le P. Venete, i monti del Carso e i rilievi vulcanici della Stiria. I principali gruppi del versante esterno sono: a O le P. Provenzali, le P. del Delfinato e le P. della Savoia; a N le P. Svizzere e le P. Bavaresi; a NE le P. di Salisburgo e le P. Austriache.

PREAPPENNÌNO → ANTIAPPENNINO.

PREDÀPPIO, com. in prov. di Forlì; 6040 ab. Agricoltura (cereali, ortaggi, frutta). Industrie alimentari. Nel 1883 vi nacque B. Mussolini (contrada Dovia).

PREDÌL (Pàsso del), valico delle Alpi Giulie; 1156 m. Posto al confine tra Italia e Slovenia, nei suoi dintorni si trova il Lago del P.

PRELJOCAJ (Angelin), *Sucy-en-Brie 1957,* ballerino e coreografo francese di origine albanese. Il suo stile è caratterizzato dalla fusione tra le forme tradizionali del balletto classico e i nuovi linguaggi della danza moderna e contemporanea (*Liqueurs de chair,* 1988; *Romeo e Giulietta,* 1990; *Il parco,* 1994; *L'annunciazione,* 1995; *Casanova,* 1998).

PRELOG (Vladìmir), *Sarajevo 1906 - Zurigo 1998,* chimico svizzero di origine iugoslava. È noto per i suoi studi sulla stereochimica dei composti organici e per aver ideato, insieme a C.K. Ingold, un sistema di nomenclatura dei composti organici. (Premio Nobel 1975.)

PREMÀNA, com. in prov. di Lecco; 2198 ab. Industria dei coltelli. Turismo estivo.

PREM CAND (Dhanpat Ray, detto **Nawab Ray,** o), *Lamahi 1880 - Varanasi 1936,* scrittore indiano di lingua urdu e hindi. I suoi racconti, d'impronta realistica, testimoniano la forte influenza della dottrina di Gandhi (*L'Ashram dell'amore*).

PREMINGER (Otto), *Vienna 1906 - New York 1986,* regista e produttore cinematografico statunitense di origine austriaca. Formatosi in teatro, acquistò fama internazionale con una vasta produzione di film, per la maggior parte incentrati su temi sociali, affrontati con lucida oggettività e presentati con uno stile fluido e sottile: *Vertigine* (1944), *La magnifica preda* (1954), *L'uomo dal braccio d'oro* (1955), *Exodus* (1960), *Operazione Rosebud* (1975).

PRÈMIO NOBEL, premio assegnato da istituzioni e accademie svedesi e norvegesi. Viene attribuito tutti gli anni a coloro che hanno apportato importanti contributi nei campi di fisica, chimica, fisiologia o medicina, letteratura, scienze economiche (dal 1969) o che si sono adoperati per la salvaguardia della pace. [*V. la lista di coloro che hanno ricevuto il premio alla fine del volume.*]

PREMYSLIDI, dinastia ceca che regnò sulla Boemia dal 900 al 1306.

PRENÈSTE, ant. centro del Lazio (att. Palestrina). Resti del santuario della Fortuna Primigenia (II-I sec. a.C.). Museo archeologico.

PRENESTÌNI (Mónti), gruppo montuoso del Lazio, in prov. di Roma. Compreso tra i Monti Tiburtini e il com. di Palestrina, raggiunge i 1218 m.

PRESANÈLLA, massiccio montuoso delle Alpi Retiche, in prov. di Trento. Costituisce la parte settentr. del gruppo dell'Adamello. La vetta principale è la Cima P. (3556 m).

PRESBÙRGO → BRATISLAVA.

PRESBÙRGO (pàce di) (26 dic. 1805), trattato firmato tra Napoleone e l'imperatore del Sacro Romano Impero Francesco II dopo la battaglia di Austerlitz, con il quale l'Austria cedette alla Francia il Veneto e parte dell'Istria e della Dalmazia, e alla Baviera il Trentino e il Vorarlberg.

PRESÌDI (Stàto dei), entità politica costituita nel 1557 da Filippo II di Spagna. Era formato da alcune piazzeforti situate sul litorale tirrenico (Monte Argentario, Orbetello, Porto Ercole, Porto S. Stefano, Talamone). Passato all'Austria nel 1713, quindi a Carlo di Borbone (1738) e al regno d'Etruria (1801), fu poi assegnato al granducato di Toscana (1815).

PRESLEY (Elvis), *Tupelo 1935 - Memphis 1977,* cantante e attore cinematografico statunitense. Soprannominato "il re del rock-'n-roll", divenne popolare per aver lanciato un nuovo stile, partendo da una fusione tra la musica country e le influenze del rythm-'n-blues nero. Sin dal 1956 divenne uno dei primi idoli di massa dei giovani americani, sedotti dalla sua musica, dal suo stile e dalla sua presenza scenica caratterizzata da movenze sensuali e provocatorie (*Blue Suede Shoes* di C. Perkins; *Jailhouse Rock* di J. Leiber e M. Stoller). Recitò inoltre in numerosi film, molti dei quali musicali, come *Jailhouse Rock* (R. Thorpe, 1957).

Elvis **PRESLEY** *nel 1957.*

PRESOLÀNA (Pizzo della), monte delle Alpi Orobie, in prov. di Bergamo; 2521 m. Posto tra la Val Seriana e la Val di Scalve, è un centro turistico estivo e invernale.

PREŠOV, c. della Slovacchia orient.; 93.977 ab.

PRÈSTITO-LOCAZIÓNE (légge del), in ingl. **Lend-lease act,** legge adottata dal congresso degli Stati Uniti nel mar. 1941 e mantenuta in vigore fino all'ago. 1945, che autorizzava il presidente a vendere, cedere, scambiare e prestare il materiale bellico e ogni genere di merce ai paesi in guerra contro l'Asse.

PRESTON, c. della Gran Bretagna (Inghilterra), capol. del Lancashire; 144.000 ab.

PRÈTE GIÀNNI, personaggio delle leggende medievali, capo di uno Stato cristiano. È stato identificato sia con un khan della Mongolia, sia con il negus d'Etiopia.

PRETESTÀTO (sànto), *m. nel 586 a Rouen,* vescovo di Rouen. Fu assassinato nella cattedrale della città per ordine di Fredegonda.

PRÈTI (Giròlamo), *Bologna 1582 ca. - Barcellona 1626,* poeta. Visse in numerose corti e seguì il cardinale F. Barberini in Spagna, dove morì. Influenzato da G. Marino, scrisse liriche d'ispirazione neoplatonica, incentrate sul tema amoroso. Tra le opere, *Poesie* (1614) e il trattato *Intorno alla onestà della poesia* (1618).

PRÈTI (Giùlio), *Pavia 1911 - Tunisi 1972,* filosofo. Fu il maggior esponente italiano del positivismo logico, che rielaborò alla luce del pensiero di E. Husserl e dell'empirismo inglese. Tra le opere, *Praxis ed empirismo* (1957), *Filosofia e storia della filosofia* (1960), *Retorica e logica. Le due culture* (1968).

PRÈTI (Mattia), detto **il Cavalière calabrése**, *Taverna, 1613 - La Valetta 1699*, pittore. Subì l'influenza di Caravaggio e del Guercino. Attivo a Roma, a Napoli e a Malta, diede vita a un linguaggio pittorico drammatico, ricco di impeto barocco, dai toni accesi e dai forti contrasti chiaroscurali (*Figliol prodigo*, palazzo reale, Napoli).

PRETORIA, c. della Rep. Sudafricana, sede del governo; 1.508.000 ab. Cap. amministrativa dello Stato e centro universitario.

PRETORIUS (Andries), *Graaff Reinet 1798 - Magaliesberg 1853*, politico sudafricano, tra i fondatori della Rep. del Transvaal. — **Marthinus P.**, *Graaff Reinet 1819 - Potchefstroom 1901*, politico sudafricano, figlio di Andries. Primo presidente del Transvaal (1857-1871) e dello Stato libero di Orange (1859-1863), nel 1880 guidò, insieme a S. Kruger e P.J. Joubert, la lotta dei boeri contro l'occupazione inglese del Transvaal, ottenendone il ritiro nel 1881.

PRÉVERT (Jacques), *Neuilly-sur-Seine 1900 - Omonville-la-Petite 1977*, poeta francese. Poeta della vita quotidiana, esaltò la libertà dell'individuo e cantò l'amore, dando libero corso all'immaginazione insolita e allo scherzo popolare, in uno stile incline al parlato e al gioco di parole (*Parole*, 1946; *Spettacolo*, 1951; *La pioggia e il bel tempo*, 1955). Scrisse la sceneggiatura di numerosi film (*Il porto delle nebbie*, 1938; *Alba tragica*, 1939; *Amanti perduti*, 1945).

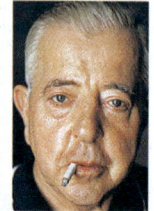

■ *Jacques Prévert nel 1963.*

PREVIÀTI (Giuliàno), *Ferrara 1852 - Lavagna 1920*, pittore. Dal 1890 si avvicinò al divisionismo, sperimentando una pittura caratterizzata dall'uso del colore a stesure filamentose, mutuata in parte dalla scapigliatura (*Maternità*, 1891). In seguito si dedicò all'approfondimento di questa tecnica, approdando a temi storici (*Re Sole*).

PRÉVOST (Antoine François **Prévost d'Exiles**, detto **l'Abàte**), *Hesdin 1697 - Courteuil 1763*, scrittore francese. Lasciato l'ordine benedettino, visse una vita avventurosa. Traduttore e autore fecondo, scrisse romanzi di avventure esotiche e sentimentali ricchi di elementi preromantici, tra i quali il celebre *Manon Lescaut.

PREZZOLÌNI (Giusèppe), *Perugia 1882 - Lugano 1982*, scrittore. Influenzato da H. Bergson e dal pragmatismo, fondò con G. Papini *Il Leonardo* (1903) e *La Voce* (1908), che diresse fino al 1914. Esponente della filosofia crociana, fu interventista e sostenitore del fascismo. Visse a Parigi, quindi a New York e in Svizzera. Tra le opere, *La cultura italiana* (1906), *America in pantofole* (1950), *L'italiano inutile* (1954).

PRI → REPUBBLICANO ITALIANO (Partito).

PRÌAMO MITOL. GR. Ultimo re di Troia. Dalla moglie Ecuba ebbe 19 figli, tra cui Ettore, Paride e Cassandra. Dopo aver visto morire Ettore durante la guerra di Troia, offrì un riscatto ad Achille per riaverne il cadavere.

PRÌAPO MITOL. GR. e ROM. Dio della forza generatrice maschile e della fecondità, con accentuate caratteristiche falliche. A Roma, le feste in suo onore assunsero un carattere licenzioso.

PRIBILOF (Ìsole), arcipelago dell'Alaska, nel Mare di Bering.

PRIÈNE, ant. c. ionica dell'Asia Minore. Resti della città del IV sec. a.C., tra gli esempi più notevoli dell'urbanistica ellenistica.

PRIESTLEY (Joseph), *Fieldhead 1733 - Northumberland 1804*, filosofo, teologo e chimico britannico. Compì approfondite ricerche su molti gas, isolando l'azoto e l'ossigeno (1774), di cui descrisse il ruolo nella combustione e nella respirazione. Insieme a H. Cavendish, scoprì la composizione dell'acqua. Aderì agli ideali della Rivoluzione americana e della Rivoluzione francese.

PRIGOGINE (Il'ya), *Mosca 1917*, chimico e filosofo russo naturalizzato belga. Ha apportato un contributo fondamentale alla termodinamica di non equilibrio, elaborando la teoria delle strutture dissipative, e condotto importanti ricerche sugli effetti dei processi reversibili sul comportamento della materia in evoluzione; inoltre, ha pubblicato opere di natura filosofica ed epistemologica ispirate ai suoi studi di termodinamica (*La nuova alleanza*, 1979). (Premio Nobel per la chimica 1977.)

PRILEP, c. della Macedonia, a S di Skopje; 71.899 ab.

PRIMATÌCCIO (Francésco), detto **il Bológna**, *Bologna 1504 - Parigi 1570*, pittore, scultore e architetto, tra i maggiori esponenti del manierismo. Allievo di G. Romano, fu invitato in Francia da Francesco I nel 1532 per decorare con il Rosso Fiorentino il castello di Fontainebleau. I disegni conservati al Louvre di Parigi testimoniano l'eleganza del suo stile.

Francesco **PRIMATICCIO**. Calliope.
(Louvre, Parigi.)

PRIMÀTO, rivista quindicinale di lettere e arti pubblicata a Roma dal 1940 al 1943. Diretta da G. Bottai e G. Vecchietti, nacque con l'obiettivo di favorire la diffusione della propaganda fascista, ma si distinse per una relativa autonomia dall'ideologia del regime.

PRIMAVÈRA (La), celebre dipinto di S. Botticelli (1478 ca., Uffizi, Firenze), ricco di riferimenti simbolici e allegorici, in cui eleganti figure immerse in una delicata luce dorata sono disposte in una composizione equilibrata di linee e di forme.

PRIMO DE RIVERA Y ORBANEJA (Miguel), *Jerez de la Frontera 1870 - Parigi 1930*, generale e politico spagnolo. Governatore militare in Catalogna, si impadronì del potere nel 1923 con un colpo di Stato e impose una dittatura militare. In Marocco, con l'appoggio della Francia, riuscì a domare le tribù berbere ribelli all'occupazione spagnola, capeggiate da Abd Al-Krim (1925). Gli effetti della crisi del 1929 e il rafforzamento dell'opposizione militare e studentesca lo costrinsero a dimettersi nel 1930. — **José Antonio P. de Rivera**, *Madrid 1903 - Alicante 1936*, politico spagnolo. Figlio di Miguel, fondò la Falange spagnola (1933). Fu fucilato dai repubblicani.

PRIM Y PRATS (Juan), *Reus 1814 - Madrid 1870*, politico e generale spagnolo. Comandante della spedizione in Messico (1862), fu ostile alla monarchia di Isabella II, che riuscì ad abbattere nel 1868. Fu ucciso in un attentato.

PRÌNA (Giusèppe), *Novara 1766 - Milano 1814*, politico. Nominato da Napoleone Bonaparte ministro delle finanze della repubblica italiana (1803), mantenne l'incarico fino al 1814, attuando una serie di riforme che migliorarono la situazione economica del regno. La sua rigida politica fiscale gli alienò il favore del popolo: morì linciato durante i moti milanesi del 1814.

PRINCE ALBERT, c. del Canada (Saskatchewan), sul f. North Saskatchewan; 34.777 ab. Nei dintorni, parco nazionale.

PRINCE GEORGE, c. del Canada (Columbia Britannica); 75.150 ab.

PRINCE RUPERT, c. del Canada (Columbia Britannica); 16.714 ab. Porto peschereccio. Aeroporto.

PRINCETON, c. degli Stati Uniti (New Jersey); 14.203 ab. Università fondata nel 1746.

PRINCIP (Gavrilo), *Veliki Obljaj 1894 - Terezín 1918*, patriota serbo. Fu autore, il 28 giug. 1814 a Sarajevo, dell'attentato che costò la vita all'arciduca Francesco Ferdinando d'Austria e alla moglie e che condusse allo scoppio della prima guerra mondiale.

PRINCIPÀTO, casa editrice fondata nel 1887 a Messina da Giuseppe P. e trasferita a Milano nel 1926 dal figlio Ettore (1880 - 1973), fu diretta nel dopoguerra dal nipote Giuseppe (1912-1997), che orientò l'attività verso la pubblicazione di testi scolastici.

PRÌNCIPE (Il), opera di N. Machiavelli scritta nel 1513 e pubblicata nel 1532. L'autore vi delinea un'analisi disincantata della situazione politica contemporanea e della natura umana, al fine di indicare le qualità necessarie a un principe. Per governare e conservare il potere con il rispetto e l'appoggio dei sudditi, egli dovrebbe possedere la virtù e la forza, necessarie a soddisfare gli interessi di chi governa e a garantire la prosperità dello Stato per il benessere di chi è governato.

PRÌNCIPE (Ìsola), in port. **Ilha do Príncipe**, isola del Golfo di Guinea; 128 km² (→ **São Tomé e Principe**).

PRÌNCIPE DI GALLES (Ìsola), in ingl. **Prince of Wales Island**, denominazione di due isole dell'America settentr., una nell'arcipelago artico canadese e l'altra negli Stati Uniti, nell'arcipelago di Alessandro.

PRÌNCIPE EDOÀRDO (Ìsola), in ingl. **Prince Edward Island**, isola e prov. del Canada; 5657 km²; 129.765 ab.; capol. *Charlottetown*. Pesca. Agricoltu-

La Primavera *(1478 ca.)* di Botticelli. *(Uffizi, Firenze.)*

ra. Allevamento. Turismo. — L'isola è collegata alla terraferma da un ponte.

PRÌNCIPE EDOÀRDO (ìsole), arcipelago dell'Oceano Indiano sud-occ., amministrato dalla Rep. Sudafricana.

PRÌNCIPE NÉRO (il) → EDOARDO.

PRINCÌPI DELLA FILOSOFÌA, opera di R. Cartesio (1644), che contiene l'esposizione sistematica della sua dottrina filosofica.

PRINCÌPI MATEMÀTICI DI FILOSOFÌA NATURÀLE, opera principale di I. Newton, pubblicata nel 1687, in cui sono esposti i fondamenti della meccanica, le leggi della dinamica e la teoria della gravitazione universale.

PRINÉTTI (Giùlio), *Milano 1851 - Roma 1908*, politico. Eletto deputato nel 1882 nelle file della destra storica, fu in seguito ministro dei lavori pubblici (1896-1897) e degli esteri (1901-1903). Rinnovata la Triplice Alleanza con Germania e Austria, stipulò con la Francia gli accordi di P.-Barrère (1902).

PRIPIAT, PRIPJAT' o **PRIPET**, f. della Bielorussia e dell'Ucraina, affl. di destra del f. Dnepr; 775 km; bacino di 114.300 km².

PRISCILLIÀNO, *Ávila 335 ca. - Treviri 385*, vescovo spagnolo. Fondò un movimento ereticale ascetico-gnostico, il "priscillianesimo", che si diffuse largamente in Spagna. Fu condannato a morte dal sinodo di Treviri.

PRÌSCO (Michèle), *Torre Annunziata 1920 - Napoli 2003*, scrittore. Ha esordito con i racconti di *La provincia addormentata* (1949), ritratto della realtà locale napoletana. Ha poi allargato il proprio interesse a tematiche diverse, con opere quali *Gli eredi al vento* (1950), *La dama di piazza* (1961), *Una spirale di nebbia* (1966, premio Strega), *Gli ermellini neri* (1975), *Lo specchio cieco* (1984), *Il pellicano di pietra* (1996), *Gli altri* (1999).

PRIŠTINA, c. della Serbia e Montenegro, capol. del Kosovo; 70.000 ab. Moschee del periodo ottomano. Musei.

PRITCHARD (George), *Birmingham 1796 - Isole Samoa 1883*, missionario britannico. Missionario protestante e console a Tahiti (1824), acquistò influenza alla corte della regina Pomaré IV, che spinse a cacciare dall'isola i missionari cattolici francesi (1836). Espulso da Tahiti e arrestato dopo l'instaurazione del protettorato, riuscì a ottenere un indennizzo dalla Francia.

PRIVÈRNO, com. in prov. di Latina; 13.784 ab. Agricoltura (olive, cereali). Industrie tessili. Palazzo comunale (XIII sec.). Cattedrale (1183).

PRJEVALSKI (Nikolai Michajlovič), *Kimborovo 1839 - Karakol, att. Prjevalsk, 1888*, ufficiale ed esploratore russo. Diresse numerose spedizioni in Asia centrale e in Tibet. Nel 1879 scoprì l'ultima specie di cavallo selvaggio (cavallo di P.).

PRÒBO (Màrco Aurèlio), *Sirmio 232-282*, imperatore romano (276-282). Fece una rapida carriera nell'esercito e difese più volte l'impero dalle invasioni barbariche. Fu ucciso dai suoi soldati, insofferenti alla dura disciplina da lui imposta.

PROCACCÌNI, famiglia di pittori emiliani. — **Ercole P. il Vecchio**, *Bologna 1515 - Milano 1595*. Fu attivo a Bologna come seguace del manierismo, prima di trasferirsi nel 1585 a Milano. — **Camillo P.**,*1551 ca. - Milano 1629*. Figlio di Ercole, dipinse, secondo i modi del classicismo accademico, grandi pale d'altare (*Adorazione dei pastori*). — **Giulio Cesare P.**, *Bologna 1574 - Milano 1625*. Figlio di Ercole, dopo gli inizi improntati al manierismo emiliano si dedicò a una pittura di intensa plasticità cromatica, influenzata dall'opera di P.P. Rubens, raffigurando temi religiosi permeati da malinconia (*Miracoli di san Carlo* per il duomo di Milano, 1610; *Circoncisione*, Pinacoteca di Modena, 1616).

PROCHOROV (Aleksandr Michajlovič), *Atherton, Australia, 1916 - Mosca 2002*, fisico russo. Con N. Basov, ha messo a punto il primo maser. Ha ideato i risonatori a cavità (per laser) e il laser a gas, e studiato i fenomeni dell'ottica lineare. (Premio Nobel 1964.)

PRÒCIDA, isola del Mar Tirreno; 3,9 km². Compresa nell'arcipelago delle Isole Partenopee, tra Ischia e Capo Miseno, è di origine vulcanica e raggiunge i 91 m. Fa parte del com. omonimo. Pesca. Turismo balneare favorito dal clima mite.

PRÒCLO, *Costantinopoli 412 - Atene 485*, filosofo greco. Massimo esponente della scuola neoplatonica di Atene, scrisse *Sulla teologia di Platone*.

PROCÒPIO, *Cesarea, Palestina, fine del V sec. - Costantinopoli 562 ca.*, storico bizantino. Fu lo storico principale dell'epoca di Giustiniano, di cui scrisse la memorabile biografia *Storia delle guerre di Giustiniano*. Famosa la sua *Storia segreta*, una cronaca critica e scandalistica della vita politica e privata dell'imperatore Giustiniano e della moglie Teodora.

PROCÒPIO IL GRÀNDE o **IL CÀLVO**, *1380 ca. - Lipany 1434*, capo ussita. Difese la Boemia guidando l'esercito dei taboriti, che condusse alla vittoria contro la quarta e la quinta crociata nel 1426, 1427 e 1431; fu ucciso in battaglia.

PROCÙSTE o **PROCRÙSTE**, mitico brigante attico che, secondo la leggenda, torturava i viandanti costringendoli a stendersi su un letto, corto se erano alti e lungo se erano bassi (letto di P.), per poi amputare loro i piedi se sporgevano o, viceversa, stirarne le membra per adattarle alle dimensioni del giaciglio. Fu ucciso nello stesso modo da Teseo.

PRÒDI (Romàno), *Scandiano 1939*, economista e politico. Ministro dell'industria (1978-1979) e presidente dell'IRI (1982-1989, 1993-1994), nel 1996 si è candidato come leader della coalizione di centro-sinistra L'Ulivo ed è stato presidente del consiglio dal 1996 al 1998. Dal 1999 è presidente della Commissione esecutiva dell'Unione Europea.

PROIÈTTI (Luìgi, detto Gigi), *Roma 1940*, attore teatrale e cinematografico. Interprete dalle notevoli capacità istrioniche, ha raggiunto il successo in teatro con *Alleluja brava gente!* (1970), cui hanno fatto seguito *A me gli occhi, please!* (1976), *Cirano* (1985), *Per amore e per diletto* (1987), *Leggero leggero* (1991), *Dramma della gelosia* (1999), *Io, Totò e gli altri; Don Giovanni* (2002). Per il cinema ha interpretato *Brancaleone alle crociate* (1970), *La Tosca* (1973), *Panni sporchi* (1998). Per la televisione, è stato protagonista della serie *Il maresciallo Rocca* (1995 e 1997) e *L'avvocato Porta* (1997).

PROKOF'EV (Sergej Sergeèvič), *Soncovka 1891 - Mosca 1953*, compositore e pianista russo. Il suo stile, tanto nelle sette sinfonie per piano e orchestra, quanto nella musica da camera, nei balletti (*Romeo e Giulietta*, 1938) e nelle opere teatrali (*L'angelo di fuoco*, 1927), si presenta ritmicamente complesso, inizialmente influenzato dalla tradizione tardoromantica russa, poi sempre più aperto alle sonorità moderne occidentali. P. scrisse inoltre le musiche per la trilogia cinematografica *Ivan il terribile* e per *Alexsandr Nevskij* di S. Ejzenštein.

■ *Sergej Sergeèvič Prokof'ev.*

PROKOPJEVSK, c. della Russia, nel Kuzbass; 251.407 ab. Centro carbonifero e industriale (metallurgia, chimica).

PROME, in birm. **Pyé**, c. del Myanmar, sul f. Irrawaddy; 148.000 ab. Centro commerciale, artigianale e industriale.

PROMÉSSI SPÒSI (I), romanzo di A. Manzoni, pubblicato nel 1840. Scritto nel 1821 con il titolo di *Fermo e Lucia* e pubblicato nella prima versione nel 1827, nell'edizione definitiva risente di un accurato lavoro linguistico, alla ricerca di un vocabolario scevro da influssi lombardi. Primo vero romanzo della letteratura nazionale, rappresenta un grandioso affresco della società seicentesca, ed è pertanto un romanzo storico, ma allo stesso tempo rivela una complessa visione del mondo, dove l'umano e il divino, la politica e gli affetti, il destino e la volontà sono sottoposti allo sguardo partecipe, anche se spesso ironico, del narratore.

PROMÈTEO MITOL. GR. Appartenente alla razza dei Titani, colpevole di aver rubato il fuoco agli dei per donarlo agli uomini. Zeus, per punirlo, lo fece incatenare a una roccia del Caucaso, dove ogni giorno un'aquila gli divorava il fegato, che di notte, essendo egli immorta-

le, ricresceva; fu liberato da Eracle. — Il mito di P. ha ispirato a Eschilo la tragedia *Prometeo incatenato* e a P.B. Shelley il dramma in versi *Prometeo liberato* (1820).

PRÒMIS (Càrlo), *Torino 1808-1872*, architetto e storico dell'architettura. Esponente dell'eclettismo, progettò le case di piazza Solferino, piazza di Porta Nuova e piazza d'Armi, a Torino. Si dedicò anche allo studio dell'architettura romana e medievale.

PRONY (Marie Riche, baróne **di**), *Chamelet 1755 - Asnières 1839*, ingegnere francese. Fu incaricato di redigere il catasto generale della Francia (1791), ideò il freno dinamometrico (1821) e misurò, insieme a F. Arago, la velocità di propagazione del suono nell'aria (1822).

PROPAGANDA FIDE (Sàcra Congregazióne de), dal 1967 **Congregazióne romàna per l'evangelizzazióne dei pòpoli**, organo della curia romana istituito, nella sua forma definitiva, da Gregorio XV (1622). Presieduta da un cardinaleprefetto, ha lo scopo di coordinare l'attività missionaria.

PROPÈRZIO (Sèsto), *Umbria 47 ca. a.C. - 16 ca. a.C.*, poeta latino. Nelle sue *Elegie* è evidente l'influsso della poesia alessandrina.

PROPÒNTIDE, ant. nome greco del Mar di Marmara.

PROPP (Vladimir Jakovlevič), *San Pietroburgo 1895-1970*, favolista russo. Precursore dello strutturalismo, nei suoi studi sulle favole popolari dimostrò l'esistenza di una precisa sintassi del contenuto, basata su temi e schemi ricorrenti. I suoi lavori, ampiamente studiati in Occidente, posero le basi della moderna semiotica. *Morfologia della fiaba* (1928), *Le radici storiche dei racconti di fate* (1946).

PROSÈRPINA MITOL. ROM. Dea degli Inferi identificata con la greca Persefone.

PROSKURIAKOFF (Tatiana), *Omsk 1909 - Cambridge, Massachusetts, 1985*, storica dell'arte e archeologa statunitense. Studiò le iscrizioni maya, contribuendo alla loro decifrazione.

PRÒSPERO DI AQUITÀNIA o **PRÒSPERO TIRÓNE** (sànto), *Aquitania 390 ca. - tra il 455 e il 463*, teologo e monaco. Seguace di sant'Agostino, ne difese la dottrina sulla predestinazione divina. La sua *Cronaca universale* compendia quella di san Girolamo fino al 378 ed è opera originale fino al 455.

PROST (Alain), *Lorette 1955*, pilota automobilistico francese. Ha conquistato il titolo mondiale negli anni 1985, 1986, 1989 e 1993.

PROTÀGORA, *Abdera 486 ca. - 410 a.C. ca.*, sofista greco, celebre per la sua affermazione "l'uomo è misura di tutte le cose", il cui significato venne chiarito da Platone.

PROTÀSIO, fratello di *Gervaso.

PRÒTEO MITOL. GR. Guardiano di foche, figlio di Poseidone, dio del mare. P. aveva il dono di predire l'avvenire e poteva assumere la forma di qualunque animale o elemento della natura per sottrarsi alle richieste degli uomini.

PROUDHON (Pierre Joseph), *Besançon 1809 - Parigi 1865*, filosofo e politico francese, ritenuto uno dei padri dell'anarchismo. Nel celebre *pamphlet Che cos'è la proprietà?* (1840) definì la proprietà privata un furto e propose di eliminare il profitto attraverso la concessione del credito gratuito. Fu duramente attaccato da K. Marx (*Filosofia della miseria*, 1846) per la sua critica alla struttura oppressiva dello Stato comunista e per il suo ideale di autogestione operaia. Pubblicò il giornale *La voce del popolo* (1848) e scrisse *L'idea generale della rivoluzione nel XIX secolo* (1851).

■ *Pierre Joseph Proudhon ritratto da G. Courbet. (Petit Palais, Parigi.)*

PROUST (Joseph Louis), *Angers 1754-1826*, chimico francese. È noto per aver enunciato, nel 1808, la legge delle proporzioni definite, secondo la quale in un composto chimico i componenti sono sempre presenti in un rapporto di peso costante.

PROUST (Marcel), *Parigi 1871-1922*, scrittore francese. Tradusse opere di J. Ruskin e scrisse saggi (*Contro Sainte-Beuve*, 1954) e racconti (*Jean Santeuil*, 1952), ma fu con il vasto ciclo narrativo *Alla ricerca del tempo perduto* che si affermò come il protagonista della letteratura francese del '900. L'opera narra,

in prima persona e nella forma del monologo interiore, le peregrinazioni mentali del protagonista, che si muove nell'elegante ambiente borghese alla ricerca della felicità, giungendo a trovarla nella memoria involontaria, luogo di scoperta del significato del tempo. Nella memoria il tempo è vissuto come durata e ciò che accaduto diviene eterno, grazie all'arte e alla scrittura.

■ *Marcel Proust ritratto da J.-É. Blanche. (Musée d'Orsay.)*

PROVÈNZA, in fr. **Provence**, reg. storica della Francia sud-orient., comprendente i dip. Alpes-de-Haute-Provence, Bouches-du-Rhône e Var. Agricoltura. Allevamento bovino. Industrie siderurgiche, meccaniche, chimiche, petrolifere, alimentari. Importante porto commerciale a Marsiglia e base militare a Tolone. Turismo.

PROVÈNZA-ÀLPI-CÒSTA AZZÙRRA, in fr. **Provence-Alpes-Côte d'Azur**, reg. amministrativa della Francia; 31.400 km²; 4.506.151 ab.; capol. *Marsiglia*; 6 dip. (Alpes-de-Haute-Provence, Hautes-Alpes, Alpes-Maritimes, Bouches-du-Rhône, Var e Vaucluse). Prevalentemente turistica la parte orient., lungo la Costa Azzurra, e sede di attività commerciali e industriali quella occ. Le zone interne sono dedite all'agricoltura.

PROVENZÀLE (Francésco), *Napoli 1627 ca. - 1704*, compositore. È considerato l'iniziatore della scuola operistica di Napoli. Tra le opere, *Lo schiavo di sua moglie* (1672), *Stellidaura vendicata* (1674).

PROVIDENCE, c. degli Stati Uniti, cap. dello Stato di Rhode Island; 173.618 ab. Edifici e monumenti del XVIII-XIX sec.

PROVÌNCE UNÌTE, denominazione della parte settentr. dei Paesi bassi dal 1579 al 1795. **1579**: l'unione di Utrecht sancisce la secessione delle sette province calviniste del N (Zelanda, Overijssel, Olanda, Gheldria, Frisia, Groninga, Utrecht), che ripudiano solennemente (1581) l'autorità di Filippo II di Spagna. **1585-1625**: lo statolder Maurizio di Nassau prosegue la lotta contro gli spagnoli. **1621-1648**: in seguito alla tregua dei Dodici anni (1609-1621), le P. U. riprendono le ostilità, ora legate alla guerra dei Trent'anni. **1648**: con il trattato di Westfalia, la Spagna riconosce l'indipendenza delle P. U. **1650-1672**: alla morte di Guglielmo II di Nassau, le sette province decidono di non nominare più lo statolder. L'oligarchia commerciale sale al potere nel 1653 con Jean de Witt. Durante questo periodo, lo sviluppo dell'impero coloniale olandese e gli interventi delle P. U. contro la Danimarca, la Svezia e l'Inghilterra assicurano al paese il dominio sul mare. **1672**: l'invasione francese provoca la caduta di Jean de Witt. Guglielmo III viene nominato statolder. **1678-1679**: i trattati di Nimega mettono fine alla guerra di Olanda. **1689**: divenuto re d'Inghilterra, Guglielmo III sacrifica alla corona gli interessi del paese. **1702**: alla sua morte, nessuno statolder viene nominato. Il potere è in mano ai gran pensionari. **1740-1748**: la guerra di successione austriaca e l'occupazione francese provocano la restaurazione, nel 1747, della casa di Orange-Nassau. **1780-1784**: la guerra contro la Gran Bretagna si rivela catastrofica per il commercio olandese; **1786**: questa crisi provoca diverse sollevazioni. **1795**: l'invasione francese provoca la caduta del regime. Le P. U., trasformate nella Rep. batava prima, in regno di Olanda poi (1806), a vantaggio di Luigi Bonaparte, vengono poste (1810) sotto amministrazione della Francia (→ **Paesi Bassi**).

PROVÌNCE UNÌTE DELL'AMÈRICA CENTRÀLE (Federazione delle), federazione ispirata alle idee di S. Bolívar e al suo progetto di creazione della Grande Colombia. Riunì dal 1823 al 1838-1839 il Costarica, l'Honduras, il Nicaragua, il Guatemala e il Salvador.

PROXIMA CENTAURI, stella della costellazione del Centauro, la più vicina al Sole; dista dalla Terra 4,2 anni luce.

PRUDENZÀNI (Simóne), *Prodo dopo il 1360 - Orvieto 1440 ca.*, poeta. Scrisse il poema *Saporetto* e la raccolta di novelle il *Sollazzo*, in stile boccaccesco.

PRUDÈNZIO (Aurèlio Clemènte), *Calahorra 348 - 410 ca.*, poeta latino cristiano. Scrisse la *Psychomachia*, un poemetto allegorico sulla lotta tra vizi e virtù che ha luogo nell'animo umano.

PRUDHOE BAY, baia della costa settentr. dell'Alaska. Giacimenti di petrolio.

PRUD'HON (Pierre Paul), *Cluny 1758 - Parigi 1823*, pittore francese. Espressione della grazia neoclassica, la sua arte rivela una ricchezza di sentimenti già romantica. Nel 1808 dipinse *Giustizia e Vendetta* (Louvre, Parigi). Sue opere si trovano al Louvre, a Chantilly e nel museo di Gray.

Pierre Paul **PRUD'HON**. *Studio di testa, detto La Vergine, disegno al carboncino e gessetto. (Museo di Belle Arti, Digione.)*

PRUS (Aleksander Głowacki, detto Bolesław), *Hrubieszów 1847 - Varsavia 1912*, scrittore polacco, autore di romanzi sociali (*La bambola*) e storici (*Il faraone*).

PRÙSIA I, *m. nel 182 ca. a.C.*, re di Bitinia (230-227 ca. - 182 a.C.). Accolse alla propria corte Annibale come consigliere ma, sconfitto durante la seconda guerra punica, dovette accettare la mediazione di Roma, che lo costrinse a consegnare il generale (Annibale preferì il suicidio). — **Prusia II**, *m. a Nicomedia nel 149 a.C.*, re di Bitinia (182-149 a.C.). Figlio di Prusia I, accettò la protezione di Roma, ma fu assassinato dal figlio Nicomede II.

PRUSINER (Stanley B.), *Des Moines 1942*, biologo e neurologo statunitense. Nel 1982 ha identificato nel prione l'agente responsabile delle patologie note come encefalopatie spongiformi, tra cui quella bovina, più conosciuta come "morbo della mucca pazza". (Premio Nobel 1997.)

PRÙSSIA, ant. Stato della Germania settentr. Cap. *Berlino*.

Dalle origini al regno di Prussia. Il territorio originario della P., situato tra la Vistola e il Niemen, viene occupato a partire dal IV-V sec. da una popolazione baltica, i borussi o prussiani; **1230-1280**: viene conquistato dall'ordine dei cavalieri teutonici, che vi installano i coloni tedeschi. **1410**: i polacco-lituani sconfiggono i cavalieri a Grünwald (Tannenberg). **1466**: con la pace di Toruń, l'ordine teutonico riconosce la sovranità della Polonia. **1525**: il gran maestro Alberto di Brandeburgo scioglie l'ordine e fa del suo territorio un ducato ereditario della corona di Polonia. **1618**: il ducato passa nelle mani degli Hohenzollern, principi elettori di Brandeburgo che, nel corso della guerra dei Trent'anni, si destreggiano tra Svezia e Polonia. **1660**: Federico Guglielmo, il Grande Elettore, ottiene la rinuncia da parte della Polonia alla sua sovranità sulla P.; **1701**: il figlio diventa "re in P." con il nome di Federico I. **1713-1740**: Federico Guglielmo I, il "re sergente", dota il paese dell'esercito più moderno d'Europa. **1740-1786**: Federico II il Grande, il "re filosofo", fa della P., alleata con la Slesia e con i territori ricevuti durante la prima spartizione della Polonia, una grande potenza europea. **1806**: la P. viene sconfitta da Napoleone a Auerstedt e a Iena. **1806-1813**: il paese si risolleva sotto la guida dei ministri H. Stein e K. Hardenberg: abolizione della schiavitù; creazione dell'Università di Berlino, culla del nazionalismo tedesco; riorganizzazione dell'esercito. **1813-1814**: la P. gioca un ruolo determinante nella lotta contro Napoleone.

L'egemonia prussiana in Germania. **1814-1815**: la P. ottiene al Congresso di Vienna la Sassonia settentr., la Westfalia e i territori renani al di là della Mosella, diventando lo Stato più potente della Confederazione germanica; **1834**: grazie a una politica di integrazione economica (*Zollverein*), prepara l'unità degli Stati della Germania settentr. sotto la sua egida. **1862**: Guglielmo I (1861-1888) chiama Otto von Bismarck alla presidenza del consiglio. **1866**: l'Austria è sconfitta a Sadowa. **1867**: viene creata la Confederazione della Germania del Nord. **1871**: con la vittoria nella guerra franco-tedesca, Guglielmo I viene proclamato imperatore di Germania a Versailles. La P. costituisce uno Stato dell'impero tedesco, e poi della repubblica di Weimar. Dopo la fine della seconda guerra mondiale gran parte della P. entra a far parte della Polonia.

PRÙSSIA OCCIDENTÀLE, ant. prov. della Germania. Cap. *Danzica*. Organizzata nel 1815, raggruppava i territori della Prussia in seguito alle prime due spartizioni della Polonia (1772, 1793). Fu attribuita alla Polonia nel 1919, fatta eccezione per Danzica.

PRÙSSIA ORIENTÀLE, ant. prov. della Germania. Cap. *Königsberg*. Nel 1945 fu divisa tra URSS e Polonia.

PRÙSSIA RENÀNA, ant. prov. della Germania. C. princ. *Coblenza*. Costituita in seno al regno di Prussia nel 1824, è att. divisa tra i Länder della Renania Settentrionale-Westfalia e Renania-Palatinato.

PRUT, f. dell'Europa orient., che nasce in Ucraina, affl. di sinistra del Danubio; 989 km. Segna il confine tra Moldavia e Romania.

PRZEMYŚL, c. della Polonia, in Galizia; 68.345 ab. Cattedrale del XV-XVIII sec. e altri monumenti; museo.

PSAMMÈTICO I, *m. nel 609 ca. a.C.*, faraone egizio (663-609 ca. a.C.). Figlio di Necao I, capostipite della XXVI dinastia, liberò l'Egitto dagli assiri. — **Psammetico III**, *m. nel 525 a.C.*, faraone egizio (526-525 a.C.), della XXVI dinastia. Fu sconfitto e ucciso dal re persiano Cambise II, che conquistò l'Egitto nel 525.

PSD'A → SARDO D'AZIONE (Partito).

PSDI → SOCIALISTA DEMOCRATICO ITALIANO (Partito).

PSÈLLO (Michèle), *Costantinopoli 1018-1078*, politico ed erudito bizantino. Consigliere di Isacco I Comneno e dei suoi successori, contribuì a diffondere la filosofia platonica nell'impero bizantino. Scrisse una *Cronografia* nella quale è narrata la storia bizantina dal 976 al 1077.

PSI → SOCIALISTA ITALIANO (Partito).

PSÌCHE MITOL. GR. Giovane di rara bellezza amata da Eros. Abbandonata dal dio per aver acceso un lume mentre Eros dormiva e contemplato il suo viso, contravvenendo a un divieto, riuscì a ricongiungersi con l'amante solo in seguito a numerose avventure. Il mito di P., narrato da Apuleio, ha simboleggiato il destino dell'anima decaduta che, in seguito a prove purificatrici, si unisce per sempre all'amore divino.

PSIUP → SOCIALISTA ITALIANO DI UNITÀ PROLETARIA (Partito).

PSKOV, c. della Russia, a SO di San Pietroburgo; 206.956 ab. Mura di cinta, resti del Cremlino, numerose chiese medievali; ricco museo d'arte e di storia.

PSLI → SOCIALISTA DEI LAVORATORI ITALIANI (Partito).

PTAH, dio egizio, venerato a Menfi, considerato il padre degli altri dei. Rappresentato con volto umano e il corpo avvolto in un sudario.

PU → Umanista (Partito).

PUBLÌCOLA → Valerio Publìcola (Publio).

PUCCÌNI (Giàcomo), *Lucca 1858 - Bruxelles 1924*, musicista. Mutuò da G. Verdi l'idea di un melodramma lirico arricchito di soluzioni musicali, nel quale, accanto a remote reminiscenze wagneriane (come l'uso del *leitmotiv* piegato a un disegno melodico), convivono accenti di quel verismo di cui P. fu indiscusso maestro. Il risultato della commistione di elementi così eterogenei è l'intenso lirismo che caratterizza le sue opere (*La bohème*, 1896; *Tosca*, 1900; *Madame Butterfly*, 1904; *Il trittico*, 1918; *Turandot*, 1926).

■ *Giacomo Puccini.*

PUCELLE (Jean), *m. a Parigi nel 1334*, miniatore francese. Capo di un importante atelier a Parigi (1320-1330 ca.) introdusse l'uso di istoriare i margini dei manoscritti (*Le ore di Jeanne d'Évreux*, Cloisters Museum, New York).

PUDOVKIN (Vsevolod), *Penza 1893 - Mosca 1953*, regista sovietico. Teorico del montaggio, rappresentò con lirismo il tema rivoluzionario della presa di coscienza: *La madre* (1926), *La fine di San Pietroburgo* (1927), *Tempeste sull'Asia* (1929).

PUEBLA, c. del Messico, cap. dello Stato di Puebla; 1.271.673 ab. Centro commerciale e industriale. Duomo del XVI-XVII sec.; chiese barocche; musei.

PUEBLO, c. degli Stati Uniti (Colorado); 102.121 ab.

PUEBLO, insieme di popolazioni amerindie degli Stati Uniti sud-occ. (Arizona e Nuovo Messico; ca. 55.000 individui). I p. comprendono le etnie hopi, tewa, tiwa e zuñi. Agricoltori dalle abitudini sedentarie, vivono in villaggi di case costruite in *pisé* e non di rado disposte a terrazze. Abili e rinomati artigiani (vimini, tessitura, ceramica, oreficeria), hanno conservato le loro danze tipiche, i canti tradizionali, nonché numerosi riti misteriosi connessi alle relazioni con gli spiriti ancestrali (*kachina*) e gli dei. Appartengono a differenti ceppi linguistici.

PUEBLO BONITO, zona archeologica degli Stati Uniti, nella reg. di Chaco Canyon (Nuovo Messico). Imponenti resti di una città precolombiana risalente alla fine dell'epoca Anasazi, che fu abbandonata intorno al 1300.

PUERTO CABELLO, c. del Venezuela; 128.825 ab. Porto.

PUERTO LA CRUZ, c. del Venezuela; 155.731 ab. Porto.

PUERTOLLANO, c. della Spagna (Castiglia-La Mancia), a S di Ciudad Real; 50.212 ab. Centro industriale.

PUERTO MONTT, c. del Cile merid.; 129.970 ab. Porto.

PUERTO RICO → Portorico.

PUEZ ODLE (Pàrco naturàle regionàle), parco dell'Alto Adige, tra la Val Badia e la Val Gardena, istituito nel 1977; 10.196 ha. Tra le specie protette, gufo reale e aquila reale.

PUFENDORF (Samuel, baróne **von**), *Flöhe 1632 - Berlino 1694*, giurista e storico tedesco. Riprendendo e sviluppando le idee di U. Grozio, scrisse *De iure naturali et gentium* (1672), indicando in un contratto sociale la fondamenta del diritto.

PÙFFI (I), personaggi dei fumetti creati nel 1958 da Peyo per il settimanale belga *Spirou*. Questi gnomi blu sono dotati di un linguaggio e di un'organizzazione sociale impregnati di umorismo e utopia.

PUGAČĚV (Emel'jan Ivanovič), *Zimoevjskaja 1742 ca. - Mosca 1775*, capo dell'insurrezione popolare russa del 1773-1774. Spacciandosi per lo zar Pietro III, raggruppò le truppe di insorti cosacchi, contadini e allogeni, contro i quali Caterina II inviò l'esercito. Fu giustiziato.

PUGET (Pierre), *Marsiglia 1620-1694*, scultore, pittore e architetto francese. Per il suo stile barocco e realistico, in contrasto con l'arte ufficiale, è

Pierre **PUGET**. Milone di Crotone.
(Louvre, Parigi.)

considerato uno dei più originali scultori francesi del suo tempo.

PUGET SOUND, fiordo della costa occ. degli Stati Uniti (Stato di Washington).

PÙGLIA, reg. dell'Italia merid., che si affaccia a NE sul Mar Adriatico e a S sul Mar Ionio. Confina a NO con il Molise e a O con la Basilicata e la Campania; 19.357 km²; 3.983.487 ab. (*pugliesi*). Cinque prov.: *Bari* (capol. di reg.), *Brindisi*, *Foggia*, *Lecce*, *Taranto*. [*V. carta a pagina seguente.*]

ASPETTI FISICI – La regione presenta un territorio in prevalenza pianeggiante (Tavoliere delle Puglie, Penisola Salentina) e collinare. A NO si sviluppano i Monti della Daunia e a N il Promontorio del Gargano, che scende a picco sul mare. La fascia centrale della regione è occupata dall'altopiano delle Murge. Particolarmente scarse le acque di superficie: l'unico fiume notevole è l'Ofanto. A N, lungo le coste del Gargano, si estendono i laghi costieri di Lesina e Varano. Alla regione appartiene l'arcipelago delle Isole Tremiti. Il clima è tipicamente mediterraneo, con estati calde e secche e precipitazioni scarse durante la stagione invernale.

POPOLAZIONE – La P. presenta un'elevata densità media (205,7 ab. per km²). La popolazione tende ad abbandonare le aree rurali a favore del litorale e dei capoluoghi di provincia. Il saldo naturale è positivo (2,3‰) e il tasso di natalità è superiore alla media italiana. Di notevole rilievo il flusso migratorio proveniente dall'Est europeo (Albania, ex Iugoslavia), mentre il fenomeno dell'emigrazione, particolarmente significativo tra gli anni '50 e '80 del secolo scorso, si è ormai arrestato.

ECONOMIA – La regione, nonostante i recenti tentativi di incremento delle attività industriali, è caratterizzata da una notevole arretratezza economica e da un tasso di disoccupazione particolarmente elevato (17%). Il settore prima-

Ho un'idea! Andiamo a "puffare" una galleria!

I **PUFFI**. *Estratto da i i puffi e l'uovo di Peyo.*

rio (7,09% del reddito complessivo) riveste tuttora un ruolo di primo piano, ma è penalizzato dallo scarso sviluppo delle tecniche di coltivazione e dalla presenza preponderante di aziende agricole a conduzione familiare. Significativa la produzione ortofrutticola e ittica. Il settore secondario fornisce solo il 20,88% dei redditi ed è imperniato sul polo siderurgico di Taranto e sugli impianti petrolchimici di Brindisi. Molto diffuse le piccole imprese, soprattutto alimentari, conserviere e chimiche. Il settore terziario (72,03% del reddito) si basa soprattutto sul commercio e sulla pubblica amministrazione. Lo sviluppo del turismo marittimo è limitato dalla parziale inadeguatezza delle strutture ricettive.

STORIA – **Dalle origini alla dominazione spagnola.** VIII sec. a.C.: la regione viene colonizzata dai greci; IV-III sec.: è conquistata dai romani; I sec. d.C.: viene inclusa nella II regione augustea. **553**: ha inizio la dominazione bizantina. XI-XIII sec.: i normanni controllano la regione, che entra a far parte del Regno delle Due Sicilie (Federico II). **1266**: la P. passa nelle mani degli Angioini; **1442**: cade sotto il dominio degli Aragonesi. **1503-1707**: nell'area pugliese si afferma la dominazione spagnola.

Dai Borbone all'unità d'Italia. 1707: La P. entra a far parte dei possedimenti borbonici; **1805-1815**: è occupata dai francesi. **1805-1815**: i Borbone tornano al potere. **1860**: la regione viene annessa tramite un plebiscito al regno d'Italia.

PUGLIÉSE CARATÈLLI (Giovànni), *Napoli 1911*, storico dell'antichità. Tra le sue opere: *Imperator Caesar Augustus* (1947), *Gli editti di Asoka* (1960), *Storia greca* (1967), *Scritti sul mondo antico* (1976).

PUGNÀNI (Gaetàno), *Torino 1731-1798*, compositore e violinista. Direttore dell'orchestra del Teatro Regio, a Torino, compose opere teatrali e strumentali (*Nanetta e Lubino*, 1769; *Issea*, 1770; *Achille in Sciro*, 1785; *Demetrio a Rodi*, 1789).

PUGNOCHIÙSO, rinomata località turistica del Gargano, nel com. di Vieste.

PUJOL I SOLEY (Jordi), *Barcellona 1930*, politico spagnolo. Capo della coalizione Convergència i Unió, dal 1980 al 2003 è stato presidente della regione autonoma Catalogna.

PULA, in it. **Pòla**, c. della Croazia, nell'Istria; 62.000 ab. Monumenti romani; duomo ricostruito nel XVII sec.; museo archeologico.

PULCHÈRIA (sànta), *Costantinopoli 399-453*, imperatrice d'Oriente. Figlia di Arcadio, divenne imperatrice in seguito alla morte del fratello Teodosio II (450). Difese l'ortodossia religiosa contro i nestoriani e i monofisiti.

PÙLCI (Luigi), *Firenze 1432 - Padova 1484*, poeta. La sua opera più famosa rimane il poema cavalleresco in ottave *Morgante* (finito nel 1470, ma pubblicato solo nel 1478), evidente parodia, ispirata allo sperimentalismo linguistico burchiellesco, delle *chansons de geste*.

PULCINÈLLA, maschera comica della commedia dell'arte, una delle principali del teatro italiano. Di origini napoletane, P. è caratterizzato da un naso adunco, da un vestito tutto bianco e dalla mascherina nera sugli occhi. Rappresenta l'uomo pigro, chiacchierone ma con una sua precisa filosofia di vita. Tra i molti attori che l'hanno interpretato si ricordano: S. Fiorillo (XVI sec.), A. Petito nell'800 e E. De Filippo.

PULITZER (prèmio), premio istituito dal giornalista statunitense Joseph P. (1847-1911). Assegnato sin dal 1917 dal consiglio d'amministrazione della Columbia University of New York, premia annualmente giornalisti, scrittori e musicisti.

PULLMAN (George Mortimer), *Brocton, Stato di New York, 1831 - Chicago 1897*, industriale statunitense. È l'inventore, insieme all'amico Ben Field, dei vagoni letto (1863-1865).

PUNAKHA, c. del Bhutan occ. Ant. capitale.

PUNCH o **LONDON CHARIVARI** (The), settimanale satirico illustrato inglese, fondato nel 1841.

PUNE o **POONA**, c. dell'India (Maharashtra); 2.540.069 ab. (3.489.000 ab. nell'agglomerato). Centro religioso, universitario e industriale. — Cap. dell'impero marathi nel XVIII sec.

PÙNICHE (guèrre), conflitti che tra il 264 e il 146 a.C. videro Roma e Cartagine scontrarsi per l'egemonia sul Mar Mediterraneo occ.

Puglia

500 1000 1500 2000 m

★ importante località turistica
● oltre 50.000 ab.
● da 20.000 a 50.000 ab.
● da 10.000 a 20.000 ab.
● fino a 10.000 ab.

━━ autostrada
━━ strada normale
─── ferrovia
✈ aeroporto

Prima guerra punica (264-241 a.C.). Ebbe come scenario la Sicilia, base delle spedizioni navali romane. Forti degli iniziali successi (vittoria di Caio Duilio a Milazzo, a largo della Sicilia, nel 260), i romani sbarcarono in Africa. La disfatta e l'uccisione di Attilio Regolo in Africa (255), e la successiva sconfitta della flotta e dell'esercito romani in Sicilia (*Drepanum*, 249), contro Amilcare Barca, sembrarono rovesciare le sorti del conflitto. Solo in seguito alla vittoria della flotta comandata da Q. Lutezio Catulo alle Isole Egadi (241), Cartagine decise di intavolare le trattative per la pace, che sancirono il passaggio della Sicilia sotto il dominio romano.
Seconda guerra punica (218-201 a.C.). Fu contrassegnata dall'offensiva del condottiero cartaginese Annibale. Muovendo dalla Spagna (presa di Sagunto, 219), attraverso i Pirenei e le Alpi, Annibale entrò in Italia dove sconfisse l'esercito di Scipione al Ticino e al Trebbia (218), travolgendo in seguito ogni resistenza sul Lago Trasimeno (217) e a Canne (216); sprovvisto di rinforzi, dovette però rinunciare alla conquista di Roma (211). Per spezzare l'assedio di Annibale in Italia, i romani aprirono il fronte di battaglia spagnolo, manovra che fruttò la sconfitta e l'uccisione del fratello di Annibale, Asdrubale, sulle rive del Metauro (207). Nel 204, forte dell'appoggio della Numidia del re Massinissa, Scipione l'Africano portò la guerra in Africa. Rientrato dall'Italia, Annibale fu sconfitto a Zama (202). Per Cartagine la pace del 201 comportò un drastico ridimensionamento: oltre all'imposizione di un pesante tributo, si vide privata dei possedimenti spagnoli e della flotta.
Terza guerra punica (149-146 a.C.). Segnò la fine del regno di Cartagine. Il senato romano, am-
monito da Catone, che temeva la possibile rinascita della città ("*Carthago delenda est*"), addusse a pretesto dell'invio di truppe in Africa il conflitto che opponeva i cartaginesi agli alleati della Numidia. Dopo tre anni di assedio, Cartagine fu conquistata e rasa al suolo. La potenza punica era sconfitta definitivamente.

PUNJAB, reg. dell'Asia merid., attraversata dagli affl. dell'Indo (i "cinque fiumi": Jhelum, Chenab, Ravi, Sutlej, Beas) e divisa dal 1947 tra India (Stato del P., 50.362 km²; 20.190.975 ab., e dell'Haryana) e Pakistan (c. princ. Lahore). Colture di riso, cotone e canna da zucchero.

PUNT, termine che, nell'ant. Egitto, designava i paesi rivieraschi del Mar Rosso.

PUNTA ARENAS, c. del Cile, sullo Stretto di Magellano; 113661 ab. Porto. Insieme a Ushuaia (Argentina) è tra le città poste più a S del globo.

PUNTA DEL ESTE, c. dell'Uruguay, sull'Oceano Atlantico; 8294 ab. Stazione balneare.

PÙNTA RÀISI, aeroporto civile di Palermo, collegato alla città dall'autostrada.

PUÒTI (Basilio), *Napoli 1782-1847*, letterato. Nel 1825 fondò nella città natale una celebre scuola di lingua italiana, che ebbe tra gli allievi anche F. De Sanctis. Tra le opere, *Regole elementari della lingua italiana* (1933).

PURANA, raccolta di epopee indiane di autore anonimo (IV-XV sec.) che costituisce la summa della cultura e della religione indiane.

PURCELL (Edward Mills), *Taylorville, Illinois, 1912 - Cambridge, Massachusetts, 1997*, fisico statunitense. Ha ipotizzato un modello esplicativo per la propagazione delle onde radioelettriche, utilizzando le proprietà della ionosfera. Ha inoltre
determinato gli spin magnetici nel nucleo dell'atomo. (Premio Nobel 1952.)

PURCELL (Henry), *Londra ? 1659 - Westminster, att. parte di Londra, 1695*, musicista britannico. È autore di opere di un intenso lirismo: musiche di scena (*Dido and Aeneas*, opera, 1689; *King Arthur*, 1691; *The Fairy Queen*, 1692), cantate sacre e profane (odi e *anthems*), sonate, fantasie per viole e suite per clavicembalo.

■ *Henry Purcell. Incisione del XVII sec.*

PURÌNI (Fránco), *Isola del Liri 1941*, architetto. È autore di progetti per il quartiere Zen, a Palermo (con V. Gregotti) e della Cappella di S. Antonio a Poggioreale. Ha pubblicato anche saggi sulla progettazione, tra cui *Luogo e progetto* (1976), *Alcune forme della casa* (1979), *L'architettura didattica* (1980).

PURÚS, f. del Perú e del Brasile, affl. di destra del Rio delle Amazzoni; 2948 km.

PURUSA, in sanscrito è l'essere primordiale del culto vedico. Immolandosi in sacrificio, creò il mondo.

PUSAN, c. della Corea del Sud, sullo Stretto di Corea; 3.802.319 ab. Principale porto del paese. Centro industriale.

PUSEY (Edward Bouverie), *Pusey, presso Oxford, 1800 - Ascot Priory, Berkshire, 1882*, teologo britannico. Giocò un ruolo fondamentale nel "movimento di Oxford", o puseyismo, che indirizzò una fazione della Chiesa anglicana verso il cattolicesimo. Lui stesso rimase però fedele all'anglicanesimo.

PUSKAS (Ferenc), *Budapest 1927*, calciatore ungherese naturalizzato spagnolo. Mezz'ala sinistra e formidabile cannoniere, è stato uno dei protagonisti della Honved e della nazionale ungherese (vincitrice alle Olimpiadi del 1952 e seconda ai campionati mondiali del 1954) e poi del Real Madrid (1 Coppa dei campioni).

PUŠKIN (Aleksandr Sergeevič), *Mosca 1799 - San Pietroburgo 1837*, scrittore russo. Funzionario imperiale, fu più volte soggetto a censura a causa delle sue idee liberali, ma conobbe rapidamente la gloria attraverso le sue opere: un'epopea fantastica (*Ruslan e Ljudmila*), un dramma storico (*Boris Godunov*, 1831), un romanzo in versi (*Evgenij Onegin*, 1833), i racconti (*La donna di picche*, 1834; *La figlia del capitano*, 1836). Rinnovò la letteratura russa. Fu ucciso in duello.

■ *Aleksandr Puškin ritratto da O.A. Kiprenski. (Galleria Tretiakov, Mosca.)*

PUSTERÌA (Val), in ted. **Pustertal**, valle delle Alpi orient., tra le Dolomiti e le Alpi Pusteresi. Turismo e sport invernali. Centri principali: Brunico, Monguelfo, Dobbiaco, San Candido.

PUSTERTAL → PUSTERIA (Val).

PUSZTA, denominazione della tipica prateria stepposa dell'Ungheria non ancora coltivata.

PUTIFARRE, personaggio biblico, ufficiale al servizio del faraone all'epoca di Giuseppe. La moglie, innamoratasi di Giuseppe, per vendicarsi della sua indifferenza lo accusò di aver voluto sedurla. P. fece allora imprigionare l'incolpevole rivale.

PUTIGNÀNO, com. in prov. di Bari; 28.096 ab. Chiesa di S. Pietro (XII sec.). Nei dintorni, grotta di P., di origine carsica. Vi hanno luogo tradizionali sfilate carnevalesche.

PUTIN (Vladimir Vladimirovič), *Leningrado 1952*, politico russo. Capo del FSB (Servizio di sicurezza generale, ex KGB), è stato nominato primo ministro nell'ago. 1999. Divenuto presidente della Russia dopo le dimissioni di B. Eltsin (dic. 1999), è stato confermato a capo della federazione dalle elezioni presidenziali del mar. 2000 e 2004.

■ *Vladimir Putin.*

PUTNAM (Hilary), *Chicago 1926*, filosofo e logico statunitense. È strenuo assertore di un realismo scientifico che ammette l'indipendenza della realtà, in considerazione del fatto che essa può essere appresa unicamente attraverso una serie di schemi concettuali e pratici.

PUTNIK (Radomir), *Kragujevac 1847 - Nizza 1917*, maresciallo serbo. Comandò le forze armate serbe dal 1912 sino alla fine del 1915.

PUTRAJAYA, cap. amministrativa della Malaysia, a 25 km da Kuala Lumpur; 7500 ab. Sede del governo federale. — Centro specializzato nelle alte tecnologie.

PUVIS DE CHAVANNES (Pierre), *Lione 1824 - Parigi 1898*, pittore francese. È conosciuto per le sue pitture murali (al Panthéon, alla Sorbona e all'Hôtel de Ville a Parigi) di stampo simbolista e di stile sobriamente classico.

PUY DE DÔME, sommità vulcanica dell'Alvernia, nei pressi di Clermont-Ferrand; 1465 m. Osservatorio meteorologico.

PUY-DE-DÔME, dip. della Francia, nella reg. Alvernia; capol. *Clermont-Ferrand*; 7970 km²; 604.266. La fertile piana del Limagne ha consentito lo sviluppo dell'agricoltura (cereali e frutta).

PUYI, *Pechino 1906-1967*, ultimo imperatore della Cina (1908-1912). I giapponesi lo designarono reggente (1932) e successivamente imperatore (1934-1945) del Manchukuo. Catturato dai sovietici, fu internato dal 1949 al 1959 a Fushun dopo la vittoria dei comunisti in Cina. In seguito divenne un impiegato del Giardino botanico di Pechino e del servizio degli Affari culturali.

PUZO (Mario), *New York 1920 - Long Island 1999*, scrittore. Autore di romanzi sull'ambiente mafioso, da cui sono state tratte versioni cinematografiche: *L'arena oscura* (1955), *Mamma Lucia* (1964), *Il padrino* (1969), *Il siciliano* (1984), *L'ultimo Don* (1996).

PYM (John), *Brymore 1584 - Londra 1643*, statista inglese. Deputato alla Camera dei comuni, è uno dei principali autori della *Petizione dei diritti* (1628) che limitava il potere reale. Guidò l'opposizione parlamentare contro il potere arbitrario di Carlo I e contro il cattolicesimo.

PYNCHON (Thomas), *Glen Cove, Long Island, Stato di New York, 1937*, scrittore statunitense. Fin dall'apparizione del suo primo romanzo, *V.* (1963), conduce una vita appartata e misteriosa. Nelle sue opere, epoche e personaggi sembrano esaminati attraverso una lente deformante (*L'incanto del lotto 49*, 1966; *L'arcobaleno della gravità*, 1973; *Vineland*, 1990; *Mason and Dixon*, 1997).

PYONGYANG, cap. della Corea del Nord; 2.639.000 ab. Centro amministrativo e industriale. Musei. Monumenti antichi.

PYRÉNÉES-ATLANTIQUES, dip. della Francia, nella reg. Aquitania; capol. *Pau*; 7645 km²; 600.018 ab. Nel dip., montuoso a S, si praticano allevamento, agricoltura (cereali, alberi da frutto, viti), sfruttamento dei giacimenti di gas naturale e lavorazione del legno. Industrie metallurgiche, tessili, aeronautiche. Pesca e turismo (Biarritz).

PYRÉNÉES-ORIENTALES, dip. della Francia, nella reg. Linguadoca-Rossiglione; capol. *Perpignan*; 4116 km²; 392.803 ab. In gran parte montuoso, vi si pratica soprattutto l'agricoltura (viti, frutta, ortaggi, cereali, legumi). L'industria è poco sviluppata. Turismo estivo sul litorale.

Carattere Quick

QACENTINA → Costantina.

QADESH o **KADESH**, c. dell'ant. Siria, nei pressi di Homs. Sotto le sue mura il faraone Ramesse II sostenne una dura battaglia contro gli ittiti (1299 ca. a.C.).

QADJAR, in it. **Cagiàri**, dinastia fondata da Aqa Muhammad Khan, capo di una tribù turcmena; mantenne il potere in Persia dal 1796 al 1925.

QALAT SIMAN o **QALAAT SIMAN**, sito archeologico della Siria settentr. Resti del complesso monumentale (basiliche, edifici conventuali ecc.) eretto in memoria di san Simeone lo Stilita, capolavoro dell'arte paleocristiana del V sec.

QANDAHAR → Kandahar.

QATAR, Stato dell'Asia, sul Golfo Persico; 11400 km², 575.000 ab. (qatariani). CAP.: Doha. LINGUA: arabo. MONETA: riyal del Qatar. [V. carta dell'**Arabia Saudita**.] È una penisola desertica, ma molto ricca di petrolio e più ancora di gas naturale. — Legato alla Gran Bretagna da un trattato del 1868, il Q. conquistò l'indipendenza nel 1971, sotto la guida dell'emiro Khalifa bin Hamad Al-Thani (1972-1995), poi di suo figlio Hamad bin Khalifa Al-Thani (dal 1995). Le prime elezioni del paese si sono tenute nel 1999.

QAZVIN, c. dell'Iran, a S di Elburz; 291.117 ab. Fu cap. della Persia nel XVI sec. — Monumenti antichi.

QIALONG, Pechino 1711-1799, imperatore cinese (1736-1796), della dinastia Qing. Perseguì una politica di espansione in Asia centrale, Tibet e Myanmar, e portò l'impero al suo apogeo.

QIN, prima dinastia imperiale cinese (221-206 a.C.). Realizzò l'unificazione del paese (221 a.C.).

QING, dinastia manciù che regnò sulla Cina dal 1644 al 1911.

QINGDAO, c. della Cina (Shandong); 2.316.000 ab. Porto. Centro culturale e industriale.

QINGHAI, prov. della Cina occ.; 720.000 km²; 4.960.000 ab.; capol. Xining.

QINGHAI, vasta depressione paludosa della Cina centro-occ. (3200 m d'alt.).

QINLING SHAN, massiccio della Cina centrale, tra i bacini dello Huang He e del Chang Jiang; 3767 m.

QIN SHI HUANGDI, 259-210 a.C., imperatore della Cina (221-210 a.C.), fondatore della dinastia Qin. Pacificò e unificò i paesi della Cina fondando nel 221 a.C. l'impero. Vicino alla sua tomba, a Xi'an, nel 1974 furono scoperte migliaia di statue in terracotta, che riproducevano i soldati del suo esercito.

QIQIHAR, c. della Cina nord-orient. (Heilongjiang); 1.400.591; ab. Nodo ferroviario e centro industriale.

QOM, c. dell'Iran, a SSO di Teheran; 777.677 ab. Città santa dell'islam sciita. — Monumenti antichi.

QUÀDI, ant. popolazione germanica che viveva nell'att. Moravia e che scomparve nel IV sec. d.C.

QUADRÀNTE, rivista di arte e architettura (1933-1936) fondata da P.M. Bardi e M. Bontempelli. Espressione delle avanguardie, pubblicò scritti di C. Belli, L. Figini, W. Gropius, Le Corbusier, L. Pirandello, E. Pound.

QUÀDRIO (Francésco Savèrio), Ponte di Valtellina 1695 - Milano 1756, letterato. Esponente dell'Arcadia, scrisse il vasto trattato Della storia e della ragione di ogni poesia (1739-1752), primo esempio di letteratura comparata.

QUÀDRIO (Maurízio), Chiavenna 1800 - Roma 1876, politico. Mazziniano, partecipò ai moti piemontesi (1821) e all'insurrezione polacca (1830). Attivo nella prima guerra d'indipendenza e durante le Cinque giornate di Milano, fu commissario di guerra in Valtellina (1848).

QUALIÀNO, com. in prov. di Napoli; 25.197 ab. Centro agricolo e industriale.

QUAMISHLI (Al-), c. della Siria nord-orient.; 113.000 ab.

QUANTZ (Johann Joachim), Oberscheden 1697 - Potsdam 1773, compositore e flautista tedesco. Musicista da camera e compositore alla corte di Federico II di Prussia, per il quale scrisse sonate e concerti, lasciò un importante trattato nel flauto traverso.

QUARANTÒTTI GAMBÌNI (Pièr Antònio), Pisino d'Istria 1910 - Venezia 1965, scrittore. Collaboratore di Solaria, scrisse, tra l'altro, Le trincee (1942), L'onda dell'incrociatore (1947), Amor militare (1955), La calda vita (1958).

QUARÉNGHI (Giàcomo), Valle Imagna, Bergamo, 1744 - San Pietroburgo 1817, architetto. Trasferitosi a San Pietroburgo, progettò per Caterina II numerosi edifici in stile neoclassico palladiano, di proporzioni perfette: in part., il teatro dell'Ermitage (1783-1787), l'Accademia delle Scienze (1783-1789), il Palazzo di Alessandro (1791-1796) a Carskoe Selo.

QUARNARO, in serbo-croato **Kvarner**, golfo dell'Adriatico (Croazia), sito di Rijeka.

QUARÓNI (Ludovico), Roma 1911-1987, architetto. Partì da posizioni razionaliste, mitigate da un certo classicismo. Realizzò la piazza Imperiale dell'Eur e il quartiere Tiburtino a Roma, oltre a progettare i piani urbanistici di numerose città it., tra cui Roma (1954), Ravenna (1956), Bari (1972).

QUÀRTO, com. in prov. di Napoli; 37.886 ab. Centro agricolo.

QUÀRTO DEI MÌLLE, località nel com. di Genova da cui, il 5 mag. 1860, salpò la spedizione dei Mille guidata da G. Garibaldi.

QUÀRTO STÀTO, dipinto di G. Pellizza da Volpedo (1901, Galleria d'arte moderna, Milano). È il simbolo della forza e del desiderio di riscatto della classe operaia.

QUÀRTU SANT'ÈLENA, com. in prov. di Cagliari; 67.209 ab. Centro turistico, produzione agricola. Conserva la chiesa di S. Pietro (XIII sec.).

QUASIMODO, personaggio del romanzo di V. Hugo Notre-Dame de Paris. È il campanaro della cattedrale, che nonostante l'aspetto deforme e

Quarto Stato di G. Pellizza da Volpedo, 1901. (Brera, Milano.)

l'apparente malvagità, alberga nell'animo nobilissimi sentimenti.

QUASÌMODO (Salvatóre), *Siracusa 1901 - Napoli 1968*, poeta. Dopo un'iniziale adesione all'ermetismo, alla cui poetica raffinata si rifanno le liriche delle raccolte *Acque e terre* (1930) e *Ed è subito sera*, risentì dell'esperienza traumatica della guerra, e la sua poesia si fece più vicina ai temi della caducità della vita e del

male che la informa (*La vita non è sogno*, 1949; *Il falso e vero verde*, 1956; *Dare e avere*, 1966). Famose sono anche le sue traduzioni dei classici greci, magistrali per equilibrio e musicalità. (Premio Nobel 1959.)

■ *Salvatore Quasimodo.*

QUÀTTRO CANTÓNI (Làgo dei) o **LÀGO DI LUCERNA**, in ted. **Vierwaldstättersee**, lago della Svizzera, compreso tra i cant. di Uri, Unterwald, Schwyz e Lucerna; 114 km². Suo tributario è il f. Reuss. Turismo.

QUÉBEC, c. del Canada, cap. della prov. del Q., alla confluenza del San Lorenzo con il Saint Charles; 510.559 ab. (ca. 600.000 ab. nell'agglomerato). Aeroporto. Università Laval. Centro amministrativo, culturale, commerciale e industriale. — Fondata da S. de Champlain nel 1608, Q. fu la culla della civiltà francese in America. Sede vescovile nel 1674, venne conquistata dalle truppe britanniche dopo la battaglia ai Plains of Abraham (1759). — Place Royale in parte del XVII-XVIII sec.; monumenti religiosi; musei, tra cui quello del Québec.

QUÉBEC. *Il castello Frontenac (fine del XIX sec.) domina le rive del San Lorenzo.*

QUÉBEC, prov. del Canada orient.; 1.540.680 km²; 7.138.795 ab.; capol. *Québec*; c. princ. *Montreal*. Il territorio, in prevalenza collinare e montuoso, è più densamente popolato nella zona merid., dove il clima meno rigido e la presenza del San Lorenzo hanno favorito la nascita dei maggiori centri urbani. Qui prevalgono le attività agricole (cerealicoltura, colture foraggiere) e l'allevamento bovino, mentre nel resto del paese l'economia si basa sullo sfruttamento forestale e minerario (ferro, rame, oro ecc.).

STORIA – **1763**: con il trattato di Parigi, la Gran Bretagna entra in possesso dei territori francesi in Canada, tra cui anche il Q. **1867**: la provincia del Q. entra nella Confederazione canadese. In concomitanza con l'acuirsi delle tensioni etniche si afferma la corrente indipendentista, rappresentata dal Partito québécois; **1976**: quest'ultimo vince le elezioni. **1980**: viene respinto il progetto secessionista che prevedeva l'indipendenza politica e unione economica. **1990-1992**: falliscono vari progetti di accordo sulla Costituzione. **1995**: il referendum sulla sovranità del Q. vede prevalere, seppure di stretta misura, i voti favorevoli alla permanenza della provincia in seno alla Confederazione. **2003**: vanno al governo i liberali.

QUÉBEC ACT (22 giu. 1774), legge britannica concernente lo statuto del Canada. Stabiliva i confini della prov. del Québec, permetteva ai cattolici di partecipare alle funzioni pubbliche e ristabiliva le antiche leggi francesi, pur conservando il diritto inglese in materia di criminalità, più liberale.

QUECHUA, principale famiglia etno-linguistica amerindia dell'America latina, i cui esponenti vivono in Bolivia, Perú, Ecuador, Cile e Argentina (ca. 7.500.000 individui).

QUEDLINBURG, c. della Germania (Sassonia-Anhalt); 24.559 ab. Pittoresca città vecchia; chiesa di S. Servazio, ricostruita nel 1100 ca. (tesoro); castello del XVI-XVII sec. (museo).

QUEENS, *borough* di New York (Stati Uniti); 2.229.379 ab.

QUEENSLAND, Stato dell'Australia nord-orien.; 1.727.500 km²; 3.368.850 ab.; cap. *Brisbane*.

QUEIPO DE LLANO (Gonzalo), *Tordesillas 1875 - Siviglia 1951*, generale spagnolo. Fu uno dei principali collaboratori di F. Franco durante la guerra civile del 1936-1939.

QUEIRÓS (José María **Eça de**), *Póvoa de Varzim 1845 - Neuilly-sur-Seine 1900*, scrittore portoghese, autore di romanzi realisti (*La colpa del prete Amaro*).

QUELIMANE, c. del Mozambico; 150.116 ab. Porto.

QUELLIN o **QUELLIEN**, famiglia di scultori e pittori fiamminghi originari di Anversa, attivi soprattutto nel XVII sec.

QUELUZ, c. del Portogallo, sobborgo orient. di Lisbona; 61.293 ab. Castello reale in stile rococò (seconda metà del XVIII sec.); bei giardini.

QUEMOY, in cin. **Chinmen**, isola prossima alla costa di Taiwan; 45.000 ab.

QUENEAU (Raymond), *Le Havre 1903 - Parigi 1976*, scrittore francese. Romanziere (*Zazie nel metró*, 1959; *I fiori blu*, 1965) e poeta (*Les Ziaux*, 1943; *Cent Mille Milliard de poèmes*, 1961), nelle sue opere dal tono insieme umoristico e malinconico della lingua parlata o scritta (*Esercizi di stile*, 1947).

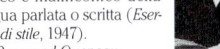

■ *Raymond Queneau.*

QUENTAL (Antero Tarquínio **de**), *Ponta Delgada, Azzorre, 1842-1891*, scrittore portoghese, autore di poemi d'ispirazione mistica e rivoluzionaria.

QUENTIN DURWARD, romanzo storico di W. Scott (1823). La vicenda amorosa di un arciere scozzese di Luigi XI e una duchessa di Borgogna funge da pretesto per l'evocazione della lotta che contrappose il sovrano francese a Carlo il Temerario.

QUERÉTARO, c. del Messico nord-occ., cap. dello Stato omonimo; 536.463 ab. Nucleo urbano di epoca coloniale, ben conservato. — Fu teatro della fucilazione dell'imperatore Massimiliano (1867).

QUERÌNI (Àngelo Mària), *Venezia 1680 - Brescia 1755*, ecclesiastico ed erudito. Alla sua morte lasciò alla città di Brescia una raccolta di libri (15.000 volumi), che costituì il primo nucleo della Biblioteca Queriniana. Scrisse opere di grande erudizione, tra cui *De monastica historia conscribenda* (1717).

QUERÌNI (Piètro), *XV sec.*, navigatore veneziano. Travolto da una tempesta, approdò su un'isola dell'arcipelago norvegese delle Lofoten (1432), da cui fece ritorno a Venezia. Di questo viaggio lasciò accurate memorie.

QUÉR PASTICCIÀCCIO BRÙTTO DE VÌA MERULÀNA, romanzo di C.E. Gadda, pubblicato nel 1957. Giallo senza soluzione, terreno di sperimentazione linguistica per il caleidoscopio di dialetti e "parlate", oltre che narrativa: la verità resta così celata dall'irriducibile complessità dell'impianto testuale.

QUESNAY (François), *Méré 1694 - Versailles 1774*, medico ed economista francese. Ispiratore della corrente dei fisiocrati, fu autore della prima analisi del circuito economico (*Tableau économique*, 1758).

QUESNEL (Pasquier), *Parigi 1634 - Amsterdam 1719*, teologo francese. Oratoriano (1657) e sacerdote (1659), pubblicò libri devozionali impregnati di giansenismo, che gli costarono l'esilio. Le sue *Riflessioni morali* (1671) furono condannate dalla bolla *Unigenitus* (1713).

QUÉTELET (Adolphe), *Gand 1796 - Bruxelles 1874*, astronomo e matematico belga. Studioso di statistica, applicò il calcolo delle probabilità alle scienze morali e politiche, oltre che all'antropometria.

QUETTA, c. del Pakistan, capol. del Baluchistan; 560.000 ab.

QUETZALCOATL, dio della vegetazione, nel Messico precolombiano. Divenuto presso gli aztechi nume tutelare dei sacerdoti, della devozione religiosa e della creatività, è rappresentato sotto forma di serpente piumato.

QUEVEDO Y VILLEGAS (Francisco **Gómez de**), *Madrid 1580 - Villanueva de los Infantes 1645*, scrittore spagnolo. Esponente dell'estetica barocca, fu autore di poesie, scritti di argomento politico o satirico e di un romanzo picaresco (*Il pitocco*, 1626).

QUEZALTENANGO, c. del Guatemala; 93.000 ab.

QUEZÓN (Manuel), *Baler 1878 - Saranac Lake, Stato di New York, 1944*, politico filippino. Presidente del "Commonwealth delle Filippine" (1935), in seguito all'occupazione giapponese andò in esilio negli Stati Uniti (1942).

QUEZON CITY, c. delle Filippine, nei dintorni di Manila; 2.173.831 ab. È stata cap. delle Filippine dal 1948 al 1976.

QUFU, c. della Cina, a SO di Zibo; 545.000 ab. Presunta città natale di Confucio; palazzo di epoca Ming e tempio di Confucio, costruito nell'XI sec., con padiglioni del XII sec. (come quello che ospita le biblioteche).

QUFU. *Il padiglione delle biblioteche (XI-XII sec.), uno degli edifici del tempio di Confucio.*

QUICHÉ, popolazione amerindia del Guatemala (ca. 800.000 individui). Dediti soprattutto all'agricoltura, i q. sono famosi per la bellezza dei loro manufatti tessili. Parlano il quiché, idioma della famiglia maya.

QUIERZY, com. della Francia, nel dip. Aisne; 346 ab. Carlo II il Calvo vi promulgò un capitolare che consentiva la trasmissione ereditaria dei benefici comitali (877).

QUÌLICI (Fólco), *Ferrara 1930*, scrittore e regista cinematografico. È autore di numerosi lungometraggi naturalistici: *Sesto continente* (1954), *L'ultimo paradiso* (1957), *Oceano* (1971), *Fratello mare* (1975). Tra i romanzi, *Naufraghi* (1998), *I serpenti di Melqart* (2003).

QUILMES, c. dell'Argentina, sobborgo di Buenos Aires; 509.445 ab.

QUILON, c. dell'India (Kerala); 362.572 ab. Porto.

QUIMPER, c. della Francia, capol. del dip. Finistère, sull'Odet, 551 km a O di Parigi; 67.127 ab. Sede arcivescovile. Centro amministrativo e commerciale. — Cattedrale gotica del XIII-XVI sec.; antiche abitazioni; musei.

QUINAULT (Philippe), *Parigi 1635-1688*, drammaturgo francese. Autore di tragedie (*Astrade*, 1665), a partire dal 1672 fu librettista per J.-B. Lully (*Cadmo ed Ermione*, *Armida*).

QUINE (Richard), *Detroit 1920 - Los Angeles 1989*, regista cinematografico statunitense, maestro della commedia musicale (*Mia sorella Evelina*, 1955; *Noi due sconosciuti*, 1960; *Come uccidere vostra moglie*, 1964).

QUINE (Willard **Van Orman**, detto Willard), *Akron 1908 - Boston 2000*, logico statunitense. La sua teoria sui fondamenti della logica prende in esame soprattutto gli aspetti semantici (*Logic and the Reification of the Universalia*, 1953).

QUI NHON, c. del Vietnam merid.; 159.852 ab. Porto.

QUINN (Anthony), *Chihuahua, Messico, 1915 - Boston 2001*, attore cinematografico statunitense. Ha saputo interpretare con ricchezza di sfumature personaggi emarginati o brutali (*Viva Zapata!*, E. Kazan, 1952; *La strada*, F. Fellini, 1954; *Zorba il greco*, M. Cacoyannis, 1964).

QUINTILIÀNO, (Màrco Fàbio), *Calagurris Nassica, att. Calahorra, Spagna, 30 ca. - 100 d.C. ca.*, retore latino. Nella sua opera sulla formazione dell'oratore (*Institutio oratoria*) reagì alle nuove tendenze rappresentate da Seneca esortando all'imitazione di Cicerone.

QUINTÌLIO VÀRO (Pùblio) → Varo (Publio Quintilio).

QUÌNZIO CINCINNÀTO (Lùcio) → Cincinnato (Lucio Quinzio).

QUÌNZIO FLAMINÌNO (Tito) → Flaminino (Tito Quinzio).

QUIRINÀLE, uno dei sette colli di Roma, nella parte nord-orient. della città. In epoca imperiale vi sorgevano numerosi edifici pubblici e privati, tra cui il tempio di Serapide, le terme di Diocleziano e quelle Costantino. Oggi è occupato dalle chiese di S. Andrea al Q. e di S. Carlo alle Quattro Fontane. La piazza del Q., ornata al centro da un obelisco, è delimitata dai palazzi del Q. e della Consulta.

QUIRINÀLE (palàzzo del), palazzo di Roma, che sorge sul colle omonimo. Iniziato nel 1574 durante il pontificato di Gregorio XII e ampliato a più riprese da illustri architetti, tra cui C. Maderno e G.L. Bernini, fu portato a termine nel decennio 1730-1740. Residenza estiva del pontefice prima del 1870, oggi è la sede del presidente della repubblica.

Il **PALAZZO DEL QUIRINALE.**

QUIRÌNO MITOL. ROM. Una delle più ant. divinità romane, che faceva parte della triade arcaica, insieme con Giove e Marte. Diede il nome al colle del Quirinale.

QUÌRRA (Sàlto di), reg. della Sardegna sud-orient., tra l'Ogliastra, la Barbagia e la costa.

QUISLING (Vidkun), *Fyresdal, Telemark, 1887 - Oslo 1945*, politico norvegese. Favorevole al nazismo, successivamente all'invasione tedesca rivestì la carica di capo del governo (feb. 1942). Dopo la liberazione, fu condannato a morte e giustiziato.

QUITO, cap. dell'Equador, nelle Ande, a 2500 m ca. d'alt.; 1.754.000 ab. Centro culturale, finanziario e industriale. — Monumenti d'epoca coloniale (XVI-XVIII sec.); musei (archeologico, storico, dell'arte ecuadoriana ecc.).

QUMRAN, sito archeologico della Cisgiordania, vicino alla riva occ. del Mar Morto. Dopo la scoperta, nelle grotte circostanti, dei *Manoscritti del Mar Morto*, sono stati portati alla luce alcuni edifici, probabilmente vestigia di un monastero degli esseni.

QUNAYTRA, c. della Siria, a SO di Damasco; 42.000 ab.

QUOTIDIÀNO DEL PÒPOLO (Il), in cin. **Renmin Ribao**, quotidiano cinese fondato nel 1948, organo del Partito comunista cinese.

QUO VADIS?, romanzo di H. Sienkiewicz (1896), ambientato nella Roma imperiale, al tempo della persecuzione dei cristiani a opera di Nerone.

QURAYSH, tribù araba alla quale apparteneva Maometto.

QUZHOU, c. della Cina, a SO di Hangzhou; 727.256 ab.

R

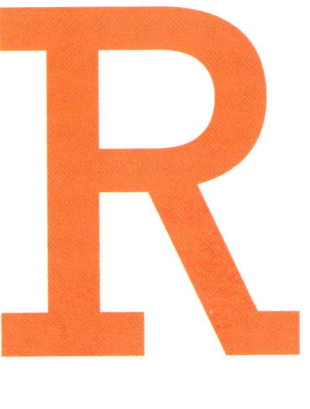

Carattere Rockwell

RA, divinità solare dell'ant. Egitto. Era rappresentato con sembianze umane ma con la testa di falco, ornata da un disco, simbolo del Sole. Il suo culto, praticato a Eliopoli, incise profondamente sulla storia dell'Egitto.

RAB, in it. **Àrbe**, isola croata dell'Adriatico. Turismo.

RABAH, *prov. di Khartum 1840 ca. - Kousseri, Camerun, 1900*, condottiero africano, di religione musulmana. Costituì un regno schiavista nelle savane centro-africane e si fece proclamare emiro del Bornu. Fu sconfitto e ucciso dalle truppe francesi (1900).

RABANNE (Francisco **Rabane da Cuervo**, detto Paco), *Pasajes, presso San Sebastián, 1934*, stilista spagnolo. Nel suo atelier di moda parigino (aperto nel 1967) ha sperimentato nuovi materiali (dischi di plastica, tessuto-non tessuto, reti a maglie metalliche ecc.).

RABÀNO MÀURO, *Magonza 780 ca. - Winkel, Renania, 856*, teologo, poeta ed erudito tedesco. Abate di Fulda (822), arcivescovo di Magonza (847), lasciò numerosi scritti, tra cui il *De universo* (842-847). Fu l'iniziatore degli studi teologici in Germania.

RABAT, cap. del Marocco, sull'Atlantico, alla foce del Bou Regreg; 1.496.000 ab. nell'agglomerato. Centro amministrativo, commerciale e industriale. — Imponente cinta di mura (tra cui quelle degli Udaja, XII sec.) con porte fortificate; monumenti di varie epoche (dal XII al XVIII sec.), moschea di Hassan e minareto a base quadrata; musei.

RABAUL, c. di Papua Nuova Guinea, nella prov. della Nuova Britannia; 17.000 ab. Porto. Base aeronavale giapponese dal 1942 al 1945.

RABELAIS (François), *La Devinière, presso Chinon, 1494 ca. - Parigi 1553*, scrittore francese. Monaco (prima francescano, poi benedettino), medico e infine curato di Meudon, scrisse cinque romanzi ricchi di invenzioni verbali, con cui si propose di conciliare cultura letteraria e tradizione popolare, raccolti nell'opera **Gargantua e Pantagruel*.

■ *Rabelais. (Reggia di Versailles.)*

RABEMANANJARA (Jacques), *Maroantsetra 1913*, scrittore malgascio di lingua francese. Nelle sue poesie, improntate all'attivismo politico di stampo anticoloniale, si mescolano tradizione e apertura alla modernità (*Antsa, Lamba*).

RABIN (Yitzhak), *Gerusalemme 1922 - Tel Aviv 1995*, generale e politico israeliano. Capo di Stato maggiore (1964-1967), primo ministro laburista (1974-1977) e ministro della difesa (1984-1990), nel 1992 rivestì la carica di capo del governo per la seconda volta. Rilanciò i negoziati arabo-israeliani, che culminarono nell'accordo di Washington del 1993. Fu assassinato da un estremista di destra israeliano. (Premio Nobel per la pace 1994).

■ *Yitzhak Rabin nel 1992.*

RABÓNI (Giovànni), *Milano 1932*, poeta. Tra le sue opere, *Le case della Vetra* (1966), *Cadenza d'inganno* (1975), *Nel grave sogno* (1982), *Canzonette mortali* (1986), *A tanto caro sangue* (1988), *Versi guerrieri e amorosi* (1990), *Quare tristis* (1998), *Barlumi di storia* (2002). Ha svolto anche intensa attività di traduzione.

RACAH (Giùlio), *Firenze 1909-1965*, fisico. Dal 1939 in Israele per sfuggire alle leggi razziali, svolse importanti ricerche sull'applicazione della teoria dei gruppi alla spettroscopia atomica (*metodo di R.*).

RACALMÙTO, com. in prov. di Agrigento; 10.419 ab. Estrazione del salgemma. Conserva il castello di Chiaramonte (XIII-XIV sec.).

RACCÒLTA ARAGONÉSE, raccolta di poesie in volgare (XIII-XV sec.) che Lorenzo il Magnifico dedicò a Federico d'Aragona. Preceduta da un'epistola, probabilmente di A. Poliziano, costituisce la testimonianza della raffinatezza raggiunta dalla poesia toscana.

RACCONÌGI, com. in prov. di Cuneo; 9914 ab. Castello reale, residenza estiva dei Savoia; fu ridisegnato nel '600 da G. Guarini su un precedente edificio probabilmente dell'XI sec., con parco progettato da A. Le Nôtre.

RACCÓNTI DI CANTERBURY, raccolta di racconti in versi e prosa di G. Chaucer (redatta nel 1390 ca., pubblicata nel 1478 ca.). Trentun pellegrini in cammino verso la tomba di san Thomas Becket narrano ciascuno una storia; dall'insieme delle novelle emerge un vivido ritratto della società medievale.

RACCÓNTI DI NATÀLE, raccolta di novelle di C. Dickens (1843-1848). Popolari racconti dal tono in alcuni casi divertente, in altri commovente (*Un canto di Natale, Il grillo del focolare*).

RACHÈLE, personaggio della Bibbia, sposa diletta di Giacobbe e madre di Giuseppe e Beniamino.

RACH GIA, c. del Vietnam merid., sul Golfo di Thailandia; 137.784 ab. Porto.

RACHI, *m. nel 757 ca.*, re longobardo. In guerra con i bizantini, invase la Pentapoli (Rimini, Pesaro, Fano, Senigallia, Ancona) nel 752. Abdicò in favore del fratello Astolfo e, dopo la morte di questi, ritornò sul trono per breve tempo. Fu anche legislatore e integrò il codice di Rotari.

RACHMANINOV (Sergej Vasil'evič), *Oneg, presso Novgorod, 1873 - Beverly Hills 1943*, compositore e pianista russo. Tra i più grandi interpreti del suo tempo, è autore di un considerevole corpus di opere per pianoforte (quattro concerti, preludi, studi, sonate). Tra le altre sue opere, la monumentale *Liturgia di san Giovanni Crisostomo*, la corale *Le campane* e tre sinfonie.

RABAT. *Le mura degli Udaja.*

RACINE (Jean), *La Ferté-Milon 1639 - Parigi 1699*, tragediografo francese. Educato nel collegio giansenista di Port-Royal, tentò invano di conciliare aspirazioni letterarie e carriera ecclesiastica, prima di dedicarsi al teatro (*Andromaca*, 1667; *Britannico*, 1669; *Berenice*, 1670; *Fedra*, 1677). Dopo la nomina a storiografo di Luigi XIV

scrisse ancora due tragedie di argomento biblico, *Ester* (1689) e *Atalia* (1691). In ossequio agli ideali classici, il teatro di R. presenta una struttura semplice e chiara, in cui le peripezie nascono dalle fatali passioni che consumano i personaggi, portandoli alla rovina.

■ *Jean Racine. (Reggia di Versailles.)*

RACOVIȚĂ (Emil), *Iași 1868 - Bucarest 1947*, biologo romeno. È il padre della biospeleologia, scienza che studia la fauna delle grotte.

RADAGÀSIO o **RADAGÀISO**, *m. nel 406*, re dei goti. Invase l'Italia settentr. fino a Firenze. Fu sconfitto da Stilicone a Fiesole.

RADAMÀNTO MITOL. GR. Uno dei tre giudici degli Inferi, insieme a Minosse ed Eaco.

RADCLIFFE (Anna Ward), *Londra 1764-1823*, scrittrice britannica, autrice di romanzi gotici (*I misteri di Udolfo*, 1794).

RADCLIFFE-BROWN (Alfred Reginald), *Birmingham 1881 - Londra 1955*, antropologo britannico. La sua concezione funzionalista dell'organizzazione sociale è all'origine dello strutturalismo (*Struttura e funzione nelle società primitive*, 1952).

RADEGÓNDA (sànta), *in Turingia 520 ca. - Poitiers 587*, regina di Francia. Principessa germanica, sposò Clotario I (538). Dopo l'assassinio del fratello per mano del re, prese i voti e fondò il monastero di Sainte-Croix, a Poitiers.

RADETZKY VON RADETZ (Joseph, cónte), *Trebnitz, att. Tebĭ, 1766 - Milano 1858*, maresciallo austriaco. Dopo aver represso l'insurrezione antiaustriaca delle Cinque giornate di Milano (1848), sconfisse le truppe piemontesi a Custoza (1848) e a Novara (1849).

RADICÀLI ITALIÀNI, partito politico nato nel 2001 dalla crisi del Partito radicale, a sua volta fondato nel 1956 da fuoriusciti del PLI. Erede degli ideali liberali del PR, fa parte del Partito radicale transnazionale. Tra i suoi esponenti: M. Pannella, E. Bonino. Segretario: D. Capezzone.

RADÌCE (Màrio), *Como 1898-1987*, pittore. Tra i fondatori delle riviste *Quadrante* (1933) e *Valori Primordiali* (1938), aderì al *MAC. Il suo astrattismo non fu mai distaccato e formale.

RADIGUET (Raymond), *Saint-Maur-des-Fossés 1903 - Parigi 1923*, scrittore francese. I suoi romanzi psicologici denotano un'implacabile lucidità, espressa in forme di classico rigore (*Il diavolo in corpo*, 1923; *Il ballo del conte d'Orgel*, 1924).

RADOM, c. della Polonia, a S di Varsavia; 231.553 ab.

RADZIWIŁŁ, famiglia polacca, di origini lituane, che giocò un ruolo importante in Lituania e Polonia dalla fine del XV sec. all'inizio del XX sec.

RAEBURN (sir Henry), *Stockbridge, presso Edimburgo, 1756 - Edimburgo 1823*, pittore britannico. Eseguì ritratti di nobili scozzesi, dallo stile aulico.

RAEDER (Erich), *Wandsbek, att. parte di Amburgo, 1876 - Kiel 1960*, ammiraglio tedesco. Comandante in capo della marina dal 1935 al 1943, fu condannato dal tribunale di Norimberga (1946) per crimini di guerra e liberato nel 1955.

RAF (Royal Air Force), nome con cui dal 1918 si indica l'aeronautica militare britannica.

RAFFAÈLE, uno dei sette angeli più importanti della tradizione ebraica (gli arcangeli della religione cristiana). Viene menzionato nel libro di Tobia.

RAFFAÈLLO SÀNZIO, *Urbino 1483 - Roma 1520*, pittore. Allievo del Perugino, fu attivo a Perugia, Firenze e soprattutto Roma, dove dal 1509 al 1514 affrescò tre stanze degli appartamenti di papa Giulio II (*Disputa del sacramento*, *La *scuola di Atene*, *Parnaso* ecc.). Nominato soprintendente alle antichità romane e capo architetto alla corte di Leone X, progettò la nuova basilica di S. Pietro e ristrutturò vari edifici (tra cui Villa Madama, dal 1516).

RAFFAELLO SANZIO. *La bella giardiniera, 1508. (Louvre, Parigi).*

Maestro del classicismo, coniugò precisione del disegno, armonia delle linee, delicatezza tonale, con una profondità spaziale e una finezza espressiva fino ad allora mai raggiunte. Tra i suoi dipinti, numerosi i ritratti e le variazioni sul tema della Madonna col Bambino (*Madonna del Cardellino*, 1505-1506, Uffizi, Firenze; *Madonna del Belvedere*, 1506, Kunsthistorisches Museum, Vienna; *La bella giardiniera*, 1508, Louvre, Parigi). Altri suoi capolavori sono *Lo *sposalizio della Vergine*, *Il trionfo di Galatea* (1511, Farnesina, Roma), *La trasfigurazione* (1518-1520, Pinacoteca Vaticana).

RAFSANJANI (Ali Akbar Hashemi), *Bahraman 1934*, politico iraniano. È stato presidente della repubblica dal 1989 al 1997.

RAGÀZZI DI VÌTA, romanzo di P.P. Pasolini, pubblicato nel 1955. Ambientato nel sottoproletariato romano, è un romanzo di accusa sociale, caratterizzato dal linguaggio "di strada" dei personaggi.

RAGGHIÀNTI (Càrlo Ludovico), *Lucca 1910 - Firenze 1987*, critico e storico dell'arte. Vicino al pensiero di B. Croce, fu tra i fondatori di *La Critica d'arte* (1935). Tra le opere, *Profilo della critica d'arte in Italia* (1948), *L'arte e la critica* (1951), *Cinema, arte figurativa* (1952), *L'uomo cosciente. Arte e conoscenza nella paleostoria* (1981).

RÀGGI, società segreta fondata a Bologna da L. Savioli nel 1798. Ispirata ai valori della Rivoluzione francese, si chiamò in seguito *Centri* e confluì, infine, nella carboneria.

RAGIONIÈRI (Ernèsto), *Firenze 1926-1975*, storico. Si occupò in part. di storia del movimento operaio, e fu condirettore di *Critica marxista* e di *Studi storici*. Tra le opere, *Socialdemocrazia tedesca e socialisti italiani: 1875-1895* (1961), *Politica e amministrazione nell'Italia unita* (1967), *Il marxismo e l'Internazionale* (1968).

RAGLAN (James Henry Somerset, baróne), *Badminton 1788 - Sebastopoli 1855*, maresciallo britannico. Fu comandante delle truppe britanniche in Crimea (1854).

RÀGNO (Antonèlla), *Venezia 1940*, schermitrice. Ha conquistato la medaglia di bronzo nel fioretto individuale e a squadre alle Olimpiadi di Tokyo (1964) e la medaglia d'oro individuale alle Olimpiadi di Monaco (1972).

RAGÙSA, c. della Sicilia, capol. di prov.; 64.195 ab. (*ragusani*). Mercato agricolo. Industria alimentare, tessile, estrattiva (bitume). — Fortezza bizantina, subì in seguito la dominazione araba (IX sec.) e normanna (XI sec.). — Cattedrale di S. Giovanni Battista (XVIII sec.) e monumenti barocchi. — Nella provincia, dal territorio collinare e montuoso (Monti Iblei), si pratica l'agricoltura (cereali, vite, olivo) e l'allevamento; fiorente è anche l'attività di raffinazione del petrolio. Sulla costa, turismo balneare.

RAGÙSA → DUBROVNIK.

RAGÙSA (dùca di) → MARMONT (Auguste Viesse de).

RAGUZZÌNI (Filippo), *Napoli 1680 ca. - Roma 1771*, architetto. Attivo soprattutto a Roma, realizzò, tra l'altro, la chiesa della Madonna della Quercia (1727-1731) e, per volere di Benedetto XIII, piazza S. Ignazio (1726-1728).

RAHMAN (Mujibur), *Tongipara 1920 - Dacca 1975*, politico del Bangladesh. Artefice della secessione del Pakistan orient. (1971), dopo aver conosciuto il carcere formò il primo governo del Bangladesh nel 1972. Divenuto presidente della repubblica (1975), fu deposto da un colpo di Stato e assassinato.

RAHNER (Karl), *Friburgo 1904 - Innsbruck 1984*, teologo e gesuita tedesco. Sottolineò il valore pastorale della teologia e l'importanza dell'uomo come latore del messaggio di fede (*Scritti di teologia*, 1954-1984). Con le sue riflessioni creò i presupposti del Concilio vaticano II.

RAI (Radiotelevisione italiàna), società per azioni a capitale pubblico (gruppo IRI) e privato, per la gestione del servizio pubblico radiotelevisivo. Nata nel 1944, come Radio audizioni Italia, dall'EIAR (Ente italiano audizioni radiofoniche), precedentemente denominata URI (Unione radiofonica italiana), assunse la definizione attuale nel 1954 con l'inizio regolare delle trasmissioni televisive. Dispone di tre reti televisive nazionali e altrettante satellitari, oltre che di tre reti radiofoniche.

RAIÀNO, com. in prov. dell'Aquila; 2953 ab. Santuario di S. Venanzio (XV sec.).

RAIATEA, isola della Polinesia francese, a NO di Tahiti; 10.063 ab.

RAIBÈRTI (Giovànni), *Milano 1805 - Monza 1861*, medico e letterato. Scrisse sia in italiano sia in dialetto milanese: *Il volgo e la medicina* (1840), *Mars 1848* (1848), *I fest de Natal* (1857).

RAIBOLÌNI (Francésco) → FRÀNCIA.

RAIMÓNDI (Antônio), *Milano 1824 - San Pedro del Lloc 1890*, esploratore e naturalista. In esilio per aver dato il suo appoggio alla Repubblica Romana, si dedicò all'esplorazione del Perú, realizzò rilievi cartografici e compì importanti scoperte archeologiche.

RAIMÓNDI (Èzio), *Lizzano in Belvedere 1924*, critico letterario. Tra le opere, *Letteratura barocca* (1961), *Rinascimento inquieto* (1965), *Anatomie secentesche* (1966), *Tecniche della critica letteraria* (1967), *Il romanzo senza idillio* (1974), *Poesia come retorica* (1980), *Intertestualità e storia letteraria* (1991), *I sentieri del lettore* (1994), *Conversazioni. Una speranza contesa* (1998), *La retorica d'oggi* (2002).

RAIMÓNDI (Giusèppe), *Bologna 1898-1985*, scrittore. Fondò e diresse *La Raccolta* (1918). Tra le sue opere, *Stagioni* (1922), *Galileo ovvero dell'aria* (1926), *Giuseppe in Italia* (1949), *La chiave regina* (1973).

RAIMÓNDI (Marcantònio), *Bologna 1480-1534 ca.*, incisore. Grande maestro del bulino, durante una parentesi a Venezia riprodusse su rame opere di A. Dürher; fu poi attivo a Firenze e Roma (1510 ca.), dove, oltre che all'arte classica, si ispirò ai dipinti di Raffaello.

RAIMÓNDI (Ruggèro), *Bologna 1941*, basso-baritono. Dopo il debutto con la *Bohème* (1964), ha conquistato la fama grazie alle capacità vocali unite a una notevole padronanza della scena, interpretando in part. le opere di G. Verdi (*Tosca*), W.A. Mozart (*Don Giovanni*) e M. Musorgskij (*Boris Godunov*).

RAGUSA. *Veduta della parte vecchia della città.*

RAIMÓNDO, nome di sette conti di Tolosa. — **Raimondo IV**, detto Raimondo di **Saint-Gilles**, *Tolosa 1042 - Tripoli 1105*, conte di Tolosa (1093-1105). Partecipò alla prima crociata e intraprese la conquista della futura contea di Tripoli. — **Raimondo VI**, *1156 - Tolosa 1222*, conte di Tolosa (1194-1222). Protettore degli albigesi, fu l'avversario di Simone de Monfort. — **Raimondo VII**, *Beaucaire 1197 - Millau 1249*, conte di Tolosa (1222-1249). Fu costretto dal re di Francia a firmare un trattato che decretava la fine dell'indipendenza della contea (1243).

RAIMÓNDO BERENGÀRIO III, *1082-1131*, conte di Barcellona (1096) e di Provenza (1112/ 1113-1131). Estese i suoi possedimenti verso il Mediterraneo (Baleari) e al di là dei Pirenei.

RAIMÓNDO DI PEÑAFORT (santo), *presso Barcellona 1175 ca. - Barcellona 1275*, religioso spagnolo. Generale dei domenicani (1238), fondò l'ordine dei mercedari. Fu uno dei più grandi canonisti del suo tempo.

RAINÀLDI (Càrlo), *Roma 1611-1691*, architetto. Figlio di Girolamo, esponente del tardo barocco romano. Tra le sue opere, facciata di S. Andrea della Valle, chiesa di S. Maria in Campitelli, chiese gemelle di piazza del Popolo (con C. Fontana).

RAINÀLDI (Giròlamo), *Roma 1570-1655*, architetto. Padre di Carlo, fu architetto papale dal 1644. Progettò Palazzo Pamphili (1650).

RAINIER (Mónte), vetta del Cascade Range, negli Stati Uniti; 4392 m. Parco nazionale.

RAIPUR, c. dell'India, cap. del Chhattisgarh; 605.131 ab. Centro industriale.

RAJAHMUNDRY, c. dell'India (Andhra Pradesh); 313.347 ab. Porto sull'estuario del Godavari.

RAJASTHAN, Stato dell'India nord-occ.; 342.000 km²; 56.473.122 ab.; cap. *Jaipur*.

RAJKOT, c. dell'India (Gujarat); 966.642 ab.

RÀJNA (Pio), *Sondrio 1847 - Firenze 1930*, filologo. Tra le opere, *Le fonti dell'Orlando furioso* (1876), *Le origini dell'epopea francese* (1884), *La lingua cortigiana* (1901).

RAJPUT, insieme di clan guerrieri dell'India occ. I r., probabili discendenti degli unni che invasero l'India settentr. nel V sec. ca., si stabilirono nell'att. Rajasthan, dove costituirono regni e principati. Famosi per la strenua resistenza opposta alla dominazione mongola e britannica, oggi tendono a essere considerati come una casta.

RAJSHAHI, c. del Bangladesh, sul Gange; 300.000 ab.

RAKATA, isola dell'Indonesia, parzialmente distrutta nel 1883 dall'esplosione del suo vulcano, il Perbuatan.

RÁKÓCZY, famiglia di aristocratici ungheresi. — **Ferenc II**, *Borsi 1676 - Rodosto 1735*, principe ungherese. Capo della rivolta ungherese contro gli Asburgo (1703), fu sconfitto dalle truppe imperiali (1708) e costretto all'esilio dopo la pace di Szatmár (1711), conclusa a sua insaputa.

RÁKOSI (Mátyás), *Ada 1892 - Gorki 1971*, politico ungherese. Primo segretario del Partito comunista (1945-1956), dal 1953 si oppose alla linea liberale di I. Nagy. Riparò in URSS dopo l'insurrezione del 1956.

RALEIGH, c. degli Stati Uniti, cap. della Carolina del Nord; 276.093 ab. Università.

RALEIGH o **RALEGH** (sir Walter), *Hayes 1554 ca. - Londra 1618*, navigatore e scrittore inglese. Favorito di Elisabetta I, a partire dal 1584 fu impegnato nella fondazione di una colonia in America settentr., in una regione da lui battezzata "Virginia" (att. Carolina del Nord) in onore della regina. Fautore di una strategia navale offensiva, partecipò a varie spedizioni contro la Spagna (Cadice, 1596). Caduto in disgrazia e arrestato sotto il regno di Giacomo I, fu giustiziato dopo essere rimasto rinchiuso nella torre di Londra dal 1603 al 1616. È autore di una *Storia del mondo* (1614) e di alcuni poemi.

RAMA, una delle incarnazioni del dio Vishnu, venerato dagli induisti, ed eroe del *Ramayana*.

RAMAKRISHNA (Gadadhar Chattopadhyaya, detto), *Kamarpukur, Bengala occ., 1836 - Calcutta 1886*, brahmano bengalese. Condusse una vita ascetica. Dichiarandosi ispirato da Gesù e Maometto, auspicò l'unità di tutte le religioni.

RAMAN (Chandrasekhara Venkata), *Trichinopoly, att. Tiruchirappalli, 1888 - Bangalore 1970*, fisico indiano. Nel 1928 scoprì il fenomeno di diffusione della luce, a opera di molecole, atomi e ioni, in un mezzo trasparente, effetto che gli permise di determinare la struttura dei vari componenti di una data sostanza. (Premio Nobel 1930.)

RAMANUJA, m. nel *1137 ca.*, filosofo indiano. Diede grande rilievo al culto di Vishnu ed esortò alla meditazione e alla devozione (*bhakti*), esercitando una notevole influenza sull'induismo.

RAMAT GAN, c. di Israele, sobborgo di Tel Aviv-Giaffa; 127.400 ab.

RAMAYANA, poema epico indiano (I sec. a.C.?) attribuito a Valmiki, in cui si narra la vita di Rama, re di Ayodhya e incarnazione di Vishnu.

RAMAZZÌNI (Bernardino), *Carpi 1633 - Padova 1714*, medico. Fondatore della medicina del lavoro, dimostrò gli effetti del lavoro svolto sulla salute e la necessità di legislazioni specifiche a tutela del lavoratore: *De morbis artificum diatriba* (1700).

RAMBÀLDI (Càrlo), *Vigarano Mainarda 1925*, tecnico di effetti speciali cinematografici. Vincitore di tre premi Oscar (*Alien*, 1979; *E.T.*, 1983). Tra gli altri film a cui ha collaborato, *Profondo rosso* (1975), *King Kong* (1976), *Incontri ravvicinati del terzo tipo* (1977), *Dune* (1984), *Decoy* (1994). Nel 2002 ha ricevuto il David di Donatello alla carriera.

RAMBERT (Miriam **Ramberg**, detta Marie), *Varsavia 1888 - Londra 1982*, ballerina e coreografa britannica di origine polacca. Fondatrice di varie compagnie, contribuì alla diffusione della danza, classica e moderna, in Gran Bretagna.

RAMBOUILLET, capol. della Francia (Île-de-France), nella foresta omonima (13.200 ha); 25.424 ab. Industria elettronica. Castello del XIV-XVIII sec., att. residenza estiva del presidente della repubblica.

RÀME (Frànca), *Parabiago 1929*, attrice teatrale. In collaborazione con il marito D. Fo ha introdotto forme teatrali nuove, di profondo impegno politico e fortemente sperimentali. È stata, inoltre, interprete unica negli spettacoli *Tutta casa, letto e chiesa* (1977), *Sesso? Grazie, tanto per gradire* (1996).

RAMEAU (Jean-Philippe), *Digione 1683 - Parigi 1764*, compositore francese. Clavicembalista e organista, contribuì a codificare la scienza dell'armonia (*Trattato dell'armonia*, 1722). Si dedicò in part. ai generi *tragédie-lyrique* (*Castor et Pollux*, 1737; *Dardanus*, 1739) e *opéra-ballet* (*Les Indes Galantes*, 1735), ma compose anche cantate e brani per clavicembalo.

■ *Jean-Philippe Rameau ritratto da J.J. Caffieri. (Museo di Belle Arti, Digione.)*

RAMÈSSE, nome di undici faraoni egizi della XIX e XX dinastia. — **Ramesse I**, faraone egizio (1320-1318 ca. a.C.). Fondò la XIX dinastia. — **Ramesse II**, faraone egizio (1304-1236 ca. a.C.). Sbaragliò gli ittiti nella battaglia di Qadesh (1299 ca. a.C.), per poi concludere con questo popolo un trattato di alleanza (1283), al termine di una lunga lotta in Siria e Palestina. I monumenti fatti erigere da R. nella valle del Nilo (sala ipostila di Karnak, templi di Abu Simbel) testimoniano lo splendore del suo regno. — **Ramesse III**, faraone egizio (1198-1166 a.C.). Capostipite della XX dinastia, arginò l'invasione dei popoli del mare e fece costruire il tempio di Medinet Habu, a Tebe.

RAMESSE II. (Museo archeologico, Torino.)

RAMILLIES (battàglia di) (23 mag. 1706), battaglia della guerra di successione spagnola. Vittoria del duca di Marlborough sulle truppe franco-spagnole a R. (Brabante).

RÀMO (Pìètro), in fr. Pierre **de la Ramée**, *Cuts, Oise, 1515 - Parigi 1572*, umanista, matematico e filosofo francese. Avversario dell'aristotelismo, effettuò importanti studi nel campo della logica riformulando il concetto di "metodo" (*Dialettica*, 1555).

RAMONDÌNO (Fabrizia), *Napoli 1936*, scrittrice. Tra le opere, *Althénopis* (1981), *Un giorno e mezzo* (1988), *Taccuino tedesco* (1987), *Terremoto con madre e figlia* (1994), *L'isola riflessa* (1998), *Passaggio a Trieste* (2000), *Guerra di infanzia e di Spagna* (2001).

RAMÓN Y CAJAL (Santiago), *Petilla, Navarra, 1852 - Madrid 1934*, medico e biologo spagnolo. Scoprì la struttura neuronale del sistema nervoso. (Premio Nobel 1906.)

RAMORÌNO (Giròlamo), *Genova 1792 - Torino 1849*, militare. In fr. preso parte ai moti del 1821, fece ritorno in patria nel 1849. A capo di una divisione dell'esercito piemontese, fu considerato responsabile della sconfitta di Novara (1849) e condannato a morte per disobbedienza.

RAMPAL (Jean-Pierre), *Marsiglia 1922 - Parigi 2000*, flautista francese. Senza abbandonare l'attività didattica, ha condotto una brillante carriera internazionale, eseguendo il repertorio classico e contemporaneo.

RAMPUR, c. dell'India (Uttar Pradesh); 281.549 ab.

RAMSAY (sir William), *Glasgow 1852 - High Wycombe, Buckinghamshire, 1916*, chimico britannico. Attribuì il moto browniano all'urto tra le molecole (1879) e partecipò alla scoperta dei gas rari (in part. con J.W. Rayleigh). (Premio Nobel 1904.)

RAMSDEN (Jesse), *Salterhebble 1735 - Brighton 1800*, fisico britannico. I dispositivi da lui costruiti (tra cui il tornio per filettare) rivoluzionarono la fabbricazione degli strumenti usati in astronomia e geodesia e permisero lo sviluppo della moderna meccanica di precisione.

RAMSEY (Norman Foster), *Washington 1915*, fisico statunitense. Autore di studi sulla spettroscopia atomica, partendo da una misurazione estremamente precisa della frequenza atomica, è stato in grado di costruire orologi di nuova concezione (come quello al cesio) e il maser a idrogeno. (Premio Nobel 1989.)

RAMSGATE, c. della Gran Bretagna (Inghilterra), vicino alla foce del Tamigi; 40.000 ab. Stazione balneare. Attrezzata per imbarcazioni da diporto.

RAMÙSIO (Giovàn Battista), *Treviso 1485 - Padova 1557*, letterato e geografo. Per la repubblica di Venezia compì numerose missioni diplomatiche nei diversi continenti, dalle quali scaturì *Delle navigationi et viaggi* (1550-1559). L'opera costituisce un importante documento sulle conoscenze geografiche e cartografiche dell'epoca.

RAMUZ (Charles-Ferdinand), *Losanna 1878 - Pully 1947*, scrittore svizzero di lingua francese. Nelle sue opere, che esprimono la poesia della natura e della vita quotidiana nel Vaud, serpeggia un oscuro senso di minaccia (*La paura in montagna*, 1926).

■ *Ferdinand Ramuz ritratto da C. Cingria. (Coll. priv.)*

RANAVALONA III, *Antananarivo 1862 - Algeri 1917*, regina del Madagascar (1883-1897). Fu deposta ed esiliata quando i francesi stabilirono il loro protettorato sull'isola (1895).

■ *Ranavalona III.*

RANCAGUA, c. del Cile centrale; 187.324 ab.

RANCHI, c. dell'India, cap. del Jharkhand; 846.454 ab. Centro agricolo e industriale.

RANDÀZZO, com. in prov. di Catania; 11.674 ab. Centro di origine medievale alle pendici dell'Etna. Cattedrale di S. Maria (XIII sec.).

RANDÀZZO (Maurizio), *Santa Caterina Villarmosa 1964*, schermidore. Vincitore dei Campionati mondiali a squadre nella specialità della spada nel 1989, 1990 e 1993 e delle Olimpiadi del 1996 (Atlanta) e del 2000 (Sidney).

RANDERS, c. della Danimarca (Jylland); 62.205 ab. — Nucleo urbano antico.

RANDÓNE (Salvatóre, detto Sàlvo), *Siracusa 1906 - Roma 1991*, attore teatrale e cinematografico. Interprete sia del repertorio classico sia di quello contemporaneo, ha recitato anche per il cinema: *Salvatore Giuliano* (1961), *Le mani sulla città* (1963), *Indagine su un cittadino al di sopra di ogni sospetto* (1970), *La classe operaia va in paradiso* (1971).

RANDSTAD HOLLAND, reg. dei Paesi Bassi occ., comprendente in part. le c. di Amsterdam, L'Aia, Rotterdam e Utrecht. In quest'area densamente popolata si concentrano i principali attività economiche del paese.

RANGOON, in birm. **Yangon**, cap. del Myanmar, vicino alla foce dell'Irrawaddy; 4.196.000 ab. Porto e principale centro economico del paese. — Celebre pagoda di Shwedagon, luogo sacro del buddhismo; museo nazionale.

RANGOON. *La pagoda di Shwedagon.*

RANGPUR, c. del Bangladesh settentr.; 204.000 ab.

RANIÈRI (Antònio), *Napoli 1806-1888*, letterato. Amico di G. Leopardi, lo ospitò fino alla morte del poeta. Autore tra l'altro di *Sette anni di sodalizio con Giacomo Leopardi* (1880).

RANIÈRI III, *Monaco 1923*, principe di Monaco dal 1949, della casata dei Grimaldi. È succeduto al nonno Luigi II. Nel 1956 ha sposato l'attrice statunitense Grace Kelly.

RANJIT SINGH, *nel Penjab 1780 - Lahore 1839*, fondatore dell'impero dei sikh. Conquistò Lahore (1799) e Amritsar (1802); quando l'espansione verso SE gli fu impedita dalle truppe britanniche, estese i propri possedimenti verso NO, fino al Kashmir (1819).

RANK (Otto **Rosenfeld**, detto Otto), *Vienna 1884 - New York 1939*, psicoanalista austriaco. Si allontanò da S. Freud, negando il complesso di Edipo e attribuendo grande importanza al momento della nascita come fonte di ansia e nevrosi (*Il trauma della nascita*, 1924).

RANKE (Leopold **von**), *Wiehe 1795 - Berlino 1886*, storico tedesco. Autore di *I papi di Roma* (1834-1836) e di una *Storia della Germania al tempo della Riforma* (1839-1847), contribuì a fondare la storiografia su basi scientifiche, nella Germania del XIX sec.

RANKINE (William), *Edimburgo 1820 - Glasgow 1872*, fisico britannico. Professore di meccanica, è considerato il padre dell'energetica per aver introdotto la distinzione tra energia potenziale e cinetica.

RANÙCCIO I FARNÉSE, *Parma 1569 - 1622*, duca di Parma. Figlio di Alessandro e Maria del Portogallo, introdusse profonde riforme nel codice come *costituzioni farnesiane* (1594). Prodigo mecenate, fece edificare tra l'altro il Teatro Farnese.

RANVIER (Louis), *Lione 1835 - Vendranges, Loire, 1922*, istologo francese. Autore di trattati di istologia e anatomia, ha dato il suo nome a molti elementi cellulari.

RANZÓNI (Danièle), *Intra 1843-1889*, pittore. Esponente della scapigliatura, celebre per i suoi ritratti: *La contessa Arrivabene* (1880), *La principessa di St.-Léger* (1886), *Giovinetta vestita di bianco* (1886).

RAOUL o **RODÒLFO**, *m. ad Auxerre nel 936*, duca di Borgogna (921-923) e re di Francia (923-936), della dinastia dei Robertiani. Genero e successore (per elezione) di Roberto I, sconfisse definitivamente i normanni nel 930.

RAOULT (François), *Fournes-en-Weppes 1830 - Grenoble 1901*, chimico e fisico francese. Nel 1882 creò la crioscopia, la tonometria e l'ebulliometria ed enunciò le leggi relative alle soluzioni diluite.

RAPÀLLO, com. in prov. di Genova; 29.348 ab. Industrie alimentari e del mobile. Porto. Turismo balneare.

RAPÀLLO (trattati di) (6-7 nov. 1917), convegno che diede vita al Consiglio supremo interalleato tra Italia, Francia e Gran Bretagna. Il 12 nov. 1920 vi venne sottoscritto un trattato tra Italia e Iugoslavia per la definizione dei confini nazionali; l'accordo prevedeva la cessione della Dalmazia alla Iugoslavia e l'istituzione della città libera di Fiume, ponendo così fine alla reggenza del Carnaro, istituita dai volontari guidati da G. d'Annunzio. Il 16 apr. 1922 vi venne firmato, infine, un trattato tra Russia Sovietica e Germania per la ripresa dei rapporti diplomatici dopo la prima guerra mondiale.

RAPHAEL MAFAI (Antonietta), *Wilno 1900 - Roma 1975*, pittrice e scultrice di origine lituana. In Italia dal 1930, fu tra gli esponenti della scuola romana. Tra le opere, *Miriam dormiente* (1933), *Niobe* (1948).

RAPISÀRDI (Màrio), *Catania 1844-1912*, poeta. Tra le raccolte, *Palingenesi* (1868), *Lucifero* (1873), *Giobbe* (1884).

RAPOLÀNO TÈRME, com. in prov. di Siena; 4760 ab. Sorgenti di acque sulfuree. Porta dei Tintori (XIII sec.).

RAPÒLLA, com. in prov. di Potenza; 4702 ab. Conserva la chiesa romanico-bizantina di S. Lucia (XI sec.) e la cattedrale del XIII sec.

RAQQA, c. della Siria, nei pressi dell'Eufrate; 138.000 ab. Resti del nucleo urbano medievale.

RAROTONGA, una delle Isole Cook, in Polinesia; 10.337 ab.

RAS (Riunióne adriàtica di sicurtà), compagnia di assicurazioni fondata a Trieste nel 1838, che dal 1947 ha sede a Milano. Tra il 1984 e il 1987 il controllo della RAS è passato ad Allianz AG. Successivamente ha costituito una banca (Rasbank) e si è dotata di una rete di promotori finanziari.

RA'S AL KHAYMAH, uno degli Emirati Arabi Uniti; 143.334 ab.; capol. *Ra's Al Khayma*.

RÀSCEL (Renàto **Ranùcci**, detto Renàto), *Torino 1912 - Roma 1991*, cantante, attore teatrale e cinematografico. Interprete tra i più popolari di numerosi spettacoli di varietà e commedie musicali, oltre che di film: *Attanasio cavallo vanesio*, *Il cappotto* (1952), *Un paio d'ali* (1957), *Enrico '61* (1961). Celebri i personaggi del piccolo corazziere e di Napoleone. Ha scritto anche numerose canzoni (*Arrivederci Roma*).

RASÉTTI (Frànco), *Castiglione del Lago 1901 - Waremme 2001*, fisico. Collaborò con E. Fermi a Roma e negli Stati Uniti e studiò i raggi cosmici, approfondendo le conoscenze sul muone. Contrario alla realizzazione della bomba atomica, si dedicò poi alla geologia e alla paleontologia.

RASHÍ (Shelomoh Jizchaq, detto), *Troyes 1040-1105*, rabbino, commentatore della Bibbia e del Talmud. Fondò a Troyes una scuola talmudica che attirò molti allievi. I suoi commenti hanno influenzato il pensiero giudaico e cristiano del Medioevo e sono tuttora capisaldi dell'ebraismo.

RÀSI (Luigi), *Ravenna 1852 - Milano 1918*, attore e storico del teatro. Dal 1882 al 1918 diresse una scuola di recitazione a Firenze (Accademia dei Ràsi). È autore di numerosi saggi critico-storici, tra cui *I comici italiani* (1897-1905).

RASK (Rasmus), *Brøndekilde, presso Odense, 1787 - Copenaghen 1832*, linguista danese. Scoprì le affinità esistenti tra molte lingue indoeuropee e fu tra i fondatori della grammatica comparata.

RASKOLNIKOV, protagonista del romanzo *Delitto e castigo* (1866) di F. Dostoevskij. Studente povero ma fiero, nella confessione trova l'unico mezzo per liberarsi dal peso di un crimine che peraltro si era sentito in diritto di commettere, per dimostrare la propria superiorità alla morale comune.

RASMUSSEN (Anders Fogh), *Ginnerup, Gursland, 1953*, politico danese. Leader del Partito liberale, è primo ministro dal 2001.

RASMUSSEN (Knud), *Jakobshavn, Groenlandia, 1879 - Copenaghen 1933*, esploratore danese. Diresse numerose spedizioni nell'Artico e studiò gli eschimesi.

RASMUSSEN (Poul Nyrup), *Esbjerg, Jylland, 1943*, politico danese. Leader del Partito socialdemocratico dal 1992, è stato primo ministro dal 1993 al 2001.

RASÓRI (Giovànni), *Parma 1766 - Milano 1837*, medico. Elaborò una teoria che individuava le cause del male nel mancato equilibrio tra stimoli e controstimoli. Tra le opere, *Sul preteso genio di Ippocrate* (1799), *Istoria della febbre epidemica* (1801).

RASPAIL (François), *Carpentras 1794 - Arcueil 1878*, politico e scienziato francese. Pubblicò molte opere di medicina dal taglio divulgativo. Sostenitore della causa repubblicana, prese parte alla rivoluzione del 1830, a Parigi. Fondatore del quotidiano *L'ami du peuple* (1848), si candidò alle elezioni presidenziali nelle file dei socialisti e fu due volte deputato (1869 e 1876-1878).

RASPUTIN (Grigorij Efimovič **Novych**, detto), *Pokrovskoe 1864 o 1865 - Pietrogrado 1916*, avventuriero russo. Preceduto da una fama di santità, si guadagnò la protezione dell'imperatrice Alessandra Fëdorovna guarendo lo zarevic Alessio dalla sifilide. Con la sua vita dissoluta contribuì a gettare il discredito sulla corte di Nicola II. Fu ucciso dal principe Jusupov.

■ *Rasputin.*

RAS SHAMRA → UGARIT.

RASTADT, c. della Germania (Baden-Württemberg), a N di Baden-Baden; 46.437 ab. Monumenti del XVIII sec.; musei. — **Trattato di Rastadt** (6 mar. 1714), trattato firmato da Luigi XIV e Carlo VI, che pose fine alla guerra di successione spagnola. Luigi XIV conservava l'Alsazia, ma era costretto a cedere i possedimenti sulla riva destra del Reno. L'imperatore Carlo VI si assicurava la Sardegna, Napoli, il Milanese, lo Stato dei presidi e i Paesi Bassi spagnoli. — **Congresso di Rastadt** (9 dic. 1797 - 23 apr. 1799), congresso convocato allo scopo di stabilire il nuovo statuto territoriale di Germania e Italia, dopo il trattato di Campoformio (1797). Ma l'obiettivo fallì e due delegati francesi furono massacrati.

RAS TANNURA, porto petrolifero dell'Arabia Saudita, sul Golfo Persico.

RASTRÈLLI (Bartolomèo Càrlo), *Firenze 1675 ca. - San Pietroburgo 1744*, scultore e architetto. Padre di Bartolomeo Francesco. Alla corte di Pietro il Grande come architetto e scultore, fu autore della statua equestre dello zar.

RASTRÈLLI (Bartolomèo Francésco), *Parigi 1700 ca. - San Pietroburgo 1771*, architetto attivo soprattutto in Russia. Al servizio della zarina Elisabetta dal 1741, realizzò edifici eleganti e ricchi di dettagli decorativi (monastero di Smol'nyi, Palazzo d'Inverno a San Pietroburgo, Grande Palazzo a Carskoe Selo).

RATHENAU (Walter), *Berlino 1867-1922*, industriale e politico tedesco. Ministro degli affari esteri nel 1922, firmò il trattato di Rapallo. Di origine ebraica, fautore di un accordo negoziato con le potenze dell'Intesa in merito alla ricostruzione, fu assassinato da fanatici nazionalisti.

RÄTIKON, massiccio delle Alpi, al confine tra Svizzera, Liechtenstein e Austria; 2965 m.

RATISBÓNA, in ted. **Regensburg**, c. della Germania (Baviera), sul Danubio; 125.236 ab. Centro commerciale. — Città libera nel 1245, ospitò la dieta del 1541 alla quale parteciparono cattolici e protestanti e nel 1663 divenne sede permanente della dieta imperiale (*Reichstag*). Fu annessa alla Baviera nel 1810. — Cattedrale gotica iniziata nel XIII sec.; ant. municipio (*Alte Rathaus*) del XIV-XV sec.; chiesa di S. Emmerano, romanica ma con elementi decorativi barocchi. Musei.

RATRÀMNO DI CORBIE (Pascàsio Radbèrto), *m. a Corbie nell'868 ca.*, teologo. Monaco benedettino, fu condannato post-mortem come eretico per il suo *De corpore et sanguine Domini*, con il quale entrava nel dibattito teologico sulla transustanziazione. Fu riabilitato nel 1900.

RATSIRAKA (Didier), *Vatomandry 1936*, politico malgascio. Ufficiale di marina, è stato presidente del consiglio supremo della rivoluzione (1975) e presidente della repubblica (1976-1993 e 1997-2002).

RATTÀZZI (Urbàno), *Alessandria 1808 - Frosinone 1873*, politico. Capo della sinistra storica, stipulò con C. Cavour un accordo ("connubio") e sostenne il governo da lui guidato. Più volte ministro, fu capo del governo nel 1862 e nel 1867, ma dovette dimettersi per l'ambiguità dimostrata a riguardo del tentativo di conquista di Roma attuato da G. Garibaldi.

RATTLE (sir Simon), *Liverpool 1955*, direttore d'orchestra britannico. Direttore dell'orchestra sinfonica di Birmingham dal 1980 al 1998, ha interpretato magistralmente opere del XVIII, XIX e XX sec. Nel 2002 ha assunto la direzione dei Berliner Philharmoniker, subentrando a C. Abbado.

RÄTTVIK, località di soggiorno estivo e di sport invernali della Svezia (Dalecarlia), sul Lago Siljan. Chiesa del XIV sec. (affreschi del XV sec.). Artigianato.

RATZEL (Friedrich), *Karlsruhe 1844 - Ammerland 1904*, geografo tedesco, autore dell'*Antropogeografia* (1882-1891).

RATZINGER (Joseph), *Marktl, Baviera, 1927*, prelato tedesco. Arcivescovo di Monaco e cardinale (1977), dal 1981 prefetto della Congregazione romana per la dottrina della fede, ha imposto un rigoroso rispetto della tradizione. Ha inoltre presieduto la commissione incaricata di redigere il "catechismo universale", pubblicato nella sua edizione definitiva nel 1998.

RAU → ARABA UNITA (Repubblica).

RAU (Johannes), *Wuppertal 1931*, politico tedesco. Socialdemocratico (SPD), è presidente della repubblica dal 1999.

RAUDII (Càmpi), pianura nei pressi dell'att. Vercelli dove il 30 giu. 101 a.C. i romani sconfissero i cimbri.

RAUMA, c. della Finlandia, sul Golfo di Botnia; 37.190 ab. Merletti. Abitazioni antiche, in legno dipinto e scolpito; chiesa della S. Croce (XIV-XV sec.) con affreschi; musei.

RAURKELA, c. dell'India (Orissa); 224.601 ab. Industria siderurgica.

RAUSCHENBERG (Robert), *Port Arthur, Texas, 1925*, pittore e litografo statunitense. Fa uso di oggetti (*combine painting*, *assemblage* neodadaisti) e collage fotografici, coniugando espressionismo astratto e pop art: ha inoltre compiuto ricerche sul connubio arte-tecnologia.

Robert **RAUSCHENBERG**. Tracer *(1964), serigrafia su tela. (Coll. priv.)*

RÀVA (Pietro), *Cassine 1916*, calciatore. Con la nazionale vinse le Olimpiadi di Berlino nel 1936 e la Coppa del mondo del 1938 in Francia.

RAVACHOL (François Claudius **Kœnigstein**, detto), *Saint-Chamond 1859 - Montbrison 1892*, anarchico francese. Autore di numerosi attentati, fu condannato alla ghigliottina.

RAVAILLAC (François), *Touvre, presso Angoulême, 1578 - Parigi 1610*, estremista francese. Monaco fanatico, pugnalò a morte il re Enrico IV (14 mag. 1610) credendo di salvaguardare in questo modo la religione cattolica.

RAVANÙSA, com. in prov. di Agrigento; 14.969 ab. Conserva i resti della città greca di *Kakyron*.

RAVEL (Maurice), *Ciboure 1875 - Parigi 1937*, compositore francese. Fu il più classico dei compositori francesi moderni. Predilese la musica sinfonica (*La valse*, 1920; *Bolero*, 1928; *Dafni e Cloe*, 1912), ma compose anche brani per pianoforte (*Jeux d'eau*; *Gaspard de la nuit*, 1908), cicli melodici (*Shéhérazade*, 1904) e la fantasia lirica *L'enfant et les sortilèges* (1925). Le sue opere spiccano per precisione delle linee melodiche e brillante orchestrazione.

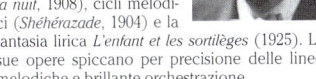

■ *Maurice Ravel.*

RAVÈLLO, com. in prov. di Salerno; 2524 ab. Turismo. Monumenti dell'XI-XIII sec. in stile composito, arabo-normanno (Villa Rufolo), e giardini di Villa Cimbrone, in felice posizione panoramica sul Golfo di Salerno.

RAVÈNNA, c. dell'Emilia-Romagna, capol. di prov., a 8 km ca. dalla costa adriatica; 139.771 ab. (*ravennati*). Porto-canale. Giacimenti di gas naturale (metano); industria chimica (fertilizzanti), alimentare e tessile. Turismo. — Probabile centro etrusco nel V sec. a.C., ottenne la cittadinanza romana nel I sec. Augusto vi fondò il porto militare di Classe, base della flotta che presidiava l'Adriatico. Fulcro dell'impero romano d'occidente dal 402 al 476, R. fu in seguito la capitale di Teodorico I, re degli ostrogoti (493). Conquistata da Belisario (540), nel 584 divenne sede di un esarcato che riuniva i possedimenti bizantini in Italia. Subì la dominazione longobarda (751) e franca, prima di essere donata al papa da Pipino il Breve (756). Governata dai suoi arcivescovi, fu poi sotto la giurisdizione della Repubblica veneta dal 1441 al 1509, anno in cui tornò alla Chiesa. Si unì al regno d'Italia nel 1860. — Numerosi i monumenti di epoca bizantina (V e VI sec.), ornati da mosaici: basiliche di S. Apollinare Nuovo e S. Apollinare in Classe, chiesa di S. Vitale, mausoleo di Galla Placidia, due battisteri. — La provincia, che si estende nella bassa Pianura Padana, basa la propria economia sull'attività agricola (barbabietola, ortaggi) e sul turismo balneare. Centri princ.: Lugo, Faenza, Cervia.

RAVÉNNA (Pineta di), riserva statale in prov. di Ravenna; 709 ha. Fu istituita nel 1977.

RAVENSBRÜCK, campo di concentramento tedesco (Brandeburgo), riservato alle donne.

RAVÉRA (Camilla), *Acqui Terme 1889 - Roma 1988*, politica. Partecipò alla fondazione del Partito comunista e, in seguito, alla sua organizzazione clandestina durante il fascismo, scontando per questo 13 anni di carcere. Più volte eletta in parlamento, nel dopoguerra, fu la prima donna senatrice a vita.

RAVENNA. *Basilica di S. Apollinare in Classe (VI sec.).*

RAVI, f. dell'India e del Pakistan (Punjab), affl. di sinistra del Chenab; 725 km.

RAWALPINDI, c. del Pakistan settentr.; 1.410.000 ab. Centro industriale e meta turistica.

RAWA RUSKA, nome pol. della c. ucraina di Rava Rus'ka, a N di Leopoli. Campo di lavoro tedesco per prigionieri di guerra (1940-1945).

RAWLINGS (Jerry), *Accra 1947*, militare e politico ghaniano. Ha preso il potere nel 1981 con un colpo di mano militare e si è confermato capo dello Stato alle presidenziali del 1992 e del 1996. Il suo mandato è scaduto nel 2001.

RAWLS (John), *Baltimora 1921 - Lexington, Massachusetts, 2002*, filosofo statunitense. Analizza il difficile rapporto tra giustizia sociale ed efficacia economica (*Una teoria della giustizia*, 1971).

RAY (Man) → MAN RAY.

RAY o **WRAY** (John), *Black-Notley, Essex, 1627-1705*, naturalista inglese. Oltre a introdurre la distinzione tra piante monocotiledoni e dicotiledoni, creò i presupposti per la moderna classificazione di uccelli e pesci (1693).

RAY (Raymond Nicholas **Kienzle**, detto Nicholas), *Galesville, Wisconsin, 1911 - New York 1979*, regista cinematografico statunitense. Rappresentò con accenti lirici la solitudine e il tormento interiore (*I bassifondi di San Francisco*, 1949; *Johnny Guitar*, 1954; *Gioventù bruciata*, 1955; *Il dominatore di Chicago*, 1958; *Nick's movie — Lampi sull'acqua*, con W. Wenders, 1979).

RAY (Satyajit), *Calcutta 1921-1992*, regista cinematografico indiano. Dotato di grande senso plastico, mise in scena le tradizioni e la realtà indiana del suo tempo (*Il lamento sul sentiero*, 1955; *Aparajito*, 1956; *La sala di musica*, 1958; *Ganashatru*, 1988).

RAYLEIGH (John William **Strutt**, lord), *presso Maldon, Essex, 1842 - Witham, Essex, 1919*, fisico britannico. Determinò le dimensioni di alcune molecole, scoprì l'argo (con W. Ramsay, 1894), studiò la diffusione della luce e assegnò un valore al numero di Avogadro. (Premio Nobel 1904.)

RAYMOND (Alex), *New Rochelle, Stato di New York, 1909 - Westport 1956*, disegnatore e sceneggiatore di fumetti statunitense. Con il suo tipico stile realista disegnò storie di avventura (*Jungle Jim*, 1934) e fantascienza (*Flash Gordon*, 1934).

RAYNAL (abate Guillaume), *Lapanouse-de-Sévérac, Aveyron, 1713 - Parigi 1796*, storico e filosofo francese. Si scagliò contro la colonizzazione e il clero nella sua *Storia filosofico-politica degli insediamenti e del commercio degli europei nelle due Indie* (1770).

RAZIN (Stepan Timoeevič), *Zimoevjskaja 1630 ca. - Mosca 1671*, cosacco del Don. Capo della rivolta contadina del 1670-1671, fu fatto prigioniero e squartato.

RCS MEDIAGROUP (Rizzòli Corrière della Séra Mediagroup), gruppo editoriale sorto nel 2003. È subentrato al gruppo RCS Editori, che nel 1986 aveva rilevato le attività della società fondata e presieduta da A. Rizzoli. Dopo aver acquisito nel 1987 la casa editrice Sansoni e nel 1990 il gruppo editoriale Fabbri Bompiani Sonzogno Etas, nel 1997 ha raggruppato le sue attività nella holding HdP (Holding di partecipazioni industriali). Attivo nei settori dell'editoria e della comunicazione, il gruppo controlla le società RCS Quotidiani, RCS Periodici, RCS Libri, RCS Pubblicità, RCS Diffusione, RCS Broadcast e il quotidiano *Corriere della Sera*. Opera anche sul mercato internazionale, con quote rilevanti del quotidiano spagnolo *El Mundo* e della casa editrice francese Flammarion.

RE, com. in prov. di Verbano-Cusio-Ossola; 920 ab. Centro turistico, conserva il santuario della Madonna del Sangue (XVII sec.).

RE (île de), isola della Francia, nell'Atlantico, nel dip. Charente-Maritime; 85 km[2]; 16.499 ab. Turismo.

RE (libri dei), nome di due libri della Bibbia redatti tra il VII sec. e la fine del VI sec. a.C. Narrano la vita di Salomone e le vicende dei regni d'Israele e di Giuda, mescolando leggenda, storia e agiografia.

RE (Vàlle dei), valle dell'Egitto, lungo la riva occ. del Nilo, di fronte a Luxor, dove durante il Nuovo Regno venivano sepolti i faraoni. Nel sito sono stati rinvenuti importanti corredi funerari, tra cui quello di **Tutankhamon*.

RÈA MITOL. GR. Moglie di Crono, madre di Zeus e degli dei olimpi.

RÈA (Doménico), *Nocera Inferiore 1921 - Napoli 1994*, scrittore. Tra le opere, *Spaccanapoli* (1947), *Gesù fate luce* (1950), *Una vampata di rossore* (1959), *Diario napoletano* (1971), *Pensieri della notte* (1987), *I topi di Napoli* (1988), *Ninfa plebea* (1993).

RÈA (Ermànno), *Napoli 1927*, scrittore. Giornalista e collaboratore di diverse testae, ha scritto, tra l'altro, *L'ultima lezione* (1992), *Mistero napoletano* (1995), *Fuochi fiammanti a un'ora di notte* (1998), *La dismissione* (2002).

READE (Charles), *Ipsden, Oxfordshire, 1814 - Londra 1884*, scrittore britannico, autore di drammi e romanzi a sfondo sociale (*Denaro rubato*).

READING, c. della Gran Bretagna (Inghilterra), capol. del Berkshire; 122.600 ab. Università. Centro europeo di meteorologia.

REAGAN (Ronald Wilson), *Tampico, Illinois, 1911*, politico statunitense. Già attore cinematografico, ha ricoperto la carica di governatore della California (1967-1974). Repubblicano, presidente degli Stati Uniti dal 1981 al 1989, ha rilanciato l'economia (riduzione delle imposte, lotta all'inflazione) e impostato la politica estera sulla fermezza (Medio Oriente, America centrale). Rieletto nel 1984, nel 1987 è stato coinvolto nello scandalo *Irangate* (vendita di armi all'Iran). Nello stesso anno ha firmato con M. Gorbačëv un accordo sullo smantellamento dei missili europei a media gittata.

■ *Ronald Reagan.*

REALPOLITIK, linea politica basata sul pragmatismo, nelle intenzioni scevra da influenze ideologiche e basata esclusivamente sull'analisi obiettiva degli interessi, soprattutto in politica internazionale; il suo maggior esponente è stato O. von Bismark. Il termine è rimasto in uso nella sua accezione più estesa di realismo.

RÈA SÌLVIA MITOL. ROM. Madre di Romolo e Remo.

REATÌNI (Mónti), catena montuosa dell'Appennino, tra l'Umbria e il Lazio. Vetta principale, il Monte Terminillo (2213 m).

RÉAUMUR (René Antoine **Ferchault de**), *La Rochelle 1683 - Saint-Julien-du-Terroux 1757*, fisico e naturalista francese. Indicò la possibilità di trasformare la ghisa in acciaio, studiò la tempra dei metalli e gettò le basi della metallografia (1722). Costruttore di un termometro ad alcol (1730 ca.), si occupò anche di scienze naturali (molluschi, crostacei, insetti).

REBÈCCA, personaggio della Bibbia, moglie di Isacco, madre di Esaù e Giacobbe.

RÈBORA (Clemènte), *Milano 1885 - Stresa 1957*, poeta. Dopo l'esordio nel 1913 con *Frammenti lirici*, maturò una profonda conversione che lo portò al sacerdozio (1931). I suoi versi denotano un intenso misticismo e una tensione trascendente: *Canti anonimi* (1922), *Curriculum vitae* (1955), *Canti dell'infermità* (1957).

RECALCÀTI (Antònio), *Bresso 1938*, pittore. Vicino alla corrente Nuova figurazione, ha maturato uno stile basato sulle suggestioni iperrealiste, con un uso combinato delle tecniche fotografiche e pittoriche. Celebre la serie "Impronte".

RÉCAMIER (Julie **Bernard**, Mme), *Lione 1777 - Parigi 1849*, letterata francese. Amica di Mme de Staël e F.R. de Chateaubriand, durante la restaurazione divenne celebre per il suo salotto letterario.

RECANÀTI, com. in prov. di Macerata; 19.882 ab. Città natale di G. Leopardi, conserva il palazzo della sua famiglia. Torre e chiesa di S. Maria di Castelnuovo (entrambe del XIII sec.).

RECCARÈDO I, *m. a Toledo nel 601*, re dei visigoti di Spagna (586-601). Ariano, si convertì al cattolicesimo.

RÉCCO, famiglia di pittori, noti soprattutto come autori di nature morte: — **Giacomo R.**, *Napoli 1603 - dopo il 1653*, — **Giovan Battista R.**, *1615 ca. - 1660* e — **Giuseppe R.**, *Napoli 1634 - Alicante 1695*. Figlio di Giacomo, Giuseppe fu celebre per le composizioni con soggetti marini che ben si prestavano allo studio degli effetti cromatici.

RECHT o **RACHT**, c. dell'Iran, in prossimità del Mar Caspio; 417.748 ab.

RECIFE, già **Pernambuco**, c. del Brasile, cap. dello Stato di Pernambuco, sull'Atlantico; 1.422.905 ab. (3.315.000 ab. nell'agglomerato). Porto. Centro commerciale e industriale. — Chiese barocche del XVIII sec.; musei.

RECKLINGHAUSEN, c. della Germania (Renania Settentrionale-Westfalia), nella Ruhr; 125.022 ab. Centro industriale. — Museo delle icone.

RECLUS (Élisée), *Sainte-Foye-La-Grande 1830 - Thourout, presso Bruges, 1905*, geografo francese, autore di una *Geografia universale* (1875-1894). Aderì all'Internazionale, partecipò alla Comune e subì la deportazione.

RECOÀRO TÈRME, com. in prov. di Vicenza; 7525 ab. Stazione termale, imbottigliamento di acque minerali. Sport invernali nella località di R. Mille.

RECONQUISTA, termine spagnolo con cui si indica la riconquista della penisola iberica da parte dei cristiani, ai danni dei mori. Iniziata a metà dell'VIII sec. nelle Asturie, compì significativi progressi alla fine dell'XI sec. e s'intensificò nel XIII sec., dopo la vittoria di Las Navas de Tolosa (1212). Si concluse con la presa di Granada (1492).

RED DEER, c. del Canada (Alberta); 60.075 ab.

REDDING (Otis), *Dawson, Georgia, 1941 - Madison, Wisconsin, 1967*, cantante soul statunitense. Interprete e compositore, si impose negli anni '60 del secolo scorso come uno dei massimi esponenti del genere (*Respect*, 1965; *The dock of the bay*, con S. Cropper).

REDFORD (Robert), *Santa Monica, California, 1937*, attore e regista cinematografico statunitense. Incarna i valori di un'America che si riconosce in eroi spontanei e disinvolti (*La caccia*, A. Penn, 1966; *Corvo Rosso non avrai il mio scalpo*, S. Pollack, 1972; *Tutti gli uomini del Presidente*, A.J. Pakula, 1976). È anche regista (*Gente comune*, 1980; *L'uomo che sussurrava ai cavalli*, 1998).

RÈDI (Francésco), *Arezzo 1626 - Pisa 1698*, scienziato, scrittore e poeta. Eclettico, confutò la teoria della generazione spontanea e gettò le basi della moderna parassitologia.

REDIPÙGLIA (Sacràrio di), sacrario militare in prov. di Gorizia, nel com. di Fogliano R., che raccoglie 100.000 caduti della prima guerra mondiale (tra cui oltre 60.000 militi ignoti).

REDON (Odilon), *Bordeaux 1840 - Parigi 1916*, pittore, disegnatore e incisore francese. Esponente di un'arte simbolista e visionaria, cominciò a usare il colore solo a partire dagli anni '90 dell'800 (serie "Carri di Apollo").

RED RIVER, f. degli Stati Uniti, che raggiunge il Golfo del Messico; 1638 km.

RED RIVER, f. degli Stati Uniti e del Canada, immissario del Lago Winnipeg; 860 km.

REED (sir Carol), *Londra 1906-1976*, regista cinematografico britannico. Molti suoi film sono incentrati su personaggi braccati (*Fuggiasco*, 1947; *Idolo infranto*, 1948; *Il terzo uomo*, 1949).

REEVES (Hubert), *Montreal 1932*, astrofisico canadese. Specialista di astrofisica nucleare e cosmologia, dà un notevole contributo alla divulgazione dell'astronomia.

REGALBÙTO, com. in prov. di Enna; 8144 ab. Chiesa di S.ma Maria della Croce (XV sec.).

REGAZZÓNI (Giàn Clàudio, detto Clay), *Lugano 1939*, pilota automobilistico svizzero. Ha disputato 132 Gran Premi di Formula 1, vincendone 6. Nel 1980 è stato costretto ad abbandonare le corse in seguito a un incidente di gara.

REGENSBURG, nome tedesco di **Ratisbona*.

REGER (Max), *Brand, Baviera, 1873 - Lipsia 1916*, compositore tedesco. Seppe riproporre le forme classiche (corali, sonate, suite, brani per organo) adattandole al linguaggio romantico.

REGGANE, c. dell'Algeria, nel Sahara; 14.179 ab.

RÈGGE (Tùllio), *Torino 1931*, fisico. È autore di importanti ricerche nell'ambito della teoria della relatività e della fisica delle alte energie.

REGGÈLLO, com. in prov. di Firenze; 13.942 ab. Conserva la pieve di Cascia (XI sec.) e l'abbazia di Vallombrosa (XV-XVII sec.).

REGGÈNZA (1715-1723), periodo della storia francese durante il quale, per la minore età di Luigi XV, il governo fu affidato a Filippo d'Orléans. L'avvenimento più importante dell'epoca fu la firma della Quadruplice Alleanza (1718).

REGGIÀNI (Màuro), *Nonantola 1897 - Milano 1980*, pittore. Tra i firmatari del primo manifesto dell'astrattismo (1934), le sue *Composizioni* sono il risultato di un intenso lavoro sulle forme geometriche che gli ha meritato numerosi riconoscimenti internazionali.

REGGIANI (Serge), *Reggio nell'Emilia 1922*, attore e cantante francese. Ha recitato in teatro e al cinema (*Casco d'oro*, J. Becker, 1952; *Lo spione*, J.P. Melville, 1962) e si è imposto anche come cantante (*Ma liberté*, G. Moustaki).

RÉGGIO DI CALÀBRIA, c. della Calabria, capol. di prov., sullo Stretto di Messina; 179.509 ab. (*reggini*). Porto commerciale. Stabilimenti alimentari e tessili. — Colonia greca (730-720 a.C.) e municipio romano dall'89 a.C. (*Regium Julii*), fu sottoposta alla dominazione bizantina (VI sec.) e normanna (dal 1060), prima di venire inglobata nel regno di Napoli (1443). Durante la spedizione dei Mille (1860) fu conquistata da G. Garibaldi. — La città, distrutta dal terremoto nel 1908, conserva pochi edifici di interesse storico-artistico, ma ospita il Museo nazionale (bronzi di Riace). — Nella provincia, il cui territorio è pianeggiante solo lungo la costa, si pratica l'agricoltura (olivi, agrumi), che fornisce la materia prima all'industria alimentare.

RÉGGIO NELL'EMÌLIA, c. dell'Emilia-Romagna, capol. di prov.; 146.092 ab. (*reggiani*). — Fondata nel 187 a.C. da Marco Emilio Lepido, in onore del quale fu chiamata *Regium Lepidi*, la città fu via via possedimento bizantino, longobardo e franco. Dopo la parentesi comunale, durante la quale aderì alla Lega lombarda (1168), vide alternarsi al potere varie signorie, fino alla definitiva affermazione degli Estensi, contro i quali si ribellò partecipando ai moti del 1831 e 1848. Nel 1860 un plebiscito ne sancì l'annessione al regno d'Italia. — Duomo (IX-XVI sec.), palazzo comunale (XV sec.), palazzo ducale (XVIII-XIX sec.). — L'economia della provincia si basa sull'agricoltura (ortaggi, cereali, frutta) e sull'allevamento bovino e suino, cui sono collegate le industrie di trasformazione (salumifici). Centri princ.: Correggio e Guastalla.

REGÌLLO (Làgo), piccolo lago del Lazio presso cui, nel V sec. a.C., i romani sconfissero i latini, sancendo la supremazia di Roma sul territorio.

REGINA, c. del Canada, capol. del Saskatchewan; 180.400 ab. Sede arcivescovile. Università. Raffinerie di petrolio. Metallurgia.

REGÌNA CARLÒTTA (Ìsole della), arcipelago canadese del Pacifico (Columbia Britannica).

REGÌNA ELISABÈTTA (Ìsole della), parte dell'arcipelago artico canadese, a N dei distr. di Lancaster e Vicomte-Melville.

REGIOMONTÀNO (Johannes **Müller**, detto), *Königsberg 1436 - Roma 1476*, astronomo e matematico tedesco. È autore di un commento all'*Almagesto* di Tolomeo, di tavole trigonometriche e di efemeridi astronomiche.

REGNARD (Jean-François), *Parigi 1655 - castello di Grillon, presso Dourdan, 1709*, autore teatrale francese. Scrisse commedie per il Théâtre Italien e la Comédie-Française (*Il giocatore*, 1696; *L'erede universale*, 1708).

RÉGNIER (Mathurin), *Chartres 1573 - Rouen 1613*, poeta francese. Autore di pungenti *Satire* (1609-1613), prezioso documento suoi costumi della sua epoca, soggiornò a lungo a Roma.

REGNITZ, f. della Germania, affl. di sinistra del Meno; 168 km. Attraversa Fürth, dove riceve le acque del Pegnitz, e Bamberga. A monte di Fürth prende anche il nome di *Rednitz*.

RÉGNO (Il), settimanale politico-culturale fondato a Firenze nel 1903 da E. Corradini. Di tendenza nazionalista e antisocialista, ebbe tra i suoi collaboratori G. Prezzolini e G. Papini. Cessò le pubblicazioni nel 1906.

RÉGNO UNÌTO DI GRÀN BRETÀGNA E IR-LÀNDA DEL NORD, nome ufficiale della *Gran Bretagna* dal 1923. Il regno di Gran Bretagna, formato nel 1707 dall'unione di Inghilterra e Scozia, prese la denominazione di Regno Unito di Gran Bretagna e Irlanda nel 1801, mentre assunse il nome attuale dopo la secessione dell' *Irlanda*, avvenuta nel 1922.

RÈGOLO (Màrco Attìlio), *III sec. a.C.*, generale romano. Prigioniero dei cartaginesi (256 a.C.) durante la prima guerra punica, fu inviato a Roma sulla parola con l'incarico di negoziare la pace. Dissuase il senato dall'accettare le condizioni del nemico e ritornò a Cartagine, dove morì fra atroci tormenti.

RE GUGLIÈLMO (Tèrra di), isola dell'arcipelago artico canadese.

REHE → JEHOL.

REICH ("impero"), si distingue un *Primo R.*, o Sacro Romano Impero germanico (962-1806), un *Secondo R.* (1871-1918), opera di O. von Bismark, e un *Terzo R.* (1933-1945), o regime nazionalsocialista, instaurato da A. Hitler.

REICH (Steve), *New York 1936*, compositore statunitense. È stato l'iniziatore della musica detta "ripetitiva", che affonda le radici nella *world music* (*Drumming*, 1971). Si è ispirato anche alla tradizione ebraica (*Tehillim*, 1981) e ha esplorato il genere lirico (*The cave*, 1993).

REICH (Wilhelm), *Dobrzcynica, Galizia, 1897 - penitenziario di Lewisburg, Pennsylvania, 1957*, medico e psicoanalista austriaco. Tentò di attuare una sintesi tra marxismo e psicoanalisi (*Materialismo dialettico e psicoanalisi*, 1929), criticò la morale borghese (*La lotta sessuale dei giovani*, 1932) e analizzò il fascismo (*Psicologia di massa del fascismo*, 1933).

REICHA (Anton), *Praga 1770 - Parigi 1836*, compositore ceco naturalizzato francese. Autore prolifico, fu maestro di C.F. Gounod, C.A. Franck, L.H. Berlioz e F. Liszt.

REICHENBACH (Hans), *Amburgo 1891 - Los Angeles 1953*, filosofo e logico tedesco. Aderì al circolo di Vienna e fu tra i primi e più influenti rappresentanti del positivismo logico. Studiò in part. la nozione probabilità.

REICHSHOFFEN (càriche di) (6 ago. 1870), battaglia della guerra franco-tedesca. Con questa espressione si indica impropriamente la carica dei corazzieri francesi sui vicini villaggi di Morsbronn ed Elsasshausen, in occasione della battaglia di Fröschwiller.

REICHSRAT, nell'impero austroungarico, nome assegnato dapprima al consiglio imperiale (1848-1861), poi al parlamento (1861-1918); in Germania, organo legislativo al tempo della rep. di Weimar (1919-1934).

REICHSTAG, fino al 1806 dieta del Sacro Romano Impero, poi (1867-1933) assemblea legislativa tedesca. Con sede a Berlino, sopravvisse sotto il regime nazista fino al 1942, seppur dotato di un ruolo meramente formale. L'incendio che divampò nel palazzo del R. (1933) servì da pretesto ai nazisti per dichiarare fuorilegge il Partito comunista tedesco. L'edificio, ricostruito da Norman Foster, dal 1999 ospita il Bundestag.

REICHSWEHR ("difesa dell'impero"), nome con cui, dal 1921 al 1935, si indicò l'esercito concesso alla Germania in base al trattato di Versailles.

REID (Thomas Mayne), *Ballyroney 1818 - Londra 1883*, scrittore britannico. È autore di romanzi di avventure che hanno per protagonisti gli indiani d'America (*Gli scotennatori*).

REIMS, c. della Francia (Champagne-Ardenne); 191.325 ab. (più di 210.000 ab. nell'agglomerato). Università. Costruzioni meccaniche ed elettriche. Industria enologica (champagne) — Cattedrale, capolavoro dell'architettura e della scultura gotiche (XIII sec.). — La città fu teatro del battesimo di Clodoveo (498 ca.) e dell'incoronazione di molti sovrani francesi. Il 7 mag. 1945 vi fu firmata la capitolazione della Wehrmacht.

REINHARDT (Ad), *Buffalo 1913 - New York 1967*, pittore e teorico dell'arte statunitense. Esponente dell'astrattismo radicale, fu un precursore del minimalismo.

REIMS. *La cattedrale di Notre-Dame (XIII sec., torri del XIV-XV sec.).*

REINHARDT (Jean-Baptiste, detto Django), *Liverchies, Belgio, 1910 - Fontainebleau 1953*, musicista jazz francese. Di origine zigana, virtuoso della chitarra, oltre a dirigere molte orchestre, nel 1934 fondò il quintetto Hot Club. Tra le sue composizioni: *Nuages* (1940).

REINHARDT (Max **Goldmann**, detto Max), *Baden, presso Vienna, 1873 - New York 1943*, regista teatrale austriaco. Direttore, in part., del Deutsches Theater di Berlino (1905), fu uno dei grandi innovatori della tecnica teatrale.

REISZ (Karel), *Ostrava 1926 - Londra 2002*, regista cinematografico britannico di origine ceca. Autore di una delle opere più rappresentative del Free cinema (*Sabato sera, domenica mattina*, 1960), ha girato in seguito *Morgan matto da legare* (1966), *La donna del tenente francese* (1981), *Alla ricerca dell'assassino* (1990).

REJ (Mikołaj), *Żórawno 1505 - Rejowiec 1569*, scrittore polacco. Poeta e moralizzatore, è considerato il padre della letteratura nazionale polacca.

RE LEAR, tragedia in cinque atti di W. Shakespeare (1606 ca.). Il protagonista priva la figlia minore Cordelia dell'eredità da lei spetta per favorire le sue due sorelle, ma viene ripagato con l'ingratitudine.

RELIGIÓNE (guèrre di), conflitti armati che contrapposero cattolici e protestanti nell'Europa del XVI sec. In Francia (1562-1598) i tumulti culminarono nel massacro della notte di San Bartolomeo ed ebbero fine con l'editto di Nantes; in Germania (1546-1555) si tradussero nello scontro tra l'imperatore Carlo V e la lega di Smalcalda (risoltosi con la pace di Augusta); in Svizzera (1531) l'evento più significativo fu la battaglia di Kappel tra Zurigo e i cantoni cattolici, al termine della quale ogni cantone si vide riconosciuta l'autonomia religiosa.

RELIZANE, già **Ghilizane**, c. dell'Algeria occ.; 111.186 ab.

REMARQUE (E. Paul **Remark**, detto Erich Maria), *Osnabrück 1898 - Locarno 1970*, scrittore tedesco naturalizzato statunitense. È autore di romanzi sull'esperienza della guerra (*Niente di nuovo sul fronte occidentale*, 1929).

REMBRANDT (Rembrandt Harmenszoon **Van Rijn**, detto), *Leida 1606 - Amsterdam 1669*, pittore e incisore olandese. Viene annoverato tra i grandi maestri della pittura di tutti i tempi per la forza espressiva delle sue opere, accentuata da un uso sapiente del chiaroscuro, e il valore universale della sua meditazione sul destino umano. Tra i suoi capolavori: al Rijksmuseum di Amsterdam, *La *ronda di notte*, La negazione di san Pietro* (1660), *I sindaci dei drappieri* (1662), *La sposa ebrea* (1665 ca.); al Louvre di Parigi, *I pellegrini di Emmaus* (due versioni), *Betsabea* (1654), *Il bue squartato* (1655). R. fu inoltre un valente acquafortista (*I tre alberi*, "Stampa dei cento fiorini").

REMEDÈLLO, com. in prov. di Brescia; 3027 ab. Dà il nome alla cultura eneolitica di cui è stata scoperta, nel territorio, una vasta necropoli.

REMÌGIO (sànto), *Laon 437 ca. - 530 ca.*, vescovo di Reims. Giocò un ruolo determinante nella conversione di Clodoveo, che battezzò probabilmente il 25 dic. 498.

REMINGTON (Eliphalet), *Suffield, Connecticut, 1793 - Ilion, New York, 1861*, industriale statunitense. Di professione armaiolo, mise a punto un fucile a retrocarica. — **Philo R.**, *Litchfield, New York, 1816 - Silver Springs, Florida, 1889*, industriale statunitense. Associato alle invenzioni di suo padre Eliphalet, modificò la macchina per scrivere di C.L. Sholes, di cui avviò la fabbricazione in serie (1873).

REMIZOV (Aleksej), *Mosca 1877 - Parigi 1957*, scrittore russo. Nei suoi romanzi raffigurò con accenti lirici la sofferenza umana (*Sorelle in Cristo*, 1912); pubblicò anche opere autobiografiche (*A occhi rasati*, 1951) in cui si avverte l'influsso delle leggende popolari.

RÈMO MITOL. ROM. Fratello gemello di *Romolo*. Quando quest'ultimo cominciò ad arare il perimetro della nuova città destinata a sorgere sul Palatino, R., che a tal scopo aveva prescelto l'Aventino, in segno di sfida saltò il solco e per questo atto sacrilego fu ucciso dal fratello.

REMSCHEID, c. della Germania (Renania Settentrionale-Westfalia), nella Ruhr; 120.125 ab.

RENALDÌNI (Càrlo), *Ancona 1615-1698*, fisico. Allievo di E. Torricelli, propose di utilizzare le temperature di fusione e solidificazione dell'acqua come parametri per la misura del calore, secondo il principio poi ripreso da A. Celsius.

RENAN (Ernest), *Tréguier 1823 - Parigi 1892*, scrittore e storico francese. Studioso di lingue semitiche e storia delle religioni, espresse le proprie idee razionaliste nell'*Avvenire della scienza* (pubblicato nel 1890) e nella *Storia delle origini del cristianesimo* (1863-1881), in 5 voll., di cui il primo, *Vita di Gesù*, suscitò grande risonanza.

RENÀNIA, in ted. **Rheinland**, reg. della Germania, sul Reno, compresa tra il confine francese e quello olandese. Annessa dalla Francia (1793-1814), nel 1815 fu attribuita alla Prussia. La regione, smilitarizzata in seguito al trattato di Versailles, fu occupata dall'esercito di A. Hitler nel 1936.

RENÀNIA-PALATINÀTO, in ted. **Rheinland-Pfalz**, Land della Germania, il cui territorio comprende il Massiccio Scistoso Renano; 19.847 km[2]; 4.030.773 ab.; cap. *Magonza*.

RENÀNIA SETTENTRIONÀLE-WESTFÀLIA, in ted. **Nordrhein-Westfalen**, Land della Germania; 34.070 km[2]; 17.999.800 ab.; cap. *Düsseldorf*. Il Land, di gran lunga il più popoloso, è esteso su un territorio comprendente a S le propaggini del Massiccio Scistoso Renano, al centro la Ruhr e a N il bacino di Münster.

RENÀNO (Massiccio Scistóso), massiccio della Germania, prolungamento delle Ardenne. Il territorio è composto da altopiani coperti di boschi, incisi da vallate profonde (Reno, Mosella, Lahn) in cui si pratica l'agricoltura (vitigni pregiati per l'industria enologica). Turismo.

REMBRANDT. *Autoritratto con Saskia, 1636. (BNF, Parigi.)*

RENARD (Charles), *Damblain 1847 - Meudon 1905*, ufficiale e ingegnere francese. Costruì il primo dirigibile in grado di realizzare un percorso in un circuito chiuso (1884). Ideò inoltre una serie di numeri destinata a diventare la base della normalizzazione.

RENARD (Jules), *Châlons 1864 - Parigi 1910*, scrittore francese. Autore di romanzi realisti (*Lo scroccone*, 1892); nella sua opera più famosa, *Pel di carota* (1894), creò il tipo letterario del bambino infelice e non amato.

RENÀTA DI FRÀNCIA, *Blois 1510 - Montargis 1575*, duchessa di Ferrara. Figlia di Luigi XII, moglie del duca di Ferrara Ercole II d'Este, fu al centro di una corte fastosa e protesse i protestanti.

RENÀTO I IL BUÒNO, *Angers 1409 - Aix-en-Provence 1480*, duca di Anjou, Bar (1430-1480) e Lorena (1431-1453), conte di Provenza (1434-1480), re effettivo di Napoli (1438-1442) e titolare della corona di Sicilia (1434-1480). Dovette lasciare Napoli agli Aragonesi (1442). Si circondò di letterati e artisti.

RENAUD (Madeleine), *Parigi 1900 - Neuilly-sur-Seine 1994*, attrice teatrale francese. Interprete del repertorio tradizionale e moderno (S. Beckett), proveniente dalla Comédie-Française (1921-1946), fondò con il marito la compagnia "R.-Barraut" (1946).

RENAULT, società francese fondata dai fratelli R. Nazionalizzata nel 1945, è tornata al settore privato nel 1996; il gruppo, che produce automobili, veicoli industriali e macchine agricole, ha consolidato la propria presenza sul mercato internazionale grazie a una politica di alleanze (Nissan, 1999) e acquisizioni (Samsung, 2000).

RENAULT (Louis), *Parigi 1877-1944*, industriale francese. Con i fratelli Marcel (1872-1903) e Fernand (1865-1909) fu tra i pionieri dell'industria automobilistica e durante la prima guerra mondiale fu fornitore dell'esercito.

RÈNDE, com. in prov. di Cosenza; 34.723 ab. Palazzo comunale (XIII sec.).

RENDÉNA (Vàlle), valle in prov. di Trento, tra l'Adamello e le Dolomiti di Brenta. Turismo estivo e invernale.

RENGER-PATZSCH (Albert), *Würzburg 1897 - Wamel, Westfalia, 1966*, fotografo tedesco. Seguace della "Nuova oggettività", fu tra i precursori del linguaggio fotografico contemporaneo con il suo stile freddo, preciso, e la sua predilezione per i primi piani.

RÈNI (Guido), *Calvenzano 1575 - Bologna 1642*, pittore. Attivo a Roma e soprattutto a Bologna, la città dove si era formato presso l'Accademia degli Incamminati fondata dai fratelli Carracci, subì il fascino di Raffaello e portò il classicismo a straordinarie vette di raffinatezza e lirismo. Alla Pinacoteca nazionale di Bologna: *La strage degli innocenti* (1611), *Sansone vittorioso* (1611-

1612), *Pietà dei mendicanti* (1614-1616); al Louvre: *Fatiche d'Ercole* (1617-1621).

RENIÈR, famiglia veneziana. — **Paolo R.**, *1710-1789*. Nel 1779 fu nominato penultimo doge di Venezia. — **Giustina R.-Michiel**, *1755-1832*. Celebre per il suo *Origine delle feste veneziane* (1817), svolse anche opera di traduttrice.

RENIÈR (Rodòlfo), *Treviso 1857 - Torino 1915*, filologo e storico della letteratura. Nel 1883 fondò, insieme ad A. Graf e F. Novati, il *Giornale storico della letteratura italiana*.

RENIER DE HUY, orafo mosano attivo a Liegi all'inizio del XII sec. È autore di fonti battesimali in ottone (oggi nella chiesa di St-Barthélémy, a Liegi), capolavori dell'arte romanica.

RENNER (Karl), *Untertannowitz, Moravia, 1870 - Vienna 1950*, politico austriaco. Socialdemocratico, fu cancelliere (1918-1920) e presidente della repubblica (1945-1950).

RENNES, c. della Francia, capol. del dip. Ille-et-Vilaine e della reg. Bretagna, alla confluenza dell'Ille con il Villaine; 212.494 ab. (più di 270.000 nell'agglomerato). Università. Costruzioni meccaniche; editoria; industria elettronica. — Palazzo di giustizia (XVII sec.) e municipio (XVIII sec.); musei. — Antica capitale del ducato di Bretagna (X sec.).

RENO, c. degli Stati Uniti (Nevada); 180.480 ab. Turismo.

RÈNO, in ted. *Rhein*, in ol. *Rijn*, f. dell'Europa, che nasce in Svizzera e sfocia nel Mare del Nord, nei Paesi Bassi; 1320 km. È formato dalla confluenza di due torrenti alpini (il *R. Anteriore*, che nasce nel Massiccio del San Gottardo, e il *R. Posteriore*, che trae origine dal Massiccio del Adula). Alimenta il Lago di Costanza, oltrepassa il Giura (cascate di Sciaffusa) e riceve le acque dell'Aar, prima di raggiungere Basilea. Di qui si dirige verso N con un ampio letto, ricevendo l'Ill, il Neckar e il Meno. Dopo Magonza si insinua nel Massiccio Scistoso Renano (affl. Mosella e Lahn). Entrato in pianura all'altezza di Bonn, riceve da destra gli affl. Ruhr e Lippe e penetra nei Paesi Bassi per raggiungere infine il Mare del Nord, dopo essersi diviso in tre rami principali (il più importante dei quali è il Lek). Notevole è il ruolo economico del R. che, bagnando Svizzera, Francia orient., parte della Germania (compresa la Ruhr) e Paesi Bassi, rappresenta il più importante asse di comunicazione fluviale d'Europa. Navigabile per le imbarcazioni di grossa stazza (5000 t) fino a Basilea, è disseminato di porti (tra cui Rotterdam, Duisburg, Mannheim, Ludwigshafen, Strasburgo, Basilea). Le sue acque alimentano inoltre le centrali idroelettriche e consentono il raffreddamento delle centrali nucleari.

RENOIR (Auguste), *Limoges 1841 - Cagnes-sur-Mer 1919*, pittore francese. Impressionista, predilesse la rappresentazione della figura umana e dei mo-

Auguste **RENOIR**. Deux Jeunes Filles assises, 1892. (Museum of Art, Filadelfia).

menti felici (*Le Moulin de la Galette*, 1876, Musée d'Orsay, Parigi; *Madame Charpentier e le sue bambine*, 1878, Metropolitan Museum, New York). Negli anni 1884-1887 realizzò soprattutto ritratti e nudi femminili (*Giovanette al piano*, varie versioni, 1892; *Le bagnanti*, 1918 ca., Musée d'Orsay).

RENOIR (Jean), *Parigi 1894 - Beverly Hills, California, 1979*, regista cinematografico francese. Figlio di Auguste, si impose per il suo stile sensuale, che mescola realismo e teatralità (*La cagna*, 1931; *La grande illusione*, 1937; *La regola del gioco*, 1939).

Jean **RENOIR**. La grande illusione (1937).

RENQIU, c. della Cina, a SO di Tianjin; 591.000 ab.

RÈPACI (Leònida), *Palmi 1898 - Pietrasanta 1985*, scrittore e poeta. Collaboratore di *Ordine nuovo* e tra i fondatori dell'*Unità*, fu arrestato per antifascismo. Tra le opere, *Poemi della solitudine* (1920), *La carne inquieta* (1930), *Fratelli Rupe* (1933-1958), *La parola attiva* (1977). Nel 1929 fondò il premio Viareggio.

REPENTIGNY, c. del Canada (Québec), a N di Montreal; 53.824 ab.

REPIN (Il'ja Efimovič), *Čugujev, Ucraina orient., 1844 - Kuokkala, att. Repino, Carelia, 1930*, pittore russo. Membro della Società degli itineranti, che propugnava un'arte popolare, è noto per i quadri di soggetto storico e sociale (*I battellieri del Volga*, 1873, Museo russo, San Pietroburgo) e per i ritratti.

REPÙBBLICA (I sèi libri della), opera di J. Bodin (1576) il cui autore, dopo aver passato in rassegne le varie forme di potere, si dichiara fautore di una monarchia in grado di assicurare l'equilibrio all'interno della compagine sociale.

REPÙBBLICA (la), quotidiano di orientamento liberal-progressista, fondato nel 1976 a Roma da E. Scalfari, che ne è stato il direttore fino al 1996. Att. diretto da Ezio Mauro, è uno dei maggiori quotidiani italiani per numero di copie vendute.

Guido **RENI**. Atalanta e Ippomene, 1630. (Gallerie Nazionali di Capodimonte, Napoli.)

REPÙBBLICA (La), dialogo di Platone, in dieci libri. Una domanda sulla giustizia dà lo spunto a Socrate per descrivere un modello ideale di organizzazione politica. Lo Stato, ordinato gerarchicamente in base alla natura dei suoi componenti, deve essere governato da coloro che hanno raggiunto la conoscenza del Vero e del Bene (i "filosofi-re").

REPUBBLICÀNI EUROPÈI → REPUBBLICANO ITALIANO (PARTITO).

REPUBBLICÀNO (Partito), uno dei due grandi partiti che dominano la scena politica negli Stati Uniti, fondato nel 1856 con un programma antischiavista. La fine della guerra di secessione sancì la superiorità dei repubblicani sui democratici e permise loro di conservare il potere, praticamente senza interruzioni, dal 1861 al 1913 e dal 1921 al 1933. In seguito dalle file del P. r. sono usciti molti presidenti degli Stati Uniti: D. Eisenhower, R. Nixon, G. Ford, R. Reagan, G. Bush, G.W. Bush (in carica dal 2001).

REPUBBLICÀNO ITALIÀNO (Partito) (PRI), partito politico fondato nel 1946 da R. Pacciardi, riprendendo il nome dell'organizzazione fondata nel 1895 e scioltasi all'avvento del fascismo. Ha partecipato a numerosi governi di coalizione insieme alla DC e ha espresso, con G. Spadolini (1981-1982), il primo presidente del consiglio non democristiano dal 1946. Nel 2001, la scelta di appoggiare il governo Berlusconi ha determinato la fuoriuscita di un gruppo che ha fondato il movimento dei Repubblicani europei (segretaria: L. Sbarbati). Segretari: O. Reale, U. La Malfa, O. Biasini, G. Spadolini, G. La Malfa.

REPÙBBLICA SOCIÀLE ITALIÀNA → SALÒ (Repubblica di).

REQUESENS Y ZÚÑIGA (Luis **de**), *Barcellona 1528 - Bruxelles 1576*, generale e statista spagnolo. Governatore dei Paesi Bassi nel 1573, non seppe domare l'insurrezione delle province sett.

RESEGÓNE, monte delle Prealpi Lombarde; 1875 m. Composto da 11 cime (da cui l'aspetto seghettato e quindi il nome), è meta di escursioni.

RÈSIA, in ted. **Reschen**, località nel com. di Curon Venosta, nei pressi dell'omonimo passo alpino. Turismo.

RESÌNA, nome di **Ercolano* fino al 1969.

RESISTENCIA, c. dell'Argentina, capol. di prov., sul Paraná; 144.761 ab.

RESISTÈNZA, azione clandestina condotta in Europa (in part. Italia, Francia, Iugoslavia, Grecia) da organizzazioni civili e militari contro gli occupanti tedeschi, nel corso della seconda guerra mondiale. In Italia si sviluppò dopo la firma dell'armistizio con gli angloamericani (8 sett. 1943) e fu condotta da reparti di volontari (brigate partigiane) di varia provenienza, dediti ad azioni di guerriglia e sabotaggio; presto le singole formazioni furono collegate a costituire una rete efficiente che, affidata alla guida del Comitato di liberazione nazionale, nel lug. 1944 prese il nome di Corpo volontari per la libertà (CVL). Tale corpo, guidato da R. Cadorna, F. Parri e L. Longo, aveva il sostegno dei principali partiti politici antifascisti (democratico-cristiano, comunista, socialista, d'azione, liberale e democratico del lavoro). La R. armata contro il nazifascismo portò alla nascita spontanea di governi provvisori, denominati "repubbliche", in alcune zone del Settentrione (Langhe, Monferrato, Friuli, Appennino Parmense, Lunigiana ecc.); la lotta partigiana raggiunse il culmine nel 1945 quando, in coincidenza con lo sfondamento della Linea gotica da parte delle truppe alleate, Genova, Torino e Milano insorsero quasi contemporaneamente costringendo il nemico alla resa (25 apr.).

REȘIȚA, c. della Romania occ.; 96.918 ab.

RESNAIS (Alain), *Vannes 1922*, regista cinematografico francese. Rappresenta con uguale sensibilità gli slanci del cuore, lo sviluppo di un pensiero o i meandri della memoria (*Hiroshima mon amour*, 1959; *L'anno scorso a Marienbad*, 1961; *Mon oncle d'Amérique*, 1980; *Parole, parole, parole...*, 1997).

RESPÌGHI (Ottorino), *Bologna 1879 - Roma 1936*, compositore. Influenzato sia dal gusto tardo-romantico sia dal neoclassicismo, contribuì al rinnovamento del poema sinfonico (*Le fontane di Roma*, 1916; *I pini di Roma*, 1924) e fu autore di opere liriche (*Belfagor*, 1923; *La campana sommersa*, 1927; *La fiamma*, 1934.).

RESTAURAZIÓNE, termine con cui si indica il periodo successivo alla caduta di Napoleone (lug. 1815 - lug. 1830), caratterizzato dal ripristino sui troni d'Europa delle dinastie che la Rivoluzione francese aveva spodestato.

RESTIF o **RÉTIF DE LA BRETONNE** (Nicolas **Restif**, detto), *Sacy, Yonne, 1734 - Parigi 1806*, scrittore francese. Autodidatta, scrisse più di duecento opere in cui rappresentò la società della fine del XVIII sec. (*Il contadino pervertito*, 1775; *La vita di mio padre*, 1779).

RÈSTO DEL CARLÌNO (Il), quotidiano fondato a Bologna nel 1885. Nei primi anni del '900 si attestò su posizioni conservatrici e in seguito filofasciste. Cessò le pubblicazioni dopo la seconda guerra mondiale per riprenderle nel 1953. Diffuso in Emilia-Romagna e nelle Marche, condivide con *Il Giorno* e *La Nazione* le pagine nazionali.

RETHONDES (armistizi di) (11 nov. 1918 e 22 giu. 1940), due armistizi firmati in una radura della foresta di Compiègne, in Francia; furono concessi rispettivamente dalle potenze vincitrici alla Germania, alla fine della prima guerra mondiale, e da A. Hitler a P. Petain.

RÈTICHE (Alpi), parte delle Alpi centrali (Italia e soprattutto Svizzera), tra i passi dello Spluga e di Resia, comprendente i gruppi montuosi dell'Albula, del Bernina e dell'Ortles.

RÈTICO (Giórgio Gioacchino), in ted. Georg Joachim **von Lauchen**, in lat. **Rhaeticus**, *Feldkirch 1514 - Košice 1576*, astronomo e matematico tedesco. Collaboratore di N. Copernico, lavorò al *De Revolutionibus Orbium Coelestium*.

RETZ (Jean-François Paul **de Gondi**, cardinàle **di**), *Montmirail 1616 - Parigi 1679*, prelato e scrittore francese. Tra i protagonisti della Fronda, scrisse le *Memorie*, esempio di prosa classica.

REUCHLIN (Johannes), *Pforzheim 1455 - Stoccarda 1522*, umanista tedesco. Promosse lo studio dell'ebraico e del greco in Occidente, e fu vittima dell'Inquisizione.

RÉUNION, isola dell'Oceano Indiano, dip. francese d'oltremare a E del Madagascar; capol. Saint-Denis; 2511 km2; 706.300 ab.

GEOGRAFIA – Il paese ha un clima tropicale temperato dall'insularità e, verso l'interno, dai rilievi, ma talvolta è interessato da cicloni. Il territorio è costituito da un grande massiccio vulcanico (3069 m il Piton des Neiges), alle cui pendici si pratica l'agricoltura (vaniglia, piante aromatiche, canna da zucchero). I principali prodotti d'esportazione sono zucchero e rum.

STORIA – L'isola viene scoperta dai portoghesi. **1649**: occupazione francese. **Inizio del XIX sec.**: introduzione della coltura della canna da zucchero. **1946**: l'isola diventa dipartimento d'oltremare.

REUS, c. della Spagna (Catalogna); 89.179 ab.

REUSS, f. della Svizzera, affl. di destra dell'Aar; 160 km. È tributario del Lago dei Quattro Cantoni.

REUTER, agenzia di stampa britannica, fondata a Londra nel 1851 da Paul Julius Reuter (Kassel 1816 - Nizza 1899). È attualmente una delle più importanti agenzie di informazioni giornalistiche del mondo.

REUTLINGEN, c. della Germania (Baden-Württemberg); 110.343 ab. Chiese gotiche.

REVAL o **REVEL** → TALLINN.

REVÈLLI (Benvenùto, detto Nùto), *Cuneo 1919-2004*, scrittore. Si è dedicato alla rievocazione del periodo bellico e della Resistenza, basandosi sulla propria esperienza e sui ricordi dei protagonisti: *Mai tardi* (1946), *La guerra dei poveri* (1962), *La strada del davai* (1966), *L'ultimo fronte* (1971), *L'anello forte* (1985), *Le due guerre* (2003).

REVERDY (Pierre), *Narbona 1889 - Solesmes 1960*, poeta francese. Fautore di un linguaggio scarno e puro (*La maggior parte del tempo*, 1945), esercitò un notevole influsso sui surrealisti.

RÉVERE (Giusèppe), *Trieste 1812 - Roma 1889*, scrittore e patriota. Tra le opere, *Bozzetti alpini* (1857), *Marine e Paesi* (1858), *Osiride* (1879).

REVOLUTIONIBUS ORBIUM COELESTIUM (De), opera di N. Copernico, pubblicata nel 1543, nella quale viene enunciata la teoria eliocentrica dell'universo.

REYES (Alfonso), *Monterrey 1889 - Città del Messico 1959*, scrittore messicano. Poeta, saggista e romanziere, risalì alle fonti dell'ispirazione nazionale e della civiltà azteca (*Visione di Anahuac*, 1917).

REYKJAVÍK, cap. dell'Islanda; 168.000 ab. Porto principale. L'agglomerato accoglie più della metà della popolazione del paese. — Museo nazionale.

REYMONT (Władysław), *Kobiele Wielkie 1867 - Varsavia 1925*, scrittore polacco. È autore di romanzi di ambientazione rurale (*I contadini*, 1904-1909) e di novelle realiste. (Premio Nobel 1924.)

REYNAUD (Émile), *Montreuil-sous-Bois 1844 - Ivry-sur-Seine 1918*, inventore e disegnatore francese. Creatore del "prassinoscopio" (1876) e del "teatro ottico", col quale effettuò più di 10.000 proiezioni pubbliche dal 1892 al 1900, fu un pioniere del cinema di animazione.

REYNAUD (Paul), *Barcelonnette 1878 - Neuilly 1866*, politico francese. Diventato presidente del consiglio nel mar. 1840, si dimostrò contrario all'armistizio e il 16 giu. lasciò il posto al maresciallo P. Petain.

REYNOLDS (sir Joshua), *Plympton, Devon, 1723 - Londra 1792*, pittore britannico. Ritrattista fecondo, ammiratore del Rinascimento italiano e di Rembrandt, nel 1768 fu cofondatore e presidente della Royal Academy.

REYNOLDS (Osborne), *Belfast 1842 - Watchet, Somerset, 1912*, ingegnere britannico. Si occupò di idrodinamica (scorrimento dei fluidi), idraulica e meccanica (teoria della lubrificazione).

REYNOSA, c. del Messico settentr.; 403.718 ab.

RÈZIA, reg. storica delle Alpi centrali, corrispondente al Tirolo e alla Baviera merid. Fu sottomessa dai romani nel 15 a.C.

REZA PAHLAVI, *Sawad Ku 1878 - Johannesburg 1944*, scià dell'Iran (1925-1941). Colonnello del reggimento iraniano dei cosacchi, organizzò il colpo di Stato del 1921 e si fece proclamare scià (1925). Ispirandosi alla riforma di M. Kemal, impose la modernizzazione e l'occidentalizzazione dell'Iran. Dovette abdicare nel 1941.

REZZÒNICO (Càrlo Gastóne **della Tórre**), *Como 1742 - Napoli 1796*, letterato. È autore di opere di divulgazione filosofica e resoconti di viaggi: *Il sistema de' cieli* (1775), *L'origine delle idee* (1778), *Giornale del viaggio d'Inghilterra negli anni 1787-1788*.

RHAB → GHAB.

RHARB → GHARB.

RHEE (Syngmar), *prov. di Hwanghae 1875 - Honolulu 1965*, politico coreano, presidente della repubblica della Corea del Sud dal 1948 al 1960.

RHIN (Bas-), dip. della Francia, nella reg. Alsazia; capol. *Strasburgo*; 4755 km^2; 1.026.120 ab. Nel territorio, comprendente una parte del Plateau Lorrain e dei Vosgi, si pratica la cerealicoltura e l'allevamento bovino. Nell'agglomerato di Strasburgo si concentrano gli stabilimenti tessili e alimentari. Fiorente è anche l'industria metallurgica.

RHIN (Haut-), dip. della Francia, nella reg. Alsazia; capol. *Colmar*; 3525 km^2; 708.025 ab. Una fascia collinare (coltivata a vigneti) separa la parte più elevata del Vosgi, dove si pratica l'allevamento, dalla pianura alsaziana (cereali, tabacco, luppolo). Industria meccanica, alimentare e tessile.

RHINE (Joseph Banks), *Waterloo, Pennsylvania, 1895 - Hillsborough, Carolina del Nord, 1980*, parapsicologo statunitense. Per i suoi esperimenti preferì il metodo quantitativo, basato sul calcolo delle probabilità.

RHO, com. in prov. di Milano; 51.233 ab. Centro industriale.

RHO (Mànlio), *Como 1901-1957*, pittore. Vicino all'astrattismo, fu tra gli esponenti del futurismo primordiale e, nel dopoguerra, aderì al movimento Arte concreta.

RHODE ISLAND, Stato degli Stati Uniti, nella Nuova Inghilterra; 1.048.319 ab.; cap. *Providence*.

RHODES (Cecil), *Bishop's Stortford 1853 - Muizenberg, presso Città del Capo, 1902*, politico britannico. Stabilitosi in Sudafrica, fondò la British South Africa Company che si assicurò, per conto della corona britannica, lo sfruttamento e l'amministrazione di parte del bacino dello Zambesi, nucleo originario della futura Rhodesia. Primo ministro della Colonia del Capo (1890), fallì un'operazione contro i boeri (1895) e dovette dimettersi.

RHODESIA, reg. dell'Africa orient., nel bacino dello Zambesi. Costituì due territori del Commonwealth, che dal 1953 al 1963 formarono una federazione con il Nyasaland. Nel 1964 la R. settentr. si rese indipendente con il nome di Zambia, mentre il Nyasaland prendeva il nome di Malawi; la R. merid. nel 1980 costituì lo Zimbabwe.

RHONDDA, c. della Gran Bretagna, nel Galles; 82.000 ab.

RHÔNE, dip. della Francia, nella reg. Rhône-Alpes; capol. *Lione*; 3249 km^2; 1.578.869 ab. Viticoltura e allevamento; l'attività industriale e il terziario sono concentrati nell'agglomerato di Lione, che accoglie l'80% della popolazione.

RHÔNE (Côtes du), versante della valle del Rodano, a S di Lione. Viticoltura.

RHÔNE-ALPES, reg. amministrativa della Francia, la seconda per superficie e popolazione; 43.698 km^2; 5.645.407 ab.; capol. *Lione*; 8 dip. (Ain, Ardèche, Drôme, Isère, Loire, Rhône, Savoie e Haute-Savoie). Allevamento. Industria metallurgica, elettrica, chimica, tessile.

RHYS (Ella Gwendolen **Rees Williams**, detta Jean), *Roseau 1890 - Devonshire 1979*, scrittrice caraibica. Trasferitasi nel Regno Unito nel 1907, scrisse prevalentemente in inglese: *Quartetto* (1928), *Viaggio nel buio* (1934), *Buongiorno mezzanotte* (1939), *Il grande mare dei Sargassi* (1966).

RIACE, com. in prov. di Reggio di Calabria; 1694 ab. Nel mare antistante la città sono state rinvenute le statue note come *Bronzi di R.* (1972), conservate al Museo nazionale di Reggio di Calabria.

RIALTO, isola della c. di Venezia, che dà il nome al ponte di R.

RIALTO (ponte di), ponte di Venezia, sul Canal Grande, costruito tra il 1588 e il 1591 su progetto di Antonio da Ponte.

Il ponte di **RIALTO**, a Venezia.

RIAZAN, c. della Russia, a SE di Mosca; 528.241 ab. Ant. monasteri (att. musei).

RIBALTA (Francisco), *Solsona, prov. di Lleida, 1565 - Valencia 1628*, pittore spagnolo. Fu attivo a Madrid e Valencia, dove infuse nuova linfa alla locale scuola di pittura di soggetto religioso.

RIBBENTROP (Joachim **von**), *Wesel 1893 - Norimberga 1946*, politico tedesco. Ministro degli affari esteri del Terzo Reich (1938-1945), firmò il patto di non aggressione con i sovietici (1939). Fu condannato a morte dal tribunale di Norimberga e giustiziato.

RIBEIRÃO PRETO, c. del Brasile (Stato di São Paulo); 504.923 ab.

RIBERA (José **de**), detto **lo Spagnoletto**, *Játiva, prov. di Valencia, 1591 - Napoli 1652*, pittore spagnolo. Lavorò soprattutto a Napoli, dove fece scuola con la sua arte possente, personale interpretazione del caravaggismo ricca di intensità e sfumature (*Lo storpio* e *L'adorazione dei pastori*, Louvre, Parigi; *Il miracolo di san Donato*, museo di Amiens).

RIBERA (Pedro **de**), *Madrid 1683-1742*, architetto spagnolo. È considerato grande maestro dello stile churrigueresco a Madrid (facciata-retablo dell'ospizio di S. Fernando, 1722).

RIBOT (Alexandre), *Saint-Omer 1842 - Parigi 1923*, politico francese. Tra i capi del Partito repubblicano moderato, ministro degli affari esteri (1890-1893), artefice dell'alleanza franco-russa, fu per cinque volte presidente del consiglio tra il 1892 e il 1917.

RICARDO (David), *Londra 1772 - Gatcomb Park, Gloucestershire, 1823*, economista britannico. Massimo rappresentante della scuola classica, enunciò le leggi della rendita fondiaria e del rendimento decrescente, e una teoria del valore basata sul lavoro. Esercitò un'influenza considerevole.

■ *David Ricardo ritratto da T. Phillips. (Coll. priv.)*

RICÀSOLI (Bettino), *Firenze 1809 - Brolio 1880*, politico. Liberale, esponente della destra storica, fu ministro degli interni di Leopoldo II di Toscana nel 1859; dopo la fuga di quest'ultimo divenne dittatore della Toscana e ne decretò l'annessione al Piemonte. Presidente del consiglio dello Stato unitario tra il 1861 e il 1862, rivestì la stessa carica nel 1866 ma fu costretto a dimettersi a causa dell'infelice esito della terza guerra d'indipendenza.

RICCÀRDO I CUÒR DI LEÓNE, *Oxford 1157 - Châlus 1199*, re d'Inghilterra (1189-1199), della dinastia dei Plantageneti. Figlio di Enrico II ed Eleonora d'Aquitania, partecipò alla terza crociata nel 1190, conquistò Cipro e s'impadronì di San Giovanni d'Acri (1191). Tuttavia, gli intrighi orditi in patria da suo fratello Giovanni Senza Terra e Filippo II Augusto lo costrinsero a lasciare la Palestina (1192). Fatto prigioniero sulla via del ritorno dall'imperatore Enrico VI, fu liberato dietro pagamento di un enorme riscatto. Tornato sul trono (1194), intraprese la riconquista dei possedimenti che Filippo Augusto gli aveva strappato sul continente. Morì dinanzi al castello di Châlus.

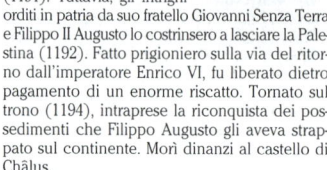
■ *Riccardo I Cuor di Leone ritratto da M.J. Blondel, 1841.*

RICCÀRDO II, *Bordeaux 1367 - Pontefract 1400*, re d'Inghilterra (1377-1399), della casata di York. Figlio di Edoardo, il Principe Nero, fu dapprima sottoposto alla tutela dello zio, Giovanni di Gaunt, duca di Lancaster, ed esercitò la sovranità assoluta a partire dal 1389. Quando il cugino Enrico di Lancaster (il futuro Enrico IV) si schierò contro di lui, venne abbandonato dai suoi baroni; fatto prigioniero, fu costretto ad abdicare e morì in carcere.

RICCÀRDO III, *Fotheringhay 1452 - Bosworth 1485*, re d'Inghilterra (1483-1485), della casata di York. Salito al trono dopo aver fatto assassina-

José de **RIBERA**. *Archimede, 1630. (Prado, Madrid.)*

re i figli del fratello Edoardo IV, di cui era il tutore, regnò imponendo un clima di terrore, ma fu vinto e ucciso a Bosworth da Enrico VII Tudor.

RICCÀTI (Jàcopo Francésco), *Venezia 1676 - Treviso 1754*, matematico. Studiò in part. le equazioni differenziali, individuando nuovi metodi di risoluzione. — **Vincenzo R.**, *Castelfranco Veneto 1707-1775*, figlio di Jacopo. Scoprì le proprietà delle funzioni iperboliche.

RÌCCI (Federico), *Napoli 1809 - Conegliano 1877*, compositore. Insieme al fratello Luigi scrisse *Crispino e la comare* (1850), su libretto di F.M. Piave, capolavoro della scuola napoletana.

RÌCCI (Giovànni), *Firenze 1904 - Milano 1973*, matematico. Studiò le funzioni analitiche e le proprietà dei numeri primi.

RÌCCI (Leonàrdo), *Firenze 1918-1994*, architetto e urbanista. Vicino all'esperienza di F.L. Wright, ha lavorato al villaggio di Monterinaldi, nei pressi di Firenze, al quartiere CEP a Sorgane (Firenze), al villaggio Monte degli Ulivi a Riesi (Caltanissetta), al palazzo di Giustizia di Savona.

RÌCCI (Lorènzo), *Firenze 1703 - Roma 1775*, religioso. Generale dei gesuiti dal 1758, vide il proprio ordine espulso da diversi paesi cattolici e soppresso da papa Clemente XIV (1773), che lo fece rinchiudere a Castel S. Angelo, dove morì.

RÌCCI (Mattèo), *Macerata 1522 - Pechino 1610*, erudito e missionario. Gesuita, fondatore della missione cattolica in Cina, dove visse a partire dal 1582, fu nominato astronomo e matematico dell'imperatore. Dimostratosi propenso ad accettare che i cinesi convertiti continuassero a praticare alcuni riti della loro tradizione, con il suo atteggiamento sincretistico suscitò una polemica tra missionari gesuiti e domenicani.

RÌCCI (Rènzo), *Firenze 1899 - Milano 1978*, attore teatrale. Allievo di E. Zacconi, esordì nel 1915, proponendo in seguito una recitazione legata al gusto naturalista ma aperta anche alle influenze contemporanee (H. Ibsen, L. Pirandello, E. O'Neill).

RÌCCI (Scipióne **de'**), *Firenze 1741-1809*, prelato. Vescovo di Pistoia e Prato (1780-1794), fu il principale rappresentante del giansenismo. Con i suoi ideali riformistici ispirati all'Illuminismo si attirò la condanna papale.

RÌCCI (Sebastiàno), *Belluno 1659 - Venezia 1734*, pittore. Attestato a Venezia all'inizio del XVIII sec., con G.A. Pellegrini elaborò un nuovo tipo di pittura decorativa, luminosa e ricca di animazione, destinata a influenzare il barocco europeo (affreschi dei soffitti di S. Marziale, Firenze). — **Marco R.**, *Belluno 1676 - Venezia 1730*, pittore e incisore, nipote di Sebastiano. Con le sue opere dai suggestivi effetti atmosferici, fu l'iniziatore della pittura veneziana di paesaggio del XVIII sec. (*Lago con rovine*, Fondazione Querini Stampalia, Venezia).

RICCIÀRDI (Giusèppe), *Napoli 1808-1882*, politico e letterato. Fondatore e direttore del periodico *Progresso delle scienze, delle lettere e delle arti* (1832), fu seguace di G. Mazzini e deputato della sinistra (1861-1870). Tra le opere, *Conforti all'Italia ovvero preparamenti all'insurrezione* (1846).

RÌCCI-CUBÀSTRO (Gregòrio), *Lugo 1853 - Bologna 1925*, matematico. In collaborazione con T. Levi-Civita, suo allievo, approfondì il calcolo differenziale e sviluppò quello tensoriale, preparando così le basi per la teoria della relatività.

RICCIÒLI (Giovànni Battista), *Ferrara 1598 - Bologna 1671*, astronomo e geografo. Docente di astronomia, tentò di confutare le teorie copernicane con il trattato *Argomento contro il moto diurno della Terra* (1668). Importanti furono anche i suoi studi sulla Luna, di cui introdusse una nomenclatura (1651).

RICCIÓNE, com. in prov. di Rimini; 33.674 ab. È una delle principali località turistiche della riviera romagnola. Industrie meccaniche, dell'abbigliamento, calzaturiere.

RICCIÒTTI (Nicòla), *Frosinone 1797 - Vallone di Rovito 1844*, patriota. Membro della carboneria, combatté a Rieti (1821); arrestato e condannato all'ergastolo, fu liberato nel 1831. Venne fucilato per aver partecipato alla spedizione dei fratelli Bandiera.

RICCOBÒNI (Luigi), *Modena 1676 - Parigi 1753*, attore e scrittore. Nel 1716 ricostituì la Comédie-Italienne all'Hôtel de Boulogne, con la quale portò sulle scene un repertorio sia italiano (*Sofonisba* di G.G. Trissino) sia francese (numerose opere di P. de Marivaux). Nel 1728 pubblicò il saggio *Storia del teatro italiano*.

RICÈRCA SULL'INTELLÈTTO UMÀNO, opera di D. Hume (1748). L'autore vi espone le proprie concezioni empiriste sviluppando in part. l'importante teoria della causalità.

RICHARDS BAY, porto e centro industriale del Sudafrica (Kwazulu/Natal), sull'Oceano Indiano.

RICHARDSON (Cecil Antonio, detto Tony), *Shipley 1928 - Los Angeles 1991*, regista cinematografico britannico. Con L. Anderson e K. Reisz, fu tra i fondatori del movimento Free cinema, a cui si rifanno alcune sue opere (*Sapore di miele*, 1961; *Gioventù, amore e rabbia*, 1962; *Tom Jones*, 1963), ma dal quale in seguito prese le distanze (*I fratelli Kelly*, 1970).

RICHARDSON (sir Owen), *Dewsbury, Yorkshire, 1879 - Alton, Hampshire, 1959*, fisico britannico. Scoprì le leggi che regolano l'emissione di elettroni da parte dei metalli incandescenti (1901). (Premio Nobel 1928.)

RICHARDSON (Samuel), *Macworth, Derbyshire, 1689 - Parson's Green 1761*, scrittore britannico. I suoi romanzi epistolari, in cui si mescolano realismo e sentimentalismo moraleggiante, ebbero grande successo nel XVIII sec. (*Pamela*, 1740; *Clarissa*, 1747-1748).

RICHELIEU, f. del Canada (Québec), emissario del Lago Champlain, affl. di destra del San Lorenzo; 130 km.

RICHELIEU (Armand Emmanuel **du Plessis**, dùca **di**), *Parigi 1766-1822*, politico francese. Nipote di Louis François Armand de Richelieu, fu al servizio dello zar, che gli affidò il governo della provincia di Edessa. Al suo ritorno in patria, divenne primo ministro durante la Restaurazione (1815). Fu l'artefice dell'ingresso della Francia nella Quadruplice alleanza.

RICHELIEU (Armand Jean **du Plessis**), *Parigi 1585-1642*, cardinale e statista francese. Deputato agli Stati generali (1614), fu nominato da Maria de' Medici segretario di Stato (1616). Cardinale dal 1622, due anni dopo entrò nel consiglio del re e salì alla carica di primo ministro plenipotenziario; governò la Francia per 18 anni in pieno accordo con il re, varando riforme in campo finanziario, militare e legislativo. Oltre a dare impulso alla flotta mercantile e alle manifatture reali, favorì la nascita di compagnie commerciali monopolistiche, prime basi dell'impero coloniale francese. Implacabile verso ogni forma di opposizione, tentò di sottomettere i nobili ed espugnò La Rochelle (1628) indebolendo gli ugonotti, che si videro negare l'autonomia politica in cambio della libertà di culto. In politica estera, R. lottò contro gli Asburgo inviando truppe di occupazione in Valtellina (1624-1625) e a Mantova, si assicurò l'alleanza della Svezia e dichiarò guerra alla Spagna (1635). La sua linea politica, proseguita da Mazzarino, avrebbe trionfato con i trattati di Westfalia (1848).

■ *Il cardinale Richelieu ritratto da P. de Champaigne. (Rettorato di Parigi.)*

RICHELIEU (Louis François Armand **de Vignerot du Plessis**, dùca **di**), *Parigi 1696-1788*, maresciallo di Francia. Pronipote del cardinale, si distinse a Fontenoy (1745) e guidò le truppe francesi alla conquista di Minorca (1756).

RICHET (Charles), *Parigi 1850-1935*, fisiologo francese. Scoprì con P. Portier il fenomeno dell'anafilassi e si interessò di parapsicologia. (Premio Nobel 1913.)

RICHIER (Germaine), *Grans, Bouches-du-Rhône, 1902 - Montpellier 1959*, scultore francese. La sua opera, di stampo espressionista, è imperniata sui temi della genesi e della metamorfosi (*La montagna*, bronzo, 1956).

RICHÌNI, famiglia di architetti e ingegneri milanesi, attivi nel XVI-XVIII sec. — **Bernardo R.**, *Milano 1549 ca. - 1639*. Fu un importante ingegnere militare. — **Francesco Maria R.**, *Milano 1584-1658*. Figlio di Bernardo, fu il principale architetto barocco milanese. Capomastro del duomo (1605), progettò la chiesa di S. Giuseppe (1607-1616), i palazzi Annoni-Cicogna (1631), Durini (1644-1648) e Brera (1650). Importanti anche le opere realizzate fuori Milano (duomo di Busto Arsizio, collegio Borromeo a Pavia). — **Gian Domenico R.**, *Milano 1618-1701*. Figlio di Francesco Maria, collaborò con lui a numerose opere, portando a termine il Palazzo Brera.

RICHMOND, c. del Canada (Columbia Britannica), sobborgo di Vancouver; 148.867 ab.

RICHMOND, c. degli Stati Uniti, cap. della Virginia, sul f. James; 197.790 ab. — Roccaforte dei sudisti durante la guerra di secessione, fu conquistata da U. Grant nel 1865.

RICHMOND UPON THAMES, sobborgo residenziale alla periferia occ. di Londra. Parco.

RICHTER (Burton), *New York 1931*, fisico statunitense. Nel 1974, indipendentemente da S. Ting, ha evidenziato la particella "psi", che permette di confermare l'esistenza del quark *charm*. (Premio Nobel 1976.)

RICHTER (Charles Francis), *Butler County, presso Hamilton, Ohio, 1900 - Pasadena, California, 1985*, geofisico statunitense. Nel 1935 ideò la scala che permette di misurare la magnitudine dei sismi. [*V. parte nomi comuni* → **scala Richter**.]

RICHTER (Gerhard), *Dresda 1932*, pittore tedesco. Ha esplorato tutte le possibilità estetiche dell'arte contemporanea, compiendo una sorta di inchiesta sui rapporti tra immagine e realtà.

RICHTER (Hans Werner), *Bansin 1908 - Monaco 1993*, scrittore tedesco. Fondatore del **Gruppo 47*, fu autore di romanzi (*Gli sconfitti*, 1949).

RICHTER (Jeremias Benjamin), *Hirschberg, Slesia, 1762 - Berlino 1807*, chimico tedesco. Scoprì la legge dei numeri proporzionali nelle combinazioni chimiche.

RICHTER (Johann Paul Friedrich), detto **Jean Paul**, *Wunsiedel 1763 - Bayreuth 1825*, scrittore tedesco. I suoi romanzi, intessuti di realismo sentimentale e ironia, ne fanno uno dei rappresentanti più originali del romanticismo tedesco (*Espero*, 1795; *Titano*, 1800-1803).

RICHTER (Sviatoslav), *Žitomir 1915 - Mosca 1997*, pianista russo. Ha suonato *Il clavicembalo ben temperato* di J.S. Bach nella sua versione integrale, senza trascurare la musica contemporanea (P. Hindemith, B. Bartók, S. Prokof'ev) e si è dedicato sia alla musica da camera sia al recital.

RICHTHOFEN (Ferdinand, barόne **von**), *Carlsruhe, Alta Slesia, 1833 - Berlino 1905*, geografo tedesco. Compì viaggi in Asia centrale e pubblicò studi sulla Cina.

RICHTHOFEN (Manfred, barόne **von**), *Breslavia 1892 - Vaux-sur-Somme 1918*, aviatore tedesco. Asso dell'aviazione tedesca durante la prima guerra mondiale, fu soprannominato il Barone rosso (dal colore del suo aereo). Venne abbattuto dopo aver conseguito 80 vittorie.

RICIMÈRO, *m. nel 472*, generale romano di origine sveva. Dal 456 al 472 ebbe di fatto il potere di nominare e deporre gli imperatori a suo piacimento.

RICŒUR (Paul), *Valence 1913*, filosofo francese. Influenzato dalla fenomenologia e dall'esistenzialismo, ha proposto, senza trascurare gli apporti della psicoanalisi, una filosofia dell'interpretazione grazie alla quale è diventato un rappresentante di spicco dell'ermeneutica contemporanea. Ha esplorato argomenti quali tempo, alterità, valori, nella prospettiva morale di un umanesimo cristiano (*Dell'interpretazione. Saggio su Freud*, 1965; *Tempo e racconto*, 1983-1985; *Soi-même comme un autre*, 1990; *La mémoire, l'histoire, l'oubli*, 2000).

RICÒRDI, famiglia di editori musicali. — **Giovanni R.**, *Milano 1785-1853*. Violinista e direttore d'orchestra, proprietario di una copisteria musicale, nel 1808 fondò la casa editrice R., che pubblicò le opere di G. Verdi, V. Bellini, G. Rossini e G. Donizetti. Acquisita un'importante posizione di controllo sulle attività del Teatro alla Scala, nel 1842 fondò la *Gazzetta Musicale di Milano*. — **Tito I R.**, *Milano 1811-1888*. Figlio di Giovanni, contribuì allo sviluppo dell'azienda con l'acquisizione di piccole case editrici. — **Giulio R.**, *Milano 1840-1912*. Figlio di Tito I, amico di Verdi e G. Puccini, allargò le attività della casa editrice all'estero, dando un rinnovato impulso alla rivista fondata da Giovanni, chiamandola prima *Musica e musicisti* (1902) e poi *Ars et labor* (1906). — **Tito II R.**, *Milano 1865-1933*. Figlio di Giulio, fu librettista e regista teatrale. Dopo la sua morte, la casa editrice divenne una S.p.A. (1956), quindi nel 1994 passò sotto il controllo della BGM.

RICÒTTI MAGNÀNI (Césare), *Borgolavezzaro 1822 - Novara 1917*, militare. Generale dell'esercito, deputato e senatore, fu ministro della guerra (1870-1976, 1884-1887, 1896). Promosse una modernizzazione dell'esercito, chiamata "ordinamento R.", e istituì le prime compagnie di alpini.

RIDGWAY (Matthew), *Fort Monroe, Virginia, 1895 - Fox Chapel, Pennsylvania, 1993*, generale statunitense. Comandò i contingenti dell'ONU in Corea (1951-1952) e le forze alleate del Patto atlantico in Europa (1952-1953).

RIDÓLFI (Còsimo), *Firenze 1794-1865*, politico. Fondatore con G.P. Vieusseux e R. Lambruschini del *Giornale agrario toscano* (1827), contribuì alla nascita della Cassa di risparmio di Firenze (1828). Esperto di agraria, nel 1834 fondò a Meleto un istituto sperimentale di notevole importanza. Ministro dell'interno e presidente del consiglio (1847), fu poi ministro degli affari esteri e dell'istruzione (1859).

RIDÓLFI (Màrio), *Roma 1904 - Marmore 1984*, architetto e urbanista. Esponente del MIAR e del razionalismo (palazzo postale in piazza Bologna a Roma, 1932), nel dopoguerra si avvicinò al neorealismo, recuperando tecniche tradizionali e artigianali (quartiere Tiburtino a Roma, 1950; piano regolatore di Terni, 1960).

RIEFENSTAHL (Helene, detta Leni), *Berlino 1902 - Poeking 2003*, fotografa e regista cinematografica tedesca. Compromessa con l'ideologia nazista, è conosciuta per i suoi film sul congresso di Norimberga (*Il trionfo della volontà*, 1935) e sui giochi olimpici di Berlino (*Olimpia*, 1936), in cui ha dato prova di gusto plastico e senso del ritmo.

RIEGO (Rafael **del**), *Santa María de Tuñas, Asturie, 1785 - Madrid 1823*, generale spagnolo. Dopo aver combattuto contro Napoleone, guidò la sollevazione militare di Cadice (1820) e si oppose alla spedizione francese (1823). Sconfitto, fu consegnato ai realisti, che lo impiccarono.

RIEMANN (Bernhard), *Breselenz, Hannover, 1826 - Selasca, Lago Maggiore, 1866*, matematico tedesco. Le sue opere lasciarono un'impronta duratura, soprattutto sulla teoria dei numeri (studio della divisione dei numeri primi), sulla teoria delle funzioni variabili complesse, su quella dell'integrazione e sui fondamenti di geometria. Tra i primi a ipotizzare una geometria non euclidea, gettò anche le basi della topologia.

RIEMENSCHNEIDER (Tilman), *Heiligenstadt, Turingia, 1460 ca. - Würzburg 1531*, scultore tedesco. Attivo a Würzburg, fu un maestro dell'ultima fioritura dell'arte gotica.

RIÈNZA, f. del Trentino-Alto Adige; 90 km. Nasce dalle Tre Cime di Lavaredo, nelle Dolomiti, scorre nella Valle di Landro e nella Val Pusteria e confluisce da sinistra nell'Isarco a Bressanone.

RIÈNZO → Cola di Rienzo.

RÌES-AURÌNA (Vedrètte di), parco naturale del Trentino-Alto Adige, in prov. di Bolzano. Istituito nel 1988, si estende su un'area di 31.505 ha e presenta numerosi ghiacciai, laghi e cascate. La vegetazione è caratterizzata soprattutto da abeti e larici. Del patrimonio faunistico fanno parte cervi, caprioli, nocciolaie e gufi reali.

RIESENGEBIRGE → Giganti (Monti dei).

RIÈTI, c. del Lazio, capol. di prov.; 46.100 ab. (*reatini*). È situata in una conca appenninica, sulla destra del f. Velino. Centro agricolo (barbabietole da zucchero, uva, ortaggi) e industriale (settori cartario, alimentare, chimico, tessile). — Anticamente chiamata *Reate*, fu capitale dei sabini e passò sotto la dominazione romana nel 290 a.C. Gastaldia longobarda, contea dei franchi, divenne comune guelfo (XII sec.). Entrò poi nello Stato della Chiesa, fino all'annessione al Regno d'Italia (1860). — Mura duecentesche e monumenti medievali (cattedrale; palazzo comunale e vescovile, 1283; chiese di S. Francesco e S. Agostino, 1245). — La provincia, istituita nel 1927, è in prevalenza montuosa e collinare, con cime elevate (Terminillo, 2213 m). Vi è diffusa l'agricoltura (cereali, patate, frutta).

RIF, massiccio del Marocco settentr. Esteso per 350 km ca., domina il Mar Mediterraneo.

RIF (guèrra del), insieme delle operazioni militari condotte nel R. marocchino dagli spagnoli prima (1921-1924), dai francesi poi (1925-1926) contro la rivolta di M. Abd Al Krim. Quest'ultimo, abbandonato dai suoi seguaci, si arrese nel 1926.

RIFBJERG (Klaus), *Copenaghen 1931*, scrittore danese. Esprime con acutezza la crisi sociale ed estetica del suo tempo attraverso poesie (*Confronto*), romanzi (*Il melomane*) e testi teatrali.

RIFONDAZIÓNE COMUNÌSTA (Partito della) (PRC), partito politico fondato nel 1991 da un gruppo di ex dirigenti del PCI. In origine movimento, in seguito alla scelta di ex militanti del PCI, guidati da A. Cossutta e S. Garavini, di non entrare a far parte del PDS, si è trasformato in partito con l'elezione di Cossutta presidente e di Garavini segretario, sostituito nel 1993 da F. Bertinotti. Dopo aver contribuito alla vittoria elettorale dell'Ulivo (1996), nel 1998 ha visto il distacco di un gruppo guidato da Cossutta, che ha dato vita al partito dei **Comunisti Italiani*. Dal 2001 è all'opposizione. Segretari: S. Garavini (1991-1993), F. Bertinotti (dal 1993).

RIFÓRMA, movimento religioso che portò alla nascita delle Chiese protestanti nell'Europa del XVI sec. Frutto del pensiero di M. Lutero, in breve superò i confini della Germania con H. Zwingli e M. Bucero. Zurigo e Strasburgo ne divennero i principali centri di diffusione. Per i paesi francofoni, interessati più tardi dal fenomeno, l'artefice del rinnovamento religioso fu G. Calvino; quest'ultimo, attivo a Ginevra, fece della Svizzera e della Francia i baluardi di una forma particolare di protestantesimo, che in seguito si diffuse in Polonia, Boemia, Ungheria e isole britanniche, dove avrebbe ispirato la riforma anglicana. Si costituirono così, in seno alla confessione protestante, tre grandi famiglie: luterana, calvinista e anglicana, ai cui margini fiorirono alcuni movimenti paralleli, più radicali (anabattismo, metodismo ecc.). La R. ha segnato l'inizio di una riflessione profonda in materia di spiritualità e teologia cristiane.

RIFÓRMA (La), quotidiano fondato nel 1867 a Firenze da G. Carcassi, F. Crispi e F. De Boni. Sostenitore della politica di Crispi, cessò le pubblicazioni nel 1896.

RIFÓRMA CATTÒLICA o **CONTRORIFÓRMA**, movimento riformatore nato nel XVI sec. in seno alla Chiesa cattolica per reazione alla Riforma protestante. Destinata a correggere gli abusi che inficiavano l'autorità della Chiesa, la R. c. ebbe la massima espressione dottrinale nel concilio di Trento (1545-1563). Tentò di ricondurre nell'alveo del cattolicesimo i paesi che avevano adottato il credo protestante (soprattutto in Europa centrale), appoggiandosi a un ordine di recente creazione, quello dei gesuiti, e favorì lo sviluppo di un nuovo stile artistico, in cui si mescolavano sensibilità, misticismo e magnificenza.

RIFÓRMA SOCIÀLE (La), rivista di scienze sociali, economiche e politiche fondata nel 1894 a Roma da F.S. Nitti e L. Roux. Trasferita a Torino nel 1895, ebbe l'apporto di L. Einaudi (1901), che dal 1908 fu l'unico direttore. Fu soppressa nel 1935 dal regime fascista.

RIFT VALLEY, vasta frattura della crosta terrestre, estesa dall'Asia occ. (valle del Giordano) all'Africa merid. (corso inferiore dello Zambesi). È formata da una serie di fosse tettoniche, in parte occupate dal Mar Rosso o da distese lacustri (dal Lago Turkana al Lago Malawi, in Africa orient.). — Siti preistorici (Oldoway).

RIGA, cap. della Lettonia, sul Baltico, nel Golfo di R; 764.328 ab. Porto. Centro industriale. — Cattedrale di origine romanica (XIII sec.), roccaforte del XIV sec. e altri monumenti; musei.

RIGAUD (Hyacinthe **Rigau y Ros**, detto Hyacinthe), *Perpignan 1659 - Parigi 1743*, pittore francese. È autore di ritratti ufficiali: *Luigi XIV*, *Bossuet*, *Luigi XV* (Louvre e Versailles).

RÌGHI (Augùsto), *Bologna 1850-1920*, fisico. Docente a Palermo e a Bologna, continuò il lavoro di J.C. Maxwell e H.R. Hertz sull'elettromagnetismo, realizzando l'oscillatore che porta il suo nome (1893-1896) e che fu in seguito utilizzato da G. Marconi. Descrisse le sue ricerche nel saggio *Ottica delle oscillazioni elettriche* (1897).

RIGHÌNI (Vincènzo), *Bologna 1756-1812*, cantante e compositore. Diresse l'opera di corte italiano a Vienna dal 1780, quindi fu maestro di cappella a Magonza (1787) e a Berlino (1793). Apprezzato compositore, rielaborò la tradizione napoletana settecentesca.

RIGI o **RIGHI**, monte della Svizzera, tra i Laghi dei Quattro Cantoni e di Zug; 1798 m.

RIGNÀNO (Eugènio), *Livorno 1870 - Milano 1930*, ingegnere e filosofo. Seguace del positivismo, fondatore della rivista *Scientia* (1906), ipotizzò l'esistenza di una memoria biologica, coinvolta nel processo cognitivo. Tra le opere, *Di un socialismo in accordo alla dottrina liberale* (1901), *La memoria biologica* (1922), *Il fine dell'uomo* (1923).

RIGÓNI STÈRN (Màrio), *Asiago 1921*, scrittore. La partecipazione alla campagna di Russia nel corso della seconda guerra mondiale gli ispirò il romanzo d'esordio, *Il sergente nella neve* (1953). Tra le altre opere, *Il bosco degli urogalli* (1962), *Quota Albania* (1971), *Amore di confine* (1986), *Le stagioni di Giacomo* (1995), *L'ultima partita a carte* (2002).

RIGUTÌNI (Giusèppe), *Lucignano 1829 - Firenze 1903*, lessicografo. Il suo nome è legato soprattutto alla stesura del *Vocabolario italiano della lingua parlata* (1875), realizzato in collaborazione con P. Fanfani. Tra le altre opere, *I neologismi* (1886).

RIGVEDA, la più ant. raccolta di inni sacri del vedismo.

RIJEKA, in it. **Fiùme**, c. della Croazia, sull'Adriatico; 168.000 ab. Principale porto del paese. — Monumenti di varie epoche, dal Medioevo al barocco; musei.

RIJSWIJK o **RYSWICK** (trattàti di) (1697), trattati firmati a R., presso L'Aia, che posero fine alla guerra della lega di Augusta. Luigi XIV fu costretto a restituire i territori occupati (Lorena, Palatinato, Catalogna) o annessi e a riconoscere re d'Inghilterra Guglielmo I. Il primo trattato fu sottoscritto il 20 sett. da Francia, Province Unite, Inghilterra e Spagna; il secondo, il 30 ott. da Francia e Sacro Romano Impero.

RILA, massiccio della Bulgaria occ., che costituisce un prolungamento dei Rodopi; 2925 m. Celebre monastero medievale, ricostruito nel XIX sec.; museo.

RILEY (Terry), *Colfax, California, 1935*, compositore statunitense. Tra gli iniziatori della musica detta "ripetitiva" (*A Rainsbow in a curved Air*, 1969), in seguito ha subito la suggestione della musica indiana.

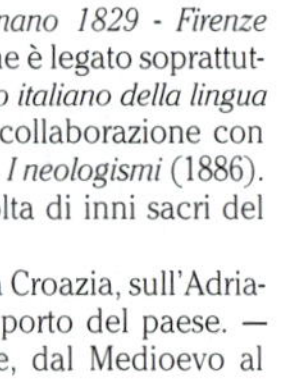

RILKE (Rainer Maria), *Praga 1875 - Montreux 1926*, scrittore austriaco. Passò dal simbolismo alla ricerca del significato concreto dell'arte e della morte, nei componimenti poetici (*Il libro d'Ore*, 1905; *Elegie duinesi*, *Sonetti a Orfeo*, 1923), nel romanzo *L'aria sulla vita e sulla morte dell'alfiere Cristoforo Rilke* e nell'epistolario (di cui fanno parte le *Lettere a un giovane poeta* [1903-1908], indirizzate a F.X. Kappus).

■ *Rainer Maria Rilke nel 1925.*

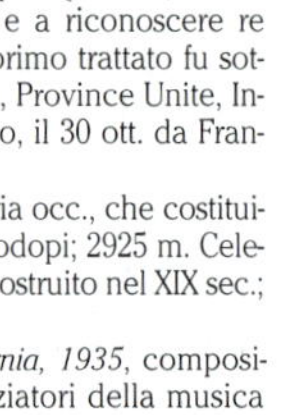

RIMBAUD (Arthur), *Charleville 1854 - Marsilia 1891*, poeta francese. Giunto a Parigi all'età di diciassette anni, con *Le bateau ivre* fornì un esempio della sua concezione della poesia come "alchimia del verbo" e dei sensi. Dopo esser stato legato a P. Verlaine da una relazione burrascosa, interrottasi drammaticamente, scrisse i poemi in prosa di *Una stagione all'inferno* (1873) e cominciò la stesura delle *Illuminazioni* (pubblicate nel 1886). Abbandonata l'attività creatrice all'età di venticinque anni, condusse un'esistenza errante dapprima come soldato nelle colonie olandesi, poi come commerciante, a Giava e a Cipro. La sua personalità, ammantata dal fascino della ribellione e della sregolatezza, ha lasciato un'influenza profonda nella poesia moderna.

■ *Arthur Rimbaud ritratto da Fantin-Latour. (Louvre, Parigi.)*

RÌMINI, c. dell'Emilia-Romagna, capol. di prov., sull'Adriatico; 131.705 ab. (*riminesi*). Grande centro balneare ricco di strutture ricettive e di svago. Mercato ortofrutticolo e sede di industrie alimentari, del mobile, del materiale da costruzione. — Centro umbro-etrusco, colonia romana nel 268 a.C. (*Ariminum*), conobbe la dominazione bizantina e nell'VIII sec. entrò a far parte dello Stato della Chiesa, a cui ritornò nel 1529 dopo essere stata signoria dei Malatesta (1295-1500) e dei Borgia. — Arco di Augusto (27 a.C.), Palazzo dell'Arengo (1204), Tempio Malatestiano (XIII-XV), chiesa di S. Agostino (1247). — La provincia, pianeggiante, deve il proprio sviluppo al turismo (Bellaria, Cattolica, Riccione).

RIMOUSKI, c. Canada (Québec), sulla sponda merid. dell'estuario del San Lorenzo; 42.765 ab.

RIMSKIJ-KORSAKOV (Nikolaj Andreevič), *Tichvin 1844 - Ljubensk, presso San Pietroburgo, 1908*, compositore russo. Le sue pagine orchestrali (*ouverture* della *Grande Pasqua russa*, *Shéhérazade*) denotano grande padronanza delle sonorità. A parte un concerto per pianoforte e pezzi di musica da camera, eccelse soprattutto nell'opera dove, pur rivelando il proprio attaccamento ai miti della Russia contadina, perseguì il realismo popolare caro al gruppo dei Cinque, di cui peraltro era stato membro (*Il gallo d'oro*, 1909).

RINÀLDI (Césare), *Bologna 1559-1636*, scrittore e poeta. Considerato un precursore di G. Marino, del quale fu amico, scrisse la raccolta poetica *Rime* (1590-1598), il romanzo cavalleresco *Historia del magnanimo e invincibile principe Don Belianis* (1596) e alcune opere erudite (*Specchio di scienza*, 1583).

RINÀLDO DI CHÂTILLON, *m. a Hattin nel 1187*, principe di Antiochia (1153-1160), signore dell'Oltregiordano (1177-1187). Fu catturato dal Saladino durante la battaglia di Hattin e giustiziato.

RINALDÓNE, località del Lazio, a S del Lago di Bolsena, nelle vicinanze di Viterbo. È nota per aver dato il nome a una cultura diffusa nell'Italia centrale nell'Età del bronzo (III millennio a.C.), di cui restano alcune tombe a forno e vasi a fiasco.

RINASCIMÉNTO, rinnovamento culturale che interessò l'Europa nel XV-XVI sec.; riguardò non solo il campo letterario, artistico e scientifico, ma anche l'ambito economico e sociale, attraverso grandi scoperte e la nascita del capitalismo moderno.

LETTERATURA – Il R., che può essere considerato un prolungamento delle ricerche filologiche e poetiche intraprese da Dante, Petrarca e Boccaccio, prende origine nel XV sec. dall'arrivo di manoscritti greci e di eruditi cacciati da Bisanzio. Grazie anche all'invenzione della stampa, che diffuse la conoscenza delle opere antiche, fiorì dapprima in Italia, sotto la protezione dei papi Giulio II e Leone X, che si circondarono di scrittori e artisti: è l'epoca di L. Ariosto, N. Machiavelli, P. Bembo, T. Tasso, G.G. Trissino. Per effetto delle campagne d'Italia, anche in Francia si manifestò lo stesso impulso innovatore: Francesco I fondò il Collegio di Francia; E. de Ronsard e la Pléiade si adoperarono per impreziosire la lingua e invitarono all'imitazione dei classici greci e latini, mentre si andava affermando una morale umanista, frutto sia dell'entusiasmo di Rabelais, sia dello scetticismo di M. de Montaigne.

BELLE ARTI – Fu soprattutto a Firenze, verso la metà del '400, che il ritorno alle fonti antiche cominciò a tradursi nell'elaborazione di un sistema architettonico e decorativo coerente (progetti, tracciati modulari, ordini), nello studio della prospettiva e nell'adozione di un nuovo repertorio di temi mitologici e allegorici, in cui il nudo acquistò un ruolo importante. Opera di F. Brunelleschi, Donatello, Masaccio, L.B. Alberti ecc., questo *primo R.*, nelle sue manifesta-

L'arte rinascimentale

Gli artisti del Rinascimento vollero ritrovare il prestigio e le virtù della grande arte dell'antichità, del tutto misconosciuta nei secoli oscuri del Medioevo. Questa concezione, responsabile del termine stesso "Rinascimento", rivela un aspetto polemico: occorre conservarne lo straordinario fermento intellettuale, messo in luce dal movimento umanista, che diede vita a un nuovo sistema formale e iconografico. L'Italia fu la culla di questo fenomeno.

Il Primaticcio. *Danae*, affresco incorniciato da altorilievi in stucco, decorazione di una delle campate della galleria di Francesco I nel castello di Fontainebleau (1535-1540 ca.; la parte restante è opera del Rosso Fiorentino). Gli artisti italiani diedero la loro impronta a Fontainebleau, massima realizzazione del manierismo europeo.

Brunelleschi. Navata della chiesa di S. Lorenzo a Firenze, costruita dal 1420 ca. al 1475. In aperta rottura con l'estetica gotica, l'armoniosa costruzione è organizzata a partire da un modulo di base di circa 4 m (corrispondente al quadrato formato da ogni arcata delle navate laterali); l'ordine corinzio è utilizzato con superba purezza.

Leonardo da Vinci. *Sant'Anna, la Vergine e il Bambino*, dipinto su legno (1508-1510 ca.). Composizione piramidale densa ma dinamica, associata, grazie allo "sfumato", a un vasto paesaggio cosmico e tellurico. Con una rotazione del corpo, Maria sembra trattenere il bambino che tiene l'agnello, simbolo della Passione. (Louvre, Parigi.)

Piero della Francesca. Parte sinistra di uno degli affreschi della chiesa di S. Francesco ad Arezzo, che rappresenta l'*Incontro di Salomone con la regina di Saba* (1460?). Nobiltà delle figure, spazio definito più chiaramente rispetto all'epoca gotica ed esaltazione della superficie muraria attraverso la ricchezza dei colori.

Sansovino (J. Tatti). La *Libreria Vecchia* a Venezia (1537 e segg.). Sulla destra il campanile di S. Marco (ricostruito nel XX sec.), sulla sinistra la Zecca, sempre del Sansovino, che adattò il potente classicismo del secondo Rinascimento al gusto veneziano.

Verrocchio. Figura equestre di B. Colleoni a Venezia. Simile al Marco Aurelio (a Roma) e al Gattamelata di Donatello (a Padova), la statua venne fusa intorno al 1490 di A. Leopardi a partire dal modello in terra realizzato dal Verrocchio.

Tiziano. *Bacco e Arianna* (1523). Questa precoce tela del maestro veneziano è un'esaltazione della gioia di vivere pagana, sostenuta da una brillante policromia. (National Gallery, Londra.)

Raffaello. Grande loggia di Villa Madama a Roma, opera incompiuta di Raffaello e Sangallo il Giovane (1516-1523 ca.). Deliberatamente ispirata alle antiche ville romane, la decorazione a grottesche della loggia è opera di Giovanni da Udine e dei suoi collaboratori.

zioni spontanee, dal sapore primitivo, si diffuse ben presto in tutta la penisola, manifestandosi contemporaneamente nelle corti principesche di Urbino (Piero della Francesca), Ferrara, Mantova, Milano. Nel 1494 l'arrivo delle truppe francesi sovvertì questo equilibrio e Roma si fece interprete dei nuovi fermenti fino al 1527, anno in cui il sacco compiuto dai lanzichenecchi provocò la dispersione degli artisti. Subentrò così il *secondo R.*, opera di artisti di diversa origine accolti alla corte dei papi, che realizzarono le aspirazioni fiorentine di universalità, polivalenza e libertà creatrice: Bramante, Michelangelo, Raffaello (mentre Leonardo si spostava di città in città). Altri centri urbani contribuirono a questo trionfo del classicismo: Parma con il Correggio; Venezia dapprima con Giorgione, poi con Tiziano (e, più tardi, con Palladio in campo architettonico). Fu in quest'epoca che la nuova arte cominciò a diffondersi in Europa. A. Dürer si ispirò al primo R. veneziano (G. Bellini) e il viaggio del Mabuse a Roma mise a contatto l'arte fiamminga con la realtà italiana. Spagna e Francia in un primo momento accolsero le nuove tendenze solo in ambito decorativo: grottesche e volute vegetali, medaglioni, pilastri e ordini, inseriti in una struttura architettonica tradizionale, sostituirono a poco a poco il repertorio gotico. Intorno al secondo terzo del XVI sec. si colloca la fase manierista del R., caratterizzata da un'esasperazione delle forme precedenti, soprattutto nella pittura e nella scultura, mentre in campo architettonico spesso coincide con la semplice acquisizione degli stilemi classici. Il desiderio di imitare la "maniera" dei grandi del secolo finì per tradursi, in un'atmosfera di crisi (politica e religiosa), nel febbrile irrealismo di un Pontormo, nella grazia sofisticata di un Parmigianino, nell'enfasi di un G. Romano, nei sottili sviluppi dell'arte di corte di *Fontainebleau*. Proprio Fontainebleau diventò a sua volta polo di attrazione per i fiamminghi, tra cui J. Metsys. Alla fine del secolo, Praga fu un altro centro di irradiazione del manierismo (G. Arcimboldi, B. Spranger). Un'ultima fase si manifestò in Italia con la conclusione del concilio di Trento, nel 1563. La riforma dell'arte religiosa divenne esigenza primaria, con il ritorno a un classicismo di stampo purista in architettura (Vignola; stile grandioso dell'Escorial, in Spagna) e il naturalismo in pittura (i Carracci). Quando ormai in tutta Europa si erano imposti i moduli espressivi del R., fu ancora l'Italia, sul finire del secolo, a vedere la nascita delle correnti che avrebbero segnato l'avvento di una nuova era: il realismo populista e drammatico del Caravaggio, la poetica illusionistica del barocco.

MUSICA – Il R., compreso tra il XV e l'inizio del XVII sec., corrisponde al periodo aureo della polifonia. I musicisti italiani, inglesi, francesi e fiamminghi si esprimevano attraverso la messa, il mottetto, il madrigale, la canzone. Il loro maestro, Josquin Des Prés, rappresentò la massima espressione di uno stile e l'inizio di un periodo segnato dalla Riforma, apportatore di nuove forme (salmo, corale). Alla fine del XVI sec. i compositori cercarono inedite soluzioni espressive, forgiando lo stile monodico da cui avrebbe tratto origine l'opera (1600).

RINÀSCITA, rivista di politica e cultura fondata nel 1944 a Salerno da P. Togliatti. Pubblicata a Roma dal 1947, divenne il punto di riferimento ideologico della sinistra italiana. Settimanale dal 1962, cessò le pubblicazioni nel 1991.

RINNOVAMÈNTO ITALIÀNO - LÌSTA DÌNI, movimento politico fondato nel 1997 da L. Dini. Di ispirazione liberal-democratica, si è orientato verso l'area parlamentare di centro-sinistra. Nel 2002 è confluito nel raggruppamento della *Margherita*.

RINTALA (Paavo), *Viipuri 1930 - Kirkkonummi 1999*, scrittore finlandese. Nei suoi romanzi ha rappresentato i conflitti sociali in tono epico (*Mannerheim*).

RINUCCÌNI (Ottàvio), *Firenze 1562-1621*, poeta e librettista. Importante esponente della *Camerata Fiorentina*, fu uno degli iniziatori del melodramma. Scrisse alcuni dei primi libretti italiani, tra i quali *La favola di Dafne* (1597), *Euridice* (1600), *Il ballo delle ingrate* (1608).

RIO (conferènza di), detta anche **Summit della Terra** (3-14 giu. 1992), conferenza delle Nazioni Unite su ambiente e sviluppo, che riunì a Rio de Janeiro i rappresentanti di 178 paesi, tra cui 117 capi di Stato e di governo. Non solo vi fu diramata una dichiarazione di 27 grandi principi, ma vennero adottati due convenzioni (sui cambiamenti climatici e sulla biodiversità), un documento sulla salvaguardia del patrimonio forestale e un vasto programma di misure da mettere in atto nel XXI sec. (basato sul concetto di sviluppo sostenibile).

RIO DE JANEIRO, Stato del Brasile; 43.653 km²; 14.391.282 ab.; cap. *Rio de Janeiro*.

RIO DE JANEIRO, c. del Brasile, cap. dello Stato omonimo; 5.857.282 ab. (10.582.000 ab. nell'agglomerato). Università, musei. È dotata di un grande porto, sulla Baia di Guanabara, circondato da picchi rocciosi. Centro commerciale, industriale, turistico e culturale. Famoso carnevale.

RÍO DE LA PLATA → PLATA (Río de la).

RÍO DE LA PLATA (vicereàme del), vicereame spagnolo, venutosi a creare nel 1776 dopo la separazione del vicereame del Perú, delle province argentine, del Paraguay, della Banda Oriental (att. Uruguay) e dell'*audiencia* di Charcas, o Alto Perú (att. Bolivia). Per Buenos Aires, capitale e residenza dei viceré, transitava gran parte delle ricchezze del retroterra, destinate all'esportazione in Europa (argento di Potosí). Il vicereame scomparve nel 1810.

RÍO DE ORO, ant. protettorato spagnolo del Sahara, sull'Atlantico, che costituisce oggi la parte merid. del *Sahara Occidentale*.

RÍO GRÀNDE, f. del Brasile; 1500 km. Confluisce nel Paranaíba a formare il Paraná. Sfruttamento idroelettrico.

RÍO GRÀNDE, RÍO BRÀVO o **RÍO BRÀVO DEL NÒRTE**, f. dell'America settentr., che nasce nelle Montagne Rocciose e si getta nel Golfo del Messico; 3060 km. Il suo corso coincide in parte con la linea di confine tra Stati Uniti e Messico (a S di El Paso).

RIO GRANDE DO NORTE, Stato del Brasile nord-orient.; 2.776.782 ab.; cap. *Natal*.

RIO GRANDE DO SUL, Stato del Brasile merid.; 10.187.798 ab.; cap. *Porto Alegre*.

RIOJA (La), c. dell'Argentina, capol. di prov., ai piedi delle Ande; 106.281 ab.

RIOJA (La), comunità autonoma della Spagna; 5034 km²; 264.178 ab.; capol. *Logroño*. Vigneti.

RIÒLO TÈRME, com. in prov. di Ravenna; 5279 ab. Importante centro termale con acque sulfuree e salso-bromoiodiche.

RIOM, c. della Francia, nel dip. Puy-de-Dôme; 19.324 ab. Industria chimica e degli apparecchi elettrici. — Chiese medievali; due musei.

RIOMAGGIÒRE, com. in prov. di La Spezia; 1870 ab. Località delle *Cinque Terre*, meta turistica. Viticoltura.

RIO MUNI → MBINI.

RÍO NÈGRO, f. dell'America merid., affl. di sinistra del Rio delle Amazzoni, a Manaus; 1784 km.

RIONÈRO IN VÙLTURE, com. in prov. di Potenza; 13.404 ab. È situato alle pendici del vulcano spento Vulture. Agricoltura (cereali, ortaggi). Industrie alimentari e del legno. Turismo nella vicina frazione di Monticchio Bagni.

RIONI o **RION**, f. della Georgia, che nasce nel Caucaso e sfocia nel Mar Nero; 327 km. Il suo bacino inferiore corrisponde all'ant. Colchide.

RIOPELLE (Jean-Paul), *Montreal 1923 - Îles aux Grues, Québec, 2002*, pittore canadese. Ha praticato un'arte non figurativa, lirica o paesaggistica.

RÍO TINTO → MINAS DE RÍOTINTO.

RIPAMÒNTI (Giuseppe), *Tegnone, att. Ravellino, 1573 - Rovagnate 1643*, storico. Sacerdote, fu nominato dal cardinale F. Borromeo canonico di S. Maria alla Scala, a Milano. Scrisse *Historia Ecclesiae Mediolanensis* (1617-1625) e *De peste* (1641), una delle principali fonti di A. Manzoni per *I promessi sposi*.

RIPATRANSÓNE, com. in prov. di Ascoli Piceno; 4337 ab. Industrie vinicole. Palazzo Bruti Liberati (XVII sec.). Vi si trova il vicolo più stretto d'Italia (43 cm). Nei dintorni, resti preistorici risalenti alla civiltà picena.

RIPELLÌNO (Àngelo Maria), *Palermo 1923 - Roma 1978*, slavista e poeta. È stato docente, traduttore e studioso delle letterature russa e ceca, cui ha dedicato numerosi saggi (*Storia della poesia ceca contemporanea*, 1950; *Poesia russa del Novecento*, 1954; *Il trucco e l'anima*, 1965), ma anche poeta, evocatore di atmosfere magiche e fiabesche (*Non un giorno, ma adesso*, 1960; *La fortezza d'Alvernia*, 1967).

RÌSI (Dino), *Milano 1916*, regista cinematografico. È autore di commedie di costume caustiche e amare. Tra i suoi film più famosi: *Pane amore e...* (1995), *Poveri ma belli* (1956), *Il mattatore* (1959), *Una vita difficile* (1961), *La marcia su Roma* (1962), *Il sorpasso* (1962), *Profumo di donna* (1974), *Telefoni bianchi* (1976), *Caro papà* (1979), *Scemo di guerra* (1985).

RÌSI (Màrco), *Milano 1951*, regista cinematografico. Figlio di Dino, è esponente del cosiddetto "neo-neorealismo". Tra i film, *Un ragazzo e una ragazza* (1984), *Soldati, 365 all'alba* (1987), *Mery per sempre* (1989), *Ragazzi fuori* (1990), *Il muro di gomma* (1991), *Nel continente nero* (1993), *Il branco* (1994), *L'ultimo capodanno* (1998), *Tre mogli* (2001).

RÌSI (Nélo), *Milano 1920*, poeta e regista cinematografico. Fratello di Dino, ha scritto versi ricchi di intensità morale (*Le opere e i giorni*, 1941; *Polso teso*, 1956; *Dentro la sostanza*, 1966; *Mutazioni*, 1991; *Il mondo in una mano*, 1994). Tra i film diretti, *Andremo in città* (1966), *Diario di una schizofrenica* (1968), *Ondata di calore* (1970), *Una stagione all'inferno* (1971), *Un amore di donna* (1988).

RISORGIMÈNTO, movimento ideologico e politico che portò l'Italia all'indipendenza e all'unità. Se dapprima le rivolte contro la dominazione austriaca furono iniziative isolate di cospiratori appartenenti alla carboneria o a società segrete consimili, fu grazie alla Giovine Italia mazziniana, dotata di un programma più chiaro, che gli ideali di libertà cessarono di essere monopolio di pochi intellettuali, per divenire patrimonio comune. Determinante fu anche il contributo di pensatori come C. Cattaneo, M. d'Azeglio, V. Gioberti, C. Balbo, che intuirono la necessità di rendere più graduale il processo di affrancamento dalla dominazione straniera affidandone la guida agli stessi sovrani. Infatti la lotta contro l'Austria entrò nella sua fase più feconda quando i

RIO DE JANEIRO. *Statua di Cristo (opera di Paul Landowski, 1926-1931), sulla cima del Corcovado, che domina il Lago Rodrigo de Freitas.*

patrioti ottennero l'appoggio del regno di Sardegna e delle potenze europee, grazie alla politica di C. Cavour. **1820**: un gruppo di militari partiti da Nola marcia su Napoli provocando una sommossa, mentre la Sicilia tenta la secessione dal regno delle Due Sicilie. **1821**: i moti si estendono al Piemonte per iniziativa della società segreta dei Federati, guidata da Santorre di Santarosa e Filippo Confalonieri. A Milano vengono incarcerati molti patrioti, tra cui Silvio Pellico. **1831**: nel ducato di Parma gli austriaci reprimono un'insurrezione capeggiata da Ciro Menotti. A Marsiglia, Giuseppe Mazzini fonda la Giovine Italia. **1833**: fallisce un'insurrezione organizzata a Genova da G. Mazzini. **1844**: lo sbarco in Calabria dei fratelli Attilio ed Emilio Bandiera si conclude con la fucilazione dei due patrioti. **1848-1849**: le Cinque giornate di Milano provocano la prima guerra d'indipendenza che, pur rivelandosi un fallimento militare (armistizio di Vignale e pace di Milano), è determinante per la nascita di una vera coscienza nazionale. **1859-1860**: la seconda guerra d'indipendenza porta all'annessione di parte dell'Italia centrale al regno di Sardegna, che grazie alla spedizione dei Mille organizzata da Giuseppe Garibaldi otterrà anche il Meridione. **1861**: il 17 mar. il nuovo parlamento proclama il regno d'Italia. Sebbene il territorio italiano sia destinato ad ampliarsi per l'acquisizione del Veneto (con la terza guerra d'indipendenza) e la liberazione di Roma dal dominio dei pontefici, questa data segna convenzionalmente la fine del periodo risorgimentale.

RISORGIMÉNTO (il), quotidiano politico fondato nel 1847 a Torino da C. Cavour e C. Balbo. Diretto, tra gli altri, da C. Alfieri e M. Castelli, propugnò ideali liberali e moderati, in appoggio alla politica cavouriana. Cessò le pubblicazioni nel 1852.

RISVÉGLIO, insieme dei movimenti religiosi che da Ginevra si diffusero in Francia e Svizzera all'inizio del XIX sec., determinando un rinnovamento in ambito protestante.

RÌTA DA CÀSCIA (sànta), *Roccaporena 1381 - Cascia 1457*, religiosa. Moglie a 15 anni di un uomo violento, che fu ucciso, dopo la morte dei due figli entrò nel convento di Cascia (1407). Fu canonizzata da Leone XIII nel 1900.

RITRÀTTO DI GENTILUÒMO, dipinto di L. Lotto (1527, Gallerie dell'Accademia, Venezia). L'opera raffigura un giovane gentiluomo dallo sguardo enigmatico, nell'atto di sfogliare un libro.

Ritratto di gentiluomo, *di L. Lotto, 1527 ca.*
(Gallerie dell'Accademia, Venezia.)

RITSÓS (Ghiánnis), *Monemvásia 1909 - Atene 1990*, poeta greco. Reinterpretò i miti dell'antica Grecia alla luce delle moderne lotte sociali e politiche (*Epitaffio, Elena, Erotica*).

RITTER (Karl), *Quedlinburg 1779 - Berlino 1859*, geografo tedesco. Studiò le relazioni esistenti tra i fenomeni fisici e umani.

RITTMANN (Alfred), *Basilea 1893 - Catania 1980*, geologo svizzero. Può essere considerato il fondatore della vulcanologia in Europa.

RIUNIÓNE (isola della) → RÉUNION.

RÌVA (Luigi, detto Gigi), *Leggiuno 1944*, calciatore. Ha esordito nel 1964 nel Cagliari, squadra con la quale ha vinto lo scudetto nel 1970. Con la nazionale è stato campione europeo nel 1968 e vicecampione mondiale nel 1970. Con 35 gol detiene il record di reti in maglia azzurra.

RÌVA DEL GÀRDA, com. in prov. di Trento, sulla riva settentr. del Lago di Garda; 14.515 ab. Industrie alimentari, cartarie, meccaniche. Turismo estivo. Rocca scaligera (1124); chiesa dell'Inviolata (1603).

RIVÀLTA DI TORÌNO, com. in prov. di Torino; 17.776 ab. Industrie tessili, meccaniche (stabilimento della FIAT).

RIVAROL (Antoine **Rivarol**, detto il cónte **di**), *Bagnols-sur-Cèze 1753 - Berlino 1801*, scrittore francese. Fece l'apologia della lingua francese e del genio nazionale nel *Discorso sull'universalità della lingua francese* (1784).

RIVAS (Ángel **de Saavedra**, dùca di), *Córdoba 1791 - Madrid 1865*, politico e scrittore spagnolo. Autore del dramma romantico *Don Álvaro o la forza del destino* (1835).

RÌVA TRIGÓSO, frazione del com. di Sestri Levante. È sede di un importante cantiere navale.

RIVERA (Diego), *Guanajuato 1886 - Città del Messico 1957*, pittore messicano. Dopo l'iniziale accostamento alle avanguardie (cubismo, futurismo), si dedicò alla pittura di murales, della quale divenne uno dei maggiori esponenti a livello mondiale. Notevole l'impatto delle sue opere, con le quali rappresentò la realtà socio-politica della sua epoca.

Diego **RIVERA**. Contadini, *1947*.
(Museu de Arte, São Paulo.)

RIVÈRA (Giovànni, detto Giànni), *Alessandria 1943*, calciatore. Ha giocato nel Milan dal 1960 al 1979, vincendo numerosi trofei, tra i quali 3 scudetti, 2 Coppe dei campioni e 1 Coppa intercontinentale. Con la nazionale è stato campione europeo nel 1968 e vicecampione mondiale nel 1970. Pallone d'oro nel 1969.

RIVERS (William Halse Rivers), *Luton, Kent, 1864 - Londra 1922*, antropologo britannico. Sostenitore del diffusionismo, inquadrò i problemi di parentela nel contesto della società globale (*Storia della società melanesiana*, 1914).

RIVET (Paul), *Wassigny 1876 - Parigi 1958*, etnologo francese. Creò il Musée de l'Homme a Parigi (1937).

RIVETTE (Jacques), *Rouen 1928*, regista e critico cinematografico francese. Esponente della *nouvelle vague*, nei suoi film ha svolto ricerche su struttura narrativa, durata e improvvisazione (*Paris nous appartient*, 1960; *La bella scontrosa*, 1990; *Alto basso fragile*, 1995).

RIVIÈRA, litorale ligure compreso tra La Spezia e la frontiera francese. La regione, delimitata a N dagli Appennini e dalle Alpi, a S dal Mar Ligure, gode di un clima mite e presenta una tipica vegetazione mediterranea. Si divide in *r. di levante*, a E di Genova, e *r. di ponente*, a O; il tratto di levante basa la propria economia sul turismo estivo (Nervi, Camogli, Portofino, S. Margherita Ligure, Sestri Levante ecc.). Anche la *r. di Ponente* è disseminata di attrezzati centri balneari (Alassio, Varazze, Sanremo, Bordighera), oltre a essere nota con l'appellativo di "r. dei fiori" per il redditizio mercato floro-vivaistico.

RIVIÈRE (Jacques), *Bordeaux 1886 - Parigi 1925*, scrittore e critico francese, direttore della *Nouvelle revue française* dal 1919 al 1925.

RIVÌSTA EUROPÈA (La), rivista fondata nel 1838 a Milano da G. Battaglia. Seguì un orientamento liberale e cessò le pubblicazioni nel 1847.

RIVÌSTA STÒRICA ITALIÀNA, rivista fondata nel 1884 da C. Rinaudo. Dopo aver cessato le pubblicazioni nel 1943, le riprese nel 1948 ed ebbe tra i collaboratori F. Chabod e A. Momigliano.

RÌVOLI, com. in prov. di Torino; 51.996 ab. Industrie metalmeccaniche, alimentari, tessili. Casa del conte Verde (XIV sec.). Castello ricostruito nel XVIII sec. su progetto di F. Juvara, sede del Museo d'arte contemporanea. — L'11 lug. 1635 vi fu firmato un trattato tra il duca Vittorio Amedeo I di Savoia e Luigi XIII di Francia.

RÌVOLI VERONÉSE (battàglia di) (14 gen. 1797), battaglia svoltasi nei pressi dell'omonima località sull'Adige in prov. di Verona. Fu combattuta tra le truppe austriache e quelle napoleoniche, che vinsero e conquistarono Mantova.

RIVOLUZIÓNE CULTURÀLE (1966-1976), movimento politico, ideologico e militare imposto in Cina da Mao Zedong per rinforcare la lotta di classe. Mentre venivano destituite le autorità amministrative e politiche ufficiali (tra cui Deng Xiaoping e Liu Shaoqi), gli studenti delle scuole secondarie e delle università (chiuse dal 1966 al 1972) si organizzavano in associazioni di "guardie rosse", facendo seguito al pensiero di Mao. Caratterizzata da grandi sconvolgimenti e abusi (esodo massiccio della popolazione dalle campagne alle città e viceversa, sanguinosi scontri tra province, incarcerazione e condanna a morte di intellettuali e artisti, distruzione di monumenti e libri, testimonianze del passato), la "Grande r. c. proletaria" si concluse nel 1976, con la morte di Mao e l'arresto della *banda dei quattro*.

RIVOLUZIÓNE DEL BRABÀNTE (1789-1790), moto rivoluzionario che scoppiò nei Paesi Bassi austriaci (att. Belgio) per reazione alle riforme di Giuseppe II. Le province ribelli, in part. il Brabante, si dichiararono indipendenti (gen. 1790), ma in breve furono sottomesse dalle truppe imperiali (dic. 1790).

RIVOLUZIÓNE DI LIÈGI (1789-1791), moto rivoluzionario d'ispirazione democratica che coinvolse il principato di Liegi, all'inizio della Rivoluzione francese. Il principe-vescovo, cacciato dagli insorti, fece appello all'Austria per reprimere la rivolta.

RIVOLUZIÓNE DI VELLÙTO (1989), denominazione del movimento popolare pacifico che permise l'uscita della Cecoslovacchia dal comunismo.

RIVOLUZIÓNE FRANCÉSE (1789-1799), insieme di moti rivoluzionari che posero fine all'*Ancien Régime*, in Francia.

Dall'Assemblea costituente all'Assemblea legislativa. 1789: convocazione degli Stati generali (5 mag.); dopo il giuramento della pallacorda (20 giu.), l'assemblea nazionale si proclama Costituente (9 lug.). Alla presa della Bastiglia (14 lug.) fanno seguito l'abolizione dei privilegi (4 ago.), la *Dichiarazione dei diritti dell'uomo e del cittadino* (26 ago.) e la confisca dei beni ecclesiastici (2 nov.). **1790**: costituzione civile del clero. **1791**: il re viene arrestato a Varenne durante un tentativo di fuga (giu.). Prima seduta dell'Assemblea legislativa (1° ott.). **1792**: il ministero girondino (mar.) dichiara guerra all'Austria, che subito si allea con la Prussia (20 apr.). Ai primi rovesci militari fa seguito l'arresto del re e la fine della monarchia (10 ago.). La vittoria di Valmy (20 sett.) ferma l'invasione prussiana.

La Convenzione nazionale. 1792: proclamazione della repubblica (22 sett.) e occupazione del Belgio da parte della Francia (6 nov.). **1793**: esecuzione di Luigi XVI (gen.). Creazione del Comitato di salute pubblica (6 apr.). Arresto dei girondini e ratifica per referendum della Costituzione dell'anno I (24 giu.). La "legge dei sospetti" (17 sett.) instaura il Terrore contro gli oppositori. **1794**: M. Robespierre si sbarazza prima degli hebertisti, che intendono proseguire la rivoluzione (mar.), poi di G.-J. Danton e dei suoi seguaci, che vogliono porre fine al Terrore (apr.). La vittoria di Fleurus (26 giu.) elimina ogni minaccia esterna. Caduta ed esecuzione di Robespierre e dei suoi collaboratori (9 termidoro [27 lug.]). Convenzione termidoriana. Risveglio realista e ondata controrivoluzionaria. **1795**: trattati di Basilea e L'Aia, favorevoli alla Francia. Rivolta dei sanculotti (1° apr. e 20 mag.). Voto della Costituzione dell'anno III, ratificata per referendum (22 ago.).

Il Direttorio. 1795: prima riunione del Direttorio (2 nov.). **1796**: N. Bonaparte guida l'esercito nella campagna d'Italia. **1797**: trattato di Campoformio (18 ott.). **1798**: campagna d'Egitto (19 mag.). La flotta francese subisce la disfatta di Abukir (1°ago.). Seconda coalizione contro la Francia (dic.). **1799**: colpo di Stato di Bonaparte (9 nov.), che inaugura il Consolato (9-10 nov.) e pone fine al periodo rivoluzionario.

RIVOLUZIÓNE FRANCÉSE DEL 1830 (27, 28, 29 lug. 1830), moto rivoluzionario che causò l'abdicazione di Carlo X e l'ascesa al trono di Luigi Filippo I.

RIVOLUZIÓNE FRANCÉSE DEL 1848 (22-24 feb. 1848), moto rivoluzionario che portò all'abdicazione di Luigi Filippo e alla proclamazione della Seconda Repubblica. Si inquadra nell'ambito delle rivoluzioni del 1848. (→**rivoluzioni del 1848**).

RIVOLUZIÓNE LIBERÀLE (La), rivista fondata nel 1922 a Torino da P. Gobetti. Pubblicò articoli di cultura e politica, sostenendo l'idea di una rivoluzione operaia e liberale, e raccolse intorno a sé un gruppo di intellettuali antifascisti, tra i quali G. Amendola, C. Rosselli, L. Einaudi. Fu soppressa dal regime fascista nel 1925.

RIVOLUZIÓNE RÙSSA DEL 1905, insieme di manifestazioni che scossero la Russia nel 1905. Alla fine del 1904 l'agitazione partita dagli *zemstvo* coinvolse gli ambienti operai, che reclamarono una Costituzione. Dopo la "domenica rossa" (9 [22] gen. 1905), durante la quale l'esercito sparò sui manifestanti, ai torbidi si aggiunsero alcuni ammutinamenti (corazzata *Potëmkin*). La crisi, aggravata dalla disfatta subita nella guerra russo-giapponese, obbligò Nicola II a promulgare il manifesto di ottobre, con cui prometteva la convocazione di una *duma* eletta a suffragio universale. I consigli operai (*soviet*) tentarono un'insurrezione che però venne soffocata nel sangue.

RIVOLUZIÓNE RÙSSA DEL 1917, insieme dei moti rivoluzionari che, in Russia, portarono all'abdicazione di Nicola II, alla presa di potere da parte dei bolscevichi e alla creazione della Rep. socialista sovietica.

La rivoluzione di febbraio. La popolazione di Pietrogrado, esasperata da una grave carestia, manifestò il 23 feb. (8 mar.). In risposta all'appello dei bolscevichi, lo sciopero divenne generale il 25 feb. (10 mar.). I soldati si ribellarono agli ufficiali e, unitisi agli operai, presero d'assalto l'arsenale e gli edifici pubblici. Il 2 mar. (15 mar.) la duma formò un governo provvisorio, riconosciuto dal soviet degli operai e dei soldati di Pietrogrado; quello stesso giorno Nicola II abdicò. Il potere passò a un governo provvisorio, in cui prevalevano i costituzional-democratici e i soviet, a loro volta formati da menscevichi e social-rivoluzionari. Soldati e operai manifestarono (apr. e lug.) contro la prosecuzione della guerra; il 24 lug. A.F. Kerenskij formò un nuovo governo di coalizione. Lenin convinse i bolscevichi ad adottare la sua tattica d'insurrezione armata.

La rivoluzione di ottobre. Il 24 ott. i bolscevichi, impadronitisi dei punti strategici della capitale e del Palazzo d'Inverno, fecero arrestare i membri del governo provvisorio. Il 25 ott. (7 nov.) Pietrogrado rimase così in balia degli insorti; il II congresso del soviet supremo elesse il Consiglio dei commissari del popolo, composto solo da bolscevichi e presieduto da Lenin.

RIVOLUZIÓNI DEL 1848, insieme di movimenti liberali e nazionali che si manifestarono in Europa nel 1848-1849. Le principali tappe della "primavera del popolo", oltre alle giornate parigine di febbraio, sono: l'insurrezione di Palermo (12 gen. 1848); la promulgazione delle Costituzioni a Napoli (10 feb.), nel granducato di Toscana (17 feb.) e in Piemonte (5 mar.); la dichiarazione di guerra all'Austria da parte di Carlo Alberto, re di Sardegna (24 feb.); i moti di Vienna (13 mar.), Venezia (17-22 mar.), Berlino (18 mar.), Milano (18-22 mar.), Monaco (19 mar.); il riconoscimento da parte di Vienna dello Statuto ungherese (11 apr.); l'apertura del parlamento a Francoforte (18 mag.), del congresso panslavo a Praga (2 giu.) e dell'Assemblea costituente a Vienna (22 lug.). La reazione, organizzatasi a partire da giugno, ottenne la vittoria negli Stati tedeschi, a Vienna (30-31 ott.) e in Ungheria (13 ago. 1849). In Italia, Ferdinando II rientrò in possesso del regno delle due Sicilie (15 mag. 1848) e Carlo Alberto venne sconfitto dagli austriaci (Custoza, 25 lug. 1848; Novara, 23 mar. 1849). Le r. del 1848 rescissero gli ultimi legami di servitù nell'Europa centrale e accelerarono il processo di formazione delle entità nazionali.

RIVOLUZIÓNI DEMOCRÀTICHE DEL 1989, insieme di avvenimenti che portarono alla caduta dei regimi comunisti nell'Europa centrale e orient. L'URSS non oppose alcuna resistenza a questo processo, accettando così di perdere il controllo che esercitava su tali paesi dalla fine della seconda guerra mondiale. Iniziati in Polonia (vittoria di Solidarność alle elezioni di giugno), proseguiti in Ungheria (che aprì la cortina di ferro in maggio), RDT (caduta del muro di Berlino in novembre) e Cecoslovacchia, la contestazione contro il regime e la lotta per la democrazia furono pacifici. Più confusa fu la successione di eventi che portò alla caduta dei governi di Bulgaria e Romania.

RIVOLUZIÓNI INGLÉSI, rivoluzioni che portarono alla deposizione di due sovrani della dinastia Stuart, nell'Inghilterra del XVII sec.

Prima rivoluzione inglese (1642-1649). Determinò la caduta e l'esecuzione di Carlo I, seguite dalla nascita di una repubblica sotto la guida di O. Cromwell. **1640**: per raccogliere i fondi necessari alla guerra contro la Scozia, Carlo I convoca il parlamento; **1641**: quest'ultimo nega ogni sussidio e vota la Petizione dei diritti, che limita il potere regale. **1642**: non riuscendo a ottenere l'arresto dei capi dell'opposizione parlamentale, il re si ritira a York, scatenando la guerra civile. **1644**: alla vittoria dei parlamentari a Marston Moor fa seguito la riorganizzazione del loro esercito, che sconfigge quello reale a Naseby (1645). **1647**: il sovrano, arresosi ai presbiteriani scozzesi, viene consegnato al parlamento inglese. **1648**: mentre Carlo I si rifugia nell'Isola di Wight, divampa una seconda guerra civile. Cromwell, vittorioso, marcia su Londra ed epura il parlamento, disposto a negoziare con il sovrano. **1649**: il parlamento si pronuncia a favore dell'incriminazione di Carlo I, che viene giustiziato (gen.), mentre Cromwell rimane padrone del paese.

Seconda rivoluzione inglese (1688-1689). Provocò la caduta di Giacomo II Stuart e l'avvento al potere di Guglielmo III di Nassau, principe d'Orange. **1688**: Giacomo II, cattolico, concede la libertà di culto a cattolici e protestanti dissidenti (mag.). La nascita di un erede al trono, Giacomo Edoardo (giu.), legittima l'avvento di una dinastia cattolica. Rispondendo all'appello di numerosi notabili, tory e wigh, Guglielmo III di Nassau, genero di Giacomo II, sbarca in Inghilterra il 5 nov. Giacomo II fugge in Francia. **1689**: il parlamento riconosce come nuovi sovrani Maria II e Guglielmo III, segnando la nascita di una monarchia costituzionale.

RIYADH, cap. dell'Arabia Saudita; 3.324.000 ab.

RIZAL (José), *Calamba 1861 - Manila 1896*, patriota e scrittore filippino. Autore di romanzi di denuncia contro il colonialismo, ingiustamente accusato di essere l'istigatore dell'insurrezione del 1896, fu ucciso dagli spagnoli.

RIZHAO, c. della Cina, a SO di Qingdao; 1.027.724 ab.

RÌZZO (Antònio), *Verona 1430 ca. - Cesena 1499 ca.*, scultore e architetto. Formatosi in Lombardia, fu poi attivo a Venezia, dove realizzò il monumento per il doge Niccolò Tron (1476) e le statue di *Adamo, Eva e Marte* (Palazzo Ducale).

RÌZZO (Luigi), *Milazzo 1887 - Roma 1951*, militare. Si segnalò nella prima guerra mondiale, guidando una squadriglia di MAS nelle operazioni di affondamento delle navi austriache *Wien* a Trieste (1917) e *Santo Stefano* a Premuda (1918). Nel 1918 partecipò, insieme a G. D'Annunzio e C. Ciano, alla spedizione nota come "beffa di Buccari".

RIZZÒLI (Àngelo), *Milano 1889-1970*, editore e produttore cinematografico. Dopo aver fondato nel 1924 la società poligrafica R., iniziò le pubblicazioni nel 1929, raggiungendo il successo nel dopoguerra con riviste ad ampia diffusione. Nel 1934 iniziò l'attività di produzione cinematografica, finanziando e distribuendo film, tra gli altri, di F. Fellini, M. Antonioni, R. Rossellini.

RIZZÒLI (Francésco), *Milano 1809 - Bologna 1880*, chirurgo. Docente all'Università di Bologna, contribuì allo sviluppo delle tecniche operatorie in ambito ortopedico. Destinò il suo patrimonio alla realizzazione dell'istituto ospedaliero che porta il suo nome.

RIZZÙTO (Càpo), promontorio della Calabria, in prov. di Catanzaro. Si estende sul Mar Ionio in prossimità del Golfo di Squillace.

RJURIK, capo variago del IX sec. Fu principe di Novgorod a partire dall'862.

RJURIKIDI, dinastia, fondata da Rjurik, che regnò in Russia dall'882 al 1598.

ROACH (Maxwell, detto Max), *Elizabeth City, Carolina del Nord, 1924*, musicista jazz statunitense. Batterista, ha accompagnato i più grandi musicisti del genere be-bop, tra cui Charlie Parker; ha inoltre diretto molte formazioni orchestrali e sviluppato uno stile melodico, poliritmico (*Drum conversation*, 1953; *We insist! Freedom now suite*, 1960).

ROANNE, c. della Francia (Rhône-Alpes), sulla Loira; 40.121 ab. Museo. — Industria metallurgica.

ROÀTTA (Màrio), *Modena 1887 - Roma 1968*, militare. Comandante delle truppe fasciste in Spagna, subì la sconfitta di Guadalajara (1937). Capo di Stato maggiore nella seconda guerra mondiale (1941 e 1943), dopo l'8 sett. fuggì a Brindisi con il re e P. Badoglio. Processato e condannato nel 1945, fuggì in Spagna.

ROBBE-GRILLET (Alain), *Brest 1922*, scrittore francese. Teorico ed esponente del **nouveau roman*, è autore di opere narrative che rifiutano la psicologia tradizionale e contrappongono l'uomo a una realtà impenetrabile (*Progetto per una rivoluzione a New York*, 1970; *Djinn*, 1981). Sua è inoltre la sceneggiatura del film di A. Resnais *L'anno scorso a Marienbad*.

ROBBINS (Jerome), *New York 1918-1998*, ballerino e coreografo statunitense. Oltre a realizzare commedie musicali a Broadway (*West Side Story*, 1957), ha creato balletti per compagnie neoclassiche, tra cui il New York City Ballet, di cui è stato condirettore tra il 1969 e il 1989. Il suo stile coniuga danza accademica, moderna e jazz.

ROBBINS (Tom), *Blowing Rock 1936*, scrittore statunitense. È autore di romanzi grotteschi e paradossali, con personaggi brillanti e ironici. Tra le opere, *Uno zoo lungo la strada* (1971), *Il nuovo sesso: Cowgirl* (1976), *Natura morta con picchio* (1980), *Coscine di pollo* (1990), *Beati come rane su una foglia di ninfea* (1994), *Feroci invalidi di ritorno dai paesi caldi* (2000).

ROBÈRTI (Èrcole **de'**), *Ferrara 1450 ca. - 1496*, pittore. Fu allievo sottile e originale di F. del Cossa, con cui collaborò (*Polittico Grifoni*, già in S. Petronio, Bologna; affreschi dei *Mesi*, Palazzo Schifanoia, Ferrara). Le sue opere coniugano monumentalità, grande sensibilità spaziale e raffinato colorismo (pala *Madonna e santi*, destinata alla chiesa di S. Maria in Porto di Ravenna [Brera, Milano]).

ROBÈRTO, nome di più sovrani

ARTOIS

ROBÈRTO I IL VALORÓSO, *1216 - Mansurah 1250*, conte di Artois (1237-1250). Fratello di Luigi il Santo, morì durante la settima crociata. — **Roberto II il Nobile**, *1250 - Courtrai 1302*, conte di Artois (1250-1302). Figlio postumo di R. I il Valoroso, fu reggente di Sicilia durante la prigionia di Carlo II (1284-1288).

FRANCIA

ROBÈRTO IL FÒRTE, *m. a Brissarthe, Maine-et-Loire, nell'866*, conte d'Anjou e di Blois, marchese di Neustria. Combatté contro i normanni e morì sul campo di battaglia. È il capostipite della dinastia dei Robertiani, da cui discendono i Capetingi.

ROBÈRTO II IL PÌO, *Orléans 972 ca. - Melun 1301*, re di Francia (996-1031), della dinastia dei Capetingi. Figlio e successore di Ugo Capeto, nonostante la sua religiosità fu scomunicato per aver ripudiato la moglie e sposato la cugina.

IMPERO LATINO D'ORIENTE

ROBÈRTO DI COURTENAY, *m. in Morea nel 1228*, imperatore latino d'Oriente (1221-1228).

NAPOLI

ROBÈRTO IL BUÒNO o **IL SÀGGIO**, *1278 - Napoli 1343*, duca d'Anjou e re di Napoli (1309-1343). Capo dei guelfi nell'Italia centrale, si oppose con successo all'imperatore Enrico VII (1310-1313). Nominato vicario imperiale da papa Clemente V (1314), resse le sorti d'Italia fino al 1324.

SCOZIA

ROBÈRTO I BRUCE, *Turnberry 1274 - castello di Cardross, presso Dumbarton, 1329*, re di Scozia (1306-1329). Postosi a capo della resistenza scozzese, sbaragliò l'esercito inglese a Bannockburn (1314).

SICILIA

ROBÈRTO IL GUISCÀRDO, *1015 ca. - Cefalonia 1085*, conte (1057-1059), poi duca di Puglia, Calabria e Sicilia (1059-1085). Di origine normanna, ottenne da papa Niccolò II l'investitura ducale, cacciò i bizantini dall'Italia (1071) e, con il fratello Ruggero, tolse la Sicilia ai saraceni.

ROBÈRTO II CORTACÒSCIA, *1054 ca. - Cardiff 1134*, duca di Normandia (1087-1106). Figlio di Guglielmo I il Conquistatore, partecipò alla prima crociata. Tentò invano di impadronirsi della corona d'Inghilterra.

ROBÈRTO BELLARMÌNO (sànto), *Montepulciano 1542 - Roma 1621*, gesuita e teologo. Cardinale dal 1599, si schierò in difesa del molinismo partecipando ai dibattiti sulla grazia e in part. scrisse un'opera sulle controversie concernenti la fede cristiana. Fu uno dei teologi più rappresentativi della Controriforma.

ROBÈRTO CAVÀLLI, azienda di moda che porta il nome de suo fondatore (Firenze 1940). Ha proposto le prime linee di abbigliamento nel 1972, raggiungendo poi il mercato straniero. Oggi ha sedi sparse in tutto il mondo e veste alcune tra le più celebri personalità internazionali.

ROBÈRTO DI MOLESME (sànto), *in Champagne 1029 ca. - abbazia di Molesme, Borgogna, 1111*, monaco benedettino francese. Fondò l'abbazia di Molesme, e in seguito quella di Citeaux.

ROBERTS OF KANDAHAR (Frederick **Sleigh**, lord), *Cawnpore 1832 - Saint-Omer 1914*, maresciallo britannico. Si distinse in Afghanistan (1880) e combatté contro i boeri (1899).

ROBERTSON (sir William Robert), *Welbourn 1860 - Londra 1933*, maresciallo britannico. Fu capo di Stato maggiore imperiale dal 1916 al 1918.

ROBERVAL (Gilles **Personne de**), *Roberval 1602 - Parigi 1675*, matematico e fisico francese. Precursore della geometria infinitesimale, enunciò la regola della composizione delle forze e inventò una bilancia con due gioghi e piatti liberi (1670).

ROBESPIERRE (Augustin **de**), *Arras 1763 - Parigi 1794*, politico francese. Deputato alla Convenzione, morì sul patibolo insieme con il fratello Maximilien.

ROBESPIERRE (Maximilien **de**), *Arras 1758 - Parigi 1794*, politico francese. Deputato agli Stati generali, membro della Comune dopo l'insurrezione del 10 ago. 1792 e deputato della Convenzione, divenne capo dei montagnardi. Fu ostile ai giacobini, di cui provocò la caduta (1793). Entrato a far parte del Comitato di salute pubblica, di cui divenne l'animatore, instaurò il regime del Terrore, eliminando i seguaci di J.-R. Hébert e G.-J. Danton. Deposto da una coalizione comprendente sia estremisti sia moderati, venne ghigliottinato.

■ *Maximilien de Robespierre. (Musée Carnavalet, Parigi.)*

ROBIN HOOD, leggendario eroe sassone, che incarna il bandito di buon cuore. Ha ispirato numerosi film.

ROBINSON (Abraham), *Waldenburg, att. Wabrzych, Slesia, 1918 - New Haven, Connecticut, 1974*, logico e ingegnere statunitense di origine polacca. Esperto in aeronautica per aver partecipato allo sforzo bellico degli Alleati, enunciò i fondamenti dell'analisi non standard.

ROBINSON (Mary), *Ballina 1944*, politica irlandese. Avvocato, è stata presidente della repubblica d'Irlanda (1990 e 1997) e alto commissario delle Nazioni Unite per i diritti dell'uomo (1997-2002).

ROBINSON (sir Robert), *Bufford, presso Chesterfield, 1886 - Great Missenden, presso Londra, 1975*, chimico britannico. Realizzò la sintesi degli ormoni sessuali e della penicillina. (Premio Nobel 1947.)

ROBINSON (Walker **Smith**, detto Ray Sugar), *Detroit 1920 - Los Angeles 1989*, pugile statunitense. Fu più volte campione del mondo (pesi welter e medi).

ROBINSON CRUSOE, protagonista del romanzo omonimo di D. Defoe (1719), ispirato alla storia del marinaio A. Selkirk. R. C. fa naufragio su un'isola deserta, dove incontra Venerdì, il "buon selvaggio", che provvederà a educare e a condurre con sé in patria. La vicenda ha ispirato molti scrittori, musicisti e registi cinematografici (L. Buñuel, *Le avventure di Robinson Crusoé*, 1952; K. Annakin, *Robinson nell'isola dei corsari*, 1960).

ROBOÀMO I, re di Giuda (931-913 a.C.). Fu il successore di Salomone. La sua mancanza di senso politico provocò la divisione del paese in due regni: quello di Israele e quello di Giuda.

ROBUCHON (Joël), *Poitiers 1945*, cuoco francese. Con il suo ristorante parigino è divenuto il simbolo della grande cucina francese. Si è ritirato nel 1996.

ROBÙSTI (Jàcopo) → TINTORETTO (Il).

ROCA (Cabo da), capo del Portogallo, a O di Lisbona; è il promontorio più occ. d'Europa.

ROCAMBOLE, protagonista di molti feuilleton di Ponson du Terrail, eroe di avventure straordinarie e spesso inverosimili ("rocambolesche").

ROCARD (Michel), *Courbevoie 1930*, politico francese. Segretario generale del PSU (1967-1973), ha rivestito la carica di primo ministro dal 1988 al 1991.

RÒCCA (Gino), *Mantova 1891 - Milano 1941*, commediografo e scrittore. Fu autore di originali commedie in dialetto veneto (*Se no i xe mati no li volemo*, 1926; *La scorzeta de limon*, 1928) e in lingua (*Il terzo amante*, 1929). Per la narrativa pubblicò *L'uragano* (1919) e *Gli ultimi furono i primi* (1930).

RÒCCA (Lodovico), *Torino 1895-1986*, compositore. Direttore del Conservatorio di Torino (1940-1966), ha scritto opere (*Il Dibuk*, 1934; *L'uragano*, 1952) e composto lavori per voce (*Schizzi francescani*, 1939; *Antiche iscrizioni*, 1952) e musica sinfonica.

ROCCAMALATÌNA (Sàssi di), parco regionale dell'Emilia-Romagna, in prov. di Modena. Istituito nel 1988, si estende per 1100 ha ca. ed è dominato dai S. di R., formazioni rocciose in arenaria che si innalzano su un territorio in prevalenza pianeggiante e collinare. Interessante il patrimonio floro-faunistico.

ROCCAMONFÌNA, rilievo vulcanico della Campania, in prov. di Caserta. Compreso tra le valli del Volturno e del Garigliano, raggiunge i 1006 m di alt. (Monte S. Croce) e presenta una ricca vegetazione.

ROCCATAGLIÀTA CECCÀRDI (Ceccàrdo), *Ortonovo 1871 - Genova 1919*, poeta. Noto come "poeta maledetto", pubblicò nel 1895 *Il libro dei frammenti*, suggestiva raccolta di liriche con echi del simbolismo francese (P. Verlaine, A. Rimbaud), di G. D'Annunzio e G. Pascoli. Tra le altre opere, *Il viandante* (1904), *Apua mater* (1905), *Sillabe ed ombre* (postumo, 1925).

ROCCÈLLA IÒNICA, com. in prov. di Reggio di Calabria; 7096 ab. Agricoltura (cereali). Pesca. Turismo balneare. Castello dei Carafa (X sec.).

ROCCIAMELÓNE, monte delle Alpi Graie; 3538 m. È situato in prov. di Torino, al confine tra Italia e Francia, e domina la Val di Susa.

ROCCIÓSE (Montàgne), in ingl. **Rocky Mountains**, massiccio che occupa il versante occ. dell'America settentr. (Canada e Stati Uniti). Con questa denominazione si indica talvolta l'insieme degli altopiani dell'America occ., dal confine con il Messico all'Alaska, anche se di fatto si applica solo alla loro parte orient.

RÒCCO (Alfrédo), *Napoli 1875 - Roma 1935*, giurista e politico. Docente di diritto e direttore di testate (*Idea nazionale*, *Politica*), ricoprì importanti incarichi istituzionali (presidente della camera, 1924-1925; ministro della giustizia, 1925-1932). Fu tra gli artefici della legislazione a favore dello Stato totalitario (legge sui pieni poteri, riforma dell'ordinamento giuridico).

RÒCCO (sànto), *Montpellier 1295 ca. - 1327 ca.*, santo leggendario, invocato contro la peste e le malattie contagiose.

ROCHA (Glaúber), *Vitória de Conquista, Bahia, 1938 - Rio de Janeiro 1981*, regista cinematografico brasiliano. Autore di film di intenso lirismo, simbolici, barocchi e contestatari (*Il dio nero e il diavolo biondo*, 1963; *Terra in trance*, 1967; *Antonio das Mortes*, 1969), è stato tra i fondatori del movimento Cinema nôvo.

ROCHDALE, c. della Gran Bretagna (Inghilterra); 93.000 ab.

ROCHEFORT, c. della Francia, nel dip. Charente-Maritime, sul f. Charente; 27.544 ab. Industria aeronautica. — Pianta urbana a scacchiera, risalente al XVII sec.; musei.

ROCHELLE (La), c. della Francia, capol. del dip. Charente-Maritime, sull'Atlantico, 466 km a SO di Parigi; 80.055 ab. Porto peschereccio. Costruzioni meccaniche. — Torri del vecchio porto (XIV e XV sec.) e abitazioni del XVI-XVIII sec.; musei. — La città, roccaforte dei protestanti nel XVI sec., fu espugnata da Richelieu (1627-1628).

ROCHESTER, c. degli Stati Uniti (Stato di New York); 219.773 ab. (1.098.201 ab. nell'agglomerato). Industria fotografica. — Museo della fotografia.

ROCHE-SUR-YON (La), c. della Francia, nel dip. Vendée; 52.947 ab. Centrali idroelettriche. Industria agroalimentare.

ROCKEFELLER (John Davison), *Richford, Stato di New York, 1839 - Ormond Beach, Florida, 1937*, industriale statunitense. Tra i primi a intuire le potenzialità del mercato petrolifero, fondò la Standard Oil (1870), su cui costruì un enorme impero finanziario, e utilizzò parte delle sue ricchezze per finanziare numerose istituzioni (in part. l'Università di Chicago).

ROCKFORD, c. degli Stati Uniti (Illinois); 150.115 ab.

ROCK FOREST, ant. c. del Canada (Québec), att. inglobata nel centro urbano di Sherbrooke.

ROCROI, c. della Francia (Ardenne); 2446 ab. — **Battaglia di Rocroi** (10-19 mag. 1643), battaglia della guerra dei Trent'anni, che culminò nella disfatta degli spagnoli a opera dei francesi.

RÒDANO, f. della Svizzera e della Francia, che nasce a 1750 m di alt., nel massiccio del San Gottardo, e sfocia nel Mediterraneo con un vasto delta; 812 km. Bagna dapprima il Vallese, dove viene alimentato da grandi ghiacciai, poi forma il Lago di Ginevra, dove le sue acque si decantano. Dopo aver ricevuto l'Arve a Ginevra, entra in territorio francese, attraversa il Giura, risale verso NO, raccoglie da destra le acque dell'Ain per poi raggiungere Lione, dove confluisce con la Saône. Si dirige poi verso S, nel Massiccio Centrale e nelle Alpi, ricevendo come affluenti l'Isère (a valle di Avignone) e la Durance. Ad Arles comincia il delta. Il R., che pone problemi alla navigazione per il suo corso impetuoso, è sfruttato per la produzione di energia idroelettrica, l'irrigazione dei campi e il raffreddamento delle centrali nucleari.

RÒDANO-RÈNO (canàle), canale della Francia orient., di piccolo calibro, che unisce i due fiumi attraversando le valli del Doubs e dell'Ill; 320 km.

RODÀRI, famiglia di scultori e architetti, attestata in Lombardia nel XV-XVI sec. — **Giovanni R.**, *m. prima del 1493*. Lavorò ad alcune statue nel duomo di Como. — **Tommaso R.**, *documentato fino al 1526*. Figlio di Giovanni, influenzato da Michelozzo e Bramante, realizzò sculture nel duomo di Como. Come architetto, lavorò alla chiesa di S. Maria di Piazza a Busto Arsizio (1517) e al santuario di Tirano (1516-1517).

RODÀRI (Giànni), *Omegna 1920 - Roma 1980*, scrittore per l'infanzia. Tra le opere, *Il libro delle filastrocche* (1950), *La freccia azzurra* (1952), *Favole al telefono* (1960), *Il libro degli errori* (1964), *Grammatica della fantasia* (1974), *C'era due volte il barone Lamberto* (1978), *Storie di Re Mida* (postumo, 1983).

RODČENKO (Aleksandr), *San Pietroburgo 1891 - Mosca 1956*, pittore e fotografo russo. Costruttivista, dal 1920 partecipò alla creazione di nuovi istituti d'arte a Mosca. Poco dopo si dedicò al design e alla fotografia, per la quale adottò uno stile realista animato da insolite prospettive dinamiche.

RODENBACH (Georges), *Tournai 1855 - Parigi 1898*, scrittore belga di lingua francese. È autore di poesie simboliste (*Vite racchiuse*) e di romanzi (*Bruges città morta*).

RODÈNGO-SAIÀNO, com. in prov. di Brescia; 6941 ab. Agricoltura (foraggi). Industrie meccaniche. Abbazia di S. Nicola (X sec.) con affreschi del Romanino. Chiesa di S. Maria degli Angeli (1512).

RODEZ, c. della Francia, capol. del dip. Aveyron, sul f. Aveyron; 26.367 ab. Centro amministrativo e commerciale. Industria alimentare. — Cattedrale (XIII-XVI sec.) e antichi edifici.

RÒDI, isola greca del Mar Egeo (Dodecaneso), vicino alla costa turca; 1400 km²; 103.318 ab. ca. La c. di R. (43.619 ab.), capol. del Dodecaneso, è una meta turistica (resti archeologici, mura e quartieri medievali). — Importante scalo commerciale tra Egitto, Fenicia e Grecia, R. conobbe grande prosperità dal IV sec. a.C. e divenne provincia romana con Vespasiano. Nel 1309 accolse gli ospedalieri di S. Giovanni di Gerusalemme, che erano stati cacciati da Cipro. Dominio turco a partire dal lungo regno di Solimano il Magnifico (1522), l'isola passò all'Italia nel 1912 e alla Grecia nel 1947.

RÒDI (colòsso di), una delle sette meraviglie del mondo antico. Si trattava di una statua di Elios, in bronzo, alta 32 m e posta all'imbocco del Golfo di Rodi per commemorare la vittoria dei rodi su Demetrio I Poliorcete (304 a.C.). Fu distrutto da un terremoto nel 227 a.C.

RODÌ-MÌLICI, com. in prov. di Messina; 2389 ab. Agricoltura (agrumi, frumento). Artigianato dei tappeti. Acropoli e necropoli di epoca preistorica. Chiesa rinascimentale di S. Bartolomeo.

RODIN (Auguste), *Parigi 1840 - Meudon 1917*, scultore francese. Considerato uno dei più grandi scultori di tutti i tempi, è autore di figure e monumenti realistici e potenti, testimonianze di una tecnica impeccabile unita a un'ispirazione febbrilmente espressiva (*Fugit amor*, *Il *bacio*, in marmo; *I borghesi di Calais*, *Balzac*, *Porta dell'inferno*, in bronzo).

Auguste **RODIN**. Il pensatore.
(Museo di Belle Arti, Lione.)

RODNEY (George), *Dalton in Furness, Lancashire, 1734 - Kendal, Cumbria, 1802*, pittore britannico, ritrattista dallo stile fermo e diretto.

RODOGUNA, *II sec. a.C.*, principessa dei parti. Sposò Demetrio II di Siria, che suo padre Mitridate I aveva fatto prigioniero.

RODÒLFO I D'ASBÙRGO, *Limburg an der Lahn 1218 - Spira 1291*, imperatore del Sacro Romano Impero (1273-1291). Estese i propri territori (Austria, Stiria, Carniola) a danno di Ottocaro II di Boemia, gettando così le basi della potenza asburgica. — **Rodolfo II d'Asburgo**, *Vienna 1552 - Praga 1612*, imperatore del Sacro Romano Impero germanico (1576-1612), re di Ungheria (1572-1608) e di Boemia (1575-1611). Figlio di Massimiliano II, favorì la Controriforma. Stabilì la propria corte a Praga, dove si circondò di artisti e eruditi, e fu privato del potere dal fratello Mattia, che gli lasciò solo il titolo imperiale.

RODÒLFO (Làgo) → TURKANA (Lago).

RODÒLFO D'ASBÙRGO, *Laxenburg 1858 - Mayerling 1889*, arciduca d'Austria. Unico figlio di Francesco Giuseppe I, si suicidò con Maria Vetsera nel padiglione di caccia di Mayerling.

RODÒPE o **RODÒPI**, massiccio della Bulgaria e della Grecia.

RODRIGO o **RODERÌCO**, *m. nel 711*, ultimo re dei visigoti di Spagna (710-711). Fu ucciso quando gli arabi conquistarono la Spagna.

RODRIGUES (Amália), *Lisbona 1920-1999*, cantante portoghese. Ha fatto conoscere e apprezzare il fado sulle scene di tutto il mondo, affermandosi come un grande simbolo del rinnovamento culturale dei paesi mediterranei.

■ *Amália Rodrigues nel 1985.*

ROENTGEN (David), *Herrnaag, presso Francoforte, 1743 - Wiesbaden 1807*, l'esponente più noto di una famiglia di ebanisti tedeschi. Aprì una succursale a Parigi e lavorò per Maria Antonietta, realizzando mobili ornati di intarsi e dotati di scomparti segreti che si aprivano grazie a ingegnosi meccanismi.

ROESELARE o → ROULERS.

ROETTIERS o **ROËTTIERS**, famiglia fiamminga di incisori di monete, medaglisti e orafi (XVII-XVIII sec.).

ROGERS (Carl Ransom), *Oak Park, Illinois, 1902 - La Jolla, California, 1987*, psicopedagogista statunitense. Elaborò un metodo psicoterapeutico non direttivo, che aboliva le distanze tra medico e paziente.

ROGERS (Virginia Katherine **McMarth**, detta Ginger), *Independence, Missouri, 1911 - Rancho Mirage, presso Los Angeles, 1995*, ballerina e attrice cinematografica statunitense. Partner di F. Astaire in una serie di film del genere commedia musicale (*Cerco il mio amore*, M. Sandrich, 1934; *Follie d'inverno*, G. Stevens, 1936), recitò anche per registi come B. Wilder e H. Hawks (*Il magnifico scherzo*, 1952).

ROGNÓNI (Luigi), *Milano 1913-1986*, musicologo. Docente a Palermo e Bologna, studiò in part. le opere di A. Schönberg e G. Rossini e la musica del '900 (dodecafonia). Tra le opere, *Espressionismo e dodecafonia* (1954), *Fenomenologia della musica radicale* (1966).

ROHAN (Henri, dùca **di**), *Blain 1579 - Königsfelden 1638*, generale francese. Difese Montpellier battendosi contro le truppe di Luigi XIII, ma dovette accettare la pace di Alais (1629). In seguito comandò l'esercito che liberò la Valtellina dagli spagnoli.

RÓHEIM (Géza), *Budapest 1891 - New York 1953*, antropologo e psicoanalista ungherese. Sostenne l'universalità del complesso edipico contro B.K. Malinowski (*Origine e funzione della cultura*, 1943; *Psicoanalisi e antropologia*, 1950).

RÖHM (Ernst), *Monaco 1887-1934*, ufficiale e politico tedesco. Creatore dei reparti d'assalto nazisti (SA), fu assassinato per ordine di A. Hitler durante la "notte dei lunghi coltelli" (3 giu. 1934).

ROHMER (Jean-Marie Maurice **Schérer**, detto Éric), *Telle 1920*, regista cinematografico francese. Pioniere della *nouvelle vague*, realizza film spesso raggruppati in cicli, che si presentano come una serie di variazioni sui comportamenti affettivi nella società contemporanea (*La mia notte con Maud*, 1969; *Le notti della luna piena*, 1984; *Il raggio verde*, 1986; *Racconto d'autunno*, 1998). Ha inoltre portato sullo schermo adattamenti di opere letterarie (*La nobildonna e il duca*, 2001).

ROHRER (Heinrich), *Buchs, cant. di San Gallo, 1933*, fisico svizzero. Con G. Binnig, nel 1981, al centro ricerche IBM di Zurigo, ha realizzato il primo microscopio a scansione basato sull'effetto tunnel. (Premio Nobel 1987.)

ROHTAK, c. dell'India (Haryana); 286.773 ab.

RÒIA, f. della Liguria; 59 km. Nasce dal Colle di Tenda, scorre in Francia bagnando Tenda e sfocia nel Mar Ligure a Ventimiglia.

RÒITER (Fùlvio), *Meolo 1926*, fotografo. Ha realizzato una serie di notevoli *reportages* in bianco e nero. Successivamente è passato alla fotogra-

fia a colori. Tra le opere, *Venise à fleur d'eau* (1954), *Andalousie* (1957), *Essere Venezia* (1977), *Vaticano* (1997), *Il Policlinico Gemelli* (1999).

ROJAS (Fernando **de**), *Puebla de Montalbán 1465 ca. - Talavera de la Reina 1541*, drammaturgo spagnolo. Gli viene attribuita la commedia *La Celestina* (1499), che con il suo straordinario realismo psicologico ha notevolmente influenzato il teatro e il romanzo spagnolo.

ROJAS ZORRILLA (Francisco **de**), *Toledo 1607 - Madrid 1648*, drammaturgo spagnolo. Scrisse sia commedie sia drammi (*Dal re in fuori, nessuno, García del Castañar*).

ROKOSSOVSKI (Konstantin Konstantinovič), *Veliki Luki, presso Poltava, 1896 - Mosca 1968*, maresciallo sovietico. Guidò numerose offensive vittoriose durante la seconda guerra mondiale. Divenuto cittadino polacco, fu ministro della difesa in Polonia (1949-1956) e viceministro della difesa in URSS.

ROLAND DE LA PLATIÈRE (Jean-Marie), *Thizy, Rhône, 1734 - Bourg-Beaudouin, Eure, 1793*, politico francese. Ministro dell'interno (1792-1793) e amico dei girondini, si suicidò subito dopo aver appreso dell'esecuzione della moglie.

ROLAND DE LA PLATIÈRE (Manon **Phlipon**), *Parigi 1754-1793*, moglie di Jean-Marie Roland de la Platière. Favorì la carriera del marito tenendo a Parigi un salotto frequentato soprattutto da girondini, la cui influenza politica era notevole. Morì sul patibolo.

ROLAND-GARROS, campo da tennis parigino (Bois de Boulogne), dove si disputano gli Internazionali di Francia.

ROLÀNDO (Luigi), *Torino 1773-1831*, anatomista. Studiò il midollo spinale e il sistema nervoso, individuando il *solco di R.*, scissura che divide il lobo frontale da quello parietale.

RÒLLA (Alessàndro), *Pavia 1757 - Milano 1841*, compositore e direttore d'orchestra. Concertista di viola e violino, diresse l'orchestra della Scala di Milano (1802-1833) e compose concerti per viola, violino e orchestra, balletti, musica da camera.

ROLLAND (Romain), *Clamecy 1866 - Vézelay 1944*, scrittore francese. Il culto delle personalità d'eccezione (*Beethoven, Vita di Tolstoj*) e un umanesimo pacifista sono i tratti salienti dei suoi romanzi (*Jean-Christophe*, 1904-1912) e dei suoi drammi ("teatro della rivoluzione"). Nel 1923 fondò la rivista *Europe*. (Premio Nobel 1915.)

ROLLE (Michel), *Ambert 1652 - Parigi 1719*, matematico francese. Si dedicò all'algebra, enunciando in part. il teorema che porta il suo nome.

RÒLLE (Pàsso di), valico delle Dolomiti, in prov. di Trento; 1970 m. È compreso tra la Val Travignolo e la Val Cismon. Turismo estivo e invernale.

RÒLLI (Pàolo), *Roma 1687 - Todi 1765*, poeta. Trasferitosi a Londra nel 1716, divenne precettore dei figli di Giorgio II e poeta ufficiale della Royal Academy. Si occupò di edizioni dei classici (*De rerum natura* di Lucrezio, 1717) e compose le *Rime* (1717). In Italia dal 1744, proseguì la produzione lirica (*De' poetici componimenti*, 1753).

ROLLING STONES (The), gruppo rock britannico, costituitosi a Londra nel 1962. Suoi principali componenti sono: — **Mick Jagger** (att. sir), *Dartford 1943* (cantante e paroliere), — **Keith Richards**, *Richmond 1943* (chitarrista e compositore) e — **Brian Jones**, *Cheltenham 1942 - Londra 1969* (chitarrista). Rappresenta il volto sulfureo e provocatorio del rock (*Satisfaction*, 1965; *Paint it Black*, 1966; *Symphaty for the Devil*, 1968).

The **ROLLING STONES**: Ron Wood, Mick Jagger, Bill Wyman e Keith Richards.

ROLLINS (Theodore Walter, detto Sonny), *New York 1930*, solista di sax tenore e compositore jazz statunitense. Formatosi nell'ambito del bebop, è sensibile all'influsso dei ritmi caraibici. Tra le sue composizioni: *St Thomas* (1957), *Don't stop the carnival.*

ROLLÓNE, *m. nel 930/932 ?*, capo normanno. Nel 911 Carlo III il Semplice gli concesse una parte della Neustria già occupata dai normanni, che prese poi il nome di Normandia.

RÓMA, c. del Lazio, cap. dell'Italia, capol. di reg. e di prov., sul Tevere; 2.655.970 ab. (*romani*). È la c. più grande e popolosa d'Italia, di cui rappresenta il principale centro politico, intellettuale e artistico. Viene inoltre considerata la capitale della cristianità, in quanto all'interno dei suoi confini amministrativi è compresa l'enclave del Vaticano. Oltre che sugli introiti del turismo, l'economia si basa principalmente sul terziario avanzato, che dà lavoro al 75% ca. degli attivi (pubblica amministrazione, trasporti, settore bancario e assicurativo), e sull'industria avanzata (elettronica, telematica, settore chimico-farmaceutico), cui si affiancano l'attività poligrafico-editoriale e l'industria cinematografica (Cinecittà). Numerose le università (La Sapienza, Tor Vergata o R. II, R. III, atenei pontifici) e i centri di studio. — Il territorio della provincia, pianeggiante e collinare, è attraversato dal Tevere. Agricoltura (cereali, uva, prodotti ortofrutticoli). Attività industriali ad alto contenuto tecnologico (elettronica, informatica). Turismo balneare lungo la costa (Fregene e Ostia Lido). Centri princ.: Civitavecchia, Anzio, Pomezia, Maccarese, Velletri, Tivoli, Marino.

STORIA – **L'antichità. VIII-VII sec. a.C.**: la leggenda fa risalire la fondazione di R. all'anno 753; in realtà il nucleo urbano si va formando gradualmente nell'VIII sec. dai primi insediamenti sul Palatino, che nel secolo successivo si estendono anche su Aventino, Campidoglio, Quirinale, Viminale, Esquilino e Celio (i cosiddetti "sette colli"). La tradizione vuole l'ordinamento monarchico in vigore dal 753 al 509 a.C. Ai sovrani di origine latina o sabina subentra alla fine del VI sec. a.C. una dinastia etrusca, che organizza la città e fa costruire i primi monumenti. **509 a.C.**: i patrizi cacciano Tarquinio il Superbo e instaurano la repubblica, che viene governata da due magistrati annuali (consoli). **390 ca. a.C.**: i galli, insediatisi nella valle del Po, sbaragliano l'esercito romano nella battaglia sul fiume Allia e mettono R. a ferro e fuoco (tranne il Campidoglio). **V-III sec. a.C.**: R., dopo aver battuto latini (496 a.C.), equi e volsci acquisendo il controllo del Lazio, conquista la città etrusca di Veio (396 a.C.); muove poi guerra contro i sanniti (343-290 a.C.), espandendosi in Campania, e contro i tarantini (272), e stringe trattati di alleanza con le altre popolazioni italiche, fino a impadronirsi di tutta la penisola; **264-146**: con le tre guerre puniche annienta la rivale Cartagine, sottraendole Sicilia, Sardegna, Corsica e una vasta porzione della penisola iberica; **II-I sec.**: assoggetta Macedonia (200-196) e Grecia (distruzione di Corinto

ROMA. *Piazza Navona con la fontana del Mauro in primo piano e la chiesa di S. Agnese a sinistra.*

L'arte romana

Roma ha saputo trarre vantaggio dal fermento dei popoli che ha conquistato, ai quali ha imposto il suo disegno politico e la sua civiltà, costantemente sostenuta da artisti che ne affermavano la potenza.

Busti di Catone l'Uticense e della figlia Porcia.
Marmo, I sec. a.C. L'impiego nel culto degli antenati ha valso all'arte del ritratto la sua diffusione e l'efficacia psicologica. Nel periodo della Repubblica, il realismo virile traduce l'esaltazione dei valori austeri e tradizionali alla base della società romana. (Museo Pio Clementino, Vaticano.)

Altare della pace di Augusto (Ara Pacis Augustae).
Marmo, 9 a.C., Campo di Marte a Roma; part.: *La Terra feconda*. Il linguaggio plastico riprende l'arte greca, mentre il simbolismo della prosperità e dell'abbondanza della Terra, circondata dalle allegorie dell'acqua dolce e salata, appartiene interamente a Roma.

Il Foro romano.
Asse NO-SO, in primo piano le colonne del tempio di Saturno. Agli etruschi si deve la prima sistemazione della pianura paludosa su cui sorgerà il Foro, ai piedi del Palatino, cuore, fin dalle origini, della vita politica, giudiziaria ed economica di Roma.

La casa del Fauno, a Pompei. Costruita nel II sec. a.C. e ristrutturata alla fine dello stesso secolo, questa lussuosa villa patrizia associa all'atrio italico gli elementi architettonici dei palazzi ellenistici (superficie di circa 3000 m², due peristili in successione).

L'*insula* di Ostia. A differenza della *domus* patrizia o della *villa*, l'*insula* è un caseggiato formato da numerosi appartamenti, il tipo di abitazione più diffusa a Roma. Era destinata al popolo e la sua costruzione era regolamentata. Offriva ben poche comodità e poteva raggiungere i 20 m d'altezza.

Pittura murale: Ercole in Arcadia riconosce il figlio Telefo allattato da una cerva. I sec. a.C. Proveniente dalla basilica di Ercolano, ispirata a un archetipo greco, l'opera dimostra la predilezione della società dell'epoca per il mondo fantastico del mito. (Museo nazionale, Napoli.)

L'IMPERO ROMANO DA AUGUSTO A TRAIANO

L'impero alla morte di Augusto (14 a.C.)

Annessioni dalla morte di Augusto all'avvento di Traiano (98 d.C.)

Conquiste di Traiano (98-117 a.C.)

Limiti delle province alla morte di Augusto

1 Alpi Graie e Pennine
2 Alpi Cozie
3 Alpi Marittime

del 146 a.C.), per poi espandersi in Asia Minore, Palestina, Siria, Spagna. **133-123**: all'interno, il tentativo di riforma agraria dei fratelli Gracchi fallisce. L'ampliamento del territorio crea squilibri sociali che favoriscono le lotte intestine e indeboliscono la repubblica. **107-86**: dapprima Mario, poi Silla (82-79) detengono il potere con l'appoggio dell'esercito. **60**: Pompeo, Crasso e Giulio Cesare formano il primo triumvirato, alleanza che verrà riconfermata nel 55. **49-48**: divampa la guerra civile; dopo aver conquistato la Gallia (58-51), Cesare affronta Pompeo e lo sconfigge a Farsalo (48). **48-44**: Cesare esercita il pieno controllo dello Stato con il titolo di dittatore a vita, ma viene assassinato alle Idi di marzo del 44. **43**: si costituisce il secondo triumvirato, con Antonio, Ottaviano e Marco Emilio Lepido. **31**: dopo aver vinto Antonio ad Azio, Ottaviano, nipote e figlio adottivo di Cesare, rimane arbitro assoluto del destino di R. e delle sue province; **27**: ricevuto dal senato il titolo di Augusto, con una connotazione anche religiosa, si arroga i poteri degli antichi magistrati e governa con l'appoggio di una forte amministrazione, pur serbando l'apparenza delle istituzioni repubblicane (*principato*). Gli succederanno quattro grandi dinastie. **27 a.C. - 68 d.C.**: i giulio-claudi, da Tiberio a Nerone, segnano un periodo cruciale per l'organizzazione dell'impero. **69-96**: sotto i flavi Vespasiano, Tito e Domiziano, la borghesia provinciale sale al potere. **96-192**: durante il regno degli Antonini, da Nerva a Commodo, l'impero raggiunge la massima stabilità politica ed economica grazie a Traiano (che conquista la Dacia), Adriano, Antonino e Marco Aurelio. Sotto quest'ultimo imperatore però comincia a delinearsi la minaccia delle invasioni barbariche. **193-235**: con i Severi, da Settimio Severo a Severo Alessandro, si assiste a un progressivo accentramento del potere, mentre l'esercito si rafforza. **212**: l'editto di Caracalla concede la cittadinanza a tutti gli uo-

mini liberi dell'impero. **III-V sec.**: durante il cosiddetto "basso impero", aumenta la pressione dei popoli germanici e dei persiani sui confini. In questo periodo di anarchia militare, si affermano Gallieno (260-268) e Aureliano (270-275), acclamato imperatore dalle truppe. Sotto Aureliano R. viene dotata di una cinta muraria con funzioni difensive (mura aureliane). **284-305**: una completa ristrutturazione dello Stato si realizza con Diocleziano, che instaura il regime della tetrarchia (293), sistema di governo collegiale affidato a due augusti e due cesari. Mentre la sacralità della figura imperiale si accentua, si approfondisce anche lo scontro con i cristiani, che vengono fatti oggetto di una persecuzione sistematica. **306-337**: Costantino concede ai cristiani la libertà di culto (313) e crea una nuova capitale, Costantinopoli, infliggendo un duro colpo alla potenza di R. **395**: alla morte di Teodosio l'impero romano viene definitivamente diviso tra Occidente (cap. R.) e Oriente (cap. Costantinopoli). **V sec.**: l'impero d'Occidente è vittima delle invasioni barbariche. R., privata della presenza imperiale in seguito al trasferimento della corte a Ravenna (402), subisce un netto declino prima di essere devastata dai barbari (410, 455 e 472). **476**: Odoacre depone Romolo Augustolo, decretando così la dissoluzione dell'impero romano d'Occidente. **Il Medioevo. 493**: Teodorico si sbarazza di Odoacre conquistando il potere e risparmia R., che tuttavia, coinvolta nella guerra greco-gotica, subisce profonde devastazioni, aggravate da carestie e pestilenze, prima di diventare dominio bizantino. **590-604**: sotto Gregorio Magno, che di fatto inaugura il dominio temporale dei papi su R., la città rifiorisce. **VIII sec.**: i pontefici si liberano sempre più dalla tutela bizantina, mentre cercano l'alleanza con i franchi. **756**: R. diventa capitale dello Stato della Chiesa appena costituitosi in seguito alla donazione di Pipino. **800**: teatro dell'incoronazione di Carlo Magno, R. si confer-

ma punto di riferimento della cristianità. **IX sec.**: sotto il governo dei duchi di Spoleto, la vita politica è dominata dalla lotta tra nobiltà e clero. **1188**: dopo una breve parentesi come libero comune, per iniziativa di A. da Brescia (1144-1155), R. torna nelle mani dei papi. **1309-1420**: il trasferimento della sede pontificia ad Avignone e lo scisma d'Occidente segnano un'ulteriore fase di declino, da cui la città si risolleverà con l'elezione di Martino V. **1527**: l'Urbe viene devastata dai lanzichenecchi di Carlo V, ma presto rifiorisce, in concomitanza con il trionfo della Controriforma. **L'età moderna. DAL XVI sec.**: un lungo periodo di pace e prosperità economica favorisce l'attività edilizia; i papi, al culmine del loro potere temporale, chiamano alla propria corte i più grandi artisti del Rinascimento, che rinnovano completamente il volto della città. **1808**: Napoleone incorpora R. nell'impero, costringendo all'esilio il papa Pio VII. **1815**: la restaurazione ripristina lo Stato della Chiesa con a capo il pontefice. **1848-1849**: nel corso della prima guerra d'indipendenza, i romani non accettano l'armistizio di Salasco e proclamano la repubblica, retta da un triumvirato di cui fa parte anche G. Mazzini. Tuttavia, dopo la firma della pace di Milano, l'appoggio della Francia permette al papa di riconquistare il potere. **1870**: dopo i vani tentativi di G. Garibaldi di liberare R., un corpo di spedizione inviato dal governo italiano contro Pio IX riesce a penetrare in città attraverso la breccia di Porta Pia. **1871**: un plebiscito decreta R. nuova capitale d'Italia e Vittorio Emanuele II si stabilisce al Quirinale. Rimane aperta la questione *romana*, che sarà risolta nel 1929 con la creazione dello Stato del Vaticano. **1943-1944**: vittima di gravi bombardamenti durante la seconda guerra mondiale, la capitale resta nelle mani dei tedeschi dal sett. 1943 al 4 giu. 1944, data dell'arrivo degli Alleati.

MONUMENTI – Della R. repubblicana sopravvivono scarse vestigia, se si eccettuano i templi di

Vesta e della Fortuna, ai piedi del Campidoglio, e le tombe monumentali lungo la via Appia Antica. La R. imperiale si sviluppa intorno ai fori (di Cesare, Augusto, Nerva, Traiano), dove sorgono numerose basiliche (Emilia, Giulia, di Massenzio); tra le altre testimonianze di questo periodo, gli archi di Settimio Severo, Tito e Costantino, il *Colosseo, il teatro di Marcello, il *Pantheon, le terme di Diocleziano (oggi chiesa di S. Maria degli Angeli e Museo nazionale), le terme di Caracalla, ornate da pregevoli mosaici, e la Domus aurea neroniana, le cui pitture parietali presentano strette analogie con quelle risalenti agli inizi dell'arte paleocristiana (catacombe di S. Callisto, S. Sebastiano, S. Priscilla ecc.). Le prime basiliche cristiane (oggetto di pesanti rimaneggiamenti successivi) sono derivate dalle grandi costruzioni ufficiali di età imperiale, di cui rispecchiano il fasto: S. Giovanni in Laterano, S. Maria Maggiore (mosaici del IV, V e XIII sec.), S. Paolo fuori le Mura, S. Lorenzo fuori le Mura (elementi decorativi cosmateschi e chiostro romanico), S. Clemente (mosaici e affreschi). In molte chiese di minori dimensioni si fondono elementi classici, paleocristiani e bizantini: S. Sabina (V sec.), S. Maria in Cosmedin (campanile del XII sec.), S. Maria Antiqua (affreschi del VI-VIII sec.), S. Prassede (IX sec.), S. Maria in Trastevere (XII sec.; mosaici, alcuni dei quali attribuiti a P. Cavallini) ecc. La prima manifestazione del Rinascimento è la costruzione di Palazzo Venezia (1455 ca.), cui fanno seguito i più antichi interventi decorativi nella Cappella *Sistina. Le opere commissionate da papa Giulio II al genio del Bramante, di Raffaello e di Michelangelo fanno di R. la culla del Rinascimento classico: lavori in *Vaticano, inizio della ricostruzione della basilica di *S. Pietro, i primi abbozzi di un nuovo progetto urbanistico in cui s'inseriscono chiese e dimore patrizie (Palazzo Farnese). Cominciata nel 1568 dal Vignola, la chiesa del Gesù sarà il tipico monumento della Controriforma. Ed è ancora a R. che lo stile barocco, appena accennato nelle opere del Maderno, esplode in quelle di G.L. Bernini, del Borromini e di Pietro da Cortona (Palazzo Barberini, 1625-1639, con interventi di tutti e quattro gli artisti). Uno dei luoghi più caratteristici dell'espressione barocca è piazza Navona (già circo di Domiziano), con le fontane del Bernini e la chiesa di S. Agnese. Il XVIII sec. e l'inizio del XIX sec. richiamano creazioni anteriori in una profusione di fontane, prospettive, facciate e scalinate monumentali: fontana di Trevi (1732); piazza del Popolo, ai piedi del giardino del Pincio (1816). — Principali musei di R. (oltre ai Musei Vaticani): complesso capitolino, progettato da Michelangelo (antichità); Museo nazionale delle terme di Diocleziano (antichità); Museo di Villa Giulia (arte etrusca); Galleria Borghese (pittura e scultura); Galleria nazionale dell'arte antica, nei palazzi Barberini e Corsini; Galleria Doria-Pamphili.

RÓMA (sàcco di) (ago. 410), conquista e saccheggio di Roma compiuti dal re dei visigoti Alarico. Per la prima volta dal 390 a.C. Roma fu occupata da un esercito nemico e questo avvenimento ebbe ripercussioni notevoli in tutta l'Europa.

RÓMA (sàcco di) (mag. 1527), conquista e saccheggio di Roma da parte delle truppe imperiali di Carlo V, comandate dal conestabile di Borbone. Fu provocato dall'alleanza di papa Clemente VII con il re di Francia Francesco I, ai danni dell'imperatore.

RÓMA (trattàto di) (25 mar. 1957), trattato che segnò la nascita della Comunità economica europea (CEE).

ROMÀGNA, reg. storica dell'Italia settentr., att. rientra nella reg. amministrativa dell'Emilia-R., ma che comprende anche San Marino e parte delle prov. di Pesaro e Urbino. — Appartenente all'VIII regione (Aemilia) al tempo di Augusto, formò l'esarcato di Ravenna sotto il dominio bizantino. Divenuta possesso longobardo, fu ceduta al pontefice da Pipino il Breve (736) e annessa in via definitiva allo Stato della Chiesa da Giulio II. Teatro di insurrezioni durante il Risorgimento, entrò a far parte del regno d'Italia nel 1860.

ROMAGNÀNO SÈSIA, com. in prov. di Novara; 4256 ab. Industrie enologiche e cartarie. Chiesa abbaziale di S. Silvano (1008). Chiesa della Madonna del Popolo (1619).

ROMAGNÒLI (Èttore), Roma 1871-1938, grecista. Studioso di letteratura greca, contribuì alla sua diffusione attraverso saggi (Il teatro greco, 1911; Il libro della poesia greca, 1921) e traduzioni (Aristofane, Pindaro, Omero). Fu anche scrittore e drammaturgo (Drammi satireschi, 1914; Il carro di Dioniso, 1927).

ROMAGNÓSI (Giàn Doménico), Salsomaggiore 1761 - Milano 1835, filosofo e giurista. Tra i maggiori studiosi di giurisprudenza della sua epoca, si distinse anche come pensatore in ambiti diversi (filosofia, politica, economia), lasciando una cospicua produzione. Tra le opere, Genesi del diritto penale (1791), Scienza delle costituzioni (postumo, 1848).

ROMAINS (Jules), Saint-Julien-Chapteuil 1885 - Parigi 1972, scrittore francese. Principale rappresentante dell'unanimismo, è autore di poesie (La vita unanime, 1908), saggi, opere teatrali (Knock, 1923) e romanzi (Gli uomini di buona volontà, 1932-1947).

ROMÀNA (Campàgna) → AGRO ROMANO.

ROMÀNA (Prima Repùbblica) (15 feb. 1798 - 29 sett. 1799), repubblica fondata nell'ambito dello Stato pontificio dal Direttorio, previo invio di truppe d'occupazione contro papa Pio VI. Fu dichiarata decaduta dopo l'ingresso a Roma dell'esercito napoletano.

ROMÀNA (questióne), denominazione con cui si indica il complesso dei problemi sollevati dall'esistenza dello *Stato della Chiesa all'interno di un'Italia in via di unificazione. Il rifiuto del papa di rinunciare al potere temporale provocò i tentativi garibaldini di liberare Roma (Aspromonte, 1862; Mentana, 1867), impresa riuscita solo nel 1870 (invasione attraverso la breccia di Porta Pia). La legge delle guarentigie, emanata per regolare i rapporti con la Chiesa, in realtà non risolse i contrasti tra potere politico e religioso (bolla Non expedit di Pio IX), e fu necessario arrivare alla firma dei patti lateranensi (11 feb. 1929) perché la q. r. potesse dirsi risolta.

ROMÀNA (Repùbblica), denominazione dell'entità statale proclamata il 9 feb. 1849 dalla Costituente. Guidata da un triumvirato composto da C. Armellini, G. Mazzini e A. Saffi, fu il punto di riferimento dei patrioti italiani, che accorsero in massa alla sua difesa contro le truppe francesi inviate dall'imperatore per restaurare il papato. Condotte da G. Garibaldi, le truppe italiane furono sconfitte il 3 lug.

ROMÀNCI, popolazione della Svizzera (Grigioni), che parla il romancio.

ROMAN DE LA ROSE, poema allegorico. La prima parte, di Guglielmo di Lorris (1230-1235), è un'ars amandi che rispecchia le regole della società cortese; la seconda, satirica ed enciclopedica, è di Jean de Meung (1275 ca.).

ROMAN DE RENART, ciclo poetico-narrativo francese, articolato in 27 parti (branches), il cui protagonista è la volpe Renart. Questi racconti, sostituendo con animali le dame e gli eroi della chanson de geste, segnano il passaggio dalla parodia del romanzo cavalleresco alla satira politico-sociale.

ROMANDÌA, parte francofona della Svizzera, corrispondente alla reg. occ. del paese, dal Vallese al cant. del Giura.

ROMANÈLLI, grotta della Puglia, situata presso S. Cesarea Terme (Lecce). Vi sono state scoperte incisioni risalenti al Paleolitico.

ROMÀNI (Felice), Genova 1788 - Moneglia 1865, librettista e poeta. Librettista del Teatro alla Scala, scrisse testi per G. Donizetti (Anna Bolena, Lucrezia Borgia), V. Bellini (Il pirata, La sonnambula), G. Rossini (Il turco in Italia), oscillando tra gusto romantico e rielaborazione di tendenze classicheggianti.

ROMANÌA, insieme dei paesi di lingua latina e poi romanza, risultante dallo smembramento dell'impero romano.

ROMANÌA, in rum. Romània, Stato dell'Europa orient., sul Mar Nero; 237.000 km²; 22.770.000 ab. (romeni). CAP.: Bucarest. LINGUA: rumeno. MONETA: leu.

Geografia – La parte orient. dei Carpazi descrive un arco che racchiude l'altipiano e la pianura della Transilvania, al cui centro si innalzano i Monti Apuseni; questo territorio è circondato da pianure e altopiani (Moldavia, Muntenia, Dobrugia, Valacchia). Il clima è continentale, con estati calde, talvolta umide, e inverni sempre rigidi. La popolazione, che risiede perlopiù in città ed è di religione ortodossa, conta una minoranza ungherese (a O). Il settore agricolo fornisce soprattutto frumento, mais e barbabietole da zucchero. Le risorse energetiche (gas naturale, petrolio, lignite, centrali idroelettriche) alimentano un'industria in cui predominano i settori metallurgico, petrolchimico e meccanico. Sul Mar Nero è fiorente il turismo. Il passaggio a un'economia di mercato, peraltro attuato solo in parte, ha aumentato la disoccupazione, ulteriormente aggravata dalla scarsa competitività industriale.

Storia – I principati di Moldavia, Valacchia e Transilvania. I daci sono i primi abitanti dell'att. Romania di cui si ha notizia. **I sec. a.C.**: il re Burebista getta le basi dello Stato. **106 d.C.**: Traiano

Romania

★ importante località turistica

| 200 | 500 | 1000 m |

— autostrada
— strada normale
— ferrovia
✈ aeroporto

● più di 1.000.000 di ab.
● da 100.000 a 1.000.000 di ab.
● da 50.000 a 100.000 ab.
• meno di 50.000 ab.

50 km

conquista la Dacia. **271**: i romani abbandonano il territorio. **VI sec.**: gli slavi si stabiliscono nella regione. **XI sec.**: si afferma il cristianesimo; la Chiesa adotta la liturgia slavone. **X-XIII sec.**: la regione è sconvolta dalle invasioni turco-mongole; gli ungheresi conquistano la Transilvania (XI sec.). **XIV sec.**: nascono i principati di Valacchia e Moldavia, che si emancipano dalla sovranità ungherese, la prima intorno al 1330, sotto il regno di Basarab I, la seconda nel 1359 ca., sotto Bogdano I. **1386-1418**: sotto Mircea il Vecchio la Valacchia deve piegarsi a pagare un tributo agli ottomani. **1455**: stessa sorte tocca alla Moldavia. **1526**: i turchi, vittoriosi a Mohács, assoggettano la Transilvania. **1599-1600**: Michele il Valoroso (1593-1601) riesce a riunire sotto il suo scettro Valacchia, Transilvania e Moldavia. **1691**: la Transilvania viene annessa dagli Asburgo. **1711**: dopo la sconfitta di Dimitri Cantemir, alleatosi con la Russia contro gli ottomani, i turchi impongono un regime più duro a Moldavia e Valacchia, ormai governate dai fanarioti. **1775**: la Moldavia perde la Bucovina, che viene annessa all'Austria; **1812**: è costretta a cedere la Bessarabia alla Russia. **1829-1856**: Moldavia e Valacchia vengono sottoposte a un doppio protettorato, ottomano e russo; **1859**: questi principati eleggono un unico principe, Alessandro Giovanni Cuza (1859-1866), e Napoleone III appoggia la loro unione.

La Romania contemporanea. 1866: il paese prende il nome di R. Il potere viene affidato al principe Carlo di Hohenzollern Sigmaringen (Carlo I). **1878**: riconoscimento dell'indipendenza. **1881**: Carlo I diventa re di R.; **1914**: gli succede Ferdinando I (1914-1927). **1916**: il paese, che partecipa alla prima guerra mondiale a fianco dell'Intesa, viene occupato dai tedeschi. **1918**: le truppe romene penetrano in Transilvania. **1919-1920**: i trattati di pace attribuiscono alla R. Dobrugia, Bucovina, Transilvania e Banato. **1921**: il paese aderisce alla Piccola intesa. Gli anni '30 vedono l'affermazione del movimento fascista della Guardia di ferro. **1940**: Ion Antonescu instaura la dittatura. Nonostante la sua alleanza con la Germania, la R. viene spogliata della Bessarabia e della Bucovina del Nord (annesse dall'URSS), di una parte della Transilvania (recuperata dall'Ungheria) e della Dobrugia merid. (assegnata alla Bulgaria). **1941**: la R. entra in guerra contro l'URSS. **1944**: dopo la destituzione di I. Antonescu, viene firmato un armistizio con l'URSS. **1947**: il trattato di Parigi sancisce l'annessione di Bessarabia e Bucovina del Nord da parte dell'URSS. Il re Michele (1927-1930; 1940-1947) abdica alla fine di dicembre e viene instaurato un regime di tipo sovietico. **1965**: Nicolae Ceaușescu viene nominato segretario generale del Partito comunista romeno. **1967**: N. Ceaușescu sale alla presidenza del consiglio di Stato; **1968**: rifiuta di partecipare all'invasione della Cecoslovacchia; **1974**: diventa presidente della repubblica. Il paese attraversa difficoltà economiche che, via via che il regime persevera nella sua politica accentratrice e repressiva, si traducono in un clima sociale sempre più cupo. **1985**: Ceaușescu rilancia il programma di riordino territoriale (distruzione di migliaia di villaggi entro l'anno 2000). **1987**: con la rivolta operaia di Brașov si sviluppa la contestazione. **1989**: in dicembre un'insurrezione rovescia il regime: Ceaușescu e la moglie vengono arrestati e fucilati. Il consiglio del Fronte di salvezza nazionale, presieduto da Ion Iliescu, assume la guida del paese, che prende ufficialmente il nome di Rep. di R. **1990**: in maggio le prime libere elezioni vedono la vittoria del Fronte di salvezza nazionale; I. Iliescu è il nuovo presidente della repubblica. **1992**: Iliescu si riconferma capo dello Stato. In seguito alle elezioni legislative numerose formazioni politiche sono rappresentate in parlamento, in seno al quale il partito di Iliescu non detiene più la maggioranza. **1995**: la R. presenta domanda di adesione all'Unione Europea. **1996**: l'opposizione democratica vince le elezioni legislative. Emil Constantinescu, leader della Convenzione democratica, viene eletto alla presidenza della repubblica; **2000**: eletto con l'appoggio dei suoi avversari democratici per far fronte comune contro l'avanzata dell'estrema destra, Iliescu torna a ricoprire la carica di capo dello Stato. Adrian Năstase assume il ruolo di primo ministro.

ROMANÌNO (Giròlamo da Romàno, detto **il**), *Brescia 1484 ca. - 1562 ca.*, pittore. Influenzato da Tiziano e Giorgione (*Compianto sul Cristo morto*, 1510), si avvicinò a un'estetica di stampo anticlassico, con accenti grotteschi e ironici, avvertibile negli affreschi della *Vita di Cristo* (1519) nel duomo di Cremona.

ROMÀNO (da), famiglia feudale veneta. — **Ezelo** o **Ecelo da R.**, *XI sec.* Capostipite della famiglia, giunse in Italia al seguito di Corrado II il Salico, ottenendo alcuni castelli nei pressi del Brenta — **Ezzelino I da R.**, detto **il Balbo**. Nipote di Ezelo, partecipò alle lotte contro Federico Barbarossa e trattò la tregua di Montebello (1164). — **Ezzelino II da R.**, detto **il Monaco**, *m. dopo il 1221*. Podestà in varie città, nel 1221 si ritirò in convento. — **Ezzelino III da R.**, *m. 1259*, e — **Alberico da R.**, *m. 1260*. Figli del precedente, appoggiarono Federico II e i ghibellini italiani. E. trovò la morte nella battaglia di Cassano d'Adda, mentre A., assediato nel castello di S. Zenone, fu catturato e massacrato con la famiglia. — **Cunizza da R.**, *1198 ca. - 1279*. Sorella di Alberico, sposò Rizzardo di S. Bonifacio e visse in Toscana. È ricordata da Dante nel *Paradiso* (XI canto).

ROMANO (Giulio) → GIULIO ROMANO.

ROMÀNO I CAPENO, *m. a Proti nel 944*, imperatore bizantino (920-944). Fu rovesciato dai figli. — **Romano II**, *939-963*, imperatore bizantino (959-963). Lasciò il governo nelle mani della moglie Teofano. — **Romano III Argiro**, *970 ca.* - imperatore bizantino (1028-1034). — **Romano IV Diogene**, *m. nel 1072*, imperatore bizantino (1068-1071). Fu sconfitto e accecato da Michele VII.

ROMÀNO IL MELÒDE, *VI sec. d.C.*, poeta bizantino. I suoi inni sono classici della poesia liturgica.

ROMÀNO (Làlla), *Demonte 1906 - Milano 2001*, scrittrice. Tra le opere, *Fiore* (1941), *Metamorfosi* (1951), *Tetto murato* (1957), *La penombra che abbiamo attraversato* (1964), *Le parole tra noi leggere* (1969, premio Strega), *Lettura di un'immagine* (1976), *Inseparabile* (1981), *Un caso di coscienza* (1992), *Dell'ombra* (1998), *Ritorno a Ponte Stura* (2000).

ROMÀNO (Libòrio), *Patù 1798-1867*, politico. Prese parte ai moti del 1820-1821 e del 1848, poi fu in esilio fino al 1854. Ministro dell'interno nel 1860, ricorse anche alla camorra per mantenere l'ordine pubblico. Dopo aver favorito l'ingresso di G. Garibaldi a Napoli, divenne deputato nel 1861.

ROMÀNO (Sànti), *Palermo 1875 - Roma 1947*, giurista. Presidente del consiglio di Stato (1928-1944), senatore del regno dal 1934, nei suoi scritti sostenne il pluralismo giuridico, fondato sulla compresenza di diversi ordinamenti. Tra le opere, *Principi di diritto amministrativo* (1902), *L'ordinamento giuridico* (1918), *Frammenti di un dizionario giuridico* (1947).

ROMÀNO (Sèrgio), *Vicenza 1929*, diplomatico e giornalista. Rappresente alla NATO (1983-1985) e ambasciatore a Mosca (1985-1989), collabora att. con il *Corriere della Sera* e *Panorama*. Tra le opere più recenti, *Tra due Repubbliche* (1995), *Storia d'Italia dal Risorgimento ai nostri giorni* (1998), *Memorie di un conservatore* (2002), *Il rischio americano* (2003).

ROMANOV, dinastia che regnò in Russia dal 1613 al 1917. Questa famiglia di boiari russi salì al trono con Michele Fëdorovič (Michele III, 1613-1645) e fu sostituita dal ramo Holstein-R., al potere da Pietro III a Nicola II (1762-1917).

RÓMBO (Pàsso del), valico delle Alpi Retiche; 2497 m. Posto al confine tra Italia e Austria, collega la Val Passiria con il Tirolo.

ROMÉ DE L'ÎSLE (Jean-Baptiste), *Gray 1736 - Parigi 1790*, mineralogista francese. Enunciò la prima legge della cristallografia (relativa alla costanza degli angoli). Con R.J. Haüy, fu il fondatore di questa disciplina.

ROMÈO e **GIULIÉTTA**, personaggi leggendari, ripresi da W. Shakespeare nella tragedia omonima (1595 ca.). A Verona, nonostante l'odio che divide le rispettive famiglie, Capuleti e Montecchi, R. e G. si amano in segreto, ma muoiono per un'assurda fatalità. — Portano lo stesso titolo una sinfonia drammatica di L.H. Berlioz e un'opera di C.F. Gounod (1867). La partitura del balletto scritta da S. Prokof'ev nel 1938 è stata rielaborata da vari coreografi, tra cui L. Lavrovski (1940), F. Ashton (1955), J. Cranko (1962), K. MacMillan (1965), R. Nureiev (1980) e A. Preljokaj (1990), mentre M. Béjart (1966) ha preferito la musica di Berlioz. Il dramma è stato inoltre adattato per il grande schermo da F. Zeffirelli.

ROMÈO (Rosàrio), *Giarre 1924 - Roma 1987*, storico. Docente a Messina e a Roma, studiò approfonditamente il Risorgimento italiano. Tra le opere, *Il Risorgimento in Sicilia* (1950), *Risorgimento e capitalismo* (1959), *Vita di Cavour* (1984), *Il giudizio storico sul Risorgimento* (1987).

ROMÈO GÌGLI, azienda di moda che prende il nome dal suo fondatore (Castelbolognese 1949). Ha proposto le prime collezioni negli anni 1985-1986, curando negli anni successivi la distribuzione all'estero.

RÖMER (Olaus o Ole), *Århus 1644 - Copenaghen 1710*, astronomo danese. Grazie alle osservazioni compiute sui satelliti di Giove, nel 1676 dimostrò la possibilità di misurare la velocità della luce.

ROMÌTA (Giusèppe), *Tortona 1887 - Roma 1958*, politico. Deputato socialista, fu condannato al confino dal fascismo (1926-1934). Membro della Costituente, fu più volte ministro (lavori pubblici, 1945-1947, 1955-1957; interno, 1945-1946; lavoro, 1947). Nel 1949 si distaccò dal Partito socialista fondando il Partito socialista unitario, che nel 1951 confluì nel PSDI.

ROMÌTI (Césare), *Roma 1923*, dirigente. Dopo essere stato nominato direttore generale di Italstat (1973), è entrato nel gruppo FIAT, divenendone presidente nel 1996. Dal 1998 ha assunto la presidenza del gruppo RCS.

ROMMEL (Erwin), *Heidenheim, Württemberg, 1891 - Herrlingen, presso Ulm, 1944*, maresciallo tedesco. Comandante del quartier generale di A. Hitler nel 1939, si distinse in Francia, Libia ed Egitto, dove fu battuto a El-Alamein (1942). Nel 1944 comandò il fronte di Normandia, ma rimase implicato nel complotto dei generali ai danni di Hitler (20 lug.) e, obbedendo agli ordini di quest'ultimo, fu costretto al suicidio. Dotato di notevole abilità tattica, soprattutto nelle manovre dei mezzi blindati, fu brillante esponente della scuola tedesca della guerra lampo (*Blitzkrieg*).

■ *Il maresciallo Rommel fotografato da J. Gietze. (Bildarchiv Preussischer Kulturbesitz.)*

ROMNEY (George), *Dalton in Furness, Lancashire, 1734 - Kendal, Cumbria, 1802*, pittore britannico, ritrattista dallo stile fermo e diretto.

RÒMOLO, fratello gemello di **Remo* e leggendario fondatore di Roma (753 a.C.), di cui fu anche il primo re. Dopo la sua morte, fu identificato con il dio Quirino.

RÒMOLO AUGÙSTOLO, *461 ca.*, ultimo imperatore romano d'Occidente (475-476). Fu deposto da Odoacre.

ROMUÀLDO (sànto), *Ravenna 950 ca. - Val di Castro di Fabriano 1027*, monaco. Eremita benedettino, fondò l'ordine dei camaldolesi.

RONCÀDE, com. in prov. di Treviso; 11.844 ab. Agricoltura (barbabietole da zucchero). Industrie tessili, del mobile. Castello (XIII sec.).

RONCÀGLIA (Aurèlio), *Modena 1917*, filologo. Ha svolto importanti studi sulle origini della letteratura italiana ("Origini" in *Storia della letteratura italiana* di E. Cecchi e N. Sapegno, 1965) e francese (*Le più belle pagine delle letterature d'oc e d'oïl*, 1961; *La lingua dei trovatori*, 1965; *Antologia delle letterature d'oc e d'oïl*, 1973).

RONCÀGLIA (diète di), diete imperiali svoltesi nell'XI-XII sec. nell'att. frazione del com. di Piacenza. Le più celebri furono convocate nel 1154 e 1158 da Federico I Barbarossa; nella seconda fu redatta la *Constitutio de regalibus*, con la quale l'imperatore definì i propri diritti regali, contestati dai Comuni.

RONCHEY (Albèrto), *Roma 1926*, giornalista. Direttore de *La Stampa* (1968-1973) ed editorialista del *Corriere della Sera* e di *La Repubblica*, è stato ministro dei beni culturali e ambientali (1992-1994). Tra le opere, *La Russia del disgelo* (1963), *La crisi americana* (1975), *Diverso parere* (1983), *Accadde a Roma nell'anno 2000* (1998).

RÓNCHI DEI LEGIONÀRI, com. in prov. di Gorizia; 10.721 ab. Industrie aeronautiche. Aeroporto. Il nome deriva dal gruppo che, l'11 e il 12 sett. 1912, partecipò all'impresa di Fiume guidata da G. D'Annunzio.

RONCIGLIÓNE, com. in prov. di Viterbo; 7851 ab. Agricoltura (olive, cereali). Industrie meccaniche, calzaturiere. Duomo (XVII sec.). Rocca medievale con torrioni. Chiesa della Pace (1551).

RONCISVÀLLE (battàglia di) (15 ago. 778), battaglia che ebbe luogo in una vallata dei Pirenei, presso il passo di R. o di Ibañeta, nel corso della quale la retroguardia dell'esercito di Carlo Magno (di cui faceva parte il conte Orlando) fu sterminata dai montanari baschi, alleati dei saraceni.

RÓNCO, f. dell'Emilia-Romagna; 82 km. Nasce con il nome di Bidente nell'Appennino Tosco-Emiliano (Monte Falco) e confluisce con il Montone nei pressi di Ravenna, formando i Fiumi Uniti.

RÓNCOLE VÉRDI, frazione del com. di Busseto. Vi ha sede la casa natale di G. Verdi.

RONCÓNI (Lùca), *Susa, Tunisia, 1933*, regista teatrale. Autore di spettacoli d'avanguardia (*Orlando furioso, Utopia*), ha introdotto nuovi artifici scenici e architettonici allo scopo di ridurre la distanza tra palcoscenico e spettatori. Ha portato sulle scene anche molte opere liriche (tra cui *Valchiria, Don Carlo, Il barbiere di Siviglia*). Già direttore del Teatro Stabile di Torino (1989-1994) e del Teatro Argentina di Roma (1994-1998), dal 1999 è alla guida del Piccolo di Milano.

RÓNDA (La), rivista letteraria mensile pubblicata a Roma dal 1919 al 1922. Fondata e diretta da un gruppo di intellettuali (tra i quali R. Bacchelli, A.E. Saffi, V. Cardarelli) già collaboratori di *Lacerba* e *La Voce*, propugnò un ritorno della letteratura italiana alla tradizione classica, in opposizione al neoromanticismo.

RÓNDA DI NÒTTE (La), denominazione con cui è conosciuto un grande quadro di Rembrandt (1642, Rijksmuseum, Amsterdam). Commissionato dall'associazione degli archibugieri di Amsterdam, rappresenta in realtà la *Compagnia del capitano Banning Cocq* e ha un'ambientazione diurna.

RONDÔNIA, Stato del Brasile occ.; 1.379.787 ab.; cap. *Porto Velho*.

RÒNGA (Luìgi), *Torino 1901 - Roma 1983*, musicologo. Scrisse saggi critici sulla storia della musica secondo un'impostazione storica crociana. Tra le opere, *G. Frescobaldi* (1930), *C. Debussy* (1946), *Arte e gusto della musica* (1956), *Storia della musica* (1962-1963).

RONSARD (Pierre de), *castello della Possonnière, Couture-sur-Loir, 1524 - Saint-Cosme-en-l'Isle, presso Tour, 1585*, poeta francese. Con il gruppo della **Pléiade* si propose di rinnovare ispirazione e forme della poesia francese. La sua poesia, erudita nelle *Odi* (1550-1552) e lirica negli *Amori* (1552-1578), si fa epica negli *Inni* (1555-1556). Poeta di corte di Carlo IX, ostile alla Riforma (*Discorso sulle miserie del tempo*, 1562-1563), R. lasciò incompiuto il poema epico *Franciade* (1572).
■ *Pierre de Ronsard.*

RÖNTGEN (Wilhelm Conrad), *Lennep, Renania, 1845 - Monaco 1923*, fisico tedesco. Scoprì i raggi X (1895), di cui studiò propagazione e penetrazione, e osservò il loro potere di ionizzare l'aria. (Premio Nobel 1901.)

ROODEPOORT, c. del Sudafrica, presso Johannesburg; 162.632 ab.

ROON (Albrecht, cònte von), *Pleushagen, presso Koobrzed, 1803 - Berlino 1879*, maresciallo prussiano. Ministro della guerra dal 1859 al 1873, fu, con H. von Moltke, il riorganizzatore dell'esercito prussiano.

ROOSEVELT (Franklin Delano), *Hyde Park, Stato di New York, 1882 - Warm Springs 1945*, politico statunitense. Cugino e nipote acquisito di Theodore, democratico, fu sottosegretario alla marina (1913-1920), governatore dello Stato di New York (1929-1933) e presidente degli Stati Uniti (dal 1933). Costretto a far fronte alla gravissima crisi economica della Grande depressione, si appoggiò a una ristretta cerchia di consiglieri (*braintrust*) e assunse un insieme di provvedimenti noti come *New Deal* (Nuovo corso). Avviò una politica di grandi opere pubbliche (valorizzazione della valle del Tennessee) per combattere la disoccupazione e si adoperò per regolamentare le condizioni di lavoro e i salari. Rieletto nel 1936 e nel 1940, a partire dal 1939 diede aiuto a Gran Bretagna e Francia contro le potenze dell'Asse, guidò lo sforzo bellico americano (dic. 1941) e preparò il dopoguerra con iniziative diplomatiche. Fu riconfermato nel 1944, ma morì nell'apr. 1945.
■ *Franklin Delano Roosevelt.*

ROOSEVELT (Theodore), *New York 1858 - Oyster Bay, Stato di New York, 1919*, politico statunitense. Repubblicano, partecipò alla guerra ispano-americana (1898). Governatore dello Stato di New York (1898), diventò vicepresidente degli Stati Uniti nel 1900; salito alla carica di presidente nel 1901, dopo l'assassinio di W. McKinley, fu rieletto nel 1904. Imperialista convinto, desideroso di vedere l'affermazione del proprio paese come potenza navale, praticò una politica interventista in America latina (Panamá, Cuba, Santo Domingo). (Premio Nobel per la pace 1906.)
■ *Theodore Roosevelt.*

ROOZEBEKE (battàglia di) (27 nov. 1382), combattimento svoltosi presso Audenarde (Belgio), che si concluse con la vittoria del re di Francia Carlo VI sui ribelli di Gand ostili al duca di Fiandra. Il capo degli insorti, Philips van Artevelde, trovò la morte sul campo di battaglia.

RORAIMA, Stato del Brasile settentr.; 324.397 ab.

RORE (Cipriàno De), *Malines 1516 ca. - Parma 1565*, compositore fiammingo. Maestro di cappella in varie città italiane (Ferrara, Parma, Venezia), contribuì allo sviluppo del madrigale, preannunciando l'opera di C. Monteverdi. Tra le opere, madrigali a 4 e a 5 voci.

RØROS, c. della Norvegia, a SE di Trondheim; 5594 ab. Ant. c. mineraria (rame), dalla pianta regolare, conserva un nucleo di antiche case in legno; museo minerario.

RORSCHACH (Hermann), *Zurigo 1884 - Herisau 1922*, psichiatra svizzero. Nel 1921 ideò il test della personalità che porta il suo nome. [*V. parte nomi comuni → Rorschach.*]

RORTY (Richard), *New York 1931*, filosofo statunitense. Contrappose il proprio relativismo alle pretese della scienza e della filosofia e difese un'utopia di stampo liberale (*La filosofia e lo specchio della natura*, 1979).

ROSA DA LIMA (Isabella Flores, detta) (sànta), *Lima 1586-1617*, religiosa. Entrò nel terzo ordine domenicano (1606), conducendo un'esistenza ascetica. Fu canonizzata nel 1671 da Clemente X e proclamata patrona delle Americhe e delle Indie.

RÒSA DA VITÈRBO (sànta), *Viterbo 1233 ca. - 1252 ca.*, religiosa. Entrata nel terzo ordine francescano, si oppose al movimento dei patarini. Fu canonizzata nel 1457.

RÒSA (Monte), massiccio delle Alpi Pennine, diviso tra Italia e Svizzera ed esteso dal Colle del Lys all'Alt Weisstor; la sua vetta più elevata è la Punta Dufour (4634 m).

RÒSA (Salvatór), *Arenella, presso Napoli, 1615 - Roma 1673*, pittore. I suoi quadri (paesaggi, marine, scene di battaglia) denotano foga esecutiva, ricercatezza della composizione e un caldo colorismo (*Marina del porto* e *Il ponte rotto*, Palazzo Pitti, Firenze; *Stregoneria*, Galleria Corsini, Firenze).

RÒSA BIÀNCA (La), gruppo clandestino antinazista sorto a Monaco nel 1942. Ebbe tra i suoi membri il filosofo H. Kuber, i fratelli H. e S. Scholl e C. Probst. Autori di volantini in cui contestavano apertamente il regime nazista, furono arrestati nel 1943 e condannati a morte.

RÒSA BIÀNCA (órdine della), ordine nazionale finlandese, creato nel 1919 da C.G. Mannerheim.

ROSA CRÓCE (confratèrnita dei), movimento mistico il cui fondatore presunto è Christian Rosencreutz (XV sec.) e dal quale sono nate diverse società, attive in Francia, Germania, Austria, Olanda e Inghilterra. I suoi membri, interessati all'occultismo, perseguivano il rinnovamento del mondo attraverso la religione e la filosofia.

ROSÀI (Ottóne), *Firenze 1895 - Ivrea 1957*, pittore. Avvicinatosi al futurismo, fu poi personale interprete delle avanguardie, subendo anche l'influen-

La ronda di notte di Rembrandt, 1642. (Rijksmuseum, Amsterdam.)

za di P. Cézanne. Esponente della corrente Novecento, sviluppò una pittura essenziale, di impronta metafisica. Tra le opere, *Uomini al tavolo* (1942).

ROSALÌA (sànta), *m. a Palermo nel 1160*, patrona di Palermo. Visse in solitudine sul Monte delle Rose, quindi sul Monte Pellegrino, dove nel 1164 fu trovato il suo cadavere.

ROSARIO, c. dell'Argentina, sul Paraná; 1.078.374 ab. Centro commerciale e industriale.

ROSÀRNO, com. in prov. di Reggio di Calabria; 14.448 ab. Centro agricolo (agrumi, foraggi, frutta). Industrie meccaniche, alimentari. Resti della colonia greca di *Medma* (VI-IV sec. a.C.).

ROSARÒLL (Giusèppe), *Napoli 1775 - Nauplia 1825*, militare. Dopo aver aderito alla Repubblica Partenopea (1799), fu al fianco di Napoleone e G. Murat. Nel 1820-1821 partecipò alla difesa della Sicilia e della Calabria contro gli austriaci, quindi combatté anche in Spagna e Grecia, dove trovò la morte.

ROSAS (Juan Manuel **de**), *Buenos Aires 1793 - Southampton, Inghilterra, 1877*, militare e politico argentino. Dal 1829 al 1852 impose una ferrea dittatura sulla provincia di Buenos Aires, appoggiandosi ai gauchos e alle masse rurali, e instaurando un vero e proprio culto della personalità. Fu rovesciato da una coalizione sudamericana.

ROSCELLÌNO, *Compiègne 1050 ca. - Tours o Besançon 1120 ca.*, filosofo francese. Fondatore del nominalismo, maestro di P. Abelardo, considerò distinte le tre persone della Trinità, ma fu costretto a ritrattare da sant'Anselmo.

RÒSE (Vàlle delle), parte della valle del f. Tundža, in Bulgaria, intorno a Kazanlk.

ROSÈLLE, ant. centro etrusco (*Rusellae*), le cui vestigia si trovano nei pressi di Grosseto. Sorta nell'VIII sec. a.C., passò sotto la dominazione romana nel III sec. a.C. Resti della cinta muraria, di edifici e santuari etruschi. Di epoca romana foro, basilica, anfiteatro.

ROSELLÌNI (Ippòlito), *Pisa 1800-1843*, egittologo. Sostenitore delle teorie di J.-F. Champollion, lo accompagnò nella spedizione egiziana del 1828-1829 come capo della delegazione toscana. Scrisse la fondamentale opera *Monumenti dell'Egitto e della Nubia* in 9 voll. (1832-1844).

ROSENBERG (Alfred), *Revel, att. Tallinn, 1893 - Norimberga 1946*, teorico del nazismo e politico tedesco. Tra i principali ideologi del nazionalsocialismo (*Il mito del XX secolo*, 1930), fu condannato a morte al processo di Norimberga e giustiziato.

ROSENBERG (càso), caso giudiziario nato negli Stati Uniti. I coniugi Julius ed Ethel R., accusati di aver consegnato all'URSS documenti segreti sulla bomba atomica, furono condannati a morte (1951) e giustiziati (1953), nonostante una campagna in loro favore condotta dall'opinione pubblica internazionale.

ROSENZWEIG (Franz), *Kassel 1886 - Francoforte sul Meno 1929*, filosofo tedesco. È all'origine di un rinnovamento del pensiero ebraico e la sua opera rappresenta una pietra miliare nella storia dei rapporti tra ebrei e cristiani (*La stella della redenzione*, 1921).

ROSÉTO CÀPO SPÙLICO, com. in prov. di Cosenza; 1874 ab. Castello (XVI sec.) con torri e finestre monofore e bifore.

ROSÉTO DEGLI ABRÙZZI, com. in prov. di Teramo; 22.081 ab. Agricoltura (foraggi, barbabietole da zucchero). Industrie alimentari, tessili. Turismo balneare.

ROSÉTTA (stèle di), frammento di una stele portato alla luce a Rosetta (in ar. *Rashid*), sul ramo occ. del Nilo, durante la campagna d'Egitto condotta dal Napoleone nel 1799 (att. al British Museum di Londra). Il testo che vi era inciso, un decreto di Tolomeo V in caratteri geroglifici, demotici e greci, permise a J.-F. Champollion di decifrare la scrittura geroglifica.

RÒSI (Francésco), *Napoli 1922*, regista cinematografico. Si è specializzato nel cinema di analisi politica e sociale, e ha approfondito in part. la realtà del Meridione (*Salvatore Giuliano*, 1961; *Le mani sulla città*, 1963; *Uomini contro*, 1970; *Il caso Mattei*, 1972; *Dimenticare Palermo*, 1990; *La tregua*, 1997).

RÒSI (Gianfrànco), *Assisi 1957*, pugile. È stato campione del mondo dei superwelter WBC dal 1978 al 1988 e IBF dal 1989 al 1994.

ROSIGNÀNO MARÌTTIMO, com. in prov. di Livorno; 30.569 ab. Turismo balneare nella vicina Castiglioncello. Industrie nella frazione di *Rosignano Solvay*.

ROSIGNÀNO SOLVAY, frazione del com. di Rosignano Marittimo; 14.000 ab. Sede di industrie chimiche e meccaniche. È chiamato così per la presenza di stabilimenti dell'industria S. (la quale prende il nome dal chimico belga).

ROSÌNI (Giovànni), *Lucignano 1776 - Pisa 1855*, scrittore. Scrisse *La monaca di Monza* (1829), ideale prosecuzione del romanzo di A. Manzoni. Tra le altre opere, *Luisa Strozzi* (1833), *Il conte Ugolino della Gherardesca* (1843).

ROSKILDE, c. della Danimarca (Sjælland); 52.991 ab. — Cattedrale romanico-gotica (tombe reali); museo delle imbarcazioni vichinghe.

ROSLIN (Alexander), *Malmö 1718 - Parigi 1793*, pittore svedese. Ritrattista di talento, si stabilì a Parigi nel 1752.

ROSMÌNI SERBÀTI (Antònio), *Rovereto 1797 - Stresa 1855*, filosofo. Sacerdote, fondò a Domodossola l'ordine religioso chiamato Istituto della Carità, che in seguito divenne la congregazione dei rosminiani. Acuto pensatore, lasciò numerosi testi nei quali espresse riflessioni filosofiche e teologiche. Tra le opere, *Nuovo saggio sull'origine delle idee* (1830), *Principi della scienza morale* (1831).

ROSMÙNDA, *VI sec.*, regina dei longobardi. Figlia del re dei gepidi Cunimondo, sposò il re Alboino (566). Costretta a bere dal teschio del padre, prese parte alla congiura che portò alla morte del marito per mano dell'amante Elmichi. I due, rifugiatisi a Ravenna, morirono insieme.

ROSOLÌNI, com. in prov. di Siracusa; 21.168 ab. Agricoltura (mandorle, agrumi, cereali). Allevamento. Nei dintorni, Eremo di Croce Santa (363).

ROSOLÌNO (Massimiliàno), *Napoli 1978*, nuotatore. Alle Olimpiadi di Sidney del 2000 ha vinto la medaglia d'oro nei 200 m misti (record olimpico) e quella d'argento nei 400 m stile libero. Nei 200 m misti ha anche vinto la medaglia d'oro ai Campionati mondiali di Fukuoka del 2001.

ROSPIGLIÓSI, famiglia nobile di Pistoia. — **Giovanni R.**, *XIV sec.* È il primo rappresentante della famiglia di cui si ha testimonianza. — **Giulio R.** →CLEMENTE IX. — **Giovambattista R.**, *1646-1722*. Principe del Sacro Romano Impero nel 1658, nel 1670 sposò Maria Camilla Pallavicini.

ROSS (Scott), *Pittsburgh 1951 - Assas, Hérault, 1989*, clavicembalista statunitense. Stabilitosi in Francia nel 1965, lavorò soprattutto con Kenneth Gilbert. Eseguì l'opera omnia di F. Couperin e J.-P. Rameau, oltre a registrare tutte le sonate di D. Scarlatti.

ROSS (sir John), *Balsarroch, Dumfries and Galloway, Scozia, 1777 - Londra 1856*, navigatore britannico. Scoprì l'estremità settentr. del continente americano (1829-1833). — sir **James Clarke R.**, *Londra 1800 - Aylesbury 1862*, navigatore britannico. Nipote di sir John, localizzò il polo magnetico dell'emisfero settentr. (1831). Costeggiò il tavolato che porta il suo nome e scoprì la Terra Vittoria (1841).

ROSS (sir Ronald), *Almora, India, 1857 - Putney Heath, Londra, 1932*, medico britannico. Le sue ricerche sulla trasmissione della malaria per mezzo delle zanzare migliorarono la profilassi di questa malattia. (Premio Nobel 1902.)

ROSS (Tavolàto di), banchisa perenne dell'Antartico, che si affaccia sul Mare di R. ed è delimitata dalle Isole di R. (con i vulcani Erebus e Terror).

RÒSSA (Armàta) →ARMATA ROSSA.

RÒSSA (piàzza), la piazza principale di Mosca, su cui si affaccia il Cremlino. Chiesa di S. Basilio; mausoleo di Lenin.

ROSSÀNA, *m. ad Anfipoli nel 310 a.C. ca.*, moglie di Alessandro Magno. Fu condannata a morte insieme ai figli per ordine di Cassandro.

ROSSÀNDA (Rossàna), *Pola 1924*, giornalista e politica. Membro del PCI dal 1946 al 1968, fu tra i fondatori della rivista *Manifesto* (1969) e del quotidiano omonimo (1971), con cui ha continuato a collaborare. Tra le opere, *L'autunno di*

Praga (1968), *L'anno degli studenti* (1968), *Note a margine* (1996).

ROSSÀNO, com. in prov. di Cosenza; 34.592 ab. Agricoltura (agrumi, cereali). Industrie chimiche, alimentari. Monumenti di epoca bizantina (chiesa di S. Maria del Patire, XII sec.). Duomo gotico.

ROSSBACH (battàglia di) (5 nov. 1757), battaglia della guerra dei Sette anni, svoltasi in Sassonia, che si concluse con la vittoria del re di Prussia Federico II sui francesi e sull'esercito imperiale.

ROSSBY (Carl-Gustav Arvid), *Stoccolma 1898-1957*, fisico statunitense di origine svedese. Studiò la dinamica dell'atmosfera e dell'oceano. Nel 1940 propose un primo tentativo di previsione a cinque giorni, basato sul suo modello di circolazione atmosferica generale.

ROSSELÀNA, *1505 ca. - Edirne 1558 ca.*, moglie favorita di Solimano il Magnifico.

ROSSÈLLI (Amèlia), *Parigi 1930 - Roma 1996*, scrittrice. Figlia di Carlo, si è affermata in part. come poetessa, con liriche intense e vibranti, caratterizzate da un notevole sperimentalismo linguistico. Tra le raccolte, *Variazioni belliche* (1964), *Impromptu* (1981), *Diario ottuso* (1990).

ROSSÈLLI (Càrlo), *Roma 1899 - Bagnoles-de-l'Orne 1937*, politico. Membro del Partito socialista unitario, nel 1925 fondò insieme a G. Salvemini ed E. Rossi il foglio clandestino *Non mollare!*. Arrestato per aver organizzato la fuga di F. Turati, subì il confino a Lipari, dove scrisse *Socialismo liberale* (1930). Tra i fondatori del movimento *Giustizia e libertà*, combatté in Spagna e fu poi assassinato insieme al fratello Nello (Firenze 1900 - Bagnoles-de-l'Orne 1937), in un attentato compiuto da terroristi francesi su mandato dei servizi segreti italiani.

ROSSELLÌNI (Robèrto), *Roma 1906-1977*, regista cinematografico. Rivelatosi con *Roma città aperta* (1945) e *Paisà* (1946), capolavori del neorealismo, si impose come uno dei grandi maestri del cinema italiano. Nelle sue opere cercò sempre di far dimenticare la propria personalità di regista per rendere testimonianza della realtà, con umiltà e rispetto (*Germania anno zero*, 1948; *Stromboli terra di Dio*, 1949; *Francesco giullare di Dio*, 1950; *Europa 51*, 1952; *Il generale Della Rovere*, 1959; *Vanina Vanini*, 1961; *Il Messia*, 1975).

ROSSELLÌNO (Antònio **Gamberèlli**, detto Antònio), *Settignano 1427 - Firenze 1479*, scultore. Si formò nella bottega del fratello Bernardo, quindi lavorò soprattutto a busti-ritratti (*Giovanni Chellini*, 1456; *Matteo Palmieri*, 1468). Tra le altre opere, *Monumento del cardinale di Portogallo* (1461-1466).

ROSSELLÌNO (Bernàrdo **Gamberèlli**, detto), *Settignano 1409 - Firenze 1464*, architetto e scultore. Discepolo di L.B. Alberti, progettò Palazzo Rucellai a Firenze (1446) e si occupò della sistemazione urbanistica di Pienza per conto di Pio II.

ROSSÈLLO (Màrio), *Savona 1927 - Milano 2000*, pittore. Vicino alla neoavanguardia e a tendenze espressioniste, si è in seguito accostato all'informale e poi alla corrente Nuova Figurazione.

ROSSÈTTI (Biàgio), *Ferrara 1447-1516*, architetto e urbanista. Nominato architetto ducale nel 1483, fu incaricato dell'ampliamento di Ferrara (*addizione erculea*) voluto da Ercole I d'Este. Realizzò anche notevoli palazzi (Palazzo dei Diamanti, 1494-1503) e chiese (S. Francesco, S. Maria in Vado).

Roberto **ROSSELLINI**. Roma città aperta, *1945*.

ROSSÉTTI (Dante Gabriel), *Londra 1828 - Birchington-on-Sea, Kent, 1882*, pittore e poeta britannico di padre italiano. Si rifece alle leggende medievali e all'antica poesia inglese e italiana.

RÓSSI (Àldo), *Milano 1931-1997*, architetto e teorico. Ha sostenuto il concetto di architettura razionale, basata su forme semplici che, oltre a rifarsi alla tradizione storica e regionale, richiamino valori simbolici. Tra i suoi progetti: quartiere Gallaratese a Milano e complesso del Monte Amiata (1967-1974), IBA di Berlino (1981-1987), nuovo palasport di Milano (1988, con R. Labinski).

RÓSSI (Antònio), *Lecco 1968*, atleta. Canoista, alle Olimpiadi di Atlanta del 1996 ha vinto la medaglia d'oro nelle specialità K1 500 e K2 1000. In questa seconda specialità si è riconfermato medaglia d'oro alle Olimpiadi di Sydney del 2000.

RÓSSI (Attilio), *Albairate 1909 - Milano 1994*, pittore e grafico. Sensibile alle influenze dell'avanguardia, lavorò come grafico editoriale in Argentina dal 1935 al 1945. Tornato in Italia, si occupò anche di critica d'arte e scenografia. Tra le opere, *Via Crucis* (1974-1975).

RÓSSI (Brùno Benedétto), *Venezia 1905 - Boston 1993*, fisico. Emigrato negli Stati Uniti a causa delle leggi razziali, lavorò al MIT di Boston, dove studiò la radiazione cosmica e l'astronomia a raggi X, contribuendo alla scoperta di fenomeni celesti ("vento solare").

RÓSSI (Càrlo), *Napoli 1775 - San Pietroburgo 1849*, architetto. Architetto imperiale fino al 1832, si occupò dell'organizzazione urbanistica di San Pietroburgo. Tra le opere, Palazzo del Granduca Michele (1819-1823), Palazzo d'Inverno (1819-1829), Teatro Alessandro (1827-1832).

RÓSSI (Ernèsto), *Livorno 1827 - Pescara 1896*, attore teatrale. Tra i maggiori esponenti del teatro italiano della seconda metà dell'800, lavorò con G. Modena e fu membro della Compagnia Reale Sarda. Attore versatile, si impose grazie alla forte personalità e alla presenza scenica.

RÓSSI (Ernèsto), *Caserta 1897 - Roma 1967*, politico. Antifascista, pubblicò insieme a G. Salvemini e C. Rosselli il foglio clandestino *Non mollare!* e fu tra i fondatori di Giustizia e libertà. Arrestato nel 1930, fu confinato a Ventotene (1939). Dopo la liberazione entrò nel Partito d'azione e contribuì alla fondazione del Partito radicale (1956). Tra le opere, *La riforma agraria* (1945), *Il malgoverno* (1954).

RÓSSI (Èttore), *Secugnago 1894 - Roma 1955*, orientalista. Tra le opere, *Manuale della lingua turca* (1939) e *Grammatica della lingua persiana* (1948).

RÓSSI (Gino), *Venezia 1884 - S. Artemio di Treviso 1947*, pittore. Soggiornò a Parigi, dove fu influenzato dai *fauves* e da P. Gauguin. In seguito sviluppò una pittura attenta alle forme, rielaborazione dell'esperienza cubista. Tra le opere, *La fanciulla del fiore* (1910).

RÓSSI (Làuro), *Macerata 1810 - Cremona 1885*, compositore e direttore d'orchestra. Attivo in Italia e in Messico, esordì nel 1829 con *Le contesse villane*, componendo in seguito una trentina di opere, tra cui *Azema di Granata* (1846), *Contessa di Mons* (1874), *Biorn* (1877).

RÓSSI (Luìgi), *Torremaggiore, presso Foggia, 1597 ca. - Roma 1653*, compositore e organista. Trasferitosi da Roma a Parigi al seguito della famiglia Barberini, ottenne un successo di livello europeo con l'opera *Orfeo* (1647). Compose inoltre oratori e quasi 300 cantate, con cui contribuì a rinnovare il genere.

RÓSSI (Pàolo), *Monfalcone 1953*, attore e comico. Dopo gli esordi a Milano con D. Fo (*L'Histoire du Soldat*, 1979), ha lavorato con C. Cecchi (*La Tempesta*, 1985) e G. Salvatores (*Comedians*, 1990), dando vita poi a propri spettacoli (*Il Signor Rossi e la Costituzione*, 2003). È attivo anche in televisione (*Il Laureato*, 1994-1995) e al cinema (*Nirvana*, 1997).

RÓSSI (Pàolo), *Prato 1956*, calciatore. Ha giocato, tra le altre squadre, con il Vicenza e la Juventus, con la quale ha vinto 2 scudetti (1981-1982 e 1983-1984), le Coppa dei campioni (1985) e delle coppe (1984). È stato protagonista della vittoria italiana ai Mondiali del 1982 in Spagna (capocannoniere del torneo con 6 gol). Pallone d'oro nel 1982.

RÓSSI (Pàolo), *Urbino 1923*, storico della filosofia. Docente in varie università (Milano, Bologna, Firenze), ha studiato il pensiero scientifico moderno e contemporaneo. Tra le opere, *Giacomo Aconcio* (1952), *Francesco Bacone: dalla magia alla scienza* (1957), *La scienza e la filosofia dei Moderni: aspetti della rivoluzione scientifica* (1989), *Naufragi senza spettatore: l'idea di progresso* (1995).

RÓSSI (Pellegrino, cónte), *Carrara 1787 - Roma 1848*, giurista e politico italiano naturalizzato francese. Ambasciatore di Francia a Roma (1845), contribuì all'elezione di Pio IX, di cui apprezzò l'orientamento liberale. In qualità di primo ministro cercò di consolidare il potere pontificio e avviò caute riforme. Chiamato a formare a Roma un governo costituzionale (sett. 1848), morì assassinato.

RÓSSI (Salomóne **de'**), *Mantova 1570 ca. - 1630 ca.*, compositore. Visse presso la corte dei Gonzaga a Mantova (1587-1628), componendo sinfonie e musica strumentale. Tra le opere, *Salmi e cantici ebraici* (1622-1623).

RÓSSI (Tiziàno), *Milano 1935*, poeta. Tra le raccolte, *Il cominciamondo* (1963), *La talpa imperfetta* (1968), *Dallo sdrucciolare al rialzarsi* (1976), *Il movimento dell'adagio* (1993), *Pare che il Paradiso* (1998), *Gente di corsa* (2000), *Tutte le poesie (1963-2000)* (2003).

RÓSSI (Valentino), *Urbino 1979*, pilota motociclistico. Ha esordito nel 1996 nella classe 125, nella quale ha vinto il titolo mondiale nel 1997. Campione mondiale nel 1999 nella classe 250 e nel 2001 nella classe 500, in MotoGP ha vinto il titolo nel 2002 e 2003.

RÓSSI (Vàsco), *Zocca 1952*, cantante. Grande interprete del rock italiano, ha composto brani di notevole successo (*Albachiara*, 1979; *Vado al massimo*, 1982; *Vita spericolata*, 1983). Tra gli album più recenti, *Nessun pericolo... per te* (1995), *Canzoni per me* (1998), *Rewind* (2000), *Stupido Hotel* (2003).

RÓSSI (Vittòrio Giovànni), *S. Margherita Ligure 1898 - Roma 1978*, giornalista e scrittore. Inviato all'estero per il *Corriere della Sera* ed *Epoca*, fu autore di numerosi romanzi di viaggio e di ambientazione marinara. Tra le opere, *Tropici* (1934), *La festa delle lanterne* (1960), *Il cane abbaia alla luna* (1974), *Maestrale* (1976).

RÓSSI-DÒRIA (Mànlio), *Roma 1905-1988*, storico ed economista. Ha condotto notevoli studi sulla condizione del Mezzogiorno. Tra le opere, *Dieci anni di politica agraria nel Mezzogiorno* (1956), *Scritti sul Mezzogiorno* (1982).

ROSSIGLIÓNE, in fr. **Roussillon**, reg. storica della Francia, che comprende parte dei Pirenei orient.: c. princ. *Perpignan*. Possesso aragonese dal 1172 al 1462, divenne francese nel 1659.

RÓSSI-LÀNDI (Ferrùccio), *Milano 1921 - Trieste 1985*, filosofo del linguaggio. Fondatore e direttore della rivista *Ideologie* (1967-1972), studiò la semiotica, contribuendo alla sua diffusione nella cultura italiana. Tra le opere, *Significato, comunicazione e parlare comune* (1961), *La monografia sull'Ideologia* (1978), *Metodica filosofica e scienza dei segni* (1985).

ROSSÌNI (Galliàno), *1927*, atleta. Nella specialità del tiro a volo-piattello fossa olimpica, ha vinto la medaglia d'oro alle Olimpiadi di Melbourne del 1956 e quella d'argento alle Olimpiadi di Roma del 1960.

ROSSÌNI (Gioacchino), *Pesaro 1792 - Parigi 1868*, compositore. Fu autore di 39 opere teatrali (serie e buffe), tra cui *Tancredi*, *L'italiana in Algeri* (1813), *Il barbiere di Siviglia*, *Otello* (1816), *La gazza ladra*, *La Cenerentola* (1817), *Le comte d'Ory* (1828, di soggetto comico), *Guglielmo Tell* (1829). Compose inoltre cantate, musica da camera e per pianoforte, pezzi vocali-strumentali, lo *Stabat Mater* (1841) e la *Piccola messa solenne* (1863), capolavoro che travalica il romanticismo per anticipare soluzioni che si affermeranno solo nel '900.

■ *Gioacchino Rossini. (Accademia Rossini, Bologna.)*

RÓSSO (Fiùme), in viet. **Sông Hông** o **Sông Nhi Ha**, f. del Vietnam, che nasce in Cina (Yunnan) e sfocia nel Golfo del Tonchino formando un vasto delta (in cui si pratica la risicoltura); 1200 km. Attraversa Hanoi.

RÓSSO FIORENTÌNO (Giovànni Battista **di Iàcopo**, detto), *Firenze 1494 - Parigi 1540*, pittore. Grande esponente del manierismo, ricevette da Francesco I l'incarico di dirigere i lavori per la decorazione del castello di Fontainebleau (affreschi e stucchi della galleria). Tra le altre opere, *La deposizione* (1521, museo di Volterra), *Le figlie di Ietro* (Uffizi, Firenze), *Cristo sorretto dagli angeli* (Museum of Fine Arts, Boston).

RÓSSO (Mar), in ar. **Bahr al-Ahmar**, lungo golfo dell'Oceano Indiano, tra l'Arabia e l'Africa, collegato al Mediterraneo mediante il canale di Suez. È una fossa tettonica invasa dalle acque (già Golfo Arabico o Mar Eritreo).

RÓSSO (Medàrdo), *Torino 1958 - Milano 1928*, scultore. Vicino al verismo e alla scapigliatura lombarda, fu influenzato anche dall'impressionismo francese e dall'opera di A. Rodin. Raffigurò in part. personaggi del popolo, dimostrando attenzione per i valori cromatici e plastici. Tra le opere, *Il bookmaker* (1894).

RÓSSO (Rènzo), *Trieste 1926*, scrittore e drammaturgo. Tra le opere per la narrativa, *L'adescamento* (1959), *La dura spina* (1963), *Il segno del toro* (1980), *Gli uomini chiari* (1974), *L'adolescenza del tempo* (1991). Per il teatro, *La gabbia* (1968), *Il concerto* (1979), *Il pianeta indecente* (1984), *L'imbalsamatore* (1997).

RÓSSO DI SAN SECÓNDO (Pièr Maria), *Caltanissetta 1887 - Camaiore 1956*, scrittore e drammaturgo. Influenzato da L. Pirandello, con il quale condivise temi e motivi, scrisse *Marionette, che passione!* (1918), *La bella addormentata* (1919), *L'ospite desiderato* (1921). Tra le opere narrative, *La festa delle rose* (1920), *Incontri di uomini e d'angeli* (1940).

ROSSÓNI (Edmóndo), *Tresigallo 1884 - Roma 1965*, politico. Volontario nella prima guerra mondiale, fu a capo del movimento sindacale fascista dal 1921 al 1928, anno in cui fu rimosso dall'incarico. In seguito fu membro del Gran consiglio del fascismo.

ROSTÀGNI (Augùsto), *Cuneo 1892 - Muzzano 1961*, filologo classico. Allievo di G. De Santis, con il quale diresse la *Rivista di filologia e d'Istruzione classica* (1923-1957), fu docente di letteratura greca in varie università (Padova, Bologna, Torino) e contribuì allo sviluppo degli studi classici. Tra le opere, *Poeti alessandrini* (1916), *Il verbo di Pitagora* (1924), *Storia della letteratura latina* (1949-1952).

ROSTAND (Edmond), *Marsiglia 1868 - Parigi 1918*, poeta e drammaturgo francese. È celebre per le commedie e i drammi eroici (*Cyrano de Bergerac*; *L'Aiglon*, 1900; *Chantecler*, 1910).

■ *Edmond Rostand.*

ROSTAND (Jean), *Parigi 1894 - Ville-d'Avray 1977*, biologo e scrittore francese, figlio di Edmond R. Autore di importanti studi sulla partenogenesi sperimentale, contribuì alla divulgazione della genetica, sottolineando il valore culturale e umano della biologia.

ROSTOCK, c. della Germania (Meclemburgo-Pomerania Anteriore), sul Warnow; 203.279 ab. (con Warnemünde, suo avamporto sul Baltico). Porto. Centro industriale. — Marienkirche (XIII-XV sec.) e altri monumenti.

ROSTOPIN (Fëdor Vasilevič, cónte), *Livny, prov. di Orël, 1763 - Mosca 1826*, generale e politico russo. Governatore di Mosca nel 1812, fu sospettato di aver dato fuoco alla città all'arrivo delle truppe francesi.

ROSTOV SUL DON, in russo **Rostov-na-Donu**, c. della Russia, nei pressi del Mar d'Azov; 1.013.000 ab. Porto fluviale. Centro amministrativo, culturale e industriale.

ROSTOW (Walt Whitman), *New York 1916 - Austin 2003*, economista statunitense. Nel saggio *Stati dello sviluppo economico* (1960) ha analizzato le fasi che portano l'economia all'industrializzazione. Ha introdotto il concetto di "decollo" (*take-off*) riferito allo sviluppo economico.

ROSTROPOVIČ (Mstislav Leopoldovič), *Baku 1927*, violoncellista e direttore d'orchestra russo. Eccezionale interprete, ha diretto la National Orchestra di Washington (1977-1994). Per lui hanno scritto compositori come D. Šostakovič, S. Prokof'ev, B. Britten e W. Lutosawski.

Mstislav **ROSTROPOVIC.**

RÒTA (Nino), *Milano 1911 - Roma 1979*, compositore. Scrisse musiche al tempo stesso raffinate e popolari per F. Fellini (sedici film, tra cui *La strada* e *La dolce vita*) e L. Visconti (*Il gattopardo*), ma anche opere per il teatro (*Il cappello di paglia di Firenze*, 1955; *Napoli milionaria*, 1977) e pezzi orchestrali.

RÒTA (tribunale della Sàcra Romàna), tribunale dello Stato della Chiesa. È il massimo organo di giudizio per le questioni di carattere religioso e a esso spetta anche il giudizio sui vescovi. Ha facoltà di sciogliere il vincolo del matrimonio religioso.

RÒTARI, *m. nel 652*, re dei longobardi (636-652). Promulgò un editto (643) che rappresentò la base della legislazione longobarda.

ROTARY CLUB, organizzazione internazionale privata fondata nel 1905 a Chicago dall'avvocato P.P. Harris. Sorta per promuovere opere di beneficenza e, più in generale, attività sociali e culturali, assunse la denominazione attuale nel 1922. La prima sede italiana fu aperta a Milano nel 1923. Oggi conta 29.000 club ca. e più di 1 milione di membri, rappresentanti maschili di vari ruoli professionali, il cui ingresso avviene per cooptazione.

ROTÈLLA (Mimmo), *Catanzaro 1918*, artista. Affermatosi con i "poemi fonetici", dal 1953 ha elaborato la tecnica del *décollage*, composizione di manifesti strappati e incollati su tela. Entrato nel gruppo del Nouveau réalisme, ha in seguito sperimentato altre tecniche (fotografia, scultura), cui ha saputo dare un'impronta originale.

ROTH (Joseph), *Brody, Galizia, 1894 - Parigi 1939*, scrittore e giornalista austriaco. I suoi romanzi descrivono un mondo in declino (*La marcia di Radetzki*, 1932).

ROTH (Philip), *Newark 1933*, scrittore statunitense. Nei suoi romanzi offre una visione ironica della comunità ebraica e della *middle class* americana (*Il lamento di Portnoy*, 1969; *La lezione di anatomia*, 1983; *Il teatro di Sabbath*, 1995; *Pastorale americana*, 1997).

ROTHENBURG OB DER TAUBER, c. della Germania (Baviera), a O di Norimberga; 11.764 ab. Città vecchia ben conservata; cinta muraria, monumenti ed edifici gotici e rinascimentali.

ROTHKO (Mark), *Dvinsk, att. Daugavpils, Lettonia, 1903 - New York 1970*, pittore russo naturalizzato statunitense. È famoso per la formula di astrazione cromatica da lui ideata nei primi anni '50 del secolo scorso.

ROTHSCHILD (Meyer Amschel), *Francoforte sul Meno 1743-1812*, banchiere tedesco. Fu il capo-stipite di una potente dinastia finanziaria di fama internazionale.

ROTÓNDA (la), appellativo con cui si indica Villa Almerico-Capra, costruita da A. Palladio nei pressi di Vicenza (1566-1569 ca.). Questa denominazione prende origine dalla sala circolare sottostante la cupola (con illuminazione zenitale) che costituisce il fulcro dell'intero edificio, concepito come una sorta di tempio; l'ambiente, ai cui angoli si aprono quattro appartamenti, è posto in relazione con il paesaggio circostante da quattro porticati ionici dalla perfetta simmetria.

La **ROTONDA**, villa costruita da A. Palladio nei pressi di Vicenza (1566-1569 ca.).

ROTROU (Jean de), *Dreux 1609-1650*, drammaturgo francese. Le sue commedie (*Les sosies*), tragicommedie (*Venceslas*) e tragedie (*Le véritable Saint Genest*) sono improntate a un'estetica barocca.

ROTSE → LOZI.

ROTTERDAM, c. dei Paesi Bassi (Olanda Meridionale), sulla Nuova Mosa (Nieuwe Maas); 595.255 ab. (1.105.000 ab. nell'agglomerato). Primo porto del mondo, situato su un ramo del delta comune al Reno e alla Mosa (transito verso Germania e Svizzera); centro industriale (raffinerie di petrolio e stabilimenti chimici), commerciale e finanziario. — R. fiorì nel XIX sec., quando il Reno fu reso navigabile e nella Ruhr si sviluppò l'attività industriale. — Museo Boymans-Van Beuningen.

ROTTERDAM.

ROUAULT (Georges), *Parigi 1871-1958*, pittore e incisore francese. Potente colorista, sviluppò un espressionismo di volta in volta satirico o mistico. Tra le sue opere, le 58 tavole del *Miserere*.

ROUBAIX, c. della Francia, nel dip. Nord, a NE di Lilla; 98.039 ab. Industria tessile, agroalimentare. Museo dell'arte e dell'industria.

ROUBKOVSK, c. della Russia, ai piedi dell'Altaj; 170.611 ab.

ROUCH (Jean), *Parigi 1917 - presso Niamey, Niger, 2004*, etnologo e regista cinematografico francese. Ha rinnovato la tecnica del documentario.

ROUEN, c. della Francia, capol. della reg. Alta Normandia e del dip. Seine-Maritime, sulla Senna, 123 km a NO di Parigi; 108.758 ab. (quasi 390.000 ab. nell'agglomerato). Industrie. Porto. — R., una delle principali città del ducato di Normandia (X sec.), fu possesso del re di Francia dal 1204 al 1419. Durante l'occupazione inglese (1419-1449) fu teatro dell'esecuzione di Giovanna d'Arco. — Notevoli monumenti tra cui la cattedrale gotica, le chiese di St.-Ouen e St.-Maclou (in stile gotico fiammeggiante), Palazzo di Giustizia.

ROUFFIGNAC (gròtta di), grotta della Francia, situata a Rouffignac-Saint-Cernin-de-Reilhac (Dordogna), le cui pareti sono istoriate da graffiti risalenti al magdaleniano.

ROUGEMONT (Denis de), *Neuchâtel 1906 - Ginevra 1985*, saggista svizzero di lingua francese. Analizzò i componenti della civiltà occidentale (*L'amour et l'Occident*, 1939) e sostenne la causa del federalismo europeo.

ROUGET DE LISLE (Claude), *Lons-le-Saunier 1760 - Choisy-le-Roi 1836*, ufficiale e compositore francese. Capitano di stanza a Strasburgo, nel 1792 scrisse le parole e forse anche la musica del *Chant de guerre pour l'armée du Rhin*, la futura Marsigliese.

ROUGON-MACQUART, ciclo formato da venti romanzi di É. Zola (1871-1893), che delineano la storia naturale e sociale di una famiglia durante il Secondo impero.

ROULERS, in fiamm. **Roeselare**, c. del Belgio (Fiandra Occ.); 54.376 ab. Centro commerciale e industriale.

ROUMAIN (Jacques), *Port-au-Prince 1907 - Città del Messico 1944*, scrittore haitiano. Il suo romanzo più significativo (*Gouverneurs de la rosée*, 1944) rappresenta un vasto affresco sociale dagli accenti lirici, diviso tra radici creole e cultura francese, marxismo e sostegno alla causa dei neri.

ROUSSEAU (Henri), detto **il Doganière**, *Laval 1844 - Parigi 1910*, pittore francese. I quadri naïf di questo autodidatta, spesso scaturiti da un'invenzione poetica stravagante, denotano una notevole sicurezza plastica (*L'incantatrice di serpenti*, 1907, Musée d'Orsay, Parigi; *Il sogno*, 1910, MOMA, New York).

ROUSSEAU (Jean-Jacques),  *Ginevra 1712 - Ermenonville 1778*, scrittore e filosofo di lingua francese. Rimasto orfano all'età di dieci anni, ebbe un'educazione da autodidatta. R. indica nella ricerca di se stessi e nello scavo interiore il segreto per una felicità "naturale" e per la comprensione tra gli uomini. A suo avviso, tutti i mali derivano dall'organizzazione politica e dalle errate forme di comunicazione in uso (*Essai sur l'origine des langues*). Partendo da questi presupposti, procede alla critica radicale di una società corruttrice (*Discorso sulle scienze e sulle arti*, 1750; *Discorso sull'origine dell'ineguaglianza tra gli uomini*; *Lettera a D'Alembert sugli spettacoli*, 1758) ed espone i suoi principi etici sulla vita pubblica e privata nelle opere filosofiche (*Contratto sociale*, *Emilio*), in un romanzo (*La nuova Eloisa*) e negli scritti autobiografici (*Le fantasticherie del passeggiatore solitario*, 1782; *Le confessioni*, 1782-1789).

■ *Jean-Jacques Rousseau ritratto da Quentin de la Tour. (Louvre, Parigi.)*

ROUEN. *Particolare della corte del palazzo di giustizia (stile gotico fiammeggiante, inizi del XVI sec.).*

Henri **ROUSSEAU**. La guerra, o La cavalcata della desolazione, 1894. (MNAM, Parigi.)

ROUSSEAU (Théodore), *Parigi 1812 - Barbizon 1867*, pittore francese. Ispirato dalla bellezza della foresta di Fontainebleau, al tempo stesso realistica e romantica, fu una personalità di spicco della scuola di Barbizon.

ROUSSEL (Albert), *Tourcoing 1869 - Royan 1937*, compositore francese. Trasse ispirazione da C. Debussy e dai viaggi in Estremo Oriente per scrivere melodie, pezzi strumentali (quattro sinfonie) e musiche per balletti (*Le festin de l'araignée*, 1913).

ROUSSEL (Raymond), *Parigi 1877 - Palermo 1933*, scrittore francese. La sua opera narrativa, accolta con favore da surrealisti ed esponenti del *nouveau roman*, rappresenta un'esplorazione sistematica del meccanismo della creazione letteraria (*Impressioni d'Africa, Locus solus*).

ROVÀNI (Giuseppe), *Milano 1818-1874*, scrittore. Dopo aver combattuto a Venezia e preso parte alla difesa della Repubblica Romana (1848), visse a Milano, dove fu il precursore della scapigliatura e contribuì al rinnovamento del romanzo storico con *Cento anni* (1859-1864). Tra le altre opere, *Lamberto Malatesta* (1843), *La Libia d'oro* (1868).

ROVÀTO, com. in prov. di Brescia; 14.358 ab. Industrie chimiche, cartarie, alimentari, metalmeccaniche. Castello di origine romana. Chiesa di S. Stefano (VII sec.).

ROVERÉTO, com. in prov. di Trento; 34.163 ab. Agricoltura (tabacco, frutta, cereali). Industrie alimentari, chimiche, tessili. Castello trecentesco, ampliato nel XVI sec. Palazzo municipale (XV sec.). Chiesa di S. Marco (XV sec.).

ROVÈRSI (Roberto), *Bologna 1923*, scrittore. Redattore di *Officina* (1955), ha sviluppato una critica sociale e politica attraverso raccolte poetiche (*Dopo Campoformio*, 1962), romanzi (*Registrazione di eventi*, 1964; *I diecimila cavalli*, 1976) e opere teatrali (*Unterdenlinden*, 1965).

ROVÉTTA (Gerólamo), *Brescia 1851 - Milano 1910*, scrittore e drammaturgo. Esordì con il romanzo *Mater dolorosa* (1882), dedicandosi poi alla raffigurazione dell'alta società milanese a lui contemporanea, nei romanzi (*La baraonda*, 1894; *L'idolo*, 1898) e drammi (*I disonesti*, 1892; *Romanticismo*, 1901; *Papà Eccellenza*, 1906).

ROVÌGO, c. del Veneto, capol. di prov.; 50.627 ab. (*rodigini*). È situata tra i f. Po e Adige, nel Polesine. Importante centro agricolo (cereali, ortofrutta). Industrie tessili, alimentari, chimiche. — Sorta nel IX sec., fu sotto il dominio degli Estensi (XII sec.), quindi dei veneziani (1482). Nel 1866 entrò a far parte dello Stato italiano. — Nucleo medievale con cerchia muraria del XII sec. Duomo (XVII-XVIII sec.); chiostro rinascimentale degli Olivetani in S. Bartolomeo; chiesa della Beata Vergine del Soccorso (la Rotonda, 1594). Accademia dei Concordi con Pinacoteca (dipinti della scuola veneta, XIV-XVIII sec.). — La provincia, che si estende nel Polesine ed è interamente pianeggiante, fu soggetta a numerosi interventi di bonifica. L'attività principale è l'agricoltura, ma vi sono diffuse anche piccole e medie imprese industriali.

ROVÌTO, com. in prov. di Cosenza; 2806 ab. Agricoltura (olive, ortaggi). Chiesa di S. Maria di Nives (XVI sec.). Nel 1844, in località Vallone di R., furono fucilati i fratelli *Bandiera.

ROVNO, c. dell'Ucraina occ.; 239.000 ab.

ROWLAND (Henry Augustus), *Honesdale, Pennsylvania, 1848 - Baltimora 1901*, fisico statunitense. Dimostrò che una carica elettrica mobile crea un campo magnetico (1876) e costruì reticoli di diffrazione per lo studio dello spettro solare.

ROWLANDSON (Thomas), *Londra 1756-1827*, pittore, disegnatore e incisore britannico. Fu tra i grandi maestri del disegno satirico e umoristico, genere fiorente in Inghilterra.

ROWLING (Joanne Kathleen), *Chipping Sodbury 1965*, scrittrice britannica. È autrice della fortunatissima serie di romanzi per l'infanzia che ha per protagonista il piccolo mago Harry Potter: *Harry Potter e la pietra filosofale* (1997), *Harry Potter e la camera dei segreti* (1998), *Harry Potter e il prigioniero di Azkaban* (1999), *Harry Potter e il calice di fuoco* (2000), *Harry Potter e l'ordine della Fenice* (2003).

ROY (Arundhati), *Bengal 1961*, scrittrice e attivista indiana. Ha esordito nel 1997 con *Il dio delle piccole cose*, confermandosi nel 1999 con *La fine delle illusioni*. Con gli scritti successivi, *Guerra è pace* (2002) e *Guida all'impero per la gente comune* (2003), si è segnalata come una delle maggiori esponenti del pacifismo e dell'ambientalismo a livello mondiale.

ROYA, f. dell'Italia e della Francia, che nasce nelle Alpi e sfocia nel Mediterraneo; 60 km.

ROYAL DUTCH SHELL, gruppo petrolifero internazionale, le cui origini risalgono alla creazione (avvenuta nel 1890 nei Paesi Bassi) della Royal Dutch Company, unita nel 1907 alla società britannica Shell Transport and Trading Co. Tra le sue attività figurano anche l'estrazione del carbone e dei metalli e l'industria chimica.

ROYAL SHAKESPEARE COMPANY, compagnia teatrale britannica, risalente al 1879. Custode della tradizione shakespeariana, non trascura neppure il repertorio contemporaneo.

RÓZEWICZ (Tadeusz), *Radomsko 1921*, scrittore polacco. Con le sue opere poetiche (*Inquietudine*) e teatrali (*La trappola*) denuncia la dimensione assurda della società moderna.

ROZZÀNO, com. in prov. di Milano; 36.986 ab. Sobborgo alla periferia di Milano. Industrie cartarie, tessili, chimiche, delle materie plastiche.

RÓZZI (Accadèmia dei), accademia fondata nel 1665 a Siena. Sorta dalla Congrega dei R., creata nel 1531 da un gruppo di artigiani, si propose di divulgare la cultura popolare, anche in opposizione al gusto aristocratico dell'Accademia degli *Intronati, senza però disdegnare le incursioni nella cultura colta.

RSI → REPUBBLICA SOCIALE ITALIANA.

RUANDA, Stato dell'Africa centrale; 26.338 km²; 8.160.000 ab. (*ruandesi*). CAP. *Kigali*. LINGUE: *inglese, francese* e *kinyarwanda*. MONETA: *franco del Ruanda*. [*V. carta del* **Burundi**.]

GEOGRAFIA – È un paese di altopiani, vicino all'equatore, ma dal clima temperato per via dell'altitudine. Caffè e tè costituiscono le risorse commerciali del R., devastato nella metà degli anni '90 del secolo scorso dal conflitto tra hutu (che rappresentano la maggioranza) e tutsi.

STORIA – **XIV-XIX sec.**: in epoca storica il R. è governato dalla dinastia reale dei Nyiginya, nati da un popolo di pastori e guerrieri (tutsi). **1894**: i tedeschi conducono una prima spedizione militare. In seguito, tentano di annettere la regione all'Africa Orientale, ma non riescono a controllarla completamente. **1916**: scontri tra tedeschi e belgi costringono la Germania a ripiegare sull'Urundi (att. Burundi). **1923**: il Belgio riceve un mandato sulla regione, che prende il nome di R.-Urundi e in breve viene unita al Congo belga. **1960**: il R.-Urundi si separa dal Congo belga. **1962**: i due Stati conquistano l'indipendenza contemporaneamente; il primo presidente del R. è Gregoire Kayibanda. Gravi conflitti oppongono gli hutu ai tutsi, che emigrano o vengono completamente estromessi dalla vita pubblica. **A partire dal 1973**: il paese è governato dal generale Juvénal Habyarimana (di etnia hutu), impostosi con un colpo di Stato. **1991**: in cambio degli aiuti francesi e belgi contro i ribelli tutsi del Fronte patriottico ruandese (FPR), il regime s'impegna sulla strada della democratizzazione (nuova Costituzione che restaura il pluralismo). **1994**: nonostante l'accordo di pace concluso nel 1993 tra il governo e i ribelli tutsi, la morte del presidente J. Habyarimana (probabilmente causata da un attentato) è seguita da atroci massacri. Mentre la minoranza tutsi è vittima di un autentico genocidio, organizzato dalle milizie estremiste hutu, la maggioranza, a sua volta perseguitata, fugge dinanzi alla progressione dell'FPR. Quest'ultimo assume il controllo del paese, ormai teatro di scontri permanenti tra le due comunità. **2000**: per decisione dell'assemblea parlamentare, sale alla presidenza della repubblica Paul Kagame, mentre la carica di primo ministro viene assegnata a Bernard Mazuka. **2003**: entra in vigore una nuova Costituzione e P. Kagame si riconferma capo dello Stato.

RUB AL-KHALI, deserto nel S dell'Arabia Saudita.

RUBATTÌNO (Raffaèle), *Genova 1809-1881*, armatore. Nel 1857 concesse a C. Pisacane la nave *Cagliari* per la spedizione di Sapri. Di sua proprietà erano anche le imbarcazioni *Piemonte* e *Lombardo* utilizzate da G. Garibaldi per la spedizione dei Mille (1860). Nel 1869 acquistò sul Mar Rosso la base di Assab, punto di appoggio per l'espansione italiana in Eritrea.

RÙBBIA (Càrlo), *Gorizia 1934*, fisico. Titolare di una cattedra all'Università di Roma, membro della Royal Society, ha iniziato a collaborare con il CERN negli anni '60. Nel 1983 ha scoperto le particelle responsabili dell'interazione debole, i bosoni intermedi W e Z. (Premio Nobel 1984.)

■ Carlo Rubbia.

RUBEN, personaggio biblico. Primogenito di Giacobbe, è il capostipite eponimo di una tribù d'Israele stabilitasi a E del Giordano.

RUBENS (Petrus Paulus), *Siegen, Westfalia, 1577 - Anversa 1640*, pittore fiammingo. Lavorò per i Gonzaga, l'arciduca Alberto, Maria de' Medici (dipinti per la galleria del Palazzo del Lussemburgo, 1622-1625, oggi al Louvre, Parigi). Titolare di un'importante bottega ad Anversa, affermò la propria personalità attraverso uno stile focoso e pieno di colore, efficace nell'espressione tanto della sensualità quanto della violenza, che rispondeva appieno al gusto della Controriforma. La sua opera, che si colloca nella corrente barocca, è frutto di una sintesi tra realismo fiammingo e la grande tradizione italiana: *San Gregorio papa* (1607, museo di Grenoble), *La discesa dalla croce* (1612, cattedrale di Anversa), *La battaglia delle Amazzoni* (1617, Monaco), *L'adorazione dei Magi* (versioni di Bruxelles, Malines, Lione, Anversa),

Petrus Paulus **RUBENS**. La toeletta di Venere,
1613 ca. (Coll. Liechtenstein, Vaduz.)

Il giardino d'amore (1635, Prado, Madrid), *La kermesse* (1636, Louvre, Parigi) e i tanti ritratti della seconda moglie, Elena Fourment.

RUBICÓNE, f. che separava l'Italia dalla Gallia Cisalpina. Cesare lo oltrepassò con il suo esercito nella notte tra l'11 e il 12 gen. 49 a.C., senza l'autorizzazione del senato, scatenando così la guerra civile. "Passare il R." significa perciò prendere una decisione audace e irrevocabile.

RUBÌNI (Césare), *Trieste 1923*, pallanuotista e cestista. Nella pallanuoto ha conquistato la medaglia d'oro alle Olimpiadi di Londra del 1948, due medaglie di bronzo (Helsinki 1952, Melbourne 1956) e 6 scudetti. Nella pallacanestro ha vinto 15 scudetti (5 come giocatore e 10 come allenatore) con l'Olimpia Milano tra il 1950 e il 1972, la Coppa dei campioni (1966), 2 Coppe delle coppe (1971 e 1972) e la Coppa Italia.

RUBÌNI (Giovànni Battìsta), *Romano 1794-1854*, tenore. Considerato il più grande tenore del primo '800, esordì a Napoli nel 1815 con *L'italiana in Algeri*, affermandosi poi alla Scala di Milano con *Il Pirata* di V. Bellini (1827). Negli anni successivi si impose come uno dei maggiori interpreti del repertorio belliniano, segnalandosi anche in opere di G. Rossini e G. Donizetti.

RUBÌNI (Sèrgio), *Grumo Appula 1959*, attore e regista cinematografico. Ha esordito in *Intervista* (1987) di F. Fellini, lavorando poi, tra gli altri, con G. Salvatores (*Nirvana*, 1997; *Denti*, 2000; *Amnèsia*, 2002). Tra i film diretti, *La stazione* (1990), *La bionda* (1992), *Il viaggio della sposa* (1997), *Tutto l'amore che c'è* (2000), *L'anima gemella* (2002).

RUBINSTEIN (Anton Grigor'evič), *Vychvatyntzy 1829 - Peterhof 1894*, pianista e compositore russo. Fondatore del conservatorio di San Pietroburgo, introdusse in Russia un'educazione musicale ufficiale di alto livello.

RUBINSTEIN (Artur), *Łódź 1887 - Ginevra 1982*, pianista polacco. È celebre per le sue interpretazioni di F. Chopin.

RUBINSTEIN (Ida), *Harkov 1885 ca. - Vence 1960*, ballerina russa. Commissionò a M. Ravel il *Bolero*, che lei stessa portò sul palcoscenico dell'Opera di Parigi nel 1928 (coreografia di B. Nijinskaja).

RUBLÈV (Andrej), *1360 ca. - Mosca 1427 o 1430*, pittore russo. Grande rappresentante della scuola moscovita medievale, deve la sua fama soprattutto all'*Icona della Trinità*, che raffigura tre angeli alla tavola di Abramo (Galleria Tretjakov, Mosca). È stato canonizzato dalla Chiesa ortodossa russa nel 1988.

RUBROUCK, **RUBRUCK** o **RUYSBROEK** (Guglielmo **di**), *Rubroek 1220 ca. - dopo il 1293*, francescano fiammingo. Inviato in missione da Luigi il Santo alla corte del gran khan di Mongolia, che incontrò nel 1254, lasciò un interessante resoconto di viaggio.

RUCELLÀI, famiglia nobile fiorentina, attestata dal XII sec. e arricchitasi con il commercio della lana. — **Giovanni di Paolo R.**, *Firenze 1403-1481*.

Mecenate, fece costruire il Palazzo R. e la facciata di S. Maria Novella. — **Pandolfo R.**, *Firenze 1436-1497*. Figlio di Giovanni di Paolo, banchiere e trattatista, si fece domenicano. — **Bernardo R.**, *Firenze 1448-1514*. Fratello di Pandolfo, scrittore (*De Urbe Roma*), promosse gli incontri che si tenevano agli Orti Oricellari. — **Giovanni R.**, *Firenze 1475 - Roma 1525*. Figlio di Bernardo, scrisse il poema didascalico in volgare *Le api* (postumo, 1539) e le tragedie *Rosmunda* (1516) e *Oreste* (1525). — **Giulio R.**, *Firenze 1702-1778*. Si distinse come promotore di numerose riforme nel governo del granducato.

RUCHE (la), c. degli artisti, a Parigi. Alcuni artisti agli esordi (F. Léger) o appena arrivati in Francia (A. Archipenko, O. Zadkine, M. Chagall ecc.) ne fecero uno dei santuari dell'arte del XX sec.

RUDAKI (Abu Abd Allah Jafar), *presso Rudak, reg. di Samarcanda, fine del IX sec. - 940*, poeta persiano, autore di liriche intense.

RUDA SLASKA, c. della Polonia, in Alta Slesia; 156.851 ab. Carbon fossile. Industria metallurgica.

RUDINÌ (Antònio **Staràbba**, marchèse **di**), *Palermo 1839 - Roma 1908*, politico. Già ministro dell'interno, fu due volte presidente del consiglio (1891-1892; 1896-1898). Adottò una condotta politica autoritaria, culminata con la sanguinosa repressione dei moti milanesi del mag. 1898, in seguito alla quale dovette dimettersi.

RUDNICKI (Adolf), *Varsavia 1912-1990*, scrittore polacco. Tema della sua opera narrativa (*Cronache dal ghetto*) è la tragedia del popolo ebraico.

RUFFÌNI, famiglia di patrioti genovesi. — **Iacopo R.**, *Genova 1805-1833*. Amico di G. Mazzini, fu membro della carboneria e della Giovine Italia. Arrestato nel 1833, morì suicida in carcere. — **Giovanni R.**, *Genova 1807 - Taggia 1881*. Fratello di Iacopo, fu costretto all'esilio dopo aver partecipato ai moti del 1833. Visse a Londra e Parigi, impegnandosi per diffondere all'estero gli ideali risorgimentali, attraverso i romanzi *Lorenzo Benoni* (1853) e *Il dottor Antonio* (1855). Scrisse anche libretti per G. Donizetti (*Don Sebastiano*, 1842). — **Agostino R.**, *Genova 1812 - Taggia 1855*. Fratello di Iacopo e Giovanni, anch'egli affiliato alla carboneria e alla Giovine Italia, nel 1833 fuggì a Marsiglia e Ginevra, dove collaborò con G. Mazzini fino al 1840. Nel 1848, tornato in patria, fu eletto deputato a Genova.

RUFFÌNI (Àngelo), *Pretara 1864 - Baragazza 1929*, anatomista. Il suo nome è legato alla descrizione dei *corpuscoli di R.*, recettori nervosi circondati da un rivestimento connettivale e situati a livello profondo nel derma.

RUFFÌNI (Francésco), *Lessolo 1863 - Torino 1934*, giurista e politico. Senatore dal 1914, ministro della pubblica istruzione (1916-1917), fu docente di diritto ecclesiastico, ma fu allontanato per essersi rifiutato di prestare giuramento al fascismo. Scrisse sulla libertà religiosa (*La libertà religiosa. Storia dell'idea*, 1901), il giansenismo (*Studi sul giansenismo*, postumo, 1943), la figura di C. Cavour (*Ultimi studi sul conte di Cavour*, postumo, 1936).

Andrej **RUBLÈV**. Icona della Trinità.
(Galleria Tretjakov, Mosca.)

RUFFÌNI (Pàolo), *Valentano 1765 - Modena 1822*, matematico e medico. Dimostrò l'impossibilità di risolvere algebricamente le equazioni di grado superiore al quarto. Al suo nome sono legati la *regola di R.*, che permette di calcolare il quoziente di un polinomio, e il *teorema di R.*, legato al rapporto tra binomi e polinomi.

RÙFFO, famiglia nobile calabrese, nota fin dall'XI sec. — **Pietro I R.**, *m. a Terracina nel 1257*. Maresciallo di Federico II, fu nominato vicario di Sicilia e Calabria. — **Pietro II R.**, *XIII sec.* Nel 1270 riconquistò la contea di Catanzaro e fu al fianco degli Angioini. Nei secoli successivi la famiglia si frazionò in diversi rami (tra gli altri, Scilla e Bagnara).

RÙFFO (Titta), *Pisa 1877 - Firenze 1953*, baritono. Si affermò grazie a una voce potente, dalla grande estensione vocale, e a interpretazioni di notevole intensità drammatica.

RÙFFO DI BAGNÀRA (Fabrìzio), *S. Lucido 1744 - Napoli 1827*, religioso e politico. Nominato cardinale (1791), nel 1798 fuggì a Palermo con Ferdinando IV, ma l'anno successivo rientrò in Calabria, dove riunì un esercito. Entrato a Napoli nel giu. 1799, si inimicò la corte e qualche mese più tardi riparò a Parigi. Tornò a Napoli nel 1815, dove trascorse gli ultimi anni della sua vita.

RUGANTÌNO, maschera e burattino del teatro romanesco. Rappresenta il popolano borioso, spaccone e inconcludente.

RUGBY, c. della Gran Bretagna (Inghilterra), sull'Avon; 59.000 ab. Celebre college (dove nacque il gioco del rugby nel 1823).

RÜGEN, isola della Germania (Meclemburgo-Pomerania Anteriore), nel Baltico, collegata al continente da una diga; 926 km².

RUGGÈRI (Ruggèro), *Fano 1871 - Milano 1953*, attore teatrale. Esordì nel 1888, diventando nel 1900 primo attore della compagnia Talli-Gramatica-Calabresi. In seguito creò una propria compagnia, con la quale portò in scena opere di V. Sardou, S. Guitry e soprattutto L. Pirandello (*Il gioco delle parti*, *Enrico IV*), diventando uno degli attori più celebri dell'epoca.

RUGGÈRO I, *Normandia 1031 - Mileto, Calabria, 1101*, conte di Sicilia (1062-1101). Di origine normanna, con il fratello Roberto il Guiscardo conquistò prima la Calabria (1061), poi la Sicilia (1091). — **Ruggero II**, *1095 ca. - Palermo 1154*, primo re di Sicilia (1130-1154), figlio di R. I. Entrò in conflitto con il papato.

RUGGÈRI (Còsimo), *m. a Parigi nel 1615*, astrologo fiorentino. Favorito di Caterina de' Medici, dal 1604 fu autore di almanacchi annuali molto rinomati.

RUHMKORFF (Heinrich Daniel), *Hannover 1803 - Parigi 1877*, costruttore tedesco di strumenti scientifici. Nel 1851 realizzò il rocchetto d'induzione che porta il suo nome.

RUHR, f. della Germania, affl. di destra del Reno, al quale si unisce a Duisburg; 235 km.

RUHR, reg. della Germania (Renania Settentrionale-Westfalia), attraversata dal f. Ruhr. Nella zona, fortemente industrializzata (carbone, metallurgia, chimica), con un più recente sviluppo dei servizi, si concentrano moltissimi centri urbani (Essen, Duisburg, Düsseldorf, Dortmund). — La R. fu occupata da Francia e Belgio (1923-1925) in seguito alla mancata esecuzione delle clausole previste dal trattato di Versailles. Fatta bersaglio di pesanti bombardamenti durante la seconda guerra mondiale, fu dotata dagli Alleati di un organismo di controllo economico (1948-1952).

RUINI (Bartolomèo, detto Meùccio), *Reggio nell'Emilia 1877 - Roma 1970*, politico. Deputato radicale dal 1913, fu ministro delle colonie (1920). Nel 1926 fu allontanato dagli incarichi pubblici per aver partecipato alla secessione dell'Aventino (1924). Tra i fondatori del Partito democratico del lavoro (1942), fu in seguito presidente del consiglio di Stato, del senato (1953) e del CNEL (1958-1959). Tra le opere, *La democrazia e l'unione nazionale* (1925).

RUISDAEL → Ruysdael.

RUIZ (Juan), meglio noto come **Arciprete di Hita**, *Alcalá de Henares 1285 ca. - 1350 ca.*, poeta spagnolo. Nel suo poema autobiografico (*Libro* *del retto amore*) si mescolano leggende, allegorie e satira della società del tempo.

RUIZ (Nevado del), vulcano delle Ande colombiane; 5400 m. Terribile eruzione nel 1985.

RUIZ DE ALARCÓN Y MENDOZA (Juan), *in Messico 1581 - Madrid 1639*, autore di teatro spagnolo. È autore di commedie (*La verità sospetta*) e del dramma *Il tessitore di Segovia*.

RUMÈLIA, nome con cui gli ottomani indicavano l'insieme delle loro province europee fino alla metà del XVI sec. Il congresso di Berlino (1878) creò la provincia della R. Orientale, che nel 1885 si unì alla Bulgaria.

RUMFORD (Benjamin **Thompson**, cónte), *Woburn, Massachusetts, 1753 - Auteuil, Francia, 1814*, fisico e chimico statunitense. Inventò il calorimetro ad acqua, studiò il calore di combustione ed evaporazione e confutò la teoria del calorico, dimostrando che il ghiaccio fondente conserva una massa costante.

RUMMEL, f. dell'Algeria, che sfocia nel Mediterraneo; 250 km. Le sue foci circondano Costantina. A valle prende il nome di Oued Al-Kebir.

RUMÒR (Mariàno), *Vicenza 1915 - 1990*, politico. Deputato dal 1948 nelle file della DC, ne fu segretario negli anni 1958-1959 e 1964-1969. Ricoprì diversi incarichi ministeriali (agricoltura, interni, esteri) e fu presidente del consiglio (1968-1970, 1973-1974).

RUNDSTEDT (Gerd **von**), *Aschersleben 1875 - Hannover 1953*, maresciallo tedesco. Comandò un gruppo d'armata in Polonia, Francia e Russia (1939-1941). Nel dic. 1944 diresse l'ultima offensiva della Wehrmacht nelle Ardenne.

RUNEBERG (Johan Ludvig), *Pietarsaari 1804 - Porvoo 1877*, poeta finlandese di lingua svedese. Per i suoi poemi lirici e patriottici (*Leggende dell'alfiere Staal*) meritò il titolo di poeta nazionale.

RUPERT, f. del Canada (Québec), che sfocia nella Baia di James; 483 km.

RUPERT (Robert, detto il principe), *Praga 1619 - Londra 1682*, ammiraglio britannico. In occasione della prima rivoluzione inglese offrì il suo aiuto allo zio Carlo I, che lo mise a capo della cavalleria reale e poi della flotta con l'incarico di causare una sollevazione in Irlanda (1648-1650). Con la restaurazione divenne primo lord dell'ammiragliato (1673-1679).

RUSAFA o **RÉSAFÉ**, sito della Siria, a SE del Lago Asad; resti di edifici (soprattutto basiliche) eretti nel VI sec. in onore di san Sergio.

RUSCÓNI (Edilio), *Milano 1916-1996*, giornalista, scrittore ed editore. Segnalatosi con romanzi (*Casamento 84*, 1944) e saggi (*Comune solitudine*, 1944), fondò e diresse il settimanale *Oggi* (1945-1956). Nel 1956 fondò con P. Paolazzi la casa editrice omonima, acquisita totalmente nel 1969 e diretta in seguito dal figlio Alberto. Quest'ultima, passata nel 1999 sotto il controllo della francese Hachette, pubblica volumi e riviste (*Gioia*, *Gente*).

RUSE, c. della Bulgaria, sul Danubio; 162.128 ab. Porto fluviale e centro industriale.

RUSHDIE (Salman), *Bombay 1947*, scrittore britannico di origine indiana. Magico affabulatore, pone l'immaginazione al centro delle sue opere (*I figli della mezzanotte*, 1981; *L'ultimo sospiro del Moro*, 1995; *La terra sotto i suoi piedi*, 1999). Nel 1989 R. Khomeini ha pronunciato una fatwa (sentenza) di condanna a morte nei confronti di R., a causa del suo romanzo *Versetti satanici*, giudicato blasfemo nei confronti dell'islam.

RUSHMORE (Mónte), sito degli Stati Uniti, a SO di Rapid City (South Dakota). Su una parete di granito sono scolpiti i volti dei presidenti G. Washington, T. Jefferson, A. Lincoln e T. Roosevelt, alti una ventina di metri.

RUSKA (Ernst), *Heidelberg 1906 - Berlino 1988*, fisico tedesco. Nel 1931 costruì il primo microscopio elettronico, che sottopose a successivi perfezionamenti. (Premio Nobel 1986.)

RUSKIN (John), *Londra 1819 - Brantwood, Cumberland, 1900*, critico d'arte e sociologo britannico. Coniugando insegnamento morale, iniziative pratiche e riflessione sull'arte, esaltò l'architettura gotica e appoggiò il movimento preraffaelita, auspicando la rinascita dei mestieri artistici (*Le sette lampade dell'architettura*, 1849).

RUSSELL (Bertrand, cónte), *Trelleck, Galles, 1872 - Penrhyndeudraeth, Galles, 1970*, filosofo e logico britannico. Fondatore del logicismo e della teoria dei tipi (*Principia mathematica*, in collaborazione con A.N. Whitehead, 1910-1913), si distinse anche per il vigore dell'impegno politico, morale e umanitario. Nel 1966 istituì il "tribunale R." per condannare i crimini di guerra commessi dagli americani in Vietnam. (Premio Nobel per la letteratura 1950.)

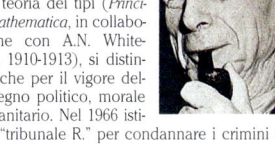

■ *Bertrand Russell.*

RUSSELL (Henry Norris), *Oyster Bay, New York, 1877 - Princeton, New Jersey, 1957*, astrofisico statunitense. Compì ricerche nel campo dell'astrofisica che lo portarono a concepire, indipendentemente da E. Hertzsprung, una classificazione delle stelle in base alla luminosità e al tipo spettrale, chiamata "diagramma di Hertzsprung-R." (1913).

RUSSELL (John, cónte), *Londra 1792 - Pembroke Lodge, Richmond Park, 1878*, politico britannico. Capo del partito whig, primo ministro (1846-1852; 1865-1866) e ministro degli affari esteri (1852-1855; 1860-1865), lottò contro l'influenza russa in Europa (guerra di Crimea, 1854) e completò l'opera libero-scambista di R. Peel.

RÜSSELSHEIM, c. della Germania (Assia), sul Meno; 59.528 ab. Industria automobilistica.

RUSSEY (Le), c. della Francia, nel dip. Doubs, nella reg. Giura; 2043 ab. Sfruttamento forestale e allevamento.

RÙSSIA, Stato federale dell'Europa e dell'Asia; 17.075.000 km^2; 147.200.000 ab. (*russi*). CAP. *Mosca*. LINGUA: *russo*. MONETA: *rublo*.

ISTITUZIONI – Repubblica federale composta da 7 circondari federali comprendenti 21 repubbliche, 49 province (*oblasts*), 6 territori amministrativi (*kraj*), una provincia autonoma, 10 circondari autonomi (*okrug*) e due città autonome (Mosca e San Pietroburgo). Costituzione del 1993. Il presidente della federazione, eletto ogni 4 anni a suffragio universale, nomina il primo ministro, responsabile dinanzi alla Duma. Il parlamento (assemblea federale) è composto dalla Duma (450 membri, eletti ogni 4 anni) e dal consiglio della federazione (178 membri, eletti ogni 4 anni), espressione dei poteri delle repubbliche e delle province.

GEOGRAFIA – Con un'estensione di 10.000 km ca. da O a E, dal Baltico al Pacifico, e 11 diversi fusi orari, la R. è di gran lunga il più vasto paese del mondo. Il suo territorio è formato essenzialmente da pianure e altopiani, con i rilievi che si concentrano nel S (Caucaso, monti al confine con la Mongolia e la Cina) e a E (lungo le coste del Pacifico). Gli Urali costituiscono tradizionalmente il confine che separa la R. europea da quella asiatica (Siberia). La latitudine, ma soprattutto la lontananza dell'oceano e la morfologia dei rilievi, determinano la continentalità del clima, caratterizzato da forti escursioni termiche, soprattutto a E (con inverni molto rigidi), e influenzano la disposizione zonale delle formazioni vegetali: da N a S si succedono la tundra, la taiga, le foreste di conifere e le steppe erbacee. La modesta densità demografica (meno di 10 ab. per km^2) e la sua localizzazione, soprattutto a O degli Urali e alle latitudini merid., più miti, dipendono dalla durezza delle condizioni climatiche. I soggetti di etnia russa rappresentano un po' più dell'80% della popolazione totale; le minoranze contano tuttavia più di 25 milioni di individui, i quali godono in alcuni casi di uno statuto, almeno teorico, di autonomia. Peraltro, quasi altrettanti russi vivono nei territori periferici (soprattutto in Kazakistan e Ucraina). Oggi la maggior parte della popolazione è urbanizzata: Mosca e San Pietroburgo dominano la rete urbana, ma una dozzina di altre città superano il milione di abitanti. Le risorse naturali sono commisurate all'estensione del territorio: la R. si colloca tra i primi produttori mondiali di petrolio, gas naturale, minerali ferrosi e acciaio. Tuttavia, la situazione è meno favorevole nei comparti a maggiore contenuto tecnologico (settore elettronico, chimico, delle materie plastiche, automobilistico), oltre che nell'agricoltura e nell'allevamento, campi nei quali il volume della produzione, spec. di frumento e patate, di capi bovini e suini, non deve far dimenticare lo scarso rendimento. L'economia risente fortemente dei fenomeni più "naturali": variabilità climatica e grandi distanze (causa di una frequente dissociazione spaziale tra risorse, soprattutto minerarie ed energetiche, e fabbisogno). Dopo la dissoluzione dell'URSS la R. ha imboccato la strada dell'economia di mercato, ma la scarsa competitività ha accelerato la chiusura delle fabbriche e aggravato la disoccupazione. Il paese paga le conseguenze del declino degli scambi con i territori limitrofi e l'Est europeo, un tempo suoi clienti e fornitori obbligati. Si sono approfondite le disuguaglianze sociali e, in alcune zone, le tensioni etniche. Rilevanti sono i problemi ambientali, proporzionali all'estensione del territorio e all'incuria delle autorità. Nel 1998 il paese ha attraversato una grave crisi finanziaria legata alla svalutazione del rublo e, nonostante questa congiuntura sfavorevole sia stata in gran parte superata grazie agli introiti petroliferi, l'aiuto internazionale rimane una condizione indispensabile per lo sviluppo, se non addirittura per la sopravvivenza, dell'economia.

STORIA – **Le origini e i principati medievali**. **V sec. d.C.**: gli slavi orientali si dirigono verso S-E, dove vengono in contatto con le vestigia delle civiltà scita e sarmatica. **VIII-IX sec.**: i variaghi, di stirpe normanna, controllano le due vie commerciali tra il Baltico e il Mar Nero, i fiumi Dnepr e Volga. Fondano principati che verranno governati da figure semileggendarie (Askold a Kiev, Rjurik a Novgorod). **882**: Oleg, principe della dinastia dei Rjurikidi, fonda lo Stato di Kiev. **989**: Vladimiro I (980 ca. - 1015) impone il battesimo ai suoi sudditi. **1019-1054**: sotto Jaroslav il Saggio, Kiev è culla di una fiorente civiltà che si ispira a Bisanzio. **XI sec.**: le incursioni di tribù nomadi (peceneghi prima, cumani poi) provocano la fuga di una parte della popolazione verso la Galizia, la Volinia o il N-E. **1169**: Vladimir viene scelta come capitale del secondo Stato russo, il principato di Vladimir-Suzdal. **1238-1240**: i mongoli conquistano quasi tutto il paese. **1242**: Alessandro Nevskij ferma l'avanzata dei cavalieri Portaspada. **XIV sec.**: cominciano a differenziarsi le varie etnie: bielorussi, piccoli russi (o ucraini) e grandi russi.

Lo Stato moscovita. **XIV sec.**: il principato di Mosca afferma la sua supremazia sugli altri. **1326**: il metropolita stabilisce la sede a Mosca. **1380**: Demetrio Donskoj sconfigge i mongoli a Kulikovo. **1425-1462**: sotto il regno di Basilio II la Chiesa russa rifiuta l'unione con Roma. **1462-1505**: assunto il titolo di autocrate, Ivan III organizza uno Stato potente e centralizzato e nel 1480 mette fine al dominio mongolo. **1533-1584**: Ivan IV il Terribile, assunto il titolo di zar (1547), s'impossessa dei Khanati di Kazan' e Astrakhan e dà inizio alla conquista della Siberia. **1598**: alla morte di Fëdor I la dinastia dei Rjurikidi si estingue. **1605-1613**: dopo il regno di Boris Godunov (1598-1605) la R., in preda a una crisi politica e sociale, viene invasa da svedesi e polacchi. **1613**: Michele Fëdorovič, eletto da un'assemblea nazionale, fonda la dinastia dei Romanov. **1645-1676**: sotto Alessio Michajlovič, l'annessione dell'Ucraina orientale scatena un conflitto con la Polonia (1654-1667). **1649**: il Codice trasforma la servitù della gleba in un'istituzione. **1666-1667**: la condanna dei "vecchi credenti" da parte della Chiesa ortodossa provoca lo scisma, o *raskol*.

L'impero russo fino alla metà del XIX sec. **1682-1725**: dopo aver escluso dal potere la reggente Sofia (1689), Pietro il Grande intraprende l'occidentalizzazione del paese, al quale assicura uno sbocco sul Baltico e una nuova capitale, San Pietroburgo. Nel 1721 fonda l'impero russo. **1725-1741**: la sua opera è in parte vanificata dai successori, Caterina I (1725-1727), Pietro II (1727-1730) e Anna Ivanovna (1730-1740), sotto il cui regno si alternano rivoluzioni di palazzo e ministri tedeschi. **1741-1762**: alla corte di Elisabetta Petrovna si fa sentire l'influenza francese. **1762**:

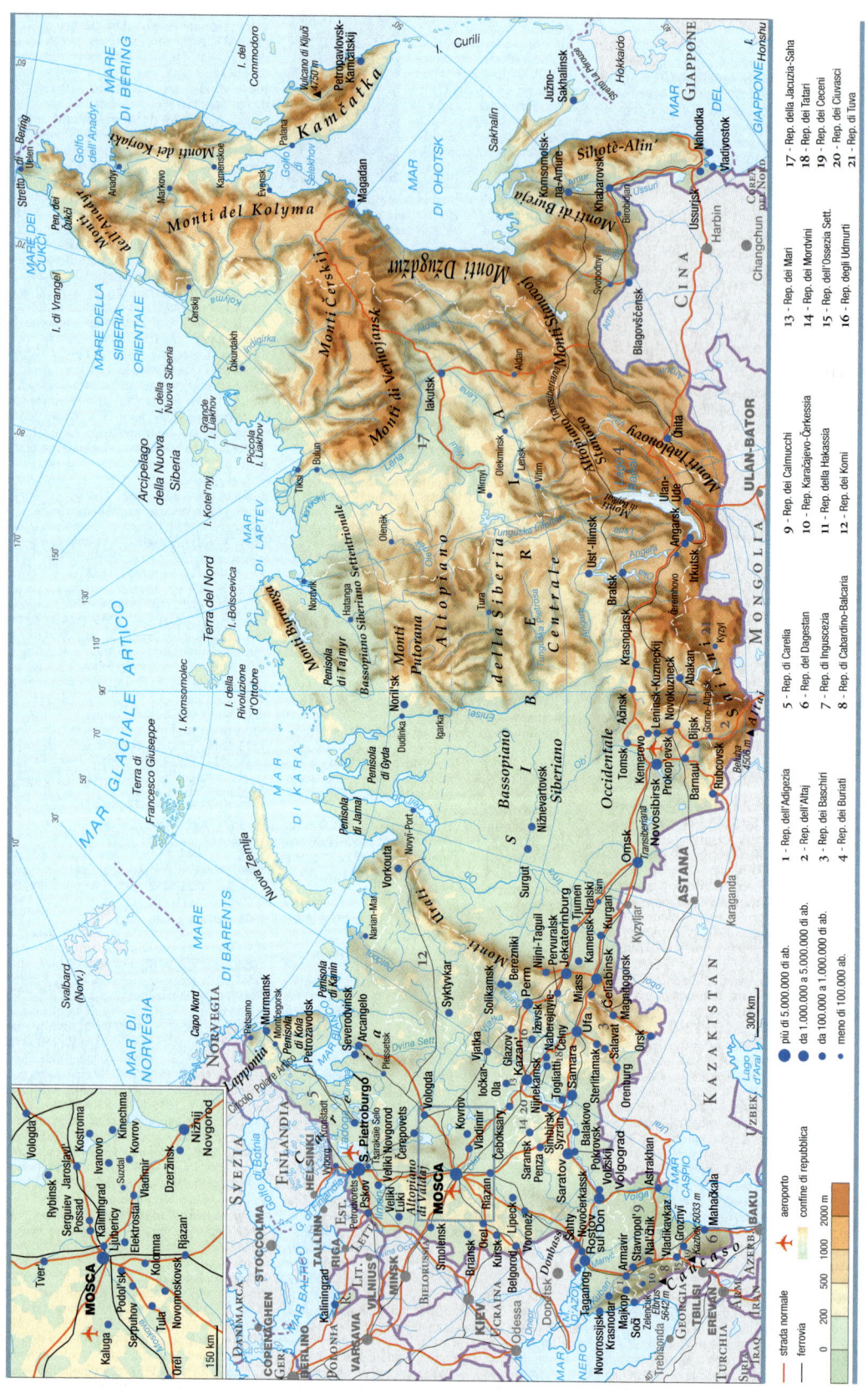

Pietro III restituisce a Federico II i territori prussiani conquistati dall'esercito russo e viene assassinato. **1762-1796**: Caterina II conduce una politica espansionistica per affermare il prestigio del paese. Con il trattato di Küçük Kainarca (1774) la R. guadagna uno sbocco sul Mar Nero: in seguito alle tre spartizioni della Polonia acquista Bielorussia, Ucraina occidentale e Lituania. Tuttavia l'aggravarsi delle condizioni dei servi della gleba provoca la rivolta di Emel'jan Pugačëv (1773-1774). **1796-1801**: regno di Paolo I, che partecipa alle prime due coalizioni contro la Francia. **1801-1825**: regno di Alessandro I che, sconfitto da Napoleone, si allea in seguito con lui (Tilsit, 1807) per poi prendere parte attiva alla sua caduta (campagna di R., 1821). Nel 1815 il monarca russo partecipa al Congresso di Vienna e aderisce alla Santa Alleanza. **1825-1835**: Nicola I conduce una politica autoritaria soffocando nel sangue la cospirazione decabrista (1825) e la rivolta polacca (1830). Nel frattempo prosegue l'espansione nel Caucaso. L'intellighenzia si divide in slavofili e filoccidentali. **1854-1856**: la R. viene sconfitta da Francia e Gran Bretagna, alleate dell'impero ottomano nella guerra di Crimea.

La modernizzazione e la sopravvivenza dell'autocrazia. **1860**: la R. annette la regione compresa tra l'Amur, l'Ussuri e il Pacifico, quindi conquista l'Asia centrale (1865-1897). **1861-1864**: Alessandro II (1855-1881) affranca i servi della gleba, che rappresentano ancora un terzo della popolazione contadina, e istituisce le assemblee provinciali (*zemstvo*). Queste riforme tuttavia non soddisfano l'intellighenzia rivoluzionaria, che aderisce al nichilismo prima, al populismo poi (1870). **1878**: il congresso di Berlino ridimensiona l'influenza che la R. ha acquisito nei Balcani grazie alle vittorie sugli ottomani. **1881-1894**: Alessandro III limita l'applicazione delle riforme varate dal predecessore e persegue una politica di russificazione e proselitismo ortodosso. Il paese conosce una rapida industrializzazione alla fine degli anni '80 dell'800. Viene conclusa l'alleanza franco-russa. **1894**: sale al potere Nicola II. **1898**: fondazione del Partito operaio socialdemocratico russo (POSDR). **1901**: nascita del Partito socialrivoluzionario (SR). **1904-1905**: la guerra contro il Giappone, conclusasi con la disfatta della R., crea i presupposti per la rivoluzione del 1905. Dopo alcune concessioni liberali, Nicola II ritorna a una politica autocratica. La R. si avvicina alla Gran Bretagna formando con questa e con la Francia la Triplice Intesa; **1915**: coinvolta nella prima guerra mondiale, subisce gravi perdite per le offensive austro-tedesche in Polonia, Galizia e Lituania. **1917**: la Rivoluzione di febbraio abbatte il regime zarista, la Rivoluzione d'ottobre dà il potere ai bolscevichi.

La Russia sovietica. **1918-1920**: il nuovo regime si batte contro l'esercito controrivoluzionario (detto "bianco") guidato da Anton Denikin, Aleksandr Kolčak, Nikolaj Judenič e Ferdinand Vrangel; riconosce inoltre l'indipendenza di Finlandia, Polonia e paesi baltici. La Rep. Socialista Federativa Sovietica Russa, creata nel 1918, accetta sul proprio territorio repubbliche o province autonome in Crimea, nel Caucaso settentrionale, negli Urali e in Asia centrale. **1922**: la Rep. Socialista Federativa Sovietica Russa aderisce all'URSS. Fulcro dell'Unione Sovietica, la R. gioca un ruolo unificatore nei confronti delle repubbliche periferiche (14 dopo la seconda guerra mondiale), in cui l'adozione della lingua russa e l'insediamento di russi hanno la funzione di consolidare i valori sovietici. **1922-1990**: → URSS. **1990**: in seguito alle prime elezioni libere, il soviet supremo elegge presidente russo Boris Eltsin e proclama la sovranità della R. **1991**: B. Eltsin, riconfermato presidente della repubblica da elezioni a suffragio universale, si oppone al putsch tentato in agosto ai danni di Michail Gorbačëv.

La Federazione Russa. Dopo la dissoluzione dell'URSS (dic. 1991) la R. aderisce alla CSI, in seno alla quale tenta di giocare un ruolo preponderante, e prende il nome ufficiale di Fed. Russa, subentrando all'Unione Sovietica come potenza nucleare e membro permanente del consiglio di sicurezza dell'ONU. Conflitti di interessi la contrappongono all'Ucraina (sovranità sulla Crimea e controllo della flotta del Mar Nero) e alla Georgia, che rifiuta di aderire alla CSI. All'interno, l'introduzione di un'economia di mercato determina un forte rialzo dei prezzi aggravando povertà e corruzione. Il governo centrale si scontra con la volontà d'indipendenza di diversi popoli delle regioni del Volga e del Caucaso settentrionale (soprattutto i ceceni) e con l'affermazione del potere delle regioni in tutta la federazione. **1993**: la R. stipula il trattato Start II con gli Stati Uniti. In settembre B. Eltsin scioglie il soviet supremo e in ottobre fa intervenire l'esercito per fronteggiare la ribellione dei deputati. In dicembre indice le elezioni legislative e un referendum su un progetto di Costituzione, che viene adottato. Le elezioni confermano l'ascesa dell'estrema destra nazionalista, che conquista il secondo posto dietro la coalizione comprendente i riformatori fautori di Eltsin. Il Partito comunista e i suoi alleati guadagnano quasi un terzo dei seggi. La R. ottiene l'adesione della Georgia alla CSI. **1994**: R., Ucraina e Stati Uniti sottoscrivono un accordo per lo smantellamento dell'arsenale nucleare in Ucraina. B. Eltsin si dedica al risanamento della politica economica (ricerca di un equilibrio tra attuazione e costo sociale delle riforme) e consolida il ruolo della R. nell'antico territorio sovietico e nei Balcani. A partire dal mese di dicembre fa intervenire l'esercito (che si ritirerà nel 1996) contro gli indipendentisti ceceni. **1995**: le elezioni legislative (dic.) sono contrassegnate da un ritorno in forze dei comunisti che, con i loro alleati, controllano quasi la metà della Duma. **1996**: B. Eltsin viene rieletto presidente della federazione, ma è indebolito dalla malattia, che lo allontana spesso dalla vita pubblica e non gli consente di garantire una solida gestione del potere, cosa che, in un paese già in preda a una grave crisi economica e finanziaria, esacerba le rivalità politiche. **1999**: le truppe russe lanciano una nuova offensiva in Cecenia. In dicembre, in occasione delle elezioni legislative, la coalizione presidenziale guidata dal primo ministro Vladimir Putin si allea con i comunisti. Il 31 dic. Eltsin si dimette e nomina V. Putin presidente *ad interim*. **2000**: Putin, eletto in marzo presidente della R., si sforza di restaurare l'autorità del potere centrale sull'intero territorio della federazione. Michail Kasyanov riveste la carica di primo ministro. **2001**: dopo l'attentato dell'11 *settembre* a New York la R., in nome della lotta comune contro il terrorismo, si avvicina agli Stati Uniti e all'insieme dei paesi occidentali. **2002**: Putin firma a Pratica di Mare un accordo con la NATO che prevede la costituzione di un consiglio comprendente anche la Fed. Russa. **2004**: le elezioni presidenziali di marzo confermano Putin alla guida della R.

RÙSSIA (campàgna di) (24 giu. - 30 dic. 1812), spedizione condotta in R. dalle armate di Napoleone alleate alla Prussia e all'Austria. Dopo la vittoria della Moscova e la presa di Mosca, le truppe dovettero intraprendere una lunga e disastrosa ritirata, di cui un episodio saliente fu il passaggio della Bereszina.

RÙSSIA BIÀNCA → BIELORUSSIA.

RÙSSO (Ferdinàndo), *Napoli 1866-1927*, poeta. Autore dialettale, raffigurò il mondo della plebe napoletana senza trascurare gli aspetti più crudi della realtà. Tra le opere, *'N Paraviso* (1891), *Canzoni, canzonette e bizzarrie* (1898), *Cronaca nera* (postumo, 1962).

RÙSSO (Giovànni), *Salerno 1925*, giornalista e scrittore. Ha approfondito le problematiche sociali e civili dell'Italia meridionale. Tra le opere, *Baroni e contadini* (1955), *L'Italia dei poveri* (1958), *I figli del Sud* (1974), *Sud specchio d'Italia* (1993), *I cugini di New York* (2003).

RÙSSO (Luigi), *Delia 1892 - Marina di Pietrasanta 1961*, critico letterario. Fondatore (1946) e direttore della rivista *Belfagor*, applicò alla letteratura un orientamento storicistico di matrice vichiana. Tra le opere, *Giovanni Verga* (1920), *I narratori* (1923), *Francesco De Sanctis e la cultura napoletana* (1928), commento a *I promessi sposi* (1945).

RÙSSO (Vincènzo), *Palma di Campania 1770 - Napoli 1799*, politico. Sostenitore degli ideali giacobini e rivoluzionari, dovette riparare a Milano, in Svizzera e a Roma, dove scrisse i *Pensieri politici* (1798). Tornato a Napoli, entrò nella commissione legislativa, ma al ritorno dei Borboni fu arrestato e impiccato.

RÙSSO-GIAPPONÉSE (guèrra) (feb. 1904 - sett. 1905), guerra combattuta da Russia e Giappone, conclusasi con la vittoria di quest'ultimo. Suoi momenti salienti furono l'assedio di Port Arthur da parte dei giapponesi e le disfatte russe di Mukden e Tsushima. Il trattato di Portsmouth costrinse la Russia a evacuare la Manciuria e stabilì il protettorato giapponese sulla Corea.

RÙSSOLO (Luigi), *Portogruaro 1885 - Cerro di Laveno 1947*, pittore e musicista. Influenzato dal divisionismo, partecipò al nascente movimento futurista (*I lampi*, 1909-1910). In seguito si occupò della formulazione di una musica futurista, basata sui rumori, teorizzata in *L'arte dei rumori* (1913) e realizzata attraverso specifici strumenti appositamente costruiti (*intonarumori*).

RÙSSO-POLÀCCA (guèrra) → POLACCO-SOVIETICA (guerra).

RÙSSO-TÙRCHE (guèrre), conflitti sostenuti dagli imperi ottomano e russo, in part. nel XVIII e XIX sec. Le guerre del 1736-1739, 1768-1774 e 1787-1791 permisero alla Russia di annettere la sponda settentr. del Mar Nero. Quelle del 1828-1829 (intervento a sostegno dell'indipendenza greca), 1853/1854-1856 (guerra di *Crimea*) e 1877-1878 (intervento nei Balcani) contribuirono a liberare i Balcani dalla dominazione ottomana.

RUSTAVI, c. della Georgia; 159.000 ab. Industria metallurgica.

RUSTENBURG, c. del Sudafrica, a NO di Johannesburg. Centro minerario (platino, cromo).

RÙSTICO DI FILÌPPO, *Firenze 1230/1240-1291/1300*, poeta. Ghibellino, fu amico di B. Latini, che gli dedicò il *Favolello*. Di lui restano 58 sonetti, la metà dei quali dedicati a tematiche amorose e gli altri incentrati su tematiche realistiche, ripresa in seguito da C. Angiolieri.

RUTEBEUF, poeta francese del XIII sec., autore di poesie satiriche e allegoriche (*Renart le bestourné*) e del *Miracle de Théophile*.

RUTÈNIA CARPÀTICA o **RÙSSIA SUBCARPÀTICA**, reg. dell'Ucraina. Annessa all'Ungheria nell'XI sec., fu possedimento cecoslovacco dal 1919 al 1938, quindi fu ceduta all'URSS e annessa all'Ucraina.

RUTH, personaggio biblico. Giovane moabita, moglie di Booz e, grazie ai figli avuti da lui, antenata di Gesù. La sua vicenda è narrata nel libro della Bibbia che porta il suo nome (V sec. a.C.).

RUTHERFORD OF NELSON (Ernest, lord), *Nelson, Nuova Zelanda, 1871 - Cambridge 1937*, fisico britannico. Nel 1899 scoprì la radioattività del torio e nel 1903, con F. Soddy, enunciò la legge delle trasformazioni radioattive. Riuscì a separare i raggi β e α, dimostrando che questi ultimi sono costituiti da nuclei di elio. Grazie ai raggi α del radio, nel 1919 realizzò la prima trasmutazione artificiale dell'azoto in ossigeno. Determinò inoltre la massa del neutrone e propose un modello atomico composto da un nucleo centrale e da elettroni satelliti. (Premio Nobel per la chimica 1908.)

■ *Ernest Rutherford of Nelson.*

RUTIGLIÀNO, com. in prov. di Bari; 17.448 ab. Industrie alimentari. Artigianato delle ceramiche. Nei dintorni, aree di interesse archeologico (Annunziata, Purgatorio-Bigetti) con necropoli ed edifici.

RUTÌNI (Giovànni Màrco), *Firenze 1723-1797*, compositore. Maestro di cembalo e direttore d'orchestra a Praga e San Pietroburgo, visse poi a Bologna, dove fu amico di Padre Martini, e a Firenze. Notevoli le sue composizioni per clavicembalo, dal tipico gusto settecentesco.

RÜTLI o **GRÜTLI**, prateria della Svizzera (cant. di Uri), sul versante sud-orient. del Lago dei Quattro Cantoni, divenuta celebre per il giuramento prestato, probabilmente il 1° ago. 1291, dai patrioti dei cantoni di Uri, Nidwald e Schwyz, decisi a sbarazzarsi della tirannia di Alberto I d'Asburgo.

RÙTOR, gruppo montuoso delle Alpi Graie. Situato al confine tra Italia e Francia, ha come vetta principale la Testa del R. (3486 m). Sul versante settentr., piccolo ghiacciaio omonimo.

RÙTULI, ant. popolazione del Lazio.

RÙVO DI PÙGLIA, com. in prov. di Bari; 25.674 ab. Agricoltura (olive, cereali). Industrie enologiche, alimentari. Cattedrale romanica. Museo latta (collezioni di vasi, oggetti e ceramiche di origine greca).

RUWENZORI, massiccio dell'Africa, tra la Rep. Dem. del Congo (ex Zaire) e l'Uganda; culmina nella Cima Margherita (5119 m).

RUY BLAS, dramma in cinque atti, in versi, di V. Hugo (1838). Alla corte di Spagna, nel XVII sec., un valletto si spaccia per nobile allo scopo di aiutare il suo signore a vendicarsi. Divenuto amante della regina e ministro influente, si sacrifica per non compromettere la sovrana.

RUYSBROECK (Jan **Van**) → VAN RUYSBROECK (San).

RUYSBROEK (Guglièlmo **di**) → RUBROUCK.

RUYSDAEL o **RUISDAEL** (Jacob **Van**), *Haarlem 1628/1629-1682*, pittore olandese. La sua opera segna l'apogeo della scuola paesaggistica olandese e il suo superamento in virtù di una visione drammatica o lirica che prefigura il romanticismo (*Il cimitero ebraico*, versioni di Dresda e Detroit; *La tempesta*, Louvre, Parigi). Era il nipote di un altro paesaggista, Salomon Van R. (1600-1670 ca.).

RUYTER (Michiel Adriaanszoon **de**), *Flessinga 1607 - presso Siracusa 1676*, ammiraglio olandese. Seminò il panico a Londra dando fuoco alle imbarcazioni inglesi sul Tamigi (1667) e fermò la flotta anglo-francese in Zelanda (1673); inviato in soccorso della Spagna contro i ribelli siciliani, fu sconfitto dai francesi davanti al porto di Augusta (1676).

RUŽIČKA (Leopold), *Vukovar, Croazia, 1887 - Zurigo 1976*, chimico svizzero di origine croata. È autore di ricerche sulla struttura dei terpeni (usati nell'industria dei profumi di sintesi) e sugli ormoni steroidei. (Premio Nobel 1939.)

Jacob **RUYSDAEL**. Colpo di sole sulla cascata *(Louvre, Parigi.)*

RUZZÀNTE o **RUZÀNTE** (Àngelo **Beólco**, detto), *Padova 1500 ca. - 1542*, attore e autore teatrale. Amico del patrizio A. Cornaro, mise in scena per lui molte commedie in dialetto padovano, recitando egli stesso nella parte del contadino R. Le sue opere, che perseguono un ideale di naturalezza e realismo, sotto la voluta rusticità nascondono una notevole cultura letteraria (*Betìa*, 1524; *La Moscheta*, 1529; *La Piovana*, 1533 ca.).

RYBINSK, c. della Russia, sul Volga; 249.515 ab. Centrale idroelettrica.

RYBNIK, c. della Polonia, in Alta Slesia; 144.242 ab. Centro carbonifero.

RYDBERG (Johannes Robert), *Halmstad 1854 - Lund 1919*, fisico svedese. Stabilì una relazione tra gli spettri dei vari elementi chimici, mettendo in luce l'esistenza di una costante d'impor-

tanza fondamentale per le teorie sulla struttura atomica.

RYDZ-ŚMIGŁY (Edward), *Brzezany, att. Berejany, Ucraina, 1886 - Varsavia 1941*, maresciallo polacco. Fu comandante in capo delle forze polacche nel 1939.

RYLE (Gilbert), *Brighton 1900 - Whitby, North Yorkshire, 1976*, filosofo e logico britannico. Approfondì la filosofia analitica britannica, arricchendola con la sua concezione del linguaggio (*Lo spirito come comportamento*, 1949).

RYUKYU, arcipelago giapponese del Pacifico, tra Kyushu e Taiwan; 2250 km^2; 1.222.398 ab.; capol. *Naha* (sull'Isola di Okinawa, la più grande dell'arcipelago).

RZESZÓW, c. della Polonia sud-orient., capol. di voivodato; 162.323 ab.

Carattere Sabon

SA (abbr. di Sturmabteilung, "reparto d'assalto"), formazione paramilitare della Germania nazista, creata nel 1921 da Ernst Röhm. Le SA, che nel 1933 contavano ca. 3 milioni di membri, persero la loro importanza dopo l'eliminazione di Röhm e di parecchie centinaia dei suoi accoliti ("Notte dei lunghi coltelli", 30 giu. 1934).

SAADI → SAʿDI.

SAALE, f. della Germania, affl. di sinistra dell'Elba; 427 km. Attraversa Jena e Halle.

SAAME → LAPPONI.

SAANE, f. della Svizzera, affl. di sinistra dell'Aar; 128 km.

SAAR, in fr. *Sarre*, f. della Francia e della Germania, che nasce nei Vosgi e confluisce nella Mosella; 246 km. Attraversa Sarreguemines, Saarbrücken e Saarlouis.

SAARBRÜCKEN, c. della Germania, capol. del Saarland, sul f. Saar; 183.836 ab. Centro amministrativo, culturale e industriale.

SAAREMAA, isola dell'Estonia, di fronte al Golfo di Riga; 2714 km².

SAARINEN (Eero), *Kirkkonummi 1910 - Ann Arbor, Michigan, 1961*, architetto e designer statunitense di origine finlandese. Con il padre Eliel (1873-1950), stabilitosi negli Stati Uniti nel 1923, ebbe un ruolo importante nell'evoluzione dell'architettura americana moderna (terminal TWA dell'aeroporto di New-York-Idlewild, 1956).

SAARLAND, Land della Germania; 2568 km²; 1.071.501 ab.; cap. *Saarbrücken*. Importante bacino carbonifero, sfruttato dal 1871. — La regione divenne in gran parte francese sotto Luigi XIV, poi prussiana nel 1814-1815. In seguito al trattato di Versailles (1919) fu separata dalla Germania per quindici anni e affidata alla SDN. Nel 1947 il S., resosi autonomo, rimase legato economicamente

Eero **SAARINEN**. *"Gusci"* in cemento armato del terminal TWA (1956), a Idlewild.

alla Francia, per essere poi reintegrato nella Germania (1° gen. 1957) in seguito a un referendum.

SAARLOUIS, c. della Germania (Saarland); 38.063 ab.

SAAS FEE, com. della Svizzera (Vallese); 1604 ab. Località di soggiorno estivo e di sport invernali (1800-3200 m d'alt.).

SÀBA, in ar. *Saba'*, ant. regno dell'Arabia sudocc. (Yemen), la cui cap. era Marib. Fiorì tra l'VIII e il I sec. a.C.

SÀBA (regina di), leggendaria regina d'Arabia, che secondo la Bibbia si recò in visita da re Salomone, episodio peraltro ripreso dal Corano. Nella letteratura araba, è conosciuta anche con il nome di Balkis.

SÀBA (Umberto **Pòli**, detto Umberto), *Trieste 1883 - Gorizia 1957*, poeta. Autore anche di testi narrativi (*Ricordi-racconti*, 1956; *Ernesto*, incompiuto, 1953), nei versi del *Canzoniere* (1921, 1948) trasfuse i propri ricordi d'infanzia, filtrati dalla duplice esperienza della psicoanalisi e della persecuzione antisemita.

SABADELL, c. della Spagna, in Catalogna, nella prov. di Barcellona; 183.727 ab. Industria tessile.

SABAH, già **Borneo Settentrionale**, Stato della Malaysia, nel Borneo settentr.; 2.449.389 ab.; capol. *Kota Kinabalu*. Fu prima protettorato (1888), poi colonia britannica (1946-1963).

SABATIER (Paul), *Carcassonne 1854 - Tolosa 1941*, chimico francese. Autore di lavori sui processi di idrogenazione catalitica ottenuti grazie al nichel ridotto, effettuò la sintesi di molti idrocarburi. (Premio Nobel 1912.)

SABATÌNI (Mónti), gruppo montuoso dell'Antiappennino Laziale. Situato intorno al Lago di Bracciano, comprende alcuni laghi di estensione inferiore (laghi di Martignano e Monterosi). La vetta principale è la Rocca Romana (612 m).

SÀBATO (Ernesto), *Rojas 1911*, scrittore argentino. Nei suoi romanzi si mescolano realismo, elementi fantastici e meditazione filosofica (*Il tunnel, Alessandra, L'angelo degli abissi*).

SABÀUDIA, com. in prov. di Latina, sulle rive del lago omonimo; 16.036 ab. Centro agricolo (arachidi, ortaggi, cereali). Industrie meccaniche, elettrotecniche. Fu fondato nel 1933 nel corso dei lavori di bonifica delle paludi.

SÀBBIA (Val), valle della Lombardia, in prov. di Brescia. Situata tra la Val Trompia e il Lago di Garda, si estende per 40 km ca. ed è percorsa dal f. Chiese. Centri princ.: Nozza, Vestone.

SABBIONÉTA, com. in prov. di Mantova; 4313 ab. Fiorì sotto il dominio dei Gonzaga; il principe Vespasiano ne riorganizzò l'impianto urbanistico trasformandola in un centro artistico e culturale. Palazzo Ducale (1568); Palazzo Giardino (1584).

SABÈLLIO, eresiarca cristiano del III sec. Diede origine a una dottrina che annullava la distinzione fra le tre persone della Trinità (sabellianesimo, modalismo o monarchianismo).

SABIN (Albert Bruce), *Bialystok 1906 - Washington 1993*, medico statunitense di origine russa. Mise a punto il vaccino antipolio per la somministrazione orale.

SABÌNA, reg. storica del Lazio, compresa nelle prov. di Rieti e Roma. Ne fanno parte i Monti Sabini e la Conca di Rieti. Il territorio, di natura calcarea, è collinare e montuoso. Agricoltura e allevamento bovino. Centri princ.: Rieti, Magliano Sabina, Mentana.

SABÌNI, ant. popolazione dell'Italia centrale. Secondo la leggenda, il ratto delle sabine a opera di Romolo provocò la guerra tra romani e s., che dopo la riconciliazione si fusero a formare un solo popolo. Dopo Romolo, a governare Roma furono due re s.: Numa Pompilio e Anco Marzio.

SABINIÀNO, *m. a Roma nel 606*, papa dal 604 al 606.

SABÌNO (Giùlio), *m. a Roma nel 79 d.C.*, capo dei galli. Nel 69-70 tentò di restituire l'indipendenza alla Gallia, ma fu fatto giustiziare da Vespasiano.

SABOTÌNO, rilievo montuoso del Carso; 609 m. È situato a N di Gorizia, al confine tra Italia e Slovenia. Fu teatro di numerosi scontri durante la prima guerra mondiale, che terminarono con la sua conquista da parte delle truppe italiane (ago. 1916).

SÁ-CARNEIRO (Mario de), *Lisbona 1890 - Parigi 1916*, scrittore portoghese. Tra i maggiori rappresentanti del "modernismo portoghese" insieme con l'amico F. Pessoa, è autore di poesie (*Dispersione*) e racconti (*La confessione di Lucio*) venati da un profondo smarrimento, che scaturisce dal senso d'irrealtà dell'esistenza.

SACCHÉTTI (Frànco), *Ragusa, Dalmazia, 1332 ca. - San Miniato 1400*, scrittore. Si dedicò ai commerci prima di rivestire cariche importanti (in part. fu podestà e capitano di Bibbiena, San Miniato e Faenza). Autore di versi (*Libro delle rime*), è noto soprattutto per una raccolta di novelle realistiche, scritte in un linguaggio popolaresco (*Trecentonovelle*).

SÀCCHI (Andrèa), *Nettuno 1599 - Roma 1661*, pittore. Allievo di F. Albani, fu uno dei maggiori esponenti dell'eclettismo romano, rielaborato sotto l'influenza dei Carracci e della pittura veneta, in contrapposizione con il barocco accademico. Tra le opere, *Visione di san Romualdo* e *Storie di san Giovanni Battista*, a Roma.

SÀCCHI (Bartolomèo) → PLATINA.

SACCHÌNI (Antònio Marìa), *Firenze 1730 - Parigi 1786*, compositore. Dopo gli studi e alcuni anni di attività a Napoli (*Andromaca*, 1761), si trasferì dapprima a Venezia (*Alessandro Severo*, 1763), quindi a Londra, per stabilirsi infine a Parigi nel 1782. Qui realizzò le opere maggiori, contribuendo al rinnovamento dell'opera seria (*Renaud*, 1783; *Edipo a Colono*, 1786).

SÀCCO, f. del Lazio; 87 km. Nasce dai Monti Prenestini, scorre nella Valle Latina e confluisce da destra nel Liri nei pressi di Ceprano.

SÀCCO E VANZÉTTI (càso), caso giudiziario che negli Stati Uniti vide protagonisti due anarchici immigrati, Nicola Sacco (n. nel 1889) e Bartolomeo Vanzetti (n. nel 1888). La loro condanna a morte per duplice omicidio (1921, eseguita nel 1927), in mancanza di prove certe, provocò vive proteste in tutto il mondo. Nel 1977 furono riabilitati e riconosciuti innocenti.

Bartolomeo **VANZETTI** e Nicola **SACCO** nel 1923.

SACCÓNI (Giusèppe), *Montalto delle Marche 1854 - Collegiliato 1905*, architetto. Il suo nome è legato alla realizzazione del monumento a Vittorio Emanuele II a Roma (Vittoriano), al quale lavorò, dopo aver vinto il concorso nel 1884, fino alla morte. Tra le altre opere, la Cappella espiatoria per Umberto I a Monza (1900-1910).

SACCOPASTÓRE, località nei pressi di Roma. Nel 1929 e nel 1935 vi furono ritrovati due crani di ominidi ritenuti tipici del periodo neandertaliano, precursori dell'*Homo sapiens*.

SACHALIN (Ìsola), isola montuosa della Russia, a E dell'Asia, tra il Mare di Ohotsk e il Mar del Giappone; 87.100 km[2]; 693.000 ab. Pesca. Carbone e petrolio. — Divisa nel 1905 tra il Giappone e la Russia, che la occupava dal 1850, è stata annessa all'URSS nel 1945.

SACHAROV (Andrej Dmìtrevič), *Mosca 1921-1989*, fisico sovietico. Autore di contributi importanti nel campo della fisica delle particelle, ebbe un ruolo di rilievo nella realizzazione della bomba H sovietica. Negli anni 1970-1980 fu indomito paladino dei diritti umani in URSS. (Premio Nobel per la pace 1975.)

■ *Andrej Sacharov.*

SACHER-MASOCH (Leopold, cavalière **von**), *Leopoli 1836 - Lindheim, Assia, 1895*, scrittore austriaco. È autore di racconti e romanzi (*Venere in pelliccia*) in cui esprime un erotismo dominato dalla voluttà della sofferenza, che da lui ha preso il nome di masochismo.

SACHS (Hans), *Norimberga 1494-1576*, scrittore tedesco. Mise al servizio della Riforma i propri versi (*L'usignolo di Wittenberg*) e le proprie opere teatrali, religiose o profane. R. Wagner ne fece l'eroe dei suoi *Maestri cantori di Norimberga*.

SACHS (Leonie, detta Nelly), *Berlino 1891 - Stoccolma 1970*, letterata svedese di origine tedesca. La sua poesia trae ispirazione dalla tradizione biblica ed ebraica. (Premio Nobel 1966.)

SACHSENHAUSEN →ORANIENBURG-SACHSENHAUSEN.

SACKS (Oliver), *Londra 1933*, neuropsichiatra e scrittore statunitense. Attivo a New York nella cura di pazienti affetti da emicranie croniche e morbo di Parkinson, ha scritto *Risvegli* (1973), *Su una gamba sola* (1984), *L'uomo che scambiò sua moglie per un cappello* (1985), *Un antropologo su Marte* (1995), *Zio tungsteno* (2002).

SÀCRA CONVERSAZIÓNE o **PÀLA DI S. BERNARDÌNO**, dipinto di Piero della Francesca (1472, Brera, Milano). L'opera, capolavoro della pittura del '500, raffigura con un superbo equilibrio compositivo e una perfetta simmetria la Vergine con il Bambino, sei santi, quattro angeli e Federico da Montefeltro in ginocchio.

SACRAMENTO, c. degli Stati Uniti, cap. della California, sul f. omonimo (620 km); 407.018 ab. (1.628.197 ab. nell'agglomerato).

SÀCRE (guèrre) (590-339 a.C.), quattro guerre che contrapposero le città dell'antica Grecia. Provocate dall'anfizionia di Delfi col pretesto di difendere il tempio di Apollo, in realtà furono combattute dalle *poleis* per assicurarsi il controllo delle ricchezze del santuario. Si conclusero con l'intervento di Filippo di Macedonia, che sottomise i greci.

SACRIPÀNTI (Maurìzio), *Roma 1916-1996*, architetto e urbanista. Vicino all'arte cinetica, ha realizzato edifici trasformabili elettronicamente. Tra le opere, Ospedale generale di Empoli (1954), grattacielo Peugeot a Buenos Aires (1961), padiglione per l'Expo '70 di Osaka (1968).

SÀCRO (Mónte), colle della zona sud-orient. di Roma, identificato con l'Aventino. Nel 494 a.C. fu teatro della prima secessione dei plebei, risoltasi grazie all'intervento di Menenio Agrippa, che portò alla creazione dei tribuni della plebe.

SÀCRO CUÒRE (basìlica del), chiesa costruita sulla collina di Montmartre, a Parigi, dal 1876 al 1912, su progetto di Paul Abadie.

SÀCRO RÒMANO IMPÈRO GERMÀNICO, denominazione ufficiale dell'impero fondato nel 962 da Ottone I. Comprendeva i regni di Germania, Italia e, a partire dal 1302, Borgogna. Indebolito dalla lotta per le investiture (1076-1122) e dallo scontro tra papato e impero (1157-1250), dalla fine del XIII al XV sec. perse i domini d'Italia, Borgogna e Svizzera, tendendo a confondersi con l'area germanica. I sette grandi elettori istituiti dalla Bolla d'oro (1356) divennero arbitri assoluti della nomina imperiale. I trattati di Westfalia (1648) sancirono lo smembramento territoriale dell'impero, che non poté resistere alle conquiste napoleoniche e si dissolse nel 1806 con la rinuncia di Francesco II alla corona imperiale tedesca.

SADAT (Anwar), *Mit Abu El-Kom 1918 - Il Cairo 1981*, politico egiziano. Partecipò al colpo di Stato del 1952, divenne presidente dell'assemblea nazionale (1960-1969) e nel 1970 succedette a G. Nasser alla guida del paese. Dopo la quarta guerra arabo-israeliana (1973) ruppe i rapporti con l'URSS per poi concludere gli accordi di Camp David (1978) e un trattato di pace con Israele (Washington, 1979). Fu assassinato nel 1981. (Premio Nobel per la pace 1978.)

■ *Anwar Sadat.*

SADDAM HUSAYN → HUSAYN (Saddam).

SADE (Donatien Alphonse François, cónte **de**, detto Marchése **de**), *Parigi 1740 - Charenton-Saint-Maurice, att. Saint-Maurice, 1814*, scrittore francese. La sua opera, a lungo considerata solo nell'ottica del *sadi-*

Sacra conversazione (o Madonna col Bambino, angeli, santi e con il duca Federico da Montefeltro) *di Piero della Francesca, 1472-1474. (Brera, Milano.)*

smo, in realtà rappresenta una versione nevrotica e sovversiva del pensiero filosofico illuminista (*Le 120 giornate di Sodoma*, 1783-1785; *Justine o i guai della virtù*, 1791; *La filosofia del boudoir*, 1795).

SÁ DE MIRANDA (Francisco **de**), *Coimbra 1480 ca. - Quinta de Tapada 1558*, umanista e scrittore portoghese. Le sue opere teatrali e poetiche si ispirano al Rinascimento italiano.

SA'DI o **SAADI** (Muslih Al-Din Abdullah), *Shiraz 1213 ca. - 1292*, poeta persiano. È autore di poemi e del Golestan.

SA'DIDI o **SA'DITI**, dinastia che regnò sul Marocco dal 1554 al 1659.

SADOLÉTO (Iàcopo), in fr. Jacques **Sadolet**, *Modena 1477 - Roma 1547*, umanista. Segretario di Leone X (1513) insieme all'amico P. Bembo, divenne cardinale nel 1536. Nella sua lotta contro la corruzione del clero, invitò a un atteggiamento conciliante nei riguardi del protestantesimo. Grande ammiratore di Cicerone, scrisse il trattato pedagogico *Phaedrus, de liberis recte instituendis*.

SADOUL (Georges), *Nancy 1904 - Parigi 1967*, storico del cinema e critico francese. Scrisse una *Storia generale del cinema* (1946-1954).

SADOVEANU (Mihail), *Pacani, Moldavia, 1880 - Bucarest 1961*, scrittore romeno. I suoi romanzi rievocano la vita nella campagna morava.

SADOWA (battàglia di) (3 lug. 1866), battaglia della guerra austro-prussiana, combattuta a S. (in ceco Sadová), nella Boemia orient. Si concluse con la vittoria dell'esercito prussiano del re Guglielmo I, rivelatosi meglio equipaggiato, sugli austriaci di L.A. von Benedek.

SAENREDAM (Pieter), *Assendelft, Olanda settentr., 1597 - Haarlem 1665*, pittore e disegnatore olandese. Soggetto dei suoi dipinti sono paesaggi urbani e, soprattutto, interni di chiese, notevoli per la semplicità, la trasparenza e la sommessa poesia.

SAFÀWIDI, dinastia scita fondata da Ismail I, capo della confraternita Safawi, che regnò sull'Iran dal 1501 al 1736. Impose la religione scita duodecimana all'Iran e riuscì a contenere la pressione degli ottomani a O e quella degli uzbeki a E.

SÀFFI (Aurèlio), *Forlì 1819 - San Varano 1890*, patriota e politico. Aderì agli ideali mazziniani e, dopo la creazione della Repubblica Romana, ne divenne triumviro con G. Mazzini e C. Armellini (1849). Esule in Svizzera e in Inghilterra, al ritorno in patria fu eletto deputato (1861). Ritiratosi dalla vita politica, si occupò di studi storici e fu docente all'Università di Bologna.

SÀFFO, *Lesbo fine del VII sec. - VI sec. a.C.*, poetessa greca. I frammenti superstiti dei suoi nove libri di versi cantano la passione e il desiderio.

SAFI, in ar. **Aşfi**, c. del Marocco, sull'Atlantico; 197.000 ab. Monumenti antichi. — Porto. Centro commerciale e industriale.

SAGAMIHARA, c. del Giappone (Honshu); 570.597 ab.

SAGAN (Carl), *New York 1934 - Seattle 1996*, astrofisico statunitense. Specialista di planetologia ed esobiologia, ha giocato un ruolo di primo piano nella messa a punto dei programmi americani relativi alle sonde planetarie. È stato inoltre un divulgatore molto apprezzato.

SAGAN (Françoise **Quoirez**, detta Françoise), *Cajarc, Lot, 1935*, scrittrice francese. È autrice di romanzi (*Bonjour tristesse*, 1954), testi teatrali (*Un castello in Svezia*) e un volume di memorie (*Ricordandoli con affetto*).

SAGAR o **SAUGOR**, c. dell'India (Madhya Pradesh); 232.321 ab.

SAGASTA (Práxedes Mateo), *Torrecilla de Cameros, Logroño, 1825 - Madrid 1903*, politico spagnolo. Più volte primo ministro dal 1881 al 1902, introdusse il suffragio universale e si vide costretto a liquidare l'impero coloniale dopo la guerra contro gli Stati Uniti (1898).

SAGGIATÓRE (Il), casa editrice fondata nel 1958 a Milano da A. Mondadori. Specializzatasi nella saggistica, in part. nel settore delle scienze umane, ha raggiunto un elevato prestigio culturale anche grazie alla collaborazione di studiosi quali G. Debenedetti, G.C. Argan, C. Garboli. Passata sotto il controllo della Arnoldo Mondadori nel 1986, è stata ricostituita come entità indipendente nel 1993 per iniziativa della famiglia Formenton. Dal 1996 è confluita, insieme a Pratiche Editrice e Marco Tropea Editore, nel Gruppo Editoriale Saggiatore.

SAGITTÀRIO, costellazione zodiacale, la cui direzione coincide con quella del centro della Via Lattea. — **Sagittario**, nono segno zodiacale, che il Sole abbandona durante il solstizio d'inverno.

SAGUNTO, c. della Spagna (prov. di Valencia); 56.756 ab. Siderurgia. — L'assedio di S., alleata di Roma, a opera di Annibale (219 a.C.), provocò la seconda guerra punica.

SAHARA, il più vasto deserto del mondo, in Africa. Copre più di 8 milioni di km², dai paesi nord-africani che si affacciano sul Mediterraneo all'Africa nera, e dall'Atlantico al Mar Rosso. Attraversato dal tropico del Cancro, si estende su Marocco, Algeria, Tunisia, Libia, Egitto, Sudan, Ciad, Niger, Mali e Mauritania. L'unità del territorio è assicurata dal clima estremamente secco (l'indice pluviometrico è inferiore ai 100 mm annui), che rende impossibile le colture al di fuori delle oasi. L'unico fiume che attraversa il deserto è il Nilo. Il rilievo presenta un aspetto multiforme: al centro e a E, i grandi massicci, in parte vulcanici, di Hoggar, Aïr e Tibesti; a N, le dune del Grande Erg; in altre regioni, vaste distese pianeggianti o altopiani pietrosi (reg). Nel S vive un milione e mezzo ca. di persone; il nomadismo è sempre meno diffuso da quando si è sviluppata l'industria estrattiva (soprattutto idrocarburi).

SAHARA. Dune nel Sahara marocchino.

SAHARANPUR, c. dell'India (Uttar Pradesh); 452.925 ab.

SAHARA OCCIDENTÀLE, territorio dell'Africa, corrispondente all'ant. Sahara spagnolo; 266.000 km²; 209.000 ab. Fosfati. — È amministrato dal Marocco (a cui si contrappone il Fronte Polisario). Dal 1988 è previsto un referendum sull'autodeterminazione dei suoi abitanti (finora non ancora effettuato).

SAHEL (dall'ar. sahāhil, "bordo"), reg. dell'Africa, che delimita il Sahara a S. È una fascia orientata in direzione O-E, compresa tra Senegal e Sudan, coperta da una magra vegetazione steppica. In passato il termine veniva usato per designare le regioni prospicienti al litorale mediterraneo, in Algeria e Tunisia.

SAHTY, c. della Russia, nel Donbass; 227.549 ab. Miniere di carbone.

SAIÀNI (Mónti), sistema montuoso della Russia, nel S della Siberia occ.

SAÏDA, c. dell'Algeria, capol. di distr., ai piedi dei Monti di S.; 115.166 ab.

SAID PASCIÀ (Muhammad), Il Cairo 1822 - Alessandria 1863, viceré dell'Egitto (1854-1863). Figlio di Mehmet Ali, appoggiò il progetto francese relativo al canale di Suez.

SAIGON → HÒ CHI MINH.

SAIKAKU (Iharu), Osaka 1612-1693, scrittore giapponese. Fu il creatore, nel suo paese, del romanzo di costume realistico e satirico (Una donna di piacere, 1686).

SAILER (Toni), Kitzbühel 1935, sciatore austriaco. Ha conquistato 3 titoli olimpici nel 1956.

SAINT ALBANS, c. della Gran Bretagna (Inghilterra), a N di Londra; 51.000 ab. — Vestigia romane; cattedrale dell'XI-XIV sec., ant. chiesa di un'abbazia benedettina, fondata nel 793, dove nel Medioevo si formarono alcuni storici (tra cui Rugge-

ro di Wendover). — Durante la guerra delle Due Rose fu teatro di due battaglie: una fu vinta dagli York (1455), l'altra dai Lancaster (1461).

SAINT-AMANT (Marc Antoine **Girard de**), Quevilly 1594 - Parigi 1661, poeta francese. È autore di versi bacchici (Il sidro), satirici e lirici (La solitudine).

SAINT ANDREWS, c. della Gran Bretagna (Scozia), sul Mare del Nord; 12.000 ab. Università. Golf. — Cattedrale in rovina (XII-XIV sec.).

SAINT-AUBIN (Gabriel Jacques **de**), Parigi 1724-1780, pittore, disegnatore e incisore francese. Proveniente da una famiglia di artisti, realizzò vivaci acqueforti in cui immortalò la vita parigina dell'epoca.

SAINT-BENOÎT-SUR-LOIRE, com. della Francia, nel dip. Loiret; 1895 ab. — Chiesa con coro romanico dell'XI sec. (capitelli). Nei pressi, chiesa di Germigny-des-Prés, ant. oratorio carolingio.

SAINT-BERTRAND-DE-COMMINGES, com. della Francia, nel dip. Haute-Garonne; 248 ab. Vestigia gallo-romane; cattedrale romanica (XII sec.; chiostro) e gotica (XIV sec.; jubé e stalli del XVI sec.).

SAINT CATHARINES, c. del Canada (Ontario), a SO di Toronto; 130.926 ab.

SAINT CHRISTOPHER AND NEVIS → SAINT KITTS E NEVIS.

SAINT CLAIR, f. e lago (1270 km²) dell'America settentr. che separano il Canada (Ontario) dagli Stati Uniti (Michigan).

SAINT CROIX, la più grande delle Isole Vergini appartenenti agli Stati Uniti; 217 km²; 50.139 ab.

SAINT-DENIS, c. della Francia, nel dip. Seine-Saint-Denis; 86.871 ab. Centro industriale. Stadio. — Notevole chiesa abbaziale gotica (XII-XIII sec.), cattedrale dal 1966, che ospita le sepolture dei re di Francia. L'abbazia, costruita sul sito di una prima fondazione risalente a Dagoberto I (630), conobbe grande prosperità nel XII sec.

SAINT-DENIS. Monumento funebre in marmo di Luigi XII e Anna di Bretagna, terminato nel 1531.

SAINT DENIS (Ruth **Dennis**, detta Ruth), Newark 1877 ca. - Hollywood 1968, ballerina statunitense. Con il marito Ted Shawn fondò la Denishawn School (1915-1931), in cui si sono formati molti grandi artisti della danza moderna.

SAINTE-BEUVE (Charles Augustin), Boulogne-sur-Mer 1804 - Parigi 1869, scrittore francese. Inizialmente vicino al romanticismo (con la raccolta Vie, poésie et pensées de Joseph Delorme e il romanzo Voluttà), si dedicò soprattutto alla critica e alla storia letteraria collocando gli scrittori nel loro ambiente storico e sociale (Critiques et portraits littéraires, 1832-1839; Conversazioni del lunedì, 1851-1862).

SAINTES, c. della Francia, nel dip. Charente-Maritime, sul f. Charente; 27.723 ab. — Scuola dell'aeronautica. — Vestigia romane; belle chiese con elementi romanici (centro culturale nell'abbazia Ste-Marie-des-Dames). Musei.

SAINTES (Îles des), isolotti delle Antille francesi, dipendenza della Guadalupa; 15 km²; 3036 ab. Pesca.

SAINT-ÉTIENNE, c. della Francia, nel dip. Loire, sul Furan, a 517 m d'alt.; 183.522 ab. (quasi 300.000 ab. nell'agglomerato). Industria metallurgica.

SAINT-EXUPÉRY (Antoine **de**), Lione 1900 - scomparso in missione nel 1944, scrittore francese. Nei romanzi (Volo di notte, 1931; Terra degli uomini, 1939; Pilota di guerra, 1942) e nei racconti simbolici (Il *piccolo principe) cercò di riscoprire il senso dell'azione umana e dei valori morali in una società tesa al progresso tecnico.

SAINT-GELAIS (Mellin **de**), Angoulême 1491 - Parigi 1558, poeta francese. Poeta di corte, fu amico di C. Marot e avversario di P. de Ronsard.

SAINT-GERMAIN-DES-PRÉS (abbàzia di), ant. abbazia parigina, fondata sulla riva sinistra della Senna da Childeberto I (558). Dal 1631 al 1790 fu sede della congregazione di S. Mauro. — La sua chiesa, una delle più antiche di Parigi, risale all'XI-XII sec. Il quartiere omonimo, dopo la seconda guerra mondiale, ospitò caffè letterari dove si davano convegno gli esistenzialisti.

SAINT-GERMAIN-EN-LAYE, c. della Francia, nella reg. Île-de-France; 40.162 ab. Castello ricostruito per volere di Francesco I, comprendente la cappella e il campanile in stile gotico (pesanti restauri del XIX sec.). Att. ospita il Museo delle antichità nazionali. — **Trattato di Saint-Germain-en-Laye** (10 sett. 1919), trattato firmato dopo la prima guerra mondiale dai paesi vincitori e dall'Austria, che decretò la fine della monarchia austro-ungarica.

SAINT HELENS, c. della Gran Bretagna (Inghilterra), presso Liverpool; 99.000 ab. Vetrerie.

SAINT HELENS (Mónte), vulcano attivo degli Stati Uniti nord-occ. (Stato di Washington); 2549 m.

SAINT JOHN, f. degli Stati Uniti e del Canada (Nuovo Brunswick), che sfocia nella Baia di Fundy; 700 km ca.

SAINT JOHN, c. del Canada (Nuovo Brunswick), sulla Baia di Fundy, alla foce del f. San Lorenzo; 72.494 ab. Porto. Università. — Museo.

SAINT JOHN (làgo), lago del Canada (Québec), in comunicazione con il San Lorenzo tramite il Saguenay; 1040 km² ca.

SAINT-JOHN PERSE (Alexis **Leger**, detto Alexis **Saint-Leger**, poi), Pointe-à-Pitre 1887 - Giens 1975, diplomatico e poeta francese. Le sue raccolte di poesie offrono una meditazione epica sugli elementi, sulla civiltà e sul destino umano (Elogi, 1911; Anabasi, 1924; Esilio, 1942; Cronaca, 1960). (Premio Nobel 1960.)

SAINT JOHN'S, c. del Canada, capol. della prov. di Terranova; 101.936 ab.

SAINT JOHN'S, cap. dello Stato di Antigua e Barbuda; 25.000 ab.

SAINT-JUST (Louis Antoine), Decize 1767 - Parigi 1794, politico francese. Deputato alla Convenzione, montagnardo e giacobino, chiese l'esecuzione del re senza regolare processo e cercò di instaurare una repubblica centralizzatrice e ugualitaria. Membro del Comitato di salute pubblica (1793), affrettò la caduta dei girondini e divenne il teorico del Terrore. Trascinato nella caduta di M. Robespierre, fu ghigliottinato.

■ Louis Antoine Saint-Just ritratto da L. David. (Coll. priv.)

SAINT KILDA, isoletta britannica dell'Atlantico, disabitata, al largo della Scozia.

SAINT KITTS E NEVIS, Stato federale delle Piccole Antille; 269 km²; 38.000 ab. CAP. Basseterre. LINGUA: inglese. MONETA: dollaro dei Caraibi orientali. [V. carta di **Antigua e Barbuda**.] È formato dalle isole di Saint Kitt (176 km²) e Nevis. Canna da zucchero. — Dal 1983 è uno Stato indipendente nell'ambito del Commonwealth.

SAINT-LAMBERT (Jean François **de**), Nancy 1716 - Parigi 1803, scrittore francese. È autore del poema didascalico Le stagioni.

SAINT-LAURENT, c. del Canada (Québec), che att. fa parte di Montreal.

SAINT LAURENT (Yves), Orano 1936, stilista francese. Si è imposto per l'originalità delle sue creazioni, insieme rigorose e piene di colore.

SAINT LOUIS, c. degli Stati Uniti (Missouri), alla confluenza del Mississippi e del Missouri; 348.189 ab. (2.603.607 ab. nell'agglomerato). Porto fluviale, nodo ferroviario, centro commerciale e industriale. — Museo d'arte.

SAINT-LOUIS, c. del Senegal; 132.499 ab. Porto. Punto di transito per la Mauritania.

SAINT LUCIA, Stato delle Piccole Antille; 616 km²; 149.000 ab. CAP. *Castries*. LINGUA: *inglese*. MONETA: *dollaro dei Caraibi orientali*. [*V. carta di* **Antigua e Barbuda**.] Turismo. — Dal 1979 è uno Stato indipendente nell'ambito del Commonwealth.

SAINT-MALO, c. della Francia, nel dip. Rance; 52.737 ab. Turismo. — Fu grande porto peschereccio dal XIX sec. all'inizio del XX sec. — Bastioni con parti del XII-XIII sec.; cattedrale (XII sec.) e castello (XV sec.).

SAINT-MARTIN, in ol. **Sint Maarten**, una delle Piccole Antille, divisa tra Francia (capol. *Marigot*) e Paesi Bassi (capol. *Philipsburg*); 53 km²; 29.126 ab. per la parte francese; 34 km²; 32.000 ab. per la parte olandese.

SAINT-MAURICE, f. del Canada (Québec), affl. di sinistra del San Lorenzo all'altezza di Trois-Rivière; 520 km.

SAINT-MAURICE, c. della Svizzera (Vallese), sul Rodano; 3562 ab. Abbazia di Agauno, fondata nel VI sec. (chiesa del XVII-XX sec.; ricco tesoro).

SAINT-MORITZ, in ted. **Sankt Moritz**, in romancio **San Murezzan**, com. della Svizzera (Grigioni); 5045 ab. Importante stazione di sport invernali (1856-3003 m d'alt.), nell'Alta Engadina, sulle sponde del Lago di S. M.

SAINT-NAZAIRE, c. della Francia, nel dip. Loire-Atlantique, alla foce della Loira; 68.616 ab. (più di 130.000 ab. nell'agglomerato). Avamporto di Nantes.

SAINT-NICOLAS, in ol. **Sint-Niklaas**, c. del Belgio (Fiandra Orientale); 68.364 ab. Museo regionale.

SAINTONGE, storica prov. della Francia occ., corrispondente alla parte merid. dell'att. dip. Charente-Maritime; cap. *Saintes*. Fu unita alla corona da Carlo V, nel 1375.

SAINT-ORENS-DE-GAMEVILLE, com. della Francia, nel dip. Haute-Garonne, sobborgo sud-orient. di Tolosa; 11.142 ab.

SAINT-OUEN, c. della Francia, nel dip. Seine-Saint-Denis, sulla Senna; 40.015 ab.

SAINT PAUL, c. degli Stati Uniti, cap. del Minnesota, sul Mississippi; 287.151 ab. Forma con Minneapolis una conurbazione di 2.464.124 ab.

SAINT PAUL DE VENCE, com. della Francia, nel dip. Alpes-Maritimes, a S di Vence; 2888 ab. Ant. borgo fortificato; centro turistico e artistico (fondazione Maeght: arte moderna).

SAINT PETERSBURG, c. degli Stati Uniti (Florida), nella Baia di Tampa; 284.232 ab. Porto.

SAINT PHALLE (Marie Agnès, detta Niki **de**), *Neuilly-sur-Seine 1930 - San Diego, California, 2002*, pittrice e scultrice francese. Esponente del "Nouveau réalisme", negli anni '60 del secolo scorso, è conosciuta per le sue sculture variopinte (chiamate *Nana*), di gigantesche proporzioni.

SAINT-POL ROUX (Paul Roux, detto), *Saint-Henry, presso Marsiglia, 1861 - Brest 1940*, poeta fran-

Niki **DE SAINT PHALLE**. *Sculture giganti (anni '80) del "Giardino dei tarocchi" a Garavicchio.*

cese. Erede del simbolismo, fu considerato dai surrealisti un maestro della metafora rara e immaginosa (*Altari della processione*, 1893-1907; *La signora con la falce*, 1899).

SAINT-QUENTIN, c. della Francia, nel dip. Aisne, sulla Somme; 61.092 ab. Industrie meccaniche, elettriche e alimentari. — Fu devastata dagli spagnoli nel 1557.

SAINT-RAPHAËL, c. della Francia, nel dip. Var, sul Mediterraneo; 31.196 ab. Località balneare. Chiesa in stile romanico provenzale.

SAINT-RÉMY-DE-PROVENCE, c. della Francia, nel dip. Bouches-du-Rhône; 10.007 ab. Nei pressi, vestigia romane dell'ant. *Glanum* (arco e mausoleo); monastero di St.-Paul-de-Mausole (XII-XIII sec.).

SAINT-SAËNS (Camille), *Parigi 1835 - Algeri 1921*, compositore francese. Valente pianista e organista, compose soprattutto opere liriche (*Sansone e Dalila*, 1877), una sinfonia con organo, poemi sinfonici (*Danza macabra*), cinque concerti per pianoforte e musica da camera (*Il carnevale degli animali*).

■ *Camille Saint-Saëns. (Museo del conservatorio, Napoli.)*

SAINT-SIMON (Claude Henri **de Rouvroy**, cónte **di**), *Parigi 1760-1825*, filosofo ed economista francese. Basandosi su una religione della scienza e auspicando l'avvento di una nuova classe di industriali, cercò di definire il socialismo pianificatore e tecnocratico (*Il catechismo degli industriali*, 1823-1824).

SAINT-SIMON (Louis **de Rouvroy**, dùca **di**), *Parigi 1675-1755*, scrittore francese. Nelle sue *Memorie* (1694-1723), dallo stile immaginoso ed eclettico, riferisce gli incidenti avvenuti alla corte di Luigi XIV e offre un ritratto dei maggiori personaggi dell'epoca.

SAINT THOMAS (ìsola), la più popolosa delle Isole Vergini appartenenti agli Stati Uniti; 48.166 ab.; capol. *Charlotte Amalie*.

SAINT-TROND, in fiamm. **Sint-Truiden**, c. del Belgio (Limburgo); 37.079 ab. Collegiale gotica di Notre-Dame e altri monumenti del Grote Markt; piccoli musei.

SAINT-TROPEZ, c. della Francia, nel dip. Var, sul Golfo di S. T.; 5542 ab. Importante località turistica e balneare della Costa Azzurra. — Cittadella del XVI-XVII sec.

SAINT VINCENT E GRENADINE, Stato delle Piccole Antille; 388 km²; 114.000 ab. CAP. *Kingstown*. LINGUA: *inglese*. MONETA: *dollaro dei Caraibi orientali*. [*V. carta di* **Antigua e Barbuda**.] Turismo. — Lo Stato, formato dall'ìsola di Saint Vincent (345 km²) e da una parte delle Grenadine, dal 1979 è indipendente nell'ambito del Commonwealth.

SAIPEM, società del gruppo ENI. Fondata nel 1957, è att. leader mondiale nella produzione e raffinazione del petrolio. Tra le attività principali, la realizzazione di piattaforme e condotte sottomarine e la perforazione di pozzi.

SAIS, ant. c. del Basso Egitto, sul delta del Nilo, i cui principi fondarono la XXVI dinastia (664-525 a.C.).

SAJAMA, cima delle Ande, in Bolivia; 6520 m.

SAKAI, c. del Giappone (Honshu); 802.993 ab. Centro industriale.

SAKALAVA o **SAKALAVI**, popolazione del Madagascar occ. (ca. 550.000 individui).

SAKARYA, f. della Turchia, che sfocia nel Mar Nero; 790 km. Centrali idroelettriche.

SAKHA → JACUTI.

SÀLA BAGÀNZA, com. in prov. di Parma; 4622 ab. Feudo dei Sanvitale dal 1258, fu sotto il dominio dei Farnese dal 1612. Rocca Sanvitale (1477) a pianta rettangolare, con affreschi del XVI-XVIII sec.

SALACROU (Armand), *Rouen 1899 - Le Havre 1989*, autore teatrale francese. I suoi testi teatrali, tra il vaudeville e il dramma simbolico, trattano i problemi umani e sociali del mondo moderno (*La sconosciuta di Arras*, *L'arcipelago Lenoir*, *Boulevard Durand*).

SALADÌNO I, in ar. **Yusuf ibn Ayyub Salah Al-Din**, *Tikrit 1138 - Damasco 1193*, sultano d'Egitto e di Siria, della dinastia degli Ayyubidi. Riunì sotto la propria autorità Egitto, Al Hijaz, Siria e Mesopotamia e si pose a capo della guerra santa. Sconfisse i latini nella battaglia di Hattin e scatenò la terza crociata impadronendosi di Gerusalemme (1187). La pace conclusa nel 1192 lasciava Siria ed entroterra palestinese a S., ma quasi tutta la costa alla Francia.

SALADO (Rìo), f. dell'Argentina, affl. di destra del Paraná; 2000 km.

SALAFIYYA, corrente islamica riformista, che nel XIX sec. auspicava il ritorno alla religione pura dei *salafi*.

SALAM (Abdus), *Jhang 1926 - Oxford 1996*, fisico pakistano. Nel 1967 propose una teoria che permise di unificare interazione elettromagnetica e interazione debole. (Premio Nobel 1979.)

SALAMÀNCA, c. della Spagna (Castiglia-León), capol. di prov.; 158.556 ab. Università. — Tra le città spagnole, è una delle più ricche di monumenti (dal Medioevo al Rinascimento); celebre Plaza Mayor (XVIII sec.); museo provinciale.

SALAMÌNA, ant. c. di Cipro, la più importante dell'isola nel I millennio. — Necropoli dell'VIII-VII sec. a.C. e rovine databili dal II al IV sec. d.C.

SALAMÌNA (battàglia di) (sett. 480 a.C.), battaglia della seconda guerra persiana. Vittoria della flotta greca comandata da Temistocle su quella del persiano Serse I, non lontano dalle coste dell'Isola di Salamina, nel Golfo di Egina.

SALAMOV (Varlam Tichonovič), *Vologda 1907 - Mosca 1982*, scrittore sovietico. I suoi *Racconti di Kolyma* costituiscono una testimonianza essenziale e straziante sui gulag.

SALAN (Raoul), *Roquecourbe, Tarn, 1899 - Parigi 1984*, generale francese. Comandante supremo in Indocina (1952-1953) e Algeria (1956-1958), partecipò al putsch di Algeri (1961) e fondò l'OAS. Condannato all'ergastolo, fu liberato nel 1968 e amnistiato nel 1982.

SALÀNDRA (Antònio), *Troia 1853 - Roma 1931*, politico e giurista. Docente di diritto a Roma, deputato dal 1886 per la destra storica, fu più volte ministro. Subentrato nel 1914 a G. Giolitti alla presidenza del consiglio, allo scoppio della prima guerra mondiale tentò invano di mantenere la neutralità, ma dichiarò infine guerra all'Austria (1915). Dimessosi dopo la sconfitta di Caporetto, si ritirò dalla vita politica nel 1925.

SALANG (Còlle di), passo dell'Afghanistan, a N di Kabul. Tunnel stradale.

SALAPARÙTA, com. in prov. di Trapani; 1850 ab. Centro agricolo (meloni, olive). Produzione di vino. Ruderi del castello, distrutto dal terremoto del 1968.

SALÀRIA (via), ant. strada romana, il cui nome deriva dal trasporto di sale per il quale era utilizzata. Già esistente prima dei romani, fu prolungata da Augusto lungo la Sabina fino a *Castrum Truentinum* (l'att. Porto Ascoli) sul Mar Adriatico.

SALÀSCO (armistizio di) (9 ago. 1848), armistizio stipulato a Vigevano tra il generale piemontese Carlo Canera di S. e il generale austriaco H. von Hess. Segnò la conclusione della prima fase della prima guerra d'indipendenza, ristabilendo i confini tra Piemonte e Lombardo-Veneto con un arretramento delle truppe piemontesi.

SALAVAT, c. della Russia (Baškortostan); 156.747 ab. Industria petrolchimica.

SALAZAR (António **de Oliveira**), *Vimieiro, presso Santa Comba Dão, 1889 - Lisbona 1970*, politico portoghese. Professore di economia politica, ministro delle finanze nel 1928, capo del governo nel 1932, guidò la politica portoghese dal 1933. Instaurò lo "Stato nuovo" (*Estado novo*), regime autoritario basato su nazionalismo, fede cattolica, corporativismo e anticomunismo. Dalla fine degli anni '50 del secolo scorso dovette far fronte a un'opposizione crescente e, dopo il 1960, ai movimenti indipendentisti dell'Africa portoghese. Si dimise nel 1968 per motivi di salute.

■ *António de Oliveira Salazar.*

SÀLCE (Luciàno), *Roma 1922-1989*, attore e regista cinematografico. Dopo l'attività teatrale all'estero (Francia, Brasile) e in Italia, si affermò come autore di commedie popolari. Tra i film, *Il federale* (1961), *La voglia matta* (1962), *Le ore dell'amore* (1963), *Colpo di Stato* (1968), *L'anatra all'arancia* (1975), *Fantozzi* (1975), *Quelli del casco* (1987).

SALDANHA (Joào Carlos **de Saldanha Oliveira a Daun**, dùca **di**), *Azinhaga 1790 - Londra 1876*, politico e maresciallo portoghese. Nipote di S. Pombal, nel 1835, dal 1846 al 1849 e dal 1851 al 1856 fu il vero e proprio arbitro delle sorti del paese.

SALÉ, c. del Marocco, sul delta del Bou Regreg, sobborgo di Rabat; 290.000 ab. Aeroporto. — Fortificazioni del XIII sec.

SALEM, c. degli Stati Uniti, cap. dell'Oregon; 107.786 ab. Peabody Museum.

SALEM, c. dell'India (Tamil Nadu); 693.236 ab.

SALÉMI, com. in prov. di Trapani; 11.851 ab. Agricoltura (agrumi, cereali). Industrie alimentari. Castello normanno, costruito da Ruggero e riedificato da Federico II di Svevia. — Il 14 mag. 1860 G. Garibaldi vi lanciò un proclama con il quale assumeva la dittatura della Sicilia.

SALÈNTO o **PENÌSOLA SALENTÌNA**, reg. della Puglia, compresa tra le prov. di Lecce, Brindisi e Taranto; 5800 km². Estesa tra il Golfo di Taranto e il Canale d'Otranto, di natura calcarea, ha un paesaggio carsico e presenta rilievi collinari e pianure. Agricoltura e pesca. Centri princ.: Lecce, Brindisi.

SALÈRNO, c. della Campania, capol. di prov. sul Golfo di S.; 142.055 ab. (*salernitani*). Centro commerciale (porto), industriale (stabilimenti meccanici, alimentari, tessili) e turistico. — Colonia romana dal 197 a.C., sottomessa da goti e bizantini, fece parte del ducato longobardo di Benevento dal 571 all'840, per poi costituirsi in un principato indipendente. Annessa da Roberto il Guiscardo al ducato di Puglia e Calabria (1077), conobbe grande prosperità sotto il dominio normanno, durante il quale diventò sede di una rinomata scuola di medicina. Proprietà degli Svevi dal 1194, conobbe in seguito la dominazione angioina (XIV sec.) e aragonese (XVI sec.). Fulcro della rivolta contro gli spagnoli nel 1647, aderì alla Repubblica Partenopea nel 1799. Dall'apr. 1944 alla liberazione di Roma, P. Badoglio vi stabilì la sede del governo. — Vestigia di epoca longobarda (arco di Arechi, porta di Rateprandi); cattedrale risalente alla fine dell'XI sec.; musei. — Nelle limitate aree pianeggianti della provincia prevalgono le colture ortofrutticole, mentre l'attività industriale si concentra nella fascia litoranea (stabilimenti alimentari, conservieri, tessili). Rinomati centri balneari lungo la costa; turismo d'arte a Paestum.

SALERNO. *Scuola di medicina. Miniatura del Canon maior (XIV-XV sec.) di Avicenna.* (*Archiginnasio, Bologna.*)

SALGADO (Sebastiào), *Aimorés, Minas Gerais, 1944*, fotografo brasiliano. Contrario all'immagine "rubata", si fa testimone della vita quotidiana (*Sahel: l'homme en détresse*, 1986; *La mano dell'uomo*, 1993; *Terra*, 1997; *In cammino*, 2000).

SALGÀRI (Emilio), *Verona 1863 - Torino 1911*, scrittore. Cronista per *La Valigia* e *L'Arena*, iniziò nel 1882 a pubblicare i primi racconti. Scrisse romanzi d'avventura ambientati in luoghi esotici che riscossero un notevole successo prolungatosi dopo la sua morte, grazie anche alle tra-

sposizioni televisive degli anni '70 del secolo scorso. Celebri i personaggi di Sandokan e del Corsaro Nero. Tra le opere, *I misteri della jungla nera* (1895), *I pirati della Malesia* (1897), *Il corsaro nero* (1901), *Le tigri di Mompracem* (1901), *Sandokan alla riscossa* (1907).

SÀLICE D'ÙLZIO → SAUXE D'OULX.

SALICÉTI (Aurélio), *Ripattoni 1804 - Torino 1862*, politico e patriota. Prese parte ai moti napoletani del 1848 e fu nominato ministro della giustizia. Fuggì quindi a Roma, dove entrò nel triumvirato con A. Calandelli e L. Mariani. Alla caduta della repubblica (1849) si rifugiò a Londra; tornò in patria nel 1859 e divenne deputato al parlamento piemontese.

SALIÈRI (Antònio), *Legnago 1750 - Vienna 1825*, compositore. Stabilitosi a Vienna, divenne compositore di corte e maestro di cappella. Fu autore di opere (*Les Danaïdes*, 1784, composte a Parigi; *Falstaff*, 1799) e musica religiosa, vocale o strumentale. La leggenda secondo la quale avrebbe avvelenato il suo allievo e rivale W.A. Mozart è del tutto priva di fondamento.

SALIH (Ali Abdallah **Al-**), *Biet Alahamar, reg. di San'a, 1942*, politico yemenita. Presidente della Rep. araba dello Yemen (Yemen del Nord) a partire dal 1978, è capo dello Stato dello Yemen unificato dal 1990.

SALIMBÈNE DA PÀRMA (Salimbène **de Adam**, detto), *Parma 1221 - Montefalcone 1288 ca.*, cronista. Di ricca famiglia borghese, divenne francescano nel 1238. È noto per la *Chronica*, narrazione in latino degli eventi italiani dal 1167 al 1287; l'opera è un prezioso documento della vita dell'epoca, ricco di annotazioni e aneddoti e vivacizzato da un linguaggio che presenta molteplici inflessioni tipiche del volgare.

SALÌNA, isola del Mar Tirreno; 26,8 km². Compresa nell'arcipelago delle Eolie, di origine vulcanica (Fossa delle Felci, 962 m), è in prevalenza montuosa. Notevole l'afflusso turistico, in part. estivo. Agricoltura (mandorle, olive, fichi d'India). Centri princ.: Malfa, Santa Marna Salina, Pollara.

SALINÀRI (Càrlo), *Montescaglioso 1919 - Roma 1977*, critico letterario. Partigiano, iscritto al PCI dal 1941 e fondatore di *Il Contemporaneo* con A. Trombadori e R. Bilenchi (1954), applicò l'orientamento marxista alla critica letteraria. Tra le opere, *Poesia lirica del Duecento* (1950), *La questione del realismo* (1960), *Boccaccio, Manzoni, Pirandello* (postumo, 1979).

SALINGER (Jerome David), *New York 1919*, scrittore statunitense. Nei suoi racconti e nel romanzo *Il giovane Holden* (1951) esprime le ossessioni e la rivolta dei giovani americani contro il conformismo.

SALISBÙRGO, in ted. **Salzburg**, c. dell'Austria, capol. della prov. omonima, sul f. Salzach; 143.978 ab. Sede arcivescovile. Università. — Monumenti medievali e barocchi; musei. — È la città natale di W.A. Mozart, in onore del quale ogni anno si organizza un festival musicale.

SALISBURGO.

SALISBURY, c. della Gran Bretagna (Inghilterra), sull'Avon; 36.000 ab. Importante cattedrale gotica del XIII sec.; abitazioni antiche.

SALISBURY → HARARE.

SALISBURY (Robert **Cecil**, marchése **di**), *Hatfield 1830-1903*, politico britannico. Capo del Partito

conservatore dopo la morte di B. Disraeli (1881), ministro degli affari esteri e primo ministro (1885-1892; 1895-1902), lottò contro il nazionalismo irlandese e favorì l'imperialismo, soprattutto in Africa; dovette comporre l'incidente di Fashoda (1898) e condusse la guerra contro i boeri (1899-1902).

SALLÙSTIO (Gàio Crispo), *Amiterno, Sabina, 86 - 35 ca. a.C.*, storico latino. Protetto da Cesare, arricchitosi in qualità di governatore della Numidia (46), si fece costruire a Roma, sul Quirinale, una splendida dimora (*Horti Sallustiani*). Alla morte del dittatore, nel 44, si ritirò a vita privata e scrisse opere storiche (*De bello Jugurthino*, *De conjuratione Catilinae*).

SALMANASAR III, re d'Assiria (858-823 a.C.). Succeduto al padre, Assurnasirpal II (883-858), condusse campagne militari contro Urartu e in Siria, ma non riuscì a sconfiggere i re aramei. Gli scavi, soprattutto quelli di Nimrud, documentano la sua opera di costruttore.

SÀLMI (libro dei), libro della Bibbia in cui sono raccolti i 150 canti liturgici (salmi) della religione israelita. La sua stesura iniziò nel periodo monarchico e si concluse nell'epoca successiva alla restaurazione del Tempio avvenuta dopo l'esilio (X-IV sec. a.C.).

SALÒ, c.m. in prov. di Brescia, sulla sponda sud-occ. del Lago di Garda; 9943 ab. Industrie meccaniche, calzaturiere, alimentari. Fu sede della Repubblica sociale (1943-1945). Duomo gotico con opere del Romanino.

SALÒ (Repùbblica di) (sett. 1943 - apr. 1945), denominazione con cui è generalmente nota la Repubblica sociale italiana (RSI), regime politico stabilito nell'Italia centro-settentr. da B. Mussolini dopo la sua liberazione a opera dei tedeschi, con sede a S. Tale governo fascista, attivo soprattutto nella lotta contro i partigiani, fu privo di autonomia, e di fatto servì da appoggio per le truppe di occupazione tedesche.

SALOMÉ, *m. nel 72 ca. d.C.*, principessa ebrea, figlia di Erodiade. Su istigazione della madre ottenne dallo zio, Erode Antipa, la testa di san Giovanni Battista come premio per essersi esibita in una danza.

SALOMON (Erich), *Berlino 1886 - Auschwitz 1944*, fotografo tedesco. Per l'utilizzo del piccolo formato, le istantanee di interni con illuminazione naturale e la ricerca della verità viene considerato il creatore del reportage fotografico moderno.

SALOMÓNE, terzo re degli ebrei (970 ca. - 931 a.C.). Figlio e successore di Davide, consolidò e organizzò il regno paterno e fece costruire il tempio di Gerusalemme. Il risveglio dell'antagonismo tra le tribù del N e del S provocò, alla sua morte, la scissione del territorio in due regni: Giuda e Israele. Proverbiale la sua saggezza.

SALOMÓNE (Isole), in ingl. **Solomon Islands**, Stato dell'Oceania, in Melanesia; 30.000 km²; 463.000 ab. CAP. *Honiara*. LINGUA: *inglese*. MONETA: *dollaro delle Salomone*. [*V. carta della* **Melanesia**.] Pesca. Legname. Copra. — L'arcipelago, diviso nel 1899 tra Gran Bretagna (parte orient.) e Germania (Bougainville e Buka), è stato teatro di violenti combattimenti tra statunitensi e giapponesi (1942-1945). L'antica parte tedesca, dal 1921 sotto tutela australiana, dal 1945 dipende dalla Papua Nuova Guinea. La parte britannica, che costituisce lo Stato attuale, ha ottenuto l'indipendenza nel 1978. Il governatore generale è, dal 1999, John Lapli. Dal 2001 il primo ministro è Allan Kemazeka.

SALÓNA, att. **Solin**, ant. cap. della prov. romana di Dalmazia (att. sobborgo di Spalato, in Croazia). Reperti romani e paleocristiani.

SALONÌCCO o **TESSALÒNICA**, in gr. **Thessaloníki**, c. della Grecia (Macedonia), sul golfo omonimo formato dal Mare Egeo; 377.951 ab. (739 998 ab. nell'agglomerato). — Dal 1204 al 1224 fu cap. di un regno latino. Assunse il nome di Salonicco durante la dominazione ottomana (1430-1913). Fu base di operazioni delle forze alleate d'Oriente (1915-1918). Centro industriale. — Chiese bizantine (S. Sofia, VIII sec.). Museo archeologico (tesori di Vergina).

SALOUM, f. del Senegal, che sfocia nell'Atlantico; 250 km.

SALSES → LEUCATE.

SÀLSO o **IMÈRA MERIDIONÀLE**, f. della Sicilia; 144 km. Nasce nel settore merid. delle Madonie e sfocia nel Mar Mediterraneo nei pressi di Licata. È il più lungo dell'isola.

SALSOMAGGIÓRE TÈRME, com. in prov. di Parma; 18.410 ab. Stabilimenti termali costruiti a partire dalla fine del XIX sec. con acque sulfuree e salsoiodiche.

SALT (Strategic Arms Limitation Talks), negoziati condotti dal 1969 al 1979 tra Stati Uniti e URSS per la limitazione degli armamenti strategici.

SALTA, c. dell'Argentina; 373.857 ab.

SALTILLO, c. del Messico nord-occ., cap. dello Stato di Coahuila; 562.587 ab. Centro industriale. — Cattedrale del XVIII sec.

SALTÌNI (Zèno), *Fossoli di Carpi 1900 - Nomadelfia 1981*, sacerdote. Ha fondato la comunità dei Piccoli Apostoli (1939) per l'assistenza ad adulti e bambini bisognosi, che dal 1962 ha sede a *Nomadelfia*.

SALT LAKE CITY, c. degli Stati Uniti, cap. dello Utah, presso il Grande Lago Salato; 181.743 ab. Centro commerciale e industriale fondato nel 1847 dai mormoni.

SALTO, c. dell'Uruguay, sul f. Uruguay; 93.117 ab. Porto fluviale.

SALTYKOV-ŠČEDRIN (Michaìl Evgrafovìč **Saltykov**, detto), *Spas-Ugol 1826 - San Pietroburgo 1889*, scrittore russo. La sua opera narrativa è una satira della società provinciale (*I signori Golovlëv*, 1880).

SALUDÈCIO, com. in prov. di Rimini; 2354 ab. Cinta muraria (XV-XVI sec.) con la Porta Marina (XIV sec.). Chiesa del Beato Amato Ronconi.

SALUT (Îles du), piccolo arcipelago della Guayana Francese, a N di Cayenne. Ant. penitenziario.

SALÙZZO, com. in prov. di Cuneo; 15.741 ab. Nucleo urbano medievale; duomo dell'Assunta (fine del XV - inizio del XVI sec.). — Rappresentò il fulcro di un marchesato che, fondato nel 1142 da Manfredo I è divenuto possesso del re di Francia Enrico II (1548), passò ai Savoia con il trattato di Lione (1601).

SALVADOR, già **Bahia**, c. del Brasile, cap. dello Stato di Bahia; 2.443.107 ab. (3.187.000 ab. nell'agglomerato). Centro industriale e commerciale. Famoso carnevale. — Molte chiese barocche (XVII-XVIII sec.) nella città alta; vari musei.

SALVADOR (Henri), *Cayenne 1917*, cantante francese. Anche paroliere e compositore, grande fantasista, ha conosciuto grande successo negli anni '50 del secolo scorso ed è tuttora molto apprezzato (*Chambre avec vue*, 2000).

SALVADÓRI (Giùlio), *Monte San Savino 1862 - Roma 1928*, poeta e critico letterario. Dopo l'iniziale orientamento positivistico, si convertì al cattolicesimo (1884). Tra le raccolte poetiche, *Canzoniere civile* (1889). Tra i saggi critici, *La mirabile visione nel paradiso terrestre di Dante* (1915).

SALVATORÈLLI (Luìgi), *Marsciano 1886 - Roma 1974*, storico e politico. Antifascista, fu collaboratore del *Tempo* (1917-1920) e diresse la *Stampa* (1921-1925). Tra i fondatori del Partito d'azione, fu membro del CLN e del movimento Giustizia e libertà. Tra le opere, *Nazionalfascismo* (1923), *Profilo della storia d'Europa* (1942), *Storia del Novecento* (1957).

SALVATÒRES (Gabrièle), *Napoli 1950*, regista teatrale e cinematografico. Fondatore del Teatro dell'Elfo di Milano, ha contribuito al rinnovamento della commedia. Tra i film diretti, *Marrakech Express* (1988), *Turnè* (1990), *Mediterraneo* (1991, premio Oscar per il miglior film straniero), *Puerto Escondido* (1992), *Sud* (1993), *Nirvana* (1997), *Denti* (2000), *Amnèsia* (2002), *Io non ho paura* (2003).

SALVÈMINI (Gaetàno), *Molfetta 1873 - Sorrento 1957*, storico e politico. Docente di storia in Italia e all'estero, membro del PSI, ne uscì nel 1911 fondando *L'Unità*. Si oppose a G. Giolitti, che criticò nel saggio *Il ministro della malavita* (1910). Arrestato nel 1925 per la sua collaborazione al periodico antifascista *Non mollare!*, fu in esilio negli Stati Uniti, da dove tornò nel 1947. Si occupò in gran parte della questione del Mezzogiorno. Tra le opere, *La rivoluzione francese* (1905), *L'Italia politica del XIX secolo* (1925).

SALVÈZZA (Esèrcito della), organizzazione religiosa di origine metodista, fondata da W. Booth a Londra nel 1865. Conosciuta fino al 1878 con il nome di "Missione cristiana", organizzata secondo il modello militare, abbinò al proselitismo l'intervento in campo sociale.

SÀLVI (Niccolò), *Roma 1697-1751*, architetto. Esponente del tardo barocco romano, nel 1732 vinse il concorso per la fontana di Trevi, maestosa commissione di elementi scenografici scultorei e naturali, alla quale lavorò fino alla morte, e che fu completata nel 1762 da G. Pannini.

SALVIÀTI, famiglia nobile fiorentina, con capostipite Goffredo (XII sec.), ma documentata a partire da Cambio di Salvi, gonfaloniere nel 1335. — **Francesco S.**, *m. a Firenze nel 1478*. Arcivescovo di Pisa (1474), fu impiccato in seguito al fallimento della congiura dei Pazzi, della quale era stato uno degli organizzatori. — **Alamanno S.**, *m. nel 1509*. Promosse l'istituzione del gonfalonierato a vita. — **Iacopo S.**, *m. nel 1533*. Cognato di Leone X, fu segretario pontificio a Roma. — **Leonardo S.**, *Firenze 1540-1589*. Letterato, promosse l'Accademia della Crusca e, con lo pseudonimo di "Infarinato", criticò la *Gerusalemme liberata* di T. Tasso. Fu autore di uno studio critico sull'opera di G. Boccaccio, *Avvertimenti della lingua sopra 'l Decamerone* (1584-1586).

SALVIÀTI (Francésco **de' Róssi**, detto Cecchìno), *Firenze 1510 - Roma 1563*, pittore. Esponente della seconda generazione di manieristi, si segnalò per lo stile virtuosistico, di grande effetto decorativo (affreschi dei Palazzi Farnese e Ricci-Sacchetti, a Roma).

SALVÌNI, famiglia di attori teatrali. — **Giuseppe S.**, *Livorno 1790 ca. - Palmanova 1844*. Attore tragico, capostipite della famiglia. — **Tommaso S.**, *Milano 1829 - Firenze 1915*. Figlio di Giuseppe, membro della compagnia di G. Modena, fu uno dei maggiori attori tragici dell'epoca. Interprete di successo di W. Shakespeare negli Stati Uniti, fu apprezzato anche da K. Stanislavskij. — **Guido S.**, *Firenze 1893 - Trespiano 1965*. Nipote di Tommaso, fu regista prolifico. Collaboratore di L. Pirandello, insegnò regia all'Accademia nazionale d'arte drammatica (1938-1944) e diresse numerose compagnie.

SALWEEN, f. del Sudest asiatico, che nasce nel Tibet e raggiunge l'Oceano Indiano; 2800 km. Separa il Myanmar dalla Thailandia.

SALZACH, f. dell'Austria e della Germania, affl. di destra dell'Inn; 220 km. Attraversa Salisburgo.

SALZGITTER, c. della Germania (Bassa Sassonia); 112.934 ab. Industria metallurgica.

SALZKAMMERGUT, reg. montuosa dell'Austria, lungo il corso superiore del Traun. Saline.

SAM (zìo), in ingl. **Uncle Sam**, personificazione ironica degli Stati Uniti, il cui nome deriva dalla sigla USAm (United States of America).

SAMANI (Pìcco Ismaìl), già **Pìcco Stalin**, poi **Pìcco del Comunìsmo**, vetta del Pamir, in Tagikistan; 7495 m.

SAMÀNIDI, dinastia iranica, che regnò in Transoxiana e nel Khorasan dall'874 al 999.

SAMAR, isola delle Filippine; 1.517.585 ab.

SAMARA, dal 1935 al 1990 **Kujbyšev**, c. della Russia, sul Volga; 1.190.191 ab. Porto fluviale. Centrale idroelettrica. Centro industriale.

SAMARCÀNDA, c. dell'Uzbekistan, in Asia centrale; 370.000 ab. Industria agroalimentare. Turismo. — Alla fine del XIV sec., Tamerlano ne fece la sua capitale. La città fu conquistata dai russi nel 1868. — Monumenti del XIV-XVII sec. tra cui i mausolei a cupola della necropoli Sah-i-Zinda e quello di Tamerlano, il Gur-i-Mir.

SAMÀRIA, reg. della Palestina centrale (ab. *samaritani*). — **Samaria**, ant. c. della Palestina, fondata intorno all'880 a.C., cap. del regno d'Israele. La sua distruzione a opera di Sargon, nel 721 a.C., segnò la fine del regno d'Israele. Fu ricostruita con grande sfarzo da Erode il Grande, che le diede il nome di *Sebaste* (att. Sabastiyya).

SAMARINDA, c. dell'Indonesia, nella parte orient. del Borneo; 536.100 ab. Porto.

SAMARITÀNO (il Buòn), protagonista di una parabola evangelica, modello di carità cristiana.

SAMARRA, c. dell'Iraq, a N di Baghdad; 63.000 ab. Fu capitale dei califfi abbasidi dall'836 all'892.

SAMATAN, c. della Francia, nel dip. Gers, sul f. Save; 2012 ab. Mercato agricolo.

SAMET → LAPPONI.

SAMMARTÌNI (Giovànni Battista), *Milano 1700 o 1701-1775*, compositore. Maestro di cappella presso varie chiese milanesi, tra cui S. Ambrogio, conquistò una fama di livello europeo; contribuì allo sviluppo delle forme strumentali classiche, scrivendo sonate, sinfonie (80 ca.) e concerti.

SÀMO, in gr. *Sámos*, isola greca del Mar Egeo, non lontano dalla costa turca; 472,5 km²; 33.039 ab.; capol. *Samo* (7828 ab.). Resti del tempio di Era (VIII sec. a.C.) e della galleria che riforniva d'acqua la città; museo. — Vini dolci.

SAMOA, arcipelago dell'Oceania, formato dallo Stato di S. e dalle S. americane. Scoperto dagli olandesi nel 1772, nel 1900 fu spartito tra statunitensi (S. americane) e tedeschi (S. Occidentali, att. S.).

SAMOA, già Samoa Occidentàli, Stato dell'Oceania; 2842 km²; 159.000 ab. CAP. *Apia*. LINGUE: *samoano* e *inglese*. MONETA: *tala*. [*V. carta di* **Kiribati**.] Copra. Banane e agrumi. Pesca. Turismo. — Sotto tutela neozelandese dal 1920, le S. Occidentali si resero indipendenti nel 1962; entrate a far parte del Commonwealth nel 1970, e dell'ONU nel 1976, presero il nome attuale nel 1997.

SAMOA AMERICÀNE, talvolta Samoa Orientàli, parte orient., di pertinenza statunitense, dell'arcipelago delle S. (197 km²; 57.291 ab.). [*V. carta di* **Kiribati**.] Sono amministrate da un governatore dipendente da Washington.

SAMOIÈDI, insieme di popolazioni stanziate in Russia (tundra dall'Europa settentr. al corso dell'Enisej, Penisola di Tajmyr, taiga della Siberia occ.; ca. 40.000 individui). I s., suddivisi in quattro gruppi (nenici, enci, nganasani, selkup), sono cacciatori, pescatori (seminomadi) e allevatori di renne (nomadi). Formalmente convertiti all'ortodossia, di fatto continuano a praticare culti sciamanici. Le loro lingue formano un sottogruppo della famiglia ugro-finnica.

SAMONÀ (Giusèppe), *Palermo 1898 - Roma 1983*, architetto e urbanista. Esponente del razionalismo, rielaborò la lezione di Le Corbusier e di F.L. Wright. Tra le opere, Palazzo delle Poste nel quartiere Appio a Roma (1933-1936), Ospedale di Bari (1948-1953), sede della Banca d'Italia a Padova (1968-1971), Università di Cagliari (1972). Importante il saggio *L'urbanistica e l'avvenire delle città* (1959).

SAMORY TOURÉ, *Manyambakadougou 1830 ca. - N'djolé 1900*, capo mandingo. Dopo aver costituito un impero a E del Niger (1861), si scontrò coi francesi nel 1882 e nel 1891.

SAMOTRÀCIA, isola greca del Mar Egeo, non lontano dalla costa della Tracia; 178 km²; 3083 ab. Nel 1863 vi fu rinvenuta la celebre statua della *Nike di S*. Resti archeologici; museo.

SAMPAIO (Jorge), *Lisbona 1939*, politico portoghese. Segretario generale del Partito socialista (1989-1992), sindaco di Lisbona (1990-1995), dal 1996 è presidente della repubblica, rieletto nel 2001.

SAMARCANDA. *La madrasa Vir Dar ("ai leoni"), sulla piazza del Registan, XVII sec.*

SAMPRAS (Pete), *Washington 1971*, tennista statunitense. 5 volte trionfatore a Flushing Meadows (1990, 1993, 1995, 1996, 2002), 7 a Wimbledon (1993, 1994, 1995, 1997, 1998, 1999, 2000) e 2 agli Internazionali d'Australia (1994 e 1997), detiene il record delle vittorie nei tornei del Grande Slam (14).

SAMSUN, c. della Turchia, sul Mar Nero; 338.387 ab. Porto.

SAMUÈLE, *XI sec. a.C.*, l'ultimo dei giudici di Israele. I due libri biblici che portano il suo nome trattano l'arco di tempo che va dall'istituzione della monarchia (nella quale S. ebbe un ruolo importante) alla fine del regno di Davide.

SAMUELSON (Paul Anthony), *Gary, Indiana, 1915*, economista statunitense. Autore del manuale *Economia* (1948), ha sviluppato la teoria economica statica e dinamica. (Premio Nobel 1970.)

SAN → BOSCIMANI.

SAN'A, cap. dello Yemen, a 2350 m d'alt.; 1.303.000 ab. Pittoresca città vecchia con case a più piani, in terra e mattoni.

SANAGA, principale f. del Camerun; 520 km. Sfruttamento idroelettrico.

SAN AGUSTÍN, loc. della Colombia, a S di Cali. Sito eponimo di una cultura precolombiana (VI sec. a.C. - XII sec. ca. d.C.), è celebre per le sculture megalitiche.

SANANDADJ, c. dell'Iran, capol. del Kurdistan iraniano; 277.808 ab.

SAN ANDREAS (faglia di), frattura della crosta terrestre estesa dal Golfo di California fino a N di San Francisco.

SAN ANTONIO, c. degli Stati Uniti (Texas); 1.144.646 ab. Centro turistico e industriale.

SAN BARTOLOMÈO (massacro della nòtte di), massacro dei protestanti ugonotti che ebbe luogo a Parigi nella notte tra il 23 e il 24 ago. 1572 e che nei giorni seguenti si estese alla provincia. Perpetrato su istigazione di Maria de' Medici e dei Guisa, preoccupati per l'ascendente che l'ammiraglio De Coligny esercitava su Carlo IX e per la sua politica di sostegno ai Paesi Bassi in rivolta contro la Spagna, il massacro fece 3000 vittime ca. Il re di Navarra (il futuro Enrico IV), che aveva appena sposato Margherita di Valois, si salvò abiurando. Il tragico episodio, salutato come una vittoria dal re di Spagna Filippo II e da papa Gregorio XIII, viene considerato emblematico dell'intolleranza religiosa.

SAN BENEDÉTTO DEL TRÓNTO, com. in prov. di Ascoli Piceno; 45.147 ab. Industrie metalmeccaniche, alimentari, cantieristiche, dei materiali da costruzione. Porto peschereccio. Turismo balneare.

SAN BENEDÉTTO PO, com. in prov. di Mantova; 7516 ab. Centro agricolo (barbabietole da zucchero, ortaggi). Industrie tessili e meccaniche. Abbazia romanica (rifatta da Giulio Romano nel XVI sec.), con pregevoli chiostri.

SAN BENÌGNO CANAVÉSE, com. in prov. di Torino; 5198 ab. Abbazia di Fruttuaria, edificata dall'abate Guglielmo da Volpiano nel 1003.

SAN BERNARDÌNO, passo delle Alpi svizzere, tra l'alta valle del Reno Posteriore e la Mosa (affl. del Ticino); 2065 m. Tunnel stradale a 1600 m d'alt.

SAN BERNARDINO, c. degli Stati Uniti (California); 185.401 ab. Mercato agricolo. Aeronautica.

SAN BERNARDO, c. del Cile, sobborgo merid. di Santiago; 190.857 ab.

SAN BERNÀRDO (Gran), passo delle Alpi tra la Svizzera e l'Italia; 2469 m. È percorso da una strada e da una galleria (a 1915 m d'alt.). — N. Bonaparte superò il valico nel 1800. — Ospizio e convento fondati nel X sec. da san Bernardo di Mentone.

SAN BERNÀRDO (Piccolo), passo delle Alpi, tra la Francia e l'Italia; 2188 m. — Ospizio fondato da san Bernardo di Mentone.

SAN CÀNDIDO, in ted. **Innichen**, com. in prov. di Bolzano; 3134 ab. Turismo estivo e invernale. Collegiata dei SS. Candido e Corbiniano, edificata nel VII sec. e ricostruita nel XIII sec., con campanile (1326).

SAN CÀRLO, teatro di Napoli, il più importante della città. Fu fatto costruire nel 1737 dal re Car-

lo III di Borbone su progetto di G. Medrano e inaugurato con l'opera *Achille in Sciro*. Nel 1816 fu distrutto da un incendio, ma immediatamente riedificato su progetto di A. Niccolini. Att. è dotato di 3500 posti e offre un cospicuo cartellone di rappresentazioni.

SAN CASCIÀNO IN VAL DI PÉSA, com. in prov. di Firenze; 16.361 ab. Industrie calzaturiere, grafiche, alimentari, tessili. Chiese della Misericordia (XIV sec.) e di S. Francesco (1493).

SAN CATÀLDO, com. in prov. di Caltanissetta; 23.662 ab. Centro agricolo (mandorle, cereali). Industrie estrattive, alimentari, tessili.

SANCHI, importante centro dell'arte buddhista indiana (Madhya Pradesh). Numerosi stupa con *vedika* e *torana* scolpiti, santuari e monasteri databili dal II sec. a.C. al XI sec. d.C. Ricco museo.

SANCHO, nome di vari sovrani di Aragona, Castiglia, León, Navarra e Portogallo (XI-XIII sec.). — **Sancho I Ramírez**, *1043 - Huesca 1094*, re di Aragona (1063-1064) e di Navarra (Sancho V) (1076-1094). Guidò la Reconquista. — **Sancho III Garcés el Grande** o **el Mayor**, *992 ca. - 1035*, re di Navarra (1000-1035 ca.), conte di Castiglia (1028-1029). Dominò quasi tutta la Spagna cristiana e fu il primo ad assumere il titolo di *rex Iberorum*. — **Sancho I** o **Povoador**, *Coimbra 1154-1211*, re del Portogallo (1185-1211), della dinastia di Borgogna. Colonizzò e organizzò i territori merid. (Algarve) tolti agli Almohadi.

SANCHO PANZA, scudiero di *Don Chisciotte della Mancia*, nel romanzo di M. de Cervantes. Con il suo buonsenso fa da contraltare alle folli fantasticherie del padrone.

SANCHUNG, c. di Taiwan, sobborgo nord-occ. di Taipei; 380.084 ab.

SAN CRISTÓBAL, c. del Venezuela, cap. dello Stato di Táchira; 220.675 ab.

SANCY (Puy de), punto culminante del Massiccio Centrale (Francia), nei Monti Dore; 1885 m.

SAND (Aurore **Dupin**, baronessa **Dudevant**, detta George), *Parigi 1804 - Nohant 1876*, scrittrice francese. È autrice di romanzi d'ispirazione sentimentale (*Indiana*, 1832), sociale (*Consuelo*, 1842-1843) o campestre (*La palude del diavolo*, 1846; *La piccola Fadette*, 1849).

George **SAND** ritratta da A. Charpentier.
(Musée Carnevalet, Parigi.)

SANDAGE (Allan Rex), *Iowa City 1926*, astrofisico statunitense. Oggetto dei suoi studi sono l'universo extragalattico e la cosmologia. È stato il primo a scoprire i quasar (1960) identificando il corrispettivo ottico di una sorgente radio compatta. (Premio Crafoord 1991.)

SAN DANIÈLE DEL FRIÙLI, com. in prov. di Udine; 7885 ab. Industrie alimentari (produzione del noto prosciutto omonimo), enologiche. Duomo (XVIII sec.); chiesa di S. Antonio Abate (XV sec.); santuario della Madonna della Strada (XVII sec.).

SANDBURG (Carl), *Galesburg, Illinois, 1878 - Flat Rock, Carolina del Sud, 1967*, poeta statunitense. Influenzato dall'unanimismo, trasse ispirazione dalla civiltà urbana e industriale dell'America moderna (*Fumo e acciaio*, 1920).

SAN DEMÈTRIO CORÓNE, com. in prov. di Cosenza; 4159 ab. È abitato da una popolazione in maggioranza albanese. Agricoltura (frutta, ortaggi).

SANDER (August), *Herdorf, Renania-Palatinato, 1876 - Colonia 1964*, fotografo tedesco. La sua indagine, che interessò tutti gli strati sociali della Germania prenazista, è di un realismo talvolta feroce.

SANDGATE, stazione balneare della Gran Bretagna (Inghilterra), sullo Stretto di Dover.

SANDHURST (scuòla militare di), scuola militare britannica delle forze di terra. Creata nel 1807 a S., nel 1947 fu trasferita a Camberley (att. Frimley Camberley).

SAN DIEGO, c. degli Stati Uniti (California), sul Pacifico (Baia di S. D.); 1.223.400 ab. (2.813.833 ab. nell'agglomerato). Base navale e porto peschereccio (tonno). Costruzioni aeronautiche. — Istituto oceanografico; musei.

SANDINO (Augusto César), *Niquinohomo 1893 - Managua 1934*, patriota nicaraguense. Dal 1928 fu a capo della guerriglia contro il presidente J.M. Moncada, appoggiato dagli Stati Uniti. Deposte le armi al ritiro delle truppe americane (1933), fu ucciso da uomini della Guardia nazionale comandata dal futuro dittatore A. Somoza.

SANDOMIERZ, c. della Polonia sud-orient., sulla Vistola; 26.700 ab. Cattedrale e municipio del XIV-XVII sec.

SAN DONÀ DI PIÀVE, com. in prov. di Venezia; 35.629 ab. Agricoltura (uva, foraggi, cereali). Industrie tessili, del legno, alimentari.

SAN DONÀTO MILANÉSE, com. in prov. di Milano; 32.935 ab. Impianti industriali e zona residenziale di Metanopoli. Industrie chimiche, tipografiche, cartarie.

SANDRÈLLI (Stefania), *Viareggio 1946*, attrice cinematografica. Tra le sue interpretazioni, *Divorzio all'italiana* (1961), *Sedotta e abbandonata* (1964), *Il conformista* (1970), *C'eravamo tanto amati* (1974), *Novecento* (1976), *La terrazza* (1980), *La chiave* (1983), *Speriamo che sia femmina* (1986), *La famiglia* (1987), *Mignon è partita* (1988), *Io ballo da sola* (1996), *L'ultimo bacio* (2001).

SANDWICH (ìsole) → HAWAII.

SANFELÌCE (Luisa), *Napoli 1764-1800*, nobildonna. Coinvolta negli avvenimenti della Repubblica Partenopea (1799), venne a conoscenza di una congiura a favore dei Borbone e la rivelò all'amante F. Ferri, provocandone il fallimento. Dopo la restaurazione fu arrestata e condannata a morte.

SAN FELÌCE CIRCÈO, com. in prov. di Latina, sul versante orient. del Monte Circeo; 8749 ab. Industrie meccaniche. Turismo estivo.

SAN FÈRMO DELLA BATTÀGLIA, com. in prov. di Como; 4210 ab. Nel mag. 1859 le truppe guidate da G. Garibaldi vi sconfissero gli austriaci.

SAN FRANCISCO, c. degli Stati Uniti (California), sulla Baia di S. F., che si apre sul Pacifico con il Golden Gate; 776.733 ab. (1.731.183 ab. nell'agglomerato). Porto importante, che offre sbocco al mare al versante occ. degli Stati Uniti. Centro industriale (raffinerie di petrolio, cantieri navali e industria automobilistica). — Musei d'arte. — Distrutta da un terremoto nel 1906, la città fu ricostruita in breve tempo.

Panorama di **SAN FRANCISCO**,
con il Bay Bridge.

SAN FRANCISCO (conferènze di), riunioni internazionali successive alla seconda guerra mondiale. La prima conferenza (25 apr. - 26 giu. 1945) stabilì la carta delle Nazioni Unite; la seconda (4-8 sett. 1951) elaborò il trattato di pace stipulato tra Giappone e la maggior parte degli Alleati.

SAN FRUTTUÓSO, frazione del com. di Camogli; 70 ab. Vi ha sede il monastero di S. Fruttuoso di Capodimonte, fondato nel X sec., di cui resta no la chiesa (XI sec.) e il chiostro con sepolcreto (tombe dei Doria). [*V. foto a pagina seguente.*]

SAN FRUTTUOSO. *Il monastero di S. Fruttuoso di Capodimonte.*

SAN GALGÀNO, abbazia gotico-cistercense nel com. di Chiusdino (Siena). Fondata nel XIII sec., fu abbandonata dopo un periodo di grande lustro. Att. restano le mura esterne della chiesa e alcune sale del monastero. Nell'attigua chiesa di S. Galgano sono presenti affreschi di A. Lorenzetti.

SAN GALGANO. *I ruderi dell'abbazia.*

SAN GÀLLO, in ted. **Sankt Gallen**, c. della Svizzera, capol. del cant. omonimo; 75.237 ab. Centro commerciale e industriale. – Abbazia benedettina fondata nell'VIII sec., che conobbe grande prestigio letterario e artistico nel X-XII sec. Nel 1451-1454 gli abati e in seguito la città di S. G. si unirono alla Confederazione Elvetica. Nel 1805 l'abbazia fu soppressa. – Cattedrale (già chiesa abbaziale) ricostruita nel XVIII sec. (ricche decorazioni rococò); musei.

SAN GALLO. *La cattedrale, ricostruita da Peter Thumb a partire dal 1755.*

SANGÀLLO, famiglia di architetti fiorentini, maestri del Rinascimento. – Giuliano Giamberti, detto **Giuliano da S.**, *Firenze 1443 ca. - 1516*, architetto. Progettò i due edifici più significativi della fine del XV sec., la villa di Poggio a Caiano (tra Firenze e Pistoia), che preannuncia A. Palladio, e la chiesa di S. Maria delle Carceri, a Prato, con pianta a croce greca. A Roma diresse i lavori per la costruzione della nuova basilica di S. Pietro, affiancato da Raffaello. – Antonio Giamberti, detto **Antonio da S. il Vecchio**, *Firenze 1453-1534 ca.*, architetto, fratello di Giuliano. Oltre a collaborare con Giuliano (nella fabbrica di S. Pietro), realizzò fortificazioni militari (rocca di Civita Castellana, fortezza vecchia di Livor-

no). Progettò anche la chiesa di S. Biagio a Montepulciano (1518), che rivela l'influsso bramantesco. – **Antonio Cardini**, detto **Antonio da S. il Giovane**, *Firenze 1484 - Roma 1546*, architetto, nipote di Giuliano e Antonio. Diede impulso all'impresa di famiglia, mettendola al servizio dei papi De' Medici. Il suo Palazzo Farnese testimonia una padronanza assoluta dei modelli classici. Tra le altre opere, la sistemazione di piazza del Popolo e il progetto di Villa Madama, entrambi in collaborazione con Raffaello.

SAN GÀLLO (cantóne di), cant. della Svizzera; 2025 km^2; 119.400 ab.; capol. *San Gallo*. È stato creato dall'atto di mediazione del 1803.

SAN GÈMINI, com. in prov. di Terni; 4462 ab. Industrie dell'imbottigliamento di acque minerali. Impianti termali. Nei dintorni, resti dell'ant. centro di *Carsulae*.

SANGER (Frederick), *Rendcombe, Gloucestershire, 1918*, biochimico britannico. Ha studiato la struttura delle proteine e stabilito quella della molecola di insulina (1955). Negli anni 1970-1980 ha determinato la struttura di vari DNA, soprattutto virali. (Premio Nobel per la chimica 1958 e 1980.)

SAN GERÒLAMO NELLO STÙDIO, dipinto di Antonello da Messina (1474-1475, National Gallery, Londra). L'opera, che raffigura san Gerolamo intento alla lettura nel suo studio, presenta una notevole commistione di elementi tipici dell'arte rinascimentale e fiamminga, in una composizione che combina sapientemente l'attenzione per i dettagli, l'equilibrio prospettico e la resa della luce.

San Gerolamo nello studio, dipinto di Antonello da Messina, 1474-1475. (National Gallery, Londra.)

SANGHA, f. dell'Africa centrale, affl. di destra del Congo; 1700 km ca.

SAN GIÀCOMO DELLA SPÀDA (órdine di), ordine militare e religioso di Castiglia, fondato nel 1170 ca. per proteggere i pellegrini che si recavano a Santiago di Compostela. Un ramo portoghese fu istituito nel 1290.

SAN GIMIGNÀNO, com. in prov. di Siena; 7027 ab. divenne libero comune, per poi entrare a far parte dei possedimenti fiorentini (1349). – Nucleo storico medievale ben conservato, dominato da tredici case-torri. Cattedrale risalente al XII sec. Chiese di S. Pietro e S. Agostino, con affreschi di B. Gozzoli.

SAN GINÈSIO, com. in prov. di Macerata; 3841 ab. Centro agricolo (ortaggi, cereali, barbabietole da zucchero). Turismo estivo. Mura medievali. Collegiata romanica (XI sec.) con facciata gotica.

SAN GIÓRGIO (Canàle di), stretto tra la Gran Bretagna (Galles) e l'Irlanda, che a S unisce il Mare d'Irlanda all'Oceano Atlantico.

SAN GIÓRGIO (Compagnia di), nome con il quale si conosciute alcune compagnie di ventura del XIV sec. La più importante, fondata nel 1377 da *Alberico da Barbiano* e alla quale appartennero esclusivamente soldati italiani, fu al servizio di papa Urbano VI e Gian Galeazzo Visconti.

SAN GIÓRGIO (órdine di), ordine militare russo, creato da Caterina II nel 1769 e soppresso nel 1917.

SAN GIÓRGIO A CREMÀNO, com. in prov. di Napoli; 60.252 ab. Industrie elettrotecniche, cartarie, poligrafiche, alimentari, del mobile.

SAN GIÓRGIO MAGGIÓRE (Ìsola di), isola della Laguna Veneta. Situata a E dell'Ìsola della Giudecca, prende il nome dalla chiesa di S. Giorgio, ricostruita da A. Palladio (XVI sec.) e terminata da V. Scamozzi. Vi ha sede la Fondazione *Cini*.

SAN GIOVÀNNI D'ÀCRI → ACRI.

SAN GIOVÀNNI IN FIÓRE, com. in prov. di Cosenza, sulla Sila Grande; 18.756 ab. Industrie tessili, dei materiali di costruzione. Turismo estivo.

SAN GIOVÀNNI IN PERSICÉTO, com. in prov. di Bologna; 21.554 ab. Agricoltura (frutta, barbabietole da zucchero, cereali). Industrie tessili, meccaniche. Chiesa di S. Giovanni Battista (IX sec.). Torre (1306). Palazzaccio (XIII sec.). Osservatorio astronomico inaugurato nel 1984.

SAN GIOVÀNNI LUPATÒTO, com. in prov. di Verona; 21.161 ab. Industrie cartarie, tessili, meccaniche, chimiche, dei materiali di costruzione.

SAN GIOVÀNNI ROTÓNDO, com. in prov. di Foggia; 25.883 ab. Agricoltura (uva, olive, frutta). Estrazione di bauxite. Pellegrinaggi religiosi al convento dei Cappuccini, in cui visse Padre Pio da Pietrelcina.

SAN GIOVÀNNI VALDÀRNO, com. in prov. di Arezzo; 17.122 ab. Agricoltura (ortaggi, olive). Industrie alimentari, siderurgiche, meccaniche, cartarie. Palazzo d'Arnolfo (medievale, più volte rimaneggiato). Chiesa di S. Lorenzo (XIV sec.). Pieve di S. Giovanni Battista (1312).

SAN GIULIÀNO (António **Paternò-Castèllo**, marchèse **di**), *Catania 1852 - Roma 1914*, politico. Eletto deputato nel 1882, fu ambasciatore a Londra e Parigi e ministro (poste, 1898; esteri, 1905-1906 e 1910-1914). Favorevole all'impresa di Libia, intensificò i rapporti diplomatici con Francia e Inghilterra. Allo scoppio della prima guerra mondiale sostenne la neutralità dell'Italia.

SAN GIULIÀNO MILANÉSE, com. in prov. di Milano; 32.182 ab. Agricoltura (frutta, foraggi). Industrie chimiche, elettrotecniche, meccaniche, tessili. Nei dintorni, abbazia di S. Pietro in Viboldone (XI sec.).

SAN GIULIÀNO TÈRME, com. in prov. di Pisa; 29.715 ab. Stazione termale con sorgenti di acque minerali. Industrie cartarie, alimentari, chimiche.

SAN GIÙLIO (Ìsola di), isola del Lago d'Orta; 0,03 km^2. Prende il nome dal santo, che vi visse nel IV sec. Basilica di S. G. (VI sec.), con ambone del XII sec. e affreschi del XVI sec.

SAN GIUSÈPPE VESUVIÀNO, com. in prov. di Napoli; 26.924 ab. Allevamento bovino. Industrie metalmeccaniche, tessili, alimentari, delle materie plastiche.

SAN GIÙSTO, località del com. di Pisa in cui ha sede l'aeroporto G. Galilei.

SANGLI, c. dell'India (Maharashtra); 436.639 ab.

SAN GOTTÀRDO, in ted. **Sankt Gotthard**, in fr. **Saint-Gothard**, massiccio delle Alpi svizzere. È attraversato da una galleria ferroviaria lunga 15 km (aperta nel 1882), facente parte della linea Basilea-Milano, e da un tunnel stradale lungo 16,9 km (aperto nel 1980). In estate è percorribile la strada panoramica del Passo del S. G. (2112 m).

Veduta di **SAN GIMIGNANO.**

SÀNGRO, f. dell'Abruzzo; 117 km. Nasce a S del Passo del Diavolo, nel Parco nazionale d'Abruzzo, bagna Pescasseroli e Barrea e sfocia nel Mar Adriatico nei pressi di Fossacesia Marina.

SANGUINAIRES (Îles), isole della Corsica, all'ingresso del Golfo di Ajaccio.

SANGUINÉTI (Edoàrdo), *Genova 1930*, scrittore e critico letterario. Membro del *Gruppo 63*, ha scritto liriche e testi in prosa caratterizzati da un vivace sperimentalismo, cui ha affiancato un'attività critica debitrice di diversi orientamenti. Tra le raccolte poetiche, *Laborintus* (1956), *Opus metricum* (1960), *Wimwar* (1972), *Corollario 1992-96* (1997). Tra i saggi, *Interpretazioni di Malebolge* (1961), *Ideologia e linguaggio* (1965), *Guido Gozzano* (1966). Per il teatro, *Teatro* (1968) e la riduzione dell'*Orlando furioso* per L. Ronconi (1968).

SANHADJA, secondo una classificazione storica risalente a *Ibn Khaldun*, uno dei principali gruppi di tribù berbere, da cui discende la dinastia marocchina degli Almoravidi.

SAN JOSÉ, cap. della Costa Rica, a più di 1100 m d'alt.; 998.000 ab. Museo nazionale.

SAN JOSÉ, c. degli Stati Uniti (California); 894.943 ab. (1.682.585 ab. nell'agglomerato). Museo della tecnologia.

SAN JOSÉ DE CÚCUTA → CÚCUTA.

SAN JUAN, c. dell'Argentina, alle pendici delle Ande; 119.399 ab.

SAN JUAN, capol. di Portorico; 421.958 ab. (1.967.627 ab. nell'agglomerato). Nucleo urbano risalente al XVI sec.; musei.

SAN JUAN DE PASTO → PASTO.

SANJURJO (José), *Pamplona 1872 - Estoril 1936*, generale spagnolo. Preparò la sollevazione militare del 1936 con F. Franco, ma morì in un incidente aereo.

SANKT ANTON AM ARLBERG, stazione di sport invernali (1304-2811 m d'alt.), in Austria (Tirolo); 2188 ab.

SANKT FLORIAN, c. dell'Austria (Austria Superiore), a SE di Linz; 5116 ab. Celebre abbazia ricostruita in stile barocco (1686-1751) da Carlo Antonio Carlone e Jakob Prandtauer.

SANKT PÖLTEN, c. dell'Austria, capol. dell'Austria Inferiore; 50.026 ab. Monumenti barocchi, tra cui la cattedrale (in origine romanica).

SANKT ULRICH → ORTISEI.

SAN LÀZZARO DEGLI ARMÈNI (Ìsola di), isola della Laguna Veneta; 26.000 km². Fu chiamata così quando divenne un lebbrosario (1182). Nel 1717 fu donata a Manuk di Pietro, che nel 1740 vi fondò un convento con un'importante biblioteca.

SAN LÀZZARO DI GERUSALÈMME (ordine di), ordine ospedaliero e in seguito anche militare, fondato a Gerusalemme nel XII sec. Unito all'ordine di Nostra Signora del Monte Carmelo (1608), secolarizzato da Clemente XIV (1772), sopravvisse alla Rivoluzione francese.

SAN LÀZZARO DI SÀVENA, com. in prov. di Bologna; 28.879 ab. Centro di industrie calzaturiere, metalmeccaniche, alimentari, dei mobili e delle materie plastiche.

SAN LÈO, com. in prov. di Pesaro e Urbino; 2675 ab. Ant. *Mons Feretri*, diede il nome alla reg. del Montefeltro. Centro storico medievale, con edifici rinascimentali. Rocca (XV sec.). Palazzo Della Rovere (XVI sec.). Nei dintorni, convento di S. Igne (XIII sec.).

SAN LORÈNZO, f. dell'America settentr., emissario del Lago Ontario; sfocia nell'Atlantico formando un lungo estuario sul Golfo di S. L.; 1140 km. Bagna il Canada sud-orient., attraversando Montreal e Québec. Grandi opere tra Montreal e il Lago Ontario l'hanno reso navigabile otto mesi all'anno.

SAN LORENZO, c. del Paraguay centrale; 133.395 ab.

SAN LÙIGI (òrdine reàle e militàre di), ordine creato da Luigi XIV nel 1693. Poiché era basato sul merito, vi poteva accedere anche chi non vantava nobili natali. Soppresso nel 1792, fu ristabilito dal 1814 al 1830.

SAN LUIS POTOSÍ, c. del Messico, cap. dello Stato omonimo; 629.208 ab. Metallurgia. — Cattedrale e chiese barocche; musei.

SAN MÀRCO (piàzza), piazza principale di Venezia, su cui si affacciano la basilica di S. Marco, di

SAN MARCO. *Veduta aerea della piazza.*

origine bizantina (XI-XV sec.; cinque cupole, mosaici celebri), e gli edifici ad arcate delle Procuratie (XVI e XIX sec.); il campanile della basilica è stato ricostruito nel 1912. A S si apre la Piazzetta, delimitata dal Palazzo dei Dogi (XIV-XV sec.) e dalla Libreria Marciana di J. Sansovino (XVI sec.).

SAN MARÌNO, Stato dell'Europa che rappresenta un'enclave indipendente in territorio italiano; 61 km²; 25.000 ab. (*sammarinesi*). CAP. *San Marino* (5000 ab.) LINGUA: *italiano*. MONETA: *euro*. Turismo. — La città conquistò l'autonomia nel IX sec. e nel XIII sec. il suo territorio si costituì in repubblica. Lo Stato, i cui rapporti con l'Italia sono regolati da diverse convenzioni, è governato dal consiglio grande e generale (60 membri) e da 2 capitani reggenti, eletti dal consiglio stesso ogni sei mesi. Nel 1992 San Marino è stato accolto nell'ONU. Le elezioni legislative del 2001 hanno dato la vittoria al Partito democratico-cristiano (PDCS).

San Marino

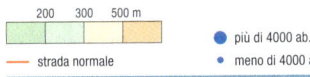

| 200 | 300 | 500 m |

— strada normale
● più di 4000 ab.
● meno di 4000 ab.

SAN MARTÍN (José de), *Yapegú 1778 - Boulogne-sur-Mer 1850*, generale e politico argentino. Nel 1817-1818 liberò il Cile e contribuì all'indipendenza del Perú, di cui divenne "protettore" (1821). In disaccordo con S. Bolívar, si dimise e andò in esilio in Europa.

SAN MARTÍNO DELLA BATTÀGLIA, località del com. di Desenzano. Durante la seconda guerra d'indipendenza fu teatro di una battaglia nella quale i piemontesi sconfissero gli austriaci (24 giu. 1859).

SAN MARTÌNO DI CASTRÒZZA, frazione del com. di Siror (Trento). Turismo e sport invernali.

SAN MÀURO (congregazióne benedettina di), congregazione creata a Parigi nel 1618, i cui membri, detti maurini, si dedicavano a ricerche erudite (in part. a *Saint-Germain-des-Prés*). Fu abolita nel 1790.

SAN MÀURO PÀSCOLI, com. in prov. di Forlì-Cesena; 8983 ab. Casa natale di G. Pascoli.

SAN MICHÈLE ALL'ÀDIGE, com. in prov. di Trento; 2305 ab. Museo degli usi e costumi della gente trentina, fondato nel 1968.

SANMICHÈLI (Michèle), *Verona 1484-1559*, architetto. Rielaborò gli stili architettonici veneti alla luce dei canoni del classicismo. Fu capo-

mastro all'opera del duomo di Orvieto. A Verona realizzò, in part., i Palazzi Bevilacqua, Canossa e Pompei, la Cappella Pellegrini in S. Bernardino, Porta Nuova e Porta Palio.

SAN MIGUEL, c. di El Salvador; 183.000 ab.

SAN MIGUEL DE TUCUMÁN, c. dell'Argentina nord-occ.; 473.014 ab. Università. Turismo. — Centro storico di epoca coloniale; musei.

SAN MINIÀTO, com. in prov. di Pisa; 26.301 ab. Duomo e chiesa di S. Francesco (XIII sec.), Palazzo Pretura-Miravalle (XII sec.) e torre imperiale (XIII sec.).

SAN MINIÀTO AL MÓNTE, chiesa di Firenze (XI-XII sec.), notevole esempio del romanico fiorentino. Conserva opere di T. e A. Gaddi, Spinello Aretino, P. Uccello, Michelozzo, Luca della Robbia.

SANNAZÀRO (Iàcopo), *Napoli 1455-1530*, poeta e umanista. Il suo romanzo in prosa e versi, *Arcadia* (1501, 1504), ebbe un'influenza decisiva sul genere pastorale. Scrisse inoltre sei *Farse*, le *Rime* e vari componimenti poetici in latino (*Epigrammata, Eclogae piscatoriae*).

SÀNNIO, nell'antichità, reg. montuosa dell'Italia centrale, abitata dai sanniti. Att. corrisponde all'incirca alla prov. di Benevento.

SANNÌTI, ant. popolazione italica che viveva nel Sannio. I s. furono sottomessi da Roma nel III sec. a.C., al termine di tre lunghe guerre (343-290); fu proprio nel corso di questa lotta che i romani subirono l'umiliazione delle Forche Caudine (321 a.C.).

SAN PÀOLO D'ARGÒN, com. in prov. di Bergamo; 4329 ab. Monastero benedettino (XI sec.).

SAN PÀOLO FUÒRI LE MÙRA, basilica romana edificata sul sepolcro del santo, consacrata nel 324. Nel 1823 fu distrutta da un incendio e ricostruita in stile neoclassico.

SANPÀOLO-IMI, gruppo bancario nato dalla fusione tra *Istituto bancario San Paolo di Torino* e *IMI*, nel 1998. Nel 2000 il gruppo ha acquisito il Banco di Napoli e nel 2002 la Cardine Banca.

SAN PEDRO, c. della Costa d'Avorio sud-occ.; 131.800 ab. Porto.

SAN PEDRO SULA, c. dell'Honduras nord-occ.; 326.000 ab.

SAN PELLEGRÌNO TÈRME, com. in prov. di Bergamo; 5069 ab. Stabilimenti termali e produzione di acque minerali.

SAN PETRÒNIO, basilica bolognese iniziata da A. di Vincenzo (1390). Facciata incompiuta e portale con decorazioni di Iacopo della Quercia (XV sec.).

SAN PÌERO A SIÈVE, com. in prov. di Firenze; 3874 ab. Fortezza medicea di S. Martino.

SAN PIÈTRO, basilica di Roma, in Vaticano, il più grande tempio cristiano. Alcuni scavi hanno portato alla luce una tomba che viene considerata quella dell'apostolo Pietro. Consacrata nel 326 sotto Costantino, la basilica fu ricostruita a partire dal 1506 sui progetti del Bramante, di Michelangelo (edificio a croce greca con cupola) e di C. Maderno (facciata e prolungamento della navata a formare una croce latina). Numerose le opere d'arte in essa contenute, tra cui il baldacchino con colonne tortili in bronzo, opera di G.L. Bernini. Dello stesso artista è il colonnato della piazza antistante.

La basilica di **SAN PIETRO**, *in Vaticano: facciata di C. Maderno, cupola di Michelangelo e G. della Porta.*

SAN PIETROBURGO. *Il Palazzo d'Inverno (1754-1762) di B.F. Rastrelli.*

SAN PIETROBÙRGO, dal 1914 al 1924 **Pietrogrado**, e dal 1924 al 1991 **Leningrado**, c. della Russia, alla foce del f. Neva; 4.273.001 ab. (5.133.000 ab. nell'agglomerato). Porto e ant. cap. della Russia. Centro industriale: costruzioni meccaniche, industrie tessili e chimiche ecc. — Fondata da Pietro il Grande nel 1703, divenne capitale della Russia nel 1712. — Teatro principale delle rivoluzioni del 1905 e del 1917, nel 1918 la città fu evacuata dal Consiglio dei commissari del popolo, che si stabilì a Mosca. Sostenne un duro assedio da parte dei tedeschi dal 1941 al 1944. — I principali edifici del XVIII sec. e dell'inizio del XIX sec. sono opera di B.F. Rastrelli (Palazzo d'Inverno), G. Quarenghi (teatro dell'Ermitage), J.B. Vallin de la Mothe (Accademia di Belle Arti, Pavillon dell'Ermitage), Thomas de Thomon (Borsa), Andrejan Zacharov (Ammiragliato) e Karl Rossi. Museo dell'*Ermitage* e Museo russo.

SAN PIÈTRO IN VÌNCOLI, basilica romana del V sec. Secondo la tradizione, custodisce le catene con cui san Pietro fu imprigionato a Gerusalemme. Mausoleo di Giulio II; statua di Mosè di Michelangelo.

SAN QUÌRICO D'ÒRCIA, com. in prov. di Siena; 2444 ab. Chiesa di S. Maria dell'Assunta (XI sec.) e collegiata romanica (XII sec.). Palazzo Chigi, opera di C. Fontana.

SANRAKU o **KANO SANRAKU** → KANO.

SAN RÈMO (conferènza di) (19-26 apr. 1920), conferenza tenutasi a S. R. alla fine della prima guerra mondiale, durante la quale le potenze vincitrici discussero sull'applicazione del trattato di Versailles e prepararono il trattato di Sèvres, da stipulare con l'impero ottomano.

SAN RÈMO o **SANRÈMO**, com. in prov. di Imperia, sul Mar Ligure; 56.026 ab. Stazione turistica e balneare. Floricoltura. Festival della canzone italiana.

SAN ROSSÓRE, frazione del com. di Pisa, sul mare. Dal 1979 fa parte del parco regionale Migliarino, S. R., Massaciuccoli.

SAN SALVADOR, cap. di El Salvador; 1.428.000 ab. nell'agglomerato. La città, che sorge alle pendici del vulcano omonimo, è stata ripetutamente devastata dal terremoto.

SAN SALVADOR DE JUJUY, c. dell'Argentina nord-occ.; 181.318 ab.

SAN SEBASTIÁN, in basco **Donostia**, c. della Spagna (Paesi Baschi), capol. della prov. di Guipúzcoa; 180.277 ab. Località balneare. Porto. — Festival cinematografico internazionale.

SAN SEBASTIÀNO, dipinto di A. Mantegna (1480 ca., Louvre, Parigi). L'opera riprende il tema classico del martirio del santo, che trionfa sulla sofferenza (il corpo trafitto eppure fiero, lo sguardo rivolto al cielo). I due carnefici ai suoi piedi sono rappresentati con realismo espressionistico.

SAN SEBASTIÀNO, dipinto di Antonello da Messina, parte di un trittico smembrato (1476-1477, Gemäldegalerie, Dresda). Il tema tradizionale del martirio del santo è inserito in un contesto urbano, irreale, quasi a sancire la distanza, e allo stesso tempo la compenetrazione, tra il piano sacro e quello umano.

SANSEPÓLCRO, com. in prov. di Arezzo; 15.760 ab. Di aspetto medievale, conserva la cattedrale e la chiesa di S. Francesco (XIV sec.). Casa di Piero della Francesca (XV sec.).

SANSEVERÌNO, nobile famiglia napoletana. — **Turgisio S.**, *XI sec.* Capostipite della famiglia, fu nominato conte da Roberto il Guiscardo. — **Roberto S.**, *Napoli 1418 - Calliano 1487*. Fu uno dei più abili condottieri dell'epoca. — **Ferrante S.**, *Napoli 1507 - Avignone 1568*. Si oppose all'Inquisizione e per questo fu accusato di tradimento ed esiliato dal viceré Pedro di Toledo.

SAN SEVERÌNO MÀRCHE, com. in prov. di Macerata; 12.962 ab. Duomo antico (X-XI sec.); duomo nuovo (XIII sec.); porta della Valle (XII sec.). Area archeologica di *Septempeda*.

SAN SEVÈRO, com. in prov. di Foggia; 54.928 ab. Chiesa di S. Severino (XII sec.).

SANSÓNE, *XII sec. a.C.*, uno dei giudici di Israele. Animatore della resistenza contro i filistei, celebre per la sua forza immane, che gli derivava dai capelli, fu vinto da Dalila, che gli recise la chioma. Imprigionato dai filistei in un tempio, una volta recuperato tutto il suo vigore fece crollare l'edificio.

SANSÓNI, casa editrice fondata nel 1874 da Giulio Cesare S. (Firenze 1837 - Roma 1885). Oltre ai libri ha pubblicato riviste specializzate (*Studi danteschi, Lingua nostra, Critica d'arte*). Dal 1976 è stata assorbita dalla Rizzoli e, nel 1986, dal gruppo RCS Mediagroup.

SANSOVÌNO (Andrèa **Contùcci**, detto **il**), *Monte San Savino, Arezzo, 1460-1529*, scultore. Fautore di un classicismo misurato, lavorò a Firenze (*Battesimo di Cristo*, 1502-1505, battistero), Roma (*Madonna col Bambino e sant'Anna*, 1512, S. Agostino) e Loreto (*Storie della Vergine*, 1513 ca., Santa Casa). — **Jacopo Tatti**, detto **il S.**, *Firenze 1486 - Venezia 1570*, scultore e architetto, figlio adottivo di Andrea. Fu attivo soprattutto a Venezia, dove gli venne affidata la sistemazione di piazza S. Marco (Loggetta del campanile di S. Marco, 1536-1540; Libreria Marciana; Zecca; Procuratie Vecchie). Fu inoltre autore del progetto di Villa Garzoni a Pontecasale (dal 1540 ca.).

SANT'AMBRÒGIO, basilica milanese consacrata nel 386 e ricostruita tra l'XI e il XII sec. Massimo esempio di romanico lombardo, conserva un reliquiario opera di Volvinio (IX sec.).

SANT'ANASTÀSIA, com. in prov. di Napoli; 28.941 ab. Centro industriale, produzioni artigianali in rame. Santuario della Madonna dell'Arco (XVI-XVII sec.) nel Parco nazionale del Vesuvio.

SANT'ANDRÈA (órdine di), il più alto degli ordini della Russia zarista. Creato nel 1698 da Pietro il Grande, fu soppresso nel 1917.

CASTEL SANT'ANGELO, *Roma.*

SANT'ÀNGELO (Castèl), a Roma, mausoleo di Adriano, costruito nel 139 d.C. Vi furono sepolti molti imperatori, fino a Settimio Severo. Fortificato durante il basso impero, fu di volta in volta cittadella pontificia, caserma e prigione di Stato, subendo profonde alterazioni e ripetuti rimaneggiamenti (ma la struttura cilindrica centrale risale all'epoca romana).

SANT'ÀNGELO DEI LOMBÀRDI, com. in prov. di Avellino; 4731 ab. Cattedrale dell'XI sec., ri-

San Sebastiano, *dipinto di A. Mantegna nel 1480 ca. (Louvre, Parigi.)*

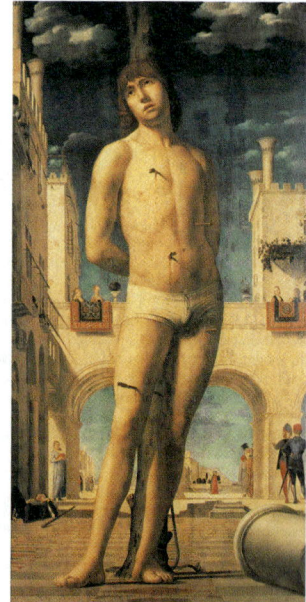

San Sebastiano, *dipinto di Antonello da Messina, 1476-1477. (Gemäldegalerie, Dresda.)*

costruita nel '500. Fu gravemente danneggiato dal terremoto del 1980.

SANT'ÀNGELO IN VÀDO, com. in prov. di Pesaro-Urbino; 3849 ab. Duomo del XII sec., Palazzo della Ragione (XIV sec.).

SANT'ANTÌOCO, isola della Sardegna, alla quale è unita da un istmo, in prov. di Cagliari; 108,9 km². Resti di nuraghi e santuario punico, necropoli di Sulci (V-III sec. a.C.), parrocchiale del XII sec. con catacombe paleocristiane.

SANT'ÈLENA, in ingl. **Saint Helena**, isola britannica dell'Atlantico merid., a 1850 km dalle coste africane; 122 km²; 5700 ab.; capol. *Jamestown*. Napoleone I vi fu esiliato dal 1815 al 1821.

SANT'ELÌA (Antònio), *Como 1888 - Monfalcone 1916*, architetto. È considerato il portavoce dell'architettura futurista, per aver firmato un *Messaggio*, in occasione di una mostra del gruppo Nuove tendenze (1914), che fu la base per il *Manifesto dell'architettura futurista*. Il suo modello di Città Nuova più che sul singolo edificio si basa sull'intera struttura urbana, pensata come organismo capace di adattarsi continuamente ai cambiamenti della modernità.

SANT'ELÌA (Mónti), massiccio dell'America settentr., al confine tra Canada e Alaska, la cui vetta più elevata (Monte Logan, 5959 m) si trova in territorio canadese.

SANT'ELPÌDIO A MÀRE, com. in prov. di Ascoli Piceno; 15.308 ab. Mura e palazzo comunale (XIII-XIV sec.).

SANT'EUFÈMIA (Gólfo di), insenatura della costa calabrese, sul Tirreno, tra Capo Suvero e Capo Cozzo.

SANT'UFFÌZIO (congregazióne del), congregazione romana creata da Paolo III nel 1542 con il nome di Congregazione della suprema inquisizione al fine di combattere l'avanzata del protestantesimo. Prese il nome di S. nel 1908 e fu incaricata della censura dei libri nel 1917 (già Indice). Divenuta nel 1965 Congregazione per la dottrina della fede, si pronuncia su tutte le questioni relative alla fede e alla morale.

SANTA ANA, c. degli Stati Uniti (California); 337.977 ab.

SANTA ANA, c. di El Salvador, ai piedi del vulcano omonimo (2386 m); 208.000 ab.

SANTA ANA (Antonio **López de**), *Jalapa 1794 - Città del Messico 1876*, generale e politico messicano. Presidente della repubblica (1833), battuto e fatto prigioniero dai texani (San Jacinto, 1836), dovette riconoscere l'indipendenza del Texas. Di nuovo sconfitto dagli statunitensi (1847), perse il Nuovo Messico e la California. Proclamatosi dittatore a vita nel 1853, fu rovesciato nel 1855.

SANTA CATARINA, Stato del Brasile merid.; 5.356.360 ab.; cap. *Florianópolis*.

SÀNTA CATERÌNA VALFÙRVA, frazione del com. di Valfurva. Centro termale, turismo estivo e invernale.

SÀNTA CESÀREA TÈRME, com. in prov. di Lecce; 3118 ab. Località termale. Nel suo territorio, grotta Romanelli, con graffiti preistorici. Cisternale messapico e torre di Miggiano (XV sec.).

SANTA CLARA, c. di Cuba; 205.400 ab. Mausoleo di Che Guevara.

SANTA CRUZ, c. della Bolivia, a E delle Ande; 1.034.070 ab.

SANTA CRUZ (Ìsole), arcipelago dell'Oceania, parte orient. dello Stato delle Salomone; 16.500 ab.

SANTA CRUZ DE TENERIFE, c. della Spagna, capol. delle Canarie e capol. di prov., sull'Isola di Tenerife; 215.132 ab. Porto. Raffineria di petrolio.

SANTA FE, c. dell'Argentina, presso il Paraná; 442.214 ab. Chiese del XVII-XVIII sec.

SANTA FE, c. degli Stati Uniti, cap. del Nuovo Messico; 62.203 ab. Musei, tra cui quello del Nuovo Messico.

SANTA FE DE BOGOTÁ → BOGOTA.

SÀNTA FIÓRA, com. in prov. di Grosseto; 2782 ab. Pieve di S. Fiora e S. Lucilla. Turismo estivo, favorito dalla presenza nel territorio del Monte Amiata.

SÀNTA GIÙSTA, com. in prov. di Oristano; 4203 ab. Chiesa di S. Giusta (XII sec.).

SANTA ISABEL → MALABO.

SÀNTA MARGHERÌTA LÌGURE, com. in prov. di Genova; 10.629 ab. Rinomato centro di turismo estivo.

SANTA MARIA, c. del Brasile, a O di Porto Alegre; 243.611 ab.

SÀNTA MARÌA CÀPUA VÈTERE, com. in prov. di Caserta; 30.399 ab. Anfiteatro romano (I sec.); tempio sotterraneo del dio Mitra (II sec.); duomo (VIII sec.). Fu danneggiato dal terremoto del 1980.

SÀNTA MARÌA DEGLI ÀNGELI, nome di due edifici: la basilica di S. M. degli A., eretta ad Assisi (XVI sec.) su progetto di G. Alessi, con Cappella della Porziuncola; la chiesa di S. M. degli A., a Roma, progettata da Michelangelo (1561-1564) e ristrutturata da L. Vanvitelli (1749).

SÀNTA MARÌA DEL FIÓRE, duomo di Firenze (XIII-XV sec.) edificato su progetto di Arnolfo di Cambio. Cupola di F. Brunelleschi e campanile di Giotto. Conserva opere di P. Uccello, L. Ghiberti, A. del Castagno, L. della Robbia.

SÀNTA MARÌA DELLE GRÀZIE, chiesa milanese di G. Solari, con interventi del Bramante. Conserva l'*Ultima cena*, capolavoro di Leonardo da Vinci, recentemente restaurato.

SÀNTA MARÌA DI LÈUCA (Càpo), propaggine della Penisola Salentina, in Puglia. Grotte carsiche e santuario del XVIII sec.

SÀNTA MARÌA NOVÈLLA, chiesa fiorentina realizzata tra il XIII e il XIV sec. in stile gotico. Facciata di L.B. Alberti. Conserva opere di Giotto, F. Brunelleschi, P. Uccello, Masaccio, F. Lippi, Ghirlandaio.

SÀNTA MARINÈLLA, com. in prov. di Roma; 16.335 ab. Castello di S. Severa (XIV sec.), resti etruschi e romani (*Pyrgi*).

SANTA MARTA, c. della Colombia, sul Mar delle Antille; 283.711 ab. Porto.

SANTA MONICA, c. degli Stati Uniti (California), sull'Oceano Pacifico; 84.084 ab. Stazione balneare. Costruzioni aeronautiche.

SANTANDER, c. della Spagna, capol. della reg. di Cantabria, sul Golfo di Guascogna; 184.264 ab. Porto. — Museo preistorico e archeologico.

SANTANDER (Francisco **de Paula**), *Rosario de Cúcuta 1792 - Bogotá 1840*, politico colombiano. Vicepresidente della Grande Colombia (1821-1828), andò in esilio per aver cospirato ai danni di S. Bolívar; in seguito, fu presidente della Nuova Grenada (1833-1837). È considerato il fondatore della Colombia moderna.

SANTARCÀNGELO DI ROMÀGNA, com. in prov. di Rimini; 18.163 ab. Castello malatestiano (XIII-XV sec.).

SANTARÉM, c. del Brasile, alla confluenza del Rio delle Amazzoni con il Tapajós; 262.538 ab. Porto fluviale.

SANTARÉM, c. del Portogallo (Ribatejo), sul Tago; 63.563 ab. Chiese di varie epoche (XIII-XVII sec.); museo archeologico.

SANTARÒSA (Santòrre Annibale **De' Róssi di Pomaròlo**, cónte di), *Savigliano 1783 - Sfacteria 1825*, patriota. Partecipò ai moti del 1821 in Piemonte e fu ministro della guerra nel governo provvisorio. A rivoluzione fallita fu condannato all'esilio. Morì combattendo per l'indipendenza della Grecia.

SÀNTA SÈDE, denominazione degli organi della Chiesa cattolica, con a capo il papa. Dal 1929 (patti lateranensi) ha la sovranità sulla Città del Vaticano. È detta anche Sede Apostolica.

SÀNTA SEVERÌNA, com. in prov. di Crotone; 2524 ab. Castello normanno e battistero bizantino (X sec.).

SÀNTA SOFÌA, chiesa di Costantinopoli, att. adibita a museo. Dedicata alla Saggezza divina, è un capolavoro dell'architettura bizantina, con

SANTA SOFIA di Costantinopoli (VI sec.); minareti costruiti dai turchi nel XV sec.

la sua immensa cupola centrale del diametro di 31 m, a 55 m dal suolo, unica nel suo genere. Costruita per volere di Giustiniano (532-537) da Antemio di Tralle e Isidoro di Mileto, fu trasformata in moschea dai turchi.

SÀNTA TERÈSA DI GALLÙRA, com. in prov. di Sassari; 4148 ab. Turismo estivo. Torre aragonese (XVI sec.).

SANTER (Jacques), *Wasserbillig 1937*, politico lussemburghese. Primo ministro del Lussemburgo (1984-1995), ha presieduto la Commissione europea dal 1995 al 1999.

SANTÈRAMO IN CÒLLE, com. in prov. di Bari; 25.782 ab. Centro agricolo, industrie alimentari.

SANTÈRNO, f. dell'Emilia-Romagna, affl. del Reno; 99 km. Nasce dal Passo della Futa e bagna Imola.

SÀNTI (Giovànni), *Colbordolo 1435 ca. - Urbino 1494*, pittore. Padre di Raffaello, lavorò al servizio dei Montefeltro (sue opere a Urbino, Fano e Gradara). Fu anche autore di un componimento sui pittori fiamminghi e italiani: *Cronaca rimata* (1492).

SANTIAGO, cap. del Cile; 4.311.133 ab. (5.538.000 ab. nell'agglomerato). Sede arcivescovile. Università. Centro commerciale e industriale, che riunisce più di due terzi della popolazione cilena. — Bei parchi. Musei. — La città fu fondata nel 1541 da Pedro de Valdivia.

SANTIAGO. *La città vista dal Cerro San Cristóbal.*

SANTIAGO, c. di Cuba; 430.494 ab. Porto. — Monumenti di epoca coloniale. — Il 3 lug. 1898, durante la guerra ispano-americana, una squadra spagnola vi fu distrutta dalla flotta americana.

SANTIAGO o **SANTIAGO DE LOS CABALLEROS**, c. della Rep. Dominicana; 690.548 ab.

SANTIAGO DE COMPOSTELA, c. della Spagna, capol. della Galizia; 93.903 ab. Il santuario, meta di pellegrinaggio tra le più frequentate della cristianità occ., fu costruito per ospitare le spoglie di san Giacomo Maggiore (in sp. San Tiago), depositatesi in quel luogo miracolosamente, e venne ampliato

SANTIAGO DE COMPOSTELA. *La cattedrale (XI-XVIII sec.).*

nell'XI sec., in occasione della Reconquista. — Cattedrale romanica databile tra il 1078 e il 1130 (atrio della Gloria, 1188; chiostro gotico (musei); facciata barocca del XVIII sec.); antico ospedale reale, di E. Egas; chiese e monasteri.

SANTIAGO DEL ESTERO, c. dell'Argentina settentr.; 201.709 ab.

SÀNTI DI TÌTO, Sansepolcro 1536 - Firenze 1603, pittore. Nei suoi dipinti aderì al naturalismo sobrio ed equilibrato propugnato dal pensiero controriformista, per approdare, in tarda età, all'architettura. Tra le opere, *Le sorelle di Fetonte mutate in pioppi*, *Risurrezione di Lazzaro*, *Visione di san Tommaso*.

SANTILLANA (Íñigo **López de Mendoza**, marchése **di**), Carrión de los Condes 1398 - Guadalajara 1458, militare e scrittore spagnolo. Introdusse il sonetto nella poesia spagnola.

SANTÌPPE, V sec. a.C., moglie di Socrate. La tradizione la vuole donna bisbetica e scontrosa.

SÄNTIS, cima delle Alpi Svizzere; 2502 m. Teleferica.

SANTO ANDRÉ, c. del Brasile, sobborgo industriale di São Paulo; 649.331 ab.

SANTO DOMINGO, già **Ciudad Trujillo**, cap. della Rep. Dominicana; 3.599.000 ab. nell'agglomerato. Molti monumenti dei XVI-XVIII sec.

SANTOMÀSO (Giusèppe), Venezia 1907-1990, pittore. Tra i fondatori del Fronte nuovo delle arti, aderì poi al gruppo degli Otto.

SANTORÌNO, in gr. **Santhorini** o **Thíra**, isola della Grecia, da cui ha preso il nome l'arcipelago delle Cicladi minori. Vulcano attivo. — Resti archeologici (abitato, pitture murali) di Akrotíri, principale centro della civiltà cicladica, distrutto nel 1500 ca. a.C. da un'eruzione vulcanica.

SANTOS, c. del Brasile (Stato di São Paulo); 417.983 ab.

SANTOS-DUMONT (Alberto), Palmyra, att. Santos Dumont, Minas Gerais, 1873 - São Paulo 1932, aviatore brasiliano. Dopo aver messo a punto vari modelli di dirigibili (1898-1905), raggiunse la fama come pioniere dell'aviazione, effettuando il 23 ott. 1906 il primo volo a propulsione omologato in Europa.

SÀNTO SEPÓLCRO, il più importante santuario cristiano di Gerusalemme, eretto nel luogo dove secondo la tradizione fu sepolto Gesù. Della basilica costantiniana (IV sec.) non rimane più traccia. L'att. edificio (con parti del XIX sec.) conserva elementi dell'epoca delle crociate.

SÀNTO SEPÓLCRO (òrdine del), ordine pontificio i cui primi statuti risalgono all'inizio del XII sec. Fu riorganizzato nel 1847 per volere di Pio IX, che lo pose sotto l'autorità del patriarca latino di Gerusalemme.

SÀNTO STÉFANO (trattàto di) (3 mar. 1878), trattato concluso al termine della guerra russo-turca del 1877-1878. Firmato dalla Russia, la potenza vincitrice, e dall'impero ottomano a Santo Stefano (att. Yeilköy, presso Istanbul), aumentava l'influenza russa nei Balcani. Fu sottoposto a revisione durante il congresso di Berlino (1878).

SANTÙCCI (Luigi), Milano 1918-1999, scrittore. Tra le opere, *Misteri gaudiosi* (1946), *Lo zio prete* (1951), *Orfeo in Paradiso* (1967), *Il Mandragolo* (1979), *Brianza e altri amori* (1982), *Il cuore dell'inverno* (1992), *Eschaton* (1999).

SAN VINCÈNZO DE' PAÒLI (Conferènze di), organizzazione internazionale composta da laici di religione cattolica, dedita a opere di carità; fu fondata a Parigi nel 1833 da Frédéric Ozanam e altri sei giovani.

SAN VITÀLE, basilica di Ravenna, consacrata nel 547. Di forma ottagonale, è il massimo esempio dell'arte bizantina in Italia, in part. per le decorazioni musive degli interni (notevole la rappresentazione di Giustiniano e Teodora con il seguito dei cortigiani).

SAN VÌTO DEI NORMÀNNI, com. in prov. di Brindisi; 20.451 ab. Castello con torre normanna (XII sec.).

SÀNZA, com. in prov. di Salerno; 3003 ab. Vi morì L. *Pisacane, ucciso dopo il fallimento della sua spedizione contro i Borbone.

SANZÈNO, com. in prov. di Trento; 894 ab. Basilica dei SS. Martiri (XV sec.), santuario di S. Romedio (XI-XVIII sec.).

SAO, ant. popolazione africana. Divisi in gruppi diversi per lingua e usanze, i s. si stabilirono a S del Lago Ciad a partire dal I sec. Dalle loro sepolture a tumulo sono emerse statuette d'argilla e di bronzo.

SÃO BERNARDO DO CAMPO, c. del Brasile, sobborgo industriale di São Paulo; 703.177 ab.

SÃO FRANCISCO, f. del Brasile, che nasce nello Stato di Minas Gerais e sfocia nell'Atlantico; 3100 km. Sfruttamento idroelettrico.

SÃO GONÇALO, c. del Brasile, sobborgo di Rio de Janeiro; 891.119 ab.

SÃO JOÃO DE MERITI, c. del Brasile, sobborgo di Rio de Janeiro; 449.476 ab.

SÃO JOSÉ DOS CAMPOS, c. del Brasile, tra São Paulo e Rio de Janeiro; 539.313 ab.

SÃO LUÍS o **SÃO LUÍS DO MARANHÃO**, c. del Brasile settentr., cap. dello Stato di Maranhão; 870.028 ab. Quartieri antichi con monumenti del XVII-XVIII sec.

SÃO MIGUEL, la più grande delle Isole Azzorre; 747 km²; 126.000 ab.; capol. *Ponta Delgada*.

SAÔNE, f. della Francia orient., affl. di destra del Rodano all'altezza di Lione; 480 km.

SAÔNE (**HAUTE-**), dip. della Francia, nella reg. Franca Contea; capol. *Vesoul*; 5360 km²; 229.732 ab. Industria automobilistica e metallurgica.

SAÔNE-ET-LOIRE, dip. della Francia, nella reg. Borgogna; capol. *Mâcon*; 8574 km²; 544.893 ab. Sul territorio, in gran parte occupato dal Massiccio Centrale, si praticano l'agricoltura (cereali, barbabietole, vigneti) e l'allevamento. Industrie metallurgiche, chimiche e tessili.

SÃO PAULO, c. del Brasile, cap. dello Stato omonimo; 10.434.252 ab. (17.500.000 ab. nell'agglomerato). Università. Oltre a essere la città più grande del Brasile, ne è anche la metropoli economica (costruzioni meccaniche ed elettriche e settori tessile, metallurgico, chimico, alimentare, editoriale). — Musei. Biennale di arte moderna.

SÃO PAULO.

SÃO PAULO (Stàto di), lo Stato più popoloso del Brasile; 248.256 km²; 37.032.403 ab.; cap. *São Paulo*. Piantagioni di caffè.

SÃO TOMÉ E PRÍNCIPE, Stato dell'Africa, nel Golfo di Guinea; 964 km²; 130.000 ab. CAP. *São Tomé*. LINGUA: *portoghese*. MONETA: *dobra*. [V. *carta del* **Gabon**.] Il paese consta di due isole, São Tomé (836 km²), che ospita più del 95% della popolazione totale, e Príncipe (128 km²). Produzione di cacao, caffè, olio di palma e copra. — Antica colonia portoghese, indipendente dal 1975. L'attuale presidente della repubblica, eletto nel 2001, è Fradique de Menzes.

SÃO VICENTE (Cabo de), capo del Portogallo, all'estremità sud-occ. della penisola iberica.

SÃO VINCENTE, c. del Brasile, presso Santos; 303.551 ab.

SAPÉGNO (Natalino), Aosta 1901 - Roma 1990, critico letterario. Tra le opere, *Il Trecento* (1933), *Compendio di storia della letteratura italiana* (1936-1947), *La critica dantesca dal 1921 a oggi* (1956), *Storia della letteratura italiana* (con E. Cecchi, 1965-1969).

SAPIÈNTI (I Sètte), nome dato dalla tradizione greca a sette personaggi, filosofi e statisti, del VI sec. a.C.: Biante di Priene, Chilone di Sparta, Cleobulo di Lindo, Misone Cheneo (spesso sostituito da Periandro di Corinto), Pittaco di Mitilene, Solone di Atene e Talete di Mileto.

SAPIÈNZA (libro della), II libro dell'Antico Testamento. Redatto in greco nel 50 ca. a.C. da un ebreo di Alessandria, è un'esortazione alla ricerca della vera sapienza, che promana da Dio.

SAPIR (Edward), Lauenburg, Germania, 1884 - New Haven, Connecticut, 1939, linguista statunitense. Mise in rilievo il concetto di fonema e propose una nuova tipologia linguistica, basata non più su criteri storici, ma formali (sintassi e semantica). Fu tra gli anticipatori della corrente strutturalista.

SAPÓRE I o **SHAHAPUR I**, re sasanide di Persia (241-272). Sconfisse e fece imprigionare l'imperatore Valeriano (260), ma non riuscì a conquistare la Siria e l'Asia Minore. — **Sapore II**, re sasanide di Persia (310-379). Fu sostenitore del mazdeismo e osteggiò il cristianesimo. Sottrasse l'Armenia ai romani (dopo il 338). — **Sapore III**, re sasanide di Persia (383-388). Firmò la pace con Teodosio I e riconobbe l'indipendenza della corrente dell'Armenia.

SAPOSNIKOV (Boris Mihailovič), Zlatoust 1882 - Mosca 1945, maresciallo sovietico. Capo di Stato maggiore dell'Armata rossa dal 1937 al 1942, fu consigliere militare di Stalin.

SAPPER (Richard), Monaco di Baviera 1932, designer. Dal 1958 a Milano come designer industriale, dal 1980 è responsabile dei prodotti IBM. Tra le sue realizzazioni più celebri, lampada Tizio di Artemide (1972), bollitore Alessi (1983).

SAPPORO, c. del Giappone, capol. dell'Isola di Hokkaido; 1.757.025 ab. Centro amministrativo, commerciale e industriale.

SÀPRI, com. in prov. di Salerno; 7126 ab. Vi approdò la spedizione guidata da C. *Pisacane contro i Borbone.

SAQQARA, villaggio dell'Egitto, sobborgo dell'ant. Menfi. Immensa necropoli con molte piramidi, tra cui quella a gradoni, facente parte del complesso funerario di Zoser (XXVIII sec. a.C.). Di epoca tarda è invece il *Serapeo.

SAQQARA. L'ingresso della cinta muraria che circondava il complesso funerario di Zoser e la piramide a gradoni: Antico Regno, III dinastia.

SÀRA, personaggio biblico, moglie di Abramo e madre di Isacco.

SARÀCCO (Giusèppe), Bistagno 1821-1927, politico. Più volte ministro tra il 1887 e il 1896, fu presidente del consiglio nel 1900-1901, nel difficile frangente delle lotte sociali e dell'assassinio di Umberto I.

SARAGAT (Giusèppe), Torino 1898 - Roma 1988, politico. Costretto all'esilio dal regime fascista, nel 1946 fu incaricato di presiedere la Costituente e un anno dopo fondò il Partito socialista dei lavoratori italiani (PSLI, poi Partito socialista de-

Ivanoe Bonomi, Pietro Nenni, Alcide De Gasperi e Giuseppe **SARAGAT** nel 1946.

mocratico italiano, PSDI). Più volte ministro e vicepresidente del consiglio, ricoprì la carica di presidente della repubblica dal 1964 al 1971.

SARAGÒZZA, in sp. **Zaragoza**, c. della Spagna, capol. dell'Aragona, sull'Ebro; 604.631 ab. Sede arcivescovile (dal 1317). Università (1474). Centro amministrativo, commerciale e industriale. — Aljafería, ant. palazzo dei sovrani arabi e poi dei re cattolici; cattedrale del XII-XVI sec., dai ricchi arredi (Museo della tappezzeria); basilica di Nuestra Señora del Pilar (XVII-XVIII sec.). Museo provinciale.

SARAJEVO, cap. della Bosnia-Erzegovina; 522.000 ab. Moschee turche; musei. — La città è stata gravemente colpita dal lungo assedio durante la guerra civile nell'ex Iugoslavia (1992-1995).

Veduta di **SARAJEVO.**

SARAJEVO (attentàto di) (28 giu. 1914), attentato che fu all'origine della prima guerra mondiale, perpetrato dal serbo G. Princip ai danni dell'arciduca Francesco Ferdinando, erede al trono austriaco.

SARAKOLÉ → SONINKE.

SARAMAGO (Josè), *Azinhaga, distr. di Santarém, 1922*, scrittore portoghese. Nei suoi romanzi dallo stile barocco propone una singolare visione della storia del suo paese, mescolando finzione e realtà (*Una terra chiamata Alentejo*, 1980; *Memoriale del convento*, 1982). (Premio Nobel 1998).

SARAMAKA, gruppo etnico del Suriname, formato dai discendenti degli schiavi neri che nel 1762 si emanciparono dai Paesi Bassi (ca. 25.000 individui). I s., che hanno in gran parte conservato la cultura e le credenze tradizionali, parlano il saramaccano, una lingua creola.

SARANSK, c. della Russia, capol. della Rep. dei Mordvini, a O del Volga; 320.432 ab.

SARASATE (Pablo **de**), *Pamplona 1844 - Biarritz 1908*, violinista spagnolo. E.V. Lalo e C. Saint-Saëns composero per lui rispettivamente la *Sinfonia spagnola* e il *Concerto in si minore*.

SARATOGA SPRINGS o **SARATOGA**, c. degli Stati Uniti (Stato di New York), a N di Albany; 26.186 ab. Capitolazione del generale britannico Burgoyne (17 ott. 1777) durante la guerra d'indipendenza americana.

SARATOV, c. della Russia, sul Volga; 894.472 ab. Porto fluviale e centro industriale. — Monumenti del XVII-XIX sec.; musei.

SARAWAK, Stato della Malaysia, nel Borneo nord-occ.; 2.012.616 ab.; capol. *Kuching*. Petrolio e gas naturale.

SÀRCA, f. del Trentino; 78 km. Formato dalla confluenza del S. di Genova e del S. di Campiglio, si immette nel Lago di Garda.

SARCIDÀNO, reg. della Sardegna centro-merid., in prov. di Nuoro. Altopiano coltivato, allevamento di ovini e attività estrattive.

SARDANAPÀLO, re dell'Assiria, secondo la tradizione greca. L'origine della sua leggenda pare sia da ricercare nella figura di Assurbanipal.

SÀRDARA, com. in prov. di Cagliari; 4450 ab. Località termale, conserva un tempio nuragico a pozzo (X sec. a.C.) e la chiesa romanico-gotica di S. Gregorio (XIII sec.).

SARDÉGNA, seconda isola del Mediterraneo per estensione, che si affaccia a O sul Mar di Sardegna e a E sul Mar Tirreno; 24.090 km²; 1.599.511 ab. (*sardi*). Quattro province: *Cagliari* (capol. di reg.), *Nuoro, Oristano, Sassari.*

ASPETTI FISICI – Le coste sono generalmente alte e frastagliate. Il rilievo, accidentato e vario (Gennargentu a E), si apre a SO nella Pianura del Campidano. Altre pianure modeste si sviluppano lungo la costa (piane di Oristano e di Alghero). I fiumi sono brevi e a carattere torrentizio (Tirso, Flumendosa). La regione comprende anche diverse isole: Sant'Antioco, San Pietro, Asinara, Maddalena, Caprera, Tavolara e altre minori. Il clima è mediterraneo.

POPOLAZIONE – La scarsa densità media (66,4 ab. per km²) è dovuta in parte alla morfologia dell'isola e in parte al forte movimento migratorio degli anni '60 -80 del secolo scorso. La popolazione si concentra soprattutto nelle zone collinari. Attualmente il saldo naturale è positivo (0,8‰).

ECONOMIA – La regione è caratterizzata da una forte arretratezza economica, in part. nell'ambito delle attività industriali. Il settore primario (5,4% del reddito complessivo) riveste tuttora un ruolo fondamentale, ma è penalizzato dall'utilizzo di tecniche antiquate. Particolarmente diffusa la coltivazione di ortaggi, frutta, cereali, uva, sughero. Di notevole rilievo l'allevamento ovino e caprino, cui è legata una consistente produzione di latticini. Il settore secondario, che fornisce il 25,83% del reddito complessivo, a partire dagli anni '70 del secolo scorso è stato caratterizzato dalla crisi dei poli petrolchimici di Cagliari e Porto Torres e degli impianti estrattivi del Sulcis. In crescita, invece, il ruolo delle piccole e medie industrie, soprattutto alimentari e conserviere. Il settore terziario fornisce il 68,77% del reddito e ha come fonte principale il turismo marittimo, il cui sviluppo ha favorito il fenomeno della speculazione edilizia.

STORIA – Durante l'Età del bronzo nella regione si sviluppa la fiorente civiltà nuragica. IX-VIII **sec. a.C.:** colonizzazione fenicia. VI **sec.:** colonizzazione cartaginese. III **sec.:** dopo la seconda guerra punica i romani istituiscono la provincia di S. e Corsica. **455:** la S. è invasa dai vandali; **534:** cade sotto il dominio bizantino; VIII-X **sec.:** viene attaccata dai saraceni. XI **sec.:** occupazione pisana e genovese. **1420:** la S. è conquistata da Alfonso d'Aragona; **1714:** viene annessa all'Austria; **1718:** forma, con il Piemonte, il regno di S., retto dai Savoia; **1948:** viene riconosciuta come regione autonoma a statuto speciale.

SÀRDI, ant. c. dell'Asia Minore, nella valle del Pattolo, residenza dei re di Lidia, poi capitale di una satrapia. Vestigia del tempio di Artemide, di epoca ellenistica.

SÀRDO D'AZIÓNE (Partito) (PSD'A), partito politico fondato nel 1921 da E. Lussu. Abolito durante il fascismo, si ricostituì nel 1944 conservando le

Sardegna

500 1000 1500 2000 m

★ importante località turistica

● oltre 50.000 ab.
● da 25.000 a 50.000 ab.
● da 10.000 a 25.000 ab.
● fino a 10.000 ab.

autostrada — ferrovia
strada normale ✈ aeroporto

proprie rivendicazioni autonomiste. Segretari: L.B. Puggioni, G.B. Melis, P. Soggiu, M. Columbu, C. Sanna, E. Pilleri, G. Ladu, I. Ortu, C. Contu, L. Palermo, A. Delitalia, F. Meloni, G. Sanna.

SARDOU (Victorien), *Parigi 1831-1908*, drammaturgo francese. Scrisse drammi storici (*Tosca*) e commedie (*Madame Sans-Gêne*).

SARENTÌNO, in ted. **Sarnthein**, com. in prov. di Bolzano; 6588 ab. Centro turistico, conserva il Castel Regino (XIII sec.).

SARGÀSSI (Mar dei), vasta zona dell'Atlantico, a NE delle Antille, coperta di alghe.

SARGENT (John Singer), *Firenze 1856 - Londra 1925*, pittore statunitense. Lavorò prevalentemente negli Stati Uniti (pitture murali alla Public Library di Boston e alla Harvard University di Cambridge). Fu un celebrato ritrattista.

SARGODHA, c. del Pakistan, nel Punjab; 458.000 ab.

SARGON DI AKKAD, *inizio del XXIII sec. a.C.*, re di Akkad. Fondatore dell'impero accadico, conquistò la bassa Mesopotamia.

SARGON II, re di Assiria (722/721-705 a.C.). Dopo la presa di Samaria (721), conquistò Israele e la Siria e ristabilì l'autorità assira su Babilonia. Condusse una campagna militare attraverso l'Urartu, di cui rimane testimonianza in una celebre tavoletta (Louvre, Parigi). Fece costruire il Palazzo di Dur Sharrukin (att. Khursabad).

SARH, già **Fort Archambault**, c. del Ciad merid.; 75.496 ab. Industria tessile.

SARK, una delle isole anglo-normanne; 600 ab.

SÀRMATI, ant. popolazione nomade di origine iranica. I s. occuparono il paese degli sciti e raggiunsero il Danubio (I sec. d.C.). In seguito furono travolti da goti e unni.

SARMIENTO (Domingo Faustino), *San Juan 1811 - Asunción, Paraguay, 1888*, politico e scrittore argentino. Primo civile a essere eletto presidente della repubblica (1868-1874), pose fine alla guerra del Paraguay (1870). È autore del romanzo storico *Facundo* (1845), in cui contrappone la "barbarie" dei *gauchos* alla "civiltà" dei centri urbani argentini.

SARNÀNO, com. in prov. di Macerata; 3409 ab. Chiesa di S. Maria Assunta (XIII sec.).

SARNATH, sito dell'India (Uttar Pradesh, a N di Benares). È uno dei luoghi sacri del buddhismo, dove Buddha iniziò la sua predicazione. Pilastro commemorativo dell'imperatore Ashoka (con capitello scolpito, nel museo locale).

SARNEY (José), *São Luís 1930*, politico brasiliano. Vicepresidente, succedette (1985-1990) al presidente eletto Tancredo Neves, morto poco dopo l'investitura.

SARNIA, c. del Canada (Ontario), sul Lago Huron; 72.738 ab.

SÀRNO, com. in prov. di Salerno; 31.310 ab. Centro agricolo, è stato gravemente colpito dall'alluvione del 1998. Santuario di S. Maria della Foce (XII sec.).

SARNTHEIN → SARENTINO.

SARÒNNI (Giuseppe), *Novara 1957*, ciclista. Ha vinto 2 Giri d'Italia (1979 e 1983), 1 Freccia Vallone (1980), 1 Milano-Sanremo (1983). È stato campione del mondo professionisti su strada nel 1982.

SARÒNNO, com. in prov. di Varese; 36.959 ab. Santuario di S. Maria dei Miracoli (XV sec.). Produzione di dolci e liquori.

SAROYAN (William), *Fresno 1908-1981*, scrittore statunitense. I suoi romanzi e testi teatrali (*I giorni della vita*) denotano un'ispirazione al tempo stesso romantica e ironica.

SÀRPI (Pàolo), *Venezia 1552-1623*, storico, teologo e giurista. Tra i maggiori pensatori della storia della Chiesa, fu un severo censore degli abusi temporali del papa. Difese la Repubblica di Venezia che aveva voluto processare dei sacerdoti, attirandosi così la scomunica e subendo un tentativo di omicidio. Vicino ad alcune posizioni protestanti, propugnò un'alleanza antisburgica che avrebbe dovuto coinvolgere Venezia e la Francia. Nel suo *Istoria del Concilio tridentino* (pubblicato sotto falso nome a Londra, nel 1619) sostenne la natura politica del concilio e individuò in esso il momento di massima espressione del decadimento morale e della corruzione della Chiesa cattolica.

SÀRRABUS, reg. della Sardegna merid., in prov. di Cagliari. Territorio montuoso, agricoltura e allevamento.

SARRAUTE (Nathalie), *Ivanovo, Russia, 1900 - Parigi 1999*, scrittrice francese. È stata tra le maggiori esponenti del *nouveau roman* per il suo rifiuto della psicologia tradizionale e la riflessione sullo "stato nascente" (*Tropismi*, 1939; *Ritratto d'ignoto*, 1948; *Il planetario*, 1959).

■ *Nathalie Sarraute.*

SÀRRE, com. in prov. di Aosta; 4059 ab. Castello del XIII sec.

SARREGUEMINES, c. della Francia, nel dip. Moselle, sul f. Saar; 23.774 ab. — Musei (ceramica, archeologia).

SÀRSINA, com. in prov. di Forlì-Cesena; 3798 ab. Ant. centro romano, ospita un museo archeologico nazionale. Vi nacque Tito Maccio Plauto.

SARTEÀNO, com. in prov. di Siena; 4498 ab. Castello del XIII sec.

SARTHE, f. della Francia occ., che nasce dalle colline della Perche e confluisce nella Mayenne a formare il Maine; 285 km.

SARTHE, dip. della reg. Pays de la Loire; capol. *Le Mans*; 6206 km²; 529.851 ab. Allevamento bovino e suino. Industria alimentare, costruzioni elettriche ed elettroniche. A Le Mans si concentra il 40% ca. della popolazione totale.

SÀRTI (Giuseppe), *Faenza 1729 - Berlino 1802*, compositore. Lavorò alla corte di Federico V, in Danimarca, e di Caterina II, in Russia. Maestro di cappella al duomo di Milano tra il 1779-1784, ebbe tra i suoi allievi L. Cherubini. Tra le opere, *Il re pastore* (1753), *Achille in Sciro* (1779), *Fra i due litiganti il terzo gode* (1782), *I finti eredi* (1785), *Oleg* (1790).

SÀRTO (Andrèa **del**) → ANDREA DEL SARTO.

SARTÓRI (Giovànni), *Firenze 1924*, politologo. Ha utilizzato il metodo comparativo nello studio dei sistemi politici, approfondendo i concetti di democrazia e partecipazione. Tra le opere, *Democrazia e definizioni* (1957), *Teoria dei partiti e caso italiano* (1982), *Democrazia: cosa è* (1993), *Homo videns: televisione e post-pensiero* (1997), *Pluralismo, multiculturalismo ed estranei* (2000), *La Terra scoppia* (2003).

SARTÒRIO (Giùlio Aristide), *Roma 1860-1932*, pittore. Vicino al simbolismo, accolto come ritorno a formule preraffaellite, realizzò opere di notevole pulizia stilistica e nitida eleganza, tra cui il fregio della Camera dei deputati a Montecitorio (1908-1912).

SARTÒRIS (Albèrto), *Torino 1901 - Cossonay-Ville 1998*, architetto. Si è segnalato come uno dei maggiori esponenti del razionalismo, di cui è stato anche teorico. Tra le opere, quartiere popolare di via Anzani (con G. Terragni, 1939), stabilimento Lesieur a Dunkerque (1982). Ha scritto *Gli elementi dell'architettura funzionale* (1932).

SARTRE (Jean-Paul), *Parigi 1905-1980*, filosofo e scrittore francese. Influenzato dalla fenomenologia e da M. Heidegger, elaborò una teoria esistenzialista, dapprima incentrata sul rapporto tra l'uomo e la libertà (*L'*essere e il nulla*, 1943), poi piegata al materialismo dialettico e al culto dell'impegno (*Critica della ragion dialettica*, 1960-1985). S. enunciò le sue idee anche in romanzi (*La nausea*, 1938; *Il cammino della libertà*, 1945-1949) e opere teatrali (*Le mani sporche*, 1948; *Il diavolo e il buon Dio*, 1951), oltre che nell'autobiografia *Le parole* (1964). Nel 1964 rifiutò il premio Nobel per la letteratura.

■ *Jean-Paul Sartre.*

SARZÀNA, com. in prov. di La Spezia; 20.017 ab. Centro industriale presso l'ant. Luni. Scavi archeologici, chiesa di S. Francesco (XII sec.), cattedrale di S. Maria Assunta (XIV-XV sec.).

SASÀNIDI, dinastia iranica che regnò su un vasto impero, esteso dalla Mesopotamia all'Indo, dal 224/226 alla conquista araba (651).

SASEBO, c. del Giappone (Kyushu); 244.677 ab. Porto. Cantieri navali. Base militare.

SASKATCHEWAN, f. del Canada, che si riversa nel Lago Winnipeg; 550 km. È formato dalla confluenza del North S. (1220 km) con il South S. (880 km).

SASKATCHEWAN, prov. del Canada centrale; 652.000 km²; 990.240 ab.; capol. *Regina*. Vi si praticano l'agricoltura (cereali, foraggi), l'allevamento bovino e attività estrattive (petrolio, gas naturale, carbone, uranio, potassio).

SASKATOON, c. del Canada (Saskatchewan); 193.647 ab. Musei.

SASOLBURG, c. del Sudafrica (Stato libero). Industria chimica.

SÀSSARI, c. della Sardegna, capol. di prov.; 120.874 ab. (*sassaresi*). Centro commerciale e industriale (settore meccanico, agroalimentare, tessile). — Sorta in età medievale (X sec.), ben presto fiorì grazie ai commerci. Governata dagli Aragonesi dal 1420 al 1718, entrò poi a far parte dei possedimenti di casa Savoia. — Duomo (XII-XVIII sec.) e Palazzetto d'Usini (1577); Museo nazionale. — L'economia della provincia, dal territorio in gran parte collinare, si basa su cerealicoltura, silvicoltura (querce da sughero) e pastorizia. Notevoli anche gli introiti del turismo nei centri costieri (Asinara, Maddalena, Caprera).

SASSÉTTA (Stèfano **di Giovànni**, detto), *Cortona ? 1400 ca. - Siena 1450*, pittore. Maestro della scuola senese del '400, adottò soluzioni formali proprie del Rinascimento fiorentino pur conservando l'afflato religioso e il gusto prezioso della fine del Medioevo (*Polittico dell'Arte della Lana*, 1423-1426, vari musei; *Polittico della Madonna della neve*, 1430-1432, Palazzo Pitti, Firenze).

SASSOCORVÀRO, com. in prov. di Pesaro e Urbino; 3459 ab. Rocca ubaldinesca di Francesco di Giorgio Martini (XV-XVI sec.).

SASSOFERRÀTO, com. in prov. di Ancona; 7300 ab. Chiese di S. Croce (XII sec.) e di S. Francesco (XIII-XIV sec.).

SASSOLÙNGO o **SÀSSO LÙNGO**, in ted. **Langkofel**, gruppo delle Dolomiti, in Trentino-Alto Adige. Culmina nel Monte S. (3179 m).

SÀSSO MARCÓNI, com. in prov. di Bologna; 13.629 ab. In località Pontecchio, G. Marconi realizzò la prima trasmissione di onde radio (1895).

SÀSSONI, popolazione germanica che abitava la Frisia e i paesi alla foce dell'Elba. Nel V sec. i s. intrapresero la colonizzazione del S delle Isole Britanniche, dove fondarono alcuni regni. In Germania si spinsero fino al f. Saale. Furono sottomessi da Carlo Magno (772-804), che impose loro la religione cristiana.

SASSÒNIA, in ted. **Sachsen**, Land della Germania, comprendente il versante nord-occ. dell'Erzebirge; 18.337 km²; 4.459.686 ab.; cap. *Dresda*.

STORIA – IX SEC.: la S. diventa un ducato; **843**: viene inglobata nel regno di Germania. **919**: il duca di S. Enrico l'Uccellatore, eletto re di Germania, fonda la dinastia sassone; **962-1024**: quest'ultima regna sul Sacro Romano Impero. **1142-1180**: grazie a Enrico il Leone il ducato raggiunge la sua massima estensione; **1180**: Federico I Barbarossa sottomette la S. **1260**: il territorio viene diviso nei ducati di S.-Lauenburg (Bassa S.) a N e S.-Wittenberg (Alta S.) a S. **1356**: il duca di S. diventa elettore dell'impero. **1485**: la regione subisce un'ulteriore divisione. Nel XVI sec. diventa roccaforte del luteranesimo. **1697-1763**: gli elettori di S. ottengono la corona di Polonia (Augusto II e III). **1806**: la S. diventa un regno e viene assegnata a Napoleone. **1815**: al Congresso di Vienna il regno viene privato della Lusazia, acquisita dalla Prussia; **1871**: viene annesso all'impero tedesco. **1918**: proclamazione della repubblica. **1949-1990**: la S. entra a far parte della RDT.

SASSÒNIA (Bàssa), in ted. **Niedersachsen**, Land della Germania, sul Mare del N; 47.344 km²; 7.898.760 ab.; cap. *Hannover*.

SASSÒNIA (Maurizio, cónte **di**) → MAURIZIO DI SASSONIA.

SASSÒNIA-ANHALT, in ted. **Sachsen-Anhalt**, Land della Germania, sul Mare del Nord; 47.344 km²; 7.898.760 ab.; cap. *Magdeburgo*.

SASSÒNIA-COBÙRGO (Friederich Josias, principe **di**) → COBURGO.

SASSÒNIA WEIMAR (Bernàrdo, dùca **di**), *Weimar 1604 - Neuenburg 1639*, generale tedesco. Durante la guerra dei Trent'anni, prese il posto di Gustavo-Adolfo a capo dell'esercito svedese (1632). Battuto a Nördlingen (1634), passò al servizio della Francia e tolse Brisach alle truppe imperiali.

SÀSSU (Aligi), *Milano 1912 - Palma di Maiorca 2000*, pittore. Dopo un iniziale periodo futurista, ha maturato un avvicinamento al primitivismo e all'espressionismo, fino all'adesione al gruppo di Corrente e al realismo del dopoguerra. Celebri le sue serie di "caffè", "uomini rossi" e "partigiani".

SASSUÒLO, com. in prov. di Modena; 40.573 ab. Palazzo degli Estensi (XVII sec.).

SÀSTRI (Lina), *Napoli 1953*, attrice teatrale e cinematografica. Tra le interpretazioni cinematografiche, *Mi manda Picone* (1984), *L'inchiesta* (1987), *Celluloide* (1996), *Briganti* (1999). A teatro ha recitato, in part., con A. Pugliese e G. Patroni Griffi.

SÀTANA, principe dei demoni, nella tradizione giudaico-cristiana.

SATAVAHANA, altro nome della dinastia Andhra.

SATIE (Alfred Erik **Leslie Satie**, detto Erik), *Honfleur 1866 - Parigi 1925*, compositore francese. Precursore del dadaismo e del surrealismo (balletto *Parade*, 1917), perseguì poi la semplificazione delle forme (tre *Gymnopédies* e sei *Gnossiennes*, per pianoforte) e derise il linguaggio classico (*Tre pezzi in forma di pera*).

SATLEDJ → SUTLEJ.

SATO (Eisaku), *Tabuse, pref. di Yamaguchi, 1901 - Tokyo 1975*, politico giapponese. Fu primo ministro dal 1964 al 1972. (Premio Nobel per la pace 1974.)

SATPURA (Mónti), massiccio dell'India, nel Deccan settentr.; 1350 m ca.

SÀTTA (Salvatóre), *Nuoro 1902 - Roma 1975*, giurista e scrittore. Autore di un celebre *Commentario* al codice di procedura civile (1959-1971), scrisse romanzi che furono pubblicati postumi, tra cui *Il giorno del giudizio* (1977).

SATU MARE, c. della Romania, sul f. Somme; 131.987 ab.

SATURNÌNO (Lùcio Apulèio), *m. Roma 100 a.C.*, politico romano. Tribuno della plebe dal 103 a.C., sostenne una legge per la distribuzione delle colonie ai veterani e una per l'abbassamento del prezzo del grano, attirandosi l'ostilità del senato che lo dichiarò fuorilegge. Fu ucciso durante i tumulti per le elezioni al consolato.

SATURNÌNO o **SERNÌNO** (sànto), *m. a Tolosa nel 250 ca.*, martire. Sarebbe stato il primo vescovo di Tolosa.

SATÙRNO, divinità italica e romana corrispondente al Crono dei greci. Cacciato dall'Olimpo da Giove, si rifugiò nel Lazio, dove fece fiorire l'età dell'oro. Le feste in suo nome erano dette Saturnali.

SATÙRNO, pianeta del sistema solare, successivo a Giove in termini di distanza dal Sole. Semiasse maggiore dell'orbita: 1.429.400.000 km (9,6 volte quello dell'orbita terrestre). Diametro all'equatore: 120.660 km (9,4 volte quello della Terra). Come Giove, S. è costituito principalmente da idrogeno ed elio. È circondato da un vasto sistema di anelli, formati da una miriade di blocchi di ghiaccio misti a polvere, frammenti minerali ecc. Trenta sono i satelliti conosciuti.

SATYRICON, romanzo di Petronio (I sec. d.C.). È una descrizione realistica dei vagabondaggi compiuti al tempo di Nerone da due giovani libertini,

SATURNO. *Il pianeta fotografato dal telescopio spaziale Hubble.*

accompagnati dall'efebo Gitone. — A quest'opera si ispira il film omonimo di F. Fellini (1969).

SAUGUET (Henri), *Bordeaux 1901 - Parigi 1989*, compositore francese. È autore di vari balletti (*La chatte*, 1927; *Les forains*, 1945) e di opere liriche (*La chartreuse de Parme*, 1939).

SAUL, primo re degli ebrei (1030-1010 ca. a.C.). Capo locale, riuscì ad affermare la propria autorità sull'insieme delle tribù di Israele, ma la sconfitta inflittagli dai filistei compromise l'unità nazionale, poi realizzata da Davide.

SAUMUR, c. della Francia, nel dip. Maine-et-Loire; 31.700 ab. — Castello del XIV-XVI sec.; chiese di Notre-Dame de Nantilly (in parte romanica) e St.-Pierre (gotica).

SAUMUR. *Il castello, miniatura dei fratelli Limbourg nelle* Très Riches Heures du duc de Berry.

SAURA (Carlos), *Huesca 1932*, regista cinematografico spagnolo. È stato un osservatore caustico della società franchista. Tra le sue opere, *Anna e i lupi* (1972), *Cría Cuervos* (1975), *Bodas de sangre* (1981), *Carmen Story* (1983).

SÀURO (Nazàrio), *Capodistria 1880 - Pola 1916*, militare. Lasciato l'esercito austriaco per unirsi agli italiani, partecipò a numerose battaglie. Al comando del sommergibile *Pullino*, fu fatto prigioniero dagli austriaci con tutto l'equipaggio e condannato a morte per tradimento.

SAUSSURE (Ferdinand de), *Ginevra 1857 - Vufflens, cant. di Vaud, 1913*, linguista svizzero. Fu professore di grammatica comparata a Parigi e Ginevra, dove dal 1907 al 1911 tenne una serie di lezioni che avrebbero dato origine al *Corso di linguistica generale* (tratto dagli appunti degli allievi e pubblicato postumo nel 1916). Per il rigore delle sue definizioni (lingua come struttura, dualismo sincronia-diacronia) è considerato il fondatore della moderna linguistica strutturale.

■ *Ferdinand de Saussure.*

SAUSSURE (Horace Bénédict **de**), *Conches, presso Ginevra, 1740-1799*, fisico e naturalista svizzero. Inventore di strumenti di fisica, scoprì molti minerali, avanzò le prime ipotesi di stratigrafia e tettonica ed enunciò i principi di una meteorologia razionale. Con J. Balmat, compì la seconda scalata del Monte Bianco (1787).

SAUTERNES, com. della Francia, nel dip. Gironde; 601 ab. Vini bianchi.

SAUTET (Claude), *Montrouge 1924 - Parigi 2000*, regista cinematografico francese. I suoi film dolceamari rispecchiano le incertezze della società contemporanea (*È simpatico ma gli rompereì il muso*, 1971; *Un cuore in inverno*, 1992; *Nelly e Monsieur Arnaud*, 1995).

SAUVAGE (Frédéric), *Boulogne-sur-Mer 1786 - Parigi 1857*, inventore francese. La sua idea di utilizzare l'elica per la propulsione delle imbarcazioni fu applicata dal costruttore Augustin Normand (1792-1871) nel 1842.

SAUVEUR (Joseph), *La Flèche 1653 - Parigi 1716*, matematico e fisico francese. Ideò l'acustica mu-

sicale, in part. spiegando il fenomeno delle onde stazionarie e scoprendo quelle armoniche.

SAUXE D'OULX, già **Sàlice d'Ùlzio**, com. in prov. di Torino; 1037 ab. Centro di sport invernali. Parrocchiale (XIV sec.).

SAVA, f. dell'Europa, affl. del Danubio, alla quale si unisce a Belgrado; 945 km. Nasce in Slovenia, bagna Zagabria e separa la Bosnia-Erzegovina dalla Croazia e dallo Stato di Serbia-Montenegro.

SAVAI'I, la maggiore delle Isole Samoa; 1715 km².

SAVALL (Jordi), *Igualada, prov. di Barcellona, 1941*, violista spagnolo. Fondatore dell'orchestra Concerto delle Nazioni (1989), ha proposto una nuova interpretazione della musica antica e barocca, oltre a far conoscere al vasto pubblico la viola da gamba.

SAVANNAH, c. degli Stati Uniti (Georgia), sul f. omonimo (505 km), che sfocia nell'Atlantico; 131.510 ab.

SAVANNAKHÉT, c. del Laos, sul Mekong; 97.000 ab.

SAVART (Félix), *Mézières 1791 - Parigi 1841*, fisico francese. Studiò le corde in vibrazione e, con J.B. Biot, i campi magnetici indotti.

SAVARY (Jérôme), *Buenos Aires 1942*, regista e attore di teatro francese. Dopo aver fondato nel 1965 la compagnia Jérôme Savary, che nel 1968 è divenuta il Grand Magic Circus, ha diretto le Théâtre national de Chaillot (1988-2000) e in seguito il teatro dell'Opéra-Comique.

SAVERY (Thomas), *Shilstone, Devon, 1650 ca. - Londra 1715*, inventore inglese. Nel 1698 mise a punto una delle prime macchine a vapore per il pompaggio dell'acqua dalle miniere. In seguito lavorò con T. Newcomen.

SAVIGLIÀNO, com. in prov. di Cuneo; 19.767 ab. Centro industriale. Collegiata di S. Andrea (XV sec.); chiesa di S. Pietro dei Cassinesi (XVI sec.).

SAVIGNÀNO (Luciàna), *Milano 1943*, ballerina. Prima ballerina del corpo di ballo del Teatro alla Scala di Milano nel 1972, ha lavorato, tra gli altri, con M. Bejart, P. Bortoluzzi, L. Falco, B. Cullberg.

SAVIGNY (Friedrich Karl **von**), *Francoforte sul Meno 1779 - Berlino 1861*, giurista tedesco. Incaricato della revisione del diritto prussiano, autore di una filosofia del diritto, fondò inoltre la scuola storica tedesca.

SAVÌNIO (Andrèa **De Chìrico**, detto Albèrto), *Atene 1891 - Roma 1952*, scrittore, compositore e pittore. Fratello di G. De Chirico, nelle opere narrative (*Casa "La Vita"*, 1943; *Tutta la vita*, 1945) e nelle biografie immaginarie (*Hermafrodito*, 1916; *Narrate, uomini, la vostra storia*, 1943), elaborò una fantasmagoria personale, vicina al surrealismo e imbevuta di cultura classica.

SÀVIO, f. dell'Emilia-Romagna; 126 km. Nasce dal monte Fumaiolo e sfocia nel Mar Adriatico. Forma il lago artificiale di Quarto.

SAVIÒLI (Leonàrdo), *Firenze 1917-1982*, architetto. Collaboratore di L. Ricci, G. Gori e D. Santi, ha lavorato a Pistoia (Le Fornaci, Belvedere), Firenze (piano regolatore), Arezzo (villa Sandroni), Pescia (mercato dei fiori).

SAVÒIA, parte settentr. delle Alpi francesi, che forma i dip. Savoie e Haute-Savoie. — Integrata dai romani nella prov. Narbonese (122-118 a.C.), fu conquistata dai burgundi (V sec.) e dai franchi (VI sec.). Nel IX-X sec. fece parte del ducato di Borgogna, per essere poi inglobata nel Sacro Romano Impero (1032). Nel 1416 fu trasformata in ducato e incorporata da Amedeo VIII nei suoi possedimenti; annessa alla Francia dal 1792 al 1814, entrò a farne parte definitivamente con il trattato di Torino (1860).

SAVÒIA (càsa), famiglia nobile di origine borgognona, il cui capostipite è Umberto I Biancamano (980-1047/1048), che dall'imperatore Corrado II il Salico ottenne le contee di Borgogna e Moriana. La casata ampliò i propri possedimenti nell'XI sec. con Amedeo I (territori in Piemonte e Liguria) e nel XIII sec. con Pietro II (estensione in Svizzera). Nel 1285 la dinastia si scisse in tre rami: conti di S. con possessi transalpini (capol. Chambéry), i S.-Vaud con la contea di Vaud e i S.-Acaia con i domini italiani tra la Dora e il Po. Mentre i S.-Vaud e i S.-Acaia si estinsero rispettivamente nel 1359 e nel 1418, il ramo principale continuò a fiorire sotto *Amedeo VI* (1343-1383), impadronitosi di Cuneo, Santhià e Biella, **Amedeo VII* (1383-1391), che assicurò lo sbocco al mare ai suoi possedimenti annettendo Nizza, e **Amedeo VIII*, che si fregiò del titolo di duca dal 1416. Dopo aver perso gran parte dei suoi territori nelle guerre franco-spagnole, la dinastia ne rientrò in possesso con la pace di Cateau-Cambrésis (1159): in quell'occasione **Emanuele Filiberto Testa di ferro* (1528-1580) trasferì la capitale da Chambéry a Torino. Suoi successori furono **Carlo Emanuele I* (1580-1630, che conquistò il marchesato di Saluzzo), **Vittorio Amedeo I* (1630-1637) e **Vittorio Amedeo II* (1675-1730, che nel 1720 ottenne il trono di Sardegna). **Carlo Emanuele IV* nel 1802 cedette alla Francia napoleonica la Savoia, che tornò a **Vittorio Emanuele I* in seguito alla restaurazione (1815). Con **Vittorio Emanuele II* (1849-1878) i S. unificarono l'Italia sotto la loro corona, che conservarono fino al 1946, anno in cui **Umberto II* fu costretto all'esilio dall'avvento della repubblica. Solo nel 2002 una legge costituzionale ha consentito il rientro in patria degli eredi maschi della casa reale.

SAVÒIA (Eugènio di) → EUGENIO DI SAVOIA-CARIGNANO.

SAVÒIA (Mafàlda di) → MAFALDA DI SAVOIA.

SAVÒIA (Maurìzio di), *Torino 1593-1657*, ecclesiastico. Figlio di Carlo Emanuele I e di Caterina d'Asburgo, cardinale dal 1608 e vescovo di Vercelli dal 1611. Alla morte del fratello, Vittorio Amedeo I, condusse una guerra per la successione contro **Cristina di Francia* (guerra detta dei cardinalisti contro i madamisti). Le ostilità cessarono quando M. ottenne la mano di Luisa, figlia di Cristina, e il governo di Nizza.

SAVÒIA-AÒSTA (Amedèo **di**, duca d'Aosta), *Torino 1898 - Nairobi 1972*, militare. Figlio di Emanuele Filiberto ed Elena di Francia, fu protagonista della sanguinosa repressione della rivolta indipendentista in Libia, tra il 1925 e il 1931. Viceré di Etiopia, subì l'assedio da parte degli inglesi all'Amba Alagi. Arresosi nel 1941, morì prigioniero.

SAVÒIA-AÒSTA (Luigi Amedèo **di**, duca degli Abruzzi), *Madrid 1873 - Villaggio Duca degli Abruzzi 1933*, esploratore e militare. Figlio di Amedeo, scalò più volte il Monte Elia (Alaska) e guidò la spedizione Stella polare nell'Artico. Nel 1919, in Somalia, fondò la colonia che portò il suo nome (oggi Jowhar).

SAVOIE, dip. della Francia, nella reg. Rhône-Alpes; capol. *Chambéry*; 6028 km^2; 373.258 ab. Nel suo territorio, in prevalenza montuoso, si praticano l'allevamento, lo sfruttamento forestale e la cerealicoltura. L'attività industriale è rappresentata dai settori alimentare, elettrometallurgico ed elettrochimico. Fiorente è il turismo in alta montagna (Val d'Isère).

SAVOIE (HAUTE-), dip. della Francia, nella reg. Rhône-Alpes; capol. *Annecy*; 4388 km^2; 631.679 ab. Vi si praticano la cerealicoltura, la silvicoltura e l'allevamento. Alle attività tradizionali (lavorazione del legno, produzione di orologi) si sono aggiunti i settori elettrometallurgico ed elettronico. Anche il turismo è una voce importante, sulle sponde dei laghi di Ginevra e di Annecy, oltre che sulle Alpi (Chamonix).

SAVÓLDO (Giàn Geròlamo), *Brescia 1480 ca. - dopo il 1548*, pittore. Realizzò opere di vivace luminismo, che riprendevano alcuni accenti fiamminghi e anticiparono Caravaggio: *Gastone di Foix*, *Adorazione dei pastori*, *Madonna e santi*.

SAVÓNA, c. della Liguria, capol. di prov., sul Golfo di Genova; 62.459 ab. (*savonesi*). Porto e centro industriale (cantieri navali, settori siderurgico, chimico e metalmeccanico). — *Vicus* romano (180 a.C.), nel VI sec. conobbe la dominazione bizantina e, dopo una parentesi come libero comune (1191-1251), entrò nell'orbita genovese. Nel 1746 passò ai Savoia. — Cattedrale (fine del XVI sec.); Palazzo della Rovere (XV sec.); pinacoteca. — Il territorio della provincia è in gran parte montuoso e collinare. Agricoltura (olivi, agrumi, prodotti ortofrutticoli nella Piana di Albenga), industria metalmeccanica e chimica, attività portuali. Turismo estivo (Varazze, Albisola, Spotorno, Alassio).

SAVONARÒLA (Giròlamo), *Ferrara 1452 - Firenze 1498*, frate domenicano. Priore del convento di S. Marco, a Firenze (1491), fustigatore di tutte le vanità terrene, dopo la cacciata dei Medici a opera di Carlo VIII, impose a Firenze una nuova Costituzione, che instaurava una sorta di democrazia teocratica (1494-1497). Scomunicato da papa Alessandro VI e abbandonato dal popolo, stanco dei suoi eccessi, fu impiccato e arso sul rogo.

■ *Girolamo Savonarola ritratto da Fra Bartolomeo. (Museo di S. Marco, Firenze.)*

SAVORGNÀN DI BRAZZÀ (Pièrro), *Roma 1852 - Dakar 1905*, esploratore francese di origine italiana. A partire dal 1875 condusse diverse spedizioni nelle valli dell'Ogooué e del Congo. In seguito organizzò le colonie del Congo francese (1886-1898).

■ *Pietro Savorgnan di Brazzà.*

SAX (Antoine Joseph, detto Adolphe), *Dinant 1814 - Parigi 1894*, costruttore belga di strumenti musicali. Perfezionò gli strumenti a fiato e inventò il sassofono.

SAY (Jean-Baptiste), *Lione 1767 - Parigi 1832*, economista francese. Tra i maestri della dottrina liberoscambista, divulgatore dell'opera di A. Smith, pubblicò il *Trattato di economia politica* (1803). Formulò la legge degli sbocchi.

SAYDA, c. del Libano, sul Mediterraneo; 105.000 ab. Porto. È l'ant. **Sidone*. — La città fu presa dagli arabi (637), che ne fecero il porto di Damasco. Restò nelle mani dei crociati dal 1110 al 1291. — Castello dei crociati (XIII sec.).

SBÀRBARO (Camillo), *Santa Margherita Ligure 1888 - Savona 1967*, poeta e narratore. Fu tra i più significativi poeti pre-ermetici. Tra le raccolte, *Resine* (1911), *Pianissimo* (1914), *Rimanenze* (1955), *Primizie* (1958). Tra le opere in prosa, *Scampoli* (1960), *Bolle di sapone* (1966).

SCAFÀTI, com. in prov. di Salerno; 47.747 ab. Centro agricolo, industrie del legno e della carta.

SCÀLA (Dèlla) o **SCALÌGERI** → DELLA SCALA.

SCÀLA (Teàtro alla), teatro lirico di Milano, inaugurato nel 1778 su progetto di G. Piermarini. Nel 1943 subì un pesante bombardamento e riaprì soltanto nel 1946. Divenuto ente autonomo nel 1921, è uno dei più importanti teatri lirici del mondo. Ospita anche una prestigiosa scuola di danza. Museo teatrale inaugurato nel 1913.

SCÀLFARI (Eugènio), *Civitavecchia 1924*, giornalista. Nel 1957 ha fondato, insieme ad A. Benedetti, il settimanale *L'Espresso* e, nel 1976, il quotidiano *la Repubblica*, di cui è stato direttore fino al 1996. Tra le opere, *Alla ricerca della morale perduta* (1995), *Il labirinto* (1998), *La ruga sulla fronte* (2001).

SCÀLFARO (Òscar Luìgi), *Novara 1918*, politico. Membro della Costituente e deputato per la DC, è stato più volte ministro. È stato presidente della Repubblica dal 1992 al 1999.

SCALÌGERO (Giùlio Césare), *Riva del Garda 1484 - Agen 1558*, umanista e medico. Ammiratore di Cicerone, fissò i canoni del classicismo nei *Poetices libri septem* (1561) e scrisse il *De causis linguae latinae* (1540). — **Giuseppe Giusto S.**, *Agen 1540 - Leida 1609*, umanista. Figlio di Giulio Cesare, si convertì al protestantesimo. All'attività di editore dei classici affiancò lo studio della filologia e dell'astronomia.

SCÀLVE (Vàlle di), valle delle Prealpi Lombarde, in prov. di Bergamo e Brescia, congiunta alla Valcamonica. È percorsa dal f. Dezzo.

SCALVÌNI (Giovita), *Botticino 1791 - Brescia 1843*, patriota e letterato. Collaborò con *Il Conciliatore* e fu costretto all'esilio per le sue posizioni antiaustriache. Conobbe quindi la cultura europea, di cui si fece divulgatore: tradusse, tra l'altro, una parte del *Faust* di J.W. Goethe.

SCALZÓNE (Àngelo), *1931*, atleta. Nella specialità tiro a volo - piattello fossa olimpica ha vinto la medaglia d'oro alle Olimpiadi di Monaco del 1972.

SCAMÀNDRO o **XÀNTO**, f. della Troade.

SCANAVÌNO (Emilio), *Genova 1922 - Milano 1986*, pittore. Vicino all'arte informale, si è occupato in part. del problema del segno e del significato.

SCANDERBECK → SKANDERBECK.

SCANDIÀNO, com. in prov. di Reggio nell'Emilia; 22.689 ab. Rocca del XIII sec.

SCANDÌCCI, com. in prov. di Firenze; 50.373 ab. Centro industriale. Monastero di S. Salvatore (XI sec.), con chiostro di F. Brunelleschi.

SCANDINÀVIA, reg. dell'Europa settentr. che comprende, in senso lato, Danimarca, Svezia, Norvegia, Finlandia e, talvolta, Islanda. Le condizioni naturali aspre, gli influssi marini, l'estensione delle foreste, la bassa densità demografica e i regimi politici liberali sono i principali tratti comuni di questi Stati.

SCÀNIA, estremità merid. e parte più fertile della Svezia; c. princ. *Malmö*.

SCAPA FLOW, base navale della flotta britannica, all'ancora nel 1914 davanti all'arcipelago delle Orcadi. La flotta tedesca vi si radunò dopo la vittoria dell'Intesa nel 1918 e vi fu affondata il 21 giu. 1919 perché non cadesse in mano al nemico.

SCAPÌNO, personaggio della commedia dell'arte, valletto intelligente e astuto.

SCARAMOUCHE, personaggio della commedia dell'arte, creato dall'attore Tiberio Fiorilli (Napoli 1600 ca. - Parigi 1694). Fanfarone e codardo, tutto nerovestito, millanta origini aristocratiche.

SCARBOROUGH, c. del Canada (Ontario), sobborgo di Toronto; 558.960 ab.

SCARFÒGLIO (Edoàrdo), *Paganica 1860 - Napoli 1917*, giornalista e scrittore. Fondatore, insieme alla moglie M. **Serao*, del quotidiano *Il Mattino* (1891), fu un vivace polemista e prosatore. Tra le opere, *I papaveri* (1880), *Il processo di Frine* (1884), *Le nostre cose in Africa* (1895), *Il cristiano errante* (1897).

SCARLÀTTI (Alessàndro), *Palermo 1660 - Napoli 1725*, compositore. Tra i fondatori della scuola napoletana, maestro di cappella alla corte di Napoli, è autore di melodrammi (66, di cui 35 conservati) notevoli per l'*ouverture* e per la qualità melodica delle arie (*Mitridate Eupatore*, 1707; *Marco Attilio Regolo*, 1719; *Griselda*, 1721). Compose anche cantate, oratori, messe e brani per clavicembalo. — **Domenico S.**, *Napoli 1685 - Madrid 1757*, clavicembalista e compositore. Figlio di Alessandro, visse alla corte di Lisbona e a Madrid. Scrisse 15 opere, musica sacra e cantate da camera, ma il suo nome è legato soprattutto alle 550 sonate per strumento a tastiera (tra cui gli *Essercizi per gravicembalo*).

■ *Alessandro Scarlatti. (Civico museo bibliografico musicale, Bologna.)*

SCÀRPA (Antònio), *Motta di Livenza 1752 - Pavia 1832*, chirurgo e anatomista. Descrisse molte strutture anatomiche vascolari e nervose, che portano il suo nome (tra cui la regione della coscia detta "triangolo di S.") e sperimentò nuove tecniche chirurgiche.

SCÀRPA (Càrlo), *Venezia 1906 - Sendai 1978*, architetto. Da posizioni razionaliste andò elaborando un proprio stile, arricchito da influenze spazialiste. Si dedicò soprattutto all'adattamento di edifici e zone di interesse storico-artistico: negozio Olivetti in piazza S. Marco a Venezia, Palazzo Abatellis a Palermo e Uffizi a Firenze (con I. Gardella e G. Michelucci).

SCÀRPA (Danièle), *Venezia 1964*, canoista. Medaglia d'oro e d'argento (k2 1000 m e k2 500) alle Olimpiadi di Atlanta del 1996, è stato campione del mondo nelle stesse specialità nel 1995.

SCARPERÌA, com. in prov. di Firenze; 6436 ab. Palazzo Pretorio (XIV sec.).

SCEBELI o **UEBI SCEBELI**, f. dell'Etiopia e della Somalia, che sfocia nell'Oceano Indiano; 1900 km.

SCÈLBA (Màrio), *Caltagirone 1901 - Roma 1991*, politico. Democratico, fu ministro degli interni dal 1947 al 1953 e dal 1960 al 1962, presidente del consiglio dal 1954 al 1955. Fu protagonista di dure repressioni delle lotte sindacali.

SCERBANÈNCO (Giórgio), *Kiev 1911 - Milano 1969*, scrittore. Raggiunse la celebrità come autore di romanzi gialli: *Venere privata* (1966), *I milanesi ammazzano il sabato* (1969).

SCHAD (Christian), *Miesbach 1894 - Stoccarda 1982*, pittore. Vicino al dadaismo, sperimentò diverse tecniche espressive, creando la "schadografia", procedimento di impressione fotografica che fu largamente utilizzato. Si avvicinò poi alla Nuova oggettività.

SCHAEFFER (Pierre), *Nancy 1910 - Les Milles, presso Aix-en-Provence, 1995*, ingegnere e compositore francese. Padre della musica concreta, cominciò la sua carriera musicale con *Études de bruits* (1948) e fondò il Groupe de recherches musicales de Radio France, nel 1958. Scrisse inoltre un *Trattato sugli oggetti musicali* (1966).

SCHAERBEEK, in ol. **Schaarbeek**, com. del Belgio (Bruxelles-Capitale), sobborgo settentr. di Bruxelles; 106.641 ab.

SCHARNHORST (Gerhard **von**), *Bordenau, Hannover, 1755 - Praga 1813*, generale prussiano. Con A. von Gneisenau, riorganizzò l'esercito prussiano dal 1807 al 1813.

SCHAROUN (Hans), *Brema 1893 - Berlino 1972*, architetto tedesco. Se nel complesso la sua opera si rifà al movimento moderno, alcune delle sue principali realizzazioni, soprattutto del dopoguerra, rivelano l'influenza espressionista (Filarmonica di Berlino, 1956-1963).

SCHAWLOW (Arthur Leonard), *Mount Vernon 1921 - Palo Alto 1999*, fisico statunitense. Associato a C.H. Townes, è stato all'origine dell'invenzione del laser. (Premio Nobel 1981.)

SCHEEL (Walter), *Solingen 1919*, politico tedesco. Presidente del Partito liberale (1968), vicecancelliere e ministro degli affari esteri (1969-1974), è stato presidente della RFT dal 1974 al 1979.

SCHEELE (Carl Wilhelm), *Stralsund 1742 - Köping 1786*, chimico svedese. Isolò l'idrogeno (1768), scoprì l'ossigeno (1773) con un certo anticipo rispetto a J. Priestley e ottenne il cloro, la glicerina e molti acidi minerali (cianidrico, fluoridrico); isolò inoltre vari acidi organici, tra cui l'acido lattico.

SCHÉHADÉ (Georges), *Alessandria d'Egitto 1907 - Parigi 1989*, scrittore libanese. Con i suoi versi delicati creò il "teatro della poesia", venato di umorismo (*Monsieur Bob'le*, 1951; *La serata dei proverbi*, 1954).

SCHEIDT (Samuel), *Halle 1587-1654*, compositore tedesco. È autore di musica vocale e di pagine per organo (*Tabulatura nova*, 3 voll., 1624).

SCHEINER (Christoph), *Wald, Svevia, 1575 - Neisse, Slesia, 1650*, gesuita e astronomo tedesco. Tra i primi a osservare le macchie solari con il cannocchiale, poté studiare la rotazione del Sole. È inoltre autore di lavori sulla visione e inventore del pantografo (1603).

SCHÈLDA, f. della Francia, del Belgio e dei Paesi Bassi, che nasce nel dip. Aisne e sfocia nel Mare del Nord; 430 km. Attraversa Gand e Anversa.

SCHELER (Max), *Monaco 1874 - Francoforte sul Meno 1928*, filosofo tedesco. Autore di analisi fenomenologiche, introdusse il concetto di empatia (*Essenza e forme della simpatia*, 1923).

SCHELLING (Friedrich Wilhelm Joseph **von**), *Leonberg, Württemberg, 1775 - Bad Ragaz, Svizzera, 1854*, filosofo tedesco. Panteista, alle filosofie del soggetto (I. Kant, J.G. Fichte) contrappose la filosofia dell'assoluto, recuperando il senso dell'arte, dei miti e dei rituali (*Idee per una filosofia della natura*, 1797; *Filosofia della mitologia*, 1842).

SCHENGEN (accòrdi di), accordi firmati nel 1985 e nel 1990 a S. (Lussemburgo) da Germania, Belgio, Francia, Lussemburgo e Paesi Bassi, a cui si aggiunsero in seguito gli altri paesi membri dell'Unione Europea (tranne Gran Bretagna e Irlanda), oltre all'Islanda e alla Norvegia. Volti a instaurare, mediante progressiva soppressione delle frontiere, la libera circolazione delle persone all'interno dello spazio comunitario così definito (spazio S.) e a migliorare la sicurezza tramite una stretta collaborazione, sono stati applicati in modo graduale a partire dal 1995.

SCHERCHEN (Hermann), *Berlino 1891 - Firenze 1961*, direttore d'orchestra tedesco. Diresse in part. le opere di J.S. Bach e contribuì a far conoscere la musica contemporanea (A. Schönberg, P. Boulez e I. Xenakis).

SCHIACCIANÓCI, personaggio del balletto *Lo schiaccianoci* (San Pietroburgo, 1892). Lo s. viene trasformato dalla fantasia di Clara in un principe affascinante che sconfigge il re dei topi. Il libretto (ispirato all'opera di E.T.A. Hoffmann, 1819) fu affidato a M. Petipa, la musica a P.I. Čajkovskij e la coreografia a L. Ivanov.

SCHIAFFÌNI (Alfrédo), *Sarzana 1895 - Viareggio 1971*, storico della letteratura. Condirettore del *Giornale della letteratura italiana*, scrisse tra l'altro *Testi fiorentini del Dugento e dei primi del Trecento* (1926), *Momenti di storia della lingua italiana* (1950).

SCHIAPARÈLLI (Giovànni), *Savigliano 1835 - Milano 1910*, astronomo. Direttore dell'osservatorio astronomico di Brera (Milano), scoprì i presunti "canali" di Marte (1877) e descrisse gli sciami meteorici come formati da frammenti di comete (1886). Oltre a studiare Mercurio e Venere, individuò il pianetino Esperia.

SCHIÀVI (Còsta degli), ant. denominazione del litorale del Benin e della Nigeria occ.

SCHIÀVI (Gran Làgo degli), lago del Canada (Territori del Nord-Ovest), alimentato dal f. degli Schiavi, sezione del f. Mackenzie; 28.930 km².

SCHIÀVIO (Àngelo), *Bologna 1905-1990*, calciatore. Con la nazionale vinse il campionato del mondo del 1934. Vinse 2 campionati italiani con il Bologna (1936 e 1937).

SCHIAVÓNE (Andrèa **Meldòlla**, detto), *Zara 1518 ca. - Venezia 1563*, pittore e incisore. Tra i maggiori esponenti del manierismo, realizzò tavole di argomento religioso e mitologico, oltre alle decorazioni per la Biblioteca Marciana.

SCHICKARD o **SCHICKHARDT** (Wilhelm), *Herrenberg 1592 - Tubinga 1635*, scienziato tedesco. Inventò una macchina calcolatrice prima di B. Pascal (1623).

SCHIEDAM, c. dei Paesi Bassi (Olanda Meridionale); 76.102 ab.

SCHIELE (Egon), *Tulln, presso Vienna, 1890 - Vienna 1918*, pittore e disegnatore austriaco. Il suo segno grafico, dotato di straordinaria tensione erotica e morbidezza, ne fa un maestro dell'espressionismo.

Egon **SCHIELE**. Ritratto di Gerti, 1910.

SCHIFÀNO (Màrio), *Homs 1934 - Roma 1998*, pittore. Tra i maggiori esponenti della pop art italiana, ha realizzato opere spesso metapittoriche, dove la pittura e gli altri mezzi di comunicazione (in part. la televisione) diventano strumento e soggetto dell'opera.

SCHIFANÒIA, palazzo di Ferrara, dimora degli Estensi (XIV sec.). Affreschi di F. del Cossa, E. de' Roberti e C. Tura. Sede del Museo civico di arte antica.

SCHILLER (Friedrich **von**), *Marbach 1759 - Weimar 1805*, scrittore tedesco. Esercitò una notevole influsso in tutta Europa con i suoi drammi storici (*I masnadieri*, 1782; *La congiura di Fiesco a Genova*, 1783; *Don Carlos*, 1787; *Wallenstein*, 1798-1799; *Maria Stuarda*, 1800; *La pulzella d'Orléans*, 1801; *La sposa di Messina*, 1803; *Guglielmo Tell*, 1804), fra tragedia classica e dramma shakespeariano. Scrisse anche poesie (le odi *Alla gioia*, 1785; *Ballate*, 1798) e una *Storia della guerra dei Trent'anni* (1791-1793).

■ *Friedrich von Schiller ritratto da F. Kugelpen. (Francoforte.)*

SCHINDLER (Rudolf Michael), *Vienna 1887 - Los Angeles 1953*, architetto austriaco. Negli Stati Uniti dal 1914. Collaboratore di F.L. Wright dal 1918 al 1921, realizzò soprattutto residenze private e piccoli complessi.

SCHINKEL (Karl Friedrich), *Neuruppin, Brandeburgo, 1781 - Berlino 1841*, architetto e pittore tedesco. Allievo degli architetti David e Friedrich Gilly, passò dallo stile neoclassico (Neue Wache e Altes Museum di Berlino) a un eclettismo di ispirazione romantica.

SCHÌO, com. in prov. di Vicenza; 37.255 ab. Lavorazione tradizionale della lana. Chiesa di S. Francesco (XV sec.).

SCHÌPA (Tito), *Lecce 1889 - New York 1965*, tenore. Fu celebre interprete di G. Donizetti, G. Puccini, G. Rossini.

SCHIPHOL, aeroporto di Amsterdam.

SCHLANDERS → Silandro.

SCHLEGEL (August Wilhelm **von**), *Hannover 1767 - Bonn 1845*, scrittore tedesco. È autore del saggio *Sull'arte e sulla letteratura drammatica*, in cui condanna la tragedia classica. — **Friedrich von S.**, *Hannover 1772 - Dresda 1829*, scrittore e orientalista tedesco. Con il fratello August Wilhelm fondò la rivista *Athenäum* (1798), organo della scuola romantica.

SCHLEICHER (August), *Meininger 1821 - Jena 1868*, linguista tedesco. Specialista di grammatica comparata, tentò di ricostruire l'indoeuropeo primitivo (*Compendio di grammatica comparata delle lingue indogermaniche*, 1861-1862).

SCHLEIERMACHER (Friedrich), *Breslavia 1768 - Berlino 1834*, teologo protestante tedesco. La sua teologia dell'esperienza religiosa, basata su sentimento e intuizione, influì sulle correnti teologiche moderne, cattoliche e protestanti.

SCHLEMMER (Oskar), *Stoccarda 1888 - Baden-Baden 1943*, pittore e scultore tedesco. Professore al *Bauhaus* dal 1920 al 1929, rimosso dall'insegnamento dal regime nazista, si dedicò in part. alla scenografia teatrale e alla scultura, rappresentando il corpo umano all'interno di complesse geometrie spaziali.

SCHLESINGER (John), *Londra 1926 - Palm Springs 2003*, regista cinematografico britannico. Tra i suoi film, *Un uomo da marciapiede* (1969, premio Oscar), *Domenica, maledetta domenica* (1971), *Il giorno della locusta* (1974), *Il maratoneta* (1976), *Uno sconosciuto alla porta* (1990), *The Innocent* (1993), *Cold Comfort Farm* (1995), *La prossima vittima* (1996), *Sai che c'è di nuovo?* (2000).

SCHLESWIG-HOLSTEIN, Land della Germania, tra il Baltico e il Mare del Nord; 15.727 km²; 2.777.275 ab.; cap. *Kiel.* — Nel 1460 il ducato di S. e la contea di H. (ducato dal 1474) divennero proprietà personale del re di Danimarca. Nel 1815 il Congresso di Vienna assegnò il ducato di H. e Lauenburg al sovrano di Danimarca, a titolo personale, per risarcirlo della perdita della Norvegia. Tali possedimenti furono al contempo integrati nella Confederazione germanica. I tentativi di annessione fatti dalla Danimarca, a partire dal 1843-1845, causarono la guerra dei ducati (1864) e la guerra austro-prussiana (1866), che videro vincitrice la Prussia. Nel 1920 lo S. settentr. fu restituito alla Danimarca previo plebiscito.

SCHLICK (Moritz), *Berlino 1882 - Vienna 1936*, logico tedesco. Neopositivista, fu uno dei principali rappresentanti del circolo di *Vienna.

SCHLIEFFEN (Alfred, cónte **von**), *Berlino 1823-1913*, maresciallo tedesco. Capo di Stato maggiore dal 1891 al 1906, diede il nome al piano di attacco adottato dalla Germania nel 1914, consistente nel contenere il fronte orientale per distruggere l'esercito francese a O.

SCHLIEMANN (Heinrich), *Neubukow 1822 - Napoli 1890*, archeologo tedesco. Scoprì le rovine di Troia e Micene.

SCHLÖNDORFF (Volker), *Wiesbaden 1939*, regista cinematografico tedesco. Rivelatosi con *I turbamenti del giovane Törless* (1966), con cui ha siglato il rinnovamento del cinema tedesco, tratta spesso i temi della rivolta, del potere e della repressione (*Il caso Katharina Blum*, 1975; *Il tamburo di latta*, 1979; *Morte di un commesso viaggiatore*, 1985; *The ogre*, 1996).

SCHLUDERNS → SLUDERNO.

SCHLÜTER (Paul), *Tønder 1929*, politico danese, presidente del Partito conservatore (1974-1993), primo ministro dal 1982 al 1993.

SCHMIDT (Bernhard), *Naisaar, Estonia, 1879 - Amburgo 1935*, ottico tedesco. Inventò il telescopio fotografico a largo campo (1930).

SCHMIDT (Helmut), *Amburgo 1918*, politico tedesco. Socialdemocratico, ministro della difesa (1969-1972) e delle finanze (1972-1974), è stato cancelliere della RFT dal 1974 al 1982.

SCHMIDT-ROTTLUFF (Karl), *Rottluff 1884 - Berlino 1976*, pittore tedesco. Fu tra i fondatori del Die *Brücke* e tra i principali rappresentanti dell'espressionismo tedesco, seppure con forti influenze cubiste e *fauve*.

SCHMITT (Carl), *Pettenberg 1888-1985*, filosofo e giurista tedesco. Esperto di diritto costituzionale, compì studi sulla democrazia e sulla politica nell'età moderna, che sono tuttora pietre miliari nonostante la sua adesione al nazismo (*Le categorie del politico*, 1927; *Dottrina della costituzione*, 1928).

SCHMITT (Florent), *Blâmont, Meurthe-et-Moselle, 1870 - Neuilly-sur-Seine 1958*, compositore francese. Tra le sue opere, il grandioso *Salmo XLVII* (1907), un balletto (*La tragedia di Salomé*, 1907) e un quintetto con pianoforte.

SCHNABEL (Artur), *Lipnik 1882 - Morschach, Svizzera, 1951*, pianista austriaco naturalizzato statunitense. Fu interprete di talento di F. Schubert e L. van Beethoven.

SCHNABEL (Julian), *New York 1951*, pittore statunitense. È vicino al New Dada, per il recupero di oggetti di uso quotidiano, soprattutto scarti e frammenti, decontestualizzati e quindi carichi di nuovi significati. Si è cimentato anche con la regia cinematografica: *Basquiat* (1996), *Prima che sia notte* (2000).

SCHNEBEL (Dieter), *Lahr 1930*, compositore tedesco. Fa ricorso a mezzi espressivi molto personali: partecipazione collettiva del pubblico, utilizzo dei rumori ambientali e dei gesti, sperimentazioni vocali (*Maulwerke, Glossolalie*).

SCHNEIDER (Rosemarie **Albach-Retty**, detta Romy), *Vienna 1938 - Parigi 1982*, attrice cinematografica austriaca. Rivelatasi in ruoli d'ingenua romantica (serie di *Sissi*, 1956-1958), impersonò in seguito eroine tragiche, ambigue e vulnerabili (*Il processo*, O. Welles, 1962; *La Califfa*, A. Bevilacqua, 1970; *Ludwig*, L. Visconti, 1973; *Gli innocenti dalle mani sporche*, C. Chabrol, 1975; *La morte in diretta*, B. Tavernier, 1980).

■ *Romy Schneider nel 1980.*

SCHNEIDER (Vreni), *Elm, Glaris, 1964*, sciatrice svizzera. Medaglia d'oro olimpica e 3 volte campionessa del mondo, ha vinto la Coppa del mondo nel 1989, nel 1994 e nel 1995.

SCHNITTKE (Alfred), *Engels, att. Pokrovsk, 1934 - Amburgo 1998*, compositore tedesco di origine russa. Autore di sinfonie, concerti e opere, si è segnalato per il notevole eclettismo.

SCHNITZLER (Arthur), *Vienna 1862-1931*, scrittore austriaco. Le sue opere, testi teatrali (*Girotondo*, 1897; *La strada solitaria*, 1904), romanzi e novelle sotto forma di monologo interiore (*La si-*

gnorina Else, 1924), evocano l'atmosfera disincantata di Vienna alla fine del XIX sec.

SCHÖFFER (Peter), *Gernsheim, Assia-Darmstadt, 1425 ca. - Magonza 1502 o 1503*, stampatore tedesco. Fu collaboratore di J. Fust e J. Gutenberg, con cui perfezionò l'arte della stampa.

SCHOLEM (Gershom), *Berlino 1897 - Gerusalemme 1982*, filosofo israeliano. È autore di numerose ricerche sulla tradizione mistica ebraica (*Le grandi correnti della mistica ebraica*, 1941; *Le origini della cabala*, 1962).

SCHÖNBERG (Arnold), *Vienna 1874 - Los Angeles 1951*, compositore austriaco naturalizzato statunitense. Teorico dell'atonalità, basata sulla dodecafonia, influì profondamente sulla musica del XX sec. Tra le sue composizioni, *Gurrelieder*, *Pierrot lunaire* (1912, 21 poemi per voce recitante e insieme strumentale), quartetti per archi, il sestetto per archi *Verklärte Nacht* e opere (*Erwartung*, 1909; *Moses und Aron*, 1933).

■ *Arnold Schönberg nel 1938.*

SCHÖNBRUNN, castello del XVIII sec., alla periferia di Vienna, ant. residenza estiva degli Asburgo. Appartamenti decorati; giardini.

SCHOPENHAUER (Arthur), *Danzica 1788 - Francoforte sul Meno 1860*, filosofo tedesco. Indicò nella sottomissione alla volontà di vivere, legge comune a tutti i mortali, l'origine di una sofferenza che si adoperò ad attenuare, in part. con l'esperienza estetica. La sua visione pessimista ebbe una profonda influenza su F. Nietzsche (*Il mondo come volontà e rappresentazione*, 1818).

SCHRADER (Paul), *Grand Rapids 1946*, regista e sceneggiatore statunitense. Ha sceneggiato *Taxi driver* (1976) e *Toro scatenato* (1980) e firmato la regia di *Hardcore* (1979), *American Gigolò* (1980), *Il bacio della pantera* (1982), *Cortesie per gli ospiti* (1990), *Caccia alle streghe* (1994), *Affliction* (1997).

SCHRIEFFER (John Robert), *Oak Park, Illinois, 1931*, fisico statunitense. Specialista del magnetismo, è tra gli autori della teoria BCS (Bardeen, Cooper, S.) della superconduttività. (Premio Nobel 1972.)

SCHRÖDER (Gerhard), *Mossenberg, Renania Settentrionale-Westfalia, 1944*, politico tedesco. Socialdemocratico (presidente dell'SPD dal 1999), è diventato cancelliere dopo la vittoria del suo partito alle elezioni del 1998 (successo confermato alle elezioni del 2002).

■ *Gerhard Schröder.*

SCHRÖDINGER (Erwin), *Vienna 1887-1961*, fisico austriaco. Nel 1926 formì una nuova formulazione della teoria quantistica, introducendo in part. l'equazione fondamentale (che porta il suo nome), alla base di tutti i calcoli del spettroscopia. Si occupò inoltre dei problemi epistemologici della fisica moderna. (Premio Nobel 1933.)

SCHUBERT (Franz), *Lichtental, att. parte di Vienna, 1797 - Vienna 1828*, compositore austriaco. Deve la sua fama a più di 600 Lieder, la cui ispirazione spontanea e profonda è vicina alla vena popolare (*Il re degli ontani, La trota, La morte e la fanciulla, La bella mugnaia, Viaggio d'inverno*). È inoltre autore di dieci sinfonie (tra cui "*L'incompiuta*"), di pagine per pianoforte e di musica da camera (quartetti, quintetti).

■ *Franz Schubert ritratto da W.A. Riedel.*

SCHULTZ (Theodore William), *Arlington, South Dakota, 1902 - Evanston, Illinois, 1998*, economista statunitense. Rappresentante della scuola liberale, nel 1979 divise il premio Nobel con sir William Arthur Lewis per gli studi sui paesi in via di sviluppo.

SCHULZ (Bruno), *Drohobycz, att. Drogoby, 1892-1942*, scrittore polacco. Scrisse brevi testi narra-

tivi, frammentari e fantastici, di intonazione lirica (*Le botteghe color cannella*, 1934; *Sanatorio all'insegna della clessidra*, 1937). Di origine ebraica, fu assassinato dalla Gestapo.

SCHULZ (Charles Monroe), *Minneapolis 1922 - Santa Rosa, California, 2000*, disegnatore statunitense. Nel 1950 ha creato la serie a fumetti *Peanuts*, i cui personaggi principali sono *Snoopy* e i bambini Charlie Brown, Lucy e Linus.

SCHUMACHER (Michael), *Hürth, presso Colonia, 1969*, pilota automobilistico tedesco. Più volte vincitore del campionato mondiale conduttori di F1 (1994, 1995, 2000, 2001, 2002 e 2003), detiene anche il record delle vittorie nei Gran Premi.

SCHUMAN (Robert), *Lussemburgo 1886 - Scy-Chazelles, Moselle, 1963*, politico francese. Deputato democratico-cristiano (1945-1962), partecipò alla fondazione del Movimento repubblicano popolare, di cui divenne uno dei principali dirigenti. Presidente del consiglio nel 1947-1948, fu tra i promotori della CECA (1951)

e avviò la riconciliazione franco-tedesca. Presidente del parlamento europeo (1958-1960), è considerato uno dei "padri dell'Europa".

■ *Robert Schuman nel 1949.*

SCHUMANN (Robert), *Zwickau 1810 - Endenich, presso Bonn, 1856*, compositore tedesco. Dal 1829 al 1840 scrisse brani per pianoforte dalla vena spontanea, poetica e lirica: *Carnaval, Studi sinfonici, Kinderszenen, Kreisleriana, 8 Novellette*. In seguito, all'epoca del suo matrimonio con Clara

Wieck, si dedicò al Lied (*Amor di poeta, Amore e vita di donna*). A partire dal 1841 compose musica da camera, per orchestra (*Concerto per piano, quattro sinfonie*) e di scena (per il *Faust*, 1862).

■ *Robert Schumann. Litografia del XIX sec.*

SCHUMPETER (Joseph), *Triesch, Moravia, 1883 - Taconic, Salisbury, Connecticut, 1950*, economista austriaco. Analizzò il processo evolutivo dell'economia capitalistica e mise in luce il ruolo dell'imprenditore (*Capitalismo, socialismo e democrazia*, 1942).

SCHUSCHNIGG (Kurt von), *Riva del Garda 1897 - Mutters 1977*, politico austriaco. Cancelliere d'Austria nel 1934, lottò contro l'Anschluss e fu deportato prima a Sachsenhausen, poi a Dachau (1938-1945).

SCHÜSSEL (Wolfgang), *Vienna 1945*, politico austriaco. Presidente del Partito popolare (dal 1995), è cancelliere dal 2000.

SCHÜTZ (Heinrich), *Köstritz 1585 - Dresda 1672*, compositore tedesco. Maestro di cappella dell'elettore di Sassonia a Dresda, compose opere religiose in cui si fondono lo stile polifonico del mottetto protestante e il nuovo linguaggio di C. Monteverdi (raccolta *Salmi di Davide*, 1619; requiem *Musikalische Exequien*, 1636; oratorio *Sette parole di Cristo sulla croce*, 1645 ca.; tre Passioni).

SCHWÄBISCH GMÜND (Baden-Württemberg); 62.188 ab. Chiesa di S. Croce (XIV sec.), prototipo del tardo-gotico tedesco, realizzata da Heinrich Parler e da suo figlio Peter.

SCHWANN (Theodor), *Neuss am Rhein 1810 - Colonia 1882*, biologo tedesco. Autore della teoria cellulare (1839), è noto soprattutto per le sue osservazioni su muscoli e nervi, oltre che per la scoperta della guaina mielinica che riveste alcune fibre nervose.

SCHWARTZ (Laurent), *Parigi 1915-2002*, matematico francese. Ha formulato la teoria della distribuzione, che generalizza il concetto di funzione e risponde alle esigenze tanto dell'analisi armonica e della teoria delle equazioni a derivate parziali, quanto della matematica applicata. (Medaglia Fields 1950.)

SCHWARTZ (Melvin), *New York 1932*, fisico statunitense. Le sue ricerche tra il 1960 e il 1962

hanno permesso di ottenere il primo fascio di neutrini. (Premio Nobel 1988.)

SCHWARZENBERG (Karl Philipp, principe **von**), *Vienna 1771 - Lipsia 1820*, generale e diplomatico austriaco. Comandò gli eserciti alleati che sconfissero Napoleone a Lipsia (1813) e invasero la Francia (1814). — **Felix S.**, *Krumau, att. Český Krumlov, 1800 - Vienna 1852*, politico austriaco. Nipote di Karl Phillipp, cancelliere d'Austria (1848-1852), restaurò l'autorità degli Asburgo dopo le rivoluzioni del 1848 e si oppose all'egemonia della Prussia in Germania (Olmütz, 1850).

SCHWARZKOPF (Elisabeth), *Jarotschin 1915*, soprano tedesco naturalizzato britannico. Si è distinta interpretando *Lieder* romantici, da F. Schubert a Hugo Wolf, e opere, in part. di W.A. Mozart e R. Strauss.

SCHWECHAT, aeroporto di Vienna.

SCHWEDT, c. della Germania (Brandeburgo), sull'Oder; 41.197 ab. Raffinerie di petrolio. Petrolchimica.

SCHWEINFURT, c. della Germania (Baviera), sul Meno; 54.511 ab.

SCHWEINFURTH (Georg), *Riga 1836 - Berlino 1925*, esploratore tedesco. Esplorò i paesi del Nilo, l'Eritrea, l'Arabia merid. e fondò l'istituto egizio del Cairo.

SCHWEITZER (Albert), *Kaysersberg 1875 - Lambaréné 1965*, medico, teologo protestante e musicologo francese. Simbolo del colonialismo dal volto umano, fondò l'ospedale di Lambaréné, in Gabon. (Premio Nobel per la pace 1952.)

■ *Albert Schweitzer nel 1952.*

SCHWERIN, c. della Germania, cap. del Land Mecleburgo-Pomerania Anteriore; 102.878 ab. Centro industriale. — Cattedrale gotica; musei.

SCHWINGER (Julian Seymour), *New York 1918 - Los Angeles 1994*, fisico statunitense. Calcolò il momento magnetico dell'elettrone e diede il suo contributo alla teoria delle interazioni del campo elettromagnetico con il fotone. (Premio Nobel 1965.)

SCHWITTERS (Kurt), *Hannover 1887 - Ambleside, Gran Bretagna, 1948*, pittore, scultore e scrittore tedesco. Il suo contributo al dadaismo e al costruttivismo si manifesta nei suoi *collage, assemblage* e costruzioni "Merz", ottenuti con scarti di diversa origine. È inoltre rappresentante della poesia fonetica.

SCHWOB (Marcel), *Chaville 1867 - Parigi 1905*, scrittore francese. Scrisse racconti (*Duplice cuore*) e poemi in prosa (*Il libro di Monelle*), che propongono una visione edonista dell'esistenza.

SCHWYZ, c. della Svizzera, capol. del cant. omonimo; 13.899 ab. Monumenti del XVII-XVIII sec.

SCHWYZ (cantóne di), cant. della Svizzera; 908 km^2; 130.200 ab.; capol. *Schwyz*. Aderì alla Confederazione Elvetica nel 1291. — Il nome della Svizzera (in ted. *Schweiz*) deriva da quello del cant.

SCHYGULLA (Hanna), *Katowice 1943*, attrice cinematografica tedesca. È stata tra le interpreti predilette da R.W. Fassbinder: *Attenzione alla puttana santa* (1970), *Effi Briest, Falso movimento* (1974), *Il matrimonio di Maria Braun* (1978). Tra gli altri film interpretati, *Storia di Piera* (1983), *Il futuro è donna* (1984), *Lo spirito dell'esilio* (1991).

SCIÀCCA, com. in prov. di Agrigento; 39.600 ab. Centro turistico e termale, conserva il duomo e la chiesa di S. Maria delle Giummare (XII sec.), la chiesa di S. Margherita (XIV-XVI sec.), il castello dei Luna (XIV sec.), il Palazzo Steripinto (XVI sec.).

SCIÀCCA (Michèle Federico), *Giarre 1908 - Genova 1975*, filosofo. Esponente dello spiritualismo cristiano, fondò il *Giornale di metafisica* (1946). Tra le sue opere, *Filosofia e metafisica* (1950), *Dallo spiritualismo critico allo spiritualismo cristiano* (1966).

SCIAFFÙSA, in ted. **Schaffhausen**, c. della Svizzera, capol. del cant. omonimo, a monte del punto in cui il Reno forma una cascata; 33.274 ab. Cattedrale romanica e altre testimonianze del periodo medievale; ricco museo.

SCIAFFÙSA (cantóne di), cant. della Svizzera; 298,5 km^2; 73.300 ab.; capol. *Sciaffusa*. Entrò a far parte della Confederazione Elvetica nel 1501.

SCIALÒJA (Antònio), *San Giovanni a Teduccio 1817 - Procida 1877*, politico. Partecipò al governo costituzionale di Napoli (1848) e quindi a quello garibaldino (1860). Ministro delle finanze dal 1866 al 1867, impose il corso forzoso della lira per finanziare la terza guerra d'indipendenza. — **Vittorio S.**, *Torino 1856 - Roma 1933*, politico, figlio di Antonio. Più volte ministro, fu delegato italiano alla conferenza di pace (1919-1920) e alla SDN (1921-1932).

SCIALÒJA (Tòti), *Roma 1914-1998*, poeta, pittore e scenografo. Artista eclettico, vicino al gruppo di Corrente, approfondì la ricerca sul segno e sul colore. Insegnante di scenotecnica a Roma (1953-1959), è stato anche autore di poesie basate sul gioco linguistico: *Amato topino caro* (1971), *Una stanza stizza l'astuzia* (1975), *Scarse serpi* (1983), *La mela di Amleto* (1984), *Rapide e lente amnesie* (1994).

SCIÀNNA (Ferdinàndo), *Bagheria 1943*, fotografo. Fotoreporter, membro dell'agenzia Magnum, è autore di immagini dal forte impatto drammatico. Tra i suoi volumi fotografici, *Feste religiose in Sicilia* (con L. Sciascia, 1965), *Il glorioso Alberto* (1971), *Le forme del Caos* (1988), *Dormire, forse sognare* (1997), *Obiettivo ambiguo* (2001).

SCIARRÌNO (Salvatóre), *Palermo 1947*, compositore. Ha reinterpretato l'eredità musicale europea alla luce della sperimentazione timbrica, in part. tramite l'elettronica. *L'eco* (1969), *Vanitas* (1981), *Un'immagine di Arpocrate* (1979), *Soffio e forma* (1995).

SCIÀSCIA (Leonàrdo), *Racalmuto, Agrigento, 1921 - Palermo 1989*, scrittore. Condannò i mali della società siciliana e italiana (con particolare riguardo alla mafia) rivestendo la sua denuncia delle forme del romanzo poliziesco e della cronaca (*Le parrocchie di Regalpetra*, 1956; *Il *giorno della civetta*; *A ciascuno il suo*, 1966; *Todo modo*, 1974; *Una storia semplice*, 1989). È anche autore di vari saggi e interventi letterari (tra cui *Pirandello e la Sicilia*, 1961).

■ *Leonardo Sciascia.*

SCÌCLI, com. in prov. di Ragusa; 25.852 ab. Centro agricolo, turismo balneare.

SCIÈNZA CRISTIÀNA, in ingl. **Christian Science**, Chiesa fondata nel 1879, a Boston, da Mary Baker Eddy (1821-1910), che si dedica alla guarigione delle malattie con mezzi spirituali.

SCIÈNZA DELLA LÒGICA, opera di G.F.W. Hegel (1812-1816) in cui vengono enunciate una teoria dell'Essere, una dell'Essenza (logica obiettiva) e una del Concetto e dell'Idea (logica soggettiva).

SCIÈSA (Amatóre), *Milano 1814-1851*, patriota. Condannato a morte per cospirazione, durante il tragitto verso il luogo dell'esecuzione i carcerieri lo condussero nei pressi della sua abitazione, sperando che si convincesse a tradire i compagni in cambio della libertà. La reazione di S. sarebbe stata di rispondere: "Tiremm innanz".

SCÌLIAR, in ted. **Shlern**, gruppo montuoso delle Dolomiti occ., in prov. di Bolzano; 2564 m.

SCÌLLA MITOL. Mostro marino che infestava le coste della Calabria, sullo Stretto di Messina, di fronte a **Cariddi*; nell'*Odissea*, divora sei compagni di Ulisse.

SCÌLLA, com. in prov. di Reggio di Calabria; 5424 ab. Centro turistico sullo Stretto di Messina, pesca tradizionale del pesce spada. Castello medievale.

SCILLY (ìsole), isole della Gran Bretagna (Inghilterra), al largo della Cornovaglia.

SCIPIÓNE (Gino **Bonìchi**, detto), *Macerata 1904 - Arco 1933*, pittore. Insieme a M. Mafai e A. Raphaël fu tra gli ispiratori della scuola romana (*Apocalisse, Risveglio della bionda sirena, Ritratto del cardinale decano*).

SCIPIÓNE L'AFRICÀNO (Pùblio Cornèlio), *235 - Literno 183 a.C.*, generale romano. Proconsole nel 211, pose fine al predominio di Cartagine in Spagna. Console nel 205, sbarcò in Africa e, con la vittoria di Zama (202) su Annibale, portò a termine la seconda guerra punica. — **Publio Cornelio Scipione l'Emiliano**, *185 o 184 - Roma 129 a.C.*, generale romano. Figlio di Paolo Emilio e nipote adottivo di Scipione l'Africano, console nel 147, pose fine alla terza guerra punica con la distruzione di Cartagine (146). Nel 133 fece capitolare Numanzia. Aristocratico, si oppose alle leggi agrarie dei Gracchi. Grande letterato, seguace dello stoicismo e della cultura greca, si circondò di brillanti ingegni, tra cui Polibio e Terenzio.

SCIRÈA (Gaetàno), *Cernusco sul Naviglio 1953 - Babsk 1989*, calciatore. Con la Juventus conquistò Coppa Uefa (1977), Coppa delle coppe (1984), Coppa dei campioni, Coppa intercontinentale (1985) e 7 campionati italiani. Con la nazionale vinse il campionato del mondo del 1982.

SCÌRO, in gr. **Skíros**, isola della Grecia, nel Mar Egeo.

SCÌSMA D'OCCIDÈNTE (grànde), conflitto che divise la Chiesa dal 1378 al 1417, nel corso del quale furono eletti contemporaneamente molti pontefici. Nel 1378 l'elezione di Urbano VI suscitò l'opposizione della maggior parte dei cardinali stranieri, che gli preferirono un francese, Clemente VII. Quando quest'ultimo trasferì la Santa Sede ad Avignone, si creò una frattura in seno alla cristianità. Dopo il fallimento di vari tentativi di composizione, lo scisma si aggravò nel 1409, quando fu eletto a Pisa un terzo papa, Alessandro V, cui nel 1410 succedette Giovanni XXIII. Tuttavia, il concilio di Costanza (1414-1418) depose i tre pontefici e riunì un conclave, che innalzò al soglio pontificio Martino V (1417).

SCÌSMA D'ORIÈNTE, conflitto che sfociò nella separazione della Chiesa orientale da quella romana. Una prima frattura ebbe luogo dall'863 all'867, sotto il patriarca Fozio, in seguito a divergenze in materia di riti e, in parte, dottrinali. La scissione definitiva avvenne nel 1054, quando il patriarca Cerulario dichiarò deposto papa Leone IX dopo essere stato a sua volta scomunicato. Le reciproche scomuniche furono revocate da entrambe le parti nel 1965, ma l'unione non è mai più stata ripristinata.

SCÌTI, popolazione di lingua iranica stabilitasi tra il Danubio e il Don a partire dal XII sec. a.C. Cavalieri e guerrieri temibili, gli s. devastarono la Siria e minacciarono l'Egitto, per poi scomparire nel II sec. a.C.

SCÌZIA, per gli ant. greci, reg. della Russia merid., abitata dagli sciti.

SCOFFÉRA (Pàsso della), valico dell'Appennino Ligure, tra la valle del Bisagno e quella del Laccio; 674 m.

SCOGNAMÌGLIO (Càrlo), *Varese 1944*, politico. Senatore per il Polo delle libertà e presidente del senato dal 1994 al 1996, è stato ministro della difesa dal 1998 al 1999.

SCÒLA (Èttore), *Trevico 1931*, regista cinematografico. Nei suoi film riesce a conciliare la commedia all'italiana con la critica sociale (*Dramma della gelosia: tutti i particolari in cronaca*, 1970; *C'eravamo tanto amati*, 1974; *Brutti, sporchi e cattivi*, 1976; *Una giornata particolare*, 1977; *La terazza*, 1980; *Ballando ballando*, 1984; *La famiglia*, 1987; *Splendor*, 1988; *Concorrenza sleale*, 2001).

SCOLÀSTICA (sànta), *Norcia 480 ca. - Piumarola, presso Montecassino, 543 o 547 ca.*, sorella di san Benedetto. Fondò un monastero femminile presso Montecassino.

SCÓPAS, scultore greco del IV sec. a.C., nato a Paro. Il ritmo e l'intensità espressiva delle sue opere (tra cui la *Menade*, Dresda) furono fonte d'ispirazione per la scultura ellenistica.

SCORPIÓNE, costellazione zodiacale. — **Scorpione**, ottavo segno dello zodiaco, che il Sole attraversa dal 23 ott. al 22 nov.

SCORSESE (Martin), *New York 1942*, regista cinematografico statunitense. Ambienta la maggior parte dei suoi film in un'America urbana e notturna popolata da emarginati (*Taxi driver*, 1976; *New York New York*, 1977; *Il colore dei soldi*, 1986; *L'ultima tentazione di Cristo*, 1988; *Quei bravi ragazzi*, 1990; *Casinò*, 1995; *Al di là della vita*, 1999; *Gangs of New York*, 2002).

SCÒRZA (Bernardino Gaetàno), *Morano Calabro 1876 - Roma 1939*, matematico. Studiò le funzioni abeliane, elaborando le matrici di Riemann e i numeri ipercomplessi: *Corpi numerici e algebre* (1921).

SCORZÈ, com. in prov. di Venezia; 16.851 ab. Villa Soranzo (XVIII sec.), Villa Barbiero (XVII-XVIII sec.).

SCOTELLÀRO (Ròcco), *Tricarico 1923 - Portici 1953*, scrittore, poeta e politico. Socialista, amico di M. Rossi Doria e C. Levi e protagonista delle lotte contadine, fu sindaco di Tricarico dal 1946 al 1948. Tra le opere, *È fatto giorno* (1954), *Contadini del Sud* (1954), *L'uva puttanella* (1955).

SCÒTI, popolazione originaria dell'Irlanda, che a partire dal V sec. si stabilì nella parte settentr. dell'isola britannica, dando il nome al paese (*Scotland*, Scozia).

SCOTLAND YARD, sede della polizia londinese, lungo il Tamigi, presso il Westminster Bridge. Il ministro R. Peel la organizzò nel 1829.

SCÒTO (Giovanni Duns) → Duns Scotus.

SCÒTO ERIÙGENA (Giovanni), *in Irlanda 810-877 ca.*, filosofo e teologo irlandese. La sua opera di stampo neoplatonico, condannata da due concili, aprì la via al pensiero razionale autonomo (*De praedestinatione*, 851).

SCOTT (Ridley), *South Shields 1939*, regista cinematografico statunitense. Tra i suoi film, *I duellanti* (1977), *Alien* (1979), *Blade Runner* (1982), *Black Rain* (1989), *Thelma e Louise* (1991), *Soldato Jane* (1997), *Il gladiatore* (2000), *Hannibal* (2001), *Black Hawk Down* (2001), *Il genio della truffa* (2003).

SCOTT (Robert Falcon), *Devonport 1868 - nell'Antartico 1912*, esploratore britannico. Guidò due spedizioni nell'Antartico (1901-1904 e 1910-1912) e trovò la morte sulla via del ritorno dal Polo Sud, da lui raggiunto prima di R. Amundsen.

SCOTT (sir Walter), *Edimburgo 1771 - Abbotsford 1832*, scrittore britannico. Poeta appassionato di leggende scozzesi (*Il lamento dell'ultimo menestrello*, 1805; *La signora del lago*, 1810), conobbe la celebrità grazie ai romanzi storici, che esercitarono una profonda influenza sugli scrittori romantici (*Waverley*, 1814; *La sposa di Lammermoor*, 1819; **Ivanhoe*; **Quentin Durward*).

■ *Walter Scott. (National Portrait Gallery, Londra.)*

SCÒTTO (Renàta), *Savona 1934*, soprano. Interprete di fama internazionale del repertorio lirico italiano.

SCÒZIA, in ingl. *Scotland*, regione settentr. della Gran Bretagna; 78.800 km²; 5.130.000 ab. (*scozzesi*); cap. *Edimburgo*; c. princ. *Glasgow*. Il territorio è occupato da catene montuose, soprattutto a N (Grampians e Highlands). La popolazione si concentra principalmente nelle "terre basse" (Lowlands).

STORIA – La nascita della Scozia. I sec. d.C.: i romani avviano la conquista della S., occupata dai pitti, che resistono vittoriosamente. **V-VI sec.**: scoti, bretoni e angli si stabiliscono nel paese, respingendo i pitti verso N. **VII-IX sec.**: l'evangelizzazione della S. (563 ca., per opera di san Colomba) e le incursioni scandinave (VIII-IX sec.) accelerano la fusione di tutte le popolazioni. **843**: il re scoto Kenneth MacAlpin regna sugli scoti e sui pitti. **1005-1034**: Malcolm II realizza l'unità scozzese.

Lo sviluppo della monarchia scozzese. 1124-1153: con Davide I, la S. si anglicizza; nascita del feudalesimo. **1286**: la morte senza eredi di Alessandro III favorisce l'intervento di Edoardo I d'Inghilterra, che impone un protettorato sul paese (1292), prima dell'annessione (1296). William Wallace e Robert I Bruce si oppongono alla conquista inglese. **1314**: la vittoria di Bannockburn assicura il trionfo della causa scozzese. **1328**: l'indipendenza del paese viene riconosciuta dal trattato di Northampton.

La Scozia degli Stuart. XIV-XV sec.: nel corso della guerra dei Cent'anni, la S. si impegna con gli Stuart nell'alleanza con la Francia. È un periodo di lunghe lotte interne. **XVI sec.**: la riforma religiosa di John Knox fa proseliti nell'aristocrazia, che si schiera contro la monarchia, ancora cattolica. **1567**: la regina Maria Stuart è costretta ad abdicare in favore del figlio Giacomo VI;

1603: quest'ultimo, alla morte di Elisabetta I, diventa re d'Inghilterra con il nome di Giacomo I. **1707**: l'atto d'unione realizza la fusione dei regni di S. e d'Inghilterra.

La Scozia contemporanea. 1997: il governo britannico accorda alla S. uno statuto di autonomia (elezione, nel 1999, di un parlamento regionale dai poteri estesi).

SCRANTON, c. degli Stati Uniti (Pennsylvania); 76.415 ab. Centro industriale.

SCRÌVIA, f. dell'Italia settentr., 90 km. Affl. del Po, nasce dall'Appennino Ligure ed entra in Piemonte.

SCROVÉGNI, famiglia padovana, attestata dall'XI sec. — **Rinaldo S.**, *XIII sec.*, è citato nell'*Inferno* di Dante come usuraio. — **Enrico S.**, *m. nel 1335 ca.*, fece costruire l'omonima cappella.

SCROVÉGNI (Cappèlla degli), cappella padovana della famiglia S., voluta da Enrico nel 1303 sul sito di un anfiteatro romano, interamente affrescata da Giotto: *Giudizio universale*, *Storie della Vergine e del Cristo*.

La Cappella degli **SCROVEGNI** *di Padova, decorata da Giotto tra il 1303 e il 1305.*

SCUDÉRY (Georges de), *Le Havre 1601 - Parigi 1667*, scrittore francese. Autore di opere teatrali, pubblicò a proprio nome alcuni romanzi scritti in realtà dalla sorella. — **Madeleine de S.**, *Le Havre 1607 - Parigi 1701*, scrittrice francese, sorella di Georges. I suoi romanzi (*Il gran Ciro*, *Clelia*) sono esempi di preziosismo.

SCUÒLA DI ATÈNE (la), grande affresco di Raffaello, dipinto nel 1509-1510 nella Stanza della Segnatura in Vaticano. Di fronte a quest'opera, che esalta la ricerca filosofica, si trova *La disputa del Sacramento*, dedicata alla "verità rivelata".

SCÙTARI, in turco **Üsküdar**, sobborgo asiatico di Istanbul (Turchia), sul Bosforo. Moschee del XVI sec.

SCÙTARI, in albanese **Shkodër** o **Shkodra**, c. dell'Albania, sul lago omonimo; 81.800 ab. Cittadella medievale.

SDI → Socialisti democratici italiani.

SDN (Società delle Nazióni), organismo internazionale istituito dal trattato di Versailles per promuovere la cooperazione tra le nazioni garantendo così pace e sicurezza. La SDN, con sede a Ginevra dal 1920 al 1946, si rivelò tuttavia incapace di adempiere al suo mandato durante le crisi successive alla prima guerra mondiale e nel 1946 fu sostituita dall'ONU, istituito l'anno precedente.

SEABORG (Glenn Theodore), *Ishpeming, Michigan, 1912 - Lafayette, California, 1999*, chimico statunitense. Ha scoperto il plutonio (1941, con E.M. McMillan) e vari elementi transuranici. (Premio Nobel 1951.)

SEA LAUNCH, base spaziale galleggiante appartenente a un consorzio internazionale (Stati Uniti, Russia, Norvegia, Ucraina). Viene utilizzata dal 1999 per il lancio dei missili *Zenith*, a partire da un punto dell'Oceano Pacifico prossimo all'equatore.

SEA LAUNCH.

SEARLE (John Rogers), *Denver, Colorado, 1932*, filosofo statunitense. Ha enunciato una teoria che pone l'accento sulle intenzioni del discorso (*Atti linguistici*, 1969).

SEATTLE, c. degli Stati Uniti (Stato di Washington); 536.374 ab. (2.414.616 ab. nell'agglomerato). Porto. Costruzioni navali e aeronautiche. Informatica. — Musei.

SEBASTIÀNO, *Lisbona 1554 - Alcazarquivir 1578*, re del Portogallo (1557-1578), della dinastia di Aviz. Temperamento mistico e avido di gloria, cercò di costituire un gran dominio maghrebino e cadde combattendo contro i mori.

SEBASTIÀNO (sànto), *III sec.*, martire romano. Ufficiale di Diocleziano, fu condannato a essere trafitto da frecce a causa della propria fede. Viene spesso rappresentato come un giovane nu-

La scuola di Atene, *affresco di Raffaello nelle Stanze Vaticane (1509-1510).*

do, legato a un albero o a una colonna. È il patrono degli arcieri.

SEBASTIÀNO DÉL PIÓMBO (Sebastiàno **Luciàni**, detto), *Venezia ? 1485 ca. - Roma 1547*, pittore. Discepolo di G. Bellini e del Giorgione, amico di Michelangelo, realizzò opere caratterizzate da uno stile monumentale (*Resurrezione di Lazzaro*, 1517-1520, National Gallery, Londra; *Visitazione*, Louvre, Parigi). Oltre a dipingere soggetti religiosi, fu notevole ritrattista (*Ritratto di Clemente VII*, 1526, Capodimonte, Napoli).

SEBASTÒPOLI, c. dell'Ucraina, in Crimea; 366.000 ab. Porto. Cantieri navali. — Durante la guerra di Crimea, fu conquistata dai franco-britannici nel 1855, dopo un lungo assedio. Fu occupata dai tedeschi nel 1942.

SEBHA, oasi della Libia, nel Fezzan; 76.200 ab.

SEBONDO (Ramón **Sibiuda**, detto), *Barcellona ? - Tolosa 1436*, medico e teologo catalano. È autore di una *Naturalis theologia* (1484) in cui mette in luce la consonanza tra natura e rivelazione cristiana.

SEBOU, f. del Marocco, che nasce nel Medio Atlante e sfocia nell'Atlantico; 458 km.

SÉCCHI (Àngelo), *Reggio nell'Emilia 1818 - Roma 1878*, gesuita e astronomo. Direttore dell'Osservatorio astronomico del Collegio romano, fu il primo a classificare le stelle in base al loro spettro (1868), ritenendo questo elemento correlato alla temperatura della superficie. Scrisse varie opere divulgative, tra cui *Le stelle* (1877).

SÉCCHIA, f. dell'Emilia-Romagna; 172 km. Affl. del Po, nasce dall'Appennino Tosco-Emiliano e lambisce Modena.

SÉCCHIA (Piètro), *Occhieppo Superiore 1903 - Roma 1973*, politico. Segretario della federazione giovanile di Milano per il Partito comunista clandestino, tra i protagonisti della Resistenza dopo aver scontato 12 anni di carcere, nel dopoguerra fu tra i dirigenti del PCI, segnalandosi per le doti organizzative. La sua linea si distinse spesso da quella "compatibilista" di P. Togliatti.

SECCHIARÒLI (Tàzio), *Roma 1925-1998*, fotografo. Attivo nella Roma della "dolce vita", paparazzo per antonomasia, fu fotografo di scena di F. Fellini. Il mondo rutilante del cinema è stato il suo ambiente d'elezione, del quale è riuscito a carpire tutta la magia e, allo stesso tempo, la comunissima umanità.

SECESSIÓNE (guerra di) (1861-1865), guerra civile, negli Stati Uniti, durante la quale una confederazione formata dagli Stati del Sud si contrappose agli Stati del Nord. Fin dal 1850, nella vita politica dell'Unione il problema dominante era la schiavitù dei neri, in merito alla cui abolizione gli interessi dei latifondisti del Sud (Stati confederati) divergevano da quelli degli industriali del Nord e dei nuovi Stati dell'Ovest (detti federali). Questi ultimi prevalsero dopo un conflitto che fece più di 600.000 vittime.

SÈCOLO (Il), quotidiano nazionale fondato da E. Sonzogno nel 1866 a Milano. Sostenitore del fascismo, nel 1927 si fuse con *La Sera*. Ebbe larghissima diffusione fino all'inizio del XX sec.

SÈCOLO XIX (Il), quotidiano ligure fondato da F. Macola nel 1886 a Genova. Nel 1897 fu acquistato da F.M. Perrone e, da allora, è rimasto di proprietà della famiglia. Direttori: U.V. Cavassa, P. Ottone, A. Perrone, M. Tito, T. Giglio, C. Rognoni, M. Sconcerti, G. Rizzuto, A. Di Rosa.

SECOND (Jan **Everaerts**, detto **Jean**), *L'Aia 1511 - Tournai 1536*, umanista fiammingo. È autore dei *Baci*, poemetti erotici in latino, molto imitati nel XVI sec.

SECONDA BAKU, reg. petrolifera della Russia, tra gli Urali e il Volga.

SECTION D'OR, gruppo artistico di cui fecero parte, tra gli altri, J. Villon, F. Picabia, M. Duchamp. Deve il nome a un'esposizione del 1912 dove gli artisti espressero, in modi personali, l'adesione alle nuove correnti artistiche e, in part., al cubismo.

SED (Sozialistische Einheitspartei Deutschlands, Partito unitario socialista della Germània), partito politico della RDT. Costituitosi nel 1946, fu partito unico fino al 1989.

SEDAINE (Michel Jean), *Parigi 1719-1797*, autore teatrale francese. È uno dei più significativi rappresentanti della commedia "seria" (*Filosofo senza saperlo*, 1765).

SEDAN, c. della Francia, nel dip. Ardennes, sulla Mosa; 21.117 ab. — Fortezza del XV-XVII sec. (museo).

SEDAN (battàglia di) (1° sett. 1870), disfatta inflitta alle truppe francesi dai prussiani durante la guerra franco-tedesca. La caduta della città e la capitolazione di Napoleone III (2 sett.) portarono alla proclamazione della repubblica a Parigi.

SEDECÌA, m. a Babilonia nel 586 a.C., ultimo re di Giuda (597-587 a.C.). Dopo la distruzione di Gerusalemme (587) a opera di Nabucodonosor, fu deportato a Babilonia.

SEE, sigla di *Spazio economico europeo.

SEEBECK (Thomas Johann), *Reval, att. Tallinn, 1770 - Berlino 1831*, fisico tedesco. Scoprì (1821) e studiò la termoelettricità. Inventò inoltre il polariscopio.

SEECKT (Hans **von**), *Schleswig 1866 - Berlino 1936*, generale tedesco. Capo della Reichswehr dal 1920 al 1926, ricostituì l'esercito tedesco.

SEFARDÌTI, ebrei originari del bacino mediterraneo, distinti dagli *ashkenaziti. Discendenti degli ebrei che dovettero abbandonare la penisola iberica nel XV sec., parlano il ladino. Dopo la Shoah, rappresentano la maggior parte del popolo ebraico.

SEFÉRIS (Gheórghias **Seferiádhis**, detto Gheórghios), *Smirne 1900 - Atene 1971*, diplomatico e poeta greco. Si rifece ai miti antichi per fornire una visione fosca della Grecia moderna (*Svolta*, 1931; *Giornale di bordo*, 1940-1955). (Premio Nobel 1963.)

SEGAL (Erich), *New York 1937*, scrittore statunitense. È autore di romanzi e sceneggiature teatrali e cinematografiche, tra cui: *Yellow Submarine* (1968), *Love Story* (1969), *Un uomo, una donna, un bambino* (1982).

SEGAL (George), *New York 1924 - South Brunswick 2000*, scultore statunitense. Esponente della pop art e precursore delle più recenti tendenze dell'iperrealismo, è celebre per i calchi umani in gesso, collocati in ambientazioni quotidiane e intensamente narrative.

SEGALEN (Victor), *Brest 1878 - Huelgoat 1919*, scrittore francese. Medico militare, appassionato di arte, archeologia ed etnografia, trasfuse nelle sue opere il fascino della civiltà maori (*Gli immemorabili*, 1907) e cinese (raccolta di versi *Stèles*, 1912; romanzo *René Leys*, 1922).

SEGANTÌNI (Giovànni), *Arco, prov. di Trento, 1858 - Schafberg, Engadina, 1899*, pittore. Esordì nell'ambito del naturalismo, dipingendo scene agresti, per poi aderire al divisionismo con intenti simbolisti (*Ragazza che fa la calza*, 1888, Kunsthaus, Zurigo; *Le due madri*, 1889, Galleria d'arte moderna, Milano; *La raccolta del fieno*, 1890, Saint-Moritz, Museo Segantini).

SEGÈSTA, ant. c. della Sicilia orient. Fondata dagli elimi, rivale di Selinunte, provocò l'intervento in Sicilia di Atene (415-413), che si risolse in una disfatta. Alleatasi in seguito con Cartagine, fu distrutta da Agatocle, tiranno di Siracusa, nel 307 a.C. Durante le guerre puniche si schierò a fianco dei romani. — Tempio dorico incompiuto, con colonne non scanalate (fine del V sec. a.C.). Teatro di epoca ellenistica (III sec.).

SEGESTA. *Il tempio dorico (fine del V sec. a.C.).*

SEGHEDÌNO, in ung. **Szeged**, c. dell'Ungheria, alla confluenza del Tibisco e del Mure; 175.301 ab. Università.

SEGHERS (Hercules), *Haarlem 1589/1590 - Amsterdam ? 1638 ca.*, pittore e incisore olandese. Tra i più grandi paesaggisti del suo tempo, in qualità di acquafortista mescolò inchiostri colorati ottenendo risultati di grande impatto visivo e carattere.

SEGHERS (Netty **Radványi**, detta **Anna**), *Magonza 1900 - Berlino Est 1983*, scrittrice tedesca. Autrice di romanzi (*La settima croce*, 1942) e racconti, oppositrice del nazismo, nel dopoguerra si trasferì nella RDT, di cui fu una delle principali personalità letterarie.

■ *Anna Seghers.*

SÈGNERI (Pàolo), *Nettuno 1624 - Roma 1694*, scrittore e religioso. Gesuita e predicatore, fu autore di celebri sermoni di grande finezza retorica, raccolti nel *Quaresimale*. Tra le altre opere, *Panegirici sacri* (1664), *Il penitente istruito* (1669).

SÉGNI (Antònio), *Sassari 1891 - Roma 1972*, politico. Democristiano, presidente del consiglio dal 1955 al 1957 e dal 1959 al 1960, fu presidente della repubblica dal 1962 al 1964, quando dovette dimettersi per grave infermità.

SEGONZÀNO, com. in prov. di Trento; 1403 ab. Nel suo territorio, piramidi di S.: pinnacoli di terra spesso sormontati da massi e di notevole altezza, dovuti all'erosione naturale.

SÉGOU, c. del Mali, sul Niger; 90.898 ab. Porto fluviale e centro commerciale. — Fu cap. di un ant. regno bamanan.

SEGOVIA, c. della Spagna (Castiglia-León), capol. di prov.; 54.034 ab. Acquedotto romano, alcazar pesantemente restaurato, chiese romaniche, cattedrale gotica del XVI sec.; museo provinciale.

SEGOVIA (Andrés), *Linares, Andalusia, 1893 - Madrid 1987*, chitarrista spagnolo. Ha rinnovato la tecnica della chitarra classica riportando in auge il repertorio antico.

SEGRÀTE, com. in prov. di Milano; 34.130 ab. Centro industriale, aeroporto civile di Milano-Linate.

SÉGRE, f. della Spagna (Catalogna), affl. di sinistra del'Ebro; 265 km.

SÈGRE (Césare), *Verzuolo 1928*, critico letterario e semiologo. Tra le sue opere, *Lingua, stile e società* (1963), *Esperienze ariostesche* (1966), *I segni e la critica* (1969), *Semiotica, storia e cultura* (1978), *Teatro e romanzo* (1984), *La letteratura italiana del Novecento* (1996), *La pelle di san Bartolomeo* (2003).

SÈGRE (Corràdo), *Saluzzo 1863 - Torino 1924*, matematico. Diede un contributo fondamentale

Giovanni **SEGANTINI**. *Ritorno dal bosco, 1890. (Collezione privata.)*

alla geometria degli iperspazi e alla geometria algebrica delle curve.

SEGRÈ (Emilio), *Tivoli 1905 - Lafayette, California, 1989*, fisico. Scoprì il tecnezio, primo elemento artificiale (1936), isolò l'astato e, una volta stabilitosi a Berkeley, dimostrò l'esistenza dell'antiprotone. (Premio Nobel 1959.)

SEGUIN (Marc), *Tunisi 1943*, politico francese. Ministro degli affari sociali e del lavoro (1986-1988), presidente dell'assemblea nazionale (1993-1997), è stato presidente del Rassemblement pour la république (partito neogollista) dal 1997 al 1999.

SÉGUR (Sophie **Rostopina**, contéssa **di**), *San Pietroburgo 1799 - Parigi 1874*, scrittrice francese di origine russa, autrice di libri per ragazzi (*Le bambine modello*, 1858; *Le disgrazie di Sofia*, 1864).

SEI (Società editrìce internazionale), casa editrice fondata a Torino nel 1908, espressione della Congregazione salesiana. Pubblica in part. libri scolastici e parascolastici.

SÈI (grùppo dei), associazione fondata a Parigi nel 1918 e comprendente sei compositori francesi: Louis Durey, A. Honegger, D. Milhaud, F. Poulenc, G. Auric e Germaine Tailleferre. I suoi membri, per reazione a C. Debussy, indicarono in E. Satie il loro capofila.

SEI (Shonagon), *965-1020 ca.*, letterata giapponese. Lasciò una sorta di diario (*Il libro del guanciale*), primo capolavoro del genere *zuihitsu* (miscellanea di note, elenchi e riflessioni).

SEIÀNO (Lùcio Èlio), *Volsinii, att. Bolsena, tra il 20 e il 16 a.C. - 31 d.C.*, politico romano. Prefetto del pretorio e favorito di Tiberio, tramò per succedere all'imperatore, che lo fece giustiziare.

SEICELLE o **SEYCHELLES**, Stato insulare dell'Africa, nell'Oceano Indiano; 410 km²; 74.000 ab. CAP. *Victoria*. LINGUE: *inglese, creolo* e *francese*. MONETA: *rupia delle Seicelle*. [*V. carta del* **Madagascar**.] Arcipelago costituito da una trentina di isole, la principale delle quali è Mahé, e da una sessantina di isolotti. Il turismo è la principale risorsa economica delle isole, di origine corallina o granitica e caratterizzate da un clima caldo. — Occupate dai francesi nel 1756, le S. passano sotto il controllo britannico nel 1814. Dal 1976 formano uno Stato indipendente, membro del Commonwealth, sotto la guida di France-Albert René (dal 1977), che ricopre le funzioni di presidente della repubblica e capo del governo.

SÈI DI TORÌNO, gruppo artistico nato intorno a E. Persico (1929) e composto da J. Boswell, G. Chessa, N. Galante, C. Levi, F. Menzio, E. Paulucci.

SEIFERT (Jaroslav), *Praga 1901-1986*, poeta ceco. Passò dall'avanguardia "poetista" (*Sulle onde della telegrafia senza fili*, 1925) a un lirismo di stampo neoclassico. (Premio Nobel 1984.)

SÈI GIÓRNI (guèrra dei) → ARABO-ISRAELIANE (guerre).

SEIKAN, tunnel ferroviario del Giappone, in parte sottomarino, lungo 53,8 km. Collega le isole di Honshu e Hokkaido.

SÈI NAZIÓNI (tornèo delle), competizione annuale di rugby, cui dal 2000 partecipano le squadre di Inghilterra, Scozia, Galles, Irlanda, Francia (già torneo delle Cinque Nazioni, istituito nel 1910) e Italia.

SEINE-ET-MARNE, dip. della Francia, nella reg. Île-de-France; capol. *Melun*; 5915 km²; 1.193.767 ab. Le attività principali sono l'agricoltura (frumento, mais, barbabietole da zucchero) e l'allevamento bovino, che fornisce carne e prodotti caseari. L'industria è rappresentata dai settori aeronautico, meccanico ed elettrico.

SEINE-ET-OISE, ant. dip. della Francia, diviso dal 1964 nei dip. Essonne, Val-d'Oise e Yvelines.

SEINE-MARITIME, dip. della Francia, nella reg. Alta Normandia; capol. *Rouen*; 6278 km²; 1.239.138 ab. All'agricoltura (barbabietole da zucchero, lino, colza, foraggi) si associa l'allevamento bovino. Tra Rouen e Le Havre (secondo porto della Francia) si concentrano le industrie automobilistiche, gli stabilimenti chimici e le raffinerie di petrolio.

SEINE-SAINT-DENIS, dip. della Francia, nella reg. Île-de-France; capol. *Bobigny*; 236 km²; 1.382.861 ab. L'attività industriale si concentra nella conurbazione parigina (particolarmente fiorente il settore metallurgico). Nel NO la ce-

SELINUNTE. *Il tempio dorico orientale (V sec. a.C.).*

realicoltura su vasta scala sta cedendo il posto all'urbanizzazione.

SEIPEL (Ignaz), *Vienna 1876 - Pernitz 1932*, prelato e politico austriaco. Presidente del Partito cristiano-sociale (1921), fu cancelliere d'Austria dal 1922 al 1924 e dal 1926 al 1929.

SÈI PERSONÀGGI IN CÉRCA D'AUTÓRE, opera teatrale di L. Pirandello (1921). Attraverso il dramma di una famiglia (la Madre, il Padre, la Bambina ecc.), nata dalla fantasia di un autore che non ha mai saputo inserire i propri personaggi in una "storia", propone il tema della maschera, della vita come rappresentazione e messinscena. Capolavoro del teatro italiano, la commedia costituisce un'amara riflessione esistenziale e una profonda analisi dell'arte come metafora della vita.

SEKONDI-TAKORADI, c. del Ghana; 255.000 ab. Porto.

SELÀRGIUS, com. in prov. di Cagliari; 25.690 ab. Centro agricolo, allevamento di ovini.

SELBORNE (Roundell **Palmer**, cónte **di**), *Mixbury 1812 - presso Petersfield 1895*, giurista e politico britannico. Lord cancelliere (1872-1874, 1880-1885), riformò il sistema giudiziario inglese e istituì la corte suprema (1873).

SELCIÀTO DEI GIGÀNTI, sito nell'Irlanda settentr, formato da basalti colonnari erosi dal mare.

SÈLE, f. della Campania; 64 km. Nasce dai Monti Picentini e sfocia nel Golfo di Salerno, dopo aver attraversato la piana omonima. Alimenta l'acquedotto pugliese.

SELÈNE MITOL. GR. Personificazione della Luna, figlia di Iperione, il fuoco astrale, e sorella di Elios.

SELÈUCIA, nome di diverse città dell'Oriente ellenistico, fondate da Seleuco I. Le più importanti furono S. di Pieria, porto di Antiochia, e S. sul Tigri, che con la sua potenza eclissò Babilonia.

SELÈUCIDI, dinastia ellenistica fondata da Seleuco I, che regnò dal 312/305 al 64 a.C. L'impero seleucide, nato dalle conquiste di Alessandro ed esteso dall'Indo al Mediterraneo, finì per ridursi alla sola Siria, che venne sottomessa a Roma da Pompeo nel 64 a.C.

SELÈUCO I NICÀTORE, *Euporos 355 ca. - presso Lisimachia 280 a.C.*, generale macedone. Generale di Alessandro, re fondatore della dinastia dei Seleucidi nel 305, ricostruì l'impero macedone ma non riuscì a impossessarsi dell'Egitto e della Grecia. Stabilì la capitale sull'Oronte, ad Antiochia, da lui fondata nel 300.

SELGIÙCHIDI, dinastia turca che dominò l'Oriente musulmano dall'XI al XIII sec. L'impero selgiuchide, che comprendeva Persia, Siria, Armenia e Asia Minore, si sgretolò nel XII sec.; il sultanato di Rum, in Anatolia, sopravvisse fino al 1308.

SELIM I IL TERRÌBILE, *Amasya 1466 - Corlu 1520*, sultano ottomano (1512-1520). Conquistò Siria, Palestina ed Egitto (1516-1517) e si fece riconoscere protettore delle città sante d'Arabia. — **Selim III**, *Istanbul 1761-1808*, sultano ottomano (1789-1807). Condusse guerre disastrose contro Austria e Russia.

SELINÙNTE, ant. c. greca della Sicilia occ. Fondata alla metà del VII sec. a.C. da coloni greci originari di Megara Iblea, molto prospera fino al V sec. a.C., fu danneggiata dalla rivalità con Segesta, finché nel 409 a.C. venne assoggettata dai cartaginesi. Risentì le conseguenze delle guerre puniche e subì la distruzione definitiva nel 250 a.C. — Importante complesso di templi greci in stile dorico. Gli scavi hanno inoltre portato alla luce metope scolpite e terrecotte figurate.

SELKIRK (Alexander), *Largo, Fife, 1676 - in mare 1721*, marinaio scozzese. Colpevole di insubordinazione, venne costretto a sbarcare sull'isola deserta di Más a Tierra (arcipelago Juan Fernández), dove sopravvisse dal 1704 al 1709. La sua vicenda ispirò il romanzo di D. Defoe *Robinson Crusoe*.

SELKIRK (Mónti), catena montuosa del Canada (Columbia Britannica); 3533 m.

SÈLLA, gruppo montuoso delle Dolomiti occ., in Trentino-Alto Adige. Culmina nel Piz Boé (3151 m).

SÈLLA (Quintino), *Sella di Mosso 1827 - Biella 1884*, politico. Esponente della destra storica, fu più volte ministro delle finanze (1862, 1864, 1869-1873). Promotore di una severa politica di risanamento, impose l'impopolare tassa sul macinato. Appassionato di mineralogia, fu tra i fondatori del Club alpino italiano.

SÈLLA (Vittòrio), *Biella 1859-1943*, alpinista e fotografo. Tra i protagonisti dell'alpinismo italiano, fu un pioniere della fotografia grazie alla documentazione delle sue stesse imprese. Spedizioni nel Caucaso, in Alaska, sull'Himalaya.

SELLARS (Peter), *Pittsburg 1957*, regista teatrale statunitense. Realizza spettacoli provocatori (*Aiace* di Sofocle, *Don Giovanni* di W.A. Mozart).

SELLÈRIO, casa editrice fondata a Palermo nel 1969 da Elvira Giorgianni ed Enzo S. È specializzata nella pubblicazione di opere letterarie e nella scoperta di nuovi autori.

SELLERS (Peter), *Southsea 1825 - Londra 1980*, attore cinematografico britannico. È stato un interprete comico tra i più apprezzati: *La signora omicidi* (1955), *Il ruggito del topo* (1959), *Lolita* (1962), *Il dottor Stranamore, La pantera rosa, Uno sparo nel buio* (1964), *Hollywood party* (1968), *Oltre il giardino* (1979).

SÈLVA (Giannantònio), *Venezia 1751-1819*, architetto. Autore del teatro La Fenice di Venezia (1790-1792) e nell'entroterra veneto villa Manfrin (1794 ca.) e Palazzo Dotti a Padova (1796).

SELVÀGGIO (Il), rivista culturale fondata a Colle Val d'Elsa nel 1924 e pubblicata dal 1927 fino alla chiusura (1943) a Firenze. Attraverso le sue pagine trovò espressione il movimento *Strapaese*.

SÈLVA NÉRA, in ted. *Schwarzwald*, massiccio della Germania sud-occ., delimitato dalle valli dei f. Reno, Neckar e Nagold; 1493 m nel Feldberg.

SELVÀTICO ESTÈNSE (Piètro), *Padova 1803-1880*, architetto. Fautore dell'eclettismo, si dedicò anche all'attività critico-storica: *Sull'architettura e la scultura in Venezia* (1847), *Storia estetico-critica delle arti del disegno* (1852-1856).

SELYE (Hans), *Vienna 1907 - Montreal 1982*, medico canadese di origine austriaca. Scoprì e descrisse il fenomeno dello stress.

SEM, personaggio biblico. Primogenito di Noè, è il capostipite eponimo dei popoli semitici.

SEMANG, popolazione autoctona della Malaysia e della Thailandia. I s. vengono classificati tra i *negritos.

SEMARANG, c. dell'Indonesia, sulla costa settentr. di Giava; 1.366.500 ab.

SEMBÈNE (Ousmane), *Ziguinchor 1923*, regista cinematografico e scrittore senegalese. Autore di romanzi epici e sociali (*L'Harmattan*), esponente di spicco del cinema africano, si ripropone di suscitare con le immagini la stessa fascinazione indotta dagli stregoni (*Borom sarrett*, 1963; *Emitaï*, 1971; *Xala*, 1974; *Campo Thiaroye*, 1988).

SEMEI, già **Semipalatinsk**, c. del Kazakistan, sul f. Irtyš; 342.000 ab. Centro industriale.

SÈMELE MITOL. GR. Dea amata da Zeus, madre di Dioniso.

SEMERU, vulcano di Giava; 3676 m. È il punto più elevato dell'isola.

SEMINOLE, popolazione amerindia degli Stati Uniti sud-orient. (Florida, Oklahoma).

SEMIPALATINSK → SEMEI.

SEMIRÀMIDE, leggendaria regina assira. La tradizione greca le attribuiva la fondazione di Babilonia e dei suoi giardini pensili (una delle sette *meraviglie del mondo* antico).

SEMMELWEIS (Ignaz Philipp), *Buda 1818 - Vienna 1865*, medico ungherese. Raccomandò l'asepsi durante il parto e, prima ancora che venissero pubblicati gli studi di L. Pasteur, riconobbe l'origine infettiva della febbre puerperale.

SEMMERING, passo delle Alpi austriache; 980 m. È attraversato dalla rotabile e dalla linea ferroviaria che da Vienna portano a Trieste e Zagabria.

SEMPACH (battaglia di) (9 lug. 1386), vittoria della Confederazione degli otto cantoni elvetici sul duca d'Austria, a S. (cant. di Lucerna). Per l'Austria significò il tramonto della sua potenza in Svizzera.

SEMPÉ (Jean-Jacques), *Bordeaux 1932*, disegnatore umoristico francese. Analizza con acume e tenerezza il sistema di vita, assurdo e complicato, imposto dalla società moderna, in part. visto attraverso gli occhi di Petit Nicolas (creato con R. Goscinny).

SEMPER (Gottfried), *Amburgo 1803 - Roma 1879*, architetto tedesco. Autore di saggi teorici in cui sostenne il carattere evoluzionistico della storia dell'architettura (*Lo stile nelle arti tecniche e tettoniche*, 1861-1863), realizzò, tra l'altro, la Pinacoteca reale di Dresda (1847-1854) e il Politecnico di Zurigo (1858-1864).

SEMPIÓNE (Pàsso del), valico stradale delle Alpi svizzere, tra Vallese e Piemonte, non lontano dal confine italiano; 2005 m. Doppio tunnel ferroviario (lungo 19,8 km, aperto nel 1906 e nel 1922).

SEMPRUN (Jorge), *Madrid 1923*, scrittore spagnolo di lingua castigliana e francese. Militante nel Partito comunista spagnolo, deportato nel 1943 a Buchenwald, ripercorse la propria esperienza in molti romanzi (*La deuxième mort de Ramón Mercader*, *L'évanouissement*, *La mort qu'il faut*).

SEN (Amartya Kumar), *Santiniketan, Bengala, 1933*, economista indiano. Ha sviluppato la teoria della scelta sociale e si è dedicato all'analisi del livello di vita delle popolazioni, proponendo alcuni indici di sviluppo e di povertà. (Premio Nobel 1998.)

SEN (Mrinal), *Faridpur, Bangladesh, 1923*, regista cinematografico indiano. Caposcuola del "nuovo cinema indiano" con *Bhuvan Shome* (1969), nelle sue opere muove una critica radicale alla società indiana (*Calcutta 71*, 1972; *Storia di villaggio*, 1977; *Genesis*, 1986).

SENANAYAKE (Don Stephen), *Colombo 1884-1952*, politico singalese. Primo ministro nel 1947, conservò l'incarico anche quando Ceylon ottenne l'indipendenza (1948-1952).

SENANCOUR (Étienne Pivert de), *Parigi 1770 - Saint-Cloud 1846*, scrittore francese. Analizza la propria incapacità di vivere in saggi e in un romanzo autobiografico, epistolare e meditativo (*Oberman*, 1804).

SENDAI, c. del Giappone (Honshu); 971.297 ab. Metropoli del N dell'isola. — Tempio del XVII sec.

SÈNECA (Lùcio Annèo), detto **Sèneca il Filòsofo**, *Córdoba 4 a. a.C. - Roma 65 a. a.C.*, filosofo latino.

Figlio di Seneca il Retore, precettore di Nerone, console nel 57, fu coinvolto nella congiura di Calpurnio Pisone e si suicidò tagliandosi le vene. Filosofo stoico, esercitò una grande influenza anche per lo stile conciso e icastico (*De brevitate vitae*, *De tranquillitate animi*, *De clementia*, *De beneficiis*, *Epistulae ad Lucilium*). Fu inoltre autore di tragedie (tra cui *Medea*, *Troades*, *Agamemnon*, *Phaedra*).

SÈNECA (Lùcio Annèo), detto **Sèneca il Rètore**, *Córdoba 60 ca. a.C. - Roma 39 ca. d.C.*, scrittore latino. Le sue *Controversiae* e *Suasoriae* costituiscono un prezioso documento sull'educazione oratoria nel I sec.

SENEFELDER (Alois), *Praga 1771 - Monaco 1834*, drammaturgo e inventore austriaco. Per poter stampare personalmente le proprie opere teatrali, mise a punto la tecnica della litografia (1796-1799).

SENEGAL, f. dell'Africa, che nasce nel Fouta Djalon e sfocia nell'Atlantico; 1700 km. Divide il Senegal dalla Mauritania.

SENEGAL, Stato dell'Africa occ., sull'Atlantico; 197.000 km². 8.530.000 ab. (*senegalesi*). CAP. *Dakar*. LINGUA: *francese*. MONETA: *franco CFA*.

ISTITUZIONI – Repubblica. Costituzione del 2001. Il presidente della repubblica, eletto ogni 5 anni, nomina il primo ministro. L'assemblea nazionale è eletta ogni 5 anni.

GEOGRAFIA – È un paese pianeggiante, dal clima tropicale molto secco (la maggior parte del territorio rientra nel Sahel). La popolazione, formata da gruppi eterogenei (tra i quali sono i jolof a rappresentare l'etnia predominante) e per la maggior parte islamizzata, si concentra nel settore occ. Due terzi degli attivi si dedicano all'agricoltura (arachidi, riso, miglio, allevamento) e alla pesca. Le industrie sono localizzate nella penisola di Capo Verde. Il sottosuolo contiene fosfati e il potenziale idroelettrico è in via di valorizzazione. Il turismo non riesce a colmare il deficit della bilancia commerciale.

STORIA – **Le origini e l'epoca coloniale**. Il paese, abitato già nella preistoria, ha visto passaggi e mescolanze di vari popoli. Tra i regni che hanno la loro comparsa a partire dal IX sec., il primo di cui si ha notizia è quello di Tekrur (che prende il nome di Fouta nel XIV sec.), progressivamente islamizzato e assoggettato dal Mali. Nel XIV sec. si costituisce il regno dei jolof. **1456 ca.**: il veneziano Alvise Ca' da Mosto raggiunge le isole di Capo Verde per conto dei portoghesi, stabilendo basi

---

commerciali sulle coste (Rufisque). XVI sec.: gli olandesi fondano il centro di Gorée; il regno dei jolof si frammenta in tanti Stati. XVII sec.: la Francia fonda Saint-Louis (1659) e occupa Gorée (1677). **1854-1865**: le truppe del generale francese Louis-Léon-César Faidherbe penetrano nell'entroterra. **1857**: viene fondata Dakar. **1879-1890**: la Francia porta a termine la conquista del S. **1895**: il paese, annesso all'Africa occidentale francese, il cui governo generale si stabilisce a Dakar, gode di uno *status* privilegiato. Gli abitanti dei "quattro comuni" (Saint-Louis, Dakar, Rufisque, Gorée) ottengono la cittadinanza francese e la colonia è rappresentata da deputati.

Il Senegal indipendente. 1958: per referendum, il S. diventa repubblica autonoma in seno all'Unione francese; **1959-1960**: forma con il Mali un'effimera federazione; **1960**: acquista l'indipendenza; il suo primo presidente è Léopold Sédar Senghor. **1963**: a seguito di disordini, i partiti d'opposizione vengono dichiarati fuorilegge. **1976**: un emendamento costituzionale istituisce un sistema a tre partiti. **A partire dal 1980**: si sviluppa un movimento separatista nella Casamance. **1981**: S. Senghor abbandona il potere; gli succede Abdou Diouf, primo ministro dal 1970. Il multipartitismo viene legalizzato. **1982**: il paese forma con il Gambia la Confederazione del Senegambia (sciolta nel 1989). **1989-1992**: scontri interetnici provocano un clima di tensione con la Mauritania. **2000**: sale al potere il leader dell'opposizione Abdoulaye Wade, vincitore delle elezioni presidenziali davanti ad Abdou Diouf. **2001**: Mame Madior Boye diviene primo ministro. **2002**: Idrissa Seck diviene primo ministro. S'intensificano gli scontri in Casamance.

SENEGAMBIA, nome attribuito all'unione di Senegal e Gambia, in vigore dal 1982 al 1989.

SENGHOR (Léopold Sédar), *Joal 1906 - Verson, Calvados, 2001*, politico senegalese. Deputato all'assemblea nazionale francese (1946), leader del Blocco democratico senegalese (1948), divenne presidente della repubblica del Senegal dopo l'indipendenza (1960), ma lasciò volontariamente il potere alla fine del 1980. — Scrisse saggi e poesie (*Etiopiche*, *Notturni*).

■ *Léopold Sédar Senghor.*

Senegal-Gambia-Capo Verde

●	più di 1.500.000 ab.
●	da 100.000 a 1.500.000 ab.
●	da 20.000 a 100.000 ab.
●	meno di 20.000 ab.

50	100	200 m

— strada normale
— ferrovia
★ importante località turistica
✈ aeroporto

SENIGÀLLIA, com. in prov. di Ancona; 42.275 ab. Centro industriale, turismo estivo. Colonia romana (*Sena Gallica*), conserva la rocca, il Palazzo Baviera e il Palazzo del Duca, la chiesa di S. Maria delle Grazie (XV sec.).

SÈNIO, f. dell'Emilia-Romagna; 92 km. Affluente del Reno, nasce dall'Appennino Tosco-Emiliano.

SENLIS, capol. della Francia, nel dip. Oise; 17.192 ab. Resti della cinta muraria di epoca gallo-romana, cattedrale gotica del XII-XVI sec. e nucleo urbano antico.

SÈNNA, in fr. **Seine**, f. della Francia, che nasce dall'Altopiano di Langres e sfocia nella Manica formando un ampio estuario, su cui sorge Le Havre; 776 km.

SENNA (Ayrton), *São Paulo 1960 - Bologna 1994*, pilota automobilistico brasiliano. Campione del mondo conduttori nel 1988, nel 1990 e nel 1991, è morto in un incidente verificatosi durante il Gran premio di San Marino, a Imola.

SENNACHERIB, re d'Assiria (705-680 a.C.). Salvaguardò l'egemonia assira contro medi e aramei e rase al suolo Babilonia, che aveva riconquistato l'indipendenza. Fece eseguire grandi opere a Ninive, capitale del suo regno.

SENNETT (Michael **Sinnott**, detto Mack), *Richmond, Québec, 1880 - Hollywood 1960*, regista cinematografico statunitense. Fu grande pioniere delle comiche, che girò e produsse in gran numero. Fondatore della Keystone Company nel 1912, lanciò molti grandi comici del muto: C. Chaplin, H. Langdon, Fatty, W.C. Field.

SENÒCRATE, *Calcedonia 400 ca. - 314 a.C.*, filosofo greco. Tentò di conciliare la dottrina di Platone con il pitagorismo.

SENÒFANE DI COLOFÓNE, *Colofone fine del VI sec. a.C.*, filosofo greco. È considerato il fondatore della scuola eleatica.

SENOFÓNTE, *Erkhia, Attica, 430 ca. - 355 ca. a.C.*, scrittore, filosofo e politico greco. Comandò la ritirata dei diecimila greci (episodio narrato nell'opera storica *Anabasi*). È autore di trattati dedicati al maestro (*Memorabili di Socrate*), di opere storiche (*Elleniche*), di scritti di economia domestica e politica (*Le entrate*, la *Costituzione degli spartani*), nonché di una biografia romanzata di Ciro il Grande (*Ciropedia*).

SENOFONTE.

SENÒNER (Càrlo), *Selva Gardena 1943*, sciatore. Campione del mondo di slalom speciale nel 1966 a Portillo, in Cile.

SÈNONI, popolazione della Gallia, stanziatasi nel corso superiore del f. Yonne. C. princ. *Agedincum* o *Senones* (att. Sens).

SENOUFO o **SENUFO**, popolazione della Costa d'Avorio settentr. e delle reg. limitrofe di Mali e Burkina, di lingua voltaica.

SENS, c. della Francia, nel dip. Yonne, sul f. Yonne; 27.952 ab. — Cattedrale gotica, costruita dal 1030 alla fine del XII sec. (transetto del XVI sec.; tesoro).

SENTÌNO, ant. centro umbro (*Sentinum*), presso Sassoferrato. Decio Mure vi sconfisse i sanniti nel 295 a.C., durante la terza guerra sannitica.

SENÙSSI, confraternita musulmana, fondata nel 1837 da Muhammad ibn Ali **Al-Sanusi** (presso Mostaganem 1787 - in Cirenaica 1859). I s. combatterono contro l'esercito italiano in Libia dal 1919/1920 al 1930, anno del loro scioglimento.

SEO DE URGEL, c. della Spagna (Catalogna); 10.943 ab. — Cattedrale romanica del XII sec. — L'arcivescovo di S. de U. è principe di An-

Seppellimento del conte d'Orgaz (1586) di El Greco. (Chiesa di S. Tomé, Toledo.)

dorra insieme con il presidente della repubblica francese.

SEOUL → Seul

SEPÌNO, com. in prov. di Campobasso; 2229 ab. Resti del centro romano di *Saepinum*.

SEPPELLIMÉNTO DEL CÓNTE D'ORGAZ, grande quadro di El Greco (1586, chiesa di S. Tomé, Toledo) incentrato su una leggenda medievale.

SÈPRIO, contea sorta nel IV sec. intorno al *castrum Sibrium* (att. Castelseprio). Ereditaria dal X sec., appoggiò Federico Barbarossa contro Milano e, successivamente, i Della Torre contro i Visconti. Alla vittoria di questi ultimi, S. perse la propria indipendenza e nel 1287 divenne possedimento di Ottone Visconti.

SEPÚLVEDA (Luis), *Ovalle 1949*, scrittore cileno. Nei suoi libri tratta temi legati all'impegno ecologista, al rimpianto per una natura incontaminata, alla nostalgia della sua terra. *Il vecchio che leggeva romanzi d'amore* (1898), *Il mondo alla fine del mondo* (1989), *La frontiera scomparsa* (1994), *Storia di una gabbianella e del gatto che le insegnò a volare* (1996), *Incontro d'amore in un paese di guerra* (1997), *Jacaré* (1999), *Le rose di Atacama* (2000).

SÈQUANI, popolazione della Gallia, che occupava la regione bagnata dai f. Saône e Doubs. Aveva per cap. *Vesontio* (att. Besançon).

SE QUÉSTO È UN UÒMO, romanzo di P. Levi, pubblicato nel 1947. Racconta la tragica esperienza dell'autore nel campo di sterminio nazista di Auschwitz, dove il carnefice è disumano, responsabile di una ferocia sistematica e cieca, e la vittima è annichilita nella propria dignità di essere vivente.

SERAFÌN (Túllio), *Rottanova di Cavarzere 1878 - Roma 1968*, direttore d'orchestra. Tra i più apprezzati interpreti del repertorio lirico italiano, diresse l'orchestra della Scala di Milano (1910-1914) e del Metropolitan di New York (1924-1934).

SERAFÍNI (órdine dei), ordine di cavalleria svedese. Creato nel XIII sec., fu riorganizzato nel 1748 dal re Federico I.

SERAING, com. del Belgio (prov. di Liegi), sulla Mosa; 60.271 ab. Metallurgia.

SERAM, isola dell'Indonesia, che fa parte delle Molucche.

SERANTÒNI (Piètro), *Montebelluna 1906-1964*, calciatore. Con la nazionale vinse il campionato del mondo del 1938. Vinse anche 1 scudetto con l'Ambrosiana-Inter (1930).

SERÀO (Matilde), *Patrasso 1856 - Napoli 1927*, scrittrice e giornalista. Diresse insieme al marito E. Scarfoglio *Il Mattino*, quindi fondò e diresse *Il Giorno* (1904). È autrice di numerosi racconti e romanzi, tra cui *Il ventre di Napoli* (1884), *Il paese di Cuccagna* (1890), *Mors tua vita mea* (1926).

SERAPÈO, necropoli di Menfi, in Egitto, formata da lunghe gallerie sotterranee in cui venivano sepolti i tori Api. Gli scavi nel sito archeologico, scoperto da A. Mariette (1850-1851), hanno portato alla luce stele, sarcofagi e arredi funerari del Nuovo Regno.

SERÀPIDE o **SÈRAPI**, divinità maschile il cui culto, introdotto in Egitto alla fine del IV sec. a.C., univa elementi della religione greca ed egizia. Era affine a Osiride e a Zeus.

SERAVÈZZA, com. in prov. di Lucca; 12.745 ab. Centro turistico, conserva la chiesa della Misericordia (XV sec.) e il palazzo mediceo (1561-1565).

SERBAN (Andrej), *Bucarest 1943*, regista teatrale romeno. Ha portato sulle scene tragedie greche antiche (*Medea*, *Elettra*, *Le troiane*), prima di dedicarsi all'opera lirica.

SÈRBIA E MONTENÉGRO, in serbo-croato **Srbija i Crna Gora**, fino al 2003 **Repùbblica Federàle di Iugoslàvia**, Stato federale dell'Europa balcanica; 102.200 km²; 10.538.000 ab. (*serbomontenegrini*); CAP.: *Belgrado*; LINGUA: *serbo*. MONETA: *nuovo dinaro*.

GEOGRAFIA – Il paese, formato dalla Serbia e dal Montenegro, si estende dal Danubio all'Adriatico: la parte settentr. è costituita da un bassopiano intensamente coltivato (cereali) mentre quella merid., più estesa, comprende le Alpi Dinariche, dal rilievo accidentato, in cui si pratica la pastorizia. L'attività estrattiva (lignite, rame, piombo) è localmente presente; le industrie di trasformazione (chimiche, agroalimentari e delle costruzioni meccaniche) sono sviluppate soprattutto nella reg. di Belgrado. La popolazione è in maggioranza serba e ortodossa, ma comprende anche minoranze importanti, a N (ungheresi nell'estremità settentr. della Voivodina) e soprattutto a S (albanesi di religione musulmana, nel Kosovo).

STORIA – 1992: dopo la scissione della Rep. Federale Socialista di Iugoslavia, la S. e il M. danno vita (apr.) alla Rep. Federale di Iugoslavia. Numerosi serbi che vivono in Croazia e in Bosnia-Erzegovina rivendicano la loro appartenenza al nuovo Stato. 1992-1995: la federazione viene colpita da sanzioni per il suo coinvolgimento nella guerra (*Bosnia-Erzegovina* e S.); 1996: è riconosciuta dalla comunità internazionale. 1997: Slobodan Miloševič è eletto alla presidenza della Rep. Federale di Iugoslavia. 1999: in risposta alla repressione serba in *Kosovo*, la NATO interviene militarmente in Iugoslavia (bombardamenti aerei colpiscono, da marzo a giugno, la S. e, più limitatamente, il M.). 2000: S. Miloševič non riconosce la propria sconfitta alle elezioni presidenziali (sett.), ma viene cacciato da un movimento di contestazione a forte sostegno popolare (ott.). Alla presidenza sale il leader dell'opposizione democratica Vojislav Koštunica, che porta alla reintegrazione della Iugoslavia in seno alla comunità internazionale. 2003: in conseguenza di un accordo tra Belgrado e Podgorica, viene adottata una nuova carta costituzionale, che trasforma la Rep. Federale di Iugoslavia in una nuova federazione che porta il nome di S. e M. Ne diventa presidente il montenegrino Svetozar Marović. Il primo ministro serbo Zoran Djindjic viene assassinato.

SÈRCHIO, f. della Toscana; 111 km. Nasce nell'Appennino Tosco-Emiliano, bagna Lucca e sfocia nel Mar Tirreno.

SERÉGNO, com. in prov. di Milano; 39.466 ab. Centro industriale, produzione chimica e tessile, lavorazione del legno.

SEREMBAN, c. della Malaysia; 246.441 ab.

SERENA (La), c. del Cile; 120.816 ab.

SERENGETI (Pàrco nazionale del), il più grande dei parchi nazionali della Tanzania (15.000 km²), nella zona nord-occ. del paese.

SERÉNI (Emílio), *Roma 1907-1977*, storico e politico. Membro della Costituente per il Partito comunista, fu ministro dell'assistenza post-bellica (1946-1947) e dei lavori pubblici (1947). Tra i suoi scritti, *La questione agraria nella rinascita nazionale italiana* (1946), *Il capitalismo nelle campagne, 1860-1900* (1947), *Capitalismo e mercato nazionale* (1966).

SERÉNI (Vittòrio), *Luino 1913 - Milano 1983*, poeta e scrittore. Opere poetiche: *Frontiera* (1941), *Diario d'Algeria* (1947), *Gli strumenti umani* (1965), *Stella variabile* (1981). Svolse anche opera di traduttore.

SERER, popolazione del Senegal (ca. 950.000 individui), di lingua nigero-congolese.

SERGEJEV POSAD, dal 1930 al 1991 **Zagorsk**, c. della Russia, a N di Mosca; 113.840 ab. Monastero della Trinità di S. Sergio.

Serbia e Montenegro

★ importante località turistica

200   500   1500 m

—— confine di stato federato

– – confine di regione

autostrada —   più di 1.000.000 di ab.

strada normale —   da 100.000 a 1.000.000 di ab.

ferrovia —   da 50.000 a 100.000 di ab.

aeroporto —   meno di 50.000 di ab.

SÈRGIO, m. nel 638, patriarca di Costantinopoli (610-638). Consigliere di Eraclio I, fu l'ispiratore del monotelismo.

SÈRGIO I (sànto), m. a Roma nel 701, papa dal 687 al 701. Successore di Conone, si oppose alle decisioni del concilio convocato nel 691 a Costantinopoli dall'imperatore Giustiniano II, e fu salvato dall'arresto dalle truppe di Ravenna e della Pentapoli. — Sergio II, m. a Roma nell'847, papa dall'844 all'847. Eletto dai nobili, fu costretto a prestare giuramento di fedeltà di fronte a Ludovico, figlio dell'imperatore Lotario, confermando così gli accordi dell'824. — Sergio III, m. a Roma nel 911, papa nell'897 e dal 904 al 911. Eletto contemporaneamente a Giovanni IX, appoggiato da Lamberto di Spoleto, fu da questi costretto a fuggire. Tornato a Roma e consacrato una seconda volta, annullò le decisioni dei suoi predecessori. — Sergio IV, m. a Roma nel 1012, papa dal 1009 al 1012.

SÈRGIO DI RADONEZ, presso Rostov 1321 ca. - monastero della Trinità di S. Sergio, Sergejev Posad, 1391, santo ortodosso russo. Fece del monastero della Trinità il fulcro del risveglio nazionale e religioso in Russia.

SERGIPE, Stato del Brasile orient.; 1.784.475 ab.; cap. Aracaju.

SERIÀNA (Vàlle), valle della Lombardia, in prov. di Bergamo, percorsa dal f. Serio. Località turistiche tra cui Clusone.

SÈRIO, f. della Lombardia, 124 km. Nasce dalle Alpi Orobie, percorre la Valle Seriana e affluisce nell'Adda. Forma le cascate più alte d'Italia (315 m) visibili solo nei periodi di apertura della diga artificiale, a monte.

SÈRLIO (Sebastiàno), Bologna 1475 - Lione o Fontainebleau 1554/1555, architetto. Fu attivo a Roma e Venezia prima del 1541, anno in cui venne

chiamato da Francesco I a soprintendere ai lavori del castello di Fontainebleau; oltre a costruire il castello di Ancy-le-Franc, scrisse il Trattato di architettura in sette libri (inizio della pubblicazione 1537), destinato a esercitare un notevole influsso sui manieristi.

SERMONÈTA, com. in prov. di Latina; 6804 ab. Conserva la cattedrale del XIII sec. e il castello Caetani (XIII-XVI sec.).

SERMÓNTI (Vittòrio), Roma 1929, scrittore e critico letterario. Collaboratore del Mattino (1985-1986) e del Corriere della Sera (1993-1994), ha scritto, tra gli altri, La bambina Europa (1954) e Novella storica (1968). È autore di commenti e letture della Divina Commedia (L'Inferno di Dante, 1988; Il Purgatorio di Dante, 1990; Il Paradiso di Dante, 1993).

SERNÀGLIA DELLA BATTÀGLIA, com. in prov. di Treviso; 5733 ab. Il 28 ott. 1918, durante la controffensiva del Piave, gli italiani vi riportarono la vittoria sugli austriaci aprendosi la strada verso Vittorio Veneto.

SERNÉSI (Raffaèllo), Firenze 1838 - Bolzano 1866, pittore e patriota. Esponente del gruppo dei macchiaioli, divenne celebre per i suoi paesaggi. Garibaldino, morì per le ferite riportate in battaglia.

SERPA PINTO (Alexandre Alberto da Rocha), Tendais 1846 - Lisbona 1900, esploratore portoghese. Esplorò le regioni lungo il corso superiore dello Zambesi e avviò la colonizzazione in Mozambico e Angola.

SERPUCHOV, c. della Russia, a S di Mosca; 139.198 ab. Centro per le ricerche nucleari.

SÈRRA (Renàto), Cesena 1884 - Monte Podgora 1915, critico letterario. I suoi lavori critici apparvero su La Voce. Morì in guerra, e proprio dell'esperienza bellica tratta il suo scritto più celebre: Esame di coscienza di un letterato (1915).

SERRA (Richard), San Francisco 1939, artista statunitense. Minimalista, le sue opere più significative sono strutture metalliche dalle linee essenziali, spesso in contesti urbani.

SÉRRAI, c. della Grecia, in Macedonia; 50.875 ab.

SERRANO Y DOMÍNGUEZ (Francisco), dúca della Torre, Isla de León, att. San Fernando, Cadice, 1810 - Madrid 1885, maresciallo e politico spagnolo. Dopo aver contribuito alla caduta di Isabella II (1868), fu reggente del regno (1869-1871) e capo del governo (1871, 1872).

SÈRRA ORLÀNDO, località nel com. di Aidone. Resti del centro greco di Morgantina.

SERRAULT (Michel), Brunoy 1928, attore teatrale e cinematografico francese. Interpreta con uguale disinvoltura ruoli drammatici e brillanti (I diabolici, H.J. Clouzot, 1954; Il vizietto, É. Molinaro, 1978; I fantasmi del cappellaio, C. Chabrol, 1982; Nelly e Monsieur Arnaud, C. Sautet, 1995).

SÈRRE (Le), reg. montuosa della Calabria, tra la Gola di Marcellinara e il Piano di Limina. La cima più elevata è il Monte Pecoraro (1423 m).

SERRES (Michel), Agen 1930, filosofo francese. Storico della scienza, si interessa in part. dei problemi della comunicazione (Hermes, 1969-1980) e persegue una filosofia in grado di rivolgersi tanto alla sensibilità quanto all'intelletto (I cinque sensi, 1985; Statue, 1987).

SERRIÒLA (Bócca), valico appenninico in prov. di Perugia, tra le valli del Tevere e del Metauro. Segna il confine tra l'Appennino settentr. e quello centrale.

SÈRSE I, re persiano (486-465 a.C.) della dinastia achemenide. Figlio di Dario I, soffocò nel sangue le rivolte di Babilonia e dell'Egitto ma fu sconfitto dai greci a Salamina (480 a.C.), nel corso della seconda guerra persiana. Vittima di un intrigo di palazzo, morì assassinato.

SERTÒRIO (Quinto), Norcia 123 ca. - in Spagna 72 a.C., generale romano. Sostenitore di Mario, formò in Spagna una sorta di Stato personale (80 a.C.). Dopo aver sconfitto Pompeo si alleò con Mitridate (75), ma fu assassinato dietro mandato del proprio luogotenente Perpenna.

SÉRUSIER (Paul), Parigi 1864 - Morlaix 1927, pittore francese. Introdusse le idee di P. Gauguin nel gruppo dei nabis.

SERVADIO (Emilio), Genova 1904 - Roma 1995, psicoanalista. Tra i fondatori della Società psicoanalitica italiana (1932), fondò anche la Società italiana di parapsicologia (1937). Tra le sue opere, La ricerca psichica (1930), Il sogno (1955), Passi sulla via iniziatica (1977), Sesso e psiche (1978).

SERVANDÓNI (Giovànni Niccolò), Firenze 1695 - Parigi 1766, architetto e decoratore. Vicino al gusto rococò negli allestimenti scenografici per le feste di corte, fu uno dei primi ad adottarlo anche in architettura (facciata della chiesa di St.-Sulpice, Parigi, dal 1733).

SERVET (Miguel), Tudela, Navarra, o Villanueva de Sigena, Huesca, 1511 - Ginevra 1553, medico e teologo spagnolo. Colpevole di aver negato i dogmi della Trinità e della divinità di Cristo, si rifugiò a Ginevra per sottrarsi all'Inquisizione, ma fu arrestato e arso sul rogo dopo essere stato sottoposto a un processo in cui G. Calvino giocò un ruolo determinante.

SÈRVIO TÙLLIO, secondo la tradizione 578-535 a.C., leggendario sesto re di Roma. Gli furono attribuite l'organizzazione del popolo in centurie e la costruzione di una cinta muraria intorno ai sette colli di Roma.

SERVÌZIO DISTÌNTO (órdine del) → DISTINGUISHED SERVICE ORDER.

SERVÌZIO INFORMAZIÓNI DELLE FÒRZE ARMÀTE → SIFAR.

SERVÌZIO INFORMAZIÓNI DIFÉSA → SID.

SERVÌZIO INFORMAZIÓNI MILITÀRI → SIM.

SERVÌZIO PER LE INFORMAZIÓNI E LA SICURÉZZA DEMOCRÀTICA → SISDE.

SERVÌZIO PER LE INFORMAZIÓNI E LA SICURÉZZA MILITÀRE → SISMI.

SERVRANCKX (Victor), Diegem, presso Bruxelles, 1897 - Vilvorde 1965, pittore belga. Fra i maggiore dell'arte astratta nel suo paese (Opus 47, 1923, Bruxelles).

SÈSIA, f. del Piemonte; 138 km. Affl. del Po, nasce dal Monte Rosa e percorre la Valsesia.

SESÒSTRI, nome di tre faraoni egizi della XII dinastia (XX-XIX sec. a.C.). — **Sesostri III**, faraone egizio della XII dinastia (1878 ca. a.C.). Condusse campagne militari in Siria e Nubia, dove fece costruire fortificazioni fino alla terza cateratta del Nilo.

SÈSSA AURÙNCA, com. in prov. di Caserta; 23.435 ab. Resti del centro aurunco di *Suessa*, in part. dell'età romana. Cattedrale romanica.

SESSHU, *prov. di Okayama 1420 - Yamaguchi 1506*, monaco e pittore giapponese. Tratti salienti della sua opera sono realismo sfumato e spiritualità. Introdusse la pittura paesaggistica in Giappone (*Paesaggio di Almano-Hashidate*, Museo nazionale, Tokyo).

SÈSTO CALÈNDE, com. in prov. di Varese; 9793 ab. Centro industriale, conserva la chiesa di S. Donato (XI sec.).

SÈSTO EMPÌRICO, *Mitilene ? II-III sec. d.C.*, filosofo, medico e astronomo greco. Visse ad Alessandria d'Egitto e a Mitilene. In filosofia fu seguace dello scetticismo, che la sua opera *Schizzi pirroniani* contribuì a far conoscere e di cui applicò i principi nel suo approccio alla scienza, in part. alla medicina.

SÈSTO FIORENTÌNO, com. in prov. di Firenze; 46.809 ab. Centro industriale. Conserva le tombe etrusche della Montagnola e della Mula (VII sec. a.C.), le pievi di S. Martino e Cercina (VIII-XII sec.).

SÈSTO SAN GIOVÀNNI, com. in prov. di Milano; 81.663 ab. Grazie al recente sviluppo edilizio l'abitato è in continuità con il capoluogo, di cui rappresenta la periferia industriale (stabilimenti siderurgici, metallurgici, chimici, tessili).

SESTRIÈRE, com. in prov. di Torino, nei pressi del Monginevro (2035 m d'alt.). È una rinomata stazione di sport invernali.

SÈSTRI LEVÀNTE, com. in prov. di Genova; 19.623 ab. Centro turistico e industriale. Chiesa romanica di S. Nicolò (XI sec.).

SÉTA (*via della*), via commerciale che collegava la reg. delle cap. cinesi (vicine all'att. Xi'an) all'Europa. Aperta nel II sec. a.C., fu abbandonata alla fine del XIII sec. Le carovane seguivano diversi itinerari attraverso l'Asia centrale. — Disseminata di monasteri (Bamjyan, Taxila, Yugang, Dunhuang ecc.), rese possibile lo scambio tra culture ellenistiche e buddhiste.

SÈTE, c. della Francia, nel dip. Hérault; 40.220 ab. Porto sul Mediterraneo.

SETH, dio egizio che simboleggia il coraggio ma anche le forze del male, in part. secondo la leggenda che lo vuole assassino del fratello Osiride per gelosia.

SETH (Vikram), *Calcutta 1952*, scrittore indiano. Autore di lingua inglese, ha pubblicato *The Golden Gate* (1986), *Il ragazzo giusto* (1993), *Una musica costante* (1999).

SÈTI I, faraone egizio della XIX dinastia (1294-1279 a.C.), padre di Ramesse II. Riconquistò la Siria al termine di varie campagne militari.

SÉTIF, c. dell'Algeria orient., capol. di distr.; 239.195 ab.

SETTÀNTA (*versione dei*), la più antica delle versioni greche della Bibbia ebraica. Fu adottata tra il 250 e il 130 a.C. in seno al giudaismo alessandrino a beneficio degli ebrei di lingua greca. Secondo la leggenda, 70 (o 72) traduttori, ciascuno lavorando per proprio conto, avrebbero prodotto testi identici. La v. dei S. fu molto utilizzata dalla Chiesa cristiana antica.

SETTAT, c. del Marocco; 96.217 ab.

SÈTTE ÀNNI (*guèrra dei*) (1756-1763), guerra che vide Gran Bretagna e Prussia schierate contro Francia, Austria e i loro alleati. Le sue cause furono da una parte la volontà di Maria Teresa d'Austria di recuperare la Slesia, ceduta alla Prussia, dall'altra la rivalità franco-inglese sul mare e nei territori coloniali. Il conflitto fu caratterizzato dalle disfatte francesi in Germania (Rossbach, 1757), Canada (caduta di Québec e Montreal) e India (1761). Con il trattato di Parigi (10 feb. 1763) la Francia perse il Canada e la Louisiana, e conservò solo cinque colonie commerciali in India. Il trattato di Hubertusburg permise alla Prussia di conservare la Slesia.

SETTÈMBRE (*stràgi di*) (2-6 sett. 1792), esecuzioni sommarie che ebbero luogo nelle prigioni di Parigi e provincia. All'annuncio dell'invasione prussiana, la folla invase le carceri e massacrò più di un migliaio di persone, soprattutto aristocratici ed esponenti del clero.

SETTÈMBRE 1870 (*rivoluzione del 4*), moto rivoluzionario che in Francia seguì all'annuncio della disfatta di Sedan (2-3 sett. 1870) e causò la caduta del Secondo impero. L'invasione di Palazzo Borbone da parte della folla permise ai deputati repubblicani di dichiarare decaduta la monarchia, proclamare la repubblica e instaurare un governo di difesa nazionale.

SETTÈMBRE 2001 (*attentati dell'11*), attacchi sferrati contro il territorio degli Stati Uniti, la cui responsabilità è attribuita a Osama Bin Laden, uomo d'affari saudita rifugiato in Afghanistan, e alla rete terroristica islamica Al-Qaida. Quattro aerei di linea statunitensi sono stati dirottati da commandos suicidi; due si sono abbattuti sulle torri gemelle del World Trade Center newyorchese, distruggendole, uno (il cui obiettivo resta sconosciuto) si è schiantato al suolo in Pennsylvania e l'ultimo è precipitato sul Pentagono, per un totale di ca. 3000 vittime. Questi attentati, trasmessi in diretta dalla televisione, hanno provocato un profondo shock, negli Stati Uniti e in tutto il mondo.

SETTÈMBRE NÉRO, organizzazione terroristica nata in seguito alla strage e all'espulsione di palestinesi dalla Giordania, nel sett. 1970. È responsabile di numerosi attentati e del sequestro degli atleti israeliani alle Olimpiadi di Monaco (5 sett. 1972), conclusosi con una strage.

SETTEMBRÌNI (Luigi), *Napoli 1813-1876*, scrittore e patriota. Mazziniano e antiborbonico, pubblicò la *Protesta del popolo delle Due Sicilie* (1847) e fu condannato all'esilio. Tornato in patria nel 1848 per partecipare al governo di Napoli, fu nuovamente costretto all'esilio. Dal 1860 in Italia, fu senatore e docente. Tra i suoi scritti, *Lezioni di letteratura italiana* (1866-1872), *Ricordanze della mia vita* (1875).

SÈTTE RE (*guèrra dei*), leggendario conflitto scatenato dai due figli di Edipo, Eteocle e Polinice, per il possesso del trono tebano. Vi parteciparono sette condottieri greci: sei morirono, e i due fratelli si uccisero l'un l'altro. — Questo tema ha ispirato le tragedie *I sette contro Tebe* (467 a.C.) di Eschilo e *Le fenicie* (409 ca. a.C.) di Euripide.

SETTIMÀNA ENIGMÌSTICA (*la*), settimanale enigmistico fondato a Milano nel 1931.

SETTIMANÌA, ant. reg. costiera della Gallia merid., tra Rodano e Pirenei. I visigoti la conservarono dopo la sconfitta di Vouillé. Fu unita al regno franco nel 759.

SETTÌMIO SEVÈRO (Lùcio), *Leptis Magna 146 - Eburacum, att. York, 211*, imperatore romano (193-211). Innalzato al potere dalle legioni illiri-che, governò come monarca assoluto. Tolse ai parti la Mesopotamia e fortificò la frontiera settentr. della Bretagna. Sotto il suo regno si svilupparono i culti orientali.

SÈTTIMO (Ruggièro), *Palermo 1778 - Malta 1863*, politico. Ufficiale della marina borbonica e in seguito ministro, aderì agli ideali rivoluzionari, partecipando ai moti del 1820 e del 1848. Costretto all'esilio, non ritornò mai più in Italia, pur essendo stato nominato senatore del regno nel 1861.

SÈTTIMO TORINÉSE, com. in prov. di Torino; 47.267 ab. Industrie farmaceutiche, siderurgiche e della carta.

SEUL o **SEOUL**, cap. della Corea del Sud; 9.888.000 ab. Centro amministrativo e industriale. — Museo nazionale.

SEUL. *La porta meridionale delle mura del XVI sec. (ricostruita nel XIX-XX sec.).*

SEURAT (Georges), *Parigi 1859-1891*, pittore e disegnatore francese. Caposcuola del divisionismo, cercò di ricostruire quella forma che C. Monet aveva dissolto (*Una domenica pomeriggio all'isola della Grande Jatte*, 1884/1885, Chicago; *Il circo*, Musée d'Orsay, Parigi). Fu tra i fondatori del Salon des Indépendents (1884).

SEVAN (*làgo*), lago dell'Armenia; 1416 km^2.

ŠEVČENKO (Taras Hrihor'evič), *Morincy 1814 - San Pietroburgo 1861*, poeta ucraino. Sostenitore della democrazia nel suo paese, è considerato il padre della letteratura nazionale ucraina.

SEVÈRI, dinastia romana (193-235), cui appartennero gli imperatori Settimio Severo, Caracalla, Geta, Eliogabalo e Severo Alessandro. Al loro regno fece seguito l'anarchia militare (235-270).

SEVÈRI (Francésco), *Arezzo 1879 - Roma 1961*, matematico. Fondatore dell'Istituto nazionale di alta matematica (1938), diede un impulso fondamentale alla teoria delle varietà algebriche.

SEVERÌNI (Gino), *Cortona 1883 - Parigi 1966*, pittore. Nel 1906 si stabilì a Parigi, dove divenne il

Georges **SEURAT**. Port-en-Bessin, avant-port, marée haute, *1888. (Musée d'Orsay, Parigi).*

Gino **SEVERINI.** Giocatori di carte, 1924.
(Galleria dello Scudo, Verona.)

principale rappresentante del futurismo (*Danzatrice blu*, 1912; *Fanciulla + strada + atmosfera*, 1913). Accostatosi in seguito al cubismo, negli anni '20 del secolo scorso si dedicò all'arte sacra e al mosaico approdando a forme più classiche.
SEVERÌNO, m. a Roma nel 640, papa dal 638 al 640. Consacrato due anni dopo l'elezione, rifiutò di sottoscrivere la dottrina monotelita proposta gli dall'imperatore Eraclio.
SEVERÌNO (Emanuèle), *Brescia 1929*, filosofo. Tra le sue opere, *La struttura originaria* (1958-1981), *Essenza del nichilismo* (1972), *Legge e caso* (1979), *Il parricidio mancato* (1985), *Pensieri sul cristianesimo* (1995), *Il mio scontro con la chiesa* (2001), *Téchne. Le radici della violenza* (2002), *Dall'Islam a Prometeo* (2003).
SEVERÌNO (sànto), *m. nel 482 ca.*, evangelizzatore del Norico. Fondò monasteri nella regione danubiana. Le sue reliquie sono venerate a Napoli.
SEVERN, f. della Gran Bretagna merid., che sfocia formando un estuario nel Canale di Bristol; 290 km.
SEVERNAJA ZEMLJA ("Terra del Nord"), arcipelago artico della Russia, tra il Mar di Kara e il Mar di Laptev.
SEVÈRO (Flàvio Valèrio), *in Illiria - Roma 307*, imperatore romano (306-307). Designato cesare da Diocleziano, poi augusto da Galeno, fu sconfitto da Massenzio e ucciso.
SEVÈRO ALESSÀNDRO (Màrco Aurèlio), *Arca Cesarea, Fenicia, 205 o 208 - in Germania 235*, imperatore romano (222-235). Fece fronte con difficoltà alla minaccia persiana in Mesopotamia (232) e combatté contro i germani (234). Fu ucciso nel corso di una sedizione militare guidata da Massimino il Trace.

SEVERO ALESSANDRO.

SEVERODVINSK, c. della Russia, sul Mar Bianco; 247.020 ab.
SÈVESO, com. in prov. di Milano; 18.686 ab. Il 10 lug. 1976 fu teatro di un disastro ecologico provocato dalla fuga di diossina da un reattore della ditta ICMESA di Meda; nella popolazione della zona contaminata si registrarono casi di cloracne. La bonifica ambientale richiese una decina d'anni.
SÉVIGNÉ (Marie **de Rabutin-Chantal**, marchèsa **di**), *Parigi 1626 - Grignan 1696*, scrittrice francese. È autrice di *Lettere*, in gran parte indirizzate alla figlia, che con il loro stile impressionista, alieno da formalismi, rappresentano una pittoresca testimonianza su usi e costumi dell'epoca.

■ *La marchesa di Sévigné ritratta da Claude Lefebvre. (Musée Carnavalet, Parigi.)*

SÈVRES, c. della Francia, nel dip. Hauts-de-Seine, sulla Senna; 22.754 ab. — Dal 1756 manifattura reale, poi nazionale, di porcellane; museo nazionale della ceramica.
SÈVRES (**DEUX**-), dip. della Francia, nella reg. Poitou-Charentes; capol. *Niort*; 5999 km²; 344.392 ab. Il N, occupato dal Massiccio Armoricano, è zona di allevamento, mentre nel S predomina la cerealicoltura. Industrie alimentari e tessili.
SÈVRES (trattato di) (10 ago. 1920), trattato firmato dopo la prima guerra mondiale dalle potenze vincitrici e dall'impero ottomano, che perse quattro quinti degli antichi territori. Le sue condizioni furono rinegoziate nel 1923 con il trattato di Losanna.
SEX PISTOLS (The), gruppo rock britannico costituitosi nel 1975 e scioltosi nel 1978. Formato dal cantante Johnny Rotten, dal bassista Glen Matlock (sostituito poi da Sid Vicious), dal chitarrista Steve John e dal batterista Paul Cook, si è imposto come l'antesignano della musica punk.
SEYMOUR (Edward), dùca **di Somerset**, *1500 ca. - Londra 1552*, statista inglese. Fratello di Jane, fu reggente per conto del nipote Edoardo VI. Diede il suo appoggio alla Riforma protestante e si adoperò per aiutare le classi popolari. Fu destituito da J. Dudley, incarcerato e giustiziato.
SÈZZE, com. in prov. di Latina; 22.442 ab. Resti del centro romano di *Setia*.
SFAX, c. della Tunisia, sul Golfo di Gabès; 230.855 ab. Esportazione di fosfati. Industria chimica. — Cinta muraria del IX sec. Grande Moschea (IX-XI sec.).
SFÒRZA, nobile famiglia di origine romagnola, seconda dinastia ducale di Milano (1450-1535), che prese nome dal suo capostipite, Muzio o Iacopo Attendolo, detto S. (**Attendolo*). — **Francesco I S.**, *San Miniato 1401 - Milano 1466*, statista. Figlio di Muzio Attendolo, vicario della marca di Ancona e conte di Cotignola, sposò la figlia di Filippo Maria Visconti e si fece proclamare duca di Milano (1450), titolo che difese con successo nella guerra di successione (pace di Lodi, 1454). — **Alessandro S.**, *Cotignola, Ravenna, 1409 - Ferrara 1473*, statista. Figlio di Muzio, sposando la figlia di Galeazzo Malatesta divenne signore di Pesaro (1445), dando origine a un ramo collaterale della famiglia destinato a estinguersi nel 1515. Combatté al fianco del fratello Francesco I, che lo ricompensò nominandolo governatore della marca di Ancona, e fu insignito del titolo di gran conestabile del regno di Napoli da Ferdinando d'Aragona. — **Gian Galeazzo S.**, *Abbiategrasso 1469 - Pavia 1494*, statista. Nipote di Francesco I, fu sottoposto alla reggenza della madre ed esautorato dallo zio Ludovico (**Ludovico Sforza il Moro*). — **Massimiliano S.**, → MASSIMILIANO SFORZA. — **Francesco II S.**, *1492 o 1495 - 1535*, statista. Secondogenito di Ludovico il Moro, recuperò il suo ducato grazie a Carlo V, dietro promessa di lasciarlo in eredità agli Asburgo di Spagna. Con lui il ramo regnante della casata si estinse.
SFÒRZA (Càrlo), *Montignoso 1872 - Roma 1952*, politico. Ministro degli esteri dal 1920 al 1921, all'avvento del fascismo lasciò l'Italia, per tornarvi solo nel 1943. Dal 1947 al 1951 fu nuovamente ministro degli esteri e lavorò per l'adesione dell'Italia alla NATO.
SFÒRZA (Caterina), *1463 ca. - Firenze 1509*, signora di Imola e Forlì. Figlia naturale di Galeazzo Maria, sposò Gerolamo Riario. Alla morte di questi, difese la signoria contro le truppe del papa, ma fu costretta a cedere ai successivi attacchi di Cesare Borgia. Dalle sue seconde nozze con Giovanni de' Medici nacque Giovanni dalle Bande Nere.
■ *Caterina Sforza.*
SFORZÉSCA, località nel com. di Vigevano. Vi si trova un complesso architettonico voluto da Ludovico il Moro (XV sec.). — Durante la seconda guerra d'indipendenza i piemontesi vi si scontrarono con gli austriaci nell'ambito della battaglia di Novara (21 mar. 1849).

SFORZÉSCO (Castèllo), castello nel centro di Milano, voluto da Galeazzo II (XIV sec.), abbattuto durante la Repubblica Ambrosiana e ricostruito da Francesco I Sforza (XV sec.). Sede della corte, conobbe il massimo fulgore tra il XV e il XVI sec. (vi lavorarono Leonardo da Vinci e D. Bramante), per poi tornare a svolgere una funzione militare. Oggi è sede di musei e istituzioni culturali.
SGAMBÀTI (Giovànni), *Roma 1841-1914*, compositore. Allievo di F. Liszt, si dedicò soprattutto alla musica sinfonica. Diede un fondamentale contributo alla conoscenza della musica romantica tedesca.
SGORLÒN (Càrlo), *Cassacco 1930*, scrittore. Tra i suoi romanzi, *Il trono di legno* (1973), *Regina di Saba* (1995), *L'armata dei fiumi perduti* (1985), *La fontana di Lorena* (1990), *Il regno dell'uomo* (1994), *L'uomo di Praga* (2003).
SHAANXI, prov. della Cina settentr.; 35.700.000 ab.; capol. *Xi'an*.
SHABA → KATANGA.
SHACKLETON (sir Ernest), *Kilkee, Irlanda, 1874 - Georgia Australe 1922*, esploratore britannico. Fallito un primo tentativo di raggiungere il polo Sud (1907-1915), organizzò un'altra spedizione, nel corso della quale trovò la morte.
SHAFTESBURY (Anthony **Ashley Cooper**, cónte **di**), *Wimborne 1621 - Amsterdam 1683*, statista inglese. Capo dei whig, avversario di Carlo II e sostenitore di J. Monmouth, fu costretto a fuggire in Olanda nel 1682.
SHAHAPUR → SAPORE I.
SHAH GIAHAN, *Lahore 1592 - Agra 1666*, sovrano dell'India (1628-1658) della dinastia dei Moghul. Fece costruire il Taj Mahal.
SHAHJAHANPUR, c. dell'India (Uttar Pradesh); 297.932 ab.
SHAHN (Ben), *Kaunas 1898 - New York 1969*, artista statunitense. Di origine lituana, si trasferì negli Stati Uniti nel 1906. La sua opera denota una grande attenzione ai problemi sociali e alla condizione umana. Si dedicò alla pittura, all'incisione e alla fotografia, realizzando anche opere murali.
SHAHNAMAH (il libro dei re), epopea persiana di Firdusi (X sec.) che ripercorre la storia della Persia.
SHAKESPEARE (William), *Stratford-on-Avon 1564-1616*, drammaturgo inglese. Poco si sa della sua vita. Figlio di un commerciante caduto in rovina, si sposò a diciotto anni; nel 1594 era attore e azionista della compagnia *Lord Chamberlain's Men*. Intorno al 1598 si stabilì presso il teatro Globe, per poi ritirarsi a

Stratford nel 1613 ca. La sua opera, comprendente poemi (*Venere e Adone*, 1593) e una raccolta di *Sonetti* (1609), è essenzialmente drammatica. Nella sua attività drammaturgica si possono distinguere tre periodi: la giovinezza (1590-1600), caratterizzata da un entusiasmo tipicamente elisabettiano, che emerge nelle commedie leggere e negli affreschi storici (*Enrico IV*, 1590 ca.; **Riccardo III*; *La bisbetica domata*, 1593 ca.; **Romeo e Giulietta*; *Sogno di una notte di mezza estate*, 1595 ca.; *Il mercante di Venezia*, 1596 ca.; *Molto rumore per nulla*, 1598 ca.; *Giulio Cesare*, 1599 ca.; *Come vi pare*, *Le allegre comari di Windsor*, *La notte dell'epifania*, 1600 ca.); un periodo (1600-1608) in cui, per effetto delle delusioni politiche e personali, prevalgono le tragedie a fosche tinte, intervallate da qualche commedia (**Amleto*; **Otello*; **Macbeth*; **Re Lear*; *Antonio e Cleopatra*, 1606 ca.; *Coriolano*, 1607 ca.; *Timone d'Atene*, 1608 ca.); a partire dal 1608, il ritorno alla serenità con drammi romanzeschi (*Cimbelino*, 1609 ca.; *Racconto d'inverno*, 1610 ca.; *La tempesta*, 1611 ca.). Rivolto a un pubblico composto tanto da popolani quanto da aristocratici, il teatro di S. stupisce per la varietà e il vigore dello stile, per il tratteggio dei personaggi, di diversa estrazione sociale e psicologia, e per la maestria della costruzione drammatica.
■ *William Shakespeare ritratto da L. Coblitz, 1847. (Reggia di Versailles.)*

SHAKUNTALA o **ŠAKUNTALA**, dramma in sanscrito di Kalidasa (IV-V sec. d.C.), incentrato sugli amori di S. e del re Vishvamitra.

SHAKYAMUNI → BUDDHA.

SHAMASH o **ŠAMAŠ**, divinità mesopotamica assimilata al Sole, protettrice della giustizia e dell'arte divinatoria.

SHAMIL, *Guimry, Dagestan, 1797 - Medina 1871*, eroe dell'indipendenza del Caucaso. Imam del Dagestan (1834-1859), si oppose all'avanzata dei russi nel Caucaso.

SHAMIR (Yitzhak), *Ruzimir, Polonia orient., 1915*, politico israeliano. Leader del Likud (1983-1993), ministro degli affari esteri (1980-1986), è stato primo ministro nel 1983-1984 e dal 1986 al 1992.

SHAN (Státo di), Stato del Myanmar orient.; 3.726.000 ab.

SHANDONG, prov. della Cina orient.; 87.850.000 ab.; capol. *Jinan*.

SHANGHAI, c. della Cina, sullo Huangpu, alla foce del Chang Jiang; 12.887.000 ab. nel distr. municipale, che copre 6000 km^2 e dipende dal potere centrale. Primo porto e centro industriale della Cina (chimica, metallurgica, elettrica, tessile, alimentare). — Ricco museo d'arte e storia (nuova installazione nel 1995).

SHANGHAI. *L'antico quartiere delle "concessioni internazionali" (XIX sec.), sulla riva dello Huangpu.*

SHANGRAO, c. della Cina, a E di Nanchang; 167.570 ab.

SHANKAR (Ravi), *Benares 1920*, suonatore di sitar e compositore indiano. Ha fatto conoscere la musica colta indiana e l'arte del *raga*; ha scritto in part. concerti per sitar e balletti.

SHANNON, princ. f. dell'Irlanda, che sfocia nell'Atlantico dopo aver formato alcuni laghi; 368 km.

SHANNON (Claude Elwood), *Gaylord, Michigan, 1916 - Medford, Massachusetts, 2001*, matematico statunitense. Con W. Weaver pose le basi della teoria dell'informazione, fondata in part. su codifica e statistica. I loro lavori hanno applicazioni importanti nel campo dell'intelligenza artificiale.

SHANTOU, c. della Cina (Guangdong); 884.543 ab. Porto.

SHANXI, prov. della Cina settentr.; 31.410.000 ab.; capol. *Taiyuan*. Giacimenti di ferro e miniere di carbone.

SHAOXING, c. della Cina, a SE di Hangzhou; 1.271.268 ab.

SHAPE (Supreme Headquarters Allied Powers Europe, Comando supremo delle forze alleate in Europa), comando delle forze alleate della NATO in Europa. Insediatosi nel 1951 a Rocquencourt, presso Parigi, nel 1967 ha trasferito la sua sede a Mons (Belgio).

SHAPLEY (Harlow), *Nashville, Missouri, 1885 - Boulder, Colorado, 1972*, astrofisico statunitense. Determinò la distanza di numerosi ammassi globulari e descrisse con precisione la struttura della Via Lattea. Scoprì migliaia di galassie, di cui mostrò la frequente disposizione in ammassi.

SHARAKU (Toshusai), autore di stampe giapponese, attivo a Edo nel 1794 e 1795. Acquistò la celebrità eseguendo ritratti di attori del teatro *nō*, la cui sobrietà tecnica mette in risalto la finezza psicologica.

SHARJAH, uno degli Emirati Arabi Uniti; 402.792 ab. Petrolio.

SHARON, pianura costiera dello Stato di Israele, a S del Monte Carmelo.

SHARON (Ariel), *Kefar Malal 1928*, generale e politico israeliano. Ha partecipato, in ruoli di comando, alle guerre arabo-israeliane. Più volte ministro (dal 1977), capo del Likud (dal 1999), riveste la carica di primo ministro dal 2001.

SHATT AL-ARAB, f. del Medio Oriente, che si forma in Iraq dall'unione dei Tigri con l'Eufrate e che si getta nel Golfo Persico; 200 km. Attraversa Bassora e Abadan. Coltivazioni di palme da dattero sulle rive.

SHAW (George Bernard), *Dublino 1856 - Ayot Saint Lawrence, Hertfordshire, 1950*, scrittore irlandese. È autore di romanzi, saggi e testi teatrali (*Le armi e l'uomo*, 1894; *Pigmalione*, 1913; *Santa Giovanna*, 1923) in cui il pessimismo si stempera nell'humour. (Premio Nobel 1925.)

SHAW (Irwin), *New York 1913 - Davos 1984*, scrittore e drammaturgo statunitense. Tra le sue opere, *Seppellire i morti* (1936), *La brava gente* (1939), *I giovani leoni* (1948), *Povero ricco* (1969).

SHAWINIGAN, c. del Canada (Québec), sul f. Saint-Maurice; 73.522 ab. Centro industriale.

SHAWN (Ted), *Kansas City, Missouri, 1891 - Orlando, Florida, 1972*, ballerino e coreografo statunitense. È tra i fondatori della danza moderna negli Stati Uniti.

SHEFFIELD, c. della Gran Bretagna (Inghilterra), nello Yorkshire; 536.000 ab. Centro metallurgico. — Musei.

SHELLEY (Percy Bysshe), *Field Place, Sussex, 1792 - al largo di La Spezia 1822*, poeta britannico. È autore di saggi, poemetti (*La regina Mab*, 1813; *L'ode al vento dell'ovest*, 1819) e drammi (*The Cenci*, 1819; *Prometeo liberato*, 1820) in cui l'ispirazione romantica, segnata dal desiderio di legare uomo e natura in un medesimo ritmo vitale, si unisce all'influsso platonico. — **Mary Wollstonecraft**, detta **Mary S.**, *Londra 1797-1851*, scrittrice britannica, moglie di P.B. Shelley. È autrice di **Frankenstein o il moderno Prometeo.*

SHENYANG, già **Mukden**, c. della Cina, capol. del Liaoning; 4.828.000 ab. Metropoli della Cina nord-settentr., centro amministrativo, universitario e industriale. — Palazzi e mausolei imperiali (XVII sec.).

SHENZHEN, c. della Cina (Guangdong), presso Hong Kong; 875.176 ab. Centro industriale.

SHEN ZHOU, *Suzhou 1427-1509*, pittore cinese. È l'esponente più importante della scuola Wu (scuola dei letterati dilettanti di Suzhou). La sua opera è un'interpretazione feconda dei maestri del passato.

SHEPARD (Alan Bartlett), *East Derry, New Hampshire, 1923 - Monterey, California, 1998*, pilota e astronauta statunitense. Fu il primo americano a essere inviato nello spazio (5 mag. 1961, a bordo di una capsula *Mercury*).

SHEPARD (Steve **Rogers**, detto Sam), *Fort Sheridan 1943*, drammaturgo e sceneggiatore statunitense. Tra le opere teatrali, *Rock star* (1972), *Scene americane* (1985), *Motel Chronicles* (1985), *Stati di shock* (1991). Tra i lavori cinematografici, *Zabriskie Point* (1969), *Paris, Texas* (1983). È anche attore cinematografico e teatrale.

SHEPP (Archie), *Fort Lauderdale, Florida, 1937*, sassofonista e compositore jazz statunitense. Tra i maggiori rappresentanti del free-jazz, è risalito alle origini della musica afroamericana traendo spunto da rhythm-'n-blues, be-bop e musica elettronica (*Malcom, Malcom, Semper Malcom*, 1965; *Mama Rose*, 1982).

SHERATON (Thomas), *Stockon on Tees, Durham, 1751 - Londra 1806*, ebanista e ornatista britannico. Pubblicò raccolte di disegni influenzati dallo stile Adam e Luigi XVI.

SHERBROOKE, c. del Canada (Québec), sul f. Saint-François; 143.045 ab. Sede arcivescovile. Università. Centro commerciale e industriale.

SHEREMETIEVO, aeroporto internazionale di Mosca (Russia).

SHERIDAN (Richard Brinsley), *Dublino 1751 - Londra 1816*, autore teatrale e politico britannico. Autore di commedie di costume (*I rivali*, 1775; *La scuola della maldicenza*, 1777), fece parte di vari ministeri whig.

SHERMAN (William), *Lancaster, Ohio, 1820 - New York 1891*, generale statunitense. Tra i principali capi nordisti nella guerra di secessione, è celebre per la sua "Grande marcia verso il mare", dal Tennessee a Savannah (1864).

SHERPA, popolazione delle montagne del Nepal, i cui membri spesso prendono parte alle spedizioni himalayane come guide ed esploratori.

SHERRINGTON (sir Charles Scott), *Londra 1857 - Eastbourne 1952*, fisiologo britannico. Nel 1932 ricevette il premio Nobel per le sue ricerche sul sistema nervoso.

SHETLAND, arcipelago della Gran Bretagna, a N della Scozia; 1433 km^2; 22.522 ab.; capol. *Lerwick*. Terminal petrolifero (Sullom Voe).

SHETLAND AUSTRÀLI, in ingl. **South Shetland Island**, arcipelago britannico dell'Atlantico merid., a S delle Falkland, da cui dipende.

SHEVARDNADZE (Eduard), *Mamati, Georgia, 1928*, politico georgiano. Ministro degli esteri dell'URSS (1985-1990 e nov.-dic. 1991), in Georgia è stato eletto presidente del consiglio di Stato (mar. 1992) e del parlamento (ott.). Nel 1995 è salito alla carica di presidente della repubblica (rieletto nel 2000). Si è dimesso nel nov. 2003 in seguito a una rivolta popolare.

SHIBELI → SCEBELI.

SHIBÎN EL-KÔM, c. dell'Egitto, capol. di prov.; 158.000 ab.

SHIHEZI, c. della Cina nord-occ., a NO di Urumtsi; 170.631 ab.

SHIH-T'AO, **TAO-CHI** o **DAO JI**, *prov. del Guangxi 1641 - 1720 ca.*, pittore, calligrafo e poeta cinese. Il più originale degli "individualisti" di epoca Qing, scrisse anche un trattato di pittura.

SHIJI ("Memorie storiche"), storia della Cina redatta da Sima Qiang tra la fine del II sec. e l'inizio del I sec. a.C. L'opera è articolata in *Annali*, *Tavole cronologiche*, monografie e biografie.

SHIJIAZHUANG, c. della Cina, capol. dell'Hebei; 1.372.109 ab. Nodo ferroviario e centro industriale.

SHIJING, antologia di poesie composte tra il VI e il II sec. a.C., tra i classici della letteratura cinese. Vi sono riuniti canti popolari, cerimoniali e religiosi, la cui selezione è attribuita a Confucio.

SHIKOKU, isola del Giappone, a S di Honshu; 18.800 km^2; 4.154.000 ab.

SHILLONG, c. dell'India, cap. del Meghalaya, sull'altopiano omonimo; 132.876 ab.

SHILLUK o **SHILLÙC**, popolazione del Sudan merid., di lingua nilo-sahariana.

SHIMAZAKI (Toson), *Magome 1872 - Oiso 1943*, scrittore giapponese. In un primo tempo poeta romantico, divenne capofila del romanzo naturalista (*Hakai [Trasgressione]*, *Una famiglia*).

SHIMIZU, c. del Giappone (Honshu); 240.174 ab.

SHIMONOSEKI, c. del Giappone (Honshu), sullo stretto omonimo che separa Honshu e Kyushu; 259.795 ab. Porto.

SHIMONOSEKI (trattato di) (17 apr. 1895), trattato firmato alla fine della guerra sino-giapponese (1894-1895), in base al quale la Cina, sconfitta, dovette riconoscere l'indipendenza della Corea e cedere Formosa (Taiwan) al Giappone.

SHIRAZ, c. dell'Iran (Fars), capol. di prov., nei Monti Zagros; 1.053.025 ab. Monumenti dei XVII sec. Famosi giardini. Tappeti.

SHIVA o **SIVA**, una delle tre grandi divinità dell'induismo, con Brahma e Vishnu. Simboleggia la forza distruttiva, in part. il tempo che tutto cancella e insieme rigenera.

SHIZUOKA, c. del Giappone (Honshu); 474.092 ab. Centro commerciale e industriale.

SHLONSKY (Abraham), *Krementug, Ucraina, 1900 - Tel Aviv 1973*, poeta israeliano. Influenzato dal simbolismo e dal modernismo, fu il fondatore della poesia israeliana moderna (*Pietre grezze*, *Il libro delle scale*).

SHOAH ("annientamento"), termine con cui si designa lo sterminio di ca. 6 milioni di ebrei a opera dei nazisti durante la seconda guerra mondiale.

SHOCKLEY (William), *Londra 1910 - Palo Alto 1989*, fisico statunitense. I suoi studi sui semiconduttori hanno consentito la messa a punto dei transistor. (Premio Nobel 1956.)

SHOLAPUR, c. dell'India (Maharashtra); 873.037 ab.

SHOLEM ALEICHEM (Shalom **Rabinovitz**, detto), *Perevalsk, Ucraina, 1859 - New York 1916*, scrittore di lingua yiddish, autore di romanzi sulla vita nei ghetti dell'Europa centrale (*Tevye il lattaio*).

SHOLES (Christopher Latham), *Mooresburg, Pennsylvania, 1819 - Milwaukee, Wisconsin, 1890*, inventore statunitense. Con Samuel Soulé e Carlos Glidden mise a punto la prima macchina per scrivere (1867), che fu poi prodotta da P. Remington.

SHONA, popolazione dello Zimbabwe e delle regioni di frontiera del Mozambico, di lingua bantu.

SHOSHONE o **SHOSHONI**, popolazione amerindia delle Grandi Pianure statunitensi (Idaho, Nevada, Utah ecc.) (ca. 8000 individui), di lingua uto-azteca.

SHOTOKU TAISHI, *573-622*, nome postumo del principe Umayado, reggente del Giappone (600-602). Favorì il buddhismo e riportò il suo paese nell'orbita culturale cinese.

SHOWA TENNO → HIROHITO.

SHREVEPORT, c. degli Stati Uniti (Louisiana); 200.145 ab.

SHREWSBURY, c. della Gran Bretagna (Inghilterra), capol. dello Shropshire, sul Severn; 56.200 ab. Nucleo antico (chiese, case a graticcio).

SHUAR → JÍVARO.

SHUBRA EL-KHEMA, c. dell'Egitto, sobborgo settentr. del Cairo; 834.000 ab.

SHUMWAY (Norman Edward), *Kalamazoo, Michigan, 1923*, chirurgo statunitense. È stato il precursore della chirurgia a cuore aperto e dei trapianti cardiaci.

SIAD BARRE (Muhammad), *reg. dell'Alto Giuba 1919 - Abuja, Nigeria, 1995*, generale e politico somalo. Nel 1969 s'impadronì del potere diventando capo dello Stato somalo. Il suo regime fu rovesciato nel 1991.

SIÀGRIO (Afrànio), *430 ca - 486*, capo gallo-romano. Governò il ristretto territorio che i romani ancora possedevano in Gallia, tra Somme e Loira. Fu battuto a Soissons (486) da Clodoveo, cui fu consegnato poco dopo.

SIALKOT, c. del Pakistan, a N di Lahore; 417.000 ab.

SIAM → THAILANDIA.

SIAM (Gólfo del), ant. nome del Golfo di Thailandia.

SÌBARI, fraz. del com. di Cassano allo Ionio; 2400 ab. Turismo. — Ant. colonia della Magna Grecia, sul Golfo di Taranto, godette di una straordinaria prosperità grazie agli scambi commerciali e affermò la propria supremazia sulle città vicine, prima di essere distrutta dalla rivale Crotone, nel 510 a.C. Al suo posto sorse la colonia romana di *Copia* (194 a.C.). — Resti di edifici pubblici, tra cui un tempio greco del VI sec.; ceramiche; tratti dell'impianto urbano.

SIBELIUS (Johan Julius Christian, detto Jean), *Hämeenlinna 1865 - Järvenpää 1957*, compositore finlandese. D'ispirazione molto fertile, scrisse un concerto per violino, sette sinfonie, poemi sinfonici (*Tapiola*) e musica di scena a carattere romantico.

SIBÈRIA, parte nord-orient. dell'Asia, tra l'Ural e il Pacifico.

GEOGRAFIA – La S., pur appartenendo quasi per intero alla Russia, sconfina per un tratto nel Kazakistan. Le pianure tra i f. Énisej e Lena separano la parte occ., bassa e paludosa, da una reg. orient. in prevalenza montuosa. I rigori del clima, dagli inverni molto lunghi e freddi, aumentano con la longitudine e la latitudine. Disposizione dei rilievi e condizioni climatiche sono responsabili della successione a zone della vegetazione: tundra, taiga e steppa. Inoltre, limitando notevolmente le potenzialità agricole (nonostante le steppe del SO siano molto ben sfruttate), hanno inciso sul dato demografico. Il popolamento (ca. 25.000.000 ab.), avviato dalla costruzione della Transiberiana, si è sviluppato in breve tempo ma in forma localizzata, con lo sfruttamento delle ingenti risorse minerarie (soprattutto carbone nel Kuzbass) e, in epoca più recente, con la costruzione di grandi centrali idrauliche (Bratsk e Krasnojarsk) e l'estrazione di idrocarburi, che ha portato allo sviluppo dell'industria pesante.

STORIA – Dalla fine del III sec. a.C. popolazioni mongole e turche subentrano all'etnia autoctona. **1428**: nascita del canato mongolo di Siberia, conseguente allo smembramento dell'Orda d'oro. **1582 ca.**: inizio della colonizzazione russa. **1598**: i cosacchi distruggono il canato di Siberia. **1639**: i russi raggiungono il Mare di Ohotsk. **1860**: la Cina riconosce il dominio russo sui territori dell'Amur e dell'Ussuri. **1891-1916**: la costruzione della ferrovia Transiberiana permette la valorizzazione della S. merid.

SIBILLÌNI (Mónti), gruppo montuoso umbro-marchigiano, che culmina nel Monte Vettore (2476 m). Parco nazionale dal 1993.

SIBIU, c. della Romania, in Transilvania; 169.656 ab. Vestigia medievali; musei.

SICÀMBRI, popolazione germanica stanziata nel bacino della Ruhr. Nel III sec. una parte dei s. si stabilì in Gallia, mescolandosi con i franchi.

SICÀNI, popolazione primitiva della Sicilia, stabilitasi sull'isola nel III millennio a.C.

SICÀNI (Mónti), gruppo montuoso della Sicilia, tra le valli del Belice e del Platani. La cima più elevata è il Monte Cammarata (1578 m).

SICHEM, c. cananea della Palestina centrale, citata nella Bibbia per i luoghi legati ai patriarchi. Metropoli religiosa dei samaritani reduci dall'Esilio, fu distrutta nel 128 a.C. Nei pressi del sito dove sorgeva S., Vespasiano nel 72 d.C. fondò *Flavia Neapolis* (att. Nablus).

SICHOTE-ALIN, massiccio della Russia, sul Pacifico; 2078 m.

SICHUAN, la più popolosa prov. della Cina; 569.000 km²; 84.300.000 ab.; capol. Chengdu.

SICÌLIA, isola del Mediterraneo, che si affaccia a E sul Mar Ionio, a SE sul Mar Mediterraneo (Canale di Sicilia) e a N sul Mar Tirreno; 25.707 km²; 4.866.202 ab. (*siciliani*). Nove prov.: Palermo (capol. di reg.), Agrigento, Caltanissetta, Catania, Enna, Messina, Ragusa, Siracusa, Trapani.

ASPETTI FISICI – Di forma triangolare, la S. è la più vasta regione italiana. Il territorio è prevalentemente collinare e montuoso (Monti Peloritani, Nebrodi e Madonie a N, Monti Sicani al centro, Monti Iblei a S). I rilievi collinari si sviluppano soprattutto sulla fascia centro-merid. L'unica pia-

Sicilia

500   1000   1500   2000 m

☆ importante località turistica

═ autostrada
── strada normale
── ferrovia
✈ aeroporto

● oltre 50.000 ab.
● da 25.000 a 50.000 ab.
● da 10.000 a 25.000 ab.
• fino a 10.000 ab.

nura di notevole estensione è la Piana di Catania, dominata dall'Etna, il maggiore vulcano d'Europa. Tra i corsi d'acqua, brevi e a carattere torrentizio, solo l'Imera-Salso e il Simeto superano i 100 km di lunghezza. La regione comprende le isole di Pantelleria e Ustica e gli arcipelaghi delle Eolie, delle Egadi e delle Pelagie. Il clima è tipicamente mediterraneo, con inverni miti ed estati torride e secche. Le aree montuose interne, tuttavia, hanno un clima più rigido.

POPOLAZIONE – La S. è la quarta regione italiana per numero di abitanti e presenta un'elevata densità media (189,3 ab. per km^2). Il forte movimento migratorio che ha caratterizzato la regione fino agli anni '80 del secolo scorso si è oggi sensibilmente ridotto. La popolazione è insediata soprattutto nei centri costieri, in part. nelle province di Palermo, Catania, Messina e Siracusa. Il saldo naturale è positivo (1,4‰), anche grazie al costante aumento di immigrati provenienti dai paesi nord-africani.

ECONOMIA – Nonostante la ricchezza delle sue risorse naturali, la S. presenta un'economia arretrata, basata in parte sull'assistenzialismo, e un tasso di disoccupazione elevato (1/5 ca. della popolazione attiva). La rete della criminalità organizzata costituisce tuttora un ostacolo allo sviluppo delle imprese. Il settore primario occupa il 12% degli attivi e fornisce il 6,7% del reddito complessivo. L'agricoltura, praticata con metodi tradizionali nelle aree dell'interno (cereali), si avvale di tecniche più moderne nelle zone costiere, dove sono diffuse le coltivazioni di agrumi, frutta, verdura, uva, olive, mandorle. Di notevole rilievo la produzione ittica, che ha il suo centro a Mazara del Vallo: dalla S. proviene il 30% ca. del pescato italiano. Il settore secondario (20,2% del reddito) nonostante gli investimenti statali resta caratterizzato da una preoccupante stagnazione, che interessa soprattutto i grandi complessi petrolchimici e chimici (Augusta, Gela, Porto Empedocle). Più dinamiche le piccole e medie imprese alimentari, conserviere e tessili. Il settore terziario (73,1% del reddito) si articola principalmente nella pubblica amministrazione, nel commercio e nel turismo. Quest'ultimo, tuttavia, è in parte penalizzato dall'inadeguatezza di alcune strutture ricettive.

STORIA – Dalle origini al Rinascimento. La regione, ricca di reperti risalenti al Paleolitico e al Neolitico, durante l'Età del ferro è popolata da elimi, sicani e siculi. IX-VIII sec. a.C.: la S. viene colonizzata dai fenici e dai cartaginesi sulle coste occidentali, dai greci su quelle orientali. V sec.: la polis greca di Siracusa sconfigge i cartaginesi a Imera (480) e gli etruschi a Cuma (474). III sec.: la regione è invasa dai cartaginesi; 241: viene trasformata in provincia dai romani, dopo la prima guerra punica; V sec.: è occupata dai vandali. IX-X sec. d.C.: si afferma la dominazione araba, accompagnata da un notevole sviluppo economico e culturale. 1061-1091: la regione cade sotto il dominio normanno; 1194: è conquistata dagli Svevi. 1266-1282: la dominazione angioina trascina l'isola verso la decadenza. 1302: la S. è controllata dagli Aragonesi. XV sec.: il regno aragonese comprende S., Aragona e regno di Napoli.
Dal XVIII secolo all'unità d'Italia. 1713: l'isola viene assegnata ai Savoia; 1720: è ceduta all'Austria in cambio della Sardegna. 1738: i Borbone si insediano in S. grazie al trattato di Vienna. 1816: la regione costituisce, insieme a Napoli, il regno delle Due Sicilie; 1861: viene annessa al regno d'Italia, ma deve affrontare gravi problemi economici e sociali. 1861: l'arretratezza dell'isola e le precarie condizioni economiche spingono numerosi siciliani a emigrare.

SICILIÀNO (Ènzo), Roma 1934, scrittore e giornalista. Condirettore di Nuovi argomenti, è stato presidente della RAI dal 1996 al 1998. Ha scritto, in part., Racconti ambigui (1963), Rosa pazza e disperata (1973), Diamante (1984), I bei momenti (1998, premio Strega).

SICÌLIE (DÙE) → DUE SICILIE (REGNO DELLE).

SICIÓNE, c. dell'ant. Grecia (Peloponneso). Conobbe una certa prosperità dal 650 al 570 e al tempo della lega achea (III sec. a.C.). — Vestigia ellenistiche e romane.

SÌCULI, popolazione primitiva della Sicilia orient., apparsa sull'isola verso la fine dell'Età del bronzo.

SID (Servìzio informazìoni difésa), servizio di sicurezza dello Stato, istituito nel 1966 in sostituzione del *SIFAR*, sospettato di coinvolgimento in episodi eversivi. Nel 1977 è stato sostituito dal *SISMI* e dal *SISDE*.

SIDI BEL ABBÈS, c. dell'Algeria, capol. di distr.; 186.879 ab. Centro di reclutamento della Legione straniera francese.

SIDNEY (sir Philip), Penshurst 1554 - Arnhem 1586, scrittore inglese, autore di sonetti e di un romanzo pastorale e cavalleresco (Arcadia, 1590).

SIDÓNE, att. Sayda, della Fenicia. Cap. di un regno cananeo (XV sec. a.C.), fu rivale di Tiro e raggiunse l'apogeo dal XII al X sec. a.C. Fu distrutta dagli assiri (677) e dai persiani (343). — Importanti necropoli.

SIDÒNIO APOLLINÀRE (sànto), Lione 431 ca. - Clermont-Ferrand 487 ca., scrittore latino. Prefetto di Roma, al suo ritorno in Gallia difese l'Alvernia dai visigoti e divenne vescovo di Clermont. — Lasciò un importante corpus di opere poetiche ed epistolari in latino.

SIDÒTI (Ànna Rìta), Gioiosa Marea 1969, atleta. Marciatrice, è stata medaglia d'oro ai Mondiali di Atene del 1997 e agli Europei di Budapest del 1998.

SIEGBAHN (Manne), Örebro 1886 - Stoccolma 1978, fisico svedese. Studiò lo spettro dei raggi X e nel 1925 ne scoprì la rifrazione. (Premio Nobel 1924.) — Kai S., Lund 1918, fisico svedese. Figlio di Manne, mise a punto un dispositivo impiegato per l'analisi chimica fine della superficie di un qualunque materiale mediante i raggi X. (Premio Nobel 1981.)

SIEGEL (Donald, detto Don), Chicago 1912 - Nipomo 1991, regista cinematografico statunitense. Tra i suoi film, L'invasione degli ultracorpi (1956), Faccia d'angelo (1957), Contratto per uccidere (1964), Squadra omicidi: sparate a vista (1968), L'uomo dalla cravatta di cuoio (1969), Ispettore Callaghan... il caso Scorpio è tuo (1971), Il pistolero (1976), Fuga da Alcatraz (1979).

SIEGEN, c. della Germania (Renania Settentrionale-Westfalia); 109.225 ab. Monumenti antichi.

SIEMENS, società tedesca di apparecchiature elettriche fondata a Berlino nel 1847. È uno dei principali produttori mondiali di materiale elettrico.

SIEMENS, famiglia di ingegneri e industriali tedeschi. — Werner von S., Lenthe, presso Hannover, 1816 - Berlino 1892. Fece installare la grande linea telegrafica europea tra Berlino e Francoforte (1848-1849) e realizzò la prima locomotiva elettrica (1879). — Wilhelm S., poi sir William S., Lenthe 1823 - Londra 1883, esperto di metallurgia britannico di origine tedesca. Fratello di Werner, nel 1844 emigrò in Gran Bretagna, dove perfezionò il processo per la produzione dell'acciaio. — Friedrich S., Menzendorf 1826 - Dresda 1904, ingegnere tedesco. Fratello di Werner e Wilhelm, ideò con quest'ultimo il forno a recupero di calore per la fusione dell'acciaio e del vetro (1856).

SIÈNA, c. della Toscana, capol. di prov.; 54.256 ab. (senesi). Sede arcivescovile. Università. Fiorente centro commerciale, finanziario e industriale (settori alimentare, elettrotecnico, meccanico, chimico). Grande attrazione turistica è il palio, che si corre due volte l'anno (2 lug. e 16 ag.) in piazza del Campo. — Centro etrusco e colonia romana (Sena Iulia), la città fu assoggettata da longobardi e franchi (VII-VIII sec.). Nel 1147 si costituì come libero comune e ben presto si scontrò con Firenze, a cui nel 1260 inflisse la disfatta di Montaperti. Le vicende politiche interne e l'ascesa della rivale Lorenzo causarono però l'indebolimento di S., di cui approfittò Cosimo I de' Medici che, dopo lungo assedio (1554-1555), riuscì a conquistare la città e ad annetterla al granducato di Toscana. — Il nucleo antico di S. ha conservato l'aspetto originario, risalente al XIII-XIV sec. Duomo, iniziato nel 1264 e portato a termine nel XIV sec., con facciata gotica (varie opere d'arte all'interno, in part. pergamo di N. Pisano, dipinti del Pinturicchio, statua bronzea di Donatello raffigurante San Giovanni Battista); tra gli altri edifici religiosi, chiese di S. Domenico (1226-1465), S. Maria dei Servi (XIII sec., con interno rinascimentale) e S. Francesco

(1326-1475). Su piazza del Campo, che si apre a ventaglio, si affacciano il Palazzo Pubblico (1297-1342), decorato con affreschi di S. Martini e A. Lorenzetti), la Torre del Mangia (1348) e la Fonte Gaia (1409-1419) di I. della Quercia. Edifici gotici e rinascimentali. Museo dell'Opera del duomo (Maestà di Duccio); pinacoteca.

SIENKIEWICZ (Henryk), Wola Okrzejska 1846 - Vevey, Svizzera, 1916, scrittore polacco. È autore di romanzi storici (Col ferro e col fuoco, *Quo vadis?). (Premio Nobel 1905.)

SIERPIMSKI (Wacław), Varsavia 1882-1969, matematico polacco. Fu tra i fondatori della scuola matematica polacca, che diede un notevole contributo alla teoria degli insiemi, alla topologia e ai fondamenti logici della matematica.

SIERRA LEONE, Stato dell'Africa occ., sull'Atlantico; 72.000 km²; 4.620.000 ab. CAP. Freetown. LINGUA: inglese. MONETA: leone.

GEOGRAFIA – È un paese formato soprattutto da pianure e altopiani, prossimo all'equatore, dal clima tropicale umido, in cui predominano le industrie estrattive (bauxite, rutilo, diamanti), nonostante la presenza di colture commerciali (piantagioni di caffè, cacao). La popolazione, formata in prevalenza da mende e temne, è di religione islamica.

STORIA – 1462: il portoghese Pedro di Sintra scopre la penisola e le dà il nome attuale ("Montagna del leone"). XVI sec.: guerrieri mandingo invadono la regione e forniscono schiavi ai negrieri europei. XVII sec.: i commercianti inglesi soppiantano i portoghesi. 1787: al termine di campagne antischiaviste, il governo britannico fonda Freetown per accogliere i primi schiavi affrancati della Nuova Inghilterra e delle Antille. 1808: la S. L. diventa colonia della corona. XIX sec.: l'interno del paese si costituisce in protettorato, distinto dalla colonia, mentre vengono fissati i confini con la Liberia e la Guinea. 1951: la Costituzione rende la S. L. uno Stato unitario. 1961: il paese diventa indipendente nell'ambito del Commonwealth. 1971: proclamazione della repubblica; il suo presidente, Siaka Stevens, nel 1978 instaura un regime a partito unico. 1985: gli succede il generale Joseph Momoh. 1992: nonostante la transizione democratica avviata nel 1991, il generale J. Momoh viene rovesciato da un colpo di Stato militare. Il nuovo regime, guidato dal capitano Valentine Strasser, deve far fronte a una ribellione nell'E del paese. 1996: un colpo di Stato militare destituisce V. Strasser. Ahmed Tejan Kabbah viene eletto alla presidenza della repubblica. A sua volta cacciato da un putsch nel 1997, torna al potere un anno dopo con l'aiuto della Nigeria. Tuttavia, il paese continua a essere devastato dai combattimenti tra ribelli del Fronte unito rivoluzionario e forze governative. 2002: le fa-

SIENA. Piazza del Campo; sullo sfondo, il duomo.

Sierra Leone

200 500 1000 m	—— strada normale	● più di 400.000 ab.
	— ferrovia	● da 50.000 a 400.000 ab.
	✈ aeroporto	● da 10.000 a 50.000 ab.
		● meno di 10.000 ab.

zioni in lotta si accordano per la fine della guerriglia. Le elezioni presidenziali confermano al potere A.T. Kabbah.

SIERRE, c. della Svizzera (Vallese); 14.114 ab. Turismo.

SIÈVE, f. della Toscana; 54 km. Nasce dall'Appennino Tosco-Emiliano, attraversa il Mugello e la Valle di S. e confluisce nell'Arno.

SIEYÈS (Emmanuel Joseph), *Fréjus 1748 - Parigi 1836*, politico francese. Deputato agli Stati generali e poi alla Convenzione, presidente dei Cinquecento (1795) e membro del Direttorio (1799), preparò con Bonaparte il colpo di Stato del nov. 1799. Salito alla carica di console provvisorio, fu escluso dal potere per aver presentato un progetto costituzionale sgradito a Napoleone.

■ *Emmanuel Joseph Sieyès (incisione di L.A. Claessens).*

SIFÀCE, m. a Roma nel 202 ca. a.C., re della Numidia occ. Marito di Sofonisba, fu sconfitto da Massinissa nel 203 e consegnato a Scipione l'Africano.

SIFAR (Servìzio informazioni delle fòrze armàte), servizio costituito nel 1949 in seguito alla riorganizzazione del *SIM. Si occupò di gestire la sicurezza delle forze armate, ma nel 1966, dopo la scoperta di attività illecite (tra cui la schedatura di politici e sindacalisti), fu sostituito dal *SID.

SIGEBÈRTO DI GEMBLOUX, in Brabante 1030 ca. - Gembloux 1112, cronista francese. Monaco benedettino, scrisse il *Chronicon* (o *Chronographia*), che si occupa del periodo storico compreso tra il 381 e il 1111.

SIGEBÈRTO I, 535 - Vitry-en-Artois 575, re di Austrasia (561-575), della dinastia merovingia. Marito di Brunechilde, fu assassinato per ordine di Fredegonda. — **Sigeberto II**, 601 ca. - 613, re di Borgogna e Austrasia (613), della dinastia merovingia. — **Sigeberto III**, 631-656, re di Austrasia (634-656), della dinastia merovingia. Figlio di

Dagoberto I, di fatto regnò sotto la tutela del maggiordomo Grimoaldo.

SIGFRÌDO, in ted. **Siegfried**, eroe della mitologia germanica (*Canzone dei Nibelunghi*), l'equivalente dello scandinavo *Sigurd. Lo si ritrova anche nella *Tetralogia* wagneriana.

SIGFRÌDO (lìnea), posizione fortificata costruita dalla Germania dal 1936 al 1940 lungo la frontiera occ.

SIGIÈRI DI BRABÀNTE, 1235 ca. - Orvieto 1281 o 1284, teologo fiammingo. Insegnò a Parigi e adottò l'interpretazione dell'aristotelismo proposta da Averroè attirandosi l'accusa di eresia. Morì assassinato.

SIGIRIYA, sito archeologico dello Sri Lanka (Provincia Centrale). Fortezza reale, le cui sale rupestri sono ornate da pitture (V sec.).

SIGISMÓNDO DI LUSSEMBÙRGO, Norimberga 1368 - Znaim 1437, re d'Ungheria (1387-1437) e d'Italia (1411-1433), imperatore germanico (1433-1437) e re di Boemia (1419-1437). Convocò il concilio di Costanza (1414-1418), che mise fine al grande scisma d'Occidente, lasciando che vi fosse condannato il riformatore ceco J. Hus. Fu riconosciuto re di Boemia solo nel 1436.

SIGISMÓNDO I JAGELLONE, detto **il Vècchio**, Kozienice 1467 - Cracovia 1548, granduca di Lituania e re di Polonia (1506-1548). — **Sigismondo II Augusto Jagellone**, Cracovia 1520 - Knyszyn 1572, granduca di Lituania e re di Polonia (1548-1572). Preparò l'unione di Lublino (1569). — **Sigismondo III Vasa**, Gripsholm 1566 - Varsavia 1632, re di Polonia (1587-1632) e di Svezia (1592-1599). Contribuì al trionfo della Controriforma in Polonia.

SIGISMÓNDO (sànto), m. presso Orléans nel 523, re dei burgundi (516-523). Figlio di Gondebaudo, fu ucciso per ordine di Clodomiro. Ariano, si convertì al cattolicesimo e fondò il monastero di Agauno a Saint-Maurice (Svizzera).

SIGMARINGEN, c. della Germania (Baden-Württemberg), sul Danubio; 16.731 ab. Cap. dell'ant. principato degli Hohenzollern. Sede del governo di P. Petain nel 1944-1945.

SÌGNA, com. in prov. di Firenze; 15.119 ab. Industrie tessili, calzaturiere, meccaniche, dell'abbigliamento. Pievi di S. Lorenzo (X sec.) e di S. Giovanni Battista (XV sec.).

SIGNAC (Paul), Parigi 1863-1935, pittore francese. Amico di G. Seurat e continuatore della sua opera, pubblicò *Da Eugène Delacroix al neoimpressionismo* (1899).

SIGNÓRA DELLE CAMÈLIE (La), romanzo (1848) e dramma in 5 atti (1852) di A. Dumas figlio. Argomento delle due opere è l'amore infelice di una cortigiana, Marguerite Gautier (la Signora delle camelie) e di un giovane di buona famiglia, Armand Duval. Il dramma ha ispirato l'opera di G. Verdi *La traviata* (1853, libretto di F.M. Piave).

SIGNORÈLLI (Lùca), Cortona 1445 ca. - 1523, pittore. Si rifece a P. della Francesca e al Pollaiolo elaborando uno stile pieno di tensione e drammaticità, che lo rese il più grande pittore toscano della fine del XV sec. Affrescò in part. la Cappella Sistina (1482, *Testamento* e *Morte di Mosè*), il chiostro di Monte Uliveto Maggiore (1497-1498, *Storie di san Benedetto*) e la Cappella di S. Brizio, nel duomo di Orvieto (1499-1502, *Resurrezione dei morti* e *Giudizio universale*).

Luca **SIGNORELLI**. Giudizio Universale. Resurrezione della carne, *1499-1503*.
(Cappella di S. Brizio, duomo di Orvieto.)

SIGNORET (Simone **Kaminker**, detta Simone), *Wiesbaden 1921 - Autheuil 1985*, attrice francese. Ha dato il meglio di sé in ruoli drammatici di grande intensità espressiva (*Casco d'oro*, J. Becker, 1952; *Teresa Raquin*, M. Carnet, 1953; *L'evaso*, P. Granier-Deferre, 1971; *La vita davanti a sé*, M. Mizrahi, 1977). È stata moglie di Y. Montand.

■ *Simone Signoret in* Casco d'oro *(1952).*

SIGNORÌA (Palàzzo della) o **PALÀZZO VÈCCHIO**, palazzo di Firenze, il più importante edificio civile della città. Fu progettato da Arnolfo di Cambio nel 1298-1299, ma subì nei secoli successivi numerosi rimaneggiamenti e interventi di altri artisti. Al suo interno si trovano il Salone dei Cinquecento, lo Studiolo di Francesco I e quattro appartamenti monumentali, oltre agli uffici comunali.

SIGNORÌNI (Telèmaco), Firenze 1835-1901, pittore. Entrato nel 1855 a far parte del gruppo dei macchiaioli, fu tra i principali animatori del Caffè Michelangelo. Influenzato da E. Degas, dipinse dal vero soggetti vari. Tra le opere, *La sala delle agitate* (1865), *Il ghetto di Firenze* (1883), *La toeletta del mattino* (1898).

SIGÜENZA, c. della Spagna (Castiglia-La Mancia), sul f. Henares; 4594 ab. Imponente cattedrale romanico-gotica; museo.

SIGURD, eroe della mitologia scandinava, uno dei personaggi dell'*Edda. Corrisponde al *Sigfrido germanico.

SIHANOUK → NORODOM SIHANOUK.

SIHANOUKVILLE, già Kompong Som, c. della Cambogia; 61.000 ab. Porto.

SIKASSO, c. del Mali; 113.803 ab.

SIKELIANÓS (Ángelos), Leucade 1884 - Atene 1951, poeta greco. Mescola simboli pagani e cristiani (*Prologo alla vita*, *Dedalo a Creta*).

SIKKIM, Stato dell'India, nell'Himalaya orient.; 7100 km²; 540.493 ab.; cap. Gangtok.

STORIA – 1641 ca.: una dinastia tibetana si stabilisce nel S. e impone il buddhismo come religione di Stato. **1774-1816**: una parte del paese viene annessa al Nepal. **1861-1950**: il S. è sottoposto al protettorato britannico; **1950-1974**: passa sotto il protettorato indiano; **1975**: diventa uno Stato dell'Unione Indiana.

SIKORSKI (Władysław), *Tuszów Narodowy 1881 - Gibilterra 1943*, generale e politico polacco. Dopo la disfatta del 1943, guidò il governo polacco in esilio prima in Francia, poi a Londra (1940), ma entrò in contrasto con il governo sovietico. Morì in un incidente aereo.

SÌLA, gruppo montuoso della Calabria, compreso nelle prov. di Catanzaro, Cosenza e Crotone. Distinta in tre parti (S. Greca, S. Grande, S. Piccola), ha la sua vetta massima nel Monte Botte Donato (1928 m). Le attività più diffuse sono l'agricoltura, l'allevamento bovino, l'industria del legno e la produzione di energia.

SILÀNDRO, in ted. **Schlanders**, com. in prov. di Bolzano; 5748 ab. Centro agricolo (patate, pere, mele). Industrie meccaniche. Turismo estivo.

SÌLE, f. del Veneto; 95 km. Nasce nella zona delle risorgive, bagna Treviso e sfocia nella Laguna Veneta; un suo ramo, canalizzato verso E, si getta nel Mar Adriatico nei pressi del Lido di Iesolo.

SILÈNO MITOL. GR. Divinità dei boschi, simile al satiro.

SILICON VALLEY, piccola reg. degli Stati Uniti (California), a SO di San Francisco, tra San José e Palo Alto. Deve il nome al gran numero di imprese ad alto contenuto tecnologico che vi sono sorte.

SILIGURI, c. dell'India, ai piedi dell'Himalaya; 470.275 ab.

SÌLLA (Lùcio Cornèlio), *138 - Cuma 78 a.C.*, generale e politico romano. Braccio destro di Mario, fu console nell'88 a.C. e pose fine alle guerre sociali. Privato del comando da Mario con mezzi illeciti, marciò su Roma con il suo esercito mentre l'avversario riparava in Africa. Sconfisse Mitridate VI Eupatore, re del Ponto (68 a.C.), divenne capo della fazione aristocratica ed ebbe il meglio sui sostenitori di Mario (82). Si fece attribuire una dittatura a vita (82), compilò liste di proscrizione con i nomi degli oppositori e diede al senato maggior potere. Al culmine della sua potenza, rinunciò alla politica per ritirarsi in Campania (79).

SÌLLABO (8 dic. 1864), raccolta di 80 proposizioni pubblicata da papa Pio IX, che passava in rassegna quelli che egli suo autore considerava i principali errori del mondo moderno (liberalismo, socialismo, naturalismo ecc.).

SILLANPÄÄ (Frans Eemil), *Hämeenkyrö 1888 - Helsinki 1964*, scrittore finlandese. Presentò la sua visione della vita, fondata sul determinismo biologico, in romanzi (*Santa miseria*) e racconti (*Silja*).

SÌLLARO, torrente dell'Emilia-Romagna; 73 km. Nasce dalla Cima Tre Poggioli nell'Appennino Tosco-Emiliano e confluisce nel Reno nei pressi di Lavezzola.

SILLITOE (Alan), *Nottingham 1928*, scrittore britannico. Autore di romanzi (*Sabato sera, domenica mattina*) e racconti (*La solitudine del maratoneta*), è uno degli esponenti più rappresentativi del gruppo dei giovani arrabbiati.

SILO, ant. c. della Palestina, centro religioso degli ebrei fino al regno di Davide.

SILOÉ (Gil **de**), scultore fiammingo, attivo a Burgos nell'ultimo quarto del XV sec. È autore di un politeico e di tombe in stile gotico esuberante, nella certosa di Miraflores. — **Diego de S.**, *Burgos 1495 ca. - Granada 1563*, architetto e scultore spagnolo, figlio di Gil. Soggiornò in Italia e dopo aver lavorato a Burgos si stabilì a Granada dove, a partire dal 1528, diresse i lavori per la costruzione della cattedrale, in stile rinascimentale; tale stile contraddistingue anche le cattedrali di Malaga, Jaén e Guadix, opera dello stesso D. de S. o dei suoi imitatori.

SILÓNE (Secóndo **Tranquilli**, detto Ignàzio), *Pescina dei Marsi 1900 - Ginevra 1978*, scrittore. I suoi romanzi, ambientati nelle campagne del Meridione, testimoniano un forte impegno politico e una tensione religiosa (*Fontamara*, 1930; *Pane e vino*, 1937; *Il seme sotto la neve*, 1940).

SILVÀNO MITOL. ROM. Divinità protettrice dei boschi e dei campi.

SILVÈRIO I (sànto), *m. a Ponza nel 537*, papa dal 534 al 537. Successore di Agapito, fu deposto da Belisario ed esiliato a Ponza.

SILVERSTONE, circuito automobilistico britannico, a SO di Northampton.

SILVÈSTRO I (sànto), *m. a Roma nel 335*, papa dal 314 al 335. Sotto il suo pontificato, il cristianesimo acquisì, con Costantino I, lo statuto di religione dell'impero. — **Silvestro II** (Gerberto **di Aurillac**), *Alvernia 938 ca. - Roma 1003*, papa dal 999 al 1003. Celebre per la sua erudizione (in part. in matematica), insegnò a Reims, dove ebbe tra gli allievi il futuro imperatore Ottone III. Ebbe un ruolo importante nella designazione di Ugo Capeto come re di Francia. Arcivescovo di Reims (991), poi di Ravenna (998), fu il papa dell'anno 1000. — **Silvestro III** (Giovanni **di Sabina**), *Roma 1000 ca. - 1046*, antipapa dal 1045 al 1046. Già vescovo di Sabina, fu eletto dopo la fuga di Benedetto IX, ma al ritorno di quest'ultimo dovette abbandonare la carica e fu deposto dal concilio di Sutri. — **Silvestro IV** (Maginulfo), *Roma 1050 ca. - 1111*, antipapa nel 1105. Fu costretto alla fuga subito dopo l'elezione.

SIM (Servìzio informazióni militàri), organo di sicurezza sorto nel 1927 con il compito di provvedere all'informazione legata alle attività militari. Nel 1949 fu trasformato nel *SIFAR*.

SIMA QIAN, *145 ca. - 86 ca. a.C.*, scrittore cinese, autore dello *Shiji*.

SIMA XIANGRU, *Chengdu 179 - Muling 117 a.C.* poeta cinese. Diede lustro al genere *fu*, miscellanea di prosa e poesia.

SIMBIRSK, dal 1924 al 1991 **Ul'ianovsk**, c. della Russia, sul Volga; 656.000 ab. Diede i natali a Lenin.

SIMBRUÌNI (Mónti), gruppo montuoso del Preappennino Laziale. Compreso tra le valli dell'Aniene e del Liri e i Monti Ernici, è costituito da rocce calcaree soggette a fenomeni carsici. La sua più elevata è il Monte Cotento (2014 m).

SIMENON (Georges), *Liegi 1903 - Losanna 1989*, scrittore belga di lingua francese. I suoi numerosi romanzi polizieschi, incentrati sulla figura del commissario *Maigret*, hanno contribuito a rinnovare il genere con la loro profondità psicologica e la resa insieme realistica e poetica dell'atmosfera di una città o di un ambiente sociale.

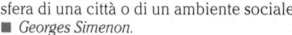

■ *Georges Simenon.*

SIMEÒNE, personaggio biblico, secondogenito di Giacobbe, capostipite eponimo di una tribù israelita del S, scomparsa al tempo di Davide.

SIMEÒNE I IL GRÀNDE, *m. nel 927*, khan dei bulgari (893-927). Assediò invano Costantinopoli (913) con il proposito di farsi incoronare *basileus*; dopo aver invaso la Tracia e la Macedonia, sottomise la Serbia (924).

SIMEÒNE (sànto), personaggio del Vangelo di Luca. In occasione della presentazione di Gesù al Tempio, S. lo avrebbe abbracciato riconoscendo in lui il Messia annunciato dai profeti.

SIMEÒNE STILÌTA (sànto), *Sis, Cilicia, 390 ca. - 459 ca.*, asceta siriaco. Visse per trent'anni su una colonna, dedicandosi alla preghiera e alla predicazione.

SIMEÓNI (Sàra), *Rivoli Veronese 1953*, atleta. Primatista mondiale del salto in alto nel 1978 (2,01 m), ha vinto la medaglia d'oro alle Olimpiadi di Mosca del 1980 e quella d'argento alle Olimpiadi di Montreal (1976) e Los Angeles (1984).

SIMÈTO, f. della Sicilia; 116 km. Nasce sul versante merid. dei Monti Nebrodi, percorre la Piana di Catania e sfocia nel Mar Ionio (Golfo di Catania).

SIMFEROPOL', c. dell'Ucraina, in Crimea; 353.000 ab. Vestigia degli sciti; musei.

SIMITIS (Konstandínos, detto Kóstas), *Atene 1936*, politico greco. È stato primo ministro e presidente del PASOK dal 1996 al 2004.

SIMLA, c. dell'India, cap. dell'Himachal Pradesh, a 2205 m d'alt.; 109.860 ab.

mò la sua elezione, ma S. dovette subire l'ostilità di Teodorico e fu rinchiuso in S. Pietro fino al 507, anno in cui Lorenzo si ritirò.

SÌMMACO (Quìnto Aurèlio), *Roma 340 ca. - 410 ca.*, oratore e politico romano. Prefetto di Roma nel 384, console nel 391, fu uno degli ultimi difensori del paganesimo contro l'avanzata del cristianesimo.

SIMMEL (Georg), *Berlino 1858 - Strasburgo 1918*, filosofo e sociologo tedesco. D'ispirazione kantiana, per aver affrontato in part. i problemi della storia e della modernità è considerato il fondatore della sociologia formale (*Problemi fondamentali della sociologia*, 1917).

SIMMENTAL, valle della Svizzera, nelle Alpi bernesi, bagnata dal f. Simme (53 km).

SIMON (Claude), *Tananarive 1913*, scrittore francese. I suoi romanzi, che tentano di cogliere una realtà complessa e frammentaria trasformandola in un flusso continuo e di ampio respiro, lo rendono uno dei principali esponenti del *nouveau roman* (*La strada delle Fiandre*, 1960; *La battaglia di Farsalo*, 1969). (Premio Nobel 1985.)
■ *Claude Simon.*

SIMON (François Joseph Michel, detto Michel), *Ginevra 1895 - Bry-sur-Marne 1975*, attore cinematografico francese di origine svizzera. Recitò per i maggiori registi francesi (*La cagna*, J. Renoir, 1931; *Lo strano dramma del dottor Molineaux*, M. Carnet, 1937).
■ *Michel Simon nel 1960.*

SIMON (Herbert A.), *Milwaukee 1916 - Pittsburgh 2001*, economista statunitense. Si è occupato in part. del meccanismo decisionale in campo economico. (Premio Nobel 1978.)

SIMON (Jules **Suisse**, detto Jules), *Lorient 1814 - Parigi 1896*, politico francese. Ministro a più riprese tra il 1870 e il 1873, divenne presidente del consiglio nel 1876 ma fu costretto a dimettersi nel 1877 da Mac-Mahon.

SIMÓN MÀGO, personaggio degli *Atti degli apostoli*. Mago convertitosi al cristianesimo, pretese di comprare da san Pietro la facoltà di comunicare lo Spirito santo con l'imposizione delle mani (da cui il termine "simonia" per indicare il commercio delle cose sacre). Gli antichi videro in lui il fondatore dello gnosticismo.

SIMÓNE (sànto), detto **lo Zelòta**, apostolo di Gesù Cristo (I sec.). Secondo la tradizione, sarebbe morto martire in Persia con san Giuda.

SIMÒNIDE DI CÈO, *Iulide, Isola di Ceo, att. Kéa, 556 ca. - Siracusa 467 a.C.*, poeta greco, autore di odi, elegie ed epigrammi.

SIMONOV (Kirill Michajlovič, detto Konstantin), *Pietrogrado 1915 - Mosca 1979*, scrittore sovietico. È autore di poesie, romanzi (*Giorni e notti*) e testi teatrali sulla seconda guerra mondiale.

SIMONSTOWN, c. del Sudafrica, a S di Città del Capo. È sede di una base navale, ceduta dalla Gran Bretagna al Sudafrica nel 1957.

SIMPLÍCIO (sànto), *m. a Roma nel 483*, papa dal 468 al 483. Fece costruire le chiese di S. Stefano Rotondo e S. Bibiana, a Roma.

SIMPLICISSIMUS (L'avventuróso), romanzo picaresco e barocco di H.J.C. von Grimmelshausen (1669) che narra le avventure stravaganti di un personaggio ignorante e ingenuo durante la guerra dei Trent'anni.

SIMPSON (George Gaylord), *Chicago 1902 - Tucson 1984*, paleontologo statunitense. Specialista di vertebre fossili e di problemi evolutivi, fu promotore e difensore del darwinismo, oltre a interessarsi ai principi generali di tassonomia.

SÌMMACO (sànto), *m. a Roma nel 514*, papa dal 498 al 514. Successore di Anastasio I, fin dalla sua ascesa al pontificato fu contrastato dai sostenitori di Lorenzo. Nel 501 un sinodo confer-

SÌNAI, penisola montuosa e desertica dell'Egitto, tra i golfi di Suez e di Aqabah; 2641 m. Giacimenti petroliferi. — La tradizione vi localizza la "montagna di Dio", dove Mosè ricevette da Yahweh le tavole dei Dieci comandamenti. Nel V sec. il S. fu un centro del monachesimo orientale. — La regione, teatro di violenti combattimenti durante le guerre arabo-israeliane del 1967 e del 1973, è stata restituita all'Egitto nel 1982.

SINAN (Mimàr), *presso Kayseri 1489 - Istanbul 1588*, architetto turco. Fu fecondo artefice dell'architettura ottomana classica, attuando una sintesi geniale tra le tradizioni costruttive del vicino Oriente e quelle bizantine (moschea Selemye a Edirne,1569-1574).

SINATRA (Frank), *Hoboken, New Jersey, 1915 - Los Angeles 1998*, cantante e attore cinematografico statunitense. La voce calda e la predilezione per le melodie sentimentali lo hanno reso uno dei cantanti melodici più famosi del mondo (*My Way, Melancholy Mood, Hello Dolly*). Ha inoltre recitato in molti film (*Da qui all'eternità*, F. Zinnemann, 1953).

SINCLAIR (sir John), *Thurso Castle, Highlands, Scozia, 1754 - Edimburgo 1835*, economista britannico, tra i fondatori della statistica.

SINCLAIR (Upton), *Baltimora 1878 - Bound Brook, New Jersey, 1968*, scrittore statunitense, autore di romanzi sociali (*La giungla*).

SIND, reg. desertica del Pakistan sud-orient.; c. princ. *Karachi*. Territorio arido, è parzialmente coltivato (riso, cotone) grazie a opere di irrigazione.

SINDELFINGEN, c. della Germania (Baden-Württemberg); 60.766 ab. Industria automobilistica.

SINDÌA, com. in prov. di Nuoro; 2112 ab. Allevamento ovino. Chiesa di S. Pietro (XII sec.).

SINGALÉSI, gruppo etnico che costituisce oltre il 70% della popolazione dello Sri Lanka, in maggioranza buddhista.

SINGAPORE, Stato dell'Asia sud-orient.; 618 km²; 2.870.000 ab. (*singaporiani*). CAP. *Singapore*. LINGUE: *inglese, cinese, malese* e *tamil*. MONETA: *dollaro di Singapore*. Vicino all'equatore, è un importante porto di transito (caucciù, stagno), un centro finanziario e industriale, una base navale. La popolazione, a elevata densità, è costituita da una forte maggioranza cinese (con minoranze malesi e indiane). — Musei. — L'isola, possedimento britannico a partire dal 1819 e occupata dai giapponesi dal 1942 al 1945, è diventata uno dei 14 Stati della federazione malese (1963) per poi trasformarsi in repubblica indipendente (1965). Lee Kuan Yew, primo ministro dal 1959 e artefice del grande sviluppo economico dell'isola, nel 1990 ha ceduto la carica a Goh Chok Tong. Dal 1999 è presidente della repubblica Sellapan Ramanathan.

SINGER (Isaac Bashevis), *Radzymin, presso Varsavia, 1904 - Miami 1991*, scrittore statunitense di lingua yiddish. I suoi romanzi descrivono la vita degli ebrei polacchi (*La famiglia Moskat, Il mago di Lublino*). (Premio Nobel 1978.)

SINGER (Isaac Merrit), *Pittstown, New York, 1811 - Torquay, Devon, 1875*, inventore statunitense. Mise a punto i primi modelli pratici di macchina da cucire (1851).

SINISGÀLLI (Leonàrdo), *Montemurro 1908 - Roma 1981*, poeta e saggista. Laureatosi in ingegneria, direttore della rivista *Civiltà delle macchine* (1953-1958), si occupò di tecniche pubblicitarie e grafica. Nelle sue liriche tentò di conciliare l'interesse letterario con quello scientifico. Tra le raccolte, *18 poesie* (1936), *Campi Elisi* (1939), *Horror vacui* (1945), *Belliboschi* (1949), *L'ellisse* (1974), *Dimenticatoio* (1978).

SIN-KIANG → XINJIANG.

SINNAMARY, f. della Guayana Francese; 260 km.

SINN FEIN ("noi soli"), movimento nazionalista e repubblicano irlandese. Organizzato a partire dal 1902, in part. da A. Griffith, dal 1917 al 1926 fu sotto la guida di E. De Valera. Dopo l'insurrezione del 1916 si batté per la creazione di una repubblica d'Irlanda unita e si oppose alla divisione dell'isola in base agli accordi di Londra (1921). Pur non presentando più candidati alle elezioni dal 1927 al 1957, conservò un ruolo di spicco per via dei suoi legami con l'IRA, di cui costituisce il braccio politico. Presieduto da Gerry Adams dal 1983, nel 1997 ha preso parte ai negoziati relativi al futuro istituzionale dell'Irlanda del Nord e firmato l'accordo di Stormont (1998). Ha partecipato al governo semiautonomo creato nel 1999 (ma regolarmente sospeso).

Singapore

superficie edificata	spazi verdi	edifici

SÌNNI, f. della Basilicata; 101 km. Nasce dal Monte Sirino e sfocia nel Mar Ionio (Golfo di Taranto).

SINO-GAPPONÉSI (guèrre), conflitti provocati dalle mire espansionistiche del Giappone e che videro quest'ultimo scontrarsi con la Cina una prima volta nel 1894-1895, poi dal 1937 al 1945.

SINÒPE, in turco **Sinop**, c. della Turchia, sul Mar Nero; 28.257 ab. Porto. — Colonia di Mileto (VII sec. a.C.), nel II sec. a.C. diventò il centro principale del regno del Ponto.

SINÒPOLI (Giusèppe), *Venezia 1946 - Berlino 2001*, compositore e direttore d'orchestra. Dopo un'intensa attività compositiva (*Lou Salomé*, 1981), è stato direttore dell'orchestra dell'Accademia di S. Cecilia (1983-1987), della filarmonica di Londra (dal 1983) e di Dresda (dal 1992).

SINTRA, stazione balneare del Portogallo, a O di Lisbona. Sito pittoresco; ant. palazzo reale del XIV-XVI sec. — In questa località, nel 1808, J. Junot e gli inglesi firmarono la convenzione che prevedeva l'evacuazione del Portogallo da parte dei francesi.

SINUIJU, c. della Corea del Nord, al confine con la Cina; 500.000 ab.

SIÒDMAK (Robert), *Memphis 1900 - Ascona 1973*, regista cinematografico statunitense. Dopo aver lavorato in Germania (*Uomini alla domenica*, 1929) e in Francia (*L'imboscata*, 1939), si affermò negli Stati Uniti con thriller e polizieschi (*La scala a chiocciola*, 1945; *I gangsters*, 1946; *Doppio gioco*, 1948) e film d'avventura (*Il corsaro dell'isola verde*, 1951).

SION, una delle colline di Gerusalemme. Il termine è spesso sinonimo di Gerusalemme.

SION, c. della Svizzera, capol. del Vallese, sul Rodano; 27.145 ab. Cattedrale e chiesa di Valère, romanico-gotiche; musei.

SIOUAH o **SIWA**, oasi dell'Egitto nord-occ. Corrisponde all'oasi di Ammone degli antichi, dove Alessandro Magno si recò per consultare l'oracolo divino.

SIOUX, **DAKOTA** o **LAKOTA**, insieme di tribù amerindie delle Grandi Pianure, negli Stati Uniti (soprattutto North e South Dakota) e nel Canada (Alberta) (ca. 110.000 individui). I s., che si dividono in quattro gruppi (santee, teton, yankton, yanktonai), diedero prova del proprio spirito guerriero sotto la guida di Cavallo Pazzo e Toro Seduto nella battaglia di Little Big Horn

(1876), dove sbaragliarono l'esercito del generale G.A. Custer. Dopo il massacro di Wounded Knee (1890) furono confinati nelle riserve. Parlano principalmente il dakota.

SIP (Società italiana per l'esercizio telefònico), società costituita nel 1899 per la produzione e distribuzione dell'energia elettrica. Denominata Società idroelettrica Piemonte nel 1918, acquisì alcune partecipazioni telefoniche, passando nel 1964 sotto il controllo dell'IRI. In seguito alla nazionalizzazione dell'energia elettrica, negli anni successivi unificò l'intero servizio telefonico. Dal 1994 è chiamata *"Telecom Italia*.

SÌPRA, società fondata nel 1926. Concessionaria di pubblicità per conto della RAI, ha sede a Torino e opera nei settori della televisione, radio, carta stampata.

SIQUEIROS (David **Alfaro**), *Chihuahua 1896 - Cuernavaca 1974*, pittore messicano, autore di murales violentemente espressionisti.

SÌRA → SIROS.

SIRACÙSA, c. della Sicilia, capol. di prov.; 125.673 ab. (*siracusani*). Porto. Mercato agricolo; industrie metalmeccaniche, chimiche, alimentari. Turismo culturale e balneare. — Colonia corinzia fondata nel 734 ca. a.C., nel V sec. a.C. impose la sua egemonia sulla Sicilia, scacciandovi i cartaginesi. Con Dionigi il Vecchio (405-367 a.C.) la sua influenza si estese alle città dell'Italia meridi. Fu espugnata dai romani nel corso della seconda guerra punica, dopo uno degli assedi più lunghi dell'antichità (213-212 a.C.). Possedimento dei goti (V sec.) e dei bizantini, che nel 535 la resero capitale dell'impero d'Oriente, soggiacque al dominio arabo dall'878 al 1085, per poi

SIRACUSA. *Veduta del teatro greco (VI sec. a.C.).*

passare ai normanni e agli Svevi. Nel 1873 si ribellò ai Borbone e nel 1860 fu conquistata da G. Garibaldi. — Vestigia greche e romane (templi, teatro, anfiteatro, latomie ecc.); duomo del VII sec. con facciata barocca; chiese normanne di S. Martino e S. Lucia; castello Maniace, fatto costruire da Federico II (XIII sec.); edifici rinascimentali e barocchi. — Nella provincia, in gran parte collinare, le attività predominanti sono l'agricoltura (agrumi, ortaggi, viti, mandorli) e l'industria (petrolchimica, meccanica). Centri princ.: Augusta, Lentini, Carlentini, Francofonte.

SIRET, f. dell'Ucraina e della Romania, che nasce nei Carpazi, affl. di sinistra del Danubio; 700 km.

SÌRIA, in ar. **Sūriya**, Stato dell'Asia occ., sul Mediterraneo; 185.000 km²; 15.725.000 ab. (*siriani*). CAP. *Damasco*. C. PRINC. *Aleppo* e *Homs*. LINGUA: *arabo*. MONETA: *lira sterlina siriana*.

GEOGRAFIA – Una barriera montuosa (Jabal Al Ansariye, che si prolunga a S nelle catene montuose dell'Antilibano e dell'Hermon) separa una stretta fascia litoranea, caratterizzata da un clima mediterraneo, dalle pianure desertiche orient. Le colture principali (grano, orzo, cotone, tabacco, viti e oliveti) dipendono da un complesso sistema d'irrigazione e si trovano nella depressione del Ghab (bagnata dal f. Oronte), sulle pendici collinari – dove si trovano le città più importanti (Damasco, Aleppo, Homs e Hamah) – e nella valle dell'Eufrate. L'allevamento ovino è la risorsa primaria dei nomadi della S. orient., dove è molto sviluppata l'estrazione del petrolio (del quale la S. esporta ingenti quantità). Un più solido sviluppo economico è rallentato dalla forte crescita demografica ed è vincolato all'andamento del costo del petrolio e all'incerta situazione geopolitica regionale. La popolazione, composta da una maggioranza araba, conta una piccola minoranza curda convertita quasi per intero all'islam.

STORIA – Il millennio: a ondate successive occupano il territorio cananei, amorrei, hurriti, aramei e popoli del mare. **539 a.C.**: la conquista di Babilonia da parte di Ciro II pone fine al dominio assiro-babilonese: la S. diventa una satrapia persiana. **332**: Alessandro Magno conquista il paese. La S. entra a far parte del regno dei Seleucidi, la cui capitale, Antiochia, viene fondata nel 301. **64-63**: la S. diventa una provincia romana; **395 d.C.**: viene integrata nell'impero romano d'Oriente.

La Siria musulmana. **636**: gli arabi sconfiggono i bizantini sul fiume Yarmuk e conquistano il paese. **661-750**: sotto il dominio degli Omayyadi, la S., con la città di Damasco, diventa il centro dell'impero musulmano. VIII sec.: sotto gli Abbasidi, Baghdad diventa la capitale dell'impero a scapito di Damasco. **1076-1077**: i turchi selgiuchidi conquistano Damasco e in seguito Gerusalemme. XI-XIII sec.: i crociati istituiscono il principato di Antiochia (1098-1268), il regno di Gerusalemme (1099-1291) e la contea di Tripoli (1109-1289). Il Saladino (1171-1193) e i suoi successori ayyubidi intrattengono relazioni pacifiche con i crociati. **1260-1291**: i mamelucchi fermano i mongoli, poi riconquistano gli ultimi possedimenti dei crociati in Palestina e S. Governeranno la regione fino alla conquista ottomana (1516).

Dagli ottomani ai francesi. **1516**: gli ottomani conquistano la S., che conserveranno fino al 1918; **1831-1840**: vengono momentaneamente sconfitti da Mehmet Ali e Ibrahim Pascia. **1860**: la Francia interviene in Libano in difesa dei maroniti. **1916**: l'accordo Sykes-Picot delimita le zone d'influenza della Francia e della Gran Bretagna in Medio Oriente. I siriani si uniscono alle forze anglofrancesi e hashimite. **1920-1943**: la Francia esercita il mandato conferitole dalla SDN, istituendo una repubblica siriana (con Damasco e Aleppo), una repubblica degli alawiti e uno Stato druso.

L'indipendenza della Siria. **1941**: il generale George Catroux, in nome della Francia libera, proclama l'indipendenza del paese. **1943-1944**: termina il mandato francese sulla S. **1946**: le ultime truppe francesi e britanniche lasciano il paese. **1948**: la S. partecipa alla prima guerra arabo-israeliana. **1949-1956**: alcuni colpi di Stato portano al potere capi di Stato favorevoli o ostili agli hashemiti. **1958-1961**: l'Egitto e la S. formano la Rep. araba unita. **1963**: sale al potere il partito Baath. **1967**: la guerra dei Sei Giorni provoca l'occupazione siriana del Golan. **1970**: sale al potere Hafiz Al-Asad. **1973**: la S. partecipa alla quarta guerra arabo-israeliana. **A partire dal 1976**: la S. interviene militarmente in Libano e consolida, nel 1985, la sua tutela sul paese, ratificata nel 1991 da un trattato di amicizia siriano-libanese. **1980**: si sviluppa l'opposizione islamica dei Fratelli musulmani. **1991**: la S. fa parte della forza multinazionale impegnata nella guerra del Golfo. Partecipa inoltre alla conferenza di pace sul Medio Oriente, che si tiene a Madrid nel me-

se di ottobre. **1994**: S. e Israele avviano i negoziati sulla restituzione del Golan e sulla normalizzazione dei rapporti tra i due paesi. **2000**: muore Hafiz Al-Asad. Gli succede, alla testa del partito Baath e dello Stato, il figlio Bashar.

SIRÌACO (Desèrto), reg. arida dell'Asia, ai confini della Siria, dell'Iraq e della Giordania.

SIRÌCIO (sànto), *Roma 320 ca. - 399*, papa dal 384 al 399. È autore del primo decreto papale nella storia della Chiesa.

SIRÌNGA MITOL. GR. Ninfa dell'Arcadia, che per sottrarsi all'amore di Pan ottenne di trasformarsi in canna palustre. Pan ne ricavò una sorta di flauto.

SÌRIO, stella a appartenente alla costellazione del Cane Maggiore, la più brillante del cielo.

SIRK (Detlef **Sierck**, detto Douglas), *Skagen 1900 - Lugano 1987*, regista cinematografico statunitense di origine danese. I suoi melodrammi violenti spesso si concludono in tragedia (*Temporale d'estate*, 1944; *Interludio*, 1957; *Tempo di vivere*, 1958; *Lo specchio della vita*, 1959).

SIRMIÓNE, com. in prov. di Brescia, sul Lago di Garda; 6399 ab. Turismo. Resti della più grande villa romana della Gallia Cisalpina (le cosiddette Grotte di Catullo, I sec. a.C. - I sec. d.C.); Rocca Scaligera (XIII sec.); chiesa di S. Maria Maggiore (XV sec.).

SIRMIONE. *Veduta della Rocca Scaligera (XIII sec.).*

SIRÓNI (Màrio), *Sassari 1885 - Milano 1961*, pittore. Avvicinatosi al futurismo, ne rielaborò personalmente le tematiche dipingendo i "paesaggi urbani". Dopo una parentesi metafisica, divenne esponente di spicco del movimento Novecento e della cultura fascista. Tra le opere, *Il camion* (1914), *Paesaggio urbano* (1921).

SÌROS o **SÌRA**, una delle Isole Cicladi (Grecia); capol. *Hermoúpolis*.

SIRTE (Gólfo della), insenatura del litorale libico, tra Bengasi e Misurata.

SISDE (Servìzio per le informazióni e la sicurézza democràtica), organo di sicurezza istituito nel 1977 in sostituzione del *SID. Dipendente dal ministero degli interni, opera in collaborazione con il *SISMI e si occupa della difesa dello Stato e delle istituzioni contro i tentativi di eversione.

SISÈNNA (Lùcio Cornèlio), *120 ca. - Creta 67 a.C.*, storico latino. Pretore nel 78 a.C. e legato di Pompeo, scrisse le *Historiae* (23 libri), efficace cronaca dell'età sillana che in seguito influenzò anche Sallustio.

SISIFO MITOL. GR. Leggendario sovrano di Corinto, noto per i suoi crimini. Agli Inferi, fu condannato a sospingere verso la sommità di un monte un masso enorme, che rotolava di continuo verso il basso.

SISÌNNIO, m. a Roma nel 708, papa nel 708. Il suo pontificato durò soltanto una ventina di giorni.

SISLEY (Alfred), *Parigi 1839 - Moret-sur-Loing 1899*, pittore britannico di scuola francese, paesaggista, considerato tra i maestri dell'impressionismo.

SISMI (Servìzio per le informazióni e la sicurézza militàre), organo di sicurezza istituito nel 1977 in sostituzione del *SID. Dipendente dal ministero della difesa, opera in collaborazione con il *SISDE e si occupa della salvaguardia dello Stato sul piano militare e di operazioni di controspionaggio.

SISMONDI (Jean Charles Léonard **Simonde de**), *Ginevra 1773-1842*, storico ed economista svizzero. Autore dei *Nuovi principi di economia politica* (1819), fu un precursore delle correnti socialdemocratiche in campo economico.

SISTAN, reg. arida dell'Iran e dell'Afghanistan.

SISTÈMA MONETÀRIO EUROPÈO → SME.

Siria

★ importante località turistica

200 500 1000 2000 m

═══ autostrada
─── strada normale
─── ferrovia
✈ aeroporto

⚒ pozzo petrolifero
─── oleodotto
─── confine della zona di occupazione

● più di 1.000.000 di ab.
● da 100.000 a 1.000.000 di ab.
● da 50.000 a 100.000 di ab.
● meno di 50.000 ab.

50 km

CAPPELLA SISTINA. La creazione di Adamo, *affresco di Michelangelo, 1511 ca.*

SISTÌNA (Cappélla), grande cappella costruita nei Palazzi Vaticani per ordine di papa Sisto IV, tra il 1475 e il 1481. La direzione dei lavori fu affidata a G. Dolci (su progetto di B. Pontelli), mentre della decorazione delle pareti laterali furono incaricati vari pittori eminenti, tra cui S. Botticelli, Ghirlandaio, L. Signorelli, Perugino, Cosimo Rosselli (1481-1482). Per papa Giulio II Michelangelo affrescò la volta (*La Creazione di Adamo* e altre nove scene della Genesi, alternate a figure di *Profeti, Sibille* e *Ignudi*, 1508-1512) e la parete di fondo (*Giudizio universale*, 1536-1541).

SISTO I (sànto), *II sec.*, papa dal 115 al 125. Combatté contro lo gnosticismo. — **Sisto II** (sànto), *m. nel 258*, papa dal 257 al 258. Cercò di consolidare le relazioni con le Chiese asiatiche e africane. — **Sisto III** (sànto), *m. nel 440*, papa dal 432 al 440. Mantenne una posizione di equilibrio nelle controversie religiose con pelagiani e nestoriani. — **Sisto IV** (Francesco **Della Rovere**), *Celle Ligure 1414 - Roma 1484*, papa dal 1471 al 1484. Istituì il tribunale spagnolo dell'Inquisizione e diede al proprio pontificato un'impronta mondana, indulgendo al nepotismo. Mecenate e umanista, arricchì Roma di monumenti e in part. fece eseguire la decorazione della Cappella Sistina. — **Sisto V** (Felice **Peretti**), *Grottammare 1520 - Roma 1590*, papa dal 1585 al 1590. Si dedicò alla riforma della Chiesa in accordo col concilio di Trento e finanziò l'*Invencible Armada* (1588) a danno dell'Inghilterra. Diede al Sacro Collegio la sua forma definitiva e organizzò l'amministrazione centrale della Chiesa in quindici congregazioni cardinalizie. Promosse le grandi opere pubbliche (costruzione della cupola di S. Pietro, del Palazzo Lateranense, della Biblioteca Apostolica e ampliamento dei Palazzi Vaticani).

SITTWE, già **Akyab**, c. del Myanmar, sul Golfo del Bengala; 143.000 ab. Porto.

SIÙSI (Àlpe di), in ted. **Seiser Alm**, frazione del com. di Castelrotto; 1626 ab. Si trova su un esteso altopiano situato tra la Val Gardena e i massicci dello Sciliar, del Catinaccio e del Sassolungo. Località turistica estiva e invernale.

SIVA → SHIVA.

SIVAS, c. della Turchia, sul f. Kizil Irmak; 232.352 ab. Centro industriale. — Monumenti del periodo selgiuchide, tra cui la Gök Medrese (1271).

SIVÌGLIA, in sp. **Sevilla**, c. della Spagna, capol. della prov. omonima e dell'Andalusia, sul Guadalquivir; 700.716 ab. Sede arcivescovile. Centro commerciale e meta turistica. — Centro iberico e poi romano, S. fu una delle città più fiorenti della Spagna araba. Dopo aver fatto parte del califfato omayyade (712-1031), divenne capitale degli Abbasidi e conobbe grande prosperità sotto gli Almohadi (XII sec.). Conquistata da Ferdinando III di Castiglia (1248), nel XVI sec. ottenne il monopolio del commercio con il Nuovo Mondo. — Alcazar in gran parte del XIV sec. (arte *mudéjar*, ricche decorazioni e giardini); cattedrale del XV sec. con torre della *Giralda*, minareto della Grande Moschea, eretta nel XVI sec.; edifici civili, palazzi e chiese di epoca *mudéjar* e barocca. Museo di Belle Arti e Museo archeologico provinciale.

SIVORI (Omar), *San Nicola 1935*, calciatore argentino. Si è affermato in Italia con la Juventus, con la quale ha vinto 3 scudetti (1957-1958, 1959-

1960, 1960-1961), 1 Pallone d'oro (1961) e il titolo di capocannoniere (1959-1960). Ha giocato anche nella nazionale italiana, segnando 9 gol.

SIWALIK, catena montuosa dell'India, che precede l'Himalaya, di cui rappresenta la propaggine merid.

SIZA (Álvaro), *Matosinhos, presso Porto, 1933*, architetto portoghese. Attivo a Berlino, all'Aia e in Portogallo, si è ispirato a diverse correnti internazionali, pur nel pieno rispetto del sito e della tradizione costruttiva locale. Dopo l'incendio del 1988 ha diretto i lavori di ricostruzione del quartiere Chiado, a Lisbona.

SJÆLLAND, in ted. **Seeland**, la più grande delle isole danesi, nel Mar Baltico; 7444 km²; 2.273.755 ab.; c. princ. *Copenaghen*. È collegata alla terraferma danese mediante un ponte-tunnel che attraversa l'Øresund.

SJÖSTRÖM (Victor), *Silbodal 1879 - Stoccolma 1960*, regista cinematografico e attore svedese. Fu uno dei grandi pionieri dell'arte cinematografica, dal talento poetico e visionario (*Il carretto fantasma*, 1920; *Il vento*, 1928).

SKAGERRAK, stretto tra Danimarca (Jylland) e Norvegia, che unisce il Mare del Nord al Kattegat.

SKANDERBEG o **SCANDERBEG** (Giórgio **Castriòta**, detto), *1405 - Alessio, att. Lezhë 1468*, principe albanese. Nella lotta contro gli ottomani, godette del sostegno del papato, di Napoli e di Venezia.

SKELLEFTEÅ, c. della Svezia, sul Golfo di Botnia; 72.076 ab. Porto.

SKHIRRA, già **Philippeville**, c. dell'Algeria orient., capol. di distr.; 156.680 ab.

SKHIRRA (La), c. della Tunisia, sul Golfo di Gabès. Porto petrolifero.

SKINNER (Burrhus Frederic), *Susquehanna, Pennsylvania, 1904 - Cambridge, Massachusetts, 1990*, psicologo statunitense. Autore di studi sull'apprendimento e sui condizionamenti operanti, sviluppò una corrente radicale e autonoma in seno al comportamentismo.

SKIRA, casa editrice fondata nel 1928 a Losanna da Albert S. Trasferita a Ginevra, negli anni '30 del secolo scorso aprì una sede a Parigi, diventando il punto di riferimento delle avanguardie artistiche e specializzandosi in pregevoli pubblicazioni d'arte. Dopo un periodo di crisi, la casa editrice è stata rilanciata a partire dal

SIVIGLIA. L'Alcazar.

1996 con la cessione a M. Vitta Zelman e G. Fantoni, quindi dal 2002 è entrata nel gruppo RCS Mediagroup. Att. la società opera anche nell'organizzazione di eventi artistici.

ŠKLOVSKIJ (Viktor Borisovič), *San Pietroburgo 1893 - Mosca 1984*, teorico e critico letterario russo. Futurista e formalista, ha analizzato la letterarietà, i processi poetici e le strutture narrative del romanzo (*Sulla teoria della prosa*). Ha scritto anche diverse sceneggiature e saggi sul cinema.

SKOLEM (Albert), *Sandvaer 1887 - Oslo 1963*, logico norvegese. È autore di importanti lavori di assiomatica.

SKOPJE, cap. della Macedonia, sul Vardar; 485.000 ab. È stata ricostruita dopo il terremoto del 1963. Università. Industria siderurgica. — La città fu capitale dell'impero bulgaro di Samuele (X sec.). — Nei dintorni, monasteri bizantini (XII-XIV sec.) con pregevoli affreschi.

SKRJABIN (Aleksandr Nikolaevič), *Mosca 1872-1915*, compositore e pianista russo. Le sue opere per pianoforte e orchestra, impregnate di misticismo teosofico e di filosofia industa, denotano interessanti ricerche di carattere armonico (*Prometeo, il poema del fuoco*, per piano, organo, cori, orchestra e *clavier à lumière*).

SKYE, isola della Gran Bretagna (Scozia), nell'arcipelago delle Ebridi; 8100 ab.

SKYLAB, stazione orbitale statunitense. Spedita in orbita intorno alla Terra nel 1973, è ricaduta nell'atmosfera nel 1979 dopo essere stata occupata in successione da tre equipaggi di astronauti.

SLÁNSKÝ (Rudolf), *Nezvěstice 1901 - Praga 1952*, politico cecoslovacco. Segretario generale del Partito comunista (1945-1951), accusato di essere capo di una cospirazione contro lo Stato e il partito, fu giustiziato. È stato riabilitato nel 1968.

SLÀTAPER (Scipio), *Trieste 1888 - Monte Podgora 1915*, scrittore. Collaboratore di *La Voce*, si arruolò volontario nella prima guerra mondiale e morì in battaglia sul Carso. Rievocò l'esperienza nell'autobiografia *Il mio Carso* (postumo, 1916). Tra le altre opere, *Lettere* (postumo, 1931), *Scritti politici* (postumo, 1925).

SLAUERHOFF (Jan Jacob), *Leeuwarden 1898 - Hilversum 1936*, scrittore olandese. I suoi romanzi e le sue poesie (*Chiaroscuro*) coniugano esotismo e ispirazione romantica.

SLAVEJKOV (Peno), *Trjavna 1866 - Brunate 1912*, scrittore bulgaro, autore di poesie d'ispirazione romantica o satirica.

SLÀVI, gruppo etnolinguistico appartenente al ramo orient. della famiglia indoeuropea. I suoi membri parlano idiomi della stessa origine (lingue slave) e occupano la maggior parte dell'Europa centrale e orient. Si differenziano in s. orient. (russi, ucraini, bielorussi), s. occ. (polacchi, cechi, slovacchi, sorabi) e s. merid. (serbi, croati, bulgari, sloveni, macedoni).

SLAVIANSK, c. dell'Ucraina orient.; 137.000 ab.

SLAVÒNIA, reg. della Croazia orient., tra i f. Sava e Drava.

SLÈSIA, in pol. **Ślask**, in ted. **Schlesien**, reg. dell'Europa, attraversata dal f. Odra e divisa tra Polonia (la maggior parte) e Rep. Ceca (verso Ostrava). In Polonia l'Alta S., a E, è una grande reg. carbonifera e industriale (metallurgia, chimica), il cui centro più importante è Katowice. La Bassa S., a O, intorno a Breslavia, ha un'economia ancora essenzialmente rurale.

STORIA – **Fine del X sec.**: la Polonia annette la regione, che viene divisa in vari principati. **XIII sec.**: il territorio viene valorizzato da coloni tedeschi. **XIV sec.**: i principati della S. riconoscono la sovranità della Boemia; **1526**: con quest'ultima entrano a far parte dello Stato austriaco degli Asburgo. **1742**: la Prussia si impadronisce della quasi totalità della S. L'Austria conserva solo la parte merid. dell'Alta S. **1815**: la regione si amplia con l'acquisizione della Lusazia e conosce un notevole sviluppo economico grazie alle miniere di carbone. **1921**: in seguito a un plebiscito l'antica S. austriaca viene spartita tra Cecoslovacchia e Polonia. **1939**: A. Hitler occupa l'insieme del territorio. **1945**: la nuova frontiera Oder-Neisse include la S. nel territorio amministrato dalla Polonia; la popolazione tedesca (3 milioni di individui) viene espulsa.

SLESVIG, nome danese dello Schleswig (→ **Schleswig-Holstein**).

SLIPHER (Versto Melvin), *Mulberry 1875 - Flagstaff 1969*, astronomo statunitense. Applicò la spettrografia allo studio di pianeti e nebulose; fu il primo a determinare la velocità radiale delle galassie (1912-1914) e a scoprirne il movimento rotatorio.

SLIVEN, c. della Bulgaria orient.; 100.695 ab. Centro industriale. — Museo archeologico.

SLODTZ, famiglia di scultori francesi. — **Sébastien S.**, *Anversa 1655 - Parigi 1726*, scultore francese di origine fiamminga. Attivo alla fine del XVII sec., cercò di dare all'arte ufficiale maggior espressività. — **René Michel**, detto **Michel-Ange S.**, *Parigi 1705-1764*, scultore francese, il più conosciuto tra i figli di Sébastien. Realizzò monumenti funebri per la chiesa di St-Sulpice, a Parigi.

SLOUGH, c. della Gran Bretagna (Inghilterra), a O di Londra; 98.600 ab.

SLOVÀCCHIA, in slovacco **Slovensko**, Stato dell'Europa orient. a S della Polonia; 49.000 km²; 5.403.000 ab. (*slovacchi*). CAP. *Bratislava*. LINGUA: *slovacco*. MONETA: *corona slovacca*.

GEOGRAFIA – La S., che occupa l'estremità nord-occ. dei Carpazi, è in larga misura coperta di foreste e pascoli. Le colture (principalmente cereali) sono presenti soprattutto nelle pianure del SO, lungo le rive del Danubio. L'industria, a parte quella estrattiva, si concentra a Bratislava e a Košice, le città principali. La popolazione conta un'importante minoranza di ceppo ungherese (più del 10% del totale), stanziata lungo il confine merid.

STORIA – **x sec.**: gli ungheresi distruggono la Grande Moravia e annettono la S., che va a costituire l'Alta Ungheria; **1526**: quest'ultima, con il resto dell'Ungheria, entra nella sfera d'influenza asburgica. **Dopo il 1540**: con l'occupazione della pianura ungherese da parte degli ottomani, il governo si stabilisce a Pressburg (att. Bratislava), dove rimane fino al 1848. **XIX sec.**: si afferma il movimento nazionale slovacco. **1918**: la S. è inglobata nello Stato cecoslovacco. **1939**: sotto la protezione della Germania, si costituisce uno Stato slovacco separato, governato da Jozef Tiso. **1945-1948**: la regione viene reintegrata nella Cecoslovacchia ed è ripristinata la centralizzazione. **1969**: la S. si dota di uno statuto di repubblica federata. **1990**: i deputati slovacchi ottengono che la Cecoslovacchia prenda il nome di Repubblica federativa ceca e slovacca. **1992**: il capo del governo, Vladimir Mečiar, concorda con la controparte ceca la spartizione della federazione. **1° gen. 1993**: la S. diventa uno Stato indipendente, guidato da Michal Kováč (presidente) e V. Mečiar (primo ministro). **1998**: dopo la morte di M. Kováč, la carica di presidente resta vacante. In seguito alla vittoria elettorale dell'opposizione, Mikuláš Dzurinda sostituisce V. Mečiar a capo del governo. **1999**: il democratico Rudolf Schuster viene eletto alla presidenza della repubblica a suffragio universale. **2003**: l'ingresso nell'Unione Europea (2004) viene approvato tramite referendum.

Slovenia

						autostrada	✈ aeroporto	● più di 250.000 ab.
200	1000	2000	3000 m			strada normale	⭐ importante località turistica	● da 100.000 a 250.000 ab.
						ferrovia		● da 30.000 a 100.000 ab.
								● meno di 30.000 ab.

SLOVÈNIA, in sloveno **Slovenija**, Stato dell'Europa centrale a S dell'Austria; 20.200 km²; 1.914.000 ab. (*sloveni*). CAP. *Ljubljana*. LINGUA: *sloveno*. MONETA: *tallero sloveno*.

GEOGRAFIA – Confinante con l'Italia, l'Austria e l'Ungheria, situato ai piedi delle Alpi e occupato nella sua parte centrale dalle valli della Drava e della Sava, il paese è abitato per il 95% ca. da genti di stirpe slovena. È relativamente prospero, grazie soprattutto all'industria (stabilimenti meccanici, chimici, tessili) e al turismo.

STORIA – **VI sec.**: tribù slave si stabiliscono nella regione. **788**: il territorio viene incorporato nell'impero di Carlo Magno; **1278**: passa sotto la dominazione degli Asburgo. **XIX sec.**: si afferma un movimento culturale e nazionalista. **1918**: il paese entra a far parte del regno di Serbia, Croazia e S., che nel 1929 prende il nome di Iugoslavia. **1941-1945**: la Slovenia viene spartita tra Germania, Italia e Ungheria; **1945**: diventa una delle repubbliche della federazione iugoslava. **1990**: l'opposizione democratica vince le prime elezioni libere. Milan Kučan ottiene la carica di presidente della repubblica. **1991**: la S. proclama l'indipendenza (riconosciuta dalla comunità internazionale un anno dopo). **1997**: M. Kučan viene rieletto capo dello Stato. **2000**: diventa primo ministro il liberal-democratico Janesz Drnovsek. **2003**: l'ingresso nell'Unione Europea (2004) viene approvato tramite referendum.

SLOWACKI (Juljusz), *Krzemieniec 1809 - Parigi 1849*, scrittore polacco, autore di poesie (*Il Re-Spirito*) e romanzi (*Kordian*) romantici.

SLUDÉRNO, in ted. **Schluderns**, com. in prov. di Bolzano, nella Val Venosta; 1793 ab. Castel Coira (1253). Museo comprensoriale Val Venosta.

SLUPSK, c. della Polonia; 102.176 ab. Monumenti antichi.

SLUTER (Claus), *Haarlem 1340/1350 ca. - Digione 1405/1406 ca.*, scultore olandese. Stabilitosi a Digione nel 1385, realizzò i sei *Profeti* per il *Pozzo di Mosé* (certosa di Champmol), poi ultimati dal nipote Claus de Werve (1380-1439). La potenza drammatica e il realismo delle sue opere influenzarono l'arte europea del XV sec.

SMALCÀLDA (articoli di), confessione di fede redatta da M. Lutero nel 1537, che costituisce un testo fondamentale del luteranesimo.

SMALCÀLDA (léga di) (1531-1547), lega religiosa e politica formata dalle città e dai principi protestanti, in Germania. Varata per tener testa alle minacce pronunciate da Carlo V contro i luterani, si dissolse subito dopo la vittoria dell'imperatore a Mühlberg.

SMALLEY (Richard Errett), *Akron 1943*, chimico statunitense. Nel 1985, in collaborazione con Robert F. Curl Jr. (n. nel 1933) e H.W. Kroto, ha scoperto i primi fullereni, i C60, di forma sferica. (Premio Nobel 1996.)

SME (Sistèma monetàrio europèo), accordo economico e monetario in vigore dal 1979 tra i paesi membri della *CEE. Dopo aver stabilito un meccanismo di tassi di cambio le cui oscillazioni dovevano essere limitate al 2,25% in più o in meno rispetto alla parità con il parametro *ECU, nei primi anni '90 del secolo scorso è entrato in crisi, provocando l'uscita dell'Italia (poi rientrata) e della Gran Bretagna. È stato soppiantato dall'introduzione dell'euro.

SMETANA (Bedřich), *Litomyšl 1924 - Praga 1884*, compositore e pianista ceco. Principale esponente della musica romantica in Boemia, scrisse poemi sinfonici (la raccolta *La mia patria* comprende *La Moldava*) e l'opera *La sposa venduta* (1866).

SMIRNE → IZMIR.

SMITH (Adam), *Kirkcaldy 1723 - Edimburgo 1790*, economista britannico. Nelle *Ricerche sopra la natura e le cause della ricchezza delle nazioni* (1776) sostenne che la ricerca del proprio interesse personale si traduce nella realizzazione dell'interesse collettivo. Approfondì la nozione di valore, distinguendo un valore d'uso e uno di scambio.

■ *Adam Smith. Disegno di J. Jackson da un'opera di Tassie. (©Hulton Deutsch.)*

SMITH (David), *Decatur, Indiana, 1906 - Bennington, Vermont, 1965*, scultore statunitense. Dedicatosi alla scultura in metallo saldato nel 1933, negli anni '60 del secolo scorso approdò a un rigore astratto che preludeva al minimalismo.

Slovacchia

⭐ importante località turistica

					autostrada	● più di 100.000 ab.
200	500	1000	2000 m		strada normale	● da 50.000 a 100.000 ab.
					ferrovia	● da 10.000 a 50.000 ab.
				✈	aeroporto	● meno di 10.000 ab.

SMITH (Elizabeth, detta Bessie), *Chattanooga 1894 - Clarksdale, Mississippi, 1937*, cantante jazz statunitense. Soprannominata "imperatrice del blues", fu una delle più belle voci della musica nera americana (*The Saint Louis Blues*, 1925; *Nobody knows when you're down and out*, 1929).
SMITH (Ian Douglas), *Selukwe 1919*, politico rhodesiano. Primo ministro di Rhodesia (1964-1979), in regime di apartheid ha proclamato unilateralmente l'indipendenza del suo paese (1965), rompendo così i rapporti con Londra.
SMITH (Joseph), *Sharon, Vermont, 1805 - Carthage, Illinois, 1844*, fondatore del movimento religioso dei mormoni. Accusato di favorire la poligamia, morì linciato dalla folla.
SMITH (Michael), *Blackpool 1932 - Vancouver 2000*, biochimico canadese di origine britannica. Nel 1978 ha messo a punto un metodo di modificazione puntiforme del codice genetico del DNA (mutagenesi mirata), che permette di studiare in modo molto preciso le funzioni delle proteine. (Premio Nobel per la chimica 1993.)
SMITH (Wilbur), *Salisbury 1933*, scrittore sudafricano. È prolifico autore di best-seller d'avventura di notevole successo. Tra le opere, *Il destino del leone* (1964), *Gli eredi dell'Eden* (1979), *La notte del leopardo* (1984), *Monsone* (1997), *Orizzonte* (2003).
SMITH (William Eugene), *Wichita, Kansas, 1918 - New York 1978*, fotografo statunitense. Per l'onestà intellettuale e lo sguardo pieno di umanità, esente da voyerismo, le sue opere incarnano l'essenza del fotogiornalismo (*Pittsburgh*, 1955; *Minamata*, 1972-1975).
SMOLENSK, c. della Russia, sul Dnepr, ai confini con la Bielorussia; 350.616 ab. Centro industriale. — Fortificazioni e chiese antiche; musei. — Nel 1941 e nel 1943 fu teatro di combattimenti tra sovietici e tedeschi.
SMOLLETT (Tobias George), *Cardross, presso Dumbarton, Scozia, 1721 - Livorno 1771*, scrittore britannico. Adattò il romanzo picaresco all'Inghilterra (*Le avventure di Roderick Random*, 1748).
SMUTS (Jan Christiaan), *Bovenplaats 1870 - Irene 1950*, politico sudafricano. Dopo aver combattuto nelle file dei boeri (1899-1902), partecipò all'unificazione delle colonie britanniche del Sudafrica (1910). Fu primo ministro dal 1919 al 1924 e dal 1939 al 1948.
SNAKE RIVER, f. degli Stati Uniti, affl. di sinistra del Columbia; 1600 km. Produzione di energia idroelettrica e irrigazione.
SNAM (Società nazionàle metanodótti), società costituita nel 1941 da alcune aziende (tra cui **AGIP* ed Ente nazionale metano), per la produzione, distribuzione e vendita del metano. Dal 1953 fa parte dell'**ENI*.
SNEL VAN ROYEN (Willebrord), detto Willebrordus **Snellius**, *Leida 1580-1626*, astronomo e matematico olandese. Scoprì, con R. Cartesio, la legge della rifrazione della luce (1620) e introdusse in geodesia il metodo della triangolazione.
SNOILSKY (Carl, cónte), *Stoccolma 1841-1903*, poeta svedese. È autore di sonetti e componimenti storici (*Figure svedesi*, 1886).
SNOOPY, personaggio della serie a fumetti *Peanuts*, creata nel 1950 da C.M. Schulz. È un cane pieno di sogni e incline alla filosofia.
SNORRI STURLUSON, *Hvammur 1179 ca. - Reykjaholt 1241*, scrittore islandese. È autore dell'**Edda* in prosa e di una vasta raccolta di saghe sui sovrani norvegesi.
SNOWDON, massiccio della Gran Bretagna, in Galles, comprendente la vetta più elevata della reg.; 1085 m.
SNYDERS o **SNIJDERS** (Frans), *Anversa 1579-1657*, pittore fiammingo. Mutuò da P.P. Rubens il dinamismo e l'effetto decorativo che caratterizzano le sue nature morte.
SOARES (Mário), *Lisbona 1924*, politico portoghese. Segretario generale del Partito socialista (1973-1986), ministro degli affari esteri (1974-1975) e primo ministro (1976-1978, 1983-1985), è stato presidente della repubblica dal 1986 al 1996.

■ *Mário Soares.*

SOÀVE, com. in prov. di Verona; 6482 ab. Produzione di vini rinomati. Cinta muraria (1369) con torri e castello. Palazzo Cavalli (1411). Chiesa di S. Maria di Montesanto (XV sec.).
SOÀVE (Càrlo Felice), *Lugano 1749 - Milano 1803*, architetto. Fu uno dei maggiori rappresentanti del neoclassicismo lombardo. Tra le opere, casa Anguissola, Palazzo Alari e disegno per la facciata del duomo (1791) a Milano, villa Crivelli-Serbelloni a Luino (1795).
SOÀVI (Giórgio), *Broni 1923*, scrittore, poeta e critico d'arte. Alle opere di narrativa (*Un banco di nebbia*, 1951; *Sogni di gloria*, 1980; *Passioni*, 1993) ha alternato una ricca produzione poetica (*Poesia per noi due*, 1972; *Che amore è*, 1988), segnalandosi anche con studi sull'arte (*Il mio Giacometti*, 1966; *Il sogno continua*, 1982).
SOBIBÓR, campo di sterminio tedesco a N di Lublino (1942-1943), dove persero la vita 200.000 ebrei. Il 14 ott. 1943 vi scoppiò l'unica rivolta riuscita in un campo di concentramento nazista.
SOBOUL (Albert), *Ammi Moussa, Algeria, 1914 - Nîmes 1982*, storico francese. Si dedicò soprattutto allo studio della Rivoluzione francese, vista in un'ottica marxista.
SOCI, c. della Russia, sul Mar Nero; 329.136 ab. Centro turistico.
SOCIALDEMOCRÀTICO RÙSSO (Partito operàio) (POSDR), partito politico russo. Fondato nel 1898, nel 1903 vide la scissione tra menscevichi e bolscevichi. Questi ultimi nel mar. 1918 gli diedero il nome di Partito comunista (bolscevico).
SOCIALDEMOCRÀTICO TEDÉSCO (Partito) (SPD), partito politico tedesco. Fondato nel 1875, dichiarato fuorilegge da A. Hitler (1933), si ricostituì nel 1945. Nella Germania Orientale si fuse con il Partito comunista a formare, nel 1946, il SED (Partito socialista unificato). Nella Germania Occidentale l'SPD, anticomunista, troncò qualsiasi legame con il marxismo e rimase al potere dal 1969 al 1982. Il Partito s. t. dell'ex RDT è rinato nel 1989 e un anno dopo si è fuso con il suo omologo della RFT. Il partito così riunito è tornato al potere nel 1998.
SOCIÀLE (guèrra) (91-89/88 a.C.), insurrezione delle città italiche contro la dominazione romana. I popoli italici, alleati (*socii*) di Roma, non godevano dei diritti politici riservati ai *cives*, pur sostenendo gli stessi oneri. Riunitisi in una confederazione, si ribellarono quindi al potere centrale e, malgrado la sconfitta militare, ottennero la cittadinanza romana.
SOCIALÌSTA DEI LAVORATÒRI ITALIÀNI (Partito) (PSLI), partito politico fondato nel 1947 da un gruppo di ex militanti del PSI guidati da G. Saragat. Dopo aver appoggiato alcuni governi guidati da A. De Gasperi, nel 1952 assunse la denominazione di PSDI.
SOCIALÌSTA DEMOCRÀTICO ITALIÀNO (Partito) (PSDI), partito politico sorto nel 1951 dalla fusione del PSLI e del PSU. Sostenitore dei governi guidati dalla DC negli anni '80 del secolo scorso e coinvolto in alcuni scandali giudiziari nei primi anni '90, ha chiuso la sua esperienza politica nel 1994. Segretari: G. Saragat, P. Longo, F. Nicolazzi, A. Cariglia, C. Vizzini, E. Ferri.
SOCIALÌSTA ITALIÀNO (Partito) (PSI), partito politico fondato a Genova nel 1892. Si affermò nei primi anni del '900 sotto la guida di F. Turati e C. Treves; nel 1921 l'ala comunista uscì dal partito per fondare il PCI. Sciolto nel 1926, durante il regime fascista proseguì l'attività politica in clandestinità. Sostenitore della Resistenza (brigate Matteotti), nel 1943 si ricostituì come PSIUP sotto la guida di P. Nenni. Dopo l'appoggio esterno al governo Fanfani (1962) e l'ingresso nel primo governo di A. Moro (1963), negli anni 1966-1969 si riunì per breve tempo con il PSDI formando il PSU. Uscito dal governo, vi rientrò sotto la guida del segretario B Craxi, il primo presidente del consiglio di un governo socialista (1983-1987). Lo scandalo di ** Tangentopoli*, in cui furono coinvolti suoi esponenti, portò alle dimissioni di Craxi e al definitivo scioglimento (1994). Tra i suoi segretari G. Mancini, F. De Martino, O. Del Turco e V. Spini.
SOCIALÌSTA ITALIÀNO DI UNITÀ PROLETÀRIA (Partito) (PSIUP), partito politico fondato nel 1964 da militanti di sinistra usciti dal PSI. Si sciolse nel 1972 e i suoi membri confluirono nel PCI.
SOCIALÌSTA NUÒVO *PSI* (Partito), partito politico fondato a Roma nel 2001 da un gruppo di ex militanti del Partito socialista guidati da G. De Michelis e Vittorio Craxi. Sorto con l'obiettivo di recuperare gli ideali del socialismo, ha appoggiato la coalizione di governo di S. Berlusconi. Dalla sua fondazione il segretario è De Michelis.
SOCIALÌSTA UNITÀRIO (Partito) (PSU), partito politico che, tra il 1966 e il 1969, riunì il PSI e il PSDI.
SOCIALÌSTI DEMOCRÀTICI ITALIÀNO (SDI), partito politico fondato nel 1997 per aggregare le forze socialdemocratiche in seguito agli scandali di **Tangentopoli*. Entrato nella coalizione dell'**Ulivo*, dal 2001 è all'opposizione. Dalla sua fondazione il segretario è E. Boselli.
SOCIÀL-RIVOLUZIONÀRIO (Partito) (S-R), partito politico russo (1901-1922), nato dall'unione di vari raggruppamenti populisti. Dopo l'ott. 1917 si scisse in due ali: quella di sinistra, che diede sostegno ai bolscevichi, e quella di destra, che fu loro avversa.
SOCIETÀ (Ìsole della), in fr. **Îles de la Société**, principale arcipelago della Polinesia francese (Oceania); 1647 km²; 189.524 ab.; capol. *Papeete*. Si dividono in Isole del Vento (con Tahiti e Moorea) e Isole Sottovento. — Scoperto nel 1767 da Samuel Wallis, l'arcipelago fu colonia francese dal 1880 al 1888.
SOCIETÀ A RESPONSABILITÀ LIMITÀTA → SRL.
SOCIETÀ DELLE NAZIÓNI → SDN.
SOCIETÀ ITALIÀNA PER L'ESERCÌZIO TELEFÒNICO → SIP.
SOCIETÀ NAZIONÀLE ITALIÀNA, associazione politica fondata nel 1857 a Torino da D. Manin. Sorta con lo scopo di unificare l'Italia sotto la monarchia sabauda, fu diretta negli anni successivi da G. Pallavicino e G. La Farina. Sostenuta da C. Cavour e G. Garibaldi, ottenne un notevole seguito tra i patrioti e si sciolse nel 1860.
SOCIETÀ TORINÉSE ESERCÌZI TELEFÒNICI → STET.
SOCÌNI (Lèlio), *Siena 1525 - Zurigo 1562*, riformatore religioso. Fondatore del socinianesimo, negò la natura divina di Cristo e il dogma della Trinità, ritenendoli contrari al monoteismo. — **Fausto S.**, *Siena 1539 - presso Cracovia 1604*, riformatore religioso. Nipote di Lelio, ne difese e propagò le idee; rifugiatosi dapprima in Svizzera, trovò poi riparo in Polonia, dove organizzò una Chiesa antitrinitaria, detta dei "Fratelli polacchi".
SOCOTRA, isola dell'Oceano Indiano, dipendenza dello Yemen; 3580 km²; 15.000 ab.
SÒCRATE, *Alopece, Attica, 470 a.C. - Atene 399 a.C.*, filosofo greco. Non avendo lasciato scritti, si conosce il suo pensiero grazie alle opere dei suoi contemporanei Aristofane, che lo beffeggia, Senofonte, che lo descrive come un moralista ingenuo, e Platone, suo discepolo, che lo ha reso protagonista dei suoi *Dialoghi*. L'immagine di S. che ne emerge è quella di un uomo che insegna ponendo domande (*ironia socratica*), conduce l'interlocutore a scoprire da solo ciò che credeva di ignorare (*maieutica*, o arte di portare alla luce le anime) e aiuta ad acquisire la verità (*dialettica*). In un contesto storico segnato dalla guerra del Peloponneso e dai contrasti interni, fu considerato un nemico della *polis*: giudicato colpevole di empietà e corruzione della gioventù, fu condannato a darsi la morte bevendo la cicuta.

■ *Socrate. (Museo Capitolino, Roma.)*

SODDY (Frederick), *Eastbourne 1877 - Brighton 1956*, chimico britannico. Compì studi sulla radioattività che gli permisero di spiegare il meccanismo della disintegrazione atomica e di enunciare la legge di S. (o legge dello spostamento radioattivo, 1902). Nel 1903 scoprì gli isotopi. (Premio Nobel 1921.)
SODERÌNI (Pièro), *Firenze 1452 - Roma 1522*, politico. Nominato ambasciatore presso Carlo VIII, nel 1502, dopo la cacciata dei Medici, fu eletto gonfaloniere a vita. Dopo l'adesione al concilio del 1511 contro Giulio II, in seguito al ritorno dei Medici fu condannato all'esilio e si rifugiò a Roma (1513).
SÖDERTÄLJE, c. della Svezia; 78.814 ab.

SÒDOMA, ant. c. cananea (att. Sedom) che nel XIX sec. a.C. fu distrutta da un cataclisma insieme con Gomorra e altri centri della costa merid. del Mar Morto. La Bibbia interpreta l'avvenimento come una punizione divina scagliata contro gli abitanti di queste città, empi e immorali.

SÒDOMA (Giovànni Antònio **Bàzzi**, detto **il**), *Vercelli 1477 - Siena 1549*, pittore. Ammiratore di Leonardo, subì l'influsso anche del Perugino e di Pinturicchio. Tra le sue opere, gli affreschi del chiostro di Monte Oliveto Maggiore (1505-1508), le *Storie di Alessandro e Rossana* alla Farnesina (1512-1513) e le *Storie di santa Caterina* (1526) in S. Domenico, a Siena.

SÒFFICI (Ardèngo), *Rignano sull'Arno 1879 - Vittoria Apuana 1964*, pittore e scrittore. Vissuto a Parigi tra il 1899 e il 1907, tornò a Firenze, fondandovi *La Voce* (1910) e *Lacerba* (1913), dalle cui pagine sostenne il futurismo. In seguito si avvicinò a **Valori plastici* e a **Novecento*, propugnando una riscoperta del classicismo. Fu autore di raccolte poetiche (*Chimismi lirici*, 1915), saggi di critica letteraria (*Giornale di bordo*, 1915) e d'arte (*Cubismo e Futurismo*, 1914).

SÒFIA, in bulg. **Sofija**, cap. della Bulgaria, ai piedi del Monte Vitoša; 1.096.389 ab. Centro amministrativo e industriale. — Chiese e moschee antiche; musei di archeologia, arte sacra ecc.

SOFIA. *La cattedrale Aleksandr Nevskij, costruita all'inizio del XX sec.*

SOFIA ALEKSEEVNA, *Mosca 1657-1704*, principessa russa della dinastia dei Romanov, reggente di Russia (1682-1689). Figlia dello zar Alessio, si fece affidare la reggenza dal fratello Ivan V (1682) e fu deposta dal fratellastro Pietro il Grande (1689).

SÒFOCLE, *Colono 495 ca. a.C. - Atene 406 a.C.*, tragediografo greco. Della sua opera restano solo 7 tragedie (*Aiace, Antigone, Edipo re, Elettra, Trachinie, Filottete, Edipo a Colono*) e un frammento del dramma satiresco *I segugi*. Rinnovò la forma della tragedia, aggiungendo un terzo attore e portando da 12 a 15 il numero dei coreuti. Inoltre introdusse la trilogia libera, in cui le tragedie hanno valore autonomo anziché rappresentare ciascuna un episodio dello stesso mito. Modificò infine lo spirito del dramma, rendendo l'evoluzione dell'eroe e il suo carattere presupposti essenziali per la manifestazione del destino e della volontà divina.

SOFONÌSBA, *Cartagine 235 a.C. - 203 a.C.*, regina di Numidia. Moglie di Massinissa, si avvelenò per non cadere nelle mani dei romani. La sua vicenda ha ispirato, in part., le tragedie di G.G. Trissino (1515 ca.), J. Mairet (1634) e Corneille (1663).

SOGDIÀNA, reg. storica dell'Asia centrale, a N della Battriana, che corrisponde all'Uzbekistan; c. princ. *Samarcanda*.

SOGNEFJORD, il più lungo fiordo della Norvegia, a N di Bergen; 200 km ca.

SÒGNO DELLA CÀMERA RÓSSA (**il**), romanzo cinese di Cao Xuequin (XVIII sec.), che narra la storia d'amore di due adolescenti, inserita in un vasto affresco della società aristocratica coeva.

SOHAG, c. dell'Egitto, capol. di prov., sul Nilo; 156.000 ab.

SOHO, quartiere nel centro di Londra.

SOISSONS, c. della Francia, nel dip. Aisne, sul f. Aisne; 30.672 ab. Costruzioni elettriche, industria della gomma. — Cattedrale del XII-XIII sec.; abbazia di St.-Jean-des-Vignes.

SOJUZ, navicella spaziale sovietica per il trasporto dell'equipaggio. Entrata in servizio nel 1971, fungeva da collegamento con le stazioni orbitali.

SOKOLOVSKIJ (Vasilij Danilovič), *Kozliki 1897 - Mosca 1968*, maresciallo sovietico. Fu comandante delle forze sovietiche in Germania (1946-1949) e capo di Stato maggiore (1952-1960).

SOKOTO, c. della Nigeria, cap. dello Stato omonimo; 276.962 ab. Nel XIX sec. fu il centro dell'impero peul di S., fondato da Usman Dan Fodio nel 1804.

SOLANA MADARIAGA (Javier), *Madrid 1942*, politico spagnolo. Ministro degli affari esteri dal 1992 al 1995, è stato in seguito segretario generale della NATO (1995-1999) e dal 1999 è alto rappresentante dell'Unione Europea per la politica estera e la sicurezza comune (PESC).

SOLÀRI (Guinifòrte), *Milano 1429-1481*, architetto. Fu una delle figure di spicco sotto la dominazione dei Visconti. Attivo nei lavori per la certosa di Pavia (1453) e il duomo di Milano (1459), partecipò al completamento dell'Ospedale Maggiore e fu architetto ducale dal 1471. Notevoli anche i progetti per alcune chiese milanesi (S. Maria delle Grazie, S. Pietro in Gessate).

SOLÀRIA, rivista letteraria pubblicata a Firenze dal 1926 al 1936. Diretta da A. Carocci con la collaborazione di G. Ferrata e A. Bonsanti, promosse l'apertura verso le letterature europee e la scoperta di autori italiani (I. Svevo, U. Saba). Ebbe tra i suoi collaboratori E. Montale, E. Vittorini, C.E. Gadda.

SOLÀRIO o **SOLÀRI** (Cristòforo), *1460 ca. - Milano 1527*, scultore e architetto. Di origine lombarda, lavorò a Venezia, alla certosa di Pavia e al duomo di Milano. Suo è il monumento funebre di Ludovico il Moro e Beatrice d'Este (1497). — **Andrea S.**, pittore, attivo dal 1495 al 1520 ca., fratello di Cristòforo. Il suo stile conciliò influenze veneziane e tradizione lombarda. Lavorò in Francia dal 1507 al 1509.

SÓLDA (vàl di), in ted. **Suldental**, valle dell'Alto Adige, nelle Alpi Retiche. Delimitata dalla Val Venosta, è percorsa dal torrente omonimo e ha come centro princ. Solda. Turismo estivo e invernale.

SOLDÀTI (Atanàsio), *Parma 1896-1953*, pittore. Dopo la partecipazione alle iniziative della Galleria Il Milione (1931 e 1933), sviluppò un'estetica personale, influenzata dall'astrattismo di P. Mondrian e legata alla pittura metafisica, con prevalenza di elementi geometrici. Nel 1948 fu tra i fondatori del **MAC*.

SOLDÀTI (Màrio), *Torino 1906 - Tellaro 1999*, scrittore e regista cinematografico. Tra le opere letterarie, *Salmace* (1929), *La verità sul caso Motta* (1937), *A cena col commendatore* (1950), *La giacca verde* (1950), *I racconti del maresciallo* (1967), *La finestra* (1991), *Le sere* (1994). Tra i film diretti, *Piccolo mondo antico* (1941), *Malombra* (1942), *La provinciale* (1953).

SÖLDEN, stazione di sport invernali (1377-3040 m d'alt.) in Austria (Tirolo).

SOLDÌNI (Giovànni), *Milano 1966*, velista. Fratello di Silvio, dal 1988 ha partecipato a numerose regate, conquistando titoli in solitario o in coppia. Ha vinto la regata *Around Alone* (giro del mondo in solitario, 1998-1999), della quale ha stabilito anche il primato mondiale.

SOLDÌNI (Silvio), *Milano 1958*, regista cinematografico. Fratello di Giovanni, è autore di film introspettivi e intimisti: *Paesaggio con figure* (1983), *Giulia in ottobre* (1984), *L'aria serena dell'ovest* (1990), *Un'anima divisa in due* (1993), *Le acrobate* (1997), *Pane e tulipani* (1998), *Brucio nel vento* (2002).

SÓLE, stella intorno alla quale la Terra gravita. [V. parte nomi comuni → **sole**.]

SÓLE (Autostràda del) (A1), la più importante autostrada italiana. Iniziata nel 1956 e terminata nel 1964, è lunga 800 km ca. e collega Milano a Napoli, passando per Bologna, Firenze e Roma.

SÓLE (vàl di), valle del Trentino-Alto Adige, nelle Alpi Retiche. Confina con il Passo del Tonale. Agricoltura, produzione di energia elettrica, turismo. Centro princ.: Malé.

SÓLE-24 ÓRE (**Il**), quotidiano economico-finanziario fondato a Milano nel 1965. Sorto dalla fusione de *Il Sole* (fondato nel 1865 da P. Bragiola Bellini) e del *24 Ore* (fondato nel 1946), è att.

il maggior quotidiano italiano del settore ed è controllato dalla Confindustria.

SOLEIL (Théâtre du), gruppo teatrale fondato nel 1964 da A. Mnouchkine. Dal 1970 ha sede presso la Cartoucherie de Vincennes.

SOLÈRI (Pàolo), *Torino 1919*, architetto e urbanista. Allievo e collaboratore di F.L. Wright, ha lavorato negli Stati Uniti, in part. alla Casa del Deserto (1951), al progetto di Mesa City (1959) e alla comunità di Arcosanti (1970-1985). Ha pubblicato *Arcologia, la città a immagine dell'uomo* (1970).

SOLÉTTA, in ted. **Solothurn**, in fr. **Soleure**, cant. della Svizzera; 791 km²; 244.000 ab.; capol. *Soletta*. È entrato a far parte della Confederazione Elvetica nel 1481.

SOLFERÍNO (battàglia di) (24 giu. 1859), battaglia della seconda guerra d'indipendenza, combattuta a S. (prov. di Mantova); si concluse con la vittoria delle truppe franco-piemontesi comandate da Napoleone III sugli austriaci di Francesco Giuseppe, che furono costretti a ritirarsi nelle fortezze del Quadrilatero, e poi ad abbandonare la Lombardia. Questo combattimento, particolarmente cruento, fu all'origine della fondazione della Croce Rossa.

SOLIDARNOŚĆ ("Solidarietà"), sindacato polacco indipendente di ispirazione cattolica, costituito a Danzica nel 1980. Baluardo dell'opposizione al regime comunista, presieduto da L. Wałesa (dal 1981 al 1990), fu dichiarato fuorilegge nel 1982 e uscì dalla clandestinità nel 1989. Esercita tuttora una notevole influenza sulla vita del paese.

SOLIHULL, c. della Gran Bretagna (Inghilterra), presso Birmingham; 112.000 ab.

SOLIMÀNO I IL MAGNÌFICO, in turco **Sulaiman I Kanuki** ("il Legislatore"), *Trebisonda 1494 - Szigetvár, Ungheria, 1566*, sultano ottomano (1520-1566). Figlio di Selim I, guidò varie campagne in Europa (presa di Belgrado, 1521; conquista dell'Ungheria, 1526; assedio di Vienna, 1529), nel Mediterraneo (conquista di Rodi, 1522) e in Oriente (presa di Baghdad e Tabriz, 1534). Nel 1528 firmò un accordo commerciale con Francesco I, cui diede appoggio contro Carlo V. Fu anche un grande legislatore.

■ *Solimano I il Magnifico. (Biblioteca Millet, Istanbul.)*

SOLIMÈNA (Francésco), *Canale di Serino 1657 - Barra 1747*, pittore e architetto. Fu, con L. Giordano, una delle principali figure del barocco napoletano. Dipinse grandi cicli decorativi (sagrestia di S. Paolo Maggiore, a Napoli) e, dopo essersi avvicinato al classicismo (*Borea rapisce Orithia*, Galleria Spada, Roma), fondò a Napoli una scuola di pittura che presto conquistò ampia fama.

SOLINGEN, c. della Germania (Renania Settentr.-Westfalia); 165.583 ab. Produzione di coltelli.

SOLLERS (Philippe), *Talence 1936*, scrittore francese. Animatore di **Tel quel* (1960-1982), è passato dall'utilizzo di tecniche d'avanguardia (*Il parco*, 1961) a una critica brillante della società falsa e repressiva (*La festa a Venezia*, 1991; *Il segreto*, 1993).

ŠOLOCHOV (Michail Aleksandrovič), *Vešenskaja, Ucraina, 1905-1984*, scrittore russo. È l'autore di *Il placido Don* e *Terre dissodate*, romanzi epici sulla Rivoluzione russa e sulla problematica della collettivizzazione. (Premio Nobel 1965.)

SOLÒFRA, com. in prov. di Avellino; 11.557 ab. Centro di industrie conciarie noto fin dal XVI sec. Collegiata di S. Michele Arcangelo (XVI sec.).

SOLOGNE, reg. della Francia (Centro), solcata dalla Loira, un tempo paludosa e insalubre.

SOLOMÓS (Dionísios, cónte), *Zante 1798 - Corfù 1857*, poeta greco. Dopo aver composto le prime opere in italiano, adottò il greco, sua lingua madre, fin dall'inizio della lotta per l'indipendenza (1821). Il suo *Inno alla libertà* (1823) è divenuto l'inno nazionale greco.

SOLÓNE, *640 ca. a.C. - 558 ca. a.C.*, politico ateniese, uno dei Sette saggi. Legò il suo nome alla riforma sociale e politica che favorì la fioritura di Atene. Divise i cittadini in quattro classi in base al censo: i ricchi ebbero accesso alle magistrature, i poveri poterono partecipare alle riunioni dell'*ecclesia* e ottenere seggi nel tribunale dell'*eliea*.

SOLOTHURN → Soletta.

SOLOW (Robert Merton), *New York 1924*, economista statunitense. Teorico neoclassico, ha studiato il rapporto tra crescita economica e progresso tecnico. (Premio Nobel 1987.)

SOLTI (sir Georg), *Budapest 1912 - Antibes 1997*, direttore d'orchestra ungherese naturalizzato britannico. Già assistente di A. Toscanini a Salisburgo, diresse in part. l'orchestra del Covent Garden, a Londra, poi quella di Chicago. Celebre per il repertorio lirico (R. Wagner, R. Strauss) e sinfonico, si impose per la precisione e la potenza drammatica della sua direzione.

SOLÙNTO, ant. c. della Sicilia, situata nei pressi dell'att. Santa Flavia (Palermo). Di fondazione fenicia, divenne un'importante centro cartaginese, per poi passare ai romani nel 253 a.C. Rovine dall'epoca ellenistico-romana (teatro, ginnasio, case).

SOLVAY (Ernest), *Rebecq-Rognon 1838 - Bruxelles 1922*, industriale belga. Dal 1861 al 1865 si dedicò alla produzione industriale del carbonato di sodio ("soda S."). A partire dal 1911 creò organismi scientifici internazionali a cui parteciparono i più grandi fisici e chimici del tempo.

SOLŽENICYN (Aleksandr Isaevič), *Kislovodsk 1918*, scrittore russo. A causa delle sue opere, atto d'accusa contro il comunismo, è stato espulso dall'URSS nel 1974 (*Una giornata di Ivan Denisovič*, 1962; *Divisione cancro*, 1968; *Arcipelago Gulag*, 1973-1976). Nel 1994 ha fatto ritorno in patria dopo anni di esilio negli Stati Uniti. (Premio Nobel 1970.)

■ *Aleksandr Solženicyn.*

SÒMALI, denominazione attribuita all'insieme delle popolazioni della Somalia e delle reg. orient. di Gibuti, dell'Etiopia e del Kenya (18 milioni di individui ca.), di lingua cuscitica.

SOMÀLIA, Stato dell'Africa, sull'Oceano Indiano; 638.000 km²; 9.500.000 ab. (*somali*). CAP. *Mogadiscio*. LINGUE: *somalo* e *arabo*. MONETA: *scellino somalo*.

GEOGRAFIA – In passato l'allevamento nomade rappresentava la risorsa essenziale del paese, per la maggior parte arido. Solo al S, a una latitudine equatoriale, si erano sviluppate alcune colture (canna da zucchero, cotone, banane), spesso irrigue. Tuttavia la siccità e, soprattutto, la guerra civile hanno distrutto l'economia, provocato carestie e l'esodo della popolazione, portando lo Stato alla disgregazione.

STORIA – Il territorio è occupato da popolazioni nomadi dedite alla pastorizia, che hanno lasciato testimonianza di sé attraverso pitture rupestri. **Fine del III millennio-II millennio**: questo primo insediamento viene respinto verso S dall'inaridimento della regione. **IX-XII sec. d.C.**: i commercianti musulmani e un gruppo di pastori, i somali, ripopolano il paese, a partire dalle coste. **XV-XVI sec.**: i regni musulmani combattono l'Etiopia cristiana. **XIX sec.**: Egitto, Gran Bretagna e Italia si disputano la regione. **1884**: in seguito all'occupazione di Zeila, Berbera e Bulhar, si costituisce la colonia della S. Britannica (*Somaliland*). **1889**: l'Italia stabilisce un protettorato su Obbia e Migiurtinia, stipulando accordi con i rispettivi sultani; **1892**: acquista i porti del Benadir. **1905**: gran parte del territorio somalo diventa colonia italiana. **1925**: alla colonia si aggiungono la regione dell'Oltregiuba e la città di Chisimaio, cedute dagli inglesi. **1936**: la S. viene inclusa nell'Africa orientale italiana, insieme con l'Etiopia e l'Eritrea. **1941**: la Gran Bretagna, costretta a evacuare il Somaliland nel 1940, un anno dopo riconquista l'intero territorio. **1950**: dopo nove anni di amministrazione britannica, l'Italia riceve dall'ONU, per un decennio, la tutela sulla sua antica colonia (a eccezione dell'Ogaden, restituito all'Etiopia). **1960**: proclamazione della repubblica indipendente, il cui primo presidente è Aden Osman. Formato dagli antichi territori del Somaliland e della S. Italiana, il nuovo Stato non tarda ad avanzare pretese sull'Ogaden. **1969**: il generale Muhammad Siad Barre s'impadronisce del po-

tere e instaura un regime dittatoriale. **1977-1978**: un conflitto oppone la S. all'Etiopia (appoggiata dall'URSS) per il possesso dell'Ogaden, che le truppe somale sono costrette a evacuare. **1988**: i due Stati contendenti concludono un accordo di pace. **1991**: il regime di M. Siad Barre viene rovesciato. Il paese è dilaniato dalla guerra civile e dalle carestie. Il N si proclama repubblica indipendente (Somaliland). **1992**: una forza militare internazionale, a maggioranza statunitense, interviene sotto l'egida dell'ONU per assicurare la distribuzione degli aiuti alimentari (operazione *Restore Hope*). **1993-1994**: le forze dell'ONU, costituite anche da contingenti italiani, non riescono a disarmare le milizie. In compenso, la carestia viene debellata. **1995**: la missione dell'ONU volge al termine senza che sia stata ristabilita la pace interna. **1998**: anche il Puntland ottiene l'indipendenza. **2000**: Abdiqasim Salad Hassan diventa capo dello Stato *ad interim*. Vengono insediate istituzioni di transizione, ma la loro legittimità rimane precaria a causa dell'ostilità persistente di alcuni "signori della guerra". **2001**: Hassan Abshir Farah diventa primo ministro. **2002**: nasce un nuovo Stato indipendente nel settore sud-occ. (corrispondente alle regioni di Bay e Gedo).

SOMÀLIA (corrente della), corrente marina calda dell'Oceano Indiano. In inverno, si dirige da NE verso SO, lungo le coste della Somalia.

SOMBART (Werner), *Ermsleben, Halle, 1863 - Berlino 1941*, economista, sociologo e storico tedesco. Autore di importanti lavori sullo sviluppo del capitalismo (*Socialismo e movimento sociale*

nel sec. XIX, 1896), approdò a posizioni politiche vicine al nazionalsocialismo.

SOMERS o **SOMMERS** (John, baróne), *presso Worcester 1651 - Londra 1716*, politico inglese. Tra i capi del partito whig, fu consigliere personale di Guglielmo III e lord cancelliere (1697-1700), per poi diventare presidente del consiglio privato (1708-1710).

SOMERSET, contea della Gran Bretagna, nell'Inghilterra sud-occ.; 459.000 ab.; capol. *Taunton*.

SOMEȘ, in ung. **Szamos**, f. della Romania e dell'Ungheria, affl. di sinistra del Tisza; 411 km.

SOMIGLIÀNA (Càrlo), *Como 1860 - Casanova Lanza 1955*, matematico e fisico. Docente a Pavia e a Torino, compì importanti studi sulla teoria dell'elasticità, sui campi gravitazionali e sulla propagazione delle onde sismiche.

SÒMIS (Giovànni Battista), *Torino 1686-1763*, violinista e compositore. Dopo gli studi con A. Vivaldi a Venezia e A. Corelli a Roma, entrò nell'orchestra di corte a Torino, di cui divenne direttore nel 1738. Autore di numerose composizioni per violino, è considerato il fondatore della scuola violinistica piemontese.

SÓMMA LOMBÀRDO, com. in prov. di Varese; 16.414 ab. Industrie chimiche, tessili, meccaniche, dei materiali da costruzione. Castello (XI-XV sec.).

SOMMARÙGA (Àngelo), *Milano 1857-1941*, editore. Dopo aver fondato a Cagliari *La farfalla* (1876), nel 1881 fondò a Roma *Cronaca bizantina* e una casa editrice di notevole successo. Negli anni successivi pubblicò altre riviste, tra le quali *La domenica letteraria* e *Messaggero illustrato*. Emigrato all'estero dopo una condanna per

Somalia

strada normale
aeroporto

● più di 1.000.000 di ab.
● da 200.000 a 1.000.000 di ab.
● da 50.000 a 200.000 ab.
• meno di 50.000 ab.

500   1000   1500 m

truffa, tornò in Italia negli ultimi anni, pubblicando nel 1941 la raccolta di memorie *Cronaca bizantina (1881-1885)*.

SOMMARÙGA (Giuséppe), *Milano 1867-1917*, architetto. Fu il maggiore esponente del liberty milanese, che interpretò in chiave personale con un'attenzione costante al funzionalismo. Tra le opere, Palazzo Castiglioni a Milano (1901-1903), villa Faccanoni a Sarnico (1908), hotel Tre Croci a Varese (1908-1912).

SÓMMA VESUVIÀNA, com. in prov. di Napoli; 32.610 ab. Agricoltura (ortaggi). Industrie tessili, dei guanti, dei materassi a molle.

SOMME, f. della Francia, in Piccardia, che sfocia nella Manica (Baia della S.); 245 km. — Dal lug. al nov. 1916 fu teatro di un'offensiva francobritannica.

SOMME, dip. della Francia, nella reg. Piccardia; capol. *Amiens*; 6170 km²; 555.551 ab. Cerealicoltura e allevamento bovino. Attività industriale (settori metalmeccanico e alimentare) nell'agglomerato di Amiens.

SOMMERFELD (Arnold), *Königsberg 1868 - Monaco 1951*, fisico tedesco. Fin dal 1915 applicò all'atomo la meccanica relativistica associata alla teoria dei quanti, spiegando così la "struttura fine" delle radiazioni spettrali. Propose un modello di atomo con orbite ellittiche.

SOMOSIERRA, passo della Sierra de Guadarrama (Spagna), che collega le due Castiglie; 1430.

SONCÌNO, com. in prov. di Cremona; 7269 ab. Allevamento suino. Industrie tessili e meccaniche. Rocca sforzesca (1473-1475). Chiesa rinascimentale di S. Maria delle Grazie (XV-XVI sec.).

SÓNDA (arcipèlago della), isole dell'Indonesia, che rappresentano un prolungamento della Penisola di Malacca fino alle Molucche. Alle Grandi Isole, Sumatra e Giava, separate dallo Stretto della S., fanno seguito le Piccole Isole (Bali, Timor ecc.).

SONDERBUND ("lega separata"), lega formata nel 1845 dai sette cant. cattolici della Svizzera per difendere i propri diritti. Si sciolse dopo l'intervento dell'esercito della Confederazione (1847).

SÓNDRIO, c. della Lombardia, capol. di prov.; 22.006 ab. (*sondriesi*). È situata nella Valtellina e attraversata dal torrente Mallero. Attività commerciali, servizi e trasporti. Industrie tessili, alimentari, dell'abbigliamento. — Di origine longobarda, a lungo sotto il dominio di Como, fu conquistata dai Visconti (1336) e dai Grigioni (1512). Ribellatasi nel 1797, entrò nella Repubblica Cisalpina, quindi fu unita alla Lombardia nel 1815. — Palazzo Pretorio (XVI sec.), collegiata (XVIII sec.). Nei dintorni, santuario della Madonna della Sassella (XV sec.). — La provincia, montuosa e percorsa dall'Adda e dal Mera, è la meno popolosa della regione. Agricoltura (uva, patate). Industrie metallurgiche, idroelettriche. Centri princ.: Morbegno, Chiavenna e Bormio.

SONG o **SUNG**, dinastia che regnò sulla Cina dal 960 al 1279. Costantemente minacciata dalle popolazioni del N e NE, si rifugiò al S nel 1127. Fu eliminata dai mongoli.

SONGHAI (impèro), impero africano che, al suo apogeo (XVI sec.), si estendeva dal Senegal alla foce del Niger. Scomparve dopo l'occupazione marocchina (1591). I suoi sovrani più illustri furono Sonni Ali (1464-1492) e Askia Muhammad (1492-1528).

SONGHAI o **SONRHAI**, popolazione del Mali e del Niger (ca. 700.000 individui). I s., che fondarono l'impero noto con il loro nome, sono islamizzati e parlano una lingua nilo-sahariana.

SÔNG HÔNG → ROSSO (fiume).

SONGNAM, c. della Corea del Sud, a SE di Seul; 540.754 ab.

SONGYE, popolazione del centro della Rep. dem. del Congo, di lingua bantu.

SONINKE, **SARAKOLÉ** o **MARKA**, popolazione del Mali, del Senegal e della Mauritania. I s., fondatori dell'impero del *Ghana*, si sono dispersi dopo la sua distruzione. Di religione islamica, parlano il soninke, della famiglia mande.

SONNÌNO (Giórgio Sidney), *Pisa 1847 - Roma 1922*, politico. Dopo aver ricoperto alcuni incarichi diplomatici, pubblicò un'importante inchiesta sulle condizioni dei contadini siciliani, *La Sicilia nel 1876*. Fondatore della *Rassegna settimanale*

(1878-1882), più volte ministro delle finanze e del tesoro, fu a capo di un breve governo conservatore (1906, 1909-1910). Ministro degli esteri (1914-1919), stipulò il patto di Londra con l'Intesa, che portò l'Italia nella prima guerra mondiale.

SONTAG (Susan), *New York 1933*, scrittrice statunitense. Autrice di romanzi (*Il benefattore*, 1963; *In America*, 1999), ha scritto numerosi saggi di analisi della società americana contemporanea, segnalandosi come uno dei maggiori intellettuali *liberal* (*Contro l'interpretazione*, 1966; *Interpretazioni tendenziose*, 1969; *Sotto il segno di Saturno*, 1982; *Davanti al dolore degli altri*, 2003).

SONY CORPORATION, società giapponese fondata nel 1946. La sua sfera d'interesse è molto ampia (televisione, audiovisivi, elettroacustica, automazione per ufficio, elettronica, produzione discografica e cinematografica).

SONZÓGNO, casa editrice fondata nel 1861 a Milano da Edoardo S. (Milano 1836-1920). Erede della tipografia aperta dal padre Giovanni Battista nel 1818, divenne in breve tempo la più importante casa editrice a carattere popolare. Nel 1874 fu fondata la casa musicale, che si impegnò anche in campo teatrale. Dal 1980 la S. fa parte del gruppo editoriale RCS Mediagroup.

SOPHIA-ANTIPOLIS (nome depositato), complesso culturale e scientifico francese (dip. Alpes-Maritimes).

SOPOT, c. della Polonia, presso Danzica; 42.233 ab. Località balneare.

SOPRON, c. dell'Ungheria, al confine con l'Austria; 55.083 ab. Edifici in vari stili, dal gotico al barocco.

SÒRA, com. in prov. di Frosinone; 26.874 ab. Agricoltura (cereali, frutta, olive). Industrie elettrotecniche, chimiche, cartarie. Ant. centro dei volsci conquistato dai romani, fu un gastaldato longobardo; in seguito passò sotto diverse dominazioni e tra il 1861 e il 1870 fu centro di bande di briganti. Resti dell'acropoli. Duomo di S. Maria (XIII sec.).

SÒRABI, popolazione slava che vive nella Germania orient. (Lusazia) (ca. 180.000 individui). I s., caduti nel X sec. sotto il dominio dei tedeschi (che li chiamavano vendi), convertiti al cristianesimo e ridotti in schiavitù, furono a lungo perseguitati prima di vedere riconosciuta la propria autonomia culturale e linguistica (dopo la seconda guerra mondiale).

SORÀNO, com. in prov. di Grosseto; 3986 ab. Fortezza Orsini (XIV sec.). Cave e colombari scavati nel tufo. Necropoli etrusca di S. Rocco (III-II sec. a.C.).

SORAPÌS, gruppo montuoso del Veneto, in prov. di Belluno, nelle Dolomiti orient.; 3025 m. È situato tra la valle di Cortina e il gruppo delle Marmarole.

SORÀTTE, monte del Lazio, in prov. di Roma; 691 m. Situato nella Val Tiberina, è costituito da rocce calcaree e presenta fenomeni carsici. Sulla cima si trova la chiesa di S. Silvestro (IX sec.).

SORBÓNA, in fr. Sorbonne, istituzione pubblica d'insegnamento superiore, a Parigi, att. divisa tra diverse università. Prese nome dal suo fondatore, Robert de Sorbon, che l'aveva concepita come una scuola di teologia per studenti poveri (1257). — L'edificio fu ricostruito due volte: la prima per volere di Richelieu su disegno di J. Lemercier, la seconda tra il 1885 e il 1901.

SORDÈLLO DA GÒITO, *Goito 1200 ca. - Abruzzo 1273 ca.*, trovatore in lingua provenzale. Fu giullare e cortigiano presso Ezzelino da Romano, Raimondo Berengario e Carlo I d'Angiò. Lasciò ca. 40 componimenti d'amore, oltre ai celebri *Compianto in morte di ser Blacatz* (1237) e *Ensenhamen d'onor* (1257). È ricordato da Dante nel *Purgatorio* (canto VI).

SÓRDI (Albèrto), *Roma 1920-2003*, attore e regista cinematografico. Proveniente dall'avanspettacolo e dalla rivista, ha esordito al cinema con F. Fellini (*Lo sceicco bianco*, 1952; *I vitelloni*, 1953). In seguito si è affermato come simbolo dell'italiano piccolo-borghese ed è diventato esponente di spicco della commedia all'italiana, dimostrando notevole *verve* satirica e drammatica e ottenendo una grande

popolarità. Tra le interpretazioni, *Un americano a Roma* (1954), *La grande guerra* (1959), *Il vigile* (1960), *Una vita difficile* (1961), *Un borghese piccolo piccolo* (1977). Ha diretto, in part., *Fumo di Londra* (1965), *Polvere di stelle* (1973), *Il tassinaro* (1983), *Incontri proibiti* (1998).

■ *Alberto Sordi.*

SOREL (Charles), signóre **di Souvigny**, *Parigi 1582 ca. - 1674*, scrittore francese. È autore della *Vera storia comica di Francion* (1622) e di una parodia del romanzo pastorale (*Il pastore stravagante*).

SOREL (Georges), *Cherbourg 1847 - Boulogne-sur-Seine 1922*, teorico politico francese. Influenzato soprattutto da P.J. Proudhon, si fece promotore del sindacalismo rivoluzionario e inneggiò alla lotta proletaria (*Riflessioni sulla violenza*, 1908).

SØRENSEN (Søren), *Havrebjerg 1868 - Copenaghen 1939*, chimico danese. Autore di lavori sulla teoria degli ioni, nel 1909 definì il pH (indice di acidità) e studiò la sintesi degli aminoacidi.

SORIA, c. della Spagna (Castiglia-León), capol. di prov., sul Duero; 34.088 ab. Chiese romaniche; museo di Numazia.

SORIANO (Osvaldo), *Mar del Plata 1944 - Buenos Aires 1997*, scrittore argentino. Giornalista sportivo, è autore di romanzi e racconti che oscillano tra rievocazione storica e analisi del mondo del calcio. Tra le opere, *Triste, solitario y final* (1973), *Artisti, pazzi e criminali* (1984), *Un'ombra ben presto sarai* (1991), *L'ora senz'ombra* (1995), *Fútbol. Storie di calcio* (1998).

SORIÀNO NEL CIMÌNO, com. in prov. di Viterbo; 8290 ab. Industrie alimentari e del legno. Turismo estivo. Castello medievale. Palazzo Chigi-Albani (1562), opera del Vignola.

SOROCABA, c. del Brasile (Stato di São Paulo); 493.468 ab.

SOROKIN (Pitirim), *Turja, presso Syktyvkar, 1889 - Winchester, Massachusetts, 1968*, sociologo statunitense di origine russa. Inaugurò gli studi sul cambiamento sociale (*La dinamica sociale e culturale*, 1937).

SORRENTÌNA (Penisola), penisola della costa campana. Compresa tra il Golfo di Napoli e quello di Salerno, si estende nel Mar Tirreno e termina nella Punta Campanella, che fronteggia Capri. In gran parte montuosa, è attraversata dai Monti Lattari (Monte Sant'Angelo a Tre Pizzi, 1444 m). I centri princ. sono Sorrento e Amalfi.

SORRÈNTO, com. in prov. di Napoli, sul Golfo di Napoli; 17.532 ab. La bellezza dello scenario naturale ha favorito il turismo. — Palazzo Verniero del XIII sec.; chiostro di S. Francesco del XIV sec.

SORRENTO.

SORTÌNO, com. in prov. di Siracusa; 9229 ab. Agricoltura (olive, mandorle). Turismo. Nei dintorni, resti archeologici di *Pantalica*.

SOSEKI → NATSUME SOSEKI.

SÒSIA, schiavo di Anfitrione, nella commedia *Amphitruo* di Plauto. Mercurio, assumendone le sembianze, riesce a farlo dubitare della propria identità. Il personaggio fu ripreso da Molière (*Anfitrione*).

SOSNOWIEC, c. della Polonia, in Alta Slesia; 242.278 ab.

SOSPÌRI (Pónte dei), ponte di Venezia che collega Palazzo Ducale alle prigioni. Realizzato da A. Contino intorno al 1600, fu chiamato così per i lamenti proferiti dai prigionieri durante il loro passaggio verso le carceri.

ŠOSTAKOVIČ (Dmitrij), *San Pietroburgo 1906 - Mosca 1975*, compositore sovietico. Ha scritto composizioni di ispirazione patriottica, musiche da film, quindici sinfonie, musica per pianoforte e da camera, opere (*Lady Macbeth del distretto di Mzensk*).

SOTATSU, *Kyoto prima metà del XVII sec.*, pittore giapponese. Un'ispirazione che attinge dalla tradizione dell'epoca Heian, il colorismo e il gusto ornamentale ne fanno un precursore di Korin e dell'arte decorativa di Tokugawa.

SOTÈRO (sànto), *Fondi - Roma 175*, papa dal 166 al 175.

SOTHEBY AND CO. o **SOTHEBY'S**, la più grande casa d'aste a livello mondiale, fondata a Londra nel 1733. Specializzata in opere d'arte, è att. controllata dagli statunitensi.

SOTHO, insieme delle popolazioni di lingua bantu che abitano il Lesotho, la parte orient. del Sudafrica, lo Zimbabwe merid. e il Botswana orient.

SOTO (Hernando **de**), *Barcarrota 1500 - sulle rive del Mississippi 1542*, conquistatore spagnolo. Compagno di F. Pizarro, a partire dal 1539 esplorò la Florida, e in seguito la regione del Mississippi.

SÓTTO IL MÓNTE GIOVÀNNI XXIII, com. in prov. di Bergamo; 3004 ab. Industrie tessili. Chiamato Sotto il Monte fino al 1964, ospita la casa natale di papa Giovanni XXIII. Meta di pellegrinaggio religioso.

SOTTOVÈNTO (Ìsole), arcipelago delle Antille, che si estende lungo la costa del Venezuela e comprende Curaçao, Aruba, Bonaire e Nueva Esparta. — **Isole Sottovento**, in ingl. **Leeward Islands**, nome dato dai britannici alla parte settentr. delle Isole del *Vento (Antigua, Montserrat, Isole Vergini).

SOTTOVÈNTO (Ìsole), parte nord-occ. delle Isole della Società (Polinesia francese), a N di Tahiti, comprendenti Bora Bora, Huahine, Maupiti, Raiatea e Tahaa.

SOTTSASS (Èttore), *Innsbruck 1917*, architetto e designer. Ha esordito nel campo dell'edilizia residenziale progettando le case popolari dell'INA (Savona, Novara), per poi dedicarsi alla pittura (come esponente del gruppo Arte concreta) e soprattutto al design. Ha creato mobili e complementi d'arredo, vetri, ceramiche, oggetti di uso comune, spesso rifacendosi all'Art Déco o inventando forme ludiche e gratuite. Famose sono le sue calcolatrici e macchine per scrivere, frutto della collaborazione con l'Olivetti (modelli "Tekne", "Studio 45", "Lettera 36").

SOUFFLOT (Germain), *Irancy, presso Auxerre, 1713 - Parigi 1780*, architetto francese. Contribuì all'abbellimento di Lione (Hôtel Dieu) e realizzò il **Pantheon* di Parigi, uno dei primi monumenti neoclassici.

SOUFRIÈRE, vulcano attivo della Guadalupa; 1467 m.

SOULAGES (Pierre), *Rodez 1919*, pittore e incisore francese. Realizza dipinti a strisce nere, dalla composizione rigorosa, in cui talvolta la monocromia è spezzata da pennellate di colore violento.

SOULOUQUE (Faustin), *Petite-Goâve 1782-1867*, imperatore di Haiti (1849-1859). Regnò col nome di Faustino I. Fu deposto a causa del suo dispotismo.

SOULT (Jean de Dieu Nicolas), dùca **di Dalmàzia**, *Saint-Amans-la-Bastide 1769-1851*, maresciallo di Francia. Prese parte alle campagne napoleoniche in Italia e combatté a fianco dell'imperatore durante i Cento giorni. Sotto Luigi Filippo fu ministro della guerra (1830-1832) e capo del governo.

SOUNGARI, in cin. **Songhua Jiang**, f. della Cina nord-orient., affl. di destra dell'Amur; 1800 km.

SOUPAULT (Philippe), *Chaville 1897 - Parigi 1990*, scrittore francese. Narratore e poeta (*I campi magnetici*, 1920, in collaborazione con A. Breton), ha partecipato alla nascita del surrealismo.

SOUPHANOUVONG (príncipe), *Luang Prabang 1909 - Vientiane 1995*, politico laotiano. Fondatore del Pathet Lao (1950), fu presidente della Rep. popolare dem. del Laos dal 1975 (anno di abolizione della monarchia) al 1986.

SOUQ AHRAS, c. dell'Algeria, in prossimità della frontiera tunisina; 116.745 ab.

SOUS, f. del Marocco merid., che bagna la Piana del S.; 180 km.

SOUTHAMPTON, c. della Gran Bretagna (Inghilterra), sulla Manica; 194.400 ab. Porto (commercio e viaggiatori). Centro industriale.

SOUTH BEND, c. degli Stati Uniti (Indiana); 105.511 ab.

SOUTH DAKOTA, Stato degli Stati Uniti, nelle Grandi Pianure; 754.844 ab.; cap. *Pierre*. Deve il suo nome a una popolazione indiana.

SOUTHEND-ON-SEA, località balneare della Gran Bretagna (Inghilterra), alla foce del Tamigi; 153.700 ab. Musei.

SOUTHEY (Robert), *Bristol 1774 - Keswick 1843*, scrittore britannico, autore di poemi lirici ed epici (*Giovanna d'Arco, Don Roderick*) e di biografie (*Vita di Nelson*).

SOUTHPORT, località balneare della Gran Bretagna (Inghilterra), sul Mare d'Irlanda; 90.000 ab.

SOUTH SHIELDS, c. della Gran Bretagna (Inghilterra), sull'estuario del Tyne; 101.000 ab. Porto, stazione balneare e centro industriale.

SOUTH WEST AFRICA PEOPLE'S ORGANIZATION → SWAPO.

SOUTINE (Chaïm), *Smilovič, presso Minsk, 1893 - Parigi 1943*, pittore francese di origine lituana. Praticò un espressionismo violento, unito a una certa raffinatezza della gamma cromatica.

SOUVANNA PHOUMA (príncipe), *Luang Prabang 1901 - Vientiane 1984*, politico laotiano. Più volte primo ministro a partire dal 1951, mantenne una linea politica di neutralità. Dopo il cessate il fuoco (1973), fu a capo del governo provvisorio di unità nazionale, ma venne rovesciato nel 1975.

SOVÀNA o **SOÀNA**, frazione del com. di Sorano; 450 ab. Sito archeologico di origine etrusca, con un tempio e alcune tombe (Sirena, Ildebranda, tomba di Gregorio VII). Di epoca medievale la Rocca Aldobrandesca (XIII sec.), la chiesa romanica di S. Maria (XII sec.) e la cattedrale (XII-XIV sec.).

SOWETO, sobborgo di Johannesburg (Sudafrica), a forte maggioranza nera; ca. 2.000.000 di ab. — Fu teatro di rivolte e sanguinose repressioni nel 1976.

SOYINKA (Wole), *Abeokuta 1934*, scrittore nigeriano di lingua inglese. È autore di poesie, romanzi e di un'autobiografia (*Akè: gli anni dell'infanzia*, 1981), visioni satiriche dell'Africa uscita dal colonialismo che evocano la scomparsa di una cultura ancestrale. (Premio Nobel 1986.)

SPA, com. del Belgio (prov. di Liegi), nelle Ardenne; 10.362 ab. Centro termale. Turismo. — A SE, circuito automobilistico di S.-Francorchamps.

SPAAK (Paul Henri), *Schaerbeek 1899 - Bruxelles 1972*, politico belga. Deputato socialista, fu più volte ministro degli affari esteri e primo ministro dal 1936 al 1949. Ricoprì anche importanti incarichi in ambito internazionale: presidente dell'Assemblea consultiva del Consiglio europeo (1949-1951) e della CECA (1952-1954), segretario generale della NATO (1957-1961).

SPACELAB, laboratorio spaziale modulare europeo, concepito per essere operativo all'interno dello Space Shuttle e utilizzato dal 1983 al 1998.

SPADOLÌNI (Giovànni), *Firenze 1925 - Roma 1994*, giornalista e politico. Dopo aver diretto il *Resto del Carlino* (1955-1968) e il *Corriere della Sera* (1968-1972), è stato eletto in senato nel 1972. Segretario del PRI (1979-1987), ha ricoperto diversi incarichi ministeriali, diventando il primo presidente del consiglio non appartenente alla DC del dopoguerra (giu. 1981 - nov. 1982). È stato presidente del senato dal 1987 al 1994. Tra le opere, *Autunno del Risorgimento* (1971), *L'Italia della ragione* (1978).

SPÀGNA, in sp. **España**, Stato dell'Europa sud-occ.; 505.000 km² (497.500 km² escluse le Canarie); 39.700.000 ab. (*spagnoli*). CAP. *Madrid*. C. PRINC. *Barcellona*. LINGUA: *spagnolo*. MONETA: *euro*. [*V. carta a pagina seguente.*]

ISTITUZIONI – Monarchia parlamentare, con Costituzione del 1978. Il potere esecutivo è affidato al re e a un governo (responsabile dinanzi al congresso dei deputati) guidato da un presidente. Depositario del potere legislativo è un parlamento bicamerale (le *Cortes*) formato dal congresso dei deputati e dal senato, eletti entrambi ogni 4 anni a suffragio universale diretto. La Costituzione spagnola instaura un sistema semifederale di amministrazione delle regioni, il cui elemento base è rappresentato dalla comunità autonoma. Nel 1983 il processo di conquista dell'autonomia da parte delle regioni culmina nella divisione del paese in 17 comunità autonome (dotata ciascuna di un parlamento eletto a suffragio universale e di un governo regionale), alle quali si aggiungono le città di Ceuta e Melilla. — Le 17 comunità autonome sono: Andalusia, Aragona, Asturie, Baleari, Canarie, Cantabria, Castiglia-La Mancia, Castiglia-León, Catalogna, Estremadura, Galizia, La Rioja, Madrid, Murcia, Navarra, Province Basche, Valencia.

GEOGRAFIA – La S. fa parte dell'Europa mediterranea e occupa la maggior parte della penisola iberica. L'agricoltura conserva notevole peso, nonostante siano sviluppati l'industria e, soprattutto, i servizi. La distribuzione della popolazione è caratterizzata da un accentuato particolarismo (soprattutto nelle Province Basche e in Catalogna) e da un elevato tasso di urbanizzazione (quasi l'80%) con la presenza di alcune grandi città (sei delle quali superano i 500.000 abitanti). Le colture (spesso estensive) di frumento e vite e l'allevamento ovino predominano nella *meseta*, vasta pianura interna dal clima molto secco, caldo d'estate e rigido d'inverno. La coltivazione di alberi da frutto (agrumi) e legumi si concentra invece nelle *huertas*, lungo un litorale dal clima mediterraneo e nei perimetri irrigati dai grandi fiumi (Tago ed Ebro). L'allevamento bovino prevale nella zona nord-occ., fresca e umida. L'attività industriale, che si concentra nelle Province Basche, nelle Asturie e nella reg. di Barcellona, è rappresentata principalmente dalla metallurgia di trasformazione, seguita dai settori tessile e agroalimentare. Il tradizionale deficit della bilancia commerciale è almeno in parte compensato dalle entrate del turismo (60 milioni ca. di visitatori all'anno), soprattutto balneare (Baleari e litorale mediterraneo). L'ingresso nell'Unione Europea ha creato problemi di adattamento (definizione di quote di prezzi per la pesca in attivo, competitività industriale, sovrapproduzione agricola), superati grazie alla ripresa economica degli ultimi anni. La S. sta oggi conoscendo una forte crescita e un netto miglioramento nel campo dell'occupazione.

STORIA – **Le origini**. Il popolamento della S. risale al Paleolitico. I primi abitanti di cui si abbia notizia sono gli iberi. Alla fine del II millennio fenici e greci fondano colonie commerciali sulle coste. **VI sec. a.C.**: dalla fusione di celti e iberi nasce il gruppo etnico dei celtiberi. **III sec.-II sec. a.C.**: contesa durante le guerre puniche, la S. subisce prima la dominazione di Cartagine (parte orient.), poi di Roma (201 a.C.). **19 a.C.**: la sottomissione a Roma è completa. **V sec. d.C.**: invasione dei vandali. **412**: i visigoti penetrano nella penisola iberica stabilendovi una potente monarchia, cattolica a partire da re Recaredo I (587).

L'Islam e la *Reconquista*. **711**: inizio della conquista araba. **756**: l'emirato omayyade di Córdoba si dichiara indipendente, per poi diventare un califfato dal 929 al 1031. Il suo smembramento favorisce in seguito la *Reconquista* a partire dal N, dove sopravvivono alcuni Stati cristiani (Castiglia, León, Aragona). **1085**: presa di Toledo a opera di Alfonso VI. **1212**: gli arabi vengono sconfitti a Las Navas de Tolosa. **1248**: conquista di Siviglia da parte di Ferdinando III. Verso la metà del XIII sec. i musulmani, respinti a S, si ritirano nel regno di Granada. **1492**: gli arabi vengono cacciati dai "re cattolici", Ferdinando d'Aragona e Isabella di Castiglia, sua sposa dal 1469.

Il periodo aureo. **XVI sec.**: Carlo I (1516-1556), divenuto imperatore con il nome di Carlo V, espande i propri domini con le conquiste coloniali in America e con l'annessione dei territori austriaci degli Asburgo. Filippo II (1556-1598) eredita il Portogallo (1580) e il suo regno inaugura il "secolo d'oro" delle arti e delle lettere spagnole. Ma la sconfitta dell'Invencible Armada (1588), a opera dell'Inghilterra, rappresenta la prima avvisaglia del declino.

Il declino. **1640**: il Portogallo si affranca dalla S. **1700**: l'estinzione della casa d'Asburgo permette l'ascesa al potere di Filippo V di Borbone, nipote di Luigi XIV, evento che scatena la guerra di successione spagnola (1701-1714). **1759-1788**: Carlo III, despota illuminato, tenta di risollevare le sorti del paese. **1808**: Napoleone impone sul trono spagnolo il fratello Giuseppe. Una sanguinosa rivolta (*Dos de Mayo*, 2 mag.) e la conseguente repressione (*Tres de Mayo*) segnano l'inizio della guerra d'indipendenza. **1814**: restaurazione dei

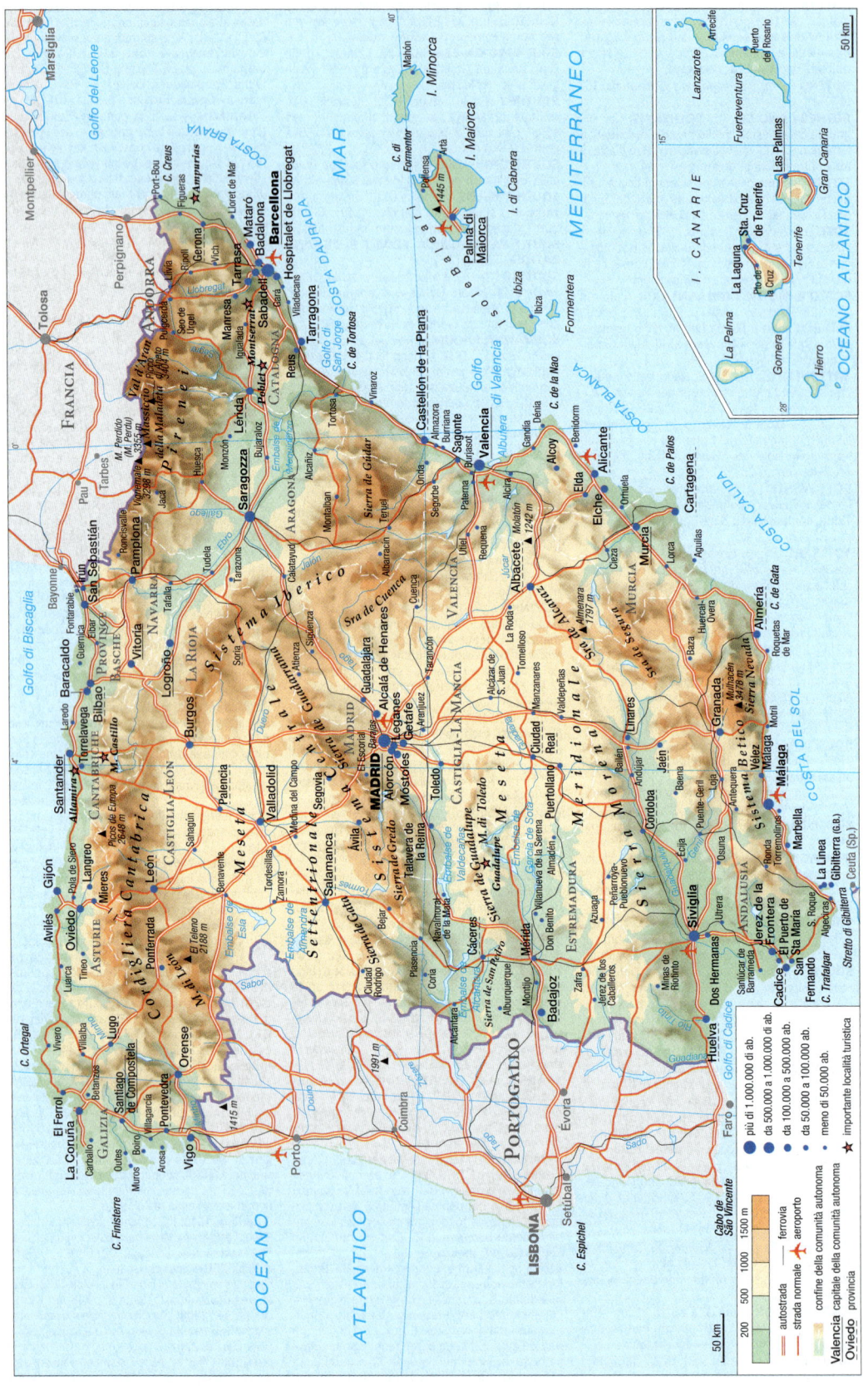

Borbone. **1814-1833**: Ferdinando VII, grazie all'intervento francese del 1823, stabilisce una monarchia assoluta, ma poi perde le colonie d'America. **Guerre fratricide**. **1833-1868**: la regina Isabella II deve lottare contro i carlisti, sostenitori di suo zio don Carlos, e viene deposta. **1874**: ritorno dei Borbone dopo una parentesi repubblicana. Alfonso XII (1874-1885) viene proclamato re. **1885-1931**: la reggenza di Maria Cristina (fino al 1902) e il regno di Alfonso XIII sono turbati da disordini. Al termine della guerra contro gli Stati Uniti (1898) la S. perde Cuba, le Filippine e Porto Rico. All'interno del paese regna l'anarchia e si sviluppano movimenti nazionalisti (basco, catalano). **1923-1930**: Miguel Primo de Rivera instaura una dittatura. **1931**: dopo la vittoria repubblicana alle elezioni, Alfonso XIII lascia la S. e viene proclamata la repubblica. **1936**: in febbraio il Fronte popolare vince le elezioni. In luglio, la sollevazione del generale Francisco Franco segna l'inizio della guerra civile. [→ **Spagna** (guerra civile di)]. **Il regime franchista**. **1939-1975**: Fattosi nominare *caudillo*, cioè capo di Stato a vita, F. Franco governa con un partito unico e organizza uno Stato autoritario. Depositarie del potere legislativo sono le *Cortes*, assemblee non elette (1942). Anche se favorevole all'Asse, durante la seconda guerra mondiale la S. conserva una posizione di non belligeranza. **1947**: la legge di successione riafferma il principio monarchico. **1955**: la S. fa il suo ingresso nell'ONU. Parallelamente, dalla fine degli anni '60 del secolo scorso, conosce una rapida modernizzazione in ambito economico. **1969**: Franco sceglie Juan Carlos come successore. **La Spagna democratica**. **1975**: alla morte di Franco, Juan Carlos I di Borbone sale al trono di S. e avvia un processo di democratizzazione del regime con l'appoggio del governo centrista di Adolfo Suárez (1976-1981). **1978**: la nuova Costituzione ristabilisce le istituzioni rappresentative e crea governi autonomi nelle 17 regioni del paese. **1982**: il socialista Felipe Gonzáles diventa capo del governo. La S. aderisce alla NATO; **1986**: entra a far parte della CEE. **1996**: il Partito popolare (destra) vince le elezioni: il suo leader, José María Aznar, diventa primo ministro. **2000**: il potere di quest'ultimo viene ribadito da una nuova, ampia vittoria elettorale (maggioranza assoluta) del Partito popolare. Il paese tuttavia deve far fronte a un'ondata di attentati terroristici dell'ETA (movimento indipendentista basco). **2003**: il governo concede il suo appoggio all'intervento militare anglo-americano in Iraq. **2004**: l'11 mar., una serie di attentati terroristici colpisce Madrid, provocando 200 morti e oltre 1400 feriti. Le elezioni del 14 mar. vedono la vittoria del Partito socialista, guidato da José Luis Zapatero.

SPÀGNA (guèrra civile di) (1936-1939), conflitto che contrappose il governo repubblicano del Fronte popolare spagnolo al movimento militare e nazionalista guidato da F. Franco. I nazionalisti, sostenuti dalla Germania hitleriana e dall'Italia fascista, ebbero infine la meglio sui repubblicani, a fianco dei quali combatterono le Brigate internazionali, formate da volontari provenienti da più di 50 nazioni. Questa guerra fece più di 600.000 vittime.

SPAGNOLÉTTO → Ribera (José de).

SPAGNÒLLI (Giovànni), *Rovereto 1907-1984*, politico. Senatore della DC dal 1953 al 1976, fu ministro della marina mercantile (1963-1966, 1968) e delle poste (1966-1968). Presidente del senato dal 1973 al 1976.

SPÀLATO, in serbo-croato **Split**, c. della Croazia, sull'Adriatico; 189.388 ab. Porto. Turismo. — Diocleziano vi fece costruire, all'inizio del IV sec., un vasto complesso palaziale a pianta rettangolare, intorno al quale gli abitanti di Salona edificarono una nuova città a partire dal VII sec. — Chiesette preromaniche; palazzi gotici del XV sec. Musei.

SPALLANZÀNI (Làzzaro), *Scandiano 1729 - Pavia 1799*, biologo. Tra i fondatori della biologia moderna, studiò la circolazione sanguigna, la respirazione e la fecondazione, riprodusse *in vitro* il processo digestivo e confutò la teoria della generazione spontanea dei microrganismi.

SPANDAU, quartiere di Berlino, sul f. Sprea. Fino alla morte di R. Hess, nel 1987, è stato luogo di detenzione dei criminali di guerra tedeschi condannati nel 1946 dal tribunale di Norimberga.

SPANISH TOWN, c. della Giamaica, a O di Kingston; 92.000 ab. Cattedrale del XVIII sec.

SPÀRGI, isola del Mar Tirreno; 4,2 km^2. Compresa nell'Arcipelago della Maddalena, in prossimità della costa settentr. della Sardegna, raggiunge i 155 m di alt. ed è disabitata.

SPÀRTA o **LACEDÈMONE**, c. dell'ant. Grecia, nel Peloponneso, sul f. Eurota. Organizzata nel IX sec. a.C. in uno Stato oligarchico e militare, basato sulla classificazione dei cittadini in uguali (*homoioi*), iloti e perieci, fino al VI sec. a.C. praticò una politica espansionistica, che contribuì alla sua potenza. Nel V sec. a.C. sconfisse Atene nella guerra del Peloponneso (431-404 a.C.), ma nel 371 a.C. Tebe pose fine alla sua egemonia (battaglia di Leuttra). L'espansione della Macedonia la privò infine di un ruolo politico. Inglobata nell'impero romano nel 146 a.C., S. fu distrutta dai visigoti nel IV sec. d.C.

SPÀRTACO, *m. in Lucania nel 71 a.C.*, animatore della rivolta degli schiavi contro Roma. Guidò la più grande sollevazione di schiavi dell'antichità e tenne testa all'esercito romano per due anni (73-71); fu sconfitto e ucciso da Crasso.

SPÀRTACO (Lèga di), movimento politico tedesco sorto nel 1915 per iniziativa di un gruppo di politici di sinistra guidati da K. Liebknecht e R. Luxemburg. Prese il nome da "Spartacus", pseud. di Liebknecht, e si oppose all'intervento in guerra voluto dai partiti socialdemocratici. Entrato in clandestinità, sostenne la Rivoluzione russa e originò il Partito comunista tedesco, ma nel 1919 fu sciolto nel corso della repressione antirivoluzionaria e i suoi membri furono assassinati.

SPARTIVÈNTO (Càpo), promontorio della Calabria, in prov. di Reggio di Calabria. Si protende nel Mar Ionio, lungo la Costa dei Gelsomini.

SPAVÈNTA (Bertràndo), *Bomba 1817 - Napoli 1883*, filosofo. Studioso di filosofia tedesca, docente a Modena, Bologna e Napoli, contribuì a far conoscere il pensiero di G.W.F. Hegel e a sprovincializzare la filosofia italiana. Tra le opere, *La filosofia italiana nelle sue relazioni con la filosofia europea* (1862), *Principi di filosofia* (1867).

SPÀZIO ECONÒMICO EUROPÈO (SEE), spazio di libero scambio, in Europa. Istituito dal trattato di Porto (1992) ed entrato in vigore il 1° gen. 1994, comprende diciotto Stati: i quindici dell'Unione Europea e i tre dell'AELE (esclusa la Svizzera).

SPD → Socialdemocratico tedesco (Partito).

SPEARMAN (Charles), *Londra 1863-1945*, psicologo britannico. Con i suoi studi introdusse i metodi di analisi fattoriale in psicologia.

SPECTATOR (The), periodico britannico, pubblicato da J. Addison e R. Steel dal 1711 al 1714. Suo obiettivo era influire sulla società britannica attraverso la riforma dei costumi.

SPEER (Albert), *Mannheim 1905 - Londra 1981*, architetto e politico tedesco. Ispettore generale dell'edilizia a Berlino (1937), fu uno dei maggiori esponenti dell'architettura nazista (nuova Cancelleria di Berlino, 1938). Ministro per gli armamenti (1942), fu condannato a vent'anni di carcere dal tribunale di Norimberga.

SPEKE (John Hanning), *Bideford 1827 - presso Corsham 1864*, esploratore britannico. Partito con R.F. Burton, esplorò l'Africa centrale, dove scoprì il lago da lui chiamato Vittoria.

SPÈLLO, com. in prov. di Perugia; 8142 ab. Industrie elettrotecniche, dell'abbigliamento. Cerchia muraria di epoca augustea. Monumenti medievali: chiesa di S. Maria Maggiore (XII-XIII sec.) e di S. Andrea (XII sec.).

SPEMANN (Hans), *Stoccarda 1869 - Friburgo 1941*, biologo tedesco. Precursore dell'embriologia evolutiva, ricevette il premio Nobel nel 1935 per le sue ricerche sui meccanismi dell'evoluzione negli esseri viventi.

SPENCER (Herbert), *Derby 1820 - Brighton 1903*, filosofo britannico. Concepì l'evoluzione come il passaggio dall'omogeneo all'eterogeneo, applicando gli stessi principi alla psicologia e alla sociologia (*Primi principi*, 1862).

SPENCER (Càrlo **Pedèrsoli**, detto Bud), *Napoli 1929*, attore cinematografico. Protagonista di film d'avventura e di western all'italiana, ha lavorato spesso a fianco di T. Hill (*Lo chiamavano Trinità*, 1970; *...Altrimenti ci arrabbiamo*, 1974; *Io sto con gli ippopotami*, 1979; *Chi trova un amico trova un tesoro*, 1981).

SPENGLER (Oswald), *Blankenburg, Harz, 1880 - Monaco 1936*, filosofo tedesco. Criticando il mito del progresso, paragonò le civiltà agli esseri viventi, soggetti ad accrescimento, maturità e declino (*Il tramonto dell'Occidente*, 1918-1922).

SPENSER (Edmund), *Londra 1552-1599*, poeta inglese. È autore dell'egloga *Il calendario del pastore* e del poema epico-allegorico *La regina delle fate*.

SPERLING & KUPFER, casa editrice fondata nel 1899 a Milano dall'editore tedesco Heinrich Otto S. Nel 1911 entrò nella dirigenza anche Richard K., quindi nel 1970 la casa editrice fu rilevata da T.M. Barbieri. Att. pubblica soprattutto opere scientifiche e di narrativa.

SPERLÒNGA, com. in prov. di Latina; 3417 ab. Pesca. Turismo balneare. Nei dintorni, villa dell'imperatore Tiberio con gruppi scultorei scoperti a partire dal 1956, raffiguranti episodi della guerra di Troia e delle avventure di Ulisse.

SPERÓNI (Speróne), *Padova 1500-1588*, letterato e filosofo. Docente a Padova, membro dell'Accademia degli Infiammati, fu autore dei *Dialoghi di messer Speron Speroni* (1542), che comprendevano il *Dialogo delle lingue*, acuta riflessione sul linguaggio. Tra le altre opere, la tragedia *Canace* (1546).

SPERRY (Roger Wolcott), *Hartford 1913 - Pasadena 1994*, neurofisiologo statunitense. Ha studiato in part. l'apparato visivo nei vertebrati e le funzioni degli emisferi cerebrali nell'uomo. (Premio Nobel 1981).

SPÈZIA (La), c. della Liguria, capol. di prov., sul Golfo di La S.; 95.504 ab. (*spezzini*). Porto. Arsenale militare. Cantieri navali e stabilimenti petrolchimici. — La città, fiorita nel XII-XIII sec. sotto la signoria dei Fieschi, nel 1274 fu conquistata da Genova. — Castello di S. Giorgio (XIV sec.). Museo navale. — Nella provincia all'attività industriale (settori meccanico, estrattivo, enologico) si affianca il turismo (Cinque Terre, Porto Venere).

SPIEGELMAN (Art), *Stoccolma 1948*, disegnatore e sceneggiatore di fumetti statunitense, autore di un racconto a fumetti sull'Olocausto (*Maus*, 1972).

SPIELBERG, in cec. **Špilberk**, cittadella di Brno, in Moravia, prigione di Stato sotto gli Asburgo (1742-1855). Vi furono rinchiusi molti patrioti italiani, tra cui S. Pellico.

SPIELBERG (Steven), *Cincinnati 1946*, regista cinematografico statunitense. Ha realizzato film di avventura, del terrore e di fantascienza (*Lo squalo*, 1975; *Incontri ravvicinati del terzo tipo*, 1977; *I predatori dell'arca perduta*, 1981; *E.T.*, 1982; *Indiana Jones e il tempio maledetto*, 1984; *Indiana Jones e l'ultima crociata*, 1989; *Jurassic Park*, 1993; *Il mondo perduto*, 1997; *Minority Report*, 2002). Si è cimentato anche con la storia (l'Olocausto in *Schindler's List*, 1994; la seconda guerra mondiale in *Salvate il soldato Ryan*, 1998), colta nelle sue ripercussioni sui destini individuali.

Steven **SPIELBERG.** Incontri ravvicinati del terzo tipo *(1977).*

SPILIMBÈRGO, com. in prov. di Pordenone; 10.815 ab. Centro agricolo (foraggi, frutta). Industrie calzaturiere, meccaniche. Duomo (XIII sec.).

SPILLIAERT (Léon), *Ostenda 1881 - Bruxelles 1946*, pittore belga. La sua opera, piena di inquietudine e fantasia, sintetica nella forma, concilia simbolismo ed espressionismo.

SPÌNA, ant. c. etrusca, sviluppatasi in part. nel VI-V sec. I suoi resti sono stati rinvenuti nella zona del delta del Po, nei dintorni di Comacchio; notevoli le necropoli (con 4000 tombe ca.) e i vasi a figure rosse realizzati dei maggiori ceramografi attici.

SPINÈA, com. in prov. di Venezia; 24.834 ab. Agricoltura (uva, ortaggi, foraggi). Industrie meccaniche, del legno, delle materie plastiche.

SPINÈLLI (Altièro), *Roma 1907-1986*, politico. Confinato a Ventotene per l'attività antifascista, fondò con E. Rossi il Movimento federalista europeo (1943), di cui fu segretario (1947-1963). Membro della commissione della CEE, si adoperò in favore dell'unità europea. Tra le opere, *L'Europa non cade dal cielo* (1960), *Il progetto europeo* (1985).

SPINÉTOLI, com. in prov. di Ascoli Piceno; 5588 ab. Industrie meccaniche, dei materiali da costruzione. Santuario della Madonna (1759).

SPINÉTTA MARÈNGO → MARENGO (battaglia di).

SPÌNOLA (Ambrògio, marchése **di**), *Genova 1569 - Castelnuovo Scrivia 1630*, condottiero. Comandante in capo dell'esercito spagnolo nei Paesi Bassi, tolse a Maurizio di Nassau le piazzeforti di Ostenda (1603) e Breda (1625). Nel 1629-1630 fu governatore di Milano.

SPÌNOLA (António Sebastião **Ribeiro de**), *Estremoz 1910 - Lisbona 1996*, maresciallo e politico portoghese. Governatore della Guinea (1967-1973), organizzò il colpo di Stato militare del 1974 diventando così presidente della repubblica, ma per la sua opposizione alle forze di sinistra fu costretto alle dimissioni e all'esilio (1975). Tornato in Portogallo (1976), fu promosso maresciallo nel 1981.

SPINOZA (Baruch), *Amsterdam 1632 - L'Aia 1677*, filosofo olandese. Studiò da rabbino, ma nel 1656 fu estromesso dalla comunità ebraica. La pubblicazione dei *Principia philosophiae cartesianae* (1663) e, soprattutto, del **Tractatus theologico-politicus* gli valse l'ostilità delle autorità religiose. Le altre sue opere apparvero postume: **Ethica more geometrico demonstrata*, *De intellectus emendatione, Tractatus politicus*. Il pensiero di S. si propone di liberare da ogni forma di schiavitù e apportare la beatitudine che nasce dalla vera conoscenza. Per giungere a questa conoscenza della natura, cioè di Dio, occorre risalire la catena delle cause che danno a ciascuna creatura, e quindi anche all'uomo, la sua specificità. Di tale natura (*sostanza*) l'uomo non può percepire che due attributi: estensione e pensiero. Sono possibili tre modalità di conoscenza: credenza, ragionamento e intuizione razionale.

■ *Baruch Spinoza.*

SPÌRA, in ted. **Speyer**, c. della Germania (Renania-Palatinato), sul Reno; 49.851 ab. Prestigiosa cattedrale dell'XI sec., pesantemente restaurata. — Città libera nel 1294, s. ospitò molte diete imperiali, tra cui quella del 1529, durante la quale i principi luterani "protestarono" contro la decisione di Carlo V di limitare la libertà religiosa.

SPÌRITO (Ùgo), *Arezzo 1896 - Roma 1979*, filosofo. È stato allievo di G. Gentile, del quale ha sostenuto l'attualismo. In seguito ha teorizzato il ricorso alla scienza come unico modo per affrontare il "problematicismo" del pensiero. Tra le opere, *La vita come ricerca* (1937), *Il problematicismo* (1948), *G. Gentile* (1969).

SPÌRITO DELLE LÉGGI (Lo), opera di Montesquieu (1748) che, nell'analizzare i rapporti esistenti tra leggi e caratteristiche di uno Stato (organizzazione politica, costumanze, religione ecc.), raccomanda la separazione dei poteri.

SPIŠSKÉ PODHRADIE, c. della Slovacchia, a NO di Košice; 2500 ab. Monumenti antichi, tra cui la cattedrale romanica (XIII sec.) di Spišská Kapitula e, nei pressi, la fortezza con parti del XII-XIII sec.

SPITTELER (Carl), *Liestal 1845 - Lucerna 1924*, poeta svizzero di lingua tedesca, autore di poemi epici e allegorici (*Primavera olimpica*). (Premio Nobel 1919.)

SPITZ (Mark), *Modesto, California, 1950*, nuotatore statunitense. Ha conquistato 7 titoli olimpici nel 1972.

SPITZ (René Arpad), *Vienna 1887 - Denver, Colorado, 1974*, medico e psicoanalista statunitense

di origine ungherese. Studiò il rapporto madre-bambino e le carenze affettive.

SPITZBERGEN o **SPITSBERGEN**, isola principale delle Svalbald. Miniere di carbone.

SPLIT → SPALATO.

SPLÙGA, in ted. **Splügen**, valico alpino, al confine italo-svizzero, tra Coira e il Lago di Como; 2113 m. Separa le Alpi Lepontine dalle Retiche ed è attraversato da una strada statale.

SPOCK (Benjamin), *New Haven 1903 - San Diego 1998*, medico statunitense. Con il celebre manuale *Il bambino. Come si cura e come si alleva* (1946), di enorme diffusione, ha sostenuto un'educazione dei bambini fondata sul permissivismo e l'antiautoritarismo.

SPOERRI (Daniel), *Galaţi 1930*, artista svizzero di origine romena. Tra i firmatari del manifesto del Nouveau réalisme (1960), realizza *assemblage* dall'ironia corrosiva, affastellando oggetti di uso quotidiano.

SPOKANE, c. degli Stati Uniti (Stato di Washington); 195.629 ab.

SPOLÉTO, com. in prov. di Perugia; 37.647 ab. Turismo e iniziative culturali di risonanza internazionale (Festival dei Due Mondi). — La città, divenuta colonia romana nel 241 a.C., fu assoggettata da goti (V sec.) e longobardi (VI sec.), che ne fecero il fulcro di un ducato (571). Libero comune nell'XI-XII sec., dopo aver gravitato nell'orbita di Perugia entrò a far parte dello Stato della Chiesa (1440). — Vestigia di epoca romana (arco di Druso), duomo romanico con rimaneggiamenti del XVI-XVII sec.; basilica di S. Salvatore (IV sec.); palazzo comunale del XIV sec., che ospita la pinacoteca.

Veduta di **SPOLETO.**

SPONDE (Jean **de**), *Mauléon 1557 - Bordeaux 1595*, umanista e poeta francese. I suoi sonetti religiosi, profondi e ricchi di eloquenza, sono tra i capolavori della poesia barocca.

SPONTÌNI (Gàspare), *Maiolati, Ancona, 1774-1851*, compositore naturalizzato francese. Autore delle opere *La vestale* (1807) e *Fernando Cortez* (due versioni, 1809 e 1817), visse a Parigi e Berlino, presso la corte imperiale.

SPÒRADI, isole greche del Mar Egeo, distinte in S. Settentrionali, vicine all'Eubea, e S. Meridionali, o Isole del Dodecaneso, vicine alla Turchia e comprendenti in part. Samo e Rodi.

SPÒRADI EQUATORIÀLI → LINE ISLANDS.

SPOSALÌZIO DELLA VÉRGINE (Lo), dipinto di Raffaello Sanzio (1504, Brera, Milano). Capolavoro della pittura rinascimentale, raffigura il matrimonio di Maria e Giuseppe con sorprendente equilibrio prospettico e straordinario accostamento cromatico.

SPOT (Satellite Pour l'Observation de la Terre), nome di una serie di satelliti francesi lanciati in orbita dal 1986 e destinati all'osservazione della Terra a scopi civili e scientifici (cartografia, prospezioni minerarie, ricerche idrologiche ecc.).

SPQR (Senatus PopulusQue Romanus), sigla utilizzata nelle epigrafi di edifici pubblici, monumenti e monete nell'ant. Roma. Ant. *Senatus Populusque Quiritium Romanorum* ("Il senato e il popolo dei romani quiriti"), significò poi "Il senato e il popolo romano" ed è tuttora il simbolo della città di Roma.

SPRANGER (Bartholomeus), *Anversa 1546 - Praga 1611*, pittore fiammingo naturalizzato ceco nel 1593. Fu attivo a Roma, Vienna e alla corte di Praga (1581). Con il suo genio prezioso e sensuale contribuì a fare di Praga una capitale del tardo-manierismo.

SPRANGER (Eduard Franz Ernst), *Berlino 1882 - Tubinga 1963*, filosofo e psicologo greco. Sviluppò un pensiero neoidealistico, teorizzando una psicologia caratterizzata dalla descrizione di tipi

umani fondamentali (uomo sociale, teoretico, economico ecc.). Tra le opere, *Le forme della vita. Psicologia come scienza dello spirito ed etica della personalità* (1914).

SPRATLY (Ìsole), arcipelago della Cina merid., tra le Filippine e il Vietnam, rivendicato da questi due paesi oltre che dal Brunei, dalla Cina e dalla Malaysia.

SPRÈA, in ted. **Spree**, f. della Germania, che confluisce nell'Havel; 403 km. Bagna Berlino.

SPRIÀNO (Pàolo), *Torino 1925 - Roma 1988*, storico. Membro del PCI, scrisse un'imponente *Storia del Partito comunista italiano* (5 voll., 1967-1975). Tra le altre opere, *Gramsci in carcere e il partito* (1977), *I comunisti europei e Stalin* (1983), *Le passioni di un decennio, 1946-1956* (1987).

SPRINGER VERLAG, gruppo poligrafico ed editoriale tedesco. Fondato nel 1945 da Axel Caesar S. (1912-1985), controlla alcune delle maggiori testate tedesche (*Bild Zeitung, Die Welt* ecc.).

SPRINGFIELD, c. degli Stati Uniti, cap. dell'Illinois; 111.454 ab.

SPRINGFIELD, c. degli Stati Uniti (Massachusetts); 152.082 ab. Museo d'arte.

SPRINGFIELD, c. degli Stati Uniti (Missouri); 151.580 ab.

SPRINGS, c. del Sudafrica, presso Johannesburg; 153.974 ab. Miniere d'oro. Centro industriale.

SPUTNIK, nome dei primi satelliti artificiali sovietici. S. 1, spedito in orbita al 4 ott. 1957, è stato il primo satellite artificiale della Terra.

SQUARCIÓNE (Francésco), *Padova 1397-1468*, pittore. La sua bottega, nella quale si formarono artisti quali A. Mantegna e lo Schiavone, fu un importante centro di formazione di suggestioni prerinascimentali. Lo S. combinò elementi donatelliani e gotici. Tra le opere, *San Gerolamo e santi* (1449-1452).

SQUARZÌNA (Luigi), *Livorno 1922*, regista e drammaturgo teatrale. Ha diretto il Teatro Stabile di Genova (1962-1976) e di Roma (1976-1983), proponendo una lettura innovativa di opere di autori classici e moderni (*Ciascuno a suo modo* di L. Pirandello, *La casa nova* di C. Goldoni, *Il cerchio di gesso del Caucaso* di B. Brecht). Tra le opere drammaturgiche, *Tre quarti di luna* (1953), *I cinque sensi* (1987).

SQUAW VALLEY, stazione di sport invernali degli Stati Uniti (California), nella Sierra Nevada.

SQUILLÀCE, com. in prov. di Catanzaro; 3631 ab. Agricoltura (agrumi, ortaggi, olive). Turismo balneare a Lido di S. Ant. centro greco (*Scillezio*), divenne poi romano con il nome di *Scolacium*. Rovine archeologiche di età imperiale (teatro, terme, anfiteatro).

SQUITIÈRI (Pasquàle), *Napoli 1938*, regista cinematografico. Tra i suoi film, *La vendetta è un piatto che si serve freddo* (1971), *Camorra* (1972), *I*

Lo sposalizio della Vergine *di Raffaello Sanzio, 1504. (Brera, Milano.)*

guappi (1972), *Il prefetto di ferro* (1977), *Corleone* (1977), *Il pentito* (1985), *Russicum - I giorni del diavolo* (1989), *Li chiamarono... briganti!* (1999), *L'avvocato De Gregorio* (2003).

S-R → SOCIAL-RIVOLUZIONARIO (Partito).

SRÀFFA (Pièro), *Torino 1898 - Cambridge 1983*, economista. Rinnovò lo studio della formazione dei prezzi, introdusse la nozione di concorrenza imperfetta, in contrasto con la teoria neoclassica, e contribuì a diffondere il pensiero di D. Ricardo con l'edizione critica delle opere complete (1930-1935), che gli valse la medaglia d'oro dell'Accademia delle scienze svedese.

SRI LANKA, fino al 1972 Ceylon, Stato insulare dell'Asia merid., a SE dell'Indo; 66.000 km²; 18.580.000 ab. (*singalesi*). CAP. *Colombo*. LINGUE: *singalese* e *tamil*. MONETA: *rupia di Sri Lanka*.

GEOGRAFIA – Formata da altopiani e colline disposti intorno a un massiccio montuoso centrale, l'isola ha un clima tropicale caldo, con piogge legate al ciclo monsonico (il settore occ. è più umido e piovoso). L'agricoltura rappresenta quasi l'unica risorsa del paese; alle colture di sussistenza (riso) si affiancano quelle commerciali (in primo luogo tè, ma anche caucciù). Tuttavia, la vita economica manca di organizzazione, a causa della lotta che contrappone la maggioranza singalese (buddhista) alla minoranza tamil (induista: il 20% ca. della popolazione, concentrata nel N del paese); tale conflitto è inoltre responsabile del declino del turismo.

STORIA – III sec. a.C.: il buddhismo viene introdotto a Ceylon a partire dalla sua capitale, Anuradhapura. **Fine del X sec. d.C.**: la monarchia di Anuradhapura viene rovesciata da un sovrano cola. **1070**: l'isola è riconquistata da un principe singalese. A partire dal XIV sec., i singalesi rifluiscono verso S, mentre i tamil costituiscono un regno indipendente al N, nella penisola di Jaffna (XIV-XVI sec.). **XVI sec.**: il Portogallo occupa la costa e il re di Kandy conquista il centro di Ceylon. **1658**: gli olandesi sconfiggono i portoghesi. **1796**: la Gran Bretagna annette l'isola; **1815**: s'impadronisce del regno di Kandy e impone un'economia basata sulle piantagioni (caffè, tè). **1931**: l'isola di Ceylon si dota di uno statuto di autonomia interna; **1948**: ottiene l'indipendenza. **1948-1956**: i conservatori detengono il potere con Dudley Stephen Senanayake (1948-1952), suo figlio Dudley Se-

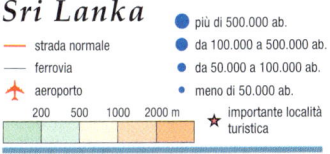

Sri Lanka

- più di 500.000 ab.
- da 100.000 a 500.000 ab.
- da 50.000 a 100.000 ab.
- meno di 50.000 ab.
- strada normale
- ferrovia
- aeroporto
- 200 500 1000 2000 m
- ★ importante località turistica

nanayake (1952-1953) e John Kotelawala (1953-1956). **1956-1965**: la sinistra governa il paese, sotto la guida di Solomon Bandaranaike, quindi, dopo il suo assassinio, della vedova Sirimavo Bandaranaike. **1965-1970**: D. Senanayake ritorna al potere; **1970-1977**: gli succede S. Bandaranaike. **Dal 1974**: alcune organizzazioni tamil combattono per la creazione di uno Stato tamil indipendente. **1977**: diventa primo ministro il conservatore J.R. Jayewardene; **1978**: quest'ultimo viene eletto presidente della repubblica. Ranasinghe Premadasa sale alla carica di capo del governo. **Dal 1983**: gli scontri tra tamil e singalesi minacciano l'unità del paese. **1989**: R. Premadasa viene eletto presidente della repubblica. L'intervento delle truppe indiane (1987-1990), richiesto dal governo di S. L., non vale a risolvere il conflitto interno legato al separatismo tamil. **1993**: Premadasa viene assassinato. Dingiri Banda Wijetunge gli succede a capo dello Stato. **1994**: Chandrika Kumaratunga, leader dell'opposizione di sinistra, sale alla presidenza della repubblica. La madre, S. Bandaranaike, torna a occupare la carica di primo ministro. **1995**: si conclude un accordo di cessate il fuoco tra governo e separatisti tamil; la violazione della tregua da parte di questi ultimi provoca una vasta offensiva da parte dell'esercito (presa di Jaffna in dic.). **1999**: C. Kumaratunga viene rieletta capo dello Stato. **2000**: S. Bandaranaike si dimette dalla carica di primo ministro (ago.) e poco dopo muore (ott.). **2001**: il primo ministro scampa a un attentato. **2002**: viene stipulato un secondo accordo bilaterale di cessate il fuoco tra governo e guerriglieri tamil (feb.).

SRINAGAR, c. dell'India, cap. (con Jammu) dello Stato di Jammu e Kashmir, a più di 1500 m d'alt.; 894.940 ab. Turismo. — Museo. Monumenti antichi, tra cui la moschea Madani del XV sec.; giardini voluti dagli imperatori moghul.

SRL, Società a responsabilità limitata.

SS (*Schutz Staffel*, "squadre di protezione"), organizzazione paramilitare nazista con compiti di polizia, creata nel 1925 per assicurare ad A. Hitler una guardia personale. Diretta da H. Himmler (1929), questa formazione permise a Hitler di sbarazzarsi di E. Röhm e delle sue SA, nel 1934. Le SS, preposte alla sicurezza interna del Reich, dal 1939 ebbero incarichi di controllo anche sui territori occupati, oltre ad assicurare la gestione e la guardia dei campi di concentramento. A partire dal 1940 costituirono le *Waffen-SS*, truppe d'assalto impegnate in tutte le battaglie decisive, in cui erano inquadrati i volontari stranieri che si arruolavano nell'esercito tedesco.

STÀBIA, ant. c. della Campania, che sorgeva vicino a Pompei, nel sito dell'att. Castellammare di S. Centro sannitico e poi romano, di origine osca, nel 79 d.C. venne completamente distrutto dall'eruzione del Vesuvio. Gli scavi hanno portato alla luce resti di ville romane ornate da pitture parietali e una necropoli.

STACCHÌNI (Ulisse), *Firenze 1871 - Sanremo 1947*, architetto. Fu uno dei maggiori esponenti del liberty milanese, che interpretò realizzando una serie di abitazioni (case in via Gioberti, via Tasso, via Revere). Raggiunse la fama con il progetto (1906) e la realizzazione (1925-1931) della Stazione Centrale di Milano.

STAËL (Germaine **Necker**, baronèssa **di Staël-Holstein**, detta *Madame* **de**), *Parigi 1766-1817*, scrittrice francese. Figlia di J. Necker, sposò il barone di Staël-Holstein, ambasciatore di Svezia a Parigi. All'inizio della Rivoluzione francese, tenne un salotto aperto a personalità di varie tendenze politiche. Esiliata in Svizzera con l'avvento di Napoleone, viaggiò per tutta l'Europa. Scrisse romanzi (*Delfina*, 1802; *Corinna o l'Italia*, 1807) e il trattato *Della Germania*, che anticipò il romanticismo.

■ *Madame de Staël*.

Nicolas de **STAËL**. *Portrait d'Anne, 1953*. (Musée d'Unterlinden, Colmar.)

STAËL (Nicolas **de**), *San Pietroburgo 1914 - Antibes 1955*, pittore francese di origine russa. Dotato di audace senso plastico e di un colorismo raffinato, passò dall'arte astratta (1943) a una stilizzazione molto personale del mondo visibile (1951).

STAFFA, una delle Isole Ebridi, dove si trova la grotta di Fingal (eroe del ciclo ossianico).

STAFFORD, c. della Gran Bretagna (Inghilterra), capol. dello Staffordshire; 55.000 ab. Chiesa gotica.

STAGLIÈNO, località della Liguria, che fa parte del com. di Genova. Vi ha sede il cimitero monumentale, realizzato nel 1844-1851 (tomba di G. Mazzini).

STAHANOV, già **Kadievka**, c. dell'Ucraina; 112.000 ab. Centro carbonifero.

STAHL (Georg Ernst), *Ansbach 1660 - Berlino 1734*, medico e chimico tedesco. Secondo la sua teoria, detta "animismo", l'anima pervade tutte le parti del corpo. In chimica propose la teoria del flogisto, ipotetico fluido la cui esistenza avrebbe spiegato il fenomeno della combustione.

STAJÀNO (Corrádo), *Cremona 1930*, giornalista e scrittore. Ha pubblicato numerosi saggi di analisi della società italiana, colta spesso nei suoi aspetti più conflittuali. Tra le opere, *Il sovversivo* (1975), *L'Italia nichilista* (1982), *Un eroe borghese* (1991), *Il disordine* (1993), *Ameni inganni* (2000), *Patrie smarrite* (2001).

STALIN (Iosif Visarionovič **Džugašvili**, detto), *Gori, Georgia, 1879 - Mosca 1953*, politico sovietico. Già allievo del seminario ortodosso di Tbilisi, a partire dal 1898 militò nella socialdemocrazia georgiana per poi aderire al partito dei bolscevichi. Nel 1917 sottoscrisse le "tesi di aprile" di Lenin e, quando quest'ultimo partì per la Finlandia, assunse la direzione del partito con J. Sverdlov. Commissario del popolo alle nazionalità (1917-1822), adottò una politica centralizzatrice. Diventato segretario generale del partito nel 1922, dal 1924 al 1929 eliminò gli altri candidati alla successione di Lenin. Alleatosi con L. Kamenev e G. Zinov'ev contro L. Trockij, si impose su tutti e tre prima di eliminare N. Bucharin e A. Rykov (1929). Nel 1929-1930, impegnò l'URSS in una politica di collettivizzazione totale e immediata delle terre, accompagnata dalla deportazione di milioni di contadini nei gulag. Per promuovere lo sviluppo dell'industria pesante fece ricorso al lavoro forzato e all'emulazione socialista, imponendo il proprio volere tramite un capillare controllo poliziesco. Diede l'ordine di procedere a "purghe" in massa al termine di processi sommari (1935-1938), liquidando così gran parte dei vecchi dirigenti del partito, del Comintern e dell'Armata rossa. Nonostante la firma del patto Molotov-Ribbentrop (ago. 1939), l'URSS fu attaccata dalla Germania nel giu. 1941

e S. salvò una situazione che sembrava compromessa facendo appello ai sentimenti patriottico. Sottopose all'influenza sovietica i paesi liberati dal suo esercito, creò il Cominform (1947) e si impegnò nella "guerra fredda" con l'Occidente. Oggetto di un vero e proprio culto, esaltato anche dai partiti comunisti delle altre democrazie popolari e dei paesi occidentali, S. ordinò nuove purghe, prima di morire nel mar. 1953.

■ *Stalin. (Coll. priv.)*

STALINGRÀDO (battàglia di) (sett. 1942 - feb. 1943), battaglia della seconda guerra mondiale. Dopo duri combattimenti intorno a S. (att. Volgograd), i sovietici sconfissero la VI armata tedesca (comandata da F. Paulus), che capitolò il 2 feb. 1943. Questa battaglia segnò una svolta decisiva del conflitto sul fronte russo.

STAMBOLIJSKI (Aleksander), *Slavovica 1879-1923*, politico bulgaro. Capo dell'Unione agraria dal 1905, fu primo ministro nel 1919-1920 e nel 1920-1923. Venne fucilato dopo il colpo di Stato del 1923.

STAMFORD, c. degli Stati Uniti (Connecticut); 117.083 ab. Porto.

STAMITZ (Johann Wenzel) o **STAMIC** (Jan Václav), *Nĕmecký Brod, Boemia, 1717 - Mannheim 1757*, compositore e violinista ceco. Fece di Mannheim uno dei centri della musica sinfonica in Europa, all'origine dello stile galante.

STÀMPA (Gàspara), *Padova 1523 - Venezia 1554*, poetessa. Trasferitasi con la famiglia a Venezia nel 1531, entrò nella società aristocratica della città. La raccolta delle *Rime*, composta da 311 componimenti dai toni petrarcheschi e ispirata dall'amore per il nobile Collaltino di Collalto, fu pubblicata postuma dalla sorella Cassandra nel 1554.

STÀMPA (La), quotidiano fondato nel 1894, a Torino, e rilevato da G. Agnelli nel 1925. È di tendenze liberali.

STAMP ACT (1765), legge britannica che impose una tassa di bollo per gli atti pubblici emessi nelle colonie dell'America settentr. Molto impopolare, fu all'origine della guerra di indipendenza americana.

STANHOPE (James, cónte), *Parigi 1673 - Londra 1721*, politico britannico. Tra i capi del partito whig, segretario di Stato (1714-1721), in politica estera privilegiò l'alleanza con la Francia.

STANISLÀO I LESZCZYŃSKI, *Leopoli 1677 - Lunéville 1766*, re di Polonia dal 1704 al 1766, ma di fatto dal 1704 al 1709 e dal 1733 al 1736. Suocero di Luigi XV di Francia, dovette abdicare in seguito alla guerra di successione polacca (1733-1738) e ricevette in dono i ducati di Lorena e Bar (1738).

STANISLÀO II AUGÙSTO PONIATOWSKI, *Wolczyn 1732 - San Pietroburgo 1798*, ultimo re di Polonia (1764-1795). Già favorito di Caterina II, imposto dalla Russia (1764), dovette accettare la prima spartizione della Polonia (1772). Si adoperò però per risollevare le sorti del paese, ma il suo tentativo fu interrotto dalla seconda spartizione del paese (1793). In occasione della terza spartizione (1795) abdicò.

STANISLÀO (sànto), *Szczepanowo, presso Tarnów, 1030 - Cracovia 1079*, martire polacco. Vescovo di Cracovia (1072), fu ucciso dal re Boleslao II, che aveva scomunicato. È il patrono della Polonia.

STANISLAVSKIJ (Konstantin Sergeevič **Alekseev**, detto Konstantin Sergeevič), *Mosca 1863-1938*, attore e regista teatrale russo. Fondatore e animatore del Teatro d'Arte di Mosca, pedagogo e teorico (*La mia vita nell'arte*, 1924), rinnovò in modo sistematico la pratica teatrale e l'arte drammatica, raccomandando all'attore l'elaborazione interiore del personaggio (Metodo S.).

STANKOVIĆ (Borisav), *Vranje 1875 - Belgrado 1927*, scrittore serbo. Le sue novelle (*Sangue impuro*) descrivono la Serbia sotto l'influenza turca.

STANLEY (John **Rowlands**, poi sir Henry **Morton**), *Denbigh, Galles, 1841 - Londra 1904*, esploratore britannico. Giornalista, fu inviato in Africa alla ricerca di D. Livingstone, che riuscì a ri-

trovare (1871). Nel corso di un secondo viaggio (1874-1877) attraversò l'Africa equatoriale da E a O, scoprendo le sorgenti del Congo. Nel 1879 si mise al servizio del re del Belgio Leopoldo II, colonizzando per suo conto lo Stato indipendente del Congo (1885).

STANLEY (Wendell Meredith), *Ridgeville 1904 - Salamanca, Spagna, 1971*, biochimico statunitense. Ottenne in forma cristallizzata il virus del mosaico del tabacco. (Premio Nobel per la chimica 1946.)

STANLEY POOL → MALEBO POOL.

STANLEYVILLE → KISANGANI.

STÀNLIO E ÒLLIO, attori cinematografici statunitensi. Dal 1926 al 1951 formarono il duo comico più celebre della storia del cinema, recitando in un centinaio di film. — **Arthur Stanley Jefferson** (Stan Laurel), detto **Stanlio**, *Ulverston, Lancashire, 1890 - Santa Monica 1965*. Impersonò il ruolo del magro maldestro che provoca disastri. — **Oliver Hardy**, detto **Ollio**, *Atlanta 1892 - Hollywood 1957*. Recitò la parte del grassone irascibile ma pieno di buona volontà, che in realtà peggiora le cose.

STANLIO E OLLIO.

STANOVOJ (Mónti), catena montuosa della Russia, nella Siberia orient.; 2412 m.

STANTON (Elizabeth), nata Elizabeth **Cady**, *Johnstown, Stato di New Jork, 1815 - New Jork 1902*, femminista statunitense. Capeggiò, con L. Mott, il primo raduno sui diritti delle donne negli Stati Uniti (1848), i cui partecipanti si pronunciarono in favore del suffragio femminile.

STANZIÓNE (Màssimo), *Orta di Atella 1585 - Napoli 1656 ca.*, pittore. Influenzato da A. Gentileschi e G. Reni, sviluppò un eclettismo di stampo classicista sensibile anche alla lezione di Caravaggio. Tra le opere, dipinti e affreschi nelle Cappelle di S. Bruno e del Battista nella certosa di S. Martino a Napoli.

STAR, azienda alimentare fondata nel 1948 ad Agrate Brianza. Controllata dalla famiglia Fossati attraverso la holding Findim, dal 1989 è entrata in società con il gruppo *Danone*, dal quale è stata rilevata completamente nel 1995. È nota per la produzione di condimenti alimentari.

STARÀCE (Achille), *Gallipoli 1889 - Milano 1945*, politico. Dopo aver partecipato alla prima guerra mondiale, fu uno dei principali sostenitori del PNF, di cui fu vicesegretario e segretario (1931-1939), organizzando numerose campagne di promozione degli ideali fascisti. Isolato per non aver aderito alla Repubblica di Salò, morì fucilato dai partigiani.

STARA PLANINA, nome bulgaro dei Balcani.

STARA ZAGORA, c. della Bulgaria; 143.989 ab. Vestigia di epoca romana. Museo nazionale.

STARCK (Philippe), *Parigi 1949*, designer e architetto francese. Artista di fama internazionale, crea mobili e oggetti dalla struttura semplice ma fantasiosa, dedicandosi all'espressione simbolica delle forme e dello spazio.

STARK (Johannes), *Schickenhof 1874 - Traunstein 1957*, fisico tedesco. Scoprì il fenomeno di sdoppiamento cui vanno soggette le righe spettrali per effetto di un campo elettrico. Sotto il regime nazista sostenne l'idea di una "scienza germanica" contrapposta a una "scienza ebraica". (Premio Nobel 1919.)

STARNÓNE (Doménico), *Napoli 1943*, scrittore e sceneggiatore. Tra le opere letterarie, *Ex cattedra* (1989), *Segni d'oro* (1990), *Fuori registro* (1991), *Sottobanco* (1992), *Eccesso di zelo* (1993), *Denti*

(1994), *La retta via* (1997), *Via Gemito* (2000, premio Strega).

STAROBINSKI (Jean), *Ginevra 1920*, critico letterario svizzero di lingua francese. Le sue opere, acute e brillanti, coniugano la formazione in campo medico e psichiatrico, l'attenzione alla storia delle idee e una "simpatia" fenomenologica (*Jean-Jacques Rousseau: la trasparenza e l'ostacolo, L'invenzione della libertà, Azione e reazione*).

START (Strategic Arms Reduction Talks), negoziati avviati nel 1982 tra Stati Uniti e URSS per la riduzione degli armamenti strategici. A un primo trattato (START I), firmato nel 1991, hanno aderito, dopo la dissoluzione dell'URSS, la Russia (1992) e, in seguito, il Kazakistan, la Bielorussia e l'Ucraina (1993). Altri negoziati tra Stati Uniti e Russia, iniziati nel 1992, hanno portato nel 1993 alla firma del trattato START II, con cui i due paesi si sono impegnati ad attuare ulteriori, importanti riduzioni dei loro arsenali.

STASI (sigla di *Staatssicherheitsdienst*, Servizio per la sicurezza dello Stato), polizia politica della RDT (1950-1989).

STASSFURT, c. della Germania (Sassonia-Anhalt); 20.986 ab. Cave di potassio e salgemma.

STATEN ISLAND, isola degli Stati Uniti, a SO di Manhattan; 378.977 ab. È un sobborgo di New York. — Villaggio-museo di Richmondtown.

STÀTI COMBATTÈNTI, epoca della storia della Cina (481-221 a.C.) caratterizzata da una serie di guerre tra gli Stati feudali che si contendevano il dominio del territorio.

STÀTI UNÌTI, in ingl. **United States of America**, abbr. **USA**, Stato federale dell'America settentr.; 9.364.000 km² (esclusi i territori esterni); 285.753.001 ab. (*statunitensi*). CAP. *Washington*. C. PRINC. *New York, Los Angeles* e *Chicago*. LINGUA: *inglese*. MONETA: *dollaro*. Il paese comprende, con l'Alaska e le Isole Hawaii, 50 Stati, cui si aggiungono il distretto federale di Columbia e i territori esterni (Portorico e alcune isole e arcipelaghi del Pacifico).

ISTITUZIONI – La Costituzione del 1787, più volte emendata, dà vita a uno Stato federale a regime presidenziale. Il parlamento bicamerale, il congresso, è composto dalla camera dei rappresentanti (435 membri eletti ogni 2 anni) e dal senato (100 membri, 2 per Stato, eletti ogni 6 anni ma rinnovati per un terzo ogni 2 anni). Il presidente dell'unione, a capo sia dello Stato che del governo, rimane in carica per 4 anni (può essere rieletto una sola volta) e viene designato da un collegio di grandi elettori, a sua volta eletto a suffragio universale. In caso di decesso, dimissioni o *impeachment* per gravi scorrettezze lo sostituisce il vicepresidente. Ciascuno Stato membro stabilisce liberamente la propria Costituzione. Un governatore eletto svolge a livello locale funzioni equivalenti a quelle del presidente in ambito federale (potere esecutivo). In quasi tutti gli Stati, divisi in unità territoriali dette contee, il potere legislativo è demandato a due assemblee, senato e camera dei rappresentanti.

GEOGRAFIA – Gli S. U., terzo paese del mondo per popolazione e quarto per superficie, sono di gran lunga la prima potenza economica del globo. Questa superiorità dipende in primo luogo dall'enorme estensione territoriale. Da E verso O si succedono: una stretta pianura sull'Atlantico, i rilievi degli Appalachi, il Midwest (la regione delle Grandi Pianure, in gran parte bagnate dal Mississippi) e il sistema delle Montagne Rocciose. Climi e paesaggi variano notevolmente: a O del Mississippi, escluso il litorale del Pacifico, la piovosità è più ridotta; a N, nell'area dei Grandi Laghi e ai confini con il Canada, il clima è molto più rigido che a S (lungo il Golfo del Messico è caldo-umido). La popolazione si distribuisce in modo irregolare, fortemente urbanizzata e molto eterogenea dal punto di vista etnico. La zona orient. e le regione dei Grandi Laghi presentano la maggiore densità demografica, nonostante la rapida crescita in California e nel SO. Essa è in parte imputabile alla notevole mobilità della popolazione, il 75% della quale vive nei centri urbani: più di 200 città hanno più di 100.000 abitanti e una trentina di agglomerati (le aree metropolitane), tra cui spiccano New York, Los Angeles e

Chicago, superano il milione. Più del 12% della popolazione è nera, percentuale molto superiore a quella delle altre minoranze (nativi americani, asiatici); solo gli ispanici potrebbero essere altrettanto o anche più numerosi, ma il fenomeno, ampiamente sviluppato, dell'immigrazione clandestina, proveniente in part. dal Messico, non ne permette una valutazione precisa. Oltre i due terzi della forza lavoro sono impiegati nei servizi, il 25% nell'industria e meno del 3% nell'agricoltura. Gli S. U. sono ai primi tre posti nel mondo nella produzione di: petrolio, gas naturale, carbone ed elettricità (sebbene il settore energetico non produca una quantità sufficiente di idrocarburi); cereali (grano, granoturco) e soia, frutta tropicale, allevamento; coltivazioni industriali (cotone, tabacco); siderurgia e metallurgia dei materiali non ferrosi (alluminio); industria automobilistica, aeronautica, chimica ed elettronica. Nonostante la concorrenza a livello mondiale sia sempre più forte, le società americane rimangono tra le più potenti al mondo. Limitatamente ad alcuni settori e particolari contingenze, gli S. U. sono spesso in crisi, ma beneficiano della potenza del dollaro, vera e propria valuta di riserva, le cui fluttuazioni sui mercati, in parte stabilite dalla politica interna, hanno profonde ripercussioni sull'economia mondiale. Dopo aver conosciuto una fase di crescita sostenuta alla fine degli anni '90 del secolo scorso, l'economia statunitense ha registrato un sensibile rallentamento, seguito da una timida ripresa a partire dal 2002. [*V. carta a pagina seguente.*]

STORIA – **L'epoca coloniale e l'indipendenza. A partire dal** XVI **sec.**: il territorio, occupato da amerindi seminomadi, è esplorato da navigatori francesi, spagnoli e inglesi. XVII **sec.**: gli inglesi, emigrati in massa per sfuggire alle tumultuose vicende politiche e religiose del loro paese, si stabiliscono sulla costa orient., mentre i francesi continuano la loro espansione lungo il Mississippi dando vita alla Louisiana. Il susseguirsi di fondazioni e l'annessione dei territori olandesi porta alla creazione di tredici colonie britanniche. Si forma una frattura tra il Sud (Virginia, Maryland), in cui predominano i grandi proprietari terrieri che sfruttano nelle piantagioni la manodopera degli schiavi neri, e il Nord (New England), borghese e mercantile, in cui si pratica un rigoroso puritanesimo. XVIII **sec.**: colonie e metropoli si uniscono nella lotta contro le popolazioni autoctone e, soprattutto, contro la Francia. **1763**: il trattato di Parigi pone fine alla minaccia francese e apre ai coloni inglesi la via dell'Ovest. **1763-1773**: le colonie mal tollerano l'autorità della Gran Bretagna e si ribellano al monopolio commerciale della madrepatria. **1774**: a Filadelfia si riunisce un primo congresso continentale. **1775**: il boicottaggio di Boston segna l'inizio della guerra d'indipendenza, con la Francia come alleata. **4 lug. 1776**: il congresso proclama l'indipendenza degli S. U. **1783**: la pace di Parigi riconosce la repubblica federale degli S. U.

Evoluzione democratica ed espansionismo. 1787: la convenzione di Filadelfia elabora una Costituzione federale, tuttora in vigore. **1789-1797**: George Washington è il primo presidente degli S. U. L'applicazione della Costituzione dà vita a due tendenze politiche: i federalisti, sostenitori di un forte potere centrale, e i repubblicani, il cui obiettivo è la conservazione dell'autonomia locale. **1803**: gli S. U. acquistano la Louisiana dalla Francia. **1812-1815**: gli americani escono vittoriosi dalla seconda guerra d'indipendenza, provocata dalla Gran Bretagna. **1819**: gli S. U. acquistano la Florida dalla Spagna. **1823**: il repubblicano James Monroe (1817-1825) ribadisce la neutralità degli S. U. e la loro opposizione a qualunque ingerenza europea nel continente americano. **1829-1837**: la presidenza di Andrew Jackson segna una nuova tappa dell'evoluzione democratica nelle istituzioni. **1846-1848**: con la guerra contro il Messico gli S. U. annettono il Texas, il New Mexico e la California. **1853-1861**: l'antagonismo tra un Sud agricolo e liberoscambista e un Nord in via d'industrializzazione e protezionista viene aggravato dalla questione della schiavitù, condannata dagli Stati del Nord. **1854**: il partito repubblicano diventa antischiavista.

La secessione del Sud e la ricostruzione. 1860: l'elezione alla presidenza del repubblicano Abraham Lincoln determina la secessione dei sudisti, che proclamano gli Stati confederati d'America. **1861-1865**: i nordisti, usciti vincitori dalla guerra di secessione, aboliscono la schiavitù. A. Lincoln viene assassinato. **1867-1874**: gli Stati sudisti si vedono privati delle loro istituzioni politiche e sono costretti ad accettare l'uguaglianza di neri e bianchi.

L'irresistibile ascesa degli Stati Uniti. 1867: il paese acquista l'Alaska dalla Russia. **1869-1877**: Ulysses Grant è eletto presidente. **1869-1900**: gli S. U. entrano nel loro "periodo aureo". La popolazione passa da 40 a più di 75 milioni di abitanti, e il prodotto interno lordo si quadruplica. Lo sviluppo della rete ferroviaria gioca un ruolo di capitale importanza nella colonizzazione dei territori occidentali. La nascita del capitalismo provoca come contraccolpo una grave crisi sociale, che contribuisce alla formazione e al consolidamento dei sindacati. **1890**: l'esercito federale compie un massacro di sioux a Wounded Knee. Fine delle guerre contro gli indiani, i cui territori vengono conquistati dai bianchi. **1898**: gli S. U. aiutano Cuba nella conquista dell'indipendenza, ma in cambio le impongono la loro tutela; annettono inoltre Guam, Portorico e Filippine. **1901-1909**: il repubblicano Theodore Roosevelt radicalizza l'azione governativa contro i *trust*. Panamá diventa uno Stato indipendente sotto la tutela degli S. U., che ottengono la zona del canale (1914). **1913-1921**: sotto la presidenza del democratico Thomas Woodrow Wilson, l'esercito americano interviene in Messico (1914) e ad Haiti (1915).

Da una guerra all'altra. 1917: il paese dichiara guerra alla Germania. **1919**: Th.W. Wilson non riesce a ottenere dal senato la ratifica dei trattati di pace e l'ingresso degli S. U. nella SDN. **1921-1933**: si succedono alla presidenza i repubblicani Warren Harding, Calvin Coolidge e Herbert Clark Hoover, che rafforzano il protezionismo. La totale assenza di una regolamentazione economica causa sovrapproduzione e speculazione, mentre il proibizionismo (1919) favorisce il gangsterismo. **1929**: il crollo della Borsa di Wall Street ("giovedì nero") provoca una crisi economica e sociale senza precedenti. **1933-1945**: sale alla presidenza il democratico Franklin Delano Roosevelt. La politica del "New Deal" (Nuovo corso) da lui inaugurata tenta di porre rimedio ai mali dell'economia americana attraverso misure dirigiste. **1941-1945**: gli S. U. partecipano alla seconda guerra mondiale compiendo un formidabile sforzo economico e militare; **1945**: ratificano la carta dell'ONU.

Gli Stati Uniti dal 1945. 1945 - 1953: sotto la presidenza del democratico Harry Spencer Truman, il paese afferma la propria volontà di opporsi all'espansione sovietica. È l'inizio della guerra fredda. **1948**: viene varato un programma di aiuti economici all'Europa (piano Marshall). **1949**: la creazione della NATO consolida l'alleanza delle potenze occidentali. **1950-1953**: guerra di Corea. **1953-1961**: presidenza del repubblicano Dwight David Eisenhower. **1961-1969**: i democratici John Fitzgerald Kennedy (assassinato nel 1963) e Lyndon Baynes Johnson cercano di combattere povertà e segregazione razziale. **1962**: crisi di Cuba. **1964**: gli S. U. intervengono in Vietnam. **1969-1974**: il repubblicano Richard Nixon è artefice di un riavvicinamento alla Cina (viaggio a Pechino) e migliora i rapporti con l'URSS (accordi SALT); **1973**: decide il ritiro delle truppe americane dal Vietnam, ma lo scandalo Watergate lo costringe a dimettersi; **1974-1977**: gli succede il vicepresidente Gerald Ford. **1977-1981**: i democratici ritornano al potere con Jimmy Carter. **1979**: la cattura di ostaggi all'ambasciata americana di Teheran evidenzia la debolezza della politica presidenziale. **1981-1984**: il repubblicano Ronald Reagan restituisce un'impronta aggressiva alla politica estera (intervento militare a Grenada, 1983) e commerciale; l'aver rilanciato l'economia americana gli vale una trionfale rielezione (1984); **1985-1986**: riallaccia un dialogo con l'URSS (incontri con Michail Gorbačëv). **1986-1987**: lo scandalo Iran-Contras (vendita segreta di armi all'Iran e ai guerriglieri nicaraguensi) crea profonde spaccature nell'opinione pubblica. In dic. R. Reagan e M. Gorbačëv sottoscrivono un accordo per lo smantellamento dei missili a media gittata in Europa. **1989-1993**: proseguendo nel solco tracciato dal suo predecessore, il repubblicano George Bush conduce una politica estera di apertura (dialogo con l'URSS) e fermezza (intervento militare a Panamá, 1989). Sul fronte interno non riesce però ad arginare i problemi economici e sociali. **1991**: gli S. U. affrontano l'Iraq nella guerra del Golfo. **1993**: è presidente il democratico Bill Clinton. **1994**: entra in vigore l'accordo di libero scambio (NAFTA) con Canada e Messico (gen.). Gli S. U. appoggiano lo sforzo di pace nel Medio Oriente e intervengono ad Haiti (sett.) per restaurare al potere Jean-Bertrand Aristide; **1995**: s'impegnano a sollecitare la firma dell'accordo di pace relativo alla Bosnia-Erzegovina e partecipano alla forza multinazionale incaricata di vegliare sulla sua applicazione. La ripresa economica è uno dei fattori prioritari della rielezione di B. Clinton (1996). Il secondo mandato del presidente è però turbato da una serie di scandali. **1999**: gli S. U. giocano un ruolo di primo piano nell'intervento militare della NATO in Iugoslavia (conflitto del Kosovo). **2001**: il repubblicano George Walker Bush diventa presidente. L'11 *settembre* il paese è colpito per la prima volta nel suo territorio da attentati sanguinosi e di incredibili proporzioni, i cui bersagli sono le torri gemelle del World Trade Center, a New York, e il Pentagono, a Washington. L'attacco, attribuito all'uomo d'affari saudita Osama Bin Laden, rifugiatosi in Afghanistan, e alla rete terrorista islamica Al-Qaida, causa un grande shock negli S. U. All'invasione dell'Aghanistan (ott.), che provoca la caduta del regime dei talebani, fa seguito la denuncia di quattro Stati additati come sostenitori del terrorismo internazionale: Iraq, Iran, Siria e Corea del Nord (il cosiddetto "asse del male"). **2002**: il dittatore iracheno Saddam Husayn è costretto a riammettere gli ispettori dell'ONU, con il compito di accertare la presenza di armi di distruzione di massa. **2003**: in seguito al rifiuto di andare in esilio da parte di S. Husayn, gli S. U. dichiarano guerra all'Iraq (19 mar.) senza l'avallo dell'ONU. Alla caduta del regime di S. Husayn (9 apr.) fa seguito la cattura del dittatore (13 dic.).

STÀTO DELLA CHIÈSA o **STÀTO PONTIFÌCIO**, nome dato ai territori dell'Italia centrale sottoposti al potere temporale del papa (756-1870). Il nucleo primitivo di questo Stato, comprendente il "patrimonio di san Pietro", costituito da Gregorio I il Grande, fu concesso al papato dai longobardi per volere di Pipino il Breve. Lo S. della C. fu annesso al regno d'Italia nel 1870. Il concordato lateranense (1929) creò poi lo Stato del Vaticano.

STÀTO LÌBERO, già **Stàto libero dell'Orange**, prov. del Sudafrica; 2.633.504 ab.; capol. *Bloemfontein*. Oro, uranio e carbone. — Fondata dai boeri intorno al 1836, la colonia passò sotto la corona britannica (1902) in seguito alla guerra angloboera ed entrò nell'Unione Sudafricana nel 1910.

STÀTO OPERÀIO (Lo), rivista del PCI fondata nel 1923 a Milano. Osteggiata dal regime fascista, fu diretta da A. Gramsci e P. Togliatti e pubblicata a Parigi dal 1927 al 1939. Trasferita a New York, uscì clandestinamente fino alla definitiva chiusura nel 1943.

STAUDINGER (Hermann), *Worms 1881 - Friburgo 1965*, chimico tedesco. Stabilì l'individualità delle molecole, mise in luce il rapporto esistente tra massa molare dei polimeri e certe loro caratteristiche fisiche e dimostrò l'esistenza dei reticoli. (Premio Nobel 1953.)

STAUFFENBERG (Claus **Schenk**, cónte **von**), *Jettingen 1907 - Berlino 1944*, ufficiale tedesco. Fu fucilato per aver preparato ed eseguito l'attentato del 20 lug. 1944 a cui scampò A. Hitler.

STAVANGER, c. della Norvegia, sull'Atlantico; 108.848 ab. Porto petrolifero, peschereccio, commerciale e passeggeri. Centro industriale. — Cattedrale romanico-gotica.

STAVROPOL', c. della Russia, a N del Caucaso; 337.706 ab. Centro industriale. Gas naturale e petrolio nella reg.

Stati Uniti-Bahamas

— strada normale	— frontiera	● più di 5.000.000 di ab.
— ferrovia	- - confine di stato	● da 1.000.000 a 5.000.000 di ab.
✈ aeroporto	**Denver** capitale di stato	● da 100.000 a 1.000.000 di ab.
★ importante località turistica		● meno di 100.000 ab.

0   200   500   1000   2000 m

STÀZIO (Pùblio Papìnio), *Napoli 40 ca. - 96*, poeta latino. È autore di poemi epici (*Thebais, Achilleis*) e di poesie di circostanza (*Silvae*).

STÉCCA, famiglia di pugili. — **Loris S.**, *Santarcangelo di Romagna 1961*. Nella categoria pesi piuma è stato campione italiano nel 1979 ed europeo nel 1983. L'anno successivo è stato campione del mondo dei pesi super-gallo WBA. — **Maurizio S.**, *Santarcangelo di Romagna 1963*. Fratello di Loris, vincitore della medaglia d'oro dei pesi gallo alle Olimpiadi di Los Angeles (1984), nel 1989 ha conquistato il titolo mondiale dei pesi piuma WBO.

STECCHÉTTI (Lorènzo) →GUERRINI (Olindo).

STEELE (sir Richard), *Dublino 1672 - Carmarthen, Galles, 1729*, scrittore e giornalista irlandese. Con J. Addison, fondò prima *The Tatler*, poi *The Spectator*.

STEEN (Jan), *Leida 1626 ca. - 1679*, pittore olandese, osservatore fecondo e vivace di scene di vita popolare.

STEFAN (Josef), *Sankt Peter, presso Klagenfurt, 1835 - Vienna 1893*, fisico austriaco. Enunciò la legge dell'irraggiamento del corpo nero, stabilendo un legame tra potenza emessa e temperatura.

STÉFANI, agenzia giornalistica fondata nel 1853 a Torino da Guglielmo S. (Venezia 1819 - Torino 1861). Seguì le vicende del regno, trasferendosi prima a Firenze (1865), quindi a Roma (1971). Agenzia ufficiale del regime fascista, nel 1945 cessò le attività contestualmente alla nascita dell'*ANSA.

STÉFANO, nome di più sovrani

INGHILTERRA

STÉFANO DI BLOIS, *1097 ca. - Dover 1154*, re d'Inghilterra (1135-1154). Nipote di Guglielmo il Conquistatore, usurpò il trono ai danni di Matilde, contro cui scatenò una lunga guerra civile.

MOLDAVIA

STÉFANO III IL GRÀNDE, *Borzeti 1433 - Suceava 1504*, principe di Moldavia (1457-1504). Vincitore degli ungheresi e dei turchi, portò la Moravia alla sua massima espansione.

POLONIA

STÉFANO I BÁTHORY, *Szilágysomlyó 1533 - Grodno 1586*, principe di Transilvania (1571-1576), re di Polonia (1576-1586). Sconfisse Ivan il Terribile (1581) e favorì lo sviluppo dell'umanesimo.

SERBIA

STÉFANO NEMANJA, *Ribnica 1114 - Monte Athos 1200*, principe di Serbia (1170 ca. - 1196 ca.), capostipite della dinastia dei Nemanjić. — **Stefano I Nemanjić**, *m. nel 1228*, principe (1196-1217), poi re (1217-1227) di Serbia. Secondogenito di Stefano Nemanja, creò la Chiesa serba indipendente. — **Stefano IX Uroš IV Dušan**, *1308-1355*, re (1331-1346), poi zar (1346-1355) di Serbia. Conquistò Tessaglia ed Epiro, istituì il patriarcato di Peć (1346) e promulgò un codice legislativo nel 1349.

UNGHERIA

STÉFANO I (sànto), *970 ca. - Esztergom 1038*, duca (997-1000), poi re (1000-1038) d'Ungheria. Promosse l'evangelizzazione dell'Ungheria e fu incoronato da papa Silvestro II nell'anno 1000. Si alleò con Bisanzio contro i bulgari.

STÉFANO I (sànto), *m. a Roma nel 257*, papa dal 254 al 257. Dimostrò indulgenza nelle controversie sulle eresie. — **Stefano II**, *m. a Roma nel 752*. Successore di Zaccaria, morì tre giorni dopo l'elezione e non ricevette l'ordinazione. La sua inclusione o esclusione nell'*Annuario pontificio* ha determinato la diversa numerazione dei papi successivi. — **Stefano III** (o II), *m. a Roma nel 757*, papa dal 752 al 757. Ricevette da Pipino il Breve l'esarcato di Ravenna, da cui ebbe origine il potere temporale dei papi. — **Stefano IV** (o III), *Sicilia 720 ca. - Roma 772*, papa dal 768 al 772. Eletto per volontà del primicerio Cristoforo per contrastare l'antipapa Costantino, ne annullò tutti gli atti. — **Stefano V** (o IV), *m. a Roma nell'817*, papa dall'816 all'817. Succedette a Leone III e riportò la pace a Roma, incoronando Ludovico il Pio. — **Stefano VI** (o V), *m. a Roma nel 891*, papa dall'885 all'891. Depose la dinastia imperiale carolingia, consacrando imperatore Arnolfo di Carinzia. — **Stefano VII** (o VI), *m. a Roma nel 897*, papa dall'896 all'897. Successore di Bonifacio VI, nel celebre "sinodo del cadavere" processò e fece condannare la salma di papa Formoso, invalidando tutte le disposizioni da lui prese. — **Stefano VIII** (o VII), *m. a Roma nel 931*, papa dal 928 al 931. — **Stefano IX** (o VIII), *m. a Roma nel 942*, papa dal 939 al 942. — **Stefano X** (o IX) (Federico **di Lorena**), *Lorena XI sec. - Firenze 1058*, papa dal 1057 al 1058. Bibliotecario e cancelliere di Santa Romana Chiesa nel 1051, poi abate di Montecassino, sostenne l'indipendenza della Chiesa dall'Impero.

STÉFANO (sànto), *m. a Gerusalemme nel 37 ca.*, diacono della prima comunità cristiana di Gerusalemme. Accusato di anteporre la fede alla legge, venne lapidato.

STEFANÓPOULOS (Konstandínos, detto Kostís), *Patrasso 1926*, politico greco. È presidente della repubblica del 1995.

STÈFFANI (Agostino), *Castelfranco Veneto 1654 - Francoforte 1728*, compositore. Studente e poi organista di corte a Monaco (1675), divenne sacerdote nel 1680 e fu nominato vicario apostolico della Germania del Nord (1709). Tra le sue composizioni, notevoli per espressività e profondità dei temi, l'opera *Tassilone* (1709) e una cospicua produzione da camera.

STEICHEN (Edward), *Lussemburgo 1879 - West Ridding, Connecticut, 1973*, fotografo statunitense. È uno dei maggiori rappresentanti della "fotografia pura". Il suo approccio diretto, esente da manipolazioni, e il suo stile rigoroso hanno lasciato una forte impronta nell'arte fotografica.

STEIGER (Rod), *Westhampton 1925 - Los Angeles 2002*, attore cinematografico statunitense. Rivelatosi con *Fronte del porto* (1954) e *Il grande coltello* (1955), si è poi imposto con *Al Capone* (1959), *Il caro estinto* (1965) e *La calda notte dell'ispettore Tibbs* (1967, premio Oscar). Molto attivo anche in Italia (*Le mani sulla città*, 1963; *Gli indifferenti*, 1964; *Giù la testa!*, 1971; *Lucky Luciano*, 1973).

STEIN (Edith), *Breslavia 1891 - Auschwitz 1942*, filosofa e religiosa tedesca. Allieva di E. Husserl, nel 1933 dovette lasciare l'insegnamento a Münster a causa delle sue origini ebraiche. Convertitasi al cattolicesimo nel 1922, entrò nel monastero delle carmelitane di Colonia e poi di Echt (Paesi Bassi), dove fu arrestata dai nazisti, subendo la deportazione. È stata beatificata nel 1987 e canonizzata nel 1998 con il nome di Benedicta a Cruce.

STEIN (Gertrude), *Allegheny, Pennsylvania, 1874 - Neuilly-sur-Seine 1946*, scrittrice statunitense. Visse a Parigi, dove venne in contatto con i movimenti letterari e pittorici d'avanguardia. Influenzò i romanzieri della **Generazione perduta* (*Autobiografia di Alice B. Toklas*, 1933; *L'autobiografia di tutti*, 1938).

STEIN (Karl, baróne **von**), *Nassau 1757 - Kappenberg 1831*, politico prussiano. Ministro di Stato (1804-1808), varò importanti riforme liberali, in part. abolendo la servitù. Napoleone lo fece destituire.

STEIN (Peter), *Berlino 1937*, regista teatrale tedesco. Direttore della Schaubühne di Berlino (1970-1985), influenzato da B. Brecht, fa di ogni messa in scena un lavoro collettivo con gli attori (*Il principe di Homburg*, *L'Orestea*, *Roberto Zucco*, il *Faust* di J.W. Goethe in versione integrale).

STEINBECK (John), *Salinas, California, 1902 - New York 1968*, scrittore statunitense. I suoi romanzi realistici e critici, ambientati in California, mettono in scena gente del popolo (*Pian della Tortilla*, 1935; *Uomini e topi*, 1937; *Furore*, 1939; *La valle dell'Eden*, 1952). (Premio Nobel 1962.)

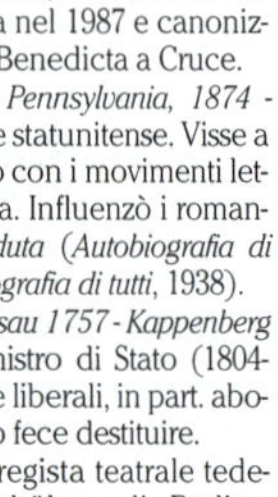

■ *John Steinbeck.*

STEINBERG (Saul), *Râmnicul Sarat, Muntenia, 1914 - New York 1999*, disegnatore statunitense di origine romena. Ha infuso nuova linfa all'umorismo e alla satira con la sua straordinaria invenzione plastica, influenzata sia delle antiche tradizioni calligrafiche, sia dal cubismo.

STEINER (Albe), *Milano 1913 - Raffadali 1974*, grafico. Influenzato dal Bauhaus, iniziò l'attività grafica negli anni '30 del secolo scorso, affermandosi nei decenni successivi in part. nei settori industriale (Pirelli, Olivetti, Rinascente) ed editoriale (Zanichelli, Einaudi). Importante la sua attività per le pubblicazioni culturali di sinistra (*Il Contemporaneo*, *Problemi del socialismo*, *Rinascita*).

STEINER (George), *Parigi 1924*, pensatore francese e statunitense. Specialista di letteratura comparata, partecipa al dibattito d'idee contemporaneo. La sua riflessione si concentra in part. sullo stato della cultura dopo Auschwitz (*Il castello di Barbablù*, 1971) e comprende un'autobiografia intellettuale (*Errata*, 1998).

STEINER (Rudolf), *Kraljević, Croazia, 1861 - Dornach, presso Basilea, 1925*, filosofo e pedagogista austriaco. È autore di un sistema filosofico, l'antroposofia, e di una pedagogia che elimina la rigida distinzione dello scibile in materie e prevede l'introduzione delle attività manuali.

STEINERT (Otto), *Saarbrücken 1915 - Essen 1978*, fotografo tedesco. Le sue teorie relative alla fotografia soggettiva (obiettività illusoria, diffuso e palpabile senso di irrealtà) sono all'origine del rinnovamento della fotografia astratta.

STEINLEN (Théophile Alexandre), *Losanna 1859 - Parigi 1923*, disegnatore, incisore e pittore francese di origine svizzera. Stabilitosi a Parigi nel 1881, rappresentò con spirito libertario il popolo di Montmartre e la vita degli operai.

STEINWAY, manifattura statunitense di pianoforti, fondata a New York nel 1853 dal costruttore tedesco Heinrich Engelhard Steinweg (Wolfshagen 1797 - New York 1871).

STELLA (Frank), *Malden, Massachusetts, 1936*, pittore e scultore statunitense. Partito da un rigoroso minimalismo, negli anni '60 del secolo scorso ha realizzato *shaped canvases* (tele sagomate) a bande monocrome, per poi approdare, alla fine degli anni '70, allo sfrenato barocco dei bassorilievi in metallo policromo.

STÈLVIO (Pàsso dello), valico stradale delle Alpi Retiche, al confine tra Lombardia e Trentino-Alto Adige; 2757 m. Parco nazionale, il più grande d'Italia (135.000 ha), comprendente il gruppo Ortles-Cividale, la Valfurva e la Val di Rabbi.

STENDHAL (Henri **Beyle**, detto), *Grenoble 1783 - Parigi 1842*, scrittore francese. Intendente militare sotto Napoleone, alla caduta dell'impero si trasferì a Milano, dove soggiornò fino al 1921. Nel 1831, dopo un decennio trascorso a Parigi, fu console a Civitavecchia. Tra le sue opere: i diari di viaggio *Roma, Napoli e Firenze* (1817-1826) e *Memorie di un turista* (1838), il saggio *Dell'amore* (1822), i romanzi *Armance* (1827), *Il rosso e il nero* (1830), *La certosa di Parma* (1834), *Lucien Leuwen* (1894) e il racconto autobiografico *Vita di Henri Brulard* (1890).

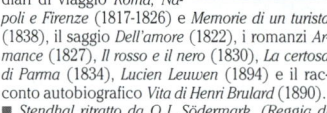

■ *Stendhal ritratto da O.J. Södermark. (Reggia di Versailles.)*

STÈNO (Stéfano **Vanzìna**, detto), *Roma 1917-1988*, regista e sceneggiatore cinematografico. Dopo aver diretto Totò (*Guardie e ladri*, 1951; *Totò a colori*, 1952), si è affermato realizzando film comici e popolari (*Un giorno in pretura*, 1954; *Un americano a Roma*, 1954; *Mio figlio Nerone*, 1956; *I tartassati*, 1959; *Piedone lo sbirro*, 1974; *Febbre da cavallo*, 1976; *La patata bollente*, 1979; *Animali metropolitani*, 1987).

STÉNONE (Nicolò), in dan. Niels **Steensen**, *Copenaghen 1638 - Schwerin 1686*, naturalista danese. Scoprì il dotto secretore della ghiandola parotide. Pose le basi della stratigrafia, osservando i fossili, e della tettonica.

STENTERÈLLO, maschera del teatro popolare fiorentino. Creata nel 1788 dall'attore L. Del Buono, raggiunse una grande popolarità grazie ai successivi interpreti e al repertorio, costituito da farse caratterizzate da una schietta arguzia tipicamente fiorentina.

STÈNTORE MITOL. GR. Eroe della guerra di Troia, celebre per la voce tonante.

STEPHENSON (George), *Wylam, presso Newcastle, 1781 - Tapton House, Chesterfield, 1848*, ingegnere britannico. Ideò la locomotiva a vapore Rocket (1829) e promosse la costruzione del tratto ferroviario Liverpool-Manchester (1826-1830).

STERLITAMAK, c. della Russia, a S di Ufa; 257.740 ab. Centro industriale.

STERN (Isaac), *Kremenest, reg. di Ternopol', 1920 - New York 2001*, violinista statunitense di origine ucraina. Eminente interprete di musica da camera, nel 1960, con il pianista Eugene Istomin e il violoncellista Leonard Rose, costituì un trio per la difesa del repertorio romantico.

STERN (Otto), *Sohrau, att. Zory, 1888 - Berkeley 1969*, fisico statunitense di origine tedesca. Scoprì (con W. Gerlach) le proprietà magnetiche degli atomi e verificò il concetto, introdotto da L.V. Broglie, di onda associata a una particella. (Premio Nobel 1943.)

STERNBACH (Leo), *Abbazia, att. Opatija, Croazia, 1908*, chimico svizzero. Scoprì il primo ansiolitico specifico, il Librium (una benzodiazepina).

STERNBERG (Josef **von**), *Vienna 1894 - Los Angeles 1969*, regista cinematografico statunitense di origine austriaca. Mago dell'immagine e della luce, tratteggiò passioni violente e atmosfere cupe, facendo di M. Dietrich l'archetipo della *femme fatale*: *L'angelo azzurro* e *Marocco* (1930), *Shanghai Express* (1932), *L'imperatrice Caterina* (1934), *Capriccio spagnolo* (1935).

STERNE (Laurence), *Clonmel, Irlanda, 1713 - Londra 1768*, scrittore britannico. Scrisse *Vita e opinioni di Tristram Shandy* (1759-1767), romanzo fantasioso e ricco di digressioni, oltre a impressioni di viaggio ricche di umorismo (*Viaggio sentimentale*, 1768), tradotte da U. Foscolo.

STESÌCORO, *640 ca. a.C. - 550 a.C.*, poeta lirico greco. Contribuì allo sviluppo della lirica corale creando la triade strofe, antistrofe ed epodo.

STET (Società torinèse esercìzi telefònici), società finanziaria del gruppo **IRI* fondata nel 1933. Creata per controllare alcune concessionarie del servizio telefonico, nel 1964 acquisì anche la **SIP*. Nel 1997 si è fusa con altre imprese pubbliche del settore telefonico per dare origine a **Telecom Italia*.

STÉTIÉ (Salah), *Beirut 1929*, poeta libanese di lingua francese. È autore di opere dense di significato, insieme sensuali e caste (*L'eau froide gardée*, 1973; *L'Etre poupée*, 1983).

STETTÌNO, in pol. **Szczecin**, c. della Polonia, capol. di voivodato, sull'Oder, presso il Mar Baltico; 416.619 ab. Porto. Centro industriale. — Chiese gotiche e castello rinascimentale.

STEVENAGE, c. della Gran Bretagna (Inghilterra), a N di Londra; 73.700 ab.

STEVENS (Alfred), *Bruxelles 1823 - Parigi 1906*, pittore belga, ritrattista di donne dell'alta società.

STEVENS (George), *Oakland 1904 - Lancaster 1975*, regista cinematografico statunitense. Segnalatosi con *Primo amore* (1935), si impose successivamente con film di successo quali *Una donna vivace* (1938), *La donna del giorno* (1942), *Un posto al sole* (1951, premio Oscar), *Il cavaliere della valle solitaria* (1953), *Il gigante* (1956, premio Oscar), *La più grande storia mai raccontata* (1965), *L'unico gioco in città* (1970).

STEVENS (John), *New York 1749 - Hoboken, New Jersey, 1838*, industriale statunitense. Formulò la prima legislazione federale in materia di brevetti (1790) e contribuì allo sviluppo della navigazione a vapore e del trasporto ferroviario negli Stati Uniti.

STEVENS (Siaka Probyn), *Moyamba 1905 - Freetown 1988*, politico della Sierra Leone. Fu primo ministro (1968-1971) e presidente della repubblica (1971-1985).

STEVENS (Stanley Smith), *Ogden 1906 - Vail, Colorado, 1973*, psicologo statunitense. Propugnò la misurazione diretta delle sensazioni in psicofisica e propose un'analisi delle varie scale valutative utilizzabili in psicologia.

STEVENS (Wallace), *Reading, Pennsylvania, 1879 - Hartford 1955*, poeta statunitense. La sua opera è volta alla conoscenza sensuale del mondo (*Harmonium*, *Le aurore dell'autunno*).

STEVENSON (Robert Louis **Balfour**), *Edimburgo, Scozia, 1850 - Vailima, Isole Samoa, 1894*, scrittore britannico. Autore di fortunati romanzi d'avventura (*L'isola del tesoro*, 1883) e di racconti fantastici (*Lo *strano caso del dottor Jekyll e di Mr. Hyde*), è apprezzato anche per la profonda inquietudine delle sue opere e la modernità delle sue riflessioni sul romanzo.

■ *Robert Louis Stevenson ritratto da W.B. Richmond. (National Portrait Gallery, Londra.)*

STEVÌNO (Simóne), in ol. Simon **Stevin**, detto **Simóne di Bruges**, *Bruges 1548 - Leida o L'Aia 1620*, matematico e fisico fiammingo. Riconobbe gli irrazionali come numeri interi e introdusse le frazioni decimali in Europa (1585). Studiò l'idrostatica e l'equilibrio di un corpo su un piano inclinato, dimostrando l'impossibilità del moto perpetuo (1586).

STEWART (Jackie), *Milton, contea di Dumbarton, Scozia, 1939*, pilota automobilistico britannico. Ha vinto il campionato del mondo conduttori nel 1969, 1971 e 1973.

STEWART (James), *Indiana, Pennsylvania, 1908 - Beverly Hills 1997*, attore cinematografico statunitense. Ha saputo incarnare l'innocenza, la tenacia e il coraggio pieno di pudore, recitando per i più grandi registi (*Mister Smith va a Washington*, F. Capra, 1939; *Scrivimi fermoposta*, E. Lubitsch, 1940; *La vita è meravigliosa*, F. Capra, 1946; *La finestra sul cortile*, A. Hitchcock, 1954; *La donna che visse due volte*, id., 1958; *L'uomo che uccise Liberty Valance*, J. Ford, 1962).

STEYR, c. dell'Austria, alla confluenza dei f. S. ed Enns; 39.337 ab. Metallurgia. — Complesso di edifici antichi.

STIBITZ (George Robert), *York, Pennsylvania, 1904 - Hanover, New Jersey, 1995*, ingegnere statunitense. Concepì il primo circuito elettronico binario (1937) e realizzò (1939-1945) calcolatori elettromeccanici sempre più perfezionati. I suoi lavori crearono le premesse per la messa a punto del primo calcolatore elettronico.

STIEGLITZ (Alfred), *Hoboken 1864 - New Jork 1946*, fotografo statunitense. La sua opera, spoglia e sincera, è un esempio di "fotografia pura", esente da manipolazioni.

STIERNHIELM (Georg), *Vika 1598 - Stoccolma 1672*, poeta svedese. Considerato "padre della poesia svedese", diede una forma dotta ai suoi versi.

STIFTER (Adalbert), *Oberplan, att. Horní Planá, Boemia, 1805 - Linz 1868*, scrittore austriaco. I suoi romanzi offrono una trasposizione poetica della realtà quotidiana e della bellezza del paesaggio naturale (*L'estate di san Martino*).

STÌGE MITOL. GR. Il più grande dei fiumi infernali. Le sue acque rendevano invulnerabili.

STIGLER (George Joseph), *Renton, Stato di Washington, 1911 - Chicago 1991*, economista statunitense. Difensore del libero mercato, approfondì le teorie relative a produzione e costi, oligopoli, informazioni e strutture industriali. (Premio Nobel 1982.)

STIGLIÀNI (Tommàso), *Matera 1573 - Roma 1651*, poeta. Dopo aver pubblicato il poemetto *Polifemo* (1600) e le *Rime* (1601), entrò in polemica con G. Marino, di cui criticò l'*Adone* nel trattato *Dell'occhiale* (1627), provocando un'energica reazione dei suoi seguaci. Tra le altre opere, *Canzoniere* (1605, 1623) e *Il mondo nuovo* (1617, 1628), narrazione del viaggio di C. Colombo nelle Americhe.

STIJL (De), rivista e gruppo artistico olandesi, fondati nel 1917 dai pittori P. Mondrian e Theo Van Doesburg (1883-1931), sulle basi teoriche di un'astrazione rigidamente costruita, detta "neoplasticismo". Tra i partecipanti al gruppo, che si disgregò alla morte di Van Doesburg, gli architetti Jacobus Johannes Pieter Oud (1890-1963) e Gerrit Thomas Rietveld (1888-1964), oltre al pittore e scultore belga Georges Vantongerloo (1886-1965).

STILICÓNE (Flàvio), *360 ca. - Ravenna 408*, generale romano di origine vandala. Capo della milizia, suocero e reggente di Onorio, difese con successo l'Italia dai visigoti. Le truppe romane in rivolta ottennero dall'imperatore la sua testa.

STILLER (Mosche, detto Mauritz), *Helsinki 1883 - Stoccolma 1928*, regista cinematografico svedese. Fu, con V. Sjöström, uno dei maestri della scuola svedese all'epoca del muto: *Il tesoro di Arne* (1919), *Attraverso le rapide* (1921), *Il vecchio maniero* (1923) e *La leggenda di Gösta Berling* (1924), che mise in luce G. Garbo.

STÌLO, com. in prov. di Reggio di Calabria; 2988 ab. Agricoltura (frutta, olive, cereali). Allevamento bovino e ovino. Fondata nel VII sec., in epoca medievale divenne un importante centro culturale. Castello medievale. Chiesa bizantina detta "Cattolica" (X sec.), pregevole esempio di architettura basiliana.

STILWELL (Joseph), *Palatka, Florida, 1883 - San Francisco 1946*, generale statunitense. Capo di Stato maggiore di Jiang Jieshi dal 1941 al 1945, fu anche assistente di L.F. Mountbatten al comando alleato sul teatro delle operazioni India-Cina-Birmania.

STÌNFALO MITOL. GR. Lago dell'ant. Grecia (Arcadia), sulle cui sponde Eracle avrebbe ucciso con le sue frecce i mostruosi uccelli che si cibavano di carne umana.

STÌRIA, in ted. **Steiermark**, prov. dell'Austria; 1.184.600 ab.; capol. *Graz*. Ducato nel 1180, la S. passò agli Asburgo nel 1278. Nel 1919 la sua parte merid., formata da territori sloveni, fu attribuita alla futura Iugoslavia.

STIRLING, c. della Gran Bretagna (Scozia); 30.000 ab. Università. — Castello reale del XII-XVI sec., monumenti ed edifici antichi.

STIRNER (Max), *Bayreuth 1806 - Berlino 1856*, filosofo tedesco. Fautore di un individualismo libertario (*L'unico e la sua proprietà*, 1845), che gli attirò le critiche di K. Marx, fu uno degli ispiratori dell'anarchismo.

STMICROELECTRONICS, società sorta nel 1987 dalla fusione di SHS Microelettronica e Thomson Semiconduttori. Opera nei settori della componentistica elettronica, delle telecomunicazioni e dei sistemi integrati. Presente a livello internazionale dal 1998, è parzialmente controllata da Finmeccanica.

STOCCÀRDA, in ted. **Stuttgart**, c. della Germania, cap. del Baden-Württemberg, sul Neckar; 582.443 ab. Centro industriale (settori automobilistico ed elettronico) e culturale. — Monumenti in gran parte restaurati; collegiale gotica, due castelli; musei.

STOCCÓLMA, cap. della Svezia; 755.619 ab. (1.583.000 ab. nell'agglomerato). La c. si stende sulle isole e penisole del Lago Mälaren e del Mar Baltico. Centro amministrativo, commerciale, culturale e industriale. — Fondata intorno al 1250, S. assunse il proprio ruolo politico dal 1523, affrancandosi dal regno di Gustavo I Vasa. — Chiesa dei cavalieri (XIII sec.); edifici civili costruiti a partire dal XVII sec., tra cui il castello reale (di N. Tessin il Giovane) e, nei dintorni, quello di Drottningholm. Musei dedicati alle antichità nazionali, al folclore (museo all'aperto di Sasken), alle arti svedesi ed europee (Museo nazionale), all'arte moderna, allo scultore C. Milles ecc.

STOCCOLMA. *Un quartiere sul Lago Mälaren.*

STOCKES (sir George), *Skreen 1819 - Cambridge 1903*, fisico irlandese. Studiò l'idrodinamica, la fluorescenza e i raggi X, dimostrando che questi ultimi hanno la stessa natura della luce (1896).

STOCKHAUSEN (Karlheinz), *Mödrath, presso Colonia, 1928*, compositore tedesco. Primo compositore a usare contemporaneamente il nastro magnetico e gli strumenti tradizionali, ha fatto il suo debutto allo Studio di musica elettronica di Colonia (*Klavierstücke*). Con *Gruppen*, per tre orchestre (1958), si è orientato verso la musica aleatoria. *Stimmung* (1968) è frutto di un periodo meditativo, influenzato dalla musica indiana. *Inori* (1974) richiede l'accompagnamento della danza. Dopo aver composto *Sirius*, nel 1977, si è dedicato a *Licht*, opera grandiosa la cui esecuzione è suddivisa in sette serate. ■ *Karlheinz Stockhausen.*

STOCKPORT, c. della Gran Bretagna (Inghilterra), sul f. Mersey; 136.000 ab.

STOCKTON, c. degli Stati Uniti (California), sul f. Joaquin; 243.771 ab.

STOCKTON-ON-TEES, c. della Gran Bretagna (Inghilterra), sul f. Tees; 155.000 ab.

STOKE-ON-TRENT, c. della Gran Bretagna (Inghilterra), presso Manchester; 244.800 ab. Ceramiche; musei.

STOKER (Bram), *Dublino 1847 - Londra 1912*, scrittore irlandese. Il suo nome è legato al fortunatissimo romanzo epistolare *Dracula* (1897), dal quale furono tratte numerose versioni teatrali e cinematografiche. Fu anche editore e direttore del Lyceaum Theatre di Dublino.

STOKOWSKI (Leopold), *Londra 1882 - Nether Wallop, Hampshire, 1977*, direttore d'orchestra britannico naturalizzato statunitense. Dal 1912 al 1938 diresse la Philadelphia Orchestra, con la quale fece conoscere l'opera di I. Stravinskij.

STOLYPIN (Pëtr Arkad'evič), *Dresda 1862 - Kiev 1911*, politico russo. Capo del governo (1906), represse duramente l'opposizione, ordinò alla seconda *duma* di sciogliersi (1907) e favorì la scomparsa dei comuni rurali (*mir*) intendendo così combattere il pauperismo contadino. Fu assassinato da un rivoluzionario.

STONE (sir John Richard Nicholas), *Londra 1913 - Cambridge 1991*, economista britannico. I suoi lavori sulla tecnica di calcolo dei redditi nazionali sono alla base dei sistemi di contabilità nazionale. (Premio Nobel 1984.)

STONE (Oliver), *New York 1946*, regista cinematografico statunitense. Dopo gli esordi come sceneggiatore (*Fuga di mezzanotte*, 1978, premio Oscar; *Scarface*, 1983), ha raccontato la propria esperienza nella guerra del Vietnam (*Platoon*, 1986, premio Oscar; *Nato il 4 luglio*, 1989, premio Oscar). Tra gli altri film, *Wall Street* (1987), *JFK - Un caso ancora aperto* (1991), *Assassini nati* (1994), *Nixon* (1995), *Ogni maledetta domenica* (1999), *Persona non grata* (2003).

STONEHENGE, sito della Gran Bretagna (Wiltshire) con un famoso complesso megalitico che, composto da monoliti disposti a cerchio, ha subito vari rimaneggiamenti tra l'ultima fase del Neolitico (2400 a.C. ca.) e l'inizio dell'Età del bronzo. Viene interpretato come un santuario dedicato al culto solare.

Sito di **STONEHENGE**, *III-II millennio a.C.*

STONEY (George Johnstone), *Oakley Park, King's County, 1826 - Londra 1911*, fisico irlandese. Nel 1874 ipotizzò che l'elettricità fosse riconducibile a corpuscoli elementari, da lui chiamati "elettroni" (1891).

STOPH (Willi), *Berlino 1914-1999*, politico tedesco. Fu due volte capo del governo della RDT (1964-1973 e 1976-1989), e presidente del consiglio di Stato dal 1973 al 1976.

STÓPPA (Pàolo), *Roma 1906-1988*, attore teatrale e cinematografico. Dopo l'esordio in teatro nel 1927, si affermò a partire dal 1948 con R. Morelli e L. Visconti, diventando uno dei maggiori attori italiani (*Morte di un commesso viaggiatore*, *Delitto e castigo*, *Zoo di vetro*). Al cinema lavorò con V. De Sica (*Miracolo a Milano*, 1951) e ancora con Visconti (*Rocco e i suoi fratelli*, 1960; *Il gattopardo*, 1963).

STOPPARD (Tomas **Straussler**, detto Tom), *Zlín 1937*, drammaturgo britannico di origine ceca. Si è imposto nel 1966 con *Rosencrantz e Guildenstern sono morti*, rielaborazione dell'*Amleto* shakespeariano poi adattata per il cinema (1990, Leone d'oro a Venezia). Autore di originali testi drammatici (*Jumpers*, 1972; *The Real Thing*, 1982), ha scritto anche numerose sceneggiature cinematografiche (*Shakespeare in Love*, 1998, premio Oscar; *Enigma*, 2001).

STÒRIA NATURÀLE GENERÀLE E PARTICO-LÀRE, opera redatta da G.L. Buffon e dai suoi collaboratori (1749-1789, 36 voll.). Magistrale rassegna del mondo vivente, ha appassionato il grande pubblico e creato i presupposti per l'affermazione dell'evoluzionismo.

STÒRIE (le), opera di Erodoto (V sec. a.C.), consistente in un'indagine (significato originario della parola *historia*) sulle guerre persiane e sulle popolazioni in esse coinvolte.

STORM (Theodor), *Husum 1817 - Hademarschen 1888*, scrittore tedesco. I suoi poemi e le sue novelle (*Il cavaliere dal cavallo bianco*) esaltano i paesaggi dello Schleswig e analizzano la difficoltà di vivere.

STOSS (Veit), in pol. Wit **Stwosz**, *1448 ca. - Norimberga 1533*, scultore tedesco di origine sveva. Il suo capolavoro, in stile gotico, è l'immensa pala di legno policromo della chiesa di S. Maria, a Cracovia (1477-1486, *Morte della Vergine* al centro).

STOUT (Rex), *Noblesville 1886 - Danbury 1975*, scrittore statunitense. Ha creato il personaggio dell'investigatore Nero Wolfe, protagonista di numerosi romanzi polizieschi insieme all'aiutante Archie Goodwin. Tra le opere, *Nero Wolfe e i ragni d'oro* (1953), *Peggio che morto* (1956).

STRA, com. in prov. di Venezia; 6887 ab. Ville costruite tra il XV e il XVIII sec., tra le quali Villa Nazionale o Villa Pisani (1736-1756), con affreschi di G.B. Tiepolo.

STRABÓNE, *Amasea 58 ca. a.C. - tra il 21 e il 25 d.C.*, geografo greco. La sua *Geografia* è una descrizione del mondo antico all'inizio dell'impero romano.

STRACHEY (Lytton), *Londra 1880 - presso Hungerford, Berkshire, 1932*, scrittore britannico. È autore di biografie vivaci, raffinate e irriverenti (*Personaggi eminenti dell'età vittoriana*, 1918).

STRACITTÀ, movimento culturale sorto in epoca fascista in opposizione a **Strapaese*. Costituitosi intorno alla rivista *Novecento*, fondata da M. Bontempelli nel 1926, propugnò valori moderni e aperti alle influenze europee, in contrasto con il provincialismo espresso dal movimento antagonista.

STRÀDA (Famiàno), *Roma 1572-1649*, storico. Fu autore di una storia della guerra delle Fiandre (*De bello belgico decades duae*, 2 voll., 1637-1651) e di opere oratorie (*Eloquentia bipartita*, 1655).

STRADÀNO (Giovànni), in ol. Jan Van der **Straet**, *Bruges 1523 - Firenze 1605*, pittore e incisore fiammingo. Trasferitosi in Italia nel 1550, fu attivo a Roma, Napoli e Firenze, dove divenne pittore di corte dei Medici. Collaboratore di G. Vasari per gli affreschi e lo studiolo di Francesco I a Palazzo Vecchio, contaminò il manierismo fiorentino con elementi dell'arte nordica.

STRADÈLLA (Alessàndro), *Roma 1644 - Genova 1682*, compositore. Grande innovatore, affrontò tutti i generi in auge nel XVII sec., tra cui il concerto grosso, l'opera (*La forza dell'amor paterno*, 1679), la cantata, la sinfonia, l'oratorio (*San Giovanni Battista*, 1675) e il mottetto (*Chare Jesu suavissime*, 1663).

STRADIVÀRI (Antònio), *Cremona ? 1644 - Cremona 1737*, liutaio. Nella sua bottega di Cremona fabbricò in settant'anni di attività più di un migliaio di strumenti (ca. 600 violini, viole e vio-

Il liutaio Antonio **STRADIVARI.**

loncelli), i più pregevoli dei quali furono realizzati tra il 1700 e il 1725. Questi esemplari, impareggiabili per qualità del suono e pregio estetico, vennero spesso battezzati coi nomi dei loro possessori (Paganini, Suk, Viotti).

STRAET (Jan Van der) → STRADANO (Giovanni).

STRAFFORD (Thomas **Wentworth**, cónte **di**), *Londra 1593-1641*, statista inglese. Deputato d'Irlanda (1632-1639), mise in atto una politica brutale e improntata all'arbitrio. Diventato consigliere di Carlo I, con W. Laud, fu messo sotto accusa dal parlamento e giustiziato.

STRAITS SETTLEMENTS → STRETTO (Stabilimenti dello).

STRALSUND, c. della Germania (Meclemburgo-Pomerania Anteriore), sul Mar Baltico; 69.230 ab. Porto. — Chiese e municipio in stile gotico. — Museo oceanografico.

STRAND (Paul), *New York 1890 - Orgeval, Francia, 1976*, fotografo e regista cinematografico statunitense. Le sue opere sono caratterizzate da un linguaggio realista, potente e ieratico. In part. ha realizzato, con F. Zinnemann e E. Gómez Muriel, il film *I ribelli di Alvarado* (1935).

Paul **STRAND.** *Fotografia*, *1917.*
(Musée d'Orsay, Parigi.)

STRÀNO CÀSO DEL DOTTÓR JEKYLL E DI MR. HYDE (lo), romanzo fantastico di R.L. Stevenson (1886) nel quale un medico (Dottor Jekyll) scopre una pozione che scatena i suoi istinti negativi trasformandolo in un essere ripugnante e crudele (Mr. Hyde).

STRAPAÉSE, movimento culturale sorto nel 1926. Sviluppatosi intorno alle riviste *Il Selvaggio*, fondata da M. Maccari nel 1924, e *L'Italiano*, fondata da L. Longanesi nel 1927, sostenne il tradizionalismo culturale ed esaltò il carattere autarchico degli italiani, in contrasto con le posizioni di **Stracittà*.

STRASBERG (Israel Lee, detto Lee), *Budzanow 1901 - New York 1982*, regista, attore e insegnante di recitazione teatrale e cinematografica statunitense di origine austriaca. Fondatore nel 1931 con H. Clurman e C. Crawford del Group Theatre, creò poi il celebre Actor's Studio (1948), ispirato al metodo Stanislavskij, che ebbe tra gli allievi M. Brando, J. Dean, R. De Niro, A. Pacino. Tra le interpretazioni, *Il padrino - Parte II* (1974), *Cassandra Crossing* (1977).

STRASBÙRGO, in fr. **Strasbourg**, in ted. **Strassburg**, c. dell'Alsazia e del dip. Bas-Rhin, sui f. Ill e Reno; 267.051 ab. (425.000 ab. nell'agglomerato). Sede del consiglio d'Europa e dell'europarlamento. Sede arcivescovile. Università. Porto fluviale sul Reno e centro industriale (metallurgia). — Dapprima integrata nella Lotaringia (843), S. divenne città libera dell'impero nel 1201. Culla dell'umanesimo e della Riforma, fu annessa da Luigi XIV nel 1681. Conquistata dai tedeschi nel 1870, tornò alla Francia nel 1918 per poi essere occupata dalle truppe naziste fino al 1944. — Cattedrale ricostruita dal XII al XV sec.; Palazzo Rohan (XVIII sec.), adibito a museo.

STRASBÙRGO (giuraménti di) (842), giuramenti pronunciati da Ludovico il Germanico e Carlo il Calvo, alleati contro Lotario, per confermare la loro alleanza. È la più antica testimonianza delle lingue francese e tedesca (testo conservato dallo storiografo Nithard).

STRATFORD-UPON-AVON o **STRATFORD-ON-AVON**, c. della Gran Bretagna (Inghilterra), a SE di Birmingham; 20.000 ab. Shakespeare Memo-

rial Theatre. Abitazioni antiche, tra cui la casa natale del drammaturgo (museo).

STRATÓNE DI LAMPSÀCO, *m. nel 268 ca. a.C.*, filosofo greco. Allievo e continuatore di Aristotele, diresse il Liceo, che indirizzò verso lo studio della fisica.

STRATONÌCE, *m. nel 254 a.C.*, figlia di Demetrio Poliorcete e moglie di Seleuco I Nicatore. Quest'ultimo le permise di sposare suo figlio Antioco I Sotere, che aveva concepito per lei un'ardente passione.

STRAUB (Jean-Marie), *Metz 1933*, regista cinematografico francese. È autore, insieme alla moglie Danièle Huillet (Parigi 1936), di film di grande rigore formale, ispirati alle teorie di B. Brecht. Tra le opere, *Non riconciliati* (1965), *Cronaca di Anna Magdalena Bach* (1967), *Dalla nube alla Resistenza* (1979), *La morte di Empedocle* (1987), *Sicilia!* (1999), *Operai, contadini* (2001), *Il ritorno del figlio prodigo - Umiliati* (2003).

STRAULÌNO (Agostino), *Isola di Lussino 1914*, velista. In coppia con Nino Rode ha vinto la medaglia d'oro alle Olimpiadi di Helsinki del 1952 (classe Star) e quella d'argento alle Olimpiadi di Melbourne del 1956 (classe Star). S. e Rode hanno anche vinto 3 titoli mondiali classe Star (1952, 1953, 1956).

STRAUSS (Botho), *Naumburg 1944*, scrittore tedesco. La sua opera teatrale (*Trilogia del rivedersi*, *Grande e piccolo*, *Il parco*) e narrativa (*Il giovane*) mette in scena, in forma frammentaria, la moderna tragedia della solitudine e dell'incomunicabilità.

STRAUSS (David Friedrich), *Ludwigsburg 1808-1874*, teologo ed esegeta tedesco. Pubblicò una *Vita di Gesù* elaborata criticamente (1835) in cui considerò i Vangeli come atti di predicazione, attribuendo agli elementi narrativi solo un valore simbolico e mitico. Nonostante lo scandalo suscitato, quest'opera fornì lo spunto per nuovi studi esegetici.

STRAUSS (Franz Joseph), *Monaco 1915 - Regensburg 1988*, politico tedesco. Tra i fondatori della CSU (1945) e presidente del partito dal 1961, fu per trent'anni il politico più importante della Baviera.

STRAUSS (Johann II), *Vienna 1825-1899*, compositore austriaco. Figlio di Johann S. (1804-1849), che dirigeva l'orchestra dei balli di corte, è autore di celebri valzer (*Sul bel Danubio blu*, 1867; *Sangue viennese*, 1873) e di operette (*Il pipistrello*, 1874).

STRAUSS (Leo), *Kirchhain, Germania, 1899 - Annapolis, Maryland, 1973*, filosofo statunitense di origine tedesca. Contrappose il pensiero politico dell'antichità a quello moderno, condannato a fare la scelta dei tiranni con la sua sottomissione all'individualismo, allo storicismo e al positivismo (*Diritto naturale e storia*, 1950).

STRAUSS (Richard), *Monaco 1864 - Garmisch-Partenkirchen 1949*, compositore e direttore d'orchestra tedesco. Seppe attuare una sintesi tra ideali classici e spirito romantico. Nelle sue opere adattò la tradizione wagneriana a testi di O. Wilde (*Salomè*, 1905) e, soprattutto, di H. von Hofmannsthal (*Il cavaliere della rosa*, 1911; *Arianna a*

STRASBURGO. *L'Ill, nel quartiere Petite France.*

Nasso, 1912). Compose inoltre poemi sinfonici dall'orchestrazione ricca di colore (Don Giovanni, 1889; Morte e trasfigurazione, 1890; Till Eulenspiegel, 1895), un magistrale studio per 23 strumenti (Metamorfosi, 1945) e alcuni Lieder.
■ Richard Strauss ritratto da Max Liebermann, 1918. (Nationalgalerie, Berlino).

STRAVINSKIJ (Ìgor Fëdorovič), Oranienbaum, presso San Pietroburgo, 1882 - New York 1971, compositore russo naturalizzato francese, poi statunitense. Fu un creatore originale dal punto di vista del ritmo e dell'orchestrazione. La sua musica è destinata soprattutto alla danza: L'uccello di fuoco (1910), Petruška

(1911), La sagra della primavera (1913), Renard (1916), L'histoire du soldat (1918), Les noces (1923). Compose inoltre la Sinfonia dei Salmi, l'opera La carriera di un libertino (1951), sonate e concerti influenzati da suggestioni estetiche diverse, dal neoclassicismo alla dodecafonia.
■ Igor Stravinskij ritratto da J.-É. Blanche. (Museo di Belle Arti, Rouen.)

STRAWSON (Peter Frederick), Londra 1919, filosofo britannico. Partendo da una critica di B. Russell e della logica formale, ha descritto gli schemi concettuali sottesi alla lingua parlata (Individui, 1959; Studi di logica e linguistica, 1971).

STREEP (Mary Louise, detta Meryl), Summit 1949, attrice cinematografica statunitense. Ha interpretato con verosimiglianza personaggi della middle class americana o donne dal forte temperamento. Tra le interpretazioni, Il cacciatore (1978), Kramer contro Kramer (1979, premio Oscar), La donna del tenente francese (1981), La scelta di Sophie (1982, premio Oscar), La mia Africa (1985), Un grido nella notte (1988, Palma d'oro a Cannes), I ponti di Madison County (1995), The Hours (2002).

STRÉGA, premio letterario fondato nel 1947 a Roma da un circolo di intellettuali (gli "Amici della domenica") che frequentavano la casa di G. e M. Bellonci. Sostenuto finanziariamente dall'industriale G. Alberti, produttore del liquore S., è assegnato annualmente a Villa Giulia a un'opera di narrativa italiana.

STREHLER (Gìorgio), Barcola, presso Trieste, 1921 - Lugano 1997, regista teatrale. Fondatore (1947, con P. Grassi) e direttore del Piccolo Teatro di Milano fino al 1996, direttore del Teatro d'Europa, con sede a Parigi, dal 1983 al 1990, ha liberato il teatro italiano dal provincialismo con i suoi allestimenti delle opere di A. Čechov, W. Shakespeare, C. Goldoni e, soprattutto, B. Brecht.

Giorgio **STREHLER**. Gérard Desarthe in L'illusione comica di P. Corneille.

STREISAND (Barbara Joan, detta Barbra), New York 1942, cantante e attrice cinematografica statunitense. Abile ad adattarsi a tutti gli stili, ha rinnovato la commedia musicale (Funny Girl, 1968; Hello Dolly, 1969; È nata una stella, 1976). Tra gli altri film, Come eravamo (1973), Pazza (1987), L'amore ha due facce (1996).

STRÈSA, com. in prov. di Verbano-Cusio-Ossola, sul Lago Maggiore; 4945 ab. Per la sua felice posizione geografica, di fronte alle Isole Borromee, è un rinomato centro turistico. — **Conferenza di**

Stresa, conferenza cui parteciparono i capi del governo e i ministri degli esteri di Italia, Francia e Gran Bretagna, indetta per far fronte al riarmo della Germania (11-14 apr. 1935). Non approdò ad alcun risultato per il rifiuto, da parte di Francia e Gran Bretagna, di riconoscere l'Etiopia quale colonia italiana.

STRESEMANN (Gustav), Berlino 1878-1929, politico tedesco. Ministro degli affari esteri (1923-1929), fece in modo che la Francia evacuasse la Ruhr (1925). Dopo gli accordi di Locarno (1925), ottenne l'ammissione della Germania nella SDN. Nel 1928 firmò il patto Briand-Kellogg. (Premio Nobel per la pace 1926.)

STRÉTTI (gli), insieme costituito dal *Bosforo e dai *Dardanelli, che collega il Mediterraneo al Mar Nero.

STRÉTTO (Stabiliménti dello) o **STRAITS SETTLEMENTS**, ant. colonia britannica nella penisola malese (1867-1946), che comprendeva in part. Penang, Singapore e Malacca.

STRÌGGIO (Alessàndro), Mantova 1535 ca. - 1592, compositore. Musicista di corte presso i Medici, quindi a Mantova presso i Gonzaga e a Ferrara, fu uno dei maggiori violinisti e liutisti del suo tempo. Con l'opera Il cicalamento delle donne al bucato (1567) offrì uno dei primi esempi del cosiddetto "madrigale dialogico".

STRINDBERG (August), Stoccolma 1849-1912, scrittore svedese. Dopo un'infanzia difficile, che descrisse nel Figlio di una serva, pubblicò il primo romanzo naturalista svedese, La camera rossa (1879). Una vita amorosa e coniugale travagliata ne accentuarono l'instabilità nervosa fornendo materiale

per le sue opere: novelle (Sposi), scritti autobiografici (Apologia di un pazzo, Inferno) e testi teatrali (Il padre, 1887; La signorina Giulia, 1888). Autore di drammi storici (Enrico XIV) e naturalisti (Danza macabra, 1901), introdusse il simbolismo in Svezia (Il sogno) per poi evolvere verso il misticismo e creare il "teatro intimo", in cui mise in scena i "Kammarspel" (La sonata degli spettri, Il pellicano). La sua opera ha influenzato profondamente l'espressionismo tedesco.
■ August Strindberg. (August-Strindberg Museet, Stoccolma.)

STROHEIM (Erich Oswald, detto Erich **von**), Vienna 1885 - Maurepas, Francia, 1957, regista cinematografico statunitense di origine austriaca. Il fasto e l'audacia dei suoi film (Femmine folli, 1922; Rapacità, 1924; La vedova allegra, 1925; Sinfonia nuziale e Queen Kelly, 1928) e il loro realismo implacabile gli costarono l'allontanamento

da Hollywood; in seguito si dedicò alla carriera di attore (Viale del tramonto, B. Wilder, 1950).
■ Erich von Stroheim nel 1939.

STRÓMBOLI, isola dell'arcipelago delle Eolie, nel Tirreno, formata da un vulcano attivo (926 m d'alt.). La popolazione (370 ab.), concentrata nei paesi di S. e Ginostra, è dedita alla pesca e all'agricoltura (uva da vino, olive, frutta).

STROSMAJER o **STROSSMAYER** (Josip Juraj), Osijek 1815 - Djakovo 1905, prelato croato. Arcivescovo di Djakovo (1849), fondatore dell'Università di Zagabria (1874), lottò per la nascita di uno Stato comprendente gli slavi del S.

STROMBOLI. Massi lavici e spiaggia vulcanica.

STRÒZZI, famiglia fiorentina di estrazione popolare, rivale dei Medici (XV-XVI sec.), con cui aveva in comune il fatto di essersi arricchita con il commercio e le attività bancarie, per poi affermarsi in politica. — **Filippo S.**, detto **il Vecchio**, Firenze 1438-1491, committente di Palazzo S., a Firenze. — **Giovan Battista S.**, detto **Filippo**, Firenze 1489-1538, politico fiorentino. Figlio di Filippo il Vecchio, organizzò una spedizione militare contro Cosimo de' Medici, nel tentativo di instaurare la repubblica, ma fu sconfitto e imprigionato. Morì suicida in carcere.

STRÒZZI (Bernàrdo), Genova 1581 - Venezia 1644, pittore. Subì l'influenza dei fiamminghi (La cuciniera, Palazzo Rosso, Genova), ma dopo essersi stabilito a Venezia (1630) si orientò verso una pittura dall'impasto cromatico più chiaro e brillante, di spirito barocco (Alvise Grimani, National Gallery, Washington; Cristo della moneta, Uffizi, Firenze).

STRUENSEE (Johann Friedrich, cònte **di**), Halle 1737 - Copenaghen 1772, statista danese. Medico del re Cristiano VII, consigliere di Stato, divenne l'amante della regina. Realizzò importanti riforme prima di essere accusato di complotto contro il sovrano e decapitato.

STRUMA, in gr. **Strimónas**, f. della Bulgaria e della Grecia, che sfocia nel Mar Egeo; 430 km. (Ant. chiamato Strimone.)

STRUTHOF, campo di concentramento tedesco in Francia (1941-1944, dip. Bas-Rhin). Cimitero nazionale delle vittime dell'Olocausto (1950).

STRUVE, famiglia di astronomi russi di origine tedesca. — **Friedrich Georg Wilhelm von S.**, Altona, Holstein, 1793 - San Pietroburgo 1864, astronomo russo. Studiò soprattutto le stelle doppie e multiple, e supervisionò la costruzione dell'osservatorio di Pulkovo, presso San Pietroburgo, di cui fu il primo direttore (1839-1862). — **Otto von S.**, Dorpat 1819 - Karlsruhe 1905, astronomo russo. Figlio di Friedrich Georg Wilhelm, gli succedette a Pulkovo (1862-1890) e scoprì molte stelle doppie. — **Otto S.**, Harkov 1897 - Berkeley 1963, astronomo russo naturalizzato statunitense. Nipote di Otto, pubblicò lavori di spettrografia e astrofisica.

STUART, dinastia scozzese che regnò sulla Scozia a partire dal 1371 e i cui sovrani furono anche re di Inghilterra dal 1603 al 1714. Gli S. presero origine dall'ant. famiglia degli Steward, così chiamata dal titolo ("maggiordomo") del suo capostipite Walter (m. nel 1177). La grafia del nome cambiò nel 1542.

STUART MILL (John) → MILL (John Stuart).

STUDENICA (monastèro di), monastero della Serbia, a N di Novi Pazar. Chiesa bizantino-romanica della Vergine, risalente alla fine del XII sec. (affreschi, sculture, tesoro) e chiesa del Re, del XIV sec. (preziose pitture).

STÙPARICH (Càrlo), Trieste 1894 - Monte Cengio 1916, scrittore. Fratello di Giani, collaborò con La Voce a Firenze. Partito volontario nella prima guerra mondiale, si suicidò per non cadere nelle mani degli austriaci. I suoi scritti furono raccolti dal fratello Giani in Cose e ombre di uno (1919).

STÙPARICH (Giàni), Trieste 1891 - Roma 1961, scrittore. Insieme al fratello Carlo e a S. Slataper collaborò a La Voce. Combatté volontario nella prima guerra mondiale. La sua narrativa oscilla tra rievocazione della guerra e impegno morale. Tra le opere, Colloqui con mio fratello (1925), Stagioni alla fontana (1942), Il ritorno del padre (1961).

STÙRA, nome di alcuni f. e torrenti del Piemonte. — **S. di Ala**; 30 km. Nasce nel Pian della Mussa, scorre nella Val di Ala, bagna Ala di S. e si unisce alla S. di Val Grande a formare la S. di Lanzo. — **S. di Demonte**; 111 km. Nasce dal Colle della Maddalena, scorre nella valle omonima, bagna Cuneo e confluisce nel Tanaro presso Cherasco. — **S. di Lanzo**; 62 km. Nasce nelle Alpi Graie presso Ceres, bagna Lanzo e confluisce nel Po poco oltre Torino. — **S. di Val Grande**; 20 km. Nasce nelle Alpi Graie, scorre nella Val Grande e si unisce alla S. di Ala a formare la S. di Lanzo. — **S. di Viù**. Percorre la Val di Viù e confluisce nella S. di Lanzo presso Traves.

STURE, nome di due famiglie svedesi di origine danese. — **Sten Gustafson S.**, detto **il Vecchio**, 1440 - Jönköping 1503, statista svedese. Reggente dal 1470, sconfisse a Brunkeberg (1471) il re di

Danimarca Cristiano I. — **Sten Svantesson S.**, detto **il Giovane**, *1493 ? - presso Stoccolma 1520*, statista svedese. Reggente dal 1512, sconfisse i danesi a Brännkyrka (1518).

STURGES (John Eliot, detto John), *Oak Park 1911 - San Luis Obispo 1992*, regista cinematografico statunitense. Maestro del western e dei film d'azione. Tra i film diretti, *Giorno maledetto* (1955), *Sfida all'O.K. Corral* (1957), *I magnifici sette* (1960), *La grande fuga* (1963), *Joe Kidd* (1972), *La notte dell'aquila* (1977).

STURM UND DRANG ("Tempesta e assalto"), dall'omonimo dramma di F.M. Klinger, movimento letterario nato in Germania intorno al 1770 per reazione al razionalismo e al classicismo (**Aufklärung*). Vi aderirono W. Goethe, F. Schiller, J.M.R. Lenz, F.M. Klinger, J.G. Herder.

STÙRZO (Luigi), *Caltagirone 1871 - Roma 1959*, sacerdote e politico. Fondatore e segretario del Partito popolare italiano (1919), per la sua opposizione al regime fascista fu costretto all'esilio dal 1924 al 1946. Nominato senatore a vita nel 1952, dopo un tentativo di formare un blocco elettorale di centro-destra si dedicò esclusivamente all'attività pubblicistica. Tra i suoi scritti: *Italy and Fascism* (1926), *L'Italia e il nuovo ordine internazionale* (1946), *Chiesa e Stato* (1958).

STUTTHOF, in pol. **Sztutowo,** campo di concentramento tedesco (1938-1944), presso Danzica (Polonia).

STYRON (William), *Newport News 1925*, scrittore statunitense. I suoi romanzi denunciano la crudeltà della società americana (*Un letto di tenebre*, *Le confessioni di Nat Turner*, *La scelta di Sofia*).

SUÀRDI (Bartolomèo) → BRAMANTINO.

SUARÈS (André), *Marsiglia 1868 - Saint-Maur-des-Fossés 1948*, scrittore francese. Dalle sue opere (*Il viaggio del condottiero*, 1910-1932) emerge una visione mistica della creazione artistica.

SUÁREZ (Adolfo), *Cebreros, prov. di Ávila, 1932*, politico spagnolo. È stato capo del governo dal 1976 al 1981.

SUÁREZ (Francisco), *Granada 1548 - Lisbona 1617*, teologo gesuita spagnolo. Si preoccupò di istituire un diritto dei popoli per gli indigeni delle colonie spagnole d'America.

SUBAPPENNÌNO, **PREAPPENNÌNO** o **ANTIAPPENNÌNO**, nome con il quale sono identificate alcune dorsali montuose e collinari affiancate alla parte mediana dell'Appennino, estese sia sul versante adriatico sia su quello tirrenico.

SUBÀSIO, monte dell'Appennino Umbro-Marchigiano; 1290 m. Posto a E di Assisi, in prov. di Perugia, vi ha sede l'Eremo delle Carceri, luogo di ritiro di san Francesco.

SUBIÀCO, com. in prov. di Roma; 9096 ab. — San Benedetto da Norcia, dopo aver trovato rifugio nella grotta del Sacro Speco, vi fondò l'ordine dei benedettini, alla fine del V sec. Centro di una congregazione benedettina dal 1872. — Resti della villa neroniana; monastero del XIII sec. (affreschi di scuola senese del XIII-XIV sec.); chiesa di S. Francesco eretta nel XIV sec. (affreschi del Sodoma).

SUBLEYRAS (Pierre), *Saint-Gilles, Gard, 1699 - Roma 1749*, pittore francese. Raffinato classicista attivo a Roma, eccelse soprattutto nei ritratti e nei dipinti di soggetto religioso.

SUBLÌCIO (pónte), il più antico ponte di Roma sul Tevere. Costruito, secondo la tradizione, da Anco Marzio interamente in legno, è celebre per la leggendaria impresa compiuta da **Orazio Coclite*.

SUBLÌME PÒRTA → PORTA (la).

SUBOTICA, già **Marìa Teresiòpoli**, c. dello Stato di Serbia e Montenegro (Vojvodina); 100.219 ab.

SUCCESSIÓNE AUSTRÌACA (guèrra di) (1740-1748), conflitto europeo che vide scendere in campo Prussia, Baviera, Sassonia e Spagna alleate conro l'Austria, a cui si sovrappose una guerra, in parte marittima e coloniale, tra Inghilterra, alleata dell'Austria, e Francia, alleata della Prussia. Le ostilità trassero origine dalla contestazione della prammatica sanzione del 1713, che assicurava il trono a Maria Teresa, figlia di Carlo VI (m. nel 1740). L'Austria cedette la Slesia alla Prussia (1742) e, dopo la sconfitta (1745), accettò la pace con la Baviera. Maria Teresa riuscì a far proclamare il marito, Francesco di Lorena, imperatore germanico (1745). La Francia continuò la guerra nelle Fiandre: pur avendo ottenuto i Paesi Bassi con la vittoria di Fontenoy (1745), si vide negare le proprie conquiste dalla pace di Aquisgrana (1748), che riconobbe la prammatica sanzione e la cessione della Slesia alla Prussia.

SUCCESSIÓNE POLÀCCA (guèrra di) (1733-1738), conflitto che contrappose la Francia (alleatasi con Spagna, regno di Sardegna e Baviera) alla Russia e all'Austria, a proposito della successione di Augusto II, sovrano di Polonia (1733). Russia e Austria appoggiavano Augusto III, mentre Stanislao Leszczyński veniva proclamato re di Polonia dalla dieta di Varsavia, con il sostegno di Luigi XIV, suo genero. Augusto III ebbe la meglio sull'avversario e con la pace di Vienna (1738) la Francia finì per riconoscerlo legittimo successore al trono polacco. Stanislao in cambio ottenne i ducati di Lorena e Bar.

SUCCESSIÓNE SPAGNÒLA (guèrra di) (1701-1714), conflitto che vide Francia e Spagna schierarsi contro una coalizione di potenze europee. Fu causata dal testamento di Carlo II che lasciava la corona di Spagna a Filippo d'Anjou (Filippo V), nipote di Luigi XIV, in quanto quest'ultimo pretendeva fosse mantenuto il diritto di Filippo V alla corona di Francia. La Francia si trovò ad affrontare contemporaneamente Austria, Inghilterra e Province Unite (grande alleanza dell'Aia, 1701). Dopo alcuni successi in Germania (1702-1703), dovette subire una serie di rovesci: proclamazione a Barcellona dell'arciduca Carlo re di Spagna (1705), sconfitta di Oudenaarde, cui fece seguito l'invasione della Francia settentr., arginata dalle battaglie di Malplaquet (1709) e Denain (1712). La guerra si concluse con i trattati di Utrecht (1713) e Rastatt (1714).

SUCEAVA, c. della Romania nord-orient.; 114.462 ab. Chiesa (XVI sec.) del convento di S. Giorgio, tipico esempio dell'arte della Bucovina; nei dintorni, convento di Dragomirna, chiesa di Voronezš ecc.

SUCRE, già **Chuquisaca**, cap. costituzionale della Bolivia, nelle Ande, a più di 2700 m d'alt.; 223.436 ab. Cattedrale del XVII sec.

SUCRE (Antonio José **de**), *Cumaná 1795 - Berruecos, Colombia, 1830*, patriota venezuelano. Luogotenente di S. Bolívar, riportò la vittoria di Ayacucho (1824). Eletto presidente a vita della Bolivia (1826), si dimise nel 1828 in seguito a una rivolta militare. Difese la Colombia contro i peruviani e fu assassinato.

SUD (Ìsola del), isola della Nuova Zelanda, la più vasta (154.000 km^2 con i territori esterni), ma la meno popolosa (900.000 ab.).

SUDAFRICÀNA (Repùbblica), Stato che occupa l'estremità merid. dell'Africa; 1.221.000 km^2; 42.400.000 ab. (*sudafricani*). CAP.: *Pretoria* (sede del governo) e *Città del Capo* (sede del parlamento). LINGUE: *afrikaans*, *inglese*, *ndebele*, *pedi*, *sesotho*, *seswati*, *tsonga*, *setswana*, *venda*, *xhosa* e *zulu*. MONETA: *rand.* Il paese è formato da 9 province: Capo Occidentale, Capo Orientale, Capo Settentrionale, Gauteng, KwaZulu/Natal, Mpumalanga, Nord-Ovest, Settentrionale, Stato libero.

ISTITUZIONI – Repubblica con Costituzione del 1996, entrata in vigore progressivamente dal 1997 al 1999. Il parlamento è composto dall'assemblea nazionale, eletta ogni 5 anni, e dal consiglio nazionale delle province. Il presidente della repubblica, designato dall'assemblea nazionale (con un mandato della stessa durata), nomina il capo del governo e i membri del consiglio dei ministri, da lui presieduto.

GEOGRAFIA – La R. S., prima potenza economica del continente, è uno Stato multietnico in cui la maggioranza nera (75% della popolazione) ha conquistato il potere nel 1994, soppiantando la minoranza bianca (meno del 15%). Il paese conta altre minoranze etniche, rappresentate da meticci (*coloureds*) e asiatici. Il territorio è costituito da un vasto tavolato, che cede il posto ai rilievi nel SE (Monti dei Draghi). Il fatto che l'altitudine renda le temperature più miti giustifica il rilevante insediamento di origine europea (prima gli olandesi, poi gli inglesi), il tipo di produzione agricola (mais, zucchero, vini) e la diffusione dell'allevamento (bovini e, soprattutto, ovini) in una zona semitropicale. Ma è la ricchezza del sottosuolo a rappresentare la risorsa essenziale: il paese rientra tra i grandi produttori mondiali d'oro e diamanti, oltre che di cromo, titanio, manganese, carbone e uranio. L'industria di trasformazione è situata soprattutto alla periferia di Johannesburg e nei centri portuali (in part. Durban). L'abolizione dell'*apartheid* non si è tradotta in un'uniformazione degli stili di vita e dei livelli di benessere. Tra la popolazione nera non si è avuto né un calo della sottoccupazione né la scomparsa dell'analfabetismo; quanto alla minoranza bianca, piuttosto inquieta, una parte di essa ha scelto di emigrare. La R. S. è inoltre costretta a far fronte agli squilibri socioeconomici indotti dalla drammatica diffusione dell'AIDS.

STORIA – **Periodo africano e olandese**. Il Sudafrica, che vede costituirsi insediamenti umani in epoche preistoriche assai remote, è occupato da boscimani, nama o ottentotti (XII sec.), e infine bantu (xosha, zulu, sotho, nel XVI sec.). **XVI sec.**: i portoghesi scoprono il paese, ma non vi si stabiliscono. **1652**: gli olandesi fondano Città del Capo, che diventerà scalo della Compagnia delle Indie orientali. **1685**: dopo la revoca dell'editto di Nantes, ai coloni (boeri) si aggiungono gli ugonotti francesi. Si afferma la schiavitù. Gli ottentotti sono decimati dal vaiolo introdotto dagli europei, mentre i boscimani vengono sterminati dai coloni.

La dominazione britannica. **1814**: in base al trattato di Parigi la Colonia olandese del Capo passa sotto l'amministrazione britannica. **1834**: l'abolizione della schiavitù (1833) semina scontento tra i boeri, che migrano in massa verso l'E e il N (fenomeno noto come *Trek*, esodo). Scacciati dal Natal per intervento degli inglesi, fondano due repubbliche, Transvaal e Orange, che, dopo un primo conflitto con la Gran Bretagna (1877-1881), consolidano la loro indipendenza. Con le nove "guerre dei cafri" (1779-1877), gli xhosa si oppongono alla penetrazione degli europei, mentre gli zulu affrontano i boeri (battaglia di Bloodriver, 1838) e gli inglesi (Isandhlwana, 1879). **1884**: molti stranieri, soprattutto inglesi, sono attirati nel Transvaal dalla scoperta dell'oro in questa regione, di cui tenta invano di impadronirsi Cecil Rhodes, primo ministro della Colonia del Capo (spedizione organizzata nel 1895-1896 da Leander Starr Jameson). **1899-1902**: la guerra anglo-boera si conclude con una difficile vittoria degli inglesi su Transvaal e Orange, che vengono annessi. **1910**: nascita dell'Unione Sudafricana (Stati del Capo, Natal, Orange e Transvaal), che entrerà a far parte del Commonwealth. **1913**: le prime leggi di segregazione razziale (*apartheid*) colpiscono i meticci, gli indiani, ma soprattutto i neri che, pur formando una forte maggioranza, sono praticamente esclusi dalla vita economica del paese. **1920**: l'ex colonia tedesca dell'Africa del Sud-Ovest (att. Namibia) è affidata all'Unione sudafricana dapprima dalla SDN, quindi dall'ONU. **1948**: il governo di Daniel Malan (Partito nazionale, espressione della destra afrikaner) inasprisce le leggi sull'apartheid (divieto dei matrimoni misti, segregazione residenziale ecc.). **A partire dal 1959**: il governo di Hendrik Frensch Verwoerd vara la politica dei bantustan (aree riservate agli esponenti dell'etnia bantu).

La Repubblica sudafricana. **1961**: in seguito a un referendum, l'Unione si trasforma in repubblica indipendente, per poi ritirarsi dal Commonwealth. Dopo il 1966 Balthazar Johannes Vorster e Pieter Willem Botha proseguono nella linea politica segregazionista, al prezzo di un sempre maggiore isolamento del paese. **1976**: gravi disordini a Soweto. **1985-1986**: le rivolte antiapartheid mietono moltissime vittime. La proclamazione dello stato d'emergenza e la violenza della repressione vengono condannate da numerosi paesi occidentali, che adottano sanzioni economiche nei confronti della R.S. **1988**: il Sudafrica conclude un accordo con Angola e Cuba, che prevede il cessate il fuoco in Namibia. **1989**: Frederik Willem De Klerk succede a P.W. Botha.

Verso una democrazia multietnica. **1990**: F.W. De Klerk si fa promotore di una politica di apertura nei confronti della maggioranza nera (legalizzazione delle organizzazioni antiapartheid, liberazione di Nelson Mandela, negoziati diretti con l'ANC (African National Congress), abolizione della segregazione razziale nei luoghi pubblici). Viene revocato lo stato di emergenza. La Namibia ottiene l'indipendenza. **1991**: cadono anche le ultime tre leggi su cui si reggeva l'apartheid. **1993**: al termine di difficili negoziati avviati nel 1990, grazie all'impegno congiunto di F.W. De Klerk e N. Mandela e nonostante l'opposizione degli estremisti neri e bianchi, in novembre viene adottata una Costituzione provvisoria. **1994**: in aprile le prime elezioni multirazziali registrano un'ampia vittoria dell'ANC. Mandela viene eletto capo dello Stato. Si forma un governo di unità nazionale. La R. S. recupera il suo posto in ambito internazionale. **1996**: entra in vigore una nuova Costituzione; De Klerk e il Partito nazionale lasciano il governo. **1999**: dopo una nuova, schiacciante vittoria elettorale dell'ANC, Thabo Mbeki succede a Mandela alla presidenza della repubblica.

SUDAN, nome un tempo attribuito alla zona climatica dell'Africa boreale, intermedia tra il Sahel e la fascia equatoriale. In tale zona si verifica al passaggio, procedendo da N a S, dalla steppa alla savana, che si traduce in un prolungamento della stagione delle piogge (estate).

SUDAN, Stato federale dell'Africa, sul Mar Rosso; 2.506.000 km²; 27.400.000 ab. (*sudanesi*). CAP. *Khartum*. LINGUA: *arabo*. MONETA: *dinaro sudanese*. [*V. carta a pagina seguente.*]

GEOGRAFIA – Il paese, il più vasto dell'Africa, conta più di 500 etnie, ripartite tra le popolazioni bianche, islamizzate e arabofone, stanziate a N, e quelle nere, animiste o cristiane, prive di unità linguistica, prevalenti a S. Questa diversità è fonte di gravi tensioni interne. L'irrigazione (grazie alle acque dello Nilo Bianco e del Nilo Azzurro) ha permesso lo sviluppo dell'agricoltura (in part. cotone e sorgo, ma anche arachidi e canna da zucchero) nella zona centrale, mentre al N, desertico, si pratica l'allevamento nomade. L'industria è inesistente e il debito pubblico è molto pesante. L'analfabetismo riguarda quasi tre quarti della popolazione adulta.

STORIA – **L'antichità**: La storia del S. si confonde con quella della *Nubia, che ne occupa la parte settentr. **350 ca. d.C.**: Meroe, capitale della

Nubia dal VI sec. a.C. viene distrutta dagli etiopi. **VII-XIV sec.** : convertitosi al cristianesimo, il paese si sottomette agli arabi, in Egitto dal VII sec. **XVI-XIX sec.**: si costituiscono alcuni sultanati (in part. quello dei fung); la tratta degli schiavi spopola ampie zone. **1820-1840**: Mehmet Ali, viceré d'Egitto, conquista la regione. **1883**: la Gran Bretagna, che occupa l'Egitto nel 1882, deve far fronte all'insurrezione guidata da Osman Digna, detto il Mahdi. Horatio Herbert Kitchener annienta i ribelli mahdisti a Omdurman (1898), prima di costringere la colonna francese guidata da Jean Baptiste Marchand a ritirarsi nella città di Fashoda. **1899**: il S. diventa dominio congiunto anglo-egiziano. **1956**: proclamazione della repubblica indipendente del S. **1958-1969**: si alternano al potere militari e civili. **1969**: Giafar Muhammad Al-Nimeyri organizza un colpo di Stato militare con cui instaura un regime d'ispirazione socialista. **1972**: viene firmato un accordo con i ribelli del S, attivi dalla proclamazione dell'indipendenza. **1977**: un accordo di riconciliazione nazionale permette il ritorno in S. dei leader dell'opposizione islamica in esilio. **1983**: i combattimenti nel S riprendono dopo l'entrata in vigore di norme ispirate alla *sharia*, la legge coranica. **1985**: un'insurrezione popolare provoca la caduta del regime di G.M. Nimeyri. **1986**: si forma un governo civile, diretto da Sadek Al-Mahdi. **1989**: i militari riprendono il potere, capeggiati dal generale Omar Hassan Ahmed Al-Bashir, e instaurano un regime autoritario a tendenza islamica. **A partire dal 1992**: l'esercito non riesce a domare la ribellione nel S, guidata dal colonnello John Garang. Le popolazioni meridionali sono vittime di una grave carestia. **1996**: il generale S. Al-Bashir viene confermato capo dello Stato e del governo (sarà rieletto nel 2000). **2002**: dopo l'11 sett. il governo offre il suo appoggio agli Stati Uniti nella lotta contro il terrorismo. Contingenti armati ugandesi ottengono l'autorizzazione a penetrare in S. per colpire le basi dei ribelli dell'LRA (Esercito di resistenza del Signore).

SUDANÉSI, popolazione dell'Indonesia (in part. Giava occ.) (ca. 28 milioni di individui). I s., affini ai giavanesi per lingua e cultura, se ne distinguono per l'espressione artistica. Sono in prevalenza musulmani.

SUDBURY, c. del Canada (Ontario); 165.000 ab. Centro minerario (nichel e rame). Università.

SÜDDEUTSCHE ZEITUNG, quotidiano tedesco di orientamento liberale, fondato a Monaco nel 1945.

SUDÈST ASIÀTICO, raggruppamento continentale (Vietnam, Laos, Cambogia, Thailandia, Myanmar, Malaysia Occidentale e Singapore) e insulare (Indonesia, Malaysia Orientale, Brunei e Filippine), che corrisponde alle tradizionali Indocina e Insulindia.

SUDÉTI, massiccio al confine tra Polonia e Rep. Ceca, dove forma il margine nord-orient. della Boemia. Dal punto di vista storico, il nome di S. è stato usato per indicare tutte le zone periferiche della Boemia e i loro abitanti di origine tedesca. La regione appartenne alla Germania dal 1938 al 1945. Al momento della sua restituzione alla Cecoslovacchia, la popolazione tedesca fu espulsa.

SU DONGPO → SU SHIH.

SUD-ÒVEST AFRICÀNO → NAMIBIA.

SÜDTIROLER VOLKSPARTEI (SVP), partito politico fondato nel 1946 a Bolzano ("Partito popolare sudtirolese"). Rappresenta la minoranza linguistica tedesca dell'Alto Adige, della quale ha difeso a lungo l'identità, rivendicando l'autonomia della regione dal governo centrale. Guidato per molti anni da S. Magnago, sempre rappresentato in Parlamento a livello nazionale, ha spesso seguito la linea politica della DC, attestandosi nel tempo su posizioni moderate. Segretari: S. Magnago (1957-1991), R. Riz (1991-1992), S. Brugger (dal 1992).

SUD-TIRÒLO, in ted. *Südtirol* → TRENTINO-ALTO ADIGE.

SUE (Marie-Joseph, detto Eugène), *Parigi 1804 - Annecy 1857*, scrittore francese. Nei suoi *feuilleton* la descrizione dei bassifondi parigini è strumento di rivendicazioni sociali (*I misteri di Parigi*, 1842-1843; *L'ebreo errante*, 1844-1845).

Rep. Sudafricana-Lesotho

★ importante località turistica

500 1000 1500 2000 m

Città del Capo capoluogo di provincia

confine di provincia

━━ autostrada
━━ strada normale
— ferrovia
✈ aeroporto

● più di 1.000.000 di ab.
● da 500.000 a 1.000.000 di ab.
● da 100.000 a 500.000 di ab.
• meno di 100.000 di ab.

Sudan

★ importante località turistica   — strada normale   ⚑ pozzo petrolifero

500   1000   2000 m   — ferrovia   ⛴ oleodotto

✈ aeroporto   🛢 porto petrolifero

● più di 1.000.000 di ab.

● da 100.000 a 1.000.000 di ab.

● da 10.000 a 100.000 ab.

● meno di 10.000 ab.

SUÈBI, popolazioni germaniche che nel I sec. si stabilirono nella reg. poi denominata Svevia. All'epoca delle grandi invasioni barbariche raggiunsero la Spagna e all'inizio del V sec. fondarono in Galizia un regno che fu distrutto nel 585 dai visigoti.

SUESS (Eduard), *Londra 1831 - Vienna 1914*, geologo austriaco. Con l'opera monumentale *La faccia della Terra* (1885-1909) fornì la prima descrizione sistematica di geologia generale.

SUEZ, c. dell'Egitto, sul Mar Rosso, nel Golfo di S., all'imbocco merid. del canale di S.; 388.000 ab. Porto.

SUEZ (canàle di), via navigabile che attraversa l'istmo di S. Misura 161 km da Porto Said a Suez (195 km con le diramazioni verso il Mediterraneo e il Mar Rosso); abbrevia quasi della metà il tragitto tra il Golfo Persico e il Mare del N. — Fu realizzato tra il 1859 e il 1869 sotto la direzione di Ferdinand de Lesseps. La Gran Bretagna ne divenne la principale azionista (1875) e ne detenne il controllo militare fino al 1954/1956. La nazionalizzazione della Compagnia del canale a opera di Nasser (lug. 1956) provocò in ott.-nov. un conflitto, condotto da Israele, Francia e Gran Bretagna, cui pose fine l'intervento dell'URSS, degli Stati Uniti e dell'ONU. Il canale fu chiuso alla navigazione dal 1967 al 1975 in seguito alle guerre arabo-israeliane.

SUEZ (Istmo di), istmo tra il Mar Rosso e il Mediterraneo, che separa l'Africa dall'Asia.

SUFFOLK, contea della Gran Bretagna (Inghilterra), sul Mare del Nord; 629.900 ab.; capol. *Ipswich*.

SUGÀNA (Val) → VALSUGANA.

SUHARTO, *presso Giacarta 1921*, generale e politico indonesiano. Dopo aver deposto Sukarno con un colpo di Stato (1966-1967), è diventato presidente della repubblica nel 1968. Ha abban-

donato il potere nel 1998, cedendo alle pressioni dell'opposizione.

SUHRAWARDI, *1155 ca. - Aleppo 1191*, filosofo e teologo iraniano. Commentatore e interprete mistico di Aristotele, influenzato da Avicenna, attuò una sintesi di gnosi, ermetismo e neoplatonismo nella sua filosofia dell'islam ed elaborò una metafisica dell'illuminazione.

SUHUMI, c. della Georgia, capol. dell'Abhasia, sul Mar Nero; 121.000 ab.

SUJSKIJ, famiglia nobile russa (XV-XVII sec.), che fu cacciata da Ivan IV, e diede alla Russia uno zar: *Basilio IV*.

SUKARNO, *Surabaya, Giava, 1901 - Giacarta 1970*, politico indonesiano. Fondatore del Partito nazionale indonesiano (1927), nel 1945 proclamò l'indipendenza della repubblica indonesiana, di cui fu il primo presidente. Dal 1948 instaurò un regime dittatoriale e cercò di imporsi come guida della rivoluzione nel Sudest asiatico. Fu destituito da Suharto (1966-1967).

■ *Sukarno nel 1945.*

SUKHOTHAI, c. della Thailandia settentr.; 15.000 ab. Ant. cap. del primo regno thai (XIII-XV sec.). — Vari monumenti; musei.

SULAWESI → CELEBES.

SÙLCIS, reg. della Sardegna sud-occ., in prov. di Cagliari. Delimitata dall'Iglesiente e dal Mar Mediterraneo, comprende le isole di S. Antioco e S. Pietro e ha un territorio in prevalenza montuoso. Agricoltura (ortaggi, cereali). Industrie estrattive. Pesca. Centri princ.: Carbonia e San Giovanni Suergiu.

SULDENTAL → SOLDA (val di).

SULLIVAN (Louis), *Boston 1856 - Chicago 1924*, architetto statunitense. Con l'ingegnere Dankmar Adler progettò il Wainwright Building di Sain Louis (1890). I magazzini Carson, Pirie e Scott, a Chicago (1899), realizzano una perfetta fusione di funzionalismo ed elementi decorativi in stile liberty.

SULLOM VOE, terminal petrolifero delle Shetland.

SULLY (Maximilien **de Béthune**, baróne **de Rosny**, dùca **di**), *Rosny-sur-Seine 1559 - Villebon, Eure-et-Loir, 1641*, statista francese. Dopo aver combattuto a fianco del futuro Enrico IV, divenne soprintendente alle finanze (1598). In qualità di principale ministro del regno, risanò il bilancio dello Stato, favorendo agricoltura e commercio.

SULLY PRUDHOMME (René François Armand **Prudhomme**, detto), *Parigi 1839 - Châtenay-Malabry 1907*, poeta francese. Da un'ispirazione intimista (*Le solitudini*) approdò a una vena più didascalica (*La giustizia, Le vane tenerezze*). (Premio Nobel 1901.)

SULMÓNA, com. in prov. dell'Aquila; 25.407 ab. Agricoltura (frutta, cereali). Artigianato del rame e del ferro battuto. Industrie tessili, dell'abbigliamento, elettrotecniche e alimentari (confetti). — Fondata dai peligni con il nome di *Sulmo*, conquistata da Roma, si sviluppò in epoca medievale sotto Svevi e Angioini. — Cattedrale, ricostruita in diverse epoche. Ospedale e chiesa dell'Annunziata (XV sec., ricostruiti nel XVIII sec.). Nei dintorni, santuario di Ercole Curino.

SULPÌCIO RÙFO (Pùblio), *124 a.C. - 88 a.C.*, politico romano. Di famiglia aristocratica, divenne tribuno della plebe nell'88 a.C. e fece approvare una serie di leggi (leggi Sulpicie) a favore delle classi più deboli. Avversato dal senato, fu ucciso a tradimento da un sicario.

SULPÌCIO SEVÉRO, *in Aquitania 360 ca. - 420 ca.*, storico cristiano di lingua latina, autore della *Vita Sancti Martini*.

SULU (Arcipèlago di), isole delle Filippine, tra il Mar di S. e il Mar di Celebes.

SULUK → TAUSUG.

SUMAROKOV (Aleksandr Petrovič), *San Pietroburgo 1717 - Mosca 1777*, drammaturgo russo. Scrisse tragedie rifacendosi ai classici francesi (*Chorev*, 1749) e fu direttore del primo teatro russo.

SUMATRA, la maggiore delle Isole della Sonda (Indonesia); 473.600 km², 40.830.334 ab.; c. princ. *Medan* e *Palembang*. Colture di sussistenza (riso) e commerciali (spezie, caffè, hevea). Petrolio e gas naturale.

SUMAVA, in ted. **Böhmerwald**, in it. **Sélva Boèma**, massiccio della Rep. Ceca, estremità sud-orient. della Boemia; 1380 m.

SUMER, ant. reg. della bassa Mesopotamia, presso il Golfo Persico.

SUMÈRI, popolazione di origini oscure, stabilitasi durante il IV millennio nella bassa Mesopotamia. I s. fondarono le prime città-Stato (Lagash, Uruk, Ur ecc.), dove fiorirono la prima architettura religiosa, la statuaria, la glittica, ed entrò in uso la scrittura, dalla fine del IV millennio. L'arrivo dei semiti accadi in Mesopotamia (fine del III millennio) causò la scomparsa dei s. dalla scena politica, ma la loro cultura letteraria e artistica sopravvisse a tutte le civiltà del Medio Oriente.

SUMGAIT, c. dell'Azerbaigian, sul Mar Caspio; 274.000 ab. Centro industriale.

SUMMA THEOLOGIAE, l'opera principale di san Tommaso d'Aquino (1266-1273 ca.), che tratta l'insieme dei problemi relativi alla fede cristiana adottando il metodo scolastico della discussione.

SUMMER (James Batcheller), *Canton, Massachusetts, 1887 - Buffalo 1955*, biochimico statunitense. Fu il primo a cristallizzare un enzima (l'ureasi) e a dimostrarne la natura proteica (1926). (Premio Nobel per la chimica 1946.)

SUN (The), quotidiano popolare britannico di tendenza conservatrice. Nato dal *Daily Herald* nel 1966, è il quotidiano britannico a maggiore tiratura.

SUND → ØRESUND.

SUNDERLAND, c. della Gran Bretagna (Inghilterra), sul Mare del Nord; 196.000 ab. Porto. — Musei.

SÙNIO o **COLÓNNA** (Càpo), promontorio all'estremità sud-orient. dell'Attica (Grecia). Rovine monumentali del tempio di Poseidone (metà del V sec. a.C.).

SUN RA (Herman **Blount**, detto), *Birmingham, Alabama, 1914-1993*, pianista, compositore e direttore d'orchestra statunitense. Dalle origini misteriose, ha costituito a partire dal 1955 l'"Arkestra", gruppo musicale caratterizzato da una vistosa eccentricità, con la quale ha realizzato numerosi dischi e spettacoli di jazz d'avanguardia.

SUN YAT-SEN o **SUN ZHONGSHAN**, *Xiangshan, Guangdong, 1866 - Pechino 1925*, politico cinese. Fondò la Società per la rinascita della Cina (1894), poi la Lega associata (1905), il cui programma politico fu alla base di quello del Guomindang, da lui fondato nel 1912. In occasione della rivoluzione del 1911 fu eletto presidente della repubblica a Nanchino, ma dovette cedere la carica a Yuan Shih-K'ai (1912). Divenuto presidente della repubblica (1921), s'impose a Pechino nel 1925 dopo aver realizzato l'alleanza tra Guomindang e Partito comunista cinese (1923-1924).

■ *Sun Yat-Sen.*

SUN ZI o **SUN TSE**, *VI-V sec. a.C.*, teorico militare cinese. Il suo *Arte della guerra*, in cui pone l'accento sulla preparazione e sul fattore sorpresa, rappresenta il più antico trattato di strategia che si conosca.

SUOCHE → YARKAND.

SUPÈRGA, frazione del com. di Torino, sull'omonimo colle; 250 ab. Basilica (1717-1731) progettata da F. Juvarra, con le tombe dei Savoia.

SUPERIÓRE (Ìsola) → PESCATORI (Isola dei).

SUPERIÓRE (Làgo), il più vasto e il più occ. dei Grandi Laghi dell'America settentr. Diviso tra Stati Uniti e Canada, comunica con il Lago Huron mediante il f. Saint-Mary; 82.700 km^2.

SUPERMAN, personaggio dei fumetti creato nel 1938 dal soggettista Jerry Siegel (1914-1996) e dal disegnatore Joe Shuster (1914-1992), per il mensile statunitense *Action Comics*. Supereroe giunto da un altro pianeta, quando non è impegnato nella lotta contro i criminali assume l'identità del giornalista Clark Kent. — Ha ispirato numerosi film.

SUPREMAZÌA (Àtto di) (1534), legge imposta da Enrico VIII e abolita da Maria I Tudor, che faceva del re il capo supremo della Chiesa inglese. Una legge analoga fu fatta votare da Elisabetta I nel 1559.

SURABAYA, c. dell'Indonesia (Giava); 2.701.300 ab. Porto. Centro industriale.

SURAKARTA, già **Solo**, c. dell'Indonesia (Giava); 516.500 ab.

SURAT, c. dell'India (Gujarat); 2.433.787 ab. Porto. — Monumenti antichi (XVI -XVII sec.).

SURINAME, già **Guayana Olandese**, Stato dell'America merid.; 163.265 km^2; 419.000 ab. CAP. *Paramaribo*. LINGUA: *neerlandese*. MONETA: *fiorino del Suriname*. [*V. carta della* **Guyana**.]

GEOGRAFIA – Il territorio, dal clima equatoriale, occupa l'estremità orient. del Massiccio della Guayana, delimitato a N da una pianura paludosa. La popolazione, a bassa densità ma eterogenea (indiani e indonesiani, creoli, neri), si concentra in alcune località del litorale (quasi la metà vive a Paramaribo). La bauxite è la risorsa essenziale e il principale prodotto di esportazione.

STORIA – 1667: occupata dagli inglesi, la regione viene ceduta agli olandesi in cambio di Nuova Amsterdam (att. New York). **XVIII sec.**: la zona si sviluppa grazie alle piantagioni di canna da zucchero. **1796-1816**: occupazione inglese. **1863**: abolizione della schiavitù. Il paese si popola di indiani e indonesiani; **1948**: prende il nome attuale. **1975**: il S. conquista l'indipendenza. È governato dal primo ministro Henck Arron fino al 1980 (colpo di Stato militare). **1982**: in seguito a un nuovo colpo di Stato, sale al potere il tenente colonnello Desi Bouterse. Nelle zone orient. e merid. si sviluppa la guerriglia. **1987**: è approvata per referendum una nuova Costituzione. **1988**: Ransewak Shankar viene eletto presidente della repubblica. **1990**: i militari si impadroniscono del potere. **1991**: Ronaldo Venetian, ostile ai militari, viene eletto capo dello Stato. **1992**: governo e guerriglieri concludono un accordo di pace. **1996**: Jules Wijdensbosch diventa presidente della repubblica. **2000**: R. Venetiaan torna alla guida dello Stato, e Jules Adjodhia è nominato primo ministro.

SURREY, contea della Gran Bretagna (Inghilterra), a S di Londra; 997.000 ab.; capol. *Kingston-upon-Thames*.

SURREY, c. del Canada (Columbia Britannica), sobborgo di Vancouver; 304.477 ab.

SURREY (Henry **Howard**, cónte **del**), *1518 ca. - Londra 1547*, politico e poeta inglese. Introdusse nella poesia inglese l'uso delle righe bianche e la forma del sonetto.

SURYA, dio del Sole del pantheon indù.

SÙSA, in fr. **Sousse**, in ar. **Susah**, c. della Tunisia, sul Golfo di Hammamet; 124.990 ab. Porto. Turismo. — Nell'VIII sec. vi fu costruito uno dei più antichi monumenti islamici, il *ribat* (convento fortificato).

SUSA, ant. cap. dell'Elam. Distrutta intorno al 646 a.C. da Assurbanipal, divenne cap. dell'impero achemenide alla fine del VI sec. a.C., con Dario I. — Dal 1884 gli scavi archeologici nel nucleo elamita e achemenide hanno portato alla luce capitelli, rilievi, sculture, oggetti di oreficeria (in parte conservati al Louvre di Parigi).

SÙSA, com. in prov. di Torino; 6598 ab. Il centro, situato allo sbocco delle vie di comunicazione del Moncenisio e del Monginevro, in una conca della Valle di S., ha sempre rivestito grande importanza strategica. — Arco di Augusto; cattedrale di S. Giusto, romanico-gotica (XI sec.)

SUSÀNNA, donna ebrea di grande bellezza, la cui vicenda viene raccontata in un'appendice del libro biblico di Daniele. Concupita da due vecchi che la sorprendono mentre fa il bagno e accusata da loro di adulterio, viene salvata da Daniele, che smaschera l'impostura dei suoi accusatori.

SU SHIH o **SU DONGPO**, *nel Sichuan 1036 - Changzhou 1101*, poeta cinese. Anche pittore, calligrafo e politico, è considerato il più grande poeta della dinastia Song (*La scogliera purpurea*).

SÙSO (Enrico, beato), in ted. Heinrich **Seuse**, *Costanza o Überlingen 1295 ca. - Ulma 1366*, mistico tedesco. Discepolo di J. Eckhart, poeta oltre che teologo, esalta la rinuncia ai beni materiali (*Libretto della sapienza eterna*).

SUSSEX, reg. della Gran Bretagna (Inghilterra), a S di Londra, sulla Manica. Il S. è diviso in due contee (East S. e West S.). — Il regno sassone del S., fondato nel V sec., divenne vassallo del Wessex nel IX sec.

SUTHERLAND (Donald), *Saint John 1934*, attore cinematografico canadese. Tra le sue interpretazioni, *M.A.S.H.* (1969), *Una squillo per l'ispettore Klute* (1971), *Il giorno della locusta* (1975), *Novecento* (1976), *Animal House* (1978), *Gente comune* (1980), *Un'arida stagione bianca* (1989), *JFK - Un caso ancora aperto* (1991), *Cittadino X* (1995), *Space Cowboys* (2000), *Piazza delle cinque lune* (2003).

SUTHERLAND (Graham), *Londra 1903-1980*, pittore britannico, maestro di una tendenza neoromantica venata di surrealismo.

SUTLEJ o **SATLEDJ**, f. dell'India e del Pakistan, nel Pendjab, le cui sorgenti sono in Cina; 1370 km.

SÙTRI, com. in prov. di Viterbo; 5086 ab. Agricoltura (tabacco, nocciole, cereali, olive). Industrie del legno. Centro etrusco e romano, nel Medioevo fu sede di importanti concili. Sacello della Madonna del Parto (XIII sec.). Duomo romanico.

SUTTNER (Bertha **Kinsky**, baronéssa **von**), *Praga 1843 - Vienna 1914*, giornalista e scrittrice austriaca. Sostenitrice del pacifismo, pubblicò il romanzo *Giù le armi!* (1889) e incoraggiò Alfred Nobel a istituire il premio che reca il suo nome. (Premio Nobel per la pace 1905.)

SUVA, cap. delle Isole Figi, sull'Isola di Viti Levu; 196.000 ab. Università.

SUVERÉTO, com. in prov. di Livorno; 2954 ab. Centro storico medievale con cinta muraria. Palazzo comunale (1200), chiesa di S. Giusto (XI sec.).

SUVOROV (Aleksandr Vasil'evič), *Mosca 1729 o 1730 - San Pietroburgo 1800*, generale russo. Sconfisse più volte i turchi (1787-1789) e represse l'insurrezione polacca (1794). In seguito combatté con successo in Italia contro i francesi conquistando Lombardia e Piemonte, ma fu fermato nella sua avanzata da A. Massena, a Zurigo (1799).

SUZDAL, c. della Russia, a NE di Mosca; 10.000 ab. Fu tra i maggiori centri del principato di Vladimir-S.; città museo con chiese e monasteri del XII-XVIII sec.

SUZDAL (Principàto di), Stato russo che si sviluppò nel XII sec., quando il principe Andrea Bogoljubskij (1157-1174) trasferì la sua sede da Kiev a Vladimir. La conquista mongola pose fine alla sua ascesa, nel 1238.

SUZHOU, c. della Cina (Jiangsu), sul Gran Canale; 1.189.000 ab. Centro industriale. — Pittoresca città vecchia; celebri giardini; musei.

SUZUKA, c. del Giappone, sulla Baia di Ise; 179.800 ab. Circuito automobilistico.

SUZUKI, società giapponese sorta nel 1909 per l'esercizio di attività tessili. Dal secondo dopoguerra ha avviato la produzione di autoveicoli e motocicli.

SVALBARD, arcipelago norvegese del Mar Glaciale Artico, a E della Groenlandia; 62.700 km^2; 2977 ab.; c. princ. *Longyearbyen*. L'isola maggiore è Spitzberg.

SVEN o **SVEND**, nome di più sovrani di Danimarca. — **Sven I Tveskägg** o **Svend I Tveskaeg** ("Barbaforcuta"), *960 ca. - Gainsborough 1014*, re di Danimarca (986-1014). S'impossessò di tutta l'Inghilterra (1013).

SVERDLOVSK → EKATERINBURG.

SVERDRUP (Harald Ulrik), *Sogndal 1888 - Oslo 1957*, climatologo e oceanografo norvegese. Condusse varie spedizioni nelle terre polari, in part. con R. Amudsen.

SVERDRUP (Ìsole), parte dell'arcipelago artico canadese, a O dell'Isola di Ellesmere.

SVETÒNIO TRANQUÌLLO (Càio), *69 ca. - 126 ca.*, storico latino. Protetto da Plinio il Giovane, archivista dell'imperatore Adriano, una volta perso l'incarico si dedicò alla stesura del *De vita Caesarum* (12 biografie) e del *De viris illustribus*.

SVÈVIA, in ted. **Schwaben**, reg. storica della Germania, compresa tra la Baviera occ. e il Baden-Württemberg. Il ducato, creato all'inizio del X sec., fu acquisito dagli Hohenstaufen nel 1079. Con l'estinzione di questa famiglia (1268) subentrò un periodo di anarchia. La Gran lega di S., costituitasi nel 1488 con l'appoggio degli Asburgo, si sciolse nel 1534. L'antico ducato fu smembrato in base ai trattati di Westfalia (1648).

SVÈVIA-FRANCÒNIA (Bacino di), bacino sedimentario della Germania (che ingloba il *Giura di Svevia e quello di Franconia), a N del Danubio, tra la Foresta Nera e il Massiccio di Boemia.

SVÈVO (Èttore **Schmitz**, detto Ìtalo), *Trieste 1861 - Motta di Livenza 1928*, scrittore. I suoi primi due romanzi (*Una vita*, 1892; *Senilità*, 1898), pur debitori del naturalismo, sono già caratterizzati da una rappresentazione lucidissima del personaggio dell'inetto, negato all'azione perché troppo ripiegato su se stesso; tale scandaglio si fa ancora più implacabile e venato di ironia nella terza opera, *La *coscienza di Zeno*, in cui S., accostatosi alla psicoanalisi, introduce una nuova tecnica narrativa, filtrando la realtà attraverso l'interiorità del protagonista. A intuire la portata di questa innovazione furono soprattutto i critici francesi contemporanei e J. Joyce, principali artefici della fama di S., la cui grandezza fu a lungo misconosciuta.

SVÈZIA, in sved. **Sverige**, Stato dell'Europa settentr.; 450.000 km^2; 8.820.000 ab. (*svedesi*). CAP. *Stoccolma*. C. PRINC. *Göteborg* e *Malmö*. LINGUA: *svedese*. MONETA: *corona svedese*. [*V. carta a pag. seg.*]

ISTITUZIONI – Monarchia parlamentare con Costituzione del 1975. L'autorità del sovrano è puramente simbolica. Il primo ministro è responsabile dinanzi al parlamento monocamerale (*Riksdag*), eletto ogni 4 anni.

GEOGRAFIA – Il vasto territorio, formato soprattutto da altopiani digradanti dal confine con la Norvegia verso il Golfo di Botnia, è scarsamente popolato. La popolazione, che si mantiene stazionaria, si concentra nel S, in una regione pianeggiante ricca di laghi, fortemente urbanizzata e favorita da un clima più mite. L'industria trae beneficio dall'estensione delle foreste (industria del legno), che coprono circa la metà del territorio, dalla presenza di ferro nel sottosuolo e dal potenziale idraulico. Particolarmente importanti sono i settori meccanico, elettrico e chimico. L'agricoltura (cereali, patate) e l'allevamento bovino e suino soddisfano in gran parte il fabbisogno nazionale. L'importanza del commercio con l'estero (il 30% dei prodotti è destinato all'esportazione), equilibrato e diretto soprattutto verso i paesi dell'Unione Europea, dipende dall'esiguità del mercato interno e dalla tradizionale vocazione marittima. Questo fa sì che la prosperità del paese sia legata alle fluttuazioni dell'economia mondiale.

STORIA – Le origini. Verso il 1800 a.C.: popolata fin dal Neolitico, la S. stabilisce contatti con i paesi mediterranei. **IX-XI sec. d.C.:** mentre danesi e norvegesi saccheggiano l'Occidente europeo, gli svedesi, o variaghi, si dedicano al commercio con la Russia. Dopo il battesimo del re Olof Sköttkonug (1008) si diffonde il cristianesimo, introdotto intorno all'830 da Anscario.

Gli albori della nazione svedese. 1157: Erik IX il Santo (1156-1160) intraprende una crociata contro i finnici. **1164:** creazione dell'arcivescovado di Uppsala, che diventa la capitale religiosa della S. **1250-1266:** Jarl Birger, fondatore della dinastia dei Folkung, stabilisce la capitale a Stoccolma e consolida l'unità del paese. **1319-1363:** i Folkung realizzano l'unione di S. e Norvegia. **1397:** Margherita I Valdemarsdotter fa incoronare il nipote Erik di Pomerania, coreggente, re di S., Danimarca e Norvegia (unione di Kalmar). Il paese diventa uno dei protagonisti del commercio anseatico. **1440-1520:** l'opposizione nazionale svedese si riunisce intorno agli Sture. **1520-1523:** Gustavo I Vasa scaccia i danesi.

L'epoca della Riforma. 1523-1560: Gustavo I Vasa abolisce i privilegi commerciali dell'Hansa e ottiene il riconoscimento dell'eredità della corona (1544); il luteranesimo diventa religione di Stato. **1568-1592:** Giovanni III Vasa costruisce l'impero svedese nel Baltico. **1607-1611:** continuatore di questa politica espansionistica è Carlo IX.

Il periodo della grandezza. 1611-1632: Gustavo II Adolfo concede alla S. un regime parlamentare e forgia un esercito che gli permette di intervenire vittoriosamente nella guerra dei Trent'anni; **1632-1654:** gli succede la regina Cristina, con la reggenza del cancelliere Axel Oxenstierna. **1648:** i trattati di Westfalia ratificano l'annessione di Pomerania e isole danesi da parte della S. **1654-1660:** Carlo X Gustavo sbaraglia i danesi, che accettano il trattato di Roskilde (1658): la S. si afferma come signora del Baltico. **1660-1697:** Carlo XI stabilisce una monarchia assoluta. **1697-1718:** Carlo XII, trascinato nelle guerre del Nord (1700-1721), impoverisce il paese con le sue campagne militari. I trattati di Frederiksborg (1720) e di Nystadt (1721) sanciscono il ritiro svedese in Germania e nel Baltico.

L'era della libertà e l'epopea gustaviana. XVIII sec.: sotto l'influenza delle nuove idee, l'economia e la cultura svedesi fioriscono. I regni di Federico I (1720-1751) e di Adolfo Federico (1751-1771) sono segnati dalle lotte tra il partito dei berretti, pacifista, e quello dei cappelli, animato da spirito di rivalsa contro la Russia e favorevole alla Francia. **1771-1792:** Gustavo III, che all'inizio si propone come despota illuminato, dal 1789 restaura l'assolutismo. **1808:** Gustavo IV Adolfo deve abbandonare la Finlandia alla Russia ed è per questo costretto ad abdicare. **1809-1818:** lo zio Carlo XIII prosegue la sua politica antifrancese e nel 1810 adotta come successore il maresciallo francese Jean-Baptiste Bernadotte (Carlo XIV); **1812:** quest'ultimo si allea con Inghilterra e Russia contro Napoleone.

L'unione con la Norvegia. 1814: il trattato di Kiel annette la Norvegia alla S. **1818-1844:** Carlo XIV conduce una politica risolutamente pacifista. **1844-1859:** Oscar I accelera il processo di modernizzazione del paese. **1859-1872:** Carlo XV prosegue su questa linea politica e concede una Costituzione liberale. **1872-1907:** sotto Oscar II, l'evoluzione economica e sociale è favorita dall'adozione del libero scambio (1888). **1905:** la Norvegia si separa dalla S.

La democrazia moderna. Sotto il regno di Gustavo V (1907-1950) la S. conosce una prosperità economica senza precedenti. Il Partito socialdemocratico, fondato nel 1889 e al potere senza interruzione dal 1932 al 1976 (socialismo "alla svedese"), si fa promotore di una legislazione politica e sociale molto avanzata. La S. conserva la neutralità durante i due conflitti mondiali. **1950-1973:** regno di Gustavo VI Adolfo. **1973:** sale al trono Carlo XVI Gustavo. **1969-1976:** il socialdemocratico Olof Palme, primo ministro, deve fronteggiare una grave crisi sociale ed economica.

1976-1982: i partiti conservatori (liberali e centristi) conquistano il potere. **1982:** O. Palme torna a ricoprire la carica di primo ministro; **1986:** viene assassinato. Gli succede Ingvar Carlsson. **1991:** Carl Bildt, leader dei conservatori, diventa primo ministro; **1995:** la S. aderisce all'Unione Europea. **1996:** I. Carlsson si dimette; Göran Persson gli succede alla guida del Partito socialdemocratico e del governo (sarà riconfermato nel 1998 e nel 2002). **2003:** il ministro degli esteri Anna Lindh cade vittima di un attentato. La popolazione rifiuta mediante referendum l'adozione dell'euro.

SVÌZZERA, in ted. **Schweiz**, in fr. **Suisse**, Stato federale dell'Europa; 41.293 km²; 7.270.000 ab. (*svizzeri*). CAP. *Berna*. C. PRINC. *Zurigo, Ginevra, Basilea e Losanna*. LINGUE: *tedesco, francese, italiano e romancio*. MONETA: *franco svizzero*.

ISTITUZIONI – Repubblica con Costituzione del 1999. Stato federale: ciascun cantone gode di sovranità interna ed è dotato di una propria Costituzione. L'assemblea federale (parlamento), composta dal consiglio nazionale (in carica per 4 anni) e dal consiglio di Stato (eletto dai cantoni), rappresenta l'autorità suprema e designa l'esecutivo, il consiglio federale.

GEOGRAFIA – Il paese è formato da 23 cantoni: Appenzell (semicantoni: Ausser-Rhoden e Inner-Rhoden), Argovia, Basilea (semicantoni: Basilea Città e Basilea Campagna), Berna, Friburgo, Ginevra, Giura, Glarona, Grigioni, Lucerna, Neuchâtel, San Gallo, Schwyz, Sciaffusa, Soletta, Ticino, Turgovia, Unterwalden (semicantoni: Obwalden e Nidwalden), Uri, Vallese, Vaud, Zug e Zurigo. Posta nel centro dell'Europa, come testimoniano la

varietà linguistica (i germanofoni rappresentano comunque il gruppo di gran lunga più numeroso) e la divisione in proporzioni quasi uguali tra cattolici e protestanti, la S. è un paese di piccole dimensioni, densamente popolato, ma dotato di un'influenza che supera ampiamente i confini fisici. L'ambiente naturale non è sempre favorevole all'insediamento umano e la popolazione, fortemente urbanizzata, si concentra nell'altopiano centrale, tra il Giura e le Alpi (che occupano il 60% del territorio). L'attuale prosperità trae origine dalla tradizione commerciale e dalla neutralità politica, propizie alle attività finanziarie. L'industria, legata alla presenza di capitali e alla qualità della manodopera, vede in primo piano la metallurgia di trasformazione, oltre ai settori chimico e agroalimentare (quest'ultimo valorizza la produzione lattiera, abbondante per lo sviluppo dell'allevamento bovino). La bilancia commerciale si mantiene in equilibrio, mentre quella dei servizi è in attivo (grazie al turismo, che con l'allevamento e lo sfruttamento delle centrali idroelettriche rappresenta la principale risorsa delle zone montuose). La moneta è forte, la disoccupazione ridotta.

STORIA – Le origini e la Confederazione Elvetica. IX-I sec. a.C.: durante l'Età del ferro fioriscono le civiltà di Hallstatt e La Tène. **58 a.C.:** il paese viene conquistato da Cesare. **V sec.:** l'Elvezia è invasa da burgundi e alamanni, che germanizzano il N e il centro. **VII-IX sec.:** gran parte della popolazione si converte al cristianesimo. **888:** il territorio è annesso al regno di Borgogna; **1032:** entra a far parte del Sacro Romano Impero. **XII-XIII sec.:** gli Asburgo ottengono possedimenti nella regione. **Fine del XIII**

Svezia

★ importante località turistica
200 400 1000 1500 m

═══ autostrada
─── strada normale
─── ferrovia
✈ aeroporto

● più di 500.000 ab.
● da 100.000 a 500.000 ab.
● da 50.000 a 100.000 ab.
● meno di 50.000 ab.

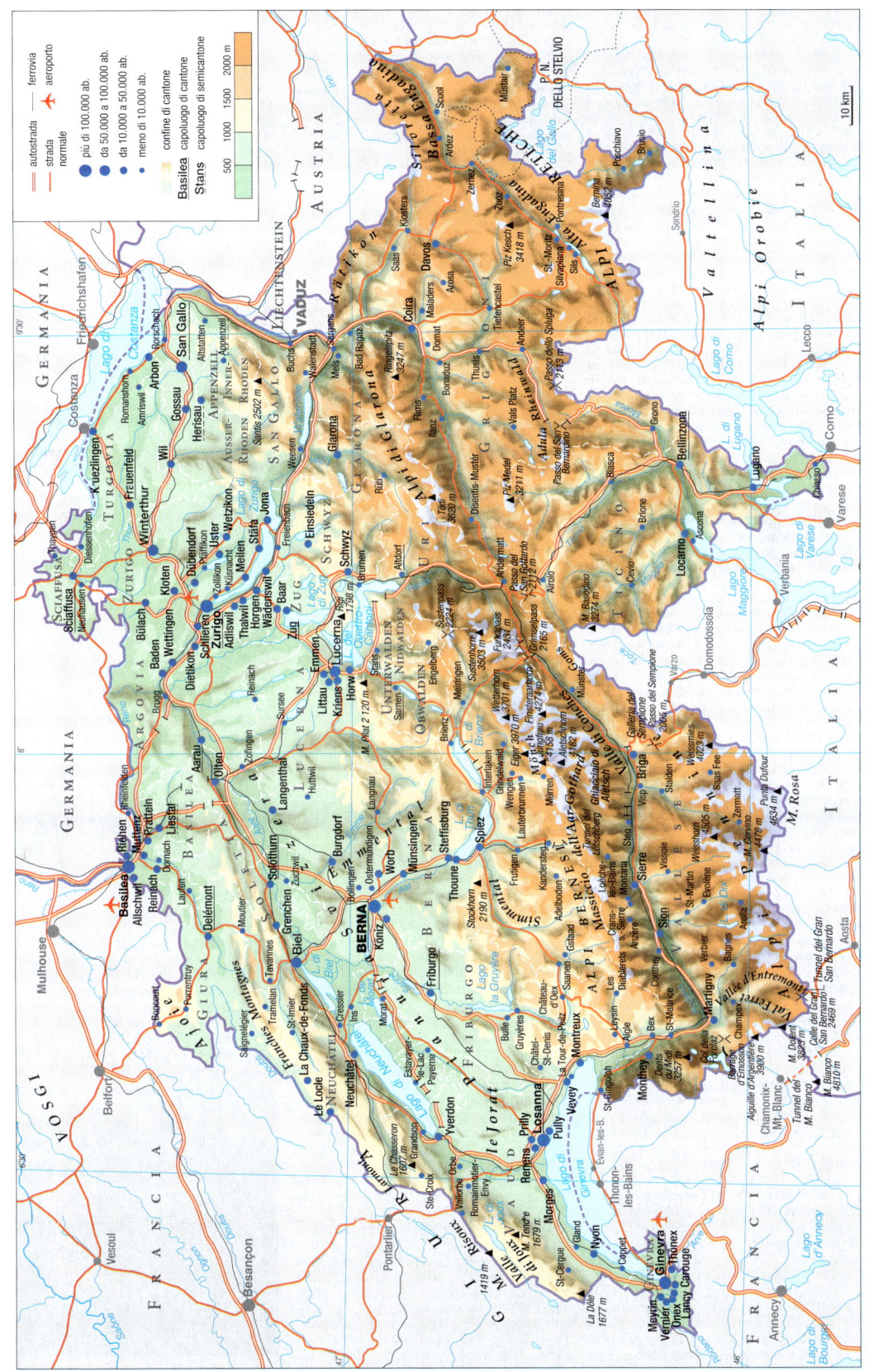

sec.: in circostanze avvolte nella leggenda (*Guglielmo Tell*), i cantoni difendono la propria libertà. **1291**: i tre cantoni della foresta (Uri, Schwyz, Unterwalden) stipulano un patto perpetuo, che rappresenta l'atto di nascita della Confederazione Elvetica. **1315**: i cantoni infliggono al duca d'Austria Leopoldo I la sconfitta di Morgarten. **1353**: in seguito all'adesione di Lucerna (1332), Zurigo (1351), Glarona, Zug (1352) e Berna (1353), la Confederazione è composta di otto cantoni. Dopo le vittorie di Sempach (1386) e Näfels (1388), ottiene il riconoscimento della propria indipendenza da parte degli Asburgo. **1476**: con l'appoggio di Luigi XI, la Confederazione batte Carlo il Temerario, duca di Borgogna, a Grandson e Morat. **1499**: Massimiliano I firma con i confederati la pace di Basilea, in virtù della quale il Sacro Romano Impero conserva una sovranità puramente nominale. Si riaccendono i dissensi tra i vari cantoni. **1513**: dopo l'adesione di Soletta e Friburgo, nel 1481, Basilea, Sciaffusa (1501) e infine Appenzell (1513) la Confederazione conta 13 cantoni. **1516**: sconfitti a Marignano, gli svizzeri concludono con la Francia una pace perpetua. **1519**: Huldrych Zwingli introduce la Riforma a Zurigo. **1531**: i cattolici sconfiggono i protestanti a Kappel. Si stabilisce un equilibrio tra i cantoni: 7 sono cattolici, 4 riformati e 2 misti. **1536**: Calvino fa di Ginevra la "Roma del protestantesimo". **1648**: i trattati di Westfalia riconoscono l'indipendenza della Confederazione.

L'epoca contemporanea. 1798: il Direttorio impone una Repubblica Elvetica, che ben presto si rivela la ingovernabile. **1803**: Bonaparte ratifica l'atto di mediazione, volto a ricostituire l'organizzazione federale. **1813**: il provvedimento viene abrogato. **1815**: 22 cantoni (tra cui Vallese, Neuchâtel e Ginevra) firmano un nuovo patto confederale. Il Congresso di Vienna riconosce la neutralità della S. **1845-1847**: 7 cantoni cattolici formano una lega (*Sonderbund*), repressa militarmente. **1848**: una nuova Costituzione instaura uno Stato federativo, dotato di un governo centrale con sede a Berna. **1874**: si introduce il diritto al referendum, cui nel 1891 si aggiunge quello all'iniziativa popolare. **1914-1918, 1939-1945**: la neutralità e la sovranità umanitaria della S. sono rispettate. **1979**: si costituisce un nuovo cantone di lingua francese, il Giura. **1992**: in maggio gli svizzeri si pronunciano mediante referendum per l'adesione all'FMI (Fondo monetario internazionale) e alla Banca mondiale e in dicembre contro la ratifica del trattato che prevedeva l'integrazione nello SEE. Una domanda di adesione alla CEE, depositata dal governo in maggio, viene sospesa in dicembre. **1999**: entra in vigore una nuova Costituzione. **2002**: in gennaio Kaspar Villiger assume la carica di presidente della Confederazione. La S. accetta di fare ingresso nell'ONU (mar.) e nell'Unione Europea (sett.).

SVÌZZERA ROMÀNDA, parte occ. della Svizzera (cant. di Vaud, Neuchâtel, Giura e Ginevra), la cui popolazione parla la francese.

SVÌZZERA SÀSSONE, reg. della Germania e della Rep. Ceca, attraversata dall'Elba.

SVOBODA (Ludvík), *Hroznatín 1895 - Praga 1979*, politico ceco. Nel 1968 fu eletto presidente della Cecoslovacchia e sostenne la "primavera" praghese. Dopo l'occupazione sovietica mantenne la carica, riconfermata nel 1973, fino alle dimissioni (1975).

SVP → SÜDTIROLER VOLKSPARTEI.

SWAHILI o SUAHELI, insieme delle popolazioni che abitano le isole e i centri costieri dell'Oceano Indiano, dal Mozambico alla Tanzania (ca. 1 milione di individui). Discendenti, oltre che di etnie africane, degli arabi e dei persiani immigrati fin dalla fine del I millennio, gli s. giocarono un ruolo di spicco nella tratta degli schiavi e nel commercio dell'avorio (XIX sec.) In maggioranza musulmani, parlano una lingua bantu, il *kiswahili*.

SWAN (sir Joseph Wilson), *Sunderland 1828 - Warlingham 1914*, chimico britannico. Realizzò una lampadina a incandescenza con filamento di carbonio, indipendentemente da T. Edison. Inventò inoltre svariati tipi di carta fotografica.

SWANSEA, c. della Gran Bretagna, nel Galles merid., sul canale di Bristol; 168.000 ab. Porto. — Musei.

SWANSON (Gloria), *Chicago 1899 - New York 1983*, attrice cinematografica statunitense. Dopo essersi affermata nel cinema muto in ruoli elegan-

ti e sofisticati (*L'età d'amare*, 1922; *Zazà*, 1923; *Tristana e la maschera*, 1928; *Queen Kelly*, 1928), affrontò una parte intensamente drammatica e autobiografica in *Viale del tramonto* (1950). Tra gli altri film, *Mio figlio Nerone* (1956), *Aìrport '75* (1975).

SWAPO (South West Africa People's Organization, Organizzazione del popolo dell'Africa sud-occidentale), movimento di liberazione della Namibia, fondato nel 1958. Impegnato fin dal 1966 nella lotta armata contro il governo sudafricano, è salito al potere dopo la conquista dell'indipendenza da parte della Namibia (1990).

SWARTE (Joost), *Heemstede 1947*, disegnatore e soggettista di fumetti olandese. Principale esponente del fumetto olandese, adotta un segno grafico molto pulito, in cui si avverte l'influsso di Hergé.

SWATOW → SHANTOU.

SWAZI, popolazione di lingua bantu che abita nello Swaziland.

SWAZILAND, Stato dell'Africa australe; 17.363 km²; 880.000 ab. CAP. Mbabane (amministrativa e giudiziaria); *Lobamba* (legislativa). LINGUE: *siswati e inglese*. MONETA: *lilangeni*. [*V. carta del* **Mozambico**.] Questo paese senza sbocco sul mare, popolato da una forte maggioranza swazi, è quasi esclusivamente agricolo e dipendente dalla Rep. Sudafricana dal punto di vista economico. — Regno bantu fondato nel 1815, nel 1902 lo S. passò sotto il protettorato britannico. Conquistò l'indipendenza nel 1968. A Sobhuza II, proclamato re nel 1921, riconosciuto dalla Gran Bretagna e morto nel 1982, succedettero la regina Ntombi Thwala (1983-1986) e Mswati III. Dal 1996 Sibusiso Barnabas Dlamini ricopre la carica di primo ministro.

SWEDENBORG (Emanuel), *Stoccolma 1688 - Londra 1772*, teosofo svedese. In seguito a visioni che avrebbe avuto nel 1743 e che narrò negli *Arcana coelestia*, sviluppò la dottrina della "nuova Gerusalemme", secondo cui tutto ha un senso spirituale, che solo Dio conosce.

SWEELINCK (Jan Pieterszoon), *Deventer 1562 - Amsterdam 1621*, organista e compositore olandese. Apportò all'arte vocale (salmi, canzoni), ma soprattutto ai pezzi per clavicembalo e organo (toccate, variazioni) alcune innovazioni precorritrici di J.S. Bach.

SWIFT (Jonathan), *Dublino 1667-1745*, scrittore irlandese. Segretario di un diplomatico, poi precettore di una giovane, cui dedicò *Diario a Stella*, entrò a far parte del clero anglicano e s'impegnò in polemiche letterarie (*La battaglia dei libri*), religiose (*Favola della botte*) e politiche (*Lettere di un drappiere*). Le ambizioni infrante gli ispirarono una violenta satira della società del suo tempo, *I viaggi di *Gulliver*.

SWINBURNE (Algernon Charles), *Londra 1837-1909*, poeta britannico. Scrittore erudito, influenzato dai preraffaelliti, e drammaturgo (*Atalanta in Calidone*), erede della tradizione romantica (*Poesie e ballate*), col tempo si fece portavoce di ideali umanitari (*Canti antelucani*). Molto importante è anche la sua opera critica.

SWINDON, c. della Gran Bretagna (Inghilterra), a O di Londra; 91.000 ab.

SWINGS (Polydore, detto Pol), *Ransart 1906 - Esneux 1983*, astrofisico belga. Con i suoi studi spettroscopici, contribuì a precisare la composizione chimica di una grande varietà di corpi celesti, in part. delle comete.

SYDENHAM (Thomas), *Wynford Eagle 1624 - Londra 1689*, medico inglese. Descrisse la corea infantile (corea di S.) e raccomandò l'uso del laudano.

SYDNEY, c. dell'Australia, cap. del Nuovo Galles del Sud, sul Pacifico; 3.276.207 ab. (3.664.000 ab. nell'agglomerato). Porto. Grande centro industriale e commerciale. Università. — Art Gallery of New South Wales.

SYDNEY, c. del Canada (Nuova Scozia); 26.063 ab.

SYDOW (Max **von**), *Lund 1929*, attore teatrale e cinematografico svedese. Dopo gli esordi a teatro e al cinema in opere di I. Bergman (*Il settimo sigillo*, 1956; *Il posto delle fragole*, 1957), ha poi lavorato negli Stati Uniti (*L'esorcista*, 1973; *I tre giorni del Condor*, 1975; *Dune*, 1984; *Fino alla fine del mondo*, 1991; *Minority Report*, 2002) e in Italia (*Cadaveri eccellenti*, 1975; *Il deserto dei tartari*, 1976).

SYKES-PICOT (accòrdo) (16 mag. 1916), accordo segreto franco-britannico relativo allo smembramento e alla spartizione delle prov. non turche dell'impero ottomano (Siria, Palestina ecc.).

SYKTYVKAR, c. della Russia, capol. della Rep. dei Comi, a O dell'Ural; 227.546 ab.

SYLOS LABÌNI (Pàolo), *Roma 1920*, economista. È autore di numerosi studi sullo sviluppo economico e sui problemi legati all'inflazione. Tra le opere, *Oligopolio e progresso tecnico* (1946), *Problemi dello sviluppo economico* (1970), *Le forze dello sviluppo e del declino* (1984), *Il sottosviluppo: una strategia di riforme* (2001).

SYLT, isola della Germania, a O della costa dello Schleswig-Holstein, alla quale è collegata da una diga.

SYLVESTER (James Joseph), *Londra 1814-1897*, matematico britannico. Con A. Caryley pose le basi delle teorie degli invarianti algebrici e dei determinanti.

SYNGE (John Millington), *Rathfarnham 1871 - Dublino 1909*, autore teatrale irlandese. Nei suoi drammi si mescolano la poesia delle tematiche folcloristiche e l'osservazione realista della vita quotidiana in provincia (*Il furfantello dell'ovest*, 1907).

SYNGE (Richard Laurence Millington), *Liverpool 1914 - Norwich 1994*, biochimico britannico. Con A.J.P. Martin, nel 1944, introdusse l'analisi cromatografica su carta. (Premio Nobel per la chimica 1952.)

SYRACUSE, c. degli Stati Uniti (Stato di New York); 147.306 ab. Università.

SYRDARJA, già Jaxartes, f. dell'Asia centrale, che nasce nel Kirghizistan (col nome di *Naryn*) e sfocia nel Lago d'Aral, dopo aver attraversato il Kazakistan; 3019 km.

SZASZ (Thomas Stephen), *Budapest 1920*, psichiatra e psicoanalista statunitense di origine ungherese. La sua critica alle istituzioni psichiatriche trae origine da una visione umanistica dell'individuo (*I manipolatori della pazzia*, 1970).

SZÉKESFEHÉRVÁR, in it. **Alba Reàle**, c. dell'Ungheria, a NE del Lago Balaton; 108.958 ab. Monumenti barocchi e neoclassici.

SZENT-GYÖRGYI (Albert), *Budapest 1893 - Woods Hole, Massachusetts, 1986*, biochimico statunitense di origine ungherese. Ottenne il premio Nobel per la medicina nel 1937 per aver scoperto la vitamina C.

SZIGLIGETI (József Szathmári, detto Ede), *Váradolaszi 1814 - Budapest 1878*, autore teatrale ungherese, iniziatore del dramma popolare nel suo paese.

SZILARD (Leo), *Budapest 1898 - La Jolla, California, 1964*, fisico statunitense di origine ungherese. Collaboratore di E. Fermi, ottenne la reazione dei raggi gamma sul berillio e partecipò alla costruzione della prima pila atomica (Chicago, 1942).

SZOMBATHELY, c. dell'Ungheria; 85.617 ab. Resti di epoca romana; monumenti gotici e barocchi; museo.

SZYMANOWSKI (Karol), *Timoszówka 1882 - Losanna 1937*, compositore polacco. Tra i massimi esponenti della scuola sinfonica e drammatica polacca, compose due concerti per violino.

SZYMBORSKA (Wisława), *Bnin, att. parte di Kórnik, presso Pozna, 1923*, poetessa e critica letteraria polacca. La sua poesia è limpida, cupa e caustica, di ispirazione filosofica (*Ogni evenienza*, 1972; *Gente sul ponte*, 1986). (Premio Nobel 1996.)

SYDNEY. *Il Teatro dell'Opera.*

Carattere Trump

TABARKA, porto e stazione balneare della Tunisia settentr. (Crumiria), sul Mediterraneo; 12.599 ab. Pesca. Festival del jazz.

TABIÀNO BÀGNI, frazione del com. di Salsomaggiore Terme (Parma). Centro termale con acque minerali, conosciuto fin dal XVII sec.

TABOR (Mónte), rilievo di Israele, a O del Giordano e del Lago di Tiberiade; 588 m.

TABOR (Mónte), vetta delle Alpi francesi, in Savoia, a SO di Modane; 3181 m.

TABORA, c. della Tanzania; 214.000 ab.

TABQUA (Al-), sito di un'importante diga della Siria, sull'Eufrate.

TABRIZ, già **Tauris**, c. dell'Iran; 1.191.043 ab. Princ. centro dell'Azerbaigian iraniano. Bei decori di ceramica smaltata (XV sec.) della Moschea Azzurra.

TABÙCCHI (Antònio), *Pisa 1943*, scrittore. Docente e studioso di letteratura portoghese, ha contribuito a diffondere in Italia l'opera di F. Pessoa, curandone l'antologia (*Una sola moltitudine*, 1979, 1984). Autore di romanzi e racconti dallo stile ironico e meditativo. Tra le opere, *Piazza d'Italia* (1975), *Il gioco del rovescio* (1981), *Notturno indiano* (1984), *Il filo dell'orizzonte* (1986), *Sostiene Pereira* (1994), *La testa perduta di Damasceno Monteiro* (1997), *La gastrite di Platone* (1998), *Si sta facendo sempre più tardi* (2001), *Autobiografie altrui. Poetiche a posteriori* (2003).

TÀCCA (Pìetro), *Carrara 1577 - Firenze 1640*, scultore. Allievo e collaboratore del Giambologna, gli succedette alla corte del granduca di Toscana (1609). Fu un esponente del tardomanierismo, che affrontò con gusto ed eleganza personali. Tra le opere, *Quattro mori* per il monumento a Ferdinando I a Livorno (1625), *Fontana della scrofa* a Firenze.

TÀCITO, *55 ca. - 120 ca.*, storico latino. Coprì diverse cariche fino a divenire proconsole d'Asia (110-113 ca.). Scrisse gli *Annales*, le *Historiae*, *De vita et moribus Iulii Agricola* (suo suocero), *De origine et situ Germanorum*, *Dialogus de oratoribus*. Il suo stile espressivo, denso e conciso, fa di lui uno dei maestri della prosa latina.

TÀCITO (Màrco Clàudio), *Interamna 205 - Tiana 276*, imperatore romano. Fu nominato imperatore dal senato (275) alla morte di Aureliano. Combatté gli ostrogoti in Medio Oriente e morì in circostanze misteriose durante il ritorno in Italia.

TACOMA, c. degli Stati Uniti (Stato di Washington); 193.556 ab.

TADDÈO DI BÀRTOLO, *Siena 1362 ca. - 1422 ca.*, pittore. Fu attivo in numerose città toscane, diffondendo le innovazioni stilistiche dei Lorenzetti e di Simone Martini. Tra le opere, caratterizzate da una costante attenzione al cromatismo decorativo, *Madonna e santi*, *Giudizio universale*, *Storie di Maria* (1397).

TADEMAIT (altopiàno del), reg. del Sahara algerino, a N di In Salah.

TADÌNI (Emilio), *Milano 1927-2002*, pittore e scrittore. Autore di dipinti permeati da una tensione onirica e simbolica (*La piazza*, 1986), ha scritto *La passione secondo san Matteo* (1947), *L'armi l'amore* (1963), *L'opera* (1980), *La lunga notte* (1987), *La tempesta* (1993), *L'occhio della pittura* (1995).

TAEGU, c. della Corea del Sud; 2.255.805 ab. Centro commerciale e industriale.

TAEJON, c. della Corea del Sud; 1.182.932 ab.

TAFILALET o **TAFILELT**, reg. del Sahara marocchino, a S dell'Alto Atlante. Numerose oasi.

TAFT (William Howard), *Cincinnati 1857 - Washington 1930*, politico statunitense. Fu presidente repubblicano degli Stati Uniti dal 1909 al 1913.
— **Robert Alphonso T.**, *Cincinnati 1889 - New York 1953*, politico statunitense, figlio di William Howard. Senatore politico repubblicano, ispirò la legge T.-Hartley che limitava il diritto di sciopero (1947).

TAFÙRI (Manfrèdo), *Roma 1935 - Venezia 1994*, storico dell'architettura. Docente di storia dell'architettura a Venezia e redattore di *Contropiano* (1969-1971), ha privilegiato una critica ideologica dell'architettura, analizzandone il rapporto con la società capitalistica. Tra le opere, *Teorie e*

storia dell'architettura (1968), *Progetto e utopia* (1973), *Venezia e il Rinascimento* (1985).

TAGALOG o **TAGAL**, popolazione delle Filippine stanziata sull'isola di Luzon (ca. 27 milioni di individui). Di origine malese, furono cristianizzati dagli spagnoli e quindi passarono sotto la dominazione americana. Parlano il tagalog, divenuto nel 1959 lingua nazionale delle Filippine.

TAGANROG, c. della Russia, sul Mar d'Azov; 290.261 ab. Porto. Casa-museo di A. Čechov.

TAGÌKI, popolazione insediata principalmente in Tagikistan, Afghanistan e Uzbekistan, ma anche in Kirghizistan, Kazakistan, Iran e Russia (ca. 7,5 milioni di individui). Discendenti dalle popolazioni che nel Neolitico occupavano gli altopiani iraniani e che quindi si spostarono a N e a E, dove si stabilirono, i t. hanno sviluppato, in partic. a partire dal X sec., una cultura ricca (letteratura) grazie ai loro complessi rapporti con i popoli turchi dell'Asia centrale. In maggioranza musulmani sunniti, parlano il tagiko, una forma di persiano.

TAGIKISTAN o **TADŽIKISTAN**, Stato dell'Asia centrale a O della Cina; 143.000 km²; 6.135.000 ab. (*tagiki*). CAP. *Dušanbe*. LINGUA: *tagiko*. MONETA: *somoni*.

Tagikistan

500 1000 2000 4000 m

✈ aeroporto
— strada normale
— ferrovia

● più di 500.000 ab.
● da 100.000 a 500.000 ab.
● da 50.000 a 100.000 ab.
● meno di 50.000 ab.

50 km

GEOGRAFIA – Il T., che occupa una parte del Pamir, è un territorio montuoso, dal clima inclemente (inverni rigidi ed estati spesso aride). I suoi abitanti si dedicano all'allevamento (ovini), attività predominante ovunque, e all'agricoltura, in genere praticata in campi irrigui (cotone). I tagiki rappresentano circa due terzi della popolazione, quasi completamente islamizzata, che comprende anche un'importante minoranza di uzbeki.

STORIA – Dal 1886 al 1895 una commissione anglorussa stabilisce i confini tra le regioni sudorient. dell'Asia centrale conquistate dai russi (dal 1865) e il canato di Bukhara da una parte, l'Afghanistan dall'altra. **1924**: viene creata la repubblica autonoma del T. in seno all'Uzbekistan; **1925**: alla nuova entità viene annesso il Pamir settentr. **1929**: il T. diventa una repubblica federata dell'URSS. **1990**: i comunisti vincono le prime elezioni libere. **1991**: in sett., il Soviet supremo proclama l'indipendenza della repubblica, che aderisce alla CSI. **1992-1997**: una guerra civile vede islamici e democratici schierati contro i comunisti. Questi ultimi rimangono al potere, ma la pace interna si basa su un equilibrio molto fragile. **1994**: diventa presidente della repubblica Imomali Rakhmonov (rieletto nel 1999). **1999**: Akil Akilov sale alla carica di primo ministro. **2001**: il paese fornisce basi aeree agli Stati Uniti durante la spedizione in Afghanistan.

TAGLIACÒZZO, com. in prov. dell'Aquila; 6708 ab. Industrie alimentari. Turismo estivo e invernale. Chiesa di S. Francesco (1233). Palazzo Ducale (XIV-XV sec.). Rovine del castello di Tremonti.

TAGLIACÒZZO (battáglia di), battaglia svoltasi nel 1268 nei pressi dell'odierno com. in prov. dell'Aquila. Fu combattuta tra le truppe di Carlo d'Angiò e quelle di Corradino di Svevia, che furono sconfitte.

TAGLIAMÉNTO, f. del Friuli-Venezia Giulia; 172 km. Nasce nelle Alpi Carniche nei pressi del Passo della Mauria, scorre nella pianura friulana bagnando Latisana e sfocia nel Mare Adriatico nelle vicinanze di Lignano Sabbiadoro.

TAGLIÒNI, famiglia di ballerini del XVIII-XIX sec. — **Filippo T.**, Milano 1777 - Como 1871, coreografo, diede vita al balletto romantico (La Silfide, 1832; L'ombra, 1839). — **Maria T.**, Stoccolma 1804 - Marsiglia 1884, ballerina. Figlia e allieva del padre Filippo, fu la prima a danzare sulle punte

con una tale grazia e purezza da conferire ai suoi passi una dimensione poetica. Incarnò la ballerina romantica ideale con La Silfide e il Passo a quattro (1845).
■ Maria Taglioni in una litografia di Belliard (1840 ca.).

TAGO, in sp. **Tajo**, in port. **Tejo**, il più lungo f. della penisola iberica (1120 km), nasce in Spagna e sfocia nell'Atlantico con un estuario sul quale sorge Lisbona. Bagna Toledo e attraversa il Portogallo per 210 km. Sfruttamento idroelettrico.

TAGORE (Rabindranath), Calcutta 1861 - Jorasanko 1941, scrittore indiano. Autore di liriche di ispirazione mistica o patriottica (Offerta di canti, 1910), di romanzi e drammi. (Premio Nobel 1913.)

■ Rabindranath Tagore nel 1920.

TAHITI, isola principale della Polinesia francese, nell'arcipelago delle Società; 1042 km^2; 150.721 ab.; capol. Papeete. Copra. Turismo. — Scoperta da S. Wallis nel 1767, governata dalla dinastia dei Pomaré dalla fine del XVIII sec., nel 1880 l'isola divenne colonia francese. Nel 1959 è stata integrata alla Polinesia francese.

TAI'AN, c. della Cina, a SE di Jinan; 1.503.000 ab.

TAICHUNG, c. di Taiwan; 940.589 ab. Zona franca industriale.

TÀIDE, cortigiana greca del IV sec. a.C. Fu amata da Menandro, da Alessandro Magno e infine da Tolomeo I.

TÀIDE (sànta), cortigiana egiziana (IV sec.). Secondo la Leggenda aurea, sarebbe stata convertita da un anacoreta.

TA'IF, c. dell'Arabia Saudita, nello Hedjaz; 300.000 ab.

TAIFAS (régni di), piccoli Stati musulmani della Spagna medievale nati dopo la caduta del califfato di Cordova (1031).

TAIGETO, montagna della Grecia nel Peloponneso merid.; 2404 m. La tradizione vuole che gli spartani gettassero dal T. i neonati gracili o deformi.

TAIMYR (Penisola di), piccola penisola della Russia settentr., nel Mar Glaciale Artico.

TAINAN, c. di Taiwan; 728.060 ab. Porto.

TAINE (Hippolyte), Vouziers 1828 - Parigi 1893, filosofo, storico e critico francese. Sostenne l'influenza di razza, ambiente e periodo storico sulle opere artistiche, sulla storia (Origini della Francia contemporanea, 1875-1894) e sulla letteratura (Filosofia dell'arte, 1882).

TAIPEI, cap. di Taiwan; 2.641.312 ab. (6.130.000 ab. nell'agglomerato). Centro commerciale e industriale. Museo nazionale (ricca collezione di dipinti cinesi antichi).

TAIPING, movimento politico e religioso attivo in Cina dal 1851 al 1864. Fondato da Hong Xiuquan (1814-1864), che intendeva salvare la Cina dalla decadenza, fu appoggiato dalle società segrete ostili ai Qing. Fu represso nel 1864.

TAIROV (Aleksandr Jakovlevič **Kornbliet**, detto Aleksandr Jakovlevič), Rommy, Poltava 1885 - Mosca 1950, attore e regista teatrale sovietico. Fondatore del "teatro da camera" di Mosca, ispirato al Kammerspiel tedesco, associò alla tecnica drammatica le altre espressioni artistiche: danza, musica, cinema.

TAISHO TENNO, nome postumo di **Yoshihito**, Tokyo 1879 - Hayama 1926, imperatore del Giappone dal 1912 al 1926. Nel 1921 lasciò la reggenza al figlio Hirohito.

TAITÙ (Walatta **Mikael**, detta), 1856 ca. - Addis Abeba 1914, imperatrice d'Etiopia. Moglie del ras Menelik II, divenne imperatrice quando questi salì al trono (1886), influenzandone le scelte in politica estera.

TAIWAN, già **Formosa**, Stato dell'Asia orient., separato dalla Cina continentale mediante lo Stretto di Formosa; 36.000 km^2; 22.500.000 ab. (taiwanesi). CAP. Taipei. LINGUA: cinese. MONETA: dollaro di Taiwan.

GEOGRAFIA – L'isola, attraversata dal Tropico del Cancro e interessata dai monsoni in estate, presenta nella parte orient. montagne elevate e in quella occ. colline e pianure sottoposte a sfruttamento intensivo (canna da zucchero, riso, legumi, alberi da frutto). Il settore industriale (tessuti, componenti elettriche ed elettroniche, materie plastiche, giocattoli), a vocazione esportatrice, è diventato il motore di un'economia che di recente ha conosciuto uno sviluppo sorprendente.

STORIA – Mercanti e pirati cinesi frequentano l'isola a partire dal XII sec. **XVII sec.**: il paese si popola di immigrati cinesi; gli olandesi si stabiliscono a S (1624), gli spagnoli a N (1626-1642). **1683**: l'isola passa sotto il controllo degli imperatori Qing. **1895**: il trattato di Shimonoseki cede Formosa al Giappone. **1945**: l'isola viene restituita alla Cina; **1949**: offre rifugio al Guomindang, presieduto da Jiang Jieshi (Chiang Kaishek). **1950-1971**: Taiwan rappresenta la Cina al consiglio di sicurezza dell'ONU. **1975**: Jiang Jinguo succede al padre, Jiang Jieshi. **1979**: gli Stati Uniti riconoscono la Rep. Popolare Cinese e rompono i rapporti diplomatici con T. L'isola rifiuta l'"integrazione pacifica" proposta dalla Cina popolare. **1987**: viene avviato un processo di democratizzazione. **1988**: alla morte di Jiang Jinguo gli succede Lee Denghui. **1991**: lo stato di guerra con la Cina viene revocato. **1995**: la Cina accentua notevolmente la pressione su T. **1996**: Lee Denghui ottiene la vittoria nelle prime elezioni presidenziali a suffragio universale. **2000**: Chen Shui-bian, leader del Partito democratico progressista (di tendenza indipendentista), sale alla carica di presidente della repubblica, ponendo fine a mezzo secolo di predominio da parte del Guomindang. **2002**: Yu Shyi-kun diventa primo ministro.

TAIYUAN, c. della Cina, capol. dello Shanxi; 2.245.580 ab., stabilimenti siderurgici e chimici. — Museo della prov. dello Shanxi; monastero (collezione di pitture su seta). In un parco nei pressi di T. si trova lo Jinci, tempio degli avi con numerosi edifici dell'epoca Song e Ming [V. foto a pagina seguente.].

Taiwan

200 1000 2000 m

50 km

autostrada — aeroporto
strada normale — ⋆ importante località turistica
ferrovia

● più di 1.000.000 di ab.
● da 100.000 a 1.000.000 di ab.
● da 50.000 a 100.000 di ab.
• meno di 50.000 ab.

TAIYUAN. *Padiglione della terrazza dello Specchio d'acqua, di epoca Ming, nel tempio dello Jinci.*

TAIZZ, c. dello Yemen; 290.107 ab. nell'agglomerato.

TAJ MAHAL, mausoleo fatto erigere nel XVII sec. ad Agra (India) dall'imperatore Shah Giahan. Costruito per celebrare la memoria di Mumtaz Mahal, moglie dell'imperatore, l'edificio in marmo bianco incastonato di pietre colorate è uno dei migliori esempi di architettura moghul.

TAJ MAHAL.

TAJÍN (El), centro religioso precolombiano dello Stato di Veracruz (Messico), fiorente dal VII al X sec., quando venne abbandonato. Numerosi resti architettonici, tra cui la piramide delle Nicchie.

TAKAMATSU, c. del Giappone (Shikoku); 331.004 ab. Porto. — Celebre giardino del XVIII sec. nel parco di Ritsurin.

TAKAOKA, c. del Giappone (Honshu); 173.607 ab.

TAKASAKI, c. del Giappone (Honshu); 238.133 ab.

TAKATSUKI, c. del Giappone (Honshu); 362.270 ab.

TAKLIMAKAN, deserto della Cina, nello Xinjiang merid.

TAKORADI, c. del Ghana; 61.527 ab. Porto principale del paese.

TALAMÓNE, frazione del com. di Orbetello (Grosseto), su un promontorio nei Monti dell'Uccellina. Turismo. Rovine di un tempio del II sec. Centro etrusco. — Nel 225 a.C. i consoli romani Lucio Emilio Paolo e Marco Attilio Regolo vi sconfissero i galli. Nel 1860 i Mille di G. Garibaldi vi fecero tappa per rifornimenti.

TAL'AT PASCIÀ (Mehmed), *Edirne 1874 - Berlino 1921*, politico ottomano. Membro del movimento dei Giovani turchi, formò con Enver Pascià e Jamal Pascià il triumvirato che dal 1913 guidò le sorti dell'impero ottomano. Divenne gran visir (1917-1918). Fu ucciso da un armeno.

TALAVERA DE LA REINA, c. della Spagna (Castiglia-La Mancia), sul Tago; 74.241 ab. Chiese del XII-XV sec.; ceramiche.

TALBOT (William Henry **Fox**), *Lacock Abbey, presso Chippenham, 1800-1877*, fisico britannico. Mise a punto per primo, dal 1835 al 1841, la fotografia con negativo e su carta (calotipia, o talbotipia). Nel 1851 ideò uno speciale processo fotografico istantaneo.

TALCA, c. del Cile centrale; 171.503 ab.

TALCAHUANO, c. del Cile centrale; 246.566 ab. Porto. Pesca e lavorazione del pesce. Cantieri navali. Università.

TALÈNTI (Francésco), *1300 ca. - Firenze dopo il 1369*, architetto e scultore. Fu uno dei maggiori esponenti del gotico fiorentino. Capomastro di S. Maria del Fiore (1354-1364), completò il campanile di Giotto. — **Simone T.**, *1340 ca. - dopo il 1381*, figlio di Francesco. Fu anch'egli capomastro di S. Maria del Fiore, quindi lavorò alla Loggia dei Lanzi in piazza della Signoria.

TALÈTE, *Mileto 625 ca. - 547 ca. a.C.*, erudito e filosofo greco della scuola ionica, uno dei Sette *Sapienti della Grecia. Importò dall'Egitto e da Babilonia gli elementi della geometria e dell'algebra. A lui si attribuisce la prima misura esatta del tempo, per mezzo dello gnomone, e teoremi sul rapporto tra i triangoli e i loro angoli, oltre al calcolo delle proporzioni [*V. parte nomi comuni* →**Talete** (**teorema di**)]. Deve la sua celebrità alla previsione di un'eclissi di Sole. Identificò il principio di tutte le cose nell'acqua, elemento originario dell'universo.

TÀLIA MITOL. GR. Musa della commedia.

TALLAHASSEE, c. degli Stati Uniti, cap. della Florida; 150.624 ab. Università.

TALLEMANT DES RÉAUX (Gédéon), *La Rochelle 1619 - Parigi 1692*, memorialista francese. Le sue *Storielle* sono un prezioso ritratto della società mondana del suo tempo.

TALLEYRAND-PÉRIGORD (Charles Maurice **de**), *Parigi 1754-1838*, politico francese. Vescovo di Autun dal 1788, deputato negli Stati generali e nell'Assemblea costituente (1789), fu scomunicato per aver sostenuto la costituzione civile del clero. Ministro degli esteri dal 1796, favorì il colpo di Stato che portò Napoleone al potere (1799), ma dopo essersi opposto alla rottura con l'Austria dovette lasciare il suo incarico. Capo del governo provvisorio (apr. 1814), fece votare dal senato la decadenza di Napoleone e l'elezione di Luigi XVIII. Nuovamente ministro degli esteri, svolse un ruolo fondamentale al Congresso di Vienna. A capo del governo da lug. al sett. 1815, al termine della restaurazione passò all'opposizione liberale. Fu ambasciatore a Londra (1830-1835) per Luigi Filippo.

■ *C.M. de Talleyrand-Périgord ritratto da A. Scheffer. (Musée Condé, Chantilly.)*

TÀLLI (Virgilio), *Firenze 1858 - Milano 1928*, attore e regista teatrale. Dopo gli esordi in veste di attore, si affermò come direttore di compagnie teatrali e interprete critico di testi classici e moderni. Tra i testi di lui messi in scena, *La figlia di Iorio* (1904), *Enrico IV* (1922).

TALLINN, già *Reval* o *Revel*, cap.dell'Estonia, sul Golfo di Finlandia; 404.000 ab. Centro industriale. Università. — Cittadella medievale; museo in un palazzo barocco del XVIII sec.

TALMUD ("studio"), raccolta di codificazioni della legge mosaica corrispondenti all'insegnamento delle grandi scuole rabbiniche. È costituito dalla *Mishnah* (II-III sec.), le interpretazioni della legge orale, e dalla *Gemarah* (IV-VI sec.), commento della Mishnah delle scuole palestinese e babilonese. Il T. è una delle più importanti opere del giudaismo.

TAMAGNÌNI (Vittòrio), *Civitavecchia 1910*, pugile. Ha vinto la medaglia d'oro nella categoria pesi gallo alle Olimpiadi di Amsterdam del 1928.

TAMÀGNO (Francésco), *Torino 1850 - Varese 1905*, tenore. Dopo l'esordio nel 1870 con il *Poliuto* di G. Donizetti, si affermò in Italia e all'estero grazie al notevole timbro vocale. Fu scelto da G. Verdi per la prima dell'*Otello* (1887), interpretazione che contribuì ad accrescere la sua fama.

TAMALE, c. del Ghana; 135.952 ab.

TAMANRASSET o **TAMANGHEST**, c. dell'Algeria, capol. di distr., nell'Hoggar; 72.741 ab. Oasi.

TAMÀRO (Susànna), *Trieste 1957*, scrittrice. Dopo l'esordio con *La testa fra le nuvole* (1989), ha pubblicato la raccolta di racconti *Per voce sola* (1991), il libro per ragazzi *Cuore di ciccia* (1992) e il romanzo *Va' dove ti porta il cuore* (1994), uno dei maggiori best seller della letteratura italiana del '900. Tra le opere successive, *Anima mundi* (1997), *Verso casa* (1999), *Rispondimi* (2001), *Fuori* (2003).

TAMATAVE → TOAMASINA.

TAMAYO (Rufino), *Oaxaca 1899 - Città del Messico 1991*, pittore messicano. Le sue tele mostrano una ricca invenzione simbolica e cromatica (*Prometeo*, 1958, sede dell'Unesco a Parigi).

TAMBO (Oliver), *Bizana 1917 - Johannesburg 1993*, politico sudafricano. Esiliato nel 1960, fu presidente dell'ANC dal 1977 al 1991. Rientrato in Sudafrica nel 1990, vi rimase fino alla morte.

TAMBOV, c. della Russia, a SE di Mosca; 313.413 ab. Centro industriale.

TAMBRÓNI ARMARÒLI (Fernàndo), *Ascoli Piceno 1901 - Roma 1963*, politico. Membro della DC e deputato della Costituente (1946), fu più volte ministro (marina mercantile, interno, bilancio, tesoro). Presidente del consiglio (marzo 1960), formò un governo con il concorso determinante dell'MSI, ma le proteste popolari e i disordini verificatisi nel lug. dello stesso anno lo costrinsero alle dimissioni.

TAMBÙRI (Orfèo), *Jesi 1910 - Parigi 1994*, pittore. Dopo aver fatto parte della Scuola romana, nel 1947 si trasferì a Parigi dove si volse alla pittura di paesaggi (vedute di Roma, Parigi, New York) e ritratti.

TAMBURÌNI (Piètro), *Brescia 1737 - Pavia 1827*, teologo. Sacerdote, amico di Scipione de' Ricci, fu tra i maggiori esponenti del giansenismo italiano. Tra le opere, *Lettere teologico-politiche* (1794).

TAMERLÀNO, *Kish, presso Samarcanda 1336 - Otrar 1405*, emiro della Transoxiana (1370-1405). Proclamatosi erede e successore di Gengis Khan, creò un immenso ed effimero impero basato sulla forza militare, sul terrore e su un sistema giuridico-religioso che fuse la legge mongola e quella islamica. Intrepido guerriero, conquistò il Kharezm (1379-1388), l'Iran e l'Afghanistan (1381-1387). Sconfisse l'Orda d'oro (1391-1395), il sultanato di Dehli (1398-1399) e gli ottomani (1402) e fece di Samarcanda un grande centro intellettuale e artistico.

TAMÌGI, in ingl. **Thames**, f. della Gran Bretagna. Scorre in Inghilterra e sfocia nel Mare del Nord; 338 km. Attraversa Londra.

TAMIL, popolazione dell'India merid. e dello Sri Lanka. Di religione induista, parlano una lingua dravidica.

TAMIL NADU, già **Stato di Madras**, Stato dell'India; 130.000 km²; 62.110.839 ab.; cap. *Madras*.

TAMMERFORS → TAMPERE.

TAMMUZ, dio assiro-babilonese della primavera e della fertilità, denominato anche Dumuzi-Abzu. Ha tratti in comune con altre divinità mediorientali (Adone, Osiride).

TAMPA, c. degli Stati Uniti (Florida), sul Golfo del Messico; 303.447 ab. Porto.

TAMPERE, in sved. **Tammerfors**, c. della Finlandia; 195.468 ab. Centro industriale. 195.468 sec.; musei.

TAMPICO, c. del Messico; 295.442 ab. Porto. Raffinazione ed esportazione del petrolio.

TANA (Làgo), lago dell'Etiopia (3000 km² ca.), da cui nasce il Nilo Azzurro.

TANA o **TENO**, f. della Finlandia e della Norvegia; 310 km. Segna il confine tra i due paesi.

TÀNAGRA, ant. c. della Grecia (Beozia). Centro di produzione di eleganti statuette in terracotta, principalmente nel IV sec. a.C.

TANAIS, ant. nome del Don.

TANAKA (piàno), piano giapponese di espansione territoriale elaborato dal generale Tanaka (1863-1929) e parzialmente realizzato durante la seconda guerra mondiale.

TANANARIVE → ANTANANARIVO.

TÀNARO, f. del Piemonte, che nasce dal Monte Saccarello, nelle Alpi Marittime, scorre nella Pianura Padana bagnando Asti e Alessandria e confluisce da destra nel Po; 276 km

TANCRÉDI (Tancrédi **Parmeggiàni**, detto), *Feltre 1927 - Roma 1964*, pittore. Influenzato inizialmente dall'espressionismo, si avvicinò in seguito alla pittura astratta, per poi tornare a dipinti espressionisti caratterizzati da forme grottesche.

TANCRÉDI D'ALTAVÌLLA, *m. ad Antiochia nel 1112*, principe di Galilea (1099-1112) e di Antiochia (1111-1112). Nipote di Roberto il Guiscardo, accompagnò lo zio Boemondo I alla prima crociata e amministrò il principato di Antiochia in sua assenza (dal 1101), prima di succedergli.

T. Tasso ne esaltò le gesta nella *Gerusalemme liberata* (1581).

TANCRÉDI D'ALTAVÌLLA, *m. a Palermo nel 1194*, re di Sicilia. Divenuto conte di Lecce alla morte del padre Ruggero (1149), visse in esilio fino all'avvento del cugino Guglielmo II. Alla morte di quest'ultimo (1189), fu nominato re in opposizione al legittimo successore Enrico VI di Svevia, che aveva sposato Costanza d'Altavilla. Appoggiato da papa Clemente III e osteggiato da Celestino III, che incoronò Enrico, resistette eroicamente alle offensive di Riccardo Cuor di Leone e dello stesso Enrico.

TANDY (Jessica), *Londra 1909 - Easton 1994*, attrice teatrale e cinematografica. Tra le sue interpretazioni, *Rommel, la volpe del deserto* (1951), *Gli uccelli* (1963), *Il mondo secondo Garp* (1982), *A spasso con Daisy* (1990, premio Oscar), *Pomodori verdi fritti* (1991), *La vedova americana* (1992), *Camilla* (1994), *La vita a modo mio* (1994).

TANEGASHIMA, isola del Giappone, a S di Kyushu. Base di lancio di veicoli spaziali.

TANEZROUFT ("Terra della sete"), reg. del Sahara algerino, molto arida, a O dell'Hoggar.

TANFÙCIO NÈRI → FUCINI (Renato).

TANG, dinastia che regnò in Cina dal 618 al 907. Fondata da Tang Gaozu (618-626), estese i confini dell'impero conquistando territori in Asia centrale, in Vietnam, in Mongolia e nella Manciuria merid.

TANGA, c. della Tanzania; 172.000 ab. Porto.

TANGANICA, nome assunto dalla parte dell'Africa orientale tedesca che passò sotto tutela britannica nel 1920. Oggi costituisce la parte continentale della Tanzania.

TANGANICA (làgo), grande lago dell'Africa orient., situato tra la Rep. Dem. del Congo, il Burundi, la Tanzania e lo Zambia. Riversa le sue acque nel Congo (riva destra) tramite l'emissario Lukuga; 31.900 km².

TANGE (Kenzo), *Imabari 1913*, architetto e urbanista giapponese. Utilizza con audacia il cemento armato, unendo alla purezza delle forme un espressionismo di grande effetto che gli è valso il successo internazionale.

TANGENTÒPOLI, nel linguaggio giornalistico, denominazione del fenomeno di corruzione del mondo politico, economico e della pubblica amministrazione emerso a Milano nel feb. 1992 in seguito all'inchiesta giudiziaria "Mani pulite" avviata dalla procura. L'inchiesta, culminata nel processo Enimont, svoltasi a partire dall'ott. 1993, ha messo in luce la pratica delle tangenti e ha coinvolto noti politici e imprenditori, provocando notevoli cambiamenti nella vita politica ed economica italiana.

TÀNGERI, in ar. *Tanja*, c. del Marocco, capol. di prov., sullo Stretto di Gibilterra; 370.000 ab. Sottoposta a un regime internazionale dal 1923 al 1956, eccetto nel periodo dell'occupazione spagnola (1940-1945). È porto franco dal 1962. Ant. palazzo dei sultani; musei.

TANGSHAN, c. della Cina (Hebei), a E di Pechino; 1.080.000 ab. Fu distrutta da un sisma nel 1976.

TANG TAIZONG, nome postumo di **Li Shihmin**, imperatore della Cina (627-649), discendente della dinastia dei Tang. Ampliò notevolmente i confini dell'impero.

TANGUY (Yves), *Parigi 1900 - Woodbury, Connecticut 1955*, pittore francese naturalizzato statunitense. Autodidatta, uno dei maggiori esponenti del surrealismo (*Alle quattro d'estate, la speranza*, 1929, MNAM, Parigi), nel 1939 si stabilì negli Stati Uniti.

TANIS, c. dell'ant. Egitto, sul delta del Nilo. Forse capitale degli hyksos, lo fu certamente della XXI e XXIII dinastia. Nel tempio, tombe inviolate della XXI e XXII dinastia scoperte da Pierre Montet.

TANIT, importante divinità del pantheon cartaginese, dea della fertilità.

TANIZAKI (Junichiro), *Tokyo 1886 - Yugawara 1965*, scrittore giapponese. Influenzato dal realismo occidentale, ritrovò le forme di espressione tradizionali in romanzi che fondono erotismo e attrazione per la morte (*La chiave*, 1956; *Il diario di un vecchio pazzo*, 1961).

TANJORE → THANJAVUR.

TANJUNG KARANG-TELUK BETUNG, c. dell'Indonesia (Sumatra); 458.000 ab. Porto.

TANNENBERG (battàglia di) (15 lug. 1410) → GRUNWALD.

TANNENBERG (battàglia di) (26-29 ago. 1914), battaglia della prima guerra mondiale. Vittoria decisiva dei tedeschi di von Hindenburg sull'esercito russo a Tannenberg (att. Stebark, Polonia).

TANNER (Alain), *Ginevra 1929*, regista cinematografico svizzero. Personaggio di rilievo del cinema svizzero, ha realizzato *Charles mort ou vif* (1969), *La salamandra* (1971), *Gli anni luce* (1981), *Una fiamma nel mio cuore* (1987), *La ragazza di Rose Hill* (1989), *Il diario di Lady M* (1993).

TANNHÄUSER, *Tannhausen ? 1200 ca. - 1268 ca.*, poeta tedesco. Cantore errante, autore di poemi lirici e canzoni, è l'eroe leggendario dei racconti popolari che ispirarono molti scrittori romantici. Su questo tema, R. Wagner compose il libretto e la musica di un'opera in tre atti (tre versioni, del 1845, 1861, 1875).

TANSÌLLO (Luigi), *Venosa 1510 - Teano 1568*, poeta. A Napoli fu al servizio del viceré don Pietro di Toledo, che seguì in numerose spedizioni contro i turchi. Scrisse l'egloga *I due pellegrini* (1527), i poemetti *Stanze a Bernardino Martirano* (1540) e il *Canzoniere*, raccolta di vari componimenti di ispirazione petrarchesca, anticipatrice del gusto preromantico.

TANTA, c. dell'Egitto, al centro del delta del Nilo; 380.000 ab. Importante snodo stradale e ferroviario.

TÀNTALO MITOL. GR. Re della Frigia o della Lidia. Fu condannato a patire eternamente la fame e la sete negli inferi per aver offeso gli dei. L'espressione "supplizio di T." significa proverbialmente avere a portata di mano ogni bene senza poterne usufruire.

TANTAWY (Muhammad Sayid), *1928*, religioso egiziano. Grande imam della moschea Al-Azhar Al-Sharif dal 1996, è considerato la massima autorità religiosa musulmana sunnita dell'Egitto. È anche uno dei maggiori esperti mondiali nell'interpretazione della legge coranica.

TANÙCCI (Bernàrdo, marchése) *Stia 1698 - Napoli 1783*, politico e giurista. Ministro della giustizia (1752) e degli esteri (1755) durante il regno di Carlo III di Borbone, dal 1767 fu ministro di Ferdinando IV e ispirò la sua politica riformatrice. Promosse la soppressione dei monasteri e l'espulsione dei gesuiti. Praticò il dispotismo illuminato, ma, entrato in contrasto con la regina Maria Carolina d'Austria, fu costretto ad abbandonare il potere (1777).

TANZANIA, Stato dell'Africa orient., sull'Oceano Indiano; 940.000 km²; 35.965.000 ab. (*tanzaniani*). CAP. *Dodoma*. LINGUE: *swahili e inglese*. MONETA: *scellino della Tanzania*.

GEOGRAFIA – La parte continentale dello Stato (l'antico Tanganica) è formata da una pianura costiera, delimitata da un vasto tavolato inciso da fosse tettoniche su cui incombono elevati massicci vulcanici (Kilimangiaro). La parte non continentale comprende invece alcune isole: Zanzibar, Mafia, Pemba e altre minori. All'allevamento (soprattutto bovino) e all'agricoltura di sussistenza (manioca, mais) si affiancano le colture commerciali (caffè, cotone, sisal, tè, noci di acagiù, i chiodi di garofano delle isole di Zanzibar e Pemba) e il turismo (Zanzibar). Tuttavia gli scambi sono in passivo e il paese è fortemente indebitato. La popolazione, in rapida crescita, è formata in prevalenza da gruppi bantu di religione cristiana, musulmana o animista.

STORIA – **Le origini e l'epoca coloniale.** XII sec.: il paese è abitato da bantu e la costa, meta del commercio arabo, è animata da porti fiorenti, come Kilwa e Zanzibar. **Fine del XIII sec.**: è la dinastia Mahdali a detenere il potere. **1498**: dopo la scoperta del paese a opera di Vasco de Gama, il Portogallo installa guarnigioni nei porti. **1652 - fine del XVIII sec.**: la dominazione araba prende il posto di quella portoghese. XIX sec.: il sultanato omanita si stabilisce a Zanzibar e sulla costa; gli arabi controllano le vie commerciali dell'interno, dove le popolazioni locali scambiano avorio e schiavi con armi e dove si avventurano gli esploratori inglesi (John Hanning Speke, Richard Francis Burton, David Li-

Tanzania

★ importante località turistica

500   1000   2000   3000 m

✈ aeroporto

— strada normale

— ferrovia

● più di 1.000.000 di ab.
● da 100.000 a 1.000.000 di ab.
● da 50.000 a 100.000 ab.
● meno di 50.000 ab.

vingstone, Henry Morton Stanley). **1891**: la Germania impone il suo protettorato sul paese (Africa orientale tedesca) e nel 1905-1906 reprime la rivolta dei maji-maji, un'etnia del S.

Il XX secolo. 1920-1946: priva della regione nordocc. (Ruanda-Urundi), che viene affidata al Belgio, l'Africa orientale tedesca, ribattezzata "territorio del Tanganica", è sottoposta al mandato britannico per volontà della Società delle Nazioni. **1946**: il Tanganica passa sotto la tutela dell'ONU. **1958**: il partito nazionalista di Julius Nyerere (TANU, Tanganyika African Nationalist Union) consegue il suo primo, grande successo elettorale. **1961**: il paese ottiene l'indipendenza (da cui è escluso il sultanato di Zanzibar, che rimane protettorato britannico fino al 1963). **1962**: J. Nyerere viene eletto presidente della nuova repubblica. **1964**: dall'unione di Zanzibar e Tanganica nasce la T. **1965-1967**: J. Nyerere instaura un regime socialista a partito unico e conclude un trattato di amicizia con la Cina (1966). **1977**: una nuova Costituzione istituisce il regime più liberale. **1985**: J. Nyerere si ritira dalla vita pubblica; le elezioni decretano suo successore Ali Hassan Mwinyi; **1992**: quest'ultimo ripristina il multipartitismo e indirizza il paese sulla strada del liberalismo economico. **1995**: diventa presidente della repubblica Benjamin Mkapa (rieletto poi nel 2000), mentre la carica di primo ministro viene affidata a Frederick Tluway Sumaye.

TAO QIAN, detto anche **Tao Yuanming**, *nello Jiangxi 365 ca. - 427*, scrittore cinese. Uno dei poeti più amati della letteratura cinese, cantò, con uno stile luminoso e trasparente, l'unione profonda tra l'uomo e la natura.

TAORMÌNA, com. in prov. di Messina; 10.697 ab. Rinomata stazione climatica, balneare e di villeggiatura, è sede di importanti manifestazioni culturali (rassegna internazionale del cinema, Estate musicale). — Di origine greca (*Tauromenion*), conserva rovine antiche, in particolare un teatro del III sec. a.C., ricostruito nel II sec. d.C., situato in uno splendido sito che si affaccia sul Mar Ionio. Notevoli anche l'odeon e le terme. Duomo (XIV-XV sec.), Palazzo Ciampoli (1412), Palazzo del duca di S. Stefano (XIV-XV sec.).

TAO TE CHING o **DAODEJING** (*Il libro della via e della virtù*), il più importante testo del taoismo attribuito a Laozi. È con ogni probabilità la compilazione di testi anteriori, effettuata nel III sec. a.C.

TAOYUAN, c. di Taiwan; 316.438 ab. Aeroporto.

TAO YUANMING → TAO QIAN.

TAPAJÓS, f. del Brasile, affl. di destra del Rio delle Amazzoni; 1784 km.

TÀPIES (Antoni), *Barcellona 1923*, pittore spagnolo. Le sue opere, fortemente ironiche, sono a volte molto scarne (un muro spoglio) e a volte molto materiche (oggetti, detriti e tele incrostati di materiali di vario tipo). Ha realizzato anche graffiti e operato lacerazioni nelle tele. Fondazione a Barcellona.

TAPSO (battàglia di) (46 a.C.), vittoria decisiva di G. Cesare sui seguaci di Pompeo a Tapso, nell'Africa proconsolare (att. Tunisia).

TARANIS, dio celtico del cielo e del tuono, equivalente di Giove.

TARANTINO (Quentin), *Knoxville 1963*, regista cinematografico statunitense. Rivelatosi con *Le iene* (1992), ha ottenuto il successo con *Pulp Fiction* (premio Oscar e Palma d'oro a Cannes, 1994); coniuga con abilità estetismo e violenza estrema (*Jackie Brown*, 1997; *Kill Bill*, 2003).

TÀRANTO, c. della Puglia, capol. di prov., sul golfo omonimo; 208.214 ab. (*tarantini*). Porto commerciale e peschereccio. Uno dei princ. centri industriali del Mezzogiorno: industrie siderurgiche, chimiche, alimentari, del cemento. — Fondata nel 708 a.C. da coloni spartani, fu uno dei centri più illustri della Magna Grecia (VI sec. a.C.). Conquistata dai romani nel 272 a.C. malgrado l'intervento di Pirro, si schierò con Annibale e, ripresa da Roma nel 209 a.C., divenne colonia sotto Nerone (60). Contesa e occupata da goti, bizantini, normanni, quindi da aragonesi e spagnoli (XV-XVI sec.), conserva tuttavia scarsi resti dell'epoca antica. — Museo nazionale (archeologia); duomo (1170), castello aragonese

(1480). — Nella provincia, collinare e pianeggiante, primeggiano l'agricoltura (viti, olivi, ortaggi, frutta, tabacco) e l'allevamento ovino e caprino. Turismo balneare. Centri principali: Grottaglie, Manduria, Martina Franca, Massafra.

TARASCÓNA, in fr. **Tarascon**, c. della Francia, in Provenza; 12.991 ab. Chiesa del XII-XIV sec. (opere d'arte), notevole roccaforte del XV sec.

TARASCOS, popolazione amerindia del Messico (reg. del Lago Pátzcuaro, nel Michoacán; ca. 100.000 individui). Formarono un potente impero in contrasto con quello azteco. Parlavano una lingua della famiglia maya.

TARASS BUL'BA, racconto di N.V. Gogol (1835). T. B., incarnazione dell'eroismo del popolo cosacco, uccide il figlio Andrej, che ha tradito il suo paese e i suoi compatrioti per amore di una polacca.

TARAZ, già **Dzambul**, c. del Kazakistan sudorient.; 108.700 ab.

TARBELA, diga costruita sull'Indo, in Pakistan, a NO di Rawalpindi.

TARBES, c. della Francia, capol. del dip. Hautes-Pyrénées, sul f. Adour; 49.343 ab. Cattedrale in parte romanica (XII-XIV sec.); museo e giardino Massey.

TARCHÉTTI (Igìno Ùgo), *San Salvatore Monferrato 1841 - Milano 1869*, scrittore. Dall'esperienza militare trasse ispirazione per l'opera antimilitarista *Una nobile follia* (1867). In seguito divenne uno dei maggiori esponenti della scapigliatura milanese, influenzato sia dal romanticismo foscoliano, sia da E.A. Poe e H. Heine. Tra le opere, *Paolina* (1865), *Amore nell'arte* (1869), *Fosca* (1869, incompiuto e terminato da S. Farina).

TARCHIÀNI (Albèrto), *Roma 1885-1964*, politico e diplomatico. Contribuì alla creazione di *Giustizia e libertà*, poi si avvicinò alle idee repubblicane. Dopo un soggiorno negli Stati Uniti, fu ministro dei lavori pubblici (1944), quindi tornò negli Stati Uniti come ambasciatore (1945-1956).

TARCÌSIO (sànto), *III sec.*, martire. Rifiutò di consegnare l'ostia ad alcuni soldati pagani e fu lapidato a Roma.

TARDE (Gabriel de), *Sarlat 1843 - Parigi 1904*, sociologo francese. Pose le basi della psicosociologia e della scuola francese di criminologia.

TARDÈLLI (Màrco), *Capanne di Careggine 1954*, calciatore. Con la nazionale ha vinto la Coppa del mondo del 1982 in Spagna. Dal 1975 al 1985 ha militato nella Juventus, con la quale ha vinto, tra gli altri trofei, 5 scudetti, 1 Coppa dei campioni, 1 Coppa delle coppe e 1 Coppa UEFA.

TARDIEU (Jean), *Saint-Germain-de-Joux 1903 - Créteil 1995*, scrittore francese. Poeta (*Formeries*) e autore drammatico (*Teatro da camera*), ha condotto una ricerca dell'identità giocando con il linguaggio.

TÂRGOVIŞTE, c. della Romania, in Muntenia; 98.117 ab. Chiese tipiche valacche (XVI-XVII sec.); musei.

TÂRGU MUREŞ, c. della Romania, in Transilvania; 164.445 ab. Edifici barocchi del XVIII sec. Nelle vicinanze riserve di idrocarburi.

TARIM, f. della Cina, nello Xinjiang, nasce dal Karakorum e si disperde nella depressione del Lop Nur; 2179 km.

TARIQ IBN ZIYAD, guerriero di origine berbera. Conquistò la Spagna dopo aver superato lo Stretto di Gibilterra, che da lui prese il nome (*Gebel Al-Tariq*), e sconfitto il re visigoto Rodrigo nel 711.

TARKOVSKIJ (Andrej), *Mosca 1932 - Parigi 1986*, regista cinematografico sovietico. Profetico, visionario, le immagini accattivanti dei suoi film sono pervase da una forte tensione spirituale: *L'infanzia di Ivan* (1962), *Andrej Rublëv* (1966), *Solaris* (1972), *Lo specchio* (1974), *Stalker* (1979), *Nostalghia* (1983), *Sacrificio* (1986).

TARN, f. della Francia merid., affl. di destra della Garonna; 375 km. Forma pittoresche gole nei Grands Causses.

TARN, dip. della Francia, nella reg. Pirenei Centrali, capol. *Albi*, 5758 km²; 343.402 ab. Le coltivazioni (cereali, ortaggi, vite) lasciano spazio, sulle zone collinari e montuose, a boschi e pascoli (ovini). Industrie meccaniche e chimiche. Miniere di carbone.

TARN-ET-GARONNE, dip. della Francia, nella reg. Pirenei Centrali, capol. *Montauban*, 3718 km²; 206.034 ab. Il territorio pianeggiante e collinare è coperto da coltivazioni di cereali, frutta e ortaggi e da pascoli. Industria agroalimentare, costruzioni elettriche e meccaniche.

TARNOBRZEG, c. della Polonia, sulla Vistola; 51.291 ab. Giacimento di zolfo. Chimica.

TÅRNOVO → VELIKO TÅRNOVO.

TARNÓW, c. della Polonia merid., a E di Cracovia; 121.439 ab. Centro industriale. Municipio del XIV-XVI sec. (museo), cattedrale gotica del XVI sec.

TÀRO, f. dell'Emilia-Romagna, che nasce dal Monte Penna, nell'Appennino Ligure, percorre la Val di T. e confluisce da destra nel Po; 126 km.

TAROUDANNT, c. del Marocco merid.; 57.136 ab. Turismo. Famose architetture color ocra.

TARÒZZI (Giuseppe), *Torino 1866 - Padova 1958*, filosofo. Allievo di R. Ardigò, fu docente a Palermo e Bologna. Si oppose al determinismo, affermando il principio della libertà e della volontà umana. Tra le opere, *La libertà umana e la critica al determinismo* (1937).

TARPÈA (rùpe), estremità sud-occ. del Capitolo, da cui venivano gettati coloro che si erano macchiati di tradimento contro lo Stato.

TARPÈA o **TARPÈIA** MITOL. ROM. Giovane vestale che, secondo la leggenda, consegnò Roma ai sabini, dai quali fu poi uccisa.

TARQUÌNIO IL SUPÈRBO, *VI sec. a.C.*, leggendario ultimo re di Roma (534-509 a.C.). La tradizione lo dipinge come un tiranno. In seguito alla sua cacciata dopo che il figlio Sesto aveva violentato Lucrezia, venne instaurata la repubblica.

TAORMINA. *Il teatro ellenistico-romano.*

TARQUÌNIA, com. in prov. di Viterbo; 15.079 ab. Tra l'VIII e il VI sec. a.C. fu una delle più fiorenti città etrusche e diede origine alla dinastia dei tarquini, tra i primi governatori di Roma. — Splendida necropoli etrusca risalente al VII-I sec. a.C., con oltre 100 tombe affrescate e scavate nel tufo. Museo nazionale tarquiniese; duomo (XVI sec.); chiese del XIII sec. (S. Maria di Castello, S. Pancrazio, SS. Annunziata e S. Martino); palazzo dei priori (XIII sec.).

TARQUINIA. *Scena di banchetto dalla tomba etrusca dei Leopardi (V sec. a.C.).*

TARQUÌNIO PRÌSCO, *VII-VI sec. a.C.*, leggendario quinto re di Roma (616-578 a.C.). Primo re etrusco, avrebbe fatto costruire grandi edifici, tra cui il Circo Massimo e il tempio di Giove Capitolino.

TARRAGONA, ant. prov. romana della Spagna settentr.

TARRAGONA, c. della Spagna (Catalogna), capol. di prov., sul Mediterraneo; 114.097 ab. Porto. Centro turistico e industriale. — Resti romani (anfiteatro e circo, palazzo pretorio, foro) e paleocristiani; cattedrale romanica (fine del XII-XIII sec.); musei, tra cui l'importante Museo archeologico. — Nella prov., parco nazionale del Delta dell'Ebro.

TARRASA, c. della Spagna (Catalogna), nei pressi di Barcellona; 171.794 ab. Chiese di origine visigota restaurate nel IX e XII sec.; musei. È l'ant. *Egara romana.*

TÀRSIA (Galeàzzo di) → DI TARSIA (Galeazzo).

TARSKI (Alfred), *Varsavia 1902 - Berkeley 1983*, logico e matematico di origine polacca. Fondatore della semantica logica moderna, dimostrò in part. la necessità di distinguere tra linguaggio e metalinguaggio. Contribuì a diffondere le idee del circolo di Vienna.

TARSUS, c. della Turchia, a O di Adana; 187.508 ab. Resti dell'ant. *Tarso,* città natale di san Paolo.

TARTÀGLIA, maschera della commedia dell'arte. Diffusa all'inizio del '600 e presente nelle commedie di C. Gozzi, rappresenta l'anziano notabile dal carattere arrogante, il cui principale difetto è la forte balbuzie, dalla quale prende il nome.

TARTÀGLIA (Niccolò **Fontàna**, detto Niccolò), *Brescia 1499 ca. - Venezia 1557*, matematico. Nel 1535 fornì la soluzione algebrica di equazioni di 3° grado, descritte in *Quesiti et invenzioni diverse* (1546). In *General trattato di numeri et misure* (1556-1560) espose la regola detta "triangolo di T.". Applicando la matematica all'arte militare, scrisse *Nova scientia* (1537), in cui espose i principi di balistica basati sull'*impetus,* fondamento della nuova scienza del XVI sec. Sviluppò l'aritmetica commerciale.

TARTÀRIA (Strétto di), stretto del Pacifico, tra la Siberia e l'isola di Sachalin.

TARTARÌNO DI TARASCÓNA, romanzo di A. Daudet (1872). Le divertenti avventure del protagonista, piccolo borghese ingenuo e vanitoso, proseguono in *Tartarino sulle Alpi* (1885) e *Port Tarascon* (1890).

TÀRTARO MITOL. GR. e ROM. Zona degli inferi, luogo di supplizio eterno.

TARTÈSSO, denominazione greca e romana della reg. merid. della penisola iberica. Nota per il commercio dei metalli preziosi, ebbe contatti con numerosi popoli dell'area mediterranea. La conquista dei cartaginesi nel VI sec. a.C. ne determinò la scomparsa.

TARTÌNI (Giusèppe), *Pirano 1692 - Padova 1770*, compositore e violinista. Concertista attivo nei maggiori centri della penisola, nel 1714 scoprì il "terzo suono" e nel 1727 fondò una scuola di violino. Autore di sonate (*Il trillo del diavolo*) e con-

certi per violino, negli ultimi anni si dedicò agli studi teorici, scrivendo diversi trattati (*Trattato di musica secondo la vera scienza dell'armonia*, 1754).

TARTU, già **Dorpat**, c. dell'Estonia; 100.100 ab. Università.

TARTÙFO, personaggio di Molière che dà il titolo a una sua famosa commedia (1664) contro l'ipocrisia.

TARVÌSIO (Còlle di), valico delle Alpi Carniche che mette in comunicazione il Friuli con la Carinzia (Austria); 812 m.

TARZAN, personaggio di una serie di romanzi di E.R. Burroughs, creato nel 1912, reso famoso dal cinema (dal 1918) e dai fumetti (H. Foster, 1929; B. Hogarth, 1937). Cresciuto come un selvaggio e proclamatosi re della giungla, è sempre pronto a difendere i più deboli.

TARZAN *in un fumetto di B. Hogarth (1937).*

TÀSCA (Àngelo **Ròssi**, detto Àngelo), *Moretta 1892 - Parigi 1960*, giornalista e politico. Attivo nei movimenti socialisti a Torino, fu tra i fondatori di *L'Ordine nuovo* (1919) e del PCI (1921). Esiliato all'avvento del fascismo (1926), fu espulso dal partito (1929) per la sua opposizione alla politica staliniana. A Parigi collaborò a *Le Monde* ed entrò nella segreteria del PSF. Tra le opere, *Nascita e avvento del fascismo* (1950).

TAŠKENT, cap. dell'Uzbekistan, in Asia centrale; 2.148.000 ab. Nodo ferroviario, centro amministrativo, culturale e industriale. — Musei.

TASMAN (Abel Janszoon), *Lutjiegast, Groninga, 1603 - Batavia 1659*, navigatore olandese. Scoprì il litorale merid. della Terra di Van Diemen (att. Tasmania), la Nuova Zelanda e le Isole Figi (1642-1643).

TASMANIA, già **Terra di Van Diemen**, Stato insulare dell'Australia sud-orient.; 68.000 km²; 459.659 ab. (*tasmaniani*); cap. Hobart. Isola separata dal continente dallo Stretto di Bass. Popolata da melanesiani, fu scoperta da A.J. Tasman nel 1642. Occupata dai britannici all'inizio del XIX sec., nel 1901 entrò a far parte del Commonwealth australiano.

TÀSO, isola della Grecia nell'Egeo settentr. Numerosi resti antichi.

TASS → ITAR-TASS.

TASSILI DEGLI AZGHER → AZGHER (Tassili degli).

TASSILÓNE III, *741 ca. - dopo il 794*, duca di Baviera (748-788). Volle liberarsi della tutela franca, ma fu sconfitto da Carlo Magno, che si impadronì del suo ducato.

TÀSSO (Bernàrdo), *Venezia 1493 - Ostiglia 1569*, poeta. Padre di Torquato, visse a Salerno alla corte di Ferrante Sanseverino, quindi fu esiliato con lui e si rifugiò presso diverse corti italiane. Tra le opere, il poema in 100 canti *Amadigi* (1547), le *Rime* (1560) e il poema *Floridante*, rimasto incompiuto e pubblicato dal figlio (1587).

TÀSSO (Torquàto), *Sorrento 1544 - Roma 1595*, poeta. Figlio di Bernardo, prima di dedicarsi agli studi giuridici a Padova e a Bologna risiedette con il padre in varie città italiane. Dopo la pubblicazione del poema epico-cavalleresco *Rinaldo* (1562), nel 1565 entrò al servizio del cardinale d'Este a Ferrara, dove restò fino alla metà del decennio successivo, e qui compose il dramma *Aminta* (rappresentato nel 1573) e il po-

ema epico *La *Gerusalemme liberata*. A causa delle sempre più frequenti crisi di follia, nel 1579 fu internato in un ospedale di Ferrara, dove rimase per 7 anni, durante i quali scrisse i *Dialoghi* (1578-1595). In questo periodo venne data alle stampe un'edizione non autorizzata del suo poema. Nel 1587, anno della pubblicazione della tragedia *Re Torrismondo*, T. lasciò Ferrara, cominciò a peregrinare per l'Italia e, preso da scrupoli religiosi, a rivedere *La Gerusalemme liberata*, che pubblicherà nel 1593 con il titolo di *Gerusalemme conquistata*. Morì a Roma nel monastero di S. Onofrio. Tra le altre opere le *Rime* (1591), circa duemila composizioni di vario argomento il cui stile precorre il barocco.

■ *T. Tasso ritratto da A. Allori. (Uffizi, Firenze.)*

TASSÓNI (Alessàndro), *Modena 1565-1635*, scrittore. Espresse il proprio anticonformismo auspicando la necessità di un rinnovamento culturale e letterario (*Considerazioni sopra le rime del Petrarca*, 1609). Nel poema eroicomico *La secchia rapita* (1622), il racconto di un'immaginaria guerra tra Bologna e Modena consente all'autore di fornire una rappresentazione satirica delle continue lotte tra città italiane.

TATA (Jamsetji Nasarwanji), *Navsari, Gujarat 1839 - Bad Nauheim 1904*, industriale indiano. Contribuì all'industrializzazione del suo paese.

TATABÁNYA, c. dell'Ungheria, a O di Budapest; 74.277 ab. Lignite.

TÀTARI, popolazione eterogenea distribuita sul territorio dell'ex URSS (principalmente in Russia, nella Rep. dei Tatari e nella Rep. dei Basciri; oltre 6 milioni di individui). I russi conferirono il nome di t. alle popolazioni di origine mongola o turca dai quali furono soggiogati nel periodo compreso tra il XIII e il XV-XVI sec. (**Orda d'oro*) e, più in generale, a tutte le popolazioni di origine analoga e di religione musulmana contro cui si trovarono a combattere. Sono oggi detti t. tre grandi gruppi (i t. del Volga e degli Urali, i cui esponenti princ. sono i t. del Kazan; i t. della reg. di Astrakhan, i t. della Siberia, ai quali si aggiungono i t. della Lituania (discendenti di t. arruolati per combattere contro i cavalieri teutonici). I t. della Crimea (circa 400.000) sono invece considerati una popolazione a parte: discendenti dalla fusione tra turchi giunti dall'Asia e popolazioni autoctone, dominarono la penisola fino all'avvento dei russi (1783). Deportati, circa in Uzbekistan, nel 1944, dal 1990 stanno ritornando nei loro territori di origine.

TATARSTAN o **REPÙBBLICA DEI TÀTARI**, rep. della Russia situata sul medio Volga; 3.778.600 ab.; cap. *Kazan*. La popolazione è composta per ca. la metà da tatari, e comprende una consistente minoranza russa. Giacimenti di petrolio.

TATE (The), gruppo di musei ai quali fa capo la T. Gallery, museo nazionale fondato a Londra nel 1897 grazie a una donazione di opere d'arte da parte dell'industriale sir Henry T. allo Stato britannico. Dal 2000 le collezioni sono state divise tra due musei: la T. Britain, nel luogo in cui aveva originariamente sede la T. Gallery (Millbank), dedicata soprattutto all'arte britannica, che ospita in part. i fondi Turner nella "Clore Gallery", e il T. Modern (Bankside), dedicato all'arte moderna e contemporanea internazionale. Altri musei si trovano a Liverpool e a St. Ives, in Cornovaglia.

TATI (Jacques **Tatičev**, detto Jacques), *Le Pecq 1907 - Parigi 1982*, regista cinematografico francese.

Jacques **TATI**, *Giorno di festa (1949).*

Basati sull'osservazione minuziosa e ironica della realtà quotidiana, i suoi film (*Giorno di festa*, 1949; *Le vacanze di Monsieur Hulot*, 1953; *Mio zio*, 1958; *Playtime*, 1967; *Il circo di Tati*, 1974) hanno rinnovato il cinema comico francese.

TATLIN (Vladimir Efgrafovič), *Mosca 1885-1953*, pittore, scultore e architetto russo. Fu uno dei più importanti esponenti del costruttivismo.

TÀTRA, massiccio che comprende le vette più elevate dei Carpazi, al confine tra Polonia e Slovacchia; 2655 m. Parco nazionale.

TATUM (Arthur, detto Art), *Toledo, Ohio 1910 - Los Angeles 1956*, pianista jazz statunitense. La sua profonda musicalità, il suo senso dello swing e la ricchezza delle sue concezioni armoniche hanno fatto di lui uno dei più brillanti solisti della storia del jazz (*Tenderly*, *Tea for two*).

TAUBATÉ, c. del Brasile (São Paulo); 244.165 ab.

TAUBE (Henry), *Neudorf 1915*, chimico statunitense di origine canadese. Le sue ricerche di chimica minerale pongono le basi della reattività dei complessi. Ha studiato le reazioni di trasferimento degli elettroni nei complessi metallici. (Premio Nobel 1983.)

TAUNUS, parte del Massiccio Scistoso Renano (Germania), a N di Francoforte sul Meno; 880 m.

TAUPO (làgo), il lago più vasto (606 km^2) della Nuova Zelanda.

TÀURI, in ted. **Tauern**, massiccio delle Alpi austriache. È suddiviso in Alti T. (che culminano nel Grossglockner, 3796 m) a O, e Bassi T. a E.

TÀURIDE, ant. nome della Chersonese Taurica dei greci.

TÀURO, sistema montuoso della Turchia, che costeggia il Mediterraneo; raggiunge i 3734 m nel Monte Aladağ.

TAUSUG o **SULUK**, popolazione delle Filippine (arcipelago Sulu) e della Malaysia (Borneo) (ca. 600.000 individui). Appartenenti al ceppo malese, islamizzati nel XIV sec., fino al 1915 erano organizzati in sultanato. Parlano una lingua indonesiana.

TAUT (Bruno), *Königsberg 1880 - Istanbul 1938*, architetto e urbanista tedesco. Fratello di Max, fu uno dei massimi esponenti dell'espressionismo tedesco. Membro del Novembergruppe (1918), presidente dell'*Arbeistrat für Kunst* e fondatore della rivista *Frülicht*, fu architetto capo del comune di Magdeburgo (1921-1924). Tra le opere, *Siedlungen* a Berlino (1925). — **Max T.**, *Königsberg 1884 - Berlino 1967*, architetto tedesco. Fratello di Bruno, collaborò con lui in varie attività (Novembergruppe, *Arbeistrat für Kunst*, rivista *Frülicht*). Esponente dell'espressionismo, si avvicinò in seguito al razionalismo funzionalista. Tra le opere, la sede dei sindacati a Francoforte (1929-1931).

TAVÀNI (Giuditta), *Roma 1832-1867*, patriota. Moglie di F. Arquati (1848), lo seguì nell'esilio a Venezia. Tornata a Roma, partecipò attivamente all'organizzazione dell'insurrezione guidata dai fratelli Cairoli; nel lug. 1867 rimase uccisa insieme alla famiglia e a una quarantina di patrioti in un'incursione delle truppe pontificie nel lanificio Ajani di Trastevere.

TAVÈRNA, com. in prov. di Catanzaro; 2728 ab. È situato sul fianco merid. della Sila Piccola. Agricoltura (cereali, patate).

TAVERNIER (Bertrand), *Lione 1941*, regista cinematografico francese. Ex critico, nei suoi film alterna ambientazioni nel passato a situazioni attuali, conciliando la tradizione classica americana con l'introspezione: *L'orologiaio di Saint-Paul* (1974), *Il giudice e l'assassino* (1976), *Colpo di spugna* (1981), *Una domenica in campagna* (1984), *La vita e niente altro* (1989), *L'esca* (1995), *Capitan Conan* (1996), *Ricomincia da oggi* (1999).

TAVIÀNI (fratèlli), registi cinematografici. — **Paolo T.**, *San Miniato 1931* e — **Vittorio T.**, *San Miniato 1929*. Autori lirici e rigorosi, prediligono temi socio-storici, realizzando pellicole di impegno civile e politico. Hanno diretto *Un uomo da bruciare* (1962), *Sovversivi* (1967), *San Michele aveva un gallo* (1971), *Allonsanfan* (1974), *Padre padrone* (1977, Palma d'oro a Cannes), *La notte di San Lorenzo* (1981), *Kaos* (1984), *Good Morning Babilonia* (1987), *Il sole anche di notte* (1990), *Fiorile* (1992), *Le affinità elettive* (1996), *Tu ridi* (1998).

TAVOLÀRA, isola del Mar Tirreno, nel Golfo di Olbia, a NE della Sardegna; 5,9 km^2. Montuosa, ha la sua massima elevazione nella Punta Cannone (564 m).

TÀVOLA ROTÓNDA (ciclo della), altro nome del ciclo di **Artù*.

TAVOLIÈRE DI PÙGLIA, pianura della Puglia; seconda pianura italiana (3000 km^2 ca.) dopo la Pianura Padana, in gran parte compresa nella prov. di Foggia. Si tratta di un tavolato calcareo recentemente sottoposto a opere di irrigazione e bonifica. Vi si coltivano cereali, viti e olivi.

TAVOY, c. del Myanmar; 102.000 ab. Porto.

TAWFIK (Muhammad), *Il Cairo 1852 - Helouan 1892*, chedivè d'Egitto (1879-1892), figlio del pascià Ismail. La sua adesione al movimento nazionalista di Arabi Pascià determinò nel 1881 l'intervento della Gran Bretagna (1882).

TAWNEY (Richard Henry), *Calcutta 1880 - Londra 1962*, storico britannico. Ha compiuto importanti studi sulla storia economica, disciplina di cui è considerato il fondatore. Tra le opere, *Storia economica d'Inghilterra* (1914), *La religione e la nascita del capitalismo* (1926).

TAXCO DE ALARCÓN, c. del Messico, a SO di Città del Messico; 50.488 ab. Centro pittoresco, antico centro minerario; chiesa barocca di S. Prisca (XVIII sec.).

TAXILA, sito archeologico del Pakistan, a NO di Rawalpindi, sulla via della seta. Resti dal VI sec. a.C. all'XI sec. d.C.

TAY, f. della Gran Bretagna, in Scozia. Si getta nel Mare del Nord con un lungo estuario (Firth of T.), sul quale sorge Dundee; 193 km.

TAYLOR (Brook), *Edmonton, Middlesex 1685 - Londra 1731*, matematico inglese. Fu tra i primi a occuparsi del calcolo delle differenze finite, che utilizzò nell'interpolazione e nella sommazione delle serie. Diede il suo nome allo sviluppo in serie di una funzione.

TAYLOR (Cecil Percival), *New York 1929 ?* pianista e compositore jazz statunitense. Tra i fondatori del free jazz, ha utilizzato il piano in senso ritmico (*Unit Structures*, 1966; *Indent*, 1972).

TAYLOR (Charles), *Montreal 1931*, filosofo canadese. Partito da una critica del comportamentismo (*La spiegazione del comportamento*, 1964), ha elaborato un approccio antropologico al soggetto (*Sources of the Self, the Making of Modern Identity*, 1989), unito a una riflessione di ordine etico e politico.

TAYLOR (Elizabeth, detta Liz), *Londra 1932*, attrice cinematografica statunitense di origine britannica. Ha debuttato nel cinema all'età di dieci anni. È una delle ultime grandi star di Hollywood (*Improvvisamente l'estate scorsa*, J. Mankiewicz, 1959; *Chi ha paura di Virginia Woolf?*, M. Nichols, 1966; *Cleopatra*, J. Mankiewicz, 1963; *L'uccello blu*, G. Cukor, 1976; *Toscanini*, F. Zeffirelli, 1988).

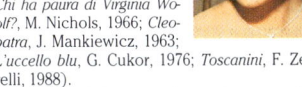

■ *Liz Taylor in* La gatta sul tetto che scotta *di Richard Brooks (1958).*

TAYLOR (Frederick Winslow), *Filadelfia 1856-1915*, ingegnere ed economista statunitense. Promotore dell'organizzazione scientifica del lavoro, ideò la prima misura pratica del tempo di esecuzione di una mansione. Le sue ricerche portarono a un insieme di principi e processi detti "taylorismo". Mise a punto la composizione dell'acciaio da utensili.

TAYLOR (Geoffrey Ingram), *Londra 1886 - Cambridge 1975*, fisico e matematico. Si occupò in part. dello studio della meccanica dei fluidi, sviluppando la teoria della turbolenza. Si interessò anche di meteorologia e matematica (funzioni aleatorie).

TAYLOR (Joseph), *Filadelfia 1941*, astrofisico statunitense. Con l'allievo R. Hulse ha scoperto il primo pulsar binario (1974) e ha stabilito l'esistenza delle onde gravitazionali. (Premio Nobel per la fisica 1993.)

TAYLOR (Paul), *Allegheny, Pennsylvania 1930*, ballerino e coreografo statunitense. Incarna il lato umoristico della danza moderna (*Three Epitaphs*, 1956; *Aureole*, 1962; *Esplanade*, 1975; *Speaking in Tongues*, 1988; *Arabesque*, 1999).

TAYLOR (Richard Edward), *Medicine Hat, Alberta, 1929*, fisico canadese. Ha preso parte alle ricerche che, tra il 1967 e il 1973, hanno portato a dimostrare sperimentalmente l'esistenza dei quark. (Premio Nobel 1990.)

TAZA, c. del Marocco, capol. di prov., tra il Rif e il Medio Atlante; 77.000 ab.

TAZIÀNO, *in Siria 120 ca. - dopo il 173*, discepolo di san Giustino e adepto di un ascetismo estremo (fu il fondatore della setta degli encratiti), riunì nel suo *Diatessaron* il testo dei quattro Vangeli.

TAZIEFF (Haroun), *Varsavia 1914 - Parigi 1998*, geologo francese di origine polacca. Vulcanologo, è autore di numerosi testi e film divulgativi.

TÀZIO MITOL. ROM. Leggendario re dei sabini. Regnò con Romolo su romani e sabini riuniti.

TAZULT, c. dell'Algeria, nel distr. di Batna; 22.114 ab.; Importanti resti romani.

TAZZÒLI (Enrico Napoleóne), *Canneto 1812 - Belfiore 1852*, patriota. Docente a Mantova, fu presidente del comitato rivoluzionario (1950). Arrestato dalla polizia austriaca, fu condannato a morte e giustiziato a **Belfiore* (1852).

TBILISI, in russo **Tiflis**, cap. della Georgia, sul f. Kura; 1.279.000 ab. Centro amministrativo, culturale e industriale. — Cattedrale di Sion e basilica di Anischat risalenti al VI sec. Ricchi musei.

TCHÉRINA (Monica **Čemerzina**, detta Ludmilla), *Parigi 1924*, ballerina e attrice cinematografica francese di origine russa. Impostasi in Francia e in Europa come interprete del repertorio romantico (*Romeo e Giulietta*, 1942), partecipò anche a film musicali (*Scarpette rosse*, 1948; *I racconti di Hoffmann*, 1951).

TCHICAYA U TANSI (Gérald), *Mpili 1931 - Bazancourt 1988*, scrittore congolese. Poeta esigente (*Épitomé*) e drammaturgo aspro (*Le zulu*), è anche autore di racconti (*Les Cancrélats*) sul Congo dell'epoca coloniale.

TCI (Touring Club Italiàno), associazione fondata nel 1894 a Milano per promuovere e diffondere il turismo in Italia e all'estero. Chiamata inizialmente Touring Club Ciclistico, assunse la denominazione attuale nel 1900. Si occupa di numerose iniziative editoriali e di attività dedicate a un buon impiego del tempo libero.

TE (Palàzzo), villa di Mantova, edificata tra il 1525 e il 1535. Realizzato su progetto di Giulio Romano per Federico II Gonzaga, di forma quadrangolare, ha sede su un'isola divisa dalla città da un fossato. Att. ospita una ricca collezione di oggetti del XIV-XVIII sec. e numerosi dipinti.

TEÀNO, com. in prov. di Caserta; 13.387 ab. Industrie meccaniche e del legno. Necropoli romane; anfiteatro (I sec.), duomo (XII sec.). — Il 26 ott. 1960 vi si svolse il celebre incontro tra Vittorio Emanuele II e G. Garibaldi al termine dell'impresa dei Mille, nel quale il generale consegnò al sovrano il regno delle Due Sicilie.

TEBÀIDE, parte merid. dell'ant. Egitto (cap. Tebe). Importante centro del monachesimo nei primi sec. del cristianesimo.

TEBALDÈO (Antònio **Tibàldi**, detto Antònio), *Ferrara 1463 - Roma 1537*, poeta. Attivo alle corti di Ferrara e Mantova, si trasferì a Roma, dove fu in contatto con Raffaello. Espropriato di tutti i suoi beni nel sacco del 1527, visse in povertà fino alla morte. Scrisse opere in latino e volgare, tra cui i *Sonetti* (1499).

TEBÀLDI (Renàta), *Pesaro 1922*, soprano. Ha debuttato a Rovigo nel 1944, affermandosi poi negli anni '50 e '60 del secolo scorso come soprano lirico nel repertorio verista e segnalandosi per la voce "celestiale".

TÈBE, c. dell'ant. Egitto. Nel XXII sec. a.C. alcuni principi tebani unificarono l'Egitto e fondarono l'XI dinastia. In seguito i principi tebani della XVIII dinastia cacciarono gli hyksos (1580 ca.). Nel Nuovo regno, Tebe fu cap. dell'Egitto e divenne una grande metropoli religiosa, centro del culto del dio Ammone. Fu invasa e distrutta dagli assiri nel 663 a.C. — Tra le antiche vestigia, i santuari di Luxor e Karnak, dinanzi a cui si trova l'immensa necropoli della riva occ. (templi funerari di Deir El-Bahari, tombe ipogee della Valle dei Re, delle Regine, dei Nobili).

TÈBE, in gr. **Thívai**, c. della Grecia; 18.191 ab. Vi è ambientato il mito di Edipo. — A partire dal VII sec. a.C., T. dominò una confederazione di città della Beozia. Alleatasi con la Persia durante le guerre contro i medi, grazie a Epaminonda e Pelopida conquistò l'egemonia sulle città greche (371-362 a.C.). Fu distrutta da Alessandro Magno nel 336 a.C.

TÉBESSA, c. dell'Algeria orient., capol. di distr., a N dei Monti di T.; 161.440 ab. Resti romani.

TÉCCHI (Bonaventura), *Bagnoregio 1896 - Roma 1968*, critico e scrittore. Studioso e docente di letteratura tedesca (*L'arte di Thomas Mann*, 1956; *Scrittori tedeschi moderni*, 1959), approfondì i temi dell'angoscia e il problema morale. Tra le opere, *Il nome sulla sabbia* (1924), *I villatauri* (1935), *La presenza del male* (1949), *Gli egoisti* (1959), *Il senso degli altri* (1968).

TÉCHINÉ (André), *Valence d'Agen 1943*, regista cinematografico francese. È autore di film ispirati ai ricordi della vita di provincia (*Rendez-vous*, 1985; *L'età acerba*, 1994; *Alice e Martin*, 1998; *Lontano*, 2001).

TECÒPPA, personaggio del teatro dialettale milanese. Creato dall'attore E. Ferravilla, prese il nome dall'intercalare "Dio te coppa!". Rappresenta l'individuo che vive ai margini della società e tenta in qualche modo di cavarsela in situazioni spesso difficili.

TECUMSEH, *Old Piqua, Ohio 1768 - reg. del Lago Erie 1813*, capo indiano. Nel 1812 appoggiò la Gran Bretagna contro gli americani.

TEDÀLDI (Pieràccio), *Firenze 1285 ca. - 1353 ca.*, rimatore. Nobile fiorentino, prese parte alla battaglia di Montecatini (1315), durante la quale fu fatto prigioniero dei pisani. Fu autore di una quarantina di sonetti, in prevalenza di tipo burlesco, incentrati su temi comici e politici.

TEDDER (Arthur), *Glenguin, Scozia 1890 - Banstead, presso Londra 1967*, maresciallo britannico. A capo dell'aviazione alleata in Tunisia e in Italia (1943), collaborò con Eisenhower nel comando delle forze che liberarono l'Europa occ. (1944-1945).

TE DEUM, inno liturgico in latino in onore della SS. Trinità. Composto, secondo la tradizione, da sant'Agostino e sant'Ambrogio, è diviso in due parti, la prima in onore del Padre e la seconda del Figlio, e prende il nome dalle prime parole ("Te deum laudamus"). Recitato in occasione di grandi solennità religiose, fu musicato da grandi autori quali P. da Palestrina, G. Mahler, G. Verdi, A. Bruckner.

TEGAL, c. dell'Indonesia, sulla costa settentr. di Giava; 313.400 ab.

TEGÈA, ant. c. greca dell'Arcadia, sottomessa a Sparta nel 550 ca. a.C.

TEGETTHOFF (Wilhelm **von**), *Marburg 1827 - Vienna 1871*, ammiraglio austriaco. Dopo aver sconfitto i danesi a Helgoland (1864), comandò la flotta austriaca che nel 1866 sconfisse quella italiana a Lissa. In seguito fu comandante supremo della marina austriaca e consigliere dell'imperatore.

TEGGIÀNO, com. in prov. di Salerno, su un'altura nel Vallo di Diano; 8311 ab. Centro storico medievale. Castello (XIV-XV sec.).

TEGLIÀCCI (Niccolò di ser **Sózzo**), *m. a Siena nel 1363*, pittore e miniatore. Influenzato da S. Martini e P. Lorenzetti, realizzò l'*Assunzione* nel Caleffo dell'Assunta (1332 ca.) e il politico con *Madonna, angeli e santi* (1362) eseguito in collaborazione con L. di Tommé.

TEGNÉR (Esaias), *Kyrkerud 1782 - presso Växjö 1846*, poeta svedese. Autore di liriche patriottiche e di un adattamento (1820-1825) della *Saga di Frithiof*.

TEGUCIGALPA, cap. dell'Honduras; 950.000 ab. Cattedrale della fine del XVIII sec.

TEHERAN, cap. dell'Iran; 7.225.000 ab. Centro amministrativo, commerciale e industriale. Palazzo e giardino del Golestan (XVIII-XIX sec.); musei. — **Conferenza di Teheran** (28 nov.-1° dic. 1943), conferenza tra J. Stalin, W. Churchill e F.D. Roosevelt. Stalin aderì al piano americano dello sbarco in Provenza.

TEHUANTEPEC, istmo del Messico, largo 210 km, tra il Golfo del Messico e il Pacifico. Segna il confine tra l'America settentr. e centrale.

TÈIA, *m. nel 553*, re degli ostrogoti. Acclamato re a Pavia e successore di Totila (552), riorganizzò le truppe e affrontò l'esercito di Narsete nei pressi del Vesuvio. Con la sua morte in battaglia si chiuse la dominazione ostrogota in Italia.

TEILHARD DE CHARDIN (Pierre), *Sarcenat 1881 - New York 1955*, gesuita, teologo e paleontologo francese. Parallelamente agli studi scientifici (scoperta del sinantropo, 1929), tentò di adattare il cattolicesimo alla scienza moderna elaborando una concezione originale dell'evoluzione (*Il fenomeno umano*, 1955).

TEISSERENC DE BORT (Léon), *Parigi 1855 - Cannes 1913*, meteorologo francese. Grazie alle sue ricerche sperimentali sull'alta atmosfera, in part. con l'utilizzo dei palloni sonda, mise in evidenza uno "strato isotermico", successivamente denominato "stratosfera".

TEKAKWITHA (Catherine), *Ossernenon, att. Auriesville, Stato di New York 1656 - Montreal 1680*, giovane irochese. Convertitasi al cattolicesimo all'età di 20 anni, fece voto di castità. Fu beatificata nel 1980.

TE KANAWA (Kiri), *Gisborne, Auckland, 1944*, soprano neozelandese. Ha debuttato al Covent Garden ed è diventata famosa interpretando opere di W.A. Mozart, G. Verdi e R. Strauss.

TEKE O **BATEKE**, popolazione della Rep. Dem. del Congo, del Congo merid. e del Gabon sudorient., di lingua bantu.

TEL AVIV-GIAFFA, c. di Israele, sul Mediterraneo; 2.181.000 ab. nell'agglomerato. Centro amministrativo, culturale e industriale. Tel Aviv, città princ. del paese, è stata la capitale dello Stato di Israele fino al 1980. Fondata nel 1909, è stata il centro del movimento di immigrazione ebrea in Palestina. Musei.

TELČ, c. della Rep. Ceca, in Moravia; 7000 ab. Castello ricostruito nel Rinascimento (XVI sec.), piazza con portici rinascimentali e barocchi.

TÉLECOM ITÀLIA, società sorta nel 1994 per la gestione delle telecomunicazioni nazionali. Nata dalla fusione nella *SIP* di una serie di società del gruppo IRI e controllata inizialmente dalla STET, nel 1995 ha trasferito alla TIM il settore della telefonia mobile. Nel 1999 è passata sotto il controllo del gruppo Olivetti, e in seguito del gruppo Pirelli.

TELÈMACO MITOL. GR. Personaggio dell'*Odissea*, figlio di Ulisse e di Penelope. Educato da Mentore, difese il padre contro i pretendenti al trono e lo aiutò a riconquistare Itaca.

TELEMANN (Georg Philipp), *Magdeburgo 1681 - Amburgo 1767*, compositore tedesco. Realizzò una sintesi della musica europea, attraverso opere, passioni e musica strumentale (sonate, fughe, concerti, *ouverture*).

TELEMARK, reg. della Norvegia merid.

TEHERAN. *Porta Baghé Melli.*

TELEPÀSS, sistema di telerilevamento che permette il pagamento automatico del pedaggio autostradale senza fermarsi al casello.

TELÉSE, com. in prov. di Benevento; 5350 ab. Agricoltura (cereali, frutta, olive). Turismo termale.

TELÉSFORO (santo), *m. nel 136*, papa dal 125 al 136.

TELÈSIO (Bernardino), *Cosenza 1509-1588*, filosofo. Dopo gli studi filosofici a Padova e un periodo di meditazione monastica si stabilì a Cosenza. Nell'opera principale, *De rerum natura iuxta propria principia* (1586), mostrò attenzione per la natura, identificando nel principio di autoconservazione la sua legge fondamentale. Il suo pensiero, tra i più significativi del Rinascimento, influenzò F. Bacone e B. Spinoza.

TELL, l'insieme delle regioni umide dell'Africa settentr. che si estende a S delle pianure litoranee.

TELL (Guglièlmo) → GUGLIÈLMO TELL.

TELLER (Edward), *Budapest 1908*, fisico statunitense di origine ungherese. Collaborò alla messa a punto della prima bomba atomica, quindi diresse la realizzazione della bomba H americana, cui si oppose R. Oppenheimer. Ispirò l'iniziativa di difesa strategica ("guerre stellari") del presidente R. Reagan (1983).

TELL AL-AMARNA → AMARNA (TELL AL-).

TELLO, nome att. delle rovine della città sumera di *Girsu*.

TEL QUEL, rivista letteraria francese (1960-1982) animata da P. Sollers. Il suo obiettivo era quello di unire sistematicamente la pratica letteraria alla riflessione teorica.

TELSTAR, satellite artificiale statunitense per le telecomunicazioni. Lanciato in orbita per la prima volta nel 1962, permise il primo collegamento televisivo tra gli Stati Uniti e l'Europa attraverso l'Oceano Atlantico.

TEMA, c. del Ghana; 109.975 ab. Porto e centro industriale.

TEMÀNZA (Tomáso), *Venezia 1705-1789*, architetto e storico dell'architettura. Ingegnere civile della Repubblica veneta, realizzò opere di stampo neoclassico (chiesa di S. Maria Maddalena a Venezia, 1760) e scrisse importanti trattati (*Vite dei più celebri architetti e scultori veneziani*, 1778).

TEMESVÁR → TIMIȘOARA.

TÈMI MITOL. GR. Dea della giustizia, ha per attributi la spada e la bilancia.

TEMIN (Howard), *Filadelfia 1934 - Madison 1994*, biochimico statunitense. Ha scoperto la transcriptasi inversa (enzima responsabile della cancerizzazione cellulare da virus a RNA) e gli effetti dei retrovirus nell'AIDS. (Premio Nobel per la medicina 1975.)

TEMIRTAU, c. del Kazakistan; 213.000 ab.

TEMÌSTOCLE, *Atene 528 ca. a.C. - Magnesia al Meandro 462 a.C.*, generale e politico ateniese. Rese Atene la più grande potenza navale del mondo ellenico, fortificando il Pireo e riorganizzando la flotta ateniese. Con la vittoria di Salamina (480 a.C.), allontanò dalla Grecia il pericolo delle invasioni persiane. Ostacolato dai suoi avversari politici e bersaglio degli intrighi di Sparta, venne esiliato, dietro le insistenze di Cimone (sostenitore di un'eguale egemonia sulla Grecia da parte di Sparta e Atene), e si rifugiò presso Artaserse I.

TEMNE, popolazione della Sierra Leone, la cui lingua appartiene al ceppo atlantico-occidentale.

TEMPELHOF, quartiere merid. di Berlino. Aeroporto.

TEMPÈSTA (la), dipinto di Giorgione (1506-1508, Gallerie dell'Accademia, Venezia). L'opera, che raffigura la natura nelle sua manifestazioni più suggestive e imperscrutabili, è da sempre oggetto di approfondite indagini critiche tese a rintracciare il suo vero significato e l'identità dei personaggi.

TEMPÈSTA (Pieter Mulier il Gióvane, detto **il Cavalièr**), *Haarlem 1637 ca. - Milano 1701*, pittore olandese. Trasferitosi in Italia (1665), fu attivo in varie città (Roma, Genova, Venezia), realizzando paesaggi di ispirazione olandese.

TEMPÈSTA o **TEMPÈSTI** (Antònio), *Firenze 1555 - Roma 1630*, pittore e incisore. Influenzato dall'arte fiamminga, fu un esponente del tardomanierismo romano. Tra le opere, affreschi nella Galleria Clementina in Vaticano, decorazioni di Palazzo Borghese e del casino Rospigliosi-Pallavicino a Roma.

TÈMPIO (Doménico), *Catania 1750-1821*, poeta dialettale. La sommossa popolare di Catania del 1798 gli ispirò il poema in 20 canti *La Caristia* (postumo, 1948). Compose anche numerose opere in dialetto siciliano (ditirambi, drammi).

TEMPLÀRI, ordine militare e religioso fondato a Gerusalemme nel 1119 da Ugo di Payns e votato alla difesa dei pellegrini e dei luoghi santi. I t. acquisirono immense ricchezze e divennero i banchieri del papato e di diversi principi. Filippo il Bello, desideroso di impadronirsi dei loro beni e di annientarne la potenza, nel 1307 fece arrestare 138 cavalieri. A seguito di un lungo processo (1307-1314) condannò al rogo molti membri dell'ordine, tra cui il gran maestro Giacomo di Molay. Istigato dal re di Francia, nel 1312 il papa Clemente V dichiarò lo scioglimento dell'ordine.

TEMPLE (Shirley), *Santa Monica 1928*, attrice cinematografica statunitense. Negli anni '30 del secolo scorso si affermò come bambina prodigio in film quali *La piccola ribelle* (1935), *Riccioli d'oro* (1935), *La reginetta dei monelli* (1936). Ha continuato la carriera di attrice negli anni '40, per poi divenire ambasciatrice dell'ONU in Ghana e Cecoslovacchia.

TEMPLE (sir William), *Londra 1628 - presso Farnham 1699*, diplomatico e scrittore inglese. Ambasciatore a L'Aia (1668-1671, 1674-1679), negoziò la Triplice Intesa con le Province Unite e la Svezia (1668), e il matrimonio di Maria II Stuart con Guglielmo III di Nassau (1677). I suoi saggi politici fanno di lui un maestro della prosa inglese.

TEMPS MODERNES (les), rivista mensile francese, di politica e letteratura, fondata nel 1945 da J.-P. Sartre. Vi hanno collaborato R. Aron, S. de Beauvoir, M. Leiris, M. Merleau-Ponty, J. Paulhan, R. Étiemble.

TEMUCO, c. del Cile; 243.561 ab.

TÉNARO (Càpo), ant. nome del Capo Matapan.

TENASSERIM, parte merid. del Myanmar.

TÉNCA (Càrlo), *Milano 1816-1883*, giornalista e patriota. Direttore della *Rivista Europea* (1845), partecipò alle Cinque giornate di Milano (1848) e diresse il periodico l'*Italia del popolo*, nel quale sostenne ideali repubblicani e risorgimentali. Fondatore e direttore de *Il crepuscolo* (1850-1859), fu poi deputato. Tra le opere, *Prose e poesie* (postumo, 1888).

TÉNCO (Luigi), *Cassine 1938 - Sanremo 1967*, compositore e cantante. Negli anni '60 del secolo scorso fu autore di canzoni intense e venate di amarezza (*Ti ricorderai*, 1961; *Mi sono innamorato di te*, 1962; *Vedrai, vedrai*, 1965; *Lontano lontano*, 1966). Morì suicida nel corso del 17° Festival di Sanremo.

■ *Luigi Tenco.*

TÈNDA, in fr. *Tende*, c. della Francia, nel dip. Alpes-Maritimes; 1890 ab. Fu ceduta dall'Italia alla Francia con un referendum nel 1947. — **Tenda** (colle di), valico delle Alpi Marittime (1871 m) che collega la valle del Vermenagna (Italia) e la valle del Roya (Francia). Tunnel stradale e ferroviario.

TÈNEDO, isola turca del Mar Egeo; 36 km². Chiamata in turco Bozcaada, fece parte della Lega attica, quindi fu contesa tra Venezia e Genova e infine passò sotto il dominio degli ottomani. Nell'*Iliade* serve da rifugio alle navi greche alla fine della guerra di Troia.

TENERÀNI (Piètro), *Torano di Carrara 1789 - Roma 1869*, scultore. Dopo la collaborazione a Roma con B. Thorvaldsen, si avvicinò al purismo (1840), realizzando numerosi ritratti e monumenti. Tra le opere, i monumenti a Pellegrino Rossi (1854) e a Pio VIII (1856) a Roma.

TÉNÉRÉ, reg. del Sahara nigeriano.

TENERIFE, la più grande delle isole Canarie; 1919 km²; 709.365 ab.; capol. *Santa Cruz de Tenerife*. Isola vulcanica dal terreno impervio, culmina nel Pico del Teide (3718 m). Vigneti, aranceti, bananeti. Turismo. — Osservatorio astronomico.

TENIENTE (El), c. del Cile centrale. Rame.

TENIERS (David), detto **il Gióvane**, *Anversa 1610 - Bruxelles 1690*, il più noto membro di una famiglia di pittori fiamminghi del XVII sec. Prolifico, raffinato, eccelse nella pittura di genere popolare, di cui è il migliore rappresentante dopo A. Brouwer.

TENNESSEE, f. degli Stati Uniti orient., affl. di destra dell'Ohio; 1600 km. Il suo bacino ha acquistato valore grazie alla Tennessee Valley Authority (TVA), che si occupava di sfruttamento dell'energia idroelettrica, irrigazione, opere antierosione, sviluppo industriale ecc.

TENNESSEE, Stato degli Stati Uniti, tra il Mississippi e gli Appalachi; 5.689.283 ab.; cap. *Nashville*; c. princ. *Memphis*. È bagnato dal f. omonimo.

TENNYSON (Alfred, lord), *Somersby 1809 - Aldworth 1892*, poeta britannico. Autore degli *Idilli del re* (1859-1885) e di *Enoch Arden* (1864), è il maggiore poeta dell'età vittoriana.

TENOCHTITLÁN, cap. degli aztechi. Fondata nel 1325, fu occupata dagli spagnoli di Cortés nel 1521. Sul sito originario sorge Città del Messico.

TENSIFT (Uadi), f. del Marocco, sfocia nell'Atlantico; 260 km.

TENZING (Norgay), *Thamey 1914 - Darjeeling 1986*, alpinista nepalese. Nel 1953 fu il primo, insieme a E. Hillary, a raggiungere la vetta del Monte Everest.

TENZIN GYATSO, *Taktser, prov. del Qinghai, 1935*, quattordicesimo dalai lama del Tibet. Intronizzato nel 1940, esercita le sue funzioni dal 1950. Esule in India dal 1959. (Premio Nobel per la pace 1989.)

■ *Tenzin Gyatso nel 1998.*

TEÒCRITO, *Siracusa ? 310 ca. - 250 ca. a.C.* Creatore della poesia bucolica (*Idilli*), esprime, nell'ambito di una civiltà raffinata, la nostalgia per un'innocenza "naturale".

TEODÀTO, m. a *Ravenna nel 536*, re degli ostrogoti (534-536), nipote di Teodorico il Grande.

TEODEBÀLDO o **TEOBÀLDO**, m. nel 555, re di Austrasia (547/548-555), della dinastia merovingia. Lasciò il regno a Clotario I.

TEODICÈA (Sàggio sulla), opera di G.W. Leibniz (1710). In essa l'autore intende risolvere la questione dell'esistenza del male e dimostrare che il mondo creato da Dio è il migliore dei mondi possibili.

TEODOLÌNDA, m. nel 628, regina dei longobardi. Figlia di Garibaldo, duca dei bavari, sposò nel 589 Autari e dopo la sua morte Agilulfo (591). Si prodigò, insieme a papa Gregorio Magno, per la conversione del popolo longobardo al cattolicesimo.

TEODÒRA, *Costantinopoli, inizio del VI sec. - 548*, imperatrice bizantina (527-548). Moglie di Giustiniano I, ebbe grande influenza sul governo del marito. Nel 532 salvò l'impero persuadendo Giustiniano a placare la sedizione di Nika.

■ *L'imperatrice Teodora (S. Vitale, Ravenna).*

— **Teodora**, m. nel 867, imperatrice reggente di Bisanzio (842-856) durante la minore età del figlio Michele III. Convocò un concilio per condannare definitivamente l'iconoclastia (834).

TEODORÈTO, *Antiochia 393 ca. - Cirro 458 ca.*, scrittore greco. Nominato vescovo di Cirro (423), fu deposto dal sinodo di Efeso del 449 per aver difeso le teorie di Nestorio, quindi riabilitato grazie a papa Leone I. Notevoli le sue opere storiche ed esegetiche.

TEODORÌCO I, m. nel 451, re dei visigoti (418-451). Fu ucciso nella battaglia dei Campi Catalaunici combattendo contro Attila. — **Teodorico II**, m. nel 466, re dei visigoti (453-466). Figlio di Teodorico I, regnò sulla Gallia e sulla Spagna.

TEODORÌCO I, m. nel 533 o 534, re di Austrasia (511-534 ca.), della dinastia merovingia. Figlio di Clodoveo, annesse ai suoi domini Albi, Rouergue e l'Alvernia. (507-508). — **Teodorico II**, 587 -

Metz 613, re di Borgogna (595/596-613) e di Austrasia (612-613), della dinastia merovingia, figlio di Childeberto II. — **Teodorico III**, m. nel 690 o 691, re di Neustria e di Borgogna (673 e 675-690/691), della dinastia merovingia. Figlio di Clodoveo II, fu detronizzato da Childerico II, risalì al trono nel 675, ma fu sconfitto a Tertry (687 ca.) da Pipino di Heristal. — **Teodorico IV**, m. nel 737, re dei franchi (721-737), della dinastia merovingia. Carlo Martello governò in suo nome.

TEODORÌCO DI CHARTRES, m. nel 1150 ca., filosofo e teologo francese. Attivo nel centro culturale di Chartres, sostenne una visione del mondo legata al platonismo e sviluppò la concezione dell'"esemplarismo", che poneva Dio come forma assoluta di tutte le cose.

TEODORÌCO IL GRÀNDE, in *Pannonia 454 ca. - Ravenna 526*, re degli ostrogoti (493-526). Cresciuto a Costantinopoli, di cultura greco-romana, fece rinascere l'impero d'Occidente. Inviato dall'imperatore Zenone a sottrarre l'Italia a Odoacre (493), assunse il dominio della penisola e delle coste dalmate. Appoggiato da due validi collaboratori, Cassiodoro e Boezio, tentò invano di fondere il popolo romano con i goti. Fece di Ravenna una brillante capitale.

TEODÒRO I, *Gerusalemme - Roma 649*, papa dal 642 al 649. Si oppose al monotelismo. — **Teodoro II**, *VII sec.*, antipapa dal 687, fu contrapposto a Sergio I. — **Teodoro II**, m. a Roma nell'897, papa per pochi giorni nell'897.

TEODÒRO II, *Sarge 1818 - Magdala 1868*, imperatore dell'Etiopia (1855-1868). Si suicidò a Magdala dopo essere stato sconfitto dall'esercito britannico.

TEODÒRO I LASCARIS, m. nel 1222, primo imperatore bizantino di Nicea (1204, formalmente 1208-1222). — **Teodoro II Ducas Lascaris**, 1222-1258, imperatore bizantino di Nicea (1254-1258), nipote di Teodoro I Lascaris.

TEODÒRO DI CIRÈNE, V sec. a.C., matematico greco. Allievo di Pitagora e maestro di Platone, studiò la teoria dei numeri irrazionali e il loro rapporto con le radici quadrate.

TEODÒRO DI CIRÈNE, IV-III sec. a.C., filosofo greco. Espulso da Atene per aver negato l'esistenza di ogni divinità (da cui l'appellativo "l'Ateo"), fu seguace di Aristippo e sviluppò una riflessione sull'ideale edonistico che avrebbe in seguito influenzato Epicuro.

TEODOSIÀNO (Còdice), codice di leggi redatto per ordine di Teodosio II dal 435 al 438. Riunisce le costituzioni imperiali dopo Costantino.

TEODÒSIO I, detto **il Grànde**, *Cauca, Spagna 347 ca. - Milano 395*, imperatore romano (379-395). Proclamato augusto nel 379, esercitò il controllo sull'Oriente. Concluse un accordo con i goti (382), che poterono stanziarsi nel territorio imperiale, e reclutò numerosi barbari nell'esercito. Rifiutò il titolo di pontefice massimo, fece del cristianesimo una religione di Stato (380) e bandì qualsiasi pratica pagana. Alla sua morte, l'impero venne diviso in due parti, assegnate ai sfigli Onorio o Arcadio. — **Teodosio II**, 401-450, imperatore romano d'Oriente (408-450). Nipote di Teodosio I, diede il nome al Codice Teodosiano.

TEODÒSIO DI BITÌNIA o **TEODÒSIO TRIPOLÌTA**, *I sec. a.C.*, matematico e astronomo greco. Studioso della geometria della sfera (Sferica), si occupò anche dei movimenti del Sole e della posizione delle stelle (*Sui giorni e le notti*, *Sulle abitazioni*).

TEÒFANO, X sec., imperatrice d'Oriente. Moglie di Romano II (956), alla sua morte divenne reggente per i figli minori e sposò Niceforo II Foca. Unitasi in seguito al generale Giovanni Zimisce, fu da questi esiliata e poté tornare a Costantinopoli solo dopo la sua morte.

TEOFILÀTTO, m. a *Roma nel 925 ca.*, patrizio romano. Senatore e custode del trono pontificio, intervenne in modo determinante nella vita politica romana e nell'elezione dei papi.

TEÒFILO DI ALESSÀNDRIA, m. nel 412, patriarca. Applicò energicamente i dettami dell'imperatore Teodosio, combattendo il paganesimo. Scontratosi con san Giovanni Crisostomo, lo perseguitò e lo fece deporre.

TEOFRÀSTO, *Ereso, Lesbo, 372 a.C. ca. - Atene 287 a.C.*, filosofo greco. Discepolo di Platone, poi di Aristotele, si dedicò in partic. alla botanica (*Ricerche sulle piante*). È anche autore dei *Caratteri morali*, raccolta di studi morali e ritratti pittoreschi.

TEÒGNIDE, *Megara Iblea VI sec. a.C.*, poeta greco. Scrisse elegie (raccolte nella *Gnomologia*, in 2 libri) di impronta didascalica, legate ai valori dell'aristocrazia e all'esaltazione della tradizione.

TEOGONÌA o **GENEALOGÌA DEGLI DÈI**, poema mitologico di Esiodo (VIII sec. a.C.), in cui si narra la creazione del mondo, dal caos primordiale al regno di Zeus.

TEÒLO, com. in prov. di Padova; 8243 ab. Industrie tessili e meccaniche. Santuario di Monte della Madonna (1253). Pieve di S. Giustina di T. (XIII sec.).

TEÒNE DI ALESSÀNDRIA, *fine del IV sec. d.C.*, erudito greco. Padre di Ipazia, commentò e curò la pubblicazione delle maggiori opere greche di matematica e astronomia.

TEÒNE DI SMÌRNE, *HI sec.*, filosofo e matematico greco. Nel trattato *Nozioni matematiche utili nella lettura di Platone*, ispirato alle teorie pitagoriche, approfondì la matematica e i temi filosofici propri del platonismo.

TEOPÒMPO, *Chio 380 ca. - 320 ca. a.C.*, retore e storico greco. Allievo di Isocrate, visse presso Filippo di Macedonia e Alessandro. Scrisse le *Elleniche* (12 libri) e le *Filippiche* (58 libri), di cui restano pochi frammenti.

TEOPÒMPO, *VIII sec. a.C.*, re di Sparta. Appartenente alla dinastia degli Europontidi, combatté nella prima guerra messenica e nelle guerre contro gli arcadi e Argo. Secondo la tradizione istituì gli efori.

TEOSÒFICA (Società), società religiosa fondata a New York nel 1875 da Elena Blavatskij (1831-1891), con sede ad Adyar, presso Madras (India), dal 1886. I suoi membri affermano l'eternità dell'universo e l'universalità del divino e intendono far sì che l'uomo sia messo in grado di esprimere tutti i suoi poteri latenti.

TEOTIHUACÁN, sito archeologico del Messico, a NE della cap. Imponenti resti di una metropoli precolombiana che fu fondata nel IV sec. a.C. e raggiunse l'apice nell'epoca classica (250-650 d.C.); grandi piramidi, templi e palazzi di questo periodo.

TEOTIHUACÁN. *La piramide del Sole e il Palazzo del Sole.*

TEOTÒCHI ALBRÌZZI (Isabèlla) → ALBRIZZI TEOTOCHI (Isabella).

TEPIC, c. del Messico, vicina alla costa del Pacifico; 265.817 ab. Cattedrale del XVIII sec.

TEPLICE, c. della Rep. Ceca, in Boemia; 51.437 ab. Stazione termale.

TERAMÈNE, *Ceos prima del 450 - Atene 404 a.C.*, politico ateniese. Contribuì al rovesciamento della democrazia nel 411. Membro del governo dei Trenta tiranni, si oppose agli eccessi di Crizia, che lo fece condannare a morte.

TÈRAMO, c. dell'Abruzzo, capol. di prov.; 52.389 ab. (*teramani*). — Mercato agricolo e del bestiame. Industrie alimentari, metalmeccaniche, tessili, della ceramica. — Fondata dai pretuzi, fu occupata prima dai romani (III sec. a.C.), poi dai longobardi e dai normanni. Passata al regno di Napoli nel 1443, da quel momento ne condivise le vicende. — Cattedrale (XII-XIV sec.), chiesa romanico-gotica di S. Domenico. Resti del teatro e dell'anfiteatro romani. — La provincia, in gran parte collinare, è compresa tra gli Appennini e il Mare Adriatico. Vi si pratica l'agricoltura (viti, olivi, ortaggi). Industrie idroe-

lettriche, tessili, meccaniche. Turismo balneare e montano (Gran Sasso d'Italia).

TERAUCHI (Hisaichi), *Tokyo 1879 - Saigon 1946*, maresciallo giapponese. Comandò gli eserciti giapponesi in Cina e nel Pacifico (1942-1945). Capitolò a Saigon (1945).

TERBORCH o **TER BORCH** (Gerard), *Zwolle 1617 - Deventer 1681*, pittore olandese. Dapprima ritrattista, realizzò in seguito raffinate scene di intimità borghese (*Le cure materne*, Mauritshuis, L'Aia).

TERBRUGGHEN o **TER BRUGGHEN** (Hendrik), *Deventer 1588 - Utrecht 1629*, pittore olandese. Stabilitosi a Utrecht dopo aver operato in Italia, realizzò dipinti di taglio caravaggesco dai toni chiari e luminosi (*Il duo*, Louvre, Parigi).

TERCEIRA, isola delle Azzorre; capol. *Angra do Heroísmo*.

TERCIO, nome della Legione straniera spagnola. [*V. parte nomi comuni →***legione**.]

TERÈNZIO, *Cartagine 185 ca. - 159 a.C.*, commediografo latino. Schiavo affrancato, membro del circolo di Scipione Emiliano, compose sei commedie (*Andria, Eunuchus, Hécyra, Heautontimorúmenos, Phormio, Adélphoe*) ispirate allo stile di Menandro e fondate sull'analisi psicologica. Il suo teatro ha fortemente influenzato la commedia moderna.

TERÈSA (Agnes Gonxha Bajaxhiu, detta **Màdre**), *Usküb, att. Skopje 1910 - Calcutta 1997*, religiosa indiana di origine albanese. Il suo operato a favore degli emarginati, in part. dei lebbrosi, le è valso il premio Nobel per la pace nel 1979. È stata beatificata nel 2003.

■ *Madre Teresa.*

TERÈSA D'ÁVILA (sànta), *Ávila 1515 - Alba de Tormes 1582*, mistica spagnola. Entrata in un convento carmelitano (1536), nel 1554 intraprese la riforma dell'ordine con l'aiuto di san Giovanni della Croce e fondò diversi monasteri riformati. I suoi scritti figurano tra i capolavori della lingua castigliana e del misticismo cristiano. Il suo *Libro delle dimore* o *Castello interiore* (1577-1588) raccoglie la sua dottrina sull'orazione, mezzo privilegiato per l'incontro con Cristo. Fu canonizzata nel 1622 e proclamata dottore della Chiesa nel 1970.

■ *Teresa d'Ávila (Accademia reale della lingua, Madrid.)*

TERÈSA DI LISIEUX o **TERÈSA DEL BAMBÌN GESÙ** (sànta, Thérèse **Martin**, detta), *Alençon 1873 - Lisieux 1897*, religiosa francese. Entrata nel convento carmelitano di Lisieux nel 1888, vi condusse una vita modesta, ma la sua autobiografia, *Storia di un'anima* (1897), è prova di una profonda spiritualità fondata sull'abbandono totale a Dio. Fu canonizzata nel 1925 e proclamata dottore della Chiesa nel 1997.

TERÈSA DI PORTOGÀLLO, *1070 ca. - 1130*, contessa di Portogallo. Figlia del re Alfonso di Castiglia, nel 1093 sposò Enrico di Borgogna. Alla sua morte (1114), governò con energia e decisione, entrando spesso in contrasto con la sorella Urraca e il figlio Alfonso I.

TERESINA, c. del Brasile, capol. dello Stato di Piauí, sul f. Parnaíba; 715.360 ab.

TEREŠKOVA (Valentina Vladimirovna), *Maslennikovo, presso Jaroslavl 1937*, cosmonauta russa. Prima cosmonauta, ha effettuato 48 orbite attorno alla Terra (16-19 giu. 1963).

■ *Valentina Tereškova nel 1963.*

TERLÌZZI, com. in prov. di Bari; 27.152 ab. Agricoltura (mandorle, cereali). Floricoltura. Industrie tessili.

TÈRMINI IMERÉSE, com. in prov. di Palermo; 27.959 ab. Centro agricolo (agrumi, foraggi, oli-

ve) e di industrie automobilistiche, metalmeccaniche, chimiche. — Resti archeologici di epoca romana (acquedotto Cornelio). Chiesa barocca di S. Maria della Misericordia.

TERMINÌLLO, massiccio montuoso del Lazio, in prov. di Rieti, nei Monti Reatini; 2213 m. Stazione di sport invernali.

TÈRMOLI, com. in prov. di Campobasso; 30.337 ab. Industrie estrattive, chimiche, alimentari. Pesca. Turismo. — Duomo (VI sec., più volte rimaneggiato).

TERMONDE, in fiamm. **Dendermonde**, c. del Belgio, capol. della Fiandra Orientale; 42.499 ab. Industrie tessili e meccaniche. — Chiesa gotica di Notre-Dame; museo.

TERMÒPILI (battàglia delle) (480 a.C.), battaglia della seconda guerra persiana. Il re Leonida e 300 spartani furono sorpresi dall'esercito di Serse I e massacrati al passo delle Termopili, nella Locride orient.

TERNEUZEN, c. dei Paesi Bassi (Zelanda), sull'estuario della Schelda Occidentale; 34.498 ab. Porto.

TÈRNI, c. dell'Umbria, capol. di prov. alla confluenza del f. Nera e del torrente Serra; 107.770 ab. (*ternani*). Industrie siderurgiche, metallurgiche, elettrochimiche. Sfruttamento idroelettrico. — Fondata dagli umbri (VII sec. a.C.), municipio romano. Dal 1420 fu annessa allo Stato della Chiesa. — Resti dell'anfiteatro romano. Chiese di S. Salvatore (V-XII sec.), S. Alò (XI sec.), S. Francesco (XIII-XV sec.). — Nella provincia, montuosa e collinare, si pratica l'agricoltura (olivi, viti, barbabietole) e si allevano ovini e suini. Lavorazione artigianale del ferro battuto e delle ceramiche. Centri principali: Orvieto e Narni.

TERNOPIL, c. dell'Ucraina; 218.000 ab.

TERÓNE, *545 ca. - 472 a.C.*, tiranno di Agrigento. Salito al potere nel 488 a.C., estese la propria influenza ai danni delle popolazioni confinanti, allontanando da Imera il tiranno Terillo. Promosse la costruzione di numerosi monumenti e l'attività di poeti (Pindaro).

TERPÀNDRO, *Lesbo VII sec. a.C.*, poeta e musico greco. Attivo a Sparta, si distinse in vari generi, con componimenti di cui restano soltanto pochi frammenti.

TÈRRA, pianeta del sistema solare. [*V. parte nomi comuni.*]

TERRACÌNA, com. in prov. di Latina, sulla costa tirrenica; 38.662 ab. Allevamento bovino. Industrie tessili, elettrotecniche, alimentari. Turismo balneare. — Resti di epoca romana (santuario di Giove Anxur). Duomo (1074); chiesa del Salvatore (XIX sec.).

TERRACÌNI (Alessàndro), *Torino 1889-1968*, matematico. Docente a Catania e Torino, compì notevoli studi sulla geometria algebrica e differenziale (metrica e proiettiva). Tra le opere, *Lezioni di geometria analitica e proiettiva* (1930, con G. Fano).

TERRACÌNI (Benvenúto Arònne), *Torino 1886-1968*, linguista. Docente in numerose città italiane e straniere, fu direttore della rivista *Archivio glottologico italiano* ed esponente della critica stilistica. Tra le opere, *Pagine e appunti di linguistica storica* (1957), *Lingua libera e libertà linguistica* (1963).

TERRACÌNI (Umbèrto Elia), *Genova 1895 - Roma 1983*, politico. Entrato nel movimento socialista, fu tra i fondatori di Ordine Nuovo e del PCI (1921), quindi direttore dell'*Falce e martello* (1919-1920) e de *l'Unità* (1926). Arrestato sotto il fascismo (1925) e condannato al confino (1937), partecipò alla Resistenza. Presidente della Costituente (1947-1948) e tra i firmatari della Costituzione, fu senatore dal 1948 alla morte.

TERRA DEL FUÒCO, in sp. **Tierra del Fuego**, già **Arcipèlago di Magellàno**, gruppo di isole a S dell'America merid. (Argentina e Cile), separate dal continente dallo Stretto di Magellano. T. del F. è anche il nome della maggiore isola dell'arcipelago.

TÈRRA DI BÀRI, reg. della Puglia centro-orient. Compresa tra le Murge, la Terra d'Otranto, la Capitanata e il Mar Adriatico, corrisponde quasi alla prov. di Bari.

TÈRRA DI LAVÓRO, reg. dell'Italia centro-merid., tra le prov. di Frosinone, Latina e Caserta.

Bagnata dai f. Volturno e Garigliano, fu bonificata e destinata all'agricoltura (cereali, tabacco, uva) e all'allevamento.

TERRÀGNI (Giuseppe), *Meda 1904 - Como 1943*, architetto. Fu tra i fondatori del Gruppo 7 (1926) e aderì al MIAR (1928). Tra i maggiori esponenti del razionalismo, lo interpretò in maniera personale e innovativa. Tra le opere, edificio Novocomum (1927-1928) e Casa del Fascio (1932-1936) a Como, casa Rustici a Milano (1933-1935), Villa Bianca a Seveso (1936-1937).

TERRANÒVA, in ingl. **Newfoundland**, isola del Canada orient.; 112.299 km^2; c. princ. Saint John's. — Scoperta nel 1497 da G. Caboto, nel XVI sec. fu contesa tra coloni francesi e inglesi. Fu ceduta alla Gran Bretagna con il trattato di Utrecht (1713), tuttavia la Francia conservò il monopolio di pesca sulla costa settentr. fino al 1904. Dominion (dal 1917) al quale fu annessa la costa nord-orient. del Labrador nel 1927, nel 1949 l'isola è divenuta la decima prov. del Canada.

TERRASSA → TARRASA.

TERRITÒRI DEL NORD-OVEST → NORD-OVEST (Territori del).

TERRÓRE, denominazione conferita a due periodi della Rivoluzione francese. Il primo T. fu causato dall'invasione prussiana e culminò nell'arresto del re e nei massacri del settembre 1792. Il secondo T. seguì l'eliminazione dei girondini da parte dei montagnardi. Vennero incarcerati numerosi sospetti, molti dei quali furono ghigliottinati. Il T. si concluse con la caduta di Robespierre, il 9 termidoro (28 lug. 1794). Uno dei principali strumenti del T. fu il tribunale rivoluzionario.

TERRÓRE BÌANCO, denominazione dei movimenti controrivoluzionari francesi diretti dai monarchici contro i loro avversari (mag.-giu. 1795). Colpì in partic. giacobini e preti costituzionali. Il secondo T. B. (estate 1815) ebbe luogo nella Francia merid. in seguito alla disfatta di Waterloo e interessò bonapartisti, repubblicani e giacobini.

TERSÌCORE MITOL. GR. Musa della danza, del canto corale e della poesia lirica. Il suo attributo è la lira.

TERSÌTE MITOL. GR. Eroe dell'Etolia. Appare come figura negativa nell'*Iliade*, dove viene ucciso da Achille con un pugno.

TERTRY (battàglia di) (687 ca.), vittoria di Pipino di Heristal contro Teodorico III, re di Neustria, a T. (Somma). Garantì a Pipino il dominio sulla Neustria.

TERTULLIÀNO, Cartagine 155 ca. - 222 ca., primo scrittore cristiano di lingua latina. Pagano convertitosi al cristianesimo, esercitò un vero e proprio magistero dottrinale nell'Africa settentr. Autore dell'*Apologeticum* e di *Adversus Marcionem*, praticò un ascetismo che lo avvicinò all'eresia montanista. Esercitò una grande influenza sulla formazione della lingua teologica latina.

TERUEL, c. della Spagna (Aragona), capol. di prov.; 30.491 ab. Chiese con campanili in stile *mudejar* del XII-XIII sec.; cattedrale gotico-*mudejar* ricostruita nel Rinascimento. — Fu teatro di combattimenti durante la guerra civile, dal 1936 al 1938, tra nazionalisti e repubblicani.

TERZÀNI (Tiziàno), *Firenze 1938*, giornalista e scrittore. Collaboratore di *Der Spiegel* e del *Corriere della Sera*, è vissuto a lungo in Asia, continente di cui ha raccontato i cambiamenti sociali e politici a partire dal 1971. Tra le opere, *Pelle di leopardo* (1973), *Giai Phong! La liberazione di Saigon* (1976), *La porta proibita* (1984), *Buonanotte, Signor Lenin* (1990), *Un indovino mi disse* (1995), *In Asia* (1998), *Lettere contro la guerra* (2002).

TERZIEFF (Laurent), *Tolosa 1935*, attore teatrale e cinematografico francese. Al cinema (*Les tricheurs*, M. Carné, 1958; *La prigioniera*, H.G. Clouzot, 1968; *La via lattea*, L. Buñuel, 1969; *Medea*, P.P. Pasolini, 1970), come a teatro, dove ha spesso firmato anche la regia, ha curato la scelta di autori e ruoli con grande esigenza.

TESÀURO (Emanuèle), *Torino 1592-1675*, scrittore. Gesuita dal 1611, si impegnò nella predicazione, ma nel 1634 abbandonò l'ordine a causa di una controversia e fu precettore dei Savoia. Scrisse *Il cannocchiale aristotelico* (1654), uno dei più importanti trattati di retorica dell'epoca.

TESÈO MITOL. GR. Leggendario re di Atene. Avrebbe liberato la città dal dominio di Minosse uccidendo il Minotauro. Gli storici greci gli attribuirono la riunione di tutte le comunità dell'Attica attorno ad Atene in un'unica città. Il suo personaggio alimentò numerose leggende, tra cui la spedizione degli Argonauti, la lotta contro le Amazzoni e contro i Centauri.

TESLA (Nikola), *Smiljan, Croazia 1856 - New York 1943*, ingegnere e fisico statunitense di origine serba. Realizzò il primo motore asincrono a campo rotante, ideò le correnti polifasiche e le commutatrici, e inventò l'accoppiamento di due circuiti oscillanti a induzione reciproca.

TÈSPI, *Icaria 560 ca. a.C.*, poeta e attore tragico greco. Vincitore di una gara teatrale nel 534 a.C., secondo la tradizione fu il primo a introdurre la distinzione tra attore e coro e a rappresentare le sue tragedie su un carro itinerante (Carro di T.). Delle sue opere sono pervenuti soltanto pochi titoli.

TÈSSA (Dèlio), *Milano 1886-1939*, poeta dialettale. Collaboratore dell'Ambrosiano, rielaborò la tradizione milanese, componendo liriche ispirate dai simbolisti francesi e ricche di impasti linguistici. Tra le raccolte, *L'è el dì di mort, alegher!* (1932), *Poesie nuove ed ultime* (postumo, 1947).

TESSÀGLIA, reg. della Grecia a S del Monte Olimpo, sull'Egeo; 731.230 ab.; c. princ. *Larissa* e *Volo*, ant. Farsalo, Fere. (ab. *tessali*).

TESSAI, *Kyoto 1837-1924*, pittore giapponese. Ispiratosi ai testi antichi, questo letterato, che non ignorava l'arte occidentale, rinnovò la pittura giapponese del suo tempo.

TÈSSERA, località in prov. di Venezia. Vi ha sede l'aeroporto Marco Polo.

TESSIN (Nicodemus), detto **il Giovàne**, *Nyköping 1654 - Stoccolma 1728*, architetto svedese. Portò a termine la decorazione del castello di Drottningholm, nei pressi di Stoccolma (intrapresa nel 1662 dal padre, Nicodemus il Vecchio) e, a partire dal 1697, costruì il castello reale della capitale svedese, sintesi degli stili italiano e francese.

TÈSTA (Armàndo), *Torino 1917-1992*, grafico. Fondatore dell'omonima agenzia pubblicitaria (1946), ha realizzato celebri campagne pubblicitarie (Simmenthal, Mulino Bianco, SIP), espandendo l'attività anche all'estero.

TEST ACT (1673), legge votata dal parlamento inglese, che imponeva ai candidati a cariche pubbliche di appartenere alla religione anglicana. Fu abrogata nel 1828-1829.

TÈSTI (Fùlvio), *Ferrara 1593 - Modena 1646*, poeta. Lavorò alla corte di Modena, quindi fu segretario del duca Francesco I di Ferrara. Al ritorno a Modena fu coinvolto in una congiura e, arrestato, morì in carcere. La sua opera poetica, tra le maggiori del '600, sviluppò temi moralistici. Tra le opere, *Raccolta generale delle poesie* (postuma, 1655).

TESTIMÒNI DI GÈOVA → GEOVA (testimoni di).

TESTÓNI (Alfrédo), *Bologna 1859-1931*, poeta e autore teatrale. Scrisse sonetti (*Sgnera Cattareina*, 1922) e commedie in dialetto (raccolte nel *Teater bulgneis*, 2 voll., 1886) e in lingua (*Ordinanza*, 1881; *Il successo*, 1911), in cui offrì un ritratto umoristico della società cittadina bolognese.

TESTÓRI (Giovànni), *Novate Milanese 1923 - Milano 1993*, scrittore, autore teatrale e pittore. Fu autore di romanzi (*Il dio di Roserio*, 1954; *Il ponte della Ghisolfa*, 1958; *Il fabbricone*, 1963), raccolte poetiche (*I trionfi*, 1965) e commedie di notevole successo (*L'Arialda*, 1961; *L'Ambleto*, 1972; *Macbetto*, 1974; *Edipus*, 1977). Negli anni '60 e '70 del secolo scorso si dedicò inoltre alla pittura.

TETELA, popolazione stanziata nella parte centrale della Rep. Dem. del Congo, di lingua bantu.

TÈTI MITOL. GR. Una delle Nereidi, madre di Achille.

TÈTIDE, bacino formatosi nel Paleozoico. Durante il Mesozoico e per gran parte dell'era cenozoica, separava il Gondwana dalla Laurasia.

TÉTOUAN, c. del Marocco, vicino alla costa mediterranea; 199.615 ab. Fu capitale del protettorato spagnolo del Marocco (1913-1956).

TETRALOGÌA, titolo con il quale è comunemente designato il ciclo di opere l'*Anello dei Nibelunghi*, musicato da R. Wagner (autore anche dei libretti) che raggruppa nell'ordine: *L'oro del Reno*, *La valchiria*, *Siegfried* e *Il crepuscolo degli Dei*. Ispirata a un'antica epopea germanica e creata interamente a Bayreuth nel 1876, la T. è articolata in un gioco di figure musicali (leitmotiv) legate ai personaggi e in essa l'orchestra acquisisce un ruolo fondamentale.

TETUN, popolazione dell'Indonesia (Timor) (ca. 480.000 individui). Derivati dalla fusione di popolazioni autoctone e mongolidi, sono allevatori e agricoltori. Cristianizzati, parlano una lingua maleo-polinesiana.

TETZEL (Johannes), *Pirna 1465 ca. - Lipsia*, domenicano tedesco. L'eccessivo fervore della sua predicazione sulle indulgenze spinse M. Lutero a pubblicare le 95 tesi (1517), che diedero inizio alla Riforma.

TÈUCRO MITOL. GR. Nome di due eroi. — **Teucro**, re della Troade. Antenato della famiglia reale di Troia. — **Teucro**, personaggio dell'*Iliade*. Figlio di Telamone, era considerato il miglior arciere greco.

TEULÀDA, com. in prov. di Cagliari; 4410 ab. Artigianato. Pesca. Resti nuragici. — Al largo del Capo T., il punto più merid. della Sardegna, fu combattuta nel nov. 1940 una battaglia navale tra italiani e britannici, che consentì a questi ultimi di raggiungere Alessandria.

TÈUTA, *III sec. a.C.*, regina degli illiri. Salita al trono nel 230 a.C., guidò gruppi di pirati all'attacco delle città dell'Epiro, provocando lo scoppio della prima guerra illirica (229-228 a.C.). La sconfitta la costrinse a cedere gran parte dei propri possedimenti.

TEUTATES, dio celtico della tribù, che proteggeva dalla guerra, e dio della guerra stessa.

TÈUTONI, ant. popolazione germanica che, nel II sec. a.C., invase parte dell'Europa orient. e, insieme ai Cimbri, occupò la Gallia. Mario li sconfisse presso l'att. Aix-en-Provence nel 102 a.C.

TEUTÒNICO (òrdine), ordine dapprima ospedaliero (1190), poi militare (1198), fondato in Terra Santa e composto da membri dell'aristocrazia tedesca. Dopo aver assorbito nel 1237 i cavalieri Portaspada, l'ordine diffuse la cultura germanica in Prussia e costituì un vasto Stato. La sua espansione fu arrestata dai polacchi a Tannenberg (1410). In seguito al trattato di Toru (1466), l'ordine mantenne soltanto la Prussia orient. sotto sovranità polacca. Fu secolarizzato nel 1525 dal gran maestro Alberto di Brandeburgo.

TÉVERE, f. dell'Italia centrale, terzo per lunghezza (405 km). Nasce nell'Appennino Tosco-Emiliano, Monte Fumaiolo, attraversa la Toscana, l'Umbria e il Lazio, prima di sfociare nel Mar Tirreno dividendosi in due rami (Fiumara e Fiumicino). Attraversa Roma. Tra i suoi affl., Chiascio, Nera, Aniene e Paglia.

TEVERÓNE, denominazione utilizzata per indicare l'Aniene tra le cascate di Tivoli e la confluenza nel Tevere.

TEWKESBURY, c. della Gran Bretagna (Inghilterra, nel Gloucestershire); 9000 ab. Chiesa romanica e gotica, ant. chiesa abbaziale. — Edoardo IV di York vi sconfisse i sostenitori dei Lancaster guidati dalla regina Margherita (3 mag. 1471).

TEXACO (Texas Oil Company), società petrolifera statunitense fondata nel 1901. Fin dai primi anni si affermò nella scoperta e valorizzazione dei giacimenti in numerosi Stati, diventando una delle "Sette sorelle". Att. è uno dei maggiori gruppi a livello mondiale.

TEXAS, Stato degli Stati Uniti; 690.000 km^2; 20.851.820 ab.; cap. *Austin*; c. princ. *Houston*, *Dallas*. È il più vasto Stato degli Stati Uniti dopo l'Alaska. Grandi giacimenti di petrolio e gas naturale. — Dapprima spagnolo, quindi messicano, il T. divenne una rep. indipendente nel 1836. Fu incorporato negli Stati Uniti nel 1845.

TEXEL, isola olandese nel Mare del Nord.

TEZCATLIPOCA, divinità guerriera precolombiana. Di origine tolteca, aveva come emblema il giaguaro.

TEZUKA (Osamu), *Osaka 1926-1989*, disegnatore e fumettista giapponese. Autore prolifico, è considerato il fondatore del *manga [*V. parte nomi comuni*] giapponese.

THABIT IBN QURRA, *Harran, Turchia, 836 - Baghdad 901*, erudito arabo. Matematico, astronomo, medico, commentò e tradusse Archimede,

Euclide e Apollonio. Anticipò alcuni teoremi generali di trigonometria sferica e di teoria dei numeri, e predispose l'estensione del concetto di numero ai numeri reali positivi.

THACKERAY (William Makepeace), *Calcutta 1811 - Londra 1863*, scrittore britannico. Giornalista e caricaturista, firmò saggi (*Il libro degli snob*) e romanzi (*Le memorie di Barry Lindon*, 1844; *La fiera delle vanità*, 1847-1848), acuta rappresentazione satirica delle ipocrisie della società britannica.

THAI, gruppo di popolazioni stanziate in Thailandia, in Myanmar, nel Laos, nel Vietnam e nella Cina merid. (ca. 70 milioni di individui). Giunti nell'Asia sud-orient. dalla Cina, sono di religione buddhista con influenze brahmane e persistenza di credenze animiste. Parlano lingue del gruppo t., che comprende il t. propriamente detto, o siamese, parlato in Thailandia.

THAILANDIA, in thai **Muang T'hai**, già **Siam**, Stato dell'Asia sud-orient.; 514.000 km²; 63.584.000 ab. (*tailandesi*). CAP. *Bangkok*. LINGUA: *thai*. MONETA: *baht*.

GEOGRAFIA – La popolazione, formata per l'80% da thai (minoranze di cinesi, malesi e khmer), è per la quasi totalità buddhista. Si concentra nella pianura centrale (bagnata dal fiume Mae Nam-Chao Phraya), cuore del paese, ove si pratica la risicoltura intensiva e sorgono grandi città, tra le quali spicca Bangkok. Le zone sett. e occ., montuose, forniscono il tek, mentre a S dell'Istmo di Kra si trovano piantagioni di hevea (caucciù) e miniere di stagno. Un altro settore attivo è la pesca. L'industria è sviluppata (stabilimenti agroalimentari, tessili, automobilistici). Anche il turismo ha fatto registrare progressi e la crescita economica recente è stata notevole, tuttavia il paese deve ancora assorbire gli effetti della grave crisi finanziaria che l'ha colpito nel 1997-1998.

STORIA – **Dai regni Thai alla monarchia Chakri.** VII sec.: fiorisce il regno di Dvaravati, di cultura buddhista e popolato dai mon. XI-XII sec.: i khmer conquistano la regione. XIII sec.: i thai, conosciuti anche con il nome di siamesi, fondano i regni di Sukhothai e Lan Na (con capitale Chiang Mai). 1350 ca.: creano il regno di Ayutthaya. 1569-1592: il Siam viene occupato dai birmani. XVI-XVII sec.: il paese stabilisce rapporti con l'Occidente, in particolare con la Francia di Luigi XIV. 1767: i birmani saccheggiano la città di Ayutthaya. 1782: Rama I, capostipite della dinastia Chakri, viene incoronato a Bangkok, la nuova capitale. 1782-1851: Rama I, II, III estendono il loro potere su parte della Cambogia, del Laos e della Malaysia. 1893-1909: il Siam cede retrocedere i propri confini a vantaggio dell'Indocina francese e della Malaysia.

La Thailandia contemporanea. 1932: un colpo di Stato costringe Rama VII ad abdicare (1935). **1938**: il maresciallo Luang Pibul Songgram s'impadronisce del potere. Il paese assume il nome attuale. **1941-1944**: Pibul Songgram si allea con il Giappone; **1948**: ritorna al potere. **1950**: Bhumibol Adulyadej viene incoronato re con il nome di Rama IX. **1957-1973**: il potere rimane nelle mani dei militari, Sarit Thanarat (1957-1963) e Thanom Kittikachorn (1963-1973). A partire dal 1962 si sviluppa la guerriglia comunista. **1976**: l'esercito si impossessa nuovamente del potere. **1979**: dopo l'invasione della Cambogia da parte del Vietnam, si registra un afflusso di rifugiati in T. **1980**: il generale Prem Tinsulanond diventa primo ministro; **1988**: gli succede Chaticai Choonhavan, capo del partito Chart Thai; **1991**: il suo governo viene rovesciato da un golpe militare. **1992**: a una serie di manifestazioni di protesta contro il regime fa seguito una revisione costituzionale che riduce il ruolo dei militari. In seguito alle elezioni legislative, assume la carica di primo ministro Chuan Leekpai, leader del Partito democratico. **1995**: il Chart Thai vince le elezioni: il suo leader, Banharn Silpa-Archa, diventa primo ministro; **1996**: in seguito a nuove elezioni, gli subentra Chavalith Yongchaiyudh. **1997**: Chuan Leekpai ritorna capo del governo; **2001**: prende il suo posto l'uomo d'affari Thaksin Shinawatra, fondatore di un nuovo partito (Thai Rak Thai, TRT), che ottiene un'ampia vittoria alle elezioni.

THAILANDIA (Gólfo di), già **Golfo del Siam**, golfo dell'Asia sud-orient. che si affaccia sulla Thailandia.

THALWIL, c. della Svizzera (cant. di Zurigo); 15.771 ab.

THAMES → TAMIGI.

THANA, c. dell'India (Maharashtra); 1.261.517 ab.

THANJAVUR o **TANJORE**, c. dell'India (Tamil Nadu); 215.725 ab. Monumenti antichi, tra cui il grandioso santuario shivaita di Brihadishvara eretto all'inizio dell'XI sec. (museo). — Fu l'ultima capitale della dinastia dei Cola.

THAON DI REVEL (Ottàvio), *Torino 1803-1868*, politico. Nominato ministro delle finanze dello Stato sabaudo (1844), riuscì a risanare il bilancio. In seguito mantenne lo stesso incarico nei governi Balbo e Alfieri, schierandosi poi con i conservatori e osteggiando la politica di C. Cavour.

THAON DI REVEL (Pàolo), *Torino 1859 - Roma 1948*, ammiraglio e politico. Alla guida della spedizione dei Dardanelli nella guerra italo-turca (1912), durante la prima guerra mondiale fu capo di Stato maggiore della marina. Sostenitore del fascismo, fu ministro della marina (1922-1925) e intensificò la politica espansionistica del regime.

THAR (desèrto dei), reg. arida del Pakistan e dell'India, tra l'Indo e i Monti Aravalli.

THARROS, località archeologica della Sardegna, sul Golfo di Oristano. Fondata dai fenici, passò poi sotto il dominio dei cartaginesi e dei romani. I resti comprendono una necropoli, due templi di origine fenicia e alcuni quartieri romani con edifici (templi, terme, santuario).

THARU, popolazione aborigena dell'India e del Nepal, stanziata nelle pianure paludose al confine tra i due paesi.

THATCHER (Margaret), baronessa **Thatcher of Kesteven**, *Grantham 1925*, politica britannica. Succeduta a E. Heath come leader del Partito conservatore (1975), è divenuta primo ministro nel 1979. Ha condotto una vigorosa politica economica liberista, ha contrastato con successo l'invasione delle Isole Falkland da parte dell'Argentina e si è opposta al processo di unificazione europea. Dopo i successi elettorali del 1983 e del 1987, è stato il primo capo del governo britannico, dal 1945, a ottenere un terzo mandato. Si è dimessa nel 1990.

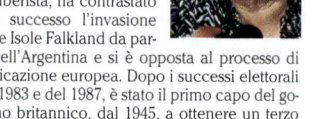

■ *Margaret Thatcher nel 1986.*

Thailandia

★ importante località turistica

200   500   1000 m

━━ autostrada
━━ strada normale
── ferrovia
✈ aeroporto

● più di 1.000.000 di ab.
● da 100.000 a 1.000.000 di ab.
● da 50.000 a 100.000 di ab.
• meno di 50.000 ab.

100 km

THEODORÁKIS (Míkis), *Chio 1925*, compositore greco. Autore di balletti e opere teatrali, ha composto colonne musicali per il cinema, ispirate alla tradizione greca (*Zorba il greco*, 1964; *Z, l'orgia del potere*, 1969; *Serpico*, 1973). Eletto in parlamento, è stato arrestato e mandato in esilio dopo il colpo di Stato militare (1967), e ha potuto far ritorno in patria nel 1974.

THERESIENSTADT, in cec. **Terezín**, località della Rep. Ceca, in Boemia. Nel 1941 i nazisti vi istituirono un campo di concentramento per gli ebrei nel quale i detenuti vivevano in condizioni accettabili e dignitose, che fu ispezionato dalla Croce Rossa Internazionale.

THIBAUDET (Albert), *Tournus 1874 - Ginevra 1936*, critico letterario francese. Le sue cronache sulla *Nouvelle Revue française* e i suoi saggi (*Storia della letteratura francese dal 1789 ai nostri giorni*) rivelano l'influenza di H. Bergson.

THIÈNE, com. in prov. di Vicenza; 20.853 ab. Centro industriale (settori alimentare, tessile, calzaturiero, dei mobili). Palazzo Porto Colleoni (XV sec.), duomo (1669).

THIERRY (Augustin), *Blois 1795 - Parigi 1856*, storico francese. Tra i fondatori della storiografia moderna, è autore della *Raccolta dei documenti inediti della storia di Francia*, della *Storia dei merovingi* (1835-1840), del *Saggio sulla formazione e il progresso della storia del terzo stato*.

THIERS (Adolphe), *Marsiglia 1791 - Saint-Germain-en-Laye 1877*, politico e storico francese. Sostenitore della monarchia di luglio, fu più volte ministro e due volte presidente del consiglio (1836 e 1840). Nel 1851, alla nascita del Secondo impero, lasciò la Francia. Rientrato nel 1853, nel 1871, dopo la caduta di Napoleone III, fu primo ma nominato capo dell'esecutivo, poi salì alla carica di primo presidente della Terza repubblica. Fu destituito nel 1873 da una coalizione di monarchici e conservatori. Scrisse una *Storia della Rivoluzione francese* (1823-1827) e una *Storia del consolato e dell'impero* (1845-1869).

■ *A. Thiers ritratto da L. Bonnat. (Reggia di Versailles.)*

THIÉS, c. del Senegal, a NE di Dakar; 256.100 ab. Industrie meccaniche e tessili.

THIMPHU, cap. del Bhutan; 30.000 ab.

THOENI (Gustavo), *Trafoi 1951*, sciatore. Alle Olimpiadi di Sapporo del 1972 ha vinto la medaglia d'oro nello slalom gigante e quella d'argento nello slalom speciale; medaglia d'argento nello speciale ai successivi giochi olimpici (Innsbruck 1976). Ha vinto anche 2 titoli mondiali (1974) e 4 Coppe del mondo (1971, 1972, 1973, 1975).

THOM (René), *Montbéliard 1923*, matematico francese. Tra i fondatori della topologia differenziale, ha elaborato la *teoria delle catastrofi*. (Medaglia Fields 1958).

THOMAS (Ambroise), *Metz 1811 - Parigi 1896*, compositore francese, autore dell'opera *Mignon* (ispirata a *Wilhelm Meister* di W. Goethe, 1866).

THOMAS (Dylan Marlais), *Swansea 1914 - New York 1953*, poeta britannico. Poeta bohemien e indipendente, fu anche autore di un dramma radiofonico (*Sotto il bosco di latte*, 1953) e di racconti (*Ritratto dell'artista da cucciolo*, 1940; *Avventure nel commercio delle pelli*, 1955).

THOMAS (Sidney Gilchrist), *Londra 1850 - Parigi 1885*, metallurgista britannico. Scoprì, in collaborazione con il cugino Percy Gilchrist, un processo di lavorazione delle fonti fosforose (brevettato nel 1877), oggi in disuso.

THOMIRE (Pierre Philippe), *Parigi 1751-1843*, orafo e cesellatore francese, tra i maggiori rappresentanti dello stile impero.

THOMPSON (Emma), *Londra 1959*, attrice teatrale e cinematografica britannica. Tra le sue interpretazioni, *Casa Howard* (1992, premio Oscar), *Quel che resta del giorno* (1993), *Nel nome del padre* (1993), *Carrington* (1995), *Ragione e sentimento* (1995, premio Oscar per la sceneggiatura), *L'ospite in inverno* (1997), *Primary Colors* (1998), *L'amore davvero* (2003).

THOMPSON (sir John Eric Sidney), *Londra 1898 - Cambridge 1975*, archeologo britannico. I suoi studi sono all'origine delle prime decifrazioni della lingua maya.

THOMSEN (Christian Jürgensen), *Copenaghen 1788-1865*, archeologo danese. Autore di una *Guida alle antichità nordiche* (1836), prima opera sistematica sulla preistoria europea che distingue la successione delle età della pietra, del bronzo e del ferro.

THOMSON (Elihu), *Manchester 1853 - Swampscott, Massachussetts 1937*, ingegnere statunitense di origine britannica. Autore di numerose innovazioni nel campo delle applicazioni industriali dell'elettricità, fu, con E. Houston, uno dei fondatori della T.-Houston Company (1883).

THOMSON (James), *Ednam, Scozia 1700 - Richmond 1748*, poeta britannico, autore de *Le stagioni* (1726-1730).

THOMSON (sir Joseph John), *Cheetham Hill, presso Manchester 1856 - Cambridge 1940*, fisico britannico. Allievo di Maxwell, determinò il quoziente e/m tra la carica e la massa dell'elettrone (1897), e il valore di tale carica. Ideò lo spettrografo di massa per la scoperta degli isotopi. (Premio Nobel 1906.) — sir **George Paget T.**, *Cambridge 1892-1975*, fisico britannico. Figlio di Joseph John, scoprì, parallelamente a C.J. Davidson, la diffrazione degli elettroni rapidi nei cristalli, confermando il principio fondamentale della meccanica ondulatoria. (Premio Nobel 1937.)

THOMSON (William, lord Kelvin) → KELVIN (William Thomson, lord).

THONBURI, c. della Thailandia, sobborgo di Bangkok; 695.000 ab. Ant. cap. thailandese (1767-1782). Templi (XVII-XIX sec.).

THONET (Michael), *Boppard 1796 - Vienna 1871*, disegnatore di mobili tedesco. Inventore di un innovativo metodo di curvatura del legno, mostrò i suoi lavori alle esposizioni di Coblenza (1840) e Londra (1851). Dal 1860 avviò la produzione delle cosiddette "sedie di Vienna", che ispirarono Le Corbusier e A. Loos.

THONGA → TSONGA.

THOR, dio germanico del tuono, guerriero difensore degli dei e degli uomini. Il suo emblema, il martello, figura spesso su epigrafi runiche.

THORBECKE (Johan Rudolf), *Zwolle 1798 - L'Aia 1872*, politico olandese. Deputato liberale, princ. redattore della legge costituzionale del 1848, fu più volte capo del governo (1849-1853, 1862-1866, 1871-1872) e grande sostenitore del libero scambio.

THOREAU (Henry), *Concord, Massachussetts, 1817-1862*, scrittore statunitense. Seguace di R. W. Emerson, influenzato dai mistici indù e dagli idealisti tedeschi, utilizzò una prosa che spesso attinge dalla lingua popolare (*Walden o la vita nei boschi*, 1854).

THOREZ (Maurice), *Noyelles-Godault 1900 - nel Mar Nero 1964*, politico francese. Militante comunista, divenne segretario generale del partito nel 1930. Tra i fautori del Fronte popolare, nell'ott. 1939 abbandonò il suo reggimento e si rifugiò nell'URSS. Graziato nel 1944, fu ministro (1945-1946) e vicepresidente del consiglio (1956-1957).

THORNDIKE (Edward Lee), *Williamsburg, Massachussetts, 1874 - Montrose, Stato di New York, 1949*, psicologo statunitense. I suoi studi sul comportamento e l'apprendimento hanno esercitato grande influenza sulla pedagogia americana.

THORVALDSEN (Bertel), *Copenaghen 1770-1844*, scultore danese. Stabilitosi a Roma, fu uno dei maestri del neoclassicismo. Museo a Copenaghen.

THOT, dio egizio del sapere e della scrittura, raffigurato con una testa di ibis. I greci lo identificarono con Ermete Trismegisto.

THOUAR (Pietro), *Firenze 1809-1861*, scrittore per l'infanzia. Promotore di numerose iniziative culturali (*Il nipote di Sesto Caio Baccelli*, 1832-1848), fondò e diresse per breve tempo *Il giornalino dei fanciulli* (1834). Notevole la sua produzione per l'infanzia, che consta di numerose raccolte di racconti (*Racconti per fanciulli*) e del romanzo *Le tessitore* (1844).

THOVEZ (Enrico), *Torino 1869-1925*, critico e poeta. In *Il pastore, il gregge e la zampogna* (1910) criticò aspramente G. D'Annunzio e G. Carducci, sostenendo la riscoperta della purezza lirica

del romanticismo inglese e di G. Leopardi. Tra le altre opere, le raccolte poetiche *Poema dell'adolescenza* (1901) e *Poemi d'amore e di morte* (1922), e i saggi *L'arco di Ulisse* (1921) e *Il viandante e la sua orma* (1923).

THULIN (Ingrid), *Sollefteå 1929 - Stoccolma 2004*, attrice e regista cinematografica svedese. Ha lavorato a lungo con il regista I. Bergman, interpretando tra gli altri *Il posto delle fragole* (1957), *Alle soglie della vita* (1958, Palma d'oro a Cannes), *Il volto* (1958), *Luci d'inverno* (1961), *Sussurri e grida* (1973). Ha interpretato anche *La guerra è finita* (1966), *La caduta degli dei* (1970), *Salon Kitty* (1976), *La casa del sorriso* (1988). Ha diretto, tra gli altri, *Cielo spezzato* (1981).

THUN, c. della Svizzera (cant. di Berna), presso il Lago di T. (48 km²) formato dal f. Aare; 39.981 ab. Castello del XII sec. (museo), due chiese in parte romaniche, castello del XVII sec.

THUNDER BAY, c. del Canada (Ontario), sul Lago Superiore; 113.662 ab. È nata dalla fusione di Port Arthur e Fort William.

THURROCK, c. della Gran Bretagna (Inghilterra), sull'estuario del Tamigi; 126.000 ab.

THURSTONE (Louis Leon), *Chicago 1887 - Chapel Hill 1955*, psicologo statunitense. I suoi notevoli contributi alla psicologia differenziale hanno influenzato in part. i metodi dell'analisi fattoriale.

THYS (Philippe), *Anderlecht 1890 - Bruxelles 1971*, ciclista belga. Riportò per primo 3 vittorie al Tour de France (1913, 1914, 1920).

THYSSEN (August), *Eschweiler 1842 - castello di Landsberg, att. nell'Essen, 1926*, industriale tedesco. Nel 1871 fondò a Mülheim una società che fu all'origine di un importante gruppo siderurgico.

TIAHUANACO, sito archeologico della riva boliviana del Lago Titicaca. Tra il V sec. a.C. e il XII sec. d.C. fu centro di un'evoluta civiltà che ha lasciato imponenti resti architettonici, tra cui i monoliti della porta del Sole.

TIAN'ANMEN o **TIAN-AN-MEN**, grande piazza pubblica di Pechino, teatro, nel 1989, di manifestazioni studentesche per la liberalizzazione del regime, soffocate nel sangue dall'esercito il 3-4 giu.

TIANJIN o **TIENTSIN**, c. della Cina settentr.; 5.804.023 ab. (9.156.000 ab. nell'agglomerato). Municipalità dipendente dal governo centrale. Grande porto sullo Hai He. Centro commerciale e industriale. — I trattati firmati a T. nel 1858 segnarono l'apertura della Cina verso l'Europa.

TIAN SHAN, catena montuosa della Cina (Xinjang) e del Kirghizistan; culmina nel P. Pobedy (7439 m).

TIARET, c. dell'Algeria, capol. di distr.; 165.899 ab.

TIARÌNI (Alessàndro), *Bologna 1577-1668*, pittore. Allievo di P. Fontana e B. Cesi a Bologna, quindi del Passignano a Firenze, rielaborò la lezione dei Carracci e della scuola emiliana (Guercino, G. Reni). Tra le opere, *Deposizione* (1617, Pinacoteca nazionale, Bologna).

TIBÀLDI (Pellegrino), detto **il Pellegrini**, *Puria in Valsolda 1527 - Milano 1596*, architetto e pittore. Soggiornò a Roma, dove fu influenzato dai manieristi e da Daniele da Volterra. A Bologna realizzò gli affreschi di Palazzo Poggi e della Cappella Poggi in S. Giacomo Maggiore. Successivamente fu attivo in Lombardia, dove godette

THOT. *Anubi, a sinistra, e Thot; particolare di una decorazione su legno di epoca saita. (Louvre, Parigi.)*

dell'appoggio del cardinale C. Borromeo e realizzò opere che interpretano lo spirito della Controriforma (Collegio Borromeo a Pavia, 1564; battistero del duomo di Milano, 1567).

TIBERÌADE, c. della Galilea, fondata nel 18 d.C. sul Lago di Genezareth (att. Lago di T., o Mare di Galilea). Dopo la caduta di Gerusalemme nel 70, divenne un importante centro della vita intellettuale ebraica. L'att. città israeliana di T. (37.600 ab.) è situata più a N rispetto a quella antica.

TIBÈRIO, *Roma 42 a.C. - Miseno 37 d.C.*, imperatore romano (14-37 d.C.). Figlio di Livia, fu adottato da Augusto (4 d.C.), al quale succedette. Consolidò l'autorità imperiale, esercitò una rigorosa amministrazione finanziaria e, in politica estera, riportò i confini dell'impero al Reno (17). Deluso e ammalato, nel 27 si ritirò a Capri, lasciando la direzione degli affari al prefetto del pretorio Seiano. L'att. città israeliana di T. (37.600 il suo impero fu accusato, dai sostenitori del senato, di essere diventato un governo autoritario e di terrore.

TIBERTÈLLI (Luigi Filippo) → DE PISIS (Filippo).

TIBÈSTI, massiccio del Sahara nel Ciad settentr.; 3415 m.

TIBET, reg. autonoma della Cina occ., a N dell'Himalaya; 1.221.000 km2; 2.480.000 ab. (*tibetani*); cap. *Lhasa*. Il T. è formato da altopiani desertici, dominati da imponenti catene che si estendono da O a E (Kunlun, Transhimalaya). L'allevamento (caprini, ovini, yak) costituisce la principale risorsa.

STORIA – **VII sec.**: il re Srong-btsan-Sgam-po conferisce al regno un'organizzazione centralizzata e fonda Lhasa. **VIII sec.**: con frequenti incursioni in Cina, i tibetani espandono i confini del regno. **1042**: il buddhista indiano Atisha giunge a Lhasa, ove fonda le sette lamaiche del T. **1207**: il paese si sottomette ai mongoli. **1447**: viene fondato il monastero di Tashilhunpo, i cui capi assumono il titolo di panchen-lama. **1543-1583**: il principe mongolo Altan Khan organizza la Chiesa tibetana sotto l'autorità del dalai lama. **1642**: il dalai lama ricopre il potere temporale e instaura un regime teocratico. **1751**: gli imperatori Qing impongono la loro egemonia sul paese. **1912**: i tibetani, sostenuti dai britannici, cacciano i cinesi. **1950**: la Cina popolare occupa il T. **1959**: il dalai lama si esilia in India. **1965**: il T. ottiene lo statuto di reg. autonoma. La resistenza tibetana resta attiva (rivolta contadina del 1970; sommosse dal 1987).

TIBÌSCO, in ung. *Tisza*, f. dell'Europa, che nasce in Ucraina, attraversa l'Ungheria e affluisce da sinistra nel Danubio in Serbia e Montenegro; 966 km.

TIBÙLLO, *50 ca - 19 o 18 a.C.*, poeta latino, autore delle *Elegie*.

TIBURTÌNA (via), antica strada romana. Conduceva dalla capitale a Tivoli (*Tibur*) nella valle del f. Aniene. Fu prolungata nel IV sec. a.C.

TIBURTÌNI (Mónti), gruppo montuoso del Subappennino Laziale, in prov. di Roma. Situato nei pressi di Tivoli, a O del f. Aniene, raggiunge i 795 m (Colle Cerrito Piano).

TICÌNO, f. della Svizzera e dell'Italia, affl. di destra del Po; 248 km. Attraversa il Lago Maggiore e bagna Pavia. — Sulle sue rive Annibale sconfisse P. Cornelio Scipione (218 a.C.).

TICÌNO, cant. della Svizzera, sul versante merid. delle Alpi; 2813 km2; 310.200 ab.; capol. *Bellinzona*. Turismo (Lago Maggiore). — Fu formato nel 1803 dall'unione dei cant. di Bellinzona e Lugano.

TIDIKELT, gruppo di oasi del Sahara algerino, a S del Tademait; c. princ. *In Salah*.

TIDÓNE, f. dell'Italia settentr., che nasce dal Passo del Penice, nell'Appennino Ligure, percorre la valle omonima e confluisce nel Po nei pressi di Sarmato; 50 km.

TIECK (Ludwig), *Berlino 1773-1853*, scrittore tedesco. Introdusse nel romanticismo tedesco l'elemento fantastico (*Phantasus*, 1812-1816).

TIENEN → TIRLEMONT.

TIENTSIN → TIANJIN.

TIÈPOLO (Baiamónte), *m. nel 1328 ca.*, nobile veneziano. Insieme a M. Querini, fu tra gli organizzatori di una congiura ai danni del doge P. Gradenigo (1310), il cui fallimento lo costrinse all'esilio.

TIÈPOLO (Giambattista), *Venezia 1696 - Madrid 1770*, pittore e incisore. Tra i massimi esponenti del barocco, nei cicli di affreschi rielaborò in modo personale la lezione del Piazzetta e di Paolo Veronese. Le opere giovanili sono perlopiù caratterizzate da forti contrasti chiaroscurali (a Venezia: *Sacrificio di Isacco*, 1716, chiesa dell'Ospedaletto; *Martirio di san Bartolomeo*, 1722-1723, S. Stae), abbandonati nella maturità per lasciare spazio a gamme cromatiche dai toni solari (a Venezia: affreschi delle chiese dei Gesuati, 1737-1739, di S. Alvise, 1739-1740 e di Palazzo Labia, 1747-1750; *Trionfo della fede*, 1754-55, chiesa della Pietà). Nel 1751 fu chiamato ad affrescare la residenza di Würzburg e nel 1762 il Palazzo Reale di Madrid. Realizzò anche numerosi dipinti a olio e fu raffinato acquafortista. — **Giandomenico T.**, *Venezia 1727-1804*, pittore, figlio di Giambattista. Collaborò con il padre, rivelando, nelle scene di genere sulla vita veneziana, grande sensibilità e ironia.

TIÈSTE MITOL. GR. Figlio di Pelope, fratello di Atreo e padre di Egisto. La diatriba con il fratello è all'origine del tragico destino degli atridi.

TIFFANY (Louis Comfort), *New York 1848-1933*, decoratore e vetraio statunitense. Dapprima pittore, nel 1878 fondò una ditta di arti decorative e vetreria. Dal 1890, esercitò una forte influenza sull'Art Nouveau europeo con le sue vetrate e i suoi vasi in vetro soffiato dalle sfumature iridescenti.

TIFLIS → TBILISI.

TIGELLÌNO (Gàio Ofònio), *Agrigento 39 - Sinuessa 69*, prefetto del pretorio. Vicino a Nerone, fu da questi nominato prefetto del pretorio alla morte di Burro (62). La caduta dell'imperatore determinò la fine della sua fortuna. Si suicidò per ordine di Otone.

TIGHINA, già *Bender*, c. della Moldavia, sul Dnestr; 132.700 ab.

TIGLATPILESER III, re dell'Assiria dal 745 al 727 a.C. Durante il suo regno l'impero siriano conobbe un notevole sviluppo. Dopo aver sconfitto la Media, il regno di Urartu, di Israele e di Damasco, si proclamò re di Babilonia.

TIGRÀNE II IL GRÀNDE, *121 ca - 54 ca. a.C.*, re dell'Armenia (95-54 a.C.). Alleato di Mitridate, conquistò la Siria, la Mesopotamia settentr. e parte dell'Asia Minore. Sconfitto da Pompeo, divenne vassallo di Roma (66).

TIGRÉ, reg. dell'Etiopia settentr.

TIGRÉ o **TIGRINYA**, popolazione stanziata nell'Etiopia settentr. e in Eritrea. I t. sono cristianizzati e di lingua semitica.

TÌGRI, f. della Turchia e dell'Iraq, che forma con l'Eufrate lo Shatt-Al Arab; 1950 km. Bagna Baghdad.

TIGÙLLIO (Gólfo del), insenatura del Mar Ligure, nella riviera di levante. Compresa tra i promontori di Sestri Levante e Portofino, è una zona turistica con noti centri balneari (Portofino, Rapallo, Chiavari, Santa Margherita Ligure).

TIJUANA, c. del Messico (Bassa California); 1.148.681 ab. Centro turistico e industriale.

TIKAL, centro archeologico maya del Guatemala (foresta del Petén). Si ritiene che in questo sito, ricco di templi, sorgesse la capitale politica del periodo classico (250-950 d.C.).

TIKAR, popolazione del Camerun.

TILAK (Bal Gangadhar), *Ratnagiri 1856 - Bombay 1920*, politico indiano. Leader del fronte radicale del Partito del congresso, sostenne l'autogoverno e il ritorno alla tradizione contro il dominio britannico (1916). I suoi metodi di opposizione pacifica e non violenta ispirarono in seguito Gandhi.

TILBURG, dei Paesi Bassi (Brabante Settentrionale); 195.800 ab. Centro industriale.

TILDEN (William Tatem), *Filadelfia 1893 - Hollywood 1953*, tennista statunitense. Vincitore di 3 edizioni di Wimbledon (1920, 1921, 1930) e di 7 edizioni della Coppa Davis (dal 1920 al 1926).

TILL EULENSPIEGEL → EULENSPIEGEL (Till).

TILLICH (Paul), *Starzeddel, Prussia, 1886 - Chicago 1965*, teologo protestante statunitense di origine tedesca. La sua *Teologia sistematica* (1951-1966) propone un pensiero religioso libero da simboli e dogmatismo, incomprensibili per l'uomo di oggi.

TILLY (Jean t'Serclaes, cónte di), *castello di Tilly, Brabante 1559 - Ingolstadt 1632*, generale vallone al servizio del Sacro Romano Impero. A capo dell'esercito della lega cattolica durante la guerra dei Trent'anni, vinse la battaglia della Montagna Bianca (1620) contro i cechi e quella di Lutter (1626) contro i danesi. Sostituì Wallenstein al comando delle truppe imperiali (1630). Fu sconfitto a Breitenfeld nel 1631 e ucciso dagli svedesi.

TILSIT (trattàti di), trattati firmati a T. (att. Sovietsk) nella Prussia orient., da Napoleone con la Russia di Alessandro I (7 lug. 1807) e con la Prussia (9 lug.) dall'altro. Ponendo fine alla quarta coalizione, decretarono la sconfitta della Prussia e dettero vita a un'alleanza segreta tra la Francia e la Russia contro l'Inghilterra.

TILSON (Joe), *Londra 1928*, pittore britannico. Rappresentante della pop art, ha esplorato i miti del consumismo occidentale e della comunicazione di massa, lavorando sulle immagini archetipe e il linguaggio dei simboli.

TIM (Télecom Itàlia mòbile) → TELECOM ITALIA.

TIM, teatro di Mosca fondato e diretto da V.E. *Mejerhol'd*. Il T. fu l'officina in cui Mejerhol'd sviluppò i principi della biomeccanica e dell'Ottobre teatrale. Fu chiuso quando il regista venne arrestato e cadde vittima delle purghe staliniane.

TIMBUCTÙ o **TOMBOUCTOU**, c. del Mali, sul f. Niger; 32.000 ab. Centro commerciale. — Moschea del XIV sec. — Fondata nel 1100 ca., nel XV-XVI sec. fu un importante centro religioso, culturale e soprattutto commerciale.

TIME, casa editrice newyorkese fondata nel 1922 da H.R. Luce e B. Haden. Pubblica il settimanale omonimo e *Life*. Nel 1989 si è fusa con la Warner Communications (gruppo Time Warner).

Giambattista **TIEPOLO**. Rachele nasconde gli idoli, *1725 ca.* (Arcivescovado, Udine.)

TIMÈO, *Taormina 350 ca. - 250 ca. a.C.*, storico greco. Scrisse una storia della Sicilia dal 320 a.C. alla prima guerra punica andata perduta. Introdusse la cronologia basata sulle date delle Olimpiadi.

TIMES (The), quotidiano britannico conservatore fondato nel 1785.

TIMGAD, c. dell'Algeria, a E di Batna; 10.937 ab. Colonia romana fondata nel 100 d.C., nel VI sec. fu devastata dai mori. Notevoli resti dell'epoca traiana (mosaici).

TIMIŞOARA, in ung. **Temesvár**, c. della Romania, nel Banato; 334.115 ab. Centro industriale. Università. — Chiese del XVIII sec.; museo del Banato nell'ant. castello.

TIMMERMANS (Felix), *Lier 1886-1947*, scrittore belga di lingua fiamminga. I suoi racconti e romanzi (*Pallieter*, 1916) recuperano la vivacità del folklore fiammingo.

TIMOLEÓNTE o **TIMOLEÓNE**, *Corinto 410 ca. - Siracusa 336 ca. a.C.*, politico greco. Inviato a Siracusa per cacciare il tiranno Dionisio II, sconfisse i cartaginesi (341 o 339 a.C.) e instaurò a Siracusa una democrazia moderata. Abdicò nel 337-336.

TIMOR, isola dell'Indonesia a N del Mare di Timor; 30.000 km²; 1.600.000 ab. A partire dal XVII sec. il suo territorio venne diviso tra portoghesi e olandesi. Nel 1950 la repubblica indipendente d'Indonesia inglobò la parte olandese e nel 1975 occupò quella portoghese (T. Orientale o T. Est). Si sviluppò di conseguenza un movimento di guerriglia che si opponeva a tale annessione. Nel 1999, per iniziativa dell'Indonesia e sotto l'egida dell'ONU, è stato indetto un referendum relativo a un piano di autonomia di T. Orientale, cui si è opposta in maniera compatta la popolazione del settore orientale dell'isola, che ha votato a favore dell'indipendenza, risultato che ha scatenato un'ondata di terrore a opera delle milizie antindipendentiste sostenute dall'esercito indonesiano. Si è quindi proceduto all'invio di una forza multinazionale di pace e il territorio è stato posto sotto l'amministrazione provvisoria dell'ONU. Nel 2002 T. Orientale è divenuto uno Stato indipendente. La funzione di presidente della repubblica è stata assunta da José Alexandre Gusmão e quella di primo ministro da M. Alkatiri.

TIMOŠENKO (Semén Konstantinovič), *Formanovka 1895 - Mosca 1970*, maresciallo sovietico. Alleato di J. Stalin e K. E. Vorošilov (1919), divenne commissario della difesa nel 1940, coordinò la riconquista dell'Ucraina (1943-1944) e sovrintese agli interventi in Romania e in Ungheria.

TIMÒTEO, *Mileto 450 ca. - 360 ca. a.C.*, poeta greco. Celebrato autore di ditirambi. Autore dei *Persiani*, storia della battaglia di Salamina, della sua opera rimangono frammenti.

TIMÒTEO, *IV sec. a.C.*, militare e politico greco. Guidò la flotta ateniese, consolidando l'egemonia della città sullo Ionio grazie a importanti vittorie. Caduto in disgrazia, passò al servizio dei persiani per poi tornare ad Atene nel 366 a.C. Combatté per la liberazione di Samo, ma fu accusato di corruzione e costretto al ritiro dalla vita pubblica.

TIMÒTEO, *IV sec. a.C.*, scultore greco. Considerato uno dei maestri della scultura classica, lavorò alle decorazioni del tempio di Asclepio, a Epidauro, e del mausoleo di Alicarnasso.

TIMÒTEO (santo), *m. a Efeso nel 97 ?*, discepolo di Paolo. Secondo la tradizione fu il primo vescovo di Efeso, ove morì martire. Le due *Lettere a Timoteo* di san Paolo, relative alla vita spirituale e all'organizzazione delle Chiese, sarebbero di dubbia autenticità.

TIMPANÀRO (Sebastiàno), *Parma 1923 - Firenze 2000*, filologo e critico letterario. Ha dato un contributo fondamentale alla storia della letteratura italiana. In particolare con *Classicismo e illuminismo nell'Ottocento italiano* (1965). Altre opere: *Sul materialismo* (1970), *Contributi di filologia e di storia della lingua latina* (1978), *Per la storia della filologia virgiliana antica* (1986), *Nuovi studi sul nostro Ottocento* (1995).

TIMÙRIDI, dinastia discendente da Tamerlano, che regnò sul Khorasan e la Transoxiana dal 1405 al 1507. La cap., Harat, fu un fiorente centro culturale.

TINBERGEN (Jan), *L'Aia 1903-1994*, economista e statista olandese. Tra i fondatori dell'econometria, creò e diresse l'Ufficio centrale di pianificazione olandese. (Premio Nobel 1969.)

TINBERGEN (Nikolaas), *L'Aia 1907 - Oxford 1988*, etologo britannico di origine olandese. Grazie alle sue ricerche sui comportamenti istintivi degli animali nel loro ambiente naturale è considerato tra i fondatori dell'etologia moderna. (Premio Nobel 1973.)

TÌNDARI, frazione del com. di Patti (Messina). Resti dell'antica Tyndaris (IV sec. a.C. - IX sec. d.C.).

TÌNDARO MITOL. GR. Re di Sparta e sposo di Leda (che fu amata da Zeus). Menelao fu il suo successore.

TINDEMANS (Léo), *Zwijndrecht 1922*, uomo politico belga. Deputato cristiano-sociale, è stato presidente del consiglio dal 1974 al 1978 e ministro degli esteri dal 1981 al 1989.

TINDOUF, oasi del Sahara algerino ai confini col Marocco.

TING (Samuel Chao Chung), *Ann Arbor, Michigan 1936*, fisico statunitense. Nel 1974 ha scoperto, parallelamente a B. Richter, la particella J, che ha confermato l'esistenza del quarto tipo di quark, il *charm*. (Premio Nobel 1976.)

TINGUELY (Jean), *Friburgo 1925 - Berna 1991*, artista svizzero. Esponente del Nouveau réalisme, ha creato macchine di impronta dadaista, giocose e inquietanti ("Metamatics", robot disegnatori; "Rotozazas", ludiche o distruttrici, dal 1967; *Mengele*, idolo macabro, 1986). Museo a Basilea.

TÌNO DI CAMÀINO, *Siena 1285 ca. - Napoli 1337*, scultore e architetto. Allievo di Giovanni Pisano, lavorò come architetto alla certosa di S. Martino, a Napoli. Sue opere nel duomo di Pisa e in quello di Siena, in S. Maria del Fiore a Firenze, in S. Lorenzo Maggiore, in S. Maria Donnaregina, in S. Chiara a Napoli.

TÍNOS, in it. **Tino**, isola greca delle Cicladi; 195 km²; 7747 ab.

TINTIN, personaggio dei fumetti creato nel 1929 dal disegnatore belga Hergé (pseudonimo di Georges Rémi).

TINTIN. *Alcuni personaggi del fumetto di Hergé.*
(© Éditions Casterman 1963)

TINTO (Río), f. della Spagna merid., si getta nell'Atlantico; 80 km. Da esso prendono il nome miniere di rame.

TINTORÉTTO (Iàcopo **Robùsti**, detto **il**), *Venezia 1518-1594*, pittore. Formatosi a Venezia (fu a bottega da Tiziano) visse e lavorò soltanto nella sua città natale. Fin dagli anni della formazione pose la virtuosità manieristica al servizio di una particolare attenzione per il ruolo della luce e della composizione in pittura (*Miracolo di san Marco*, 1548, Gallerie dell'Accademia, Venezia). Le opere della maturità sono caratterizzate da chiaroscuri fortemente accentuati e da composizioni teatrali che infondono alle scene grande drammaticità (*Trafugamento del corpo di san Marco*, 1562, Gallerie dell'Accademia, Venezia; *Ritrovamento del corpo di san Marco*, 1562, Brera, Milano; scene del Nuovo Testamento per la Scuola di S. Rocco, 1564-1587; dipinti per il presbiterio di S. Giorgio Maggiore, 1592-1594).

TINTÓRI (Giampièro), *Genova 1921 - Milano 1998*, musicologo e compositore. Compose musiche sinfoniche e da camera e si dedicò allo studio dell'organologia. Dal 1965 alla morte fu direttore del Museo teatrale alla Scala di Milano.

TIPAZA, c. dell'Algeria, sul Mediterraneo; 21.915 ab. Resti romani e paleocristiani.

TÌPO (Maria), *Napoli 1931*, pianista. Apprezzata a livello internazionale, svolge anche attività didattica.

TIPPERARY, c. dell'Irlanda merid.; 4640 ab.

TIPPETT (sir Michael), *Londra 1905-1998*, compositore britannico. È autore di balletti, sinfonie, drammi, oratori (*A Child of Our Time*) e opere (*The Midsummer Marriage*, 1955; *King Priam*, 1962; *The Ice Break*, 1977).

TIR, in fr. *Transports internationaux routiers*, sigla che contraddistingue gli automezzi autorizzati ad attraversare più frontiere senza ispezioni doganali, secondo gli accordi di Ginevra del 1959.

TIRABÒSCHI (Geròlamo), *Bergamo 1731 - Modena 1794*, storico della letteratura. Nella sua opera maggiore, *Storia della letteratura italiana* (1772-1781), fornì un modello per tutti gli studi successivi.

TIRÀLI (Andrèa), *Venezia 1657 ca. - Monselice 1737*, architetto. Vicino allo stile di A. Palladio, realizzò tra l'altro la facciata di S. Nicolò da Tolentino e la pavimentazione di piazza S. Marco, (Venezia).

TIRAN (Strètto di), stretto tra il Golfo di Aqaba e il Mar Rosso.

TIRÀNA, cap. dell'Albania; 279.000 ab. Museo di archeologia ed etnografia; galleria di Belle Arti.

TIRÀNO, com. in prov. di Sondrio; 8807 ab. Santuario della Madonna di T. (XVI sec.).

TIRASPOL, c. della Moldavia, sul Dnestr; 186.200 ab.

TIRÈSIA MITOL. GR. Vate tebano divenuto cieco. Nell'antichità, la sua tomba era sede di un importante oracolo.

TIRIDÀTE, nome di sovrani parti arsacidi e di re armeni. — **Tiridate II** (o **III**), re di Armenia (*287-330 ca. d.C.*). Adottò il cristianesimo come religione ufficiale del suo paese.

TIRÌNTO, ant. c. dell'Argolide, celebre per le sue imponenti fortificazioni. Resti del palazzo del XIII sec. a.C.

TIRLEMONT, in fiamm. **Tienen**, c. del Belgio (Brabante fiammingo); 31.501 ab. Chiese medievali.

TIRNOVO → VELIKO TĂRNOVO.

TÌRO, att. **Sour**, c. del Libano, a S di Beirut; 14.000 ab. Resti fenici, ellenistici e romani. — Porto fenicio, T. fondò sul Mediterraneo, dall'XI sec. a.C., diverse colonie, tra cui Cartagine (814 a.C.). Rivale di Sidone, lottò a lungo contro gli imperi assiro e babilonese. Sottomessa da Alessandro Magno (332 a.C.), fu contesa tra lagidi e selgiuchidi. Malgrado la concorrenza di Alessandria, rimase un importante centro culturale e commerciale fino all'invasione araba (638 d.C.).

TIRÒLO, prov. dell'Austria, che occupa l'alta valle dell'Inn; 631.410 ab.; cap. **Innsbruck**. L'attività principale è costituita dal turismo estivo e invernale. — Appartenente al patrimonio eredi-

TINTORETTO. *Salita al Calvario.*
(Scuola di S. Rocco, Venezia.)

tario degli Asburgo dal 1363, fu ceduto alla Baviera nel 1805 e reso all'Austria nel 1814. Nel 1919, il trattato di Saint-Germain cedette all'Italia, oltre al Trentino, la provincia di Bolzano, abitato in maggioranza da popolazione tedesca. Gli accordi italo-austriaci del 1946 (rivisti nel 1969 e nel 1992), assicurarono grande autonomia alla regione e l'uguaglianza dei diritti tra la comunità tedesca e quella italiana.

TIRÓNE (Màrco Tùllio), *I sec. a.C.*, segretario di Cicerone. Liberto erudito, ideò segni di scrittura stenografica conosciuti come *notae tironianae*.

TIRPITZ (Alfred **von**), *Küstrin 1849 - Ebenhausen, Baviera, 1930*, ammiraglio tedesco. Ministro della marina dal 1898, creò la flotta d'alto mare tedesca e diresse la guerra sottomarina dal 1914 al 1916, anno in cui si dimise.

TIRRÈNIA, frazione del com. di Pisa, sulla costa. Frequentata meta di turismo balneare.

TIRRÈNO MITOL. Eroe eponimo dei tirreni (etruschi). Avrebbe guidato i lidi alla colonizzazione delle coste dell'Italia centrale, dando origine al popolo degli etruschi.

TIRRÈNO (Màre), sezione del Mar Mediterraneo occ., compresa tra la Corsica e la Sardegna a O, l'Arcipelago Toscano a N, le coste della penisola italiana a E e la Sicilia a S. Formatosi 7-8 milioni di anni fa, raggiunge la profondità massima di 3758 m. È costellato di isole (Egadi, Arcipelago Toscano, isole della Sardegna), alcune delle quali vulcaniche (Arcipelago Campano, Eolie, Ustica) e le sue coste, lunghe 2700 km ca., sono in parte sabbiose (tra Toscana e Calabria) e in prevalenza alte e rocciose. Porti principali: Civitavecchia, Napoli, Salerno, Palermo, Cagliari, Olbia.

TIRSO, f. della Sardegna, 150 km. Il più grande dell'isola, nasce dal Buddusò e sfocia nel golfo di Oristano. Alimenta il lago artificiale di Omodeo.

TIRSO DE MOLINA (Fray Gabriel **Téllez**, detto), *Madrid 1583 ca. - Soria 1648*, drammaturgo spagnolo. Autore di numerose commedie e drammi storici o religiosi (*Il dannato per mancanza di fede*), fu il primo a introdurre *don Giovanni*, personaggio della tradizione popolare, ne *Il beffatore di Siviglia e il convitato di pietra* (1625 ca.), suo capolavoro.

TIRTÈO, *in Attica VII sec. a.C.*, poeta lirico greco. Con i suoi canti spronò gli spartiati durante la seconda guerra messenica.

TIRUCHCHIRAPPALLI, già **Trichinopoly**, c. dell'India merid. (Tamil Nadu); 746.062 ab. Centro industriale e universitario. — Santuari rupestri shivaiti (VII sec.). A Srirangam sorge un immenso tempio dedicato a Vishnu, di Ranganatha Swami (X-XVI sec.), dalle numerose cinte scandite da *gopura*, un celebre luogo di pellegrinaggio.

TIRUNELVELI, c. dell'estremità merid. dell'India; 411.298 ab.

TIRUPPUR, c. dell'India, a ENE di Coimbatore; 346.551 ab.

TÌSBE → PIRAMO.

TÌSI (Benvenùto) → GARÒFALO.

TISO (Jozef), *Velká Byta 1887 - Bratislava 1947*, religioso e politico slovacco. Vescovo e capo del governo autonomo slovacco (1938), poi capo dello Stato slovacco indipendente (1939-1945), perseguì una politica filonazista, per la quale fu condannato a morte e giustiziato.

TISSAFÈRNE, *m. a Colosses nel 395 a.C.*, satrapo persiano. Svolse un ruolo determinante nella sconfitta di Ciro il Giovane a Cunassa (401) ma, sconfitto da Agesilao II, re di Sparta, fu accusato di tradimento e condannato a morte da Artaserse II.

TISSOT (James-Jacques-Joseph), *Nantes 1836 - Bouillon 1902*, pittore e incisore francese. Fu attivo soprattutto a Londra e ne, nella seconda parte della sua vita, in Palestina, ove realizzò opere a carattere sacro.

TISZA (Kálmán), *Geszt 1830 - Budapest 1902*, politico ungherese. Capo del Partito liberale ungherese, fu primo ministro dal 1875 al 1890. — **István T.**, *Budapest 1861-1918*, politico ungherese. Figlio di Kálmán, capo del governo dal 1903 al 1905 e dal 1913 al 1917, fu assassinato.

TITÀNI MITOL. GR. Divinità primordiali, generate da Urano e Gaia, che governavano il mondo prima dell'avvento di Zeus e degli dei dell'Olimpo. Dopo aver detronizzato il padre guidati da Crono, il più giovane tra loro, furono sconfitti da Zeus.

TITANIC, piroscafo transatlantico britannico che affondò durante il suo primo viaggio, nella notte tra il 14 e il 15 apr. 1912, dopo aver urtato un iceberg a S di Terranova. Nel naufragio perirono oltre 1500 persone. Il relitto è stato localizzato nel 1985 a 4000 m di profondità e visitato a più riprese dal 1986. La tragedia è stata rappresentata al cinema da J. Negulesco (1953), da R.W. Baker (1958) e da J. Cameron (1997).

TITÀNIDI MITOL. GR. Figlie di Urano e Gea e sorelle dei Titani (Tea, Rea, Temi, Mnemosine, Febe, Teti).

TITÀNO, princ. satellite del pianeta Saturno, scoperto nel 1655 da C. Huygens. Diametro: 5150 km. È circondato da una spessa atmosfera a base di azoto, metano e altri composti organici prodotti per azione dei raggi solari.

TITÀNO (Mónte), rilievo dell'Appennino Tosco-Emiliano, 750 m. Interamente compreso nella Rep. di San Marino.

TITCHENER (Edward Bradford), *Chichester 1867 - Ithaca, Stato di New York, 1927*, psicologo statunitense di origine britannica., princ. rappresentante della psicologia sperimentale negli Stati Uniti.

TITICACA (Làgo), lago delle Ande (3812 m d'alt.), tra la Bolivia e il Perú; 8340 km².

TITISEE, piccolo lago della Selva Nera (Germania).

TITO, *Roma 39 d.C. - Aquae Cutiliae, Rieti, 81*, imperatore romano (79-81). Figlio di Vespasiano, assediò e distrusse Gerusalemme per reprimere la rivolta degli ebrei (70). Il breve periodo del suo impero, di stampo liberale, vide l'eruzione del Vesuvio (79), che distrusse Pompei, Ercolano e Stabia, ma anche la costruzione di grandi opere architettoniche.

TITO (Josip **Broz**, detto), *Kumrovec, Croazia, 1892 - Lubiana 1980*, maresciallo e politico iugoslavo. Segretario generale del Partito comunista iugoslavo dal 1936, organizzò la lotta contro l'occupazione tedesca durante la seconda guerra mondiale e fu riconosciuto da tutti gli alleati come il capo della resistenza. Divenuto capo del governo dopo la proclamazione della repubblica (1945), prese le distanze dall'URSS e da J. Stalin e si impose come leader del neutralismo e dei paesi non allineati. In politica interna si distaccò dal modello sovietico per instaurare un socialismo di autogestione. Capo carismatico autoritario, presidente della repubblica (1953), presidente a vita nel 1974, T. riuscì a mantenere unito un paese scosso dai particolarismi etnici.

■ *Tito*.

TITO (sànto), *I sec.*, discepolo di Paolo. L'autenticità della lettera indirizzatagli da san Paolo è controversa.

TITOGRAD → PODGORICA.

TITO LÌVIO, *Padova 59 a.C. - Roma 17 d.C.*, storico latino. È autore delle *Storie* (*Ab urbe condita*) dalle origini di Roma fino al 9. a.C., opera in 142 libri rimasta incompiuta, della quale restano 35 libri. Per questo capolavoro attinse alle opere dei suoi predecessori e agli antichi annali di Roma, tentando di far rivivere con uno stile solenne ma vivace e fluido il glorioso passato romano.

TITTA RÒSA (Giovanni), *Santa Maria del Ponte 1891 - Milano 1972*, scrittore e pubblicista. Direttore dell'*Illustrazione italiana* (1945-1948), pubblicò poesie (*Il palustro istoriato*, 1913; *Alta luna*, 1935; *Poesie di una vita* 1956), prose (*Niobe e il pittore*, 1953) e saggi (*Invito al romanzo*, 1930; *Poesia italiana del Novecento*, 1953).

TITTÒNI (Tommàso), *Roma 1855-1931*, politico. Esponente della destra storica, fu ministro degli esteri (1903-1905, 1906-1909 e 1919-1920) e ambasciatore in Francia (1910-1916). Aderì al fascismo e fu presidente del Senato (1928-1929).

TIUMEN, c. della Russia, nella Siberia occ.; 491.059 ab. Centro di una reg. petrolifera.

TIURATAM, c. del Kazakistan, a E del Lago d'Aral, sul Syr-darla. Nelle vicinanze, cosmodromo

designato ufficialmente con il nome di *Baikontour* fino al 1992.

TIV, popolazione della Nigeria occ.

TÌVOLI, com. in prov. di Roma; 52.809 ab. Mercato agricolo (ortofrutta, viti). Industrie alimentari, chimiche, meccaniche, del legno, estrattive. Turismo. — Di origine latina, fu sottomessa da Roma nel IV sec. (*Tibur*), quando divenne luogo di soggiorno di poeti e imperatori. — Villa d'*Este*; Villa Gregoriana, con le cascate dell'Aniene. Nei pressi, Villa *Adriana*.

TIZIÀNO VECÈLLIO, *Pieve di Cadore 1488/1490 - Venezia 1576*, pittore. Collaboratore di Giorgione agli affreschi del Fondaco dei Tedeschi (Venezia), ne subì l'influenza, in part. nel trattamento del colore, evidente nelle opere giovanili e della maturità, caratterizzato da toni accesi e dall'uso di sfumature (*Amor sacro e profano*, 1514, Galleria Borghese, Roma; *Assunzione della Vergine*, 1516-1518; *Bacco e Arianna*, 1522, National Gallery, Londra; *Pala Pesaro*; *La Venere di Urbino*). Artista di fama internazionale, fu a servizio di papi e sovrani (Francesco I, ma soprattutto Carlo V e Filippo II), per i quali eseguì penetranti ritratti. Nelle opere tarde, si volse a un uso di colori più cupi, distribuiti con pennellate dense, e a una progressiva disgregazione delle forme (*Danae, Venere e Adone*, 1554, Prado, Madrid; *Apollo e Marsia*, 1570 ca., castello di Kroměříž).

TIZIANO VECELLIO. Ritratto di giovane donna allo specchio, *1512-1515 ca.* (Louvre, Parigi).

TIZI OUZOU, c. dell'Algeria, capol. di distr., a E di Algeri; 117.259 ab.

TJAN SAN → TIAN SHAN.

TLALNEPANTLA, c. del Messico, sobborgo settentr. di C. del Messico; 714.735 ab.

TLALOC, dio della pioggia, la più ant. divinità del pantheon messicano precolombiano. È rappresentato con serpenti attorno agli occhi e zanne ai lati della bocca.

TLAPANECHI, popolazione amerindia del Messico centro-occ. (Stato di Guerrero).

TLATELOLCO (trattato di) (14 feb. 1967), trattato che stabilisce il divieto di sviluppare armi nucleari per i paesi dell'America Latina.

TLEMCEN, c. dell'Algeria occ., capol. di distr.; 132.341 ab. Centro artigianale e industriale. — Grande moschea (XI-XII sec.). Capitale del Maghreb centrale dal XIII al XVI sec.

TLINGIT, popolazione amerindia stanziata sulla costa nord-occ. degli Stati Uniti (Alaska) e del Canada (Isole della Regina Carlotta) (ca. 15.000 individui). I t. sono noti per la pratica del potlatch, i totem e le maschere lignee.

TNP → NON PROLIFERAZIONE NUCLEARE (trattato per la).

TOAFF (Èlio), *Livorno 1915*, rabbino. È stato capo della comunità ebraica di Roma dal 1951 al 2001. Ha pubblicato tra l'altro *Il libro dello splendore* (1971), *Perfidi giudei, fratelli maggiori* (1987).

TOAMASINA, già **Tamatave**, c. del Madagascar, sull'Oceano Indiano; 145.000 ab. Porto.

TOBA (Làgo), lago dell'Indonesia (Sumatra); 1240 km².

TOBAGO, isola delle Piccole Antille; 301 km²; 46.400 ab. (→ **Trinidad e Tobago**).

TOBEY (Mark), *Centerville, Wisconsin, 1890 - Basilea 1976*, pittore statunitense. Appassionato di arte dell'Estremo Oriente, creò, a partire dalla calligrafia zen, fitte trame di segni bianchi tracciati con grande vigore, che sono all'origine dell'astrattismo statunitense.

TOBÌA (libro di), libro dell'Antico Testamento redatto tra il III e il II sec. a.C. Il libro narra di una famiglia ebrea deportata a Babilonia (T. è il nome del padre, cieco, e del figlio, che parte alla ricerca di un rimedio per la cecità del padre) ed evoca la vita religiosa delle comunità ebraiche esuli in epoca ellenistica.

TOBIN (James), *Champaign, Illinois, 1918 - New Haven, Connecticut, 2002*, economista statunitense. Autore di una teoria generale dell'equilibrio tra il valore finanziario e reale. Per arginare la speculazione propose, nei primi anni '70, l'applicazione di un'imposta su tutte le transazioni finanziarie internazionali (T. tax). (Premio Nobel 1981.)

TOBÌNO (Màrio), *Viareggio 1910 - Agrigento 1991*, scrittore. È autore di *Il figlio del farmacista* (1942), *Le libere donne di Magliano* (1953), *Il clandestino* (1962), *Sulla spiaggia e al di là dal molo* (1966), *La bella degli specchi* (1976), *La ladra* (1984), *La verità viene a galla* (1987).

TOBLACH → Dobbiaco.

TOBOL, f. della Russia, in Siberia, affl. di destra dell'Irtìš; 1591 km.

TOBRUQ, c. della Libia, in Cirenaica; 75.282 ab. — **Battàglia di Tobruq** (1941-1942), battaglia della campagna di Libia, tra i britannici e le forze dell'Asse. La c. fu conquistata da Montgomery nel nov. 1942.

TOCANTINS, f. del Brasile che sfocia nell'Atlantico; 2416 km.

TOCANTINS, Stato del Brasile; 1.157.098 ab.; cap. *Palmas*.

TOCCAFÓNDO (Gianluigi), *Rep. di San Marino 1965*, pittore. Ha realizzato numerose animazioni per il cinema, tra cui: *La coda* (1989), *La pista* (1991), *La pista del maiale* (1992), *Le criminel* (1993), *Pinocchio* (1999).

TÓCE, f. del Piemonte, che nasce dal Passo San Giacomo e sfocia nel Lago Maggiore. Forma la cascata della Frua (143 m); 83 km.

TOCQUEVILLE (Charles Alexis **Clérelde**), *Parigi 1805 - Cannes 1859*, storico e politico francese. Magistrato, si recò negli Stati Uniti ove studiò il sistema penitenziario e al ritorno in patria pubblicò *La democrazia in America* (1835-1840), opera fondamentale per i sostenitori del liberalismo politico. Ministro degli esteri nel 1849, nel 1856 pubblicò *L'ancien régime e la rivoluzione francese*.

TODD (Alexander Robertus, baróne), *Glasgow 1907 - Cambridge 1997*, chimico britannico. Realizzò la sintesi delle vitamine E e B1 e nel 1955 definì la struttura della vitamina B12. Studiò la struttura dei nucleotidi, e in part. delle quattro basi del DNA. (Premio Nobel 1957.)

TÖDI, vetta delle Alpi svizzere, a NE del massiccio dell'Aare-Gottardo; 3620 m.

TÒDI, com. in prov. di Perugia; 16.905 ab. Antica città etrusca e poi romana, fu libero comune. — Conserva importanti monumenti di epoca medievale tra cui il duomo (XII-XVI sec.), la chiesa di S. Maria della Consolazione (XVI-XVII sec.), i Palazzi dei Priori (XIII-XIV sec.), del Popolo e del Capitano (XIII sec.).

TODT (Fritz), *Pforzheim 1891 - Rastenburg 1942*, generale e ingegnere tedesco. Costruttore di autostrade (1933-1938) e della linea Sigfrido (1938-1940), diede il nome a un'organizzazione paramilitare che, con il reclutamento forzato di lavoratori stranieri, realizzò il Vallo atlantico.

TOEPLITZ (Giuseppe), *Varsavia 1866 - Sant'Ambrogio Olona 1938*, banchiere. Vicedirettore della Banca commerciale italiana dal 1895 al 1933, svolse un'importante politica di sostegno all'industria nazionale.

TOÈSCA (Pietro), *Pietra Ligure 1877 - Roma 1966*, storico dell'arte. Esperto di arte medievale, è autore di *Pittura e miniatura in Lombardia* (1912), *Il medioevo* (1913-1927), *Trecento* (1951).

TOFÀNE (le), massiccio montuoso delle Dolomiti, presso Cortina d'Ampezzo. Culmina nelle T. di Mezzo (3243 m).

TÒFANO (Sérgio), detto **Sto**, *Roma 1886-1973*, disegnatore. Collaborò al *Corriere dei Piccoli*, ideando nel 1917 il personaggio del Signor Bonaventura. Svolse anche un'intensa attività di attore teatrale, cinematografico e televisivo.

TOGLIATTI, già **Stavropol**, c. della Russia, sul Volga; 694.550 ab. Industrie automobilistiche.

TOGLIÀTTI (Palmiro), *Genova 1893 - Yalta 1964*, politico. Militò nel movimento giovanile socialista con A. Gramsci, con cui fondò nel 1919 il settimanale *L'Ordine Nuovo* e partecipò alla nascita del PCI (1921), di cui fu segretario generale dal 1927 alla morte. Partecipò alla Terza Internazionale e alla guerra civile in Spagna e, da Mosca, organizzò un fronte comune contro il fascismo. Al ritorno in Italia (1944) promosse la "svolta di Salerno", accettando di partecipare a governi di coalizione nella fase di ricostruzione. Vice presidente del consiglio nel 1944-1945 e ministro della giustizia nel 1945-1946, prese posizione a favore della destalinizzazione e del policentrismo nel movimento comunista. Subì un attentato il 14 lug. 1948.

TOGNÀZZI (Ricky), *Milano 1955*, regista cinematografico. Figlio di Ugo. *Piccoli equivoci* (1989), *Ultrà* (1991), *La scorta* (1993), *Vite strozzate* (1996), *I giudici* (1999), *Canone inverso* (2000), *Io ho* (2003).

TOGNÀZZI (Ùgo), *Cremona 1922 - Roma 1990*, attore e regista cinematografico. Tra i principali interpreti del cinema italiano del secondo dopoguerra, ha interpretato tra l'altro: *Il federale* (1961), *La voglia matta* (1962), *Marcia nuziale* (1965), *Il commissario Pepe* (1969), *La grande abbuffata* (1973), *Amici miei* (1975), *Il vizietto* (1978), *La*

tragedia di un uomo ridicolo (1981), *Il petomane* (1983), *Ultimo minuto* (1987), *Arrivederci e grazie* (1988). Come regista ha firmato: *Il mantenuto* (1961), *Sissignore* (1968), *Cattivi pensieri* (1976).

■ *Ugo Tognazzi.*

TÒGNI (Camillo), *Gussago 1922 - Brescia 1993*, compositore. Allievo di A. Casella e A. Benedetti Michelangeli, è stato il primo a introdurre la dodecafonia in Italia. Tra le sue opere più celebri: *Blaubart* (1975), *Barabbas* (1985).

TOGO, stato dell'Africa occ., sul Golfo di Guinea; 56.600 km²; 4.657.000 ab. (*togolesi*). CAP. *Lomé*. LINGUA: *francese*. MONETA: *franco CFA*.

GEOGRAFIA – Paese dal clima tropicale, più umido al S (occupato dalle foreste) che al N (regno della savana), il T. è ancora oggi essenzialmente rurale. Tuttavia, le esportazioni di prodotti agricoli (noci di palma, caffè, cacao, cotone) sono di gran lunga inferiori a quelle dei fosfati del Lago T., unica risorsa del sottosuolo degna di nota. Manioca e mais costituiscono la base dell'alimentazione.

STORIA – **XV-XVI sec.**: portoghesi e danesi esplorano la costa. La Danimarca stabilisce un protettorato nella regione, dove prospera la tratta degli schiavi. **Seconda metà del XIX sec.**: prevale il commercio dell'olio di palma. **1884**: l'esploratore Gustav Nachtigal stabilisce il protettorato tedesco sul paese, che prende il nome attuale. **1914**: gli Stati dell'Intesa occupano il protettorato. **1919**: il T. viene spartito tra Francia (che acquisisce la costa di Lomé) e Gran Bretagna (che occupa la parte occ.). **1922**: il mandato della Società delle Nazioni ratifica la spartizione. **1946**: il paese passa sotto la tutela dell'ONU. **1956-1957**: il N del T. britannico entra a far parte della Costa d'Oro, che assume il nome di Ghana. Il resto del territorio forma una repubblica autonoma. **1967**: un colpo di Stato conduce al potere il tenente colonnello Etienne Gnassingbé Eyadéma, che instaura un regime a partito unico. **1991**: viene ripristinato il multipartitismo. **1993** e **1998**: le elezioni presidenziali confermano E.G. Eyadéma capo dello Stato, ma il suo potere è contrastato da una forte opposizione. **2002**: Koffi Sama sale alla carica di primo ministro.

TOGO (Heihachiro), *Kagoshima 1847 - Tokyo 1934*, ammiraglio giapponese. Annientò la flotta russa a Port Arthur e a Tsushima (1905).

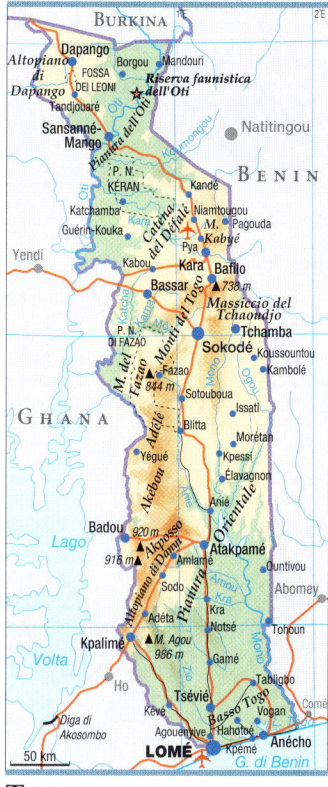

Togo

● più di 500.000 ab.
━ strada normale ● da 50.000 a 500.000 ab.
━ ferrovia ● da 10.000 a 50.000 ab.
✈ aeroporto ● meno di 10.000 ab.
200 500 700 m ★ importante località turistica

TOIRÀNO, com. in prov. di Savona; 1989 ab. Grotte con tracce umane e resti animali del Paleolitico.

TOJO (Hideki), *Tokyo 1884-1948*, generale e politico giapponese. Capo di Stato maggiore dell'esercito (1938) e capo del governo dal 1941 al 1944, determinò l'entrata del Giappone nel secondo conflitto mondiale. Fu giustiziato come criminale di guerra dagli americani.

TOJOLABAL, popolazione amerindia del Messico (Chiapas), discendente dai maya.

TOKAIDO (la) o **CINQUANTATRÉ STAZIONI DELLA TOKAIDO**, celebre serie di stampe realizzate da A. Hiroshige tra il 1833 e il 1834. Nell'opera sono rappresentate le stazioni che, nel XVII sec., costellavano la via tra Kyoto ed Edo. Commercianti indaffarati, lunghi cortei ufficiali e contadini sono immersi in paesaggi in cui si affermano il lirismo e la visione poetica dell'artista.

TOKAJ, c. dell'Ungheria settentr.; 5358 ab. Vini bianchi.

LA TOKAIDO. Quarantaseiesima stazione: Kameyama; *stampa della serie di A. Hiroshige, 1833-1834. (Museum of Art, Atami.)*

TOKIMUNE o **HOJO TOKIMUNE**, *1251-1284*, statista giapponese. Reggente di Hojo di Kamakura (1268-1284), respinse le invasioni mongole.

TOKOROZAWA, c. del Giappone (Honshu) sobborgo nord-occ. di Tokyo; 320.406 ab.

TOKUGAWA, clan aristocratico giapponese, discendente dei Minamoto, che costituì la terza, ultima e più importante dinastia shogunale (1603-1867).

TOKUGAWA (Ieyasu), *1542-1616*, statista giapponese. Fondatore della dinastia dei Tokugawa, si proclamò shogun ereditario (1603) dopo aver sconfitto i fedeli di Toyotomi Hideyoshi.

TOKUSHIMA, c. del Giappone (Shikoku); 268.706 ab. Centro industriale. — Giardino del XVI sec.

TOKYO, già **Edo** o **Yedo**, cap. del Giappone (Honshu); 7.967.614 ab. (26.444.000 ab. nell'agglomerato). Porto su una baia del Pacifico. Grande centro amministrativo, culturale, commerciale e industriale. — Giardini ornamentali. Musei (Museo nazionale). Centro olimpico e altri edifici eretti da Kenzo Tange. — T. divenne capitale del Giappone nel 1868. Distrutta dal sisma del 1923 e ricostruita, fu bombardata dall'aviazione statunitense nel 1945 (9-10 mar.).

TOKYO. *Quartiere di Ginza.*

TOLBUCHIN (Fëodor Ivanovič), *Androniki 1894 - Mosca 1949*, maresciallo sovietico. Distintosi a Stalingrado (1942), conquistò Sofia e Belgrado (1944) ed entrò in Austria (1945).

TOLEARA o **TOLIARA**, già **Tuléar**, c. del Madagascar, sul Canale del Mozambico; 61.000 ab. Porto.

TOLEDO, c. della Spagna centrale, capol. della Castiglia-La Mancia e capol. di prov., sul f. Tago; 68.537 ab. Centro turistico. Sede arcivescovile. — Importanti resti moreschi; chiese in stile *mudejar*, cattedrale gotica (opere d'arte) e altri edifici religiosi. Musei, tra cui quello dell'ospedale di Santa Cruz, di E. Egas; casa natale di El Greco. — Capitale dei visigoti (554 ca.), sede di diversi concili, T. fu conquistata dagli arabi nel 711. Ripresa da Alfonso VI nel 1085, rimase un importante centro culturale. Fu la capitale dei re castigliani, poi della Spagna fino al 1561.

TOLEDO, c. degli Stati Uniti (Ohio), sul Maumee, presso il Lago Erie; 313.619 ab. Centro industriale. Università. Museo di opere d'arte.

TOLEDO. *Interno della chiesa S. Maria la Blanca, antica sinagoga (XIII sec.).*

TOLEMÀIDE, appellativo di alcune città fondate in epoca ellenistica dalla dinastia dei Tolomei o in loro onore.

TOLENTÌNO, com. in prov. di Macerata; 18.934 ab. Centro industriale, stabilimenti balneari. Conserva la basilica di S. Nicola da T. (XIII-XVIII sec.). — Il 19 feb. 1797 vi fu firmata la cosiddetta pace di T. tra Napoleone Bonaparte e Pio VI.

TÓLFA (Mónti della), gruppo montuoso del Preappennino Laziale; culmina nel Monte Le Grazie (616 m).

TOLIMA (Nevado del), vulcano delle Ande della Colombia; 5215 m.

TOLKIEN (John Ronald Reuel), *Bloemfontein, Rep. Sudafricana, 1892 - Bournemouth 1973*, scrittore britannico, autore dell'epopea fantastica e allegorica de *Il signore degli Anelli* (1954-1955), adattata per il grande schermo dal neozelandese P. Jackson.

TOLLAN → TULA.

TOLLER (Ernst), *Szamocin, Posnania, 1893 - New York 1939*, drammaturgo tedesco. I suoi drammi espressionisti (*Uomo massa*, *Hinkemann*, *Oplà noi viviamo*) riflettono le sue convinzioni socialiste e pacifiste.

TOLMAN (Edward Chace), *West Newton, Massachussetts, 1886 - Berkeley 1959*, psicologo statunitense. Allontanatosi dal comportamentismo tradizionale, sottolineò il ruolo dello scopo nell'analisi del comportamento di ogni essere vivente (*Il comportamentismo intenzionale negli animali e negli uomini*, 1932).

TOLOMÈI, dinastia reale che governò l'Egitto dal 323 a.C. (morte di Alessandro Magno) al 30 a.C. (conquista romana). Annovera 15 sovrani di nome *Tolomeo.

TOLOMÈI (Clàudio), *Siena 1492 - Roma 1555 ca.*, letterato. Sostenne la maturità del volgare come lingua letteraria e la necessità di una riforma ortografica dell'italiano. Tra le sue opere: *Il polito* (1525), *Versi e regole della nuova poesia toscana* (1539).

TOLOMÈO, appellativo di 16 sovrani greci della dinastia dei Lagidi, che regnarono in Egitto dopo la morte di Alessandro Magno (323 a.C.). — **Tolomeo I Sotere**, *in Macedonia 367 ca. - 283 a.C.*, re d'Egitto e fondatore della dinastia dei Lagidi. Divenuto satrapo dell'Egitto dopo la morte di Alessandro Magno, conquistò Palestina, Siria, Cipro e Cirenaica. Fece di Alessandria una grande capitale. — **Tolomeo II Filadelfo**, *Coo 309 ca. - 246 a.C.*, re d'Egitto (283-246 a.C.). Figlio di T. I Sotere, cedette ad Antioco II l'Asia Minore (253 a.C.). Fece costruire il faro di Alessandria. — **Tolomeo III Evergete**, *280 ca. - 221 a.C.*, re d'Egitto (246-221 a.C.). Sotto il suo regno, l'Egitto raggiunse il culmine della sua potenza. — **Tolomeo V Epifane**, *210 ca. - 181 a.C.*, re d'Egitto (204-181 a.C.). Perse definitivamente Siria e Palestina. — **Tolomeo VIII** (o **VII**) **Evergete II**, *m. nel 116 a.C.*, re d'Egitto (145-116 a.C.). Il suo regno segna il tramonto del potere dei Lagidi in Egitto. In seguito, tra la fine del II sec. e il I sec. a.C., i Tolomei vengono sottomessi al potere di Roma. — **Tolomeo XIV** (o **XV**), *59-44 a.C.*, re d'Egitto (47-44 a.C.). Sposò la sorella, Cleopatra VII. — **Tolomeo XV** (o **XVI**) **Cesarione**, *47-30 a.C.*, associato al regno d'Egitto (44-30 a.C.). Figlio di Cesare e di Cleopatra VII, fu ucciso per ordine di Ottaviano.

TOLOMÈO (Clàudio), *Tolemaide Ermèa 100 ca. - Alessandria 178 ca.*, erudito greco. Alcune delle sue opere più importanti, *Mathematiké syntaxis* (o *Almagesto*), ampia raccolta delle conoscenze astronomiche dell'antichità, e la *Geographia*, hanno esercitato grande influenza sino al Rinascimento. T. riteneva che la Terra fosse al centro dell'universo ed elaborò un sistema cosmologico coerente con le osservazioni dei movimenti astronomici effettuate nella sua epoca.

TOLOMÈO CERÀUNO, *m. nel 279 a.C.*, re macedone. Figlio di Tolomeo I Sotere, fu diseredato e si rifugiò in Macedonia, dove cercò l'appoggio di Seleuco. Ucciso quest'ultimo per strappargli il dominio sulla Macedonia, sposò la vedova di Lisimaco e in seguito la costrinse alla fuga dopo averne ucciso i figli. Morì combattendo contro i galli.

TOLÓNE, in fr. **Toulon**, c. della Francia, capol. del dip. Var; 166.442 ab. (520.000 ab. ca. nell'agglomerato). Base navale sul Mediterraneo; centro amministrativo e commerciale. — Musei.

TOLÓSA, in fr. **Toulouse**, c. della Francia, capol. della reg. Pirenei Centrali e del dip. Haute-Garonne; 398.423 ab. (oltre 760.000 nell'agglomerato). Centro commerciale e industriale (industrie aeronautiche, metallurgiche, chimiche). — Romana (100-120 a.C.), fu capitale del regno visigoto (V sec.), del regno di Aquitania e della contea di T. — Nucleo medievale, basilica romanica di St.-Sernin (sec.), del regno di Aquitania e della contea di T. — Nucleo medievale, basilica romanica di St.-Sernin (1096); cattedrale gotica; chiese Les Jacobins (XIII-XIV sec.); Musée des Augustins presso il convento degli Agostiniani (XIV sec.).

TOLOSA. *La basilica di St-Sernin (XI-XII sec.).*

TOLSTOJ (Aleksej Nikolaevič), *Nikolaevsk 1883 - Mosca 1945*, scrittore russo. Autore di racconti che ripercorrono le vicende degli intellettuali russi della sua generazione (*La via dei tormenti*) e di romanzi storici (*Il pane*, *Ivan il Terribile*).

TOLSTOJ (Lev Nikolaevič), *Jasnaja Poljana, Tula, 1828 - Astapovo 1910*, scrittore russo. La sua opera, in cui rappresenta con sorprendente varietà di sfumature la società e l'animo russi, costituisce al contempo un tentativo di comprendere il proprio animo e di ottenere una sorta di redenzione. Il convivere in

T. di slanci mistici e spirito di contestazione fecero di lui un autore ammirato dalla gioventù russa (*Guerra e pace*, 1865-1869; *Anna Karenina*; *La sonata a Kreutzer*, 1890; *Resurrezione*, 1899).
■ *L.N. Tolstoj ritratto da I.N. Kramskoj. (Galleria Tret'jakov, Mosca.)*

TOLTÈCHI, popolazione amerindia che, intorno alla metà del X sec., si insediò a N dell'attuale Messico. I t. dominarono tutto il Messico centrale fino al 1160 ca. (cap. Tula). I resti architettonici rivelano concezioni strutturali innovative: grandi templi, arricchiti da decorazioni scultoree austere e rigorose, erano costruiti per accogliere i guerrieri. Guerra e morte ispirano anche gli aspetti decorativi, che associano l'aquila e il giaguaro, simboli degli ordini militari poi ripresi dagli aztechi.

TOLUCA DE LERDO, c. del Messico, cap. dello Stato federato di México; 435.125 ab.

TÒMA (Gioacchìno), *Galatina 1836 - Napoli 1891*, pittore. Esponente del verismo napoletano. Tra le sue opere: *L'obolo di san Pietro*, *La ruota dell'Annunziata*, *Luisa Sanfelice in carcere*.

TOMAKOMAI, c. del Giappone (Hokkaido); 169.328 ab. Porto.

TOMAR, c. del Portogallo (Estremadura); 43.007 ab. Fu la sede principale dei templari. Chiesa e convento del XII-XVI sec.

TOMÀSI DI LAMPEDÙSA (Giusèppe), *Palermo 1896 - Roma 1957*, scrittore. Divenne celebre per la pubblicazione postuma del romanzo *Il *Gattopardo*. Altre opere sono state pubblicate postume: *Racconti* (1961) e i saggi *Lezioni su Stendhal* (1971), *Invito alle lettere francesi del Cinquecento* (1979); *Letteratura inglese* (1990-1991).

TÓMBA (Albèrto), *San Lazzaro di Savena 1966*, sciatore. Vincitore di 3 medaglie d'oro alle Olimpiadi (slalom e gigante a Calgary nel 1988 e gigante ad Albertville nel 1992) e 2 ai Mondiali del 1996. Vincitore della Coppa del mondo nel 1995.

TOMBOUCTOU → TIMBUCTÙ.

TOMÉ (Narciso), *1690 - Toledo 1742*, architetto e scultore spagnolo. Autore dell'altare della cattedrale di Toledo (il "trasparente", 1722-1732).

TOMÌZZA (Fùlvio), *Materada 1935 - Trieste 1999*, scrittore. *Materada* (1960), *La quinta stagione* (1965), *Il bosco di acacie* (1966), *La miglior vita* (1977), *Franziska* (1997), *Nel chiaro della notte* (1999).

TOM JONES, eroe del romanzo *Tom Jones, o la storia di un trovatello* di Henry Fielding (1749). Trovato e allevato da un brav'uomo, T. J. dovrà fare i conti con la gelosia del nipote, ed erede, del suo salvatore. L'opera ispirò un'opera comica a Danican-Philidor (1765) e un film a T. Richardson (1963).

TOMMASÈO (Niccolò), *Sebenico 1802 - Firenze 1874*, letterato. Di origine dalmata, dal 1824 fu a Milano, dove conobbe A. Manzoni, e in seguito a Firenze dove collaborò con l'*Antologia*. Condannato per alcuni scritti a carattere antiaustriaco fu costretto all'esilio (1835). Tornato in Italia nel 1839, partecipò alle vicende della Repubblica veneta. Nell'ultima parte della sua vita abbandonò l'impegno politico, dedicandosi esclusivamente allo studio. Scrisse: *Confessioni* (1836), *Memorie poetiche* (1838), *Scintille* (1841) e, soprattutto, *Fede e bellezza* (1840). Fu inoltre autore di un *Dizionario dei sinonimi* (1830) e del fondamentale *Dizionario della lingua italiana*, con B. Bellini (1858-1879).

TOMMÀSO (sànto), uno dei dodici apostoli di Gesù (I sec.). La tradizione vuole che abbia evangelizzato la Persia e l'India. Il suo atteggiamento dubbioso di fronte all'annuncio della risurrezione di Cristo (Vangelo di Giovanni) ha fatto di lui il modello dell'incredulo, che non crede a ciò che non vede.

TOMMÀSO BECKET, in ingl. **Thomas Becket** (sànto), *Londra 1118 - Canterbury 1170*, ecclesiastico inglese. Amico del re Enrico II Plantageneto, fu nominato da questi cancelliere d'Inghilterra (1155) e in seguito arcivescovo di Canterbury (1162). Strenuo difensore dei diritti della Chiesa contro il potere del re, scomunicò quest'ultimo, che lo fece assassinare nella cattedrale di Canterbury.

TOMMÀSO DA CELÀNO, *Celano 1190 ca. - presso L'Aquila 1260 ca.*, francescano, uno dei primi discepoli di Francesco d'Assisi, e suo primo biografo. Gli viene attribuita una vita di santa Chiara e degli inni (*Dies irae*).

TOMMÀSO DA KEMPIS (Thomas **Hemerken**, detto), *Kempen, Renania, 1379 o 1380 - monastero di Sint Agnietenberg, presso Zwolle, 1471*, scrittore e mistico tedesco. È considerato il massimo esponente della *Devotio moderna*. Gli viene attribuita l'*Imitazione di Cristo*.

TOMMÀSO DA MÒDENA (Tommàso **Barisini** detto), *Modena 1326-1379*, pittore. Attivo soprattutto a Treviso, dove realizzò cicli di affreschi per il convento di S. Nicolò e la chiesa di S. Margherita, fu uno dei massimi rappresentanti dell'arte pregotica ed ebbe grande influenza sui successori.

TOMMÀSO D'AQUÌNO (sànto), *Roccasecca, Frosinone, 1225 - abbazia di Fossanova 1274*, teologo. Formatosi all'Università di Napoli, si trasferì a Parigi dopo aver deciso di divenire domenicano, e qui fu allievo di Alberto Magno alla facoltà di teologia. Maestro di teologia dal 1256, dal 1259 al 1269 fu in Italia, dove scrisse commenti alle maggiori opere di Aristotele. L'essenza del suo insegnamento (tomismo) è contenuta nella *Summa contra gentiles* (1269-1273) e nella *Summa theologiae* (1266 ca. -1273 ca.), che intende ristabilire, in armonia con la fede, l'autonomia della natura e della ragione e in cui si

San **TOMMASO D'AQUINO** in un affresco di Fra Bartolomeo, 1510-1511.
(Museo S. Marco, Firenze.)

sostiene la possibilità di fare della teologia una scienza. Dottore della Chiesa (1567).

TOMMÀSO MÒRO, in ingl. **Thomas More** (sànto), *Londra 1478-1535*, umanista e politico inglese. È autore della celebre *Utopia* (1516). Giurista e gran cancelliere del regno (1529), rifiutò di prestare giuramento all'Atto di supremazia (1534), che sanciva lo scisma anglicano, e disconobbe Enrico VIII. In seguito al suo rifiuto fu arrestato e giustiziato. È stato canonizzato nel 1935.

TOMONAGA (Shin-ichiro), *Kyoto 1906 - Tokyo 1979*, fisico giapponese. Nel 1945 propose una formulazione relativista della teoria dei campi, che venne utilizzata da R. Feynman e J. Schwinger. (Premio Nobel 1965.)

TOMSK, c. della Russia, in Siberia occ., sul f. Tom (827 km, affl. di destra dell'Ob); 467.656 ab. Università. Industrie petrolchimiche.

TONÀLE, valico stradale delle Alpi Retiche (1883 m), tra Lombardia e Trentino. Mette in comunicazione la Valcamonica con la Val di Sole. Ghiacciaio del Presena.

TONÀNI (Giusèppe), *1890-1971*, pesista. Nella categoria massimi, vinse la medaglia d'oro alle Olimpiadi di Parigi del 1924.

TONCHÌNO, reg. del Vietnam settentr., corrispondente al delta del Song Hong (Fiume Rosso) e ai rilievi che lo circondano; c. princ. *Hanoi* e *Haiphong*. La popolazione è concentrata nel delta del fiume, dove le opere di arginamento e irrigazione consentono la cultura intensiva del riso.

TONDÈLLI (Pièr Vittòrio), *Correggio 1955-1991*, scrittore. Tra i principali voci della letteratura italiana contemporanea, si è dedicato alla scoperta di nuovi talenti (progetto Under 25) e alla critica letteraria e sociale (*Un week-end postmoderno. Cronache degli anni Ottanta*, 1990). Nel 1989 ha fondato la rivista *Panta*. Opere: *Altri libertini* (1980), *Pao Pao* (1982), *Rimini* (1986), *Camere separate* (1989).

TÓNDO DÓNI, tavola di Michelangelo Buonarroti (1507 ca., Uffizi, Firenze). Unica opera su tavola di Michelangelo, rappresenta la Sacra famiglia con san Giovanni bambino. Il suo impianto narrativo si muove dallo sfondo, ove sono rappresentati uomini nudi, primitivi, al piano di mezzo, dove si trova il piccolo san Giovanni, umano ma allo stesso tempo proteso verso la divinità, fino al primo piano, ove sono rappresentati Maria e Giuseppe raccolti attorno al bambino.

Sacra Famiglia, detta **TONDO DONI**, di Michelangelo Buonarroti, 1507 ca.
(Uffizi, Firenze.)

TONÈLLI (Leònida), *Gallipoli 1885 - Pisa 1946*, matematico. Si dedicò allo studio del calcolo infinitesimale scoprendo la natura semicontinua dei funzionali.

TONGA, già **Isole degli Amici**, Stato dell'Oceania; 700 km²; 99.000 ab. CAP. *Nukualofa*. LINGUE: *tongano* e *inglese*. MONETA: *pa'anga*. [*V. carta di* **Kiribati**.] Arcipelago composto da ca. 170 isole e isolotti, corallini o vulcanici, situato tra il 15° parallelo S e il Tropico del Capricorno. Oltre due terzi degli abitanti vivono sull'isola di Tongatapu. — Scoperte dagli olandesi nel 1616, le isole T., protettorato britannico nel 1900, sono indipendenti (Commonwealth) dal 1970. Dal 1999 fanno parte dell'ONU.

TONGEREN, c. del Belgio, capol. del distretto di Limbourg; 29.598 ab. Antica città romana. Basilica gotica di Notre-Dame; musei.

TONGHUA, c. della Cina nord-orient. (Jilin); 1.199.382 ab. Centro industriale.

TONIÒLO (Giusèppe), *Treviso 1845 - Pisa 1918*, economista e sociologo. Esponente del cattolicesimo sociale, sostenne la necessità di applicare alla società i principi dell'etica e della solidarietà cristiane. Tra le sue opere: *La democrazia cristiana* (1900), *Il socialismo nella storia della civiltà* (1902).

TONLÉ SAP, lago della Cambogia, che si estende verso il Mekong (da cui riceve le acque nei periodi di piena). La superficie varia da 2700 km² a 10.000 km². Pesca.

TÖNNIES (Ferdinand), *Riep, att. in Oldenswort, Schleswig, 1855 - Kiel 1936*, sociologo tedesco. Analizzò la crisi della modernità, caratterizzata dalla scomparsa della "comunità", naturale e organica, a vantaggio della "società", razionale e regolata dal diritto (*Comunità e società*, 1887).

TOPEKA, c. degli Stati Uniti, cap. del Kansas, sul Kansas River; 122.377 ab.

TOPELIUS (Zacharias), *Kuddnäs 1818 - Sipoo 1898*, scrittore finlandese di lingua svedese. Cristiano e patriota, scrisse liriche (*Fiori d'erica*) e racconti.

TOPKAPI, palazzo dei sultani ottomani a Istanbul. Costruito tra il XV e il XIX sec., ospita oggi uno dei più ricchi musei di arte islamica.

TOPOLÌNO, settimanale di fumetti fondato a Milano nel 1932. Pubblica le storie dei personaggi di W. Disney, tra cui appunto T. (*Mickey Mouse*). Edito da Mondadori dal 1935, dal 1988 la Walt Disney Company ne ha riacquisito i diritti.

TOPOR (Roland), *Parigi 1938-1997*, disegnatore e scrittore francese di origine polacca. Autore dallo stile anacronistico, il cui umorismo nero è basato sull'orrido e l'assurdo.

TOR → THOR.

TORAH, TORA o **THORA**, denominazione ebraica dei primi cinque libri della Bibbia, o *Pentateuco*, che contengono i fondamenti della legge mosaica. Questo termine designa correntemente l'insieme delle leggi ebraiche.

TORAJA, popolazione indonesiana (Celebes) (ca. 600.000 individui). Abitanti delle zone montuose, i t. sono celebri per le case in legno decorate con incisioni policrome e per i complessi riti funebri. Professano un cristianesimo che convive con i riti antichi. Parlano una lingua maleo-polinesiana.

TORÀLDO DI FRÀNCIA (Giuliàno), *Firenze 1916*, fisico. Presidente della Società italiana di fisica dal 1967 al 1973, si occupa in particolare di ottica. Ha pubblicato opere divulgative e di riflessione sul ruolo della scienza nella società (*Il rifiuto. Considerazioni semiserie di un fisico sul mondo di oggi e di domani* (1978), *Dialoghi di fine secolo* (1996).

TORBAY, stazione balneare della Gran Bretagna (Inghilterra), sulla Manica; 116.000 ab.

TÓRBIDI (periodo dei), periodo della storia russa caratterizzato da instabilità politica in un contesto di grave crisi economica. Secondo alcuni storici la crisi cominciò nel 1598 (morte di Fëdor I), secondo altri nel 1605 (morte di Boris Godunov) e terminò con l'avvento di Michele III (1613).

TÓRBIDO (Francésco), detto **il Mòro**, *Venezia 1480 ca. - Verona 1562*, pittore. Allievo del Giorgione, lavorò agli affreschi del duomo di Verona (su disegno di G. Romano) e dell'abbazia di Rosazzo.

TÓRBOLE → NAGO-TORBOLE.

TORCÈLLO, piccola isola della Laguna Veneta, a NE di Venezia; 100 ab. Nel V-VI sec. vi si rifugiarono gruppi di veneti per sfuggire ai longobardi. Sede vescovile dal VII sec., fu importante centro commerciale. — Cattedrale in stile bizantino (VII sec.), chiesa di S. Fosca (XII sec.).

TORCELLO. La chiesa di S. Fosca (XI sec.).

TORDESILLAS (trattato di) (7 giu. 1494), trattato firmato a T. (Vecchia Castiglia), tra Spagna e Portogallo, che stabilì la linea di demarcazione tra i possedimenti coloniali nelle Americhe dei due paesi a 370 leghe a O delle isole di Capo Verde.

TORÈLLI (Giusèppe), *Verona 1658 - Bologna 1709*, compositore e violinista. Attivo a Bologna presso la Cappella di S. Petronio, gli si deve la nascita di del concerto solistico, in cui acquisì grande importanza il violino, e il rinnovamento della struttura del concerto grosso. Autore di sonate da chiesa e concerti, in cui introdusse oboe e fagotto.

TORÈLLI (Luigi), *Villa di Tirano 1810-1887*, patriota. Partecipò alle Cinque giornate di Milano (1848) e alla prima guerra d'indipendenza. Emigrato in Piemonte, fu deputato e ministro dell'agricoltura. Dopo l'unificazione fu prefetto a Palermo e Venezia.

TORÈLLI (Pompònio), *Montechiarugolo 1539 - Parma 1608*, letterato. Autore di poesie in latino (*Carminum libri VI*, 1600) e in italiano (*Rime amorose*, 1575) e soprattutto di tragedie (*Merope*, 1589; *Tancredi*, 1597; *Vittoria*, 1605; *Polidoro*, id.).

TORÈLLI-VIOLLIER (Eugènio), *Napoli 1842 - Milano 1900*. Nel 1876 fondò a Milano il *Corriere della Sera*, che diresse fino al 1898.

TOREZ, già *Čistjakovo*, c. dell'Ucraina; 116.000 ab. Giacimenti di combustibile fossile.

TORGA (Adolfo Correia **da Rocha**, detto Miguel), *São Martinho de Anta, Trás-os-Montes, 1907 - Coimbra 1995*, scrittore portoghese. Poeta (*Poesie iberiche*), autore di racconti (*Lapidari*) e romanzi (*La creazione del mondo*), mostrò un profondo attaccamento alla propria terra natale.

TORGAU, c. della Germania (Sassonia), sull'Elba; 19.571 ab. Castello medievale e rinascimentale. — Punto in cui si incontrarono gli eserciti sovietico e americano (25 apr. 1945).

TORÌNO, c. del Piemonte, capol. di reg. e di prov.; 903.705 ab. (ca. 1.294.000 ab. nell'agglomerato; *torinesi*). Importante snodo di comunicazione e centro industriale (in part. settore automobilistico, con la *FIAT*, e comparti connessi). Industrie alimentari, tessili, editoriali, chimiche e farmaceutiche. Centro culturale (università del 1404). — Fondata in epoca romana da Augusto (*Augusta Taurinorum*) e fu dominio longobardo e franco sotto Carlo Magno. Libero comune dal XII sec., più volte occupata dai francesi, nel XVI sec. acquistò grande importanza. Passata definitivamente ai Savoia nel 1814, fu capitale del regno d'Italia dal 1861 al 1864. — Porta palatina (I sec. a.C.); duomo (XV sec., con la Cappella della Sindone di G. Guarini) e chiese rinascimentali. Importanti edifici rococò (rifacimento di Palazzo Madama, di F. Juvarra; Palazzo Carignano); basilica di Superga (XVIII sec.); palazzina di caccia

TORINO. *Veduta della città con la Mole Antonelliana.*

di Stupinigi (1729-30), Palazzo Ducale, poi Reale, del XVII sec.; Mole Antonelliana (1863-1888). Museo nazionale del cinema, Galleria Sabauda. Numerosi musei (tra cui il museo Egizio, uno dei più importanti d'Europa). — Nella provincia, montuosa e collinare, si praticano l'agricoltura (cereali, prodotti ortofrutticoli, viti, foraggi) e le attività industriali (settori meccanico, automobilistico, tessile, elettronico). Turismo artistico, montano. Tra i centri principali: Ivrea, Chivasso, Collegno, Moncalieri, Pinerolo.

TORLÒNIA, famiglia romana di origine francese (XVII-XX sec.). — **Giovanni T.**, *Roma 1755-1829*. Fondò la banca omonima. — **Leopoldo T.**, *Roma 1853 - Frascati 1918*. Esponente della destra storica, fu sindaco di Roma (1887).

TORNABUÒNI, famiglia nobile fiorentina. — **Lucrezia T.**, *1425-1482*. Sposò Piero de' Medici e fu madre di Giuliano e Lorenzo. Svolse un'importante attività di mecenate. — **Niccolò T.**, m. *nel 1598*. Fu ambasciatore in Francia.

TORNARÉCCIO, com. in prov. di Chieti; 1997 ab. Cinta muraria del IV-V sec. a.C.

TORNATÓRE (Giusèppe), *Bagheria 1956*, regista cinematografico. *Il camorrista* (1986), *Nuovo cinema Paradiso* (1988, premio Oscar), *Stanno tutti bene* (1990), *La domenica specialmente* (1991), *Una pura formalità* (1994), *L'uomo delle stelle* (1995), *La leggenda del pianista sull'oceano* (1998), *Malena* (2000).

TORNE, f. della Svezia e della Finlandia, che segna il confine tra i due paesi prima di sfociare nel Golfo di Botnia; 510 km.

TÓRNO, com. in prov. di Como; 1231 ab. Centro turistico. Chiesa di S. Giovanni (XIV sec.) e villa Pliniana, con fonte intermittente (XVI sec.).

TÒRO, costellazione dello zodiaco, in cui il Sole passa dal 20 apr. al 20 mag. La stella più brillante è Aldebaran. — **Toro**, secondo segno zodiacale.

TORONTO, c. del Canada, capol. dell'Ontario, sul Lago Ontario; 653.734 ab. (4.651.000 ab. nell'agglomerato). Sede arcivescovile. Tre università. Centro finanziario, commerciale e industriale. — Torre nazionale del Canada (553 m). Musei. — Festival internazionale del cinema.

TORONTO. *Municipio (1958), costruito da Viljo Revell.*

TÒRO SEDÙTO, in ingl. **Sitting Bull**, in sioux **Tatanka Iyotake**, *Grand River, South Dakota, 1831-1890*, capo dei Sioux del Dakota, che combatté contro i coloni statunitensi ai tempi della conquista del West.

TORQUEMADA (Tomás **de**), *Valladolid 1420 - Ávila 1498*, domenicano e inquisitore spagnolo. Inquisitore generale della penisola iberica (1483), esercitò i suoi compiti con intolleranza e rigore. L'opera *Istruzione* (1484) pose le basi del diritto dell'Inquisizione.

TORRÀLBA, com. in prov. di Sassari; 1078 ab. Nuraghe Santu Antine (XV-XIII sec. a.C.).

TORRANCE, c. degli Stati Uniti (California); 137.946 ab.

TÓRRE ANNUNZIÀTA, com. in prov. di Napoli, nel Golfo di Napoli; 46.864 ab. Centro industriale (settori alimentare, farmaceutico, metalmeccanico) e turistico. — Resti di una villa romana del I sec. a.C.

TÓRRE DE' PÀSSERI, com. in prov. di Pescara; 3245 ab. Abbazia di S. Clemente a Casauria (XII sec.).

TÓRRE DEL GRÈCO, com. in prov. di Napoli, nel Golfo di Napoli; 92.994 ab. Centro industriale (settori alimentare, dell'abbigliamento, meccanico) e turistico. Pesca. — Basilica di S. Croce (XVI-XIX sec.).

TÓRRE DEL LÀGO PUCCÌNI, località nel com. di Viareggio. Casa e tomba di G. Puccini.

TORREFRÀNCA (Fàusto), *Monteleone Calabro 1883 - Roma 1955*, musicologo. È autore di *G. Puccini e l'opera internazionale* (1912), *Il segreto del Quattrocento: musica ariose e poesia popolaresca* (1939), *Le origini italiane del romanticismo musicale* (1930).

TORRÈGLIA, com. in prov. di Padova; 5819 ab. Villa dei Vescovi (XVI sec.).

TORREMOLINOS, stazione balneare della Spagna (Andalusia), sulla Costa del Sol; 41.281 ab.

TORRE NILSSON (Leopoldo), *Buenos Aires 1924-1978*, regista cinematografico argentino. Tra i suoi film, caratterizzati da forte impegno sociale, *La casa dell'angelo* (1957), *La caduta* (1959), *Fine di festa* (1960), *Pietra libera* (1976).

TORREÓN, c. del Messico settentr.; 502.964 ab.

TÓRRE PÈLLICE, com. in prov. di Torino; 4541 ab. Centro della chiesa valdese dal XVI sec.

TORRES (Luis **Váez de**), navigatore portoghese del XVII sec., a servizio della Spagna. Nel 1606 scoprì lo stretto che porta il suo nome.

TORRES (Strétto di), braccio di mare tra l'Australia e la Nuova Guinea; collega il Pacifico all'Oceano Indiano.

TORRES QUEVEDO (Leonardo), *Santa Cruz, presso Santander, 1852 - Madrid 1936*, ingegnere e matematico spagnolo. Autore di opere sul calcolo automatico e l'automazione, fu uno dei primi a utilizzare le onde hertziane per il comando a distanza. Costruì una teleferica a strapiombo sulle Cascate del Niagara.

TORRES RESTREPO (Camilo), *Bogotà 1929 - reg. di San Vincente de Chucuri 1966*, sacerdote e rivoluzionario colombiano. Persuaso della necessità di riforme sociali radicali, si allontanò dalla gerarchia cattolica e si unì alla guerriglia (1965). Fu ucciso in uno scontro con l'esercito.

TORRIÀNI → DELLA TORRE.

TORRICÈLLI (Evangelista), *Faenza 1608 - Firenze 1647*, matematico e fisico. Nel 1641, dopo che ebbe enunciato implicitamente il principio della conservazione dell'energia, G. Galileo lo volle a Firenze come suo collaboratore. Tra i fondatori del calcolo infinitesimale, introdusse il concetto di invisibili curvi (*Opera geometrica*, 1644), e quello di derivata, della quale dimostrò la relazione inversa con l'integrazione. Si occupò di balistica (parabola di T.), di idraulica fluviale e di meccanica dei fluidi (legge di T.), e pose i principi che sono alla base dell'idrodinamica. Nel 1644 scoprì e misurò la pressione atmosferica per mezzo di una colonna di mercurio contenuta in un sottile tubo di vetro (barometro a mercurio).

TORRINGTON → BYNG (George).

TORRÌTI (Jàcopo), XIII sec., pittore. Insieme a J. da Camerino realizzò i mosaici dell'abside di S. Giovanni in Laterano e di S. Maria Maggiore, a Roma.

TORSTENSSON (Lennart), cónte **di Ortala**, *castello di Torstena 1603 - Stoccolma 1651*, maresciallo svedese. Si distinse nella guerra dei Trent'anni (vittorie di Breitenfeld, 1642, e di Jankowitz, 1645).

TÒRTI (Francésco), *Bevagna 1763-1842*, letterato. Si schierò contro il purismo, in polemica con V. Monti: *Prospetto del Parnaso italiano* (1806-1812), *Il purismo nemico del gusto* (1818), *Antipurismo* (1820).

TORTOLÌ, com. in prov. di Nuoro; 1657 ab. Centro turistico. Porto di Arbatax.

TORTÓNA, com. in prov. di Alessandria; 26.543 ab. Antico centro dei liguri, poi romano (*Dertona*). Industrie alimentari, della plastica, del legno e dei laterizi. Chiesa di S. Maria del Canale (XIII-XIV sec.) e Palazzo Guidobono (XV sec.).

TORTOSA, c. della Spagna (Catalogna), sull'Ebro; 29.481 ab. Cattedrale gotica iniziata nel 1347, castello.

TORTÙGA (Ìsola della) in fr. *Tortue*, isola a N di Haiti. Francese dal 1665 al 1804, fu una delle basi dei bucanieri.

TORUŃ, c. della Polonia, sulla Vistola; 206.083 ab. Nucleo gotico; museo pomeraniano. — Fondata nel 1233 dai cavalieri teutonici, fece parte dell'Hansa, quindi fu annessa alla Polonia (1454).

TOSA, famiglia di pittori giapponesi la cui origine risale al XIV sec. I T. perpetuarono opere caratterizzate da grande vivacità nel XV e XVI sec., quindi in modo più formale fino al XIX sec., la tradizione della pittura profana nipponica, o *Yamato-e*, alla corte di Kyoto. — **Tosa Mitsunobu**, *1430 ca. - 1522 ca.*, principale rappresentante dei T., creò lo stile *Yamato-e*, in cui combinò colori vivaci a giochi di inchiostro.

TOSAP (Tàssa per l'occupazione di spàzi, àree e sottosuòli pùbblici), tributo comunale istituito nel 1993, dovuto per l'occupazione di suolo e sottosuolo pubblici.

TOSCÀNA, reg. dell'Italia centrale, che si affaccia a O sul Mar Tirreno. Confina a NO con la Liguria, a N con l'Emilia-Romagna, a E con le Marche, a SE con l'Umbria e a S con il Lazio; 22.992 km²; 3.460.835 ab. (*toscani*). Dieci province: *Firenze* (capol. di reg.), *Arezzo, Grosseto, Livorno, Lucca, Massa Carrara, Pisa, Pistoia, Prato, Siena*.

ASPETTI FISICI – Il territorio della regione è prevalentemente montuoso e collinare. Le coste sono basse e sabbiose, caratterizzate da alcuni promontori rocciosi a S di Livorno (Piombino, Argentario). La regione comprende il versante meridionale dell'Appennino Tosco-Emiliano e le propaggini orientali dell'Appennino Ligure. I rilievi sono solcati da ampie valli: Valdarno superiore, Lunigiana, Mugello, Casentino, Garfagnana. Numerose le alture dell'Antiappennino: Alpi Apuane, colline del Chianti, Colline Metallifere, Monte Amiata. Alla regione appartengono le isole dell'Arcipelago Toscano (Elba, Capraia, Giglio, Gorgona, Pianosa, Montecristo e altre minori), in prevalenza montuose. La T. presenta un clima di tipo mediterraneo sulla fascia costiera e continentale all'interno.

POPOLAZIONE – La regione, per la sua particolare morfologia, presenta una densità media non particolarmente elevata (150,5 ab. per km²). La popolazione si concentra soprattutto nell'area compresa tra Firenze, Carrara e Livorno. Nel complesso, la T. settentr. è caratterizzata da numerosi insediamenti di media grandezza. Il calo della natalità ha portato a un saldo naturale fortemente negativo (- 3,9%).

ECONOMIA – La T., grazie al ruolo fondamentale dell'industria e del terziario, è una delle regioni italiane maggiormente sviluppate. Il settore primario (2,4% dei redditi complessivi) si avvale di tecniche moderne e funzionali. Particolarmente diffusa la coltivazione di vite, cereali, girasoli, ortaggi. In declino, invece, la coltura dell'ulivo, di tradizione secolare. Il settore secondario fornisce il 31,07% dei redditi e si basa soprattutto sulle piccole e medie imprese e sull'artigianato. Di notevole rilievo le industrie tessili, conciarie, calzaturiere, metallurgiche e alimentari. In flessione le attività estrattive (lignite, pirite, marmo, alabastro), che fino agli anni '70 del secolo scorso hanno rivestito un ruolo di primo piano. Il settore terziario (66,53% dei

redditi) si articola principalmente nelle attività commerciali e turistiche. Queste ultime, favorite dall'alto livello delle strutture ricettive, si concentrano nelle numerose città d'arte, nelle località termali e sulla costa tirrenica.

STORIA – **Dalle origini al Rinascimento. VIII sec. a.C.**: nella regione fiorisce la civiltà etrusca. **V sec.**: i romani si impadroniscono progressivamente dei territori etruschi; **281**: conquistano definitivamente la regione. **I sec. d.C.**: la T. costituisce la VII regione augustea; **V sec.**: è invasa dagli ostrogoti di Radagaiso e in seguito da eruli, ostrogoti, bizantini e longobardi; **VI sec.**: viene riconquistata dai bizantini durante la guerra greco-gotica; nel 569 entra a far parte dei possedimenti longobardi. **774**: Carlo Magno suddivide la T. in contee. **812**: la regione viene riunificata e costituisce il marchesato della Tuscia, controllato dai Canossa fino alla morte della contessa Matilde (1115); **XII sec.**: si divide in comuni indipendenti, caratterizzati da un notevole sviluppo economico e culturale (Pisa, Arezzo, Lucca, Siena, Firenze). **XIII sec.**: la rivalità tra i comuni sfocia in sanguinosi conflitti (battaglia di Montaperti, 1260; battaglia di Campaldino, 1289). **XV sec.**: Firenze conquista Pisa e diventa una signoria sotto la guida dei Medici, imponendo la propria supremazia. **1532**: i Medici assumono il titolo di duchi e, dopo la conquista di Siena (1555), unificano la T. (Lucca, Massa, Carrara e lo Stato dei Presidi mantengono la propria indipendenza); **1569**: ricevono il titolo di granduchi di T.

Verso l'unità d'Italia. 1738-1859: il granducato, in seguito all'estinzione dei Medici, è sottoposto al dominio della casa di Lorena. Nel periodo napoleonico, tuttavia, si susseguono il regno d'Etruria (1801-1809) e il granducato di Elisa Bonaparte Baciocchi (1809-1814). **1859**: viene instaurato un governo provvisorio, presieduto da Ubaldino Peruzzi. **1860**: con un plebiscito la T. entra a far parte del regno d'Italia. **1865-1870**: Firenze è capitale d'Italia.

TOSCANÈLLI (Pàolo dal Pózzo), *Firenze 1397-1482*, astronomo e matematico. Collaboratore di F. Brunelleschi alla cupola del duomo di Firenze (ove pose lo Gnomone solstiziale), pare abbia influenzato C. Colombo affermando la possibilità di una rotta occidentale verso il Catai.

TOSCÀNI (Olivièro), *Milano 1942*, fotografo. Tra i più affermati fotografi italiani, ha collaborato con il gruppo Benetton dal 1982 al 2000, creando campagne pubblicitarie di grande impatto. Nel 1990 ha fondato la rivista *Colors* e nel 1993 il centro di ricerche sulla comunicazione Fabrica.

TOSCÀNI (Pièro), *1904-1940*, pugile. Medaglia d'oro dei pesi medi alle Olimpiadi di Amsterdam del 1928.

TOSCANÌNI (Artùro), *Parma 1867 - New York 1957*, direttore d'orchestra. Dopo alcuni anni come direttore d'orchestra al teatro Regio di Torino (1895-1898), nel 1898 divenne direttore artistico della Scala, carica che rivestì fino al 1903 e poi dal 1920 al 1929. In seguito diresse il Metropolitan Opera House di New York e l'orchestra sinfonica di questa città. Fu eccellente interprete di G. Puccini (diresse la prima della *Bohème*, 1896, della *Fanciulla del West* e della *Turandot*), di G. Verdi e R. Wagner.

TOSCÀNO (Arcipèlago), gruppo di isole tra la Toscana e la Corsica, nelle prov. di Livorno e Grosseto. Comprende sette isole principali (Ca-

Toscana

500 1000 1500 2000 m	★ importante località turistica	● oltre 50.000 ab.
	autostrada	● da 25.000 a 50.000 ab.
	strada normale	● da 10.000 a 25.000 ab.
	— ferrovia	• fino a 10.000 ab.
	✈ aeroporto	

praia, Elba, Giannutri, Giglio, Gorgona, Montecristo, Pianosa). Parco nazionale dal 1989.

TOSCOLÀNO-MADÈRNO, com. in prov. di Brescia; 7109 ab. Centro turistico sul Lago di Garda, chiesa di S. Andrea (XII sec.).

TOSHIBA, gruppo industriale nipponico attivo dal 1939 nel campo dell'elettronica e, in seguito, dell'informatica.

TÓSI, gruppo industriale rilevato nel 1894 da Franco Tosi (Milano 1850 - Legnano 1898) dalla precedente Officina Cantoni & C., attivo nella produzione di macchine a vapore e caldaie. Dal 1990 parte del gruppo ABB (Asea Brown Boveri), nel 1997 è stato incorporato in Italmobiliare.

TÓSI (Artùro), *Busto Arsizio 1871 - Milano 1956*, pittore. Vicino agli ambienti della scapigliatura, fu tra gli esponenti del gruppo *Novecento*.

TOTALFINAELF, gruppo petrolifero francese, nato dalla fusione, nel 1999 e nel 2000, tra Total, Petrofina ed Elf Aquitania. È anche un colosso della chimica.

TÒTI (Enrico), *Roma 1882 - Monfalcone 1916*, eroe della prima guerra mondiale. Bersagliere, nonostante l'amputazione di una gamba fu arruolato nel reparto ciclisti e ferito a morte scagliò contro il nemico la propria stampella.

TÒTILA, *m. a Caprara nel 552*, re degli ostrogoti (541-552). Si oppose ai bizantini, si stabilì a Roma (549) ed estese la sua egemonia sull'Italia merid., la Sicilia, la Sardegna e la Corsica. Fu sconfitto da Narsete nel 552.

TOTÌP, concorso settimanale a premi basato sul pronostico dei risultati delle corse ippiche. Istituito nel 1948, prevede l'indicazione sulla schedina dei segni convenzionali "1", "X" e "2" associati a 12 corse che raggruppano i cavalli in gara. Il montepremi è ripartito tra coloro che hanno totalizzato 10, 11 e 12 punti.

TOTÒ (Antònio de Cùrtis Gagliàrdi Dùcas Comnèno di Bisànzio, detto), *Napoli 1898 - Roma 1967*, attore teatrale e cinematografico. Affermatosi nel teatro di rivista (*Che ti sei messo in testa?*, 1944), interpretò film comici, nei quali diede prova di una notevole abilità mimica, proponendo una satira della società italiana: *Totò le Moko* (1949), *Totò cerca moglie* (1950), *Guardie e ladri* (1951), *L'oro di Napoli* (1954), *Siamo uomini o caporali?* (1955), *Totò, Peppino e... la malafemmina* (1956), *I soliti ignoti* (1958), *Uccellacci e uccellini* (1966).

TOTÒ con Peppino De Filippo.

TOTOCÀLCIO, concorso a premi basato sul pronostico dei risultati delle partite del campionato di calcio. Istituito nel 1946 da M. Della Pergola, prevede l'indicazione sulla schedina dei segni convenzionali "1", "X" e "2" associati di solito a 14 partite dei campionati di serie A, B e C. Il montepremi è ripartito tra coloro che hanno totalizzato 0, 12, 13 e 14 punti.

TOTONÀCHI, popolazione stanziata anticamente nella regione del Golfo del Messico, att. negli Stati di Veracruz e Puebla. Dominati dagli aztechi, i t. si allearono con i coloni spagnoli, ma conobbero in breve un inesorabile declino.

TOUAT, gruppo di oasi del Sahara algerino; capol. Adrar.

TOUBKAL (Djebel), vetta dell'Alto Atlante (Marocco), la più elevata dell'Africa settentr.; 4165 m.

TOUBOU, popolazione nomade del Ciad, del Niger e della Libia merid. (ca. 700.000 individui). Comprendono i teda, cammellieri, a N, e i daza, allevatori di bovini, a S. Di religione musulmana, parlano una lingua nilo-sahariana.

TOUCOULEUR, popolazione insediata in Senegal, Mali e Mauritania. Musulmani, sono noti per l'epopea conquistatrice guidata da Hagg 'Umar.

TOUGGOURT, oasi del Sahara algerino; 70.645 ab. Centro commerciale e turistico.

TOULOUSE-LAUTREC (Henri de), *Albi 1864 - castello di Malromé, Saint-André-du-Bois, 1901*, pittore e litografo francese. Dipinse ritratti, scene di music-hall e luoghi di svago parigini. Disegnatore dal tratto sintetico e rapido, è uno dei padri del moderno *manifesto* [V. parte nomi comuni.] (*La Goulue au Moulin-Rouge*, 1891; *Aristide Bruant*, 1892 e 1893). Parte della sua produzione è conservata nel museo di Albi.

TOULOUSE-LAUTREC. Il divano giapponese, 1892. (Musée de la publicité, Parigi.)

TOURAINE (Alain), *Hermanville-sur-mer 1925*, sociologo francese. Si è interessato in part. di sociologia occupazionale (*La coscienza operaia*, 1966) e di sociologia generale (*La produzione della società*, 1973).

TOURCOING, c. della Francia; 94.204 ab.

TOUR DE FRANCE, corsa ciclistica annuale a tappe, istituita nel 1903. In origine seguiva approssimativamente il perimetro della Francia.

TOURÉ (Sékou), *Faranah 1922 - Cleveland, Ohio, 1984*, politico guineano. Presidente della Confederazione generale dei lavoratori dell'Africa nera (1956), impedì l'ingresso della Guinea nel Commonwealth e guidò il paese nel processo di indipendenza (1958). Instaurò un regime dittatoriale.

TOURING CLUB ITALIÀNO → TCI.

TOURMALET (Col du), valico della Francia nei Pirenei centrali; 2115 m.

TOURNAI, c. del Belgio, capol. del distr. Hainaut; 67.227 ab. Centro industriale. Produzione di tappezzerie e porcellane di antica tradizione. — Capitale merovingia (V sec.). — Cattedrale di Notre-Dame (XII-XIII sec.).

TOURNAI. Cattedrale gotica di Notre-Dame (XII-XIII sec.).

TOURNEUR (Cyril), *1575 ca. - Kinsale, Irlanda, 1626*, drammaturgo inglese. *La tragedia del vendicatore*, a lui attribuita, è un buon esempio del gusto per l'horror tipico del teatro elisabettiano.

TOURNIER (Michel), *Parigi 1924*, scrittore francese. I suoi romanzi (*Venerdì o il limbo del Pacifico*, 1967; *Il re degli ontani*, 1970; *Le meteore*, 1975) e i suoi racconti manifestano il gusto per la leggenda.

TOURS, c. della Francia, capol. del dip. Indre-et-Loire, sulla Loira; 137.046 ab. (ca. 300.000 ab. nell'agglomerato). Industrie meccaniche ed elettroniche. Editoria. Turismo. — Antica capitale della Turenna. Cattedrale di St.-Gatien (XIII-XVI sec.). Museo di Belle Arti. Nei dintorni, resti del castello di Plessis-lès-Tours, che fu residenza di Luigi XI.

TOURVILLE (Anne de Cotentin, cónte di), *Tourville 1642 - Parigi 1701*, militare francese. Viceammiraglio, sconfisse la flotta anglo-olandese a Beachy Head (1690). Battuto presso la Hougue (1692), distrusse parte di una flotta mercantile anglo-olandese al largo di Lagos (1693).

TOUSCHEK (Bruno), *Vienna 1921 - Innsbruck 1978*, fisico di origine austriaca. Collaborò, nei laboratori scientifici di Frascati, alla realizzazione del primo anello di accumulazione Ada, quindi al successivo Adone.

TOUSSAINT LOUVERTURE, *Santo Domingo 1743 - Forte di Joux, presso Pontarlier, 1803*, politico e generale haitiano. Appoggiò il governo francese per l'abolizione della schiavitù (1794), ma poi proclamò l'instaurazione di una repubblica nera indipendente. Presidente dal 1801, capitolò di fronte alla spedizione inviata da Napoleone e morì poco dopo, durante la prigionia in Francia.

TOUTATIS → TEUTATES.

TÒVEL (làgo di), lago del Trentino-Alto Adige, in prov. di Trento; 0,5 km². Era noto per la colorazione rossastra delle acque nei mesi estivi, dovuta all'alga *Glenodinium sanguineum*, fenomeno che oggi non si verifica più a causa dell'inquinamento.

TOWNES (Charles Hard), *Greenville, Carolina del Sud, 1915*, fisico statunitense. Nel 1954 realizzò la prima emissione maser. Collaborò con L. Schawlow all'invenzione del laser (1958). (Premio Nobel 1964.)

TOWNSEND (John Sealy Edward), *Galway 1868 - Oxford 1957*, fisico britannico. Dopo aver messo a punto, in collaborazione con J.J. Thomson, il metodo per misurare la carica dell'elettrone (1897), si occupò del passaggio dell'elettricità nei gas, definendo la funzione degli ioni positivi e negativi (*scarica di T.*).

TOWNSVILLE, c. dell'Australia (Queensland), sul Mar dei Coralli; 109.914 ab. Porto. Metallurgia. Petrolchimica.

TOYAMA, c. del Giappone (Honshu), presso la Baia di Toyama (Mar del Giappone); 325.375 ab.

TOYNBEE (Arnold), *Londra 1889 - New York 1975*, storico britannico. Studioso delle civiltà, ha elaborato una teoria ciclica della loro storia (*Studio sulla storia*, 12 voll., 1934-1961).

TOYOHASHI, c. del Giappone (Honshu); 352.982 ab.

TOYONAKA, c. del Giappone (Honshu), sobborgo di Osaka; 398.908 ab.

TOYOTA, c. del Giappone (Honshu); 341.079 ab. Industrie automobilistiche.

TOYOTOMI (Hideyoshi), *Nakamura 1536 - Fushimi 1598*, politico giapponese. Successore di Oda Nobunaga (1582), fu primo ministro dal 1585 al 1598 e riuscì a unificare il Giappone. Tentò invano di conquistare la Corea (1592, 1597).

TOZEUR, c. della Tunisia, situata in un'oasi sulle rive dello Chott El-Djerid; 28.979 ab. Turismo.

TÒZZI (Federigo), *Siena 1883 - Roma 1920*, scrittore. Fondatore di *La Torre* (1913, con D. Giuliotti), collaboratore di *La Voce* e del *Messaggero della domenica*, scrisse romanzi di impronta autobiografica che contribuirono al passaggio dal naturalismo ottocentesco al decadentismo, di cui fu una delle voci più significative. Tra le opere, i romanzi *Con gli occhi chiusi* (1919), *Tre croci* (1920), *Il podere* (1921), il dramma *L'incalco* (1923) e i racconti *L'amore* (1920).

TÒZZI (Màrio), *Fossombrone 1895 - Saint-Jean-du-Gard 1979*, pittore. Si trasferì a Parigi nel 1919, dove entrò in contatto con altri artisti (G. De Chirico, G. Severini, F. De Pisis). Aderì a diversi movimenti pittorici, tra i quali la Metafisica e **Novecento.*

TPI → Tribunale penale internazionale per l'ex Iugoslavia.

TRABÀCI (Giovànni Marìa), *Montepeloso 1575 ca. - Napoli 1647*, compositore e organista. Maestro della Cappella reale di Napoli (1614), compose musica sacra, profana e strumentale, mescolando la tradizione napoletana con influssi internazionali.

TRABÀRIA (Bócca), valico dell'Appennino Tosco-Emiliano; 1049 m. È compreso tra la valle del Metauro e quella del Tevere.

TRÀCIA, reg. dell'Europa sud-orient. che si estende nell'estremità nord-orient. della Grecia, nella Turchia europea e nella Bulgaria merid. Fu divisa tra più parti tra il 1919 e il 1923.

TRACTATUS LOGICO-PHILOSOPHICUS, opera di L. Wittgenstein (1921), nella quale l'autore definisce un universo logicamente perfetto a partire da una definizione del linguaggio utilizzato per descriverlo. Rappresenta la base delle teorie del circolo di Vienna.

TRACTATUS THEOLOGICO-POLITICUS, trattato di B. Spinoza (pubblicato nel 1670), nel quale l'autore definisce i fondamenti della critica biblica ed evidenzia la distinzione tra ragione e rivelazione.

TRACY (Spencer), *Milwakee 1900 - Los Angeles 1967*, attore cinematografico statunitense. Grazie a una recitazione molto misurata e a una grande versatilità, ha saputo interpretare personaggi dalle caratteristiche opposte (*Quelli della zona*, F. Borzage, 1933; *Furia*, F. Lang, 1936; *Madame porta la culotte*, G. Cukor, 1949; *Il padre della sposa*, V. Minnelli, 1950; *L'ultimo hurrà*, J. Ford, 1958; *Indovina chi viene a cena?*, S. Kramer, 1967).

TRADE UNIONS ("Unioni di mestieri"), associazioni sindacali britanniche. Nate nel XVIII sec., all'epoca della prima rivoluzione industriale, e bandite nel 1799, furono legalizzate nel 1824. Nel 1875 l'abolizione del reato di sciopero diede nuovo impulso alle T. U., che negli anni successivi videro il numero degli iscritti aumentare velocemente. Nel XX sec. hanno collaborato in più occasioni con il Partito laburista, raggiungendo il numero massimo di iscritti negli anni 1960-1980, salvo poi subire le pesanti ripercussioni delle crisi degli anni '80.

TRAÉTTA (Tommàso), *Bitonto 1727 - Venezia 1779*, compositore. Dopo gli studi a Napoli, dove nel 1751 esordì al teatro S. Carlo con *Farnace*, fu maestro di cappella alla corte borbonica di Parma. Attivo anche a Venezia e San Pietroburgo, compose in part. opere drammatiche, influenzate dallo stile francese e dal melodramma italiano. Tra le opere, *Didone abbandonata* (1757), *Armida* (1758), *Ifigenia in Tauride* (1763), *Antigone* (1772).

TRAFALGAR (battàglia di) (21 ott. 1805), battaglia navale al largo del Cabo de T. (NO dello Stretto di Gibilterra) nella quale H. Nelson sconfisse la flotta franco-spagnola. Da allora la flotta britannica divenne la regina incontrastata dei mari.

TRAFALGAR SQUARE, piazza di Londra, presso il Tamigi. Colonna in onore di H. Nelson.

TRAHERNE (Thomas), *Hereford 1637 - Teddington 1674*, scrittore inglese. Esponente della poesia mistica, con le *Poesie di felicità* (1903) e le *Centurie di meditazione* (1908) esaltò la natura e la purezza di Dio nell'universo.

TRAIÀNA (colónna), colonna trionfale, alta 39 m e con un diametro di 4 m, eretta nel 113 nel foro Traiano a Roma, per commemorare le vittorie dell'imperatore in Dacia. È percorsa da un bassorilievo raffigurante circa 2500 personaggi, che si snoda a spirale sull'intera colonna.

TRAIÀNO, *Italica 53 - Selinunte di Cilicia 117*, imperatore romano (98-117). Nel 98 succedette a Nerva, che l'aveva adottato. Con la conquista della Dacia (campagne del 101-102 e del 105-107) garantì la stabilità delle frontiere sul Danubio, mentre in Oriente lottò contro i parti ed estese l'impero fino all'Armenia, alla Mesopotamia e all'Arabia nord-occ. Eccellente amministratore, fece costruire grandi opere pubbliche.

■ *Traiano. (Museo archeologico, Venezia.)*

TRAKL (Georg), *Salisburgo 1887 - Cracovia 1914*, poeta austriaco. È il cantore dell'angoscia per la morte e del rimpianto dell'innocenza. Le sue opere tradiscono l'influenza di A. Rimbaud, J.C.F. Hölderlin e degli espressionisti (*Crepuscolo e declino*, *Il sogno di Sebastiano*).

TRAMÈLLO (Alèssio), *Piacenza 1455 ca. - 1535 ca.*, architetto. Lavorò in part. nella città natale, combinando elementi del tardogotico con la lezione del Bramante. Tra le opere, la chiesa di S. Sisto (1499) e la chiesa di S. Maria di Campagna (1522-1528).

TRÀNI, com. in prov. di Bari, sul litorale adriatico; 53.732 ab. Agricoltura (ortaggi, olive, frutta). Industrie tessili, calzaturiere, alimentari. Pesca. Turismo balneare. — Duomo (XII-XIII sec., con portale di Barisano da T. del 1185 ca.); chiesa di S. Andrea (XI sec.). Castello (XIII sec.).

TRANSALPÌNA (Gàllia), nome conferito dai romani alla Gallia propriamente detta, situata al di là delle Alpi, per distinguerla dalla Gallia Cisalpina.

TRANSAMAZZÒNICHE (stràde), strade aperte nella reg. amazzonica del Brasile nel 1970. La strada principale collega Imperatriz con la frontiera peruviana.

TRANSCAUCÀSIA, reg. dell'Asia, a S del Caucaso. Comprende le tre repubbliche della Georgia, dell'Armenia e dell'Azerbaigian.

TRANSGIORDÀNIA, emirato del Medio Oriente fondato nel 1921, fu posto sotto mandato britannico nel 1922, divenne regno nel 1946 e nel 1949 assunse il nome di Giordania.

TRANSHIMALAYA, sistema montuoso della Cina (Tibet), a N dell'Himalaya.

TRANSIBERIÀNA, imponente ferrovia della Russia, che collega Mosca a Vladivostok (9297 km). Fu realizzata tra il 1891 e il 1916.

TRANSILVÀNIA, in rum. **Ardeal**, in ung. **Erdély**, reg. della Romania racchiusa dai Carpazi; c. princ. *Braov* e *Cluj-Napoca*. Integrata al regno di Ungheria all'inizio dell'XI sec., nel 1526 divenne principato vassallo degli ottomani. Annessa dagli Asburgo (1691), fu reintegrata all'Ungheria nel 1867. La sua assegnazione alla Romania (1918) fu sancita dal trattato di Trianon (1920).

TRANSILVÀNICHE (Àlpi), parte merid. dei Carpazi (Romania), tra la Transilvania e la Valacchia. La vetta più alta è il Moldoveanu (2543 m).

TRANSKEI, ant. bantustan del Sudafrica.

TRANSLEITÀNIA, reg. dell'Austria-Ungheria (1867-1918) situata a E del f. Leitha (a differenza della Cisleitania). Amministrata dall'Ungheria, comprendeva, oltre all'Ungheria stessa, la Transilvania e la Croazia-Slavonia.

TRANSNÌSTRIA, reg. della Moldavia, sulla riva E del Dnestr. La popolazione parla prevalentemente il russo.

TRANSOXIÀNA, ant. reg. dell'Asia centr. situata a NE del f. Oxus (att. Amudarja). La città principale fu Samarcanda.

TRANSVAAL, ant. prov. della zona nord-orient. del Sudafrica (c. princ. *Johannesburg* e *Pretoria*), che nel 1994 è stata divisa nelle prov. di Transvaal-Est (att. Mpumalanga), Transvaal-Nord (att. Provincia del Nord), Pretoria-Witwatersrand-Vereeniging (att. Gauteng) e in una parte della prov. di NO. Il T., in cui si stanziarono i boeri all'epoca del grande **Trek* (1834-1839), ottenne l'indipendenza, riconosciuta dai britannici, nel 1852. Nel 1857 divenne repubblica. Annessa temporaneamente dai britannici (1877-1881), mantenne l'indipendenza fino alla vittoria degli inglesi nella guerra anglo-boera (1902), che la trasformò in colonia britannica e ne fece una delle quattro province dell'Unione Sudafricana creata nel 1910.

TRÀPANI, c. della Sicilia, capol. di prov., sulla costa nord-occ. dell'isola; 69.453 ab. (*trapanesi*). Mercato agricolo. Industrie legate alla lavorazione del pesce. Attività portuali. Saline. Artigianato (corallo, oreficeria). — Fondata dai sicani, divenne base navale strategica per i cartaginesi (*Drepanon*) e fu conquistata dai romani nel 241 a.C. Fu poi dominata da vandali, bizantini, arabi, normanni, aragonesi, divenendo un importante centro economico (sale, tonnare, corallo). — Chiesa di S. Maria del Gesù (XVI sec.), santuario dell'Annunziata (XIV-XVII sec.), Palazzo della Giudecca (XIV sec.). Museo regionale Pepoli. — Nella provincia, collinare nell'interno e pianeggiante sulla costa, si praticano l'agricoltura e la pesca. Saline. Turismo balneare (Egadi, Pantelleria) e culturale (Segesta, Selinunte).

TRAPÀSSI (Piètro) → Metastasio.

TRAPPE (Notre-Dame de la), abbazia cistercense fondata nel 1140 a Soligny. Nel 1664 fu riformata dall'abate Armand de Rancé, che vi insediò i cistercensi di stretta osservanza, da allora denominati "trappisti".

TRASÀCCO, com. in prov. dell'Aquila; 6015 ab. Agricoltura (patate, cereali). Torre Febonio (XII sec.). Basilica dei SS. Rufino e Cesidio (XIII-XVII sec.). Chiesa della Madonna del Perpetuo Soccorso (1652).

TRÀSEA (Pèto), *m. a Roma nel 66*, politico romano. Autore di una *Vita* di Catone Uticense, si oppose a Nerone, che lo accusò di lesa maestà e lo costrinse a suicidarsi.

TRASÌBULO, *445 ca. - Aspendos 388 a.C.*, generale ateniese. Aiutato dai tebani, cacciò i Trenta tiranni (403 a.C.) e ristabilì la democrazia.

TRASÌLLO, *V sec. a.C.*, militare ateniese. Fu al fianco di Trasibulo nelle battaglie di Cinossema e Abido e fu sconfitto a Efeso (410 a.C.). Nominato nuovamente stratego alle Arginuse (406 a.C.), fu condannato a morte per non aver salvato i naufraghi.

TRASIMÈNO (Làgo), lago dell'Umbria, a O di Perugia; 128 km^2. Quarto per estensione in Italia, poco profondo, comprende tre isole (Maggiore, Minore, Polvese) ed è privo di emissari. Vi si pratica la pesca. Turismo balneare. Centri principali: Castiglione del Lago e Passignano del Trasimeno. — **Battaglia del Lago Trasimèno** (217 a.C.), battaglia della seconda guerra punica, che vide la vittoria di Annibale sul console romano Gaio Flaminio.

TRÁS-OS-MONTES, ant. prov. del Portogallo settentr.

TRAVANCORE, reg. storica dell'India, nella zona merid. dello Stato del Kerala.

TRAVEN (Berick T. **Torsvan**, detto Bruno), *Chicago 1890 - Città del Messico 1969*, scrittore statunitense di lingua tedesca. Vissuto per molti anni in Messico, vi ambientò la maggior parte dei suoi romanzi, caratterizzati da una vena drammatica e passionale. Tra le opere, *La nave della morte* (1926), *Il tesoro della Sierra Madre* (1827).

TRAVIÀTA (La) → Signora delle camelie (La).

TRÈBBIA, f. dell'Emilia, affl. di destra del Po; 115 km. Nasce dal Monte Prelà, nell'Appennino ligure; bagna Bobbio e Piacenza. — **Battaglia del Trebbia** (218 a.C.), battaglia della seconda guerra punica, vinta da Annibale contro il console romano Sempronio Longo. Nel 1799 il T. fu teatro di una seconda battaglia, in cui gli austro-russi sconfissero l'esercito francese.

TREBISÓNDA, in turco **Trabzon**, c. della Turchia, sul Mar Nero; 182.5521 ab. Porto. — Capitale di un impero greco (1204-1461) fondato da Alessio e Davide Comneno, che combatté contro i latini, l'impero di Nicea e i selgiuchidi, fu conquistata dagli ottomani nel 1461. — Monasteri e chiese di stile bizantino (trasformate in moschee dagli ottomani) risalenti al XIII-XIV sec.

TREBLINKA, campo di sterminio tedesco (1942-1945), a 80 km da Varsavia. Vi morirono circa 750.000 ebrei.

TŘEBOŇ (Maèstro di), *attivo a Praga dal 1380 ca. - 1390*, pittore ceco. Figura principale del **gotico* [*V. parte nomi comuni*] internazionale in Europa centrale, ebbe grande influenza sulla pittura tedesca (in part. in Baviera).

TREBONIÀNO GÀLLO (Gàio Vibio), *207 ca. - Interamna 253*, imperatore romano. Legato della Mesia Inferiore, succedette a Decio dopo la sua morte (251). Impegnato nella guerra contro i parti, fu ucciso dai soldati insieme al figlio.

TRECCÀNI (Ernèsto), *Milano 1920*, pittore. Figlio di Giovanni T. degli Alfieri, partecipò al gruppo di Corrente, segnalandosi per il forte impegno ideologico e il carattere autobiografico della sua opera.

TRECCÀNI DEGLI ALFIÈRI (Giovànni), *Montichiari 1877 - Milano 1961*, industriale ed editore. Attivo nell'industria tessile, senatore dal 1924, nel 1925 fondò l'istituto omonimo, poi diventato "Istituto dell'Enciclopedia Italiana" (1933), che pubblicò la prestigiosa *Enciclopedia italiana di scienze, lettere ed arti*. Tra le opere, *Enciclopedia Italiana Treccani. Idea, esecuzione, compimento* (1939).

TRE CRÓCI (Pàsso), valico delle Dolomiti; 1805 m. Collega la conca di Misurina con quella di Cortina d'Ampezzo.

TRÉDICI COMÙNI (altopiàno dei), territorio in prov. di Verona, nei Monti Lessini, tra la valle del torrente Chiampo e il Vaio dei Falconi. Nel XIII sec. vi si insediarono gruppi di origine tedesca e di lingua cimbra, che crearono una comunità autonoma composta da 13 comuni.

TRE GÓLE (diga delle), diga in costruzione sullo Yangzi Jiang, nella regione dello Ychang (gole Qutang, Wu e Xiling). La realizzazione di questa opera idraulica, la più grande del mondo, dovrebbe concludersi nel 2009.

TREK (Il grànde) (1834-1839), movimento di emigrazione dei boeri del Capo verso il Vaal e l'Orange provocato dalle ingerenze britanniche in Sudafrica.

TREMÈZZO, com. in prov. di Como, sulla riva occ. del lago omonimo; 1354 ab. Turismo estivo. Nei dintorni, Villa Carlotta (XVIII sec.).

TRÈMITI, arcipelago del Mar Adriatico; 3,06 km². È formato dalle isole San Domino, San Nicola e Capraia e da alcuni scogli, che appartengono al com. di Isole Tremiti. Agricoltura. Pesca. Turismo. — Resti preistorici risalenti al Neolitico. Chiesa di S. Maria (IX sec.).

TRE MOSCHÈTTIERI (I), romanzo di A. Dumas padre (1844). Athos, Porthos e Aramis, ai quali si unirà d'*Artagnan*, sono i protagonisti, oltre che di questa, di altre due opere dello stesso autore: *Vent'anni dopo* (1845) e *Il visconte di Bragelonne* (1850).

TRENET (Charles), *Narbona 1913 - Créteil 2001*, cantante francese. Le sue canzoni, che hanno spesso accenti jazz, sono poetiche e fantasiose (*Y a de la joie, Douce France, La mer*).

TRENT, f. della Gran Bretagna (Inghilterra), che si unisce all'Ouse e con esso forma l'Humber; 270 km.

TRÉNT'ÀNNI (guèrra dei) (1618-1648), serie di conflitti religiosi e politici che devastarono l'Europa, in part. il Sacro Romano Impero. La guerra, che coinvolse gran parte dei paesi europei, fu causata principalmente dall'antagonismo tra protestanti e cattolici e dalle inquietudini sollevate dalle ambizioni della casa d'Austria. Il conflitto scoppiò in Boemia, dove i protestanti si ribellarono all'autorità degli Asburgo (defenestrazione di Praga, 1618).

Periodo palatino (1618-1623). Ferdinando di Asburgo, re di Boemia, sostenitore di una restaurazione cattolica, viene deposto a favore dell'elettore palatino Federico V, calvinista. Nel 1620, i cechi sono sconfitti nella battaglia della Montagna Bianca dalle truppe di Ferdinando, divenuto imperatore con il nome di Ferdinando II, e dall'esercito cattolico comandato da J. Tilly.

Periodo danese (1625-1629). Cristiano IV di Danimarca, appoggiato dai principi protestanti, riprende le ostilità contro Ferdinando II. Sconfitto da A.W. Wallenstein nel 1629, firma la pace di Lubecca.

Periodo svedese (1630-1635). Con l'aiuto economico di Richelieu, il re di Svezia Gustavo II Adolfo, principe protestante, si pone a capo del partito che si oppone all'imperatore. Vincitore su J. Tilly a Breitenfeld (1631), a Lützen sconfigge Wallenstein, ma viene ucciso in battaglia.

Periodo francese (1635-1648). Richelieu, dopo aver dato segretamente il suo appoggio agli avversari degli Asburgo, interviene alleandosi con la Svezia, i Paesi Bassi e i principi protestanti tedeschi. Le vittorie francesi di Rocroi (1643) e Lens (1648) spingono gli Asburgo a firmare i trattati di Westfalia. La Germania esce dalla guerra fortemente indebolita.

TRÈNTA TIRÀNNI, i trenta membri, guidati da Crizia, di un consiglio oligarchico imposto da Sparta ad Atene (404 a.C.). Si distinsero per il lo-

ro dispotismo e le numerose esecuzioni e furono cacciati da Trasibulo (dic. 404 o gen. 403), il quale restaurò la democrazia.

TRENTÍN (Silvio), *San Donà di Piave 1885 - Padova 1944*, giurista e politico. Docente di diritto a Venezia, militante antifascista, nel 1926 abbandonò l'insegnamento e si trasferì in Francia, dove aderì al Partito d'azione e al movimento Giustizia e libertà.

TRÈNTINO, reg. storica dell'Italia settentr., corrispondente al territorio della prov. autonoma di Trento. Annesso al Tirolo (1816), fu restituito all'Italia con il trattato di Saint-Germain-en-Laye (1919).

TRENTINO-ALTO ADIGE, reg. dell'Italia settentr. Confina a NO con la Svizzera, a N con l'Austria, a SE con il Veneto e a SO con la Lombardia; 13.607 km²; 937.107 ab. (*trentini*). Due prov. autonome: *Trento* (capol. di reg.) e *Bolzano*.

ASPETTI FISICI – La regione comprende il bacino dell'Adige dalla sorgente ai Monti Lessini. La parte settentr. è denominata Alto Adige (Südtirol per gli austriaci). A N si estende il tratto iniziale delle Alpi Orientali (Alpi Venoste, Alpi Aurine, Alpi Pusteresi). A O si ergono i massicci dell'Ortles-Cevedale, dell'Adamello-Presanella e del Gruppo di Brenta. La parte orientale del T.-A. A. è occupata dalle Dolomiti (Marmolada, Catinaccio, Sella, Sassolungo, Odle). La regione include l'estremità settentr. del Lago di Garda. Il clima è tipicamente alpino, con forti escursioni termiche e precipitazioni abbondanti.

POPOLAZIONE – La scarsa densità media (68,9 ab. per km²) è legata principalmente alla morfologia del territorio. La popolazione si concentra nella valle dell'Adige e in quella dell'Isarco. L'Alto Adige è caratterizzato in prevalenza da insediamenti sparsi. Il saldo naturale è positivo (2,4‰), grazie soprattutto all'alto tasso di natalità della provincia di Bolzano.

ECONOMIA – La regione è caratterizzata da un notevole sviluppo economico: il reddito individuale è superiore alla media nazionale e il tasso di disoccupazione decisamente inferiore (3,2%). Il settore primario (4,3% dei redditi complessivi) è stato interessato, negli ultimi decenni, da un forte calo degli addetti, ma attualmente si avvale di moderne tecniche che favoriscono l'incre-

mento della produttività. Particolarmente diffusa la coltivazione della vite, della frutta (soprattutto mele) e dei foraggi. Di grande rilievo l'allevamento bovino e lo sfruttamento delle risorse forestali. Il settore secondario (25,6% dei redditi) vede la prevalenza delle piccole e medie imprese e può contare sull'ampia disponibilità di energia idroelettrica (20% circa della produzione italiana). Notevolmente sviluppate le industrie siderurgiche, tessili, alimentari, e cartarie, cui si affianca un fiorente artigianato (legno, ferro battuto). Il settore terziario (70,1% dei redditi) si basa soprattutto sulle attività commerciali e turistiche. La regione, ricca di località di villeggiatura, è al primo posto in Italia per numero di strutture ricettive.

STORIA – Dalle origini al XIX secolo. IV sec. a.C.: si stanziano nella regione gruppi di etruschi fuggiti dalla Pianura Padana per un'invasione di popolazioni galliche. **III sec.**: si sviluppa la civiltà dei reti. **II sec. a.C. - I sec. d.C.**: la regione viene colonizzata dai romani e inclusa da Augusto nella X regione italica; **IV sec.**: è un importante centro di diffusione del cristianesimo. **569**: diviene uno dei ducati longobardi. **774**: i franchi istituiscono la marca di frontiera di Trento. **952**: Ottone I ingloba la regione nell'impero germanico. **XIII sec.**: i conti del Tirolo, con l'aiuto di Ezzelino da Romano, conquistano parte del territorio; **1363**: cedono agli Asburgo l'alta valle dell'Adige. La regione viene inclusa tra i possedimenti imperiali. **1801**: i principati di Trento e Bressanone vengono soppressi e assegnati all'impero asburgico. **1806**: la regione è annessa alla Baviera; **1810**: entra a far parte del regno italico di Napoleone; **1815**: viene restituita all'Austria con il trattato di Vienna.

I conflitti mondiali. 1919: il territorio viene annesso all'Italia dopo la prima guerra mondiale (trattato di Saint-Germain-en-Laye). **1926**: l'Alto Adige, abitato da una popolazione in maggioranza tedesca, costituisce la provincia di Bolzano. Durante il fascismo è sottoposto a una politica di italianizzazione forzata. **1939**: un accordo con il governo di Berlino stabilisce il trasferimento in Germania degli altoatesini che hanno deciso di adottare la cittadinanza tedesca. **1946**: l'Alto-Adige ottiene un'ampia autonomia amministrativa.

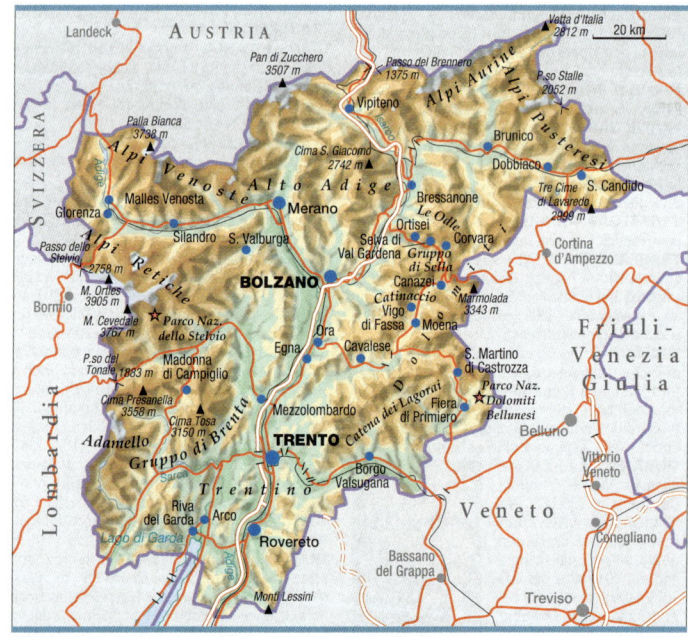

Trentino-Alto Adige

500 1000 2000 3000 m

★ importante località turistica
⬤ oltre 100.000 ab.
⬤ da 20.000 a 50.000 ab.
⬤ fino a 20.000 ab.

autostrada — ferrovia
strada normale ✈ aeroporto

TRÈNTO, c. del Trentino-Alto Adige, capol. di reg. e di prov., sull'Adige; 104.906 ab. (*trentini*). Importante centro industriale (settori chimico, metalmeccanico, della gomma, tessile) e mercato agricolo. — Di origine preromana, fu conquistata dai romani nel 222 a.C. (*Tridentum*). In seguito dominata da ostrogoti e bizantini, fu ducato longobardo e marca franca e nel X sec. entrò nell'orbita del Sacro Romano Impero. Di fatto governata dai vescovi fino al XIII sec., fu poi sottoposta al dominio dei conti del Tirolo e, dal XIV sec., degli Asburgo. Fu annessa all'Italia dopo la prima guerra mondiale. Nel XVI fu sede del concilio di *Trento. — Duomo romanico-gotico (XII-XIII sec.), Palazzo Pretorio, chiese di S. Maria Maggiore (XVI sec.) e di S. Francesco Saverio, barocca. Castello del Buonconsiglio (XIII-XV sec.), che ospita il Museo nazionale tridentino e il Museo trentino del Risorgimento. Museo diocesano. — Nella provincia, molto estesa e interamente montuosa (Dolomiti, Adamello, Lagorai) si praticano l'agricoltura, la silvicoltura e l'allevamento bovino. Sfruttamento idroelettrico. Turismo estivo e invernale. Centri principali Rovereto, Riva del Garda.

TRENTO. *Piazza del duomo.*

TRÈNTO (concilio di), concilio ecumenico che si tenne a Trento dal 1545 al 1547, a Bologna dal 1547 al 1549 e di nuovo a Trento nel 1551-1552 e nel 1562-1563. Convocato da Paolo III nel 1545 e chiuso da Pio IV, il concilio fu fondamentale per la Riforma cattolica (o Controriforma), con la quale la Chiesa romana affrontò le questioni poste dalla Riforma luterana e riaffermò solennemente i propri dogmi.

TRENTON, c. degli Stati Uniti, cap. del New Jersey, sul f. Delaware; 85.403 ab.

TRÈSA, f. della Lombardia; 14 km. Nasce dal Lago di Lugano, segna per un tratto il confine tra Italia e Svizzera e si getta nel Lago Maggiore.

TRESCÒRE BALNEÀRIO, com. in prov. di Bergamo; 8020 ab. Industrie tessili e delle materie plastiche. Impianti termali (acque sulfuree). Capella Suardi, con affreschi di L. Lotto (XVI sec.).

TRÉ SIGNÓRI (Picco dei), cima delle Alpi Noriche, al confine tra Italia e Austria; 3498 m.

TRESÌVIO, com. in prov. di Sondrio, in Valtellina; 1925 ab. Agricoltura (cereali, frutta). Santuario della S. Casa (XVII sec.).

TRÈS RICHES HEURES, manoscritto con miniature dei fratelli de Limbourg realizzato, tra il 1413 e il 1416, per il duca Jean de Berry (castello di Chantilly). L'opera è caratterizzata da illustrazioni a pagina intera che fondono qualità fiamminghe (osservazione precisa del reale, preziosa fonte di notizie sulla vita dell'epoca) e italiane (nuovi valori plastici).

TRES ZAPOTES, centro religioso degli olmechi (Messico, nella zona merid. dello Stato di Veracruz). Vi furono scoperte numerose teste di dimensioni colossali e la più antica stele con incisioni (31 a.C.).

TRET'JAKOV (Pavel Michajlovič), *Mosca 1832-1898*, collezionista russo. Insieme al fratello Sergej raccolse un'importante collezione di opere d'arte contemporanea, che nel 1892 donò alla città di Mosca. La galleria T., nazionalizzata nel 1918, è att. una delle più importanti d'Europa.

TRET'JAKOV (Sergej Michajlovič), *Kuldiga 1892 - in prigionia 1939*, scrittore e critico russo. Collaboratore di S.M. Ejzenštejn e V.V. Majakovskij al LEF (1923-1929), lavorò anche come sceneggiatore cinematografico. Tra le opere, *Ascolta, Mosca!* (1923), *Urla, Cina!* (1926), *Gente di un solo fuoco* (1936).

TRETS, c. della Francia, nel dip. Bouches-du-Rhône; 9395 ab. Monumenti medievali.

TREVELYAN (George Macaulay), *Stratford-on-Avon 1876 - Cambridge 1962*, storico britannico. Docente a Cambridge e al Trinity College di Dublino, pubblicò numerosi saggi sulla storia dell'Inghilterra e il Risorgimento italiano. Tra le opere, *Garibaldi alla difesa della Repubblica Romana* (1907), *Garibaldi e la formazione d'Italia* (1911), *La rivoluzione inglese del 1688-89* (1938), *Storia della società inglese* (1942).

TRÈVES (Claudio), *Torino 1869 - Parigi 1933*, politico e giornalista. Militante socialista e collaboratore di *Critica Sociale*, fu poi uno dei principali esponenti dell'ala riformista e direttore dell'*Avanti!* (1910-1912). Membro del Partito socialista unitario dal 1922, diresse *La giustizia* e dopo l'esilio in Francia (1926) continuò l'attività di opposizione al regime fascista come direttore di *La libertà*.

TRÈVES (Emilio), *Trieste 1834 - Milano 1916*, editore. Proprietario di una tipografia, nel 1861 fondò con il fratello Giuseppe (Trieste 1838 - Milano 1904) la casa editrice Fratelli T. Editori, che pubblicò le opere di molti autori di spicco (E. De Amicis, G. Deledda, G. Verga), e nel 1873 fondò la rivista *L'illustrazione italiana*. Nel 1939 la società passò sotto il controllo della Garzanti.

TRÈVI, com. in prov. di Perugia; 7712 ab. Industrie tessili e del mobile. Chiese di S. Emiliano (XII sec.), di S. Francesco (XIII sec.). — Nei dintorni, santuario della Madonna delle Lacrime (XV sec.), con affreschi del Perugino.

TRÈVI (fontàna di), fontana di Roma. Progettata da N. Salvi e realizzata nel 1762 in stile tardobarocco, è decorata da numerose statue.

TREVÌGLIO, com. in prov. di Bergamo; 25.647 ab. Centro industriale e zootecnico. Chiesa di S. Martino (XV sec.).

TRÈVIRI, in ted. **Trier**, c. della Germania (Renania-Palatinato), sulla Mosella; 99.891 ab. — Fondata da Augusto nel 15 ca. a.C., nel X sec. fu annessa al Sacro Romano Impero. I suoi arcivescovi divennero principi elettori nel 1257. — Resti romani (Porta Nigra, terme, basilica), cattedrale (IV-XII sec.; tesoro) e altri monumenti; musei.

TRÈVISO, c. del Veneto, capol. di prov.; 81.771 ab. (*trevigiani* o *trevisani*). Mercato agricolo. Industrie alimentari, meccaniche, tessili, cartarie, della ceramica. — Municipio romano, fu in seguito ducato longobardo e marca franca. Libero comune dal XII sec., dal XIII sec. fu signoria degli Ezzelini, poi dei da Camino e degli Scaligeri. Caduta sotto il dominio di Venezia dal 1339 al 1797, fu poi in mano austriaca fino al 1866. — Centro storico di impianto medievale. Duomo (XI-XII sec., con interventi successivi), chiese di S. Nicolò, romanico-gotica (XIII-XIV sec.), di S. Vito (XII-XVI sec.), di S. Caterina dei Servi di Maria (XIV sec.). Loggia dei cavalieri (XII-XIII sec.). — Nella provincia, in prevalenza pianeggiante, si praticano agricoltura e allevamento bovino. Industrie tessili, dell'abbigliamento, delle calzature, del legno. — Centri principali: Conegliano, Vittorio Veneto, Castelfranco Veneto, Oderzo.

TREVITHICK (Richard), *Illogan, Cornovaglia, 1771 - Dartford, Kent, 1833*, ingegnere britannico. Costruì e realizzò, nel 1803, la prima locomotiva a vapore.

TREXÈNTA, reg. storica della Sardegna centromerid., in prov. di Cagliari. Centro principale: Senorbì.

TREZZÌNI (Doménico), *Astano 1670 ca. - San Pietroburgo 1734*, architetto. Al servizio di Pietro il Grande, diede a San Pietroburgo il suo volto barocco: Palazzo d'Estate, Palazzo d'Inverno, cattedrale di S. Pietro e Paolo, collegio dei Dodici.

TRIÀNGOLO D'ÒRO, nome conferito alla zona montuosa del Sudest asiatico compresa tra Myanmar, Thailandia e Laos. Produzione di oppio.

TRIANON (trattato di) (4 giu. 1920), trattato firmato al termine della prima guerra mondiale. Vi si decise la sorte dell'Ungheria, il cui territorio fu ridotto alla sola zona centrale della media pianura del Danubio.

TRIBONIÀNO, m. nel 545 ca., giurista e politico bizantino. Coordinò la redazione del *Codice giustinianeo*, del *Digesto* e delle *Istituzioni*.

TRIBUNÀLE PENÀLE INTERNAZIONÀLE PER L'EX IUGOSLÀVIA (TPIY o, correntemente, TPI), giurisdizione internazionale creata nel 1993 sotto l'egida dell'ONU per giudicare i presunti colpevoli di crimini (genocidi, crimini contro l'umanità) commessi nell'ex Iugoslavia dal 1991. Ha sede a L'Aia. Sul medesimo modello è stato creato, nel 1994, il Tribunale penale internazionale per il Ruanda (TPIR), con sede ad Arusha (Tanzania).

TRICÀRICO, com. in prov. di Matera; 6600 ab. Conserva l'antico aspetto medievale: quartiere saraceno (X sec.), cattedrale (XI sec.), torre (XV sec.).

TRICHINOPOLY → Tiruchchirapalli.

TRICHUR, c. dell'India, a N di Cochin; 317.474 ab. Pellegrinaggi shivaiti; templi.

TRÌCOMI (Francésco Giàcomo), *Napoli 1867 - Torino 1978*, matematico. Si dedicò in particolare allo studio delle equazioni differenziali alle derivate parziali e diede un contributo fondamentale allo studio dell'aerodinamica transonica.

TRIENNÀLE DI MILÀNO, esposizione internazionale di arte e architettura, con sede nel Palazzo dell'Arte progettato da Muzio. Nata nel 1923, programmata con cadenza biennale, si trasferì nella sede attuale nel 1933. Dal 1999 è una fondazione.

TRIER (Lars von), *Copenaghen 1956*, regista cinematografico danese. Spesso provocatorio, ricombina i diversi generi cinematografici per creare opere di grande impatto visivo (*L'elemento del crimine*, 1984; *Le onde del destino*, 1996; *Dancer in the dark*, 2000; *Dogville*, 2003).

TRIÈSTE, c. del Friuli-Venezia Giulia, capol. di reg. e di prov., sul Golfo di T., nei pressi della frontiera slovena; 216.459 ab. (*triestini*). Importante porto commerciale e nodo di comunicazione e commercio con l'Austria. Industrie cantieristiche, petrolchimiche, siderurgiche, meccaniche, farmaceutiche. — Colonia romana nel I sec. a.C. (*Tergeste*), centro bizantino e poi franco, nel 1202 passò a Venezia e nel 1382 divenne possedimento degli Asburgo, che la governarono quasi ininterrottamente fino al 1918, anno in cui fu annessa all'Italia. Sotto il controllo tedesco dal 1943, il 1° mag. 1945 T. fu occupata dagli iugoslavi e in seguito divisa (accordo Alexander-Tito, 9 giu.) in una zona d'occupazione iugoslava e una americana. Divenuta Territorio libero di T. con i trattati di pace del 1947, che assegnavano la parte sudorient. dell'Istria alla Iugoslavia, restò provvisoriamente divisa in due zone (una governata dagli anglo-americani e una dagli iugoslavi). Con il patto di Londra (6 ott. 1954) si giunse infine a una divisione definitiva: l'Istria occ. andò alla Iugoslavia e T. e l'area circostante all'Italia. Nel 1963 fu istituita la regione autonoma Friuli-Venezia Giulia, di cui T. divenne capoluogo. I trattati di Osimo (1975) sancirono questa situazione. — Resti di epoca romana (basilica, tempio capitolino, teatro, arco di Riccardo). Chiesa di S. Giusto, che nasce dall'unione di due chiese (XIV sec.), castello di S. Giusto (XV sec.). Numerosi musei (Museo civico Revoltella, Museo della Resistenza). Nei pressi, castello di Miramare (XIX sec.). — La provincia, la meno estesa d'Italia, è costituita da una stretta fascia costiera in cui si praticano pesca e agricoltura.

TRIESTE. *Il lungomare.*

TRIFONOV (Jurij Valentinovič), *Mosca 1925-1981*, scrittore. È autore di *Gli studenti* (1950), *Sotto il sole* (1959), *I riflessi del rogo. Vita e morte di un rivoluzionario sovietico* (1966), *Il lungo addio* (1971), *Un'altra vita* (1975), *L'impazienza* (1978), *Il vecchio* (1979), *Il tempo e il luogo* (1983).

TRIGGIÀNO, com. in prov. di Bari; 26.008 ab. Centro industriale, lavorazione del legno, della gomma e dei tessuti.

TRÌGNO, f. dell'Italia centrale, al confine tra Abruzzo e Molise; 84 km. Nasce nel Sannio e sfocia nell'Adriatico.

TRILLÌNI (Giovànna), *Jesi 1970*, fiorettista. Ha conquistato la medaglia d'oro individuale ai campionati mondiali del 1991 e del 1997 e alle Olimpiadi di Barcellona del 1992. In squadra ha vinto numerose edizioni dei campionati mondiali e le Olimpiadi di Barcellona, di Atlanta (1996) e di Sydney (2000).

TRILÙSSA (Càrlo Albèrto **Salùstri**, detto), *Roma 1871-1950*, poeta. Utilizzò il dialetto romano come veicolo di una poesia complessa, ove il gusto del racconto popolare convive con momenti di forte lirismo, con la satira e il motteggio. Tra le opere, *Quaranta sonetti romaneschi* (1895), *Caffè-concerto* (1901), *Ommini e bestie* (1908), *Lupi e agnelli* (1919), *La gente* (1927).

TRIMBLE (David), *Belfast 1944*, politico nordirlandese. Dirigente protestante moderato, leader dell'Ulster Unionist Party dal 1995, è uno dei fautori degli accordi conclusi nel 1998. Nel 1999 è stato eletto primo ministro del governo semiautonomo dell'Irlanda del Nord. (Premio Nobel per la pace 1998.)

TRIMURTI, triade divina induista, composta da Brahma, Vishnu e Shiva.

TRINÀCRIA, antico nome della Sicilia (dal gr. *tréis ákra*, tre promontori). Con regno di T. si indicavano i possedimenti di Federico II dopo la pace di Caltabellotta (1302).

TRINIDAD E TOBAGO, Stato delle Antille, al largo del Venezuela; 5128 km^2; 1.300.000 ab. CAP. *Port of Spain*. LINGUA: *inglese*. MONETA: *dollaro di Trinidad e Tobago*. [*V. carta del* **Venezuela**.] Trinidad occupa 4827 km^2 e vi risiede il 95% ca. della popolazione totale, formata da neri e amerindi, la cui struttura sociale deriva dalla colonizzazione e dallo sviluppo delle piantagioni di canna da zucchero e cacao. Le risorse principale sono oggi rappresentate da petrolio e gas naturale. — Scoperta da C. Colombo nel 1498, Trinidad fu contesa dalle grandi potenze prima di essere ceduta alla Gran Bretagna nel 1802. Dal 1962, costituisce con Tobago uno Stato indipendente, membro del Commonwealth.

TRINTIGNANT (Jean-Louis), *Piolenc 1930*, attore cinematografico francese. Ha recitato tra l'altro in *E dio creò la donna* (R. Vadim, 1956), *Il sorpasso* (D. Risi, 1962), *La mia notte con Maud* (É. Rohmer, 1969), *Finalmente domenica* (F. Truffaut, 1983), *Tre colori - Film rosso* (K. Kielowski, 1994).

TRIOLET (Elsa), *Mosca 1896 - Saint-Arnoult-en-Yvelines 1970*, letterata francese di origine russa. Moglie e ispiratrice di L. Aragon, scrisse romanzi e novelle.

TRIPARTÌTO (pàtto) (27 sett. 1940), patto firmato da Germania, Italia e Giappone, che prevedeva l'instaurazione di un nuovo ordine in Europa e in Estremo Oriente. Vi aderirono Ungheria, Romania e Slovenia (nov. 1940) e Bulgaria (mar. 1941).

TRÌPLICE ALLEÀNZA → ALLEANZA (Triplice).

TRÌPLICE INTÉSA, alleanza creata sulla base di accordi bilaterali conclusi a partire dal 1907 tra Francia, Gran Bretagna e Russia, allo scopo di fronteggiare la Triplice Alleanza.

TRÌPOLI, c. del Libano settentr.; 240.000 ab. Porto.

TRÌPOLI, cap. della Libia, sul Mar Mediterraneo; 1.822.000 ab.

TRÌPOLI, in gr. **Trípolis**, c. della Grecia, capol. dell'Arcadia, nel Peloponneso; 21.772 ab.

TRIPOLITÀNIA, ant. prov. della Libia nord-occ., sul Mar Mediterraneo; c. princ. *Tripoli*. Dominata dai cartaginesi (V sec. a.C.), poi dai romani (106 a.C.), fu conquistata dagli arabi nel 643. Divenne ottomana nel 1551 e fu ceduta all'Italia nel 1912, quindi fu riunita con la Cirenaica per costituire la Libia italiana (1934). Sotto controllo britannico dal 1943, fu integrata al regno di Libia, indipendente dal 1951.

TRIPURA, Stato dell'India nord-orientale; 10.500 km^2; 3.191.168 ab.; cap. *Agartala*.

TRÌSSINO (Giàn Giòrgio), *Vicenza 1478 - Roma 1550*, letterato e poeta. Nella tragedia *Sofonisba* (1515 ca.), applicò per la prima volta con rigore le regole aristoteliche del genere. Scoprì e ripubblicò il *De vulgari eloquentia* di Dante, sostenendo l'"italianità" del volgare contro i fiorentinisti. Si occupò di grammatica (*Dubbi grammaticali*, 1529) e di fonetica italiana (*Epistola delle lettere nuovamente aggiunte nella lingua italiana*, 1524).

TRÌSSINO (Giàn Giòrgio), *Vicenza 1877-1963*, cavallerizzo. Vincitore della medaglia d'oro nel salto in alto (equitazione) alle Olimpiadi di Parigi del 1900.

TRISTAN (Flore **Tristan-Moscoso**, detta Flora), *Parigi 1803 - Bordeaux 1844*, letterata francese. Socialista, fu una delle prime esponenti del movimento femminista francese.

TRISTAN DA CUNHA, arcipelago britannico, nell'Atlantico merid. L'isola principale dà il nome all'intero arcipelago, che fu scoperto nel 1506.

TRISTAN L'HERMITE (François **L'Hermite**, detto), *castello di Soliers, 1601 ca. - Parigi 1655*, scrittore francese. Autore di tragedie (*Marianne*), di un'autobiografia romanzesca (*Il paggio in disgrazia*) e di poesie liriche (*Gli amori*).

TRISTANO (Leonard, detto Lennie), *Chicago 1919 - New York 1978*, compositore e pianista jazz statunitense. È considerato il massimo esponente del cool jazz.

TRISTÀNO E ISÒTTA, personaggi di una leggenda del Medioevo, di cui esistono varie versioni (XII-XIII sec.), in part. quelle del trovatore Béroul, di Thomas d'Angleterre e di Gottfried von Strassburg. Il racconto dell'amore di Tristano e Isotta inaugura in Europa il tema della passione fatale e della morte come unico modo per unire due esseri che si amano. — La storia ispirò a R. Wagner un dramma lirico in tre atti (*Tristano e Isotta*, 1859, libretto del compositore).

TRISTÃO o **TRISTAM** (Nuno), *m. nel Río de Oro nel 1447*, navigatore portoghese. Nel 1444 si spinse fino alla foce del Senegal.

TRIVANDRUM, c. dell'India, cap. del Kerala; 744.739 ab. Università.

TRIVULZIÀNA (Bibliotèca), biblioteca pubblica del com. di Milano, con sede nel Palazzo Sforzesco. Fu fondata nel XVIII sec. da Alessandro e Carlo Trivulzio e vi sono conservate ca. 35.000 opere, tra cui 300 manoscritti, 2300 codici e 700 incunaboli.

TRIVÙLZIO (Giàn Giàcomo), *Milano 1448 - Arpajon 1518*, militare. Dapprima condottiero al servizio degli Sforza e collaboratore di Ludovico il Moro, divenne uno dei più valorosi generali di Carlo VIII di Francia. Maresciallo di Francia nel 1499, svolse un ruolo determinante nelle vittorie di Agnadello (1509) contro i veneziani e di Marignano (1515) contro l'esercito svizzero di Massimiliano Sforza. Fu governatore di Milano.

TRNKA (Jiří), *Plzeň 1912 - Praga 1969*, regista di animazione ceco. Ha realizzato, tra gli altri, *L'usignolo dell'imperatore* (1949), *Vecchie leggende ceche* (1952), *La mano* (1965).

TRÒGO (Pompèo), *I sec. a.C. - I sec. d.C.*, storico romano. Autore anche di trattati scientifici, scrisse le *Historiae Philippicae*, di cui ci sono pervenuti frammenti.

TRÒIA, com. in prov. di Foggia; 7689 ab. Cattedrale romanica e chiesa di S. Basilio (XI sec.).

TRÒIA (guèrra di), leggendaria guerra, narrata da Omero nell'*Iliade*, che evoca le spedizioni degli achei sulle coste dell'Asia Minore, nel XIII sec. a.C.

TRÒIA o **ÌLIO**, ant. c. dell'Asia Minore, situata dove oggi sorge Hisarlik, presso lo Stretto dei Dardanelli. Già fiorente nel III millennio, fu più volte devastata da guerre e catastrofi naturali, prima di essere distrutta alla fine del XIII sec. o all'inizio del XII sec. a.C. — L'antico sito, scoperto nel XIX sec. da H. Schliemann, è formato da nove strati archeologici sovrapposti: dal semplice villaggio fortificato del IV millennio, alla borgata di Troia IX, che scomparì nel 400 sec. a.C., passando per Troia II, circondata da bastioni (2300-2100 sec. a.C.), la cui prosperità è attestata dai numerosi oggetti preziosi che vi furono rinvenuti.

TROIÀ (cavàllo di), gigantesco cavallo in legno che i greci avrebbero abbandonato davanti a Troia durante l'assedio della città. Nell'*Iliade* si racconta che i troiani portarono il cavallo entro le mura, ignorando che all'interno vi erano nascosti guerrieri greci, i quali, con questo stratagemma, riuscirono a occupare la città.

TROIANI (i) → ENEIDE (L').

TROÌSI (Màssimo), *San Giorgio a Cremano 1953 - Ostia 1994*, regista e attore cinematografico. Ha esordito al cinema con film comici, per poi approdare a temi più riflessivi, che hanno rivelato una grande sensibilità. Regista e interprete di: *Ricomincio da tre* (1981), *Scusate il ritardo* (1982), *Non ci resta che piangere* (1985), *Le vie del Signore sono finite* (1987), *Pensavo fosse amore e invece era un calesse* (1991). Interprete di: *Che ora è?* (1989), *Il postino* (1994).

■ *Massimo Troisi.*

TROIS-VALLÉES (les), reg. francese della Savoia. Sport invernali.

TROLLOPE (Anthony), *Londra 1815-1882*, scrittore britannico. I suoi romanzi evocano la vita di provincia (*Le torri di Barchester*, 1857).

TROMBADÓRI (Antonèllo), *Roma 1917-1993*, giornalista e politico. Partigiano, quattro volte deputato per il PCI, fu critico d'arte per *Il Contemporaneo* (che diresse dal 1945 al 1964), l'*Unità* e *Rinascita*.

TROMP (Maarten), *Brielle 1598 - Ter Heijde 1653*, ammiraglio olandese. Annientò la flotta spagnola al largo della contea di Kent (1639). — **Cornelis T.**, *Rotterdam 1629 - Amsterdam 1691*, ammiraglio olandese. Figlio di Maarten, sconfisse la flotta inglese di Monck a Dunkerque (1666) e la flotta svedese presso l'isola di Öland (1676).

TROMPÈO (Piètro Pàolo), *Roma 1886-1958*, critico letterario. Esperto di letteratura italiana e francese, diresse *La Cultura* (1930-1933) e *La fiera letteraria* (1948-1949). Tra le opere, *Carducci e D'Annunzio* (1943), *L'azzurro di Chartres* (1958).

TRÓMPIA (Val), valle delle Prealpi bresciane, percorsa dal f. Mella. — Produzione di armi da fuoco. Centri principali: Gardone Val Trompia, Collio.

TROMSØ, c. della Norvegia, sul fiordo omonimo; 60.086 ab. Porto. — Musei.

TRONDHEIM, c. della Norvegia centrale; 150.166 ab. Porto. Università. Metallurgia. — Cattedrale del XII-XIV sec.; musei. — Fondata nel X sec., fu capitale della Norvegia fino al XIV sec.

TRONTÀNO, com. in prov. di Verbano-Cusio-Ossola; 1728 ab. Chiesa della Natività (XI sec.).

TRÓNTO, f. dell'Italia centrale, che nasce dai Monti della Laga, bagna Ascoli Piceno e segna il confine tra Marche a Abruzzo, quindi sfocia nell'Adriatico, presso San Benedetto del T.; 115 km.

TROPÈA, com. in prov. di Vibo Valentia; 7237 ab. Centro agricolo, turismo balneare. Cattedrale in stile siculo-normanno (XI-XII sec.).

TROPPAU (congrèsso di) (20 ott. - 30 dic. 1820), congresso europeo riunito a Troppau (att. Opava, Rep. Ceca), indetto da Metternich, che fece ammettere il principio di un intervento della Santa Alleanza contro le rivoluzioni.

TROTSKIJ (Lev Davidovič **Bronstein**, detto Lev), *Janovka, Ucraina, 1879 - Coyoacán, Messico, 1940*, politico ucraino. Studente di matematica, poi di diritto, venne arrestato perché svolgeva attività rivoluzionaria (1898) e deportato in Siberia (1900). Fuggito, raggiunse Lenin a Londra. Membro del Partito operaio socialdemocratico russo, nel 1903 aderì alla fazione menscevica, in opposizione a Lenin. Durante la rivoluzione del 1905 fu a capo del Soviet di San Pietroburgo. Arrestato, fuggì nuovamente e, dal 1907, visse in esilio a Vienna. Tornato in patria nel mag. 1917, in agosto riunì i bolscevichi e divenne uno degli organizzatori della rivoluzione di ottobre. Commissario al popolo per la guerra, creò l'Armata rossa, che organizzò durante la guerra civile (1918-1920). Nel 1925 denunciò il potere sempre crescente di J. Stalin e si oppose alla teoria del "socialismo in un solo paese" in nome della "rivoluzione permanente". Sollevato dai suoi incarichi (1925), venne esiliato ad Alma Ata (1927) e nel 1929 fu espulso dal territorio sovietico e visse in

Francia (1933-1935), in Norvegia, e in Messico (1936). Nel 1938 fondò la Quarta Internazionale. Nell'ago. 1940 fu assassinato per ordine di Stalin. ■ *Lev Trotskij.*

TROTTA (Margarethe **von**), *Berlino 1942*, regista cinematografica tedesca. Ha diretto *Anni di piombo* (1981), *Lucida follia* (1983), *Rosa L.* (1986), *Il lungo silenzio* (1993), *La promessa* (1995), *Rosenstrasse* (2003).

TROVAJÒLI (Armàndo), *Roma 1917*, pianista e compositore. Ha composto commedie musicali e colonne sonore cinematografiche, tra cui: *Rugantino* (1963), *Il vedovo* (1959), *Ieri, oggi e domani* (1963), *Concorrenza sleale* (2000).

TRÒYA (Càrlo), *Napoli 1784-1858*, storico e politico. Prese parte ai moti del 1820 e, nel 1848, al governo costituzionale di Napoli. Tra le sue opere: *Del veltro allegorico di Dante* (1825), *Storia d'Italia nel Medioevo* (1839-1855).

TROYAT (Lev **Tarassov**, detto Henri), *Mosca 1911*, scrittore francese di origine russa. I suoi cicli romanzeschi a sfondo storico (*Finché la terra durerà*; *La luce dei giusti*) e le sue biografie evocano la storia della Francia e della Russia.

TROYES, c. della Francia, capol. del dip. Aube; 61.612 ab. Antica capitale della Champagne. Cattedrale e chiese medievali. Musei. — Il 21 mag. 1420 vi fu firmato un trattato con cui il re di Francia Carlo VI riconosceva Enrico V, re d'Inghilterra, erede del trono alla sua morte.

TRUBECKOJ (Nikolaj Sergeevič), *Mosca 1890 - Vienna 1938*, linguista russo. Prese parte ai lavori del circolo linguistico di Praga. Influenzato da F. de Saussure e B. de Courtenay, definì con rigore la nozione di fonema e stabilì la distinzione tra fonetica e fonologia (*Fondamenti della fonologia*, 1939).

TRUBECKOJ (Pavel Petrovičč **Trubeckoj**, detto Pàolo), *Intra 1867 - Suna 1938*, scultore e pittore. Fu attivo soprattutto in Italia come ritrattista.

TRÙCCO (Giàcomo Mattè), *Trivy 1869 - Torino 1934*, architetto. Funzionalista, progettò gli stabilimenti FIAT del Lingotto, a Torino (1917-1922).

TRUCIAL STATES → EMIRATI ARABI UNITI.

TRUDEAU (Pierre Elliott), *Montreal 1919-2000*, politico canadese. Capo del Partito liberale e primo ministro del Canada dal 1968 al 1979 e dal 1980 al 1984, operò per consolidare la sovranità canadese.

■ *Pierre Elliott Trudeau.*

TRUFFAUT (François), *Parigi 1932 - Neuilly-sur-Seine 1984*, regista cinematografico francese. Critico cinematografico di rara lucidità, divenne, con *I quattrocento colpi* (1959), il regista più popolare della *nouvelle vague* (*Jules e Jim*, 1962; *Baci rubati*, 1968; *Il ragazzo selvaggio*, 1970; *Effetto notte*, 1973; *L'ultimo metrò*, 1980; *La signora della porta accanto*, 1981).

■ *François Truffaut nel 1983.*

TRUJILLO, c. del Perú; 509.000 ab. Centro commerciale, industriale e turistico. — Nucleo urbano dell'epoca coloniale.

TRUJILLO Y MOLINA (Rafael), *San Cristóbal 1891 - Ciudad Trujillo, att. Santo Domingo, 1961*, politico dominicano. Presidente dal 1930 al 1952, instaurò una dittatura poliziesca. Restò al potere fino alla morte (fu assassinato).

TRUMAN (Harry Spencer), *Lamar, Missouri, 1884 - Kansas City 1972*, politico statunitense. Senatore democratico (1935), vicepresidente di F.D. Roosevelt, fu presidente degli Stati Uniti dal 1945 al 1953. Pose fine alla seconda guerra mondiale consentendo l'uso della bomba atomica contro il Giappone (1945). Per limitare l'espansione del co-

munismo, istituì la CIA (1947), sostenne gli aiuti all'Europa occidentale (piano Marshall, 1947) e contribuì alla fondazione della NATO (1949). Avallò l'intervento statunitense nella guerra di Corea (giu. 1950) inviando truppe comandate da MacArthur, ma rifiutò di far bombardare le basi cinesi. Firmò la pace con il Giappone (1951). ■ *Harry Truman.*

TRUSSÀRDI, marchio del gruppo omonimo, fondato nel 1911 da Dante T. In origine produttrice di guanti, a partire dagli anni '70 del secolo scorso, con Nicola T. (Bergamo 1942 - Milano 1999) l'azienda ha ampliato la propria produzione e, dagli anni '80, è entrata nel settore del prêt-à-porter.

TS'AO TS'AO, *Pei 155 - Luoyang 220*, poeta e guerriero cinese. Ha dato alla poesia cinese la voce dell'ispirazione personale.

TSAHAL ("forza di difesa di Israele"), appellativo ebraico dell'esercito israeliano.

TS'EU-HI → CIXI.

TSHIKAPA, c. della Rep. Dem. del Congo, sul f. Kasai; 105.000 ab. Produzione di diamanti.

TSINGTAO → QINGDAO.

TSIRANANA (Philibert), *Anahidrano 1910 - Antananarivo 1978*, politico malgascio. Fu presidente della repubblica del Madagascar dal 1959 al 1972.

TSITSIHAR → QIQIHAR.

TSONGA o **THONGA**, popolazione del Mozambico merid. e delle regioni limitrofe del Sudafrica e dello Zimbabwe, di lingua bantu.

TSU, c. del Giappone (Honshu); 163.156 ab.

TSUBOUCHI (Shoyo), *Ota 1859 - Atami 1935*, scrittore giapponese. Teorico del realismo romanzesco (*Il midollo del romanzo*, 1885), fu anche tra i fondatori del teatro giapponese moderno.

TSUGARU (Strétto di), stretto che separa le isole giapponesi di Honshu e Hokkaido. È percorso da un tunnel sottomarino.

TSUSHIMA, arcipelago giapponese, tra la Corea e il Giappone, a NO dello Stretto di T. I giapponesi vi annientarono uno squadrone russo durante la guerra russo-giapponese (27-28 mag. 1905).

TSWANA, popolazione del Botswana e del Sudafrica, di lingua bantu.

TUAMOTU (Isole), arcipelago della Polinesia francese, a E di Tahiti; 880 km²; 14.283 ab.

TUAREG, popolazione berbera stanziata nel Niger, nel Mali, nel Burkina, in Algeria, in Marocco e in Libia (oltre 2 milioni di individui). Pastori nomadi, i t. occupano le zone desertiche del Sahara e le zone semidesertiche del Sahel. Discendenti da popolazioni berbere migrate da N a S e organizzati in tribù, sono suddivisi in numerosi gruppi, tra cui Kel Ahaggar, Kel Ajjer, Kel Ayr, Kel Tademakket, Tagaragarayt. Il caratteristico velo indaco indossato dagli uomini (*tagelmust*) ha valso loro il soprannome di "uomini blu". Emarginati dal contesto politico e dalle condizioni ambientali in cui vivono, i t. stanno tentando di ottenere l'autonomia o l'indipendenza, nel Mali e nel Niger. Nel 1990 si è assistito a violente repressioni volte a sedare la loro rivolta armata. Musulmani sunniti, hanno lingua (*tamacheck*) e alfabeto (*tifinagh*) propri, di origine berbera.

TUBÌNGA, c. della Germania (Baden-Württemberg), sul f. Neckar; 81.128 ab. Università. Monumenti medievali; antiche collezioni dell'Istituto archeologico.

TUBMAN (William), *Harper 1895 - Londra 1971*, politico liberiano. È stato presidente plenipotenziario della repubblica in Liberia dal 1944 al 1971, anno della sua morte.

TUBUAI, una delle Isole Australi (Polinesia francese); 2094 ab.; dà nome all'arcipelago.

TUCÀNO o **TUKÀNO**, popolazione amerindia della Colombia orient. e del Brasile nord-orient. (ca. 7000 individui).

TÙCCI (Giusèppe), *Macerata 1894 - Tivoli 1984*, orientalista. Fondatore dell'Istituto italiano per il Medio ed Estremo Oriente, guidò numerose spedizioni in Tibet, Nepal, Pakistan, Iran. È autore di *Storia della filosofia cinese antica* (1922), *Storia della filosofia indiana* (1957), *Opera minora* (1971).

TUCHAČEVSKIJ (Michail Nikolaevič), *Penza 1893 - Mosca 1937*, maresciallo sovietico. Dapprima

ufficiale zarista, durante la rivoluzione russa comandò il fronte occidentale contro i polacchi (1920). Capo di Stato maggiore generale (1925-1928), collaboratore del commissario al popolo per la difesa (1931), nominato maresciallo nel 1935, fu uno dei fondatori dell'Armata rossa. Nel 1937 fu accusato di tradimento e fucilato. Fu riabilitato nel 1961.

TUCÌDIDE, *Atene 460 ca. - dopo 395 a.C.*, storico greco. Autore delle *Storie*, opera in otto libri in cui sono narrate le vicende della guerra del Peloponneso, riporta i fatti con grande rigore ricercandone le cause. A differenza di Erodoto, conferisce grande importanza agli aspetti economici e sociali.

TUCSON, c. degli Stati Uniti (Arizona); 486.699 ab. Centro turistico e industriale.

TUDJMAN (Franjo), *Veliko Trgovišče, Croazia settentr., 1922 - Zagabria 1999*, politico croato. Leader dell'Unione democratica croata, a capo della repubblica dal 1990, è stato il primo presidente della Croazia indipendente, eletto a suffragio universale nel 1992. Rieletto nel 1997, è morto durante il mandato.

TUDOR, famiglia inglese, originaria del Galles, che tra il 1485 e il 1603 diede all'Inghilterra cinque sovrani: Enrico VII, Enrico VIII, Edoardo VI, Maria I T. ed Elisabetta I.

TUDOR (William **Cook**, detto Antony), *Londra 1909 - New York 1987*, ballerino e coreografo britannico. Fondò la compagnia del London Ballet e fu direttore associato dell'American Ballet Theatre (1974). Tra i suoi balletti, *Pillar of Fire* (1942), *The Leaves are Fading* (1975).

TU DUC (Hoang **Nham**, detto), *1830-1883*, imperatore del Vietnam (1848-1883). Dovette cedere alla Francia la Cocincina (1862-1867) e si arrese agli interventi francesi nell'Annam e nel Tonchino.

TUILERIES (les), ant. palazzo reale di Parigi. Costruito nel 1564 per volontà di Caterina de' Medici su progetto di P. Delorme e modificato nei secoli successivi, fu abbandonato da Luigi XIV, che trasferì la corte a Versailles. Incendiato dai comunardi nel 1871, fu demolito nel 1882. Giardini. Museo dell'Orangerie ("Ninfee" di C. Monet).

TULA, c. della Russia, a S di Mosca; 530.333 ab. Centro industriale. — Cremlino del XVI sec.

TULA o **TOLLAN**, ant. metropoli della civiltà tolteca, situata presso l'att. villaggio di Tula, in Messico (Hidalgo). Piramide dominata da figure antropomorfe in basalto.

TULE, nome conferito nell'antichità a un'isola dell'Europa settentr. (Islanda o una delle isole Shetland). La sua leggenda ha ispirato J.W. Goethe per la "ballata del re di Tule" nel *Faust* (1808-1832), resa popolare da H. Berlioz (*La dannazione di Faust*) e da C. Gounod (*Faust*, 1859).

TULE, stazione della Groenlandia nord-occ. Base aerea americana.

TULE (cultùra di), cultura preistorica degli inuit, estesa dall'Artico centrale alle coste dell'Alaska e della Siberia. Alla fine del I millennio, gli inuit cacciavano le balene fino alla Groenlandia. La cultura di T. è sopravvissuta fino al XIV sec.

TÙLLO OSTÌLIO, terzo re di Roma che, secondo la tradizione, regnò dal 673 al 640 ca. a.C. Conquistò Alba (leggendario duello tra gli Orazi e i Curiazi) e fece costruire la Curia.

*Cultura di **TULE**. Pettine in avorio di tricheco, X-XIII sec. (Musée canadien des Civilisations, Ottawa).*

TULSA, c. degli Stati Uniti (Oklahoma), sull'Arkansas; 393.049 ab. Centro petrolifero.

TULSI DAS, *Raipur ? 1532 ca. - Varanasi 1623 ca.*, poeta mistico indiano di lingua hindi.

TULÙNIDI, dinastia musulmana che governò l'Egitto e la Siria tra il 868 e il 905. Il capostipite è Ahmad ibn Tulun (m. nel 884), incaricato dal califfo abbaside di governare l'Egitto.

TUNGÙSI, appellativo usato per indicare un gruppo di popolazioni siberiane (evenki, eveni ecc.) e, talvolta, i soli evenki.

TUNGUSKA, nome di tre fiumi della Russia, in Siberia, affl. di destra dello Enisej. Si distinguono la T. Inferiore (2989 km), la T. Media o Pietrosa (1865 km) e la T. Superiore, o Angara.

TÙNISI, in ar. **Tùnus**, cap. della Tunisia, sul golfo omonimo (Mar Mediterraneo); 1.897.000 ab. nell'agglomerato. Centro amministrativo, commerciale, culturale e industriale. Turismo (rovine di Cartagine nelle vicinanze). — Monumenti antichi: Grande Moschea (IX-XVII sec.). Museo del Bardo.

TUNISI. *Piazza dell'Indipendenza, con la cattedrale St.-Vincent-de-Paul (XIX sec.) e il viale Habib-Bourguiba.*

TUNISÌA, Stato dell'Africa, sul Mediterraneo; 164.000 km²; 9.562.000 ab. (*tunisini*). CAP. *Tunisi.* LINGUA: *arabo.* MONETA: *dinaro tunisino.*

GEOGRAFIA – Alla parte settentr., prevalentemente montuosa (tranne la valle del fiume Medjerda) e interessata da precipitazioni abbondanti, si contrappongono il centro e il S del paese, formati da altopiani e pianure dove predominano la steppa e il deserto. La popolazione, araba e islamizzata, si concentra soprattutto a N e lungo il litorale, dove le precipitazioni relativamente abbondanti consentono di coltivare cereali, viti e olivi e di allevare il bestiame. Al S si pratica l'allevamento nomade degli ovini, mentre le oasi forniscono soprattutto datteri. Pesca e attività industriali (a eccezione dei settori petrolifero e tessile) giocano un ruolo di secondo piano. Il turismo balneare e le rimesse degli emigrati non riescono a colmare il deficit della bilancia commerciale, e il tasso di sottoccupazione resta elevato. Esclusa Kairouan, le città principali sono centri portuali (Tunisi, Sfax, Susa, Biserta, Gabès).

STORIA – **L'antichità.** **814 ca. a.C.:** i fenici fondano Utica e Cartagine. **146 a.C.:** Cartagine viene distrutta e si costituisce la provincia romana d'Africa; **193-235 d.C.:** conosce una notevole fioritura sotto i Severi. **II-IV sec.:** vi si afferma il cristianesimo. **429-533:** i vandali occupano il paese. **533:** Bisanzio ristabilisce il suo dominio sulla regione di Cartagine.

Dal predominio musulmano al protettorato francese. 669-705: gli arabi conquistano il territorio e fondano Kairouan (670), che diventa sede dei governatori omayyadi dell'Ifriqiyya. **800-909:** gli Aghlabiti governano il paese; **909:** vengono eliminati dai Fatimidi. **969:** questi ultimi conquistano l'Egitto e lasciano l'Ifriqiyya agli Ziridi, loro vassalli. **Seconda metà del XI sec.:** le invasioni dei Banu Hilal distruggono il paese. **1160-1229:** gli Almohadi regnano sulla T. **1229-1574:** sotto gli Hafsidi la capitale, Tunisi, si sviluppa grazie all'attività commerciale. **1574:** la T. entra a far parte dell'impero ottomano; la reggenza di Tunisi è governata prima da un *dey*, poi, a partire dal XVIII sec., da un *bey*. **1869:** l'indebitamento pubblico provoca la bancarotta, in seguito alla quale si costituisce una commissione finanziaria italo-francese. **1881:** il *bey* Muhammad Al-Saduq (1859-1882) firma il trattato del

Bardo, che stabilisce il protettorato francese sulla T. **1920:** si costituisce il partito dei Giovani tunisini (o Destur). **1934:** se ne distacca il Neo-Destur di Habib Burghiba, nazionalista e laico. **Nov. 1942 - Mag. 1943:** occupazione tedesca. **1954:** Pierre Mendès-France concede l'autonomia interna.

La Tunisia indipendente. 1956: la T. ottiene l'indipendenza. **1957:** il primo ministro H. Burghiba proclama la repubblica; divenutone il presidente, le conferisce un'impronta modernista e laica. **1964:** il Neo-Destur si trasforma nel Partito socialista del Destur. Le terre dei coloni francesi vengono nazionalizzate. **1970-1978:** si sviluppa l'opposizione sindacale e studentesca al regime del partito unico di H. Burghiba (eletto presidente a vita nel 1975). **1979:** Tunisi diventa la sede della Lega araba. **1982:** la T. accoglie (fino al 1994) gli organi direttivi dell'OLP. **1983:** viene ufficialmente instaurato il multipartitismo. **1987:** il governo si trova a far fronte all'ascesa dell'islamismo. Il primo ministro Zin Al-Abdin Ben Ali destituisce H. Burghiba e ne prende il posto. **1988:** il Partito socialista si trasforma nel Raggruppamento costituzionale democratico (RCD). **1989:** Ben Ali viene eletto alla presidenza della repubblica. Il governo inasprisce la sua politica repressiva nei confronti dei fondamentalisti islamici. **1994 e 1999:** un plebiscito riconferma Ben Ali capo dello Stato e le elezioni legislative ribadiscono la posizione di quasi monopolio dell'RCD. **2000:** muore H. Burghiba.

TÚPAC AMARU II (José Gabriel **Condorcanqui**, detto), *Tungasuca, Perú, 1740 ca. - Cuzco 1781*, nobile peruviano. Meticcio, discendente di linea diretta dell'ultimo sovrano inca Túpac Amaru I, sol-

levò gli amerindi contro l'amministrazione coloniale (1780-1781) e per questo fu giustiziato.

TUPI, gruppo etnolinguistico amerindio del Brasile. Si distinguono i t. propriamente detti (diversi gruppi disseminati lungo il corso inferiore del Rio delle Amazzoni fino al litorale atlantico e al Chaco), dai tupinamba e dai tupi-guarani.

TUPINAMBA, popolazione amerindia del Brasile. Di origine tupi, all'arrivo degli europei migrarono dalla foresta amazzonica verso il litorale atlantico.

TUPOLEV (Andrej Nikolaevič), *Pustomazovo 1888 - Mosca 1972*, costruttore aeronautico sovietico. Progettò, con il figlio Aleskeij (Mosca 1925-2001), oltre 120 tipi di aerei civili e militari.

TÙRA (Cosmè), *Ferrara 1430 ca. - 1495*, pittore. Formatosi a Padova nella bottega dello Squarcione, dal 1457 si trasferì a Ferrara alla corte di Borso d'Este, dove realizzò gran parte dei suoi capolavori, caratterizzati da esasperazione espressiva, deformazione delle immagini e cromatismi metallici e irreali. Con ogni probabilità, ideò e coordinò gli affreschi di Palazzo Schifanoia. *Annunciazione* e *San Giorgio e la principessa* (1469), Museo del duomo, Ferrara; *Polittico Roverella* (1474), diviso in vari musei; *Sant'Antonio da Padova* (1484), Galleria estense, Modena.

TURÀTI (Filippo), *Canzo 1857 - Parigi 1932.* Vicino all'ideologia marxista, nel 1892 fu tra i fondatori del Partito socialista. Condannato a 12 anni di prigione nel 1898 perché coinvolto nei moti milanesi, fu amnistiato dopo un anno e cercò una collaborazione con la politica giolittiana, ma la guerra di Libia (1911-1912) mise in crisi tale politica. Nel 1922 uscì dal PSI per fondare il Partito socialista unitario. Oppositore del na-

Tunisia

oleodotto o gasdotto
giacimento di petrolio o di gas
autostrada
strada normale
ferrovia
aeroporto
importante località turistica
più di 500.000 ab.
da 100.000 a 500.000 ab.
da 50.000 a 100.000 ab.
meno di 50.000 ab.

0 200 400 600 1000 m

scente regime fascista, nel 1926 fuggì in Francia, da dove continuò la sua battaglia, tentando anche di riunificare il partito (1930).

TURÀZZA (Doménico), *Malcesine 1813 - Padova 1892*, matematico. Svolse importanti ricerche nel campo dell'idraulica e della meccanica razionale, fondando la Scuola degli ingegneri di Padova.

TURBÌGO, com. in prov. di Milano, sul Ticino; 7337 ab. — **Battaglia di Turbigo** (1800), battaglia della seconda campagna d'Italia, in cui Napoleone sconfisse gli austriaci.

TURCÀTO (Giùlio), *Mantova 1912 - Roma 1995*, pittore. Tra i firmatari del manifesto Forma, esponente del Fronte nuovo delle arti, quindi del gruppo degli Otto e di Continuità, si è in seguito avvicinato all'informale.

TÙRCHI, gruppo di popolazioni di lingua turca. Quasi certamente originari dell'Altaj, sono att. stanziati in Turchia, Azerbaigian, Turkmenistan, Uzbekistan, Kirghizistan e Cina (Xinjiang). I princ. imperi turchi furono quelli dei t'u-kuen (VI-VIII sec.), degli uiguri (745 ca. - 840), dei selgiuchidi (XI-XIII sec.) e degli ottomani, che regnarono dall'inizio del XIV sec. al 1922. Oggi t. e turcofoni, stanziati dallo Xinjiang cinese alla Turchia, dall'Iran settentr. all'Asia centrale e al Caucaso, sono tutti di religione musulmana.

TÙRCHI (Alessàndro), detto **l'Orbétto**, *Verona 1578 ca. - Roma 1650 ca.*, pittore. Collaboratore di C. Saraceni alla Sala regia del Quirinale, rielaborò la lezione caravaggesca alla luce del cromatismo veneto.

TURCHÌA, in turco **Türkiye**, Stato dell'Asia, comprendente l'estremità sud-orient. dell'Europa balcanica; 780.000 km², 67.632.000 ab. (*turchì*). CAP. *Ankara*. C. PRINC. *Istanbul* e *Izmir*. LINGUA: *turco*. MONETA: *lira turca*.

ISTITUZIONI – Repubblica dal 1923. Costituzione del 1982. Il presidente della repubblica, eletto ogni 7 anni, nomina il primo ministro. L'assemblea nazionale rimane in carica per 5 anni.

GEOGRAFIA – Esclusa la parte europea (meno di un terzo della superficie totale), la T. è un paese in prevalenza montuoso. I Monti Pontici (a N) e il Tauro (a S), racchiudono il massiccio altopiano anatolico, che si eleva a gradini dalla costa egea e verso E cede il posto al gruppo montuoso armeno, zoccolo soggetto al vulcanesimo (Monte Ararat). Fatta eccezione per il litorale, dove è generalmente di tipo mediterraneo, il clima è contraddistinto da inverni rigidi ed estati calde e secche. Queste peculiarità si ripercuotono su idrografia (laghi salati, frequente endoreismo), vegetazione (prevalentemente step-

posa), popolazione (che si concentra soprattutto in prossimità del litorale, in particolare lungo le rive del Mar di Marmara) e sull'economia. La popolazione, di religione islamica, annovera un'importante minoranza curda ed è perlopiù urbanizzata. Ancora in larga parte rurale, il paese produce cereali (frumento e orzo), tabacco, frutta e cotone, che, con i prodotti di un fiorente allevamento bovino e, soprattutto, ovino (artigianato dei tappeti), alimentano l'esportazione. Le risorse del sottosuolo sono varie ma poco abbondanti (a eccezione del cromo) o non abbastanza sfruttate. L'industrializzazione rimane un fenomeno limitato (i principali settori sono quello siderurgico e tessile). Non valgono a colmare il deficit della bilancia commerciale né gli introiti del turismo né le rimesse della forza lavoro emigrata (principalmente in Germania). La T. deve inoltre far fronte alle conseguenze dei sismi devastanti che nel 1999 hanno colpito la zona nord-occ.

STORIA – **1918**: in seguito alla disfatta dell'impero ottomano, il territorio viene occupato dalle truppe dell'Intesa. Mustafa Kemal, detto Atatürk, pone mano alla costituzione di uno Stato turco a partire dall'Anatolia; **1920**: in aprile viene eletto presidente dalla grande assemblea nazionale di Ankara. In giugno i greci, con l'appoggio della Gran Bretagna, sbarcano in Asia Minore. In agosto il sultano Maometto VI sottoscrive il trattato di Sèvres. **1922**: i greci, sconfitti, firmano l'armistizio di Mudanya. M. Kemal abolisce il sultanato. **1923**: il trattato di Losanna stabilisce i confini della T. Greci e turchi concordano uno scambio delle rispettive minoranze (1.400.000 greci residenti in Asia in cambio di 400.000 turchi europei). Armeni e turchi si vedono abbandonati dai paesi dell'Intesa, che prima li sostenevano. Viene proclamata la repubblica; M. Kemal, salito alla carica di presidente, governa con il Partito repubblicano del popolo, da lui stesso fondato, intraprendendo una "rivoluzione nazionale" per fare della T. uno Stato laico, moderno e occidentalizzato. **1924**: viene abolito anche il califfato. **1938**: alla morte di M. Kemal, sale alla carica di presidente della repubblica Ismet Inönü. **1947**: la T., mantenutasi neutrale dal 1945, beneficia del piano Marshall. **1950**: conquista il potere il leader del Partito democratico Adnan Menderes, che rompe con il dirigismo statale e si dimostra tollerante verso il ritorno alle tradizioni islamiche. **1952**: la T. diventa membro della NATO. **1960**: prende il potere il generale Cemal Gürsel, che rimarrà alla presidenza della repubblica dal 1961 al 1966.

1961-1971: I. Inönü (1961-1965) e Süleyman Demirel (1965-1971) formano governi di coalizione. **1970-1972**: scoppiano gravi disordini, sedati con l'intervento dell'esercito. **1974**: Bülent Ecevit, primo ministro, ordina lo sbarco delle forze armate turche a Cipro. **1975-1980** l'aggravarsi dei disordini, cui contribuiscono marxisti, integralisti islamici e separatisti curdi, culmina in un colpo di Stato militare guidato da Kenan Evren. **1983**: vengono nuovamente legalizzati i partiti politici e si forma un governo civile con a capo Turgut Ozal. **1987**: la T. presenta domanda di adesione alla CEE. **1989**: T. Ozal viene eletto alla presidenza della repubblica. **1991**: S. Demirel torna a capo del governo. La ribellione curda si inasprisce. **1993**: alla morte di T. Ozal, viene eletto presidente della repubblica S. Demirel; Tansu Çiller, nominata primo ministro, si fa interprete di una politica repressiva a fronte del radicalizzarsi della ribellione curda. **1995**: il partito islamista, guidato da Necmettin Erbakan, vince le elezioni legislative; **1996**: dopo il fallimento di un governo di unione dei partiti tradizionali, conquistano il potere. **1997**: cedendo alle pressioni dei fautori di un approccio laico, gli islamisti sono costretti a ritirarsi (il loro partito si scioglierà all'inizio del 1998). Si costituisce un governo di coalizione guidato da Mesut Yilmaz. **1999**: B. Ecevit riconquista la carica di primo ministro. Viene arrestato Abdullah Öcalan il capo della ribellione curda. Il partito al potere vince le elezioni, che vedono l'avanzata dell'estrema destra nazionalista, mentre gli islamisti perdono terreno. **2000**: Ahmet Necdet Sezer viene eletto presidente della repubblica. **2001**: per far fronte a una grave crisi finanziaria, il governo adotta un piano economico basato su tagli alla spesa pubblica e privatizzazioni. **2002**: le elezioni legislative vedono la vittoria del partito islamista guidato da Recep Tayyip Erdogan, che non potendo salire alla guida del governo a causa di controversie giudiziarie, affida l'incarico al suo vice, Abdullah Gül. **2003**: un emendamento costituzionale permette a R.T. Erdogan di diventare primo ministro.

TURCHÌNO (Pàsso del), valico dell'Appennino ligure, 532 m. Passaggio autostradale e ferroviario.

TURÈNNA, reg. della Francia, nel Bacino parigino sud-orient., che forma il dip. Indre-et-Loire; c. princ. *Tours*. La T. fu annessa ai domini reali nel 1259.

Turchia

200 1000 2000 m	

autostrada
strada normale
ferrovia

✈ aeroporto

★ importante località turistica

● più di 1.000.000 di ab.
● da 500.000 a 1.000.000 di ab.
● da 100.000 a 500.000 ab.
● meno di 100.000 ab.

TURENNE (Henri **de** La **Tour d'Auvergne**, viscónte **di**), *Sedan 1611 - Sasbach Bade 1675*, militare francese. Combatté in Lorena e sul Reno nella guerra dei Trent'Anni. Durante la Fronda dapprima si alleò con gli insorti, poi passò dalla parte dei realisti, e sconfisse Condé (1652). Le sue vittorie ad Arras (1654) e alle

Dune (1658) spinsero Filippo IV di Spagna a firmare la pace dei Pirenei (1659), e gli valsero il titolo di maresciallo generale del re (1660). Fu comandante dell'esercito francese durante la guerra di devoluzione (1667) e la guerra contro l'Olanda (1672).
■ *Turenne, ritratto attribuito a C. Le Brun.*

TURFAN, oasi della Cina (Xinjiang), ant. tappa della via della *seta [V. parte nomi comuni]*. Moschea (XVIII sec.). Nelle vicinanze, grotte "dei mille Buddha", complesso monastico (VI-X sec.) e resti delle antiche città carovaniere di Yar (Jihaeo) e Kotcho (Gaochang).

TURGENEV (Ivan Sergeevič), *Orël 1818 - Bougival 1883*, scrittore russo. Visse a lungo nell'Europa occ. È autore di racconti (*Racconti di un cacciatore*, 1852; *Padri e figli*, 1862; *Acque di primavera*, 1872) e di opere teatrali (*Un mese in campagna*, 1879).
■ *I.S. Turgenev ritratto da I.I. Repin. (Galleria Tret'jakov, Mosca.)*

TURGOT (Anne Robert Jacques), baróne **di Laulne**, *Parigi 1727-1781*, politico ed economista francese. Nominato da Luigi XVI controllore generale delle finanze e segretario di Stato alla marina (1774), soppresse i dazi interni e tentò di stabilire la libertà di commercio. Nel 1776 propose un moderno programma di contribuzione in denaro per i proprietari terrieri, che ne causò la rimozione.
■ *Turgot. (Reggia di Versailles.)*

TURGÒVIA, in ted. **Thurgau**, della Svizzera, sul Lago di Costanza; 991 km²; 227.300 ab.; capol. *Frauenfeld*. Cantone autonomo dal 1803.

TÙRI, antica città della Magna Grecia, costruita sulle rovine di Sibari, in Calabria. Indipendente e in lotta con tarantini, lucani e bruzi, dal 282 a.C. divenne presidio romano.

TURING (Alan Mathison), *Londra 1912 - Wilmslow, Cheshire 1954*, matematico britannico. Nel 1936-1938 elaborò un progetto teorico per una macchina calcolatrice "universale" (macchina di T.), che simulasse le procedure di elaborazione dell'informazione. Si occupò inoltre di intelligenza artificiale.

TURÌNGIA, in ted. **Thüringen**, Land della Germania, che si estende sulla Selva di T. e sul Bacino di T.; 16.251 km²; 2.449.082 ab.; cap. *Erfurt*. Incorporata alla Germania alla fine dell'epoca carolingia, la T. divenne langraviato nel 1130. Dal 1264 la sua storia si confonde con quella della Misnia e della Sassonia. Lo Stato di Turingia si ricostituirà nel 1920 e farà parte della RDT dal 1949 al 1990.

TURKANA (Làgo), già **Lago Rodolfo**, lago del Kenya settentr.; 8500 km².

TURKESTAN, denominazione storica dei territori dell'Asia centrale abitati principalmente da turchi e corrispondenti agli attuali Kazakistan merid., Kirghizistan, Uzbekistan, Tagikistan e Turkmenistan. La sua parte orientale corrisponde all'att. Xinjian cinese.

TURKMÈNI, popolazione stanziata principalmente nel Turkmenistan, in Afghanistan, in Iran, in Iraq e in Turchia (ca. 6 milioni di individui). I t. si sono costituiti come gruppo autonomo all'epoca della confederazione di Oghuz (X sec.), alleanza di popoli turchi dell'Asia centrale, e dell'espansione dei selgiuchidi (X-XI sec.).

Suddivisi in grandi tribù, sono tradizionalmente pastori seminomadi, dediti anche all'agricoltura e al commercio, e sono celebri per i tappeti, i gioielli e la bellezza dei loro cavalli. Musulmani sunniti, parlano il turkmeno.

TURKMENISTAN, Stato dell'Asia centrale, sul Mar Caspio; 488.000 km²; 4.835.000 ab. (*Turkmeni*). CAP. *Agabat*. LINGUA: *turkmeno*. MONETA: *manat*. Esteso dal Mar Caspio all'Afghanistan, il T. è in gran parte desertico (Karakum). Popolato per quasi il 75% da genti di stirpe turkmena (minoranze russe e uzbeke), basa la propria economia su allevamento ovino, colture irrigue (principalmente cotone) e industria estrattiva. — Le rive orientali del Caspio, conquistate dai russi (1863-1885), entrano a far parte del Turkestan a partire dal 1897. **1924**: nasce la Repubblica socialista sovietica del T. **1990**: i comunisti vincono le prime elezioni repubblicane libere. **1991**: il Soviet supremo proclama l'indipendenza del paese (ott.), che aderisce alla CSI. Capo dello Stato e del governo è Saparmurad Niyazov, eletto per la prima volta nel 1990 e proclamato presidente a vita dal parlamento nel 1999.

TURKS (ìsole), arcipelago a N di Haiti, colonia britannica con le vicine isole Caicos (430 km²; 7000 ab.).

TURKU, in sved. **Åbo**, c. della Finlandia, sul Baltico; 172.561 ab. Porto. Centro culturale e industriale. — Cattedrale e castello della fine del XIII sec.; musei.

TURLUPIN (Henri **Le Grand**, detto **Belleville** o), *Parigi 1587-1637*, attore francese. T., maschera del servo sciocco, o finto sciocco, diede il nome all'attore, che la interpretava nei teatrini ambulanti a Parigi.

TURNBULL (William), *Dundee 1922*, scultore britannico. Vicino a C. Brancusi, ha realizzato opere spesso simili a grandi monoliti, ispirate alla religione e all'arte tribale.

TURNER (Annie Mae, detta Tina), nata **Bullock**, *Brownsville, Tennesse, 1938*, cantante americana. Diva del soul nel gruppo del marito, Ike Turner, ha ottenuto grande successo come solista negli anni '80 del secolo scorso (*Private Dancer, Brake Every Rule*).

TURNER (Julia Jane Mildred Frances, detta Lana), *Wallace 1920 - Los Angeles 1995*, attrice cinematografica statunitense. È stata interprete di *Il postino suona sempre due volte* (1946), *I tre moschettieri* (1948), *La vedova allegra* (1952), *I peccatori di Peyton* (1957), *Lo specchio della vita* (1959), *Geometria di un delitto* (1969).

TURNER (William), *Londra 1775-1851*, pittore britannico. Paesaggista influenzato da C. Lorrain, dopo i viaggi in Italia (1819 e 1828) realiz-

zò opere in cui le forme tendono a dissolversi, immerse in una sorta di gorghi di luci ed ombre (*L'incendio del palazzo del Parlamento*, 1835, versioni di Filadelfia e Cleveland; *Pioggia, vapore e velocità*, 1844, National Gallery, Londra). Importanti lavori di W. Turner sono esposti alla Tate Britain di Londra.

TURNHOUT, c. del Belgio (prov. di Anversa); 38.714 ab. Monumenti antichi; museo del gioco delle carte.

TÙRNO MITOL. Re dei rutuli. Personaggio dell'*Eneide*, promesso sposo di Lavinia, scatenò la guerra contro Enea, che lo uccise.

TURÒLDO (Dàvid Maria), *Coderno del Friuli 1916 - Milano 1992*, poeta. Sacerdote dal 1944, ha scritto tra l'altro: *Io non ho mani* (1948), *Lo scandalo della speranza* (1978), *Il grande male* (1987), *Canti ultimi* (1991).

TUROW (Scott), *Chicago 1949*, scrittore statunitense. Autore di numerosi best seller, tra cui: *Presunto innocente* (1987), *L'onere della prova* (1990), *Ammissione di colpa* (1993), *La legge dei padri* (1996).

TUSCÀNIA, com. in prov. di Viterbo; 7902 ab. Città etrusca (VII sec. a.C.), in cui permangono i resti di importanti necropoli. Le chiese di S. Pietro e S. Maria Maggiore (VIII-XII sec.) sono capolavori dell'arte romanica.

TÙSCIA, nome latino dell'*Etruria*.

TÙSCOLO (cónti di), famiglia romana il cui capostipite fu *Teofilatto* e tra i cui membri vi furono tre papi (Benedetto VIII, Giovanni XIX, Benedetto IX). La sua egemonia fu incontrasta finché non perse il favore imperiale.

TUTANKHAMON, faraone egizio della XVIII dinastia (1354 ca. - 1346 ca. a.C.). Sposo di una fi-

*Maschera funeraria di **TUTANKHAMON**, faraone della XVIII dinastia. (Museo del Cairo.)*

Turkmenistan

—— strada normale	● più di 1.000.000 ab.
—— ferrovia	● da 100.000 a 1.000.000 ab.
✈ aeroporto	● da 50.000 a 100.000 ab.
	• meno di 50.000 ab.

0 200 500 1000 m

William **TURNER**. Pioggia, vapore e velocità *(1844). (National Gallery, Londra.)*

glia di Amenofi IV (Akhenaton o Ekhnaton), ristabilì, spinto dal clero, il culto del dio Ammone. Morì a 18 anni. La sua ricchissima tomba, nella Valle dei Re, fu scoperta intatta nel 1922. Oggi è esposta al Museo egizio del Cairo.

TUTICORIN, in tamil **Tuttukudi**, c. dell'India (Tamil Nadu), nell'estremità merid. del Deccan; 216.058 ab. Porto.

TÙTMOSI, nome di quattro faraoni della XVIII dinastia. — **Tutmosi III**, faraone egizio (ca. 1484-1450 a.C.). Dapprima tenuto lontano dal potere dalla zia Hatsheput, reggente del regno, conquistò la Palestina e la Siria fino all'Eufrate e sottomise definitivamente la Nubia.

TUTSI, popolazione stanziata in Ruanda, nel Burundi e nell'estremità orient. della Rep. Dem. del Congo. Mescolati con gli hutu e alcuni pigmei twa, parlano le stesse lingue bantu. Allevatori, a partire dal XVI sec. penetrarono nelle terre coltivate dagli hutu e imposero il loro dominio. Gli hutu e i t. erano legati da rapporti di clientelismo, ma, alla fine degli anni '50 del secolo scorso, tra i due gruppi nacquero violente ostilità, che hanno portato a numerosi massacri, sfociati nel genocidio del 1994 (ca. 500.000 vittime, prevalentemente tutsi).

TUTTLE (Richard), *Rahway 1941*, scultore statunitense. Minimalista, ha sperimentato tecniche e materali diversi, creando opere ispirate a una visione serena e luminosa della vita e dell'arte.

TUTTOSPÒRT, quotidiano sportivo di Torino, fondato nel 1945 da R. Casalbore. Direttori: R. Casalbore, X. Jacobelli, G. Padovan.

TUTU (Desmond), *Klerskdorp, Transvaal, 1931*, vescovo nero sudafricano. Vescovo di Johannesburg (1985-1986), capo della Chiesa anglicana dell'Africa australe e arcivescovo del Capo (1986-1996), ha lottato in modo non violento contro l'apartheid. In seguito ha presieduto la commissione per la riconciliazione nazionale. (Premio Nobel per la pace 1984.)

■ *Desmond Tutu.*

TUVA, rep. della Russia, nel bacino superiore dello Enisej; 311.400 ab.; cap. *Kyzyl*. La popolazione è formata per due terzi da tuvasci, che parlano una lingua della famiglia turca, e per un terzo da russi.

TUVALU, già **Ìsola Ellice**, Stato dell'Oceania, a N delle Figi; 24 km²; 10.000 ab. CAP. *Funafuti*. LINGUE: *tuvaluan* e *inglese*. MONETA: *dollaro australiano*. [*V. carta del* **Kiribati**.] Arcipelago formato da nove atolli, situato presso l'equatore. Copra e pesca. — Divenuto indipendente (Commonwealth) nel 1978, dal 2000 fa parte dell'ONU.

TUXTLA GUTIÉRREZ, c. del Messico, capol. del Chiapas; 424.579 ab.

TUZLA, c. della Bosnia-Erzegovina; 131.861 ab.

TVER', dal 1933 al 1990 **Kalinine**, c. della Russia, sul Volga; 456.000 ab. Centrale nucleare. — Museo regionale di pittura.

TWAIN (Samuel Langhorne **Clemens**, detto Mark), *Florida, Missouri, 1835 - Redding, Connecticut, 1910*, scrittore statunitense. Primo grande scrittore degli Stati Uniti, umorista, nei suoi romanzi indagò l'America attraverso i suoi paesaggi e il suo folclore (*Le avventure di Tom Sawyer*, 1876; *Le avventure di Huckleberry Finn*, 1884).

■ *Mark Twain.*

TWEED, f. della Gran Bretagna, che sfocia nel Mare del Nord; 156 km. Il suo corso inferiore separa l'Inghilterra dalla Scozia.

TWENTIETH CENTURY-FOX, società di produzione e distribuzione cinematografica statunitense. Nata nel 1935 dalla fusione di Fox Film Corporation e Twentieth Century Pictures, fu la prima a introdurre il cinemascope (1953).

TWICKENHAM, agglomerato della periferia sud-occ. di Londra. Stadio di rugby.

TWOMBLY (Cy), *Lexington 1928*, pittore statunitense. Ha lavorato soprattutto in Italia. Tra i principali esponenti dell'informale, la sua pittura è al contempo epica e intima, con tratti pseudoinfantili.

TYARD o **THIARD** (Pontus **de**), *castello di Bissy, Borgogna, 1521 - Bragny-sur-Saône 1605*, poeta francese, vescovo di Chalon-sur-Saône. Influenzato da M. Scève, fu membro della Pléiade (*Versi lirici*).

TYLER (Anne), *Minneapolis 1941*, scrittrice statunitense. Ha raccontato, con abile mescolanza di registri, la vita della media borghesia americana. Tra le opere, *Navigazione celestiale* (1974), *Possessi terreni* (1977), *Turista per caso* (1985), *Lezioni di respiro* (1988), *Quasi un santo* (1991), *Quando eravamo grandi* (2001), *L'amore paziente* (2003).

TYLER (John), *Charles City County, Virginia, 1790 - Richmond 1862*, politico statunitense. Presidente degli Stati Uniti dal 1841 al 1845, fece votare l'annessione del Texas al territorio americano (1845).

TYLER (Wat o Walter), *m. nel 1381*, agitatore politico britannico. Tra gli istigatori della rivolta contadina nel Kent (1381), ottenne da Riccardo II importanti concessioni sociali (tra cui l'affrancamento dei servi). Fu ucciso dal sindaco di Londra a causa dei saccheggi e degli omicidi commessi dagli insorti.

TYLOR (sir Edward Burnett), *Camberwell, Londra, 1832 - Wellington, Somerset, 1917*, antropologo britannico. Evoluzionista, si interessò alla mitologia comparata e propose una teoria dell'animismo (*Cultura primitiva*, 1871).

TYNDALL (John), *Leighlin Bridge 1820 - Hindhead 1893*, fisico irlandese. Scoprì il fenomeno di rigelo del ghiaccio, che gli consentì di spiegare il movimento dei ghiacciai, e l'effetto dovuto alla diffusione della luce mediante colloidi, che determina il colore azzurro del cielo.

TYNEMOUTH, c. della Gran Bretagna (Inghilterra), sull'estuario del Tyne; 60.000 ab. Porto. Stazione balneare.

TYNJANOV (Jurij Nikolaevič), *Režica 1894 - Mosca 1943*, critico letterario russo. Tra i precursori del formalismo, scrisse, tra l'altro, *Il problema del linguaggio poetico* (1924), *Arcaisti e innovatori* (1929). È anche autore di romanzi biografici, tra cui *Puškin*, incompiuto.

TYSON (Mike), *New York 1966*, pugile statunitense. Ha detenuto il titolo di campione mondiale dei pesi massimi dal 1986 al 1990, ed è stato nuovamente campione mondiale WBC e WBA nel 1996.

TZARA (Samy **Rosentock**, detto Tristan), *Moinesti 1896 - Parigi 1963*, scrittore francese di origine rumena. Tra i fondatori del gruppo dada (*Sette manifesti dada*, 1924), in seguito si avvicinò al surrealismo (*L'uomo approssimativo*, 1931), mantenendo nella sua poesia una libera e pulsante immaginazione.

■ *Tristan Tzara.*

TZELTAL o **TZELTALES**, popolazione amerindia del Messico (Chiapas). Coltivatori su terreno debbiato, allevatori, salariati nelle piantagioni di caffè, sono cattolici e di lingua maya.

TZIN TZUN TZAN, sito archeologico del Messico (Michoacán). Antica capitale dell'impero dei taraschi, la cui architettura unisce piramidi rettangolari a piramidi circolari.

TZOTZIL o **TZOTZILES**, popolazione amerindia del Messico (Chiapas; ca. 150.000 individui). Agricoltori, cattolici ma conservatori di antiche credenze, di lingua maya.

Carattere Univers

U2, gruppo rock irlandese. Fondato nel 1978, è formato dal cantante Bono Vox (Paul Hewson), dal chitarrista The Edge (Dave Evans), dal bassista Adam Clayton e dal batterista Larry Mullen. Dopo gli inizi nell'ambito della new wave, gli U2 hanno scritto uno dei capitoli più interessanti della storia del rock (*The Unforgettable Fire, The Joshua Tree*).

UAI (Unióne astronòmica internazionàle), ente fondato nel 1919 per organizzare le attività degli osservatori astronomici di tutto il mondo.

UAMI (Ufficio per l'armonizzazione del mercàto intèrno), agenzia dell'Unione Europea nata nel 1993 per la registrazione dei marchi comunitari. Ha sede ad Alicante, in Spagna.

UBAC (Raoul), *Malmédy 1910 - Neuilly-en-Thelle 1985*, pittore e scultore belga. Influenzato dalla poetica surrealista, si dedicò alla fotografia e alla pittura, segnalandosi in ambito astrattista con opere sperimentali.

UBALDÌNI, famiglia nobile toscana, di parte ghibellina, documentata dall'XI al XIV sec., proprietaria di ingenti possedimenti sull'Appennino Tosco-Emiliano. — **Ubaldino della Pila U.**, *m. nel 1285*. Fu uno dei capi ghibellini. — **Ottaviano U.**, *1210-1272*. Vescovo di Bologna (1241), poi cardinale e legato pontificio, fu sospettato di tradimento per i frequenti contatti con Federico II e Manfredi. — **Ruggieri U.** Arcivescovo di Pisa dal 1278 al 1295, fu per breve tempo signore della città.

UBÀLDO (sànto), *Gubbio 1084 ca. - 1160*. Vescovo di Gubbio (1129), intervenne durante la discesa in Italia di Federico Barbarossa salvando la città dalla distruzione.

UBÀNGI, f. dell'Africa centrale, affl. di destra del Congo; 1160 km. Segna il confine tra la Rep. Dem. del Congo e la Rep. Centrafricana, e tra la Rep. Dem. del Congo e la Rep. del Congo.

UBE, c. del Giappone (Honshu); 175.116 ab. Porto.

UBERABA, c. del Brasile, nel Minas Gerais occ.; 252.051 ab.

UBERLÂNDIA, c. del Brasile, nel Minas Gerais occ.; 501.214 ab.

UBÈRTI, famiglia nobile fiorentina, documentata dal XII sec., a capo dei ghibellini. — **Manente di Iacopo U.**, detto **Farinata**, *m. nel 1264*. Appoggiato da Federico II, alla morte di costui fu esiliato da Firenze (1250). Dopo la vittoria di Montaperti ritornò in città ed eliminò la resistenza guelfa. In seguito si oppose alla decisione di distruggere la città. È ricordato da Dante nel X canto dell'*Inferno*. — **Lapo U.** Figlio di Farinata, fu vicario imperiale a Mantova (1311). — **Fazio degli U.**, *Pisa 1305 ca. - Verona 1367 ca*. Figlio di Lapo, al servizio di varie corti italiane, compose liriche amorose, filosofiche e politiche. L'incompiuto *Dittamondo* (1346), poema in 6 libri

che descrive un viaggio immaginario attraverso tre continenti, fu ispirato dalla *Divina Commedia*.

UBERTÌNI, famiglia nobile toscana, documentata ad Arezzo, dove sostenne inizialmente la fazione ghibellina e in seguito quella guelfa. — **Guglielmo U.**, *m. nel 1289*. Vescovo di Arezzo, combatté contro i senesi e morì nella battaglia di Campaldino. — **Azzo U.**, *fine del XIII sec*. Entrò in trattativa con i guelfi e si alleò con essi.

UBERTÌNO DA CASÀLE, *Casale Monferrato 1259 ca. - 1330 ca*., religioso. Frate francescano, fu uno dei maggiori sostenitori della fazione rigorista, a capo degli spirituali. Assertore della povertà della Chiesa e avversario dei papi Bonifacio VIII e Giovanni XXII, fu accusato di eresia e costretto a rifugiarsi presso Ludovico il Bavaro (1325).

UBÈRTO (sànto), *m. a Liegi nel 727*, vescovo di Tongres, Maastricht e Liegi. Condusse un'intensa opera di evangelizzazione nel Belgio orient. Ebbe l'apparizione di un cervo con il crocefisso tra le corna. È il santo patrono dei cacciatori.

UBU RE, commedia burlesca di A. Jarry (1896). Spinto dalla moglie, Ubu, buffa caricatura della stupidità borghese e dell'avidità umana, accede al potere assoluto e scatena i suoi istinti peggiori.

UCAYALI, f. del Perú, uno dei rami principali del Rio delle Amazzoni; 1600 km.

UCCELLÌNA (Mónti dell'), gruppo collinare della Toscana. Si estende lungo la fascia costiera ed è compreso tra il promontorio di Talamone e la foce del f. Ombrone.

UCCÈLLO (Pàolo **di Dóno**, detto Pàolo), *Firenze ? 1397 - Firenze 1475*, pittore. Formatosi nella bot-

tega di L. Ghiberti a Firenze, fu a Venezia dal 1425 al 1430 e qui subì l'influenza del gotico internazionale. Rientrato a Firenze, dipinse l'affresco del monumento equestre a Giovanni Acuto (1436), i cui si rivela il suo stile della maturità, caratterizzato da un'estrema semplificazione delle forme e da un impianto prospettico rigoroso e ardito. Tra le opere, *Storie di Noè* (1447-1448, chiostro verde di S. Maria Novella, Firenze), *San Giorgio e il drago* (1456 ca., National Gallery, Londra), *La *Battaglia di San Romano*.

UCCIÀLLI (trattato di), trattato firmato nel mag. 1889 nell'omonima località dell'Etiopia tra l'Italia e l'imperatore etiopico Menelik II. Sancì il dominio italiano sul paese.

UCCLE, in fiamm. **Ukkel**, com. del Belgio (Bruxelles), sobborgo a S di Bruxelles; 74.668 ab. Museo D. e A. Van Buuren.

UCRÀINA, Stato dell'Europa orient. km^2; 49.112.000 ab. (*ucraini*). CAP. *Kiev*. LINGUA: *ucraino*. MONETA: *hrivna*.

GEOGRAFIA – L'U. è lo Stato più vasto d'Europa dopo la Russia; il suo territorio, quasi del tutto pianeggiante, comprende una zona di ricche "terre nere" e ingloba la maggior parte del bacino carbonifero del Donbass, con grandi giacimenti di ferro e importanti centrali idroelettriche. Si tratta di una regione agricola, che produce in particolare frumento, barbabietole da zucchero e orzo, e in cui si pratica l'allevamento bovino. Il sottosuolo, ricco di carbone e ferro (che alimentano l'industria siderurgica, molto attiva), fornisce anche manganese, piccole quantità di petrolio e, soprattutto, gas naturale. Anche se il 75%

Paolo **UCCELLO.** *Uno dei tre pannelli della* Battaglia di San Romano, *1456 ca. (National Gallery, Londra).*

degli abitanti è di etnia ucraina, notevole peso ha la minoranza russa, che si concentra nel settore orientale (inclusa la Crimea). Più di due terzi della popolazione vive nei centri urbani.

STORIA – X-XII sec.: si sviluppa lo Stato di Kiev. **XII sec.:** la Galizia-Volinia ne raccoglie le tradizioni. **1238-1240:** la conquista mongola devasta la zona. **XIII-XIV sec.:** Lituania e Polonia annettono tutte le regioni in cui fiorisce la civiltà ucraina, tranne la Rutenia subcarpatica, sottoposta dall'XI sec. alla dominazione ungherese. **XV-XVI sec.:** comunità cosacche si organizzano lungo il corso del Don e del Dnepr. **1654:** l'atamano (capo) dei cosacchi Bogdan Chmel'nickij si pone sotto la protezione della Moscovia. **1667:** Polonia e Russia si spartiscono l'U. **1709:** Pietro il Grande sbaraglia a Poltava l'atamano Ivan Mazepa-Kolendinskij, intenzionato a costituire un'U. riunificata e indipendente. **1793-1795:** in seguito alle spartizioni della Polonia, tutta l'U. è sottoposta alla dominazione russa e austriaca. **XIX sec.:** l'U. diventa la regione industriale più ricca dell'impero russo. **Fine 1917 - inizio 1918:** i sovietici creano a Harkov una repubblica sovietica, mentre i nazionalisti proclamano a Kiev una repubblica indipendente. **1919-1920:** intervengono prima l'esercito russo controrivoluzionario, poi quello polacco. **1922:** la Repubblica sovietica d'U. aderisce all'URSS. **1939-1945:** quest'ultima annette Bucovina del Nord, Bessarabia e i territori polacchi abitati da ucraini. **1941-1944:** i nazisti occupano il paese. **1945:** l'U. acquista la Rutenia subcarpatica, ampliando così i propri confini. **1954:** si aggiunge la Crimea. **1991:** l'U. conquista l'indipendenza e aderisce alla CSI. Il comunista Leonid Kravciuk viene eletto alla presidenza della repubblica. Conflitti d'interesse contrappongono l'U. alla Russia, in particolare circa la sovranità sulla Crimea e il controllo della flotta di stanza nel Mar Nero. **1994:** diventa capo dello Stato Leonid Kuchma (rieletto nel 1999). **1996:** entra in vigore la Costituzione, destinata a essere profondamente modificata nel 2000. **2001:** Anatolij Kinakh diventa primo ministro. **2002:** in marzo le

elezioni legislative decretano la vittoria del partito riformista Nostra Ucraina.

UDAIPUR, c. dell'India (Rajasthan); 389.317 ab. Ant. cap. dei rajput. Numerosi i monumenti, tra cui l'immenso palazzo reale (XVI-XVIII sec.). Museo.

UDC → Unione dei democratici cristiani e democratici di centro.

UDERZO (Albert), *Fismes 1927*, fumettista francese. È autore di serie realistiche (*Tanguy et Laverdure*, creato con J.-M. Charlier, 1959) e umoristiche (**Asterix*).

UDEUR → Alleanza popolare - Udeur.

UDI (Unióne dónne italiàne), organizzazione femminile antifascista fondata nel 1944 a Roma. Sostenitrice della libertà e dell'emancipazione delle donne, contribuì all'affermazione del movimento femminista negli anni '70 del secolo scorso.

ÙDINE, c. del Friuli-Venezia Giulia, capol. di prov.; 94.932 ab. (*udinesi*). Mercato agricolo e importante centro industriale (settori alimentare, tessile, metalmeccanico, del vetro, dei mobili). — Il primo nucleo abitato risale al X sec., ma soltanto nel XIII sec., quando vi si trasferì il patriarca di Aquileia, Bertoldo, acquisì importanza. Conquistata da Venezia nel 1420, nel XIX sec. vi si affermarono i domini francese e austriaco. — Duomo (XIII-XVIII sec.), con campanile ottagonale, chiesa di origine romanica di S. Maria di Castello, castello rinascimentale, palazzo del comune (XV sec.) e torre dell'orologio. — Nella provincia, in gran parte collinare e montuosa, si praticano l'agricoltura (cereali, alberi da frutto, viti), e l'allevamento bovino e suino; sfruttamento forestale (Carnia). Turismo montano e balneare.

UDMURTI, popolazione ugro-finnica residente in Russia (ca. 750.000 individui, più della metà stanziata nella Rep. degli Udmurti). Convertiti al cristianesimo, conservano intatte alcune tradizioni dell'antica civiltà agraria.

UDMURTI (Repùbblica degli), rep. autonoma della Russia, a O degli Urali; 1.602.000 ab.; cap. *Iževsk*. La popolazione è composta da un terzo di udmuti e dal 60 % di persone di origine russa.

UDR → Unione democratica per la repubblica.

UE →Unione Europea.

UEDA (Akinari), *Osaka 1734 - Kyoto 1809*, scrittore giapponese. Narrò con uno stile innovativo le leggende tradizionali (*Racconti di pioggia e di luna*, 1776).

UÉLÉ, f. della Rep. Dem. del Congo, princ. affl. di destra dell'Ubangui; 1300 km.

UEM→ Unione Europea.

UEO (Unióne Europèa occidentale), alleanza costituita nel 1954 tra gli Stati della CECA e il Regno Unito a fini politici e militari. In seguito vi hanno aderito anche Spagna, Grecia e Portogallo; nel 2000 è stata sciolta e incorporata nelle più ampie istituzioni dell'UE.

UEP (Unióne Europèa dei pagamènti), organizzazione istituita nel 1950 per promuovere il commercio tra i paesi partecipanti. Fu sciolta nel 1958.

UFA, c. della Russia, cap. della Rep. dei Baschiri, situata presso la confluenza del f. Belaja e Ufa (918 km); 1.082.000 ab. Raffinerie petrolifere.

UFA (Universum Film Aktiengesellschaft), casa di produzione cinematografica tedesca. Fondata nel 1917, produsse numerosi film muti, tra cui quelli di F. Lang, F.W. Murnau, E. Lubitsch. Fu sciolta nel 1945 e riprese le attività nel dopoguerra.

UFFÌZI (palàzzo degli), edificio fiorentino progettato da G. Vasari nel 1560, per volere di Cosimo I de' Medici, e ultimato nel 1574 da B. Buontalenti, originariamente sede degli uffici amministrativi. Attualmente ospita un'importante collezione d'arte che comprende opere rinascimentali della scuola fiorentina (Galleria degli Uffizi). Il suo nucleo è costituito dalle collezioni dei Medici, qui esposte a partire dal 1574 per iniziativa di Francesco I. [V. foto a pagina seguente.]

UFO (Unidentified Flying Object, in it. Oggetto volante non identificato), sigla utilizzata per ogni oggetto volante di cui non è possibile stabilire la natura e l'origine, e per estensione a dischi volanti e astronavi.

UGANDA, Stato dell'Africa orient. attraversato dall'equatore; 237.000 km²; 24.023.000 ab. (*ugandesi*). CAP. *Kampala*. LINGUA: *inglese*. MONETA: *scellino ugandese*. L'U., che si estende a N del Lago Vittoria, è

Ucraina

strada normale

ferrovia

✈ aeroporto

200   500   1000 m

● più di 1.000.000 di ab.
● da 500.000 a 1.000.000 di ab.
● da 100.000 a 500.000 di ab.
● meno di 100.000 ab.

*Il palazzo degli **UFFIZI**, costruito da Giorgio Vasari a partire dal 1560 (Firenze).*

un paese di altopiani coperti dalla savana. Le principali risorse sono l'allevamento, il cotone, il tè e, soprattutto, il caffè. La popolazione, in rapida crescita, è formata da una varietà di gruppi etnici (tra cui quello dei baganda).

STORIA — La popolazione dell'attuale U. è il risultato della fusione di tribù di ceppo bantu e nilotici, avvenuta in epoca antica. **XVI-XIX SEC.**: questi popoli costituiscono staterelli dalla struttura assai debole, ma nel XVII sec., il regno del Buganda s'impone sugli altri regni. **1856-1884**: Mutesa, sovrano di Buganda, accoglie con favore gli europei. **1894**: la Gran Bretagna stabilisce il suo protettorato sull'U., nonostante l'ostilità del figlio di Mutesa, Mwanga, in lotta contro le influenze religiose straniere, musulmane o cristiane. **1953-1955**: re Mutesa II, che reclama l'indipendenza per il suo regno, subisce la deportazione in Gran Bretagna. **1962**: l'U., comprendente Buganda, Bunyo-

ro, Ankole, Toro e Busoga, diventa uno Stato federale indipendente, con a capo Mutesa (1963). **1966**: con un colpo di Stato Milton Obote si pone a capo del paese e mette fine alla federazione dei regni. **1967**: proclamazione della repubblica. **1971**: un nuovo colpo di Stato conduce al potere il generale Idi Amin Dada, che instaura un regime tirannico. **1979**: con l'aiuto delle forze armate tanzaniane, l'opposizione prende il potere con Yusuf Lule, ben presto eliminato da Godfrey Binaisa. **1980**: M. Obote riconquista il potere grazie a elezioni contestate. **1985-1986**: dopo vari anni di anarchia, di ribellioni tribali e repressioni, si susseguono due colpi di Stato, l'ultimo dei quali porta al potere Yoweri Museveni. **1996**: dopo l'entrata in vigore di una nuova Costituzione, Y. Museveni viene eletto alla presidenza della repubblica (sarà rieletto nel 2001). **1999**: la carica di primo ministro va ad Apolo Nsimbambi. **2002**: l'U., nel tentativo di soffocare la ribellione dell'Esercito di resistenza del Signore (LRA), interviene militarmente in Sudan, dove i guerriglieri hanno stabilito le loro basi con il consenso del governo locale.

UGARIT, ant. c. della costa siriana, situata sul promontorio di Ras Shamra, 16 km a N di Laodicea. Importante centro commerciale e culturale nel corso del II millennio, regno vassallo degli ittiti tra il XIV e il XIII sec. a.C., U. fu distrutta all'inizio del XII sec. a.C. dai popoli del mare. — Una serie di ricerche condotte all'interno delle abitazioni, dei palazzi e dei templi cittadini, ha consentito di rinvenire testi (letterari, commerciali e amministrativi), importanti testimonianze dell'alfabeto fenicio.

UGÉNTO, com. in prov. di Lecce; 11.832 ab. Agricoltura (tabacco, frutta). Industrie meccaniche e tessili. Resti archeologici risalenti al Paleolitico. Palazzo vescovile (XVIII sec.).

ÙGHI (Ùto), *Busto Arsizio 1944*, violinista. Dopo la formazione con G. Enescu, ha esordito giovanissimo, rivelandosi come uno dei maggiori talenti contemporanei. È fondatore e direttore dei festival "Omaggio a Venezia" e "Omaggio a Roma".

ÙGO DA CÀRPI, *Carpi 1480 ca. - Bologna 1532*, xilografo e pittore. Attivo a Venezia, a Roma e Bolo-

gna, inventò la tecnica della stampa a chiaroscuro utilizzando più matrici lignee sovrapposte. Tra le opere, la copia di *Diogene* del Parmigianino.

ÙGO DI FLEURY o **ÙGO DA SÀNTA MARÌA**, *m. dopo il 1118*, cronista francese. Scrisse un importante *Tractatus de regia potestate et sacerdotali dignitate*, nel quale sostiene la necessità di una cooperazione tra il potere temporale e quello spirituale.

ÙGO DI ORLÉANS o **ÙGO PRIMÀTE**, *Orléans 1093 - 1160 ca.*, poeta francese. Autore di ispirazione goliardica, scrisse numerosi componimenti dedicati al vino, ai piaceri della tavola, alle donne, che ebbero un notevole successo anche nei secoli successivi.

ÙGO DI PAYNS, *Pains, presso Troyes, 1070 ca. - Palestina 1136*, cavaliere francese. Fondò l'ordine dei templari (1119).

ÙGO DI PÒRTA RAVENNÀTE, *XII sec.*, giurista. Tra gli allievi di Irnerio, fu autore di glosse al *Digestum vetus* e *novus* e di altri scritti di incerta attribuzione.

ÙGO DI PROVÈNZA, *m. ad Arles nel 947*, conte di Provenza e re d'Italia. Chiamato in Italia da papa Giovanni X e da alcuni feudatari che si erano opposti a Rodolfo di Borgogna, fu incoronato re d'Italia a Pavia (926). Dopo il matrimonio (932) e la morte della moglie Marozia, sposò la vedova di Rodolfo, Berta (937). Sconfitto da Berengario II d'Ivrea (946), si ritirò ad Arles, dove morì.

ÙGO DI SAINT-CIRC, *XIII sec.*, trovatore provenzale. Tra il 1210 e il 1253 viaggiò per varie corti italiane e straniere, entrando in contatto con Ezzelino da Romano e Corrado Malaspina. Delle sue opere resta una quarantina di componimenti di vario genere e numerose biografie di trovatori.

ÙGO DI SAN VITTÒRE, *presso Ypres fine dell'XI sec. - Parigi 1141*, teologo francese. Autore di innumerevoli trattati pedagogici, è considerato uno dei maestri più influenti dell'abbazia parigina di S. Vittore.

ÙGO I CAPÈTO, *941 ca. - 996*, re di Francia (987-996), fondatore della dinastia capetingia. Combatté i feudatari ribelli (tra cui Carlo di Lorena) ed estese i possedimenti reali.

ÙGO IL GRÀNDE, *897 ca. - Dourdan 956*, conte di Parigi, duca dei franchi. Figlio di Roberto I, re di Francia. Il suo grande potere, acquisito al tempo degli ultimi sovrani carolingi, consentì al figlio Ugo Capeto di salire al trono di Francia.

ÙGO IL GRÀNDE (sànto), *Semur-en-Brionnais 1024 - Cluny 1109*, monaco benedettino francese. A capo dell'abbazia di Cluny dal 1049 al 1109, favorì lo sviluppo dell'ordine benedettino e sostenne le riforme ecclesiastiche.

UGOLÌNO DÈLLA GHERARDÉSCA →GHERARDESCA (Della).

UGOLÌNO DI PRÈTE ILÀRIO, *Orvieto XIV-XV sec.*, pittore e mosaicista. Lavorò in part. al duomo di Orvieto, realizzando gli affreschi della Cappella del Corporale e del coro e i mosaici della facciata.

UGOLÌNO DI VIÈRI, *XIV sec.*, orafo. Il suo nome è legato al reliquiario del Corporale del duomo di Orvieto, splendido esempio di gotico senese.

UGUCCIÓNE DA LÒDI, *XIII sec.*, poeta. Gli viene attribuito il poemetto in volgare lombardo-veneto *Il libro*.

UGUCCIÓNE DA PÌSA, *Pisa 1130 ca. - Ferrara 1210*, canonista e lessicologo. La sua opera principale, *Liber derivationum*, costituì la base degli studi etimologici medievali.

UGUCCIÓNE DÈLLA FAGGIUÒLA, *Massa Trabaria 1250 - Vicenza 1319*, condottiero. Fu podestà di Arezzo dal 1292 al 1296 e dal 1302 al 1304. Capitano della lega ghibellina della Romagna (1297-1299), vittorioso contro la lega guelfa di fiorentini, senesi e bolognesi, fu costretto all'esilio dalla presenza di Pisa e Lucca.

UHLAND (Ludwig), *Tubinga 1787-1862*, poeta tedesco, autore di poesie popolari ispirate a leggende sveve.

UHLENBECK (George Eugene), *Batavia, att. Giacarta, 1900 - Boulder 1988*, fisico statunitense di origine olandese. Con S.A Goudsmit enunciò la teoria dello spin dell'elettrone (1925).

UHLMAN (Fred), *Stoccarda 1901 - Londra 1985*, scrittore tedesco. All'avvento del nazismo lasciò la Germania per Parigi. Scrisse *Storia di un uomo*

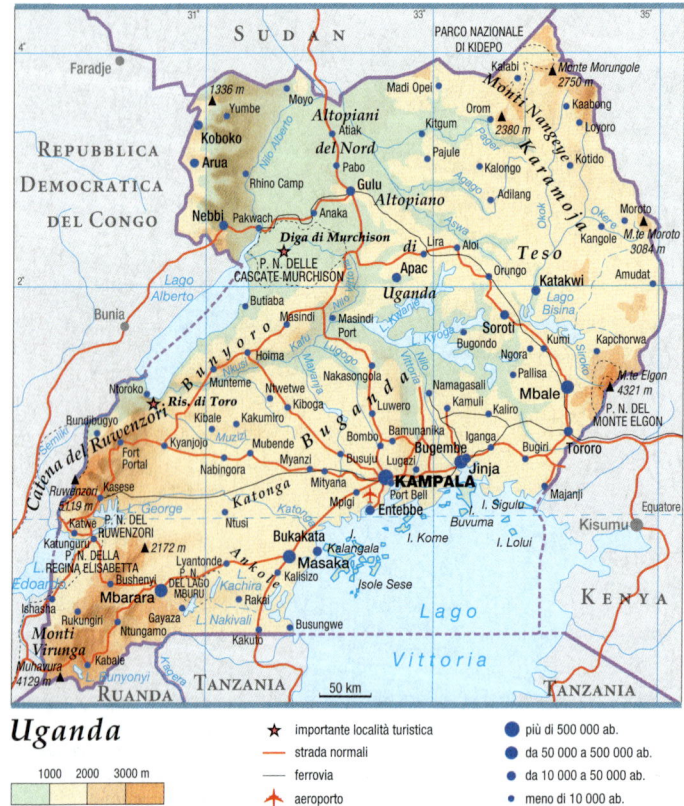

Uganda

| 1000 | 2000 | 3000 m |

★ importante località turistica
— strada normali
— ferrovia
✈ aeroporto

● più di 500 000 ab.
● da 50 000 a 500 000 ab.
● da 10 000 a 50 000 ab.
● meno di 10 000 ab.

(1960), *L'amico ritrovato* (1971), *Un'anima non vile* (1979) e *Niente resurrezioni, per favore* (1979).

UHURU (Peak) → KILIMANGIARO.

UIGÙRI, popolazione turca stanziata in Cina (Xinjiang) e nell'Asia centrale (ca. 7,5 milioni di individui). Dominarono l'impero mongolo dal 745 ca. all'840, e in seguito furono costretti dai kirghisi a ripiegare in Cina. Intorno al XIII sec. passarono sotto la dominazione mongola e furono infine annessi al regno dei calmucchi. Passati dallo sciamanesimo al manicheismo, nel XV sec. si convertirono all'islam sunnita. Parlano lo uigur, dialetto del ceppo linguistico turco sud-orientale.

UIL (Unióne italiàna del lavòro), organizzazione sindacale di ispirazione laica e socialista-democratica fondata nel 1950. Nel 1972 aderì al patto federativo con *CGIL e *CISL. Segretari principali: I. Viglianesi, R. Vanni, G. Benvenuto, P. Larizza, L. Angeletti.

UIT (Unióne internazionàle delle telecomunicazióni), organizzazione internazionale istituita a Madrid nel 1932 e dal 1947 istituzione dell'ONU, con sede a Ginevra. Sorta per regolamentare le telecomunicazioni, verifica i protocolli di comunicazione e l'assegnazione delle frequenze.

UITLANDERS, nome conferito dai boeri agli immigranti attratti, a partire dal 1884, dalle miniere d'oro e diamanti del Transvaal e dell'Orange.

UJI, c. del Giappone (Honshu); 184.830 ab. — Imponente villa di Fujiwara Yorichimi trasformata, nel 1053, nel tempio buddhista di Byodoin (Padiglione della Fenice con il buddha di *Jocho).

UJJAIN, c. dell'India (Madhya Pradesh); 429.933 ab. Università. — Monumenti antichi, tra cui un osservatorio del XVIII sec. — U. è una delle città sante indiane.

UJUNGPANDANG, già **Makasar**, c. dell'Indonesia, nelle Celebes merid., sullo Stretto di Makassar (che separa il Borneo dalle Celebes); 1.091.800 ab. Porto.

UK, acronimo di United Kingdom (Regno Unito).

UL'JANOVA (Galina), *San Pietroburgo 1910 - Mosca 1998*, ballerina russa. Tra le più grandi interpreti del repertorio romantico russo, dal 1944 al 1963 fu prima ballerina al Bol'šoj di Mosca.

UL'JANOVSK → SIMBIRSK.

UL'JANOVSK (Vladimir Il'ič) → LENIN (Nikolaj).

ULAANBAATAR o **ULAN-BATOR**, già **Urga**, cap. della Mongolia, sul f. Tola; 739.500 ab.

ULAN-UDE, c. della Russia, cap. della Rep. autonoma dei Buriati; 370.000 ab.

ULBRICHT (Walter), *Lipsia 1893 - Berlino 1973*, politico tedesco. Tra i fondatori del Partito comunista di Germania (1919), fu il primo segretario del Partito socialista unificato (SED) dal 1950 al 1971. Dal 1960 fu capo dello Stato della RDT.

ÙLFILA o **WÙLFILA**, *311 ca. - Constantinopoli 383*, vescovo e apostolo goto. Tradusse in gotico il Nuovo Testamento. La sua predicazione era pervasa da una forma di arianesimo, che i goti diffusero in Occidente nel V sec.

ULHASNAGAR, c. dell'India (Maharashtra); 472.943 ab.

ULÌSSE o **ODISSÈO**, in gr. **Odysseus** MITOL. GR. Eroe greco, leggendario re di Itaca, figlio di Laerte, sposo di Penelope, padre di Telemaco, tra i protagonisti dei poemi omerici. L'*Iliade* lo dipinge come un abile e scaltro guerriero, ideatore dello stratagemma del cavallo di Troia. Sul suo travagliato ritorno in patria è incentrata l'*Odissea*. Nel romanzo *Ulisse* (1922) di J. Joyce, l'eroe greco rivive nel personaggio di Leopold Bloom.

ULÌVO (L'), alleanza politica di centro-sinistra vincitrice alle elezioni politiche del 1996 e sostenitrice dei governi Prodi, con l'appoggio esterno del PRC (1996-1998), D'Alema (1998-2000) e Amato (2000-2001). È stata sconfitta alle elezioni del 2001.

ULLMANN (Liv), *Tokyo 1938*, attrice norvegese. Protagonista di numerosi film di Ingmar Bergman (*Persona*, 1966), incarna, nonostante l'aria dolce, personaggi complessi, talora violenti (*Sussurri e grida*, 1972; *Scene da un matrimonio*, 1973; *Sinfonia d'autunno*, 1978, diretti da I. Bergman; *Mosse pericolose*, di R. Dembo, 1984). Ha anche diretto un film (*L'infedele*, con sceneggiatura di I. Bergman, 2000).

ULM, c. della Germania (Baden-Württemberg), sul Danubio; 116.103 ab. Imponente chiesa gotica (dalla fine del XIV sec.); musei. — I francesi

di Napoleone vi sconfissero l'esercito austriaco (20 ott. 1805).

ULPIÀNO (Domizio), *Tiro 170 ca. - Roma 228*, giureconsulto romano. Tra i compilatori del *Digesto* di Giustiniano. Fu ucciso in una rivolta dei pretoriani.

ULSAN, c. della Corea del Sud; 682.411 ab. Porto. Centro industriale.

ULSTER, reg. dell'Irlanda settentr. Comprende la provincia dell'Ulster (rep. d'Irlanda) e l'Irlanda del Nord (cap. Belfast), appartenente alla Gran Bretagna.

ULSTER, prov. della rep. d'Irlanda, 234.251 ab. È formata da tre contee limitrofe dell'Irlanda del Nord.

ÙLTIMA CÉNA, opera di Leonardo da Vinci, 1495-1497, convento di S. Maria delle Grazie, Milano. Rappresenta un esempio di sperimentazione tecnica (per il metodo e i colori utilizzati nella realizzazione) e figurativa (per la luce ambientale che diviene parte integrante dell'opera). Fortemente deteriorata a causa dell'estrema deperibilità dei materiali, l'*U. c.* ha richiesto accurati interventi di restauro e conservazione.

ÙLTIME LÈTTERE DI JÀCOPO ÒRTIS (Le), romanzo di Ugo Foscolo, 1802-1817. Romanzo epistolare, sul modello del *Werther* di J.W. Goethe, costituisce il primo esempio di opera preromantica italiana.

ULURU o **AYERS ROCK**, monte sacro agli aborigeni, nell'Australia centrale; 867 m.

ÙLZIO, nome con il quale fu chiamato il com. di Oulx (Torino) al 1937 al 1960.

UMANÌSTA (Partito) (PU), partito politico sorto nel 1984 su ispirazione degli ideali del Nuovo

Umanesimo. Ha tra i principi fondamentali la figura dell'essere umano, la nonviolenza e il rifiuto dell'etica neoliberista.

UMBÈRTIDE, com. in prov. di Perugia; 15.227 ab. Centro agricolo (tabacco, frutta, olive) e industriale (tessile, metalmeccanico). Rocca (XIV sec.). Abbazia di S. Salvatore di Monte Corona (XII sec.).

UMBÈRTO I, *Torino 1844 - Monza 1900*, re d'Italia (1878-1900). Figlio di Vittorio Emanuele II, partecipò alla terza guerra d'indipendenza. Salito al trono alla morte del padre, nel 1878, adottò la linea politica perseguita da Crispi, promuovendo la Triplice Alleanza, le spedizioni coloniali in Africa e la sistematica repressione del movimento operaio. Fu assassinato dall'anarchico G. Bresci.

UMBÈRTO I BIANCAMÀNO, *m. nel 1048*, conte di Savoia. Capostipite della dinastia dei Savoia, fu al fianco dell'imperatore Corrado II, che lo ricompensò con numerosi possedimenti nel regno di Borgogna.

UMBÈRTO II, *Racconigi 1904 - Ginevra 1983*, ultimo re d'Italia (9 mag. - 2 giu. 1946). Figlio di Vittorio Emanuele III e di Elena di Montenegro, sposò l'irrequieta Maria José. Comandante supremo delle forze armate nel corso della guerra e luogotenente del regno dal 1944, nel maggio del 1946 succedette al padre come re d'Italia, per abdicare nel giugno dello stesso anno in seguito all'esito del referendum istituzionale che sanciva l'abrogazione della monarchia. Costretto ad abbandonare l'Italia, riparò in Portogallo dove visse esule con il titolo di conte di Sarre.

UMBRIA, reg. dell'Italia centrale. Confina a NO con le Marche, a S con il Lazio e a O con la To-

Umbria

500 1000 1500 2000 m

★ importante località turistica

━━ autostrada
━━ strada normale

── ferrovia
✈ aeroporto

● oltre 50.000 ab.
● da 10.000 a 50.000 ab.
● fino a 10.000 ab.

scana; 8456 km²; 815.588 ab. (*umbri*). Due prov.: *Perugia* (capol. di reg.) e *Terni*.

ASPETTI FISICI – La regione è quasi interamente montuosa e collinare, priva di vere e proprie pianure. Comprende il versante tirrenico dell'Appennino Umbro-Marchigiano e i rilievi dell'Antiappennino Toscano e Laziale, che si estendono rispettivamente a O e SO. Le catene principali sono intervallate da profonde conche, tra cui la valle del Tevere, il bacino del Lago Trasimeno, la Valle Umbra. Il Tevere attraversa la regione da N a S. Il Nera, il suo principale affluente, forma presso Terni la Cascata delle Marmore. Il clima dell'U. è continentale, mitigato dagli influssi provenienti da O.

POPOLAZIONE – L'U. è caratterizzata da una scarsa densità (96,5 ab. per km²), dovuta alla morfologia del territorio e al flusso migratorio degli anni '50 e '60 del secolo scorso. La popolazione tende sempre più spesso ad abbandonare le zone montuose per concentrarsi nelle fasce pianeggianti e collinari. L'insediamento sparso e la diffusione dei piccoli centri sono due tratti tipici della regione. Il saldo naturale è fortemente negativo (– 2,9‰).

ECONOMIA – Nonostante il suo isolamento geografico, la regione ha raggiunto un soddisfacente livello di sviluppo. La produttività del settore primario (5,1% dei redditi complessivi) è penalizzata dalla frammentazione dei fondi agricoli e dall'arretratezza delle tecniche di sfruttamento. Buona parte del territorio è inoltre coperta da boschi. Cereali, barbabietola da zucchero, vite e olivo sono alcune tra le coltivazioni più diffuse. Di notevole rilievo l'allevamento suino e ovino. Il settore secondario (29,3% dei redditi) è articolato principalmente in piccole e medie imprese alimentari, edilizie e tessili. Le grandi industrie petrolchimiche, meccaniche e siderurgiche hanno un ruolo minore e si concentrano nella zona di Terni. Significative le attività artigianali, che includono la lavorazione del ferro battuto, del legno e della ceramica. Il settore terziario fornisce il 65,6% dei redditi complessivi e si basa principalmente sui flussi turistici che interessano le città d'arte e i luoghi di pellegrinaggio religioso.

STORIA – Le origini. Numerosi reperti archeologici testimoniano la presenza, in U., di insediamenti paleolitici e neolitici. **1000 a.C. ca.**: la regione è abitata da popolazioni tosco-umbre. **VII sec.**: gli etruschi occupano vaste zone dell'U., creando fiorenti centri urbani, come Perugia, Orvieto, Città della Pieve. **IV-III sec.**: la regione viene progressivamente conquistata dai romani, che fondano Spoleto (241) e costruiscono la via Flaminia (220-219). **90 a.C.**: gli umbri ottengono la cittadinanza romana. **I sec. d.C.**: l'U. è inclusa nella VI regione augustea; **VI sec.**: durante la guerra gotica subisce pesanti devastazioni (battaglia di Tagina, 552). I longobardi conquistano una vasta area dell'U. orientale e creano il ducato di Spoleto. La parte occidentale della regione resta nelle mani dei bizantini. **XII-XIII sec.**: l'U. entra a far parte dei possedimenti della Chiesa.

Dallo Stato pontificio all'unità d'Italia. 1540: la regione viene definitivamente annessa allo Stato pontificio. Rimane un possedimento della Chiesa fino al 1860, con una parentesi napoleonica. **1860**: un plebiscito sancisce l'entrata dell'U. nel regno d'Italia.

UMEÄLVEN, f. della Svezia, che sfocia nel Golfo di Botnia a nord di Umeå (94.912 ab.); 460 km.

UNAMUNO (Miguel **de**), *Bilbao 1864 - Salamanca 1936*, scrittore spagnolo. Saggista (*Del sentimento tragico della vita*, 1912; *Agonia del cristianesimo*, 1924), romanziere (*Nebbia*, 1914) e poeta, fornì importanti testimonianze sulla Spagna del suo tempo.

UNCÌNI (Frànco), *Recanati 1955*, pilota motociclistico. Nel 1982 ha vinto il campionato mondiale nella classe 500.

UNCÌNI (Giuseppe), *Fabriano 1929*, scultore. Ha operato nell'ambito della *minimal art*, realizzando opere astratte dalle forme geometrizzanti ("cementiarmati", "ferrocementi").

UNCTAD (United Nations Conference on Trade and Development, in it. Conferenza delle Nazioni Unite sul commercio e lo sviluppo), organismo sussidiario permanente dell'ONU, creato nel 1964. Il suo obiettivo è favorire l'incremento del commercio internazionale, tenendo conto dei particolari interessi dei paesi in via di sviluppo.

UNDSET (Sigrid), *Kalundborg, Danimarca, 1882 - Lillehammer 1949*, scrittrice norvegese, autrice di romanzi storici (*Kristin Lavransdatter*) e di racconti di ispirazione religiosa (*Il roveto ardente*). (Premio Nobel 1928.)

UNESCO (United Nations Educational, Scientific and Cultural Organization, in it. Organizzazione delle nazioni unite per l'educazione, la scienza e la cultura), istituzione dell'ONU creata nel 1945-1946 per contribuire al mantenimento della pace e della sicurezza internazionali, rafforzando, mediante l'educazione, la scienza, la cultura e la comunicazione, la collaborazione tra le nazioni per il rispetto dei diritti dell'uomo e delle libertà fondamentali. La sede dell'UNESCO, a Parigi, è opera degli architetti M. Breuer, P.L. Nervi e B. Zehrfuss.

UNGARÉTTI (Giuseppe), *Alessandria d'Egitto 1888 - Milano 1970*, poeta. Figlio di emigrati toscani, crebbe in Egitto e nel 1913 si trasferì a Parigi, dove entrò in contatto con le avanguardie storiche. In Italia dal 1914, partecipò come volontario alla prima guerra mondiale. Ispirate a questo periodo sono le opere

Il porto sepolto e *Allegria di naufragi*, poi raccolte in *L'allegria* (1931), che manifestano i tratti salienti del suo linguaggio poetico costituito dalla frammentazione della sintassi e dal procedere per versi scarni e in sé conclusi. Più vicina alla tradizione lirica italiana è invece la raccolta successiva, *Sentimento del tempo* (1933). Al ritorno dal Brasile, dove insegnò letteratura italiana dal 1936 al 1942, si dedicò soprattutto a indagare nelle sue liriche i sentimenti umani. Tra le opere della maturità, *Il dolore* (1947), *La terra promessa* (1950), *Un grido e paesaggi* (1952), *Il taccuino del vecchio* (1960), *Dialogo* (1968).

■ *Giuseppe Ungaretti*.

ÙNGARI → MAGIARI.

UNGERS (Oswald Mathias), *Kaisersech 1926*, architetto tedesco. Docente in numerose università (Berlino, Harvard, UCLA) e attivo a Colonia, è stato uno dei maggiori architetti tedeschi della seconda metà del XX sec., realizzando edifici neo-razionalisti. Tra le opere, case a schiera a Colonia (1959), Fiera (1981-1983) e Museo di architettura (1982-1984) a Francoforte.

UNGHERÌA, in ung. **Magyarország**, Stato dell'Europa orientale; 93.000 km²; 9.917.000 ab. (*ungheresi*). CAP. *Budapest*. LINGUA: *ungherese*. MONETA: *fiorino ungherese*.

GEOGRAFIA – Il territorio dell'U. è in gran parte costituito dalle pianure a E del Danubio (l'antica *puszta*), alla cui estremità nord-orient. e soprattutto a O del Danubio (regione transdanubiana) si le-vano colline e monti, con cime di media altezza. Gli inverni sono rigidi, le estati spesso calde e umide. A Budapest si concentra circa un quinto di una popolazione etnicamente omogenea. L'agricoltura conserva una notevole importanza (frumento e mais, barbabietola da zucchero, vite), e così l'allevamento bovino e suino. Il sottosuolo fornisce modeste quantità di lignite, gas naturale e bauxite. Nell'industria predominano i settori agroalimentare, chimico e, soprattutto, metallurgico.

STORIA – Le origini. Intorno al 500 a.C.: la regione è popolata da illiri e traci. **35 a.C. - 9 d.C.**: viene conquistata da Roma, che la trasforma nella provincia della Pannonia. **IV-VI sec.**: è invasa da unni, ostrogoti, longobardi e avari (568). **896**: gli ungari (o magiari), guidati da Arpad, giungono nella pianura danubiana. **Intorno al 904-1301**: la dinastia degli Arpadi governa l'U., la Slovacchia (o Alta U.) e la Rutenia subcarpatica, annessa all'inizio dell'XI sec. **955**: la vittoria di Ottone I a Lechfeld pone fine alle scorrerie degli ungari in Occidente.

Il regno di Ungheria. 1000: sale al trono Stefano I, che impone il cristianesimo ai suoi sudditi. Dichiarandosi vassallo della Santa sede conserva il proprio regno al di fuori del Sacro Romano Impero. **1095-1116**: re Kálmán ottiene l'annessione della Croazia e della Slavonia al regno. **1172-1196**: sotto il regno di Béla III l'U. medievale raggiunge l'apogeo. **1235-1270**: Béla IV ricostruisce il paese devastato dall'invasione mongola (1241-1242). **1308-1342**: Carlo Roberto d'Angiò organizza lo sfruttamento delle miniere d'argento, rame e oro in Slovacchia e Transilvania. **1342-1382**: gli succede Luigi I d'Angiò, che prosegue la sua opera. **1387-1437**: il genero, Sigismondo di Lussemburgo, diventa imperatore. **1456**: Giovanni Hunyadi arresta l'avanzata dei turchi alle porte di Belgrado. **1458-1490**: dopo aver conquistato la Moravia e la Slesia, il figlio, Mattia Corvino, stabilisce la propria corte a Vienna (1485), dove contribuisce a diffondere il Rinascimento italiano. **1490-1516**: sul paese regna Ladislao II Jagellone. **1526**: gli ottomani ottengono la vittoria a Mohács; Luigi II Jagellone muore sul campo di battaglia. Ferdinando I d'Asburgo (1526-1564) viene eletto dalla dieta re d'U. Suo rivale è Giovanni Zápolya, appoggiato dagli ottomani. **1540**: i turchi occupano Buda e la pianura danubiana. **1540-1699**: l'U. viene divisa in tre parti: U. reale (capitale Presburgo), governata dalla casa d'Austria, U. turca e Transilvania, vassalle degli ottomani dal 1568. La dieta d'U. deve riconoscere la monarchia ereditaria degli Asburgo (1687) e la Transilvania viene annessa dalla casa d'Austria (1691). La nobiltà ungherese ottiene che sia conservato il pluralismo religioso. **1699**: gli Asburgo sconfiggono i turchi riconquistando la pianura ungherese (pace di Carlowitz). **1703-1711**: Férenc II Rákóczy guida l'insurrezione con-

Ungheria

100   200   500 m

★ importante località turistica
━ autostrada
━ strada normale
— ferrovia

● più di 1.000.000 di ab.
● da 100.000 a 1.000.000 di ab.
● da 50.000 a 100.000 di ab.
• meno di 50.000 ab.

50 km

tro gli Asburgo. **1711**: la pace di Szatmár riconosce l'autonomia dello Stato ungherese in seno alla monarchia austriaca. **1740-1780**: Maria Teresa persegue il ripopolamento del paese. **1780-1790**: Giuseppe II tenta di imporre un regime centralizzato. **1848**: dopo l'insurrezione di marzo, l'assemblea nazionale ungherese rompe con l'Austria. **1849**: Lajos Kossuth proclama decaduti gli Asburgo. In agosto, gli insorti vengono sconfitti a Világos dai russi, chiamati in soccorso da Francesco Giuseppe I. **1849-1867**: il governo austriaco propugna una politica di centralizzazione e germanizzazione. **1867**: dopo la disfatta subita dall'Austria a opera della Prussia (Sadowa, 1866), il compromesso austro-ungarico instaura il dualismo. L'U., di nuovo Stato autonomo in seno all'impero austro-ungarico, ritorna in possesso di Croazia, Slavonia e Transilvania. **1875-1905**: il Partito liberale assume il ruolo di guida del paese; Kálmán Tisza riveste la carica di presidente del consiglio dal 1875 al 1890. **1914**: l'U. dichiara guerra alla Serbia.

L'Ungheria dopo il 1918. La caduta degli imperi centrali determina la dissoluzione dell'impero austro-ungarico. **1918**: Károlyi proclama l'indipendenza dell'U. I rumeni occupano la Transilvania, i cechi la Slovacchia. **1919**: i comunisti, sotto la guida di Béla Kun, instaurano la "repubblica dei consigli", rovesciata dall'ammiraglio Miklós Horthy. **1920**: nominato reggente, Horthy sottoscrive il trattato di Trianon, che sottrae all'U. la Slovacchia, la Rutenia, la Transilvania, il Banato e la Croazia. **1938**: l'U. annette una parte della Slovacchia; **1939**: aderisce al patto anti-Komintern; **1940**: occupa la Transilvania settentr. e sottoscrive il patto tripartito; **1941**: entra in guerra contro l'URSS; **1943**: tenta di concludere una pace separata con gli Alleati. **1944**: A. Hitler ordina l'occupazione del paese e il movimento filonazista delle Croci frecciate prende il potere, eliminando Horthy. **1944-1945**: l'esercito sovietico occupa il paese. **1946-1947**: il trattato di Parigi ripristina i confini fissati con il trattato di Trianon. **1949**: il Partito comunista smantella il Partito agrario, che detiene la maggioranza; Mátyás Rakósi proclama la repubblica popolare ungherese e impone un regime stalinista. **1953-1955**: Imre Nagy, capo del governo, avvia il processo di destalinizzazione. **Ott. - nov. 1956**: rivolta per la liberalizzazione del regime e la revisione dei rapporti con l'URSS (insurrezione di Budapest). I. Nagy proclama la neutralità dell'Ungheria. Le truppe sovietiche appoggiano un nuovo governo diretto da János Kádár e soffocano la resistenza della popolazione. **1962-1987**: pur mantenendosi fedele all'allineamento con l'URSS, il governo, guidato da J. Kádár, J. Fock (1968-1975) e poi da G. Lázar (1975-1987), introduce migliorie nel sistema economico e dà impulso al settore privato. **1989**: l'U. apre il confine con l'Austria (mag.). Il partito, abbandonato qualunque riferimento al marxismo-leninismo, rinuncia al suo ruolo dirigente. In ottobre la repubblica popolare ungherese diventa ufficialmente repubblica d'U. **1990**: le prime elezioni libere parlamentari (mar. - apr.) assegnano la vittoria al Forum democratico, partito di centro-destra il cui leader, József Antall, diventa primo ministro. Il parlamento elegge alla presidenza della repubblica Árpád Göncz. **1991**: le truppe sovietiche portano a termine la ritirata dal paese. **1993**: alla morte di J. Antall, gli succede Péter Boross. **1994**: l'U. presenta domanda di adesione all'Unione Europea. I socialisti (ex comunisti riformatori) vincono le elezioni legislative; Gulya Horn diventa primo ministro. **1998**: dopo la vittoria dell'opposizione democratica alle elezioni legislative, Viktor Orbán viene nominato primo ministro. **1999**: l'U. fa il suo ingresso nella NATO. **2002**: in seguito alla vittoria elettorale del Partito socialista (MSZP) Peter Medgyessy diventa primo ministro.

UNHCR → ACNUR.

UNI (Énte nazionàle italiàno di unificaziòne), ente che ha il compito di elaborare e gestire norme utilizzate in vari ambiti della produzione. Riconosciuto dalla CEE nel 1983, aderisce al CEN (Comitato europeo per la normalizzazione).

UNICEF (United Nations International Children's Emergency Fund, in it. Fondo delle Nazioni unite per l'infanzia), agenzia umanitaria dell'ONU che promuove aiuti all'infanzia, in partic. nei paesi in via di sviluppo. Istituito nel 1946, nel 1953 è divenuto un organo permanente dell'ONU. Ha sede a New York. (Premio Nobel per la pace 1965.)

UNICRÉDITO ITALIÀNO, gruppo bancario sorto nel 1998 dall'unione di Credito Italiano, Rolo Banca 1473, Cariverona, Cassa di Risparmio di Torino e Cassamarca. Dopo aver aggregato, negli anni successivi, altre banche italiane e straniere, ha operato una riorganizzazione interna, che ha portato alla nascita di 3 banche specializzate (UniCredit Banca, UniCredit Banca d'Impresa, UniCredit Private Banking).

UNIDENTIFIED FLYING OBJECT → UFO.

UNIDO (United Nations Industrial Development Organization, in it. Organizzazione della Nazioni Unite per lo sviluppo industriale), organizzazione costituita nel 1967 nell'ambito delle Nazioni Unite. Ha sede a Vienna e si pone come obiettivo di promuovere lo sviluppo industriale dei paesi a economia depressa.

UNIGENITUS (bólla) (8 sett. 1713), documento con cui Clemente XI condannò il giansenismo. Diversi prelati francesi rifiutarono di applicare la bolla, oggetto di lunghe polemiche.

UNILEVER, gruppo industriale anglo-olandese sorto nel 1929 dall'unione della britannica Lever Brothers e dell'olandese Margarine Union. Ha due sedi principali (Londra e Rotterdam) e opera nei settori alimentare e dei prodotti per l'igiene.

UNION (Act) (1707), legge che sancì l'unione fra Inghilterra e Scozia che costituirono il regno di Gran Bretagna. — **Act union** (1800), legge che sancì l'unione tra Gran Bretagna e Irlanda, che costituirono il Regno Unito di Gran Bretagna e Irlanda.

UNIÓNE DEI DEMOCRÀTICI CRISTIÀNI E DEMOCRÀTICI DI CÉNTRO (UDC), partito politico nato nel 2002 dall'unione di CCD, CDU e DE con lo scopo di ridare vita ai valori cattolici, nell'ambito della Casa delle Libertà. Il segretario è M. Follini.

UNIÓNE DELLE REPÙBBLICHE SOCIALÌSTE SOVIÈTICHE → URSS.

UNIÓNE DEMOCRÀTICA PER LA REPÙBBLICA (UDR), partito politico fondato nel 1998 da F. Cossiga per raccogliere forze liberaldemocratiche di ispirazione cristiana.

UNIÓNE DÓNNE ITALIÀNE → UDI.

UNIÓNE EUROPÈA (UE), unione tra diversi Stati europei (att. 25), istituita dal trattato di Maastricht nel 1992 ed entrata in vigore il 1° nov. 1993. Punto d'arrivo del processo di aggregazione delle istituzioni europee intrapreso nel secondo dopoguerra, l'UE si fonda su tre pilastri: le Comunità europee (CECA, CE ed Euratom), la Politica estera e di sicurezza comune, o PESC, la cooperazione nei campi della giustizia e degli affari interni. La **CECA** (Comunità europea del carbone e dell'acciaio) è stata creata con il trattato del 18 apr. 1951 sulla base del piano Schuman (1949), elaborato da J. Monnet e R. Schuman, per dare vita a un mercato comune del carbone e dell'acciaio. La **CEE** (Comunità economica europea) è stata creata con il trattato di Roma (25 mar. 1957) al fine di creare una progressiva unione economica e doganale e un "Mercato comune". Nel 1979 è entrato in vigore il sistema monetario europeo (SME), volto a stabilizzare il tasso di cambio delle monete degli Stati membri (con l'ECU, European Currency Unit, come unità di conto europea). L'Atto unico europeo (sottoscritto nel 1985 e ratificato nel 1986-1987), volto alla realizzazione del "grande mercato interno" ed entrato in vigore il 1° gen. 1993, ha interpretato la volontà di proseguire i lavori ormai avviati. Il trattato di Maastricht (7 feb. 1992) ha sancito la nascita dell'UE, che ha, come unico quadro istituzionale, la Comunità europea, o CE, che ha preso il posto della CEE. Esso fissava il 1° gen. 1999 come termine ultimo dell'Unione economica e monetaria, o UEM (pianificata nel 1988 e intrapresa nel 1990), con l'adozione di una moneta unica, e poneva le basi per un'unione politica. Il trattato di Maastricht è stato integrato dal trattato di Amsterdam (2 ott. 1997). Il 1° gen. 1999, l'euro è divenuta la moneta unica ufficiale della maggioranza degli Stati membri (monete e banconote sono entrate in circolazione il 1° gen. 2002). Il trattato di Nizza (26 feb. 2001) ha apportato alcune modifiche alle istituzioni dell'UE in vista del suo allargamento ai paesi dell'Europa centrale e orient., a Cipro e a Malta. La riflessione sull'evoluzione dell'Unione è proseguita con la Convenzione europea (o Convenzione sul futuro dell'Europa), apertasi nel feb. 2002. **L'Euratom** (Comunità europea dell'energia atomica) è stata creata, con il trattato del 25 mar. 1957, per lo sviluppo dell'energia nucleare. **Stati membri**: Germania, Belgio, Francia, Italia, Lussemburgo, Paesi Bassi (1958), Gran Bretagna, Danimarca, Irlanda (1973), Grecia (1981), Spagna, Portogallo (1986), Austria, Finlandia, Svezia (1995), Cipro, Estonia, Lettonia, Lituania, Malta, Polonia, Repubblica Ceca, Slovacchia, Slovenia e Ungheria (2004). **Organi principali**: parlamento europeo, consiglio dei ministri, consiglio dell'Unione Europea, commissione, corte di giustizia, corte dei conti, Comitato economico e sociale, Comitato delle regioni, Banca centrale europea e Banca europea degli investimenti. **Moneta**: euro.

UNIÓNE INDIÀNA → INDIA.

UNIÓNE ITALIÀNA DEL LAVÒRO → UIL.

UNIÓNE INTERNAZIONÀLE PER LA CONSERVAZIÓNE DELLA NATÙRA → IUCN.

UNIÓNE POSTÀLE UNIVERSÀLE → UPU.

UNIÓNE SOVIÈTICA → URSS.

UNIÓNE SUDAFRICÀNA → SUDAFRICANA (Repubblica).

UNION JACK, bandiera del Regno Unito. Riunisce la croce inglese di san Giorgio (rossa su sfondo bianco), la croce scozzese di sant'Andrea (diagonale bianca su sfondo blu) e la croce irlandese di san Patrizio (rossa su sfondo bianco).

UNION VALDÔTAINE (UV), partito politico fondato nel 1945 in Valle d'Aosta. Sorto con l'obiettivo di salvaguardare gli interessi della popolazione di lingua francese, può contare sulla presenza di rappresentanti in parlamento.

UNITA (Unióne nazionàle per l'indipendènza totàle dell'Angòla), organizzazione di lotta armata contro il governo angolano, creata da Jonas Savimbi (1934-2002) nel 1965.

UNITÀ (L'), settimanale fondato nel 1911 a Firenze da G. Salvemini. Ebbe tra i collaboratori B. Croce e L. Einaudi e si oppose all'intervento militare in Libia. Cessò le pubblicazioni nel 1920.

UNITÀ CATTÒLICA (L'), quotidiano fondato nel 1863 a Torino da G. Margotti e pubblicato fino al 1929.

UNITÀ PROLETÀRIA (Partito di) (PDUP), partito politico sorto nel 1972 dall'unione di ex militanti del PSIUP con il gruppo del Manifesto. Affine alla sinistra comunista, si sciolse nel 1985.

UNITÀ SANITÀRIA LOCÀLE → USL.

UNITED ARTISTS, casa di produzione e distribuzione cinematografica statunitense. Fondata nel 1919 da C. Chaplin, D. Fairbanks, D.W. Griffith e M. Pickford, passò poi sotto il controllo della MGM.

UNITED KINGDOM, nome ingl. del **Regno Unito di Gran Bretagna e Irlanda del Nord*.

UNITED NATIONS INDUSTRIAL DEVELOPMENT ORGANIZATION → UNIDO.

UNITED PRESS INTERNATIONAL (UPI), agenzia d'informazione statunitense. Nata nel 1958 dalla fusione della United Press (fondata nel 1907) con l'International News Service (fondata nel 1908), raggiunse in breve tempo una diffusione internazionale.

UNITED STATES OF AMERICA o **USA**, nome amer. degli **Stati Uniti*.

UNÌTO (Régno) → GRAN BRETAGNA E IRLANDA DEL NORD (Regno Unito di).

UNIVERSAL INTERNATIONAL, casa di produzione e distribuzione cinematografica statunitense. Fondata nel 1912 da C. Laemmle, ebbe un ruolo determinante nell'affermazione del cinema americano degli anni '20 e '30 del secolo scorso. Nel 1962 passò sotto il controllo di una società di distribuzione musicale.

UNIX, sistema operativo per calcolatori elettronici sviluppato negli anni 1969-1971 dai Bell Laboratories della AT&T. Ha raggiunto una notevole diffusione, in part. nelle apparecchiature a media potenza.

UNKEI, *Kyoto 1148 ca. - 1223*, scultore giapponese. Fu un innovatore della scultura dell'epoca Kamakura e un fautore dello sviluppo del realismo.

ÙNNI, ant. popolazione nomade originaria delle steppe della Siberia merid., che, a partire dalla fi-

ne del IV sec., penetrò in Europa e nell'Asia occ. Intorno al 370, gli u. ebbero un ruolo propulsore per le invasioni barbariche dell'Europa. Insediatisi nella regione danubiana, gli u. costituirono uno Stato che fu smembrato dopo la morte di Attila (453), che segnò l'inizio della loro progressiva scomparsa dallo scenario europeo. La stirpe unna degli u. bianchi, o u. eftaliti, mosse verso oriente dove, tra il V e il VI sec., tentò di penetrare negli imperi persiano e indiano.

UNRRA (United Nations Relief and Rehabilitation Administration, in it. Amministrazione delle Nazioni Unite per l'assistenza e la ricostruzione), organizzazione costituita nel 1943 per fornire assistenza nella ricostruzione ai paesi maggiormente danneggiati dalla seconda guerra mondiale. Vi svolsero un ruolo di primo piano Stati Uniti e Gran Bretagna e cessò di esistere nel 1947.

UNTER DEN LINDEN ("Sotto i tigli"), viale di Berlino che ha inizio dalla porta di Brandeburgo.

UNTERWALDEN, cant. della Svizzera, a S del Lago dei Quattro Cantoni; 767 km²; 70.400 ab. Comprende i due semicantoni di Nidwalden e Obwalden. — Istituito nel 1291, l'U. fu uno dei primi tre cantoni della Confederazione Elvetica.

UÒMO QUALÙNQUE (l'), settimanale politico fondato nel 1944 a Roma da G. Giannini. Organo ufficiale del "Fronte dell'uomo qualunque", lo sostenne alle elezioni del 1946, contribuendo al buon risultato del movimento qualunquista. Cessò le pubblicazioni nel 1960.

UPANISHAD, termine sanscrito che designa i testi sacri indù (rivelati) che risalgono alla fine del periodo vedico (tra il 700 e il 300 a.C.). Reinterpretando i *Veda*, essi spronano a liberarsi dal ciclo delle rinascite per rendere manifesta l'illusione.

UPDIKE (John), *Shillington, Pennsylvania, 1932*, scrittore statunitense. Le sue opere, novelle e romanzi, tracciano un'ironica rappresentazione dei fantasmi e dei miti della società americana (*Corri Coniglio*, 1960; *Centauro*, 1963; *Coppie*, 1968; *Le streghe di Eastwick*, 1984).

UPIM (Ùnico prèzzo italiàno Milàno), società fondata nel 1928 e appartenente al gruppo "La Rinascente". È una delle principali in Italia nel settore della grande distribuzione.

UPOLU, isola dell'arcipelago di Samoa.

UPPSALA, c. della Svezia, a N di Stoccolma; 191.142 ab. Università (1477). — Ant. cap. della Scandinavia. Sede dell'arcivescovo primate del regno. — Cattedrale gotica iniziata alla fine del XIII sec.; castello fondato da G. Vasa; musei.

UPU (Uniòne postàle universàle), organismo internazionale volto a garantire i rapporti postali tra gli Stati membri. Creata nel 1874, divenuta istituzione specializzata dell'ONU nel 1948, comprende quasi tutti i paesi del mondo. Interviene nell'elaborazione del diritto postale internazionale. Ha sede a Berna.

UQBA IBN NAFI, *630 ca. - 683*, condottiero arabo. Conquistò la Tunisia (670), fondò Kairouan, quindi sottomise il Maghreb centrale fino a Tangeri.

UR, ant. c. sumerica della bassa Mesopotamia (att. Tell El-Muqayyar, in Iraq) dove, secondo la Bibbia, nacque Abramo. La città conobbe una grande fioritura a partire dal III millennio, in coincidenza con l'ascesa al potere delle prime due dinastie degli U. La III dinastia (2111-2003 ca. a.C.) estese il suo dominio su tutta la Mesopotamia, ma, caduta in rovina in seguito ai conflitti sostenuti contro gli amorrei e gli elamiti, non ritrovò l'antico splendore. — Nel corso degli scavi archeologici effettuati a partire dal 1919 tra le rovine della città e delle necropoli, sono stati rinvenuti innumerevoli tesori (ziggurat, palazzi ecc.).

URAL, f. della Russia e del Kazakistan, nasce dagli Urali e sfocia nel Mar Caspio; 2428 km; bacino di 231.000 km².

URÀLI, catena montuosa della Russia; 1894 m. Gli U., che costituiscono il confine, convenzionalmente accetto, tra Europa e Asia, si estendono da N a S per 2000 km. La ricchezza del sottosuolo montano (ferro, carbone, petrolio ecc.), ha contribuito a fare di questa regione, in cui sorgono numerose grandi città (Ekaterinburg, Magnitogorsk, Ufa, Perm ecc.), uno dei più grandi agglomerati industriali della Russia (stabilimenti siderurgici, metallurgici e chimici).

URBINO. *Il palazzo ducale, costruito da L. Laurana sui resti dell'antica rocca (1468-1472).*

URÀNIA MITOL. GR. Musa dell'astronomia.

URÀNO MITOL. GR. Divinità che rappresentava il cielo. Riveste un ruolo di grande importanza nella *Teogonia* di Esiodo, dove compare come figlio di Gaia. Viene anche raffigurato come lo sposo di quest'ultima, con la quale avrebbe generato una numerosa prole, tra cui i Titani e i Ciclopi.

URÀNO, pianeta del sistema solare, situato oltre Saturno. Fu scoperto da W. Herschel nel 1781. Ha una distanza dal Sole media di 2.875.000 km (19,2 volte quella della Terra) e un diametro equatoriale di 51.100 km (4 volte quello della Terra). Possiede una densa atmosfera formata da idrogeno, elio e metano ed è circondato da sottili anelli di materia scura. Sono noti 20 dei suoi satelliti.

URARTU, ant. regno orient. (IX-VII sec. a.C.) il cui centro era localizzato nel bacino del Lago di Van in Armenia. Potente avversario degli assiri nel corso dell'VIII sec. a.C., si indebolì a causa delle invasioni di popolazioni cimmere. Divenuto in seguito protettorato assiro, fu da ultimo occupato dagli armeni. — Rovine di cittadelle, bronzi, pitture murali e manufatti in ceramica, che denotano l'influenza dall'arte assira e sciita, restano come testimonianza dell'originalità della civiltà u.

URAWA, c. del Giappone (Honshu); 453.300 ab.

URBÀNIA, com. in prov. di Pesaro e Urbino; 6553 ab. Agricoltura (tabacco, cereali). Industrie del legno, delle materie plastiche. Palazzo ducale (XIV sec., modificato da Francesco di Giorgio Martini e G. Genga), con pinacoteca e biblioteca.

URBÀNO I, *m. a Roma nel 230*, papa dal 1088 al 1099. — **Urbano II** (Ottone **di Lagery**), *Châtillon-sur-Marne 1042 ca. - Roma 1099*, papa dal 1088 al 1099. Durante il concilio di Clermont (1095) bandì la prima crociata. — **Urbano III** (Umberto **Crivelli**), *Milano 1120 ca. - Ferrara 1187*, papa dal 1185 al 1187. In contrasto con Federico Barbarossa, tentò senza riuscirvi di impedire le nozze di Enrico, figlio dell'imperatore, con Costanza d'Altavilla. Morì quando stava per scomunicare l'imperatore. — **Urbano IV** (Jacques **Pantaléon**), *Troyes 1200 ca. - Perugia 1264*, papa dal 1261 al 1264. Offrì la corona di Sicilia a Carlo d'Angiò, scatenando l'ira di Manfredi. Istituì la festa del Corpus Domini. — **Urbano V** (Guillaume **de Grimoard**), *castello di Grizac, Lozère, 1310 - Avignone 1370*, papa del periodo avignonese (1362-1370). Risiedette ad Avignone fino al 1367, quando si trasferì a Roma. — **Urbano VI** (Bartolomeo **Prignano**), *Napoli 1318 ca. - Roma 1389*, papa dal 1387 al 1389. La sua elezione, imposta dal popolo romano, che auspicava a un pontefice italiano, segnò l'inizio dello scisma d'Occidente. — **Urbano VII** (Giambattista **Castagna**), *Roma 1521 - 1590*, papa nel 1590 per pochi giorni. — **Urbano VIII** (Maffeo **Barberini**), *Firenze 1568 - Roma 1644*, papa dal 1623 al 1644. Condannò Galileo (1633) e l'*Augustinus* di Giansenio (1643).

URBÌNO, com. che costituisce con Pesaro la prov. di Pesaro e U.; 15.240 ab. (*urbinati*). Industrie tessili, meccaniche, dei mobili. Artigianato (ferro battuto, maiolica). Centro artistico e culturale (università dal 1506). — Di origine romana, acquisì importanza dal 1213 come feudo dei Montefeltro, che ne divennero duchi. Signoria dei Della Rovere nel XVI sec., dal 1631 passò allo Stato pontificio. — Palazzo ducale, in parte progettato da L. Laurana, oggi sede della galleria nazionale delle Marche (opere di Piero Della Francesca, P. Berruguete, Barocci; maioliche). Chiese di S. Domenico e di S. Francesco (XIV sec.). Duomo (XVIII sec.). Casa natale di Raffaello.

URBISÀGLIA, com. in prov. di Macerata; 2734 ab. Sorge sul luogo dell'antica città romana di *Urbs Salvia* (I sec. a.C.); resti del teatro e dell'anfiteatro. Rocca (XIV-XV sec.).

UREY (Harold Clayton), *Walkerton, Indiana, 1893 - La Jolla, California, 1981*, chimico statunitense. Nel 1931 scoprì l'acqua pesante e il deuterio. (Premio Nobel 1934.)

URFA, già **Édessa**, c. della Turchia, presso il confine con la Siria; 410.762 ab. Diga di sbarramento.

URGA → Ulaanbaatar.

URGEL → Seo de Urgel.

URI, cant. della Svizzera; 1077 km²; 35.200 ab.; capol. *Altdorf*. Bagnato dal f. Reuss. — Istituito nel 1291, fu uno dei primi tre cantoni della Confederazione Elvetica.

ÙRMIA, già **Rezaye**, c. dell'Iran nord-occid., sul Lago di Urmia; 357.399 ab.

URRACA, *1081 - Saldaña 1126*, regina di Castiglia e León. Figlia di Alfonso VI, sposò Raimondo di Borgogna (dal quale ebbe Alfonso VII), e Alfonso I d'Aragona (1109). Dopo aver ottenuto l'annullamento del secondo matrimonio, entrò in guerra con Alfonso I (1110), che dovette riconoscere l'indipendenza della Castiglia.

URSS (Uniòne delle Repùbbliche Socialìste soviètiche o Uniòne Soviètica, in russo SSSR, Sojuz Soveckieh Socialisičeskieh Respublik), ex Stato dell'Europa e dell'Asia.

STORIA – **Albori del regime sovietico. 1917**: all'indomani della rivoluzione d'Ottobre viene formato il consiglio dei commissari del popolo, composto unicamente da bolscevichi e presieduto da Lenin. **1918**: viene proclamata la Repubblica Socialista Federativa Sovietica Russa (RSFSR), alla quale la Germania impone il trattato di Brest-Litovsk. La guerra civile oppone l'Armata rossa agli eserciti bianchi. Viene instaurato il "comunismo di guerra" e cominciano le nazionalizzazioni. **1919**: è fondata a Mosca l'Internazionale comunista. **1920**: la Russia sovietica riconosce l'indipendenza degli Stati baltici. L'ultimo esercito bianco evacua la Crimea. L'Armata rossa occupa l'Arme-

L'URSS NEL 1990
L'ORGANIZZAZIONE FEDERALE

Frontiere dell'URSS nel 1990

Capitale federale

Frontiere delle repubbliche federate

Capitale di repubblica

Le repubbliche federate:

Repubblica socialista federativa sovietica di Russia (RSFSR)

Altre repubbliche socialiste sovietiche (RSS)

Repubbliche socialiste sovietiche autonome (RSSA)

Regioni autonome (RA)

1000 km

250 km

250 km

1 RSS della Georgia
2 RSS dell'Azerbaigian
3 RSS d'Armenia
4 RSSA del Tatarstan
5 RSSA dei Baschiri
6 RSSA dei Čečeni-Inguži
7 RSSA di Cabardino-Ba caria

8 RSSA dei Mari
9 RSSA della Mordovia
10 RSSA dell'Ossezia del Nord
11 RSSA degli Udmurti
12 RSSA dei Ciuvasci
13 RSSA dell'Abkhazia
14 RSSA dell'Agiaria

15 RSSA del Nakčevan
16 RSSA dei Calmucchi
17 RA degli Adigezi
18 RA del Karačajevo-Čerkessia
19 RA dell'Ossezia del Sud
20 RA dell'Alto Karabakh

1801

nia. **1921**: l'URSS occupa la Georgia e sottoscrive il trattato di pace con la Polonia. Viene adottata la nuova politica economica (NEP). **1922**: Stalin diviene segretario generale del Partito comunista. La Russia, la Transcaucasia (formata dall'unione di Azerbaigian, Armenia e Georgia), l'Ucraina e la Bielorussia si uniscono dando vita all'URSS. **1924**: muore Lenin. **1925-1927**: Stalin allontana dalla direzione del partito Grigorij Evseevič Zinov'ev, Kamenev e Lev Davidovič Trockij.

Periodo staliniano. 1929: abbandono della NEP. Il primo piano quinquennale dà la priorità all'industria pesante; viene intrapresa la collettivizzazione delle campagne. **1930**: liquidazione dei kulaki. **1934**: la Russia è ammessa alla Società delle Nazioni. **1936**: una Costituzione definisce l'organizzazione dell'URSS in 11 repubbliche federate: Russia, Ucraina, Bielorussia, Kazakistan, Kirghizistan, Uzbekistan, Tagikistan, Turkmenistan, Armenia, Azerbaigian, Georgia. **1936-1938**: la polizia politica russa invia ai gulag molti deportati ed elimina la vecchia guardia del partito. **1939**: conclusione del patto tedesco-sovietico (patto Molotov-Ribbentrop). **1939-1940**: l'URSS annette la Polonia orient., gli Stati baltici, la Carelia, la Bessarabia e la Bucovina del Nord. **1941**: la Germania invade l'URSS. **1943**: l'Armata rossa vince la battaglia di Stalingrado. **1944-1945**: le forze sovietiche avanzano nell'Europa orient. e, conformemente agli accordi di Yalta (feb. 1945), occupano la Germania orient. **1947-1949**: creazione del Kominform; nell'Europa orient. vengono instaurati regimi sul modello sovietico. Blocco di Berlino (1948-1949). Si scatena la guerra fredda. **1950**: trattato di amicizia con la Cina popolare. **1953**: muore Stalin.

La destalinizzazione e la politica di distensione. 1953: Nikita Chruščëv è eletto primo segretario del partito. **1955**: l'URSS firma il patto di Varsavia con sette democrazie popolari. I rapporti con la Cina cominciano a logorarsi. **1956**: il XX congresso denuncia alcuni aspetti dello stalinismo. L'esercito sovietico soffoca il tentativo di liberalizzazione dell'Ungheria. **1957**: viene lanciato in orbita il primo satellite artificiale della Terra (Sputnik I). **1962**: l'installazione a Cuba di missili sovietici determina una grave crisi tra URSS e USA. **1964**: destituzione di Chruščëv, che verrà sostituito da Leonid Il'ič Brežnev. **1968**: l'URSS interviene militarmente in Cecoslovacchia. **1969**: la tensione con la Cina è sempre più forte. **1972-1979**: l'URSS firma gli accordi SALT I e SALT II, che tentano di limitare la corsa agli armamenti nucleari. **1979**: le truppe sovietiche occupano l'Afghanistan. **1982**: alla morte di Brežnev, Jurij Vladimirovič Andropov diventa segretario generale del partito. **1984**: Konstantin Ustinovič Černenko succede a J. Andropov.

La perestrojka. 1985-1987: Michail Sergejevič Gorbačëv assume la direzione del partito rinnovandone i quadri. Mette in atto un'opera di ristrutturazione (*perestrojka*), promuovendo riforme in vista di una maggiore efficienza economica e di una democratizzazione delle istituzioni, e rilancia la destalinizzazione. Riprende il dialogo con gli Stati Uniti (incontri con R. Reagan), con i quali firma, nel 1987, un accordo per l'eliminazione dei missili a media gittata dall'Europa. **1989**: l'URSS ritira definitivamente le proprie truppe dall'Afghanistan (feb.) e prosegue nel processo di riavvicinamento alla Cina. In marzo si tengono le prime elezioni a candidatura multipla. Compaiono rivendicazioni nazionali, in partic. nei paesi baltici e nel Caucaso. Le tensioni tra le varie nazionalità si inaspriscono in Armenia e nell'Azerbaigian. **1990**: abolizione del ruolo dirigente del partito e instaurazione di un regime presidenziale. In marzo Gorbačëv viene eletto presidente dell'URSS dal congresso dei deputati del popolo. Sottoscrivendo il trattato di Mosca, l'URSS accetta l'unificazione della Germania. La disorganizzazione economica, che mette in causa l'efficienza della riforma per l'instaurazione di un'economia di mercato, e le tensioni tra il governo centrale e le repubbliche federate minacciano la sopravvivenza della federazione sovietica.

Dissoluzione dell'Unione Sovietica. 1991: il tentativo di colpo di Stato (ago.) dei conservatori contro Gorbačëv fallisce grazie alla resistenza guidata da Boris Eltsin. La concessione dell'indipendenza ai paesi baltici (Estonia, Lettonia, Lituania),

riconosciuta dalla comunità internazionale (sett.), è seguita dalla dissoluzione dell'URSS e dalle dimissioni di M.S. Gorbačëv (dic.). La Russia, l'Ucraina, la Bielorussia, la Moldavia, le repubbliche dell'Asia centrale e quelle del Caucaso (eccetto la Georgia), che hanno proclamato la loro indipendenza, creano la Comunità degli Stati Indipendenti (CSI). **1993**: la Georgia si unisce alla CSI.

URUGUAY, f. dell'America merid. che, con il Paraná, forma il Río de la Plata; 1580 km²; bacino di 350.000 km². Separa l'Argentina dal Brasile e dall'Uruguay.

URUGUAY, Stato dell'America merid., sull'Atlantico; 177.500 km²; 3.361.000 ab. (*uruguayani*). CAP.: *Montevideo*. LINGUA: *spagnolo*. MONETA: *peso uruguayano*.

GEOGRAFIA – Formato da pianure e bassopiani, l'U. presenta un clima temperato, che spiega il prevalere della popolazione di origine europea (soprattutto spagnoli). L'allevamento bovino e ovino e le industrie a esso collegate (lane e pelli, carne) costituiscono di gran lunga le principali risorse del paese, seguite dall'agricoltura (cereali, agrumi, canna da zucchero, riso, ortaggi) e dalla pesca. Il potenziale idroelettrico rappresenta l'unica fonte energetica. Montevideo raccoglie quasi la metà della popolazione totale, a testimonianza dell'alto tasso di urbanizzazione.

STORIA – XVI sec.: gli spagnoli esplorano il litorale. **1726 ca.**: fondano la fortezza di Montevideo. **1821**: dopo il fallimento della rivolta di Josè Gervasio Artigas, il paese viene annesso al Brasile. **1828**: ottenuta l'indipendenza, l'U. costituisce uno Stato cuscinetto tra i suoi due potenti vicini, Argentina e Brasile. **1838-1865**: la vita politica è contrassegnata dalle lotte tra *colorados* (liberali) e *blancos* (conservatori) e dalla guerra contro l'Argentina (1839-1851). **1890**: la fine del regime dittatoriale inaugura un'era di evoluzione in senso democratico. La popolazione conosce una rapida crescita (90.000 abitanti nel 1850, un milione nel 1900), grazie a una massiccia immigrazione. **1919**: viene promulgata una Costituzione liberale. **1933-1942**: colpito dalla crisi economica mondiale, l'U. subisce la dittatura del presidente Gabriel Terra. **1966**: una riforma costituzionale rafforza il ruolo del presidente. Si sviluppa la guerriglia urbana dei Tupamaros. **1972-1976**: il presidente Juan Maria Bordaberry lascia all'esercito il compito di condurre la repressione. **1976-1984**: i militari si pongono a capo del paese. **1984**: con l'elezione alla presidenza di Julio Sanguinetti (Partito colo-

rado), in carica dal 1985, il governo torna ai civili; **1990**: gli succede Luis Lacalle (Partito bianco). **1995**: J. Sanguinetti torna alla guida dello Stato; **2000**: gli subentra Jorge Batlle (Partito colorado).

URUK, ant. c. sumerica della bassa Mesopotamia (att. Warka, Iraq). Il leggendario Gilgamesh sarebbe stato il suo primo sovrano (2700 ca. a.C.). Il sito divenne una vera e propria città intorno alla fine del IV millennio. U. ha dato il proprio nome al periodo che va dal III millennio a.C., all'inizio dell'urbanizzazione della Mesopotamia. – Rovine di templi, sculture, un'interessante glittica ecc., sono stati scoperti nei tumuli della città, dove, verso la fine del IV millennio, compare anche il primo esempio di scrittura pittografica.

URUMQI, in cin. **Wulumuqi**, c. della Cina, cap. dello Xinjiang; 1.217.316 ab.

URUNDI → BURUNDI.

USA → STATI UNITI.

USA TODAY, quotidiano statunitense fondato nel 1982.

ÙSCIO, com. in prov. di Genova; 2249 ab. Industrie meccaniche. Fabbricazione di orologi da torre. Turismo estivo.

USELLÌNI (Gianfilippo), *Milano 1903 - Arona 1971*, pittore. Studente e poi docente all'Accademia di Brera, aderì a Novecento, per poi accostarsi alla metafisica e al surrealismo. Tra le opere, affreschi al Palazzo di Giustizia (1935) e vetrate della chiesa del Nuovo Ospedale Maggiore (1939) a Milano.

USHUAIA, c. dell'Argentina, capol. della prov. Terra del Fuoco; 29.696 ab. È l'agglomerato urbano più merid. del mondo.

USI (Uniône sindacàle italiàna), organizzazione sindacale fondata nel 1911 da un gruppo di ex membri della CGIL guidati da A. De Ambris. Sostenitrice di una linea rivoluzionaria, si sciolse in concomitanza con lo scoppio della prima guerra mondiale.

USINGER (Robert), *Fort Bragg, California, 1912 - San Francisco, 1968*, entomologo statunitense. Studioso degli emitteri, durante la seconda guerra mondiale arrestò la diffusione della febbre gialla nel Pacifico, debellando le zanzare responsabili della malattia. Si batté per la protezione della fauna delle Galápagos.

ÜSKÜDAR → SCUTARI.

USL (Unità sanitària locàle), struttura locale, dipendente dalla Regione, che gestisce e organizza le attività dei servizi sanitari. Nel 1997 è stata trasformata in ASL.

Uruguay

200 m

- strada normale
- ferrovia
- aeroporto

- ● più di 1.000.000 di ab.
- ● da 50.000 a 1.000.000 di ab.
- ● da 10.000 a 50.000 di ab.
- • meno di 10.000 ab.

USODIMÀRE (Antònio **da Nòli**, detto Antoniòtto), *Noli 1415 ca. - São Tago 1497*, navigatore. Entrato al servizio di Enrico il Navigatore, re del Portogallo, insieme ad A. Ca' da Mosto scoprì le isole di Capo Verde, delle quali fu anche governatore.

USSURI, f. dell'Asia, affl. di destra dell'Amur, nel quale confluisce nei pressi di Habarovsk; 897 km. Segna il confine tra Cina e Russia in Manciuria.

USSURIJSK, c. della Russia, a N di Vladivostok; 160.998 ab. Snodo ferroviario.

UST'-KAMENOGORSK → ÖSKEMEN.

USTÀSCIA, organizzazione nazionalista segreta croata, fondata nel 1929. Organizzò l'attentato contro il re di Serbia Alessandro I (1934). I suoi membri, gli ustasci, governarono lo Stato croato indipendente (1941-1945), alleato delle forze dell'Asse.

USTER, com. della Svizzera (cant. di Zurigo); 27.893 ab. Costruzioni meccaniche ed elettriche.

ÙSTICA, isola del Mar Tirreno; 8,6 km^2. Di origine vulcanica, in prevalenza montuosa (Monte Guardia dei Turchi, 238 m), è posta al largo della costa nord-occ. della Sicilia. Amministrativamente è compresa nel com. omonimo. Pesca. Turismo.

ÚSTÍ NAD LABEM, c. della Rep. Ceca, in Boemia, sull'Elba; 96.428 ab. Centro industriale. — Fortezza del XIV-XVI sec.

USTINOV (Peter), *Londra 1921*, attore e regista cinematografico britannico. Autore di commedie teatrali (*Giulietta e Romanoff*, 1956), ha interpretato, tra gli altri, *Quo Vadis?* (1951), *Spartacus* (1960, premio Oscar), *Topkapi* (1964, premio Oscar), *I commedianti* (1967), *Assassinio sul Nilo* (1979). Tra i film diretti, *Billy Bud* (1962), *Lady L.* (1965).

USTJURT, reg. desertica dell'Asia centrale (Kazakistan e Uzbekistan), situata tra il Mar Caspio e il Lago di Aral.

ÙTA, com. in prov. di Cagliari; 6681 ab. Allevamento bovino e ovino. Chiesa di S. Maria (XII sec.).

UTAH, Stato degli USA, nelle Montagne Rocciose; 2.233.169 ab.; cap. *Salt Lake City*. Grandi risorse minerarie (rame). — Lo U. è popolato in gran parte da mormoni, che lo colonizzarono a partire dal 1847.

UTAMARO, *1753 - Edo 1806*, incisore e pittore giapponese. Grande maestro della stampa giapponese, celebre per la sensualità e l'eleganza dei suoi personaggi femminili.

UTET (Unióne tipogràfica editrìce torinèse), casa editrice sorta nel 1854 a Torino dalla fusione delle attività di G. Pomba (1795-1876). Diretta dalla famiglia Pomba, quindi da C. Verde e G. Merlini, si è specializzata nella pubblicazione di grandi opere (dizionari, enciclopedie), manuali e classici. Il gruppo U. comprende att. anche le Garzanti Grandi Opere e la U. diffusione.

U THANT (Sithu), *Pantanaw 1909 - New York 1974*, politico birmano. Membro della delegazione all'ONU (1952), fu segretario generale dal 1961 al 1971.

UTHMAN IBN 'AFFAN, *m. a Medina nel 656*, terzo califfo musulmano (644-656). Fece redigere la versione definitiva del Corano. Fu assassinato durante il conflitto tra gli omayyadi e i sostenitori di Alì.

ÙTICA, ant. c. dell'Africa settentr., a NO di Cartagine. Si schierò con Roma durante la terza guerra punica e divenne capitale della provincia romana d'Africa.

UTOPÌA, saggio scritto in latino da Tommaso Moro (1516), tradotto in inglese nel 1551. Nella prima parte l'autore critica aspramente la società inglese ed europea, e nella seconda descrive un'isola immaginaria in cui regna un comunismo ideale.

UTRECHT, c. dei Paesi Bassi, capol. della prov. omonima; 233.994 ab. (500.000 ab. nell'agglomerato). Università. Centro amministrativo, commerciale (fiera) e industriale. — Cattedrale gotica e altri monumenti, musei (pittori originari di U., tra cui J. Van Scorel, H. Terbrugghen, G. Van Honthorst). — Agli inizi del XVIII sec., la diffusione del giansenismo determinò uno scisma che portò alla creazione della Chiesa dei vecchi cattolici (1723), con sede a U.

UTRECHT (pàce di) (1713-1715), serie di trattati che, insieme al trattato di Rastatt, posero fine alla guerra di successione spagnola. In base alla p. di U., Filippo V mantenne la corona di Spagna ma

Uzbekistan

200 500 1000 2000 m

● più di 2.000.000 di ab.
● da 250.000 a 2.000.000 di ab.
● da 100.000 a 250.000 di ab.
● meno di 100.000 ab.

— gasdotto
— strada normale
★ importante località turistica
— ferrovia
✈ aeroporto

dovette rinunciare a quella di Francia. Pur essendo riuscito a preservare l'integrità del territorio francese, Luigi XIV dovette cedere alcune piazzeforti (Tournai, Ypres, ecc.) alle Province Unite e riconoscere la successione degli Hannover in Inghilterra. L'elettore di Brandeburgo ebbe il titolo di re di Prussia. L'Inghilterra ottenne importanti basi marittime (Gibilterra, Minorca, Terranova, Acadia).

UTRECHT (unióne di) (23 gen. 1579), unione delle sette province protestanti dei Paesi Bassi contro la Spagna, in risposta all'unione di Arras formata dalle province cattoliche (6 gen. 1579). Comprendeva Olanda, Zelanda, Utrecht, Gheldria, Overijssel, Frisia e Groninga.

UTRILLO (Maurice), *Parigi 1883 - Dax 1955*, pittore francese, figlio di Suzanne Valadon. È autore di vedute urbane, caratterizzate in un primo tempo dall'uso di colori molto chiari e, dal 1916, da tonalità più accese.

Maurice **UTRILLO**, *Rue Saint-Rustique, 1922 ca.*
(Galerie Daniel Malingue, Parigi.)

UTSUNOMIYA, c. del Giappone (Honshu); 435.357 ab.

UTTARANCHAL, Stato dell'India; 55.850 km^2; 8.479.562 ab.; cap. *Dehra Dun*.

UTTAR PRADESH, Stato dell'India, nella pianura del Gange; 238.500 km^2; 166.052.859 ab.; cap.

Lucknow; c. princ. *Kanpur, Varansi, Agra, Allahabad*. È lo Stato indiano con la maggiore densità di popolazione.

UTZON (Jørn), *Copenaghen 1918*, architetto danese. Influenzato dall'opera di A. Aalto e dalla tradizione nordica, tra il 1956 e il 1973 ha realizzato il suo edificio più celebre, l'Opera House di Sydney. Tra le altre opere, un quartiere residenziale di Fredensborg (1962-1963) e casa Utzon a Porto Pedro (1971-1973).

UV → UNION VALDÔTAINE.

UXMAL, sito archeologico del Messico (Yucatán) a S di Merida. Notevoli resti di un centro cerimoniale maya fiorente tra il 600 e il 950.

UZBÈKI, popolazione stanziata in Uzbekistan, Kazakistan, Tagikistan, Afghanistan e Cina (ca. 20 milioni di individui). Gli u. sono discendenti dei tribù che popolavano il territorio dell'attuale Kazakistan e che si insediarono in Transoxiana nel XV sec. (in partic. nelle regioni centrali situate sull'antica via della seta). Tamerlano è il loro eroe nazionale. Sono musulmani sunniti e parlano l'uzbeko, appartenente al ceppo delle lingue turche.

UZBEKISTAN, Stato dell'Asia centrale; 447.000 km^2; 25.257.000 ab. (*uzbèki*). CAP. *Taškent*. LINGUA: *uzbeko*. MONETA: *som*.

GEOGRAFIA — Il paese si estende dalle rive del Lago d'Aral alle montagne del Tian Shan e del Pamir. Per quasi tre quarti è popolato da uzbeki islamizzati. Il clima è prevalentemente arido, ma l'irrigazione permette la produzione di cotone, frutta e vini, attività affiancate dall'allevamento (bovini e, soprattutto, ovini). Il sottosuolo fornisce gas naturale e petrolio. L'isolamento geografico del paese rappresenta un ostacolo al suo sviluppo.

STORIA – **1918**: nella parte occidentale dell'Asia centrale, conquistata dai russi a partire dal 1860, si costituisce la Rep. del Turkestan, annessa all'URSS. **1924**: nasce la Rep. socialista sovietica di U., comprendente, oltre al territorio della Rep. del Turkestan, anche la maggior parte degli antichi khanati di Bukhara e Hiva. **1929**: secessione del Tagikistan. **1990**: i comunisti ottengono la vittoria nelle prime elezioni libere. **1991**: il Soviet supremo proclama l'indipendenza dell'U., che aderisce alla CSI. **2001**: il paese fornisce una base aerea agli Stati Uniti durante la guerra in Afghanistan.

UZZÀNO, com. in prov. di Pistoia; 4607 ab. Agricoltura (cereali, olive). Industrie del vetro, dei materiali da costruzione. Chiesa dei SS. Jacopo e Martino.

VAAL, f. dell'Africa merid., affl. dell'Orange; 1200 km.

VAASA, c. della Finlandia; 56.737 ab. Porto.

VACCARÈS (Palùde di), vasto stagno (6000 ha) della Francia, in Camargue. Riserva naturale faunistica e floreale.

VACCÀRO (Doménico Antònio), *Napoli 1691-1745*, architetto. Figlio di Lorenzo, fu anche pittore e scultore. Tra le opere, chiesa della Concezione a Montecalvario e chiostro delle Clarisse in S. Chiara.

VACCÀRO (Lorènzo), *Napoli 1655 - Torre del Greco 1706*, scultore e architetto. Padre di Domenico Antonio, fu uno dei maestri del tardobarocco napoletano. Tra le opere, *Grazia e Provvidenza* nella certosa di S. Martino.

VACCARÓNI (Dorìna), *Venezia 1963*, fiorettista. Campionessa mondiale nel 1983 e medaglia di bronzo alle Olimpiadi di Los Angeles nel 1984, ha vinto, in squadra, i campionati mondiali del 1982, 1983, 1990 e 1991, la medaglia d'argento alle Olimpiadi di Seul nel 1988 e quella d'oro alle Olimpiadi di Barcellona nel 1992.

VACHTANGOV (Evgènij), *Vladikavkaz 1883 - Mosca 1922*, regista e attore teatrale russo. Allievo di K. Stanislavskij e V. Mejerchol'd, appoggiò la Rivoluzione d'ottobre. Nel 1913 fondò a Mosca un teatro (dopo il 1926, Teatro V.), dove allestì i drammi di A. Čechov, M. Maeterlinck, C. Gozzi, occupandosi anche della formazione degli attori.

VÀCIS (Gabrièle), *Settimo Torinese 1955*, regista teatrale. Tra i fondatori della Cooperativa Laboratorio Teatro Settimo, si è dedicato in partic. alla drammaturgia contemporanea italiana.

VADIM (Roger Vadim **Plemianikov**, detto Roger), *Parigi 1928-2000*, regista cinematografico francese. Tra i suoi film, *Piace a troppi* (1956), *A briglia sciolta* (1961), *Il riposo del guerriero* (1962), *La calda preda* (1966), *Barbarella* (1967).

VADODARA, già **Baroda**, c. dell'India (Gujarat); 1.306.035 ab. Stabilimenti chimici. Museo.

VÀDO LÌGURE, com. in prov. di Savona; 8205 ab. Centro industriale e porto petrolifero. Importanti reperti dell'ant. *Vada Sabatia*.

VADUZ, cap. del Liechtenstein; 7000 ab. Turismo.

VAGANOVA (Agrippina Iakovlevna), *San Pietroburgo 1879-1951*, ballerina sovietica. La sua attività didattica (a partire dal 1919) e il suo trattato *I fondamenti della danza classica* (1934) esercitarono una grande influenza.

VÀGLIO BASILICÀTA, com. in prov. di Potenza; 2239 ab. Resti di un centro abitato (VIII-III sec. a.C.) e di un santuario (IV-I sec. a.C.).

VÁH, f. della Slovacchia, affl. del Danubio; 378 km. Centrali idroelettriche.

VAILÀTI (Giovànni), *Crema 1863 - Roma 1909*, filosofo e matematico. Si dedicò in partic. allo studio della logica e della filosofia del linguag-

gio in chiave pragmatista, introducendo in Italia il pensiero di C.S. Peirce.

VAILLAND (Roger), *Acy-en-Multien 1907 - Meillonnas 1965*, scrittore francese. Tra i fondatori di *Le Grand Jeu*, rivista di ispirazione surrealista, nei romanzi (*Uno strano gioco, La legge*) e nelle *pièce* teatrali affermò la sua tempra di moralista ironico e scrittore impegnato.

VAIOLÉT (Tórri del), gruppo montuoso delle Dolomiti, affacciato sull'omonima valle. Celebre meta alpinistica.

VAISON-LA-ROMAINE, località della Francia, nel dip. Vaucluse; 5986 ab. Turismo. — Rovine romane: teatro, terme; museo. Ant. duomo romanico; edifici medievali.

VAJÒNT, com. in prov. di Pordenone; 1316 ab. Istituto nel 1971, è stato popolato dai sopravvissuti all'omonima alluvione che, la notte del 9 ott. 1963, provocò la distruzione del com. di Longarone e la morte di quasi 2000 persone.

VAJPAYEE (Atal Bihari), *Gwalior 1924*, politico indiano. Leader del movimento nazionalista Bharatiya Janata Party (BJP), è primo ministro dal 1998.

VALÀCCHIA, ant. principato danubiano che, insieme alla Moldavia, costituiva il regno di Romania. **1310-1352 ca.**: Giovanni Basarab I crea il voivodato di V.; **1396**: gli ottomani gli impongono un tributo. **1774**: la V. passa sotto l'influenza della Russia. **1859**: Alessandro Cuza viene eletto principe di Moldavia e di V. L'unione dei due principati diviene definitiva nel 1862.

VALADIER (Giusèppe), *Roma 1762-1839*, architetto e urbanista. Si occupò di ristrutturazioni e restauri (duomo di Urbino, Colosseo e Fori imperiali a Roma), ma il suo nome è legato soprattutto alla sistemazione di piazza del Popolo, a Roma.

VALADON (Marie-Clémentine, detta Suzanne), *Bessines-sur-Gartempe 1865 - Parigi 1938*, pittrice francese. Dipinse nudi, nature morte e paesaggi di grande nitore e intensità. Madre di M. Utrillo, fu per questi una valente guida.

VALASSÌNA o **VALLASSÌNA**, valle della Lombardia, tra i rami merid. del Lago di Como. Centri principali: Asso e Canzo.

VALCAMÒNICA o **VAL CAMÒNICA**, valle della Lombardia, lungo il corso del f. Oglio. Centri principali: Boario Terme, Breno, Lovere, Edolo, Capo di Ponte, Ponte di Legno. Stazioni di turismo estivo e sport invernali. Importanti incisioni rupestri del Neolitico.

VALCHÌRIA (La), seconda parte (prima giornata dopo il Prologo, *L'oro del Reno*) della **Tetralogia* di R. Wagner.

VALCHÌRIE, divinità femminili della mitologia nord-europea. Messaggere di Wotan (Odino), conducevano nel Walhalla gli eroi morti in battaglia.

VALDÀGNO, com. in prov. di Vicenza; 27.065 ab. Centro industriale, produzione e lavorazione della lana. Importanti ville del XVII sec., tra cui villa Valle.

VALDAJ, rialto morenico della Russia nord-occ. da cui discendono i f. Dvina Occidentale, Dnepr e Volga; 343 m.

VALDÀRNO, parte della valle dell'Arno, in Toscana. Si divide in V. superiore (da Arezzo a Firenze) e V. inferiore (da Firenze a Pontedera). Centri principali: Empoli, Pontedera, Montevarchi, San Giovanni V., Figline V., Incisa V.

VAL-DE-MARNE, dip. della Francia, nella reg. Île-de-France; capol. *Créteil*; 245 km². 1.227.250 ab. È attraversato dalla Marna e dalla Senna, e la valle di quest'ultimo fiume è ricca di stabilimenti industriali. Le zone sud-orient. conservano tratti tipicamente rurali.

VALDEMÀRO I IL GRÀNDE, *Schleswig 1131 - Vordingborg 1182*, re di Danimarca (1157-1182). Restituì alla Danimarca potenza e coesione interna. — **Valdemaro II Sejr** (il Vittorioso), *1170 - Vordingborg 1241*, re di Danimarca (1202-1241). Commissionò la codifica delle leggi e un inventario fiscale del reame. — **Valdemaro IV Atterdag**, *1320 ca. - 1375*, re de Danimarca (1340-1375). Ripristinò l'unità del reame, ma non riuscì a impedire all'Hansa di estendere la sua influenza.

VALDÉS (Juan **de**), *Cuenca 1499 ca. - Napoli 1541*, umanista spagnolo, autore di un *Dialogo sulla lingua* (1536 ca.), che trattava della lingua castigliana del suo tempo.

VALDÉS LEAL (Juan de), *Siviglia 1622-1690*, pittore spagnolo. È l'ultimo maestro andaluso del

Suzanne **VALADON**. Utrillo, sa grand-mère et un chien, *1910*. (MNAM, Parigi.)

Secolo d'oro, nonché il più rappresentativo dello spirito barocco.

VALDEZ, porto petrolifero degli Stati Uniti (Alaska).

VALDINIÈVOLE, valle della Toscana, percorsa dal torrente Nievole. Centri principali: Montecatini Terme, Monsummano.

VAL-D'ISÈRE, località della Francia, nel dip. Haute-Savoie; 1660 ab. Stazione per gli sport invernali (1850-3550 m d'alt.).

VALDIVIA, c. del Cile; 122.168 ab. Porto.

VALDIVIA (Pedro **de**), *Villanueva de la Serena, prov. di Badajoz, 1497 - Tucapel, Cile, 1553*, conquistatore spagnolo. Insieme a F. Pizarro portò a termine la conquista del Cile, dove fondò Santiago (1541).

VALDO o **VALDÈS** (Pierre), detto Pierre **de Vaux**, *Lione 1140 - in Boemia ? 1217 ca.*, fondatore del movimento religioso valdese. Ricco mercante lionese, nel 1176 si votò a una vita di assoluta povertà creando una comunità detta "dei poveri di Cristo" o "dei poveri di Lione".

VAL-D'OISE, dip. della Francia, nella reg. Île-de-France; capol. *Pontoise*; 1246 km^2; 1.105.464 ab. La sua economia è basata essenzialmente sull'agricoltura (cereali, prodotti ortofrutticoli). Le industrie (settori metallurgico e chimico) sono concentrate a S della valle dell'Oise.

VAL-D'OR, c. del Canada (Québec); 33.219 ab. Miniere d'oro e di rame.

VALÉGGIO SUL MÌNCIO, com. in prov. di Verona; 10.497 ab. Castello scaligero (XIII-XIV sec.).

VALENCE, in it. **Valènza**, c. della Francia, capol. del dip. Drôme, sul f. Rodano; 66.568 ab. Mercato agricolo. Centro industriale. Base aeronautica. Stabilimenti chimici. — Duomo in parte romanico; museo.

VALENCIA, c. della Spagna, capol. della comunità autonoma di V. e capol. di prov.; 739.014 ab. Porto sulla foce del f. Turia, sul Mediterraneo. Al centro di una fertile regione (agrumi, primizie, riso), vi si praticano attività industriali diversificate. — Fu la capitale di un emirato indipendente dal 1021 al 1238 (con la parentesi del regno del Cid Campeador [1094-1099]). — Cattedrale (XIII-XVIII sec.), *Lonja de la Seda* (Borsa della seta, in stile gotico, della fine del XV sec.), Palazzo di *Dos Aguas* (portale barocco del XVIII sec.). Musei

VALENCIA, c. del Venezuela, a O di Caracas; 903.621 ab.

VALENCIA (comunità autònoma di), reg. della Spagna; 23.305 km^2; 3.898.241 ab.; 3 prov. (*Alicante, Castellón de la Plana, Valencia*).

VALENCIENNES, c. della Francia, capol. del dip. Nord-Pas de Calais, sul f. Schelda; 42.343 ab. (360.000 ab. ca. nell'agglomerato). Industrie automobilistiche e ferroviarie. Stabilimenti chimici.

VALENCIENNES (Pierre Henri **de**), *Tolosa 1750 - Parigi 1819*, pittore francese. Specializzato nel paesaggio classicheggiante e ottimo insegnante, nel corso dei suoi viaggi in Italia realizzò diversi dipinti sul tema (Louvre, Parigi).

VALÈNTE (Flàvio), *Cibalae, Pannonia, 328 ca. - Adrianopoli 378*, imperatore romano (364-378). Insieme al fratello Valentiniano I governò le province orientali dell'impero. Sostenne l'arianesimo; in seguito fu sconfitto e ucciso dai visigoti.

VALENTIA, isola delle coste occ. dell'Irlanda. Terminal dei cavi transatlantici. Stazione meteorologica.

VALENTINIÀNO I, *Cibalae, Pannonia, 321 - Brigezio, Pannonia, 375*, imperatore romano (364-375). Insieme al fratello Valente stabilì la propria residenza a Milano. Riuscì a contenere la pressione dei barbari sull'impero, di cui fortificò le frontiere, e s'impegnò per migliorare le condizioni delle classi popolari. — **Valentiniano II**, *371 ca. - Vienna 392*, imperatore romano (375-392). Figlio di Valentiniano I, regnò sull'impero d'Occidente. Il suo tutore, Arbogaste, l'avrebbe fatto uccidere. — **Valentiniano III**, *Ravenna 419 - Roma 455*, imperatore romano d'Occidente (425-455). Erede di Onorio, perdette la Bretagna e i domini africani. Fu assassinato dai seguaci di Ezio, lo stesso generale che, vittorioso contro Attila (451), era stato ucciso dall'imperatore in un impeto d'ira.

VALENTÌNO, *m. nel 160 ca.*, gnostico di origine egizia. La sua dottrina, che si era diffusa in Italia, a Roma e in Oriente, fu combattuta da sant'Ireneo e Tertulliano.

VALENTÌNO → Borgia.

VALENTÌNO, *m. nell'827*, papa. Successore di Eugenio II, morì pochi giorni dopo l'elezione al soglio pontificio.

VALENTÌNO (Rodòlfo **Guglièlmi**, detto Rodòlfo), *Castellaneta 1895 - New York 1926*, attore cinematografico statunitense di origine italiana. Incarnazione perfetta del latin lover, fu una delle prime grandi star hollywoodiane (*I quattro cavalieri dell'Apocalisse*, R. Ingram, 1921; *Il figlio dello sceicco*, G. Melford, 1921; *Sangue e arena*, F. Niblo, 1922).

VALENTÌNO (sànto), *III sec.*, martire romano. Per una tradizione risalente al Medioevo, san V., che si festeggia il 14 feb. (inizio della stagione amorosa degli uccelli), è il patrono degli innamorati.

VALÈNZA, com. in prov. di Alessandria; 20.790 ab. Lavorazione di metalli e pietre preziose.

VALERA (Eamon **de**) → De Valera (Eamon).

VALÈRA (Pàolo), *Como 1850 - Milano 1926*, scrittore. Vicino alla scapigliatura, fu autore di romanzi di impianto naturalistico e di denuncia delle condizioni sociali del proletariato: *Gli scamiciati* (1881), *Alla conquista del pane* (1882), *La folla* (1901).

VALERA Y ALCALÁ-GALIANO (Juan), *Cabra 1824 - Madrid 1905*, scrittore spagnolo. Nei suoi romanzi ritrae la società andalusa e madrilena (*Pepita Jiménez*, 1874).

VALÈRI (Diègo), *Piove di Sacco 1887 - Roma 1976*, poeta. Tra le raccolte poetiche, *Poesie vecchie e nuove* (1939), *Terzo tempo* (1950), *Il flauto a due canne* (1958), *Verità di uno* (1970), *Calle del vento* (1975). Profondo conoscitore della cultura francese, scrisse numerosi saggi (*Poeti francesi del nostro tempo*, 1924; *Antichi poeti provenzali*, 1954) e fu anche traduttore.

VALÈRI (Frànca Maria **Nórsa**, detta Frànca), *Milano 1920*, attrice teatrale e cinematografica. Autrice e interprete per la radio, la televisione e il teatro, ha creato personaggi di grande successo, tra cui la "signorina snob" e la "signora Cecioni". Tra le sue interpretazioni cinematografiche, *Luci del varietà* (1951), *Parigi o cara* (1962), *L'Italia s'è rotta* (1976), *Tosca e altre due* (2002).

VALERIÀNI (Giusèppe), *L'Aquila 1542 - Napoli 1596*, pittore e architetto. Fu attivo a Roma, a Napoli (chiesa del Gesù Nuovo, 1582-1584), in Germania e in Spagna (chiesa e collegio di Trigueros).

VALERIÀNO (Pùblio Licìnio), *m. nel 260*, imperatore romano (253-260). Divise il potere imperiale con il figlio Gallieno, a cui affidò l'Occidente. Perseguitò i cristiani (editti del 257 e del 258); fu sconfitto dai persiani a Edessa. Catturato dal re sasanide Sapore I, fu giustiziato.

VALÈRIO (Lorènzo), *Torino 1810 - Messina 1865*, giornalista e politico. Pubblicò i periodici *Letture popolari* (1836-1841) e *Letture di famiglia* (1842-1847) e il quotidiano *La Concordia*. Fu deputato dal 1848 e oppositore da sinistra della politica cavouriana.

VALÈRIO CATÓNE (Pùblio), *I sec. a.C.*, poeta latino. È annoverato tra i *neoteroi*. La sua produzione è andata perduta.

VALÈRIO CÒRVO (Màrco), *IV sec. a.C.*, politico e militare romano. Più volte console, sconfisse i volsci (346 a.C.), i sanniti (343 a.C.), i marsi e gli etruschi (301 a.C.). Gli viene attribuita una legge che subordinava al giudizio popolare le pene corporali per i cittadini romani.

VALÈRIO FLÀCCO (Gàio), *m. nel 90 ca.*, poeta latino. Scrisse il poema *Argonautica*, scoperto per la prima volta nel 1416 da P. Bracciolini.

VALÈRIO MÀSSIMO, *I sec. a.C. - I sec. d.C.*, storico latino. La sua opera più famosa, *Factorum et dictorum memorabilium libri IX*, dedicata a Tiberio, è una raccolta di aneddoti moraleggianti.

VALÈRIO PUBLÌCOLA (Pùblio), *m. nel 503 a.C.*, politico romano. Secondo la tradizione, fu uno dei consoli del primo anno della repubblica. La promulgazione di una serie di leggi in favore del popolo gli valse il soprannome di Publicola ("amico del popolo").

VALÉRY (Paul), *Sète 1871 - Parigi 1945*, scrittore francese. Ammiratore di S. Mallarmé e seguace del simbolismo, pubblicò diverse raccolte di poesie (*La giovane Parca*, 1917; *Charmes*, 1922) per dedicarsi in seguito a studi di matematica. Nel suo saggio *Introduzione al metodo di Leonardo* (1895), cercò di stabilire l'unità creatrice dello spirito. Scrisse anche riflessioni sul linguaggio, la pittura, la musica, le scienze.

■ *Paul Valéry.*

VALFÙRVA, com. in prov. di Sondrio; 2763 ab. Centro della valle omonima, meta di turismo estivo e sport invernali, in part. nella località di Santa Caterina V.

VALGÀNNA, com. in prov. di Varese; 1468 ab. Centro della valle omonima, meta turistica nella frazione di Ghirla.

VAL GRÀNDE, vallata delle Alpi, in prov. di Verbano-Cusio-Ossola. Dal 1992 Parco nazionale di grande interesse naturalistico, comprende un'area di 14.598 ha.

VALGRISENCHE, com. in prov. di Aosta; 184 ab. Centro della valle omonima, sport invernali.

VALHALLA → Walhalla.

VALIÀNI (Lèo), *Fiume 1909 - Milano 1999*, storico e politico. Condannato per antifascismo nel 1928 e dal 1936 esule in Francia, fu tra i fondatori del Partito d'azione. Fu poi membro della Costituente e senatore a vita dal 1980. Tra gli studi storici, *Questioni di storia del socialismo* (1958), *Testimoni del '900* (1999).

VALIÈR, famiglia veneziana di cui si hanno notizie dal 1125. — **Bertuccio V.**, *Venezia 1586-1658*. Fu doge dal 1656. — **Silvestro V.**, *Venezia 1630-1700*. Fu doge dal 1694.

VÀLLA (Lorènzo), *Roma 1407 - Napoli 1457*, umanista. Fu professore di retorica presso diverse città italiane (Pavia, Milano, Firenze, Ferrara, Genova). Dopo l'elezione a papa di Eugenio IV (1448) si stabilì a Roma come scrittore apostolico. Nel *De vero falsoque bono* (1434-1441), rielaborazione del *De voluptate* (1431), tentava di dimostrare la compatibilità della cultura epicurea con la morale cristiana.

VÀLLA (Trebisònda, detta Ondina), *Bologna 1916*, atleta. Alle Olimpiadi di Berlino del 1936 vinse la medaglia d'oro negli 80 m ostacoli.

VALLADOLID, c. della Spagna, capol. della comunità autonoma di Castiglia-León e capol. di prov.; 319.129 ab. Sede arcivescovile. Centro industriale. — Chiesa di S. Pablo e collegio di S. Gregorio dalla fastosa facciata rivestita di decorazioni scolpite (fine del XV sec.); duomo in stile Controriforma; Museo nazionale della scultura policroma (A. Berruguete, Juan de Juni ecc.).

VALLÀRDI, famiglia di editori milanesi. La casa editrice, fondata nel 1812 da Pietro (1770-1819) e Giuseppe (1784-1861), si scisse per opera di Pietro Francesco (1809-1895), che si dedicò alla pubblicazione di opere storico-letterarie, e di Antonio (1813-1876), che pubblicò materiale cartografico. Nel 1970 il marchio Antonio V. fu acquisito da Garzanti.

VALLÀURI (Giancàrlo), *Roma 1882 - Torino 1957*, ingegnere. Fondò a Torino l'Istituto elettrotecnico nazionale G. Ferraris. Gli si deve la prima formulazione della teoria analitica del funzionamento dei tubi elettronici ("equazione di V.").

VALLAURIS, c. della Francia, nel dip. Alpes-Maritimes; 25.931 ab. Produzione di ceramiche artistiche, nelle quali si specializzò P. Picasso. Il castello ospita una cappella romanica divenuta museo nel 1977 e decorata da Picasso con il ciclo *La guerre et la paix* (1952).

VÀLLE D'AÒSTA → Aosta (Valle di).

VÀLLE (Gino), *Udine 1923*, architetto. Tra le opere, uffici Zanussi-Rex a Pordenone (1956-1961), palazzo dello sport a Milano (1976), abitazioni popolari della Giudecca a Venezia (1980-1986), Banca commerciale italiana a New York (1981-1983), uffici e albergo De la Défense a Parigi (1984-1988).

VÀLLE (La) → La Valle.

VALLÉCCHI (Attilio), *Firenze 1880-1946*, editore. Nel 1913 fondò a Firenze l'omonima casa editrice, attraverso la quale promosse la letteratura italiana contemporanea, anche grazie alle riviste *Leonardo*, *Lacerba*, *La voce*, *Il selvaggio*.

VALLEDUPAR, c. della Colombia settentr.; 248.525 ab.

VALLE-INCLÁN (Ramón María **del**), *Villanueva de Arosa 1866 - Santiago de Compostela 1936*, scrittore spagnolo. Dopo aver pubblicato una serie di racconti (*Sonate*) e commedie (*Il marchese di Bradomin*) di stile modernista, scoprì una vena satirica ed espressionista che lo portò a scrivere le *Commedie barbare* (1907-1922) e gli *esperpentos*, brevi farse in prosa che mettono in scena una serie di personaggi afflitti da deformità fisiche e morali.

VALLEJO (César), *Santiago de Chuco 1892 - Parigi 1938*, poeta peruviano. Nella sua opera descrive la sofferenza e la solidarietà umane (*Gli araldi negri*, 1918; *Trilce*, 1922; *Poemi umani*, 1939).

VALLÉSE, cant. della Svizzera, nella valle del Rodano; 5225 km^2; 276.200 ab.; capol. *Sion*. Dominio dei vescovi di Sion dal 999, il V. appartenne alla Repubblica Elvetica (1799) e in seguito fu annesso dalla Francia (1810) per formare il dip. Simplon. Entrò a far parte della Confederazione Elvetica nel 1815.

VALLESPIR, reg. dei Pirenei orient., solcata dal f. Tech.

VALLÉTTA (La), cap. di Malta, sulla costa orient. dell'isola; 9.000 ab. (102.000 ab. nell'agglomerato). Porto. Turismo. La città, fortificata per fronteggiare la minaccia turca, fu edificata a partire dal 1566; diversi monumenti di pregio.

VALLÉTTA (Vittòrio), *Sampierdarena 1883 - Pietrasanta 1967*, dirigente industriale. Direttore generale (1928) e amministratore delegato (1939) della FIAT, alla morte di G. Agnelli ne divenne presidente (1945). Guidò l'azienda negli anni di intenso sviluppo del dopoguerra.

VÀLLI (Alida Maria **Altenburger**, detta Alida), *Pola 1921*, attrice teatrale e cinematografica. Tra le sue interpretazioni, *Piccolo mondo antico* (1941), *I pagliacci* (1943), *Eugenia Grandet* (1946), *Il caso Paradine* (1947), *Il terzo uomo* (1949), *Senso* (1954), *Il grido* (1957), *Edipo re* (1967), *Berlinguer ti voglio bene* (1977), *Il lungo silenzio* (1993), *Un mese sul lago* (1995). Leone d'oro alla carriera nel 1997.

■ *Alida Valli.*

VÀLLI (Ròmolo), *Reggio dell'Emilia 1925 - Roma 1980*, attore teatrale e cinematografico. Celebre interprete di L. Pirandello, fu tra i membri della Compagnia dei giovani. Tra le sue interpretazioni cinematografiche, *Il Gattopardo* (1963), *Il giardino dei Finzi-Contini* (1970), *Morte a Venezia* (1971), *Giù la testa* (1971), *Un borghese piccolo piccolo* (1977).

VALLISNÈRI (Antònio), *Trassilico 1661 - Padova 1730*, naturalista. Docente di medicina teorica a Padova, confutò la teoria della generazione spontanea e si occupò di riproduzione animale e vegetale.

VÀLLO DELLA LUCÀNIA, com. in prov. di Salerno; 8674 ab. Centro agricolo. Chiesa di S. Maria delle Grazie.

VÀLLO DI DIÀNO, territorio pianeggiante della Campania, in prov. di Salerno. Insieme al Cilento, dal 1991 è Parco nazionale, il secondo per estensione (181.048 ha).

VALLÓNE (Raffaèle, detto Raf), *Tropea 1916 - Roma 2002*, attore teatrale e cinematografico. Per il cinema ha interpretato, in part., *Riso amaro* (1949), *Non c'è pace fra gli ulivi* (1950), *Il cammino della speranza* (1950). Per il teatro, *Uno sguardo dal ponte* (1958), *Nostalgia* (1984). Per la televisione, *Il mulino del Po* (1962).

VALLÒNIA, in fr. **Wallonie**, reg. del Belgio; 16.847 km^2; 3.255.711 ab.; capol. *Namur*, 5 prov. (*Brabante Meridionale*, *Hainaut*, *Liegi*, *Lussemburgo*, *Namur*). Alla fine del XIX sec., la V. si affermò come un'entità culturale particolare del Belgio, dove le lingue tradizionali sono il francese e i dialetti di origine latina; ospita anche una minoranza germanofona (ca. 70.000 individui). Dopo aver acquisito una parziale autonomia (1970), la V. è divenuta una delle tre regioni dello Stato federale del Belgio (1993).

VALLOTTON (Félix), *Losanna 1865 - Parigi 1925*, pittore e incisore francese di origine svizzera. Legato al gruppo dei *nabis*, è autore di graffianti xilografie e dipinti che abbinano il trattamento realistico a impervie stilizzazioni.

VALMIKI, poeta e saggio indiano che sarebbe vissuto nel IV sec. a.C., cui si attribuisce la stesura del **Ramayana*.

VALMY (battàglia di) (20 sett. 1792), vittoria dell'esercito francese rivoluzionario guidato dai generali C.F. Dumouriez e F. Kellermann contro le truppe prussiane a V. (nel dip. Marne). Bloccò l'avanzata degli invasori e ridiede vigore all'armata francese.

VALOIS, reg. storica della Francia, nell'Île-de-France (compresa tra i dip. Oise e Aisne).

VALOIS, dinastia reale che regnò in Francia dal 1328 al 1589, dall'avvento di Filippo VI, cugino dell'ultimo dei sovrani capetingi, Carlo IV detto il Bello, fino alla morte di Enrico III, che era privo di eredi.

VALÓNA o **VLORË**, c. dell'Albania; 73.800 ab.

VALÓRI (Michèle), *Bologna 1923 - Roma 1980*, architetto e urbanista. Realizzò, insieme a M. Ridolfi e M. Fiorentino, il quartiere Tiburtino a Roma.

VALÓRI PLÀSTICI, movimento artistico e rivista d'arte fondati nel 1918 da M. Broglio. Ne fecero parte, tra gli altri, C. Carrà, G. De Chirico, A. Martini, G. Morandi, A. Soffici.

VALPARAÍSO, c. del Cile; 282.840 ab. (600.000 ab. nell'agglomerato). Principale porto del paese. Centro industriale.

VALPELLINE, com. in prov. di Aosta; 616 ab. Centro nella valle omonima, meta di turismo estivo e sport invernali.

VALPOLICÈLLA, reg. del Veneto, in prov. di Verona, tra l'Adige e i Monti Lessini. Produzione del vino omonimo.

VALPÙRGA (santa), *nel Wessex 710 ca. - Heidenheim, Germania, 779*, religiosa benedettina inglese. Fu badessa del monastero di Heidenheim. Le sue spoglie furono trasportate nel 870 a Eichstätt, dove la sua tomba divenne meta di pellegrinaggio. La festa che celebra questo trasferimento, che ricorre il 1° mag., fu associata alla celebrazione folcloristica del ritorno della primavera. Nacque così la leggenda secondo cui, durante la "notte di V.", le streghe si darebbero convegno sul Brocken.

VALSÀSSINA, valle delle Prealpi Lombarde, in prov. di Como. Centri principali: Barzio, Introbio, Taceno, Maggio. Turismo estivo e sport invernali.

VALSÈSIA, valle del Piemonte, in prov. di Vercelli, attraversata dal f. Sesia. Centri principali: Borgosesia e Varallo. Lavorazione della lana, turismo estivo e sport invernali.

VALSUGÀNA o **VAL SUGÀNA**, valle del Trentino, lungo il corso iniziale del f. Brenta. Centri principali: Pergine V., Levico Terme, Vetriolo, Roncegno. Turismo estivo e sport invernali.

VALTAT (Louis), *Dieppe 1869 - Parigi 1952*, pittore francese, precursore del gruppo dei *fauves*.

VALTELLÌNA, valle della Lombardia, nella prov. di Sondrio, comprendente l'alta valle dell'Adda, al confine tra le Alpi Orobie e le Alpi Retiche (massicci del Bernina e dell'Ortles-Cevedale). Colture vinicole, allevamenti e agricoltura. Giacimenti minerari. Centrali idroelettriche. Turismo. — Popolata in origine dai celti, fu poi conquistata dai romani e, in seguito, dai longobardi. Nel XIV sec. passò sotto il dominio dei Visconti e nel 1512 fu annessa dai Grigioni. Durante la guerra dei Trent'anni fu fatta occupare da Richelieu (1635-1637) per impedire la congiunzione dei domini degli Asburgo di Spagna con quelli degli Asburgo d'Austria. Fu annessa al regno d'Italia nel 1816.

VALTOURNENCHE, com. in prov. di Aosta; 2287 ab. Centro nella valle omonima, a S del Monte Cervino. Turismo estivo e sport invernali in località Breuil-Cervinia.

VALTRAVÀGLIA, valle delle Prealpi Lombarde, in prov. di Varese, tra il Lago Maggiore e il Lago di Lugano.

VALVARÀITA o **VÀLLE VARÀITA**, valle del Piemonte, in prov. di Cuneo. Centri principali: Casteldelfino e Sampeyre. Turismo estivo.

VÀMBA (Luigi **Bertèlli**, detto), *Firenze 1858-1920*, scrittore. Fondatore del *Giornalino della Domenica* (1906), fu celebre autore di letteratura per l'infanzia, in partic. con *Il giornalino di Giamburrasca*.

VAN, c. della Turchia, capol. di prov., nei pressi del Lago di V.; 226.965 ab.

VAN (Làgo di), lago della Turchia orient. (in altura, 1646 m); 3700 km^2.

VAN ACKER (Achille), *Bruges 1898-1975*, politico belga. Socialista, fu primo ministro dal 1945 al 1946 e dal 1954 al 1958.

VANADZOR, già **Kirovakan**, c. dell'Armenia; 172.700 ab.

VAN ALLEN (James Alfred), *Mount Pleasant, Iowa, 1914*, fisico statunitense. Ha scoperto le fasce della magnetosfera che circondano la Terra e che portano il suo nome ("fasce di V. A.") (Premio Crafoord 1989.)

VAN ARTEVELDE (Jacob), *Gand 1290 ca. - 1345*, eroe nazionale fiammingo. Capo dei fiamminghi in rivolta contro il conte di Fiandra, si scontrò con la mancanza di coesione delle città fiamminghe e morì nel corso di una sollevazione. — **Philips Van A.**, *Gand 1340 - Rozebeke 1382*, militare fiammingo. Figlio di Jacob, capitanò la rivolta di Gand, sconfiggendo il conte di Fiandra (1382), ma fu ucciso dai francesi nella battaglia di Rozebeke.

VAN BENEDEN (Edouard), *Lovanio 1846 - Liegi 1910*, istologo belga. Studiò la morfologia delle cellule, la fecondazione e l'embriologia dei mammiferi. Scoprì inoltre la riduzione dei cromosomi, o meiosi.

VANBRUGH (sir John), *Londra 1664-1726*, architetto e autore drammatico inglese. Al contempo palladiano e barocco, si distinse soprattutto nella costruzione del Palazzo di Blenheim, presso Oxford (1705).

VAN BUREN (Martin), *Kinderhook, Stato di New York, 1782-1862*, politico statunitense. Presidente degli Stati Uniti dal 1837 al 1841, proseguì l'opera intrapresa da A. Jackson, di cui era uno stretto collaboratore, e riorganizzò il Partito democratico.

VAN CAMPEN (Jacob), *Haarlem 1595 - presso Amersfoort 1657*, architetto e pittore olandese. Disegnò il Mauritshuis dell'Aia e l'ant. municipio di Amsterdam (1648), ispirato ad A. Palladio.

VANCÌNI (Florestàno), *Ferrara 1926*, regista cinematografico. Tra i film diretti, *La lunga notte del '43* (1960), *La banda Casaroli* (1962), *La calda vita* (1964), *Il delitto Matteotti* (1973), *La neve nel bicchiere* (1984).

VAN CLEVE (Joos), *Anversa 1490 ca. - 1541 ca.*, pittore fiammingo. Formatosi ad Anversa, è celebre per i suoi dipinti di soggetto religioso (pala della *Morte di Maria*, Monaco e Colonia). Fu anche un eccellente ritrattista.

VAN COEHOORN (Menno, baróne), *Britsum, presso Leeuwarden, 1641 - L'Aia 1704*, ingegnere militare olandese. Disegnò i piani per le fortificazioni di Nimega, Breda e Bergen op Zoom. La sua opera fece scuola nel XVIII sec.

VANCOUVER, c. del Canada (Columbia Britannica), sullo Stretto di Georgia, di fronte all'Isola di Vancouver; 514.008 ab. (2.033.000 ab. nell'agglomerato, la terza città del Canada). Sede arcivescovile. Università. Porto. Sbocco canadese sul Pacifico, centro industriale (legname, industrie nautiche, meccaniche e alimentari) e turistico (musei, tra cui spicca quello di antropologia; parchi).

VANCOUVER (George), *King's Lynn 1757 - Richmond 1798*, navigatore britannico. A lui si deve il primo rilievo esatto della costa occ. del Canada (1791-1795).

VANCOUVER (Ìsola di), isola del Canada, nella Columbia Britannica; 32.137 km^2; c. princ. *Victoria*.

VANČURA (Vladislav), *Háj 1891 - Praga 1942*, scrittore ceco. Tra le opere, *Campi arativi e di battaglia* (1925), *Il giudizio universale* (1929), *Processo capitale* (1930), *Fuga da Budín* (1932), *Quadri di storia del popolo ceco* (1939-1940).

VÀNDALI, popolazione germanica che si stabilì nel Baltico merid. nel I sec. d.C. Al principio del V sec., insieme ad altre popolazioni barbariche, i v. invasero la Galizia (407) e la Spagna (409). Sotto il comando di Genserico (428-477), conquistarono l'Africa romana e vi fondarono un regno che si estendeva sino alla Sicilia e nel quale la maggior parte delle istituzioni romane furono conservate.

Questo Stato scomparve nel 533, all'epoca in cui Bisanzio intraprese la conquista dell'Africa.

VAN DAMME (Joseph), *Bruxelles 1940*, baritono-basso belga. La sua fama è legata soprattutto al ruolo di san Francesco d'Assisi ricoperto nel 1983, in occasione della prima assoluta dell'omonima opera di O. Messiaen.

VANDÈA, dip. della Francia, nella reg. Pays de la Loire; capol. *La Roche-sur-Yon*; 6720 km²; 539.664 ab. L'economia della V., il cui territorio è quasi esclusivamente pianeggiante, si basa sull'agricoltura (cereali, foraggio) e sull'allevamento. Pesca, ostricoltura, mitilicoltura; turismo estivo.

VANDÈA (guèrra di) (1793-1796), rivolta scoppiata in Francia, nelle regioni a S della Loira, in seguito alla chiamata alle armi di 300.000 uomini nel feb. 1793. Dopo alcuni successi, gli insorti, in gran parte contadini organizzati in bande, furono sconfitti a Cholet dalle truppe inviate dalla Convenzione (sett. 1793). Dal gen. all'apr. 1794 le forze repubblicane procedettero al massacro dei vandeani, fatto che non bastò a impedire una nuova sollevazione (sbarco a Quiberon). Dopo averla repressa, nel 1796 L.-L. Hoche riuscì a pacificare il paese.

VAN DE GRAAFF (Robert Jemison), *Tuscaloosa, Alabama, 1901 - Boston 1967*, fisico statunitense. Realizzò le prime grandi macchine elettrostatiche per l'accelerazione delle particelle.

VANDENBERG, base militare statunitense, specializzata nel lancio di missili e vettori spaziali, situata nella California merid., sulla costa del Pacifico.

VAN DEN BERGHE (Frits), *Gand 1883-1939*, pittore belga. Membro della seconda scuola di Laethem-Saint-Martin, a partire dal 1925-1926 fornì una sua personalissima interpretazione del surrealismo, carica di allucinazioni e sarcasmo.

VAN DEN BOSCH (Johannes, cónte), *Herwijnen, Gheldria, 1780 - L'Aia 1844*, amministratore olandese. Governatore delle Indie olandesi (1830-1833), impose agli abitanti di Giava di destinare un quinto dei terreni a una serie di colture selezionate dal governo. Fu ministro delle colonie dal 1835 al 1839.

VAN DE POELE (Karel Joseph), *Lichtervelde 1846 - Lynn, Massachusetts, 1892*, tecnico belga. Tra le sue invenzioni (che riguardano perlopiù le applicazioni dell'elettricità) figura la trazione elettrica tramite trolley (1885).

VAN DER GOES (Hugo), *Gand 1435 - Auderghem 1482*, pittore fiammingo, decano della gilda dei pittori di Gand. Monumentale e patetico, imprimette sul realismo fiammingo il marchio del suo spirito angosciato (*Trittico Portinari*, 1475 ca., Uffizi, Firenze; *La morte della Vergine*, Stedelijke Museum, Bruges).

Hugo **VAN DER GOES.** *Anta destra del Trittico Portinari raffigurante santa Margherita e santa Maria Maddalena con Maria Portinari e la figlia. (Uffizi, Firenze.)*

VAN DER MEER (Simon), *L'Aia 1925*, ingegnere olandese. Inventò un sistema per produrre fasci molto sottili di antiprotoni, che, impiegato nel supersincrotrone a protoni del CERN, portò alla scoperta dei bosoni intermedi. (Premio Nobel per la fisica 1984.)

VAN DER MEERSCH (Jan André), *Menin 1734 - Dadizeele 1792*, generale fiammingo. Dopo aver prestato servizio in Francia e Austria, nel 1789 si pose alla testa degli insorti del Brabante.

VAN DER MEULEN (Adam Frans), *Bruxelles 1632 - Parigi 1690*, pittore fiammingo. Chiamato in Francia come pittore di corte di Luigi XIV (1664), raccontò, nei suoi dipinti, la storia militare del regno.

VAN DER ROHE (Ludwig Mies) → MIES VAN DER ROHE (Ludwig).

VANDERSTEEN (Willebrord, detto Willy), *Anversa 1913 - Edegem 1990*, disegnatore e sceneggiatore di cartoni animati belga. Le serie *Bob et Bobette* (1945) e *Bessy* (1952) fanno di questo artista di lingua fiamminga un punto di riferimento del disegno umoristico belga.

VANDERVELDE (Émile), *Ixelles 1866 - Bruxelles 1938*, politico belga. Deputato socialista (1894), presidente della Seconda Internazionale (1900), rivestì la carica di ministro degli esteri (1925-1927) e siglò gli accordi di Locarno (1925).

VAN DER WAALS (Johannes Diderik), *Leida 1837 - Amsterdam 1923*, fisico olandese. Studiò la continuità che intercorre tra lo stato liquido e quello gassoso giungendo, nel 1873, a formulare la nota equazione. Studiò anche le forze d'attrazione elettrostatica che intercorrono tra le molecole. (Premio Nobel 1910.)

VAN DER WEYDEN (Rogier de La Pasture, o Rogier), *Tournai 1400 ca. - Bruxelles 1464*, pittore fiammingo. Dopo J. Van Eyck è il più celebre dei "primitivi fiamminghi" (*Deposizione*, 1435 ca., Prado, Madrid; *San Luca che pettina la Vergine*, versione di Boston; *Giudizio universale*, 1445-1450 ca., Hôtel-Dieu, Beaune; *Trittico Braque*, Louvre, Parigi; *Ritratto di uomo con la freccia*, Bruxelles).

VAN DE VELDE, famiglia di pittori paesaggisti olandesi del XVII sec., tra i cui componenti figurano: — **Esaias Van de V.**, *Amsterdam 1590 ca. - L'Aia 1630*, che inaugurò la tradizione del paesaggio olandese realista, e — **Willem Van de V. il Giovane**, *Leida 1633 - Greenwich 1707*, nipote di Esaias, specializzato in vedute marine di grande afflato poetico.

VAN DE VELDE (Henry), *Anversa 1863 - Zurigo 1957*, architetto, decoratore e pittore belga. Tra i principali animatori del movimento modernista in Europa, con il suo stile realizzò una sintesi tra un sobrio Art Nouveau e il funzionalismo.

VAN DE WOESTIJNE (Karel), *Gand 1878 - Zwijnaarde 1929*, scrittore belga di lingua olandese. I suoi poemi (*L'ombra dorata*) e i lavori teatrali (*Janus au double visage*) testimoniano un'ispirazione sempre oscillante tra misticismo e sensualità. — **Gustaaf Van de W.**, *Gand 1881 - Bruxelles 1947*, pittore belga, fratello di Karel. Fu tra i fondatori del gruppo di Laethem-Saint-Martin.

VAN DIEMEN (Anthony), *Culemborg 1593 - Batavia 1645*, amministratore olandese. Governatore generale della Compagnia delle Indie olandesi (1636-1645), ne estese i domini a Ceylon (att. Sri Lanka) e Malacca.

VAN DIJK (Peter), *Brema 1929 - Parigi 1997*, ballerino e coreografo tedesco. Grande interprete (*Giselle*, *Petruška*) e coreografo (*La sinfonia incompiuta*), si affermò come direttore di compagnie (Balletto dell'Opera di Amburgo, 1962-1970; Balletto del Reno, 1974-1978).

VAN DOESBURG (Christian E.M. **Küpper**, detto Théo), *Utrecht 1883 - Davos 1931*, artista olandese. Fondatore della rivista *De Stijl* (1917), fu il principale esponente del gruppo che intorno a essa gravitava. Nel 1922 fondò la rivista *Mecano* e, nel 1930, *Art concret* (a Parigi). Tra le opere teoriche, *Principi fondamentali delle nuove forme* (1924), *Manifesto elementarista* (1926). Tra le opere artistiche, decorazione dell'Aubette di Strasburgo (con J. Arp, S. Täuber-Arp, 1928, distrutta).

VAN DONGEN (Kees), *Delfshaven, presso Rotterdam, 1877 - Montecarlo 1968*, pittore francese di origine olandese. Membro dei *fauves* e grande colorista, dipinse scene di vita contemporanea e ritratti caratterizzati da una sintesi acuta e penetrante.

VAN DYCK (Antonie), *Anversa 1599 - Londra 1641*, pittore fiammingo. Collaboratore di Rubens dal 1618 al 1621 ca., fu attivo in seguito a Ginevra e poi di nuovo ad Anversa (dipinti di soggetto religioso, ritratti); nel 1632 divenne il pittore di Carlo I e della corte d'Inghilterra. I suoi ritratti, caratterizzati da un indubbio virtuosismo e dal senso di una posata distinzione, conobbero uno straordinario successo.

VÄNERN (làgo), il più grande lago dell'area scandinava (Svezia), che si riversa nel f. Kattegat passando per il Göta; 5585 km².

VAN EYCK (Jan), *1390 ca. - Bruges 1441*, pittore fiammingo. Fu al servizio di Giovanni di Baviera, futuro conte di Olanda, e in seguito di Filippo il Buono (1425). Incaricato di missioni diplomatiche, si stabilì a Bruges verso il 1430. La sua fama si accrebbe con l'inaugurazione nel 1432, a Gand, del polittico dell'*Agnello mistico*. La sua tecnica versatile, volta alla ricerca di suggestioni inedite che, distaccandosi dal manierismo ornamentale del gotico internazionale, miravano a un minuzioso realismo, lo pone, insieme al Maestro di Flémalle, tra i fondatori della grande scuola fiamminga, della quale fu un maestro insigne tanto nei soggetti a carattere religioso (*La Madonna del cancelliere Rolin*, Louvre, Parigi) quanto nei ritratti. Il ritratto dei *Coniugi Arnolfini* (National Gallery, Londra) è il primo esempio di scena intimista borghese in pittura.

Jan **VAN EYCK.** *Coniugi Arnolfini, 1434.* (National Gallery, Londra.)

VANGÈLI, libri del Nuovo Testamento che descrivono la vita e l'insegnamento di Gesù Cristo. I quattro V. sono attribuiti a Matteo, Marco, Luca e Giovanni. La stesura dei primi tre è databile intorno al 70-80, mentre il quarto sarebbe stato composto intorno al 100.

VAN GENNEP (Arnold), *Ludwigsburg 1873 - Bourg-la-Reine 1957*, antropologo francese. Il suo nome è legato alla creazione di un rigoroso metodo di analisi dei dati raccolti sul terreno. Scrisse un *Manuale di folclore francese contemporaneo* (1937-1958).

VAN GOGH (Vincent), *Groot Zundert, Brabante, 1853 - Auvers-sur-Oise 1890*, pittore olandese. La sua vita, segnata dall'inquietudine spirituale, fu breve e tragica. Dopo aver soggiornato in vari centri della Francia, fu a Parigi dal 1886 al 1887, per poi partire alla volta della Provenza. Dimesso dal sanatorio di Saint-Rémy-de-Provence nel 1889, dopo un ricovero imposto dall'insorgere della malattia mentale (risale a questo periodo l'episodio del taglio dell'orecchio), si stabilì a Auvers-sur-Oise (1890) dove si sarebbe suicidato con un colpo di pistola. Una costante della sua opera, delle nature morte (*Girasoli*), come dei ritratti e dei paesaggi (*Il ponte di Langlois*, *La strada col cipresso*, *La notte stellata*, MOMA, New

Vincent **VAN GOGH.** La chiesa di Auvers-sur-Oise, 1890. (Musée d'Orsay, Parigi.)

York), è la ricerca dell'effetto di massima intensità cromatica. Fu il precursore dei *fauves* e degli espressionisti.

VAN GOYEN (Jan), *Leida 1596 - L'Aia 1656*, pittore olandese. Tra i migliori paesaggisti olandesi, allievo di E. Van de Velde, è celebre per le sue vedute fluviali dai caratteristici riflessi argentei o dorati.

VAN HEEMSKERCK (Maarten), *Heemskerk, presso Haarlem, 1498 - Haarlem 1574*, pittore e decoratore olandese. Dallo stile italianizzante, è autore di grandi pale di un tormentato espressionismo, di ritratti, disegni per arazzi, vetrate e incisioni.

VAN HELMONT (Johannes Baptiste), *Bruxelles 1579 - Vilvorde 1644*, medico e chimico fiammingo. Alchimista discepolo di Paracelso, coniò il termine "gas" in seguito alla scoperta del gas carbonico. Descrisse il ruolo dei succhi gastrici nel processo digestivo.

VAN HONTHORST (Gerrit), *Utrecht 1590-1656*, pittore olandese. In seguito al suo soggiorno a Roma, dove studiò la pittura di Caravaggio, si dedicò a soggetti di genere, dal realismo espressivo, tra cui una serie di scene notturne al lume di candela.

VANI, divinità agresti dell'area germanica settentr., in contrasto con gli Asi.

VANIKORO, isola della Melanesia, a N di Vanuatu, sotto l'amministrazione delle Isole Salomone.

VANÌNI (Giùlio Cèsare), *Taurisano 1585 - Tolosa 1619*, filosofo. Frate carmelitano, viaggiò per l'Europa visitando i paesi riformati e predicando una filosofia naturalista che gli attirò sospetti e ostilità. Dopo una conversione all'anglicanesimo, decise di tornare a servire il cattolicesimo, ottenendo la possibilità di pubblicare l'*Amphitheatrum Aeternae Providentiae* (1615). Condannato come bestemmiatore e ateo, fu arso vivo.

VAN LAER (Pieter), detto **Bambòccio**, *Haarlem 1599-1642*, pittore olandese. Stabilitosi a Roma, si distinse grazie alle sue raffigurazioni della vita popolare, dette anche, in riferimento al soprannome del pittore, bambocciate.

VAN LEEUWENHOEK (Antoni), *Delft 1632-1723*, naturalista olandese. Tra i fondatori della microbiologia, osservò e descrisse, con microscopi di propria fattura, gli spermatozoi, i protisti, i globuli rossi e numerose altre strutture microscopiche.

VAN LOO o **VANLOO**, famiglia di pittori francesi di origine olandese. — **Jean-Baptiste Van L.**, *Aix-en-Provence 1684-1745*. Lavorò in Italia, a Parigi (accademico nel 1731) e a Londra come pittore di scene storiche, decoratore e ritrattista. — **Charles-André**, detto **Carle Van L.**, *Nizza 1705 - Parigi 1765*, fratello di Jean-Baptiste. Formatosi in Italia, professore all'Accademia reale di Parigi nel 1737, primo pittore di corte nel 1762, rappresentò il *grand style* in seno all'estetica del rococò (dipinti religiosi e mitologici, *turqueries*, pannelli decorativi). — **Louis Michel Van L.**, *Tolone 1707 - Parigi 1771*, figlio di Jean-Baptiste. Fece carriera alla corte di Spagna. — **Charles Amédée Van L.**, *Rivoli, Piemonte, 1719 - Parigi 1795*, fratello di

Louis Michel. Lavorò soprattutto alla corte di Prussia. — **César Van L.**, *Parigi 1743-1821*, figlio di Carle. Fu un paesaggista dal gusto preromantico.

VAN MANDER (Carel), *Meulebeke, Fiandra Occidentale, 1548 - Amsterdam 1606*, pittore e scrittore d'arte fiammingo. Insieme a Goltzins, fondò un'accademia d'arte ad Haarlem (1587). Il suo *Libro della pittura* (1604) costituisce una testimonianza sui pittori fiamminghi, olandesi e tedeschi del XV e XVI sec.

VAN MUSSCHENBROEK (Pieter), *Leida 1692-1761*, fisico olandese. Inventò (in modo accidentale) la "bottiglia di Leida", un primo rudimentale condensatore elettrico (1746).

VANNES, c. della Francia, capol. del dip. Morbihan, sulla costa atlantica; 54.773 ab. Industrie agroalimentari e degli pneumatici. — Bastioni, duomo del XIII-XVIII sec.; musei.

VÀNNI (Lippo), *Siena XIV sec.*, pittore. Realizzò, tra l'altro, l'*Annunciazione* nel chiostro di S. Domenico e l'affresco raffigurante la *Battaglia della Chiana* nel palazzo pubblico, entrambi a Siena.

VANNÒZZO (Francésco di), *Padova 1340 ca. - Milano dopo il 1389*, musico e giullare. Lavorò in diverse corti dell'Italia settentr. La sua opera più celebre è la *Cantilena pro comite virtutum*, di argomento politico.

VANOISE (Massiccio della), massiccio delle Alpi francesi (Savoia), che si estende tra le valli dell'Arc e dell'Isère; 3852 m. Parco nazionale (52.800 ha).

VANÓNI (Èzio), *Morbegno 1903 - Roma 1956*, economista e politico. Membro della Costituente per la DC, fu senatore dal 1948. Come ministro delle finanze (1948-1954) introdusse l'obbligo di dichiarazione annuale dei redditi e la tassazione progressiva.

VANÓNI (Ornèlla), *Milano 1934*, cantante. Tra i principali voci della musica leggera italiana (*Senza fine*, *Vai Valentina*). Tra gli album più celebri, *Ai miei amici cantautori* (1969), *Un gioco senz'età* (1971), *Duemilatrecentouno parole* (1982), *Argilla* (1997).

VAN ORLEY (Barend o Bernard), *Bruxelles 1488 ca. - 1541*, pittore e decoratore fiammingo. Artista ufficiale, dal tipico stile di transizione, autore di pale d'altare e ritratti, realizzò anche una serie di cartoni per vetrate e arazzi (*Cacce di Massimiliano*, Louvre, Parigi).

VAN OSTADE (Adriaen), *Haarlem 1610-1685*, pittore olandese. È autore di scene d'interno ispirate ad A. Brouwer. — **Isaac Van O.**, *Haarlem 1621-1649*, pittore olandese, fratello di Adriaen. Affrancatosi dall'influsso del fratello maggiore, si specializzò nel paesaggismo.

VAN RUISDAEL → RUYSDAEL (Jacob Van).

VAN RUYSBROECK (Jan), *Ruysbroeck, presso Bruxelles, 1293 - Groenendaal, presso Bruxelles, 1381*, teologo e scrittore brabantino. I suoi scritti mistici, tra i primi grandi capolavori della lingua olandese, segnarono profondamente le correnti della Devotio moderna.

VAN RYSSELBERGHE (Théodore, detto Théo), *Gand 1862 - Saint Clair, Var, 1926*, pittore belga. Amico di P. Signac e di numerosi altri scrittori, fu tra i fondatori del neoimpressionismo in Belgio. Si stabilì a Parigi nel 1898.

VAN SCHENDEL (Arthur), *Batavia 1874 - Amsterdam 1946*, romanziere olandese. Nella sua opera delinea un ritratto della provincia olandese (*L'uomo dell'acqua*, 1933).

VAN SCOREL (Jan), *Schoorl, presso Alkmaar, 1495 - Utrecht 1562*, pittore olandese. Dopo un viaggio in Italia, si stabilì a Utrecht intorno al 1525. Fu tra i primi a introdurre la pittura italiana nei Paesi Bassi. Nel suo stile, tuttavia, non mancano inflessioni tipiche del realismo nordico e della pittura fiamminga (pale d'altare e ritratti).

VANTAA, c. della Finlandia, nei pressi di Helsinki; 178.471 ab. Aeroporto.

VAN'T HOFF (Jacobus Henricus), *Rotterdam 1852 - Berlino 1911*, chimico olandese. Fondatore, con A. Le Bel, della stereochimica, formulò la teoria del carbonio asimmetrico. Nel 1884 pose le fondamenta della dinamica chimica, mentre nel 1886 segnalò l'analogia esistente tra le soluzioni e i gas. Formulò inoltre una teoria della pressione osmotica. (Premio Nobel 1901.)

VANTOGERLOO (Georges), *Anversa 1886 - Parigi 1965*, pittore e scultore belga. Membro del gruppo De Stijl e, a Parigi, di Abstraction-Création, la sua pittura fu improntata su un deciso astrattismo geometrico.

VANUA LEVU, una delle Isole Figi; 5535 km².

VANUATU, già **Nuòve Èbridi**, Stato insulare dell'Oceania, a NE della Nuova Caledonia, formato da diverse isole e isolette di origine vulcanica; 12.200 km²; 202.000 ab. CAP. *Port Vila.* LINGUE: *inglese, bislama e francese.* MONETA: *vatu.* [*V.* carta della **Melanesia.**] Il clima tropicale umido spiega l'estensione della foresta, che ricopre il 75% ca. del territorio. Pesca. Copra. — Scoperto nel 1606 dai portoghesi, l'arcipelago fu colonizzato solo più tardi. La commissione navale franco-britannica, istituita nel 1887 a causa della rivalità che contrapponeva le due nazioni, decretò la creazione di un protettorato in condominio (1906) che sostituì l'amministrazione militare con due alti commissari. Nel 1980, conquistata l'indipendenza, l'arcipelago prese il nome di V. Dal 1999, il presidente della repubblica è John Bennett Bani. Il primo ministro, eletto nel 2001, è Edward Natapei.

VAN VELDE (Bram), *Zoeterwoude, presso Leida, 1895 - Grimaud, Var, 1981*, pittore e litografo olandese. Lo stile delle sue opere, soprattutto di quelle che datano dal 1945 in poi, fa di lui uno dei principali rappresentanti dell'astrazione lirica europea. Il fratello Geer (*Lisse, presso Leida, 1898 - Cachan 1977*) fu anch'egli pittore.

VANVITÈLLI (Luigi), *Napoli 1700 - Caserta 1773*, architetto. Figlio di G. Van Wittel, realizzò il complesso della reggia di Caserta, massimo esempio del passaggio dal tardobarocco al neoclassicismo. Sue opere anche nelle Marche (Lazzaretto di Pesaro, 1733-1738), a Napoli e a Roma.

VAN VLECK (John Hasbrouck), *Middletown 1899 - Cambridge, Massachusetts, 1980*, fisico statunitense. I suoi studi lo portarono a occuparsi della struttura della materia caotica, del magnetismo, del comportamento delle impurità nei cristalli e delle proprietà semiconduttrici dei solidi amorfi. (Premio Nobel 1977.)

VAN WITTEL (Gaspard) o **Gàspare Vanvitèlli**, *Amersfoort 1653 - Roma 1736*, pittore olandese. Padre di Luigi, stabilitosi a Roma nel 1674, fu un celebre vedutista. Tra le opere, *Castel Sant'Angelo*, *Il Tevere a Ripagrande*.

VAN ZEELAND (Paul), *Soignies 1893 - Bruxelles 1973*, politico belga. Membro del Partito cattolico e primo ministro dal 1935 al 1937, fu ministro degli esteri dal 1949 al 1954.

VÀPRIO D'ÀDDA, com. in prov. di Milano; 6509 ab. Chiesa di S. Colombano (XI-XII sec.); villa Melzi d'Eril (XVI sec.).

VAR, f. della Francia sud-orient., che sfocia nel Mediterraneo; 120 km. Scorre quasi interamente nel dip. Alpes-Maritimes.

VAR, dip. della Francia, nella reg. Provenza-Alpi-Costa Azzurra; capol. *Tolone*; 5973 km²; 898.441 ab. Colture frutticole, legumi e vigneti. Allevamento ovino. Industria scarsamente sviluppata.

VARÀLLO, com. in prov. di Vercelli; 7543 ab. Chiesa di S. Maria delle Grazie (XVI sec.), collegiata di S. Gaudenzio (XIII-XVIII sec.).

VARÀLLO PÓMBIA, com. in prov. di Novara; 4325 ab. Resti dell'Età del ferro (cultura di Golasecca).

VARANASI → BENARES.

VARÀNO (da), famiglia marchigiana. — **Gentile da V.**, *m. nel 1284*. Capostipite della famiglia, fu signore di Camerino dal 1259. — **Rodolfo II da V.**, *m. nel 1384*. Fu capitano delle milizie pontificie contro i ghibellini delle Marche e della Romagna. — **Giovanni Maria da V.**, *m. nel 1527*. Alla morte di Cesare Borgia, che si era impadronito dei possedimenti della famiglia, poté recuperarli e fu nominato duca da papa Leone X. — **Giulia da V.** Ereditò il ducato e, contro il volere di papa Paolo III, sposò Guidobaldo II della Rovere. Questo fatto segnò la rovina della famiglia e il ducato passò, nel 1545, allo Stato pontificio.

VARÀNO (làgo di), lago costiero della Puglia, in prov. di Foggia. Si estende ai piedi del versante settentr. del Gargano ed è collegato al mare da due canali.

VARÀZZE, com. in prov. di Savona; 13.789 ab. Turismo estivo. Chiesa di S. Ambrogio (XVI sec.).

VÀRCHI (Benedétto), *Firenze 1503-1565*, letterato. Sostenitore della fiorentinità della lingua italiana nell'*Ercolano*, scrisse per volere di Cosimo I de' Medici le *Istorie fiorentine* in 16 libri (1527-1530).

VARDA (Agnès), *Ixelles, Belgio, 1928*, regista cinematografica francese. Dopo *La pointe courte* (1955), opera che anticipava la *nouvelle vague*, ha diretto *Cléo dalle 5 alle 7* (1962), *Il verde prato dell'amore* (1965), *Senza tetto né legge* (1985), *Jacquot de Nantes* (1991), *Les Glaneurs et la Glaneuse* (2000).

VARDAR, f. che attraversa Serbia e Montenegro, Macedonia e Grecia, e sfocia nel Mar Egeo; 420 km.

VARÉNNA, com. in prov. di Lecco; 876 ab. Centro turistico. Chiesa di S. Giorgio (XIV-XV sec.).

VARENNES, c. del Canada (Québec), sul f. San Lorenzo; 18.842 ab.

VARENNES (fùga a) (20-25 giu. 1791), episodio della Rivoluzione francese. Mentre tentavano di riparare all'estero, Luigi XVI e i suoi familiari furono arrestati a V. (nel dip. Meuse).

VARÉSE, c. della Lombardia, capol. di prov., presso il Lago di V.; 83.798 ab. (*varesini*). Centro turistico e industriale. — Se ne hanno notizie a partire dall'alto Medioevo. Nel XII sec., nel corso della guerra tra Como e Milano, fu saccheggiata dai comaschi. Nel XIII sec., pur rimanendo sotto la protezione di Milano, ottenne lo statuto comunale. Nel 1859, in pieno Risorgimento, G. Garibaldi vi sconfisse gli austriaci del generale K. Urban. — Palazzo d'Este (XVIII sec.), basilica di S. Vittore (1580-1615) santuario di S. Maria del Monte. — Nella provincia, montuosa e collinare a S, si pratica l'agricoltura (cereali, foraggi). Industrie meccaniche, tessili, calzaturiere, del cuoio, chimiche, della ceramica. Turismo su numerosi laghi (tra cui Maggiore, di Lugano, di V.). Centri principali: Gallarate, Busto Arsizio, Saronno.

VARESE (Edgard), *Parigi 1883 - New York 1965*, compositore francese naturalizzato statunitense. Nel campo della composizione tradizionale rinnovò la base orchestrale con una serie di opere per fiati e percussioni (*Hyperprism*, 1923; *Intégrales*, 1925) o per sole percussioni (*Ionisation*, 1933). Con *Déserts*, del 1954, inaugurò la sperimentazione elettroacustica, abbinando le sonorità del nastro magnetico agli strumenti tradizionali.

VARGA (Evgenij Samuilovič), *Budapest 1879 - Mosca 1964*, politico ed economista russo di origine ungherese. Fu lo specialista di questioni economiche mondiali in seno alla dirigenza dell'Internazionale comunista.

VARGAS (Getulio), *São Borja, Rio Grande do Sul, 1883 - Rio de Janeiro 1954*, politico brasiliano. Eletto presidente della repubblica nel 1934, istituì un regime corporativo, autoritario e nazionalista, il cosiddetto "Estado Novo". L'adozione di una serie di misure sociali lo rese molto popolare. Deposto nel 1945, venne rieletto nel 1950. Morì suicida nel 1954.

VARGAS LLOSA (Mario), *Arequipa 1936*, scrittore peruviano naturalizzato spagnolo. I suoi romanzi, a dispetto di un'ambientazione ristretta nei confini della società peruviana, della quale dipingono un quadro ironico e satirico, riescono ad assumere una dimensione quasi universale (*La città e i cani*, *Elogio della matrigna*). Candidato alle elezioni presidenziali del 1990 in Perú, fu sconfitto.

VARIÀGHI, popolazione vichinga che, intorno all'VIII-IX sec., penetrò fino in Russia. I v. intrattennero vivaci rapporti commerciali tra il Mar Nero, il Baltico e il Caspio. Sono all'origine delle prime dinastie slave.

VARIGNON (Pierre), *Caen 1654 - Parigi 1722*, matematico francese. Autore di un trattato sulla statica, nel quale enunciava la regola di composizione delle forze concorrenti, fu uno dei primi ad adottare il calcolo infinitesimale in Francia.

VARNA, c. della Bulgaria, sul Mar Nero; 314.539 ab. Porto, stazione balneare e centro industriale. — Il museo ospita ricchi corredi funerari (rame e oro) rinvenuti nella necropoli calcolitica (4000 ca. a.C.).

VARNA (battàglia di) (10 nov. 1444), vittoria degli ottomani di Murad II sull'esercito cristiano di Ladislao III Iagellone e Giovanni Hunyadi.

Giorgio **VASARI**. La presa del forte presso Porta Camollia di Siena, *1560-1569*.
(Salone dei Cinquecento, Palazzo Vecchio, Firenze.)

VÀRO (Pùblio Quintilio), *46 ca. a.C. - Teutoburgo 9 d.C.*, generale romano. I germani di Arminio massacrarono le sue legioni nella selva di Teutoburgo (Renania Settentrionale).

VARÒLIO (Costànzo), *Bologna 1543-1575*, medico e anatomista. Studiò il sistema nervoso centrale, individuando la formazione nervosa che porta il suo nome ("ponte di V.").

VARRÓNE (Gàio Terènzio), *m. nel 216 a.C.*, console romano. Nonostante l'eroica resistenza, fu sconfitto da Annibale nella battaglia di Canne (216 a.C.).

VARRÓNE (Màrco Terènzio), *Reate, att. Rieti, 116 a.C. - 27 a.C.*, scrittore latino. Luogotenente di Pompeo durante la guerra civile, si riconciliò con Cesare, che gli diede l'incarico di organizzare la prima biblioteca pubblica di Roma. Della sua vasta opera ci sono pervenuti solo alcuni frammenti: i tre libri di un trattato sull'economia rurale, lo stralcio di un trattato di grammatica e alcune satire menippee.

VARSÀVIA, in pol. **Warszawa**, cap. della Polonia, capol. del voivodato omonimo, sulla Vistola; 1.615.369 ab. (2.269.000 ab. nell'agglomerato). Metropoli politica, culturale, commerciale e industriale, la città è stata ricostruita dopo la seconda guerra mondiale. Musei. — Capitale della Polonia nel 1596, ceduta alla Prussia nel 1795, capitale del granducato di Varsavia (1807) e, in seguito, del regno di Polonia (1815) sotto la sovranità dello zar di Russia, V. si ribellò nel 1830 e nel 1863. Capitale della repubblica polacca a partire dal 1918, fu occupata dai tedeschi nel 1939. Subì enormi devastazioni e perdite di vite umane in occasione della distruzione del ghetto (1943) e durante la repressione dell'insurrezione del 1944. Fu liberata dalle armate polacche e sovietiche nel gen. 1945.

VARSAVIA. *Veduta della città vecchia.*

VARSÀVIA (convenzióne di), convenzione che nel 1929 stabilì uno statuto giuridico relativo al trasporto aereo internazionale, con riferimento particolare alle responsabilità del trasportatore.

VARSÀVIA (pàtto di), alleanza militare che riunì intorno all'Unione Sovietica Albania (fino al 1968), RDT, Bulgaria, Ungheria, Polonia, Romania e Cecoslovacchia. Creato nel 1955 in seguito all'ingresso della RFT nella NATO, fu abolito nel 1991. Il comando supremo delle forze del patto era affidato a un generale sovietico.

VASA → GUSTAVO I VASA.

VASALOPPET, celebre gara di sci nordico, che si disputa ogni anno in Svezia sulla distanza di 85,8 km.

VASANÈLLO, com. in prov. di Viterbo; 3870 ab. Castello medievale; chiese di S. Maria e di S. Salvatore (XIII sec.). Si chiamò Bassanello fino al 1949.

VASARELY (Victor), *Pécs 1908 - Parigi 1997*, pittore francese di origine ungherese. Esponente dell'arte cinetica, fu tra i fondatori della pop art.

VASÀRI (Giórgio), *Arezzo 1511 - Firenze 1574*, pittore, architetto e scrittore d'arte. Formatosi a Firenze presso la bottega di Andrea del Sarto, nel suo viaggio a Roma al seguito del cardinale Ippolito de' Medici ebbe modo di studiare i capolavori di Michelangelo e Raffaello. Nel 1546 compare la prima edizione delle *Vite dei più eccellenti architetti, pittori e scultori italiani* (1546), la sua opera principale, cui fece seguito la seconda edizione arricchita e ampliata del 1568. In questa opera, fondamentale per la storiografia artistica, V. elaborava per la prima volta il concetto di evoluzione storica e progresso dell'arte, abbozzando una storia dell'arte che, partendo da una fase "fanciullesca" (da Cimabue fino alla fine del '300), raggiungeva il suo vertice insuperabile nelle opere di Michelangelo.

VASCÈLLO (Villa del), villa romana del XVII sec. Giacomo Medici vi guidò la difesa della Repubblica Romana (giu.-lug. 1849).

VASCO DA GAMA → GAMA (Vasco da).

VÀSCONI, ant. popolazione spagnola che occupava un territorio corrispondente all'att. Navarra e parte delle province limitrofe. Da questo nome derivano i termini guasconi e baschi.

VASIL'EV (Vladimir), *Mosca 1940*, ballerino e coreografo russo. Forte della sua formidabile padronanza tecnica e dei suoi virtuosismi di ballerino, creò le parti principali di *Spartacus* e *Ivan il Terribile* (J. Grigorovič, 1968 e 1975), oltre alla versione di *Petruška* di M. Béjart (1977). Prima di assumere la direzione del Teatro Bol'šoj di Mosca (1995-2000), si cimentò in una serie di coreografie (*Icaro*, 1971; *Macbeth*, 1980; *Romeo e Giulietta*, 1990).

VASILEVSKIJ (Aleksandr Michajlovič), *Novaja Gol'ičicha 1895 - Mosca 1977*, maresciallo sovietico. Fu capo di Stato maggiore dell'Armata rossa dal 1942 al 1947 e in seguito ministro aggiunto e ministro della difesa (1947-1953).

VASSÀLLI (Filippo), *Roma 1885-1955*, giurista. Fu tra gli autori del Codice civile del 1942 e diresse la redazione del *Trattato di diritto civile italiano* noto con il suo nome. — **Giuliano V.**, *Perugia 1915*. Figlio di Filippo, è stato ministro della giustizia (1987-1991) e presidente della Corte costituzionale.

VASSÀLLI (Sebastiàno), *Genova 1941*, scrittore. Tra le opere, *Disfaso* (1968), *Tempo di massacro* (1970), *Abitare il vento* (1980), *L'oro del mondo* (1987), *La chimera* (1990, premio Strega), *Cuore di pietra* (1996), *Un infinito numero* (1999), *Archeologia del presente* (2001). Ha curato anche un dizionario dei neologismi (*Il neo-italiano. Le parole degli anni ottanta*, 1989).

VÄSTERÅS, c. della Svezia, presso il Lago Mälaren; 127.731 ab. Centro industriale. — Duomo del XIII sec., castello del XIV sec.

VÀSTO, com. in prov. di Chieti; 34.770 ab. Porto peschereccio e turismo estivo. Duomo e castello del XIII sec.

VATICÀNO, residenza papale, a Roma. Nella sua struttura convivono epoche e stili differenti, facenti capo perlopiù al periodo rinascimentale (soprattutto XV e XVI sec.); importanti musei (dai reperti archeologici ai dipinti rinascimentali). Nelle biblioteche si conservano preziosi manoscritti. Il V. ospita alcuni capolavori di Michelangelo (Cappella *Sistina) e di Raffaello ("Stanze" e "Logge").

VATICÀNO (Stàto della Città del), Stato dell'Europa, a Roma; 0,44 km²; 700 ab. ca. LINGUA: *italiano*. MONETA: *euro*. Ente statale sorto in base agli accordi giuridici stipulati tra la Santa Sede e lo Stato italiano in occasione dei patti lateranensi (1929), che prevedevano la cessione in sovranità alla Santa Sede di un territorio e il riconoscimento del suo nuovo statuto da parte dell'Italia. Esso comprende la piazza e la basilica di S. Pietro, il Palazzo del V., gli edifici annessi e i giardini del V. A questi possedimenti si aggiunge la piena proprietà di una serie di edifici situati a Roma e a Castel Gandolfo (diritti extraterritoriali). Pur essendo dotato di organi propri, esso dipende in ultima istanza dalla Santa Sede, poiché il sommo pontefice costituisce la massima autorità vaticana. Il suo fine ultimo è quello di garantire l'indipendenza della Santa Sede. Possiede un ordinamento giuridico derivante dal diritto canonico ecclesiastico. È uno Stato neutrale che, pur non facendo parte del consesso delle Nazioni Unite, mantiene una serie di osservatori permanenti presso le sedi dell'ONU e della FAO. — *Ager Vaticanus* era il nome di una zona della Roma antica limitata ai colli e comprensiva delle valli del Gianicolo e dell'Inferno. Da una serie di scavi effettuati nei pressi di S. Pietro, sono emersi i resti della basilica di Costantino all'interno della quale si trova una tomba che reca il nome di Pietro, fatto che confermerebbe l'ipotesi che vuole l'antica basilica romana edificata sulla tomba del santo apostolo. Un primo nucleo di residenza pontificia risale al tempo di papa Simmaco (498-514). Dopo una serie di vicende, tra cui l'esilio avignonese, fu Eugenio IV ad avviare la grande rinascenza vaticana, opera proseguita da Niccolò V che per primo ideò la ristrutturazione dell'intero borgo.

VATICÀNO I (Concilio) (8 dic. 1869 - 18 lug. 1870), concilio ecumenico tenutosi nella basilica di S. Pietro a Roma, sotto Pio IX. Vi fu proclamato il dogma dell'infallibilità pontificia che provocò uno scisma temporaneo tra i vescovi.

VATICÀNO II (Concilio) (11 ott. 1962 - 8 dic. 1965), concilio ecumenico svoltosi, in quattro sessioni, nella basilica di S. Pietro a Roma sotto i pontificati di Giovanni XXIII e Paolo VI. Il 25 gen. 1959, Giovanni XXIII annunciò la convocazione di un concilio inteso al rinnovamento della Chiesa al cospetto del mondo moderno (aggiornamento) e alla riaffermazione dell'unità delle chiese cristiane. I lavori, che riunirono 2400 partecipanti (tra vescovi, teologi e osservatori non cattolici), approdarono a conclusioni di spirito più pastorale che dogmatico, destinate ad avere una vasta risonanza.

VATNAJÖKULL, ghiacciaio dell'Islanda.

VATTEL (Emmer **de**), *Couvet 1714 - Neuchâtel 1767*, giurista svizzero. Per i suoi studi sul diritto naturale (*Le Droit des gens ou Principes de la loi naturelle*, 1758) è considerato uno dei fondatori del diritto internazionale moderno.

VÄTTERN (làgo), lago della Svezia, in comunicazione con il Baltico; 1912 km².

VÀTTIMO (Giànni), *Torino 1936*, filosofo. Allievo di L. Pareyson, è il principale esponente del pensiero debole. Tra le opere, *Poesia e ontologia* (1967), *Il soggetto e la maschera* (1974), *Le avventure della differenza* (1980), *Al di là del soggetto* (1981), *Il pensiero debole* (con P.A. Rovatti, 1983), *La società trasparente* (1989), *Credere di credere* (1996).

VAUBAN (Sébastien **Le Prestre de**), *Saint-Léger-de-Foucheret, att. Saint-Léger-Vauban, 1633 - Parigi 1707*, militare francese. Commissario generale delle fortificazioni (1678), fortificò diverse postazioni francesi di frontiera e coordinò una serie di assedi (Lilla, 1667; Namur, 1692).

VAUCANSON (Jacques **de**), *Grenoble 1709 - Parigi 1782*, inventore francese. Dopo aver costruito tre celebri automi, dal 1741 fu incaricato di riorganizzare l'industria della seta. Progettò inoltre una serie di macchine utensili.

VAUCLUSE, dip. della Francia, nella reg. Provenza-Alpi-Costa Azzurra; capol. *Avignone*; 3567 km²; 499.685 ab. La zona occ., pianeggiante e resa fertile dall'irrigazione, è dedita alle colture ortofrutticole, mentre in quella orient., occupata da rilievi calcarei, si pratica l'allevamento ovino. Turismo.

VAUCLUSE (fontàna di), sorgente della Francia, nella Vaucluse, a E di Avignone. Fu immortalata da Petrarca in *Chiare, fresche, dolci acque*.

VAUD, cant. della Svizzera; 3212 km²; 620.300 ab.; capol. *Losanna*. È uno dei cantoni francofoni, creato nel 1803.

VAUGELAS (Claude **Favre**, signóre **di**), *Meximieux 1585 - Parigi 1650*, grammatico francese. Nella sua opera *Osservazioni sulla lingua francese* (1647), si adoperò per fornire regole e unificare la lingua madre, facendo riferimento all'uso di corte.

VAUGHAN, c. del Canada (Ontario), sobborgo di Toronto; 132.549 ab.

VAUGHAN (Sarah), *Newark, New Jersey, 1924 - Los Angeles 1990*, cantante jazz statunitense. L'estensione del registro vocale e la tecnica raffinata le hanno consentito di spaziare entro un vasto repertorio (romanze popolari, improvvisazioni virtuosistiche, be-bop, swing).

VAUGHAN WILLIAMS (Ralph), *Down Ampney, Gloucestershire, 1872 - Londra 1958*, compositore britannico. La sua ispirazione, che attingeva al folclore, è all'origine di una vera e propria scuola musicale nazionale (sei opere, nove sinfonie, 60 melodie, tre balletti).

VAUVENARGUES (Luc **de Clapiers**, marchése **di**), *Aix-en-Provence 1715 - Parigi 1747*, moralista francese. È autore di una *Introduzione alla conoscenza dello spirito umano* (1746), alla quale fece seguire *Riflessioni e massime*, dove tentava di conciliare ragione e sentimento.

VAZOV (Ivan), *Sopot, att. Vazovgrad, 1850 - Sofia 1921*, scrittore bulgaro. Autore di romanzi (*Sotto il giogo*, 1890), poemi (*Epopea dei dimenticati*) e drammi storici (*Borislav*), è considerato uno dei più grandi esponenti della letteratura bulgara moderna.

VÁZQUEZ MONTALBÁN (Manuel), *Barcellona 1939 - Bangkok 2003*, scrittore spagnolo. Ha creato il personaggio dell'investigatore privato Pepe Carvalho, protagonista di romanzi di successo (*Assassinio al comitato centrale*, 1973; *Il centravanti è stato assassinato verso sera*, 1988; *I mari del Sud*, 1994; *L'uomo della mia vita*, 2000). Tra le altre opere, *Io, Franco* (1992), *Le ricette di Pepe Carvalho* (1994).

VEBLEN (Thorstein Bunde), *Walders, Wisconsin, 1857 - Menlo Park, California, 1929*, economista e sociologo statunitense. Studiò il "consumo opulento", che sposta la preferenza del consumatore verso il più costoso di due prodotti analoghi.

VÈCCHI (Oràzio), *Modena 1550-1605*, compositore. Raggiunse i massimi risultati espressivi nelle forme della poesia dialettale e della canzonetta. Il suo capolavoro è l'*Amphiparnaso* (1597), dove raggiunse una raffinata sintesi degli stili cinquecenteschi.

VÈCCHI DELLA MONTÀGNA, denominazione attribuita dai crociati e dagli storici occidentali ai capi della setta sciita ismailita degli *assassini.

VECCHIÉTTA (Lorènzo **di Piètro**, detto), *Castiglion d'Orcia 1412 ca. - Siena 1480*, pittore e scultore. Seppe avvalersi delle esperienze rinascimentali e fiamminghe senza rinunciare al gusto tipicamente gotico. Tra le opere, *Assunzione della Vergine* (1462, duomo di Pienza), *Cristo risorto* (1476, S. Maria della Scala, Siena).

VECCHIÓNI (Robèrto), *Carate Brianza 1943*, cantautore. Ha debuttato come autore (Mina, O. Vanoni), per poi passare all'interpretazione dei propri testi. Tra gli album, *Elisir* (1976), *Samarcanda* (1977), *Luci a San Siro* (1980), *Milady* (1989), *Per amore mio* (1991), *Camper* (1992), *Il cielo capovolto* (1995), *Il bandolero stanco* (1997), *Sogna ragazzo sogna* (1999), *Il lanciatore di coltelli* (2002).

VEDA, i testi sacri più antichi dell'induismo, scritti in sanscrito a partire dal 1800 a.C. Ispirati direttamente dall'Essere supremo, i quattro V. sono rac-

Vaticano

Museo Egizio ed Etrusco
Museo Pio-Clementino
Cortile del Belvedere
Piazza del Risorgimento
Museo
Pinacoteca
Cortile della Pigna
Galleria dei Candelabri
Museo Chiaramonti
Serre
Galleria degli Arazzi
Museo sotterraneo
Biblioteca
Accademia delle Scienze
Casino di Pio IV
Galleria Lapidaria
Poste e telegrafi
Tipografia
Fontana dell'Aquilone
Stanze di Raffaello
Sant'Anna dei Palafrenieri
Galleria delle Carte Geografiche
Appartamenti dei Borgia
Cappella del Governatorato
Palazzo del Governatorato
Piazza della Moneta
Cortile di San Damaso
Cappella Sistina
Logge di Raffaello
Portone di Bronzo
Collegio Etiopico
Basilica di San Pietro
Piazza San Pietro
Arco delle Campane
Specola vaticana
Santo Stefano degli Abissini
Stazione radio
Studio del Mosaico
Palazzo di Giustizia
Sagrestia
Camposanto teutonico
Stazione ferroviaria
Palazzo San Carlo
Santo Uffizio
Viale Vaticano
Via di Porta Angelica
Viale Vaticano
Mura Leonine
100 m
Aula delle Udienze Pontificie

basilica di San Pietro, palazzi e musei Vaticani
altri edifici della Città del Vaticano
superficie edificata
spazi verdi

colte di inni, frammenti di poesie e formule cerimoniali adottate in epoca vedica dai brahmani, la classe di sacerdoti che celebravano i sacrifici.

VEDELÀGO, com. in prov. di Treviso; 13.666 ab. Villa Elmo, opera di A. Palladio (1550 ca.).

VÉDOVA (Emilio), *Venezia 1919*, pittore. Considerato il caposcuola dell'arte informale italiana, aderì al gruppo di Corrente, quindi al Fronte nuovo delle arti e al gruppo degli Otto. Celebre la serie di *Plurimi*, iniziata negli anni '60 del secolo scorso, dove ha sperimentato la frattura della bidimensionalità e il rapporto tra le diverse materie espressive.

VEDÙTA DI DELFT, quadro di J. Vermeer (1660 ca.), conservato al Mauritshuis dell'Aia.

VEGA CARPIO (Félix Lope **de**), *Madrid 1562-1635*, drammaturgo e scrittore spagnolo. Della sua vastissima produzione ci sono giunte 426 commedie, appartenenti a vari sottogeneri (storiche, fantastiche, mitologiche, di costume o religiose) e 42 *autos sacramentales*, un romanzo pastorale (*L'Arcadia*), sonetti, *romances* e un poema burlesco (*La gattomachia*). Fu un rinnovatore del teatro spagnolo, che volle senza regole e che ricondusse ai motivi più vivi della tradizione storica nazionale e della coscienza popolare: *Peribáñez e il commendatore di Ocaña* (1613), *Fuente Ovejuna* (1612-1614), *Il miglior giudice è il re* (1620-1623), *Il cavaliere di Olmedo* (1641).

■ *Lope de Vega ritratto da F. Pacheco.*

VEGÈZIO (Flàvio Renàto), *fine del IV sec. d.C.*, scrittore latino, autore di un *Compendio delle istituzioni militari*.

VÈGIO (Maffèo), *Lodi 1407 - Roma 1458*, umanista. Nel suo trattato pedagogico *De educatione liberorum et eorum claris moribus* cercò di conciliare lo studio delle belle lettere con la formazione cristiana; nel trattato *De rebus memorabilibus basilicae Sancti Petri* si occupò di archeologia cristiana.

VÉGLIA, isola croata dell'Adriatico. — Cattedrale romanico-gotica.

VÉGLIE, com. in prov. di Lecce; 13.960 ab. Cripta della Favana, affrescata nel XV sec.

VEHME o **SÀNTA VEHME**, denominazione di una società segreta che si costituì in un temibile tribunale in Westfalia nell'XI sec. Operante nell'ambito del Sacro Romano Impero per punire ogni sorta di atrocità e abusi commessi da malfattori e briganti, pronunciava sentenze quasi esclusivamente di pena capitale. Fu formalmente abolita nel 1811 da Napoleone Bonaparte.

VEIL (Simone), *Nizza 1927*, politica francese. Più volte ministro in Francia, ha liberalizzato la contraccezione (1974) e ha avuto un ruolo determinante nell'approvazione della legge sulla legalizzazione dell'aborto (1975). È stata primo presidente del parlamento europeo (1979-1982).

VÈIO, ant. c. etrusca a NO di Roma. Fu a lungo in lotta contro Roma finché non fu distrutta definitivamente dopo un assedio decennale (inizio del IV sec. a.C.). — Rovine del tempio di Apollo, importanti resti di statue in terracotta, tra cui il celebre Apollo di V. (510-490 ca. a.C.) e vasta necropoli con tombe affrescate.

VEKSLER (Vladimir Iosìfovič), *Žitomir 1907 - Mosca 1966*, fisico ucraino. Studioso della fisica delle alte energie, enunciò il principio di stabilità di fase alla base dei moderni sincrotroni.

VÉLA (Vincènzo), *Ligornetto 1822-1891*, scultore. Esponente del romanticismo e del verismo sociale, realizzò opere ispirate agli eventi storici e agli ideali politici: *Spartaco* (1848), *Le vittime del lavoro* (1883).

VELAY, reg. della Francia, nel Massiccio Centrale, tra l'alta valle del f. Allier e i Monti del Vivarais. Comprende massicci cristallini e vulcanici (Monti del V.), che racchiudono il bacino del Puy, bagnato dalla Loira.

VELÁZQUEZ (Diego **de Silva**), *Siviglia 1599 - Madrid 1660*, pittore spagnolo. Artista prediletto dal re Filippo IV, è considerato uno dei più grandi coloristi di tutti i tempi. La maggior parte delle sue tele è conservata al museo del Prado, a Madrid: scene di genere; notevoli ritratti (regine, infanti, nani di cor-

Diego **VELÁZQUEZ**. L'Infanta Margarita (1654), all'età di tre anni. (Louvre, Parigi.)

te); opere profane innovative per l'iconografia e la composizione (*La fucina di Vulcano*, 1630 ca.; *La resa di Breda*, 1635), che raggiunsero un virtuosismo unico nella resa della luce e dello spazio (*Las *Meninas* e *Le filatrici*, 1656 ca. - 1657).

VELDE (Van de) → VAN DE VELDE.

VÉLEZ DE GUEVARA (Luis), *Écija 1579 - Madrid 1644*, scrittore spagnolo. Scrisse commedie e il romanzo satirico-picaresco *Il diavolo zoppo* (1641).

VELIKI NOVGOROD, già *Novgorod*, c. della Russia, a S di San Pietroburgo; 231.729 ab. — Ottenuta l'indipendenza da Kiev, la città divenne un fiorente avamposto commerciale della Lega anseatica (1136-1478). Annessa al principato di Mosca da Ivan III (1478), fu distrutta da Ivan IV (1570). — Entro le mura del Cremlino, cattedrale di S. Sofia (1050 ca.), ispirata a quella di Kiev; altre chiese medievali. Produzione di icone della locale scuola pittorica dal XII al XV sec. (collezione conservata nel Museo storico-artistico).

VELIKO TĂRNOVO, già *Tirnovo*, c. della Bulgaria settentr.; 66.998 ab. Fu la capitale del secondo impero bulgaro (1187-1393). — Chiese del XII-XIV sec.

VELÌNO, f. del Lazio, 90 km. Confluisce nel Nera presso Terni, originando la cascata delle Marmore.

VÈLLEDA, profetessa germanica che ispirò la rivolta dei batavi di Giulio Civile contro i romani nel 69-70. Fu catturata e portata prigioniera a Roma.

VELLÈIA, ant. centro di origine ligure, sull'Appennino settentr. Municipio romano dal 49 a.C., fu abbandonato nel V sec. Gli scavi si trovano oggi nel com. di Lugagnano Val d'Arda.

VELLÈIO PATÈRCOLO (Gàio), *Campania 19 a.C. - 30 ca. d.C.*, storico latino. Fu autore delle *Historiae ad Marcum Vinicium*, storia di Roma attraverso le vite dei grandi uomini del passato e celebrazione di Tiberio, sotto il quale V. fu pretore.

VELLÉTRI, com. in prov. di Roma; 48.645 ab. Cattedrale del IV sec. (ricostruita nel XVII sec.); palazzo comunale (XVI sec.).

VÈLLO D'ÒRO MITOL. GR. Meraviglioso vello dell'ariete alato, custodito nella Colchide e sorvegliato da un drago. Per conquistarlo, Giasone organizzò la spedizione degli Argonauti.

VELLUR o **VELLORE**, c. dell'India (Tamil Nadu); 177.413 ab. — Fortezza del XVI sec. con tempio nello stile tipico dell'epoca Vijayanagar.

VELSEN, c. dei Paesi Bassi, (Olanda Settentrionale); 66.977 ab.

VELUWE, reg. di colline boscose dei Paesi Bassi, a N del Reno. Parco nazionale.

VELVET UNDERGROUND, gruppo rock statunitense. Fondato a New York nel 1965 con la collaborazione di A. Warhol includeva, tra gli altri, Lou Reed (chitarra e voce) e John Cale (viola, basso, tastiere e voce). Incise alcuni album con la cantante Nico.

VENÀFRO, com. in prov. di Isernia; 10.713 ab. Resti dell'ant. *Venafrum*, tra cui l'acquedotto augusteo. Cattedrale, Palazzo Caracciolo (XV sec.).

VENÀNZIO FORTUNÀTO (sànto), *Treviso 530 ca. - Poitiers 600 ca.*, poeta latino e vescovo di Poitiers (597 ca.). Scrisse inni sacri, alcuni dei quali (*Pange lingua gloriosi, Vexilla regis prodeunt*) sono stati adottati dalla liturgia cristiana.

VENARÌA, com. in prov. di Torino; 36.039 ab. Magnifica reggia con parco (XVII-XVIII sec.), residenza di caccia dei Savoia.

VENCE, c. della Francia, nel dip. Alpes-Maritimes; 17.184 ab. Centro commerciale, turistico e artigianale. — Cattedrale romanica; Cappella del Rosario, progettata e affrescata da H.E. Matisse (1950).

VENCESLÀO IV, *Norimberga 1361 - Praga 1419*, re di Boemia (1378-1419) e di Germania (1376-1400), della casata di Lussemburgo. La sua lunga inazione favorì la diffusione dell'eresia ussita. Crudele e dissoluto, fu deposto dal trono tedesco nel 1400.

VENCESLÀO (sànto), *907 ca. - Stará Boleslav 935*, duca di Boemia (924-935). Assassinato dal fratello Boleslao il Crudele, è patrono di Boemia.

VENDA, reg. della Rep. Sudafricana, ex bantustan.

VENDÌTTI (Antonèllo), *Roma 1949*, cantautore. Tra gli album, *Lilly* (1975), *Sotto il segno dei pesci* (1978), *Buona Domenica* (1979), *In questo mondo di ladri* (1988), *Benvenuti in Paradiso* (1991), *Che fantastica storia è la vita* (2003).

VENDI VÈNETI, nome attribuito nel Medioevo dai germani a tutte le popolazioni slave stanziate tra il f. Oder ed Elba.

VENDÔME, c. della Francia, nel dip. Loir-et-Cher, sul f. Loir; 18.510 ab. Centro industriale. — Chiesa gotica della Trinità (XI-XVI sec.); musei.

VENDÔME, famiglia aristocratica dell'XI sec. — **César di Borbone**, duca **di V.**, *Coucy-le-Château-Auffrique 1594 - Parigi 1665*, principe francese. Complottò contro Luigi XIII e fu esiliato. — **Louis Joseph di Borbone**, duca **di V.**, *Parigi 1654 - Vinaroz 1712*, principe francese. Generale, assunse il comando delle truppe di Filippo V di Spagna e riportò la vittoria di Villaviciosa (1710). — **Philippe di Borbone**, detto **il priore di V.**, *Parigi 1655-1727*, principe francese. Gran priore di Francia e luogotenente generale (1693), cadde in disgrazia decretando così la fine della casa di V.

VENDÔME (place), piazza settecentesca di Parigi. È ottagonale con al centro una colonna, ispirata a quella Traiana a Roma, voluta da Napoleone in ricordo della vittoria di Austerlitz.

VÈNERE, ant. dea romana dei giardini e degli orti, in seguito identificata con Afrodite, la dea greca dell'amore e della bellezza.

VÈNERE, secondo pianeta del sistema solare, situato tra Mercurio e la Terra. Osservato fin dall'antichità, era detto "stella della sera" (*Espero*) quando appariva al tramonto e "stella del mattino" (*Lucifero*) quando era visibile poco prima dell'alba. Distanza media dal Sole: 108.200.000 km (0,72 volte quella dell'orbita terrestre). Diametro equatoriale: 12.102 km (0,95 volte quello della Terra). V. è circondato da una densa atmosfera costituita per la maggior parte da anidride carbonica. Presenta una superficie desertica, con numerosi vulcani e temperature molto elevate (470 °C ca.).

LAGUNA VENETA.

VÈNERE DI URBÌNO (La), dipinto di Tiziano (1538, Uffizi, Firenze). Secondo l'interpretazione più diffusa, è un'allegoria del matrimonio rappresentata attraverso l'erotismo (la donna), la fedeltà (il cagnolino) e la cura della casa (la scena di vita domestica in secondo piano).

[*V. foto a pagina seguente.*]

VÈNETA (Lagùna), laguna costiera del Veneto; 50.000 ha. Zona di grande interesse naturalistico e archeologico tra la foce del Sile e quella del Brenta.

La Venere di Urbino *di Tiziano, 1538. (Uffizi, Firenze.)*

VÈNETI, nome attribuito, nell'antichità, a popoli indoeuropei dell'Europa settentr. stanziatisi, nel I millennio a.C., in parte nell'Italia settentr. (att. Veneto) e in parte nella Gallia, nei pressi del Massiccio Armoricano (reg. di Vannes).

VÈNETI D'EURÒPA →LIGA VENETA REPUBBLICA.

VÈNETO, reg. dell'Italia settentr., che si affaccia a SE sul Mar Adriatico. Confina a NO con il Trentino-Alto Adige, a N con l'Austria, a NE con il Friuli-Venezia Giulia, a S con l'Emilia-Romagna e a O con la Lombardia; 18.365 km², 4.490.586 ab. (*veneti*). Sette province: *Venezia* (capol. di reg.), *Belluno, Padova, Rovigo, Treviso, Verona, Vicenza*.

ASPETTI FISICI – Il V., caratterizzato da un territorio in prevalenza pianeggiante (oltre metà della superficie), si affaccia a SE sul Mar Adriatico, formando un ampio arco orlato da lagune (delta del Po, Laguna Veneta, Caorle). L'uniformità della pianura è interrotta solo dai Colli Euganei e dai Monti Berici. I principali rilievi (Dolomiti e Alpi Carniche) si estendono nella parte settentr. della regione. La zona prealpina è costituita dai gruppi delle Prealpi Bellunesi, dei Monti Lessini, dell'Altopiano di Asiago e del Grappa. Numerosi i fiumi, oltre al Po; i principali sono l'Adige, il Piave e il Brenta. Il V. comprende le sponde orient. del Lago di Garda. Il clima varia in base alla morfologia: tipicamente alpino sui rilievi, diviene continentale nella fascia pianeggiante e mite sul litorale.

POPOLAZIONE – La regione presenta una densità media particolarmente elevata (244,2 ab. per km²). La popolazione si concentra nelle zone collinari e pianeggianti. Fino agli anni '70 del secolo scorso il V. è stato interessato da un forte flusso migratorio, ma attualmente è una delle mete privilegiate dagli immigrati extracomunitari. Il saldo naturale resta positivo (0,2‰), sebbene il tasso di natalità sia in netto calo.

ECONOMIA – L'economia della regione, basata prevalentemente sull'agricoltura fino all'inizio degli anni '50 del secolo scorso, è stata caratterizzata, in seguito, da una fase di intensa industrializzazione. Attualmente il V. si colloca tra le regioni italiane maggiormente sviluppate. Il settore primario (3,9% del reddito complessivo) si avvale di moderne tecnologie ed è basato su un'efficiente rete di aziende agricole. Barbabietola, uva, kiwi e radicchio sono tra le coltivazioni più diffuse, accanto al granturco e alla soia, di cui il V. è il primo produttore nazionale. Di notevole rilievo l'allevamento bovino, la pesca e la piscicoltura. Il settore secondario (36,1% del reddito) si basa principalmente sulle piccole e medie imprese agroalimentari, tessili ed elettromeccaniche. Minore l'impatto economico delle grandi industrie chimiche e metallurgiche, che si concentrano a Mestre e Porto Marghera. Il settore terziario (60% del reddito) ha come fonte principale il turismo. Particolarmen-

te frequentate, oltre a Venezia e alle altre città d'arte, le località di villeggiatura montane, marittime e lacustri.

STORIA – Dalle origini al XVIII secolo. X sec. a.C.: nella regione si sviluppa la civiltà indoeuropea di Este. **338 a.C.**: le popolazioni locali si alleano con i romani per respingere l'invasione dei galli. **I sec. a.C. - I sec. d.C.**: il V. ottiene la cittadinanza romana e viene incluso nella X regio-

ne augustea. **569**: l'invasione dei longobardi porta a una separazione tra la zona interna e quella costiera, controllata dai bizantini. **VIII sec.**: le zone dell'entroterra sono sottoposte all'organizzazione feudale carolingia. **XIV-XV sec.**: la Repubblica di Venezia riesce a conquistare e unificare la maggior parte del V., dall'Adda all'Isonzo. **1509**: la sconfitta subita da Venezia ad Agnadello segna la fine dell'unità del V. **1559**: con la pace di Cateau-Cambrésis il V. viene annesso ai possedimenti spagnoli; **1714**: entra a far parte dell'impero asburgico. **1797**: Venezia perde la propria indipendenza (trattato di Campoformido) e la regione passa all'Austria.

Il XIX secolo. 1805-1815: dominio napoleonico. **1815**: la regione torna all'Austria formando, insieme alla Lombardia, il regno Lombardo-Veneto; **1866**: dopo la terza guerra d'indipendenza viene annessa al regno d'Italia.

VENÈZIA, c. del Veneto, capol. di reg. e di prov., esteso sulla Laguna Veneta, su 240 isole ca.; 277.305 ab. (*veneziani*). Centro amministrativo, turistico e industriale (artigianato del vetro, industrie metallurgiche e chimiche). — Affascinante città d'arte e di cultura, V. è famosa per i caratteristici canali e per i numerosi monumenti e capolavori architettonici: piazza *S. Marco*, con la basilica di S. Marco e il palazzo ducale (XIV-XV sec.); 90 chiese (del Redentore, di S. Giovanni e Paolo, di S. Pietro e Paolo, di S. Maria della Salute, di S. Stefano, di S. Maria dei Miracoli ecc.); splendidi edifici dell'arte gotica e barocca dall'altra parte del Canal Grande; il ponte di Rialto e il ponte dei Sospiri. Musei e gallerie (Museo Correr, gallerie Franchetti, internazionale d'arte moderna, Accademia, Fondazione Peggy Guggenheim) ospitano capolavori dei maggiori pittori veneziani (G. Bellini, V. Carpaccio, Giorgione, Tiziano, Verone-

Veneto

500	1000	1500	2000 m

⭐ importante località turistica

=== autostrada
— strada normale

— ferrovia
✈ aeroporto

● oltre 50.000 ab.
● da 25.000 a 50.000 ab.
● da 10.000 a 25.000 ab.
• fino a 10.000 ab.

VENEZIA. *La chiesa di S. Maria della Salute, costruita a partire dal 1631 da B. Longhena.*

se, Tintoretto, Canaletto, F. Guardi, G. Tiepolo, L. Ricci). Musei archeologico, storico navale, d'arte orientale, di S. Marco. Biennale d'arte. Festival del cinema. — L'economia della provincia, che si estende lungo la costa adriatica ed è interamente pianeggiante, si basa a N sull'agricoltura e l'allevamento e a S sulle attività industriali (settori chimico, petrolchimico e metalmeccanico, soprattutto a Mestre e Marghera). Pesca. Turismo balneare. Centri principali: Chioggia, Mira, Portogruaro, San Donà di Piave.

STORIA – VI sec.: gli isolotti della laguna, rifugio temporaneo delle popolazioni costiere durante le invasioni barbariche (ostrogoti, longobardi), cominciano a essere abitati in modo permanente. **IX sec.:** il doge rende la città indipendente da Bisanzio. **1082:** Costantinopoli concede importanti privilegi commerciali a V. **1143:** viene istituito il Consiglio dei savi, che conferisce un carattere aristocratico alla repubblica. **1204:** V. dirotta la quarta crociata alla conquista di Costantinopoli, ottenendo il monopolio dei traffici con il Levante. **1204-1453:** V. raggiunge il rango di potente repubblica marinara e controlla le coste dell'Adriatico e i traffici nel Mediterraneo; **xv sec.:** le spedizioni francesi in Italia contribuiscono pesantemente al suo declino. **1797:** Napoleone Bonaparte cede V. all'impero austriaco. **1815:** viene costituito il regno Lombardo-Veneto. **1848-1849:** fallisce l'insurrezione contro il governo imperiale capeggiata da Daniele Manin. **1866:** V. viene annessa al regno d'Italia.

VENÈZIA GIÙLIA → FRIULI-VENEZIA GIULIA.

VENEZIÀNO → DOMENICO VENEZIANO e → PAOLO VENEZIANO.

VENEZUELA, Stato federale dell'America merid.; 912.050 km²; 24.632.000 ab. (*venezuelani*). CAP. *Caracas.* C. PRINC. *Maracaibo.* LINGUA: *spagnolo.* MONETA: *bolívar.*

GEOGRAFIA – I *llanos,* pianure del bacino dell'Orinoco, separano l'estremità settentr. delle Ande (Cordigliera di Mérida) dai massicci della Guyana venezuelana. La popolazione, in rapido aumento, si concentra in prossimità del litorale, nella regione di Caracas (20% del totale) e nel Golfo del Venezuela, centro di estrazione del petrolio. Ed è proprio su questo prodotto che continua a fondarsi l'economia, nonostante l'estrazione di ferro e bauxite (alla base di una notevole produzione di alluminio). Le risorse agricole (cereali, canna da zucchero, caffè, cacao) e l'allevamento bovino coprono poco più della metà del fabbisogno. Nonostante la bilancia commerciale sia in attivo, il paese, troppo dipendente dal petrolio, è gravato dal debito pubblico e dalla sottoccupazione. Quasi la metà degli scambi è in direzione degli Stati Uniti, che continuano a esercitare una notevole influenza.

STORIA – 1498: la regione viene scoperta da Cristoforo Colombo. **XVIII sec.:** le colture di cacao e caffè arricchiscono il paese, che nel 1777 diventa capitaneria generale. **1811-1812:** Francisco de Miranda proclama l'indipendenza del V.; sconfitto, viene consegnato agli spagnoli. **1821-1830:** dopo la vittoria di Carabobo, Simón Bolívar organizza la federazione della Grande Colombia (composta da V. e Colombia, cui in seguito si unisce l'Ecuador). **1830-1848:** secessione del V. in seguito alle dimissioni di S. Bolívar. José Antonio Páez impone una dittatu-

ra militare. **1858-1870:** il paese è in preda alla guerra civile. **1870-1887:** Antonio Guzmán Blanco laicizza lo Stato e modernizza l'economia. **1910-1935:** durante la lunga dittatura di Juan Vicente Gómez inizia lo sfruttamento del petrolio (1920). **1935-1941:** sotto la presidenza di Eleazar López Contreras viene avviato un processo di democratizzazione. **1948-1958:** l'esercito impone al potere il generale Marco Pérez Jiménez. **1959-1964:** Rómulo Betancourt consolida le istituzioni democratiche, malgrado l'opposizione di militari conservatori e guerriglieri castristi. Il suo posto viene preso da Raúl Leoni, al quale succede Rafael Caldera Rodríguez (1969-1974). **1974-1979:** il presidente Carlos Andrés Pérez Rodríguez nazionalizza l'industria petrolifera. **1979-1984:** presidenza di Luis Herrera Campins. **1984:** Jaime Lusinchi viene eletto presidente della repubblica. **1989:** torna al potere C.A. Pérez Rodríguez; **1993:** accusato di corruzione, viene destituito. **1994:** R. Caldera Rodríguez è presidente della repubblica per la seconda volta. **1999:** gli succede Hugo Chávez Frías, fautore di una politica populista. Il paese è vittima di catastrofiche inondazioni. **2002:** fallimento di un colpo di Stato (apr.).

VENIÈR, famiglia veneziana. — **Antonio V.,** *m. 1400.* Fu doge dal 1382. — **Francesco V.,** *1490-1556.* Fu doge dal 1554. — **Sebastiano V.,** *1496-1578.* Distintosi nella battaglia di Lepanto (1571), fu doge dal 1577.

VENIZÉLOS (*Eleuthérios*), *La Canea, Creta, 1864 - Parigi 1936,* politico greco. Partecipò alla rivoluzione cretese del 1897 e divenne primo ministro nel 1910, ottenendo la promulgazione di una Costituzione democratica e avviando una politica espansionistica che gli consentì, partecipando alle guerre balcaniche (1912-1913), di conquistare numerosi territori. Nel 1915 caldeggiò l'entrata in guerra della Grecia a fianco della Triplice Intesa e fu costretto alle dimissioni. Costituì però un governo provvisorio a Salonicco (1916), che divenne una testa di ponte dell'Intesa e spinse il re ad abdicare (1917). Primo ministro (1928-1932), fu costretto all'esilio da un colpo di Stato (1935).

VENLO, c. dei Paesi Bassi (Limburgo), sulla Mosa; 65.453 ab. Monumenti antichi, musei.

VENÒSA, com. in prov. di Potenza; 12.201 ab. Resti dell'ant. *Venusia.* Abbazia della Trinità (XI-XII sec.), cattedrale e castello (XV sec.).

VENÒSTA (*Val*), porzione della valle dell'Adige, dalle sorgenti fino a Merano. Intensamente coltivata (frutteti). Turismo estivo e sport invernali. Centri principali: Malles, Sluderno, Silandro.

VENÒSTE (*Àlpi*), sezione delle Alpi Retiche, tra l'Austria e l'Italia. Culmina nel Monte Palla Bianca (3736 m).

VENTA (*La*), sito archeologico del Messico (Stato di Tabasco). Numerosi reperti della civiltà olmeca, databili presumibilmente tra il 1000 e il 600, trasferiti a Villahermosa.

VENTIMÍGLIA, com. in prov. di Imperia, al confine con la Francia; 26.725 ab. Floricoltura; industrie alimentari, calzaturiere, tessili. Turismo balneare. — Resti romani. Tra i monumenti: cattedrale dell'Assunta (XII sec.), chiesa di S. Michele (XI sec.). Nei pressi (La Mortola) Villa Hanbury con il celebre giardino botanico.

VÈNTO (*isole del*), arcipelago delle Piccole Antille, a N di Trinidad e Tobago. Chiamate in ingl. Windward Islands, comprendono Dominica, Martinica (Dipartimento francese d'oltremare), Saint Lucia, Saint Vincent e Grenadine, Grenada.

VENTÓSO (*Monte*), monte della Francia sudorient., nel dip. Vaucluse; 1909 m.

VENTOTÈNE, com. in prov. di Latina; 664 ab. Si estende sull'isola omonima e su quella di Santo Stefano, nell'arcipelago delle Ponziane.

VENTÙRA (*Angiolino, detto Lino*), *Parma 1919 - Saint-Cloud 1987,* attore francese di origine italiana. Ex lottatore, il suo fisico e il suo temperamento ne

Venezuela

★ importante località turistica

—— strada normale
✈ aeroporto
⛏ pozzo petrolifero

● più di 1.000.000 di ab.
● da 100.000 a 1.000.000 di ab.
● da 50.000 a 100.000 ab.
• meno di 50.000 ab.

150 km

200 400 1000 2000 m

hanno fatto il protagonista ideale del genere poliziesco: *Asfalto che scotta* (1960), *Tutte le ore feriscono, l'ultima uccide* (1966), *Cadaveri eccellenti* (1976).

VENTÙRI (Adólfo), *Modena 1856 - Santa Margherita Ligure 1941*, storico dell'arte. Scrisse una monumentale *Storia dell'arte italiana* (1901-1941). — **Lionello V.**, *Modena 1885 - Roma 1961*, storico dell'arte, figlio di Adolfo. Emigrato all'estero nel 1932, vi rimase fino al 1945. La sua *Storia della critica d'arte* (1936) riprende e approfondisce quella di B. Croce.

VENTÙRI (Giovànni Battista), *Bibbiano 1746 - Reggio nell'Emilia 1822*, fisico. Compì ricerche di acustica e costruì il tubo usato per misurare la velocità di una corrente fluida in una condotta che porta il suo nome.

VENTURI (Robert), *Filadelfia 1925*, architetto statunitense. Tra i teorici del postmodernismo, realizzò edifici d'ingannevole semplicità, ma con un impianto complesso e ricchi di allusioni storiche.

VENZÓNE, com. in prov. di Udine; 2246 ab. Resti della cinta muraria (XIII sec.), palazzo comunale (XIV-XV sec.).

VERACÌNI (Francésco Maria), *Firenze 1690-1768*, violinista e compositore. Anticipatore delle forme neoclassiche, pubblicò raccolte di sonate per violino, concerti, oratori e opere teatrali.

VERACRUZ, c. del Messico (Stato di V.), sul Golfo del Messico; 411.582 ab. Porto e stazione balneare. Centro industriale.

VERBÀNIA, c. del Piemonte, capol. di prov. (Verbano-Cusio-Ossola), sulla sponda occ. del Lago Maggiore; 30.209 ab (*verbanesi*). Conserva la villa Taranto (XIX sec.), con annesso parco. — La provincia, istituita nel 1992, è intensamente frequentata per turismo estivo e sport invernali.

VERBÀNO-CÙSIO-ÒSSOLA → VERBANIA.

VERBRUGGEN, famiglia di scultori belgi. I più conosciuti, nati e morti ad Anversa, sono Pietro il Vecchio (1615-1686) e i suoi figli Pietro il Giovane (1640-1691 ca.) e Hendrik Frans (1655-1724), tutti esponenti dell'arte barocca di stampo religioso (stalli e confessionali di Grimbergen, di Hendrik Frans).

VERCÈLLI, c. del Piemonte, capol. di prov., alla destra del f. Sesia; 47.946 ab. (*vercellesi*). Noto mercato agricolo del riso; industrie legate alla risicoltura e stabilimenti chimici, tessili e meccanici. — Di origini celtiche, fu centro fortificato romano. Ducato longobardo, poi contea dei franchi, si costituì in libero comune nell'XI sec. e aderì alla Lega lombarda contro Federico Barbarossa. Travagliata da lotte interne tra guelfi e ghibellini, nel 1335 cadde sotto il dominio dei Visconti e un secolo dopo passò ai Savoia, cui rimase fino all'unificazione d'Italia. — Chiesa di S. Andrea (XIII sec.), chiesa di S. Chiara (1756), cattedrale (XVI-XVIII sec.); Museo Leone (reperti romani), Civico museo Borgogna (opere pittoriche, in part. della scuola vercellese). — Nella provincia, montuosa a N e pianeggiante a S, si praticano l'agricoltura (riso, foraggi, cereali, viti) e l'allevamento bovino. Industrie tessili. Sfruttamento forestale.

VERCINGETORÌGE, *Alvernia 72 ca. a.C. - Roma 46 a.C.*, condottiero gallo della tribù degli alverni. Di nobile famiglia, nel 52 guidò la rivolta degli alverni contro la dominazione romana, infliggendo pesanti sconfitte a Cesare. Difese con successo Gergovia, ma fu assediato e fatto prigioniero ad Alesia. Portato a Roma, dopo un periodo di attività durato sei anni, fu giustiziato.

VERCORS, massiccio montuoso delle Prealpi della Francia sud-orient., nei dip. Drôme e Isère; 2341 m. Parco naturale regionale, che si estende su una superficie di 175.000 ha ca.

VERCORS (Jean **Bruller**, detto), *Parigi 1902-1991*, scrittore e disegnatore francese. Affermatosi con il romanzo *Il silenzio del mare*, ispirato dal clima della Resistenza antinazista e pubblicato clandestinamente (1942), pubblicò saggi e romanzi su problematiche morali ed esistenziali (*Domande sulla vita ai signori biologi*).

VERCURÀGO, com. in prov. di Lecco; 2875 ab. Ruderi di un castello che, secondo la tradizione, sarebbe appartenuto all'Innominato di A. Manzoni.

VERDAGUER I SANTALÓ (Jacint), *Folgueroles 1845 - Vallvidrera 1902*, poeta catalano. Scrisse

L'Atlantide e *Canigó*, poemi epici in cui si mescolano leggende locali e miti cristiano-pagani.

VÉRDE (Càpo), promontorio del Senegal, sull'Oceano Atlantico. Termina nella Pointe des Almadies, che costituisce il punto più occ. dell'Africa.

VÉRDI, movimenti politici ambientalisti che hanno ottenuto buoni risultati elettorali a partire dagli anni '80 del XX sec., oltre che in Italia, in Germania (*Die Grünen*) e in Francia (*Les Verts*).

VÉRDI (Federazione dei), partito politico ambientalista, nato come movimento che riuniva tutte le liste verdi presenti sul territorio. Nel 1996 ha sostenuto il governo Prodi. Nel 2000 si è trasformato in partito politico, eleggendo a suo presidente Alfonso Pecoraro Scanio.

VÉRDI (Giusèppe), *Roncole di Busseto 1813 - Milano 1901*, compositore. Musicista romantico, portavoce di una concezione tragica e virile della vita, espressa con intensa drammaticità, raggiunse la perfezione sotto il profilo formale e drammaturgico imponendo in numerose opere il modello della tradizione  italiana (ereditata da V. Bellini, G. Rossini e G. Donizetti), in contrasto con l'arte wagneriana: *Nabucco* (1842), *Rigoletto* (1851), *La traviata* (1853), *Il trovatore* (1853), *I Vespri siciliani* (1855), *Un ballo in maschera* (1859), *Don Carlos* (1867), *Aida* (1871), *Otello* (1887), *Falstaff* (1893) e una celebre *Messa da Requiem* (1874). Nelle ultime opere dimostrò una crescente attenzione per il ruolo dell'orchestra e sviluppò uno stile vocale ricco di sfumature, superando il dualismo tra aria e recitativo con un declamato melodico in grado di procedere, senza fratture, unitamente all'azione.

■ *Giuseppe Verdi ritratto da G. Barchetta. (Scala, Milano.)*

VERDÓNE (Càrlo), *Roma 1950*, regista e attore cinematografico. Tra i suoi film, *Bianco, rosso e Verdone, Un sacco bello* (1980), *Borotalco* (1982), *Io e mia sorella* (1987), *Compagni di scuola* (1988), *Perdiamoci di vista* (1994), *Gallo cedrone* (1998), *Ma che colpa abbiamo noi* (2002).

VERDUN, c. della Francia, nel dip. Mose; 21.267 ab. Cattedrale (XI-XII sec.) e altri monumenti; musei. Appartenne all'impero germanico dall'843 e alla Francia dal 1648.

VERDUN (battàglia di) (feb.-dic. 1916), battaglia della prima guerra mondiale. Iniziò con un'offensiva tedesca a V. e proseguì con aspri combattimenti che causarono gravi perdite sia ai francesi sia ai tedeschi (oltre 700.000 tra morti e feriti).

VERDUN (trattàto di) (843), accordo siglato a V. tra i figli dell'imperatore Ludovico il Pio per la spartizione dell'impero. A Ludovico il Germanico furono assegnati i territori a E del Reno, a Carlo il Calvo la parte occ. e a Lotario la zona centrale, dal Mare del Nord all'Italia merid., oltre al titolo di imperatore.

VEREENIGING, c. del Sudafrica, a S di Johannesburg; 149.000 ab. Industrie metallurgiche. — **Trattato di Vereeniging** (31 mag. 1902), trattato che segnò la fine del conflitto anglo-boero, conclusosi con la vittoria degli inglesi, che riuscirono a piegare le repubbliche dell'Orange e del Transvaal, riducendole a colonie della corona. Negoziato a V., fu siglato a Pretoria.

VÉRGA (Giovànni), *Catania 1840-1922*, scrittore, massimo esponente del verismo. Formatosi a Catania, esordì con una narrativa storico-patriottica; dal 1865, a Firenze, scrisse i primi romanzi romantico-risorgimentali (*Una peccatrice*, 1865; *Storia di una capinera*, 1871). A Milano, dove fu influenzato dalla scapigliatura, avvenne la svolta decisiva verso il verismo, con i racconti e romanzi di ambiente siciliano (*Nedda*, 1874; *Vita dei campi*, 1880; *Novelle rusticane*, 1883; *I Malavoglia*, 1881; *Mastro Don Gesualdo*, 1889), in cui uomini rappresentativi della saggezza e della sanità morale del mondo provinciale, in opposizione alle oscure passioni di quello cittadino, lottano contro il destino avverso, soccombendo inesorabilmente non appena rinnegano la religione della famiglia e del lavoro. Con un linguaggio innovativo, V. raggiunse effetti di grande coralità.

VERGÈRIO (Piètro Pàolo), detto **il Giòvane**, *Capodistria 1498 - Tubinga 1565*, riformatore religioso. Vescovo di Modrus e Capodistria, passò al luteranesimo. Scrisse tra l'altro: *Della creazione del nuovo papa Giulio III* (1550), *Confessio Württembergica* (1556).

VÉRGINE, costellazione zodiacale. La sua stella più brillante è Spica. — **Vergine**, sesto segno dello Zodiaco, che il Sole abbandona all'equinozio di autunno.

VÉRGINE DELLE RÒCCE (la), opera pittorica di Leonardo da Vinci, realizzata tra il 1482 e il 1483. Il pittore ne dipinse due versioni (olio su tela), conservate una al Louvre di Parigi (collezione di Francesco I) e l'altra alla National Gallery di Londra.

La Vergine delle rocce *di Leonardo da Vinci.* *(Louvre, Parigi.)*

VÉRGINI (Ìsole), in ingl. **Virgin Islands**, arcipelago delle Piccole Antille, politicamente diviso tra Gran Bretagna (Tortola, Anegada, Virgin Gorda ecc.) e Stati Uniti (Saint Thomas, Saint Croix e Saint John).

VERHAEREN (Émile), *Saint Amand 1855 - Rouen 1916*, poeta belga. Dopo aver aderito al gusto parnassiano (*Le fiamminghe*, 1883) in conseguenza di una profonda crisi spirituale (*Le fiaccole nere*, 1891), approdò al simbolismo con raccolte di impegno sociale (*Le città tentacolari*, 1895) e liriche di tono più intimo, dedicate al paesaggio e ai ricordi familiari (*Tutta la Fiandra*, 1904-1911).

Émile **VERHAEREN** *ritratto da Albin.*

VERHOFSTADT (Guy), *Termonde 1953*, politico belga. Liberale fiammingo, è primo ministro dal 1999.

VERHOJANSK, c. della Russia, nella Siberia orient., a N dei Monti di V. È uno dei luoghi più freddi della Terra, in cui sono state rilevate temperature prossime ai –70 °C.

VERITÀ (Giovànni), *Modigliana 1807-1885*, patriota. Sacerdote, organizzò l'espatrio di numerosi cospiratori e la fuga di G. Garibaldi in seguito al fallimento della Repubblica Romana (1849).

VERLAINE (Paul), *Metz 1844 - Parigi 1896*, poeta francese. Esordì con raccolte di ispirazione parnassiana (*Poemi saturnini*, 1866; *Feste galanti*, 1869) e la *buona canzone* (1870), dedicato alla moglie. La burrascosa relazione con A. Rimbaud culminò nell'arresto (1873), esperienza che gli ispirò *Romanze senza parole* (1874) e lo riavvicinò al cattolicesimo (*Saggezza*, 1881). La poetica nostalgica e sensuale di V., capocsuola dei simbolisti (*Poeti maledetti*, 1884; *Ora e allora*, 1884) fu caratterizzata dalla musicalità quasi incantatoria dei versi e dalla disgregazione della sintassi tradizionale.

■ *Paul Verlaine ritratto da Fantin-Latour. (Louvre, Parigi.)*

VERMEER (Johannes, detto Jan), *Delft 1632-1675*, pittore olandese. A lungo sottovalutato, è oggi considerato uno dei più grandi pittori del XVII sec. La sua opera, piuttosto esigua, si compone di vedute casalinghe, alcuni ritratti e due paesaggi urbani che denotano una visione fortemente interiorizzata. La sua predilezione per la riposta essenza delle cose è assecondata dal rigore di una tecnica tanto sottile nel descrivere gli effetti della luce e dello spazio, quanto abile nel riflettere la consistenza della materia e degli accordi cromatici (*Veduta di Delft; La merlettaia*, Louvre, Parigi; *La lattaia* e *La lettera*, Rijksmuseum, Amsterdam; *L'atelier*, Kunsthistorisches Museum, Vienna; *Donna alla spinetta*, National Gallery, Londra).

Jan **VERMEER**. La merlettaia. *(Louvre, Parigi.)*

VERMONT, Stato degli Stati Uniti nord-orient., al confine con il Canada; 608.827 ab.; cap. Montpelier.

VÈRNA (La), località dell'Appennino Toscano. Numerosi siti dedicati al culto di san Francesco d'Assisi: grotta, chiesa di S. Maria degli Angeli, chiesa delle Stimmate, monastero della V.

VERNE (Jules), *Nantes 1828 - Amiens 1905*, scrittore francese. Con la serie dei *Viaggi straordinari*, destinata agli adolescenti, inaugurò il genere del romanzo fantascientifico (*Viaggio al centro della terra*, 1864; *Ventimila leghe sotto i mari*, 1870; *Il giro del mondo in 80 giorni*, 1873; *Michele Strogoff*, 1876).

■ *Jules Verne in una fotografia di P. Nadar.*

VERNET (Joseph), *Avignone 1714 - Parigi 1789*, pittore francese. Specializzato nel paesaggio, oscillò tra un'ispirazione classica e una vena preromantica. — **Antoine Charles Horace V.**, detto Carle **Vernet**, *Bordeaux 1758 - Parigi 1836*, pittore e litografo francese, figlio di Joseph. Dipinse scene di caccia e di vita elegante e popolare. — **Horace V.**, *Parigi 1789-1863*, pittore francese, figlio di Carle.

VÉRO (Lùcio Aurèlio), *Roma 130-169*, imperatore romano (161-169). Associato all'impero da Marco Aurelio, condusse vittoriosamente la guerra contro i parti (161-166).

VÈROLI, com. in prov. di Frosinone; 20.016 ab. Cattedrale e chiesa di S. Erasmo, in stile gotico, ricostruite nel XVIII sec. Abbazia di Casamari.

VERÓNA, c. del Veneto, capol. di prov., sull'Adige; 255.268 ab. (*veronesi*). Mercato agricolo e zootecnico. Industrie alimentari, chimiche, meccaniche e cartarie. Centro turistico di rilievo. — Fondata dai Galli, divenne provincia romana nell'89 a.C. Libero comune dal 1136, si alleò con la Lega lombarda contro F. Barbarossa. Dopo aver raggiunto l'apogeo sotto Cangrande della Scala, fu conquistata dai Visconti e in seguito da Venezia, cui rimase legata fino al 1797. Nel 1866 fu annessa al regno d'Italia. — Importanti monumenti: arena romana (sede di un'importante stagione lirica estiva), chiesa romanica di S. Zeno, il duomo, i monumenti gotici e rinascimentali di Piazza delle Erbe e Piazza della Signoria. Il museo di Castelvecchio ospita importanti dipinti di scuola veronese e veneziana. — Nella provincia, per metà pianeggiante e per metà collinare e montuosa, si praticano l'agricoltura (cereali, foraggi, barbabietole da zucchero, ortaggi, frutta, viti) e l'allevamento bovino. Produzione di vino. Industrie alimentari. Estrazione del marmo. Turismo climatico sul Lago di Garda. Centri principali: Villafranca, Legnago.

VERONA. *Veduta della città con il fiume Adige.*

VERONÉSE (Giusèppe), *Chioggia 1854 - Padova 1917*, matematico. Tra i fondatori della geometria proiettiva degli iperspazi ed esponente della scuola geometrica, scrisse tra l'altro: *Fondamenti di geometria a più dimensioni esposti in forma elementare* (1891).

VERONÉSE (Pàolo **Caliàri**, detto il), *Verona 1528 - Venezia 1588*, pittore, uno dei massimi esponenti della scuola veneziana. Formatosi a contatto del manierismo romano ed emiliano, a Venezia fu influenzato da Tiziano. I suoi dipinti si caratterizzano per il dinamismo, l'armoniosa ampiezza e la ricchezza delle campiture chiare. Le sue opere più spettacolari, inquadrate da sontuose architetture, sono le immense tele realizzate per i refettori delle comunità religiose, come *Le *nozze di Cana* e il *Convito in casa Levi* (Accademia di Venezia).

VERONÉSI (Luigi), *Milano 1908-1998*, pittore. Membro di Abstraction-Création, e del movimento Arte concreta, esponente di rilievo dell'astrattismo geometrico italiano, ha svolto anche attività di grafico e scenografo.

VERÒNICA (santa), una delle pie donne che, secondo la tradizione cristiana, avrebbe asciugato il viso di Gesù che saliva al Calvario con un lino bianco su cui sarebbe rimasta impressa la sacra effigie.

VERRAZZÀNO (Giovànni **da**), *Verrazzano, presso Firenze, 1485 - Antille 1528*, navigatore ed esploratore di origine italiana. A servizio di Francesco I, esplorò, nel 1524, la costa atlantica degli att. Stati Uniti (dalla Carolina al Maine) dove individuò l'estuario dell'Hudson. A questo viaggio ne seguì uno in Brasile (1526-1527) e uno nei Caraibi, dove fu ucciso e divorato dai cannibali.

VÈRRE (Gàio Licinio), *Roma 119 ca. a.C. - 43 a.C.*, politico romano. Propretore in Sicilia (73-71), fu accusato di concussione dai siciliani. Nel famoso processo che ne seguì Cicerone incaricò dell'accusa (nel corso del processo pronunciò le prime due *Verrine*). V. prese la strada dell'esilio prima di essere condannato (70).

VERRÈS, com. in prov. di Aosta; 2627 ab. Nei pressi, castello di Issogne (XV sec.).

VÈRRI (Alessàndro), *Milano 1741 - Roma 1816*, scrittore. Fratello di Pietro, è autore di romanzi storici, tra cui: *Le avventure di Saffo* (1782), *Notti romane* (1792-1804), *Vita di Erostrato* (1815).

VÈRRI (Piètro), *Milano 1728-1797*, economista e scrittore. Tra i principali esponenti dell'Illuminismo italiano, animatore de *Il Caffè*, sposò le teorie fisiocratiche. Si occupò anche di etica ed estetica. Tra le sue opere: *Meditazioni sulla felicità* (1763), *Meditazioni sulla economia politica* (1771), *Discorso sull'indole del piacere e del dolore* (1773), *Osservazioni sulla tortura* (1777), *Storia di Milano* (1783-1799).

VERRÒCCHIO (Andrèa **di Francésco di Cióne**, detto **il**), *Firenze 1435 - Venezia 1488*, scultore, pittore e orafo. Artista di grande versatilità tecnica, alla nervosa linea di ascendenza donatelliana abbinava una non comune padronanza degli effetti luministici. Dal 1465 fu a capo di una fiorente bottega a Firenze (dove studiarono, tra gli altri, il Perugino e Leonardo da Vinci), rivale di quella del Pollaiolo. Celebre la statua equestre del condottiero B. Colleoni, a Venezia.

VERSÀCE, marchio della casa di moda fondata nel 1978 da Gianni V. (Reggio di Calabria 1946 - Miami Beach 1997). È celebre per l'ardita sperimentazione di tessuti e forme.

VERSAILLES, località della Francia, capol. del dip. Yvelines, 14 km a SO di Parigi; 88.476 ab. Reggia edificata per volontà di Luigi XIV, a partire dagli anni 1660, da L. Le Vau, F. D'Orbay, J. Hardouin-Mansart, perfetto esempio di arte classica francese nella sua versione più opulenta.

VERSAILLES (trattàto di) (28 giu. 1919), trattato che sancì la fine della prima guerra mondiale, siglato tra la Germania e le nazioni vincitrici. Le clausole principali prevedevano: la restituzione dell'Alsazia-Lorena alla Francia; l'amministrazione della Saar da parte della Società delle Nazioni; l'organizzazione di un plebiscito nello Schleswig e in Slesia; la creazione del "corridoio di Danzica", che conferiva alla Polonia uno sbocco sul mare; la limitazione del potenziale bellico tedesco; il versamento da parte della Germania di 20 miliardi di marchi a titolo di riparazione.

VERSÌLIA, reg. della Toscana, tra le Alpi Apuane e il Mar Ligure, nelle prov. di Massa-Carrara e Lucca. Comprende il Lago di Massaciuccoli. Centri principali: Massa-Carrara e Viareggio. Turismo balneare nelle località di Marina di Carrara, Marina di Massa, Forte dei Marmi.

VERTOV (Denis Arkàd'evič **Kaufman**, detto Dziga), *Białystok 1895 - Mosca 1954*, regista cinematografico sovietico. Fu uno dei pionieri del documen-

VERSAILLES. *Facciata della reggia.*

tario, portavoce di un cinema che "coglie la vita alla sprovvista" e teorizzatore del "cine-occhio": *Cammina, Soviet!* (1926), *L'uomo con la macchina da presa* (1929), *Tre canti su Lenin* (1934).

VERTÙMNO MITOL. ROM., dio romano di origine etrusca, protettore della vegetazione, in part. degli alberi da frutto.

VERÙCCHIO, com. in prov. di Rimini; 7924 ab. Rocca malatestiana del XIII-XV sec.

VERVIERS, c. del Belgio, capol. della prov. di Liegi, sul f. Weser; 52.760 ab. Centro industriale. — Monumenti del XVI-XIX sec.; museo.

VERVINS, località della Francia, nel dip. Aisne; 2861 ab. — Il 2 mag. 1598 vi fu firmato il trattato tra Enrico IV di Francia e Filippo II di Spagna che pose fine alle guerre di religione.

VERWOERD (Hendrik Frensch), *Amsterdam 1901 - Città del Capo 1966*, politico sudafricano. Ministro degli interni e primo ministro (1958-1966), fu il principale teorico dell'apartheid. Sviluppò la politica del bantustan, decise l'uscita del Sudafrica dal Commonwealth e proclamò la repubblica. Fu assassinato.

VESAAS (Tarjei), *Ytre Vinje 1897 - Oslo 1970*, scrittore norvegese. Poeta e drammaturgo, passò dal realismo dei romanzi ambientati nella sua regione natale (*Huskuld, il messo*, 1924) a un simbolismo allegorico e lirico (*Gli uccelli*, 1957; *Il palazzo di ghiaccio*, 1963).

VESÀLIO (Andrèa), in fiamm. Andries **Van Wesel**, *Bruxelles 1514 o 1515 - Zante 1564*, anatomista fiammingo. Fu tra i primi ad applicare la tecnica della dissezione del corpo umano; le sue ricerche anatomiche lo portarono al superamento degli insegnamenti di Galeno.

Andrea **VESALIO** *ritratto da Poncet.*
(Museo di Belle Arti, Orléans.)

VESOUL, c. della Francia, capol. del dip. Haute-Savoie, sul f. Durgeon; 18.882 ab. Fabbriche di automobili. — Chiesa del XVIII sec.; museo.

VESPASIÀNO DA BISTÌCCI, *Rignano sull'Arno 1421 - Antella 1498*, letterato. Autore delle *Vite di uomini illustri del sec. XV* (1839).

VESPASIÀNO (Tìto Flàvio), *Rieti 9 - Cutilia, Sabina, 79*, imperatore romano (69-79), capostipite della dinastia dei Flavi. Il suo regno pose fine alla guerra civile iniziata con la morte di Nerone. Di modeste origini sabine, energico e di costumi frugali, intraprese la pacificazione della Giudea (66-69), mise ordine nell'amministrazione, risanò le finanze, diede il via alla costruzione del Colosseo (detto anche anfiteatro Flavio) e del Tempio della Pace. Soffocò le ribellioni in Gallia, inviò Agricola in Britannia (l'att. Inghilterra [77-84]) e avviò la conquista dei Campi Decumati. Indebolì l'opposizione dell'aristocrazia favorendo l'ingresso in senato dei provinciali. Instaurò la successione ereditaria in favore dei figli Tito e Domiziano.

■ *Vespasiano. (Museo Capitolino, Roma.)*

VÈSPRI SICILIÀNI (30 mar. - fine apr. 1282), insurrezione del popolo siciliano contro la dominazione angioina, scoppiata a Palermo all'ora del vespro del lunedì di Pasqua del 1282. Il malcontento popolare, causato dal vessatorio regime militare e fiscale imposto alla Sicilia da Carlo d'Angiò, si tradusse in un massacro dei francesi. La successiva offerta della corona a Pietro d'Aragona scatenò la lunga guerra del Vespro (1282-1302), che si concluse con l'insediamento degli Aragonesi sul trono di Sicilia in seguito alla pace di Caltabellotta. — Questi avvenimenti ispirarono a G. Verdi l'opera *I vespri siciliani* (1855).

VESPÙCCI (Amerigo), *Firenze 1454 - Siviglia 1512*, navigatore. Agente commerciale a Siviglia, finanziò la terza spedizione di C. Colombo. Partito con lo spagnolo A. de Ojeda (1499-1500) verso il Nuovo Mondo, esplorò la costa atlantica della Colombia. In un'altra spedizione al servizio del Portogallo, giunse fino alle coste del Brasile. Il suo merito fu di intuire che i territori visitati facevano parte di un nuovo continente, che chiamò appunto Nuovo Mondo; nel 1507 il cartografo M. Waldseemüller, traduttore dei suoi resoconti di viaggio, suggerì, per l'intero continente, la denominazione *America* in suo onore.

VÈSTA MITOL. ROM. Dea protettrice del focolare domestico e dello Stato romano. Al suo culto erano adibite le vestali, che si occupavano di mantenere il fuoco sempre acceso.

VESTDIJK (Simon), *Harlingen 1898 - Utrecht 1971*, scrittore olandese. Poeta e saggista, fu autore di romanzi psicologici (*Anton Wachter*, 1934-1960) e storici (*Il quinto sigillo*, 1937).

VESTERÅLEN, arcipelago del Mar di Norvegia, a N delle Isole Lofoten; 35.000 ab.

VESTMANNAEYJAR, arcipelago vulcanico dell'Oceano Atlantico, al largo della costa merid. dell'Islanda.

VÈSTRIS (Gaetàno), *Firenze 1729 - Parigi 1808*, ballerino. Dopo il debutto in Italia entrò all'Opéra di Parigi (1748), dove fu primo ballerino fino al 1782, interpretando più di 70 balletti e opere. — **Auguste V.**, *Parigi 1760-1842*, ballerino francese. Primo ballerino all'Opéra di Parigi (1775-1816), s'impose per la forte personalità, la grande espressività e la perfezione tecnica.

VESÙVIO, vulcano attivo della Campania, 8 km a SE di Napoli; 1277 m. Nel 79 d.C. un'eruzione provocò una colata di fango che seppellì Ercolano, Pompei e Stabia. Intorno al perimetro del vulcano si snoda la ferrovia circumvesuviana, che collega tra loro numerosi insediamenti.

VESZPRÉM, c. dell'Ungheria, presso il Lago Balaton; 63.867 ab. Monumenti medievali ed edifici del XVIII sec.; museo.

VETRÀLLA, com. in prov. di Viterbo; 12.232 ab. Chiesa di S. Francesco (XI sec.), zona archeologica di Norchia.

VÉTTA D'ITÀLIA, cima delle Alpi Aurine; 2911 m. Segna il punto più settentr. del territorio italiano.

VETTÒRE (Mónte), monte delle Marche, la vetta più alta dei Monti Sibillini (2476 m).

VETTÓRI (Francésco), *Firenze 1474-1539*, storico e politico. Fu ambasciatore dei Medici a Roma e a Parigi. Tra le sue opere: *Sommario della storia d'Italia dal 1511 al 1527*.

VETTÓRI (Pitro), *Firenze 1499-1585*, umanista. Autore di numerosi commenti ai classici, fu lettore dello Studio fiorentino per volere di Cosimo de' Medici (1538-1583).

VETULÒNIA, località non com. di Castiglione della Pescaia, in prov. di Grosseto. Resti di mura del VI-V sec. a.C., necropoli etrusca (tumuli della Pietrera e del Diavolino).

VEVEY, c. della Svizzera (cant. di Vaud), sul Lago di Ginevra; 15.420 ab. Centro turistico e industriale. — Tempio di St.-Martin (XII- XV sec.), e altri monumenti; musei (pittura, cibo e nutrizione ecc.); festa dei Vignaioli.

VÉZELAY, località della Francia (Yonne); 507 ab. Ant. chiesa abbaziale romanica di Ste-Madeleine (sculture dei portali interni; coro gotico). — Nel 1146 san Bernardo vi predicò la seconda crociata.

VEZZÀLI (Valentina), *Jesi 1974*, schermitrice. Vincitrice della medaglia d'oro individuale alle Olimpiadi di Sidney del 2000 e ai mondiali del 1999, 2001 e 2003. Oro a squadre alle Olimpiadi di Atlanta del 1996 e a Sidney e ai mondiali del 1995, 1997, 1998 e 2001.

VIADÀNA, com. in prov. di Mantova; 16.783 ab. Conserva la chiesa di S. Maria Assunta del Castello (XVI sec.).

VIADÀNA (Lodovìco **Gròssi da Viadàna**, detto Lodovìco), *Viadana 1560 ca. - Gualtieri 1627*, compositore. Autore di musica sacra, compose i *Cento concerti ecclesiastici* (1602). Per lungo tempo è stato ritenuto precursore nell'uso del basso continuo.

VIÀGGIO IN OCCIDÈNTE, romanzo cinese attribuito a Wu Cheng'en (1506 ca. - 1582 ?). All'epoca della dinastia Tang, un bonzo parte per l'India, in compagnia di una scimmia dotata di poteri soprannaturali, alla ricerca dei libri sacri di Buddha.

VÌA LÀTTEA, galassia che comprende il sistema solare. [*V. parte dei nomi comuni →***latteo, a.**]

VIAN (Boris), *Ville-d'Avray 1920 - Parigi 1959*, scrittore francese. Tra le figure di primo piano del dopoguerra in Francia, fu trombettista, critico jazz, paroliere e compositore (*Le déserteur*), autore di poesie, romanzi (*L'autunno a Pechino*) e testi per il teatro.
■ *Boris Vian.*

VIÀNI (Albèrto), *Quistello 1906 - Mestre 1989*, scultore. Allievo di A. Martini, vicino al Fronte nuovo delle arti, elaborò un linguaggio basato sulla purezza delle forme e su un astrattismo di gusto "neoclassico".

VIÀNI (Lorènzo), *Viareggio 1882 - Lido di Ostia 1936*, pittore e scrittore. La sua produzione pittorica, così come quella letteraria, è ispirata ai paesaggi e alle genti della Versilia, con un'attenzione particolare alle condizioni sociali. Tra le opere pittoriche, *Benedizione dei morti in mare* (1914-1916), *Gli ubriachi* (1923).

VIARDOT-GARCÍA (Pauline), *Parigi 1821-1910*, mezzosoprano francese di origine spagnola. Sorella minore di M. Malibran, ha interpretato opere di C. Gounod e J. Meyerbeer.

VIARÉGGIO, com. in prov. di Lucca, in Versilia, sul Tirreno; 58.531 ab. Centro industriale (settori cantieristico, chimico, calzaturiero, del marmo), porto e rinomata stazione balneare, V. è sede di un celebre carnevale e dell'omonimo premio letterario. — Fondata nel '400, fu importante centro mercantile a partire dal '700.

VIAU (Théophile **de**), *Clairac 1590 - Parigi 1626*, poeta francese. Autore di testi teatrali e di poesie che si distaccano dall'ideale di regolarità propugnato da F. de Malherbe, a causa delle sue idee libertine fu perseguitato dai gesuiti e trascorse due anni in carcere.

VÌBO VALÈNTIA, c. della Calabria, capol. di prov.; 35.405 ab. (*vibonesi*). Produzione agricola, pesca, industrie alimentari, petrolchimiche, tessili. Conserva resti della città greca di *Hippónion*. — Nella provincia, istituita nel 1992, turismo balneare a Vibo Marina, Pizzo e Tropea.

VICENTE (Gil), *Guimarães 1465 ca. - 1536 ca.*, drammaturgo portoghese di lingua portoghese e castigliana. Autore di drammi religiosi (*Trilogia delle barche*, 1516-1519), di farse (*Inês Pereira*) e di commedie, può essere considerato il creatore del teatro portoghese.

VICENTÌNO (Nicòla), *Vicenza 1511 - Milano 1576*, compositore e teorico musicale. Nella sua opera *L'antica musica ridotta alla moderna prattica* (1555) ripercorse il rapporto tra musica e poesia alla luce della tradizione. Inventò l'archicembalo, strumento musicale che incontrò scarsa fortuna.

VICÈNZA, c. del Veneto, capol. di prov., alle pendici dei Monti Berici; 109.738 ab. (*vicentini*). Mercato agricolo e importante centro industriale nei settori tessile, dell'abbigliamento, della pelletteria, meccanico, chimico, farmaceutico, della carta, grafico-editoriale, della ceramica e dell'oreficeria. — Città dei veneti, fu municipio romano (*Vicetia*, 49 a.C.), ducato longobardo e libero comune dal XII sec. Nei secoli successivi gravitò nell'orbita delle signorie venete, quindi passò alla Repubblica di Venezia (1404-1797) e fu dominata dall'Austria fino all'annessione al regno d'Italia (1866). — V. è ricchissima di monumenti romani e medievali (duomo, XIV-XVI sec.; S. Lorenzo, XIII sec.; S. Corona, XIII-XIV sec., con opere di G. Bellini e P. Veronese; SS. Felice e Fortunato, X-XII sec.). Tra gli edifici cinquecenteschi di A. Palladio, la basilica (1549-1617), la loggia del Capitano (1572), Palazzo Chiericati (1550), sede del ricco Museo civico, il Teatro olimpico, Palazzo Barbaran-Porto (1571). Nei dintorni la cosiddetta *Rotonda*. — Nella provincia, in parte montuosa (Monti Berici, Altopiano di Asiago) e in parte pianeggiante, si praticano agricoltura (cereali, viti, frutta, ortaggi) ed estrazione del marmo. Industrie tessili e alimentari. Turismo. Centri principali Bassano del Grappa e Asiago.

VICHÌNGHI, guerrieri, navigatori e mercanti dei paesi scandinavi che, tra l'VIII e l'XI sec., intrapresero spedizioni marittime e fluviali dalla Russia all'Atlantico (→ **normanni**).

VICHY, c. della Francia, capol. del dip. Allier, sul f. Allier; 26.915 ab. Stazione termale.

VICHY (govèrno di) (lug. 1940 - ago. 1944), governo collaborazionista francese. Dopo l'occupazione del paese da parte dei tedeschi, P. Pétain, nominato capo dello Stato, instaurò nella zona libera un regime che praticò una politica di collaborazione con la Germania. La zona fu occupata nel nov. 1942 e Pétain trasferito in Germania insieme al capo del governo, P. Laval.

VICÌNO ORIÈNTE, espressione con cui si indica l'insieme dei paesi lungo la costa del Mediterraneo orient. (Turchia, Siria, Libano, Israele, Egitto). Comprende la Cisgiordania e taluni vi fanno rientrare anche la Giordania. Secondo la definizione più comune questi paesi formano parte del Medio Oriente.

VICKSBURG, c. degli Stati Uniti (Mississippi), sul Mississippi; 26.407 ab. Durante la guerra di secessione fu una piazzaforte sudista e la sua capitolazione (1863) aprì la via del Mississippi ai nordisti.

VÌCO (Giambattista), *Napoli 1668-1744*, filosofo. Di umili origini, fu precettore e lettore d'eloquenza all'Università di Napoli. Nella *Scienza nuova* (1725) e nel *De antiquissima italorum sapientia* (1710) negò la possibilità di conoscenze scientifiche che non abbiano per oggetto i fatti (la natura, essendo stata creata da Dio, non può essere oggetto di una scienza umana) e individuò nella storia, di cui aveva una visione ciclica, l'oggetto della "scienza nuova". La storia, secondo V., si svolgerebbe in tre cicli, corrispondenti alle tre età della mente: l'"età degli dei", "l'età degli eroi" e "l'età degli uomini".

VÌCO (làgo di), lago del Lazio, a S del Monte Venere; 12,1 km². Turismo in località Punta del Lago. Riserva naturale dal 1982.

VÌCO EQUÈNSE, com. in prov. di Napoli; 20.395 ab. Turismo balneare. Cattedrale gotica della Santissima Annunziata, con facciata barocca.

VICOFÒRTE, com. in prov. di Cuneo; 3006 ab. Stabilimenti termali. Santuario di Nostra Signora del Monte Regale (XVI-XVIII sec.).

VICOPISÀNO, com. in prov. di Pisa; 7892 ab. Conserva l'aspetto medievale: pieve dell'XI-XII sec., torri dell'Orologio e delle Quattro porte (XIV sec.) e del Brunelleschi (XV sec.).

VICOVÀRO, com. in prov. di Roma; 3956 ab. Chiesa ottagonale di S. Giacomo (XV sec.).

VICTORIA, Stato dell'Australia sud-orient.; 248.256 km²; 4.373.520 ab.; cap. *Melbourne*.

VICTORIA, c. del Canada, capol. della Columbia Britannica, nell'Isola di Vancouver; 73.504 ab. (262.223 ab. nell'agglomerato). Porto. Università. Musei.

VICTORIA, cap. delle Seicelle, sull'Isola di Mahé; 23.000 ab. (28.000 ab. nell'agglomerato).

VICTORIA (Tomás Luis **de**), *Ávila 1548 - Madrid 1611*, compositore spagnolo. Fu maestro di cappella a Roma, dove visse dal 1565 al 1585 ca. e dove venne probabilmente in contatto con G. da Palestrina. Fu uno dei massimi maestri della tradizione polifonica religiosa (messe, mottetti, un *Officium defunctorum* a sei voci).

VICTORIA AND ALBERT MUSEUM, museo di Londra. Fondato nel 1852, dal 1909 ha sede in un edificio del quartiere South Kensington. Importanti collezioni di arti decorative e belle arti di tutto il mondo.

VICTORIA CROSS, la più alta decorazione militare britannica, istituita nel 1856 dalla regina Vittoria.

VÌDA (Màrco Giròlamo), *Cremona 1485 - Alba 1566*, letterato. Autore di gusto classico, la sua opera più celebre è *Christias* (1535-1550), narrazione della vita di Cristo in stile virgiliano.

VIDAL (Gore), *West Point 1925*, scrittore statunitense. Tra le opere, *Washington D.C.* (1967), *Burr* (1973), *1876* (1976), *Hollywood* (1989), *In diretta dal Golgota* (1992), *Le menzogne dell'impero e altre tristi verità* (2002).

VIDOR (King), *Galveston 1894 - Pablo Robles 1982*, regista cinematografico statunitense, prolifico autore di film di impianto epico caratterizzati da grande lirismo: *La follia* (1928), *Alleluiah!* (1929), *Nostro pane quotidiano* (1934), *Duello al sole* (1947).

VIEDMA, c. dell'Argentina; 40.452 ab.

VIEIRA (Antonio), *Lisbona 1608 - Bahia 1697*, scrittore portoghese. Gesuita, lottò contro la schiavitù in Brasile. Le sue opere (*Sermones*) rappresentano un modello di prosa classica portoghese.

VIEIRA DA SILVA (Maria Elena), *Lisbona 1908 - Parigi 1992*, pittrice francese di origine portoghese. Nelle sue opere crea spazi astratti, frementi e labirintici, attraverso sottili grafismi e prospettive multiple.

VIELÉ-GRIFFIN (Francis), *Norfolk, Virginia, 1864 - Bergerac 1937*, poeta francese di origine statunitense, di ispirazione simbolista (*Gioie*).

VIELLA o **VIELHA**, c. della Spagna (Catalogna), capol. della Val d'Aran; 4139 ab. Tunnel stradale lungo 5 km sotto il Colle di V.

VIEN (Joseph Marie), *Montpellier 1716 - Parigi 1809*, pittore e incisore francese. Soggiornò a lungo a Roma, dipingendo scene storiche e mitologiche che ne fecero un precursore del neoclassicismo.

VIÈNNA, in ted. *Wien*, cap. dell'Austria, sul Danubio; 1.539.848 ab. (viennesi; 2.070.000 ab. nell'agglomerato). Università. Centro amministrativo, culturale e commerciale. — Piazzaforte romana alla frontiera con la Pannonia, V. si sviluppò nel Medioevo prima grazie ai Babenberg, poi agli Asburgo, cui passò nel 1276. Occasionale residenza degli imperatori del Sacro Romano Impero dopo il 1438, fu sede imperiale a partire dal 1611. Posta sotto assedio da parte dei turchi nel 1529 e nel 1683, vi furono firmati numerosi trattati, in partic. quello che nel 1738 pose fine alla guerra di successione polacca. Nel XIX sec. V. fu uno dei principali centri culturali d'Europa. Dopo il crollo dell'impero austro-ungarico (1918), divenne la capitale della repubblica austriaca. — Cattedrale ricostruita nel XIV-XVI sec.; numerosi edifici barocchi, opera soprattutto di J.B. Fischer von Erlach e J.L. von Hildebrandt; architetture di O. Wagner e J. Hoffmann. Numerosi musei, tra cui: nel Museumsquartier, il *Kunsthistorisches Museum*, l'*Albertina*, il Leopold Museum (importante collezione di opere di E. Schiele) e il MUMOK (Museum Moderner Kunst della fondazione Ludwig); nei due Palazzi del Belvedere, il museo del barocco e la galleria d'arte austriaca

del XIX-XX sec. (opere di G. Klimt, O. Kokoschka e altri artisti della secessione viennese).

VIÈNNA (circolo di), gruppo di intellettuali che si riunivano tra le due guerre con lo scopo di fondare un sapere organizzato a partire da concetti empiricamente verificati e formalizzato secondo le teorie di B. Russell e L. Wittgenstein. Vi aderirono i fisici M. Schlick e P. Frank, il matematico H. Hahn, i logici K. Gödel e R. Carnap, l'economista O. Neurath. Il loro programma fu alla base del neopositivismo

VIÈNNA (Congrèsso di) (1814-1815), congresso che si tenne a V. per dare un nuovo assetto politico all'Europa dopo la caduta di Napoleone. Ebbero potere decisionale le quattro potenze vincitrici: Austria (K. von Metternich), Russia (K.V. Nesselrode), Gran Bretagna (R.S. Castlereagh) e Prussia (K.A. von Hardenberg). La Francia era rappresentata da C.H. Talleyrand. L'atto finale, firmato nel giu. 1815, si ispirava ai principi del diritto monarchico e dell'equilibrio di potenza tra gli Stati, ignorando quello di nazionalità. [V. carta dell'**Europa**.]

VIENNE, c. della Francia, capol. del dip. Isère, sul Rodano; 30.749 ab. Resti gallo-romani e chiese di St-Pierre (VI e IX-XII sec.) e St-Maurice (XII-XVI sec.).

VIENNE, dip. della Francia, nella reg. Poitou-Charentes; capol. *Poitiers*; 6990 km²; 399.024 ab. In gran parte pianeggiante, vi si praticano allevamento (bovini, suini) e agricoltura (cereali, foraggi e viti). Industrie automobilistiche, elettriche, meccaniche e degli pneumatici.

VIENTIANE, cap. del Laos, sul Mekong; 640.000 ab.

VÌESTE, com. in prov. di Foggia; 13.576 ab. Castello fatto edificare da Federico II, rimaneggiato nel XV sec.

VIETCONG (dal vietnamita *Viêt-Nam* e *công-san*, rosso), nome dato durante la guerra del Vietnam alle forze filocomuniste e ai loro alleati, che nel 1960 si riunirono nel Fronte di liberazione nazionale del Vietnam del Sud.

VIÈTE (François), *Fontenay-le-Comte 1540 - Parigi 1603*, matematico francese. I suoi studi sono alla base della simbolizzazione in algebra e della sua applicazione alla geometria. Introdusse l'uso di lettere per indicare quantità note o ignote e fornì una soluzione geometrica all'equazione di 3° grado.

VIETMINH (Frònte per l'indipendènza del Vietnam), formazione politica vietnamita, nata nel 1941 dalla fusione del Partito comunista indocinese con elementi nazionalisti. Nel 1945 il V. fu a capo del primo governo vietnamita, nel 1946 scese a patti con la Francia, e in seguito guidò la lotta armata contro le forze francesi e i loro alleati vietnamiti. Si impose nel Vietnam del Nord con Hô Chi Minh.

VIETNAM, Stato dell'Asia sud-orient.; 335.000 km²; 79.175.000 ab. (vietnamiti). CAP. *Hanoi*. C. PRINC. *Hô Chi Minh* e *Haiphong*. LINGUA: *vietnamita*. MONETA: *dong*.

GEOGRAFIA — Il paese si allunga per quasi 1500 km. Una stretta striscia comprendente altopiani e montagne (l'Annam) separa i delta del Fiume Rosso (Tonchino) e del Mekong (Cocincina). La più alta concentrazione demografica si riscontra nelle zone pianeggianti, calde e piovose in estate per l'arrivo dei monsoni, mentre gli altopiani ospitano minoranze etniche, che rappresentano il 10-15% di una popolazione ancora in gran parte rurale e in rapida crescita. La religione prevalente è il buddhismo. Il riso costituisce la base dell'alimentazione; caucciù, tè, caffè e copra sono le principali colture commerciali. Dal sottosuolo si estraggono carbone e petrolio, ma l'industria, poco sviluppata, sconta la debolezza delle infrastrutture (principalmente dei trasporti) e la mancanza di capitali. Di recente l'economia ha però cominciato ad aprirsi all'esterno, anche grazie a una massiccia campagna di privatizzazione, e il V. sta uscendo dal suo isolamento.

STORIA — **Dalle origini all'impero del Vietnam**. Durante il Neolitico la fusione di muong, viet e gruppi etnici cinesi nel bacino del Fiume Rosso dà origine al popolo vietnamita. **208 a.C.**: si costituisce il regno di Nam Viet. **111 a.C.**: il regno viene annesso all'impero cinese degli Han. **II sec. d.C.**: penetrazione del buddhismo. **939**

VIENNA. *Il Burgtheater (G. Semper e K. von Hasenauer, 1874-1888) sul Ring.*

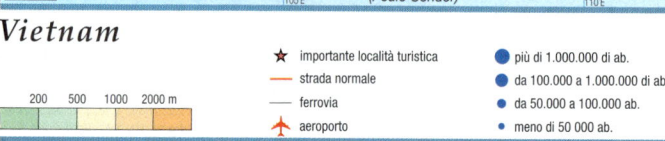

Vietnam

★ importante località turistica
— strada normale
— ferrovia
✈ aeroporto

● più di 1.000.000 di ab.
● da 100.000 a 1.000.000 di ab.
● da 50.000 a 100.000 ab.
• meno di 50 000 ab.

200 500 1000 2000 m

100 km

1963: Ngo Dihn Diem viene assassinato. **1964**: gli Stati Uniti intervengono direttamente nella guerra del V. a fianco dei sudvietnamiti. **1969**: alla morte di Hô Chi Minh, diventa primo ministro Pham Van Dông. **1973**: gli accordi di Parigi (27 gen.) sanciscono l'inizio del ritiro delle truppe statunitensi dal V. del Sud. **1974-1975**: la guerra continua, in violazione degli accordi e nonostante il ritiro degli Stati Uniti. **1975**: i nordvietnamiti occupano Saigon.

Il Vietnam riunificato. 1976: il paese diventa una repubblica socialista, da cui migliaia di oppositori tentano di fuggire (*boat people*). **1978**: il V. stipula un trattato di amicizia con l'URSS e invade la Cambogia, nella quale vige il regime dei khmer rossi sostenuto dalla Cina; **1979**: ne scaturisce uno scontro armato con la Cina. **1987**: Pham Hung succede al primo ministro Pham Van Dông. **1988**: dopo il decesso di Pham Hung, diventa capo del governo Do Muoi. **1989**: le truppe vietnamite si ritirano dalla Cambogia. **1991**: Do Muoi diventa segretario generale del partito, mentre Vo Van Kiet è il capo del governo. Alla firma dell'accordo di pace sulla Cambogia segue la normalizzazione dei rapporti con la Cina. **1992**: entra in vigore una nuova Costituzione. L'assemblea nazionale, costituitasi in seguito alle elezioni, elegge capo dello Stato il generale Le Duc Anh, mentre il compito di guidare il governo spetta a Vo Van Kiet. **1994**: gli Stati Uniti tolgono l'embargo, in vigore dal 1975. **1995**: il V. diventa membro dell'ASEAN. **1997**: le nuove elezioni confermano il ruolo guida del Partito comunista, di cui il generale Le Kha Phieu viene nominato segretario generale; Trân Duc Luong diventa presidente della repubblica, Phan Van Khai primo ministro. **2001**: a Le Kha Phieu subentra il riformista Nong Duc Manh, che guida il partito alla vittoria elettorale dell'anno successivo.

VIETNAM (guèrra del), conflitto che, tra il 1954 e il 1975, oppose il Vietnam del Nord al Vietnam del Sud. La g. del V. vide l'intervento di URSS, Cina popolare e Stati Uniti oltre a coinvolgere tutti gli Stati della penisola indocinese (→**Indocina** [guerra di]).

VIEUSSEUX (Giovàn Piètro), *Oneglia 1779 - Firenze 1863*, letterato. Animatore del circolo scientifico-letterario noto con il suo nome, fu tra i principali personalità della cultura ottocentesca italiana. Fondò l'*Antologia* (1821-1833) e, nel 1841, l'*Archivio storico italiano*.

VIGANÒ (Vittoriàno), *Milano 1919-1996*, architetto. Tra i suoi lavori: Istituto Marchiondi Spagliardi, ampliamento della facoltà di architettura, sistemazione del parco Sempione, a Milano.

VIGÉE-LEBRUN (Élisabeth), *Parigi 1755-1842*, pittrice francese. È autrice di delicati ritratti sentimentali, di cui molti eseguiti per Maria Antonietta.

VIGÈVANI (Albèrto), *Milano 1918-1999*, scrittore. Tra le opere, *Erba d'infanzia* (1943), *Estate al lago* (1958), *Fine delle domeniche* (1973), *All'ombra di mio padre: infanzia milanese* (1984), *L'abbandono* (1991).

VIGÈVANO, com. in prov. di Pavia, nella Lomellina; 59.486 ab. Mercato agricolo; industrie meccaniche e calzaturiere. — Castello con parti del Bramante (XIV-XVI sec.; torre alta 70 m) e Piazza Ducale con il duomo (XV sec., facciata barocca), voluti da Ludovico il Moro.

VIGÈZZO (Val), valle delle Alpi Lepontine, in prov. di Verbano-Cusio-Ossola, al confine con la Svizzera. Centro principale Santa Maria Maggiore. Turismo e sport invernali.

VIGÌLIO, *Roma inizio del VI sec. - Siracusa 555*, papa dal 537 al 555. Condannò i Tre capitoli per volere di Giustiniano.

VIGNÀLE, località nel com. di Novara dove, il 24 mar. 1849, Vittorio Emanuele II incontrò il maresciallo J.J. Radetzky con il quale stipulò l'armistizio che pose fine alla prima guerra d'indipendenza.

VIGNEMALE (Picco), la vetta più elevata dei Pirenei francesi, al confine con la Spagna; 3298 m.

VIGNÒLA, com. in prov. di Modena; 20.661 ab. Rocca del XV sec., Palazzo Boncompagni (XVI-XVII sec.). Produzione di ciliegie.

VIGNÒLA (Jàcopo **Baròzzi**, detto il), *Vignola 1507 - Roma 1573*, architetto. Attivo a Roma dal 1549, fu architetto di Giulio III, per il quale realizzò Vil-

d.C.: Ngō Quyen fonda la prima dinastia nazionale. **968-980**: la dinastia Dinh regna sul paese, ancora vassallo della Cina, ribattezzato Dai Cô Viet. **980-1225**: sotto le dinastie imperiali dei Lê Anteriori (980-1009) e dei Ly (1009-1225) il territorio, che ora si chiama Dai Viet (1054), si organizza, adotta strutture feudali (nascita della figura del mandarino) e si espande verso S a danno del regno di Champa. **1225-1413**: sotto la dinastia dei Trân avviene la cacciata degli invasori mongoli (1257, 1287), ma la Cina ristabilisce il suo dominio (1406). **1428**: Lê Loi guida il paese alla riconquista dell'indipendenza e fonda la dinastia dei Lê Posteriori (1428-1789). **1471**: il Dai Viet ottiene una vittoria decisiva sul regno di Champa. **XVI-XVII sec.**: scontro di tre clan rivali: Mac, Nguyen (il cui regno è nel S) e Trinh (che dominano il N). I gesuiti diffondono il cattolicesimo e latinizzano la lingua vietnamita. **1773-1792**: i tre fratelli Tây Son guidano la rivolta contro Nguyen e Trinh.

L'impero del Vietnam e la dominazione francese. Con l'aiuto dei francesi Nguyen Anh riconquista la Cocincina e la regione di Hanoi; **1802**: salito al trono con il nome di Gialong, fonda l'impero del V. **1859-1883**: la Francia conquista la Cocincina, che viene eretta a colonia, e impo-

ne il suo protettorato su Annam e Tonchino. **1885**: con il trattato di Tianjin la Cina riconosce queste conquiste. **1885-1896**: una sollevazione nazionalista agita il paese, che entra a far parte dell'Unione indocinese, costituita dalla Francia nel 1887. **1930**: Hô Chi Minh fonda il Partito comunista indocinese. **1932**: Bao Dai diventa imperatore. **1941**: si costituisce il Fronte di liberazione nazionale (Vietminh). **1945**: i giapponesi pongono fine al predominio francese: in seguito all'abdicazione di Bao Dai, viene proclamata una repubblica indipendente. Pur riconoscendo il nuovo Stato, la Francia rifiuta di includervi la Cocincina. **1946-1954**: la guerra d'Indocina vede contrapposti Francia e Vietminh. **1954**: la sconfitta francese di Diên Biên Phu conduce agli accordi di Ginevra, che sanciscono la scissione del paese in due parti, divise dal 17° parallelo.

La divisione. 1955: nel V. del Sud sale al trono Ngô Dinh Diem. A Saigon è proclamata la Rep. del V., che gode degli aiuti americani. La guida della Rep. democratica del V. (cap. Hanoi), nel N, è affidata a Hô Chi Minh. **1956**: i comunisti riconducono in seno al Vietcong gli oppositori al regime di Ngô Dinh Diem. **1960**: Viene creato il Fronte nazionale di liberazione del V. del Sud.

Jacopo Barozzi detto IL VIGNOLA. Palazzo Farnese a Caprarola (1559-1564).

la Giulia (Roma, 1551). I suoi edifici (Villa Lante, Bagnaia, dal 1566; Palazzo Farnese a Piacenza, 1560-1561 e soprattutto Palazzo Farnese a Caprarola, 1559-1564) segnano la transizione dal manierismo al barocco. La chiesa del Gesù (Roma, dal 1568), opera tipica della Controriforma, rappresenterà un modello per l'Occidente cattolico durante i due secoli successivi. Nel suo trattato *Regola delli cinque ordini di Architettura* (1562) V. codificò gli ordini architettonici.

VIGNOLES (Charles Blacker), *Woodbrook, Irlanda, 1793 - Hythe, Hampshire, 1875*, ingegnere britannico. Introdusse in Gran Bretagna la rotaia a suola piana che porta il suo nome, ideata in realtà dallo statunitense R. Stevens.

VIGNY (Alfred **de**), *Loches 1797 - Parigi 1863*, scrittore francese. Tra gli esponenti del primo romanticismo francese, scrisse poesie (*Poemi antichi e moderni*, 1826; *La morte del lupo*, *La casa del pastore*), il romanzo storico *Cinque marzo* (1826), drammi (*Chatterton*, 1835) e prose.
■ *Alfred de Vigny. (Musée Renan, Parigi.)*

VIGO, c. della Spagna (Galizia), sull'Atlantico; 285.526 ab. Porto. Pesca. Industrie automobilistiche.

VIGO (Jean), *Parigi 1905-1934*, regista cinematografico francese. Con tre soli film (*À propos de Nice*, 1930; *Zero in condotta*, 1933; *L'Atalante*, 1934) riuscì ad affermare la sua personale visione del mondo, basata su amore e ribellione.

VÌGO DI FÀSSA, com. in prov. di Trento; 1032 ab. Conserva le chiese di S. Giovanni e S. Giuliana (XV sec.). Turismo e sport invernali.

VÌGOLO (Giórgio), *Roma 1894-1983*, poeta. Tra le sue raccolte poetiche: *La luce ricorda* (1967), *I fantasmi di pietra* (1977), *La fame negli occhi* (1982). Svolse anche opera di traduttore e critico.

VIGORÈLLI (Giancàrlo), *Milano 1913*, critico letterario. Fondatore dell'*Europa letteraria* (1960), è autore di numerosi saggi critici, tra cui: *Eloquenza dei sentimenti* (1943), *Gronchi, battaglie d'oggi e di ieri* (1956), *Manzoni pro e contro* (1976), *Carte d'identità* (1989).

VIIPURI → VYBORG.

VIJAYANAGAR, ant. cap. (di cui restano le rovine) di un grande impero che da essa prendeva nome (1336-1565), situata nei pressi del villaggio di Hampi, nel Karnataka (India). Questo impero sorse in difesa dell'induismo e raggiunse l'apogeo all'inizio del XVI sec. Interessanti esempi di architettura del XVI sec. con decorazioni scultoree.

VIJAYAVADA o **BEZWADA**, c. dell'India (Andhra Pradesh), sul f. Krishna; 825.436 ab.

VILA NOVA DE GAIA, c. del Portogallo, sul Douro; 288.749 ab. Mercato dei vini (Porto).

VILAR (Jean), *Sète 1912-1971*, attore e regista teatrale francese. Fondatore del Festival di Avignone (1947) e direttore del Théâtre national populaire (1951-1963), sostenne una concezione di teatro aperto a tutti.

VILJUJ, f. della Russia, in Siberia, affl. di sinistra della Lena; 2650 km; bacino di 454.000 km^2.

VÌLLA (Clàudio **Pica**, detto Clàudio), *Roma 1926 - Padova 1987*, cantante. Fu tra le più celebrate voci della musica melodica italiana. Tra le sue interpretazioni, *Mamma*, *Luna rossa*, *Buongiorno*

tristezza, *Corde della mia chitarra*, *Addio... addio*, *Non pensare a me*, *Granada*.

VILLA (Doroteo **Arango**, detto Francisco "Pancho"), *San Juan del Río 1878 - Parral 1923*, rivoluzionario messicano. Contadino povero divenuto ladro di bestiame, fu uno dei capi della rivoluzione. Guidò la secessione del N e nel 1920 giunse a un accordo con il presidente A. Obregón. Morì assassinato.

VILLACH, c. dell'Austria (Carinzia); 54.640 ab. Chiesa di Sankt Jakob (XIV-XV sec.); museo.

VILLACÌDRO, com. in prov. di Cagliari; 15.015 ab. Centro agricolo, industrie tessili.

VILLAFRÀNCA DI VERÓNA, com. in prov. di Verona; 28.989 ab. Agricoltura (ortaggi, frutta, cereali) e industrie (alimentari, meccanica, calzaturiere). — L'8 lug. 1859 vi fu firmato l'armistizio che pose termine alla seconda guerra d'indipendenza, concesso da Napoleone III all'Austria.

VILLÀGGIO (Pàolo), *Genova 1932*, attore cinematografico. Tra i film interpretati, *Fantozzi* (1975), *Il secondo tragico Fantozzi* (1976), *Fracchia, la belva umana* (1981), *Fantozzi subisce ancora* (1983), *La voce della luna* (1989), *Il segreto del bosco vecchio* (1993), *Fantozzi 2000* (1999). Leone d'oro alla carriera nel 1992.

VÌLLA GLÒRI, villa romana presso la quale, il 23 ott. 1867, furono uccisi E. e G. Cairoli, nel tentativo di appoggiare l'insurrezione di Roma contro il potere pontificio.

VILLAHERMOSA, c. del Messico, cap. dello Stato di Tabasco; 330.846 ab. Parco archeologico con ricostruzione di La *Venta*; museo (civiltà olmeca e maya).

VILLA-LOBOS (Heitor), *Rio de Janeiro 1887-1959*, compositore brasiliano. Compose musiche sinfoniche, da camera e opere in cui tentò di conciliare il suo amore per J.S. Bach (9 *Bachianas brasileiras*) con la tradizione folclorica brasiliana (*Choros*, 1920-1929).

VILLAMÀINA, com. in prov. di Avellino; 1025 ab. Turismo termale (terme di S. Teodoro).

VILLANDRY, località della Francia, sul f. Cher; 928 ab. Castello (XIV-XVI sec.) con bei giardini rinascimentali a terrazze.

VILLÀNI (Giovanni), *Firenze 1280 ca. - 1348*, cronista. Più volte priore di Firenze, dal 1308 iniziò la *Nuova Cronica*, storia della città a partire dalle sue origini. L'opera fu continuata dal fratello Matteo (Firenze 1295 ca. - 1363) e dal nipote Filippo (Firenze 1325 ca. - 1407 ca.).

VILLANOVAFORRU, com. in prov. di Cagliari; 716 ab. Insediamento nuragico di Genna Maria.

VILLARD DE HONNECOURT, inizio del XIII sec., architetto francese. Le sue annotazioni (BNF, Parigi) rappresentano una preziosa fonte di informazioni sulla cultura artistica e sulle tecniche del tempo.

VÌLLARI (Pasquàle), *Napoli 1826 - Firenze 1917*, storico e politico. Costretto a lasciare Napoli per le sue idee liberali, fu deputato, senatore e ministro della pubblica istruzione nel governo Di Rudinì (1891-1892). Fu tra i primi a porre la questione meridionale. Tra le opere, *Storia di Gerolamo Savonarola e dei suoi tempi* (1859-1861), *Niccolò Machiavelli e i suoi tempi* (1877-1882), *Lettere meridionali* (1878), *Studi sull'emigrazione* (1909).

VILLARS (Claude Louis Hector, dùca **di**), *Moulins 1653 - Torino 1734*, militare francese. Luogotenente generale al servizio di Luigi XIV (1693), si distinse contro gli austriaci durante la guerra di

Jean VILAR.

successione spagnola. Nel 1704 domò la ribellione dei camisardi.

VÌLLA SAN GIOVÀNNI, com. in prov. di Reggio di Calabria, sullo Stretto di Messina; 12.680 ab. Porto di partenza dei traghetti per la Sicilia.

VILLAVALLELÒNGA, com. in prov. dell'Aquila; 1036 ab. Turismo ed escursioni nel Parco nazionale d'Abruzzo.

VILLAVICENCIO, c. della Colombia, a SE di Bogotá; 253.780 ab.

VILLEHARDOUIN, famiglia francese, un ramo della quale regnò sul principato di Acaia, dal XI II sec. — **Geoffroi de V.**, *1148 - in Tracia 1213 ca.*, cronista francese. Prese parte alla quarta crociata, che portò alla presa di Costantinopoli (1204), e divenne il principale consigliere del re di Tessalonica. Lasciò una pregevole *Storia della conquista di Costantinopoli*.

VILLÈLE (Jean-Baptiste Guillaume Joseph, cónte **di**), *Tolosa 1773-1854*, politico francese. A capo dei conservatori durante la rivoluzione, come presidente del consiglio (1822) fece approvare leggi reazionarie. Per fronteggiare l'opposizione fece sciogliere la camera dei deputati (1827) e si dimise dopo la vittoria dei liberali (1828).

VILLENEUVE (Jacques), *Saint-Jean-sur-Richelieu 1971*, pilota automobilistico canadese. Figlio del pilota automobilistico Gilles (Berthierville 1950 - in un incidente sul circuito di Zolder, Belgio, 1982), ha vinto il titolo mondiale conduttori nel 1997.

VILLENEUVE (Pierre Charles **de**), *Valensole 1763 - Rennes 1806*, ammiraglio francese. Comandante della squadra navale di Tolone, fu catturato dopo essere stato sconfitto da H. Nelson a Trafalgar (1805). Si suicidò dopo essere stato liberato.

VILLÉTTA BARRÈA, com. in prov. dell'Aquila; 594 ab. Turismo ed escursioni nel Parco nazionale d'Abruzzo.

VILLETTE (Pàrco della), parco pubblico di Parigi, creato nel 1979. Comprende la Cité des sciences et de l'industrie, la Cité de la musique, la Grande Halle, la sala per concerti Zénith e un parco di 35 ha ca.

VILLIERS DE L'ISLE-ADAM (Auguste, cónte **di**), *Saint-Brieuc 1838 - Parigi 1889*, scrittore francese. Fu poeta romantico e autore di romanzi (*Isis*), drammi (*Axel*) e racconti simbolisti di genere fantastico, in cui espresse il suo desiderio di assoluto e il suo disgusto per la volgarità quotidiana (*Racconti crudeli*, 1883; *Eva futura*, 1886; *Tribolato Bonhomet*, 1887; *Storie insolite*, 1888).

VILLIERS DE L'ISLE-ADAM (Philippe **de**), *Beauvais 1464 - Malta 1534*, gran maestro dell'ordine di Malta. Difese Rodi dall'assedio di Solimano I (1522). Nel 1530 Carlo V gli cedette l'isola di Malta perché ne facesse la sede del suo ordine.

VILLON (François), *Parigi 1431 - dopo il 1463*, poeta francese. Condusse una vita avventurosa e fu più volte imprigionato. È autore del *Lascito*, o *Piccolo testamento*, e del *Grande testamento* (che comprende la *Ballata degli impiccati*). È il primo dei grandi poeti moderni francesi.

*François VILLON. Particolare di un'incisione tratta dall'*editio princeps *delle sue opere. (BNF, Parigi.)*

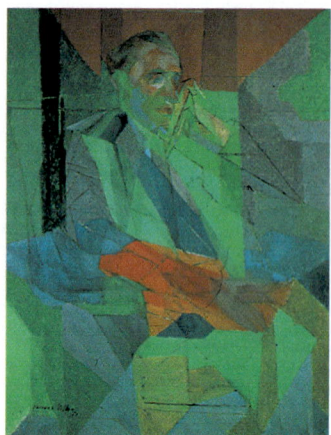

Jacques **VILLON**. Ritratto di Marcel Duchamp, 1951. (Fondazione Sonja Henie, Oslo.)

VILLON (Gaston **Duchamp**, detto Jacques), *Danville 1875 - Puteaux 1963*, pittore e incisore francese, fratello di M. Duchamp e R. Duchamp-Villon. Dopo aver aderito al cubismo (1911-1912), approdò a una definizione dello spazio attraverso una successione di piani colorati.

VILNIUS, in pol. **Wilno**, cap. della Lituania; 554.800 ab. Centro storico ricco di monumenti; musei. — Fu occupata dalla Polonia dal 1920 al 1939.

VIMERCÀTE, com. in prov. di Milano; 25.532 ab. Centro industriale, produzioni tessili, meccaniche e chimiche. Conserva il ponte di S. Rocco (XIII sec.).

VIMINÀLE (Mónte), uno dei sette colli di Roma, situato tra il Quirinale e l'Esquilino, nella parte nord-orient. della città. Resti delle terme di Diocleziano. Sul V. ha sede il ministero dell'interno.

VIÑA DEL MAR, c. del Cile, presso Valparaíso; 304.203 ab. Stazione balneare.

VINÀDIO, com. in prov. di Cuneo; 767 ab. Turismo termale e sport invernali.

VINCENNES, c. della Francia, capol. del dip. Val-de-Marne; 43.937 ab. Castello del XIV sec. che fu residenza reale. — Sorge presso il Bois de V., un vasto parco all'estremità sud-orient. di Parigi.

VINCENT (Hyacinthe), *Bordeaux 1862 - Parigi 1950*, medico francese. Scoprì una forma di angina e mise a punto un vaccino antitifico e antineoplastico.

VINCENT (Jean-Pierre), *Parigi 1942*, regista teatrale francese. Direttore del teatro di Strasburgo (1975-1983), della Comédie-Française (1983-1986) e del Théâtre des Amandiers di Nanterre (1990-2001), ha messo in scena numerosi testi di B. Brecht e dato un'interpretazione sociale e non tradizionale di opere classiche e moderne.

VINCÈNZO DI LÉRINS (sànto), *m. a Saint-Honorat nel 450 ca.*, scrittore cristiano. Monaco a Lérins, criticò le posizioni di sant'Agostino sulla questione della grazia e aderì a una forma di pelagianesimo.

VINCÈNZO I GONZÀGA, *Mantova 1562-1612*. Generoso mecenate e uomo di lettere, guidò tre spedizioni contro i turchi, in Ungheria (1595, 1597, 1601). Fece sì che suo figlio Francesco sposasse Margherita di Savoia. — **Vincenzo II G.**, *Mantova 1594-1627*, privo di eredi, prima di morire fece sposare la nipote Maria con Carlo I di Gonzaga-Nevers.

VINCÈNZO DE' PÀOLI (sànto), *Pouy, att. Saint-Vincent-de-Paul, 1581 - Parigi 1660*, sacerdote francese. Cappellano generale delle carceri (1619), fondò un istituto missionario, la congregazione della Missione o dei lazzaristi (1625), dedito alla predicazione e alle opere di carità nelle campagne, presso i poveri e i derelitti. Gli si deve la fondazione di altre congregazioni religiose, tra cui quella delle Figlie della carità (1633).

■ *San Vincenzo de' Paoli ritratto da S. Bourdon. (Chiesa di St-Étienne-du-Mont, Parigi.)*

VINCÈNZO DI BEAUVAIS, *1190 ca. - Beauvais 1264*, domenicano francese. Precettore e bibliotecario alla corte di Luigi IX, è autore dello *Speculum majus*, un vero e proprio compendio del sapere del tempo.

VINCÈNZO FERRÈRI (sànto), *Valencia 1350 - Vannes 1419*, predicatore domenicano spagnolo. Appoggiò lo scisma d'Occidente e svolse il ruolo di mediatore nella guerra dei Cent'anni. Condusse un'intensa opera di predicazione nell'Europa merid., attirando immense folle grazie alla fama dei suoi miracoli.

VINCHIATÙRO (Sèlla di), valico tra i monti del Sannio e quelli del Matese, che segna convenzionalmente il confine tra Appennino centr. e merid.

VÌNCI, com. in prov. di Firenze; 13.964 ab. Città natale di Leonardo, conserva il castello (XI-XIII sec.) e la Biblioteca Leonardiana.

VÌNCI (Leonàrdo **da**) → LEONARDO DA VINCI.

VINDHYA (Mónti), altopiano dell'India continentale, delimitato dal f. Narbada.

VÌNDICE (Càio Giùlio), *I sec. d.C.*, generale romano di origine gallica. Si ribellò a Nerone e favorì l'ascesa al potere di Galba. Sconfitto nel 68, si tolse la vita.

VINLAND, denominazione della terra più occ. scoperta dai vichinghi (intorno al 1000), in America settentr. È stata identificata con Terranova.

VINNICA, c. dell'Ucraina; 381.000 ab. Centro industriale.

VINOGRADOV (Ivan Matveevič), *Miloljub 1891 - Mosca 1983*, matematico sovietico. Studioso della teoria dei numeri, fu il principale esponente della scuola sovietica.

VINÒVO, com. in prov. di Torino; 13.659 ab. Conserva il castello del XIV sec. Celebre la produzione di ceramiche artistiche tra il XVIII e il XIX sec.

VINSON (Mónte), la vetta più elevata dell'Antartide, nella parte occ. del continente; 4897 m.

VIOLA (Bill), *New York 1951*, artista statunitense. Pioniere della video art, ha lavorato soprattutto sul concetto di tempo, sia come movimento, sia come ciclo vitale, dando vita a opere di forte impatto emotivo ed estetico.

VIOLÀNTE (Luciàno), *Diredaua, Etiopia, 1941*, politico. Deputato dal 1979 per il PCI, dal 1996 al 2001 è stato presidente della camera.

VIOLLET-LE-DUC (Eugène), *Parigi 1814 - Losanna 1879*, architetto e teorico francese. Si occupò del restauro di monumenti medievali secondo un criterio filologico (cittadella di Carcassonne, Notre-Dame di Parigi). È autore di un *Dizionario ragionato dell'architettura francese dall'XI al XVI secolo* (1854-1868) e delle *Conversazioni sull'architettura*, alla base dello sviluppo di un nuovo razionalismo che prevedeva l'impiego del ferro.

VIÒTTI (Giovanni Battista), *Fontanetto Po 1755 - Londra 1824*, compositore e violinista. Allievo di G. Pugnani, fu concertista e direttore teatrale a Parigi e a Londra. Autore di numerosi concerti per violino e orchestra, quartetti e duetti, come violinista fu tra i creatori della scuola moderna e come compositore un precursore del romanticismo.

VIPÀCCO, f. del Friuli-Venezia Giulia. Nasce in Slovenia e confluisce nell'Isonzo, presso Gorizia.

VIPITÈNO, in ted. **Sterzing**, com. in prov. di Bolzano; 5702 ab. Turismo e sport invernali. Palazzo comunale (XVI sec.).

VIRCHOW (Rudolf), *Schivelbein, Pomerania, 1821 - Berlino 1902*, medico e politico tedesco. È considerato il padre della patologia cellulare. Coniò l'espressione "Kulturkampf" e appoggiò l'opposizione ai cattolici di O. von Bismarck.

VIRGÌLIO (Pùblio Virgìlio **Maróne**, detto), *Andes, att. Pietole, 70 ca. a.C. - Brindisi 19 a.C.*, poeta latino. Di origini modeste, studiò a Milano, Roma e Napoli, presso il filosofo epicureo Sirone. Stabilitosi a Roma, conobbe Asinio Pollione, che lo incoraggiò a comporre le *Bucoliche (42-39 a.C.), ed entrò a far parte del circolo di Mecenate, divenendo amico di Ottaviano e Orazio. Tornato in Campania (dal 37 al 30 a.C.), si dedicò alla stesura delle *Georgiche. Dopo un viaggio in Grecia, nel 19, intraprese la composizione di una grande epopea nazionale, l'*Eneide, rimasta incompiuta. Esercitò una forte influenza sulla poesia latina e occidentale e conobbe grande fortuna nel Medioevo.

VIRGÌNIA, Stato degli Stati Uniti, sull'Atlantico; 7.078.515 ab.; cap. *Richmond*.

VIRGINIA BEACH, c. degli Stati Uniti (Virginia); 425.257 ab. Stazione balneare.

VIRIÀTO, *m. nel 139 a.C.*, capo dei lusitani ribelli alla dominazione romana. Riuscì ad avere la meglio sulle truppe romane dal 148 al 143. Roma ne vinse l'opposizione facendolo uccidere.

VIRUNGA (Catèna dei), massiccio vulcanico al confine tra Ruanda, Uganda e Rep. dem. del Congo; raggiunge i 4507 m con il Monte Karisimbi.

VIRZÌ (Pàolo), *Livorno 1964*, regista cinematografico. Tra i suoi film, *La bella vita* (1994), *Ferie d'agosto* (1995), *Ovosodo* (1997), *Baci e abbracci* (1999), *My name is Tanino* (2002), *Caterina va in città* (2003).

VISAYA o **BISAIA**, popolazione malese delle Isole Visayan, nelle Filippine (11 milioni di individui).

VISAYAN (Ìsole), gruppo di isole delle Filippine, tra Luzon e Mindanao.

VISBY, c. della Svezia, nell'Isola di Gotland; 21.000 ab. Centro turistico. Mura medievali, cattedrale del XII-XIII sec., resti di chiese romanico-gotiche; museo.

VISCHER, famiglia di fonditori in bronzo e scultori attivi a Norimberga nel XV-XVI sec. — **Peter V.**, detto **il Vecchio**, *1460 ca. - 1529*, e i quattro figli sono autori di una rilevante produzione di monumenti funerari, il cui stile energico andò col tempo accostandosi alla tradizione italiana (Tomba di san Sebaldo, 1488-1519, in ottone, Norimberga).

VISCÓNTI, famiglia lombarda, titolare della signoria di Milano dal 1277 al 1447. — **Ottone V.**, *1207-1295*, arcivescovo di Milano dal 1262, conquistò la signoria della città sconfiggendo a Desio la famiglia Torriani (1277). — **Matteo I V.**, *Invorio 1250 - Crescenzago 1322*, capitano del popolo e vicario imperiale di Lombardia (1294), fu costretto a fuggire a causa dell'ostilità dei Torriani. Rientrato a Milano grazie all'intercessione di Enrico VIII, estese il territorio della signoria a gran parte della Lombardia e a Piacenza, Novara e Vercelli. Pur riuscendo a difendersi dalla pressione delle forze guelfe, soggiacque all'accusa di eresia, alla scomunica e all'interdizione dei suoi territori, rinunciò al potere a favore del figlio. — **Galeazzo V.** → GALEAZZO VISCONTI. — **Azzone V.**, *Milano 1302-1339*, figlio di Galeazzo I, vicario imperiale, riuscì a far revocare l'interdetto ed estese ulteriormente il dominio dei V., conquistando Bergamo, Vercelli, Cremona e Como. — **Giovanni V.** → GIOVANNI VISCONTI. — **Bernabò V.** → BERNABÒ VISCONTI. — **Galeazzo II V.** → GALEAZZO VISCONTI. — **Gian Galeazzo V.**, *Pavia 1351 - Melegnano 1402*, duca di Milano. Figlio di Galeazzo II, usurpò la signoria di Milano allo zio Bernabò. Valente condottiero e abile diplo-

VIRGILIO. *Frontespizio miniato di un codice del XV sec. contenente l'Eneide. (Biblioteca Mediceo-Laurenziana, Firenze.)*

matico, attuò una politica espansionistica che, unita alla riforma del sistema amministrativo, gli consentì di fare della signoria (poi divenuta ducato) dei V. una potenza di primo piano. Conquistò Verona, Vicenza (1387) e Padova (1388). Quindi sottomise, ai danni di Firenze, Pisa, Siena (1399), Perugia, Assisi e Bologna (1399-1401). Morì quando anche Firenze stava per capitolare. — **Giovanni Maria V.**, *1389-1412*, figlio di Gian Galeazzo, duca di Milano dal 1402, dovette rinunciare ai domini viscontei al di fuori dalla Lombardia e cedere a Facino Cane Alessandria, Tortona e Novara e infine Milano (1409) e Pavia (1410). Morì assassinato. — **Filippo Maria V.**, → FILIPPO MARIA VISCONTI. — **Bianca Maria V.** → BIANCA MARIA VISCONTI.

VISCÓNTI, famiglia pisana guelfa. — **Lamberto V.**, *m. nel 1218*. Occupò Cagliari, garantendo alla famiglia vasti domini nel giudicato e in Gallura. — **Nino V.**, *m. nel 1298*. Nipote per parte di madre di Ugolino della Gherardesca, combatté contro Pisa alla guida della lega guelfa.

VISCÓNTI (Ènnio Quirino), *Roma 1751 - Parigi 1818*, archeologo e umanista. Si occupò dell'illustrazione del Museo Pio-Clementino. Costretto all'esilio per la sua partecipazione alla Repubblica Romana, a Parigi scrisse un catalogo del Museo Napoleone.

VISCÓNTI (Èrmes), *Milano 1784 - Crema 1841*, letterato. Convinto assertore delle idee romantiche, collaborò al *Conciliatore*. Scrisse *Idee elementari sulla poesia romantica* (1818), *Dialogo sulle unità drammatiche di luogo e di tempo* (1819).

VISCÓNTI (Luchino), *Milano 1906 - Roma 1976*, regista teatrale e cinematografico. Dopo gli esordi nell'ambito del neorealismo, negli anni '60 e '70 del secolo scorso realizzò film raffinati e decadenti: *Ossessione* (1943), che inaugura la stagione neorealista, *La terra trema* (1950), *Senso* (1954), *Rocco e i suoi fratelli* (1960), *Il gattopardo* (1963), *Morte a Venezia* (1971). A teatro debuttò nel 1945 con *I parenti terribili* di J. Cocteau, per poi realizzare negli anni successivi anche numerosi e discussi allestimenti di balletti e opere.

Luchino **VISCONTI**. Il gattopardo *(1963)*.

VISCÓNTI-VENÒSTA (Emìlio), *Milano 1829 - Roma 1914*, politico. Deputato dal 1861 e più volte ministro degli esteri (1863-1864, 1866-1867, 1869-1876, 1896-1901), firmò con la Francia la convenzione di settembre (1864), che sanciva il ritiro delle truppe francesi da Roma e lo spostamento della capitale da Torino a Firenze.

VISENTÌNI (Brùno), *Treviso 1914 - Roma 1995*, politico. Tra i fondatori del Partito d'azione, passò quindi al PRI e fu ministro del bilancio nel 1979 e delle finanze dal 1974 al 1976 e dal 1983 al 1987.

VISENTÌNI (Robèrto), *Gardone Riviera 1957*, ciclista, vincitore del Giro d'Italia del 1986.

VISHAKHAPATNAM, c. dell'India (Andhra Pradesh), sul Golfo del Bengala; 969.608 ab. Porto. Centro industriale.

VISHNU o **VISNU**, secondo dio della triade indù (Trimurti). Ha la funzione di assicurare la conservazione dell'universo. Poiché si presenta attraverso dieci diverse incarnazioni (avatara), è una divinità molto popolare.

VISIGÒTI, ramo dei goti che nel IV sec. si stabilì nella regione danubiana e si convertì all'arianesimo. Dopo aver sconfitto l'imperatore Valente ad

Adrianopoli (378), i v. furono accettati dai romani come federati in Mesia e Pannonia (382). Nel 410, sotto la guida dal re Alarico, raggiunsero e saccheggiarono Roma, quindi risalirono nella Gallia sud-occ. (418 ca.), dove il nuovo re Ataulfo portò con sé Galla Placidia, sorella di Onorio. Tra il 412 e il 476 conquistarono gran parte della Spagna, ma nel 507 dovettero abbandonare la Gallia, cacciati dai re Clodoveo. Nel 589 il loro re Recaredo si convertì al cattolicesimo. Nel 711 la Spagna fu conquistata dagli arabi e soltanto una minoranza di v. riuscì a trovare rifugio nelle Asturie, dove fondò un nuovo regno (718).

VISSÀNI (Gianfrànco), *Civitavella del Lago 1951*, cuoco. Ha basato la propria arte culinaria sull'integrazione tra i piatti tipici italiani e la cucina internazionale, conquistando vastissima fama.

VÌSSO, com. in prov. di Macerata; 1200 ab. Conserva la collegiata di S. Maria (XII-XIV sec.) e l'ex chiesa di S. Agostino (XIV sec.).

VÌSTOLA, in pol. **Wisła**, principale f. della Polonia, che nasce nei Carpazi e sfocia nel Baltico, nel Golfo di Danzica; 1068 km; bacino di 194.000 km². Bagna Cracovia e Varsavia.

Giotto, Il presepe di Greccio, *dal ciclo della* **Vita di san Francesco**. *1296-1299.* (Basilica superiore, Assisi.)

VÌTA DI SAN FRANCÉSCO, affresco di Giotto (Basilica superiore di S. Francesco, Assisi). Realizzato nell'ultimo decennio del XIII sec., è un grande ciclo in 28 scene rappresentanti episodi della vita del santo. Vi sono già presenti i tratti innovativi dell'arte giottesca, che supera la staticità dell'arte bizantina per definire in maniera più realistica e concreta lo spazio e le forme.

VITÀLE DA BOLÓGNA, *1309 - prima del 1361*, pittore. Influenzato dall'arte toscana, in alcuni tratti anticipò il gotico internazionale. Tra le sue opere: *Madonna dei denti* (1345), *Incoronazione della Vergine* (1353).

VITÀLE (sànto), *m. a Ravenna nel I sec.*, martire. Patrono di Ravenna.

VITALIÀNO (sànto), *m. nel 672*, papa dal 657 al 672.

VISHNU. *Bronzo. Arte della dinastia Cola, XII sec.* (Museo nazionale, Madras.)

VITEBSK, c. della Bielorussia, sulla Dvina Occidentale; 349.000 ab. Porto. Centro industriale.

VITELLÉSCHI (Giovànni), *m. a Roma nel 1440*, ecclesiastico e politico. Vescovo di Recanati e Macerata, combatté contro i Colonna e i Savelli. Nominato cardinale e patriarca di Alessandria, fu catturato mentre preparava un attacco a Bologna e morì in prigione.

VITÈLLI, famiglia di Città di Castello che governò sul com. dapprima con — **Vitellozzo V.**, *m. nel 1462*, quindi con — **Niccolò I V.**, *1414-1486*. — **Vitello V.**, *m. a Napoli nel 1528*, fu al servizio di Giovanni de' Medici e gli succedette al comando delle Bande nere.

VITÈLLIO (Àulo), *15 d.C. - Roma 69*, imperatore romano (69). Dopo aver sconfitto Otone (69), fu battuto dai sostenitori di Vespasiano a Cremona e ucciso dalla folla.

VÌTE PARALLÈLE, opera di Plutarco (I sec. d.C.) composta da 24 coppie di biografie di grandi uomini greci e romani e da quattro "vite" singole.

VITÈRBO, c. del Lazio, capol. di prov.; 60.212 ab. (*viterbesi*). Mercato agricolo e del bestiame; industrie alimentari, siderurgiche, meccaniche, della ceramica, cartarie, dell'abbigliamento. — Di origine etrusca, V. conobbe la dominazione romana e longobarda. Donata alla Chiesa dai franchi, nel XII sec. fu libero comune e dal 1257 al 1281 sede pontificia. Durante i secoli successivi fu, con alcune interruzioni, territorio della Chiesa. — Centro storico di impianto medievale cinto da mura. Tra i monumenti, le chiese di S. Maria Nuova (XI sec.), S. Sisto (IX-XII sec.), S. Maria della Verità (XII sec.), la cattedrale (XII sec.), e il Palazzo dei Papi (XIII sec.), Alessandri (XIV sec.) e Comunale (XV-XVI sec.). Nei pressi, santuario di S. Maria della Quercia (XV-XVI sec.) e Villa Lante del Vignola (1566-1586). — La provincia, in gran parte collinare (Volsini e i Cimini), comprende i laghi di Vico e Bolsena. Vi si praticano l'agricoltura (cereali, olivi, viti, ortaggi, frutta) e l'allevamento. Industrie alimentari, chimiche, tessili e della ceramica. Turismo artistico.

VITERBO. Il Palazzo dei Papi (XIII sec.).

VITÌGE, *m. in Asia nel 542*, re degli ostrogoti (536-540). Fu sconfitto dai bizantini.

VITI LEVU, la maggiore delle Isole Figi; 10.400 km².

VITIM, f. della Russia, in Siberia, affl. di destra della Lena; 1837 km; bacino di 225.000 km².

VÌTO (sànto), *IV sec. ?*, martire. Il suo culto si diffuse nel Medioevo; si riteneva che guarisse dall'epilessia e da alcune malattie nervose (il "ballo di san V.").

VITÓRIA, c. del Brasile, cap. dello Stato di Espírito Santo, sull'Isola V.; 292.304 ab. Porto (esportazione di minerali di ferro).

VITORIA, c. della Spagna, capol. delle Province Basche e della prov. di Álava; 217.358 ab. Centro industriale. — Cattedrale (ricostruita nel XIV sec.), altre chiese e belle residenze; musei. — Il duca di Wellington vi sconfisse i francesi (21 giu. 1813).

VITRAC (Roger), *Pinsac 1899 - Parigi 1952*, poeta e scrittore francese. Fondò, con A. Artaud, il Théâtre Alfred Jarry e fu uno dei creatori del teatro surrealista (*Victor o i bambini al potere*, 1928).

VITRÙVIO, *I sec. a.C.*, ingegnere militare e architetto romano. Il suo trattato *De architectura*, un compendio delle tecniche e degli ordini architettonici greci e romani, ebbe grande influenza sullo sviluppo del classicismo europeo dal XV sec.

VÌTTI (Marìa Luìsa Ceciarèlli, detta Mònica), *Roma 1931*, attrice cinematografica e teatrale. Ha lavorato in partic. con M. Antonioni. Tra i film interpretati, *L'avventura* (1959), *La notte* (1960), *L'eclisse* (1962), *Deserto rosso* (1964), *La ragazza con la pistola* (1969), *Dramma della gelosia* (1970), *Polvere di stelle* (1973), *Il mistero di Oberwald* (1980), *Francesca è mia* (1986), *Scandalo segreto* (1990).

VITTÓNE (Bernàrdo Antònio), *Torino 1702-1770*, architetto. Fu l'ultimo grande interprete del barocco in Piemonte: S. Chiara di Bra (1742), Collegio delle Province (1750). Scrisse anche opere teoriche, tra cui: *Istruzioni diverse concernenti l'officio dell'architetto civile* (1766).

VITTÓRE I (sànto), *m. a Roma nel 199*, papa dal 189 al 199. — **Vittore II** (Gebardo **di Dollnstein-Hirschberg**), *m. ad Arezzo nel 1057*, papa dal 1055 al 1057, per volere di Enrico III. — **Vittore III** (Desiderio **da Montecassino**), *Benevento 1027-Montecassino 1087*, papa dal 1086 al 1087. Abate di Montecassino, non lasciò l'abbazia neppure dopo la nomina a pontefice. — **Vittore IV** (Gregorio **Conti**), *m. dopo il 1139*, antipapa nel 1138 per volere dei Pierleoni, che lo contrapposero a Innocenzo II. — **Vittore IV** (Ottaviano **di Montiello**), *m. a Lucca nel 1164*, antipapa nel 1159 per volere di Federico Barbarossa, che lo contrappose ad Alessandro III.

VITTÒRIA, grande isola del Mar Glaciale Artico, a N del Canada (Territori del Nord-Ovest e Nunavut); 212.000 km^2.

VITTÒRIA, *Londra 1819 - Osborne, Isola di Wight, 1901*, regina di Gran Bretagna e Irlanda (1837-1901) e imperatrice delle Indie (1876-1901). Nipote di Giorgio III, succedette allo zio Guglielmo IV, morto senza eredi. Grazie ai suoi consiglieri, il primo ministro lord Melbourne, lo zio Leopoldo I del Belgio e Alberto di Sassonia-Coburgo-Gotha (che sposò nel 1840), V. riuscì in breve tempo a restituire dignità e prestigio alla corona, allora fortemente screditata. Pur attenendosi scrupolosamente allo statuto del regime parlamentare, V. entrò spesso in conflitto con i suoi più importanti ministri (il duca di Wellington, H.J.T. Palmerston, B. Disraeli, poi W.E. Gladstone). Con la sua forte personalità esercitò una notevole influenza sulla vita politica della Gran Bretagna, che durante il suo regno (età vittoriana) giunse all'apice della potenza politica ed economica.

■ *La regina Vittoria nel 1870 ca.*

VITTÒRIA, com. in prov. di Ragusa; 58.909 ab. Costruita nel 1607 per volere di Vittoria Colonna, conserva l'aspetto barocco.

VITTÒRIA (Alessàndro), *Trento 1525 - Venezia 1608*, scultore. Allievo di J. Sansovino, realizzò tra l'altro le decorazioni per la Scala d'oro del palazzo ducale e per la Scala d'onore della Biblioteca Marciana, a Venezia.

VITTÒRIA (Cascàte), cascate dello Zambesi, al confine tra Zimbabwe e Zambia. Salto di 108 m.

VITTÒRIA (Làgo), già **Victoria Nyanza**, grande lago dell'Africa equatoriale, che ha per emissario il Nilo Vittoria; 68.100 km^2.

VITTORIÀLE DEGLI ITALIÀNI, villa sul Lago di Garda, a Gardone di Sopra. Opera di G. Maroni, fu la residenza di G. D'Annunzio (cui si deve il nome) dal 1920 alla morte.

VITTORÌNI (Èlio), *Siracusa 1908 - Milano 1966*, scrittore. Dopo aver vissuto per un periodo a Firenze, dove scrisse i racconti *Piccola borghesia* (1931) e *Il garofano rosso* (1933-1934), nel 1938 si trasferì a Milano. Nel 1941 pubblicò **Conversazione in Sicilia* e *Americana*, antologia di autori inglesi e americani frutto delle numerose traduzioni compiute in quegli anni. Nel 1945 dette alle stampe *Uomini e no* e fondò le riviste *Il Politecnico* e *Il menabò*. Altre opere: *Il Sempione strizza l'occhio al Frejus* (1947) e *Le donne di Messina* (1949).

VITTORÌNO DA FÈLTRE (Vittorino **déi Rambaldóni**, detto), *Feltre 1373 - Mantova 1446*, umanista ed educatore. Fondò a Mantova, per volere di Gianfrancesco Gonzaga, la scuola di Villa Giocosa, dove l'educazione era improntata agli ideali umanisti e ai principi cristiani.

VITTÒRIO AMEDÈO I, *Torino 1587 - Vercelli 1637*, duca di Savoia (1630-1637). Figlio di Carlo Emanuele I e di Caterina di Spagna, sposò (1619) Maria Cristina di Francia. Con il trattato di Cherasco (1631) ottenne gran parte del Monferrato, ma dovette cedere alla Francia Pinerolo. Nel 1635 si alleò con i francesi nella guerra dei Trent'anni, nella speranza di ottenere la Lombardia spagnola, ma morì durante il conflitto. — **Vittorio Amedeo II**, *Torino 1666 - Rivoli 1732*, duca di Savoia (1675), re di Sicilia (1713) e Sardegna (1720). Figlio di Carlo Emanuele II, durante la guerra di successione spagnola tradì l'alleanza con la Francia per passare dalla parte degli Asburgo (1703), conquistando Monferrato, Lomellina, novarese e il regno di Sicilia. In politica interna limitò i poteri della Santa Sede e riorganizzò l'intero sistema scolastico e universitario. Nel 1730 abdicò in favore del figlio Carlo Emanuele III, ma poco tempo dopo, per aver tentato di riprendere il potere, fu arrestato e confinato nel castello di Rivoli. — **Vittorio Amedeo III**, *Torino 1726 - Moncalieri 1796*, re di Sardegna (1773-1796). Successore del padre Carlo Emanuele III, abbandonò la sua politica di riforme per rafforzare l'assolutismo. Aderì alla prima coalizione antinapoleonica (1792-1797), ma, sconfitto da Napoleone a Millesimo (1796), dovette cedere alla Francia Savoia, Nizza, Cuneo e Tenda.

VITTÒRIO EMANUÈLE I, *Torino 1759 - Moncalieri 1824*, re di Sardegna (1802-1821). Salito al trono dopo l'abdicazione del fratello Carlo Emanuele IV, durante l'occupazione francese dei territori sabaudi in terraferma (1792-1796) visse in Sardegna e tornò in Piemonte dopo il Congresso di Vienna (1815), con cui gli furono resi i suoi domini e concessa la repubblica di Genova. Conservatore irriducibile, allo scoppio dei moti del 1821 abdicò in favore del fratello Carlo Felice. — **Vittorio Emanuele II**, *Torino 1820 - Roma 1878*, re di Sardegna (1849) e d'Italia (1861). Salito al trono in seguito all'abdicazione del padre Carlo Alberto, pur mantenendo le libertà costituzionali e appoggiando la politica del primo ministro C. Cavour, con il proclama di Moncalieri (1849) impresse un indirizzo più moderato al suo regno. Dopo aver tacitamente approvato la seconda guerra d'indipendenza, nel 1858 dovette firmare l'armistizio di Villafranca, con cui cedette alla Francia di Napoleone III Nizza e Savoia. In seguito appoggiò la spedizione garibaldina, che nel 1861 lo portò a ottenere il titolo di re d'Italia. Dopo la morte di Cavour, proseguì la politica di unificazione italiana con la terza guerra d'indipendenza (1866), con cui ottenne il Veneto, e la presa di Roma (1870), che divenne la nuova capitale e in cui si trasferì nel 1871.

■ *Vittorio Emanuele II. (Museo del Risorgimento, Macerata.)*

— **Vittorio Emanuele III**, *Napoli 1869 - Alessandria d'Egitto 1947*, re d'Italia (1900-1946), imperatore d'Etiopia (1936) e re d'Albania (1939). Figlio di Umberto I e di Margherita di Savoia, nei primi tempi del suo regno appoggiò la politica liberale di G. Zanardelli e G. Giolitti. Nel 1915 si schierò a favore dell'intervento nella prima guerra mondiale e vi partecipò restando nelle retrovie. Pur non avendo assunto una posizione chiara nei confronti dell'ascesa del fascismo, in occasione della marcia su Roma conferì a B. Mussolini l'incarico di formare un nuovo governo e negli anni successivi assecondò il nuovo regime. Nel 1940 accettò l'entrata in guerra a fianco della Germania, ma in seguito all'andamento disastroso delle operazioni il 25 lug. 1943 fece arrestare Mussolini. Dopo la fuga a Brindisi (9 sett. 1943), nominò il figlio Umberto luogotenente (1944) e, il 9 mag. 1946, abdicò in suo favore andando in esilio in Egitto.

VITTÒRIO VÈNETO (battàglia di) (24 ott. 1918), battaglia della prima guerra mondiale. Vittoria italiana sugli austriaci che portò alla resa definitiva di questi ultimi (armistizio di Villa Giusti, presso Padova, il 3 nov.).

VIVÀLDI (Antònio), detto **il Prète róssso**, *Venezia 1678 - Vienna 1741*, compositore e violinista. Ordinato sacerdote, chiese la dispensa e fino al 1740 si dedicò all'insegnamento del violino all'Ospedale della Pietà di Venezia, conservatorio per orfane e bisognose, dove si diede anche alla composizione. Fu un virtuoso (si esibì in tutta Europa) e, con le sue sperimentazioni, ebbe grande influenza sulle tecniche violinistiche. Scrisse 480 concerti ca., per i quali creò la divisione in tre movimenti e fissò la cadenza del solista. Autore di 50 melodrammi ca. e di numerose composizioni di musica sacra, deve però la sua fama soprattutto alla produzione strumentale: sonate, concerti per uno o più solisti (*La Notte*), alcuni dei quali riuniti in raccolte (*L'estro armonico*, 1711; *Il cimento dell'armonia*, 1725 ca., che comprende *Le quattro stagioni*).

■ *Antonio Vivaldi. (Conservatorio G.B. Martini, Bologna.)*

VIVARÌNI, famiglia di pittori veneziani. — **Antonio V.**, *Murano 1420 ca. - dopo il 1470*. Attivo a Venezia e a Padova, fondatore della scuola di Murano, è autore di grandi polittici di impianto bizantino. — **Bartolomeo V.**, *Murano 1430 ca. - dopo il 1490*. Fratello di Antonio, si distaccò dal suo stile, avvicinandosi all'opera di A. Mantegna. — **Alvise V.**, *Venezia 1445 ca. - 1505 ca.* Figlio di Antonio, fu influenzato da Antonello da Messina e G. Bellini.

VIVERÓNE (Làgo di) o **LÀGO D'AZÈGLIO**, lago del Piemonte, in prov. di Biella, ai piedi della Serra d'Ivrea; 5,8 km^2.

VIVIÀNI (Césare), *Siena 1947*, poeta. *L'ostrabismo cara* (1973), *L'amore delle parti* (1981), *Preghiera del nome* (1990), *Una comunità degli animi* (1997), *Silenzio dell'universo* (2000), *Passanti* (2002). È autore anche di saggi critici, tra cui *Pensieri per una poetica della veste* (1988), *Il sogno dell'interpretazione* (1989), *Il mondo è uno spettacolo* (1998).

VIVIÀNI (Raffaèle), *Castellammare di Stabia 1888 - Napoli 1950*, attore teatrale e commediografo. Autore di opere in dialetto napoletano, ispirate alle condizioni sociali della povera gente: *'O vico* (1917), *Piscature* (1925).

VIVIÀNI (Vincènzo), *Firenze 1622-1703*, matematico. Allievo di G. Galilei, si occupò anche di fisica, collaborando con E. Torricelli. Sostenitore della geometria degli antichi, tradusse gli *Elementi* di Euclide. Scrisse anche il *Racconto istorico della vita di Galileo*. Scoprì la curva algebrica nota come "finestra di V.".

VJATKA, dal 1934 al 1991 **Kirov**, c. della Russia, sul f. V.; 462.910 ab. Metallurgia.

VJATKA, f. della Russia, affl. di destra della Kama; 1314 km.

VLAARDINGEN, c. dei Paesi Bassi (Olanda Meridionale), sul f. Mosa, sobborgo di Rotterdam; 73.675 ab. Porto. Centro industriale.

VLADIKAVKAZ, dal 1954 al 1990 **Ordžonikidze**, c. della Russia, capol. della Rep. dell'Ossezia Settentrionale, alle pendici del Caucaso; 309.861 ab. Musei.

VLADIMIR, c. della Russia, a NE di Mosca; 335.347 ab. Chiese del XII sec.

VLADIMÌRO I IL SÀNTO o **IL GRÀNDE**, *m. nel 1015*, principe di Kiev (980-1015). Ricevuto il battesimo, si convertì al cristianesimo ortodosso e ne fece la religione del suo popolo (988 ca.). — **Vladimiro II Monomaco**, *1053-1125*, principe di Kiev (1113-1125). Scrisse l'*Ammaestramento dei figli*, una delle prime opere della letteratura russa.

VLADIVOSTOK, c. della Russia, sul Mar del Giappone, capolinea della ferrovia transiberiana; 631.543 ab. Porto. Centro industriale. — La città fu fondata nel 1860.

VLAMINCK (Maurice **de**), *Parigi 1876 - Rueil-la-Gadelière 1958*, pittore francese. Tra le personalità più forti del gruppo dei *fauves*, si dedicò soprattutto alla pittura di paesaggi.

VLASOV (Andrej Andreevič), *Lomakino, 1900 - Mosca 1946*, generale sovietico. Comandante d'armata nel 1941-1942, fu fatto prigioniero dai tedeschi e accettò di collaborare con loro (1942) costituendo un Comitato nazionale russo. Catturato dagli americani nel 1945, fu riconsegnato ai sovietici, che lo processarono come traditore, e venne giustiziato nel 1946.

VLISSINGEN → FLESSINGA.

VLT (Very Large Telescope), insieme di 4 telescopi del diametro di 8,20 m ciascuno, costruiti dall'ESO sul Cerro Paranal, in Cile. La prima unità del telescopio è entrata in funzione nel 1998.

VOCAZIÓNE DI SAN MATTÈO, tela di Caravaggio (1599-1600, chiesa di S. Luigi dei Francesi, Roma). È una delle tre tele che Caravaggio realizzò per i Contarelli, dedicate al santo. La conversione è rappresentata attraverso un uso simbolico della luce e dell'ombra, elementi tipici dell'opera caravaggesca.

Vocazione di san Matteo di Caravaggio, 1599-1600. (S. Luigi dei Francesi, Roma.)

VÓCE (La), rivista politico-letteraria fondata a Firenze nel 1908 da G. Prezzolini. Al centro del dibattito culturale dei primi anni del XX sec., ebbe tra i suoi collaboratori B. Croce, G. Gentile, G. Papini, G. Salvemini. Prezzolini tentò di dare alla rivista un'impronta nazionalista e interventista, ma fu costretto a lasciarne la direzione nel 1914.

VOGELHERD, sito archeologico della Germania (Baden-Württemberg). Resti preistorici dal Paleolitico medio al Paleolitico superiore (resti umani, sculture di animali miniaturizzati risalenti all'aurignaziano).

VOGHÈRA, com. in prov. di Pavia; 39.703 ab. Industrie alimentari, meccaniche, chimiche, delle pelli. Castello visconteo (XIV sec.).

VÒGULI → MANSI.

VOITURE (Vincent), *Amiens 1597 - Parigi 1648*, scrittore francese. La sua poesia, le sue *Lettere* e la sua retorica furono modelli del preziosismo secentesco.

VOJVODINA, reg. della Iugoslavia, in Serbia, a N del Danubio; 2.012.517 ab.; capol. *Novi Sad*. Conta una numerosa minoranza ungherese.

VOLGA, f. della Russia, che nasce dall'Altopiano di Valdaj e si getta nel Mar Caspio con un lungo delta; 3690 km; bacino di 1.360.000 km². È il più lungo fiume d'Europa. Il V. attraversa Jaroslav, Nižnij Novgorod, Kazan', Samara, Saratov, Volgograd e Astrakhan. Importante via navigabile (più della metà del traffico commerciale russo), collega il Mar Bianco e il Baltico (canale Volga-Baltico), al Mar Azov e al Mar Nero (canale Volga-Don); lungo il suo corso sono state costruite importanti centrali idroelettriche.

VOLGA (Repùbblica dei tedéschi del) (1924-1945), ant. rep. autonoma dell'URSS, situata sul corso inferiore del Volga. L'abitavano i discendenti dei coloni tedeschi richiamati nel territorio da Caterina II.

VOLGOGRAD, già **Caricyn**, poi, dal 1925 al 1961, **Stalingrado**, c. della Russia, sul Volga; 1.007.300 ab. Centro industriale. Sfruttamento idroelettrico sul Volga. Grande monumento commemorativo della battaglia di *Stalingrado*.

VOLÌNIA, in pol. Wołyń, reg. dell'Ucraina nordocc. Appartenente alla Lituania (XIV sec.) poi alla Polonia (1569), fu annessa alla Russia nel 1793-1795. Di nuovo divisa tra l'URSS e la Polonia (1921), passò all'Unione Sovietica nel 1939.

VOLJSKI, c. della Russia, sul Volga, di fronte a Volgograd; 284.647 ab.

VÖLKLINGEN, c. della Germania (Saarland); 43.232 ab. Giacimenti di carbone. Industria metallurgica. — Museo dell'industria all'interno di un vecchio stabilimento siderurgico.

VOLKSWAGEN, industria automobilistica tedesca, fondata nel 1937 a Wolfsburg per la produzione di vetture popolari.

VOLNEY (Constantin François **de Chassebœuf**, cónte di), *Craon 1757 - Parigi 1820*, filosofo francese. Nei suoi scritti tentò di dimostrare che, malgrado le diversità che li distinguono, i popoli sono uniti nella fraternità e nel progresso (*Le rovine, ovvero meditazioni sulle rivoluzioni degli imperi*, 1791).

VOLOGDA, c. della Russia; 294.328 ab.

VOLOGÈSE I, *m. nel 77 d.C.*, re dei parti (50/51-77 ca. d.C.) della dinastia degli Arsacidi. Combatté contro Roma (54-63).

VOLONTÉ (Giàn Maria), *Milano 1933 - Florina 1994*, attore cinematografico. Tra i film interpretati, *Per un pugno di dollari* (1964), *L'armata Brancaleone* (1966), *A ciascuno il suo* (1967), *Indagine su un cittadino al di sopra di ogni sospetto* (1970), *La classe operaia va in paradiso*, *Il caso Mattei* (1971), *Todo modo* (1975), *Il caso Moro*, *Cronaca di una morte annunciata* (1987), *Una storia semplice* (1991). Miglior attore a Cannes con *La morte di Mario Ricci* (1983).

Gian Maria VOLONTÉ.

VÓLOS o **VÒLO**, c. della Grecia (Tessaglia), sul Golfo omonimo; 77.192 ab. Porto.

VÓLPE (Gioacchino), *Paganica 1876 - Santarcangelo di Romagna 1971*, storico. Autore della storia ufficiale del regime fascista, scrisse tra l'altro *Storia del movimento fascista* (1939), *L'Italia moderna* (1943-1952).

VÓLPI (Giuséppe), *Venezia 1877 - Roma 1947*, finanziere e politico. Fondatore della Società adriatica di elettricità nel 1905, ministro delle finanze dal 1925 al 1928, dal 1934 fu presidente della Confederazione fascista degli industriali.

VOLPÓNE, commedia in versi in cinque atti di B. Jonson (1606). Un ricco mercante veneziano si finge moribondo per farsi riverire da falsi amici interessati unicamente alla sua eredità.

VOLPÓNI (Pàolo), *Urbino 1924 - Ancona 1994*, scrittore. Senatore dal 1983 per il PCI, scrisse tra l'altro *Memoriale* (1962), *La macchina mondiale* (1965), *Il pianeta irritabile* (1978), *Le mosche del capitale* (1989), *La strada per Roma* (1991).

VÒLSCI, ant. popolazione italica, residente nel Lazio. Nemici giurati di Roma, i v. furono sottomessi solo nel corso del IV sec. a.C.

VOLSÌNI (Mónti), gruppo montuoso dell'Appennino Laziale. Residuo di un apparato vulcanico, nella sua parte più elevata si trova il L. di Bolsena.

VOLTA, f. del Ghana. È formato dalla confluenza dei f. Mouhoun (già Volta Nero), Nakambe (già Volta Bianco) e Nazinon (già Volta Rosso), tutti quanti provenienti dal Burkina. La diga di Akosombo ha creato un bacino artificiale, il V. (oltre 8000 km²).

VÒLTA (Alessàndro, cónte), *Como 1745-1827*, fisico. Interessato all'elettrologia, enunciò il concetto di potenziale dei corpi. Inventò quindi l'elettroforo (1775) e, rifacendosi agli esperimenti di L. Galvani, realizzò la pila elettrica (1800), che gli diede fama internazionale. N. Bonaparte lo nominò conte e senatore del regno d'Italia.

■ *Alessandro Volta in un'incisione di A. Tardieu.*

VÒLTA (Àlto) → BURKINA FASO.

VOLTAIRE (François Marie **Arouet**, detto), *Parigi 1694-1778*, scrittore francese. I suoi esordi letterari coincisero con l'inizio di quella lotta contro il potere che lo avrebbe portato alla reclusione nella Bastiglia. Fu un paladino dello spirito e delle idee filosofiche, che diffuse tramite i poemi, i racconti (*Zadig*, *Candido*), i saggi storici (*Il secolo di Luigi XIV*, 1751) e il *Dizionario filosofico* (1764), oltre che nelle sue campagne in favore delle vittime degli errori giudiziari.

■ *Voltaire ritratto da N. de Largillière. (Reggia di Versailles.)*

VOLTA REDONDA, c. del Brasile, a NO di Rio de Janeiro; 242.063 ab. Industria siderurgica.

VOLTÈRRA, com. in prov. di Pisa, dal caratteristico impianto urbanistico medievale; 11.686 ab. Lavorazione dell'alabastro, agricoltura e una serie di industrie (meccaniche e chimiche) costituiscono le occupazioni principali della cittadina. — Di origine etrusca, conserva importanti vestigia, tra cui spiccano la cinta muraria etrusca (Porta dell'Arco, II sec.) e i resti del teatro romano (I sec. a.C.). Di notevole interesse anche i monumenti medievali, come il duomo (XII-XIII sec.) e il battistero (XIII sec.).

VOLTERRA. La Porta dell'Arco (II sec. a.C.).

VOLTÈRRA (Vito), *Ancona 1860 - Roma 1940*, matematico e fisico. Fu tra gli ideatori dell'analisi funzionale, che applicò a vari problemi di biologia (come l'evoluzione delle popolazioni) e di fisica. Dopo aver rifiutato di prestare il giuramento di fedeltà al fascismo (1931) si ritirò dall'insegnamento.

VOLTERRÀNO (Baldassàrre **Franceschini**, detto il), *Volterra 1611 - Firenze 1689*, pittore. Tra i maggiori esponenti del barocco toscano, realizzò tra l'altro gli affreschi di villa della Petraia (1637-1646), della Cappella Niccolini in S. Croce (1664), della sala delle Allegorie a Palazzo Pitti.

VOLTÙRNO, f. dell'Italia merid., tra il Molise e la Campania; 175 km. Nasce dal gruppo montuoso delle Mainarde e sfocia nel Mar Tirreno. Tra l'1 e il 2 ott. 1860 G. Garibaldi vi sconfisse l'esercito borbonico, ponendo fine alla spedizione dei Mille.

VOLUBILIS, sito archeologico del Marocco, a N di Meknès. Imponenti resti di epoca romana (terme, templi, arco di Caracalla).

VOLVO, gruppo automobilistico svedese, fondato nel 1926. Dal 1999 fa parte di Ford Motor Company.

VOMÀNO, f. dell'Italia centrale; 75 km. Nasce dal Gran Sasso e sfocia nell'Adriatico.

VÔ NGUYÊN GIAP, *An Xa 1912*, generale vietnamita. Comandante delle forze vietminh contro i francesi (1947-1954), in partic. a Diên Biên Phu, è stato ministro della difesa del Vietnam del Nord dal 1954 (e, dal 1976 al 1980, del Vietnam riunito). Ha diretto la controffensiva contro gli americani durante la guerra del Vietnam (1964-1975). È stato vice primo ministro dal 1976 al 1991.

VONNEGUT (Kurt), *Indianapolis 1922*, scrittore statunitense. È autore di romanzi di fantascienza di grande successo, tra cui: *Madre notte* (1961), *Mattatoio 5* (1969), *Un pezzo da galera* (1979), *Deadeye Dick* (1981), *Galapagos* (1985), *Hocus Pocus* (1990).

VORARLBERG, prov. dell'Austria occ.; 331.472 ab.; capol. *Bregenz*.

VOROILOVGRAD → LUGANSK.

VORONEZŠ, c. della Russia, presso il Don; 901.117 ab. Centro industriale.

VOROŠILOV (Kliment Efremovič), *Ekaterinoslav, Ucraina, 1881 - Mosca 1969*, maresciallo sovietico. Sostenne la difesa di Carycin (att. Volgograd) contro l'attacco dei russi bianchi. In seguito divenne commissario del popolo per la difesa (1925-1940) e presidente del presidium del soviet supremo dell'URSS (1953-1960).

VÖRÖSMARTY (Mihály), *Kápolnasnyék 1800 - Pest 1855*, poeta ungherese. D'ispirazione romantica, è autore di tragedie e poemi epici (*La fuga di Zalán*, 1825).

VORSTER (Balthazar Johannes), *Jamestown 1915 - Città del Capo 1983*, politico sudafricano. Primo ministro (1966-1978) e presidente della repubblica (1978-1979), fu un rigido sostenitore dell'apartheid.

VOSGES, dip. della Francia, nella reg. Lorena; capol. *Épinal*; 5874 km²; 380.952 ab. Il dip. si estende a E negli Alti Vosgi e a O sul Plateau Lorrain, arenoso e calcareo, dove la cerealicoltura è stata quasi completamente soppiantata dall'allevamento, favorito dal clima.

VÒSGI, massiccio della Francia orient., diviso tra le reg. Lorena (versante occ.) e Alsazia (versante orient.); con i suoi 1424 m il Grand Ballon rappresenta la vetta più alta. Gli Alti V., situati a S, presentano sommità pressoché arrotondate (i cosiddetti "Ballons") e ai suoi rilievi elevati (Bussang, Schlucht), si oppongono a N i colli dei Bassi V., dalle caratteristiche forme piatte (Col de Saverne).

VOSS (Johann Heinrich), *Sommersdorf, Meclemburgo, 1751 - Heidelberg 1826*, poeta tedesco. I suoi idilli paesani e borghesi (*Louise*, 1795) sono caratterizzati da un tratto realista.

VOSSIUS (Gerardus Johannis), *Heidelberg 1577 - Amsterdam 1649*, umanista olandese, autore di opere pedagogiche per lo studio del greco e del latino e di scritti sulla religione.

VOTIAKI → UDMURTI.

VOUET (Simon), *Parigi 1590-1649*, pittore francese. A Parigi ebbe una carriera brillante per merito del suo stile spigliato e decorativo (colori vivi, composizioni dinamiche) (*La presentazione al tempio*).

VOYAGER 1 E 2, sonde spaziali automatiche statunitensi. Lanciate nel 1977, hanno entrambe sorvolato Giove (1979) e Saturno (1980, 1981). V. 2 si è avvicinata a Urano (1986) e successivamente a Nettuno (1989).

VRACA, c. della Bulgaria nord-occ., ai piedi dei Balcani; 69.423 ab.

VRANGEL o **WRANGEL** (Ìsola), isola russa, nel Mar di Siberia orient.; 7300 km².

VRANGEL (Pëtr Nikolaevič, baróne), *Novo Aleksandrovsk 1878 - Bruxelles 1928*, generale russo. Erede di A.I. Denikin alla testa delle armate bianche dell'Ucraina (1920), combatté contro l'Armata rossa e organizzò un governo riconosciuto dalla Francia nell'ago. 1920.

VRANITZKY (Franz), *Vienna 1937*, politico austriaco. Presidente del SPÖ (Partito socialista, diventato nel 1991 Partito socialdemocratico) dal 1988 al 1997, è stato cancelliere dal 1986 al 1997.

VREDEMAN DE VRIES (Hans), *Leeuwarden 1527 - ? 1604 ca.*, disegnatore, pittore e architetto olandese. Pubblicò ad Anversa dei trattati di architettura e sulla prospettiva, nonché raccolte di incisioni in stile manierista italiano, che ebbero grande successo nell'Europa settentr.

VRIES (Hugo De) → DE VRIES (Hugo).

VRUBEL' (Michail), *Omsk 1856 - San Pietroburgo 1910*, pittore russo, importante figura del simbolismo e dell'Art Nouveau.

VUCCIRÌA (La), tela di R. Guttuso (1974, Università, Palermo). Rappresentazione del mercato omonimo di Palermo, con il suo tripudio di forme e colori, esprime l'affetto dell'artista per la sua città attraverso la rappresentazione di uno dei momenti più importanti della comunità.

VUELTA (la), giro ciclistico di Spagna.

VUILLARD (Édouard), *Cuiseaux 1868 - La Baule 1940*, pittore francese. Membro del gruppo dei *nabis*, sviluppò uno stile personale, tendente all'intimismo sfumato.

VULCÀNI D'AUVERGNE (Pàrco naturàle regionàle deì), parco naturale francese che comprende i massicci dei Monti Dôme, dei Monti Dore e del Cantal. Ricopre 395.000 ha ca.

VULCÀNO MITOL. ROM. Dio del fuoco e del metallo, identificato col dio greco Efesto.

VULCÀNO, isola del Tirreno, nelle Eolie; 20,9 km². Compresa nel com. di Lipari, è costituita da tre gruppi vulcanici. Turismo balneare.

VÙLCI, ant. centro etrusco presso Montalto di Castro. Conserva un'importante necropoli e resti di età romana.

VULGÀTA, traduzione latina della Bibbia adottata dalla Chiesa cattolica. Opera di san Girolamo, che vi lavorò a partire dal testo ebraico, fu oggetto di numerose revisioni fino ad arrivare a quella del papa Clemente VIII, che pubblicò (1592) il testo definitivo, riconosciuto come ufficiale dalla Chiesa latina per più di tre secoli.

VÙLTURE, gruppo montuoso della Basilicata. Di origine vulcanica, in due crateri del cono di Monticchio si aprono i laghi omonimi.

VUNG TAU, c. del Vietnam merid.; 123.528 ab. Porto.

VYBORG, in finn. *Viipuri*, c. della Russia, sul Golfo di Finlandia; 81.100 ab. — La città è stata ceduta dalla Finlandia alla Russia nel 1947.

VYGOTSKIJ (Lëv Semënovič), *Orša, Bielorussia, 1896 - Mosca 1934*, psicologo sovietico. Sostenne la tesi di una genesi sociale dello psichismo, strutturata attraverso sistemi di segni (*Pensiero e linguaggio*, 1934).

La Vucciria *di R. Guttuso, 1974.*
(Università di Palermo.)

Carattere Walbaum

WAAL, ramo merid. del delta del Reno, che si unisce alla Mosa nella Valle di Nimega.

WAAS, reg. del Belgio (Fiandra Orientale), sulla Schelda, al confine con l'Olanda.

WACE, *Jersey 1100 ca. - 1175 ca.*, poeta anglo-normanno. È autore del *Roman de Brut*, prima opera scritta in lingua volgare francese, che narra le avventure di re Artù, e del *Roman de Rou*, o *Gestes des Normands*.

WACKENRODER (Wilhelm Heinrich), *Berlino 1773-1798*, poeta tedesco. Fu tra i primi esponenti del romanticismo (*Effusioni sentimentali di un monaco amante dell'arte*, 1797).

WACO, c. degli Stati Uniti (Texas), a S di Dallas; 113.726 ab.

WADDEN (Màre di) o **WADDENZEE**, settore del Mare del Nord compreso tra il continente e la parte occ. dell'arcipelago delle Frisone.

WADE (Abdoulaye), *Saint-Louis 1926*, politico senegalese. Avversario di L.S. Senghor e in seguito di A. Diouf, è presidente della repubblica dal 2000.

WÄDENSWIL, c. della Svizzera (cant. di Zurigo); 19.122 ab. – Abitazioni antiche.

WAD MEDANI, c. del Sudan, sul Nilo Azzurro; 145.015 ab.

WAFD, partito nazionalista egiziano fondato intorno al 1918-1923, sostenitore dell'indipendenza dell'Egitto e dell'abolizione della monarchia. Messo al bando nel 1953, fu ricostituito nel 1977 e legalizzato nel 1983.

WAGNER (Otto), *Penzing, presso Vienna, 1841 - Vienna 1918*, architetto austriaco. Eclettico agli esordi, nel corso dell'ultimo decennio del 1800 divenne il capofila della scuola modernista viennese (stazione della metropolitana di Vienna; chiesa Am Steinhof, 1905).

WAGNER (Richard), *Lipsia 1813 - Venezia 1883*, compositore tedesco. Maestro di cappella alla corte di Dresda, a causa delle sue simpatie rivoluzionarie dovette rifugiarsi in Svizzera (1849-1861). L'amicizia di F. Liszt e di Luigi II di Baviera gli consentì di dedicarsi alla propria arte. Compose così

le opere *Il vascello fantasma* (1843), *Tannhäuser* (1845, 2ª versione 1861), *Lohengrin* (1850), *l'Anello dei Nibelunghi*, conosciuto anche come **Tetralogia*, *Tristano e Isotta* (1865), *I maestri cantori di Norimberga* (1868), *Parsifal* (1882). Fautore di un teatro mitico, insieme mistico e simbolico, che lo vide cimentarsi con le più note leggende germaniche, raggiunse un amalgama perfetto tra testo e musica, voce e strumenti, nonché una profonda unità tematica, grazie all'uso del *Leitmotiv*.

■ *Richard Wagner, dipinto anonimo del XIX sec. (Conservatorio G.B. Martini, Bologna.)*

WAGNER-JAUREGG (Julius), *Wels, Austria, 1857 - Vienna 1940*, psichiatra austriaco. Nel 1927 ricevette il premio Nobel per le sue ricerche sul trattamento della paralisi progressiva indotta dalla sifilide, che posero le basi della malarioterapia.

WAGRAM (battàglia di) (6 lug. 1809), battaglia che vide Napoleone prevalere sulle truppe austriache dall'arciduca Carlo, a W., a NE di Vienna. Fu il preludio alla pace di Vienna, siglata con l'Austria il 14 ott. 1809.

WAIKIKI, spiaggia di Honolulu (Hawaii).

WAJDA (Andrzej), *Suwałki 1926*, regista cinematografico polacco. Segnata dal ricorrente tema della patria, la sua opera abbina una grande lucidità critica a uno stile barocco e romantico: *Cenere e diamanti* (1958), *Il bosco delle betulle* (1970), *L'uomo di marmo* (1976), *Dottor Korczak* (1989), *Pan Tadeusz* (1999).

WAKAYAMA, c. del Giappone (Honshu); 393.885 ab. Porto. Centro industriale.

WAKE (Isola di), atollo del Pacifico, a N delle Isole Marshall. — Base aeronautica americana sulla rotta Hawaii-Filippine, l'atollo fu occupato dai giapponesi dal 1941 al 1945.

WAKHAN, estremità nord-orient. dell'Afghanistan.

WAKSMAN (Selman Abraham), *Priluka, presso Kiev, 1888 - Hyannis, Massachusetts, 1973*, microbiologo statunitense di origine russa. Ricevette il premio Nobel nel 1952 per aver scoperto, insieme ad Albert Schatz, la streptomicina.

WAŁBRZYCH, c. della Polonia, nella Bassa Slesia; 141.200 ab. Giacimenti di carbone. Centro industriale.

WALBURGE (sànta) → VALPURGA (santa).

WALCOTT (Derek), *Santa Lucia 1930*, scrittore caraibico di lingua inglese. Poeta (*Another Life*, 1973) e drammaturgo influenzato dalle avanguardie poetiche, attinse anche alle tradizioni orali caraibiche. (Premio Nobel 1992.)

WALDECK-ROUSSEAU (Pierre), *Nantes 1846 - Corbeil 1904*, politico francese. Ministro degli interni (1881-1882; 1883-1885), fece approvare la legge che legalizzava i sindacati (1884). Presidente del consiglio, si adoperò affinché fosse concessa la grazia a A. **Dreyfus* (1899) e patrocinò la legge del 1901 sulle associazioni.

WALDERSEE (Alfred, cónte **di**), *Potsdam 1832 - Hannover 1904*, generale tedesco. Nel 1900 comandò le truppe internazionali inviate in Cina durante la rivolta dei Boxers.

WALDHEIM (Kurt), *Sankt Andrä-Wördern 1918*, politico austriaco. Segretario generale dell'ONU dal 1972 al 1981, è stato presidente della repubblica dal 1986 al 1992. I suoi trascorsi di ufficiale nazista sono stati oggetto di un'accesa controversia (1986).

WALEN (làgo di), lago della Svizzera; 30 km² ca.

WALES, nome inglese della reg. del **Galles*.

WAŁESA (Lech), *Popowo 1943*, politico polacco. È stato il leader dei movimenti di rivendicazione politica del 1980, da cui è nato il sindacato Solidarność (che ha presieduto dal 1981 al 1990). Arrestato nel 1981, è stato liberato nel 1982. Ha rivestito la carica di presidente della repubblica dal 1990 al 1995. (Premio Nobel per la pace 1983.)

■ *Lech Wałesa nel 1990.*

WALHALLA o **VALHALLA**, nella mitologia nordica, paradiso riservato ai guerrieri morti in battaglia.

WALKER (Alice), *Eatonton 1944*, scrittrice statunitense. Nei suoi racconti e romanzi dalla prosa cadenzata e musicale, ha sostenuto il movimento per i diritti civili delle donne afroamericane. Tra le opere, *La terza vita di Grange Copeland* (1973), *Meridian* (1976), *Il colore viola* (1981), *Possedere il segreto della gioia* (1992), *Nella luce del sorriso di mio padre* (2000).

WALLACE (Alfred Russel), *Usk, Monmouthshire, 1823 - Broadstone, Dorset, 1913*, naturalista britannico. Introdusse, contemporaneamente a C. Darwin, il principio della selezione naturale. È il padre della geografia zoologica o biogeografia.

WALLACE (David Foster), *Urbana 1962*, scrittore statunitense. Autore di romanzi e racconti brillanti, dalla prosa eclettica e versatile, ha scritto tra l'altro *La scopa del sistema* (1987), *La ragazza dai capelli strani* (1996), *Infinite Jest* (1996), *Brevi interviste con uomini schifosi* (1999).

WALLACE (Edgar), *Greenwich 1875 - Hollywood 1932*, scrittore britannico. Segnalatosi nel 1905 con il fortunato romanzo poliziesco *I quattro giusti*, scrisse ca. 175 romanzi, diventando uno dei maggiori rappresentanti del genere. Tra le altre opere, *Il cerchio rosso* (1922) e la sceneggiatura del film *King Kong* (1933).

WALLACE (Lewis), *Brookville 1827 - Crawfordsville 1905*, scrittore statunitense. Militare nella guerra di secessione americana e governatore del Nuovo Messico, scrisse numerosi romanzi storici, il più celebre dei quali è *Ben Hur* (1880), più volte portato sullo schermo.

WALLACE (sir Richard), *Londra 1818 - Parigi 1890*, filantropo britannico. Fece dono a Parigi di 50 piccole fontane di acqua potabile. Nella sua collezione di dipinti e oggetti d'arte (W. Collection, att. a Londra) è ampiamente rappresentato il XVIII sec. francese.

WALLACE (sir William), *Elderslie 1270 - Londra 1305*, eroe dell'indipendenza scozzese. Dal 1297 combatté contro Edoardo I. Catturato, fu decapitato.

WALLASEY, c. della Gran Bretagna (Inghilterra), sul Mare d'Irlanda; 90.000 ab.

WALLENSTEIN (Albrecht Wenzel Eusebius **von**), *Hermanič 1583 - Eger, att. Cheb, 1634*, condottiero di origine boema. Cattolico, nel 1618 mise a disposizione dell'arciduca Ferdinando un esercito nel corso della guerra dei Trent'anni. I principi della lega cattolica convinsero in seguito Ferdinando II a congedarlo (1630), poiché aveva acquisito un eccessivo potere. Richiamato in servizio nel 1631 e sconfitto a Lützen (1632), intavolò in segreto i negoziati con i protestanti. Sollevato dai suoi incarichi dall'imperatore, fu assassinato. La sua vicenda ispirò la trilogia drammatica in versi di F. Schiller (*L'accampamento di Wallenstein, I Piccolomini, La morte di Wallenstein*, 1798-1799).
■ *Albrecht von Wallenstein ritratto da A. Van Dyck. (Bayerisches National Museum, Monaco.)*

WALLER (Thomas, detto Fats), *New York 1904 - Kansas City 1943*, pianista, cantante e compositore jazz statunitense. Fu uno dei grandi maestri dello *stride piano*, stile strettamente imparentato con il ragtime. Tra le sue grandi interpretazioni: *Handful of keys, Ain't misbehavin'*.

WALLIS (John), *Ashford 1616 - Oxford 1703*, matematico inglese. Membro fondatore della Royal Society, svincolò l'aritmetica e l'algebra dalla rappresentazione geometrica. Sostenne inoltre alcune nozioni che all'epoca erano oggetto di contesa, come quelle di numero negativo e irrazionale.

WALLIS E FUTUNA, territorio francese d'oltremare, a NE delle Figi; capol. *Mata-Utu*; 255 km[2]; 14.166 ab. È composto dalle Isole Wallis (96 km[2]; 9528 ab.), Futuna e Alofi.

WALL STREET, strada di New York, nella parte merid. di Manhattan. Sede della Borsa.

WALL STREET (crollo di) (1929), tracollo della Borsa statunitense all'origine della crisi economica del 1929. Il "giovedì nero" (24 ott. 1929) e i giorni successivi, la Borsa di New York (Wall Street) assistette a un processo di svalutazione dei titoli azionari che sfociò in una crisi economica senza precedenti. La crisi ebbe ripercussioni, sia pure in modi e misure differenti, anche sulle economie degli altri paesi occidentali.

WALL STREET JOURNAL (The), quotidiano economico e finanziario statunitense, creato nel 1889 a New York da H. Dow e E.D. Jones.

WALPOLE (Robert), primo cónte **di Orford**, *Houghton 1676 - Londra 1745*, politico britannico. Deputato whig, ministro del tesoro e cancelliere (1715-1717; 1721-1742), diede la sua impronta alla politica nazionale ponendo le fondamenta del sistema parlamentare britannico.
■ *Robert Walpole ritratto da J.-B. Van Loo. (National Portrait Gallery, Londra.)*

— **Horace W.**, quàrto cónte **di Orford**, *Londra 1717-1797*, scrittore britannico, figlio di Robert. Fu tra i pionieri del romanzo gotico (*Il castello di Otranto*, 1764).

WALRAS (Léon), *Évreux 1834 - Clarens, Svizzera, 1910*, economista francese. Contribuì a introdurre in economia il metodo matematico e il concetto di utilità marginale. Capofila della scuola di Losanna (che formulò un modello di equilibrio generale), esercitò una durevole influenza sul pensiero economico.

WALSALL, c. della Gran Bretagna (Inghilterra), nelle Midlands; 179.000 ab. Industria metallurgica.

WALSCHAP (Gerard), *Londerzeel 1898 - Anversa 1989*, scrittore belga di lingua olandese. I suoi romanzi descrivono il conflitto tra gli istinti e la morale cattolica (*Il peccato di Adelaide*, 1929).

WALSER (Martin), *Wasserburg 1927*, scrittore tedesco. I suoi romanzi (*Dopo l'intervallo*, 1960; *Al di là dell'amore*, 1976; *La difesa dell'infanzia*, 1991; *Ein springender Brunnen*, 1998) e le sue opere teatrali (*Querce e conigli*, 1962; *Il cigno nero*, 1964) denunciano l'assurdità del mondo contemporaneo.

WALSER (Robert), *Biel 1878 - Herisau 1956*, scrittore svizzero di lingua tedesca. Rinchiuso in una clinica psichiatrica nel 1929, fu riconosciuto come uno dei massimi scrittori svizzeri solo dopo la morte. Nei suoi romanzi (*I fratelli Tanner*, 1907; *Jakob von Gunten*, 1909) descrisse personaggi semplici e privi di ambizione.

WALSH (Raoul), *New York 1887 - Simi Valley, California, 1980*, regista cinematografico statunitense. Fu un apprezzato regista di western, di film di guerra e d'avventura: *Il ladro di Baghdad* (1924), *Lord Jim* (1942), *Obiettivo Burma* (1945), *La furia umana* (1949), *Duello all'ultimo sangue* (1952), *Far West* (1964).

WALTARI (Mika Toimi), *Helsinki 1908-1979*, scrittore finlandese, autore di romanzi storici (*Sinuhe l'egiziano*, 1945).

WALTER (Bruno Walter **Schlesinger**, detto Bruno), *Berlino 1876 - Hollywood 1962*, direttore d'orchestra tedesco naturalizzato statunitense. Interprete sensibile di A. Bruckner e G. Mahler, si distinse anche nell'esecuzione delle partiture di W.A. Mozart e L. van Beethoven.

WALTHER VON DER VOGELWEIDE, *1170 ca. - Würzburg ? 1230 ca.*, poeta tedesco. In aperto contrasto con il papato, fu il primo *Minnesänger* a fare un uso politico della poesia.

WALVIS BAY, c. della Namibia, sull'Atlantico; 12.383 ab. Pesca. Porto franco.

WANG MENG, *Wuxing, Zhejiang, 1308 ca. - 1385*, pittore cinese, uno dei più celebri della dinastia Yuan. Rocce, alberi e torrenti costellano i suoi paesaggi dal tratto energico, conferendo loro forza e intensità drammatica.

WANG MENG. *Paesaggio, 1367.*
(Musée Cernuschi, Parigi.)

WANG WEI, *Taiyuan, Shanxi, 699-759*, pittore, calligrafo e poeta cinese, considerato l'inventore della pittura monocroma a inchiostro. La sua opera di poeta-paesaggista è all'origine della pittura letteraria cinese.

WANNSEE (conferènza di) (20 gen. 1942), conferenza che riunì a W. (elegante sobborgo di Berlino) gli alti gerarchi del regime nazista (segnatamente R. Heydrich e K.A. Eichmann) per la messa a punto della "soluzione finale" in Europa.

WARANGAL, c. dell'India (Andhra Pradesh); 528.570 ab. Tempio di Hanamkonda (XII sec.).

WARBURG (Otto), *Friburgo 1883 - Berlino 1970*, biochimico e fisiologo tedesco. I suoi studi sono incentrati sugli enzimi coinvolti nelle ossidazioni cellulari, con riguardo particolare per i processi della respirazione. (Premio Nobel 1931.)

WAREGEM, com. del Belgio (Fiandra Occidentale); 34.902 ab.

WARHOL (Andy), *Pittsburgh 1928 - New York 1987*, pittore e regista cinematografico statunitense. Tra i più celebri esponenti della pop art, ideò la moltiplicazione di una sola immagine fotografica (lattina di minestra Campbell's, ritratto di Marilyn Monroe) filtrandola tramite una serie di variazioni cromatiche. Fu tra i capifila della contro-cultura, tanto per il suo atteggiamento quanto per le sue opere.

Andy **WARHOL.** *Autoritratto, 1986. (MNAM, Parigi.)*

WARNEMÜNDE, avamporto di Rostock (Germania).

WARREN, c. degli Stati Uniti (Michigan), sobborgo settentr. di Detroit; 144.864 ab.

WARREN (Earl), *Los Angeles 1891 - Washington 1974*, giurista statunitense. Presidente della corte suprema degli Stati Uniti (1953-1969), sostenne l'incostituzionalità della segregazione razziale nelle scuole (1954) e avviò una serie di riforme costituzionali (separazione tra Chiesa e Stato, libertà di stampa, diritti degli accusati).

WARREN (Robert Penn), *Guthrie, Kentucky, 1905 - Stratton, Vermont, 1989*, scrittore statunitense. Nei romanzi (*Tutti gli uomini del re*, 1946) e nei poemi, ambientati nel S degli Stati Uniti, pose il problema della libertà.

WARRINGTON, c. della Gran Bretagna (Inghilterra), sul Mersey; 205.000 ab. Forma una conurbazione industriale con Runcorn.

WARTA, f. della Polonia, affl. dell'Oder; 808 km.

WARTBURG (castèllo di), fortezza della Turingia, presso Eisenach. È famoso per la tenzone tra *Minnesänger* evocato da R. Wagner nel *Tannhäuser*, e perché vi soggiornarono santa Elisabetta d'Ungheria e M. Lutero.

WARTBURG (Walter **von**), *Riedholz, Soletta, 1888 - Basilea 1971*, linguista svizzero. Autore di studi sulle lingue romanze, a partire dal 1922 coordinò la realizzazione di un monumentale *Dictionnaire étymologique du français et de ses dialectes*.

WARWICK (Richard **Neville**, cónte **di**), *1428 - Barnet 1471*, nobile inglese. Nipote di Riccardo di York (1411-1460), giocò un ruolo fondamentale all'inizio della guerra delle Due Rose. Spinse lo zio a rivendicare il trono d'Inghilterra, contribuendo alla vittoria di Saint Albans (1455). Dopo la vittoria di Northampton (1460), catturò il re Enrico VI. L'anno successivo, fece incoronare re il cugino Edoardo IV che in seguito, a causa della sua politica filoborgognona, avrebbe fatto deporre riportando al potere Enrico VI (1470). Fu sconfitto e ucciso da Edoardo IV.

WARWICKSHIRE, contea della Gran Bretagna (Inghilterra); capol. *Warwick*.

WASATCH (Mónti), massiccio degli Stati Uniti occ. (Utah); 3750 m.

WASH, golfo formato dal Mare del Nord, sulla costa orient. della Gran Bretagna (Inghilterra).

WASHINGTON, Stato degli Stati Uniti, sul Pacifico; 5.894.121 ab.; cap. *Olympia*; c. princ. *Seattle*.

WASHINGTON, cap. degli Stati Uniti, nel distr. federale di Columbia, sul Potomac; 572.059 ab. (4.923.153 ab. nell'agglomerato). Edificata in una zona scelta da G. Washington in persona nel 1790, la c. ospita la Casa Bianca, residenza del presidente degli Stati Uniti sin dal 1800.

WASHINGTON. *La Casa Bianca, costruita da James Hoban (1792-1800).*

WASHINGTON (George), *Wakefield 1732 - Mount Vernon 1799*, politico statunitense. Ricco proprietario terriero, deputato della Virginia al congresso di Filadelfia (1774 e 1775), si schierò a favore dell'indipendenza. Comandante in capo delle truppe americane (1775), con l'appoggio militare francese

sconfisse l'esercito britannico a Yorktown (1781) e divenne l'eroe dell'indipendenza statunitense. Primo presidente degli Stati Uniti (1789), rieletto nel 1792, fu un sostenitore del federalismo e dell'indipendenza finanziaria, nonché, almeno formalmente, un convinto neutralista (1793). Si ritirò a vita privata nel 1797.
■ *George Washington ritratto da G. Healy. (Reggia di Versailles.)*

WASHINGTON (accòrdo di) o **ACCÒRDO DI OSLO** (13 sett. 1993), accordo israelo-palestinese negoziato segretamente nella capitale norvegese, in margine ai negoziati multilaterali per la pace in Medio Oriente intrapresi nel 1991, e siglato solennemente a Washington. Preceduto dal reciproco riconoscimento tra Israele e l'OLP (9 sett.), consisteva in una dichiarazione generale relativa al modello provvisorio di autonomia applicato ai territori occupati della Cisgiordania. L'accordo è stato nella sostanza disatteso con la ripresa delle ostilità.

WASHINGTON POST (The), quotidiano statunitense di indirizzo liberale. Creato nel 1877, ebbe un ruolo fondamentale nello scandalo *Watergate.

WASITI (Yahya ibn Mahmud, detto **Al-**), calligrafo e miniaturista arabo, originario dell'Iraq, attivo al principio del XIII sec. Fu tra i principali esponenti della scuola di Baghdad.

WASSERBILLIG, c. del Lussemburgo, sulla Mosella; 3000 ab. Porto fluviale.

WASSERMANN (August **von**), *Bamberg 1866 - Berlino 1925*, medico tedesco. Mise a punto una reazione sierologica, ormai caduta in disuso, che consentiva di rallentare il decorso della sifilide.

WATERBURY, c. degli Stati Uniti (Connecticut); 107.271 ab.

WATERFORD, in gael. **Port Láirge**, c. dell'Irlanda (Munster); 42.540 ab. Porto. Industria vetraria.

WATERGATE (scàndalo) (1972-1974), caso di spionaggio politico verificatosi negli Stati Uniti. Durante la campagna presidenziale del 1972, cinque individui furono arrestati perché colti in flagrante mentre ispezionavano la sede del Partito democratico (albergo Watergate, a Washington). Un'inchiesta del *Washington Post* scoprì il coinvolgimento della Casa Bianca e cinque collaboratori di R. Nixon furono messi sotto inchiesta. Accusato di avere intralciato l'operato della giustizia, Nixon fu indotto a rassegnare le dimissioni nel 1974.

WATERLOO, com. del Belgio (Brabante vallone), a S di Bruxelles; 28.874 ab. Museo.

WATERLOO, c. del Canada (Ontario); 77.949 ab. Università.

WATERLOO (battàglia di) (18 giu. 1815), battaglia del periodo napoleonico. Vittoria decisiva della coalizione britannico-prussiana, guidata dal duca di Wellington e da G.L. von Blücher, su Napoleone Bonaparte, a S di W. (Belgio). L'esito disastroso della battaglia provocò la caduta dell'imperatore.

WATERMAEL-BOITSFORT, in fiamm. **Watermaal-Bosvoorde**, c. del Belgio (Bruxelles-Capitale), sobborgo sud-orient. di Bruxelles; 24.567 ab.

WATSON (James Dewey), *Chicago 1928*, biologo statunitense. Nel 1953, con l'aiuto di F.H. Crick e M. Wilkins, decifrò la struttura del DNA. (Premio Nobel 1962.)

WATSON (John Broadus), *Greenville, Carolina del Sud, 1878 - New York 1958*, psicologo statunitense. Fu il fondatore e il principale teorico del comportamentismo (*Il comportamento*, 1925).

WATSON-WATT (sir Robert Alexander), *Brechin, Angus, Scozia, 1892 - Inverness 1973*, fisico britannico. Ideò un sistema per individuare un ostacolo e misurarne la distanza tramite le onde hertziane, dette anche onde radar (1935).

WATT (James), *Greenock, Scozia, 1736 - Heathfield, presso Birmingham, 1819*, ingegnere britannico. Perfezionò la macchina atmosferica di T. Newcomen, introducendo una macchina a vapore concepita appositamente per l'industria. Oltre a utilizzare l'azione alternata del vapore per trasformare il moto del pistone

(1780), ideò il condensatore (1769), l'indicatore di pressione ecc.
■ *James Watt ritratto da C.F. Van Breda. (National Portrait Gallery, Londra.)*

WATTASIDI, dinastia che regnò in Marocco dal 1472 al 1554.

WATTEAU (Jean-Antoine), *Valenciennes 1684 - Nogent-sur-Marne 1721*, pittore francese. In contrasto con la pittura accademica del XVII sec., si rifece a P.P. Rubens e alla scuola veneziana, dando prova della sua maestria nei dipinti ispirati alla commedia (*Amore al teatro francese* [1712 ca. ?], museo Berlino-Dahlem) e soprattutto alle "feste galanti", genere da lui stesso creato, del quale *Pellegrinaggio all'isola di Citera è l'indiscusso capolavoro. W. fu un disegnatore e un colorista di prim'ordine, caratterizzato da un'ispirazione poetica nostalgica e soffusa (*L'Indifférent et la Finette, Nymphe et Satyre, Gilles [o Pierrot]*, Louvre, Parigi; *Champs-Élysées*, Wallace Collection, Londra; *I piaceri d'amore*, Dresda; *L'insegna di Gersaint*, 1720, Berlino).

WAT TYLER → TYLER (Wat).

WAUGH (Evelyn), *Londra 1903 - Combe Florey, presso Taunton, Somerset, 1966*, scrittore britannico. I suoi romanzi tracciano un quadro feroce dei pregiudizi e delle imposture della società inglese (*Il caro estinto, Ritorno a Brideshead*).

WAVELL (Archibald Percival, cónte), *Colchester 1883 - Londra 1950*, maresciallo britannico. Comandante in capo delle forze di stanza in Medio Oriente nel 1939, sconfisse gli italiani in Libia (1941) e fu viceré delle Indie dal 1943 al 1947.

WAVRE, c. del Belgio, capol. del Brabante vallone; 31.202 ab. Chiesa del XV-XVII sec.; museo.

WAYNE (Marion Michael **Morrison**, detto John), *Winterset, Iowa, 1907 - Los Angeles 1979*, attore cinematografico statunitense. Tra gli attori più popolari del western, ha recitato soprattutto in film diretti da J. Ford (*Ombre rosse*, 1939; *Un uomo tranquillo*, 1952) e di H. Hawks (*Il fiume rosso*, 1948; *Rio Bravo*, 1959).
■ *John Wayne.*

WAZIRISTAN, reg. del Pakistan nord-occ.

WEALD, reg. umida e boschiva dell'Inghilterra sud-orient.

WEAVER (Warren), *Reedsburg, Wisconsin, 1894 - New Milford 1978*, matematico statunitense. Autore, con C. Shannon, di *La teoria matematica della comunicazione* (1949), estese il campo di applicazione di questa teoria alla comunicazione sociale.

WEBB (Sidney), barone di **Passfield**, *Londra 1859 - Liphook 1947*, politico ed economista britannico. Tra i fondatori della Fabian Society (1884), svolse un ruolo di primo piano nello sviluppo del movimento laburista. — **Beatrice W.**, nata **Potter**, *presso Gloucester 1858 - Liphook 1943*, riformatrice ed economista britannica. Moglie di Sidney, collaborò con il marito.

WEBER (Carl Maria **von**), *Eutin 1786 - Londra 1826*, compositore e direttore d'orchestra tedesco. È autore di opere (*Il franco cacciatore*, 1821; *Euryanthe*, 1823; *Oberon*, 1826) che lo collocano tra i creatori dello stile nazionale tedesco. Gli si devono anche composizioni per pianoforte (*Invito alla danza*) e per clarinetto.

WEBER (Max), *Erfurt 1864 - Monaco 1920*, sociologo tedesco. Sostenne l'indagine dei fenomeni sociali attraverso "tipi ideali", allo scopo di ottenere risultati oggettivi. Si occupò soprattutto del passaggio all'era moderna e in part. dell'avvento del capitalismo (*L'etica protestante e lo spirito del capitalismo*, 1901, 2ª ed. 1920; *Sociologia della religione*, 1920; *Economia e società*, 1922).

WEBER (Wilhelm Eduard), *Wittenberg 1804 - Gottinga 1891*, fisico tedesco. Si occupò soprattutto di elettricità e magnetismo. Nel 1846 elaborò la legge relativa alla forza esercitata da particelle elettriche in movimento.

WEBERN (Anton **von**), *Vienna 1883 - Mittersill 1945*, compositore austriaco. Tra i pionieri della dodecafonia seriale (*Bagatelle* per quartetto d'archi, composte tra il 1911 e il 1913), maturò un proprio stile caratterizzato dall'estremo rigore formale e dalla rarefazione dei suoni (*6 pezzi per orchestra* op. 6; *Sinfonia* op. 21).

■ *Anton von Webern nel 1930 ca.*

WEBSTER (John), *Londra 1580 ca. - 1624 ca.*, drammaturgo inglese. È autore di tragedie caratterizzate dalla realistica descrizione di atroci delitti (*La duchessa di Amalfi*, 1614).

WEBSTER (Noah), *West Hartford, Connecticut, 1758 - New Haven, Connecticut, 1843*, lessicografo statunitense. È autore dell'*American Dictionary of the English Language*, pubblicato nel 1828 e da allora costantemente aggiornato e ristampato.

WEDEKIND (Frank), *Hannover 1864 - Monaco 1918*, drammaturgo tedesco. Fu uno dei principali precursori dell'espressionismo (*Risveglio di primavera*, 1891; *Lulu*, 1913).

WEDGWOOD (Josiah), *Burslem, Staffordshire, 1730-1795*, ceramista e industriale britannico. Intorno al 1760 perfezionò la produzione del *cream ware*, la terraglia color avorio, e nel 1768 fondò a Burslem la manifattura Etruria, per la produzione di ceramiche in stile neoclassico. Ha legato il suo nome a ceramiche decorate con bassorilievi bianchi, di gusto neoclassico, su sfondo colorato.

WEENIX (Jan Baptist), *Amsterdam 1621 - presso Utrecht 1663*, pittore olandese. Attivo in Italia, è autore di paesaggi con rovine antiche, "bambocciate" e nature morte con cacciagione. — **Jan W.**, *Amsterdam 1640 ca. - 1719*, pittore olandese, figlio di Jan Baptist e continuatore della sua opera.

WEGENER (Alfred), *Berlino 1880 - in Groenlandia 1930*, meteorologo e geofisico tedesco. Partecipò, come meteorologo, alle spedizioni danesi in Groenlandia. Nel 1915 espose la teoria della "deriva dei continenti", la cui validità è stata confermata 50 anni più tardi dalla teoria della tettonica delle placche.

WEHNELT (Arthur), *Rio de Janeiro 1871 - Berlino 1944*, fisico tedesco. Autore di studi sull'emissione termoelettronica, grazie all'invenzione del dispositivo che porta il suo nome perfezionò i tubi elettronici.

WEHRMACHT ("forza di difesa"), nome delle forze armate tedesche dal 1935 al 1945. Tra il 1939 e il 1945 vennero reclutati nella W. ca. 18 milioni di uomini.

WEIDMAN (Charles), *Lincoln, Nebraska, 1901 - New York 1975*, ballerino e coreografo statunitense. Collaboratore di D. Humphrey, con la scuola (1945) e la compagnia (1948) da lui fondate fu tra i principali esponenti della danza moderna negli Stati Uniti. Tra le sue coreografie, *Quest* (1936), *Flickers* (1941), *Is sex necessary?* (1959).

WEIERSTRASS (Karl), *Ostenfelde 1815 - Berlino 1897*, matematico tedesco. Tra i grandi rinnovatori dell'analisi, formulò la teoria delle funzioni analitiche e in part. elaborò una funzione continua non derivabile in alcun punto. Per far fronte all'assenza di fondamenti logici in aritmetica, diede una rigorosa definizione dei numeri reali.

WEIFANG, c. della Cina (Shandong); 1.287.000 ab. Pittoresca città vecchia.

WEIL (André), *Parigi 1906 - Princeton, New Jersey, 1998*, matematico francese. Fratello di Simone, fu uno dei membri fondatori del gruppo Nicolas **Bourbaki*. Diede un contributo fondamentale in numerose branche della matematica, quali la geometria algebrica e, soprattutto, la teoria dei numeri.

WEIL (Éric), *Parchim 1904 - Nizza 1977*, filosofo francese di origine tedesca. Influenzato da F. Hegel, cercò di elaborare una riflessione filosofica sistematica, applicandola in part. al campo politico (*Filosofia politica*, 1956).

WEIL (Simone), *Parigi 1909 - Ashford, Kent, 1943*, filosofa francese, sorella di André. Dedicò la sua vita e i suoi scritti (*L'ombra e la grazia*, 1947), improntati al misticismo cristiano, a un appassionato tentativo di ottenere condizioni di giustizia sociale.

WEILL (Kurt), *Dessau 1900 - New York 1950*, compositore tedesco naturalizzato statunitense. Formatosi con F. Busoni, è autore delle musiche per alcuni drammi di B. Brecht, tra cui *L'opera da tre soldi* (1928) e *Ascesa e caduta della città di Mahagonny* (1930).

WEIMAR, c. della Germania (Turingia); 62.452 ab. Centro universitario, turistico e industriale. — Monumenti, in part. del XVIII sec.; musei. — Durante il regno di Carlo Augusto (1775-1828), fu un importante centro culturale e residenza di J.W. Goethe.

WEIMAR (Repùbblica di), denominazione del regime politico vigente in Germania dal 1919 al 1933. Dopo aver represso i moti spartachisti (gen. 1919), l'Assemblea costituente, che aveva sede a Weimar, promulgò una Costituzione democratica che faceva della Germania una federazione di 17 Stati autonomi. Il primo presidente della R. di W. fu F. Ebert (1919-1925), che dovette affrontare da una parte una disastrosa situazione finanziaria ed economica, e dall'altra l'opposizione dei comunisti e dei nazionalisti. Il secondo presidente, il maresciallo P. von Hindenburg (m. nel 1934), affrettò la trasformazione della repubblica in un regime di tipo presidenziale. La crisi mondiale degli anni '30 del secolo scorso favorì il successo del nazionalsocialismo, il cui leader, A. Hitler, salì al potere nel 1933.

WEINBERG (Steven), *New York 1933*, fisico statunitense. La sua teoria elettrodebole (1967) riunisce interazione elettromagnetica e interazione debole. (Premio Nobel 1979.)

WEIPA, porto dell'Australia (Queensland). Estrazione, lavorazione ed esportazione di bauxite.

WEIR (Peter), *Sydney 1944*, regista cinematografico australiano. Tra i film diretti, *Picnic ad Hanging Rock* (1975), *Gallipoli - Gli anni spezzati* (1981), *Un anno vissuto pericolosamente* (1983), *Witness - Il testimone* (1985), *L'attimo fuggente* (1989), *Fearless - Senza paura* (1994), *The Truman Show* (1998), *Master & Commander - Sfida ai confini del mare* (2003).

WEISMANN (August), *Francoforte 1834 - Friburgo 1914*, biologo tedesco. Formulò l'ipotesi di una separazione precoce, nell'embrione, della linea germinale dal soma.

WEISS (Edoàrdo), *Trieste 1889 - Chicago 1970*, psicoanalista. Fondatore e direttore della *Rivista italiana di psicoanalisi* (1932), fu attivo negli Stati Uniti dal 1939, dove contribuì alla diffusione della disciplina. Tra le opere, *Elementi di psicoanalisi* (1931), *Struttura e dinamica della mente umana* (1960).

WEISS (Peter), *Nowawes, presso Berlino, 1916 - Stoccolma 1982*, scrittore e autore teatrale svedese di origine tedesca. È autore di testi per il teatro socialmente e politicamente impegnati (*Marat-Sade*, 1964; *Hölderlin*, 1971).

WEISS (Pierre), *Mulhouse 1865 - Lione 1940*, fisico francese. Formulò la teoria del ferromagnetismo.

WEISSHORN, vetta delle Alpi svizzere (Vallese), nei pressi di Zermatt; 4505 m.

WEISSMULLER (John, detto Johnny), *Winbar, Pennsylvania, 1904 - Acapulco 1984*, nuotatore e attore statunitense. Conquistò 5 medaglie d'oro ai Giochi olimpici (1924 e 1928) e fu il primo a percorrere i 100 m in meno di un minuto. Interpretò Tarzan in numerosi film.

WEITLING (Wilhelm), *Magdeburgo 1808 - New York 1871*, rivoluzionario tedesco. In opposizione con K. Marx, sostenne un comunismo cristiano e prese parte alla rivoluzione del 1848 (*Vangelo di un povero peccatore*, 1845).

WEIZMANN (Chaim), *Motil, Bielorussia, 1874 - Rehovot 1952*, politico israeliano. Fu il primo presidente dello Stato di Israele (1949-1952).

WEIZSÄCKER (Carl, baróne **von**), *Kiel 1912*, fisico e filosofo tedesco, fratello di Richard. Nel 1938 ha ipotizzato, indipendentemente da H.A. Bethe, che l'energia irradiata dalle stelle sia dovuta a reazioni nucleari. Dopo la guerra si è dedicato soprattutto alla filosofia delle scienze.

WEIZSÄCKER (Richard, baróne **von**), *Stoccarda 1920*, politico tedesco, fratello di Carl. Cristianodemocratico, è stato presidente della RFT dal 1984 al 1994.

WELHAVEN (Johan Sebastian), *Bergen 1807 - Cristiania 1873*, scrittore norvegese. Cantore della natura e del folclore norvegese, fu in polemica con il nazionalismo di H. Wergeland.

WELLAND (canàle), canale del Canada (Ontario), che collega i laghi Erie e Ontario, consentendo alle imbarcazioni di aggirare le cascate del Niagara; 44 km.

WELLES (Orson), *Kenosha, Wisconsin, 1915 - Los Angeles 1985*, regista e attore cinematografico statunitense. Debuttò in teatro e lavorò per la radio, prima di girare *Quarto potere* (1941), film con cui rivoluzionò la regia cinematografica. Dette prova del suo genio anche dirigendo *L'orgoglio degli Amberson* (1942), *La signora di Shanghai* (1948), *Il processo* (1962), *F for Fake* (1975).

Orson **WELLES**, *autore e interprete di* Quarto potere *(1941).*

WELLESLEY (Richard **Colley**, marchése), *castello di Dangan, presso Trim, Irlanda, 1760 - Londra 1842*, politico britannico. Fu governatore generale dell'India, dove rafforzò la sovranità britannica (1797-1805), e ministro degli esteri (1809-1812). Lord luogotenente d'Irlanda dal 1821 al 1828 e dal 1833 al 1834, appoggiò i cattolici irlandesi.

WELLINGTON, cap. della Nuova Zelanda, nell'Isola del Nord, sullo Stretto di Cook; 325.700 ab. Porto. — Museo nazionale.

WELLINGTON (Arthur **Wellesley**, dùca **di**), *Dublino 1769 - Walmer Castle, Kent, 1852*, generale britannico. Al comando delle truppe britanniche in Portogallo e in Spagna, nel 1813 sconfisse i francesi a Vitoria e riuscì a penetrare nella Francia merid. fino a Tolosa (1814). Assunto il comando dell'esercito alleato nei Paesi Bassi, fu artefice della vittoria di Waterloo (1815) e comandante delle forze di occupazione in Francia (1815-1818). Dal 1828 al 1830 rivestì la carica di primo ministro, quindi fu nuovamente comandante delle truppe britanniche (1827-1828 e 1842-1852).

WELLS, c. della Gran Bretagna (Somerset); 8600 ab. Maestosa cattedrale gotica (fine del XII - fine del XIV sec.); nella facciata occ. statue del XIII sec.

WELLS (Herbert George), *Bromley 1866 - Londra 1946*, scrittore britannico. È autore di romanzi utopici (*Un'utopia moderna*, 1905) e fantascientifici (*La macchina del tempo*, 1895; *La guerra dei mondi*, 1898).

WELS, c. dell'Austria (Austria Superiore); 52.594 ab. Centro commerciale. — Chiesa del XIV sec. e bella piazza con residenze del XVI-XVIII sec.

WELT (Die), quotidiano tedesco di tendenze conservatrici, fondato nel 1946 come organo del governo britannico in Germania. Dal 1953 è controllato dal gruppo A. Springer.

WEMBLEY, sobborgo alla periferia nord-occ. di Londra. È stata la storica sede dello stadio più importante d'Inghilterra, smantellato nel 2000.

WENDERS (Wim), *Düsseldorf 1945*, regista cinematografico tedesco. Nei suoi film affronta la tematica del viaggio, mettendo in scena la visione straniata che ha del mondo lo straniero, alla perenne ricerca delle proprie radici (*Alice nelle città*, 1973; *L'amico americano*, 1977; *Lo stato delle cose*, 1982; *Paris, Texas*, 1984; *Il cielo sopra Berlino*, 1987; *Lisbon Story*, 1995; *The Million Dollar Hotel*, 2000).

WENZHOU, c. della Cina (Zhejiang); 1.650.419 ab. Porto. — Città vecchia; bei giardini. Nei dintorni, monasteri buddhisti nel Massiccio dello Yandangshan.

WEÖRES (Sándor), *Szombathely 1913 - Budapest 1989*, poeta ungherese. La sua opera (*Fa freddo*, 1934; *La pietra e l'uomo*, 1935), di ispirazione metafisica, è caratterizzata da grande virtuosismo formale.

WERFEL (Franz), *Praga 1890 - Beverly Hills, California, 1945*, scrittore austriaco. La sua produzione comprende raccolte di poesie, drammi, romanzi di carattere espressionista e biografie romanzate.

WERGELAND (Henrik), *Kristiansand 1808 - Cristiania 1845*, poeta norvegese. Difese l'idea di una cultura specificamente norvegese (*La Creazione, l'Uomo e il Messia*, 1830). È considerato il padre del romanticismo in Norvegia.

WERKBUND (Deutscher), in it. **Confederazióne germànica d'àrti e mestièri**, associazione di artisti, architetti e imprenditori fondata nel 1907 a Monaco per iniziativa di H. Muthesius e F. Naumann. Sorta con l'obiettivo di rinnovare l'architettura ted. sottolineando il suo rapporto con l'industria (esposizione di Colonia, 1914), raggiunse il massimo splendore durante la Repubblica di Weimar, influenzando notevolmente le tendenze europee.

WERNER (Abraham Gottlob), *Wehrau, Sassonia, 1749 - Dresda 1817*, naturalista tedesco. Tra i fondatori della mineralogia, sostenne la teoria nettunista.

WERNER (Alfred), *Mulhouse 1866 - Zurigo 1919*, chimico svizzero. È autore di studi sugli organometalli, composti organici di più metalli. (Premio Nobel 1913.)

WERNICKE (Carl), *Tarnowitz 1848 - Thüringer Wald 1905*, neurologo tedesco. Fu un pioniere nello studio delle afasie.

WERTHEIMER (Max), *Praga 1880 - New York 1943*, psicologo tedesco. Fu un caposcuola della teoria della Gestalt.

WERTHER (I dolóri del gióvane), romanzo epistolare di J.W. Goethe (1774). Vi si narra l'infelice amore di Werther per Carlotta, promessa in sposa a un altro uomo, e l'inevitabile suicidio del protagonista. La sensibilità di Werther portata all'estremo contribuì a plasmare l'immagine dell'eroe romantico.

WERTMÜLLER (Arcàngela **von Elgg**, détta Lina), *Roma 1928*, regista cinematografica. Dopo l'esordio con *I basilischi* (1963), ha diretto una serie di commedie dal taglio grottesco: *Mimì metallurgico ferito nell'onore* (1972), *Film d'amore e d'anarchia*...

(1973), *Travolti da un insolito destino...* (1974), *Pasqualino Settebellezze* (1976), *Scherzo del destino...* (1983), *Io speriamo che me la cavo* (1993), *Ninfa plebea* (1996), *Francesca e Nunziata* (2001).

WESER, f. della Germania, formato dalla confluenza di Werra e Fulda, che sfocia nel Mare del Nord; 440 km. Bagna Brema.

WESLEY (John), *Epworth 1703 - Londra 1791*, riformatore britannico. Insieme al fratello Charles (1707-1788), fondò il metodismo.

WESSELMANN (Tom), *Cincinnati 1931*, pittore statunitense. Con *Great American Nude*, una serie di nudi femminili dalle vivaci tinte piatte, talvolta realizzati con la tecnica del *collage* o del *combine painting* (accostamento di oggetti reali), si è affermato, negli anni '60 del secolo scorso, come uno dei principali esponenti della pop art. In seguito ha utilizzato, per le sue opere, soprattutto il metallo, ritagliato e dipinto con colori acrilici.

WESSEX, regno sassone fondato alla fine del V sec. in Britannia. Nel IX sec. il re Alfredo il Grande e i suoi successori realizzarono l'unità anglosassone.

WEST (Mae), *New York 1892 - Hollywood 1980*, attrice teatrale e cinematografica statunitense. Segnalatasi a teatro con l'irriverente spettacolo *Sex* (1926), di cui era anche autrice, confermò la vena anticonformista in film come *Lady Lou* (1933), *Klondike Annie* (1936), *My Little Chickadee* (1949), *Il caso Myra Breckinridge* (1970).

WEST (Morris), *Melbourne 1916 - Sydney 1999*, scrittore australiano. Nei suoi romanzi esplora le passioni umane e pone i suoi personaggi di fronte a laceranti dilemmi di coscienza (*L'avvocato del diavolo*, *I giullari di Dio*).

WEST (Nathan **Weinstein**, detto Nathanael), *New York 1903 - El Centro 1940*, scrittore statunitense di origine ebraica. Ritrasse con toni satirici e grotteschi la società amer. evidenziandone le contraddizioni e la precarietà. Tra le opere, *La vita in sogno di Balso Snell* (1931), *Signorina Cuorinfranti* (1933), *Un milione tondo* (1934), *Il giorno della locusta* (1939).

WEST BROMWICH, c. della Gran Bretagna (Inghilterra), presso Birmingham; 155.000 ab.

WEST END, quartiere residenziale della zona occ. di Londra.

WESTERWALD, reg. del Massiccio Scistoso Renano (Germania); 657 m.

WESTER WEMYSS (Rosslyn **Erskine**, lord), *Wemyss Castle, Scozia, 1864 - Cannes 1933*, ammiraglio britannico. Primo lord dell'ammiragliato nel 1918, firmò l'armistizio di Rethondes per la Gran Bretagna.

WESTFÀLIA, in ted. **Westfalen**, reg. storica della Germania, che dal 1946 fa parte del Land *Renania Settentr.-W.* Divenuta ducato nel 1180, Napoleone la rese regno di W. (1807-1813), comprendente i territori di Assia, Hannover e Brunswick, e la cedette al fratello Girolamo.

WESTFÀLIA (trattati di) (1648), trattati che posero fine alla guerra dei Trent'anni. A Münster (dove erano riunite le delegazioni cattoliche) furono firmati i trattati tra Spagna e Province Unite e tra impero e Francia; a Osnabrück (dove si riunirono le delegazioni protestanti) quello tra impero e Svezia. Con i t. di W. fu concessa agli Stati non compresi nell'impero la piena libertà religiosa. La Francia si vide confermare il possesso di Toul, Metz e Verdun e ricevette parte dell'Alsazia. I trattati furono favorevoli anche alla Svezia, che ricevette la Pomerania occ. L'impero riconobbe l'indipendenza della confederazione svizzera e la piena sovranità delle Province Unite.

WESTINGHOUSE (George), *Central Bridge, New York, 1846-1914*, inventore e industriale statunitense. Inventò il freno ad aria compressa (1872), in seguito adottato nelle ferrovie di tutto il mondo. Tra i primi a promuovere l'impiego dell'elettricità per il trasporto ferroviario, introdusse negli Stati Uniti il sistema di trazione elettrica a corrente alternata monofase ad alta tensione. Nel 1886 fondò la W. Electric Corporation, impresa di costruzioni elettromeccaniche.

WESTMINSTER, quartiere del centro di Londra (174.718 ab.). Dell'originaria abbazia restano la splendida cattedrale (in gran parte del XIII-XV sec.), in cui sono sepolti re e uomini illustri britannici. Il Palazzo di W., sede del parlamento, è stato costruito, a partire dal 1840, in stile neogotico, su progetto di Charles Barry.

WESTON (Edward), *Highland Park, Illinois, 1886 - Carmel, California, 1958*, fotografo statunitense. Per reazione al pittorialismo, fondò con Ansel Adams il Gruppo f/64 (il cui nome indica la massima chiusura del diaframma, che consente di ottenere una notevole profondità di campo). Le sue fotografie sono caratterizzate da estremo rigore e da un'attenta resa della materia.

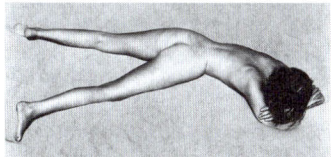

Edward **WESTON**. Nudo, 1936. (Center for Creative Photography, Tucson, Arizona.)

WEST POINT, località degli Stati Uniti (Stato di New York), sull'Hudson. Vi ha sede un'accademia militare, fondata nel 1802, per l'addestramento degli ufficiali di fanteria e aviazione. Dopo la guerra del Vietnam vi sono state ammesse anche le donne.

WEST VIRGINIA, Stato degli Stati Uniti; 1.808.344 ab.; cap. Charleston.

WESTWOOD (Vivienne), *Glossop 1941*, stilista britannica. I suoi abiti, originali e provocatori, sono ispirati alla cultura rock e citano, spesso parodiandola, la moda del passato.

WETTERHORN, cima dell'Oberland bernese (Svizzera); 3701 m.

WEYDEN (Rogier Van der) →VAN DER WEYDEN (Rogier).

WEYGAND (Maxime), *Bruxelles 1867 - Parigi 1965*, generale francese. Capo di Stato maggiore dal 1914 al 1923, nel 1920 animò la resistenza dei polacchi all'Armata rossa. Nel mag. 1940 assunse il comando di tutti i fronti di guerra e cercò di giungere a un armistizio. Delegato in Africa del Nord (1940), fu fatto richiamare da A. Hitler (1941), arrestato e incarcerato in Germania (1942-1945). Nel 1948 fu assolto dall'accusa di collaborazionismo.

WEYL (Hermann), *Elmshorn 1885 - Zurigo 1955*, matematico statunitense di origine tedesca. Sistematizzò la teoria di Riemann e compì importanti studi sui gruppi di Lie, sulla teoria dei numeri e nell'ambito della fisica matematica.

WHARTON (Edith **Newbold Jones**), *New York 1862 - Saint-Brice, Seine-et-Marne, 1937*, scrittrice statunitense. Nei suoi romanzi descrisse i costumi dell'alta società statunitense (*L'età dell'innocenza*, 1920).

WHEATSTONE (sir Charles), *Gloucester 1802 - Parigi 1875*, fisico britannico. Inventò lo stereoscopio (1838), un telegrafo elettrico ad ago e, nel 1844, uno strumento per misurare il valore delle resistenze elettriche ("ponte di W.").

WHEELER (sir Robert Eric Mortimer), *Edimburgo 1890 - Leatherhead 1976*, archeologo britannico, celebre per il metodo di scavo adottato, detto "per quadrati", che prevedeva la possibilità di estendere a tutto il cantiere le informazioni stratigrafiche relative ad alcune parti di esso.

WHIPPLE (George Hoyt), *Ashland, New Hampshire, 1878 - Rochester 1976*, medico statunitense. È autore di studi sulle anemie. (Premio Nobel 1934.)

WHISTLER (James Abbott **McNeill**), *Lowell, Massachusetts, 1834 - Londra 1903*, pittore e incisore statunitense. Ammiratore dell'arte giapponese e

WESTMINSTER. La chiesa (XIII-XV sec.) dell'antica abbazia.

di E. Manet, trascorse alcuni anni a Parigi (1855-1859) prima di trasferirsi a Londra. Spinse all'estremo grado di raffinatezza lo studio degli accordi cromatici (*Sinfonia in bianco n. 1*, 1862, National Gallery, Washington; *Notturno in oro e nero*, 1872, Institute of Art, Detroit).

WHITE (Kenneth), *Glasgow 1936*, scrittore britannico. Poeta e romanziere, esponente della corrente letteraria della geopoetica, ha compiuto vari viaggi alla ricerca di uno stile di vita introspettivo, a contatto con la natura. (*The Bird Path*, 1989).

WHITE (Patrick), *Londra 1912 - Sydney 1990*, scrittore australiano. Romanziere (*L'albero dell'uomo*, *Una frangia di foglie*) e drammaturgo, esplorò la vita interiore spirituale e psicologica. (Premio Nobel 1973.)

WHITEHALL, viale londinese, tra Trafalgar Square e Westminster, sede dei principali ministeri. È sorto sul sito di un antico palazzo, da cui prese il nome, bruciato nel 1698 in un rogo che risparmiò un'ala (Banqueting House) costruita da I. Jones.

WHITEHEAD (Alfred North), *Ramsgate 1861 - Cambridge, Massachusetts, 1947*, logico e matematico britannico. Tra i fondatori della logica matematica, collaborò con B. Russell alla stesura dei *Principia mathematica* (1910-1913).

WHITEHEAD (Robert), *Bolton-Le-Moors, Lancashire, 1823 - Beckett Park, Berkshire, 1905*, ingegnere britannico. Specializzato nelle costruzioni navali, progettò il primo siluro (1867), che in seguito perfezionò dotandolo di un servomotore (1876).

WHITMAN (Walt), *West Hills 1819 - Camden 1892*, poeta statunitense. Nella raccolta poetica *Foglie d'erba* (1855-1892) celebra, con toni popolari di notevole schiettezza, la sensualità e la libertà. Il suo lirismo degli spazi aperti è rappresentativo della sensibilità americana.

■ *Walt Whitman.*

WHITNEY (Mònte), punto di confine degli Stati Uniti, nella Sierra Nevada; 4418 m.

WHITNEY (William Dwight), *Northampton, Massachusetts, 1827 - New Haven, Connecticut, 1894*, linguista statunitense. I suoi studi di linguistica generale (*Language and the Study of Language*) influenzarono F. de Saussure.

WHITTLE (sir Frank), *Coventry 1907 - Columbia, Maryland, 1996*, ingegnere britannico. Nel tentativo di adattare la turbina a gas alla propulsione degli aeroplani, mise a punto il turboreattore, realizzato nel 1941 da Rolls Royce.

WHO (The), gruppo rock britannico (1964-1982). Formato dal chitarrista e compositore Pete Townsend, dal cantante Roger Daltrey, dal bassista John Entwistle e dal batterista Keith Moon (morto nel 1978 e sostituito da Kenny Jones), diede voce all'energia ribelle della gioventù (*My Generation*; *Tommy*, opera rock, 1969, da cui K. Russell ricavò un film nel 1975).

WHORF (Benjamin Lee), *Winthrop, Massachusetts, 1897 - Wethersfield, Connecticut, 1941*, linguista statunitense. Discepolo di E. Sapir, formulò l'ipotesi secondo la quale il linguaggio intratterrebbe un rapporto causale con la percezione del mondo.

WHYALLA, c. dell'Australia (Australia merid.); 23.382 ab. Porto e centro minerario (ferro). Industria siderurgica.

WHYMPER (Edward), *Londra 1840 - Chamonix 1911*, alpinista britannico. Compì la prima scalata del Monte Cervino (1865).

WICHITA, c. degli Stati Uniti (Kansas); 344.284 ab. Centro commerciale e industriale. — Musei.

WICK (Giàn Càrlo), *Torino 1909-1992*, fisico. Attivo negli Stati Uniti dal 1946, dal 1963 è stato docente di fisica teorica a New York. Si è occupato In part. di fisica nucleare, studiando la radiazione cosmica e la teoria delle collisioni.

WICKSELL (Knut), *Stoccolma 1851-1926*, economista svedese. Esponente della scuola marginalista, illustrò la teoria dell'equilibrio monetario e delle sue oscillazioni e correzioni, anticipando l'opera di J.M. Keynes.

WIDAL (Fernand), *Dellys, Algeria, 1862 - Parigi 1929*, medico patologo francese. Si occupò di nefropatie e studiò metodi diagnostici per il tifo.

WIDOR (Charles-Marie), *Lione 1844 - Parigi 1937*, organista e compositore francese. Organista in St.-Sulpice a Parigi e insegnante al conservatorio, fu il creatore della sinfonia per organo (ne scrisse dieci).

WIECHERT (Ernst), *Kleinort, Prussia orient., 1887 - Uerikon 1950*, scrittore tedesco. I suoi racconti e romanzi sono pervasi di inquietudine romantica (*Missa sine nomine*, 1950).

WIELAND (Christoph Martin), *Oberholzheim 1733 - Weimar 1813*, scrittore tedesco. Spesso paragonato a Voltaire, con le sue opere, tra cui il poema *Oberon* e diversi saggi e racconti (*Agatodemone*, *Gli Abderiti*), esercitò una forte influenza su J.W. Goethe e sugli scrittori tedeschi.

WIELAND (Heinrich), *Pforzheim 1877 - Monaco 1957*, chimico tedesco. Si dedicò allo studio di prodotti biologici (acidi biliari, colesterolo, pigmenti naturali) e svolse ricerche sulle ossidazioni chimiche e biologiche. (Premio Nobel 1927.)

WIELICZKA, c. della Polonia, nei pressi di Cracovia; 17.700 ab. Giacimenti di salgemma sfruttati fin dal Medioevo; spettacolare "grotta di cristallo".

WIEN (Wilhelm), *Gaffken 1864 - Monaco 1928*, fisico tedesco. Studiò la radiazione termica del corpo nero per la quale enunciò la legge di distribuzione spettrale. (Premio Nobel 1911.)

WIENE (Robert), *Breslavia o in Sassonia 1873 o 1881 - Parigi 1938*, regista cinematografico tedesco. È autore del film manifesto del cinema espressionista, *Il gabinetto del dottor Caligari* (1919), cui seguirono opere meno riuscite come *Raskolnikov* (1923) e *Le mani dell'altro* (1925).

WIENER (Norbert), *Columbia, Missouri, 1894 - Stoccolma 1964*, matematico statunitense. Durante la seconda guerra mondiale, mentre si occupava di tecniche di difesa, incominciò a interessarsi di teoria computazionale e di feedback. Dalle sue ricerche sui sistemi artificiali di controllo e di comunicazione mediante il computer, estese poi ai sistemi biologici rappresentati dal cervello e dal sistema nervoso, nacque la cibernetica (1948).

WIENERWALD, massiccio boscoso dell'Austria, nelle immediate vicinanze di Vienna.

WIERTZ (Antoine), *Dinant 1806 - Bruxelles 1865*, pittore belga. Fu il rappresentante principale del romanticismo nel suo paese (*La bella Rosina*, museo Wiertz, Bruxelles).

WIES, cittadina della Germania (Baviera), nei pressi di Oberammergau. Santuario meta di pellegrinaggi, capolavoro del barocco bavarese (metà del XVIII sec.), opera di D. e J.B. Zimmermann.

WIESBADEN, c. della Germania, cap. dell'Assia; 268.716 ab. Stazione termale. Centro amministrativo e industriale. — Musei. — Ant. cap. del granducato dei Nassau.

WIESEL (Elie), *Sighet, Romania, 1928*, scrittore statunitense di lingua francese. Quasi tutta la sua opera celebra la grandezza e le sofferenze del popolo ebraico (*Il mendicante di Gerusalemme*, 1968; *L'ebreo errante*, 1986). (Premio Nobel per la pace 1986.)

WIESENTHAL (Simon), *Buczacz 1908*, politico austriaco. Internato nei lager nazisti durante la seconda guerra mondiale, ha fondato i centri di documentazione ebraica di Linz (1947) e Vienna (1960). Impegnatosi nella ricerca dei criminali nazisti, ha contribuito in maniera determinante alla cattura di K.A. **Eichmann* in Argentina (1960).

WIESINGER (Pàola), sciatrice. Ai campionati del mondo di Cortina del 1932 vinse la medaglia d'oro nella discesa libera. Conquistò anche 15 titoli nazionali.

WIGHT (Ìsola di), isola e contea della Gran Bretagna merid., sulla Manica; 381 km^2; 126.600 ab.; c. princ. *Newport*. Nautica da diporto. Turismo.

WIGMAN (Mary), *Hannover 1886 - Berlino 1973*, ballerina e coreografa tedesca. Significativa esponente dell'espressionismo coreografico tedesco, fondò a Dresda una scuola in cui insegnava la danza libera con sottofondo di strumenti a percussione (*Hexentanz*, 1914; *La journée de l'Elfe*; *Danses extatiques*).

WIGNER (Eugene Paul), *Budapest 1902 - Princeton 1995*, fisico statunitense di origine ungherese. Condusse importanti ricerche in meccanica quantistica e in fisica delle particelle e fu uno dei principali promotori del programma di ricerca nucleare statunitense. (Premio Nobel 1963.)

WILDE (Oscar Fingal **O'Flahertie Wills**), *Dublino 1854 - Parigi 1900*, scrittore irlandese. Tra i maggiori esponenti dell'estetismo decadente, divenne celebre nei circoli letterari londinesi e parigini per i suoi comportamenti eccentrici, per il suo acume e per il fascino della sua conversazione brillante. Scrisse racconti (*Il delitto di Lord Arthur Savile*), commedie (*Il ventaglio di Lady Windermere*, 1892; *L'importanza di chiamarsi Ernesto*, 1895) e il romanzo *Il ritratto di Dorian Gray* (1891). Accusato di omosessualità, fu imprigionato (*Ballata dal carcere di Reading*, 1898); dopo il rilascio, si trasferì in Francia sotto falso nome.

■ *Oscar Wilde. (British Council, Londra.)*

WILDER (Jerry **Silberman**, detto Gene), *Milwaukee 1935*, attore e regista cinematografico statunitense. Interprete di personaggi comici e stralunati (*Mezzogiorno e mezzo di fuoco*, 1974; *Frankenstein Junior*, 1974; *Non guardarmi: non ti sento*, 1989), ha diretto, tra gli altri, *Il fratello più furbo di Sherlock Holmes* (1975), *I seduttori della domenica* (1980), *Luna di miele stregata* (1986).

WILDER (Samuel, detto Billy), *Sucha, a S di Cracovia, 1906 - Beverly Hills 2002*, regista cinematografico statunitense di origine austriaca. Influenzato da E. Lubitsch, realizzò veri e propri classici hollywoodiani della commedia e del dramma (*La fiamma del peccato*, 1944; *Viale del tramonto*, 1950; *A qualcuno piace caldo*, 1959; *Baciami stupido*, 1964).

WILDER (Thornton Niven), *Madison, Wisconsin, 1897 - Hamden, Connecticut, 1975*, scrittore e drammaturgo statunitense. Nei suoi romanzi e nelle sue opere teatrali (*Piccola città*) dipinse i valori etico-spirituali della realtà americana.

WILES (sir Andrew John), *Cambridge 1953*, matematico britannico. Nel 1933 ha elaborato la dimostrazione del grande teorema di Fermat, perfezionandola nel 1994 insieme a uno dei suoi collaboratori, R. Taylor.

WILHELM MEISTER, romanzo di J.W. Goethe in due parti, *Gli anni di apprendistato di Wilhelm Meister* (1796) e *Gli anni di peregrinazione di Wilhelm Meister* (1821), che inaugurò il genere del romanzo di formazione.

WILHELMSHAVEN, c. della Germania (Bassa Sassonia), sul Mare del Nord; 86.453 ab. Porto petrolifero. Centro industriale.

WILKES (John), *Londra 1725-1797*, politico e giornalista britannico. Ostile ai tories e a Giorgio III, divenne popolare per i suoi scritti contro il governo. Fu Lord Mayor di Londra (1774).

WILKINS (Maurice Hugh Frederick), *Pongaroa, Nuova Zelanda, 1916*, biofisico britannico. Si dedicò a ricerche sugli acidi nucleici, confermando l'esattezza della struttura proposta da F.H. Crick e J.D. Watson. (Premio Nobel per la fisiologia e la medicina 1962.)

WILKINSON (John), *Little Clifton, Cumberland, 1728 - Bradley, Staffordshire, 1808*, industriale britannico. Costruì il primo altoforno (1776-1779) e realizzò la prima nave in ferro (1787).

WILLAERT (Adrian), *Bruges o Roeselare 1485 ca. - Venezia 1562*, compositore fiammingo. Maestro di cappella in S. Marco a Venezia, scrisse messe, mottetti da 4 a 7 voci, madrigali e canzoni villanesche.

WILLEBROEK, com. del Belgio (prov. di Anversa); 22.556 ab.

WILLEMSTAD, capol. delle Antille Olandesi, sull'Isola di Curaçao; 43.547 ab. Raffinerie di petrolio.

WILLIAMS (Thomas Lanier, detto Tennessee), *Columbus, Mississippi, 1911 - New York 1983*, drammaturgo e scrittore statunitense. I suoi drammi, molti dei quali trasposti in film, mettono in scena un mondo corrotto e violento che finisce per schiacciare gli innocenti, spesso figure femminili frustrate che non reggono allo scontro con la realtà (*Lo zoo di vetro*, *Un tram che si chiama desiderio*, *La gatta sul tetto che scotta*, *Improvvisamente, l'estate scorsa*).

■ *Tennessee Williams nel 1967.*

WILLIAMS (William Carlos), *Rutherford, New Jersey, 1883-1963*, scrittore statunitense. Poeta (*Paterson*, 1946-1958) e romanziere, si avvalse di audaci sperimentazioni linguistiche (*collage*, innovazioni metriche, ritmi sincopati) per ritrarre il dinamismo e la concretezza della società americana.

WILLIBRORD o **VILLIBRORDO** (sànto), *Northumberland 658 - Echternach 739*, monaco inglese. Arcivescovo di Utrecht, evangelizzò Frisia, Fiandre e Lussemburgo. La sua tomba è meta di pellegrinaggio.

WILLSTÄTTER (Richard), *Karlsruhe 1872 - Muralto, Locarno, 1942*, chimico tedesco. Compì importanti studi sulla sintesi enzimatica e su numerosi alcaloidi, in part. la cocaina, ed è noto per essere riuscito a isolare la clorofilla durante le sue ricerche sui pigmenti vegetali e animali. (Premio Nobel 1915.)

WILMINGTON, c. degli Stati Uniti (Delaware); 72.664 ab. Industrie chimiche. — Musei.

WILSON (sir Angus Frank **Johnstone-Wilson**, detto Angus), *Bexhill 1913 - Bury Saint Edmunds 1991*, scrittore britannico, autore di romanzi satirici (*La cicuta dopo*, 1952).

WILSON (Charles Thomson Rees), *Glencorse, Scozia, 1869 - Carlops, Borders, 1959*, fisico britannico. Nel 1912 ideò la camera a nebbia per la visualizzazione della traiettoria di particelle cariche. (Premio Nobel 1927.)

WILSON (Edmund), *Red Bank, New Jersey, 1895 - Talcottville, Stato di New York, 1972*, scrittore e critico statunitense. Nei suoi saggi, così come nei romanzi e nei racconti (*Memorie della contea di Ecate*, 1946), ha analizzato la cultura e i problemi della società americana.

WILSON (Edward Osborne), *Birmingham, Alabama, 1929*, biologo statunitense. Studiando il sistema sociale degli organismi viventi, in part. le formiche, propose di unificare diverse scienze, l'ecologia, la genetica e l'etologia, interpretandole in chiave di sociobiologia evolutiva (*Sociobiologia. La nuova sintesi, 1975*). È considerato il padre degli studi sulla biodiversità.

WILSON (Harold), baróne **Wilson of Rievaulx**, *Huddersfield 1916 - Londra 1995*, politico britannico. Leader del Partito laburista (1963), fu primo ministro dal 1964 al 1970. Di nuovo al potere nel 1974, rassegnò le dimissioni nel 1976.

WILSON (sir Henry Hughes), *Edgeworthstown, Irlanda, 1864 - Londra 1922*, maresciallo britannico. Amico di F. Foch, promotore della cooperazione militare franco-inglese durante la prima guerra mondiale, fu capo di Stato maggiore imperiale dal 1918 al 1922.

WILSON (Henry Maitland, baróne), *Stowlangtoft Hall 1881 - presso Aylesbury 1964*, maresciallo britannico. Al comando delle forze inglesi in Grecia (1941) e in Medio Oriente (1943), nel 1944 sostituì D. Eisenhower come comandante supremo delle forze alleate nel Mediterraneo.

WILSON (John Tuzo), *Ottawa 1908 - Toronto 1993*, fisico canadese. Contribuì ad affermare la teoria della tettonica delle placche dimostrando l'esistenza di punti caldi nel mantello terrestre e delle faglie trasformi nei fondali oceanici.

WILSON (Mónte), monte degli Stati Uniti (California), a NE di Los Angeles; 1740 m. Osservatorio astronomico.

WILSON (Robert, detto Bob), *Waco, Texas, 1941*, regista teatrale statunitense. Trascendendo le convenzioni teatrali relative al linguaggio, agli spazi e ai tempi scenici (*Deafman's glance*, *Einstein on the beach*, *Orlando*, *Donna del mare*, *Wings on Rock*), W. ha introdotto un teatro altamente innovativo, caratterizzato da uno stile unico, che si avvale anche di altre forme d'arte, quali quelle figurative, per mettere in scena uno "spettacolo totale".

WILSON (Theodore **Shaw**, detto Teddy), *Austin, Texas, 1912 - New Britain, Connecticut, 1986*, pianista, arrangiatore e capogruppo jazz statunitense. Fu uno dei pianisti più dotati e brillanti non solo del jazz, ma anche dello swing; suonò a fianco di L. Armstrong, B. Carter, B. Goodman, B. Holiday e L. Young.

WILSON (Thomas Woodrow), *Staunton, Virginia, 1856 - Washington 1924*, politico statunitense. Professore di scienze politiche a Princeton e leader del Partito democratico, nel 1912 fu eletto presidente degli Stati Uniti e attuò un programma riformatore, ottenendo l'approvazione di leggi antitrust. Rieletto nel 1916, decise l'intervento degli USA in guerra a fianco dell'Intesa (1917). Alla conferenza di pace (gen. 1919), tentò di far applicare i cosiddetti "quattordici punti", fondati sul principio di cooperazione internazionale e sul diritto di autodeterminazione dei popoli, che si concretizzarono nel trattato costitutivo della Società delle Nazioni. Non riuscì tuttavia a ottenere l'appoggio del Congresso, che si pronunciò contro l'adesione degli Stati Uniti alla società. (Premio Nobel per la pace 1919.)

■ *Thomas Woodrow Wilson.*

WILTSHIRE, contea dell'Inghilterra merid.; 553.300 ab.; capol. *Trowbridge*.

WIMBLEDON, quartiere di Londra, alla periferia sud-occ. della città. Dal 1877 vi si tiene uno dei principali tornei mondiali di tennis.

WINCHESTER, c. della Gran Bretagna (Inghilterra), capol. dell'Hampshire; 31.000 ab. Vasta cattedrale in stile romanico-gotico. Famosi i monaci miniatori di W., attivi nel X-XII sec.

WINCKELMANN (Johann Joachim), *Stendal, Brandeburgo, 1717 - Trieste 1768*, storico dell'arte e archeologo tedesco. Contribuì in modo fondamentale all'affermazione del gusto neoclassico.

WINDHOEK, cap. della Namibia; 202.000 ab. nell'agglomerato.

WINDISCHGRÄTZ (Alfred, principe **di**), *Bruxelles 1787 - Vienna 1862*, maresciallo austriaco. Nel 1848 represse le insurrezioni di Praga e Vienna; fu sconfitto dagli ungheresi nel 1849.

WINDSOR, c. del Canada (Ontario), sul f. Detroit, di fronte alla c. di Detroit; 197.694 ab. Porto e sede dell'industria automobilistica canadese.

WINDSOR (dùca **di**) → EDOARDO VIII.

WINDSOR o **NEW WINDSOR**, c. della Gran Bretagna (Inghilterra), a O di Londra; 30.000 ab. Castello reale costruito e restaurato dal XII al XIX sec. (opere d'arte, collezione di disegni). — Nel 1917 la casa regnante britannica di Sassonia-Coburgo-Gotha assunse la denominazione di W.

WINDWARD ISLANDS → VENTO (Isole del).

WINNICOTT (Donald Woods), *Plymouth 1896 - Londra 1971*, pediatra e psicoanalista britannico. Ha studiato l'importanza del legame affettivo tra madre e bambino, che contribuisce a sviluppare il senso di sicurezza del piccolo, e i meccanismi attraverso cui il bambino giunge alla distinzione tra sé e il mondo esterno per mezzo di "oggetti transizionali", per es. un gioco o la copertina ecc. (*Gioco e realtà*, 1971).

WINNIPEG, c. del Canada, capol. della prov. di Manitoba; 618.477 ab. Nodo ferroviario e centro commerciale e industriale. Università. — Musei.

WINNIPEG (làgo), lago del Canada (Manitoba), il cui unico emissario, il f. Nelson, sfocia nella Baia di Hudson; 24.500 km^2.

WINNIPEGOSIS, lago del Canada (Manitoba), a O del Lago Winnipeg; 5440 km^2.

WINOGRAND (Gary), *New York 1928 - Messico 1984*, fotografo statunitense. Ha influenzato un'intera generazione di artisti, introducendo un nuovo formato di stampa e uno stile fotografico in grado di cogliere gli stati d'animo.

WINSTEIN (Saul), *Montreal 1912 - Los Angeles 1969*, chimico statunitense di origine canadese. Ha dato un contributo fondamentale nel campo della chimica organica, soprattutto grazie agli studi sul carbonio e sui composti organici.

WINSTON-SALEM, c. degli Stati Uniti (Carolina del Nord); 185.776 ab. Industrie del tabacco. — Musei.

WINTERHALTER (Franz Xaver), *Menzenschwand, Selva Nera, 1805 - Francoforte sul Meno 1873*, pittore tedesco. Trasferitosi in Francia, dipinse scene di corte ed eleganti ritratti per la regina Maria Amelia, poi per l'imperatrice Eugenia.

WINTERTHUR, c. della Svizzera (cant. di Zurigo); 88.767 ab. Centro industriale. — Ospita numerosi dipinti al Museo delle Belle Arti e una delle maggiori collezioni private di opere pittoriche presso la fondazione O. Reinhart.

WISCONSIN, f. degli Stati Uniti, affl. di sinistra del Mississippi; 690 km.

WISCONSIN, Stato degli Stati Uniti, tra il Lago Superiore e il Lago Michigan; 5.363.675 ab.; cap. *Madison*.

WISE (Robert), *Winchester 1914*, regista e produttore cinematografico statunitense. Ha spaziato tra diversi generi del cinema hollywoodiano. Tra i suoi film, *La jena* (1945), *Stasera ho vinto anch'io* (1949), *Non voglio morire* (1958), *West Side Story* (1961, premio Oscar), *Tutti insieme appassionatamente* (1965, premio Oscar), *Andromeda* (1971), *Star Trek* (1979), *Combat Dance - A colpi di musica* (1989).

WISEMAN (Nicholas Patrick), *Siviglia 1802 - Londra 1865*, ecclesiastico britannico. Rettore del Collegio inglese di Roma (1828), contribuì alla diffusione del movimento di Oxford. Arcivescovo di Westminster e cardinale (1850), scrisse il romanzo storico *Fabiola* (1854).

WISMAR, c. della Germania (Meclemburgo-Pomerania Anteriore), sul Mar Baltico; 47.405 ab. Porto. Centro industriale. — Chiesa gotica di St.-Nicolas (XIV-XV sec.); edifici antichi. — Punto d'incontro tra le forze alleate e sovietiche il 3 mag. 1945.

WITKIEWICZ (Stanisław Ignacy), detto **Witkacy**, *Varsavia 1885 - Jeziory 1939*, scrittore e pittore polacco. Le sue opere narrative (*Insaziabilità*) e le sue commedie (*La gallinella acquatica*) mostrano "l'incapacità assoluta dell'uomo di adattarsi all'esistenza". Fu tra i precursori del teatro dell'assurdo. Dipinse quadri di genere espressionista.

WITT (Johan **de**), *Dordrecht 1625 - L'Aia 1672*, statista olandese. Gran pensionario d'Olanda (1653-1672), diresse la politica estera delle Province Unite. Siglò la pace con O. Cromwell (1654) e fece votare l'Atto di esclusione contro gli Orange (1667). Nel 1668 si alleò con Inghilterra e Svezia contro la Francia, ma gli orangisti lo accusarono di non aver saputo fronteggiare l'esercito francese (1672). Fu linciato dalla popolazione dell'Aia.

WITTE (Emanuel de) → DE WITTE (Emanuel).

WITTE o **VITTE** (Sergej Jul'evič, cónte), *Tbilisi 1849 - Pietrogrado 1915*, politico russo. Ministro delle finanze dal 1892 al 1903, favorì il processo di industrializzazione del paese grazie all'afflusso di capitali francesi. Nel corso della Rivoluzione del 1905, convinse lo zar Nicola II a promulgare il "manifesto di ottobre", revocato nel 1906.

WITTE (Pieter **de**, detto Candid), *1548 ca. - Monaco 1628*, pittore fiammingo. Collaboratore di G. Vasari a Roma, in seguito fu attivo a Monaco, dove contribuì alla diffusione del manierismo italiano.

WITTEL (Gaspard Van) → VAN WITTEL (Gaspard).

WITTELSBACH, famiglia principesca tedesca che regnò in Baviera dal 1180 al 1918.

WITTEN, c. della Germania (Renania Settentr.-Westfalia), nella Ruhr; 103.384 ab. Centro industriale.

WITTENBERG, c. della Germania (Sassonia-Anhalt), sul f. Elba; 49.765 ab. Il 31 ott. 1517, M. Lutero affisse le sue 95 tesi sul portale della chiesa di Ognissanti, dando così inizio alla Riforma protestante.

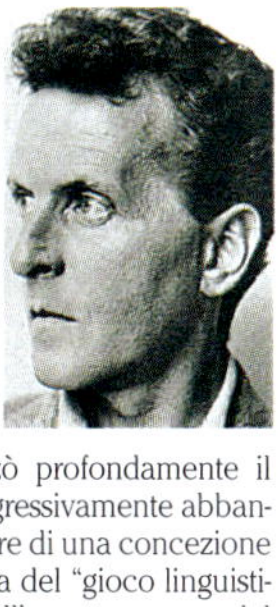

WITTGENSTEIN (Ludwig), *Vienna 1889 - Cambridge 1951*, filosofo e logico britannico di origine austriaca. Convinto dell'esistenza di una relazione tra le parole e le cose, in un primo momento concepì le proposizioni come "immagini" della realtà (*Tractatus logico-philosophicus*, 1921). Questa teoria, battezzata "atomismo logico", influenzò profondamente il circolo di Vienna, ma fu progressivamente abbandonata dallo stesso W. a favore di una concezione più sintetica e concreta, detta del "gioco linguistico", che poneva l'accento sull'aspetto umano del linguaggio, ovvero sull'imprecisione, variabile dipendente dalle situazioni (*Ricerche filosofiche*, 1936-1949, pubblicate nel 1953).

■ *Ludwig Wittgenstein.*

WITTIG (Georg), *Berlino 1897 - Heidelberg 1987*, chimico tedesco. Effettuò fondamentali ricerche sull'impiego dei composti metallorganici come reagenti nelle sintesi organiche. (Premio Nobel 1979.)

WITWATERSRAND o **RAND**, reg. della Rep. Sudafricana, a O di Johannesburg. Miniere d'oro.

WITZ (Konrad), *Rottweil 1400 ca. - Basilea o Ginevra 1445 ca.*, pittore originario della Svevia. Stabilitosi nel 1431 a Basilea, dove subì l'influsso della pittura borgognona e fiamminga, realizzò pale d'altare notevoli per vigore plastico e realismo (*Pesca miracolosa*, Musée d'Art et d'Histoire, Ginevra).

WŁOCŁAWEK, c. della Polonia, sul f. Vistola; 123.439 ab.

WÖHLER (Friedrich), *Eschersheim 1800 - Gottinga 1882*, chimico tedesco. Oltre a isolare l'alluminio (1827) e il boro, mise a punto un preparato di acetilene e, nel 1828, realizzò la prima sintesi di chimica organica, quella dell'urea.

WOJTYLA (Karol) → GIOVANNI PAOLO II.

WOLF (Christa), *Landsberg 1929*, scrittrice tedesca. Nei monologhi e nei saggi evoca, direttamente (*Il cielo diviso*, 1963; *Trame d'infanzia*, 1976) o tramite una rilettura dei miti greci (*Cassandra*, 1983; *Medea*, 1996), i problemi della Germania dell'Est e della società contemporanea.

WOLF (Hugo), *Windischgräz, att. Slovenj Gradec, Slovenia, 1860 - Vienna 1903*, compositore austriaco. Fu uno dei maestri del *Lied* postromantico (*Spanisches Liederbuch*, 1891; *Italienisches Liederbuch*, 1892).

WOLFE (Thomas Clayton), *Asheville, Carolina del Nord, 1900 - Baltimora 1938*, scrittore statunitense, autore di romanzi lirici e autobiografici (*Angelo*, 1929).

WOLFE (Tom), *Richmond 1931*, scrittore e giornalista statunitense. La sua opera critica e romanzesca (*L'Acid Test*, 1968; *La stoffa giusta*, 1979; *Il falò delle vanità*, 1987; *Un uomo vero*, 1998) traccia un ritratto al vetriolo dell'America contemporanea.

WOLFF o **WOLF** (Christian, baróne **von**), *Breslavia 1679 - Halle 1754*, filosofo tedesco. Discepolo fedele di G. Leibniz, è autore di un sistema improntato a un assoluto razionalismo (*Philosophia prima*, 1729). Esercitò un'influenza considerevole sull'Illuminismo e su I. Kant.

WÖLFFLIN (Heinrich), *Winterthur 1864 - Zurigo 1945*, storico dell'arte e professore svizzero. Con lo scritto *Concetti fondamentali della storia dell'arte* (1915) ha contribuito a un profondo rinnovamento degli studi stilistici delle opere d'arte.

WOLFRAM VON ESCHENBACH, *Eschenbach, Baviera, 1170 ca. - 1220 ca.*, poeta tedesco, autore di poemi epici (*Parsifal*).

WOLFSBURG, c. della Germania (Bassa Sassonia); 121.954 ab. Industria automobilistica.

WOLIN, isola polacca di fronte al Golfo di Stettino. Parco nazionale.

WOLLASTON (William Hyde), *East Dereham, Norfolk, 1766 - Londra 1828*, chimico e fisico britannico. Scoprì il palladio e il rodio (1803). Perfezionò inoltre la pila di A. Volta.

WOLLONGONG, già **Greater Wollongong**, c. dell'Australia (Nuovo Galles del Sud); 219.761 ab. Giacimenti di carbone. Centro industriale. Università.

WOLLSTONECRAFT (Mary **Godwin**, nata), *Londra 1759-1797*, attivista e scrittrice britannica, moglie di W. Godwin. Legata ai radicali inglesi, fu una sostenitrice della Rivoluzione francese. Per i suoi scritti è considerata un'antesignana del femminismo (*A Vindication of the Rights of Woman*, 1792).

WOLOF, in it. **uòlof**, popolazione del Senegal e del Gambia, stanziata lungo la costa atlantica.

WOLS (Wolfgang **Schultze**, detto), *Berlino 1913 - Parigi 1951*, disegnatore e pittore tedesco. Presente a Parigi a partire dal 1932, intorno al 1945-1946 fu uno degli inventori della pittura informale.

WOLSELEY (Garnet Joseph, viscónte), *Golden Bridge, Dublino, 1833 - Mentone 1913*, maresciallo britannico. Si distinse nel corso delle campagne coloniali, in part. nel Transvaal (1879) e in Egitto (1884). Fu comandante in capo dell'esercito britannico dal 1895 al 1901.

WOLSEY (Thomas), *Ipswich 1475 ca. - Leicester 1530*, prelato e statista inglese. Arcivescovo di York (1514), cardinale e lord cancelliere di Enrico VIII (1515), fu arbitro della politica inglese per circa quindici anni. Cadde in disgrazia per non aver ottenuto dal papa il divorzio in favore del re (1529).

WOLUWE-SAINT-LAMBERT, in fiamm. **Sint-Lambrechts-Woluwe**, c. del Belgio, sobborgo orient. di Bruxelles; 46.215 ab.

WOLUWE-SAINT-PIERRE, in fiammingo **Sint-Pieters-Woluwe**, c. del Belgio, sobborgo orient. di Bruxelles; 37.791 ab.

WOLVERHAMPTON, c. della Gran Bretagna (Inghilterra), nelle Midlands; 239.800 ab. Industria metallurgica. Chiesa gotica di St. Peter.

WONDER (Steveland **Judkins Morris**, detto Stevie), *Saginaw, Michigan, 1950*, pianista, compositore e cantante statunitense. Cieco dalla nascita e sin da giovane musicista prodigio, nella sua predilezione per la musica pop evidenzia un innato senso della melodia e dell'orchestrazione (*You are the sunshine of my life, Happy birthday, I just called to say I love you, For your love*).

WONSAN, c. della Corea del Nord, sul Mare del Giappone; 350.000 ab. Porto. Centro industriale.

WOOD (Robert William), *Concord, Massachusetts, 1868 - Amityville, New York, 1955*, fisico statunitense. Si occupò di alcune particolari radiazioni ultraviolette ("luce di W." o luce nera), capaci di indurre effetti di fluorescenza, utilizzate nelle lampadine che portano il suo nome.

WOODS (Eldrick, detto Tiger), *Cypress, California, 1975*, giocatore di golf statunitense. È stato il primo giocatore a realizzare il grande slam, grazie alle vittorie ottenute nel 2000-2001 nei 4 tornei più importanti del circuito professionistico mondiale.

WOODSTOCK, c. del Canada (Ontario); 32.086 ab.

WOODSTOCK (Festival di), festival rock che ebbe luogo a Bethel (presso Woodstock, Stato di New York) dal 15 al 17 ago. 1969. Il "W. Music and Arts Festival", simbolo dell'eclettismo del rock, della musica psichedelica e di una gioventù pacifista che professava la libertà dei costumi e la vita in comunità, richiamò oltre 400.000 persone.

WOODWARD (Robert Burns), *Boston 1917 - Cambridge, Massachusetts, 1979*, chimico statunitense. Sintetizzò alcune sostanze naturali: chinino (1944), colesterolo e cortisone (1951), stricnina (1955) e, soprattutto, la clorofilla (1961). (Premio Nobel 1965.)

WOOLF (Virginia), *Londra 1882 - Lewes 1941*, scrittrice britannica. Nei suoi romanzi, pressoché privi di intreccio, descrive l'inquieta mobilità della coscienza (*Mrs. Dalloway*, 1925; *Orlando*, 1928; *Le onde*, 1931).

■ *Virginia Woolf in un disegno di F. Dodd. (National Portrait Gallery, Londra.)*

WORCESTER, c. degli Stati Uniti (Massachusetts); 172.648 ab. Centro universitario e industriale. Museo d'arte.

WORCESTER, c. della Gran Bretagna (Inghilterra), sul Severn; 81.000 ab. Cattedrale gotica (cripta romanica del 1084); musei (porcellane di W.). O. Cromwell vi sconfisse Carlo II (1651).

WORDSWORTH (William), *Cockermouth 1770 - Rydal Mount 1850*, poeta britannico. Autore, insieme all'amico S.T. Coleridge, delle *Ballate liriche* (1798), vero e proprio manifesto del romanticismo, fu un grande cantore della natura e del sacro (*Preludio*, 1850).

WORLD TRADE ORGANIZATION → WTO.

WORMS, c. della Germania (Renania-Palatinato), sul Reno; 80.361 ab. Cattedrale romanica con doppio coro (XII-XIII sec.). Nel 1122 vi fu stipulato il concordato tra papa Callisto II e l'imperatore Enrico V, che poneva fine alla lotta per le investiture. Nel 1521 ospitò una dieta che sancì la messa al bando dall'impero di M. Lutero.

WORRINGER (Wilhelm Robert), *Aquisgrana 1881 - Monaco 1965*, critico e storico dell'arte tedesco. Nei fondamentali saggi *Astrazione e sentimento d'immedesimazione* (1908) e *Questioni artistiche contemporanee* (1921) affrontò i temi dell'"empatia" e dell'espressionismo, influenzando le avanguardie europee.

WORTHING, c. della Gran Bretagna (Inghilterra), sulla Manica; 94.100 ab. Stazione balneare. Nei dintorni, colture floreali e ortofrutticole.

WOTAN o **ODÌNO**, divinità del pantheon germanico, capo degli Asi e dio della guerra e della sapienza.

WOUNDED KNEE, località degli Stati Uniti che ospita la riserva indiana di Pine Ridge (South Dakota). Il 29 dic. 1890, l'esercito americano vi massacrò più di 200 indiani sioux, ultimando in un bagno di sangue la conquista dei territori settentrionali.

WOUTERS (Rik), *Malines 1882 - Amsterdam 1916*, pittore e scultore belga, tra i massimi esponenti del "*fauvisme* brabantino".

WOUWERMAN (Philips), *Haarlem 1619-1668*, pittore olandese, autore di dipinti di genere con cavalli (scene di caccia, duelli, soste dinanzi a locande).

WRANGEL (Carl Gustaf), *Skokloster 1613 - Spieker 1676*, generale svedese. Prese parte alla guerra dei Trent'anni e alle spedizioni del regno di Carlo Gustavo X.

WRANGEL (Ìsola) → WRANGEL.

WRAY (John) → RAY (John).

WREN (sir Christopher), *East Knoyle, Wiltshire, 1632 - Hampton Court 1723*, architetto e matematico inglese. Si occupò di astronomia, geometria (rettificazione della cicloide) e meccanica (legge degli shock). Dopo l'incendio di Londra (1666), fu incaricato della ricostruzione di diverse chiese tra cui la cattedrale di St. Paul (1675-1710), dalla struttura sapiente e dallo stile grandioso ed elegante. Fu nominato primo architetto della corona.

WRIGHT (Frank Lloyd), *Richland Center, Wisconsin, 1867 - Taliesin West, presso Phoenix, Arizona, 1959*, architetto statunitense. Dotato di straordinaria creatività, nella progettazione dei grandi edifici (*Museo Guggenheim*, New York, iniziato nel 1943) non meno che in quella delle abitazioni residenziali (*prairies houses*, inizio del '900), ha esercitato una grande influenza.

Frank Lloyd **WRIGHT**. *Salone centrale del Johnson Wax Building (1936-1939) a Racine, Wisconsin, Stati Uniti.*

WRIGHT (fratelli), pionieri dell'aviazione statunitense. — **Wilbur W.**, *Millville, Indiana, 1867 - Dayton, Ohio, 1912*. Nel sett. 1904 effettuò la prima virata in volo e il primo volo in un circuito chiuso. — **Orville W.**, *Dayton 1871-1948*. Il 17 dic. 1903 a Kitty Hawk, a bordo di un velivolo a due eliche, effettuò il primo volo a propulsione con un apparecchio più pesante dell'aria.

WRIGHT (Richard), *Natchez, Mississippi, 1908 - Parigi 1960*, scrittore di gialli statunitense. I suoi romanzi denunciano la segregazione razziale (*I figli dello zio Tom*, 1938; *Ragazzo negro*, 1945).

Orville e Wilbur **WRIGHT**.

WROŃSKI-HOENE (Józef Maria), *Wolsztyn, presso Poznań, 1776 - Neuilly, Francia, 1853*, matematico e filosofo polacco. Stabilitosi in Francia (1801), fondò una religione che poggiava sulla prova matematica (*Messianisme ou la Réforme absolue du savoir humain*, 1847).

WTO (World Trade Organization, in it. Organizzazione mondiale del commercio), organizzazione internazionale fondata nel 1995 per vigilare sugli accordi commerciali internazionali (tra cui quelli conclusi nell'ambito del GATT). La sua sede è a Ginevra.

WUHAN, c. della Cina centrale, capol. dell'Hubei; 5.169.000 ab. Snodo ferroviario e centro industriale. — Ricco museo; padiglione della Gru gialla del periodo Song.

WUHU, c. della Cina (Anhui), sul Chang Jiang; 552.932 ab. Porto fluviale.

WÙLFILA → ULFILA.

WULUMUQI → URUMQI.

WUNDT (Wilhelm), *Neckarau, att. Mannheim, 1832 - Grossbothen, presso Lipsia, 1920*, psicologo e fisiologo tedesco, tra i fondatori della psicologia sperimentale (*Psicologia fisiologica*, 1873-1874).

WUPPERTAL, c. della Germania (Renania Settentrionale-Westfalia), nella Ruhr, sul f. Wupper; 368.993 ab. Centro industriale. Università.

WÜRTTEMBERG, ant. Stato della Germania sud-occ., att. compreso nel Land Baden-W. Si estendeva sul margine nord-occ. della Foresta Nera e sul versante merid. del bacino del Neckar. Originariamente parte del ducato di Svevia, il W. fu contea nel 1135, ducato nel 1495 e divenne in seguito un dominio degli Asburgo (1520-1599). Proclamato reame nel 1805, fece parte dell'impero tedesco dal 1871 al 1918. Nel 1934 fu integrato nel Terzo Reich.

WURTZ (Adolphe), *presso Strasburgo 1817 - Parigi 1884*, chimico francese. Scopritore delle alchilammine (1849) e dell'acido glicolico (1855), stabilì la formula della glicerina. Nel campo della chimica organica ideò un metodo di sintesi generale.

WÜRZBURG, c. della Germania (Baviera), sul f. Meno; 127.350 ab. Centro commerciale, universitario e industriale. — Chiese del XII-XIV sec.; magnifico Palazzo della Residenza, costruito a partire dal 1719 da J.B. Neumann (affreschi di G. Tiepolo); museo.

WUXI, c. della Cina (Jiangsu); 1.127.000 ab. Parco Xihui: giardino e grazioso padiglione del XVIII sec.

WU ZHEN, *Jiaxing, Zhejiang, 1280-1354*, pittore, calligrafo e poeta cinese dell'epoca Yuan. Ispirato dal taoismo, è famoso per le sue raffigurazioni del bambù.

WUZHOU, c. della Cina (Guangxi Zhuangzu), sul f. Xi Jiang; 289.915 ab.

WWF (World Wide Fund for Nature, in it. Fondo mondiale per la natura), organizzazione internazionale per la protezione della natura. Istituito nel 1961 con il nome di World Wildlife Fund, denominazione in vigore fino al 1986, il WWF raccoglie fondi e finanzia progetti di salvaguardia delle specie animali e dell'ambiente. La sede è a Morges (Svizzera).

WYCHERLEY (William), *Clive 1640 - Londra 1716*, drammaturgo inglese. Scrisse commedie satiriche ispirate a Molière (*La moglie di campagna, L'onesto mercante*).

WYCLIFFE o **WYCLIF** (John), *North Riding of Yorkshire 1330 ca. - Lutterworth, Leicestershire, 1384*, teologo inglese precursore della Riforma. A capo di un movimento ostile al papa e al clero, fu il sostenitore di una Chiesa povera in conformità con i precetti evangelici. Negò la transustanziazione eucaristica. Fu condannato come eretico, a titolo postumo, dal concilio di Costanza (1415).

WYLER (William), *Mülhausen 1902 - Los Angeles 1981*, regista cinematografico statunitense di origine svizzera. Specializzato nei drammi psicologici e nelle riduzioni di opere letterarie, realizzò *Piccole volpi* (1941), *I migliori anni della nostra vita* (1946), *Ben Hur* (1959), *Il collezionista* (1965).

WYOMING, Stato degli Stati Uniti, nelle Montagne Rocciose; 493.782 ab.; cap. Cheyenne.

WYSPIAŃSKI (Stanisław), *Cracovia 1869-1907*, drammaturgo, pittore e scenografo polacco. I suoi lavori, dotati di grande fantasia scenica, hanno segnato profondamente il teatro polacco (*La varsaviana*, 1898; *Le nozze*, 1901).

Calligrafico

XÁNTHI, c. della Grecia (Tracia); 37.462 ab.

XANTO, ant. c. della Licia (att. compresa nella Turchia sud-occ.). Vestigia di epoche differenti, dal V sec. a.C. fino al periodo bizantino.

XENAKIS (Iannis), *Brăila, Romania, 1922 - Parigi 2001*, compositore francese di origine greca. È stato un precursore dell'applicazione informatica alla composizione musicale.

XHOSA, popolazione dell'area sud-orient. della Rep. Sudafricana, che parla una lingua del ceppo bantu.

XIAMEN o **AMOY**, c. della Cina (Fujian), su un'isola nello Stretto di Formosa; 639.436 ab. Porto.

XI'AN o **SIAN**, c. della Cina, capol. dello Shaanxi; 2.790.000 ab. Centro industriale. — Fu capitale della Cina in epoca Zhou, e, con il nome di Changan, in epoca Han e Tang. — Ricco museo. Monumenti antichi, tra cui la Grande Pagoda delle oche (Dayanta), di epoca Tang. Tra le numerose necropoli rinvenute nei dintorni, si segnala quella di Lintong, con la famosa armata di terracotta di Qin Shi Huangdi.

XIANGTAN, c. della Cina (Hunan), sul f. Xiang Jiang; 281.000 ab. Porto. Centro industriale.

XIANYANG, c. della Cina (Shanxi), a NO di Xi'an; 736.869 ab. Ant. cap. dello Qin Shi Huangdi. Importante area archeologica (necropoli con ricchi corredi funerari). Prestigioso museo.

XI JIANG, f. della Cina merid.; 2000 km. Un ramo del suo delta bagna Canton.

XIMENES (Èttore), *Palermo 1855 - Roma 1926*, scultore. Di impronta verista, si volse in seguito verso forme simboliste. Realizzò numerosi busti e monumenti pubblici: *Garibaldi* a Milano (1895), *Giovanni da Verrazzano* a New York (1911).

XINGU, f. del Brasile, affl. di destra del Rio delle Amazzoni; 2266 km.

XINING, c. della Cina, capol. del Qinghai; 697.780 ab. Centro commerciale e industriale. — Nei dintorni si trova un monastero lama eretto nel 1560, sede di un grande agglomerato di *kumbum* (cappelle).

XINJI, c. della Cina, a E di Shijiazhuang; 532.000 ab.

XINJIANG o **SIN-KIANG** (regióne autònoma dello), reg. della Cina nord-occ.; 1.646.800 km²; 17.180.000 ab.; capol. *Urumqi*. Malgrado la presenza di qualche oasi, si tratta di una reg. arida e desertica (sull'antica via della seta). Allevamento ovino. Estrazione del petrolio.

XINXIANG, c. della Cina, a N della prov. di Honan; 411.000 ab.

XINYU, c. della Cina, a SO di Nanchang; 608.213 ab.

XIXABANGMA, **SHISHA PANGMA** o **GOSAINTHAN**, cima dell'Himalaya (Tibet); 8046 m.

XUANHUA, c. della Cina (Hebei), a NO di Pechino; 200.000 ab.

XUZHOU, c. della Cina (Jiangsu); 1.827.306 ab. Sorge al centro di una regione ricca di giacimenti carboniferi.

YACIRETÁ, diga sul Paraná, al confine tra Argentina e Paraguay.

YAHWEH o **JAHVÈ** ("Colui che è"), nome ebraico di Dio. Citato per la prima volta nel libro biblico della Genesi (II, 4), il nome divino sarebbe stato rivelato a Mosè (Esodo, III, 14).

YALE UNIVERSITY, università statunitense fondata nel 1701, che ha att. sede a New Haven (Connecticut). Deve il suo nome a Elihu Yale, uno dei suoi benefattori. Musei.

YALONG JIANG, f. della Cina centrale, affl. di sinistra dello Yangzi Jiang; 1100 km.

YALTA → JALTA.

YALU, f. dell'Asia orient., che sfocia nel Mar Giallo; 790 km. Segna il confine tra la Cina e la Corea del Nord.

YAMAGATA, c. del Giappone (Honshu); 254.488 ab. Centro industriale.

YAMAGUCHI, c. del Giappone (Honshu); 135.579 ab. Centro industriale.

YAMAMOTO (Isoroku), *Nagaoka 1884 - nelle Isole Salomone 1943*, ammiraglio giapponese. Comandante in capo della flotta giapponese, guidò l'attacco su Pearl Harbor (dic. 1941). Tra il 1941 e il 1943 diresse le operazioni navali contro gli Stati Uniti.

YAMOUSSOUKRO, cap. della Costa d'Avorio, al centro del paese; 155.803 ab.

YAMUNA o **JUMNA**, f. dell'India, affl. di destra del Gange; 1370 km. Bagna Delhi e Agra.

YAN'AN, c. della Cina, a N di Xi'an; 297.590 ab. Sede del governo comunista cinese dopo la Lunga marcia (1935).

YANGQUAN, c. della Cina (Shanxi); 574.832 ab.

YANGZHOU, c. della Cina, a NE di Nanchino; 321.500 ab. Museo. Antichi monumenti delle epoche Tang e Song. Bei giardini con padiglioni (XVIII e XIX sec.).

YANOMAMI o **YANOMANI**, popolazione amerindia stanziata al confine tra Venezuela e Brasile (ca. 7500 individui). Lo stile di vita tradizionale e la stessa esistenza degli y. sono minacciati dai *garimpeiros* (cercatori d'oro) che invadono il loro territorio.

YANTAI, c. della Cina (Shandong); 3.050.000 ab. Porto. Pesca. Centro industriale. — Museo.

YAO, c. del Giappone (Honshu), sobborgo di Osaka; 276.664 ab.

YAOUNDÉ, cap. del Camerun, a ca. 700 m d'alt.; 1.444.000 ab.

YARKAND o **SUOCHE**, c. della Cina (Xinjiang); 100.000 ab. Oasi.

YAŞAR KEMAL (Kemal Sadūk **Gökçeli**, detto), *Hemite, presso Adana, 1923*, scrittore turco. È au-

tore di romanzi sulla vita contadina dell'Anatolia (*Memed il falco*, 1955; *Terra di ferro, cielo di rame*, 1963; *L'assassinio al mercato dei fabbri*, 1973).

YATSUSHIRO, c. del Giappone (Kyushu); 107.709 ab. Porto.

YAVARI → JAVARI.

YAZD o **YEZD**, c. dell'Iran, a E di Esfahan; 326.776 ab. Mausoleo dell'XI sec.

YAZDGARD III, *617 - presso Merv 651*, ultimo re sasanide di Persia (632-651). Fu assassinato in seguito all'invasione degli arabi.

YAZILIKAYA, sito archeologico della Turchia, a 3 km da Boğazköy, in cui è stato rinvenuto un santuario rupestre ittita (XIII sec. a.C.) con rilievi scolpiti.

YEATS (William Butler), *Sandymount 1865 - Roquebrune-Cap-Martin 1939*, scrittore irlandese. Cofondatore dell'Abbey Theatre, è autore di saggi, poesie e drammi (*La contessa Cathleen*, 1892; *Deirdre*, 1907) animati da sentimenti nazionalisti e intrisi di occultismo. (Premio Nobel 1923.)

YEDO → EDO.

YEHOSHUA (Abraham B.), *Gerusalemme 1936*, scrittore israeliano. Docente di letteratura comparata all'Università di Haifa, ha analizzato la cultura ebraica e il suo rapporto con quella araba. Tra le opere, *Morte del vecchio* (1962), *L'amante* (1977), *Il signor Mani* (1990), *Viaggio alla fine del millennio* (1997), *Possesso* (2000), *La sposa liberata* (2002).

YEKE, popolazione di lingua bantu della zona sud-orient. della Rep. Dem. del Congo. Nel XIX sec. gli y. fondarono un vasto regno.

YELLOWKNIFE, c. del Canada, capol. dei Territori del Nord-Ovest, sulla riva settentr. del Gran Lago degli Schiavi; 17.275 ab. Nei pressi, giacimenti auriferi.

YELLOWSTONE, f. degli Stati Uniti, affl. di destra del Missouri; 1080 km; bacino di 181.300 km². Attraversa il Parco nazionale di Y. (in gran parte in Wyoming), ricco di geyser.

YEMEN, in ar. **Al-Yaman**, Stato dell'Asia, sul Mar Rosso e sul Golfo di Aden; 485.000 km²; 19.114.000 ab. (*yemeniti*). CAP. *San'a*. LINGUA: arabo. MONETA: *rial*. [*V. carta dell'***Arabia Saudita**.]

GEOGRAFIA – Il territorio dello Y. è esteso ma in gran parte desertico. La popolazione, islamizzata, si concentra nelle alture occ. sul Mar Rosso, dal clima più piovoso, e in alcune zone litoranee, dove sorgono la capitale e il porto principale, Aden. Da sempre l'emigrazione supplisce alla scarsità delle risorse (allevamento ovino e caprino, pesca, colture di miglio, sorgo e *qat*), ma oggi è l'estrazione del petrolio, avviata in tempi recenti, a costituire la principale ricchezza del paese.

STORIA – L'antichità. I millennio a.C.: nel S dell'Arabia fioriscono vari regni, tra cui quelli di Saba e Hadramawt. VI sec. d.C.: la regione viene occupata prima dagli etiopi, poi dai persiani sasanidi.

In seno al mondo musulmano. Dopo il 628: lo Y. diventa una provincia dell'impero musulmano. **893**: gli imam zaiditi, sciiti moderati, diventano padroni del paese: la loro dinastia si perpetuerà fino al 1962. **1570-1635**: lo Y. entra a far parte dell'impero ottomano, che dopo il 1635 non detiene più alcuna autorità effettiva. **1839**: gli inglesi conquistano Aden e stabiliscono un protettorato sulla regione meridionale. **1871**: dopo la presa di San'a, gli ottomani organizzano il distretto (*vilaya*) dello Y. **1920**: riconoscimento dell'indipendenza del regno, retto dagli imam zaiditi. **1959-1963**: Aden e i sultanati sottoposti al protettorato britannico formano la federazione dell'Arabia del Sud. **1967**: la federazione conquista l'indipendenza.

La Repubblica araba dello Yemen, o Yemen del Nord. 1962: un colpo di Stato porta alla proclamazione della repubblica. **1962-1970**: la guerra civile vede schierati su opposti fronti i realisti, appoggiati dall'Arabia Saudita, e i repubblicani, sostenuti dall'Egitto. **A partire dal 1972**: al confine tra i due Stati yemeniti si accendono scontri sporadici. **1974**: prende il potere il colonnello Ibrahim Al-Hamidi, che riesce a stabilire l'autorità del governo centrale su tutto il territorio settentrionale. **1977**: assassinio di Al-Hamidi. **1978**: diventa presidente della repubblica Ali Abdallah Saleh.

La Repubblica democratica popolare dello Yemen, o Yemen del Sud. 1970: Ali Rubayyi, al potere dal 1969, instaura una repubblica democratica popolare, marxista-leninista; **1978**: viene assassinato. **1978-1986**: a partire dal 1980 il primo ministro Ali Nasser Muhammad concentra nella propria persona le cariche di segretario del partito e capo dello Stato; **1986**: viene destituito da Haidar Abu Bakr Al-Attas, che prende il potere.

L'unificazione. A seguito degli accordi siglati dai due Stati yemeniti (1988-1989), nel mag. 1990 viene proclamata l'unificazione. La neonata Rep. dello Y. ha come presidente Ali Abdallah Saleh. Nel 1994 le tensioni tra N e S degenerano in guerra civile: la vittoria dell'esercito del N rafforza l'autorità del presidente e del suo partito, il Congresso generale del popolo. **2001**: la carica di primo ministro viene assunta da Abdul Qader Bagammal.

YEPES (Narciso), *Marchena, presso Lorca, 1927 - Murcia 1997*, chitarrista e compositore spagnolo. Divenne celebre grazie all'interpretazione del *Concerto di Aranjuez* (J. Rodrigo) e alla colonna sonora del film *Giochi proibiti* (R. Clément). Nel 1964 inventò una chitarra a dieci corde.

YERSIN (Alexandre), *Aubonne, cant. di Vaud, Svizzera, 1863 - Nha Trang, Vietnam, 1943*, batteriologo francese di origine svizzera. Isolò il bacillo della peste (1894).

YEZD → YAZD.

YGGDRASIL, albero della vita, un frassino che, nella mitologia germanica, sorregge l'universo.

YIBIN, c. della Cina (Sichuan), sullo Chang Jiang; 685.192 ab.

YICHANG, c. della Cina (Hubei), sullo Chang Jiang; 492.286 ab. Porto fluviale.

YICHUN, c. della Cina nord-orient., a NE di Harbin; 882.236 ab.

YI JINGD o **YIJING** ("Il libro dei mutamenti"), manuale cinese di divinazione. È il più antico testo classico cinese.

YINCHUAN, c. della Cina, capol. del Ningxia; 502.080 ab. Centro amministrativo e industriale.

YIN E YANG (scuòla dello), scuola filosofica cinese (IV-III sec. a.C.). I suoi esponenti ritenevano che il divenire dell'universo fosse basato sull'opposizione dialettica tra i due principi dello yin (femminile, passività, tenebra, accoglimento, Terra) e dello yang (maschile, attività, luce, penetrazione, cielo).

YOGYAKARTA, c. dell'Indonesia (Giava); 419.500 ab. Università. — Museo.

YOKKAICHI, c. del Giappone (Honshu); 285.779 ab. Porto. Centro industriale.

YOKOHAMA, c. del Giappone (Honshu), nella Baia di Tokyo; 3.307.136 ab. Porto. Centro industriale (petrolchimica, siderurgia, cantieri navali, industrie automobilistiche). — Parco del Sankei.

YOKOSUKA, c. del Giappone (Honshu), nella Baia di Tokyo; 432.193 ab. Porto. Centro industriale.

YOMIURI SHIMBUN, quotidiano giapponese fondato nel 1874.

YONKERS, c. degli Stati Uniti (Stato di New York), sull'Hudson; 196.086 ab.

YONNE, dip. della Francia, nella reg. Borgogna; capol. *Auxerre*; 7427 km^2; 333.221 ab. Attraversato dal f. Yonne, il territorio, pianeggiante a N e montuoso a S, è coltivato a cereali e viti. Allevamento bovino. Industrie meccaniche, elettriche e agroalimentari. Lavorazione del legno.

YORCK VON WARTENBURG (Ludwig, cónte), *Potsdam 1759 - Klein Oels, att. Oleśniczka, Polonia*, 1830, militare prussiano. Nel 1812 fu al comando delle truppe prussiane nella campagna contro i russi, con i quali firmò una convenzione che prefigurò l'alleanza russo-prussiana contro i francesi.

YORK, c. della Gran Bretagna (Inghilterra), sul f. Ouse; 100.600 ab. Prestigiosa cattedrale gotica del XIII-XV sec.; abitazioni ant.; musei. — Capitale della Britannia romana, e in seguito del regno inglese di Northumbria (VI sec.), sede vescovile e, nel corso del VII sec., arcivescovile, Y. fu un importante insediamento danese (IX sec.). Nel Medioevo fu la seconda c. del regno per importanza.

YORK (càsa di), ramo della dinastia dei Plantageneti, che regnò sull'Inghilterra dal 1461 al 1485. Discendente da Edmond de Langley (1341-1402), figlio di Edoardo III, eletto duca di York nel 1385, combatté i Lancaster all'epoca della guerra delle Due Rose (la sua insegna era una rosa bianca). Diede tre re all'Inghilterra (Edoardo IV, Edoardo V e Riccardo III) e nel 1485 fu soppiantata dai Tudor.

YORKSHIRE, reg. della Gran Bretagna, nell'Inghilterra nord-orient.; c. princ. *Leeds*.

YORKTOWN, piccolo centro degli Stati Uniti (Virginia), a SE di Richmond; 400 ab. Il 19 ott. 1781 le truppe franco-statunitensi, agli ordini di G. Washington e J.B. Rochambeau, vi sconfissero l'esercito britannico di C. Cornwallis.

YORUBA, popolazione stanziata in un'area che comprende Nigeria (ca. 25.000.000 individui), Benin (ca. 1.000.000 individui) e Togo (ca. 700.000 individui). Gli y. si organizzarono in una serie di reami indipendenti, il principale dei quali era quello di Oyo; **Ife* è tuttora la loro città santa. In maggioranza cristiani e musulmani, parlano una lingua del ceppo kwa.

YOSEMITE NATIONAL PARK, parco nazionale degli Stati Uniti (California), sul versante occ. della Sierra Nevada.

YOSHIHITO → TAISHO TENNO.

YOSHIMOTO (Maiko, detta Banana), *Tokyo 1964*, scrittrice giapponese. Tra le opere, *Kitchen* (1988), *Tsugumi* (1989), *L'ultima amante de Hachiko* (1996), *Honeymoon* (1997), *La piccola ombra* (2001), *Arcobaleno* (2003).

YOUNG (Arthur), *Londra 1741-1820*, agronomo britannico. Il suo *Travels during 1787-1789* (1792) è una preziosa fonte di informazioni sulla Francia prerivoluzionaria.

YOUNG (Brigham), *Whitingham, Vermont, 1801 - Salt Lake City 1877*, capo mormone statunitense. Subentrò a J. Smith a capo dei mormoni, con i quali nel 1847 fondò l'att. Salt Lake City.

YOUNG (Edward), *Upham 1683 - Welwyn 1765*, poeta britannico. Per il poema elegiaco *Lamenti ovvero pensieri notturni sulla vita, la morte e l'immortalità* (1742-1745), noto in Italia con il nome di *Le notti*, è considerato un precursore del romanticismo.

YOUNG (Lester), *Woodville, Mississippi, 1909 - New York 1959*, sassofonista e clarinettista jazz statunitense. Detto anche "Prez" (il Presidente), fu un grande sassofono tenore (*Lester leaps in*, 1939; *These foolish things*, 1945).

YOUNG (piàno), piano siglato nel 1929 dagli Alleati per stabilire l'entità delle riparazioni di guerra che la Germania doveva versare ai vincitori del primo conflitto mondiale. Messo a punto dall'esperto statunitense Owen D. Y. (1874-1962) per sostituire il piano Dawes, riduceva l'ammontare dei pagamenti, dilazionandoli in 59 anni. Fu interrotto nel 1931.

YOUNG (Terence), *Shanghai 1915 - Cannes 1994*, regista e sceneggiatore cinematografico britannico. Dopo aver diretto alcuni film della serie "Agente 007" (*Licenza di uccidere*, 1962; *Dalla Russia con amore*, 1963; *Thunderball - Operazione tuono*, 1965), si cimentò con diversi generi (*La guerra segreta*, 1965; *Mayerling*, 1968; *Sole rosso*, 1972; *Triplo gioco*, 1985).

YOUNG (Thomas), *Milverton 1773 - Londra 1829*, medico, fisico e filologo britannico. Scoprì il fenomeno dell'accomodazione oculare e descrisse l'astigmatismo (1801). Nel campo dell'egittologia, fu tra i primi a decifrare i geroglifici.

YOURCENAR (Marguerite **de Crayencour**, detta Marguerite), *Bruxelles 1903 - Mount Desert Island, Maine, Stati Uniti, 1987*, scrittrice di nazionalità francese e statunitense. Nei suoi innumerevoli scritti, poemi, saggi, *pièces* teatrali, romanzi storici (*Memorie di Adriano*, *L'opera al nero*) e autobiografici (*Il labirinto del mondo*), propone una lettura dei problemi moderni alla luce dei miti antichi. È stata la prima donna ammessa all'Académie française (1980).

■ *Marguerite Yourcenar.*

YOUSSOUFIA, già **Louis Gentil**, c. del Marocco; 60.451 ab. Estrazione di fosfati.

YPRES, in fiamm. **Ieper**, c. del Belgio, capol. della Fiandra Occidentale; 35.084 ab. Monumenti gotici (mercato tessile al coperto e cattedrale) ricostruiti dopo il 1918. — Fondata nel X sec., Y. fu uno dei grandi centri tessili dell'Occidente dal XII al XV sec. Nel corso della prima guerra mondiale i tedeschi vi sperimentarono i gas asfissianti, spargendo il cloro nell'apr. 1915 e l'iprite nel lug. 1917.

YPSILANTI, famiglia greca di origine fanariota da cui provengono diversi principi che, tra il 1774 e il 1806, governarono Moldavia e Valacchia. — **Aléxandros Y.**, *Istanbul 1792 - Vienna 1828*, capo dell'Eteria (1820-1821). Fomentò la rivolta delle popolazioni balcaniche contro gli ottomani.

YSAŸE (Eugène), *Liegi 1858 - Bruxelles 1931*, violinista belga. Direttore d'orchestra, compositore e grande interprete solista, divenne celebre con le sue prime esecuzioni della sonata di C.A. Frank, del *Poème* di E. Chausson e del quartetto di C. Debussy.

YUAN, dinastia mongola che regnò in Cina dal 1279 al 1368.

YUAN SHIKAI, *Xiangcheng, Henan, 1859 - Pechino 1916*, politico cinese. Comandante in capo dell'esercito e primo ministro all'epoca della caduta dell'impero (1911), fu il primo presidente della repubblica (1913-1916) a instaurare un regime dittatoriale. Tentò invano di farsi eleggere imperatore della Cina nel 1915-1916.

YUCATÁN, penisola del Messico, tra il Golfo del Messico e il Mar delle Antille. Il territorio, scarsamente abitato, è composto da pianure calcaree e ricoperte da foreste. Fu la culla della civiltà maya.

YUKAWA (Hideki), *Tokyo 1907 - Kyoto 1981*, fisico giapponese. Per spiegare il fenomeno della stabilità dei nuclei, nel 1935 ipotizzò l'esistenza dei mesoni, particelle che l'anno seguente furono individuate nei raggi cosmici. (Premio Nobel 1949.)

YUKON, f. del Canada e degli Stati Uniti (Alaska), che sfocia nel Mare di Bering; 3185 km. Y. è anche il nome di una divisione amministrativa dell'Alaska.

YUKON, territorio federale del Canada nord-occ., compreso tra i Territori del Nord-Ovest e l'Alaska; 482.515 km^2; 30.650 ab.; cap. *Whitehorse*. Giacimenti minerari: oro, argento, piombo, zinco, rame.

YUN (Isang), *Tongyong 1917 - Berlino 1995*, compositore coreano naturalizzato tedesco. Ha sperimentato la contaminazione tra la tradizione musicale dell'Estremo Oriente e la dodecafonia.

YUNGANG, area della Cina (Shanxi) che ospita un complesso di monasteri rupestri buddhisti ornati da sculture (V-VII sec.).

YUNNAN, prov. della Cina, confinante con il Vietnam; 40.094.000 ab.; capol. *Kunming*.

YUPANQUI (Héctor Roberto **Chavero**, detto Atahualpa), *El Campo de la Cruz, Argentina, 1908 - Nîmes 1992*, cantante, chitarrista e poeta argentino. Rappresentante e innovatore della tradizione musicale argentina, partecipò alla sua rinascita, celebrando nelle proprie canzoni gli oppressi, come gli indios e i contadini.

YVELINES, dip. della Francia, nella reg. Île-de-France; capol. *Versailles*; 2284 km^2; 1.354.304 ab. L'area, perlopiù pianeggiante, comprende la foresta di Rambouillet.

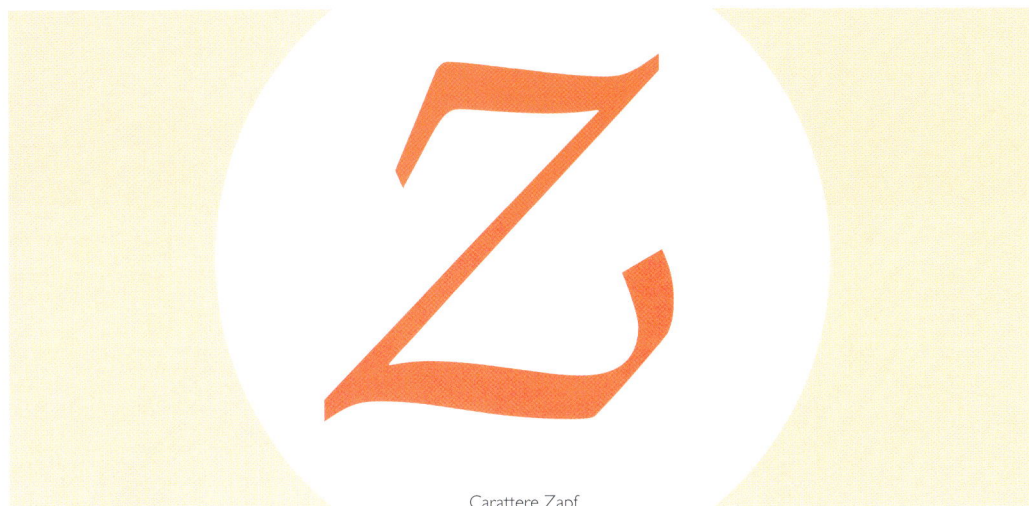

Carattere Zapf

ZAANSTAD, c. dei Paesi Bassi, sobborgo di Amsterdam; 136.115 ab.

ZAB (Grànde e Piccolo), f. dell'Iraq, nel Kurdistan, affl. del Tigri.

ZAB (Mónti dello), massiccio dell'Algeria, tra l'Ouled Nail e l'Aurès. A S dei monti dello Z. e dell'Aurès si estendono le oasi di Z.

ZABARÈLLA (Iàcopo), *Padova 1533-1589*, filosofo. Aristotelico, si occupò di logica e teoria della conoscenza. Tra le sue opere, *Opera logica* (1578), *Tabulae logicae* (1580), *De doctrinae ordine apologia* (1584).

ZABRZE, c. della Polonia, nell'Alta Slesia; 199.153 ab. Centro minerario (carbone) e industriale.

ZÀBULON, personaggio biblico. Decimo figlio di Giacobbe, è il capostipite dell'omonima tribù israelitica della Galilea.

ZACATECAS, c. del Messico, a N di Guadalajara; 113.947 ab. Vecchio quartiere in stile coloniale, con una cattedrale barocca del XVIII sec.

ZACCARÌA, profeta biblico della fine del VI sec. a.C.

ZACCARÌA (sànto), sacerdote ebreo (I sec.), marito di Elisabetta e padre di Giovanni Battista (Vangelo di Luca).

ZACCARÌA (sànto), *m. a Roma nel 752*, papa dal 741 al 752. Appoggiato da Pipino il Breve, cui riconobbe il titolo di re dei longobardi, studiò la prima riforma della Chiesa.

ZACCHÈO, personaggio del Vangelo di Luca. Capo dei publicani di Gerico, fu convertito da Gesù Cristo.

ZACCÓNI (Ermète), *Montecchio 1857 - Viareggio 1948*, attore teatrale. Esponente del naturalismo, ottenne grandi successi con C. Rossi e V. Marini. Tra le sue interpretazioni, *Spettri* (1892), *La città morta* (1901).

ZADEK (Peter), *Berlino 1926*, regista teatrale tedesco. Ha realizzato una serie di allestimenti contemporanei dei testi classici, nei quali tragico e comico si confondono (*Otello, Il misantropo, Il mercante di Venezia, Il giardino dei ciliegi, Amleto*).

ZADIG O IL DESTÌNO, racconto filosofico di Voltaire (1748). Dopo aver superato una serie di prove, il filosofo Zadig viene eletto re di Babilonia e inaugura un'era di pace e virtù.

ZADKINE (Ossip), *Vitebsk 1890 - Neuilly-sur-Seine 1967*, scultore francese di origine russa. Praticò una sorta di cubismo saturo di decorativismo barocco e di reminiscenze espressioniste (*La città distrutta*, 1947-1951, Rotterdam). Il suo atelier parigino è divenuto un museo.

ZAGÀBRIA, in serbo-croato **Zagreb**, cap. della Croazia, sulla Suva; 707.770 ab. (1.060.000 ab. nell'agglomerato). Centro amministrativo, commerciale (fiera internazionale), culturale e industriale. — Cattedrale gotica e altri monumenti; musei.

ZAGAZIG, c. dell'Egitto, sul delta del Nilo; 287.000 ab.

ZÀGO (Emilio), *Venezia 1852-1929*, attore teatrale. Celebre interprete della commedia goldoniana, lavorò con A. Morodin e fu capocomico dal 1902 al 1911.

ZAGORSK → Sergejev Posad.

ZAGROS, catena montuosa dell'Iran, che sovrasta la Mesopotamia irachena e il Golfo Persico.

ZAHEDAN, c. dell'Iran, nel Baluchistan; 419.518 ab.

ZAHIR SHAH (Muhammad), *Kabul 1914*, re dell'Afghanistan (1933-1973). Deposto in seguito a un colpo di Stato, fu costretto all'esilio.

ZAHLÉ, c. del Libano, nella prov. di Beqaa; 60.000 ab.

ZAIÒTTI (Pàride), *Trento 1793 - Trieste 1843*, letterato e magistrato. Sostenitore della restaurazione, istruì i processi contro i membri della Giovine Italia. Collaboratore della *Biblioteca italiana*, si occupò in partic. del romanzo storico.

ZAIRE, nome che dal 1971 al 1997 ha designato la Red. Dem. del *Congo.

ZAKOPANE, c. della Polonia, nei Monti Tatra; 28.600 ab. Centro turistico. Sport invernali.

ZÁKROS, area archeologica situata nella parte orient. dell'Isola di Creta. — Vestigia di una città e di un palazzo di epoca minoica (XVI sec. a.C.).

ZÀMA (battàglia di) (202 a.C.), battaglia combattuta in Numidia, che pose fine alla seconda guerra punica. La vittoria di Scipione l'Africano contro Annibale indusse Cartagine a chiedere la pace.

ZAMBESI, f. dell'Africa australe, che sfocia nell'Oceano Indiano; 2660 km. Il suo corso è costellato di rapide e cascate. Imponenti bacini artificiali (Kariba e Cabora Bassa).

ZAGABRIA. *Veduta del centro, con la cattedrale di S. Stefano.*

ZAMBIA, Stato dell'Africa australe; 746.000 km²; 10.649.000 ab. (*zambiani*). CAP. *Lusaka*. LINGUA: *inglese*. MONETA: *kwacha*. [*V. carta a pagina seguente.*]

GEOGRAFIA – Lo Z., dal clima tropicale temperato dall'altitudine, è formato soprattutto da colline e altopiani. Gran parte della popolazione trae sostentamento dall'agricoltura (soprattutto mais), nonostante siano le miniere della Copper Belt (rame, ma anche cobalto, oro, argento ecc.) a fornire le principali risorse commerciali a un paese penalizzato dalla sua posizione geografica e afflitto da un pesante debito pubblico.

STORIA – Il paese, popolato in tempi antichi da pigmei e bantu, è diviso in regni fino all'arrivo degli europei. **1853-1873**: David Livingstone esplora la regione. **1899**: il paese nella sua interezza viene occupato dagli inglesi per iniziativa di Cecil Rhodes, che dirige la British South African Company. **1911**: la zona di occupazione britannica viene divisa in due regioni: la Rhodesia del Nord (att. Z.) e la Rhodesia del Sud (att. Zimbabwe). **1924**: un anno dopo la conquista dell'autonomia da parte della Rhodesia del Sud, la Rhodesia del Nord diventa colonia della corona e istituisce un consiglio legislativo. Allo stesso anno risale la scoperta di importanti giacimenti di rame. **1948**: si costituisce un movimento nazionalista, guidato da Kenneth Kaunda. **1953**: nasce la Fed. dell'Africa Centrale, che riunisce Rhodesia e Nyasaland; **1963**: questa entità politica viene meno a causa delle rivendicazioni nazionaliste. **1964**: la Rhodesia del Nord, con il nome di Z., ottiene l'indipendenza nell'ambito del Commonwealth. K. Kaunda ne diviene il presidente. **1972**: il capo dello Stato instaura un governo a partito unico. **1990**: viene reintrodotto il multipartitismo. **1991**: Frederick Chiluba, leader dell'opposizione, viene eletto alla presidenza della repubblica (carica nella quale sarà confermato nel 1996). **2002**: gli succede Lewy Mwanawasa.

ZAMBOANGA, c. delle Filippine (Isola di Mindanao); 601.794 ab. Porto.

ZAMBÓNI (Giusèppe), *Verona 1776-1846*, fisico. Studioso di elettrologia, ideò una pila a secco che porta il suo nome.

ZAMENHOF (Lejzer Ludovik), *Białystok 1859 - Varsavia 1917*, linguista polacco. È l'inventore dell'esperanto.

ZAMFIRESCU (Duiliu), *Plăineşti 1858 - Agapia 1922*, scrittore e politico romeno. Dopo aver svolto incarichi diplomatici in Italia, fu ministro degli esteri e presidente della camera (1918). Amante del neoclassicismo italiano, scrisse il celebre ciclo romanzesco *Storia dei Comăneşti* (1894-1910).

ZAMJATIN (Evgenij Ivanovič), *Lebedjan', presso Tambov, 1884 - Parigi 1937*, scrittore sovietico. Nei suoi racconti satirici mette alla berlina il conformismo e il totalitarismo (*La caverna*, 1921).

ZAMORA, c. della Spagna (Castiglia-León), capol. di prov., sul f. Douro; 65.226 ab. Bastioni;

Zambia

500 1000 1500 m

— strada normale
— ferrovia

★ importante
 località turistica
✈ aeroporto

● più di 1.000.000 di ab.
● da 100.000 a 1.000.000 di ab.
● da 50.000 a 100.000 di ab.
• meno di 50.000 di ab.

150 km

chiese romaniche del XII sec., tra cui la cattedrale; residenza del Cid; musei.

ZAMOŚĆ, c. della Polonia sud-orient.; 68.682 ab. Struttura urbana con strade disposte a scacchiera (fine del XVI sec.); monumenti in stile rinascimentale.

ZAMPIÈRI (Doménico) → DOMENICHINO.

ZAMPÓRI (Giórgio), *Milano 1887 - Brescia 1965*, ginnasta. Vinse la medaglia d'oro alle Olimpiadi di Anversa del 1920 nel concorso generale individuale e a squadre e, in quest'ultima categoria, anche alle Olimpiadi di Parigi del 1924.

ZANARDÈLLI (Giuséppe), *Brescia 1826 - Maderno 1903*, politico e giurista. Deputato per la sinistra storica, fu ministro dei lavori pubblici (1876-1877) e di grazia e giustizia (1878, 1881-1883, 1887-1891), presidente della camera (1892-1894, 1897-1899) e primo ministro (1901-1903). La sua politica, improntata al rifiuto del trasformismo e delle scelte autoritarie e coloniali, osteggiò le imprese in Africa così come la repressione violenta delle proteste in Italia. Fu relatore del codice penale che porta il suo nome, in cui veniva abolita la pena di morte.

ZANATA o **ZENATA**, uno dei principali gruppi berberi del Marocco orient. e dell'Algeria (Aurès).

ZANÀZZO (Luigi, detto Giggi), *Roma 1860-1911*, poeta e commediografo. Studioso di cultura popolare e folclore, si espresse soprattutto in dialetto romanesco: *Cinquanta sonetti satirici* (1880), *Le minente ar Divin Amore* (1886), *Li magazeni a Roma* (1887), *L'amore di Trastevere* (1888).

ZANDE, popolazione stanziata nel N della Rep. Dem. del Congo (ex Zaire) e nelle regioni adiacenti al Sudan e alla Rep. Centrafricana.

ZANDJAN, c. dell'Iran, a NO di Teheran; 286.295 ab.

ZANDOMÉNEGHI (Federico), *Venezia 1841 - Parigi 1917*, pittore. Dapprima vicino ai macchiaioli, risentì della lezione impressionista, pur mantenendo la propria originalità espressiva nell'uso di un cromatismo tipicamente veneziano.

ZANDONÀI (Riccàrdo), *Sacco di Rovereto 1883 - Pesaro 1944*, compositore. Verista, fu sempre attento agli sviluppi della musica europea. La sua opera più celebre, *Francesca da Rimini* (1914), ebbe un'eco internazionale. Tra le altre opere, *I cavalieri di Ekebù* (1925), *La farsa amorosa* (1933).

ZANÈLLA (Giàcomo), *Chiampo 1820 - Cavazzale 1888*, poeta. Sacerdote dal 1843, nella sua opera più famosa (*Sopra una conchiglia fossile*, 1868) tentò di conciliare fede e scienza.

ZANÉTTI (Antônio Marìa), *Venezia 1706-1778*, scrittore d'arte. Nel suo *Della pittura veneziana* (1771) svolse un'importante ricostruzione critica dell'arte veneziana dal XIV sec.

ZANGWILL (Israel), *Londra 1864 - Midhurst 1926*, scrittore britannico. Acceso sostenitore della causa sionista, nei suoi racconti descrisse, oscillando tra realismo e umorismo, la vita delle comunità ebraiche (*I figli del ghetto*, 1892).

ZANIBÓNI (Tito), *Monzambano 1883 - Roma 1960*, politico. Socialista, nel 1925 organizzò un attentato contro B. Mussolini che gli costò il carcere. Liberato nel 1943, fu alto commissario per l'epurazione e l'assistenza ai profughi e ai reduci (1944-1945).

ZANICHÈLLI, casa editrice fondata a Modena nel 1859 da Nicola Z. (Modena 1819 - Bologna 1884) e trasferita a Bologna nel 1866. È specializzata in testi letterari, scientifici ed enciclopedici.

ZANÌNI (Luìgi, detto Gigiòtti), *Vigo di Fassa 1893 - Gargano del Garda 1962*, architetto. Rifiutando l'eclettismo, si attenne a un classicismo composto e razionale. Tra le sue opere, Palazzo Civita in piazza Duse a Milano (1933-1934).

ZANNIÈR (Italo), *Spilimbergo 1932*, fotografo e teorico della fotografia. Fotografo d'interni e docente di storia della fotografia a Venezia, Milano e Bologna, è uno dei maggiori studiosi italiani di fotografia. Ha scritto oltre 500 saggi, tra i quali *Storia e tecnica della fotografia* (1982), *Storia della fotografia italiana* (1986), *L'io e il suo doppio* (1995).

ZANNÓNE, isola del Tirreno, nell'arcipelago delle Pontine; 0,9 km².

ZANÒBI o **ZENÒBIO** (sànto), *Firenze IV-V sec.*, vescovo e patrono di Firenze.

ZANÒIA (Giuséppe), *Genova 1752 - Omegna 1817*, architetto. Tra gli esponenti del neoclassicismo, lavorò dal 1806 all'Opera del duomo di Milano. Tra le sue opere: Porta Nuova (1810-1813) a Milano.

ZANÒTTI BIÀNCO (Umbèrto), *Canea 1889 - Roma 1963*, archeologo e filantropo. Attento alla questione meridionale, fu promotore e presidente dell'Associazione nazionale per gli interessi del Mezzogiorno, fondatore di numerosi asili, scuole e biblioteche. Direttore della società Magna Grecia, condusse numerosi scavi tra cui quelli dell'*Heràion* sulle rive del f. Sele (1927).

ZÀNTE o **ZÁKINTHOS**, una delle Isole Ioniche (Grecia); capol. *Zante* o *Zakinthos*. Cittadella veneziana; museo.

ZANÙSO (Màrco), *Milano 1916-2001*, architetto e designer. Modernista, si è occupato soprattutto di progettazione industriale. Fabbriche Olivetti di Buenos Aires (1954-1962), sede centrale IBM Italia a Segrate (1972-1975), nuovo Piccolo Teatro a Milano (1982-1896).

ZANUSSI (Krzysztof), *Varsavia 1939*, regista cinematografico polacco. Tra le opere, *La struttura del cristallo* (1969), *Contratto di matrimonio* (1980),

L'imperativo (1982), *Il potere del male* (1985), *Vita per vita* (1991). Leone d'oro a Venezia nel 1984 per *L'anno del sole inquieto*.

ZANZIBAR, isola dell'Oceano Indiano, a ridosso delle coste africane; 1658 km²; 376.000 ab.; capol. *Zanzibar* (158.000 ab.). Z. e la vicina Isola di Pemba formano la Tanzania insulare.

STORIA – **1503**: i portoghesi si insediano a Z. **XVII sec.**: ai portoghesi subentrano i sultani dell'Oman, che imprimono un'accelerazione allo sviluppo dell'isola. **1873**: la soppressione della tratta degli schiavi rallenta la crescita di Z. **1890**: le isole di Z. e Pemba divengono un protettorato britannico. **1963**: il sultanato ottiene l'indipendenza. **1964**: dopo la proclamazione della repubblica, Z. si unisce al Tanganica per costituire la Tanzania.

ZANZÒTTO (Andrèa), *Pieve di Soligo, Treviso, 1921*, poeta. Nella sua scrittura disarticolata, attraversata da continue citazioni e dall'evocazione dei paesaggi del Veneto, si delinea una ricerca dell'io ironica e angosciata (*Dietro il paesaggio*, 1951; *IX Egloghe*, 1962; *Il galateo in bosco*, 1978).

ZAO WOU-KI, *Pechino 1921*, pittore francese di origine cinese. Nelle sue opere si fondono la cultura pittorica europea e la tradizione cinese.

ZAO WOU-KI. *Vent*, 1954. (MNAM, Parigi.)

ZAOZHUANG, c. della Cina, a SO di Qingdao; 2.048.000 ab.

ZAPATA (Emiliano), *Anenecuilco, Morelos, 1879 ca. - hacienda de Chinameca, Morelos, 1919*, rivoluzionario messicano. Agricoltore indio, dopo aver partecipato alle guerre civili messicane, continuò a combattere chiedendo maggior democrazia e leggi per i contadini, ma fu assassinato.

■ *Emiliano Zapata.*

ZÁPOLYA o **SZAPOLYAI**, famiglia ungherese tra i cui membri più insigni spiccano Giovanni, re di Ungheria (1526-1540), e Giovanni Sigismondo, principe di Transilvania (1541-1571).

ZAPOPAN, c. del Messico, sobborgo nord-occ. di Guadalajara; 910.960 ab.

ZAPOROGHI, popolazione cosacca stanziata oltre le rapide del Dnepr (XVI-XVIII sec.).

ZAPOROŠJE, c. dell'Ucraina, sul f. Dnepr; 897.000 ab. Porto fluviale e centro industriale.

ZAPOTECHI. *Urna funeraria di Monte Albán. Terracotta policroma.*

ZAPOTÈCHI, ant. popolazione della valle di Oaxaca (Messico). Fondatori di una complessa e ricca civiltà, che raggiunse l'apogeo tra il 300 e il 900, gli z. facevano capo alla c. di *Monte Albán.

ZAPPA (Francis Vincent, detto Frank), *Baltimora 1940 - Los Angeles 1993*, chitarrista e cantante statunitense. Fondatore del gruppo Mothers of Invention (1964), sperimentò la commissione tra diversi stili e generi, spesso con intenti ironici e grotteschi. *Freak out* (1966), *Absolutely Free* (1967), *We're only in it for the Money* (1967), *Hot Rats* (1970), *The Man from Utopia* (1983).

ZÀPPI (Giambattista Felice), *Imola 1667 - Roma 1719*, poeta. Fu tra i fondatori dell' *Arcadia con lo pseudonimo di Tirsi Leucasio.

ZÀRA, in serbo-croato *Zadar*, c. della Croazia, in Dalmazia, sull'Adriatico; 76.343 ab. Porto. Chiesa di S. Donato, del IX sec. (pianta circolare); cattedrale romanica; musei.

ZARATHUSTRA o **ZOROÀSTRO**, *Persia VII-VI sec. a.C.*, iniziatore del mazdeismo o zoroastrismo. In aperto contrasto con la casta sacerdotale, fu duramente osteggiato, ma la protezione del re Vishtaspa garantì il successo della sua dottrina. Lo zoroastrismo pone l'accento sulla trascendenza divina e predica una morale austera fondata sulla certezza del trionfo della giustizia.

ZARIA, c. della Nigeria; 284.318 ab. Ant. cap. di un reame haussa.

ZARQA, c. della Giordania, sobborgo di Amman; 350.849 ab. Raffinerie di petrolio.

ZÁTOPEK (Emil), *Kopřivnice 1922 - Praga 2000*, atleta cecoslovacco. Campione olimpico nei 10.000 m nel 1948, realizzò una storica tripletta (5000 m, 10.000 m e maratona) ai giochi del 1952.

ZÀTTERA DELLA MEDÙSA (La), grande quadro di J.L.T. Géricault (1818-1819, Louvre, Parigi), che raffigura un episodio realmente accaduto: il naufragio della fregata *Medusa* sulla costa occ. dell'Africa (1816).

ZAVATTÀRI, famiglia di pittori lombardi. Cristoforo, Francesco e Ambrogio (XIV-XV sec.) lavorarono al duomo di Milano. A Francesco, Ambrogio e Gregorio (questi ultimi due figli del primo) sono attribuiti gli affreschi della Cappella di Teodolinda nel duomo di Monza.

ZAVATTÌNI (Césare), *Luzzara 1902 - Roma 1989*, scrittore e sceneggiatore cinematografico. Gli si devono alcuni dei capolavori del neorealismo. *Sciuscià* (1946), *Ladri di biciclette* (1948), *Miracolo a Milano* (1951), *Umberto D.* (1952), *L'oro di Napoli* (1954), *La ciociara* (1960), *Il viaggio* (1974). Ha pubblicato, inoltre, *Parliamo tanto di me* (1931), *Io sono il diavolo* (1941).

ZAVENTEM, com. del Belgio (Brabante fiammingo); 27.159 ab. Nel pressi, aeroporto di Bruxelles.

ZAWIYA, c. della Libia, a O di Tripoli, sul Mediterraneo; 220.075 ab.

ŽDANOV (Andrej Aleksandrovič), *Mariupol 1896 - Mosca 1948*, politico sovietico. Membro del Politburo (1939), diresse la politica culturale dell'era staliniana e fissò i dettami del realismo socialista.

ZEAMI (Motokiyo), *1363-1443*, attore e scrittore giapponese. Come già il padre Kanami (1333-1384), fu attore e autore del teatro nô. Scrisse importanti trattati di teoria teatrale.

ZEDILLO PONCE DE LEÓN (Ernesto), *Città del Messico 1951*, politico messicano. È stato presidente della repubblica dal 1994 al 2000.

ZEEBRUGGE, porto del Belgio, sul Mare del Nord. È collegato a Bruges, di cui costituisce lo sbocco sul mare, da un canale di 10 km. Porto petrolifero e centro industriale. Importante base navale tedesca nel corso della prima guerra mondiale, fu sabotata nel 1918 dai guastatori britannici.

ZEEMAN (Pieter), *Zonnemaire, Zelanda, 1865 - Amsterdam 1943*, fisico olandese. Nel 1896 scoprì l'effetto dei campi magnetici sulle emissioni luminose ("effetto Z."). Studiò la propagazione della luce sui corpi in movimento, confermando così le teorie relativiste. (Premio Nobel 1902.)

ZEFIRÌNO o **ZEFFIRÌNO** (sánto), *m. nel 217*, papa dal 199 al 217. Combatté la scelta da parte del papa del suo successore attraverso adozione ("adozionismo").

ZEFFIRÈLLI (Fránco **Còrsi**, detto Fránco), *Firenze 1923*, regista cinematografico e teatrale. Per il teatro ha messo in scena *Dopo la caduta* (1964), *La lupa* (1965). Per il cinema, *Camping* (1957), *Romeo e Giulietta* (1968), *Fratello sole, sorella luna* (1972), *Il campione* (1979), *Il giovane Toscanini* (1988), *Storia di una capinera* (1993), *Un tè con Mussolini* (1999).

ZEIST, c. dei Paesi Bassi, presso il delta del Reno; 59.844 ab. Castello ricostruito nel XVII sec.

ZELÀNDA, prov. dei Paesi Bassi, nei pressi dell'estuario del f. Schelda; 374.920 ab.; capol. *Middelburg*.

ZELE, com. del Belgio (Fiandra Orientale); 20.348 ab. Chiesa del XVIII sec.

ZELENCIUK, località della Russia, a N del Caucaso. A 2070 m d'alt., osservatorio astronomico (telescopio del diametro di 6 m).

ŻELEŃSKI (Tadeusz, detto Boy), *Varsavia 1874 - Cracovia 1941*, scrittore polacco, traduttore e autore di testi critici e politici.

ŽELEV (Želju), *Veselinovo, presso Sumen, 1935*, filosofo e politico bulgaro. Oppositore del regime comunista, fu presidente della repubblica dal 1990 a 1997.

ZELIÒLI LANZÌNI (Ènnio), *1899 - Cremona 1976*, politico. Ministro della sanità nel 1968, è stato presidente del senato dal 1967 al 1968.

ZELL AM SEE, c. dell'Austria, nella prov. di Salisburgo, sulle sponde del Lago Zell; 7500 ab. Turismo.

ZEMAN (Karel), *Ostroměř 1910 - Gottwaldov 1989*, regista di film d'animazione cecoslovacco. Realizzò pellicole in cui il disegno animato è combinato con riprese dal vero di pupazzi e attori in carne e ossa (*La diabolica invenzione*, 1958; *Le avventure del barone di Münchhausen*, 1961; *L'arca del Signor Servadac*, 1970).

ZEMECKIS (Robert), *Chicago 1951*, regista cinematografico statunitense. Ha diretto *La fantastica sfida* (1980), *All'inseguimento della pietra verde* (1984), *Ritorno al futuro* (1985), *Chi ha incastrato Roger Rabbit?* (1988), *Ritorno al futuro parte II* (1989), *Ritorno al futuro parte III* (1990), *La morte ti fa bella* (1992), *Forrest Gump* (1994), *Contact* (1997), *Le verità nascoste* (2000).

ZÈNA (Gàspare **Invrèa**, detto Remìgio), *Genova 1850-1917*, scrittore. Vicino alla scapigliatura e dotato di una spontanea vena naturalistica, scrisse i romanzi *La bocca del lupo* (1892) e *L'apostolo* (1901). Tra le sue raccolte poetiche, *Poesie grigie* (1880).

ZENÀLE (Bernardino), *Treviglio 1436 ca. - Milano 1526*, pittore e architetto. Direttore dei lavori al duomo di Milano dal 1522, come pittore collaborò con B. Butione alla pala di S. Martino di Treviglio (1485) e alle decorazioni della Cappella Grifi in S. Pietro in Gessate, a Milano (1489-1493).

ZENICA, c. della Bosnia-Erzegovina; 145.577 ab. Siderurgia.

ZÈNO (Apòstolo), *Venezia 1668-1750*, letterato e librettista. Fondatore del *Giornale de' letterati italiani* (1710), fu tra le principali voci del classicismo italiano. I suoi libretti furono musicati da G.F. Händel, A. Vivaldi, A. Scarlatti, G.B. Pergolesi.

ZENÒBIA, *m. in Italia nel 274 ca.*, regina di Palmira (267-272). Assunse la reggenza alla morte del marito Odenato ed estese il suo dominio sull'Asia Minore e sull'Egitto. Fu sconfitta dall'imperatore Aureliano dopo due anni di scontri (271-272).

ZENÓNE, *426 ca. - 491*, imperatore romano d'Oriente (474-491). Emanò l'editto di unione con i monofisiti, o *Henotikon* (482), provocando uno scisma della Chiesa orientale che durò fino all'età giustinianea.

ZENÓNE DI CÌZIO, *Cizio, Cipro, 335 ca. - 264 ca. a.C.*, filosofo greco. È il fondatore della scuola stoica.

ZENÓNE DI ELÈA, *Elea tra il 490 e il 485 - 430 ca. a.C.*, filosofo greco della scuola eleatica. Allievo di Parmenide, per dimostrare l'impossibilità del movimento e l'unità dell'essere, propose celebri paradossi, quali quello di Achille, che non può superare la tartaruga, e quello della freccia, che mentre vola è immobile.

ZEPPELIN (Ferdinand, cónte **von**), *Costanza 1838 - Berlino 1917*, ufficiale e industriale tedesco. Progettò e realizzò grandi dirigibili rigidi. Effettuò il primo volo nel 1900 sulle acque del Lago di Costanza.

ZERAVSHAN (Catèna del), massiccio del Tagikistan. I suoi torrenti bagnano le oasi di Samarcanda e Bukhara.

ZÈRI (Federico), *Mentana 1921-1998*, storico dell'arte. È autore di *Pittura e Controriforma* (1957), *L'inchiostro variopinto* (1985), *Dietro l'immagine* (1987), *Orto aperto* (1990).

ZERMATT, località della Svizzera (Vallese), ai piedi del Cervino; 5323 ab. Importante centro turistico.

ZERMELO (Ernst), *Berlino 1871 - Friburgo 1953*, matematico e logico tedesco. Allievo di G. Cantor, sviluppò e fornì una prima assiomatizzazione (1908)

La zattera della Medusa *di J.L.T. Géricault, 1818-1819. (Louvre, Parigi.)*

della teoria degli insiemi, completata negli anni '20 del secolo scorso da A.A. Fraenkel e A. Skolem.

ZERNIKE (Frits), *Amsterdam 1888 - Naarden 1966*, fisico olandese. Inventò il microscopio a contrasto di fase, che consente di rendere visibili dettagli trasparenti. (Premio Nobel 1953.)

ZÈRO (Renàto **Fiacchini**, detto Renàto), *Roma 1950*, cantautore. È tra i principali voci della musica leggera italiana. Tra i suoi album, *Trapezio* (1976), *Zerofobia* (1977), *Erozero* (1979), *Artide e Antartide* (1981), *L'imperfetto* (1994), *Cattura* (2003).

ŻEROMSKI (Stefan), *Strawczyn 1864 - Varsavia 1925*, scrittore polacco. Nei romanzi (*Ceneri*, 1904) e nei drammi si oppone ai soprusi politici e sociali.

ZEROUAL (Liamine), *Batna 1941*, militare e politico algerino. Ministro della difesa dal 1993 al 1999, è stato nominato capo dello Stato nel 1994. Riconfermato alle elezioni presidenziali del 1995, nel 1999 si è dimesso.

ZETKIN (Clara), *Wiederau 1857 - Archangel'skoje, presso Mosca, 1933*, rivoluzionaria tedesca. Esponente del Partito socialdemocratico dal 1878, partecipò al movimento spartachista e nel 1919 aderì al Partito comunista tedesco. Fu deputata al Reichstag dal 1920 al 1933.

ZETLAND → SHETLAND.

ZÈUS MITOL. GR. Massima divinità dell'Olimpo, figlio di Cronos e Rea. È il dio dell'Universo e il padre degli dei, e vigila sull'ordine e sulla giustizia tra gli uomini. Il suo attributo è il fulmine. Gli furono dedicati celebri santuari a Dodona, Olimpia e Creta. I romani lo identificarono con Giove.

ZÈUSI, *seconda metà del V sec. a.C.*, pittore greco. Fu celebre nell'antichità per essere stato, insieme a Polignoto, uno dei grandi innovatori della tecnica pittorica.

ZÈVI (Brùno), *Roma 1918-2000*, storico e critico dell'architettura. Direttore dal 1955 della rivista *L'architettura. Cronache e storia*, promosse la fondazione dell'Istituto nazionale di architettura (1959). Tra le opere, *Verso un'architettura organica* (1945), *Storia dell'architettura moderna* (1950), *Poetica dell'architettura neoplastica* (1960), *Il linguaggio moderno dell'architettura* (1974), *Leggere, scrivere, parlare architettura* (1996).

ZHANG YIMOU, *Xi'an 1950*, regista cinematografico cinese. Autore dallo stile brillante e originale, ha ottenuto un notevole successo all'estero. Tra i film diretti, *Sorgo rosso* (1987), *Lanterne rosse* (1991), *La storia di Qiu Ju* (1992, Leone d'oro a Venezia), *Keep Cool* (1997), *Non uno di meno* (1999, Leone d'oro a Venezia), *La strada verso casa* (1999), *La locanda della felicità* (2000), *Hero* (2002).

ZHANJIANG, c. della Cina (Guangdong); 1.048.720 ab. Porto. Centro industriale.

ZHAO ZIYANG, *distretto di Huaxian, Henan, 1919*, politico cinese. È succeduto a Hua Guofeng come primo ministro (1980-1987) ed è stato segretario generale del Partito comunista dal 1987 al 1989. È stato destituito nel 1989.

ZHEJIANG, prov. della Cina sud-orient.; 44.350.000 ab.; capol. *Hangzhou*.

ZHENGZHOU, c. della Cina, capol. dell'Henan; 1.752.374 ab. Centro industriale. — Fu la cap. della dinastia Shang. Resti della necropoli (arredi funerari nel museo).

ZHOU ENLAI o **CHOU EN-LAI**, *Hua Hin, Jiangsu, 1898 - Pechino 1976*, politico cinese. Partecipò alla fondazione del Partito comunista cinese (1921) e ricoprì la carica di ministro degli esteri (1949-1958) e primo ministro (1949-1976). Svolse un ruolo di primo piano in politica estera e fu tra i fautori del riavvicinamento agli Stati Uniti (1972).

■ *Zhou Enlai.*

ZHOUKOUDIAN, località della Cina, a SO di Pechino. Sito preistorico costituito da un insieme di grotte occupate, per alcuni periodi, tra 400.000 e 30.000 anni fa, in cui nel 1921 sono stati rinvenuti i primi resti del sinantropo (ominide della specie *Homo erectus*).

ZHU DA, detto anche **Bada Shanren**, *Nanchang 1625 - ? 1705*, pittore cinese. Fu uno dei pittori più prolifici del periodo Ming.

ZHU DE, *Man-shang, Sichuan, 1886 - Pechino 1976*, politico e militare cinese. Collaboratore di Mao Zedong, fu comandante dell'Armata rossa dal 1931, guidò la Lunga marcia (1934-1935) e combatté contro i giapponesi dal 1937 al 1945. Dopo la seconda guerra mondiale conquistò la Cina continentale (1946-1949) battendo le forze nazionaliste di Jiang Jieshi.

ZHU RONGJI, *Changsha 1928*, politico cinese. È primo ministro dal 1998.

ZIA UL-HAQ (Muhammad), *Jullundur 1924 - in un incidente aereo, presso Bahawalpur, 1988*, militare e politico pakistano. Capo di Stato maggiore dell'esercito dal 1976, guidò il colpo di Stato militare del lug. 1977 e fu presidente della repubblica dal 1978 fino alla morte.

ZIBO, c. della Cina (Shandong); 2.484.206 ab. Centro industriale.

ZIDANE (Zinedine), *Marsiglia 1972*, calciatore francese. Centrocampista, ha militato nella Juventus dal 1996 al 2001 (2 scudetti vinti). Con la nazionale francese ha conquistato i campionati mondiali (1998) ed europei (2000). Pallone d'oro 1998.

ZIELONA GÓRA, c. della Polonia, sull'Oder; 118.786 ab. Centro industriale.

ZIGÀNI, gruppo di popolazioni diffuse sui cinque continenti, spec. in Europa (8 milioni di individui ca. nell'Unione Europea). Gli z. migrarono dall'India a ondate successive a partire dal IX sec., suddividendosi in diversi gruppi: Rom o Roma, Manuš o Sinti, Calé (gitani); alcuni si riconoscono semplicemente sotto il nome di "viaggiatori". Nomadi, seminomadi o sedentarizzati, furono oggetto di persecuzioni (dal tentativo di assimilazione fino al genocidio perpetrato dai nazisti). Attualmente sono dotati di organizzazioni rappresentative per la difesa dei loro diritti e della loro cultura. Sono di fede cristiana (in aumento il pentecostalismo) e parlano una lingua indoeuropea.

ZIGONG, c. della Cina (Sichuan); 977.147 ab. Giacimenti di petrolio e gas naturale.

ZIGUINCHOR, c. del Senegal, sull'estuario del f. Casamance; 161.680 ab. Porto. Pesca.

ŽILINA, c. della Slovacchia nord-occ.; 86.818 ab. Monumenti antichi.

ZIMBABWE, sito archeologico nel S dell'att. Zimbabwe, in cui sorgeva la capitale di quello che nel XV sec. divenne il regno di Monomotapa. Fondata intorno al V sec. d.C., la città si sviluppò dal X all'XI sec. e raggiunse l'apogeo dal XIII al XV sec. Vi sono state portate alla luce imponenti rovine.

ZIMBABWE, Stato dell'Africa australe; 390.000 km²; 12.852.000 ab. CAP. *Harare*. LINGUA: *inglese*. MONETA: *dollaro dello Z.*

GEOGRAFIA – È una regione di altopiani, dove predominano la foresta rada e la savana. Retaggio della colonizzazione, il paese, conservatosi per la maggior parte rurale, oltre che sulle colture di sussistenza (mais) e commerciali (cotone, tabacco), si basa sull'allevamento (principalmente bovino). Il sottosuolo fornisce soprattutto cromo, nichel, platino e carbone. L'esodo della minoranza bianca ha influito negativamente sull'organizzazione sociale di un paese che, privo di sbocchi al mare e soggetto a una rapida crescita demografica, è in parte dipendente dal vicino Sudafrica.

STORIA – Le origini e l'epoca coloniale. III-XVI sec.: abitato prima dai boscimani, in seguito dai bantu, il territorio corrispondente all'att. Z. nel XV sec. entra a far parte dell'impero di Monomotapa (cap. Zimbabwe), che deve la sua ricchezza alle miniere aurifere. **XVI sec.**: i portoghesi a poco a poco soppiantano i musulmani nel commercio dei minerali. **1885-1886**: Cecil Rhodes, per conto della Gran Bretagna, occupa vaste regioni (compreso l'att. Z.), che nel 1895 prendono il nome di Rhodesia; **1911**: essa subisce un frazionamento; l'unificazione delle regioni settentrionali costituisce la Rhodesia del Nord (att. Zambia), mentre quella delle regioni settentrionali dà luogo alla Rhodesia del Sud (il futuro Z.). **1923**: la Rhodesia del Sud diventa colonia della corona britannica, dotata di autonomia interna. **1940-1953**: la seconda guerra mondiale determina una rapida espansione economica e l'arrivo di immigrati bianchi. **1953-1963**: il Nyasaland e le due Rhodesie si uniscono in una federazione.

L'indipendenza. 1965-1978: il primo ministro Ian Smith, capo della minoranza bianca, proclama unilateralmente l'indipendenza della Rhodesia del Sud (1965), per poi instaurare la re-

Zimbabwe

★ importante località turistica
— strada normale
— ferrovia
✈ aeroporto

● più di 1.000.000 di ab.
● da 100.000 a 1.000.000 di ab.
● da 10.000 a 100.000 ab.
● meno di 10.000 ab.

500   1000   1500 m

pubblica (1970). Il nuovo Stato plasma la propria politica su quella del Sudafrica (apartheid), nonostante un'opposizione interna sempre più forte e, a partire dal 1972, una guerriglia alimentata dal Mozambico. **1978**: I. Smith conclude un accordo con gli oppositori più moderati. **1979**: si insedia un governo multirazziale. **1980**: le elezioni, la cui legittimità è riconosciuta dalla comunità internazionale, portano al potere Robert Mugabe, leader dell'ala radicale del movimento nazionalista. All'indipendenza dello Z. fa seguito un esodo dei bianchi, che ciononostante continuano a controllare la ricchezza economica del paese. **1987**: entra in vigore un regime presidenziale. R. Mugabe, divenuto capo dello Stato, promuove una riforma agraria per ridistribuire le terre, ancora in gran parte nelle mani dei bianchi. Riconfermato nelle sue funzioni a più riprese (1990, 1996, 2000 e 2002), esercitando un potere sempre più autoritario, deve far fronte a un'opposizione crescente e alla sfiducia della comunità internazionale, in un contesto di grave crisi economica. **2002**: lo Z. viene sospeso dal Commonwealth per un anno.

ZÌMBALO (Giusèppe), detto **Zingarèllo**, *Lecce 1620 ca. - 1710*, architetto. Per la sua città realizzò il duomo e il campanile (1659-1682) e la chiesa del Rosario (1691).

ZIMMERMANN (Bernd Alois), *Bliesheim, presso Colonia, 1918 - Königsdorf, att. a Colonia, 1970*, compositore tedesco. È autore dell'opera *Die Soldaten*, di musiche per balletti (*Concerto per violoncello, in forma di "pas de trois"*) e di composizioni per voce, orchestra e suoni elettronici (*Requiem per un giovane poeta*, 1969).

ZIMMERMANN (Dominikus), *Gaispoint, att. a Wessobrunn, Baviera, 1685 - Wies 1766*, architetto e stuccatore tedesco. Suo capolavoro è il santuario di Wies (dal 1746), una delle opere più esuberanti e raffinate del rococò tedesco. — **Johann Baptist Z.**, *Gaispoint, att. a Wessobrunn, 1680 - Monaco 1758*, pittore e stuccatore tedesco, fratello di Dominikus. Realizzò le sontuose decorazioni ad affresco e in stucco di gran parte degli edifici progettati dal fratello (Steinhausen, in Svevia, Wies ecc.).

ZINDER, c. del Niger merid.; 119.827 ab.

ZINGARÈLLI (Nicòla), *Cerignola 1860 - Milano 1935*, linguista e filologo. È autore del *Vocabolario della lingua italiana* che porta il suo nome, edito dal 1922.

ZINGARÈLLI (Nicòla Antònio), *Napoli 1752 - Torre del Greco 1837*, musicista. Maestro di cappella in S. Pietro a Roma (1804-1813), direttore del Regio Collegio di musica di Napoli, ebbe tra i suoi allievi V. Bellini, G.S. Mercadante, L. Rossi, E. Petrella.

ZINGARÈLLO → ZIMBALO (Giuseppe).

ZINNEMANN (Fred), *Vienna 1907 - Londra 1997*, regista cinematografico statunitense. Tra i suoi film, *La settima croce* (1944), *Odissea tragica* (1948), *Mezzogiorno di fuoco* (1952), *Un cappello pieno di pioggia* (1957), *Cinque giorni un'estate* (1982). Ha vinto il premio Oscar per *Da qui all'eternità* (1953) e *Un uomo per tutte le stagioni* (1966).

ZINOV'EV (Grigorij Evseevič), *Elizavetgrad 1883-1936*, politico sovietico. Fu uno stretto collaboratore di Lenin (1902-1903), ebbe un ruolo di primo piano nell'organizzazione dell'ala bolscevica del partito (1917-1926) e fu presidente del Comintern dal 1919 al 1926. Unitosi a L. Trockij nell'opposizione a Stalin (1926), nel 1927 fu espulso dal partito e durante le "purghe" staliniane del 1935-1936 fu condannato a morte e giustiziato. È stato riabilitato nel 1988.

ZINZENDORF (Nikolaus Ludwig, cònte **von**), *Dresda 1700 - Herrnhut 1760*, capo religioso sassone. Riformatore della comunità dei Fratelli moravi, con la sua predicazione esercitò un notevole influsso sulle dottrine protestanti del XVIII sec.

ZIOLKOVSKIJ (Konstantin Edvardovič), *Jewksoja 1857 - Kaluga 1935*, studioso russo. Precursore e teorico dell'astronautica, enunciò per primo le leggi del movimento di un razzo (1903); progettò inoltre un motore a razzo a idrogeno e ossigeno liquidi, razzi a stadi e stazioni orbitali.

ZÌPOLI (Doménico), *Prato 1688 - Córdoba 1726*, compositore e organista. Gesuita, operò in Argentina dove ottenne grande successo come organista. Tra le sue composizioni più celebri, *Sonate d'intavolatura per organo e cimbalo* (1716).

ZIRIDI, dinastia berbera. Un suo ramo regnò nell'Africa settentr. dal 972 al 1167, e un altro in Spagna (Granada) dal 1025 al 1090.

ZÌTA (sànta), *Monsagrati 1218 - Lucca 1278*, è patrona di Lucca e protettrice dei domestici.

ZÌTA DI BORBÓNE-PÀRMA, *Viareggio 1892 - abbazia di Zizers, Grigioni, 1989*, imperatrice d'Austria. Nel 1911 sposò Carlo I.

ŽIŽKA (Jan), *Trocnov 1360 ca. o 1370 - presso Přibyslav 1424*, patriota ceco. Dapprima capo degli ussiti, poi dei taboriti (1420), proseguì la lotta contro l'imperatore Sigismondo anche dopo essere divenuto cieco.

ZLATOUST, c. della Russia, negli Urali; 203.079 ab. Metallurgia.

ZLÍN, dal 1948 al 1990 **Gottwaldov**, c. della Rep. Ceca, in Moravia; 81.459 ab. Industria delle calzature.

ZÒE, *978 ca. - 1050*, imperatrice bizantina. Figlia di Costantino VIII, fece assassinare il marito Romano III Argiro (1034) per sposare e far incoronare imperatore Michele IV, con cui regnò fino alla sua morte (1041). Nel 1042 Z. sposò Costantino IX Monomaco.

ZOETERMEER, c. dei Paesi Bassi, a E dell'Aia; 110.129 ab.

ZÒFF (Dino), *Mariano del Friuli 1942*, calciatore. Portiere, ha militato nella Juventus dal 1972 al 1983, vincendo 6 scudetti e una Coppa Uefa. Con la nazionale ha vinto i campionati europei del 1968 e i campionati mondiali del 1982; è stato commissario tecnico della nazionale dal 1998 al 2000.

ZOGU I o **ZOG I** (Ahmed **Zogu**, detto), *Burgajet 1895 - Suresnes 1961*, re d'Albania (1928-1939). Presidente della repubblica dal 1925, nel 1928 istituì la monarchia. Andò in esilio in seguito all'invasione italiana (1939).

ZOHAR o **SEFER HA-ZOHAR** ("Libro dello splendore"), uno dei testi fondamentali della letteratura cabalistica ebraica. Scritto in aramaico, probabilmente da Moses de León tra il 1270 e il 1300, in seguito ha esercitato una grande influenza, in partic. sul pensiero ebraico.

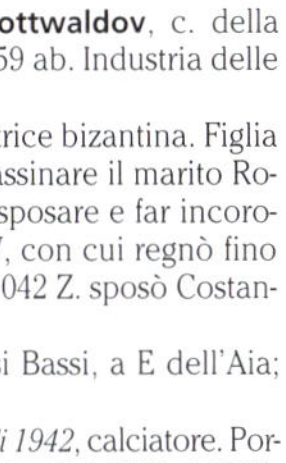

ZOLA (Émile), *Parigi 1840-1902*, scrittore francese. Caposcuola del naturalismo, applicò il metodo scientifico alla descrizione delle questioni sociali. Dopo il romanzo *Teresa Raquin* (1867), si dedicò al ciclo di romanzi **Rougon-Macquart*, che comprende tra gli altri *Il ventre di Parigi* (1873), *Nanà* (1880), *Germinal* (1885) e *La bestia umana* (1890). Si interessò alle teorie socialiste e in *Quattro Vangeli* (1899-1903) elaborò una visione messianica del futuro dell'uomo. Con l'articolo intitolato *J'accuse* (1898) si schierò in difesa di A. **Dreyfus*.

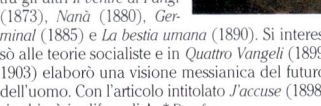

■ *Émile Zola ritratto da É. Manet. (Musée d'Orsay, Parigi.)*

ZÒLI (Adóne), *Cesena 1887 - Roma 1960*, politico. Senatore della DC dal 1948, fu presidente del consiglio dal 1957 al 1958.

ZOLLA (Elémire), *Torino 1926 - Montepulciano 2002*, scrittore e saggista. Romanziere (*Minuetto all'inferno*, 1956; *Cecilia o la disattenzione*, 1961), ha svolto anche un'importante attività di saggista: *Eclissi dell'intellettuale* (1959), *I letterati e lo sciamano* (1969), *Uscite dal mondo* (1992).

ZOLLVEREIN (Deutscher) ("Unione doganale tedesca"), associazione doganale creata nel 1834 per iniziativa della Prussia e in vigore fino al 1867. Ne fecero parte tutti gli Stati tedeschi e svolse un ruolo determinante nella formazione dell'unità tedesca.

ZOMBA, c. del Malawi; 66.000 ab. Ant. cap. del Malawi.

ZONÀRA (Giovànni), XI-XII sec., storico bizantino. È autore di una celebrata *Epitome storica*, dalla creazione del mondo alla morte di Alessio I (1118), per la quale raccolse numerose fonti oggi in gran parte perdute.

ZÓNE, com. in prov. di Brescia; 1141 ab. Nel suo territorio si trovano curiose erosioni piramidali.

ZONGULDAK, c. della Turchia, sul Mar Nero; 106.176 ab. Porto. Centro carbonifero.

ZÒPPO (Màrco), *Cento 1433 - Venezia 1478*, pittore. Attivo a Venezia e a Bologna, la sua opera risente della lezione di A. Mantegna, G. Bellini e Piero della Francesca.

ZÒRIO (Gilbèrto), *Andorno Micca 1944*, scultore. Tra i più importanti esponenti dell'arte povera, si è distinto per la sperimentazione tecnica unita a un preciso simbolismo (stelle, giavellotti, barche sono gli oggetti ricorrenti delle sue opere).

ZORN (Anders), *Mora, Dalecarlia, 1860-1920*, pittore e incisore svedese. È apprezzato soprattutto per i ritratti incisi ad acquaforte, caratterizzati da un segno vigoroso.

ZORN (Fritz **Angst**, detto Fritz), *Meilen 1944 - ? 1976*, scrittore svizzero di lingua tedesca. È autore di un'autobiografia (*Il cavaliere, la morte e il diavolo*, 1977), pubblicata postuma, in cui mette in relazione la sua esperienza di malato di cancro con lo stile di vita vuoto e angosciante della borghesia di Zurigo.

ZOROÀSTRO → ZARATHUSTRA.

ZOROBABÈLE, principe ebraico, governatore della provincia di Giudea tra il 520 e il 518 a.C., all'epoca della dominazione persiana. Aiutò gli esuli ebrei a rientrare in patria e a ricostruire il Tempio di Gerusalemme.

ZORRILLA Y MORAL (José), *Valladolid 1817 - Madrid 1893*, scrittore spagnolo. È autore di poesie e di drammi romantici (*Don Giovanni Tenorio*, 1844) ispirati a leggende e tradizioni popolari spagnole.

ZÒRRO, personaggio creato dallo statunitense Johnston McCulley (era il protagonista del suo romanzo *The Curse of Capistrano*, 1919) e divenuto popolare grazie al cinema. Z. è un cavaliere vestito di nero, e rappresenta l'archetipo del giustiziere mascherato. Ha ispirato molti film e serie televisive.

ZÒRZI (Bartolomèo), *Venezia XIII sec.*, trovatore. Della sua opera sono pervenute 13 canzoni d'amore, 2 di argomento religioso e 3 sirventesi politici.

ZOSER o **GIOSER**, sovrano egizio, fondatore della III dinastia (2800 ca. a.C.). Fece costruire a Saqqara la prima piramide a gradoni.

ZÒSIMO (sànto), *m. nel 418*, papa dal 417 al 418. Combatté il pelagianesimo.

ZRENJANIN, c. di Serbia e Montenegro (Vojvodina); 81.382 ab. Monumenti in stile barocco.

ZSIGMONDY (Richard), *Vienna 1865 - Gottinga 1929*, chimico austriaco. Mise a punto l'ultramicroscopio. (Premio Nobel 1925.)

ZUCCARÈLLI (Francésco), *Pitigliano 1702 - Firenze 1788*, pittore. Celebrato vedutista, dipinse paesaggi di grande poeticità.

ZÙCCARI (Taddèo), *Sant'Angelo in Vado, Urbino, 1529 - Roma 1566*, pittore. Rappresentante del manierismo romano, si affermò come pittore di affreschi (villa dei Farnese a Caprarola, 1560; decorazione della Sala Regia in Vaticano, 1564-1565). Realizzò anche numerose opere di carattere devozionale. — **Federico Z.**, *Sant'Angelo in Vado 1540 ca. - Ancona 1609*, pittore e teorico dell'arte. Allievo e collaboratore del fratello Taddeo, fu attivo a Roma, Venezia (affresco *Il Barbarossa prostrato davanti al papa*, 1582, Sala del Maggior Consiglio, palazzo ducale) e alle corti di Londra e Madrid. Fu presidente dell'Accademia di S. Luca (dal 1593) e autore del trattato *L'Idea de' scultori, pittori e architetti* (1607).

ZÙCCHERO (Adèlmo **Fornaciàri**, detto), *Roncocesi 1955*, cantautore. È il principale esponente del blues italiano. Tra gli album, *Rispetto* (1986), *Blue's* (1987), *Oro incenso & birra* (1989), *Zucchero* (1991), *Miserere* (1992), *Spirito divino* (1995), *Shake* (2001).

ZÙCCHI o **DÉL ZÙCCA** (Iàcopo), *Firenze 1541 ca. - Roma 1590 ca.*, pittore. Allievo di G. Vasari, manierista, lavorò soprattutto a Roma, dove realizzò affreschi per Palazzo Firenze e Palazzo Rucellai-Ruspoli.

ZÙCCHI (Nicòla), *Parma 1586 - Roma 1670*, fisico. Intuì i principi su cui si basa la costruzione del telescopio a specchio.

ZÙCCHI (Virgìnia), *Parma 1847 - Montecarlo 1930*, ballerina. Apprezzata in tutta Europa, soggiornò a lungo in Russia, segnando profondamente l'evoluzione del balletto classico e meritandosi l'appellativo di "divina".

ZÙCCOLI (Luciàno **von Ingenheim**, detto Luciàno), *Calprino 1868 - Parigi 1929*, scrittore. Tra le sue opere, *I lussuriosi* (1893), *Il malefico occulto* (1901), *L'amore di Loredana* (1908), *La freccia nel fianco* (1913), *Le cose più grandi di lui* (1922).

ZÙCCOLO (Ludovico), *Faenza 1568-1630 ca.*, scrittore politico. Nella sua opera condusse un'attenta riflessione sul problema della ragion di Stato: *Considerazioni politiche e morali* (1621), *Dialoghi* (1625).

ZUCKMAYER (Carl), *Nackenheim 1896 - Visp 1977*, scrittore e drammaturgo tedesco. Emigrò negli Stati Uniti all'avvento del nazismo. Tra le opere teatrali, *Il generale del diavolo* (1946), *Barbara Blomberg* (1949), *L'acchiappatopi* (1975). Fu anche autore di poesie (*L'albero*, 1926) e romanzi.

ZUG, c. della Svizzera, capol. del cant. omonimo, sul Lago di Z.; 22.710 ab. Centro commerciale, turistico e industriale. — Pittoresco centro storico.

ZUG, cant. della Svizzera; 239 km²; 99.300 ab.; capol. *Zug*. È entrato a far parte della Confederazione Elvetica nel 1352.

ZUGARÈLLI (Antònio, detto Tonìno), *Roma 1950*, tennista. Ha fatto parte della nazionale che nel 1976 ha conquistato la Coppa Davis.

ZÙGLIO, com. in prov. di Udine; 626 ab. Resti della romana *Julium Carnicum*.

ZUGSPITZE, vetta delle Alpi, al confine tra Austria e Germania (di questo paese è la cima più elevata); 2963 m.

ZUIDERZEE, ant. golfo dei Paesi Bassi, che è stato chiuso da una diga e costituisce att. un lago interno (Lago di IJssel, o IJsselmeer). Vi sono stati ricavati dei grandi *polder*. È l'ant. Lago Flevo, che nel XIII sec. fu riunito al Mare del Nord da un braccio di mare.

ŽUKOV (Georgij Konstantinovič), *Strelkovka 1896 - Mosca 1974*, militare sovietico. Si distinse nell'eroica difesa di Mosca (1941) e nella vittoriosa battaglia di Stalingrado (1943). Guidò le truppe alla conquista di Varsavia e Berlino, dove costrinse la Wehrmacht alla capitolazione (1945), fu estromesso dal potere da  Stalin, e dopo la morte di quest'ultimo fu ministro della difesa dal 1955 al 1957.

■ *Il maresciallo Žukov nel 1945.*

ŽUKOVSKIJ (Vasilij Andreevič), *presso Mišenskoje 1783 - Baden-Baden 1852*, poeta e traduttore russo. Precettore del futuro zar Alessandro II, introduse in Russia la letteratura romantica inglese e tedesca.

ZULIA, Stato del Venezuela; 2.235.305 ab.; cap. *Maracaibo*. Estrazione del petrolio.

ZULU, popolazione del KwaZulu-Natal, in Sudafrica (ca. 7 milioni di individui). L'organizzazione sociale degli z., popolazione fortemente militarizzata, è basata su un sistema di classi di età. All'inizio del XIX sec. il grande stratega Chaka sottomise gli altri popoli (di cui gli z. erano a quel tempo soltanto uno dei clan), fondò un regno unificato e condusse alcune guerre vittoriose, che portarono a consistenti esodi tra le popolazioni vicine. Dopo aver inizialmente respinto le truppe inglesi (1879), dal 1887 i territori degli z. furono sottoposti a protettorato e nel 1899 furono annessi. Dal 1972 al 1994 il loro territorio divenne bantustan con il nome di KwaZulu. Il loro principale partito politico è l'Inkatha, fondato nel 1928. Parlano una lingua bantu.

ZUNGARÌA, reg. della Cina occ. (Xinjiang), tra l'Altaj mongolo e il Tian Shan. È costituita da una vasta depressione che conduce, attraverso alcuni valichi, in Kazakistan. Nel XVII-XVIII sec. fu centro di un impero mongolo, in seguito sottomesso dai cinesi (1754-1756).

ZUÑI, popolazione amerindia degli Stati Uniti sud-occ. (Nuovo Messico, Arizona), appartenente al gruppo dei pueblo.

ZURIGO. *Il Limmat e, sulla sinistra, le torri della cattedrale (XII-XIII sec.).*

ZURBARÁN (Francisco **de**), *Fuente de Cantos, Badajoz, 1598 - Madrid 1664*, pittore spagnolo. Si dedicò soprattutto a soggetti religiosi (ma dipinse anche nature morte e ritratti), in partic. per il convento di Siviglia, la certosa di Jerez (musei di Cadice, Grenoble ecc.) e il monastero di Guadalupe. Grazie alla forza plastica dei suoi quadri (data dall'impianto monumentale e dall'uso di colori brillanti), che sono caratterizzati da una profonda spiritualità e insieme da rustica semplicità, Z. è stato un pittore molto amato nel XX sec.

Francisco **ZURBARÁN**. L'Annunciazione. (Grenoble.)

ZURBRIGGEN (Pirmin), *Saas-Almagell, Vallese, 1963*, sciatore svizzero. Campione olimpico (1988), ha vinto la Coppa del mondo nel 1984, 1987, 1988 e 1990.

ZURÌGO, in ted. **Zürich**, c. della Svizzera (cant. di Z.), sul f. Limmat, all'estremità del Lago di Z.; 337.900 ab. (più di 800.000 ab. nell'agglomerato). Università. Z. è la più grande città della Svizzera, nonché il principale centro industriale e finanziario della Confederazione Elvetica. — Libera città imperiale nel 1218, nel 1351 Z. aderì alla Confederazione e dal 1523 H. Zwingli ne fece uno dei centri di diffusione della Riforma. Nel 1830 la città si dotò di una Costituzione liberale, con cui furono abrogati gli ultimi istituti feudali. — Cattedrale romanica del XII-XIII sec. e altri monumenti; importanti musei.

ZURÌGO (cantóne di), cant. della Svizzera; 1729 km²; 1.211.600 ab.; capol. *Zurigo*. È il cantone più popolato del paese.

ZURÌGO (làgo di), lago della Svizzera, compreso tra i cant. di Z., Schwyz e San Gallo; 90 km².

ZURLÌNI (Valèrio), *Bologna 1926 - Verona 1982*, regista cinematografico. Tra i film diretti, *Estate violenta* (1959), *La ragazza con la valigia* (1961), *Cronaca familiare* (1962, Leone d'oro a Venezia), *Le soldatesse* (1965), *Seduto alla sua destra* (1968), *La prima notte di quiete* (1972), *Il deserto dei tartari* (1976).

ZÙRLO (Giusèppe), *Baranello 1757 - Napoli 1828*, politico. Ministro delle finanze dal 1799 al 1803 per i Borbone, fu al servizio di G. Murat come consigliere di Stato (1808), ministro della giustizia (1809) e degli interni (1809-1815).

ZUSE (Konrad), *Berlino 1910 - Hünfeld 1995*, ingegnere tedesco. Dal 1938 realizzò vari modelli di calcolatore elettromeccanico programmabile. Uno di questi, lo Z3 (1941), che utilizzava il sistema numerico binario e il procedimento di calcolo a virgola mobile, può essere considerato il primo computer.

ZWEIG (Stefan), *Vienna 1881 - Petrópolis, Brasile, 1942*, scrittore austriaco. In un primo tempo fortemente influenzato dall'ambiente vien-  nese e dagli studi di S. Freud, si aprì progressivamente alla cultura europea. È autore di drammi, racconti (*Amok*, 1922; *Sovvertimento dei sensi*, 1926) e saggi letterari.

■ *Stefan Zweig.*

ZWICKAU, c. della Germania (Sassonia), a S di Lipsia; 104.146 ab. Centro industriale. — Cattedrale del XV sec.

ZWICKY (Fritz), *Varna 1898 - Pasadena 1974*, astrofisico svizzero. Si occupò delle supernovae, previde l'esistenza delle stelle a neutroni (1935), studiò la posizione delle galassie nell'universo, nel 1933 rilevò la presenza di un'invisibile "materia oscura" e compilò un catalogo fotografico di galassie.

ZWINGLI (Huldrych o Ulrich), *Wildhaus, cant. di San Gallo, 1484 - Kappel 1531*, ri-  formatore svizzero. Curato di Glarona, subì l'influenza del pensiero di Erasmo e intorno al 1520 aderì ai principî della Riforma, che cominciò a predicare a Zurigo. In questa città promosse un rinnovamento del culto e dei fondamenti della Chiesa, e cercò di istituire un vero e proprio Stato cristiano, idea che sarebbe stata ripresa da Calvino a Ginevra. Morì nel 1531, durante uno scontro tra cattolici e protestanti (battaglia di Kappel).

■ *Ulrich Zwingli. (Biblioteca di Zurigo.)*

ZWOLLE, c. dei Paesi Bassi, capol. dell'Overijssel, sull'IJssel; 106.997 ab. Centro amministrativo, industriale e commerciale. — Chiesa gotica di S. Michele e altri monumenti.

ZWORYKIN (Vladimir), *Murom 1889 - Princeton 1982*, ingegnere statunitense di origine russa. Autore di studi di ottica elettronica, è noto soprattutto per aver inventato l'iconoscopio (1934), il primo tubo elettronico di ripresa televisiva.

CRONOLOGIA

CRONOLOGIA UNIVERSALE

LE GRANDI DATE DELLA STORIA, DELLA LETTERATURA,

DELLE ARTI, DELLE SCIENZE E DELLA TECNICA.

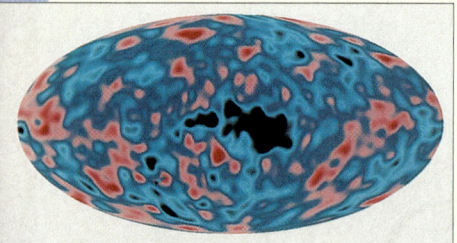

Il big bang: cartografia dell'irradiamento generato dall'Universo primitivo.

1.640.000 a.C.
Inizio del Quaternario.

1.200.000 ca.
Inizio del Paleolitico.

450.000 ca. a.C.
EUROPA
L'*Homo erectus* scopre il fuoco. L'uomo produce il fuoco. Il focolare più antico è stato scoperto in Ungheria. Con la diffusione del suo impiego, il fuoco permetterà la nascita della vita sociale.

L'uso del fuoco: ricostruzione di un focolare di epoca neandertaliana.

15.000.000.000 a.C.
Big bang. L'universo come lo conosciamo oggi sarebbe nato in quest'epoca, con l'espansione improvvisa di un nucleo primordiale di elevatissima densità e temperatura.

4.566.000.000 a.C.
Formazione del sistema solare. La datazione di piccoli agglomerati di minerali scoperti nei meteoriti più antichi fa ritenere che il sistema solare si siano formati a partire da quest'epoca, in 100-150 milioni di anni.

3.700.000.000 a.C.
Prime tracce di vita. Alcuni batteri scoperti in Australia nelle stromatoliti fossili rappresentano le più antiche forme viventi rintracciate sulla Terra.

3.000.000.000 a.C.
Inizio del Precambriano.

540.000.000 a.C.
Inizio dell'Era primaria.

245.000.000 a.C.
Inizio dell'Era secondaria.

65.000.000 a.C.
Inizio dell'Era terziaria.

4.500.000 ca. a.C. AFRICA
Gli ominidi a statura eretta. Gli australopitechi, primi tra tutti i primati, diventano bipedi. Sono suddivisi in due specie: *Australopithecus afarensis* o *anamensis* (il più antico scheletro conosciuto, scoperto in Etiopia, risale a 4,4 milioni di anni fa) e *Australopithecus africanus* (ca. 2,8 milioni di anni fa).

2.500.000 ca. a.C.
AFRICA ORIENTALE
L'*Homo habilis* comincia a utilizzare gli utensili. A est della Rift Valley i primati utilizzano ciottoli (chopper) come utensili. L'*Homo habilis* è provvisto di un cranio piuttosto sviluppato.

Primi utensili in selce: amigdala (Paleolitico inf., 600.000 ca a.C.).

1.800.000-1.300.000 ca. a.C. AFRICA
L'*Homo erectus* lascia l'Africa.
La specie umana, l'*Homo erectus*, si espande in Europa e in Asia (verrà definito sinantropo in Cina e pitecantropo in Indonesia). Sarà il primo a tagliare la pietra (800.000 ca.).

200.000 a.C.
Cultura dell'Acheuleano.

180.000 ca. a.C. EUROPA
L'*Homo sapiens* parla. L'*Homo sapiens* è simile all'uomo di Neandertal, che popola l'Europa e il Vicino Oriente. Oltre a essere il primo a utilizzare la parola, egli si applica nel taglio della pietra ed è solito inumare i morti.

70.000 a.C.
Cultura del Musteriano.

70.000 ca. a.C. EUROPA
La diffusione dell'*Homo sapiens sapiens*. L'*Homo sapiens sapiens*, la specie dalla quale gran parte dei paleontologi fa discendere l'uomo moderno, colonizza poco per volta tutte le terre. Il suo rappresentante più noto è l'uomo di Cro-Magnon, che vivrà fino al 20.000 a.C.

40.000 ca. a.C. AMERICA
Primi uomini in America. Gruppi di cacciatori provenienti dall'Asia giungono nell'America settentrionale attraverso lo stretto di Bering, all'epoca ricoperto da ghiacci. L'uomo moderno raggiunge anche l'Australia nel 35.000 ca. a.C.

33.000-26.000 a.C.
Culture dell'Aurignaziano e del Perigordiano.

30.000-12.000 ca. a.C. EUROPA
Gli uomini e l'arte. L'arte appare nel periodo dell'Aurignaziano. I di-

La scoperta dell'arte: testimonianze rinvenute nella grotta di Chauvet, in Francia.

pinti murali della grotta di Chauvet, nell'Ardèche, in Francia, sono i più antichi. Quelli delle grotte di Lascaux, in Dordogna, e di Altamira, in Spagna, sono i più famosi.

18.000 a.C.
Cultura del Solutreano.

14.000 a.C.
Cultura del Maddaleniano.

9000 ca. a.C. VICINO ORIENTE
Agricoltura e allevamento. L'uomo impara ad addomesticare gli animali e a coltivare specie vegetali: si trasforma così da nomade in sedentario e passa da un'economia di sussistenza, fondata sulla caccia e la raccolta, a una di produzione.

VIII-VII millennio VICINO ORIENTE
Le prime città. Gerico, in Palestina, è la prima città della storia (8000 ca. a.C.). In seguito Çatal Hoyuk, in Turchia, sarà un agglomerato di case di mattoni con 5000 abitanti ca. (6250-5400 a.C.).

8000 ca. a.C. VICINO ORIENTE, ANATOLIA
L'invenzione del vasellame. La necessità di utensili e recipienti di tutti i tipi per immagazzinare, preparare o consumare i prodotti dell'agricoltura e dell'allevamento giustifica l'invenzione del vasellame, che utilizza una materia prima abbondante in natura, l'argilla.

7500-1800 ca. a.C. ESTREMO ORIENTE
L'arte del vasellame. Lo sviluppo dell'arte del vasellame è associato alle culture neolitiche: quella giapponese di Jomon (7500-3700 ca. a.C.) e quella cinese di Yangshao (2500-1800 ca. a.C.). Quest'ultimo periodo è caratterizzato dalla ceramica nera.

5500-2000 ca. a.C. AFRICA
Arte rupestre nel Sahara. Le scoperte rinvenute nei Tassili, in Algeria, attestano la presenza umana nell'area sahariana, quando la regione era meno arida. Affreschi e incisioni compongono decorazioni naturalistiche.

V millennio ANATOLIA
I primi oggetti in rame. La fabbricazione dei primi oggetti ottenuti colando rame fuso in uno stampo dà avvio all'impiego dei metalli, che segna un punto di svolta nella storia della tecnica.

VICINO ORIENTE
I primi tessuti. In breve l'uomo impara a lavorare le fibre tessili naturali. Lo svi-

Calendario egizio (tomba di Seti I, nella Valle dei Re).

luppo delle tecniche di tessitura gli permette di fabbricare abiti e stoffe destinate a diversi impieghi.

4235 a.C.? EGITTO
L'anno di 365 giorni. Soggetti alle piene del Nilo, che rendevano fertile la loro terra, gli egizi cercavano di prevederle con precisione attraverso osservazioni astronomiche. Furono così i primi a definire la durata approssimativa dell'anno e ad adottare un calendario di 365 giorni, costituito da 12 mesi raggruppati in tre stagioni.

IV millennio MESOPOTAMIA
L'invenzione della scrittura. La scrittura, introdotta dai sumeri, segna una svolta fondamentale nella storia della civiltà: l'uomo si dota di un mezzo di espressione permanente che si rivelerà uno strumento di comunicazione insostituibile.

La scrittura: tavoletta sumera.

IV-III millennio MESOPOTAMIA
Città-Stato a Sumer. In Mesopotamia si afferma la civiltà urbana. Uruk e Ur, le più importanti città governate da un re, sono i primi centri dell'architettura religiosa.

3500 ca. a.C. EGITTO
Vele sul mare. Gli egizi inaugurano l'era della navigazione marittima costruendo navi prive di ponti, rialzate a prua e a poppa, dotate di una vela trapezoidale in papiro o lino issata su un albero singolo o doppio, spesso ribaltabile.

Barca a vela (Egitto, epoca di Amenofi I, XVIII dinastia).

Aratro (Egitto, tomba nella Valle degli Artigiani, XIX dinastia).

MESOPOTAMIA
L'aratro sostituisce la zappa. Grazie all'aratro, che scava un solco nel suolo senza rivoltare la terra, gli agricoltori possono seminare e lavorare la terra in modo più efficace e veloce.

Carro con ruote (Siria, III millennio).

La ruota gira. La ruota permette inizialmente l'avvento del tornio, che apre una nuova pagina nella storia del vasellame. In seguito rivoluzionerà i trasporti, con la creazione di nuovi veicoli (carro, carrello), adatti al trasporto di carichi pesanti. La ruota primitiva, in legno, è piena; la ruota a raggi, più leggera, apparirà verso il 2000 a.C.

3150 ca. a.C. EGITTO
I due regni unificati. L'Alto Egitto, nel Sud, e il *Basso Egitto*, sul delta, costituiscono una sola entità politica sotto il faraone Narmer (chiamato Menes dai greci), che in seguito fonderà la città di Menfi.

3000 a.C. MESOPOTAMIA, EGITTO
I primi numeri. Le necessità economiche originano i primi sistemi che permettono di assegnare i nomi ai numeri e di esprimersi attraverso simboli. I babilonesi inventano il sistema sessagesimale, che combinano con la numerazione decimale (derivata dal numero delle dita delle mani).

3000-2350 a.C. MESOPOTAMIA
Sviluppo di Sumer.

3000 a.C. VICINO ORIENTE
Inizio dell'età del bronzo. Il bronzo succede al rame e accelera lo sviluppo della metallurgia. Dalla Mesopotamia, la sua presenza è attestata in Grecia, quindi in tutta l'Europa continentale, dove dà vita a intensi scambi commerciali.
Uruk, culla della scultura in pietra. La testa della "Dama bianca" di

L'antica età del bronzo: un pugnale.

Uruk – senza dubbio quella di una dea – dimostra la maestria della scultura in pietra, che si manifesta anche nelle steli e negli altorilievi.

III millennio EGITTO
Il Sole segna l'ora. Primo strumento di misurazione del tempo, lo gnomone, un primitivo quadrante solare, indica l'ora in base alla posizione dell'ombra proiettata al suolo da un'asta verticale illuminata dal Sole.

2700-2190 ca. a.C. EGITTO
L'Antico regno. In questo periodo la monarchia egizia stabilisce la sua origine divina: il faraone è figlio del dio-sole e presiede a ogni azione umana. Lui solo ha accesso all'immortalità, simboleggiata dalle piramidi.

2600-1200 ca. a.C. CRETA
Civiltà minoica.

2550-2450 ca. a.C. EGITTO
Le piramidi di Giza. Si ritiene che la piramide a gradoni di Zoser sia

Sumer: la "Dama bianca" di Uruk, primo volto scolpito nella pietra.

stata progettata dall'architetto Imhotep intorno al 2770 a Saqqarah. Le piramidi di Cheope, di Chefren (vigilata dalla Sfinge) e di Micerino sono costruite durante la IV dinastia.

2500-1500 ca. a.C. ASIA MERIDIONALE

Civiltà dell'Indo: Mohenjo-Daro.

La civiltà dell'Indo. I siti di Harappa, nel Punjab, e di Mohenjo-Daro, nel Sind, rivelano l'avanzata urbanizzazione di questa originale civiltà, che probabilmente si dissolse all'epoca delle invasioni ariane.

2400-1700 ca. a.C. GRAN BRETAGNA
I megaliti a Stonehenge. Il cromlech, che comprende 150 monoliti, fu costruito in tre fasi. Il significato più probabile di questo monumento megalitico è di tipo astronomico.

2350-2160 ca. a.C. MESOPOTAMIA
L'impero accadiano. La dinastia accadiana, fondata da Sargon il Grande, di origine semitica, pone fine al regno dei sumeri e unifica le loro città in un solo impero, che raggiungerà il Mediterraneo.

2205 ca. a.C. CINA
Prima dinastia reale. L'archeologia attesta l'esistenza di una dinastia, quella degli Xia, che avrebbe regnato fino al 1750 ca. a.C. A quest'epoca la civiltà cinese sarebbe passata alla condizione sedentaria, sviluppando l'agricoltura.

2160-2060 ca. a.C. EGITTO
Primo periodo intermedio.

2111-2003 a.C. MESOPOTAMIA
Il ritorno di Ur. Alla fine della dinastia accadiana, Ur riconquista il predominio a Sumer. La sua influenza si estende all'intera Mesopotamia e i suoi sovrani acquistano il titolo di "re delle quattro regioni del mondo".

2060-1785 ca. a.C. EGITTO
Il Medio regno. È il periodo del primo impero tebano, che annette la Siria e la Nubia. Il culto di Ammone-Ra assicura il predominio del clero.

2000-1750 ca. a.C. PALESTINA

Canaan: il sacrificio di Abramo (scultura, VI sec. a.C.).

Gli ebrei a Canaan. Gli ebrei, popolo semitico la cui storia è narrata dall'Antico Testamento, emigra-

no dalla Mesopotamia in Palestina. In quest'epoca – quella dei patriarchi – abbracciano il monoteismo.

2000-1500 ca. a.C. CRETA
La civiltà minoica. La civiltà cretese dell'età del bronzo inizia verso il 3000 a.C. Nel II millennio l'isola passa sotto il dominio di Cnosso, che si estenderà all'intero mondo egeo.

1800-1200 ca. a.C. INDIA
Composizione dei primi *Veda*. Prima di essere redatti in sanscrito, i testi fondamentali dell'induismo furono trasmessi per via orale. Il più antico e famoso è il *Rigveda*, una collezione di inni brahmanici.

1793-1750 a.C. MESOPOTAMIA

Babilonia: il re Hammurabi, autore del primo codice della storia.

Hammurabi, re di Babilonia. È il fondatore del primo impero babilonese, uno Stato teocratico. Grande costruttore e legislatore, fa incidere i suoi decreti su una stele (Codice di Hammurabi).

1780-1550 ca. a.C. EGITTO
Secondo periodo intermedio.

1700 ca. a.C. MESOPOTAMIA

Gilgamesh: il re di Uruk, eroe del primo poema epico conosciuto.

L'epopea di Gilgamesh. Il poema con protagonista Gilgamesh è la più antica epopea conosciuta. Riporta una delle prime versioni del mito del Diluvio e contiene l'idea che l'immortalità sia un privilegio divino.

1600-1200 ca. a.C. ASIA MINORE
Gli ittiti in Anatolia. Indoeuropei emigrati in Anatolia, gli ittiti vi fondano un impero la cui capitale è Hattusas; saranno fieri rivali degli egizi.

1600 ca. a.C. GRECIA
Micene subentra a Creta. Gli achei, provenienti dai Balcani, si insediano nel Peloponneso e vi fondano una civiltà che soppianta l'influenza cretese nel mondo egeo. Micene è la leggendaria culla degli Atridi.

1580-1085 ca. a.C. EGITTO

Nuovo impero egizio: le maestose colonne di un tempio a Karnak.

Il nuovo regno. Il periodo del secondo regno tebano corrisponde all'imperialismo egizio in Asia, ma anche a una fioritura artistica senza precedenti (Karnak, Abu Simbel, Valle dei Re).

1500 ca. a.C. EGITTO, MESOPOTAMIA
Il vetro. L'apparizione di oggetti di vetro trasparente e la produzione di recipienti (vasi, flaconi, coppe ecc.) inaugurano la fabbricazione del vetro su larga scala.

1500-300 ca. a.C. MESSICO
Civiltà olmeca.

1484-1450 a.C. EGITTO
Regno del faraone Tutmosi III.

1400 a.C. EGITTO
Un orologio ad acqua. L'invenzione dell'orologio ad acqua, o clessidra, segna un progresso importante nella misurazione del tempo: la clessidra si può utilizzare sia di giorno sia di notte e indipendentemente dalle condizioni atmosferiche.

Clessidra in terracotta con una capienza di 64 litri (Atene, V sec. a.C.).

1372-1354 a.C. EGITTO
Regno del faraone Amenofi IV.

1360-1330 ca. a.C. MESOPOTAMIA
Il primo impero assiro. Il paese di Assur, in Mesopotamia, diventa uno dei più potenti del Vicino Oriente. Disponendo di un'armata aguerrita, l'Assiria praticherà, per oltre due secoli, un'incessante politica di conquista.

1304-1236 a.C. EGITTO
Regno del faraone Ramses II.

1300-1200 ca. a.C. GRECIA
Invasioni doriche.

1275-1245 a.C. MESOPOTAMIA
Regno del re assiro Salmanassar I.

1250 ca. a.C. EGITTO
Esodo degli ebrei. La maggior parte degli storici colloca in questa data l'uscita dall'Egitto. Giunto presso il monte Sinai, Mosè avrebbe consegnato agli ebrei le Tavole della Legge (Decalogo).

1230-1191 ca. a.C. EGITTO
Invasione dei Popoli del Mare. È la seconda ondata di migrazioni indoeuropee nel bacino del Mediterraneo. I Popoli del Mare invasero l'Egitto in due riprese e distrussero l'impero ittita.

1184 a.C. ASIA MINORE

Troia: vaso in terracotta decorato.

Gli achei conquistano Troia. A Troia furono edificate nove città una sull'altra. Quella esistente nel XIII sec. pare fosse stata costruita nel corso di una spedizione condotta dai greci nei pressi dello stretto del Dardanelli. La data si ricava dagli scritti di Eratostene.

1050 ca. a.C. ASIA MINORE
I Greci nella Ionia. Sotto la spinta dei dori, i greci colonizzano il litorale asiatico del Mar Egeo. L'area ionica diverrà così il primo grande fulcro della civiltà ellenica; Mileto ne sarà la città più illustre.

1025 ca. a.C. CINA
Gli Zhou succedono agli Shang. Terza dinastia cinese, gli Zhou regneranno fino al 256 a.C. La Cina arcaica vive grandi cambiamenti: si divide in Stati feudali rivali, che diverranno i "regni combattenti".

1010 ca. a.C. PALESTINA
Davide unifica Israele. Il re Davide, dopo aver sconfitto il gigante filisteo Golia, succede a Saul. Farà di Gerusalemme la capitale delle 12 tribù di Israele, simbolo della loro unione.

La nascita di Israele: re Davide.

969-962 ca. a.C. PALESTINA
Un tempio a Gerusalemme. Il re Salomone si rivolge ai fenici per donare al suo popolo un tempio degno della casa di Dio; esso sarà il simbolo del culto monoteista.

900-450 ca. a.C. EUROPA
Prima età del ferro. Il periodo di Hallstatt corrisponde alla prima fase della diffusione della metallurgia nell'Europa centrale e occidentale. Iniziano gli scambi tra i paesi del Mediterraneo.

883-858 a.C. MESOPOTAMIA
Regno del re assiro Assurnasirpal.

858-823 a.C. MESOPOTAMIA
Regno del re assiro Salmanassar III.

814 a.C. AFRICA SETTENTRIONALE
I fenici fondano Cartagine. Capitale di una potente repubblica marinara, Cartagine assicurerà la supremazia dei fenici nel Mediterraneo occidentale. Dal suo porto partiranno anche spedizioni in direzione dell'Oceano Atlantico.

800 ca. a.C. ITALIA
Inizio della civiltà etrusca.

800-700 ca. a.C. AMERICA MERIDIONALE
La cultura Chavin. Originaria del Perù, questa cultura dà origine alla prima grande civiltà andina. È caratterizzata da una scultura monumentale in pietra, che raffigura in particolare i felini.

VIII sec. a.C. GRECIA

L'Iliade di Omero: Achille e Patroclo.

Omero ed Esiodo. L'*Iliade* e l'*Odissea*, epopee attribuite a Omero, rappresentano l'origine della letteratura greca e della civiltà occidentale. Esiodo è il padre della poesia didascalica.

776 a.C. GRECIA
I primi giochi olimpici. I "giochi cari agli dei" si svolgono ogni quattro anni nel santuario di Zeus a Olim-

I giochi olimpici: corridori.

pia. Le olimpiadi, cioè il periodo che intercorreva tra due giochi olimpici, erano utilizzate dai greci come unità di misura del tempo.

Nascita di Roma: la lupa, emblema di origine etrusca.

753 a.C. ROMA
Fondazione della città. Questa data segna l'anno 1 del calendario romano. La nascita di Roma è strettamente legata alla mitologia, ma l'archeologia attesta l'esistenza, nell'VIII sec. a.C., di un villaggio latino alle pendici del colle Palatino.

700-300 ca. a.C. INDIA
Le *Upanishad* trasformano il vedismo. Le *Upanishad* raccolgono oltre duecento testi "rivelati" e costituiscono il *vedanta*, che attua un cambiamento essenziale del vedismo, trasformandolo in un sistema filosofico.

700-200 ca. a.C. EUROPA ORIENTALE
Gli sciti in Crimea. Gli sciti sono popoli delle steppe interessati da incessanti correnti migratorie. Stabilitisi a nord del Mar Nero, si specializzano in una produzione artistica caratterizzata dalla rappresentazione di animali.

Secondo impero assiro: il palazzo del re Assurbanipal a Ninive.

669-627 a.C. MESOPOTAMIA
Regno del re assiro Assurbanipal. La potenza assira raggiunge l'apogeo con il regno di Assurbanipal, che sottomette Egitto e Babilonia. Nella sua capitale, Ninive, fa costruire una ricca biblioteca. Nel 612 a.C. l'impero assiro sarà sopraffatto dai medi.

650 ca. a.C. GRECIA
Il primo ordine. L'ordine dorico dei templi greci del VII sec. a.C. è il primo grande canone architettonico della storia. Gli succedono l'ordine ionico, nel VI sec., e quello corinzio, nel V.

630 ca. a.C. ASIA MINORE
La moneta di Creso. I lidi mettono in circolazione monete composte di una lega d'argento e oro. Il loro re Creso (VI sec. a.C.) rimarrà leggendario per la sua ricchezza.
GRECIA
Nascita della poesia lirica. La poetessa Saffo è la prima scrittrice di liriche di argomento amoroso. Dopo di lei Anacreonte, nel VI sec. a.C., e Pindaro, nel V sec., svilupperanno nuove forme metriche.

616 a.C. ROMA
Gli etruschi regnano sul Lazio. L'avvento dei re etruschi consacra il dominio del loro popolo sul Lazio. Gli etruschi estenderanno la loro influenza anche nella Pianura padana e in Campania.

605-562 a.C. MESOPOTAMIA

Babilonia: la porta monumentale dedicata a Ishtar.

Nabucodonosor II. Il sovrano caldeo trasforma Babilonia in un grande centro. La città è circondata da una doppia cinta di mura intervallata da porte monumentali e il palazzo reale è impreziosito dai celebri giardini pensili.

VI sec. a.C.
GRECIA
La scultura umana. La statua del giovane uomo nudo (*kuros*) e della giovane donna vestita (*kòre*) sono le principali fonti d'ispirazione delle scuole nel periodo arcaico; esse testimoniano il gusto degli artisti per le proporzioni.

Scultura greca antica: statua di giovane donna in marmo (kòre).

594-527 a.C. GRECIA
Crescita della potenza ateniese. Il riformatore Solone favorisce la democrazia creando nuove classi sociali. Il tiranno Pisistrato si occuperà soprattutto dell'economia e doterà

Atene della sua prima biblioteca pubblica e di grandi edifici religiosi.

587 a.C. MESOPOTAMIA
Gli ebrei prigionieri a Babilonia. Per la seconda volta Nabucodonosor si impadronisce di Gerusalemme e gli ebrei sono deportati a Babilonia. Si avrà così un'accelerazione della diaspora, iniziata nel 721 a.C.

560 ca. a.C. ASIA MINORE
Il tempio di Artemide a Efeso. Il cantiere è affidato ad architetti cretesi e sarà completato solo 120 anni più tardi. Il tempio, annoverato tra le sette meraviglie del mondo, verrà distrutto in un incendio nel 356 a.C.

556 a.C. PERSIA

La Persia achemenide: bassorilievi nel palazzo di Persepoli, capitale del regno.

Nascita dell'impero achemenide. Unificando persiani e medi, Ciro II il Grande fonda il più vasto impero fino ad allora conosciuto nel mondo orientale e mediterraneo. Esso durerà fino alla conquista di Alessandro Magno.

550 ca. a.C. GRECIA
Splendore della ceramica. I vasai ateniesi diventano famosi per la produzione della ceramica a figure nere; Exechia e Amasi sono i più famosi. Si diffonde anche l'esportazione dei vasi dipinti.

534 a.C. GRECIA
Nascita della tragedia. La tragedia ha origine dal ditirambo, innovato dal poeta Tespi con l'introduzione del dialogo tra il coro e un attore. Il primo concorso tragico ha luogo in occasione delle feste di Dioniso.

Nascita della tragedia greca: personaggio in costume di scena.

534-509 a.C. ROMA
Regno di Tarquinio il Superbo, ultimo re etrusco.

523 a.C. INDIA
L'"Illuminazione di Buddha". A trent'anni il principe Siddharta Gautama riceve l'illuminazione che lo fa diventare il Buddha (il "Risvegliato"). La sua dottrina darà origine al buddhismo.

522-486 a.C. PERSIA
Regno di Dario I.

518 a.C. PERSIA
Dario I fonda Persepoli. La città che diventerà la residenza degli Achemenidi dopo la scomparsa dei successori di Dario. I suoi palazzi ricchi di decorazioni ornamentali rivelano la fusione di diverse influenze provenienti dall'oriente.

509 a.C. ROMA
Fondazione della repubblica romana. Alla fine del regno dei Tarquini, il potere viene suddiviso tra una magistratura civile e una religiosa. I primi edifici del Foro appaiono nel periodo repubblicano.

507 a.C. GRECIA

La democrazia ateniese: l'óstrakon riporta il nome del cittadino che si voleva punire.

Consolidamento della democrazia ateniese. Promulgata da Clistene, la prima costituzione democratica di Atene istituisce la *bulé*, l'assemblea che rappresenta tutti i cittadini. La legge sull'ostracismo, inoltre, mira a prevenire ogni possibile ritorno a un governo aristocratico.

Ippocrate (manoscritto del XIV sec.).

500 ca. a.C. GRECIA
Ippocrate fonda la medicina. Considerando la malattia un processo naturale e integrando l'approccio teorico con l'esercizio pratico, Ip-

pocrate di Cos fa della medicina una scienza quasi sperimentale.
La materia composta da atomi. Per la prima volta, i filosofi Leucippo e Democrito sostengono che la materia è composta da elementi indivisibili, gli atomi, di forma, dimensione e disposizione diverse.

V sec. a.C. GRECIA
Nascita della storia. Le *Storie* di Erodoto uniscono alla storia propriamente detta anche la geografia e la mitologia. *La guerra del Peloponneso* di Tucidide è la prima opera storica vera e propria, fondata sull'analisi delle fonti.
Nascita della metafisica. Discepoli dei pitagorici e avversari di Eraclito, Parmenide e i filosofi presocratici della scuola di Elea stabiliscono l'opposizione tra essere e divenire, preparando così l'avvento del neoplatonismo.

490-479 a.C. GRECIA
Le guerre persiane. La battaglia di Maratona dà inizio a un conflitto la cui posta in gioco è la libertà delle città greche minacciate dalle mire espansionistiche dell'impero persiano, che verrà sconfitto.

486-465 a.C. PERSIA
Regno di Serse I.

485 a.C. GRECIA

Nascita della commedia greca: coppia di attori mascherati.

Nascita della commedia. Concepita per divertire il pubblico, la commedia viene ammessa nei concorsi teatrali. Il più grande autore di commedie sarà Aristofane.

484-406 a.C. GRECIA
L'era dei grandi tragici. Eschilo dà inizio a un'epoca gloriosa per il genere tragico, che si chiuderà con la morte, nello stesso anno, di Sofocle ed Euripide (406 a.C.).

483 a.C. CINA
La saggezza confuciana. Negli ultimi anni della sua vita Confucio si dedica alla scrittura dei cinque classici del pensiero cinese. Il suo ideale di saggezza si estende all'arte del governo e all'intera società cinese.

La vita di Confucio: l'insegnamento del maestro ai nobili cinesi.

481-221 a.C. CINA
Epoca dei "regni combattenti".

468-456 a.C. GRECIA

Olimpia: le rovine del tempio di Zeus, costruito da Libone di Elide.

Costruzione del tempio di Zeus a Olimpia. Capolavoro dorico, il tempio, in cui Fidia realizzò la statua della divinità, era famoso anche per le decorazioni scultoree. Il culto di Zeus a Olimpia doveva incoraggiare il sentimento di appartenenza al mondo greco.

461-429 a.C. GRECIA
L'Atene di Pericle. Sotto il governo democratico di Pericle si afferma il prestigio di Atene, tanto che si parla di "secolo di Pericle" per indicare l'età classica greca.

450-420 a.C. GRECIA
L'età d'oro della statuaria. Policleto, inventore del canone cui fanno riferimento gli scultori greci classici, come Fidia e Mirone, privilegia la misura e l'equilibrio delle forme. La loro arte rappresenta la figura umana ideale.

450-25 ca. a.C. EUROPA

Seconda età del ferro: armi del periodo finale di La Tène.

La seconda età del ferro. Questo periodo, detto di La Tène, vede l'espansione dei celti nell'Europa continentale. L'*oppidum* è il modello urbanistico più diffuso.

447-406 a.C. GRECIA
L'acropoli di Atene. Incaricato da Pericle di dirigere il cantiere del Partenone, Fidia collabora con l'architetto Ictino. Il tempio, ornato di 46 colonne di marmo, e l'Eretteo, con la loggia delle Cariatidi, formano un insieme di santuari unico nel suo genere.

431-404 a.C. GRECIA
Guerra del Peloponneso. Il dominio ateniese nell'Egeo spinge Sparta e i suoi alleati a impegnarsi in un conflitto che si rivelerà devastante per entrambe le città. Sparta prevale militarmente e Atene perde il controllo marittimo.

IV sec. a.C. CINA
Produzione di ghisa. La padronanza della tecnica degli altiforni favorisce l'impiego generalizzato della ghisa per la costruzione di vomeri, attrezzi e utensili vari.
INDIA
Il *Ramayana*. Questa epopea, attribuita al saggio Valmiki, ispira gran parte della cultura tradizionale dell'India e del sud-est asiatico. Originariamente fu scritta in sanscrito; nel XVI sec. la versione in hindi sarà il capolavoro letterario di questa lingua.

Il Ramayana: decorazione di un tempio che raffigura un episodio dell'epopea indiana.

390 ca. a.C. ROMA
I galli a Roma. Padroni della Pianura Padana, dove annientano l'esercito romano, i galli, guidati da Brenno, si dirigono verso Roma e la saccheggiano. La città viene liberata da Camillo.

387 a.C. GRECIA
Platone fonda l'Accademia. Platone prosegue l'insegnamento di Socrate. Nelle sue opere sceglie la forma del dialogo seguendo il metodo della maieutica, caro al suo maestro. La sua influenza sarà determinante su tutto il pensiero occidentale.

360-330 ca. a.C. GRECIA

Prassitele: l'Afrodite Cnidia (copia).

I capolavori di Prassitele. L'artista appartiene al gruppo che rinnova l'espressione della scultura attica in marmo, sia nei nudi maschili sia in quelli femminili (la serie delle Afroditi).

356-336 a.C. MACEDONIA
Regno di Filippo II.

355 a.C. GRECIA

Aristotele: miniatura medievale di un'opera del maestro.

Aristotele fonda il Liceo. Discepolo di Platone, Aristotele elabora un pensiero e un metodo più empirici. L'aristotelismo influenzerà direttamente la scolastica nel Medioevo.

351-340 a.C. GRECIA
Le *Filippiche* di Demostene. Le arringhe di Demostene contro Filippo di Macedonia sono considerate capolavori dell'arte oratoria e della letteratura polemica: l'autore diventa così la coscienza dello Stato ateniese.

336-323 a.C. MACEDONIA
Regno di Alessandro Magno.

323 a.C. VICINO ORIENTE

Alessandro Magno: ritratto del re su una moneta macedone.

Morte di Alessandro Magno a Babilonia. Con la morte del grande conquistatore si estingue il sogno di fondere la civiltà greca e quella persiana; i generali (diadochi) si contendono l'immenso impero da lui fondato. Inizia l'età ellenistica.

312 a.C. GRECIA
Gli stoici ad Atene. Zenone di Cizio fonda la sua scuola nel Portico (*stoa* in greco), che insegna la morale dell'accettazione. Lo stoicismo influenzerà durevolmente il mondo antico; nel II sec. d.C. il filosofo greco Epitteto e l'imperatore romano Marco Aurelio ne saranno i principali divulgatori.

306 a.C. GRECIA
Epicuro e il suo giardino. Nel giardino ateniese dove tiene i suoi corsi, Epicuro elabora una corrente di pensiero che sostiene una morale razionale del piacere. Nei sec. XVI e XVII l'epicureismo sarà fatto oggetto di un rinnovato interesse da parte di alcuni pensatori francesi e inglesi.

Epicuro: busto anonimo del filosofo.

305 a.C. EGITTO
Avvento dei Lagidi. Fondata da Tolomeo, uno dei generali di Alessandro Magno, la dinastia dei Lagidi ha per capitale Alessandria, che diviene la città più importante del mondo ellenistico. La dinastia si estinguerà con la regina Cleopatra VII.

III sec. a.C. CINA
Invenzione della carta. Gelosamente conservato in Estremo Oriente fino al VII sec. d.C., il segreto della fabbricazione della carta sembra fosse noto ai cinesi fin dal III sec. a.C. Non sarebbe quindi stato scoperto, come si crede, nel 105 d.C. da Ts'ai Lun, che avrebbe avuto l'idea di unire le fibre di diversi vegetali dopo averle pressate in acqua.
GRECIA
Aristarco, precursore di Copernico. Diciotto secoli prima di Copernico, Aristarco di Samo ipotizza il movimento della Terra e degli altri pianeti intorno al Sole. La sua teoria, però, si scontra con le idee dell'epoca e cade nell'oblio.
Eratostene misura la Terra. Grazie a un metodo ingegnoso fondato sull'osservazione delle ombre a mezzogiorno nel solstizio d'estate, Eratostene riesce a calcolare le dimensioni del globo terrestre.

Eratostene (incisione del XVII sec.).

Euclide pone i principi della geometria. Basandosi su 35 definizioni, 6 postulati e 10 assiomi, il matematico greco Euclide traccia, con i suoi *Elementi*, una vasta sintesi della geometria greca, che dà vita alla geometria assiomatica.

Archimede (incisione su legno, 1547).

Il genio di Archimede. L'enunciato del teorema dell'idrostatica rappresenta una piccola parte dell'opera di Archimede, fondatore della statica dei solidi, matematico e inventore di numerose macchine.

300 a.C. GRECIA

Il teatro di Epidauro. È il meglio conservato dell'epoca antica. I suoi gradini di pietra, disposti sul fianco di una collina, potevano accogliere 15.000 persone. Il segreto della sua acustica è tuttora sconosciuto.

290 ca. a.C.
EGITTO

Alessandria: il porto della capitale ellenistica dell'Egitto (terracotta).

Alessandria, capitale intellettuale. Durante il regno di Tolomeo I Sotere viene fondato il Museo, per agevolare il lavoro di pensatori e sapienti di tutto il mondo greco. La grande biblioteca arriverà a contenere più di 700.000 volumi alla fine del periodo ellenistico.

280 ca. a.C. GRECIA

Un Colosso veglia su Rodi. Alta ol-

Il Colosso di Rodi: una delle sette meraviglie del mondo antico.

tre 30 m, la statua del dio-sole fu eretta all'ingresso del porto. Nota come una delle sette meraviglie del mondo antico, fu distrutta da un sisma nel 227-226 a.C.

277 a.C. CINA

La poesia cinese in lutto. Arte letteraria per eccellenza, la poesia è praticata fin dai tempi più remoti. Ch'u Yuan, poeta in esilio morto suicida, è considerato il padre della poesia cinese.

269-232 a.C. INDIA

Ashoka, sovrano della dinastia maurya. L'impero maurya comprende quasi tutta l'India. Ashoka vi diffonde il culto buddhista, cui si ispira la sua politica, inviando anche alcuni monaci in Occidente. La località di Sanchi (Madhya Pradesh) si arricchisce di imponenti edifici.

264-146 a.C. ROMA, AFRICA SETTENTRIONALE

Le guerre puniche: la campagna di Annibale in Italia dopo l'attraversamento delle Alpi a dorso di elefante.

Carthago delenda est. Ai romani sono necessarie tre guerre per sconfiggere Cartagine. La seconda guerra punica (218-201 a.C.) è contrassegnata dai successi di Annibale, che riesce ad attraversare le Alpi a dorso di elefante.

250 a.C. PERSIA

I parti regnano in Persia. I parti arsacidi si impongono a spese della dinastia dei Seleucidi. Sottomettono tutto l'Iran, dove saranno sconfitti, nel 224 d.C. dai Sasanidi, che regneranno fino alla conquista araba.

237 a.C. EGITTO

Le fondamenta del tempio di Horus a Edfu. Horus, dio-falco o dio-sole, è il patrono della monarchia faraonica. Fu venerato a Edfu in un grande santuario, terminato solo nell'anno 57. L'edificio, scoperto da Auguste Mariette, è il meglio conservato dell'intero Egitto.

221 a.C. CINA

Nascita dell'impero cinese. Il principe di Qin, vincitore sui regni rivali, assume il titolo imperiale e diventa Shih Huang-ti. Oltre al territorio, unifica anche la scrittura; inoltre dà avvio alla costruzione della Grande Muraglia, per proteggere la Cina dai popoli della steppa.

208 a.C. VIETNAM

Nascita del primo regno nazionale. Questo regno, il Nam Viet, ha come centro il Tonchino. Resterà sotto l'influsso cinese fino alla sua completa annessione da parte dell'impero degli Han nel 111 a.C.

206 a.C. CINA
Fondazione della dinastia degli Han.

II sec. a.C. GRECIA

Ipparco (illustrazione del XIX sec.).

Ipparco fonda l'astrometria. Attraverso osservazioni effettuate a Rodi, di una precisione ineguagliata nell'antichità, Ipparco scopre la precessione degli equinozi e stabilisce la prima enumerazione delle stelle.

ROMA
La strada romana. Sovrapponendo strati di pietre tenute insieme con la calce, quindi aggiungendo materiale di riempimento, i romani creano le strade lastricate, un'intera rete in grado di mettere in comunicazione tutto l'impero: la Via Appia, che unisce Roma a Brindisi, ne è uno dei primi esempi.

La Via Ostiense a Ostia: una delle prime strade lastricate.

196 a.C. GRECIA

Roma afferma la sua egemonia. Roma libera la Grecia dal dominio macedone e la pone sotto il suo protettorato, prima di ridurla a provincia nell'anno 146 a.C. A quel punto "la Grecia conquistata conquistò il suo feroce vincitore" (Orazio) imponendole la sua cultura.

133-123 a.C. ROMA

L'utopia dei Gracchi. Con le loro proposte di legge, i due fratelli Tibe-

rio e Caio Gracco incarnano la coscienza di classe della plebe romana contrapposta all'aristocrazia del Senato. Entrambi verranno uccisi.

125 a.C. CINA

Gli Han istituiscono il mandarinato. Un editto dell'imperatore Wudi rende obbligatorio lo studio delle opere di Confucio per diventare funzionari statali. Inizia il regno delle lettere, che durerà fino alla fine dell'impero cinese, nel 1912.

I sec. a.C. ROMA
Governo di Caio Mario.

107-88 a.C. CINA

Invenzione del mulino ad acqua. Costituito da una ruota con pale parzialmente immerse in acqua corrente, la cui rotazione trascina un asse collegato a una macina, il mulino ad acqua costituisce la principale fonte d'energia meccanica fino all'avvento della macchina a vapore.

VICINO ORIENTE
Invenzione del vetro soffiato.

Colomba
in vetro soffiato,
trovata in una tomba
del I sec. a Pavia.

L'introduzione della soffiatura del vetro permette la produzione in serie di recipienti di tutte le forme e la nascita di una vera e propria industria vetraria, particolarmente sviluppata nell'impero romano.

92 a.C. CINA

La storia di Ssu-ma Ch'ien. Le Memorie storiche di Ssu-ma Ch'ien raccolgono le conoscenze della sua epoca e forniscono informazioni insostituibili sulla vita di personaggi celebri e letterati.

91-79 a.C. ROMA

La "guerra sociale". In seguito a questa guerra gli alleati italici di Roma ottengono il diritto di cittadinanza. A Mario, il partito aristocratico contrappone Lucio Cornelio Silla, che si fa proclamare dittatore e manda in esilio i seguaci di Mario.

82-79 a.C. ROMA
Dittatura di Silla.

80-52 a.C. ROMA

Cicerone, oratore di successo. Le 27 arringhe ciceroniane giunte fino a noi sono modelli di retorica. Quest'arte rappresenta per Cicerone l'espressione stessa della virtù politica, cui dedicherà diversi trattati.

Nascita dell'impero cinese: l'esercito di terracotta di Shih Huang-ti, scoperto nel suo mausoleo di Xian.

60 a.C. ROMA
Nasce il primo triumvirato. Giulio Cesare, Gneo Pompeo e Licinio Crasso si accordano per piegare l'aristocrazia senatoriale.

55 a.C. ROMA
L'ampliamento del foro. Cesare è il primo ad ampliare il vecchio foro. Al *Forum Julii* si aggiungeranno poi quelli di Augusto, Vespasiano, Nerva e Traiano, ognuno dei quali avrà una piazza porticata chiusa da archi.

52 a.C. ROMA

I Fori imperiali: scena di conquista.

La Gallia diventa romana. Cesare costringe alla resa Vercingetorige ad Alesia. La Gallia diventa provincia romana.

51-30 a.C. EGITTO
Regno di Cleopatra VII.

46 a.C. ROMA
Cesare istituisce l'anno bisestile. Seguendo le indicazioni dell'astronomo Sosigene, Giulio Cesare riforma il calendario. Antenato diretto dell'attuale calendario civile internazionale, il calendario giuliano istituisce ogni quattro anni un anno bisestile, per uniformare la durata media dell'anno civile a quella dell'anno astronomico.

44 a.C. ROMA
L'assassinio di Cesare. Cesare, uscito vincitore dalla guerra civile e nominato "dittatore a vita", è accusato di nutrire ambizioni monarchiche e cade vittima della congiura repubblicana guidata da Bruto.

43 a.C. ROMA
Nasce il secondo triumvirato.

35 a.C. ROMA
La vena satirica di Orazio. Grande poeta dell'epoca augustea, Orazio fa della satira un genere letterario compiuto sotto forma di libera conversazione. Scriveranno satire anche Persio Flacco e Giovenale.

31 a.C. EGITTO
Roma estende la tutela. La battaglia di Azio segna la fine dell'indipendenza dell'Egitto. Dopo la morte di Cleopatra, alleata di Marco Antonio, Augusto entra ad Alessandria, ricostituendo l'unità del mondo mediterraneo romano.

29-19 a.C. ROMA
L'epopea fondatrice. L'*Eneide* di Virgilio diventa l'opera nazionale dell'epoca augustea, legando il destino di Roma a quello della Grecia leggendaria. L'epopea virgiliana influenzerà per molti secoli il pensiero dell'Occidente umanista.

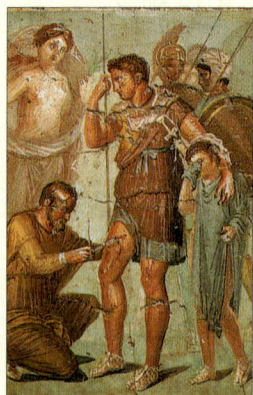

Virgilio: episodio dell'Eneide raffigurato in un affresco di una villa pompeiana.

27 a.C. ROMA
Nascita dell'impero. Ottaviano assume il nome di Augusto e diventa il primo imperatore romano. Gli imperatori saranno investiti di una missione augusta, riconosciuta dal senato e dal popolo.
Tito Livio inizia la *Storia di Roma.* Composta da 142 libri, è allo stesso tempo opera patriottica e morale. Così Tito Livio veglia sulla "memoria del primo popolo del mondo", cui offre la possibilità di riflettere sul suo avvenire.

27-14 d.C. ROMA
Impero di Ottaviano Augusto.

14-37 ROMA
Impero di Tiberio.

I-IV sec. d.C. INDIA
L'arte dei monasteri. Nella regione del Gandhara, culla del buddhismo del "grande veicolo" (mahayana), si sviluppa un'arte essenzialmente scultorea: la figura del Buddha è al centro delle rappresentazioni, che raccontano la sua vita attraverso scene familiari.

La fede cristiana: la crocifissione di Gesù vista da Andrea Mantegna (pala di S. Zeno).

30 (o 33) PALESTINA
Gesù Cristo muore sulla croce. L'uomo che i suoi discepoli chiamano il Messia manifesta la parola di Dio sulla Terra, mentre gli apostoli devono diffonderla. Il cristianesimo è osteggiato dai capi religiosi ebrei e dalle autorità romane.

37-41 ROMA
Impero di Caligola.

40-64 ca. ROMA

Seneca: busto del filosofo stoico.

L'opera di Seneca. L'opera filosofica di Seneca (trattati, dialoghi, *Lettere a Lucilio*) esprime la quintessenza dello stoicismo latino. Seneca scrive anche 9 tragedie.

41-54 ROMA
Impero di Claudio I.

50 ca. ROMA

Lavoro con l'aratro (illustrazione del XII sec.).

Perfezionamento dell'aratro. Munita di un avantreno a ruote e di un coltro, citati per la prima volta da Plinio il Vecchio, la nuova versione dell'aratro è superiore alla precedente, perché rivolta la terra e permette di lavorarla in profondità.

54-68 ROMA
Impero di Nerone.

68-69 ROMA
Impero di Galba, Otone e Vitellio.

69-79 ROMA
Impero di Vespasiano.

70 PALESTINA
Distruzione del Tempio di Gerusalemme. Roma decide di piegare la ribellione degli ebrei contro la sua occupazione. Alla fine della campagna condotta dal futuro imperatore Tito, la Giudea viene trasformata in provincia imperiale.

70-100 ca. PALESTINA
Stesura dei Vangeli. Le raccolte della "parola del Signore" sono la fonte principale dei Vangeli attribuiti a Matteo, Marco, Luca e Giovanni.

Quest'ultimo è anche l'autore dell'*Apocalisse*, ultimo libro del Nuovo Testamento.

75-80 ROMA
Il Colosseo, anfiteatro di Roma. L'anfiteatro Flavio deve il suo nome alla colossale statua di Nerone, che fu eretta nelle sue vicinanze nel 121. Destinato principalmente ai combattimenti dei gladiatori, divenne anche il luogo di supplizio dei cristiani.

79 ROMA

L'arte degli affreschi a Pompei: dipinto della villa dei Misteri.

Pompei sotto le ceneri. L'eruzione del Vesuvio distrugge Pompei, Ercolano e Stabia. Le dimore patrizie tuttora conservate rivelano l'opulenza della vita pompeiana e la raffinatezza raggiunta dai dipinti murali e dai mosaici.

79-81 ROMA
Impero di Tito.

81-96 ROMA
Impero di Domiziano.

96-98 ROMA
Impero di Nerva.

96-192 ROMA
Il secolo d'oro. Molto attenti alla politica, gli Antonini (in particolare dall'impero di Traiano a quello di Marco Aurelio) consolidano la grandezza e la prosperità di Roma. La *pax romana* si estende a tutto il mondo antico.

98-117 ROMA
Impero di Traiano.

Fine del I sec. PALESTINA
Completamento della Bibbia ebraica. La Bibbia ebraica è l'Antico Testamento dei cristiani. È composta da 46 libri scritti in ebraico e aramaico: i 5 libri della Torah (Pentateuco per i cristiani), Libri Storici, Libri profetici e Libri poetici e sapienziali.

100 ca. CINA
La prima carriola. Un bassorilievo in una tomba, scoperto nella provincia di Kiangsu, mostra la prima rappresentazione di una carriola: inizialmente utilizzata per il trasporto militare, apparirà in Occidente solo all'inizio del XIII sec.

II sec. EGITTO

Fayyum, centro dell'arte ritrattistica: viso d'uomo dipinto su legno.

I ritratti di Fayyum. Fino al V sec. l'oasi di Fayyum è un centro artistico: pittori di origine greca realizzano numerosi ritratti su legno con funzioni funerarie; il più famoso è quello della Dama di Fayyum.

113 ROMA
Consacrazione della colonna traiana. Eretta nel Foro traiano, è la più celebre colonna trionfale romana. Realizzata in marmo bianco, commemora le vittoriose campagne imperiali che portarono alla sottomissione dei daci e rappresenta una fonte iconografica eccezionale.

117-138 ROMA
Impero di Adriano.

118-125 ROMA
Il primo monumento a cupola. Ricostruito all'epoca di Adriano, il Pantheon è il tempio "dedicato a tutti gli dei". La sua cupola, che si innalza fino a 40 m, è la prima del mondo romano.

II-III sec. LIBANO
Baalbek, una città romanizzata. La città fenicia diventa colonia romana in epoca augustea; sotto il regno degli Antonini sarà centro del culto della Triade di Eliopoli: Giove, Venere e Mercurio. Ne restano imponenti rovine.

Il sistema tolemaico (atlante celeste di Andrea Cellario, XVII sec.).

130-150 GRECIA
La Terra al centro dell'Universo. Conformandosi alle osservazioni dell'epoca e ai princìpi della fisica aristotelica, la rappresentazione geocentrica dell'universo teorizzata da Tolomeo rimarrà in auge fino al Rinascimento.

138-161 ROMA
Impero di Antonino Pio.

161-180 ROMA
Impero di Marco Aurelio.

180-192 ROMA
Impero di Commodo.

193-211 ROMA
Impero di Settimio Severo.

210 ca. ROMA

Arte paleocristiana: affresco del buon pastore nelle catacombe romane di Priscilla (III sec.).

L'arte cristiana delle catacombe. Fino al IV sec. le necropoli sotterranee dei cristiani sono decorate con affreschi. Appare l'immagine del buon pastore, che mostra chiare influenze ellenistiche.

211-217 ROMA
Impero di Caracalla.

218-222 ROMA
Impero di Eliogabalo.

220-265 CINA
Periodo dei Tre Regni. Alla fine della dinastia Han, alle rivolte nei villaggi segue un periodo di anarchia politica, dalla quale traggono vantaggio i capi militari: tre di loro si spartiscono l'impero. La divisione della Cina durerà quasi quattro secoli.

222-235 ROMA
Impero di Severo Alessandro.

222-235 MESSICO
Teotihuacán, metropoli precolombiana. Teotihuacán esercita la sua influenza nell'America centrale fino al 650. Tra i principali monumenti le grandi piramidi del Sole e della Luna; i suoi dipinti murali le valgono il soprannome di "città dei colori".

250-950 AMERICA CENTRALE
Apogeo della civiltà maya.

267-272 VICINO ORIENTE
Palmira sfida Roma. Palmira, ricca città carovaniera, è inizialmente alleata di Roma, di cui controlla le colonie asiatiche. Ma la regina Zenobia tenta di affrancarsi da Roma annettendo l'Egitto. Sarà costretta ad abdicare.

270-275 ROMA
Impero di Aureliano.

284-305 ROMA
Impero di Diocleziano.

293 ROMA
Diocleziano riforma le istituzioni. La tetrarchia istituisce un governo imperiale a quattro e crea altrettante capitali: Nicomedia, Milano, Treviri e Sirmio, dove risiede Galerio, adottato da Diocleziano.

300-900 MESSICO
Apogeo della civiltà zapoteca.

IV sec. INDIA
Completamento del *Mahabharata*. Il *Mahabharata* è un'epopea che unisce religione, mitologia e filosofia. Il *Bhagavadgita*, una delle sue parti, è la fonte principale del pensiero indiano.

Il Mahabharata: illustrazione di una scena del Bhagavadgita.

306-337 ROMA
Impero di Costantino.

313 ROMA
Costantino favorisce lo sviluppo del cristianesimo. Dopo la "grande persecuzione" del 303-311, i cristiani ottengono di praticare la loro religione alla luce del sole. Costantino, che ha loro concesso questo diritto, si convertirà al cristianesimo in punto di morte, nel 337.

320 INDIA
I Gupta dominano l'India del Nord. La dinastia plasma la civiltà indiana in tutto il bacino del Gange. Raggiunge l'apogeo a cavallo tra il IV e il V sec. e contribuisce alla rinascita dell'induismo.

324 ROMA
Costantinopoli diventa la "Nuova Roma". Fondata nello stesso luogo di Bisanzio, scelta da Costantino per motivi strategici, Costantinopoli viene inaugurata nel 330. La capitale è protetta sul continente da una doppia cinta muraria e sul mare da una cerchia di fortificazioni.

351-361 ROMA
Impero di Costanzo II.

354 ROMA
Prime miniature. La prima opera miniata è un calendario. Nel Medioevo la miniatura sarà una delle forme privilegiate dell'arte cristiana.

L'arte della miniatura: capolettera ornato di un sacramentario (la donna-pesce).

364-375 ROMA
Impero di Valentiniano I.

379-395 ROMA
Impero di Teodosio I.

391-406 PALESTINA
San Girolamo traduce la Bibbia in latino. Il greco era stato la prima lingua del cristianesimo. La traduzione latina del testo ebraico dà origine alla *Vulgata*, che sarà la versione ufficiale della Chiesa romana.

395
L'impero si divide definitivamente. Alla morte di Teodosio I l'impero con capitale Costantinopoli (impero romano d'Oriente) prende il nome di impero bizantino. L'impero romano d'Occidente, a partire dal 402, avrà per capitale Ravenna.

Teodosio I: moneta con la sua effigie.

395-408 IMPERO ROMANO D'ORIENTE
Impero di Arcadio.

397-427 AFRICA SETTENTRIONALE
Sant'Agostino, padre della Chiesa latina. *Le confessioni* e *La città di Dio* sono le opere che faranno di Sant'Agostino il primo grande pensatore dell'Occidente cristiano. L'agostinismo è essenzialmente una dottrina della grazia e dell'interiorità.

V sec. INDIA
L'arte rupestre rinasce ad Ajanta. Il santuario buddhista di Ajanta, nel Deccan, è composto di ventinove grotte scavate in una falesia, le prime delle quali risalgono al II sec. a.C. Offrono un complesso eccezionale di pitture parietali.

406-409 GALLIA
Invasioni barbariche.

408-450 IMPERO ROMANO D'ORIENTE
Impero di Teodosio II.

410 ITALIA
I barbari invadono Roma. Il sacco di Roma da parte dei visigoti di Alarico è emblematico delle grandi invasioni. Iniziate nel III sec., esse s'intensificano fino al V sec.

Le grandi invasioni: i barbari si dirigono verso l'Inghilterra.

418-451 EUROPA
Teodorico I regna sui visigoti.

425 PALESTINA
Completamento del Talmud palestinese. Il Talmud, commentario della Torah, è l'opera fondamentale del giudaismo post-biblico. Il Talmud palestinese (o "di Gerusalemme") ne costituisce la prima versione; una seconda, il Talmud babilonese, apparirà intorno al 500.

428-477 AFRICA SETTENTRIONALE
I vandali conquistano l'Africa romana. Genserico è il primo re vandalo d'Africa. Disponendo di una potente flotta da guerra, costituisce un regno nel Mediterraneo e provoca la rovina di numerose città, tra cui Leptis Magna nel 455.

451 FRANCIA
La sconfitta degli unni. Dopo aver oltrepassato il Reno alla testa degli unni, Attila viene fermato ai Campi Catalaunici. Soprannominato in Occidente il "flagello di Dio", rimane per gli ungheresi un eroe epico.

457-474 IMPERO BIZANTINO
Impero di Leone I il Trace.

476 EUROPA
Cade l'impero romano d'Occidente. L'ultimo imperatore d'Occidente, Romolo Augustolo, è deposto dal barbaro Odoacre. Resistono invece gli imperatori bizantini di Costantinopoli (Oriente). Inizia il Medioevo.

481/482-511 GALLIA
Clodoveo I regna sui franchi.

493-526 EUROPA
Teodorico regna sugli ostrogoti.

498 GALLIA

La monarchia franca e la Chiesa: il battesimo di Clodoveo.

Battesimo di Clodoveo a Reims. Fondatore della monarchia franca, Clodoveo è il primo re di Francia a farsi incoronare a Reims. Con lui vengono battezzati tremila guerrieri franchi.

511 FRANCIA
Creazione dei regni merovingi. In virtù della legge salica, Clodoveo suddivide il regno tra i suoi figli. Il regnum Francorum diverrà la principale potenza dell'Occidente cristiano.

520 ca. CINA
Il buddhismo diventa religione di Stato. L'arrivo in Cina di Bodhidharma (in cinese Da Mo), principe dell'India meridionale, vi introduce il buddhismo zen, che ben presto ottiene i favori della dinastia regnante, i Liang.

527-565 IMPERO BIZANTINO
Impero di Giustiniano I.

528/529 e 534 IMPERO BIZANTINO

Giustiniano I: ritratto dell'imperatore bizantino in un mosaico della chiesa di S. Apollinare Nuovo a Ravenna.

Pubblicazione del codice giustinianeo. Redatto in latino, il Corpus iuris civili ordina tutte le leggi promulgate a partire dall'imperatore Adriano, apportandovi alcune revisioni. È un potente strumento per attuare la centralizzazione dello Stato.

529 OCCIDENTE
San Benedetto, fondatore del monachesimo. Benedetto da Norcia stabilisce una regola di comportamento per la comunità dei monaci di Montecassino: la vita quotidiana è fondata sulla preghiera, lo stu-

dio e il lavoro. La regola ispirerà le grandi riforme monastiche occidentali.

532-537 IMPERO BIZANTINO
Costruzione di Santa Sofia a Costantinopoli. Capolavoro dell'architettura bizantina, decorata con marmi e mosaici, la chiesa di Santa Sofia ha una cupola che raggiunge i 55 m. Trasformata dai turchi in moschea, sarà affiancata da quattro minareti.

575-591 FRANCIA

Historia francorum: San Gregorio di Tours, storiografo dei merovingi.

La prima storia dei franchi. San Gregorio di Tours scrive la cronaca dell'alto Medioevo merovingio, diventando un precursore degli storiografi.

581 CINA
Fondazione della dinastia Sui.

600 INDIA
La numerazione decimale e lo zero. Diffuso nel mondo arabo nel IX sec. dal matematico Al-Khuwarizmi, il sistema di numerazione decimale sarà introdotto in Occidente solo nel X sec. da Silvestro II (Gerberto d'Aurillac) e verrà diffuso all'inizio del XIII sec. da Leonardo Fibonacci.

618 CINA
Fondazione della dinastia Tang.

622 MONDO ARABO
Inizio dell'Egira. Il profeta Maometto lascia La Mecca, dove è in pericolo di vita, per Medina, i cui abitanti sono più aperti alla sua predicazione. Questa fuga ("egira") segna l'inizio del calendario musulmano.

629-638 FRANCIA
Dagoberto I regna sui franchi.

630-645 CINA
I Tang controllano l'Asia. La dinastia Tang, che regna fino al 907, incarna la massima potenza cinese. La Cina

La Cina dei Tang: la vita a corte.

prosegue la sua espansione nell'Asia centrale e ottiene il controllo della via della seta; si afferma l'economia monetaria.

642-661 PERSIA
Gli arabi conquistano la Persia. In pochi anni gli arabi conquistano la Persia, che entra a far parte dell'impero degli Omayyadi. Sotto la loro influenza, l'islam si impone e soppianta la religione zoroastriana dei Sasanidi.

644-656 MONDO ARABO
Si afferma la versione unica del Corano. Il Corano contiene le rivelazioni trasmesse a Maometto tra il 612 e il 632. Esso fa dell'Islam il fondamento della società e dell'arabo la lingua della preghiera per tutti i musulmani. La tradizione relativa al profeta è contenuta in una seconda opera, la Sunna.

645 GIAPPONE
Le riforme dell'era Taika. L'era "della grande trasformazione" è contrassegnata da reciproche influenze con la Cina dei Tang. Viene rafforzato il potere imperiale e le terre sono ridistribuite a vantaggio degli alti funzionari che sono al suo servizio.

650 ca. PERSIA
Primi mulini a vento. In origine le pale del mulino a vento sono orizzontali; soltanto alla fine del XII sec., all'epoca della costruzione dei primi mulini a vento in Europa, si inizierà a montarle verticalmente, per ottenere macchine più potenti.

661 MONDO ARABO
I dissidenti sciiti. La dinastia degli Omayyadi sale al potere nell'impero musulmano, sostituendosi ad Alì, quarto califfo islamico. I sostenitori di quest'ultimo (gli sciiti) creano una corrente dissidente, incentrata sulla dottrina dell'"imam nascosto".

680-730 ca. EUROPA

Il canto gregoriano: il Kyrie eleison.

L'avvento del canto gregoriano. Il rinnovamento del repertorio dei canti ecclesiastici risale a papa Gregorio I, cui si devono i canti gregoriani: come accompagnamento della liturgia, essi continueranno ad arricchirsi fino alla fine dell'XI sec.

691 PALESTINA

Prime realizzazioni dell'arte islamica: la Cupola della Roccia a Gerusalemme.

La Cupola della Roccia, il primo monumento islamico. Di pianta ottagonale, l'edificio è chiamato erroneamente "moschea di Omar". Situato a Gerusalemme, si innalza sulla roccia sacra che richiama sia il sacrificio di Abramo sia il viaggio celeste di Maometto.

699-759 CINA

Wang Wei, poeta e calligrafo. Pittore paesaggista per il quale "l'idea precede il pennello", Wang Wei inventa la pittura a inchiostro, una vera e propria arte letteraria, come la calligrafia.

710-794 GIAPPONE

Il periodo di Nara in Giappone: statua che adorna il tempio di Kofuku-ji.

Periodo di Nara. Il periodo in cui la capitale si trova a Nara è segnato dai progressi del buddhismo e dallo sviluppo della creazione artistica, testimoniata dal tesoro dell'imperatore Shomu tenno.

711 SPAGNA

L'espansione dei musulmani. Dopo aver conquistato il Marocco (700-710), gli arabi attraversano lo stretto di Gibilterra e sconfiggono i visigoti. Otto secoli di dominio musulmano trasformeranno il paese sia dal punto di vista economico sia culturale.

712-720 GIAPPONE

La rivelazione dello scintoismo. L'esistenza dello scintoismo è attestata per la prima volta dalla cronaca detta *Nihongi*: si tratta della religione originale del Giappone, anteriore al buddhismo. Nel XIX sec. l'imperatore verrà divinizzato sulla base di credenze scintoiste.

715 ca. GRAN BRETAGNA

Un'epopea anglosassone. *Beowulf*, un poema di oltre tremila versi, è la prima opera europea scritta in lingua locale. L'attività dei monaci copisti favorirà la nascita di una letteratura nazionale.

717-741 IMPERO BIZANTINO
Impero di Leone III l'Isaurico.

721-737 FRANCIA
Teodorico IV regna sui franchi.

730 IMPERO BIZANTINO
Iconoclastia. La riforma religiosa dell'imperatore Leone III, che vieta il culto delle icone, provoca un conflitto con Roma e apre una crisi che scuoterà il mondo bizantino per oltre un secolo. Essa causerà numerose persecuzioni.

732 FRANCIA
Gli arabi fermati a Poitiers. Padroni della Spagna, gli arabi penetrano in Francia e occupano Bordeaux. Carlo Martello, maestro di palazzo nell'ultimo periodo merovingio, arresta la loro avanzata verso la Loira. Gli arabi ripiegheranno definitivamente soltanto nel 759.

735 COREA
La tutela cinese. Il regno di Silla prevale sui tre regni storici coreani grazie all'aiuto della Cina dei Tang. Il sovrano unifica il territorio coreano, che verrà influenzato pesantemente dalla cultura cinese.

750 MONDO ARABO
Gli Abbasidi, califfi dell'islam. Gli Abbasidi, discendenti da uno zio di Maometto, instaurano la terza dinastia di califfi dopo la caduta degli Omayyadi. Sotto il loro regno l'impero arabo si estenderà dalla Spagna alla Cina.

751-768 FRANCIA
Pipino il Breve regna sui franchi.

757 ITALIA
Il papa governa uno Stato. Pipino il Breve, re dei franchi, interviene per cacciare i longobardi dalle terre pontificie e donarle al papa. La cosiddetta "donazione di Pipino" è all'origine del riconoscimento dello Stato della Chiesa.

SPAGNA
Creazione dell'emirato di Cordova. A Cordova, l'omayyade Abd al-Rahman fonda un emirato indipendente, che sarà dichiarato califfato nel 929. In quest'epoca la città gode di prosperità economica e splendore architettonico.

780-850 ca. INDONESIA
Barabudur esalta il buddhismo. A Barabudur (Giava) vi è un mandala al centro del quale è collocato lo stupa più grande del mondo. Le terrazze di cui è composto comprendono oltre 3000 bassorilievi che raccontano la vita del maestro.

785-987 SPAGNA
Costruzione della Grande Moschea di Cordova. La moschea, ca-

L'arte arabo-andalusa di Cordova: il mihrab della Grande Moschea.

polavoro dell'arte omayyade, è uno degli edifici più grandi del mondo (23.000 m²). La sala del *mihrab* è sovrastata da una magnifica cupola decorata.

786-809 MONDO ARABO

L'impero abbaside: il califfo Harun Al-Rashid, governatore di Baghdad.

Califfato di Harun Al-Rashid. Il più famoso dei califfi abbasidi regna a Baghdad in una corte fastosa e promuove lo sviluppo degli scambi commerciali, soprattutto con la Cina. Diventerà l'eroe leggendario di *Le mille e una notte*.

IX sec. MONDO ARABO
Al-Khuwarizmi fonda l'algebra. Al-Khuwarizmi individua i metodi di soluzione delle equazioni di primo e secondo grado; può essere considerato il fondatore dell'algebra.

IX-X sec. MONDO ARABO
La filosofia araba si ispira alle fonti greche. Al-Kindi, il "filosofo degli arabi", e Al-Farabi, il "filosofo dei musulmani", sono i primi commentatori di Platone e Aristotele. Tutta la loro opera mira ad avvicinare religione e filosofia.

Fondazione del Sacro Romano Impero: l'incoronazione di Carlo Magno a Roma.

800 EUROPA
Carlo Magno diventa imperatore d'Occidente. L'incoronazione di Carlo Magno ha luogo a Roma. Durante il suo regno si sviluppa un ampio movimento culturale e artistico chiamato "rinascimento carolingio", che raggiungerà l'apogeo all'epoca di Carlo il Calvo.

800 ca. GERMANIA
Nascita della poesia epica. Conservato insieme a un trattato teologico, il poema intitolato *La canzone di Ildebrando* riporta avvenimenti bellici del V sec., nel corso dei quali un padre e un figlio arrivano ad affrontarsi in battaglia.

808 GIAPPONE
Un'antologia della poesia di corte. Il *Manyoshu*, basato su una compilazione precedente, raccoglie circa 4500 poemi. La maggior parte di essi ha la forma classica del *tanka* (poema di 31 sillabe), nel quale eccelle Kakinomoto-no-Hitomaro.

814-840 EUROPA
Impero di Ludovico I il Pio.

843 EUROPA
Divisione dell'impero carolingio. La divisione, stabilita dal trattato di Verdun, avviene tra i nipoti di Carlo Magno: la parte occidentale è assegnata a Carlo il Calvo; la parte orientale a Ludovico il Germanico; il resto del territorio, che comprende anche l'Italia, a Lotario, che conserva il titolo imperiale.

843-877 FRANCIA
Regno di Carlo II.

850 ca. AMERICA CENTRALE
Insediamento dei toltechi. Giunti da nord, i toltechi occupano l'altopiano centrale messicano e fondano la capitale Tula. La civiltà che sviluppano è così brillante che i successivi sovrani messicani reclameranno la discendenza da questa popolazione.

860 ca. EUROPA ORIENTALE
Cirillo e Metodio predicano il Vangelo nei paesi slavi. Originari della Macedonia, i due monaci intraprendono la cristianizzazione di Boemia e Moravia attraverso la predicazione in lingua slava. Il sistema alfabetico impiegato, detto "cirillico" favorirà la diffusione dell'idioma.

867-886 IMPERO BIZANTINO
Impero di Basilio I.

867-1057 IMPERO BIZANTINO
Apogeo di Bisanzio. Gli imperatori della dinastia macedone combattono contro arabi, russi e bulgari. Sono anche grandi statisti e consolidano l'influenza di Costantinopoli, la più grande città dell'epoca.

868 CINA

Prima pagina del Sutra del diamante, stampato in Cina nell'868.

Il primo libro stampato. Un'opera sacra del buddhismo, il *Sutra del diamante*, di cui resta solo un estratto, consistente in un rotolo stampato da Wang Jie su blocchi di legno incisi (xilografia) di 75x30 cm, è il primo libro stampato di cui si abbia notizia.

877-879 FRANCIA
Regno di Luigi II.

878 GRAN BRETAGNA
Gli anglosassoni sotto una sola corona. I sette regni che formano l'Eptarchia passano sotto il dominio danese. Vincitore a Edington, il re del Wessex Alfredo il Grande diventa re di tutti gli anglosassoni.

879-882 FRANCIA
Regno di Luigi III.

882 RUSSIA

Lo Stato di Kiev: l'invasione dei variaghi, conquistatori di origine vichinga.

Fondazione dello Stato di Kiev. Kiev è la capitale del primo Stato russo, fondato dai variaghi (di origine vichinga). Si ritiene che uno dei loro principi abbia assoggettato al nuovo Stato diverse tribù slave orientali.

885-886 FRANCIA
I vichinghi assediano Parigi. Durante tutto il IX sec. i normanni intensificano le loro invasioni. Fino al 926 le città, per conservare la libertà, sono obbligate a pagare un pesante tributo.

I vichinghi in Occidente: incursioni e rapine terrorizzano le popolazioni.

896 EUROPA ORIENTALE
Gli ungheresi conquistano la pianura del Danubio. Sotto la guida del loro capo Arpad, gli ungheresi (o magiari), scacciati dalla regione degli Urali, oltrepassano i Carpazi. In seguito invaderanno l'Italia, la Germania e la Francia orientale.

898-923 FRANCIA
Regno di Carlo III.

IX sec.
Comparsa del giogo. Il basto non viene più applicato al collo del cavallo, ma alle spalle, aumentando notevolmente la forza di trazione dell'animale.

911 FRANCIA
Il re cede la Normandia. I normanni che occupano la bassa vallata della Senna firmano un trattato con il re carolingio Carlo III, che riconosce loro il possesso della futura Normandia.

936-954 FRANCIA
Regno di Luigi IV.

950 AMERICA CENTRALE
Declino delle città maya. Definiti "i greci del nuovo mondo", i maya danno origine a una fiorente civiltà soprattutto nei centri di Palenque, Copán e Tikal. Queste città, caratterizzate dal tipico tempio a piramide, saranno abbandonate alla fine dell'epoca classica.

950 ca. MEDIO ORIENTE
Genesi delle *Mille e una notte*. La raccolta contiene tutti i personaggi dell'immaginario arabo-persiano: Aladino, Alì Babà, Sindbad e Shahrazad, l'eroina dell'opera che, grazie ai suoi racconti, si salva da morte sicura.

960 CINA
I Song ristabiliscono l'unità. L'avvento di una dinastia nazionale pone fine al periodo di anarchia che si era imposto in seguito alla caduta dei Tang (periodo delle cinque dinastie, tutte straniere). L'impero dei Song non include tuttavia gli Stati caduti nelle mani dei "barbari del nord".

962 EUROPA
Roma consacra l'imperatore. L'istituzione del Sacro Romano Impero germanico, come verrà definito a partire dal XV sec., risale a Ottone I il Grande. Re di Germania e d'Italia, Ottone I viene incoronato imperatore a Roma e fonda la dinastia ottoniana.

963-1025 IMPERO BIZANTINO
Impero di Basilio II.

966 POLONIA
Un nuovo regno cristiano. La dinastia dei Piast dà vita al primo Stato polacco. Il re Mieszko I, che mira all'alleanza con l'imperatore germanico, si fa battezzare insieme a tutta la corte. La chiesa polacca porrà il paese sotto l'obbedienza della Santa Sede.

973-983 SACRO ROMANO IMPERO
Impero di Ottone II.

984 CINA
Invenzione delle chiuse fluviali. La prima chiusa è opera di un funzionario dei trasporti, Jiao Weiyo. In Occidente la prima chiusa apparirà nel 1373.

986-987 FRANCIA
Regno di Luigi V.

987 FRANCIA

Miniatura che rappresenta Ugo I Capeto.

Ugo Capeto diviene re. Luigi V, ultimo re carolingio, muore senza eredi. I grandi vassalli del nord pongono a capo del regno Ugo Capeto, fondatore della dinastia dei Capetingi, che conterà 14 sovrani e regnerà fino al 1328.

996-1002 SACRO ROMANO IMPERO
Impero di Ottone III.

Seconda metà del X sec. GERMANIA
Sviluppo dell'arte ottoniana. Durante il regno di Ottone il Grande e dei suoi successori si sviluppa uno stile artistico che farà da tramite tra l'epoca carolingia e quella romanica. Fioriscono

Arte ottoniana. La corona dell'imperatore.

in particolare l'architettura, la pittura, l'oreficeria e la miniatura.

996-1031 FRANCIA
Regno di Roberto II.

1000 EUROPA
La grande paura. Le credenze millenariste sono fomentate dalla lettura del *Libro dell'Apocalisse*. Il terrore dell'anno 1000, in cui si sarebbe verificata la fine del mondo, descritto a partire dal XVI sec., riflette l'inquietudine religiosa che pervade la società dell'epoca.

1000-1038 UNGHERIA
Regno di Stefano I.

Inizio dell'XI sec. MEDIO ORIENTE
Avicenna, un grande medico. Il *Canone della medicina* contiene una descrizione precisa di malattie come la meningite acuta, la pleurite, l'apoplessia. L'opera sarà basilare per l'insegnamento della medicina in Europa fino al XVII sec.

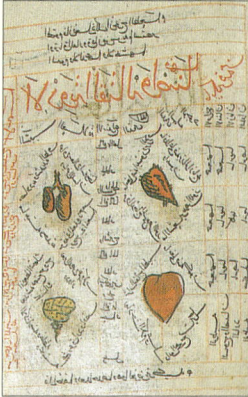

Pagina del Canone della medicina di Avicenna.

1007 GIAPPONE
Apoteosi del romanzo classico. Una donna, Murasaki Shikibu, è l'autrice del romanzo *Genji monogatari* (Storia del principe Genji), raffinato quadro della vita di corte a Kyoto. La scrittrice eserciterà una forte influenza sul genere del romanzo "reale".

1010 ca. PERSIA
Shah-nāmè, epopea dinastica. Il poeta persiano Ferdusi compone il *Libro dei re,* genealogia dell'impero persiano e meditazione sul destino dell'umanità. L'opera si rivelerà anche una notevole fonte di ispirazione artistica.

1014-1024 SACRO ROMANO IMPERO
Impero di Enrico II.

1016-1035 GRAN BRETAGNA
Un danese sul trono d'Inghilterra. I danesi sottomettono gli anglosassoni e incoronano Canuto il Grande. Il nuovo re annette l'Inghilterra al suo impero marittimo, che comprende la Danimarca e la Norvegia.

1031-1060 FRANCIA
Regno di Enrico I.

1042-1066 GRAN BRETAGNA
Edoardo il Confessore re d'Inghilterra.

1044 CINA
Invenzione della polvere pirica. Per la prima volta viene indicata la composizione chimica della polvere pirica. Un trattato del VI sec. menzionava già le proprietà esplosive di una miscela a base di salnitro.

1044-1077 BIRMANIA

Buddhismo birmano. La pagoda Shwezigon, nel sito di Pagan.

Pagan, capitale del buddhismo. All'epoca del primo regno birmano, a Pagan sorge una grande quantità di edifici religiosi. Attualmente se ne sopravvivono circa cinquemila, tra i quali il grande tempio Ananda e la pagoda Shwezigon dalla cupola d'oro.

1046-1056 SACRO ROMANO IMPERO
Impero di Enrico III.

1051 PERSIA
Esfahan capitale dei turchi selgiuchidi. La Persia cade nelle mani dei turchi selgiuchidi del sultano Toghrul Beg. Essi costruiscono le due cupole della Grande Moschea del Venerdì, a Esfahan.

1054 IMPERO BIZANTINO
Scisma d'Oriente. In seguito alle contrapposizioni teologiche tra Roma e Bisanzio, la Chiesa d'Oriente provoca uno scisma da cui nascerà la religione ortodossa. Al suo interno si creeranno diverse chiese indipendenti, che avranno come capo spirituale il patriarca ecumenico di Costantinopoli.

1060-1108 FRANCIA
Regno di Filippo I.

1063 ITALIA
Basilica di S. Marco a Venezia. La basilica, in stile bizantino, ha una pianta a croce greca sormontata da cinque cupole che poggiano su oltre cinquecento pilastri. I suoi mosaici sono opera di artisti bizantini.

Basilica di S. Marco. Il mosaico in cui è rappresentata la basilica all'epoca della traslazione dei resti del santo.

Guglielmo il Conquistatore giura fedeltà al nuovo regno di Inghilterra.

1066 GRAN BRETAGNA
Un normanno sul trono di Inghilterra. Vincitore della battaglia di Hastings, il duca di Normandia si fa incoronare a Westminster con il nome di Guglielmo I il Conquistatore. Buon amministratore, farà redigere il catasto generale di Inghilterra (Domesday Book).

1071 IMPERO BIZANTINO
L'Asia Minore in balìa dei turchi. La disfatta dei bizantini a Manzikert segna l'inizio delle invasioni turche. Nasceranno diversi Stati selgiuchidi, tra cui il potente sultanato di Rum, con capitale a Nicea.

1073-1085
Papato di Gregorio VII.

1077 ITALIA
L'umiliazione di Canossa. Crisi emblematica del mondo feudale, la lotta per le investiture porta il papa Gregorio VII a scomunicare il futuro imperatore Enrico IV e, con un atto senza precedenti, a sciogliere i suoi sudditi dal giuramento di fedeltà. Il sovrano non esiterà allora a umiliarsi di fronte al papa presso il castello di Canossa, dove questi era ospite della contessa Matilde, per ottenere la revoca della scomunica.

1084-1106 SACRO ROMANO IMPERO
Impero di Enrico IV.

1088 FRANCIA
Influenza di Cluny sull'arte romanica. Uno degli esempi più significativi di arte monastica, il monastero di Cluny, influenzerà l'architettura e la scultura romaniche in Borgogna.
ITALIA
Nascita dell'università a Bologna. Con questa data convenzionale si indica l'inizio dell'insegnamento libero nella città di Bologna. L'università diviene presto famosa per lo studio del diritto.

1090 ca. FRANCIA
Le chansons de geste esaltano la storia. Con il racconto della disfatta di Carlo Magno a Roncisvalle, la Chanson de Roland inaugura in Francia la stagione del poema epico cavalleresco. Si canta l'eroismo feudale con l'intento di suscitare un sentimento nazionale.

1095 FRANCIA

Le crociate. L'assedio di Gerusalemme durante la prima crociata in Terra Santa.

Il papa Urbano II bandisce la prima crociata. L'Europa cristiana si arma per servire Dio. Tra il 1096 e il 1270 verranno organizzate otto spedizioni in Terra Santa per liberare Gerusalemme dai turchi, che la occupavano dal 636.

1096-1099
Prima crociata.

1099 PALESTINA
Il primo Stato latino d'Oriente. I crociati si impadroniscono di Gerusalemme e ne fanno la capitale di uno Stato latino che avrà come modello gli Stati feudali d'Occidente. Nel XII sec. nascono tre grandi ordini militari: i Templari, i cavalieri di Malta e i cavalieri teutonici.

XII sec. CINA
Produzione della ceramica celadon. Sotto la dinastia dei Song del Nord, i vasai si specializzano nella produzione di una ceramica verde pallido (celadon), che fiorirà nell'epoca dei Song del Sud.

Porcellana cinese. Vaso in ceramica verde dell'epoca dei Song del Nord.

1100-1135 GRAN BRETAGNA
Enrico I re d'Inghilterra.

Arte cistercense. Chiostro dell'abbazia di Thoronet (Francia).

1108-1137 FRANCIA
Regno di Luigi VI.

1111-1125 SACRO ROMANO IMPERO
Impero di Enrico V.

1112 FRANCIA
Cîteaux rivale di Cluny. La riforma del monachesimo occidentale parte da Cluny. Sotto l'influenza di san Bernardo, nell'abbazia di Cîteaux si dà nuovo slancio alla stretta osservanza della regola benedettina. L'architettura cistercense rappresenterà una delle maggiori espressioni dell'arte romanica.

1135 ca. - 1144 FRANCIA
Nascita dell'arte gotica nella regione parigina. La basilica di Saint-Denis è il primo capolavoro di quest'architettura, che utilizza volte a crociera e archi a sesto acuto. Nel secolo seguente si assisterà all'epoca d'oro delle cattedrali gotiche.

1136-1155 GRAN BRETAGNA, FRANCIA
Il leggendario re Artù. La leggenda di re Artù nasce da racconti orali tramandati da cantori bretoni. È legata al mito della ricerca del Sacro Graal e degli eroici cavalieri della Tavola Rotonda.

1137-1180 FRANCIA
Regno di Luigi VII.

1139 PORTOGALLO
Un nuovo regno. Alfonso I Henriques fonda la monarchia portoghese. Valoroso soldato della Riconquista, viene proclamato re sul campo di battaglia, prima di ottenere dalla Castiglia l'indipendenza del nuovo Stato.

1147-1149
Seconda crociata.

1152 GRAN BRETAGNA

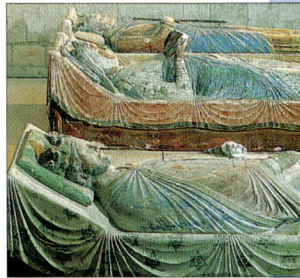

Aquitania, possedimento inglese. In secondo piano, la regina Eleonora ed Enrico II Plantageneto, al quale andò il ducato.

L'Aquitania ai Plantageneti. In seguito alle nozze della duchessa Eleonora d'Aquitania con il futuro re Enrico II d'Inghilterra, l'Aquitania diventa un possedimento degli inglesi.

1154-1189 GRAN BRETAGNA
Enrico II re d'Inghilterra.

1154-1250 EUROPA
Lotta tra clero e impero. Si riaccende il conflitto tra papato e impero: è in gioco la supremazia temporale sul mondo cristiano. Il conflitto culmina sotto i papi Innocenzo III e Innocenzo IV, che deporrà Federico II.

1155-1190 SACRO ROMANO IMPERO
Impero di Federico I Barbarossa.

1157-1182 DANIMARCA
Regno di Valdemaro I.

1160-1170 MONDO ARABO, EUROPA
Averroè diffonde Aristotele. Averroè riprende l'idea secondo la quale occorre conciliare la filosofia di Aristotele con il Dio del Corano. Tradotte in latino, le sue opere influenzeranno il pensiero occidentale per ben quattro secoli.

1170 ca. GERMANIA
Il *Minnesang* canta l'amore. Nella cultura germanica la poesia cortese è rappresentata dal *Minnesang*, che prende a modello la lirica dei trovatori.

1170-1205 FRANCIA
Il *Roman de Renart*. Parodia delle *chansons de geste* e della società cavalleresca, è una raccolta di poemetti centrati sulla rivalità tra la volpe e il lupo, che rivelano i limiti di un sistema feudale fondato sull'onore e sulla fede.

Il *Roman de Renart. La corte del leone Nobile* (miniatura del XIV sec.)

1171-1193 MONDO ARABO
Saladino, un sultano cavaliere. Il sovrano realizza l'unità politica e religiosa di un territorio che si estende dall'Egitto alla Mesopotamia. Nel 1187 sottrae Gerusalemme ai crociati ma si oppone alla distruzione del Santo Sepolcro.

Il sultano Saladino a capo del suo esercito.

1180-1223 FRANCIA
Regno di Filippo II Augusto.

1189-1192
Terza crociata.

1189-1199 GRAN BRETAGNA
Riccardo I Cuor di Leone re di Inghilterra.

1190 EGITTO
Maimonide, filosofo tra due mondi. Filosofo ebreo studioso del pensiero arabo, Maimonide scrive *La guida dei perplessi*, secondo i principi dell'aristotelismo. Contribuirà alla nascita della scolastica.

1191-1197 SACRO ROMANO IMPERO
Impero di Enrico IV.

1192 GIAPPONE
Instaurazione dello shogunato. Minamoto no Yoritomo assume per primo la carica di *shogun*, che gli conferisce un potere effettivo accanto alla figura dell'imperatore, il cui ruolo è divenuto per lo più simbolico. Fino al 1867 si succederanno tre dinastie di *shogun*.

1198-1216
Papato di Innocenzo III.

1199-1216 GRAN BRETAGNA
Giovanni senza Terra re d'Inghilterra.

Fine del XII sec. FRANCIA
Una passione leggendaria. La leggenda di Tristano e Isotta appare nei poemi scritti in lingua *d'oil*. Il *Tristano* in prosa apparirà verso il 1220-1230. La trilogia fondata su amore, fato e morte dominerà a lungo l'immaginario occidentale.

XIII sec. AFRICA NERA
La lavorazione del bronzo si diffonde a Ife. La tradizione delle statue in bronzo, create con il procedimento della fusione a cera persa, viene consolidata dagli yoruba, popolo dell'attuale Nigeria, già nell'XI sec.
GERMANIA

La Canzone dei Nibelunghi: *Sigfrido, eroe dell'epopea germanica.*

La *Canzone dei Nibelunghi* forgia l'animo germanico. Il poema canta le gesta di Sigfrido, un giovane guerriero. Riscoperto nel XVIII sec., l'eroe alimenterà l'arte e il pensiero del romanticismo tedesco fino all'apoteosi wagneriana.

1200 ca. EUROPA
Il timone facilita la navigazione. Robusto e assai più efficace dei remi laterali, il timone di dritta, posto sull'asse della nave, rende la navigazione più sicura.

1202-1204
Quarta crociata.

1204-1261 IMPERO BIZANTINO
L'impero latino d'Oriente eclissa Bisanzio. Occupata e saccheggiata dai crociati, Costantinopoli diviene la capitale del nuovo Stato che si erge sulle rovine dell'impero bizantino. Quest'ultimo sarà ristabilito dalla dinastia dei Paleologi.

La repubblica di Venezia: *potenza politica e splendore architettonico.*

1204-1453 ITALIA
L'apogeo di Venezia. Governata da un'aristocrazia di mercanti, la Serenissima impone il proprio dominio marittimo nel mondo greco e si afferma in Italia. Rivale vittoriosa di Genova, eguaglia il prestigio di Milano e Firenze.

La battaglia di Bouvines.

Gengis Khan, "re dell'universo" per i suoi sudditi.

1206 ASIA
Gengis Khan fonda l'impero mongolo. Guidati dal loro "khan supremo", i mongoli conducono una guerra di conquiste per unificare i territori compresi tra il Mar Caspio e l'India settentrionale, fino alla Manciuria.

1209-1218 SACRO ROMANO IMPERO
Impero di Ottone IV.

1209-1216 ITALIA, SPAGNA
Gli ordini mendicanti. Francescani e domenicani aspirano a un ritorno alla povertà evangelica. Monaci predicatori, saranno determinanti nella lotta contro le eresie e influenzeranno il pensiero occidentale.

1212-1260 SPAGNA
La svolta della *Reconquista*. Padroni della Spagna musulmana, gli Almohadi suscitano la rivolta dei cristiani, che si coalizzano contro di loro nella decisiva battaglia di Las Navas de Tolosa. In seguito ad altre sconfitte, solo il piccolo regno di Granada rimarrà nelle loro mani.

1214 FRANCIA
Filippo Augusto trionfa a Bouvines. La battaglia diventa un simbolo di unità nazionale per la Francia. Si crea un nuovo equilibrio europeo a scapito dell'impero germanico e dell'Inghilterra.

1215 GRAN BRETAGNA
Crisi del feudalesimo inglese. Dopo la battaglia di Bouvines, i baroni inglesi si ribellano contro Giovanni senza Terra imponendogli la *Magna charta*, che limita le prerogative regali ed estende le loro libertà: nasce così il sistema rappresentativo britannico.
ITALIA
Scontro tra guelfi e ghibellini. I guelfi prendono le parti del papa e i ghibellini quelle dell'imperatore. Lo scontro, che si protrarrà per due secoli, tocca prima Firenze per poi interessare gran parte delle città italiane.

1216-1272 GRAN BRETAGNA
Enrico VIII re d'Inghilterra.

1217-1219
Quinta crociata.

1220-1250 SACRO ROMANO IMPERO
Impero di Federico II.

1223-1226 FRANCIA
Regno di Luigi VIII.

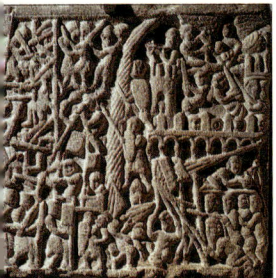

Guerra contro i catari. Caduta di Tolosa (1218).

1226-1244 FRANCIA
La monarchia sconfigge i catari. La crociata contro gli albigesi, cominciata nel 1208, termina tra le fiamme di Montségur. Essa consacra l'unione della Chiesa e della monarchia contro l'eresia catara.

1226-1270 FRANCIA
Regno di Luigi IX [san Luigi].

1228-1229
Sesta crociata.

1230 ca. - 1275 FRANCIA

Il Roman de la rose: miniatura che rappresenta l'ideale di amor cortese.

Il Roman de la rose trasforma l'ideale cortese. Ai 4000 versi originali, classico esempio di letteratura cortese, Jean de Meung ne aggiunge altri 18.000, che trascendono l'allegoria e sviluppano un'idea nuova per l'epoca: l'amore è anche legge della natura.

1233 CINA
Una nuova arma: il razzo. Le proprietà propulsive ed esplosive della polvere pirica trovano presto applicazioni militari. I mongoli utilizzano "frecce di fuoco volanti"

nell'assedio di Kai-Fung-Fu, capitale del regno cinese di Honan. È la prima citazione storica sull'impiego di razzi.

1241-1248 FRANCIA

Sainte-Chapelle. Vetrate della cappella più alta, che raggiungono la volta.

Luigi IX il Santo fa edificare la Sainte-Chapelle. La cappella dell'antico palazzo della Cité, a Parigi, è una delle costruzioni più rappresentative dello stile gotico e un capolavoro dell'arte vetraria, che testimonia l'alacre attività delle botteghe dell'Île de France.

1248-1254
Settima crociata.

1250-1273 EUROPA
Il Grande interregno. Alla morte dell'ultimo Hohenstaufen, l'impero entra in crisi. I principi tedeschi acquistano autonomia e alcuni, come i Wittelsbach, gli Asburgo e gli Hohenzollern, divengono molto potenti.

1257 FRANCIA
A Parigi nasce la Sorbona. In origine un collegio in cui si insegnava teologia, la Sorbona diverrà sede di cattedre di filosofia e greco e avrà una ricchissima biblioteca.

1266-1273 FRANCIA
San Tommaso d'Aquino, guida intellettuale. La Summa theologiae è l'opera chiave per l'insegnamento della scolastica, che traduce l'influenza dell'aristotelismo sul pensiero cristiano. Secondo il tomismo, la teologia ha carattere scientifico.

1269 FRANCIA
Spiegazione del magnetismo. Opera del filosofo francese Pierre Pèlerin de Maricourt, l'Epistola de magnete ("Lettera sul magnete") contiene la prima spiegazione del magnetismo, fornisce la prima descrizione, in Occidente, della fabbricazione di una bussola e pone le basi del metodo sperimentale.

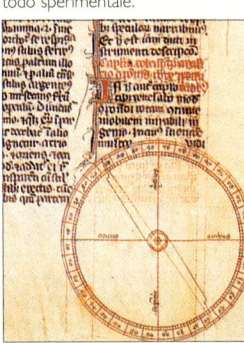

Estratto dell'Epistola de magnete di Pierre Pèlerin de Maricourt.

1270
Ottava crociata.

1270-1285 FRANCIA
Regno di Filippo III.

1272-1307 GRAN BRETAGNA
Edoardo I re d'Inghilterra.

1279 CINA
Un mongolo regna sull'impero. Il mongolo Kubilay Khan, nipote di Gengis Khan, impadronitosi dell'impero dei Song, è il primo straniero a regnare sulla Cina. Egli fonda la dinastia degli Yuan, la cui capitale sarà Pechino.

1280 ca. ITALIA
Lenti correttive per la vista. Lo scienziato inglese Ruggero Bacone (1220 ca. - 1292) propone di correggere la vista con delle lenti: appaiono così i primi occhiali a lenti convesse per i presbiti. Per la comparsa delle lenti concave per miopi bisognerà attendere la fine del XV sec.

1285-1314 FRANCIA
Regno di Filippo IV il Bello.

1291 SVIZZERA

Atto di nascita della Confederazione elvetica. Giuramento di Rütli.

Nasce la Confederazione elvetica. Con il patto concluso dai patrioti dei cantoni di Schwyz, Uri e Nidwald per contrastare il dominio austriaco, viene fondata la Confederazione elvetica. La vittoria di Morgarten contro Leopoldo I d'Asburgo, nel 1315, consacrerà la loro alleanza e l'autonomia dei territori.

1296-1305 ITALIA

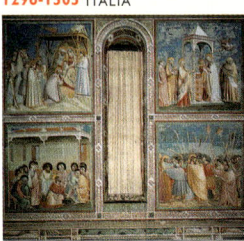

Quattro scene della vita di Cristo dipinte da Giotto nella Cappella degli Scrovegni, a Padova.

Giotto perfeziona l'arte dell'affresco. Negli affreschi dedicati alla vita di san Francesco (basilica superiore di Assisi, fine del XIII sec.) e in quelli sulla vita della Vergine e di Cristo (Cappella degli Scrovegni, a Padova, 1303-1305 ca.), Giotto dà vita a uno spazio tridimensionale, in cui evidenzia i volumi per mezzo di effetti illusionistici, e inventa un nuovo linguaggio cromatico, basato sull'uso di sfumature per definire le forme.

1296-1316 INDIA
Il sultanato di Delhi governa l'India. All'inizio del XIII sec. nasce, nell'India nord-occidentale, uno Stato musulmano, che annetterà gran parte del Deccan. Il suo dominio resisterà fino all'invasione di Timur Lang, alla fine del XIV sec.

1298 ITALIA
Marco Polo svela i segreti della Cina. Il veneziano, rimasto per quindici anni al servizio dell'imperatore Kubilay Khan, al suo ritorno pubblica Il milione, le cui rivelazioni sono una vera summa etnologica sulla Cina dell'epoca mongola.

1299 TURCHIA
Gli Ottomani accedono al sultanato. Assumendo il titolo di sultano, il turco Osman I fonda la dinastia ottomana, che condurrà la guerra santa contro l'impero bizantino. Dal 1334 gli ottomani si avvarranno dei giannizzeri, corpo di fantaccini formato da giovani cristiani, che avrà un ruolo determinante nelle loro conquiste.

Fine del XIII sec. EUROPA

Il Gros-Horloge di Rouen (XIV sec.), esemplare di orologio a una sola lancetta.

Primi orologi meccanici. Con l'apparizione dei primi orologi meccanici, è possibile leggere l'ora indicata da una lancetta montata su un quadrante.

1300 ca. - 1314 FRANCIA

La polifonia occidentale in una composizione di Guillaume de Machaut.

L'Ars nova arricchisce la polifonia occidentale. Grazie alla scuola di Notre-Dame de Paris (seconda metà del XII sec.), la polifonia occidentale si diffonde in tutta Europa.

1306 GRAN BRETAGNA
La Scozia incorona il proprio re. Eroe del separatismo scozzese, Robert Bruce riesce a farsi incoronare re. La guerra con l'Inghilterra gli consentirà, nel 1314, di far trionfare la causa dell'indipendenza.

1307-1321 ITALIA
Dante traccia un itinerario spirituale per l'umanità. Dante stesso definisce la *Divina Commedia* un "poema sacro", che deve contribuire all'elevazione dell'animo umano. Il linguaggio dell'opera, all'origine della poesia italiana, presenta un'inesauribile ricchezza metaforica.

1307-1327 GRAN BRETAGNA
Edoardo II re d'Inghilterra.

1309 SANTA SEDE
Filippo il Bello assoggetta il papato. Filippo IV il Bello si oppone al papa Bonifacio VIII e nel 1305 fa nominare papa il francese Clemente V, che lascia Roma per trasferirsi ad Avignone. La città rimarrà sede del papato fino al 1376.

1312-1337 AFRICA
L'impero del Mali di Congo Moussa. Capo di uno Stato musulmano che si estende dal Niger centrale all'Atlantico, Congo Moussa deve la sua ricchezza all'oro e al commercio con i paesi mediterranei. La sua corte ospita saggi e artisti arabi.

1314 FRANCIA
Scioglimento dell'ordine dei Templari. Nel 1312 il papa bandisce l'ordine in tutta la cristianità. La morte sul rogo del gran maestro Jacques de Molay conclude l'offensiva di Filippo il Bello, che mira a impadronirsi delle ricchezze dell'ordine.

1314-1316 FRANCIA
Regno di Luigi X.

1316-1322 FRANCIA
Regno di Filippo V.

1320 FRANCIA

Chiesa di Notre-Dame, Parigi. Portale del Giudizio, sulla facciata occidentale.

La chiesa di Notre-Dame a Parigi viene terminata. Iniziata nel 1163, all'epoca del gotico "primitivo", la cattedrale viene modificata e ingrandita nel XIII sec.

1322-1328 FRANCIA
Regno di Carlo IV.

1325 ca. SPAGNA
L'Alhambra di Granada in costruzione. L'edificio, composto da due palazzi, è una delle poche testimonianze dell'architettura civile spagnola dell'epoca arabo-andalusa. L'interno è lastricato di piastrelle di ceramica che compongono mosaici multicolori.

1327 ITALIA
L'amore ideale di Petrarca. Petrarca dedica a Laura le poesie che nel 1470 saranno raccolte nel *Canzo-*

niere. L'opera dà inizio al petrarchismo, corrente lirica che fa dell'amore la metafora di una rivelazione divina.

1327-1377 GRAN BRETAGNA
Edoardo III re d'Inghilterra.

1328-1350 FRANCIA
Regno di Filippo VI di Valois.

1330 ca. EUROPA

Preparazione di un cannone (XVI sec.).

Bocche da fuoco sul campo di battaglia. Nuove armi trasformano l'arte della guerra, come diverrà evidente durante la guerra dei Cent'anni. Nel XV sec., alle bombarde sistemate su una base fissa e ingombrante succederà il cannone, montato su un affusto a due ruote, mentre le palle di pietra cederanno il posto, dal 1450, a palle di piombo, poi in ferro.

1337 FRANCIA, GRAN BRETAGNA

Guerra dei Cento anni. Morte di Giovanni di Lussemburgo, re di Boemia, nella battaglia di Crécy (1346).

In guerra per cent'anni. La guerra, scoppiata per l'occupazione dell'Aquitania, fomenta la rivalità secolare tra i Plantageneti e i Capetingi. Diverrà conflitto dinastico, poi guerra nazionale interrotta da lunghe tregue.

1347-1351 EUROPA
Epidemia di peste nera. Il focolaio dell'epidemia si colloca in Asia Centrale. Dalla Crimea la peste raggiunge l'Europa, dove miete innumerevoli vittime in Italia, Spagna e nella Francia meridionale. Si stima che i morti siano stati 25 milioni.

1348-1353 ITALIA
Boccaccio precursore dell'umanesimo. Il *Decamerone* è una raccolta di novelle il cui tema centrale è l'amore. In un colorito affresco, Boccaccio esalta i valori laici della vitalità e dell'intelligenza, raccogliendo i consensi della neonata borghesia.

1350-1364 FRANCIA
Regno di Giovanni II.

1350-1450 AFRICA NERA
Zimbabwe, capitale del Monomotapa. Il regno di Monomotapa, che occupa parte dell'altopiano dello Zimbabwe, deve la sua potenza alla ricchezza mineraria. Le sue fortificazioni sono le più importanti dell'Africa subsahariana dell'epoca.

1359-1389 IMPERO OTTOMANO
Sultanato di Murad I.

1364-1380 FRANCIA
Regno di Carlo V.

1368-1398 CINA
Nascita dei Ming. Alla dinastia dei Ming, fondata da un bonzo di origine contadina insorto contro gli Yuan, si deve l'unità politica e morale della Cina sotto l'autorità del confucianesimo. Governato da eunuchi, l'impero diverrà sempre più autocratico.

1370 GERMANIA
L'Hansa rafforza la sua potenza. Associazione di città mercantili dell'Europa settentrionale, l'Hansa impone alla Danimarca il trattato di Stralsund, che le riconosce un ruolo politico negli affari del regno. La sua egemonia, fondata su un patriziato colto e ricco, durerà un secolo e mezzo.

1374 GIAPPONE
I padri del teatro no. Kanami e il figlio Zeami Motokiyo giungono a corte, dove scriveranno quasi tutte le 241 *pièces* del repertorio no. Ancora oggi le rappresentazioni rispettano questa tradizione.

Hansa. Stralsund, porto anseatico tedesco dal 1278.

1375-1379 MONDO ARABO
Ibn Khaldun elabora la sua filosofia della storia. La *Cronaca universale* costituisce una *summa* delle conoscenze dell'epoca sul mondo arabo-berbero. L'autore analizza da storico e ragiona da sociologo, ampliando la sua visione sull'avvenire umano.

1376 FRANCIA
L'*Apocalisse* su arazzo. Il pittore Jean de Bruges consegna al duca d'Angiò i cartoni dell'*Apocalisse*, una delle opere più celebri nella storia degli arazzi. La tela sarà tessuta dal licciaio parigino Nicolas Bataille.

1377-1399 GRAN BRETAGNA
Riccardo II re d'Inghilterra.

1378-1417 SANTA SEDE
Scisma d'Occidente. I papi sono due: uno a Roma, l'altro ad Avignone. La crisi non solo divide il mondo cristiano, ma crea anche problemi nell'ambito degli Stati. Il concilio di Costanza (1414) sancirà la condanna degli eretici e il ritorno della sede papale a Roma.

1380-1422 FRANCIA
Regno di Carlo VI.

1386 POLONIA
Primo Jagellone incoronato. Il principe lituano Jagellone accede al trono di Polonia con il nome di Ladislao II e fonda la dinastia che regnerà fino al 1572. Il suo regno, che comprende gran parte dell'Ucraina, è la prima potenza dell'Europa orientale.

1389-1403 IMPERO OTTOMANO
Sultanato di Bayezid I.

1390 ca. GRAN BRETAGNA

Geoffrey Chaucer: incipit del Racconto della priora, nel manoscritto di Ellesmere dei Racconti di Canterbury.

Chaucer, precursore dei moralisti. Chaucer scrive i *Racconti di Canterbury*, in cui traccia un sorprendente e vivace ritratto della società dell'epoca.

1399-1413 GRAN BRETAGNA
Enrico IV re d'Inghilterra.

1402 TURCHIA

Il Gur-i Mir, mausoleo di Tamerlano a Samarcanda.

Tamerlano sconfigge gli ottomani. La sottomissione del nascente impero ottomano corona le conquiste compiute da Tamerlano in Medio Oriente, nell'Asia Centrale, in India e in Egitto. Pur essendo di fede musulmana, egli distrusse alcune importanti civiltà del mondo islamico.

1406-1452 ITALIA
Il primo Rinascimento a Firenze. Gli architetti Filippo Brunelleschi e Leon Battista Alberti, gli scultori Lorenzo Ghiberti e Donatello, i pittori Beato Angelico, Masaccio e Filippo Lippi sono tra gli artisti, giunti da ogni parte d'Italia, che concorrono al primato di Firenze nel XV sec.

1406 CINA
Sorge la Città proibita. La Città proibita di Pechino è il palazzo in cui, per cinque secoli, gli imperatori e la loro corte si isoleranno all'interno della capitale. Cinta da mura, si affaccia a sud su piazza Tian'anmen.

1413-1422 GRAN BRETAGNA
Enrico V re d'Inghilterra.

1415 FRANCIA
La cavalleria muore ad Azincourt. La fanteria del re d'Inghilterra Enrico V infligge una cocente sconfitta all'esercito feudale francese guidato dagli Armagnacchi. La nobiltà francese non riacquisterà più il potere perduto, e la battaglia di Azincourt diverrà il simbolo del nazionalismo inglese.

1419 EUROPA ORIENTALE
Contestazione ussita in Boemia. Nel 1415 l'esecuzione del riformatore Jan Hus, che si era ispirato alla predicazione di John Wyclif, provoca una guerra in Boemia. Il papa e l'imperatore invieranno truppe contro i suoi sostenitori.

1421-1451 IMPERO OTTOMANO
Sultanato di Murad II.

1422-1461 FRANCIA
Regno di Carlo VII.

1422-1461, 1470-1471 GRAN BRETAGNA
Enrico VI re d'Inghilterra.

Prospettiva pittorica. Particolare degli affreschi di Masaccio per la Cappella Brancacci (S. Maria del Carmine) a Firenze.

1426 ITALIA
La prospettiva pittorica. Il polittico che Masaccio realizza per la chiesa del Carmine di Firenze segna una tappa fondamentale nella storia della pittura: la nascita della prospettiva geometrica.

1428 MESSICO
La nascita dell'impero azteco. Signori delle pianure del Messico, dove nel 1325 fondano Tenochtitlán, gli aztechi espanderanno il loro impero fino all'arrivo dei *conquistadores*. I prigionieri di guerra vengono sacrificati nel corso dei riti religiosi.

1431 FRANCIA
Giovanna d'Arco al rogo. L'epopea militare di Giovanna d'Arco, che si pone alla guida di un potente esercito, dura 14 mesi e scalfisce il dominio inglese sulla Francia. L'eroina diventerà il simbolo dell'indipendenza francese.

Il rogo di Giovanna d'Arco a Rouen.

1432 BELGIO
Nascita della pittura fiamminga. I pittori della scuola di Bruges apprendono la tecnica della pittura a olio. Il loro mestro è Jan Van Eyck; gli effetti di trasparenza del polittico *L'agnello mistico* raggiungono un grado di realismo senza precedenti. Adamo ed Eva sono i primi nudi della pittura fiamminga.

CAMBOGIA
Fine della civiltà di Angkor. Fulcro della civiltà khmer dal IX sec., la città di Angkor viene abbandonata in seguito alle invasioni thai. I suoi grandiosi santuari (templi ricavati da colline), dalle straordinarie decorazioni scolpite, testimoniano la penetrazione dei culti indù in Cambogia.

La Firenze dei Medici. Andata dei Magi a Betlemme con Lorenzo il Magnifico di Benozzo Gozzoli.

1434-1492 ITALIA
Firenze e i Medici. Famiglia di banchieri e mecenati, i Medici, signori di Firenze, rendono questa città ricca e influente. Con Cosimo I de' Medici si affermano gli ideali dell'Umanesimo e durante la signoria di Lorenzo il Magnifico quelli del Rinascimento.

1440 ca. GERMANIA

La stampa dopo Gutenberg (incisione su legno, XV o XVI sec.).

Gutenberg inventa la stampa tipografica. La stampa è già nota ai cinesi da vari secoli. Gutenberg inventa il sistema di composizione a caratteri mobili, e ha la geniale idea di fonderli in una lega di piombo che consente di utilizzarli più volte.

1444-1446, 1451-1481 IMPERO OTTOMANO
Sultanato di Mehmed II.

1445 ITALIA
Invenzione della triangolazione. L'architetto genovese Leon Battista Alberti inventa la triangolazione, metodo alla base dei rilievi topografici moderni. Diffusa nel 1533 dal fiammingo Gemma Frisius, segna la nascita della cartografia scientifica.

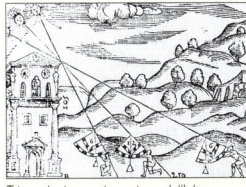

Triangolazione: misurazione dell'altezza per mezzo di quadranti (XVI sec.).

1450 ca. · 1460 BELGIO
Prime Borse di commercio. Favorite dalla libertà del commercio e dalla semplificazione degli strumenti di credito, a Bruges e ad Anversa nascono le prime Borse delle merci. Il mercato dei titoli farà la sua comparsa solo alla fine del XVIII sec.

La nascita delle Borse di commercio: la Borsa di Anversa nel XVI sec.

1452-1460 ITALIA
Affreschi prestigiosi. Piero della Francesca realizza, per la chiesa di S. Francesco ad Arezzo, un ciclo di affreschi sulle *Leggende della vera Croce*. Il suo stile è caratterizzato dalla plasticità delle forme e da una spazialità regolata da rapporti matematici.

1452-1493 SACRO ROMANO IMPERO
Impero di Federico III.

1453 FRANCIA, GRAN BRETAGNA
Fine della guerra dei Cent'anni. Carlo VII, a capo del primo esercito permanente della Francia, vince le ultime battaglie. Gli inglesi perdono tutti i possedimenti francesi (eccetto Calais). Non vengono firmati trattati di pace.

TURCHIA
Costantinopoli agli ottomani. Più volte assediata senza successo, Costantinopoli cade infine in mano ai turchi. L'impero bizantino, abbandonato dall'Occidente al suo destino, scompare. Gli eruditi greci che si rifugiano in Italia favoriranno lo sviluppo del Rinascimento.

1455-1485 GRAN BRETAGNA

Guerra delle Due Rose. Riccardo III sovrano della casata di York.

Guerra delle Due Rose. La comune ambizione di imporre i propri discendenti sul trono d'Inghilterra, all'epoca di Enrico VI, scatena una guerra dinastica tra York e Lancaster. I primi riescono a imporre i sovrani Edoardo IV e Riccardo III, ma i secondi riconquisteranno la corona con Enrico VII, fondatore della dinastia dei Tudor.

1458-1490 UNGHERIA
Regno di Mattia I Corvino.

1461-1483 GRAN BRETAGNA
Edoardo IV re d'Inghilterra.

1461-1483 FRANCIA
Regno di Luigi XI.

1462-1505 RUSSIA
Ivan III gran principe di Mosca.

1469 SPAGNA
Matrimonio dei futuri "re cattolici". Il matrimonio tra Ferdinando, erede al trono di Aragona, e Isabella, erede al trono di Castiglia, porta all'unione dei loro regni. La Castiglia avrà un ruolo preponderante nell'espansione della potenza spagnola.

1475-1509 RUSSIA
Il Cremlino rinnovato. Ivan III affida ad architetti italiani le nuove decorazioni del Cremlino. Al suo regno risalgono le principali cattedrali di Mosca e il Palazzo a Faccette, tutti inclusi entro la cinta muraria.

1478 ITALIA
Lo straordinario Botticelli. La pittura di Sandro Botticelli trae ispirazione dalle teorie del neoplatonismo, un indirizzo filosofico del Rinascimento. *La primavera* rappresenta l'evocazione idealizzata del mondo sensibile, di cui grazia e movimento sono componenti fondamentali.

1482-1516 ITALIA

L'Ultima Cena di Leonardo da Vinci (1498).

Leonardo pittore. Come pittore, Leonardo da Vinci si interroga su quale sia il modo migliore per rappresentare la realtà. Perfeziona la tecnica del chiaroscuro e introduce lo sfumato, che contribuisce alla modernità della *Gioconda*, dell'*Ultima Cena* e delle sue rappresentazioni della Vergine.

1483-1485 GRAN BRETAGNA
Riccardo III re d'Inghilterra.

1483-1498 FRANCIA
Regno di Carlo VIII.

1485-1509 GRAN BRETAGNA
Enrico VII re d'Inghilterra.

1492 AMERICA
Cristoforo Colombo scopre il Nuovo Mondo. La ricerca della via per raggiungere le Indie per mare inaugura il periodo delle grandi scoperte geografiche. L'invenzione della caravella, imbarcazione agile e veloce, rende possibile la scoperta dell'America. Il Nuovo Continente diverrà terra di conquista per gli europei.
SPAGNA
Fine della *Reconquista*. Con la conquista del regno di Granada, i castigliani ripristinano l'unità cristiana della penisola

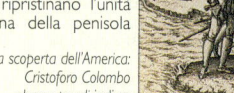

La scoperta dell'America: Cristoforo Colombo sbarca tra gli indios.

iberica. Il potere spirituale e materiale acquisito in sette secoli di lotte consentirà al clero di plasmare durevolmente la società spagnola.

1493-1525 AMERICA LATINA
Apogeo dell'impero inca.

1494 AMERICA LATINA
Spartizione del nuovo mondo. Il trattato di Tordesillas, firmato da Spagna e Portogallo, fissa i confini dei futuri imperi d'oltremare. Sottoscritto dal papa Giulio II nel 1506, il trattato regolerà la spartizione delle aree di influenza in America Latina.

1494-1559 ITALIA
Guerre d'Italia. Con la discesa del re Carlo VIII in Italia, ha inizio la lotta tra Francia e Spagna per la supremazia sulla penisola. Nel 1499 i francesi conquisteranno Milano e nel 1504 gli spagnoli occuperanno Napoli.

1498 GERMANIA
Dürer incide l'*Apocalisse*. Albrecht Dürer perfeziona l'arte dell'incisione su metallo. Le xilografie dell'*Apocalisse* (la più nota delle quali è *Il cavaliere, la morte e il diavolo*), realizzate con l'incisione a bulino su rame, rivelano un'ispirazione complessa e tradiscono l'inquietudine dell'epoca.

Albrecht Dürer, particolare delle xilografie dell'Apocalisse.

1498-1515 FRANCIA
Regno di Luigi XII.

Fine del XV sec. EUROPA
Diffusione del gotico fiammeggiante. Lo stile tardo gotico è caratterizzato dal moltiplicarsi delle ner-

vature. Diffuso in particolare nella Francia nord-occidentale (Amiens), esso rappresenta una fase di transizione verso l'architettura rinascimentale.

1500-1510 AMERICA, ASIA
Espansione portoghese. Il navigatore Pedro Álvares Cabral, partito alla volta delle Indie, giunge in Brasile e lo conquista in nome del Portogallo. Alfonso de Albuquerque fa di Goa la capitale delle colonie portoghesi in India.

1500 ca. CINA
Apogeo della scuola di Wu. La scuola di Wu è fondata a Suzhou, in epoca Ming, da letterati che padroneggiano perfettamente le tecniche pittoriche ereditate dalla tradizione Yuan. Essi realizzano paesaggi filtrati da una visione intellettuale.

1500-1505 PAESI BASSI
Bosch dipinge il subconscio. Hieronymus Bosch dà vita, nei suoi dipinti, a un mondo in cui soggetti di ispirazione religiosa convivono con elementi fantastici. Opera onirica ed esoterica, il suo *Giardino delle delizie*, anche a causa della presenza di simboli sessuali, può essere interpretato come la manifestazione dell'attività del subconscio.

1503-1513 VATICANO

Pontificato di Giulio II. La testa del Mosè commissionata dal papa a Michelangelo.

Papato di Giulio II. Il papa Giulio II Della Rovere intraprende una politica di espansione dello Stato della Chiesa per far fronte alla potenza di Venezia e della Francia. Grande mecenate del Rinascimento, si affida ai più grandi artisti per arricchire il Vaticano di pregevoli opere d'arte.

1505 ca. - 1588 ITALIA

Amor sacro e amor profano di Tiziano (1514).

La pittura di Venezia nel XVI sec. Giorgione e Tiziano sono i maestri della ricerca luministica. Il Tintoretto, Jacopo Bassano e il Veronese, la cui morte chiude il secolo d'oro della scuola veneziana, adottano o adattano i canoni del manierismo.

1506-1546 VATICANO
La prima pietra di S. Pietro. Bramante riceve da Giulio II l'incarico di costruire la nuova basilica. Gli succederanno Raffaello, Antonio da Sangallo il Giovane e Michelangelo. La cupola sarà terminata soltanto nel 1593.

1508-1519 SACRO ROMANO IMPERO
Impero di Massimiliano I.

1509-1547 GRAN BRETAGNA
Enrico VIII re d'Inghilterra.

1510 PERSIA
L'islamismo sciita religione di Stato. L'adesione alla corrente sciita duodecimana da parte della dinastia safavide fa assumere all'Iran una posizione isolata nell'ambito del mondo islamico, che è in prevalenza sunnita. L'islamismo sciita mostra subito il suo carattere di religione politica.

1511 FRANCIA

Erasmo da Rotterdam ritratto da Hans Holbein il Giovane.

L'*Elogio della follia* di Erasmo da Rotterdam. Scritto a Londra e pubblicato a Parigi, l'*Elogio della follia*, trattato dal titolo provocatorio, contribuisce a delineare il pensiero dell'umanesimo. Erasmo affronta da un nuovo punto di vista le questioni della fede e della libertà.

1512-1520 IMPERO OTTOMANO
Sultanato di Selim I.

1513 AMERICA
Scoperta dell'Oceano Pacifico. Il conquistatore spagnolo Vasco Nuñez de Balboa attraversa l'Istmo di Panamá e raggiunge il Pacifico, di cui prende possesso in nome di Ferdinando II d'Aragona. Ferdinando Magellano lo ribattezzerà Oceano "Pacifico".
ITALIA
Il principe ideale. Funzionario della repubblica di Firenze, Niccolò Machiavelli è ossessionato dal pensiero della decadenza dello Stato. Nel 1513 scrive *Il principe*, dedicato a Lorenzo di Pietro de' Medici, in cui auspica l'avvento di un "nuovo principato", nel quale la politica sia uno strumento al servizio della ragione di Stato.

1515 FRANCIA
Incoronazione di Francesco I. Il sovrano sarà uno dei fondatori dello Stato moderno in Francia, dove il mercantilismo favorirà l'ascesa della borghesia. Grande mecenate, ospiterà numerosi artisti nel castello di Fontainebleau, giovando alla diffusione della cultura rinascimentale.

1515-1516 GRAN BRETAGNA
L'utopia di Tommaso Moro. Nell'*Utopia*, opera ispirata a Platone, si immagina un'isola in cui viene realizzato un modello perfetto di società. Con questa finzione filosofica l'autore ammonisce gli Stati ad avviarsi sulla via delle riforme politiche e sociali.

1516 e 1532 ITALIA
La grandezza epica dell'Ariosto. L'*Orlando furioso*, di cui l'autore pubblicherà in vita tre diverse edizioni, riprende l'*Orlando innamorato* di Matteo Maria Boiardo, interrotto nel 1494. Nell'opera di Ludovico Ariosto il tema cavalleresco è spunto per l'introduzione del motivo del meraviglioso.

1517 EGITTO
Scomparsa del sultanato mamelucco. Da oltre due secoli i sultani egiziani venivano scelti tra i mamelucchi, oligarchi militari. Sconfitti dagli ottomani, i mamelucchi si conformano al loro regime.
GERMANIA
Lutero pubblica le 95 tesi. Il monaco Martin Lutero rende pubblica la sua contestazione nei confronti di papa Leone X, responsabile della "vendita delle indulgenze", dando inizio alla Riforma protestante.

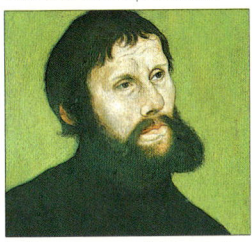
La Riforma protestante. M. Lutero ritratto da Lucas Cranach il Vecchio (1521 ca.).

1519 EUROPA
Carlo V imperatore. Carlo V diviene imperatore, ereditando i possedimenti delle famiglie più potenti d'Europa. Per l'ultima volta in Occidente, una sola persona incarna l'ideale di una monarchia universale.
SPAGNA
Magellano prende il largo. Magellano si imbarca per raggiungere la via delle spezie da ovest: compirà la prima circumnavigazione terrestre della storia. Il navigatore darà il suo nome allo stretto che separa l'America meridionale dalla Terra del Fuoco e scoprirà le Filippine.

Magellano ritratto in un affresco del 1575.

1520 IMPERO OTTOMANO
Sultanato di Solimano il Magnifico. Il sultano ottomano Solimano I domina un territorio che va dall'Austria al Golfo Persico. Egli promulgherà un importante codice giuridico, e per questo sarà detto "il Legislatore".

1521 MESSICO
Caduta dell'impero azteco. Tenochtitlán cade in mano agli spagnoli, appoggiati da 100.000 amerindi: ha così fine l'impero azteco. Hernán Cortés sarà governatore del Messico dal 1522 al 1527.

1523 SVEZIA
Prima dinastia nazionale. Dopo la rivolta di Gustavo Vasa (1520), si scioglie l'unione di Kalmar, che dal 1397 legava la Svezia a Danimarca e Norvegia. La dinastia dei Vasa regnerà fino al 1644.

1525 GERMANIA
Fallimento delle rivolte contadine. Il Sacro Romano Impero è agitato da insurrezioni di contadini che aderiscono ai principi della Riforma. Queste rivolte saranno però condannate da Lutero.

1526 INDIA
L'impero Moghul. Baber, un discendente di Tamerlano e Gengis Khan, sconfigge il sultano di Delhi a Panipat e fonda la dinastia detta dei "Gran Mogol", al potere in India per oltre tre secoli.
UNGHERIA

Miniatura che celebra la conquista dell'Ungheria da parte di Solimano il Magnifico.

Gli ottomani estendono i loro domini. Gli ottomani appoggiano la ribellione di un vassallo di Luigi II, re di Ungheria e di Boemia. Grazie alla vittoria di Mohács, Solimano il Magnifico impone la dominazione ottomana sulla Grande pianura ungherese.

1527 ITALIA
Sacco di Roma. L'esercito di Carlo V saccheggia Roma; due anni dopo assedierà la repubblica di Firenze e riporterà al potere la signoria dei Medici. La supremazia dell'imperatore verrà riconosciuta dalla pace di Cambrai (1529).

1530 GERMANIA
Confessione di Augusta. Filippo Melantone, seguace di Lutero, presenta alla dieta imperiale un documento che riassume la professione di fede dei luterani. Esso intende dimostrare che la dottrina riformata non è difforme dalla tradizione cristiana.

1532 e 1534 FRANCIA
Il truculento Rabelais. In *Gargantua* e *Pantagruel* François Rabelais fa

Il Pantagruel di Rabelais (incisione destinata a un'edizione del XIX sec.).

appello a un rinnovamento filosofico e morale in senso umanistico attraverso un racconto dai toni comici, ricco di geniali invenzioni linguistiche.

Gli spagnoli in America. Assedio di Cuzco, capitale inca, da parte di Francisco Pizarro.

1533 AMERICA MERIDIONALE
Pizarro conquista l'impero inca. Con la sconfitta del sovrano Atahualpa da parte di Francisco Pizarro, alla guida di un contingente di soli 150 cavalieri, l'impero inca si sfalda definitivamente. La capitale Cuzco sarà una delle città più importanti dell'impero coloniale spagnolo; Potosí diverrà un importante centro di estrazione dell'argento.
GERMANIA
Holbein testimone del suo tempo. Hans Holbein il Giovane, che ha aderito ai principi dell'umanesimo, diviene pittore di corte in Inghilterra. Il dipinto *Gli ambasciatori* (quelli di Francia presso Enrico VIII) è una professione di fede a favore del riavvicinamento tra cattolici e anglicani.

1534 CANADA
Colonizzazione francese del Canada. Jacques Cartier, che era partito da Saint-Malo per raggiungere le Indie da nord-ovest, occupa parte del Canada, dando inizio alla colonizzazione francese del paese.
GRAN BRETAGNA
L'anglicanesimo religione di Stato. Scomunicato dal papa Clemente VII, il re Enrico VIII fa votare l'Atto di supremazia, che lo riconosce come "capo unico e supremo della Chiesa d'Inghilterra". Con il *Book of Common Prayer* (1552) viene ufficializzata la nuova liturgia.

1536 SVIZZERA

Il calvinismo a Ginevra. Calvino ritratto da uno studente (1564).

I calvinisti al potere. L'opera *Institutio christianae religionis*, scritta e pubblicata a Basilea da Giovanni Calvino, si presenta come il manifesto della religione riformata. A Ginevra, che accoglie i principi del calvinismo, viene instaurato un regime teocratico.

1536-1541 VATICANO
Michelangelo dipinge il *Giudizio Universale*. Tra il 1508 e il 1512 Michelangelo decora la volta della Cappella Sistina. In seguito papa Paolo III gli commissiona l'affresco della sua parete di fondo, consentendogli di esprimere quell'esuberanza visionaria che fa di lui un precursore del barocco.

Il Giudizio Universale di Michelangelo (Cappella Sistina, Vaticano): Cristo e la Vergine.

1537 FRANCIA
Chambord, gioiello dei castelli reali. Nella valle della Loira, dove risiede la corte francese, sorgono edifici che costituiscono magnifici esempi di architettura rinascimentale. Il castello di Chambord rappresenta il culmine dei fasti reali dell'epoca.

1539 ITALIA
Nasce la compagnia di Gesù. Papa Paolo III approva lo statuto del nuovo ordine fondato da Ignazio di Loyola nel 1534. I gesuiti, votati a povertà, castità e obbedienza, svolgeranno un'intensa attività missionaria in America meridionale e in Estremo Oriente.

1540 BRASILE
Gli spagnoli sul Rio delle Amazzoni. Francisco de Orellana, partito dal Perú, è il primo a esplorare il fiume fino alla foce. Il nome che gli attribuisce rimanda alle donne guerriere e agli amerindi dai lunghi capelli contro cui ha combattuto.

1540-1546 AMERICA CENTRALE
Conquista delle città maya. Gli spagnoli pongono fine a una delle più antiche civiltà precolombiane, quella dei maya, che nell'epoca classica (250-950) era caratterizzata da un'organizzazione in città-Stato.

1543 BELGIO
Vesalio fonda l'anatomia moderna. il fiammingo Andrea Vesalio pubblica il primo trattato di anatomia umana, *De humanis corporis fabrica* ("Sulla struttura del corpo umano"), in cui, grazie alle dissezioni di cadaveri da lui eseguite, può confutare numerosi errori commessi dagli antichi.
POLONIA
La Terra gira intorno al Sole. Nel suo *De revolutionibus orbium coelestium*, il polacco Nicolò Copernico confuta la concezione geocentrica dell'universo, ereditata dai greci, cui oppone un sistema eliocentrico secondo cui la Terra, come gli altri pianeti, gira intorno al Sole.

Copernico (dipinto del XVIII sec.).

1545 EUROPA
Apertura del concilio di Trento. Il XIX concilio ecumenico, convocato da Paolo III, segna l'inizio della Controriforma, un'importante opera di riforma e riorganizzazione della Chiesa cattolica.
ITALIA
Nasce a Bergamo la commedia dell'arte. Il duetto tra il padrone veneziano (Pantalone) e lo "zanni" (servitore bergamasco) è all'origine della commedia dell'arte. Il genere, in cui gli attori recitano mascherati, si basa sull'improvvisazione e dà vita a nuovi tipi (come Arlecchino); esso riscuote grande successo in tutta l'Europa.

1547 FRANCIA
Costruzione del nuovo Louvre. Pierre Lescaut progetta il Louvre, segnando la nascita del classicismo in Francia. Collaborerà con l'architetto lo scultore Jean Goujon, autore della tribuna delle Cariatidi.
RUSSIA
Ivan il Terribile diventa zar. Primo zar di Russia e gran principe di Mosca, Ivan IV limita fortemente il potere dei boiari e crea un'amministrazione poliziesca, l'*opričnina*. Con il supporto dei suoi funzionari, instaurerà un regime di terrore.

1547-1553 GRAN BRETAGNA
Edoardo VI re d'Inghilterra e Irlanda.

Lo zar Ivan il Terribile e i suoi boiari.

1547-1559 FRANCIA
Regno di Enrico II.

1553-1558 GRAN BRETAGNA
Maria I Tudor regina d'Inghilterra e Irlanda.

1555 GERMANIA
La pace di Augusta. Sottoscritta da cattolici e luterani, la pace sancisce uno dei principi che saranno alla base dell'organizzazione del Sacro Romano Impero: *cuius regio, eius religio*, secondo il quale i sudditi devono professare la stessa religione del sovrano.

1556 EUROPA
Carlo V abdica. Ritiratosi in un convento, Carlo V lascia in eredità al figlio Filippo II la corona di Spagna. Il titolo di imperatore passa al fratello minore, Ferdinando d'Asburgo, eletto nel 1531 re dei romani.

Abdicazione di Carlo V.

1556-1564 SACRO ROMANO IMPERO
Impero di Ferdinando I.

1556-1605 INDIA
Impero di Akbar, della dinastia moghul.

1558 GRAN BRETAGNA
Elisabetta I regina d'Inghilterra. Elisabetta succede a Maria Tudor, inaugurando per l'Inghilterra un periodo di egemonia politica, crescita economica e sviluppo culturale (musica e teatro elisabettiani).

1559 FRANCIA
Fine delle guerre d'Italia. A Cateau-Cambrésis viene firmato un trattato di pace tra Francia e Spagna, che pone fine al lungo conflitto che aveva opposto i Valois e gli Asburgo per la supremazia sull'Italia, ora riconosciuta allo spagnolo Filippo II. Alla Francia vengono concessi alcuni possedimenti in Piemonte.

1559-1560 FRANCIA
Regno di Francesco II.

1560-1574 FRANCIA
Regno di Carlo IX.

1562 FRANCIA
Le guerre di religione. Fino alla proclamazione dell'editto di Nantes (1598), le guerre di religione infiammano la Francia, dove si è diffuso il calvinismo. Nel 1589 salirà al trono un re protestante, Enrico IV, che dovrà abiurare la sua religione.
SPAGNA
Riforma dei carmelitani. Santa Teresa fonda il convento di Avila, e la sua riforma viene approvata da Roma. Insieme alla riforma di san Giovanni della Croce, essa segnerà una svolta decisiva nel rinnovamento della spiritualità cristiana.

1564-1576 SACRO ROMANO IMPERO
Impero di Massimiliano II.

1565 BELGIO
I paesaggi di Bruegel il Vecchio. I dipinti di Pieter Bruegel il Vecchio, con la loro straordinaria attenzione ai particolari, rappresentano spesso l'uomo in contesti naturali. Il rigore del disegno e lo studio della luce eserciteranno un'influenza decisiva sui paesaggi successivi.

Bruegel il Vecchio, La fienagione (nel dipinto, che fa parte del ciclo dei mesi e delle stagioni, è rappresentato il mese di luglio).

1566-1569 ITALIA
Il classicismo di Andrea Palladio. L'architetto recupera l'eredità classica interpretandola in senso moderno. La Rotonda, presso Vicenza, costituisce l'archetipo della cosiddetta villa "palladiana", il cui modello sarà adottato in tutta Europa, in particolare in Gran Bretagna.

1569-1574 TURCHIA
Sinan, architetto ottomano. Ex giannizzero, l'architetto Sinan progetta oltre trecento edifici, tra cui la splendida moschea Selemiye a Edirne. La sua influenza si estenderà fino all'India.

La moschea Selemiye, a Edirne, dell'architetto ottomano Sinan.

1571 EUROPA
La battaglia di Lepanto. La coalizione promossa dal pontefice e guidata da don Giovanni d'Austria sconfigge i turchi nella battaglia navale di Lepanto. La vittoria, che ha una grande eco in tutto il mondo cristiano, non frenerà però l'espansione dell'impero ottomano.
GRAN BRETAGNA
Inaugurazione della Borsa di Londra. Il consigliere finanziario della regina, Thomas Gresham, fa costruire il *Royal Exchange* (futuro *Stock Exchange*), che accoglierà i capitali provenienti dalle Fiandre dopo la rivolta contro gli spagnoli.

1572-1585
Papato di Gregorio XIII.

1574-1589 FRANCIA
Regno di Enrico III.

1575-1611 GRAN BRETAGNA
La musica di William Byrd. Brillante polifonista, Byrd è il più grande autore di musica sacra del suo tempo. Egli compone musiche sia per il culto cattolico sia per la liturgia anglicana. Riveste inoltre un ruolo importante nello sviluppo della scuola inglese di madrigali.

1576-1612 SACRO ROMANO IMPERO
Impero di Rodolfo II.

1577-1581 GRAN BRETAGNA
Il giro del mondo di Francis Drake. Drake compie la prima circumnavigazione inglese, durante una spedizione intrapresa per conto della regina Elisabetta I, scoprendo la California (la "Nuova Albione").

1579 PAESI BASSI
L'unione di Utrecht. Il trattato che sancisce l'unione delle province calviniste del nord dei Paesi Bassi spagnoli, confermando la divisione

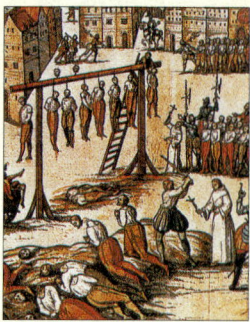
Paesi Bassi. Massacro di calvinisti compiuto dagli spagnoli a Haarlem.

dalle province cattoliche del sud, può essere considerato l'atto di nascita delle Province Unite, da cui si formerà il regno dei Paesi Bassi.

1580 ARGENTINA
Buenos Aires fortificata. Dopo la scoperta del Rio de la Plata, nel 1516, e la creazione di un primo insediamento nel 1536, viene fondata la città che diverrà la capitale dell'Argentina e il fulcro della colonizzazione spagnola in questa parte dell'America meridionale.

FRANCIA
Montaigne pubblica i *Saggi*. Accurata indagine dell'animo umano, i *Saggi* di Michel Eyquem de Montaigne trattano episodi della vita dell'autore nel contesto dell'epoca e offrono spunti di riflessione sulle principali questioni filosofiche.

1581 ITALIA
Il Tasso libera Gerusalemme. Poeta tormentato che giungerà a dare segni di squilibrio, Torquato Tasso elabora una propria concezione di poema epico, che si manifesta nella *Gerusalemme liberata*. L'opera rappresenta un'apologia del cristianesimo della Controriforma.

1583 ITALIA
Nasce l'Accademia della Crusca. Alcuni letterati (tra cui Leonardo Salviati) fondano a Firenze un'accademia linguistica che, nell'intento di "separare la farina dalla crusca" nella lingua italiana, difenderà nei secoli la lingua dei classici fiorentini e il purismo. Nel 1612 verrà pubblicato il *Vocabolario degli Accademici della Crusca*, basato su questi principi.

1584 SPAGNA
Filippo II all'Escorial. Il nucleo della residenza reale è il monastero che Filippo II ha fatto voto di erigere. Presso l'Escorial, che ospita importanti collezioni d'arte, sono sepolti i reali di Spagna.
El Greco esalta la fede. Il *Seppellimento del conte di Orgaz*, dipinto per la chiesa di San Tomé, a Toledo, varrà a El Greco molte commissioni. Egli diverrà il massimo esponente della pittura religiosa in Spagna.

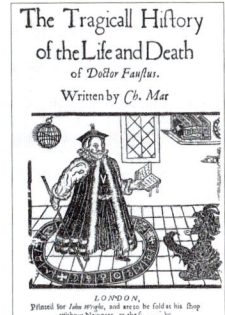

El Greco, Seppellimento del conte di Orgaz (1586).

1587 PERSIA
Lo scià Abbas I il Grande. Il regno di Abbas I, che durerà fino al 1629, segna l'apogeo della dinastia dei Safawidi, rivale degli ottomani. La capitale Esfahan diverrà un importante centro artistico.

1588 SPAGNA
Sconfitta dell'Invincibile Armada. Le 130 navi della flotta inviate da Filippo II di Spagna per tentare di invadere l'Inghilterra subiscono a Plymouth una sconfitta, che segna la fine del tentativo di riportare il cattolicesimo nel regno inglese.

1589-1610 FRANCIA
Regno di Enrico IV.

1591 AFRICA NERA
Il Marocco sottomette l'impero songhai. La brillante civiltà, sorta sulle ceneri dell'impero fondato nel XV sec. nel territorio compreso tra il Senegal e la foce del Niger, viene distrutta dalle invasioni marocchine.

1594 GRAN BRETAGNA
Faust entra in scena. Per *La tragica storia del dottor Faust*, il drammaturgo del teatro elisabettiano Christopher Marlowe si ispira a una leggenda tedesca, in cui scorge analogie con la propria esistenza. È la prima rappresentazione in cui compare il personaggio di Faust, che conoscerà un'enorme fortuna in epoca romantica.

Frontespizio del Faust di C. Marlowe. Edizione del 1636 (Londra).

1598-1621 SPAGNA
Regno di Filippo III.

1600 GRAN BRETAGNA
Prime compagnie di commercio. Dopo la Compagnia inglese delle Indie orientali, nel 1602 viene fondata la Compagnia olandese delle Indie orientali. Entrambe contribuiranno allo sviluppo degli imperi coloniali europei in Asia.

ITALIA
La condanna al rogo di Giordano Bruno. Il filosofo e letterato G. Bruno, denunciato all'Inquisizione per aver accolto l'ipotesi di Copernico ed elaborato una teoria panteista dell'universo, è processato e arso vivo.

1600-1622 SPAGNA
Il trionfo della commedia spagnola. Autore di numerose opere che riscuotono grande successo popolare, Lope de Vega Carpio, il maestro della *comedia*, crea un tipo di teatro basato sulla rappresentazione del contrasto tra le dinamiche sociali e i sentimenti degli individui.

1601-1606 GRAN BRETAGNA
L'apogeo dell'opera shakespeariana. Nelle grandi tragedie *Amleto*, *Otello*, *Macbeth* e *Re Lear*, William Shakespeare dà prova di grandezza nella scrittura di drammi e di

Il Globe Theatre, a Londra, dove furono rappresentate molte opere di W. Shakespeare.

grande profondità nell'analisi dell'animo umano.

1603 GIAPPONE
Lo shogunato dei Tokugawa. La famiglia Tokugawa diviene la terza, e più importante, dinastia shogunale. Governerà il paese, isolandolo dal mondo esterno, fino al 1867 (periodo di Edo).

Il Giappone dei Tokugawa. Dama della corte shogunale di Edo.

ITALIA
L'Accademia dei Lincei. A Roma Federico Cesi, Anastasio De Filiis, Jan Heck e Francesco Stelluti fondano un'accademia che promuove lo sviluppo delle scienze. Essa avrà tra i suoi membri Filippo Salviati, Gianbattista Della Porta e Galileo Galilei e chiuderà una prima volta dopo la condanna di quest'ultimo. Più volte ricostituita, è tuttora attiva.

1603-1625 GRAN BRETAGNA
Giacomo I re d'Inghilterra e Irlanda.

1604 PARAGUAY
Le prime "riduzioni" gesuite. Le "riduzioni", comunità autonome in cui i gesuiti riuniscono i popoli amerindi del Paraguay, facendoli divenire stanziali ed evangelizzandoli, consentono di proteggere i nativi dalle incursioni dei mercanti di schiavi.

1605-1615 SPAGNA
Miguel de Cervantes pubblica *Don Chisciotte*. *Don Chisciotte della Mancia* è il primo romanzo moderno. Alla follia del cavaliere errante si contrappone il realismo del suo scudiero Sancho Panza. Le loro avventure rappresentano possibili casi della vita dell'uomo.

1607 ITALIA
Nascita dell'opera lirica. Le opere di Claudio Monteverdi, prevalentemente vocali, sono all'origine dell'evoluzione della musica moderna. Ispirandosi al nascente genere del melodramma, di origine fiorentina, egli compone l'*Orfeo*, che racchiude in sé tutte le caratteristiche delle opere liriche successive.

1607-1611 SVEZIA
Regno di Carlo IX.

1609 GERMANIA
Le leggi del moto dei pianeti. In *Astronomia nova*, Giovanni Keplero, ispirandosi agli studi del danese Tycho Brahe, enuncia due leggi fondamentali sul moto dei pianeti. Nell'*Harmonices mundi* (1619) egli formulerà una terza legge, che stabilisce una relazione tra le dimensioni delle orbite planetarie e il tempo impiegato a percorrerle.

Galileo mostra il cannocchiale al doge e al senato di Venezia (affresco del 1841).

1609-1610 ITALIA
Il cannocchiale di Galileo. Introducendo l'impiego del cannocchiale in astronomia, Galileo inaugura una nuova era per lo studio dell'universo. Tra i vari risultati, lo strumento porterà infatti alla scoperta dei rilievi lunari, dei principali satelliti di Giove, delle fasi di Venere e della presenza di stelle nella Via Lattea.

1610 ITALIA
Morte di Caravaggio. Il Caravaggio, che con la sua pittura si allontana

Caravaggio, L'incoronazione di spine.

dal manierismo, esalta il naturalismo della rappresentazione e compie grandi progressi nella resa dei chiaroscuri, è ritenuto il precursore di molte delle concezioni pittoriche moderne.

FRANCIA
Assassinio di Enrico IV. In seguito all'assassinio del re di Francia da parte di François Ravaillac, diviene reggente Maria de' Medici. In seguito la monarchia assoluta sarà messa alla prova dalla diffusione del protestantesimo e dalle agitazioni religiose della metà del XVII sec.

1610-1643 FRANCIA
Regno di Luigi XIII.

1611-1632 SVEZIA
Regno di Gustavo II Adolfo.

1612-1613 SPAGNA
Il gongorismo. La *Favola di Polifemo e Galatea* e le *Solitudini*, di Luis de Góngora y Argote, sono all'origine di una rivoluzione del linguaggio poetico che eserciterà grande influenza sulla letteratura barocca e, in seguito, sulla poesia simbolista.

1613-1617 e 1627-1631 ITALIA
Le guerre di successione per il Monferrato. I Savoia cercano di annettersi il marchesato a spese dell'impero e dei francesi. La seconda guerra del Monferrato si concluderà con la pace di Cherasco (1631), che attribuirà a Carlo Emanuele I di Savoia solo parte del territorio.

1613 RUSSIA
I Romanov salgono al trono. Michele III Romanov, pronipote di Ivan il Terribile, è eletto zar dallo *zemskij sobor* (una sorta di parlamento). Fonderà la dinastia cui apparterranno tutti i sovrani russi fino al 1917.

La Russia dei Romanov. Pietro I il Grande, fondatore di San Pietroburgo.

1614 GRAN BRETAGNA
Invenzione dei logaritmi. L'introduzione dei logaritmi da parte dello scozzese Giovanni Nepero semplifica l'esecuzione dei calcoli della trigonometria sferica, utilizzati per la navigazione e l'astronomia.

1615-1625 FIANDRE
Rubens maestro della pittura barocca. Pieter Paul Rubens riunisce nella sua bottega di Anversa pittori affermati, come Antonie Van Dyck, per riuscire a eseguire tutte le opere che gli vengono commissionate. Egli si specializzerà nelle

grandi composizioni ed eserciterà una forte influenza sull'arte del suo tempo.

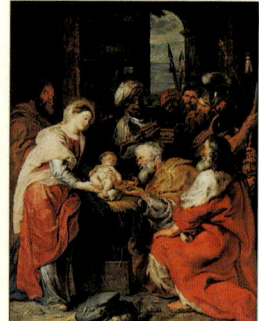
Il barocco di P.P. Rubens: l'Adorazione dei Magi (Louvre, Parigi).

1618-1648 EUROPA
Guerra dei Trent'anni.

1619-1637 SACRO ROMANO IMPERO
Impero di Ferdinando II.

1620 AMERICA
Sbarco dei "padri pellegrini". Giunti a bordo della nave Mayflower, i puritani inglesi fondano la colonia di Plymouth (Massachussetts), in cui intendono realizzare una teocrazia ispirata al calvinismo, e inaugurano la tradizione del giorno del ringraziamento.

1620 e 1623 GRAN BRETAGNA
Bacone rompe con la scolastica. Nel *Novum Organum* Francesco Bacone espone per la prima volta il metodo sperimentale e nell'*Instauratio magna* compie un primo tentativo di basare la scienza e la filosofia sulla semplice osservazione dei fatti.

1621-1665 SPAGNA
Regno di Filippo IV.

1623 GERMANIA
La prima calcolatrice. Wilhelm Schickard progetta e costruisce una macchina calcolatrice che compie automaticamente addizioni e sottrazioni e semiautomaticamente moltiplicazioni e divisioni.

ITALIA
L'utopista Campanella. Tommaso Campanella esprime la sua ribellione verso le istituzioni religiose, immaginando, nella *Città del sole*, un mondo in cui la legge naturale è alla base dell'armonia della società. La sua utopia, che pone grande enfasi sull'uguaglianza naturale degli uomini, è del tutto rivoluzionaria.

1624 FRANCIA
Richelieu, consigliere del re di Francia. Primo ministro di Luigi XIII, il cardinale Armand-Jean du Plessis, duca di Richelieu, è l'artefice dell'ascesa della Francia a grande potenza. Egli sostiene una concezione di Stato-nazione che poggia sul potere monarchico.

1624-1655 ITALIA
Il barocco monumentale. Gian Lorenzo Bernini è uno degli artisti che ha contribuito in misura maggiore a rinnovare l'architettura e la scultura in Occidente. Si devono a lui il doppio colonnato di piazza S. Pietro, in Vaticano, e alcuni eccezionali monumenti di Roma (Palazzo Barberini, la fontana dei Quattro fiumi).

1635 FRANCIA
Richelieu fonda l'Académie française. La nuova istituzione ha il dupli-

1625 ca. SPAGNA
Tirso de Molina crea Don Giovanni. Autore de *Il beffatore di Siviglia e il convitato di pietra*, il drammaturgo Tirso de Molina crea il personaggio dell'eterno seduttore destinato a essere punito. La fortuna di Don Giovanni si deve in particolare a Molière e a Mozart.

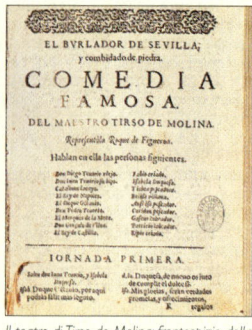
Il teatro di Tirso de Molina: frontespizio della commedia in cui compare Don Giovanni.

1625-1649 GRAN BRETAGNA
Carlo I re d'Inghilterra, Scozia e Irlanda.

1628 GRAN BRETAGNA
Come circola il sangue. William Harvey fornisce una descrizione esatta della circolazione sanguigna, dimostrando il passaggio del sangue nelle arterie e nelle vene.

1631-1641 INDIA
Il Taj Mahal, capolavoro moghul. Il mausoleo, capolavoro dell'architettura islamica, si erge presso la città di Agra. Costruito in marmo bianco incastonato di pietre colorate, fu dedicato da Shah Giahan alla moglie Mumtaz Mahal.

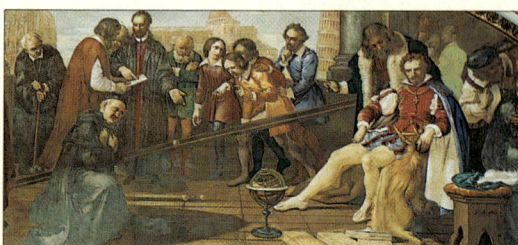
Galileo effettua alcuni esperimenti sulla caduta dei corpi (affresco del XIX sec.).

1632 ITALIA
Il moto dei gravi. Galileo enuncia la legge sul moto dei corpi nel vuoto. Con i suoi studi, tra cui quelli sulle oscillazioni del pendolo e sulla dinamica dei corpi, lo scienziato è uno dei fondatori della meccanica sperimentale e della fisica matematica.

SVEZIA
Sale al trono la regina Cristina. Figlia di Gustavo II Adolfo, che ha reso la Svezia una delle potenze europee, la regina Cristina promuove la scienza e la letteratura chiamando alla sua corte numerosi eruditi, tra cui Cartesio.

ce compito di garantire la purezza della lingua francese e contribuire al prestigio culturale della Francia, favorendo le discipline intellettuali e artistiche.

1635 ca. SPAGNA
Il teatro di Calderón. Drammaturgo di corte di Filippo IV, Pedro Calderón de la Barca è autore di rappresentazioni religiose, gli *autós* sacramentali. *La vita è sogno*, che invita a tener desta la coscienza contro il male, rivela lo spessore delle sue inquietudini filosofiche.

1636 AMERICA SETTENTRIONALE
Fondazione di Harvard. La più antica università degli Stati Uniti è l'Harvard College, in origine scuola di teologia del Massachussetts. Il suo fondatore, un pastore puritano, le farà dono della metà delle sue fortune e della sua biblioteca.

1637-1657 SACRO ROMANO IMPERO
Impero di Ferdinando III.

1641 FRANCIA
Le meditazioni di Cartesio. In *Meditationes de prima philosophia*, pubblicato quattro anni dopo il *Discorso sul metodo*, si fornisce, attraverso il dubbio metodico, la dimostrazione dell'esistenza di Dio e si definisce la distinzione tra anima e corpo.

1642 PAESI BASSI
Rembrandt dipinge la *Ronda di notte*. Rembrandt raggiunge il vertice nell'arte del ritratto di gruppo, grazie a un'inedita complessità compositiva e un'accurata ricerca cromatica.

1642-1661 FRANCIA
Giulio Mazarino consigliere dei sovrani di Francia.

1643 FRANCIA
Luigi XIV succede a Luigi XIII. Durante il regno di Luigi XIV, detto il

Le nozze di Luigi XIV con Maria Teresa d'Austria (1660).

Re Sole (al potere per ben 72 anni), la Francia si afferma in campo politico, militare e artistico. Versailles diventa il simbolo di tale potenza.

ITALIA
Invenzione del barometro. Con un celebre esperimento effettuato a Firenze, Evangelista Torricelli scopre la pressione atmosferica e inventa il barometro a mercurio, che consente di misurarla.

1644 CINA
I manciù al potere. La dinastia manciù dei Qing succede ai Ming al potere: governerà in Cina fino al 1911. Sotto il loro dominio, il paese conoscerà una forte crescita demografica e raggiungerà la sua massima estensione.

1645-1676 RUSSIA
Alessio Michajlovič zar.

1647 ITALIA
La rivolta di Masaniello. A Napoli il pescivendolo Masaniello guida una rivolta contro l'eccessiva pressione fiscale imposta dagli spagnoli. A capo del governo della città per un breve periodo, viene però assassinato dai suoi stessi sostenitori.

1648 EUROPA
I trattati di Westfalia. La guerra dei Trent'anni, scoppiata per motivi territoriali e religiosi, devasta l'Europa. I trattati che ne sanciscono la conclusione creeranno un nuovo equilibrio sfavorevole al Sacro Romano Impero.

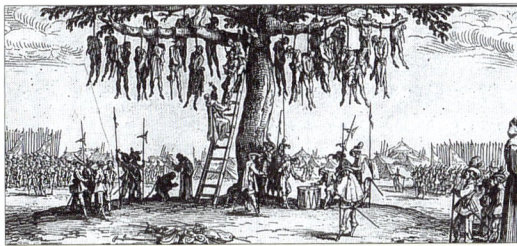

Le atrocità della guerra dei Trent'anni denunciate in un'incisione di Jacques Callot.

1648-1653 FRANCIA
Periodo della Fronda.

1648-1687 IMPERO OTTOMANO
Sultanato di Mehmed IV.

1649 GRAN BRETAGNA
Esecuzione del re Carlo I. La prima rivoluzione d'Inghilterra, che incarna l'opposizione del parlamento all'assolutismo monarchico, sfocierà nella dittatura di Oliver Cromwell.

1650 ca. FRANCIA
Poussin, pittore classicista. Nicolas Poussin dipinge paesaggi ispirati alla classicità romana. La tela *Orfeo ed Euridice* esemplifica la sua concezione della natura come espressione dell'armonia universale.

1651 GRAN BRETAGNA
La politica secondo Hobbes. Nel *Leviatano* Thomas Hobbes rifiuta la teoria dell'origine divina della sovranità e introduce il concetto di contratto sociale, secondo cui gli individui cederebbero parte dei loro diritti naturali allo Stato, che, esercitando un potere assoluto, salvaguarda la vita e la proprietà dei cittadini.

1652 GIAPPONE
Il kabuki, arte teatrale. Il kabuki, nato dagli spettacoli di giocolieri in cui si combinano musica e danza, si trasforma in un genere teatrale, recitato soltanto da uomini, in cui sono presenti aspetti drammatici. Grazie alla varietà del repertorio e agli elementi scenografici (trucco kumadori), avrà un immenso successo popolare.

1653 FRANCIA
La monarchia trionfa sulla Fronda. Le rivolte dei parlamentari, nel 1648, e dei principi schierati contro il governo di Mazarino, reggente durante la minore età di Luigi XIV, vengono sedate. L'assolutismo ne uscirà rinvigorito.

1654 FRANCIA
Nasce il calcolo delle probabilità. Grazie a uno scambio epistolare sui giochi d'azzardo, Pierre de Fermat e Blaise Pascal elaborano la teoria matematica delle probabilità.

1654-1660 SVEZIA
Regno di Carlo X Gustavo.

1656 SPAGNA
Velázquez dipinge *Las meninas*. Con quadri in cui ritrae i reali di Spagna, Diego de Silva Velázquez rivoluziona la visione estetica dei suoi contemporanei. Il rinnovamento degli schemi compositivi e la libertà cromatica delle sue opere eserciteranno grande influenza sugli impressionisti.

1657 PAESI BASSI
La pendola e il pendolo. Christian Huygens inventa un nuovo tipo di orologio di grande precisione, la pendola. Il meccanismo che innesca il movimento è il pendolo.

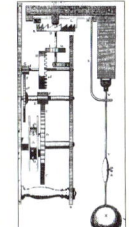

Il meccanismo dell'orologio a pendolo.

1658-1705 SACRO ROMANO IMPERO
Impero di Leopoldo I.

1658-1707 INDIA
Aurangzeb imperatore moghul.

1659 FRANCIA, SPAGNA
La Spagna perde la supremazia sull'Europa. La pace dei Pirenei, firmata sulla Bidassoa, pone fine a 24 anni di guerra tra Francia e Spagna, assegnando alla prima alcuni territori, tra cui il Rossiglione.

1660-1685 GRAN BRETAGNA
Carlo II re d'Inghilterra, Scozia e Irlanda.

1660-1697 SVEZIA
Carlo XI re di Svezia.

1660 ca. PAESI BASSI
La pittura intimista di Vermeer. Jan Vermeer infonde la sua grande sensibilità in dipinti di genere e raggiunge risultati di notevole interesse anche a livello di illusionismo rappresentativo. Nella *Veduta di Delft* dà vita a una pittura in cui la luce ha un ruolo fondamentale.

1661-1683 FRANCIA
Governo di Jean-Baptiste Colbert.

1662-1722 CINA
Kangxi imperatore Qing.

1663 CANADA

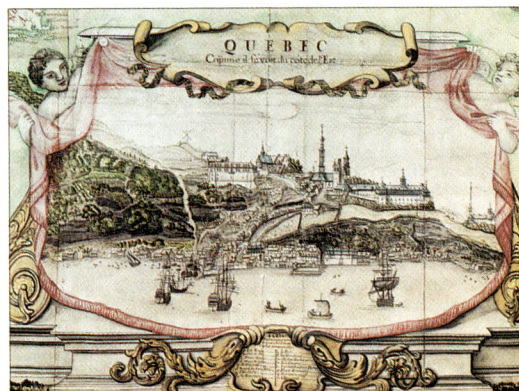

La Nuova Francia: veduta di Québec.

Fondazione della Nuova Francia. Il consigliere di Stato francese Jean-Baptiste Colbert sostiene l'integrazione dei territori francesi del Canada tra i domini reali.

1664 PAESI BASSI
Il pittore Frans Hals modernizza le convenzioni. L'arte del ritratto realista raggiunge il suo vertice in *I reggenti* e *Le reggenti*, opere dipinte in vecchiaia sulla vecchiaia. La loro modernità stilistica sarà riscoperta da E. Manet e dai suoi epigoni.

STATI UNITI
New York entra nella storia. La città di Nuova Amsterdam, possesso olandese, viene conquistata dagli inglesi, che la ribattezzano "New York" in onore del duca di York, fratello del re Carlo II. Nel 1667 il trattato di Breda confermerà il suo statuto di colonia.

1665 GRAN BRETAGNA
La peste imperversa a Londra. In sette mesi l'epidemia provoca la morte di almeno un quinto dei 500.000 abitanti della città. La peste sarà debellata soltanto con il grande incendio scoppiato nel settembre 1666.

1665-1700 SPAGNA
Regno di Carlo II.

1666 MAROCCO
Avvento della dinastia alawita. Gli Alawiti, dinastia originaria del Tafilalet, conquistano il trono del Marocco con il sultano Mulay al-Rachid. I sovrani Alawiti governano ancora oggi il paese.

1666-1671 FRANCIA
Le grandi commedie di Molière. In commedie quali *Il misantropo*, *L'avaro*, *Il tartufo*, *Il borghese gentiluomo* e *Le furberie di Scapino*, Molière dà vita a personaggi che incarnano i difetti dell'animo umano.

1666-1709 GRAN BRETAGNA
Londra rinasce dalla cenere. Dopo il grande incendio della città, Christopher Wren è incaricato di ricostruire le cinquanta chiese della City di Londra. La cattedrale di St. Paul, un edificio a cupola costruito sul modello di S. Pietro a Roma, dimostra l'audacia delle sue invenzioni.

La Londra di Christopher Wren, che fece costruire la cattedrale di St. Paul.

1667 PAESI BASSI
Battuta d'arresto al protezionismo. Inghilterra e Province Unite entrano in guerra per il dominio sui mari. Il trattato di Breda accorda agli olandesi la libertà di commercio nei porti inglesi.

1667 e 1671 GRAN BRETAGNA
I poemi biblici di Milton. Nel *Paradiso perduto* John Milton fa dell'uomo l'oggetto della lotta tra Dio e Satana e nel *Paradiso ritrovato* sviluppa il tema della tentazione di Cristo nel deserto. Le sue straordinarie visioni godranno di grande popolarità tra i romantici.

1667-1677 FRANCIA
Racine scruta le passioni umane. In *Andromaca* e *Fedra* Jean Racine indaga le passioni umane al fine di cogliere la vera natura dell'uomo. Nel suo linguaggio il teatro classico francese raggiungerà il vertice del lirismo.

1669 DANIMARCA
La stratigrafia e la tettonica. Nell'opera *Prodromus*, Nicolò Stenone pone le basi della stratigrafia e, partendo da osservazioni sui fossili, fonda la tettonica.

GERMANIA
Le origini del romanzo di formazione. Ne *L'avventuroso Simplicissimus*, Hans Jacob Christoph von Grimmelshausen dà vita al personaggio di un giovane virtuoso coinvolto in avventure picaresche. L'esperienza del personaggio nella guerra dei Trent'anni è emblematica dell'umana lotta per la sopravvivenza.

1670 FRANCIA
I pensieri di Blaise Pascal. I *Pensieri* sono rivolti ai non credenti e ai libertini, che devono rendersi conto della miseria di un mondo senza Dio. Avere fede significa "scommettere" sull'esistenza di Dio e questa è, secondo B. Pascal, la via che l'umanità deve seguire.

RUSSIA
Rivolta dei contadini russi. Con l'insurrezione dei contadini guidati dal capo cosacco Stepan Tomofeevič Razin viene per la prima volta messa in discussione l'esistenza della servitù della gleba, resa legale dal Codice del 1649. La rivolta sarà repressa nel sangue.

1672 GRAN BRETAGNA

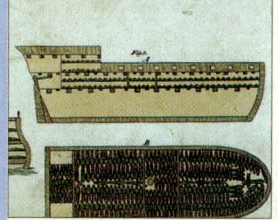

Gli albori della schiavitù. La tratta dei neri e le navi negriere.

Fondazione della Compagnia reale africana. La tratta dei neri africani, alimentata dallo sviluppo della schiavitù in America, è l'elemento su cui si basa il commercio triangolare al quale si dedica la compagnia. Essa dà origine alla più massiccia migrazione umana di tutti i tempi.

1672-1679 EUROPA
Guerra d'Olanda.

1673 PAESI BASSI
Nascita della microbiologia. Antoni Van Leeuwenhoek scopre con il microscopio l'esistenza di microrganismi (protozoi, lieviti, batteri). Le sue numerose osservazioni gettano le basi della microbiologia.

1675 ca. GERMANIA, GRAN BRETAGNA
Il calcolo infinitesimale. Indipendentemente l'uno dall'altro, Gottfried Wilhelm von Leibniz e Isaac Newton elaborano il calcolo infinitesimale, che favorirà lo sviluppo dell'analisi.

1676 FRANCIA
La velocità della luce. Grazie alle osservazioni dei satelliti di Giove compiute a Parigi, il danese Ole Römer stabilisce che la luce si propaga a una velocità finita.

1677 PAESI BASSI
L'*Etica* di Spinoza. L'opera di Baruch Spinoza, che mira a definire una teoria logica della conoscenza, porta a una vera e propria rivoluzione intellettuale. Essa diffonde inoltre un messaggio di liberazione da qualsiasi forma di oppressione.

1678-1679 EUROPA
Luigi XIV, arbitro d'Europa. A conclusione della guerra d'Olanda, scatenata da Luigi XIV, viene firmata la pace di Nimega, che sancisce l'indipendenza delle Province Unite. Essa segna l'apogeo della Francia di Luigi XIV, che ottiene la Franca Contea.

1679 GRAN BRETAGNA
Il Parlamento vota l'*Habeas corpus Act*. L'istituzione dell'*Habeas corpus* costituisce la garanzia dei diritti dell'individuo contro le sentenze ingiuste. Può essere considerata il primo esempio di teoria sui diritti dell'uomo.

1681-1713 ITALIA
Corelli, un classico del violino. Arcangelo Corelli diede un fondamentale contributo all'evoluzione della musica strumentale. Nei brani musicali per violino da lui composti egli perfeziona la forma della sonata e crea quella del concerto grosso.

1682 AMERICA SETTENTRIONALE
La Francia colonizza la Louisiana. Dopo aver disceso il Mississippi e raggiunto il Golfo del Messico, l'esploratore francese René-Robert Cavalier de La Salle prende possesso dei territori che costeggiano il fiume, ribattezzandoli "Louisiana" in onore di Luigi XIV.

FRANCIA
Tensioni tra la Francia e il papato. La *Dichiarazione del clero gallicano sul potere della Chiesa*, ispirata da Luigi XIV e redatta da Jacques-Bénigne Bossuet, ribadisce l'indipendenza assoluta del re nei confronti del papa per le questioni di carattere temporale, confermando le posizioni del gallicanesimo.

1682-1725 RUSSIA
Pietro I zar di Russia.

1684 ITALIA
Luigi XIV a Genova. Tradizionalmente alleata degli spagnoli, la città ligure viene conquistata da Luigi XIV, che la bombarda duramente e la costringe a riconoscere il suo dominio con un atto di sottomissione.

1685 FRANCIA
L'editto di Nantes revocato. L'editto di Fontainebleau, che revoca l'editto di Nantes, rende illegale il protestantesimo in Francia, provocando l'esodo di numerosi intellettuali.

1685-1688 GRAN BRETAGNA
Giacomo II re d'Inghilterra, Scozia e Irlanda.

1687 GRAN BRETAGNA

Newton (acquerello di William Blake, 1795).

La meccanica di Newton. Nei suoi *Principia mathematica philosophiae naturalis* ("Principi matematici della filosofia della natura"), Isaac Newton formula la legge della gravitazione universale ed elabora le basi teoriche della meccanica classica. I successivi sviluppi della meccanica, fino alla teoria della relatività di Albert Einstein, si baseranno sui suoi studi.

1687-1694 FRANCIA
La disputa degli antichi e dei moderni. Un acceso dibattito culturale tra i sostenitori di due opposte concezioni artistiche anima la Francia negli ultimi anni del '600. Nicolas Boileau e i sostenitori degli antichi si scontrano con Charles Perrault e i difensori dei moderni, a favore dell'idea di progresso.

1688-1697 EUROPA
Guerra della lega di Augusta.
Una coalizione antifrancese, comprendente impero, Province Unite, Svezia e Spagna, dà vita a una guerra che porterà al termine dell'egemonia francese sull'Europa.

1689 GRAN BRETAGNA
La monarchia diventa costituzionale. La seconda rivoluzione d'Inghilterra (detta anche la "Gloriosa rivoluzione"), fu in realtà un evento pacifico. Destituito il legittimo sovrano Giacomo II, convertito al cattolicesimo, il parlamento riconosce re suo genero, Guglielmo d'Orange.

GIAPPONE
Basho, maestro dell'*haikai*. L'*haikai*, un breve componimento poetico, accompagna spesso testi in prosa. Con *Lo stretto sentiero del profondo paese*, Basho porta all'assoluta perfezione un'arte che rappresenta la quintessenza del pensiero giapponese.

1689-1695 GRAN BRETAGNA
Purcell compone la sua musica di scena. Definito il più grande musicista inglese del suo tempo, Henry Purcell compone numerose musiche per la corte e religiose. Con *Dido and Aeneas* passa all'opera, conferendole una forma ispirata ad altre tradizioni nazionali.

1689-1702 GRAN BRETAGNA
Guglielmo III re d'Inghilterra, Scozia e Irlanda.

1690-1692 PER MARE
La "guerra di corsa" fa razzia. Il diritto di corsa permette a corsari quali Francis Drake e Jean Bart di attaccare le navi mercantili nemiche e di venderne il carico nel rispetto della legalità.

1690 e 1740 GRAN BRETAGNA
I fondamenti dell'empirismo. I filosofi John Locke (*Saggio sull'intelletto umano*) e David Hume (*Trattato sulla natura umana*) rifiutano la teoria delle idee innate di Cartesio, affermando che alla base di qualsiasi conoscenza vi è l'esperienza empirica, che si esplica nelle sensazioni.

1695 ITALIA
L'assedio di Casale. Vittorio Amedeo II di Savoia assedia Casale, che sarà annessa alla Savoia solo nel 1713.

AFRICA NERA
Un regno per gli ashanti. Popolo akan originario dell'attuale Ghana, gli ashanti fondano uno Stato monarchico fortemente centralizzato, con capitale Kumasi, destinato a durare fino al XX sec.

1697 EUROPA
Rivincita sulla Francia. I trattati di Ryswick, che pongono fine alle guerre promosse dalla lega di Augusta, privano la Francia di numerosi territori. Luigi XIV deve riconoscere il protestante Guglielmo III d'Orange come re d'Inghilterra.

1697-1718 SVEZIA
Regno di Carlo XII.

Il parlamentarismo inglese: re Guglielmo III ricevuto dal parlamento.

1699 EUROPA
Il declino dell'impero ottomano. Il conflitto che oppone gli Asburgo agli ottomani, segnato dalla sconfitta di questi ultimi durante l'assedio di Vienna nel 1683, porta alla pace di Carlowitz. L'Ungheria non sarà più un possedimento ottomano.

1699-1730 DANIMARCA E NORVEGIA
Regno di Federico IV.

Fine del XVII sec. BELGIO
La magnificenza delle corporazioni di Bruxelles. Le sedi delle corporazioni conferiscono un aspetto monumentale alla Grand-Place di Bruxelles. Vi si possono ammirare preziose decorazioni barocche.

La trasformazione di Bruxelles: sedi delle corporazioni sulla Grand-Place.

1700 EUROPA
Scoppia la "grande guerra" del Nord. Il controllo sul Mar Baltico contrappone Svezia e Danimarca a Russia e Polonia. Ne consegue una guerra che terminerà nel 1721 con importanti conquiste territoriali da parte dello zar Pietro il Grande.

1700-1746 SPAGNA
Regno di Filippo V.

1701 EUROPA
Guerra di successione spagnola. La morte dell'ultimo degli Asburgo di Spagna, privo di eredi, scatena una guerra che contrapporrà, fino al 1714, la Francia e la Spagna a una coalizione anglo-austriaca. Il re di Spagna Filippo V, nipote di Luigi XIV, manterrà la corona a prezzo di importanti concessioni territoriali.

1701-1713 GERMANIA
Federico I re di Prussia.

1702-1714 GRAN BRETAGNA
Anna Stuart regina di Inghilterra, Scozia (dal 1707 Gran Bretagna) e Irlanda.

1705 GRAN BRETAGNA
La cometa tornerà. Edmund Halley calcola che una cometa, osservata nel 1682, dopo aver descritto un'ellisse intorno al Sole sarà di nuovo visibile dalla Terra nel 1758 o 1759. L'esatta previsione sancirà il successo della teoria della gravitazione universale.

1705-1711 SACRO ROMANO IMPERO
Impero di Giuseppe I.

1707 GRAN BRETAGNA
Inghilterra e Scozia si uniscono. Con l'Atto di unione proclamato dalla regina Anna Stuart, fervente protestante, nasce la Gran Bretagna, destinata a diventare la prima potenza marittima d'Europa.

1711-1740 SACRO ROMANO IMPERO
Impero di Carlo VI.

1712 GRAN BRETAGNA
La macchina a vapore. L'ingegnere meccanico Thomas Newcomen realizza la prima macchina a vapore funzionante, composta da caldaia, cilindro e pistone.

1714 GERMANIA
Leibniz pubblica la Monadologia. Gottfried Wilhelm von Leibniz è il filosofo dell'armonia prestabilita: il mondo è composto da sostanze, le monadi, che trovano forza in se stesse e che Dio mette in accordo tra loro. La sua metafisica segna la rottura con il pensiero cartesiano.

1714-1727 GRAN BRETAGNA
Giorgio I re di Gran Bretagna e Irlanda.

1715 FRANCIA
La reggenza dopo Luigi XIV. Alla morte di Luigi XIV il pronipote, legittimo erede al trono, ha appena 5 anni. Fino alla sua maggiore età (1723) sarà reggente Filippo II duca d'Orléans, che esercita il proprio potere a vantaggio della nobiltà.

1715-1774 FRANCIA
Regno di Luigi XV.

1719 e 1726 GRAN BRETAGNA

Il Gulliver di Jonathan Swift rappresentato dall'illustratore Grandville (XIX sec.).

Robinson e Gulliver. In pieno Illuminismo, Daniel Defoe e Jonathan Swift propongono nei loro romanzi visioni ideali dell'avvenire umano: l'una, ottimistica, è incarnata da Robinson Crusoe; l'altra, ironica a amara, è quella che ispira i Viaggi di Gulliver.

1720 FRANCIA

John Law: effetto al portatore del 1719.

Bancarotta di John Law. Il tentativo di ammodernamento della struttura finanziaria del regno di Francia da parte del finanziere scozzese J. Law, consigliere del reggente Filippo d'Orléans, fallisce. Le sue teorie sono troppo precoci per un'economia precapitalistica basata sul commercio marittimo e sulla creazione di colonie (fondazione di New Orleans, 1718).

1721 RUSSIA
Nascita dell'impero russo. Pietro I, detto il Grande, al potere dal 1682, si proclama "zar di tutte le Russie" e trasforma la Russia in uno Stato moderno: promuove lo sviluppo economico, riordina l'amministrazione e limita il potere delle classi nobiliari.

1723-1750 GERMANIA
Apoteosi della musica sacra. Nell'opera di Johann Sebastian Bach l'equilibrato impiego degli strumenti prepara l'avvento dell'orchestra. La Messa in si minore rivela un'audace linguaggio armonico e la Passione secondo san Matteo mostra tutta la ricchezza della sua ispirazione.

1725 AFRICA NERA
L'impero peul. Lo Stato teocratico creato dai peul nel Fouta-Djalon è una delle prime testimonianze della forza dell'islam come fattore di civiltà nel continente nero.

1725-1727 RUSSIA
Impero di Caterina I.

1727-1760 GRAN BRETAGNA
Giorgio II re di Gran Bretagna e Irlanda.

1730-1740 RUSSIA
Impero di Anna Ivanovna.

1733 EUROPA
Guerra di successione polacca. Il conflitto che oppone le potenze europee (Francia e Spagna da una parte, Russia e Austria dall'altra) durerà fino al 1738; determinerà nuove redistribuzioni territoriali nel continente e, in Polonia, la rinuncia al trono del re Stanislao I Leszczyński.
GRAN BRETAGNA
Invenzione della spola volante. Con la progettazione e il brevetto della spola volante, dispositivo meccanico che facilita la tessitura di stoffe di ampie dimensioni, John Kay introduce la prima delle grandi innovazioni che rivoluzioneranno l'industria tessile nel XVIII sec.

1735 GRAN BRETAGNA
Il cronometro marino. Dal 1735 al 1761 John Harrison realizza cronometri marini sempre più precisi, grazie ai quali i navigatori possono calcolare la loro posizione in mare con buona precisione.

1736-1796 CINA
Qianlong imperatore Qing.

1738 SVIZZERA
La teoria cinetica dei gas. Il trattato di idrodinamica pubblicato da Daniel Bernouilli fa di lui uno dei fondatori di questa disciplina e fornisce i principi della teoria cinetica dei gas.

1740 EUROPA
Guerra di successione austriaca. La guerra contrappone l'Austria a una coalizione formata da Prussia, Francia e Spagna. La coalizione si scioglierà nel 1748, quando, in seguito alla pace di Aquisgrana, salirà al trono Maria Teresa, erede degli Asburgo in virtù della prammatica sanzione del 1713.
GERMANIA
Federico il Grande sul trono di Prussia. Stato fortemente militarizzato, la Prussia assurge al rango di potenza europea durante il regno di Federico II. Il "re filosofo" amico di Voltaire, incarnerà la figura del despota illuminato.

1741-1762 RUSSIA
Impero di Elisabetta.

1742 SVEZIA
I gradi di Celsius. Prendendo come riferimento le temperature di fusione e di ebollizione dell'acqua con una pressione atmosferica normale e graduando tale intervallo da 0 a 100, Anders Celsius introduce una scala termometrica molto pratica.

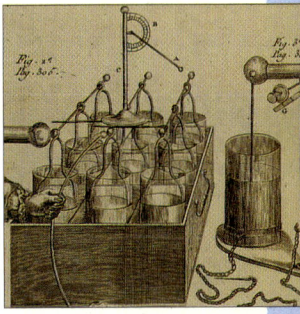
Bottiglie di Leida in serie.

1745 PAESI BASSI, GERMANIA
Il primo condensatore. Tentando di elettrizzare l'acqua

Osservatorio di Parigi. Il ritorno della cometa di Halley nel 1759.

Cronometro marino di John Harrison.

contenuta in un recipiente di vetro, l'olandese Pieter van Musschenbroek e il tedesco Ewald Jurgen von Kleist, all'insaputa l'uno dell'altro, realizzano fortuitamente il primo condensatore: la bottiglia di Leida.

1745-1765 SACRO ROMANO IMPERO
Impero di Francesco I.

1745-1780 AUSTRIA
Impero di Maria Teresa.

1748 FRANCIA
Primi passi delle scienze politiche. Autore delle *Lettere persiane*, in cui analizza attentamente i costumi dei suoi contemporanei, Montesquieu anticipa anche la teoria della separazione dei poteri: *Lo spirito delle leggi* ispirerà la Costituzione francese del 1791.
SVIZZERA
Eulero e le funzioni. Nell'*Introduzione all'analisi infinitesimale*, Eulero sviluppa l'analisi matematica e la riorganizza incentrandola sul concetto fondamentale di funzione.

1748-1759 FRANCIA
Voltaire incarna l'Illuminismo. Rivoluzionario in politica ma conformista in campo artistico, Voltaire si impone ai posteri principalmente per i racconti filosofici, *Zadig* e *Candido*, che affrontano in maniera satirica il tema della libertà individuale.

Voltaire e l'Illuminismo: il filosofo in Prussia alla corte di Federico II.

1749-1804 FRANCIA
Buffon pubblica la *Storia naturale*. Redatta insieme a numerosi collaboratori, quest'opera di divulgazione senza precedenti riscuoterà un successo enorme. Nei suoi 44 volumi vengono affrontate la storia della Terra e questioni di geologia, mineralogia e zoologia.

Il bracco, una delle illustrazioni della Storia naturale di Buffon.

1750-1754 AFRICA AUSTRALE
La carta del cielo australe. Presso il Capo di Buona Speranza il francese Nicolas Louis de La Caille esegue una cartografia del cielo dell'emisfe-

ro meridionale. Nel 1751, con Joseph de Lalande, determinerà con precisione la parallasse della Luna, a partire dalla quale è possibile calcolare la distanza Terra-Luna.

1751 ESTREMO ORIENTE
La Cina annette il Tibet. La Cina dei Qing pone fine al regime teocratico del Dalai Lama e impone la sua sovranità sul Tibet, nello scenario di una politica di espansione territoriale in Asia centrale.

1751-1772 FRANCIA
Pubblicazione dell'*Encyclopédie*. Circa 150 scienziati, filosofi ed esperti di varie discipline collaborano, sotto la direzione di Denis Diderot, all'opera fondamentale dell'Illuminismo, vasta sintesi di conoscenze che accorda ampio spazio alla tecnica, celebrando il progresso dell'umanità.

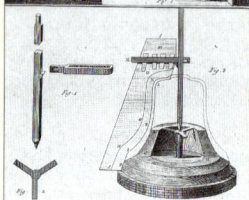
Una tavola dell'Enciclopedia: la fusione delle campane.

1752 STATI UNITI
I fulmini si possono domare. Dopo aver scoperto che una punta metallica attira le cariche elettriche e che i fulmini non sono altro che giganteshe scariche elettriche, Benjamin Franklin installa il primo parafulmine nella sua casa di Filadelfia. Si tratta di una punta metallica connessa a conduttori che convogliano le scariche atmosferiche a terra.

Il primo parafulmine, installato da B. Franklin a Filadelfia.

1756-1763 EUROPA
Guerra dei Sette anni.

1758 FRANCIA
I fisiocrati fondano la scienza economica. Nell'opera *Tableau Économique* François Quesnay analizza l'economia francese nella seconda metà del XVIII sec., anticipando così le moderne teorie macroeconomiche.
GRAN BRETAGNA
Perfezionamento del cannocchiale. Grazie alla costruzione e commercializzazione di lenti acromatiche (inventate nel 1733 dall'astronomo dilettante Chester Moor Hall), l'ottico John Dollond perfeziona ulteriormente il telescopio.

Frontespizio della Flora laponica di Linneo.

SVEZIA
Linneo introduce la classificazione delle specie. Carlo Linneo fornisce la descrizione di migliaia di specie animali e vegetali, attribuendo a ciascuna di esse un nome generico e un nome specifico, entrambi in latino. Tale sistema di classificazione è utilizzato ancora oggi.

1759-1788 SPAGNA
Regno di Carlo III.

1760-1820 GRAN BRETAGNA
Giorgio III re di Gran Bretagna e Irlanda.

1762 RUSSIA
Caterina II imperatrice. Il regno di Caterina II la Grande durerà fino al 1796 e segnerà a un periodo di riforme politiche e annessioni territoriali, accogliendo inoltre i principi illuministi.

1762-1778 FRANCIA
Rousseau precursore del romanticismo. Jean-Jacques Rousseau, autore di trattati politici a favore della democrazia elettiva (*Contratto sociale*), è anche autore di romanzi e delle *Confessioni*. Nelle sue opere pone le basi dell'analisi dell'io e tratta il problema dell'incomunicabilità.

1763 EUROPA
Fine della guerra dei Sette anni. Il conflitto tra Francia e Gran Bretagna per il predominio sul mare e

nelle colonie si risolve a favore degli inglesi. Con il trattato di Parigi la Francia rinuncia alla maggior parte del suo impero coloniale, in particolare il Canada.

1765-1784 GRAN BRETAGNA
Watt perfeziona la macchina a vapore. Grazie alle migliorie apportate da James Watt (introduzione di un condensatore separato, dell'indicatore di pressione, dello stantuffo ecc.), la macchina a vapore diviene notevolmente più efficiente.

La macchina a vapore di J. Watt.

1765-1790 SACRO ROMANO IMPERO
Impero di Giuseppe II.

1766-1768 PER MARE
L'esplorazione del Pacifico. Partito da Brest a bordo della fregata *La Boudeuse*, Louis Antoine de Bougainville raggiunge Tahiti. I suoi racconti di viaggio susciteranno nei contemporanei la passione per l'esotismo.

1769 GRAN BRETAGNA
La rivoluzione industriale. Dopo l'introduzione da parte di James Hargreaves del primo filatoio meccanico (*spinning jenny*), Richard Arkwright dà nuovo impulso all'industria cotoniera britannica inventando un telaio che sfrutta l'energia idraulica (*water frame*).

La rivoluzione industriale: filatura del cotone in Inghilterra.

1771-1792 SVEZIA
Regno di Gustavo III.

1772-1789 FRANCIA
Lavoisier fonda la chimica moderna. Il chimico Antoine Laurent de Lavoisier introduce un rigoroso metodo di sperimentazione basato sull'impiego sistematico della bilancia, enuncia le leggi di conservazione della massa e degli elementi e dà inizio alla creazione di una nomenclatura chimica sistematica.

1773 AMERICA SETTENTRIONALE
Il "Boston Tea Party". Il colpo di mano degli abitanti di Boston, che gettano in mare casse di tè per rappresaglia contro il carico fiscale imposto dagli inglesi, attesta il ruolo svolto dalla città negli avvenimenti che preannunciano l'indipendenza americana.

1774 POLO SUD

James Cook esplora l'Antartide. Grande esploratore dell'Oceania e delle isole del Pacifico, il navigatore inglese raggiunge per primo la banchisa antartica a oltre 70° di latitudine sud, sfatando definitivamente il mito dell'esistenza di un continente australe.

TURCHIA

Sconfitta dalla Russia. Il trattato di Küsük-Kainarca conclude la guerra russoturca del 1768 e ratifica l'espansione della Russia fino al Mar Nero. Il trattato contribuisce a sollevare la "questione d'Oriente".

1774-1792 FRANCIA

Regno di Luigi XVI.

1774-1832 GERMANIA

Goethe e il vertice dell'idealismo. Primo esponente dello Sturm und Drang, movimento che rifiuta il razionalismo classico, Johann Wolfgang Goethe è il precursore del romanticismo tedesco. Egli crea una nuova forma di romanzo in cui l'individuo, incarnato nelle figure di Werther e Faust, è incessantemente alla ricerca della verità e della pienezza dell'essere.

Beaumarchais: una scena del V atto di Il matrimonio di Figaro.

1775-1784 FRANCIA

Beaumarchais, scrittore prerivoluzionario. Autore di commedie che mettono in scena nobili ridicolizzati dai loro valletti (Il barbiere di Siviglia, Il matrimonio di Figaro), Pierre-Augustin de Beaumarchais annuncia l'evoluzione dei valori sociali che precorrerà la Rivoluzione francese.

1776 GIAPPONE

Racconti di pioggia e di luna. La letteratura giapponese del periodo Edo è caratterizzata da racconti fantastici (yomi-kon) scritti soprattutto da Ueda Akinari, un autore che impiega le massime di Confucio con grande ironia.

GRAN BRETAGNA

Dottrina del liberalismo economico. Nelle Ricerche sopra la natura e le cause della ricchezza delle nazioni, Adam Smith formula le leggi del mercato e definisce il concetto di divisione del lavoro.

STATI UNITI

Proclamazione della Dichiarazione d'indipendenza. La Dichiarazione del 4 luglio è principalmente opera di Thomas Jefferson. Testo fondamentale della democrazia americana, esalta la teoria dei "diritti naturali".

Goethe e lo Sturm und Drang. Poeti riuniti nella sua residenza di Weimar.

1775 STATI UNITI

Il primo sottomarino. Con la sua America turtle, una macchina ovoidale spinta sott'acqua mediante un'elica azionata manualmente dal suo unico passeggero, David Bushnell realizza il primo sommergibile degno di questo nome.

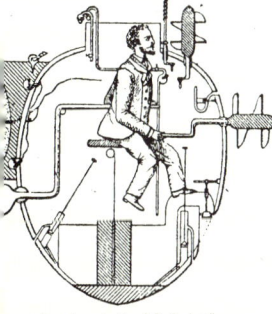

American turtle di D. Bushnell.

1775-1782 STATI UNITI

Guerra d'indipendenza.

Indipendenza americana. Ritratto di Thomas Jefferson, uno dei padri della Dichiarazione del 4 luglio 1776.

1777 ITALIA

La prima fecondazione artificiale. Eccellente osservatore e attivo sperimentatore, il biologo Lazzaro Spallanzani realizza la prima fecondazione artificiale studiando il meccanismo riproduttivo degli anfibi.

1781 GERMANIA

La filosofia e il criticismo. Nella Critica della ragion pura Immanuel Kant dimostra che alla base della conoscenza vi sono intuizione sensibile e categorie a priori, stabilendo così i limiti della conoscibilità e negando alla metafisica lo statuto di scienza.

GRAN BRETAGNA

Herschel scopre Urano. Friedrich Wilhelm Herschel scopre nella costellazione dei Gemelli un corpo che scambia inizialmente per una cometa, ma che si rivelerà un grande pianeta del sistema solare collocato oltre Saturno, in seguito battezzato Urano.

1782 ESTREMO ORIENTE

La dinastia Chakri regna nel Siam. Il principe reale che si fa incoronare a Bangkok, nuova capitale del Siam, con il nome di Rama I, darà origine alla dinastia regnante della futura Thailandia, che governerà su parte dell'Asia sud-orientale.

1782-1791 AUSTRIA

Mozart decreta il trionfo del Singspiel. Bambino prodigio, inquieto e geniale, Wolfgang Amadeus Mozart si distingue non solo nella sinfonia, nel concerto e nella musica sacra, ma anche nell'opera lirica (Singspiel), il cui successo culmina in Il flauto magico, composto l'anno della sua morte.

Locandina della prima di Il flauto magico di Mozart.

1783 FRANCIA

Nascita degli aeromobili. Nasce una competizione tra i fratelli Montgolfier, creatori dell'aerostato ad aria calda, Jacques-Alexandre Charles e i fratelli Robert, creatori del pallone a idrogeno. Il 21 novembre Jean-François Pilâtre de Rozier e il marchese di Arlandes volano per la prima volta a bordo di una mongolfiera.

Il battello a vapore. Il francese Claude François de Jouffroy d'Abbans sperimenta con successo la navigazione di un battello a vapore, il Pyroscaphe.

Primo volo umano a bordo di una mongolfiera (21 novembre 1783).

STATI UNITI

L'indipendenza degli Stati Uniti. Il trattato che riconosce l'esistenza degli Stati Uniti d'America concede a Francia e Spagna, alleatesi con gli insorti, di recuperare il possesso di alcuni territori (il Senegal andrà alla Francia e la Florida alla Spagna).

1783-1801 GRAN BRETAGNA

William Pitt il Giovane primo ministro.

1784 FRANCIA

Jacques-Louis David esponente della scuola neoclassica. Pittore di Napoleone, David domina la pittura francese. Il Giuramento degli Orazi, che trae ispirazione dall'antichità, apparirà al Salone di Parigi del 1785 come il manifesto del neoclassicismo. Negli stessi anni Antonio Canova, scultore attivo in Italia e in Francia, raggiunge il vertice del neoclassicismo nella statuaria.

1785 FRANCIA

Le leggi di Coulomb. Con misurazioni precise delle forze di attrazione e repulsione che si esercitano tra i poli di due calamite e tra due corpi elettrizzati, il francese Charles-Augustin de Coulomb stabilisce che la forza agente tra due corpi carichi elettricamente obbedisce a una legge analoga a quella della gravitazione.

1788 OCEANIA

I britannici in Australia. La fondazione di una colonia penitenziaria dove oggi sorge Sydney dà inizio alla colonizzazione dell'Australia da parte della Gran Bretagna.

I britannici scoprono gli indigeni nel bush australiano.

1788-1808 SPAGNA

Regno di Carlo IV.

1789 BELGIO

La rivoluzione brabantina. Dopo la vittoria dei belgi del Brabante contro l'impero austriaco, nasce la federazione degli "Stati belgi uniti".

L'inizio della Rivoluzione francese: la demolizione della Bastiglia nel 1790.

FRANCIA
Scoppia la Rivoluzione. La presa della Bastiglia, il 14 luglio, è il primo atto della rivolta popolare contro l'*Ancien Régime*. L'Assemblea nazionale costituente, al governo fino al 1791, tenterà di instaurare una forma di monarchia parlamentare.

STATI UNITI
Presidenza di George Washington. Primo presidente degli Stati Uniti d'America, George Washington è uno dei principali fautori della Costituzione. Egli sarà chiamato ad arbitrare il conflitto tra federalisti e repubblicani.

1789-1797 STATI UNITI
Presidenza di George Washington.

1790-1792 SACRO ROMANO IMPERO
Impero di Leopoldo II.

1792 FRANCIA
Viva la repubblica! Il 22 settembre 1792 è l'anno I della repubblica, istituita dalla Convenzione nazionale. Luigi XVI verrà condannato a morte (giustiziato il 21 gennaio 1793) e il governo dovrà far fronte alla coalizione delle nazioni ostili e all'insurrezione della Vandea.

1792-1806 SACRO ROMANO IMPERO
Impero di Francesco II.

1792-1809 SVEZIA
Regno di Gustavo IV Adolfo.

1793 FRANCIA
Nasce il telegrafo. Per trasmettere rapidamente messaggi alfabetici tra due punti distanti, Claude Chappe utilizza dei fari luminosi installati su

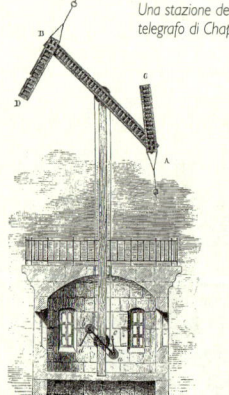
Una stazione del telegrafo di Chappe.

bracci mobili. Ha inizio così la telegrafia ottica, inaugurata l'anno successivo tra Parigi e Lilla.
Un museo pubblico. Un tempo residenza reale, durante la Rivoluzione il Louvre diviene museo nazionale. Oggi ospita una delle collezioni più ricche del mondo.

1795 FRANCIA
Introduzione del sistema metrico. Nell'intento di omologare le unità di misura in tutto il paese, la Convenzione nazionale istituisce il sistema metrico decimale.

Uno dei 16 metri campione installati a Parigi nel 1796-1797 per abituare gli abitanti al sistema metrico.

POLONIA
Liquidazione dello Stato polacco. Dopo le spartizioni del 1772 e del 1793, nel 1795 si giunge allo smembramento della Polonia a vantaggio di Prussia, Russia e Austria. Molti patrioti decideranno di emigrare in Francia e in Italia.

1795-1799 FRANCIA
Periodo del Direttorio.

1796 FRANCIA
La nebulosa di Laplace. Nella sua *Esposizione del sistema del mondo*, Pierre Simon de Laplace sviluppa l'ipotesi secondo la quale il sistema solare sarebbe stato generato da una nebulosa in rotazione. Le teorie cosmogoniche attuali si ispirano a questa ipotesi.

GRAN BRETAGNA
Prima vaccinazione. Edward Jenner introduce un nuovo metodo di vaccinazione: riesce a immunizzare un bambino contro il vaiolo inoculandogli un estratto delle pustole di vacche ammalate.

1796-1801 RUSSIA
Impero di Paolo I.

1797-1801 STATI UNITI
Presidenza di John Adams.

1798 GRAN BRETAGNA
I poeti dei laghi del Cumberland. L'atto di nascita del romanticismo inglese

Il romanticismo inglese: i laghi del Cumberland diventano una preziosa fonte di ispirazione.

risale alla pubblicazione delle *Ballate liriche* di William Wordsworth e Samuel Taylor Coleridge, poeti che rivendicano l'amore appassionato per la natura e considerano la poesia come uno stato dell'animo umano.

1798-1801 AUSTRIA
Haydn, maestro dell'oratorio. Compresa tra la fine dell'epoca barocca e l'inizio del romanticismo, l'opera di Franz Joseph Haydn contribuisce a definire la struttura classica della sinfonia e del quartetto. I suoi oratori (*La creazione*, *Le stagioni*) segnano il passaggio del genere all'ambito profano.

1799 FRANCIA
Napoleone rovescia il Direttorio. Dopo aver conquistato la gloria con le campagne d'Italia (1796-1797) e d'Egitto (1798-1799), con il colpo di Stato del 18 brumaio (9 novembre) Napoleone Bonaparte instaura il regime del Consolato. La Costituzione detta "dell'anno VIII" sarà votata all'unanimità nel febbraio 1800.

ITALIA

Alessandro Volta mostra la sua pila elettrica a Napoleone (affresco del 1841).

Alessandro Volta inventa la pila elettrica. Impilando alternativamente dischi di zinco e d'argento, e separando ciascuna coppia di dischi con una rondella di feltro umido, Volta realizza il primo dispositivo in grado di generare corrente continua. L'invenzione sarà resa pubblica solo agli inizi del 1800.

1799-1804 FRANCIA
Consolato di Napoleone.

1800 GRAN BRETAGNA
Nascita del Regno Unito. L'Atto di unione votato dal Parlamento incorpora l'Irlanda al regno che dal 1707 comprende l'Inghilterra, la Scozia e il Galles. La croce di san Patrizio viene aggiunta alla bandiera nazionale, l'*Union Jack*.
Scoperta degli infrarossi. Spostando un termometro lungo lo spettro ottenuto dalla scomposizione della luce solare con un prisma, Friedrich Wilhelm Herschel constata che continua a prodursi un certo riscaldamento oltre il rosso. Si scopre così l'esistenza dei raggi infrarossi.

1800 e 1802 FRANCIA
Tormenti romantici. L'apparizione delle opere di Madame de Staël, *Sulla letteratura*, e di François René de Chateaubriand, *Il genio del cristianesimo*, consacra l'apogeo del romanticismo francese, che traduce i tormenti di una generazione malinconica, cristallizzata nella speranza di trasformare il mondo.

1800-1824 GERMANIA

Ludwig van Beethoven direttore d'orchestra.

Beethoven compone le nove sinfonie. Erede del classicismo viennese, Ludwig van Beethoven è il primo esponente romantico della musica tedesca. Predilige la sonata, il concerto e la sinfonia e ne modificherà sensibilmente la forma tradizionale.

1801 FRANCIA
Bichat fonda l'anatomia generale. La pubblicazione dell'*Anatomia generale* e dell'*Anatomia descrittiva* corona l'opera di Marie-François-Xavier Bichat, fondatore di una branca dell'anatomia che non studia gli organi, ma i tessuti che li compongono.
Jacquard perfeziona il telaio. Utilizzando cartoncini perforati, Joseph-Marie Jacquard perfeziona il telaio, facilitando la riproduzione di motivi complessi.

Telaio Jacquard.

GRAN BRETAGNA
La luce genera interferenze. Sovrapponendo i raggi luminosi generati dalla stessa fonte, ma suddivisi tra due piccole aperture praticate in uno schermo, Thomas Young scopre il fenomeno delle interferenze, che attribuisce alla natura ondulatoria della luce.

ITALIA
Scoperta del primo asteroide. Alla ricerca di un pianeta sconosciuto situato tra le orbite di Marte e Giove, Giuseppe Piazzi, astronomo palermitano, scopre Cerere. In seguito si appurerà che si tratta del primo rappresentante di una grande famiglia di asteroidi.

1801-1809 STATI UNITI
Presidenza di Thomas Jefferson.

1801-1825 RUSSIA
Impero di Alessandro I.

1802 VIETNAM
Fondazione dell'impero vietnamita. Il principe Nguyen Anh, che prenderà il nome di Gia Long, regna per primo sul Vietnam riunificato e fonda la dinastia imperiale che manterrà il trono fino al 1945.

L'Egitto di Mehmet Ali: obelisco offerto alla Francia di Luigi Filippo.

1803 GRAN BRETAGNA
Primi passi della teoria atomica. John Dalton ipotizza che ciascun elemento sia composto da atomi identici tra loro, e grazie a questa teoria, scopre le proprietà fisiche dei gas e le leggi ponderali delle combinazioni chimiche.
La locomotiva a vapore. Richard Trevithick dimostra l'incontestabile superiorità della sua rudimentale locomotiva a vapore sui mezzi di locomozione a cavallo.

La locomotiva a vapore Catch me who can di R. Trevithick (1808).

1803 e 1815 FRANCIA
Nasce l'economia politica. Il *Trattato di economia politica* di Jean-Baptiste Say pone le basi della scuola francese di economia politica. L'opera contiene analisi pionieristiche sulle funzioni dell'imprenditore e sul ruolo della moneta.

1804-1814/1815 FRANCIA
Impero di Napoleone I.

1804 AFRICA NERA
I peul padroni del Sokoto. L'impero del Sokoto, fondato dal predicatore musulmano Usman dan Fodio, che dichiara una guerra santa ai vicini Stati pagani, riunisce, su 300.000 km², territori appartenenti agli attuali Niger e Nigeria. Una parte dei peul abbandona il nomadismo e si mescola alle razze dei paesi vicini.
FRANCIA
Il Primo impero. Il 18 maggio Napoleone viene nominato imperatore dei francesi (sarà incoronato il 2 dicembre), e la dignità imperiale viene riconosciuta anche ai suoi discendenti.
SVIZZERA
Nascita della fisiologia vegetale. Nell'opera intitolata *Ricerche chimiche sulla vegetazione*, Nicolas Theodore de Saussure pubblica i risultati dei suoi esperimenti sulle piante, ponendo le basi della fisiologia vegetale.

1805 EGITTO
Mehmet Ali viceré d'Egitto. Creatore del primo Stato egiziano moderno, che governerà fino al 1848, Mehmet Ali si impadronisce anche del Sudan. Sostenuto dalla Francia, tenterà di sostituire la dominazione del suo paese a quella dell'impero ottomano, ma si scontrerà con le altre potenze europee.

1806 EUROPA
Dissoluzione del Sacro Romano Impero. L'impero costituito dagli Stati degli Asburgo e dai loro possedimenti d'oltremare (sul quale "non tramontava mai il sole") scompare in seguito alla creazione, sotto il controllo di Napoleone, della Confederazione del Reno. Il titolo imperiale sarà mantenuto soltanto dal sovrano d'Austria.

1807 GERMANIA
Hegel, filosofo dell'Assoluto. Nella *Fenomenologia dello spirito*, Georg Wilhelm Friedrich Hegel descrive l'evoluzione dello spirito attraverso la dialettica. Egli esprime per primo l'idea che la storia della filosofia costituisca una *summa* delle conoscenze raggiunte dall'uomo.

1809 FRANCIA
Prima teoria dell'evoluzione. Nella sua *Filosofia zoologica*, Jean-Baptiste Lamarck propone la prima teoria esplicativa dell'evoluzione delle specie animali. In essa ipotizza che le specie si trasformino gradualmente nel tempo in funzione dell'adattamento all'ambiente.

1809-1817 STATI UNITI
Presidenza di James Madison.

1809-1818 SVEZIA
Regno di Carlo XIII.

1810 FRANCIA
Il segreto delle conserve alimentari. Mettendo a punto il processo di conservazione degli alimenti (riscaldamento a bagnomaria in recipienti ermeticamente chiusi), Nicolas Appert dà il via allo sviluppo dell'industria conserviera.

1811 FRANCIA
Le serie di Fourier. Jean-Baptiste Fourier scopre le serie trigonometriche che oggi portano il suo nome e che si riveleranno uno strumento matematico molto utile nel campo della fisica.

1812 FRANCIA
Le equazioni della probabilità. Nella sua *Teoria analitica delle probabilità*, Pierre Simon de Laplace applica l'analisi matematica alle leggi della probabilità, portando un contributo teorico fondamentale al calcolo statistico.
GRAN BRETAGNA
Byron, poeta ribelle. Insieme a Percy Shelley e John Keats, George Byron rappresenta il trionfo dell'io

Francisco Goya, Le fucilazioni del 3 maggio 1808.

nella poesia romantica inglese. Il *Pellegrinaggio del giovane Aroldo*, che narra la ribellione dell'eroe contro l'oppressione sociale, gli vale una fama immediata.
RUSSIA
La Grande Armata si ritira. La campagna di Napoleone in Russia causa la perdita di 500.000 uomini (i morti sono 400.000 e 100.000 i prigionieri), su 600.000. Napoleone è costretto a ripiegare in Germania.

1814 GERMANIA

J. von Fraunhofer presenta lo spettroscopio.

Fraunhofer fonda la spettroscopia. Osservando al teodolite un prisma di vetro illuminato da un fascio di luce solare che penetra da una fes-

sura, Joseph von Fraunhofer compie la prima osservazione spettroscopica e mette in evidenza alcune centinaia di righe scure nello spettro solare.
SPAGNA
La coscienza visionaria di Goya. La pittura di Francisco Goya, dallo stile incisivo e sensuale, influenzerà la pittura dal romanticismo all'impressionismo. Le tele che rappresentano le fucilazioni del 1808 sono una denuncia sconvolgente delle atrocità commesse dall'esercito napoleonico in Spagna.

1814-1824 FRANCIA
Regno di Luigi XVIII.

1814-1828 AUSTRIA
Schubert, maestro del *Lied*. Autore di 10 sinfonie, Franz Schubert compone oltre 600 *Lieder*, con cui rinnova la musica da camera. Il quintetto *La trota* (1819) diverrà celebre per l'insolita combinazione strumentale.

1814-1846 FRANCIA
Un nuovo strumento matematico. Gli studi pubblicati da Augustin Louis Cauchy pongono le basi della teoria delle funzioni a variabile complessa, che diverrà strumento essenziale dell'analisi matematica.

1815 EUROPA
L'atto finale del Congresso di Vienna. Il congresso decide le sorti dell'Europa, costituendo i Paesi Bassi (Olanda, Belgio, Lussemburgo) e ponendo l'imperatore d'Austria a capo della nuova Confederazione germanica, formata da 38 Stati sovrani.

Congresso di Vienna: il tavolo dei negoziati.

FRANCIA
La monarchia costituzionale francese. Dopo l'episodio dei Cento giorni e l'abdicazione definitiva di Napoleone, Luigi XVIII sale nuovamente al trono (seconda restaurazione).

1816-1822 AMERICA LATINA

L'indipendenza dell'America latina: Simón Bolívar, proclamato Libertador.

Lotte per l'indipendenza. L'uno dopo l'altro, l'Argentina (1816), il Cile (1818), i paesi della repubblica della Grande Colombia (1819), il Messico, il Perú (1821) e il Brasile (1822) spezzano i vincoli coloniali e conquistano l'indipendenza.

1816-1826 FRANCIA
Niépce inventa la fotografia. Dopo dieci anni di sperimentazioni sulla fotosensibilità di alcune sostanze, Joseph-Nicéphore Niépce ottiene le prime immagini fotografiche.

1817-1825 STATI UNITI
Presidenza di James Monroe.

1818 e 1830 FRANCIA
Una pittura concreta. Il romanticismo in pittura, che riceverà la consacrazione dai Salon parigini del 1824 e 1827, afferma il primato del gesto e della materia. Del movimento fanno parte sia paesaggisti, come John Constable e Joseph Turner, sia autori di predilezione soggetti politici, come Théodore Géricault (*La zattera della Medusa*) ed Eugène Delacroix (*La Libertà guida il popolo*).

1818-1844 SVEZIA E NORVEGIA
Regno di Carlo XIV Bernadotte.

1819 FRANCIA
La luce è un'onda. In uno studio presentato all'Accademia delle Scienze, Augustin Fresnel mostra che, attribuendo alla luce una natura ondulatoria, diviene possibile spiegare un insieme di fenomeni sperimentali altrimenti non giustificabili.

1819-1830 ITALIA
Giacomo Leopardi, o della malinconia. Dalla pubblicazione dei primi idilli (*L'infinito*, *La sera del dì di festa*), fino alle opere della maturità (*A Silvia*, *Il passero solitario*), il poeta compie un percorso sempre più improntato al pessimismo e al disincanto: il progresso è una delle cause dell'infelicità umana.

1820 DANIMARCA, FRANCIA
Scoperta dell'elettromagnetismo. Dopo la scoperta del danese Hans Christian Oersted, secondo cui un ago magnetico posto presso un conduttore attraversato da corrente elettrica viene deviato rispetto alla posizione di equilibrio, il france-

Oersted scopre l'elettromagnetismo.

se André-Marie Ampère sviluppa la teoria dell'elettromagnetismo.

1820-1821 ITALIA
I moti insurrezionali carbonari. Dalla Spagna l'insurrezione per ottenere la Costituzione si diffonde nel napoletano, dove viene repressa con l'intervento degli austriaci, e in Piemonte, dove, dopo la concessione della Costituzione da parte del reggente Carlo Alberto, Carlo Felice interviene e ripristina l'assolutismo.

1820-1830 GRAN BRETAGNA
Giorgio IV re di Gran Bretagna e Irlanda.

1824 FRANCIA
Il principio di Carnot. Sadi Carnot enuncia uno dei principi fondamentali della termodinamica, secondo il quale la trasformazione di calore in energia meccanica esige l'impiego di almeno due fonti di calore con temperature diverse.

1824-1830 FRANCIA
Regno di Carlo X.

1825 GRAN BRETAGNA
Prima linea ferroviaria commerciale. La locomotiva a vapore *Locomotion* di George Stephenson inaugura la prima linea ferroviaria commerciale tra Stockton e Darlington per il trasporto di merci e, occasionalmente, di passeggeri.

1825-1842 ITALIA
Alessandro Manzoni cantore della "Nuova Italia". L'Italia risorgimentale s'incarna in letteratura nell'affresco storico de *I promessi sposi*, in cui l'autore adotta un linguaggio basato sull'uso della lingua toscana, che diventerà un modello stilistico per la letteratura dell'Italia unita.

1825-1855 RUSSIA
Impero di Nicola I.

1826 RUSSIA
Prima geometria non euclidea. Postulando la possibilità di tracciare diverse parallele a una retta partendo da un punto, Nicolaj Lobačevskij crea la prima geometria non euclidea, detta "iperbolica".

1827 FRANCIA
Invenzione della turbina idraulica. La messa a punto, da parte di Benoît Fourneyron, della prima turbina idraulica moderna, impiegata nell'industria a partire dal 1832, è una tappa fondamentale per lo sfruttamento dell'energia.
GERMANIA
La legge di Ohm. Georg Simon Ohm stabilisce la relazione di proporzionalità esistente tra la tensione e l'intensità di corrente in un circuito elettrico.

C. McCormick mostra il funzionamento della sua mietitrice.

1828 GERMANIA
Prima sintesi organica. Friedrich Wöhler produce per la prima volta in laboratorio una sostanza presente negli esseri viventi, l'urea, dimostrando che non vi è alcuna differenza fondamentale tra la materia vivente e la materia inerte.

1830 ALGERIA
Inizia la colonizzazione francese. L'occupazione di Algeri segna l'inizio della colonizzazione francese nell'Africa costiera.
BELGIO
I belgi si separano dai Paesi Bassi. L'insurrezione di Bruxelles contro l'Olanda porta alla creazione di un regno belga indipendente. La sua neutralità sarà garantita dalle grandi potenze europee.
FRANCIA
Carlo X detronizzato. In luglio scoppia a Parigi una rivoluzione che porterà a una monarchia costituzionale, la "monarchia di luglio". Luigi Filippo I assume il titolo di "re dei francesi".
Si afferma il dramma romantico. La prefazione del *Cromwell*, nel 1827, e la rappresentazione dell'*Ernani* pongono le basi del dramma romantico. L'opera di Victor Hugo, nel suo complesso, fa parte della "leggenda del secolo".
GRECIA
I greci si liberano dai turchi. Dopo la battaglia di Navarino (1827), viene riconosciuta l'indipendenza della Grecia, posta sotto la protezione delle potenze vittoriose (Gran Bretagna, Francia, Russia).

1830 e 1857 FRANCIA
Il romanzo, specchio del secolo. Le opere di Stendhal e Gustave Flaubert riflettono i tormenti dell'epoca. *Il rosso e il nero* e *Madame Bovary* dipingono le frustrazioni amorose su uno sfondo di critica sociale, che fa parte integrante dell'estetica realista.

1831 FRANCIA
Il problema nazionale italiano. A Marsiglia Giuseppe Mazzini fonda la Giovine Italia, per sostenere gli ideali di libertà e unità dell'Italia.
GERMANIA
Heine in Francia. Ultimo dei romantici tedeschi, autore di numerose opere di ispirazione politica, Heinrich Heine deve le sue celebrità ai *Quadri di viaggio*. In Francia potrà esprimere i suoi ideali liberali.
GRAN BRETAGNA
L'induzione elettromagnetica. Michael Faraday scopre che la corrente elettrica può essere indotta dalle variazioni di un campo magnetico o dagli spostamenti del circuito nel campo stesso.

STATI UNITI
L'agricoltura si meccanizza. Un contadino della Virginia, Cyrus Hall McCormick, inventa una mietitrice che otterrà uno straordinario successo commerciale.

1831-1832 FRANCIA
L'algebra arricchita. In uno studio pubblicato nel 1831 e nella *Lettera ad Auguste Chevalier* scritta nel 1832 alla vigilia di un duello mortale, Évariste Galois espone i fondamenti della teoria dei gruppi, portando così un contributo fondamentale all'algebra.

1831-1833 GIAPPONE

Una stampa di Hokusai.

Hokusai e l'arte giapponese. Artista prolifico, Katshushika Hokusai associa con genialità le stampe alla raffigurazione del paesaggio, come testimoniano le 36 vedute del Monte Fuji. La passione per il Giappone e l'Oriente avrà un forte influsso sull'arte europea della seconda metà dell'Ottocento.

1831-1836 RUSSIA
Puškin domina le lettere russe. Con *Boris Godunov* e *La dama di picche*, Aleksandr Puškin crea un realismo poetico di ispirazione popolare. La

Lo scrittore Puškin frequenta i salotti letterari.

sua opera, ricca anche di sfumature fantastiche, segna la nascita della letteratura russa moderna.

1832 FRANCIA
Il balletto romantico. L'introduzione della componente fantastica in *La Silfide*, messo in scena all'Opéra di Parigi, segna la nascita del balletto romantico. Maria Taglioni, nel ruolo principale, nobilita la figura della ballerina classica.

1833 SPAGNA
Scoppia la prima guerra carlista. I sostenitori di Don Carlos (Carlo di Borbone), fratello di re Ferdinando IV, si oppongono, in nome della legge salica, all'avvento della figlia di quest'ultimo, la futura Isabella II. La prima fase della guerra civile durerà fino al 1839.

1834-1839 AFRICA AUSTRALE
Il grande *Trek* dei boeri. Contrari alla dominazione britannica, i coloni di origine olandese (boeri) stanziati nella Colonia del Capo intraprendono una migrazione (il grande Trek) che li condurrà a fondare il Natal, l'Orange e il Transvaal.

Telegrafo elettrico di C. Wheatstone.

GRAN BRETAGNA, STATI UNITI
L'elettricità accelera la telegrafia. Le invenzioni dei britannici William Fothergill Cooke e Charles Wheatstone (primo telegrafo elettrico a scopo commerciale) e dell'americano Samuel Morse (trasmissione di messaggi sotto forma di impulsi elettrici basati su un alfabeto codi-

Il grande Trek: scontro tra i boeri e i bantu nell'Africa meridionale.

ficato) consentono la rapida trasmissione di informazioni su lunghe distanze.

GERMANIA
Unificazione economica. Lo Zollverein, un'unione doganale fondata sul libero scambio, realizza l'unificazione economica degli Stati tedeschi, preparando le condizioni per l'unificazione politica sotto l'egemonia prussiana.

1835-1840 FRANCIA
Alexis de Tocqueville e le libertà politiche. *La democrazia in America* è un testo fondamentale per la nascita del liberalismo politico. L'autore sottolinea che una certa forma di uguaglianza mette a rischio la libertà.

1835-1848 AUSTRIA
Impero di Ferdinando I.

1836 STATI UNITI
Il trascendentalismo. Il filosofo Ralph Waldo Emerson fonda un sistema di pensiero idealista, mistico e panteista, che esprime la volontà di unire l'individuale e l'universale, contrapponendo il trascendentalismo a tutto ciò che è immanente.

1837 GRAN BRETAGNA
Vittoria sale al trono. Si apre l'"epoca vittoriana", caratterizzata da radicali evoluzioni economiche e sociali. La regina Vittoria sarà l'ultimo sovrano britannico a esercitare una forte influenza politica.

persegue un fine pedagogico, illustrando la vita di un giovane eroe alle prese con la malvagità del mondo.

1838-1839 GERMANIA
La cellula, base della vita. Basandosi sulle osservazioni compiute al microscopio, Mathias Jakdo Schleiden e Theodor Schwann fondano la teoria cellulare, secondo la quale la cellula è l'unità elementare universale degli esseri viventi animali e vegetali.

1839 STATI UNITI
Il caucciù, un materiale per l'industria. L'invenzione, da parte di Charles Goodyear, del processo di vulcanizzazione inaugura la produzione industriale di caucciù.

1840-1845 STATI UNITI
Poe crea il fantastico moderno. I *Racconti* di Edgar Allan Poe veicolano un'estetica del morboso, e anticipano il racconto di fantascienza e il romanzo poliziesco.

1841 GRAN BRETAGNA
La legge di Joule. James P. Joule enuncia la legge sulla dissipazione del calore prodotto dal passaggio di corrente elettrica in un conduttore (il cosiddetto *effetto Joule*).

1841-1863 FRANCIA
Berlioz, innovatore della melodia. Louis-Hector Berlioz sviluppa una sontuosa scrittura orchestrale che fa appello a un forte sentimento drammatico. La sua *Sinfonia fantastica* pone le basi del romanticismo musicale francese.

1842 AUSTRIA
Effetto Doppler. Christian Doppler scopre che, se un osservatore e una fonte sonora si allontanano l'uno dall'altro, i suoni giungono all'osservatore con una frequenza diversa da quella con cui sono emessi. Nel 1848 il francese Hippolyte Fizeau mostrerà che le onde luminose subiscono un effetto analogo. Si comincia dunque a utilizzare l'effetto Doppler in astrofisica, per misurare la distanza di stelle e galassie.

1838 GERMANIA
Si misura la distanza delle stelle. Grazie a una triangolazione che ha come base il diametro dell'orbita terrestre, Friedrich Wilhelm Bessel misura per la prima volta la distanza di una stella, precedendo di poco il russo Friedrich Georg Wilhelm Struve e il britannico Thomas Henderson.

GRAN BRETAGNA
Charles Dickens censore dell'era vittoriana. Il romanziere rappresenta in maniera indimenticabile la società inglese trasformata dalla rivoluzione industriale. *Oliver Twist*

L'Inghilterra di Charles Dickens: illustrazione tratta da Oliver Twist.

Honoré de Balzac in veste da camera.

FRANCIA
Il realismo mitologico di Balzac. Nei romanzi pubblicati con il titolo *La commedia umana*, Honoré de Balzac descrive le leggi che governano la società del suo tempo e mette a nudo i comportamenti umani. Molti dei suoi personaggi diverranno emblematici.

Il positivismo. Viene pubblicato il *Corso di filosofia positiva* di Auguste Comte. Per l'autore la conoscenza è possibile solo a partire dall'osservazione dei fatti generati dall'esperienza. Egli pone in tal modo le basi di una "fisica sociale" che darà origine alla sociologia.

GRAN BRETAGNA
Concimi chimici industriali. Al termine delle ricerche sulla solubilità del fosfato delle ossa, John Bennet Lawes lancia la produzione industriale del superfosfato, che presto diverrà il primo concime chimico.

1842-1846 STATI UNITI

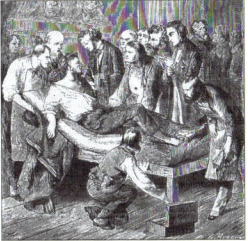
Prima operazione pubblica di chirurgia dentale sotto anestesia compiuta a Boston nel 1846 da William Morton.

L'apertura della Cina al commercio internazionale: dogana del porto di Shanghai intorno alla metà del XIX sec.

CINA
Gli occidentali in Cina. Il trattato di Nanchino pone fine alla guerra dell'oppio: Hong Kong passa alla Gran Bretagna. Inizia l'era dei "trattati ineguali" che consentono alle potenze occidentali di creare in Cina zone di forte influenza economica.

Prime anestesie. Facendo inalare a un paziente vapori di etere, Crawford Williamson Long nel 1842, compie senza testimoni la prima operazione chirurgica sotto anestesia. Nel 1846 viene eseguita la prima estrazione dentaria pubblica in anestesia.

1845 STATI UNITI
La diffusione dei giornali. La rotativa, un nuovo tipo di macchina da stampa inventata da Richard March Hoe, basata sull'impiego di un cilindro in movimento rotativo continuo, consente grandi tirature e favorisce una rapida diffusione dei giornali.

1846 AMERICA
Guerra tra Stati Uniti e Messico. I conflitti territoriali con il giovane Stato messicano portano gli Stati Uniti a una guerra che consentirà loro di annettere il Texas, il Nuovo Messico e la California nel 1848.

FRANCIA
Nettuno scoperto con il calcolo. La meccanica celeste newtoniana trionfa con la scoperta di Nettuno nella posizione calcolata dal francese Urbain Le Vernier (anche l'inglese John Couch Adams, svolgendo un lavoro analogo, giunge alle medesime conclusioni).

Caricatura di Cham ispirata dalla rivendicazione britannica che considera J.C. Adams coscopritore di Nettuno.

1846-1878
Papato di Pio IX.

1847 GRAN BRETAGNA
La logica di Boole. George Boole con i suoi studi fonda la logica matematica moderna.

SVIZZERA
Guerra del Sonderbund. L'alleanza formata nel 1845 dai sette cantoni cattolici, che vogliono godere di diritti autonomi, mette in discussione il federalismo svizzero, il cui principio viene ristabilito con le armi. Esso sarà ribadito dalla Costituzione del 1848.

1848 EUROPA
La "primavera dei popoli". La rivoluzione di febbraio in Francia abbatte la monarchia di luglio sostituendola con la Seconda Repubblica. Seguiranno insurrezioni in Italia, Austria, Germania, Europa centrale e orientale. Facendo leva sul principio delle nazionalità, i popoli ribelli rifiutano l'assolutismo.

ITALIA
In marzo scoppia a Milano una rivolta (le Cinque giornate) che costringe gli austriaci ad abbandonare la città. Carlo Alberto di Savoia dichiara guerra all'Austria: ha inizio così la prima guerra d'indipendenza, che si concluderà l'anno seguente con l'abdicazione del sovrano e la restaurazione della situazione prebellica.

Rivoluzione del 1848 in Francia. A. Lamartine e A. Ledru-Rollin vengono acclamati dal popolo.

GRAN BRETAGNA
L'ideale preraffaellita. I pittori della Confraternita preraffaellita, tra cui Dante Gabriel Rossetti e William Holman Hunt, mirano a un rinnovamento ispirato alla semplicità e spiritualità tipiche della pittura medioevale anteriore a Raffaello. Il movimento sarà in seguito prevalentemente letterario.

1848-1849 FRANCIA
Appare il cemento armato. Joseph-Louis Lambot nel 1848 e Joseph Monier nel 1849 mettono a punto, separatamente, un tipo di cemento dotato di armature metalliche che lo rendono resistente a fortissime sollecitazioni strutturali.

1848-1855 FRANCIA
Bernard definisce l'omeostasi. Claude Bernard dimostra che il fegato può immagazzinare o liberare nel sangue sostanze zuccherine per mantenere costante il valore della glicemia. Ciò gli consente di definire l'omeostasi, nozione fondamentale della fisiologia.

1848-1916 AUSTRIA
Impero di Francesco Giuseppe I.

1849 ITALIA
Vittorio Emanuele II re di Sardegna.

1849 FRANCIA

La pittura realista: il Funerale a Ornans, *di Courbet.*

Courbet dipinge la realtà. L'ambizione di Gustave Courbet è quella di "dipingere ciò che vedono gli occhi". Nel *Funerale a Ornans* manifesta il rifiuto del simbolismo e la scelta di soggetti realistici.

1851 CINA
Rivolta dei Taiping. Il movimento dei Taiping, fondato da Hong Xiuquan (1814-1864), minaccia gli interessi delle potenze europee, che contribuiranno a soffocarlo nel 1864.

GRAN BRETAGNA
La prima esposizione universale. In piena epoca liberoscambista, l'Esposizione universale di Londra, il cui simbolo è il Crystal Palace costruito in ferro e vetro, mostra l'ingegno industriale e tecnico delle nazioni più avanzate.

Zero assoluto. William Thomson (il futuro lord Kelvin) propone il concetto di zero assoluto. Questa temperatura (vicina a - 273 °C), alla quale tutte le molecole sarebbero a riposo, costituirà la base della scala delle temperature termodinamiche.

1851-1866 FRANCIA, GRAN BRETAGNA, STATI UNITI
Comunicazione d'oltremare. Con la posa del primo cavo telegrafico sottomarino tra Dover e Calais (1851) e del primo cavo transatlantico tra Stati Uniti e Gran Bretagna (1858-1866), inizia l'era delle comunicazioni internazionali.

Posa del primo cavo telegrafico transatlantico con il battello a vapore The Great Eastern.

1852 FRANCIA
Il Secondo impero. Con un colpo di Stato (2 dicembre 1851) Luigi Napoleone Bonaparte diventa Napoleone III, imperatore dei francesi. Lo

Stato si fa guardiano dell'ordine e motore della modernizzazione.

Secondo impero: presentazione del telegrafo elettrico a Napoleone III.

1852-1870 FRANCIA
Impero di Napoleone III.

1855-1856 GRAN BRETAGNA, GERMANIA
Una nuova siderurgia. Con le invenzioni dell'inglese Henry Bessemer e dei tedeschi Wilhelm e Friedrich Siemens nasce l'industria siderurgica moderna.

1855-1881 RUSSIA
Impero di Alessandro II.

1856 EUROPA
Sconfitta dell'impero russo. La guerra di Crimea aveva come posta in gioco l'integrità dell'impero ottomano di fronte all'espansionismo russo. Alleato della Gran Bretagna contro lo zar, Napoleone III convoca da trionfatore il congresso di Parigi. Camillo Benso conte di Cavour, alleato dei francesi, solleva in quella sede la questione italiana, denunciando la tirannide austriaca.

GRAN BRETAGNA
Nascita dell'industria dei coloranti. William Henry Perkin produce una sostanza con la quale si ottiene una tintura color malva, il primo colorante artificiale commercializzato su larga scala.

1857 FRANCIA
I *Fiori* dello scandalo. Nei *Fiori del male* Charles Baudelaire rifiuta il lirismo. Il forte impatto delle sue immagini urterà i contemporanei.

1859 GERMANIA
Analisi spettrale. Dimostrando che ciascun elemento chimico emette o assorbe radiazioni luminose a frequenze caratteristiche, Gustav Robert Kirchhoff e Robert Wilhelm von Bunsen pongono le basi dell'analisi spettroscopica, una delle tecniche fondamentali dell'astrofisica.

STATI UNITI
Albori dell'industria petrolifera. L'industria dell'oro nero è inaugurata dalla prima trivellazione petrolifera, realizzata da Edwin Laurentine Drake, nei pressi di Titusville, in Pennsylvania.

Primo impianto di trivellazione petrolifera nei pressi di Titusville, in Pennsylvania.

GRAN BRETAGNA
La teoria dell'evoluzione. In *Sull'origine delle specie per selezione naturale*, Charles Darwin espone la sua teoria dell'evoluzione delle specie, secondo la quale ciascuna specie vivente si evolve per adattarsi a sopravvivere in un determinato ambiente.

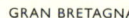
Charles Darwin.

1860 FRANCIA
Primo motore a combustione interna. Étienne Lenoir brevetta un motore ad aria a combustione, funzionante grazie a gas innescati da una scintilla elettrica: sarà il primo motore a combustione interna realmente operativo.

ITALIA
Successo della spedizione dei Mille. Glorioso episodio del Risorgimento, in cui svolse un ruolo decisivo la collaborazione di Camillo Benso conte di Cavour; lo sbarco a Marsala di Giuseppe Garibaldi e dei suoi volontari, imbarcatisi a Quarto il 5 e 6 maggio, porta all'annessione del regno delle Due Sicilie alla corona sabauda.

Nascita della Croce Rossa: treno-ambulanza in partenza per il fronte durante la prima guerra mondiale.

1861 RUSSIA
Lo zar emancipa i servi. L'abolizione della servitù della gleba interessa 22 milioni di contadini. Le prerogative fiscali e giudiziarie di competenza dei signori vengono trasferite ai *mir* (comunità rurali).

1861-1865 STATI UNITI
Presidenza di Abraham Lincoln.

1861-1869 FRANCIA
Dal velocipede alla bicicletta. Fissando dei pedali al mozzo della ruota anteriore di una draisina, Pierre ed Ernest Michaux creano il velocipede. Nel 1869 André Guilmet posiziona i pedali tra le due ruote, utilizzando una catena per trasmettere al movimento alla ruota posteriore: ottiene in questo modo l'antenato della bicicletta, che sarà creata in Gran Bretagna nel 1885.

1861-1878 ITALIA
Regno di Vittorio Emanuele II.

1862 FRANCIA
La generazione non è spontanea. Louis Pasteur confuta definitivamente l'ipotesi della generazione spontanea, secondo la quale alcuni microrganismi potrebbero generarsi autonomamente a partire dalla materia inanimata o da sostanze organiche in decomposizione.
Quattro tempi per il motore. Con la descrizione e il brevetto da parte di Alphonse Beau de Rochas del ciclo a quattro tempi per il motore, alimentato da una miscela carburata di aria-benzina infiammata in un vano chiuso, vengono gettate le basi del funzionamento dei motori a scoppio.

ITALIA
I macchiaioli contro l'accademismo. La "Promotrice fiorentina" rivela un movimento pittorico antiaccademico, i cui esponenti sono accomunati dall'adozione di una tecnica pittorica basata su ampie campiture di colore e toni contrastanti. Il teorico del movimento è Telemaco Signorini e i suoi capofila Giovanni Fattori e Silvestro Lega.

1862-1890 GERMANIA
Otto von Bismarck capo del governo.

sconfitta del vecchio sud schiavista e ha lasciato una profonda frattura tra gli Stati Uniti settentrionali e meridionali.

GRAN BRETAGNA
Lewis nel paese delle meraviglie. Lewis Carrol riprende la tradizione inglese del *nonsense* e dei *limerick* (brevi componimenti poetici in cui l'ultima strofa ripete la prima). In *Alice nel paese delle meraviglie* smonta gli ingranaggi della logica, del linguaggio e delle convenzioni sociali.

1865 e 1877 RUSSIA

Tolstoj fotografato all'epoca del romanzo Guerra e pace.

La società russa secondo Tolstoj. I romanzi di Lev Nikolaevič Tolstoj narrano l'epopea dell'uomo nella società zarista. In *Guerra e pace*, affresco storico, e in *Anna Karenina*, romanzo psicologico, è rappresentata la grande Russia delle guerre napoleoniche.

1866 AUSTRIA
Le leggi di Mendel. Gregor Johann Mendel pubblica le leggi dell'ereditarietà dei caratteri, uno dei fondamenti della genetica, frutto dell'osservazione degli incroci tra diverse varietà di piselli. Passate inosservate, saranno riscoperte verso la fine del XIX sec. dall'olandese Hugo De Vries.

GERMANIA
La Prussia trionfa sull'Austria. La disfatta austriaca del 3 luglio a Sadowa lascia campo libero a O. von Bismarck, che, essendosi assicurato l'alleanza dell'Italia (8 aprile) e la neutralità di Russia e Francia, può imporre la supremazia della Prussia sugli Stati tedeschi.

ITALIA
Annessione del Veneto. Nella terza guerra d'indipendenza l'Italia di Alfredo La Marmora ed Enrico Cialdini, malgrado le sconfitte subite a Custoza e al largo di Lissa, riesce ad approfittare dei successi della Prussia, sua alleata, sull'Austria e ottiene l'annessione del Veneto.

Guerra di secessione americana: resa dei confederati ad Appomattox (Virginia).

1865 STATI UNITI

Fine della guerra di secessione. La guerra di secessione si è protratta per cinque anni e ha causato oltre 600.000 morti. Ha portato alla

1866-1868 RUSSIA
Fëdor Dostoevskij sonda l'animo dell'uomo. Il romanziere crea personaggi che affrontano problemi psicologici (*L'idiota*) e metafisici (*Delitto e castigo*). Maestro nell'indagare l'animo umano, esalta l'umiltà, la solidarietà e l'amore.

1866-1886 FRANCIA

Verlaine e Rimbaud a Londra.

La poesia reinventata. L'incontro con Arthur Rimbaud spinge Paul Verlaine verso il simbolismo (*Poemi saturnini*). L'esistenza tormentata di Rimbaud, che in *Illuminazioni* celebra l'ideale della poesia come veggenza, inaugura il mito del "poeta maledetto".

1867 AUSTRIA E UNGHERIA
Nascita dell'impero austro-ungarico. L'imperatore Francesco Giuseppe accetta un compromesso con il quale riconosce l'autonomia dell'Ungheria, cui concede una dieta e un governo, di cui resta sovrano. L'impero crollerà nel 1918.

GIAPPONE
Inizia l'era Meiji. L'imperatore, che dopo la morte sarà chiamato Meiji Tenno, inaugura l'era delle riforme giapponesi. Instaurerà una monarchia costituzionale con Tokyo (all'epoca Edo) come capitale. L'era Meiji durerà fino al 1912.

GRAN BRETAGNA
Risorge Westminster. La sede del parlamento di Londra è ricostruita in seguito a un incendio. Con la sua celebre torre dell'orologio, questo edificio è uno dei più interessanti esempi di architettura neogotica.
Introduzione dell'antisepsi. Joseph Lister dimostra che le ferite si infettano per azione di germi microbici presenti nell'aria e introduce in chirurgia l'antisepsi. La sua pratica diverrà generalizzata solo dopo l'invenzione dei guanti di gomma sterilizzati da parte dell'americano William Halsted (1890).

1868 GERMANIA
Pubblicazione del primo volume del *Capitale.* Filosofo hegeliano e profeta rivoluzionario, Karl Marx dedica le sue riflessioni sull'economia alla critica del sistema capitalista. Il pensiero marxista sarà alla base dell'ideologia del comunismo.

1869 EGITTO
Inaugurazione del Canale di Suez. Ferdinand de Lesseps coordina i lavori di costruzione di un canale marittimo che faciliti i rapporti con l'Asia.

Costruzione del canale di Suez.

1863 GRAN BRETAGNA
La metropolitana di Londra. Con il nome di "Metropolitan Railway" viene inaugurato a Londra il primo tratto ferroviario urbano sotterraneo, su una linea lunga 6,4 km, in cui si fa uso della trazione a vapore. La prima linea con trazione elettrica sarà messa in funzione, sempre a Londra, nel 1891.

SVIZZERA
Nascita della Croce Rossa. Per iniziativa del ginevrino Henri Dunant, testimone della sanguinosa battaglia di Solferino (1859), il principio di protezione delle vittime di guerra viene adottato dalla conferenza di 14 paesi che fonderanno l'organizzazione internazionale della Croce Rossa.

1863-1906 DANIMARCA
Regno di Cristiano IX.

1864 GRAN BRETAGNA
Maxwell unisce elettricità e magnetismo. James Clerk Maxwell enuncia le equazioni fondamentali del campo elettromagnetico, unendo in un'unica teoria gli studi sull'elettricità e quelli sul magnetismo. Nel 1865 sosterrà che anche la luce è un fenomeno elettromagnetico.
Riunione della Prima internazionale. Unendo operai e intellettuali, l'Associazione internazionale dei lavoratori, che prenderà il nome di Prima internazionale, si prefigge l'avvento di una società senza classi sociali.

RUSSIA

Classificazione degli elementi chimici. Dmitrij Ivanovič Mendeleev ordina gli elementi chimici per massa atomica crescente. La classificazione periodica gli consente di ipotizzare l'esistenza di elementi ancora sconosciuti, di cui può dedurre le principali proprietà. **STATI UNITI**

Invenzione della celluloide. Cercando un sostituto dell'avorio per la fabbricazione di palle da biliardo, i fratelli Hyatt inventano la celluloide. Per quanto infiammabile, questo materiale semisintetico conoscerà un enorme successo commerciale e favorirà lo sviluppo dell'industria plastica.

VATICANO

Concilio vaticano I. Si apre il XX concilio ecumenico che ha come obiettivo principale quello di affermare il dogma dell'infallibilità pontificia, che caratterizza la Chiesa cattolica romana in ambito dottrinale.

1869-1877 STATI UNITI
Presidenza di Ulysses Simpson Grant.

1870 ITALIA
La presa di Roma. Grazie alla presa di Roma da parte dell'esercito regio (breccia di Porta Pia, 20 settembre) e all'annessione dello Stato della Chiesa al Regno d'Italia, la penisola italiana è infine unificata. Fino ai patti lateranensi del 1929, il papa si considererà "prigioniero" a Roma ("questione romana").

1870-1871
Guerra franco-prussiana.

1871 GERMANIA

Secondo Reich: proclamazione nella reggia di Versailles, 18 gennaio 1871.

A Versailles nasce l'impero tedesco. Dopo aver sconfitto la Francia, che deve cedere l'Alsazia-Lorena, il re di Prussia Guglielmo I proclama la nascita del Secondo Reich.

BELGIO
Prima dinamo industriale. Zénobe-Théophile Gramme costruisce la prima macchina generatrice di corrente continua utilizzabile su scala industriale, aprendo nuove prospettive allo sviluppo dell'elettrotecnica.

ITALIA
Verdi all'apice dell'opera italiana. Il romanticismo musicale di Giuseppe Verdi si distacca sia dalla corrente wagneriana, sia dalla tradizione italiana del "bel canto". Nell'*Aida*, e in

Giuseppe Verdi. La scenografia dell'Aida riportata sul frontespizio della partitura.

generale in tutte le sue opere, l'intensità drammatica è raggiunta alternando melodie continue a recitativi e oratori.

1871-1873 FRANCIA
Adolphe Thiers presidente della Terza repubblica.

1871-1888 GERMANIA
Impero di Guglielmo I.

1871-1893 FRANCIA
Zola e il naturalismo. Influenzato dalla visione positivista del secolo, Émile Zola applica i principi del naturalismo al ciclo romanzesco dei Rougon-Macquart, in cui narra le vicende di una famiglia durante il Secondo impero.

1872-1883 GERMANIA
Nietzsche al di là del bene e del male. Friedrich Wilhelm Nietzsche rigetta il pensiero kantiano e il razionalismo scientifico, elaborando una filosofia della volontà di potenza, attraverso dissertazioni (*La nascita della tragedia*), aforismi (*La gaia scienza*) e poemi (*Così parlò Zarathustra*).

1873-1879 FRANCIA
Presidenza di Edme Patrice Mac-Mahon.

1874 FRANCIA, PAESI BASSI
La chimica in primo piano. Introducendo contemporaneamente la teoria del carbonio tetraedrico per spiegare l'attività ottica dei composti organici, il francese Achille Le Bel e l'olandese Jacobus Henricus Van't Hoff pongono le basi della stereochimica.

GERMANIA
La teoria degli insiemi. A partire dal generico concetto di insieme, ovvero gruppo di elementi con una proprietà in comune, Georg Cantor elabora una teoria che permetterà di unificare il linguaggio delle diverse branche della matematica.

1874-1886 FRANCIA
La rivoluzione impressionista. Un gruppo di pittori, tra cui Claude Monet, Camille Pissarro e Alfred Sisley, unito da un comune disinteresse per la pittura accademica tradizionale, si dedica a restituire le impressioni visive. La corrente detta "impressionismo" segnerà la nascita dell'arte moderna.

L'imperialismo britannico: la regina Vittoria e il primo ministro Disraeli.

1876 GERMANIA

Il compositore Richard Wagner, protetto di Luigi II di Baviera, nella casa di Bayreuth che il re gli ha offerto.

La *Tetralogia* a Bayreuth. Luigi II di Baviera offre a Richard Wagner il teatro di Bayreuth. Qui viene creata La *Tetralogia*, ciclo di quattro opere in cui Wagner applica i nuovi principi di "melodia infinita" e *leitmotiv*.

Primo motore a quattro tempi. Nikolaus August Otto realizza e brevetta il primo motore a scoppio a quattro tempi (sulla base del ciclo descritto da Alphonse Beau de Rochas), funzionante a gas.

STATI UNITI
Il telefono di Bell. Alexander Graham Bell realizza e brevetta il primo apparecchio che permette di trasmettere la voce a distanza, tramite un filo elettrico.

Le registrazioni di Edison. Il fonografo messo a punto da Thomas Edison è il primo apparecchio in grado di riprodurre i suoni. Questi vengono prima captati da un padiglione, poi registrati su un cilindro girevole ricoperto da un foglio metallico.

Thomas Edison.

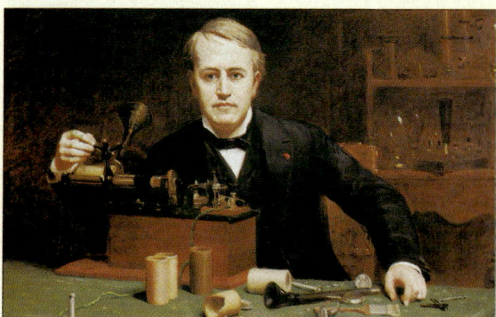

GRAN BRETAGNA
Apogeo dell'imperialismo britannico. Il primo ministro Benjamin Disraeli fa conferire alla regina Vittoria il titolo di imperatrice delle Indie. Sarà anche responsabile della guerra nell'Africa australe (1878-1879) e della seconda guerra anglo-afghana (1878-1880).

1878-1900 ITALIA
Regno di Umberto I.

1878-1903
Papato di Leone XIII.

1879 GERMANIA
La locomotiva elettrica. La presentazione, all'Esposizione di Berlino, della prima locomotiva elettrica, fabbricata da Werner von Siemens e Johann Georg Halske, inaugura l'era della trazione ferroviaria elettrica.

1879-1880 STATI UNITI
La lampadina di Edison. La lampada a incandescenza, messa a punto grazie al lavoro di Joseph Wilson Swan e Thomas Edison, che ne rivendicano ciascuno la paternità e poi si associano per la sua commercializzazione, inaugura l'era dell'illuminazione elettrica.

1881 FRANCIA
L'analisi matematica perfezionata. Henri Poincaré apporta un contributo fondamentale all'analisi matematica, fornendo un metodo generale per la risoluzione delle equazioni differenziali lineari.

1881-1894 RUSSIA
Impero di Alessandro III.

1882 EUROPA
La Triplice alleanza. Germania, Austria-Ungheria e Italia concludono a Vienna un'alleanza difensiva quinquennale. Sarà rinnovata più volte, fino all'entrata in guerra dell'Italia a fianco dell'Intesa, nel maggio 1915.

1883 STATI UNITI

Un grattacielo a Chicago. L'Home Insurance Company Building, una costruzione di dieci piani per uffici, è il primo "grattacielo" realizzato con una struttura metallica. La scuola architettonica di Chicago si specializzerà nella progettazione di questo tipo di edifici.

1884 STATI UNITI

Adozione dei fusi orari. Per porre fine alla diversificazione tra gli orari nei differenti luoghi, nel pieno dello sviluppo dei trasporti ferroviari, durante una conferenza internazionale tenuta a Washington viene adottato il sistema dei fusi orari, e assunto come riferimento il meridiano di Greenwich. Nel 1919 l'ora civile di Greenwich diverrà ora universale.

Industrializzazione della stampa. L'invenzione, da parte di Ottmar Mergenthaler, della linotype, una macchina per la composizione meccanica che produce linee giustificate in un unico blocco, consente di stampare rapidamente libri e giornali.

1885 AFRICA CENTRALE

Congo belga: l'esploratore Stanley compì alcune spedizioni per conto del sovrano belga Leopoldo II.

I belgi in Congo. Grazie alle esplorazioni di Henry Morton Stanley, il re del Belgio Leopoldo II fonda lo Stato indipendente del Congo, che sarà un suo possedimento personale fino all'annessione al Belgio, nel 1908.

FRANCIA

La rabbia sconfitta. Louis Pasteur somministra per la prima volta il vaccino antirabbico, messo a punto con Émile Roux, salvando un pastore morso da un cane ammalato.

1885-1888 STATI UNITI

Primo motore a corrente alternata. L'ingegnere di origine serba Nikola Tesla mette a punto il primo motore elettrico a induzione a corrente alternata. In commercio dal 1892, sarà utilizzato per numerose applicazioni in campo elettrotecnico.

G. Daimler (dietro) e il figlio Adolf a bordo del calesse a motore Daimler.

1886 GERMANIA

Primi veicoli a benzina. Il triciclo a petrolio di Karl Friedrich Benz e il calesse con motore a benzina di Gottlieb Daimler segnano la nascita dell'automobile moderna.

1887 GERMANIA

Scoperta delle onde elettromagnetiche. Grazie alla generazione di oscillazioni elettromagnetiche e alla dimostrazione che esse possiedono tutte le proprietà della luce, Heinrich Rudolf Hertz conferma la teoria elettromagnetica di Maxwell.

1887-1889 FRANCIA

Costruzione della torre Eiffel nel 1888.

Costruzione della torre Eiffel. Spettacolare esempio di architettura in ferro, la torre di 300 m fatta erigere a Parigi da Gustav Eiffel in occasione dell'Esposizione universale diviene il monumento più alto del mondo.

1888 GRAN BRETAGNA

Invenzione dello pneumatico. Cercando di ammortizzare le vibrazioni delle ruote del triciclo del figlioletto, John Boyd Dunlop mette a punto il pneumatico. I francesi André ed Édouard Michelin ne semplificheranno l'uso, con l'introduzione dello pneumatico smontabile, prima per biciclette (1891), poi per automobili (1895).

1888-1898 FRANCIA

I *nabis* dopo gli impressionisti. Con il dipinto *Il talismano*, di Paul Sérusier, nasce il gruppo dei *nabis*. Esso comprende pittori e scultori, artisti fedeli agli insegnamenti di Gustave Moreau, quali Maurice Denis, Pierre Bonnard, Édouard Vuillard e Aristide Maillol.

1888-1918 GERMANIA

Impero di Guglielmo II.

1889 FRANCIA

Le invenzioni cromatiche di Van Gogh. In Provenza, dove si è trasferito, Vincent Van Gogh realizza, tra gli altri dipinti, *La notte stellata*. In quest'opera è evidente il suo rifiuto del canone realista a favore della forza intrinseca dalla materia pittorica e dal colore.

1890 STATI UNITI

Epilogo delle guerre indiane. Il massacro di Wounded Knee, in una riserva del South Dakota, segna la sorte degli indiani d'America di fronte all'avanzare dei bianchi.

RUSSIA

L'apice del balletto classico. A San Pietroburgo il francese Marius Petipa utilizza le musiche di Pëtr Il'ic Cajkovskij per esaltare, grazie alla dimensione orchestrale, le coreografie dei suoi balletti. *La bella addormentata nel bosco* resta una delle pietre miliari del suo repertorio.

1891 VATICANO

L'enciclica *Rerum novarum*. L'enciclica di papa Leone XIII tocca i temi dello Stato assistenziale, della politica salariale e del sindacalismo, avvicinando la Chiesa al mondo operaio e inaugurando il cattolicesimo sociale.

1893-1897 GERMANIA

Nascita del motore Diesel. Brevettato nel 1893 e realizzato a partire dal 1897, il motore a combustione interna progettato da Rudolph Diesel si differenzia dal motore a benzina per l'assenza del carburatore e del sistema di accensione.

1894 FRANCIA

La sociologia come scienza. Con *Le regole del metodo sociologico*, Émile Durkheim pone le basi per uno studio scientifico delle questioni sociologiche. La sociologia di Durkheim si basa sul primato del fatto sociale sulla coscienza individuale.

1894-1895

Guerra cino-giapponese.

1894-1906 FRANCIA

Affaire Dreyfus.

1894-1917 RUSSIA

Impero di Nicola II.

1895 GERMANIA

I raggi X. Wilhelm Conrad Röntgen scopre un tipo di raggi invisibili, di natura fino al quel momento sconosciuta, i cosiddetti "raggi X". La capacità di penetrazione di un materiale opaco per mezzo della luce sarà alla base della radiologia.

La prima radiografia (22 dicembre 1895) mostra le ossa della mano della moglie di W. Röntgen.

FRANCIA

La topologia di Poincaré. Con *Analysis situs*, H. Poincaré getta le basi della topologia algebrica, una branca della matematica che applica gli strumenti dell'algebra alle nozioni della topologia.

I fratelli Lumière creano il cinema. L'invenzione, da parte dei fratelli Auguste e Louis Lumière, del "cinematografo", il primo strumento che consente di eseguire le riprese e di proiettarle, segna la nascita del cinema.

TURCHIA

Gli armeni vittime di un genocidio. La volontà di emancipazione degli armeni turchi porta alla nascita della "questione armena", che sfocerà in genocidio con i massacri del 1895.

1895-1897 FRANCIA, GRAN BRETAGNA

Scoperta dell'elettrone. Il francese Jacques Perrin e il britannico Joseph John Thomson dimostrano l'esistenza dell'elettrone, particella atomica leggera con carica elettrica negativa.

1896 FRANCIA

Scoperta della radioattività. Con lo studio del rapporto tra fluorescenza e raggi X emessi da sali di uranio, Henri Becquerel scopre la radioattività, inaugurando un nuovo campo di ricerca della fisica.

GRECIA

Rinascono i giochi olimpici. Il barone Pierre de Coubertin, convinto che lo sport rappresenti un mezzo di scambio culturale tra le nazioni, propone l'istituzione dei giochi olimpici dell'epoca moderna. Le prime Olimpiadi si terranno ad Atene.

ITALIA

Marconi inventa la telegrafia senza fili. Sulla base degli studi del tedesco H. Hertz e del francese Edouard Branly, Guglielmo Marconi realizza collegamenti radiotelegrafici tra punti posti a breve distanza, cui segue, nel 1901, il primo collegamento transatlantico.

1897 AUSTRIA

La secessione di Vienna. Il pittore Gustav Klimt è uno dei protagonisti della Secessione viennese. Questo movimento risentirà dell'influenza dello stile liberty, che interesserà anche le arti decorative.

1898 AFRICA NERA

I britannici occupano Fashoda. L'incidente di Fashoda, in Sudan, è l'episodio in cui sfocia la rivalità tra francesi e britannici nella regione del Nilo. La Gran Bretagna riesce a occupare la città.

AMERICA

Guerra ispano-americana. La guerra consentirà a Cuba di ottenere l'indipendenza, porterà alla fine dell'impero coloniale spagnolo e all'occupazione delle Filippine da parte degli Stati Uniti.

1899 AFRICA AUSTRALE

Una guerra tra coloni. La guerra dei boeri oppone i coloni di origine olandese ai britannici della colonia del Capo. Nel 1902 la Gran Bretagna dominerà su tutto il Sudafrica.

La fine dell'impero coloniale spagnolo in America: il porto di L'Havana all'epoca dell'indipendenza di Cuba.

1900 CINA

Minaccia agli interessi occidentali. La sconfitta cinese da parte del Giappone nel conflitto del 1894-1895 provoca la reazione dei nazionalisti guidati dalla società segreta dei Boxers. La dinastia Qing ne approfitta per far assediare le legazioni internazionali a Pechino.

GERMANIA

I quanti di Planck. Formulando l'ipotesi che gli scambi di energia tra materia e radiazioni avvengano in modo discontinuo, per mezzo di ''quanti'' di energia, Max Planck pone le basi della teoria quantistica.

Sigmund Freud, fondatore della psicoanalisi, a Londra, dove morì.

Freud indaga l'inconscio. Il medico Sigmund Freud scopre l'inconscio psichico: l'individuo ha pensieri di cui non si rende conto. *L'interpretazione dei sogni*, opera in cui viene formulato il concetto di ''atto mancato'', è alla base dei successivi sviluppi della psicoanalisi.

1900-1946 ITALIA

Regno di Vittorio Emanuele III. Il 27 luglio 1900 Umberto I viene assassinato a Monza dall'anarchico Gaetano Bresci. Gli succede il figlio Vittorio Emanuele III.

1901-1909 STATI UNITI

Presidenza di Theodore Roosevelt.

1901-1910 GRAN BRETAGNA

Edoardo VII re di Gran Bretagna e Irlanda.

1902 FRANCIA

La musica di Debussy. Claude Debussy scrive il dramma musicale *Pelleas e Melisande*, libero adattamento del dramma di Maurice Maeterlinck, rivelando un'ispirazione derivata da fonti artistiche antiche e un'arte della composizione che privilegia il recitativo.

Il cinema, ''settima arte''. Georges Méliès, illusionista e inventore, più che semplice regista, realizza *Il viaggio nella Luna*, ricorrendo per primo a effetti speciali. Appena nato, il cinema non si limita più a riprodurre il reale.

La nascita del cinema. Locandina del film di Méliès Il viaggio nella Luna.

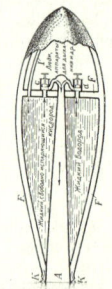

1902-1905 GRAN BRETAGNA

Albori dell'endocrinologia. Nel 1902 William Maddock Bayliss e Ernest Henry Starling scoprono la secretina e la sua azione regolatrice sulla digestione; possono così chiarire qual è il ruolo degli ormoni, contribuendo alla fondazione dell'endocrinologia.

1903 AMERICA CENTRALE

Un canale collega gli oceani. Panamá proclama l'indipendenza dalla Colombia grazie all'intervento degli Stati Uniti, a cui concederà una superficie di 10 miglia di larghezza per la realizzazione di un canale transoceanico. Dopo un'interruzione dei lavori nel 1889, il canale sarà completato nel 1914.

PAESI BASSI

Registrazione cardiaca. Con il galvanometro a corda da lui ideato, Willem Einthoven registra l'attività elettrica del muscolo cardiaco. Nasce così l'elettrocardiografia.

RUSSIA

Ziolkovskij precursore dell'astronautica. In un'opera dal titolo *Esplorazione dello spazio cosmico mediante apparecchi a reazione*, Konstantin Ziolkovskij enuncia per la prima volta le leggi del movimento di un razzo.

Il razzo immaginato da K. Ziolkovskij.

STATI UNITI

Il primo volo del Flyer I dei fratelli Wright (17 dicembre 1903).

L'aeroplano vola. A bordo di un apparecchio a doppia elica, Orville Wright vola su Kitty Hawk.

1903-1906 GRAN BRETAGNA

Esplorazione dell'atomo. Ernest Rutherford elabora il primo modello della struttura di un atomo, composto da un nucleo denso, con carica elettrica positiva, attorno al quale ruotano elettroni pressoché privi di massa, con carica negativa.

1904-1905

Guerra russo-giapponese.

1904-1905 RUSSIA

Guerra e rivoluzione russa. La Russia, in guerra con il Giappone, subisce una cocente sconfitta che esaspera la crisi interna, segnata dall'ammutinamento della corazzata *Potëmkin*. Si tratta della prima rivoluzione del popolo russo contro il potere zarista, che sarà repressa nel sangue.

1904-1906 GRAN BRETAGNA

I tubi elettronici. La nascita dell'elettronica si deve all'invenzione da parte dell'inglese John Ambrose Fleming, del diodo, un tubo elettronico a due elettrodi utilizzabile come ''raddrizzatore'' di correnti (nel 1904), e a quella, da parte dell'americano Lee De Forest, del triodo a tre elettrodi, che consente anche di amplificare i segnali elettrici (nel 1906).

1905 FRANCIA

La pittura dei *fauves*. Al pari dei tedeschi del movimento Die Brücke, un gruppo di pittori (tra cui Henri Matisse, Maurice de Vlaminck e André Derain) provoca, al Salon d'autunne di Parigi, lo stupore generale. Essi faranno delle forme primitive e dell'arbitrarietà nell'uso dei colori il mezzo per preservare la soggettività dell'artista.

GERMANIA

La teoria della relatività. Dopo aver spiegato l'effetto fotoelettrico attribuendo alla luce una struttura corpuscolare (flusso di fotoni), Albert Einstein pubblica la teoria della relatività speciale, introducendo il concetto di relazione tra spazio e tempo e ipotizzando una relazione tra massa ed energia.

1906 STATI UNITI

Prima trasmissione radiofonica pubblica. Reginald Aubrey Fessenden trasmette via radio da una stazione del Massachussetts parole e musica. La sua trasmissione è captata dagli operatori radio delle navi al largo della costa dello Stato.

SVIZZERA

Il Sempione in servizio. Viene inaugurata la galleria del Sempione, che collega l'Italia alla Svizzera. Scavata con grandi difficoltà a partire dal 1898, a una media di 700 m di altitudine, è la galleria ferroviaria più lunga del mondo (19,8 km).

1907 FRANCIA

La geometrizzazione della pittura. Il dipinto *Les Demoiselles d'Avignon* di Pablo Picasso è considerato il manifesto del cubismo. La rottura stilistica di questo movimento costituisce il risultato dell'influenza dell'arte primitiva, del rigore di Georges-Pierre Seurat e della geometrizzazione delle forme di Paul Cézanne.

1907-1950 SVEZIA

Regno di Gustavo V.

1909 STATI UNITI

Apparecchio telefonico in bachelite.

Successo della bachelite. La bachelite, brevettata dal chimico di origine belga Leo Hendrik Baekeland, riscuote un immenso successo commerciale; è la prima resina sintetica e la prima materia plastica termoindurente.

FRANCIA

I Ballets Russes: programma della stagione del giugno 1910 a Parigi, con Nijinsky come vedette del corpo di ballo.

Rivelazione dei Ballets Russes. Sergej Djagilev porta i Ballets Russes a Parigi, al Théâtre du Châtelet. Grazie al ballerino Vaslav Fomič Nijinsky, alle coreografie di Michael Fokine, Léonide Massine e Serge Lifar e al contributo, tra gli altri, di I. Stravinskij e P. Picasso, essi riscuoteranno un grandissimo successo.

ITALIA

L'esperienza futurista. Nel *Manifesto del Futurismo*, Filippo Tommaso Marinetti rigetta i valori tradizionali e propugna l'amore per la modernità e la velocità. Inizialmente letterario, il movimento futurista interesserà in particolare la pittura (e darà i migliori risultati con Umberto Boccioni, Gino Severini e Luigi Russolo) e conquisterà l'intera Europa.

Picasso e gli albori del cubismo: Nudo di donna, 1909-1910.

1910 STATI UNITI
Hollywood inventa lo *star system*. Da questo momento l'attore viene spesso scelto non tanto in base alle sue capacità, ma per soddisfare l'inconscio collettivo, come fosse un prodotto industriale. Star quali Greta Garbo, James Dean e Marilyn Monroe rappresenteranno una sorta di vetrina dell'industria cinematografica.

Pancho Villa ed Emiliano Zapata, protagonisti della rivoluzione messicana.

1910-1915 STATI UNITI
Cromosomi, geni e caratteri ereditari. Con i suoi esperimenti sulla drosofila, Thomas Hunt Morgan dà un fondamentale contributo allo sviluppo della genetica, mostrando che i cromosomi sono il supporto materiale dei geni, responsabili della produzione dei caratteri ereditari.

Thomas Hunt Morgan.

1910-1936 GRAN BRETAGNA
Giorgio V re di Gran Bretagna e Irlanda.

1911 GERMANIA

Der Blaue Reiter: Mädchen mit Fischglockeke ("Ragazza con acquario"), di A. Macke.

L'astrazione del Blaue Reiter. Il movimento pittorico Der Blaue Reiter, fondato a Monaco da Vasilij Kandinskij, Franz Marc, August Macke e Alexeij Jawlensky, costituisce l'avanguardia della pittura tedesca. Kandinskij è il teorico dell'astrattismo (*Lo spirituale nell'arte*).
PAESI BASSI
Scoperta della superconduttività. Heike Kamerlingh Onnes scopre che la resistività elettrica di alcuni metalli muta al di sotto di una data temperatura.
STATI UNITI
Millikan misura la carica dell'elettrone. Con un esperimento basato sull'osservazione del movimento di goccioline d'olio in un gas ionizzato, Robert Andrews Millikan determina il valore della carica elettrica dell'elettrone.

1911-1917 MESSICO
La rivoluzione zapatista. La dittatura del generale Porfirio Díaz viene abbattuta. La rivoluzione degenera in una guerra civile i cui protagonisti, Emiliano Zapata e Pancho Villa, entrano nella leggenda.

1912 DANIMARCA

N. Bohr (a sinistra) e M. Planck.

L'atomo di Bohr. Niels Bohr propone un rivoluzionario modello quantistico della struttura atomica, che rende conto della stabilità dell'atomo e delle sue proprietà di emissione e assorbimento delle radiazioni.
DANIMARCA, STATI UNITI
Classificazione delle stelle. Il danese Ejnar Hertzsprung e l'americano Henry Norris Russel elaborano, indipendente l'uno dall'altro, una classificazione delle stelle in base al tipo spettrale e alla luminosità. Essa sarà fondamentale per lo studio dell'evoluzione stellare.
FRANCIA
La Terra è circondata da ozono. Charles Fabry scopre lo strato di ozono dell'alta atmosfera, fondamentale per proteggere gli esseri viventi dalle radiazioni solari nocive.
GERMANIA, GRAN BRETAGNA
I cristalli ai raggi X. La scoperta, da parte del tedesco Max Theodor von Laue, della diffrazione dei raggi X attraverso i cristalli permette di determinarne la struttura. A farlo saranno i britannici William Henry e William Laurence Bragg.
GRAN BRETAGNA
La camera a nebbia. La camera a nebbia di Charles Thomson Rees Wilson consente di rilevare particelle atomiche, visualizzandone il tragitto in un gas mediante le goccioline che si formano al loro passaggio.
STATI UNITI
La catena di montaggio. Nelle officine Ford di Detroit viene utilizzato per la prima volta il sistema della catena di montaggio, che riduce il tempo di costruzione di un'auto-

Catena di montaggio della Ford T.

mobile da 12 ore a 93 minuti e permette di costruire in serie la Ford T.
La misurazione di distanze astronomiche. La relazione scoperta da Henrietta Leavitt tra magnitudine e periodo di variazione dell'intensità luminosa di alcune stelle variabili, le cefeidi, consentirà di utilizzarle per misurare la distanza di galassie e ammassi stellari.
La radiazione cosmica. Misurando la ionizzazione dell'aria nell'atmosfera con palloni-sonda, il fisico di origine austriaca Victor Franz Hess scopre fasci di particelle ad alta energia provenienti dallo spazio interstellare, definiti nel 1926 "radiazione cosmica".
La prima vitamina. Elmer Verner McCollum e Thomas Burr Osborne identificano la prima di una serie di sostanze organiche indispensabili in piccolissima quantità al buon funzionamento dell'organismo. Dopo la scoperta di altre sostanze analoghe, essa sarà chiamata "vitamina A".

1912-1913
Guerre balcaniche.

1913 FRANCIA
Proust comincia la sua ricerca. Nei sette volumi di *Alla ricerca del tempo perduto*, Marcel Proust si abbandona al ricordo del suo passato: il suo stile, caratterizzato da periodi molto lunghi e da un racconto che non rispetta la successione temporale degli eventi, rinnoverà il genere del romanzo.

1913-1921 STATI UNITI
Woodrow Wilson presidente.

1914 EUROPA
Uno studente serbo attenta alla vita del principe ereditario austriaco. La morte di Francesco Ferdinando a Sarajevo porta all'entrata in guerra dell'Austria contro la Serbia e quindi, per il gioco delle alleanze, della Francia, della Gran Bretagna e della Russia contro gli imperi centrali. Inizia così la prima guerra mondiale, che nel 1917 coinvolgerà anche gli Stati Uniti.

1914 EUROPA
Prima guerra mondiale.

1915 GERMANIA
I continenti alla deriva. Alfred Wegener ipotizza che le masse continentali siano soggette a spostamenti. A lungo denigrata, questa teoria sarà alla base della tettonica a zolle.

Alfred Wegener.

FRANCIA
Invenzione del sonar. Paul Langevin mette a punto la tecnica di rilevamento degli ostacoli mediante un fascio di ultrasuoni, che sarà utilizzata per osservare la presenza di sottomarini durante la prima guerra mondiale.
ITALIA
L'Italia in guerra. Dopo un periodo di neutralità, il 24 maggio 1915 l'Italia entra in guerra a fianco dell'Intesa.

1916 FRANCIA
Verdun. L'offensiva tedesca è stata fermata sulla Marna. Dal febbraio al dicembre 1916 si combatte la battaglia di Verdun, in cui viene utilizzato il sistema difensivo delle trincee. Sarà la battaglia più sanguinosa della guerra e della storia francese.
GERMANIA

Albert Einstein.

La relatività generale. A. Einstein pubblica la versione definitiva della teoria della relatività generale, che lega la gravitazione alla forma geometrica dello spazio. Essa sarà alla base della cosmologia moderna e dello studio degli astri ad alta densità (in particolare dei buchi neri).
GRAN BRETAGNA

Il tank britannico Mark I (senza cannone).

Primo carro armato. Prodotto in serie e subito impiegato nella battaglia della Somme, il tank *Mark I* inaugura l'era dei mezzi blindati.
STATI UNITI
Spiegazione delle reazioni chimiche. Scoprendo che il legame chimico tra atomi, o covalenza, deriva dalla condivisione di una coppia di elettroni, Gilbert Lewis svela uno dei segreti delle reazioni chimiche.

1916-1918 AUSTRIA
Impero di Carlo I.

1917 ITALIA
La disfatta di Caporetto. Il 24 ottobre 1917 l'esercito tedesco, guidato dal generale Otto von Below, sfonda il fronte italiano, costretto a ritirarsi fino al Piave. Le gravissime perdite subite dagli italiani portano alla sostituzione del capo di Stato maggiore Luigi Cadorna con Armando Diaz.

PAESI BASSI

Il neoplasticismo di Mondrian. Il pittore Piet Mondrian fonda, con Theo Van Doesburg, la rivista di avanguardia *De Stijl*, che radicalizza l'astrazione del *Blaue Reiter*. In *Realtà naturale e realtà astratta*, Mondrian fornirà una definizione del neoplasticismo, basato su relazioni di opposizione.

RUSSIA

L'anno delle rivoluzioni. La rivoluzione di febbraio detronizza lo zar Nicola II, ma il governo repubblicano provvisorio, che non riesce a tenere sotto controllo la situazione interna, viene destituito dalla rivoluzione bolscevica di ottobre. Con Lenin il comunismo sale per la prima volta al potere.

La rivoluzione russa del 1917: arringa di Lenin a Mosca nel mese di novembre.

1917-1924 RUSSIA
Lenin al governo.

1918 ITALIA
La metafisica di *Valori plastici*. Alla rivista fondata da Mario Broglio aderiscono, tra gli altri, i pittori Carlo Carrà, Giorgio Morandi e Giorgio De Chirico. Essa sarà portavoce del rinnovamento formale in senso classicista e del ritorno alla purezza ricercati dal movimento della Metafisica, nato nel 1916.

1919 FRANCIA
Pace di Versailles. Il trattato consente all'Italia di ottenere l'Alto Adige, Trieste e l'Istria e costringe la Germania a sottomettersi a quello che le appare come un umiliante *diktat*. Gli Stati Uniti promuovono la creazione della Società delle Nazioni, per garantire la pace e la sicurezza internazionali. Ne sono escluse la Russia bolscevica e i paesi sconfitti.
Lo sconvolgimento dadaista. Il movimento dadaista, nato a Zurigo, si sviluppa su impulso dello scrittore Tristan Tzara. Caratterizzato da un giocoso spirito iconoclasta, il dadaismo proclama la necessità di non lasciarsi imbrigliare da vincoli di natura morale, estetica o ideologica.

GERMANIA
Gropius fonda la Bauhaus. Walter Gropius fonda a Weimar una scuola in cui l'insegnamento artistico integra la progettazione architettonica. Al Bauhaus, che promuove un rinnovamento estetico e sociale,

vengono realizzati oggetti di uso quotidiano in cui l'eleganza formale è subordinata alla funzione.
L'espressionismo al cinema. Con la sua vicenda di omicidi e follia, *Il gabinetto del dottor Caligari*, di Robert Wiene, è il film manifesto del cinema espressionista.

GRAN BRETAGNA
Prima disintegrazione. E. Rutherford ottiene per la prima volta una disintegrazione nucleare: bombardando atomi di azoto con particelle α, ottiene ossigeno e protoni.

1922 GERMANIA
La chimica dei polimeri. Con i suoi studi sulle macromolecole, Hermann Staudinger pone le basi della chimica polimerica, che avrà importanti applicazioni nel campo dell'industria plastica.

IRLANDA
Un Ulisse contemporaneo. James Joyce pubblica il romanzo *Ulisse*, che ripercorre una giornata dell'agente pubblicitario Leopold Bloom. Utilizzando varie forme di narrazione e un linguaggio reinventato, l'autore fa dell'ebreo errante l'immagine dell'artista stesso.

ITALIA
La marcia su Roma delle camicie nere. Il 28 ottobre il Partito fascista conquista il potere grazie a una prova di forza che porterà Vittorio Emanuele III a conferire l'incarico di formare un nuovo governo a Benito Mussolini.

RUSSIA
Modelli di universo. Basandosi sulla teoria della relatività, Alexander Friedman formula l'ipotesi che l'universo abbia una densità media e un raggio variabili nel tempo, e sia in progressiva espansione rispetto all'esplosione originaria. Questo modello costituirà la base della cosmologia teorica moderna.

1922-1924 TURCHIA

La Turchia occidentalizzata: al centro, il presidente Mustafa Kemal.

Mustafa Kemal Atatürk instaura la repubblica. Il generale Mustafa Kemal, che ha guidato la vittoria sui greci, si afferma come leader nazionalista e abolisce il sultanato e il califfato. Dopo essere divenuto presidente della repubblica, cercherà di occidentalizzare il paese e farà adottare l'alfabeto latino.

1923 AUSTRIA
Ascesa dei dodecafonisti. Il compositore Arnold Schönberg e i suoi allievi della scuola di Vienna inventano un metodo che sfrutta i dodici

suoni della gamma cromatica. La dodecafonia consentirà lo sviluppo della musica seriale da parte di Olivier Messiaen e René Leibowitz.

FRANCIA
Il vaccino antitubercolare. Albert Calmette e Camille Guérin mettono a punto il vaccino antitubercolare.

1924 FRANCIA
Una nuova teoria sulla luce. Descrivendo la natura ondulatoria e corpuscolare della luce, Louis-Victor de Broglie pone le basi della meccanica ondulatoria e consente di elaborare una nuova concezione della struttura degli atomi.

GRAN BRETAGNA
Dentro le stelle. Arthur Stanley Eddington dimostra che i raggi cosmici assicurano l'equilibrio delle stelle ed elabora per primo un modello della loro struttura interna.

ITALIA
Il delitto Matteotti. L'assassinio del deputato socialista Giacomo Matteotti per mano di una squadra di fascisti determina la protesta di un gruppo di parlamentari antifascisti, che tenta, disertando le aule del parlamento (secessione dell'Aventino), di indebolire il governo inducendolo alle dimissioni.

STATI UNITI

E. Hubble e il suo assistente, M. Humason, con il telescopio da 2,54 m nell'osservatorio del Monte Wilson (Stati Uniti).

Esistono altre galassie. Scoprendo nuove stelle nella nebulosa di Andromeda, Edwin Hubble verifica l'esistenza di altre galassie oltre alla nostra e apre così un nuovo campo di ricerca per l'astronomia.

1924-1930 FRANCIA
Il surrealismo si manifesta. Nei *Manifesti del surrealismo*, André Breton afferma il ruolo dell'immaginario, dell'onirismo e dell'irrazionale nella creazione artistica. "Cambiare la vita", secondo la for-

mula di Rimbaud, diverrà il motto dei surrealisti. Tra essi avranno un ruolo di primo piano Louis Aragon, Paul Éluard e Robert Desnos.

1925 AUSTRIA

Wozzeck di Alban Berg in una versione del 1956 all'Opera di Berlino.

Alban Berg compone la prima opera atonale. A Berlino viene messo in scena *Wozzeck*, ispirato al dramma di Georg Büchner. Alban Berg resta fedele ai principi della dodecafonia, ma rinnova la scrittura orchestrale e vocale per intensificare la drammaticità. L'opera segna la fine della tradizione lirica.

GERMANIA
Heisenberg sviluppa la meccanica quantistica. Formulando i principi matematici che gli consentono di fornire una spiegazione completa delle proprietà delle particelle atomiche, Werner Heisenberg compie un ulteriore passo verso la comprensione della struttura della materia.

1925-1934 GERMANIA
Paul Ludwig von Hindenburg presidente della repubblica di Weimar.

1925-1945 ITALIA
Il regime fascista. B. Mussolini sopprime le ultime libertà e ogni for-

Surrealismo: Au rendez-vous des amis, di Max Ernst (1922).

ma di pluralismo, trasformando lo Stato costituzionale in un regime di cui egli si proclama "duce".

1925 e 1926 CECOSLOVACCHIA
L'universo kafkiano. Franz Kafka è il grande scrittore della spersonalizzazione dell'uomo inserito nella macchina burocratica. I romanzi *Il processo* e *Il Castello*, pubblicati postumi, profetizzano l'avvento del totalitarismo e dei campi di concentramento.

1926 FRANCIA
Un nuovo cemento. Dopo l'invenzione del cemento armato, nel 1848, Eugène Freyssinet introduce un nuovo materiale da costruzione, il cemento precompresso, provvisto di armature in acciaio che ne accrescono la resistenza e l'elasticità.

GRAN BRETAGNA
Baird accende la televisione. Con la trasmissione pubblica di immagini televisive, John Logie Baird inaugura a Londra l'era della televisione. Nel 1928 metterà a punto le prime immagini a colori e nel 1929 aprirà uno studio in cui realizzerà le prime trasmissioni a lunga distanza.

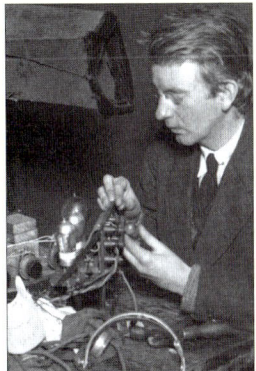

John Logie Baird.

STATI UNITI
Il razzo a propellente liquido. Convinto dell'avvenire dell'esplorazione spaziale mediante razzi, Robert Hutchings Goddard effettua il primo lancio di un razzo a propellente liquido.

R.H. Goddard mostra il suo primo razzo.

1926-1989 GIAPPONE
Impero di Hirohito.

1927 GERMANIA
Essere e tempo di Heidegger. La filosofia di Martin Heidegger recupera la questione dell'Essere, rivalutando la metafisica. L'uomo è l'essere consapevole del suo "essere-nel-mondo".

Le incertezze di Heisenberg. Formulando paradossi che dimostrano l'impossibilità di misurare simultaneamente la posizione e la velocità di una particella atomica, W. Heisenberg conferma la teoria quantistica e riaccende il dibattito sul determinismo.

STATI UNITI
Lindbergh a Parigi. Con la traversata dell'Atlantico senza scalo da New York a Parigi, a bordo dello *Spirit of Saint Louis*, Charles Augustus Lindbergh apre nuove prospettive per i collegamenti intercontinentali.

Lindbergh davanti allo Spirit of Saint Louis.

1928 GRAN BRETAGNA
Il primo antibiotico. Con la scoperta, da parte di Alexander Fleming, del primo antibiotico, la penicillina, si annuncia una rivoluzione in campo terapeutico. La penicillina sarà isolata nel 1939 da Ernst Boris Chain e prodotta su scala industriale dal 1941 da Howard Walter Florey.

1928 e 1957 DANIMARCA, SVEZIA

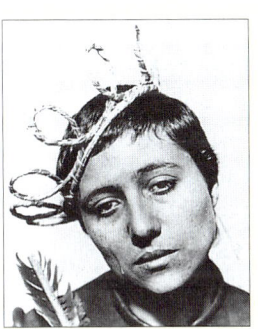

Renée Falconetti in La passione di Giovanna d'Arco.

Un cinema d'eccezione. Se, con *La passione di Giovanna d'Arco* di Carl Dreyer (1928), il cinema danese offre una visione pessimistica del mondo, con *Il posto delle fragole* di Ingmar Bergman (1957) quello svedese esplora le passioni umane.

La crisi del 1929: i disoccupati di New York fanno la fila per avere il cibo.

1929 ITALIA
I patti lateranensi. Con i patti lateranensi, firmati da Benito Mussolini e dal cardinale Gasparri per Pio XI, si ristabiliscono i rapporti tra lo Stato italiano e la Santa Sede. Il cattolicesimo diventa religione di Stato.

STATI UNITI
Il giovedì nero di Wall Street. Negli anni del dopoguerra i paesi occidentali subiscono gli effetti dell'inflazione, che porterà al crac di giovedì 22 ottobre. La crisi economica sarà globale.

L'universo si espande. E. Hubble verifica che le righe spettrali di gran parte delle galassie appaiono spostate verso il rosso. Questo fenomeno, detto *effetto Doppler*, dimostra che quanto più le altre galassie sono distanti, maggiore è la rapidità con cui si allontanano dalla nostra. La sua scoperta avvalora l'ipotesi dell'espansione dell'universo, avanzata nel 1927 dal belga Georges Lemaître.

1929-1953 URSS
Iosif Stalin al potere.

1929 e 1939 STATI UNITI
Faulkner e Steinbeck. Gli scrittori statunitensi abbandonano alla nostalgia del recente passato della loro nazione. William Faulkner racconta, nei suoi romanzi, il mitico Sud (*L'urlo e il furore*) e John Steinbeck il miraggio della California (*Furore*).

1930 STATI UNITI
Un "nuovo" pianeta: Plutone. La ricerca di un pianeta situato oltre Nettuno (la cui esistenza viene ipotizzata nel 1915 da Percival Lowell), in grado di spiegare i suoi movimenti irregolari, porta alla scoperta di Plutone da parte di Clyde Tombaugh. Ma questo pianeta è troppo piccolo per esercitare una tale influenza gravitazionale.

FRANCIA
Il surrealismo al cinema. Il regista di origine spagnola Luis Buñuel riprende la sua collaborazione con Salvador Dalí, che aveva partecipato alla realizzazione di *Un chien andalou*. *L'age d'or* sarà il film culto del cinema surrealista.

1931 GERMANIA

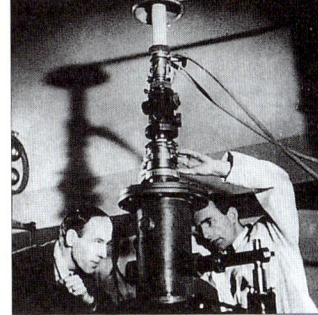

Il microscopio elettronico e i suoi inventori, E. Ruska e M. Kroll (a sinistra).

Invenzione del microscopio elettronico. Con una potenza di ingrandimento notevolmente superiore rispetto al microscopio ottico, il microscopio elettronico, inventato da Ernst Ruska e Max Kroll, rivoluziona lo studio delle strutture cellulari e molecolari.

1931-1932 STATI UNITI

K.G. Jansky davanti all'antenna che gli consentì di scoprire le prime emissioni radioelettriche di origine cosmica.

Nascita della radioastronomia. La scoperta fortuita, da parte di Karl Guthe Jansky, delle emissioni radioelettriche del nucleo della nostra galassia, segna la nascita della radioastronomia.

Primi acceleratori di particelle. Il ciclotrone, realizzato a Berkeley sul principio enunciato nel 1930 da Ernest Orlando Lawrence, e l'acceleratore elettrostatico, creato a Princeton da Robert Jewison Van der Graaff, forniscono ai fisici nuovi strumenti per studiare la struttura della materia.

1932 STATI UNITI, GRAN BRETAGNA
Scoperta del neutrone e del positrone. La famiglia delle particelle elementari si allarga con la scoperta del neutrone, da parte del britannico John Chadwick, e del positrone (l'elettrone positivo), la cui esistenza era stata prevista già nel 1930 da Paul Dirac, da parte dell'americano Carl David Anderson.

1932 e 1948
Il futuro della società in anteprima. Se si esclude l'opera di Jules Verne,

la fantascienza è un genere ancora agli esordi quando Aldous Huxley pubblica *Il mondo nuovo*, un satirico ammonimento sui misfatti della società industriale. Nel decennio successivo George Orwell profetizzerà, in *1984*, l'avvento dei regimi totalitari.

1933 GERMANIA
Il Reichstag brucia. La repubblica di Weimar è alle prese con la crisi economica quando l'incendio doloso del Reichstag fornisce al partito nazista di Adolf Hitler il pretesto per eliminare gli oppositori e accedere al potere senza violare apertamente la legge.

1933-1945 GERMANIA
Hitler cancelliere del Terzo Reich.

1933-1945 STATI UNITI
Presidenza di Franklin Delano Roosevelt.

1934 FRANCIA
Scoperta della radioattività artificiale. Bombardando atomi stabili con particelle α, Irène e Frédéric Joliot-Curie ottengono isotopi radioattivi che non esistono in natura. Questa scoperta favorisce i successivi sviluppi della chimica nucleare.
STATI UNITI
Zworykin perfeziona la televisione. La realizzazione, da parte dell'ingegnere di origine russa Vladimir Zworykin, del primo tubo elettronico per le riprese, l'iconoscopio, apre la strada alla televisione moderna.

V. Zworykin presenta l'iconoscopio, primo tubo elettronico per le riprese televisive.

1934-1935 CINA
La Lunga marcia di Mao. La Cina è diventata repubblica nel 1911. I nazionalisti di Jiang Jieshi si distaccano dalle posizioni del partito comunista di Mao Zedong, portando a una vera e propria guerra, durante la quale Mao conduce i suoi uomini in un immenso movimento di ritirata. La cosiddetta Lunga Marcia diventerà il simbolo dell'eroismo dell'esercito comunista.

1935 GERMANIA
Registrazione del suono. Riprendendo il principio di un dispositivo inventato nel 1898 dal danese Valdemar Poulsen, la ditta AEG realizza un apparecchio per la registrazione del suono su un supporto magnetico, il magnetofono, il cui

utilizzo si diffonderà ampiamente dopo il 1950.
GRAN BRETAGNA

Radar utilizzato dalla Royal Air Force durante la seconda guerra mondiale.

Invenzione del radar. Il radar, messo a punto da Robert Alexander Watson-Watt, consente di rilevare e localizzare un ostacolo per mezzo di onde radioelettriche. Troverà numerose applicazioni civili (aeronautica, meteorologia) e militari (difesa aerea).

1935-1936 ETIOPIA
Guerra d'Etiopia. Le truppe italiane, guidate prima dal generale Emilio De Bono, poi da Pietro Badoglio, attaccano l'Etiopia (3 ottobre 1935), ignorando le sanzioni imposte al paese dalla Società delle Nazioni. Alla conquista di Addis Abeba, il 5 maggio 1936, segue la proclamazione dell'impero e la fondazione dell'Africa orientale italiana (Eritrea, Somalia ed Etiopia).

1936 FRANCIA
Il Fronte popolare. Nello scenario della crisi economica, le forze di sinistra si mobilitano contro la minaccia fascista. Il Fronte popolare, che vince le elezioni, affida il compito di formare il nuovo governo al socialista Léon Blum. Vengono istituite le ferie pagate.
GRAN BRETAGNA
L'economia secondo Keynes. L'opera *Teoria generale dell'occupazio-*

Le ferie pagate, istituite dal Fronte popolare, in una fotografia di Henri Cartier-Bresson.

ne, dell'interesse e della moneta, di John Maynard Keynes, mette in discussione i fondamenti dell'economia classica. La sua analisi della disoccupazione è in contrasto con i principi chiave del liberalismo e giustifica in alcuni casi il ricorso allo Stato per supplire alle forze del mercato.

1936-1952 GRAN BRETAGNA
Giorgio VI re di Gran Bretagna e Irlanda del Nord.

1936-1939 SPAGNA
La guerra civile. Dal 1931 la Spagna è un paese diviso: i repubblicani si oppongono ai nazionalisti, che si armano contro il governo di sinistra, uscito dalle elezioni del 1936. La guerra civile, segnata nel 1937 dal drammatico bombardamento di Guernica, permette al generale Francisco Franco di imporre la sua dittatura.

1936 e 1940 STATI UNITI

Charlot, dal riso al pianto. Charlie Chaplin è regista e protagonista di film in cui interpreta Charlot, un vagabondo dalla mimica traboccante di umanità. Fondendo toni burleschi e melodrammatici, Chaplin dà vita a un'analisi penetrante del mondo tra le due guerre (*Tempi moderni*, *Il grande dittatore*).

Charlie Chaplin alle prese con una catena di montaggio in Tempi moderni.

1937 STATI UNITI
Disney e i cartoni. Geniale inventore di Topolino, Walt Disney passa al cinema, realizzando celebri film di animazione. Il suo primo lungometraggio, *Biancaneve e i sette nani*, riscuote un grande successo grazie a un soggetto poetico e a disegni di indubbia qualità.

1937 e 1941 URSS
La musica nel paese dei soviet. Se I. Stravinskij ha scelto, nel 1921, di espatriare in Occidente, i compositori Sergej Prokof'ev (*Cantata per il 20° anniversario della Rivoluzione*) e Dmitrij Šostakovič (*Sinfonia Leningrado*) rigenerano la tradizione classica russa aderendo ai principi del realismo socialista.

1938 EUROPA
Le democrazie impotenti. Hitler detiene pieni poteri in Germania. Dopo aver riarmato il paese, annette l'Austria (Anschluss) e impone a Francia e Gran Bretagna gli accordi di Monaco, che prevedono l'annessione alla Germania della Cecoslovacchia.
GERMANIA
La fissione nucleare. Otto Hahn e Fritz Strassmann ottengono la fissione dell'uranio, segnando un importante passo avanti per la fisica nucleare.
Le stelle svelate. La scoperta, da parte di Hans Albrecht Bethe e Carl von Weizsäcker (che operano separatamente), del ciclo di reazioni termonucleari da cui le stelle ricavano energia, rappresenta un progresso decisivo per lo studio della struttura interna delle stelle.
ITALIA
Esce *La storia come pensiero e come azione*. Il pensiero filosofico di Benedetto Croce viene coronato dall'uscita di un'opera in cui si compie la sua "filosofia dello spirito". Egli pone le premesse dello "storicismo assoluto", sottolineando il ruolo fondamentale della conoscenza storica per l'azione.
STATI UNITI
Il nylon in commercio. La ditta Du Pont de Nemours commercializza il nylon, una poliammide sintetizzata nel 1935 da Wallace Carothers e brevettata nel 1937, che inaugura l'era dei tessuti sintetici, rivoluzionando la produzione di maglieria e biancheria intima.

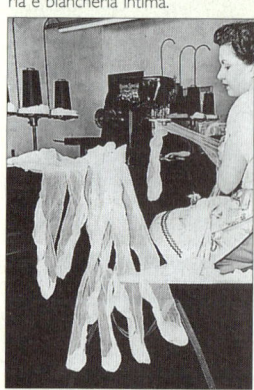

Fabbricazione di calze di nylon.

Successo della musica afro-americana. Al Carnegie Hall di New York si tiene il primo concerto di blues e jazz. Battezzato *From Spirituals to Swing* e prodotto da John Hammond, vede la partecipazione di Count Basie e Big Bill Broonzy.

Count Basie, uno dei primi jazzisti.

1938 e 1946 RUSSIA
Il realismo metaforico di Ejzenštejn. Con Sergej Michajlovič Ejzenštejn la cronaca assume la forma di un'ispirata epopea. In collaborazione con S. Prokof'ev, il regista girerà due dei suoi film più importanti, *Aleksandr Nevskij* e *Ivan il Terribile*.

Aleksandr Nevskij di S.M. Ejzenštejn.

1938-1948 FRANCIA
L'esistenzialismo di Sartre. Il pensiero di ispirazione umanista di Jean-Paul Sartre esalta la necessità dell'impegno. Il filosofo espone le basi teoriche dell'esistenzialismo in *L'essere e il nulla* (1943), e ne riprende i temi nei romanzi (*La nausea*) e nelle opere teatrali (*Le mani sporche*).

1939-1945
Seconda guerra mondiale.

1939-1958
Papato di Pio XII.

1939 FRANCIA
La matematica di Bourbaki. Con lo pseudonimo collettivo di Nicolas Bourbaki, un gruppo di matematici pubblica *Elementi di matematica*, un'opera basata sulla logica formale e sulla teoria degli insiemi, volta ad assiomatizzare tutte le branche della matematica.
Reazione a catena. F. Joliot-Curie, Hans Halban e Leo Kowarski scoprono che la fissione dell'uranio è accompagnata dall'emissione di neutroni che possono riprodurre la reazione. La scoperta della reazione a catena consente la messa a punto di reattori e bombe nucleari.
GERMANIA

De Gaulle e la resistenza: l'appello lanciato il 18 giugno 1940 dalla BBC di Londra.

La guerra si espande. La Germania prosegue la sua invasione dell'Europa e firma un patto con Giappone e Italia. La Francia occupata chiede l'armistizio; il 18 giugno il generale Charles De Gaulle lancia il suo appello alla resistenza.
GERMANIA
Il DDT, potente insetticida. Il DDT (diclorodifenil-tricloroetano), di cui

Il primo aereo a reazione.

Primo volo di un aereo a reazione. Il 27 agosto il volo di prova del velivolo *Heinkel He-178*, dotato di un turboreattore progettato da Hans Pabst von Ohain, segna la nascita dell'aeronautica moderna. Il primo caccia a reazione, il *Messerschmitt Me-262*, volerà nel 1942.
POLONIA
Hitler invade la Polonia. Il 1° settembre la Germania invade la Polonia e proclama l'annessione del paese al Reich. Francia e Gran Bretagna dichiarano guerra alla Germania, scatenando la seconda guerra mondiale.
STATI UNITI
L'epopea del western. Epopea nazionale e, in un secondo tempo, difesa della cultura indiana, il cinema western ha come opera di riferimento *Ombre rosse* di John Ford. Il genere rende leggendario il paesaggio della frontiera americana e dà

vita a personaggi esemplari incarnati da attori quali John Wayne o James Stewart.

1940-1945, 1951-1955 GRAN BRETAGNA
Winston Churchill primo ministro.

1940 EUROPA

Paul Müller ha scoperto le proprietà insetticide, contribuisce allo sviluppo dell'agricoltura e a debellare focolai di malattie infettive. Presto, però, si rivelerà tossico.
ITALIA
L'Italia in guerra. Il 10 giugno l'Italia dichiara guerra a Gran Bretagna e Francia.

1941 IUGOSLAVIA
Il segreto delle variazioni climatiche. Milutin Milankovič ipotizza che le variazioni a lungo termine del clima siano legate al mutamento ciclico di alcuni parametri orbitali della Terra.
STATI UNITI
Scoperta del plutonio. Glenn Theodor Seaborg ed Edwin Mattison McMillan scoprono il plutonio, elemento radioattivo che verrà impiegato per la realizzazione di armi nucleari e come combustibile nucleare.

I giapponesi attaccano Pearl Harbor. Di fronte alla situazione europea, il presidente statunitense F.D. Roosevelt sostiene che il paese deve porre fine all'isolazionismo. L'attacco a sorpresa della base di Pearl Harbor da parte di aerei e sottomarini giapponesi è l'episodio che determina l'entrata in guerra degli Stati Uniti.

1941-1945 GERMANIA
Lo sterminio degli ebrei d'Europa. Il 20 gennaio 1942 i nazisti adottano la politica di Stato della "soluzione finale della questione ebraica". Viene dato l'ordine di accelerare il ritmo della deportazione di ebrei nei campi di concentramento, dove troveranno la morte cinque milioni di persone.

Gli orrori del nazismo: deportazione di donne in un campo di concentramento.

1942 AFRICA SETTENTRIONALE
Fallimento della campagna d'Africa. L'Asse subisce una grave disfatta a El-Alamein, in Egitto, dove, in due sanguinose battaglie, i britannici arrestano l'avanzata dei tedeschi di Erwin Rommel e delle forze italiane.
STATI UNITI
Primo reattore nucleare. Enrico Fermi realizza un reattore nucleare sperimentale utilizzando l'uranio come combustibile e la grafite come moderatore. Esso conferma la possibilità di produrre una reazione a catena controllata nell'uranio naturale e rappresenta un passo avanti verso l'impiego dell'energia nucleare.

$$i\hbar \frac{\partial}{\partial \tau} = \frac{p^2}{2m} + \frac{Ze^2}{r}$$

$$\alpha = \frac{\hbar^2}{e c}$$

Enrico Fermi.

1943 ITALIA
L'Italia divisa in due. In seguito allo sbarco delle truppe alleate in Sicilia (10 luglio), B. Mussolini è posto in minoranza dal Gran Consiglio del fascismo. Rifugiatosi nell'Italia settentrionale, si pone a capo della Repubblica sociale italiana di Salò, un governo controllato dalle forze di occupazione tedesche.
Il 3 settembre P. Badoglio, il nuovo capo del governo, firma a Cassibile un armistizio con gli alleati. Nasce il CLN (Comitato di liberazione nazionale), formato dai principali partiti antifascisti, e si costituiscono i primi nuclei partigiani di Resistenza.

1944 FRANCIA
Lo sbarco delle forze alleate in Normandia. Il 6 giugno le forze anglo-americane guidate dal generale Dwight Eisenhower lanciano l'operazione "Overlord". Sbarcate in Normandia, al prezzo di sanguinosi combattimenti riescono ad aprire un nuovo fronte, che si rivelerà decisivo.
GERMANIA

Un V2 sulla rampa di lancio.

V2 sull'Inghilterra. Il V2 (*Vergeltungswaffe 2*, "arma di rappresaglia"), un missile ad autopropulsione a lunga gittata, sviluppato a Peenemünde sotto la direzione di Wernher von Braun, viene lanciato sull'Inghilterra. È il precursore dei moderni missili balistici e conoscerà un largo impiego all'epoca dei primi lanci spaziali.
ITALIA
La liberazione dell'Italia. Dopo la liberazione di Roma da parte degli Alleati (4 giugno), Vittorio Emanuele III cede i poteri al figlio Umberto II. Nuovo capo del governo

è Ivanoe Bonomi. Il fronte di occupazione si attesta lungo la Linea gotica.

STATI UNITI
DNA, supporto dell'eredità. Oswald Theodore Avery, Colin MacLeod e Maclyn McCarty scoprono che il patrimonio genetico è formato da una sostanza chimica detta acido desossiribonucleico.

1945-1953 STATI UNITI
Presidenza di Harry Spencer Truman.

1945 EUROPA
La spartizione del mondo libero. J. Stalin, W. Churchill e F.D. Roosevelt si incontrano a Jalta, in Crimea, prima della capitolazione della Germania. Si accordano per importanti concessioni territoriali all'URSS e prefigurano il mondo del dopoguerra, che sarà diviso in due dalla guerra fredda.

FRANCIA
Lo sviluppo della fenomenologia. Marcel Merleau-Ponty sviluppa il lavoro del filosofo tedesco Edmund Husserl ponendo la questione dell'alterità (l'altro uomo, il passato). In *Fenomenologia della percezione* sviluppa un'inedita concezione del rapporto tra individuo e mondo.

GIAPPONE

L'apocalisse nucleare di Hiroshima.

Hiroshima sotto il fuoco nucleare. Il presidente americano Truman decide di ricorrere alle armi atomiche contro il Giappone. In agosto una bomba causa 80.000 vittime a Hiroshima e una seconda distrugge Nagasaki. Con la capitolazione del Giappone si conclude la seconda guerra mondiale.

ITALIA
La liberazione. L'Italia settentrionale viene progressivamente liberata. Mussolini, in fuga verso la Svizzera, viene arrestato e fucilato. Al governo di Ferruccio Parri, segue quello di Alcide De Gasperi.
Il neorealismo di Rossellini. Con il film *Ossessione* (1943) Luchino Visconti fonda la corrente neorealista, che riceverà la consacrazione in

Roma città aperta di Roberto Rossellini, grazie anche all'intensa interpretazione di Anna Magnani. Tra i più importanti film neorealisti si ricordano *Paisà* (1946) di R. Rossellini, *Sciuscià* (1946) e *Ladri di biciclette* (1948) di Vittorio De Sica.

STATI UNITI
Prima seduta dell'ONU. Nel corso di una conferenza a San Francisco i rappresentanti di 50 nazioni elaborano la carta dell'ONU, che riprende gli obiettivi della Società delle Nazioni. La prima seduta dell'ONU si terrà il 26 ottobre a New York. Gli Stati membri mettono a disposizione del segretario generale le forze armate dei Caschi blu.
Il be-bop moderno. Il be-bop, che segna una profonda rottura con lo swing, esce dai club della 52ª strada di New York e, grazie anche al suo portavoce, il visionario Charlie Parker, conquista il mondo.

1946-1948 ITALIA
Presidenza di Enrico De Nicola.

1946-1958 FRANCIA
Quarta repubblica.

1946-1975
Guerre d'Indocina.

1946-1955 ARGENTINA
Il decennio di Perón. Juan Perón, eletto presidente a grande maggioranza, applica la dottrina del "giustizialismo", che concilia dirigismo economico e giustizia sociale. L'esperienza innovatrice, cui collabora la moglie Eva, fallirà a causa del dissenso popolare.

1946 ITALIA
La repubblica italiana. Con il referendum del 2 giugno gli italiani scelgono di darsi una forma di governo repubblicana. Viene eletta l'Assemblea Costituente.

STATI UNITI

L'ENIAC, primo calcolatore completamente elettronico (conteneva 18.000 tubi elettronici e pesava oltre 30 t).

Il primo computer. All'Università della Pennsylvania, John Eckert e John William Mauchly mettono a punto il primo calcolatore elettronico, l'ENIAC (Electronical Numerical Integrator And Calculator): inizia l'era informatica.

1947 INDIA
Proclamazione dell'indipendenza. Per tre decenni il Mahatma Gandhi è stato l'anima della lotta anticolonialista in India. Quando riesce a ottenere l'indipendenza, il paese viene però diviso in due, con la creazione di uno Stato musulmano, il Pakistan.

Verso l'indipendenza dell'India: trattative del maggio 1947, con lord Mountbatten e Nehru.

ITALIA
Con i trattati di pace di Parigi l'Italia deve cedere Zara, Fiume e l'Istria alla Iugoslavia, Briga e Tenda alla Francia e rinunciare alle colonie. Trieste diviene territorio libero.

STATI UNITI
Il piano Marshall aiuta l'Europa. Il segretario di Stato George Marshall propone un piano di aiuti economici per la ricostruzione dei paesi europei. Per gli Stati Uniti rappresenta anche un provvedimento volto a impedire che il vecchio continente cada nell'orbita dell'influenza sovietica.
Primo volo supersonico. Il 14 ottobre, il pilota collaudatore Chuck Yeager compie il primo volo supersonico a bordo di un aereo Bell X-I.

1947-1964 INDIA
Jawaharlal Nehru primo ministro.

1948-1955 ITALIA
Presidenza di Luigi Einaudi.

1948 CECOSLOVACCHIA
Il colpo di Stato di Praga. L'insoddisfazione popolare e la crisi politica garantiscono il successo del colpo di Stato comunista. Per l'Occidente l'entrata dei sovietici a fianco dei manifestanti diviene il simbolo del dominio di Mosca sull'Europa orientale.

GRAN BRETAGNA

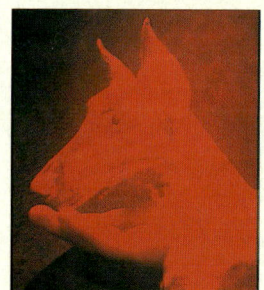

Ologramma.

Gabor inventa l'olografia. Dennis Gabor elabora una rivoluzionaria tecnica di registrazione delle immagini che crea l'illusione della tridimensionalità, l'olografia, basata sull'interferenza generata dalla sovrapposizione di due fasci di luce coerente. Questo procedimento conoscerà un grande sviluppo negli anni '60, dopo l'invenzione del laser.

ITALIA
Le prime elezioni della repubblica. Entra in vigore la Costituzione. Le elezioni politiche vedono la vittoria dei democristiani.

MEDIO ORIENTE

Fondazione dello Stato di Israele: David Ben Gurion il 14 maggio 1948.

Lo Stato promesso. In conformità al piano di spartizione della Palestina, viene creato lo Stato di Israele, per accordare un territorio agli ebrei sionisti e ai profughi provenienti dall'Europa dopo la seconda guerra mondiale. L'opposizione degli arabi palestinesi porterà alla prima guerra arabo-israeliana e le linee del cessate il fuoco fungeranno da frontiere per il nuovo Stato.

STATI UNITI
Il più grande telescopio del mondo. La costruzione, all'osservatorio di Mount Palomar, in California, di un telescopio di 5 m di diametro, apre nuove prospettive all'astronomia, in particolare per lo studio delle galassie.
All'origine un big bang. Riprendendo l'ipotesi, formulata nel 1931 dal belga Georges Lemaître, che la materia dell'universo fosse in origine molto densa e avesse un'elevatissima temperatura, Ralph Alpher, Hans Bethe e George Gamow propongono la teoria cosmologica del big bang.

Roma città aperta, di Roberto Rossellini, uno dei manifesti del neorealismo italiano.

Il telescopio di 5 m di diametro dell'osservatorio di Mount Palomar (Stati Uniti).

Invenzione del disco a microsolco. Il fisico di origine ungherese Peter Goldmark inventa, per conto della CBS, il disco a microsolco in resina vinilica, che gira alla velocità di 33 giri al minuto e che conoscerà un immenso successo fino all'avvento del compact disc.

Wiener fonda la cibernetica. L'opera *Cybernetics, or Control and Communication in the Animal and the Machine* di Norbert Wiener segna la nascita di una nuova disciplina, la cibernetica, che studia i processi di controllo e comunicazione degli esseri viventi e delle macchine e i sistemi sociologici ed economici.

La meccanica quantistica colta in fallo. Willis Lamb individua, tra due livelli di energia dell'atomo di idrogeno, uno scarto infinitesimo che la meccanica non permette di calcolare. Questa scoperta porterà allo sviluppo dell'elettrodinamica quantistica.

Il transistor miniaturizza l'elettronica. L'invenzione del transistor da parte di John Bardeen, Walter Brattain e William Shockley inaugura l'era della microelettronica.

1948-1949 GERMANIA
Blocco di Berlino.

1949 GERMANIA
Brecht costituisce il Berliner Ensemble. Nella Germania comunista, Bertolt Brecht difende la concezione di "teatro epico" e l'idea della distanza tra autore e personaggio. Con la moglie Helene Weigel fonda il Berliner Ensemble, inaugurato dall'opera *Il signor Puntila e il suo servo Matti*.

FRANCIA
Un nuovo capitolo della letteratura femminile. Con *Il secondo sesso*, Simone de Beauvoir inaugura la letteratura d'impegno femminista. L'esponente più combattiva del movimento sarà la statunitense Kate Millett.

1949-1963 GERMANIA
Konrad Adenauer cancelliere della RFT.

1949-1976 CINA
Mao Zedong al potere.

1950-1953 COREA
La guerra fredda si surriscalda. Nel 1948 la Corea è stata divisa in due Stati. La tensione esistente tra essi sfocia in un conflitto che diviene il simbolo dell'ostilità tra Est e Ovest e dell'esplosione della guerra fredda. I negoziati di pace confermano la spartizione dello Stato.

1950-1954 STATI UNITI
La caccia alle streghe maccartista. Il senatore Joseph Raymond McCarthy avvia un programma di "lotta contro le attività antiamericane", volto a smascherare presunti simpatizzanti comunisti. Ciò crea un clima di intolleranza che nuoce soprattutto agli ambienti artistici. Sarà il senato a porvi fine.

1950-1973 SVEZIA
Regno di Gustavo VI Adolfo.

1951 STATI UNITI
Un'emissione interstellare. La scoperta che gli atomi di idrogeno dello spazio interstellare emettono onde radioelettriche con una lunghezza d'onda di 21 cm svolgerà un ruolo fondamentale per lo studio della struttura delle galassie.

1951 e 1952 STATI UNITI
La commedia musicale al cinema. La commedia musicale, ispirata al music-hall, diviene un genere cinematografico. *Un americano a Parigi* e *Cantando sotto la pioggia* consacrano il mito del ballerino e coreografo Gene Kelly.

1951-1993 BELGIO
Regno di Baldovino I.

1952 FRANCIA
L'Unità di abitazioni di Marsiglia. Viene completata una delle più discusse costruzioni dell'architettura moderna. In un edificio di Marsiglia Le Corbusier applica tutti gli elementi della nuova architettura, teorizzati in precedenza, a un palazzo di 360 appartamenti, che costituisce un'unità del tutto autosufficiente.

STATI UNITI
La bomba termonucleare. Il 6 novembre, nell'atollo di Eniwetok (Pacifico meridionale), viene realizzata l'esplosione sperimentale della prima bomba termonucleare, messa a punto sotto la direzione del fisico di origine ungherese Edward Teller. L'esperimento segna un ulteriore passo nell'uso dell'energia nucleare a fini militari.

Esplosione sperimentale di una bomba termonucleare, negli Stati Uniti.

1952 GRAN BRETAGNA
Sale al trono Elisabetta II.

1953 IRLANDA, FRANCIA
Il teatro dell'assurdo. Samuel Beckett dà vita a un tipo di teatro in cui l'uso della parola divine il simbolo dell'incomunicabilità tra gli uomini e la mimica degli attori si fa estremamente scarna. I personaggi di *Aspettando Godot* sono immobilizzati in un'attesa a metà tra il tragico e l'assurdo.

Il teatro dell'assurdo: Beckett e gli attori durante le prove di Aspettando Godot.

STATI UNITI, GRAN BRETAGNA
La doppia elica del DNA. Lo statunitense James Watson e il britannico Francis Crick elaborano un modello della struttura a doppia elica dell'acido desossiribonucleico (DNA), che rappresenta il supporto dell'informazione genetica degli esseri viventi.

J. Watson e F. Crick, gli scienziati che hanno elaborato il modello della struttura del DNA.

1953 e 1954 GIAPPONE
Mizoguchi e Kurosawa. Grazie a registi come Kenji Mizoguchi (*I racconti della luna pallida d'agosto*) e Akira Kurosawa (*I sette samurai*), i film giapponesi offrono all'Occidente una lezione di saggezza. Essi comunicano le opposte sensazioni di violenza e serenità.

I sette samurai di Kurosawa.

1953-1961 STATI UNITI
Presidenza di D. Eisenhower.

1953-1964 URSS
Nikita Chruščëv al potere.

1954-1962 FRANCIA, ALGERIA
Guerra d'Algeria.

1954-1970 EGITTO
Gamal Abdel Nasser al potere.

1954 INDOCINA
Divisione del Vietnam. Dopo la sconfitta francese a Diên Biên Phu, gli accordi di Ginevra sanciscono la divisione del Vietnam in due parti: nel Nord, Hô Chi Minh sarà a capo di una repubblica comunista.

ITALIA
Nasce la televisione pubblica. Viene fondata la RAI e vanno in onda le prime trasmissioni televisive nazionali.

Il Nautilus, primo sottomarino nucleare.

STATI UNITI
Primo sottomarino nucleare. Il *Nautilus*, primo sottomarino a propulsione nucleare, inaugura una nuova generazione di sommergibili dalle potenzialità tattiche e strategiche notevolmente evolute.

La pillola di Pincus. Gregory Pincus mette a punto la pillola anticoncezionale, il primo contraccettivo orale. Commercializzata dal 1960, rivoluzionerà i costumi.

1955-1962 ITALIA
Presidenza di Giovanni Gronchi.

1955 GRAN BRETAGNA
La prima centrale nucleare. Entra in funzione la centrale di Calder Hall (Inghilterra), il primo importante impianto di produzione di energia nucleare per scopi civili.

INDONESIA

La nuova identità del Terzo mondo: la conferenza afro-asiatica di Bandung.

Il Terzo mondo emerge. In occasione della conferenza afro-asiatica di Bandung si riuniscono 29 ex colonie asiatiche, africane e sudamericane. In questa sede viene coniata l'espressione "Terzo mondo", che designa la posizione politica di questi paesi, non allineati ad alcuno degli schieramenti della guerra fredda.

1955-1966 AFRICA
L'era della decolonizzazione. Gran Bretagna, Francia e Belgio concedono l'indipendenza ai loro possedimenti nell'Africa nera. La decolonizzazione si svolgerà generalmente in maniera pacifica: solo nell'ex Congo belga sarà segnata da episodi sanguinosi.

1956 EGITTO
Nasser nazionalizza il canale di Suez. Per tutta risposta, Israele, Gran Bretagna (la principale azionista della Compagnia del canale) e Francia intraprendono un'azione

militare contro l'Egitto. L'ONU, su iniziativa di Stati Uniti e URSS, imporrà il cessate il fuoco.

STATI UNITI

Il rock n' roll conquista il pianeta. Due anni dopo la scarica elettrica di *Rock Around The Clock* (Bill Haley), il rock diviene parte della cultura mondiale con l'album *Heartbreak Hotel* di Elvis Presley. Con la canzone *Love Me Tender*, il cantante diverrà l'idolo di una generazione.

Elvis Presley in concerto.

URSS

Una destalinizzazione limitata. Nel corso del XX Congresso del PCUS (il primo dopo la morte di Stalin), N. Chruščëv presenta un rapporto segreto con cui denuncia i crimini e il culto della personalità del suo predecessore, e predica la convivenza pacifica. Nello stesso anno reprime l'insurrezione di Budapest.

1957 EUROPA OCCIDENTALE

Verso un'Europa unita: il trattato di Roma (25 marzo 1957).

Una comunità europea. Belgio, Francia, Italia, Lussemburgo, Paesi Bassi e RFT firmano a Roma due trattati. Uno dà vita all'Euratom, l'altro alla CEE, che sarà ampliata nel 1973.

STATI UNITI

La rivolta della beat generation. Viene pubblicato *Sulla strada*, di Jack Kerouac, che diverrà con questo libro l'apostolo dei *beatnik*, una generazione di giovani anticonformisti desiderosi di nuove esperienze e di libertà. Della beat generation faranno parte, tra gli altri, il poeta Allen Ginsberg (*Urlo*), il romanziere William Burroghs (*Il pasto nudo*) e alcuni pittori dell'Action Painting.

URSS

Bip-bip inaugurale. Il lancio, il 4 ottobre, del primo satellite artificiale della Terra, lo *Sputnik I*, inaugura l'era spaziale.

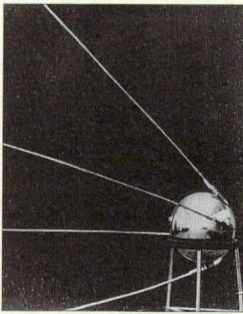
Sputnik I, primo satellite artificiale.

1957-1987 TUNISIA
Presidenza di Habib Burghiba.

1958-1961 CINA
Il "grande balzo in avanti". Mao Zedong impone al suo paese un programma di collettivizzazione delle terre e di modernizzazione della piccola industria, che causerà la morte di 20 milioni di cinesi.

1958-1963
Papato di Giovanni XXIII.

1958-1968 STATI UNITI
Il periodo d'oro del soul. Musica da ballo intrisa di fervore spirituale, il soul annovera tra i suoi interpreti Ray Charles, James Brown, Marvin Gaye, Otis Redding e Aretha Franklin.

1959 CUBA
Il *lider maximo* al potere. Fidel Castro e i suoi sostenitori, i *barbudos*, abbattono la dittatura di Fulgencio Batista. Il regime castrista, alleato dell'URSS, riuscirà a sventare un tentativo di insurrezione promosso dagli USA nel 1961 e si ritroverà, nel 1962, al centro della crisi dei missili sovietici.

1959 e 1960 FRANCIA
La nuova onda del cinema. La corrente cinematografica francese detta *nouvelle vague* propugna una rappresentazione più fedele e immediata della vita. Claude Chabrol (*Le beau Serge*), François Truffaut (*I quattrocento colpi*) e Jean-Luc Godard (*Fino all'ultimo respiro*) ne saranno i principali esponenti.

François Truffaut e la nouvelle vague: I quattrocento colpi.

1959-1969 FRANCIA
Presidenza di C. De Gaulle.

1960 ITALIA
Il rinnovamento del cinema italiano. Con *La dolce vita* di Federico Fellini, *Rocco e i suoi fratelli* di Luchino Visconti e *L'avventura* di Michelangelo Antonioni il cinema italiano conosce una stagione di rinnovamento sia dal punto di vista dei temi trattati sia dello stile registico.

STATI UNITI
Il primo laser. Sulla base delle teorie pubblicate nel 1958 da Charles Townes, Theodore Harold Maiman costruisce il primo laser a rubino, dispositivo che consente di ottenere una luce intensa e coerente, stimolando le radiazioni emesse da determinate sostanze. Il laser conoscerà innumerevoli applicazioni.

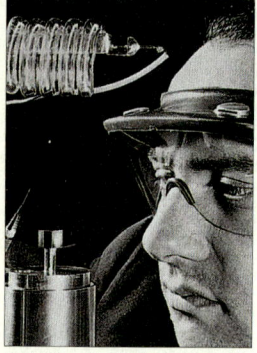
T.H. Maiman e il primo laser.

Un'immersione record. Il batiscafo *Trieste*, con a bordo l'oceanografo svizzero Jacques Piccard e il luogotenente della marina americana Don Walsh, effettua un'immersione alla profondità record di 10.916 m nella Fossa delle Marianne (Oceano Pacifico).

1961 ITALIA
Pasolini regista. Esce *Accattone*, il primo film dello scrittore Pier Paolo Pasolini. Nella sue pellicole egli proseguirà la narrazione della vita delle borgate e la polemica contro la borghesia già intraprese nei romanzi.

STATI UNITI
La controcultura nell'arte. Gli artisti della pop art, corrente creata dal pittore britannico Richard Hamilton, trattano temi popolari e quotidiani attraverso stili e tecniche propri della cultura di massa. Lo statunitense Andy Warhol, autore delle famose riproduzioni in serie di immagini fotografiche, diverrà il più celebre artista di questa corrente.

URSS

Jurij Gagarin.

Un uomo nello spazio. Per la prima volta un essere umano viene inviato nello spazio: il 12 aprile Jurij Gagarin compie un volo attorno alla Terra a bordo della navicella spaziale *Vostok I*.

1961-1963 STATI UNITI
Presidenza di John Fitzgerald Kennedy.

1961-1999 MAROCCO
Regno di Hasan II.

1962 FRANCIA
Fine della guerra d'Algeria. Con gli accordi di Evian, firmati dalla Francia e dal movimento nazionalista algerino (FLN), si pone fine alle ostilità dopo sette anni e mezzo di guerra coloniale. Viene riconosciuta l'indipendenza dell'Algeria.

Gli algerini festeggiano l'indipendenza.

Pop art: serie delle Marilyn dello statunitense Andy Warhol.

GRAN BRETAGNA
Rinnovamento figurativo in pittura. L'astrattismo cede il passo alla "nuova figurazione". Con *Tre studi di figure ai piedi di una crocifissione*, Francis Bacon dà vita a una pittura istintiva, da cogliere nell'immediatezza dell'osservazione.

STATI UNITI, FRANCIA
Albori della mondovisione. L'11 luglio il primo satellite relè per telecomunicazioni, l'americano *Telstar I*, consente il collegamento transatlantico via satellite tra Andover (Stati Uniti) e Pleumeur Bodou (Francia), inaugurando la mondovisione.

La grande antenna di Pleumeur Bodou riceve le prime immagini televisive trasmesse via satellite dagli Stati Uniti.

1962-1964 ITALIA
Presidenza di Antonio Segni.

1962-1965 VATICANO
Il rinnovamento della Chiesa. Papa Paolo VI chiude il Concilio vaticano II, convocato da Giovanni XXIII. Riconosciuto il ruolo dei laici e introducendo l'uso delle lingue nazionali nella liturgia, la Chiesa dimostra la sua volontà di apertura alle questioni del mondo contemporaneo.

1963 STATI UNITI
Fari nel cosmo. Gli astronomi Maarten Schmidt, Jesse Greenstein e Thomas Matthews annunciano la scoperta dei quasar, astri molto densi, il cui spettro appare notevolmente spostato verso il rosso. Si tratta delle prime informazioni sull'esistenza di galassie remote dal nucleo fortemente attivo.

1963-1969 STATI UNITI
Presidenza di Lyndon Johnson.

1963-1978
Papato di Paolo VI.

1964 GERMANIA
L'evoluzione verso l'elettroacustica. Si apre una nuova epoca della composizione musicale. Karlheinz Stockhausen supera la serialità per sperimentare, in *Mikrophonie I*, la trasformazione istantanea di vibrazioni di vario tipo in suoni elettronici. A lui si deve la nascita della cosiddetta musica "elettronico-strumentale".

STATI UNITI
Gell-Mann ipotizza l'esistenza di quark. Murray Gell-Mann introduce il concetto di quark, particella elementare dotata di carica elettrica frazionaria di cui sarebbero formati protoni e neutroni.
Sviluppo della danza postmoderna. Il coreografo Merce Cunningham inaugura la stagione della danza postmoderna, rinnovando, in collaborazione con il compositore John Cage, il rapporto danza-musica. Il loro cammino creativo culminerà negli *Events*, spettacoli sperimen-

La danza postmoderna: una coreografia di Merce Cunningham.

li costituiti come collage di varie coreografie, rappresentati in luoghi sempre diversi.

1964-1971 ITALIA
Presidenza di Giuseppe Saragat.

1964-1971 FRANCIA
Lo strutturalismo applicato ai miti. Dopo *Tristi tropici* (1955), una sorta di autobiografia intellettuale, il filosofo ed etnologo Claude Lévi-Strauss, fondatore dell'antropologia strutturale, pubblica *Mitologiche*. In quest'opera sostiene che i miti esprimono l'attività inconscia dello spirito umano.

1965 FRANCIA
Forme e computer. Pierre Bézier definisce un sistema di rappresentazione delle forme mediante numeri che costituirà lo strumento matematico fondamentale della progettazione computerizzata.

STATI UNITI

A. Penzias e R. Wilson posano di fronte all'antenna che ha consentito loro di scoprire la radiazione fossile del big bang.

Il big bang risuona ancora. Arno Penzias e Robert Wilson scoprono fortuitamente una radiazione diffusa, proveniente da tutte le direzioni dell'universo, che ha le stesse proprietà dell'irradiazione termica di un corpo nero a una temperatura di 3 K. È la prova principale a sostegno della teoria dell'esplosione originaria.

1966 CINA
Mao intraprende la "rivoluzione culturale". Mao fa pubblicare un programma per ridare slancio al paese. Gli studenti si trasformano in guardie rosse e compiono una massiccia epurazione tra i dirigenti del partito comunista. Migliaia di intellettuali saranno relegati nelle province per essere "rieducati".

STATI UNITI
Josep Kosuth sottrae materia all'arte. La prima mostra di arte concettuale, tenutasi a New York,

inaugura l'analisi della natura e dei linguaggi dell'arte. Le opere concettuali si definiscono come un linguaggio non ingabbiato dalla materia.

1967 GRAN BRETAGNA
Il trionfo della musica pop. L'album *Sgt. Pepper's Lonely Hearts Club Band* rappresenta l'apice della carriera dei Beatles e una delle tappe fondamentali della psichedelia.

I Beatles, fautori della rivoluzione del pop.

Residui di stelle. Anthony Hewish e Jocelyn Bell scoprono un nuovo tipo di radiosorgente celeste: le pulsar, residui di stelle di enormi dimensioni che emettono radiazioni a intervalli regolari molto regolari. La loro esistenza era già stata teorizzata negli anni '30.

MEDIO ORIENTE
La terza guerra arabo-israeliana o guerra dei Sei giorni. Israele lancia un'offensiva a sorpresa su tre fronti e in pochi giorni occupa il Sinai, la Cisgiordania, la striscia di Gaza e le alture del Golan. L'ONU interverrà imponendo una tregua.

La "rivoluzione culturale" cinese: il Libretto rosso, breviario del totalitarismo maoista.

SUDAFRICA
Un cuore nuovo. Christian Barnard esegue il primo trapianto cardiaco. Il paziente, Louis Washkansky, sopravviverà 18 giorni dopo l'intervento.

Christian Barnard.

STATI UNITI
Il "nuovo stato industriale" di Galbraith. Dopo aver ipotizzato che nel "nuovo stato industriale" il potere decisionale passa dalle mani dell'imprenditore alla "tecnostruttura", un'organizzazione complessa, l'economista John Kenneth Galbraith afferma che la politica economica delle grandi aziende genera inflazione.

STATI UNITI, PAKISTAN
La teoria elettrodebole. Gli americani Steven Weinberg e Sheldon Lee Glashow e il pachistano Abdus Salam propongono, separatamente, la teoria elettrodebole, che unifica due delle quattro interazioni fondamentali della fisica: la forza elettromagnetica, responsabile della coesione degli atomi, e la forza nucleare debole, che spiega le disintegrazioni spontanee.

1967-1968 STATI UNITI, FRANCIA
I movimenti della crosta terrestre. Gli americani Jason Morgan e Dan McKenzie e il francese Xavier Le Pichon sviluppano la teoria della tettonica a placche, secondo la quale la crosta terrestre è frammentata in alcune placche i cui spostamenti consentono di spiegare i fenomeni geologici.

1967 e 1975 AMERICA LATINA
Il fantastico nel quotidiano. La letteratura latino-americana del dopoguerra affronta i temi della cultura indigena e della denuncia delle dittature. Le opere del colombiano Gabriel García Márquez (*Cent'anni di solitudine*) e del messicano Carlos Fuentes (*Terra nostra*) introducono l'elemento fantastico nella trattazione di questioni sociali.

1968 CECOSLOVACCHIA
La "primavera di Praga". Giunto al potere in gennaio, Alexander Dubček promuove un "socialismo dal volto umano", una politica volta ad avviare riforme sociali in senso liberale e riforme economiche liberiste. Ma in agosto l'intervento armato dei sovietici e dei loro alleati impone un violento ritorno allo *status quo*.

Il maggio 1968. Manifestanti di fronte alla Sorbona.

FRANCIA
Le contestazioni di maggio. Nel contesto dell'insoddisfazione per il regime gollista, una crisi universitaria si trasforma in crisi politica e sociale. Il movimento assumerà negli Stati Uniti la forma di una protesta contro la guerra del Vietnam (in particolare dopo l'assassinio di Martin Luther King, leader del movimento afro-americano per i diritti civili) e in Italia, soprattutto l'anno successivo, di contestazione operaia (autunno caldo).

1969 FRANCIA

Il primo volo del prototipo del Concorde, il 2 marzo 1969.

Primo volo del Concorde. Il Concorde, aereo a velocità supersonica per il trasporto di passeggeri, frutto di una collaborazione franco-britannica, effettua il volo di prova. Sarà l'unico aereo di questo tipo a essere utilizzato per voli di linea (a partire dal 1976).
IRLANDA
L'Ulster in guerra. Il conflitto ha insieme le caratteristiche di guerra civile, religiosa e di liberazione nazionale: estremisti cattolici realizzano una serie di attentati contro la presenza britannica nell'Irlanda del Nord.
ITALIA
La strategia della tensione. A Milano, il 12 dicembre, l'esplosione di una bomba posta all'interno della filiale della Banca Nazionale dell'Agricoltura, in piazza Fontana, causa la morte di 16 persone e il ferimento di 88. L'attentato apre una stagione di azioni terroristiche che culminerà, nel 1980, nella strage della stazione di Bologna.
STATI UNITI
La poesia contesta il capitalismo. Secondo il poeta Ezra Pound, per combattere l'individualismo caratteristico del mondo capitalista occorre unificare le culture. I suoi *Cantos*, una sorta di storia dell'uomo che, nel tema della discesa agli Inferi tradiscono l'influenza di Omero e Dante, rappresentano il vertice di una carriera dedicata alla sperimentazione linguistica e stilistica.

L'uomo sulla Luna. Il 21 luglio, con una missione a bordo dell'*Apollo 11*, i due astronauti Neil Armstrong ed Edwin Aldrin concretizzano uno dei sogni più antichi dell'umanità: camminare sulla Luna.

E. Aldrin sulla Luna fotografato da N. Armstrong.

1969-1974 STATI UNITI
Presidenza di Richard Nixon.

1969-1974 FRANCIA
Presidenza di Georges Pompidou.

1969-1974 GERMANIA
Willy Brandt cancelliere della RFT.

1970 e 1972 SPAGNA
L'affermazione del cinema militante. L. Buñuel e Carlos Saura si dedicano alla critica della società franchista. L'interpretazione di Catherine Deneuve in *Tristana* e di Geraldine Chaplin in *Anna e i lupi* pongono il problema dell'identità femminile in una società puritana e maschilista.

1971-1978 ITALIA
Presidenza di Giovanni Leone.

Il primo microprocessore, l'Intel 4004.

1971 STATI UNITI
Il primo microprocessore. Intel 4004 è un circuito altamente integrato composto da 2300 transistor su una piastrina quadrata di silicio larga 7 mm. Esso dispone di tutte le funzionalità dell'unità centrale di un computer e dimostra i progressi compiuti nella miniaturizzazione dei circuiti elettronici.
Scoperta dei buchi neri. Le osservazioni via satellite di una fonte celeste di raggi X ad alta intensità situata nella costellazione del Cigno, Cygnus X-1, forniscono la prima prova sperimentale dell'esistenza dei buchi neri. La presenza di questi astri, dalla densità pressoché infinita, era stata teorizzata già nel 1917 dal tedesco Karl Schwarzschild.
URSS
Si vive nello spazio. Lanciata in orbita il 23 aprile, la stazione *Salyut 1* inaugura un nuovo tipo di navicel-

la spaziale, concepita per lunghe permanenze dell'uomo in orbita e per missioni pluridisciplinari.

1972 ITALIA
La censura del cinema italiano. Il film *Ultimo tango a Parigi*, di Bernardo Bertolucci, viene sequestrato e condannato "al rogo". Una volta uscito nelle sale, negli anni '80, riscuoterà un enorme successo. Bertolucci si afferma nel frattempo come uno dei maggiori registi italiani, in particolare grazie all'epopea emiliana di *Novecento* (1976).

1972-1973 GRAN BRETAGNA

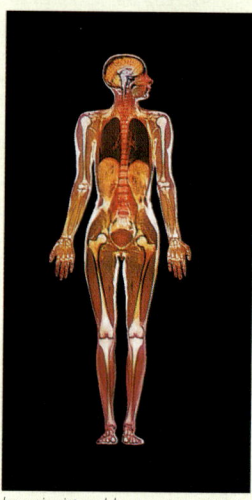
Immagine intera del corpo umano ottenuta tramite risonanza magnetica nucleare.

Fotografie degli organi umani. Grazie allo scanner, uno strumento inventato da Godfrey Newbold Hounsfield che coniuga l'impiego dei raggi X e del computer, e alla risonanza magnetica nucleare (RMN), che sfrutta la capacità di alcuni nuclei atomici di comportarsi al contempo come piccoli magneti e piccoli giroscopi, è possibile ottenere dettagliate immagini degli organi o dell'intero organismo.

1973 CILE
Pinochet destituisce Allende. Il generale Augusto Pinochet guida un colpo di Stato. Postosi a capo di una giunta militare, fa bombardare il palazzo presidenziale, in cui verrà ritrovato morto il presidente in carica, Salvador Allende. Instaura quindi un regime autoritario e poliziesco sostenuto dall'esercito.

Il colpo di Stato in Cile: il presidente Allende qualche istante prima della morte.

STATI UNITI
Prima manipolazione genetica. Stanley Cohen e Herbert Boyer realizzano il primo trapianto di geni estranei in un batterio, inaugurando l'era dell'ingegneria genetica.

1973-1974 STATI UNITI
La presidenza dello scandalo. Due giornalisti del *Washington Post* rendono pubblico lo scandalo del Watergate, sconvolgendo la democrazia americana. Il presidente in carica, Richard Nixon, minacciato di essere sottoposto alla procedura di *impeachment*, sarà costretto a dimettersi.

1973-1976 URSS
Letteratura di resistenza. In *Arcipelago Gulag*, una cronaca delle deportazioni staliniane basata sulle testimonianze di 227 ex detenuti, Aleksandr Solženicyn fornirà all'Occidente un'ulteriore prova della vera natura del regime sovietico.

1973 e 1979 MEDIO ORIENTE
Il prezzo del petrolio alle stelle. Si susseguono due periodi di caro-petrolio che accrescono le risorse dei paesi produttori e penalizzano l'economia di quelli industrializzati. La presa di coscienza che ne segue si rivelerà decisiva per lo sviluppo di fonti di energia alternative.

1974 PORTOGALLO
La rivoluzione dei garofani. La dittatura, instaurata da António de Oliveira Salazar nel 1933, cade in seguito a un'insurrezione militare. Le elezioni libere del 1975, che segnano il ritorno alla democrazia, saranno vinte dalle forze di sinistra.
STATI UNITI
PLC in commercio. I *Programmable Logic Controller*, realizzati da Odo Struger, vengono posti in commercio dalla ditta Allen Bradley: diverranno presto lo strumento di riferimento di numerose applicazioni automatizzate.

1974-1981 FRANCIA
Presidenza di Valéry Giscard d'Estaing.

1975 SPAGNA
Juan Carlos I diventa re.

1975 VIETNAM
Gli Stati Uniti sconfitti. I nordvietnamiti e i loro alleati Vietcong entrano a Saigon. L'esercito statunitense si ritira, ponendo fine a una guerra durata oltre vent'anni. Il Vietnam sarà riunito sotto il controllo comunista.

1975-1979 CAMBOGIA
Gli orrori dei khmer rossi. Nel 1978 i vietnamiti invadono la Cambogia governata dai khmer rossi e rendono pubbliche tutte le atrocità commesse durante il loro governo: 300.000 esecuzioni e 2-3 milioni di morti vittime di terribili sevizie o privazioni.

1975-1991 FRANCIA
L'inconscio come linguaggio. Il medico e psicoanalista Jacques Lacan pubblica in 20 volumi dei suoi *Scritti*. Basandosi su linguistica e antropologia strutturale, sottolinea il ruolo dell'apparenza nelle relazioni umane.

1976 SUDAFRICA
L'*apartheid* separa le razze. Le sommosse di Soweto attirano l'attenzione del mondo sulla politica dello "sviluppo separato", condotta in Sudafrica dai bianchi a svantaggio della maggioranza nera. La lotta per l'abolizione della segregazione razziale terminerà solo nel 1991.

1976-1990 LIBANO
Beirut devastata. La guerra scatenata nelle grandi città libanesi dalle milizie cristiane e dai palestinesi porterà all'intervento di Siria e Israele. In seguito agli accordi di pace, il Libano meridionale resterà sotto il controllo dell'esercito nazionale.

1977 STATI UNITI

Il cinema degli effetti speciali: i robot di Guerre stellari.

Spielberg e Lucas. Steven Spielberg, cantore del meraviglioso sul grande schermo, con il film *Incontri ravvicinati del terzo tipo* si fa portavoce di un messaggio umanista. Gli effetti speciali, procedimenti ottici, meccanici o digitali, divengono un'arte a pieno titolo con *Guerre stellari* di George Lucas.

1978
Papato di Giovanni Paolo II.

1978-1985 ITALIA
Presidenza di Sandro Pertini.

1978 GRAN BRETAGNA
Primo bebè in provetta. Il 26 luglio nasce Louise Brown, primo essere umano nato da una fecondazione in vitro e da un trapianto embrionale su una donna sterile, realizzati da Robert Geoffrey Edwards e Patrick Christopher Steptoe.
ITALIA
Il rapimento Moro. Il presidente della Democrazia cristiana Aldo Moro viene rapito (16 marzo) e ucciso (9 maggio) dalle Brigate Rosse.

1979 EUROPA
Il decollo di *Ariane*. Con il missile *Ariane*, il cui volo inaugurale avviene il 24 dicembre, l'Europa diventa una grande potenza spaziale che dispone di un avanzato sistema di vettori per il trasporto di carichi pesanti.
IRAN
Rivoluzione islamica. Il 16 gennaio lo scià iraniano Muhammad Reza Pahlavi è costretto a dimettersi e a ritirarsi in esilio per le pressioni

Volo inaugurale del missile europeo Ariane I (24 dicembre 1979).

dei manifestanti islamici. Il 1° febbraio l'ayatollah Ruhollah Khomeini proclama la nascita della repubblica islamica, che mostra fin da subito il suo carattere antiamericano.

Avvento della repubblica islamica in Iran. Acclamazione dell'ayatollah Khomeini.

1979-1980 GIAPPONE, SVEZIA
Il telefono diventa mobile. Vengono inaugurate le prime reti commerciali di telefonia mobile, che sfruttano il concetto di radiotelefonia cellulare presentato nel 1967, negli Stati Uniti, dai Bell Laboratories.

1979-1990 GRAN BRETAGNA
Governo di Margaret Thatcher.

1980-1988 MEDIO ORIENTE
Guerra Iran-Iraq.

1981 FRANCIA

Il TGV, messo in funzione il 27 settembre 1981.

Il TGV entra in funzione. Con la messa in funzione del TGV (*train à grande vitesse*), che viaggia a una velocità di 270-300 km/h, il trasporto ferroviario può competere con quello aereo per i collegamenti rapidi tra città distanti alcune centinaia di chilometri.
STATI UNITI
Il microcomputer IBM. Il personal computer (PC), posto in commercio dall'IBM, diverrà il punto di riferimento della rivoluzione informatica. Un ruolo molto importante sarà svolto anche dal Macintosh,

lanciato sul mercato nel 1984 dalla Apple Computer, fondata nel 1977 da Steve Jobs.
Navette nello spazio. La navetta spaziale, insieme vettore e navicella abitabile, inaugura un nuovo sistema di trasporto spaziale pensato per missioni di vario tipo nell'orbita terrestre. Essa ha il vantaggio di essere in gran parte riutilizzabile.

Volo inaugurale della navetta spaziale statunitense (12 aprile 1981).

1981-1989 STATI UNITI
Presidenza di Ronald Reagan.

1981-1995 FRANCIA
Presidenza di François Mitterrand.

1982 GIAPPONE, PAESI BASSI
La rivoluzione del CD. Sviluppato congiuntamente dalle ditte Philips (Paesi Bassi) e Sony (Giappone), il compact disc audiodigitale, che sfrutta le tecnologie di registrazione digitale e lettura ottica al laser, rivoluzionerà l'industria fonografica.

1982-1983 ARGENTINA
Ritorno alla democrazia. All'indomani della sconfitta argentina nella guerra delle Isole Falkland, cade il regime imposto dalla giunta militare. Il neoeletto presidente Raúl Alfonsín nomina una commissione di inchiesta sui crimini da esso commessi.

1982-1998 GERMANIA
Helmut Kohl cancelliere della RFT.

1983 FRANCIA
Scoperta del virus dell'AIDS. La scoperta, da parte di Luc Montagnier e Robert Gallo dell'Istituto Pasteur, del virus dell'HIV (*Human Immunodeficiency Virus*), associato all'AIDS, segna un passo avanti fondamentale per la diagnosi di questa malattia infettiva spesso letale.

1984-1985 ETIOPIA
Dopo la guerra la carestia. In seguito alla caduta, nel 1974, del negus Hailé Sélassié, l'Etiopia è governata da un regime marxista che dovrà far fronte alla ribellione eritrea. La carestia è aggravata dall'esodo della popolazione.

1985-1992 ITALIA
Presidenza di Francesco Cossiga.

1986 GRAN BRETAGNA, GIAPPONE
Un "buco dell'ozono" al Polo Sud. Équipe di studiosi britannici e giapponesi individuano una notevole diminuzione della quantità di ozono nella stratosfera al di sotto del Polo Sud durante la primavera australe. A questa scoperta seguiranno numerose ricerche volte a individuare gli effetti delle attività umane sull'ambiente e sui cambiamenti climatici.
SVIZZERA
Ceramica superconduttrice. Nel laboratorio IBM di Zurigo il tedesco Johannes Georg Bednorz e lo svizzero Karl Alexander Müller ottengono la sintesi di una ceramica superconduttrice a −243 °C. Questo risultato apre la strada alla produzione di altri superconduttori a temperature assai più elevate, di grande interesse per applicazioni industriali.

1987 MEDIO ORIENTE
La guerra dei bambini armati di sassi. Il 9 dicembre, a Gaza e in Cisgiordania, giovani palestinesi si sollevano contro l'occupazione israeliana. È l'inizio dell'Intifada, una guerra civile che coinvolge la popolazione palestinese dei territori occupati.

L'Intifada del 1987: rivolta dei giovani palestinesi in Cisgiordania.

1988-1989 STATI UNITI
Nascita degli aerei "invisibili". Il caccia *Lockheed F-117A* e il bombardiere *Northrop B-2A* costituiscono i primi esemplari di aerei "invisibili", apparecchi in cui forma e materiali sono studiati appositamente per sfuggire alle rilevazioni radar.

Luc Montagnier e Robert Gallo, scopritori del virus dell'HIV.

1988-1991 URSS
Governo di Michail Gorbačëv.

1988 STATI UNITI
Il decostruttivismo in architettura. Apre, al MOMA di New York, la mostra *Deconstructive Architecture*, che sancisce l'affermazione di una tendenza architettonica che "decostruisce" la geometria degli spazi e dà vita a nuove strutture. Il filosofo francese Jacques Derrida fornirà il suo apporto teorico. Tra i principali edifici realizzati secondo i principi decostruttivisti vi saranno il *Guggenheim Museum* di Frank Gehry, a Bilbao, e il Museo ebraico di Daniel Libeskind, a Berlino.

1989 EUROPA ORIENTALE
Il ritorno alla libertà. Il 9 novembre viene abbattuto il muro di Berlino, avvenimento che diviene il simbolo del crollo del sistema comunista nell'Europa orientale. La riunificazione della Germania seguirà in tempi brevi.

La caduta del muro di Berlino pone fine all'era della cortina di ferro.

1989-1993 STATI UNITI
Presidenza di George Bush.

1990 STATI UNITI/EUROPA

Il telescopio spaziale Hubble.

Un grande telescopio in orbita. Il telescopio spaziale Hubble, con la sua lente di 2,40 m di diametro, è il più grande telescopio ottico mai lanciato nello spazio. Dopo la correzione di un difetto ottico, nel 1993, lo strumento offrirà un'enorme quantità di dati e immagini.
STATI UNITI/ALTRI PAESI
Alla ricerca dei geni umani. Il Progetto genoma umano inaugura una ricerca su scala internazionale volta a individuare, entro il 2005, tutti i geni del patrimonio genetico umano. Dopo l'iniziale mappatura del genoma, dal 1996 il progetto si occuperà della sequenziazione.
SVIZZERA
Nella trama della rete. Per facilitare gli scambi di documenti tra i fisici di tutto il mondo, Tim Berners-Lee, informatico britannico del Cern, mette a punto il World Wide Web (www o web). Negli anni '90 questo sistema, che permette di consultare ipertesti e ipermedia, divente-

terà un mezzo privilegiato per l'accesso alle informazioni sulla rete Internet.

1990-1991 MEDIO ORIENTE
Prima guerra del Golfo. Il 2 agosto 1990 l'Iraq di Saddam Husayn invade il Kuwait. A questa azione si oppone una forza multinazionale che, con l'operazione "Tempesta del deserto" imporrà, alla fine del febbraio 1991, l'evacuazione delle truppe irachene dallo Stato arabo.

1991 URSS
L'Unione implode. La politica di "trasparenza" (*glasnost*) adottata dal 1985 da Michail Gorbačëv ha favorito l'ondata delle rivendicazioni indipendentiste. Il tentativo di colpo di Stato del 19 agosto accelera la frammentazione dell'Unione Sovietica: in dicembre sarà proclamata la sua dissoluzione.

La dissoluzione dell'URSS. Michail Gorbačëv, premio Nobel per la pace.

1991-1995 IUGOSLAVIA
Lo smembramento e la guerra. Alla proclamazione dell'indipendenza da parte di quattro delle sei repubbliche della ex Iugoslavia seguono guerre in Croazia e Bosnia Erzegovina. In Bosnia i serbi ricorreranno a pratiche di "pulizia etnica".

1991-1999 RUSSIA
Presidenza di Boris Eltsin.

1992-1999 ITALIA
Presidenza di Oscar Luigi Scalfaro.

1992 EUROPA OCCIDENTALE
Nasce a Maastricht l'Unione Europea. Il 7 febbraio i 15 Stati membri della CEE firmano il trattato di Maastricht, che dà vita all'Unione Europea. Con la fondazione della UE si intende rafforzare l'unione economica e monetaria. Nel 1999 sarà scelto l'euro come moneta unica.

1993 STATI UNITI

Il processo di pace in Medio Oriente: gli accordi di Washington del 1993.

Washington promuove la pace in Medio Oriente. Il 13 settembre l'israeliano Yitzhak Rabin e il palestinese Yasser Arafat firmano, con la mediazione degli Stati Uniti, gli accordi di Washington, che prevedono un regime di autonomia per i "territori occupati". Ma il processo

di pace incontrerà in seguito numerose difficoltà.

1993-2001 STATI UNITI
Presidenza di Bill Clinton.

1994 RUANDA
Terrore e genocidio. In seguito alla morte del presidente in carica, il conflitto tra hutu e tutsi degenera in guerra etnica. Lo sterminio dei tutsi da parte delle milizie hutu provoca l'esodo dei sopravvissuti, reso ancor più drammatico da un'epidemia di colera.

1994-1996 RUSSIA
Il conflitto ceceno. Al termine di una terribile guerra, Russia e Cecenia firmano accordi di pace che rinviano al 2001 la decisione sullo statuto della repubblica caucasica, ma non riusciranno a porre fine al conflitto.

1995 FRANCIA
Elezione di Jacques Chirac alla presidenza. Sarà rieletto nel 2002.

1995 FRANCIA, SVIZZERA
Primo pianeta extrasolare. In un osservatorio della Provenza, gli svizzeri Michel Mayor e Didier Queloz individuano un pianeta che orbita attorno a una stella paragonabile al Sole.

1998-1999 IUGOSLAVIA
Guerra del Kosovo.

1999 ITALIA
Inizio della presidenza di Carlo Azeglio Ciampi.

2000 FEDERAZIONE RUSSA
Elezione di Vladimir Putin alla presidenza.
IUGOSLAVIA

La nuova Iugoslavia: simbolo del ritorno alla libertà di espressione.

Ritorno alla democrazia. Anche se le tensioni nazionaliste restano vive, dopo l'elezione del presidente Vojislav Koštunica in Iugoslavia rinasce la speranza. Egli porrà fine al regime tirannico di Slobodan Milošević, accusato di aver commesso crimini contro l'umanità durante la guerra del Kosovo.
STATI UNITI
La stazione spaziale abitata. Il 2 novembre, la stazione spaziale internazionale accoglie i primi occupanti: William Shepherd (USA), Yuri Guidzenko e Sergej Krikalev (Russia). Ritorneranno sulla Terra il 21 marzo 2001.

2001 STATI UNITI
Inizio della presidenza di George Walker Bush.

2001 STATI UNITI
Un atto terroristico senza precedenti. L'11 settembre quattro aerei si schiantano contro i simboli della potenza americana. I primi due colpiscono le torri gemelle del World Trade Center di New

Le torri gemelle del World Trade Center prima dell'attentato dell'11 settembre 2001.

York, provocandone il crollo; il terzo aereo, di cui si ignora il bersaglio, si schianta in Pennsylvania; il quarto distrugge una parte del Pentagono di Washington. Gli Stati Uniti reagiscono immediatamente, intervenendo in Afghanistan contro la rete terroristica di Al-Qaeda, capeggiata da Osama Bin Laden, e il regime dei talebani, sospettato di fornire protezione ai terroristi.
AFGHANISTAN
Caduta del regime dei talebani. Il regime instaurato dai talebani a Kabul nel 1996 cade sotto gli attacchi aerei americani e le offensive terrestri delle milizie combattenti dell'Alleanza del Nord. Il 5 dicembre viene formato un governo multietnico di transizione, guidato dal capo pashtun Hamid Karzai.

2002 EUROPA
Entra in circolazione l'euro. Il 1° gennaio i 12 paesi dell'Unione Europea che fanno parte della "zona euro" adottano ufficialmente la moneta unica.
In dicembre viene approvata l'estensione a 25 Stati dell'UE a partire dal maggio 2004, con l'ingresso di Cipro, Repubblica Ceca, Estonia, Ungheria, Lettonia, Lituania, Malta, Polonia, Slovacchia e Slovenia.

2003 IRAQ
Seconda guerra del Golfo. Il 20 marzo, allo scadere dell'ultimatum statunitense, l'Iraq viene bombardato. È l'inizio di una cosiddetta "guerra preventiva", volta a scongiurare il timore della presenza di armi di distruzione di massa in Iraq, che si protrarrà per tutto il mese di aprile. Condotta da forze angloamericane, essa porterà in settembre alla nascita di un governo multietnico affiancato da un governatore statunitense. In dicembre l'ex presidente iracheno Saddam Husayn viene catturato nei pressi di Tikrit.
SERBIA E MONTENEGRO
La Iugoslavia assume il nome di Serbia e Montenegro.

2004 SPAGNA
Stragi a Madrid. L'11 marzo Madrid è colpita da diversi attentati terroristici di matrice islamica che provocano una strage. Le successive elezioni vedono la vittoria del Partito socialista, guidato da José Luis Zapatero.

PREMI NOBEL

FISICA

1901 W.C. Röntgen (Ger.)
1902 H.A. Lorentz (P.B.), P.Zeeman (P.B.)
1903 H. Becquerel, P.Curie, M. Curie (Fr.)
1904 J.W.S. Rayleigh (G. B.)
1905 P.E.A. Lenard (Ger.)
1906 J.J.Thomson (G. B.)
1907 A.A. Michelson (USA)
1908 G. Lippmann (Fr.)
1909 G. Marconi (It.), K.F.Braun (Ger.)
1910 J.D.Van der Waals (P.B.)
1911 W.Wien (Ger.)
1912 N.G. Dalén (Sve.)
1913 H. Kamerlingh Onnes (P.B.)
1914 M. von Laue (Ger.)
1915 W. Bragg, L. Bragg (G. B.)
1916 Non assegnato
1917 C.G. Barkla (G. B.)
1918 M. Planck (Ger.)
1919 J.Stark (Ger.)
1920 C.É. Guillaume (Svi.)
1921 A. Einstein (Svi., Ger.)
1922 N. Bohr (Dan.)
1923 R.A. Millikan (USA)
1924 M. Siegbahn (Sve.)
1925 J.Franck, G. Hertz (Ger.)
1926 J.Perrin (Fr.)
1927 A.H. Compton (USA),
     C.T.R. Wilson (G. B.)
1928 O.W. Richardson (G. B.)
1929 L. de Broglie (Fr.)
1930 C.V. Raman (India)
1931 Non assegnato
1932 W.Heisenberg (Ger.)
1933 E. Schrödinger (Aut.),
     P.Dirac (G. B.)
1934 Non assegnato
1935 J.Chadwick (G. B.)
1936 V.Hess (Aut.),
     C.D. Anderson(USA)
1937 C.J. Davisson (USA),
     G.P.Thomson (G. B.)
1938 E. Fermi (It.)
1939 E.O. Lawrence (USA)
1940-1942 Non assegnato
1943 O. Stern (USA)
1944 I.I. Rabi (USA)
1945 W.Pauli (Aut.)
1946 P.W. Bridgman (USA)
1947 E.V. Appleton (G. B.)
1948 P.M.S. Blackett (G. B.)
1949 H.Yukawa (Gia.)
1950 C.F.Powell (G. B.)
1951 J.D. Cockcroft (G. B.),
     E.T.S. Walton (Irl.)
1952 F.Bloch, E.M. Purcell (USA)
1953 F.Zernike (P.B.)
1954 M. Born (G. B.),
     W. Bothe (Ger. Occ.)
1955 W.E. Lamb, P.Kusch (USA)
1956 W.B. Shockley, J. Bardeen,
     W.H. Brattain (USA)
1957 C.N.Yang (Cina, USA),
     T.-D. Lee (Cina, USA)
1958 P.A. Cherenkov (URSS),
     I.M. Frank (URSS),
     I.Y.Tamm (URSS)
1959 E. Segrè (It.),
     O. Chamberlain (USA)
1960 D.A. Glaser (USA)
1961 R. Hofstadter (USA),
     R. Mössbauer (Ger. Occ.)
1962 L.D. Landau (URSS)
1963 E. Wigner (USA),
     M. Goeppert-Mayer (USA),
     H.D. Jensen (Ger. Occ.)
1964 C.H.Townes (USA),
     N.G. Basov (URSS),
     A.M. Prokhorov (URSS)

1965 S.-I.Tomonaga (Gia.),
     J.Schwinger (USA),
     R.P.Feynman (USA)
1966 A. Kastler (Fr.)
1967 H. Bethe (USA)
1968 L. Alvarez (USA)
1969 M. Gell-Mann (USA)
1970 H. Alfvén (Sve.), L. Néel (Fr.)
1971 D. Gabor (G. B.)
1972 J. Bardeen, L.N. Cooper,
     J.R. Schrieffer (USA)
1973 L. Esaki (Gia.),
     I. Giaever (USA),
     B.D. Josephson (G. B.)
1974 M. Ryle, A. Hewish (G. B.)
1975 A.N. Bohr (Dan.),
     B.R. Mottelson (Dan.),
     J. Rainwater (USA)
1976 B. Richter, S.C.C.Ting (USA)
1977 P.W. Anderson (USA),
     Sir N.F.Mott (G. B.),
     J.H.Van Vleck (USA)
1978 P.Kapitsa (URSS),
     A. Penzias (USA),
     R.W.Wilson (USA)
1979 S. Glashow (USA),
     A. Salam (Pak.),
     S.Weinberg (USA)
1980 J. Cronin, V.Fitch (USA)
1981 N.Bloembergen (USA),
     A.L. Schawlow (USA),
     K.M. Siegbahn (Sve.)
1982 K.G. Wilson (USA)
1983 S. Chandrasekhar,
     W.A. Fowler (USA)
1984 C. Rubbia (It.),
     S.Van der Meer (P.B.)
1985 K. von Klitzing (Ger. Occ.)
1986 E. Ruska (Ger. Occ.),
     G. Binnig (Ger. Occ.),
     H. Rohrer (Svi.)
1987 J.G. Bednorz (Ger. Occ.),
     K.A. Müller (Svi.)
1988 L.M. Lederman, M. Schwartz,
     J. Steinberger (USA)
1989 N.F.Ramsey (USA),
     H.G. Dehmelt (USA),
     W.Paul (Ger. Occ.)
1990 J.I. Friedman (USA),
     H.W. Kendall (USA),
     R.E.Taylor (Can.)
1991 P.-G. de Gennes (Fr.)
1992 G. Charpak (Fr.)
1993 R.A. Hulse, J.H.Taylor Jr. (USA)
1994 B.N. Brockhouse (Can.),
     C.G. Shull (USA)
1995 M.L. Perl, F.Reines (USA)
1996 D.M. Lee, D.D. Osheroff,
     R.C. Richardson (USA)
1997 S. Chu (USA),
     C. Cohen-Tannoudji (Fr.),
     W.D. Phillips (USA)
1998 R.B. Laughlin (USA),
     H.L.Störmer (Ger.),
     D.C.Tsui (USA)
1999 G.'t Hooft (P.B.),
     M.J.G.Veltman (P.B.)
2000 Z.I. Alferov (Rus.),
     H. Kroemer (Ger.),
     J.S. Kilby (USA)
2001 E.A. Cornell (USA),
     W. Ketterle (Ger.),
     C.E.Wieman (USA)
2002 R. Davis Jr. (USA),
     M. Koshiba (Gia.),
     R. Giacconi (USA)
2003 A.A. Abrikosov (USA, Rus.),
     V.L. Ginzburg (Rus.),
     A.J. Leggett (G. B., USA)

CHIMICA

1901 J.H.Van't Hoff (P.B.)
1902 E. Fischer (Ger.)
1903 S. Arrhenius (Sve.)
1904 Sir W. Ramsay (G. B.)
1905 A. von Baeyer (Ger.)
1906 H. Moissan (Fr.)
1907 E. Buchner (Ger.)
1908 E. Rutherford (G. B.)
1909 W. Ostwald (Ger.)
1910 O.Wallach (Ger.)
1911 M. Curie (Fr.)
1912 V. Grignard, P.Sabatier (Fr.)
1913 A. Werner (Svizz.)
1914 T.W. Richards (USA)
1915 R.Willstätter (Ger.)
1916-1917 Non assegnato
1918 F.Haber (Ger.)
1919 Non assegnato
1920 W. Nernst (Ger.)
1921 F.Soddy (G. B.)
1922 F.W. Aston (G. B.)
1923 F.Pregl (Aut.)
1924 Non assegnato
1925 R. Zsigmondy (Aut.)
1926 T.Svedberg (Sve.)
1927 H.Wieland (Ger.)
1928 A.Windaus (Ger.)
1929 A. Harden (G. B.),
     H. von Euler-Chelpin (Ger.)
1930 H. Fischer (Ger.)
1931 C. Bosch, F.Bergius (Ger.)
1932 I. Langmuir (USA)
1933 Non assegnato
1934 H.C. Urey (USA)
1935 F.Joliot, I.Joliot-Curie (Fr.)
1936 P.Debye (P.B.)
1937 N. Haworth (G. B.),
     P.Karrer (Svi.)
1938 R. Kuhn (Ger.)
1939 A. Butenandt (Ger.),
     L. Ruzicka (Svi.)
1940-1942 Non assegnato
1943 G. de Hevesy (Sve.)
1944 O. Hahn (Ger.)
1945 A.Virtanen (Finl.)
1946 J.B. Sumner, J.H. Northrop,
     W.M. Stanley (USA)
1947 Sir R. Robinson (G. B.)
1948 A.Tiselius (Sve.)
1949 W.F.Giauque (USA)
1950 O. Diels, K. Alder (Ger. Occ.)
1951 E.M. McMillan, G.T. Seaborg (USA)
1952 A.J.P.Martin, R.L.M. Synge (G. B.)
1953 H. Staudinger (Ger. Occ.)
1954 L. Pauling (USA)
1955 V. du Vigneaud (USA)
1956 Sir C. Hinshelwood (G. B.),
     N. Semenov (URSS)
1957 Lord A.R. Todd (G. B.)
1958 F.Sanger (G. B.)
1959 J. Heyrovsky (Cec.)
1960 W.F. Libby (USA)
1961 M. Calvin (USA)
1962 M.F.Perutz, J.C. Kendrew (G. B.)
1963 K. Ziegler (Ger. Occ.),
     G. Natta (It.)
1964 D. Crowfoot Hodgkin (G. B.)
1965 R.B. Woodward (USA)
1966 R.S. Mulliken (USA)
1967 M. Eigen (Ger. Occ.),
     R G W Norrish (G. B.),
     G. Porter (G. B.)
1968 L. Onsager (USA)
1969 D. Barton (G. B.), O. Hassel (Norv.)
1970 L. Leloir (Arg.)
1971 G. Herzberg (Can.)
1972 C. Anfinsen, S. Moore,
     W.H. Stein (USA)

1973 E.O. Fischer (Ger. Occ.),
   G. Wilkinson (G. B.)
1974 P.J. Flory (USA)
1975 J. Cornforth (Aus.), V. Prelog (Svi.)
1976 W. Lipscomb (USA)
1977 I. Prigogine (Bel.)
1978 P. Mitchell (G. B.)
1979 H.C. Brown (G. B.),
   G. Wittig (Ger. Occ.)
1980 P. Berg (USA), W. Gilbert
   (USA), F. Sanger (G. B.)
1981 K. Fukui (Gia.),
   R. Hoffmann (USA)
1982 A. Klug (G. B.)
1983 H. Taube (USA)
1984 B. Merrifield (USA)
1985 H.A. Hauptman, J. Karle (USA)
1986 D.R. Herschbach (USA),
   Y.T. Lee (USA), J.C. Polanyi (Can.)
1987 D.J. Cram (USA), J.-M. Lehn (Fr.),
   C.J. Pedersen (USA)
1988 J. Deisenhofer (Fr.),
   R. Huber (Ger. Occ.),
   H. Michel (Ger. Occ.)
1989 S. Altman (Can., USA),
   T.R. Cech (USA)
1990 E.J. Corey (USA)
1991 R.R. Ernst (Svi.)
1992 R.A. Marcus (USA)
1993 K.B. Mullis (USA), M. Smith (Can.)
1994 G.A. Olah (USA)
1995 P.J. Crutzen (P.B.),
   M.J. Molina (USA),
   F.S. Rowland (USA)
1996 R.F. Curl Jr. (USA),
   Sir H. Kroto (G.B.),
   R.E. Smalley (USA)
1997 P.D. Boyer (USA),
   J.E. Walker (G. B.),
   J.C. Skou (Dan.)
1998 W. Kohn (USA), J. Pople (G.B.)
1999 A. Zewail (Egitto, USA)
2000 A. Heeger (USA),
   A.G. MacDiarmid (USA),
   H. Shirakawa (Gia.)
2001 W.S. Knowles (USA),
   R. Noyori (Gia.),
   K.B. Sharpless (USA)
2002 J.B. Fenn (USA),
   K. Tanaka (Gia.),
   K. Wüthrich (Svi.)
2003 P. Agre, R. MacKinnon (USA)

FISIOLOGIA O MEDICINA
1901 E. von Behring (Ger.)
1902 R. Ross (G.B.)
1903 N.R. Finsen (Dan.)
1904 I. Pavlov (Rus.)
1905 R. Koch (Ger.)
1906 C. Golgi (It.),
   S. Ramón y Cajal (Spa.)
1907 A. Laveran (Fr.)
1908 I. Mechnikov (Rus.),
   P. Ehrlich (Ger.)
1909 T. Kocher (Svi.)
1910 A. Kossel (Ger.)
1911 A. Gullstrand (Sve.)
1912 A. Carrel (Fr.)
1913 C. Richet (Fr.)
1914 R. Bárány (Aut.)
1915-1918 Non assegnato
1919 J. Bordet (Bel.)
1920 A. Krogh (Dan.)
1921 Non assegnato
1922 A.V. Hill (G. B.),
   O. Meyerhof (Ger.)
1923 F.G. Banting (Can.),
   J. Macleod (G.B.)
1924 W. Einthoven (P.B.)
1925 Non assegnato
1926 J. Fibiger (Dan.)
1927 J. Wagner-Jauregg (Aut.)

1928 C. Nicolle (Fr.)
1929 C. Eijkman (P.B.),
   Sir F. Hopkins (G. B.)
1930 K. Landsteiner (Aut.)
1931 O. Warburg (Ger.)
1932 Sir C. Sherrington, E. Adrian (G.B.)
1933 T.H. Morgan (USA)
1934 G.H. Whipple, G.R. Minot,
   W.P. Murphy (USA)
1935 H. Spemann (Ger.)
1936 Sir H. Dale (G.B.), O. Loewi (Ger.)
1937 A. Szent-Györgyi (Ungh.)
1938 C. Heymans (Bel.)
1939 G. Domagk (Ger.)
1940-1942 Non assegnato
1943 H. Dam (Dan.), E.A. Doisy (USA)
1944 J. Erlanger, H.S. Gasser (USA)
1945 Sir A. Fleming (G. B.),
   E.B. Chain (G. B.),
   Sir H. Florey (Aus., G. B.)
1946 H.J. Muller (USA)
1947 C. Cori (USA), G. Cori (USA),
   B. Houssay (Arg.)
1948 P. Müller (Svi.)
1949 W. Hess (Svi.), E. Moniz (Port.)
1950 E.C. Kendall (USA),
   T. Reichstein (Svi.),
   P.S. Hench (USA)
1951 M. Theiler (Un. Sudafr.)
1952 S.A. Waksman (USA)
1953 H. Krebs (G. B.), F. Lipmann (USA)
1954 J.F. Enders, T.H. Weller,
   F.C. Robbins (USA)
1955 H. Theorell (Sve.)
1956 A.F. Cournand (USA),
   W. Forssmann (Ger. Occ.),
   D.W. Richards (USA)
1957 D. Bovet (Svi., It.)
1958 G. Beadle, E. Tatum, J.
   Lederberg (USA)
1959 S. Ochoa, A. Kornberg (USA)
1960 Sir F.M. Burnet (Aus.),
   P. Medawar (G. B.)
1961 G. von Békésy (USA)
1962 F. Crick (G. B.), J. Watson (USA),
   M. Wilkins (G. B.)
1963 Sir J. Eccles (Aus.),
   A.L. Hodgkin (G.B.),
   A.F. Huxley (G. B.)
1964 K. Bloch (USA),
   F. Lynen (Ger. Occ.)
1965 F. Jacob, A. Lwoff, J. Monod (Fr.)
1966 P. Rous, C.B. Huggins (USA)
1967 R. Granit (Sve.),
   H.K. Hartline (USA), G. Wald (USA)
1968 R.W. Holley, H.G. Khorana,
   M.W. Nirenberg (USA)
1969 M. Delbrück, A.D. Hershey,
   S.E. Luria (USA)
1970 Sir B. Katz (G. B.),
   U. von Euler (Sve.),
   J. Axelrod (USA)
1971 E.W. Sutherland Jr. (USA)
1972 G.M. Edelman (USA),
   R.R. Porter (G. B.)
1973 K. von Frisch (Aut.),
   K. Lorenz (Aut.),
   N. Tinbergen (G. B.)
1974 A. Claude (Bel., USA),
   C. de Duve (Bel.),
   G.E. Palade (USA)
1975 D. Baltimore, R. Dulbecco,
   H.M. Temin (USA)
1976 B.S. Blumberg, D.C. Gajdusek (USA)
1977 R. Guillemin, A.V. Schally,
   R. Yalow (USA)
1978 W. Arber (Svi.), D. Nathans (USA),
   H.O. Smith (USA)
1979 A.M. Cormack (USA),
   G.N. Hounsfield (G. B.)
1980 B. Benacerraf (USA),
   J. Dausset (Fr.), G.D. Snell (USA)

1981 R.W. Sperry (USA),
   D.H. Hubel (USA),
   T.N. Wiesel (Sve.)
1982 S.K. Bergström (Sve.),
   B.I. Samuelsson (Sve.),
   J.R. Vane (G. B.)
1983 B. McClintock (USA)
1984 N.K. Jerne (Dan.),
   G.J.F. Köhler (Ger. Occ.),
   C. Milstein (Arg., G. B.)
1985 M.S. Brown,
   J.L. Goldstein (USA)
1986 S. Cohen (USA),
   R. Levi-Montalcini (It.)
1987 S. Tonegawa (Gia.)
1988 Sir J.W. Black (G. B.),
   G.B. Elion (USA),
   G.H. Hitchings (USA)
1989 J.M. Bishop (USA),
   H.E. Varmus (USA)
1990 J.E. Murray (USA),
   E.D. Thomas (USA)
1991 E. Neher,
   B. Sakmann (Ger. Occ.)
1992 E.H. Fischer, E.G. Krebs (USA)
1993 R.J. Roberts (G. B.),
   P.A. Sharp (USA)
1994 A.G. Gilman, M. Rodbell (USA)
1995 E.B. Lewis (USA),
   C. Nüsslein-Volhard (Ger. Occ.),
   E.F. Wieschaus (USA)
1996 P.C. Doherty (Aus.),
   R.M. Zinkernagel (Svi.)
1997 S.B. Prusiner (USA)
1998 R.F. Furchgott, L.J. Ignarro,
   F. Murad (USA)
1999 G. Blobel (USA)
2000 A. Carlsson (Sve.),
   P. Greengard (USA),
   E.R. Kandel (USA)
2001 L.H. Hartwell (USA),
   T. Hunt (G. B.),
   Sir P. Nurse (G. B.)
2002 S. Brenner (G. B.),
   H.R. Horvitz (USA),
   J.E. Sulston (G. B.)
2003 P.C. Lauterbur (USA),
   Sir P. Mansfield (G. B.)

LETTERATURA
1901 Sully Prudhomme (Fr.)
1902 T. Mommsen (Ger.)
1903 B. Bjørnson (Norv.)
1904 F. Mistral (Fr.),
   J. Echegaray (Spa.)
1905 H. Sienkiewicz (Pol.)
1906 G. Carducci (It.)
1907 R. Kipling (G. B.)
1908 R. Eucken (Ger.)
1909 S. Lagerlöf (Sve.)
1910 P. Heyse (Ger.)
1911 M. Maeterlinck (Bel.)
1912 G. Hauptmann (Ger.)
1913 R. Tagore (India)
1914 Non assegnato
1915 R. Rolland (Fr.)
1916 V. von Heidenstam (Sve.)
1917 K. Gjellerup,
   H. Pontoppidan (Dan.)
1918 Non assegnato
1919 C. Spitteler (Svi.)
1920 K. Hamsun (Norv.)
1921 A. France (Fr.)
1922 J. Benavente (Spa.)
1923 W.B. Yeats (Irl.)
1924 W. Reymont (Pol.)
1925 G.B. Shaw (Irl.)
1926 G. Deledda (It.)
1927 H. Bergson (Fr.)
1928 S. Undset (Norv.)
1929 T. Mann (Ger.)
1930 S. Lewis (USA)

1931 E.A.Karlfeldt (Sve.)
1932 J.Galsworthy (G.B.)
1933 I.Bunin (URSS)
1934 L.Pirandello (It.)
1935 Non assegnato
1936 E.O'Neill (USA)
1937 R.Martin du Gard (Fr.)
1938 P.Buck (USA)
1939 F.E.Sillanpää (Finl.)
1940-1943 Non assegnato
1944 J.V.Jensen (Dan.)
1945 G.Mistral (Cile)
1946 H.Hesse (Svi.)
1947 A.Gide (Fr.)
1948 T.S.Eliot (G.B.)
1949 W.Faulkner (USA)
1950 B.Russell (G.B.)
1951 P.Lagerkvist (Sve.)
1952 F.Mauriac (Fr.)
1953 W.Churchill (G.B.)
1954 E.Hemingway (USA)
1955 H.Laxness (Isl.)
1956 J.R.Jiménez (Spa.)
1957 A.Camus (Fr.)
1958 B.Pasternak (URSS)
1959 S.Quasimodo (It.)
1960 Saint-John Perse (Fr.)
1961 I.Andric (Iug.)
1962 J.Steinbeck (USA)
1963 G.Seferis (Gre.)
1964 J.-P.Sartre (Fr.) [rifiutato]
1965 M.Solokhov (URSS)
1966 S.Agnon (Isr.), N.Sachs (Sve.)
1967 M.A.Asturias (Guat.)
1968 Y.Kawabata (Gia.)
1969 S.Beckett (Irl.)
1970 A.I.Solzenicyn (URSS)
1971 P.Neruda (Cile)
1972 H.Böll (Ger.Occ.)
1973 P.White (Aus.)
1974 E.Johnson, H.Martinson (Sve.)
1975 E.Montale (It.)
1976 S.Bellow (USA)
1977 V.Aleixandre (Spa.)
1978 I.B.Singer (USA)
1979 O.Elytis (Gre.)
1980 C.Milosz (USA)
1981 E.Canetti (G.B.)
1982 G.García Márquez (Col.)
1983 W.Golding (G.B.)
1984 J.Seifert (Cec.)
1985 C.Simon (Fr.)
1986 W.Soyinka (Nigeria)
1987 J.Brodsky (USA)
1988 N.Mahfouz (Egitto)
1989 C.J.Cela (Spa.)
1990 O.Paz (Mess.)
1991 N.Gordimer (Rep.Sudafr.)
1992 D.Walcott (S.Lucia)
1993 T.Morrison (USA)
1994 K.Oe (Gia.)
1995 S.Heaney (Irl.)
1996 W.Szymborska (Pol.)
1997 D.Fo (It.)
1998 J.Saramago (Port.)
1999 G.Grass (Ger.)
2000 G.Xingjian (Fr.)
2001 V.S.Naipaul (G.B.)
2002 I.Kertész (Ungh.)
2003 J.M.Coetzee (Rep.Sudafr.)

PACE
1901 H.Dunant (Svi.), F.Passy (Fr.)
1902 É.Ducommun, A.Gobat (Svi.)
1903 R.Cremer (G.B.)
1904 Istituto di diritto internazionale
(Gand)
1905 B.von Suttner (Aut.)
1906 T.Roosevelt (USA)
1907 E.T.Moneta (It.), L.Renault (Fr.)
1908 K.P.Arnoldson (Sve.),
F.Bajer (Dan.)

1909 A.Beernaert (Bel.), P.H.
d'Estournelles de Constant (Fr.)
1910 Ufficio internazionale per la
pace (Berna)
1911 T.Asser (P.B.), A.Fried (Aut.)
1912 E.Root (USA)
1913 H.La Fontaine (Bel.)
1914-1916 Non assegnato
1917 Comitato internazionale della
Croce Rossa (Ginevra)
1918 Non assegnato
1919 W.Wilson (USA)
1920 L.Bourgeois (Fr.)
1921 H.Branting (Sve.),
C.Lange (Norv.)
1922 F.Nansen (Norv.)
1923-1924 Non assegnato
1925 Sir A.Chamberlain (G.B.),
C.G.Dawes (USA)
1926 A.Briand (Fr.),
G.Stresemann (Ger.)
1927 F.Buisson (Fr.),
L.Quidde (Ger.)
1928 Non assegnato
1929 F.B.Kellogg (USA)
1930 N.Söderblom (Sve.)
1931 J.Addams, N.M.Butler (USA)
1932 Non assegnato
1933 Sir N.Angell (G.B.)
1934 A.Henderson (G.B.)
1935 C.von Ossietzky (Ger.)
1936 C.Saavedra Lamas (Arg.)
1937 R.Cecil (G.B.)
1938 Ufficio internazionale Nansen
per i rifugiati (Ginevra)
1939-1943 Non assegnato
1944 Comitato internazionale della
Croce Rossa (Ginevra)
1945 C.Hull (USA)
1946 E.G.Balch, J.R.Mott (USA)
1947 Friends Service Council (G.B.),
American Friends Service
Committee (USA)
1948 Non assegnato
1949 Lord Boyd Orr (G.B.)
1950 R.Bunche (USA)
1951 L.Jouhaux (Fr.)
1952 A.Schweitzer (Fr.)
1953 G.C.Marshall (USA)
1954 Ufficio ONU per i rifugiati
(Ginevra)
1955-1956 Non assegnato
1957 L.B.Pearson (Can.)
1958 G.Pire (Bel.)
1959 P.Noel-Baker (G.B.)
1960 A.Lutuli (Un.Sudafr.)
1961 D.Hammarskjöld (Sve.)
1962 L.Pauling (USA)
1963 Comitato internazionale della
Croce Rossa
1964 M.L.King (USA)
1965 UNICEF (Fondo ONU per
l'infanzia)
1966-1967 Non assegnato
1968 R.Cassin (Fr.)
1969 Ufficio internazionale del
lavoro
1970 N.Borlaug (USA)
1971 W.Brandt (Ger.Occ.)
1972 Non assegnato
1973 H.Kissinger (USA),
Le Duc Tho (Vietn.del Nord)
1974 S.McBride (Irl.), E.Sato (Gia.)
1975 A.D.Sacharov (URSS)
1976 B.Williams, M.Corrigan (Irl.)
1977 Amnesty International
1978 A.Sadat (Egitto),
M.Begin (Isr.)
1979 Madre Teresa di Calcutta
1980 A.Pérez Esquivel (Arg.)
1981 UNHCR (Alto commissariato
ONU per i rifugiati)

1982 A.Myrdal (Sve.), A.García
Robles (Mess.)
1983 L.Walesa (Pol.)
1984 D.Tutu (Rep.Sudafr.)
1985 Internazionale dei medici per
la prevenzione della guerra
nucleare
1986 E.Wiesel (USA)
1987 O.Arias Sánchez (Costarica)
1988 "Caschi blu" dell'ONU
1989 Dalai Lama (Tibet)
1990 M.Gorbacev (URSS)
1991 Aung San Suu Kyi (Myanm.)
1993 N.Mandela, F.W.de Klerk
(Rep.Sudafr.)
1992 R.Menchú Tum (Guat.)
1994 Y.Arafat, S.Peres (Isr.),
Y.Rabin (Isr.)
1995 J.Rotblat (G.B.),
Organizzazione Pugwash
1996 C.F.X.Belo, J.Ramos-Horta
(Timor Orient.)
1997 Campagna internazionale
contro le mine antiuomo, J.
Williams (USA)
1998 J.Hume, D.Trimble (Irl.del Nord)
1999 Médecins sans frontières
2000 Kim Dae-jung (Cor.del Sud)
2001 ONU, K.Annan (Ghana)
2002 J.Carter (USA)
2003 S.Ebadi (Iran)

ECONOMIA
1969 R.Frisch (Norv.),
J.Tinbergen (P.B.)
1970 P.A.Samuelson (USA)
1971 S.Kuznets (USA)
1972 J.R.Hicks (G.B.),
K.J.Arrow (USA)
1973 W.Leontief (USA)
1974 G.Myrdal (Sve.),
F.A.von Hayek (G.B.)
1975 L.V.Kantorovich (URSS),
T.C.Koopmans (USA)
1976 M.Friedman (USA)
1977 B.Ohlin (Sve.),
J.E.Meade (G.B.)
1978 H.A.Simon (USA)
1979 T.W.Schultz (USA),
Sir A.Lewis (G.B.)
1980 L.R.Klein (USA)
1981 J.Tobin (USA)
1982 G.J.Stigler (USA)
1983 G.Debreu (USA)
1984 R.Stone (G.B.)
1985 F.Modigliani (USA)
1986 J.M.Buchanan Jr. (USA)
1987 R.M.Solow (USA)
1988 M.Allais (Fr.)
1989 T.Haavelmo (Norv.)
1990 H.M.Markowitz, M.H.Miller,
W.F.Sharpe (USA)
1991 R.H.Coase (G.B.)
1992 G.S.Becker (USA)
1993 R.W.Fogel, D.C.North (USA)
1994 J.C.Harsanyi (USA),
J.F.Nash Jr. (USA), R.Selten (Ger.)
1995 R.E.Lucas Jr. (USA)
1996 J.A.Mirrlees (G.B.),
W.Vickrey (Can.)
1997 R.C.Merton,
M.S.Scholes (USA)
1998 A.Sen (India)
1999 R.A.Mundell (Can.)
2000 J.J.Heckman,
D.L.McFadden (USA)
2001 G.A.Akerlof, A.M.Spence,
J.E.Stiglitz (USA)
2002 D.Kahneman (USA, Isr.),
V.L.Smith (USA)
2003 R.F.Engle (USA),
C.W.J.Granger (G.B.)

CREDITI FOTOGRAFICI

Le fonti delle fotografie sono state classificate secondo l'ordine alfabetico dei nomi degli organismi (agenzie fotografiche, musei, imprese, ecc.) e/o dei fotografi che hanno fornito i documenti riprodotti. I nomi sono seguiti dall'indicazione della pagina in cui si trova la fotografia ed, eventualmente, da una lettera che indica la sua posizione nella pagina, secondo una lettura che procede, nei Nomi Comuni, orizzontalmente e dall'alto verso il basso, nei Nomi Propri dalla colonna di sinistra a quella di destra e, all'interno di ogni colonna, dall'alto verso il basso.

I diritti di riproduzione delle illustrazioni sono riservati per gli autori o gli aventi diritto che non si sia riusciti a raggiungere nonostante le ricerche e nei casi in cui manchino citazioni specifiche.

NOMI COMUNI
fonti delle fotografie

Airship Industries 328
AKG, Parigi 133b, 613a
Althitude *Arthus-Bertrand* 902c / *Jourdan* 1057 / *Wark* 183
Artephot *Babey* 515e / *Bauer* 124 / *Held* 666 / *Held* (A.) 515a, 715, 866 / *Kersting* 480e, f / *Nimatallah* 463, 566 / *Oronoz* 872d, 1009 / *Phédon-Salou* 480c / *Schneiders* 480g
Bernand 229a, c, 302b, 868 / *Gély* 127 c, d
Bibliothèque nationale de France, Parigi 872c, 974a, b, c, d
Bios *Bretagnolle* 129 / *Munoz* 427 / Seitre 1003 / Still Pictures/DRA 855
Boeing Aircraft 118d
Bottin (J.) 557a
Cameraphoto 935c
Canada-France-Hawaii Telescope 670b
Cats 74d, e, f
Cedri *Marmounier* 627
C.N.R.I. 405, 824, 886a, 962 / *Barraquer* 845 / *Bories* 116 / *Burns/ACE/Phototake* 1092 / *Model* 220 / *Phototake* 886c / *Pol* 356 / *White* 886b
Chauvelin (J.) 283c
Chirol (S.) 872e
Ciel et Espace 645 / *Brunier* 825 / *Nasa* 670a / *NPO Energya* 512a / *NOAO* 601 / *Watabe* 276
Coll. Cahiers du Cinéma 74a
Coll. Cristhophe L. 74b, 302c, 399
Coll. Lalique, Parigi 557e
Coll. Larousse 37, 99b, 118a, c, 119a, c, 384a, c, 472, 779d, 834a, 869, 982, 997a / *Bricaud* 1005
Coll. Marinie 1101a
Coll. Museo della Musica Publimage 233
Cosmos 995 / *Espenak Fred* 435 / *Gorgoni* 572b / *Perri* 406 / *SPL* 696, 711 / *SPL/Dowsett* 136b / *SPL/Finch* 113 / *SPL/Fleming* 573, 759c, d / *SPL/Greim* 369 / *SPL/Kulyk* 863 / *SPL/NOAA* 222 / *SPL/Royal Observatory, Edinburgh* 707 / *SPL/Royer* 246

Dagli Orti (G.) 164, 663, 672b
Dassault Aviation *Robineau* 119b
Descharnes & Descharnes 997b
Diaf *Travert* 572a
Diathèque C.N.A.C. G.-Pompidou, Parigi 997c DR 74c
Edimedia 413 / *Guillemot/CDA* 941
Enguerand *Masson* 127b / *Pacciani/Masson* 127a
Ernoult Features *Bowater* 489b / *Ernoult* 118b, 502 / *Malglaive (de)* 155
ESA *PAF D. (GFZ Postdam)* 460
Eurelios *Plailly* 718b
Explorer 349 / *Bauer* 348 / *Bildagentur Schuster/Gerard* 946 / *Boutin* 133g / *Bras* 454 / *Cambazard* 480a / *CNES/Spot Image* 108a, 417 / *Delaborde* 564a / *Hellier/Harding* 557c / *Jalain* 740 / *Klerm (de)* 473 / *Mathiaut* 894 / *Plisson (P)* 202 / *Rapa* 1012 / *Villarosa* 151
Fabbri 480d / *Baguzzi* 779a
Fondation Dina Vierny - Musée Maillol, Parigi 333d
Frederic L. 885
Froissardey 557b
Galerie des Archives 1087
Gamma *Gaillarde* 1038 / *Le Bot* 618b
Giraudon 384e, 1051, 1068 / *Lauros* 72, 89b, 103, 133e, 294a, 384f, 411a, 448a, 515b, d, f, 575, 596a, 610, 657, 753, 834b, d, 871a, b, c, 872b, 932, 997d, 1006, 1090
Gonthier (Ph.) 938
Gray (Camilla) 283b
Grouchy (de) 193
Held (S.) 192, 302a
Hoa-Qui *De Wilde* 719 / *Farhi* 890b / *Huet M.* 620 / *Thibaut* 442 / *Wild* 314 / *Wojtek Buss* 979
Institut du monde arabe, Parigi *Hammadi* 1062a
Institut royal du patrimoine artistique, Bruxelles 384d
International Harvester 167
Jacana *Berthoule* 483 / *Claye* 759a / *Giannoni* 396 / *Varin* 61
Jacob (P.) 229b, d
Jerrican DR 618a / *Gontier* 212 /

Guignard 636 / *Isopress/Zamboni* 635
Jonsson (R.) 119d
Josse (H.) 89a, 438
Jungheirrich France 363
Kersting (A.F.) 872g
Kipa *Euryaum* 302d
Knoll 315a
Leloir (J.-P.) 136a, 259
Lénars (C.) 197, 296
Levassort (M.) 557g
M.A.N. *Atelier Flad* 489a
M.N.A.M.-Centre G.-Pompidou, Parigi 384b, 785a, 834c / *Migeat* 254, 643
Magnum *Capa* 891 / *Lessing* 499, 512b
Maylin 1107
Mazin (R.) 166
Metropolitan Museum of Art, New York 99a
Mobilier national, Parigi 89c
Montagner (J.-P.) 1031
Musées Royaux des Beaux-Arts, Bruxelles 333b
Museo dell'Automobile, Coll. Schlumpf, Mulhause 115a, b, c
Museo delle Arti decorative, Parigi 65, 98a, b, d, 99d
Museum Ludwig, Colonia 779c
Muséum national d'histoire naturelle, Parigi *Serrette / Paléontologie* 561
Museum of Modern Art, New York 448b, 779b
Nilsson (L.) 366
Nippon Kokan 618c
Novosti *Rodionov* 557f
Philadelphia Museum of Art 294b, 300a
Pierre (J.) 300b
Pitch *Gonnet* 319 / *Petzold* 431
Pix *Bavaria* 826 / *C.L.B.* 200 / *Le Divenah* 344 / *Ledanois* 465
Presse-Sports 108a, b, c, 876a / *Leech* 876b / *Nicolle* 159b / *Watel* 159c
Prodis 755b
Rampazzi (J.) 935d
Rapho *Everts* 133d / *Koch* 1036 / *Marry* 973 / *Michaud (R.)* 297 / *Michel* 659 / *Seynes (de)* 52, 557e / *Weiss* 71

Réunion des musées nationaux, Parigi 515c, 557d, 607, 672a, 791, 935b / *Arnaudet* 286 / *Blot* 107 / *Larrieu* 182a / *Lewandowski* 285
Richier 282
Roger-Viollet 29
Römisch Germanisches Museum - Kunstgewerbe dept. 487
Ronald Cecil Sportes & Ass. 315b
S.A.M. 708, 940 / *Bedeau* 619 / *Buguin* 736 / *Joch* 776
Scala 109, 133a, c, 218, 333a, c, 480b, 613b, 775, 872a, 888, 935a, 1053
Schambach et Pottkampes 384g
Scope *Fouchez* 54 / *Guillard* 122, 872f
Sea and *See Fevrier* 785b, 1103
SEP 1062b
Siemens *Pressbild* 411b
Stedelijk Museum, Amsterdam 283a
Studio Pyrénées, Céret 302e
Sygma *Robert* 44
Table Lumineuse, Lille 99c
TempSport 496, 563 / *Liewig* 717c / *Lungt* 718a / *Rogers* 478
Tétrel (P.) 685a
The Baltimora Museum of Art 283d
Thomson-CSF 935e
Top *Dejardins* 99e
Vandystadt 174b, 182c, 330a, 430, 468, 564b, 725 / *Allsport/Cavataio* 996 / *Allsport/Dunn* 717b, 1078 / *Bruty* 174a / *Barutel* 726 / *Brunskill* 1016b / *Cannon* 159a / *Duffy* 717a / *Givois* 152 / *Hans* 761 / *Loubat* 182b / *Martin* 616, 685b, c, d, e, 1016a / *Martini* 965 / *Moulu* 1063 / *Petit* 993 / *Petit-Wind* 1101b / *Powell* 330b / *Vandystadt* (G.) 596b, 884
Viard (M.) 759b, 818, 1032
Volkswagen 115d
Yamaha 755a
Zalkind (S.) 1039
ZEFA *Damm* 178

© Picasso Administration 294c
© Ronald Cecil Sportes 315b
© Succession H. Matisse 333d
© Walt Disney. Per gentile concessione di TWDCF. 74e, 74f

Artisti rappresentati dall'ADAGP

© ADAGP, Parigi, 2003: 98d, 99a, c, 254, 283a, d, 294a, b, 300b, 384a, b, d, e, f, g, 448a, 515d, 643, 779c, 834c, 997a, d
© Salvador Dalí, Fondazione Gala-Salvador Dalí / ADAGP, Parigi, 2003: 997b
© Succession Marcel Duchamp / ADAGP, Parigi, 2003: 300a
© The Munch Museum / The Munch Ellingsen Group / ADAGP, Parigi 974e

Diritti riservati

74a, b, c, d, 98b, d, 99a, c, e, 283b, c, 448a, 572b, 666, 785a, 779a, b, 997c, 1087

NOMI PROPRI
fonti delle fotografie

Accademia reale delle scienze, Stoccolma 1206b
ADAGP, Parigi 2001 1491a, 1573c
Adam Imapress 1406e
Ader, Picard e Tajan 1443c
ADN-Zentralbild, Berlino 1438e
AFP 1196d, 1389c, 1613b, 1619
Agenzia ANSA 1194c, 1203a, 1204d, 1206a, 1214a, 1220b, 1250b, 1258c,

1274a, 1313b, 1314b, 1320, 1334, 1338b, 1357a, 1369b, 1373d, 1382a, 1388a, 1406d, 1406f, 1535a, 1567a, 1567c, 1570d, 1575c, 1578c, 1579b, 1639, 1642b, 1661a, 1697b, 1714c, 1742a, 1771a, 1779a, 1788a, 1798, 1806
Agenzia Ria-Novosti 1262, 1468, 1667a, 1792b

Air Museum 1832c
AKG, Parigi Artephot 1166a, 1224c, 1225b, 1295, 1343a, 1419b, 1443a, 1476b, 1480a, 1484b, 1500a, 1532a, 1537a, 1546a, 1597b, 1720d
Algar 1386e
Alian Keler Corbis-Sygma 1199
Alinari Giraudon 1260c, 1310a, 1648b

Alpenland 1475a, 1563b
Ambasciata del Canada 1617
Ambasciata della Germania 1435c
Ambasciata della Repubblica Ceca 1287c
Ammar Sipa Press 1201b
Ancenay Pix 1632c
Andanson Sygma 1734a
Anders Bildarchiv Preussischer

Lartige Sipa Press 1331d
Launois Imapress 1789c
Lauros Bridgeman-Giraudon 1162a, 1182, 1208b, 1345b
Lauros Giraudon 1165, 1217e, 1217f, 1217h, 1222a, 1251e, 1254, 1260a, 1289a, 1294, 1302, 1310b, 1314d, 1331a, 1343c, 1350b, 1368d, 1373f, 1388b, 1388d, 1398a, 1405a, 1420a, 1423a, 1431, 1435a, 1446b, 1462, 1472a, 1490a, 1500b, 1506, 1520a, 1520i, 1521a, 1537d, 1541a, 1542a, 1547a, 1549, 1551a, 1555a, 1563a, 1564c, 1570c, 1571, 1576, 1585a, 1589a, 1589b, 1594a, 1615a, 1615b, 1615c, 1632a, 1646c, 1647a, 1649c, 1650c, 1671b, 1682b, 1687, 1696d, 1752b, 1765c, 1775a, 1815a, 1819b, 1820b, 1839
Lauros Giraudon ADAGP Parigi 2001 1344c, 1469b, 1473a, 1499b, 1527d, 1577c, 1747b, 1755a
Lauros Giraudon ADAGP Parigi 2002 1218b, 1330b
Lauros Giraudon Picasso administration1997 1643b
Lauros Giraudon Untitled Press, Inc. / ADAGP Parigi 2001 1675a
Le Diascorn Rapho 1217c
Le Tac Paris-Match 1516b
Lê-Ahn (C.) 1253b
Legouhy 1284b
Lehr Gamma 1296a
Leloir (J.-P.) 1169b
Lénars (C.) 1269b, 1340e, 1359c, 1459e, 1595, 1608b, 1608c, 1608f, 1837a
Lénars Explorer 1396d
Lessing AKG, Parigi 1142a, 1230a, 1237, 1332a
Lessing Magnum 1148c, 1263c, 1274c, 1365, 1582a
Levassort (M.) 1152c, 1467, 1780b
Lewandowski Réunion des musées nationaux, Parigi 1147b, 1419c
Lido (S.) 1137a
Lido Sipa Press 1323a
Ligey (A. e P.) 1550a
Lipnitzki Roger-Violet 1191, 1192a, 1227b, 1268a, 1406c
Lochon (F.) Gamma 1772b
Loirat (L.Y.) 1624b, 1631
Loirat Explorer 1212c, 1212f
Lorette (P.) 1139b, 1175a
Lorette Giraudon 1502c
Luider Rapho 1696c
M.N.A.M. - Centre G. Pompidou, Parigi ADAGP Parigi 2001 1591a
M.N.A.M. - Centre G. Pompidou, Parigi ADAGP Parigi 2002 1170a, 1330a
Magnin DR 2001 1578a
Magnin Sipa Press 1137c
Magnum 1202, 1459h
Maitre Gamma 1211b
Man Ray Trust / ADAGP Parigi 2002 1228
Mandel Artephot 1390a
Manille Bourseiller Altitude 1535c
Manos Magnum 1176
Manuel (H.) 1332b, 1643c
Manuel (H.) Archives Larbor 1305b
Manuel Coll. Larousse 1675b
Maous Gamma 1484e
Marigo Sipa Press 1187d
Markel/Liaison Gamma 1234b
Marmounier (S.) 1205a, 1363a
Martel (J.-C.) Rapho 1445e
Martinie Roger-Violet 1170b
Martinot Top 1191b
Mary Evans Archives Explorer 1726a
Masson Enguerand 1195a, 1197c, 1430b

Masson-Brillouin Enguerand 1305a
Mathieu Gamma 1437a
Mauritius Photononstop 1160d
Mayer ADAGP Parigi 2002 1162b
Maylin (M.L.) 1419d
Mazin (R.) 1181a, 1192b, 1368a, 1518a, 1603b
Mc Cabe Imapress 1406a
Mc Cullin Magnum 1196a
Memory shop Sygma 1327a
Metropolitan Museum, New York 1527c
Michaud 1459d
Michaud (R.) Rapho 1212d
Michaud (R. e S.) Rapho 1358b, 1453a, 1740b
Miladinovic Sipa Press 1177c
Milner Sygma 1671c
MOA Museum of Art, Atami 1779b
Monier AFP 1196e
Monier Gamma 1456, 1734b
Morain A. ADAGP Parigi 2002 1140
Morand-Grahame Hoa-Qui 1137b
Morandi 1481
Morell Kipa 1789b
Morgan 1579a
Munchow (A.) 1163
Musée August-Strinberg, Stoccolma 1755c
Musée canadien des civilisations, Ottawa 1789d
Musée des Beaux-Arts, Strasburgo 1438c
Musées royaux des Beaux-Arts, Bruxelles 1312b
Musei Vaticani 1493b
Museo Andersen, Odense 1153b
Museo di Berlino-Dahlem 1251a
Museo di Grenoble 1840c
Museum of Modern Art, New York ADAGP Parigi 2001 1568a
Nadar. Centre des monuments nationaux 1718b
Nana Productions Sipa Press 1204b
Narcivet Explorer 1444
Nasa Ciel et Espace 1544c
Nasa DITE/USIS 1363b
NASA Sipa Press 1408f, 1717a
National Gallery, Londra 1645a
National Gallery of Art, Washington 1213a, 1469a
National Museum, Stocccolma 1510b
National Portrait Gallery, Londra 1184e, 1311b, 1324a, 1344a, 1377b, 1397, 1408e, 1434, 1440a, 1442a, 1592c, 1625c, 1826b
Neema Sygma 1570a
News Press Sipa Press 1223
Nimatallah Artephot 1214c, 1272a, 1292b, 1344b, 1358a, 1366c, 1374b, 1511c, 1521b, 1547b, 1641d, 1768c, 1814a, 1822c
Nou (J.-L.) 1224b
Off AFP 1225a
Orion Artephot Press 1436a
Oronoz Archives Larbor Succession Picasso 2002 1424b
Oronoz Artephot 1239b, 1265a, 1280b, 1293, 1348a, 1366d, 1449b, 1461a, 1473f, 1520d, 1540b, 1540d, 1680d, 1726b, 1746a, 1772c
Österreichische Nationalbibliothek, Vienna 1529a
Pagès (F.) 1263a
Paul Nadar Archives photographiques / CNMHS, Parigi 1815c
Pavlovsky Rapho 1716b
Pelletier Gamma 1226
Percheron Artephot 1322d, 1346, 1580b
Perrin Gamma 1396a

Petersen 1300
Phedon-Salou Artephot 1136a, 1299d, 1511b, 1588a, 1711b, 1754d
Philadelphia Museum of Art 1678b
Philippot Sygma 1529c
Pic (R.) 1227a
Piel (P.) Gamma 1720c
Pix 1599d, 1613a
Plessy Explorer 1370b
Ponsard Musée de l'Homme, Parigi 1608a
Popperfoto/Cosmos 1577b
Pratt-Pries Diaf 1753a
Prud'homme Coll. Larousse 1287a
Puig 1553°
Qgawa Artephot 1400b, 1400e
Ramos (D.) 1811a
Rapho 1285a, 1308d, 1688b, 1688c
Reggia di Versailles. 1680c, 1792a, 1792c
Renaudeau Hoa-Qui 1133c, 1190a, 1389b
Retna/PutlandStills 1647c
Réunion des musées nationaux, Parigi 1157b, 1267b, 1337d, 1337g, 1351b, 1400f, 1459a, 1459b, 1459c, 1560d, 1560g, 1483b, 1491d, 1563d, 1616a, 1625a, 1808
Rex Features Sipa Press 1439c
Rey Gamma 1164b
Riboud Magnum 1319b, 1442e
Rijksmuseum Foundation, Amsterdam 1646b
Riviere (C.) 1271b
Robert (P.) Sygma 1218a
Robert Sipa Press 1386f
Roger-Viollet 1204c, 1322c, 1338c, 1371a, 1382b, 1401b, 1420b, 1440c, 1530b, 1611a, 1638c, 1639, 1648e, 1651b, 1652, 1819d
Roger-Viollet / Félix Nadar Centre des monuments nationaux 1997 1205c
Rol 1175b
Roland Artephot 1374c
Roland Artephot ADAGP Parigi 2001 1615e
Romer Explorer 1689
Ross (B.) Rapho 1714b
Ross (J.) Rapho 1337e
Rossi Altitude 1148b, 1189, 1463
Roux Sygma 1201a
Roy Explorer 1712a
Rudling Gamma 1632a
Rue des Archives 1244b
Ruoso Bios 1705a
Santos Rapho 1725a
Saola/Vallet-Rosenfeld Gamma 1299c
Sappa Cedri 1128b, 1310c, 1508a, 1522a, 1563c, 1577e, 1784c
Sappa Hoa-Qui 1413b
Sappa Rapho 1708
Sarramon (C.) FLC / ADAGP Parigi 2000 1498c
Sazo Rapho 1677a
Scala 1212a, 1132b, 1146a, 1174b, 1201g, 1205d, 1230c, 1249d, 1255b, 1261a, 1266a, 1274b, 1325c, 1326, 1351d, 1396b, 1403, 1404a, 1407a, 1419e, 1432b, 1455b, 1501b, 1511a, 1536b, 1542b, 1542c, 1546c, 1564b, 1648a, 1675c, 1673b, 1683b, 1683f, 1683g, 1689c, 1689d, 1689f, 1696b, 1718a, 1718c, 1722c, 1777b, 1807a, 1814b
Scala ADAGP Parigi 2001 1347
Scala ADAGP Parigi 2002 1314a
Schaarwächter, Berlino 1429a
Schachmes Sygma 1331e
Schneiders Artephot 1409b, 1432c, 1710c
Schoenahl Diaf 1450a

Schwarze Werner 1474c
Seattle Art Museum 1400d
Segretariato dell'informazione, Lisbona 1243
Serraillier Rapho 1827a
Shogakukan Artephot 1461b
Sichov Sipa Press 1268c, 1667b
Sierpinski Scope 1573a, 1577f
Silberstein Rapho 1782c
Simon Gamma 1436c, 1437
Simonpietri Sygma 1555b
Sioen Cedri 1714a
Sioen Rapho 1207
Sipa Press 1741a
Snowdon Imapress 1445a
Somelet Diaf 1732a
Sonnet (S.) Pix 1338a
Souricat Explorer 1415
Southn African info Sipa Press 1315d
Staatliche Museen, Berlino 1373b, 1443e
Stanimirovic 1609
Staquet Rapho 1292c
Steffen Imapress 1483a
Stevens Sipa Press 1256c
Stierlin (H.) 1322a
Strand Réunion des musées nationaux, Parigi DR 2001 1754b
Sunset Kipa 1516a
Sygma 1164a, 1720a
Tajan (H.) ADAGP Parigi 2001 1565b
Takase Artephot 1269a
Tallandier 1417b, 1528a, 1788b
TF1-Sureau Sipa Press 1271c
The Art Institute of Chicago 1361b, 1581b
The National Palace Museum, Taipei 1277b
The Nelson-Atkins Museum of Art, Kansas City 1277c
Todd (A.) 1421
Torregano Sipa Press 1261b
Toucheteau Gamma 1197b
Tovy Adina Explorer 1271a
Tréla Rapho 1335a, 1385b, 1440b
TWA 1703
Tweedy (E.) 1255c
Ufficio del turismo svizzero 1474b
Uzan Gamma 1355b
Vaering (O.) 1211d
Vaering Nasjonalgalleriet, Oslo 1448b
Valentin Hoa-Qui 1157a
Varga Artephot 1489c, 1672a, 1747a
Veiller Explorer 1598a
Veyres Atlas Photo 1713a
Viard Gamma 1372b
Vioujard Gamma 1186, 1417c
Vision Artephot 1535b
Vivien / "La Différence" Artephotl 1641a
Walt Disney Productions Disney, per autorizzazione speciale di TWDCF 1323c
Warner Bros Coll. Passek (J.-L.) 1215c, 1292a
Watjaz Krivic Sipa Press 1156
Weidener 1484d
Weill (E.B.) 1793d
Weiss Rapho 1819c
Weston Museum Ludwig, Colonia C.C.P., Tucson, Arizona 1981 1829a
Wojtek Buss Hoa-Qui 1231a
Wolf (A.) 1599a
Woolfitt Corbis-Sygma 1127
WPS Artephot 1314c, 1322a, 1443d, 1482d, 1573b, 1651a, 1722a, 1752c
Yamashita Rapho 1380b, 1728b
Zefa-Hummel Hoa-Qui 1143
Zucconi Artephot 1525a

© Éditions Dupuis - Peyo Coll. Larousse 1665c

Altri artisti rappresentati dall'ADAGP